I

198/0

RÉPERTOIRE GÉNÉRAL.

JOURNAL DU PALAIS.

Le RÉPERTOIRE GÉNÉRAL DU JOURNAL DU PALAIS est publié sous la direction de
M. LEDRU-ROLLIN, docteur en droit, ancien avocat à la Cour de Cassation et au Conseil
d'État, membre de la Chambre des Députés ;

ASSISTÉ DE MM.

J.-A. LEVESQUE, docteur en droit, avocat à la Cour royale de Paris;
F. NOBLET, avocat à la Cour royale de Paris;
AM. BOULLANGER, avocat à la Cour royale de Paris ;
GOUJET, avocat à la Cour royale de Paris ;
TH. GELLÉ, ancien magistrat, avocat à la Cour royale de Paris ,

ET AVEC LA COLLABORATION DE

MM.

AD. BILLEQUIN, avocat à la Cour royale de Paris;
LIGNIER, avocat à la Cour royale de Paris ;
BERTIN, avocat à la Cour royale de Paris;
D'AUVILLIERS , avocat à la Cour royale de Paris ;
BENOIT , avocat, auteur du *Traité de la Dot, etc.*;
CH. ROYER, avocat à la Cour royale de Paris ;
DOMENGET, docteur en droit, avocat à la Cour royale de Paris ; .
FABRE, ancien avocat, avoué à la Cour royale de Paris ;
TIXIER DE LA CHAPELLE, docteur en droit, avocat à la Cour royale de Paris ;
RÉQUÉDAT, docteur en droit, avocat à la Cour royale de Paris ;
FAVERIE, avocat à la Cour royale de Paris;
BARNOUVIN, avocat à la Cour royale de Paris ;
CAUCHOIS, avocat à la Cour royale de Paris ;
PEYRUSSE, avocat à la Cour royale de Paris ;
HECTOR LECONTE, avocat à la Cour royale de Paris:
RICHARD, avocat à la Cour royale de Paris ;
F. HOUSSET , docteur en droit, avocat à la Cour royale de Paris;
A. GOUFFÉS, docteur en droit, avocat à la Cour royale de Paris ;

MM.

GARNIER-DUBOURGNEUF, directeur des affaires civiles et du sceau au Ministère de la Justice ;
MEYNARD DE FRANC, substitut du procureur du roi près le Tribunal de la Seine ;
JOUAUST, président du Tribunal civil de Rennes ;
SOUËF, 1er avocat général à la Cour royale de Lyon ;
MONGIS, substitut du procureur du roi, près le Tribunal de la Seine ;
SULPICY, procureur du roi à Coulommiers ;
MOURIER, procureur du roi à Vire;
CHEVILLOTTE, docteur en droit, substitut du procureur du roi à Philippeville (Algérie), ancien avocat à la Cour royale de Paris ;
AD. HAREL, substitut du procureur du roi à Calvi (Corse);
O. LABBÉ, juge-suppléant au tribunal de première instance de Vannes;
CAPMAS, professeur-suppléant à la Faculté de droit de Toulouse.
MAILHER DE CHASSAT , ancien magistrat, avocat à la cour royale de Paris, auteur de différens ouvrages;

Et plusieurs autres magistrats et jurisconsultes.

JOURNAL DU PALAIS.

RÉPERTOIRE GÉNÉRAL

CONTENANT

LA JURISPRUDENCE DE 1791 A 1847,

L'HISTOIRE DU DROIT,

LA LÉGISLATION ET LA DOCTRINE DES AUTEURS,

PAR

M. LEDRU-ROLLIN,

DOCTEUR EN DROIT, ANCIEN AVOCAT A LA COUR DE CASSATION ET AU CONSEIL D'ÉTAT,
MEMBRE DE LA CHAMBRE DES DÉPUTÉS.

PUBLIÉ PAR

M. F.-F. PATRIS,
Propriétaire du *Journal du Palais.*

TOME SEPTIÈME.

EX — F.

PARIS,

AU BUREAU DU JOURNAL DU PALAIS
rue des Grands-Augustins, 7.

1847

RÉPERTOIRE GÉNÉRAL.

EXACTION.

Ce mot s'emploie dans le même sens que *malver-sation*, il désigne tout crime ou délit commis par un fonctionnaire public dans l'exercice de ses fonctions. Il se prend aussi dans le sens de *prévarication*. — V. ABUS D'AUTORITÉ, CONCUSSION, CORRUPTION DE FONCTIONNAIRES, PRÉVARICATION.

EXAMEN A FUTUR.

V. ENQUÊTE D'EXAMEN A FUTUR.

EXAMINATEUR.

V. COMMISSAIRES AU CHATÊLET.

EXCAVATION.

1. — La propriété du sol emportant la propriété du dessus et du dessous, l'art. 552, C. civ., reconnaît au propriétaire le droit de faire sur son terrain toutes les fouilles et par suite les excavations qu'il juge à propos.

2. — Ce principe général reçoit cependant quelques restrictions, notamment à raison des obligations de respecter le droit d'autrui, de ne pas causer de préjudice aux voisins. — V. PROPRIÉTÉ. C. civ., art. 674. — V. notamment

3. — Pour les caves que les propriétaires riverains ont pu pratiquer sous le sol de la voie publique, V. CAVE.

4. — Le droit de faire les excavations nécessaires à l'exploitation des mines, minières et carrières, est aussi soumis à des conditions déterminées par les lois et réglemens. — V. CARRIÈRES, FOUILLES, MINES.

5. — Lorsque la conservation du sol ou des habitations est compromise par le résultat de l'exploitation des carrières, mines ou minières, ou par suite, il se manifeste des excavations à la surface du sol, le préfet peut, aux termes de l'ordonnance royale du 26 mars 1843, art. 3, ordonner telles dispositions qu'il appartient.

6. — Aux termes de l'art. 4 de la même ordonnance, si le concessionnaire du sol, si l'entrepreneur de la carrière n'obtempère pas à cet arrêté, il est pourvu d'office à ses frais et par les soins des ingénieurs des mines.

7. — Quand les travaux, dit l'art. 5, ont été exécutés d'office par l'administration, tous frais de confection et tous autres frais sont réglés par le préfet, le recouvrement en est opéré par les préposés de l'administration de l'enregistrement et des domaines, comme en matière d'amende, frais et autres objets se rattachant à la grande voirie. Les réclamations contre le réglement de ces frais sont portées devant le conseil de préfecture, sauf recours au conseil d'état. — V. au surplus MINES.

8. — La faculté de pratiquer des excavations est aussi limitée à raison des précautions qu'imposent la sécurité publique et la libre circulation sur la voie publique. — C. pén., art. 471, n° 4. — V. CHEMINS VICINAUX, n° 740.

9. — Ainsi, l'art. 471, n° 4, C. pén., punit d'une

RÉP. GÉN. — VII.

amende de 1 à 5 fr. inclusivement ceux qui négligent d'éclairer les excavations par eux faites dans les rues et places.

10. — En outre, aux termes de l'art. 479, n° 4, C. pén., si le défaut d'éclairage ou de précautions ou signaux ordonnés ou d'usage pour les excavations dans ou près les rues, places ou voies publiques, a occasionné la mort ou la blessure des animaux ou bestiaux appartenant à autrui, le contrevenant est puni d'une amende de 11 francs à 15 francs inclusivement.

11. — Tout ce qui concerne cette double contravention est expliqué au mot ÉCLAIRAGE DE LA VOIE PUBLIQUE], auquel il nous suffit de renvoyer. — V. aussi ANIMAUX, n° 135.

12. — L'administration municipale étant chargée d'assurer la liberté de la circulation et la sûreté de la voie publique, peut prendre toutes les mesures nécessaires à atteindre ce but. L'infraction à ses arrêtés tombe, lorsqu'elle ne constitue pas la contravention de dégradation, détérioration ou usurpation de chemins publics, sous l'application par l'art. 479, n° 11, sous l'application de l'art. 471, n° 15, C. pén. — V. POUVOIR MUNICIPAL.

13. — Une ordonnance du préfet de police du 8 août 1829, dont l'art. 50(entre autres) a été renouvelé par un arrêté du 30 janv. 1836 et par une ord. du 29 mai 1837, défend à qui que ce soit de faire aucune fouille ni tranchée sur le sol de la voie publique sans une autorisation spéciale du préfet de police. — V. cette ordonnance dans la collection officielle publiée par M. le préfet de police Delessert. — V. aussi ÉGOUTS, n° 39.

14. — Lorsque l'enfoncement ou excavation procède du fait d'un particulier, et faute par lui de faire dans le délai qui lui est imparti, les travaux sont exécutés par les ouvriers ou entrepreneurs désignés par le fonctionnaire qui a pris l'arrêté, et le mémoire des travaux taxés et réglés est rendu exécutoire par le préfet, et recouvré dans la forme administrative que nous indiquons tout à l'heure.

15. — Cependant cette forme ne nous paraît pas pouvoir être suivie lorsqu'il s'agit de travaux exécutés sur un sol formant une voie communale, non dépendante de la grande voirie. Si l'existence de l'excavation, et cela arrivera presque toujours, constitue une contravention de simple police, la répression devra en être poursuivie devant le tribunal de simple police, qui, saisi de l'action publique, est en même temps compétent pour statuer sur l'action civile que la commune peut intenter à raison du préjudice ou des dépenses à elle occasionnés par l'excavation pratiquée sur la voie publique.

16. — Quant au sol des rues non pavées de la ville de Paris, un arrêté du préfet de police, du 20 mai 1822, art. 34, dont les dispositions ont été successivement reproduites par les arrêtés du préfet de police, des 8 août 1829, art. 37; 27 mars 1834, art. 11; 29 oct. 1836, art. 16; 28 sept. 1841, art. 17; 1er avr. 1843, art. 8; 1er oct. 1844, art. 8; 5 nov. 1846, art. 8, enjoint à tous propriétaires de maisons et terrains situés le long des rues ou portions de rues

non pavées, de faire combler, chacun en droit soi, les *enfoncemens*, trous, ornières, et réparer toutes dégradations susceptibles de compromettre la sûreté et la liberté de la voie publique, ou de nuire à la salubrité en occasionnant la stagnation des eaux pluviales et ménagères.

17. — L'ordonnance de police qui impose aux propriétaires riverains des rues non pavées l'obligation de combler les trous ou excavations survenus devant leurs maisons, a pour objet de rétablir la commodité du passage et la facilité de la circulation en appliquant les règles de la police urbaine et en faisant un réglement de petite voirie. Dès lors, cette ordonnance est légalement et compétemment rendue, et les contraventions à ses dispositions doivent être punies des peines portées par l'art. 471, n° 15, C. pén. — Cass., 16 mars 1838 (t. 1er 1838, p. 437), Coignet.

18. — L'arrêté municipal qui oblige les habitans d'une ville à rétablir et réparer la partie de la voie publique qui est devant leurs maisons ou terrains situés le long d'un quai, de manière à ce qu'il n'y ait plus ni trous, ni ressauts, et que le passage soit sûr et commode, est un réglement de petite voirie pris dans le cercle des attributions municipales, et obligatoire pour les tribunaux. — Cass., 7 déc. 1826, Rigault.

19. — Lorsque quelque danger résulte d'une excavation ou d'un enfoncement du pavé dont l'entretien est à Paris à la charge de la ville, le commissaire de police fait provisoirement combler le trou, ou le fait entourer d'une barrière; il pourvoit à l'éclairage pendant la nuit, fait un rapport sur le tout, et indique les frais que ces précautions ont occasionnés. — Déc. préf. de police, 10 fév. 1820.

20. — M. Trébuchet (*Nouv. Dict. de police*, v° *Excavations et fouilles sur la voie publique*), qui cite cette décision de 1820, ajoute qu'aux termes d'un arrêté du préfet de police, du 22 déc. 1831, art. 9, si l'éclairage ou l'établissement de ces barrières n'excède pas 10 fr., elle est payée immédiatement par le commissaire de police, qui certifie au bas de la note que le prix a été débattu et convenu. Pour les sommes au-dessus de 10 fr., le mémoire détaillé, dressé sur papier timbré, certifié et arrêté provisoirement par le commissaire, sauf réglement, est transmis à la préfecture pour être soumis à l'examen de l'architecte qui le règle. Ce mémoire est ensuite renvoyé au commissaire chargé d'en payer le montant, et qui en obtient le remboursement de la caisse préfectorale.

21. — V. au surplus, pour plus amples détails, relativement aux travaux à faire sur la voie publique, VOIE PUBLIQUE. — V. aussi EAUX MINÉRALES ET THERMALES.

EXCEPTION.

Table alphabétique.

1

EXCEPTION. — **1.** — On appelle exception tout moyen de défense qui, sans toucher au fond du droit, a cependant pour but d'en paralyser l'exercice.

2. — L'exception se distingue de la défense en ce que celle-ci tend à détruire ou à affaiblir les preuves qui incombent au demandeur, tandis que la première est une prétention nouvelle, distincte de la demande originaire et soumise, comme celle, à une démonstration spéciale; c'est une véritable action de la part du défendeur, d'où la maxime : *reus excipiendo fit actor.*

SECT. 1ʳᵉ. — *Historique* (nᵒ 3).
SECT. 2ᵉ.—*Des différentes espèces d'exceptions* (nᵒ 25).
§ 1ᵉʳ. — *De la caution à fournir par les étrangers* (nᵒ 41).
§ 2.—*Des exceptions déclinatoires ou renvois* (nᵒ 43).
§ 3. — *De nullités* (nᵒ 98).
§ 4. — *Des exceptions dilatoires* (nᵒ 102).
§ 5. — *De la communication des pièces* (nᵒ 113).
SECT. 3ᵉ. — *Ordre dans lequel les exceptions doivent être proposées* (nᵒ 116).

—

Sect. 1ʳᵉ. — *Historique.*

3. — En droit romain, on désignait sous le nom d'*exceptions* certaines restrictions, certaines modifications mises par le préteur à la suite de la formule, afin de tempérer par des considérations d'équité la rigueur du droit civil. « *Exceptio dicta est quasi quædam exclusio, ut excludendum id quod in intentionem condemnationemve deducitur est.* » — Ulpien, L. 22, ff., De except.

4. — En principe, le préteur pouvait refuser la formule aux parties qui se présentaient devant lui si les faits allégués n'étaient pas de nature à engendrer une action, ou si, d'après les règles du droit civil, l'action se trouvait éteinte. Dès-lors il n'y avait lieu à aucune défense, partant pas d'exception. — V. Ortolan, *Inst.*, tit. 43, liv. 4.

5. — Mais lorsque le préteur délivrait la formule

parce que l'action était fondée selon le droit civil, si le défendeur alléguait quelque circonstance particulière qui, n'étant pas de nature à éteindre l'obligation d'après le droit civil, ne permettait pas cependant de condamner le défendeur sans iniquité, le magistrat ajoutait à la formule les réserves invoquées par le défendeur.

6. — Ces réserves, que dans l'origine on appelait *præscriptiones*, de *præscribere*, parce qu'elles étaient placées en tête de la formule, étaient de plusieurs sortes. — V. Gaïus, *Inst.*, *comm.* 4, § 132.

7. — Les plus remarquables étaient la *præscriptio fori* la *præscriptio hæreditatis* et la *præscriptio temporis.*—V. Gaïus, *comm.* 4, § 133 ; ff., liv. 5, L. 3, tit. *De hæred. petit.*, et L. 25, § 17 ; liv. 44, L. 1ʳᵉ, *De except.* et L. 13 ; liv. 2, L. 8, tit. *Qui satisd. cogunt.* et L. 7, *Prœm.* ; liv. 44, L. 14, tit. *Si ingen. esse dicatur*, L. 2, § 1ᵉʳ.

8.—La *præscriptio fori* avait pour but de décliner la compétence du magistrat devant lequel on était traduit, soit à cause de la situation des choses litigieuses, soit à cause du domicile. A cet effet, le défendeur faisait poser en tête de la formule une restriction qui donnait au juge la faculté de vérifier les faits qui donnaient lieu à l'incompétence. — ff., liv. 2, L. 8, tit. *Qui satisd. cog.* et L. 7, *prœs.* ; liv. 5, tit. *De judic.*, LL. 30 et 32, § 23 et 33.

9. — La *præscriptio hæreditatis* se donnait à un défendeur auquel on réclamait un objet compris dans l'hérédité qu'il avait recueillie, et que le demandeur ne pouvait obtenir qu'en cette qualité d'héritier. Le défendeur auquel on réclamait l'objet, et qui contestait la qualité héréditaire du réclamant, faisait mettre en tête de la formule la præscription : « *Ea res agitur, si modo præjudicium hæreditati non fiat* » *(Que l'instance soit suivie, si elle ne préjuge pas la question d'hérédité).* Cette prescription laissait au juge à examiner si le demandeur pouvait obtenir l'objet réclamé, sans qu'on reconnût en lui la qualité d'héritier, si, par exemple, il avait droit à la chose en vertu d'une vente que le *de cujus* lui avait consentie; et dans le cas où il reconnaissait que le droit du demandeur était fondé sur une cause autre que sa qualité d'héritier, il condamnait le défendeur : si, au contraire, il ne reconnaissait pas d'autre cause que la qualité d'héritier au droit du demandeur, il devait absoudre le défendeur, pour ne pas préjuger la question héréditaire. — Gaïus, *comm.* 4, § 133, trad. de M. Domanget; note.

10.—La *præscriptio temporis* se donnait au défendeur, qui prétendait que l'action du demandeur était éteinte, faute de la qualité héréditaire du défendeur être fondée sur une cause autre que sa qualité d'héritier.

15. — Le mot *exception* avait, dans notre ancien droit, diverses acceptions. D'après Jousse (*Comm. ordonn.* 1667), tous les moyens que le défendeur pouvait opposer au demandeur étaient des exceptions. Il distinguait les exceptions déclinatoires, dilatoires et péremptoires. Les exceptions péremptoires se divisaient elles-mêmes en déclinatoires proprement dites et en défenses au fond.

27. — Pothier (*Procéd. civ.* part. 1ʳᵉ, ch. 2, sect. 1ʳᵉ, § 4) divisant les défenses en défenses proprement dites et en exceptions, ne voyait ces dernières que dans les exceptions qui, sans attaquer le fond de la demande, ont pour but de faire déclarer la demande non-recevable à la former.

28. — Dans le Code civil, le mot *exception* est pris dans le sens étendu que lui donnait Jousse ; il désigne, en général, tous les moyens que le défendeur peut opposer au demandeur. — Arg. C. civ., art. 1208, 1360, 1361, 1367 et 2012; — Bioche, *Dict. de procéd.*, vᵒ *Exception*, nᵒ 3 ; Boitard, *ibid.*, nᵒ 423.

29. — Mais en procédure cette expression prend

16. — Dans certaines actions, dites de bonne foi, le juge pouvait suppléer de lui-même les faits de dol, de violence, en un mot tous les faits supposant la mauvaise foi de la part du demandeur. Mais toutes les exceptions qui n'étaient pas basées sur la mauvaise foi devaient être insérées dans la formule pour que le juge pût y avoir égard. — V. ff., liv. 30, tit. 1ᵉʳ, L. 84, § 5.

17. — De même que les actions pouvaient être conçues *in factum*, de même les exceptions étaient souvent conçues en fait. Ainsi lorsque le préteur formulait l'exception en spécifiant un fait précis que le juge n'avait plus qu'à vérifier, l'exception était *in factum.*

18. — Parmi les exceptions in factum, la plus remarquable était l'exception *non numeratæ pecuniæ*, qui avait cela de particulier que, à la différence de la règle admise pour les autres exceptions en général, le défendeur n'était pas tenu de la prouver. Il suffisait qu'il alléguât le non-paiement pour que le demandeur dût établir le paiement. — V. Cod. 4, 30, 3, const. d'Antonin. — 10, const. Diocl. et Maxim.

19. — Sur l'exception *rei judicatæ* et sur celle *rei in judicium deducta*, V. CHOSE JUGÉE.

20. — Les exceptions se divisaient en perpétuelles ou péremptoires et en temporaires ou dilatoires. — V. Inst., liv. 4, tit. 13, § 3.

21. — Les exceptions perpétuelles étaient celles qu'on pouvait toujours opposer à l'action : telles étaient les exceptions de dol et de fraude. — Inst. *ib.*, § 9.

22. — Les exceptions dilatoires étaient celles qui ne pouvaient être opposées que pendant un certain temps et qui procuraient un délai au défendeur : telle était l'exception de pacte tirée de ce qu'il avait été convenu entre les parties qu'on n'agirait pas avant un délai donné. — *Ib.*, § 10.

23. — Certaines exceptions étaient dilatoires à raison de la personne. Quand le demandeur était un procureur incapable d'agir, le défendeur lui opposait son incapacité; par là il obtenait un délai jusqu'à ce que le maître de l'action eût nommé un procureur capable ou intenté lui-même l'instance. — *Ib.*, § 11.

24. — De même qu'il pouvait y avoir iniquité à condamner un défendeur sur un pacte ou un autre moyen non reconnu du droit civil protégeant contre la demande, il pouvait aussi se faire que le défendeur invoquât, en réponse à l'exception, un nouveau fait qui la détruisait. Pour faire valoir ce fait, le magistrat insérait sur sa demande une *duplique*. Une *triplique* pouvait aussi être mise dans la formule en réponse à la duplique, et ainsi de suite. — Inst., liv. 4, t. 14.

25. — Dans le nouveau comme dans l'ancien droit français, le mot *exception* n'offre pas le même sens qu'en droit romain. Les applications que l'on a faites des règles romaines sur les exceptions au système des exceptions françaises, seraient donc le plus souvent fautives. Il suffit de rapprocher la définition que nous avons déjà donnée de l'exception en droit français de celle qui était reçue à Rome pour se convaincre de la différence profonde qui les sépare. A Rome, l'exception était une *restriction d'équité* que le magistrat insérait dans la formule, au lieu que chez nous il n'est jamais permis au juge de modifier ou d'élargir de son autorité un texte de loi sous prétexte d'équité. Chez nous l'exception n'est-un seul moyen de défense que l'on discute dans les moyens de la demande ; en droit romain, c'était la forme nécessaire pour présenter des défenses que le droit strict ne reconnaissait pas. — Boitard, *Leçons de procédure*, 27ᵉ leçon, nᵒ 545.

Sect. 2ᵉ. — *Des différentes espèces d'exceptions.*

26. — Le mot *exception* avait, dans notre ancien droit, diverses acceptions. D'après Jousse (*Comm. ordonn.* 1667), tous les moyens que le défendeur pouvait opposer au demandeur étaient des exceptions. Il distinguait les exceptions déclinatoires, dilatoires et péremptoires. Les exceptions péremptoires se divisaient elles-mêmes en déclinatoires proprement dites et en défenses au fond.

une signification plus restreinte, elle ne s'applique qu'aux moyens de défense qui tendent seulement à écarter la demande sans en discuter le fond.

30. — Dans le langage du palais, le mot *exception* se prend même quelquefois dans un sens plus restreint encore, pour la communication des pièces. C'est ainsi que lorsqu'une partie a communiqué ses pièces, on dit qu'elle a *satisfait aux exceptions.* — Bioche, *Dict. procéd.*, v° *Exception*, n° 3.

31. — Plusieurs auteurs modernes adoptant l'ancienne division des exceptions en déclinatoires, dilatoires et péremptoires, rangent dans chacune de ces classes les diverses exceptions admises par nos lois. — Berriat, p. 220 et suiv.; Bioche, nos 4 et suiv.

32. — Selon eux les exceptions *déclinatoires* (du latin *declinare*) comprennent les demandes en renvoi pour incompétence, connexité ou litispendance.

33. — Les exceptions *péremptoires* (de *perimere*) sont celles par lesquelles le défendeur requiert que la demande soit rejetée sans examiner son mérite au fond.

34. — Ces exceptions se divisent elles-mêmes en *péremptoires de forme* et *péremptoires du fond.* — Les premières résultent du défaut de préliminaire de conciliation ou de nullité d'exploit; elles n'écartent la demande que provisoirement, et sauf au demandeur à la renouveler plus tard d'une manière régulière. — Les secondes se tirent de vices ou de circonstances inhérentes soit à la personne du demandeur, soit à sa réclamation; elles font repousser définitivement la demande. Les principales exceptions de cette nature sont la prescription et l'autorité de la chose jugée. — On les qualifie plus justement de *fins de non-recevoir.*

35. — Les exceptions *dilatoires* (de *differre, dilatum*) sont celles qui tendent à retarder la solution du procès; elles comprennent : 1° les exceptions du délai pour faire inventaire et délibérer, et pour appeler garant en cause; 2° et, selon quelques auteurs, les exceptions de la caution *judicatum solvi* et de la communication de pièces. — V. Boncenne, t. 3, p. 446.

36. — M. Berriat range même dans cette classe les exceptions déclinatoires.

37. — Mais cette triple division a le double inconvénient d'être arbitraire et de ne pas classer les diverses exceptions dans leur ordre naturel. Nous croyons donc préférable de suivre la division adoptée par les rédacteurs du Code, qui traite de la caution *judicatum solvi*, C. procéd., art. 166; des exceptions déclinatoires, *ibid.*, art. 168 et 171; des nullités, *ibid.*, art. 173; des exceptions dilatoires, *ibid.*, art. 174 et suiv.; et de la communication des pièces, *ibid.*, art. 188.

38. — Parmi ces exceptions, les unes sont *relatives*, les autres *absolues*. L'exception est relative lorsqu'elle n'est établie que dans l'intérêt privé; telles sont la caution *judicatum solvi*, l'incompétence *ratione personæ vel loci*, la nullité d'un acte de procédure, les exceptions dilatoires. Elle est absolue quand elle tient à l'ordre public, comme l'incompétence *ratione materiæ.*

39. — A l'égard de la connexité et de la litispendance, Carré, tit. *Des exceptions, observ. prélim.*, en fait une classe à part à laquelle il donne le nom générique *d'exceptions mixtes*, c'est-à-dire qui touchent à la fois à l'intérêt public et à l'intérêt privé. Nous n'admettons pas cette dénomination parce que les exceptions dont il s'agit rentrent dans la première classe; elles doivent être proposées et ne peuvent être suppléées d'office par le juge. — V. CONNEXITÉ, nos 4 et suiv., LITISPENDANCE. — V. aussi COMMUNICATION DE PIÈCES.

40. — Il faut, au surplus, bien se garder de confondre les *exceptions* proprement dites appelées par certains auteurs *exceptions de procédure*, et les *fins de non recevoir*, nommées aussi *exceptions de droit.* — Les premières, établies par le Code de procédure, doivent être présentées dans un certain ordre et sont en général couvertes par cela seul que l'on a conclu au fond. — Les autres résultant des dispositions du Code civil ou des lois spéciales, peuvent être opposées en tout état de cause et dans certains cas pour la première fois, même en appel.

§ 1er. — *De la caution à fournir par les étrangers.*

41. — Cette caution est celle que tout étranger demandeur principal ou intervenant est obligé de donner pour assurer le paiement des frais ou dommages-intérêts résultant du procès auxquels il pourrait être condamné. — V. CAUTION JUDICATUM SOLVI.

42. — Cette exception a pour résultat inévitable de retarder la solution du procès, et quelques auteurs la rangent par ce motif dans la classe des exceptions dilatoires. — Mais il faut remarquer que le but principal de cette exception n'est pas, en définitive, d'obtenir un délai, mais bien une garantie pour le cas où le demandeur succomberait dans la contestation par lui soulevée. C'est donc avec raison que le Code ne l'a pas confondue avec les exceptions purement dilatoires. — V. DILATOIRE (exception).

§ 2. — *Des exceptions déclinatoires.*

43. — Le mot de *renvoi* dont se sert la loi pour désigner ces exceptions est inexact, en ce qu'il ne rend pas d'une manière précise l'idée qu'il exprime. Il semble, en effet, indiquer que le tribunal qui reconnaît son incompétence renvoie les plaideurs devant un autre tribunal, ce qui n'est point; car il se borne à déclarer qu'il n'a pas le pouvoir de statuer. Le renvoi proprement dit suppose une cause toute liée qui se transporte, avec les parties, d'une juridiction à une autre. Il diffère donc dans sa cause, dans sa forme et dans ses résultats de ce que le Code qualifie ici improprement du même nom. — Boncenne, *ibid.*, p. 211 et suiv.; Boitard, *ibid.*, p. 454. — V. DÉCLINATOIRE, nos 3 et suiv.; RENVOI D'UN TRIBUNAL A UN AUTRE.

44. — Les exceptions déclinatoires sont : 1° l'incompétence soit à raison de la matière, soit à raison du domicile ou de la situation de l'objet litigieux (V. INCOMPÉTENCE); 2° la connexité (V. CONNEXITÉ); 3° la litispendance (V. LITISPENDANCE). — C. procéd., art. 168 et 171.

45. — Ce n'est point proposer un déclinatoire que de demander avant faire droit, à propos d'un contrat passé à l'étranger, que les parties soient renvoyées devant les autorités du pays, pour avoir leur avis sur le point contentieux; dès-lors, nonobstant cette demande, les juges peuvent déclarer qu'ils ont des documens suffisans pour éclairer leur religion. — *Cass.*, 27 mars 1833, Stacpool c. Mahon.

46. — Toute exception déclinatoire doit être jugée sommairement, sans qu'elle puisse être réservée ni jointe au principal. — C. procéd., art. 172.

47. — *Sommairement*, c'est-à-dire avec célérité; c'est une recommandation de procéder d'une manière expéditive. Mais il ne faut pas en conclure que l'affaire soit sommaire en elle-même. En effet, d'une part, l'art. 75 du tarif alloue un droit de requête pour ce genre d'exception, et, d'un autre côté, l'art. 404, C. procéd., qui énumère les matières sommaires proprement dites, ne comprend pas les déclinatoires. — Carré et Chauveau, quest. 733e; Boncenne, t. 3, p. 263; Boitard, *ibid.*, n° 442; Pigeau, t. 1er, p. 141. — V. *contrà Grenoble*, 6 mars 1821, Alter c. Offrand; — Thomine Desmazures, t. 1er, p. 325.

48. — Jugé, conformément à ce principe, que si l'art. 172, C. procéd., veut que toute demande en renvoi soit jugée sommairement sans qu'elle puisse être réservée, ni jointe au principal, cela s'entend qu'elle doit être jugée avec célérité, et sur l'instruction restreinte par le tarif des frais et dépens, qui a suivi la mise en activité du Code. — *Paris*, 25 mai 1808, Selves c. Burgraff.

49. — Par la même raison, la cour saisie de l'appel d'un déclinatoire doit juger sommairement, mais l'affaire n'est pas sommaire. — V. arg. *Paris*, 12 sept. 1810, Selves c. Lescot.

50. — C'est par une requête qui ne peut excéder six rôles que l'exception déclinatoire est proposée. La défense à cette requête ne peut pas excéder le même nombre de rôles. — Tarif, art. 75.

51. — En matière sommaire, le déclinatoire est proposé à l'audience. — Pigeau, *Comm.*, t. 1er, p. 208; Boucher d'Argis, *Taxe*, p. 107; Bioche, *ibid.*, n° 143.

52. — Le tribunal peut, à l'effet d'éclairer sa religion sur le déclinatoire proposé, ordonner telle mesure d'instruction qu'il juge convenable. — Carré et Chauveau, quest. 734; Merlin, *Rép.*, v° *Déclinatoire*, § 1er.

53. — Ainsi, le juge de paix devant lequel un déclinatoire est proposé, relativement à une action en complainte possessoire, peut, avant de statuer sur l'exception, et sans violer l'art. 172, C. procéd., ordonner préalablement une vérification des lieux qui le mettra à même de s'éclairer sur sa compétence. — *Cass.*, 7 janv. 1829, Vignon c. Boucherle.

54. — Mais cette solution n'est admissible qu'autant qu'il s'agit de reconnaître si le terrain, objet de la contestation, est ou non dans la circonscription territoriale prétendue. — Arg. *Cass.*, 16 brum. an XII, Ketteinheim c. Wakcheim; — Chauveau sur Carré, quest. 709; Delaporte, *Pand. franç.*, t. 1er, p. 176.

55. — Jugé encore qu'un tribunal de commerce devant lequel un déclinatoire est proposé peut, avant de statuer sur la compétence, ordonner la preuve des faits tendant à établir celle-ci, quand bien même cette preuve influerait à la fois et sur la compétence et sur le fond. — *Colmar*, 24 déc. 1844 (t. 1er 1845, p. 783), Degoussée c. Derrendinger.

56. — Les juges peuvent-ils, avant de statuer sur le déclinatoire, ordonner une mesure provisoire? — On dit, pour l'affirmative, qu'il est de principe qu'en tout état de cause il doit être statué sur les demandes provisoires, lorsque l'urgence en est reconnue. — Favard de Langlade, *Rép.*, v° *Exception*, § 2, n° 13.

57. — Il a été décidé, conformément à cette doctrine, que la cour saisie de l'appel d'un jugement qui a statué sur un déclinatoire, peut, en cas d'urgence, accorder une provision, avant même de statuer sur la question de déclinatoire. — *Cass.*, 20 avr. 1808, Plantade c. Ségui.

58. — ... Que le tribunal dont la compétence est déclinée peut, en cas d'urgence, et avant de statuer sur l'exception, ordonner une expertise, à l'effet de constater l'état des marchandises qui font l'objet du procès. — *Cass.*, 9 juin 1830, Joques et Dufou c. Girard.

59. — Toutefois, on répond, avec raison selon nous, en faveur du système opposé qu'il n'est pas logique de contraindre un tribunal dont on conteste la compétence, à statuer sur un incident quelconque qui tient au fond; d'ailleurs, l'art. 169, C. procéd., exige formellement que le déclinatoire soit jugé préalablement à toutes autres exceptions ou défenses. — V. dans ce sens Carré et Chauveau, quest. 717; Souquet, *Dict. temps lég.*, tabl. 185, col. 4e, n° 4; Bioche, n° 147.

60. — Sous l'ord. de 1667, le tribunal à qui l'on proposait un déclinatoire ne pouvait prononcer par un seul et même jugement sur la compétence et sur le fond. — *Paris*, 13 germin. an X, Merlin. — V. Rodier; Serpillon, sur l'ord. 1667, tit. 6, art. 3. — Conf. *Cass.*, 12 niv. an IX, Arnoux c. Bouté; 12 germin. an IX, Dyochet c. Henry.

61. — La même solution doit être admise sous l'empire du Code de procédure. L'art. 172 de ce Code qui reproduit textuellement l'art. 3, tit. 6, ord. de 1667, défend expressément de joindre au principal la demande en renvoi; or, prononcer sur le déclinatoire et sur le fond par un seul et même jugement, c'est évidemment joindre l'un à l'autre. D'un autre côté, il résulte de l'art. 425, C. procéd., que les tribunaux ordinaires n'ont pas cette faculté puisqu'il a été nécessaire de l'attribuer par une disposition spéciale aux tribunaux de commerce, ce qui eût été inutile si elle avait été dans le droit commun. — Favard de Langlade, *ibid.*; Merlin, *Rép.*, v° *Déclinatoire*; Boncenne, t. 3, p. 258; Boitard, *ibid.*, n° 375; Carré, quest. 735; Bioche, *ibid.*, n° 149.

62. — On doit donc poser en principe que les tribunaux civils ne sauraient prononcer par un seul jugement sur un déclinatoire et sur le fond, lors même qu'ils le feraient par deux dispositions distinctes. — *Toulouse*, 2 mai 1810, Galy-Pradal c. Lefort.

63. — ... Qu'ils doivent, à peine de nullité, statuer par une disposition expresse sur le déclinatoire proposé par l'une des parties avant de passer au jugement du fond. — *Agen*, 9 avr. 1810, Amblard c. Buzandoul.

64. — ... Et à plus forte raison que le jugement qui statue par une seule et même disposition sur l'exception d'incompétence et sur le fond, sans que le défendeur ait conclu, doit être annulé. — *Metz*, 3 déc. 1819, Petit. — Bioche, *ibid.*, n° 155.

65. — ... Que lorsque le défendeur a proposé un déclinatoire sans plaider au fond, le tribunal ne peut, en rejetant l'exception d'incompétence, prononcer sur le fond par un seul et même jugement; qu'après avoir déclaré sa compétence, il doit ordonner au défendeur de plaider au fond, et, sur son refus de le faire, le condamner par défaut. — *Cass.*, 7 mai 1828, Vernhes c. Arvengas.

66. — Cette doctrine, qui nous semble conforme au texte et à l'esprit de l'art. 172, C. procéd., est cependant controversée. On veut appliquer aux tribunaux ordinaires la disposition exceptionnelle de l'art. 425 pour les tribunaux de commerce; on prétend que l'art. 172 ne défend pas de statuer par deux dispositions distinctes sur le déclinatoire et sur le fond; qu'il se borne à défendre de joindre l'exception au principal, c'est-à-dire de retarder le jugement sur la demande en renvoi jusqu'après l'instruction sur le fond; mais que si le fond est prêt à recevoir jugement, rien ne s'oppose à ce que le tribunal décide l'un et l'autre en même temps. — V., dans ce sens, Berriat Saint-Prix, p. 225, note 35e; Hautefeuille, p. 122; Pigeau, *Comm.*, t. 1er, p. 388; Chauveau sur Carré, quest. 7, note 1re.

67. — Il a été jugé, dans ce sens, mais à tort, selon nous, que la disposition de l'art. 172, C. procéd., d'après laquelle la demande en renvoi ne peut pas être jointe au principal, n'est point prescrite, à peine de nullité. — *Toulouse*, 19 avr. 1844 (t. 2 1844, p. 208), Arpizon c. Séran.

68. — Toutefois, nous reconnaissons que le principe consacré par cet article comporte certaines exceptions.

69. — Ainsi, lorsque la question de compétence et la question du fond sont si intimement liées, qu'il n'est possible de statuer sur la première qu'en constatant le fait qui entraîne la solution de la seconde, il est valablement statué sur le déclinatoire et sur le fond par un seul jugement. — *Cass.*, 15 janv. 1839 (t. 1er 1839, p. 237), préfet d'Ille-et-Vilaine c. Leballe.

70. — De même lorsque l'exception d'incompétence se confond avec le fond, sur lequel le demandeur a conclu, quoique subsidiairement, les juges ne sont pas obligés de rendre une décision séparée sur l'incompétence. — *Cass.*, 27 avr 1825, Abbarel c. Guillard.

71. — De même encore, dans le cas où le déclinatoire fondé sur l'incompétence n'a pas été proposé préjudiciellement ni même directement, mais par voie de conséquence et parce qu'on déniait l'action au fond, le juge peut prononcer par une même décision sur l'incompétence et sur le fond. — *Cass.*, 18 fév. 1835, syndics des arroseurs de Géménos c. Albertas.

72. — En appel, lorsque le défendeur, en invoquant l'incompétence matérielle du premier juge, a pris des conclusions au fond, le tribunal d'appel peut statuer sur l'exception d'incompétence et sur le fond par un seul jugement, mais par deux dispositions distinctes, d'abord en rejetant l'exception, ensuite en prononçant sur le fond.—*Bruxelles*, 23 mai 1807, Vanbuchen c. Vandennien; *Cass.*, 5 juill. 1809, Darracq; 14 août 1832, Albarel c. maire de Carcassonne; 15 juill. 1834, Amanieu c. Créon. — Cela résulte de la maxime qu'*en cour souveraine on plaide à toutes fins*. — Rodier et Serpillon, sur l'art. 3, tit. 6, ord· 1667; Favard de Langlade, § 2, nº 12; Bioche, *ibid.*, nº 148.

73. — Le tribunal qui rejette un déclinatoire ne peut même pas ordonner de plaider de suite au fond. Le demandeur à l'exception doit avoir le temps d'appeler, si bon lui semble, du jugement qui l'en a débouté. — Boncenne, t. 3, p. 256.

74. — Ainsi, hors les cas d'exécution provisoire, un tribunal ne peut, en rejetant un déclinatoire, statuer immédiatement sur le fond. Le second jugement rendu en conséquence est nul. — *Caen*, 6 juill. 1844 (t. 1er 1845, p. 280), Joret c. Ronnaux.

75. — Il y a plus, le tribunal de première instance doit s'abstenir de statuer sur le fond dans la huitaine du jugement rendu sur l'incompétence. — Arg. C. procéd., art. 147 et 450 combinés. — Boitard et Boncenne, *ibid.*; Carré, quest. 738; Demiau-Crouzilhac, p. 140.

76. — Décidé, par application de ce principe, que le jugement qui rejette le déclinatoire et ordonne de plaider au fond, doit être, à peine de nullité du jugement qui interviendrait sur le fond, signifié à avoué avant exécution. — *Poitiers*, 16 janv. 1838 (t. 2 1838, p. 142), Provost c. Jard-Panvilliers; *Nancy*, 4 fév. 1839 (t. 1er 1847), comm. de Gibeaumeix c. Leclerc.

77. — Par la même raison, le jugement qui rejette une exception d'incompétence, et, en matière civile, ordonne de plaider immédiatement au fond, ne peut être déclaré exécutoire par provision, et nonobstant appel. — *Nancy*, 6 juin 1844 (t. 2 1844, p. 573), Germain-Duval c. Jordy.

78. — Il a néanmoins été décidé que le tribunal qui déclare un déclinatoire non recevable peut, sans violer l'art. 172, C. procéd, civ., ordonner qu'il sera immédiatement plaidé au fond, et statuer le même jour sur le fond, pourvu que ce soit par une décision distincte. — *Cass.*, 4 janv. 1841 (t. 1er 1841, p. 466), Charbonneau c. compagnie d'assurances sur la vie.

79. — En matière commerciale, le même jugement peut, en rejetant le déclinatoire, statuer sur le fond, mais par deux dispositions distinctes, l'une sur la compétence, et l'autre sur le fond; les dispositions sur la compétence peuvent toujours être attaquées par la voie de l'appel. — C. procéd., art. 425.

80. — Sous l'empire de l'ordonnance de 1673, les juges consulaires pouvaient déjà, après avoir rejeté un déclinatoire, statuer sur le fond, quoique le défendeur ne se fût pas expliqué sur ce point. — *Cass.*, 25 prair. an X, Magnet c. Dubail.

81. — Mais l'art. 425, C. procéd., qui permet aux tribunaux de commerce de statuer sur le fond par le même jugement qui rejette le déclinatoire, pourvu que ce soit par deux dispositions distinctes, ne les autorise point à joindre le déclinatoire au fond, et à ordonner une preuve portant tout à la fois sur l'un et sur l'autre. — *Cass.*, 10 juill. 1837 (t. 2 1837, p. 119), Lafon c. syndics Girard.

82. — En conséquence, un tribunal de commerce saisi d'une contestation à l'occasion de laquelle un déclinatoire est proposé ne peut pas, sans avoir statué préalablement sur sa compétence, renvoyer les parties devant arbitres-rapporteurs pour se régler tant sur le déclinatoire que sur le fond. — Ce renvoi ne peut avoir lieu qu'en ce qui concerne le déclinatoire. — *Paris*, 26 janv. 1839 (t. 1er 1839, p. 309), Bidault c. Desertines. — V. TRIBUNAL DE COMMERCE.

83. — Celui qui propose un simple déclinatoire pour raison d'incompétence n'est point obligé de désigner le tribunal devant lequel il demande à être renvoyé. — *Cass.*, 4 mars 1818, Cassobois c. Wyvekens et Mercier; — Carré et Chauveau, quest. 723; Pigeau, *Comment.*, t. 1er, p. 384.

84. — Il indique suffisamment le tribunal compétent devant lequel il demande son renvoi en invoquant la maxime *actor sequitur forum rei.* — Même arrêt.

85. — La partie qui a proposé un moyen d'incompétence personnelle est censée acquiescer au jugement qui rejette le déclinatoire et ordonne de plaider au fond lorsqu'elle plaide sur le fond, même *sous toutes réserves.* — *Lyon*, 20 juin 1825, Rivet c. Blanc.

86. — A plus forte raison la partie qui plaide au fond à l'instant même du jugement qui le lui ordonne, sans faire aucunes protestations ni réserves, est-elle censée acquiescer à ce jugement, et ne peut-elle plus, par conséquent, en appeler. — *Amiens*, 8 mai 1821, Roques c. Longueville; *Lyon*, 3 août 1819, Larfeuille c. Matachard; *Paris*, 17 mai 1813, Godier c. Fayolles; *Cass.*, 14 août 1832, Albarel.

87. — Mais si la partie, cédant à l'injonction de plaider au fond, faisait des *réserves expresses* en présentant sa défense, comme on ne pourrait lui faire un grief de son obéissance, elle conserverait le droit d'appeler. — Chauveau sur Carré, quest. 786; Bioche, *ibid.*, nº 160. — V. *contrà Lyon*, 3 août 1819, Larfeuille c. Matachard et Montal.

88. — En matière de commerce, la partie qui propose un déclinatoire fondé sur une incompétence *ratione personæ*, n'acquiesce pas au jugement qui écarte son déclinatoire en plaidant au fond à l'audience même à laquelle intervient ce jugement. Il n'y aurait acquiescement de sa part qu'autant qu'elle plaiderait au fond à une audience subséquente. — *Poitiers*, 20 mai 1829, Jacquault-Bonnet c. Turreau.

89. — Même depuis le Code de procédure, le défendeur dont le déclinatoire a été rejeté en première instance, peut immédiatement se pourvoir en réglement de juges. L'art. 19, tit. 2, ordonn. 1737 qui le décidait ainsi, n'a point été abrogé. — *Cass.*, 30 juin 1807, Guenifey-Savonières c. Juif; 15 juill. 1812, Chabroud c. Dubourg. — V. RÉGLEMENT DE JUGES.

90. — Cet article est ainsi conçu : « La partie qui aura été déboutée du déclinatoire par elle proposé dans la cour ou dans la juridiction qu'elle prétendra être incompétente, et de sa demande en renvoi dans une autre cour ou dans une juridiction d'un autre ressort, pourra se pourvoir en notre grande chancellerie ou en notre conseil, en rapportant le jugement rendu contre elle, et les pièces justificatives de son déclinatoire; moyennant quoi il lui sera accordé des lettres ou un arrêt, ainsi qu'il a été dit ci-dessus. » — Cet article du réglement ne fait, comme on le voit, aucune distinction entre le cas où les juges ont tout à la fois prononcé sur le déclinatoire et sur le fond, et celui où ils n'ont statué que sur le déclinatoire. Il est même impossible d'admettre le système tendant à faire écarter le réglement de juges, lorsque le tribunal aurait prononcé sur le fond; car ce serait livrer le plaideur à la merci du juge, puisqu'il dépendrait toujours de ce dernier, en statuant sur le fond, de priver la partie du recours que la loi lui accorde. Aussi le réglement de 1737 n'exige-t-il pour l'admission du pourvoi que l'apport des pièces justificatives du déclinatoire proposé et du jugement qui a rejeté l'exception. La partie ne pourrait être éconduite qu'autant qu'elle aurait conclu et plaidé au fond, parce qu'alors elle serait censée avoir au moins virtuellement reconnu la compétence et renoncé à son exception.

91. — Ainsi, la partie qui, traduite devant un tribunal incompétent, a proposé son déclinatoire, peut encore, lorsque le tribunal a tout à la fois rejeté l'exception et jugé le fond du procès, se pourvoir en réglement de juges, si elle n'a conclu ni plaidé au fond. — *Cass.*, 30 juin 1812, Savonière c. Juif; 15 juill. 1812, Chabroud c. Dubourg; 20 juill. 1815, Dessaux c. Daliphard; 20 janv. 1818, Legrand c. Sevène.

92. — Mais la voie du réglement de juges serait fermée, si le jugement avait acquis force de chose jugée. — *Cass.*, 30 janv. 1817, Maistre c. Baumier.

93. — Il avait cependant été jugé, d'une manière absolue, avant le Code de procédure, qu'on ne peut se pourvoir en réglement de juges, lorsqu'un tribunal rejette le déclinatoire qui lui est proposé et statue sur le fond, le réglement de juges supposant nécessairement des contestations à juger ultérieurement. — *Cass.*, 21 niv. an XIII, Meulant.

94. — Si les parties, après le rejet du déclinatoire, avaient conclu et plaidé au fond, elles n'auraient plus, pour se pourvoir, que les voies ordinaires d'appel ou de cassation. — Bioche, nº 159; Merlin, *Rép.*, vº *Conflit de juridiction.*

95. — Les juges d'appel devant lesquels un jugement sur la compétence est porté ne peuvent statuer que sur la compétence. — *Cass.*, 22 juin 1812, Gullibert c. Jourdan.

96. — Les dépens relatifs aux exceptions déclinatoires ne doivent pas être liquidés d'après le mode indiqué pour les affaires sommaires, aux termes de l'art. 405, C. procéd. — *Paris*, 25 mai 1808, Selves c. Burgraff.

97. — Ils doivent être taxés comme en matière ordinaire. — Même arrêt — V. toutefois, en sens contraire, *Grenoble*, 6 mars 1821, Alker c. Offand.

§ 3. — *Des nullités.*

98. — La nullité d'un exploit ou d'un acte de procédure constitue ce que, dans l'ancien droit, on qualifiait de fins de non-procéder. Quelques auteurs, et entre autres Pothier (*Tr. sur la procéd. civ.*), appelaient ces fins de non-procéder *exceptions péremptoires en la forme,* par opposition aux exceptions qu'ils nommaient *péremptoires du fond.*

99. — Certains commentateurs modernes les qualifient encore aujourd'hui de *Péremptoires de forme* (V. Berriat Saint-Prix, t. 1er, p. 425); *péremptoires de l'instance* (V. Carré, t. 2, p. 152); *péremptoires relatives à l'exercice de l'action* (V. Pigeau, *Comm.*, t. 1er, p. 418). Mais le Code de procédure les distingue sous le nom de *nullités d'exploit* ou d'*actes de procédure.*

100. — Ces nullités sont couvertes si elles ne sont proposées avant toutes défenses ou exceptions autres que les exceptions d'incompétence. — C. procéd., art. 173. — V. NULLITÉS.

101. — Elles doivent être proposées par requêtes qui ne peuvent excéder six rôles. Il y est répondu de la même manière. — Tarif, art. 75.

§ 4. — *Des exceptions dilatoires.*

102. — Les exceptions dilatoires sont celles qui tendent directement et uniquement à obtenir un délai.

103. — Les deux seules exceptions dilatoires proprement dites, reconnues par le Code de procédure sont : le délai pour faire inventaire et délibérer et le délai pour mettre garant en cause. — V. DÉLAI POUR FAIRE INVENTAIRE ET DÉLIBÉRER, GARANTIE.

104. — Quelques auteurs regardent aussi comme purement dilatoires le bénéfice du terme invoqué par le débiteur actionné avant l'échéance; l'exception tirée du défaut de qualité du demandeur; celle de discussion opposée par la caution ou par le détenteur d'un bien hypothéqué et enfin celle de division. — Boncenne, t. 3, p. 306; Favard, t. 2, p. 467; Carré, quest. 785, note ; Pigeau, t. 1, p. 179.

105. — Quant au premier cas, celui où le défendeur oppose le bénéfice du terme, ce n'est point une exception, mais une véritable défense au fond. En effet, si l'on soutenait le contraire, il faudrait dire, par application de l'art. 186 qu'il y aurait déchéance contre ce défendeur qui aurait, au lieu de proposer son exception, nié l'existence de la dette. Or, il y aurait souveraine injustice à décider ainsi, puisqu'on peut très bien devoir et croire qu'on ne doit pas et que la première réponse que dans cette position on fait à un demandeur consiste dans la dénégation de la dette. Mais quand une fois son existence est reconnue, il est équitable d'accorder le délai qui se trouve dans le terme imparti au paiement. — Boitard, nº 637 et 639. — V. toutefois *Rennes*, 11 sept. 1813, Picholat.

106. — Lorsque le défendeur conteste la qualité du demandeur, par exemple quand ce demandeur étant mineur, le défendeur prétend qu'il n'est pas recevable à agir sans l'assistance de son tuteur, il serait également injuste de dire que cette défense est couverte par cela qu'avant de l'opposer on a nié l'existence de la dette. — Boitard, nº 640.

107. — S'agit-il du bénéfice de discussion, il nous paraît qu'il y aurait également souveraine injustice à déclarer déchu celui qui, avant de l'opposer, aurait contesté sa qualité de caution. Cette contestation peut être faite de très bonne foi et est la défense qui se présente naturellement à l'esprit de celui qu'on actionne comme caution, d'autant plus qu'opposer préalablement la discussion ce serait se reconnaître caution. Vainement argumen-

terait-on des termes de l'art. 2002, C. civ., qui obligent le défendeur à opposer le bénéfice de discussion *sur les premières poursuites*. Cet article s'occupe du cas où la qualité de caution n'est pas contestée : et puis les expressions *premières poursuites* s'entendent plutôt de poursuites d'exécution que de poursuites judiciaires. — V. CAUTION. — V. aussi Boitard, n° 641 ; — *contrà* Paris, 24 avr. 1806, Chagner c. Chespy.

108. — Le même raisonnement s'applique au cas où le détenteur d'un bien hypothéqué oppose la discussion. — Boitard, *ib.*

109. — Quant au bénéfice de division, il est certain que celui qui l'invoque ne demande aucun délai ; ce n'est point là une exception dilatoire. — Boitard, n° 642. — V. DILATOIRES (exceptions).

110. — Jugé que l'exception tirée de ce qu'une demande pétitoire a été formée avant que le jugement au possessoire fût rendu, est dilatoire, et dès-lors se trouve couverte par la défense au fond. — *Cass.*, 15 avr. 1833, Lacroix c. comm. de Roufach.

111. — De même, l'exception prise du défaut de paiement des frais faits au possessoire avant toute poursuite au pétitoire est une exception purement dilatoire qui est couverte par une défense au fond, bien qu'en défendant au fond la partie ait déclaré se réserver cette exception. — *Bordeaux*, 20 mars 1826, Delassalle c. Delavau.

112. — Les tribunaux peuvent statuer sur les exceptions dilatoires et le fond par un seul et même jugement. Il n'existe et il ne pouvait exister à l'égard de ces exceptions aucune disposition analogue à celle de l'art. 172, C. procéd., qui défend de statuer en même temps sur la compétence et sur le fond. — Chauveau sur Carré, quest. 786 *bis*; Thomine Desmazures, t. 1er, p. 344; Bioche, *ibid.*, n° 26.

§ 5. — *De la communication de pièces.*

113. — Les parties peuvent respectivement demander communication des pièces employées contre elles. — C. procéd., art. 188.

114. — Peu importe qu'il s'agisse d'une affaire ordinaire ou sommaire ; la loi ne distingue pas, et il y a d'ailleurs mêmes motifs de décider dans l'un et l'autre cas. — Bioche, *ibid.*, n° 262.

115. — Quoique la demande en communication de pièces ne constitue pas, à proprement parler, une exception dilatoire, elle doit être présentée avant toute défense au fond. — Paris, 21 juin 1825, Roussey. — V. à cet égard COMMUNICATION DE PIÈCES.

Sect. 3°. — *Ordre dans lequel les exceptions doivent être proposées.*

116. — En principe, toutes les exceptions doivent être proposées avant les défenses au fond, mais dans quel ordre doivent-elles être respectivement présentées ? c'est ce qui n'est pas sans difficulté.

117. — Il faut, selon nous, le déterminer d'après les effets que doivent produire les exceptions et par la place assignée à chacune d'elles par le Code de procédure. — Bonceune, t. 3, p. 200 ; Boitard, t. 1er, n° 434. — V. d'ailleurs CAUTION JUDICATUM SOLVI, n°s 405 et suiv.

118. — Ainsi on doit, en général, présenter les exceptions dans l'ordre suivant : 1° la caution *judicatum solvi* ; — 2° les déclinatoires ; — 3° les nullités ; — 4° les exceptions dilatoires ; — 5° enfin la communication de pièces. — Opposer une exception de la seconde espèce, c'est renoncer à user du bénéfice de celles de la première. — Pigeau, *Procéd. civ.*, t. 1er, p. 494 ; Bioche, *ibid.*, n° 14. — V. d'ailleurs CONNEXITÉ, n°s 48 et suiv., DÉLAI POUR FAIRE INVENTAIRE ET DÉLIBÉRER, GARANTIE, INCOMPÉTENCE, LITISPENDANCE, NULLITÉ, etc.

119. — Toutefois, l'incompétence *ratione materiæ* peut être proposée en tout état de cause, parce qu'elle constitue une exception absolue qui tient à l'ordre public. — V. INCOMPÉTENCE.

120. — Les exceptions dilatoires doivent être proposées conjointement et avant toute défense au fond. — C. procéd., art. 186.

121. — Néanmoins l'héritier, la veuve et la femme séparée peuvent ne proposer leurs exceptions dilatoires qu'après l'échéance des délais pour faire inventaire et délibérer. — *Ibid.*, art. 187.

122. — L'art. 187, C. procéd., ne parle que des exceptions dilatoires ; il s'applique cependant aux autres exceptions soit à la communication, soit à la cession soit à la communauté, parce qu'on effet l'assigné n'est obligé de les proposer qu'après avoir accepté. — Chauveau sur Carré, quest. 787, *bis*; Pigeau, *Comm.*, t. 1er, p. 418.

123. — Ainsi, l'héritier ou la femme doivent,

avant d'opposer un déclinatoire, invoquer le bénéfice des délais pour faire inventaire et délibérer, car s'ils renonçaient soit à la succession soit à la communauté, ils se trouveraient par cela même sans qualité pour répondre à la demande, et opposer l'incompétence du tribunal saisi, ce serait faire acte d'acceptation. — Bioche, *ibid.*, n° 15. — V. DÉLAI POUR FAIRE INVENTAIRE ET DÉLIBÉRER.

124. — Les créanciers qui s'opposent à la cession de biens sont tenus de présenter en même temps toutes leurs exceptions préjudicielles ; ils sont non recevables à former une demande en sursis, après s'être bornés d'abord à demander une communication de pièces. — Paris, 27 nov. 1828, Meuron c. Rochet.

EXCEPTION CEDÉNDARUM ACTIONUM.

L'exception de cession d'actions a lieu quand le créancier qui poursuit une caution, un cofidéjusseur, ou un tiers détenteur, s'est mis dans l'impossibilité de céder à celui-ci les actions, privilèges et hypothèques attachés à sa créance à l'égard du débiteur principal. — V. CAUTIONNEMENT.

EXCEPTION NON NUMERATÆ PECUNIÆ.

1. — L'exception *non numeratæ pecuniæ* ou d'*argent non compté* est un moyen de défense consistant à soutenir qu'on n'a pas reçu une somme, bien qu'on ait reconnu l'avoir touchée.

2. — Cette exception, admise par la loi romaine, avait été établie en faveur de ceux qui avaient reconnu devoir une somme, quoique l'eussent reçue, parce qu'elle leur serait comptée, *quasi accepturi pecuniam quæ numerata non est* (L. 7, Cod., de *non numer. pecun.*). La représentation de leur billet ne constituait pas contre eux une preuve suffisante. S'ils niaient avoir reçu la somme, c'était à leur adversaire à prouver la numération. — L. 8, Cod., *ibid.*

3. — L'exception *non numeratæ pecuniæ* était d'abord perpétuelle. Elle fut ensuite limitée à cinq ans par l'empereur Marc-Aurèle, et enfin réduite à deux ans par Justinien, ainsi que nous le voyons par la loi 14, Cod., *de non numeratâ pecuniâ*, qui porte : « *In contractibus in quibus pecunia vel aliæ res numeratæ vel datæ esse conscribuntur, non intrà quinquennium (quod anteà constitutum erat) non numeratæ pecuniæ exceptionem objicere possit qui accepisse pecunias vel alias res scriptus sit, vel successor ejus, sed intrà solum biennium continuum, ut, eo elapso, nullo modo querela non numeratæ pecuniæ introduci possit.* »

4. — De cette loi, prise dans son sens naturel et littéral, semble résulter la conséquence que la querelle *non numeratæ pecuniæ* n'est plus recevable après les deux ans, soit qu'on l'intente comme action ou qu'on la propose comme exception. Mais tel est le sort des lois, alors même qu'elles sont soumises à des commentateurs, à des interprétations ; et, en effet, les commentateurs ont interprété le terme de deux ans dans un sens restrictif ; ils ont prétendu qu'il en résultait seulement qu'après les deux ans, le créancier était dispensé de prouver la numération d'espèces ; mais que, si, même après ce terme expiré, le débiteur offre de prouver qu'il n'a point reçu l'argent du créancier, il y doit être reçu pendant trente ans, nonobstant la numération exprimée au contrat, suivant cette maxime : *Quæ temporalia sunt ad agendum, sunt perpetua ad excipiendum*. Telle est l'opinion de Barthole, de Faber et de plusieurs autres.

5. — L'exception *non numeratæ pecuniæ* qui s'était d'abord introduite dans le droit français, est fort proscrite par les réformes qui eurent lieu au seizième siècle. — Loisel, liv. 5, tit. 2, remarque que l'*exception d'argent non nombré n'a point lieu pour charger de preuve le demandeur qui a une obligation ou cédule reconnue*. Il était loisible au défendeur d'opposer cette exception en se chargeant de la preuve.— Danty, *Tr. de la preuve par témoins*, p. 650 et suiv.

6. — Le Code n'ayant rien dit sur cette exception qui a ainsi laissée dans les termes du droit commun. En conséquence, le prétendu débiteur peut se défendre d'avoir reçu l'argent qu'il a reconnu avoir touché, pourvu qu'il prouve son exception. — Toullier, t. 8, n° 19 ; Merlin, *Rép.*, v° *Exception d'argent non compté*.

7. — Il pourrait même prouver cette exception par témoins dans les cas où la preuve testimoniale est admise. — Toullier, t. 8, n° 19.

8. — Il a été jugé que, sous l'empire des lois romaines, l'obligé était admis à proposer, même après l'expiration de deux années à compter du

jour de l'obligation, l'exception *non numeratæ pecuniæ* et à prouver ce fait par témoins. — *Cass.*, 24 août 1813, domaines c. Zoppi.

9. — La maxime *quæ temporalia sunt ad agendum, sunt perpetua ad excipiendum*, n'est pas applicable au cas où il s'agit de l'exception *non numeratæ pecuniæ*. Le délai pour proposer cette exception est de dix ans à partir du jour de l'obligation. — *Toulouse*, 16 nov. 1836 (t. 2 1837, p. 283), Julian c. Lacombe.

10. — Aucune loi n'ayant déclaré que l'exception *non numeratæ pecuniæ* serait détruite par la renonciation de s'en prévaloir faite dans l'acte même, on n'a pu regarder comme valable cette renonciation. — *Cass.*, à fructid. an XII, Belleville c. Savey.

11. — Mais il a été jugé que l'exécution volontaire d'un acte de vente portant quittance du prix couvre l'exception de non paiement de ce prix. — *Cass.*, 5 janv. 1830, Rigot c. Dembas.

EXCÈS DE POUVOIR.

1. — Action d'un magistrat ou d'un tribunal qui sort de ses attributions.

2. — Les actes et les jugemens entachés d'excès de pouvoir peuvent être annulés par la cour de Cassation, soit en matière civile, soit en matière criminelle. — V. CASSATION (mat. civ.), CASSATION (mat. crim.), COUR DE CASSATION.

3. — Il ne faut pas confondre l'excès de pouvoir et l'incompétence, quoiqu'il ne soit pas toujours facile de les distinguer ; les auteurs et la jurisprudence sont fort divisés sur ce point. — V. sur ce point COMPÉTENCE (div.), n°s 92 et suiv., 111 et suiv., COMPÉTENCE (crim.).

4. — L'excès de pouvoir est un moyen de cassation même contre les décisions des juges de paix ; il en est autrement de l'incompétence. — V. CASSATION (mat. civ.), JUGE DE PAIX.

5. — Dans certains cas, l'excès de pouvoir constitue un *abus d'autorité*, et motive contre le magistrat qui s'en est rendu coupable des peines correctionnelles. — V. ABUS D'AUTORITÉ.

V. aussi ARBITRAGE, MANDAT, TRIBUNAUX MARITIMES, TRIBUNAUX MILITAIRES.

EXCITATION A LA DÉBAUCHE.

Table alphabétique.

à la débauche au point de vue pénal, est une espèce d'attentat aux mœurs qui consiste à avoir excité, favorisé ou facilité habituellement la débauche ou la corruption de la jeunesse de l'un ou de l'autre sexe au dessous de vingt-et-un ans (C. pén., art. 334).

2. — Cet attentat, comme au reste cela deviendra plus sensible par les explications qui vont suivre, ne doit pas être confondu avec l'attentat à la pudeur, l'outrage public à la pudeur, le viol, dont les caractères sont expliqués sous des mots spéciaux. — V. ATTENTAT A LA PUDEUR, OUTRAGE PUBLIC A LA PUDEUR, VIOL.

§ 1er. — *Incrimination.* — *Caractères constitutifs du délit (n° 3).*

§ 2. — *Circonstances aggravantes* (nº 63).
§ 3. — *Pénalité* (nº 80).

—

§ 1er. — *Incrimination. — Caractères constitutifs du délit.*

3. — L'art. 334, C. pén., prévoit et punit le cas où un individu aura attenté aux mœurs en excitant, favorisant ou facilitant habituellement la débauche ou la corruption de la jeunesse de l'un ou de l'autre sexe, au-dessous de vingt-un ans.

4. — MM. Chauveau et Hélie (*Th. C. pén.*, p. 125) font remarquer avec raison que cette incrimination est vague, et que le fait punissable n'est présenté par le législateur ni avec précision, ni avec clarté. Aussi ne doit-on pas s'étonner que l'interprétation de l'art. 334 ait amené beaucoup d'hésitation dans la jurisprudence.

5. — Les caractères constitutifs du délit sont : 1° le fait d'excitation ; 2° l'habitude ; 3° l'âge de la victime.

6. — Quant au fait même d'excitation, on s'est demandé si l'incrimination de la loi comprend uniquement ceux qui font métier de ce trafic, les proxénètes dont le seul but, en servant la passion d'autrui, est le profit qu'ils doivent en retirer, ou bien si elle s'applique également à ceux qui favorisent et facilitent la corruption ou qui y poussent, non par métier et dans l'intérêt des autres, mais pour satisfaire leurs propres passions.

7. — La jurisprudence, sur ce point, a été pendant long-temps incertaine. Ainsi, par de premiers arrêts, la cour de Cassation avait jugé que l'art. 334, C. pén., qui réprime la corruption habituelle de la jeunesse, s'applique au corrupteur qui agit pour son propre compte et pour satisfaire sa passion personnelle, comme à celui qui fait le métier d'exciter la débauche dans l'intérêt d'autrui. — *Cass.*, 10 avr. 1828, de Belchamp ; 2 oct. 1843, N... ; 18 avr. 1828, Philippot. — V. aussi en ce sens, *Angers*, 14 juill. 1828, Guillaume.

8. — Jugé aussi que le détournement d'une mineure âgée de plus de seize ans peut être considéré comme constituant le délit prévu par l'art 334, C. pén., s'il résulte des circonstances que le séducteur a habituellement, et pendant assez long-temps excité, favorisé ou facilité l'inconduite de cette mineure, en entretenant avec elle des relations repoussées par la morale. — *Cass.*, 9 août 1816, Crouzet c. Laguitardié.

9. — Mais en 1832, un nouvel arrêt décida que l'excitation habituelle des mineurs à la débauche ne constitue le délit prévu par l'art. 334, C. pén., qu'autant qu'elle a pour objet les plaisirs illicites des autres et non quand le prévenu n'a voulu satisfaire que sa propre brutalité sensuelle. — *Cass.*, 11 mai 1832 (Réglem. de juges), Gély.

10. — Cependant, bientôt la cour de Cassation revint à sa première jurisprudence. — *Cass.*, 5 juill. 1834, Villecocq ; 25 juill. 1834, Stalin ; 4 janv. 1838 (t. 2 1838, p. 54), Fayet ; 17 août 1839 (t. 1er 1840, p. 540), Arnault ; 31 janv. 1840 (t. 2 1840, p. 614), Gourges ; — V. aussi en ce sens *Paris*, 22 nov. 1834, Espinard c. Legros.

11. — Et une décision pareille résulte aussi des termes d'un arrêt rendu en chambres réunies le 26 juin 1838 (t. 2 1838, p. 54), Fayet.

12. — Jugé encore que le fait d'avoir reçu journellement des jeunes gens mineurs, de les avoir excités à la débauche en leur faisant des attouchemens honteux et en les rendant victimes de son incontinence, constitue le délit d'attentat aux mœurs, prévu par l'art. 334, C. pén. — *Cass.*, 5 juill. 1834, Villecocq.

13. — Toutefois, certaines cours royales hésitaient à adopter ce système. — Ainsi la cour de Bourges jugeait que l'excitation des mineurs à la débauche n'est un délit que quand elle a pour objet de favoriser les plaisirs des autres, mais non quand elle tend seulement à satisfaire la passion ou l'immoralité des jouissances personnelles du corrupteur. — *Bourges*, 19 janv. 1837 (t. 1er 1837, p. 415), Abdolonyme. — En ce sens, *Poitiers*, 25 janv. 1840 (t. 1er 1840, p. 540), Arnault ; *Limoges*, 18 mars 1840 (t. 2 1840, p. 370), Gravier.

14. — Et la cour de Cassation avait jugé qu'il n'y avait pas lieu de casser l'arrêt qui décidait que l'intimité et la durée des relations d'un majeur avec une mineure âgée de moins de vingt et un ans ne constituaient pas, dans une espèce particulière, l'habitude d'excitation à la débauche et de corruption prévue par l'art. 334, C. pén. — *Cass.*, 22 fév. 1838 (t. 1er 1840, p. 354), Sainte-Gresse c. Deveaux.

15. — Enfin, par un arrêt nouveau rendu en chambres réunies, la cour de Cassation a décidé d'une manière explicite que l'art. 334, C. pén., est applicable seulement au proxénète qui corrompt la

jeunesse dans l'intérêt d'autrui, et non à celui qui la débauche dans le but d'assouvir ses passions personnelles. — *Cass.*, 18 janv. 1840 (t. 2 1840, p. 367), Arnault.

16. — Et depuis lors, d'autres arrêts sont venus confirmer cette jurisprudence, qui paraît maintenant établie. — *Cass.*, 7 janv. 1841 (t. 1er 1842, p. 195), Bourgeois ; 19 mai 1841 (t. 1er 1841, p. 668), Chevé ; 11 juin 1841 (t. 2 1841, p. 419), Migeot ; 5 août 1841 (t. 2 1841, p. 701), F..., qui casse un arrêt de la cour de *Paris*, du 24 avr. 1841 (t. 1er 1841, p. 715) ; 19 fév. 1842 (t. 2 1842, p. 522), Colleau ; 23 avr. 1842 (t. 2 1842, p. 544), D... ; *Rouen*, 25 sept. 1841 (t. 2 1841, p. 702), F... ; *Limoges*, 18 mars 1840 (t. 2 1840, p. 370), Gravier.

17. — Cette dernière jurisprudence, quoique regrettable au point de vue moral, paraît, il faut le reconnaître, plus conforme à l'esprit de la loi, tel qu'il ressort de l'exposé fait par M. Monseignat au corps législatif. « En nous occupant, disait-il, des attentats aux mœurs, comment ne pas signaler ces êtres qui ne vivent que pour et par la débauche ; qui, rebut des deux sexes, se font un état de leur rapprochement mercenaire, et spéculent sur l'âge, l'inexpérience et la misère pour colporter le vice et alimenter la corruption ? Des législateurs ne les ont punis que du mépris public ; mais que peut le mépris sur des âmes aussi avilies ? Punit-on par l'infamie des personnes qui en font leur élément ? C'est par des châtimens, c'est par un emprisonnement et une amende que le projet de loi cherche à atteindre ces artisans habituels de prostitution. » Passant à la disposition du § 2 du même article, il ajoutait : « Si l'on pouvait calculer les degrés de bassesse *dans un métier aussi bas*, ceux-là sans doute seraient les plus misérables qui serviraient ou exciteraient même la corruption des personnes placées sous leur surveillance ou leur tutelle, et notamment les pères et les mères (s'il était possible qu'il s'en trouvât) qui, abusant du dépôt précieux que la nature et la loi leur ont confié, *spéculeraient* sur l'innocence qu'ils sont chargés de protéger et de défendre, *échangeraient* contre l'or la vertu de leurs enfans, et se rendraient coupables d'un infanticide moral. » Enfin, parlant des peines accessoires de l'art. 335, il en terminait ainsi l'énumération : « Enfin, il permet aux juges de mettre sous la surveillance spéciale du gouvernement les personnes éhontées dont l'infâme trafic appelle déjà toute la surveillance de la police ordinaire. »

18. — On voit par ces paroles qu'il n'est nullement question de ceux qui commettent, même habituellement, des actes de débauche avec les personnes de l'un ou de l'autre sexe. — V. en outre le réquisitoire de M. le procureur général Dupin et la plaidoirie de Me Morin, sous les arrêts du 26 juin 1838 et 18 juin 1840 ; — Morin, *Dictionn. de dr. crim.*, vº *Attentat aux mœurs*. — La même doctrine est enseignée par Carnot (sur l'art. 334, t. 2, p. 119, nº 4), et MM. Chauveau et Hélie, *Th. C. pén.*, t. 6, p. 134 et suiv.

19. — Au reste, MM. Chauveau et Hélie (*loc. cit.*) se livrent à une longue dissertation pour prouver que si, sous la loi romaine et dans l'ancien droit, la corruption exercée dans l'intérêt des passions personnelles du corrupteur, et la séduction pouvaient, suivant les circonstances, constituer un délit, ce délit était distinct du proxénétisme ou maquerellage, puni de peines différentes, incriminé séparément, et qui consistait, suivant la définition de Jousse (*Tr. de just. crim.*, t. 3, p. 840), « à favoriser la débauche en procurant des femmes ou des filles prostituées soit pour de l'argent ou autrement, ou à attirer les jeunes gens dans des lieux de débauche ou de prostitution à la sollicitation de femmes ou de filles qui exercent cet infâme métier. »

20. — Quant à la loi de 1791 (19-22 juill.) qui, se servant de termes semblables à ceux empruntés par l'art. 334, punissait ceux qui auraient favorisé la débauche ou corrompu les jeunes gens de l'un ou de l'autre sexe, il paraît certain qu'elle n'avait en vue que le proxénète et non le séducteur, ainsi que cela résulte d'un message adressé le 17 niv. an IV par le directoire exécutif au conseil des cinq-cents, au sujet des filles publiques, et dans lequel on lit : « La loi du 19 juill. 1791 a classé au nombre des délits soumis à la police correctionnelle la corruption des jeunes gens de l'un ou de l'autre sexe ; elle en a déterminé la peine. Mais cette disposition s'applique proprement au métier infâme de ces êtres affreux qui débauchent et prostituent la jeunesse. » Et M. Merlin, qui rapporte ce message (*Rép.*, t. 2, p. 247), ajoute : « Il en est de même de l'art. 334 du Code pénal de 1810. »

21. — D'après ces principes, la séduction personnelle ne serait punissable qu'autant qu'elle emprunterait les caractères prévus par les art. 334 et suiv., C. pén. — V. ATTENTAT A LA PUDEUR, DÉTOURNEMENT ET ENLÈVEMENT DE MINEURS, VIOL. — V. aussi le réquisitoire de M. Dupin, t. 2 1838, p. 57.

22. — Il a été jugé que le fait d'avoir employé des jeunes filles âgées de moins de onze ans à satisfaire sur soi-même sa propre incontinence constitue, non le délit prévu par l'art. 334, C. pén., mais le crime d'attentat à la pudeur consommé ou tenté sans violence, prévu par l'art. 331, C. pén. — *Cass.*, 2 avr. 1835, Dairou. — V. sur cet arrêt ATTENTAT A LA PUDEUR, nºs 16 et suiv.

23. — Mais que doit-on décider au cas où, pour pratiquer cette corruption, l'individu qui s'en rendrait coupable aurait recours à un proxénète ? Devrait-on le considérer comme complice du délit de proxénétisme ?

24. — La cour de Cassation a jugé que la coopération au proxénétisme ne saurait constituer une complicité de ce délit lorsqu'elle n'a eu lieu qu'à l'égard d'une seule personne, et dans le seul but, de la part de son auteur, de parvenir à un acte personnel de libertinage. — *Cass.*, 28 avr. 1842 (t. 2 1842, p. 544), C. D...

25. — Mais cette décision ne nous semble pas décider précisément la question proposée. En effet, si, dans l'espèce, la cour a écarté l'imputation de complicité, il faut remarquer que le reproche adressé au prétendu complice, outre qu'il se fondait sur l'*acceptation* et non sur la *provocation* des services du proxénète, ne portait que sur un *fait isolé*, exclusif, dès-lors, de l'*habitude*, ce qui nécessairement le faisait échapper aux prévisions de l'art. 334, qui considère l'habitude seule comme circonstance essentielle et constitutive du délit. Mais, s'il se fût agi d'actes provoqués et répétés de façon à prendre le caractère d'une habitude, il est douteux que la cour eût refusé d'y voir la complicité du délit de proxénétisme. En effet, comme nous le verrons plus bas (nº 78), elle a jugé, le 5 août 1841, que celui à qui une fille mineure a été prostituée par sa mère (cas dans lequel l'art. 334 est applicable sans qu'il y ait nécessité de l'*habitude*) peut être poursuivi et puni comme complice de celle-ci.

26. — Comme second caractère, l'art. 334 exige que le prévenu ait provoqué, favorisé ou facilité *habituellement* la débauche de la jeunesse. — Ce principe est reconnu par une jurisprudence constante. — *Cass.*, 17 janv. 1829, Blaye ; *Douai*, 5 fév. 1830, Clément ; *Cass.*, 4 janv. 1838 (t. 2 1838, p. 54), Fayet.

27. — La commission du corps législatif avait demandé que l'on fît disparaître de l'art. 334 le mot *habituellement*, en ce qu'il donnerait à entendre que si les coupables qui corrompent et prostituent la jeunesse ne se livraient pas très fréquemment à ce commerce vil, ils ne seraient pas punis : or, disait-on, leur conduite est si dangereuse, que la peine doit les atteindre toutes les fois qu'ils ne peuvent échapper à la vigilance publique. — Mais cette modification fut repoussée.

28. — Et, en conséquence, la cour de Cassation a décidé que la seule déclaration qu'un individu a attenté aux mœurs en excitant à la débauche, etc., etc., ne suffit pas, en dehors de toute déclaration relative à l'habitude, pour motiver l'application de l'art. 334. — *Cass.*, 17 janv. 1829, Blaye.

29. — En effet, dit Carnot (sur l'art. 334, C. pén.), le législateur n'a pas dû pousser sa prévoyance plus loin, car il ne l'aurait pu sans établir une inquisition dont il eût été trop facile d'abuser, et affliger par suite d'honnêtes familles dont quelques uns de leurs membres seraient devenus l'objet. » — Chauveau et Hélie, *Th. C. pén.*, t. 6, p. 185.

30. — Nous verrons, au reste, dans le paragraphe suivant, si l'*habitude* est également nécessaire lorsqu'il s'agit du délit prévu par le § 2 du même art. 334.

31. — Mais en quoi consiste l'*habitude* ? — Sur ce point beaucoup d'incertitude s'est manifesté dans la jurisprudence.

32. — Il est d'abord évident, et cela ne saurait prêter matière à difficulté, *qu'un seul fait* ne suffit pas pour constituer l'habitude. — *Nancy*, 10 déc. 1833, Galland.

33. — Jugé même (mais cela semble très contestable) qu'un fait unique ne peut suffire pour constituer l'habitude, quoique deux personnes en aient été l'objet ; qu'ainsi le fait d'avoir reçu dans sa maison deux filles mineures et d'avoir favorisé leur débauche, ne suffit pas pour constituer l'habitude. — *Douai*, 5 fév. 1830, Sophie Clément.

34. — Mais l'habitude résulte-t-elle des mêmes actes réitérés *sur la même personne*, ou bien est-il nécessaire qu'il y ait *plusieurs victimes* ?

35. — La cour de Cassation a commencé par juger par de nombreux arrêts « que les faits dont la réunion constitue l'habitude doivent être considérés relativement à celui qui en est l'auteur, et non

par rapport à ceux qui en ont été l'objet ; qu'il suit de là que des faits de corruption répétés à différentes époques *envers la même personne* peuvent caractériser l'excitation habituelle à la débauche. » — V. en ce sens *Cass.*, 17 janv. 1829, Blaye ; 6 juill. 1834, Fernet ; 4 janv. 1838 (t. 2 1838, p. 54), Fayet.

36. — Un arrêt de la cour de Cassation a jugé également que la loi n'ayant pas déterminé les caractères élémentaires du délit *d'excitation habituelle* de la jeunesse à la débauche, l'appréciation des faits qui peuvent le constituer est abandonnée à la conscience des juges ; et qu'ainsi, une cour a pu, sans violer aucune loi, faire l'application de l'art. 334, C. pén., à l'individu qu'elle a déclaré coupable d'avoir habituellement, pendant un assez long espace de temps, excité et favorisé la corruption d'une jeune fille de quatorze ans qu'il avait recueillie chez lui. — *Cass.*, 29 janv. 1830, Claude Pavy.

37. — Et diverses cours royales se sont rangées à cette jurisprudence. — Ainsi jugé que le fait d'avoir recueilli une jeune fille de seize ans dans une chambre louée pour elle, et d'avoir, par ce moyen, facilité et favorisé habituellement la débauche de cette jeune fille, constitue le délit prévu par l'art. 334, C. pén. — *Paris*, 22 nov. 1834, Espinaud c. Legros.

38. — ... Et que, pour que dans les termes de l'art. 334, C. pén., il y ait délit d'attentat aux mœurs en excitant, favorisant ou facilitant *habituellement* la débauche ou la corruption de la *jeunesse* de l'un ou de l'autre sexe au-dessous de vingt-un ans, il suffit qu'il y ait *actes répétés et habituels*, soit qu'ils s'exercent sur une ou plusieurs personnes. — *Lyon*, 21 déc. 1837 (t. 1er 1838, p. 196), Fockentyn et Schenedelé.

39. — Jugé encore qu'un tribunal de répression a pu reconnaître l'habitude d'excitation à la débauche dans la corruption par le prévenu de deux jeunes filles mineures *avec lesquelles il avait entretenu un commerce illicite* sans qu'une pareille appréciation tombe sous la *censure de la cour de Cassation*. — *Cass.*, 25 juill. 1834, Stalin.

40. — Mais par un arrêt solennel la cour de Cassation revenant sur la doctrine par elle consacrée précédemment, déclara que l'art. 334, § 1er, n'était applicable qu'autant que l'on trouvait réunies, 1° l'habitude ou la répétition des actes par lesquels la débauche ou la corruption serait excitée, favorisée ou facilitée ; 2° la *pluralité* de personnes corrompues ou prostituées ; — et que, dès-lors, l'art. 334 est inapplicable à celui qui, même à plusieurs reprises, n'a excité à la débauche qu'une seule personne mineure. — *Cass.*, 26 juin 1838 (t. 2 1838, p. 55), Fayet. — V. en ce sens *Cass.*, 31 janv. 1840 (t. 2 1840, p. 614), Gourges ; *Bourges*, 19 janv. 1837 (t. 1er 1837, p. 415), Abdolonyme.

41. — Toutefois, plusieurs cours royales ont refusé de se ranger à cette jurisprudence ; ainsi, même depuis l'arrêt solennel de 1838, plusieurs cours ont jugé qu'il peut y avoir habitude d'excitation à la débauche dans le sens de l'art. 334, C. pén., bien qu'il n'y ait pas pluralité de personnes corrompues ou prostituées. — *Bourges*, 24 janv. 1839 (t. 2 1841, p. 721), Roger ; *Douai*, 29 déc. 1838 (t. 1er 1839, p. 353), Dubois ; *Orléans*, 6 mars 1843 (t. 1er 1845, p. 95), Portier ; *Paris*, 8 mars 1843 (t. 2 1843, p. 471), Ampilhac ; 1er fév. 1844 (t. 2 1844, p. 80), Rousseau. — V. *contrà* autre arrêt de la cour de *Paris*, du 11 août 1843 (t. 2 1843, p. 473), Guyon.

42. — MM. Chauveau et Hélie (t. 6, p. 140) repoussent le dernier état de la jurisprudence de la cour de Cassation. « Il n'importe, disent-ils, que ces actes n'aient eu lieu qu'à l'égard de la même personne, car il faudrait décider que celui qui aurait trafiqué pendant plusieurs années de cette seule personne, ne serait pas coupable d'une excitation habituelle à la débauche, ce qui nous semble inadmissible. — Les anciens auteurs exigeaient également l'habitude comme un élément du délit, mais ils la faisaient résulter du nombre des actes et non de celui des personnes. — Farinacius, *quæst.* 144, n° 35 ; Menochius, *De arbitr. quæst. casu* 534, n° 49. — On croit trouver la pluralité des victimes dans le mot *jeunesse*, qu'emploie l'article ; mais l'emploi de ce mot s'explique par l'intention d'y comprendre les deux sexes ; et d'ailleurs il désigne l'âge et non une collection d'individus. » — V. en ce sens M. Gastambi, *Revue de législat.*, t. 9, p. 76.

43. — C'est ce qui explique l'arrêt précité de la cour de Paris du 1er fév. 1844. D'ailleurs, comme le font remarquer MM. Chauveau et Hélie (*loc. cit.*), « Dans la discussion du Code on voit que la commission du corps législatif et le conseil d'état hésitèrent entre les mots de *jeunesse* et d'individus au-dessous de vingt ans, et nulle expression ne permet d'admettre que la première de ces locutions ait été employée pour imposer la nécessité d'une pluralité d'individus : la loi a puni la flétrissure tentée sur la jeunesse comme les anciens punissaient l'outrage fait à la vieillesse : c'est l'âge qu'elle a voulu protéger : « *Maxima debetur puero reverentia.* »

44. — Dans tous les cas il est bien évident que la question de savoir si, en fait, les circonstances légalement considérées comme constituant l'habitude, existent réellement, rentre dans l'appréciation souveraine des juges du fond.

45. — Enfin, le troisième caractère essentiel du délit est l'âge de la victime. L'art. 334 exige qu'elle soit âgée de moins de vingt et un ans : et il faut que cette circonstance soit déclarée pour que la condamnation fondée sur l'art. 334 soit réputée légale. — *Cass.*, 28 janv. 1814, Lance ; — Bourguignon, *Jurisp. des Codes crim.*, sur l'art. 334, C. pén., t. 3, p. 313, n° 2, et Carnot, sur le même article, t. 2, p. 118, n° 2.

46. — Peu importe, du reste, que l'agent soit ou non majeur ou mineur, ainsi que cela résulte implicitement de l'arrêt précité du 9 août 1816 (Crouzet c. Laguitardié) dans l'espèce duquel il s'agissait d'un mineur, sauf, bien entendu, la question de discernement pour les mineurs de moins de seize ans. — V. DISCERNEMENT. — Delapalme, *Encycl. du dr.*, v° *Attentat aux mœurs*, n° 59.

47. — Est-il nécessaire, pour l'existence du délit que la corruption ait été consommée et que le mineur ait été flétri par la débauche ? — Cette question était autrefois controversée. — Farinacius, *quæst.* 144, n° 33.

48. — Mais elle a été tranchée par la cour de Cassation qui décide que le délit existe quoique la personne qui en a été l'objet soit restée pure. — *Cass.*, 6 juill. 1834, Fernet.

49. — En effet, comme le font remarquer avec raison MM. Chauveau et Hélie (*Th. du Code pén.*, t. 6, p. 146), l'art. 334, C. pén., ne se préoccupe nullement du résultat ; le délit consiste dans le fait de *faciliter, d'exciter* la débauche, et non dans le fait même de cette débauche ; il suffit que le proxénète ait prêté son entremise pour amener ce résultat, que le but de ses démarches ait été celui-là. Le délit se trouve consommé à son égard par la perpétration de ces actes d'excitation.

50. — D'un autre côté il a été jugé que l'art. 334 est applicable alors même que les filles prostituées auraient déjà été livrées à la débauche. — Impl. *Rouen*, 25 sept. 1841 (t. 2 1841, p. 702), F... ; *Rennes*, 15 mai 1835, N..

51. — La loi, en effet, ne distingue pas. « Et d'ailleurs, comme le disent MM. Chauveau et Hélie (p. 148), la morale distingue-t-elle entre ceux qui infiltrent aux mineurs les premiers sentimens de corruption et ceux qui les entretiennent dans ces sentimens ? Ces derniers ne sont pas quelquefois les moins coupables : les uns et les autres doivent être soumis aux mêmes peines. »

52. — Cette décision est applicable même au cas où les filles prostituées auraient été munies d'un livret de filles publiques délivré par la police. — *Douai*, 5 fév. 1830, Clément.

53. — Jugé encore que celui qui est reconnu coupable d'avoir habituellement facilité la débauche d'une jeune fille âgée de moins de vingt-un ans, ne peut pas être acquitté, sous le prétexte que cette fille étant inscrite à la police, il était fondé à croire, par cela seul, qu'elle avait plus de vingt-un ans. — *Cass.*, 17 nov. 1826, Jean Ozac.

54. — Ces décisions doivent être approuvées, « car les livrets et l'inscription des filles publiques sur les registres de la police ne sont pas de sa part une autorisation de se livrer à la prostitution : cette mesure, prise dans un intérêt public, n'a d'autre but que de les soumettre à la surveillance de l'autorité et aux visites médicales qu'elle prescrit. La police doit nécessairement soumettre les filles mineures aux mêmes mesures de surveillance communes à toutes les filles publiques : il est donc impossible de voir dans ces mesures une autorisation qui puisse devenir une excuse du délit. » — Chauveau et Hélie, p. 148. — V. aussi Delapalme, *Encycl. du dr.*, v° *Attentat aux mœurs*, n° 57.

55. — L'art. 334 est-il applicable à ceux qui louent leurs maisons à des entremetteurs de prostitution, quand ils ont connaissance de l'âge des personnes attirées ou reçues dans ces maisons ? — Suivant M. Delapalme (*verb. cit.*, nos 60 et suiv), ces individus tombent sous l'empire de l'ordonnance de police du 6 nov. 1778 (art. 2, 3, 4), et il y aurait lieu de les considérer en outre comme compris dans ces termes généraux de l'art. 334 : « *Quiconque* aura, etc., etc. — V. au surplus PROSTITUTION.

56. — Au reste, les faits à l'aide desquels on peut faciliter ou favoriser la débauche ou la corruption de la jeunesse variant à l'infini, tout dépend des circonstances dont les juges sont nécessairement appréciateurs. — V. aussi M. Delapalme, n° 59.

57. — Nous avons dit plus haut, et il suit de ce que nous venons d'exposer, que l'excitation à la débauche se distingue par ses caractères des autres attentats aux mœurs, tels que l'attentat à la pudeur, le viol, l'outrage public à la pudeur, lesquels, tout en différant aussi les uns des autres, ont cependant cela de commun qu'ils se manifestent par des actes immédiats et licencieux commis, soit publiquement, soit sur la personne d'autrui, et qui sont de nature à blesser, soit la décence publique, soit la pudeur de la personne qui les subit. « Au contraire, disent MM. Chauveau et Hélie (*Th. C. pén.*, t. 6, p. 149), l'attentat aux mœurs (excitation à la débauche) suppose une séduction calculée et secrète ; les actes qui le constituent, couverts d'un voile épais, consistent dans des paroles provocatrices, dans des propositions infâmes, dans le concours donné à la prostitution, ils ne se révèlent guère que par leurs effets. » — Ajoutons que, dans ces autres attentats, le coupable est presque toujours guidé par le désir de satisfaire ses passions personnelles, tandis que, par l'excitation à la corruption ou à la débauche, il cherche moins la satisfaction de sa propre incontinence que celle des passions d'autrui au service desquelles il se met pour en tirer parti à l'aide de victimes qu'il parvient à corrompre.

58. — De cette différence de caractères il résulte que la question de délit de corruption habituelle de la jeunesse ne peut pas être posé dans une accusation comme alternative et résultant des mêmes faits que les crimes de viol ou d'attentat à la pudeur avec violence. — *Cass.*, 11 mai 1832, Gély.

59. — Jugé encore que l'attentat aux mœurs prévu et puni par l'art. 334, étant un fait essentiellement différent de celui de viol, l'individu poursuivi et jugé pour le délit d'attentat depuis son acquittement du crime de viol, est mal fondé à prétendre qu'il a été poursuivi et jugé à raison du même fait et invoquer l'autorité de la chose jugée. — *Cass.*, 22 nov. 1816, Gauchard.

60. — ... Et que lorsque, dans une poursuite qui présentait tout à la fois un attentat à la pudeur avec violence et un attentat aux mœurs en excitant la débauche et la corruption de la jeunesse au-dessous de l'âge de vingt-un ans, le ministère public n'a soumis à la chambre des mises en accusation que les faits qualifiés crimes, en se réservant de poursuivre correctionnellement les faits qualifiés délits, si la cour, consacrant cette décision, a déclaré qu'il n'y avait lieu à suivre sur les faits qualifiés crimes et donné acte au ministère public de ses réserves, il ne peut y avoir dans la poursuite correctionnelle ultérieure, une violation de la chose jugée. — *Cass.*, 18 avr. 1828, Phlipot.

61. — Un autre arrêt a en outre décidé que le tribunal qui condamne, pour délit d'excitation habituelle de la jeunesse à la corruption, un individu précédemment acquitté d'un attentat à la pudeur avec violence, peut, sans violer la maxime *non bis in idem*, prendre en considération cet attentat comme fait surabondant d'immoralité. — *Cass.*, 6 juill. 1834, Fernet. — V. conf. Delapalme, n° 62.

62. — Si le délit d'excitation habituelle à la débauche avait été l'objet d'une première poursuite, et que l'acquittement eût été fondé sur ce que la réunion des faits qui doivent former l'habitude n'était pas établie, pourrait-on renouveler cette poursuite sous prétexte que de nouveaux faits, postérieurement découverts pourraient, réunis aux premiers, constituer cette habitude, élément du délit ? — MM. Chauveau et Hélie (*Th. C. pén.*, p. 152), qui posent la question, la résolvent négativement par le motif que les premiers faits étant couverts par l'acquittement, ne peuvent servir d'élément à une nouvelle prévention, sans qu'il y ait violation de la maxime *non bis in idem*. — Une décision contraire a, il est vrai, été rendue le 5 août 1826 (Martin), par la cour de Cassation, en matière de délit d'usure, dont l'*habitude* forme aussi un élément essentiel, mais nous avons combattu cet arrêt, qui a été également critiqué par Mangin, *Tr. de l'act. publ.*, t. 2, p. 352.

§ 2. — *Circonstances aggravantes.*

63. — Le § 2, art. 334, considère le délit comme plus grave et élève dès-lors la peine lorsque la prostitution ou la corruption a été excitée, favorisée ou facilitée par les pères, mères, tuteurs ou autres personnes chargées de la surveillance des personnes corrompues.

64. — Il est évident, quoique ce paragraphe n'en dise rien, qu'il s'agit toujours et uniquement de la prostitution ou corruption de mineurs de vingt et un ans.

65. — Il existe, comme on peut s'en convaincre, une différence sensible entre les termes de l'art. 334 et ceux de l'art. 333, en ce qui touche la circonstance aggravante résultant de la qualité de l'agent.

— V. ATTENTAT A LA PUDEUR, nos 63 et suiv. — Ainsi l'art. 334 ne mentionne pas les *ascendans*. — Cependant M. Delapalme (vº cit. nº 66), par une interprétation conforme sans doute à la saine morale, mais que ne favorise pas complètement le texte de l'art. 334, pense que l'ascendant qui faciliterait la corruption de son petit-fils devrait subir l'aggravation infligée par le deuxième paragraphe de cet article.

66. — Au surplus le même auteur fait observer avec raison que l'art. 334 n'ayant pas déterminé quelles sont les personnes comprises sous ces mots : *ou autres personnes chargées de leur surveillance*, les circonstances indiqueront si la surveillance dont la loi entend parler a été confiée aux coupables et que les tribunaux en décideront.

67. — La cour de cassation a décidé que les maîtres qui excitent à la débauche les apprenties placées chez eux sont punissables conformément au § 2 de l'art. 334, encore que ces apprenties ne couchent pas chez leurs maîtres et n'y passent qu'une partie de la journée. — *Cass.*, 17 oct. 1838 (t. 2 1839, p. 353), Dubois. — V. en ce sens *Douai*, 29 déc. 1838 (t. 2 1839, p. 353), mêmes parties.

68. — Il en est de même de l'individu qui livre à la prostitution une mineure placée à son service. — *Bourges*, 24 janv. 1839 (t. 2 1841, p. 721), Roger.

69. — Jugé aussi que le mari, étant le surveillant légal et nécessaire de sa femme, rentre dans les dispositions générales du § 2 de l'art. 334, C. pén., lorsqu'il a excité ou favorisé la débauche de sa femme mineure. — *Paris*, 8 mars 1843 (t. 2 1843, p. 471), Ampilhac.

70. — On peut en outre consulter comme analogues sous divers rapports les explications que nous avons données sur l'interprétation de l'art. 333, C. pén., vº ATTENTAT A LA PUDEUR, nos 63 et suiv.

71. — Mais faut-il, dans le cas du deuxième alinéa de l'art. 334, comme dans le cas du premier (V. *suprà* nos 26 et suiv.), qu'il y ait *habitude* pour la constitution du délit? La jurisprudence a encore varié à cet égard.

72. — Ainsi, par un premier arrêt, la cour de Cassation a décidé que l'excitation à la débauche d'un mineur, dont le coupable a la surveillance, ne constitue un délit punissable qu'autant *qu'elle est habituelle*. — *Cass.*, 11 (et non 17) sept. 1829, Hiély.

73. — Et une décision semblable résulte d'un arrêt de la cour de Nancy. — *Nancy*, 10 déc. 1833, Galland.

74. — Mais, par d'autres arrêts plus récens, la cour de Cassation a reconnu que l'habitude (laquelle, suivant elle, consiste dans la pluralité des personnes), n'est pas un des élémens constitutifs du délit d'excitation à la débauche dans le cas du second paragraphe de l'art. 334, C. pén., concernant les pères, mères, tuteurs et autres personnes chargées de la surveillance des mineurs. — *Cass.*, 21 fév. 1840 (t. 2 1840, p. 534), Hugeat.

75. — Et l'on peut citer, comme rendus dans le même sens, les arrêts *Cass.*, 26 juin 1838 (t. 2 1838, p. 55), Fayet; 17 oct. 1838 (t. 2 1839, p. 353), Dubois; *Douai*, 29 déc. 1838 (t. 2 1839, p. 353), mêmes parties.

76. — Carnot (sur l'art. 334, C. pén., t. 2, p. 118, nº 4) est aussi de cet avis par le motif que dans le § 2 de l'art. 334, C. pén., le législateur a parlé de prostitution et de corruption, sans y rattacher la circonstance de l'habitude. Mais MM. Chauveau et Hélie (*Th. Code pén.*, t. 6, p. 145) répondent que les deux alinéas de l'article sont intimement liés l'un à l'autre. « Le deuxième, disent-ils, n'a fait qu'aggraver la peine à raison de la qualité des coupables... Les élémens du délit sont les mêmes. Ce qui le prouve, c'est que l'alinéa deuxième se borne à indiquer la circonstance aggravante et la peine; il n'énonce pas même les circonstances du délit, et par exemple l'âge des victimes. » MM. Chauveau et Hélie trouvent une preuve de plus dans l'art. 335, où on lit : *Les coupables* du délit *mentionné au précédent article*, et non pas *des délits*. Enfin, le même art. 335, en aggravant la durée de la surveillance, à raison de la qualité des personnes, démontre de plus en plus que c'est toujours le même délit, et que la peine est seule changée.

77. — La doctrine de MM. Chauveau et Hélie serait tout au plus admissible si, comme ils le soutiennent (et comme nous le pensons aussi), *l'habitude* consistait dans la répétition des actes et non dans la pluralité des victimes. Et encore il nous semble qu'en présence d'un délit aussi odieux que celui prévu par le § 2 de l'art. 334, on ne devrait pas hésiter à appliquer dans toute sa rigueur, et sans chercher de tempérament à ses prescriptions, la disposition de ce paragraphe. Mais il est évidemment impossible, en présence de la jurisprudence qui exige, pour l'existence de l'habitude, qu'il y ait eu *pluralité de victimes*, que cette habitude, ainsi caractérisée, soit considérée comme un élément essentiel du délit dans le cas du § 2 de l'art. 334; et si l'arrêt du 11 sept. 1829 (Hiély) a décidé le contraire, c'est qu'on se trouvait précisément alors sous l'empire de la jurisprudence qui faisait résulter l'habitude, non de la pluralité des victimes, mais de la réitération des actes de corruption, même sur une seule personne. — Nous pensons donc que, pour la solution de cette question spéciale, MM. Chauveau et Hélie ne se sont pas assez préoccupés de l'état actuel de la jurisprudence sur l'interprétation du mot *habitude*, et c'est pour cela que leur opinion perd de l'importance que nous lui reconnaissons d'ordinaire.

78. — Il a été jugé que lorsque la prostitution d'une fille mineure a été facilitée et favorisée par sa mère, l'individu à qui elle l'a prostituée peut être poursuivi et puni comme son complice. — *Cass.*, 5 août 1841, (t. 2 1841, p. 701), F...; *Rouen*, 25 sept. 1841 (t. 2 1841, p. 702), F...

79. — Jugé aussi que celui qui s'est *rendu complice* d'un attentat aux mœurs, dont l'auteur principal est la mère de la victime, doit subir l'aggravation de peine prononcée par le § 2 de l'art. 334, C. pén., contre les pères et mères qui favorisent la débauche de leurs enfans. — *Cass.*, 22 nov. 1816 (et non 1818), Gauchart. — V. COMPLICITÉ, nº 1251.

§ 3. — *Pénalité.*

80. — La loi romaine déclarait infâmes ceux qui faisaient profession et trafic de débauche. — LL. 1, ff., *De his qui notantur infamiâ*; 4, § 2, ff., *eod. tit.*, et 43, § 7, ff., *De ritu nuptiarum*; 29, § 3, ff., *ad. leg. Jul. De adulteriis.*

81. — La peine de ce trafic fut d'abord arbitraire: puis la confiscation des biens, l'exil, les travaux des mines furent prononcés contre les pères et les maîtres qui prostituaient leurs filles ou leurs esclaves. — L. 6, Cod., *De spectaculis* et *lenonibus*. — Enfin, plus tard la peine de mort fut prononcée toutes les fois qu'il était prouvé que les proxénètes avaient reçu de l'argent, qu'ils étaient dans l'habitude d'en recevoir pour leur commerce; enfin qu'ils avaient tendu des embûches à de jeunes filles pour les faire tomber dans la débauche. — Nov. 14, *De Lenonibus*. — V. aussi Chauveau et Hélie, p. 128.

82. — Dans notre ancienne législation le maquerellage (tel que nous l'avons défini plus haut d'après Jousse) était frappé de peines qui variaient suivant les coutumes et la jurisprudence. — C'étaient le fouet, le pilori, la marque, le bannissement. — Le parlement de Paris faisait promener le coupable sur un âne, par les carrefours de la ville, le visage tourné vers la queue, avec un chapeau de paille sur la tête et un écriteau indiquant le délit. Le parlement de Toulouse le faisait plonger à trois fois différentes dans la rivière. — Jousse, *Tr. de just. crim.*, t. 3, p. 810; Muyart de Vouglans, p. 216; Chauveau et Hélie, p. 129.

83. — « Ce n'est pas, du reste, ajoute Muyart de Vouglans, p. 218, que la peine de ce crime (le maquerellage) ne puisse être augmentée et même devenir capitale parmi nous comme chez les Romains, suivant la qualité des personnes qui exerceraient ou envers qui serait exercé cet abominable commerce, notamment dans le cas de la servante qui prostituerait la fille de son maître, ou du tuteur qui prostituerait sa pupille. »

84. — La loi du 19 juill. 1791 (tit. 2, art. 9) condamnait à une amende de 50 à 500 liv. et à une année d'emprisonnement les personnes convaincues d'avoir favorisé la débauche ou corrompu les jeunes gens de l'un ou de l'autre sexe.

85. — Ainsi, sous cette loi, l'excitation à la débauche et la corruption de la jeunesse au-dessous de vingt-un ans ne constituait qu'un délit correctionnel. — Aussi a-t-il été jugé qu'il ne pouvait pas être poursuivi par voie d'accusation. — *Cass.*, 29 pluv. an XI, Terristre.

86. — Il en est de même sous le Code pénal : le délit d'excitation à la débauche, prévu par l'art. 334 et qui a été défini plus haut, est puni, à l'égard des simples proxénètes, d'un emprisonnement de six mois à deux ans, et d'une amende de 50 fr. à 200 fr. — Art. 334. — En outre, l'art. 335 porte que les coupables seront interdits de toute tutelle ou curatelle, et de toute participation aux conseils de famille pendant deux ans au moins et cinq ans au plus. Dans tous les cas, les coupables pourront de plus être placés sous la surveillance de la haute police pendant deux ans au moins et cinq ans au plus.

87. — Si la prostitution ou la corruption a été excitée, favorisée ou facilitée par les pères, mères, tuteurs ou autres personnes chargées de la surveillance de la victime, la peine est : l'emprisonnement de deux ans à cinq ans et l'amende de 300 fr. à 1,000 fr. — Art. 334. — En outre l'interdiction des droits de tutelle ou de curatelle est de dix ans au moins et de vingt ans au plus. — Et si le délit a été commis par le père ou la mère le coupable est de plus privé des droits et avantages à lui accordés sur la personne et les biens de l'enfant par le Code civ., liv. 1er, tit. 9, *De la puissance paternelle*. — V. PUISSANCE PATERNELLE, USUFRUIT LÉGAL. — Enfin, les coupables pourront être mis sous la surveillance de la haute police pour dix ans au moins et vingt ans au plus. — Art. 335.

88. — Il importe de remarquer que d'après les termes de ces dispositions diverses : 1º l'interdiction des fonctions de tuteur et d'assistance aux conseils de famille est obligatoire et non facultative, et que seulement les tribunaux restent maîtres d'en fixer la durée dans les limites indiquées par la loi; — 2º Et qu'au contraire la surveillance est purement facultative et non obligatoire.

89. — Quant à la privation des droits dérivant de la puissance paternelle, elle est également une conséquence nécessaire de la condamnation du père ou de la mère qui a favorisé la débauche de son enfant. — Mais, MM. Chauveau et Hélie (p. 153) font remarquer que les père et mère déclarés coupables ne sont privés de leurs droits et avantages qu'à l'égard des enfans dont ils ont favorisé la débauche, mais en les conservant sur la personne et les biens des autres enfans. « L'art. 335, disent-ils, parle restrictivement de *l'enfant*, et, dès-lors, la peine ne peut être étendue au-delà de ses termes. »

90. — Tel est également l'avis de M. Delapalme (*verb. cit.*, nº 69). « Telle est la loi, dit-il, il faut l'observer, quelque déraisonnable que nous paraisse en ce point son excessive indulgence; car on ne peut se dissimuler que celui ou celle qui oublie ses devoirs les plus sacrés au point de livrer à la prostitution un de ses enfans, devrait être déchu du titre de père et des avantages y attachés à l'égard de tous ses autres enfans. »

91. — M. Delapalme (*verb. cit.*, nº 68) fait, au reste, observer que la perte des avantages dont parle l'art. 335 (et il en serait de même des incapacités qui sont l'accessoire et la conséquence obligés de la condamnation) aurait effet, quand même le jugement aurait omis d'en faire mention.

V. ATTENTAT AUX MOEURS, ATTENTAT A LA PUDEUR, PROSTITUTION, OUTRAGE PUBLIC A LA PUDEUR, VIOL.

EXCITATION A LA HAINE ET AU MÉPRIS CONTRE UNE CLASSE DE PERSONNES.

V. DÉLITS DE PRESSE.

EXCITATION A LA HAINE ET AU MÉPRIS DU GOUVERNEMENT.

V. DÉLITS DE PRESSE.

EXCITATION A LA RÉVOLTE CONTRE L'AUTORITÉ FRANÇAISE.

1. — La loi du 21 brum. an V, tit. 8, art. 4, § 2, prévoit et punit de mort le fait *par un habitant du pays ennemi* occupé par les troupes françaises, d'avoir excité à la révolte, sédition ou désobéissance contre l'autorité française.

2. — Dans ce cas, le seul fait d'excitation à la révolte et à la sédition suffit pour constituer le crime punissable, peu importe le mode par lequel l'acte a été accompli, avec ou sans publicité, par discours ou autrement.

3. — Et la peine est encourue quand même l'agent n'aurait pas pris part à la sédition, quand même enfin ses efforts pour exciter la révolte auraient été sans succès. — Même article.

4. — Le jugement du crime qui vient d'être mentionné est déféré au conseil de guerre, aux termes de la loi du 13 brum. an V, dont l'art. 9 déclare justiciables du conseil de guerre *les habitans du pays ennemi* occupé par les armées françaises pour les délits dont la connaissance est attribuée à ces conseils. — V. à cet égard *Cass.*, 11 mars 1842 (t. 2 1843, p. 477), int. de la loi, El-Chourfy.

5. — Il a été jugé par le même arrêt que l'accusation portée contre un individu d'avoir été, par ses discours, l'un des principaux fauteurs, instigateurs et complices de l'assassinat d'un Français qui se confiait à la foi des ennemis, comprend virtuellement celle d'excitation à la révolte et à la sédition contre l'autorité française; et qu'en conséquence le conseil de guerre saisi de l'accusation principale a pu, sans violer les règles spéciales de sa compé-

tence, et sans entreprendre sur la compétence d'aucune autre juridiction, poser et résoudre cette question d'excitation à la révolte comme modification du fait objet de la plainte. — *Cass.*, 11 mars 1842 (t. 2 1843, p. 477), int. de la loi, El-Chourfi.

6. — Si l'excitation à la révolte, sédition ou désobéissance était commise *par un Français*, même à l'égard d'habitans d'un pays conquis, l'infraction ne serait plus celle que réprime la loi du 21 brum. an V, tit. 8, art. 4, et, dans ce cas, il y aurait lieu de distinguer si le Français est ou non militaire.

7. — Si l'agent de l'infraction est un Français non militaire, il ne serait punissable qu'autant qu'il pourrait, à raison des faits, être déclaré complice dans les termes des art. 59 et 60, C. pén., d'actes de révolte ou de sédition, et il ne serait, à moins de circonstances exceptionnelles comme celles qui régissent l'Algérie (V. ALGÉRIE), justiciable que des tribunaux ordinaires.

8. — Si l'infraction est commise par un Français militaire ou par un individu attaché à la suite de l'armée et assimilé aux militaires, elle pourra constituer un délit militaire et elle sera dans ce cas de la compétence du conseil de guerre. — V. au surplus SÉDITION.

EXCLUSION.

1. — Action d'exclure une personne de quelque droit, charge ou fonction. — V. AINESSE (droit d'), COLONIES, COMMUNAUTÉ, SUCCESSION.

2. — Lorsqu'un individu est légalement appelé à l'exercice d'un droit, d'une charge, d'une fonction quelconque, il n'en peut être exclu comme incapable ou indigne, que par un texte formel. — Rolland de Villargues, *Rép. du not.*, v° *Exclusion*, n° 1er. — V. CONSEIL DE FAMILLE, TUTELLE.

3. — Le même terme d'*exclusion* se dit encore des cas qui ne sont pas compris dans une disposition de loi.

4. — C'est dans ce sens que l'on dit que la loi, quand elle statue pour certains cas spécialement indiqués, est censée exclure les autres de sa disposition : *inclusio unius est alterius exclusio*. — V. INTERPRÉTATION DES LOIS.

EXCLUSION DE COMMUNAUTÉ (Clause de).

1. — Les clauses qui, dans un contrat de mariage, emportent exclusion de communauté, peuvent être de deux sortes : ou générales, ou partielles.

2. — Ainsi, l'exclusion de la communauté peut ne porter que sur une partie des biens des époux, sur tout ou partie de leur mobilier. Cette clause, qu'on nomme aussi clause de réalisation ou stipulation de propres, a été expliquée avec détails au mot COMMUNAUTÉ, nos 1437 et suiv.

3. — Les époux peuvent en outre adopter dans leurs conventions matrimoniales une exclusion complète et générale de la communauté; c'est la stipulation autorisée par les art. 1529 et suiv., C. civ., et qui a été expliquée au mot COMMUNAUTÉ, nos 1773 et suiv.

4. — La liberté qui, sauf le respect dû à l'ordre public et aux bonnes mœurs, préside aux conventions matrimoniales, autorise les futurs époux à combiner les diverses stipulations autorisées par le Code, et leur permet d'emprunter certaines clauses à la séparation de biens — V. CONTRAT DE MARIAGE, nos 523 et suiv.

V. au surplus COMMUNAUTÉ.

EXCLUSION COUTUMIÈRE.

1. — On appelait ainsi, dans l'ancien droit, les dispositions de coutumes et de certains statuts qui, dérogeant à l'ordre naturel des successions *ab intestat*, excluaient du droit de succéder en tout ou en partie, soit les filles mariées et dotées, soit les filles simplement mariées même sans dot, soit les filles en général, soit même les puînés mâles qui se trouvaient en concurrence avec un aîné. — Merlin, *Rép.*, v° *Exclusion coutumière*.

2. — On distinguait deux sortes d'exclusions : 1° l'exclusion *absolue*, quand elle avait lieu *de plano*, purement et simplement, par le fait seul de la qualité de la personne exclue; 2° l'exclusion *modifiée*, quand la personne exclue ne l'était que dans certains cas et sous certains conditiones.

3. — Il serait inutile d'entrer ici dans le détail des dispositions des différentes coutumes d'exclusion, soit absolue, soit modifiée. — Seulement nous ferons remarquer que la coutume de Normandie qui excluait les filles de la succession de leurs père et mère quand elles avaient été mariées et dotées, leur accordait, si elles n'avaient été ni mariées ni dotées, le droit de réclamer sur la succession une espèce de légitime appelée *mariage avenant*. — V. COUTUME DE NORMANDIE, nos 7 et suiv., et MARIAGE AVENANT.

4. — Les exclusions coutumières devaient nécessairement disparaître devant le système d'égalité absolue proclamé par la révolution de 1789. — Déjà le décr. du 15-28 mars 1790 (tit. 1er, art. 11) avait ordonné le partage des biens entre les héritiers, sans avoir égard à l'ancienne qualité noble des biens et des personnes.

5. — Puis, le décr. du 8-15 avr. 1791 ordonna le partage par égales portions entre héritiers *ab intestat*, sans distinction des exclusions coutumières (art. 1er). — « En conséquence, ajoute le même article, les dispositions des statuts qui excluaient les filles ou leurs descendans du droit de succéder avec les mâles ou les descendans des mâles sont abrogées. Sont pareillement abrogées, les dispositions des coutumes qui, dans le partage des biens d'un même père ou d'une même mère ou autres ascendans, établissent des différences entre les enfans nés de divers mariages. »

6. — Toutefois, ces dispositions ont eu leur effet, sans préjudice des institutions contractuelles ou autres clauses légitimement stipulées, soit par contrat de mariage, soit par articles de mariage dans les pays où ils avaient force de contrats, lesquelles seront exécutées conformément aux anciennes lois. — Même décret, art. 4.

7. — Cette abolition n'avait pas été complète, et des réserves avaient été faites en faveur des aînés. — Mais le décr. du 4-5 janv. 1793 vint abroger ces réserves et déclara que les exceptions portées aux art. 2, L. 1790 et 5, 6, 7, 8, 9, L. 1791, seraient abrogées, mais que le surplus desdits décrets continuerait d'être exécuté selon sa forme et teneur.

8. — Ainsi, dans les successions ouvertes avant la publication du décr. du 4 janv. 1793 et depuis celle des décrets de mars 1790 et d'avril 1791, les aînés qui étaient mariés ou veufs avec enfans conservaient tous les avantages que leur assuraient les coutumes et statuts. — V. AINESSE (Droit d'), nos 30 s.

9. — Plus tard, la loi du 18 pluv. an V statua dans les termes suivans : « L'art. 4, décr du 8-15 avr. 1791, relatif à l'abolition des exclusions coutumières portant que les dispositions des art. 1er et 3 du même décret *auront leur effet en faveur des filles ou de leurs descendans dans toutes les successions qui s'ouvriront après la publication dudit décret*, est applicable aux filles ci-devant exclues par les statuts locaux, quoiqu'elles fussent mariées avant ce décret et qu'elles eussent fait une renonciation surérogatoire. »

10. — Les renonciations expressément stipulées par contrat de mariage, dans les pays de non-exclusion, auront leur effet pour les successions ouvertes jusqu'à la publication de la loi du 5 brum. an II qui les a abolies. — En conséquence, les filles exclues par les statuts seront appelées au partage des successions ouvertes postérieurement à la publication du décr. du 8-15 avr. 1791; et les filles renonçant au partage des successions ouvertes dans les pays de non-exclusion depuis la publication de la loi du 5 brumaire, pourront prendre la portion à elles attribuées par les lois existantes à l'ouverture desdites successions. — Même loi, art. 10.

11. — Néanmoins, les personnes mariées ou veuves avec enfans aux époques du décret du 15-28 mars 1790 ou de celui du 8-15 avr. 1791, ainsi que les enfans de ces mêmes personnes décédées depuis lesdites époques, conserveront à l'égard des filles exclues ou renonçantes, les avantages qui leur étaient assurés par lesdits décrets jusqu'à la publication de la loi du 4 janv. 1793, qui abroge lesdites réserves. — Même loi, art. 11.

12. — Ceux au profit desquels devait tourner le bénéfice des exclusions, renonciations, et qui s'en trouveraient déchus, pourront réclamer dans les améliorations et acquêts, une indemnité proportionnelle aux mises de fonds qu'ils auraient faites ou aux travaux et produits industriels qu'ils auraient conférés dans la maison paternelle. — Même loi, art. 12.

13. — Enfin, l'art. 745, C. civ., a achevé de proscrire l'exclusion coutumière en ordonnant de partager entre tous les enfans sans distinction de sexe ni de primogéniture.

14. — Relativement aux questions transitoires soulevées par les dispositions des anciennes coutumes qui ont dû recevoir leur application depuis le Code civil, on peut consulter Merlin, *Quest.*, v° *Exclusions coutumières* et surtout Chabot, *Quest. transit.*, v° *Exclusions coutumières*. — Nous nous bornerons à rappeler quelques décisions à cet égard.

15. — La loi du 8 avril 1791 n'a pas eu pour objet de changer l'ordre de vocation établi par les lois antérieures, mais seulement de faire cesser les inégalités résultant des qualités d'aînés ou de puînés, de la distinction des sexes et des exclusions coutumières. — *Cass.*, 8 août 1838 (t. 2 1838, p. 379), Remy c. Champigneulles.

16. — L'abolition des exclusions coutumières n'était relative qu'aux dispositions des coutumes qui faisaient résulter, soit du mariage seul, soit de la dot constituée, un titre d'incapacité. — Même arrêt.

17. — Les lois des 15 mars 1790, 8 avr. 1791 et 18 pluv. an V, ont aboli comme surérogatoires les renonciations des filles aux successions futures de leurs père et mère, faites en conséquence de l'exclusion prononcée contre elles par le statut local, sans distinction entre les coutumes d'exclusion absolue et celles d'exclusion modifiée. — *Cass.*, 19 juill. 1809, Jusseraud et Vernière c. Verny.

18. — Néanmoins les mâles qui étaient mariés avant la publication de ces lois, ont dû conserver, au préjudice de leurs sœurs mariées après eux, tous les avantages résultant des exclusions coutumières. — Même arrêt.

19. — Une fille mariée et dotée du vivant de son père, et qui était exclue par le statut local du droit de réclamer un supplément de légitime, a pu néanmoins exiger ce supplément, si le père n'est mort que depuis la loi du 8 avr. 1791, abolitive des exclusions coutumières. — *Pau*, 31 janv. 1816, Plantier c. Baptistan. — V. aussi la note sous cet arrêt.

20. — Les dispositions des coutumes qui permettaient à l'héritier pur et simple d'exclure les héritiers bénéficiaires, doivent s'appliquer aux successions ouvertes avant le Code civil, bien que l'acceptation pure et simple n'ait été faite que depuis. — *Paris*, 15 mai 1811, Tupigny c. Bonnier des Terrières.

21. — Sous les constitutions piémontaises, l'exclusion des filles ne formant au profit des mâles qu'une simple expectative que le père pouvait leur enlever par testament, il n'y avait point droit acquis en faveur de ces derniers. — *Turin*, 4 vent. an XIII, Robasti.

22. — Dans une succession ouverte en Piémont sous l'empire du Code civil, les enfans mâles n'ont pu, sur le fondement d'une ancienne jurisprudence, recueillir, à l'exclusion des filles, les biens que le père commun avait à emphytéose ecclésiastique. — *Cass.*, 23 (et non 13) nov. 1807, Beltrami.

V., au surplus, SUCCESSION.

EXCOMMUNICATION.

1. — Censure ecclésiastique, qui consiste dans l'exclusion plus ou moins complète de la communion des fidèles — *Excommunicatio est a communione exclusio*.

2. — Cette matière, comme on le comprend, ne peut être l'objet, de notre part, que de très courtes observations.

3. — On distingue en droit canonique l'excommunication *majeure* et l'excommunication *mineure*. L'excommunication *majeure* est celle qui retranche un pécheur du corps de l'église et le prive de toute la communion ecclésiastique, de sorte qu'il ne peut ni recevoir, ni administrer les sacremens, ni assister aux offices divins, ni participer aux prières publiques, ni recevoir la sépulture chrétienne, ni remplir aucune fonction ecclésiastique.

4. — L'excommunication mineure ne prive le fidèle que de la participation passive des sacremens et du droit de pouvoir être élu ou présenté à quelque dignité ecclésiastique.

5. — En général lorsque, dans le droit ecclésiastique on demande quelque chose sous peine d'*excommunication*, on doit toujours entendre, à moins que le contraire ne soit exprimé, l'*excommunication majeure*. « *Si quem sub hac forma verborum* EXCOMMUNICO, dit le pape Grégoire IX (Ch. *si quem de sent. excomm.*), *vel simili a judice suo excommunicari contingat, dicendum est non eum tantum minori quæ a perceptione sacramentorum, sed etiam majori excommunicatione quæ a communione fidelium separat, esse ligatum.* »

6. — L'excommunication est une peine purement spirituelle qui ne prive celui qui en est atteint d'aucun des droits qui lui appartiennent en sa qualité de membre de la société civile.

7. — Il est évident, au reste, que l'église seule, dans la personne soit du pape, soit des évêques, a le droit de la prononcer, et jamais aucun laïque, dit M. l'abbé André (*Dict. de dr. canon*, v° *Excommunication*), n'a prétendu ni pu prétendre être en droit d'infliger une pareille peine.

8. — « Mais, ajoute M. André (*loc. cit.*), les auteurs gallicans et, entre autres, Durand de Maillane, affirment que c'est un privilége incontestable que nos rois ne peuvent être eux-mêmes excommuniés, non plus que leurs magistrats dans l'exercice des fonc-

tions de leurs charges. — Or, cependant l'histoire des temps passés dément ce privilége, et, de nos jours, le pape Pie VII, sans égard à ces prétendus priviléges, lança une bulle d'excommunication contre le plus puissant et le plus glorieux monarque qu'ait eu la France.» — Et l'auteur donne le texte de la fameuse bulle d'excommunication « *cum memoranda illa die* » publiée et affichée à Rome, le 10 juin 1809.

9. — La seule cause d'excommunication *mineure*, dit M. l'abbé André (*loc. cit.*), est la communication avec des excommuniés dénoncés, et cette sorte d'excommunication, ajoute-t-il, n'a été introduite que pour assurer davantage l'exécution et les effets de l'excommunication majeure, et pour en rendre la peine plus sensible à celui qui en a été frappé.

10. — La règle, en effet, est qu'on est obligé d'éviter toute espèce de communication avec les excommuniés ; toutefois comme les excommuniés sont toujours membres de la société civile et naturelle des hommes, cette règle a reçu une exception qui se trouve renfermée dans les vers suivans : «*Hæc anathema quidem faciunt, ne possit obesse. — Utile, lex, humile, res ignorata, necesse.* » — V. à cet égard et pour plus amples développemens, le *Dict. de dr. canon* précité, *loc. cit.*

11. — Quant aux causes d'excommunication *majeure*, le *Dict. de dr. canon* renvoie au ch. *Si quem de sent. excomm.* de Grégoire IX, et il ajoute qu'on ne saurait user de trop de ménagemens. « L'église, dit-il, dans la conduite qu'elle tient aujourd'hui, ne frappe pas de l'excommunication les pécheurs. Si le péché n'est mortel, s'il ne s'est manifesté au dehors et s'il ne cause du scandale. Elle examine si ce châtiment leur sera profitable, et nullement nuisible aux autres fidèles. »

12. — C'est une question assez grave, en droit canonique, que celle de savoir si les comédiens sont *ipso facto* frappés d'excommunication. — On lit, à cet égard, dans le cinquième canon du concile d'Arles, tenu en 314, *De theatricis : Et ipsos placuit quamdiù agunt, a communione separari.*

13. — Le concile d'Elvire, tenu en 313, contenait une décision analogue ainsi conçue : *Si auriga et pantomimus credere voluerint, placuit ut prius actibus suis renuntient, et tunc demùm suscipiantur; itâ ut ulterius ad ea non revertantur. Qui si facere contra interdictum tentaverint, projiciantur ab ecclesia.*

14. — Mais il ne paraît pas que ces canons, faits pour des temps, des mœurs et des liturgies fort différens des nôtres, soient suivis aujourd'hui : aussi n'existe-t-il pas de règle absolue et générale en ce qui concerne l'état, dans l'église, de ceux qui font profession de comédiens.

15. — Dans le diocèse de Paris, les comédiens, tant qu'ils exercent leur profession, ne sont pas admis aux sacremens, et la sépulture ecclésiastique leur est refusée; mais ce n'est pas en vertu du concile d'Arles, mais comme personnes *infâmes*. Ainsi le Rituel de Paris, traitant de l'administration du sacrement de l'eucharistie, et désignant les personnes qui doivent en être écartées comme notoirement pécheurs et scandaleux, jusqu'à ce qu'ils aient renoncé à leur vie de désordre, signale : ... 3° *Conditiones aut respublica publica infames quemadmodùm histriones et comædi.*

16. — Il en est ainsi généralement en France. Bossuet le considérait ainsi, car on lit dans ses Réflexions sur la comédie, qui se trouvent à la suite de ses *Lettres diverses* : « L'église condamne les comédiens, et croit par là la défendre assez la comédie. La décision en est précise dans les rituels ; la religion en est constatée ; on prive des sacremens à la vie et à la mort ceux qui jouent la comédie, s'ils ne renoncent à leur art; on les passe à la sainte table comme des pécheurs publics ; on les exclut des ordres sacrés comme des personnes infâmes ; par une suite infaillible, la sépulture ecclésiastique leur est déniée. »

17. — Mais il faut reconnaître que cette discipline est particulière à l'église de France, et qu'il en est autrement même en Italie, où les comédiens sont sur un pied parfait d'égalité avec tous les fidèles dans leurs rapports avec l'église, tandis qu'en France les comédiens français sont privés de ces rapports.

18. — Quelle est la vraie raison de cette distinction? c'est ce qu'il est assez difficile de préciser. Peut-être, en Italie, la profession de comédiens n'a-t-elle pas donné lieu aux scandales qu'elle a offerts en France? Peut-être n'est-on pas, jusqu'à un certain point, fondé à penser que la sévérité dont on a usé en France a pu contribuer à ces désordres, et que c'est pour s'être vus ainsi retranchés de la société chrétienne que les comédiens ont perdu toute retenue et se sont éloignés d'autant plus de l'église qu'ils en repoussaient?

19. — Denisart (v° *Excommunication*, § 2, n° 4) rapporte qu'une bulle du pape portant excom-

munication pour le cas où le prix d'une permutation de bénéfice ne serait pas payé à l'échéance, ayant été révélée à l'occasion de contestations engagées au sujet de ce paiement, M. l'avocat-général Chauvelin provoqua une déclaration en se fondant : 1° sur ce que, suivant nos libertés, l'excommunication ne pouvait avoir lieu que pour les causes portées par les saints décrets; 2° sur ce que, par l'ordonnance de Charles IX de 1571, il était défendu d'excommunier un ecclésiastique pour de l'argent qu'il devait.

20. — En conséquence de ces observations, il intervint en la grand'chambre, le 15 janv. 1731, un arrêt par lequel M. le procureur-général fut reçu appelant-comme d'abus, en ce que, faute de payer la pension, la bulle déclarait encourue par ce seul fait la peine de l'excommunication, dont on ne pourrait être absous qu'à l'article de la mort. — Faisant droit sur l'appel, l'arrêt déclara qu'il y avait abus, et fit défense de mettre ladite bulle à exécution.

21. — De même, aujourd'hui, bien que l'excommunication soit une peine purement spirituelle, il semble cependant que, suivant les circonstances et suivant qu'elle aurait constitué un excès ou une usurpation de pouvoirs, ou dégénéré en scandale public, elle pourrait donner lieu à l'appel comme d'abus. — V. ce mot.

22. — L'excommunication encourue finit par l'absolution de l'excommunié donnée soit par le pape, soit par tout autre prélat ayant juridiction et pouvoir à cet effet; ou bien encore, si elle est invalide, par la seule déclaration de la nullité de la sentence qu'on appelle souvent cassation. — V. à cet égard *Dict. de l'abbé André*, *loc. cit.*, p.1231.

V. en outre MONITOIRE, CAUTELLE.

EXCUSE.

Table alphabétique.

EXCUSE. — 1. — On appelle ainsi toute raison alléguée par quelqu'un pour sa justification.

§ 1er. — *Historique, législation*.

2. — Dans le langage ordinaire, le mot *excuse* s'emploie, soit pour prouver qu'on n'est pas coupable, soit pour établir que bien que coupable on l'est moins qu'on ne le paraît.

3. — Cette distinction était admise dans notre ancienne jurisprudence, où l'on reconnaissait des *excuses péremptoires*, c'est-à-dire complétement justificatives, et les *excuses atténuantes*, qui supposant l'existence du crime, en diminuaient cependant l'énormité et en réduisaient la peine.

4. — Nos lois nouvelles ne considèrent plus comme *excuses* proprement dites que celles appelées autrefois *atténuantes*. — Quant aux *péremptoires*, elles ne sont point, malgré le langage vicieux de quelques auteurs, rangées parmi les excuses comme telles, mais dans les causes de justification, et faisant disparaître toute la criminalité, l'imputabilité du fait reproché.

5. — Les causes de justification sont générales ou spéciales.

6. — Elles sont *générales*, lorsqu'elles s'appliquent à tous les crimes ou délits indistinctement et à tous les prévenus. — Ainsi, la *démence*, la *contrainte* ou *la force majeure*.

7. — Elles sont *spéciales* si elles ne se réfèrent qu'à une espèce de crimes, ou ne peuvent être invoquées que par une certaine classe de personnes. — Ainsi, la légitime défense ou la provocation qu'il allègue un accusé de meurtre, de blessures et coups (C. pén., art. 327) ; l'ordre de la loi ou le commandement d'un supérieur hiérarchique dont cherche à se couvrir un fonctionnaire prévenu d'abus d'autorité ou un préposé de la force publique accusé de violences illégales.

8. — Ces diverses causes de justification font l'objet d'articles spéciaux (V. CONTRAINTE, LÉGITIME DÉFENSE, CRIMES, DÉLITS ET CONTRAVENTIONS, DÉFENSE, MEURTRE, PROVOCATION, ABUS D'AUTORITÉ), qui sont examinées sous chacun des mots auxquels elles se rapportent plus spécialement.

9. — Quant aux *excuses* proprement dites, la législation antérieure au Code pénal actuel ne les délimissait point, et même l'art. 646, C. 3 brum. an IV, exigeait, sans aucune restriction, que les questions d'excuse présentées par l'accusé fussent soumises à la décision du jury. — Carnot (*Inst. crim.*, art. 339, n° 4) dit à cette dernière disposition avait donné lieu de croire que les cours de justice criminelle étaient obligées de poser indistinctement et sans examen toutes les excuses qui avaient été proposées, mais que la cour de Cassation ne manquait point de rétablir les vrais principes. — On peut imaginer dès-lors combien de faits étaient présentés comme excuse, qui, en réalité, n'étaient susceptibles de rien excuser, et combien de difficultés devaient s'élever sur la position des questions.

10. — C'est ainsi que la cour de Cassation avait jugé : qu'on ne pouvait proposer à un jury d'autres faits d'excuse que ceux déclarés tels par la loi. — *Cass.*, 6 vent. an IX, Rigollet ; 4 niv. an X (Int. de la loi), Jaillard et Grognot.

11. — Qu'en conséquence on ne pouvait considérer comme excuse d'un individu inculpé de menaces, ni l'emploi que quelqu'un avait fait de l'accusé, ni sa faiblesse d'esprit, quand, du reste, elle avait été reconnue avoir agi volontairement et avec préméditation. — *Cass.*, 6 vent. an IX, Rigollet.

12. — Qu'un crime n'étant pas excusable à raison de la prétendue intime qu'aurait eue l'accusé qu'il était ensorcelé, la question ne pouvait être proposée au jury. — *Cass.*, 45 niv. an IX, Gabet.

13. — Que l'ivresse n'étant pas une excuse, mais une immoralité, ne pouvait faire l'objet d'une question au jury. — *Cass.*, 7 prair. an IX (Int. de la loi), Foisy.

14. — Jugé cependant, mais à tort, selon nous, que la question de savoir si la misère de l'accusé était un motif d'excuse, devait être décidée par les jurés et non par le tribunal criminel. — *Cass.*, 14 germin. an VII, Colin.

15. — Jugé encore que la provocation alléguée comme excuse légitime d'un vol ne pouvait faire l'objet d'une question au jury. — *Cass.*, 45 thermid. an XII (Int. de la loi), Vachtern.

16. — Mais que lorsqu'un homicide était présenté comme la suite d'une provocation violente, le jury devait être interrogé à peine de nullité sur la ques-

tion de savoir si l'homicide était excusable.—*Cass.*, 27 frim. an VII, Delfau, 12 fructid. an VII, Bouzenay; 9 vendém. an VIII, Mairot; 16 pluv. an VIII, Amsler. — V. PROVOCATION.

17.—...Et même qu'il ne suffisait pas de poser au jury la question relative à la provocation violente, qu'il fallait en poser une seconde sur le point de savoir si cette provocation violente rendait l'accusé excusable. — *Cass.*, 27 flor. an VIII, Zandor. — V. PROVOCATION.

18. — Jugé toutefois, et avec plus de raison, que la question de droit, de savoir si tel ou tel fait pouvait rendre un accusé excusable, n'était point de nature à être soumise à la décision du jury, qui ne devait être consulté que sur les faits d'excuse. — *Cass.*, 6 vent. an IX, Rigollet.

19. — Le Code de 1810 a fait cesser cet abus par son article 65 ainsi conçu : « Nul crime ou délit ne peut être excusé, ni la peine mitigée, que dans les cas et dans les circonstances où la loi déclare le fait excusable, ou permet de lui appliquer une peine moins rigoureuse. »

20. — Les cas et les circonstances auxquels la loi reconnaît le caractère d'excuse, sont nombreux et se trouvent répartis dans un assez grand nombre d'articles du Code pénal.

§ 2. — *Cas d'excuse ou de justification prévus par le Code pénal.*

21. — La première excuse et la seule générale, c'est-à-dire s'appliquant à tous les faits prévus par le Code pénal, est celle consacrée par les art. 66 et suiv. pour les cas où l'accusé étant âgé de moins de seize ans, il est déclaré qu'il a agi *avec ou sans discernement*. — Nous l'avons examinée en détail sous le mot DISCERNEMENT.

22. — Toutes les autres excuses sont spéciales, et par suite restreintes aux crimes et délits pour lesquels elles ont été admises. Nous allons indiquer chacun des articles du Code qui les consacrent, sauf à renvoyer pour les développemens aux mots sous lesquels chaque matière est spécialement traitée.

23. — Ainsi l'art. 100 dispense de toute peine, pour fait de sédition, ceux qui ayant fait partie des bandes armées dont il est question aux art. 96 et suiv., sans y exercer aucun commandement et sans y remplir aucun emploi ni fonctions, se sont retirés au premier avertissement des autorités civiles ou militaires, ou même, depuis, lorsqu'ils n'ont été saisis que hors des lieux de la réunion séditieuse sans opposer de résistance et sans armes. — Néanmoins ils peuvent être mis sous la surveillance de la haute police pendant cinq ans au moins ou dix ans au plus.—V. BANDES ARMÉES, nos 39 et suiv.

24. — L'art. 107, abrogé par la loi du 28 avr. 1832, dispensait des peines prononcées contre ceux qui n'avaient point révélé les crimes de lèse-majesté et de complot parvenus à leur connaissance, les ascendans, descendans, frères, conjoints ou alliés aux mêmes degrés des auteurs de ces crimes. — V. RÉVÉLATION.

25. — L'art. 108 exempte des peines prononcées contre les auteurs de complots ou d'autres crimes attentatoires à la sûreté intérieure ou extérieure de l'état ceux des coupables qui, avant toute exécution ou tentative de ces complots ou de ces crimes et avant toutes poursuites commencées, en ont les premiers donné connaissance au gouvernement ou aux autorités administratives ou de police judiciaire, et fait connaître leurs auteurs ou complices, ou qui, même depuis le commencement des poursuites, ont procuré l'arrestation de ces auteurs ou complices. — Ces individus peuvent également être condamnés à rester, pour la vie ou à temps, sous la surveillance de la haute police. — V. RÉVÉLATION.

26. — D'après l'art. 114, le fonctionnaire, agent ou préposé du gouvernement qui a ordonné ou fait un acte arbitraire ou attentatoire soit à la liberté individuelle, soit aux droits civiques des citoyens, soit à la charte, est exempt de toute peine s'il justifie qu'il a agi par ordre de ses supérieurs pour des objets du ressort de ceux-ci sur lesquels il leur était dû obéissance hiérarchique. — Remarquons que, dans l'espèce de cet article, il s'agit moins d'une excuse véritable que d'un fait justificatif. — V. ATTENTAT A LA LIBERTÉ, nos 19 et suiv., 33 et suiv.

27. — L'art. 116 permet aux ministres prévenus d'avoir ordonné ou autorisé un acte contraire à la charte, et qui prétendent que la signature à eux imputée leur a été surprise, de s'affranchir de toutes poursuites personnelles, en faisant cesser l'acte et dénonçant l'auteur de la surprise. — C'est encore plutôt un acte justificatif qu'une excuse. — V. ATTENTAT A LA LIBERTÉ, nos 41 et suiv., 46 et suiv. — V. aussi MINISTRE.

28. — L'art. 135 ne considère point comme coupables de participation à l'émission ou exposition de monnaies contrefaites ou altérées, dans le sens des art. 132, 133 et 134, ceux qui ayant reçu pour bonnes des pièces de monnaie contrefaites ou altérées, les ont remises en circulation, et néanmoins les punit d'une simple amende s'ils en avaient connu le vice avant de les émettre. C'est là un cas d'excuse légale. — *Cass.*, 9 avr. 1841, Gruardet; 15 avr. 1841 (t. 1er 1842, p. 476), Petit. — V. au surplus FAUSSE MONNAIE.

29. — L'art. 137, abrogé par la loi du 28 avr. 1832, exceptait de l'art. 136, relatif à la non révélation de fabriques ou dépôts de monnaies ayant cours légal en France contrefaites ou altérées, les ascendans, descendans, époux même divorcés, frères ou alliés aux mêmes degrés des coupables. — V. FAUSSE MONNAIE.

30. — L'art. 138 exempte de peine les personnes coupables des crimes mentionnés aux art. 132 et 133, si avant la consommation de ces crimes et avant toutes poursuites, elles en ont donné connaissance et révélé les auteurs, ou si elles ont, depuis les poursuites, procuré l'arrestation des coupables. — Elles peuvent aussi être mises sous la surveillance de la haute police à vie ou à temps.

31. — Aussi a-t-il été jugé que le fait ainsi prévu constitue un cas d'excuse légale. — *Cass.*, 28 juin 1839 (t. 2 1839, p. 361), Canals. — V. FAUSSE MONNAIE.

32. — L'art. 144 déclare les dispositions de l'art. 138 applicables aux crimes de contrefaçon du sceau de l'état, effets du trésor, billets de banque ou d'usage desdits ouvrages contrefaits. — V. CONTREFACTION DES EFFETS PUBLICS ET BILLETS DE BANQUE, CONTREFACTION DES SCEAUX, TIMBRES, MARTEAUX ET POINÇONS DE L'ÉTAT.

33. — L'art. 163 porte que l'application des peines portées contre ceux qui ont fait usage de monnaies, écrits, timbres, ou autres objets faux, cessera, s'ils n'avaient point connu le faux. — Cet article n'est qu'une application de la règle générale et qui domine tout le Code pénal, qu'il n'y a point de crime sans intention. — Le défaut d'intention est donc une justification et non une excuse. — V. FAUX.

34. — L'art. 190 contient, pour les cas d'abus d'autorité commis contre la chose publique par les fonctionnaires publics, agens ou préposés du gouvernement, une disposition analogue à celle de l'art. 114, et ne les punit point s'ils ont obéi à leurs supérieurs. — V. ABUS D'AUTORITÉ, nos 52 et suiv.

35. — L'art. 213 rend, au cas de rébellion avec bande ou attroupement, l'art. 100 applicable aux rebelles qui, sans fonctions ni emplois dans la bande, se sont retirés au premier avertissement, « ou même depuis, » s'ils n'ont été saisis que hors du lieu de la rébellion, et sans nouvelle résistance et sans armes. — Par conséquent, ces individus sont dispensés de peine, sauf leur mise en surveillance, que le juge peut ordonner pour cinq ans au moins et dix ans au plus. — V. RÉBELLION.

36. — L'art. 247 fait cesser les peines d'emprisonnement prononcées contre les conducteurs ou gardiens de détenus évadés, en cas de négligence seulement, lorsque ces évadés sont repris ou représentés dans les quatre mois de l'évasion, et qu'ils ne sont pas arrêtés pour d'autres crimes ou délits commis postérieurement. — V. ÉVASION.

37. — Le § 2, art. 248, excepte des personnes à poursuivre pour recèlement des criminels, les ascendans ou descendans, conjoints même divorcés, frères ou sœurs, et alliés aux mêmes degrés, des criminels recélés. — V. RECÈLEMENT DE CRIMINELS.

38. — L'art. 284 réduit à des peines de simple police celle prononcées pour publication ou distribution d'écrits ou imprimés ne portant le nom ni de l'auteur ni de l'imprimeur, lorsque les distributeurs, crieurs, etc., ont fait connaître de qui ils les tenaient, ou l'imprimeur, ou que l'imprimeur en a fait connaître l'auteur.

39. — Les art. 321 et 322 diminuent la peine du meurtre ou des blessures et coups, lorsqu'ils ont été provoqués, ou ont eu lieu en repoussant pendant le jour l'escalade ou l'effraction des clôtures, ou entrée d'une maison habitée. — V. LÉGITIME DÉFENSE, PROVOCATION.

40. — L'art. 324, § 2, excuse le meurtre de l'épouse par l'époux qui la surprend en flagrant délit d'adultère. — V. PROVOCATION.

41. — L'art. 325 ne considère que comme meurtre ou blessures excusables le crime de castration s'il a été immédiatement provoqué par un outrage violent à la pudeur. — V. CASTRATION, PROVOCATION.

42. — Les art. 327 à 329, relatifs aux homicides, blessures et coups commis dans le cas de légitime défense, et sur l'ordre de la loi ou le commandement de l'autorité légitime, consacrent, ainsi que nous l'avons dit plus haut, des causes de justification plutôt que des excuses. — V. HOMICIDE, LÉGITIME DÉFENSE.

43. — L'art. 343 diminue la peine portée contre les auteurs d'arrestations illégales ou séquestrations de personnes, si avant d'être poursuivis ils ont remis la personne arrêtée ou séquestrée dans les dix jours, sauf leur mise en surveillance qui peut être prononcée pour cinq ans au moins et dix ans au plus. — V. ARRESTATION ILLÉGALE ET SÉQUESTRATION DE PERSONNES, nos 52 et suiv.

44. — Jugé, en conséquence, qu'en matière de séquestration, la circonstance que l'accusé, avant d'être poursuivi, aurait rendu la liberté à la personne séquestrée avant le dixième jour accompli depuis celui de la séquestration, constitue un fait d'excuse légale. — La cour d'assises doit, en conséquence, à peine de nullité, poser une question sur ce fait, si elle en est requise par l'accusé. — *Cass.*, 24 avr. 1841 (t. 1er 1842, p. 443), Poncet.

45. — L'art. 348 porte qu'aucune peine ne sera prononcée contre ceux qui ont porté à un hospice un enfant de moins de sept ans, qui leur avait été confié, si, ne s'en étant point chargés gratuitement, personne ne les avait défrayés.— V. ENFANS (crimes et délits contre les).

46. — L'art. 357 ne permet de poursuivre le ravisseur qui a épousé la fille qu'il a enlevée, que sur la plainte des personnes qui peuvent demander la nullité du mariage, et de le condamner, qu'après la nullité de ce mariage prononcée. — V. DÉTOURNEMENT ET ENLÈVEMENT DE MINEURS, nos 56, 58 et suiv.

47. — L'art. 370, abrogé par la loi du 17 mai 1819, art. 26, mettait à l'abri de toute peine le prévenu de calomnie, lorsque le fait imputé était légalement prouvé vrai. — V. CALOMNIE, nos 21 et suiv.

48. — L'art. 380 ne permet de prononcer que des réparations civiles, pour les soustractions commises par des époux, enfans ou ascendans au préjudice de leurs conjoints, ascendans ou descendans, ou par des alliés aux mêmes degrés. — V. VOL.

49. — Enfin, l'art. 441 ne prononce que la peine de la réclusion contre les auteurs de pillages commis en bande et à force ouverte, qui prouveront avoir été entraînés par des provocations ou sollicitations. — V. PILLAGE ET DÉGAT DE MARCHANDISES, DENRÉES, etc.

§ 3. — *Cas où aucune excuse ne peut être admise. — Circonstances atténuantes.*

50. — Il est quelques cas, au contraire, dans lesquels la loi a déclaré qu'aucune excuse ne serait admise : ce sont ceux notamment du *parricide* (C. pén., art. 323), et du meurtre commis par l'un des époux sur l'autre, si la vie de celui qui l'a commis n'était pas en péril dans le moment même où le meurtre a eu lieu. — C. pén., art. 324. — V. PROVOCATION, MEURTRE, PARRICIDE.

51. — Il a été jugé que la provocation violente ne rendait pas plus excusables les coups portés par un fils à son père que l'homicide commis sur sa personne. — *Bruxelles*, 16 mars 1815, de N...; 28 sept. 1822, N...

52. — Mais la cour de Cassation s'est prononcée en sens contraire. — *Cass.*, 10 janv. 1812, Clampi. — V. PROVOCATION.

53. — Il semble que la prohibition de l'art. 323 ne ferait point obstacle à ce que, si le coupable de parricide était mineur de seize ans et reconnu avoir agi avec discernement, l'excuse établie par l'art. 67 lui fût appliquée. Cette excuse est générale et ne paraît même point se prêter à des exceptions. — Chauveau et Hélie, *Th. C. pén.*, t. 6, p. 23. — V. DISCERNEMENT, no 75, PARRICIDE et PROVOCATION.

54. — L'époux complice du meurtre commis sur son conjoint ne peut, dans aucun cas, profiter de l'excuse qui pourrait exister en faveur de l'auteur du crime. Dès-lors, il ne peut fonder un moyen de cassation sur ce que la cour d'assises aurait refusé de poser la question d'excuse légale résultant de violences graves exercées par celui qui a succombé. — *Cass.*, 19 janv. 1838 (t. 1er 1838, p. 393), Musard.

55. — Toutefois, il est une foule de circonstances qui, sans constituer par elles-mêmes et nécessairement des motifs d'excuse, et sans pouvoir, en raison de leur multiplicité, de leur variabilité et de leur insaisissabilité, faire l'objet d'une disposition légale, précise et permanente, viennent néanmoins affaiblir l'immoralité de l'acte et la culpabilité de l'agent. La loi a dû les prendre en considération, et, ne pouvant les prévoir ni les définir, elle en a laissé, *sous le nom de circonstances atténuantes*, l'appréciation souveraine et discrétionnaire aux jurys et aux tribunaux correctionnels ou de police. Les règles qu'elle a tracées à cet égard sont renfermées dans les art. 463, pour les crimes et les délits, et 483 pour les contraventions. — V. CIRCONSTANCES ATTÉNUANTES.

§ 4. — *Prohibition d'admettre d'autres excuses que celles indiquées par la loi.*

56. — L'application du système des circonstances atténuantes, rendue plus générale par la loi de 1832, a fait perdre presque toute son importance à l'art. 65, C. pén., qui porte que nul crime ou délit ne peut être excusé ni la peine mitigée que dans les cas et les circonstances où la loi déclare le fait excusable ou permet de lui appliquer une peine moins rigoureuse, puisque les faits desquels on voudrait faire résulter une excuse, quoique le Code ne les considère point spécialement comme tels, constituent au moins des motifs d'atténuation, et rentrent, par conséquent, dans l'appréciation des circonstances atténuantes que le juge ou le jury peut toujours admettre; néanmoins il est encore utile en ce que l'art. 339, C. inst. crim., imposant au président l'obligation de poser, à peine de nullité, les questions d'excuse lorsque le fait est admis comme tel par la loi, on aurait pu croire qu'il avait *la faculté* de les poser, alors que la loi n'en fait l'objet d'aucune disposition. L'art. 65 prévient une semblable interprétation.

57. — La jurisprudence a fait une fréquente application de cet article, surtout dans des circonstances où la bonne foi des prévenus, leur jeunesse, avaient déterminé les juges à excuser les actes dont ils s'étaient rendus coupables; toujours la cour de cassation a annulé de semblables décisions où le juge, créant des motifs d'excuse en dehors des prévisions de la loi, excédait évidemment ses pouvoirs.

58. — Remarquons d'ailleurs que la règle est générale et s'applique aussi bien aux contraventions qu'aux crimes ou aux délits. — Chauveau et Hélie, *Th. C. pén.*, t. 2, p. 149.

59. — Entre autres exemples du principe posé plus haut il a été jugé que l'obéissance qu'un domestique doit à son maître ne pouvant s'étendre à ce qui blesse les lois et l'ordre public, l'état de domesticité n'excuse pas la complicité du délit commis par le maître. — *Cass.*, 13 août 1807, Laukar; 8 nov. 1811, Lacase. — Carnot, sur l'art. 65, C. pén., t. 1er, p. 250, n° 9. — V. au surplus CONTRAINTE, nos 22 s.

60. — ...Que la négligence relativement à l'évasion des détenus n'est qu'une circonstance qui modifie le caractère du fait principal de l'évasion, et ne constitue pas un fait d'excuse. — *Cass.*, 16 avr. 1819, Denat. — Carnot, sur l'art. 321, C. pén., t. 2, p. 73, n° 11. — V. au surplus ÉVASION.

61. — ...Que le conseil de guerre maritime qui reconnaît un matelot coupable d'avoir levé la main contre un officier pour le frapper ne peut l'acquitter sous le prétexte qu'il a été purifié de ce fait par *le baptême de feu*. — *Cass.*, 24 sept. 1831 (intérêt de la loi), Prunet. —V. TRIBUNAUX MARITIMES.

62. — ... Qu'un délit ne pouvant trouver son excuse dans les ordres donnés à celui qui l'a commis, il y a lieu, au moins, d'examiner jusqu'à quel point la bonne foi de celui-ci, lorsqu'il n'a été qu'un simple manouvrier, permet de faire remonter la culpabilité jusqu'aux auteurs du mandat qu'il a exécuté. — *Cass.*, 20 juin 1828, Fauvelle.

63. — ...Que sous la loi du 12 flor. an III, la question relative aux circonstances atténuantes ne pouvait pas être posée à l'égard d'accusés de délits prévus par ladite loi (provocation à l'avilissement de la représentation nationale ou au retour de la royauté); qu'elle était remplacée par la question d'excuse résultant de l'art. 646, C. 3 brum. an IV. — *Cass.*, 26 niv. an X, Paumier.

64. — ... Que l'ivresse, étant un fait volontaire et répréhensible, ne peut jamais constituer une excuse que la loi et la morale permettent d'accueillir. — *Cass.*, 19 nov. 1807, Chiguin.

65. — Jugé encore que l'ivresse, même considérée comme cause occasionnelle de l'état d'aberration où s'est trouvé l'accusé au moment de la perpétration de son crime, ne saurait constituer un motif d'excuse légale. — *Cass.*, 1er juin 1843 (t. 2 1843, p. 501), Courtier. — V. DÉMENCE, nos 28 et 35, et IVRESSE.

66. — ... Que la vérité des faits imputés ne rend pas une injure excusable. — *Cass.*, 26 avr. 1810, Schmitz c. Rentz; — Merlin. *Rép.*, v° *Injure*, § 3, n° 3; Chassan, *Traité des délits de la parole*, p. 336. — V. aussi DIFFAMATION ET INJURE.

67. — ...Que sous la loi du 24 brum. an VI, le maire qui avait délivré au sous-préfet un certificat constatant qu'il n'y avait aucun conscrit dans sa commune, et qui avait empêché, par ce moyen que son fils fût appelé pour tirer au sort, ne pouvait être excusé, sous le prétexte que les registres de l'état civil de sa commune avaient été détruits, que la seule preuve de l'âge de son fils résultait de son contrat de mariage, qu'il n'avait pas cet acte sous les yeux lors de la délivrance du certificat, et qu'il pouvait être de bonne foi. — *Cass.*, 13 juin 1812, Trespaillé.

68. — ...Que le fait par un individu d'avoir, nonobstant un arrêté de police et de fréquens avertissemens de s'y conformer, négligé d'élever le tuyau de son poêle sortant sur la rue, à la hauteur fixée par l'autorité municipale, ne peut être excusé, sous le prétexte qu'avant la comparution de l'inculpé à l'audience, où il était traduit à ce sujet, le tuyau en question avait reçu l'élévation prescrite. — *Cass.*, 14 mars 1833, Berthelin.

69. — ...Que le fait d'avoir tenu dans un cabaret un jeu de hasard ne peut pas être excusé, sous le prétexte qu'il n'a été joué qu'un coup de dé, et que le profit du jeu avait servi à alléger les peines d'un malheureux. — *Cass.*, 26 mars 1813 (intérêt de la loi), Lambay; — Merlin, *Rép.*, v° *Loterie*, § 2, n° 4; Carnot, sur l'art. 310, C. pén., t. 2, p. 400 et 402, nos 4 et 14. —V. JEUX.

70. — ...Que le prévenu convaincu d'avoir fait paître ses chevaux dans une prairie chargée de sa récolte, ne peut pas être excusé sous le prétexte de l'ignorance des dispositions de la loi. — *Cass.*, 15 pluv. an VII, Dorland et Contat.

71. — ... Que la bonne foi n'excuse pas le fait d'avoir exposé en vente des comestibles gâtés, corrompus ou nuisibles. — *Cass.*, 2 juin 1810, Carnieri. — V. COMESTIBLES ET DENRÉES CORROMPUS OU NUISIBLES.

72. — ... Que les auteurs de bruits ou tapages injurieux ou nocturnes ne peuvent pas être excusés à raison de leur jeunesse et de leur bonne conduite habituelle; que lorsque la contravention est prouvée, le tribunal de simple police commet un excès de pouvoirs, en s'abstenant de prononcer la peine de l'amende, et en se bornant à condamner les prévenus aux dépens. — *Cass.*, 22 nov. 1811, Thirault. — V. au surplus BRUITS ET TAPAGES, nos 61 et suiv.

73. — ... Que l'individu qui a tiré des pétards dans l'intérieur d'une ville, contrairement à un arrêté de police, ne peut être excusé sous le prétexte qu'ayant obtenu l'autorisation du commandant d'armes, il a agi de bonne foi. — *Cass.*, 28 août 1829, Giroy.

74. — ... Que le boulanger chez lequel il a été trouvé deux pains qui n'avaient pas le poids prescrit par les réglemens de police, ne peut pas être acquitté, sous le prétexte qu'il les avait fabriqués pour deux de ses pratiques qui les lui avaient commandés, et qu'il n'avait pas l'intention de tromper. — *Cass.*, 24 mai 1832, Pezuc. — V. au surplus BOULANGER.

75. — ... Que lorsqu'un procès-verbal régulier non combattu par la preuve contraire constate qu'un individu a contrevenu à un arrêté municipal qui lui imposait l'obligation de balayer le devant de sa maison à une certaine heure, le contrevenant ne peut être excusé sur le motif qu'il était encore dans le délai pour satisfaire au réglement de police. — *Cass.*, 27 mars 1845 (t. 2 1845, p. 573), Berland. — V. au surplus BALAYAGE ET NETTOIEMENT DE LA VOIE PUBLIQUE.

76. — V. en outre au sujet des diverses contraventions précitées et autres, et sur le principe qu'en matière de contraventions l'excuse tirée de la bonne foi n'est pas admissible, CRIMES, DÉLITS ET CONTRAVENTIONS.

§ 5. — *Appréciation des cas d'excuse.—Compétence.*

77. — Lorsque les circonstances invoquées pour sa défense par le prévenu sont justificatives, notamment dans le cas de démence, de légitime défense, etc., la chambre du conseil et la chambre d'accusation peuvent et doivent les apprécier et renvoyer le prévenu de la plainte. — *Cass.*, 8 janv. 1819, Cazelles; 27 mars 1818, Rozay; — Carnot, *C. pén.*, art. 328, n° 1er; Merlin, *Quest.*, v° *Duel*.

78. — Mais il n'en serait pas de même si la circonstance était une excuse simple; le jury ou le tribunal correctionnel peuvent seuls y statuer. Ce principe admis par la doctrine sans contestation, a été consacré par plusieurs arrêts de cassation. — *Cass.*, 9 oct. 1812, Lefondré; 30 avr. 1829, Couronne; 8 juill. 1831, Noel; 21 fév. 1828, Delmar; 22 mai 1830, Dupré; 8 janv. 1819, Cazelles; —Merlin, *Rép.*, v° *Excuse*, n° 6, et *Quest.*, v° *Accusation*; Legraverend, *Lég. crim.*, t. 1er, ch. 11, p. 432; Bourguignon, *Jurisp. C. crim.*, t. 1er, p. 501; Carnot, *Inst. crim.*, art. 221, n° 3; Deserres, *Man. C. d'ass.*, t. 1er, p. 199.

79. — Par suite, les chambres d'accusation ou du conseil violeraient les règles de leur compétence, si elles renvoyaient devant la juridiction correctionnelle un fait qualifié crime par la loi, sur le motif que ce fait n'est susceptible que de peines correctionnelles, d'après les circonstances qui le rendent excusable. — *Cass.*, 9 oct. 1812, Lefondré; 6 nov. 1812, Rotondi; 25 fév. 1813, Persiani; 21 fév. 1828, Delmar; 30 avr. 1829, Couronne; 8 juill. 1831, Noel.

80. — ... Ainsi il a été jugé que, quoique excusable, le meurtre excède la compétence des tribunaux de police correctionnelle, et ne peut être poursuivi que devant le jury. — *Cass.*, 22 mai 1830 (réglem. de juges), Dupré.

81. — V. au surplus, sur ces divers points, CHAMBRE DES MISES EN ACCUSATION, nos 59 et suiv., 64 et suiv.

82. — Du reste, aucune loi ne défend aux chambres d'accusation de faire mention dans leurs arrêts de mise en accusation des faits qui peuvent rendre les crimes excusables.—*Cass.*, 13 janv. 1820, Piquet.

83. — Nous ajouterons même que c'est un devoir pour elles, car si elles omettaient de mentionner ces circonstances, l'exposé du fait ne serait pas *complet*. — C. inst. crim., art. 232 et 234; — Carnot, *C. inst. crim.*, art. 221, n° 1er; Merlin, v° *Chambre d'accusation*, § 3.—V. à cet égard ce que nous avons dit ACTE D'ACCUSATION, nos 89 et suiv., 100 et suiv.

84. — On jugeait même, sous le Code du 3 brum. an IV, que si, dans ses réponses, un prévenu d'homicide avait allégué une provocation violente résultant d'un coup de pistolet tiré sur lui, l'acte d'accusation devait, à peine de nullité, mentionner cette circonstance. — *Cass.*, 24 messid. an XIII, Torré.

85. — Jugé également, sous le même Code, qu'un acte d'accusation était nul quand le rédacteur avait omis d'y mentionner une circonstance de fait importante, résultant des interrogatoires de l'accusé, et pouvant venir à sa décharge.— *Cass.*, 5 mai 1808, Lambique.

86. — Jugé enfin que l'acte d'accusation était nul si, dans le cas où il résultait des informations faites devant l'officier de police judiciaire qu'un accusé de meurtre avait été provoqué par des injures, il ne faisait pas mention de cette provocation.—*Cass.*, 16 pluv. an VIII, Amsler.

87. — V. au reste, pour plus amples détails sur la rédaction des actes d'accusation, tant sous la loi du 16-29 sept. 1791, que sous le Code du 3 brum. an IV, ACTE D'ACCUSATION, nos 9 et suiv., 42 et suiv.

88. — Une fois la cour d'assises saisie, c'est le jury qui devient juge des questions d'excuses légales proposées par l'accusé. Mais avant de soumettre au jury la question d'excuse, la cour a le droit d'apprécier si le fait proposé comme excuse *légale* a ou non ce caractère. — Ces divers points sont expliqués v° COUR D'ASSISES, nos 2247 et suiv., 2292 et s.

89. — C'est également sous le mot COUR D'ASSISES, nos 2247 et suiv., que sont indiquées les modifications qu'ont subies les attributions des cours d'assises, en ce qui concerne la position des questions d'excuse et en général tout ce qui se rattache à cette phase de la procédure devant la cour d'assises.

90. — La question d'excuse ne doit être posée au jury que d'une manière précise et positive. Ainsi, est nulle la position d'une question par laquelle, au lieu de demander au jury s'il y avait légitime défense ou provocation, on lui demande seulement s'il est constant que l'accusé a agi hors le cas de légitime défense et sans excuse suffisante. — *Cass.*, 1er frim. an XIV, Brulez.

91. — Car la compétence des jurés se borne à prononcer sur l'existence du fait matériel; ils n'ont donc aucune qualité pour décider d'une manière générale si le crime est excusable, ni même si le fait proposé pour excuse est admis comme tel par la loi. — En conséquence, il y a lieu d'annuler l'arrêt qui prononce une réduction de peine sur la simple déclaration du jury portant que le crime est excusable, sans spécifier aucun des faits déterminés par la loi. — *Cass.*, 6 vent. an IX, Rigollet; 16 juin 1815, Lacoste; — Carnot, sur l'art. 339, C. inst. crim., t. 2, p. 609, n° 7. — V. au reste COUR D'ASSISES, nos 2304 et suiv.

92. — Lorsque la cour d'assises rejette les moyens proposés comme excuse en ce que le fait ne rentre pas dans la catégorie des excuses légales, ses arrêts prononçant sur des moyens qui ont pour objet de justifier le droit ou la défense des parties ne sont point, comme ceux de pure instruction, dispensés de motifs et rentrent dans la prescription de l'art. 7, L. 28 avr. 1810. — Ils sont donc nuls s'ils ne sont point motivés. — *Cass.*, 3 fév. 1821, Salicetti; 13 janv. 1827, Roque; 14 oct. 1826, Chaussat; 14 avr. 1826, Fourgeot; 10 avr. 1841 (t. 1er 1841, p. 647), Bryère; —Merlin, *Rép.*, v° *Motifs du jugement*, n° 16; Chauveau et Hélie, *Th. C. pén.*, t. 2, p. 181. — V. COUR D'ASSISES, nos 2319 et suiv.

93. — Lorsqu'une question d'excuse est posée au jury, sa solution négative est contre l'accusé, puisqu'en cas de déclaration contraire, il y aurait lieu à atténuation de peine; or, les art. 339 et 347, C. inst. crim., frappant de nullité les déclarations à la charge de l'accusé qui ne portent pas l'énonciation formelle de la majorité à laquelle elles ont été rendues, il en résulte que la déclaration négative du jury sur une question d'excuse est nulle lorsqu'elle n'énonce pas la majorité à laquelle elle a été rendue. — *Cass.*, 28 janv. 1836, Roux.

94. — D'après l'art. 646, C. 3 brum. an IV, lorsque le fait d'excuse proposé par l'accusé était prouvé, s'il s'agissait d'un meurtre, le tribunal criminel prononçait la peine de dix années de gêne au lieu de celle de vingt années de fers (art. 9, sect. 1re, tit. 2, part. 2e, C. pén. 1791). — S'il s'agissait de tout autre délit, le tribunal réduisait la peine établie par la loi à une punition correctionnelle qui, en aucun cas, ne pouvait excéder deux années d'emprisonnement.

95. — Quant à la peine qui, d'après le Code pénal de 1810, doit être aujourd'hui appliquée, lorsque le fait d'excuse est prouvé, V. DISCERNEMENT, LÉGITIME DÉFENSE, PROVOCATION.

V. ABUS D'AUTORITÉ, ANIMAUX, BANDES ARMÉES, BALAYAGE ET NÉTOIEMENT DE LA VOIE PUBLIQUE, BLESSURES ET COUPS, BRUITS ET TAPAGES, DÉMENCE, MEURTRE, PROVOCATION.

EXÉCUTEUR DES ARRÊTS DE JUSTICE CRIMINELLE.

1. — Nom que la loi donne à l'agent chargé de mettre à exécution les arrêts de justice portant condamnation à mort ou à quelque peine afflictive ou infamante.

2. — Le titre d'exécuteur des arrêts de justice criminelle a été introduit dans le langage légal actuel par le décret du 13 juin 1793; l'exécuteur des arrêts de justice criminelle était autrefois désigné sous le nom de *bourreau, exécuteur des hautes œuvres, exécuteur de la haute justice*, parce que les hautes justices étaient les seules qui eussent droit de glaive; mais déjà en 1787 un arrêt du conseil du 12 janvier avait fait défense expresse de donner aux exécuteurs la qualification de bourreau.

3. — Chez le peuple juif il n'y avait point d'office spécial d'exécuteur. « Dieu avait commandé à ce peuple que les sentences de mort fussent exécutées par tout le peuple ou par les accusateurs du condamné, ou par les parens de l'homicide, si la condamnation était pour homicide, selon les circonstances. Le prince donnait souvent à ceux qui étaient près de lui, et surtout aux jeunes gens, la commission d'aller mettre quelqu'un à mort; on en trouve nombre d'exemples dans l'écriture; et loin qu'il y eût aucune infamie attachée à ces exécutions, chacun se faisait un mérite d'y avoir pris part. » — *Encycl. méthod.*, vo *Exécuteur de la haute justice.*

4. — Aristote (liv. 6 de sa *Politique*, chap. dernier) met l'exécuteur au nombre des magistrats. Il dit même que, par rapport à sa nécessité, on doit tenir cet office comme un des principaux.

5. — A Rome, les licteurs étaient les exécuteurs ordinaires, quelquefois même ce ministère était rempli par des soldats, non seulement à l'armée, mais même dans la ville, sans qu'aucun déshonneur en résultât pour eux.

6. — A la différence de ce qui avait lieu chez les peuples de l'antiquité, les nations modernes considèrent du moins généralement l'office d'exécuteur comme infamant.

7. — Et sur ce point, en France surtout, le préjugé est tel que plus d'une fois l'office de l'exécuteur étant vacant, on a été contraint, pour y pourvoir, de gracier des criminels condamnés, qui, en échange de la vie et de la liberté, acceptaient les fonctions d'exécuteurs. — *Parlem. Bordeaux*, 13 avr. 1764.

8. — Il n'était même point permis à l'exécuteur de demeurer dans la ville, à moins que ce ne fût dans la maison du pilori, où son logement lui était donné. — *Parlem. Paris*, 31 août 1709.

9. — Il paraît que sous le règne de Saint-Louis des femmes étaient parfois chargées de quelques unes des fonctions ordinaires du bourreau. On lit en effet, dans une ordonnance rendue par ce roi contre les blasphémateurs : « Celui qui aura méfait ou médit sera battu par la justice du lieu tout de verges en appert: c'est à savoir li homme par homme, et la femme par seule femme, sans présence d'hommes. »

10. — Du reste, l'exécuteur jouissait de nombreux priviléges; c'est ainsi qu'il percevait notamment sur les grains, fruits nouveaux, gâteaux, certains droits connus sous le nom de *hâvage* et *riflerie*.

11. — Ces droits, supprimés par arrêt du conseil du 3 juin 1755, furent définitivement abolis par le décret du 13 juin 1793.

12. — Un décret du 22 flor. an II, non inséré au *Bulletin des lois*, mais qui est toujours en vigueur, attribue la nomination des exécuteurs au commissaire des administrations civiles, police et tribunaux, aujourd'hui ministre de la justice.

13. — L'ordonnance du 7 oct. 1832 (art. 4) a depuis déféré au même ministre la nomination des aides-exécuteurs.

14. — Maître de nommer les exécuteurs et leurs aides, le ministre a également le droit de les révoquer, soit pour motifs graves et sans préjudice des peines qu'ils peuvent encourir dans certains cas, soit même pour des causes qui n'impliquent aucune faute de leur part. Tel serait par, exemple, le cas de maladie ou d'infirmités, sauf au ministre à faire à l'exécuteur ainsi révoqué application du bénéfice des dispositions de l'art. 116 du décret du 18 juin 1811 qui permet de leur accorder des secours alimentaires.

15. — Il existe même au ministère de la justice un comité spécial de surveillance et de discipline qui décide administrativement toutes les questions relatives aux exécuteurs.

16. — Le décret du 13 juin 1793 avait, par son art. 1er, fixé le nombre des exécuteurs à un par département, résidant auprès du chef-lieu judiciaire, et le décret du 3 frim. an II avait accordé en outre à chacun d'eux deux aides. Celui de Paris en obtint quatre.

17. — Mais depuis la révision opérée dans notre législation criminelle en 1832, l'ordonnance royale du 7 oct. 1832 qui constitue, à vrai dire, la loi organique de la matière « considérant que les comptes généraux de l'administration de la justice criminelle constatent une progression notable dans la diminution des condamnations à des peines afflictives et infamantes; que la loi rendue le 28 avr. 1832 a supprimé les peines de la flétrissure et du carcan, et rendu facultative celle de l'exposition publique; que, dans cet état de choses, il devient possible de réduire le nombre des exécuteurs des arrêts de justice criminelle et de leurs aides » a introduit à leur égard diverses modifications.

18. — « Jusqu'à ce que (porte l'art. 1er) le nombre actuel des exécuteurs des arrêts de justice criminelle se trouve réduit de moitié, notre garde des sceaux, ministre de la justice, est autorisé à ne pas pourvoir à leur remplacement au fur et à mesure des extinctions. »

19. — « A l'avenir, il n'y aura qu'un seul aide-exécuteur dans les départemens du Calvados, de la Corse, de l'Eure, d'Ille-et-Vilaine, de la Manche, de l'Orne, du Pas-de-Calais, du Rhône et de Seine-et-Oise. Il y aura deux aides dans le département de la Seine-Inférieure et quatre dans le département de la Seine. » — *Ibid.*, art. 2.

20. — « Les aides-exécuteurs dans les autres départemens sont supprimés, et il ne pourra en être rétabli que dans ceux de ces départemens où, conformément à l'art. 1er, il ne sera pas pourvu au remplacement des exécuteurs. » — *Ibid.*, art. 2.

21. — « Pour toute exécution, autre que celle par contumace, les exécuteurs auxquels il n'est point attribué d'aides seront, sur la réquisition du ministère public, assistés par les exécuteurs ou aides des chefs-lieux voisins, conformément au tableau dressé à cet effet par le ministre de la justice. » — *Ibid.*, art. 6.

22. — « Pour les exécutions dans les départemens où les exécuteurs ont été supprimés, en vertu de l'art. 1er, les exécuteurs et aides des départemens voisins doivent être mis à la disposition du ministère public, conformément à un tableau dressé dans la même forme. » — *Ibid.*, art. 6. — V. encore circ. min. 22 nov. 1832.

23. — « Le ministère public peut requérir un ou plusieurs exécuteurs ou aides, autres que ceux qui sont désignés par le précédent article, en cas d'empêchement ou de maladie d'un exécuteur ou de son aide, et, en outre, toutes les fois qu'il juge nécessaire d'augmenter le nombre des agens d'une exécution. » — *Ibid.*, art. 7.

24. — Ce droit de réquisition peut même être exercé à l'égard des exécuteurs de chefs-lieux voisins, mais dépendant d'une autre cour royale, sauf au ministère public du lieu de l'exécution à s'adresser à cet effet au ministère public près la cour d'assises de la résidence de l'exécuteur requis. — Circ. min. 22 nov. 1832.

25. — La même circulaire porte encore que la prescription de l'art. 6, sur l'assistance due à l'exécuteur au cas où il s'agit d'une exécution autre que par contumace, doit s'entendre non pas en ce sens que l'assistance est purement facultative, mais bien obligatoire, et devant toujours être prescrite par le ministère public.

26. — Et à ce sujet, M. Ch. Berriat Saint-Prix (*De l'exécution des jugemens et arrêts en matière criminelle*, etc., nos 42 et 52) fait remarquer avec raison que si, pour les expositions, deux exécuteurs ou un exécuteur et un aide suffisent ordinairement, alors qu'il s'agit de peines capitales, il est prudent de porter le nombre à trois. « Le patient, dit-il, peut vouloir opposer de la résistance, un des exécuteurs se trouver subitement indisposé, etc. Le moindre retard, le moment suprême arrivé, serait une chose horrible, et qu'il faut éviter à tout prix. »

27. — Les gages des exécuteurs et de leurs aides, qui consistaient autrefois dans les redevances spéciales que nous avons indiquées plus haut, et que le décret du 17 juin 1793 supprima (V. *suprà* nos 10 et 11) furent, par l'art. 2 du même décret, mis à la charge de l'état.

28. — En conséquence, le décret portait : « Dans les villes où la population n'excède pas 50,000 ames, il (le traitement) sera de 2,400 liv.; dans celles dont la population est de 50 à 100,000 ames, de 4,000 liv.; dans celles de 100 à 300,000 ames, de 6,000 liv.; enfin, à Paris, le traitement de l'exécuteur est de 10,000 liv. » — Décr. 13 fév. 1793, art. 2.

29. — Moyennant ce traitement, tout casuel et droits généralement quelconques dont étaient en possession les exécuteurs demeurèrent supprimés, sauf toutefois qu'au cas où l'exécution avait lieu hors du lieu de la résidence de l'exécuteur, il lui était accordé une indemnité de 20 sous par lieue pour aller et autant pour le retour, pour subvenir aux frais de déplacement de l'instrument du supplice. — Même décret, art. 4 et 5.

30. — Indépendamment du traitement ci-dessus indiqué, le décret du 3 frim. an II leur allouait, en outre, une somme de 800 liv. par chaque aide, sauf à Paris, où l'exécuteur recevait 1,000 liv. par aide, et dont les gages furent en outre augmentés de 3,000 liv., *tant que le gouvernement de la France serait révolutionnaire.* — Décr. 3 frim. an II, art. 1er.

31. — Le même décret mit à la charge du trésor public le transport de l'instrument du supplice (art. 2). — Mais en même temps il établit que les exécuteurs, obligés de se déplacer, recevraient une somme de 36 liv. à raison de 12 liv. par jour, savoir, un jour pour le départ, un jour de séjour et un jour pour le retour. — Art. 3.

32. — L'arrêté du directoire du 23 brum. an IV rangea parmi les dépenses dont le ministre de la justice devait opérer l'ordonnancement, les traitemens et frais de déplacemens des exécuteurs des jugemens criminels, ainsi que les secours annuels provisoires accordés aux exécuteurs se trouvant sans emploi par suite du décret du 13 juin 1793.

33. — Le décret du 18 juin 1811 ne changea en rien ce qui concernait les gages des exécuteurs et de leurs aides, pas plus qu'il n'avait modifié le mode de leur nomination, leur répartition et leur nombre. — Décr. 18 juin 1811, art. 115.

34. — Il n'en a pas été de même de l'ordonnance de 1832. L'art. 7 de cette ordonnance dispose ainsi qu'il suit : « Les gages des exécuteurs nommés postérieurement à la publication de la présente ordonnance sont fixés annuellement ainsi qu'il suit : pour l'exécuteur résidant à Paris, 8,000 fr.; à Lyon, 5,000 fr.; à Bordeaux et à Rouen, 4,000 fr.; dans les autres villes dont la population excède 50,000 ames, 3,500 fr.; dans les villes dont la population est de 20,000 ames à 50,000 ames, 2,400 fr.; dans les villes de 20,000 ames et au-dessous, 2,000 fr. » — Ainsi s'est trouvé définitivement fixé le traitement des exécuteurs.

35. — Comme auparavant, les gages des aides sont restés fixés à 1,000 fr. pour Paris, 800 fr. dans les autres villes. — Ord. 7 oct. 1832, art. 4.

36. — En cas de vacance de l'emploi d'exécuteur, si un aide lui était attaché, cet aide jouit des gages attachés à l'exécuteur en titre, jusqu'au moment où le nouvel exécuteur est nommé. — Déc. min. juill. 1813; 1er sept. 1821; 19 nov. 1822. — Mais aussi pendant tout le temps où l'aide jouit des gages de l'exécuteur en titre, il ne doit plus lui être délivré de mandat pour ses gages personnels. — Déc. min. 27 avr. 1822.

37. — Les exécuteurs comme leurs aides ont droit à leurs gages du jour de leur nomination, à moins qu'ils n'aient touché postérieurement des gages à un autre titre, ou qu'ils n'aient trop tardé à se rendre à leur poste : auquel cas les gages ne courent qu'à partir du jour où leur commission est enregistrée au greffe de la cour où ils doivent exercer leurs fonctions. — Déc. min. 29 déc. 1821; 20 mars 1824; 10 déc. 1824.

38. — Indépendamment de leurs gages ordinaires, « les exécuteurs ou leurs aides qui se sont déplacés en vertu de réquisitions du ministère public, doivent recevoir une indemnité de 12 fr. par jour. » — Ord. 7 oct. 1832, art. 8. — Comme on le voit, l'ordonnance de 1832 ne fixe plus, comme l'avait fait la loi du 3 frim. an II, le chiffre maximum de l'indemnité de déplacement à trois jours au plus; et cette différence s'explique naturellement, en ce que le nombre des exécuteurs ayant été réduit de moitié par l'ordonnance nouvelle, et, d'un autre côté, les aides ayant été généralement supprimés, le déplacement des exécuteurs doit les éloigner beaucoup plus de leur domicile qu'à une époque où il était bien rare qu'ils fussent appelés hors de leur département.

39. — Au surplus, même avant l'ordonnance de

1832, diverses décisions ministérielles avaient établi que, quelque formels que fussent les termes de la loi du 3 frim. an II, il fallait les entendre en ce sens, sans doute, qu'il n'était dû d'indemnité pour séjour dans le lieu de l'exécution que pour un jour seulement, mais qu'il devait être alloué à l'exécuteur autant de fois 12 fr. qu'il lui avait fallu de jours pour se rendre au lieu de l'exécution, en allant pour revenir. — Déc. min. 1812; 9 juill. 1817; 7 nov. 1817; 29 juin 1819; 9 sept. 1820. — Comme aussi on reconnaissait, au contraire, que si le déplacement avait duré moins de trois jours, c'est-à-dire un ou deux jours seulement, il n'y avait lieu d'allouer à l'exécuteur que 12 ou 24 fr., et non 36 fr. — Décis. min. 2 janv. 1816; — de Dalmas, sur l'art. 115, décr. 26 juin 1814.

40. — L'indemnité n'est due à l'exécuteur qu'autant qu'il se déplace pour procéder à une exécution, et non, par exemple, pour se rendre à son poste lors de sa nomination. — Décr. min. 1er avr. 1815.

41. — La circulaire ministérielle du 22 nov. 1832 porte : qu'afin d'éviter au trésor public des frais résultant de déplacemens trop fréquens, il convient de faire exécuter autant que possible le même jour tous les arrêts rendus dans une même session, cette mesure ne pouvant porter aucun préjudice aux condamnés, puisque, d'après la loi actuelle, la durée de la peine compte du jour où la condamnation est devenue irrévocable, d'où il résulte que l'exécution peut être ainsi retardée sans aucun inconvénient.

42. — Toutefois, ainsi que l'a fait remarquer depuis le ministre de la justice par des décisions explicatives en date des 22 fév. 1833 et 12 avr. 1833, en ce qui concerne les exécutions capitales réelles, il n'y a jamais lieu à sursoir, et il faut y procéder dès que la condamnation est devenue définitive.—V. encore De Dalmas, sur l'art. 115, décr. 18 juin 1814.

43. — Une décision du ministre de la justice en date du 7 juill. 1826 porte que l'assistance des exécuteurs ou aides étrangers est certifiée par le ministère public du lieu de l'exécution.

44. — « Le ministère public, dit M. Ch. Berriat Saint-Prix (loc. cit., n° 43), taxe également les frais divers auxquels donnent lieu soit les exécutions, soit les réparations des échafauds et instrumens, etc. Il existe sur ce règlement de M. le garde des sceaux, pris en exécution du tarif criminel et déposé dans tous les parquets du chefs-lieux. — Décr. 18 juin 1814, art. 113 ; Réglem. 3 oct. 1814, modifié le 3 juill. 1832.

45. — Rien n'est dû aux exécuteurs pour le lavage des échafauds (décis. minist. 14 août 1818), ni pour les visites que les magistrats les chargent de faire afin de s'assurer si les individus contre lesquels des pourvuies sont dirigées, portent ou non des traces de flétrissure (déc. minist. 22 sept. 1818). — Les visites de cette nature doivent, du reste, devenir chaque jour plus rares, la peine de la flétrissure ayant, depuis 1832, été supprimée de nos lois.

46. — L'exécuteur n'a droit au logement gratuit ni dans la commune où il réside habituellement, ni dans celle où il peut se trouver temporairement appelé pour une exécution. — Décis. minist. 29 juill. 1817 et 17 juill. 1822.

47. — Si cependant l'exécuteur ne trouvait pas de propriétaire ou de logeur consentant à traiter avec lui d'un logement à l'amiable, il entre dans les attributions du ministère public de lui procurer un par voie de réquisition, sauf, bien entendu, la juste indemnité qui devrait être payée par l'exécuteur au propriétaire sur le vu de la réquisition. — Décr. 18 juin 1814, art. 114; —Massabiau, Manuel du procureur du roi, n° 2506.

48. — Dans ce cas le ministère public agit par voie de réquisition par écrit à l'autorité municipale.— Massabiau, n° 2056 et appendice, n° 2506.

49. — « Le décret du 3 frim. dispose même que le refus d'obtempérer à la réquisition du ministère public en pareille circonstance sera poursuivi et puni comme le refus des ouvriers en matière d'exécution prévu par l'art. 475, C. pén.

50. — Sous ce rapport, la légalité du décret a été contestée par quelques criminalistes à qui il a paru qu'un simple décret n'avait pu établir de pénalité. — Chauveau et Hélie, Théor. C. pén., t. 1er, p. 324.

51. — Mais cette opinion est généralement rejetée, et la plupart des auteurs qui se sont occupés de la question décident, au contraire, que le refus d'obtempérer aux réquisitions du ministère public en pareil cas doit être poursuivi et puni conformément aux prescriptions de l'art. 475, C. pénal. — Ch. Berriat Saint-Prix, n° 43 ; de Dalmas, sur l'art. 114 ; de Molènes, t. 1er, p. 216. — V. REFUS DE SERVICE.

52. — Dans tous les cas, là se borne l'action du ministère public, et ne pourrait, par exemple, agir par la voie civile pour contraindre les propriétaires à déférer à sa réquisition ; c'est ce qui a, du reste, été formellement décidé par la cour de Cassation. — Cass., 28 déc. 1829, Maillet ; — Massabiau, Man. du proc. du roi, t. 2, n° 2506.

53. — Du reste, les communes qui veulent soustraire leurs habitans à l'obligation de loger chez eux l'exécuteur peuvent acheter ou faire construire un bâtiment pour l'affecter à cet usage, sauf à recevoir de l'exécuteur le loyer des appartemens qu'il pourrait occuper ; mais, dans aucun cas une semblable construction ou acquisition ne peut concerner le ministère de la justice, qui ne doit pas, par conséquent, en faire les frais. — Décis. min., 17 juill. 1822.

54. — De même que le décret du 18 juin 1793 avait accordé aux exécuteurs qu'il supprimait un secours annuel de 400 francs, porté à 1000 livres par le décret du 3 niv. an II, l'ordonnance de 1832 leur accorde un secours alimentaire de 400 francs, mais seulement facultatif de la part de l'autorité, et à prendre sur les économies résultant de l'ordonnance. — Ord. 7 oct. 1832, art. 4.

55. — Déjà, au surplus, les dispositions des lois de 1792 et de nivôse an II avaient été abrogées par le décret du 18 juin 1811, dont l'art. 116 portait : « Notre ministre de la justice est autorisé à disposer sur les fonds généraux des frais de justice d'une somme de 36,000 francs, par année pour l'employer à donner, sur l'avis de nos procureurs et des préfets, des secours alimentaires aux exécuteurs infirmes ou sans emploi, à leurs veuves et à leurs enfans orphelins jusqu'à l'âge de douze ans. Au moyen de la présente disposition, tous les réglemens antérieurs sur les secours accordés aux exécuteurs et à leurs familles, sont abrogés. »

56. — Pour assurer l'exécution de cette disposition, les procureurs généraux et préfets doivent adresser au ministre de la justice, au 1er décembre de chaque année, un état des exécuteurs infirmes ou sans emploi, des veuves ou des enfans orphelins que les exécuteurs décédés peuvent avoir laissés. Cet état doit indiquer les noms, prénoms, âge et domicile des individus. — Inst. min., 30 sept. 1836 ; — de Dalmas, loc. cit., sur l'art. 116.

57. — L'exécuteur qui, dans l'exercice de ses fonctions, aurait, sans motif légitime, usé ou fait user de violence envers les personnes, fût-ce le condamné, encourrait les peines prévues et portées par les art. 186 et 198, C. pén., contre les abus d'autorité commis par les dépositaires de la force ou de la puissance publique. — V. ABUS D'AUTORITÉ.

58. — L'exécuteur est responsable, du moins en principe, non-seulement du fait propre, mais de celui de ses agens.

59. — Il importe, au surplus, de remarquer que, quand les exécuteurs ou aides des départemens voisins sont appelés pour assister l'exécuteur local, c'est cet exécuteur qui dirige l'exécution ; les autres doivent donc se conformer à ses ordres. Il en serait autrement si un exécuteur en titre était appelé dans un département où il n'y a qu'un aide, lequel se trouverait naturellement sous ses ordres. Enfin, en cas d'exécution opérée par des aides seuls, c'est celui du lieu de l'exécution qui doit la diriger et qui en est responsable. — Circ. min., 2 nov. 1832.

60. — Quant à la construction des instrumens de l'exécution, à leur entretien, leur transport, leur conservation, etc., V. INSTRUMENS DE SUPPLICE.

EXÉCUTEUR TESTAMENTAIRE.

Table alphabétique.

EXÉCUTEUR TESTAMENTAIRE. — 1. — C'est celui qui a été nommé pour exécuter les dispositions d'un testateur ou pour surveiller leur exécution.

§ 1er. — Historique. — Dispositions générales.

2. — On trouve dans le droit romain des traces de l'usage qui s'était introduit de nommer des personnes pour veiller à l'exécution des dernières volontés du testateur. — Nov. 38; — Furgole, Testam., chap. 10, sect. 4e, n° 12 ; Domat, Lois civ., liv. 3, tit. 4er, sect. 11e, n° 2 ; Toullier, Dr. civ., t. 5, n° 576.

3. — Dans les pays de droit écrit, les testateurs

nommaient rarement des exécuteurs testamentaires, parce que l'héritier étant saisi de plein droit de tous les effets de la succession, c'était lui qui naturellement devait prendre le soin d'exécuter le testament. — Merlin, *Rép.*, v° *Exécuteur testamentaire*, n° 5; Favard, *Rép.*, v° *Exécuteur testamentaire*.

4. — Mais dans les pays coutumiers, où les dispositions universelles n'étaient toutes que des legs sujets à délivrance, on était dans l'usage de nommer des exécuteurs testamentaires pour tenir la main à l'exécution des dernières volontés du défunt; et il n'y avait point de coutume qui ne contînt quelque disposition sur cette matière. — Merlin, *Rép.*, *ibid.*; Favard, *ibid.*

5. — L'exécuteur testamentaire est un mandataire que le testateur nomme au profit des légataires. Ce mandat diffère des mandats ordinaires en ce que, loin de finir par la mort du mandant, il ne commence au contraire qu'au moment de la mort du mandant. — Furgole, chap. 10, sect. 4e, nos 12 et suiv.; Pothier, *Donat. et testam.*, chap. 5, sect. 1re, art. 3; Duranton, t. 9, n° 390; Grenier, t. 1er, n° 327; Toullier, t. 5, n° 577; Delvincourt, t. 2, p. 371.

6. — Quelquefois aussi le testateur nomme des exécuteurs testamentaires *honoraires*, c'est-à-dire qui ne sont obligés que de veiller à ce que le testament soit exécuté par les autres exécuteurs testamentaires. On peut alors appeler ces derniers, et pour les distinguer des autres, *exécuteurs testamentaires onéraires*. — Merlin, *Rép.*, v° *Exécuteur testamentaire*, n° 2.

7. — L'exécution testamentaire n'étant point une charge publique, celui qui est nommé peut refuser d'accomplir le mandat. Il n'est pas même tenu de motiver son refus. — L. 12, § 4, ff., *De relig. et sumptibus funer.*; — Merlin, *Rép.*, v° *Exécuteur testamentaire*, n° 2.

8. — Cependant il y a exception quand un legs a été fait à l'exécuteur testamentaire en considération de la charge de l'exécution. S'il a accepté le legs, il ne peut refuser de remplir la mission qui lui a été confiée. — Merlin, *Rép.*, *ibid.*

9. — C'est au testateur à nommer les exécuteurs testamentaires. S'il n'en a point nommé, on présume qu'il a confié à ses héritiers le soin d'exécuter son testament.

10. — Aussi, autrefois, les coutumes ne suppléaient point au défaut de nomination d'exécuteurs testamentaires. Mais quand ceux qui avaient été nommés par le testateur ne voulaient pas accepter cette charge, il y avait des coutumes qui permettaient aux juges de leur substituer d'autres personnes, surtout lorsque les héritiers ne voulaient pas se charger d'exécuter le testament dans l'an et le jour et donner caution à cet effet. — Merlin, *Rép.*, v° *Exécuteur testamentaire*, n° 2.

11. — Une pareille disposition n'est plus en vigueur, et si l'exécuteur testamentaire nommé par le défunt refuse d'accepter la mission dont il avait été chargé, il ne peut être permis, contre le gré des héritiers, de le remplacer par un curateur nommé par la justice; mais alors les héritiers se trouvent saisis des droits et obligations de l'exécuteur testamentaire. — *Caen*, 13 janv. 1823, Josse.

12. — De sa nature l'exécution testamentaire est gratuite; mais l'exécuteur peut recevoir un salaire qui lui est fixé par le testateur. Le plus souvent, ce dernier lui confère un legs.

13. — Le legs particulier qu'un testateur fait à son légataire universel, à raison de la charge qu'il lui a imposée d'être son exécuteur testamentaire, n'opère point la révocation du legs universel pour cause d'incompatibilité, surtout si le légataire ne peut retirer aucun avantage du legs particulier. — *Cass.*, 29 mai 1832, Bragade c. Batardy.

14. — De ce que l'exécution testamentaire n'est point une charge publique, et que la nomination des exécuteurs est un effet de la confiance du testateur, il suit qu'ils ne sont pas tenus de donner caution. — Merlin, *Rép.*, v° *Exécuteur testamentaire*, n° 2.

15. — Le testateur peut nommer un ou plusieurs exécuteurs testamentaires. — C. civ., art. 1025.

16. — En nommant plusieurs exécuteurs testamentaires, le testateur peut diviser leurs fonctions. — C. civ., art. 1033.

§ 2. — *Qui peut être exécuteur testamentaire.*

17. — Pour être exécuteur testamentaire, il faut être capable de s'obliger. Cela résulte de ce que ce mandat donne des obligations à remplir. Aussi, l'art. 1028 dispose-t-il : « Celui qui ne peut s'obliger ne peut pas être exécuteur testamentaire. »

18. — Ainsi il faut une capacité plus grande que pour être mandataire, puisque les mineurs et les femmes mariées peuvent remplir un mandat (C. civ., art. 1990). La raison en est simple; un mandataire ordinaire peut être révoqué s'il trahit la confiance du mandant; au contraire, l'exécuteur testamentaire dont le choix est étranger aux héritiers du testateur ne peut être révoqué par ceux-ci. — Toullier, t. 5, n° 578; Duranton, t. 9, n° 393.

19. — La femme non mariée, majeure et non interdite, peut être nommée exécutrice testamentaire. — Ricard, part. 2e, n° 67; Pothier, ch. 5, sect. 1re, art. 1er; Grenier, *Donat. et testam.*, t. 1er, n° 332.

20. — La femme mariée, commune en biens, ne peut accepter l'exécution testamentaire qu'avec l'autorisation de son mari. — C. civ., art. 1029.

21. — Si la femme est séparée de biens, soit par contrat de mariage, soit par jugement, elle peut être nommée exécutrice testamentaire avec le consentement de son mari, ou, à son refus, avec l'autorisation de la justice. — Même article.

22. — La raison de cette différence est facile à saisir. Dans le premier cas, le législateur a veillé aux sûretés des héritiers en ne permettant pas que la femme puisse se faire autoriser par justice, attendu que, pendant la durée du mariage, la femme mariée sous le régime de la communauté, qui s'est obligée avec l'autorisation de la justice, ne peut être poursuivie que sur la nu-propriété de ses immeubles personnels; — dans le second cas, la loi permet à la femme de recourir à l'autorisation de la justice, parce qu'il n'est plus permis d'avoir autant de confiance en la personne du mari, ou parce que celui-ci n'a plus autant d'intérêt à l'acceptation ou au refus de la femme. — Grenier, n° 232.

23. — Si la femme est mariée sous tout autre régime que celui de séparation de biens, elle a toujours besoin de l'autorisation maritale, alors même qu'elle ne serait pas commune en biens. — V. Duranton, t. 9, n° 394; Delvincourt, t. 2, p. 376.

24. — *Quid* si un legs a été fait à la femme à la condition qu'elle exécuterait les dispositions du testateur, et que le mari refuse son autorisation nécessaire? — On décide que le legs est caduc, pour éviter qu'au moyen d'une collusion entre le mari et la femme, ils recueillent le legs sans la charge. — Delvincourt, *ibid.*

25. — Si le legs fait à la femme tombe dans la communauté, l'obligation résultant de la charge d'exécution testamentaire se poursuit sur tous les biens de la communauté, sur ceux de la femme et même sur ceux du mari. Si au contraire le legs reste propre à la femme, on ne poursuivra son obligation que sur les biens personnels de la femme. — Arg. de l'art. 1413; — Delvincourt, *ibid.*

26. — Mais si la femme n'a pas reçu de legs, quel sera l'effet de l'autorisation maritale? Obligera-t-elle le mari sur les biens de la communauté? — On pourrait décider l'affirmative par argument de l'art. 1409, où il est dit que le passif de la communauté comprend les *dettes* contractées par la femme avec l'autorisation de son mari. Cependant, dans l'espèce, la raison de décider n'est pas la même que dans le cas prévu par l'art. 1409; on n'a pas à craindre ici que le mari contracte une dette sous le nom de sa femme. — Duranton, t. 9, n° 394.

27. — « Le mineur ne peut être exécuteur testamentaire, même avec l'autorisation de son tuteur ou curateur. » — Art. 1030, C. civ.

28. — Des termes mêmes de l'article il ressort que le mineur émancipé ne peut être exécuteur testamentaire, puisqu'il n'y a que les mineurs émancipés qui aient un curateur. — Ainsi il n'y a plus lieu à la diversité d'opinions qui divisait l'ancienne jurisprudence. — Pothier, *Donat. testam.*, chap. 5, sect. 1re, art. 1er; Grenier, n° 332; Delvincourt, t. 2, p. 376, notes.

29. — Si un legs était fait au mineur sous la condition qu'il serait exécuteur testamentaire, la condition devrait être réputée non écrite. — Delvincourt, t. 3, p. 356; Duranton, t. 9, n° 391; Grenier, n° 332.

30. — *Quid* de l'interdit? — Bien que la loi soit muette sur ce point, il n'est pas douteux que l'art. 1030 est applicable à ce cas, puisque l'interdit est incapable de s'obliger, et que l'art. 1028 pose comme règle générale que pour être exécuteur testamentaire, il faut être capable de s'obliger.

31. — Une personne condamnée à la mort civile ne pourrait être exécuteur testamentaire, puisqu'elle est incapable de s'obliger. — Grenier, n° 332.

32. — Mais la médiocrité de fortune d'un individu ne saurait être une raison pour qu'il ne pût être choisi pour exécuteur testamentaire. — Furgole, chap. 10, sect. 4e, nos 48 et suiv.; Pothier, *Donat. testament.*, chap. 5. sect. 1re, art. 1er; Grenier, n° 333. — V. cependant *infrà* n° 150.

33. — Comme l'exécution testamentaire n'est point une charge publique, il n'est pas besoin pour la gérer d'avoir la jouissance des droits politiques. — Pothier, *loc. cit.*; Favard, *Rép.*, v° *Exécuteur testamentaire*.

34. — Jugé, en conséquence, que l'exécution testamentaire n'étant qu'un mandat, un étranger peut être nommé exécuteur testamentaire. — *Colmar*, 8 nov. 1821, Stœckel c. Vernel.

35. — L'héritier ou le légataire peuvent être nommés exécuteurs testamentaires. Mais, par leur acceptation, ils perdent le droit d'attaquer le testament à moins de réserves expresses. — Duranton, t. 9, n° 395; Toullier, t. 5, n° 579.

36. — Les fonctions de tuteur et d'exécuteur testamentaire ne sont point incompatibles. — *Paris*, 15 messid. an XII, Dupucé c. Boyard et Barbier; *Colmar*, 8 nov. 1821, Stœckel c. Vernel.

37. — Pour pouvoir être exécuteur testamentaire, il n'est pas nécessaire d'être capable de recevoir du testateur; parce que les incapacités ne s'étendent pas d'un cas à un autre. — Pothier, Ricard, *loc. cit.*; Toullier, n° 580; Favard, v° *Exécuteur testamentaire*, Grenier, n° 335.

38. — Ainsi, l'un des témoins instrumentaires du testament pourrait être pris pour exécuteur testamentaire. — Duranton, t. 9, n° 395.

39. — Il en faut dire autant du notaire qui aurait reçu le testament, attendu qu'il s'agit là non d'une faveur pour le notaire, mais d'une charge dans l'intérêt du testateur ou plutôt de sa succession. — V. *Diction. du notariat.*, v° *Exécuteur testamentaire*, n° 6. — *Contrà* Rolland de Villargues, *Rép. du notariat*, v° *Exécuteur testamentaire*, n° 29.

40. — Toutefois, un testament authentique est nul lorsque le notaire instrumentaire y est nommé exécuteur testamentaire *avec salaire*. — Et le refus du notaire, après la mort du testateur, de remplir le mandat d'exécuteur testamentaire ne saurait avoir pour effet de valider le testament. — *Douai*, 15 janv. 1834, Houcke c. Delangle.

41. — Des auteurs pensent que l'incapable pourrecevoir un présent modique, en récompense de sa gestion, et eu égard à la fortune du testateur. — Pothier, *loc. cit.*; Toullier, t. 5, n° 602; Duranton, t. 9, n° 395. — Grenier (t. 1er, n° 335) pense, au contraire, que cette doctrine ne saurait être admise, parce qu'elle faciliterait la fraude en laissant à l'arbitraire la fixation de la chose léguée, et que, d'ailleurs, l'incapacité est absolue dans l'esprit de la loi.

42. — Jugé en ce dernier sens qu'un testament authentique dans lequel figure comme témoin un parent ou un allié au degré prohibé de l'exécuteur testamentaire est nul, si cet exécuteur testamentaire y est gratifié à ce titre d'une somme même modique, cette gratification ne pouvant être considérée que comme un legs. — *Paris*, 5 fév. 1833, Mallèvre.

43. — Les fonctions d'exécuteur testamentaire combinées avec la charge d'employer l'universalité des biens de la succession à célébrer des messes, ne doivent pas être considérées comme une libéralité déguisée, lorsqu'elles sont conférées à un prêtre qui dirigeait la conscience du testateur, et qui l'a assisté dans ses derniers momens. — *Pau*, 24 août 1825, Guimet c. Isaute. — V. aussi DONATION DÉGUISÉE, n° 89.

44. — Le prêtre qui a été nommé exécuteur testamentaire avec la charge d'employer l'universalité des biens de la succession à célébrer des messes, n'a pas besoin de l'autorisation du gouvernement pour exécuter une pareille disposition. — — Même arrêt.

45. — Le testateur peut choisir pour exécuteur testamentaire la personne qui possédera telle dignité au jour de son décès, comme le président de tel tribunal. Quoique la personne revêtue de la dignité au moment du décès ne l'eût pas encore été à l'époque du testament, elle n'en serait pas moins capable d'exécuter le testament et de recueillir le legs qui serait attaché à la charge. — En pareil cas, l'exécution du testament est confiée moins à l'individu revêtu de telle qualité, qu'à la qualité qui ne meurt point et qui passe à un autre après lui. — Toullier, t. 5, n° 596; Nouv. Denisart, v° *Exécuteur testamentaire*, n° 14; Rolland de Villargues, *Rép. du notar.*, *eod. verbo*, n° 31.

§ 3. — *Droits et pouvoirs de l'exécuteur testamentaire. — Saisine.*

46. — Les droits et pouvoirs de l'exécuteur testamentaire résultent soit des dispositions générales de la loi, soit des dispositions particulières du testateur.

47. — D'après la loi, l'exécuteur testamentaire a le droit de provoquer toutes les mesures et de faire tous les actes nécessaires pour parvenir à l'accomplissement de la mission qui lui est confiée. — V. *infrà* nos 81 et suiv.

48. — L'exécuteur testamentaire étant chargé de

veiller à ce que le testament soit exécuté, a droit, en cas de contestation sur cette exécution, d'intervenir pour en soutenir la validité.—C. civ., art. 1031, § 4.

49. — Ainsi, l'exécuteur testamentaire a qualité pour intervenir sur la demande en homologation d'une transaction passée entre l'héritier légitime et le légataire mineur. — *Bourges*, 28 flor. an XIII, Tardif c. Guérin.

50. — Des exécuteurs testamentaires auxquels, conformément aux lois du domicile du testateur, en vigueur à son décès, sont confiés par détail les pouvoirs les plus amples, ont qualité pour agir, même en ce qui n'est pas mentionné au testament. — *Bruxelles*, 26 nov. 1818, Vanderlinden c. Cuypers et Dommer.

51. — Toutefois, l'exécuteur testamentaire n'aurait pas qualité pour agir, en cas de contestation ou de transaction entre les héritiers et les créanciers. — Duranton, t. 9, nº 415.

52. — Lorsqu'il y a plusieurs exécuteurs testamentaires qui aient accepté, un seul peut agir au défaut des autres, à moins que le testateur n'ait divisé leurs fonctions. — C. civ., art. 1033.

53. — Si les fonctions ont été divisées, chacun des acceptans peut agir dans les limites qui lui sont tracées, nonobstant le refus de ses co-mandataires. — Duranton, t. 9, nº 423.

54. — L'exécuteur testamentaire n'est pas tenu d'agir en *personne* ; il peut faire remplir, par un fondé de pouvoir spécial, tous les devoirs qui lui sont imposés par le testament. Il a cette faculté, lors même que le testateur a nommé un exécuteur testamentaire subsidiaire ou à défaut du premier. — *Cass.*, 26 mai 1829, Gélis c. Maille.

55. — Qant aux droits et pouvoirs conférés par le testateur, ils varient nécessairement d'après la volonté de celui-ci.

56. — Ainsi, le testateur peut donner à son exécuteur testamentaire le pouvoir de se substituer. — *Colmar*, 8 nov. 1821, Stœckel c. Vernel.

57.— Ainsi encore, le testateur peut valablement donner à son exécuteur testamentaire le pouvoir de recevoir des capitaux de rentes, de les replacer, et de soutenir tous les procès que l'administration des biens pourrait occasionner, ce qui entraîne le droit de poursuivre les débiteurs en justice. — *Bruxelles*, 18 nov. 1815, Coomans c. Delanfranchy.

58. — Mais tous ces droits et pouvoirs doivent n'avoir trait qu'à l'exécution du testament ; ils devraient être réputés non écrits s'ils avaient toute autre chose pour objet, alors surtout qu'ils blesseraient les droits des tiers.

59. — Ainsi il n'est pas au pouvoir d'un testateur d'autoriser l'exécuteur testamentaire à liquider la succession. — *Bruxelles*, 26 fév. 1818, Mulié c. Simons. — Contr. arg. *Bruxelles*, 16 mars 1811, Geerinch c. Vauncalcotte.

60. — Un testateur ne peut non plus donner à son exécuteur testamentaire le pouvoir de diriger le partage de l'hérédité, selon le mode qu'il trouvera le plus convenable, et l'exécuteur testamentaire ne peut, en vertu de cette clause, qui doit être réputée non écrite, intervenir aux opérations du partage. — *Bruxelles*, 1er juin 1816, Proot c. Schoote.

61. — *Saisine*. — « Le testateur peut donner à son exécuteur testamentaire la saisine de tout ou seulement d'une partie de son mobilier. » — Mais s'il ne l'a pas donnée, l'exécuteur ne peut l'exiger. — C. civ., art. 1026.

62. — L'objet de la saisine est d'assurer le paiement des legs mobiliers et l'accomplissement des volontés du défunt, en prévenant le détournement des effets qui doivent servir à acquitter ces legs ou à exécuter ces mêmes volontés. C'est une sorte de séquestre qui confère à l'exécuteur testamentaire le droit d'appréhender de lui-même le mobilier. — Toullier, t. 5, nº 582 ; Duranton, t. 9, nº 396.

63. — Dans l'ancien droit, sous certaines coutumes, cette saisine était de droit; dans quelques unes elle s'étendait même aux immeubles. — Pothier, ch. 5, sect. 1re, art. 2 ; Merlin, *Rép.*, vº *Exécuteur testamentaire* ; Duranton, t. 9, nº 396.

64. — Mais, sous le Code civil, l'exécuteur testamentaire n'a la saisine du mobilier que dans le cas où elle lui a été formellement donnée par le testateur. — *Douai*, 17 mars 1815, Despret c. Lermuzeau.

65. — Quelle est l'étendue du mot *mobilier* dont parle l'art. 1026, C. civ.? — Il s'entend des arrérages de rentes et des fruits des immeubles, même échus depuis le décès du testateur. Il en est de même des actions mobilières. — Delvincourt, t. 2, p. 372, notes ; Toullier, t. 5, nº 587. — V. cependant Ricard, part. 2e, nº 77.

66. — Mais l'exécuteur testamentaire qui a la saisine du mobilier, n'en a pas pour cela la possession. Il possède au nom de l'héritier ou du légataire universel qui conserve la saisine légale de toute la succession. — Toullier, t. 5, nº 582 ; Duranton, t. 9, nº 396 ; Grenier, t. 1er, nº 338.

67. — Il suit de là que l'héritier ou le légataire universel peut faire cesser la saisine, en justifiant du paiement des legs mobiliers, ou en offrant de remettre à l'exécuteur testamentaire somme suffisante pour acquitter ces legs. — C. civ., art. 1027.

68. — L'exécuteur n'ayant pas la possession, il ne peut intenter la complainte contre celui qui le trouble. Il n'a qu'une action *in factum* par laquelle il demande qu'on fasse défense de le troubler dans la saisine qui lui est utile pour veiller à l'exécution du testament. — Pothier, ch. 5, sect. 1re, art. 2 ; Ricard, part. 2e, nº 63 ; Delvincourt, t. 2, p. 372, notes.

69. — De ce que la saisine légale appartient toujours à l'héritier ou au légataire universel, malgré la saisine de l'exécuteur testamentaire, il résulte encore que la délivrance doit être demandée par les légataires à cet héritier ou légataire universel.

70. — La saisine ne peut durer au-delà de l'an et jour, à compter du décès du testateur. — C. civ., art. 1026.

71. — Cependant, si le testament n'avait pas été découvert dès l'instant du décès, ou s'il s'était élevé des contestations sur le testament, le délai ne prendrait date que du jour de la découverte du testament ou de la cessation des difficultés.—Duranton, t. 9, nº 399 ; Toullier, t. 5, nº 594 ; Grenier, t. 1er, nº 330 ; Delvincourt, t. 2, p. 374, notes.

72. — Si, après l'an et jour, des legs mobiliers n'étaient point encore acquittés, le légataire universel ou l'héritier légitime pourrait demander la restitution des objets compris dans la saisine, sans être tenu de fournir somme suffisante pour leur acquittement. — Duranton, nº 397.

73. — Toutefois, si les dispositions du testament n'avaient pu être exécutées pendant l'année de la saisine, l'exécuteur testamentaire pourrait et devrait encore prendre les mesures nécessaires pour l'exécution du testament. — Delvincourt, t. 3, p. 373.

74. — Ainsi, l'exécuteur testamentaire peut encore, après l'année de la saisine, poursuivre l'entérinement et l'exécution du testament, surtout si les contestations suscitées par l'héritier ont absorbé ce premier délai. — *Poitiers*, 23 vent. an XIII, Benoît c. Chevalereau.

75.—L'héritier ou le légataire pourrait demander la cessation de la saisine de l'exécuteur, si l'exécution des volontés du défunt était accomplie avant la fin de l'an et jour. — Arg. de l'art. 1027, *in fine* ; — Delvincourt, t. 2, p. 373.

76. — Le testateur pourrait-il accorder une saisine qui se prolongeât au-delà d'an et jour? — Pour l'affirmative, on dit qu'il serait absurde que celui qui pouvait disposer de son mobilier, au préjudice de l'héritier ou des légataires, ne pût ordonner que ce même mobilier resterait en dépôt dans les mains de l'exécuteur testamentaire pendant plus d'un an et jour. On ajoute que l'héritier, pouvant faire cesser la saisine quand il voudra, il n'y a pas d'inconvénient à admettre cette solution.—Duranton, t. 9, nº 400.

77. — Mais on répond, avec raison, selon nous, que l'art. 1026 est formel pour empêcher la saisine de se prolonger au-delà de l'an et jour, et que, dans la section chargée de l'examen du projet de loi, il fut entendu que, *dans aucun cas*, la saisine ne pourrait durer au-delà de l'an et jour.

78. — Le testateur ayant la faculté de restreindre la saisine de l'exécuteur testamentaire à une partie du mobilier, il peut se faire que cette partie ne soit pas suffisante pour assurer l'accomplissement des dispositions testamentaires. Dans ce cas, l'exécuteur n'en doit pas moins veiller à leur exécution, et pour cela il peut exiger de l'héritier ce qui est nécessaire pour l'entier accomplissement du testament. — Pothier, ch. 5, sect. 1re, art. 2, § 3.

79. — Le testateur ne peut pas toujours donner la saisine de tout le mobilier à son exécuteur testamentaire. Ainsi, alors qu'il y a des réservataires, et que la réserve doit nécessairement porter sur le mobilier, parce que la succession est toute ou presque toute mobilière, le testateur doit se borner à donner la saisine d'une partie de mobilier suffisante à l'acquittement des dispositions qui n'entament pas la réserve. — Duranton, t. 9, nº 401.

80. — Mais toutes les fois qu'il n'y aura pas de réservataire, la saisine pourra être donnée sur tout le mobilier, alors même qu'il serait plus que suffisant pour acquitter les dispositions du testament. —Arg. de l'art. 1026.

§ 4. — *Obligations de l'exécuteur testamentaire.*

81. — Si l'exécuteur testamentaire était libre de refuser la mission qui lui était confiée, il ne peut plus s'en désister une fois qu'il l'a acceptée, car *voluntatis est suscipere mandatum, necessitatis consummare.* — L. 17, § 3, ff., *Commodat.* ; — C. civ., art. 1984 et 1991 ; — Merlin, *Rép.*, vº *Exécuteur testamentaire*, nº 2.

82. — Cependant il en serait autrement s'il prouvait qu'il y a préjudice pour lui à continuer sa gestion. — C. civ., art. 2007 ; — Furgole, *Testam.*, chap. 10, sect. 4, nºs 21 et suiv. ; Delvincourt, t. 2, p. 371 et 372, notes ; Toullier, t. 5, nº 577 ; Grenier, nº 328 ; Favard, vº *Exécuteur testamentaire*, nº 2.

83. — Si l'exécuteur testamentaire avait accepté un legs à la condition de remplir l'exécution, il ne pourrait plus y renoncer, et s'il n'avait pas encore accepté, il ne pourrait profiter du legs qu'en remplissant le mandat, puisque la condition du legs ne pourrait s'accomplir que par la gestion du mandat. — V. Paul, *Sentences*, liv. 8, tit. 3 ; Delvincourt, t. 2, p. 371, notes ; Duranton, t. 9, nº 391. — V. toutefois Ricard, *Donations*, p. 3, nº 236.

84. — L'exécuteur testamentaire doit faire apposer les scellés s'il y a des héritiers mineurs, interdits ou absens. — C. civ., art. 1031, § 1er.

85. — ... Et cela, soit que le testateur ait ou non accordé la saisine, attendu que la loi ne distingue pas. — Maleville, sur l'art. 1031 ; Toullier, t. 5, nº 584.

86. — L'apposition des scellés n'est indispensable à l'égard des mineurs qu'autant qu'ils ne sont pas pourvus de tuteurs. — Duranton, t. 9, nº 404.

87. — En cas de contestation sur la question de savoir à la requête de qui, de l'héritier ou de l'exécuteur testamentaire même avec saisine des biens, les scellés doivent être apposés, l'apposition doit se faire à la requête de l'héritier. Il en est de même pour la levée des scellés. — *Bruxelles*, 9 août 1808, Venfrasson c. Keller. — V. au surplus SCELLÉS.

88. — L'exécuteur testamentaire peut assister à toutes les vacations de la levée des scellés en personne ou par un mandataire. — C. procéd., art. 932. — V. SCELLÉS.

89. — L'exécuteur testamentaire doit faire faire, en présence de l'héritier présomptif ou lui dûment appelé, l'inventaire des biens de la succession. — C. civ., art. 1031, § 2.

90. — L'inventaire peut être exigé par l'héritier alors même qu'il ne serait qu'héritier bénéficiaire et que l'exécuteur testamentaire aurait la saisine. — *Bruxelles*, 9 août 1808 ; — Grenier, t. 1er, nº 330.

91. — Mais à la requête de qui, de l'exécuteur testamentaire ou de l'héritier, cet inventaire doit-il être fait, et à qui des deux appartient-il de choisir le notaire et les autres officiers publics qui doivent procéder à cet inventaire? — V. INVENTAIRE.

92. — L'exécuteur testamentaire peut convenir avec le conjoint commun en biens, les héritiers et les légataires universels ou à titre universel, du choix des notaires et des commissaires-priseurs ou experts. — C. procéd., art. 935.

93. — L'inventaire doit être fait en présence de l'exécuteur testamentaire (C. procéd., art. 942) qui peut assister à toutes les vacations, en personne ou par un mandataire (art. 932). — V. INVENTAIRE.

94. — Le testateur pourrait-il dispenser l'exécuteur testamentaire de faire inventaire?—Oui, s'il n'y a point d'héritier à réserve et que l'exécuteur ne soit pas incapable de recevoir du testateur. — Ricard, *Donat.*, part. 2e, chap. 2, nºs 87 et suiv. ; Delvincourt, t. 2, p. 593 ; Toullier, t. 5, nº 504 ; Duranton, t. 9, nº 406.

95. — Toutefois, ce nous semble, cette dispense en faveur de l'exécuteur testamentaire, ne saurait exclure le droit pour les héritiers d'exiger que l'inventaire soit fait à leurs frais et même aux frais de la succession, s'il est de leur intérêt que cet inventaire ait lieu.

96. — L'exécuteur testamentaire doit provoquer la vente du mobilier, à défaut de deniers suffisans pour acquitter les legs. — C. civ., art. 1031, § 3.

97. — La vente du mobilier à laquelle l'exécuteur testamentaire doit faire procéder en cas d'insuffisance des deniers doit avoir lieu en présence des héritiers. — Art. 1031.

98. — Mais les héritiers peuvent empêcher la vente en remettant à l'exécuteur testamentaire les deniers nécessaires pour acquitter les legs. — *Bruxelles*, 16 mars 1811, Géérinck c Vanmalcote.

99. — Si les héritiers s'opposaient à la vente et ne justifiaient pas de l'acquittement des legs ou n'offraient pas somme suffisante pour cet acquittement, les tribunaux devraient l'ordonner, mais seulement jusqu'à concurrence de ce qui est nécessaire à l'exécution du testament. — Dumoulin, cité par Pothier, ch. 5, sect. 1re, art. 2, § 4 ; Ricard, part. 2e, nº 94 ; Duranton, t. 9, nº 410.

100. — L'art. 1031, C. civ., qui autorise l'exécuteur testamentaire à provoquer la vente du mobilier s'applique même au cas où le testament est attaqué pour cause de nullité. — *Amiens*, 13 thermid. an XII, Seigneur c. Francastel.

101. — Le montant du mobilier vendu est remis à l'exécuteur testamentaire s'il a la saisine. Au cas contraire, il est versé dans les mains de l'héritier. — Toullier, t. 5, nº 585.

102. — Lorsque le produit des meubles ne suffit pas à l'acquittement des dettes et à l'accomplissement des charges imposées par le testateur, l'exécuteur testamentaire a qualité pour provoquer la vente des biens immeubles. — *Pau*, 24 août 1825, Guimet c. Isaute; — V. conf. Furgole, ch. 10, sect. 4e, nº 41; Toullier, t. 5, nº 593; Favard, nº 4; Duranton, t. 9, nº 411.

103. — M. Delvincourt (t. 2, p. 375) n'accorde qu'aux légataires le droit de provoquer la vente des immeubles, et par expropriation forcée.

104. — Bien que l'exécuteur testamentaire ait été chargé par le testament de vendre tous les biens meubles et immeubles pour en distribuer le prix aux légataires, les légataires à titre universel ont le droit de s'opposer à ce que cette vente ait lieu avant qu'il ait été procédé à la délivrance des legs. — *Bruxelles*, 2 août 1809, d'Outreligne c. Jacquard.

105. — Lorsque les héritiers, maîtres de leurs droits, offrent somme suffisante pour payer les legs, l'exécuteur testamentaire qui a reçu du testateur le mandat de vendre tous les biens de la succession et de la liquider, ne peut néanmoins exiger la levée des scellés, ni la confection d'un inventaire, ni s'opposer à un partage. — *Bruxelles*, 16 mars 1811, Géérinch c. Vanmalcotte.

106. — Comme conséquence de la saisine et du droit de vendre le mobilier pour acquitter les legs, le recouvrement des créances mobilières appartient à l'exécuteur testamentaire. — V. Duranton, t. 9, nº 412.

107. — Un exécuteur testamentaire chargé d'administrer une succession et d'en percevoir les revenus, peut, en sa qualité, réclamer une créance de cette succession, sans être obligé de justifier de l'existence et de la capacité de ceux auxquels il devra rendre compte. — *Rennes*, 12 fév. (et non janv.). 1811, N...

108. — Si le débiteur contestait, l'héritier devrait être mis en cause, sinon le jugement serait considéré comme non avenu, ou pourrait au moins être attaqué par la tierce-opposition. — Pothier, ch. 5, sect. 1re, art. 2, § 4; Furgole, nº 44; Toullier, t. 5, nº 588; Delvincourt, t. 2, p. 372, notes.

109. — Toutefois, l'exécuteur testamentaire n'est pas obligé, pour recouvrer des créances dues au testateur, d'intenter des procès de nature à se prolonger jusqu'après l'expiration de son mandat. — *Agen*, 17 avr. 1807, Lafont c. Ladevèze.

110. — Les rentes étant choses mobilières, l'exécuteur testamentaire peut en recevoir les arrérages et même le capital. — Toullier, nº 586.

111. — Si l'héritier avait recélé des objets de la succession, il pourrait être poursuivi par l'exécuteur testamentaire comme débiteur de cette succession. — Toullier, t. 5, nº 592.

112. — L'exécuteur testamentaire doit veiller à ce que le testament soit exécuté. — C. civ., art. 1031, § 4.

113. — Comme c'est par les héritiers que le testament doit être exécuté, l'exécuteur testamentaire doit obtenir le consentement de ces héritiers à l'acquittement des legs. Si ceux-ci s'y refusent, il est nécessaire de les contraindre judiciairement. L'exécuteur se garantit ainsi de l'action en dommages-intérêts que les héritiers pourraient intenter contre lui pour legs annulés postérieurement. — Furgole, chap. 10, sect. 4e, nº 47; Ricard, nº 79; Pothier, chap. 5, sect. 1re, art. 3, § 2; Toullier, t. 5, nº 589; Favard, § 2, nº 5; Duranton, nº 413; Delvincourt, t. 2, nº 375.

114. — Ainsi, les héritiers légitimes sont essentiellement intéressés dans les contestations élevées entre un donataire entre-vifs et un exécuteur testamentaire, soit sur la validité de la donation, soit sur le titre d'exécuteur testamentaire; en conséquence, ils doivent être appelés en cause. La cour d'appel qui ordonne cette mise en cause, refusée par les premiers juges, peut en même temps évoquer l'affaire au fond. — *Bruxelles*, 2 pluv. an XIII, Vanobstuyen c. Vandevelde.

115. — Toutefois, si les héritiers ou légataires n'ont pas été mis en cause, l'arrêt rendu contre l'exécuteur testamentaire leur profite. — *Bourges*, 17 janv. 1829, Bréchard c. comm. d'Acbua.

116. — D'un autre côté, en cas de contestation sur l'exécution du testament, l'exécuteur testamentaire peut, ainsi qu'on l'a vu *suprà*, nº 48, intervenir pour en soutenir la validité. — C. civ., art. 1031, § 4.

117. — L'art. 1014, C. civ., accordant les fruits ou intérêts au légataire particulier du jour de sa demande en délivrance, la demande faite à l'exécuteur, qui représente ici l'héritier, fait courir ces fruits et intérêts, alors même que l'exécuteur testamentaire aurait tardé à dénoncer à l'héritier la demande qui lui a été faite. — Pothier, chap. 5, sect. 1re, art. 2, § 4.

118. — Mais l'héritier ne serait pas tenu de rembourser à l'exécuteur les fruits et intérêts échus entre la demande du légataire et la dénonciation tardivement faite par l'exécuteur. — Pothier, *ibid.*

119. — L'exécuteur peut prendre une inscription hypothécaire sur les biens de la succession, à l'effet d'assurer l'acquittement des legs. — Duranton, t. 5, nº 417.

120. — Si la succession est vacante, l'exécuteur testamentaire doit faire nommer un curateur avec lequel il s'entendra pour l'acquittement des legs. — Toullier, t. 5, nº 590.

121. — Le bureau de bienfaisance de la commune où le testateur était domicilié peut et doit surveiller l'exécution d'un legs d'argent fait *à tels pauvres qu'il plaira à l'exécuteur testamentaire de choisir.* — *Douai*, 23 juin 1846 (t. 2 1846, p. 398), bureau de bienfaisance de Sarcus c. Hanotte et Devette.

122. — L'exécution du testament comprend-elle le paiement des dettes? — Oui, selon Pothier (chap. 5, sect. 1re, art. 2, § 2). — Mais il n'en saurait être ainsi sous le Code, les art. 1027 et 1031 bornant l'emploi des deniers ou du prix de vente du mobilier à l'acquittement des legs. — Delvincourt, t. 2, p. 372; Toullier, t. 5, nº 591; Grenier, t. 1er, nº 331; Duranton, nº 414.

123. — Toutefois, si le testateur l'avait autorisé à cet effet, l'exécuteur pourrait employer les deniers à acquitter les dettes, mais en obtenant le consentement des héritiers, ou en vertu d'un jugement ayant force de chose jugée. — Mêmes auteurs.

124. — Les dettes privilégiées paraissent pouvoir être payées par l'exécuteur, alors même qu'il n'en aurait pas reçu mandat du testateur; mais seulement sur les deniers comptans. — Duranton, *ibid.*

125. — L'exécuteur testamentaire pourrait encore payer les dettes pour lesquelles les créanciers auraient fait des saisies-arrêts entre ses mains. — Favard, vº *Exécuteur testamentaire*; Ricard, t. 4, ch. 10, sect. 4e, nº 36; Merlin, *Rép.*, vº *Exécuteur testamentaire*, nº 6.

126. — Sous la cout. de Paris, art. 297, l'exécuteur testamentaire ne pouvait être poursuivi en paiement des dettes de la succession, lorsque le testament ne lui imposait pas la charge de les acquitter. En conséquence, le jugement rendu contre un exécuteur testamentaire en paiement des dettes de la succession, ne peut être opposé à l'héritier. Peu importe d'ailleurs qu'il ait été rendu dans les colonies où la succession s'est ouverte. — *Cass.*, 18 avr. 1823, Beaudenon Delamaze c. Tharel.

127. — L'exécuteur testamentaire doit, à l'expiration de l'année du décès du testateur, rendre compte de sa gestion. — C. civ., art. 1031, § 5.

128. — Mais les exécuteurs testamentaires *honoraires* n'ont aucun compte à rendre. — Merlin, *Rép.*, vº *Exécuteur testamentaire*, nº 2.

129. — Quant au mode de reddition de compte de l'exécuteur testamentaire, V. *infrà* nºs 154 et suiv.

130. — La responsabilité de l'exécuteur testamentaire est la même que celle du mandataire. — C. civ., art. 1991 à 1997.

131. — L'exécuteur testamentaire répond des créances qui se sont perdues par sa faute. — Toullier, t. 5, nº 588.

132. — Lorsqu'il y a plusieurs exécuteurs testamentaires qui ont accepté, ils sont solidairement responsables du compte du mobilier qui leur a été confié, à moins que le testateur n'ait divisé leurs fonctions, et que chacun d'eux ne se soit renfermé dans celle qui lui était attribuée. — C. civ., art. 1033.

133. — La solidarité établie par l'art. 1033 est une exception aux principes du mandat ordinaire, par lequel les comandataires ne sont solidaires qu'autant qu'il y a eu convention à cet égard (art. 1995). La raison de cette différence tient à ce que les héritiers et légataires ne choisissant pas les exécuteurs testamentaires, il est juste qu'ils aient plus de garantie. — Duranton, t. 9, nº 423.

134. — Il faut bien observer que la solidarité n'est donnée que pour le compte du mobilier et qu'autant qu'il y a eu saisine au profit des exécuteurs testamentaires. L'art. 1033 ne parle, en effet, de solidarité que quant au mobilier *confié* aux exécuteurs. On ne saurait appliquer la solidarité quant aux dommages-intérêts prononcés contre l'un des exécuteurs, sans violer l'art. 1202, C. civ., qui ne permet pas d'étendre la solidarité d'un cas à un autre. — Duranton, *ibid.* — V. toutefois Delvincourt, t. 2, p. 373.

135. — Les frais relatifs aux fonctions de l'exécuteur testamentaire sont à la charge de la succession, à moins qu'il n'ait élevé des contestations mal fondées. — Duranton, t. 9, nº 419.

136. — Ainsi, l'exécuteur testamentaire qui s'oppose au mode adopté pour l'exécution du testament par l'héritier légitime et le légataire ne doit être condamné personnellement aux dépens, lors même qu'il succombe, que dans le cas où sa contestation serait évidemment mal fondée. — *Bourges*, 28 flor. an XIII, Tardif c. Guérin.

137. — Lorsque l'exécuteur testamentaire s'est borné à réclamer en justice l'exécution littérale du testament, il ne peut être condamné aux dépens. — *Lyon*, 7 avr. 1835, Rapin et Baudet c. Verchère.

§ 5. — *Cessation de l'exécution testamentaire.*

138. — Les fonctions de l'exécuteur testamentaire cessent par les mêmes causes qui font cesser le mandat. — Delvincourt, t. 2, p. 374; Duranton, t. 9, nº 402.

139. — Ainsi, la mort naturelle ou civile de l'exécuteur testamentaire, sa faillite ou déconfiture, son interdiction ou sa renonciation non intempestive, mettent fin à l'exécution testamentaire. — C. civ., art. 2003. — Duranton, *ibid.*

140. — Les pouvoirs de l'exécuteur testamentaire ne passent point à ses héritiers. — C. civ., art. 1032.

141. — Néanmoins ils sont responsables de la gestion commencée, comme les héritiers d'un mandataire. Le legs fait à leur auteur comme récompense des soins qui lui avaient été confiés leur est dû. — Duranton, *ibid.*; Toullier, t. 5, nº 602; Delvincourt, t. 2, p. 374, notes.

142. — Cependant les pouvoirs de l'exécuteur testamentaire pourraient passer à ses héritiers, si telle avait été la disposition expresse du testateur, et que ces héritiers fussent capables de s'obliger.

143. — Il y a encore un cas où les pouvoirs de l'exécuteur passent à son successeur, c'est quand le testateur a pris en considération la qualité de la personne désignée par lui plutôt que la personne elle-même. Par exemple, quand il a nommé pour exécuteur testamentaire le chef d'un établissement déterminé, le doyen des avocats, etc. — Furgole, nºs 48 et suiv.; Ricard, part. 2e, nºs 69 et suiv.; Pothier, chap. 5, sect. 1re, art. 4; Toullier, nº 596.

144. — L'expiration de l'année du décès du testateur met également fin au mandat de l'exécuteur testamentaire. — Arg. des art. 1026 et 1031, C. civ.

145. — Mais un testateur peut, en léguant ses biens à un enfant mineur sous la puissance de son père, disposer que les biens seront administrés par un exécuteur testamentaire jusqu'à la majorité du légataire. — *Rennes*, 9 fév. 1828, Dusable c. Lebouc.

146. — Même après l'expiration de l'année, l'exécuteur testamentaire, ainsi qu'on l'a déjà vu (*suprà* nº 73), conserve le droit de veiller à ce que le testament reçoive son exécution et d'intervenir à cet effet dans les contestations qui peuvent s'élever sur sa validité. — Merlin, *Rép.*, vº *Exécuteur testamentaire*, nº 8.

147. — L'exécution testamentaire cesse-t-elle par cela seul que l'héritier ou le légataire a fait finir la saisine, conformément à l'art. 1027? — Non, cet article suppose au contraire que l'exécution continue après la fin de la saisine; car il ordonne le versement, dans les mains de l'exécuteur, des deniers suffisans à l'acquittement des legs. D'ailleurs l'art. 1026 suppose également la fonction d'exécuteur sans la saisine, puisqu'il donne au testateur la faculté de l'accorder. — *Sic* jugé par le *trib. de Sens* le 2 déc. 1842, Poulain.

148. — Une disposition testamentaire ne devient pas caduque par le prédécès de l'exécuteur testamentaire. Le testateur qui a survécu et qui n'en a pas nommé un nouveau est censé s'en être référé à la volonté de la loi pour l'exécution de ses dispositions. — *Toulouse*, 10 juill. 1827, Roquebrune c. commiss. des hospices; — Ricard, *ibid.*; Furgole, Pothier et Toullier, *loc. cit.*

149. — Les lois abolitives des substitutions ont fait cesser le pouvoir des exécuteurs testamentaires nommés pour le maintien d'un fidéicommis perpétuel. — *Liége*, 12 janv. 1813, de Galen c. le domaine et Zurmurlen.

150. — Bien que le défaut de fortune d'un individu ne soit pas une raison de l'exclure de l'exécution testamentaire que lui a confiée le testateur (V. *suprà* nº 32), cependant si, depuis sa nomination, ses affaires s'étaient considérablement dérangées, si, par exemple, il avait fait faillite, sa mission pourrait lui être retirée; car il y a alors lieu de croire que le testateur ne l'eût pas nommé. — Furgole, chap. 10, sect. 4e, nºs 48 et suiv.; Pothier, *Donat. et testam.*, chap. 5, sect. 1re, art. 1er; Grenier, nº 333.

151. — L'exécution testamentaire étant un mandat peut être révoquée sur la demande des héritiers, si l'exécuteur testamentaire se rend indigne de confiance. — *Liége*, 26 juill. 1823, N...

152. — Un legs laissé à l'exécuteur testamentaire en reconnaissance des soins et peines que devait lui occasionner l'exécution du testament, et en témoignage de l'amitié du testateur, ne peut pas être annulé par le motif que, postérieurement au décès de ce dernier, le légataire se serait rendu indigne de la confiance des héritiers par des actes tellement contraires à l'honneur et à la délicatesse, qu'ils lui avaient fait retirer l'exécution testamentaire par jugement ; car la seconde cause, l'amitié du testateur, peut toujours subsister et suffit alors pour donner droit au legs. — *Liège*, 11 fév. 1834, N... c. Bormans.

153. — Lorsque le mandat confié à l'exécuteur testamentaire a pour effet de gêner les droits de jouissance et de propriété des héritiers institués, ils peuvent le faire révoquer, sauf aux tribunaux à apprécier s'il lui est dû un salaire, conformément aux intentions du testateur. — *Lyon*, 7 avr. 1835, Rapin et Baudot c. Vanchère.

§ 6. — Compte de l'exécution testamentaire.

154. — L'exécuteur testamentaire doit, ainsi qu'on l'a vu (*supra* n° 127), rendre son compte à l'expiration de l'année du décès du testateur, à moins toutefois que la durée de ses fonctions n'ait été prolongée.

155. — Le compte devrait même être rendu avant la fin de l'année, si les héritiers avaient fait cesser la saisine (Duranton, t. 9, n° 448), ou si l'exécuteur avait rempli sa mission avant ce temps. — Grenier, n° 337.

156. — Le compte devrait encore être immédiatement rendu, si les fonctions de l'exécuteur testamentaire venaient à cesser par une des autres causes indiquées dans le paragraphe précédent.

157. — Le compte est rendu aux héritiers légitimes ou aux légataires universels ou à titre universel, ou bien à la saisine (Duranton, t. 9, n° 449), ou si l'exécuteur avait rempli sa mission avant ce temps. — Duranton, t. 9, n° 422.

158. — L'exécuteur testamentaire chargé de la distribution d'un legs fait aux pauvres est assujéti à l'obligation de rendre compte à ceux au profit desquels la libéralité a eu lieu, ou à leurs représentans (tel que le bureau de bienfaisance), de l'importance et de l'emploi des sommes touchées dans leur intérêt ; alors même qu'il en aurait été dispensé par le testateur. — *Douai*, 23 juin 1846 (t. 2 1846, p. 328), Bureau de bienfaisance de Surcus c. Hanotte et Devette.

159. — Si le compte n'est pas rendu à l'amiable, il doit l'être devant le tribunal du domicile de l'exécuteur testamentaire, conformément à l'art. 527, C. procéd. ; d'ailleurs il s'agit là d'une action personnelle. — Duranton, t. 9, n° 422 ; Rolland, *Rép. du not.*, v° *Exécution testamentaire*, n° 117. — *Contra* Toullier, t. 5, n° 606.

160. — Jugé en ce sens que l'exécuteur testamentaire doit être assigné en reddition de compte au lieu de son domicile, et non au lieu de l'ouverture de la succession. — *Paris*, 2 juill. 1889 (t. 2 1889, p. 835), Bonnevaux c. la Fabrique de Saint-Roch. — *Contra Paris*, 17 août 1809, Briens-Lacatherie c. Lecharron.

161. — Ce compte doit être revêtu des formes communes à toutes espèces de comptes ; il se divise en recettes et en dépenses.

162. — Le compte de recettes comprend tout le mobilier et les autres biens portés dans l'inventaire, toutes les rentrées et tous les remboursemens reçus par l'exécuteur pendant sa gestion. — V. Furgole, t. 4, n° 68.

163. — Celui de dépenses comprend tout ce qui est frais faits dans l'exercice des fonctions d'exécuteur testamentaire. L'art. 1034 s'exprime ainsi sur ce point : « Les frais faits par l'exécuteur testamentaire pour l'apposition des scellés, l'inventaire, le compte et les autres frais relatifs à ses fonctions, sont à la charge de la succession. »

164. — Dans les autres frais relatifs aux fonctions de l'exécuteur entrent les dépenses des procès soutenus, et les paiemens qu'il a été obligé de faire aux créanciers et aux légataires. — V. Furgole, n° 69 et suiv. ; Toullier, n° 599 ; Duranton, n°s 419 et 420.

165. — Mais l'art. 1034, C. civ, n'est point applicable aux frais des contestations suscitées à l'exécuteur testamentaire. — *Paris*, 10 nov. 1824, Dupré c. Mignot.

166. — Les dépenses doivent être établies par des quittances ou autres preuves légales. Toutefois, les menues dépenses pour lesquelles il n'est pas d'usage de prendre une preuve par écrit, peuvent être admises sur le serment de l'exécuteur. — Furgole, n° 70.

167. — Dans les dépenses doit être porté le montant du legs qui a pu être fait à l'exécuteur testamentaire, sauf la réduction au marc le franc, si les deniers ne sont pas suffisans pour payer les autres legs particuliers. — Toullier, t. 5, n° 602.

168. — Bien que l'exécuteur testamentaire ne puisse point exiger de salaire, il peut porter dans son compte de dépenses les sommes par lui déboursées pour se faire assister dans l'intérêt de l'exécution de son mandat. — Furgole, n°s 58 et suiv. ; Ricard, part. 2e, n° 25 et suiv. ; Pothier, chap. 5, sect. 1re, art. 3, § 3 ; Toullier, t. 5, n° 609 ; Fayard, *loc. cit.* ; Duranton, n° 422 ; Maleville, *sur* l'art. 1034.

169. — L'exécuteur testamentaire est tenu de faire l'avance des frais du compte de la gestion. — Furgole, p. 173 ; Rolland de Villargues, v° *Exécuteur testamentaire*, n° 122.

170. — Après que l'exécuteur testamentaire a rendu son compte, il est obligé de remettre entre les mains de l'héritier les effets qu'il a de reste, et de lui payer le reliquat du compte sans pouvoir retenir le fonds des legs qui ne sont pas encore échus. Mais si l'exécuteur a fait des avances pour le paiement des legs, il peut, pour sa sûreté, retenir les meubles, du moins jusqu'à concurrence de la valeur de ce qui lui est dû. — Merlin, *Rép.*, v° *Exécuteur testamentaire*, n° 9.

171. — On était dans l'usage, sous l'ancien droit, de laisser à l'exécuteur testamentaire la disposition des meubles et deniers qui resteraient entre ses mains après le paiement des legs et pour l'accomplissement des volontés particulières du défunt ; et cette clause était considérée comme très valable. — Furgole, *Des testam.*, chap. 10, n°s 51 et suiv. ; Nouveau Denisart, v° *Exécuteur testamentaire*.

172. — Une telle clause ne saurait être valable sous le Code par cette considération qu'un legs ne doit émaner que de la volonté du disposant, et non point de l'arbitraire d'un tiers ; en outre, parce que les légataires doivent être connus de ceux qui ont intérêt de faire annuler la disposition ; enfin, parce qu'il y aurait danger pour l'état à ce qu'on pût ainsi faire arriver frauduleusement à des corporations des sommes ou des biens qu'elles sont incapables de recevoir. — Duranton, t. 9, n° 408. — Arg. *Cass.*, 12 août 1811, Langier c. Mérendol.

173. — Jugé au contraire, que le legs dont un testateur charge son exécuteur testamentaire, sans en préciser la somme, mais avec la seule recommandation de l'employer en bonnes œuvres, ne doit pas être annulé, comme fait en faveur de personnes incertaines. — *Bordeaux*, 19 août 1814, Martial c. Bouquier. — V. au surplus LEGS.

174. — L'exécuteur testamentaire peut, même avant d'avoir rendu ses comptes au légataire universel, acquérir de celui-ci les droits qui lui compétent dans la succession du défunt. Il ne s'applique pas l'art. 472, C. civ. — *Paris*, 10 mai 1808, Geisler c. Hedon.

175. — Le compte rendu à un bureau de bienfaisance par un exécuteur testamentaire, et qui a été débattu, modifié et arrêté par les maire et curé en leur qualité de membres dudit bureau, n'est pas susceptible de révision ou réformation, lorsque surtout les pièces au soutien en ont été remises à ces derniers, qui en ont donné leur *quitus*. — En d'autres termes, l'assistance des autres membres du bureau n'a pratiquement pas été indispensable à sa validité. — *Cass.*, 26 avr. 1831, Bureau de bienfaisance de Faye c. Delamotte.

176. — Si l'exécuteur testamentaire avait été dispensé par le testateur de rendre compte, il n'en serait pas moins tenu de rendre ce compte (Pothier, *Donat. testam.*, art. 3, § 1er) ; seulement il n'aurait pas à répondre des négligences qu'il pourrait avoir commises, et les héritiers seraient tenus de s'en rapporter à sa parole à ce point. — Toullier, t. 5, n° 608. — V. *contra* Grenier, n° 337.

V. DISPOSITION A TITRE GRATUIT, ENREGISTREMENT.

EXÉCUTION

V. ACTE, ACTE AUTHENTIQUE, ACTE SOUS SEING-PRIVÉ, ALGÉRIE, ASSURANCES MARITIMES, AUTORISATION DE PLAIDER, AYANT-CAUSE, CAISSE DES DÉPÔTS ET DES CONSIGNATIONS, CONTRAINTE, CONTRAINTE PAR CORPS, EMPRISONNEMENT, PRÉSOMPTION, PREUVE TESTIMONIALE, SAISIE-ARRÊT, SAISIE BRANDON, SAISIE-EXÉCUTION, SAISIE FORAINE, SAISIE-GAGERIE, SAISIE IMMOBILIÈRE, SAISIE DES RENTES.

EXÉCUTION (Commencement d').
V. TENTATIVE.

EXÉCUTION DES ACTES ET JUGEMENS (Matière civile).

Table alphabétique.

EXÉCUTION DES ACTES ET JUGEMENS (matière civile). — 1. — L'exécution d'un acte ou d'un jugement est l'exécution volontaire ou forcée à quoi cet acte oblige ou de ce que ce jugement ordonne.

2. L'exécution des jugemens et des actes peut avoir lieu soit en accomplissant un fait ordonné ou promis, par exemple, en payant une somme d'argent, en livrant une chose, en faisant certains travaux, soit en s'abstenant d'un fait défendu.

3. L'exécution est volontaire lorsque le débiteur offre d'accomplir ou accomplit de son plein gré, et avec le consentement du créancier, toutes les dispositions de l'acte ou du jugement. — Rolland de Villargues, *Rép.*, v° *Exécution des actes et jugemens*, n° 2.

4. — Elle se règle à l'amiable lorsque les parties ont la libre disposition de leurs droits. — V. ACQUIESCEMENT, CONFIRMATION, RATIFICATION.

5. — Si l'une des parties est incapable, c'est aux tribunaux qu'il appartient de surveiller l'exécution dans les formes déterminées par la loi.

6. — L'exécution forcée est celle qui a lieu malgré l'une des parties et au moyen des poursuites et contraintes exercées par la partie que l'acte constitue créancière ou à laquelle le jugement a donné gain de cause.

7. — L'exécution peut encore être considérée sous un autre rapport : 1° comme exécution des disposi-

tions par lesquelles un jugement ordonne quelque chose à faire avant l'exécution définitive contre le débiteur ou contre la personne du condamné, c'est ce que M. Carré (édit. Chauveau, t. 4, p. 447) nomme l'exécution par suite d'instance, et ce qu'Imbert (*Pratique civile et criminelle*), et Lange (*Praticien français*, liv. 4, ch. 38) appellent *exécution en connaissance de cause* et qui s'opère par les réceptions des cautions, la liquidation des dommages-intérêts, des frais des dépens et des redditions de comptes; — 2° comme exécution définitive du jugement sur les biens et en certains cas sur la personne du condamné, c'est l'exécution forcée proprement dite qui a lieu par la saisie des meubles et des immeubles du débiteur et quelquefois par l'emprisonnement de sa personne.

8. — La loi trace elle-même dans certaines circonstances le mode d'exécution. — V. CESSION DE BIENS, OFFRES RÉELLES, RÉCEPTION DE CAUTION, REDDITION DE COMPTE.

9. — On donne le nom d'*exécution parée* à l'exécution à laquelle obéissance est due, à l'exécution qui se poursuit en vertu de la seule force imprimée au titre, par le mandement aux officiers de justice dont ce titre est revêtu au moment de sa confection a été revêtu, et sans que la partie poursuivante ait besoin de recourir à la justice pour faire prescrire l'accomplissement de ce que son titre ordonne.

10. — L'exécution parée qui, ainsi que l'indique son étymologie, commande l'obéissance aussi impérieusement que le ferait un jugement émané d'un tribunal régulier et revêtu de toutes les solennités prescrites par la loi.

11. — En outre, comme le jugement peut statuer sur le litige *définitivement* ou *provisoirement*, l'exécution est elle-même définitive (c'est celle dont il va être parlé) ou provisoire, V. EXÉCUTION PROVISOIRE.

Sect. 1re. — *Historique et principes généraux.*

§ 1er. — *Historique.*

12. — On conçoit que si les législateurs d'un peuple se bornaient à donner aux citoyens le conseil d'exécuter scrupuleusement leurs obligations, sans employer la contrainte contre la mauvaise foi, ce peuple, en supposant qu'il parvint jamais à se

 EXÉCUT. DES ACTES ET JUG., etc., sect. 1re. EXÉCUT. DES ACTES ET JUG., etc., sect. 1re.

former, disparaîtrait bientôt du nombre des nations. — Bonjean, *Traité des actions*, t. 1er, p. 1re.

13. — Aussi, chez toutes les nations, l'exécution des obligations est-elle garantie par la loi et assurée par la force publique. — Bonjean, *ibid.*

14. — Mais les voies d'exécution et de contrainte varient avec le génie, la civilisation et les institutions de chaque peuple.

15. — A Rome, la législation sur ce point était empreinte d'un caractère de rigueur et même de cruauté qui, plus d'une fois, a excité la révolte au sein de la république; le débiteur était rarement poursuivi dans ses biens; c'était surtout à sa personne que le créancier s'attaquait.

16. — Le débiteur qui avait été condamné, ou qui avait avoué sa dette devant le magistrat, avait, pour s'acquitter, un délai de trente jours appelés *justi*, parce qu'ils formaient une espèce d'armistice légal (*justitium*). — Bonjean, *ibid.*, p. 401.

17. — Ce délai expiré, si le débiteur n'avait pas payé, le créancier avait deux actions pour l'y contraindre : la *manus injectio* et la *pignoris capio*.

18. — La *manus injectio*, qui constituait le mode légal d'exécution sur la personne, était un acte solennel qui se passait devant le magistrat (*in jure*). — Bonjean, *ibid.*, p. 397.

19. — La *pignoris capio* ou prise de gage forme le mode d'exécution sur les biens. Différente en cela des autres actions de la loi, elle pouvait s'exercer hors de la présence du magistrat, en l'absence de l'adversaire et même les jours néfastes. — Bonjean, *ibid.*, p. 407.

20. — Elle consistait dans la saisie réelle d'une chose appartenant au débiteur; elle était accompagnée de certaines paroles solennelles que Gaius ne rapporte pas. — Bonjean, *ibid.*, p. 408. — V. au surplus ACTION (droit romain), nos 63 et suiv.

21. — Rome, qui d'abord avait laissé à chacun de ses citoyens le soin de procéder, en suivant les formes déterminées par la loi, à l'exécution matérielle des condamnations que le pouvoir du magistrat avait sanctionnées, Rome vit plus tard s'organiser dans son sein des intermédiaires publics qui menaient à exécution les droits des créanciers.

22. — On retrouve dans les lois des Visigoths des officiers chargés de donner les ajournemens, d'amener les récalcitrans devant les juges et *de procéder à l'exécution des sentences*. Ils s'appelaient saïons à cause de la *saie* dont ils étaient revêtus. — *A saio vel sago*, dit Ducange (vo *Saïons*), *ipsorum veste propriâ nuncupari videntur*. — V. aussi Boncenne, *Théor. de la procéd. civ.*, t. 1er, p. 530.

23. — Mais bientôt les changemens qui s'opérèrent dans les mœurs, la désuétude qui frappa les preuves littérales ou juratoires pour laisser la place au combat judiciaire et aux épreuves du même genre, introduisirent des changemens complets dans le mode d'exécution des jugemens.

24. — Au commencement de la troisième race, la jurisprudence était toute en procédés, dit Montesquieu (*Esprit des lois*, liv. 28, chap. 19), tout fut gouverné par le point d'honneur. Si l'on n'avait pas obéi au juge, il poursuivait son offense. A Bourges, si le prévôt avait mandé quelqu'un et qu'il ne fût pas venu, « Je t'ai envoyé chercher, disait-il, tu as dédaigné de venir, fais-moi raison de ce mépris, » et l'on combattait. Louis-le-Gros réforma cette coutume. — Charte de Louis-le-Gros de 1145.

25. — Les établissemens de Saint-Louis vinrent encore faire obstacle au combat judiciaire, et en abandonnant ces formes d'instruction et de jugement, on prit celles du droit canonique qui s'allièrent et se mélangèrent avec la procédure introduite par les coutumes écrites ou non écrites, et avec les emprunts faits à la collection des lois romaines qui, récemment découvertes, semblaient reprendre une seconde naissance.

26. — Le juge cessa de s'immiscer dans l'exécution de sa sentence, et les parties intéressées à obtenir la satisfaction que le jugement leur avait accordée durent recourir à l'intermédiaire des préposés officiels nommés *huissiers, sergens*, etc.

27. — Une mise en demeure devait précéder l'exécution forcée, et par arrêts du parlement de Paris, des 2 avr. 1527 et 15 avr. 1540, une exécution fut déclarée tortionnaire à défaut de commandement.

28. — Soit pour procurer au créancier une exécution d'une réalisation plus facile et plus prompte, soit par suite de l'intérêt si grand qui s'attachait alors à la propriété immobilière, et de la faible importance de la propriété mobilière, certaines coutumes avaient tracé pour l'exécution forcée des jugemens une marche dont le sergent ne pouvait s'écarter sans engager sa responsabilité.

29. — Ainsi, lorsque le condamné était refusant ou déloyant payer selon la coutume du pays du Poictou (art. 428 et suiv.), le sergent devait premièrement saisir les meubles dont plus facilement on pouvait recouvrer deniers. — Imbert, *Pratique civile et criminelle*, p. 350.

30. — S'il est fait, poursuit le même auteur, commandement de payer à un condamné ailleurs qu'en sa maison de la ville, il peut requérir le sergent aller en sa maison avec luy, et il lui baillera l'argent ou meubles.

31. — Et si le sergent n'y veut aller et qu'il print par exécution le cheval du débiteur ainsi qu'il descendrait de dessus, le débiteur s'y peut opposer, et si le sergent ne quittait pour l'opposition, il ne peut appeler.

32. — Mais on revint, par l'ordonnance de Villers-Cotterets d'août 1539, art 74, à des formes plus expéditives; il ne fut plus nécessaire de faire aucune perquisition de biens-meubles pour la validité de l'exploit de criées ou autre saisie ou main-mise de personnes ou de biens.

33. — En toutes exécutions où il y a commandement de payer, porte cet article, ne sera besoin pour la validité de l'exploit des criées ou autre, saisie et main mise de personnes ou de biens, faire perquisition de biens meubles, mais suffira dudit commandement deuement fait à personne ou à domicile.

34. — A côté des améliorations et modifications introduites successivement par les ordonnances d'Orléans de 1560, de Roussillon de 1563, de Blois de 1579, les coutumes avaient aussi fondé leur empire et établi des règles que la sagesse a fait conserver dans notre législation moderne.

35. — La coutume de Paris, art. 166, imposait au créancier l'obligation de ne procéder par voie d'exécution qu'autant que la chose ou somme était certaine et liquide en somme ou espèce. La même prescription est répétée par l'art. 2, tit. 33, ord. 1667.

36. — Selon l'ordonnance de Moulins de 1566, art. 48, le créancier qui avait fait condamner son débiteur au paiement d'une somme certaine et liquide, avait le choix, quatre mois après la signification du jugement et lorsqu'il avait acquis l'autorité de la chose jugée, ou de l'exécuter par la voie de la contrainte par corps, ou de faire prononcer contre son débiteur une condamnation du double ou du triple pour peine de sa contumace à satisfaire au jugement. — Pothier, *Procéd.*, p. 348.

37. — Un siècle plus tard, cette disposition était abrogée, et il était défendu de prononcer la contrainte par corps pour dettes purement civiles, sauf quelques exceptions. — Ord. 1667, tit. 34; — Pothier, *ibid.*

38. — Dans tous les cas, la loi, jalouse de la dignité de l'homme, ne laissait pas au créancier le droit de se faire justice à lui-même; elle chargeait, comme nous l'avons dit, de cette mission des agens investis de sa confiance.

39. — Les jugemens étaient exécutoires dans tout le ressort de la juridiction qui les avait rendus, mais si la partie voulait les faire exécuter dans un autre ressort, l'ordonnance de 1667 lui fournissait trois moyens.

40. — 1o Elle pouvait obtenir au grand-sceau un *pareatis* général ou mandement d'obéir qui la dispensait de demander aucune permission aux cours dans le ressort desquelles elle voulait faire exécuter son jugement. — Merlin, *Rép.*, vo *Exécution parée*, § 2; Guyot, *Rép.*, vo *Exécution*. — V. PAREATIS.

41. — Et ces cours ne pouvaient alors suspendre l'exécution par aucun arrêt de défense ou de surséance, sous peine, contre le président et le rapporteur, d'être tenus solidairement des condamnations prononcées par l'arrêt dont ils auraient empêché l'exécution, ainsi que des dommages-intérêts de la partie et d'une amende de 200 livres envers le roi. — Merlin et Guyot, *ibid.*

42. — 2o Elle pouvait encore se pourvoir à la chancellerie du parlement dans le ressort duquel elle voulait faire mettre l'arrêt à exécution, et y demander un *pareatis* que le garde des sceaux de cette chancellerie était obligé de sceller sur la simple présentation et sans entrer en connaissance de cause, à peine d'interdiction. — Merlin et Guyot, *ibid.*

43. — 3o Enfin la même partie avait la faculté de présenter une requête au juge du lieu de l'exécution, à l'effet d'être autorisée à exécuter. — La permission était accordée au bas de la requête. — Guyot et Merlin, *ibid.*

44. — Dans ce dernier cas, il n'était exigé aucun *pareatis*, soit du grand sceau, soit des petites chancelleries. — Guyot et Merlin, *ibid.*

45. — Une obligation faite et passée sans le scel royal était exécutoire sur les biens meubles et immeubles de l'obligé. — Cout. Paris, art. 164.

46. — Ainsi les contrats passés devant notaires, étant revêtus du scel royal, avaient la même force que les sentences et jugemens, et par conséquent portaient une exécution parée, c'est-à-dire, étaient exécutoires sans l'autorité ou la permission du juge, dans le ressort de la juridiction, du sceau de laquelle ils étaient munis; mais s'ils n'étaient scellés ils n'étaient pas exécutoires, car c'était le sceau qui leur donnait cette force. — *Parlem. Paris*, 1er déc. 1552; — Ferrière, *Comment. sur la cout. Paris*, t. 1er, p. 361.

47. — Mais, ajoute le même auteur, comme le sceau d'une juridiction n'étend pas son autorité hors d'icelle, pour mettre à exécution un acte passé sous le scel royal hors le ressort, il fallait avoir la permission du juge du lieu, si c'était en même parlement, et si c'était en un autre parlement, il fallait avoir lettres de *pareatis*.

48. — Les obligations passées sous le scel authentique et non royal d'une juridiction subalterne ou seigneuriale, étaient exécutoires dans le ressort de la juridiction, pourvu que les parties y fussent demeurantes au jour que l'obligation y avait été passée; autrement ces obligations auraient été valables, mais elles ne seraient devenues exécutoires qu'en vertu de lettres de chancellerie appelées lettres *de debitis*, par lesquelles il était permis de les mettre à exécution en saisissant, exécutant et vendant les biens des obligés; c'est pour cela que l'ordonnance de 1539, art. 67, enjoignait à tous les notaires et tabellions de faire mention de la demeure des parties dans les contrats et obligations qu'ils passaient, sous peine de privation de leurs charges. — Ferrière, *ibid.*, t. 1er, p. 362.

49. — Les contrats et obligations passés sous le scel ecclésiastique n'étaient pas exécutoires en France sans la permission du juge du lieu où le débiteur était trouvé. — Ferrière, *ibid.*

§ 2. — *Principes généraux.*

50. — Nos lois actuelles dirigent les voies d'exécution contre les biens; rarement elles s'attaquent à la personne; elles n'attachent pas non plus d'infamie au débiteur insolvable, à moins qu'il ne s'agisse d'un failli qui est frappé de certaines incapacités qui n'atteignent pas le débiteur insolvable non commerçant.

51. — *Contre la personne*, l'exécution se fait au moyen de la contrainte par corps. — V. CONTRAINTE PAR CORPS, EMPRISONNEMENT.

52. — *Contre les biens*, l'exécution a lieu tant sur les meubles que sur les immeubles; elle se poursuit au moyen de la saisie, de la vente et de la distribution du prix entre les créanciers. — V. SAISIE-ARRÊT, SAISIE EXÉCUTION, SAISIE IMMOBILIÈRE.

53. — Ainsi les divers modes d'exécution tendent tous à contraindre le débiteur à vendre, ou même à faire vendre, à la requête du créancier, les biens que le débiteur possède, pour procurer à ses créanciers leur paiement. Nos lois n'admettent pas le paiement forcé du créancier en nature; il n'y a d'exception que pour le créancier gagiste, et encore l'art. 2078, C. civ., assure au débiteur la garantie d'une estimation judiciaire.

54. — Le créancier qui a plusieurs actions pour la même cause et contre la même chose, ne peut les cumuler et les porter en même temps devant la justice, il lui suffit en effet d'avoir un jugement de condamnation.

55. — Toutefois, il en est autrement pour les voies d'exécution, parce que si l'une est inefficace pour forcer le débiteur à payer, une autre peut l'y contraindre.

56. — Ainsi, un créancier peut employer simultanément plusieurs voies d'exécution contre son débiteur. — *Bordeaux*, 20 déc. 1831, Deglanne c. Léger-Lacoste et Delbos: — Bioche, vo *Exécution des jugemens et actes*, no 3; Roger, *Saisie-arrêt*, no 15.

57. — Par suite, l'exercice de la contrainte par corps n'empêche ni ne suspend les poursuites et les exécutions sur les biens. — C. civ., art. 2069.

58. — Mais on ne peut faire une exécution sur une exécution, c'est-à-dire qu'on ne peut saisir un objet déjà saisi (Berriat-Saint-Prix, p. 513); la loi permet seulement au second créancier qui se présente pour mettre son titre à exécution de prendre des mesures conservatoires de ses droits. — C. procéd., art. 611, 719 et 720.

59. — Le principe du cumul des voies d'exécution reçoit cependant quelques exceptions. Ainsi, le créancier d'un mineur doit discuter ses meubles avant de saisir ses immeubles. — C. civ., art. 2206.

60. — Ainsi, celui qui a une hypothèque spéciale sur certains immeubles doit discuter ces immeubles avant d'attaquer les autres. — C. civ., art. 2209; — Favard, t. 2, p. 475.

61. — Ainsi, le créancier gagiste ne peut agir par saisie-exécution pour faire vendre le gage dont il est nanti. — C. civ., art. 2078.

62. — Rien ne s'oppose, non plus, à ce que le créancier ne renonce à une voie d'exécution pour en suivre une autre qu'il croit plus utile.

63. — Ainsi, la renonciation aux suites d'une saisie-arrêt faite par le créancier n'emporte pas de sa part renonciation à poursuivre de toute autre manière son débiteur. — *Poitiers*, 14 janvier 1831, Papilleaut c. Bolton; — Roger, *Saisie-Arrêt*, nº 44.

64. — Sous un autre point de vue, il est vrai de dire que le porteur d'un titre exécutoire est libre de renoncer à l'exécution parée et d'assigner son débiteur pour obtenir jugement de condamnation, car c'est le seul moyen pour lui de capitaliser les intérêts échus, d'obtenir une hypothèque judiciaire ou même de convertir son hypothèque conventionnelle et spéciale en une hypothèque judiciaire et générale. Le débiteur ne peut se plaindre puisqu'il a manqué à ses engagemens. — Denisart, vº *Intérêts*; D'Argentré, sur l'art. 122 de la coutume de Bretagne; Pigeau, t. 1er, p. 66; Carré et Chauveau, quest. 1898. — *Contrà Montpellier*, 12 janv. 1832, Julien.

65. — Il en est ainsi surtout lorsque le titre du créancier ne lui confère pas d'hypothèque. — *Metz*, 12 mai 1818, Sarrazin c. Duvesnois; — Delvincourt, t. 2, p. 556, note; Toullier, t. 6, nº 660; Duranton, t. 12, nº 89; Boncenne, t. 2, p. 518; Bioche et Goujet, *Dict. de procéd.*, vº *Action*, nº 76.

66. — Le porteur d'un titre paré qui procède contre son débiteur par voie d'action au lieu d'agir par voie d'exécution ne doit pas supporter comme frustratoires les frais auxquels cette action a donné lieu, lorsqu'il ne l'a exercée que par suite des exceptions employées contre lui par ses débiteurs. — *Cass.*, 13 déc. 1831, Desson c. Geoffroy.

67. — Jugé de même que l'action judiciaire formée par un créancier, quoiqu'il ait été déjà rendu un jugement de condamnation, ne peut être regardée comme frustatoire si la prescription pouvait être opposée à ce jugement. — *Cass*, 6 nov. 1832, Dupuy c. Puthod.

68. — ... Ou si le titre est contestable, et si un commandement de payer est resté infructueux. — *Cass.*, 1er fév. 1880, Gaignerot c. Blanchell.

69. — Le débiteur ne serait recevable à se plaindre des frais que cette action occasionnerait qu'autant qu'il serait en mesure de remplir son obligation ou qu'il offrirait le paiement de sa dette. — *Orléans*, 17 mars 1837 (t. 2 1837, p. 197), V... c. B...

70. — L'exception tirée de ce que le créancier porteur d'un titre paré aurait dû agir par voie d'exécution, et non par voie d'action ordinaire, est dirigée contre le mode d'exercice du droit, et non contre le droit lui-même; dès-lors elle doit être opposée avant toute défense au fond, et ne peut, conséquemment, être invoquée pour la première fois en appel. — Même arrêt. — Cependant Carré (*Lois de la procéd.*, t. 1er, quest. 751) soutient, contre l'avis de Pigeau (*Procéd. civ.*, t. 1er, quest. 154), que l'exception tirée du défaut d'intérêt peut être opposée en tout état de cause.

71. — Nous aurons occasion de montrer plus loin que les actes authentiques et les jugemens sont exécutoires dans tout le royaume sans *visa* ni *pareatis*. — C. procéd., art. 547.

72. — Notons toutefois qu'il faut, pour qu'il en soit ainsi, que ces actes et ces jugemens soient accompagnés de certaines formalités. — V. *infrà* nos 288 et suiv.

73. — En général et sauf quelques cas très rares et déjà cités, l'exécution a lieu en vertu de l'obligation du débiteur constatée authentiquement par un acte exécutoire et non à cause des sûretés qu'il a données. — C. civ., art. 2093-2094.

74. — En effet, le germe, la cause de l'expropriation forcée se trouve dans l'obligation du débiteur et non dans les garanties accessoires. Dès-lors, le créancier porteur d'un titre exécutoire, mais qui n'emporte pas hypothèque, peut faire saisir les immeubles de son débiteur. — *Nancy*, 9 juill. 1824, Villemain c. Delsop.

75. — Au surplus, les formalités de l'exécution devant suivre les progrès des mœurs, et telle voie pouvant cesser d'être efficace, on doit admettre que le principe de la non-rétroactivité des lois est étranger à toute procédure d'action et d'exécution, et que la procédure, comme la compétence, se règle par les lois en vigueur à chaque époque de l'exécution, sauf les dispositions particulières de ces lois. — V. ACTE EXÉCUTOIRE, nos 5 et suiv.

76. — Ainsi, lorsque le jugement d'un procès intenté sous l'empire de l'ordonnance de 1667 a été rendu sous l'empire du Code de procédure, on doit suivre, pour l'exécution de ce jugement, les formes prescrites par ledit Code. — *Caen*, 6 janv. 1824, Pownoll-Philipps c. Kergolay.

Sect. 2e. — *Créance pour laquelle on peut exécuter.*

77. — L'action en justice est destinée à faire constater, déterminer et liquider les droits et les obligations de chaque plaideur. L'exécution parée au contraire a pour but de procurer le paiement de la dette qui a été fixée, liquidée par jugement ou par contrat amiable.

78. — Dès-lors il est évident qu'une dette peut exister avant d'être *liquidée*. De là résulte cette conséquence que le débiteur ignore jusqu'à la liquidation combien il doit et souvent ce qu'il doit; il ne peut donc se libérer, offrir de payer, et par suite, il ne peut, jusqu'à ce moment, être contraint par le créancier qui n'a alors d'autre droit que celui de faire des actes conservatoires.

79. — Il faut donc que la créance soit actuellement exigible, et qu'elle ne soit, dans sa réalisation, soumise à l'accomplissement d'aucune charge ou condition préalable.

80. — Si les différens chefs des jugemens sont considérés comme constituant autant de sentences distinctes et séparées, il faut apporter à cette règle une juste limitation et reconnaître que par l'objet auquel ils s'appliquent, par leurs motifs comme par leur dispositif, les chefs d'un jugement peuvent être enchaînés par les liens d'une sorte d'indivisibilité; c'est en ce sens qu'on peut dire que les jugemens doivent être regardés comme des contrats, et qu'ils sont censés exprimer la commune intention; qu'ils sont indivisibles comme les contrats, et que nul ne peut les invoquer dans les dispostions qui lui sont favorables, sans exécuter religieusement les charges qui lui sont imposées en retour.

81. — Ainsi le créancier doit avoir soin de remplir les conditions apposées à la condamnation prononcée en sa faveur avant de contraindre son débiteur à l'exécution de cette condamnation.

82. — Spécialement, le jugement prononçant une condamnation en faveur d'une partie, à la charge par icelle de faire une affirmation, ne peut être exécuté avant que l'affirmation ait été faite. — *Paris*, 26 janv. 1813, Lion c. Maissen.

83. — Pour que le débiteur pût connaître le montant exact de sa dette, il était juste d'ordonner que si la dette exigible n'est pas d'une somme en argent, il serait sursis après la saisie à toutes poursuites ultérieures jusqu'à ce que l'appréciation en eût été faite. — Ord. 1667, tit. 37, art. 2; — C. civ., art. 2213; C. procéd., art. 551.

84. — Cette disposition était nécessaire : 1º pour l'exécution de l'art. 622, C. procéd., qui veut que dans le cas où la valeur des effets mobiliers saisis excède le montant des causes de la saisie et des oppositions, il ne soit procédé qu'à la vente des objets suffisans à fournir la somme nécessaire pour le paiement des créances et frais; — 2º pour que la loi de procédure fût en harmonie avec l'art. 2213, et que l'adjudication d'un immeuble ne pût être faite qu'après la liquidation; — 3º enfin, pour l'exécution de l'art. 2212, C. civ., qui autorise le juge à suspendre l'expropriation de l'immeuble, lorsque le débiteur justifie par baux authentiques que le revenu net et libre de ses immeubles pendant une année, suffit au paiement de la dette et en offre la délégation au créancier.

85. — Il faut donc que la créance pour laquelle on exécute soit certaine et liquide; *certaine*, c'est-à-dire qu'il doit résulter du titre que celui qui poursuit est bien réellement créancier; ainsi, on ne pourrait saisir exécuter en vertu d'un jugement qui déclarerait qu'un compte est dû; il pourrait résulter du compte que le saisissant est débiteur et non créancier; *liquide*, c'est-à-dire que le titre doit spécifier ou la somme, si la dette est d'une somme d'argent, ou l'objet, si la dette est d'une chose déterminée, comme un cheval, ou la quantité en poids et en mesure, s'il s'agit de marchandises ou de choses qui se livrent au poids et à la mesure. — Ord. 1667, tit. 33, art. 2; — Berriat, p. 509, note 13e, nº 2.

86. — Il faut même, pour exercer la contrainte par corps, que la dette soit liquide en argent. — C. procéd., art. 552. — V. EMPRISONNEMENT.

87. — Un propriétaire porteur de bail authentique qui saisit un immeuble hypothéqué pour sûreté de ses fermages, n'est pas obligé d'obtenir un jugement qui détermine et liquide le montant des fermages dus; car le titre portant le prix annuel des fermages, la créance, se trouve liquide et certaine par suite de l'évaluation donnée au fermage annuel. — Carré et Chauveau, quest. 1912.

88. — Jugé par application du principe de la nécessité de la liquidité de la créance, que les poursuites en expropriation forcée, commencées pour obtenir le paiement d'une créance, ne peuvent, lorsque le principal et les intérêts de la dette ont été payés, être continuées pour les frais, s'ils ne sont point liquidés. — *Paris*, 2 janv. 1834, Gentil c. Garnier-Perille.

89. — On peut citer comme exemples de dettes non liquides celle qui doit résulter du reliquat d'un compte ordonné par justice ou non encore apuré.

90. — Cependant la dette est réputée liquide et certaine, bien que le jugement de condamnation réserve au condamné la faculté de faire des déductions indiquées, surtout si le compte auquel il devait être procédé entre le créancier et le débiteur n'a pas eu lieu par le refus du débiteur d'y procéder. — *Cass.*, 23 mars 1825, Prioux c. Gréen de Saint-Marsault.

91. — La condamnation à des dommages-intérêts à donner par état et déclaration n'est pas une condamnation liquide tant que le chiffre de ces dommages-intérêts n'est pas fixé amiablement ou judiciairement.

92. — Ainsi, lorsqu'un jugement condamne l'une des parties envers l'autre en des dommages-intérêts à liquider par un juge ou par un arbitre commis, la partie qui a obtenu la condamnation ne peut fixer provisoirement le montant de ces dommages-intérêts, ni procéder à une saisie-arrêt au préjudice de la partie condamnée, surtout si le jugement n'est encore ni enregistré, ni signifié, ni expédié. — *Montpellier*, 18 déc. 1810, Laffont c. Possel. — Roger, *Saisie-Arrêt*, nos 86 et 112. — V. *contrà* Liége, 7 août 1811, Blaimont c. Siévart.

93. — La fixation des dommages-intérêts est confiée à la sagesse du juge. Ainsi, quoiqu'un jugement ne prononce pas de condamnation précise de dommages-intérêts, il préjuge qu'il en est dû s'il permet d'en fournir la déclaration. — Les juges peuvent se refuser à la preuve testimoniale et régler les dommages-intérêts d'après les données que leur fournissent les circonstances. — *Rennes*, 22 avr. 1812, Legarseneur c. Legonidec. — Carré, *Lois de la procéd.*, t. 1er, p. 301.

94. — Mais au surplus une créance de corps certains ou de quantité peut être *liquide* sans être convertie en une somme d'argent, car nous n'admettons pas la disposition de la loi romaine qui voulait que toute condamnation fût pécuniaire.

95. — Ainsi le saisi peut être expulsé de la maison en vertu du jugement qui l'exproprie.

96. — Ainsi le vendeur est également contraint par *voie parée*, et ce, en vertu de l'acte de vente, à quitter les lieux qu'il a vendus, et ses meubles sont mis dehors.

97. — Ainsi celui, qui a été déclaré propriétaire d'une chose mobilière, peut s'en faire mettre en possession par *voie parée*.

98. — Ainsi le crédi-rentier, le bailleur peuvent poursuivre par exécution parée le paiement des arrérages, des fermages dus en nature, par exemple les denrées qui leur sont dues.

99. — Si la condamnation emporte obligation *de faire*, par exemple, de construire, de démolir, de rétablir un état de lieux, etc., etc., le tribunal doit par le jugement de condamnation ou par un jugement postérieur régler le mode à suivre et toutes les obligations du condamné, ordonner que les travaux seront surveillés, ou même dirigés par tel architecte ou homme de l'art.

100. — Le tribunal peut même autoriser le gagnant à faire effectuer lui-même ces travaux aux frais du condamné, si celui-ci ne les exécute pas dans un certain délai. — L. 22 germin. an IV.

101. — Il arrive aussi que le juge alloue contre la partie condamnée des dommages-intérêts par chaque jour de retard.

102. — Ainsi une partie est valablement condamnée à remettre un titre dont elle s'est emparée par des moyens indélicats, et à payer une certaine somme par chaque jour de retard, encore qu'aucun préjudice ne puisse résulter du retard dans la remise de cette pièce. — *Cass.*, 29 janv. 1834, Normand c. de Rohan.

103. — Mais le jugement qui condamne une partie à remettre au liquidateur d'une société les exemplaires d'un ouvrage, avec fixation du prix auquel chaque exemplaire pourra être vendu, ne peut pas être exécuté par voie de saisie et de vente du mobilier de la partie condamnée. — La sentence, dans ce cas, ne prononçant pas de condamnation d'une somme en argent, il doit être sursis, après la saisie, à toutes poursuites ultérieures jusqu'à ce que l'appréciation en ait été faite. — *Paris*, 20 janv. 1843 (t. 1er 1843, p. 198), Cauvin c. Buisson.

104. — Ordinairement les difficultés d'exécution matérielles sont levées en référé, à cause de leur peu d'importance et de l'urgence.

105. — Aussi a-t-il été décidé qu'on peut surseoir, même en référé, à l'exécution d'une créance qui n'est pas liquide. — *Cass.*, 27 déc. 1810, N...; — Bioche, vº *Exécution des jugemens*, nº 26.

Sect. 3e. — *Par qui et contre qui se poursuit l'exécution.*

106. — Pour que les poursuites soient valables,

il faut qu'elles se fassent au nom du véritable créancier contre le véritable débiteur.

§ 1er. — *Par qui se poursuit l'exécution.*

107. — Les poursuites se font à la requête du créancier ou en son nom et à la diligence de son mandataire.

108. — Elles sont faites aussi par le représentant du créancier, par exemple par les syndics, tuteurs ou maris, hors toutefois pour ces derniers, le cas de séparation de biens ou de paraphernalité.

109. — Mais on ne peut faire par procureur commandement de payer un prix de vente notariée. — *Bruxelles*, 15 oct. 1819, Degreef c. Muls.

110. — Un avoué de première instance ne peut, sans mandat spécial, exécuter un jugement contenant des dispositions définitives contre sa partie. — *Paris* (et non *Pau*), 3 janv. 1810, N...; — Berriat, p. 351; Carré, *Lois de la procéd.*, t. 1er, p. 825; Favard, vo *Désaveu*, § 1er, no 4. — Ce dernier professe qu'il en devrait être autrement si le jugement était en dernier ressort. Mais il est combattu par M. Chauveau (t. 9, vo *Désaveu*, no 11).

111. — Les juifs peuvent poursuivre aujourd'hui sans signification nouvelle l'exécution de jugemens rendus à leur profit à une époque où toute exécution était suspendue à leur préjudice. — *Metz*, 12 fév. 1813, Lévy.

112. — Lorsque le créancier primitif a cessé de l'être, son successeur doit, préalablement, notifier le titre qui l'investit, par exemple, le transport, la donation, le testament, le jugement d'envoi en possession, ou le transport qui l'a saisi, ou bien l'intitulé d'inventaire où ce successeur a pris la qualité d'héritier, l'acte de notoriété qui en tient lieu, l'acte d'acceptation sous bénéfice d'inventaire, suivant la qualité qu'il prend pour réclamer.

113. — Jugé néanmoins qu'un légataire universel peut faire procéder à l'emprisonnement d'un débiteur de son auteur après avoir notifié le testament qui l'institue, sans y joindre l'acte de décès, ni celui de l'envoi en possession, ni un acte de notoriété constatant qu'il n'existe pas d'héritier à réserve. — *Paris*, 19 mai 1825, Beautier.

114. — L'exécution d'un titre authentique est poursuivie en vertu de la grosse de ce titre, lors même que le transport de la créance serait sous seing-privé ou non expédiée en forme exécutoire, car la cession, étrangère au débiteur, n'a pour effet que de saisir le cessionnaire. — Chauveau sur Carré, quest. 1898 *bis* et 2202.

115. — Ainsi, un acte de cession qui a été notifié au débiteur sans la formule exécutoire peut autoriser le créancier à faire un commandement, et ce commandement est valable lorsque le titre cédé y est notifié, dûment revêtu de la forme exécutoire. — *Toulouse*, 11 janv. 1831, de Sausac c. Calmettes et Trémouilles.

116. — De même le créancier qui poursuit à la fois en vertu de titres personnels et comme cessionnaire des droits d'un tiers, n'est pas tenu, à peine de nullité, de signifier en tête du commandement copie entière de l'exploit de notification du transport. — *Metz*, 29 fév. 1820, de Sepecourt.

117. — De même le créancier subrogé exerce tous les droits du créancier qu'il a payé et peut suivre les mêmes voies d'exécution, à la charge toutefois de notifier comme le cessionnaire son titre d'investiture. — Chauveau sur Carré, quest. 1898 *ter*.

118. — Ainsi, l'endosseur d'une lettre de change qui en a remboursé le montant sur le jugement de condamnation est fondé à demander que ce jugement soit rendu exécutoire à son profit, bien qu'il n'y ait pas figuré. — *Bordeaux*, 18 juin 1833, Fontemoing c. Decazes; — Chauveau sur Carré, quest. 1898 *ter*.

119. — Il n'est pas nécessaire que le cessionnaire qui agit en vertu des titres de son cédant les signifie par acte séparé avant de faire commandement au débiteur, il suffit que cette signification accompagne le commandement.

120. — Ainsi, il suffit que le transport ou la subrogation soit notifié avec le premier acte de poursuite, car nulle loi ne le défend, cette marche est moins dispendieuse, et peut être nécessaire si la prescription était sur le point de s'accomplir. — *Cass.*, 31 août 1825, Sacaze c. Oustalet.

121. — Le créancier porteur d'un titre exécutoire peut requérir l'apposition des scellés, assister à leur levée, faire opposition à la vente de meubles saisis, et faire vendre lui-même, si le saisissant néglige de faire vendre au jour indiqué. — C. proc. civ., art. 923. — Il peut ensuite faire saisir, exécuter les meubles inventoriés, nulle loi ne s'y opposant.

122. — Dans le cas où une commune a été condamnée comme responsable des dommages causés sur son territoire par des attroupemens, la partie lésée a qualité pour suivre l'exécution des jugemens et arrêts rendus à son profit sur les conclusions du ministère public, bien qu'elle n'ait point paru dans l'instance. — *Cass.*, 4 juill. 1834, comm. de Boussenac c. Lafont.

§ 2. — *Contre qui se poursuit l'exécution.*

123. — Si le créancier ou son représentant peut seul poursuivre l'exécution des titres exécutoires, il est également interdit d'attaquer un autre que le débiteur.

124. — En effet, il est de règle que les actes et jugemens ne peuvent être exécutés que contre les parties condamnées, leurs représentans, leurs héritiers et leurs ayant-cause, successeurs particuliers quant à l'objet de l'acte ou du jugement. — C. civ., art. 1134 et 1351.

125. — Les actes exécutoires contre un mineur ou un interdit sont mis à exécution contre le tuteur seul.

126. — Le failli étant frappé de dessaisissement de l'administration, et nul ne pouvant, après la faillite, se faire une situation préférable à celle de la masse, les créanciers d'une faillite ne peuvent plus agir contre le failli, mais uniquement contre les syndics, et encore doivent-ils avec soin observer les délais et les autres conditions imposées par la loi des faillites. — V. FAILLITE.

127. — Le créancier légalement averti du changement d'état du débiteur doit toujours diriger ses poursuites, ou contre le débiteur, si d'incapable il redevient capable, ou contre son représentant légal, si de capable qu'il était il redevient incapable. Cette obligation n'existe pour le créancier que du moment qu'il résulte d'un acte légalement signifié qu'il a connaissance du changement d'état du débiteur; autrement il est présumé ignorer ce changement, et l'exécution poursuivie contre le débiteur, conformément à la qualité qui lui est donnée dans le titre exécutoire, est valable. — Arg. C. proc., art. 345; — Pigeau, t. 2, p. 14; Bioche, vo *Exécution des jugemens et actes*, no 11.

128. — Cependant l'exécution est également autorisée contre les cautions du débiteur, contre ses codébiteurs.

129. — Ainsi, le créancier est libre de poursuivre ensemble ou individuellement les débiteurs solidaires, ceux de dettes indivisibles, sans que son droit puisse être limité à tel ou à tel autre des débiteurs.

130. — Dès-lors, le créancier ayant une hypothèque sur différens biens vendus par son débiteur peut poursuivre à son gré celui des détenteurs qu'il préfère, sans que celui-ci puisse lui opposer sa négligence à se présenter dans d'autres ordres, et la perte de ses hypothèques sur les autres biens de son débiteur. — *Bourges*, 31 juill. 1829, Dufraigne c. Cortet.

131. — Lorsqu'un tiers s'est chargé de payer la dette, il peut être poursuivi concurremment avec le débiteur originaire, s'il n'y a pas eu novation de la dette primitive. — C. civ., art. 1275.

132. — Celui qui, en cédant une créance par acte notarié, a promis de payer au défaut du débiteur, ne peut être poursuivi par voie de commandement. — Dans ce cas, le cessionnaire a seulement contre le cédant une action ordinaire en garantie à intenter devant les tribunaux. — *Agen*, 19 juin 1824; *Cass.*, 22 mai 1828, Pagès c. Debidereau; — Troplong, *Vente*, no 950.

133. — Celui qui, en cédant une créance par acte authentique, se porte garant pour le cas où le débiteur ne paierait pas dans un délai déterminé, ne peut, à l'expiration de ce délai, être sur un simple commandement poursuivi par la voie exécutoire. Il ne résulte, au profit du cessionnaire de la garantie stipulée, qu'une action en exécution du contrat. — *Bruxelles*, 13 avr. 1811, Prost c. Helin.

134. — L'exécution peut être suivie contre les héritiers légataires ou représentans du débiteur.

135. — L'héritier bénéficiaire peut en cette qualité être poursuivi par les créanciers du défunt; mais il ne peut être contraint sur ses biens personnels qu'après avoir été mis inutilement en demeure de rendre son compte. — C. civ., art. 803. — L'héritier pur et simple peut au contraire, à raison de sa seule qualité, être contraint tant sur les biens de la succession que sur ses biens personnels.

136. — Ni jugement ni acte quelconque ne peut être exécuté contre les héritiers du débiteur s'il ne leur a été signifié huit jours au moins avant les premières poursuites. — C. civ., art. 877. — Carré et Chauveau, quest. 1696.

137. — Ainsi, après la mort d'une femme débitrice des fermages, conjointement avec son mari, si, par suite d'une saisie-exécution pratiquée par le preneur, un procès-verbal de carence constate l'insolvabilité de ce dernier, et que ce propriétaire laisse passer quarante jours depuis la mort de la femme sans exercer ses droits, il ne peut continuer à poursuivre par voie de saisie les enfans qui ont continué d'habiter avec leur père. — *Orléans*, 1er juill. 1813, N...

138. — L'art. 877, C. civ., est obligatoire lors même que la succession se serait ouverte avant le Code civil. — *Paris*, 9 fructid. an XI, Cheviron c. Vitry; — Chauveau sur Carré, quest. 1896.

139. — Rien ne s'oppose à ce que la notification prescrite par l'art. 877 se fasse durant les délais pour faire inventaire et délibérer; elle sera même plus utile aux héritiers durant ce temps intermédiaire, puisqu'elle leur fera connaître la véritable situation du défunt. — *Paris*, 29 déc. 1814, Chaumin c. Dorlin; — Bioche, vo *Exécution des jugemens*, no 15.

140. — Et les poursuites exercées après ce délai sont valables sans nouvelle notification. — Même arrêt.

141. — Mais les saisies et autres poursuites faites avant cette signification sont nulles. — *Rennes*, 5 juill. 1817, Bahuand Rossary; — Carré, quest. 1896; Bioche, vo *Exécution des jugemens*, no 15.

142. — Jugé que la signification du titre exécutoire qui doit être faite aux héritiers du débiteur, huit jours au moins avant toute exécution, n'est pas nulle, par cela qu'elle contient commandement de payer, si ce commandement n'impose l'obligation de payer que dans la huitaine, à peine d'y être contraint par les voies de droit, et si aucune poursuite n'a réellement eu lieu avant ce délai; qu'en tout cas cette nullité serait couverte par des défenses au fond. — *Grenoble*, 22 juin 1820, Mercier c. Gallet de Mondragon.

143. — M. Bioche (vo *Exécution des jugemens*, no 15) n'admet cette décision que parce qu'il suppose que ce commandement devait rester étranger à *l'exécution*, aux saisies. — Aussi décide-t-il avec raison que le commandement de saisie immobilière est nul s'il est le premier acte signifié à l'héritier qui contienne la copie des titres exécutoires. — *Bastia*, 12 fév. 1833, Celari.

144. — Jugé de même que tout commandement est nul si les titres n'ont pas été signifiés huit jours auparavant à l'héritier, lors même que l'héritier connaîtrait la dette, ou lors même que la signification se trouverait dans un commandement plus ancien, laissé sans exécution. — *Pau*, 8 sept. 1829, Balade.

145. — La notification n'est exigée que préalablement à l'exécution parée, elle est donc inutile si le créancier assigne l'héritier en condamnation devant le tribunal par voie d'action simple, et lui demande, par exemple, le remboursement d'une rente foncière pour défaut de paiement des arrérages. — *Rennes*, 22 nov. 1810, N... c. Goulevestre; — Chauveau sur Carré, quest. 1896.

146. — La notification est inutile lorsque le paiement des obligations de dettes mobilières, antérieures à la communauté et personnelles au mari ou à la femme, est poursuivi, durant le mariage, contre la communauté, car l'obligation de la femme, souscrite avant le mariage, et exécutoire contre elle, l'est de plein droit contre la communauté durant le mariage. — *Bruxelles*, 23 juin 1807, N...

147. — Le pourvoi en cassation est régulièrement formé durant ces délais. — Et l'arrêt d'admission du pourvoi ou de l'arrêt de soit communiqué est valablement signifié sans permission de la cour aux habiles à succéder ou aux héritiers. — Bioche, vo *Exécution des jugemens*, no 16. — V. du reste CASSATION.

148. — Dans les instances administratives les défendeurs ne sont appelés devant le conseil d'état qu'autant que la requête a été admise provisoirement en vertu d'un arrêté de *soit communiqué*; — Dès-lors, et par analogie de ce qui a lieu pour les arrêts de la cour de Cassation, il est permis de notifier cet arrêté aux habiles à succéder sans formalité préalable.

149. — Les titres, exécutoires contre l'héritier, le sont par la même raison contre les successeurs à titre universel, qui sont *loco heredis*, par exemple contre les légataires, donataires universels ou à titre universel. — Mais il est impossible d'agir contre le légataire universel ou à titre universel non envoyé en possession de fait ou de droit. Jusqu'à la connaissance de ce fait, les créanciers du défunt agissent contre l'héritier. — Pigeau, t. 2, p. 23; Bioche, vo *Exécution des jugemens*, no 18.

150. — Le successeur à titre particulier n'est sans doute pas tenu des obligations personnelles au débiteur, lors même qu'elles auraient trait à la chose qu'il a reçue à titre gratuit ou à titre onéreux. — Mais il est tenu comme tout détenteur des charges qui pèsent sur la chose qui lui a été transmise. — Ainsi, il peut être poursuivi hypothécairement, et

le jugement qui déclare l'existence de servitudes passives sur un immeuble, ou qui, au contraire, prive cet immeuble de servitudes actives, est exécutoire *de plano* contre tout détenteur.

151. — L'exécution d'un jugement rendu en matière réelle, par exemple, en matière hypothécaire, peut être suivie contre tout détenteur de la chose hypothéquée.

152. — Bien qu'en général tout créancier ait la voie d'exécution parée contre son débiteur, il est néanmoins certains débiteurs à l'égard desquels cette voie d'exécution est impossible et interdite par la loi.

153. — Cette restriction des droits du créancier tient à ce que certains débiteurs ne peuvent disposer de leur actif sans l'assentiment de l'administration ou même sans une autorisation donnée par une loi.

154. — Ainsi les créanciers de l'état, des administrations publiques, des communes, des fabriques, des établissemens publics, tels que les hôpitaux, ne peuvent agir par voie d'exécution parée pour obtenir le paiement de ce qui leur est dû. — Avis cons. d'état, 12 août 1807, 26 mai 1813; — Favard, t. 2, p. 475.

155. — La saisie-exécution des meubles d'un maire ou de tout autre habitant serait nulle; en effet, si l'état, la commune doit payer, les particuliers ne sont pas tenus *ut singuli*, et en quittant le territoire ou en cessant d'être propriétaires ils cessent d'être obligés.

156. — Les créanciers doivent borner leurs diligences à faire porter leurs créances au budget de l'état, de la commune, de la fabrique ou de l'établissement public. — Favard, t. 2, p. 475.

157. — Par conséquent, les tribunaux, en condamnant une commune, doivent s'abstenir de dresser le rôle de répartition entre les divers habitans ou propriétaires de la commune. — Arr. du gouvern. 12 brum. an XI; — Favard, t. 2, p. 475.

158. — Lorsque la dette a été inscrite au budget des dépenses, elle est recouvrée en vertu du rôle annuel ou d'un rôle spécial par le percepteur, de la même manière que les contributions publiques ou communales. Puis le créancier touche ce qui lui est dû en vertu des divers mandats qui lui sont délivrés.

159. — Les actes exécutoires sont ceux qui sont revêtus de la formule qui confère l'exécution parée.

Sect. 4e. — *Actes exécutoires.*

160. — Cette formule est la même que celle qui sert d'intitulé aux actes du pouvoir législatif.

161. — Le pouvoir législatif, comme le pouvoir judiciaire, ainsi que le dit M. Meyer (*Esprit, origine et progrès des institutions judiciaires*, liv. 8, ch. 30, t. 5, p. 521 et 522), émane directement de la souveraineté; rien par conséquent de plus juste que d'attacher aux jugemens et aux actes authentiques la même force obligatoire qu'aux lois, avec cette différence que l'effet de la loi est général, tandis que celui de la sentence ou de la convention ne s'étend pas au-delà des parties qui y sont désignées. Soit que le jugement ou l'acte soient précédés, intitulés et suivis de la même formule, qui sert aux promulgations de la loi, soit que cette formalité soit sous-entendue, toujours c'est au nom du souverain qu'ils doivent être exécutés; c'est l'autorité suprême qui doit y veiller, et tous les fonctionnaires, sans distinction d'ordre ou de rang, tous les citoyens même sont obligés d'y tenir la main; ils ne peuvent examiner ni la validité de la convention, ni la justice de la sentence qui leur est représentée, pas plus qu'ils n'ont la faculté de rechercher si une loi est utile. Le souverain a parlé par l'organe du magistrat, du fonctionnaire public, et le devoir des autres fonctionnaires et des sujets c'est l'obéissance.

162. — Toutefois, le pouvoir de rendre exécutoire un acte soit dans l'ordre privé ou civil, soit dans l'ordre public ou administratif, est trop important pour que le législateur n'ait pas déterminé à quelles personnes il a entendu le conférer.

163. — Dans l'ordre privé ou civil ce pouvoir est délégué aux tribunaux et aux notaires. — Dans l'ordre public et administratif à certains fonctionnaires qui sont les représentans du pouvoir exécutif.

164. — De ce que le pouvoir de rédiger les actes exécutoires a été conféré à certains fonctionnaires, officiers ministériels ou corps constitués, il suit que les actes exécutoires émanés des officiers publics compétens sont authentiques, mais ce serait une erreur que de croire que tout acte authentique est un acte exécutoire.

165. — Ces actes authentiques auront, comme tout autre convention des parties légalement prouvées une force *obligatoire*; ils établiront le lien de droit qui astreint une partie à faire ou à ne pas faire, à donner ou à ne pas donner, mais ils n'auront pas cette force exécutoire qui oblige tout fonctionnaire, tout agent de la force publique, légalement requis, à prêter les mains à l'exécution de l'acte.

§ 1er. — *Jugemens et actes judiciaires.*

166. — Sont exécutoires les jugemens des tribunaux et arrêts des cours.

167. — En effet, aux termes des art. 146 et 470, C. procéd., les expéditions des jugemens et arrêts sont intitulés et terminés au nom du roi, conformément à l'art. 48, charte constit.

168. — Les jugemens rendus sur requête dans les cas, par exemple, où il y a lieu à rectifier un acte de l'état civil, ou à autoriser une femme à ester en jugement en l'absence de son mari, sont des actes exécutoires et auxquels obéissance est due, sauf, toutefois, les droits des tiers auxquels ces jugemens ne peuvent jamais préjudicier.

169. — Le jugement rendu par le juge de paix dont la juridiction a été prorogée hors des limites de sa compétence par suite de la volonté des parties, et conformément à l'art. 7, C. procéd., a, comme tout autre jugement, la force exécutoire. — *Cass.*, 3 frim. an IX, Delimming c. Agucessens.

170. — Dès-lors, il peut faire la base d'une poursuite en expropriation. — *Rouen*, 18 janv. 1806, Mascarel c. Finant.

171. — L'acte sous seing-privé, qu'il ait ou non date certaine, n'en émane pas moins de simples particuliers; il n'est pas l'œuvre de ces fonctionnaires publics auxquels la loi a départi la mission de rendre la justice ou d'imprimer aux conventions une force exécutoire, et il ne saurait dès-lors autoriser pour son exécution immédiate l'emploi de la force publique, il ne peut être exécuté *de plano*, et il ne donnera lieu qu'à une *action* préalable en justice. — Bioche, no 32, vo *Exécution des jugemens.*

172. — Cette règle est applicable, lors même qu'il s'agit d'un testament olographe, et même en supposant que le testateur n'ait pas laissé d'héritiers à réserve.

173. — Par conséquent, un jugement qui donne acte de la reconnaissance d'une signature apposée sur un acte sous seing-privé, n'est pas un titre exécutoire autorisant à poursuivre, par voie parée, l'exécution de l'acte sous seing-privé. — *Agen*, 18 déc. 1823, Marmiesse c. Garé. — En effet, cet acte ne cesse pas d'être un acte sous seing-privé; il peut toujours être annulé, s'il y a lieu, lorsque la condamnation sera demandée en justice contre le signataire. — Berriat, p. 506; Chauveau sur Carré, nos 798, 803 et 1909; Bioche, no 33, vo *Exécution des jugemens.*

174. — L'exécution par voie parée ne pourrait avoir lieu qu'en vertu d'un jugement portant, outre l'aveu de la partie que la signature est la sienne, condamnation de payer. — *Agen*, 18 déc. 1823, Marmiesse c. Garé; — Berriat, p. 506, note 4e.

175. — Néanmoins, le jugement de reconnaissance d'écriture emporterait pour le capital exécution parée, s'il l'ordonnait expressément, sauf à la partie condamnée à en obtenir l'infirmation par les voies de droit. — *Toulouse*, 27 juill. 1824, Balard; — Bioche. vo *Exécution des jugemens*, no 33.

176. — La reconnaissance qui serait faite d'un acte sous seing-privé, au bureau de paix, n'autoriserait pas la poursuite par voie d'exécution parée; car le procès-verbal de conciliation n'est qu'un préliminaire, et aux termes de l'art. 45, C. procéd., les conventions qui y sont passées n'ont que force d'obligation privée. — *Cass.*, 22 déc. 1806, Wevelnichorren; — Berriat, p. 506; Bioche, vo *Exécution des jugemens*, no 33.

177. — Le jugement émané d'un tribunal arbitral n'est pas exécutoire par lui-même, mais seulement en vertu d'une ordonnance d'*exequatur* rendue, selon les cas, par le président du tribunal civil ou par le président du tribunal de commerce.

178. — Les ordonnances des juges sont exécutoires comme les jugemens des tribunaux (Favard, vo *Exécution*; Bioche, no 39, vo *Exécution des jugemens*); mais elles ne sont pas toujours revêtues de la formule exécutoire.

179. — La plupart de ces ordonnances sont signées par le magistrat qui les rend et non par le greffier; car elles ne sont que des *actes de l'hôtel*, c'est-à-dire des actes qu'à raison de leur urgence et de leur peu d'importance, le juge est autorisé à faire en sa demeure, où il ne peut être assisté du greffier. — Boncenne, t. 1er, p. 509; Thomine et Pigeau, sur l'art. 1040, C. procéd.

180. — Jugé néanmoins que l'ordonnance qui commet un huissier pour l'exécution d'un jugement, doit contenir, à peine de nullité, l'indication du lieu où elle a été rendue, et être signée par le greffier du tribunal. — *Toulouse*, 13 janv. 1823, Maua c. Bessan.

181. — Mais cette décision n'est pas suivie à Paris, dans la pratique, et la signature du greffier n'est jamais apposée au bas des ordonnances qui commettent un huissier autorisé à pratiquer une saisie-arrêt ou une saisie foraine, etc.

182. — D'un autre côté, il est évident que les ordonnances du juge ne sont pas exécutoires, si elles excèdent ses pouvoirs.

183. — Ainsi, le juge commis à une liquidation est sans qualité pour la rendre exécutoire, elle doit, en effet, être préalablement homologuée par le tribunal. — *Cass.*, 8 frim. an XII, Ardenne c. Calmet; — Pigeau, t. 2, p. 139.

184. — Les ordonnances rendues sur référé sont aussi des actes judiciaires exécutoires; elles sont, dans les cas ordinaires, expédiées, et c'est sur l'expédition que se trouve portée la formule exécutoire.

185. — Parmi les actes judiciaires exécutoires, il faut compter les jugemens d'adjudication rendus sur licitation ou par suite de vente de biens de mineur par le juge tenant l'audience des criées.

186. — ... Les bordereaux ou mandemens de collocation délivrés à la suite d'une distribution par contribution ou d'un ordre par le juge-commissaire.

187. — L'exécutoire de dépens est par lui-même un titre susceptible d'exécution parée indépendant du jugement auquel il se rapporte, et dont il liquide les dépens. — Bioche, no 39, vo *Exécution des jugemens.*

188. — Dès-lors, il est inutile de signifier avec le commandement la copie de ce jugement. — *Cass.*, 27 déc. 1820 (int. de la loi), Brenson; — Carré, t. 2, p. 544.

189. — Toutefois, l'exécution parée de l'exécutoire de dépens est nulle si elle est poursuivie durant les trois jours de la date, délai durant lequel l'opposition est recevable. — C. procéd. civ., art. 172; — Bioche, vo *Exécution des jugemens*, no 39.

190. — Il est encore d'autres exécutoires autorisés par les lois fiscales. — Ainsi, les notaires, greffiers, huissiers, peuvent requérir du juge de paix des *exécutoires*, pour obtenir le remboursement des droits d'enregistrement qu'ils ont avancés pour les particuliers. — *Cass.*, 4 avr. 1826, Mandosse c. Prévost.

191. — Les exécutoires de cette nature sont délivrés même pour les droits de timbre. — L. 28 avr. 1816, art. 76. — Bioche, vo *Exécutoire*, no 2.

192. — Les *arrêts de propre mouvement* et autres décisions *sans parties présentes ou appelées, et sans production de pièces*, émanés des souverains, sous l'empire desquels étaient les pays plus tard réunis à la France, n'ont pu recevoir leur exécution depuis cette réunion. — *Cass.*, 24 juin 1807, don Gusman c. Montmorency de Robecq et de Mosbecq.

193. — Jugé de même que les arrêts de propre mouvement et ceux rendus par le conseil d'état, sans appeler les parties et sans mention de pièces originales ne peuvent plus, depuis la loi du 20 sept. 1793, être opposés à ceux contre lesquels ils ont été obtenus. — *Cass.*, 8 brum. an II, Drouault c. Duchemin.

194. — L'expédition d'un jugement fait foi qu'il a été rendu par des fonctionnaires ayant reçu, à cet effet, une délégation légale. — *Cass.*, 29 messid. an VIII, Irlandès c. Verdier.

195. — Par suite, dès qu'un jugement énonçant qu'il est rendu en dernier ressort est inscrit sur les registres du tribunal duquel il émane, l'exécution ne peut en être arrêtée que par l'autorité du tribunal de cassation, quelque graves que soient les soupçons qui s'élèvent contre la légitimité de son inscription. — *Cass.*, 14 flor. an IX, Galy c. Pouzol.

§ 2. — *Actes notariés.*

196. — Les actes notariés forment la seconde classe d'actes exécutoires.

197. — Comme les jugemens, les actes notariés ne reçoivent la formule exécutoire que sur l'expédition, qui prend alors le nom de *grosse*. — L. 25 vent. an XI, art. 25.

198. — Il ne peut être délivré de grosse que des actes pour lesquels le notaire a rédigé une minute dont il est demeuré dépositaire. — L. 25 vent. an XI, art. 21 et 26.

199. — Le contrat de mariage est un titre emportant exécution parée. En conséquence la femme peut, en vertu de ce contrat, poursuivre contre les tiers détenteurs l'expropriation des biens grevés de son hypothèque légale. — *Bordeaux*, 22 juill. 1843 (t. 2 1844, p. 42), Friedleing c. Troplong.

200. — L'art. 20, L. 25 vent. an XI, permettant aux notaires de ne pas garder minute des certifi-

cats de vie, procurations, actes de notoriété, quittances de fermages, de loyers, de salaires, arrérages de pension et rentes et autres actes simples, qui d'après les lois peuvent être délivrés en brevet, il n'y a pas possibilité pour le notaire dessaisi de l'acte en brevet d'en donner une grosse.

201. — Mais l'acte en brevet peut être déposé pour minute chez un notaire, qui peut alors en délivrer une expédition ou une grosse, s'il y a lieu.

202. — Toutefois, il est certains actes de notaire qui, bien que reçus en minute, ne sont pas susceptibles *d'exécution parée*, tels sont les actes de notoriété, les inventaires, les reconnaissances d'enfans naturels, les testamens mystiques, même les testamens authentiques, sauf le cas où le testateur ne laisse pas d'héritiers à réserve et institue un légataire universel. — Bioche, vo *Exécution des jugemens*, no 34.

203. — ... Et même les ventes de meubles, faites aux enchères, si elles ne sont pas signées par l'acheteur et le vendeur, mais seulement par le notaire et les deux témoins. — *Bruxelles*, 22 mars 1810, Vermieulen c. Debacker.

204. — Le créancier, dans cette hypothèse, n'aurait qu'une action en justice. — Carré, t. 2, p. 358.

205. — Mais lorsque l'acte notarié est exécutoire *de plano*, il n'y a pas à distinguer entre les cas où il intéresse des Français ou des étrangers. L'acte passé en France, même entre étrangers, est régi par la loi française. — Carré et Chauveau, quest. 1901.

206. — Cependant il ne faut pas perdre de vue qu'il est interdit au juge français de déclarer exécutoire ou d'homologuer le testament d'un étranger, s'il ne porte pas sur des immeubles situés en France ou si la succession s'est ouverte en pays étranger. — *Paris*, 22 juill. 1815, Lainé c. Marguère; — Carré-Chauveau, quest. 1901.

207. — Nous avons vu (*suprà* nos 174 s.) quelles conditions devaient être accomplies pour que la voie d'exécution parée pût être attachée par un jugement à un acte sous seing-privé. Le même effet peut être produit sur un acte sous seing-privé par un acte notarié.

208. — Ainsi le titre devient authentique et la grosse est valable lorsqu'un acte sous seing-privé a été déposé pour minute à un notaire par toutes les parties, qui l'ont autorisé à en délivrer une grosse au créancier. — *Cass.*, 27 mars 1821, Richard c. Lenoir Dufresne.

209. — ... Ou lorsque le dépôt a été fait par la partie débitrice, c'est-à-dire par celle qui avait seule intérêt à ce que le titre ne pût servir de base à des poursuites juridiques. — *Bourges*, 27 juin 1823 (dans ses motifs), Blanchard c. Poya.

210. — Le dépôt d'un acte sous seing-privé qui serait effectué chez un notaire par *le créancier seul* serait inutile sous ce rapport, car il laisse incertaines et la signature et la sincérité du titre. — C. procéd. civ., art. 193. — Chauveau sur Carré, quest. 1894. — V. aussi ACTE AUTHENTIQUE, nos 57 et suiv.

§ 3. — *Actes administratifs.*

211. — Les décisions des tribunaux administratifs doivent-elles, pour être exécutoires, être revêtues de la formule exécutoire?

212. — L'affirmative s'appuie sur les termes généraux de l'art. 545, C. procéd., *nul acte*... et elle est adoptée par Carré, quest. 1894; Pigeau, t. 2, p. 139; Favard, t. 2, p. 472; Proudhon, *Tr. du dom. publ.*, t. 1er, p. 219; Macarel, *Des tribun. admin.*, p. 561, no 287.

213. — Mais, au contraire, d'autres auteurs enseignent que les décisions des conseils de préfecture, préfets, ministres, commissions du conseil d'état sont exécutoires même en l'absence de toute formule sur la grosse. — Dubois, p. 101; Lerat de Magnitot, t. 1er, p. 567; Cotelle: t. 1er, p. 181, no 16; Serrigny, t. 2, p. 295, no 941; Bioche, vo *Exécution des jugemens*, no 49; Cormenin, t. 1er, p. 180; Favard, t. 2, p. 412; Foucard, t. 3, p. 318, no 373.

214. — M. Chauveau sur Carré (quest. 1894) se range à cette dernière opinion et ne croit pas la formule exécutoire nécessaire, parce que, dit-il, les décisions administratives émanent de l'autorité chargée spécialement de faire exécuter tous les actes publics. Les diverses décisions administratives sont censées rendues par le roi; les divers agens individuels ou collectifs qui ont jugé l'ont fait au nom de cette puissance qui découle du pouvoir exécutif. Il n'y a pas, au surplus, de différence sérieuse entre ces décisions administratives et les simples contraintes qu'on reconnaît généralement devoir être affranchies de la formule des lois. M. Chauveau termine en invoquant la loi du 29 flor. an X, art. 4, et un avis du conseil d'état du 5 fév. 1836. Il paraît, au surplus, que telle est la pratique.

215. — Observons cependant que la force exécutoire ne peut s'attacher aux décisions énoncées en matière contentieuse du conseil d'état, seulement parce qu'elles ne sont encore que des avis, tant qu'elles ne sont pas approuvées par le roi. Elles se convertissent alors en ordonnances royales, et ces actes du pouvoir exécutif portent le même intitulé que la loi qui émane des trois pouvoirs politiques de l'état.

216. — L'arrêté du préfet, qui fixe le débet des comptables de certaines communes et des établissemens publics est exécutoire sur les biens meubles et immeubles de ces comptables, sans cette formule, et sans l'intervention des tribunaux, et confère hypothèque. — Favard, vo *Exécution*, no 3.

217. — Les contraintes décernées par les agens des régies de l'enregistrement, des contributions indirectes sont aussi exécutoires *de plano*, en vertu de l'exécutoire du juge de paix et sans la formule exécutoire; car, ainsi le veulent les lois spéciales, qui remontent presque toutes à la république, époque durant laquelle la formule exécutoire n'était pas prescrite à peine de nullité. — Arr. 25 thermid. an XII; — Foucart, t. 2, p. 106, note 1re; Carré et Chauveau, quest. 1894; Chauveau, *Compét. admin.*, t. 1er, p. 276, no 944.

218. — Il en est de même des contraintes délivrées en matière de douanes, pour le recouvrement des droits, pour le paiement desquels il a été accordé terme aux redevables ou pour le refus de rapporter les acquits à caution. — L. 22 août 1791, tit. 13, art. 23-32-33; avis cons. d'état, 16 thermid. an XII; 29 oct. 1811; 24 mars 1812; — Favard, vo *Exécution*, no 3; Bioche, vo *Exécution des jugemens*, no 49. — Ces contraintes n'ont pas à proprement parler le caractère des jugemens, mais elles reçoivent leur force d'exécution parée, tant du visa judiciaire auquel elles sont assujéties que de la commission du redevable. Les huissiers ne pourraient donc pas se refuser à mettre ces actes et décisions à exécution.

219. — Cependant une simple opposition aux contraintes des régies de l'*enregistrement* et des *contributions indirectes* en arrête l'effet, tant que cette opposition n'a pas été écartée par les tribunaux civils. — Favard, vo *Exécution*, no 3; Bioche, no 50, vo *Exécution des jugemens*.

220. — Les rôles des contributions directes sont rendus exécutoires par arrêté du préfet, conformément aux lois de finances, et recouvrés sans que la formule exécutoire soit inscrite en tête.

221. — Le privilége attribué au trésor public, pour le recouvrement des contributions directes, sur les fruits et revenus, ne préjudicie pas aux droits qu'il peut exercer sur les biens des redevables, comme tout autre créancier; ainsi, en vertu d'un rôle de contributions déclaré exécutoire par le préfet, un redevable de contributions directes peut être poursuivi par voie de saisie immobilière. — *Cass.*, 23 mars 1823, Migneau c. Joly.

222. — Les rôles des prestations pour les chemins vicinaux sont rendus exécutoires par les maires. — L. 21 mai 1836. — Il en est de même des cotisations des familles, dues à l'instituteur primaire. — L. 18 juill. 1837.

223. — Les arrêtés de police municipale sont exécutoires tantôt par leur publication, tantôt par leur signification aux intéressés, et tantôt par leur approbation par le préfet. — L. 18 juill. 1837, art. 11.

224. — Les préfets avaient adopté l'usage de recevoir, comme officiers publics, les adjudications d'immeubles, de travaux publics, de marchés, etc., et d'en poursuivre l'exécution par voie d'exécution parée. Mais cet empiétement sur les attributions des notaires leur a été interdit par un avis des comités réunis du conseil d'état du mois de nov. 1833. — Bioche, no 51.

225. — De même, les adjudications des baux à ferme de biens communaux, passés devant le maire, n'emportent pas l'exécution parée, bien qu'elles soient revêtues de l'approbation du préfet. — L'exécution de ces baux ne doit pas être suivie par voie de commandement. — Le maire doit intenter une demande judiciaire contre l'adjudicataire qui n'acquitte pas ses fermages. — *Cass.*, 27 nov. 1833, comm. de Doissac c. Rivaillier; — Chauveau sur Carré, quest. 1894; Bioche et Goujet, no 52.

226. — Dès-lors, le bail à ferme de la halle d'une commune, passé devant le maire, est un acte privé, et puisqu'il n'est pas revêtu de la formule exécutoire prescrite par les jugemens et actes notariés, il n'emporte pas exécution parée. — *Colmar*, 28 janv. 1833, Schlienger et Mehrenberger c. comm. de Thann.

227. — Ainsi encore, le commandement fait en vertu d'un bail de biens communaux, non encore approuvé par le préfet, est nul comme ayant pour cause une créance incertaine. — L'approbation ultérieure du préfet n'a pu le rendre valable. — *Orléans*, 11 avr. 1840 (t. 2 1840, p. 256), comm. d'Avoine c. Fournier.

§ 4. — *Jugemens étrangers.*

228. — L'indépendance mutuelle des nations s'oppose à ce qu'un acte ou jugement s'exécute dans les pays étrangers, sans avoir été révisé ou contrôlé par le souverain local, à moins que cette restriction n'ait été levée par les lois politiques ou par les traités. Aussi cette matière est-elle réglementée par tous les peuples. — Toullier, t. 10, p. 146, no 89; Bioche, vo *Exécution des jugemens*, no 53.

229. — Nous avons exposé sur le mot ÉTRANGER les principes relatifs à l'exécution en France des jugemens rendus par les tribunaux étrangers, et des actes reçus par les officiers étrangers; l'interprétation que ces principes doivent recevoir et l'indication des traités internationaux qui se réfèrent à cette matière.

230. — Nous nous bornerons donc à citer ici, comme exemple de loi politique accordant aux jugemens étrangers force de chose jugée, un décret du pape, daté de 1820, dont l'art. 1er est ainsi conçu: « L'exécution des jugemens prononcés par des tribunaux étrangers compétens... sera accordée en vertu de lettres rogatoires de la part desdits tribunaux et sur la demande de la partie intéressée. » — L'art. 6 ajoute: « L'exécution sera accordée par un simple *exequatur* sans autre formalité. » — Rossi, *Annales de législat., et de jurisprud.*, 1821, t. 2, p. 59; Toullier, t. 10, no 93.

231. — Un arrêté du roi des Pays-Bas, du 9 sept. 1814, confirme la disposition de l'art. 129, déclar. 1629, pour la Belgique. Voici les termes de cet arrêté: « Art. 1er. Les arrêts et jugemens rendus en France et les actes qui y auront été passés n'auront aucune exécution en Belgique. — Art. 2. Les contrats y tiendront lieu de simples promesses. — Art. 3. Nonobstant tous jugemens et arrêts, les habitans de la Belgique pourront de nouveau débattre leurs droits devant les tribunaux qui y sont établis, soit en demandant, soit en défendant.

232. — Il n'échappera, au surplus, à personne que ces décrets qui ne sont que des lois étrangères, et non pas même des traités, ne peuvent avoir en France aucune influence même à titre de réciprocité, car cette réciprocité ne pourrait être établie que par des conventions internationales.

§ 5. — *Formule exécutoire.*

233. — La validité de l'exécution parée dépend non seulement de la nature du titre et de la qualité de celui de qui il est émané, mais encore de conditions extrinsèques. L'une des plus importantes est la nécessité de la formule exécutoire.

234. — Puisque l'exécution des actes et jugemens se fait au nom du chef du pouvoir exécutif (charte constitutionnelle, art. 13 et 48), tout acte susceptible d'exécution forcée doit être revêtu de la formule exécutoire. — C. procéd. art. 545; C. civ., art. 2213; — Carré-Chauveau, quest. 437; Favard, t. 2, p. 472.

235. — Une autre formalité était nécessaire sous l'ord. de 1667. Après l'art. 6, tit. 27 de cette ordonnance les arrêts, même des cours souveraines et à plus forte raison les sentences des tribunaux inférieurs ne pouvaient être mis à exécution à moins d'un *pareatis* du grand-sceau, et à son défaut à moins d'un *pareatis* en la chancellerie du parlement dans le ressort duquel il devait s'exécuter ou de la permission ou *visa* du juge des lieux.

236. — Aussi, souvent l'autorité judiciaire était entravée par les refus ou les retards que suscitait la jalousie des corps judiciaires, aujourd'hui toutes les prétentions particulières doivent se taire devant la volonté et la puissance de l'unique et souverain dépositaire de la force publique. — Exposé des motifs de l'art. 547.

237. — Déjà après la promulgation du sénatus-consulte du 28 flor. an XII, la formalité du *pareatis* ne fut plus nécessaire pour ramener à exécution un jugement hors du ressort du tribunal qui l'avait rendu. La formule exécutoire fut suffisante. — *Agen*, 18 juill. 1811, Dubertrand et Bidos-Tugès c. Martineau.

238. — De plus, d'après l'art. 547, C. pén., les jugemens rendus et les actes passés en France sont exécutoires dans tout le royaume sans *visa* ni *pareatis*, encore que l'exécution ait lieu hors du ressort du tribunal par lequel les jugemens ont été rendus ou dans le territoire duquel les actes ont été passés.

239. — Donc, aujourd'hui, l'acte revêtu de la formule exécutoire doit en général être exécuté sans que nul fonctionnaire ni magistrat puisse s'y opposer; à moins que la loi ne l'y autorise expressément. — Favard, t. 2, p. 472.

240. — Cette formule consiste d'après le sénatus-

consulte du 28 flor. an XII, dans l'intitulé des lois et dans un mandement du roi aux officiers de justice de mettre à exécution l'acte ou le jugement. — Ord. 16 août 1830; — Merlin, *Rép.*, vo *Exécution parée*, § 3, édit. 1827; Favard, vo *Acte notarié*, § 4, no 1er.

241. — Les formes différentes des gouvernemens qui se sont succédé en France depuis soixante ans ont successivement apporté des variations plus ou moins grandes dans les formules exécutoires.

242. — Le mandement aux *officiers publics* peut précéder dans la grosse la mention de la signature de l'acte par les notaires, les témoins et les parties. — *Bruxelles*, 11 fév. 1820, Wanzecle.

243. —Toutefois, il n'y a pas nullité dans le commandement qui précède une saisie immobilière, bien que la formule exécutoire d'une grosse délivrée en 1813 ne soit pas exactement conforme à celle prescrite par le sénatus-consulte du 28 fév. an XII, par exemple; bien que l'on ait omis le mot *république*, et qu'on ait substitué les mots *à tous présens et à venir* à ceux-ci, *à tous ceux qui ces présentes verront, salut.*—*Bordeaux*, 14 août 1832, Halgan c. Gérus.

244.—De même la copie d'un jugement signifié à avoué est valable, quoiqu'elle ne renferme pas en entier l'intitulé et la formule exécutoire, et n'en relate que les premiers mots suivis d'un *et cætera.*—*Rennes*, 12 déc. 1817, Troguendy c. Bante.—Mais V. *Besançon*, 12 fév. 1810, Boutechoux c. Perrin.

245. — Depuis la promulgation de la charte, la formule du mandement aux officiers de justice prescrite par l'art. 141, S.-C. 28 flor. an XII, n'est plus nécessaire pour la régularité de la grosse d'un exécutoire, si d'ailleurs cette grosse est intitulée au nom du roi et terminée par un simple mandement aux huissiers de la mettre à exécution. — *Nancy*, 9 juill. 1829, Demangeon c. Maurice.—V. cependant Merlin, vo *Exécution parée*, § 3, et Favard, vo *Acte notarié*, § 4, no 1er.

246. — La signification d'un jugement est valable, quoique la copie ne contienne qu'en abrégé la formule exécutoire, et qu'une partie des noms des juges. — *Bourges*, 28 juin 1813, Pilon c. Maillard et Chauveau.

247. — Il y a plus, l'omission de la formule exécutoire sur la signification d'un arrêt n'emporte pas nécessairement la nullité de cette signification et de ce qui a suivi; en tous cas, cette nullité ne pourrait être invoquée par la partie qui aurait demandé l'exécution de l'arrêt sans faire aucune réserve expresse. — *Cass.*, 28 nov. 1827, comm. de Fraroz c. comm. d'Arsures.

248. — Quelle que soit la date de l'acte, l'exécution forcée a lieu en vertu de la formule en vigueur lors de la délivrance de la grosse, lors même qu'il serait survenu lors de l'exécution une révolution politique. — En effet l'exercice de la souveraineté est indivisible, indépendant de la qualité du chef du pouvoir exécutif, car un peuple ne peut rester sans gouvernement. Tels étaient les principes consacrés par un avis cons. d'état, 2 frim. an XIII.

249. — Jugé par conséquent qu'il suffit pour qu'un acte soit exécutoire qu'il soit revêtu de la formule exécutoire qui existait à l'époque de sa confection. — *Bruxelles*, 25 juin 1807, N....

250. — On avait même jugé que les grosses des actes notariés délivrées depuis l'abolition de la royauté, c'est-à-dire depuis le 20 sept. 1792, jusqu'à la loi du 25 vent. an XI, ont pu être mises à exécution sans être revêtues de la formule exécutoire établie par l'art. 14, tit. 2, L. 6 oct. 1791. — *Cass.*, 25 mai 1807, Paris c. Ladeux; — Carré-Chauveau, quest. 1873.

251. — Du moins avant le sénatus-consulte du 28 flor. an XII, il n'y avait pas de formule légalement établie pour les jugemens, tandis qu'il en existait une pour les actes notariés. — *Besançon*, 13 mars 1813, Bas c. Caignet.

252. — Ainsi le défaut de mandement *de debitis* ou de commission exécutoire sur la grosse d'un acte n'empêchait point que cet acte ne fût exécutoire et qu'on ne pût en l'an V faire procéder, en vertu de la grosse d'un acte de 1586, à une saisie mobilière et à une saisie-arrêt. — *Besançon*, 30 juin 1812, Bogillot c. Dandrey.

253. — Néanmoins, contrairement à ces principes, une ordonnance du 30 août 1815, importée en Hollande par celle du 20 fév. 1816, défendit, sous peine de nullité, de mettre à exécution tout acte ou jugement non intitulé du nom du roi régnant au moment de l'exécution.

254.—Cette disposition, conséquente avec les principes admis par le gouvernement de Louis XVIII, qui ne reconnaissait pas même l'existence de la république et de l'empire, et faisait remonter son avènement au trône de France à la mort du fils de Louis XVI, a été rigoureusement exécutée durant la restauration.

255. — Cette interdiction fut étendue même aux grosses intitulées du nom de Louis XVI, et on a jugé qu'un acte passé devant un notaire, au châtelet de Paris, ne pouvait être, sous l'ordonnance du 30 août 1815, mis à exécution au moyen d'une expédition délivrée sous le gouvernement républicain, laquelle n'avait point été revêtue de la nouvelle formule exécutoire prescrite par les art. 545 et 146, C. procéd., et par l'ordonnance du 30 août 1815. — *Cass.*, 22 mai 1828, Pagès c. de Biderean; *Agen*, 19 juin 1824, mêmes parties; —Rolland de Villargues, *Rép. du notar.*, vo *Grosse*, no 42; Gagneraux, *Comm. sur la loi du 25 vent. an XI*, art. 25, no 11.

256. — De même, on annula une saisie immobilière pratiquée depuis l'ordonnance du 30 août 1815, en vertu d'un titre non revêtu de la formule exécutoire, bien que la grosse de ce titre eût été délivrée à une époque où la loi ne prescrivait impérativement aucune formule exécutoire. — *Rennes*, 5 juill. 1817, Bossary c. Bahuand.

257. — Sous l'ordonnance du 30 août 1815, il n'était pas nécessaire de faire une seconde signification avec la nouvelle formule exécutoire d'un titre qui avait servi de base à un commandement fait avant cette ordonnance. — *Pau*, 29 juin 1821, N...

258.—Les créanciers pouvaient aussi justifier de leur qualité dans un ordre en produisant une grosse de jugement, intitulée au nom de l'empereur. En effet, une demande en collocation peut être basée sur un titre non exécutoire ou sous seing-privé, et même sur une obligation verbale.— *Cass.*, 2 janv. 1828, Longuet c. Testard.

259.— L'ordonnance du 30 août 1815, que la cour de Cassation a, par erreur, qualifiée loi, dans son arrêt du 2 janv. 1828, n'est plus exécutée depuis 1830, et cependant elle n'a pas été rapportée expressément; mais la pratique est constante. — Charte 1830, art. 70. — V. circulaire du garde-des-sceaux, 20 déc. 1830; ord. 16 août 1830; —Chauveau sur Carré, quest. 1893 et 2198.

260. — Et il a été jugé que les anciennes grosses ne doivent pas porter le même intitulé que les lois actuelles. — *Riom*, 25 nov. 1830, Souchère c. Jallat.

261. — Jugé en outre spécialement qu'il n'est pas nécessaire, à peine de nullité, que les actes antérieurs à l'avénement de *Louis-Philippe* soient revêtus, pour leur exécution, de la *nouvelle formule* exécutoire. — *Bordeaux*, 8 déc. 1831, Camarsac c. Darrigaud.

262. — Les cours peuvent ordonner l'exécution de leurs arrêts sur la minute. — *Cass.*, 10 janv. 1814, Léorier-Delisle c. Meslie; *Rennes*, 27 août 1819, Perrin c. N.

263. — En général les ordonnances des juges ne sont exécutoires qu'autant que leur expédition est conforme à l'art. 545, C. procéd. civ. — *Bruxelles*, 22 mars 1810, Vermeulen.

264. — Cependant les ordonnances de référé exécutoires sur minute sont nécessairement exécutées sans être revêtues de la formule exécutoire, qui ne peut être inscrite que sur les expéditions. — C. procéd. civ., art. 811. — Carré et Chauveau, quest. 1898 *oct.*, 588 *ter*.

265. — Les ordonnances dites actes de l'hôtel sont aussi exécutoires sans être revêtues de la formule exécutoire. Notamment celle qui commet un huissier pour signifier un jugement, ou des actes de purge. — *Besançon*, 13 mars 1813, Bas c. Caignet.

266. — L'exécution d'un jugement ne peut, à peine de nullité, être poursuivie en vertu de la copie de l'expédition ou de la grosse d'un jugement lors même que le président l'aurait déclarée exécutoire, car cette copie n'est pas la grosse, dont la signature du greffier peut seule garantir l'authenticité. — Pigeau, t. 1er, p. 554. — V. aussi Berriat, p. 506, qui constate que l'usage contraire était suivi sous l'ordonnance de 1667. — Chauveau sur Carré, quest. 1898 *sex.*, 2198, 1557.

267. — Il a été jugé qu'on peut poursuivre une saisie immobilière en vertu de la copie signifiée d'un arrêt qui contient des dispositions distinctes au profit de plusieurs parties, et dont l'exécution sur cette copie a été autorisée par ordonnance de la cour rendue au bas de la requête. — *Toulouse*, 17 déc. 1829, Ducros.

268. — M. Chauveau sur Carré (quest. 1898 *sex.*) combat cette décision et s'attache à démontrer qu'on ne peut considérer comme faisant foi et comme ayant une force exécutoire une copie d'arrêt ou de jugement qui n'offre pas les garanties qu'on a droit d'attendre d'une copie authentique et exécutoire.

269. — Jugé aussi qu'il n'y a lieu à cassation de la disposition d'un arrêt qui porte qu'il pourra être exécuté sur copie signifiée seulement à avoué. — *Cass.*, 14 juill. 1830, Dorlan c. Caillan.

270. — Jugé encore que si un arrêt renferme des dispositions au profit de chacune des parties, la copie signifiée par celle qui a levé la grosse de cet arrêt forme un titre exécutoire pour l'autre partie — *Bruxelles*, 18 avr. 1822, Cuelenaere c. Devroeze.

271. — Il est interdit aux notaires et aux greffiers de délivrer plus d'une grosse en forme exécutoire, si les parties ne se conforment pas à l'art. 844, C. procéd., et ce, sous peine de destitution. — Bioche, no 46, vo *Exécution des jugemens*; Gagneraux, *Comment. sur loi*, 25 vent. an XI, art. 26, no 7.

272. — Dès-lors, l'exécution ne peut avoir lieu en vertu d'une seconde grosse qu'autant qu'elle a été délivrée par le notaire ou par le greffier en vertu de l'ordonnance du président, parties présentes ou appelées. — *Metz*, 6 fév. 1819, Dubois c. Varlet; — Chauveau sur Carré, quest. 1898 *quinq.*

273. — En conséquence, tout acte d'exécution est nul, lorsqu'il est fait en vertu d'une seconde grosse qui n'a pas été délivrée suivant les formalités prescrites par la loi. — Même arrêt.

274. — En outre, une seconde grosse d'obligation, délivrée en vertu de l'ordonnance du président du tribunal, mais sans sommation préalable au débiteur, est sans force exécutoire. Dès-lors, une saisie-exécution faite en conséquence est nulle. — *Rennes*, 8 déc. 1824, Lebourg c. Lefloch.

275. — De même sont nulles les poursuites exercées contre le débiteur, et surtout contre la caution, en vertu d'une seconde grosse délivrée à leur insu. — *Riom*, 25 fév. 1817, Guillaume c. Petit.

276.— ... Encore bien que la première grosse délivrée n'ait point été revêtue de la formule exécutoire. — *Cass.*, 23 août 1826, Chauveau c. Billeton et Favray; *Metz*, 6 fév. 1819, Dubois c. Varlet; *Rennes*, 8 déc. 1824, Lebourg c. Lefloch; — Rolland de Villargues, *Répert. du not.*, vo *Grosse*, no 84; Gagneraux, *Encycl. des lois sur le not.*, t. 1er, p. 147, no 5.

277. — Mais, lorsque le titre en vertu duquel une saisie est faite a été déclaré nul par défaut des formalités prescrites pour rendre exécutoire la grosse d'un contrat, on ne doit pas, par suite, annuler la seconde grosse qui n'aurait point été précédée de l'ordonnance du juge, en exécution de l'art. 844, C. procéd. — *Spécialement*, quand une première grosse n'a point d'existence légale, la seconde qui est délivrée par le notaire sans ordonnance préalable est réputée première grosse, et, comme telle, affranchie de cette formalité.—*Cass.*, 24 mars 1835, Maillard c. Ruffier.

278. — Il en serait autrement si ces formalités n'étaient pas exigées lors de la délivrance de la deuxième grosse. — Chauveau et Carré, quest. 1898 *quinq.*

279. — Mais la délivrance d'une deuxième ou subséquente expédition a lieu sans formalité; car elle ne peut nuire au débiteur. — *Rouen*, 13 mars 1826, Ricquiers c. Destours; — Rolland de Villargues, *Rép. du notariat*, vo *Grosse*, no 84; Berriat, p. 629, notes 9e et 12e.

280. — *Légalisation.* — Lorsque l'acte notarié est exécuté hors du ressort de la cour royale, au chef-lieu de laquelle réside le notaire signataire de la grosse, ou hors du département de la résidence du notaire, non située au chef-lieu de la cour royale, cette signature est légalisée par le président du tribunal. —LL. 29 sept.-6 oct. 1791, t. 2, sect. 2e, art. 15; 25 vent. an XI, art. 28; — Bioche, no 47, vo *Exécution des jugemens.*

281. —Mais cette légalisation diffère des anciens *visa* et *pareatis*; car elle ne fait que certifier la sincérité de la signature et la capacité du notaire ou du greffier. — Carré, quest. 1902.

282. — La légalisation d'un acte n'est pas constitutive de son authenticité, elle n'en est que la preuve. — *Cass.*, 22 oct. 1812, Boschi.

283. —Aussi les jugemens des tribunaux français ne sont jamais en France soumis, à peine de nullité, à la légalisation avant l'exécution. — Chauveau sur Carré, quest. 1902. — La cour de Turin, dans ses observations sur le projet du Code de procédure, avait inutilement demandé qu'ils y fussent assujétis.

284. — Jugé en ce sens que la formalité de la légalisation d'un acte notarié n'est pas exigée à peine de nullité. — *Poitiers*, 15 janv. 1822, Garreau c. Martin; 19 mars 1822, Silger c. Cadet; — Thomine, t. 2, p. 44; Boitard, t. 3, p. 306; Merlin, *Rép.*, vo *Légalisation*; Toullier, t. 8, p. 15, no 59; Carré et Chauveau, quest. 1902.

285. — Dès-lors, le défaut de cette formalité n'entraîne pas la nullité de la procédure suivie sur l'exécution de ces actes.

286. — Toutefois les actes arrivés de France à la Guadeloupe doivent être légalisés, à peine de nullité des poursuites, avant toute exécution. — *Cass.*, 10 mai 1825, Lalanne c. Desprès.

287. — *Sceau des grosses.* — Il n'est pas non plus exigé, à peine de nullité, que les grosses soient scellées du sceau du notaire ou du tribunal. — Thomine, t. 2, p. 44; Carré et Chauveau, quest 1904.

288. — Jugé en ce sens que l'art. 141, acte de

constitutions 28 flor. an XII, en n'exigeant pas que le sceau du tribunal fût apposé sur les grosses exécutoires des jugemens, a dérogé à l'arrêté du 21 pluv. an XII qui avait prescrit cette formalité. — *Lyon*, 7 mai 1825, Chatelard c. Cavelier.

289. — Jugé, au contraire, qu'il y a nullité de l'exécution d'un jugement, si le jugement mis à exécution ne porte pas l'empreinte du sceau du tribunal qui l'a rendu. — *Rouen*, 4 fév. 1819, Talon c. Petit.

290. — Mais la loi du 21 pluv. an XII, base de ces arrêts, est abrogée par celle du 28 flor. an XII, art. 141, qui n'exige plus l'apposition du sceau.

291. — Si le défaut de légalisation ou d'apposition du sceau n'est pas une nullité des poursuites, il autorise du moins le juge à les suspendre jusqu'à ce que cette formalité soit remplie. — Toullier, *loc. cit.*; Carré et Chauveau, quest. 1903.

292. — Le sursis doit être accordé lors même que celui qui le requiert n'aurait pas été partie dans l'acte. — Bioche, v° *Exécution des jugemens*, n° 47.

293. — Le sursis n'aurait pas lieu si la légalisation avait été faite avant la plainte du débiteur ou avant la décision du juge. — Chauveau et Carré, quest. 1903.

Sect. 5e. — *Causes suspensives et non suspensives de l'exécution.*

294. — On doit le plus souvent laisser un certain intervalle entre l'acte, le jugement et l'exécution forcée. — Ainsi, le créancier ne peut agir avant l'expiration du terme, ou l'accomplissement de la condition, s'il en existe.

295. — Ainsi, il est interdit de mettre à exécution un jugement, rendu en premier ressort, dans la huitaine de sa date. — C. procéd., art. 449 et 450.

296. — Cependant, on peut, dans la huitaine, signifier un jugement qui ordonne un serment, avec sommation de s'y conformer. — *Grenoble*, 11 fév. 1813, Poncet c. Barbier; *Cass.*, 7 fév. 1831, Devèze-Biron c. Baumes.

297. — De même, l'exécution d'un jugement par défaut est suspendue dans la huitaine qui suit la signification du jugement. — C. procéd., art. 155.

298. — Il en était autrement sous l'ord. de 1667. — *Cass.*, 20 flor. an X, Jacquépée c. Levoi.

299. — Mais, dans ces deux hypothèses, il faut supposer que l'exécution n'a pas été ordonnée par provision nonobstant opposition ou appel. — C. procéd., art. 155, 457 et 458.

300. — Le juge d'appel peut même ordonner l'exécution provisoire. — C. procéd., art. 458.

301. — D'un autre côté, un acte exécutoire peut cesser de l'être; ainsi l'opposition, l'appel suspendent en général l'exécution du jugement attaqué, non exécutoire par *provision*. — Carré et Chauveau, quest. 1897.

302. — Ainsi, l'intimé qui a mis à exécution le jugement qu'il a obtenu, est passible de dommages-intérêts envers l'appelant, si celui-ci en obtient l'infirmation. — Ces dommages-intérêts doivent consister dans les intérêts de la somme que l'appelant a payée à l'intimé en vertu du jugement infirmé. — *Bruxelles*, 2 juin 1814, Vandoscelles c. Piens; — Bioche et Goujet, *Dict. de procéd.*, v° *Appel*, n° 424; Berriat, p. 425.

303. — Ainsi, sont nulles et donnent lieu à des dommages-intérêts les saisies mobilières ou immobilières faites en vertu d'un jugement non-exécutoire par provision, et dont il a été interjeté appel. — C. procéd., art. 457. — La nullité doit en être demandée aux juges saisis de l'appel du jugement en vertu duquel on les a pratiquées. — *Turin*, 8 août 1810, Bonavia c. Ronco; 14 sept. 1810, N...

304. — Mais quoiqu'un jugement soit nul dans la forme, il faut, pour en arrêter l'exécution, l'attaquer par voie d'appel dans les délais prescrits par la loi. — *Bruxelles*, 9 janv. 1808, Vanwammel c. Beerens.

305. — D'un autre côté, l'art. 450, C. procéd., portant que l'exécution des jugemens non exécutoires par provision est suspendue pendant huitaine, ne s'applique pas aux jugemens interlocutoires. — *Cass.*, 8 mars 1816, Heymann c. Studer et Bueff.

306. — Sous l'ordonnance de 1667, les tribunaux d'appel n'avaient pas le droit de surseoir à l'exécution des jugemens de première instance, avant de statuer définitivement sur l'appel de ces décisions. — *Cass.*, 18 pluv. an XII, Estieu c. Marescot; 29 janv. 1806, Vischère c. Gilissen; — Merlin, *Quest. de droit*, v° *Exécution parée*.

307. — Au contraire, le Code de procédure autorise le juge d'appel dans certains cas à accorder des défenses provisoires à l'exécution des jugemens attaqués, et exécutoires nonobstant l'appel. — C. procéd. civ., art. 460. — Mais ce pouvoir n'est pas étendu aux matières commerciales. — V. *suprà* nos 381 et suiv.

308. — Mais on ne peut obtenir, en appel, des défenses pour arrêter l'exécution d'un jugement qui prononce une main-levée d'opposition, si cette exécution a été ordonnée conformément à la loi. — *Paris*, 9 oct. 1812, Dupin c. Amelin.

309. — Au reste, l'exécution d'un jugement qualifié *en dernier ressort* qui ordonne de passer outre à une adjudication, en matière de saisie immobilière, ne peut être arrêtée que par des défenses d'exécuter, obtenues conformément à l'art. 457, C. procéd. — *Cass.*, 12 août 1828, Labarthe c. Lalanne.

310. — Les règles relatives à la compétence et aux attributions des tribunaux tenant à l'ordre public, le tribunal de première instance, sous prétexte de la tardivité de l'appel, dont la connaissance est réservée à la cour royale, ne pourrait ordonner de passer outre aux poursuites. — *Paris*, 7 janv. 1818, Gravet.

311. — La tierce-opposition autorise le juge à suspendre l'exécution des jugemens attaquées suivant la gravité des circonstances, à moins qu'il ne s'agisse du délaissement de la possession d'un héritage. — C. procéd., art. 478. — V. TIERCE OPPOSITION.

312. — La cour de Rennes a jugé que l'exécution d'un arrêt ne peut être suspendu que par la voie de la requête civile ou de la tierce-opposition. — *Rennes*, 12 juill. 1810, Loncle c. Lemoine. — Il est certain qu'en principe et d'après l'art. 497, C. procéd., la requête civile n'empêche pas l'exécution du jugemens attaqué, à moins qu'il ne s'agisse d'une requête civile formée, comme le prévoit l'art. 491, C. procéd., indûment à une instance dans laquelle le jugement attaqué par requête civile est produit et invoqué. Les juges saisis de l'instance principale tirent de l'art. 491, C. procéd., un pouvoir discrétionnaire, et on peut dire, qu'en prononçant le sursis au jugement de cette instance, ils suspendent l'exécution au moins indirecte du jugement attaqué. — Chauveau sur Carré, quest. 1897.

313. — Quant au pourvoi en cassation, il ne suspend jamais l'exécution. — Décr. 27 nov. 1790.

314. — Ainsi un tribunal ne peut surseoir à l'exécution d'un arrêt, sous le prétexte qu'il a été formé une tierce-opposition ou un recours en cassation contre cet arrêt. — *Paris*, 7 janv. 1812, Ragoulleau c. Lagorce; — Carré, *Analyse*, t. 2, p. 55, et *Lois de la procéd.*, quest 1732; Demiau, p. 338; Favard, t. 5, p. 615; Berriat, p. 446.

315. — Sous la loi du 29 sept.-6 oct. 1791, l'exécution d'une obligation notariée ne pouvait être suspendue lorsque cette obligation était attaquée, sur de simples soupçons de fraude. — *Cass.*, 23 brum. an XIII, Pélissier c. Gestas. — Il en est de même sous le Code civil (art. 1319), quelle que soit la gravité des présomptions et même des preuves invoquées ou offertes. — V. Duranton, *Dr. franç.*, t. 13, n° 84; Toullier, *Dr. civil*, t. 8, nos 62 et suiv.; Gagneraux, *Comment.*, § 4, nos 58 et suiv.; Merlin, *Quest. de droit*, t. 3, v° *Exécution parée*.

316. — Mais l'acte attaqué par inscription de faux, ne peut être exécuté durant l'instance criminelle, à partir de l'arrêt qui renvoie l'accusé à la cour d'assises. — Bioche, v° *Exécution des jugemens*, n° 73.

317. — Il a été jugé que lorsque le créancier est fondé en titre exécutoire, ses poursuites ne peuvent être arrêtées par une demande en compte formée contre lui pour des sommes peu importantes. — *Bourges*, 11 juin 1841 (t. 1er 1842, p. 661), Pigenet c. de Choiseuil. — Mais il importe peu, en principe, que les sommes, objet de la demande reconventionnelle, soient importantes ou non, et, dans aucun cas, des poursuites fondées sur un titre paré ne peuvent être paralysées par une action à fin de compte. Une action à fin de compte ne saurait, en effet, être une exception utile contre des poursuites en vertu de titres exécutoires qu'autant qu'elle serait de nature à éteindre par la compensation les créances réclamées par le poursuivant. Or, le saisi, en demandant à compter, reconnaît par cela même que ses répétitions ne sont pas liquides, et ne peuvent dès-lors servir à compenser. — C. civ., art. 1291.

318. — De même, le serment décisoire peut être déféré contre et outre le contenu en un acte notarié. Toutefois, en cas de délation du serment, il ne peut être sursis à l'exécution de l'acte notarié. — *Turin*, 10 niv. an XIV, Guilliers-Vernant; *Grenoble*, 11 juill. 1806, Gazagne c. Renaud; — Carré, quest. 1897.

319. — Un tribunal ne peut suspendre l'exécution d'un titre authentique par le motif que, sur l'opposition aux poursuites, il aurait ordonné que le créancier serait interrogé sur faits et articles. — *Turin*, 12 déc. 1809, Armandi et Giovalli c. Strew; — Chauveau sur Carré, quest. 1897.

320. — Un débiteur ne peut arrêter, par une offre de cautionnement, les poursuites dirigées contre lui par un créancier porteur d'un titre authentique. — *Rennes*, 3 janv. 1826, Amicè c. Varin Duframbois.

321. — La citation à comparaître devant le juge des référés n'est pas suspensive de l'exécution par elle-même, car il n'est alloué de dommages contre l'officier ministériel qui a passé outre que s'il est jugé qu'il a agi de mauvaise foi. — *Caen*, 10 avr. 1827, Langlois c. Welter; — Chauveau sur Carré, quest. 1897; Bioche, v° *Exécution des jugemens*, n° 60.

322. — La partie condamnée par un jugement ne peut, par voie de référé, obtenir un sursis à cette condamnation. — *Paris*, 11 avr. 1810, Bourdon-Neuville c. Haller; — Carré, *Lois procéd.*, quest. 2760; Thomine, t. 2, p. 394; Bioche, v° *Référé*, n° 27; Bihard, *Des référés*, nos 23 et suiv.

323. — La discontinuation des poursuites ne doit pas être ordonnée par le juge du référé, à raison d'offres réelles mais conditionnelles, émanées de celui à qui l'on oppose un titre exécutoire. — *Paris*, 12 déc. 1820, Deschamps c. Lemoine; — Chauveau sur Carré, quest. 1897.

324. — Néanmoins, le débiteur peut faire surseoir par voie de référé à l'exécution d'un titre même authentique, s'il est survenu une loi qui en ait opéré la réduction. — *Cass.*, 5 déc. 1810, Laudié c. Lafon. — Carré (*Lois de la procédure*, quest. 2755) fait remarquer que dans cet arrêt le titre à l'exécution duquel un sursis était demandé en référé, devait subir une réduction qui, empêchant la somme d'être liquide, empêchait par là même que le titre ne fût exécutoire: « D'où nous concluons, ajoute cet auteur, que toutes les fois qu'un titre est exécutoire, le juge des référés ne peut, sans excéder ses pouvoirs, en suspendre l'exécution. » — V. conf. Berriat, p. 506; Favard, v° *Référé*.

325. — Une ordonnance portant permission d'assigner à jour fixe le créancier, *toutes choses jusqu'à ce demeurant en état*, n'empêche pas la continuation des poursuites après l'expiration du jour fixé, si ce jour-là la cause n'a pas été portée à l'audience. — *Riom*, 19 déc. 1814, Champaresse c. Cobondi.

326. — L'exécution d'un arrêt ne peut être entravée ni par une demande en nullité de la taxe et liquidation des dépens, ni par la prétention que l'avoué porteur de l'exécutoire n'a pas remis toutes les pièces dont il était chargé, ni par des offres réelles d'une partie de la somme à laquelle ces dépens sont taxés. — *Paris*, 30 juill. 1812, Selves c. Boudare; — Chauveau sur Carré, quest. 1897.

327. — Néanmoins, il est juste de dire qu'une cour royale n'est pas obligée de surseoir à statuer sur un procès dont elle est saisie, par cela seul que l'une des parties lui annonce être dans l'intention de se pourvoir devant la cour de Cassation, à fin de renvoi pour cause de suspicion légitime. — *Cass.*, 19 déc. 1831, Liétot c. Bunel. — Il faut qu'il lui soit justifié d'un arrêt de la cour de Cassation ordonnant le *soit communiqué*. — V. *Toulouse*, 8 août 1827, Rességuier c. Dubois; *Bastia*, 23 déc. 1837, Patrimonio c. préfet de la Corse; *Cass.*, 21 fév. 1838 (t. 1er 1838, p. 196), Curmer c. Riquier; — Bioche et Goujet, *Dict. de procéd.*, v° *Cassation*, n° 208.

328. — Jugé cependant que les tribunaux sont fondés à surseoir aux poursuites dirigées en vertu d'un jugement de révision rendu en exécution d'un arrêté d'un représentant du peuple, jusqu'à ce qu'il ait été statué sur le recours formé contre cet arrêté. — *Cass.*, 9 fév. 1825, Cordillot c. de Laferté.

329. — Le pourvoi au conseil d'état ne peut suspendre l'effet d'un arrêté du conseil de préfecture ni empêcher de statuer la cour royale saisie de son exécution. — *Rennes*, 19 janv. 1826, hosp. de Craon c. fabrique de Gennes; — *Cons. d'état*, 20 janv. 1812, Bidard; 7 juill. 1819, Lebourgeois; 20 oct. 1819, Baudry; 24 mars 1820, Josset; et 31 juill. 1822, Giraud. — Un préfet ou un ministre excéderaient leurs pouvoirs en accordant un sursis. — *Cons. d'état*, 20 juill. 1812, Bidard; — Cormenin, *Quest. de dr. administratif*, t. 1er, p. 73, édit. 4e, et Foucart, t. 3, n° 426.

330. — La demande en nullité d'un jugement arbitral rendu en premier ressort, et revêtu de l'ordonnance d'*exequatur*, n'en suspend pas l'exécution. — *Paris*, 14 sept. 1808, Barbazan c. Hupais.

331. — Outre les causes de suspension de l'exécution des jugemens et actes dont il a été déjà parlé, il en est plusieurs autres, spéciales au pouvoir du juge. — Nous allons les parcourir.

332. — L'art. 123, C. procéd., autorise le juge à fixer un délai pour l'exécution de ses jugemens, par exemple, lorsqu'il ordonne des travaux, lorsqu'il fait dépendre la condamnation d'une alterna-

tive, d'une option, lorsqu'il ordonne une prestation de serment, un apport de pièces, etc.

533. — Avant le Code, le délai fixé pour l'exécution d'un jugement définitif ne courait que du jour de la signification des jugemens. — Ainsi, les actes faits avant l'expiration du délai, mais après la signification du jugement, étaient nuls. — *Turin*, 28 vent. an XII, Ruffino c. Colombo.

534. — Aujourd'hui une distinction est faite pour fixer le point de départ du délai. — Il court du jour du jugement contradictoire, et de la signification seulement, si le jugement est rendu par défaut. — C. procéd., art. 123.

535. — Ainsi, le délai fixé par un jugement contradictoire émané d'un tribunal de commerce, court du jour de la prononciation du jugement. — *Rennes*, 9 mars 1810, N...

536. — Il en est de même du délai fixé par un jugement, pour opter entre deux chefs de condamnation. — *Nîmes*, 7 mai 1818, Bouteille c. commune.

537. — L'art. 123 s'applique non seulement au cas d'une simple condamnation à exécuter, mais encore à celui d'une déchéance à encourir. — *Toulouse*, 1er juill. 1813, Noual et Sandrac c. Guirard.

538. — Mais l'art. 123, C. procéd., n'est pas applicable aux sentences arbitrales. Les délais ne courent que du jour de la signification des sentences arbitrales, bien qu'elles soient contradictoires. — *Bordeaux*, 30 nov. 1825, Pilté-Grenet c. Renaud.

539. — Un délai accordé par un jugement frappé d'appel et confirmé ne commence à courir que du jour de la signification de l'arrêt confirmatif. — *Poitiers*, 17 déc. 1823, Lemet c. Gallat.

540. — Lorsqu'un jugement a déterminé un délai pour l'exécution des condamnations qu'il prononce, ce délai est suspendu par l'appel, même déclaré nul, et ne commence à courir qu'à partir de l'arrêt qui prononce cette nullité. — *Dijon*, 4 janv. 1844 (t. 1er 1844, p. 345), Décot c. Davin.

541. — Des termes mêmes de l'art. 122 et 123, C. procéd., il résulte que le délai doit être accordé par le jugement de condamnation, et ne pourrait l'être par un autre. — Pigeau, t. 2, p. 294; Carré, quest. 524; — *Contrà* Thomine, t. 1er, sur l'art. 122, C. procéd. civ. — Ainsi, un tribunal ne peut, par un deuxième jugement, accorder des délais à une partie qu'il a condamnée purement et simplement par un premier jugement. — *Colmar*, 30 août 1809, Hirtz c. Rathsamhausen; *Paris*, 11 avr. 1810, Bourbon-Neuville c. Haller; *Bourges*, 9 mai 1812, Hidier c. Soupplet; — Pigeau, t. 2, p. 294; Carré, quest 524.

542. — Jugé au contraire qu'un tribunal peut, dans des circonstances extraordinaires, accorder, par un deuxième jugement, des délais pour exécuter une condamnation qu'il a prononcée, et dont l'exécution est poursuivie par voie de saisie immobilière. — *Colmar*, 9 juin 1815, Hohl c. Sandherr; *Dijon*, 8 janv. 1817, Mallerat c. Gilles; — Thomine-Desmazures, sur l'art. 122, C. procéd.

543. — « Nous estimons, dit Carré (*Lois proc.*, t. 1er, quest. 525), la décision de la cour de Dijon contraire non seulement au texte mais à l'esprit de la loi. Elle est contraire au texte, puisqu'il porte formellement que le délai sera accordé par le jugement même; elle est contraire à l'esprit, parce qu'on ne peut pas supposer qu'il soit entré dans l'intention du législateur d'autoriser le juge, absolument dessaisi par le jugement, à en modifier les dispositions : *Ut semel sententiam dixit, desinit esse judex*. Vainement opposerait-on que le tribunal connaît de l'exécution de ses jugemens; sans doute, mais ce principe ne s'applique qu'aux difficultés qui surviennent à cet égard et ne peut s'étendre jusqu'à faire supposer la faculté d'enlever à la partie, qui a obtenu gain de cause, le droit acquis par le jugement rendu à son profit. »

544. — Au contraire, l'exécution d'un premier jugement peut être suspendue par un second, si les choses ne sont plus entières. Par exemple, quoiqu'un jugement ait homologué une liquidation, sur laquelle aucune contestation ne s'était élevée, et dont l'homologation n'était requise qu'à cause de la minorité de l'un des copartageans, il y a lieu d'ordonner qu'il sera sursis à son exécution, s'il survient une demande en complément de liquidation, qui, mettant en question la validité du partage, tend à faire disparaître l'acte constitué au profit du mineur, et si la solvabilité de son tuteur est incertaine. — *Rouen*, 19 avr. 1837 (t. 1er 1838, p. 244), Maneville c. Tagault.

545. — De même, lorsqu'un jugement accorde une option et fixe un délai pour la faire, ce délai est suspendu par l'appel du jugement et ne reprend son cours qu'à dater de la signification de l'arrêt confirmatif. — *Cass.*, 12 juin 1810, Glouteau et Peret c. Cartouzières.

546. — Lorsque le délai accordé n'est pas un *délai de grace*, mais un délai nécessité par la nature de l'affaire et de l'exécution ordonnée, le défaut d'exécution dans le délai emporte-t-il déchéance? ou le délai est-il purement comminatoire?

547. — En général, le délai fixé par le juge est purement comminatoire. — Pour qu'il en soit autrement, le juge doit s'en expliquer, sinon en termes formels, du moins assez explicitement pour que sa volonté soit certaine. — *Cass.*, 28 déc. 1824, Hobert c. Dardenne; 7 août 1826, Commis c. Michon; *Bordeaux*, 4 juill. 1829, Navarre c. Pelletreau; 8 janv. 1839 (t. 1er 1839, p. 389), Garitay c. Bareyre. — V. cep. *Rennes*, 18 mars 1826, Pécot c. Gicquiaux.

548. — Jugé, et par interprétation des termes d'un jugement, que le délai prescrit à une partie, par un arrêt contradictoire, pour faire une option, est de rigueur; les juges ne peuvent le déclarer comminatoire sans violer la chose jugée. — *Cass*, 1er avr. 1812, Caminet c. Pardon; — Carré, *Lois de la proc.*, t. 1er. p. 287; Perrin, *Des nullités*, p. 236; Merlin, *Quest.*, vo *Délai*, § 6.

549. — Décidé au contraire que, par cela qu'une option accordée par un jugement n'a pas été faite dans le délai fixé, il n'y a pas déchéance encourue. — *Pau*, 14 mai 1830, Latcagne c. Villenave.

550. — Ainsi les juges peuvent encore recevoir un serment après le délai qu'ils ont accordé pour le prêter, s'ils n'ont pas déclaré qu'après ce délai la partie serait forclose. — *Turin*, 12 mars 1808, Gastaldi et Colombino c. N...; — Pigeau, *Comment.*, t. 1er, p. 294; Carré, t. 1er, p. 286.

551. — De même, quoiqu'une demande n'ait été accueillie qu'à la charge, par le demandeur, de justifier de certains faits dans un délai déterminé, il n'en résulte pas nécessairement que, ce délai passé, sans justification, le demandeur ne puisse encore réclamer l'exécution du jugement, en offrant de faire les justifications ordonnées. En pareil cas, le délai accordé par les juges peut n'être considéré que comme comminatoire. — *Cass.*, 7 août 1826, Commis c. Michon; *Paris*, 30 avr. 1828, Mazza c. Dequeux.

552. — La disposition par laquelle un jugement ou arrêt ordonne qu'il sera exécuté dans un délai déterminé, et prononce une peine contre la partie condamnée, à défaut d'exécution dans ce délai, doit être réputée sans effet, si les parties ont fait depuis des conventions particulières, sur la manière d'exécuter la condamnation. — *Paris*, 26 déc. 1811, Cheff c. Nonnet.

553. — Dans tous les cas, du principe que le juge ne peut rétracter ses décisions il suit que l'exécution d'un jugement antérieur ne peut être suspendue à raison de ce que celui qui l'a obtenu a refusé de se présenter en personne à la barre, devant le même tribunal, mais dans un autre procès. — *Paris*, 9 mars 1810, Lanchère c. Deloche; — Chauveau sur Carré, quest. 1897.

554. — Lorsque le créancier a conclu à être autorisé à exécuter des travaux, sur le refus et aux frais du débiteur, les juges peuvent convertir ces travaux en une somme d'argent, à laquelle ils condamnent le débiteur, pour indemnité de l'inexécution de son obligation. — *Cass*, 20 déc. 1820, Rancès c. Prat; — Toullier, *Droit civil*, t. 6, no 218; Rolland de Villargues, *Rép. du not.*, vo *Obligation*, no 180. — Ce n'est pas comme s'il s'agissait d'une obligation, cas auquel le débiteur doit donner au créancier la chose même qu'il lui a promise et non une autre. — V. la loi 2, § 1er, ff., *de Reb. cred.*; C. civ., art. 1243.

555. — En Piémont, le délai qu'un débiteur pouvait avoir en exécution pour acquitter sa dette était déterminé par la loi, et, à l'échéance de ce délai, le créancier était en droit d'employer contre son débiteur toutes les voies de justice; dès-lors l'indication de la date du jugement renfermait en elle-même la désignation de l'époque où le débiteur pouvait être astreint au paiement et faisait suffisamment connaître l'exigibilité de la créance. — *Turin*, 11 mars 1807, N...

556. — Avant la promulgation du Code civil, la promesse verbale de suspendre l'exécution d'un acte public n'était point obligatoire en Piémont. — *Turin*, 18 avr. 1810, Ghilini c. Ponte-Lombriasco.

557. L'art. 1244, C. civ., autorise les tribunaux à accorder aux débiteurs malheureux des délais de grâce — V. PAIEMENT.

558. — Mais ils ne peuvent user de la faculté qui leur est accordée par l'art 1244, C. civ., d'accorder des délais au débiteur, qu'avec une grande réserve et en parfaite connaissance de la position du débiteur. — *Colmar*, 12 frim. an XIV, Lewy c. Hohl.

559. — Les délais qui sont accordés, conformément aux art. 1244, C. civ., et 122, C. procéd. civ., peuvent ne pas consister seulement dans la fixation d'un jour certain, mais bien aussi dans la détermination de l'époque qui suivra l'accomplissement d'une procédure spéciale. — *Cass.*, 14 mai 1838 (t. 2. 1838, p. 292), Beaulieu c. Thomas.

560. — L'art. 1244 est général et sans distinction. Il permet aux juges d'accorder au débiteur des délais modérés pour payer et de surseoir aux poursuites dirigées contre lui; il s'applique également au cas où la créance résulte d'un acte authentique et exécutoire. — *Cass.*, 1er fév. 1830, Lelein c. Gongloff; *Turin*, 12 déc. 1809, Armandi et Giovaldi c. Strew; *Aix*, 17 déc. 1813, Castellinard c. Basso; *Bordeaux*, 28 janv. 1814; Dabbadie et Olivier c. Texier; *Metz*, 21 juin 1821, Lhéman c. Block; *Pau*, 12 juin 1822, Monbain-Mollié c. Lafaurié; *Paris*, 23 avr. 1831, Allart c. Bocquet; — Thomines, art. 122.

561. — L'art. 1244, C. civ., s'applique même au cas où la dette résulte d'un acte non contesté. — *Agen*, 6 déc. 1824, Pignères c. Lacavalerie.

562. — La jurisprudence constante de la cour royale de Colmar est d'accorder délai aux débiteurs d'arrérages de rentes, en cumulant seulement une année avec l'année courante. — *Colmar*, 21 nov. 1821, comm. d'Obersausheim c. d'Andlau-Hombourg.

563. — Mais jugé au contraire que ce n'est qu'autant que le juge confère lui-même à un titre le droit d'exécution qu'il peut accorder un délai au débiteur. Il n'a plus le même pouvoir quand le débiteur est poursuivi en vertu d'un titre exécutoire. — *Pau*, 26 nov. 1807, Cazenave c. Ibos; — *Bruxelles*, 18 janv. 1812, Vidi c. B...; *Colmar*, 30 août 1809, Kortz c. Rothsambrunnen; — Delvincourt, *Cours de Code civil*, t. 2, p. 536; Toullier, *Droit civil*, t. 6, no 660; Duranton, *Droit français*, t. 12; no 89; Carré, t. 1er, p. 288, et Merlin, *Quest. de droit*, vo *Exécution parée*; Pigeau, t. 1er, p. 514; Rolland de Villargues, *Rép. du not.*, vis *Acte authentique*, no 88, et *Terme*, no 17.

564. — Dans tous les cas, si les juges ne statuent pas en droit sur l'étendue de leurs pouvoirs, ils ne sont comptables qu'à leur conscience de l'usage qu'ils font de la faculté discrétionnaire à eux conférée d'accorder des délais au débiteur qu'ils condamnent. Dès-lors, en cas de refus, celui-ci ne saurait se faire un moyen d'appel de ce refus. — *Bourges*, 14 avr. 1813, Bru c. Meyre; 25 fév. 1814, Bonamour c. Poulin.

565. — En sens inverse, un associé ne peut, nonobstant la solidarité qui existe entre lui et son coassocié, se plaindre qu'un délai ait été mal à propos accordé par la justice à ce dernier. — *Cass.*, 20 fév. 1809, Jougla c. Roillet.

566. — Au contraire, lorsque dans une obligation il a été convenu, comme clause substantielle, que le débiteur renonçait à réclamer aucun délai de la justice, les tribunaux ne peuvent plus, par application de l'art. 1244, C. civ., accorder des *délais modérés* pour le paiement et surseoir à l'exécution des poursuites. — *Bordeaux*, 23 juill. 1838 (t. 2 1838, p. 460), Lasserre c. de Bertrand. — On demanda dans la discussion au conseil d'état, dit Maleville (*Anal. du C. civ.*, t. 3, art. 1244), si la faculté accordée aux juges s'étendait au cas où il y aurait une stipulation contraire dans l'obligation, et il fut répondu négativement. — Toullier, *Droit civil*, t. 6, no 658; Rolland de Villargues, *Rép. du notariat*, vo *Terme*, no 13. — V. *contrà* Delvincourt, *Cours de C. civ.*, t. 2, p. 556; Carré, *Procéd.*, art. 124, quest. 411.

567. — Une condition résolutoire expresse doit être exécutée à la rigueur, si l'événement arrive de telle sorte que les juges ne puissent en modifier l'efficacité, et, par exemple, accorder un délai au débiteur. — *Grenoble*, 15 juin 1821, Dumas c. Durand; — Toullier, *Droit civil*, t. 6, nos 550 et suiv. — V. cependant Merlin, *Répert.*, vo *Clause résolutoire*.

568. — Le tribunal de commerce ne pouvait pas, sous l'ord. de 1667, accorder au débiteur une surséance de plus de trois mois. — Ord. 1669, tit. 6, art. 1er, et 11; — *Colmar*, 24 janv. 1806, Gougenheim c. Karcher.

569. — Aujourd'hui, l'art. 135, C. comm., interdit aux juges d'accorder un délai quelconque pour le paiement des lettres de change.

570. — Le tribunal de commerce de la Seine élude adroitement cette prohibition en obligeant les agréés par une mesure réglementaire d'accorder un terme de vingt-cinq jours à tout défendeur qui le réclame, et dans ces jugemens il constate toujours le consentement du créancier. — Du reste, cette concession forcée est utile au créancier; car elle lui donne un jugement irrévocable; et le délai de vingt-cinq jours a été calculé d'après le temps qui serait rigoureusement perdu pour le demandeur, si le défendeur faisait défaut et revenait par voie d'opposition.

571. — L'interdiction de l'art. 135, spéciale aux lettres de change, a été étendue à toutes les affaires commerciales, malgré le silence de cet article.

572. — Jugé, en conséquence, qu'un tribunal de commerce ne peut, en vertu de l'art. 1244, C. civ., accorder des délais à un débiteur qui n'est gêné que

par des circonstances extraordinaires ou de force majeure, lorsque ce débiteur, après avoir obtenu un terme de ses créanciers, ne s'est pas acquitté à l'époque convenue. — *Douai*, 13 avr. 1814, Lefran-Grignon c. Roseau;—Rolland de Villargues, *Répert. du notariat*, vº *Billet à ordre*, nº 9.

373. — De même, un tribunal civil en prononçant sur l'opposition à des poursuites faites en vertu d'un jugement du tribunal de commerce portant condamnation pour le montant d'une lettre de change, ne peut accorder au débiteur des délais pour le paiement. — *Colmar*, 19 août 1816, Boeringer c. Stoquer et Lips.

374. — L'exécution provisoire, ordonnée par un tribunal de commerce, d'un jugement portant condamnation au paiement de divers billets, ne peut être arrêtée par le débiteur, sous prétexte qu'il aurait déposé une plainte en usure contre son créancier, au sujet de ces mêmes billets. — *Paris*, 12 oct. 1825, Ruault c. Pouthier.

375. — Jugé, au contraire, que, dans des circonstances malheureuses, les tribunaux de commerce peuvent accorder au débiteur un délai pour le paiement d'une lettre de change, lorsqu'il est reconnu qu'elle a été souscrite pour cause civile et que les parties sont de proches parens. — *Colmar*, 22 nov. 1811, Heilman c. Deschamps; 20 nov. 1815, Mara et Weyl c. Ricard.

376. — L'exécution des jugemens et actes ne peut être suspendue sous aucun prétexte hors des cas prévus par la loi. — Chauveau sur Carré, quest. 1897.

377. — Dès lors, l'exécution d'un titre paré et non contesté ne peut pas être arrêtée par une simple opposition (*Colmar*, 14 avr. 1815, Languereau c. Stehlé), ou par de simples soupçons de fraude. — *Cass.*, 23 brum. an XIII, Pélissier c. Gestas; — Berriat, p. 508; Chauveau et Carré, quest. 1897.

378. — Jugé néanmoins que l'opposition à un commandement est recevable, quoiqu'on ne la fonde que sur l'irrégularité de cet acte. — *Toulouse*, 11 janv. 1831, de Sausac c. Calmettes et Trémouilles.

379. — La loi n'a pas déterminé de délai pour l'admission ou le rejet des oppositions aux commandemens faits en vertu d'actes obligatoires. — *Lyon*, 16 pluv. an XI, Roux c. Robert.

380. — Le commandement d'exécuter un jugement n'est point un acte d'exécution, mais seulement un acte de mise en demeure contre la partie à laquelle il est signifié. — *Bordeaux*, 10 août 1830, Billard c. Jousnet.

381. — Les tribunaux civils ne peuvent surseoir à l'exécution du jugement des tribunaux de commerce. — *Colmar*, 12 frim. an XIV, Lewy c. Hohl.

382. — En aucun cas, les cours royales ne peuvent accorder de défenses ni surseoir à l'exécution des jugemens rendus par les tribunaux de commerce; la prohibition portée à cet égard par l'art. 647, C. comm., est absolue et non pas seulement relative au cas où l'exécution provisoire a été ordonnée conformément à l'art. 439, C. procéd. — *Gand*, 28 déc. 1833, N...

383. — ... Quand même ils seraient attaqués pour incompétence. — *Limoges*, 26 mars 1822, Rochechouart c. Olivier; *Aix*, 17 déc. 1838 (t. 1er 1839, p. 152), Suchet c. Levasseur.

384. — Il en est ainsi, bien que le titre lui-même soit contesté. — *Paris*, 6 fév. 1813, Recusson de Barneville c. Folmer; *Montpellier*, 28 sept. 1824, Escudier c. Laborde.

385. — La cour royale peut seulement, si la cause est urgente, la faire sortir du rôle pour la juger extraordinairement. — *Limoges*, 26 mars 1822, Rochechouart c. Olivier.

Sect. 6e. — *Exécution des actes et jugemens contre le débiteur et à l'égard des tiers.*

386. — L'exécution des actes et jugemens peut être poursuivie, soit à l'égard du débiteur, soit à l'égard des tiers.

§ 1er. — *Exécution des actes et jugemens à l'égard du débiteur.*

387. — Il ne suffit pas au créancier de faire connaître sa qualité au débiteur, il doit encore lui signifier le titre en vertu duquel il veut agir.

388. — Dès-lors, il y a excès de pouvoir dans la mise à exécution d'un jugement immédiatement après sa prononciation. — *Cass.*, 19 avr. 1806, Jean Chio.

389. — Mais s'il n'était point susceptible d'opposition ni d'appel, l'exécution pourrait en être suivie, aussitôt après sa transcription sur la feuille d'audience.

390. — La signification est inutile à l'égard des actes conservatoires, par exemple s'il s'agit de prendre une inscription hypothécaire. — *Cass.*, 18 juin 1823, Duquesny.

391. — En général, tout jugement doit, avant l'exécution, être signifié à l'avoué et à la partie. Il en est cependant qui peuvent n'être signifiés qu'à l'avoué, d'autres sont signifiés à la partie au domicile de l'avoué. La signification à la partie suffit après le décès, la destitution, la démission, ou durant l'interdiction de l'avoué. — C. procéd. civ., art. 148.

392. — Jugé, d'après ces observations, que le jugement définitif est nul si les jugemens préparatoires n'ont pas été signifiés à l'avoué de la partie condamnée. — *Rennes*, 13 janv. 1831, Narbot c. Montessuy.

393. — De même, le délai donné à un acquéreur, pour qu'il opte entre la rescision d'une vente pour vilité de prix, et le paiement d'un supplément, ne court pas du jour où le jugement a été prononcé, mais seulement du jour où il a été signifié à avoué. — *Bordeaux*, 30 nov. 1831, Chantecaille c. Costagna.

394. — C'est par suite des mêmes principes qu'on décida, avant la révision du Code de procédure, que le jugement d'adjudication définitive était nul lorsque le jugement d'adjudication préparatoire n'avait pas été signifié à avoué. — *Cass.*, 16 janv. 1828, Crespin.

395. — D'un autre côté, le jugement qui donne acte à un avoué de sa constitution et ordonne de plaider au fond peut être exécuté sans signification préalable. — *Poitiers*, 6 avr. 1837 (t. 2 1837, p. 420), Mercier c. Chassin et Comte.

396. — De même, le défaut de signification à avoué, du jugement qui refuse une communication de pièces, n'est pas une cause de nullité du jugement définitif. — *Poitiers*, 1er juin 1832, Sapineau; — Thomine, t. 1er, p. 274; Carré, quest. 607.

397. — On peut exécuter un jugement, qui prononce la nullité de certaines poursuites, quoique la signification en ait été faite seulement à avoué. — *Paris*, 1er mars 1810, Truchet; — Carré, *Lois de la procédure*, t. 1er, quest. 611.

398. — Dans les cas où la loi fait courir les délais à partir de la signification à avoué, son vœu est rempli lorsque la signification est faite à la partie, au domicile de l'avoué; un simple acte d'avoué à avoué n'est pas exigé, à peine de nullité. — *Colmar*, 24 fév. 1813, héritiers Ferret de Florimont.

399. — Il faut remarquer aussi que la signification d'un jugement à domicile ne doit pas, à peine de nullité, faire mention qu'il a été préalablement signifié à avoué. — *Riom*, 14 (et non 24) fév. 1821, Chabannes c. Coste. — Bioche et Goujet, *Dict. de procéd.*, vº *Appel*, nº 112.

400. — Quand plusieurs personnes ont procédé individuellement, le jugement de condamnation, qui intervient contre elles, doit leur être signifié séparément, et à domicile, et elles doivent supporter les frais de cette signification, encore qu'elles aient déclaré qu'une signification faite collectivement au domicile de leur avoué leur suffirait. — *Paris*, 29 juin 1813, Pelletier Mailhot c. Rivière.

401. — La signification est également faite séparément au mari et à la femme, si leurs intérêts sont distincts. — *Paris*, 13 juin 1807, Florat.

402. — De la nécessité de la signification du titre exécutoire il résulte que l'exécution d'un jugement, confirmé par arrêt, est nulle, lorsqu'elle a eu lieu sur la signification de l'arrêt confirmatif seulement, et non sur celle du jugement. Dès-lors, on doit considérer comme illégale la possession, prise de vive force par le légataire particulier, d'une maison d'habitation, en vertu d'un jugement confirmé par arrêt, si elle n'a été précédée de la signification du jugement confirmé aux exécuteurs testamentaires résistans, et si le légataire s'est borné à faire signifier l'arrêt confirmatif. — Dans ce cas, la demande que le légataire pourrait former à fin d'enlèvement des meubles de l'hérédité garnissant l'immeuble légué ne devrait pas être considérée comme incidente à la demande en nullité de la prise de possession formée par les exécuteurs testamentaires. Dès-lors, elle ne serait valablement intentée que par action principale. — *Bordeaux*, 29 fév. 1840 (t. 1er 1841, p. 129), Niort c. Bermond. — V. *contrà Turin*, 1er fév. 1811, Ponte Lombriasco c. Mo, pour le cas où l'appel est déclaré non-recevable.

403. — En matière civile, le jugement qui rejette un déclinatoire et ordonne de plaider au fond doit être, à peine de nullité du jugement qui interviendrait sur le fond, signifié à avoué avant son exécution. — *Poitiers*, 16 janv 1838 (t. 2 1838, p. 142), Provost c. Jard-Panvilliers.

404. — La signification d'un jugement et le commandement de payer en vertu de ce jugement sont valables, quoique l'huissier se soit trompé dans l'énonciation de la date du jugement. — *Cass.*, 31 janv. 1821, Tourailles c. Foucher.

405. — L'exécution violente et avant les vingt-quatre heures de la signification du jugement qui autorise l'éjection des meubles sur le carreau, peut faire annuler le procès-verbal et donner lieu à des dommages-intérêts contre l'huissier. — *Colmar*, 7 juill. 1809, Weiss c. Klotz.

406. — Une partie ne peut imposer à l'autre des formalités que la loi n'a pas établies, notamment l'obligation de donner copie des actes d'exécution d'un jugement. — *Rennes*, 14 août 1813, Depincé c. Guillot.

407. — La signification d'un arrêt à exécuter devant les juges de première instance, dans un délai déterminé, ne fait point courir ce délai, si, au lieu d'avoir été faite à domicile, elle ne l'a été que par acte d'avoué — *Colmar*, 6 juin 1806, Vandel c. Robet.

408. — Lorsqu'un jugement définitif ou provisoire doit être signifié *à partie*, la signification *faite au domicile élu* est nulle. — Carré, quest. 608.

409. — Ainsi, le jugement qui prononce la radiation d'une inscription doit être signifié, pour faire courir le délai de l'appel, au domicile réel du créancier, et non pas seulement au domicile élu en son inscription. — *Paris*, 8 janv. 1831, Baruchwell c. Tournard et Bailly; — Carré, quest. 607.

410. — En outre, la défense portée par l'art. 5, L. 8 brum. an V, de mettre à *exécution* les jugemens obtenus contre les défenseurs de la patrie, avant d'avoir fourni caution solvable ne s'étendait pas à la *signification* de ces jugemens. Dès lors, il y a eu déchéance pour le militaire qui, à son retour, n'a pas interjeté appel d'un jugement ainsi signifié, dans les délais particuliers fixés par la loi du 6 brumaire. — *Cass*, 19 déc. 1826, Moch c. Brand.

411. — De même, le jugement qui en annule un précédemment rendu, et accorde à l'une des parties un délai pour donner ses moyens de défense au fond, doit être signifié à personne ou domicile, sinon le jugement définitif rendu à l'expiration de ce délai est nul. — *Turin*, 16 vent. an XII, Pistone c. Bongioani.

412. — Lorsqu'un arrêt rendu sur un incident d'ordre a été signifié au domicile élu par l'inscription, on doit, si on veut l'exécuter, quant aux dépens, le signifier de nouveau au domicile réel de la partie condamnée. — *Bourges*, 4 janv. 1822, de Berthier c. Darquinvilliers.

413. — L'exploit de signification d'un jugement pour faire courir un délai doit être représenté et ne peut être remplacé par un certificat délivré par le receveur de l'enregistrement. — *Paris*, 2 fév. 1825, de Montchevrel c. de Riant.

414. — On entend par commandement le premier acte d'exécution forcée par lequel il est fait injonction au débiteur de se libérer. — V., pour les diverses formalités relatives à cet exploit, COMMANDEMENT.

415. — Cet exploit est fait après la signification de la grosse et en vertu de cette grosse; il ne doit donc pas être revêtu de la formule exécutoire. — *Bordeaux*, 24 nov. 1829, Fellion; — Chauveau sur Carré, quest. 1898 7º.

416. — Jugé au contraire, mais par erreur palpable, qu'un commandement étant un acte d'exécution, est sans effet, s'il ne contient pas la formule exécutoire. — Ord. 30 août 1815; — *Orléans*, 11 janv. 1816, N...

417. — La copie du titre qui est donnée en tête, doit, à peine de nullité, contenir en entier la formule exécutoire dont ce titre est revêtu. — *Besançon*, 18 mars 1808, Marchand c. Colombet; *Riom*, 25 mai 1818, Tourin c. Barrier. — Chauveau sur Carré, quest. 1898, *quater*.

418. — Mais l'erreur du copiste, qui omet la signature du greffier ou du président, n'est pas une cause de nullité lorsque la grosse représentée est parfaitement régulière et qu'elle contient la mention que le président et le greffier ont signé. — *Cass.*, 24 mai 1821, Charve; 16 août 1836, d'Hervilly c. comm. de Blye. — V. *contrà Besançon*, 25 juill. 1814, N.; — Chauveau sur Carré, quest. 1898 7º.

419. — La nullité ne serait pas prononcée, lors même que l'omission dans la copie signifiée porterait sur la publicité de l'audience si cette mention se trouvait dans la grosse qui est produite. — *Cass.*, 28 mars 1825, Costers c. les douanes; — Chauveau-Carré, quest. 1898-7º.

420. — Il suffit que le commandement fait à plusieurs personnes ayant un intérêt distinct et habitant la même maison, énonce que la copie a été laissée *à tous*, sans qu'il soit besoin d'y mentionner que copie séparée a été laissée à chacun. — *Riom*, 19 juill. 1822, Bresson-Tiollet c. Chatonnier.

421. — Lorsqu'un créancier a fait commandement de payer les sommes qui lui sont dues et les intérêts échus, avec réserve pour ceux restant à courir, on ne peut exiger qu'il fasse un nouveau commandement pour ces derniers dont la quotité ne peut être connue; il n'a que des réserves à faire. — *Orléans*, 29 août 1816, N...; — Bioche et Gou-

jet, *Dict. de procéd.*, vo *Commandement*, no 9, édit. 2e.

422. — Un commandement n'est pas nul, par cela seul qu'il a eu lieu pour une somme plus forte que celle qui est due.—*Bordeaux*, 4 avr. 1826, Charbon-Laterrière c. Mesnier ; 22 janv. 1828, Coutant c. Boisseau-Laborderie; *Cass. belge*, 14 mars 1833, Schrockuert c. Nechelput; — Merlin, *Rép.*, vo *Commandement*, § 8; Bioche et Goujet, *Dict. de procéd.*, vis *Saisie*, no 11, et *Vente sur saisie immobilière*, no 18.

423. — Un seul commandement de payer, sous peine d'y être contraint par les voies de droit, suffit à la validité de plusieurs espèces de saisies successivement exercées pour la même créance, si la première saisie a été reconnue insuffisante.—*Turin*, 7 août 1809, Boralis c. Sola; — Carré, *loc. cit.*

424. — Le commandement fait au débiteur avec déclaration que faute d'y satisfaire il y sera contraint par *toutes les voies de droit*, autorise celui-ci à user du bénéfice de l'art. 584, C. proc. civ., c'est-à-dire à faire au domicile élu toutes significations, même d'appel du jugement portant condamnation. —C. proc. civ., art. 456 et 584. — Peu importe que, dans le commandement sus-désigné, la voie de la saisie immobilière ait été spécialement indiquée, et que, des circonstances de la cause il semble résulter que c'était à ce mode d'exécution que le créancier voulait principalement avoir recours. — *Bourges*, 30 avr. 1841 (t. 2 1841, p. 585), Leclerc c. Pannetrat.

425. — Nous avons vu plus haut (no 83) que tout créancier est libre de poursuivre l'exécution d'une créance liquide, bien qu'elle ne soit pas d'une somme d'argent. Nous devons ajouter ici qu'il peut même faire faire toute saisie avant que sa créance soit évaluée en argent

426.— Il n'y a d'exception à cette règle que pour l'exercice de la contrainte par corps. — L'art. 798, C. proc. civ., exige formellement que la créance soit fixée en argent avant que le débiteur puisse être écroué ou recommandé. La raison de cette faveur est tirée de ce que le débiteur doit être mis en liberté sur-le-champ s'il paie la somme due ou s'il consigne le tiers de sa dette et donne caution pour le surplus.—L. 17 avr. 1832, art. 24.

427. — Aussi cette exception aux principes généraux cesse lorsqu'il est impossible d'évaluer en argent l'importance de la dette ; par exemple, dans le cas où un officier public, tel qu'un avoué, un notaire, un huissier, a été condamné à rétablir des titres qui lui ont été confiés. De là ces mots de l'article : *Objet susceptible de liquidation*. — Chauveau sur Carré, quest. 1913 *bis*.

428. — Toutefois, comme toute saisie aboutit en définitif à procurer une somme d'argent, et que dès-lors il est indispensable de savoir combien il est dû au créancier, pour qu'il puisse recevoir la valeur de sa créance, l'art. 551, C. procéd civ., commande un temps d'arrêt, après que les saisies mobilières ou immobilières ont mis la chose du débiteur sous la main de justice.

429. — Dans la saisie-exécution, il est interdit de passer outre à la vente des meubles avant d'avoir fait évaluer en argent la valeur des choses dues, parce que la vente doit s'arrêter sitôt qu'elle a produit somme suffisante pour payer le saisissant et les créanciers opposans. — C. procéd. civ., art. 622.

430. — Quant à la saisie immobilière, elle ne peut être poursuivie avant l'évaluation en argent de la créance de corps certains ou de quantités, parce que le débiteur serait privé de la faculté que lui donne l'art 2212, C. civ., de déléguer au saisissant le produit de baux qui suffisent pour le désintéresser en une année et d'arrêter par cette délégation la continuation des poursuites.

431.— Il y a cependant, à l'égard de cette saisie, une véritable difficulté à préciser le moment où doivent s'arrêter les poursuites.—D'après l'art. 2213, C. civ., elles peuvent être continuées jusqu'au moment de l'adjudication ; au contraire, l'art. 551, C. procéd. civ., veut impérieusement qu'elles soient suspendues après la saisie, jusqu'à l'évaluation pécuniaire de la créance. — Delaporte restreint l'art. 551 à la saisie mobilière et conserve à l'art. 2213 toute son extension. — De leur côté, Boitard (t. 3, p. 322), Thomine (t. 2, p. 52), Carré et Chauveau (quest. 1913) soutiennent que l'art. 551, C. procéd., est absolu et sans distinction, qu'il est une conséquence directe de l'art. 2212, que d'ailleurs, dans le doute, il est plus sage de suivre l'opinion la moins rigoureuse, conforme, du reste, à la maxime d'après laquelle les lois postérieures dérogent aux plus anciennes.—Ces raisons nous paraissent décisives.

432. — Toutefois, la saisie doit être avant tout dénoncée au saisi, car auparavant elle lui est inconnue. — Favard, t. 2, p. 481, no 9; Chauveau sur Carré, quest. 1918.

433.—La saisie-arrêt, acte conservatoire et moins grave que les saisies mobilières ou immobilières, peut être faite en vertu d'un titre sous seing-privé, et même sans titre en vertu d'une ordonnance du président qui détermine la somme jusqu'à concurrence de laquelle elle est faite. — Chauveau sur Carré, quest. 1910.

434. — La saisie gagerie peut être faite sans titre exécutoire soit un jour après un commandement de payer, soit immédiatement en vertu de l'ordonnance du président du tribunal ; puis elle est portée à l'audience et convertie en saisie-exécution. — C. procéd., art. 819.

435. — En matière ordinaire, la partie condamnée peut être contrainte par saisie au paiement des dépens taxés, lors même que la condamnation principale ne serait pas liquidée et avant la signification du jugement. — V. aussi *Cass.*, 27 déc. 1820 (intérêt de la loi), Bresson ; — Chauveau-Carré, quest. 1911.

436. — Dans ce cas, la partie condamnée peut être poursuivie en vertu de l'exécutoire des dépens, sans qu'il soit nécessaire de procéder aussi en vertu du jugement ou de l'arrêt qui les a adjugés.—*Metz*, 11 fév. 1820, Kitzenger c. Sartorius; — Bioche, no 27, vo *Exécution des jugemens*.

437. — Aussi a-t-il été jugé avec raison qu'un exécutoire de dépens doit être daté, ainsi que la copie qui en est délivrée au débiteur, avant toute poursuite; mais la nullité résultant de l'omission de la date est couverte par des défenses au fond et par des offres réelles faites par le débiteur.—*Besançon*, 25 nov. 1816, Willey c. Jacquot ;—Chauveau, *Comm. du tarif*, t. 2, p. 68, no 30.

438. — Mais lorsque les dépens sont liquidés par le jugement lui-même, ils ne peuvent être exigés qu'avec le principal et de la même manière, c'est-à-dire après la liquidation des sommes allouées au principal. — Carré-Chauveau, quest. 1911.

§ 2. — *Exécution des actes et jugemens à l'égard des tiers.*

439. — En général, un jugement peut être exécuté contre la partie condamnée avant l'expiration des délais d'opposition et d'appel. Cette faculté est même indispensable au créancier qui a obtenu un jugement par défaut faute de comparaître, s'il veut empêcher la péremption de ce jugement. Mais l'exécution est soumise à des règles particulières, si elle est faite contre *des tiers*.

440. — Observons en passant que les *tiers* dont parlent les art. 548, 549 et 550 sont ceux qui, sans intérêt personnel et direct dans un procès, concourent néanmoins à l'exécution du jugement, qu'ils aient ou non été mis en cause. — Carré, édit. Chauveau, quest. 1905.

441. — Constatons de suite que les règles prescrites par les art. 548-550, C. procéd. civ., pour le cas où un jugement doit être exécuté contre un tiers, sont étrangères au cas où l'exécution est poursuivie contre la partie condamnée. — Chauveau sur Carré, quest. 1909 *bis*.

442. — Dès-lors le certificat du greffier constatant qu'il n'existe pas d'opposition à un jugement ou à un arrêt par défaut n'est pas nécessaire quand on exécute ce jugement ou cet arrêt contre les parties mêmes. — *Besançon*, 23 mars 1827, Tonnet c. Montrond.

443. — Sous l'ord. de 1667, les délais de l'opposition et de l'appel n'étaient pas déterminés d'une manière invariable, et cependant l'exécution d'un jugement, par *un tiers ou à la charge d'un tiers non partie au procès*, avait lieu sur le simple certificat d'un procureur attestant qu'à sa connaissance il n'était survenu ni opposition ni appel. Il faut donc applaudir aux améliorations du Code.

444. — Aujourd'hui tous les délais sont déterminés avec une précision mathématique. En outre le greffier tient un registre où il est fait mention des oppositions et appels, à la diligence de la partie intéressée. — C. procéd. civ., art. 163, 549 et 282. — Si elle néglige cette précaution, elle ne peut imputer qu'à elle seule les suites fâcheuses de sa négligence.

445. — L'exécution par ou contre les tiers *n'a lieu qu'après l'expiration des délais*, et en vertu du certificat du greffier constatant, suivant les cas, qu'il *n'y a pas eu d'opposition ni d'appel*. — Favard, t. 4, p. 476. — L'avoué poursuivant, pour obtenir ce certificat, doit certifier lui-même par écrit la date de la signification du jugement à la personne ou au domicile de la partie condamnée, lorsque cette signification est exigée.

446. — Jusqu'à l'exhibition et la signification de ce certificat, les tiers doivent se refuser à l'exécution, car il peut arriver que le jugement soit réformé sur l'opposition ou sur l'appel.

447. — Mais aussi, comme l'exhibition de certificat prouve que le jugement est passé en force de chose jugée, le tiers doit alors se conformer aux obligations que cette décision lui impose.

448. — Ainsi les conservateurs des hypothèques doivent faire les radiations, transcrire les main-levées, les réductions d'inscription, les séquestres, remettre les choses dont ils sont dépositaires, et les caisses publiques, les tiers saisis doivent faire les paiemens ordonnés, etc. — C. procéd. civ., art. 550.

449. — L'exécution peut-elle être poursuivie contre les tiers avant l'expiration des délais d'opposition et d'appel, tant qu'il n'y a pas eu d'opposition et d'appel ? — L'ordonnance de 1667 (tit. 27, art. 5) autorisait cette exécution dans les cas où elle précédait l'opposition ou l'appel, et la loi du 11 brumaire an VII permettait aussi la radiation des inscriptions en vertu d'un jugement exécutoire, mais non passé en force de chose jugée. — Instr. du grand juge, 10 thermid. an XI ; instr. de la régie, 21 fructid. an XI.

450. — L'art. 548 semble, au premier aperçu, suivre le même errement ; néanmoins, sainement entendu, cet article, de concert avec l'art. 2157, C. civ., établit un droit nouveau. Il est évident qu'il déclare illicite l'exécution par et contre les tiers, *même après l'expiration des délais d'opposition et d'appel* jusqu'à la délivrance du certificat négatif. D'ailleurs, l'opinion contraire pourrait amener des conséquences désastreuses et irréparables, si le jugement était rapporté ou infirmé ultérieurement, sans qu'il y eût eu négligence de la partie intéressée, qui doit réfléchir mûrement avant de se pourvoir. D'un autre côté, il arriverait que le jugement s'exécuterait souvent depuis l'opposition ou l'appel, car le tiers, évidemment, ne pourrait exiger plusieurs certificats successifs, et même l'appelant pourrait n'avoir pas eu le temps de faire sa déclaration au greffe. De cette manière, l'art. 548 serait une superfluité, car la partie intéressée se hâterait de demander le certificat. D'ailleurs, pourquoi l'art. 548 exige-t-il que l'avoué certifie la date du jugement et celle de la signification, si ces dates ne doivent pas déterminer le temps durant lequel l'exécution est suspendue, comme elles précisent après quelle période la force de chose jugée est acquise ? — *Cass.*, 29 août 1815, Varry c. Sigueneaux et Debourges; *Paris*, 14 fructid. an XII, Chardentier c. Larcher ; — Locré, t. 22, p. 383 à 386 ; Hautefeuille, p. 314 ; Favard, t. 2, p. 476, no 3 ; *Praticien français*, t. 4, p. 76 ; Boitard, t. 3. p, 317 ; Chauveau sur Carré, quest. 1906 ; Persil, *Quest.*, t. 2, p. 22 ; Mailher, *Biblioth. du barreau*, 1re partie, t. 3, p. 29 ; Grenier, *Hypoth.*, t. 2, no 526 ; Troplong, *Hypoth.*, t. 2, no 739 ; Delvincourt, p. 183, note 2e.

451. — On peut ajouter que, dans les cas particuliers où le législateur a ordonné l'exécution des jugemens par des tiers, avant que ces jugemens aient acquis force de chose jugée, il *a pris soin* de déclarer que les droits des intéressés étaient réservés. — Ainsi, les jugemens rectificatifs des actes de l'état civil ne peuvent nuire à personne. Il en est de même des actes de notoriété qui tiennent lieu de ces jugemens.

452. — Au contraire, Boncenne, mais dubitativement (t. 3, p. 139), Thomine (t. 2, p. 47), Pigeau (*Procéd. civ.*, vo *Hypothèque*, § 11, no 6), Coffinières (*Journ. des avocats*, t. 12, p. 257), Carré (quest. 1906) et Demiau enseignent que le jugement non passé en force de chose jugée doit être exécuté par le tiers si on lui représente le certificat de non-opposition et d'appel, ou une ordonnance de référé qui ordonne le paiement, ils restreignent l'art. 2157, C. civ., au cas spécial de radiation d'inscription. — *Turin*, 16 juill. 1809, Fassi c. Avite et Bracchi ; *Paris*, 14 avr. 1829, Gelle c. Poisson.

453. — La décision ne peut être douteuse au cas de radiation d'inscriptions, puisque l'art. 2157, C. civ., exige expressément que le jugement en vertu duquel se fait la radiation soit passé en force de chose jugée.

454. — L'art. 548, C. procéd. civ., portant que les jugemens qui prononcent une main-levée, une radiation d'inscription hypothécaire, un paiement ou quelque autre chose à faire par un tiers, ne seront exécutoires par les tiers ou contre eux que sur un certificat de non-opposition ni appel, s'applique aux jugemens qui prononcent l'exécution provisoire, comme à ceux qui ne la prononcent pas. — *Pau*, 14 mars 1837 (t. 2 1837, p. 294), Alem c. Baylac. — *Contrà Turin*, 16 juill. 1809, Fassi c. Avite et Bracchi ; *Bordeaux*, 21 août 1839 (t. 1er 1831, p. 428), Hirigoyen et Barincou c. Desmarins ; — Chauveru sur Carré, quest. 578 *bis*.

455. — Cette règle est applicable même dans le cas où le tiers qui doit exécuter le jugement n'est autre que la caisse des dépôts et consignations ; les lois relatives à l'organisation du service de cette caisse ne contenant aucune dérogation à l'art. 548, et étant, au contraire, censées s'y référer. — Ainsi le préposé de la caisse des dépôts et consignations

qui a payé en vertu d'un jugement, même exécutoire nonobstant appel, donnant main-levée d'une saisie-arrêt, mais malgré un appel interjeté (et de lui connu), peut être contraint à payer une seconde fois en cas de réformation du jugement au profit du saisissant. — *Cass.*, 25 mai 1841 (t. 2 1841, p. 37), Caisse des consignations c. Baylac.

456. — Mais, comme le pourvoi n'est pas suspensif en matière civile, l'inscription hypothécaire prise en vertu d'un jugement infirmé par un arrêt doit être rayée, lors même qu'un pourvoi en cassation aurait été formé contre cet arrêt. — *Bordeaux*, 6 déc. 1832, Maraval c. de Salm.

457. — D'après le principe de l'art. 548, C. procéd., les jugemens qui ordonnent quelque chose à faire par des tiers étant exécutoires contre eux, comme s'ils avaient été parties, une cour royale a pu, pour l'exécution d'un arrêt infirmatif qui avait ordonné la remise d'une mineure confiée à des dames religieuses, condamner les supérieures du couvent, bien qu'elles n'eussent point figuré dans le premier arrêt, en y ajoutant une clause pénale pour chaque jour de retard. — L'action ayant pour but cette condamnation ne devait pas être considérée comme une demande principale, soumise aux deux degrés de juridiction. — *Paris*, 23 août 1834, P... c. P... et supér. du couv. X...

458. — Le jugement qui ordonne une radiation d'inscription doit en outre être signifié au *domicile réel* du créancier et non pas seulement au domicile *élu*; en conséquence, le conservateur peut refuser de radier lorsque le jugement n'a été signifié qu'au domicile élu. — *Cass.*, 29 août 1815, Varry c. Siguenaux et Debourges, qui casse un arrêt de la cour de Paris du 8 août 1812; — Favard, t. 2, p. 476, nº 5; Carré-Chauveau, quest. 1907.

459. — Le tiers doit, sous peine de dommages-intérêts, refuser l'exécution s'il a connaissance de l'opposition ou de l'appel, autrement que par le certificat du greffier, par exemple, si ces actes lui ont été dénoncés. — Thomine, t. 2, p. 50; Chauveau sur Carré, quest. 1906, 3º; Pigeau, t. 2, p. 144.

460. — Le tiers peut même se refuser à l'exécution, s'il lui a été notifié de nouvelles oppositions à la requête d'autres ayant-droit, lors même que l'exécution aurait été ordonnée par provision; en effet, ces nouveaux obstacles mettent à couvert sa responsabilité. — Thomine, t. 2, p. 50; Chauveau sur Carré, quest. 1906, 4º.

461. — C'est aux avoués et au greffier de première instance que les art. 548 à 550 donnent la mission de faire les déclarations et de délivrer les certificats nécessaires. — Tarif, p. 90; C. procéd. civ., art. 1038; — Thomine, t. 2, p. 47; Boitard, t. 3, p. 316; Carré-Chauveau, quest. 1908; Boncenne, t. 3, p. 142.

462. — Si l'appelant s'est laissé condamner sans constituer avoué, il doit charger un avoué de faire les diligences et déclarations utiles. — Carré-Chauveau, quest. 1908.

463. — Des art. 548 et 550 comparés, il résulte nécessairement que les deux certificats de l'avoué et du greffier doivent être représentés au tiers, car, isolés, ils sont sans force. — Favard, t. 2, p. 476, nº 4; Chauveau sur Carré, quest. 1909. — Carré et Lepage (*Quest.*, p. 377) dispensent de représenter le certificat de l'avoué, car, disent-ils, il a dû être remis au greffier; mais il faut alors que le certificat du greffier relate celui de l'avoué et constate son dépôt au greffe.

464. — Lorsque les certificats n'ont pas été copiés en tête du premier acte de poursuite, il est équitable d'annuler ces poursuites lorsque le tiers s'empresse d'exécuter le jugement dès que cette *omission a été réparée*; de les maintenir au contraire et de condamner le tiers aux dépens, s'il persiste dans son refus depuis la notification des certificats. — Chauveau sur Carré, quest. 1909 4º.

465. — La cour de Paris a validé les poursuites, mais en condamnant le poursuivant aux dépens de première instance, antérieurs à la signification régulière. — *Paris*, 15 fév. 1825, Hagot c. Robillard. — La cour de Colmar les a annulées sans aucune distinction, — 7 mars 1835, Pflummer c. Oppenheim.

466. — Si l'exécution contre le tiers soulève des difficultés, elles sont instruites et jugées conformément à l'art. 472, C. procéd. — *Paris*, 23 août 1834, P... c. les supérieures du couvent X.

Sect. 2e. — *Agens chargés de l'exécution.*

467. — L'exécution est confiée tantôt à un magistrat, tantôt à un fonctionnaire public, le plus souvent à un officier ministériel, dans les fonctions desquels rentrent les actes qui doivent accomplir cette exécution. Quelquefois aussi l'exécution est confiée à un simple particulier.

468. — L'agent investi de la mission d'exécuter est désigné par le jugement ou l'acte qu'il s'agit de mettre à exécution, ou bien il est choisi par la partie poursuivante.

469. — Quelquefois, comme dans le cas, par exemple, de l'art. 486, C. comm., c'est la justice qui désigne la classe d'officiers ministériels dont le concours sera nécessaire, et c'est la partie poursuivante qui choisit dans cette classe celui auquel elle veut confier ses pouvoirs.

470. — Le tribunal ou le président du tribunal, lorsqu'il est compétent, commet le juge qu'il charge de procéder à certains actes d'exécution de jugemens, tels qu'enquêtes, interrogatoires, descentes de lieux, redditions de compte, etc.

471. — Lorsqu'il s'élève dans le cours de ces opérations quelques difficultés qui empêchent de passer outre, le juge-commis, si la loi ne l'autorise pas à statuer provisoirement, doit renvoyer les parties devant le tribunal.

472. — Le juge peut aussi recevoir l'autorisation de statuer provisoirement du tribunal qui alors lui délègue ses pouvoirs. — Bioche et Goujet, nº 88.

473. — Les greffiers des tribunaux président parfois à certains actes d'exécution, tels que les réceptions de cautions, les déclarations affirmatives par suite de saisie arrêt.

474. — De même les notaires dressent des comptes, des liquidations, des partages, des inventaires, exécutent les jugemens de compulsoire, et reçoivent des enchères, etc.

475. — Les huissiers procèdent à la requête du créancier, aux saisies, à l'emprisonnement du débiteur; c'est-à-dire, à l'exécution qui a pour but immédiat de contraindre l'obligé à payer ou à faire quelque chose.

476. — Les gardes du commerce ont, d'après le décr. 14 mars 1808, la mission de mettre à exécution dans le département de la Seine les jugemens emportant contrainte par corps.

477. — Les experts qui n'ont à ce titre aucun caractère public et qui sont de simples particuliers vérifient, constatent l'état des lieux, d'un corps d'écriture, ou donnent leur avis sur toutes les diverses questions spéciales qui leur sont déférées par les magistrats.

478. — La loi commande aux fonctionnaires publics, administrateurs, juges, officiers ministériels qui procèdent à l'exécution des jugemens et actes de traiter avec humanité les citoyens, et de s'abstenir de toute rigueur inutile; elle punit ceux qui n'observent pas ce devoir.

479. — En effet, l'art. 10, L. 17 avr. 1791, porte: si un fonctionnaire public, administrateur, juge, officier ministériel d'exécution, exerçait sans titre légal quelque contrainte contre un citoyen, ou si, même avec un titre légal, il employait ou faisait employer des violences inutiles, il sera responsable de sa conduite à la loi et puni sur la plainte de l'opprimé portée et poursuivie selon les formes prescrites.

480. — Si les parties condamnées ou débitrices croient devoir résister à l'exécution, elles ne doivent le faire qu'en employant les voies légales.

481. — Ainsi, les citoyens ne doivent pas s'opposer violemment, ni par paroles ni par actions, à l'exécution des mandemens de justice.

482. — L'officier ministériel illégalement empêché dans l'exercice de ses fonctions dresse procès-verbal, soit des outrages, soit des violences et voies de fait dont il a été l'objet; puis il est procédé, suivant les formes du Code d'instruction criminelle, contre l'auteur de la rébellion ou des outrages. — C. proc. civ., art. 555; — Bioche, nº 97, vº *Exécution des jugemens.*

483. — Si l'outrage s'adressait à un juge-commissaire, le magistrat pourrait faire immédiatement déposer le délinquant dans la maison d'arrêt, pour être jugé ensuite par le tribunal. — Bioche, nº 98, vº *Exécution des jugemens.*

484. — L'officier ministériel est autorisé, par la formule exécutoire, à requérir directement la force publique sans l'intermédiaire du procureur du roi. — C. proc. civ., art. 785; — Favard, t. 2, p. 478, nº 6; Lepage, *Quest.*, p. 377; Carré et Chauveau, quest. 1916; Bioche, vº *Exécution des jugemens*, nº 98.

485. — Si la force publique refuse d'obtempérer à sa réquisition, l'officier ministériel s'adresse au procureur du roi, qui enjoint à la force publique de déférer à la réquisition de l'huissier. — Arg. L. 24 août 1790, tit. 8, art. 5; — Favard de Langlade, vº *Exécution*, § 2 nº 7; Lepage, *Quest.*, p. 377. — Le refus de la force publique, après cette réquisition, serait un délit.

486. — L'huissier a qualité aussi pour requérir l'assistance des ouvriers qui peuvent l'aider à ouvrir des portes ou à faire tout autre acte de leur profession. Mais le refus d'ouvrir une porte n'est punissable que si l'ouvrier résiste à la réquisition du commissaire de police ou du juge de paix. — *Cass.*, 20 fév. 1830, Sourrisseau.

487. — L'huissier ne peut évidemment s'immiscer d'office dans les affaires d'autrui; aussi ne peut-il agir sans un pouvoir formel ou tacite, suivant la nature des actes d'exécution.

488. — En général, la remise de la grosse à l'huissier vaut pouvoir de faire tous actes d'exécution, même les saisies mobilières. — C. proc., art. 556; — Bioche, nº 103, vº *Exécution des jugemens*; Favard, p. 475, t. 2.

489. — Donc le débiteur est sans qualité pour prétendre que l'huissier agit sans pouvoir lorsque celui-ci est porteur de la grosse et n'est pas désavoué, car il y a présomption que la remise a été faite par le créancier. — Boitard, t. 3, p. 330; Thomine, t. 2, p. 55; Chauveau sur Carré, quest. 1917.

490. — Il y a également présomption contre le désaveu du créancier que l'huissier a reçu la grosse directement du créancier ou d'un tiers par son ordre. — Bioche, nº 94, vº *Exécution des jugemens*; Carré et Chauveau, quest. 1917; Boitard, t. 3, p. 330; Thomine, t. 2, p. 55.

491. — ...Sauf toutefois au créancier qui dénie le mandat à démontrer que le mandat n'a pas été donné, et que la remise des pièces a eu un tout autre but, ou bien que ces pièces lui ont été extorquées par fraude, violence ou abus de confiance. — Chauveau sur Carré, nº 1917.

492. — Jugé que la remise des pièces ne vaut pas pouvoir à l'huissier, au cas où celui-ci n'a pas reçu les pièces directement de la partie au nom de laquelle il agit. Qu'ainsi, le désaveu de la partie dans ce cas est valable, lorsque l'huissier a exploité à son insu, et sans prendre les précautions nécessaires pour avoir son aveu. — *Paris*, 31 janv. 1815, Lefrançois c. Puissant. — Demiau, sur l'art. 352, C. procéd.

493. — A l'égard de la saisie immobilière et de l'emprisonnement, l'huissier *est sans qualité* à l'égard du débiteur et du créancier, s'il n'est muni d'un pouvoir spécial. — V. EMPRISONNEMENT, SAISIE IMMOBILIÈRE.

494. — Dans ces deux hypothèses le désaveu est admis et la nullité prononcée par cela seul que l'huissier ne représente pas de pouvoir. — *Ibid.*

495. — Ainsi, l'emprisonnement est nul si l'huissier instrumentaire a, par fraude, substitué dans le pouvoir son nom à celui de l'huissier pour qui était fait le pouvoir. — *Rouen*, 4 fév. 1819, Talon c. Petit; — Chauveau sur Carré, quest. 1918, p. 534.

496. — Les gardes du commerce à Paris doivent aussi bien que les huissiers être munis de ce pouvoir avant de procéder à l'arrestation d'un débiteur; substitués aux huissiers, ils en ont les devoirs. D'ailleurs l'utilité du pouvoir est la même. — Décr. 14 mars 1808. — Boitard, t. 3, p. 331; Coin-Delisle, nº 19; Ginouvier, *Contr. par corps*, p. 145; Carré, édit. Chauveau, quest. 1920. — V. au reste GARDES DU COMMERCE.

497. — Ce pouvoir spécial n'est exigé que pour la saisie et non pour le commandement qui la précède; la remise de la grosse en tient lieu. — *Besançon*, 16 déc. 1812, Champreux c. syndic Raime; — Chauveau sur Carré, quest. 1918.

498. — Le pouvoir peut être sous seing-privé, non authentique ni enregistré avant la saisie; mais sa date doit être antérieure. — *Cass.*, 12 juill. 1814, Sirandin c. Gauthier; 15 avr. 1822, Barbery c. Bechon d'Arquian; — Favard, t. 2, p. 479, nº 8; Chauveau sur Carré, quest. 1918.

499. — Dès-lors il suffit, pour remplir le vœu de la loi, que le pouvoir de l'huissier puisse être représenté à la première réquisition du débiteur, soit qu'il s'agisse de saisie immobilière ou d'emprisonnement. — Même cour, 6 janv. 1812, Chauffer Lonlaville c. Collette; 10 août 1814, Poirson c. Sengel; *Rennes*, 31 mars 1814, Mahé c. Dunet.

500. — Ainsi le débiteur ne peut se plaindre si ce pouvoir lui est représenté lorsqu'il le réclame. — *Metz*, 2 sept. 1812, Gaignat c. Capitaine; *Bourges*, 14 avr. 1815, Besand c. Lesseurs; *Rennes*, 20 fév. 1817, Guillet c. N.; *Orléans*, 6 déc. 1833, Barbory et Dupin c. Darquian; 4 nov. 1812, Laboissière c. Sorest; — Boitard, t. 3, p. 331; Thomine, t. 2, p. 56; Favard, t. 2, p. 478, nº 7; — V. *contrà* Persil, *Quest.*, t. 2, p. 319; Coffinières, *Journ. des avocats*, t. 20, p. 238;

501. — Il n'est pas nécessaire que ce pouvoir soit le seul compris dans l'écrit; il peut être intercalé dans une procuration relative à d'autres affaires. L'important est qu'il soit spécial. — *Paris*, 2 août 1811, Bardoullot c. Gouré. — Chauveau sur Carré, quest. 1918.

502. — Le pouvoir est valable lors même qu'il ne désigne pas nominativement tel huissier, mais qu'il s'adresse à tout huissier qui en sera porteur. — Carré, édit. Chauveau, quest. 1919. — Ces auteurs pensent même qu'on doit regarder comme régulière l'exécution faite par un huissier porteur d'un

pouvoir donné à un tiers afin de charger tout huissier de pratiquer une saisie.

503.—Mais il est évident que le pouvoir doit être spécial, clair et sans équivoque. — Peu importe qu'il ait été donné en blanc et que l'huissier l'ait rempli ; puisqu'on ne suppose pas un abus de blanc-seing, le pouvoir est bien certain. — *Riom*, 7 mai 1818, Ruines c. Solignat. — Chauveau sur Carré, quest. 1918.

504.— Ainsi serait insuffisant le pouvoir de mettre un acte à exécution *en toutes formes exécutoires.* — Chauveau sur Carré, *ibid.*.

505. — Jugé néanmoins qu'en matière de contrainte par corps, le pouvoir spécial exigé pour l'huissier par l'art. 556, C. procéd. civ., peut être suppléé par la remise du jugement avec pouvoir sous seing-privé de le mettre à exécution dans toutes les formes exécutoires. — *Bruxelles*, 13 juin 1807, Vanderborgt c. Debaen.

506. — L'arrestation provisoire d'un débiteur étranger en vertu de la loi du 17 avr. 1832, art. 15, a lieu sans pouvoir spécial ; l'ordonnance du président du tribunal en tient lieu.—*Bordeaux*, 24 mai 1826, Pory c. John Tasker ; — Chauveau sur Carré, quest. 1918, note.

507. — Le pouvoir subsiste malgré le désistement de la saisie par le créancier pour cause de nullité de la procédure, et suffit à la régularité d'une nouvelle saisie. — *Nîmes*, 30 mai 1812, sous *Cass.*, 4 oct. 1814, Johannis c. Pomme ; — Chauveau sur Carré, quest. 1918.

508 — Le pouvoir subsiste tant que l'officier ministériel ignore le décès du mandant, et dès-lors il couvre la validité de la saisie ou de l'emprisonnement. — C. civ., art. 2008 ; — Chauveau sur Carré, quest. 1918.

509. — Un pouvoir nouveau serait nécessaire pour une seconde saisie si le désistement était basé sur une transaction au fond ou sur une concession de terme.— Chauveau sur Carré, quest. 1918.

510. — L'huissier porteur de pièces a qualité pour recevoir et donner quittance sans que le pouvoir lui confère cette qualité.— Carré et Chauveau, quest. 1921 et 2010 *ter*.

511. —Mais ce pouvoir cesse après que l'huissier a rempli son ministère. — Ainsi est nul et non libératoire vis-à-vis du créancier le paiement fait à l'huissier depuis l'opposition aux poursuites, suivie d'élection de domicile chez l'avoué constitué par le créancier.—*Colmar*, 25 janv. 1820, Werner c. Dietz ; — Chauveau sur Carré, quest. 1921.

512. — L'huissier chargé de pratiquer une saisie peut, sans pouvoir spécial, subroger aux droits du saisissant le tiers qui paie la somme due par le saisi. — *Colmar*, 21 déc. 1832, Hirsch c. Freudenreich ;—Bioche et Goujet, *Dict. de procéd.*, vº *Huissier*, nº 133.

513.—Ainsi cette subrogation a lieu de plein droit, en vertu des protêts par intervention, en faveur du tiers qui paie pour un endosseur ou pour le tiré.

Sect. 8e. — *Temps et lieu de l'exécution.*

514. — Il est interdit de signifier des actes de procédure et par conséquent d'exécution les jours fériés. Les jours fériés sont les dimanches, les fêtes de Pâques, de la Pentecôte, de l'Ascension, de l'Assomption, de la Toussaint et de Noël. Le premier jour de l'an est également férié. Mais les fêtes de juillet, le premier mai ne sont pas des jours chômés. — V. au surplus JOURS FÉRIÉS.

515. — Toutefois cette prohibition n'est pas sanctionnée par la nullité des exploits, elle l'est uniquement par les peines disciplinaires qui seraient encourues par l'huissier contrevenant.

516. — L'interdiction d'instrumenter durant certains jours peut être levée dans les cas d'urgence ou de péril en la demeure par ordonnance du président du tribunal, rendue sur simple requête, hors de la présence de l'adversaire qu'il n'est pas nécessaire d'appeler. — Pigeau, t. 2, p. 42 ; Bioche, vº *Exécution des jugemens*, nº 100.

517. — L'ordonnance rendue sur cette requête est exécutoire nonobstant toute opposition, sauf au défendeur à faire prononcer la nullité des poursuites en prouvant que le péril était imaginaire. — Pigeau, t. 2, nº 84 ; Bioche, *ibid.*, nº 100.

518. — Il est cependant certains actes d'exécution qui par la volonté expresse de la loi se font le dimanche : telles sont les ventes de meubles ; mais, dans ces cas, la loi a pour but d'assurer à la vente, dans l'intérêt de la partie contre laquelle se poursuit l'exécution, la plus grande publicité possible. — Bioche, vº *Exécution des jugemens*, nº 101.

519. — Les notaires peuvent aussi exercer leurs fonctions les jours fériés.

520. — Sur les temps et lieux où les jugemens rendus en matière criminelle peuvent être mis à exécution, V. EXÉCUTION DES JUGEMENS (matière criminelle).

521. — L'exécution ne peut avoir lieu durant la nuit, car le domicile des citoyens est inviolable durant ce temps. — Const. 22 frim. an VIII.

522. — Aux termes de l'art. 1037, C. procéd. civ., la nuit commence à six heures du soir et finit à six heures du matin, depuis le 1er oct. jusqu'au 31 mars ; et du 1er avr. jusqu'au 30 sept. elle ne commence qu'à neuf heures du soir et finit à quatre heures du matin.

523. — Le juge lui-même ne peut lever cette prohibition ; seulement la maison peut être surveillée jusqu'au moment où il est permis d'y entrer. — Bioche, vº *Exécution des jugemens*, nº 102.

524. — Il est bien évident aussi que l'exécution ne peut être demandée hors du lieu où elle doit s'effectuer, car ce serait demander plus qu'il n'est dû. — V. Institutes de Justinien, liv. 4, tit. 6.

525.— Il est en outre certains lieux dans lesquels il ne doit pas être procédé à certains modes d'exécution. — V. EMPRISONNEMENT.

526. — Les mêmes motifs de décence et de respect doivent, à notre avis, s'opposer à ce que dans les mêmes lieux il soit procédé à une saisie-exécution d'objets appartenant au débiteur.

Sect. 9e. — *Difficultés d'exécution.*

527. — L'exécution des actes et jugemens peut donner lieu à de nombreuses difficultés, le législateur a donc bien fait de déterminer les tribunaux qui doivent en connaître.

528. — La compétence dépend de la nature de la contestation même. C'est au tribunal ou à la cour de qui émane la décision qu'appartient la connaissance des difficultés qui touchent au fond. — Chauveau sur Carré, quest. 1698 *bis*.

529. — S'agit-il, au contraire, d'une simple difficulté d'exécution matérielle, ou de celle d'un acte authentique, le tribunal civil du lieu de l'exécution est seul compétent pour en connaître.

§ 1er. — *Difficultés qui tiennent au fond.*

530. — En général, la connaissance des difficultés qui surgissent de l'exécution d'un jugement appartient au juge de qui ce jugement émane. Plus que tout autre, en effet, ce juge doit veiller à ce que sa décision ne reçoive pas, dans son exécution, une interprétation erronnée.

531. — Et lors même que l'exécution d'un jugement n'a pas été poursuivie par voie de commandement et de contrainte directe, les juges peuvent être appelés à prononcer sur le mode de cette exécution ; et par la décision qui statue sur cet incident, ils ont le droit de suppléer à des moyens d'exécution qu'ils n'avaient pas d'abord indiqués.— *Cass.*, 2 juill. 1839 (t. 2 1839, p. 474), Levavasseur c. de Radepont.

532. — De même, lorsque l'exécution d'un arrêt infirmatif est entravée par la partie qui a succombé, celle au profit de laquelle il a été rendu peut se pourvoir devant la cour qui l'a prononcé pour en obtenir de nouvelles mesures d'exécution.—*Amiens*, 16 mars 1826, Minouflet c. Icart.

533.—Jugé, dans le même sens, que lorsqu'un juge chargé d'une mesure d'instruction par un arrêt, a rendu une ordonnance qui en règle la forme d'une manière contraire à l'arrêt, et que cette ordonnance a été signifiée, il peut modifier cette forme par une seconde ordonnance et procéder à son opération, nonobstant l'opposition de l'une des parties. — *Amiens*, 9 mai 1821, Dazin-Delmotte c. Legoupil.

534.—Un simple commandement d'exécuter une décision judiciaire portant condamnation au paiement d'une somme déterminée, alors même qu'il énonce que, faute d'y satisfaire, on se pourvoira par voie de saisie mobilière ou immobilière, n'est qu'une mise en demeure, laquelle, tant qu'elle n'est pas suivie d'une saisie régulière, ne peut avoir pour résultat d'enlever aux juges qui ont prononcé les condamnations dont l'exécution est poursuivie, les attributions que la loi leur accorde. — *Colmar*, 6 juin 1840 (t. 1er 1841, p. 184), Abriot de Grusse.

535. — Sous la loi du 24 août 1790, tit. 10, art. 12, les tribunaux d'arrondissement étaient compétens pour connaître en dernier ressort de l'exécution des jugemens rendus par les ci-devant tribunaux de district, juges immédiats des appels des décisions des tribunaux de famille. — *Cass.*, 23 nov. 1825, Mélix c. Jean.

536. — Mais le tribunal, n'aurait pas le droit, sous prétexte de connaître des difficultés qui peuvent s'élever sur l'exécution, d'interpréter les parties obscures de la décision ; ce serait à la fois porter atteinte à la chose jugée et à la règle qui interdit au juge de modifier la sentence qui est acquise aux parties aussitôt qu'elle a été prononcée : *sententiâ dictâ, judex desinit esse judex.*

537. — Néanmoins, si les difficultés naissaient de l'obscurité même d'un chef du jugement, comme des explications deviendraient nécessaires, il faudrait bien alors se retirer devant le tribunal qui aurait rendu la sentence, lequel est seul compétent pour en régler l'application. —V. au surplus JUGEMENT.

538. — Lorsqu'il s'agit de l'exécution d'un jugement qui a subi l'épreuve de l'appel, il faut distinguer si l'arrêt est confirmatif ou infirmatif.

539. — Si le jugement est confirmé, l'exécution appartient au tribunal dont est appel. — C. proc., art. 472.

540.—Dans ce cas, les parties sont dans la même position que s'il n'avait point été formé d'appel. Il n'y a, dès-lors, aucune raison pour dépouiller le tribunal de première instance du droit qu'il aurait eu, sans cet appel, de connaître des difficultés que peut faire naître l'exécution de son jugement. — Rapp. au corps législ.

541. — Lorsqu'une cour royale, en confirmant toutes les dispositions d'un jugement prononce sur des demandes nouvelles, autorisées par l'art. 464, C. procéd., l'exécution appartient pour le tout au tribunal dont le jugement est confirmé. Il n'y a, en effet, ni partialité, ni mauvaise volonté à redouter de la part de ce tribunal. On peut encore dire que la connexité qui existera entre les chefs du jugement et les chefs additionnels présentés devant la cour royale rend nécessaire cette attribution de compétence. — Pigeau, *Comm.*, t. 2, p. 52 ; Talandier, *De l'appel*, p. 466 ; Chauveau sur Carré, quest. 1697 *bis*.

442. — Cependant, nous croyons qu'on peut, même après la prononciation de l'arrêt confirmatif du jugement de première instance qui accorde des dommages-intérêts, poursuivre devant la cour d'appel la liquidation de ces dommages-intérêts. Cette liquidation doit être considérée plutôt comme un complément de l'arrêt que comme une exécution du jugement.—*Rome*, 26 janv. 1811, Ludovisi c. Giraud.

443.— Il avait été décidé sous l'art. 7, L. 3 brum. an II, que le tribunal d'appel qui adjugeait des dommages-intérêts pour des faits postérieurs au jugement de première instance, devait les liquider lui-même et non renvoyer à cet effet devant le tribunal de première instance.— *Cass.*, 14 niv. an IX, Dewailly c. Pény.

544. — Jugé que lorsqu'un jugement en premier ressort a été mis à exécution nonobstant l'appel, la partie condamnée qui prétend que l'exécution est illégale, et que les sommes par elle payées doivent lui être restituées avec dommages-intérêts, doit former cette demande devant les juges saisis de l'appel du jugement exécuté. — Tout autre tribunal est incompétent, même à raison de la matière, pour connaître de semblable demande.—*Bruxelles*, 5 mars 1829, Verheyden c. Clinckspoor.

545. — Si le jugement est infirmé, l'exécution entre les mêmes parties appartient à la cour royale qui a prononcé. — C. procéd., art. 472.

546. — Si l'exécution se poursuivait contre un tiers auquel l'arrêt serait complétement étranger, par exemple, si l'objet dont l'arrêt ordonnerait la remise se trouvait entre les mains d'un tiers et que celui-ci refusât de le livrer, la difficulté serait alors de la compétence des juges naturels de ce tiers. — Pigeau, *Procéd. civ.*, liv. 2, part. 4e, tit. 1er, ch. 1er, sect. 3e, art. 13, nº 2 ; Thomine-Desmazures, t. 1er, p. 715 ; Boitard, t. 3, p. 151 ; Chauveau sur Carré, quest, 1696 *ter*.

547 — Néanmoins, le principe que l'exécution entre les mêmes parties d'un arrêt infirmatif appartient à la cour qui l'a rendu s'applique même au cas où la cour a condamné *nommément* un tiers à faire quelque chose. — *Paris*, 23 août 1834, P... c. P... et les supérieures du couvent X. ; — Talandier, *De l'appel*, p. 471 ; Chauveau sur Carré, *ibid.*

548.—La crainte que les premiers juges, influencés par l'opinion qu'ils avaient d'abord émise, n'apportent quelque prévention dans l'examen des difficultés qui pourraient naître de l'exécution de l'arrêt justifie pleinement la seconde disposition de l'art. 472, C. procéd. D'ailleurs, ce n'est plus le jugement, mais bien l'arrêt qui forme le titre du créancier.

549. — Par conséquent, le tribunal de première instance ne pourrait rendre un jugement quelconque sur les moyens d'exécution d'un arrêt émané de la cour royale, et c'est dès-lors cette cour qui devrait être saisie par suite de cet arrêt.—*Limoges*, 22 janv. 1817, Reculez.

550.—Ainsi, la demande en relief d'une condamnation comminatoire, prononcée par arrêt d'une cour, ne peut être portée devant le tribunal de première instance du domicile de celui qui poursuit l'exécution de cette condamnation. — *Rennes*, 10 juill. 1812, Cheron c. Santerre.

551. — Par la même raison, le président du tribunal de première instance ne peut, sous le prétexte d'une semblable demande, prononcer sursis à l'exécution de l'arrêt. — Même arrêt.

552. —Jugé également, par application du même principe, qu'une cour d'appel peut, après avoir infirmé un jugement, connaître de la validité d'une saisie pratiquée faute de paiement des dépens adjugés par son arrêt infirmatif. — *Cass.*, 13 août 1809, Bourgoin.

553. — ... Que la cour, après avoir infirmé un jugement qui avait repoussé une demande en séparation de corps, peut retenir la liquidation et le partage de la communauté qui doivent avoir lieu en exécution de cet arrêt. — *Cass.*, 25 nov. 1840 (t. 1er 1841, p. 379), Gaust.

554. —La cour est d'ailleurs compétente pour statuer sur les dommages-intérêts réclamés à raison de l'inexécution de son arrêt, sans qu'il soit nécessaire de soumettre cette demande au premier degré de juridiction. —*Amiens*, 16 mars 1826, Minouflet c. Scart.

555. — Au surplus, la loi ne faisant aucune distinction entre les différentes espèces d'infirmations, on doit appliquer l'art. 472, C. procéd., même au cas où l'infirmation résulte d'un simple vice de forme.— Chauveau sur Carré, quest. 1698 *ter*; Talandier, *ibid.*, p. 472; Merlin, *Quest.*, vo *Appel*, § 14, art. 1er, no 14; Bioche, vo *Appel*, no 384.

556. —Donc l'exécution de l'arrêt qui infirme un jugement pour vice de forme appartient à la cour qui l'a rendu. — *Cass.*, 29 janv. 1818, Jarry-Desloges.

557. — D'ailleurs, une cour royale ne fait que statuer sur l'exécution d'un arrêt par elle rendu, lorsqu'elle déclare explicitement que, par ce précédent arrêt, elle a reconnu une partie propriétaire d'une portion de terrain qu'on prétend ne lui avoir pas été attribuée par ce premier arrêt. — *Cass.*, 13 nov. 1838 (t. 2 1838, p. 526), comm. de Monceau c. Doublier.

558. — Jugé que, dans le cas d'une opposition aux poursuites de divorce autorisées par un arrêt infirmatif, la cour qui a rendu cet arrêt a pu être saisie directement de la demande en main-levée de cette opposition, comme se rattachant à l'exécution de l'arrêt. — *Cass.*, 5 juill. 1809, Darracq.

559. — Mais lorsqu'un arrêt a annulé le jugement en vertu duquel a été prise une inscription hypothécaire, la demande en radiation de cette inscription formée ultérieurement en une action principale, doit subir les deux degrés de juridiction, et ne peut être directement portée devant la cour royale. —*Paris*, 23 mai 1817, Fauvel c. Riobé.

560 — Toutefois, la cour royale n'est pas rigoureusement obligée de conserver pour elle-même la connaissance des difficultés qui surgissent de l'exécution de son arrêt, elle peut la déléguer à un autre tribunal en ayant soin de le désigner par le même arrêt. — C. procéd., art. 472.

461. —Une cour royale peut donc renvoyer l'exécution de son arrêt devant des juges autres que ceux qui ont rendu le jugement dont est appel. — *Rennes*, 15 fév. 1821, Tranchant des Tulays c. Visdelou de la Villethéart.

562. — Jugé qu'un tribunal auquel a été renvoyée l'exécution d'un arrêt de cour royale ordonnant la vérification d'écriture d'un testament olographe a pu connaître, en même temps, des contestations élevées sur un double de ce même testament qui n'avait pas été produit devant la cour royale.— L'arrêt qui juge ainsi ne fait qu'ordonner l'exécution de la chose jugée, et, dès-lors, échappe à la censure de la cour de Cassation.—*Cass.*, 19 avr. 1836, Ponset c. Laurent.

563. — Mais la cour ne peut pas indiquer, pour l'exécution, le tribunal qui avait rendu le jugement infirmé. Cette prohibition résulte de l'esprit de la loi et du rapport fait par le tribun Albisson au corps législatif. D'ailleurs, la cour de Rennes, dans ses observations sur l'art. 472, proposait d'y insérer que l'exécution pourrait être dévolue, *même au tribunal qui aurait rendu le jugement réformé*; mais on ne tint aucun compte de cette observation pour la rédaction de l'article. — Carré et Chauveau, quest. 1698; Pigeau, *ibid.*, Thomine-Desmazures, t. 1er, p. 716.

564.—Cependant le vœu de l'art. 472, C. procéd., qui prescrit le renvoi à un autre tribunal, est suffisamment rempli par le renvoi devant le même tribunal, composé d'autres juges que ceux qui ont rendu le jugement infirmé. — *Cass.*, 22 juin 1836 (t. 1er 1837, p. 43), Roy c. Duval; — Chauveau et Thomine-Desmazures, *ibid.*

565. — Jugé, dans le même sens, que, lorsque, sur l'appel de deux jugemens sur incident rendus par un tribunal, l'un est infirmé et l'autre confirmé, la cour royale peut renvoyer la cause devant d'autres juges du même tribunal que ceux qui ont rendu les deux jugemens attaqués, alors que le jugement confirmé ordonnait simplement un sursis. — *Cass.*, 12 déc. 1838 (t. 2 1843, p. 303), Gaussen c. Maurin.

566. — Au surplus, l'incompétence du tribunal de première instance pour connaître de l'exécution d'un arrêt infirmatif est purement relative; elle ne peut être opposée que par la partie qui a obtenu l'arrêt; son adversaire n'a pas à craindre que le tribunal de première instance, en exécutant un arrêt infirmatif de son jugement, montre de la partialité à son préjudice. Cette exception doit donc être proposée *in limine litis*.—Chauveau sur Carré, quest. 1690 *quater*.

567.—Lorsque le jugement est confirmé sur certains chefs et infirmé sur d'autres, à quel tribunal appartient l'exécution?—Il y a controverse sur cette question. — Suivant les uns, l'exécution d'un jugement est indivisible et, par conséquent, ne peut appartenir qu'à un seul tribunal. Or, le tribunal de première instance, déjà investi de plein droit de la connaissance de l'exécution pour la partie confirmée, doit être préféré pour le tout à la cour royale qui d'ailleurs ne connaît que par exception de l'exécution. Telle paraît être l'opinion de Carré (quest. 1697).

568. — D'autres, au contraire, accordent la préférence aux juges d'appel et soutiennent que l'exécution ne saurait appartenir qu'à la cour royale ou au tribunal désigné par elle. — *Praticien français*, t. 3, p. 215.

569.— Ainsi, d'après ce système, lorsqu'une cour confirme un jugement dans certaines dispositions, et l'infirme dans une autre, l'exécution de l'arrêt appartient à la cour pour le chef confirmé comme pour ceux qui ont été infirmés. — *Bourges*, 26 avr. 1824, Garnier c. Rime; *Bordeaux*, 15 avr. 1829, Lagorce c. Montassier; *Colmar*, 23 juill. 1845 (t. 2 1845, p. 684), Hirsler c. Hurth.

570. — C'est encore d'après le même principe qu'il a été décidé que lorsqu'un arrêt n'est pas purement confirmatif, il appartient à la cour royale de connaître des difficultés relatives à son exécution. — *Douai*, 9 août 1843 (t. 1er 1844, p. 144), Maniel c. Vaxin.

571. — ... Que lorsque le jugement qui ordonne un compte est infirmé dans certaines dispositions, et confirmé dans d'autres, l'exécution de l'arrêt appartient à la cour qui l'a rendu; ainsi, c'est devant elle que le compte doit être rendu. — *Colmar*, 16 juin 1835, Stéphane c. Essel.

572. — On a donc simplement fait l'application de cette seconde opinion en décidant qu'il suffit que les juges d'appel infirment en partie le jugement de première instance, pour qu'ils aient la faculté de renvoyer l'exécution de leur décision à un autre tribunal qu'à celui qui a rendu la sentence réformée. — *Cass.*, 24 juill. 1837 (t. 2 1837, p. 416), Rivière c. Piel.

573. — Entre ces deux opinions diamétralement opposées, il s'est établi une troisième doctrine moins exclusive, qui attribue au tribunal dont est appel la connaissance de l'exécution des chefs confirmés et à la cour ou au tribunal par elle désigné celle des chefs infirmés.

574. — On a jugé dans ce sens que lorsque sur l'appel, un jugement est confirmé dans quelques dispositions et infirmé dans d'autres, les contestations qui s'élèvent sur l'exécution des dispositions confirmées doivent être portées devant le tribunal qui a rendu le jugement et non devant la cour. — *Amiens*, 15 juin 1822, Dufresne c. Houy; *Cass.*, 16 mai 1834, de Vernon c. Gouly.

575. — Ce système, qui repose sur la maxime *tot capita tot sententiæ*, quoique moins tranché que les deux autres, laisse cependant encore quelque chose à désirer. Sans doute rien ne s'oppose, en principe, à ce qu'une partie du jugement soit exécutée par le tribunal et l'autre par la cour, puisqu'il peut se diviser en autant de jugemens qu'il y a de parties distinctes dans son dispositif; mais cependant il y a des cas où les différens chefs d'un jugement ont entre eux une telle connexité qu'il n'est pas possible de les diviser dans l'exécution. Il devient donc nécessaire d'établir une distinction.

576. — Ou les différens chefs d'un même jugement sont parfaitement distincts, ou ils sont connexes. Dans le premier cas, point de difficulté: on applique aux chefs confirmés le § 1er et aux chefs infirmés le § 2 de l'art. 472, C. procéd.

577. — On comprend dès-lors que lorsque le jugement a été, sur l'appel, en partie infirmé et en partie maintenu, le tribunal qui l'a rendu soit compétent pour connaître de son exécution en ce qui touche le chef confirmé. — *Rennes*, 1er juill. 1827, Dupasquier.

578. — ... Que lorsqu'un jugement renferme plusieurs dispositions infirmées sur l'appel et que celle qui ordonne une expertise est confirmée, la procédure relative à cette expertise doive être faite devant le tribunal de première instance. — *Toulouse*, 21 août 1809, Roques c. Girou.

579. — ... Que ce soit à la cour royale qu'il appartienne de connaître de l'entérinement d'un rapport d'experts ordonné par un arrêt confirmatif, qui a commis en outre un des membres de la cour pour recevoir le serment de l'expert. — *Paris*, 18 janv. 1825, Bosridon c. Gillé.

580. — ... Que ce soit à la cour chargée du renvoi après cassation qu'il appartienne de connaître de tous les dépens faits sur l'exécution de l'arrêt cassé en ce qui touche le chef annulé. — *Cass.*, 22 mai 1821, Barras c. Saint-Victor.

581. — ... Mais que ce soit au tribunal de première instance que doivent être renvoyés les autres chefs de conclusions relatifs à l'exécution du jugement confirmé. — Même arrêt.

582. — Jugé que lorsque sur l'appel d'un jugement qui a statué sur plusieurs chefs de demande et ordonné sur d'autres une instruction préalable, la cour a prononcé sur les chefs jugés en infirmant quelques dispositions du jugement, elle ne peut postérieurement juger, *omisso medio*, les chefs sur lesquels le sursis avait été ordonné, même en s'appuyant sur ce qu'il ne s'agit que de l'exécution de son arrêt. —*Cass.*, 18 fév. 1835, Talon c. Pradel.

583.— Par la même raison, s'il n'y a pas appel du chef d'un jugement qui ordonne une option dans un délai déterminé, c'est le tribunal, et non la cour saisie de l'appel sur d'autres chefs, qui doit décider si la déchéance a été encourue à défaut de déclaration dans le délai. — *Pau*, 14 mai 1830, Latxagne c. Villenave.

584. — Dans le second cas, c'est-à-dire lorsqu'il y a connexité entre les divers chefs confirmés et infirmés, comme alors l'exécution ne peut être divisée, les magistrats ont un pouvoir discrétionnaire pour retenir ou renvoyer la connaissance de l'exécution, selon que les chefs infirmés sont ou principaux ou accessoires, ou eu égard à d'autres circonstances.—Thomine-Desmazures, t. 1er, no 521; Chauveau sur Carré, quest. 1697; Pigeau, *Comm.*, t. 2, p. 54; Talandier, *ib.*, p. 476.

585. — Ainsi, jugé qu'une cour royale peut retenir la connaissance de l'exécution d'un arrêt tout à la fois confirmatif et infirmatif, surtout lorsqu'il y a connexité.—*Rennes*, 7 oct. 1815, Charon c. Allotte; *Rouen*, 2 juin 1840 (t. 2 1840, p. 288), M. c. N.

586. — Ainsi encore, quand un arrêt confirme la plus grande partie d'un jugement, et restreint seulement la condamnation qu'il prononce, par exemple celle en paiement d'arrérages, de trente ans à cinq ans, les difficultés sur l'exécution de cette sentence doivent être renvoyées aux premiers juges. — *Limoges*, 27 juill. 1811, Mary c. Secondat Montmaur.

587. — De même, la connaissance de l'exécution d'un jugement infirmé seulement quant au chef de la contrainte par corps, appartient aux juges qui l'ont rendu, et non à ceux qui l'ont infirmé. — *Limoges*, 30 nov. 1822, Gavinet c. Goutenègre.

588. — Jugé, conformément à cette doctrine, que l'arrêt qui, tout en infirmant sur un chef le jugement attaqué, maintient néanmoins ce jugement dans ses dispositions fondamantales, peut renvoyer l'exécution (dans l'espèce, l'enquête) au tribunal dont est appel. — *Cass.*, 21 mars 1842 (t. 1er 1842, p. 412), Mestre c. Monier. — V. d'ailleurs ENQUÊTE, no 159.

589 — La seconde disposition de l'art. 472 n'est pas applicable au cas d'infirmation d'un jugement préparatoire.—Talandier, *De l'appel*, p. 471; Chauveau sur Carré, quest. 1696 *bis*.

590. — Ainsi, lorsqu'une cour infirme un simple jugement préparatoire qui accordait un sursis au jugement du fond, elle peut renvoyer les parties devant le tribunal même qui a rendu le jugement infirmé, alors surtout qu'elle ordonne que le tribunal sera composé d'autres juges. — *Cass.*, 24 janv. 1826, Paulée c. Lewetzan.

591. — Décidé cependant, d'une manière implicite, que l'art. 472 qui prescrit de confier l'exécution de l'arrêt infirmatif à un autre tribunal ne distingue pas si le jugement infirmé est définitif ou non. — *Cass.*, 22 janv. 1828, Deschamps c. Crespeaux.

592. — Lorsque les juges d'appel infirmant un jugement ordonnent un interlocutoire, il y a lieu à l'application de l'art. 472, C. procéd. — *Cass.*, 22 juin 1836 (t. 1er 1837, p. 43), Roy c. Duval.

593. — Dans tous les cas, les juges d'appel ont toujours le droit de retenir l'exécution de l'interlocutoire qu'ils ont eux-mêmes ordonné; il ne s'agit plus de savoir s'il y a confirmation ou infirmation; c'est simplement une mesure d'instruction ordonnée pour la bonne administration de la justice. — *Cass.*, 4 janv. 1820 (dans ses motifs), Benezech

c. Peytavi; 17 janv. 1826, Blin c. Buon ;—Chauveau sur Carré, quest. 1698, *quater*.

594.— Lorsque les tribunaux civils infirment des sentences de justices de paix, ils doivent se conformer aux dispositions de l'art. 472. La loi ne le dit pas; M. Thomine-Desmazures donne de son silence cette raison, que ces sentences sont presque toujours exécutoires par provision, et qu'en les infirmant il y a presque toujours lieu à l'évocation du principe. — Bioche, vº *Appel*, nº 673.

595.— Les juges d'appel qui ont homologué une transaction faite entre l'appelant et l'intimé ne peuvent connaître des difficultés qui s'élèvent sur son exécution. Ces difficultés doivent préalablement être jugées en premier ressort par le tribunal de première instance.— *Bruxelles*, 19 avr. 1816, Vermeylen c. Scheppers.

596. — Les principes posés par l'art. 472, C. procéd., souffrent exception dans certaines circonstances particulières pour lesquelles la loi, par des motifs d'intérêt public, attribue juridiction.

597. — Telles sont les demandes en nullité d'emprisonnement (V. EMPRISONNEMENT), celles en liquidation et partage (V PARTAGE), les matières de contribution et d'ordre. — V. DISTRIBUTION PAR CONTRIBUTION, ORDRE.

598. — Au surplus, les tribunaux d'exception ne connaissent jamais de l'exécution de leurs jugemens; leur juridiction se trouve épuisée par la sentence qu'ils rendent sur le fond. Les difficultés d'exécution sont, d'ailleurs, des questions purement civiles, étrangères aux connaissances et aux attributions de ces tribunaux.

599. —Ainsi, les tribunaux de commerce ne connaissent point de l'exécution de leurs jugemens. — C. procéd., art. 442.

600. — Jugé, conformément à ce principe, que les tribunaux de commerce ne sont point compétens pour ordonner la délivrance d'une seconde grosse de jugemens par eux rendus, si l'opposition à cette délivrance est fondée sur des motifs dont l'appréciation appartient aux juges ordinaires. — *Colmar*, 10 nov. 1838, Munius c. Hemerdinger.

601. — Les contestations, s'il en survient, sont soumises au tribunal de première instance. — C. procéd., art. 553.

602. —Ainsi, le tribunal civil est compétent pour connaître incidemment de toutes les contestations qui naissent à l'occasion de l'exécution d'un jugement du tribunal de commerce — *Rouen*, 4 juin 1840 (t. 2 1840, p. 708), Pouard c. Hédoin.

603. — Ce principe est applicable aux tiers opposans aussi bien qu'à ceux contre qui a été rendue la décision du tribunal de commerce qu'il s'agit d'exécuter. — Même arrêt.

604. —Le tribunal civil est encore compétent pour connaître de l'opposition formée à un commandement qui a été fait en vertu d'un jugement commercial par défaut, lequel était périmé faute d'exécution dans les six mois. — *Nimes*, 24 mars 1830, Sequelin c Martin.

605. — Il en doit être de même, surtout si le jugement du tribunal de commerce a acquis l'autorité de la chose jugée. — *Riom*, 27 fév. 1828, Deribier c. Longueville. — V., au surplus, COMPÉTENCE COMMERCIALE, nºs 723 et suiv.

606. — ... Et le tribunal civil compétent est celui du lieu de l'exécution. —Même arrêt.

607. — Ainsi le tribunal du lieu de l'exécution est compétent pour statuer sur l'opposition formée à l'exécution d'un jugement du tribunal de commerce, alors que cette opposition est fondée sur ce que la convention qui a servi de base à ce jugement aurait été annulée par suite d'un fait postérieur à sa prononciation. Mais il est incompétent pour connaître de la demande en restitution de sommes payées antérieurement au jugement de condamnation, en vertu de la convention sur laquelle il est fondé, et en paiement des dommages-intérêts réclamés pour l'inexécution de cette convention.— *Orléans*, 23 avr. 1845 (t. 1er 1845, p. 720), Winch c. Duchambge.

608. — Mais la compétence spéciale des tribunaux civils est restreinte aux difficultés d'exécution, elle ne s'étend pas jusqu'à leur permettre de réviser les jugemens des tribunaux de commerce. — Bioche, *ibid.*, nº 117.

609. — Ainsi le tribunal civil chargé de l'exécution d'un jugement de commerce ne peut ordonner un sursis à cette exécution. — *Rennes*, 11 juill. 1812, Fouillé c. Guillon; — Chauveau sur Carré, quest. 1551 *ter*; Thomine-Desmazures, t. 1er, p. 665.

610. — Néanmoins un tribunal civil saisi d'une difficulté sur l'exécution d'un jugement par défaut émané d'un tribunal de commerce et prononçant la contrainte par corps, a le pouvoir de réviser ce jugement, quant au chef relatif à ce mode d'exécution, en ce sens que, sans porter son examen sur le fond de la condamnation, il peut décharger la partie condamnée de la contrainte par corps, si elle a été prononcée illégalement ou par erreur. — *Caen*, 17 avr. 1826, Blin et Desprès c. Lenfant.

611. — Spécialement, un tribunal civil peut annuler le chef du jugement qui admet la contrainte par corps, lorsque cette condamnation est manifestement erronée ou en contravention formelle avec la loi, par exemple, si cette voie d'exécution a été autorisée pour des actes auxquels la loi la refuse, ou contre des personnes qu'elle n'y soumet pas. — *Caen*, 26 mai 1840 (t. 1er 1841, p. 507), Kadot de Sabvill c. Fromond.

612.— Mais le tribunal civil ne saurait, sans violer la règle des deux degrés de juridiction, décider que les actes n'ont pas le caractère qui leur a été reconnu par les juges consulaires, par exemple que des effets déclarés lettres de change ne sont que de simples promesses. — Un pareil pouvoir ne peut appartenir qu'aux juges d'appel. — Même arrêt.

613.— Lorsque, en vertu de l'art. 172, C. comm, le président du tribunal de commerce a autorisé la saisie conservatoire des effets mobiliers du débiteur d'une lettre de change, le tribunal de commerce est incompétent pour ordonner la saisie définitive et la vente de ces effets. — *Nîmes*, 4 janv. 1819, Maury c. Demaffey.

614. — Encore bien que les tribunaux de commerce ne connaissent pas de l'exécution de leurs jugemens, ils n'en sont pas moins aptes à statuer sur les dommages-intérêts réclamés en vertu d'un contrat commercial, soit qu'ils fixent la quotité au moment même de leur décision, soit qu'ils disposent que les dommages-intérêts seront donnés par état.

615.—Lors donc qu'un tribunal de commerce a condamné une partie en des dommages-intérêts à libeller, il peut connaître des difficultés qui s'élèvent sur la quotité de ces dommages-intérêts. — *Douai*, 20 août 1827, Gilmard c. Petit-Divay.

616. — Lorsque le jugement d'un tribunal de commerce est infirmé, la cour royale connaît de l'exécution de son arrêt; l'art. 472, C. procéd., est ici applicable. On objecte en vain que c'est violer la disposition de l'art. 472 qui excepte du principe général qu'il établit les cas dans lesquels la loi attribue juridiction, et qu'aux termes de l'art. 553 l'exécution des jugemens des tribunaux de commerce étant dévolue aux tribunaux ordinaires, les cours d'appel ne peuvent les priver de cette attribution. Il ne s'agit plus ici d'un jugement émané d'un tribunal de commerce, mais bien de l'exécution d'un arrêt qui a rendu une décision nouvelle. —Carré et Chauveau, quest. 1696; Boitard, t. 3, p. 150.—*Contrà* Lepage, *quest.*, p. 317.

617. — Ainsi, c'est à la cour qui, après avoir infirmé un jugement commercial, a renvoyé les parties devant des arbitres forcés, à nommer, à défaut des parties, un tiers-arbitre pour vider le partage. — *Lyon*, 5 déc. 1826, Thomas c. Dumoulin.

618.— A l'égard de l'exécution des jugemens des tribunaux de commerce confirmés sur appel, l'exécution en appartient non à la cour royale (V. *contrà* Carré, quest. 1695), mais bien au tribunal qui en aurait connu s'il n'y avait pas eu d'appel. — Chauveau sur Carré, quest. 1695; Boitard, t. 3, p. 149; Pigeau, *Proc. civ.*, liv. 2, part. 4e, tit. 1er, chap. 1er, sect. 3e, art. 13, nº 1er; — V. aussi Favard de Langlade, *Rép.*, t. 1er, p. 188, nº 4.

619. — Néanmoins le tribunal de commerce est seul compétent pour connaître de l'exécution du jugement déclaratif de la faillite. Il est utile en effet de conserver de l'unité dans ces poursuites. — C. comm., art. 449. — V. d'ailleurs FAILLITE.

620. — Aucune question d'exécution proprement dite n'est de la compétence des juges de paix. — Ainsi, les juges de paix ne peuvent connaître de la saisie pratiquée en vertu d'un de leurs jugemens, même pour une somme inférieure au taux de leur compétence. — *Turin*, 6 mai 1813, Barrel c. Canavero.

621. — Toutefois, dans les matières de sa compétence, le juge de paix connaît des difficultés qui ne rentrent pas dans les actes d'exécution proprement dits. — Bioche, *ibid.*, nº 112.

622 — Et suivant M. Bioche (*eod. loc.*), le juge de paix connaît de l'exécution d'une cause qui est de sa compétence, car, dit-il, s'il n'en était ainsi, on bouleverserait le double degré de juridiction et la force de la chose jugée; mais on ne saurait admettre cette opinion; en effet, les difficultés d'exécution constituent un procès nouveau, distinct du premier, il a ses règles propres.

623. — L'art. 553, C. procéd., s'étend aussi aux sentences des juges de paix. — Bioche, vº *Exécution*, nº 3; Thomine, t. 2, p. 54.

624. — Et le tribunal civil chargé de l'exécution d'un jugement en vertu duquel est pratiquée une saisie, est compétent, à l'exclusion du juge de paix, pour connaître des frais et salaires dus au gardien des objets saisis, bien que ces frais n'excèdent pas 40 fr. — *Cass.*, 28 mai 1816, Surugues c. Pinon; — Chauveau, *Tar.*, t. 2, p. 123, nº 46. — V. au surplus JUSTICE DE PAIX.

625. — Pour savoir à quel tribunal appartient la connaissance de l'exécution des jugemens arbitraux, il faut distinguer si l'arbitrage est volontaire ou forcé. — V. ARBITRAGE, nº 930.

626.—Les tribunaux de commerce sont incompétens pour connaître des contestations sur l'exécution d'une sentence arbitrale rendue par des arbitres forcés. —*Lyon*, 3 avr. 1846 (t. 2 1846, p. 590), Ruire c. Valesque.—V. COMPÉTENCE COMMERCIALE, nºs 723 et suiv.

627. — Les difficultés auxquelles peut donner lieu l'exécution de leur sentence sont de la compétence du tribunal de première instance. — Bioche, vº *Prud'hommes (Conseil de)*, nº 55.

628. —Les tribunaux civils sont compétens pour connaître de toutes les contestations auxquelles l'exécution des jugemens et des actes administratifs peut donner lieu, soit qu'il s'agisse de décrets, d'ordonnances, d'arrêtés de conseils de préfecture, etc. — Carré, quest. 1914; Macarel, *Elém. jurisp. adm.*, t. 2, p. 11, nº 4 et p. 26, nº 50.

629. — Mais la compétence des tribunaux civils doit être restreinte aux cas d'exécution conformes au droit commun, c'est-à-dire aux saisies mobilières ou immobilières. A l'administration seule appartient la connaissance des difficultés survenues dans une exécution purement administrative. — Chauveau, *Compét. admin.*, t. 1er, p. 126, nº 451.

630. — Ainsi, la connaissance des difficultés qui s'élèvent sur l'exécution et la régularité d'un alignement donné par le maire ne sont jamais que de la compétence de l'autorité administrative; les tribunaux ne pourraient connaître de ces matières qu'autant qu'il s'agirait d'une action en indemnité exercée par les propriétaires auxquels l'alignement aurait été préjudiciable. — *Lyon*, 15 juill. 1828, Charbonnier c. comm. de la Guillotière.

631. — Lorsque l'administration fait placer des bornes et apposer des affiches indiquant les limites présumées d'un ancien chemin vicinal qu'elle se propose de rétablir, ces actes ne constituent pas un trouble de nature à autoriser l'action en complainte de la part du possesseur du terrain sur lequel ces bornes ont été placées. — Le possesseur de ce terrain doit se borner à présenter ses réclamations à l'autorité administrative, sauf à s'adresser aux tribunaux, si la fixation définitive du chemin porte atteinte à sa propriété. — *Cass.*, 26 déc. 1826, Paillette.

632. —Jugé que le tribunal de simple police est incompétent pour décider si un particulier a exécuté ou non un arrêté du préfet qui l'autorisait à supprimer un chemin vicinal en le remplaçant par un autre pris sur ses propriétés. C'est là une question administrative. — *Cass.*, 15 oct. 1807, Gagliardone; — Bioche, *ibid.*, nº 119.

633. — Au surplus, le tribunal civil doit appliquer les décisions administratives sans jamais les réviser ni les interpréter.— Bioche, *ibid.*, nº 120.

634.—Ainsi, l'annulation par l'autorité judiciaire d'une contrainte décernée par la régie des domaines en paiement d'un reliquat de prix contre des acquéreurs domaniaux reconnus quittes et libérés par un arrêté du préfet, exécuté par la régie et les acquéreurs, mais annulé depuis par une décision ministérielle, est une infraction à l'art. 13, tit., L. 24 août 1790, qui interdit aux tribunaux la connaissance d'actes administratifs. — *Cass.*, 21 nov. 1831, Domaine c. Roncelle.

635. — Si le sens de l'acte est douteux, le tribunal civil doit surseoir à statuer et provoquer l'interprétation du pouvoir administratif, interprétation à laquelle il est tenu de se conformer. — Bioche, *ibid.*, nºs 121 et 122.

636. — Et l'arrêt qui a pour base une décision administrative ne peut être annulé par la cour de Cassation lorsque cette décision elle-même n'a pas été annulée. — *Cass.*, 30 déc. 1807, Lecomte c. Rollin.

637. — Mais lorsque le sens de l'acte administratif est clair et précis, il n'y a lieu à aucune interprétation, et, dès-lors, le tribunal peut l'appliquer sans surseoir, nonobstant toute dénégation des parties. — Bioche, *ibid.*, nº 122.

638. — Le principe que les tribunaux d'exception ne connaissent pas de l'exécution de leurs jugemens ne s'applique qu'aux jugemens définitifs, c'est-à-dire aux décisions qui terminent le procès devant eux. — Mais si avant de statuer ils ordonnent, pour éclairer leur religion, une preuve, une vérification, une expertise, etc., c'est à eux qu'appartient l'exécution de ces mesures préliminaires,

leur juridiction n'est pas finie, *nondum judex officio functus est*. — Boncenne, t. 1er, p. 98.

§ 2. — *Difficultés d'exécution matérielle.*

639. — L'exécution qui consiste à obtenir de force l'effet d'un jugement ou d'un acte notarié peut faire naître des questions qui, par le lieu qui les voit surgir, sortent de la compétence du tribunal même ordinaire qui a rendu le jugement ; de là la compétence du tribunal du lieu de l'exécution. — Chauveau sur Carré, quest. 1915; Thomine-Desmazures, t. 2, p. 55.

640. — Le tribunal du lieu de l'exécution est donc seul compétent pour statuer sur les difficultés matérielles que présente l'exécution, lors même que le défendeur serait domicilié dans un autre ressort. — Bioche, *ibid.*, n° 104.

641. — Mais un simple commandement d'exécuter une décision judiciaire portant condamnation au paiement d'une somme déterminée, alors même qu'il énonce que, faute d'y satisfaire, on se pourvoira par voie de saisie mobilière ou immobilière, n'équivaut pas à la main-mise judiciaire des immeubles du débiteur, et n'a pas pour effet de donner naissance à la compétence spéciale des tribunaux de la situation desdits immeubles pour prononcer sur les oppositions formées à ce commandement. — Un tel acte n'est qu'une mise en demeure, laquelle, tant qu'elle n'est pas suivie d'une saisie régulière, ne peut pas avoir pour résultat d'enlever aux juges qui ont prononcé les condamnations dont l'exécution est poursuivie les attributions que la loi leur accorde. — *Colmar*, 6 juin 1840 (t. 1er 1841, p. 184), Abriot de Grusse c. de Grusse.

642. — Lorsque l'exécution se poursuit en divers lieux, la compétence sur les difficultés matérielles qu'elle fait naître est attribuée à chaque tribunal de ces divers lieux. — Pigeau, *Procéd. civ.*, t. 2, p. 38; Bioche, *ibid.*, n° 109.

643. — Le même tribunal peut, sans excès de pouvoir, lorsqu'il s'agit de l'exécution parée d'un titre authentique, interpréter cet acte et statuer d'après l'intention commune des parties. — Bioche, *ibid.*, n° 119.

644. — Mais les juges du lieu de l'exécution ne sont pas compétens pour connaître d'une demande qui tend à faire anéantir un jugement arbitral homologué par un autre tribunal. — *Cass.*, 26 vendém. an XII, Girod c. Coppens.

645. — Si les difficultés élevées sur l'exécution des jugemens et actes, requièrent célérité, le tribunal du lieu y statue provisoirement et renvoie la connaissance du fond au tribunal d'exécution. — C. procéd., art. 554.

646. — Le juge de paix peut aussi statuer sur les difficultés matérielles, en cas d'extrême urgence : car la loi se sert de l'expression générale *tribunal du lieu*. — Carré et Chauveau, quest 1915; Thomine, t. 2, p. 54; Bioche, *ibid.*, n° 112.

647. — Le plus souvent c'est le juge des référés, c'est-à-dire, le président du tribunal qui statue sur ces difficultés, ou qui renvoie devant le tribunal, s'il y a lieu, mais en état de référé. — Thomine et Chauveau, *loc. cit.* — V. *contrà* Boitard, t. 3, p. 327.

648. — Il a été jugé qu'on ne peut soumettre par voie de référé au tribunal de première instance du lieu les difficultés relatives à l'exécution d'un arrêt de la cour d'appel, qui a confirmé un jugement de ce tribunal. — *Colmar*, 10 nov. 1813, Schmitt c. Gérard et Gressely.

649. — Aux termes de l'art. 806, C. procéd., c'est au juge des référés qu'il appartient de décider par provision les difficultés qui s'élèvent sur les actes tendant à l'exécution des jugemens et arrêts et généralement sur tous les cas d'urgence. — C. procéd., art. 806.

650. — En conséquence, ce magistrat est compétent pour prononcer par provision sur les contestations qui naissent à l'occasion de l'exécution d'un arrêt infirmatif, sans qu'on puisse objecter que, dans ce cas, l'exécution appartient à la cour royale qui a prononcé. — *Paris*, 12 oct. 1837 (t. 2 1837, p. 526), Renault c. Roret.

651. — Cette compétence pourrait être d'autant moins contestée qu'il s'agirait spécialement de statuer sur une arrestation. — Même arrêt. — V. CONTRAINTE PAR CORPS, EMPRISONNEMENT, nos 299 et suiv, et d'ailleurs RÉFÉRÉ.

652. — Mais l'exécution d'un arrêt ne peut être suspendue par une ordonnance de référé. — *Paris*, 20 août 1810, Dacosta c. Lubersac.

653. — Jugé que le président d'un tribunal n'est compétent ni pour connaître en référé de l'exécution d'un jugement auquel il a été formé une opposition pendante devant le tribunal et fondée sur l'interprétation d'une loi, ni pour suspendre cette exécution pendant un délai déterminé. — *Colmar*, 12 août 1807, Hirtz c Deller.

Sect. 10e. — *Effets de l'exécution.*

654. — L'exécution d'un acte ou jugement produit des effets importans qu'il est nécessaire de rappeler.

655. — Hors les cas d'insolvabilité matérielle, elle procure au créancier ce qu'il avait le droit d'exiger ; elle aboutit donc le plus souvent à un paiement.

656. — Lorsqu'elle n'est que partielle, elle interrompt la prescription de l'obligation ou de la condamnation, car elle constitue alors une reconnaissance de la dette. — C. civ., art. 2244.

657. — De là il résulte qu'elle rend les deux parties non recevables à critiquer ultérieurement l'acte qui en est la base; car elle est une véritable confirmation. — C. civ., art. 1338.

658. — Ainsi, dans les pays où les actes notariés n'emportaient point exécution parée, les parties ne pouvaient plus, après s'être présentées devant un tribunal pour requérir l'exécution d'un titre selon sa forme et teneur, appeler de la condamnation à l'exécution de ce titre. — *Cass.*, 21 frim. an IX, Bosquillon c. Piers.

659. — De même, la partie qui a volontairement exécuté une sentence arbitrale ne peut pas plus tard décliner les conséquences de cette exécution sous prétexte que la sentence n'aurait été ni enregistrée et déposée au greffe, ni revêtue de l'ordonnance d'*exequatur*. — *Bourges*, 21 déc. 1838 (t. 1er 1839, p. 620), Clayeux et Jeaudet c. Crotté.

660. — En réalité la signification d'un jugement n'est pas un acte d'exécution ; elle n'en est que le préliminaire. — *Bruxelles*, 25 sept. 1821, Opsomer.

661. — Néanmoins elle est regardée très souvent comme une exécution volontaire ou du moins comme manifestant, de la part de celui à la requête duquel elle a lieu, la volonté d'exécuter le jugement, et par suite comme une renonciation à la faculté d'appeler — Toullier, t. 10, n° 107; Carré, quest. 1432.

662. — Il en est ainsi lors même qu'elle ne contiendrait pas sommation à l'adversaire d'exécuter le jugement.

663. — Aussi, l'art. 1038, C. procéd., qui oblige l'avoué à occuper sur l'exécution du jugement, ne l'autorise pas à faire des significations sans réserves qui peuvent renfermer des acquiescemens. — *Bruxelles*, 25 sept. 1821, Opsomer. — Bioche et Goujet, *eod. verbo*, n° 77, édit. 2.

664. — La signification, par une partie, de l'arrêt qu'elle a obtenu, mais sous la réserve expresse de faire statuer ultérieurement sur un chef de conclusions omis par son avoué, bien qu'il ait été soumis aux premiers juges, ne constitue pas une exécution qui, dans les termes de l'art. 362, C. procéd. civ., rende cette partie non-recevable à intenter hors du délai fixé par cet article une action en désaveu contre l'avoué à raison du préjudice que lui a causé l'omission du chef de conclusions. — C. procéd. civ., art. 362. — En vain, pour faire considérer une pareille signification comme une exécution de l'arrêt dans toutes ses parties, dirait-on (ce qui est erroné en droit) qu'un arrêt est indivisible dans son exécution, et que, surtout par rapport à l'action en désaveu, l'acquiescement partiel à cet arrêt est chose impossible. — *Cass.*, 22 mars 1843 (t. 1er 1843, p. 683), de Lyncé c. Gaillard de Kerbertin.

665. — A plus forte raison, le commandement de payer fait en vertu d'un acte est réputé une exécution volontaire de cet acte et rend non-recevable à l'attaquer ultérieurement; peu importe que le commandement n'ait été fait qu'avec des réserves. — *Cass.*, 27 juill. 1829, Rochette c. L'Espinasse; — Rolland de Villargues, *Rép. du not.*, v° *Protestation*, n° 15.

666. — Ainsi le débiteur est non-recevable après l'exécution volontaire ou forcée à former opposition au jugement par défaut qui l'a condamné.

667. — Toutefois l'exécution forcée n'est pas une fin de non-recevoir contre son appel, parce que celui qui *consent par force* ne consent pas en réalité. Mais il faut qu'il ait manifesté qu'il n'agissait en exécutant le jugement que comme contraint et forcé.

668. — De même, lorsqu'un jugement est susceptible d'une exécution immédiate, la partie condamnée n'est pas censée y acquiescer en payant le montant de la condamnation, par suite d'un commandement, surtout si elle déclare n'y satisfaire que *comme contrainte et forcée;* peu importe qu'elle ne se soit réservé expressément et spécialement que le pourvoi en cassation. — *Cass.*, 22 oct. 1811, Savournin c. Fauthier. — Merlin, *Rép.*, v° *Acquiescement*, et *Quest.*, v° *ibid.*, § 10; Favard, *ibid.*

669. — En outre, la maxime *qui protestat nihil agit*, applicable à un jugement dont l'exécution pourrait être suspendue en appel, est sans effet à l'égard d'un arrêt dont l'exécution ne peut être suspendue par un pourvoi en cassation. — Dans ce cas, l'exécution de l'arrêt, avec réserve de se pourvoir en cassation, ne peut être considérée comme un acquiescement. — *Cass.*, 15 avr. 1840 (t. 1er 1840, p. 694), comm. d'Availler et de la Ville-Dieu c. Lair.

670. — Quand un arrêt passé en force de chose jugée, et qu'il ne s'agit plus que d'exécuter entre les parties avec lesquelles il a été rendu, est indivisible, l'une des parties ne peut se prévaloir d'une de ses dispositions favorables et rejeter celles qui lui sont contraires. — *Bruxelles*, 15 août 1813, N....

671. — Toutefois, le principe de l'indivisibilité ne peut être étendu indéfiniment. Ainsi, lorsqu'un jugement défend à divers particuliers de faire aucun acte de propriété sur un fonds, et ordonne à d'autres d'enlever du fumier qu'ils ont placé sur ce fonds, l'enlèvement que fait l'un de ces derniers ne rend pas les autres non-recevables à appeler du jugement. — *Cass.*, 13 niv. an X, Laugerat c. Cherbonnaud.

672. — Le débiteur est tenu de payer les frais de l'exécution tels qu'ils sont taxés par le tarif ou par une loi spéciale, mais il n'en doit pas d'autres.

673. — Ainsi, l'affiche d'un jugement prononcé contre une partie non comme peine, mais à titre de réparation civile envers son adversaire, n'étant passible que du droit de timbre de 10 c. par exemplaire, et aucune loi ne prescrivant de la constater par des procès-verbaux, il en résulte que des droits de timbre plus élevés, et les procès-verbaux d'apposition qui auraient été dressés, ne peuvent être à la charge de la partie condamnée, et que celle-ci a fait des offres suffisantes en offrant seulement les frais d'impression et de 10 cent. par exemplaire pour timbre. — *Poitiers*, 14 juill. 1819, Labastière c. Duguet.

674. — Si la loi garantit avec raison aux créanciers l'exercice de leurs droits, elle ne devait pas mettre les débiteurs à leur merci. Aussi laisse-t-elle à la conscience du juge le soin de fixer les dommages-intérêts dus aux débiteurs pour l'exécution illégale faite au nom des créanciers.

675. — Ainsi, l'exécution donnée à un jugement pendant l'appel est une entreprise illégale qui donne ouverture à des dommages-intérêts au profit de l'appelant, encore que l'exploit d'appel soit entaché de nullité. Cette nullité ne peut être appréciée que par la cour. — *Rennes*, 20 fév. 1828, Philippe c. Crechiron.

676. — Cependant, lorsqu'un jugement portant exécution provisoire à raison des condamnations qu'il prononce est réformé sur l'appel qu'en a interjeté la partie condamnée en première instance, celle-ci n'est pas fondée à réclamer des dommages-intérêts à raison de cette exécution. — *Aix*, 19 mai 1825, Mourret c. Dioulouffet.

EXÉCUTION DES JUGEMENS CRIMINELS.

Table alphabétique.

SECT. 1re. — *Notions générales* (no 4).

SECT. 2e. — *Fonctionnaires chargés de l'exécution des jugemens criminels et de certaines diligences qu'ils doivent remplir* (no 45).

§ 1er. — *Fonctionnaires chargés de l'exécution des jugemens criminels* (no 45).

§ 2. — *Diligences à remplir en matière d'exécution des arrêts et jugemens criminels* (no 81).

SECT. 3e. — *Règles, formes, délais de l'exécution des jugemens et arrêts* (no 88).

§ 1er. — *Jugemens et arrêts contradictoires* (no 88).

§ 2. — *Jugemens et arrêts par défaut* (no 140).

Sect. 1re. — *Notions générales.*

EXÉCUTION DES JUGEMENS CRIMINELS. — 1. — En principe, les jugemens rendus en matière criminelle ne sont pas exécutoires par provision, lors même qu'ils ont été rendus en dernier ressort. La raison en est simple, c'est qu'ils ne sont pas, comme en matière civile, réparables en définitif. Cass., 2 juill. 1807, Moineaux, — Carnot, *Code pén.*, édit. 2e, t. 1er, p. 177 et 654; Ch. Berriat-Saint-Prix, *De l'exécution des jugemens et arrêts et des peines*, p. 12.

2. — La première condition pour qu'un jugement ou arrêt criminel soit exécutoire, c'est donc qu'il soit devenu irrévocable, c'est-à-dire qu'il n'acquiert ce caractère d'irrévocabilité que lorsqu'il ne reste aux condamnés aucune voie légale de recours.

3. — Néanmoins, ce principe souffre quelques exceptions. Ainsi, il y a lieu à l'exécution provisoire des jugemens intervenus dans les cas déterminés par les art. 10, 11 et 12, C. procéd. relatifs aux condamnations prononcées par les juges de paix contre ceux qui se seront rendus coupables de manque de respect envers la justice, ou d'insulte ou irrévérence grave envers le juge; par l'art. 191 du même Code qui autorise certaines condamnations contre l'avoué en retard de rétablir les pièces qui lui ont été communiquées; enfin, par l'art. 155, C. inst. crim., qui permet au tribunal correctionnel prononçant sur opposition à un jugement par défaut, d'accorder une provision.

4. — Il ne s'applique pas non plus aux jugemens

préparatoires ou d'instruction qui doivent être exécutés aussitôt leur prononciation, sauf à être frappés d'appel ou de pourvoi conjointement avec le jugement ou arrêt définitif. — Ch. Berriat-Saint-Prix, *ut-i supra.*

5. — Ainsi jugé que la disposition de l'art. 203, C. inst. crim., qui veut que pendant le délai de l'appel il soit sursis à l'exécution des jugemens correctionnels, n'est pas applicable au jugement par lequel un tribunal correctionnel a ordonné la jonction de deux causes. — Cass., 22 janv. 1825, Pepin c. Dumarton. — V. aussi *Cass.*, 24 août 1832, Néraud.

6. — Il faut observer aussi que l'exécution des jugemens arrêts criminels peut être anéantie ou modifiée par les effets de *l'amnistie*, de la *grace* et de la *prescription* de la peine. — V. ces mots.

7. — Et qu'elle peut l'être également par les effets de certaines *transactions* ou *réclamations* des parties intéressées.

8 — Ainsi, l'administration des contributions indirectes et celle des douanes peuvent transiger en tout état de cause avec les contrevenans, même après leur condamnation. — Art. 14 fructid. an X, art. 1er et 2; 5 germin. an XII, art. 22; ord. 27 nov. 1816. — V. aussi *Cass.*, 30 juin 1830, Cornil Pollet; même jour, Jean Maire.

9. — Toutefois, ce droit ne peut être exercé par ces administrations d'une manière absolue, qu'en ce qui concerne les condamnations pécuniaires. Quant aux condamnations corporelles, c'est au roi seul qu'il appartient de les remettre ou de les modérer. — V. au surplus CONTRIBUTIONS INDIRECTES, DOUANES.

10. — Il est encore deux circonstances dans lesquelles un jugement peut ne pas être suivi d'exécution. — La première concerne les *vagabonds* nés en France et condamnés comme tels; la seconde, les femmes condamnées pour adultère.

11. — Aux termes de l'art. 273, C. pén., les vagabonds nés en France pourront, après un jugement même passé en force de chose jugée, être réclamés par délibération du conseil municipal de la commune où le vagabond est né, ou cautionnés par un citoyen solvable. Si le gouvernement accueille la réclamation ou agrée la caution, les individus ainsi réclamés ou cautionnés seront, par ses ordres, renvoyés ou conduits dans la commune qui a été réclamés ou dans celle qui leur aura été assignée pour résidence sur la demande de la caution. »

12. — Et l'art. 337 (2e alinéa) porte : « Le mari restera le maître d'arrêter l'effet de la condamnation en consentant à reprendre la femme. »

13. — Quant à la question de savoir si le décès d'un condamné qui s'est pourvu en cassation, avant qu'il ait été statué sur son pourvoi, empêche l'exécution de l'arrêt en ce qui concerne les frais de justice. V. FRAIS ET DÉPENS (mat. crim.).

14. — Observons au surplus que l'illégalité de l'exécution d'un arrêt n'entraîne point la nullité ou l'illégalité de l'arrêt lui-même. — *Cass.*, 30 sept. 1826, Bissette, Fabien et Volny.

Sect. 2e. — *Fonctionnaires chargés de l'exécution des jugemens criminels et de certaines diligences qu'ils doivent remplir.*

§ 1er. — *Fonctionnaires chargés de l'exécution des jugemens et arrêts.*

15. — L'exécution des jugemens et arrêts rendus par les tribunaux de répression est confiée aux soins et à la vigilance des officiers du ministère public. — C. inst. crim., art. 165, 197 et 376.

16. — Cette mission des officiers du ministère public est d'institution déjà ancienne. On en trouve des traces dans une ordonnance de Charles VIII, de juillet 1498, et il en est aussi fait mention dans les ordonnances de Louis XII, de mars 1498, et de François 1er, de décembre 1540; — Ch. Berriat-Saint-Prix, p. 9.

17. — D'après l'ordonnance criminelle de 1670, les jugemens et arrêts portant condamnation devaient être exécutés par les soins des gens du roi sous l'autorité des parlemens et des cours souveraines.

18. — Sous l'empire du décret du 16 sept. 1791, l'exécution des jugemens criminels était confiée au commissaire du roi qui pouvait à cet effet requérir l'assistance de la force publique; mais ce décret ne s'occupait que de l'exécution des jugemens criminels proprement dits, sans rien prescrire relativement à l'exécution des jugemens correctionnels et de ceux de simple police.

19. — Le Code de brum. an IV (art. 451 à 466) combla cette lacune en ce qui concernait les jugemens correctionnels; et le Code d'instruction criminelle vint enfin pourvoir à l'exécution des décisions des trois juridictions criminelles dont il a réglé la procédure. — Art. 165, 197, 376.

20. — Les officiers du ministère public chargés de l'exécution des jugemens sont ceux qui sont attachés au tribunal qui a prononcé la condamnation. — Ch. Berriat Saint-Prix, p. 12.

21. — Ainsi, 1o pour les tribunaux de police présidés par le juge de paix, l'officier du ministère public chargé de l'exécution du jugement est le commissaire de la commune où siège le tribunal. — Instr. crim., art. 144.

22. — ... Lorsqu'il y a plusieurs commissaires de police, celui d'entre eux délégué par le procureur général pour faire le service. — *Ibid.*

23. — ... A défaut de commissaire de police, ou en cas d'empêchement, le maire de la commune ou son adjoint. — Instr. crim., art. 144.

24. — Mais un conseiller municipal ne pourrait être désigné pour remplacer le maire ou l'adjoint.

25. — Ainsi jugé que les membres des conseils municipaux ne peuvent remplir les fonctions de ministère public près des tribunaux de police présidés par les maires, mais non près ceux, tenus par les juges de paix; et qu'en conséquence est nul le jugement rendu par le tribunal de police du juge de paix, en l'absence des officiers du ministère public, ou en présence d'un conseiller municipal en remplissant les fonctions. — *Cass.*, 10 sept. 1825, Deligny c. Hesdin; 9 août 1834, Delaporte; 25 fév. 1830, Chaize-Martin c. Martial Maury; 13 nov. 1844 (t. 1er 1842, p. 662), Duroussel. — Carnot, t. 1er, p. 559; Mangin, *Action publique*, t. 1er, no 101; Chauveau et Hélie, *Théorie C. pén.*, t. 1er, p. 274; Ch. Berriat, p. 13. — V. cependant Legraverend, t. 2, p. 347.

26. — ... Et qu'en l'absence des commissaires de police, de maire et d'adjoint près le tribunal de police du juge de paix, c'est au procureur général à choisir dans les maires et adjoints du canton celui ou ceux qui doivent remplir les fonctions du ministère public près le tribunal. — *Cass.*, 9 août 1834, Delaporte (Ch. Berriat Saint-Prix, *ibid.* — V. cependant *Cass.*, 29 fév. 1828, Jacques Mouton et Petit.

27. — Jugé, au surplus, qu'aucune loi n'autorise les tribunaux de police à ordonner aux maires de tenir la main à l'exécution de leurs jugemens. — *Cass.*, 23 août 1810 (int. de la loi), Martin.

28. — ... 2o Pour les tribunaux de police présidés par le maire, c'est l'adjoint, et en l'absence de l'adjoint, ou en cas d'empêchement, un conseiller municipal désigné, à cet effet, par le procureur du roi pour une année entière. — Instr. crim., art. 167; Legraverend, t. 2, p. 347.

29. — ... 3o Pour les tribunaux correctionnels et les cours d'assises, les officiers du ministère public attachés près ces cours ou tribunaux.

30. — Cependant les procureurs du roi près des tribunaux de première instance qui ne sont pas des sièges de cours d'assises sont quelquefois chargés d'assurer l'exécution des arrêts criminels.

31. — Il en est ainsi, par exemple, 1o quand la cour d'assises a ordonné que cette exécution aurait lieu dans leur arrondissement. — C. pén., art. 26.

32. — ... 2o Quand il s'agit de l'exécution par effigie des arrêts rendus par contumace pour des crimes commis dans leur arrondissement. — Inst. crim., art. 472.

33. — Dans ces deux cas, un extrait de l'arrêt leur est transmis par les magistrats du parquet de la cour qui l'a prononcé; car l'exécution ne peut avoir lieu que sur le vu de l'arrêt.

54. — Le procureur du roi donne à la force publique toutes les réquisitions nécessaires pour assurer le maintien de l'ordre. — Ord. 29 oct. 1820, art. 54 et 55.

55. — La force ainsi requise ne doit servir que comme garde de police appelée pour prêter main-forte à la justice; sa mission est donc de maintenir que les officiers chargés de l'exécution de l'arrêt ne soient troublés dans leurs fonctions. — Même ordonnance, art. 59 et 69.

56. — Quant à ceux-ci, c'est au ministère public près la cour d'assises qu'il appartient de leur donner les ordres nécessaires pour l'exécution, et le procureur du roi de l'arrondissement dans lequel ils se transportent, n'a à l'égard du leur un devoir de surveillance sur la manière dont ils remplissent leurs fonctions. — Circul. min., 7 juill. — Massabiau, no 2497.

57. — Une loi du 32 germin. an IV, art. 1er et 12, autorise aussi le procureur général à requérir les ouvriers de faire les travaux nécessaires pour parvenir à l'exécution.

58. — MM. Garnier-Dubourgneuf et Chanoine (*Lois de l'instr. crim.*, t. 1er, p. 228) soutiennent, il est vrai, que les dispositions de cette loi ont été abrogées et remplacées par celles de l'art. 473, no 42, C. pén.; mais nous pensons avec M. de Dal-

mas (*Des frais de justice en matière crim.*, p. 312) que ce dernier article n'est applicable qu'aux cas d'accidens ou de troubles imprévus. — Observons d'ailleurs que la loi de l'an IV, régissant spécialement une matière dont les rédacteurs du Code pénal ne se sont pas occupés, a conservé toute sa force, aux termes mêmes de l'art. 481, C. pén. — Telle est aussi l'opinion de Carnot sur l'art. 376, inst. crim., n° 4, de MM. Chauveau et Hélie (t. 1er, p. 323), Ch. Berriat (*ibid.*, p. 34) et Massabiau (n° 2505).

39. — Jugé ainsi que la loi du 22 germin. an IV et l'art. 114, décr. 18 juin 1811, sur les réquisitions que le ministère public est autorisé à faire pour l'exécution des condamnations en matière criminelle n'ont point cessé d'être en vigueur; et que, dès-lors, le ministère public a le droit de désigner, suivant les circonstances et les localités, les ouvriers qu'il juge devoir être employés aux travaux préparatoires qu'exige l'exposition publique des individus condamnés à cette peine. — *Cass.*, 13 mars 1835, Segond.

40. — Ces réquisitions sont données par écrit aux ouvriers de la localité et à tour de rôle; elles doivent être adressées de préférence à ceux dont la profession a pour objet des travaux analogues à ceux qu'il s'agit d'exécuter. — Massabiau, n° 2505.

41. — En cas de refus d'obéir, les ouvriers requis doivent être condamnés à trois jours de prison, et dans le cas de récidive à un mois. — L. 22 germin. an IV, art. 1er et 2.

42. — Mais le procureur-général ne pourrait pas, comme l'énonce Carnot (sur l'art. 376, instr. crim.), requérir la force publique de se saisir des ouvriers refusans et de les contraindre à faire les travaux qui leur seraient commandés. — Cependant, en cas de coalition des ouvriers pour interdire le travail dans l'atelier requis, il y aurait lieu de diriger contre eux des poursuites en vertu de l'art. 415, C. pén. — V. aussi Ch. Berriat Saint-Prix, *ibid.*, p. 34; Chauveau et Hélie, t. 1er, p. 323.

43. — Ces règles s'appliquent également aux voituriers dont le concours est nécessaire pour le transport soit des échafauds, soit des condamnés jusqu'au lieu de l'exécution. — Merlin, *Rép.*, v° *Exécution*, n° 11; Ch. Berriat, *ibid.*, n° 35.

44. — Les art. 165, 197 et 376, qui confient aux officiers du ministère public le soin de veiller à l'exécution des jugemens criminels, sont simplement attributifs de fonctions et ne déterminent rien en ce qui concerne la limite des pouvoirs attribués à ces fonctionnaires.

45. — Faut-il en conclure que l'intention du législateur ait été d'accorder à ces fonctionnaires le droit de trancher seuls toutes les difficultés, même contentieuses, que pourrait faire naître l'exécution des jugemens criminels.

46. — C'est ce qu'avait d'abord décidé la jurisprudence. — Ainsi il avait été jugé que le tribunal qui statue sur le mode d'exécution d'une condamnation pénale empiète sur un droit qui n'appartient qu'au ministère public et commet un excès de pouvoir. — *Cass.*, 11 juin 1829, Callois.

47. — ... Qu'une cour d'assises excède ses pouvoirs en ordonnant que la peine des travaux forcés qu'elle prononce contre un individu ne sera subie qu'après l'expiration de la détention qu'il subit actuellement, en vertu d'une première condamnation, par le motif que l'art. 376 charge de l'exécution des arrêts les officiers du ministère public. — *Cass.*, 6 avr. 1827, Sebillotte.

48. — ... Ou en ordonnant que l'accusé sera mis en liberté nonobstant le pourvoi en cassation du ministère public. — *Cass.*, 20 juill. 1827, Louis Lafite.

49. — M. Ch. Berriat Saint-Prix (*loc. cit.*) cite encore un arrêt de la cour d'Angers, du 19 mars 1822, qui décide qu'en matière d'exécution, les tribunaux sont incompétens et doivent se borner à dénoncer à l'autorité compétente les abus de pouvoir du ministère public.

50. — De même, avant le Code d'instruction criminelle il avait aussi été jugé qu'un tribunal de police correctionnelle ne peut pas ordonner qu'un individu acquitté sera mis sur-le-champ en liberté, soit parce qu'il doit être sursis à l'exécution, à cause de la faculté d'appeler réservée au ministère public, soit parce qu'il n'appartient qu'au ministère public de faire exécuter le jugement. — *Cass.*, 3 germin. an XI, Prouteau.

51. — Cette jurisprudence allait trop loin, car elle tendait à rendre le ministère public juge souverain de toutes les difficultés que pourrait présenter l'exécution des jugemens, même de celles qui auraient offert un caractère contentieux.

52. — Or, comme le font observer avec raison MM. Chauveau et Hélie (t. 1er, p. 343), si l'exécution d'un arrêt, tant qu'elle ne donne lieu à aucune contestation, est une opération purement administrative, et rentre dès-lors dans les attributions du ministère public, il n'en peut être de même s'il s'élève un incident contentieux. Dans ce dernier cas, la seule autorité du ministère public ne doit plus suffire, et c'est alors au seul pouvoir duquel émane l'arrêt qu'il appartient, soit de l'interpréter, soit de prononcer sur les incidens contentieux que son exécution fait naître. — V. dans ce sens Ch. Berriat-St-Prix, *loc. cit.*, p. 11; V aussi Rauter, t. 2, n° 642.

53. — Aussi est-il maintenant de principe que c'est au tribunal qui a prononcé le jugement et non au ministère public qu'il appartient de statuer sur les incidens contentieux qui s'élèvent au sujet de leur exécution. — *Cass.*, 27 juin 1845 (t. 2 1845, p. 636,) intérêt de la loi.

54. — ... Que les questions relatives notamment, soit à la prescription, soit à la remise, soit à l'expiation de la peine, ont un caractère contentieux qui excède les fonctions du ministère public et doivent être soumises aux tribunaux. — *Cass.*, 23 fév. 1833, Puylaroque.

55. — ... Spécialement, que le tribunal qui a prononcé une condamnation à l'emprisonnement est compétent pour décider les questions relatives à la durée de la peine, et notamment celle de savoir si les condamnations à plusieurs mois d'emprisonnement doivent être subies par périodes égales de trente jours, comme les condamnations à un seul; qu'il ne peut refuser de statuer par le motif que c'est une question d'exécution dans les attributions exclusives du ministère public. — *Cass.*, 27 juin 1845 (t. 2 1845, p. 636) intérêt de la loi.

56. — Mais une ordonnance de mise en liberté ne peut être exécutée que de l'autorité du ministère public. — *Cass.*, 8 mai 1807, Perchette. — V. conf. *Cass.*, 24 avr. 1807, François.

57. — De même, c'est au ministère public et non au juge qui a consommé son office en jugeant, qu'il appartient de pourvoir à l'exécution des jugemens de simple police. — *Cass.*, 14 juill. 1809. (int. de la loi.)

58. — Quant aux difficultés et incidens qui s'élèvent sur l'exécution des jugemens criminels, relativement aux condamnations civiles, ils sont de la compétence des tribunaux civils. — Rauter, *Tr. Dr. crim.*, t. 2, n° 642. — V. aussi Carnot, *Instr. crim.*, art. 2, n° 26; Bourguignon, *Juripr. C. crim. sur l'art.* 2., C. instr. crim., n. 4.

59. — Jugé que les contestations purement civiles qui peuvent s'élever, soit par suite des événemens postérieurs aux arrêts des cours spéciales, soit relativement à l'exécution de ces arrêts quant aux prestations et indemnités, sont de la compétence des tribunaux civils ordinaires; qu'en conséquence, une cour spéciale est incompétente pour connaître de la demande de la veuve et des héritiers tendant à se faire décharger des frais de la procédure au remboursement desquels leur auteur a été condamné. — *Cass.*, 5 déc. 1806, Enreg. c. Fournel.

60. — Il s'agissait, dans cette espèce, ainsi qu'on peut le voir d'un arrêt rendu par une cour spéciale, et la solution ne pouvait souffrir de difficulté, car on sait que les tribunaux d'exception ne peuvent pas connaître de l'exécution de leurs jugemens. — Mais dans le réquisitoire prononcé par lui devant la cour de Cassation M. Merlin a exprimé l'opinion formelle que la même solution devait être admise lorsqu'il s'agissait d'arrêts de cours de justice criminelle ordinaire. — Merlin, *Rép.*, v° *Frais des procès criminels*, n° 4.

61. — Jugé en effet, en ce sens, qu'un tribunal de simple police excède ses pouvoirs en prenant connaissance de l'exécution d'un de ses jugemens portant condamnation de dommages-intérêts dont la partie condamnée soutient s'être libérée; et que la contestation doit être jugée par le tribunal civil. — *Cass.*, 23 frim. an XIV, Dumesnil c Bourdet. — V. aussi *Cass.*, 28 mars 1807, Meriel et Partey.

62. — Sur la question de savoir si le droit de *mise à exécution* des jugemens criminels, que la loi confère au ministère public, doit encore s'exercer par lui, dans l'intérieur même des prisons et pendant toute la durée de la peine, V. le mot PEINES.

63. — En ce qui concerne l'exécution des peines pécuniaires, l'action du ministère public est loin d'être la même qu'en ce qui touche les peines corporelles. Le ministère public ne les fait exécuter qu'en ce qui concerne la contrainte par corps. Les poursuites jusqu'à cette contrainte sont faites par l'administration de l'enregistrement. — C. inst. crim., art. 197. — Legraverend, t. 2, p. 274.

64. — Toutefois, même dans ce cas, cette administration ne peut procéder qu'au nom du procureur du roi. — C. inst. crim., art. 197.

65. — Ainsi jugé que la contrainte pour le recouvrement d'une amende doit, à peine de nullité être décernée au nom du procureur du roi. — *Rennes*, 16 déc. 1819, Audicq c. enregist.

66. — Jugé encore que les poursuites dirigées contre un individu condamné correctionnellement pour le recouvrement de l'amende prononcée et des frais, doivent être faites à la requête de la direction générale de l'enregistrement agissant au nom du procureur du roi, et non à la requête du procureur du roi, poursuite et diligence de la direction générale. — *Cass.*, 30 janv. 1826, Enregist. c. Gauchol. — V. encore dans ce sens *Cass.* 8 janv. 1822, Enregistr. c. Audicq. — V. cependant *Cass.* 6 juin 1809, Enregist. c. Chaix.

67. — M. Ch. Berriat-Saint-Prix (p. 121) critique cet état de choses qui lui paraît rompre l'unité d'action du ministère public, à qui appartient substantiellement l'exécution des jugemens de condamnation, et qui peut en outre conduire à une inégalité fâcheuse entre les condamnés. Cette direction dans l'exécution des amendes semble en outre au même auteur faire, pour ainsi dire, perdre aux amendes leur caractère pénal et les changer en une espèce d'impôt.

68. — Quoi qu'il en soit, en l'état, lorsque le directeur de l'enregistrement décide que la contrainte exercée envers un insolvable a assez duré, le procureur du roi n'a qu'à donner des ordres pour la radiation de l'écrou et l'élargissement du débiteur. — Ch. Berriat, *ubi suprà*. — V., au surplus, AMENDE (crim).

69. — Il en est autrement quand il s'agit de délits forestiers et de pêche fluviale. En ces matières, l'amende, en cas d'insolvabilité justifiée, se résolvant en emprisonnement, c'est le procureur du roi qui décide si le débiteur insolvable de l'état doit ou non être élargi. — Duvergier, *Coll. des lois*, t. 27, p. 238, 257, 267, 284; t. 29, p. 96.

70. — A cet effet les condamnés insolvables doivent présenter leur requête à fin d'élargissement et les pièces à l'appui directement au procureur du roi, qui ordonne, s'il y a lieu, leur mise en liberté à l'expiration du temps fixé, et en donne avis au receveur des domaines. — Ord. 1er août 1827, art. 191; C. forest., art. 213; *Loi sur la pêche fluviale*, art. 79. — V. FORÊTS, PÊCHE.

71. — Le recouvrement des frais se poursuit de la même manière que le recouvrement des amendes, quoique l'art. 197 ne s'en soit pas formellement expliqué. — Il y a parfaite identité de motifs. — Teulet, d'Auvilliers et Sulpicy, *Codes annotés* sur l'art. 197, n° 4. — V. FRAIS ET DÉPENS (crim.)

72. — Le ministère public doit aussi veiller à l'exécution des arrêts qui ordonnent la restitution des objets *pris* au propriétaire. — Ch. Berriat, p. 131. — V. RESTITUTIONS CIVILES.

73. — Lorsqu'il y a une partie civile en cause, c'est à elle seule qu'il appartient de faire exécuter les condamnations pécuniaires qui lui ont été adjugées. — Instr. crim., art. 197. — Toutefois, elle doit recourir au ministère public pour l'exercice de la contrainte par corps. — V. AMENDE, FRAIS ET DÉPENS (crim.), RESTITUTIONS CIVILES, CONTRAINTE PAR CORPS.

74. — De même, lorsque, pour la réparation civile du préjudice résultant d'un fait qualifié délit par la loi, la partie lésée saisit la juridiction ordinaire, le mode d'exécution des condamnations prononcées contre le défendeur est nécessairement le même que celui qui serait ordonné par la juridiction criminelle. — *Paris*, 16 nov. 1833, Barre c. Héloin.

75. — Les tribunaux criminels ne sont pas les seuls dont les décisions ne soient exécutables que par le ministère public ou la partie civile. Il est certaines condamnations qui, bien qu'émanant des juridictions civiles, doivent être également exécutées par les soins du ministère public.

76. — C'est ce qui a lieu, notamment, lorsqu'une peine a été prononcée par une cour royale ou un tribunal de première instance dans les cas prévus par les art. 157 et 308, C. civ., 90 et 91, C. procéd., et 504 à 508, C. instr. crim.

77. — ... Ou encore lorsqu'une peine a été prononcée, soit par un tribunal de commerce, en vertu des art. 504 et 506, instr. crim.; soit par un juge de paix siégeant civilement, en vertu des art. 10 et 12, procéd. civ.; soit enfin par un conseil de prud'hommes d'après les décrets du 11 juin 1809, art. 83 à 35, et du 3 août 1810, art. 4, et que ces condamnations n'ont pas été exécutées immédiatement, comme la plupart peuvent l'être, sur les ordres des magistrats qui les ont prononcées.

78. — Dans ces derniers cas, en effet, ces condamnations demeureraient sans résultat, les tribunaux de commerce, les juges de paix et les conseils de prudhommes, étant incompétens pour les faire exécuter après le prononcé, si le procureur du roi de l'arrondissement ne prêtait son concours à cette

exécution. — Ch. Berriat Saint-Prix, p. 134; de Molènes, *Man. du proc. du roi*, t. 2, p. 47.

79. — De même, aux termes de l'art. 460, C. comm., « les dispositions qui ordonneront le dépôt de la personne du failli dans une maison d'arrêt pour dettes ou la garde de sa personne, seront exécutées à la diligence soit du ministère public, soit des syndics de la faillite. »

80. — Enfin, les ordonnances des juges d'instruction, lorsqu'elles prononcent des condamnations en vertu des art. 34, 80, et 86, instr. crim., sont, comme toutes celles de ces fonctionnaires, exécutées par les soins du procureur du roi. — Inst. crim., art. 28.

§ 2. — *Diligences à remplir en matière d'exécution des jugemens et arrêts criminels.*

81. — Les officiers du ministère public doivent envoyer des extraits des jugemens de condamnation prononcés contre certains fonctionnaires ou individus aux ministres du département duquel ces fonctionnaires ou individus dépendent. — Ch. Berriat-Saint-Prix, p. 135.

82. — Ainsi ils doivent adresser au garde des sceaux, qui les transmet aux ministres compétens (circ. du garde des sceaux du 6 déc. 1840) des extraits des jugemens définitifs qui concernent : — 1° Des militaires en activité, disponibilité ou non activité et avec traitement de réforme; — 2° des militaires jouissant d'une pension de retraite qui sont condamnés à une peine afflictive ou infamante, — 3° des membres de la Légion-d'Honneur; — 4° des gens de mer employés ou appelés au service du roi; — 5° des instituteurs condamnés correctionnellement et disciplinairement; — 6° des imprimeurs; — 7° des faux monnayeurs, même absous, avec un échantillon de chacune des pièces fausses saisies; — 8° des individus condamnés en matière de presse.

83. — Ils doivent aussi adresser au même ministre tous les trois mois une copie du registre tenu au greffe, en vertu des art. 600 et 601 instr. crim. — Même circulaire.

84. — Ils doivent encore adresser au ministre de l'intérieur les signalemens des condamnés en fuite avec la date et la teneur des jugemens qui les concernent. — Même circulaire.

85. — ... Au préfet du département, des extraits des jugemens prononçant des peines en matière de recrutement dans les cas prévus par les art. 38 et 48, L. 21 mars 1832. — Même circul.

86. — ... Au préfet et au procureur général, chaque mois un état des individus placés sous la surveillance de la haute police pendant le mois précédent. — Même circul.

87. — Enfin ils doivent donner avis au procureur général (qui en informe le garde des sceaux) et au recteur de l'académie, de toute condamnation prononcée contre un élève ou un membre de l'université. — Décr. 15 nov. 1811, art. 162; circ. du garde des sceaux, 27 sept. 1822.

Sect. 3e. — *Règles, formes, délais de l'exécution des jugemens et arrêts.*

§ 1er. — *Jugemens et arrêts contradictoires.*

88. — *Arrêts criminels.* — Sous l'empire de l'ordonnance de 1670, il était passé en maxime que l'accusé condamné ne devait pas *coucher sur son jugement*, ce qui était fondé sur l'art. 21, tit. 25 de cette ordonnance. L'arrêt s'exécutait le même jour qu'il avait été rendu. — Carnot, sur l'art. 375 instr. crim.

89. — Aujourd'hui, aux termes de l'art. 375, C. instr. crim., la condamnation doit être exécutée dans les vingt-quatre heures qui suivent les délais mentionnés en l'art. 373 s'il n'y a point eu de recours en cassation, ou en cas de recours, dans les vingt-quatre heures de la réception de l'arrêt de la cour de Cassation qui a rejeté la demande.

90. — Et il ne suffit pas que la cour de Cassation ait prononcé le rejet, il faut encore que l'arrêt de rejet soit parvenu officiellement au procureur général. — Carnot, *ibid.*

91. — Toutefois, il n'est pas nécessaire que la signification de cet arrêt soit faite au condamné. — *Cass.*, 31 mai 1834, Paulin.

92. — En conséquence, le journal frappé de l'interdiction de rendre compte des débats judiciaires doit subir l'effet de cette interdiction à compter du jour du rejet de son pourvoi en cassation contre l'arrêt de condamnation, lors même que l'arrêt de rejet ne lui aurait pas été notifié. — Même arrêt; — Parant, *Lois de la presse*, p. 116, n° 5.

93. — Au surplus, la loi ne prononce aucune peine pour le défaut d'exécution dans les vingt-quatre heures. — Teulet, d'Auvilliers et Sulpicy, *Codes annotés*, sur l'art. 375, n° 4.

94. — Le pourvoi en cassation dirigé contre la condamnation civile est nécessairement suspensif de son exécution, quoiqu'il en soit autrement en matière civile. Ainsi, celui qui a obtenu une condamnation pécuniaire ne peut la mettre à exécution par la voie de la contrainte par corps, au mépris d'un pourvoi en cassation. — *Cass.*, 30 brum. an XIV, Droits réun. c. Besquent; *Rouen*, 17 flor. an XIII, Fauresse c. Enregist.

95. — S'il ne s'agissait que de simples actes conservatoires, on pourrait soutenir qu'ils ne constituent pas une exécution; qu'il suffit d'avoir un titre pour pouvoir les faire, et qu'en ordonnant seulement de surseoir à l'exécution, la loi n'interdit pas les mesures de précaution.

96. — Jugé cependant qu'un jugement ou arrêt attaqué en cassation ne peut autoriser même une simple apposition de scellés pour la conservation des frais de la poursuite. — *Rouen*, 17 flor. an XIII, Fauresse c. Enregist.

97. — Mais le recours de la partie civile peut-il arrêter l'exécution de l'arrêt de condamnation relativement à la vindicte publique? — Suivant Carnot (*ibid.*), l'art. 375 parlant sans restriction du cas où il y a recours en cassation, et voulant qu'alors l'exécution de l'arrêt ne puisse avoir lieu qu'après que l'arrêt de rejet sera parvenu au procureur général; il faut en conclure qu'il suffit d'un recours quel qu'il soit contre l'arrêt de condamnation pour qu'il doive nécessairement être sursis à son exécution.

98. — Il est, dans tous les cas, hors de doute que la disposition qui veut que le pourvoi en cassation soit suspensif en matière criminelle, est applicable à celui du ministère public comme à celui du condamné. — *Cass.*, 20 juill. 1827, Lafitte.

99. — ...Et le procureur général ne pourrait même, en se désistant du pourvoi qu'il aurait formé, faire mettre l'arrêt à exécution. Il faut que la cour statue. — Carnot, sur l'art. 375, C. inst. crim., n° 5.

100. — De même l'arrêt ne pourrait pas être exécuté au préjudice du recours en cassation exercé par la partie condamnée, lors même qu'elle s'en serait désistée, *nemo auditur perire volens*. — Carnot, *ibid.*

101. — L'acquiescement de l'accusé n'autoriserait pas non plus la mise à exécution de l'arrêt de condamnation, avant l'expiration du délai du pourvoi en cassation. — Carnot, sur l'art. 373, C. instr. crim., n° 7.

102. — Mais suffirait-il qu'il y eût déclaration de recours en cassation, pour qu'il dût être sursis à l'exécution de l'arrêt, lors même que le recours serait irrégulier?

103. — S'il y avait simple irrégularité dans la déclaration du recours, il faudrait certainement surseoir; car la cour de Cassation est la seule autorité compétente pour juger la validité de la déclaration. — Carnot, *ibid.*, n° 10.

104. — Il y aurait plus de difficulté si le recours avait été déclaré *hors le délai*; car si le procureur général ne peut se rendre le juge des motifs du retard, il y aurait aussi de grands inconvéniens à autoriser la partie condamnée à arrêter par cette voie indirecte l'exécution de l'arrêt qui aurait prononcé la condamnation.

105. — Cependant, Carnot (*ibid.*) pense encore que dans ce cas il devrait être sursis à l'exécution, puisque l'expiration des délais déterminés par l'art. 373 n'est pas en définitive un empêchement radical à la réception du pourvoi en cassation; et que d'ailleurs le Code d'instruction criminelle a paré à l'inconvénient que nous avons signalé, en chargeant la cour de Cassation de prononcer, toutes affaires cessantes, sur les recours en matière criminelle.

106. — Jugé dans ce sens que l'arrêt de mise en accusation portant renvoi à la cour d'assises ne peut être considéré comme un simple arrêt d'instruction, et qu'en conséquence, le pourvoi contre un tel arrêt, bien que formé tardivement, n'en est pas moins suspensif et n'autorise la continuation de l'instruction que jusqu'aux débats exclusivement. — *Cass.*, 5 juin 1841 (t. 1er 1842, p. 399), Tozzoli c. Ratti.

107. — Toutefois, le même auteur ajoute que si le président de la cour d'assises avait donné à l'accusé l'avertissement requis, et si le greffier s'était transporté à la maison de justice, à la dernière heure du délai, pour interpeller l'accusé de déclarer s'il entend exercer son recours, et que l'accusé ne l'eût néanmoins fait qu'après le délai expiré, alors comme tout motif, toute idée de force majeure disparaîtrait, le procureur général ne pourrait être blâmable de faire mettre l'arrêt à exécution.

108. — Au surplus, il nous paraît évident que l'exécution du jugement attaqué ne devrait pas être suspendue, si le recours n'avait pas de base légale, s'il s'agissait, par exemple, d'un pourvoi en cassation contre un jugement en premier ressort ou d'un pourvoi en cassation après un arrêt de rejet. — Dans ces cas, il devrait être passé outre, autrement les jugemens ne pourraient être exécutés que lorsqu'il plairait aux condamnés de cesser leurs pourvois et leurs oppositions. — Ch. Berriat Saint-Prix, *ibid.*, p. 16.

109. — Bien qu'en principe les arrêts criminels doivent être exécutés dans les vingt-quatre heures qui suivront les délais accordés pour le recours en cassation, néanmoins il doit être sursis à l'exécution dans le cas des art. 27, C. pén., concernant les femmes condamnées à mort qui sont reconnues être enceintes, 379, 443, 444 et 445, C. instr. crim., relatifs soit aux accusés qui pendant les débats ont été inculpés de délits ou crimes emportant des peines plus graves, soit à la nécessité de former devant la cour de Cassation des demandes en révision.

110. — Autrefois, un recours en grace n'était jamais un motif de retarder l'exécution, à moins que le ministre de la justice n'eût envoyé l'ordre de surseoir. — Circ. min. 10 vendém. an XI et 12 messid. an XIII; — Massabiau, n° 2495.

111. — Aujourd'hui, d'après une circulaire ministérielle du 27 sept. 1830, il doit être sursis à l'exécution de tout jugement prononçant une condamnation capitale, quand même il n'existerait aucun recours du condamné, jusqu'à réception des ordres du ministre de la justice. — Massabiau, *ibid.*

112. — Remarquons aussi, et cette remarque s'applique à tous les jugemens criminels, qu'aucune condamnation ne peut être exécutée les jours de fêtes nationales et religieuses. — C. pén., art 25.

113. — Le Code de brumaire exigeait d'une manière formelle que l'exécution se fit sur l'une des places publiques de la commune où le tribunal avait tenu ses séances.

114. — Aujourd'hui il n'y a pas de nécessité que l'exécution soit faite au lieu où siége la cour qui a prononcé la condamnation; l'art. 26, C. pén., porte qu'elle le sera au lieu indiqué par l'arrêt, ce qui laisse à la cour qui prononce la condamnation toute latitude à cet égard.

115. — Jugé dès-lors qu'une cour d'assises peut ordonner que de deux condamnés à mort par le même arrêt et à raison du même crime, l'un sera exécuté dans tel lieu et son coaccusé dans tel autre. — *Cass.*, 17 janv. 1812, N...

116. — ... Et même que la faculté accordée aux cours d'assises, par l'art. 26, C. pén., d'ordonner que l'exécution de leurs arrêts se fera sur la place publique du lieu qu'elles indiqueront, s'entend même des lieux situés hors de leur ressort. — *Cass.*, 22 déc. 1826, Heurtaux c. Daguer.

117. — Jugé aussi que la cour des pairs peut, par arrêt de condamnation, désigner le lieu où devra se faire l'exécution. — *Cour des pairs*, 15 fév. 1836, Fieschi, Morey, Pépin, Boireau et Bescher.

118. — Si l'arrêt ne désigne aucun lieu spécial, son silence n'a d'autre effet que de laisser l'exécution se faire sur une des places publiques de la ville où siége la cour d'assises.

119. — Et il a même été jugé que, dans ce cas, la cour d'assises ne pourrait, sans commettre un excès de pouvoir, désigner un autre lieu par un arrêt postérieur. — *Cass.*, 3 août 1843 (t. 1er 1844, p. 452), Kornemann et Cuny.

120. — Dans tous les cas, l'exécution doit avoir lieu sur une place publique, et la désignation de cette place appartient à l'autorité municipale. Si donc une place publique n'avait pas été affectée d'avance aux exécutions, le ministère public devrait s'adresser au maire de la commune pour s'en faire désigner une. — Ch. Berriat Saint-Prix, *ibid.*, p. 36.

121. — Le greffier du tribunal, et dans les cantons où il n'y a pas de tribunal, le greffier de la justice de paix est tenu d'assister à l'exécution et d'en dresser procès-verbal. — Instr. crim., art. 378.

122. — A cet effet, il se rend soit à l'hôtel de ville, soit dans une maison située sur la place publique où se fait l'exécution et qui lui est désignée par l'autorité municipale. — Décr. 18 juin 1811, art. 52, § 2.

123. — Au contraire les huissiers qui assistent à l'exécution des arrêts criminels, doivent rester près du lieu de l'exécution. — Circ. min. 10 janv. 1812. — Massabiau, n° 2499.

124. — Après l'exécution, le greffier renvoie au parquet l'arrêt accompagné de son procès-verbal, et dans le cas d'exécution à mort, le procureur du roi veille à ce que tous les renseignemens nécessaires pour la rédaction de l'acte de décès soient

adressés par le greffier à l'officier de l'état civil du lieu où le condamné a été exécuté. — C. civ., art. 83.

125. — Enfin, tous arrêts qui condamnent à la peine de mort, des travaux forcés, de la déportation, de la détention, de la réclusion, de la dégradation civique et du bannissement, doivent être imprimés par extrait et affichés dans la ville centrale du département, dans celle où l'arrêt a été rendu, dans la commune du lieu où le crime a été commis, dans celle où doit se faire l'exécution et dans celle du domicile du condamné. — C. pén., art. 36.

126. — A cet effet, le ministère public près la cour qui a rendu l'arrêt en envoie un extrait en forme de placard au procureur du roi de l'arrondissement où il doit être affiché, et celui-ci le transmet au maire de chacune des communes désignées, lequel donne les ordres convenables pour que cet extrait soit affiché conformément à la loi. — Les frais de ces affiches sont à la charge des communes. — Arr. 27 brum. an VI, art. 9 et 10; décr. 18 juin 1811, art. 3, nº 5, et art. 104 et suiv.; instr. gén. 30 sept. 1826, nº 98; L. 18 juill. 1837, art. 50; — Massabiau, nº 2502. — V. au surplus PEINES.

127. — *Jugemens et arrêts correctionnels.* — L'art. 203, C. inst. crim., veut qu'il soit sursis à l'exécution des jugemens correctionnels *pendant le délai d'appel et pendant l'instance d'appel.*

128. — Le délai pour appeler dont parle cet article est celui de dix jours accordé pour appeler au ministère public près le tribunal de première instance, au prévenu et à la partie civile, et non pas celui de deux mois accordé au ministère public près le tribunal d'appel.

129. — Ce délai passé sans qu'il y ait appel, le jugement peut donc être mis à exécution. — Carnot, sur l'art. 203, C. instr. crim., nº 15; Ortolan, *Du ministère public*, t. 2, p. 148; Massabiau, *ibid.*, nº 2403; Ch. Berriat Saint-Prix, *ibid.*, p. 14.

130. — Il a cependant été jugé qu'il doit être sursis à l'exécution des jugemens de police correctionnelle, jusqu'à l'expiration du délai accordé au ministère public près le tribunal d'appel, ou près la cour, pour appeler. — *Cass.*, 17 juin 1819, Berthe; 15 déc. 1814, Gilles. — V. aussi dans ce sens Legraverend, t. 2, p. 405; Boitard, *Leçons sur le Code d'inst. crim.*, p. 354.

131. — Dans ce système, on invoque la jurisprudence qui autorise les juges d'appel à alléger la peine du prévenu condamné en première instance ou même à l'acquitter sur l'appel du ministère public, quoique de son côté il ait négligé ou refusé d'exercer le droit d'appel que la loi lui accordait (*Cass.*, 4 mars 1825, Autard). De là on conclut que le procureur du roi de première instance ne pourrait, sans ravir au condamné le bénéfice de cette jurisprudence, faire exécuter un jugement qui est encore susceptible d'être modifié ou réformé. On insiste enfin sur la présomption d'innocence qui doit exister en faveur du prévenu tant que la condamnation n'a pas acquis un caractère irrévocable. Cependant, il résulte bien clairement de l'art. 203 et de l'ancien art. 206, C. inst. crim., que l'intention du législateur n'a pas été de suspendre l'exécution des jugemens correctionnels pendant plus de dix jours, à moins qu'il n'y eût appel; l'art. 203 le porte même expressément: « Pendant ce délai, y est-il dit, et pendant l'instance d'appel, il sera sursis à l'exécution du jugement. » Ainsi le sursis est limité à dix jours par la loi. Tous les raisonnemens que l'on pourrait faire pour en prolonger la durée à deux mois sont impuissans contre son texte. Et qu'on ne croie pas que cette opinion soit contraire à la raison. Le droit d'appel réservé au procureur général ou au procureur du roi du chef-lieu est un droit exorbitant. Le législateur a dû penser qu'il ne serait exercé que dans des cas extrêmement rares, et c'est ce qui a lieu. Comment, dès-lors, dans une prévision tout à fait exceptionnelle, aurait-il suspendu généralement pendant un si long délai l'exécution des jugemens correctionnels? Un pareil retard détruirait tout l'effet moral de la condamnation, laisserait au condamné non détenu trop de facilités pour se soustraire par la fuite à l'exécution de la peine et entraverait la marche de la justice criminelle. On peut s'en rapporter aux prévenus pour la défense de leurs intérêts. Celui qui n'a pas appelé dans le délai qui lui a été accordé par la loi ne saurait être admis à invoquer le bénéfice éventuel d'un droit d'appel qui ne lui appartient pas. Il suffit, en définitive, que l'exécution poursuivie ou autorisée par le procureur du roi de première instance ne nuise pas au droit du procureur du roi près le tribunal d'appel ou du procureur général.

132. — La mise en liberté des prévenus acquittés peut aussi être suspendue pendant trois jours, afin que le ministère public ait le temps d'examiner sur la minute du jugement s'il y a lieu pour lui d'en relever appel. Toutefois leur mise en liberté ne pourrait être différée plus long-temps, si aucun appel n'avait été déclaré ou notifié pendant ce délai. — C. inst. crim., art. 206.

133. — ...Et quoique l'art. 206 dise d'une manière générale: *lorsqu'aucun appel n'aura été déclaré*, nous pensons néanmoins que si la partie civile seule avait appelé, le prévenu contre lequel la peine de l'emprisonnement n'a pas été prononcée et qui cependant se trouve en état d'arrestation, pourrait être mis en liberté.

134. — En effet, l'appel de la partie civile ne peut produire d'effet que dans son intérêt; et l'arrestation du prévenu intéresse uniquement l'ordre public. De plus, il y a présomption légale que le prévenu ne s'est rendu coupable d'aucun délit, lorsqu'il est intervenu un jugement en sa faveur et que l'officier du ministère public attaché près le tribunal qui l'a rendu ne s'est pas porté appelant. — V. aussi Carnot, sur l'art. 206, nº 3.

135. — Quant aux jugemens et arrêts correctionnels rendus en dernier ressort, l'exécution peut avoir lieu le cinquième jour après le prononcé, lorsqu'il n'y a pas eu de pourvoi. — C. inst. crim., art. 177, 216 et 373. — En effet, on a décidé que le délai du pourvoi étant de trois jours francs, ce pourvoi était encore recevable le quatrième jour; le jugement ou l'arrêt ne devient donc exécutoire que le cinquième jour.

136. — *Jugemens de simple police.* — Les jugemens de simple police ne sont exécutoires que le onzième jour qui suit leur signification à personne ou domicile, s'il n'y a pas eu d'appel. — Instr. crim., art. 172, 173 et 174.

137. — Bien que l'art. 173 se borne à déclarer *l'appel suspensif*, sans rien statuer sur le temps intermédiaire depuis la signification du jugement à l'expiration du délai d'appel, tandis que l'art. 203, qui s'occupe de l'appel des jugemens correctionnels, porte au contraire qu'il sera sursis à leur exécution *pendant le délai de l'appel* et pendant l'instance d'appel, on ne peut conclure de cette différence de rédaction entre les deux articles qu'il ait été dans l'intention du législateur que les jugemens émanés du tribunal de police puissent être mis à exécution pendant le délai de l'appel. — En effet, les jugemens de police ne sont pas plus susceptibles d'exécution provisoire que les jugemens correctionnels; ceux-là comme ceux-ci n'étant pas réparables en définitive. — Carnot, sur l'art. 173, C. instr. crim., nº 1er.

138. — Si le jugement a été rendu en dernier ressort, la règle est la même que pour les jugemens et arrêts correctionnels rendus aussi en dernier ressort.

139. — C'est ainsi qu'il a été jugé qu'un tribunal de simple police excède ses pouvoirs en ordonnant l'exécution de son jugement, avant l'expiration des trois jours accordés par la loi pour le pourvoi en cassation. — *Cass.*, 14 juill. 1809, intérêt de la loi.

§ 2. — *Jugemens et arrêts par défaut.*

140. — *Arrêts criminels.* — Si le contumax est condamné, la condamnation est exécutée par effigie dans les trois jours de la prononciation. — C. inst. crim., art. 472.

141. — Comme le fait remarquer avec raison M. Massabiau (*ibid.*, nº 2463), ce délai est évidemment trop court et sera presque toujours dépassé, surtout quand l'exécution devra avoir lieu dans une autre ville que celle où l'arrêt a été prononcé.

142. — Aux termes de l'art. 472, C. instr. crim., cette exécution a lieu comme suit: un extrait de condamnation est affiché à la diligence du procureur général ou de son substitut, par l'exécuteur des jugemens criminels, à un poteau planté au milieu de l'une des places publiques de la ville chef-lieu de l'arrondissement où le crime a été commis

143. — Cette dernière disposition apporte un changement à ce qui se pratiquait sous l'empire du Code de brumaire an IV, qui voulait que l'exécution se fît au lieu où le tribunal tenait ses séances. — Le motif des législateurs a été qu'un exemple de justice produit toujours plus d'effet lorsqu'il est donné sur le lieu où le crime a été commis.

144. — Toutefois, nous pensons que la disposition de cet article n'est pas de rigueur, et que l'art. 26, C. pén., d'une date postérieure au Code d'instruction criminelle, renferme une disposition générale qui autorise les cours à indiquer le lieu de l'exécution. — V. aussi Carnot, sur l'art. 472, C. inst. crim., nº 1er.

145. — Le Code de 1791, 1re partie, tit. 2, art. 2, avait fixé la durée de l'affichage de l'arrêt rendu par contumace d'après la gravité de la peine prononcée. Cette durée était de douze heures pour la peine de mort, de six pour les fers et la réclusion, de quatre pour la gêne, et de deux heures pour la détention, la dégradation civique et le carcan.

146. — Le Code actuel ne contient aucune règle semblable; mais il est bien évident, d'après le texte de l'art. 472: *un poteau placé au milieu d'une place publique*, que l'apposition de cette affiche n'a rien de permanent.

147. — Dès-lors, nous pensons, avec M. Ch. Berriat-Saint-Prix (*ibid.*, p. 64), que la durée de l'exposition, fixée par l'art. 22, C. pén. (une heure), est de nature à remplir le vœu de la loi. — C'est, du reste, ce qui s'observe généralement dans la pratique.

148. — Le greffier doit assister aux exécutions par effigie et en dresser procès-verbal.

149. — L'ordonn. de 1670 ordonnait que le procès-verbal d'exécution par effigie serait mis au pied du jugement, signé du greffier seulement, et il a même été jugé que cette signature n'était pas imposée à peine de nullité; et qu'elle pouvait être suppléée par des signatures et des actes qui, de leur nature, constatent l'exécution par effigie avec la même certitude et authenticité (notamment par un procès-verbal signé et déposé au greffe par un huissier, sur l'ordre de l'autorité compétente)... surtout lorsque ces signatures et ces actes étaient autorisés par l'usage reçu dans le lieu où l'exécution a été faite. — *Cass*, 2 avr. 1844 (t. 1er 1844, p. 689), David c. Fouyer.

150. — Pour les arrêts de cours d'assises rendus en matière politique ou de presse, l'exécution peut avoir lieu le dixième jour après la signification qui en est faite à personne ou domicile, ce qui comprend le délai de cinq jours pour former opposition et celui de quatre jours pour se pourvoir en cassation, outre un jour par trois myriamètres. — LL. 9 sept. 1835, art. 25; 8 avr. 1831, art. 3. — La loi de 1835 ne fait pas mention, il est vrai, de l'augmentation à raison des distances; mais, comme elle ne déroge pas sur ce point à la loi de 1841, le délai d'augmentation doit être observé. — Ch. Berriat, *ibid.*, p. 15; De Grattier, *Lois de la presse*, t. 2, p. 385.

151. — *Jugemens et arrêts correctionnels.* — Les jugemens correctionnels rendus en premier ressort sont exécutoires le onzième jour après la signification du jugement à personne ou domicile, outre un jour par cinq myriamètres, lorsque dans l'intervalle il n'y a eu contre le jugement ni opposition ni appel. En matière correctionnelle, en effet, les délais d'opposition et d'appel courent simultanément. — Ch. Berriat, *ibid.*, p. 13.

152. — Pour les arrêts et les jugemens rendus en dernier ressort, l'exécution peut avoir lieu le dixième jour après la signification qui en a été faite à personne ou domicile, ce qui comprend le délai de cinq jours pour former opposition et celui de quatre jours pour le pourvoi en cassation, sans parler de l'augmentation d'un jour par cinq myriamètres.

153. — Suivant M. Ch. Berriat Saint-Prix (*ibid.*, p. 63), l'art. 472 relatif à l'exécution par effigie des jugemens de contumace serait également applicable aux matières correctionnelles, en sorte qu'il y aurait lieu d'exécuter aussi par l'affiche les condamnations correctionnelles. Nous ne saurions adopter cette opinion. Il nous paraît résulter formellement et du texte et de l'esprit de l'art 472 que cette disposition doit être exclusivement restreinte aux matières criminelles.

154. — *Jugemens de simple police.* — Les jugemens par défaut rendus en premier ressort par les tribunaux de simple police sont, comme les jugemens contradictoires, exécutoires le onzième jour qui suit leur signification à personne ou domicile, pourvu qu'il n'y ait eu ni opposition ni appel. — Instr. crim., art. 151, 172, 173, 174. — Il y a lieu aussi à augmentation d'un jour par trois myriamètres de distance.

155. — Si le jugement est en dernier ressort, il est exécutoire le huitième jour après la signification à personne et à domicile, ce qui comprend le délai de trois jours pour former opposition et celui de quatre jours pour se pourvoir en cassation, ce dernier délai ne pouvant courir que de l'expiration du premier, c'est-à-dire du moment où le jugement est devenu définitif. Le tout sans parler de l'augmentation d'un jour par trois myriamètres. — Instr. crim., art. 151, 177, 373.

EXÉCUTION PROVISOIRE.

Table alphabétique.

EXÉCUTION PROVISOIRE. — 1. — Se dit de l'exécution d'une décision judiciaire pratiquée nonobstant le recours exercé contre cette décision.

2. — En matière civile, l'appel et l'opposition suspendent, en général, l'exécution des jugemens rendus par défaut ou en premier ressort seule-ment ; mais l'application absolue de ce principe tutélaire, que Boncenne considère comme dérivant du droit des gens, eût souvent entraîné de graves inconvéniens que prévient l'exécution provisoire, c'est-à-dire l'exécution des jugemens, malgré l'opposition ou l'appel.

3. — La loi a, en conséquence, déclaré avec beaucoup de sagesse que, dans certains cas déterminés, les juges pourraient, et que même, dans d'autres circonstances, ils devraient ordonner l'exécution provisoire de leurs décisions.

4. — En matière criminelle, correctionnelle, et de simple police, l'exécution des jugemens est suspendue par l'opposition, l'appel ou le recours en cassation. Le principe est rigoureux, et ne peut recevoir aucune atteinte.

5. — Un tribunal de simple police excède ses pouvoirs en ordonnant l'exécution provisoire de son jugement. — Cass., 24 therm. an XII, Pierre Houdel ; 2 juill. 1807, Molneaux ; 14 juill. 1809 (bul. de la loi) ; Toulouse, 29 août 1834, Malé et Casaux ; — Bourguignon, Man. d'inst. crim., t. 1er, p. 267 ; Carnot, Inst. crim., t. 1er, p. 646, no 28 ; Legraverend, t. 2, ch. 8, p. 352 ; Carnot, t. 1er, p. 719, nos 1er et suiv.

6. — On ne saurait, sous aucun prétexte, infliger une peine à un individu qui a encore un moyen légal de prouver son innocence et de se faire décharger des condamnations prononcées contre lui. — V. EXÉCUTION DES JUGEMENS CRIMINELS.

7. — Toutefois, bien que l'appel des jugemens rendus par les tribunaux de paix ou de première instance, pour délits d'audience, en vertu des art. 10, 11, 89 et 90, C. procéd., se porte devant le tribunal correctionnel, il n'est pas suspensif. — Cass., 25 mars 1812, Gaillard. — V. DÉLIT D'AUDIENCE, nos 14 et suiv.

SECT. 1re. — De l'exécution provisoire devant les tribunaux de première instance (no 8).

SECT. 2e. — De l'exécution provisoire devant les tribunaux d'appel. — Défense (no 145).

SECT. 3e. — De l'exécution provisoire devant les tribunaux de commerce (no 493).

SECT. 4e. — De l'exécution provisoire devant les justices de paix (no 231).

—

Sect. Ire. — De l'exécution provisoire devant les tribunaux de première instance.

8. — Caractère de l'exécution provisoire. — L'exécution provisoire est une mesure exorbitante du droit commun. Elle ne peut donc avoir lieu que dans les cas expressément prévus par la loi.

9. — Elle a pour base, ou la faveur due au titre, et alors elle est de droit, en ce sens que les juges ne peuvent la refuser ; ou l'urgence, et dans cette hypothèse elle est facultative, en ce sens que les tribunaux sont appréciateurs de l'urgence. — C. procéd., art. 135 et 155.

10. — Dans le premier cas, l'exécution provisoire doit être ordonnée, nonobstant appel, tandis que dans le second elle peut au contraire l'être, suivant la gravité du péril, non seulement nonobstant appel, mais encore nonobstant opposition. — C. procéd., art. 130 et 155.

11. — Au surplus, dès qu'il y a péril en la demeure, l'incontestable que la généralité des termes de l'art. 155 permet aux tribunaux de rendre exécutoire, nonobstant opposition, une condamnation fondée en titre. — Carré et Chauveau, ibid.

12. — L'exécution provisoire est ordonnée avec ou sans caution, quand il y a titre ; avec caution seulement, lorsqu'il y a urgence. — C. procéd., art. 135 et 155.

13. — Dans les cas où les tribunaux sont tenus aujourd'hui de prononcer l'exécution provisoire, l'ordonnance de 1667, tit. 45, art. 17, voulait que l'effet n'eût lieu qu'en donnant caution. Le Code décide le contraire par application de la maxime que provision est due au titre. — C. procéd., art. 135 ; — Carré et Chauveau, quest. 583.

14. — Dans les autres cas où l'exécution provisoire est facultative, le législateur a également abandonné aux tribunaux le soin d'imposer la garantie de la caution ou d'en dispenser. Il ne faut pas, en effet, que celui qui se trouve hors d'état de fournir une caution soit privé du bénéfice de l'exécution provisoire. — Carré et Chauveau, ibid. — Exposé des motifs et rapport au corps législatif.

15. — Pour que l'exécution puisse être autorisée même dans le cas où la loi l'autorise, il faut, du reste, qu'elle soit expressément demandée par les parties ; la prononcer d'office, ce serait juger ultra petita. — Rennes, 9 juill. 1810, Codroly c. faillite G...; 27 août 1819, Perrin c. N...; Toulouse, 4 fév. 1820, Dejean c. Demeurs ; Grenoble, 15 déc. 1820, Trillat c Guy ; Lyon, 22 juin 1831, Caché c. Millet et Henry ; Bordeaux, 16 août 1833, Ginet c. Dufourdieu ; Pigeau, t. 1er, p. 443 et 322 ; Carré et Chauveau, t. 4er, quest. 583 ; Thomine, t. 1er, p. 263 ; Boncenne, t. 2, p. 579 ; Boitard. t. 1er, p. 366. — V. contrà Limoges, 11 juin 1828, Chalard c. Falaise ; Paris, 26 août 1810 (t. 2 1840, p. 744), Gontières c. Burgeon ; — Delaporte. t. 1er, p. 445.

16. — Il faut également conclure à la dispense de caution. — Rennes, 27 août 1829, Perrin c. N...

17. — L'exécution n'est pas, en effet, d'ordre public, c'est une mesure toute dans l'intérêt des parties.

18. — Mais les conclusions tendant à l'exécution provisoire peuvent être posées en tout état de cause, pourvu que ce soit avant le jugement. — Carré et Chauveau, quest. 582 bis et 206.

19. — Est nulle la disposition d'un jugement qui ordonne l'exécution provisoire lorsqu'il est établi, par les qualités du jugement, qu'elle n'a été demandée qu'après le prononcé, quoique du dispositif il semble résulter qu'elle ait été réclamée auparavant. — Toulouse, 4 fév. 1820, Dejean c. Demeurs.

20. — Si le défendeur fait défaut, la partie qui a omis de réclamer l'exécution provisoire dans l'exploit introductif d'instance ne peut y conclure additionnellement qu'en donnant une nouvelle assignation à cette fin.

21. — Une fois le jugement par défaut obtenu, le demandeur ne saurait se désister du bénéfice de ce jugement pour réclamer l'exécution provisoire dans une instance nouvelle. — Pigeau, Comm. t. 2, p. 342 ; Bioche et Goujet, vo Jugement par défaut, no 13 ; Berriat, p. 367, no 2 ; Merlin, vo Désistement ; — Nîmes, 18 mars 1819, N...; Orléans, 23 juill. 1848, Bernard c. Desache ; Toulouse, 16 août 1825, Thomas c. Deloncle ; Paris, 1er mars 1831, Renault c. Chassaigne ; arg. Toulouse, 18 déc. 1835, Michel c. Montel. — Carré-Chauveau, quest. 588 quing.; Favard, t. 3, 469 ; Pigeau, Comm., t. 1er, p. 342 ; Thomine, no 420. — Contrà Bruxelles, 13 déc. 1810, Massman c. Glyquière.

22. — Mais l'opposition formée au jugement par défaut permettrait à la partie d'augmenter ses conclusions et de la réclamer contradictoirement. — Nîmes, 18 mars 1819, N...; Orléans, 23 juill. 1848, Bernard c. Desache ; Toulouse, 16 août 1825, Thomas c. Deloncle ; arg., Paris, 1er mars 1831, Renault c. Chassaigne.

23. — Il importerait peu, au surplus, que le premier jugement eût refusé au demandeur l'exécution provisoire ; celle-ci pourrait être ordonnée sur l'opposition. — Toulouse, 16 août 1825, Thomas c. Deloncle ; arg., Paris, 1er mars 1831, Renault c. Chassaigne.

24. — De son côté, la partie qui a formé opposition à un jugement par défaut déclaré exécutoire par provision, nonobstant opposition ou appel, peut soumettre à la décision sur le fond demander au tribunal de rétracter la disposition relative à l'exécution provisoire. — Cass. belge, 10 juin 1834, de Rosée c. de Cesve.

25. — L'exécution provisoire ordonnée par un jugement par défaut est tacitement maintenue par le second qui intervient sur l'opposition et la déclare non-recevable ou mal fondée. Ce second jugement n'a pas besoin de faire déclarer exécutoire par provision. — Carré-Chauveau, quest. 588 quinq. — Contrà Bordeaux, 20 août 1831, Nonbalade c. Nègre.

26. — L'exécution provisoire ordonnée par un jugement par défaut est tacitement maintenue par le second qui intervient sur l'opposition et la déclare non-recevable ou mal fondée. Ce second jugement n'a pas besoin de faire déclarer exécutoire par provision.

27. — Si l'exécution provisoire doit être nécessairement demandée pour être ordonnée, elle ne peut être pratiquée qu'autant qu'elle a été prescrite par un jugement. Ceci est un principe général incontestable en matière civile.

28. — Cependant certains jugemens sont exécutoires par provision et sans décision de juges, par la seule force de la loi, en ce sens qu'il faut qu'ils soient provisoirement exécutés. — Boncenne, t. 2, p. 579 ; Favard, t. 3, p. 462, no 20 ; Delaporte, t. 2, p. 18 ; Bioche, vo Jugement, no 458 ; Carré-Chauveau, quest. 584.

29. — Tels sont : 1o ceux qui ordonnent des mesures pour la police de l'audience (C. procéd. civ.,

art. 88, 90). — V. DÉLIT D'AUDIENCE, nos 14 et suiv. — 2o Ceux qui prononcent des amendes contre les témoins défaillans (art. 263). — V. ENQUÊTE. — 3o Ceux qui statuent sur les récusations d'experts (art. 312). — V. EXPERTISE. — 4o Ceux qui ordonnent la délivrance par un notaire ou un autre dépositaire d'expédition d'actes ou un compulsoire (art. 848). — V. COMPULSOIRE, COPIE. — 5o Les ordonnances des juges-commissaires qui statuent sur les interpellations de témoignage dans les enquêtes (art. 276). — V. ENQUÊTE. — 6o Ceux qui statuent sur les réceptions de cautions (art. 521. — V. CAUTION. — 7o Enfin les jugemens rendus sur les instances dans lesquelles l'agent du trésor public a été partie, soit en demandant, soit en défendant (L. 11 fructid. an V, art. 1er).

30. — La question s'est élevée de savoir si le jugement interlocutoire qui ordonne une enquête n'était pas exécutoire par provision *de plano*. La négative a été décidée. — V. ENQUÊTE, nos 316 et 312.

31. — Il ne faut pas confondre les demandes à fin d'exécution provisoire avec les demandes provisoires, bien que dans l'un et l'autre cas, il s'agisse en définitive d'une exécution provisoire. Les premières portent sur le fond même du droit, c'est la condamnation définitive qui est exécutée. Le juge se trouve donc dessaisi de l'affaire, tandis que dans les autres il ne s'agit que de statuer sur un simple incident qui, par lui-même, ne présente rien de définitif et qui ne lie en aucune manière le juge dont il émane.

32. — Les jugemens qui statuent par provision sont toujours provisoirement exécutoires, car ils ne sont rendus que pour obvier à l'inconvénient d'attendre le jugement définitif. — Carré et Chauveau, quest. 585; Pigeau, *Comm.*, t. 2, p. 33; — *Contrà* Boncenne, t. 2, p. 578.

33. — ...Sans qu'une caution puisse être exigée. — Pigeau, *ibid.*

34. — Les ordonnances de référé statuant toujours par provision, dans des cas urgens sont exécutoires nonobstant appel, sans préjudicier au fond, et sans caution, à moins que le juge n'ordonne qu'il en soit fourni une. Elles ne sont pas susceptibles d'opposition. — C. procéd. civ., art. 806 et 809. — V. RÉFÉRÉ.

35. — *Cas où l'exécution provisoire doit être ordonnée.* — L'exécution provisoire, sans caution, doit être ordonnée s'il y a titre authentique, promesse reconnue, ou condamnation précédente par jugement dont il n'y ait pas appel. — Art. 135, § 1er.

36. — *S'il y a titre authentique* : En ce cas, comme dans tous ceux énoncés dans le § 1er de l'art. 135, l'exécution provisoire est de droit; il suffit de la requérir. — *Toulouse*, 2 août 1828, comm. d'Ax c. préfet de l'Ariége; 4 août 1828, d'Aragon c. Siregaud; — Boncenne, t. 2, p. 574.

37. — Une qualité reconnue et de laquelle dérive nécessairement un droit ou une obligation peut être assimilée à un titre authentique. — Carré et Chauveau, quest. 588 *quat.*

38. — Il y a donc titre authentique dans le sens de l'art. 135 : 1o lorsque le droit est fondé sur la qualité de fils cohéritier, actionnant en partage son frère, détenteur des biens de la succession. — *Cass.*, 1er fév. 1815, Bournifien; — Carré et Chauveau, quest. 588 *quat.*; Favard, vo *Jugement*, t. 3, p. 163; Bioche et Goujet, vo *Jugement*, no 244. — Toutefois, M. Coffinières (*Journ. av.*, t. 12, p. 681) élève des doutes sur cette doctrine en signalant le danger qu'il y aurait à mettre à exécution un partage irrrégulier.

39. — Il en serait autrement si, après le partage, des contestations s'élevaient entre les cohéritiers, soit sur les opérations du partage, soit sur les demandes en rapport. — *Agen*, 20 juill. 1830, Dagurand; — Carré et Chauveau, Bioche et Goujet, *ibid*; — *contrà* Thomine, t. 1er, no 154.

40. — 2o ... Dans le cas où un héritier en instance avec son cohéritier sur la liquidation de la succession qui leur est commune, justifie dès à présent qu'il sera en définitive déclaré créancier de son cohéritier, pour une somme considérable. — *Cass.*, 26 juill. 1826, Duclos et Lemonnier c. Despinay Saint-Luc.

41. — ... 3o Lorsque le jugement n'est que l'exécution d'un autre jugement antérieur et d'un arrêt qui l'a confirmé. — *Cass.*, 14 fév. 1828, Mothe-Lafon c. Baqué; — Carré et Chauveau, Bioche et Goujet, *ibid.*

42. — Par exemple, le jugement qui nomme le caissier d'une faillite est un titre suffisant pour autoriser l'exécution provisoire du jugement postérieur à rendre ses comptes ou à la restitution des sommes qu'il a reçues en cette qualité. — *Cass.*, 16 juill. 1817, L. c. Lodereau; *Paris*, 1er mars 1835, Renault c. Chassaigne; — Favard, Carré et Chauveau, Bioche et Goujet, *eod. loc.*

43. — L'exécution provisoire doit encore être ordonnée par le jugement qui statue sur un obstacle mis à l'exécution d'un jugement rendu pendant l'instance, et ayant acquis, par l'acquiescement de toutes les parties, force de chose jugée. — *Cass.*, 12 mars 1845 (t. 1er 1846, p. 459), de Calvincourt c. Pryrelongue. — V. au surplus Benech, *Des juges de paix*, no 364.

44. — ... 4o Lorsque le jugement ordonne l'exécution d'un contrat de mariage relativement à la restitution du principal et des intérêts de la dot. — *Limoges*, 3 avr. 1816, Bayle c. Faucher; — Carré et Chauveau, Bioche et Goujet, *ibid.*; Berriat, p. 57.

45. — ... 5o Lorsque la demande est fondée sur un borderau de collocation. — *Grenoble*, 22 août 1831, Michel c. Cuzel; — mêmes auteurs.

46. — ... 6o Quand le jugement ordonne le paiement des arrérages d'une rente dont le titre est reconnu par des arrêts. — *Rennes*, 21 janv. 1813, Olive c. Levesque; — mêmes auteurs.

47. — ... 7o Lorsque le jugement prescrit l'exécution d'un testament olographe légalement reconnu. — *Nîmes*, 25 mars 1819, Sautel c. d'Authoine; — mêmes auteurs. — V. *Contrà* Loiseau, p. 464; Delvincort, p. 391; Thomine, t. 1er, p. 262.

48. — ... Ou celle d'un testament mystique. — Toullier, 9 sept. 1829, Goursier c. Sallegourde; — *Bordeaux*, t. 3, p. 511.

49. — Le légataire universel qui a obtenu l'envoi en possession provisoire doit-il être maintenu en possession, lorsque les héritiers non réservataires dénient l'écriture du testament? En ce cas, le testament forme-t-il un autre titre auquel provision soit due? — Pour l'affirmative V. *Turin*, 10 janv. 1809, Sannazard c. Vallino; *Caen*, 4 avr. 1812, Morin; *Bourges*, 16 juill. 1827, Branlot c. Biget; *Bordeaux*, 19 déc. 1827, Neyrat c. Senailhac; *Cass.*, 28 déc. 1824, Graille c. Vella; 10 août 1825, Larguier c. Salles; 16 juin 1830, Poulain; 20 mars 1833, Cousin c. Lot; *Toulouse*, 12 nov. 1829, Demarre c. Grimand; *Rennes*, 13 juin 1835, Pelée c. Bouvet; *Colmar*, 25 juill. 1835, Cappaun c. Schreiner; *Bastia*, 25 juin 1838 (t. 1er 1839, p. 397), Panza; *Bordeaux*, 28 janv. 1843 (t. 1er 1844, p. 244), Grugier et Regaud c. Bezian; *Cass.*, 28 mai 1843 (t. 2 1843, p. 29), Girod et Thomagey c. Jacquemet.; *Toulouse*, 23 août 1842 (t. 2 1844, p. 608), Sicard c. Durand; — Toullier, t. 5, no 503; Grenier, *Don.*, t. 1er, no 292. — V. *contrà Colmar*, 10 juill. 1807, Guillemot; *Turin*, 18 août 1810, Dapassano c. Valleno; *Metz*, 3 mai 1815, Flecheux c. Vasson; *Bourges*, 4 avr. 1827, Pouillat c. Branlart; *Amiens*, 25 janv. 1823, Dutron c. l'évêque d'Amiens; *Rouen*, 11 avr, 1829, Fleury c. Sewal; *Bourges*, 10 mars 1834, Merlin c. Chemineau; *Lyon*, 12 mars 1839 (t. 2 1839, p. 561), Berger c. Girod; 21 août 1840 (t. 1er 1841, p. 400), Guichard c. Mollard; *Aix*, 12 juin 1840 (t. 2 1840, p. 341), D. c. R.; *Toulouse*, 16 nov. 1839 (t. 1er 1840, p. 50), Harvarden c. Bonnet; — Delvincourt, t. 2, p. 292; Merlin, t. 17, *Rép.*, vo *Testament*, sect. 2e, § 4, art. 6, 5e édit.; Duranton, t. 9, p. 246; Carré et Chauveau, t. 1er, quest. 779; Pigeau, *Comm.*, t. 1er, p. 424; Boncenne, t. 3, p. 453 à 460. — V. au surplus LEGS, TESTAMENT.

50. — Quand l'envoi en possession n'a pas été prononcé et que l'écriture est deniée, il est généralement admis que c'est au légataire universel qu'incombe la preuve de l'écriture.

51. — ... 8o Lorsque le jugement rejette une demande en nullité d'une assignation à bref délai donnée en vertu d'une ordonnance du juge. — *Colmar*, 18 déc. 1827, Thys c. Weber; — Carré-Chauveau, Bioche et Goujet, *ibid.*

52. — ... 9o Lorsqu'il est fondé sur un acte passé dans les formes authentiques, en pays étrangers. — Mêmes auteurs.

53. — ... Ou sur un acte passé en France par des étrangers devant le consul de leur nation. — *Rennes*, 6 avr. 1835, Landaluze c. Sarmento. — Mêmes auteurs.

54. — ... 10o Lorsque le jugement fixe le jour de l'adjudication d'un immeuble saisi, après que toutes les demandes du saisi ont été rejetées par des jugemens et arrêts inattaquables. — *Cass.*, 14 fév. 1828, Mothe c. Lafon.

55. — ... 11o Lorsqu'il est fondé sur un procès-verbal d'admission au passif d'une faillite. — *Bordeaux*, 2 déc. 1828, Gaudichaud c. Mauduy; — Bioche et Goujet, vo *Faillite*, no 279.

56. — ... 12o Ou sur la possession d'objets mobiliers, dans une contestation relative à ces meubles. — *Bordeaux*, 21 déc. 1822, Francis c. Pierre-Jean.

57. — Jugé même que l'exécution provisoire peut être ordonnée par le jugement qui rejette une demande en distraction d'objets mobiliers saisis, si la saisie a été faite en vertu d'un titre authentique, bien que le saisissant n'ait pas un titre de cette nature contre le revendiquant. — *Bordeaux*, 5 mars 1831, Laborde-Lacroix c. Bechet.

58. — ... 13o Lorsqu'un arrêt, pour accorder une provision à l'un des associés, se fonde sur l'acte même d'association et sur ce que l'associé, ayant reçu seul les produits de l'association, en doit tenir compte à son associé. — *Cass.*, 8 janv. 1837 (t. 1er 1840, p. 242), Parmentier et Stiefvater c. Grellet.

59. — ... 14o Lorsque pour ordonner, au profit de propriétaires d'usines, la destruction provisoire de travaux illégalement exécutés sur un cours d'eau par des riverains, le jugement se fonde sur les ordonnances royales qui autorisent l'établissement de ces usines et les réglemens administratifs relatifs aux formes à suivre pour faire des constructions à eau. — *Caen*, 7 mai 1821; — Daviel, *Prat. des cours d'eau* et l'append., vo *Sursis*, nos 437 et suiv.

60. — La jurisprudence s'accorde, comme on le voit, à interpréter d'une manière large l'expression *titre authentique*, dont se sert l'art. 135. — Toutefois, la cour de Colmar a décidé, par un arrêt qui se trouve en opposition avec tous ceux que nous venons de rapporter, que l'art. 13 était limitatif, et qu'on ne saurait admettre d'équivalent au titre authentique. — *Colmar*, 2 déc. 1815, Sutter c. Selmersheim. — V. aussi *Rennes*, 27 août 1819, Perrin c. N...

61. — Il a été jugé que l'on peut obtenir par provision, nonobstant appel et sans caution, une provision alimentaire de celui qui administre un bien dont il doit compte. — *Rennes*, 28 mars 1821, Bonnet c. comm. Saint-Georges.

62. — ... Et qu'on peut également, pendant une instance en désaveu de paternité, adjuger une provision à l'enfant sans qu'il soit tenu de donner caution. — *Aix*, 6 avr. 1807, Fredy c. Saint-Georges; — Carré sur Chauveau, quest. 588 *quat.*

63. — Mais il est à remarquer que, dans ces deux espèces, il s'agissait plutôt de *demandes provisoires* que de *demandes à fin d'exécution provisoire*. — V. *suprà* no 31.

64. — La donation faite à un mineur et acceptée par son tuteur, sans autorisation du conseil de famille, n'étant frappée que d'une nullité relative, le jugement qui la reconnaît peut ordonner l'exécution provisoire sans caution. — *Metz*, 27 avr. 1824, Destable c. Fourny.

65. — Le porteur d'un titre authentique dont l'exécution résulte d'une condition qui est arrivée ne peut pas être arrêté dans l'usage qu'il en veut faire; du moment qu'il s'adresse à un tribunal pour faire déclarer que la condition prévue est arrivée, l'exécution provisoire est une conséquence nécessaire du jugement qui fait droit à sa demande. — *Orléans*, 14 août 1816, N...

66. — Il est généralement admis que, dans le cas de résolution d'une vente fondée sur l'inexécution des conditions de la part de l'acquéreur, l'exécution provisoire doit être ordonnée si le titre est authentique. — *Bordeaux*, 19 juin 1835, Vicarie c. Abaudie; *Nîmes*, 4 juin 1828, Bringer c. Bourguet. — V. *contrà Douai*, 11 oct. 1834, N...

67. — Jugé toutefois qu'il en doit être autrement si l'acte authentique ne contient aucune disposition relative à l'inexécution. — *Toulouse*, 8 déc. 1818, Luquet c. Galmery.

68. — Mais il nous semble qu'il n'est pas besoin que la clause résolutoire soit insérée dans l'acte de vente. Nous pensons également qu'il est indifférent que l'acte soit authentique ou sous seing-privé, si d'ailleurs il est reconnu.

69. — Quand le titre authentique est contesté, soit en la forme, soit au fond, ou quand on lui oppose un autre titre, y a-t-il lieu à exécution provisoire? — Cette question a été d'abord assez vivement controversée. Pour la négative, on prétendait que l'art. 135 n'avait en vue que le titre reconnu. — V. en ce sens *Limoges*, 16 mars 1816, Loullier c. Boussales; *Rennes*, 4 mars 1817, N...; *Riom*, 12 oct. 1818, Soret c. Colon; *Metz*, 11 mars 1824, Destable c. Fourny; — Carré, quest. 577. — Mais le système contraire a prévalu avec raison. En effet, la loi ne distingue pas, et provision est due au titre. — *Nîmes*, 25 mars 1819, Santet c. d'Authoine; *Bordeaux*, 9 sept. 1829, Goursier c. Sallegourde; *Orléans*, 11 fév. 1835, Courtemanche c. Jolly; *Bordeaux*, 19 août 1835, Leribaud c. Dupuy; 1er sept. 1840 (t. 1er 1841, p. 358), Malètra c. Maibot; *Agen*, 5 mai 1824, M... c. Marseillan; — Chauveau sur Carré, quest. 577; Boitard, t. 1er, no 379; Pigeau, *Comm.*, t. 1er, p. 320.

70. — M. Thomine (t. 1er, p. 260), tout en approuvant la doctrine de Carré, enseigne cependant que, pour suspendre l'exécution provisoire, il faut que la contestation soit sérieuse : autrement, un débiteur de mauvaise foi ne manquerait jamais d'attaquer le titre de son créancier.

71. — Jugé aussi qu'en cas de contestation d'un testament, si la contestation porte sur l'authenti-

cité même de l'acte, l'exécution ne peut être ordonnée sans caution. — *Nîmes*, 18 nov. 1807.

72. — Cet arrêt de transaction est approuvé par MM. Pigeau (*Comment.*, t. 1er, p. 321), Favard (t. 3, p. 163, n° 22), et Berriat (p. 57, n° 69).—Mais il est vivement, et à bon droit, selon nous, critiqué par MM. Chauveau et Boitard. — V. *suprà* n° 69; *Nîmes*, 25 mars 1819, Sautet c. Danthoine; *Agen*, 5 mai 1824, Marseillan.

73. — Un arrêt de Bruxelles du 23 mai 1832 (N... c. N...) décide encore que lorsque les contestations sont de nature à entraîner la nullité du testament, l'exécution provisoire ne doit être ordonnée qu'en prenant les précautions convenables pour conserver les droits des parties, telles, par exemple, qu'un inventaire.—Mais c'est là ajouter à la loi. — Chauveau et Boitard, *ubi suprà*.

74. — Toutefois, l'exécution provisoire d'un titre authentique peut être suspendue lorsqu'il apparaît au juge qu'il en doit être ainsi d'après les conventions des parties, ou d'après les faits et circonstances de la cause. — *Cass.*, 29 nov. 1832, syndics Frémon c. Drevet. — V. aussi *Cass.*, 26 janv. 1820, Deloche c. Remy, et 23 mars 1824, Aron Kerhallet c. Delarue.

75. — Il est également certain que les tribunaux ont le droit de suspendre l'exécution d'un titre authentique jusqu'à ce qu'il ait été statué sur l'opposition aux poursuites exercées en vertu de cet acte. — *Cass.*, 1er fév. 1830, Leleni c. Glangloff. — *Contrà Colmar*, 14 avr. 1815, Languereau c. Stehlé.

76. — L'art. 135 reçoit encore une modification, quand l'acte sur lequel on se fonde est attaqué par la voie du faux.

77. — En effet, l'art. 1319 a prévu deux cas, celui de la plainte en faux principal, et celui de l'inscription de faux faite incidemment. Dans le premier, l'exécution de l'acte argué de faux doit être suspendue par la mise en accusation ; dans le second, la loi s'en rapporte à la sagesse des tribunaux. — Discus. au cons. d'état (Locré, t. 21, p. 84).

78. — En conséquence, le tribunal peut, suivant les circonstances, en rejetant l'inscription de faux formée contre un titre authentique, accorder ou refuser l'exécution provisoire. — *Bordeaux*, 2 oct. 1832, Babin c. Charlot. — V. FAUX.

79. — En cas de tierce-opposition à un jugement passé en force de chose jugée, les tribunaux peuvent aussi, suivant les circonstances, en suspendre l'exécution, à moins qu'il ne s'agisse d'un jugement portant condamnation à délaisser la possession d'un héritage. — C. procéd., art. 478.

80. — La tierce-opposition formée au jugement en vertu duquel l'exécution provisoire est réclamée n'est pas un obstacle à ce qu'elle soit accordée.—Chauveau, quest. 577 ; Boitard, nos 379 et 381. — *Contrà Montpellier*, 24 fév. 1834, Miquel c. Daude.

81. — Avant d'examiner le mérite de la tierce-opposition formée au jugement qui nomme un séquestre, les tribunaux peuvent donc ordonner que ce jugement sera provisoirement exécuté, s'il est exécutoire par provision. — *Cass.*, 4 fév. 1834, Abauffret c. Audebert.

82. — Lorsque le jugement produit dans une cause pendante en un tribunal autre que celui qui l'a rendu est attaqué par la voie de la requête civile, le tribunal saisi de la cause dans laquelle il est produit peut, suivant les circonstances, passer outre ou surseoir (C. procéd. civ., art. 491), c'est-à-dire qu'il en est de même en ce cas que si le jugement était attaqué par la voie de la tierce-opposition.

83. — L'admission du serment contre la teneur d'un acte authentique n'est pas un obstacle à l'exécution provisoire de cet acte. — *Turin*, 20 fév. 1808, Turpini c. Villa Faleti.

84. — L'exécution provisoire peut être ordonnée en vertu du titre authentique, même contre un tiers non partie dans l'acte. — *Orléans*, 31 janv. 1821, N... ; *Pau*, 24 juill. 1823, Limendorf c. Detchandy; *Bordeaux*, 5 mars 1831, Laborde c. Béchet; 19 juin 1835, Vicarie c. Abbaudie; — Carré et Chauveau, quest. 578 *bis*.—*Contrà Rouen*, 15 mai 1839 (t. 2 1839, p. 68), de Langlet c. Drosny; — Pigeau, t. 1er, n° 1er, De l'art. 1er des jugemens sujets à appel, et *Comm.*, t. 1er, p. 321.

85. — L'art. 1244, C. civ., qui permet aux juges d'accorder des délais modérés au débiteur malheureux et de bonne foi, est-il applicable au cas où la créance résulte d'un acte authentique et exécutoire? —Oui, selon *Bordeaux*, 28 fév. 1814, Dabbadie c. Texier ; *Aix*, 17 déc. 1815, Castellemare c. Basso ; *Pau*, 12 juin 1822, Monbain c. Lafaurié ; *Agen*, 6 déc. 1824, Pignères c. Lacavalerie ; *Cass.*, 10 fév. 1830, Lelain c. Gangloff ; *Paris*, 23 avr. 1831, Allart c. Bocquet. — Non, d'après *Cass.*, 23 brum. an XIII, Pelissier c. Gestas; *Turin*, 12 déc. 1809, Armandi c. Strew; *Pau*, 26 nov. 1807, Cazenave c. Ibos; *Colmar*, 30 août 1809, Hirtz c. Rathsamhausen ; *Bruxelles*, 12 juin 1812, Vidt c. B... ; — Pigeau, p. 518 ; Boncenne, t. 2, p. 518 ; Bioche et Goujet, v° *Délai*, n° 55 ; Carré et Chauveau, t. 1er, quest. 524 ; Boitard, t. 1er, p. 478 ; Toullier, t. 6, n° 66 ; Duranton, t. 12, n° 89 ; Favard, t. 3, p. 156 ; Merlin, *Quest. de dr.*, v° *Exécution parée* ; Rolland de Villargues, vis *Acte authentique*, n° 88, et *Terme*, n° 17. — V. au surplus PAIEMENT.

86. — Jugé qu'un juge de référé, lorsqu'on lui demande l'exécution provisoire d'un titre frappé d'opposition, ne peut, en l'accordant, ordonner qu'il sera sursis à toutes poursuites pendant un certain temps. — *Toulouse*, 1er août 1829, Ricons c. Defos.

87. — Ne sont pas au contraire exécutoires par provision : 1° le jugement qui rejette la demande en nullité formée contre une sentence arbitrale. — *Paris*, 26 mai 1834, Julien c. Fabre; — Carré et Chauveau, quest. 588 ; Bioche et Goujet, n° 253.

88. — ... 2° Celui qui prononce la rescision d'un acte authentique pour cause de dol et de fraude. — *Poitiers*, 19 août 1819, Pineau c. Charruyer ; *Nîmes*, 4 juin 1828, Brinces c. Bourguet ; — mêmes auteurs.

89. — ... 3° Celui qui condamne au paiement d'une somme qui n'est ni certaine ni liquide, bien que le titre en soit authentique. — *Rennes*, 31 août 1819, N... — V. aussi *Rennes*, 29 août 1820, Dupuy c. Gourrand ; — mêmes auteurs.

90. — ... 4° Celui qui prononce la résolution des clauses suspensives d'un traité passé entre des créanciers et leur débiteur, et qui autorise les premiers à reprendre l'exécution de leurs titres. — *Riom*, 12 oct. 1818, Forêt-Chapelle c. Colon Bonarme.

91. — ... 5° Celui qui ordonne la collocation d'un créancier dans un ordre. — *Grenoble*, 23 fév. 1828, Vinay c. Alléobert; *Pau*, 22 déc. 1824, Facthoat c. Viviet; — Bioche et Goujet, v° *Ordre*, n° 289. — V. ORDRE.

92. — Pareillement, le jugement qui rejette une exception d'incompétence, et ordonne de plaider immédiatement au fond, ne peut être déclaré exécutoire par provision et nonobstant appel. — *Nancy*, 6 juill. 1841 (t 2 1844, p. 572), Germain-Duval c. Jordy.

93. — Un tribunal ne peut pas non plus ordonner l'exécution provisoire, nonobstant appel et sans caution, sur la demande formée par un créancier, en rescision d'un acte à titre onéreux fait par son débiteur en fraude de ses droits. — *Poitiers*, 19 août 1819, Pineau c. Charruyer.

94. — *S'il y a promesse reconnue.* — Le mot *promesse* est générique et doit s'entendre tant de la promesse écrite que de la promesse verbale. La loi ne distingue pas entre l'écrit et la promesse verbale. Un acquiescement antérieur à l'instance constitue donc la promesse. — *Bordeaux*, 23 mars 1842 (t. 2 1842, p. 67), Debans c. Escarraguel ; — Chauveau-Carré, quest. 578 ; Bioche et Goujet, v° *Jugement*, n° 262 ; Benech, *Des just. de paix*, p. 363, n° 1er ; Victor Foucher, *ibid.*, n° 412. — V. *contrà Rennes*, 15 oct. 1815, Bonnamy c. Carré.

95. — La reconnaissance est expresse ou tacite. Elle peut être donnée avant ou pendant l'instance et s'induire du défaut de dénégation à l'audience. — Pigeau, t. 1er, p. 498 ; Carré et Chauveau, quest. 579 ; Bioche et Goujet, n° 269.

96. — Mais le simple défaut de la partie n'autoriserait pas l'exécution provisoire si la promesse n'était pas reconnue; car faire défaut, c'est contester. — Carré-Chauveau et Bioche, *ubi suprà*.

97. — Il en serait autrement si, aux termes de l'art. 194, C. procéd. civ., l'écriture avait été tenue pour reconnue. L'exécution provisoire devrait être ordonnée, puisque l'art. 1322, C. civ., attribue à l'acte sous seing-privé légalement tenu pour reconnu la même force qu'à l'acte authentique. — *Poitiers*, 7 avr. 1837 (t. 2 1837, p. 316), Gillet ; — Pigeau, t. 1er, n° 2, de l'art. 1er du chap. Des jugemens à charge d'appel ; Carré-Chauveau, *ubi suprà*.

98. — ... Pourvu toutefois que le jugement de reconnaissance ne fût pas déjà attaqué par la voie de l'appel. — *Orléans*, 13 mai 1819, Châteaubrun c. Merlier ; — Carré-Chauveau, *ubi suprà*.

99. — La reconnaissance de la promesse peut avoir lieu, devant le juge de paix, en conciliation. — *Paris*, 28 sept. 1809, Raby c. Lagorre ; *Bordeaux*, 6 août 1833, Messager ; — Thomine, t. 1er, p. 260 ; Bioche et Goujet, n° 271, v° *Jugement*. — V. *contrà* Carré, quest. 580.

100. — M. Chauveau sur Carré (quest. 580) n'admet cette solution qu'autant que la partie a signé son nom ou qu'il a été fait mention sur le procès-verbal qu'elle ne l'a pu ou su. — Pigeau (n° 1er, art. 1er du chap. précité) accorde aussi en pareil cas l'exécution provisoire, mais en se fondant sur ce que l'acte qui la contient est un acte authentique.

101. — Quant à nous, nous pensons qu'il faut distinguer entre le cas où les parties se sont conciliées et celui où, au contraire, il y a eu tentative infructueuse de rapprochement. Dans la première hypothèse, le procès-verbal de conciliation fait pleine foi, bien qu'il ne porte pas la signature de la partie qui a fait l'aveu ; dans la seconde, la reconnaissance émanée d'elle ne saurait lui être opposée qu'autant qu'elle en a expressément consenti acte. — V. CONCILIATION, nos 287, 288 et suiv.

102. — Il y a promesse reconnue lorsque la partie avoue son écriture et sa signature, bien qu'elle conteste le sens de la promesse. — *Paris*, 23 mars 1814, Lejeune et Lignerolles ; *Grenoble*, 18 juill. 1809, Blanchet c. Bunel ; *Bordeaux*, 28 sept. 1829, Hosten c. Bemard. — *Contrà* Bioche et Goujet, n° 254 ; Carré-Chauveau, quest. 588. — V. aussi ce qui a été dit plus haut sur le titre authentique contesté.

103. — ... Ou que le débiteur conteste la qualité qu'il avait pour promettre. — *Bordeaux*, 8 mai 1835, Itier c. Chignon.

104. — ... Ou bien encore qu'il demande la nullité de sa promesse pour défaut de lien légal. — *Pau*, 24 juill. 1823, Limendons c. Detchandy.

105. — Même décision, lorsqu'un individu actionné en réparation d'un préjudice conteste seulement sur la quotité des dommages-intérêts réclamés. — *Cass.*, 11 juill. 1826, Rigaud c. Bourguignon.

106. — L'acte qui constitue une promesse reconnue à l'égard de l'obligé principal en est également une envers le porté-fort. — *Pau*, 24 juill. 1823, Limendons c. Detchandy.

107. — Lorsque le mandat de faire confectionner un objet jusqu'à concurrence d'une somme déterminée est reconnu par le mandant qui a même payé un à-compte, les juges saisis de la demande en remboursement du surplus des avances du mandataire peuvent accorder à celui-ci une provision. — *Cass.*, 18 fév. 1836, Godoï c. Boselli.

108. — *S'il y a condamnation précédente par jugement dont il n'y a pas appel*, c'est-à-dire lorsqu'il s'agit d'une contestation élevée sur l'exécution d'un précédent jugement. — Boncenne, t. 2, p. 574. — MM. Boitard (n° 379, p. 385), Bioche et Goujet (v° *Jugement*, n° 273) citent l'exemple suivant : Paul est condamné à payer 2,000 francs à Pierre par jugement dont il n'appelle pas. Pierre, pour arriver au paiement, fait saisir les meubles de son débiteur. Celui-ci demande la nullité de la saisie. Le jugement qui rejettera sa demande devra ordonner l'exécution provisoire.

109. — Il peut, en outre, s'élever des difficultés sur l'interprétation de la condamnation précédente. — Boitard, Bioche et Goujet, *ut suprà*. — Autre exemple. Un premier jugement condamne à payer des dommages-intérêts qui seront donnés par état. Il n'est pas frappé d'appel. Un second jugement statue sur l'évaluation. Il sera exécutoire par provision. — Mêmes auteurs.

110. — On voit, par ces exemples, qu'il s'agit toujours d'un titre authentique. Il semblerait donc qu'il eût suffi de dire que l'exécution provisoire devait être ordonnée s'il y avait titre authentique.

111. — *Cas où l'exécution provisoire peut être ordonnée.* — L'exécution provisoire peut être ordonnée avec ou sans caution lorsqu'il s'agit : 1° d'apposition et levée de scellés ou confection d'inventaire ; — 2° de réparations urgentes ; — 3° d'expulsion de lieux lorsqu'il n'y a pas de bail ou que le bail est expiré ; — 4° de séquestres, commissaires et gardiens ; — 5° de réceptions de cautions et de certificateurs ; — 6° de nomination de tuteurs, curateurs ou autres administrateurs et de reddition de comptes ; — 7° de pensions ou provisions alimentaires. — Art. 135.

112. — Dans tous ces cas, l'exécution provisoire est facultative. Les juges ont également un pouvoir discrétionnaire pour exiger une caution. On peut dispenser d'en fournir.

113. — L'énumération qui précède est limitative. — *Colmar*, 2 déc. 1815, Sutter c. Selmersheim ; — Boncenne, t. 2, p. 577 ; Carré et Chauveau, quest. 585 ; Bioche et Goujet, n° 280 ; Merlin, *Rép.*, t. 4, v° *Exécution*.

114. — Ainsi, l'exécution provisoire ne peut être ordonnée : 1° en matière de séparation de corps. — *Poitiers*, 10 août 1819, Guyot Dervand ; *Angers*, 18 juill. 1808, Dubois ; — Carré-Chauveau, quest. 585.

115. — ... 2° Lorsqu'il s'agit d'un jugement qui prononce la nullité d'un emprisonnement. — *Riom*, 6 août 1821, Salan c. Bonnefond ; *Nancy*, 21 nov. 1831, Reydelet c. Delorcq.

116. — ... Ou la mise en liberté d'un prisonnier pour dettes. — *Paris*, 9 janv. 1808, Jarry de Mancy c. Reaux ; 14 sept. 1808, Barbazan c. Nupars. — V. EMPRISONNEMENT, n° 402.

117. — Quant à la contrainte par corps, l'exécution provisoire peut être ordonnée, mais toujours avec caution, soit qu'il y ait titre ou non en matière civile. L'art. 2068, C. civ., n'est pas abrogé par l'art. 135. — *Pau*, 24 juill. 1823, Lunaidons c. Detchandy ; *Rennes*, 6 avr. 1835, Landaluze c. Sannento ; — Carré et Chauveau, quest. 578 *ter* ;

Coin-Delisle, p. 43; Bioche et Goujet, v° *Contrainte par corps*, n° 50.

118. — ... 3° Lorsqu'il s'agit d'un jugement qui condamne à payer un reliquat de compte; le jugement qui ordonne ce compte est seul exécutoire par provision. — *Metz*, 2 août 1825, N... c. Constré.

119. — ... Ou qui condamne à payer des dommages-intérêts. — *Rennes*, 27 avr. 1819, Perrin c. N.

120. — Jugé qu'il n'y a pas lieu d'ordonner l'exécution provisoire d'un jugement qui, pendant une instance en séparation de corps, fait main-levée d'oppositions pratiquées par la femme sur les biens de la communauté, alors que la demande du mari n'est pas fondée sur la nécessité de se faire attribuer une provision alimentaire. — *Paris*, 22 août 1843 (t. 2 1843, p. 787), Redon.

121. — L'exécution provisoire ne peut jamais être prononcée pour les dépens, même quand ils sont adjugés à titre de dommages-intérêts. — C. procéd., art. 135.

122. — Les tribunaux de première instance qui ordonnent l'exécution de leurs jugemens par défaut, nonobstant opposition, doivent exprimer qu'il y a urgence et péril en la demeure. — *Turin*, 20 mars 1812, Delfino c. de Saluces.

123. — L'art. 811 autorise même le juge du référé à ordonner l'exécution provisoire de son ordonnance sur minute.

124. — Le même droit appartient aux cours d'appel et aux tribunaux de première instance; il y a, en effet, même raison de décider. — *Cass.*, 10 janv. 1814, Lévrier c. Delille et Meslie; *Rennes*, 27 août 1819, Perrier; *Nîmes*, 1er août 1838 (t. 1er 1839, p. 13), Barberet c. Vignes; — Favard, t. 3, p. 168; Pigeau, liv. 2, part. 3e, *Du jugem.*, tit. 6, § 5, nos 1er et 2; Carré, quest. 2779; Bioche et Goujet, v° *Jugement*, n° 224. — *Contrà Paris*, 27 juin 1810, Foubert; — Berriat, p. 506, n° 4, t. 1er; Chauveau, quest. 588 *ter*.

125. — En ce cas, l'exécution peut précéder l'enregistrement sur minute. — Circ. min., 13 juin 1808. — Il suffit que l'enregistrement de la minute ait lieu au moment où l'huissier présente à cette formalité le procès-verbal d'exécution.

126. — L'exécution provisoire, nonobstant appel, dans les cas prévus par la loi, peut, du reste, être ordonnée, soit par un jugement par défaut, soit par un jugement contradictoire. — Carré et Chauveau, quest. 578; Pigeau, t. 1er, p. 322 et 323; Thomine, t. 1er, p. 263. — *Contrà Turin*, 20 mars 1812, Delfino c. de Saluces.

127. — A l'égard des tiers, les jugemens exécutoires par provision qui ordonnent, soit un paiement à faire, soit une radiation, ne peuvent être mis à exécution pendant les délais de l'opposition ou de l'appel. Il faut qu'ils aient acquis force de chose jugée. — *Cass.*, 29 août 1815, Varry c. Regnier; *Pau*, 14 mars 1837 (t. 2 1837, p. 294), Alem c. Bailac; *Paris*, 14 avr. 1829, Gelle c. Poisson; 26 août 1808, Ringard c. Fidière; 17 juill. 1813, Delorme c. conserv. de Versailles; — Chauveau sur Carré, quest. 1906; Hautefeuille, p. 314; Favard de Langlade, t. 2, p. 176, n° 3; Persil, *Quest.*, t. 2, p. 22, *Régime hypoth.*, art. 2157, n° 14; Boitard, t. 3, p. 317; Delvincourt, n° 2, p. 183; Grenier, *Hypoth.*, t. 2, p. 468, n° 526; Troplong, *Hypoth.*, t. 3, p. 286, n° 739. — V. *contrà* Boncenne, t. 3, p. 189; Pigeau, *Comm.*, t. 2, p. 144; Thomine, t. 2, p. 47; Carré, quest. 1906. — Dans tous les cas, il est certain que le tiers serait en droit de s'opposer à l'exécution provisoire, si elle devait lui être nuisible. — *Rennes*, 27 avr. 1819, Perrin.

128. — Des dispositions spéciales fixent certaines règles particulières pour l'exécution provisoire des jugemens rendus par les tribunaux de l'Algérie. — V. ALGÉRIE, nos 147, 160, 161 et 167.

129. — *Comment l'exécution provisoire doit être prononcée.* — Dans tous les cas où les juges prononcent l'exécution provisoire, soit en vertu des dispositions impératives de la loi, soit par suite de la faculté qui leur est abandonnée, ils sont tenus de l'ordonner par le jugement même qui statue sur le fond. — C. procéd., art. 136.

130. — S'ils ont omis de la prononcer, même dans un cas où la loi la prescrit, ils ne peuvent l'ordonner par un second jugement, sauf aux parties à la demander en appel. — C. procéd., art. 136.

131. — Par la même raison, les juges ne peuvent suspendre, par un second jugement, l'exécution qu'ils avaient ordonnée par une précédente décision. — *Rennes*, 6 oct. 1810, N..

132. — Jugé toutefois qu'un tribunal qui a ordonné l'exécution provisoire d'un jugement peut régler le mode et l'exécution de sa première décision. — *Rennes*, 22 avr. 1826, Lucas c. comm. de Langueux.

133. — *Effets de l'exécution provisoire.* — Le principal effet de la disposition du jugement qui prononce l'exécution provisoire est de permettre d'exécuter ce jugement, nonobstant l'opposition ou l'appel dont il est frappé.

134. — Mais pour qu'il en soit ainsi, il faut que le demandeur ait accepté toutes les conditions qui lui sont imposées; notamment qu'il ait fourni caution préalablement à toutes poursuites, si l'exécution n'a été accordée que sous caution. Une caution tardivement présentée serait insuffisante pour valider des poursuites. — V. *infrà* n° 179.

135. — Toutefois, l'appel seul étant, en principe, suspensif, et non le délai d'appel, tant qu'il n'y a pas appel, l'exécution d'un jugement exécutoire par provision, et moyennant caution, peut se poursuivre sans que la caution soit fournie; celle-ci ne devient nécessaire que lorsque l'appel est interjeté. — Carré-Chauveau, quest. 1652 *bis* et la note; Pigeau, *Comment.*, t. 2, p. 35; Boitard, t. 1er, p. 551. — *Contrà Montpellier*, 21 juill. 1824, Jouve c. Abet et Hyraud.

136. — Des offres réelles faites par le débiteur, lors de l'exécution d'un jugement ordonné par provision, nonobstant appel et sans caution, ne sauraient, lorsqu'elles sont contestées, arrêter cette exécution. — *Paris*, 18 fév. 1829, Ranselant c. Girard.

137. — Cependant il ne faudrait pas appliquer cette règle d'une manière trop absolue. Pour que des offres ne puissent pas arrêter l'exécution provisoire, il faut non seulement qu'elles soient contestées, ce qui serait mettre le débiteur à la merci du créancier, mais qu'elles soient contestables.

138. — Si l'exécution provisoire a été prononcée en vertu d'une condamnation précédente non frappée d'appel, l'appel qui en serait postérieurement interjeté n'aurait pas pour effet de suspendre les deux décisions. — Carré-Chauveau, quest. 1652-4°; Thomine, t. 1er, n° 699.

139. — L'exécution sur poursuites d'un jugement exécutoire par provision ne rend pas la partie non-recevable à en interjeter appel, car, en ce cas, l'exécution est forcée. — *Bruxelles*, 21 fév. 1814, Demeyer c. Spigeleers; *Montpellier*, 3 fév. 1816, Franc c. Besson de Soles; *Paris*, 22 fév. 1810, Michel c. Leveune; *Metz*, 28 avr. 1818, Charbonneau c. Guillaume; *Cass.*, 4 mai 1818, Balloffet c. Olivier; *Paris*, 12 juill. 1837 (t. 2 1837, p. 77), Schreiber c. Gaillottet; *Cass.*, 7 janv. 1838 (t. 1er 1838, p. 367), Brun c. Gaussens.

140. — Il en est surtout ainsi quand des réserves d'appel ont été faites. — *Agen*, 3 frim. an XII, Rouméguère c. Ducru.

141. — Mais l'exécution qui précède toutes poursuites emporte acquiescement, car elle est volontaire. — *Contrà Agen*, 12 déc. 1818, Miraben c. syndics Illy.

142. — Peu importerait qu'elle eût lieu avant la signification du jugement. — *Cass.*, 3 fructid. an XIII, Cante c. Emelin. — *Contrà Grenoble*, 2 fév. 1818, Poncin, et l'arrêt d'*Agen* ci-dessus.

143. — Jugé que la partie qui a demandé au tribunal un sursis à l'exécution provisoire du jugement rendu contre elle, et qui, dans l'opposition par elle formée au commandement, a offert de se libérer après la liquidation de sa dette, peut néanmoins appeler de ce jugement. — *Turin*, 9 janv. 1808, Dandra c. Nelva.

144. — ...Qu'on peut appeler, dans les délais de l'opposition, d'un jugement par défaut déclaré exécutoire, nonobstant opposition. — *Turin*, 20 mars 1812, Delfino c. de Saluces.

Sect. 2e. — *De l'exécution provisoire devant les tribunaux d'appel. — Défense.*

145. — Les dispositions de l'art. 135, C. procéd., ne sont, en général, applicables que dans les tribunaux de première instance. — Carré et Chauveau, quest. 576; Favard, t. 3, p. 162, n° 20; Boitard, t. 1er n° 381.

146. — On ne comprendrait pas, en effet, l'utilité de l'exécution provisoire en appel, puisque les décisions des tribunaux d'appel sont exécutoires, malgré le pourvoi en cassation, la requête civile ou la tierce-opposition, toutes voies qui ne sont pas suspensives. — Boitard, *ibid.* — M. Chauveau (sur Carré, dans la note sous la quest. 576) se demande néanmoins si l'exécution provisoire, nonobstant opposition, n'est pas applicable aux arrêts par défaut, et renvoie à la question 588, mais la solution n'y apparait pas. Il cite un arrêt de *Metz*, 30 août 1810, N... décidant qu'une cour royale, en rejetant par défaut l'appel contre un jugement en dernier ressort, peut ordonner l'exécution provisoire de son arrêt; mais cela tient, dit-il avec raison, à ce que, aux termes de l'art. 457, paragraphe dernier, elle aurait pu ordonner l'exécution provisoire du jugement attaqué. La jurisprudence est donc muette sur cette question. Toutefois, l'affirmative nous paraît devoir être adoptée, les raisons d'ordonner cette décision étant, en pareil cas, les mêmes en appel qu'en première instance. Il a été jugé, par exemple, qu'une simple déclaration de pourvoi en cassation ou une opposition à une saisie immobilière non réitérée dans la huitaine, ne pourraient arrêter l'exécution d'un arrêt par défaut, exécutoire par provision. — *Cass.*, 15 juin 1826, Martinet c. Guéry.

147. — Bien qu'il soit de principe que l'appel est dévolutif, c'est-à-dire dessaisit immédiatement les premiers juges pour saisir ceux d'appel de tout ce qui fait l'objet de la contestation, c'est au tribunal qui a ordonné l'exécution provisoire qu'il appartient de juger les difficultés auxquelles elle peut donner lieu, et non à la cour saisie de l'appel. — Thomine, t. 1er, p. 700; Carré et Chauveau, quest. 1655-4°.

148. — Mais si l'exécution provisoire a été accordée hors des cas prévus par la loi, la partie condamnée peut en faire prononcer la suspension par la cour, en obtenant ce qu'on appelle *des défenses*. — C. procéd., art. 459.

149. — Il en est de même lorsque le jugement de première instance a été mal à propos qualifié en dernier ressort. — C. procéd., art. 457.

150. — Mais, en pareille circonstance, le jugement est exécutoire tant que la partie condamnée n'a pas obtenu de *défenses* devant la cour. — *Cass.*, 2 août 1828, Douyau c. Lalanne.

151. — Réciproquement, si l'exécution provisoire n'a pas été prononcée dans les cas où elle est autorisée, l'intimé peut la faire ordonner à l'audience avant le jugement de l'appel. — C. procéd., art. 458.

152. — De même, si, dans une espèce où les juges étaient autorisés à prononcer en dernier ressort, ils n'ont pas qualifié leur jugement ou l'ont qualifié en premier ressort, l'exécution provisoire peut en être ordonnée par la cour. — C. procéd., art. 457.

153. — *Défenses.* — Les défenses ne peuvent être accordées par la cour que dans les deux circonstances ci-dessus indiquées, c'est-à-dire quand il y a jugement mal à propos qualifié en dernier ressort ou lorsque l'exécution provisoire a été ordonnée hors des cas où elle est autorisée.

154. — Dans aucune autre circonstance il ne peut être rendu, sous aucun prétexte, de jugement tendant à arrêter directement ou indirectement l'exécution du jugement, à peine de nullité. — C. procéd., art. 460.

155. — Ainsi il ne saurait être accordé de défenses par le motif qu'il a été mal jugé au fond. — *Bruxelles*, 31 juill. 1809, Goessens.

156. — L'incident ne serait pas alors séparé du fond, et autant vaudrait prononcer immédiatement et définitivement sur l'appel. — Carré, quest. 1660.

157. — Cependant l'art. 1319, C. civ., donne incontestablement aux juges d'appel le droit de suspendre l'exécution d'un jugement s'il est argué de faux. — Carré-Chauveau, quest. 1667. — Mais à la condition que ce soit contre le jugement même que l'inscription de faux soit dirigée et non contre des pièces sur lesquelles aurait été rendu le jugement. Peu importerait encore que ces pièces fussent attaquées pour dol ou fraude ou comme entachées d'usure. — Carré-Chauveau, quest. 1667. — *Paris*, 30 août 1810, Rancés c. Bayard.

158. — Il y a lieu d'accorder des défenses, si l'exécution provisoire a été prononcée sans que la partie y ait conclu; car on a vu (*suprà*) que la loi exige qu'elle soit spécialement réclamée pour pouvoir être accordée. — Chauveau, quest. 1666; — *contrà* Carré. — La partie qui n'y a pas conclu en première instance peut y conclure en appel, et si l'exécution provisoire a été prononcée dans un des cas prévus par la loi, on doit la maintenir.

159. — Jugé qu'une cour royale peut ordonner un sursis à l'exécution provisoire d'un jugement, lorsque le titre authentique sur lequel on s'est fondé pour autoriser l'exécution provisoire contient une clause résolutoire. — *Grenoble*, 24 août 1824, Bonnefoi c. Joachim Palcyer.

160. — ... Ou quand l'appelant se fonde sur ce que la créance n'est pas exigible. — *Nîmes*, 5 janv. 1808, Eymard c. Guin.

161. — Mais de ce que le fond de la contestation aurait reçu une décision injuste, il ne s'ensuivrait pas qu'on fût hors des cas prévus par la loi, pourvu que cette décision, bonne ou mauvaise, eût été fondée sur l'une des circonstances qui autorisent l'exécution provisoire. — *Paris*, 9 oct. 1812, Dupin c. Anselin; *Nîmes*, 5 janv. 1808, Eymard c. Suin; — Carré-Chauveau, quest. 1660 *bis*.

162. — Au surplus, c'est seulement lorsque la cour d'appel se trouve déjà investie du pouvoir de connaître de la question principale, par suite d'un appel, qu'on doit se pourvoir devant elle pour obtenir des défenses d'exécuter. — *Cass. belge*, 10 juin

1834, de Rosée c. de Cesve; *Paris*, 7 nov. 1840 (t. 2 1840, p. 656), Lemarié c. Lafont-Lacroix.

163. — Si l'appelant ne présentait aucun grief au fond, il ne serait pas évidemment recevable à se plaindre de l'exécution provisoire.— *Rennes*, 2 mai 1820, Lecuyadier-Després c. Archin.

164. — La demande de défense est formée par assignation à bref délai.—C. procéd., art. 457 et 459. — Elle ne saurait être présentée par requête non communiquée. — C. procéd., art. 459.

165. — Cette disposition a pour but de remédier aux abus de l'ancienne jurisprudence, qui permettait, contrairement à la loi, d'accorder des défenses sur requête non communiquée à l'intimé. C'est donc à l'intimé que la communication doit être faite; quant à celle à faire au ministère public, elle est de droit.—Carré-Chauveau, quest. 1663; Favard, t. 1er, p. 180; Thomine, t. 1er, p. 702.

166. — Les défenses sont, au surplus, valablement demandées en tout état de cause. — Carré, quest. 1660. — Et par conséquent, elles peuvent être réclamées par requête signifiée à avoué. — *Bordeaux*, 8 mai 1835, Itbar c. Clignon.—On ne saurait, en effet, procéder par voie d'assignation quand l'instance est contradictoirement engagée.

167. — Toutefois, les juges ne doivent plus accorder de défenses si la cause est en état sur le fond, car l'arrêt ne produirait aucun résultat utile. — Carré-Chauveau, quest. 1659; Favard, t. 1er, p. 180, no 4. — La cour de Poitiers (19 août 1819, Pineau c. Chauruyer) a décidé le contraire, mais en se fondant sur ce que la cause n'ayant pas été régulièrement distribuée, elle n'était pas saisie du fond.

168.—L'autorisation d'assigner à bref délai pour obtenir des défenses, doit être sollicitée par requête présentée au président du tribunal compétent pour statuer, par avoué. — C. procéd. civ., art. 72. — Carré-Chauveau, quest. 1654; Favard, t. 1er, p. 180; Boitard, t. 3, p. 117; Tallandier, no 340; Pigeau, t. 1er, p. 681; Bioche et Goujet, vo *Appel*, no 518. — V. *contrà Toulouse*, 25 juin 1816, Marc c. Terral.

169. — Mais l'ordonnance qui accorde l'autorisation demandée n'a pas pour effet d'arrêter l'exécution provisoire du jugement qui statue à cet égard. — *Orléans*, 18 juill. 1835, Petit-Huguenin c. Smith et Doerty.

170. — Les défenses ne peuvent être accordées que par le tribunal d'appel à l'audience.—C. procéd., art. 457 et 459.

171. — Les juges ne peuvent se réserver de décider sur les défenses en même temps que sur le fond. C'est au moment où les défenses sont demandées qu'ils doivent statuer. — Pigeau, t. 1er, p. 557; Carré-Chauveau, quest. 1660.

172. — Toutefois la cour appelée à décider s'il y avait lieu, de la part du tribunal de première instance, d'ordonner l'exécution provisoire, nonobstant appel et sans caution, peut examiner la nature de la condamnation. — *Rennes*, 19 août 1819, Perrin.

173. — Lorsque les défenses sont obtenues, la partie qui a été contrainte à exécuter en tout ou en partie les condamnations prononcées contre elle, obtient la restitution de ce qu'elle a payé. — Pigeau. t. 1er, p. 683; Bioche, vo *Appel*, no 524.

174. — L'intimé qui a mis à exécution le jugement qu'elle a obtenu est passible de dommages-intérêts envers l'appelant, si, en définitive, celui-ci en obtient l'infirmation. — *Bruxelles*, 2 juin 1814, Vandoscelles c. Piens; — Carré-Chauveau, quest, 587 *bis*.

175. — Pigeau (*Comm.*, t. 2, p. 38) pense que le juge d'appel qui, par un arrêt par défaut ou contradictoire, aurait accordé des défenses, pourrait se réformer; et il se fonde sur ce qu'il ne s'agit que d'une décision provisoire sur laquelle un juge peut toujours revenir. — C'est évidemment une erreur : soit que le juge accorde ou refuse des défenses, sa décision est définitive, sauf le cas toutefois où il serait formé opposition au jugement par défaut.

176. — *Demande d'exécution provisoire.* — L'exécution provisoire des jugemens rendus, en réalité, en dernier ressort, quoiqu'ils n'en contiennent pas la mention, ou des jugemens dont les premiers juges n'ont pas ordonné l'exécution provisoire, bien qu'elle soit autorisée par la loi, doit être demandée par un simple acte et ordonnée à l'audience par la cour. — C. procéd., art. 457 et 458.

177. — On a également le droit de demander, en appel, à être déchargé de l'obligation de donner caution pour exécuter provisoirement, dans le cas où la caution ne devait pas être exigée par les premiers juges. — *Paris*, 5 déc. 1807, Coutan c. Dudillier et Garde; — Carré-Chauveau, quest. 1656 *bis*.

178. — On peut, même en appel, conclure à l'exécution provisoire, bien qu'on n'y ait pas conclu en première instance. — Arrêt précité; *Paris*, 27 déc. 1838 (t. 1er 1839, p. 663), de Coubard c. Sensier; *Nîmes*, 20 janv. 1821, Lapierre; *Limoges*, 21 janv. 1823, Dalayrac c. Decombret; *Besançon*, 19 janv. 1825, N...; *Limoges*, 11 juin 1828, Chatard c. Solais; *Toulouse*, 2 août 1828, comm. d'Ax c. préfet de l'Ariége; 4 août 1828, d'Aragon c. Siregaud-la-Campagne; *Montpellier*, 25 août 1828, Blanquier c. Rouquairol; *Bourges*, 31 août 1829, Delans c. Boiret; *Nîmes*, 28 janv. 1833, Anglesy c. Maillet; *Bordeaux*, 16 août 1833, Gourlet c. Dubourdieu; *Liége*, 12 juin 1834, Drion c. Desprez; *Douai*, 11 oct. 1834, N...; *Poitiers*, 7 avr. 1837 (t. 2 1837, p. 316), Gillet; — Bioche et Goujet, vo *Appel*, no 575; Chauveau sur Carré, quest. 1656. — V. *contrà Bruxelles*, 14 sept. 1808, Lefèvre; 25 juin 1811, Bavens c. Mole; *Limoges*, 13 mars 1816, Loullier c. Boussaler; *Grenoble*, 9 fév. 1818, Treschence c. Manuel; *Montpellier*, 27 août 1840 (t. 1er 1841, p. 11), Agar c. Périé; — Carré, quest. 1656; Pigeau, t. 1er, p. 501, et *Comm.*, t. 2, p. 36; Favard, vo *Appel*, p. 180.

179. — Toutefois l'exécution provisoire ne saurait être demandée pour la première fois en appel, si l'appelant fait défaut et n'a pas été averti de cette demande par un acte spécial. — *Trèves*, 31 mars 1813, Georges.

180. — Il a cependant été jugé que, s'il y a urgence et péril en la demeure, bien que l'appelant fasse défaut, l'exécution provisoire peut être ordonnée au profit de l'intimé qui n'y a pas conclu en première instance. — *Bruxelles*, 20 janv. 1813, Lacour c. Boogmans.

181. — D'après la cour de Toulouse, on ne peut réclamer par acte d'avoué à avoué l'exécution provisoire du jugement dont est appel avant l'expiration du délai pour comparaître sur l'exploit d'appel. — *Toulouse*, 28 août 1831, N...

182. — Mais nous croyons que c'est là une erreur. Le délai fixé par l'exploit d'appel est uniquement accordé pour constituer avoué, et du moment que cette formalité est remplie, l'appelant ou l'intimé sont recevables à porter à l'audience par acte d'avoué à avoué les incidens qu'ils jugent utiles de soulever.

183. — *Matières commerciales.* — Les règles qui précèdent ne sont pas applicables en matière commerciale comme en matière civile.

184. — D'une part, en effet, les cours royales ne peuvent, en aucun cas, à peine de nullité, et même de dommages-intérêts des parties, s'il y a lieu, accorder des défenses ni surseoir à l'exécution des jugemens des tribunaux de commerce, quand même ils sont attaqués pour incompétence. — C. comm., art. 647.

185. — Elles peuvent seulement, suivant l'exigence des cas, accorder la permission de citer extraordinairement à jour et heure fixes pour plaider sur l'appel. — C. comm., art. 647.

186. — Le législateur a pensé que les causes commerciales devant être jugées avec une extrême activité, il était superflu d'autoriser un incident, et qu'il valait mieux procéder immédiatement au jugement du fond.

187. — L'art. 647, C. comm., est absolu et comprend même le cas où l'exécution provisoire aurait été mal à propos ordonnée sans caution. — *Paris*, 6 fév. 1813, Recusson de Barneville c. Solmer; *Limoges*, 26 mars 1822, Rochechouart c. Olivier; *Rennes*, 10 juill. 1835, Gauthier c. Restant; — Carré et Chauveau, quest. 1667 *bis*; Favard, t. 1er, p. 180; Boitard, t. 3, p. 119; Thomine, t. 1er, p. 702; Bioche et Goujet, vo *Appel*, nos 527 et 528. — *Contrà Bruxelles*, 3 mars 1810, Collin c. Oguerry et Offermann.

188. — La cour n'a pas le droit d'obliger non plus l'intimé à fournir, avant l'exécution, la caution dont il a été mal à propos dispensé. — *Montpellier*, 28 sept. 1824, Escudier c. Laborde; — Carré et Chauveau, quest. 1667 *bis*. — *Contrà Aix*, 17 déc. 1838 (t. 1er 1839, p. 152), Suchet c. Levasseur.

189. — D'une autre part, les jugemens des tribunaux de commerce étant de plein droit exécutoires par provision, à la charge de donner caution, il n'y a jamais lieu de se pourvoir devant la cour afin de faire ordonner cette exécution. — V. *infrà* no 194.

190. — Mais si le tribunal n'a pas dispensé de fournir caution dans un cas où la loi l'autorisait à le faire, l'intéressé peut obtenir cette dispense de la cour. L'art. 647, C. com., se borne, en effet, à prohiber la *défense* en matière commerciale, et dès-lors, il y a lieu d'appliquer les principes du droit commun sur la faculté de réclamer en appel l'exécution provisoire sans caution dans le cas où la loi autorise les juges de première instance à la prononcer. — Goujet et Merger, *Dict. de dr. comm.*, vo *Jugement*, no 130.

191. — Les règles ci-dessus tracées sont applicables dans le cas où le jugement a été rendu par un tribunal civil faisant fonction de tribunal de commerce. — Bioche et Goujet, vo *Tribunal de commerce*, no 140.

192. — ... Ou par des arbitres forcés. — *Rennes*, 10 juill. 1835, Gaultier c. Restout.

Sect. 3e. — *De l'exécution provisoire devant les tribunaux de commerce.*

193. — L'art. 439, C. proc. civ., est ainsi conçu : « Les tribunaux de commerce pourront ordonner l'exécution provisoire de leurs jugemens, nonobstant l'appel, et sans caution, lorsqu'il y aura titre non attaqué ou condamnation précédente dont il n'y aura pas appel. Dans les autres cas, l'exécution provisoire n'aura lieu qu'à la charge de donner caution ou de justifier de solvabilité suffisante. »

194. — Il résulte de cet article que les décisions des juges consulaires sont de plein droit exécutoires par provision, nonobstant appel, en donnant caution ou en justifiant la solvabilité suffisante.

195. — Cette solution qui, sous l'empire des ordonnances de 1663 et de 1673, et sous la loi du 24 août 1790, n'eût pu faire question, a, dans l'origine, divisé les auteurs et les cours royales; mais aujourd'hui elle ne souffre plus difficulté. — V. conf. *Rouen*, 3 nov. 1807, Barrois c. Assureurs du Havre; 3 juill. 1807, Cardon c. Mari; *Paris*, 5 déc. 1807, Cantan c. Cudilier et Gardes; *Rennes*, 29 janv. 1808, N...; *Nîmes*, 31 août 1809, Barre Desmon c. Bonnand; *Cass.*, 2 avr. 1817, Lapadu c. Hédembaig; *Lyon*, 27 nov. 1832, Moulin c. comp. de la Roche-Molière; — Carré et Chauveau, quest. 1547; Bioche et Goujet, vo *Tribunal de commerce*, no 126; Pardessus, t. 6, no 1383; Favard, t. 5, p. 517, no 9; Thomine, t. 1er, p. 661; Boitard, t. 2, p. 532; Goujet et Merger, *Dict. dr. comm.*, vo *Jugement*, no 114. — *Contrà Liége*, 29 juin 1807, Serey c. Lemaire; *Bruxelles*, 9 déc. 1807, Vinderrogel c. Hamelin; *Metz*, 3 fév. 1819, Devaux c. Lhéman; — Berriat, p. 426; *Praticien français*, t. 1er, p. 409; Pigeau, *Comm.*, t. 1er, p. 730; Poncet, t. 1er, p. 438; Locré, t. 9, p. 523.

196. — Sous l'ordonnance de 1667, on n'exigeait d'autre preuve de solvabilité d'un négociant que la notoriété de son crédit. Il en doit être de même aujourd'hui. — Pigeau, *Comm.*, t. 1er, p. 712; Thomine, t. 1er, p. 642; Boitard, t. 2, p. 490; Carré et Chauveau, quest. 1497; Demiau, p. 317. — *Contrà Paris*, 4 juill. 1807, N...

197. — Mais dans les cas ou le crédit d'un négociant n'est pas notoire, il est laissé à la sagesse des tribunaux d'exiger telle ou telle justification. — Carré et Chauveau, quest. 1549.

198. — Tout jugement non frappé d'appel est exécutoire *de plano* et sans caution. Ce n'est donc que lorsque l'appel est interjeté que la caution doit être fournie. Mais, en ce cas, l'exécution ne peut avoir lieu, à peine de nullité, qu'autant que la partie adverse a été mise à même de la discuter. — *Paris*, 20 oct. 1813, Dejuge et Debet c. Cesan; — Berriat, p. 584; Carré et Chauveau, quest. 1550 *ter*.

199. — Il n'est pas nécessaire de la fournir en immeubles. — Pardessus, t. 1er, p. 662; Carré et Chauveau, quest. 1550.

200. — La caution doit être capable de s'obliger, domiciliée dans le ressort de la cour royale où elle est offerte, et susceptible de contrainte par corps.— Pardessus, quest. 1383.

201. — Les femmes n'étant pas soumises à la contrainte peuvent être refusées comme caution. — *Paris*, 30 oct. 1810, Robin c. Mailler; *Bourges*, 29 nov. 1825, Sauvageot c. Guillemot; — Goujet et Merger, vo *Instance*, no 120.

202. — Par la même raison, le mari et la femme n'étant pas contraignables par corps pour la même dette, on peut refuser le mari comme caution de sa femme. — Goujet et Merger, *eod. verb.*, no 121; E. Cadrès, p. 86.

203. — La caution est présentée par acte signifié au domicile de l'appelant, s'il demeure dans le lieu où siége le tribunal, sinon au domicile par lui élu en exécution de l'art. 422, avec sommation à jour et heure fixes de se présenter au greffe, pour prendre communication, sans déplacement, des titres de la caution, s'il est ordonné qu'elle en fournira, et à l'audience, pour voir prononcer sur l'admission, en cas de contestation. — C. procéd., art. 440.

204. — Si l'appelant ne comparaît pas sur l'avenir qui lui a été signifié, ou ne conteste pas la caution, celle-ci fait sa soumission au greffe. — Art. 441.

205. — Si, au contraire, l'appelant conteste, il est statué sur la difficulté au jour indiqué. — *Ibid.*

206. — Dans tous les cas, le jugement qui intervient sur l'incident est exécutoire, nonobstant opposition. — *Ibid.*

207. — La soumission que la caution fait au greffe est exécutoire, sans jugement, même pour la contrainte par corps. — C. procéd., art. 519. — V. RÉCEPTION DE CAUTION.

208. — Il résulte de ce qui précède qu'en matière commerciale, il n'y a d'autre distinction à établir entre les jugemens que celle qui résulte de la nécessité ou de la dispense de la caution. — Carré-Chauveau, quest. 1547.

209. — Il suffit que l'exécution provisoire ait été prononcée dans une espèce où la loi autorise la dispense de caution pour que la partie condamnée ne puisse obliger à en fournir une, quoique le tribunal ne se soit pas expressément expliqué à ce sujet. L'exécution avec caution étant en effet de droit commun, on doit supposer que la disposition spéciale insérée dans le jugement a eu pour but d'autoriser l'exécution sans caution. — *Rennes*, 29 janv. 1808, N...; — Carré, quest. 1548; Goujet et Merger, v° *Jugement*, n° 129.

210. — Les jugemens qui ne prononcent aucune condamnation provisoire sont, dans tous les cas, exécutoires nonobstant appel, sans qu'il soit besoin de fournir caution. — *Rouen*, 3 juill. 1807, Cardon c. Mari; — Carré, quest. 1547; Pardessus, n° 1383; Goujet et Merger, v° *Jugement*, n° 113.

211. — Tels sont les jugemens qui ne font que rejeter un déclinatoire. — Même arrêt.

212. — C'est à tort que M. Thomine (t. 1er, p. 662) enseigne que le jugement rendu sur le fond, après rejet d'un moyen d'incompétence, ne peut être exécuté par provision, attendu que l'appel du jugement qui statue sur l'exception met en question la validité de l'autre. L'appel d'un jugement quelconque met toujours en question sa validité, et néanmoins les tribunaux peuvent en ordonner l'exécution provisoire. — Carré, quest. 1547.

213. — Toutefois il faut remarquer que, si les jugemens des tribunaux de commerce sont de plein droit exécutoires en donnant caution, c'est uniquement eu égard à l'appel; l'opposition formée contre les sentences par défaut en suspend l'effet; l'art. 439 ne prononce l'exécution que *nonobstant l'appel*. D'ailleurs l'opposition ne saurait être de longue durée, puisqu'on peut revenir à l'audience le lendemain du jour où elle est signifiée, et dès-lors il n'y a pas de motifs suffisans pour autoriser l'exécution provisoire dans les cas ordinaires. — Thomine, t. 1er, p. 659; Chauveau sur Carré, quest. 1549 *bis*; Goujet et Merger, n° 132. — Il en est autrement dans les cas où la loi autorise l'exécution sans caution.

214. — Ces cas sont, comme on l'a vu (*supra* n° 193): 1° celui où il y a titre non attaqué; 2° celui où il existe une condamnation précédente dont il n'y a pas appel. — C. procéd., art. 449.

215. — Hors de ces deux circonstances, les tribunaux de commerce ne sauraient dispenser la partie qui doit exécuter provisoirement la condamnation prononcée à son profit de donner caution ou de justifier d'une solvabilité suffisante. — Carré, quest. 1549; Goujet et Merger, n° 128.

216. — Tout ce qui concerne l'exécution provisoire en matière commerciale étant au surplus réglé par l'art. 439, C. procéd., on ne saurait appliquer aux jugemens consulaires les règles tracées par l'art. 135 du même Code, pour les jugemens des tribunaux de première instance. — Carré, quest. 576; Boitard, t. 1er, p. 553.

217. — Il suit de ce principe que l'exécution provisoire peut être ordonnée pour les dépens par les tribunaux de commerce. — *Rouen*, 11 déc. 1821, Julien c. Delahalle et Lemoine; — Goujet et Merger, v° *Jugement*, n° 126; E. Cadrès, p. 85; Berriat, p. 426; Chauveau, note sous l'art. 439; Pigeau, t. 1er, p. 595; — *Contra* Carré, quest. 588-7°. — V. aussi *Rennes*, 25 août 1807 et 16 juill. 1808, N...

218. — Par ces mots de l'art. 439 *titre non attaqué*, il faut entendre un titre dont la légitimité ne soit pas contestée. « — Celui, dit Carré (quest. 1548 *bis*), dont on ne conteste ni la substance ni la forme, en sorte que, sur la demande dont il est la base, ou l'on ne répond rien, ou l'on se borne à opposer ces fins de non-recevoir qui ne touchent pas à l'existence originaire du titre, telles que le paiement, la prescription. »

219. — Il n'y a pas lieu, au contraire, à l'exécution provisoire sans caution, si le titre est attaqué pour dol, fraude ou violence, ou pour usure.

220. — Du moment que le titre sous seing-privé est attaqué, l'exécution sans caution ne peut plus être ordonnée.

221. — Mais il en est autrement, si le titre est authentique. Il faut expliquer l'art. 439 par l'art. 1319, C. civ., et décider que les tribunaux de commerce ne peuvent, sous aucun prétexte, suspendre l'exécution d'un pareil titre ou y mettre des conditions hors des cas prévus par cet article. — Carré et Chauveau, quest. 1547; Pigeau, *Comment.*, t. 1er, p. 731.

222. — Ce qui a été dit ci-dessus en cas d'inscription de faux, de requête civile, ou de tierce-opposition, est, du reste, applicable en matière commerciale. — V. *suprà* nos 77 et suiv.

223. — Mais le titre ne pourrait être verbal, ni résulter d'une qualité reconnue comme dans le cas de l'art. 135.

224. — Pour empêcher de prononcer l'exécution provisoire sans caution, les attaques contre le titre doivent être produites pendant l'instance devant le tribunal de commerce. — *Paris*, 30 août 1810, Rancès c. Bagarel, et 12 oct. 1825, Enault c. Pouthier.

225. — Tout ce qui a été dit à propos de l'art. 135, sur les cas où il y a *condamnation par jugement précédent passé en force de chose jugée*, est applicable ici, avec cette différence, toutefois, que les tribunaux de commerce sont incompétens pour connaître des questions d'exécution. — Art. 442. — V. *suprà* nos 108 et suiv.

226. — Comme en matière civile, il est indispensable que l'exécution provisoire sans caution soit expressément demandée, et qu'elle soit accordée par le jugement qui statue sur le fond. — V. *suprà*, nos 120 et suiv. 176 et suiv.

227. — Lorsqu'elle est réclamée et qu'on se trouve dans un des cas prévus par la loi, les juges peuvent l'ordonner même par un jugement de défaut, et nonobstant l'opposition. L'art. 159 porte, en effet, que l'opposition arrête l'exécution *si elle n'a pas été ordonnée nonobstant opposition*, d'où il résulte évidemment que l'exécution peut être ordonnée malgré l'opposition, et l'art. 643, C. comm., déclare cet article commun aux matières commerciales. — Il y aurait, d'ailleurs, de graves inconvéniens à interdire, dans tous les cas, l'exécution nonobstant l'opposition. On comprend parfaitement que le législateur n'ait pas voulu faire de cette exécution une règle de droit commun, mais on ne s'expliquerait pas comment il aurait défendu aux juges de l'accorder dans certains cas spéciaux. — *Besançon*, 28 mars 1811, Pescheur c. Lannay; *Cass.*, 9 fév. 1813, mêmes parties; *Douai*, 11 janv. 1813, Perrier c. Vinot; — Pigeau, *Comment.*, t. 2, p. 731; Goujet et Merger, v° *Jugement*, n° 132; — V. *contrà Turin*, 1er fév. 1813, Bosio c. Lavale; 14 sept. 1813, Giacomasso c. Patacchia; — Carré et Chauveau, quest. 1549 *bis*; Thomine, t. 1er, p. 659.

228. — Les règles ci-dessus posées pour les tribunaux de commerce sont également applicables aux arbitres forcés. — *Rouen*, 3 nov. 1807, Barrois c. assurances du Havre.

229. — Un arrêt de Bordeaux (28 avr. 1827, Valade c. Agard) a décidé que l'appel d'une sentence arbitrale est suspensif lorsque l'exécution provisoire n'a pas été expressément ordonnée par la sentence même, et, qu'en tous cas, si la sentence peut être exécutée, ce n'est que moyennant caution. — Nous ne partageons pas le premier point de cette doctrine; quand au second, il est conforme aux principes de la matière. — V. du reste ARBITRAGE.

230. — Pour les décisions rendues en matière commerciale dans nos possessions d'Afrique, V. ALGÉRIE, nos 147, 160, 161 et 167.

Sect. 4e. — *De l'exécution provisoire devant les justices de paix.*

231. — Sous la loi de 1790, l'exécution provisoire ne pouvait être ordonnée qu'en matière personnelle et mobilière et à la charge de donner caution.

232. — L'art. 17 du Code de procédure civile déclarait exécutoire par provision, nonobstant appel, et sans caution, les jugemens de justice de paix jusqu'à concurrence de 300 francs. Dans les autres cas, l'exécution provisoire pouvait être ordonnée, mais à charge de fournir caution.

233. — Aux termes de l'art. 11, L. 25 mai 1838 (lequel abroge l'art. 17 du C. de procéd.), l'exécution provisoire doit être ordonnée dans tous les cas où il y a titre authentique, promesse reconnue, ou condamnation précédente dont il n'y a pas eu appel. Dans tous les autres cas, le juge peut ordonner l'exécution provisoire, nonobstant appel, sans caution, lorsqu'il s'agit de pension alimentaire, ou lorsque la somme n'excédera pas 300 francs, et avec caution, au-dessus de cette somme.

234. — D'après l'art. 12 de la même loi, s'il y a péril, l'exécution provisoire peut être ordonnée, sur la minute du jugement, avec ou sans caution, conformément à l'art. 11.

235. — Il est à remarquer que la loi ne se sert que de ces mots, *nonobstant appel*. Les jugemens de justice de paix ne pourraient donc être déclarés exécutoires nonobstant opposition. Cela résulte d'ailleurs de la discussion sur la loi nouvelle. — Carré et Chauveau, quest. 78; Thomine, t. 1er, p. 771; Levasseur, *Manuel des juges de paix*, 2e édit., n° 218; Curasson, t. 2, p. 432; Brossard, p. 551.

236. — M. Thomine (*ut suprà*) admet cependant une restriction, en cas de péril en la demeure. — V. aussi Carou, t. 1er, 2e édit., p. 545.

237. — Les art. 458, 459 et 460, C. procéd. civ., sont applicables devant les justices de paix; on le décidait ainsi sous l'ancienne loi; et en copiant les art. 11 et 12 sur les art. 135 et 155, la nouvelle loi a dû vouloir leur laisser la même sanction. Il résulte d'ailleurs des discussions qui ont eu lieu devant les chambres que toutes les dispositions du droit commun doivent continuer à être applicables aux appels des justices de paix. — Carré et Chauveau, quest. 80 *bis*; Benech, *Tr. des justices de paix*, p. 368-370; Carou, t. 1er, n° 633, 2e édit.

238. — Dans les cas du § 1er de l'art. 11, L. 1838, l'exécution provisoire doit être ordonnée, mais il faut qu'elle soit demandée par la partie et prononcée par le juge. — Carré et Chauveau, quest. 80; Masson, n° 305; Carou, t. 1er, n° 623, 2e édit.

239. — Dans tous les autres cas, elle est purement facultative. Mais il faut également qu'elle soit requise pour être accordée. — Carré et Chauveau, *ut suprà*.

240. — Sont cependant de plein droit exécutoires par provision : les jugemens qui statuent sur les réceptions de caution (art. 521); — ceux qui prononcent des amendes contre les témoins défaillans (art. 263); — ou ordonnent un compulsoire (art. 848), ou la délivrance d'un acte; — ceux qui prononcent sur les récusations de témoins (art. 36).

241. — L'exécution peut être ordonnée soit par un jugement par défaut, soit sur l'opposition formée à ce jugement, soit en appel quand même elle ne l'aurait pas été en première instance; en un mot, les principes généraux de l'exécution provisoire devant les tribunaux civils de première instance sont applicables devant les tribunaux de paix.

242. — Mais l'exécution provisoire ne peut pas plus être prononcée pour les dépens que devant les tribunaux civils de première instance. — *Cass.*, 19 prair. an VII, Brabant c. Mignot; — Carou, t. 1er, 2e édit., n° 632 et *suprà*, n° 121 et suiv.

243. — La caution ordonnée est reçue par le juge de paix (art. 11). Mais dans quelle forme? Faut-il observer les formalités prescrites pour la réception de la caution devant les tribunaux d'arrondissement? — Non. Les discussions qui ont eu lieu devant les chambres ne permettent pas le moindre doute. La caution est reçue à l'audience. — Carré et Chauveau, quest. 82; Benech, p. 375; Foucher, p. 407, nos 413 et 414; Carou, t. 1er, 2e édit., p. 626. — *Contrà* Masson, n° 312. — V. JUSTICE DE PAIX.

EXÉCUTION VOLONTAIRE.

1. — C'est celle qui a lieu quand l'obligé ou le condamné accomplit de plein gré toutes les dispositions d'un acte ou d'un jugement, et que son créancier ou son adversaire adhère à ce qu'il fait à cet égard.

2. — L'exécution volontaire est une sorte de confirmation ou de ratification. — C. civ., art. 1338 et 1340.

V. ACTE CONFIRMATIF, ACTE RECOGNITIF, CONFIRMATION, RATIFICATION.

EXÉCUTOIRE DE DÉPENS.

1. — L'exécutoire de dépens est le mandement revêtu de la formule exécutoire, en vertu duquel une partie est contrainte à payer des frais judiciaires ou autres.

2. — En matière civile, l'exécutoire est délivré : — 1° au nom de l'avoué qui a obtenu la distraction des dépens d'une instance, dans les affaires ordinaires; car dans les affaires sommaires les dépens sont liquidés par le jugement même. — V. FRAIS ET DÉPENS (Matière civile).

3. — ... 2° Au nom de la partie qui a gagné le procès, quand son avoué n'a pas obtenu la distraction des dépens, toujours en matière ordinaire. — V. FRAIS ET DÉPENS (Matière civile).

4. — ... 3° Aux experts pour le recouvrement de leurs frais et honoraires. — V. EXPERTISE.

5. — En matière criminelle, l'exécutoire est aussi délivré aux magistrats, greffiers, huissiers, etc., pour les frais ordinaires de justice. — V. FRAIS ET DÉPENS (Matière criminelle).

6. — Les notaires, greffiers et huissiers ont également le droit de prendre exécutoire contre leurs parties pour les droits de timbre et d'enregistrement qu'ils ont avancés. — V. GREFFIER, HUISSIER, NOTAIRE.

7. — Aux termes de l'art. 64, L. 22 frim. an XII, les contraintes en matière de timbre, d'enregistrement, de greffe, d'hypothèque et d'amende, sont rendues exécutoires par les juges de paix. — V. CONTRAINTE ADMINISTRATIVE.

8. — Devant le conseil d'état, la taxe est rendue exécutoire par le ministre président du conseil d'é-

tat ou par le conseiller président du contentieux.—Décr. réglem., art. 4 ; ord. royale, 13 janv. 1826.—V. CONSEIL D'ÉTAT.

9.— Quant aux dépens faits devant les conseils de préfecture, V. CONSEIL DE PRÉFECTURE, nos 488, 489, 490 et suiv. — V. en outre FRAIS ADMINISTRATIFS.

EXEMPLAIRE (Effet de commerce).

En matière d'effets de commerce, les divers exemplaires d'une lettre de change sont autant d'originaux de cette même lettre souscrits pour parer à l'inconvénient de la perte possible d'un titre unique, ou bien pour donner la facilité de requérir l'acceptation du tiré sans entraver la circulation de la lettre. — V. LETTRE DE CHANGE.

EXEMPTION.

C'est l'affranchissement d'une charge quelconque, tel qu'un impôt ou un droit établi par la loi. — V. CONTRIBUTIONS DIRECTES, CONTRIBUTIONS INDIRECTES, ENREGISTREMENT, TIMBRE.

EXEMPTS.

1. — Officiers ministériels de robe courte, créés par l'édit de 1554, pour exécuter toutes sentences, commissions, décrets et ordonnances des lieutenans criminels, à l'exclusion des huissiers et sergens ordinaires.

2. — Les exempts ne pouvaient informer, sous quelque prétexte que ce fût, à peine de nullité, de dépens et de dommages-intérêts des parties.

3. — Ils devaient être domiciliés et prêtaient serment devant le lieutenant criminel, après une information préalable de vie et mœurs. — Ils avaient droit de commander aux archers de leurs compagnies et les employer pour la capture et l'arrestation des coupables. — Édit de 1612.

EXEQUATUR.

1. — On donne ce nom : 1o à l'acte qui confère au consul reconnu dans un pays le droit d'y exercer sa juridiction et son autorité. — V. AGENT DIPLOMATIQUE, CONSUL.

2.— 2o A la formule par laquelle les juges compétens rendent exécutoire en France un jugement ou une ordonnance rendu par une autorité étrangère. — V. ALGÉRIE, ÉTRANGER, nos 533 et suiv., et EXÉCUTION DES ACTES ET JUGEMENS.

3.— ... A l'ordonnance par laquelle le président du tribunal rend exécutoire la sentence rendue par des arbitres. — V. ARBITRAGE.

EXERCICE (Contributions indirectes).

1. — On donne ce nom aux visites, recherches et vérifications que doivent subir les redevables en matière de contributions indirectes, de la part des préposés de l'administration, chargés d'assurer le recouvrement des droits et de veiller à la répression de la fraude.

2. — Pour les circonstances dans lesquelles peuvent avoir lieu les exercices, les personnes qui y sont soumises, les obstacles qu'on y apporte, V. BOISSONS, CONTRIBUTIONS INDIRECTES.

EXHAUSSEMENT.

1.— Le droit d'exhausser une construction ou un bâtiment appartient en général à celui qui a sur ce bâtiment un droit de propriété. Il est tout simple que ce droit d'exhaussement soit soumis aux mêmes restrictions que le droit de propriété.

2. — Ces restrictions peuvent résulter, soit de conventions obligatoires, soit des dispositions de la loi.

3. — Ainsi une servitude régulièrement constituée peut interdire au propriétaire, soit d'exhausser son bâtiment au delà d'une hauteur déterminée, soit même de le construire ; c'est la servitude non altius tollendi. — V. SERVITUDE.

4. — Lorsque le mur qu'il s'agit de surélever est mitoyen, l'exhaussement ne peut avoir lieu que sous l'accomplissement de certaines conditions fixées par la loi. — V. MITOYENNETÉ.

5. — L'exhaussement d'un bâtiment, même en deçà de la limite fixée par un règlement général de l'administration peut parfois aussi constituer une

contravention. — V. PARIS (ville de), ROUTES, VOIRIE.

6. — L'exhaussement d'un bâtiment joignant la voie publique et que les plans d'alignement obligent au reculement ne peut jamais être considéré comme constituant des travaux confortatifs. — V. ALIGNEMENT.

7. — L'exhaussement du sol de la voie publique peut être effectué par les ordres de l'administration dans les proportions et selon les pentes qu'elle détermine ; mais cette modification apportée à l'état naturel de la surface du sol peut causer aux propriétés riveraines un dommage qui doit engendrer une indemnité.

8. — L'exhaussement du niveau des eaux d'un cours d'eau peut être aussi une cause de préjudice, par exemple, d'inondation ou de chômage d'une usine, et dès-lors il donne aussi droit à des dommages-intérêts. — V. sur ces divers points, ainsi que sur la compétence relativement à ces demandes d'indemnité, DOMMAGE PERMANENT.

EXHÉRÉDATION.

1. — Par ce mot il faut entendre la disposition testamentaire au moyen de laquelle, sous l'ancien droit, on arrivait dans certains cas déterminés par la législation à priver quelqu'un de l'hérédité à laquelle il était appelé par la loi ou par la coutume.

2. — Dans le droit romain primitif, aucune restriction n'avait été apportée à la disponibilité, par testament, des biens du père de famille ; il pouvait par conséquent exhéréder ses enfans à sa volonté et sans en exprimer les motifs : uti legassit qua rei, ita jus esto.

3. — Plus tard on exigea , sous peine de nullité, que le père de famille, lorsqu'il ferait un testament, optât entre l'institution et l'exhérédation des enfans qui se trouvaient appelés à son hérédité ab intestat. — Instit. just., liv. 2, tit. 13. — Ortolan, Explic. hist. des Inst., p. 402 et suiv.

4. — Les fils de famille devaient être exhérédés nominativement. Quant aux filles et aux petits-fils ou petites-filles, il suffisait qu'ils fussent compris dans une exhérédation générale (inter cæteros). — H. tit., pr. — Justinien au reste supprima cette distinction et voulut que tous fussent exhérédés nominativement. — Ibid., § 5.

5 — Jusqu'au règne de Justinien, les motifs d'exhérédation n'étaient pas fixés législativement, et le testateur pouvait se dispenser de les exprimer dans son testament.

6. — Mais Justinien fixa à quatorze les causes qui pouvaient motiver une exhérédation, et voulut que le père mentionnât dans son testament la cause qui l'avait déterminée. — Nov. 115, ch. 3.

7. — En cas d'omission n'entraînant pas par elle-même la nullité, ou d'exhérédation sans juste motif, le droit romain introduisait au profit des enfans lésés par les libéralités du père de famille un moyen spécial appelé plainte d'inofficiosité et à l'aide duquel ils parvenaient à faire prononcer la nullité du testament. — Paul, Sent. 3, § 11 ; — Cicéron, In Verr., 1, 42 ; De oratore, 1, 38, 87 ; — V. PLAINTE D'INOFFICIOSITÉ.

8. — Pour échapper à la plainte d'inofficiosité, le testateur, dans le principe, devait donner lui-même le quart complet ou au moins décharger que ce quart devait être complété en cas d'insuffisance. — C. Théodos., 2, 19, 4.

9. — Mais Justinien décida que dans le cas où l'enfant n'aurait rien dit à cet égard, l'héritier devrait se borner à faire compléter le quart. — Inst., liv. 2, tit. 18, § 3.

10. — La part que pouvaient réclamer les héritiers du sang qui n'avaient pas mérité l'exhérédation prit le nom de légitime. — V. LÉGITIME.

11. — Cette institution, en ce qui concerne les héritiers du sang, dérive, soit directement, soit par extension, de la loi Falcidie. — Loi romaine des Bourguignons, 31 ; Savigny, Hist. du droit rom. au moyen-âge, t. 2, chap. 9, § 41, vol. 1er, p. 72, note 2e ; Ortolan, Explic. hist., p. 460, note 2e ; Coin-Delisle, Donat., introd., no 22, note. — V. FALCIDIE.

12. — Une espèce d'exhérédation, qu'on appelait exhérédation officieuse, consistait dans le droit qu'avait le père de famille, en instituant ses petits-enfans, d'enlever l'hérédité à son fils prodigue, pourvu que, d'une part, il exposât les motifs de cette exhérédation, et que, d'autre part, il laissât à ce fils des alimens suffisans. — L. 16, § 2, ff., De curat. furios., L. 48, ff., De lib. et posth. — Thévenot, ch. 24 ; Coin-Delisle, Donat., introd., no 22.

13. — L'ancienne législation française admit la plupart des causes d'exhérédation énumérées par la Novelle 115. Toutefois elle y introduisit plusieurs modifications. — L'édit de fév. 1556 ; l'ord. de Blois, art. 41, 42, 43, 44 ; la déclaration de 1639 ; l'édit de mars 1697.

14.—Ainsi, le fils âgé de trente ans et la fille âgée de vingt-cinq ans, fussent-ils même veufs, étaient sujets à l'exhérédation, s'ils se mariaient (comme, du reste, ils le pouvaient) le gré de leurs parens, et sans leur avoir demandé leur consentement par la voie ordinaire des sommations respectueuses. — Édit. de 1697.

15.—L'art. 2 de la déclaration de 1639 allait même jusqu'à déclarer exhérédés de plein droit les enfans qui se mariaient sans le consentement de leurs père et mère. Mais la jurisprudence n'avait pas admis la rigueur de ce principe.

16. — Avant la révocation de l'édit de Nantes, les ascendans orthodoxes pouvaient aussi exhéréder leurs descendans hérétiques.

17. — Lorsque l'exhérédation était jugée injuste, tout le testament était considéré comme fait ab irato, et demeurait par conséquent sans effet.

18. — L'exhérédation était considérée comme étant sans cause, lorsque, postérieurement aux faits qui avaient donné naissance à l'exhérédation, il y avait eu réconciliation entre l'exhérédant et l'exhérédé.—Pocquet de Livonnière, Règles du droit franc., liv. 3, chap. 4, art. 9.

19. — L'exhérédation n'est plus admise par nos lois, à l'égard des descendans et des ascendans du testateur.—V. QUOTITÉ DISPONIBLE, RÉSERVE, SUCCESSION.

V. aussi AINESSE (droit d'), ALIMENS, DONATION DÉGUISÉE.

EXHÉRÉDATION OFFICIEUSE.

1. — C'était, ainsi qu'on l'a vu, vo EXHÉRÉDATION (no 12) une espèce d'exhérédation par laquelle le père d'un dissipateur qui avait des enfans transmettait son hérédité à ses petits-enfans, en ne conservant au fils prodigue que des alimens insaisissables.—L. 16, § 2, ff., De curat. furios. ; L. 48, ff., De lib. et posth.

2. — Cette disposition a été l'origine d'une substitution appelée substitution officieuse. — Thévenot, chap. 24 ; Coin-Delisle, Donat., introd., vo 22. — V. SUBSTITUTION.

3. — Une disposition qualifiée substitution ne présente le caractère d'une exhérédation officieuse, alors que le testateur a réduit son fils à l'usufruit par forme d'alimens insaisissables, et s'est déterminé par le motif de sa dissipation, qu'autant qu'au décès du testateur le fils prétendu chargé à des enfans pouvant être saisis de la nue-propriété. — Paris, 28 juin 1811, Bagnac c. Soufflot.

EXHIBITION DE PIÈCES.

1. — C'est la représentation qu'on en fait.

2. — L'exhibition a beaucoup de rapport avec la communication qui se fait sans déplacer. Cependant la communication a des effets plus étendus. En effet, on peut exhiber une pièce en la montrant seulement, tandis que la communication d'une pièce sans déplacement ne peut se faire qu'en la laissant examiner. — Merlin, Rép., vo Exhibition de pièces.

3. — Ordinairement on exhibe : 1o les minutes pour les vérifier et faire l'examen ; — 2o les actes, soit judiciaires, soit extrajudiciaires, contre lesquels il y a inscription de faux.

4. — Personne n'est tenu d'exhiber des titres qui sont contraires à ses propres intérêts : Nemo tenetur titulum edere contra se.

5. — Cependant un marchand peut être forcé de représenter ses livres et registres. — V. LIVRES DE COMMERCE.

6. — Une demande en exhibition de titres est purement personnelle et doit, par conséquent, être portée devant le juge du domicile du défendeur. — Cass., 3 fév. 1806 (motifs), de Gasté Saint-Martin c. de Gasté Lapalu. — V. conf. Merlin, Quest., vo Action ad exhibendum, § 3.

7.—Ainsi qu'on l'a vu vo ACTION AD EXHIBENDUM, l'action ad exhibendum était, dans le droit romain, une action dont le but était de forcer la partie contre laquelle elle était intentée d'exhiber une chose au sujet de laquelle on avait un surplus Merlin, Quest., vo Action ad exhibendum, § 1er.

8.—Dans le pays de Liége et avant sa réunion à la France, l'action ad exhibendum était en usage pour les titres d'immeubles, aussi bien que pour les choses mobilières. — Cass., 40 frim. an XI, préfet de la Dyle et Duchesne c. Gentil.

EXHUMATION.

1. — L'exhumation est l'acte qui consiste à retirer du lieu où il a été inhumé le corps d'une personne morte.

2. — En principe, les exhumations sont défendues, et le décret organique des cimetières charge même d'une manière spéciale les autorités locales de veiller avec soin à ce que les lois et réglemens qui prohibent les exhumations *non autorisées* soient rigoureusement exécutés.

3. — Toute exhumation non autorisée ou légalement ordonnée exposerait son auteur aux peines édictées par le Code pénal en ce qui concerne la violation de sépulture.. — V. VIOLATION DE SÉPULTURE.

4. — Toutefois, et quelque rationnelle que soit la prohibition formelle établie quant aux exhumations, il doit, suivant les circonstances, pouvoir y être dérogé, et c'est ce qui arrive, en effet, dans deux cas bien distincts, soit en vertu d'un ordre de justice, soit par mesure d'administration, d'office, ou sur la demande des familles.

5. — Nous n'avons que quelques observations fort courtes à présenter ici en ce qui concerne le premier cas d'exhumation, c'est-à-dire l'exhumation ordonnée par justice, et qui peut avoir lieu dans le cours d'une instruction criminelle à l'effet de rechercher les causes de la mort d'un individu.

6. — Le magistrat instructeur ou même simplement chargé de la police judiciaire, investi par la loi du droit d'appeler des hommes de l'art à l'effet de constater l'état du cadavre d'un individu, alors que l'inhumation n'en a pas encore été pratiquée, peut, et aux mêmes fins, ordonner que le corps soit exhumé et soumis aux analyses de la science, suivant les règles que nous avons déjà exposées. — V. AUTOPSIE, CADAVRE.

7. — Ainsi que l'autopsie (V. AUTOPSIE, n° 9), l'exhumation qui en est, au cas d'inhumation déjà accomplie, le préliminaire indispensable, doit avoir lieu en présence tant de l'inculpé, s'il existe, que du magistrat qui l'a ordonnée.

8.—Néanmoins, comme l'exhumation peut avoir lieu dans une localité plus ou moins éloignée de la résidence du magistrat instructeur, celui-ci peut, s'il estime que sa présence n'est pas indispensable, commettre à l'effet de le représenter, un autre magistrat suivant les formes générales tracées au Code d'instruction criminelle. — V. COMMISSION ROGATOIRE, INSTRUCTION CRIMINELLE.

9. — Du reste, quelque étendu que soit le droit des magistrats chargés de la recherche des crimes à l'effet d'ordonner l'exhumation, ils doivent dans l'exercice de ce droit se conformer aux règles de police établies pour les exhumations opérées en vertu de décisions administratives.

10. — Les frais des exhumations ordonnées par les officiers de police judiciaire, dans l'intérêt de la vindicte publique, sont compris dans l'administration des frais de justice criminelle et doivent, aux termes de l'art. 20, décr. 18 juin 1811, être fixés d'après les tarifs locaux, « c'est-à-dire, dit M. Duverger (*Man. du juge d'instr.*, t. 3, n° 556), que les hommes employés doivent être taxés à raison de la journée de travail selon l'usage du lieu, car il sera vraisemblablement très rare qu'il existe des tarifs spéciaux pour fixer le prix des exhumations. »

11. — Sélon M. Sudraud-Desisles (p. 90), lorsqu'il n'y a pas de tarif arrêté, le juge doit, pour fixer le salaire, avoir égard à la durée du travail et à ce qu'il a de pénible; il pourrait en conséquence le payer au double des travaux ordinaires qui auraient duré le même temps.

12. — L'exhumation qui a lieu en vertu de décisions de l'autorité administrative n'a plus les mêmes causes que celle ordonnée par justice; elle demeure étrangère à toute idée de crime ou délit, et n'a pour but que d'opérer, pour des causes diverses, le déplacement des cadavres du lieu où ils ont été d'abord déposés dans un autre lieu.

13. — Sans aucun doute, alors que l'inhumation a eu lieu hors des endroits réservés aux sépultures et sans qu'aucune autorisation préalable n'ait été accordée (V. CIMETIÈRE), il est du droit et du devoir de l'autorité administrative, aussitôt que le fait est parvenu à sa connaissance, de faire procéder sans retard à l'exhumation, le tout sans préjudice des peines qui peuvent atteindre les auteurs de l'inhumation, faite contrairement aux prescriptions de la loi.

14. — L'inhumation eût-elle même été pratiquée dans le lieu de sépulture commun, si les prescriptions sur les règles à observer en ce qui concerne le dépôt du corps n'avaient pas été suivies, ainsi notamment en ce qui concerne la profondeur des fosses (V. CIMETIÈRE, n°s 38 et 137) et que la santé publique pût se trouver compromise, l'exhumation devrait encore être ordonnée d'office.

15. — Enfin, l'intérêt de la conservation de la salubrité publique peut aller jusqu'à nécessiter non plus simplement l'exhumation d'un seul cadavre, mais une exhumation par mesure générale : tel serait, par exemple, le cas où il y aurait lieu dans ce but de supprimer sans aucun retard un cimetière existant, et où l'autorité jugerait en outre convenable de faire déplacer et transporter dans un autre lieu les corps déjà inhumés.

16.—Mais, il faut le remarquer, les exhumations ordonnées d'office, surtout d'une manière générale, n'ont lieu que très rarement, et, en fait, cette mesure est le plus souvent provoquée par les familles dans des intentions pieuses que l'administration s'est toujours empressée de favoriser, alors que l'intérêt public ne lui imposait pas le devoir de s'y refuser.

17. — « Pour satisfaire, disent MM. Elouin et Trébuchet (*Dict. de pol.*, v° *Exhumation*, ch. 3), aux désirs souvent exprimés par les familles de déplacer dans les cimetières les corps qui y sont inhumés pour leur donner une sépulture jugée plus convenable, l'administration peut accorder, par des permissions spéciales, l'autorisation d'exhumer les cadavres pour les réinhumer immédiatement, et prescrire les mesures de salubrité et de sûreté publiques que ces opérations nécessitent. »

18. —Aucune loi ou ordonnance n'ont été rendues en ce qui concerne les formes de la demande d'autorisation, comme aussi les mesures à prendre pour procéder à l'exhumation; ce soin est confié aux autorités locales chargées d'une manière générale par le décret du 23 prair. an XII de tout ce qui concerne les sépultures et la police des lieux qui y sont destinés.

19. — Néanmoins, on peut regarder comme généralement adoptés les usages suivis à Paris, où les exhumations se présentent le plus fréquemment, en vertu des arrêtés du préfet de police.

20. — L'ordonnance de ce préfet du 1er fév. 1817 veut d'abord que la demande d'exhumation, écrite sur papier timbré et dont la signature est légalisée, soit formée par le plus proche parent du défunt ou son fondé de pouvoirs; cette prescription fort sage a pour résultat d'écarter des demandes intempestives.

21. — Sur le vu de la demande régulièrement formée, il est statué par le préfet de police, lequel n'accorde l'autorisation sollicitée qu'à la charge par le demandeur : — 1° de prendre toutes les précautions convenables sous le double rapport de la décence et de la salubrité; — 2° de justifier des formalités remplies à l'état civil; — 3° de se pourvoir auprès du préfet de la Seine pour ce qui concerne le service des pompes funèbres dans Paris; — 4° de faire dresser procès-verbal des opérations par un commissaire de police désigné, qui l'adresse dans le plus bref délai possible au préfet. — Elouin, Trébuchet et Lebat, *loc. cit.*

22. — A ces obligations habituelles on ajoute celles qui sont nécessitées par les circonstances.

23. — Ainsi lorsqu'il s'agit du déplacement d'un corps placé dans une des fosses dites *communes*, qui existent dans les cimetières de Paris et des grandes villes, il est indispensable qu'un certificat délivré par le préposé à la surveillance du cimetière atteste que l'exécution peut avoir lieu sans danger pour la salubrité publique et sans occasionner le déplacement de plusieurs cercueils.

24. — Le commissaire de police, dans les localités où il en existe, et à son défaut le fonctionnaire qui en remplit les fonctions, doit être présent à l'exhumation, assisté d'un homme de l'art, pour veiller à ce que tout soit accompli décemment et avec les précautions hygiéniques nécessaires. L'opération accomplie, il en dresse immédiatement procès-verbal, qu'il transmet dans le plus bref délai à l'autorité.

25. — Il est d'usage aussi que la famille soit représentée par un ou plusieurs de ses membres, ou, si aucun d'eux n'est présent, par un ami.

26. — Lorsque l'exhumation n'est pas ordonnée par justice, mais n'a pour objet que le déplacement du corps, le procès-verbal constate en même temps l'inhumation nouvelle, faite en présence des mêmes personnes qui ont assisté à l'exhumation et le plus souvent dans le même cimetière.

27. — Au cas où l'inhumation doit avoir lieu dans un cimetière, il importe de distinguer : ou bien le second cimetière est situé dans la même commune, et alors le même commissaire de police qui a assisté à l'exhumation accompagne le corps jusqu'au lieu de l'inhumation nouvelle, et le procès-verbal par lui dressé fait mention de l'accomplissement de ces diverses opérations.

28. — ... Ou au contraire la réinhumation doit avoir lieu dans une autre commune; dans ce cas, le commissaire de police du lieu de l'inhumation primitive n'a pour mission, l'exhumation opérée, que de veiller à l'accomplissement des mesures prescrites en général pour le transport des corps hors du lieu du décès (V. sur ce point INHUMATION), sauf à l'autorité locale du lieu de destination à veiller à l'inhumation nouvelle.

EXIGIBILITÉ.

1. — On appelle ainsi l'état d'un droit, d'une créance qui est exigible, c'est-à-dire qui peut donner lieu actuellement à une action.

2. — Suivant Toullier (t. 8, n° 228), il y aurait à faire, d'après la loi du 3 mai 1807, une différence entre l'échéance et l'exigibilité. Le terme d'*exigibilité*, dans sa signification très rigoureuse, supposerait que l'obligation est née, quoique l'exécution en soit retardée.

3. Cette distinction ne nous semble guère admissible, car elle donnerait au mot *exigibilité* une acception toute différente de celle qui résulte de plusieurs autres dispositions de la loi, et qui, du reste, est consacrée par l'usage. — D'ailleurs, l'échéance s'applique au terme, et l'exigibilité s'applique à la créance. L'exigibilité est le résultat de l'échéance, et non pas son équivalent.

V. BILLET A ORDRE, CAUTIONNEMENT, COMPENSATION, DEMANDE NOUVELLE, INSCRIPTION HYPOTHÉCAIRE, PAIEMENT.

EXIL.

1. — L'exil (de *extrà solum*) ou éloignement du territoire est une mesure pratiquée chez tous les peuples dès la plus haute antiquité, soit à titre de peine, soit simplement à titre de précaution ou de sûreté.

2. — Ainsi, chez les Hébreux, le meurtrier involontaire devait, même après avoir obtenu une sentence favorable, demeurer dans le lieu qui lui était désigné jusqu'à la mort du grand-prêtre qui siégeait alors à Jérusalem : c'était alors qu'il pouvait sans crainte rentrer dans sa patrie, jusque là, s'il rompait son ban, le droit de punition ou de vengeance personnelle pouvait être exercé contre lui. — Albert du Boys, *histoire du droit crim. des peuples anciens*, chap. 2, p. 49.

3. — En Grèce, l'exil était une peine considérée comme infamante ; il consistait dans l'expulsion de la patrie sans espoir de retour, à moins d'une réhabilitation populaire demandée et obtenue par le magistrat même qui avait provoqué la condamnation : il entraînait la confiscation des biens au profit du trésor public. — Albert du Boys, *ibid.*, p. 172.

4. — Il y avait encore une autre espèce d'exil auquel la loi n'attachait aucune d'infamie, aucune dégradation civique, c'était *l'ostracisme*. — L'ostracisme qui avait cela de particulier qu'il ne résultait pas d'un jugement, mais d'un vote populaire, existait dans plusieurs républiques de la Grèce, notamment à Mégare, à Milet, à Argos et surtout à Athènes : il n'éloignait le condamné de la république que pour dix ans, au bout desquels il lui permettait de rentrer dans sa patrie : il ne lui interdisait même point de jouir de ses revenus. — Alberd du Boys, *ibid.*

5. — A Rome, l'exil n'était pas (Cicéron, *pro Cæcinâ*) une peine prononcée spécialement contre un crime déterminé : ce n'était pas, à proprement parler, un châtiment, mais une espèce de refuge, d'abri contre des châtimens réels et plus rigoureux. — *Encyclopédie méthodique*, v° *Exil*.

6.—En effet, les peines dans l'origine paraissent y avoir été extrêmement rigoureuses; la loi des douze tables notamment prodiguait la peine de mort qui, cependant, finit par être rarement appliquée, surtout au citoyen romain, car il pouvait toujours se dérober à la vindicte publique en s'exilant de Rome pendant le cours de la procédure dirigée contre lui. — Il ne pouvait être dégradé de sa liberté et de ses droits de citoyen romain que par une sentence de condamnation : il subissait sa peine comme *esclave de la peine, servum pœnæ* (Cicéron, *pro Cæcinâ*, 34; Appien, *De bello civili*, 4, 1-31) fiction imaginée par les préteurs et les jurisconsultes pour détruire le caractère d'inviolabilité attaché à la personne du citoyen romain. —Albert du Boys, *ibid.*, chap, 16, p. 433 et 435.

7. — D'un autre côté, l'ancienne maxime qu'un citoyen romain ne pouvait être dépouillé, sans son consentement, de ses droits de liberté et de son titre de citoyen, s'opposant à ce qu'il pût être chassé de la ville, et à ce qu'il fût appréhendé au corps pour être conduit dans un lieu désigné, on prenait un moyen détourné en lui interdisant les choses les plus nécessaires à la vie, c'est-à-dire l'eau et le feu, dans l'Italie entière.— De là pour le condamné la nécessité de s'expatrier, l'exil. — Cicéron, *pro domo*, 29 et 30. — Albert du Boys, *ibid.*, p. 426; Féréol Rivière, *Esquisse historique de la législation crimin., des Romains*, part. 2, chap. 2, § 1er, p. 80.

8. — L'exilé conservait la dignité de sénateur et pouvait choisir le lieu de son refuge; mais il ne pouvait faire de testament, ni recevoir d'héritage, ni remplir, en un mot, aucun des actes dépendant du droit civil; cependant il conservait la liberté et tous les priviléges du droit des gens. — *Encyclopédie méthodique*, v° *Exil*.

9. — Certains exilés déployaient même un faste et une ostentation extraordinaire dans leur départ; on en vit sortir de Rome avec toute la magnificence et l'appareil d'un triomphe. — Auguste, pour réprimer cet excès, défendit aux exilés, par un édit, de se faire suivre par plus de vingt personnes, tant esclaves qu'affranchies, et d'emporter plus de 500,000 *nummos*. — *Encyclopédie méthodique*, *eod. verbo*.

10. — Mais le respect porté à l'inviolabilité du citoyen qui faisait recourir à des fictions et à des moyens détournés pour appliquer des châtimens mérités, ne paraît pas avoir survécu aux temps de la république : les empereurs ne craignirent point d'y porter quelquefois atteinte, et Auguste, notamment, le premier, établit la peine de l'exil d'une manière directe pour l'adultère sous les noms de *deportatio* et de *relegatio*. — Dion Cassius, lib. 55; Albert du Boys, *loc. cit.*, p. 137.

11. — La *déportation* consistait à être enfermé perpétuellement dans une île ou un lieu déterminé, d'où le condamné ne pouvait sortir sous peine de mort; le déporté ne perdait pas la liberté mais le droit de cité, et encourait la confiscation de ses biens. — Julius Clarus, quæst. 91. — La *relégation* était de deux sortes : la relégation dans une île, et celle qui consistait à interdire certaines localités, mais sans assignation de retraite, ou tous les lieux, excepté un seul. — La relégation différait de la déportation en ce qu'elle pouvait être perpétuelle ou temporaire, et surtout en ce qu'elle ne faisait pas perdre les droits de cité, lors même qu'elle était prononcée à perpétuité. — Féréol Rivière, *Esquisse historique de la législation crimin. des Romains*, part. 2, chap. 2, § 1er, p. 80 et § 2, p. 82.

12. — Chez les barbares et dans le moyen-âge, l'exil, sous le nom de *bannissement* (du latin *bannum*, *cri*, *public* selon les uns, et selon d'autres du mot germanique *Bann*, qui signifiait tout à la fois publication, édit, sentence, interdiction), était fort usité, notamment pour meurtre, pour trahison, etc. — Les formules employées dans sa prononciation font voir combien cette peine était grave et infamante. On lit en effet dans l'une d'elles : « Je te retire aujourd'hui tout droit de pays, tout honneur; donc je départs ton corps aux gens du pays, au seigneur ton fief, ton héritage à qui de droit, ta femme légitime est de droit veuve, tes enfans de droit orphelins. Je te mets de jugement hors jugement, de grâce en disgrâce, de paix hors la paix, de sorte, quoi qu'on fasse, qu'on ne puisse méfaire en toi..... Nous donnons..... ton corps et ta chair aux bêtes dans les forêts, aux oiseaux dans l'air, aux poissons dans l'eau... que là ou chaque trouvera paix et sûreté, toi seul tu ne les trouves pas. Nous t'envoyons enfin aux quatre chemins du monde. » Et dans une autre : « Je le condamne et le proscris; je l'excepte de la paix; je le mets hors de toute franchise et droit dont il jouit depuis qu'il fut levé du baptême, l'excluant des quatre élémens que Dieu a donnés aux hommes et faits pour leur consolation..... qu'il ne trouve ni liberté ni sûreté dans aucune ville ou château, si ce n'est dans les places consacrées. Je maudis ici sa chair et son sang, de sorte qu'il ne trouve plus aucun lieu sur terre, que vent le chasse, que corbeaux, corneilles et bêtes de l'air l'emportent et le dévorent. J'adjuge et départs aux corbeaux et corneilles, aux oiseaux et bêtes ses chair, os et sang, mais à notre seigneur, au bon Dieu son ame, si toutefois il en veut. » — Michelet, *Origines du droit français*, liv. 4, chap. 14, p. 399 et suiv.

13. — Le bannissement prononcé par la justice a toujours figuré en France parmi les peines criminelles les plus graves, et bien qu'ayant successivement perdu, par suite de l'adoucissement des mœurs, la plus grande partie des âpres et implacables rigueurs qui l'accompagnaient chez les peuples de race germanique, il n'a jamais cessé d'emporter note d'infamie. — Merlin, *Rép.*, v° *Exil*.

14. — Quant à l'exil proprement dit, c'était en France, surtout dans les derniers siècles, une espèce de peine prononcée par le souverain lui-même et dénoncée ordinairement à celui qui le devait subir par une lettre de cachet : elle consistait ou à s'absenter d'un lieu jusqu'à une certaine distance, ou à se retirer dans un endroit déterminé avec défense d'en sortir jusqu'à nouvel ordre, et ce, à peine de confiscation de corps et de biens. — Edit d'août 1669, déclaration du 14 juill. 1682, édit juill. 1705 et déclaration confirmative du 25 déc. 1705. — Guyot, *Rép.*, v° *Exil*; Brillon, *Dict. des arrêts*, v° *Exil*.

15. — L'exil, comme le bannissement, pouvait être prononcé soit pour un temps limité, soit à perpétuité. — Quand la durée de l'exil n'était pas déterminée, il durait jusqu'à révocation de la lettre de cachet : la mort du prince qui l'avait ordonné ne suffisait pas pour en faire induire la cessation. — Merlin, *Rép.*, v° *Exil*.

16. — Une peine qui, prononcée par la justice, se rapprochait beaucoup de l'exil était celle désignée sous le nom *d'abstention*. — V. ABSTENTION DE LIEUX.

17. — Le mot *exil* ne figure aujourd'hui dans aucune de nos lois pénales; il n'est plus employé que dans le langage du monde et comme synonyme du mot *bannissement*. — V. BANNISSEMENT.

EXOINE.

1. — Excuse présentée par celui qui devait comparaître en justice et qui s'était trouvé dans l'impossibilité de le faire.

2. — On se servait aussi de ce mot en matière féodale. Le vassal qui voulait se dispenser de rendre foi et hommage en personne, devait avoir exoine ou excusation suffisante. — Cout. Paris, tit. 1er.

EXORCISME.

On appelle ainsi la cérémonie qu'emploie l'église pour chasser les démons des corps qu'ils possèdent ou obsèdent, ou des autres choses même inanimées, dont ils abusent ou peuvent abuser. — V. à cet égard, et pour plus amples détails qui ne sauraient trouver ici leur place, le *Dict. de dr. canon* de M. l'abbé André, v° *Exorcisme*.

EXORCISTE.

Ecclésiastique revêtu des quatre ordres mineurs. — V. M. l'abbé André, *Dict. de dr. canon*, v° *Exorciste*. — V. aussi ORDRES RELIGIEUX.

EXPÉDIENT.

V. JUGEMENT D'EXPÉDIENT.

EXPÉDITEUR.

C'est celui qui envoie ou au nom de qui sont envoyées des marchandises à une destination quelconque. — V. COMMISSIONNAIRE, COMMISSIONNAIRE DE TRANSPORTS, TRANSPORTS (entrepreneurs de), VOITURIER.

EXPÉDITION.

Table alphabétique.

Actes administratifs, 21 s., 42. — de l'état civil, 28, 34, 40. — du gouvernement, 24. — judiciaires, 19 s. — de mairie, 28. — notariés, 6 s., 48. — publics, 26, 32.
Annexe des pièces, 9 s.
Apostille, 53.
Blanc, 56.
Bureaux de tabellionnage, 13.
Chambres des contrats, 13.
Collation de pièces, 45.
Compulsoire, 31, 45.
Conseil de famille, 36.
Conservateur des hypothèques, 35, 41.
Contrat de mariage, 64.
Contrainte par corps, 29.
Copie collationnée, 58. — figurée, 2. — littérale, 49 s.
Décision du conseil d'état, 25.
Délivrance, 26 s.
Dépositaire, 27, 32.
Dommages-intérêts, 32.
Droits, 32.
Enregistrement, 47.
Féodalité, 51.
Foi, 4.
Forme, 44.
Frais et déboursés, 37.
Greffe (droits de), 39.
Greffier, 19 s., 32.
Grosse, 3.
Intérêt personnel, 12.
Interlignes, 53.
Lignes, 46.
Liquidation de dettes de l'état, 18.
Livre de la dette publique, 17.
Maire, 23.
Mention, 16, 63.
Minute, 7, 12, 19, 37, 61. — (dépôt pour), 8, 10 s.
Noblesse, 52.
Notaire, 6 s., 27, 38. — en second, 57 s.
Officier public, 5, 38.
Paraphe, 59 s.
Parent, 12.
Parties intéressées, 27.
Préposés de la régie, 28.
Qualité, 5.
Ratures, 54 s.
Receveur des douanes, 43.
Refus, 29 s.
Registres publics, 32.
Renvoi, 53.
Sceau, 62.
Secrétaire d'état, 24. — général du conseil d'état, 25. — général de préfecture, 21.
Signature, 20.
Sous-préfet, 22.
Syllabes, 46.
Témoin, 57 s.
Testament, 15 s., 49.
Timbre, 46.

EXPÉDITION. — 1. — C'est la copie d'un acte ou d'un écrit quelconque délivré par un officier public.

2. — Il ne faut pas confondre l'expédition avec la copie figurée. L'expédition n'est que la copie littérale de la minute de l'acte, tandis que la copie figurée reproduit non seulement la substance ou teneur de l'acte, mais encore sa forme matérielle. — V. COPIE FIGURÉE.

3. — Lorsque l'expédition a la forme exécutoire, elle prend le nom de *grosse*. — V. GROSSE.

4. — Quand le titre original est perdu, les premières expéditions font la même foi que l'original. — C. civ., art. 1335. — V. COPIE DE TITRES ET ACTES, nos 21 et suiv.

§ 1er. — *Par qui les expéditions doivent être délivrées* (n° 5).

§ 2. — *A qui les expéditions peuvent être délivrées* (n° 26).

§ 3. — *Formes des expéditions* (n° 44).

—

§ 1er. — *Par qui les expéditions doivent être délivrées.*

5. — Une règle générale relativement à la délivrance des expéditions, c'est qu'il faut que l'officier public qui fait cette délivrance agisse en sa qualité, c'est-à-dire comme personne publique. — Pothier, *Oblig.*, nos 740 et 750; Toullier, t. 8, nos 446 et suiv.

6. — *Actes notariés.* — Le droit de délivrer des expéditions des actes notariés n'appartient qu'au notaire possesseur de la minute. — L. 25 vent. an XI, art. 21. — V. ACTE NOTARIÉ, NOTAIRE.

7. — Le notaire à qui un tribunal confie les minutes d'un notaire décédé (L. 25 vent. an XI, art. 61) étant subrogé dans les fonctions qu'exerçait celui-ci, a par cela même le droit de délivrer des expéditions. — Décis. min. fin. 22 juin 1813.

8. — Tout notaire peut délivrer copie d'un acte qui lui a été déposé pour minute. — L. 25 vent. an XI, art. 21.

9. — L'annexe d'un acte équivalant à un dépôt pour minute, il s'ensuit que les notaires ont le droit de délivrer isolément expédition des pièces et actes faits sous seing-privé, ou passés en pays étranger ou dans les colonies, et qui se trouvent annexés aux minutes des actes de leur étude.

10. — Néanmoins, un notaire ne peut délivrer isolément copie des expéditions annexées dont les minutes se trouvent dans les études d'autres notaires, au greffe des tribunaux ou au secrétariat des administrations. — Lettre du procureur du roi près le tribunal de la Seine à la chambre des notaires de Paris du 6 mai 1826.

11. — Les notaires de Paris se sont également interdit de délivrer isolément expédition ou extrait des pièces annexées à leurs actes, lorsqu'il en existe minute dans l'étude d'un autre notaire de la même ville, à moins que les extraits ou expéditions ne soient délivrés à la suite de l'expédition ou de l'extrait de l'acte qui a été passé en conséquence. — Stat. 9 vent. an XIII.

12. — Si le notaire était possesseur de la minute d'un acte qui l'intéressât personnellement ou qui intéressât ses parens au degré prohibé, il ne pourrait en délivrer expédition qu'avec permission du juge. — C. procéd., art. 841 et 842.

13. — Les expéditions des actes compris dans les chambres de contrats, bureaux de tabellionnage et autres, ne peuvent être délivrées que par un notaire de la résidence des dépôts, ou à défaut, par un notaire de la résidence la plus voisine. — L. 25 vent. an XI, art. 60.

14. — Certains actes ne sont pas susceptibles d'être immédiatement délivrés en expédition, soit que la convenance ou une force majeure s'y opposent.

15. — Ainsi, les notaires ne doivent grossoyer aucun testament que le testateur ne soit décédé. En effet, il peut être ajouté ou retranché au testament jusqu'à cette époque. — Rolland de Villargues, *Rép. du notar.*, v° *Expédition*, n° 18.

16. — Néanmoins, si le testateur désire avoir une expédition de son testament, elle doit lui être délivrée par le notaire avec une mention au bas, indiquant la réquisition du testateur et la date de la délivrance.

17. — D'après la loi du 24 août et 13 sept. 1793, qui a ordonné la formation d'un grand-livre de la dette publique, il ne peut être délivré par les officiers publics aucune expédition ou extrait des titres de créance sur l'état, de quelque nature qu'ils soient, sous peine de dix années de fers. — Art. 12.

18. — Les notaires peuvent néanmoins délivrer des expéditions des contrats de constitution dont la liquidation appartient à l'état, comme des contrats de rentes créés par le gouvernement, par des corporations supprimées, etc., aux créanciers porteurs d'une demande faite auxdits notaires, soit par le liquidateur général, soit par la liquidation de la trésorerie, soit par les corps administratifs. — Dans

ce cas, il est fait mention sur la minute de la demande en vertu de laquelle les expéditions sont délivrées, en certifiant par un notaire que cette mention a été faite sur la minute. — L. 22 messid. an II, art. 22; 24 frim. an VI, art. 40.

19. — *Actes judiciaires.* — C'est au greffier qui assiste le juge qu'il appartient de délivrer les expéditions des actes et procès-verbaux du ministère du juge et dont il garde les minutes. — C. procéd., art. 1040.

20. — Les greffiers ne peuvent délivrer expédition d'un jugement avant qu'il ait été signé, sous peine d'être poursuivis comme faussaires. — C. procéd., art. 139.

21. — *Actes administratifs et de l'état civil.* — Les expéditions des arrêtés des préfets, de ceux des conseils de préfecture et des délibérations des conseils généraux de départemens doivent être délivrées et signées par les secrétaires généraux des préfectures. — L. 28 pluv. an VIII, art. 7.

22. — Les expéditions et arrêtés des sous-préfets ne peuvent être délivrés et signés que par ces administrateurs. — Merlin, *Rép.*, v° *Expédition*, § 3.

23. — Les expéditions ou extraits des actes de l'état civil et des actes de mairie doivent être signés par les maires. — Avis cons. d'état, 2 juill. 1807.

24. — *Actes du gouvernement.* — Les actes du gouvernement sont expédiés par le ministre secrétaire d'état du département auquel ils se rapportent. — Merlin, *Rép.*, v° *Expédition*, § 4.

25. — *Décisions du conseil d'état.* — Les décisions et avis du conseil d'état en matière contentieuse sont expédiés par le secrétaire général de ce conseil, et ces expéditions sont exécutoires. — Décr. 11 juin 1806, art. 35.

§ 2. — *A qui les expéditions peuvent être délivrées. — Droits.*

26. — Il faut distinguer à cet égard entre les actes qui concernent exclusivement l'intérêt privé et ceux qui, tout en pouvant concerner le plus souvent l'intérêt privé, sont néanmoins destinés à la publicité.

27. — La délivrance des expéditions des actes ne peut être faite par les notaires et autres dépositaires qu'aux parties intéressées en nom direct, héritiers ou ayant-droit. — L. 25 vent. an XI, art. 23; C. procéd., art. 839. — V. COPIE DE TITRES ET ACTES, n°s 80 et suiv.

28. — Néanmoins les préposés de la régie de l'enregistrement peuvent se faire délivrer sans formalités, dans l'intérêt de l'administration, toutes expéditions des actes notariés. — Arg. LL. 29 sept. 1791, art. 17; 22 frim. an VII, art. 54; 25 vent. an XI, art. 23; — C. procéd., art. 814 et 854.

29. — En cas de refus du notaire ou autre dépositaire de délivrer expédition d'un acte aux parties intéressées, il peut y être condamné et par corps, sur assignation à bref délai, en vertu de permission du président du tribunal de première instance. — C. procéd., art. 839. — V. COPIE DE TITRES ET ACTES, n°s 90 et suiv.

30. — Si le notaire ne peut refuser aux parties délivrance des expéditions des actes par eux consentis, il n'a pas non plus le droit de les forcer à lever des expéditions. Les parties sont à cet égard parfaitement libres, sauf le cas d'un mandat spécial par elles donné à cet effet au notaire dépositaire. — *Parlem. de Paris*, 14 oct. 1550, art. 34; ord. d'Orléans de 1560; — Jousse, *Inst. civ.*, t. 2, p. 401; Ferrière et Massé, *Parf. not.*, liv. 1er, chap. 16; Loret, t. 1er, p. 344 et suiv.

31. — Celui qui dans le cours d'une instance veut se faire délivrer expédition d'un acte dans lequel il n'a pas été partie doit se pourvoir (C. procéd., art. 846) ainsi qu'il est dit v° COMPULSOIRE.

32. — Les greffiers et dépositaires des registres publics sont tenus d'en délivrer, sans ordonnance de justice, expédition à tous requérans, à charge de leurs droits, à peine de dépens et dommages-intérêts. — C. procéd., art. 853

33. — Toutefois cette disposition ne doit s'entendre que des actes livrés à la publicité. — V. COPIE DE TITRES ET ACTES, n°s 113 et suiv.

34. — Tels sont les actes de l'état civil. — C. civ., art. 45. — V. ACTES DE L'ÉTAT CIVIL, n°s 175 et suiv.

35. — Tels sont encore les actes transcrits ou inscrits au bureau de la conservation des hypothèques. — C. civ., art. 2196. — V. CONSERVATEUR DES HYPOTHÈQUES.

36. — Mais telles ne sont pas les délibérations des conseils de famille. — Pour en obtenir une expédition, il faut avoir un intérêt particulier dont les juges sont appréciateurs. — *Cass.*, 30 déc. 1840 (t. 1er 1841, p. 54), N... — V. CONSEIL DE FAMILLE, n° 178.

37. — Si les frais et déboursés de la minute de l'acte sont dus au dépositaire, il peut refuser expédition tant qu'il n'est pas payé desdits frais, outre ceux d'expédition. — C. procéd., art. 851.

38. — Quant aux droits que peut exiger l'officier public pour la délivrance de la minute, il faut consulter : — pour les expéditions des actes notariés, v° NOTAIRES.

39. — ... Pour les expéditions des actes judiciaires, v° GREFFE (Droits de).

40. — ... Pour les expéditions des actes de l'état civil, v° ACTES DE L'ÉTAT CIVIL, n°s 183 et suiv.

41. — ... Pour les expéditions, copies ou extraits des actes transcrits ou inscrits au bureau des hypothèques, v° CONSERVATEUR DES HYPOTHÈQUES.

42. — Les droits exigibles pour les expéditions des actes administratifs sont réglés par l'art. 37, L. 7 messid. an II, et par l'avis du conseil d'état du 7 et 18 août 1807.

43. — Le receveur des douanes auquel a été remis le rapport de mer imposé aux capitaines de navires a droit, pour les expéditions qui lui en sont réclamées, soit par les capitaines, soit par toute autre personne intéressée, à une rétribution de 1 fr. 50 c. par rôle de vingt lignes à la page et sept syllabes à la ligne. — Décr. 16 fév. 1807.

§ 3. — *Forme des expéditions.*

44. — Les expéditions doivent être la copie littérale de la minute de l'acte.

45. — En cas de compulsoire ou de collation de pièces, les parties peuvent collationner l'expédition à la minute dont lecture doit être faite par le dépositaire. — C. procéd., art. 852. — V. COLLATION DE PIÈCES, COMPULSOIRE.

46. — Toute expédition doit en général être écrite sur papier timbré. La dimension du papier à employer, et le nombre de lignes et de syllabes à mettre par page ou par rôle varient suivant la qualité de l'officier public qui délivre l'expédition. — V. à cet égard TIMBRE. — Il faut aussi consulter chacun des mots de renvoi que nous avons indiqués *suprà* n°s 38 et suiv.

47. — De plus, l'expédition ne peut être délivrée par un notaire, huissier, greffier, secrétaire ou autre officier public, si cet acte n'a été préalablement enregistré. — L. 22 frim. an VII, art. 42. — V. ENREGISTREMENT, n°s 1241 et suiv.

48. — Telles sont les dispositions communes à toute espèce d'expédition en général. — Restent maintenant quelques règles spéciales relatives aux expéditions des actes notariés, mais dont quelques unes peuvent recevoir leur application en ce qui concerne les expéditions délivrées par d'autres officiers publics.

49. — Puisque l'expédition doit être la copie fidèle de la minute, l'orthographe et la ponctuation de cette minute doivent y être suivies, au moins de manière à ne pas altérer le sens et à ne donner lieu à aucune interprétation. — Les expéditions des testamens se délivrent ordinairement avec la plus scrupuleuse exactitude dans l'orthographe et la ponctuation. — Rolland de Villargues, n°s 35 et 36.

50. — Néanmoins, ces mots de la minute *ces présentes* ou *la présente minute* se remplacent dans l'expédition par la *minute des présentes* ou *ces présentes*.

51. — Les notaires doivent omettre dans les expéditions les clauses, qualifications, énonciations ou expressions tendant à rappeler, d'une manière directe ou indirecte, le régime féodal, à peine de 20 fr. d'amende. — L. 8 pluv. an II; 25 vent. an II, art. 17; 16 juin 1824, art. 10.

52. — Toutefois, il faut accorder cette disposition avec l'art. 71 de la Charte, portant : « La noblesse ancienne reprend ses titres. »

53. — Les renvois, apostilles et interlignes non approuvés étant nuls (L. 25 vent. an XI, art. 15), le notaire ne doit point les reproduire dans l'expédition qu'il délivre. — Toullier, t. 8, n° 111.

54. — Quant aux ratures non constatées se trouvant sur les minutes, comme elles doivent être regardées comme non avenues dans l'intérêt des parties qui n'y ont point consenti, le notaire ne doit pas les omettre dans les expéditions. Cependant on doit prévenir les parties de l'état des minutes; par là, ce fonctionnaire se soustrait au soupçon et met les parties à même de tirer de ces ratures telle induction que bon leur semble. — Toullier, t. 8, n° 128.

55. — Dans les expéditions, l'approbation des mots rayés ne doit pas nécessairement être faite en marge comme dans les actes notariés (L. 25 vent. an XI, art. 15); elle peut être faite à la suite de l'expédition, mais elle doit toujours être paraphée spécialement. — Rolland de Villargues, n° 46.

56. — Relativement aux blancs que le notaire pourrait laisser dans les expéditions, V. BLANC.

57. — L'usage général, dit M. Rolland de Villargues (*Rép. du notar.*, v° *Expédition*, n° 24), est de faire signer en second toutes les expéditions des actes reçus par deux notaires, sans distinction des premières ou secondes expéditions. Quant aux expéditions des actes reçus par un notaire, en présence de deux témoins, elles ne se signent que par ce notaire.

58. — Il en est autrement quand il s'agit d'une expédition collationnée. — V. COPIE COLLATIONNÉE, n° 15.

59. — Le notaire en premier, c'est-à-dire le détenteur de la minute paraphe seul le bas de chaque recto. Les deux notaires paraphent les renvois et la mention ou l'approbation des mots rayés, et ils signent à la fin. — Rolland de Villargues, n° 47.

60. — Cet usage de parapher le bas de chaque recto a pour objet d'éviter autant que possible toute addition, toute substitution d'une feuille à une autre, lorsque l'expédition en contient plusieurs. Ce n'est qu'une sage précaution de la part des notaires, et il n'existe aucune obligation pour eux à cet égard. — Rolland de Villargues, *ibid.*, n° 48.

61. — On indique à la fin, avant de transcrire la mention de l'enregistrement, le nom du notaire dépositaire de la minute, lorsque l'acte a été reçu par deux notaires. — Rolland de Villargues, n° 49.

62. — Les expéditions des actes notariés doivent porter l'empreinte du cachet ou sceau particulier du notaire en premier. — Rolland de Villargues, n° 51.

63. — Il n'y a point obligation pour les notaires de faire mention sur les minutes de la délivrance des expéditions. Cette formalité n'est prescrite qu'au sujet des grosses. — L. 25 vent. an XI, art. 26. — A Paris cette mention se fait pour ordre par ces seuls mots : *fait expédition*; encore sont-ils la plupart du temps de la main des clercs : ils ne sont revêtus d'aucun paraphe par des notaires à la différence de la mention de la délivrance des grosses. — Rolland de Villargues, n° 52.

64. — Relativement à l'expédition des contre-lettres rédigées à la suite de la minute d'un contrat de mariage (C. civ., art. 1397), V. CONTRAT DE MARIAGE, n°s 134 et suiv.

V. aussi ABRÉVIATION, ACQUIESCEMENT, ACTE IMPARFAIT, n° 5, ANNEXE DE PIÈCES, ARCHIVES, AVOCAT, COMMISSAIRE-PRISEUR, COMMISSION ROGATOIRE, CONFLIT, COUR DES COMPTES, DÉSISTEMENT, DISPENSE POUR MARIAGE, LETTRES PATENTES, REMISE DE LA DETTE.

EXPÉDITIONS (Douanes, Contributions indirectes).

1. — Nom sous lequel on désigne d'une manière générale certains actes, certificats ou attestations (tels que congés, acquits à caution, passavans et laissez-passer) délivrés soit par l'administration des contributions indirectes, soit par celle des douanes pour assurer l'accomplissement des conditions ou l'acquit des droits auxquels sont soumis la fabrication, le débit, la circulation, l'entrée ou la sortie de certaines denrées ou marchandises.

2. — Lorsque la loi désigne la nature des expéditions dont on doit être muni, il ne peut, à moins de disposition expresse, être suppléé par une autre à celle déterminée, alors même que celle qu'on représente attesterait l'acquit réel d'un droit que l'expédition prescrite avait seulement pour objet de garantir. — D'Agar, *Man. alphab. des contrib. indir.*, v° *Expéditions*.

3. — Ainsi jugé que le commissionnaire qui prétend avoir reçu des boissons pour autrui, et non pour son compte personnel, ne peut suppléer à l'acquit à caution dont elles auraient dû être accompagnées en produisant un certificat des préposés de la régie attestant que son nom a été substitué par erreur à celui de l'acheteur, et que le droit a été payé; que c'est à l'administration seule qu'il appartient d'avoir égard à ce qui s'est passé avant ou après le procès-verbal. — *Cass.*, 2 mars 1809, Guillemet.

4. — L'expédition remise au redevable par le préposé de l'administration, est légalement présumée être conforme aux déclarations de celui qui en est muni ou de celui qui l'a reçue; on ne pourrait donc alléguer l'erreur du préposé pour excuser une inexactitude dans les mutations qui y sont contenues. — D'Agar, *loc. cit.*

5. — Jugé en conséquence que la production d'un congé qui ne s'applique ni pour le nom, ni pour les quantités, au débitant chez lequel des boissons ont été saisies, ne peut autoriser son acquittement, sous le prétexte que la différence est le fruit de l'erreur. — *Cass.*, 10 juin 1808, Boran dit Chapelle.

6. — Pour les diverses espèces d'expéditions, leur forme, leur but, les règles qui les concernent et les difficultés et obligations qui en résultent, V. BOISSONS, CARTES A JOUER, CONTRIBUTIONS IN-

DIRECTES, DOUANES, OCTROI, POUDRES ET SALPÊTRES, SEL, TABACS.

7. — En matière de douanes, toute marchandise transportée dans les deux myriamètres des frontière doit être accompagnée d'un passavant qui n'est délivré que sur la représentation de l'acquit des droits d'entrée, s'il s'agit d'objets importés, ou de l'expédition du premier bureau de la ligne, si la marchandise vient de l'intérieur. — L. 22 août 1791, tit. 3, art. 15 et 16; arr. 22 thermid. an X, art. 4.

8. — Lorsque l'expédition de douane en vertu de laquelle le passavant est demandé a plus d'un an de date, le passavant ne doit pas être accordé. — Fasquel, Lois et réglem. des douanes, n° 111.

9. — L'acquit de paiement des droits d'entrée tient lieu de passavant : cette expédition désigne la route à suivre, le bureau vers l'intérieur où l'acquit sera contrôlé, et le délai dans lequel la marchandise doit y être présentée. — L. 28 août 1816, art. 33.

10. — Les acquits à caution de transit, les acquits de paiement de sortie délivrés par les douanes de l'intérieur, les expéditions délivrées pour des marchandises exportées avec primes, tiennent également lieu de passavant.—Arr. 25 vent. an VIII; L. 17 déc. 1814; ordonn. 18 sept. 1818; circ. 27 oct. 1824.

11. — Les juges des tribunaux et leurs greffiers ne peuvent expédier des acquits de paiement ou à caution, congés, passavans, réceptions en décharges de soumissions, ni rendre aucun jugement pour tenir lieu desdites expéditions; mais en cas de difficultés entre les marchands et les voituriers et les préposés des douanes, les juges règlent les dommages-intérêts que lesdits marchands ou voituriers pourraient prétendre à raison du refus qu'ils auraient éprouvé de la part desdits préposés, de leur délivrer les acquits de paiement ou à caution, congés ou passavans.—L. 22 août 1791, tit. 11, art. 2.

12. — Tout individu venant de l'intérieur sans être muni de l'une des expéditions ci-dessus indiquées doit conduire ses marchandises au premier bureau frontière, où, sur sa déclaration, il lui est délivré un passavant si la marchandise reste dans la ligne, ou un acquit de paiement s'elle doit passer à l'étranger. — L. 22 août 1791, art. 15, tit. 3.

13. — Les marchandises qui circulent dans les deux myriamètres sans passavans, ou avec une expédition irrégulière, sont saisies avec amende de 100 fr. — Fasquel, n° 145.

14. — Lorsque des expéditions se trouvent altérées ou falsifiées, elles doivent être arrêtées, et le rapport qui est dressé doit énoncer le genre de faux, les altérations ou surcharges. Lesdites expéditions, signées et paraphées par ceux qui les ont saisies, ne varietur, doivent être énoncées au rapport qui contient la sommation faite à la partie de les signer et sa réponse. — L. 9 flor. an VII, tit. 4, art. 4.

15. — Une circulaire du 3 frim. an XIII décide que, bien qu'en principe l'opposition qui serait faite à la délivrance des expéditions par les créanciers d'un capitaine de navire intéressés à empêcher son départ, ne soit pas recevable, il convient, pour éviter toutes difficultés, qu'en cas d'opposition sera formée entre les mains d'un employé, celui-ci la dénonce à l'armateur ou au capitaine par acte extrajudiciaire, avec déclaration que les expéditions et papiers ne leur seront délivrés qu'en rapportant main-levée de l'opposition.—Dujardin-Sailly, lett. E, n° 31.

16. — Aux termes de l'art. 19, L. 28 avr. 1816, les actes délivrés par les douanes doivent porter un timbre particulier, dont le droit est réglé comme il suit, sans qu'il puisse y avoir addition du décime : Pour les acquits à caution, les actes relatifs à la navigation et les commissions d'emploi, 75 cent.; — pour les quittances de droits au-dessus de 10 fr., 25 c.; — pour toutes les autres expéditions, 5 c.—L'administration des douanes doit faire elle-même appliquer ce timbre et compter de son produit.

17. — Ces dispositions ne concernent pas les actes judiciaires dressés par les agens des douanes: ces actes sont assujétis au timbre ordinaire.—Même article.

18. — Déjà la loi du 22 vent. an XII, art. 24, exemptait de la formalité du timbre les passavans délivrés dans les bureaux des douanes pour le transport et la circulation des denrées dans les deux myriamètres des frontières, les acquits à caution délivrés pour la circulation des grains, et les certificats des maires et adjoints relatifs au transport desdits grains. — Une circulaire du 24 juin 1816 décide que l'art. 19 ci-dessus, L. 28 avr. 1816, n'a point dérogé audit art. 24, L. de vent. an XII; mais que les acquits au paiement de 10 fr. et au-dessus, qui étaient précédemment exemptés du

timbre, se trouvent compris dans la classe des expéditions des douanes, au nouveau timbre de 5 cent.

19. — La même circulaire porte que l'exemption du timbre accordée par l'art. 24, L. 22 vent. an XII, aux passavans et acquits à caution délivrés pour le transport des grains dans le rayon de la frontière, soit de terre, soit de mer, doit être appliquée à ceux délivrés pour leur circulation dans le même rayon. — Dujardin-Sailly, C. des douanes, lett. B, n° 108.—V. au surplus DOUANES.

EXPÉDITION (Transport).

1. — Action de transporter des objets et marchandises d'un lieu à un autre. — V. COMMISSIONNAIRE DE TRANSPORTS, TRANSPORTS (entrepreneur de), VOITURIER.

2. — Les expéditions maritimes constituent des actes de commerce.— C. comm., art. 633.—V. ACTE DE COMMERCE.

V. aussi COMMISSIONNAIRE, COMPÉTENCE COMMERCIALE.

EXPÉDITIONS (Marine).

1. — C'est le nom qu'on donne aux pièces ou papiers qui sont nécessaires au capitaine de navire pour pouvoir partir, tels que le congé, le rôle d'équipage, les acquits de douanes relatifs au chargement, etc.

2. — Le bâtiment est censé prêt à faire voile lorsque le capitaine est muni de ses expéditions. — C. comm., art. 246.

V. CAPITAINE DE NAVIRE, PRISES MARITIMES.

EXPERTISE.

Table alphabétique.

EXPERTISE.—1. — On entend par *expertise* l'opération que font des experts ou gens connaisseurs dans un art pour éclairer le juge sur des questions ou sur des faits qu'il ne peut connaître par lui-même. — Le rapport d'experts est l'exposé de cette opération, c'est-à-dire des travaux, recherches, calculs auxquels les experts se sont livrés et de

l'avis qu'ils ont formé d'après les résultats de ces travaux. — Carré, *L. procéd.*, prélim. à l'art. 302.

CHAP. Ier. — *De l'expertise en matière civile* (n° 2).

CHAPITRE Ier. — *De l'expertise en matière civile.*

Sect. 1re. — *Considérations générales.*

2. — L'expertise est amiable ou judiciaire.

3. — Lorsque les experts procèdent amiablement et en vertu d'une délégation qui leur est faite par les parties sans intervention de la justice, on doit les considérer comme de simples mandataires responsables vis-à-vis des intéressés de l'exécution de leur opération. Les dispositions du Code de procédure sur les expertises sont étrangères à ce cas.

4. — Aussi a-t-il été jugé que les règles relatives aux arbitrages et expertises judiciaires ne sont pas applicables à des experts convenus par les parties pour estimer un immeuble; qu'ainsi, ces experts sont dispensés d'indiquer le jour de leur opération, de rédiger leur rapport sur leur procès-verbal, de le déposer au greffe. — *Besançon*, 5 déc. 1811, comm. de Bomparre c. Bouquet.

5. — Ce principe était également reçu avant le Code de procédure. — *Cass.*, 13 brum. an X, Choussy c. Touzel.

6. — L'expertise judiciaire est celle qui est ordonnée par le juge, soit dans les cas où la loi l'en impérativement qu'elle ait lieu, soit dans ceux où les tribunaux usant d'une simple faculté, la prescrivent d'office ou sur la demande des parties. Les formalités en sont réglées par les art. 302 à 323, C. procéd. civ.

7. — De même que les autres procédures en matière civile, celle dont nous nous occupons était

régie avant le Code de procédure par l'ordonnance de 1667. La plupart des dispositions de l'ordonnance sur ce point ont passé dans ce Code. Nous indiquerons dans le cours de cet article quelles modifications ont été apportées à la législation antérieure.

8. — Les experts commis par les tribunaux tiennent de la justice une délégation qui leur fait emprunter sous certains rapports le caractère du juge. D'un autre côté, ce sont des témoins instruits qui viennent déposer sur les faits qui ont été soumis à leurs investigations. Aussi, la loi et la jurisprudence les ont-elles assimilés tantôt aux magistrats, tantôt aux témoins, selon qu'il y avait lieu de considérer leur caractère à l'un ou à l'autre de ces points de vue.

9. — Quant à leurs rapports avec les parties, il ne semble pas qu'il y ait aucun lien de droit entre eux et un simple particulier partie au procès, si l'expertise n'ayant pas lieu dans l'intérêt de ce dernier la prescrit sans son assentiment. Mais lorsque les experts ont été nommés sur la poursuite des deux parties, ou de leur aveu et dans leur intérêt respectif, la doctrine et la jurisprudence les ont considérés comme des mandataires des plaideurs. — Chauveau sur Carré, *L. procéd.*, quest. 1207.

10. — Néanmoins, il n'y a dans ce cas qu'un mandat imparfait, et lorsque la nomination des experts par le tribunal étant devenue définitive, les opérations de l'expertise sont réputées commencées, ils ne peuvent être révoqués par les parties.

11. — C'est en ce sens que la cour de Cassation a jugé que des experts ne sauraient être considérés comme des mandataires qu'on puisse révoquer à son gré. — *Cass.*, 16 juill. 1822, Enreg. c. Garret.

12. — Une opération ne constitue une expertise qu'autant qu'elle suppose l'examen de questions distinctes soumises tout d'abord à la personne qui en est chargée. Une simple assistance à une autre opération ne saurait recevoir ce nom.

13. — C'est ainsi que lorsqu'un jugement ordonne la descente, sur le lieu contentieux, d'un juge accompagné d'un homme de l'art pour l'éclairer, l'opération ne constitue pas une expertise de la part de ce dernier; d'où il résulte qu'il n'est pas récusable comme celui qui a réellement la qualité d'expert. — *Colmar*, 26 juin 1828, Thyss c. Weber.

14. — Jugé de même que l'homme de l'art que désigne lui-même le juge-commissaire d'une enquête, et dont il se fait assister en vertu du pouvoir discrétionnaire que lui a confié à cet égard le tribunal, n'est pas astreint à l'accomplissement de toutes les formalités prescrites en matière d'expertise. — *Bordeaux*, 28 mars 1831, comm. de Châtres c. Verliac.

15. — Pour apprécier si une opération constitue une véritable expertise, il faut s'attacher plutôt à son caractère qu'à la qualification donnée à la personne qui en est chargée. C'est ainsi que les arbitres qui, aux termes de la loi du 24 août 1726 sur les colonies, sont nommés par les parties pour régler les dommages-intérêts en cas de déguerpissement d'une habitation par l'acquéreur qui ne paie pas son prix de vente, sont de simples experts dont le rapport peut être modifié ou même réformé en entier par les tribunaux. — *Cass.*, 11 mars 1819, Kiquandon et Lacoudré c. Astorg.

16. — Il appartient au tribunal d'apprécier, d'après les circonstances de la cause, s'il convient d'ordonner une expertise plutôt que la descente de l'un des juges sur les lieux contentieux ou toute autre voie d'instruction.

17. — Jugé que lorsque, pour éclaircir un point de fait dans une question de mesurage de propriété, il suffit de l'application, consentie par les deux parties, sur le plan aux lieux contentieux, aux experts, les juges doivent ordonner cette application et non une descente de l'un d'entre eux et une enquête. — *Amiens*, 18 fév. 8112, Quénescourt c. comm. du Petit-Rouy.

18. — Il peut arriver qu'à raison de la qualité de la personne chargée par un tribunal de procéder à une vérification, l'opération ne constitue pas une expertise, bien qu'il en soit dressé procès-verbal. — Chauveau sur Carré, *Lois proc.*, quest. 1163.

19. — C'est ainsi qu'un juge de paix chargé par un tribunal de visiter les lieux contentieux n'a pas le caractère d'expert, et que les dispositions des lois qui règlent la matière de l'expertise ne lui sont pas applicables. — *Cass.*, 17 janv. 1833, comm. de Fourche-Fontaine c. Nonat.

20. — Une expertise est, lorsqu'une expertise est nommée sur une voie d'instruction, mais seulement un mode d'exécution d'un arrêt ou jugement, l'opération est soumise aux règles tracées par les art. 302 et suiv., C. procéd.

21. — La cour de Cassation a jugé implicitement la négative en décidant que lorsqu'une cour royale charge des experts de procéder à la démarcation

de deux propriétés qu'elle vient de reconnaître et de déterminer suivant les titres, elle peut les nommer directement et ne pas se borner à faire une désignation subsidiaire pour le cas où les parties ne tomberaient pas d'accord sur le choix qui leur serait abandonné; qu'en pareille circonstance, il ne s'agit pas d'une voie d'instruction, mais de l'exécution d'un arrêt, et que, dès-lors, l'art. 305, C. procéd., n'est plus applicable. — *Cass.*, 7 nov. 1838 (L. 2.1836, p. 464), sect. de Lapeyrelle et de Vitrac (comm. de Sillard) c. sect. du Peschez et de Beauvais (même commune).

22. — Mais cet arrêt est critiqué par MM. Bonceune (*Th. de la procéd.*, t. 4, p. 462) et Chauveau sur Carré (*L. de la procéd.*, t. 3, quest. 1158), qui pensent qu'on ne trouve dans la loi aucune raison de traiter différemment l'expertise employée comme voie d'instruction et celle qui a pour but l'exécution d'un arrêt.

23. — On ne saurait confondre l'expertise avec l'arbitrage. L'expert n'est appelé qu'à donner un avis sur une question que le juge a pensé ne pouvoir résoudre par lui-même, avis que la justice peut ne pas accueillir s'il ne paraît pas fondé. L'arbitre au contraire tranche, en qualité de juge, les questions qui lui sont déférées.

24. — Décidé avec raison que des experts choisis amiablement pour procéder à un partage, et autorisés à nommer un tiers en cas de division, ne sont point assujettis aux règles des arbitrages, notamment en ce qui tient aux délais, surtout lorsqu'un jurisconsulte est nommé pour décider des difficultés. — *Colmar*, 12 janv. 1814, Peyret c. Tournon.

25. — La clause d'un bail portant qu'en cas de contestations elles seront soumises à des *experts* qui jugeront sans recours à l'appel et à la voie de cassation, doit être interprétée en ce sens que les parties ont entendu se soumettre à des *arbitres* et non à des experts proprement dits. — *Amiens*, 15 juin 1824, Vasseur c. Ducancel et Delaporte.

26. — Le ministère des experts est libre, et nul ne peut être contraint de l'accepter. Seulement, si après avoir accepté ces fonctions et avoir prêté serment en cette qualité, la personne désignée refusait de remplir sa mission, elle pourrait être condamnée à supporter les frais qui résulteraient de ce refus, et à payer des dommages-intérêts aux parties, s'il y avait lieu. — C. procéd., art. 316; — Carré, *L. de la procéd.*, t. 3, quest. 1189; Pigeau, *Comm. sur la procéd. civ.*; Favard, *Rép.*, v° *Rapport d'experts*, t. 4, p. 704; n° 2; Thomas-Desmazures, t. 1er, p. 518; Boncenne, t. 4, p. 478.

27. — Le principe de la liberté du ministère des experts était aussi reconnu sous l'empire de l'ordonnance de 1667. — Dupare-Poullain (*Principes de droit*, t. 9, p. 484, n° 17) enseignait, sans distinction, que les fonctions d'experts étaient libres et qu'elles n'étaient pas regardées comme une charge publique. — Jousse sur l'art. 1, 10, tit. 21 de l'ordonnance, était néanmoins d'un avis contraire, et il croyait que, dans certains cas de nécessité, on pouvait contraindre un individu à remplir la mission d'experts; mais son opinion ne paraît appuyée sur aucune autorité. — Carré, *L. de la procéd.*, sur l'art. 316, quest. 1189.

Sect. 2e. — *De l'expertise ordonnée par les tribunaux civils.*

ART. 1er. — *Dans quels cas les tribunaux civils peuvent ou doivent ordonner une expertise. — Comment elle est demandée. — Jugement qui l'ordonne.*

28. — Les tribunaux peuvent ordonner une expertise toutes les fois qu'ils pensent avoir besoin du concours d'hommes spéciaux pour constater ou apprécier des faits imparfaitement établis.

29. — Décidé qu'un tribunal ordonne valablement l'expertise préalable pour apprécier les conditions imposées à un immeuble par un précédent donateur, à l'effet de décider si l'acte ne doit point rentrer dans la classe des contrats commutatifs ordinaires. — *Cass.*, 24 mai 1836, Fournier c. Monnard.

30. — Et que les juges peuvent prescrire une expertise pour fixer les dommages-intérêts dus par l'architecte, à cause du vice de construction d'un édifice, encore bien que l'édifice ne fût pas en danger de périr. — *Cass.*, 3 déc. 1834, Sannejouand c. Vallée.

31. — En matière de servitude de passage, un tribunal peut ordonner une expertise, encore qu'une des parties prétende que les titres suffisent pour cette appréciation. — *Rennes*, 22 déc. 1820, Lebourg.

32. — Mais l'expertise n'étant le plus souvent qu'un moyen d'instruction prescrit par les juges lorsqu'ils ne se regardent pas comme suffisam-

ment éclairés, il est de principe qu'en général ils ne sont pas obligés d'ordonner cette mesure lorsque, sans y avoir recours, ils peuvent puiser les raisons de décider dans les documens qui sont produits devant eux. — *Cass.*, 11 déc. 1812, Mériet c. Mabille; 18 août 1836, comm. de Gagnac c. Danlon; — Favard de Langlade, *Rép.*, v° *Rapport d'experts*, t. 4, p. 700; Berriat Saint-Prix, *Cours de procéd.*, p. 301; Thomine-Desmazures, *Comm. C. procéd.*, t. 1er, p. 505; Boncenne, *Th. de la procéd. civ.*, t. 4, p. 457; Bioche, *Dict. de procéd.*, v° *Expertise*, n° 7; Chauveau sur Carré, t. 3, quest. 1155.

33. — Il a été décidé, par application de cette règle : 1° que les juges peuvent, sans expertise préalable, et alors même qu'il s'agit de l'intérêt d'un mineur, prononcer le rejet d'une action en rescision pour cause de lésion, lorsque la nature et les circonstances de l'acte leur paraissent devoir écarter toute présomption de dol ou de fraude. — *Cass.*, 7 déc. 1819, Bosch c. Pujarnicle.

34. — ...2° Que lorsqu'un tribunal, en se fondant sur les faits et circonstances du procès, a accordé des dommages-intérêts à un acquéreur de biens dotaux que le mari vendeur s'était obligé à garantir de tous dépens, dommages-intérêts, et qui a été évincé, cet acquéreur ne saurait se pourvoir en cassation contre cette décision sous prétexte que l'indemnité est trop faible, attendu qu'il n'y a pas eu d'experts nommés. — *Cass.*, 17 mars 1819, de Montseveny c. de Lamure.

35. — ...3° Qu'en matière de faux incident, et quand il suffit de la seule inspection de l'acte pour prononcer sur le faux matériel dont on prétend cet acte entaché, les juges peuvent, sans avoir recours à une expertise, déclarer s'il y a ou s'il n'y a pas faux. — *Cass.*, 25 mars 1835, Guiraud c. Basioulh. — V. FAUX INCIDENT.

36. — ... 4° Que la question de savoir si un terrain est enclavé peut être décidée par une cour royale sans qu'il soit besoin d'ordonner une expertise, bien qu'elle ait été demandée par les parties. — *Cass.*, 24 déc. 1835, Defaye c. Debord.

37. — ...5° Que lorsqu'un acte de partage entre-vifs fait par un père entre ses enfans est l'objet d'une demande en rescision pour cause d'atteinte à la réserve légale, il n'y a pas lieu d'ordonner une expertise, si la lésion résulte des dispositions même de l'acte de partage. — *Toulouse*, 23 déc. 1835, Marty.

38. — ... 6° Que pour fixer la valeur d'un immeuble, les juges ne sont pas obligés d'ordonner une expertise; qu'ils peuvent faire eux-mêmes cette appréciation s'ils en trouvent la base et les élémens dans les faits et les pièces du procès. — *Colmar*, 7 mai 1836, Ritzenthaler, Kœnig et Chauffour c. Baltzinger.

39. — En matière de vérification d'écriture, l'expertise n'est pas non plus obligatoire. L'art. 195, C. procéd., dit que si la signature est déniée ou méconnue, la vérification en *pourra* être ordonnée, ce qui donne au juge un pouvoir discrétionnaire à cet égard. — *Cass.*, 6 déc. 1827, Beauval c. Hébert. — V. VÉRIFICATION D'ÉCRITURES.

40. — Par une conséquence nécessaire, si une expertise avait eu lieu entre les parties, le tribunal pourrait la prendre pour base de sa décison pour prononcer la rescision d'un partage pour cause de lésion, sans avoir recours à une expertise nouvelle. — *Cass.*, 18 mai 1831, André c. Debrais.

41. — La cour de Cassation a également jugé, par application du même principe, que les juges qui ont à statuer sur la tierce-opposition à un jugement qui a rescindé une vente pour cause de lésion, peuvent refuser d'ordonner une nouvelle expertise et prendre pour base de leur décision celle qui a été faite dans la première instance, lorsque les critiques dirigées contre cet acte leur paraissent mal fondées. — *Cass.*, 1er août 1821, Delage c. Beauregard.

42. — Le refus par un tribunal d'ordonner une expertise n'a pas même besoin d'être motivé. Aussi un arrêt qui, après avoir posé la question de savoir s'il y a lieu d'ordonner une nouvelle expertise, statue sur le fond sans résoudre cette question ne peut-il être annulé pour défaut de motifs. — *Cass.*, 3 mai 1830, Cottin c. Leharle; — Chauveau sur Carré, *loc. cit.*

43. — Il a été décidé par la même raison que, lorsque les premiers juges ont repoussé des conclusions à fin d'expertise en déclarant qu'il existait au procès des documens suffisans pour statuer sans avoir recours à cette voie d'instruction, l'arrêt qui adopte les motifs du jugement attaqué motive suffisamment le rejet de conclusions supplémentaires prises en appel à fin d'expertise plus étendue. — *Cass.*, 21 août 1837 (t. 1er 1837, p. 218), Poujol. — V. sur les motifs des jugemens et arrêts, JUGEMENT.

44. — Mais dans les matières soumises aux règles de l'art, les juges ont-ils le droit de se refuser à ordonner une expertise lorsqu'ils croient pouvoir résoudre eux-mêmes les questions que présente la cause?

45. — La cour de Rennes s'est prononcée pour la négative en jugeant que dans ces matières, les juges ne peuvent substituer leurs connaissances personnelles à un rapport d'experts; qu'ainsi dans le cas prévu par l'art. 662, C. civ., lorsqu'il s'agit du percement d'un mur mitoyen ou d'ouvrages qu'on veut y adosser, les juges ne peuvent se dispenser de nommer des experts. — *Rennes*, 5 juill. 1819, N.....

46. — Cet arrêt se fonde sur ce que les fonctions de juge et celles d'expert ne peuvent être remplies par la même personne par application de la maxime *Non sufficit ut judex sciat, sed necesse est ut ordine juris sciat.* — Il est approuvé par M. Boncenne (t. 4, p. 451).

47. — Mais nous croyons avec M. Chauveau sur Carré, t. 3, quest. 1155 *bis*) qu'on ne peut refuser au juge le droit d'appliquer les connaissances qu'il peut avoir personnellement et sans considération du procès dans les matières soumises aux règles de l'art, sans porter atteinte à son pouvoir d'appréciation. La maxime sur laquelle se base l'arrêt précédent paraît d'ailleurs invoquée à tort dans l'opinion contraire, puisqu'elle veut seulement dire que le juge ne doit puiser les raisons de décider que dans les faits que l'audience lui révèle, ce qui est un principe certain.

48. — C'est dans ce sens que la cour de Cassation décide qu'en matière de propriété littéraire, les tribunaux peuvent régler d'office, et sans qu'il soit besoin de recourir à une expertise, les dommages-intérêts qui peuvent être dus à l'auteur pour la contrefaçon de son ouvrage. — *Cass.*, 30 janv. 1818, Chaumerot c. Michaud.

49. — La même cour avait antérieurement décidé le contraire (*Cass.*, 6 niv. an XIII, Williams c. Collignon), mais avant la promulgation du Code pénal. — V. PROPRIÉTÉ LITTÉRAIRE ET INDUSTRIELLE.

50. — Jugé de même par la cour d'Orléans que quand, pour apprécier une opération chirurgicale, on demande qu'une expertise soit faite par des gens de l'art, les juges peuvent refuser de l'accorder par le motif que la quotité des honoraires à accorder au chirurgien repose non seulement sur l'opération même, mais encore sur la position des parties. — *Orléans*, 19 fév. 1812, Villemote c. Dutertre.

51. — Il est cependant des cas en matière civile où le juge ne peut se dispenser d'ordonner une expertise.

52. — Ainsi : 1° lorsque, en matière d'absence, ceux qui ont obtenu l'envoi en possession provisoire des biens de l'absent requièrent pour leur sûreté qu'il soit procédé par un expert nommé par le tribunal à la visite des immeubles, à l'effet d'en constater l'état. — C. civ., art. 126. — Vasserot, *Manuel des experts*, p. 5, n° 8.

53. — ... 2° Lorsque le père ou la mère ayant la jouissance légale des biens du mineur et voulant garder le mobilier pour le remettre en nature font faire l'estimation de ce mobilier par un expert nommé par le subrogé-tuteur. — C. civ., art. 453.

54. — ... 3° Lorsqu'on demande l'autorisation d'échanger un immeuble dotal contre un autre immeuble. L'échange ne peut avoir lieu qu'après une expertise préalable ordonnée par le tribunal. Les experts ont alors à constater si l'échange est utile, et si l'immeuble offert en contre-échange vaut les quatre cinquièmes au moins de l'immeuble dotal. — C. civ., art. 1559; — Vasserot, n° 10.

55. — ... 4° Quand une contestation s'élevant sur le prix d'un bail verbal dont l'exécution a commencé et dont il n'existe pas de quittance, le locataire demande l'estimation par experts. — C. civ., art. 1716. — Vasserot, p. 6, n° 14.

56. — ... 5° Lorsqu'il y a lieu de lever les scellés apposés sur les objets dépendant d'une succession, et nommer, soit un ou deux notaires, soit un ou deux commissaires-priseurs ou experts pour l'estimation des objets, suivant leur nature. — C. procéd., art. 935. — Vasserot, n° 15.

57. — Lorsqu'il s'agit de constater la lésion prétendue par le vendeur d'un immeuble, qui demande la rescision de la vente en se fondant sur cette lésion, les juges sont-ils tenus d'ordonner une expertise? — V. VENTE.

58. — Avant la loi du 2 juin 1841, sur les ventes d'immeubles, les art. 955 et 971, C. procéd., forçaient les tribunaux à ordonner une expertise, soit quand il y avait lieu de vendre des immeubles appartenant à des mineurs, soit quand une licitation devait avoir lieu. Ces articles modifiés par cette loi, ne prescrivent plus cette mesure dans les deux cas que d'une manière facultative pour le tribunal. L'art. 824, C. civ., auquel se référait l'ancien art. 955, C. procéd., s'est trouvé par suite indirectement modifié dans le même sens. — Vasserot, p. 6, n° 19.

59. — Le président statuant en état de référé peut prendre toutes les mesures que nécessite l'urgence lorsqu'elle lui est signalée. Il a donc le droit de prescrire des expertises selon les cas. Tel est du reste l'usage à Paris.

60. — Il a été jugé cependant par la cour de Bourges (7 avr. 1832, Quenisset c. Villiers) que le juge tenant l'audience des référés ne peut ordonner une expertise; que par suite le tribunal statuant au principal ne peut homologuer celle qu'il a ordonnée. — V. RÉFÉRÉ.

61. — La cour de Paris a pour jurisprudence qu'on peut conclure à une expertise par action principale, notamment pour faire constater, dans le but d'arriver à une demande en dommages-intérêts, les détériorations commises par des locataires au préjudice du propriétaire. — *Paris*, 20 mars 1835, Magu c. Bertrand et Demilly; 27 déc. 1836, Paillard c. Vigné.

62. — Et la même cour juge qu'une pareille demande est suffisamment libellée, lorsque l'exploit introductif d'instance précise les points dont on demande la constatation et qui constituent le dommage donnant lieu à la demande en réparation. — *Paris*, 27 déc. 1836, Paillard.

63. — La doctrine du tribunal de la Seine est au contraire qu'on ne peut conclure à une expertise par action principale. Deux jugemens par lui rendus dans ce sens ont été infirmés par les deux arrêts qui précèdent. Le tribunal se fonde sur ce qu'il résulte des termes de la loi et de la position qu'occupe dans le Code de procédure le titre 14 du livre 2, que l'expertise n'est qu'une procédure incidente, accessoire et se rattachant à une action principale, sur le mérite de laquelle elle peut éclairer le juge, mais qui ne peut être elle-même le but de cette action principale.

64. — Nous croyons avec M. Chauveau sur Carré (t. 3, quest. 1157 *bis*) que le tribunal de la Seine fait l'appréciation la plus vraie du caractère de la procédure d'expertise. On comprend difficilement quel but peut avoir une voie d'instruction isolée et indépendante de toute demande principale.

65. — Lorsque l'expertise n'a lieu que comme voie d'instruction et ne préjuge pas le fond, le jugement qui l'ordonne est simplement préparatoire.

66. — Spécialement, est simplement préparatoire le jugement qui, sur la demande à fin d'expertise formée par toutes les parties, mais dans un but différent, ordonne que cette expertise aura lieu suivant le mode proposé par chacune d'elles. Un tel jugement ne préjuge rien sur le bien ou mal fondé des demandes respectives; et, en conséquence, après l'expertise, les juges ne peuvent, pour accueillir l'une ou l'autre des demandes, se fonder uniquement sur l'acquiescement qui aurait été donné au jugement ordonnant l'expertise, et sur l'autorité de la chose jugée qu'aurait ainsi acquise ce jugement. — *Cass.*, 27 fév. 1838 (t. 1er 1838, p. 504), de Chauvelin c. Boullongne.

67. — Au contraire, si l'expertise préjuge le fond, le jugement qui l'ordonne n'est plus alors simplement préparatoire. — V. JUGEMENS et ARRÊTS.

68. — Le jugement qui ordonne une expertise doit être signifié à la partie adverse, à peine de nullité de l'opération. — *Besançon*, 21 juin 1813, N...

69. — Décidé qu'une partie peut appeler du jugement qui ordonne une expertise, quoiqu'elle se soit trouvée à cette opération, mais sans y concourir ni manifester l'intention d'y participer. — *Colmar*, 2 janv. 1834, de Haussen c. compagnie du Burckenwald.

70. — Mais la partie qui a assisté sans réclamation à une expertise et qui a plaidé au fond lors de l'homologation du rapport n'est plus recevable à interjeter appel du jugement qui l'a ordonnée. — *Lyon*, 27 août 1833, Didier c. Bisaillon.

71. — Décidé par la cour d'Agen que le jugement qui, portant nomination d'experts, dit : « Par les Srs ......, experts agréés par les parties, etc. » ne prouve pas par ces derniers mots que les parties aient elles-mêmes nommé les experts et que, par suite, elles se soient rendues non-recevables à appeler de ce jugement. — *Agen*, 22 mai 1812, Tujagu. — V. ACQUIESCEMENT.

72. — Conformément aux principes généraux, le jugement qui ordonne l'expertise est exécutoire, tant qu'il n'a pas été frappé d'appel. Jugé ainsi qu'une expertise, ordonnée par un jugement, peut être faite dans le délai de l'appel, pourvu qu'elle le soit après la huitaine de la prononciation de ce jugement, et avant que l'appel en ait été interjeté. — *Amiens*, 25 nov. 1824, Polle c. Grignon.

73. — Les jugemens ou arrêts par lesquels les tribunaux ordonnent une expertise sont suffisam-

ment motivés par l'énonciation qu'ils sont rendus avant faire droit. — *Cass.*, 4 janv. 1820, Benezech c. Peylavi. — V. sur les motifs des jugemens, JUGEMENS ET ARRÊTS.

74. — Lorsque des arbitres chargés d'établir une indemnité entre associés ont rendu une sentence pour déterminer le mode de nomination d'experts et le délai dans lequel les experts devraient déposer leur rapport, si cette sentence a été infirmée sur l'appel, par un arrêt portant néanmoins que le dédommagement dû à l'un des associés serait fixé par des experts, qui procéderaient en exécution du jugement arbitral, les juges peuvent, sans violer la chose jugée, déclarer que les experts avaient pu être valablement nommés d'après un mode différent et remettre leur rapport dans un délai plus long que celui fixé dans la sentence infirmée par la cour. — — *Cass.*, 6 mai 1834, Lagorce c. Montassier.

75. — Le même arrêt ajoute que dans un cas pareil, la partie qui a comparu devant les nouveaux experts sans protestation ni réserves est non recevable, après leur opération terminée, à contester leur pouvoir.

76. — La signification aux experts du jugement qui ordonne l'expertise n'est prescrite ni même autorisée par aucune loi. Les frais d'une telle signification doivent donc être rejetés de la taxe comme inutiles et frustratoires. — *Douai*, 8 mars 1844 (t. 1er 1845, p. 377), Payen c. Billon. — V. conf. Sudraud-Desisles, *Manuel du juge taxateur*, p. 159 ; N. Carré, *Taxe en matière civile*, p. 125, no 216.

77. — On a demandé si un tribunal de première instance qui a ordonné une expertise peut statuer au fond avant que cet interlocutoire ait été vidé.

78. — La cour de Bordeaux a jugé « que le tribunal de première instance qui a ordonné une expertise pour vérifier les dégradations qu'un propriétaire prétend avoir été faites par son fermier ne peut plus, avant que les parties aient été mises à même d'exécuter cet interlocutoire, renvoyer purement et simplement le fermier de la demande dirigée contre lui. — *Bordeaux*, 23 juin 1828, Passier de la Gaucherie c. Recassé.

79. — Cet arrêt paraît bien rendu. Il y a contradiction lorsqu'un tribunal prescrit une expertise et statue ensuite sans permettre qu'il soit procédé à l'opération. On peut voir dans ce cas une sorte d'infirmation du premier jugement que les juges du degré supérieur peuvent seuls prononcer. — Chauveau sur Carré, t. 3, quest. 1220 *bis*. — V. aussi JUGEMENS ET ARRÊTS.

ART. 2. — *Quelles personnes peuvent être nommées experts.*

80. — Autrefois les experts formaient une sorte de corporation. Les édits des mois de mai et de juill. 1690, et la déclaration du 3 mars 1705 les avaient constitués en titre d'office. Il en était de même de leurs greffiers. — Favard, *Rép.*, vo *Expertise*.

81. — Pendant long-temps il exista des arpenteurs et des experts jurés tant à Paris que dans les villes où il y avait parlement, chambre des comptes, cour des aides, généralité et présidial. Ils étaient chargés de faire les rapports, textes, prisées et estimations, tant à l'amiable qu'en justice, en toutes matières pour raison de partages, licitations, servitudes, alignemens, périls imminens, visites de carrières, moulins, cours d'eau, estimation de tous ouvrages de maçonnerie, charpente, etc. — Vasserot, *Manuel des experts*, p. 2, no 2.

82. — Il était défendu à toutes autres personnes de faire aucun rapport ou acte concernant ces opérations, aux parties de nommer des experts et aux juges d'en commettre d'autres, et d'avoir égard aux rapports faits par d'autres personnes, à moins que ce ne fût en matière commerciale. — Vasserot, *loc. cit.*

83. — Ces charges n'existent plus aujourd'hui, et, en principe, les fonctions d'experts peuvent être remplies par tous ceux que la loi n'a pas déclarés incapables de les exercer soit à raison d'une incompatibilité avec d'autres fonctions soit pour toute autre cause.

84. — Les juges ne peuvent accepter les fonctions d'experts, car ces fonctions sont incompatibles avec le caractère dont ils sont revêtus. Le procès-verbal qui serait dressé par un juge d'une opération de ce genre dont il se serait chargé, aurait nécessairement une autorité que la loi n'attache pas aux rapports d'experts. Aussi, n'y aurait-il pas une expertise dans l'accomplissement d'une semblable mission. — *Cass.*, 17 janv. 1833, comm. de Fourche-Fontaine c. Nonat ; — Duparc-Poullain, *Principes de droit*, t. 9, p. 47 ; Chauveau sur Carré, t. 3, quest. 1163 ; — *Contrà* Bioche, no 63.

85. — En est-il de même des greffiers ? — Carré (quest. 1163) pense que les incompatibilités relatives aux juges étant en général communes aux greffiers (C. civ., art. 1597), ces derniers ne sauraient être experts. Il ajoute qu'il est dans l'esprit du Code de procédure sur l'expertise de les exclure de ces fonctions, et qu'il suffit pour s'en convaincre de lire les art. 312 et suiv. sur les rapports d'experts. Le greffier, dit-il, qui doit assister le juge dans tous ces actes et dont le poste est ou à l'audience ou au greffe ne peut faire des expertises.

86. — Le même auteur étend l'incapacité aux commis greffiers assermentés, et, à l'égard des écrivains non assermentés, il enseigne que bien qu'ils puissent être nommés experts soit d'office, soit par les parties, cependant, lorsqu'ils travaillent habituellement au greffe il convient de ne pas les nommer d'office, les rapports qu'ils y ont pouvant affaiblir la confiance des parties.

87. — D'autres auteurs pensent, au contraire, que, les greffiers n'étant pas revêtus d'une autorité judiciaire, il semble que rien ne s'oppose à ce qu'ils soient nommés experts, aucune loi ne leur interdisant d'accepter cette qualité. — Tel est l'avis de MM. Bioche (*loc. cit.*) et Chauveau sur Carré (*loc. cit.*). — En l'absence de tout texte contraire nous pensons que ce dernier avis doit être préférablement suivi.

88. — L'art. 34, C. pén., qui définit la dégradation civique, comprend parmi les différens élémens de cette peine l'incapacité d'être expert. La dégradation civique elle-même, résultant, d'après l'art 28 du même code, des condamnations aux peines des travaux forcés à temps, de la détention, de la réclusion et du bannissement, les individus qui auraient été condamnés à l'une de ces peines seraient frappés de cette incapacité à partir du jour où la dégradation civique serait encourue, c'est-à-dire du jour où la condamnation serait devenue irrévocable, et, en cas de condamnation par contumace, de celui de l'exécution par effigie. — Art. 28.

89. — Aux termes de l'art. 42 du même code relatif à l'interdiction des droits civiques, civils et de famille, la même incapacité peut être la conséquence d'une condamnation correctionnelle.

90. — ... Et l'incapacité dans ces divers cas continuerait à subsister après l'accomplissement de la peine. — Boncenne, t. 4, p. 456.

91. — Les étrangers peuvent-ils être experts ? — M. Chauveau sur Carré (*loc. cit.*) soutient la négative par le motif qu'aux termes de l'art. 42, C. pén., le droit d'être expert est rangé parmi les droits civils, et que d'ailleurs les experts remplissent un ministère légal et public qui n'appartient qu'aux Français. — V. aussi Bioche, no 61. — Mais nous avons soutenu l'opinion contraire au mot ÉTRANGER, no 149.

92. — La loi n'interdit ni aux femmes ni aux mineurs l'exercice des fonctions d'expert : aussi MM. Rolland de Villargues (*Rép. du not.*, vo *Femme*, no 21) ; Souquet (tabl. 214, coll. 5e, no 3) et Bioche (no 61) pensent-ils qu'une femme peut être expert par la raison qu'elle peut être mandataire (C. civ., art. 1990), et que l'expertise constitue le plus souvent un mandat. — V. MANDAT.

93 — Nous croyons aussi que les femmes peuvent accepter les fonctions d'expert, quelque opinion d'ailleurs qu'on adopte sur le point de savoir si elles peuvent être arbitres (V. ARBITRAGE, nos 309 et suiv.). Seulement, s'il s'agissait d'une femme mariée, l'expertise pouvant être pour elle une cause de responsabilité, il pourrait y avoir dans certains cas nullité de l'opération accomplie sans autorisation maritale, et le tribunal ferait sagement de ne la commettre que du consentement des deux parties. — Bioche, no 62.

94. — Une expertise serait également valable si elle était confiée à un mineur, pourvu qu'il eût atteint l'âge de raison. Il serait cependant prudent de s'assurer d'avance de l'agrément des parties. — V. *contrà* Vasserot, p. 19, no 35.

95. — Mais il est évident que ce ministère ne pourrait être valablement confié à un interdit. — Bioche, no 61.

96. — Les tribunaux peuvent du reste désigner pour remplir les fonctions d'expert toute personne qui leur en paraît capable, et ils sont seuls juges de la bonté de leur choix. — Chauveau sur Carré, t. 3, quest. 1155e *ter*; Boncenne, t. 4, p. 455.

97. — Aussi la cour de Cassation a-t-elle décidé qu'il n'y a pas nullité d'un procès-verbal de rapport d'experts en ce que, pour apprécier la nature d'un terrain et l'importance des plantations en oliviers et vignobles qu'il aurait reçues, le tribunal, au lieu de choisir des cultivateurs ou des vignerons et de les prendre sur les lieux mêmes, aurait nommé trois experts parmi lesquels se trouvaient un notaire et un arpenteur, et de plus domiciliés à plus de deux lieues. — *Cass.*, 10 août 1829, Hielly c. Menard.

98. — Il n'est pas nécessaire, par la même raison, que les experts choisis pour estimer les immeubles dépendant d'une succession ou d'une communauté soient domiciliés dans l'arrondissement où se trouve la majeure partie des propriétés à partager. — *Bordeaux*, 15 avr. 1836, de Pressigny c. Brisson.

99. — Néanmoins, lorsqu'il y a lieu de faire la prisée des meubles d'un mineur dont la jouissance appartient au survivant des père et mère, la cour d'Orléans a jugé avec raison que cette prisée ne pouvait être faite que par un commissaire-priseur, quand il y en a dans le lieu où l'estimation s'opère. — *Orléans*, 24 nov. 1819, Bernier c. Jacquelin. — V. COMMISSAIRE-PRISEUR.

100. — Il existe encore des commissaires-experts institués pour les visites et estimations en matière de douanes ; ils ont seuls le droit de procéder à ces opérations. — L. 28 avr. 1816 et 27 juill. 1822. — V. DOUANES.

101. — Lorsqu'une expertise doit avoir lieu en matière de mines, la loi du 21 avr. 1810, art. 88, veut que les experts soient pris parmi les hommes notables et expérimentés dans le fait des mines et de leurs travaux. — V. MINES.

102. — Pour les délimitation et bornage des forêts de l'état et des propriétés riveraines, le préfet doit nommer un agent forestier comme expert dans l'intérêt de l'état. — V. FORÊTS.

103. — Les experts pour le partage et l'estimation des propriétés sont patentables de septième classe avec droit fixe basé sur la population, et droit proportionnel du quarantième de la valeur locative de tous les locaux qu'ils occupent, mais seulement dans les communes de 20,000 âmes et au-dessus. — V. PATENTE.

ART. 3. — *De la procédure antérieure à l'expertise.*

§ 1er. — *Nomination des experts.*

104. — Les règles qui s'appliquent à la nomination des experts sont tracées par les art. 302 à 306, C. procéd., dont nous commencerons par retracer les dispositions.

105. — L'art. 302 dispose que lorsqu'il y aura lieu à un rapport d'experts, il sera ordonné par un jugement, lequel énoncera clairement les objets de l'expertise.

106. — L'art. 303 ajoute que l'expertise ne pourra se faire que par trois experts, à moins que les parties ne consentent qu'il soit procédé par un seul.

107. — Aux termes de l'art. 304, si, lors du jugement qui ordonne l'expertise, les parties se sont accordées pour nommer les experts, le même jugement doit leur donner acte de leur nomination.

108. — Et suivant l'art. 305, si les experts ne sont pas convenus par les parties, le jugement doit ordonner qu'elles seront tenues d'en nommer dans les trois jours de la signification ; sinon qu'il sera procédé à l'opération par les experts qui seront nommés d'office par le même jugement. Le même jugement doit nommer le juge-commissaire qui recevra le serment des experts convenus ou nommés d'office. Toutefois, le tribunal peut ordonner que les experts prêteront leur serment devant le juge de paix du canton où ils procéderont.

109. — Enfin, l'art. 306 dit que : « Dans le délai ci-dessus les parties qui se seront accordées pour la nomination des experts en feront leur déclaration au greffe. »

110. — Ces diverses dispositions ont donné naissance à quelques difficultés qu'il importe de passer en revue.

111. — Nous verrons plus bas qu'on ne peut priver les parties du droit que la loi leur reconnaît de nommer leurs experts, soit avant tout jugement, soit lors du jugement et à l'audience, mais il faut admettre aussi qu'elles ne peuvent exercer cette faculté que si elles sont maîtresses de leurs droits. — Favard, *Rép.*, vo *Rapport d'expert*, t. 4, p. 700.

112. — Jugé dans ce sens que les experts chargés de procéder à l'estimation des biens d'une succession doivent toujours être nommés d'office par le tribunal lorsque des mineurs sont intéressés au partage. — *Douai*, 12 mai 1827, Broutin.

113. — Le choix des experts par les parties lors du jugement peut se faire dans les conclusions. Dans ce cas, la partie qui demande l'expertise propose trois experts désignés dans ses conclusions ; la partie adverse, dans d'autres signifiées en réponse, déclare adhérer à l'expertise et à la nomination des experts proposés. Les parties peuvent aussi déclarer leur choix à l'audience même. — Bioche, no 49 ; Pigeau, t. 1er, p. 369 ; Vasserot, p. 12, no 31.

114. — Si les parties ne tombaient d'accord devant le tribunal que sur le choix de deux experts seulement, le tribunal ne devrait pas se contenter de désigner le troisième, il aurait alors à nommer

les trois experts. C'est ce qui résulte des art. 304 et 305. — Delaporte, t. 1er, p. 293 ; Favard, t. 4, p. 700, nº 3 ; Thomine-Desmazures, t. 1er, p. 508 ; Pigeau, *Comment.*, t. 1er, p. 558 ; Chauveau sur Carré, t. 3, quest. 1160.

115. — Jugé ainsi que lorsqu'une seule des parties nomme son expert, le juge doit en nommer trois d'office et non pas seulement les deux autres. — *Rennes*, 13 juill. 1813, Launai c. N...

116. — Néanmoins, le tribunal pourrait décerner acte à chaque partie de la nomination qu'elle ferait de son expert, et nommer le tiers seulement, sur leur déclaration de lui laisser le choix. — Favard, *ibid.* ; Thomine-Desmazures, t. 1er, p. 508.

117. — On a vu que lorsque les parties n'ont pas cru devoir nommer des experts, soit avant tout jugement, soit devant le tribunal, il en est nommé trois d'office, aux termes des art. 303 et 305, sauf aux intéressés à en choisir d'autres, s'ils le veulent ensuite, dans les trois jours de la signification du jugement.

118. — La mention contenue dans le dispositif d'un arrêt, que les experts indiqués pour procéder à une opération quelconque ont *été nommés d'office*, ne peut pas être détruite par un certificat du greffier, ni par une énonciation contraire insérée dans le point de fait d'un arrêt rendu postérieurement par défaut, et lors de la signification duquel l'avoué du défaillant a fait toutes protestations et réserves. — *Cass.*, 26 fév. 1838 (t. 1er 1838, p. 272), Sainte-Colombe c. Bagnères.

119. — *Nombre des experts nommés d'office.* — La nomination des experts en nombre impair, prescrite par l'art. 303, C. procéd., est une disposition nouvelle. Sous l'empire de l'ordonnance de 1667, un tribunal se bornait presque toujours à ordonner, par le jugement qui prescrivait une expertise, qu'elle serait faite par des experts convenus par les parties, sinon qu'ils seraient nommés d'office, et la plupart du temps chacun des experts nommés par les parties embrassait aveuglément les intérêts de celle à qui il devait sa nomination. Puis un procès-verbal établissant le partage étant dressé par eux, on revenait devant le tribunal pour obtenir la commission d'un tiers expert. Ce tiers se réunissait aux deux premiers experts, et à la pluralité des voix le rapport était enfin arrêté. C'est aux inconvéniens de cette involution de procédure que le Code de procédure a voulu mettre fin. — Carré, quest. 253.

120. — Ce n'est pas sans difficulté néanmoins que le système consacré par l'art. 303, et consistant à commettre trois experts, a été introduit dans le Code de procédure. Bien qu'il eût déjà été adopté par le Code civil pour la preuve de la lésion en matière de vente d'immeubles (art. 1678), les rédacteurs du projet proposèrent l'ancien mode. — Carré, *ibid.*, note 2e.

121. — La cour de Besançon a jugé avec raison qu'on doit considérer comme nul le jugement qui nomme trois experts d'office à l'audience et avant que les parties en aient choisi elles-mêmes, au lieu de deux dans une instance née avant le Code de procédure. — *Besançon*, 19 avr. 1809, Joly c. Vauvillers ; 25 janv. 1809, Froissard c. de Vauban.

122. — Les tribunaux sont-ils tenus de se conformer rigoureusement à l'art. 303, C. procéd., qui fixe à trois le nombre des experts à commettre ? — La jurisprudence a varié sur cette question.

123. — La cour de Cassation avait jugé en 1811 que quand trois experts ont été nommés à l'amiable, et que l'un d'eux ne se présente pas à l'opération, les deux autres ne peuvent opérer que du consentement de toutes les parties. — *Cass.*, 2 sept. 1811, d'Ormasson et Claudin c. Graux.

124. — Par arrêt du 15 juin 1830 (Sénéchal c. Altaine), cette cour a jugé, dans le même sens, qu'il y a lieu de casser l'arrêt, qui en déclarant, dans une matière civile, qu'il doit être procédé à une expertise, nomme d'office un seul expert au lieu de trois. — V. dans le même sens *Paris*, 11 fév. 1811, Pouse et Lemet c. Pelletier ; *Toulouse*, 30 avr. 1810, Durieu c. Lacanal ; *Orléans*, 27 mars 1822, Charbon-Duchène c. Moireau ; *Poitiers*, 3 janv. 1832, de Rochebrune c. Valérien ; *Colmar*, 2 janv. 1834, de Hausser c. Burchenwald.

125. — Mais depuis, la cour de Cassation a modifié sa jurisprudence en admettant une distinction, et elle a décidé que lorsqu'un tribunal ordonne d'office, sans que la loi l'exige et sans que les parties y aient conclu, une expertise pour obtenir des renseignemens qui lui manquent, il peut ne nommer qu'un seul expert ; que la disposition de l'art. 303, C. procéd., ne s'applique pas à ce cas. — *Cass.*, 10 juill. 1834, Boubée de Brouquens c. Chalot.

126. — ... Et par deux autres arrêts que, hors les cas où la nécessité d'une expertise résulte soit de la demande formelle de l'une ou de l'autre des parties, soit d'une disposition légale qui la prescrive, les juges, pour obtenir des renseignemens, peuvent ne nommer qu'un seul expert, au lieu de trois, sans être tenus de laisser aux parties la faculté d'une option préalable, et sans avoir besoin non plus de leur consentement. — *Cass.*, 22 fév. 1837 (t. 2 1837, p. 382), comm. de Ciron c. de Bélabre ; 12 juin 1838 (t. 2 1838, p. 388), Pelissier Dugrès c. Durand. — V. aussi en ce sens *Colmar*, 8 mars 1837 (t. 2 1838, p. 509), Hommeur c. Riethmuller ; *Poitiers*, 3 fév. 1843 (t. 2 1843, p. 242), Martin c. Poignant de Lorgère.

127. — Boncenne (t. 4, p. 462 et suiv.) se rallie à la jurisprudence de la cour de Cassation, tout en convenant qu'elle est le résultat d'une interprétation peut-être un peu hasardée. Mais elle se justifie, à son avis, par ce droit de propre mouvement qu'il faut bien accorder aux juges, et dont les conditions leur doivent naturellement appartenir, quand les parties se taisent et quand c'est à une source spéciale qu'ils veulent puiser des lumières. — Dans ce cas, ajoute Boncenne, en les obligeant, comme pour une expertise régulière, soit à désigner un nombre déterminé d'experts, soit à attendre le choix des parties, on prendrait le contrepied de la mesure et le rebours de son but ; car c'est l'avis de telle personne qu'ils veulent avoir, et non pas celui d'une autre.

128. — MM. Carré et Chauveau (t. 3, quest. 1158, 1191 *ter* et 1533) pensent au contraire que, soit qu'il s'agisse d'une véritable expertise, soit qu'il s'agisse d'un renvoi devant un homme pour en obtenir quelque renseignement, l'opinion de la cour de Cassation doit être repoussée, quelque avantageux que puissent en être les résultats pour la pratique, parce que, dans le premier cas, elle viole formellement l'art. 303, C. proc., et que dans le second elle consacre l'usurpation d'un pouvoir qui n'a été donné qu'aux tribunaux de commerce.

129. — L'art. 303 ne comporte aucune restriction, même pour le cas où il ne s'agirait au procès que d'un intérêt modique. — Chauveau sur Carré, t. 3, quest. 1158 ; Bioche, nº 32 ; *Contrà* Pigeau, *Comm.*, t. 1er, p. 558.

130. — Jugé, avant la loi du 2 juin 1841, sur les ventes des biens immeubles, que l'expertise ordonnée afin de procéder au partage ou à la licitation d'un immeuble appartenant par indivis à un mineur et à un majeur, devait être faite, à peine de nullité, par trois experts. — *Colmar*, 18 août 1834, Hattstadt c. Bloch.

131. — On n'est pas recevable à se plaindre pour la première fois devant la cour de Cassation de ce que les juges de première instance n'auraient nommé qu'un seul expert. — *Cass.*, 12 fév. 1827, Delacroix c. Dufay.

132. — Il est de jurisprudence qu'un tribunal ne peut nommer plus de trois experts. C'est ce qui résulte en effet de l'art. 303. — *Paris*, 1er avr. 1811, Jolly c. Pincelouse ; *Colmar*, 8 avr. 1830, Hanser c. Reinach.

133. — En matière de revendication, lorsqu'une expertise est ordonnée et que le jugement a été infirmé sur appel, parce que les premiers juges n'ont nommé qu'un expert au lieu de trois, si la cause est renvoyée à un autre tribunal, comme n'étant pas en état de recevoir sa décision définitive, ce n'est pas à la cour, mais au nouveau tribunal saisi de la contestation qu'appartient le droit de nomination des trois experts. — *Orléans*, 29 août 1822, Baguet c. Moireau et Chevalier.

134. — Lorsque les parties sont maîtresses de leurs droits, elles peuvent s'en rapporter au jugement d'un seul expert, soit en n'en nommant qu'un, soit en requérant le tribunal de n'en nommer qu'un seul. — Bioche, nº 30.

135. — En effet, en déterminant le nombre d'experts qui doivent procéder en exécution des jugemens, le législateur n'a disposé que dans l'intérêt des parties colitigantes et non dans l'intérêt de l'ordre public. — Et, il a été jugé, en conséquence que, dans le cas où l'un des trois experts nommés par le tribunal ne prête pas serment, les parties peuvent donner mission aux deux autres de procéder à l'opération, sauf à s'adjoindre un tiers expert en cas de partage. — *Nîmes*, 15 juill. 1825, Paradan c. Vergougenhoux ; — Bioche, nº 47 ; Vasserot, p. 13, nº 31.

136. — Jugé encore qu'on ne peut annuler une expertise sur ce double motif qu'elle aurait été faite par un seul expert nommé d'office par le tribunal, et que cet expert n'aurait pas attendu, pour opérer, l'expiration des délais fixés par l'art. 305, C. procéd., lorsqu'il résulte des faits constatés par le jugement que les parties ont donné leur acquiescement à ce mode de procéder. — *Cass.*, 28 déc. 1831, Martin c. Ferrier ; *Nancy*, 11 mai 1832, Colle c. Girardin.

137. — Il semble que le tuteur ne doit pas avoir le droit de consentir pour le mineur à ce qu'il soit procédé par un expert au lieu de trois, car il ne peut priver le mineur de l'avantage que lui assure la loi en appelant un plus grand concours de lumières. — Demiau-Crouzilhac, p. 225 ; Hautefeuille, p. 169 ; Chauveau sur Carré, t. 3, quest 1159 ; Thomine, t. 1er, p. 507 ; Pigeau, *Comment.*, t. 1er, p. 558 ; Bioche, nº 32.

138. — La cour de Rennes a néanmoins jugé qu'un tuteur peut valablement consentir à ce qu'un seul expert soit nommé. — *Rennes*, 24 mars 1813, Lepasse c. Bellion.

139. — La nullité résultant de ce qu'il y a plus de trois experts peut être couverte par l'acquiescement des parties comme celle résultant de ce qu'il n'y en a qu'un. — Bioche, nº 44.

140. — La comparution de la partie est nécessaire pour qu'il y ait acquiescement tacite à la nomination d'un seul expert. La comparution de l'avoué en l'absence de la partie n'aurait pas un semblable effet. — Bioche, nº 39.

141. — C'est par le même motif que lorsqu'un avoué, présent à la prestation du serment des experts nommés par un jugement, se borne à dire qu'il n'a aucun moyen de s'opposer à cette prestation, la partie n'est pas censée y acquiescer, et peut appeler du jugement. — *Rennes*, 9 mars 1810, Couedic c. Kentret.

142. — Jugé cependant que lorsqu'un jugement portant nomination de trois experts constate qu'ils ont été *convenus par les parties*, l'une d'elles n'est plus recevable à critiquer cette nomination, encore bien qu'elle aurait fait admettre le désaveu contre son avoué, de qui était émané ce prétendu acquiescement à la nomination d'experts, parce que le jugement admettant ce désaveu est étranger à l'autre partie. — *Agen*, 3 janv. 1818, Kéarney c. d'Antras. — V., au reste, ACQUIESCEMENT.

143. — Il est certain, dans tous les cas, qu'il n'y a pas nullité du jugement sur le fond en ce que les juges n'auraient nommé qu'un expert pour procéder à une estimation, si d'ailleurs il est constaté que les juges n'ont pas homologué le rapport de l'expert et ont statué d'après leur conscience. — *Cass.*, 20 juill. 1825, Liste civile c. Berry.

144. — A Paris, un usage constant permet au président, statuant en état de référé, de ne commettre qu'un expert dans les cas où il a le pouvoir d'ordonner des expertises. — Cette dérogation au droit commun nous paraît suffisamment justifiée par l'urgence qui nécessite alors ces opérations. — V. RÉFÉRÉ.

145. — Dans le cas où dans un partage de succession les coïntéressés ne peuvent convenir de l'un d'entre eux pour faire le lotissement, les lots sont faits par un seul expert que le juge-commissaire désigne. — C. civ., art. 834. — V. PARTAGE.

146. — En matière de visite de biens de mineurs et de licitation, les art. 955 et 971, C. procéd., modifiés par la loi du 2 juin 1841, permettent aux tribunaux de ne nommer qu'un expert. — V. VENTE DE BIENS DE MINEURS.

147. — La cour de Bruxelles a décidé que le jugement qui nomme d'office des experts doit désigner leurs noms et professions, à peine de nullité, réparable seulement par la voie de l'appel. — *Bruxelles*, 6 août 1808, N...

148. — Cette décision peut être critiquée comme trop absolue. Il ne peut y avoir nullité du jugement lorsque la désignation a été suffisante pour que les parties ne pussent se tromper sur l'identité des experts, lors même qu'on aurait oublié d'indiquer soit leurs prénoms, soit leur demeure. — Carré et Chauveau, quest. 1164.

149. — C'est ainsi qu'il faut entendre un arrêt de la cour de Montpellier qui a jugé que lorsqu'un arrêt a admis une des parties à faire une enquête et l'autre à procéder à une expertise, et que la première s'est laissé forclore, la deuxième reste néanmoins recevable à procéder à l'expertise s'il y a eu erreur dans l'indication du domicile de l'un des experts. — *Montpellier*, 15 mai 1810, Beligon c. Jean.

150. — *Nomination par les parties après le jugement.* — Le tribunal ne peut priver les parties du droit de nommer des experts dans les trois jours du jugement. A la vérité, la disposition de l'art. 305 n'est pas prescrite à peine de nullité ; mais dans ce cas, il s'agit moins d'une formalité d'un acte de procédure que de l'accomplissement d'une obligation qui tient à la substance du jugement par lequel les experts auraient été nommés d'office. — Carré, quest. 1161 ; Favard, t. 4, p. 700, § 3 ; Thomine-Desmazures, t. 1er, p. 509 ; Vasserot, p. 12, nº 30.

151. — Jugé en ce sens que la faculté accordée aux parties de convenir elles-mêmes de leurs experts dans le délai de trois jours ne peut leur être enlevée, et que la nomination d'experts que ferait le tribunal, sans accorder le délai prescrit par l'art.

305, serait nulle et non avenue. — *Bruxelles*, 6 août 1808, N...; *Paris*, 11 fév. 1811, Pouse et Lemet c. Pelletier; *Bruxelles*, 15 oct. 1829, N...; *Colmar*, 3 avr. 1830, Hanser c. Reinach.

152. — Il a cependant été décidé par la cour de Cassation que lorsqu'une des parties a formellement conclu à ce que des experts fussent nommés d'office par le tribunal, et que l'autre partie, présente, n'a rien opposé à cette demande, l'arrêt qui en infère que les parties ont implicitement renoncé à nommer les experts à l'amiable, et qui déclare valable la nomination d'office, ne viole pas les art. 304 et 305, C. procéd. — *Cass.*, 20 août 1828, préfet de la Nièvre c. Moreau.

153. — ... Et par la cour d'Aix (14 juill. 1807, Vacion c. Teissière), qu'un tribunal peut nommer d'office des experts, si la partie citée pour en nommer fait défaut.

154. — Nous pensons avec M. Chauveau (sur Carré, t. 2, quest. 1161) que ces arrêts ne peuvent être approuvés. En effet, en accordant aux parties trois jours à partir de la signification du jugement, la loi a supposé que, bien qu'elles n'aient pu s'entendre sur le choix des experts devant le tribunal, la pensée de conciliation pourrait entrer plus tard dans leur esprit, et c'est une chance qu'elle a voulu favoriser en accordant le délai. — V. *contrà* Bioche, n° 54.

155. — La cour de Cassation a encore jugé que lorsqu'une cour royale charge des experts de procéder à la démarcation de deux propriétés qu'elle vient de reconnaître et déterminer suivant les titres, elle peut les nommer directement, et ne pas se borner à faire une désignation subsidiaire pour le cas où les parties ne tomberaient pas d'accord sur le choix qui leur serait abandonné; qu'en pareille circonstance, il ne s'agit point d'une voie d'instruction, mais bien de l'exécution d'un arrêt; et que, dès-lors, l'art. 205, C. procéd., n'est plus applicable. — *Cass.*, 7 nov. 1838 (t. 2 1838, p. 461), section de Lapeyrelle et de Vitrac, comm. du Sillard, c. section du Peschez et de Beauvais, même commune.

156. — Nous avons déjà fait remarquer sur cet arrêt (*suprà* n° 22), avec MM. Boncenne (t. 4, p. 462) et Chauveau (sur Carré, t. 3, quest. 1158), qu'on ne trouvait dans la loi aucune raison de distinguer, quant aux formes entre les expertises employées comme voies d'instruction et celles qui avaient pour but l'exécution d'un jugement ou arrêt définitif. Dans les deux cas, les parties ont le même intérêt et doivent avoir le même droit d'invoquer les garanties écrites dans les art. 302 et suiv. Cet arrêt nous paraît donc avoir fait produire une fausse conséquence à la distinction qu'il consacre.

157. — Il est, du reste, évident que lorsque les parties ne peuvent s'accorder sur le choix de tous les experts, l'expertise doit être faite exclusivement par ceux nommés par le jugement, sans que l'une des parties puisse nommer son expert particulier. — *Metz*, 25 mars 1812, N...

158. — En consentant à ce qu'il fût procédé par un seul expert, les parties ne perdraient pas par cela seul le droit d'en nommer un à la place de celui que le tribunal aurait nommé d'office. Néanmoins, si le tribunal ne leur avait pas réservé cette faculté, on en conclurait facilement qu'elles y ont renoncé à l'audience. — *Cass.*, 28 déc. 1831, Martin c. Ferrier; *Nancy*, 11 mai 1832, Colle c. Gérardin; — Chauveau, sur Carré, t. 3, quest. 1161.

159. — Il suffit qu'en exécution d'un arrêt qui désigne d'ores et déjà des experts pour le cas où les parties ne s'accorderaient pas sur une nomination amiable dans un délai déterminé, ces parties aient nommé les experts pour qu'elles ne puissent se faire un moyen de ce que la cour aurait ordonné l'exécution de son arrêt, même avant sa signification. — *Cass.*, 2 mars 1836, Roy et Duval c. de Fongy et Besnard.

160. — La disposition de l'art. 305 relative au délai de trois jours ne s'applique qu'aux jugemens contradictoires et non attaqués par la voie de l'appel. Si le jugement était par défaut, le délai commencerait à courir à l'expiration de la huitaine donnée pour former opposition, ou à partir du jour du débouté de l'opposition. — Si l'on interjetait appel du jugement, et que sur l'appel il fût confirmé, le délai ne courrait qu'à partir du jour de la signification de l'arrêt confirmatif. — Favard, t. 4, p. 701, n° 4; Boncenne, t. 4, p. 459; Bioche, n° 55; Carré, quest. 1165.

161. — Mais quand un jugement a prononcé contre des parties une condamnation au fond, avec faculté pour elles d'opter pour une expertise, les trois jours fixés pour nommer des experts courent à partir de l'expiration du délai pour opter. — *Orléans*, 12 déc. 1810, N. — V. conf. Hautefeuille, p. 171; Berriat, p. 203; Chauveau sur Carré, t. 3, quest. 1166; Bioche, n° 58.

162. — Lorsqu'un tribunal ordonne qu'il sera procédé à une opération par des experts qu'il nomme d'office, celle des parties qui veut s'en tenir à cette nomination peut faire aux experts la sommation nécessaire pour la prestation de serment avant même l'expiration du délai de trois jours accordé par la loi pour la nomination des experts à l'amiable. — *Toulouse*, 3 janv. 1816, Coste-Champeron c. Lozes.

163. — On s'est demandé si dans le cas où postérieurement aux trois jours que donne l'art. 305 pour convenir d'experts, les parties, conformément à l'art. 306, déclareraient au greffe les noms des experts qu'elles auraient choisis, ces derniers devraient faire l'opération de préférence à ceux qui auraient été nommés d'office.

164. — Lepage (*Questions*, p. 507) et Delaporte (t. 1er, p. 294) pensent que dans ce cas les experts nommés par les parties devraient opérer, et non ceux nommés d'office. Ils pensent cependant que le droit de nomination des parties cesse lorsque l'ordonnance du juge pour la prestation de serment a été délivrée ou même demandée.

165. — Carré (quest. 1169) et Favard (t. 4, p. 701, n° 5) sont du même avis, mais ils reconnaissent le droit de nomination des parties jusqu'à la prestation de serment des experts nommés d'office. — V. aussi Vasserot, t. 1er, p. 13, n° 32.

166. — MM. Boncenne (t. 4, p. 459), Chauveau sur Carré (*loc. cit.*) et Thomine Desmazures (t. 1er, p. 509) pensent au contraire que cette faculté peut être exercée en tout état de cause, après l'ordonnance, après le serment et même après le commencement des opérations.

167. — Nous pensons avec Carré, Favard et M. Vasserot que s'il est vrai que le délai de l'art. 305 ne soit pas fatal, tout ce qu'on peut accorder aux parties, c'est de leur donner le droit de nomination amiable jusqu'à la prestation du serment, époque à laquelle les opérations de l'expertise doivent être réputées commencées. Autrement la désignation faite par le tribunal ne serait jamais définitive.

168. — Si le tribunal, après avoir nommé des experts d'office, s'apercevait, par suite de circonstances particulières, que les personnes qu'il a désignées ne doivent pas lui inspirer de confiance, il pourrait rétracter sa nomination après l'expiration des trois jours. — Thomine-Desmazures, t. 1er, p. 514; Bioche, n° 56; Carré, quest. 1162.

§ 2. — *Récusation des experts.*

169. — Les art. 308 à 314, C. procéd., déterminent les experts contre qui une récusation peut être proposée, comme aussi dans quel délai et pour quelle cause la récusation est recevable.

170. — « Les récusations, porte l'art. 308, C. procéd., ne pourront être proposées que contre des experts nommés d'office, à moins que les causes n'en soient survenues depuis la nomination et avant le serment. »

171. — Ainsi, en règle générale, les experts nommés par les parties ne peuvent être récusés. — En effet, ainsi que le fait observer Carré (sous l'art. 308, prélim.), les parties en les choisissant ont dû les connaître, et s'il y avait contre eux des causes de récusation, elles sont présumées les avoir considérées comme indifférentes. Toutefois l'art. 308 fait une exception pour le cas où les motifs de récusation seraient survenus depuis la nomination *et avant la prestation de serment.*

172. — La disposition de l'art. 308 est-elle prescrite à peine de nullité, de telle sorte que dans aucun cas on ne puisse récuser des experts nommés à l'amiable après leur serment?

173. — La cour d'Amiens s'est prononcée pour la négative en décidant que quand les causes de récusation sont survenues après la prestation de serment des experts, la partie n'a pas seulement trois jours pour proposer ces causes de récusation ou de nullité du rapport, qu'elle peut les proposer même après que le rapport a été déposé. — *Amiens*, 7 déc. 1822, Famin c. Goré.

174. — Cette cour a même été plus loin, et elle a jugé que le fait, de la part d'un expert, de boire et manger avec l'une des parties et à ses frais durant le cours de ses opérations, le rend à l'instant incapable de continuer son expertise, et que si après la prestation de serment, les experts ont bu et mangé chez l'une des parties et à ses frais, encore bien que cela ait eu lieu du consentement de l'une des parties adverses et avec elle, il y a lieu, sur la demande du litis-consort de celle-ci, lequel n'assistait pas au repas, de prononcer la nullité du rapport des experts. En vain dirait-on qu'il n'y avait point d'auberge sur les lieux contentieux, et qu'en agissant ainsi on avait pour but d'éviter les pertes de temps. — Même arrêt.

175. — Toutefois et bien que les motifs sur lesquels se fonde l'arrêt de la cour d'Amiens puissent paraître équitables, sa doctrine est tellement contraire au texte de l'art. 308 qu'elle ne saurait faire autorité. — MM. Favard de Langlade (t. 4, p. 702), Carré et Chauveau (t. 3, quest. 1173), Thomine (t. 1er, p. 513), Lepage (*Quest.*, p. 107 et 208), Bioche (n° 74) et Boncenne (t. 4, p. 472) sont d'accord pour enseigner qu'aucune récusation postérieure au serment n'est admissible. Le tribunal peut seulement avoir égard aux circonstances qui, si elles s'étaient présentées ou avaient été invoquées avant cette époque, auraient été des causes de récusation, pour accorder moins de faveur et de confiance au rapport des experts.

176. — Pigeau (*Comm.*, t. 1er, p. 561) estime cependant que si la cause de récusation née avant le serment n'avait été découverte que depuis, elle pourrait encore être proposée.

177. — La cour de Bordeaux a aussi décidé que l'expert nommé d'office par le tribunal peut être récusé même après avoir prêté serment si cette prestation a été faite immédiatement après sa nomination. — *Bordeaux*, 2 août 1833, Bernard c. Delafont. — Mais il faut remarquer que dans l'espèce de cet arrêt, la prestation de serment était irrégulière comme faite d'une manière trop hâtive. — Art. 309.

178. — MM. Thomine-Desmazures (t. 1er, p. 513) et Chauveau (sur Carré, t. 3, quest. 1172 *bis*) pensent que si les chefs de récusation, bien qu'antérieurs à la nomination, n'avaient pu être connus à cette époque, on pourrait les invoquer contre les experts choisis à l'amiable. Ils embrassent cette opinion en considérant l'esprit de l'art. 308, qui n'a prohibé la récusation des experts choisis à l'amiable pour des causes antérieures à ce choix que pour prévenir les effets de la versatilité des parties en leur faisant porter la peine d'une nomination inconsidérée. D'où il faut conclure que les causes de récusation dont la connaissance n'aurait pu être acquise avant la nomination doivent être regardées comme survenues depuis cette époque.

179. — L'art. 309 porte que la partie qui aura des moyens de récusation à proposer sera tenue de le faire dans les trois jours de la nomination par un simple acte signé d'elle ou de son mandataire spécial contenant les causes de récusation et les preuves, si elle en a, ou l'offre de les vérifier par témoins, et en outre que le délai ci-dessus expiré, la récusation ne pourra être proposée, et l'expert prêtera serment au jour indiqué par la sommation. — Art. 309.

180. — Une première observation à faire, c'est que la récusation ayant pour effet de suspendre la prestation de serment, aux termes de l'art. 309, il en résulte que tout l'effet de la nomination est suspendu. Il en est autrement du témoin reproché dont la déposition est reçue nonobstant le reproche (art. 284). — Carré, t. 3, quest. 1176; Chauveau, *ibid.*; Favard, t. 4, p. 702, n° 2; Boncenne, t. 4, p. 473.

181. — En présence de cet article, on s'est demandé si l'avoué peut exercer, au nom de son client, une récusation d'expert, sans pouvoir spécial. Les auteurs enseignent la négative. Les reproches contre les témoins, dit Pigeau (*Comm.*, t. 1er, p. 562), peuvent être proposés par l'avoué sans qu'il soit obligé de justifier d'un pouvoir. Les experts étant des témoins, il semble qu'il en devrait être de même; cependant la loi exige la signature de la partie ou de son mandataire (art. 309), parce que les fonctions d'expert participant de celles du juge, elle a voulu que la voie à suivre pour leur récusation fût à leur égard aussi solennelle. — Boncenne, t. 4, p. 473; Chauveau sur Carré, t. 3, quest. 1175 *ter*; — V. aussi *Orléans*, 11 mai 1821, Courtin c. Boutet.

182. — La cour de Bordeaux (16 janv. 1833, Cacqueray de Dampierre c. Reynier) a cependant jugé le contraire par le motif que l'art. 309 ne prescrit pas un pouvoir spécial pour l'avoué à peine de nullité.

183. — Mais ainsi que le fait observer M. Chauveau (*loc. cit.*), il s'agit ici moins d'une nullité que d'un vice qui ôte l'existence à l'acte, puisqu'il n'émane pas de la personne qui seule avait droit de proposer la récusation.

184. — Suivant M. Chauveau sur Carré (t. 3, quest. 1175 *quater*), et Pigeau (*Comm.*, t. 1er, p. 563), la partie qui peut prouver par témoins la cause de la récusation doit désigner ses témoins dans l'acte même de récusation. Ils décident ainsi en appliquant par analogie l'art. 289, C. procéd., qui exige cette désignation immédiate lorsqu'il s'agit d'établir une cause de reproche contre les témoins d'une enquête.

185. — Jugé en tous cas qu'on ne peut pas proposer en appel contre des experts des moyens de récusation qu'on n'a pas présentés en première

instance. — *Bourges*, 24 juill. 1832, Bénédit c. Pot.

186. — On s'est encore demandé, au sujet de cet art. 191, s'il doit être entendu en ce sens que la récusation doit avoir lieu dans les trois jours *de la prononciation du jugement* qui nomme les experts, ou seulement dans les trois jours depuis l'expiration du délai accordé aux parties par l'art. 305 pour exercer leur droit de nomination.

187. — MM. Carré (quest. 1175), et Demiau-Crouzilhac (p. 228) enseignent que le délai commence à courir du jour de la prononciation du jugement. Le dernier de ces auteurs voit une incohérence dans le système que, suivant lui, la loi consacre, en ce que le délai pour la récusation déterminé par l'art. 309 ne devrait pas commencer à courir tant que celui qui est accordé aux parties par l'art. 305 pour la nomination amiable n'est pas expiré. Cependant le contraire lui semble résulter de la comparaison des textes. Tel est aussi le sentiment de Favard de Langlade (t. 4, p. 703, nº 3).

188. — Néanmoins, ces auteurs limitent cette solution au cas où le jugement de nomination est contradictoire.

189. — La cour d'Aix a même décidé que c'est à partir de la signification du jugement à parties que court le délai. — *Aix*, 9 déc. 1834, Decroze c. Arrosans des Pinchinats.

190. — Et la cour de Bordeaux a jugé que le délai donné pour récuser un expert court seulement du jour où sa nomination est connue de la partie qui le récuse. — *Bordeaux*, 16 janv. 1833, Cacqueray de Dampierre c. Renier.

191. — Pigeau (*Comment.*, t. 1er, p. 562) pense même que si la partie à laquelle doit être faite la signification demeurait dans une ville éloignée du lieu où aurait été rendu le jugement de nomination, le délai devrait être augmenté de ceux de distance, c'est-à-dire d'un jour par trois myriamètres. — V. *contrà* Bioche, nº 82.

192. — Quant à la cour de Rennes, elle a jugé d'une manière qui paraît absolue que le délai court du jour de la nomination de l'expert. — *Rennes*, 17 juin 1816, N...

193. — ...Et, la cour de Metz, que la partie qui veut récuser un expert doit, à peine de nullité, le faire dans les trois jours du *jugement* de nomination, s'il est contradictoire, et non dans les trois jours de la *signification de ce jugement*. — *Metz*, 25 mars 1812, N..

194. — D'un autre côté, M. Thomine-Desmazures (t. 1er, p. 513 et 514), et d'après lui, M. Chauveau sur Carré (t. 3, quest. 1175) enseignent que même lorsque le jugement qui nomme les experts est définitif, ce n'est pas à partir de sa prononciation que court le délai de l'art. 309, mais à partir de l'expiration de celui que crée l'art. 305; car, dit M. Thomine, la nomination d'office n'est que conditionnelle pour le cas où les parties ne s'accorderaient pas dans les trois jours de la signification ; elle ne devient absolue que lorsque ce délai est expiré. Or, on sait qu'en général les prescriptions et déchéances ne courent pas pendant l'existence des conditions. — C. civ., art. 2257. — Il est donc dans l'esprit de la loi de donner six jours aux parties à partir de la signification du jugement pour s'informer de la moralité et de la qualité des experts et les récuser s'il y a lieu.

195. — Ce système, auquel nous n'hésitons pas à nous rallier, est celui de la cour de Montpellier, qui a jugé que ce n'est pas du jour de la prononciation du jugement qui a nommé les experts, mais seulement du jour où cette nomination est devenue définitive, *d'après l'art.* 305, *C. procéd.*, que court le délai de trois jours accordé par le Code de procédure, pour proposer les moyens de récusation. — *Montpellier*, 17 avr. 1822, Ginestou c. Carrié.

196. — Nous avons fait remarquer, sur l'art. 305, que la signification à partir du jugement ne fait courir le délai accordé par cet article à la partie pour nommer les experts qu'autant que le jugement est définitif. Si le jugement est par défaut, le délai ne court que du jour de l'expiration de celui qui est donné pour former opposition, ou du jour du débouté de l'opposition si elle a lieu. Si le jugement est contradictoire, mais sujet à l'appel, le délai est encore suspendu pendant la première huitaine qui suit la prononciation, huitaine pendant laquelle on ne peut exécuter le jugement, et de plus jusqu'au démis de l'appel, s'il est interjeté. Dans ces diverses hypothèses, le délai qu'accorde l'art. 309 pour la récusation des experts nommés d'office ne commencera donc à courir qu'à partir de l'expiration de celui donné pour la nomination amiable suivant les cas. — Thomine-Desmazures, *loc. cit.*; Chauveau sur Carré, *loc. cit.*; Delaporte, t. 1er, p. 296; Favard, t. 4, p. 708 ; Demiau, p. 227 et 228; Boncenne, t. 4, p. 470; Pigeau, *Comment.*, t. 1er, p. 562.

197. — Les trois jours donnés par l'art. 309 pour la récusation ne sont pas francs. Le jour de la nomination des experts ne compte pas, mais celui de l'échéance est compris dans le délai. — Carré et Chauveau, t. 3, quest. 1174; Favard, t. 4, p. 702, nº 3 ; Bioche, nº 81.

198. — Le délai fixé par la loi pour faire la récusation est-il fatal ? — MM. Lepage (t. 1er, p. 208), Favard de Langlade (t. 4, p. 702, nº 3), et le *Praticien français* (t. 2, p. 234) considèrent l'affirmative comme résultant des termes formels de l'art. 309. Pigeau (*Comment.*, t. 1er, p. 562), qui adopte cet avis, fait remarquer qu'aux termes de l'art. 1029, C. procéd., aucune déchéance n'est comminatoire.

199. — C'est aussi ce qu'ont jugé la cour de Rennes (17 mai 1816, N...), celle de Metz (25 mai 1812, N...), et celle de Bordeaux, qui a décidé, le 4 juill. 1832 (Muller c. Collignon), qu'une récusation d'experts pour cause de parenté de la partie qui récuse avec l'un des experts est nulle et non avenue si elle a été faite après l'expiration du délai fixé par l'art. 309, et que les experts doivent, malgré cette récusation, procéder à l'expertise.

200. — Sous ce rapport le délai de l'art. 309 diffère donc de celui de l'art. 305, qui n'est pas fatal, ainsi que nous l'avons dit. — Boncenne (t. 4, p. 472) est cependant d'un avis contraire, il pense que l'expiration du second délai n'emporte pas plus déchéance que ne le fait celle du premier.

201. — M. Thomine (t. 1er, p. 514 et 515) croit, malgré les termes formels de l'art. 309, que si la cause de la récusation était grave, et si l'avoué justifiait qu'il n'a pu en temps utile se procurer le pouvoir de sa partie, les juges auraient la faculté d'admettre cette récusation tardive. Cet avis est combattu par M. Chauveau sur Carré (t. 3, quest. 1175 *bis*) qui, de même que Lepage, Favard et Pigeau, considère le délai dont il s'agit comme prescrit à peine de déchéance.

202. — Aux termes de l'art. 310 les experts peuvent être récusés par les motifs pour lesquels les témoins sont reprochables. — Art. 310.

203. — Au lieu d'assigner les mêmes causes aux récusations des experts et aux reproches des témoins entendus dans une enquête, le législateur aurait pu assimiler les récusations d'experts à celles des juges. — C. civ., art. 378 et suiv. — Il ne l'a pas voulu, parce que les experts sont, avant tout, des témoins qui viennent déposer d'après les connaissances de leur art sur les faits que les juges leur ont donné mission de vérifier. — Carré, *Lois de la procéd.*, sur l'art. 310, prélim.

204. — Toutes les circonstances qui, d'après l'art. 283, C. procéd., sont des causes de reproches pour les témoins sont donc également des motifs légitimes de récusation contre les experts.

205. — On peut en conséquence récuser les experts qui seraient parens ou alliés de l'une ou l'autre des parties jusqu'au degré de cousin issu de germain inclusivement; les experts parens ou alliés des conjoints des parties au degré ci-dessus, ou dont les conjoints seraient parens ou alliés des parties ; dans les deux cas si le conjoint est vivant ou si la partie ou l'expert en a des enfans vivans. En cas que le conjoint soit décédé et qu'il n'ait pas laissé de descendans, on peut récuser les experts qui seraient parens ou alliés des parties en ligne directe ou leurs frères ou beaux-frères. — Art. 283, 1re partie.

206. — On peut semblablement récuser l'expert héritier présomptif ou donataire; celui qui aura bu ou mangé avec la partie et à ses frais, depuis la prononciation du jugement qui a ordonné l'expertise, celui qui a donné des certificats sur les faits relatifs au procès; les serviteurs et domestiques, l'expert en état d'accusation, celui qui a été condamné à une peine afflictive ou infamante ou même à une peine correctionnelle pour cause de vol. — Art. 283, 2e partie.

207. — M. Vasserot (p. 17, nº 47) fait observer que l'expression générique *domestiques*, employée par l'art. 283, peut être appliquée à tous ceux qui vivent dans la maison d'une personne et mangent à sa table tels que les bibliothécaires, secrétaires, précepteurs, intendans, commis.

208. — Il faut remarquer que l'art. 283 n'étant pas limitatif à l'égard des témoins ne l'est pas davantage à l'égard des experts. — Bioche, nº 67.

209. — Jugé que la circonstance que la partie qui récuse un expert se trouve en instance liée avec lui, ne peut fonder un moyen de récusation. — *Colmar*, 12 nov. 1822, préf. du Bas-Rhin c. Goepp.

210. — Un expert peut être récusé comme étant le géomètre habituel d'une compagnie en cause et le mandataire habituel d'un des membres de cette compagnie. — *Aix*, 9 déc. 1834, Decroze c. les arrosans des Pinchinats.

211. — L'expert qui a été précédemment l'avoué d'une des parties, n'est pas récusable de ce chef. — *Cass.*, 24 janv. 1827 (et non 1829), Soufflet c. Collin.

212. — On ne pourrait d'avantage récuser un expert en se fondant sur ce que plusieurs années avant l'expertise, il aurait fait exécuter contre l'une des parties un jugement de condamnation au paiement d'une somme pécuniaire. — *Bordeaux*, 16 janv. 1833, Cacqueray de Dampierre c. Renier.

213. — On ne pourrait récuser un expert parce qu'il aurait donné antérieurement un avis verbal sur l'affaire. Il n'est récusable qu'autant qu'il aurait donné un avis écrit. Telle était l'opinion de Goupy sur Desgodets sur ce point avant le Code de procédure. — Vasserot, p. 17, nº 49.

214. — Jugé qu'une partie ne peut pas reprocher des experts pour avoir bu et mangé chez la partie adverse et à ses frais, lorsqu'elle-même s'est mise à table avec eux. — *Bourges*, 30 mars 1829, Laforet c. Hérault ; — Vasserot, p. 17, nº 48.

215. — V. au surplus, sur l'interprétation de l'art. 283, C. procéd. civ., en ce qui concerne les causes de reproches relatives aux témoins, ENQUÊTE, nos 685 et suiv.

216. — Les formes dans lesquelles les récusations doivent être jugées, et les conséquences de leur admission ou de leur rejet sont l'objet des art. 311 à 314.

217. — La récusation contestée, dit l'art. 311, sera jugée sommairement à l'audience sur un simple acte et sur les conclusions du ministère public ; les juges pourront ordonner la preuve par témoins laquelle sera faite dans la forme ci-après prescrite pour les enquêtes sommaires.

218. — L'art. 311 ne distingue pas, quant à l'audition du ministère public, entre le cas où la récusation est proposée contre les experts nommés d'office et celui où elle est dirigée contre des experts *convenus*. Dans les deux cas il doit être entendu. — Thomine, t. 1er, p. 515 ; Carré et Chauveau, t. 3, quest. 1177 ; Pigeau, *Comment.*, t. 1er, p. 564.

219. — L'acte de récusation n'est pas communiqué nécessairement aux experts ou à l'expert comme celui dans lequel la récusation d'un juge est proposée doit l'être au magistrat récusé (C. procéd., art. 385). — Pigeau (*Comment.*, t. 1er, p. 373) fait observer que l'expert n'étant pas, comme le juge, revêtu d'une fonction publique, sa déclaration sur les causes de la récusation n'aurait pas eu le même poids. — V. aussi Bioche, nº 85.

220. — Le juge a la faculté de rejeter la récusation si elle ne paraît pas fondée ; il a sous ce rapport une liberté complète d'appréciation à moins que la cause de la récusation ne rentre dans l'un des cas explicitement prévus par l'art. 283. — Chauveau sur Carré, t. 3, quest. 1177 *bis* ; Pigeau, *Comm.*, t. 1er, p. 564.

221. — L'art. 312 ajoute que le jugement sur la récusation sera exécutoire nonobstant l'appel.

222. — Il résulte de cet article que si la récusation est rejetée, le jugement étant exécutoire nonobstant appel, il sera procédé à l'expertise ; mais si le jugement était infirmé par la cour, le rapport de l'expert serait nécessairement nul. Au contraire, si la récusation est admise, le tribunal nomme d'office un nouvel expert qui doit procéder immédiatement. Dans ce cas, le rapport de cet expert serait valable, lors même que le jugement serait infirmé sur l'appel (si toutefois le nouvel expert n'est pas lui-même récusé). Le seul avantage qu'obtienne alors l'appelant est de faire supporter par la partie adverse les frais du procès. — Carré, *Lois proc.*, sur l'art. 312, prélim.

223. — Il en résulte encore que le jugement qui rejette une récusation étant exécutoire par provision, on doit procéder comme si l'appel n'avait pas été interjeté. Le tribunal peut donc statuer sur le fond, sauf à prescrire une seconde expertise et à statuer ensuite par un nouveau jugement, si la cour réformait la décision par laquelle il aurait rejeté la récusation. — Favard, t. 4, p. 703, nº 4 ; Chauveau sur Carré, t. 3, quest. 1179 ; Bioche, nº 95.

224. — Pigeau (*Procéd.*, t. 1er, liv. 2, part. 2e, tit. 3, chap. 1er, § 3, art. 3, nº 12) professe cette opinion. Il croit cependant que la partie peut requérir, attendu l'urgence, qu'il soit procédé à l'expertise par un autre expert, par analogie avec ce qui se pratique en cas de récusation de juge, aux termes de l'art. 391.

225. — Si l'expertise avait été ordonnée dans une matière susceptible d'être jugée en dernier ressort, pourrait-on néanmoins interjeter appel du jugement rendu sur la récusation ?

226. — La doctrine est divisée sur ce point. MM. Carré et Chauveau (t. 3, quest. 1178e), Favard (t. 4, p. 703, nº 4) et Pigeau (*Comm.*, t. 1er, p. 565) décident la question en assimilant, sous ce rapport, la récusation de l'expert à celle du juge (C. procéd., art. 391), et ils pensent dès-lors que dans tous les cas l'appel du jugement qui statue sur la récusation est recevable.

227. — MM. Thomine-Desmazures (t. 1er, p. 516) et Boncenne (t. 4, p. 474 et suiv.) estiment au contraire qu'il doit être de ce cas comme de celui dans lequel un jugement a statué sur le reproche proposé contre un témoin, et qu'on ne peut dès-lors appeler du jugement si l'affaire est au fond en dernier ressort.

228. — Que l'on adopte l'un ou l'autre de ces deux systèmes, il paraît certain que lorsque l'appel est formé par l'expert et qu'il a demandé un chiffre de dommages-intérêts dépassant le dernier ressort, cet appel doit être déclaré recevable. — Chauveau sur Carré, *loc. cit.*

229. — Si la récusation est admise, il sera, d'office et par le même jugement, nommé un nouvel expert ou de nouveaux experts à la place de celui ou de ceux récusés. — Art. 313.

230. — La nomination d'office prescrite par l'art. 313 doit avoir lieu, soit que la récusation ait eu lieu contre un premier expert nommé d'office, soit qu'elle ait été faite contre un expert *convenu* et pour une cause postérieure à sa nomination. — Carré, sur l'art. 313, prélim.

231. — Dans ce cas les parties ont-elles de nouveaux délais pour choisir d'autres experts ? — MM. Carré et Chauveau (t. 3, quest. 1180) sont d'avis qu'il faut adopter la négative dans le silence de la loi et qu'on peut poursuivre sans attendre l'expiration des trois jours de l'art. 305. — V. *contrà* Demiau, t. 1er, p. 229; Delaporte, t. 1er, p. 298.

232.—MM. Pigeau (*Comment.*, 1er, p. 565) et Chauveau sur Carré (t. 3, *ibid.* note) estiment que si, d'un commun accord, les parties renonçaient à se servir du jugement qui contiendrait la nomination d'office, rien ne s'opposerait, les choses étant entières, à ce que les experts qu'elles choisiraient procédassent à l'opération. Ils se fondent sur ce que les parties majeures ont toujours le droit de transiger.

233. — Les nouveaux experts nommés d'office en vertu de l'art. 313 aux lieu et place de ceux qui auraient été récusés seraient récusables eux-mêmes. Il n'y a rien dans la loi qui s'y oppose, et d'ailleurs il serait illogique, après avoir permis aux parties de récuser les premiers experts et de les écarter ainsi, de leur en imposer d'autres qu'il leur faudrait subir quels qu'ils fussent.—Pigeau, *Comm.*, t. 1er, p. 565; Carré et Chauveau, t. 3, quest. 1181 ; Favard, t. 4, p. 703, no 5.

234.—Enfin, aux termes de l'art. 314, si la récusation est rejetée, la partie qui l'aura faite doit être condamnée en tels dommages-intérêts qu'il appartiendra, même envers l'expert, s'il le requiert; mais dans ce dernier cas il ne pourra demeurer expert. — Art. 314.

235. —Carré (*loc. cit.*) pense avec raison que si l'expert n'avait été récusé qu'à raison d'une parenté prétendue qui n'aurait pas été prouvée, il n'y aurait pas lieu de lui accorder des dommages-intérêts.

236.—Les tribunaux sont du reste appréciateurs souverains du préjudice que l'expert récusé prétendrait avoir éprouvé, et par conséquent de l'indemnité qui pourrait lui être due suivant les circonstances. Lors de la rédaction du projet du Code de procédure, plusieurs cours avaient demandé qu'on indiquât et limitât les cas dans lesquels des dommages-intérêts pourraient être accordés. Le législateur a préféré s'en rapporter à la conscience du juge.—Locré, t. 1er, p. 527; Hautefeuille, p. 113.

237. — Le tribunal ne peut condamner d'office à payer les dommages-intérêts. Il faut qu'ils soient demandés. — *Commentaire inséré aux Annales du notariat*, t. 2, p. 304.

238. — La demande en dommages-intérêts doit être formée par l'expert par voie d'intervention dans l'instance, et il y doit être statué conformément aux règles qui sont établies au titre des incidens. — Delaporte, t. 1er, p. 299; Carré et Chauveau, t. 3, quest. 1183; Thomine, t. 1er, p. 516.—Favard (t. 4, p. 503, et t. 3, p. 119) semble croire que la demande doit être formée par action principale.

239. — La partie qui a fait une récusation peut, en cas de rejet, être condamnée à des dommages-intérêts, non seulement envers l'expert dont l'honneur et la réputation auraient reçu une atteinte de cette récusation, mais même envers la partie adverse qui peut éprouver un préjudice du retard apporté à la confection de l'expertise par cette cause. — Pigeau, *Comment.*, t. 1er, p. 566 ; Carré et Chauveau, t. 3, quest. 1182; Thomine-Desmazures, t. 1er, p. 516.

240. — Le tribunal pourrait ordonner la suppression des écrits calomnieux qui auraient été produits à l'occasion de l'incident relatif à la récusation. Les tribunaux ont toujours ce droit. — C. procéd., art. 1036; — Bioche, no 93.

241. — L'art. 314 semble dire que l'expert ne doit être remplacé qu'autant qu'une condamnation à des dommages-intérêts aura été rendue à son profit. Mais une pareille interprétation serait évidemment contraire à l'esprit de la loi; car, ainsi que le font observer MM. Chauveau (sur Carré, t. 3, quest. 1184) et Favard (t. 4, p. 703, no 5), si l'expert avait éprouvé un échec par le rejet de sa demande, ce serait une raison de plus pour qu'on pût le soupçonner de partialité contre la partie récusante.

§ 3. — *Déport ou empêchement des experts. — Leur remplacement.*

242. — Si quelque expert n'accepte pas la nomination, ou ne se présente pas soit pour le serment, soit pour l'expertise, aux jour et heure indiqués, l'art. 316 dispose que les parties s'accorderont sur-le-champ pour en nommer un autre à sa place; sinon, la nomination pourra être faite d'office par le tribunal. L'expert qui, après avoir prêté serment, ne remplira pas sa mission, pourra être condamné par le tribunal qui l'avait commis à tous les frais frustratoires, et même aux dommages-intérêts, s'il y échet. — Art. 316.

243. — L'art. 316 prévoit deux cas où l'expert ne se présente pas : l'un lors du serment, l'autre lors de l'expertise.

244. — « Si l'expert ne se présente pas lors du serment, dit M. Chauveau (sur Carré, art. 316, prélim.), les parties doivent convenir d'un autre, non par déclaration au greffe, comme dans le cas de l'art. 306, mais devant le commissaire. Lorsqu'une des parties n'est pas présente, ou, si toutes les parties étant présentes, elles ne s'accordent pas, la nomination se fait d'office par le tribunal. Si l'expert ne se présente pas à l'expertise et qu'un juge y assiste, il constate la non-présence sur son procès-verbal. Les parties nomment devant lui un autre expert. Si elles ne s'accordent pas, il est nommé par le juge, quand il est autorisé à statuer sur les difficultés, sinon il renvoie devant le tribunal. Lorsqu'il n'y a pas de juge, la non-comparution est constatée par le greffier de la justice de paix du lieu. — Arg. art. 317. — Pigeau, *Comment.*, t. 1er, p. 568.

245. — Il résulte de l'économie de l'art. 316 que jusqu'à la prestation de serment le ministère des experts est libre, de sorte que celui qui ne voudrait pas accepter ces fonctions ne ferait qu'user de son droit. Mais lorsque la prestation de serment a eu lieu, l'expert est lié et sa responsabilité est engagée.

246. — C'est ce qu'a reconnu la cour de Besançon en jugeant que l'expert qui a accepté sa commission et prêté serment ne peut se démettre sans motifs légitimes. — *Besançon*, 24 janv. 1807, Seguin c. Pathiot; — Pigeau, t. 1er, p. 296; Rodier, p. 406.

247. — Mais à part les condamnations qui pourraient intervenir dans ce cas contre l'expert, soit pour lui faire supporter les frais frustratoires, soit pour les dommages-intérêts dus aux parties, le ministère des experts est libre.

248. — Les auteurs s'accordent pour reconnaître que si, après la prestation du serment, l'expert avait une cause légitime d'excuse, si, par exemple, il ne pouvait procéder à l'opération sans éprouver un préjudice notable, le tribunal pourrait le dispenser et en commettre un autre. La condamnation prévue par le second paragraphe de l'art. 316 n'est que facultative pour le tribunal.—Favard, t. 4, p. 704, no 2; Carré et Chauveau, t. 3, quest. 1191; Thomine, t. 1er, p. 519 ; Boncenne, t. 4, p. 479; Pigeau, t. 1er, p. 296.

249. — Les experts ont-ils le droit de refuser d'opérer jusqu'à ce que les frais de leurs vacations leur aient été consignés ?—Il est certain qu'avant la prestation du serment ils peuvent élever cette prétention puisqu'ils peuvent refuser d'une manière absolue la mission qu'on veut leur confier; mais on a douté si après avoir prêté serment ils auraient le droit d'exiger cette consignation préalable.

250. — Dans ses observations sur le Code de procédure, la cour d'Orléans exprimait l'avis que des experts peuvent se refuser d'opérer si on ne leur donne l'assurance du paiement de leur salaire. Cette cour demandait qu'il fût ordonné que la partie poursuivante consignât au greffe telle somme qui serait arbitrée par le président du tribunal.

251. — Malgré cette observation, le Code de procédure garde sur ce point le même silence que l'ordonnance de 1667 sous l'empire de laquelle on tenait pour certain que les experts ne pouvaient être contraints à remplir leur mission tant qu'on n'avait pas, sur leur demande, consigné leurs vacations.—Rodier et Jousse, sur l'art. 15 du titre 21 de l'ordonnance; Duparc-Poullain, *Principes de dr.*, t. 9, p. 479; Pothier, *Tr. de la procéd.*, ch. 3, art. 5.

252. — MM. Favard (t. 4, p. 704, no 2), Thomine-Desmazures (t. 1er, p. 519), Carré (t. 3, quest. 1196) et Berriat-Saint-Prix (p. 304, note 16) pensent qu'il n'y a aucun motif pour introduire sur cette question une jurisprudence contraire à celle qui était suivie sous l'ordonnance de 1667.

253. — Il a été néanmoins jugé par la cour de Grenoble (23 juill. 1830, Soubeyran c. Bernardet) que les experts ne sont pas fondés à demander la consignation préalable du montant de leurs vacations. Cette cour s'est décidée dans ce sens par cette considération, que les vacations ne peuvent être évaluées que par la taxe, laquelle ne peut être faite qu'après le dépôt du rapport.

254. — M. Chauveau sur Carré (t. 3, quest. 1190) approuve la doctrine de la cour de Grenoble quant aux vacations proprement dites des experts, mais il fait remarquer avec raison qu'on ne pourrait l'appliquer aux déboursés qu'ils peuvent être obligés de faire et que cependant on ne saurait, sans injustice, les forcer à en faire l'avance.

255. — Il est un cas où les experts ne procèdent qu'après consignation préalable de leurs honoraires. Aux termes de l'art. 1080, C. civ., lorsqu'un partage a été fait par un ascendant entre ses enfans ou autres descendans, celui de ces derniers qui attaque le partage pour lésion de plus du quart, doit faire l'avance des frais de l'estimation des biens. — V. PARTAGE D'ASCENDANT.

256. — Lorsqu'il y a lieu à remplacement d'un expert qui ne peut procéder par une cause quelconque, dans quelle forme la demande en remplacement doit-elle être présentée au tribunal ?

257. — La cour de Colmar a décidé que c'était sur simple requête communiquée à la partie adverse et non par voie d'incident, que dès-lors si la voie de l'incident a été employée, la demande ainsi formée doit être rejetée et que les dépens qu'elle a occasionnés ne doivent pas entrer en taxe. — *Colmar*, 4 juin 1835, N...

258. — Il nous semble, avec M. Chauveau sur Carré (quest. 1191 *bis*) que cet arrêt a jugé arbitrairement en annulant une procédure comme ayant été introduite par voie d'incident au lieu de l'être par voie de simple requête, alors que la loi est complètement muette sur la forme à laquelle il faut avoir recours en pareil cas. En admettant même que le mode de procéder adopté par la cour de Colmar fût préférable à celui qui avait été appliqué dans l'espèce, il semble que dans tous les cas il ne pouvait y avoir là une cause de nullité.

259. — A Paris, les experts sont remplacés par le président du tribunal sur simple requête. — « Le président, dit M. Debelleyme (*Ordonnances*, t. 1er, p. 125), commet par ordonnance sur requête un expert en remplacement d'un autre expert décédé, malade, absent ou empêché par toute autre cause, pour procéder à l'opération ordonnée par un jugement ou par une ordonnance de référé. L'usage a consacré ce mode de remplacement, parce que rien ne justifiait pour un simple acte d'exécution le délai et les frais d'un jugement. Il se présente même des circonstances urgentes dans lesquelles il faut à l'instant pourvoir à ce remplacement. Cependant, pour effacer toute apparence d'irrégularité, le tribunal délègue ce pouvoir au président par une disposition que l'on insère dans le jugement ordonnant l'expertise. »

260. — Jugé qu'une cour royale, après avoir nommé trois experts sur la demande de l'une des parties, peut n'avoir aucun égard à leur rapport, et adopter les conclusions de l'expertise qui aurait eu lieu en première instance, encore bien que, provoquée également par l'une des parties, elle n'ait été faite que par un seul expert au lieu de trois, et que cet expert ait été nommé par une simple ordonnance de référé. — *Cass.*, 11 avr. 1842 (t. 2 1842, p. 401), Basile c. Lefèvre.

261. — Il a été décidé qu'en cas de désaccord des parties sur le choix d'experts à nommer en remplacement d'autres experts qui ont refusé la mission qui leur était confiée, le juge peut, en faisant d'office cette nomination, désigner un expert supplémentaire pour le cas où l'un des experts commis n'accepterait pas; que ce mode de procéder n'est pas contraire à l'art. 316, C. procéd. civ. — *Cass.*, 13 avr. 1840 (t. 2 1840, p. 111), Biadelli c. Tomasi.

262. — Mais il nous semble que cette décision ne doit être adoptée qu'en ce sens que l'expert supplémentaire ne pourra fonctionner que dans le cas où les parties ne s'accorderaient pas sur le choix d'un expert pour remplacer, en cas de refus, ceux qui font l'objet de la nomination principale. Autrement, et si dans le cas de ce refus l'expert nommé supplémentairement devait avoir nécessairement mission de procéder, il y aurait violation de l'art. 316, C. procéd., qui ne donne aux tribunaux le droit de nommer l'expert suppléant que dans le cas où les parties n'ont pas usé de leur droit de nomination,

et cela sans distinguer entre les nominations premières et celles qui sont faites en remplacement. — Réduite à ces termes, la solution ci-dessus a pour résultat d'éviter des longueurs et des frais.

263. — Lorsqu'un expert ne s'étant pas présenté soit pour prêter serment, soit pour procéder à l'expertise, a été remplacé, la partie la plus diligente après avoir pris le jour du nouvel expert et de ses collègues, doit en informer l'adversaire par acte d'avoué à avoué, et, à défaut, par les experts, de convenir d'un jour, elle doit les assigner à jour fixe pour commencer leurs opérations, s'ils n'aiment mieux indiquer eux-mêmes un autre jour et lui en donner avis. — Thomine, sur l'art. 316; Bioche, no 120.

§ 4. — *Du serment. — avertissement aux parties des jours, lieux et heures de l'expertise.*

264. — En principe, les experts doivent prêter serment, à peine de nullité de leur opération, lorsqu'ils n'en ont pas été dispensés par les parties. — *Bourges*, 13 juin 1820, Fillonière c. Dutremblay.

265. — C'est ce qui résulte des diverses dispositions du Code de procédure civile sur l'expertise et notamment de l'art 307, qui porte que : « Après l'expiration du délai fixé par les art. précédens, la partie la plus diligente prendra l'ordonnance du juge, et fera sommation aux experts nommés par les parties ou d'office, pour faire leur serment, sans qu'il soit nécessaire que les parties y soient présentes. »

266. — Et il a été jugé que la loi de procédure qui impose aux témoins, aux experts et aux gens de l'art l'obligation du serment, est une mesure générale et d'ordre public qui domine tous les cas où il y a lieu de recourir judiciairement à un témoignage, à une expertise, ou à un rapport de gens de l'art; que, dès-lors, des artistes vétérinaires chargés de constater la cause de la mort d'un bœuf destiné au commerce de la boucherie doivent préalablement prêter serment, à peine de nullité de leur procès-verbal, encore bien que les anciens règlemens et l'ordonnance de police du 26 mars 1830 gardent le silence à cet égard. — *Cass.*, 29 janv. 1844 (t. 1er 1844, p. 796), Avice c. Cardon.

267. — Décidé encore que les formalités prescrites par le Code de procédure civile en matière d'expertise doivent être observées dans le cas où les experts sont nommés en exécution de l'art. 5, L. 20 mai 1838 sur les vices rédhibitoires; qu'en conséquence, si ces experts n'ont pas, préalablement à l'expertise, prêté serment, leur procès-verbal doit être déclaré nul. — *Rouen*, 24 août et 14 nov. 1842 (t. 2 1842, p. 699), Vaussard c. Decroix.

268. — Les mêmes arrêts jugent également que, toutefois, la nullité du procès-verbal pour défaut de serment ne met point obstacle à ce que de nouveaux experts soient nommés, lors surtout que la nomination des premiers a eu lieu, et que l'action a été intentée dans les délais prescrits par les art. 3 et 5 de la loi de 1838. — D'où il suit que cette nullité ne peut avoir pour résultat de faire déclarer l'action rédhibitoire non recevable. — V. au surplus VICE RÉDHIBITOIRE.

269. — Toutefois, la cour de Rennes a jugé (en matière commerciale) que si l'expert était un homme public assermenté pour le genre d'opérations auxquelles il doit procéder, tel, par exemple, qu'un courtier-juré, la prestation de serment ne serait pas nécessaire. — *Rennes*, 17 août 1812, Rosset c. Vincent.

270. — Malgré la rigueur du principe ci-dessus posé, la cour de Cassation a aussi jugé que, lorsqu'on demande aux experts un supplément de rapport pour préciser les bases sur lesquelles ils ont appuyé leur expertise, il n'est pas nécessaire qu'ils prêtent serment pour cette seconde opération; et que dans ce cas, les experts n'ont pas besoin d'indiquer aux parties le jour auquel ils doivent opérer. — *Cass.*, 27 fév. 1828, Gauthier c. Nolot et Cayrat.

271. — De même, quand les experts nommés pour procéder à l'estimation des biens de la succession ont prêté serment de remplir fidèlement leur mission, ils ne sont pas tenus de prêter un second serment pour affirmer leur procès-verbal. — *Rouen*, 3 prair. an XII, Pillon c. Jubert de Bouville.

272. — Lorsque les parties y ont donné leur consentement, il est hors de doute que la prestation peut ne pas avoir lieu sans qu'il en résulte aucune nullité de l'opération. — Bioche, no 102.

273. — Aussi les parties qui ont nommé des experts et les ont dispensés du serment ne peuvent-elles demander la nullité de leur opération, sous prétexte qu'ils ne l'ont pas prêté. — *Florence*, 23 juin 1810, Cheni c. N... — V. conf. Carré, t. 1er, quest. 1172; Hautefeuille, p. 173.

274. — Par la même raison, les parties qui ont consenti à ce qu'un tiers-expert, choisi par les deux experts qu'elles avaient nommés, opérât sans prestation préalable de serment, ne sont plus recevables ensuite à demander la nullité de l'expertise pour défaut de cette prestation. — *Cass.*, 21 juill. 1830, Painfan c. Osmond.

275. — L'usage est à Paris de dispenser les experts du serment, surtout lorsqu'il s'agit d'objets de peu d'importance. — Bioche, *loc. cit.*

276. — D'après le second paragraphe de l'art. 305, le juge de paix peut être désigné pour recevoir le serment des experts. — *Aix*, 14 juill. 1807, Vacion c. Teisseire.

277. — Mais il ne paraît pas que cette disposition doive avoir pour effet d'interdire au tribunal la désignation de tout autre magistrat pour remplir cette mission. Ce n'est que *per modum exempli* que la loi parle seulement du juge de paix du lieu, et les tribunaux puisent dans l'art. 1035, C. procéd., le droit d'adresser des délégations du même genre au magistrat qu'indiquent les circonstances de chaque cause. — Favard, t. 4, p. 700, no 4; Chauveau sur Carré, t. 3, quest. 1167 *bis*; Pigeau, *Comment.* t. 1er, p. 559 et 560.

278. — Le tribunal peut ordonner, s'il y a lieu, que le juge-commissaire nommé pour recevoir le serment sera présent à l'expertise. En ce cas, dit Pigeau (t. 1er, p. 291), on autorise le juge à ordonner par provision ce qu'il estimera convenable, soit pour prévenir les résistances, soit pour les réprimer, même à ordonner tout ce qu'il croira nécessaire pour mettre les experts en état de faire leur rapport, comme les ouvertures de portes, des fouilles, etc. — V., dans le même sens, Carré et Chauveau, t. 3, quest. 1167; Favard, t. 4, p. 700, no 1er.

279. — Décidé, en conséquence, que les tribunaux peuvent ordonner qu'une expertise sera faite sur les lieux contentieux, et qu'un de leurs membres s'y transportera pour présider à l'opération des experts. — *Amiens*, 29 déc. 1821, Maintenay.

280. — L'art. 315, C. procéd., porte : « que le procès-verbal de prestation de serment contiendra indication, par les experts, du lieu et des jour et heure de leur opération; qu'en cas de présence des parties ou de leurs avoués, cette indication vaudra sommation; et qu'en cas d'absence il sera fait sommation aux parties, par acte d'avoué, de se trouver aux jour et heure que les experts auront indiqués. »

281. — Il n'y aurait pas nullité du procès-verbal de la prestation de serment parce qu'il ne contiendrait pas l'indication du jour et de l'heure de l'expertise. Le procès-verbal est un acte de procédure, et, aux termes de l'art. 1030, C. procéd., aucun acte de cette nature ne peut être déclaré nul, si la loi n'en prononce formellement la nullité pour l'irrégularité qu'il contient. D'autre part, on ne peut pas dire que cette omission vicie la substance du procès-verbal. On peut donc, dans ce cas, assigner les experts devant le commissaire pour qu'ils réparent l'omission. Telle est l'opinion de MM. Favard, t. 4, p. 704, no 1er; Carré et Chauveau, t. 3, quest. 1185; Delaporte, t. 1er, p. 299. — V. aussi *Comm. des annales du notariat*, t. 2, p. 307 et 308.

282. — La cour de Cassation a jugé dans ce sens, qu'une expertise n'est pas nulle, quoique le procès-verbal de prestation de serment des experts n'indique point les lieux et heures de leur opération, surtout lorsqu'il a été suppléé à cette omission par une signification tendant à prévenir tout préjudice que cette irrégularité aurait pu causer. — *Cass.*, 21 nov. 1820, Guliani c. Castelli.

283. — « Si quelqu'un des experts, dit M. Chauveau sur Carré (*loc. cit.*) ne se présente pas à l'heure indiquée pour la prestation du serment, ils ne peuvent convenir du jour et de l'heure. Alors il faut les intimer de nouveau ou pour le jour où, soit le défaillant, soit son remplaçant prêtera serment, ou pour un jour quelconque que la partie leur assignera, sauf à eux à faire connaître celui qu'il leur conviendrait mieux de choisir. » — Bioche, no 120.

284. — Jugé qu'un expert peut, surtout dans les cas d'urgence, fixer le jour de son opération, avant d'avoir prêté serment. — *Colmar*, 24 déc. 1833, Garton c. Kœcblin.

285. — Dans ce cas, il doit être fait sommation par la partie poursuivante à l'autre, à l'effet d'instruire cette dernière des jour, lieu et heure choisis par l'expert. — Bioche, no 119.

286. — Si une partie, n'ayant pas assisté au procès-verbal de prestation de serment, n'était pas sommée de se trouver aux jour, lieu et heure fixés par le procès-verbal, il y aurait évidemment nullité de l'expertise à laquelle il serait procédé en son absence. — Hautefeuille, p. 175; Pigeau, *Procéd.*, t. 1er, liv. 2, part. 2e, tit. 5, ch. 1er, § 3, art. 5, no 1er; Carré et Chauveau, t. 3, quest. 1186.

287. — La jurisprudence est constante sur ce point. — *Cass.*, 7 flor. an VI, d'Humery c. comm. de Bougey; *Besançon*, 21 juin 1813, N...; 20 juin 1818, N...; *Rennes*, 15 mars 1821, Saint-Aignan c. Lecorre; *Besançon*, 26 juill. 1821, N...; *Poitiers*, 17 fév. 1830, Baudouin c. Cellier; *Colmar*, 11 juill. 1832, Brun c. Antonin; *Grenoble*, 20 août 1825, Carcel c. Bettigny.

288. — La cour de Poitiers a même jugé que la nullité peut être opposée par celui-là même qui poursuivait l'expertise, et que l'autre partie doit s'imputer de ne lui avoir pas fait une sommation. — *Poitiers*, 17 fév. 1830, Baudouin c. Cellier.

289. — Il n'y a aucune distinction à faire sous ce rapport entre une première expertise et une seconde; il faut nécessairement que pour chaque opération les deux parties aient été mises à même de présenter leurs observations aux experts. — Chauveau sur Carré, t. 3, quest. 1186.

290. — On s'est demandé si, lorsque la première vacation n'a pas suffi pour terminer l'expertise, les parties doivent être prévenues du jour où elle sera continuée. Cette question ne saurait être douteuse plus que la précédente. Ou bien, les experts, en terminant la première séance, ajournent les parties à jour et à heure fixes, et cette indication vaut sommation; ou bien ils envoient la continuation de leurs travaux à un jour indéterminé, et dans ce cas une sommation est nécessaire pour indiquer aux parties celui auquel l'opération sera reprise. — Chauveau sur Carré, t. 3, quest. 1186; Vasserot, p. 21, no 59. — V. aussi *Paris*, 30 flor. an X, Cordonnier c. Couet.

291. — Il a été jugé, avant le Code de procédure, qu'une expertise était nulle si, les experts ayant ajourné indéfiniment leurs opérations, les parties n'avaient point été prévenues du jour où ils les ont reprises. — *Cass.*, 24 germin. an V, Dujay c. comm. de Breny. — Cette décision serait encore applicable actuellement

292. — Mais les experts peuvent, après une première visite de lieux, s'y transporter de nouveau pour dresser des plans ou prendre des renseignemens, sans que les parties en soient averties. Dans tous les cas, un avertissement verbal suffirait. — *Rennes*, 11 août 1824, Gautier c. Bellay.

293. — Lorsque le défendeur à une expertise, sommé de se trouver sur les lieux aux jour et heure indiqués par les experts, fait défaut, si ces derniers renvoient leur travail à une époque ultérieure, il n'est pas besoin de faire à ce défendeur une nouvelle sommation. — *Bourges*, 22 déc. 1848 (t. 1er 1845, p. 186), Pingon.

294. — La nullité résultant du défaut d'avertissement officiel aux parties des jour, lieu et heure de l'expertise, n'étant pas d'ordre public, peut être couverte; elle ne pourrait être invoquée par la partie qui, bien que non présente à la prestation de serment et non sommée depuis, aurait été avertie de quelque autre manière. — Chauveau sur Carré, *loco cit.*

295. — Jugé en ce sens que la partie qui n'a pas été citée pour être présente à l'expertise, mais qui a été avertie par les experts eux-mêmes de se rendre sur les lieux, et qui a négligé de le faire, après avoir promis de s'y transporter, n'est plus recevable à demander une nouvelle expertise. — *Rennes*, 18 nov. 1815, Gouerin c. Trivalet.

296. — Cette doctrine est cependant repoussée par plusieurs cours qui jugent : que la sommation d'assister à l'expertise, prescrite par l'art. 315, C. procéd., est une formalité substantielle qui, seule, peut donner connaissance légale du jour et de l'heure fixés pour l'expertise, et que son omission entraîne la nullité de l'expertise faite hors la présence de la partie intéressée; que vainement alléguerait-on que la partie qui n'a pas été sommée a eu connaissance, par une autre voie, du jour fixé par les experts. — *Pau*, 25 janv. 1836 (t. 1er 1837, p. 42), Perès et Dupouy c. comm. de Filhoues; *Grenoble*, 20 août 1825, Carcel c. Bettigny.

297. — Mais il est constant en jurisprudence que la partie qui a été présente sur les lieux, lors de l'expertise, n'est pas fondée à se prévaloir de ce que la sommation prescrite par l'art. 315, C. proc., ne lui a pas été faite. — *Montpellier*, 27 mars 1824, Ferrand c. Grillères; *Dijon*, 11 mars 1828, Huot c. Trouvé.

298. — Il est même de principe que la présence des parties à l'expertise, sans réclamation, couvre les irrégularités antérieures, telles, par exemple, que le défaut d'enregistrement et de signification, tant aux parties qu'aux experts. — *Cass.*, 30 nov. 1824, Planchon c. Delavarenne.

299. — La déclaration de l'expert que la partie a assisté à l'opération peut aussi, à défaut de la signature de cette dernière, faire preuve de sa présence et couvrir la nullité résultant du défaut d'avertissement. — *Rennes*, 17 août 1812, Rosset c. Vincent.

300. — La partie qui a déclaré se tenir pour va-

lablement avertie ne peut arguer de ce que l'un des experts, n'ayant pas comparu au lieu de l'expertise, les autres ont indiqué un nouveau jour pour l'opération et ont intimé les parties. — *Bordeaux*, 2 août 1833, Bernard c. Delafont.

301. — Il paraît certain qu'une expertise n'est pas nulle parce qu'au lieu d'y avoir été appelée par acte d'avoué à avoué, comme le prescrit le § 3 de l'art. 315, C. procéd. civ., la partie qui n'a point assisté au serment des experts y a été appelée par exploit à personne ou domicile. — *Orléans*, 4 juin 1841 (t. 2 1841, p. 218), Franchet c. Fietez; *Bourges*, 14 mars 1821, Julien de Courcelles c. Marotte; *Cass.*, 13 nov. 1832, Lattier c. Sisteron.

302.— Décidé que dans le cas où un rapport d'experts est ordonné par une cour royale, sur l'appel d'un jugement définitif, la sommation de se trouver sur les lieux, prescrite par l'art. 315, C. procéd., doit être notifiée non à l'avoué qui a occupé en première instance (dont le mandat a cessé), mais à celui qui a occupé en appel. — *Grenoble*, 20 août 1825, Carcel c. Bettigny.

ART. 4. — *Opérations des experts. — Dires et réquisitions des parties.*

303. — Aux termes de l'art. 317, le jugement qui a ordonné le rapport et les pièces nécessaires doivent être remis aux experts; les parties peuvent faire tels dires et réquisitions qu'elles jugent convenables; il en est fait mention dans le rapport.

304. — Les pièces dont parle l'art. 317 sont : la grosse du jugement qui ordonne l'expertise, la sommation d'assister à l'opération lorsqu'il en a été fait une, et les titres ou actes au moyen desquels doit se faire la constatation ou vérification, s'il en est. — Vasserot, p. 21, n° 58.

305. — Il résulte des termes de la loi qu'on peut déclarer le rapport d'un expert irrégulier dans sa substance, en ce que les parties ont été mises hors d'état de requérir des apuremens tendant à la découverte de la vérité. — *Rennes*, 16 juill. 1818, Buscher c. Catineau.

306. — De même, lorsque des experts ont la faculté d'entendre diverses personnes et de recueillir ainsi des renseignemens, ils doivent intimer les parties à se trouver présentes, et s'ils arrêtent qu'ils recevront ces déclarations en l'absence des parties, ils outrepassent leurs pouvoirs, et leur rapport doit être annulé. — *Orléans*, 18 nov. 1825, N...; — Vasserot, *loc. cit.*; Bioche, n° 127.

307. — Mais on ne peut, après avoir été appelé à une expertise, et sommé d'y produire ses titres, se faire un moyen de nullité contre l'expertise, de ce que l'on n'aurait pas présenté ses titres, ni fait ses observations devant les experts. — *Amiens*, 25 nov. 1824, Polle c. Grignon et Poullain.

308. — Un rapport d'expert qui contient en plusieurs endroits du procès-verbal les dires et les observations des parties, constate par cela même et implicitement leur assistance aux opérations des experts. — *Orléans*, 5 mai 1819, Cousin c. Laurence.

309. — Les experts ne sont pas tenus d'avoir égard à toutes les réquisitions que leur font les parties; s'ils ne croient pas devoir déférer à une demande, ils doivent se contenter de la mentionner sur leur procès-verbal. S'il s'élevait devant eux des difficultés qu'il ne leur appartiendrait pas d'apprécier, en ce que leur examen dépasserait leurs pouvoirs, ils devraient renvoyer les parties devant le tribunal. — Pigeau, *Comment.*, t. 1er, p. 296; Thomine-Desmazures, t. 1er, p. 521; Favard, t. 4, p. 704, n° 3; Carré et Chauveau, t. 3, quest. 1192; Boncenne, t. 4, p. 480; Vasserot, p. 21, n° 61.

310. — Les avoués des parties peuvent assister à l'expertise, mais chacun d'eux ne peut être payé des vacations qui lui seraient dues que par son client. — Tarif, art. 92; — Bioche, n° 125.

311. — Les experts doivent dans leur manière d'opérer se conformer scrupuleusement aux prescriptions du jugement qui, en ordonnant l'expertise, a déterminé la nature et l'étendue de leur mission.

312. — Il est incontestable que lorsque trois experts ayant été nommés, l'un d'eux ne se présente pas à l'opération, les deux autres ne peuvent opérer que du consentement de toutes les parties. — *Cass.*, 2 sept. 1811, d'Ormesson et Claudin c. Graux; — Vasserot, p. 21, n° 59.

313. — Jugé de même qu'on doit réputer nulle l'expertise qui devait être faite par deux experts nommés en commun par les parties, si un seul y a procédé, et que celui-ci ne peut procéder à la nouvelle expertise à faire à la place de la première. — *Bruxelles*, 31 juill. 1811, N..... — Carré, *Lois de la procéd.*, t. 1er, p. 773; Favard, t. 4, p. 703.

314. — Cependant, deux experts peuvent, en l'absence du troisième, recevoir des renseignemens (et non des dépositions de témoins) sur la cause, sauf à en donner plus tard connaissance à leur collègue absent. — *Rennes*, 11 août 1824, Gauthier c. Bellay.

315. — La cour de Rennes a décidé avec raison que l'irrégularité tirée de ce que deux des experts auraient, en l'absence du troisième, délibéré sur l'utilité ou la nécessité d'un nouveau transport sur les lieux est couverte par l'approbation donnée à leur détermination par leur collègue. — *Rennes*, 11 août 1824, Gautier c. Bellay.

316. — C'est par leur procès-verbal de rapport qu'ils doivent rendre compte de l'accomplissement de leur mission. — Jugé que l'absence d'un écrit établissant que les experts auraient vaqué à leurs opérations ne peut être suppléée ni par la preuve testimoniale ni par une déclaration émanée des experts eux-mêmes. — *Montpellier*, 9 nov. 1844 (t. 1er 1845, p. 540), Houlès c. Combes.

317. — On s'est demandé si les experts ont le droit, pour s'éclairer, d'avoir recours à une enquête faite par eux-mêmes et en vertu de leur caractère de délégués de la justice.

318. — La cour d'Orléans a décidé que des experts, commis par le tribunal pour vérifier s'il a été fait des améliorations à un immeuble et en quoi elles consistent, ne peuvent entendre des témoins; que le droit de faire enquête n'appartient qu'aux magistrats, et est hors du caractère et des attributions reconnues par la loi aux experts. — *Orléans*, 23 avr. 1823, N.,...

319. — La cour de Rennes paraît avoir embrassé l'opinion contraire, en jugeant qu'il n'y a pas nullité en ce que les experts auraient reçu en leur demeure des déclarations de témoins, alors que les parties n'ont désigné ces témoins qu'après la visite des lieux, et que, dans tous les cas, la partie qui aurait sans réclamer fait comparaître ces témoins devant les experts en leur demeure serait non recevable à se plaindre de ce mode de procéder. — *Rennes*, 11 août 1824, Gautier c. Bellay.

320. — Nous ne pensons pas qu'une procédure aussi insolite qu'une enquête faite par des experts puisse être considérée comme légale. Des hommes simplement chargés par un tribunal de l'éclairer de leur avis sur certaines questions ne peuvent jouer le rôle des juges-commissaires d'enquêtes ni exercer leurs pouvoirs. — Bioche, n° 128; Boncenne, t. 4, p. 482; Chauveau, sur Carré, t. 3, quest. 1201 *bis*; Vasserot, p. 21, n° 59.

321. — Tel n'est pas cependant l'avis de Favard (t. 4, p. 700, n° 1er) et Pigeau (*Procéd.*, liv. 2, part. 2e, tit. 3, chap. 1er, § 5, n° 8, p. 310). Ce dernier auteur enseigne que les témoins qui seraient entendus par les experts pourraient être reprochés.

322. — Mais la loi n'interdit pas aux experts de recueillir les renseignemens qui leur sont nécessaires pour accomplir leur mission. — *Cass.*, 22 avr. 1840 (t. 2 1840, p. 100), de Germigny c. Muel. — V. aussi *Orléans*, 18 nov. 1825, N...

323. — Il a été décidé avec raison, par la cour d'Aix, qu'on ne peut se pourvoir par appel contre le mode de procéder des experts, et qu'il suffit de faire, à cet égard, des réserves à consigner dans le procès-verbal des experts. — *Aix*, 24 janv. 1832, Coullet c. Olive. — L'arrêt est fondé sur ce qu'on ne peut appeler que des jugemens qui font grief. Le principe est vrai; mais est-il vrai également que le mode de procéder ne fasse jamais grief aux parties ?

324. — La loi n'a pas fixé de délai dans lequel les parties soient tenues de faire procéder à l'expertise, et elle n'autorise pas le juge à en fixer un. Il en est autrement en matière d'enquête. La raison de cette différence est que l'expertise a pour but des faits qui sont réalisés et déterminés par l'état des lieux, et qui dès-lors ne peuvent pas varier par suite d'un délai plus ou moins long qui serait employé pour la constatation. Il n'en est pas ainsi en matière d'enquête, où les témoins peuvent se disperser ou disparaître par décès, éloignement, etc. — Carré, t. 3, quest. 1156; Chauveau sur Carré, quest. 1157 *ter*.

325. — Aussi la cour de Rennes a-t-elle décidé que les juges ne peuvent, en ordonnant une expertise, prescrire qu'elle aura lieu, sous tel délai, à peine de déchéance. — *Rennes*, 7 mai 1831, Filioux c. Jochault.

326. — ... Que, notamment, si le demandeur qui a obtenu une expertise néglige de faire signifier et exécuter le jugement qui l'a ordonnée, le défendeur ne peut, sous prétexte de l'insolvabilité du demandeur, l'appeler pour voir juger qu'il l'exécutera dans tel délai, sous peine de déchéance; et qu'une pareille assignation ne peut surtout être donnée avant la signification à avoué du premier jugement. — Même arrêt.

327. — La même cour avait cependant décidé, par un précédent arrêt, que lorsqu'une expertise a été ordonnée, et que l'arrêt interlocutoire n'a été mis à exécution par aucune des parties, la cour a le droit de fixer un délai dans lequel la partie la plus diligente sera tenue de faire exécuter son arrêt. — *Rennes*, 17 déc. 1829, Roumain-Duplessix c. Bellamy.

328. — Jugé encore que le délai fixé pour procéder à une expertise n'est que comminatoire; qu'il n'y a pas déchéance contre la partie qui n'y a pas fait procéder dans ce délai. — *Pau*, 25 janv. 1836 (t. 1er 1837, p. 42), Perès et Dupouy c. comm. de Filhoues.

329. — Lorsqu'en cas d'urgence, on a recours à la juridiction du président du tribunal tenant l'audience des référés, pour en obtenir une commission d'experts, ce magistrat tient de la nature de sa compétence le droit d'ordonner que l'expertise qu'il prescrit sera mise à fin et le rapport déposé dans un délai qu'il fixe. C'est ce qui se pratique journellement à Paris.

ART. 5. — *Du rapport.*

§ 1er. — *Rédaction, écriture et signature du rapport. Dépôt et enregistrement.*

330. — Aux termes de l'art. 317, C. procéd., le rapport doit être rédigé sur le lieu contentieux, ou dans le lieu et aux jour et heure qui seront indiqués par les experts. La rédaction doit être écrite par un des experts et signée par tous; s'ils ne savent pas tous écrire, elle est écrite et signée par le greffier de la justice de paix du lieu où ils auront procédé. — C. procéd., art. 317.

331. — La disposition de l'art. 317 étant prescrite à peine de nullité, on s'est demandé si l'expertise pouvait être annulée lorsqu'une ou plusieurs des formalités qu'il exige n'ont pas été observées. Il semble résulter des termes de l'art. 1030, C. procéd., que les tribunaux n'ont pas ce droit.

332. — C'est en ce sens que la cour de Besançon a décidé qu'un rapport d'experts n'est pas nul, quoiqu'il ne mentionne pas que les experts aient observé les formes légales. — *Besançon*, 18 juin 1812, N...

333. — Cependant les auteurs estiment qu'il est des formalités tellement essentielles qu'on peut les considérer comme des conditions d'existence du rapport, et dont l'observation paraît indispensable, bien qu'aucune nullité ne soit écrite dans la loi en ce qui les concerne. Aussi s'accordent-ils pour décider que l'expertise peut être déclarée nulle, lorsque les infractions à l'art. 317 ont lieu, mais seulement lorsqu'il y a eu omission de l'une des formalités dites *substantielles*. — Favard, t. 4, p. 705, n° 5; Berriat-Saint-Prix, p. 305, note 3e; Pigeau, *Comm.*, t. 1er, p. 576 et 577; *Le pratic. franç.*, t. 2, p. 265; Demiau-Crouzilhac, p. 232; Chauveau sur Carré, t. 3, quest. 1199.

334. — La jurisprudence paraît avoir accepté cette distinction des formalités substantielles et non substantielles; mais on ne peut se dissimuler que son esprit ne soit de restreindre les cas de nullité. C'est ce que nous constaterons, en passant en revue les diverses dispositions de l'art. 317. M. Demiau-Crouzilhac (*loc. cit.*) s'élève avec force contre cette tendance de la jurisprudence à enlever presque toute sanction à la loi.

335. — Jugé qu'un rapport d'experts n'est pas nul, parce qu'il y aurait des omissions à lui reprocher; qu'en pareil cas, on peut seulement demander un supplément d'expertise. — *Bordeaux*, 26 mars 1841 (t. 2 1841, p. 668), Larrisson c. de Grailly.

336. — Selon M. Chauveau sur Carré (t. 3, quest. 1199) la forme est substantielle lorsqu'elle a pour but d'obtenir un rapport éclairé, consciencieux et authentique.

337. — L'art. 317 exige que les experts indiquent le lieu, le jour et l'heure auxquels ils rédigeront leur rapport : d'où MM. Hautefeuille (p. 175), Delaporte (t. 1er, p. 303) et les auteurs du commentaire inséré aux *Annales du notariat* (t. 2, p. 316) concluent que les parties et leurs avoués peuvent assister à cette rédaction, car, autrement, disent-ils, cette indication serait sans objet.

338. — Quant à MM. Pigeau (*Comm.*, t. 1er, p. 297), Carré et Chauveau (t. 3, quest. 1193) ils font à cet égard une distinction qui nous paraît fondée. Le procès-verbal des experts contient deux parties. La première constate : 1° le transport et l'arrivée des experts et des parties; 2° la remise des pièces; 3° les dires et les réquisitions; 4° les opérations faites par les experts pour asseoir leur avis, comme toisés, vérifications, etc. Ces opérations, disent ces auteurs, se font en présence des parties, parce qu'elles appartiennent à l'instruction. C'est cette seule partie du procès-verbal qui doit être rédigée en présence des parties, en quelque lieu que se fasse la rédaction du rapport. Mais la seconde partie, qui est le résultat de la première, contient l'avis des experts. Elle doit être rédigée hors la présence des parties, car les experts pro-

noncent à cet égard une espèce de jugement, et il convient de leur laisser la liberté la plus entière. — V., dans le même sens, Boncenne, t. 4, p. 481 ; Favard, t. 4, p. 704, nº 4 ; Thomine-Desmazures, t. 1er, p. 521.

339. — Quand un rapport d'experts fait mention, lors de la clôture du procès-verbal, du nombre de vacations qui ont été employées, il est régulier quoiqu'il ne soit pas divisé par séances. — *Orléans*, 5 mai 1819, Cousin c. Laurence.

340. — MM. Chauveau sur Carré (t. 3, quest. 1198 *ter*) et Boncenne (t. 4, p. 484) pensent que le défaut d'avertissement des jour et lieu de la rédaction du rapport doit être considéré comme une nullité substantielle de l'opération ; cet avertissement leur paraissant indispensable pour donner aux parties les moyens de présenter leurs dires aux experts et de requérir leur insertion au procès-verbal.

341. — Dès-lors, si la partie n'était pas présente au moment de l'indication faite par les experts du jour et du lieu de la rédaction de leur rapport, il faudrait l'en prévenir d'une manière officielle à peine de nullité, à moins toutefois qu'elle n'eût été régulièrement convoquée pour la séance dans laquelle l'indication aurait eu lieu, car dans ce cas elle aurait à s'imputer les conséquences de sa négligence. — *Cass.*, 19 juin 1838 (t. 1er 1838, p. 664), Enregistr. c. Lentz ; — Boncenne, t. 4, p. 485 ; Chauveau sur Carré, *loc. cit.*; Bioche, nº 141.

342. — Mais lorsque les experts rédigent le rapport dans un lieu autre que le lieu contentieux, et que, contrairement aux prescriptions de l'art. 317, ils n'ont pas instruit les parties de ce fait ni du jour où la rédaction s'opèrera, cette irrégularité entraîne-t-elle la nullité de l'expertise ?

343. — La jurisprudence s'est prononcée sur cette question pour la négative, et un grand nombre d'arrêts ont décidé qu'il n'y a pas de nullité dans ce cas, lorsque d'ailleurs les parties ont été mises à même d'assister à l'expertise et que leurs observations et réquisitions ont été insérées au procès-verbal. — *Cass.*, 7 déc. 1826, Briant ; 10 août 1829, Hielly c. Ménard ; 11 nov. 1829, Coudreux c. Rousseau ; *Bourges*, 20 avr. 1825, préfet de la Nièvre c. Moreau ; 2 août 1810, Faignon c. Ballerat ; 30 mars 1829, Laforet c. Hérault ; *Colmar*, 2 juill. 1814, Bontems c. Verlin ; *Toulouse*, 10 oct. 1823, Rouaie c. Huc ; *Caen*, 16 juill. 1828, Demande c. Mainvielle et Dartilongue ; *Bordeaux*, 2 août 1833, Bernard c. Delafont ; *Cass.*, 20 août 1828, préfet de la Nièvre c. Moreau ; *Montpellier*, 27 mars 1824, Ferrand c. Grillères ; *Orléans*, 27 mai 1818, Maccurtin c. Caslot ; *Toulouse*, 19 mars 1817, Lapeyre c. Laret ; *Pau*, 25 juin 1840 (t. 1er 1841, p. 421), Lay c. Ferras ; *Rennes*, 11 août 1824, Gautier c. Bellay. — V. en sens contraire, *Nancy*, 10 sept. 1814, N... ; *Orléans*, 18 nov. 1825, N... ; *Besançon*, 3 mars 1820, N... ; *Bordeaux*, 4 juill. 1832, Muller c. Collignon.

344. — Nous croyons que, dans ce cas, l'irrégularité n'est une cause de nullité du rapport qu'autant que dans chaque espèce il serait justifié qu'elle a été préjudiciable aux parties en les empêchant de se défendre.

345. — L'art. 318 dispose ainsi qu'il suit : Les experts dresseront un seul rapport ; ils ne formeront qu'un seul avis à la pluralité des voix ; ils indiqueront néanmoins, en cas d'avis différens, les motifs des divers avis sans faire connaître quel a été l'avis personnel de chacun d'eux. — Art. 318.

346. — Lorsque deux des experts partagent le même avis et que le troisième en adopte un différent, les opinions émises doivent-elles être motivées ? M. Demiau (p. 231) pense qu'il résulte des termes de l'art. 318 que les avis différens ne doivent être motivés que lorsqu'il s'en est formé trois.

347. — Telle était aussi l'opinion soutenue par Pigeau dans sa procédure civile ; mais le même auteur, abandonnant cette opinion dans son *Commentaire* (t. 1er, p. 571), enseigne que, même lorsque les avis des experts se réduisent à deux, ils doivent être motivés. Il ajoute que si les experts ne forment qu'un avis par des motifs différens, ils doivent exprimer ces motifs. Tel est aussi le sentiment de M. Chauveau sur Carré, t. 3, quest. 1202.

348. — La cour de Colmar a jugé que des experts chargés de faire une estimation ne sont pas tenus, sous peine de nullité, de motiver leur estimation, autrement qu'en faisant connaître le total de l'évaluation des uns et le total de l'évaluation donnée par les autres. — *Colmar*, 5 mai 1812 (et non 1809), N...

349. — Il est certain toutefois que les experts doivent faire connaître les bases de leurs estimations, pour que les juges puissent en apprécier la justesse. — Chauveau sur Carré, t. 3, quest. 1202.

350. — Mais la cour de Cassation a jugé (avant le Code de procédure) que les experts chargés d'estimer une maison ne doivent pas, à peine de nullité de leur rapport, fixer la valeur séparée de chacun des objets en dépendant, qu'ils ont pris en considération pour l'évaluation du total. — *Nimes*, 5 pluv. an XIII, Boule c. Malonne.

351. — Au reste, M. Chauveau sur Carré (*loc. cit.*) dit que, comme l'insertion des motifs est requise principalement pour éclairer la justice, si les tribunaux trouvent d'ailleurs des élémens suffisans pour juger, ils peuvent se contenter du procès-verbal non motivé ; mais aussi que si, faute de motifs, leur incertitude n'était pas dissipée, ils auraient incontestablement le droit d'ordonner une nouvelle expertise et même d'annuler la première pour en faire retomber les frais sur les experts négligens.

352. — Jugé en ce sens que les motifs des divers avis seraient suffisamment énoncés, si les magistrats pouvaient les induire de la comparaison de chaque opinion. — *Bourges*, 19 mars 1822, de Brechard c. Dechamp ; Bioche, nº 147.

353. — Sous l'empire de l'ordonn. de 1667, on pouvait ne commettre que deux experts ; par conséquent il pouvait y avoir partage entre eux, mais le tiers expert qui était alors appelé n'était pas obligé d'adopter l'avis de l'un ou de l'autre des deux premiers experts qu'il devait départager. — *Cass.*, 22 vent. an XIII, Peyronnet c. Vassadel.

354. — L'art. 117, C. procéd., qui oblige les juges à se réduire à deux opinions, lorsque, dans leur délibération, ils émettent des avis différens ne s'applique pas aux experts. L'art. 316, prévoyant le cas où chacun des experts aurait une conviction différente, permet à chacun d'eux de conserver la sienne et cet article veut même que dans ce cas chaque opinion soit motivée au procès-verbal. — Pigeau, *Comm.*, t. 1er, p. 571 et 572 ; Carré et Chauveau, t. 3, quest. 1203. — V. *contrà* Delaporte, t. 1er, p. 305.

355. — Lorsque le rapport est écrit par un autre que l'un des experts, il y a dans ce fait une infraction à l'art. 317, mais cette infraction constitue-t-elle une nullité ? — La jurisprudence répond négativement. Elle exige seulement que le rapport soit écrit sous la dictée de l'un d'eux. — *Paris*, 21 juin 1814, Millet ; *Orléans*, 6 mai 1824, Rotte ; *Rouen*, 24 juill. 1826, Hébert C.... ; *Amiens*, 6 janv. 1825, Pruvost c. Brunel ; *Rouen*, 6 juill. 1826, Angran c. Damiens ; *Colmar*, 2 juill. 1814, Bontems c. Verlin ; *Orléans*, 12 juill. 1822, Boulet c. Courtin ; — Chauveau sur Carré, t. 3, quest. 1199 ; Bioche, nº 150.

356. — La cour de Cassation a aussi jugé qu'un rapport d'experts n'est pas nul, quoique non écrit en entier de la main des experts, s'il l'a été en leur présence, sous la dictée de l'un d'eux et collationné par eux. — *Cass.*, 7 mars 1843 (t. 1er 1843, p. 670), de l'Ecluse et d'Aubigny c. de la Croix-de-Laval.

357. — ... Et celle de Rouen, qu'un procès-verbal n'est pas nul, par cela seul qu'il n'est pas écrit par un des experts, alors surtout qu'il est constant que la rédaction a été faite par l'expert, et qu'il ne s'est servi d'un écrivain que pour le copier. — *Rouen*, 24 juill. 1826, Hébert C.....

358. — Décidé encore qu'il n'est pas nécessaire, à peine de nullité, que le rapport des experts soit écrit par l'un d'eux, ou par le greffier, si la récapitulation entière du rapport des experts a été écrite de la main de l'un d'eux et le rapport signé par tous. — *Cass.*, 20 juin 1826, Bunel c. Pruvost.

359. — D'après le second paragraphe de l'art. 317, il suffit qu'un seul des experts ne sache pas écrire pour que le procès-verbal doive être écrit et signé par le greffier de la justice de paix du lieu. — Lepage, *Quest.*, p. 211 ; Delaporte, t. 1er, p. 303 ; Hautefeuille, p. 176 ; *Praticien*, t. 2, p. 241 ; Demiau, p. 231 ; Chauveau sur Carré, t. 3, quest. 1194 ; Favard, t. 4, p. 705, nº 6 ; Boncenne, t. 4, p. 490 ; Thomine, t. 1er, p. 521.

360. — Est-ce le greffier du lieu que les experts ont visité ou celui du lieu où ils auraient arrêté leur avis qui doit écrire le procès-verbal, lorsque l'un des experts ne sait pas écrire ? — M. Delaporte (t. 1er, p. 303) pense que c'est le greffier du juge de paix du lieu où les experts ont délibéré. Il se fonde sur ce que si l'on voulait que le procès-verbal fût écrit par le greffier du lieu contentieux, il deviendrait nécessaire que les experts restassent jusqu'à la rédaction de leur rapport dans le canton où ce lieu serait situé, puisque ce greffier ne peut exercer ses fonctions que dans ce canton, ce qui augmenterait inutilement les lenteurs et les frais. — V. aussi les auteurs du *Comment. inséré aux Annales du notariat*, t. 1er, p. 319 ; Bioche, nº 148.

361. — MM. Carré et Chauveau (t. 3, quest. 1195), Hautefeuile (p. 176), Thomine-Desmazures (t. 1er, p. 521), Favard (t. 4, p. 705, nº 6), et les auteurs du *Praticien* (t. 2, p. 241), enseignent au contraire, et avec raison, qu'en parlant du *lieu où les experts ont procédé*, l'art. 317 n'a pu vouloir désigner que le lieu contentieux.

362. — Il y a même un motif spécial qui devait engager le législateur à vouloir que le procès-verbal fût rédigé par le greffier de la justice de paix du lieu où les experts ont opéré, c'est que des experts qui ne savent pas écrire ne pouvant conserver de notes pour la rédaction du procès-verbal, il importait, pour sa fidélité, qu'il fût rédigé dans le temps le plus voisin possible de l'opération. — Carré, *loc. cit.*

363. — Le système proposé par M. Delaporte, et que les auteurs de l'art. 317 paraissent condamner, était, du reste, appliqué sous l'empire de l'ordonnance de 1667. « Les experts, de retour chez eux, dresseront leur rapport, dit Pothier (*Tr. de la procéd. civ.*, 1re part., chap. 3), sur les notes qu'ils ont pu faire sur les lieux, lors de leur visite. Le projet de l'ordonnance les obligeait à le dresser sur les lieux, de peur qu'à leur retour ils ne pussent être corrompus et changer d'avis ; mais cet article a été retranché, et le motif qui a déterminé à le faire est que ces rapports demandant souvent un temps considérable pour être dressés, cela aurait arrêté trop longtemps les experts sur le lieu et augmenté considérablement les frais. »

364. — On a soulevé la question de savoir si les experts pourraient employer un notaire pour écrire leur procès-verbal. MM. Boncenne (t. 4, p. 491) et Thomine-Desmazures adoptent l'affirmative sur ce point, par le motif que la loi n'a pas exigé, à peine de nullité, que le rapport fût écrit par l'un des experts, ou, faute par eux de savoir écrire, par le greffier de la justice de paix du lieu. — *Toulouse*, 29 avr. 1813, Monna c. Cassing. — V. Bioche, nº 148.

365. — Mais MM. Pigeau (*Comm.*, t. 1er, p. 570) et Carré et Chauveau (t. 3, quest. 1196) et Delaporte (t. 1er, p. 384) pensent, avec raison, selon nous, que le procès-verbal ne peut faire foi qu'autant qu'il est écrit et signé par les personnes qui ont reçu de la loi la mission de lui donner l'authenticité, c'est-à-dire par l'un des experts, ou, s'ils ne savent écrire, par le greffier de la justice de paix ; que dès-lors cet acte doit être considéré comme en dehors des attributions des notaires.

366. — Il n'est pas, du reste, nécessaire que, dans le cas de l'art. 317, § 2, le greffier écrive sous la dictée de l'expert ; il suffit que la rédaction soit conforme à ce qui est exprimé pour que l'acte soit valable. — Pigeau, *Comm.*, t. 1er, p. 570 ; Favard, t. 4, p. 705, nº 6 ; Carré et Chauveau, t. 3, quest. 1197 ; — *Contrà* Demiau-Crouzilhac, p. 231.

367. — Il est de jurisprudence constante que l'expertise est valable, quoique le rapport des trois experts ait été signé par deux d'entre eux seulement, le troisième ayant refusé de signer. — *Cass.*, 21 nov. 1820, Giuliani c. Castelli ; 30 nov. 1824, Planchon c. Delavarenne ; *Orléans*, 14 nov. 1817, Valin c. Lefèvre.

368. — Jugé en ce sens qu'il suffit que le rapport signé de deux experts seulement constate que tous les trois ont coopéré à l'expertise. — *Bourges*, 19 mars 1822, De Bréchard c. Dechamp ; *Agen*, 30 juill. 1828, Ardouin c. Larrie.

369. — Cette jurisprudence est approuvée par MM. Frémy-Lignéville (*Code des architectes*, nos 1428 et 1444), Chauveau (sur Carré, t. 3, quest. 1198 *bis*), Favard (t. 4, p. 705, nº 7), Boncenne (t. 4, p. 490), et Thomine-Desmazures (t. 1er p. 522). En effet, l'avis des experts se formant à la majorité, le refus de signer de la part de l'un d'eux ne peut infirmer l'exactitude de ce qui est attesté par les deux autres, car autrement l'avis d'un seul prévaudrait sur celui de la majorité.

370. — Cette doctrine ne fait, du reste, qu'appliquer aux experts, par analogie, la disposition de l'art. 1016, C. procéd., aux termes duquel un jugement arbitral est régulier, bien que la minorité des arbitres ait refusé de signer la sentence. — V. Bioche, vº 151. — V. ARBITRAGE.

371. — Pigeau (*Comm.*, t. 1er, p. 570) est néanmoins d'avis que, dans ce cas, l'expertise doit être recommencée, sur nouveaux frais, après le remplacement de l'expert qui a refusé de signer. Cet auteur donne seulement aux parties une action en dommages-intérêts contre cet expert.

372. — Il ne paraît pas qu'un rapport d'expert doive être annulé, parce qu'il aurait été fait un jour de fête légale, bien qu'avant le Code de procédure les rapports dressés un tel jour fussent nuls. D'une part, l'art. 1030 ne permet pas d'invalider les actes lorsque la loi ne les déclare pas nuls, et de l'autre, l'art. 1037 n'interdit de faire un jour de fête légale que les exécutions et significations. — *Bourges*, 30 mars 1829, Laforet c. Hérault. — Favard, t. 4, p. 705, nº 5 ; Carré et Chauveau, t. 3, quest. 118 ; Pigeau, *Comm.*, t. 1er, p. 569.

373. — Les tribunaux pourraient-ils ordonner des rapports oraux à l'audience ? — MM. Carré et Chauveau (t. 3, quest. 1191 *ter*) pensent avec raison qu'il n'y a rien de régulier dans un pareil rapport, la

Code de procédure n'autorisant pas un semblable mode de procéder. Les tribunaux ont sans doute une grande latitude dans le choix des moyens qu'ils emploient pour s'éclairer; mais il faut cependant que ces moyens soient légaux. — V. aussi Boncenne, t. 4, p. 487 et suiv.; Bioche, n° 135.

374. — Néanmoins, Favard de Langlade (t. 4, p. 707, n° 10) pense qu'un rapport présenté dans cette forme serait valable, et à l'appui de son opinion il cite deux arrêts du parlement de Paris des 26 juill. 1735 et 23 avr. 1785 qui ont jugé dans ce sens.

375. — La législation de Genève admet les rapports d'experts oraux. Cette manière de rendre compte de l'opération pourrait avoir, dans certains cas, des avantages, si la loi française l'admettait, ce que nous ne croyons pas. Il ne paraît pas cependant que le système genevois ait eu dans la pratique des résultats bien utiles, car sur 563 expertises ordonnées par les tribunaux du canton de Genève, de 1829 à 1835, il y a eu 546 rapports écrits et 17 rapports verbaux seulement. — Boncenne, *loc. cit.*

376. — Les experts doivent se renfermer exactement dans leur mission. Ils ne doivent faire, dit M. Hautefeuille (p. 176), ni moins ni plus que ce qui leur est ordonné. Aussi ne peuvent-ils donner ni avis ni renseignement sur des objets non mentionnés dans le jugement qui ordonne l'expertise. — Carré et Chauveau, t. 3, quest. 1201; Boncenne, t. 4, p. 481.

377. — Même lorsqu'ils se restreignent dans leur travail aux difficultés qui appartiennent au procès donnant lieu à l'expertise, ils doivent se borner à la constatation et à l'examen des choses de leur art, à moins cependant que l'appréciation du droit de chacune des parties ne se lie si intimement à leur opération qu'elle n'en soit inséparable, comme lorsqu'il s'agit de comptes, etc. Tel était aussi le principe reçu sous l'empire de l'ordonnance de 1667. — Brodeau sur Paris, art. 185, n° 7; Duparc-Poullain, *Princip. de droit*, t. 9, p. 480; Jousse, sur l'art. 12, tit. 21 de l'ordonnance.

378. — Il a été jugé que, de ce qu'une cour royale n'aurait annulé un rapport d'experts (prononçant sur une question en dehors de la mission à eux donnée) que dans la partie sur laquelle ils ont excédé leurs pouvoirs, il ne saurait résulter une nullité de son arrêt sur le fond, alors qu'indépendamment du rapport qui n'a été pour elle qu'un renseignement, elle a fondé son arrêt sur les actes du procès. — *Cass.*, 17 juill. 1828, comm. de Formignières c. d'Albis.

379. — ...Et que le rapport par lequel des experts, au lieu de surseoir à statuer sur une contestation élevée devant eux par les parties, en dehors de la mission qui leur était confiée, auraient prononcé sur cette contestation, ne doit pas nécessairement être annulé en totalité; qu'il peut n'être annulé que dans la partie qui contenait un excès de pouvoir. — *Montpellier*, 2 mars 1827, sous *Cass.*, 17 juill. 1828, comm. de Formiguières c. d'Albis.

380. — Lorsque les experts ont donné leur avis et clos leur rapport, ils ne peuvent plus le modifier. M. Vasserot (p. 15, n° 70) estime cependant que s'il ne s'agissait que d'une rectification de chiffre ou d'une erreur de fait, ils pourraient être admis à réparer l'erreur même après le dépôt.

381. — La minute du rapport doit être déposée au greffe du tribunal qui a ordonné l'expertise, sans nouveau serment de la part des experts. — C. procéd., art. 319.

382. — Lorsque, sur l'appel d'un jugement, une expertise est ordonnée, le rapport des experts doit être déposé au greffe de la cour. — *Paris*, 2 déc. 1809, Lesieur c. N...; 18 janv. 1825, Borridon c. Gillé; — Carré et Chauveau, t. 3, quest. 1204; Favard, t. 4, p. 705, n° 8; Berriat-Saint-Prix, p. 306.

383. — Il arrive souvent qu'un notaire est commis pour recevoir les enchères lorsqu'il s'agit de ventes de biens de mineurs. Dans ce cas, si la vente est précédée d'une expertise, c'est en l'étude du notaire que les experts déposent leur rapport. — Vasserot, p. 26, n° 71.

384. — Quand l'affaire s'instruit par écrit, l'expédition du procès-verbal de rapport est remise au rapporteur par la voie du greffe. — C. procéd., art. 102; — Carré et Chauveau, t. 3, quest. 1212; *Praticien*, t. 2, p. 247.

385. — La cour de Rennes, dans ses observations sur le projet du Code de procédure, demandait que le dépôt du rapport fût exigé dans le délai de trois jours à partir de sa clôture, dans la distance de cinq myriamètres, en ajoutant un jour par trois myriamètres au-delà de cette distance. — Carré et Chauveau, t. 3, quest. 1206.

386. — Le Code de procédure ne fixe à cet égard aucun délai; seulement l'art. 320 porte « en cas de retard ou de refus par les experts de déposer leur rapport, ils pourront être assignés à trois jours, sans préliminaire de conciliation, par devant le tribunal qui les aura commis, pour se voir condamner, même par corps, s'il y échet, à faire ledit dépôt; il y sera statué sommairement et sans instruction. »

387. — Bien que cet article parle *des experts*, il est certain que si le refus ou le retard provient d'un seul d'entre eux, cet expert coupable ou négligent doit seul supporter la condamnation. — Carré, quest. 267.

388. — La cause devrait être portée devant le tribunal qui a ordonné l'expertise, bien qu'un autre tribunal eût été chargé de nommer les experts, car c'est en réalité du premier tribunal qu'ils tiendraient leur mission dans ce cas. L'affaire doit être jugée avec célérité. — Chauveau sur Carré, *loc. cit.*

389. — L'expert pourrait aussi être condamné à des dommages-intérêts envers la partie, s'il refusait de rédiger son rapport ou si, après l'avoir rédigé, il refusait de le déposer. — Pigeau, *Comment.*, t. 1er, p. 576; Carré et Chauveau, t. 3, quest. 1210; Hautefeuille, p. 177; Favard, t. 4, p. 706, n° 9; Thomine, t. 1er, p. 523; Vasserot, p. 21, n° 62.

390. — Et, comme exemple des cas où la contrainte par corps pourrait être prononcée contre les experts, Boncenne (t. 4, p. 493) et Carré (quest. 1209) citent celui où il y aurait accord d'un des experts avec une partie, celui où un expert manifesterait l'intention de nuire ou de désobéir à la justice, etc. — Bioche, n° 171.

391. — Les experts ne sont pas obligés de faire enregistrer leur procès-verbal. C'est au receveur à poursuivre le recouvrement du droit sur l'extrait du dépôt que lui fournit le greffier, et le tribunal ne peut connaître du rapport que lorsqu'il est revêtu de la formalité. — Thomine-Desmazures, t. 1er, p. 522; Carré et Chauveau, t. 3, quest. 1205; Bioche, n° 158.

392. — Pigeau (*Comment.*, t. 1er, p. 578), se fondant sur l'art. 42, L. 22 frim. an VII, qui défend au greffier de recevoir le dépôt d'un acte privé non enregistré, estime que le rapport ne peut être déposé qu'après enregistrement.

393. — Le rapport d'experts s'enregistre au droit fixe de 2 francs. — L. 28 avr. 1816, art. 43, n° 16. — L'acte de dépôt est soumis au même droit. — Même art., n° 10. — V. ENREGISTREMENT.

§ 2. — *Caractère du rapport. — De quelles choses il fait foi. — Responsabilité des experts.*

394. — En principe, ainsi que nous l'avons déjà fait observer, le rapport des experts n'est autre chose qu'un document destiné à renseigner le tribunal sur certains points qu'il ne peut vérifier par lui-même, document que le tribunal peut toujours accueillir ou rejeter, sans y avoir égard, selon qu'il le juge convenable.

395. — Aussi la cour de Cassation a-t-elle décidé que si des parties se sont engagées à ne pas attaquer un rapport d'experts nommés par le tribunal, cette convention n'enlève pas à cet acte son caractère de rapport judiciaire; — qu'en conséquence il n'est pas nécessaire de le déposer au greffe du tribunal ni d'en faire ordonner l'exécution par le président, et que le tribunal est régulièrement saisi, par la voie d'une demande en homologation, des difficultés élevées sur l'exécution de ce rapport. — *Cass.*, 21 fév. 1843 (t. 1er 1843, p. 695), Bédry et Expert c. Joulia et Béziat.

396. — Les experts étant commis par un tribunal pour remplir une mission qu'il leur confie, leur procès-verbal de rapport est un acte authentique qui fait foi de tout ce qu'ils avaient le pouvoir et le devoir de constater. — Favard, t. 4, p. 704, n° 5; Bioche, n° 198; Boncenne, t. 4, p. 495; Carré et Chauveau, t. 3, quest. 1223.; *Le praticien franç.*, t. 2, p. 578. — Ce principe est passé en jurisprudence.

397. — Ainsi, il est de règle générale qu'un rapport d'experts fait foi jusqu'à inscription de faux de tout ce que les experts attestent s'être passé dans le cours de leurs opérations et des déclarations qu'ils certifient avoir été faites devant eux par les parties, lorsque ces énonciations rentrent dans l'objet de la mission des experts. — V. conf. *parlem. d'Aix*, 13 fév. 1796; *Agen*, 25 juin 1824, Aillet; — — Merlin; *Rép.*, v° *Expert*, n° 68; Vasserot, p. 25, n° 6.

398. — C'est également ce qu'enseigne Boncenne (*Théor. du C. de procéd.*, t. 4, p. 495). — « Mais, dit cet auteur, cette foi abstraite qui est due aux énonciations du rapport ne supplée pas toujours à son insuffisance, et quelquefois elle sert à prendre acte d'une irrégularité, d'une nullité substantielle. L'authenticité du rapport ne sauve ni la forme ni le fond. Cette observation est utile pour que l'on comprenne bien les droits des parties et le pouvoir des magistrats en ce qui touche la discussion et le jugement des expertises. »

399. — Les procès-verbaux ou rapports d'experts font foi de la présence et des dires des parties qui s'y trouvent énoncés. — *Cass.*, 14 janv. 1836, Lornet c. Amy; *Amiens*, 31 août 1826, d'Essertaut c. Lacaille.

400. — ... Ils font également foi de leur date. — *Cass.*, 6 frim. an XIV, Makelot c. Enreg.; — Vasserot, p. 25, n° 69; Trouillet, *Dict. de l'enreg.*, v° *Expertise*, § 4, nos 9 et 36; Merlin, *Rép.*, v° *Expert*, n° 6; — Instr. de la régie du 5 juin 1837, n° 1537.

401. — Jugé encore que les procès-verbaux des experts nommés judiciairement, en matière de partage, font foi des faits et des consentemens des parties qu'ils énoncent, et que leur caractère ne permet pas qu'on s'arrête à un simple désaveu. — *Riom*, 15 fév. 1816, Coyrier c. Autignac.

402. — ... Et qu'ainsi la relation des experts dans leur rapport, qu'ils ont continué leur rapport en présence et du consentement des parties, fait foi. — *Riom*, 12 janv. 1815, Peyret c. Tournon.

403. — Mais la déclaration consignée au procès-verbal des experts chargés d'estimer des biens sur lesquels il y a instance en partage, et portant que toutes les parties ont consenti à ce qu'ils fussent vendus en justice, n'est pas obligatoire pour celle d'entre elles qui n'a pas signé le procès-verbal. — *Bordeaux*, 1er juin 1832, Bernard c. Desgroges.

404. — Pigeau (*Comm.*, t. 1er, p. 578) fait observer que le procès-verbal qui fait pleine foi entre les parties n'aurait pas le même privilége à l'égard d'un tiers qu'on prétendrait l'avoir signé et auquel on l'opposerait. Celui-ci n'aurait pas besoin de s'inscrire en faux pour infirmer les assertions du procès-verbal dont il aurait à se plaindre. Les experts, en effet, ne sont pas des officiers publics investis de la confiance de la loi; ils n'ont ce caractère que vis-à-vis des parties en cause et en vertu d'une décision du tribunal.

405. — On s'est demandé si les experts devaient répondre des fautes par eux commises dans l'accomplissement de leur mission, ou bien s'ils n'étaient responsables que de leur dol.

406. — Carré (quest. 1216) et les auteurs du *Comment.*, inséré aux *Annales du not.* (t. 2, p. 338), estiment que la responsabilité des experts n'est pas engagée tant qu'on ne prouve pas qu'ils ont agi avec mauvaise foi. — V. aussi dans ce sens Favard, t. 4, p. 707, n° 1er, et les auteurs du *Praticien français*, t. 2, p. 238.

407. — MM. Thomine-Desmazures (t. 1er, p. 525), Demiau-Crouzilhac (p. 231 et 232) et Chauveau sur Carré (*loco cit.*) adoptent avec raison l'opinion contraire, et pensent que les experts ne pourraient se soustraire aux conséquences des fautes lourdes qu'ils auraient commises, lors même qu'on ne leur imputerait aucun dol. En effet, en acceptant la mission que le tribunal leur a déférée, ils doivent être réputés s'être reconnus eux-mêmes capables de la remplir, sinon ils devaient la refuser. Si donc ils ont opéré d'une manière évidemment vicieuse, les parties ont une action contre eux, en vertu de l'art. 1382, C. civ., notamment pour leur faire supporter les frais de l'expertise, qui devient inutile par leur faute.

408. — C'est ce que nous avons fait remarquer plus haut pour le cas où les juges croient devoir ordonner une autre expertise pour cause d'insuffisance de l'énoncé de l'avis des experts (V. *suprà* n° 331); et il en serait de même dans des cas analogues dont l'appréciation, au surplus, serait nécessairement laissée à l'arbitrage des juges.

409. — C'est dans ce sens que la cour de Rennes a jugé que les experts ne sont responsables que de leurs fautes notables. — *Rennes*, 16 juill. 1812, Hélo c. Mainguy.

ART. 6. — *Honoraires des experts.*

410. — Aux termes de l'art. 319, C. procéd., les vacations des experts sont taxées par le président au bas de la minute du rapport, et il en est délivré exécutoire *contre la partie qui aura requis l'expertise, ou qui l'aura poursuivie, si elle a été ordonnée d'office.*

411. — L'exécutoire requis par un expert pour ses vacations doit donc être maintenu lorsqu'il a été décerné contre celui qui a provoqué l'expertise, sauf le recours que la partie contre laquelle il est décerné peut exercer contre son adversaire, qui doit payer ces frais. — *Bourges*, 9 janv. 1832, Girard de Villesaison c. Rossi.

412. — Lorsqu'une partie a demandé une expertise pour fixer le montant d'indemnité qu'elle réclame et que le tribunal, en déterminant d'office le *quantum* à payer comme indemnité, laisse néanmoins l'option d'une expertise, si la partie adverse faisant cette option veut que l'expertise ait lieu,

elle devient demanderesse par exception et reste passible du paiement des frais et honoraires dus aux experts. — *Orléans*, 18 janv. 1816, Montansur c. Happe.

413. — On doit induire des termes de l'art. 319 que lorsque l'expertise a été ordonnée du consentement des parties, l'avance du montant des vacations doit être faite par portions égales entre parties ayant le même intérêt. — *Besançon*, 2 août 1822, Dubouchet c. Boutchoux de Chavannes; — Chauveau, sur Carré, t. 3, quest. 1207 *bis*.

414. — Jugé avec raison que les experts ne peuvent obtenir exécutoire pour leurs frais et vacations contre la partie qui a poursuivi une expertise, lorsqu'elle a été ordonnée sur les conclusions de l'autre partie. — *Amiens*, 18 fév. 1825, préfet de la Somme c. Lavoix.

415. — Et le même arrêt juge que dans ce cas les experts n'ont pas même l'action de mandat contre la partie qui a poursuivi cette expertise.

416. — Quand une expertise est ordonnée pour parvenir à un partage, chacun des héritiers peut, en offrant de consigner sa portion des frais présumés, faire ordonner que ses cohéritiers feront la même consignation. — *Grenoble*, 27 nov. 1810, Rafin; — Carré, *Lois procéd.*, quest. 1211; Pigeau, t. 1er, p. 314; Favard, t. 4, p. 706; Chauveau, *Comm. Tarif*, t. 1er, p. 311, no 44.

417. — On s'est demandé si les experts ont une action solidaire pour le paiement de leurs honoraires contre toutes parties entre lesquelles a eu lieu l'expertise.

418. — Il était autrefois de jurisprudence que les experts avaient une action solidaire contre chacune des parties pour lesquelles ils avaient opéré; On se fondait sur ce qu'une action semblable appartenait aux juges pour leurs épices et vacations. — Merlin, *Rép.*, vo *Expert*, t. 5, p. 32.

419. — On avait pensé d'abord que l'art. 319, C. procéd., avait entendu mettre fin à cette jurisprudence et introduire un droit nouveau. — Merlin (*loc. cit.*) avait adopté cet avis et refusait aux experts une action solidaire contre les parties par le motif que la solidarité ne se présume pas (C. civ., art. 1202), et qu'une action de cette nature ne leur était accordée par aucune disposition de loi.

420. — Mais ce jurisconsulte a changé d'opinion (V. *Rép.*, *Additions*, t. 17, p. 64, vo *Experts*), et les auteurs reconnaissent aux experts le droit qu'on leur contestait. La doctrine les considère en effet comme de véritables mandataires toutes les fois qu'ils ont été nommés sur la poursuite des parties ou de leur aveu et dans leur intérêt, et à ce titre elle leur attribue l'action solidaire qui dérive de l'accomplissement du mandat aux termes de l'art. 2002, C. civ. — V. Boncenne, t. 4, p. 490; Favard, t. 4, 706, no 8; Chauveau sur Carré, t. 3, quest. 1207; Pigeau, *Comm.*, t. 1er, p. 574.

421. — Il a été décidé par la cour d'Aix que lorsqu'une expertise a été requise et ordonnée dans l'intérêt de toutes les parties et poursuivie par elles, l'expert a, pour le paiement de ses frais et honoraires, une action solidaire contre chaque partie. — *Aix*, 2 mars 1833, Meunier c. Farrenc.

422. — La cour de Cassation a même jugé, par application de l'art. 1222, C. civ., que les frais et vacations des experts-arbitres nommés en vertu de l'art. 429, C. comm., et sur la demande expresse des parties, forment une dette indivisible dont celles-ci sont tenues en totalité. — *Cass.*, 11 août 1813, Lescuyer c. Clerc.

423. — Décidé aussi que les experts qui ont procédé au partage d'une succession ont, pour le paiement des sommes à eux allouées pour vacations, une action solidaire contre les héritiers, sans distinction entre ceux qui ont ou n'ont pas poursuivi les opérations du partage, et que le cohéritier qui, poursuivi pour le tout, forme opposition à la poursuite, ne peut mettre en cause l'un de ses codébiteurs pour prendre part à son opposition ou pour le garantir des suites. — *Riom*, 10 mars 1815, Gros-Dupoux c. Legay.

424. — La cour de Montpellier a jugé aussi que l'art. 319, C. procéd., suivant lequel, après que les vacations des experts ont été taxées par le président au bas de la minute du rapport déposé au greffe, on doit délivrer exécutoire contre la partie qui a requis l'expertise ou qui l'a poursuivie, si elle a été ordonnée d'office, ne dispose que pour le cas où le procès n'a pas encore été jugé, et ne déroge point au droit commun; qu'en conséquence, lorsqu'il est intervenu jugement sur l'interlocutoire, les experts ont, aux termes des art. 1222 et 2002, C. civ., une action indivisible et solidaire, soit qu'ils aient été nommés par le juge ou par les parties, surtout si ces dernières ont comparu devant eux, remis les pièces et fourni les renseignemens qui leur ont été demandés, parce que, indépendamment de l'opération indivisible dont elles profitent, elles sont censées avoir donné mandat pour une affaire commune. — *Montpellier*, 30 janv. 1840 (t. 1er 1840, p. 578), Parpiel c. Dulac; — Chauveau, *Dict. de procéd.*, vo *Expertise*, no 187.

425. — Cette doctrine a été repoussée cependant par la cour de Grenoble, qui a jugé que la solidarité ne se présumant pas, les experts n'ont pas d'action solidaire. — *Grenoble*, 23 juin 1810, Rolland c. Gérard et Marchand.

426. — Nous avons déjà indiqué que les experts n'auraient pas d'action contre une partie si l'expertise n'avait été prescrite que malgré sa résistance ou sans son assentiment, soit qu'elle eût été ordonnée d'office, soit qu'elle l'eût été sur les conclusions de l'autre partie. En effet, on ne voit pas comment on pourrait invoquer l'action résultant du mandat contre une partie qui n'a pas adhéré à l'opération, ni comment cette partie aurait contracté une dette indivisible dans les termes de l'art. 1222, C. civ.

427. — Si la partie contre laquelle l'exécutoire a été délivré se trouvait insolvable, l'action résultant de l'art. 2002 pourrait être exercée par les experts contre les autres parties, dans l'hypothèse toutefois où cette action est ouverte, ainsi que nous l'avons dit.

428. — L'ordonnance du président qui taxe les vacations des experts est susceptible d'opposition. Dans ce cas, l'opposition n'est pas régie par l'art. 6. décr. 16 fév. 1807, qui fixe à trois jours le délai dans lequel l'opposition à un exécutoire de dépens doit être formée. Il suffit donc qu'elle ait été faite dans le délai ordinaire de huitaine. — *Cass.*, 2 avr. 1811, Pozzo Lussini Fassalaque c. Brentoni; *Nancy*, 1er déc. 1829, Maire c. Grody; — Favard, t. 4, p. 705 et 706, no 8; Carré et Chauveau, t. 3, quest. 1208; Vasserot, p. 31, no 82; Thomine-Desmazures, t. 1er, p. 523; Chauveau, *Comment. du tarif*, t. 1er, p. 312, no 46; Merlin, *Rép.*, vo *Opposition à une taxe de dépens*; Bioche, no 164.

429. — C'est en audience publique qu'il doit être statué par le tribunal sur cette opposition, et non en chambre du conseil. — *Nancy*, 1er déc. 1829, Maire c. Grody et autres; *Bourges*, 9 janv. 1832, Girard de Villesaison c. Rossi.

430. — La cour de Paris a cependant jugé que l'opposition à l'ordonnance du président qui taxe les frais d'un expert doit être jugée en chambre du conseil, et non en audience publique. — *Paris*, 31 janv. 1843 (t. 1er 1843, p. 365), Marcelin c. Gounot.

431. — On peut appeler du jugement qui prononce sur l'opposition à l'ordonnance du président, et taxe les vacations des experts, encore qu'il n'y ait pas d'appel ou de contestation sur le fond. — *Nancy*, 1er déc. 1829, Maire c. Grody.

432. — Jugé par la cour de Douai que l'art. 159 du tarif judiciaire est seulement applicable aux artistes appelés comme experts dans les contestations soumises aux tribunaux; mais que cet article ne peut servir à déterminer les honoraires dus à l'architecte pour études de lieux, composition de plans artistiques et devis estimatifs. — *Douai*, 18 mars 1841 (t. 2 1841, p. 347), Petiau c. Dournay. — V. à cet égard l'arrêté officiel du 12 pluv. an VIII, qui peut généralement être pris comme base équitable à suivre dans la fixation de ces sortes d'honoraires.

433. — Nous verrons plus bas que le rapport est levé et signifié par la partie la plus diligente (art. 321) mais on s'est demandé si, lorsque la partie qui lève le rapport n'est pas celle qui a requis l'expertise, elle peut le faire déclarer exécutoire du montant de cette expertise et s'en faire rembourser comme de frais préjudiciaux.

434. — MM. Pigeau (t. 1er, p. 300), Chauveau, (*Comm. du tarif*, t. 1er, p. 313, no 48); Favard, (t. 4, p. 706); Carré et Chauveau (t. 3, quest. 1211), sont pour l'affirmative. Ils se fondent sur ce qu'une partie ne peut se refuser de payer préalablement les frais faits par son adversaire lorsqu'elle eût dû en faire les avances.

435. — MM. Thomine-Desmazures (t. 1er, p. 523), et Boncenne (t. 4, p. 494, à la note), pensent, au contraire, qu'en disant que l'audience sera poursuivie par la partie la plus diligente, l'art. 321 entend que cette poursuite doit être aux risques et périls de cette partie.

ART. 7. — *Des conséquences et des suites de l'expertise.*

§ 1er. — *Jugement qui statue après l'expertise. — Entérinement ou rejet du rapport.*

436. — Ainsi qu'on l'a dit, le rapport est levé et signifié à avoué par la partie la plus diligente, l'audience est poursuivie sur un simple acte. — Art. 321.

437. — La loi exigeant un simple acte on ne passerait en taxe que les frais de cet acte. — Carré, quest. 1213.

438. — Cependant il peut y avoir des cas où il soit nécessaire de signifier des défenses, et en matière de partage notamment, il est d'usage de passer en taxe les requêtes en homologation ou en rejet. — Thomine, t. 1er, p. 524; Boncenne, t. 4, p. 494; Chauveau sur Carré, *loc. cit.*

439. — Relativement à la demande en homologation, M. Hautefeuille (p. 177) dit que l'audience est poursuivie sur un simple acte *contenant les conclusions de la partie en homologation* (ou en rejet) *du rapport*.

440. — Mais les auteurs sont généralement d'avis qu'il n'est pas nécessaire de demander au tribunal l'homologation ou le rejet du rapport d'experts, car les juges ont toujours le droit de statuer comme il leur paraît convenable sur les points qui font l'objet de l'expertise. — Pigeau, *Comment.*, t. 1er, p. 500; Demiau, p. 233; Carré, quest. 1213; Bioche, no 176.

441. — Mais on doit demander l'homologation dans le cas d'un partage de succession, pour que le rapport puisse devenir, par ce moyen, un titre pour chacun des copartageans, le jugement qui attribue à chacun sa lotie ne pouvant contenir les détails que renferme le rapport des experts. — Chauveau sur Carré, *loc. cit.*

442. — Mais c'est ici, comme le dit M. Chauveau sur Carré, le lieu de rappeler que les jugemens d'homologation des rapports d'experts n'ont pas l'autorité de la chose jugée; qu'ils ne font que constater que les opérations ou vérifications ordonnées ont eu lieu, et que lorsque les parties reconnaissent qu'il existe de fausses énonciations dans un rapport, elles peuvent toujours en demander la rectification tant que les choses sont entières. — *Besançon*, 2 janv. 1824, N...; — Bioche, no 180.

443. — Ainsi que l'a jugé la cour d'Orléans, lorsque le contrat judiciaire est formé par un jugement interlocutoire qui ordonne un rapport d'experts, le tribunal ne peut, après l'exécution de l'expertise, statuer sans qu'il soit donné avenir préalable, l'audience devant être poursuivie sur un simple acte, à la requête de la partie la plus diligente, autrement le jugement est radicalement nul. — *Orléans*, 20 nov. 1822, Royer c. Sicard.

444. — La cour de Bourges a jugé qu'il suffit que devant les premiers juges il ait été conclu à l'annulation d'un procès-verbal de rapport d'experts. même sans détailler les moyens de nullité, pour qu'on soit recevable en appel à les détailler et à s'en prévaloir. — *Bourges*, 12 mai 1830, Simon c. Lacaud.

445. — Mais la partie qui demande l'homologation d'une expertise, et se borne à contester le chiffre de l'évaluation fixée par les experts, acquiesce nécessairement au mode suivi pour arriver à cette fixation, et ne peut plus, dès-lors, la critiquer. — *Cass.*, 4 janv. 1842 (t. 1er 1842, p. 583), Meric c. Izard.

446. — Jugé que les cours d'appel ne peuvent admettre contre une expertise des moyens de nullité qui n'ont pas été présentés en première instance. — *Cass.*, 6 oct. 1806, Laudan.

447. — La partie qui déclare s'en rapporter à justice sur l'homologation d'un rapport d'experts ne se rend pas non recevable à interjeter appel du jugement qui prononce cette homologation, alors même que subsidiairement, et pour le cas où cette homologation serait prononcée, elle aurait conclu à l'exécution du rapport et que cette exécution aurait été ordonnée. On ne peut dire qu'il y ait eu, par le fait de ces conclusions subsidiaires, *acquiescement* anticipé à la décision des juges. — *Cass.*, 19 déc. 1842 (t. 2 1844, p. 97), comm. de Dogneville c. Lebègue de Bayecourt. — V. ACQUIESCEMENT.

448. — N'est pas nul le jugement qui, en homologuant un rapport d'experts, condamne l'une des parties à payer le montant de la somme exprimée dans ce rapport sans en désigner la quotité. — *Cass.*, 20 flor. an XI, Constiat c. Cante.

449. — Quand une expertise a été ordonnée sur une contestation concernant une somme demandée en paiement d'ouvrages, et que les experts élèvent la somme due au-dessus de celle demandée, elle doit être payée ainsi qu'elle est fixée, si les juges adoptent le contenu au rapport d'experts. Il n'y a pas *ultrà petita* dans leur sentence. La raison en est qu'en concluant à l'homologation du rapport le demandeur a demandé toute la somme fixée par les experts. — *Orléans*, 17 fév. 1818, Gautry c. Jousselin.

450. — Jugé par la cour de Paris que c'est à la cour royale qu'il appartient de connaître de l'entérinement d'un rapport d'experts ordonné par un arrêt confirmatif qui a commis en outre un des membres de la cour pour recevoir le serment de l'expert. — Mais que c'est au tribunal de première instance que doivent être renvoyés les autres chefs de conclusions relatifs à l'exécution du jugement

confirmé. — *Paris*, 18 janv. 1825, Bosridon c. Gillé.

451. — Sous l'ancienne jurisprudence, les juges pouvaient s'écarter de l'avis des experts. — *Cass.*, 10 juin 1818, d'Hérisson c. Corbière.

452. — Tel est encore aujourd'hui le principe de la loi. L'art. 233 dispose en effet que les juges ne sont pas astreints à suivre l'opinion des experts, si leur conviction s'y oppose. — *Cass.*, 7 mars 1832, Desteau c. Delahaume.

453. — Le principe de l'art. 323 a fréquemment été appliqué par la jurisprudence. — *Cass.*, 22 mars 1818, Taullier et Fasset c. Dumoulin ; 4 mars 1824, Dorvaux c. Remlinger ; *Grenoble*, 18 avr. 1831, Sarpeille c. Imbert ; *Cass.*, 22 avr. 1840 (t. 2 1840, p. 100), de Germiguy c. Muel.

454. — Jugé encore que nonobstant une expertise ordonnée par les premiers juges, et dont l'utilité est contestée par l'appelant, une cour royale peut juger la question du fond sans recourir à cette expertise, et cela quand bien même l'intimé aurait acquiescé à l'expertise ordonnée. — *Cass.*, 2 juill. 1839 (t. 2 1839, p. 474), Levavasseur c. Radepont.

455. — ... Qu'en toute matière, même dans le cas d'expropriation pour cause d'utilité publique, les juges sont les seuls appréciateurs du rapport des experts, et maîtres de le suivre ou de le rejeter. — *Cass.*, 22 janv. 1829, Tristan c. préfet de la Gironde.

456. — ... Que l'art. 323 est applicable à une seconde expertise comme à une première, et de la part des juges d'appel comme de la part des juges de première instance. — *Rennes*, 5 juill. 1816, N...

457. — Jugé cependant que, bien qu'en principe, les rapports d'experts ne lient pas les juges, ils ne sauraient s'en écarter d'une manière tout-à-fait arbitraire. — *Bordeaux*, 8 janv. 1830, Bernadeau c. Maire de Cénac ; — Vasserot, p. 27, no 72.

458. — ... Qu'ainsi une expertise ne peut, surtout en matière de partage, être rejetée par le juge comme inexacte, lorsque cette inexactitude n'est pas clairement justifiée. — *Cass.*, 3 fév. 1832, Nétumières.

459. — Les juges sont-ils obligés de donner les motifs pour lesquels ils s'écartent de l'avis des experts ? — Berriat Saint-Prix (p. 306, note 30e) et Favard (t. 4, p. 707, no 2) sont d'avis que les juges ne peuvent décider, d'une manière contraire aux conclusions d'un rapport d'experts, qu'en exprimant de la manière la plus explicite que leur conviction est opposée à l'opinion des experts.

460. — MM. Boncenne (t. 4, p. 508) et Chauveau (sur Carré, t. 3, quest. 1219) ne partagent pas cette opinion et font observer que, sans doute, les jugemens ou arrêts qui statuent sans avoir égard à l'avis des experts doivent être motivés (C. procéd., art. 141) ; mais qu'il n'y a aucune raison pour imposer au juge une formule sacramentelle de laquelle il ne puisse s'écarter, lorsque, du reste, il ressort clairement de la décision qu'il n'a pas voulu suivre l'opinion des experts. — Bioche, no 207.

461. — C'est dans ce dernier sens que la cour suprême a décidé que la cour qui, sans égard à l'expertise par elle ordonnée, se borne à confirmer le jugement de première instance, en adoptant les motifs de ce jugement, doit être considérée avoir, par là, implicitement exprimé (ainsi que la loi lui en faisait un devoir) que sa conviction était contraire à l'avis des experts. — *Cass.*, 25 juill. 1833, Maraval c. Delmas.

462. — Par un motif analogue, elle a aussi jugé qu'on ne peut annuler pour défaut de motifs la décision d'une cour en ce qu'elle aurait jugé le fond du litige, sans faire aucune mention du rapport d'un juge de paix commis par un précédent arrêt. — *Cass.*, 17 janv. 1833, comm. de Fourchu-Fontaine c. Nonat.

463. — Décidé encore que les juges ne sont obligés ni de régler leur jugement d'après l'avis des experts, ni de dire pourquoi ils ne le suivent pas, et qu'il suffit qu'ils indiquent qu'il existe dans la cause des élémens de conviction propres à les déterminer. — *Cass.*, 2 juill. 1838 (t. 2 1838, p. 396), Dufou-Banneret c. Lebigot.

464. — Il a été cependant décidé que les juges ne peuvent s'écarter de l'avis de la pluralité des experts qu'en déclarant qu'ils ont la conviction personnelle que les experts se sont trompés ; qu'ainsi doit être cassé l'arrêt d'une cour royale qui, au sujet d'une vérification d'écriture, faisant prévaloir l'opinion solitaire de l'un des experts sur celle des deux autres, n'a pas déclaré qu'elle se décidait d'après sa propre conviction, mais seulement parce que l'avis de l'expert dont elle a adopté l'opinion semblait rendre la question incertaine. — *Cass.*, 7 août 1815, Vandercolme c. Devinck. — Mais il faut remarquer que dans cette espèce la rédaction de l'arrêt était telle qu'on ne pouvait le considérer comme motivé.

465. — Il est certain, du reste, que l'arrêt qui homologue un rapport d'experts est suffisamment motivé lorsqu'il donne les raisons générales sur lesquelles il adopte le rapport. Il n'est pas nécessaire qu'il s'explique sur chacun des élémens qui ont servi de base au travail des experts. — *Cass.*, 26 juill. 1838 (t. 2 1838, p. 399), Forbin-Janson.

466. — Y a-t-il exception au principe de l'art. 323 qui permet aux juges de s'écarter de l'avis des experts dans les cas où une expertise préalable est commandée par la loi ? Cette question a été résolue affirmativement par la jurisprudence dans une matière spéciale, celle de l'enregistrement. — Vasserot, p. 27, no 73.

467. — Ainsi la cour de Cassation a jugé qu'en matière d'enregistrement, les juges ne peuvent se dispenser de suivre l'avis des experts. — *Cass.*, 7 mars 1808, Enregist. c. Elsberg ; 28 mars 1831, Enregist. c. Boscaff.

468. — ... Que, dans cette matière, lorsque les juges pensent que l'estimation d'un immeuble faite par des experts à l'effet d'en vérifier la valeur vénale, est fautive et incohérente, ils peuvent ordonner une nouvelle expertise, mais non substituer leur propre estimation à celle des experts. — *Cass.*, 17 avr. 1816, enregist. c. Chaléat.

469. — ... Que lorsque le rapport des experts paraît défectueux et insuffisant, les juges peuvent seulement ordonner une nouvelle expertise. — *Cass.*, 24 juill. 1815, Enregist. c. de Varicourt.

470. — ... Et que, dans le cas où des procès-verbaux d'experts, en matière d'enregistrement, sont déclarés irréguliers ou nuls, le tribunal doit ordonner que l'expertise sera recommencée par de nouveaux experts. — *Cass.*, 29 fév. 1832, Enregist. c. Saussine.

471. — Une seule fois cette cour avait semblé juger le contraire en décidant que lorsque le tiers-expert ouvre un avis différent de celui des deux premiers, les juges peuvent ne pas ordonner une seconde expertise et adopter le rapport du tiers en le modifiant d'après les bases prises par les premiers experts. — *Cass.*, 8 brum. an XIV, Mayer c. Enregist.

472. — Quant aux expertises qui ont lieu dans cette matière, V. du reste ENREGISTREMENT, nos 469 et suiv.

473. — Cette jurisprudence, qui paraît bien assise, est approuvée par Berriat Saint-Prix (p. 307, note 30e, no 3), Merlin (*Quest. de droit*, t. 3, p. 56), Favard (t. 4, p. 700, no 3), et Carré (quest. 1220). Elle est combattue par M. Chauveau sur Carré (même question), qui pense qu'on ne peut donner aux experts un pouvoir qui les transformerait en de véritables juges, et les placerait au-dessus des magistrats institués par la loi.

474. — Cette théorie, qui soustrait la matière de l'enregistrement à l'application de l'art. 313, C. procédure, n'est pas étendue cependant aux cas où, dans les matières ordinaires, l'expertise peut sembler obligatoire.

475. — Décidé qu'en matière de demande en rescision pour cause de lésion, les juges ne sont pas liés par le rapport des experts ; qu'ils peuvent même, s'ils le jugent convenable, ordonner une seconde expertise. — *Nîmes*, 12 pluv. an XIII, Valady c. Bourdon ; *Grenoble*, 18 avr. 1831, Sarpeille c. Imbert.

476. — MM. Boncenne (t. 4, p. 504 et suiv.), Chauveau sur Carré (*loc. cit.*), et Merlin (*Rép.*, vo *Expert*, no 2) approuvent la doctrine de ces deux arrêts, « d'une part, dit Merlin, l'art. 322, C. procéd., n'oblige pas les juges, mais il les autorise à ordonner une nouvelle expertise lorsqu'ils ne trouvent pas, dans le rapport, des éclaircissemens suffisans ; de l'autre, l'art. 323 déclare expressément qu'ils ne sont pas assujétis à suivre l'avis des experts, si leur conviction s'y oppose ; et ni l'un ni l'autre article n'excepte de sa disposition les cas où une expertise préalable est commandée par la loi. » — V. VENTE.

477. — Il a été jugé que lorsqu'un tribunal a prononcé une condamnation à une somme déterminée, si mieux n'aiment les parties à dire d'experts, il doit suivre leur avis comme règle de sa décision définitive. — *Rennes*, 7 août 1813, N...

478. — Cet arrêt se fonde sur ce que l'option étant consommée en faveur de l'expertise, la condamnation d'une somme fixe devient caduque, puisque les deux dispositions étaient alternatives et au choix des parties, celle qu'elles ont admise doit nécessairement subsister avec tous ses effets comme si l'autre n'avait pas été portée. Il est approuvé par MM. Carré et Chauveau, t. 3, quest. 1221.

479. — Mais dans l'hypothèse prévue par la même décision, lorsque les parties ont consommé leur option pour l'expertise, le tribunal pourrait ordonner d'office une seconde expertise, dans le cas où la première serait irrégulière ou n'offrirait pas de renseignemens suffisans. « En effet, dit Carré (art. 323, quest. 1222), si dans le cas d'option entre une somme fixe et celle à fixer par experts, c'est la dernière seule qui doit être la règle de la décision définitive, il s'ensuit que le jugement qui donnait cette option n'est considéré que comme un interlocutoire pour le cas où les parties n'eussent pas acquiescé à la fixation faite par le jugement. Or, par une conséquence nécessaire de ce caractère attribué au jugement qui accorde l'option, le tribunal ne se trouve pas dessaisi de l'affaire, et s'il s'élève des contestations sur l'expertise, rien ne s'oppose à ce qu'il en ordonne une nouvelle dans le cas prévu par l'art. 322. »

§ 2. — *Nouvelle expertise.*

480. — L'art. 322 porte que si les juges ne trouvent pas dans le rapport les éclaircissemens suffisans, ils pourront ordonner d'office une nouvelle expertise par un ou plusieurs experts qu'ils nommeront également d'office, et qui peuvent demander aux précédens experts les renseignemens qu'ils jugeront convenables. — Art. 322.

481. — Jugé, par une application littérale de l'art. 322, que les juges qui ne sont pas suffisamment éclairés par un rapport d'experts peuvent ordonner d'office une nouvelle expertise, et que les nouveaux experts peuvent demander aux premiers les renseignemens qu'ils croient nécessaires. — *Orléans*, 17 août 1809, N...

482. — Il résulte de l'art. 322 que, lorsque le tribunal ordonne une seconde expertise, les parties n'ont plus le droit de s'accorder, ni sur le nombre, ni sur le choix des experts. Les juges nomment d'office et décident s'il faut commettre un ou trois experts. — Carré, sur l'art. 322, quest. 269.

483. — Du reste, si l'art. 322 donne aux tribunaux le droit de prescrire une nouvelle opération, il ne leur en impose pas l'obligation. — *Cass.*, 7 mars 1832, Destrac c. Delahaume ; 9 avr. 1833, Fontan, Ganin et Gots c. Dennemont ; 24 avr. 1838 (t. 2 1838, p. 300), Noguès c. Lafaille ; 20 août 1828, préf. de la Nièvre c. Moreau ; 2 août 1836, Laury c. Louis-Philippe ; 8 brum. an XIV, Mayer, Leroux et Barbier c. Enregistr. ; *Rennes*, 19 mai 1813, Lucas Pouhaert.

484. — Décidé que les juges peuvent ordonner un second rapport d'experts, quoiqu'une partie semble avoir renoncé à se plaindre d'un premier et l'ait exécuté. — *Bourges*, 2 août 1810, Paignon c. Balleret.

485. — ... Que la partie qui a concouru à l'exécution d'un jugement, par lequel un rapport d'experts a été annulé et des experts nouveaux ont été nommés, ne peut appeler de ce jugement et prétendre que la première expertise doit être suivie. — *Colmar*, 5 mai 1812, N...

486. — Jugé que lorsqu'il résulte d'un procès-verbal d'experts légalement fait, explicite et précis, joint à diverses circonstances apprises, qu'un testament olographe n'a pas été écrit en entier de la main du testateur, on ne peut, avant faire droit, ordonner une nouvelle expertise. — *Rennes*, 12 fév. 1821, Legros c. Arondel.

487. — L'art. 322 suppose par sa rédaction que la seconde expertise doit porter sur les faits qui ont fait l'objet de la première.

488. — Aussi a-t-il été décidé qu'est sujet à cassation l'arrêt qui, hors du cas prévu par l'art. 322, C. proc. civ., nomme un seul expert dispensé du serment pour une expertise nouvelle applicable à des faits et actes postérieurs à une précédente expertise, quoique s'y rattachant par une nécessaire liaison. — *Cass.*, 15 janv. 1839 (t. 1er 1839, p. 169), Constant c. Rudel.

489. — Le tribunal qui, d'après l'art. 322, peut ordonner une expertise d'office, peut-il la prescrire lorsqu'elle est demandée par les parties ? — Pigeau (*Comment.*, t. 1er, p. 300) et les auteurs du *Praticien* (t. 2, p. 247), prenant à la lettre les termes de cet article, expriment l'opinion que le tribunal ne peut ordonner l'expertise que d'office, par cela seul qu'il peut apprécier si elle est nécessaire ou non.

490. — Mais MM. Favard (t. 4, p. 707, no 1er), Carré et Chauveau (t. 3, quest. 1214), Delaporte (t. 1er, p. 308), Demiau (p. 234) et les auteurs du *Commentaire* inséré aux *Annales du Notariat* (t. 2, p. 239) répondent avec raison qu'on ne peut refuser à un tribunal le droit de faire, sur la demande des parties, ce qu'il peut faire d'office, et qu'en disant que les juges ordonneraient d'office la seconde expertise, l'art. 322 a seulement entendu exprimer qu'ils pourraient avoir recours à cette voie d'instruction, lors même qu'elle ne serait pas réclamée par les parties. — V. aussi Boncenne, t. 4, p. 497.

491. — La même divergence d'opinions se manifestait sur une question semblable sous l'empire de l'ordonn. de 1667. Jousse (sur l'art. 13, tit. 21 de l'ordonnance) disait que lorsque les premiers experts nommés avaient fait un rapport uniforme, on ne pouvait demander une nouvelle expertise qu'autant que ce rapport était ambigu, suspect ou non concluant. D'autres auteurs soutenaient que les parties pouvaient toujours demander une seconde expertise. — Duparc-Poullain, *Princ. du dr.*, t. 9, p. 466, nº 25; Rousseau de Lacombe, vº *Expert*.

492. — En matière de partage, lorsque le procès-verbal d'estimation ne présente pas les bases sur lesquelles les experts ont procédé, l'un des copartageans peut, de son chef, provoquer une seconde expertise, en offrant d'en avancer les frais. — *Nîmes*, 15 juill. 1829, Gely.

493. — Mais les juges ne sont pas tenus d'ordonner une deuxième expertise demandée par l'une des parties, encore bien qu'elle offre d'en avancer les frais. — *Rennes*, 14 janv. 1820, Leverger Beauvallon c. Bidault.

494. — Jugé par la cour de Bourges que la loi qui laisse aux juges la faculté d'ordonner une nouvelle expertise, lorsque la première ne leur offre pas les renseignemens suffisans, n'autorise nulle part les parties à demander un amendement de rapport. — *Bourges*, 6 déc. 1815, Grégoire c. Vigoureux.

495. — Mais il semble qu'il n'était pas nécessaire que la loi donnât spécialement une pareille autorisation.

496. — On a agité la question de savoir si les juges, investis par la loi du droit d'ordonner une nouvelle expertise, peuvent demander de nouveaux renseignemens *aux mêmes experts*.

497. — On conçoit très bien qu'un tribunal qui, après avoir annulé un premier rapport d'experts, ordonne une nouvelle expertise, ne puisse la confier aux mêmes experts. De puissantes considérations semblent proscrire cette mesure. D'abord rien ne garantirait à la justice que la seconde opération, étant confiée aux mêmes individus, serait plus régulière, plus satisfaisante que la première. En second lieu, les termes de l'art. 322, C. procéd., paraissent indiquer que, lorsqu'il y a lieu à une seconde expertise dans la même affaire, l'opération doit être confiée à de nouveaux experts, puisque ceux-ci sont autorisés par cet article à demander aux précédens tous les renseignemens qu'ils trouveront convenables. Mais il n'en est pas de même lorsqu'il s'agit d'un supplément au premier rapport, et surtout de simples renseignemens devenus nécessaires par suite de circonstances alléguées ou découvertes depuis la clôture du rapport; il est évident que, dans ce cas, cette nouvelle opération peut et doit même être confiée aux premiers experts, beaucoup plus en état de répondre à la confiance de la justice que des hommes nouveaux et restés jusqu'alors totalement étrangers à l'affaire. — V en ce sens Chauveau sur Carré, quest. 1214 *bis*; Thomine-Desmazures, t. 1er, p. 525.

498. — Aussi a-t-il été jugé que, lorsque les juges, sans annuler le rapport des experts, ordonnent un supplément de rapport sur quelques points qui leur paraissent mériter des explications, et particulièrement sur des circonstances alléguées pour la première fois par l'une des parties depuis la clôture du travail des experts, ils peuvent nommer d'office les mêmes experts pour procéder à cette nouvelle opération. — *Cass.*, 7 août 1827, Gory c. Laporte; 19 nov. 1833, Parmentier.

499. — ... Et que les juges qui, peu satisfaits d'une première expertise, en ordonnent une seconde, peuvent la confier *aux mêmes experts* pour le cas où les parties ne s'entendraient pas sur un nouveau choix, lorsque cette nouvelle opération n'a d'autre objet que de suppléer à l'insuffisance de la première. — *Cass.*, 5 mars 1818, Roux; 1er fév. 1832, Lointier c. Radet; 4 janv. 1843 (t. 1er 1843, p. 307), Souhait c. Lebachelle; — Carré, *Lois de procéd.*, t. 1er, p. 758; Favard, t. 4, p. 707.

500. — Jugé encore que si, sur le consentement des parties, l'expertise a été faite par un seul expert, le tribunal peut, malgré l'opposition de l'une des parties, qui même demande la nullité du rapport, charger le même expert de faire seul une nouvelle opération explicative et supplétive de ce rapport. — *Montpellier*, 27 mars 1824, Ferrand c. Grillères.

501. — Boncenne (t. 4, p. 501) pense qu'il y aurait un expédient plus simple, plus sûr, surtout moins coûteux et moins long qu'une deuxième expertise pour remédier à l'insuffisance et à l'obscurité d'un premier rapport : ce serait de *faire venir* à l'audience ceux qui l'ont rédigé, et d'obtenir de leur bouche les explications propres à compléter, éclaircir et à raccorder l'opération. — V. aussi Vasserot, p. 27, nº 74. — Cette opinion, qui consacrerait la légalité d'une sorte de rapport oral, ne paraît pas conforme à la loi. Nous ne croyons pas qu'elle doive faire autorité malgré les avantages que la pratique pourrait trouver dans ce système. — V. aussi *suprà*, nos 373 et suiv., ce que nous avons dit sur les rapports oraux. — Chauveau sur Carré, t. 3, quest. 1191 *ter*.

502. — Jugé qu'une cour royale ne peut entrer dans l'examen des renseignemens demandés à des experts par les premiers juges. — *Bourges*, 24 juill. 1832, Bénédit c. Pot.

503. — Quand les juges estimant qu'un rapport d'ailleurs régulier en la forme est insuffisant, ordonnent une seconde expertise, sont-ils obligés d'anéantir ce rapport? — La doctrine et la jurisprudence ont résolu cette question par la négative. En effet, le tribunal peut puiser des lumières et des raisons de décider dans le rapprochement de deux rapports dressés dans la même affaire. — Berriat Saint-Prix, p. 307, nº 32; Merlin, *Rép.*, vº *Experts*, § 1er; Chauveau sur Carré, t. 3, quest. 1214 *ter*; Bioche, nº 186; Vasserot, p. 29, nº 79.

504. — Décidé dans ce sens que bien que les juges puissent, lorsqu'ils ne trouvent point dans un rapport d'experts, d'ailleurs régulier dans la forme, les éclaircissemens suffisans, ordonner une nouvelle expertise, ils ne doivent point anéantir et eximer de la procédure le premier rapport; ce rapport doit au contraire rester au procès, pour servir aux juges de renseignemens sur les points dans lesquels il est exact. — *Limoges*, 10 juin 1822, Dumas c. Chaudergue.

505. — ... Que lorsqu'un rapport d'expert ne contient qu'une simple erreur dans l'estimation, le juge peut, sans en prononcer la nullité, ordonner d'office de nouveaux apuremens tendant à le rectifier. — *Rennes*, 19 mai 1812. Lucas.

506. — ... Que le tribunal qui déclare un premier rapport d'expert insuffisant et qui en ordonne un second peut, en statuant sur le résultat de celui-ci, prendre ce qu'il trouve de régulier dans celui-là et combiner les termes des procès-verbaux des deux expertises. — *Orléans*, 9 août 1816, N...

507. — En matière d'action pour vices rédhibitoires, lorsque deux expertises ont été ordonnées, le tribunal peut baser son jugement sur la première, quelles que soient les conclusions du second rapport d'expertise. — *Cass.*, 22 nov. 1842 (t. 1er 1843, p. 127), Lazare c. Cuny.

508. — Le jugement qui ordonne la deuxième expertise doit-il mentionner l'insuffisance du premier rapport? — Merlin (*Rép.*, vº *Experts*, t. 5, p. 30) et Carré (quest. 1215) pensent devoir enseigner l'affirmative, en se fondant sur ce que tout jugement doit être motivé. Mais nous pensons avec M. Chauveau sur Carré (*loc. cit.*), que par cela seul qu'il y a lieu à nouvelle expertise aux yeux du tribunal, il est certain que, dans sa pensée, la première est insuffisante et que, dès-lors, il serait bien difficile d'annuler le second jugement pour un pareil motif. — Bioche, nº 181.

509. — On a douté si les dispositions du Code de procédure relatives à l'expertise s'appliquaient à la procédure de vérification d'écriture, et notamment si en cette matière les juges ont la faculté d'ordonner une seconde expertise. La jurisprudence s'est prononcée pour l'affirmative sur ce point. — *Rennes*, 26 mars 1813, Chauvin c. N...; 16 juill. 1817, N...; *Besançon*, 28 juin 1812, Jolly.

510. — En effet, il ne résulte pas des art. 197 et 212, C. procéd., que la vérification d'écriture ne soit pas régie par les principes généraux pour toutes les difficultés qui n'ont pas été prévues par le titre 14 qui lui est spécial. Les écrivains ou autres personnes chargées de donner leur avis sur l'écriture méconnue sont d'ailleurs de véritables experts. — Carré et Chauveau. t. 3, quest. 1217. — V. VÉRIFICATION D'ÉCRITURES.

511. — La cour de Rennes a jugé qu'on ne pourrait demander l'infirmation du jugement qui a refusé de nommer de nouveaux experts, en prétendant que les juges ont eu tort de se considérer comme suffisamment éclairés par l'opération dont procès-verbal a été dressé. — *Rennes*, 26 mars 1813, Chauvin c. N... — Bioche, nº 182; Carré et Chauveau, t. 3, quest. 1218 et 1218 *ter*.

512. — La raison en est, suivant les arrêts et auteurs, qu'une pareille appréciation appartient au tribunal de première instance, dont on ne peut prétendre régler la conscience, et qui ayant, aux termes de l'art. 322, un simple droit d'ordonner l'expertise d'office, n'est même pas tenu de statuer sur les conclusions des parties tendant à ce qu'il soit procédé à une nouvelle opération.

513. — Il est certain que des tiers opposans qui auraient été étrangers aux actes d'instruction faits dans le cours d'une première instance seraient fondés à demander que l'objet litigieux fût l'objet d'une seconde expertise, bien que ce cas n'ait pas été prévu par l'art. 322; et il ne serait pas nécessaire, dans ce cas, que le premier rapport fût insuffisant. — Favard, t. 4, p. 707, nº 1er; Carré et Chauveau, t. 3, quest. 1219; Vasserot, *loc. cit.*

514. — Le jugement ou l'arrêt qui ordonne une nouvelle expertise peut disposer que les experts opéreront devant certaines personnes appelées à donner des renseignemens, par exemple, devant le maire de la commune où est situé l'objet litigieux, et en présence des premiers experts. — *Cass.*, 4 janv. 1820, Benezech c. Peytavi.

Sect. 3e. — *Expertise ordonnée par le juge de paix.*

515. — L'art. 42, C. procéd., porte : « Si l'objet de la visite ou de l'appréciation exige des connaissances qui soient étrangères au juge, il ordonnera que les gens de l'art qu'il nommera par le même jugement feront la visite avec lui et donneront leur avis; il pourra juger sur le lieu même sans désemparer. Dans les causes sujettes à l'appel, procès-verbal sera dressé par le greffier, qui constatera le serment prêté par les experts. Le procès-verbal sera signé par le juge, par le greffier et par les experts; et si les experts ne savent ou ne peuvent signer, il en sera fait mention. »

516. — « Dans les causes non sujettes à l'appel, ajoute l'art. 43, il ne sera pas dressé de procès-verbal; mais le jugement énoncera les noms des experts, la prestation de leur serment et le résultat de leur avis. »

517. — L'art. 42, C. procéd., remplace l'art. 2, tit. 5, L. 18-26 oct. 1790, contenant réglement de la procédure en justice de paix, lequel portait : « Si le juge de paix et ses assesseurs trouvent que l'objet de la visite ou de l'appréciation exige des connaissances qui leur soient étrangères, ils ordonneront que des gens de l'art qu'ils nommeront par le même jugement feront la visite avec eux et leur donneront leur avis. »

518. — Le juge de paix doit toujours appeler des hommes spéciaux lorsqu'il s'agit de constater des dégradations ou dommages causés à des ouvrages d'art dont l'examen exige des connaissances particulières. Il en est autrement lorsqu'il y a lieu seulement d'apprécier des dommages aux champs, fruits ou récoltes, des réparations locatives ou non-jouissances, des anticipations ou entreprises. Dans ces derniers cas, le juge doit se contenter d'ordonner son transport sur les lieux. — Inst. 18 nov. 1790; — Carré, sur l'art. 41, C. procéd.

519. — Tout ce qui concerne le transport du juge sur le lieu contentieux, la nomination des experts par lui, leur récusation, leur mode d'opérer et la rédaction du procès-verbal de l'expertise, a déjà été traité sous le mot DESCENTE SUR LIEUX (nos 111 et suiv.). Nous nous contenterons d'ajouter ici quelques observations.

520. — Les expertises ordonnées en justice de paix se distinguent de celles qui ont lieu en matière ordinaire, en ce que le juge de paix assiste, dans la plupart des cas, à l'opération des experts.

521. — Le livre 1er, C. procéd., relatif aux justices de paix n'indiquant pas dans quelle forme la procédure d'expertise doit être conduite en cette matière, Pigeau (*Comm.*, t. 1er, p. 105 et suiv.) conclut de ce silence de la loi qu'elle a voulu soumettre l'expertise ordonnée par le juge de paix à toutes règles qui s'appliquent à cette procédure, lorsqu'elle est prescrite par les tribunaux ordinaires.

522. — Mais c'est avec raison que cette opinion est critiquée par la plupart des auteurs comme trop absolue. Sans doute, en l'absence de règles spéciales, il y a lieu de recourir aux prescriptions du droit commun; mais il ne faut pas oublier que devant la juridiction des juges de paix, l'esprit de la loi est incontestablement que les affaires soient jugées avec économie et rapidité, et qu'on ne saurait atteindre ce but qu'en affranchissant les expertises ordonnées par eux d'une partie des formalités exigées par les art. 302 et suiv., C. procéd. — V. DESCENTE SUR LIEUX.

523. — Lorsqu'une expertise doit durer plusieurs jours, notamment en matière de bornage, le juge de paix agit sagement, en décidant le transport sur les lieux le jour qu'il indique pour le commencement des opérations; par là il épargne aux parties des frais de vacation pour prestation de serment des experts : il dirige et assure la marche des experts et termine dès l'origine mille incidens qui s'élèvent ordinairement le premier jour. — Millet, *Traité du bornage*, p. 215 et suiv.; Bioche, *Dict. de procéd.*, vº *Juge de paix*, nº 398.

524. — Lorsque ces difficultés sont aplanies, il est dressé procès-verbal de renvoi à l'audience au

jour indiqué par le juge, qui se retire ensuite avec le greffier. — Millet, p. 217; Bioche, n° 399.

525. — Les experts continuent leurs opérations les jours portés au procès-verbal. Le juge ayant pris connaissance des localités, les experts déposent sur le bureau un plan parcellaire accompagné de notes en marge. Ils fournissent des explications à l'audience, et selon que le travail est approuvé ou désapprouvé, le greffier en tient note. — Coin-Delisle, *Encyclopédie du droit*, v° *Expertise*, p. 192.

526. — Enfin si le travail est approuvé ou si les difficultés sont levées, le juge renvoie à jour fixe pour la plantation des bornes en sa présence et en celle des parties. — Millet, p. 217. — V. du reste BORNAGE.

527. — Si les juges d'appel, réformant la décision du juge de paix, ordonnaient une expertise, l'opération aurait lieu suivant les formes tracées par le tit. 14, liv. 2, C. procéd. Les appels des juges de paix sont à la vérité réputés matières sommaires; mais le titre 14, qui régit ces matières, ne fait aucune exception aux règles ordinaires de procédure en ce qui touche les expertises. — Carré et Chauveau, t. 1er, quest. 183.

528. — L'art. 322, C. procéd., qui permet aux tribunaux d'ordonner une expertise nouvelle en cas d'insuffisance d'une première opération, paraît devoir s'appliquer au cas où il s'agit d'affaires de justices de paix. Les motifs qui forcent à recourir à une seconde expertise étant les mêmes dans les deux cas, on ne voit aucune raison pour repousser cette application. — Curasson, t. 1er, p. 114, n° 26; Carré et Chauveau, t. 1er, quest. 178; Pigeau, *Comm.*, t. 1er, p. 109.

529. — Si le juge de paix n'a pas la certitude de pouvoir apprécier lui-même d'une manière convenable les choses qui doivent être constatées, il y a lieu par lui de nommer des experts; mais il ne paraît pas que le jugement qu'il rendrait ensuite puisse être annulé par le motif qu'il aurait refusé à tort d'en commettre. Les observations que nous avons faites ci-dessus sur l'art. 322, C. procéd. trouvent ici leur application.

530. — L'art. 302, C. procéd., suivant lequel un jugement doit être rendu pour ordonner l'expertise, est applicable en matière d'expertise ordonnée par le juge de paix. — Carré, sur l'art. 42, quest. 173 *bis*. — M. Chauveau sur Carré pense que l'art. 29, C. procéd., supplée à cette disposition.

531. — Aux termes de cet art. 29 lorsque le juge de paix ordonne une opération par des gens de l'art, il délivre à la partie requérante cédule et citation pour appeler les experts. Cette cédule fait mention du lieu, du jour, de l'heure, et contient le fait, les motifs et la disposition du jugement relative à l'expertise ordonnée. — Bioche, v° *Juge de paix*, n° 389.

532. — En matière de domaine congéable, il y a lieu quelquefois à expertise entre le propriétaire et le fermier ou colon. Le juge de paix est appelé par la loi du 7 juin 1791 à commettre des experts dans certains cas. — Carou, *Juridict. civ. des juges de paix*, t. 2, n° 1210.

533. — Il a été jugé par la cour de Cassation que le rapport dressé par un expert nommé par justice, doit nécessairement être déposé au greffe du tribunal qui a désigné l'expert, conformément à l'art. 319, C. procéd., qu'en conséquence et en l'absence de toute disposition qui déroge à cet art. 319 le rapport dressé par un expert commis par le juge de paix en vertu de la loi du 7 juin 1791 pour estimer, par suite d'un congément, la valeur des édifices et superfices, doit être déposé au greffe de la justice de paix, et ne saurait sous aucun prétexte, et alors même que la nomination dudit expert aurait été consentie d'un commun accord par les parties, être déposé en l'étude d'un notaire. — *Cass.*, 8 avr. 1845 (t. 1er 1845, p. 456), Lagillardais c. procur. du roi de Quimperlé. — V. BAIL A CONVENANT, DOMAINE CONGÉABLE.

CHAPITRE II. — *De l'expertise en matière commerciale.*

534. — L'art. 429, C. procéd., porte : « S'il y a lieu de renvoyer les parties devant les arbitres, pour examen de comptes, pièces et registres, il sera nommé un ou trois arbitres pour entendre les parties et les concilier, si faire se peut, sinon donner leur avis. S'il y a lieu à visite ou estimation d'ouvrages ou marchandises, il sera nommé un ou trois experts. Les arbitres et les experts seront nommés d'office par le tribunal, à moins que les parties n'en conviennent à l'audience. »

535. — D'après cet article, les comptes ou pièces doivent être examinés par des *arbitres* et les ouvrages ou marchandises par des *experts*. Ces dénominations différentes s'appliquent à des personnes dont les fonctions sont presque identiques par leur nature. Cependant les arbitres dont il est ici question, diffèrent des experts en ce que les premiers reçoivent directement du tribunal la mission de concilier les parties, si faire se peut, ce qui leur donne jusqu'à un certain point le caractère du juge.

536. — On ne saurait confondre néanmoins les arbitres indiqués par l'art. 429 avec les arbitres juges, qui sont appelés par les art. 51 et suiv., C. comm., à trancher toutes les difficultés que font naître les sociétés commerciales. — V. ARBITRAGE.

537. — Les arbitres conciliateurs ou rapporteurs dont il est question dans l'art. 429, ont un ministère analogue à celui que remplissent les avocats ou les avoués devant lesquels les tribunaux renvoient en matière civile pour concilier les parties ou donner un avis sur l'affaire en cas de non-conciliation. — Thomine-Desmazures, t. 1er, p. 651.

538. — Du reste, il résulte de l'art. 429 que le tribunal de commerce n'a recours à une nomination d'arbitres ou d'experts qu'autant qu'il le juge nécessaire. La loi ne lui en fait pas une obligation.

539. — Jugé en ce sens que le tribunal de commerce, saisi d'une contestation sur la qualité d'une marchandise, n'est pas tenu de la faire vérifier par des experts, qu'il peut l'apprécier lui-même sur l'apport des pièces. — *Rouen*, 23 déc. 1837 (t. 1er 1839, p. 316), Facs c. Bordier.

540. — La mission des arbitres conciliateurs est gratuite. Il est cependant d'usage de leur allouer des honoraires. — Thomine, t. 1er, p. 652.

541. — Les arbitres rapporteurs dont parle l'art. 429, forment, en matière de commerce, une institution d'une grande importance, et dont la création est antérieure de beaucoup à la promulgation du Code de procédure.

542. — A toutes les époques, les nécessités de l'administration de la justice forcèrent les juges à requérir le concours de simples particuliers pour l'expédition des affaires. A Rome, le *judex* ou juge du fait commis par le préteur avait la mission de concilier les parties avant tout jugement, si faire se pouvait, et, sous ce rapport, ses fonctions avaient quelque analogie avec celles que remplissent actuellement les arbitres-rapporteurs. — *Revue de législation*, t. 14, p. 313 et suiv.

543. — Dans notre ancien droit français, des délégations judiciaires de cette nature faisaient partie de l'organisation des diverses parties qui se partageaient le territoire. Les juges demandaient l'avis de simples particuliers qu'ils désignaient pour instruire les affaires difficiles et en rendre compte. Il y avait notamment des commissaires enquêteurs et examinateurs du Châtelet érigés en titre d'office, devant lesquels on renvoyait pour procéder aux enquêtes, interrogatoires, descentes de lieux, et pour l'examen des comptes produits par les parties. — *Revue de législation, loc. cit.*

544. — C'est dans la même pensée que furent créés les rapporteurs près les tribunaux consulaires, bien que la mission de ces rapporteurs fût moins étendue.

545. — Lorsqu'en 1563 le chancelier de L'Hôpital, voulant faire droit aux plaintes des marchands, qui demandaient à être soustraits à la juridiction des tribunaux ordinaires, provoqua l'édit de la même année, par lequel les juges consuls furent institués à Paris, il fit insérer dans l'art. 3 de cet édit la disposition suivante : « Desquelles matières et différens nous avons, de notre pleine puissance et autorité royale, attribué et commis la connaissance, jugement et décision auxdits juges et consuls ou aux tiers d'eux... *appelé avec eux, si la matière y est sujette, et en sont requis par les parties, tel nombre de personnes de conseil qu'ils aviseront*. Telle est l'origine des arbitres rapporteurs en matière de commerce. — *Revue de législation*, t. 15, p. 317 et suiv.

546. — Ces personnes appelées avec les juges n'avaient pas voix délibérative. On déterminait leurs fonctions par la formule suivante : *tenu d'ouïr les parties, de les recorder, s'il se peut, et, à défaut, de donner son avis et de l'envoyer à la compagnie*. L'ordonnance de 1673 rendit l'édit de 1563 commun à tous les siéges de juges-consuls de France. — *Revue de législation, loc. cit.*

547. — Outre ces rapporteurs, les tribunaux consulaires avaient auprès d'eux des *conseillers* qui étaient en réalité des arbitres rapporteurs permanens. Ces conseillers étaient, comme les juges eux-mêmes, nommés par les corps et communautés de marchands. Ils étaient choisis parmi les plus jeunes commerçans. Les juges leur renvoyaient des affaires pour les examiner et concilier les parties, sinon donner leur avis. Ils n'avaient pas voix délibérative, bien qu'ils fussent tenus d'assister aux audiences et n'avaient même voix consultative que lorsqu'ils étaient questionnés par les magistrats en charge. — *Ibid.*

548. — Les conseillers près les juges-consuls considéraient leurs fonctions comme un fardeau, et l'on fut contraint à deux reprises de leur enjoindre de les remplir sous peine d'amende. Lorsque la révolution française éclata, ils disparurent sans réclamation. Il n'en fut pas de même des arbitres-rapporteurs proprement dits auxquels la juridiction commerciale continua d'avoir recours en vertu de l'édit de 1563, et le Code de procédure, en consacrant par son art. 429 le droit pour les tribunaux de commerce de renvoyer devant arbitres n'a fait que leur garantir la continuation d'un usage auquel ils étaient restés fidèles. — *Ibid.*

549. — Il faut remarquer, du reste, qu'avant le Code de procédure, l'usage de renvoyer devant des arbitres rapporteurs ou des experts de la même qualité que ceux qu'indique l'art. 429 était généralement consacré, non-seulement devant la juridiction commerciale, mais aussi devant les tribunaux ordinaires. — Carré, sur l'art. 1429, quest. 1533.

550. — Mais Lepage (quest. 283), estime que cet usage n'a rien d'incompatible avec le système du Code de procédure sur les expertises.

551. — Mais cette opinion est repoussée par MM. Pigeau (*Comment.*, t. 1er, p. 421), Carré et Chauveau (t. 3, quest. 1533), Thomine-Desmazures (t. 1er, p. 651), Merlin (v° *Arbitrage*, t. 1er, p. 306), Boitard (t. 2, p. 513 et 514), qui considèrent le droit donné aux tribunaux de commerce par l'art. 429 comme dévolu exclusivement à cette juridiction.

552. — Cette dernière opinion se fortifie, suivant Pigeau, par cette considération que les art. 189, 190 et 191 du projet du Code de procédure donnaient aux tribunaux un droit général de renvoyer devant des arbitres pour concilier les parties, sinon donner leur avis, mais lors de la révision du projet au conseil d'état, le renvoi fut supprimé quant aux affaires civiles. — Pigeau, *loc. cit.*

553. — Toutefois, la cour de Riom paraît cependant avoir décidé implicitement le contraire (27 juill. 1809, N...). — V. aussi *suprà*, nos 125 et suiv., les arrêts qui permettent aux tribunaux de ne nommer *qu'un expert* quand ils veulent, d'office, avoir quelques renseignemens.

554. — Les art. 429 et suiv., C. procéd., ne tracent qu'un petit nombre de règles sur les opérations des experts ou arbitres-rapporteurs. On doit en conclure que pour les points qui n'ont pas été prévus par leurs dispositions, il faut recourir aux principes généraux qu'appliquent aux expertises, en matière ordinaire, les art. 302 et suiv. du même Code. — Thomine, t. 1er, p. 652 et suiv.; Carré et Chauveau, t. 3, quest. 1135; Pardessus, t. 5, p. 64 et 65, *Comment. inséré aux ann. du not.*, t. 2, p. 514; Favard, t. 4, p. 716, n° 11; Pigeau, *Comment.*, t. 1er, p. 713; Bioche, v° *Tribunal de commerce*, n° 104.

555. — Il ne paraît pas que l'art. 429 soit limitatif quant aux cas dans lesquels il autorise les tribunaux de commerce à renvoyer, soit devant des arbitres, soit devant des experts. Ces tribunaux sont dans l'usage d'ordonner le renvoi devant arbitres-rapporteurs dans la plupart des affaires qui leur sont soumises. Ils peuvent aussi désigner des experts toutes les fois qu'ils ont besoin de recourir aux lumières d'hommes spéciaux. — Thomine, t. 1er, p. 652; Carré et Chauveau, t. 3, quest. 1133 *bis* et 1134; Pardessus, t. 5, p. 64.

556. — C'est à l'audience même du tribunal que l'art. 429 oblige les parties à convenir d'arbitres ou experts, sinon le tribunal doit les nommer. Il en résulte qu'il n'y a pas dans cette matière, comme pour les expertises en matière civile, un délai de trois jours à partir de la signification du jugement pour la désignation amiable des experts par les parties. — Thomine, t. 1er, p. 653.

557. — Il n'y a pas lieu dès-lors à faire cette nomination par acte dressé au greffe conformément à l'art. 306, C. procéd. — Thomine, *loc. cit.*; Locré, *Esprit du Code de procéd.*, t. 2, p. 168.

558. — Jugé en ce sens qu'en matière d'expertise, les tribunaux de commerce ne sont pas astreints, comme les tribunaux civils, à accorder aux parties un délai de trois jours pour nommer les experts. — *Bordeaux*, 25 janv. 1831, Foussat c. Assureurs; — Bioche, *Dict. de procéd.*, v° *Tribunal de commerce*, n° 100.

559. — Aussi est-ce à tort et contrairement au texte formel de l'art. 429 que la cour d'Orléans a décidé que l'art. 305, relatif au délai de trois jours s'appliquait en matière de commerce. — *Orléans*, 28 août 1824, Pasquier c. Luzet.

560. — Et c'est par erreur que M. Thomine (t. 1er, p. 563) enseigne que la nomination faite en vertu de l'art. 429 n'est que conditionnelle.

561. — En pareille matière le refus de l'une des parties de nommer son expert rend sans effet la *désignation faite par l'autre partie*. Le tribunal doit alors nommer d'office, non pas seulement pour la partie qui refuse, mais pour toutes les deux. — *Bor-*

deaux, 18 avr. 1839 (t. 2 1839, p. 159), Delmestre c. les assureurs. — Locré, t. 2, p. 165; Carré et Chauveau, t. 2, quest. 1535.

562. — La partie qui se fait représenter à l'audience par un fondé de pouvoir peut autoriser son mandataire à convenir d'experts ou arbitres. — Locré, t. 2, p. 165.

563. — Le texte de l'art. 429 autorise évidemment le tribunal de commerce à ne désigner qu'un seul arbitre ou expert sans avoir besoin du consentement des parties. — Locré, t. 2, p. 165; Bioche, vº *Tribunal de commerce*, nº 101.

564. — Si les parties nommaient après l'audience d'autres arbitres ou experts que ceux désignés par le tribunal, les personnes ainsi nommées ne pourraient opérer légalement, à moins que le tribunal ne consentît à ratifier le choix des parties, ce qui pourrait équivaloir à une nomination d'office des personnes par elles choisies. — Thomine, t. 1er, p. 653.

565. — L'art. 429 ne paraît pas permettre que le tribunal nomme plus de trois experts. Mais si les marchandises étaient considérables et de nature différente, rien ne paraît s'opposer à ce que le tribunal de commerce n'ordonne autant d'expertises qu'il y a de marchandises d'une espèce distincte.

566. — Les dispositions du Code de commerce relatives à la nomination des experts s'appliquent au cas où les experts sont nommés par le président de ce tribunal; et, par exemple, le président du tribunal de commerce peut, dans le cas où, conformément à l'art. 106, C. comm., il y a lieu de vérifier des marchandises, ne nommer qu'un seul expert, alors d'ailleurs que les marchandises ne sont pas de nature différente. — *Rouen*, 16 déc. 1826, Rougier c. Lebrun-Dubreuil.

567. — Et le même arrêt a décidé que le président peut aussi, dans ce cas, adjoindre un juge pour surveiller l'opération de l'expert, dans l'intérêt de l'une des parties absentes.

568. — En matière de commerce, de même qu'en matière civile ordinaire, les experts doivent prêter serment devant le juge-commissaire. — *Orléans*, 28 août 1824, Pasquis c. Luzet.

569. — Mais l'expert nommé par un tribunal de commerce n'est pas tenu, s'il est courtier-juré, de prêter serment pour l'opération particulière dont il est chargé. — *Rennes*, 17 août 1812, Rosset c. Vincent.

570. — Les arbitres-rapporteurs ne paraissent pas soumis à la formalité du serment à raison de la nature de leur mission. L'opinion de ces arbitres repose en effet sur des documens ou pièces qui leur ont été produits et qui passent ensuite sous les yeux du tribunal qui peut se rendre compte des élémens de l'avis qu'ils ont formé. Il n'en est pas de même des experts qui *attestent* la vérité de faits dont ils ont été témoins et que le tribunal lui-même ne peut vérifier. — Carré et Chauveau, t. 3, quest. 1536; Locré, t. 2, p. 160, 161; Pardessus, t. 5, p. 65; Goujet et Merger, *Dict. de droit comm.*, vº *Arbitre-rapporteur*, nº 8; Montgalvé, *De l'arbitrage*, nº 109.

571. — Aux termes de l'art. 430, la récusation ne peut être proposée que dans les trois jours de la nomination. — *Rennes*, 4 fév. 1818, Riou-Kerhallet c. Cornu.

572. — Jugé qu'on ne peut récuser un arbitre-rapporteur par le motif qu'en qualité de consignataire il a été et peut-être est encore en procès avec l'une des parties. — Même arrêt.

573. — Le délai de la récusation court à partir du jour de la nomination, si elle est contradictoire; à partir du jour de la signification, si elle est par défaut; s'il y a opposition, du jour où l'opposition est jugée. — Thomine, t. 1er, p. 353; Carré, sur l'art. 430, quest. 356.

574. — Les art. 309, 310, 311, 312, 313 et 314, C. procéd., relatifs à la récusation en matière d'expertise ordinaire s'appliquent à celles qu'autorise l'art. 429 et aux opérations des arbitres-rapporteurs. Il faut remarquer seulement que, dans tous les cas où suivant ces articles il doit être fait une signification d'avoué à avoué, c'est au domicile élu qu'il faudra faire la signification en matière commerciale. — Pigeau, *Comment.*, t. 1er, p. 723; Thomine-Desmazures, t. 1er, p. 653; Carré et Chauveau, t. 3, quest. 1538; Demiau, p. 310.

575. — La jurisprudence a reconnu le principe que les expertises en matière commerciale sont soumises aux règles du droit commun, à moins de dérogation expresse ou implicite. Spécialement il a été jugé qu'il n'a pas été dérogé par le Code de commerce aux art. 315 et 317, C. procéd., en ce qu'ils imposent l'obligation de faire connaître aux parties le lieu, le jour et l'heure des opérations des experts. — *Rouen*, 21 mai 1845 (t. 1er 1846, p. 244), Lefort et Chevalier c. Couprie.

576. — De même, les formalités prescrites par le Code de procéd., au titre des *rapports d'experts*, notamment celles qui ont pour objet de faire connaître aux parties l'époque de l'expertise et le contenu du rapport, sont applicables en matière commerciale comme en matière civile. — *Nîmes*, 3 janv. 1820, Perrier c. Roche.

577. — Décidé dans le même sens que lorsqu'un tribunal de commerce donne à des arbitres conciliateurs la mission d'experts pour le cas où la conciliation n'aurait pas lieu, il ne suffit pas que leur rapport constate qu'ils ont entendu les parties pour tâcher de les concilier. S'il ne ressort pas de ce rapport que les arbitres, depuis qu'ils se sont occupés de leur mission d'experts, ont entendu les observations des parties, et leur ont fait donner sommation d'être présentes à leurs observations, on doit en conclure qu'il y a eu inobservation des formalités exigées par les art. 315 et 317, C. procéd. — *Rouen*, 21 mai 1845 (t. 1er 1846, p. 244), Lefort et Chevalier c. Couprée.

578. — Le même arrêt juge aussi que ces formalités doivent être considérées comme substantielles; que leur omission entraîne la nullité de l'expertise; et que cette nullité n'est point couverte par ce fait que la partie qui l'invoque aurait été présente à l'audience où le rapport a été lu, et n'aurait point pris de conclusions. Il suffit qu'elle soit produite le jour de la discussion.

579. — Est nulle, en matière commerciale comme en matière civile, l'expertise faite en l'absence des parties intéressées et sans qu'elles y aient été appelées. — *Colmar*, 5 déc. 1831, Kœchlin c. Kerchmeyer.

580. — Tout ce que nous avons dit ci-dessus relativement aux formalités substantielles et aux nullités de l'opération s'applique donc aux expertises ordonnées par les tribunaux de commerce.

581. — La cour de Toulouse a décidé qu'il n'appartient qu'aux tribunaux et aux juges commis de procéder à des enquêtes, et que, dès-lors, un tribunal de commerce ne peut donner mission à des commissaires arbitres d'entendre des témoins. — *Toulouse*, 16 juill. 1827, Troy c. Barbé. — Cette doctrine est adoptée par MM. Carré, *Compét.*, quest. 374, et Chauveau sur Carré, *L. procéd.*, t. 3, quest. 1133 *bis*.

582. — Suivant un arrêt de la cour de Rennes, le tribunal de commerce ne peut s'adjoindre pour juger des hommes qui ne lui soient pas attachés en qualité de suppléans. — *Rennes*, 8 sept. 1815, Métairie c. Rouxel. — Il est donc certain que des arbitres rapporteurs ne peuvent concourir à ses jugemens.

583. — Les arbitres ou experts doivent exprimer une opinion précise. Il ne suffirait pas qu'ils fissent des observations sans que leur rapport contînt de conclusions formelles. — Goujet et Merger, vº *Arbitre rapporteur*, nº 9.

584 — Le dépôt du rapport des arbitres et experts doit être fait au greffe du tribunal. — C. procéd., art. 431.

585. — Si la minorité des arbitres rapporteurs ou des experts refusait de signer le rapport, il suffirait de la signature de ceux qui forment la majorité. Il ne saurait y avoir de difficultés sur ce point, car on pourrait procéder ainsi pour la signature d'une sentence arbitrale (C. procéd., art. 1016), acte dont l'autorité est bien plus grande que celle d'un simple rapport. — Chauveau sur Carré, t. 3, quest. 1539 *bis*.

586. — La cour de Rennes a jugé que l'arbitre nommé aux termes de l'art. 429, C. procéd., doit référer dans son avis les débats qui ont eu lieu entre les parties pour le réglement d'un compte. — *Rennes*, 10 déc. 1813, Chauvin c. N...

587. — On doit se conformer pour les rapports des arbitres ou experts dont parle l'art. 429 aux prescriptions des art. 319 et suiv. : dès-lors, après le dépôt du rapport, la partie la plus diligente le lève et le signifie aux autres, avec sommation de comparaître à la prochaine audience. — Carré, sur l'art. 431, quest. 357. — Cette voie de procéder est du moins très régulière.

588. — Dans quelques tribunaux l'usage est de dénoncer seulement que le rapport est déposé pour que la partie adverse aille en prendre connaissance; puis on signifie une sommation de se trouver à la prochaine audience pour en entendre la lecture et voir procéder au jugement définitif. — Demiau-Crouzilhac, p. 311.

589. — A Paris, le rapport n'est pas signifié. Lorsqu'il est déposé, la partie la plus diligente assigne en ouverture. A l'audience le rapport est ouvert, et le tribunal renvoie l'affaire à une autre audience avant laquelle les parties peuvent en prendre communication. — Goujet et Merger, vº *Arbitre-rapporteur*, nº 10.

590. — Cet usage, adopté devant le tribunal de commerce de Paris, ne semble pas contraire à la loi. Les parties ont ainsi tous les moyens de prendre communication du rapport et de l'apprécier. — Chauveau sur Carré, t. 3, quest. 1539. — Carré (même question) croit cependant qu'on est toujours fondé à se plaindre du défaut de signification, parce que ce mode peut seul donner à la partie défenderesse les moyens d'avoir constamment le rapport à sa disposition.

591. — Les art. 429 et suiv., C. procéd., s'occupent des expertises que les tribunaux peuvent prescrire en général en matière de commerce. Il est en outre des cas spéciaux prévus par le Code de commerce et qui donnent lieu à des nominations d'experts.

592. — L'art. 106, C. comm., relatif aux voituriers porte : « En cas de refus ou contestation pour la réception des objets transportés, leur état est vérifié et constaté par des experts nommés par le président du tribunal de commerce ou, à son défaut, par le juge de paix, et par ordonnance au pied d'une requête. » — Vasserot, p. 8, nº 20.

593. — En cas d'absence du président du tribunal de commerce, le juge le plus ancien peut, de préférence au juge de paix, nommer des experts à l'effet de vérifier l'état des marchandises qu'un destinataire refuse de recevoir du voiturier. Dans ce cas il peut n'être nommé qu'un seul expert. — *Colmar*, 24 déc. 1833, Garton c. Kœchlin; *Rennes*, 17 août 1812, Rosset c. Vincent; — Bioche, nº 102.

594. — Il a été jugé qu'il y a nullité du procès-verbal des experts nommés pour procéder à la vérification de marchandises, dans le cas prévu par l'art. 106, C. comm., si le serment a été par eux prêté devant le greffier du tribunal; la prestation doit avoir lieu devant le juge commis à cet effet, ou devant le juge de paix du canton où les experts doivent procéder. — *Lyon*, 27 août 1828, Pontrevé c. Bouvet-Roudel.

595. — Lorsqu'une marchandise est successivement transportée par plusieurs commissionnaires, il ne peut être exigé que chacun d'eux fasse procéder à une expertise pour conserver son recours contre le commissionnaire qui lui remet cette marchandise, alors surtout qu'il n'y a ni déficit de poids ni avarie apparente. — *Colmar*, 29 avr. 1845 (t. 2 1845, p. 728), Canard et Damiron c. James Amet.

596. — L'art. 106, C. comm., n'exige pas que les parties intéressées soient présentes à l'expertise qu'il prescrit. — Les commissionnaires qui ont successivement transporté une marchandise sont d'ailleurs suffisamment représentés à cette expertise par le dernier commissionnaire. — Même arrêt. — V. COMMISSIONNAIRE DE TRANSPORT, VOITURIER.

597. — Aux termes de l'art. 195, C. comm., lorsqu'un capitaine doit payer des dommages-intérêts à l'affréteur du navire parce que ce navire a été arrêté ou retardé au départ, pendant la route ou au lieu de sa décharge, ces dommages-intérêts sont réglés par experts. — V. CAPITAINE DE NAVIRE.

598. — Jugé que dans les cas prévus par les art. 435 et 436, C. comm., relatifs aux fins de non-recevoir contre les actions en matière de commerce maritime, on peut considérer une expertise comme une protestation conservatoire de l'action. — *Cass.*, 12 janv. 1825, Salavy c. Compagnie commerciale d'assurances; *Bordeaux*, 27 janv. 1829, Santos c. Assureurs.

599. — Il y a également lieu à expertise en cas d'abordage de deux navires pour fixer l'estimation du dommage lorsque l'abordage a été fait par la faute de l'un des deux capitaines ou s'il y a doute sur les causes de l'abordage. — C. comm., art. 407. — V. AVARIES.

600. — Si par tempête ou par la chasse de l'ennemi le capitaine se croit obligé, pour le salut du navire, de jeter en mer une partie de son chargement, de couper les mâts ou d'abandonner les ancres, l'état des pertes et dommages est fait dans le lieu du déchargement du navire, à la diligence du capitaine et par experts. — Ces experts sont nommés : par le tribunal de commerce si le déchargement se fait dans un port français; dans les lieux où il n'y a pas de tribunal de commerce, par le juge de paix; par le consul de France, et, à son défaut, par le magistrat du lieu, si la décharge se fait dans un port étranger. — C. comm., art. 414.

601. — Ils prêtent serment avant d'opérer. Les marchandises sont estimées suivant le prix du lieu du déchargement; leur qualité est constatée par la production des connaissemens et des factures, s'il y en a; s'il n'y en a pas, par d'autres pièces supplétives, dignes de foi. — Art. 415.

602. — Les experts font la répartition des pertes et dommages; cette répartition est rendue exécutoire par homologation du tribunal de commerce, et dans les pays étrangers par le consul de France, ou, à son défaut, par le tribunal compétent, sur les lieux. — Art. 416. — Vasserot, p. 8, nº 23. — V. AVARIES.

605. — En matière de douanes, toutes les fois qu'il s'élève entre la régie et le commerce des difficultés sur l'espèce, l'origine ou la quantité des marchandises, les tribunaux sont tenus de renvoyer l'examen de ces difficultés aux commissaires-experts spéciaux institués par la loi du 27 juill. 1822, art. 19, sans pouvoir procéder eux-mêmes à cet examen, et substituer ainsi leur propre appréciation à l'appréciation de ces commissaires-experts. — *Cass.*, 30 janv. 1839 (t. 1er 1839, p. 257), douanes c. Arragon. — V. DOUANES, nos 221 et suiv.

604. — Décidé que l'ord. de 1778 qui règle la forme de procéder, dans les échelles du Levant, pour connaître la valeur, l'état ou le dépérissement des marchandises, et qui notamment exige que les experts nommés par le consul prêtent serment, n'a pas été abrogée par l'ord. de 1781. — *Cass.*, 8 mars 1831, Gros c. Badetti. — V. ÉCHELLES DU LEVANT ET DE BARBARIE.

605. — Lorsqu'un interprète est nommé pour traduire en langue française une négociation faite en pays étrangers, son opération est une sorte d'expertise. — Bioche, vo *Tribunal de commerce*, no 98. — V. INTERPRÈTE.

606. — En matière d'assurances maritimes, il y a souvent lieu de recourir à une expertise pour faire l'évaluation de la valeur des objets assurés lorsqu'il y a contestation à cet égard. On constate aussi de cette manière l'innavigabilité du navire, s'il y a lieu, ou les avaries qu'il a souffertes. — C. comm., art. 332 et suiv., 839. — V. ASSURANCES MARITIMES, AVARIES.

CHAPITRE III. — *De l'expertise en matière criminelle.*

607. — La justice criminelle est souvent dans la nécessité de commettre des experts pour faire constater les circonstances qui peuvent révéler l'existence d'un crime ou d'un délit, et dans tous les cas, pour s'éclairer par les résultats de leur examen.

608. — Cette mesure peut être ordonnée par chacun des pouvoirs qui concourent à l'instruction de l'affaire avant son renvoi devant le juge du crime ou du délit. Le droit de la prescrire est en effet une conséquence de celui de procéder à l'instruction, et elle est souvent l'élément le plus essentiel de la procédure.

609. — Il faut même remarquer qu'en cas de flagrant délit, si le fait est de nature à entraîner une peine afflictive ou infamante (C. inst. crim., art. 32 et suiv.); ou si un crime ou délit ayant été commis dans l'intérieur d'une maison, le chef de cette maison en requiert la constatation (art. 46); le procureur du roi peut faire par lui-même tous les actes d'instruction nécessaires, et notamment ordonner immédiatement une expertise (art. 43 et 44). Le même pouvoir appartient au juge d'instruction dans le même cas (art. 59). Le juge n'est pas tenu alors d'attendre les réquisitions du procureur du roi pour agir.

610. — Mais à part ces cas exceptionnels, le procureur du roi ne peut que requérir le juge d'instruction de nommer des experts conformément aux règles générales de l'instruction criminelle. — C. inst. crim., art. 47.

611.—La chambre du conseil peut ordonner également une opération de ce genre. Il faut seulement remarquer, quant aux affaires criminelles qui doivent être renvoyées par l'ordonnance de prise de corps devant la chambre des mises en accusation, que la chambre du conseil ne peut se trouver que très rarement dans le cas de commettre des experts, car il suffit alors qu'un seul des juges (parmi lesquels figure le juge d'instruction) soit d'avis d'ordonner le renvoi devant la chambre des mises en accusation, pour qu'une ordonnance conforme à cet avis soit rendue.

612. — La juridiction répressive peut aussi requérir le concours d'experts lorsqu'elle juge une semblable opération indispensable pour la manifestation de la vérité. Ce droit appartient également aux cours d'assises, aux tribunaux correctionnels et à ceux de simple police.

613. — La chambre des mises en accusation, lorsqu'elle est saisie, peut aussi commettre des experts avant de se prononcer, si elle le juge nécessaire. — C. inst. crim., art. 235.

614. — Les expertises qui se font pendant l'instruction, sont évidemment destinées à exercer une influence considérable sur le jugement de l'affaire; aussi ne doivent-elles être confiées qu'à des hommes d'une capacité reconnue. Entre plusieurs experts également capables, la préférence doit être donnée à ceux qui sont sur les lieux ou à ceux qui en sont le moins éloignés. — Instr. gén. 30 sept. 1826, no 17; circ. min. 23 sept. 1812, no 5; — Massabiau, t. 2, no 1589.

615. — Le procureur du roi, porte l'art. 43, C. inst. crim., se fera accompagner au besoin, d'une ou de deux personnes, présumées, par leur art ou profession, capables d'apprécier la nature et les circonstances du crime ou délit.

616. — L'art. 44 ajoute: « S'il s'agit d'une mort violente ou d'une mort dont la cause soit inconnue et suspecte, le procureur du roi se fera assister d'un ou de deux officiers de santé, qui feront leur rapport sur les causes de la mort et sur l'état du cadavre.

617. — L'art. 43 ne fait que donner au procureur du roi le droit de se faire assister de gens de l'art, mais il ne lui en impose pas l'obligation. — De Molènes, *Tr. des fonctions du procureur du roi*, t. 1er, p. 290. — « L'art et la science, dit cet auteur, sont mal à propos employés là où leur secours est inutile. En matière de faux, notamment, la seule inspection des pièces et les dépositions des témoins peuvent fréquemment suffire à l'établissement de la vérité. Il faut réserver les rapports d'experts pour les cas véritablement douteux, et même en faisant usage de ce moyen, le ministère public, de même que le juge d'instruction, manquerait à son devoir s'il renonçait à faire emploi de son bon sens personnel. »

618. — Le choix des experts est évidemment subordonné à la nature du crime ou délit recherché. C'est ainsi que dans les cas de faux, de fausse monnaie, de vols qualifiés, le procureur du roi ou le juge d'instruction se fait assister d'essayeurs de monnaies ou d'orfèvres, d'experts écrivains, de serruriers, maçons, etc. Lorsqu'il s'agit d'attentat à la pudeur ou de viol, de blessures, d'empoisonnement, etc., il y a lieu d'appeler des sages-femmes, des médecins ou des officiers de santé, des chimistes ou des pharmaciens. — Duverger, *Manuel du juge d'instruction*, t. 2, no 149, p. 83.

619. — Les experts appelés à constater des blessures, doivent se prononcer sur leur nature, leur gravité, leur durée et leurs suites probables. Quand la maladie ou l'incapacité de travail qui en a résulté, a duré plus de vingt jours, il est très important pour la fixation de la compétence, qu'à l'expiration de cette période le médecin visite de nouveau le blessé. — Lettre proc. gén. Rennes, 1er juillet 1811.

620. — Quand il y a lieu de recourir à une autopsie, dit M. Massabiau (t. 2, no 1600), elle doit comprendre l'ouverture des trois cavités encéphalique, thoracique et abdominale, et tous les phénomènes qu'elles présentent doivent être décrits soigneusement.

621. — Lorsqu'on soupçonne un empoisonnement, les officiers de police judiciaire doivent mettre sous les scellés les alimens et les matières trouvés dans l'estomac et dans les intestins, et les faire transporter dans un laboratoire de chimie ou autre lieu convenable, pour que les experts procèdent à leur analyse. — Massabiau, t. 2, no 1604.

622. — L'exhumation d'un cadavre, lorsqu'elle est nécessaire, doit être faite avec les précautions qu'indiquent les gens de l'art, et les frais en sont payés, comme frais urgens, sur la taxe du procureur du roi, s'il procède seul, sinon sur celle du juge d'instruction, mise au pied du réquisitoire du ministère public. — Massabiau, t. 2, no 1601.

623. — Dans le cas de mort prévue par l'art. 44, on ne peut se dispenser d'appeler un ou deux officiers de santé. Cet article est impératif.

624. — Dans ce cas, il y aurait abus si l'on appelait sans nécessité plus de deux officiers de santé, car on augmenterait ainsi les frais d'une manière arbitraire. — De Dalmas, *Des frais de just. crim.*, p. 42.

625. — On s'est demandé si un étranger reçu docteur en médecine dans une faculté française a qualité pour dresser un rapport médico-légal et être appelé comme expert dans des affaires judiciaires. Cette question s'est élevée au sujet du refus fait par un procureur du roi d'accepter le rapport dressé par le docteur X..., anglais de naissance, refus fondé sur ce que « la rédaction d'un rapport constituerait un acte de fonctionnaire public, et que, pour être fonctionnaire public, il fallait être citoyen français. »

626. — Les motifs qui nous ont engagés à reconnaître aux étrangers le droit d'être appelés comme experts nous engagent à penser qu'il en est ainsi, même lorsqu'il s'agit d'expertises médico-légales; car la rédaction de l'art. 44, C. instr. crim., prouve que, même dans ce cas, les experts n'ont d'autre mission que celle de donner un avis, avis qui peut sans doute exercer sur le juge plus ou moins d'influence, mais qui ne le lie aucunement. — L'intérêt dominant, dans une telle question, est celui de la justice elle-même qui, avant tout, a besoin de lumières, et qui doit pouvoir les puiser là où elle croit les trouver. Les rapports scientifiques, les expertises médico-légales n'ont pas d'autre but que d'éclairer la conscience des juges et d'assurer ainsi la bonne administration de la justice. Le choix des moyens, comme celui des agens, doit donc rester complètement libre toutes les fois que la loi ne parle pas expressément.

627. — C'est au surplus en ce sens que la question se trouve résolue dans un excellent rapport adressé à M. le ministre de la justice par l'association des médecins de Paris (août 1846), rapport rédigé par M. le docteur Tardieu, et qui a été inséré dans le numéro d'octobre 1846 des *Annales d'hygiène publique et de médecine légale.*

628. — Les art. 43 et 44, C. instr. crim., bien que paraissant s'appliquer à des cas particuliers, ont toujours été entendus comme régissant aussi des cas analogues à ceux qu'ils indiquent textuellement. — Duverger, t. 2, no 221, p. 234.

629. — C'est ainsi qu'il serait nécessaire de constater, de la manière indiquée en l'art. 44, non seulement les cas de mort violente ou de mort dont la cause serait inconnue et suspecte, mais aussi les blessures graves; car des blessures qui ont ce caractère peuvent être mortelles ou absolument, ou relativement, ou accidentellement, et d'ailleurs elles donnent lieu à des poursuites criminelles ou correctionnelles. La conférence de l'art. 44 avec l'article précédent indiquerait suffisamment, au besoin, que telle a été l'intention du législateur. — Duverger, t. 2, no 149, p. 84.

630 — L'art. 44 veut que, dans l'hypothèse qu'il régit, la visite soit faite par des officiers de santé. Il semble qu'en s'exprimant ainsi il ait voulu trancher une question vivement débattue, celle de savoir si, en matière de médecine légale, on peut appeler indifféremment des docteurs en médecine ou en chirurgie, ou des officiers de santé.

631. — La plupart des auteurs sont d'avis que s'il est préférable d'appeler des hommes que leur grade fait présumer plus capables lorsque cela se peut, il est cependant loisible aussi de réclamer l'assistance de simples officiers de santé, qui peuvent au besoin remplir les fonctions d'experts en matière criminelle. — Massabiau, *Manuel du procureur du roi*, t. 2, no 1588. — V. au reste MÉDECINE ET CHIRURGIE et OFFICIER DE SANTÉ.

632. — Quand le juge d'instruction réclame l'assistance d'experts ou d'officiers de santé, il les appelle par un simple avertissement ou par une simple lettre, sans citation. Cet avertissement est remis sans frais par un agent de police, par un garde champêtre ou par un gendarme. — Circ. min. just. 23 sept. et 30 déc. 1812; instr. 30 sept. 1826, p. 17; — Duverger, t. 2, no 149, p. 88, à la note; Massabiau, t. 2, no 1591.

633. — Les mêmes instruction et circulaire autorisent chaque procureur du roi ou chaque tribunal à faire choix à l'avance d'hommes expérimentés dans chaque partie et se les attacher. — Massabiau, t. 2, no 1590.

634. — L'avertissement est généralement conçu en forme de réquisitoire. — Il doit énoncer la qualité du magistrat qui le fait donner, les noms, profession et demeure de celui à qui il est adressé, le lieu où ce dernier devra se transporter, la nature de l'opération et la date. — Devergie, *Traité de médecine légale*, t. 1er, 10.

635. — L'art. 475, no 12, C. pén., punit de 6 à 10 francs d'amende ceux qui, le pouvant, auront refusé ou négligé de faire les travaux, le service, ou de prêter le secours dont ils auront été requis dans les circonstances d'accidens, tumulte, naufrage, inondation, incendie ou autres calamités, ainsi que dans les cas de brigandages, pillages, flagrant délit, etc.

636. — On s'est demandé si les personnes qui étant requises, dans l'une de ces hypothèses, de prêter leur concours au magistrat instructeur ou au procureur du roi comme experts, refuseraient d'obtempérer à la réquisition, pourraient être passibles de l'amende portée en cet article.

637. — Il a été décidé par la cour de Cassation que lorsque les officiers de police auxiliaires du procureur du roi veulent se faire accompagner, dans les cas prévus par la loi, de personnes présumées par leur profession capables d'apprécier la nature et les circonstances du délit ou du crime à constater, ces personnes encourent les peines portées par l'art. 475, no 12, C. pén., lorsqu'elles refusent ou négligent d'obtempérer aux réquisitions qui leur sont régulièrement adressées. — *Cass.*, 6 août 1836 (t. 1er 1837, p. 510), Ramanbordes.

638. — Toutefois cette décision est combattue par MM. Briant et E. Chaudé (*Manuel complet de médecine légale*, p. 17 et suiv.), qui citent en sens contraire un arrêt de la cour de Cassation belge du 4 juill. 1840 (Cambrelin) dont ils donnent le texte.

639. — On s'est également demandé si dans des

cas non prévus par l'art. 475, nº 12, ceux que les officiers du parquet manderaient pour faire une expertise seraient tenus de déférer à l'avertissement.

640. — Cette question paraît devoir être résolue négativement. On ne pourrait soutenir que le ministère des experts est forcé en matière criminelle qu'en établissant une assimilation entre eux et les témoins, qui ne peuvent se dispenser de déposer lorsqu'ils ont été cités. Mais il existe des différences notables entre ces deux catégories de personnes, et d'ailleurs on ne peut étendre une disposition pénale d'un cas à un autre. Le refus d'accepter les fonctions d'expert en dehors des cas indiqués par l'art. 475, nº 12, n'étant puni par aucune loi, on doit en conclure qu'en matière criminelle de même qu'en matière civile, le ministère des experts est libre. — Chauveau et Hélie, *Théorie du Code pén.*, t. 4, p. 424; Duverger, t. 2, nº 149, p. 91; Trébuchet, *Jurispr. de la médecine*, p. 9; Devergie, t. 1er, p. 8.

641. — Les experts requis en matière criminelle doivent, comme ceux requis en matière civile, prêter serment; ce serment, aux termes de l'art. 44, C. inst. crim., est celui de faire leur rapport et de donner leur avis en leur honneur et conscience.

642. — La formule du serment que doivent prêter les experts n'est pas prescrite, à peine de nullité, et peut être conçue en des termes équipollens. — *Cass.*, 16 juill. 1829, Bellan; 16 janv. 1836, David.

643. — Il avait été jugé de même avant le Code d'instruction criminelle, qu'il n'y avait pas nullité lorsqu'un interprète avait prêté serment de traduire *fidèlement* les discours, sans ajouter, *suivant sa conscience*, comme le voulait l'art. 368, C. 3 brum. an IV. — *Cass.*, 16 avr. 1807, Devilde et Gay; — Carnot, *Inst. crim.*, t. 1er, p. 255.

644. — La prestation de serment des experts est indispensable pour donner à leur rapport l'authenticité qu'il doit avoir. Si cette formalité n'avait pas été remplie, le rapport ne pourrait servir qu'à titre de simples renseignemens. — Carnot, *Instr. crim.*, t. 1er, p. 254; Legraverend, *Lég. crim.*, t. 1er, p. 246; Duverger, t. 2, nº 149, p. 92; Schenck, *Traité du min. publ.*, t. 2, p. 57; Bornier, *Conf. des ord.*, t. 2, p. 69; Massabiau, t. 2, nº 159.

645. — Mais les experts qui ont déjà opéré en vertu d'un serment, et qui font de nouvelles visites et de nouveaux rapports, n'ont pas besoin de prêter serment de nouveau avant de commencer chacune de leurs opérations: ils agissent encore sous la foi de leur premier engagement, qui mérite créance pour tous leurs actes postérieurs; il suffit dans ce cas que le rapport mentionne le serment prêté antérieurement entre les mains du juge d'instruction. — Lettre du procureur-général de Poitiers du 23 mai 1831; Duverger, t. 2, nº 149, p. 92.

646. — Jugé que lorsqu'un expert qui a déjà prêté serment est chargé avec d'autres d'une mission ayant un seul et même objet avec celle qu'il a déjà accomplie, il n'est point nécessaire de lui faire prêter un nouveau serment. — *Cass.*, 4 nov. 1836 (t. 2 1837, p. 88), Horner.

647. — Il faut remarquer que la loi n'exige pas, pour la validité des opérations des experts, qu'ils agissent en vertu d'une ordonnance du juge d'instruction; il suffit qu'un simple réquisitoire leur ait été délivré. Ils ont rempli complètement leur mission, lorsqu'après avoir prêté serment ils dressent leur procès-verbal et le déposent entre les mains des juges. — Jousse, *Traité just. crim.*, t. 2, p. 35.

648. — En cas de dissentiment entre les experts commis, le procureur du roi ou le juge d'instruction doivent appeler un tiers expert pour les départager. — Duverger, t. 2, nº 149, p. 93; Schenck, *Traité min. publ.*, t. 2, p. 50.

649. — Les vérifications des experts doivent être consignées, autant que possible, dans le rapport même du juge d'instruction. Il peut arriver, d'ailleurs, qu'ils soient incapables de dresser un procès-verbal, bien que possédant, du reste, une aptitude suffisante pour apprécier judicieusement les questions qui leur sont soumises. — Duverger, t. 2, nº. 149, p. 94; Carnot, t. 1er, p. 257; Legraverend, t. 1er, p. 216; Favard, *Rép.*, vº *Procès-verbal*, t. 4, p. 583; Boitard, *Leçons sur le Code d'instr. crim.*, p. 75.

650. — Mais le rapport du juge ne contient pas habituellement le résultat des observations des médecins et officiers de santé qui, ayant besoin de temps et de réflexion pour rédiger leur rapport, ne peuvent le remettre immédiatement. Alors le juge d'instruction se borne à raconter les faits, à donner l'indication de l'avis des experts, s'ils en ont formé un, et à mentionner qu'ils ont rédigé séparément leur rapport, qui sera annexé. — Massabiau, *Man. du proc. du roi*, t. 2, nº 1595; Duverger, t. 2, nº 149, p. 95; Schenck, t. 2, p. 67.

651. — Les experts ne rempliraient pas convenablement leur mission s'ils se bornaient à donner dans leur rapport un avis ou des conclusions. Ils doivent relater avec un soin extrême tous les faits dont ils ont été témoins et desquels on pourrait induire l'existence ou l'absence du crime, car autrement il serait impossible de discuter plus tard leur opinion, les circonstances concommitantes du fait recherché ne pouvant être constatées la plupart du temps qu'au moment où elles se produisent. — Orfila, *Leçons de méd. lég.*, t. 1er, p. 29 et 30; Devergie, *Traité de méd. lég.*, t. 1er, p. 302; Duverger, t. 2, nº 149, p. 97; Jousse, t. 2, p. 37 et 41; Briand et E. Chaudé, *Manuel complet de méd. lég.*, p. 36; Massabiau, t. 2, nº 1597.

652. — Il est convenable de conserver une partie des matières qui sont soumises aux experts, afin qu'il puisse être procédé, s'il y a lieu, à de nouvelles expériences. — Massabiau, t. 2, nº 1594.

653. — Quand il y a des interruptions dans les opérations des experts et qu'ils renvoient à un autre jour la continuation de l'expertise, ils doivent clore et signer leur procès-verbal jour par jour, et les matières sur lesquelles ils expérimentent doivent être enfermées pendant l'interruption dans un local dont le magistrat a la clé. — Massabiau, t. 2, nº 1596.

654. — Le juge peut signaler aux experts les points qui lui paraissent devoir appeler leur attention, mais s'ils différaient d'avis avec lui à cet égard et qu'ils considérassent comme insignifians des faits dont l'examen paraîtrait important au juge d'instruction, ce dernier ne pourrait forcer les experts à opérer comme il le désirerait, et il devrait se contenter de consigner ses observations dans son procès-verbal et appeler d'autres experts, s'il le jugeait à propos. — Ortolan et Ledeau, *Traité du min. publ.*, t. 2, p. 63.

655. — Lorsque des experts ont opéré pendant le cours de l'instruction, et que le tribunal compétent est ensuite saisi de l'affaire, ils peuvent y être appelés pour donner des explications sur leur rapport.

656. — Ils peuvent également être assignés, soit par le ministère public, soit par l'accusé ou prévenu, pour venir déposer comme témoin, aucune loi ne leur interdisant de figurer aux débats en cette qualité.

657. — Jugé que le médecin appelé devant une cour d'assises pour démontrer la justesse de l'opinion par lui émise dans le cours de l'information, et après avoir prêté le serment prescrit par l'art. 44, C. inst. crim., ne doit pas prêter un nouveau serment comme expert. — *Cass.*, 15 janv. 1829, Gingibre.

658. — Il n'est pas nécessaire non plus de faire prêter à l'audience le serment exigé par l'art. 317, C. inst. crim., pour les témoins aux individus qui ont figuré dans l'instruction en qualité d'experts, lorsque, d'ailleurs, il ne s'est élevé aucune réclamation sur leur audition à ce titre, et que le procès-verbal d'audience leur assigne cette qualité et constate que leurs déclarations n'ont été que la reproduction de leurs rapports. — Il suffit que, dans ce cas, ils aient prêté serment comme experts. — *Cass.*, 1er fév. 1838 (t. 1er 1838, p. 316), Brissard.

659. — Mais nous avons rapporté au mot COUR D'ASSISES divers arrêts qui jugent que des experts appelés ensuite *comme témoins* doivent prêter le serment prescrit par l'art. 317, C. inst. crim. — *Cass.*, 16 juill. 1829, Bellar. — V. COUR D'ASSISES, nos 1122 et suiv. — V. aussi en ce sens *Cass.*, 8 janv. 1846 (t. 2 1846, p. 119), Brument c. Foucaux.

660. — Jugé encore par arrêt du même jour que des experts appelés aux débats comme témoins, *et qui ne procèdent à aucune expertise nouvelle*, doivent prêter le serment exigé par l'art. 317, C. inst. crim. — *Cass.*, 8 janv. 1846 (t. 2 1846, p. 120), Boullet.

661. — La juridiction de répression peut prescrire des expertises toutes les fois que cette mesure lui paraît utile pour la manifestation de la vérité. Il est constant que le serment prescrit par l'art. 44 doit être prêté par les experts ainsi commis, bien que cet article paraisse s'appliquer plus particulièrement aux expertises qui se font pendant le cours de l'instruction.

662. — Ainsi le médecin appelé par la cour d'assises pour procéder à une expertise doit prêter, à peine de nullité, le serment prescrit par la loi pour les experts; il ne suffirait pas qu'il prêtât le serment des témoins. — *Cass.*, 27 déc. 1834, Jurquet.

663. — Jugé aussi que les médecins qui, à la fois, déposent comme médecins et opèrent comme experts, doivent prêter et le serment prescrit par l'art. 317 et celui prescrit par l'art. 44, C. inst. crim. — *Cass.*, 13 août 1835, Lancery.

664. — Jugé encore que l'individu qui a prêté serment en qualité de témoin, s'il est, pendant le cours des débats, chargé d'une mission comme expert, doit, à peine de nullité, prêter un nouveau serment en cette qualité. — *Cass.*, 18 avr. 1840 (t. 1er 1840, p. 687), de Saint-Blancard.

665. — ... Et que rien ne s'oppose à ce que celui qui a rempli dans l'instruction écrite les fonctions d'expert soit ensuite entendu en qualité de témoin devant la cour d'assises, après prestation de serment, et soit en outre appelé plus tard et entendu comme expert, après la prestation du serment prescrit par l'art. 44, C. inst. crim. — *Cass.*, 3 déc. 1836 (t. 1er 1838, p. 37), Demiannay.

666. — Mais il a été jugé aussi qu'un médecin cité comme témoin à raison de l'expertise dont il a été chargé par le juge d'instruction, et qui, à ce titre, a prêté le serment exigé par l'art. 317, C. inst. crim., peut, sans prêter préalablement le serment prescrit aux experts par l'art. 44, même C., donner son opinion sur un point de médecine légale, et que l'inobservation de l'art. 44 n'emporte pas nullité, alors qu'il n'est pas établi que les nouvelles explications qui lui ont été demandées fussent étrangères à l'expertise à raison de laquelle il a été cité comme témoin. — *Cass.*, 10 oct. 1839 (t. 1er 1840, p. 14), Peytel.

667. — Le chimiste appelé à l'audience par la cour d'assises, du consentement des parties et du ministère public pour donner, à titre de renseignemens, des éclaircissemens relatifs à des opérations chimiques, est un véritable expert qui ne peut pas être dispensé du serment à peine de nullité. — *Cass.*, 13 juin 1835, Pallas.

668. — Il n'en est pas de même de l'ouvrier appelé dans le cours des débats pour une opération purement matérielle et qui, n'étant chargé d'aucune appréciation de fait ni vérification, n'a aucun rapport à faire. Cet ouvrier ne peut être considéré ni comme expert ni comme témoin et n'a, dès-lors, aucun serment à prêter. — *Cass.*, 18 avr. 1833, Demarcé et Royer.

669. — Du reste toutes les opérations confiées à des hommes spéciaux par le juge d'instruction, ne sont pas indistinctement des expertises. C'est ainsi qu'il a été décidé qu'on ne doit pas considérer comme une opération d'expertise: 1º Le plan visuel des lieux dressé avant l'arrêté de renvoi par le procureur du roi: c'est un simple acte d'instruction; 2º d'autres plans dressés par un ingénieur; 3º la reproduction de ces mêmes plans par la lithographie: ce sont de simples renseignemens ou des copies dont l'accusé est admis à contester l'exactitude; aussi ni l'ingénieur ni les reproducteurs de ces plans n'ont dû être astreints à prêter serment. — *Cass.*, 20 mai 1837 (t. 1er 1840, p. 143), Denis et Robert.

670. — Il a été jugé avec raison que la prestation de serment des experts est une formalité substantielle dont le tribunal de simple police ne peut les dispenser, même du consentement des parties, à peine de nullité de son jugement. — *Cass.*, 27 nov. 1828, Jeoffrin; 27 déc. 1828, Coignet.

671. — La mention faite au procès-verbal des débats que le président a reçu le serment des experts, exprime suffisamment que la prestation de serment a été accomplie d'une manière successive et individuelle. D'ailleurs il ne peut résulter une nullité de ce que des experts auraient été interpellés collectivement de prêter serment et l'auraient prêté de même. — *Cass.*, 29 août 1833, Marie Ajame.

672. — Aucune disposition de la loi n'interdit, soit à un témoin, soit à un juré qui ne fait point partie du jury de jugement, de procéder à une expertise ordonnée dans le cours des débats. — Même arrêt.

673. — Dans les affaires criminelles le président de la cour d'assises peut aussi commettre des experts en vertu de son pouvoir discrétionnaire. C'est une conséquence du droit qui lui appartient de diriger les débats.

674. — Dans ce cas, l'expert ou les experts doivent prêter le serment prescrit par l'art. 44; à moins qu'ils ne soient appelés que pour donner de simples renseignemens dans les termes de l'art. 269, C. inst. crim. — Carnot, *C. instr. crim.*, sur l'art. 269, t. 2, p. 357.

675. — La cour de Cassation a jugé en effet que la dispense de serment portée par l'art. 269, C. inst. crim., en faveur des personnes appelées par le président en vertu de son pouvoir discrétionnaire et à titre de simples renseignemens, porte aussi bien sur le serment prescrit pour les experts que sur celui déterminé pour les témoins. — *Cass.*, 16 janv. 1836, Rivière; 4 fév. 1819, Piart; 25 fév. 1831, Chaliou et Ducos; 14 juin 1832, Veillard; 10 avr. 1828, Debré; 2 avr. 1831, David; 7 avr. 1837 (t. 1er 1838, p. 315), Amadier; 5 juin 1837 (t. 2 1837, p. 608), Pillot.

676. — L'individu entendu comme témoin dans une accusation de faux peut être expert dans une nouvelle affaire de faux concernant le même accusé : aucune loi n'établit d'incompatibilité entre la qualité d'expert dans une affaire et de témoin dans une autre.— *Cass.*, 17 sept. 1835, Loidet.

677. — Le Code d'instruction criminelle est muet sur les formes dans lesquelles doivent avoir lieu les expertises en cette matière. Les rapports des experts ne pourraient donc être annulés comme irréguliers à moins que les conditions mêmes de la mission des experts n'eussent été méconnues, de telle sorte que leur opération ne dût mériter aucune foi. C'est ce que les tribunaux criminels doivent apprécier selon les circonstances.

678. — Jugé dans ce sens que le rapport des experts, en matière criminelle, n'est qu'un simple document destiné à éclairer la religion du jury et soumis à son examen et à son appréciation, et qu'en conséquence la déclaration du juré ne peut être annulée sous prétexte qu'elle aurait été rendue sur un rapport des experts qu'on prétendrait irrégulier. — *Cass.*, 2 avr. 1831, David.

679. — Les art. 316 et 317, C. procéd. civ., qui exigent que les parties soient mises en demeure de comparaître aux expertises et d'y faire leurs observations, ne sont pas applicables aux expertises ordonnées par la justice répressive. — *Cass.*, 15 mars 1845 (t. 1er 1846, p. 372), Joyeux c. Petit-Jean.

680. — Aucun article du Code d'instruction criminelle n'exige non plus la présence du prévenu aux opérations d'expertise ordonnées par le juge d'instruction. — *Cass.*, 15 nov. 1844 (t. 1er 1845, p. 747), Duhaut.

681. — Il a été aussi décidé que l'introduction dans le cabinet des experts d'une personne étrangère à l'expertise, et la remise par elle faite de pièces prétendues relatives à l'expertise, ne peuvent entraîner la nullité de l'opération lorsque le ministère public et la commissaire ne s'y sont point opposés, et qu'il n'est pas établi que les experts se soient servi de pièces étrangères au procès, et dont il n'ait été fait ni inventaire ni description.— *Cass.*, 31 août 1833, Létagé.

682. — Et que le fait par le président d'avoir autorisé un expert à accompagner au greffe le conseil des parties civiles, pour lui indiquer, sur les livres du failli, les endroits où se trouvaient les passages signalés dans son rapport, n'emporte pas nullité. — *Cass.*, 3 déc. 1836 (t. 1er 1838, p. 37), Bemtennay c. Thuret.

683. — Que les règles ordinaires sur la vérification d'écritures, ne pouvant s'appliquer à une expertise ordonnée séance tenante par la cour d'assises, il suffit, lorsqu'une pièce de comparaison est déniée par l'accusé, que le jury en soit averti. — *Cass.*, 12 janv. 1831, J. Perrin.

684. — Les experts peuvent du reste recueillir, soit de la bouche de différentes personnes, soit par un examen personnel, tous les renseignements propres à les éclairer sur les questions qui leur sont soumises.— *Cass.*, 15 mars 1845 (t. 1er 1846, p. 372), Joyeux c. Petitjean.

685. — Les juridictions exceptionnelles paraissent avoir aussi la faculté de commettre des experts pour s'éclairer par le résultat de leurs travaux, lorsque qu'elles ne tiennent ce pouvoir d'aucune loi spéciale.

686. — La Chambre des pairs, lorsqu'elle se constitue en cour de justice dans les cas prévus par les art. 28, 29 et 47 de la Charte constitutionnelle, peut faire faire par une commission prise dans son sein tous les actes que nécessite l'instruction des affaires qu'elle est appelée à juger (*Cour des Pairs*, 16 juill. 1821, Gauthier de Laverderie, affaire de la conspiration du 19 août 1820; 21 déc. 1830, affaire des ministres du roi Charles X). — Par une conséquence de ce principe inconteste, elle pourrait donc faire faire une expertise ou vérification. — V. COUR DES PAIRS.

687. — La même observation s'applique aux cas où l'une des deux chambres userait du droit que toutes deux tiennent de la législation de juger les offenses dont elles peuvent être l'objet.

688. — Quant à la procédure à suivre pour la répression des crimes et délits militaires, ne prévoit pas le cas où les tribunaux militaires pussent devoir ordonner une expertise. Mais cette opération pouvant être une nécessité de l'instruction de l'affaire dans certains cas, on comprendrait difficilement comment une décision d'un conseil de guerre pourrait être annulée par le motif que le conseil l'aurait prescrite. — V TRIBUNAUX MILITAIRES, TRIBUNAUX MARITIMES.

689. — Les honoraires et vacations des experts en matière criminelle sont réglés par le décret du 18 juin 1811. — V. FRAIS DE JUSTICE CRIMINELLE.
— V. en outre INSTRUCTION CRIMINELLE.

CHAPITRE IV. — *De l'expertise en matière administrative et dans diverses matières spéciales.*

690. — Les règles tracées pour les expertises par les art. 302 et suiv.du code de procédure ne s'appliquent pas à celles qui ont lieu en matière administrative.—Carré et Chauveau, t. 3, quest. 1137 ; Merlin, v° *Expert.* ; Dufour, *Droit administratif*, t. 1, p. 409, n° 117.

691. — Toutefois les tribunaux administratifs, bien que n'étant pas liés par les dispositions du code de procédure civile, font sagement en s'en rapprochant le plus possible, notamment en ce qui concerne la nomination des experts et leur nombre. — Dufour, t. 1er, p. 410, n° 118.

692. — On peut citer en ce sens une ordonnance du conseil d'état qui porte annulation d'un rapport relatif à une indemnité pour chômage d'une usine, et cela par le motif qu'il avait été dressé par un expert nommé d'office pour le propriétaire de l'usine sans que celui-ci eût été mis en demeure de le nommer. — *Cons. d'état*, 25 juin 1817, Albitte.

693. — Les motifs qui ont fait soumettre les experts, en matière civile, à la formalité du serment, paraissent applicables aux experts appelés à éclairer la justice administrative. — « L'autorité attribuée aux uns, dit M. Dufour (n° 120) appartient également aux autres : n'est-il pas juste, dès-lors, que la confiance qu'ils inspirent repose sur les mêmes garanties? »

694. — M. Dufour (*loc. cit.*) indique comme ayant sanctionné cette doctrine une ordonnance du 13 juin 1831, rendue en matière de travaux publics, prononçant l'annulation d'un arrêté pour défaut de prestation de serment par les experts dont le rapport lui servait de base.

695. — Toutefois la même auteur ajoute que le conseil d'état a jugé que la formalité du serment n'est pas prescrite en matière de vérifications relatives à l'assiette des contributions.— *Cons. d'état*, 25 nov. 1831 Torteral.

697.— « Quoi qu'il en soit, ajoute M. Dufour (*loc. cit.*) l'accomplissement de la formalité du serment entre les mains du maire ou du juge de paix sera toujours si facile que les conseils de préfecture auront grand'peine à justifier l'omission d'une garantie dont une circonstance imprévue peut tout à coup faire ressortir l'importance.»

698. — Le principe qui a fait réserver à chaque partie le droit de récuser dans certains cas les experts, tient de trop près à la nature de leur mission pour qu'on hésite à l'étendre aux experts nommés en matière administrative. — Tel est l'avis de M. Dufour (n° 121).

699. — Et il a été jugé (par application des art. 283 et 310, C. procéd.) qu'il y a lieu à récuser des experts à qui une mission a été confiée par le conseil de préfecture lorsque pendant le cours de leurs opérations ils ont mangé, ni bu et logé chez l'une des parties.— *Cons. d'état*, 15 juin 1812, Lassis c. Sénat.

700. — Du reste, ajoute l'auteur précité (n° 121), la raison enseigne que les experts nommés d'office ne sont seuls récusables, sauf le cas où la cause du reproche ne serait survenue que depuis la nomination.

701. — Le rapport des experts ne lie pas le juge administratif plus que les tribunaux ordinaires. — Dufour, *loc. cit.*, 122. — V. cependant ENREGISTREMENT.

702. — Quant à l'arrêté même qui ordonne l'expertise, il est certain qu'il ne préjuge pas le litige, et il a été jugé qu'il ne s'agissant que d'une décision préparatoire et, comme telle, non susceptible d'un recours distinct et indépendant de la décision définitive. —*Cons. d'état*,19 juill. 1833, min. trav. publ. c. Charageat.

703. — « Cet arrêté, toutefois, dit M. Dufour (*loc. cit.*) est, dès qu'il est intervenu, susceptible, en ce sens qu'elles ont droit à son exécution pour profiter de la position qui leur est faite. Si donc les deux experts, il serait nommé un tiers expert, le dépendrait plus du juge de prononcer un 'l'absence du rapport de ce tiers expert, le cas de désaccord étant venu à se réaliser. »

704. — L'expertise en matière administrative, comme en toute autre matière, ne peut avoir pour but que d'éclairer le juge sur la vérité des allégations des parties. Les conseils de préfecture sont compétents pour juger le fond de l'affaire; ils doivent s'en abstenir lorsqu'ils ne sont appelés qu'à interpréter des titres qui se rattachent à une contestation pen-

dante devant les tribunaux ordinaires. — Dufour, *Dr. administ.*, t. 1er, p. 409, n° 117.

705. — L'expertise est prescrite dans certains cas par une partie des lois spéciales qui appartiennent plus particulièrement à cette matière. C'est en donnant sous de ces articles séparés, l'analyse de ces lois et des principes qui s'y trouvent consacrés que nous nous occuperons des expertises qu'elles prescrivent.

706. — Aux termes des art. 8 et 9, L. 16 sept. 1807, sur le desséchement des marais, il y a lieu de procéder à une expertise pour fixer l'étendue, l'espèce et la valeur estimative des marais avant leur desséchement. — Vassarol, p. 9, n°s 25 et suiv. — V. MARAIS.

707. — Les art. 17, 18 et 19, L. 22 frim. an VII sur l'enregistrement, donnent à la régie le droit de provoquer une expertise pour faire déterminer la valeur des biens qui donnent lieu à la perception d'un droit. — V. ENREGISTREMENT, n° 469 et suiv.

708. — Les lois qui régissent la matière des contributions directes et indirectes prescrivent ou autorisent des opérations de la même nature pour la détermination du montant de l'impôt.—V. CONTRIBUTIONS DIRECTES, CONTRIBUTIONS INDIRECTES, n° 98.

709. — Des règles particulières sont tracées pour les expertises qui ont lieu en matière d'expropriation pour cause d'utilité publique. — V. EXPROPRIATION POUR CAUSE D'UTILITÉ PUBLIQUE.

710. — A l'époque où les assignats avaient cours, on prescrivait des expertises pour constater la lésion qu'on prétendait avoir eu lieu dans les ventes d'immeubles acquis au moyen de ce papier, de ce papier-monnaie. — L. 19 flor. an X, art. 4er. — V. PAPIER-MONNAIE, V. aussi BIENS NATIONAUX, DOMAINE DE L'ÉTAT, DOMAINES ENGAGÉS.

EXPILATION D'HÉRÉDITÉ.

C'est la soustraction en tout ou en partie des effets d'une hérédité non encore appréhendée par l'héritier. — Merlin, *Rép.*, *hoc verbo*.
V. RECEL.

EXPLOIT.

Table alphabétique.

EXPLOIT. — 1. — Le mot *exploit*, dans son acception la plus générale, s'applique indistinctement à tous les actes du ministère de l'huissier, procès-verbaux, significations, sommations, commandemens, offres, etc. Il est employé ici dans un sens plus restreint pour désigner l'acte par lequel on intente une action en justice. Dans ce sens il est synonyme d'assignation, terme générique qui comprend l'assignation proprement dite, la citation, l'ajournement et l'acte d'appel.

2. — Quoique entre l'ajournement et la citation il n'y ait d'autre différence que les mots, cependant, dans la pratique, l'un s'applique plus particulièrement à l'exploit d'assignation devant un tribunal civil, et l'autre à l'exploit d'assignation devant un juge de paix.

3. — Lorsqu'il s'agit de faire comparaître non une partie, mais un témoin, on ne se sert pas du mot *ajournement* qui implique l'idée de *demande en justice*; on emploie alors le mot *assignation* ou *citation*. Ainsi l'on dit une assignation à témoin, une citation.

4. — L'acte d'appel désigne, comme ce mot l'indique, l'exploit d'assignation donné soit devant une cour royale, soit devant un tribunal jugeant en second ressort. Cet acte doit contenir, indépendamment des formes ordinaires de l'ajournement proprement dit, des formes spéciales que nous ferons connaître.

CHAPITRE Ier. — *Historique.*

5. — A Athènes, aucun citoyen ne pouvait être jugé, s'il n'avait été préalablement assigné; et aucun citoyen ne pouvait être assigné sans la permission du magistrat. Quand le demandeur avait obtenu cette permission, il pouvait faire assigner son adversaire par un officier public dit appariteur, ou l'assigner lui-même lorsqu'il le rencontrait, pourvu que ce fût en présence de témoins.

6. — Il y avait des cas, cependant, où le demandeur pouvait, sans permission et sans assignation préalable, arrêter sa partie adverse et la traîner de force devant le juge. — Espagne, v° *Assignation*, n° 40.

7. — On ignore quelle était la manière d'assigner chez les Romains avant la loi des douze tables. Nous savons seulement que, par une loi attribuée à Numa, toute poursuite judiciaire était suspendue pendant les jours de fête « *Feriis jurgia amovento.* » — V. Cicéron, *De legibus*, lib. 2, n° 32.

8. — La loi des douze tables décida que l'ajournement serait fait de vive voix par le demandeur (*in jus in voco*). C'est la plus simple et la plus naturelle des assignations. Si le défendeur refusait de se rendre à cette sommation, le demandeur était autorisé à le saisir et à le traîner de force (*obtorto collo*) devant le juge. *Manum endo jacito*, disait la loi des douze tables.

9. — L'emploi de la force continua plus d'un abus; il fallut successivement apporter des tempéramens au droit du demandeur. Ainsi, l'on ordonna qu'il n'emploierait la violence qu'après avoir constaté le refus du demandeur; que les juges en fonctions, les magistrats suprêmes, les citoyens qui se mariaient, ceux qui assistaient à des funérailles, etc., etc., ne pourraient être contraints que la force se rendre devant le préteur (*in jus*); qu'on fournirait un moyen de transport aux vieillards, aux infirmes, etc. — Bouchaud, *Comment. sur la loi des douze tables*, 1re et 2e table; Pothier, *Pandectes*, lib. 8, tit. 4, n°49.

10. — Il y avait certaines personnes qu'il était défendu d'ajourner sans la permission du préteur : c'étaient les ascendans, les patrons, les enfans et les parons des patrons. — L. II, *De in jus voc.*

11. — Le demandeur devait relâcher son adversaire si celui-ci trouvait une caution pour répondre de sa comparution dans un délai déterminé. Si le défendeur était riche, la caution devait l'être également; s'il était pauvre, toute caution était admise.—*Assiduo vindex, assiduus esto, proletario qui valet vindex esto* (Gellius, lib. 16, cap. 10). — On ne pardonnerait presque la brutalité du *manum jacito*, dit Boncenne (t. 2, p. 67), en faveur de cette belle disposition.

12. — Souvent le défendeur transigeait avec sa partie, en allant au tribunal; il n'était pas tenu alors de comparaître, et le défendeur devait le relâcher. *Endo via rem uti pacunto, rato.* — Espagne, loc. cit., n° 12; Cicéron, *De Herennium*, lib. 2, n° 55.

13. — On ne pouvait appeler en jugement, *vocare in jus*, qu'entre le lever et le coucher du soleil. *Sol occasus suprema tempestas esto.* — L. douze tables, 9.

14. — Si l'ajourné se cachait, ou était absent, le demandeur, avec l'autorisation du préteur, faisait une sommation par écrit ou par affiche au défendeur. — En cas de désobéissance, le préteur autorisait une seconde comparution et la mise en possession des biens du récalcitrant; ensuite une troisième, et la vente de ces biens. — LL. 2, ff., *Quibus ex caus. in possess. eatur ;* 7, § er.

15. — Les anciennes pratiques des ajournemens disparurent sous le règne de Justinien; le droit des novelles vint obliger tout demandeur à rédiger ou à faire rédiger le libellé de ses prétentions, et à le faire notifier au défendeur, avec sommation de comparaître en jugement. — V. nov. 53, cap. 3. — Celui qui recevait cette notification signait le libelle, et faisait mention du jour où il lui était remis; il avait, à partir de ce moment, un délai de vingt jours pour préparer ses moyens de défense. Boncenne, t. 2, p. 74.

16. — C'était un appariteur qui devait signifier le libellé d'assignation au défendeur et l'appeler en jugement. — Espagne, loc. cit., n° 14.

17. — En France, sous la première race, l'ajournement s'appelait *mannition*, de *mannire*, avertir. A cette époque, tout demandeur pouvait, de sa propre autorité, se rendre avec plusieurs témoins à la maison de son adversaire, et le sommer, en

leur présence, de vive voix, de comparaître tel jour, devant tel juge, pour voir prononcer sur telle demande. « *Ille autem qui alium* MANNIT, *cum testibus, ad domum illius ambulet, et sic eum* MANNIAT; *aut uxorem illius, vel quicumque de familiâ illius denuntiet, ut ei faciat notum, quomodo sit ab illo mannitus.* — *Legis salicæ* tit. 1, cap. 3.

18. — La mannition ne fut employée dans la suite que pour les causes intéressant l'état des personnes, comme la liberté, ou qui concernaient les héritages, les propriétés. On usa pour les autres affaires d'une manière d'assigner qui fut appelée *bannition*, parce qu'elle se faisait en vertu du ban ou du commandement du comte. — V. *Capitul.*, lib. 4, cap. 25; Baluz., t. 1er, p. 781.

19. — Il y avait cette différence entre la *mannition* et la *bannition* que, par la première, c'était la partie elle-même qui avertissait son adversaire, en présence de témoins, de venir devant le juge ; au lieu que par la *bannition* c'était le juge qui citait la partie à son tribunal.

20. — Le ban, ou injonction du comte, devait être signifié par un officier (*missus*), en présence de témoins. — Les délais de l'assignation étaient de trois, de onze et même de vingt jours, suivant la distance des lieux.

21. — Il était défendu d'assigner qui que ce fût les jours de dimanches et pendant les fêtes de Pâques, sous peine contre le contrevenant d'être puni comme sacrilége.

22. — Ces usages judiciaires, cette pratique suivie sous les rois des deux premières races, laissèrent des vestiges considérables sous les rois de la troisième; les changemens portèrent moins sur les choses que sur les mots. Ainsi, il n'est plus question de *mannition* et de *bannition*, mais de *semonces* et d'*ajournemens*; l'officier qui fait les notifications n'est plus appelé *missus*, mais *sergent*; les *témoins* deviennent des *recors*, et les *bans* des *commissions du juge* et *mandemens*. Au fond, la pratique avait peu changé.

23. — Les formes cependant étaient différentes, selon que l'assigné était un noble ou un vilain, un pair de France, un comte ou un baron : ces différences tenaient aux mœurs de l'époque et prenaient leur source dans les priviléges établis par la féodalité.

24. — Les grands vassaux, pairs de France, étaient ajournés par lettres du roi. — Les comtes et barons étaient semoncés à la cour par un sergent royal en présence de quatre chevaliers : on disait : « *sergent à roi est pair à comte.* » (Loysel, *Règles du dr. fr.*, liv. 1er). La semonce du roturier se donnait par le sergent ordinaire attaché à chaque juridiction. — V. Boncenne, t. 2, p. 80 et suiv.

25. — Il existait aussi des différences entre les nobles et les roturiers en ce qui concerne le délai de l'ajournement (Beaumanoir, chap. 8 et 30). Mais ces inégalités finirent par disparaître (*ibid.*). — V. aussi Boncenne, p. 83.

26. — Les assignations se faisaient de vive voix, en présence de recors, et n'auraient guère pu se faire autrement à cause de la barbarie de l'époque et de l'ignorance presque universelle. — Il serait assez difficile de dire à quel moment précis fut imposée aux sergens l'obligation de faire par écrit leurs rapports d'ajournemens, de les signer et d'en laisser copie. Selon toute apparence, ce ne fut pas avant le quinzième siècle.

27. — Quoi qu'il en soit, l'ordonnance de Villers-Coterets de 1539 porte, « que de toutes commissions et ajournemens seront tenus les sergens de laisser copie aux ajournés ou à leurs gens et serviteurs, ou de les attacher à la porte de leurs domiciles, et en faire mention par l'exploit. » — Art. 22.

28. — Pour exécuter ces dispositions, il fallait que les sergens sussent lire et écrire, et c'est ce qu'exigeaient les ordonnances; néanmoins on voit dans l'art. 14, ord. 1667, qu'à cette époque encore il y avait des sergens tout à fait illettrés et qu'il leur fut enjoint de se défaire de leurs offices dans un délai de trois mois.

29. — La même ordonnance, quoiqu'elle exigeât que les sergens sussent lire et écrire, voulait encore, pour la validité de l'exploit, la présence de deux recors. Cette dernière formalité fut supprimée lors de l'établissement du contrôle (août 1669), et n'existe plus aujourd'hui par suite de la suppression des protêts et pour quelques actes d'exécution.

30. — Il fallut en 1714 un arrêt de réglement pour faire exécuter ces dispositions dans le ressort du parlement de Toulouse, et en 1724 un autre arrêt pour défendre, dans l'Alsace, l'usage des assignations verbales. La coutume de la ville d'Aire, en Artois, qui fut rédigée et imprimée en 1743, bien long-temps après l'ordonnance, les admettait encore. — Boncenne, t. 2, p. 86.

31. — Jusque sous Louis XIV la nécessité des commissions ou mandemens s'était perpétuée, quelle

sergent n'en était affranchi que dans les juridictions subalternes. L'ordonnance de 1667 supprima cette formalité inutile dans tous les siéges inférieurs, même royaux, mais elles les maintint pour les cours et tribunaux jugeant en dernier ressort. — V. tit. 2, art. 10. — En 1778, cette suppression fut étendue aux présidiaux, tant en première instance qu'en appel. Enfin, en 1791, les mandemens et commissions furent abolis dans tous les tribunaux indistinctement. — L. 27 mars 1791, art. 34

CHAPITRE II. — *Régles générales communes à tous les exploits.*

52. — En général, les exploits ne peuvent être faits et signifiés que par les huissiers. — V. ce mot. — Cependant, il est d'autres officiers publics qui ont, dans certains cas exceptionnels, le droit d'instrumenter. — V. CONTRIBUTIONS DIRECTES, CONTRIBUTIONS INDIRECTES, DOUANES, EXPROPRIATION POUR UTILITÉ PUBLIQUE, FORÊTS, GARDE DU COMMERCE, GARDE NATIONALE, GARNISAIRE, NOTAIRE, PROTÊT, etc.

53. — L'huissier qui signifie un exploit doit être compétent, c'est-à-dire qu'il ne doit instrumenter que dans les limites du ressort du tribunal, auquel il est attaché. Il n'y a plus aujourd'hui, comme dans l'ancien régime, d'officiers publics ayant le droit d'instrumenter dans toute la France. — V. HUISSIER.

54. — L'huissier ne peut instrumenter pour ses parens et alliés et ceux de sa femme, en ligne directe à l'infini, ni pour ses parens et alliés collatéraux jusqu'au degré de cousin issu de germain inclusivement, le tout à peine de nullité. — C. procéd. civ., art. 66.

55. — Observons toutefois que lorsqu'il s'agit de citations devant le juge de paix, la prohibition n'est ni aussi étendue, ni aussi absolue. — C. procéd., art. 4. — V. HUISSIER, JUSTICE DE PAIX.

56. — L'huissier qui ne peut instrumenter pour ses parens et alliés ne le peut non plus, à plus forte raison, dans les affaires où il a un intérêt personnel, ni même dans celles où il s'agit d'exploiter pour une partie dont il est le mandataire. — V. HUISSIER.

57. — Si l'huissier, quoique nommé par le roi, n'avait pas encore prêté serment, ou s'il était interdit ou suspendu, il n'aurait pas le droit d'exploiter, et par conséquent ses exploits seraient nuls. — V. HUISSIER.

58. — Nous avons dit (*suprà* n° 26) que pendant long-temps en France les exploits se signifiaient verbalement. — V. aussi Loiseau, *Tr. des offices*, liv. 4er, chap. 4. — Aujourd'hui, au contraire, l'écriture est de l'essence de ces actes.

59. — Les exploits doivent être écrits en langue française. — ATT. gouvern., 24 prair. an XI.

60. — Ils doivent être écrits *lisiblement*. — Déc. 14 juin 1813, art. 43. — Les copies de pièces qu'ils renferment doivent également être correctes et lisibles, à peine, contre l'huissier, d'une amende de 25 fr. — Décr. 29 août 1813, art. 14. — V. copies de pièces, n° 16 et suiv., HUISSIER.

61. — Les exploits peuvent être écrits par toutes sortes de personnes. — V. HUISSIER. — Mais cela ne doit point s'entendre des parties de l'acte où l'on énonce des faits propres au ministère de l'huissier; leur existence n'est, en effet, possible qu'au moment où cet instant, et il est naturel que ce soit par l'huissier, qui a seul caractère pour le faire. — Berriat Saint-Prix, t. 4er, p. 89, n° 4; Rodier, tit. 3, art. 2, n° 3.

62. — La loi du 25 vent. an XI, spéciale au notariat, veut que les actes rédigés par les notaires soient écrits sans surcharge, sans aucun blanc, lacune ou intervalle, et sans chiffres. — V. ACTE NOTARIÉ. — Ces formalités ne sont pas imposées aux huissiers; cependant il est très convenable qu'ils se conforment à ces prescriptions fort sages. Leur propre intérêt le leur conseille.

63. — On a jugé, en effet, que la rature ou surcharge non approuvée par l'huissier, et qui se trouve dans la signification d'un jugement à avoué ne fait ni sur le même de l'avoué, rendait la signification nulle et empêche le délai d'appel de courir. — Besançon, 8 déc. 1808, Peguez c. Bugonneau.

44. — On a jugé aussi que, lorsque, sur une copie conforme à l'original qui est régulier, des mots sont raturés, mais sans approbation des ratures, ces ratures doivent être regardées comme non avenues. — *Cass.*, 12 juin 1827, Roux.

45. — ... Et qu'on doit réputer nul l'exploit de signification d'un jugement dans lequel le nom de l'avoué auquel il a été signifié se trouve raturé et surchargé, et qu'on peut en demander la nullité sans recourir à l'inscription de faux. — *Cass.*, 7 juil. 1808, Oulhenin c. Truche.

46. — Toutefois, si les irrégularités, telles que ratures et surcharges, sont indifférentes, elles n'emportent pas nullité.

47. — Ainsi, un exploit n'est pas nul pour contenir dans sa copie des ratures non approuvées, lorsqu'elles ne portent que sur des répétitions de mots. — *Cass.*, 5 déc. 1830, Lacrouts c. Bulbedat.

48. — Jugé aussi que les surcharges non approuvées, qui se trouvent dans les copies des exploits n'opèrent pas la nullité de la procédure, si d'ailleurs les originaux sont réguliers. — *Paris*, 16 nov. 1815, Bourdillon et Huguet c. Gavaudan.

49. — Quant aux interlignes, ceux insérés sans approbation dans un exploit d'huissier ne sont pas frappés de nullité absolue, comme ceux des actes notariés. En conséquence, l'exploit à la perfection duquel ces interlignes sont nécessaires ne doit être annulé que lorsque ces interlignes existent sur l'original seulement, sans mention équivalente sur la copie; car alors on peut craindre une rectification après coup, dont l'assigné n'aurait pas connaissance. — *Toulouse*, 2 mai 1840 (t. 2 1840, p. 126), Astrié-Cousi c. Fornier de Clunselles.

50. — Il peut y avoir des renvois dans les exploits, mais ils doivent être paraphés par l'huissier. Ceux qui se trouvent sur l'original sont aussi paraphés par le receveur de l'enregistrement.

51. — Jugé qu'il n'est pas nécessaire d'approuver un renvoi dès qu'il est inséré à la suite de l'acte et avant aucune signature. — *Grenoble*, 28 mai 1823, N.

52. — Si la loi du 25 ventôse interdit aux notaires l'usage des abréviations, il n'en est point ainsi en matière d'exploits; et l'on sait que, pour les copies de pièces surtout, on multiplie tellement les abréviations, qu'il est souvent impossible aux parties de lire les significations qui leur sont faites; mais c'est là un abus. — V. copies de pièces.

53. — Les exploits doivent être enregistrés dans le délai de quatre jours, à peine de nullité. — L. 22 frim. an VII, art. 34. — V. ENREGISTREMENT.

54. — La nullité, dans ce cas, est si absolue qu'on la prononce, soit que le retard provienne de l'huissier (*Riom*, 6 déc. 1830, Sury c. Mercier), soit qu'il provienne du receveur de l'enregistrement (*Bourges*, 28 déc. 1816, Ferrand c. Granger). Dans l'un et l'autre cas, la partie a son recours contre qui de droit. — V. L. 22 frim. an VII, art. 34. — V. surplus à cet égard ENREGISTREMENT, n°s 632 et suiv.

55. — Le délai pour l'enregistrement d'un exploit se compte en y comprenant le jour de l'échéance; on n'excepte que le jour où l'acte a été signifié. Ainsi, un exploit signifié le 1er octobre doit être enregistré le 5 au plus tard. — V. Boncenne, *Th. de la procéd. civ.*, t. 2, p. 244 et 242; Souquet, *Dict. des temps légaux*, v° *Exploit*.

56. — L'enregistrement doit avoir lieu sur la présentation de l'original de l'exploit, soit au bureau de la résidence de l'huissier, soit au bureau du lieu où il a instrumenté. — L. 22 frim. an VII, art. 20.

57. — Jugé que l'altération matérielle de la date dans une mention d'enregistrement apposée sur un exploit est prouvée par un acte authentique, et avouée d'ailleurs par les parties, une cour royale a le droit de décider que la véritable date de l'enregistrement est celle primitivement écrite. — *Cass.*, 6 fév. 1844 (t. 1er 1844, p. 758), Revel c. de Faudoas. — V. au surplus ENREGISTREMENT.

58. — L'exploit fait foi en justice jusqu'à inscription de faux des faits que l'huissier y a constatés. « Cela doit s'entendre, dit Boncenne (t. 2, p. 243), uniquement *des faits de son ministère*, comme de son transport, *du parlant à*, du refus qu'un voisin aura fait de signer, de tout ce qui tient à la remise matérielle de l'acte; et non des opinions particulières qu'il a exprimées, et des conséquences qu'il a déduites de ce qu'il a vu ou entendu. Par exemple, l'huissier trouve au domicile de la personne qu'il veut assigner un individu qu'il y voit travailler; il en conclut que c'est un associé de cette personne, et il l'écrit dans son exploit. Foi ne lui est pas due relativement à cette conjecture, mais pour certifier les faits matériels qui l'ont déterminé à cette conclusion. » — V. aussi Berriat Saint-Prix, t. 1er, p. 87, n° 4.

59. — Suivant Berriat (p. 88), l'exploit, quant à la notification, fait foi du jour, du lieu, de la personne à qui et du domicile où elle est faite, de la remise de la copie, de l'acceptation de cette copie, du transport de l'huissier au domicile du défendeur et du domicile à celui du voisin, etc.

60. — Aucune signification d'exploit ne peut être faite depuis le 1er octobre jusqu'au 31 mars, avant six heures du matin et après six heures du soir, et depuis le 1er avril jusqu'au 30 septembre, avant

quatre heures du matin et après neuf heures du soir (C. procéd., art. 1037). « On retrouve ici, dit Boncenne, sauf la majesté de l'expression, ce beau débris de la loi des douze tables : *Sol occasus suprema tempestas esto.* »

61. — Mais il a été jugé qu'une signification ne peut être annulée en ce qu'elle aurait eu lieu avant ou après les heures déterminées par l'art. 1037, C. procéd., et que seulement l'huissier est passible d'amende. — *Bordeaux*, 27 janv. 1837 (t. 1er 1837), Leseure.

62. — La loi veut aussi qu'aucun exploit ne puisse être donné les jours de fêtes légales, si ce n'est en vertu de la permission du président du tribunal, dans le cas où il y aurait péril en la demeure. — C. procéd., art. 1037, 2e alin.

63. — Nous avons dit *suprà*, no 21, qu'à une certaine époque on regardait comme sacriléges ceux qui faisaient ou faisaient faire des significations le dimanche ou pendant les fêtes de Pâques. Dans la suite on se montra moins rigoureux, et l'on finit par considérer comme bons et valables les ajournemens, quoique faits les jours de fête sans permission du juge. Mais il y eut une réaction dans la jurisprudence, et voici à quelle occasion : en 1722, les religieux Bénédictins de Bernay, en Normandie, firent signifier au curé de la même ville une assignation qui lui fut donnée le jour de Pâques, au sortir de son église. Le clergé en fut grandement ému et adressa des représentations au roi et à son conseil. L'affaire eut beaucoup d'éclat, l'exploit fut déclaré nul, et l'huissier interdit pour six mois avec défense de récidiver, sous plus grandes peines.

64. — Depuis cette époque, dit Boncenne, les arrêts du Parlement de Paris et les auteurs de son ressort avaient progressivement penché vers le système de la prohibition, et c'est ce système que le code a adopté.

65. — Toutefois, il ne résulte pas des termes prohibitifs dans lesquels sont conçus les art. 63 et 1037, C. procéd., que la signification d'un exploit un jour de fête légale emporte nullité. En effet, aux termes de l'art. 1030, le juge ne doit pas suppléer au silence de la loi, en appliquant une nullité qu'elle n'a pas prononcée; il devrait seulement prononcer la peine de l'amende contre l'huissier contrevenant. — Cette opinion, qui est celle de M. Chauveau sur Carré, (t. 1er, quest. 330) est consacrée par la jurispudence. — V. en ce sens les arrêts suivans; *Grenoble*, 17 mars Brochier c. Pastre; et 17 mai 1817, Brochier c. Pestier; *Bordeaux*, 16 juil. 1827, Lescure c. Boudet, et 24 janv. 1832, Charriol c. compagnie d'assurances; *Agen*, 27 août 1829, Roussanes; *Poitiers*, 26 nov. 1830, Carmignac c. Autelet; *Pau*, 14 juill. 1832, de Joantho c. Dufau; *Montpellier*, 24 fév. 1834, Castanier c. Nazon. — V. JOUR FÉRIÉ.

66. — Jugé de même qu'un exploit contenant déclaration de surenchère ne peut être annulé par le motif qu'il aurait été signifié un jour de fête légale, par exemple, le 21 janvier. — *Cass.*, 23 fév. 1825, Laudour c. Delaunay.

67. — Dans l'opinion contraire, on peut citer de graves autorités, Carré, t. 1er, quest. 330; Boitard, t. 1er, no 244, 2e édit.; Boncenne, t. 2, p. 239; Pigeau, *Comment.*, t. 1er, p. 185; on peut citer aussi en ce sens deux arrêts, l'un de la cour de *Bordeaux*, 10 fév. 1827, Bertrand c. Dumas; l'autre de la cour de *Pau*, 22 juin 1833, Lapits c. Sababer.

68. — M. Chauveau sur Carré (quest. 329) émet l'opinion que si la permission d'assigner un jour de fête légale peut être donnée par le président du tribunal qui doit être saisi de l'affaire; elle peut l'être aussi par le président du tribunal du lieu où l'exploit doit être signifié.

69. — Favard de Langlade (t. 1er, p. 145, no 9) pense au contraire que la requête ne peut être répondue que par le président du lieu où l'exploit doit être posé. — Tel est aussi le sentiment de Carré (t. 1er, quest. 329) et Lepage (*Quest.*, p. 113); mais il nous semble que cette restriction ne ressort ni des termes de la loi ni des considérations qui ont motivé cette disposition.

70. — C'est donc avec raison, selon nous, qu'il a été jugé qu'une surenchère n'est pas nulle parce qu'elle aurait été notifiée un jour férié en vertu d'une commission donnée par le président d'un tribunal autre que celui du lieu où la notification devait être faite. — *Cass.*, 7 avr. 1819, Ferrand c. Lacroisade.

71. — L'accomplissement de toutes les formalités prescrites pour la validité d'un ajournement doit être prouvé par l'acte lui-même; c'est le cas de la maxime : *Non esse et non apparere sunt unum et idem.* Ainsi, on ne peut être admis à prouver par témoins que l'huissier a accompli toutes les formalités voulues par la loi. — *Liége*, 24 juill. 1811, Akermann c. Meuret.

72. — Et de là il suit que la preuve de la délivrance des copies ne saurait s'induire de la perception du droit d'enregistrement basé sur le nombre des parties assignées. — *Cass.*, 14 mars 1821, Rebattu.

73. — D'après le même principe il a été jugé aussi que l'énonciation, contenue dans un original d'exploit, qu'une copie en a été remise, fait foi jusqu'à inscription de faux; des présomptions ne peuvent ni la combattre ni la détruire, et cette copie doit être présumée régulière jusqu'à preuve contraire. — *Besançon*, 13 avr. 1812, Froidot c. Enregistr.

74. — L'exploit doit être régulier non-seulement sur l'original, mais sur la copie : En effet, il est de principe que *la copie tient lieu d'original à la partie qui la reçoit.* — *Grenoble*, 5 juill. 1828, Berardel c. Ageron; *Rouen*, 9 mars 1842 (t. 2 1842, p. 15), Huguès c. Frossard; *Colmar*, 23 juill. 1835, Léwy c. Sée. — Boncenne, t. 2, p. 101; Thomine-Desmazures, t. 1er, p. 156; Chauveau et Carré, t. 1er, quest. 311; Bloche et Goujet, vo *Exploit*, no 30.

75. — Et ce principe doit être entendu en ce sens que celui qui a reçu une signification peut faire annuler l'exploit, si, d'après la copie, il n'est pas régulier, lors même qu'il le serait d'après l'original. — *Lyon*, 13 janv. 1825, Guillon c. Odin; — Graverol, liv. 2, tit. 1er, arr. 59; Rodier, *Quest.*, tit. 2, art. 16, no 13; Prost de Royer, vo *Assignation*, no 70.

76. — Ainsi, lorsque l'original énonce des faits qui sont contredits dans la copie, ces énonciations contradictoires ne méritent aucune créance. — *Cass.*, 7 vent. an VII, Dumay.

77. — Suivant M. Thomme-Desmazures (t. 1er, p. 160), la partie à qui une signification a été faite peut exiger la présentation de l'original de l'exploit, afin d'en constater et d'en signaler les vices. — Rodier, *Quest.*, tit. 2, art. 16, no 13.

78. — Jugé en ce sens que lorsqu'une partie ne présente pas la copie d'une sommation qui lui a été faite, si l'original est produit par la partie adverse, la première peut s'en prévaloir comme d'une pièce commune. — *Rennes*, 17 juin 1817, N...

79. — Et la raison en est que les irrégularités qui se trouvent dans l'original d'un exploit sont présumées de droit se trouver aussi dans la copie. — *Cass.*, 16 fév. 1832, Martinau.

80. — Il y a d'ailleurs des formalités dont l'accomplissement n'est constaté que sur l'original, telles sont les formalités de l'enregistrement et du visa. — Berriat, t. 1er, p. 88.

81. — Mais si une partie excipe des nullités commises dans la copie de l'exploit qui lui a été signifié, elle doit la représenter, sinon l'original fait foi.

82. — On a jugé en ce sens, en matière criminelle, que l'accusé ne peut se prévaloir des irrégularités qu'il prétendrait exister dans sa copie, par exemple, de l'omission de la date, s'il ne représente pas cette copie. — *Cass.*, 7 oct. 1825, Daumont. — V. EXPLOIT (matière criminelle).

83. — En règle générale, l'huissier ne doit pas mentionner la réponse de la personne à laquelle il remet la copie de l'exploit, il faut en excepter les matières d'offres réelles et quelques autres. — *Paris*, 10 avr. 1810, Marnois. — V. OFFRES RÉELLES.

84. — Dans le projet du Code on exigeait que l'huissier constatât la réponse de la partie à laquelle il était chargé de faire une notification, mais cette disposition ne fut pas maintenue. On comprend aisément pourquoi. Une réponse improvisée à la réception d'un exploit est souvent dangereuse, parce qu'elle peut être surprise, mal réfléchie, mal saisie, mal rendue; elle est toujours inutile lorsque ce n'est ni un commandement, ni une sommation, mais un simple ajournement que l'huissier apporte. Il ne doit, dit Boncenne (t. 2, p. 244), ni la solliciter ni l'écrire.

85. — C'est peut-être aller bien loin; mais sans contester ni approuver cette opinion, on peut se demander quelle est la valeur de la réponse faite à l'huissier et constatée par lui. Cette réponse fait-elle foi jusqu'à inscription de faux ? — Non, certainement. On dirait vainement que l'huissier étant un officier public, ses rapports doivent être crus. La créance légale n'est due aux officiers publics que lorsqu'ils se renferment dans l'exercice légal de leurs fonctions. En toute autre matière, leur attestation n'a pas plus d'autorité que celle d'un simple particulier. — Chauveau sur Carré, t. 1er, quest. 311 *bis*.

86. — Dans l'ancien droit on reconnaissait également ce principe, et l'on ne regardait comme constante la réponse consignée dans l'exploit que lorsqu'elle était revêtue de la signature de la partie à laquelle l'huissier l'attribuait. — Bouvot, vo *Sergent*, partie 1re; Rodier, *Quest.*, art. 16, no 7, et Chorier, liv. 2, sect. 1re, art. 6.

87. — Jugé néanmoins que celui qui lors du commandement qui lui a été fait aux fins de payer des objets qu'on prétend lui avoir été fournis pour les revendre, a répondu à l'huissier n'être que *commissionnaire*, et n'avoir pas acheté ces objets, ne peut plus tard en revendiquer la propriété, et qu'une telle réponse, quoique non signée de celui qui l'a faite, est, jusqu'à inscription de faux, suffisamment constatée par l'insertion qu'en fait l'huissier dans le commandement. — *Bruxelles*, 29 janv. 1825, Mertens.

88. — En France, la loi ne reconnait point de formules d'actes ni d'expressions sacramentelles; les termes mêmes dont elle s'est servie peuvent donc être remplacés par des équivallens, quoiqu'il soit prudent de les reproduire. Cependant on ne peut pas dire qu'on *appelle* d'un jugement quand c'est un pourvoi en cassation qu'on entend former. Ces deux modes de recours sont tout-à-fait distincts. — V. CASSATION.

89. — Lorsqu'un exploit est annulé par le fait de l'huissier, cet officier est responsable et les frais de l'acte nul, et même de la procédure annulée par suite, peuvent être mis à sa charge, sans préjudice des dommages-intérêts à allouer à la partie lésée, s'il y a lieu. — C. procéd., art. 71, 1031. — Ainsi, on n'admet plus dans notre droit l'ancien adage : *à mal exploiter, point de garant.*

90. — Jugé, à cet égard, que l'huissier est responsable de la nullité d'un protêt à l'égard de tous les endosseurs d'un billet à ordre indistinctement, et non pas seulement à l'égard de celui qui l'a chargé du protêt. — *Paris*, 8 janv. 1834, Cobure c. Grenet. — V. au surplus RESPONSABILITÉ, HUISSIER.

91. — Il n'est pas, au surplus, question ici des significations d'avoué à avoué, lesquelles sont soumises à des formalités particulières. — V. ACTE D'AVOUÉ A AVOUÉ, SIGNIFICATION D'AVOUÉ A AVOUÉ.

CHAPITRE III. — *Formalités des exploits.*

92. — Le Code de procédure, imitant en cela l'ordonnance de 1667, n'a pas tracé les formes des exploits en général, mais seulement celles de l'ajournement; mais cette lacune n'a rien de fâcheux; car on la supplée en observant pour la rédaction des exploits ordinaires toutes les formalités prescrites au titre des ajournemens, et qui sont compatibles avec l'acte qu'il s'agit de signifier. Nous reviendrons sur cette observation.

93. — Pour que l'ajournement atteigne le but indiqué par la loi, il est assujéti à diverses formalités dont les unes sont *intrinsèques* et les autres *extrinsèques*. Les formalités *intrinsèques* sont celles qui tiennent à la substance de l'acte lui-même, qui en sont comme les parties intégrantes, et dont l'omission emporte nullité de l'acte. Les art. 61, 64 et 68, C. procéd., indiquent ces formalités essentielles. — Carré et Chauveau, t. 1er, p. 276.

94. — Les formalités extrinsèques sont celles qui ne sont prescrites qu'accessoirement, qui se rattachent à l'exploit, mais qui n'en font pas partie intégrante. Tels sont l'enregistrement, la copie du procès-verbal de non-conciliation ou la mention de la non-comparution, la copie des titres sur lesquels la demande est fondée, la mention du coût de l'exploit et le visa.

95. — On remarquera que, quoique seulement accessoires, quelques-unes des formalités extrinsèques des exploits sont considérées comme assez importantes pour que leur omission entraîne la nullité de l'exploit. Cependant il est vrai de dire qu'en général lorsqu'il s'agit de pareilles formalités, la loi n'est pas si rigoureuse, et qu'elle se borne à prononcer une amende contre l'huissier qui contrevient à ses dispositions. — C. procéd. civ., Art. 71.

96. — Nous n'avons point ici à nous occuper des questions de capacité ou de qualité de celui au nom duquel l'exploit est signifié; ces questions sont traitées aux mots ACTION, APPEL, CASSATION, COMMUNE, DEMANDE, MANDAT, TUTELLE, etc., etc.

97. — Nous n'avons pas non plus à examiner quel est le tribunal compétent pour connaître de la demande introduite par l'exploit d'ajournement; ces notions se trouvent aux mots APPEL, COUR DE CASSATION, COURS ROYALES, DEGRÉS DE JURIDICTION, JUSTICE DE PAIX, PRUD'HOMMES, TRIBUNAUX, TRIBUNAUX DE COMMERCE, etc., etc.

Sect. 1re. — *Formes intrinsèques de l'ajournement.*

98. — L'ajournement, point de départ de l'instance, est un acte signifié par huissier et dans lequel le demandeur appelle son adversaire devant un tribunal désigné, et dans un délai qu'il doit également lui faire connaître, pour répondre à l'action intentée contre lui. Ainsi, l'ajournement a pour objet de mettre la partie assignée en mesure de se

défendre, en l'avertissant de la prétention du demandeur.

99. — De là toute l'importance attachée avec raison, par la loi, à l'observation des formalités qu'elle prescrit, et qui sont en définitive la garantie du droit sacré de la défense. Ceci entendu, parcourons maintenant les nombreuses formalités que doit renfermer l'ajournement.

§ 1er. — *De la date.*

100. — La première formalité essentielle exigée par l'art. 61, C. procéd. civ., c'est que l'exploit soit daté.

101. — La date contient la mention du jour, du mois et de l'année. L'exploit serait nul si la date était restée en blanc. — Boncenne, t. 2, p. 102; Thominè, t. 1er, p. 156.

102. — L'indication de l'heure n'est pas exigée dans les exploits d'ajournement; elle est même le plus souvent inutile, puisque la prescription et tous les délais de la procédure se comptent par jour et non par heure. — Boitard, t. 1er, p. 164; Boncenne, t. 2, p. 105; Carré et Chauveau, quest. 283; Bioche et Goujet, no 34.

103. — Jugé qu'un exploit portant qu'il a été remis à telle heure du jour, sans indiquer si c'est le matin ou le soir, doit être présumé l'avoir été plutôt le matin que le soir, lorsque, dans la supposition contraire, il serait nul, comme fait hors du temps fixé par l'art. 1037, C. procéd. — Cette présomption devient une certitude, si l'exploit a été enregistré le même jour. — *Bruxelles*, 2 fév. 1825, N.

104. — Cependant il peut être utile quelquefois d'indiquer, dans certains exploits, l'heure à laquelle ils ont été faits; par exemple, en matière de péremption, il pourrait se faire que la requête contenant la demande en péremption et un acte de poursuite d'instance eussent été signifiés le même jour, et qu'à défaut d'indication de l'heure à laquelle aurait été faite la signification de l'un et de l'autre de ces actes, il s'élevât des difficultés sur le point de savoir lequel aurait été signifié le premier, et par conséquent si la péremption serait ou non interrompue. — V. PÉREMPTION D'INSTANCE.

105. — Quoique l'art. 61 n'exige que la date des jour, mois et an, il est prudent de mentionner le lieu où l'acte est fait. — Carré et Chauveau, quest. 284 *ter*.

106. — La date d'un exploit d'huissier pourrait être mise en chiffre sans entraîner la nullité de l'acte. — Boncenne, t. 2, p. 106.

107. — C'est ce qui a été jugé par la cour de *Besançon*, le 12 fév. 1810, Boutechoux c. Perrin.

108. — Toutefois, dit M. Bioche (no 35), il convient de mentionner la date du mois surtout, en toutes lettres, afin d'éviter toute surcharge ou altération. Il y a moins d'inconvénient pour la date de l'année; elle se met souvent en chiffre; tel est l'usage des receveurs de l'enregistrement.

109. — Il a été jugé que la date des exploits doit, à peine de nullité, être énoncée conformément au calendrier grégorien; qu'il ne suffirait pas qu'on pût la déterminer par les énonciations contenues dans l'acte; qu'ainsi serait nul l'exploit portant la date du 15 fév. an V du règne de Napoléon. — *Aix*, 9 mai 1810, Bobonne c. Orrégia.

110. — Jugé cependant que l'indication erronée du jour de la semaine auquel correspond le quantième du calendrier républicain pour lequel une citation a été donnée, n'opère pas la nullité de l'exploit. — *Paris*, 21 frim. an XII, Lefort.

111. — Un exploit fait foi de sa date jusqu'à l'inscription de faux, encore bien que l'huissier avoue l'antidate, et que, sur la provocation du ministère public, il ait subi quelque condamnation à ce sujet. — *Riom*, 14 mai 1827, Sabatier c. Banel.

112. — La date pour être complète comprenant le jour, le mois et l'année, l'omission d'une seule de ces indications suffit pour entraîner la nullité de l'exploit.

113. — Ainsi, un ajournement est nul s'il n'indique la date du *jour* où il a été signifié. — *Liége*, 31 juill. 1811, Gaillard de Fassignier c. Dalemède.

114. — Jugé encore qu'un exploit d'appel est nul si la copie ne désigne pas le *jour* de sa signification, bien qu'il indique le mois et l'année. — *Rennes*, 20 fév. 1828, Philippe c. Crechiron.

115. — ... Qu'un exploit d'ajournement est nul, comme n'ayant pas une date complète, s'il ne contient pas l'indication du *mois* dans lequel il a été signifié. — *Bordeaux*, 9 déc. 1828, Reigner c. Teissier; *Besançon*, 12 août 1816, N...

116. — ... Que l'assignation donnée pour assister à une enquête ordonnée dans une instance en séparation de corps, doit, à peine de nullité, contenir l'indication du jour, du mois et de l'année auxquels elle est signifiée. — *Nancy*, 27 mars 1827, Thouvenot.

117. — ... Qu'un acte d'appel est nul si la date du mois se trouve en blanc sur la copie, encore qu'elle soit remplie dans l'original, et que l'huissier est responsable de cette nullité. — *Colmar*, 28 août 1812, Venuste-Quenet.

118. — ... Que lorsque la copie d'un exploit ne contient pas la date du *mois* et ne renferme pas d'énonciation qui puisse suppléer à cette omission, l'exploit est nul, encore que l'original soit régulier. — *Riom*, 8 janv. 1824, Monteil c. Broquin; 7 juill. 1819, Granghon c. Morel Lacombe.

119. — ... Que l'acte d'appel est nul pour contravention à l'art. 61, C. procéd. civ., si la copie n'énonce point le *mois* dans lequel elle a été signifiée, à moins que cette omission ne puisse être réparée par les autres énonciations de l'acte lui-même. — *Toulouse*, 23 juin 1840 (t. 2 1840, p. 426), Baric c. Gasc.

120. — ... Que l'acte d'appel n'énonçant pas le mois dans lequel il a été signifié est nul lorsque d'ailleurs aucune des énonciations contenues audit acte n'est de nature à suppléer à cette omission, et n'a pu faire connaître à l'intimé le jour précis de cette signification. — *Paris*, 4 juill. 1840 (t. 2 1840, p. 714), Lehmann c. Duteil.

121. — ... Que la signification d'un arrêt d'admission est nulle si la copie n'offre pas l'énoncé du mois. — *Cass.*, 21 flor, an X, Mesenger c. Luciote; 18 déc. 1816, Quignon c. Mouton; 8 nov. 1820, Paris c. Charmois; 4 brum. an X, Fredfond c. Billault. — V. CASSATION.

122. — Des imperfections, des erreurs, des omissions dans l'énoncé de la date rendent-elles toujours l'exploit nul? — « Il faut distinguer, dit Boncenne (t. 2, p. 103), si les erreurs, les omissions jettent une ombre de doute sur l'époque véritable à laquelle l'exploit a été signifié, il y a nullité; si la copie, imparfaite au premier aspect, laisse percer dans le reste de sa teneur quelque chose de clair et d'incontestable qui fixe la certitude de cette époque, la nullité disparaît; elle ne paraît plus alors qu'une peine sans motifs, et par conséquent une ridicule iniquité. » Cette distinction est confirmée par la jurisprudence. — V. aussi Carré et Chauveau, art. 61; Bioche, no 39.

123. — Jugé, en effet, que l'exploit non daté n'est pas nécessairement nul si sa date résulte évidemment des énonciations qu'il renferme; qu'ainsi, l'assignation donnée pour l'audience de *demain 9 juill.* indique suffisamment que l'exploit a été signifié le *huit*. — *Cass.*, 7 mars 1833, Prevost c. Piedfort.

124. — ... Que de même on doit déclarer valable un exploit enregistré le 30 mars, encore que la copie signifiée soit datée du 19 mars, si l'exploit original porte la véritable date du 29 mars, et si, d'ailleurs, il donne copie d'un procès-verbal de conciliation du 24 du même mois. — *Paris*, 24 août 1810, Hugot c. Thévenin de Tanlay.

125. — ... Qu'il n'y a pas nullité d'un acte d'appel dont la copie signifiée porte une date inexacte, si l'exploit lui-même contient des indications et rappelle des faits qui ne laissent aucune incertitude sur la date véritable écrite dans l'original dudit exploit. — *Cass.*, 24 déc. 1839 (t. 1er 1840, p. 103), Ste-Marie c. Bonnesœur; *Douai*, 18 juin 1845 (t. 2 1845, p. 255), Berchon c. Remy; *Cass.*, 23 mai 1842 (t. 2 1842, p. 182), Albouy c. Gaffard.

126. — ... Qu'un exploit n'est pas nul lorsque la copie renferme une erreur de date, mais qui peut se réparer d'elle-même par les autres énonciations de l'exploit et par les circonstances. — *Bourges*, 29 avr. avr. 1823, Raisonnier c. Mollet et Binet; *Montpellier*, 24 juill. 1816, Maux c. Peigné.

127. — ... Que l'omission de l'année dans la date d'un exploit ne suffit pas pour en entraîner la nullité si les autres énonciations qu'il renferme ne laissent aucun doute sur l'époque à laquelle il a été signifié. — *Cass*, 7 niv. an XI, Teyssèdre; *Toulouse*, 26 nov. 1811, Bernard c. Trainier.

128. — ... Que l'omission du mot *cent* dans la date de la saisie n'entraîne pas nullité, lorsque cette date est précisée par d'autres énonciations contenues dans l'acte même. — *Besançon*, 14 août 1811, N...

129. — ... Qu'ainsi n'est pas nul l'exploit dont la date porte l'*an mil huit onze*, si par sa contexture il indique l'année dans laquelle il a été notifié. — *Montpellier*, 28 juill. 1812, Joffre c. Jamma.

130. — ... Que de même un exploit qui porte pour date l'*an mil huit dix*, au lieu de *mil huit cent dix*, est valable si l'année se trouve suffisamment déterminée dans le corps de l'acte. — *Liége*, 29 août 1810, Renard c. bureau de bienf. d'Andenne; — *Contrà Lyon*, 28 déc. 1810, Beflors c. comm. de St-Oulbat.

131. — ... Que n'est pas nulle la signification de l'arrêt admettant un pouvoir dont la copie porte l'an mil cent neuf au lieu de l'an mil huit cent neuf. — *Cass.*, 15 janv. 1810, Brouvet c. Dechuytaner.

132. — ... Que l'arrêt qui admet un pourvoi en cassation est valablement signifié, quoique la copie de la signification énonce une année pour une autre, si d'ailleurs on n'a pu se tromper sur sa véritable date; tel serait le cas où la copie porterait 1800 au lieu de 1808. — *Cass.*, 8 nov. 1808, Bousquet.

133. — ... Que lorsque le doute que laisse l'omission dans un exploit, de la mention de l'année dans laquelle il a été fait, se réduit à savoir s'il a été fait, par exemple, en 1828 ou en 1829, on peut y suppléer, en recherchant dans le calendrier à laquelle de ces deux années correspondent le jour et la date du mois énoncés dans l'exploit; qu'on pourrait d'ailleurs y suppléer par les énonciations de l'enregistrement qui a été payé aux droits ordinaires. — *Bruxelles*, 21 avr. 1831, Reyns.

134. — ... Qu'on peut suppléer, d'après les circonstances, à l'omission du nom *du mois* dans la copie d'un acte d'appel. — *Bourges*, 21 mars 1827, Rabien c. Thoulet.

135. — ... Jugé de même que l'acte d'appel dont une des copies ne contient pas la mention du mois de sa signification, n'est pas nul, si l'omission de cette mention peut se suppléer par des énonciations contenues dans la copie de l'exploit. — *Rennes*, 29 janv. 1817, Hervé c. Delarue et Fromont.

136. — ... Qu'ainsi un exploit daté : *L'an* 1837, *le* 19, sans énonciation du mois, n'est pas nul si la date du mois se trouve mentionnée dans le corps de l'acte. — *Paris*, 21 mars 1837 (t. 2 1837, p. 389), Drouhet.

137. — ... Que de même l'omission du quantième du mois en tête de la copie d'un exploit d'appel n'entraîne pas la nullité de l'acte, lorsque ce quantième est indiqué dans la transcription faite sur la copie, du visa apposé sur l'original. — *Bourges*, 17 nov. 1830, Plassat c. comm. de la Chapelle.

138. — ... Que, bien que la copie d'un exploit soit le seul régulateur de celui qui est assigné, si elle contient une erreur de date dans le jour du mois (le 20 août, par exemple, lorsqu'il y a le 21 août sur l'original), il n'est point pour cela frappé de nullité, lorsque le jour de la semaine se trouve annexé à la date erronée, et que le jour correspond à sa véritable date énoncée sur l'original. — *Orléans*, 8 juill. 1812, N...

139. — Jugé en sens contraire qu'est nul comme n'énonçant pas de date certaine l'exploit d'appel qui porte pour date l'*an dix-huit huit*. — *Lyon*, 28 déc. 1810, Deflors c. comm. de Saint-Vulbas.

140. — ... Et que l'acte d'appel dont la copie ne porte aucune date du jour où il a été notifié, est nul, encore qu'en considérant tout le mois durant lequel la notification a eu lieu, l'appel se trouvât interjeté dans le délai de trois mois. — *Bastia*, 31 mars 1835, Tomasi c. Vincenti.

141. — Jugé au surplus avec raison qu'on doit réputer nul l'acte d'appel renfermant une date ainsi exprimée : *L'an mil huit*, le 13 juillet, alors qu'il n'existe dans l'acte lui-même aucune énonciation qui puisse suppléer cette omission et faire connaître la véritable date de l'année. — *Limoges*, 14 mars 1840 (t. 1er 1843, p. 548), Pradier c. Pascal.

142. — D'après le principe exposé (*suprà* no 74), que la copie tient lieu d'original à la partie à laquelle un exploit est signifié, il ne suffit pas que l'original soit régulier, il faut que la copie le soit aussi.

143. — Ainsi le vice résultant du défaut de date dans la copie d'un exploit d'appel n'est pas couvert par l'existence de la date dans l'original. — *Cass.*, 4 déc. 1811, Grignart c. de Haves; *Bruxelles*, 30 avr. 1807, Prau c. Nauderneschen.

144. — ... De même est nulle la citation de conciliation dont la copie porte pour date l'an *mil cent neuf* au lieu de *mil huit cent neuf*, encore que l'original soit régulier. — *Agen*, 6 juill. 1812, Delcussot c. Bouyssi.

145. — De même encore est nul l'exploit qui porte une date antérieure à celle du jugement dont il contient la signification, encore que cette fausse date ne soit que dans la copie. — *Toulouse*, 23 nov. 1811, Vergnes c. Salsac; *Cass.*, 5 août 1807, Nanchouart c. d'Hegreville.

146. — En conséquence, cette signification ne peut faire courir les délais de l'appel ni du pourvoi en cassation. — *Cass.*, 5 août 1807, Nanchouart c. d'Hegreville.

147. — Quelque certain que soit le principe, il cesse, dans certains cas, de recevoir application. Ainsi quand la date d'un exploit est complète dans l'original et incomplète dans la copie, l'acte ne doit pas être déclaré nul si le défendeur a connu la véritable époque de la signification. — *Nîmes*, 29 déc. 1810, de Tauriac c. Gourgas.

148. — Jugé en ce sens que la différence de date entre l'original et la copie d'un appel ne le rend

pas nul, si l'une et l'autre dates se trouvent comprises dans le délai fixé pour appeler, et si l'intimé ne peut exciper d'aucun préjudice causé par cette irrégularité. — *Caen*, 8 avr. 1813, Laroche c. Chartier.

149. — Jugé de même qu'un exploit n'est pas nul quoique la copie n'en indique pas la date, si le moment de la remise est établi par les circonstances de la cause. — *Bourges*, 6 messid. an XIII, Bureau c. N...

150. — Jugé enfin que lorsque la date de la copie de la signification d'un appel n'est point conforme à celle de l'original, l'arrêt qui juge en fait que la date a été matériellement altérée dans la copie, mais qu'on ne peut douter, d'après les circonstances de la cause, et surtout d'après l'inspection de la copie et de l'original, que la vraie date est la même que celle de l'original, a pu, sans violation d'aucune loi, déclarer cette signification valable. — *Cass.*, 6 nov. 1832, Dumiral et Mabru c. Pouzrat.

151. — Cependant, suivant un arrêt de la cour de Toulouse, une omission dans la date d'un exploit n'est suppléée par la mention exacte de la date dans un autre acte qu'autant que cet acte a été lui-même signifié à la partie qui invoque la nullité. — *Toulouse*, 14 fév. 1838 (t. 2 1838, p. 280), Francon c. Gelés.

152. — ... Et suivant la cour de Bastia, il ne peut être suppléé par aucune présomption au défaut de date du jour dans un acte d'appel. — *Bastia*, 21 mai 1827, Lambert c. Chocarne.

153. — On place ordinairement la date en tête de l'exploit; mais cela n'est pas absolument nécessaire. Ce qui importe, c'est que l'acte soit daté; libre ensuite à l'huissier de consigner cette date dans une partie quelconque de son exploit. — Boncenne, t. 2, p. 102.

§ 2. — *Noms, profession et domicile du demandeur ou du requérant. — Patente.*

154. — L'exploit d'ajournement doit mentionner les noms, profession et domicile du demandeur. — C. procéd., art. 61.

155. — Cette indication est de l'essence même de l'acte. On ne concevrait pas une assignation qui n'indiquerait pas à la requête de qui elle est formulée. — Boitard, t. 1er, p. 106. — Ainsi jugé en ce qui concerne un acte d'appel. — *Toulouse*, 30 mai 1838 (t. 1er 1847), N.....

156. — *Noms.* — La loi par cette expression a-t-elle entendu prescrire non seulement le nom de famille, mais aussi les prénoms? — Boncenne (t. 2, p. 107) se prononce pour l'affirmative : « Les prénoms, dit-il, sont devenus indispensables depuis l'accroissement et l'extension de toutes les espèces de rapports sociaux; les noms héréditaires se sont trop répandus et répétés partout pour suffire à la distinction des individus. De là, cette nécessité de la mention des prénoms dans les actes de la procédure, nécessité que le bon sens avait déclarée long-temps avant qu'elle eût été érigée en loi. » — V. aussi Boitard, t. 1er, n° 230.

157. — Et cette opinion se fonde encore sur ce qu'en prescrivant au demandeur de mentionner ses noms, profession et domicile, le législateur a écrit le mot *nom* au pluriel, ce qui comprend dès-lors les prénoms.

158. — Jugé en ce sens que l'exploit d'ajournement qui contient seulement l'initiale des prénoms du demandeur est nul. — *Bruxelles*, 27 janv. 1818, Camvides c. Colson.

159. — Toutefois Pigeau (*Comment.*, t. 1er, p. 174) et Favard de Langlade (t. 2, p. 135. n° 1er) pensent que l'indication du prénom n'est pas d'une absolue nécessité, et Carré (t. 1er, quest. 285) affirme que telle est l'opinion commune; ce à quoi Boncenne répond que cette opinion commune lui semble être une erreur.

160. — Jugé en ce sens qu'un exploit d'ajournement n'est pas nul quoiqu'il ne contienne pas le prénom du demandeur. — *Bourges*, 17 mars 1815, N.....

161. — Quant à nous, nous pensons avec M. Chauveau sur Carré (t. 1er, quest. 285) que le vœu de la loi est que l'identité du demandeur soit bien constatée, et que lorsque ce vœu est rempli il serait par trop rigoureux d'annuler l'exploit. Mais nous pensons aussi qu'il faudrait décider autrement, si l'omission des prénoms avait pour résultat de jeter du doute sur la personne du demandeur.

162. — « Ici, comme sur la formalité de la date, la loi ne se montre exigeante que pour le fond et nullement pour la forme, dit M. Chauveau. Que le demandeur soit bien désigné, voilà ce qu'elle demande; mais qu'il le soit en termes exprès, ou qu'il le soit par des équipollens, peu lui importe. » — C'est ce qu'enseigne de la manière la plus explicite M. Thomine, t. 1er, p. 156 et 157.

163. — Conformément à cette doctrine, il a été jugé qu'un exploit d'ajournement désignant le demandeur sous le nom de *Lechallier*, au lieu de *Lechevallier*, a pu être déclaré valable, lorsque le véritable nom s'en trouve indiqué dans une lettre de change, transcrite en tête de l'exploit. — *Cass.*, 23 avr. 1834, Dauxert c. Lechevallier.

164. — ... Qu'un acte d'appel n'est pas nul, quoiqu'il indique d'une manière inexacte le nom de l'appelant, par exemple, si celui-ci y est appelé *Vargues* au lieu de *Vergnes*. — *Agen*, 25 juill. 1808, Mones c. Vergnes.

165. — ... Que l'appelant peut être réputé suffisamment désigné dans un exploit par le titre dont il est qualifié dans la société, par exemple, *le comte de...* — *Bourges*, 26 juill. 1826, de Sérent c. Renault.

166. — Qu'ainsi, on ne doit pas considérer comme nul l'exploit d'appel qui, sans indiquer les nom et prénoms de l'appelant, le désigne par le titre dont il est qualifié dans la société, par exemple, si l'appelante y est désignée sous le titre de *comtesse de Sérent*, surtout si, dans l'assignation originaire et dans la procédure en première instance, elle n'a été désignée que sous cette qualification, et cela, sans réclamation de la part de l'autre partie.. — Même arrêt.

167. — ... Que l'omission du nom de l'un des demandeurs dans l'exploit de signification d'une requête en péremption d'instance ne vicie point cet exploit, quand ce nom se trouve en tête de la requête. — *Montpellier*, 17 janv. 1831, Pasturel c. Boyer.

168. — Lorsqu'il y a plusieurs demandeurs, tous doivent également être nommés. Il faut que chacun d'eux soit en cause, sans quoi la règle *qu'on ne peut plaider par procureur*, serait violée. Mais il n'y aurait nullité qu'au regard des demandeurs qui n'auraient pas été expressément nommés, et ils ne le seraient pas valablement par ces expressions vagues *et consorts*. — Carré et Chauveau, t. 1er, quest 287; Pigeau, t. 1er, p. 179; Bioche et Goujet, n° 81. — Il en est autrement lorsqu'il y a indivisibilité ou solidarité.

169. — Jugé d'après ce principe que l'assignation par acte d'appel donnée par deux créanciers *non solidaires* est nulle à l'égard de celui des deux qui n'a pas indiqué son domicile — *Bourges*, 29 août 1817, Duval Doligny c. Ferino.

170. — ... Que l'assignation donnée par le chef d'une administration, doit, sous peine de nullité, porter qu'elle est signifiée à la requête de cette administration, et à la diligence de ce fonctionnaire. — *Bruxelles*, 7 avr. 1832, Caisse d'amortissement c. Vandenguerden.

171. — ... Que la citation donnée au nom d'une compagnie d'assurance, poursuites et diligences de son directeur, n'est pas valable, si elle ne désigne pas les noms, prénoms, etc., de ceux des membres de cette compagnie qui ont pris seuls les risques, en signant individuellement, *et sans aucune solidarité entre eux*, la police d'assurance. — *Aix*, 23 déc. 1837 (t. 1er 1838, p. 226), Assureurs de Paris c. Dalmas; — Boncenne, t. 2, p.. 132.

172. — Jugé, au contraire, que l'assignation donnée par les syndics en leur nom personnel dans l'intérêt de la communauté est valable. — *Cass.*, 7 sept. 1814, Pons et Girard c. Rouband et Mouton.

173. — ... Et qu'il en est de même d'une assignation en délaissement, quoique faite en nom collectif, si elle l'a été par un ayant-droit, et encore bien qu'elle n'énonce pas le titre en vertu duquel on agit. — *Agen*, 9 juin 1806, Saignes c. Estang.

174. — Un exploit ne peut, en général, être formulé qu'au nom de celui à qui l'action ou la poursuite appartient. — Bioche et Goujet, v° *Exploit*, n° 87. — Cependant, un mandataire peut être chargé de représenter une partie devant les tribunaux; dans ce cas, l'assignation peut-elle être donnée *à la requête du mandataire* agissant pour son mandant, dont il fait connaître les noms, profession et domicile? ou bien doit-elle l'être *à la requête du mandant, poursuites et diligences du mandataire?*

175. — La question a été débattue sérieusement, et on a soutenu que ces deux formules étaient fort différentes; que la première était contraire au principe, *nul ne plaide en France par procureur, si ce n'est le roi*, et que la seconde seule devait être employée. — Bioche et Goujet, n° 87.

176. — Jugé, en ce sens, qu'un appel ne peut être interjeté au nom d'un procurateur et qu'il faut qu'il le soit au nom de la partie elle-même, poursuite et diligence du procurateur. — *Rennes*, 23 avr. 1811, Moro c. Marie.

177. — ... Qu'un mandataire ne peut interjeter un appel en son propre nom, pour son mandant, quels que soient les termes de sa procuration. — *Aix*, 18 fév. 1808, Eusèbe c. Martini.

178. — Jugé encore que l'acte d'appel notifié à un procurateur en son nom, quoiqu'en sa qualité de procurateur, et non à la partie, *poursuites et diligences* du procurateur, est nul. — *Rennes*, 19 nov. 1810, Lesns c. Laferrière.

179. — Boncenne fait remarquer avec raison que le sens de la maxime invoquée n'est pas tel qu'on le prétend (V. PLAIDER PAR PROCUREUR); qu'il importe fort peu que le nom du mandataire soit avant ou après, pourvu qu'il ne marque pas celui de la personne en qui réside l'intérêt de l'affaire. « Ce que fait pour moi le fondé de mes pouvoirs, dit-il, n'est-ce pas comme si je le faisais moi-même. » — Cette opinion est également enseignée par MM. Carré et Chauveau, t. 1er, quest. 290; Boitard, t. 1er, p. 242 et suiv., 1re éd.; Favard de Langlade, t. 1er, p. 136.

180. — Aussi a-t-on déclaré valable l'exploit donné au nom du mandataire dont les mandans, parties au procès, ne sont dénommés qu'après lui. — *Rennes*, 16 janv. 1818, Letulzo c. N.

181. — La cour de Cassation a reconnu que la maxime *nul en France*, excepté le roi, *ne plaide par procureur*, signifie que pour intenter ou soutenir une action judiciaire, il faut être en nom direct dans les qualités de l'instance. — *Cass.*, 8 nov. 1836 (t. 1er 1837, p. 25), comp. du Cotentin c. Héroult.

182. — Il n'y a que le nom du roi qui ne doive pas figurer personnellement dans les procès civils qui intéressent la couronne. Les poursuites sont dirigées activement et passivement par les délégués que la loi a indiqués. — V. L. 8 nov. 1814, art. 14; 2 mars 1832, art. 27; — Boitard, t. 2, p. 168. — V. DOMAINE PRIVÉ DU ROI, n° 27.

183. — M. Duvergier, dans son *Traité de la Société*, est d'avis que l'assignation doit être valable lorsqu'elle a été donnée à la requête du gérant, même lorsque la société est purement civile, et il se fonde sur ce que l'assignation doit, d'après le Code lui-même, être donnée devant le tribunal du lieu où elle est établie, ce qui ne peut être raisonnable qu'autant que la loi considère la société comme un être moral, ayant une existence civile. Cela étant, il semble que l'on doit décider, dans cette hypothèse comme dans le cas où il s'agit d'une société commerciale, que le gérant a le pouvoir d'ester en justice au nom de la société qu'il représente. — Tel est aussi l'avis de M. Troplong, *Tr. de la société*, t. 2, n° 694.

184. — La cour de Cassation a jugé que l'exploit introductif d'instance donné à la requête d'une société purement civile, doit, à peine de nullité, désigner individuellement par leurs noms, profession et domicile, chacun des membres de la société. — *Cass.*, 8 nov. 1836 (t. 1er 1837, p. 25), compagnie du Cotentin c. Héroult.

185. — ... Et qu'il ne suffit pas que l'exploit soit notifié par la société, poursuites et diligences de son directeur. — Même arrêt.

186. — Dans les exploits qui concernent l'état, les communes, les établissemens publics, l'exploit est donné à la requête du préfet pour l'état, du maire pour la commune, du trésorier pour la fabrique, en un mot du fonctionnaire public qui les représente, et il suffit de faire connaître la qualité en vertu de laquelle on agit. Ainsi, un exploit est valable, quoique le nom du demandeur ne soit pas exprimé, s'il est dit que c'est *le préfet de tel département* qui agit au nom de l'état. — La désignation de *maire de telle commune* suffit aussi pour satisfaire au vœu de la loi, lorsque l'exploit est donné dans l'intérêt de cette commune. — V. au surplus COMMUNES, FABRIQUES, HOSPICES.

187. — Jugé qu'une citation donnée au nom d'une personne décédée ou au nom de ses héritiers collectivement sans aucune autre désignation est nulle. — *Aix*, 8 fév. 1839 (t. 1er 1839, p. 408), Assureurs c. Boy de Latour. — V. aussi *Bordeaux*, 11 mars 1835, Thilbac.

188. — *Profession.* — L'ordonn. de 1667, tit. 2, art. 2, enjoignait aux huissiers de mentionner dans leurs exploits la *qualité* du demandeur. Le Code de procédure a substitué, sans trop de raison, à cette expression très générale une expression beaucoup moins heureuse, *la profession*. En effet, il y a dans la société beaucoup de gens, rentiers, capitalistes, propriétaires, etc., qui n'ont point de profession proprement dite. — De là, quelques difficultés dans la pratique, car les formalités prescrites par l'art 61, C. procéd. civ., doivent toutes être observées à peine de nullité.

189. — Il a été jugé que le défaut de mention de la profession de l'appelant dans l'acte d'appel, en entraîne la nullité. — *Besançon*, 26 août 1808, Feliker c. Gomet.

190. — Si le demandeur n'a pas de profession, la prescription de la loi ne pouvant être remplie, l'omission n'emporte pas nullité; l'huissier peut, dans ce cas, se borner à mentionner que le demandeur est *sans profession*.

RÉP. GÉN. — VII. 10

191. — Jugé, en ce sens, qu'un acte d'appel ne peut être annulé pour défaut de mention de la profession de l'appelant, lorsqu'il n'en exerce aucune. —*Rouen*, 9 déc. 1813, N...; — Boncenne, t. 2, p. 118.

192.—Si le demandeur, sans avoir de profession, a une qualité, il suffit de la mentionner pour que le vœu de la loi soit rempli.—Boncenne, t. 2, p. 118; Berriat, t. 1er, p. 218, note 3e.

193. — Ainsi, lorsque le demandeur est simple propriétaire et qu'il n'exerce aucune profession, il n'est pas nécessaire, à peine de nullité, qu'il en fasse mention dans son exploit d'ajournement. — *Douai*, 4 mai 1813, Widehen c. de Larochefoucault.

194. — On a jugé aussi que la qualité de *propriétaire* prise par un appelant suffit pour la validité de l'appel, quoiqu'il exerce d'ailleurs un état ou une profession. — *Poitiers*, 26 nov. 1824, Gallard c. Lacour; *Paris*, 17 août 1810, Gronier c. Roguier.

195. — Jugé, à plus forte raison, que l'on doit déclarer valable l'acte d'appel dans lequel l'appelant s'est qualifié de *propriétaire* au lieu de *cultivateur*, surtout s'il cultive ses propriétés. — *Besançon*, 21 mai 1812, Baverel c. Lacroix.

196. — Jugé encore que la qualification de propriétaire-cultivateur, prise par une partie en première instance, ne constitue pas une profession dont l'omission dans l'acte d'appel doive entraîner la nullité de cet acte. — *Cass.*, 4 déc. 1834, Ducluzeau c. Vergne.

197. — Lorsqu'il y a dans l'exploit une erreur dans la mention de la profession ou de la qualité du demandeur, cette erreur ne rend pas nécessairement l'acte nul : la jurisprudence fait à cet égard de sages distinctions.

198. — Ainsi jugé que l'acte d'appel qui ne contient pas la mention de la profession de l'appelant, n'est pas nul, si on peut suffisamment l'inférer des termes de l'exploit. — *Rennes*, 29 janv. 1817, Hervé c Delarue et Fromont.

199. — ... Que l'omission de la profession du demandeur en péremption dans l'exploit de signification de la requête à avoué n'est pas une cause de nullité de l'exploit, alors surtout que le demandeur y est désigné de manière à ne pas laisser le moindre doute sur sa personne. — *Bastia*, 25 janv. 1842 (t. 1er 1844, p. 671), Morandi c. Pallavicini. — V. conf. *Montpellier*, 17 janv. 1831, Pasturel c. Boyer.

200. — ... Qu'il en est de même lorsque cette omission a été réparée dans les actes subséquens de la procédure.—*Limoges*, 5 fév. 1817, Betailoulon.

201. — ... Que l'exploit de signification d'un jugement n'est pas nul en ce qu'il ne fait pas mention des noms, profession et domicile du requérant, alors qu'il est précédé de la copie d'un *soit signifié* à la requête de celui-ci, et signé de son avoué, renfermant exactement les indications dont il s'agit.— *Colmar*, 14 juin 1832, Hertzog c. Hey.

202. — ... Qu'une erreur sur la profession du demandeur ne vicie pas un exploit d'ajournement, si cette fausse désignation n'a pu tromper le défendeur sur la véritable personne qui l'assignait. — *Nancy*, 20 juin 1824, Collin c. Nageau.

203. — Si l'exploit est signifié à la requête d'une société dont la raison sociale est énoncée, il n'est pas nécessaire de mentionner la profession, car la raison sociale implique la profession de commerçant. — *Rennes*, 29 janv. 1817, Hervé.

204. — L'art. 61, C. procéd., se borne, comme on l'a vu, à exiger la mention des noms, profession et domicile du demandeur; mais cela ne suffit pas toujours. Par exemple, lorsque le demandeur est commerçant, et que l'exploit est relatif à son négoce, l'huissier doit énoncer la patente du requérant, à peine d'amende. — L. 7 mai 1844, art. 29. — V. PATENTE. — Du reste, l'omission de la mention de la patente ne vicie pas l'exploit; cette formalité n'est exigée que dans l'intérêt du fisc.

205. — La loi veut que l'exploit indique le domicile du demandeur, et elle a raison, car le domicile est surtout le seul moyen de distinguer une personne d'une autre.

206. — Ainsi jugé que le défaut de mention, dans la copie de l'acte d'appel, du domicile de l'appelant entraîne nullité de cet acte. — *Besançon*, 26 août 1808, Feliker c. Gomet.

207.—D'un autre côté, comme le demandeur sait toujours quel est son domicile, l'accomplissement de cette formalité semble ne devoir présenter aucune difficulté dans la pratique. Cependant il y a quelques discussions sur ce point.

208. — Et d'abord on demande si par cette expression *domicile* la loi a voulu que l'on indiquât la *rue* et le *numéro* de la maison. Il est certain que dans les petites localités cette formalité est sans objet, et qu'elle ne peut raisonnablement être exigée. Mais doit-il en être de même dans les grandes villes et notamment à Paris? La jurisprudence se prononce pour l'affirmative.

209. — Jugé, en effet, qu'il n'est pas nécessaire, à peine de nullité, d'indiquer, dans un exploit fait à la requête d'une personne domiciliée à Paris, la rue et le numéro du domicile.—*Montpellier*, 4 mai 1825, Fagès c. Chapelier; *Douai*, 31 janv. 1839 (t. 2 1841, p. 268), Hervide c. Chassaing; *Bourges*, 26 juill. 1826, de Serent c. Renault.

210. — ... Que l'art. 61, C. procéd., n'exige pas l'indication de la rue et du numéro de la maison où est situé le domicile du demandeur.—Et spécialement, que l'appelant remplit suffisamment le vœu de la loi en prenant dans l'acte d'appel la qualité d'*avocat à la cour royale de Paris*, et en disant qu'il est *domicilié dans cette ville*. — *Bordeaux*, 26 mars 1834, Bergé c. Brian.

211. — ... Qu'ainsi le domicile du demandeur est suffisamment indiqué dans un exploit, lorsqu'il y est dit que le demandeur demeure à Paris, sans désignation de la rue ni du numéro de la maison. — *Cass.*, 22 mars 1831, Vielle c de Sagey.

212. — Boncenne (t. 2, p. 120) n'adopte pas cette solution; il fait observer que la ville de Paris étant divisée en plusieurs arrondissemens, se dire simplement domicilié à Paris, ce n'est rien indiquer de précis, et qu'une indication aussi vague peut mettre le défendeur dans l'impossibilité de faire des offres en temps utile et de mettre fin au procès. Il ajoute que lors des conférences sur l'ordonnance de 1667, de Lamoignon voulait qu'on obligeât les huissiers de coter la maison et la paroisse de la partie.

213. —Jugé en ce sens que dans un acte d'appel, ou dans un exploit, le domicile du requérant n'est pas suffisamment désigné, lorsqu'on n'indique que la ville, quand la partie est domiciliée à Paris, quoiqu'elle soit revêtue d'un grade qui puisse la faire trouver facilement, tel que celui de lieutenant, à tel régiment de la garde royale. — *Poitiers*, 13 août 1824, de Marconnay.

214. — Quant à Carré (t. 1er, quest. 298), il est d'avis qu'il est bon de spécifier dans l'exploit la commune, le canton et le département, et, si c'est une grande ville, la rue et le numéro; mais il ne croit pas que le défaut de ces indications, qu'il considère comme accessoires, entraîne la nullité de l'exploit. —Telle est aussi l'opinion de M. Chauveau, *ibid.*

215. — Nous pensons, quant à nous, qu'il faut distinguer, et que l'exploit qui ne porte l'indication ni de la rue ni du numéro peut être annulé ou validé suivant les circonstances. Il doit être validé, si l'indication de la rue et du numéro ne pouvait rien ajouter à la notoriété du domicile du demandeur, par exemple, lorsqu'il s'agit d'une personne connue de tous. Il doit être annulé, si l'omission a pu induire le défendeur en erreur et ne lui a pas permis de constater l'identité du demandeur.

216. — Jugé en ce sens que l'erreur dans la désignation de la rue et du numéro de la demeure de l'appelant n'est pas une cause de nullité de l'exploit d'appel, lorsque cette demeure a été exactement indiquée dans les autres actes de procédure, et que les intimés ont même assigné l'appelant à son domicile. — *Bourges*, 21 août 1839 (t. 1er 1847), Houdaille.

217.— Toutefois, il est vrai de dire avec M. Chauveau (*loc. cit.*) que le domicile du demandeur, dans le sens de l'art. 61 est moins la maison qu'il occupe que la commune où sa demeure est établie.

218. — Si l'acte d'appel n'indique pas le véritable domicile de l'appelant, il est nul. — *Paris*, 20 juin 1809, Gauvin c. Boutiier; *Liége*, 25 janv. 1809, Dréon c. Lyon.

219. — Est nul conséquemment l'exploit d'appel qui énonce que le requérant est à l'armée, mais qui n'indique pas son véritable domicile.—*Bruxelles*, 27 mars 1807, Poussielgue c. Stuckens.

220. — On a jugé néanmoins que l'exploit contenant l'énonciation du domicile *apparent* du demandeur pouvait remplir le vœu de l'art. 61, C. procéd. civ. — *Cass.*, 20 juin 1832, Duligondais c. Pasquier.

221. — La cour de Turin a jugé que la mention qu'un *exploit* est fait à la requête d'un *tel*, de *telle commune*, sans exprimer si le requérant y est domicilié, ne peut être considérée comme une désignation valable de domicile. — *Turin*, 24 avr. 1810, Bianchetto c. Scallcrone. — Et cette décision est approuvée par Carré (*Lois de la procéd.*, t. 1er, p. 153, note 2e) qui fait remarquer que « les expressions à la requête *de tel, de telle commune*, indiquent plutôt le lieu de la naissance que celui du domicile. » — Boncenne (t. 2, p. 122) est aussi du même avis.

222. — Toutefois, il a été jugé que les mots *habitant tel endroit* équivalent à ceux *domicilié à...*, et qu'il en est surtout ainsi quand le lieu de l'habitation n'est pas autre que celui du domicile. — *Pau*, 30 nov. 1809, Prielley; *Grenoble*, 23 déc. 1819, Bernard.

223. — L'énonciation de la *demeure* du demandeur suffit-elle pour valider l'exploit? — Berriat Saint-Prix se prononce nettement pour la négative. Il soutient que la demeure n'est pas la même chose que le domicile; qu'il est des actes tels que les offres réelles qui ne peuvent être valablement notifiés qu'au domicile de la partie, et qu'enfin le Code se servant du mot *domicile* pour le demandeur, et du mot *demeure* pour le défendeur, annonce par là qu'il n'attache pas le même sens, la même valeur à ces deux mots.

224. — Jugé en ce sens qu'un exploit doit énoncer non seulement la demeure, mais encore le domicile du demandeur. — *Liége*, 13 juill. 1814, N...

225. — ... Qu'un acte d'appel est nul s'il ne mentionne pas le domicile de l'appelant, quoiqu'il indique sa demeure. — *Gênes*, 3 août 1808, Barbieri c. N...

226.—Carré (*Lois de la procéd.*, t. 1er, quest. 300) Boncenne (t. 2, p. 136) et Favard de Langlade (*Rép.*, t. 2, p. 123) contredisent cette solution et soutiennent que les mots *domicile* et *demeure*, dont se sert l'art. 61, ont exactement le même sens. C'est ce que Boncenne surtout cherche à établir par une foule de textes, où les mots *domicile* et *demeure* sont employés indistinctement l'un pour l'autre. — M. Thomine-Desmazures (t. 1er, p. 157) se range également à cette opinion.

227. — Que si nous consultons les arrêts, nous trouvons qu'ils consacrent des décisions contraires à celles indiquées plus haut.

228. — Ainsi jugé que la mention, faite dans un exploit, de la *demeure* ou de l'*habitation* du demandeur, équivaut à celle de son domicile. — *Cass.*, 28 juill. 1810, N...

229. — ... Que l'indication dans l'exploit d'ajournement de *la demeure* du demandeur est suffisante, si son domicile est dans cette demeure. — *Liége*, 7 oct. 1814, Mean c. Masset; *Besançon*, 21 mai 1812, Baverol c. Lacroix; *Cass.*, 28 juill. 1818, Saint-Amand c. Guintrand.

230. — Suivant M. Chauveau (sur Carré, t. 1er, quest. 300), la demeure doit être présumée ne faire qu'un avec le domicile, jusqu'à preuve contraire. Si donc, dit-il, le défendeur vient à prouver que le demandeur a un domicile distinct de la demeure indiquée dans l'exploit, il pourra, mais seulement dans ce cas, obtenir la nullité de cet acte.

231. — Jugé en ce sens que la mention de la demeure de l'appelant, dans l'acte d'appel, indique son domicile jusqu'à preuve contraire. — *Poitiers*, 31 déc. 1830, Juigné c. Philibert.

232. — Jugé que l'exploit signifié à un père à la requête de sa fille majeure mentionne suffisamment le domicile de celle-ci, lorsqu'il énonce qu'elle est domiciliée dans un lieu où elle a en effet établi sa résidence habituelle et où elle paraît avoir intention de fixer son domicile. — *Nîmes*, 8 juill. 1831, Buisson.

233. — La cour de Douai (5 sept. 1835) a décidé qu'un acte respectueux n'était pas nul quoiqu'il n'indiquât pas la véritable résidence de l'enfant à la requête duquel il était notifié; mais on remarquera qu'il ne s'agit point ici d'un exploit proprement dit, et que l'art. 61 n'est pas nécessairement applicable à ces sortes d'actes. — V. ACTES RESPECTUEUX, n° 123.

234. — L'indication d'un domicile élu ne dispense pas de l'indication du domicile réel. — Thomine, t. 1er, p. 157; Boncenne, t. 2, p. 119.

235. — A plus forte raison, doit-on déclarer nul l'acte d'appel dans lequel l'appelant élit domicile dans sa maison d'habitation *sans désigner le lieu où elle est située*. — *Riom*, 9 nov. 1808, Brugère c. Puget.

236. — La jurisprudence admet encore, quant à la mention du domicile, des équipollens; mais elle est beaucoup moins facile sur ce point que sur d'autres.

237. — On reconnaît généralement que lorsqu'une assignation est donnée à la requête d'un fonctionnaire public, qui, d'après l'art. 107, C. civ., a son domicile de droit dans le lieu où il exerce ses fonctions, la qualité du demandeur dans l'exploit supplée à l'indication du domicile.

238. — Ainsi jugé qu'un exploit d'appel n'est pas nul lorsque, à défaut d'une mention expresse du domicile de l'appelant, ce domicile y est indiqué cependant en termes équivalens, par exemple si l'appelant y est qualifié de juge près tel tribunal. — *Gênes*, 8 juill. 1809, Magnocavalli c. Tarchini.

239. — Jugé, dans le même sens, que le domicile d'un individu est suffisamment indiqué dans l'acte, lorsqu'il y est dit qu'il agit en qualité de trésorier d'une église de la ville et qu'il est greffier en chef du tribunal de cette ville, ces fonctions entraînant pour celui qui les exerce domicile de droit dans ce dernier lieu. — *Nîmes*, 7 mai 1841 (t. 2 1841, p. 462), fabr. de Saint-Siffrein c. ville de Carpentras.

240. — De même ne peut être argué de nullité, comme n'indiquant pas le domicile des requérans, l'exploit fait à la requête de N..... à de N....., propriétaire, notaire à N....., et de l'épouse de celui-ci, demeurant à N.... — *Grenoble*, 3 janv. 1820, Ginet c. Banse.

241. — Mais l'indication, dans un exploit d'ajournement, de la qualité et des fonctions du demandeur ne supplée pas à celle du domicile prescrite par l'art. 61, C. procéd. civ., lorsque d'ailleurs ces fonctions sont essentiellement révocables, et que leur occupation n'entraîne pas translation nécessaire du domicile dans le lieu où elles doivent être exercées. — Spécialement est nul l'appel signifié à la requête du sieur N., juge de paix du canton de..., sans indication du domicile. — *Nîmes*, 18 janv. 1837 (t. 2 1837, p. 189), Paran c. Dubois.

242. — Jugé aussi que l'indication de domicile ne résulte pas suffisamment de la qualification de *marchand patenté par acte délivré à*... — *Bruxelles*, 7 déc. 1818, Courtois.

243. — ....Que l'exploit signifié à la requête de N...., employé dans les hôpitaux de la Martinique est nul, cette énonciation n'indiquant pas suffisamment le domicile du requérant. — *Grenoble*, 28 avr. 1818, N... — *Contrà Paris*, 4 fév. 1811, Bourgoing.

244. — ... Que la veuve n'étant pas présumée de droit conserver le domicile de son mari défunt, jusqu'à déclaration formelle qu'elle entendait le changer, un exploit est nul, comme n'indiquant pas suffisamment le domicile de la requérante, lorsqu'il est fait à la requête de la dame..., veuve du sieur..., en son vivant notaire à... — *Colmar*, 27 juill. 1829, Dischbein c. Strahlenheim.

245. — Suivant deux arrêts, l'un de la cour de Cassation (21 fév. 1826, de Bernage c. Deschâtelets), l'autre de la cour de Poitiers (18 juin 1830, Saboureaud c. Rougnon), l'indication de la qualité de maire de telle commune n'équivalait pas à l'indication du domicile; mais aujourd'hui la décision serait différente, parce qu'aux termes de l'art. 4, L. 21 mars 1831, le maire doit avoir son domicile réel dans la commune. — Chauveau sur Carré, t. 1er, quest. 296 *bis*.

246. — ...Jugé, en ce sens, que l'indication de la qualité de maire d'une ville donnée dans un acte d'appel, contient mention suffisante du domicile lorsque le maire habite la ville même; et que cette énonciation, rapprochée des actes de l'instance, et notamment du jugement, ne laisse aucun doute sur le véritable domicile du maire. Que, dans tous les cas, le maire serait non recevable à opposer la nullité, s'il avait reçu la copie et visé lui-même l'original de l'acte d'appel. — *Nîmes*, 7 mai 1841 (t. 2 1841, p. 462), fabr. de Saint-Siffrein c. ville de Carpentras.

247. — Devant la cour de Cassation, l'indication du domicile du demandeur qui a obtenu un arrêt d'admission, n'est pas exigée dans l'exploit d'assignation devant la chambre civile. — V. CASSATION.

248. — Au reste, il a été jugé que l'exploit entaché d'une erreur dans l'indication du domicile du demandeur, n'est pas nul si cette erreur n'a été ni pu être préjudiciable au défendeur. — *Montpellier*, 4 mai 1825, Fagès et Timothée c. Chapellier et Albarel.

249. — La cour de cassation a jugé que les actes d'appel, quoique soumis aux formes ordinaires des ajournemens, sont valables lorsqu'ils contiennent d'une manière implicite le domicile réel de l'appelant. — *Cass.*, 18 fév. 1828, Bazennerie.

250. — ... Par exemple, lorsque l'exploit est dirigé contre un jugement où il est fait mention de ce domicile. — *Cass.*, 26 avr. 1830, Mesnil c. Baudry; 26 nov. 1838 (t. 1er 1847), B... c. L.... — V. aussi *Cass.*, 7 nov. 1821, Wamant c. Demolon.

251. — Jugé, en ce sens, qu'un exploit d'assignation est valable, quoiqu'il n'indique ni le domicile ni la profession du demandeur, lorsque l'un et l'autre se trouvent mentionnés dans le procès-verbal de non-conciliation, dont copie est en tête de l'exploit. — *Nîmes*, 5 août 1812, N... c. N...

252. — Mais cette décision est contredite par Boncenne (t. 2, p. 122). Du reste, il a été décidé par la cour de Bourges (19 juill. 1822, Moreau c. Briffaut) que la nullité d'un exploit, résultant du défaut de mention du domicile de la personne à la requête de laquelle il est fait, ne peut être écartée par le motif que ce domicile est indiqué dans une pièce signifiée en tête de l'exploit.

253. — Jugé aussi que l'acte d'appel qui n'indique pas expressément le domicile réel de l'appelant, est nul si l'appelant se borne à déclarer qu'il interjette appel d'un jugement rendu de... et signifié à domicile le..., alors qu'il n'énonce pas que son domicile était indiqué dans les qualités de ce jugement, et qu'il n'en avait pas changé depuis sa prononciation. — *Cass.*, 9 mars 1825, Houy c. Boileau. — Merlin, *Quest.*, vo *Appel*, § 10, art 1er, no 7.

254. — ... Et que le défaut de mention, dans un acte d'appel du domicile de l'appelant, emporte nullité de cet acte, alors même que le jugement de première instance où ce domicile est indiqué s'y trouve énoncé, si ce jugement (par exemple, en matière d'ordre) n'a été signifié qu'à l'avoué et non à la partie. — *Cass.*, 1er mars 1841 (t. 1er 1841, p. 408), Gourgueil c. Bellaud.

255. — Jugé enfin que l'exploit ainsi conçu : « à la requête de tels, ayant le même intérêt comme cohéritiers, et pour lesquels domicile est élu dans tel lieu, maison de l'un d'eux... » peut être déclaré ne pas contenir une indication suffisante du domicile réel des demandeurs. — *Cass.*, 26 nov. 1838 (t. 1er 1847), B... c. L... — Tout dépend en effet des circonstances, et il semble que les juges doivent avoir en cette matière un pouvoir souverain.

§ 3. — *Noms et demeure du défendeur.*

256. — Aux termes de l'art. 61, C. procéd., l'exploit doit contenir les noms et demeure du défendeur, à peine de nullité (V. aussi art. 1er, C. procéd.). Ces expressions diffèrent, comme on le voit, de celles employées à l'égard du demandeur. Précisons quelles sont les conséquences de cette différence de rédaction.

257. — *Noms.* — Cette expression implique que l'exploit doit contenir le *nom de famille* et les *prénoms*. Et Boncenne (t. 2, p. 111) veut qu'on observe scrupuleusement cette formalité.

258. — Boitard (t. 1er, p. 248, 1re édit.) partage cette opinion ; mais il reconnaît que cette exigence, quoique utile, est un peu sévère dans certains cas, parce qu'il n'est pas toujours possible au demandeur de connaître d'une manière précise les prénoms de son adversaire.

259. — Quant à M. Chauveau sur Carré (t. 1er, quest. 306), il pense que l'omission des prénoms du défendeur ne peut être une cause de nullité qu'autant qu'elle est de nature à influer sur la clarté de la désignation, et s'il résulte des documens du procès que le demandeur aurait pu facilement connaître les prénoms du défendeur.

260. — Jugé en ce sens que, dans un exploit d'ajournement, le défendeur ne peut se plaindre de ce que son prénom y a été omis, s'il n'a pu méconnaître que l'acte lui était adressé. — *Liége*, 31 juill. 1811, Gaillard de Fassiguier c. Dalemède.

261. — ... Qu'un exploit n'est pas nul quoiqu'il n'indique pas les vrais prénoms de l'accusé, si, d'après les circonstances, il y a eu impossibilité de le méconnaître. — *Liége*, 19 fév. 1812, Wilmaert c. Stasse; *Cass.*, 7 août 1811, Barré c. Gardien.

262. — Jugé que l'indication du nom de famille n'est pas nécessaire lorsqu'il s'agit d'actes signifiés à des fonctionnaires publics en cette qualité. Cette dernière mention est suffisante. — *Montpellier*, 4 fév. 1811, Argilliers; *Bourges*, 3 janv. 1827, comm. d'Aman c. Rousseau.

263. — Les sociétés commerciales sont assignées sous la raison sociale, sans qu'il soit nécessaire de désigner par son nom chacun des associés. — Chauveau sur Carré, t. 1er, quest. 307; Boitard, t. 1er, p. 293; Merlin, *Rép.*, vo *Société*, sect. 6e, § 3, no 1er; Favard, t. 1er, p. 444; Bioche et Goujet, no 144.

264. — Jugé qu'il y a société commerciale dans le fait de la location en commun d'une carrière, pour en vendre les produits, et qu'en conséquence l'assignation pour être présent à l'enquête ordonnée contre les associés a été valablement donnée à l'un des associés, sans qu'il soit besoin d'en donner copie à chacun d'eux individuellement. — *Caen*, 26 janv. 1836, Roulleux c. Jobert.

265. — Jugé aussi qu'en matière de société civile, l'assignation donnée à chacun des intéressés individuellement est valable. — *Cass.*, 26 mai 1841 (t. 1er 1841, p. 751), Tassy c. Fouque.

266. — ... Et que l'art. 69, C. procéd. civ., dont le paragraphe 6 porte que les sociétés commerciales, seront assignées en leur *maison sociale*, et, s'il n'y en a pas, en la personne ou au domicile de l'un des associés, ne peut être étendu aux sociétés civiles. — Même arrêt.

267. — Il a été jugé que l'exploit est nul à l'égard de tous les intimés si la copie unique qui a été délivrée ne désigne aucun d'eux individuellement. — *Cass.*, 14 mars 1821, Rebattu c. Garcin.

268. — Est nulle également comme contenant une fausse désignation de la personne, et par conséquent ne fait pas courir les délais de l'opposition, la signification d'un jugement par défaut, faite à une femme nommée Joséphine-Marguerite-Ange Giniès, épouse Levasseur, sous le nom de Joséphine Rieux, femme Levasseur. En pareil cas, il n'est pas dans les attributions de la cour de Cassation d'examiner les motifs qui ont déterminé les premiers juges à déclarer nulle une telle signification. — *Cass.*, 18 avr. 1835, Levasseur.

269. — Une partie ne peut exciper de l'erreur commise dans le nom sous lequel elle est assignée devant la cour de Cassation, quand cette erreur est le résultat de son propre fait. — *Cass.*, 3 fév. 1835, Martin c. héritiers Chautard.

270. — L'omission du nom de l'intimé dans un acte d'appel n'est pas une cause de nullité, si ce nom se trouve dans le même acte à l'ajournement. — *Besançon*, 21 mai 1810, Sibille c. Ruty.

271. — Le code n'exige pas que la profession du défendeur soit indiquée dans l'exploit, et, par conséquent, cette omission ne peut entraîner nullité. Néanmoins il est convenable de mentionner la profession ou la qualité, toutes les fois que cela est possible; cette indication peut contribuer à constater l'identité de la personne à laquelle l'exploit est signifié.

272. — *Demeure.* — Il serait souvent impossible au demandeur de connaître le domicile du défendeur; il suffit donc que l'exploit d'indication indique clairement le lieu de sa demeure. — Chauveau et Carré, quest. 308; Bioche, no 148.

273. — Jugé en ce sens que l'énonciation du domicile du défendeur n'est point prescrite pour la validité de l'assignation ; il suffit que sa demeure soit déclarée. — *Rennes*, 22 juill. 1814, Garbagny c. N...

274. — C'est à peine de nullité que l'exploit d'appel doit contenir la mention de la demeure de l'intimé. — *Cass.*, 20 mars 1820, de Batz c. de Frondeville, *Turin*, 11 mai 1811, F...; *Rennes*, 22 nov. 1823, Bernier c. Joubert et Dubois.

275. — Ainsi, lorsque la demeure du défendeur n'est indiquée que d'une manière vague, par exemple, par ces mots : *demeurant hors la ville, près la commune de*, cette mention ne remplit pas le vœu de la loi, pas plus en matière criminelle qu'en matière civile. — *Bordeaux*, 23 fév. 1832, Taffard.

276. — Jugé cependant que dans un exploit signifié par un huissier de Paris, ces mots : *demeurant hors la barrière d'Enfer*, ont pu être considérés comme indiquant suffisamment la demeure de l'assigné. — *Cass.*, 3 mai 1830, Boucher c. Cuvet.

277. — Si l'exploit d'appel énonce que le domicile de l'intimé est dans tel lieu qu'il désigne, et que cependant il lui soit signifié dans un autre lieu que l'exploit qualifie aussi de domicile, cet acte est nul. — *Lyon*, 6 août 1829, comm. de Champdor c. Bourgeot.

278. — La demeure comprend-elle le numéro de la maison ? — Ici encore les arrêts décident la négative. Ainsi une assignation est valable, quoiqu'elle n'indique pas le numéro de la maison du défendeur. — *Paris*, 17 avr. 1809, Ponte c. Rozano.

279. — ... Ou quoiqu'elle indique un numéro autre que le véritable, si la signification a eu lieu au véritable domicile. — *Bruxelles*, 12 juill. 1815, Caron c. Thorès.

280. — De même, l'erreur de rue n'est pas un motif de nullité, si en tête de l'exploit de signification se trouve une copie du jugement où est mentionné le domicile véritable, et si d'ailleurs l'exploit a été remis au débiteur qui le représente. — *Lyon*, 4 juin 1833, Despres.

281. — Un exploit d'appel notifié à un mari et à sa femme, demeurant ensemble, n'est pas nul par cela que la copie laissée à l'épouse, au domicile de son mari, ne mentionne pas la ville qu'habite le mari, lorsque d'ailleurs cette ville est indiquée dans la copie laissée au mari, et que la femme, par sa comparution, a prouvé qu'elle avait reçu la copie. — *Poitiers*, 15 mars 1825, Giraud.

282. — La mention dans un acte d'appel que le domicile de l'intimé est dans telle paroisse, au lieu de dire dans telle commune, n'est point une fausse énonciation, s'il n'y a qu'une paroisse dans la commune. — *Orléans*, 10 mai 1815, Tifforne c. Malbrun.

283. — Conformément aux principes énoncés *suprà*, nos 154 et suiv., les erreurs ou omissions dans un exploit, notamment en ce qui touche l'indication du domicile, n'entraînent pas nullité toutes les fois que cet exploit ou les pièces qui l'accompagnent renferment des énonciations qui peuvent réparer ces erreurs ou omissions. — *Cass.*, 23 nov. 1836, Copier c. Desprez.

284. — Ainsi l'omission du domicile de l'intimé n'est pas une cause de nullité de l'appel, si l'exploit énonce la qualité de l'intimé, et que de cette qualité résulte la connaissance du domicile. Par exemple, l'exploit signifié à N..., receveur des contributions directes de la ville de..., énonce suffisamment son domicile. — *Liége*, 12 juin 1812, Chainaie-Raymond c. Denis.

285. — Cependant il a été jugé que l'énonciation de la demeure du défendeur, dans un exploit d'a-

EXPLOIT, ch. 3, sect. 1re.
EXPLOIT, ch. 3, sect. 1re.

journement, étant exigée, à peine de nullité, par l'art. 61, C. procéd., le défaut d'indication ne peut être suppléé par induction et par raisonnement. Que, conséquemment, on devait déclarer nulle, comme ne contenant pas l'indication de la demeure du défendeur, l'assignation donnée à Deschatelets fils, propriétaire et maire de la commune de N..., en son domicile et parlant à sa personne. — *Cass.*, 21 fév. 1826, de Bernage c. Deschatelets.

286. — Mais nous répéterons ici ce que nous avons dit plus haut, qu'aujourd'hui la qualité de maire implique l'existence du domicile réel de ce fonctionnaire dans la commune qu'il administre.

287. — Suivant M. Chauveau sur Carré, (t. 1er, quest. 308 *bis*) l'indication de la demeure du défendeur n'est pas nécessaire, et l'omission de cette formalité ne rend pas l'exploit nul, lorsque l'acte a été signifié à la personne même du défendeur ou de l'intimé. — *Bruxelles*, 24 janv. 1821, Van Tougerloo c. Desonghe.

288. — Jugé qu'on doit réputer valable la signification d'un exploit faite à plusieurs intimés par une seule copie au domicile du mandataire par eux constitué, lorsque la cour royale a pu induire des faits de la cause que lesdits intimés avaient entendu se placer hors des termes des art. 68, 69 et 456, C. procéd. civ. — *Cass.*, 14 juill. 1840 (t. 2 1840, p. 325), Bowerman c. O'Mullane.

289. — ...Et que, dans tous les cas, le moyen de nullité en la forme contre un exploit d'appel, tiré de ce que la signification en aurait été faite au domicile d'un mandataire, ne peut être proposé pour la première fois devant la cour de Cassation, lorsqu'il ne résulte ni des conclusions insérées dans les qualités, ni des termes de l'arrêt, que ce moyen ait été discuté devant la cour royale. — Même arrêt. — V. CASSATION.

§ 4. — *Constitution d'avoué.*

290. — L'exploit d'ajournement doit contenir la constitution de l'avoué qui occupera pour le demandeur, et chez lequel l'élection de domicile sera de droit, à moins d'une élection contraire par le même exploit. — C. procéd., art. 61.

291. — « C'est ici, dit Boitard (t. 1er, no 233), une de ces formalités secondaires, accidentelles, qui ne résultent pas de la nature, de l'essence, de l'idée même d'ajournement; on peut très bien, *à priori*, concevoir un ajournement qui ne renferme aucune constitution d'avoué, de même qu'on peut très bien concevoir le procès dirigé sans aucune intervention d'avoué. Mais le législateur n'a pas voulu remettre au soin des particuliers ou de mandataires purement officieux la direction de leur procès; pour assurer la facilité, la régularité des communications diverses nécessaires à l'instruction, le législateur a placé entre les parties et les juges des intermédiaires forcés, chargés de conclure et de postuler pour les plaideurs. C'est donc une formalité accidentelle et arbitraire, si l'on veut, mais absolument nécessaire, dans la législation telle qu'elle est, que la constitution, dans l'ajournement, d'un avoué chargé de postuler pour le demandeur. » — Aussi cette formalité est-elle prescrite à peine de nullité.

292. — Jugé en conséquence qu'un exploit d'ajournement est nul, s'il ne contient pas constitution d'avoué. — *Rennes*, 19 fév. 1823, Fougeront et Pérée c. Caradec.

293. — ...Et l'on ne pourrait, par un acte subséquent, réparer cette irrégularité. — *Riom*, 16 nov. 1808, Réné; *Lyon*, 25 août 1828, Dupont; *Turin*, 14 juin 1807, Masselli; *Amiens*, 10 nov. 1821, Rouhaud; *Cass.*, 5 janv. 1815, Rochechouard; *Grenoble*, 5 juill. 1828, Ageron.

294. — Il en est de même de l'assignation pour être présent à une enquête; elle doit, à peine de nullité, contenir constitution d'avoué. — *Orléans*, 5 mars 1830, Leroi Beronet.

295. — Jugé encore que l'acte d'appel est nul, lorsqu'il ne désigne pas l'avoué de l'appelant, mais réserve de le désigner, si cette désignation n'a été faite que par un nouvel acte d'appel donné au domicile réel, plus de trois mois après la signification du jugement attaqué. — *Paris*, 21 déc. 1808, Pouchet Maugendre c. Béné; 16 nov. 1808, Mêmes parties; — Chauveau et Carré, quest. 1615.

296. — Si l'exploit d'ajournement ou l'acte d'appel est nul, lorsqu'il ne contient pas de constitution d'avoué, par voie de conséquence, il faut décider que la constitution d'une personne qui n'a pas la qualité d'avoué, ne satisfait pas au prescrit de la loi.

297. — C'est donc avec raison qu'on a déclaré nul l'acte d'appel constituant pour avoué un individu qui n'a pas cette qualité, et qu'il a été décidé que la constitution régulière, mais postérieure à l'expiration du délai d'appel, ne relève pas de cette nullité. — *Florence*, 19 mai 1810, Sansbuschi c. Sticklingt.

298. — Jugé de même qu'un acte d'*appel* est nul, si celui que l'appelant constitue pour avoué est un avocat. — *Cass.*, 4 sept. 1809, Pierret; 5 janv. 1815, Rochechouard et Pontville c. N.; *Rennes*, 18 mai 1824, Kouvelen; — Merlin, *Quest. de dr.*, vo *Appel*, § 10, no 2.

299. — ...A moins que cet avocat ne soit aussi avoué, car, dans ce cas, l'exploit est valable. — *Limoges*, 30 déc. 1812, Tournandel c. Fonfreyde.

300. — Jugé encore que l'acte doit être déclaré nul lorsque l'appelant a constitué pour avoué un avocat, et que cette nullité n'est pas séparée par la constitution régulière d'un avoué faite par acte séparé de l'exploit d'appel, surtout en dehors du délai d'appel. — *Toulouse*, 24 juill. 1840 (t. 1er 1847), Daffèsc.

301. — Il ne suffit pas de constituer avoué; il faut que l'avoué constitué ait qualité pour occuper devant la cour ou le tribunal saisi de l'affaire.

302. — Jugé, en conséquence, que l'acte d'appel, portant constitution d'un avoué de première instance, est nul, et que cette nullité n'est pas couverte par le renouvellement de cet appel après le délai de trois mois. — *Pau*, 22 juill. 1809, Pujo c. Bastère; *Bastia*, 17 juill. 1838 (t. 1er 1847), Padronie.

303. — Jugé de même que l'acte d'appel est nul, s'il ne contient pas constitution d'un avoué près la cour devant laquelle il est interjeté. — *Limoges*, 14 avr. 1813, N...

304. — ... Qu'on doit déclarer nul l'acte d'appel constituant pour avoué un individu qui n'a pas cette qualité, et que la constitution régulière mais postérieure à l'expiration du délai d'appel ne relève pas de cette nullité. — *Florence*, 19 mai 1810, Saubuschi c. Sticklingt.

305. — La constitution d'un avoué qui a cessé ses fonctions ou qui est décédé est-elle valable? — La question est fort controversée, du moins parmi les cours royales, car, ainsi qu'on le verra, les auteurs sont généralement d'accord.

306. — Dans le sens de la nullité on invoque l'art. 61, C. procéd.; on dit que l'exploit qui ne contient que la constitution d'un avoué décédé ou démissionnaire n'a pas plus de valeur que celui qui ne contient aucune constitution; — que, dans l'un et l'autre cas, le défendeur est dans l'impossibilité de faire à qui de droit ses significations.

307. — Jugé, en ce sens, que l'acte d'appel contenant constitution d'un avoué décédé est nul. — *Limoges*, 6 fév. 1841 (t. 2 1841, p. 467), M... c. N...; *Bruxelles*, 15 juin 1830, Gilbert; *Rennes*, 21 oct. 1816, Saniel; *Metz*, 12 juin 1816, Grosjean c. Brion.

308. — ... Qu'un acte d'appel est nul si l'appelant y constitue pour avoué un avocat, qui a exercé les fonctions d'avoué, et qu'il a pu connaître comme s'étant démis de ces fonctions. — *Bourges*, 1er mars 1831, Maillet c. Moreau.

309. — ... Qu'il en est de même de l'acte d'appel contenant constitution d'un avoué qui n'exerce plus ses fonctions depuis trois ans. Cette nullité ne peut être réparée que par un nouvel appel, relevé dans les délais légaux. Elle ne peut l'être par la simple déclaration d'une nouvelle constitution d'avoué. — *Nîmes*, 27 fév. 1819, Mouriès c. Robert.

310. — Jugé de même qu'un acte d'appel, qui constitue pour avoué un individu qui n'a plus le droit d'exercer ce ministère près la cour, est nul, quoique l'ignorance du constituant soit réelle. Et que si, s'apercevant de son erreur, l'appelant fait une constitution régulière, mais tardive, et après les délais de la loi, elle n'est point valable. — *Orléans*, 16 déc. 1813, Latour c. Rabon; *Riom*, 17 avr. 1818, Rudel c. Brugières.

311. — Dans l'opinion contraire, on répond que l'erreur de fait, qui suffit pour la rescision d'une transaction, doit être une excuse suffisante pour le redressement d'une faute inoffensive, dont aucun droit n'a souffert; qu'il y aurait une sévérité déplacée à annuler un acte, quand il n'y a eu ni disposition faussée, ni manquement prévu, ni garantie éludée. — Telle est l'opinion de Boncenne, t. 1er, p. 146; Thomine-Desmazures, t. 1er, p. 158; Boitard, t. 1er, p. 246; Favard-Langlade, t. 1er, p. 136; Bioche et Goujet, t. 1er, vo *Ajournement*, no 20; Chauveau et Carré, t. 1er, no 301.

312. — Jugé en ce sens qu'un acte d'appel n'est pas nul, quoique contenant constitution d'un avoué décédé, si les appelans pouvaient ignorer le décès de cet avoué. — *Bourges*, 29 juin 1808, Guyon Perconte c. Georges; *Bordeaux*, 20 mars 1824, Taffard c. Robert; *Colmar*, 17 mars 1836, N...

313. — ... Que l'acte d'appel contenant constitution d'un avoué démissionnaire n'est pas nul de plein droit : il faut, en cette matière, avoir égard aux circonstances qui ont pu amener l'erreur involontaire de l'appelant. — *Limoges*, 20 juill. 1838 (t. 1er 1839, p. 199), Thiot c. Pasquet.

314. — ... Et spécialement, qu'on doit déclarer valable l'acte d'appel contenant constitution d'un avoué qui a cessé ses fonctions, si l'éloignement entre le domicile de la partie et le siége de la cour royale est tel que l'appelant ait dû ignorer la démission de l'avoué qu'il constitue, et si, d'ailleurs, l'avoué qui a succédé à ce dernier s'est constitué aux lieu et place de son successeur. — Même arrêt.

315. — ... Que l'acte d'appel portant constitution d'un avoué qui avait cessé depuis peu ses fonctions, peut être renouvelé, même hors le délai. — *Nîmes*, 24 août 1810, Laget-Valdeson c. Layre.

316. — ... Ou réparé par un acte postérieur. — *Trèves*, 4 déc. 1809, N... c. S...

317. — La question ayant été portée devant la Cour de cassation, cette cour a jugé que, si dans un exploit d'appel, comme dans tout autre ajournement, la constitution d'avoué porte sur un individu décédé ou démissionnaire, l'acte n'est pas pour cela nul de plein droit. Ce cas, suivant le même arrêt, est laissé à la prudence du juge qui peut dès-lors déclarer l'exploit valable, en raison de la bonne foi et de l'ignorance de l'appelant. — *Cass.*, 16 mai 1836 (t. 1er 1837, p. 147), Chabert c. Astier et Laborie.

318. — C'est à la doctrine de la Cour de cassation qu'on doit, suivant nous, se tenir; elle satisfait à tout, en laissant à l'appréciation des magistrats la question de validité ou de nullité de l'exploit, c'est-à-dire la question de bonne foi.

319. — La loi n'exige pas d'une manière expresse qu'en constituant avoué on indique les noms et demeure de cet officier; souvent on serait dans l'impossibilité de le faire, surtout lorsqu'on demeure hors du ressort du tribunal où l'avoué constitué exerce ses fonctions. Cependant la prudence conseille de faire connaître le nom de l'avoué et d'indiquer sa demeure, en un mot de le désigner le plus complètement possible, afin de prévenir toute difficulté.

320. — La cour de Grenoble a jugé, le 14 déc. 1832 (Oriol), que la constitution d'avoué devait contenir le nom de l'avoué *à peine de nullité.*

321. — Mais cette décision est, selon nous, trop rigoureuse; aussi n'a-t-elle pas fait jurisprudence, comme le prouvent les arrêts suivans.

322. — Ainsi jugé qu'il suffit pour que la constitution soit valable qu'un acte d'appel contienne la demeure d'un avoué d'une manière précise, lorsqu'aucun autre avoué n'habite la même maison. — *Bordeaux*, 17 juin 1831, Blanc et Aymet.

323. — ... Que l'erreur commise dans le nom d'un avoué, lorsqu'elle n'empêche pas de reconnaître celui qu'on a voulu désigner, ne rend pas nuls la constitution d'avoué et l'exploit d'appel. — *Bourges*, 10 fév. 1826, Duprat c. Delamarre.

324. — Qu'ainsi un exploit d'appel n'est pas nul, si une lettre a été omise dans le nom de l'avoué, lorsqu'il n'existe pas d'autre avoué du même nom. — *Rennes*, 18 avr. 1823, Delamusse c. Renaux.

325. — ... Que, conséquemment, la nullité d'un acte d'appel ne saurait résulter de ce que l'avoué constitué dans cet acte a été désigné sous le nom de *Brun Loume*, au lieu de l'avoir été sous celui de *Brun Deloume*, si d'ailleurs cette énonciation suffit pour faire connaître l'avoué désigné. — *Toulouse*, 7 mars 1834, Gaubert c. Bermont.

326. — ... Qu'il en est de même lorsque le nom a été complétement dénaturé (*Chénier* au lieu de *Cheux*), pourvu que les énonciations renfermées dans l'exploit ne permettent pas de se méprendre sur la personne du véritable avoué constitué. — *Angers*, 2 janv. 1824, Femusson c. Fouchées.

327. — Nous croyons aussi avec MM. Carré et Chauveau (t. 1er, quest. 362) que la constitution pourrait, suivant les circonstances, être considérée comme suffisante lorsque l'exploit indique *le doyen des avoués, le président de la chambre des avoués, le successeur de M. N...*, etc. — Boitard, t. 1er, p. 247; Thomine-Desmazures, t. 1er, p. 158; Favard-Langlade, t. 1er, p. 136; Bioche et Goujet, vo *Ajournement*, no 16. — M. Chauveau croit que la mention de *doyen des avoués* pourrait être critiquée, il préfère celle de *plus ancien avoué.*

328. — Du reste, il n'existe aucuns termes sacramentels pour la constitution d'avoué. Ainsi, il a été jugé qu'il suffit qu'elle résulte d'expressions qui ne permettent pas de douter qu'il y a constitution, notamment, dans un acte d'appel, de l'élection de domicile faite chez un avoué d'appel et de la signification de la quittance d'amende consignée par le même avoué. — *Cass.*, 21 août 1832, Verdier c. Aubert.

329. — Jugé encore que la constitution d'avoué résulte valablement, en appel, de la déclaration par l'appelant qu'il constitue pour avoué celui qui avait été indiqué dans un précédent acte d'appel auquel il a renoncé. — *Cass.*, 12 juin 1831, comm. de Bichancourt c. comm. de Sinceny.

350. — Jugé également qu'on ne peut demander la nullité d'un acte d'appel, comme ne contenant pas constitution d'avoué, s'il renferme assignation à comparaître à l'effet de *par le ministère de tel avoué, voir conclure à ce que le jugement soit mis au néant*. — *Bruxelles*, 21 fév. 1814, Demeyer c. Spigeleers.

351. — On a jugé même qu'un exploit d'appel qui ne contient pas constitution d'avoué n'est pas nul, lorsque cette constitution est faite dans une réquisition d'appel signée de l'avoué et signifiée par l'huissier en tête de l'exploit. — *Cass.*, 21 déc. 1831, Lalanne c. Maillet.

352. — ... Et encore que l'exploit d'appel portant déclaration de constituer avoué est valable, encore qu'il n'en désigne aucun, *si la signature d'un avoué se trouve en marge sur la copie*. — *Rennes*, 20 janv. 1813, N...

353. — Mais cette dernière décision va trop loin, et M. Chauveau s'exprime avec raison à cet égard : « La constitution d'avoué, dit-il, part du requérant et non de l'avoué lui-même, puisque la remise de l'acte d'appel vaut pouvoir. Si l'opinion de la cour de Rennes était adoptée, l'avoué aurait qualité pour interjeter appel pour son client, puisque sa signature pourrait régulariser un acte d'appel nul ; ce qui serait en opposition avec les règles de la procédure. »

354. — La constitution d'un avoué *inconnu* ne remplit pas le vœu du Code. Une telle constitution doit donc être considérée comme insuffisante, et l'exploit qui la renferme est nul.

355. — C'est par cette raison qu'il a été jugé qu'un avoué qui se présenterait sur un acte d'appel contenant constitution d'un avoué inconnu n'aurait pas qualité pour suivre l'instance. — *Rennes*, 23 juin 1820, François.

356. — L'élection de domicile chez un avoué équivaut-elle à une constitution d'avoué? — Non, dit Boncenne (t. 1er, p. 140), l'élection de domicile est de droit chez l'avoué constitué parce qu'on doit croire, quand la partie n'a pas exprimé le contraire, qu'elle n'a point voulu charger du soin de recevoir les significations qui lui seraient adressées, un autre que celui auquel elle a confié la direction de son procès. Mais on ne peut pas présumer de même que la simple commission donnée pour recevoir des significations confère nécessairement le pouvoir de postuler et de conclure. — V. aussi Pigeau, *Comment.*, t. 1er, p. 176; Favard de Langlade, t. 1er, p. 137, no 2; Carré, sur l'art. 450 ; Bioche et Goujet, vo *Appel*, no 117.

357. — Jugé en ce sens que l'élection de domicile chez un avoué n'équivaut pas à une constitution d'avoué, et ne peut la suppléer — *Lyon*, 29 mai 1816, Favre c. Raymond ; *Liége*, 15 juin 1807, Soliveau c. Leclercq ; *Liége*, 3 nov. 1814, Massin c. Bienne ; *Montpellier*, 5 août 1807, Bonaterre c. Majoret ; *Colmar*, 26 janv. 1816, Bugelin c. Heinès ; *Lyon*, 25 août 1828, Dupont c. Bourdin ; *Grenoble*, 5 juill. 1828, Berardel c. Ageron ; *Amiens*, 10 nov. 1821, de Rouzoud c. Espert ; *Bourges*, 28 mars 1832, Guy Coquille c. Cholet ; *Poitiers*, 31 déc. 1840 (t. 1er 1847), Baguon.

358. — ... Qu'un acte d'appel contenant seulement élection de domicile chez un avocat, quoique celui-ci soit avoué, est nul ; il devrait de plus contenir constitution de cet avoué. — *Trèves*, 4 mars 1812, N...

359. — Dans l'opinion contraire, les autorités sont moins nombreuses. — Thomine-Desmazures (t. 1er, p. 158), et Chauveau sur Carré (t. 1er, quest. 382 *bis*), soutiennent que, lorsque le demandeur ou l'appelant a fait élection de domicile chez un avoué, dans un exploit d'ajournement, il est évident qu'elle a entendu lui donner ses pouvoirs, le constituer. C'est ici surtout que l'équipollence est parfaite.

340. — Jugé, conformément à cette doctrine, que l'art. 61, C. procéd., qui prescrit impérieusement la constitution d'un avoué, est satisfait, si un exploit d'assignation contient élection de domicile chez un avoué. L'élection de domicile équivaut à une constitution. — *Colmar*, 24 mars 1810, Grass c. Grauss ; *Metz*, 7 juill. 1814, Didier c. Conrad ; 1er juin 1819, N... ; *Nancy*, 16 août 1825, N...

341. — Jugé de même que, dans un exploit d'appel, l'élection de domicile en l'étude d'un avoué près la cour équivaut à la constitution de cet avoué. La comparution de cet avoué couvre la nullité tirée de ce qu'il ne se serait pas expressément constitué, lors même que l'avoué de l'intimé se serait réservé de l'invoquer dans l'acte de constitution. — *Riom*, 23 janv. 1815, Courtois Morgne c. Saint-Sauveur.

342. — Enfin, il faut ajouter que le seul arrêt rendu par la cour de Cassation sur la question est en faveur de cette opinion. — *Cass.*, 21 août 1832, Verdier c. Ambert. — Cet arrêt décide que, dans les exploits d'appel ou d'ajournement, la constitution d'avoué prescrite, à peine de nullité, n'a pas besoin d'être exprimée en termes formels ; qu'il suffit qu'elle résulte d'expressions qui ne permettent pas de douter qu'il y a constitution d'avoué, notamment de l'élection de domicile faite chez un avoué d'appel.

343. — Jugé enfin que la constitution d'avoué prescrite à peine de nullité, peut être suppléée par des équivalens, et qu'ainsi, lorsque l'acte d'appel contient élection de domicile chez un avoué d'appel, et, de plus, est précédé d'une copie de pièces signée de cet avoué, la constitution ressort suffisamment de ces énonciations. — *Paris*, 17 août 1836, de Ruole c. syndics de la compagnie du chemin de fer de la Loire.

344. — Toutefois, on a déclaré nul un exploit d'appel dont la constitution d'avoué était ainsi conçue : « Constitue pour son avoué près la cour royale de Caen rue Guillaume-le-Conquérant. » — *Caen*, 5 avr. 1840 (t. 1er 1847) Boutrais.

345. — Quoique l'art. 61 exige une constitution d'avoué, à peine de nullité, cet article reçoit exception : 1o lorsque l'avoué occupe pour lui-même ; — 2o pour certaines administrations publiques, par exemple pour l'état dans les affaires domaniales, pour les administrations de l'enregistrement, des contributions indirectes et des douanes. — Boncenne, t. 2, p. 146. — V. AVOUÉ, nos 157 et suiv., DOMAINE DE L'ÉTAT, no 500, ENREGISTREMENT, nos 4600 et suiv. ; CONTRIBUTIONS INDIRECTES, nos 167 et suiv., DOUANES, nos 1150, etc.

§ 5. — *Noms, demeure et immatricule de l'huissier. — Patente, signature.*

346. — Tout acte public doit faire connaître le fonctionnaire duquel il émane. C'est pour cela que le Code exige que l'exploit contienne les noms, demeure et immatricule de l'huissier qui le signifie. — C. procéd., art 61.

347. — ... Et ce, à peine de nullité. — *Paris*, 5 fév. 1810, N...

348. — Ces énonciations sont destinées à faire connaître à la partie à laquelle l'exploit est signifié si le signataire de l'acte est véritablement huissier, et s'il avait qualité pour faire la signification. — Bioche et Goujet, no 126.

349. — *Noms.* — Il s'agit toujours ici du nom de famille et des prénoms, dont l'énonciation dans le corps de l'acte est nécessaire pour qu'il n'y ait pas de confusion sur la personne de l'huissier instrumentaire.

350. — Il a été jugé, cependant, qu'un huissier remplit suffisamment l'obligation d'énoncer ses noms dans l'exploit par la signature de son nom de famille au bas de l'acte. — *Rennes*, 22 août 1810, Fontan c. Leballe.

351. — ... C'est-à-dire sur l'original et sur chacune des copies. — V. Thomine, t. 1er, p. 159 ; Bioche, no 127.

352. — *Demeure.* — La mention de la demeure de l'huissier, dit M. Bioche (no 128) est exigée, afin que le défendeur puisse prendre des informations auprès de l'huissier ou faire des propositions d'arrangement. Aussi, cette indication doit être précise, quoiqu'il ne soit pas nécessaire qu'elle s'étende jusqu'à la désignation de la rue et du numéro de la maison. — Carré et Chauveau, t. 1er, quest. 305.

353. — Jugé que l'exploit qui n'indique pas la demeure de l'huissier qui l'a notifié est nul. — *Cass.*, 9 pluv. an XIII, Descamps c. Breuvrard.

354. — Jugé de même à l'égard d'un exploit contenant signification d'un arrêt d'admission. — *Cass.*, 20 janv. 1817, Enregist. c. Manet.

355. — L'énonciation de la patente n'équivaut point à cette mention. — *Trèves*, 27 mars 1812, Wasberg c. hosp. de Coblentz ; 15 juin 1812, N...

356. — Jugé de même qu'un exploit d'ajournement en péremption est nul, lorsque l'huissier n'a pas déclaré sa demeure dans la copie de l'assignation, et que rien, dans cette copie, ne remplace la déclaration de l'accomplissement de cette formalité. — *Besançon*, 16 janv. 1821, Peceuld c. Crestin.

357. — Mais, l'exploit d'appel, qui ne mentionne pas la demeure de l'huissier, est valable, s'il contient virtuellement cette indication, par exemple, s'il énonce que l'huissier exploitant est attaché en qualité d'huissier audiencier près de tel tribunal. — *Toulouse*, 3 juin 1835, Borrust et Pujol c. Lacroix.

358. — Jugé que l'exploit dans lequel l'huissier a dit, pour indiquer sa demeure : *Nous, huissier audiencier près le tribunal de Villeneuve, y, rue Ninon*, contient une énonciation suffisante, quoique incorrecte de la résidence de cet officier ministériel. — *Agen*, 9 mai 1814, Capuran c. Jouanisson.

359. — ... Que l'omission, dans un acte d'appel, de la demeure de l'huissier n'emporte pas nullité, lorsque les énonciations contenues dans l'exploit ne permettent pas de se méprendre sur la capacité et l'identité de l'huissier instrumentaire. — *Lyon*, 12 fév. 1835, Françon c. Niogret.

360. — Jugé même que l'omission, dans un acte d'appel, de la demeure de l'huissier n'emporte pas nullité, lorsque l'intimé connaissait par un acte à lui personnel le fait que cette formalité aurait eu pour but de lui apprendre : par exemple, si, précédemment, il avait fait signifier le jugement à l'appelant par le même huissier. — *Cass.*, 13 avr. 1837 (t. 2 1837, p. 342), Boudon c. Fabre.

361. — L'omission de l'indication de sa demeure, faite par un huissier dans un exploit, n'en entraîne pas la nullité, si d'ailleurs il y a indiqué son domicile. — *Cass.*, 10 août 1813, Roux c. Deleuil.

362. — Jugé encore que l'huissier qui a une résidence différente de celle qui lui est assignée par le tribunal près duquel il exerce ses fonctions ne commet pas une nullité, en indiquant, dans un exploit, seulement sa demeure réelle. — Sauf les poursuites du ministère public. — *Nîmes*, 20 janv. 1819, Rochefort c. Ribaguas.

363. — *Immatricule.* — L'immatricule, qu'il ne faut pas confondre avec la patente, se dit de l'inscription d'un huissier sur le tableau de ceux qui ont le droit d'instrumenter près d'un tribunal. L'indication est utile pour faire connaître à la partie si l'huissier avait qualité pour instrumenter.

364. — Sous l'ord. de 1667, l'huissier était tenu, comme sous le Code de procédure, d'énoncer son immatricule, à peine de nullité de son exploit. — *Cass.*, 27 juill. 1819, de Bauffremont c. comm. de Chargey-lès-Port.

365. — Avant la loi du 7 niv. an VII, il y a eu beaucoup d'incertitude sur tout ce qui concernait l'immatricule des huissiers.

366. — Ainsi, tantôt l'on jugeait qu'un acte d'huissier était valable, quoique cet officier y eût indiqué seulement son ancienne immatricule. — *Cass.*, 22 thermid. an IX, Leroux et Brandin c. Décougny.

367. — ... Tantôt qu'il était nul si l'huissier instrumentaire n'y avait indiqué ni son ancienne immatricule, ni le tribunal auquel il était attaché. — *Cass.*, 22 brum. an XIII, Testu-Balincourt c. comm. de Champigny.

368. — Mais, plus tard, la jurisprudence se fixa, et depuis la loi du 7 nov. an VII, on juge que l'exploit dans lequel l'huissier instrumentaire n'énonçait pas le tribunal dans le ressort duquel il exerçait était nul. — *Cass.*, 11 thermid., an IX, N... ; 1er flor. an IX, Daydé c. Monestier ; *Paris*, 29 avr. 1806, Desgrigny c. Moreau ; — Merlin, *Quest.*, vo *Assignation*, § 5.

369. — ... Alors même que l'indication de l'immatricule existait dans l'original. — *Cass.*, 23 flor. an IX, Bossy c. Agnès.

370. — On admettait toutefois des équivalens : ainsi on tenait pour valable l'exploit dans lequel l'huissier déclarait exploiter dans l'arrondissement de..., au lieu d'énoncer le tribunal de cet arrondissement. — *Cass.*, 14 brum. an X, N...

371. — On déclarait également valable l'exploit dans lequel l'huissier instrumentaire se qualifiait d'officier ministériel, et mentionnait l'arrondissement, sans pourtant indiquer nommément le tribunal dans le ressort duquel il exerçait ses fonctions. — *Paris*, 6 flor. an X, Danneville.

372. — On décidait de même que la simple qualification d'officier ministériel près un tribunal déterminé, prise par un huissier dans un exploit à une époque antérieure à la réorganisation des avoués, pouvait être considérée comme suffisante pour satisfaire au vœu de la loi. — *Cass.*, 9 frim. an XI, Danneville.

373. — Avant le Code, l'immatricule de l'huissier n'était pas nécessaire à insérer dans les réassignés au tribunal de commerce. — *Cass.*, 3 brum an XI, Bosset c. Michel.

374. — Aujourd'hui l'immatricule de l'huissier est suffisamment exprimée par l'indication du tribunal près duquel il exerce. — *Cass.*, 12 mai 1818, héritiers Cauchois c. Johanne.

375. — Ainsi un huissier qui, dans un exploit d'appel, s'est borné à prendre la qualité d'*huissier audiencier à la cour royale de...* exprime suffisamment son immatricule. — *Lyon*, 29 août 1825, Fond c. Commarmont et Mille ; *Cass*, 5 déc. 1836, Lacrouts c. Balbédas.

376. — De même, l'exploit qui, au lieu de contenir l'immatricule de l'huissier, porte que l'exploitant est huissier *près le tribunal civil de Pontoise* satisfait aux prescriptions de la loi. — *Cass.*, 12 fév. 1817, Jouenne c. Saint-Julien.

377. — Il en est de même si l'exploit énonce que l'huissier est *audiencier près le tribunal de commerce*. — *Rennes*, 4 août 1827, Garreau.

378. — Au surplus le mot *immatricule* employé par l'art. 61, § 2, C. procéd., n'est pas sacramentel. Il peut au contraire être suppléé par équipollence,

— Par exemple un exploit n'est pas nul parce qu'au lieu de dire qu'il est *immatriculé* à tel tribunal, l'huissier aura dit qu'il est *patenté au tribunal de....* *Cass.*, 11 nov. 1823, Mijolla c. Marin de Baille.

379. — Mais si l'exploit d'ajournement contient de fausses énonciations dans l'immatricule de l'huissier, il est nul. — *Lyon*, 16 janv. 1811, Vervaux c. Duclos.

380. — Il en est de même, si dans son immatricule l'huissier a omis de prendre cette qualité. — *Rennes*, 7 fév. 1810, N...

381. — Jugé cependant que l'exploit dans lequel l'huissier énonce ses qualités par abréviation n'est pas nul, comme ne contenant pas la mention régulière de son immatricule. — *Grenoble*, 28 juill. 1817, N...

382. — Un huissier commis pour signifier un jugement par défaut est valablement désigné par son nom; il n'est pas nécessaire que le jugement indique son immatricule. — *Besançon*, 16 janv. 1811, Perrin.

383. — L'immatricule peut n'être pas de la main de l'huissier qui l'a signifié, sans que pour cela l'exploit soit nul. — *Rennes*, 13 mai 1813, N...

384. — C'est ce qui a été également reconnu par la cour de Cassation. Cette cour, en cassant un arrêt contraire de la cour de Riom, du 4 juill. 1829, a décidé qu'un huissier n'est pas plus tenu d'écrire lui-même l'immatricule, la date et le *parlant à* d'un acte, tel qu'un procès-verbal de carence dont la sincérité est d'ailleurs garantie par sa signature, qu'il n'est obligé d'écrire lui-même les autres parties de cet acte, et que l'arrêt qui voit là une cause de nullité doit être cassé. — *Cass.*, 13 avr. 1831, Ravoux c. Joumard.

385. — Avant la loi du 7 mai 1844, l'huissier était astreint à la patente et devait faire mention de cette patente dans tous ses exploits. L'omission de cette formalité entraînait contre l'huissier la prononciation d'une amende, mais elle n'annulait pas l'exploit.

386. — C'est ce que la jurisprudence avait reconnu. — V. *Cass.*, 28 mars 1808, Fodemard c. Flajollet; 8 nov. 1807, Eureg. c. Francq; 2 nov. an IX, Corbin; 21 pluv. an IX, Reyon c. Mejeau.

387. — ... Alors surtout que la patente était mentionnée dans l'original de l'exploit. — *Cass.*, 2 niv. an IX, Corbin.

388. — En Belgique, au contraire, d'après une loi du 11 fév. 1816, l'acte d'appel qui ne contient pas mention de la patente de l'huissier est nul. — *Bruxelles*, 14 juin 1816, N..

389. — Aujourd'hui que la patente n'est plus imposée aux huissiers, du moins en France, il ne peut plus être question de cette formalité. — V. PATENTE.

390. — *Signature de l'huissier.* — Faut-il que l'huissier signe ses exploits? La loi ne le dit pas; mais il est certain que cette signature est l'élément nécessaire, le complément indispensable des actes qu'il rédige. — « C'est, dit M. Chauveau sur Carré (quest. 305 *bis*), la seule marque admissible d'authenticité. Jusqu'à ce qu'elle soit apposée, il n'y a pas d'acte; si la rédaction en est faite, ce n'est qu'un simple projet. »

391. — Aussi a-t-il été jugé que les exploits dont les copies ne portaient pas la signature de l'huissier étaient nuls. — *Poitiers*, 13 août 1819, Duchastenier c. Guery; *Rennes*, 30 mai 1838 (t. 2 1840, p. 332), Mirabeau c. Kerstrat.

392. — La nullité, il est vrai, n'est pas prononcée par la loi, mais il s'agit là de l'omission d'une formalité substantielle. On ne pourrait donc pas refuser de prononcer la nullité sous le prétexte que le *parlant à* et la date seraient de la main de l'huissier. — *Bourges*, 9 fév. 1829, Boissel c. Barrat.

393. — La cour de Bruxelles a poussé la rigueur à cet égard jusqu'à annuler un exploit revêtu d'une signature, mais dont les caractères imparfaits différaient de la signature habituelle de l'huissier dont le nom était mentionné en tête de l'acte. — *Bruxelles*, 19 nov. 1828; N... c. D...

§ 6. — *Délai pour comparaître.*

394. — L'ajournement doit contenir l'indication du délai dans lequel le défendeur doit comparaître, à peine de nullité. (Art. 61.) « La nécessité de cette indication, dit Boncenne (t. 2, p. 157), est écrite, si je puis ainsi m'exprimer, dans tous les signes qui composent ce mot *Ajournement.* »

395. — Et ce que nous disons de l'ajournement, il faut l'appliquer aussi à l'acte d'appel. Jugé donc qu'un acte d'appel doit, à peine de nullité, contenir l'énonciation du délai accordé pour comparaître. — *Caen*, 27 mars 1813, Dupont c. Asselin.

396. — Jugé encore qu'un acte d'appel qui n'indique point de délai est nul encore bien qu'il n'ait eu pour objet que de réitérer un précédent appel également entaché de nullité et dont le délai est expiré. — *Pau*, 6 janv. 1835, Cadena c. enregist.

397. — Il faut l'appliquer aussi en matière commerciale. Ainsi, l'exploit d'ajournement devant un tribunal de commerce doit, à peine de nullité de l'instance et du jugement, contenir l'indication du délai pour comparaître. — *Cass.*, 13 août 1832, Jonnart c. Hannotin.

398. — Jugé également qu'un tribunal de commerce ne peut, sous le prétexte qu'une assignation serait bien fondée, refuser d'en prononcer la nullité résultant de ce qu'elle n'indique pas le jour où doit comparaître le défendeur. — *Cass.*, 13 août 1832, Jonnart c. Hannotin.

399. — Le délai ordinaire des ajournemens varie suivant que l'assigné demeure ou non en France. A cet égard, l'art. 72 et suiv. contiennent les dispositions suivantes : 1° si l'assigné est domicilié en France, le délai est de huitaine (art. 72); — 2° s'il demeure hors de la France continentale, le délai est pour ceux qui demeurent en Corse, dans l'île d'Elbe ou de Capraja, en Angleterre et dans les pays limitrophes de la France de deux mois, pour ceux qui demeurent dans les autres états de l'Europe de quatre mois, pour ceux demeurant hors d'Europe en deçà du cap de Bonne-Espérance de six mois, pour ceux demeurant au delà, d'un an. — Art. 73.

400. — Toutefois, l'art. 74 ajoute que lorsqu'une assignation à une partie domiciliée hors de la France sera donnée à sa personne en France, elle n'emportera que les délais ordinaires, sauf au tribunal à les prolonger, s'il y a lieu.

401. — Enfin, aux termes de l'art. 72, dans les cas qui requièrent célérité, le président peut, par ordonnance rendue sur requête, permettre d'assigner à bref délai.

402. — Ajoutons qu'aux termes de l'art. 1033, C. procéd., le jour de la signification ni celui de l'échéance ne sont jamais comptés pour le délai général fixé pour les ajournemens, citations, sommations et autres actes faits à personne et à domicile.

403. — ... Que le délai doit être augmenté d'un jour à raison de 3 myriamètres de distance, et que, lorsqu'il y aura lieu à voyage ou envoi et retour, l'augmentation est du double.

404. — Jugé que les délais de distance prescrits par les art. 72 et 1033, C. procéd., doivent, à peine de nullité, être observés au cas d'une assignation donnée en exécution d'un jugement par défaut, profit joint; aussi bien que lorsqu'il s'agit de toute autre assignation. — *Cass.*, 27 fév. 1838 (t. 2 1838, p. 187), Segal c. Dutreil.

405. — On sait aussi que la règle posée par l'art. 1033, C. procéd., que les délais accordés au défendeur pour se présenter en justice doivent être augmentés en raison des distances, est applicable aux citations en conciliation aussi bien qu'aux ajournemens. — V. CONCILIATION, nos 230 et suiv.

406. — Mais les délais accordés à raison des distances pour comparaître sur une assignation sont exclusivement dans l'intérêt du défendeur qui peut y renoncer, et poursuivre jugement immédiatement après l'expiration du délai ordinaire de huitaine. — *Toulouse*, 22 mai 1835, Brunet c. Assée.

407. — Nous avons déjà donné sur le délai en lui-même (V. DÉLAI, certaines explications auxquelles il importe de recourir.

408. — Un principe qu'il ne faut pas oublier, c'est qu'il n'y a pas lieu à augmentation d'un jour de délai pour toute fraction de distance ne formant pas trois myriamètres. — *Limoges*, 15 fév. 1837 (t. 1er 1838, p. 141), Poral de Saint-Vidal c. Debrégeas. — V. aussi HYPOTHÈQUE, PRESCRIPTION.

409. — Nous avons également expliqué (V. ABRÉVIATION DE DÉLAI) ce qui se rapportait à l'exercice, par le président, du droit d'abréger les délais de l'ajournement.

410. — On s'est demandé si cette faculté laissée au président allait jusqu'à lui permettre d'abréger les délais de distance. — A cet égard, il existe une certaine controverse. — V. ABRÉVIATION DE DÉLAI, nos 12 et suiv.

411. — Mais la jurisprudence paraît fixée en ce sens que le délai accordé par l'art. 1033, C. procéd. civ., à raison des distances, ne peut être abrégé par le juge, même en cas d'urgence, et en vertu du droit qui lui appartient d'assigner à bref délai, et que le pouvoir d'abréviation ne peut s'exercer qu'à raison du délai accordé par l'art. 72 du même Code. — Que dès-lors l'assignation donnée sans observation du délai prescrit par l'art. 1033 est nulle, alors même qu'elle aurait été signifiée en parlant à la personne. — *Cass.*, 17 juin 1845 (t. 2 1845, p. 90), Tocques c. Lamy. — V. aussi *Cass.*, 17 nov. 1840 (t. 1er 1841, p. 119), compagnie de charbonnage de Wasmes c. Leyraud.

412. — Jugé encore, sous le dernier de ces rapports, que l'ajournement donné sans observation des délais de distance est nul, lors même qu'il aurait été remis à la personne du défendeur à une distance moindre de trois myriamètres du tribunal saisi de la demande. — *Poitiers*, 3 juill. 1821, Joyeux c. Desiran.

413. — Jugé toutefois, par un autre arrêt, qu'une assignation à bref délai donnée à la personne même de l'assigné, lorsqu'il se trouvait dans le lieu où siége le tribunal, ne donne pas lieu à une augmentation de délai à raison de la distance de ce tribunal au domicile réel de l'assigné. — *Cass.*, 30 juill. 1828, Lavie.

414. — ... Et, de même que la citation donnée *à la personne du défendeur* hors de son domicile et dans le lieu même où elle l'appelle à comparaître dispense de l'observation du délai des distances. — *Paris*, 7 mars 1846 (t. 1er 1846, p. 675), Gedefroy et Fillieux c. Nondelette.

415. — C'est aussi sous le mot ABRÉVIATION DE DÉLAI, nos 19 et suiv., que se trouvent examinés les effets, quant au préliminaire de conciliation, de l'ordonnance du président qui abrége les délais.

416. — Le président a-t-il le droit d'abréger les délais dans les cas prévus par l'art. 73, où l'assignation est donnée à une personne domiciliée hors du continent? — V. ABRÉVIATION DE DÉLAI, nos 15 et suiv.

417. — Au reste, il a été jugé que dans tous les actes et sommations pour comparaître à tels jours et heure, l'intervalle entre l'instant où la citation est faite et celui où la comparution doit avoir lieu, ne peut être de moins de vingt-quatre heures. — *Cass.*, 4 avr. 1838 (t. 1er 1840, p. 321), Delalandine c. Dupuys.

418. — Pour que l'indication, que doit renfermer l'exploit, du délai dans lequel le défendeur est tenu de comparaître soit faite régulièrement, est-il nécessaire de mentionner l'heure de l'audience?

419. — L'art. 72 qui fixe le délai ordinaire des ajournemens, n'exige pas l'accomplissement de cette formalité, et l'on en a conclu qu'une pareille mention n'était pas indispensable surtout devant les tribunaux auxquels des avoués sont attachés, et qui, représentans forcés des parties, connaissent parfaitement les habitudes des magistrats et les heures des audiences.

420 — Jugé en ce sens qu'une assignation est valable, quoiqu'elle n'indique point l'*heure* à laquelle la partie ajournée doit comparaître. — *Turin*, 20 flor. an XI, Belloti c. Bianco.

421. — Il faut néanmoins remarquer, 1° que l'art. 1er, C. procéd., exige la mention de l'heure pour les assignations devant les juges de paix, d'où Carré conclut qu'en l'absence de cette mention le juge de paix ne pourrait donner défaut contre le défendeur (t. 1er, p. 5); — 2° que l'art. 20, décr. 30 mars 1808, prescrit d'indiquer dans les exploits d'appel l'heure fixée pour la première des audiences.

422. — Les huissiers doivent donc mentionner l'heure, afin de se conformer à ces dispositions, dont l'inobservation n'entraînerait pas la nullité de l'exploit, mais pourrait servir de motif à la prononciation d'une amende.

423. — L'indication du délai doit-elle se faire en désignant le jour de la comparution par son nom, et le quantième du mois, par exemple de cette manière : *A comparaître le mardi* 25 *avril courant*, etc.?

424. — On ne peut pousser jusque-là l'exigence, mais il est évident que ce mode de procéder serait bien préférable aux formules trop générales qui sont devenues de style dans les exploits, et qui ont soulevé plusieurs difficultés.

425. — On s'est d'abord demandé si l'ajournement qui se borne à assigner *dans le délai de la loi*, remplit le vœu de l'art. 72. — Ce point est très controversé.

426. — M. Boncenne (t. 2, p. 173) soutient avec force la négative, et cette doctrine est embrassée par des auteurs d'un grand poids. — Favard, t. 1er, p. 140; Boitard, t. 1er, p. 249; Carré, quest. 320; Chauveau sur Carré, quest. 314 *bis*; Thomine-Desmazures, t. 1er, p. 159; Merlin, *Répert.*, v° *Délai*, sect. 1re, § 1er.

427. — Plusieurs arrêts l'ont également consacrée en jugeant que l'ajournement ou l'acte d'appel dans lequel on s'est borné à assigner *dans les délais de la loi*, sans mention du jour où la comparution doit avoir lieu, est nul. — *Turin*, 9 août 1808, Pelissier c. Garda; *Bruxelles*, 3 juin 1809, Schuermann c. Debulnever; *Turin*, 9 juin 1809, N...; *Toulouse*, 3 juill. 1809, Royer c. Sahuc; 27 juill. 1809, Tabarly; *Bruxelles*, 29 juill. 1809, Lorent c. Tricot; *Besançon*, 12 fév. 1810, Boutechoux c. Perrin; *Toulouse*, 15 fév. 1810, N...; 6 août 1810, Roques c. Escudée; *Colmar*, 31 août 1810, N...

428. — Mais la jurisprudence contraire qui déclare valables les exploits d'ajournement ou actes d'appel, bien qu'ils se bornent à contenir assignation dans le *délai de la loi*, sans fixer d'une manière précise le jour de la comparution, a prévalu. —

Bourges, 14 mars 1809, N... ; *Pau*, 16 août 1806, Hiribarren; *Bruxelles*, 29 sept. 1808, Cortrique c. Barrevoedt; *Liége*, 30 mai 1809, Renard c. Ledet; *Toulouse*, 9 avr. 1811, Laforgue c. Guilhaumat; *Lyon*, 27 nov. 1811, Content c. Boesier ; *Bourges*, 20 mars 1821, Pelle-Dumont c. Trottel; *Poitiers*, 18 juin 1830, Labouraud c Rougnon.

429. — Telle est également la jurisprudence de la cour de Cassation. — Arrêts des 21 nov. 1810, Masse c. Sallabery ; 8 janv. 1811, Chiappe ; 18 mars 1811, Garda c. Pelissier ; 6 mai 1812, Levi c. Entzmenger ; 24 juin 1812, Rossiguey c. Vuillier; même jour, préfet de la Lys c. comm. de Zuydschosie ; 28 déc. 1812, Wagnier c. Scohier ; 20 avr. 1814, Gerbar c. Dail.

430.—Jugé également, par la même cour, qu'une assignation n'est point nulle lorsqu'au lieu d'indiquer par le nombre de jours le délai dans lequel on devra se présenter devant le tribunal, elle porte simplement injonction d'y comparaître dans le délai fixé par le Code de procédure; que réitérer cette assignation sans dire qu'on la réitère n'est point la révoquer ni renoncer à son bénéfice. — *Cass.*, 27 avr. 1813, Enreg. c. Cotella.

431. — Quoique cette jurisprudence soit bien établie, nous croyons prudent, et nous conseillons aux huissiers, de ne pas s'en tenir à cette formule, empruntée à une législation fort différente de la nôtre, et de se conformer plus sérieusement à la prescription de l'art. 61.

432.—Jugé, avec raison, qu'un acte d'appel, signifié sous l'empire du Code de procéd., est nul si on y a assigné à comparaître dans *les délais de l'ordonnance*. — *Rennes*, 1er avr. 1809, N.; 26 avr. 1810, N.

433.—La même cour a annulé aussi l'exploit d'appel portant assignation à comparaître *après les délais expirés*. — *Rennes*, 18 janv. 1811, N.

434. — ... Ou à l'échéance des jours qui suivront la notification de cet exploit. —*Rennes*, 30 avr. 1818, Kerdreux c. N.

435. — Même décision de la cour de Bordeaux lorsque l'exploit d'appel contient assignation seulement à l'audience ordinaire de la cour.—*Bordeaux*, 7 août 1829, Duplessis c. Barrère.

436. — ... Ou assignation *dans le délai*, sans ajouter ces mots : *de la loi*, ou des expressions équipollentes. — *Bordeaux*, 16 nov. 1836, Neyrat c. Rougier.

437. — Mais la cour de Colmar a déclaré valable l'acte d'appel portant assignation à comparaître aux jour, lieu et heure compétens, et décidé que cette mention satisfait suffisamment au vœu de la loi. — *Colmar*, 25 juill. 1835, Cappaun c. Schreiner; — Thomine-Desmazures, t. 1er, p. 159 et 160.

438. — Jugé aussi que l'ajournement est valable lorsqu'il a été donné pour la première audience et les suivantes, surtout si rien n'a été poursuivi qu'après l'expiration du délai légal. — *Nîmes*, 12 fév. 1807, Duparc.

439. — ... Et que l'acte d'appel, contenant assignation à comparaître le huitième jour après la date du présent exploit, augmenté d'un jour par chaque trois myriamètres de distance, est valable et remplit suffisamment le vœu de la loi. — *Cass.*, 25 fév. 1835, Encausse c. Gaudens.

440. — Même décision lorsque l'exploit contient assignation à comparaître à la première audience, après les vacations. — *Bordeaux*, 7 août 1829, Duplessis c. Barrère.

441. — Toutefois l'assignation donnée pour la *première audience après vacations*, serait nulle si cette audience avait lieu le lendemain même de l'assignation. —*Limoges*, 28 janv. 1812, Constant c. Lachèse.

442. — L'assignation donnée à un jour indiqué *et aux jours suivans* est valable, quoique le premier arrive avant l'expiration du délai légal, si le demandeur ne prend défaut qu'après le délai. — *Toulouse*, 9 mars 1808, Comère c. Daurignac; 15 janv. 1810, Adone Sachas c. N... ; 4 niv. an X, Majorel c. Darech.

443. — Mais elle est nulle, comme ne contenant pas intimation dans les délais voulus par la loi, si elle a été donnée *à huitaine franche de la date de l'expiration des féries*, alors que l'assigné est un étranger. — *Grenoble*, 2 juill. 1824, Borel c. Galice.

444.— Est-il nécessaire, lorsque le délai de huitaine doit être augmenté, à raison des distances (V. *suprà* nos 399 et suiv.), de le mentionner dans l'exploit? La question est controversée.

445. — Dans le sens de l'affirmative, il a été jugé qu'un acte d'appel doit, à peine de nullité, contenir, non seulement l'indication du délai ordinaire de huitaine, mais encore celui d'un jour par trois myriamètres de distance, dans le cas où ce délai est accordé. —*Nîmes*, 17 nov. 1812, Rieutord c. Oziole; *Grenoble*, 10 mai 1833, Société des mines de France c. Teyssere ; *Montpellier*, 17 déc. 1811, Bonniot c. Labaclhe ; *Toulouse*, 22 août 1810, Carrare c. Roustan ; *Poitiers*, 30 nov. 1820, Laurence c. Martineau ; *Bruxelles*, 12 juill. 1821, Schote c. Couteau; *Bourges*, 13 mars 1826, Jacquet c. Boyer; *Poitiers*, 25 nov. 1828, N;

446. — Jugé encore qu'on doit réputer nul l'exploit qui ne porte assignation qu'à *huitaine franche*, lorsque l'intimé est domicilié au-delà d'un rayon de trois myriamètres de distance. — *Poitiers*, 3 juill. 1821, Joyeux c. Desiran.

447. — Est également nul l'acte d'appel portant assignation à comparaître devant la cour *à la huitaine franche, délai de la loi*, lorsque la partie intéressée demeure à plus de trois myriamètres de distance du lieu où siége la cour. — *Amiens*, 21 fév. 1826, Hospices de Paris c. Gosselin, Berbet et Leindet ; *Poitiers*, 13 juin 1828, Savarit c. Charrier ; 16 juill. 1828, Vallant c. Chevalier.

448. — ... Et qu'il en est de même de l'assignation à comparaître *dans huit jours*, lorsque l'intimé est domicilié à plus de trois myriamètres du lieu où siége le tribunal. — *Nîmes*, 21 août 1810, Vanhavre ; *Bourges*, 15 mars 1821, Perce.

449. — Mais il a été rendu dans l'opinion contraire de nombreux arrêts qui ont fixé la jurisprudence en ce sens qu'un acte d'appel n'est pas nul quoiqu'il n'indique que le délai ordinaire pour comparaître, sans exprimer l'augmentation à raison des distances. — *Rennes*, 13 juin 1812, Boishoran c. Bazerque ; *Nîmes*, 19 août 1819, N... ; *Besançon*, 17 déc. 1808, N... ; *Limoges*, 10 déc. 1813, Dupont c. Dallet ; *Nîmes*, 28 août 1821, Sabaton ; 15 mai 1811, N... ; *Amiens*, 27 août 1825, Langlois c. Caron.

450. — Jugé de même que l'assignation donnée dans les délais de la loi, quel que soit l'éloignement de la partie assignée, est valable. — *Bourges*, 18 déc. 1820, Robin de la Cotardière c. Pocquet.

451. — Que l'exploit portant assignation *à huitaine franche* indique implicitement le délai à raison de la distance; qu'ainsi, il est valable, bien que le défendeur soit domicilié à plus de trois myriamètres. — *Nîmes*, 28 juin 1824, Bousquet c. N. .

452. — ... Qu'on doit réputer valable l'acte d'appel contenant assignation à comparaître dans les délais de la loi, par exemple à *huitaine franche*, encore bien qu'il n'indique pas expressément l'augmentation de délai à raison des distances, et que, délivré pendant les vacances, il ne porte point *après vacations*. — *Bordeaux*, 16 mars 1841 (t. 1er 1841, p. 724), Mounissens c. Bertrin.

453. — ... Qu'on doit également tenir pour valable, comme comprenant implicitement le supplément exigé à raison de la distance, l'acte d'appel contenant assignation à comparaître *à la huitaine de la loi*, et que cette mention équivaut à celle-ci : *dans le délai de la loi*. — *Bordeaux*, 24 juin 1839 (t. 2 1839, p. 614), Templier c. Mesnard.

454. — ... Qu'il n'est pas nécessaire, à peine de nullité, que l'acte d'appel indique *expressément* l'augmentation du délai à raison des distances; qu'ainsi, est valable, comme contenant *implicitement* ce délai, l'acte portant assignation à comparaître après le délai de *huitaine franche*. — *Limoges*, 31 mars 1838 (t. 2 1838, p. 647), Maignaud c. Rogier.

455 — La cour de Cassation a également reconnu que l'exploit dans lequel on s'est borné à donner assignation à comparaître dans le délai de huitaine, sans faire mention de l'augmentation des délais prescrits à raison de la distance, n'est pas nul, lors surtout que le jugement est intervenu après l'expiration des délais, tant ordinaires que supplémentaires. — *Cass.*, 20 fév. 1833, Villemandy c. Bonneau-Latouche.

456. — ... Qu'un acte d'appel ainsi conçu : *donné assignation à comparaître le neuvième jour après les présentes, jours suivans et autres ûtiles et nécessaires devant la cour, etc.*, serait valable, lors même que l'intimé résiderait dans un lieu éloigné de plus de trois myriamètres du siége de la cour. — *Cass.*, 23 avr. 1833, préfet des Hautes-Pyrénées.

457. — A plus forte raison, doit-on réputer valable l'assignation donnée à huitaine avec simple mention de l'augmentation d'un jour par trois myriamètres de distance, sans qu'il soit nécessaire, à peine de nullité, d'indiquer littéralement le jour préfixe de l'échéance du délai. — *Cass.*, 7 janv. 1812, Terson c. Saure.

458. — Jugé ainsi à l'égard de l'assignation donnée sur l'appel, dans le délai de huitaine, *sauf l'addition d'un jour par trois myriamètres de distance*. — *Bruxelles*, 21 août 1810, Vanhavre c. Dethiennes.

459. — Jugé encore qu'il y a énonciation suffisante du délai des distances dans l'assignation à comparaître *le huitième jour après la date de l'exploit* avec augmentation d'un jour par trois myriamètres de distance. — *Toulouse*, 7 janv. 1812, Terson; *Bruxelles*, 28 avr. 1812, Vanwartermenten.

460. — Par conséquent, il faut également considérer comme valable l'acte d'appel contenant assignation dans *le délai de huitaine*, sans indication qu'il s'agit d'une *huitaine franche* — *Bourges*, 13 mars 1826, Jacquet c Boyer; *Turin*, 13 fév. 1812, Ponte de Lobriasco c. Audiffredi.

§ 7. — *Indication du tribunal compétent.*

461. — L'exploit d'ajournement doit contenir, à peine de nullité, l'indication du tribunal qui doit connaître de la demande. — C. procéd., art. 61.

462. — C'est encore une formalité absolument essentielle à l'existence même de l'ajournement. — « Cette nécessité, dit Boitard (t. 1er, p. 171), est de telle nature, que, bien que l'ord. 1667 sur la procédure civile, eût oublié d'exiger dans les ajournemens l'indication précise du tribunal, la jurisprudence n'avait pas hésité à suppléer à l'omission du législateur, et prononçait, malgré le silence de la loi, la nullité des ajournemens dans lesquels cette mention ne se trouvait pas.

463. — Il paraît d'autant plus raisonnable d'exiger de celui qui en appelle un autre en justice, qu'il indique de manière à lever tous les doutes, devant quelle juridiction il veut le faire comparaître, qu'il est plusieurs cas où le tribunal compétent est multiple et peut être choisi par le demandeur. S'il ne le fait pas, où se présentera le défendeur? — Chauveau sur Carré, quest. 313 *bis*.

464. — Aussi a-t-il été jugé que l'acte d'appel est nul s'il n'indique pas la cour qui doit en connaître. — *Rennes*, 17 fév. 1809, N.

465. — Il y aurait pareillement nullité dans l'ajournement qui ne contiendrait aucune désignation de tribunal. — Carré et Chauveau, t. 1er, quest. 313 *bis*; Boncenne, t. 2, p. 155; Boitard, t. 1er, p. 249; Pigeau, *Comment.*, t. 1er, p. 162.

466. — Jugé en ce sens que l'exploit contenant assignation devant le conseil de préfecture, et, pour le cas où le défendeur déclinerait la juridiction de ce conseil, assignation devant le tribunal civil aux fins des conclusions qui y sont libellées, doit être déclaré nul comme ne contenant pas l'indication précise du tribunal appelé à connaître de la demande. — *Cass.*, 10 nov. 1840 (t. 2 1840, p. 562), d'Harcourt c. comm. de Fontaine-Guérin.

467. — ... Et le même arrêt ajoute que la renonciation que, par exploit postérieur, ferait le défendeur à l'une des deux juridictions, n'aurait pas pour effet de couvrir la nullité de l'assignation primitive.

468. — Au surplus, il n'y a pas de termes sacramentels pour l'énonciation du tribunal compétent. Ici les équipollens sont reçus comme pour les autres parties de l'exploit.

469. — Ainsi il a été jugé qu'un acte d'appel n'est pas nul quoique contenant l'assignation à comparaître au tribunal d'appel et non à la *cour* d'appel. — *Rennes*, 26 avr. 1810, N.

470. — Jugé aussi qu'encore bien que, par erreur, il ne contienne pas le nom de la cour qui doit connaître de l'appel, un acte d'appel est valable, lorsque d'ailleurs il s'y rencontre des énonciations propres à faire disparaître toute équivoque. — *Besançon*, 29 nov. 1827, Lemire c. Grand.

471. — Le jugement constatant que le juge de paix qui l'a rendu procédait comme tribunal de police, ne peut pas être annulé, sous le prétexte que la citation n'énonce pas si elle était donnée pour comparaître devant la justice de paix ou devant le tribunal de police. — *Cass.*, 3 mai 1811, Degrasse c. Thuilier.

472. — De même un exploit ne serait pas nul s'il citait à comparaître devant le tribunal de telle ville, sans indiquer si c'est un tribunal civil ou de commerce. Le tribunal de commerce n'étant qu'un tribunal d'exception, la présomption est en faveur du tribunal civil d'arrondissement. — Carré et Chauveau, quest. 313; Favard, t. 1er, p. 139, no 9.

473. — L'usage est de désigner le local où le tribunal tient ses audiences, mais l'omission de cette désignation ne pourrait entraîner la nullité de l'exploit. — Carré et Chauveau, quest 314; Boncenne, t. 2, p. 156.

474. — La nullité tirée de ce qu'un acte d'appel n'indique pas la cour qui doit en connaître peut être couverte et la cour de Rennes a jugé qu'elle l'est en effet si l'intimé assigne l'appelant en constitution de nouvel avoué à la place de celui indiqué dans l'acte, et qui est décédé. — *Rennes*, 17 fév. 1809, N... — V., au surplus, EXCEPTION.

475. — Lorsqu'une action a été régulièrement intentée contre une partie, les autres défendeurs, cités en même temps qu'elle, ont pu être appelés devant les juges de son domicile. — *Cass.*, 21 déc. 1841 (t. 1er 1842, p. 81), Audubert et Louradour c. Rigoux.

§ 8. — *Objet de la demande. — Exposé sommaire des moyens.*

476. — L'art. 61, C. procéd. veut que l'exploit

d'ajournement contienne l'objet de la demande et l'exposé sommaire des moyens. — Cette formalité est de l'essence même de l'acte, et elle s'applique également à tous les exploits d'ajournement. — V. cependant Berriat-Saint-Prix, t. 1er, p. 220, note 25.

477. — Sous l'ordonnance de 1667, on nommait ajournement *libellé* celui qui réunissait les deux conditions qui nous occupent, c'est-à-dire l'objet de la demande et l'exposé sommaire des moyens.— V. Ferrière, *Dict. de dr. et de pratique*, vo *Ajournement*; Jousse|, *Comment. de l'ordonn.*, sous l'art. 1er; Rodier, *Quest.*, sous le même article.

478. — Un exploit d'ajournement remplit le vœu de l'art. 61, C. procéd., lorsqu'il énonce que l'objet de la demande est de faire déclarer nulles des offres réelles, comme insuffisantes dans une partie et trop fortes dans une autre.—*Poitiers*, 14 juill. 1819, Labastière c. Duguet.

479. — Mais une assignation est nulle si elle ne contient pas de conclusions précises sur l'objet de la demande. — *Cass.*, 27 fructid. an XI, Balaes c. Piette.

480.— Jugé de même que l'ajournement dont les conclusions sont si obscures que les juges ne peuvent reconnaître l'objet de la demande est nul, et que la nullité doit en être prononcée, lors même que le demandeur l'aurait expliqué dans des conclusions ultérieures, et que le défendeur aurait conclu au fond, mais toutefois subsidiairement à sa demande en nullité de l'exploit. — *Cass.*, 27 juin 1831, Berger c. Champeau.

481. — Les expressions *exposé sommaire des moyens* indiquent par elles-mêmes la pensée du législateur. Le demandeur doit faire connaître au défendeur, d'une manière précise, les motifs sur lesquels il appuie sa prétention.

482. — Il faut néanmoins entendre l'art. 61 avec restriction, avec précaution. « Si par exemple, dit Boitard (t. 1er, p. 171), l'huissier avait omis d'indiquer dans le corps même de l'exploit soit l'objet de la demande, soit le précis des moyens, mais que cette demande ou ces moyens se trouvassent indiqués déjà dans le procès-verbal de non-conciliation copié en tête du même exploit en vertu de l'art. 65, il est clair que le but de la loi serait rempli, car le défendeur en recevant cet exploit, aurait été suffisamment averti de l'objet de la demande et de l'exposition des moyens. »

483.—Cette doctrine est également enseignée par Boncenne (t. 2, p. 153), Chauveau et Carré (t. 1er, quest 312), Thomine-Desmazures (t. 1er, p. 159) et Pigeau (*Comment.*, t. 1er, p. 182), et elle a été consacrée par la jurisprudence.

484. — Jugé en effet qu'un exploit en tête duquel l'huissier a signifié le procès-verbal de non-conciliation est suffisamment libellé, lorsque ce procès-verbal contient les énonciations voulues par la loi. *Toulouse*, 9 fév. 1828, Ambiallet c. Blaquierre.

485. — ... Qu'un exploit d'ajournement est valable, quoiqu'il ne contienne pas l'exposé sommaire des moyens, si le procès-verbal de non-conciliation copié en tête indique l'objet, la cause et les motifs de la demande. — *Poitiers*, 12 mai 1817, Martin c. Collet; 12 mai 1819, mêmes parties.

486. — ... Qu'une demande est suffisamment libellée quand l'ajournement est à fin de répondre aux conclusions prises dans la citation au bureau de paix sur laquelle les parties n'ont pu se concilier. — *Besançon*, 26 avr. 1806, Outhier c Magrin.

487. — ... Que l'exploit d'ajournement donné pour voir adjuger les fins d'une requête dont copie est signifiée en tête ne peut être annulé comme n'indiquant pas suffisamment l'objet de la demande. — *Nîmes*, 23 avr. 1812, Madinier c. Dupeloux.

488. — ... Que l'exploit par lequel on demande à un colon le paiement des arrérages d'une rente convenancière est suffisamment libellé par l'énonciation de cette demande et la désignation de la rente. — *Rennes*, 31 juill. 1810, Quémar c. Guilleron.

489. — Il a même été jugé qu'on ne peut se plaindre qu'une assignation n'est pas suffisamment motivée, lorsque l'objet de la réclamation a été précédemment débattu devant l'autorité administrative. — *Limoges*, 5 juill. 1816, Brissot c. enregistr.

490. — Mais cette décision est critiquée par M. Chauveau sur Carré (t. 1er, quest. 312) : « Cette doctrine, dit-il, qui tend à faire dépendre les actes d'une instance de ce qui peut avoir eu lieu dans une autre instance et devant une autre juridiction, nous paraît s'écarter complétement de l'esprit de la loi. Tant que les élémens, à l'aide desquels on veut suppléer aux énonciations qui ne sont pas assez précisément indiquées dans un acte, sont empruntées à ce qui peut être regardé comme partie de ce même acte, nous en reconnaissons la valeur, parce qu'on peut dire alors qu'ils sont véritablement dans l'acte lui-même. Mais hors de là, et si le défendeur a besoin, pour connaître soit l'objet, soit les moyens de la défense, de se reporter à des faits étrangers non-seulement à l'exploit, qui devrait les lui faire connaître, mais encore à l'instance, dont il est l'introduction, on ne peut pas dire et soutenir avec fondement que cet exploit soit conforme aux prescriptions de l'art. 61. »

491. — Suivant Boncenne (t. 2, p. 148), on ne pourrait pas aujourd'hui, comme il était d'usage de le faire avant l'ordonn. de 1539, présenter le libelle ou l'exposé de la demande dans un acte postérieur à l'exploit d'ajournement; et il a été jugé dans ce sens que la demande qui n'a pas été formée dans l'exploit d'ajournement, mais qui résulte seulement de conclusions ampliatives prises à la barre, doit être déclarée non-recevable.—*Besançon*, 24 janv. 1845 (t. 1er 1846, p. 349), Girod c. Louison.

492. — Du reste, la question de savoir si tel ou tel exploit est suffisamment libellé est une question qui ne peut être résolue en thèse générale.— Chauveau sur Carré, t. 1er, quest. 312.

493. — L'exploit d'ajournement contenant demande en rescision de partage fondée uniquement sur le dol et la lésion de plus d'un quart, sans autre énonciation de moyens, est-il valable? — La cour de Bruxelles (3 fév. 1812, Choisy c. Thieffry) s'est prononcée pour l'affirmative.

494.—Voici les observations que nous avons présentées à ce sujet dans le *Journal du Palais*, 3e édit., en rapportant l'arrêt de cette cour. — « Les actes de partage d'immeubles entre des cosuccessibles donnent ouverture à l'action en rescision pour les cas de violence et de dol, ou pour lésion de plus d'un quart; c'est l'art. 887, C. civ., qui l'autorise. — D'un autre côté, l'art. 61, C. procéd., § 3, exige, à peine de nullité, que tout exploit d'ajournement contienne l'objet de la demande et l'exposé sommaire des moyens. — Si donc, dans une action en rescision d'un acte en partage, on se demande quel est l'objet de cette action, la réponse n'est point douteuse; c'est évidemment la rescision de l'acte. Ainsi la première condition du paragraphe est remplie. Si on se demande, enfin, quels sont les moyens sur lesquels cette action a été intentée, et dont la loi ordonne qu'on fasse un exposé sommaire, on répondra tout aussi facilement que ces moyens sont le dol et la lésion de plus d'un quart; donc la deuxième condition prescrite par le même paragraphe a été également exécutée : où est donc la nullité? nulle part. — On dira et on dit effectivement qu'à l'égard du *dol* qui constituait le premier moyen, la simple énonciation qui en avait été faite ne satisfaisait point suffisamment au vœu de la loi, parce que le terme de *dol* était par lui-même trop vague, et que, prenant son caractère essentiel des faits et des circonstances, il eût fallu que ces circonstances et ces faits fussent sommairement exposés dans l'acte d'ajournement. — Cette manière de raisonner n'est rien moins que concluante; car, bien que les faits soient constitutifs du dol, ce sont moins les faits qui servent de moyens à la demande que le dol que ces faits ont produit; ainsi, il suffit d'énoncer que ce dol a eu lieu, pour avertir le défendeur des moyens dont on entend se prévaloir contre lui. Inutile alors de se livrer prématurément à un développement quelconque; ce développement sera le sujet de l'instruction et de la procédure; il suffit que, par l'exploit d'ajournement, celui-ci soit instruit que c'est sur des moyens de dol qu'on se propose d'asseoir cette instruction; la loi n'en exige pas davantage. — Cette explication s'applique plus aisément encore au moyen de lésion; car il est aussi inutile à cet égard de développer, même sommairement, les bases de proportion sur lesquelles on entend faire reposer la démonstration de cette lésion; il suffit que le défendeur soit informé que l'on entend s'armer contre lui de ce moyen, pour qu'il se mette en mesure de le repousser, s'il est possible. La loi, dirons-nous encore, n'exige rien de plus.

495. — Jugé dans un sens analogue que l'exploit par lequel l'acheteur d'un cheval conclut à la résiliation de la vente, en se fondant sur ce que le cheval vendu est *atteint de vices rédhibitoires*, satisfait suffisamment au vœu de l'art. 61, C. procéd., qui exige que l'exploit introductif d'instance contienne l'objet de la demande et l'exposé sommaire des moyens; qu'il n'est pas indispensable que l'acheteur spécifie en même temps de quel vice rédhibitoire l'animal est atteint. — *Cass.*, 11 nov. 1846 (t. 2 1846, p. 631), Frezier c. Libert.

496. — L'art. 1346, C. civ., dispose que toutes les demandes, à quelque titre que ce soit, qui ne sont pas entièrement justifiées par écrit, doivent être formées par un même exploit, après lequel les autres demandes dont il n'y a pas de preuves par écrit ne sont point reçues.

497. — Cette disposition est précise, mais elle n'est pas absolue. Jugé, en effet, que l'obligation de présenter dans un seul exploit toutes les demandes non justifiées par écrit, ne s'applique pas aux demandes reconventionnelles. — *Rennes*, 2 avr. 1810, Peniset c. Guezennec.

498. — Il a été jugé qu'il n'est pas nécessaire, à peine de nullité, que l'assignation en reprise d'instance contienne l'exposé sommaire des moyens de la défense, de même que l'exploit d'ajournement. — Il suffit qu'elle soit donnée en conformité de l'art. 346, C. procéd. — En tous cas, la nullité de l'exploit d'assignation en reprise d'instance, résultant du défaut d'énonciations suffisantes, est couverte par la comparution volontaire et sans réserves de la partie devant le juge commis pour lui faire subir un interrogatoire sur faits et articles.— *Bordeaux*, 23 août 1835, Larapédie c. Mareillac. — V. au surplus REPRISE D'INSTANCE.

§ 9. — *Désignation de l'immeuble litigieux. — Tenans et aboutissans.*

499. — Aux termes de l'art. 64, C. procéd., en matière réelle ou mixte, les exploits doivent énoncer la nature de l'héritage, la commune, et, autant que possible, la partie de la commune où il est situé, et deux au moins des tenans et aboutissans; s'il s'agit d'un domaine, corps de ferme ou métairie, il suffit d'en désigner le nom et la situation, le tout à peine de nullité.

500. —Le but de cet article est de faire connaître précisément la nature et la situation de l'objet revendiqué, d'éviter, autant que possible, la confusion à laquelle pourraient donner lieu des assignations incomplètes —Boitard, t. 1er, p. 174, quest. 243.

501. — Carré (*Lois de la procéd.*, t. 1er, no 54) fait remarquer que les indications prescrites par l'art. 64 doivent être faites, non seulement lorsqu'il s'agit d'une action en revendication de la propriété de cet héritage, mais encore lorsque l'action a pour objet des droits réels, comme servitudes, usufruit; il faut alors désigner, comme l'article le prescrit, l'héritage auquel ces droits sont attachés. C'est ce que supposent ces mots de l'article : *en matière réelle ou mixte.*

502. — L'art. 64 est prescrit à peine de nullité. Cependant M. Carré (t. 1er, quest. 331) est d'avis que si l'héritage était désigné de manière que le défendeur ne pût ignorer quel est l'immeuble qui fait l'objet de la demande, le but de la loi serait rempli, et que l'assignation devrait être déclarée valable, quoiqu'elle ne contînt pas toutes les indications prescrites par l'art. 64. « Il ne faut pas croire, dit-il, que les formalités des ajournemens soient prescrites avec ce rigorisme que l'on a eu tant de raison de reprocher aux formules des actions de l'ancien droit romain. »

503. — « Ceci, ajoute son continuateur, M. Chauveau (t. 1er, quest. 331) est encore une heureuse et juste application du système des équipollences. Elle est admise par Pigeau (*Comment.*, t. 1er, p. 187), Favard de Langlade (t. 1er, p. 139), Thomine-Desmazures (t. 1er, p. 163), et a été confirmée par plusieurs arrêts.

504. — Il a été jugé, en effet, que l'exploit ayant pour objet une action réelle et immobilière n'est pas nul, faute d'indication de la commune où l'immeuble est situé, s'il précise l'indication du hameau ainsi que de ses tenans et aboutissans, et que, des copies de pièces notifiées il résulte l'énonciation de la commune à laquelle ce hameau appartient. — *Nîmes*, 14 juill. 1829, Fournier c. Rousselle-Lavalette; *Cass.*, 5 mai 1834, mêmes parties.

505. — ... Qu'un défendeur ne peut demander la nullité d'un ajournement pour défaut d'indication des immeubles qui en sont l'objet, si ces immeubles sont désignés dans le procès-verbal de non conciliation signifié en tête de l'ajournement. — *Grenoble*, 27 déc. 1808, Masson c. Viard.

506. — Mais l'ajournement est nul s'il n'indique pas la commune où se trouvent les immeubles réclamés, quoiqu'il soit accompagné de la copie d'un bail énonçant leurs tenans et aboutissans, mais non la commune dans laquelle ils sont situés. — *Nîmes*, 5 avr. 1830, Mercier c. Bonnet. — Dans ce cas, comme on le voit, l'indication de la commune n'était suppléée par aucun équivalent.

507. — Jugé de même qu'une demande en bornage incidemment formée, et qui ne contient aucune des énonciations exigées par la loi pour toute action réelle est nulle.—*Cass.*, 24 juin 1839 (t. 2 1839, p. 29), Désaphix.

508. — L'art. 64 n'exige pas seulement la désignation de la commune où est situé l'immeuble litigieux, elle exige encore deux au moins des *tenans et aboutissans*.

509. — De même sous l'empire de l'art. 3, tit. 9, ord. 1667, l'exploit de revendication d'un immeuble devait contenir la désignation par tenans et aboutissans des divers biens réclamés. — *Cass.*, 2 vent.

an VII, Chargeron c. comm. d'Offroy; 14 niv. an VIII, Custine c. comm. d'Oberstenzel.

510. — Jugé, dans le même sens, à l'égard de la demande en paiement d'une rente foncière. — *Cass.*, 29 niv. an VIII, comm. de Guberschwir c. Goll.

511. — On appelle *aboutissans* les deux confins d'un héritage, dans le sens de sa longueur, et *tenans*, ces mêmes confins, dans le sens de sa largeur. — V. ABOUTISSANT. — V. aussi SAISIE IMMOBILIÈRE.

512. — Il est d'usage, en donnant les tenans et aboutissans, de nommer les propriétaires ou les fermiers et locataires des héritages auxquels l'immeuble litigieux tient ou aboutit ; mais cela n'est utile qu'autant que les tenans et aboutissans n'auraient pas une dénomination propre, ou une situation telle que leurs noms suffisent pour qu'on ait la certitude que ce sont bien ceux de l'héritage qui est l'objet de l'action. — Chauveau et Carré, t. 1er, quest. 331 *bis* ; Pigeau, *Comment.*, t. 1er, p. 187.

513. — Du reste, l'indication des tenans et aboutissans, quoique prescrite à peine de nullité, comme l'indication de la commune, peut être suppléée ; la jurisprudence et la doctrine admettent ici, et plus facilement encore que pour les autres formalités, des équivalens.

514. — Jugé, en conséquence, qu'il n'est pas nécessaire, à peine de nullité, que l'exploit d'ajournement contienne mention *expresse* des tenans et aboutissans de l'immeuble litigieux ; qu'il suffit que cet immeuble ait été désigné de manière que le défendeur ne pût le confondre avec un autre. — *Cass.*, 6 déc. 1837 (t. 1er 1838, p. 286), Agasse c. comm. de Châteauneuf.

515. — ... Que la désignation des tenans et aboutissans dans une assignation en revendication n'est pas nécessaire, lorsqu'il est constant que les parties étaient fixées sur l'objet du litige. — *Liège*, 8 déc. 1820, Lehaen c. Melis.

516. — ... Que n'est pas nul l'exploit d'ajournement en matière réelle, qui n'énonce pas la nature des héritages, leur situation et leurs tenans et aboutissans, mais qui indique que copie a été signifiée, en tête de l'exploit, d'un acte dans lequel chacun des héritages est suffisamment désigné. — *Metz*, 24 juill. 1821, Glatigny c. Dubois et Truc.

517. — ... Que lorsque, dans une requête au président à fin d'assignation à bref délai et en délaissement d'immeubles, on a désigné les tenans et aboutissans, que cette requête est donnée en tête de l'exploit signifié en vertu de la permission du président, il n'est pas nécessaire de reproduire cette désignation dans l'exploit. — *Bordeaux*, 16 juin 1828, préfet de la Gironde c. comp. des Landes.

518. — ... Qu'il suffit que l'exploit d'ajournement contienne une désignation quelconque de l'immeuble litigieux, et qu'il n'est pas nécessaire qu'il en indique expressément la nature et les tenans. — *Pau*, 24 juill. 1835, Mainhague c. comm. de Gens.

519. — ... Qu'un exploit en tête duquel l'huissier a signifié le procès-verbal de non-conciliation, est suffisamment libellé, lorsque ce procès-verbal contient les énonciations voulues par la loi. — *Toulouse*, 9 fév. 1828, Ambiallet c. Blaquierre.

520. — Sous l'empire de l'ord. de 1667, à laquelle l'art. 64, C. procéd., a été textuellement emprunté (tit. 9, art. 3), il était de jurisprudence, dans le cas où l'exploit ne renfermait pas les désignations prescrites, qu'on pouvait donner celles-ci par un acte postérieur notifié à partie ou à avoué. On devrait encore le décider ainsi actuellement, mais à la condition, dit Carré (*Lois de la procéd.*, sur l'art. 64), que les désignations complémentaires seraient données avant l'expiration du délai de l'assignation et même quelque temps auparavant, de manière que le défendeur puisse savoir de quel héritage il s'agit, afin de préparer ses défenses.

521. — Jugé en ce sens que l'omission de la désignation des biens, dans l'exploit introductif d'instance, peut être suppléée par cette mention dans un exploit en reprise d'instance, lorsque la nullité de l'exploit introductif n'a été demandée qu'après la signification de l'exploit en reprise. — *Montpellier*, 14 janvier 1830, Maillebiau. — V. Chauveau sur Carré, t. 1er, quest. 331 *bis* ; Bioche et Goujet, *Dict. de procéd.*, v° *Ajournement*, n° 73.

522. — Mais il a été jugé que la demande en paiement d'arrérages et en délivrance de titre nouvel d'une rente foncière, formée contre les détenteurs ou héritiers de tenanciers des biens assujétis, constitue une action mixte ; qu'en conséquence, l'exploit d'ajournement sur cette demande est entaché de nullité, s'il n'énonce pas la nature de l'héritage et deux au moins des tenans et aboutissans. — *Poitiers*, 22 déc. 1837 (t. 1er 1841, p. 179), Dupertat c. Goussaud.

523. — ... Et que la nullité résultant de l'omission de cette formalité n'est pas couverte par des conclusions prises dans une requête d'opposition à un jugement par défaut, quand même elles tendraient à faire déclarer le demandeur purement et simplement non-recevable, *ou en tous cas, mal fondé dans sa demande*, si, d'ailleurs, dans le corps de la requête, on n'a pas défendu au fond. — Même arrêt.

524. — Jugé aussi que l'exploit donné, en matière réelle, aux divers acquéreurs partiels d'un immeuble, doit faire connaître au moins deux des tenans et aboutissans de chacune des portions, sans que l'on puisse considérer comme équivalant à cette désignation la notification, en tête de l'exploit, de l'acte de vente primitif, et la mention de l'acte d'adjudication partielle, si celui-ci remonte à une époque éloignée (trente ans), depuis laquelle de nombreuses mutations ont dû s'accomplir. — *Cass.*, 31 janv. 1844 (t. 2 1844, p. 6), Calmelet c. Bougrel.

525. — ... Et que les exploits d'ajournement qui, en matière de rentes foncières, n'indiquent que les confronts généraux des corps de biens anciennement soumis au service de la rente réclamée, et ne désignent pas les tenans et aboutissans particuliers et actuels des parcelles assujéties à cette même rente, ne font pas connaître d'une manière suffisante les biens recherchés, et doivent être déclarés nuls comme ne remplissant pas les conditions exigées par l'art. 64 C. procéd. Les indications puisées dans le cadastre ne sont pas plus satisfaisantes lorsque rien n'indique que les tiers actuellement recherchés soient, à un titre quelconque, les représentans des débiteurs primitifs. — *Colmar*, 22 janv. 1845 (t. 2 1845, p. 245), Teutsch c. Féder.

526. — Les désignations exigées par l'art. 64 ne sont applicables qu'aux demandes qui ont pour objet un corps certain et déterminé ; elles seraient impossibles et même inutiles, lorsqu'il s'agit d'une universalité d'immeubles. — Chauveau sur Carré, t. 1er, quest. 330.

527. — Voilà pourquoi, ajoute cet auteur, les demandes en partage n'y sont pas soumises, encore que des immeubles soient compris dans les biens à partager.

528. — Jugé, en ce sens, qu'il n'est pas nécessaire, à peine de nullité, que l'assignation contenant demande en partage, énonce les tenans et aboutissans des immeubles à partager. — *Bourges*, 27 déc. 1826, Moulé c. Bonnet.

529. — ... Qu'un exploit d'assignation en partage est valable, quoiqu'il ne contienne ni les moyens à l'appui de la demande, ni la copie des titres qui servent de base à l'action, ni les tenans et aboutissans de l'objet à partager. — *Besançon*, 21 juin 1809, Perrot C. N...; *Liège*, 21 juin 1810, Jamoulle c. Colard; *Limoges*, 24 déc. 1811, Paulet.

530. — ... Que même sous l'ordonnance de 1667, l'exploit introductif d'instance donné, en matière réelle, *à l'héritier* comme *détenteur des biens à titre universel* était valable, encore qu'il ne désignât pas les biens sur lesquels portait la demande. — *Cass.*; 10 déc. 1806, Ranchon c. Gasset.

531. — Cependant il a été jugé que l'acte introductif d'une instance en délaissement des immeubles d'une succession doit, à peine de nullité, indiquer les tenans et aboutissans, ou, du moins, le nom et la situation des immeubles réclamés. — *Toulouse*, 5 janv. 1821, Amiel c. Balza.

532. — Ce que nous avons dit des demandes en partage, M. Chauveau l'applique également aux demandes en rescision de partage, ou de cession de droits successifs La raison de décider est la même.

533. — Jugé en ce sens que l'assignation qui a pour objet la rescision d'un acte de cession de droits successifs, est valable quoiqu'on ait omis d'y désigner, par leurs tenans et aboutissans, les immeubles dont on demande le partage par suite de cette annulation. — *Limoges*, 5 février 1817, Betailloulon.

§ 10. — *Coût de l'exploit.*

534. — Les huissiers doivent mettre à la fin de l'original et de la copie de l'exploit le coût de cet acte, à peine de cinq francs d'amende, payables à l'instant de l'enregistrement. — C. procéd., art. 67.

535. — Le coût de l'acte comprend la somme due pour le salaire de l'huissier et pour les droits de timbre et d'enregistrement.

536. — Le motif de cette disposition est fort clair. Elle a pour but, d'abord d'établir d'une manière précise, et dès le principe, quel est le montant du coût de l'exploit que le demandeur, s'il triomphe en définitive, pourra répéter contre le défendeur condamné aux frais de l'instance, en vertu de l'art. 130, C. procéd. civ. Elle a pour but aussi d'empêcher que l'huissier n'exige de la partie un droit supérieur à celui que lui alloue le tarif, et de le forcer lui-même, en déclarant le droit qu'il a touché, à se mettre immédiatement sous la surveillance et la censure du tribunal, s'il a perçu un droit trop considérable. — Boitard, t. 1er, p. 181, n° 255.

537. — A la peine portée par l'art. 67 du Code, le tarif du 16 février 1807 en ajoute une autre, il porte : « Les huissiers qui auront omis de mettre au bas de l'original et de chaque copie des actes de leur ministère la mention du coût d'icelui, pourront, indépendamment de l'amende portée par l'art. 67, C. procéd., être interdits de leurs fonctions sur la réquisition d'office des procureurs généraux et des procureurs du roi. »

538. — Non seulement l'huissier doit mentionner au bas de l'original et de la copie le coût de son exploit, mais il est tenu d'indiquer, en marge de l'original, le nombre de rôles des copies de pièces et d'y marquer le même détail des frais de l'acte. C'est ce qu'exige l'art. 48 du décret du 15 juin 1813, et cette formalité est prescrite dans le but de faciliter la taxe. — Favard de Langlade, *Instruction sur l'organisation des huissiers*, p. 125 et 126.

539. — Au reste, l'inobservation de cet art. 48 n'entraîne pas la nullité de l'exploit. — V. HUISSIER.

540. — La copie doit mentionner le coût complet, et non la somme due à raison de cette copie. L'usage cependant est contraire. — Bioche et Goujet, n° 187.

541. — Si l'huissier porte une somme exagérée pour le coût de l'acte, cette irrégularité n'entraîne pas la nullité de l'exploit ; mais il y a lieu à restitution de ce qui a été indûment payé et à l'interdiction de l'huissier. — Tarif, art. 66 et 156 ; décis. min. just. 31 juill. 1808. — V. Chauveau et Carré, t. 1er, quest. 345.

542. — L'art. 67, C. procéd. civ., veut que l'amende encourue par l'huissier pour contravention à cette disposition soit payable à l'instant de l'enregistrement ; mais le receveur ne doit pas retenir l'exploit et arrêter ainsi le cours d'une procédure ; l'art. 56, L. 22 frim. an VII, le lui défend. Il peut seulement dresser procès-verbal de la contravention et décerner une contrainte. — Pigeau, *Comm.*, t. 1er, p. 191 ; Chauveau sur Carré, t. 1er, quest. 345 *bis*.

§ 11. — *Formalités spéciales à l'acte d'appel.*

543. — L'acte d'appel est un exploit qui doit contenir toutes les formalités exigées pour les exploits d'ajournement. L'art. 456, il est vrai, n'exige qu'une assignation dans les délais de la loi, avec la signification à personne ou domicile ; mais qui dit assignation dit ajournement, c'est-à-dire acte d'huissier soumis aux formalités prescrites par les art 61 et 68, C. procéd. Sous ce rapport il n'y a donc pas de distinction à faire entre l'acte d'appel et l'exploit d'ajournement.

544. — De là il suit que l'appel interjeté par une déclaration faite sur l'exploit de signification du jugement qu'il a pour objet est nul. Il doit être formé par un acte d'huissier. — *Montpellier*, 28 fév. 1811, Moustelon c. Chavardès.

545. — Jugé de même qu'un appel n'est pas valablement interjeté par la déclaration qu'on veut se rendre appelant, si cette déclaration n'est suivie d'un acte d'appel régulier que plus de trois mois après la signification du jugement. — *Turin*, 6 (et non 7) juill 1808, Roffi c. Commission des hospices de Mondovi.

546. — ... Et qu'il ne suffit pas, pour renouveler un appel nul, de signifier des griefs d'appel et des conclusions tendantes à la réformation du jugement ; qu'il faut suivre les formes tracées par l'art. 456. — *Cass.*, 11 oct. 1809, Baivel c. Lomer.

547. — Ceci entendu, on remarquera qu'indépendamment des formalités générales exigées dans tous les exploits, il y a deux formalités spéciales à l'acte d'appel, et que nous avons déjà fait connaître au mot APPEL (ch. 7, nos 1315 et suiv.) ; nous voulons parler de la nécessité d'indiquer le jugement contre lequel l'appel est dirigé et l'exposé des griefs.

548. — La loi n'exige nulle part que l'appelant indique le jugement contre lequel il se pourvoit ; mais c'est là une formalité essentielle et indispensable.

549. — Aussi a-t-il été jugé qu'un exploit d'appel est nul, s'il ne contient pas la vraie date du jugement duquel il est interjeté. — *Rennes*, 12 fév. 1813, Monistrol c. Fougeons.

550. — ... Qu'il en est de même lorsque l'acte d'appel donne au jugement dont il est l'objet une date à laquelle aucun jugement n'a été rendu entre les parties. — *Rennes*, 13 fév. 1811, Lefeuvre c. Pagrimaud.

551. — Ce principe est constant quoiqu'il ait été contesté par les cours de Besançon (25 janv. 1810, N....), et de Metz (5 janv. 1813, Vernet c. N...).

552. — Mais il reçoit, dans la jurisprudence, des modifications parfaitement justes. On juge, en effet, qu'un acte d'appel est valable, quoiqu'il donne une fausse date au jugement attaqué, si l'intimé n'a pu se méprendre sur ce jugement. — *Agen*, 9 juill. 1810, Claverie c. Broca; *Paris*, 28 août 1813, de Maricourt c. Perrier; *Colmar*, 31 janv. 1826, Ribstein c. Durr; *Bordeaux*, 2 juin 1827, Chaumont c. Lachaise; 22 juill. 1831, Ravel c. Bouquier.

553. — ... Ou s'il n'est intervenu aucun autre jugement entre les parties. — *Rennes*, 3 juin 1813, N...

554. — ... Qu'un acte d'appel n'est pas nul quoique le jugement attaqué soit désigné sous une fausse date, ou même que la date en ait été omise, surtout si d'après l'exploit l'intimé a pu reconnaître ce jugement. — *Rennes*, 17 mars 1809, Arnoul c. N...

555. — ... Qu'un exploit d'appel est valable, quoiqu'il indique, par erreur, la date d'un jugement préparatoire, pour celle du jugement définitif, si l'intimé n'a pu se méprendre sur le jugement dont appel était interjeté. — *Rennes*, 11 mars 1814, Leroy c. Perret.

556. — ... Qu'un acte d'appel n'est pas nul pour défaut d'indication de la date du jugement et du tribunal qui l'a rendu, lorsque le texte de l'exploit et les circonstances de la cause n'ont pu laisser aucun doute à l'intimé. — *Rennes*, 9 avr. 1829, Deshais c. Favieux.

557. — ... Que lorsqu'un seul jugement a été rendu sur une demande, l'acte d'appel qui en est interjeté n'est pas nul s'il indique seulement la date de cette demande et non celle du jugement. — *Rennes*, 23 août 1814, Quemar c. N... — V. d'ailleurs v° APPEL, n° 1315 et suiv.

558. — Jugé encore que l'acte d'appel dans lequel on déclare appeler d'un jugement rendu par un tribunal civil, quoique ce jugement émane du tribunal de commerce n'est pas nul, malgré cette erreur. — *Rennes*, 3 janv. 1811, Legris c. Chaudière.

559. — Ce qu'on veut, c'est que l'intimé ne puisse être induit en erreur par l'acte d'appel Ainsi, lorsque deux jugemens ont été rendus le même jour, contre la même personne, au profit du même demandeur, l'appelant doit désigner avec précision celui qu'il attaque. — *Bordeaux*, 11 mars 1831, Girot.

560. — Au surplus, un exploit d'appel régulier ne peut pas valider ceux qui ont été signifiés précédemment et qui sont nuls. — *Rennes*, 16 janv, 1818, N...

561. — Jugé que l'acte d'appel qui est signifié avec assignation pour remplacer un premier acte d'appel nul, comme ne contenant pas assignation, est nul lui-même, si au lieu d'indiquer le jugement qu'il a pour objet, il se borne à se référer sur ce point au premier acte d'appel. — *Rennes*, 1er avr. 1809. N.

562. — Nous avons exposé v° APPEL, nos 1842 et suiv., que bien qu'il soit convenable que l'acte d'appel énonce les griefs de l'appelant, cette formalité n'était pas indispensable. La jurisprudence et la doctrine se sont prononcées nettement sur cette question, qui aujourd'hui n'est plus contredite par personne. Il nous suffit donc de rappeler ici quelques arrêts qui confirment l'opinion par nous émise au mot APPEL.

563. — Jugé qu'un acte d'appel est valable, quoiqu'il ne contienne pas l'énonciation des griefs sur lesquels il est fondé. — *Turin*, 13 août 1811, Gentile c. N... ; *Cass.*, 1er mars 1810, Daunoot c. Palmaert.

564. — ... Ni l'objet de la demande. — *Besançon*, 2 déc. 1814, Froidot c. N..

565. — ... Ni l'exposé sommaire des moyens. — *Cass.*, 4 déc. 1809, Casale c. N...

566. — Il suffit qu'il contienne des conclusions tendant à l'infirmation du jugement attaqué. — *Paris*, 6 août 1813, Chezjean c. Ragon de la Ferrière.

567. — Jugé que l'acte d'appel, motivé sur les torts ou griefs qui seront cotés en temps et lieu, satisfait suffisamment aux prescriptions de la loi. — *Rennes*, 4 déc. 1834, Ruollo c. Leverger.

568. — Cette règle ne reçoit pas exception en matière électorale. — *Cass.*, 11 mai 1831, Arnaud c. préf. des Bouches-du-Rhône. — V. ÉLECTIONS.

569. — L'appel interjeté pour les torts et griefs que porte la sentence, et notamment pour un objet déterminé, ne doit pas être restreint à cet objet, mais s'étend à tout le jugement. — *Besançon*, 13 juill. 1808, Morel. c. Martelet.

Sect. 2e. — *Formalités extrinsèques de l'ajournement.*

§ 1er. — *Copie des pièces et du procès-verbal de non conciliation. — Détail des articles de frais formant le coût de l'exploit.*

570. — Aux termes de l'art. 65, C. procéd., il doit être donné, avec l'exploit, copie du procès-verbal de non-conciliation ou copie de la mention de la non-comparution, à peine de nullité : il doit aussi être donné copie des pièces ou de la partie des pièces sur lesquelles la demande est fondée : à défaut de ces copies, celles que le demandeur peut être tenu de donner dans le cours de l'instance n'entrent point en taxe

571. — L'objet de cette disposition est de faire connaître au défendeur, dès le début du procès, quelles sont les pièces sur lesquelles s'appuie la demande, et de le mettre le plus tôt possible en mesure de se défendre.

572. — L'ordonnance de 1667, tit. 2, art. 6, contenait une disposition semblable à la seconde partie de l'art. 65, mais le président de Lamoignon en contesta l'utilité; il pensait que ces copies ne dispensaient jamais de la production des originaux, qu'elles n'étaient presque jamais correctes et lisibles, et qu'elles grevaient inutilement les parties de frais quelquefois considérables.

573. — Malgré ces observations, la disposition a été maintenue et a trouvé place dans notre Code qui l'a complétée en exigeant, mais dans un autre but, que l'exploit donnât copie du procès-verbal de non-conciliation ou copie de la mention de non-comparution, *à peine de nullité*.

574. — Cette peine est peut-être bien sévère ; mais elle a été établie dans un intérêt d'ordre public.

575. — La loi du 16-24 août 1790 voulait que la copie du procès-verbal de non-conciliation ou de la mention de non-comparution fût donnée *en tête* de l'exploit. Le Code n'a pas reproduit cette disposition ; mais il ne faut pas tirer du silence de la loi à cet égard la conséquence que la copie dont il s'agit puisse être donnée *par acte séparé*; ce serait une erreur ; tout ce que l'on peut en induire, c'est que la copie peut être donnée en tête ou à la fin de l'acte indifféremment. — Favard de Langlade, t. 1er, p. 139, n° 7 ; *Pratic. français*, t. 1er, p. 310 ; Chauveau et Carré, t. 1er, p. 382.

576. — Suivant Delaporte (t. 1er, p. 72), il ne suffit pas que la copie du procès-verbal de non-conciliation ait été donnée avec l'exploit, il faut encore que mention en soit faite dans l'exploit ; *autrement*, dit-il, *la nullité serait inévitable*. — Tout en reconnaissant que la mention dont il s'agit est utile, nous devons faire remarquer qu'elle n'est point exigée par la loi, et que par conséquent l'omission de cette formalité ne serait pas irritante. — V. en ce sens Chauveau sur Carré, t. 1er, quest. 334.

577. — On peut citer comme analogue en ce sens l'arrêt qui juge que la copie d'un exploit qui, en matière de contributions, ne ferait pas mention qu'on donne copie d'un procès-verbal ou d'autres pièces ne serait pas nul ; — *Cass.*, 18 mars 1808, Contrib. indir.

578. — Avant le Code de procédure, on pouvait ne donner, en tête de l'exploit introductif d'instance, copie que d'un extrait du procès-verbal de non-conciliation. — *Cass.*, 27 flor. an X, Naley c. Duvivier. — Mais cette décision était fondée sur l'interprétation de l'art. 1er, tit. 2, L. 16-24 août 1790, qui n'est plus en vigueur sous ce rapport.

579. — Aujourd'hui, comme le fait remarquer Carré (quest. 335), il ne suffirait pas de donner extrait du procès-verbal de non-conciliation. — M. Chauveau, *ibid.*, partage cette opinion, qui est aussi celle du *Praticien français*, t. 1er, p. 310.

580. — La jurisprudence se montre néanmoins assez indulgente sur la régularité de la copie du procès-verbal de non-conciliation.

581. — Ainsi, il a été jugé qu'un exploit d'assignation n'est pas nul, quoique dans la copie on ait omis la date du procès-verbal de non-conciliation. — *Rennes*, 29 fév. 1811, N...

582. — Jugé de même que des erreurs de noms commises dans la copie du procès-verbal de non-conciliation, ne sont pas une cause de nullité lorsqu'elles n'ont point porté préjudice à la partie. — *Montpellier*, 9 mai 1838 (t. 2 1838, p. 445), Rolland c. de Rastignac.

583. — ... Qu'un exploit d'ajournement qui ne contient pas copie du procès-verbal de non-conciliation, ou qui en contient une copie inexacte, n'est pas nul à raison de cette omission ou de cette irrégularité lorsqu'il est établi que le demandeur n'avait contre tous les défendeurs, cités séparément, qu'une seule et même action dérivant de la même origine, et tendant aux mêmes fins. — *Aix*, 22 déc. 1843 (t. 1er 1844, p. 729), Rolland c. de Rastignac.

584. — La seconde partie de l'art. 65, relative aux copies des pièces à donner en tête de l'exploit, n'est pas comme celle relative à la copie du procès-verbal de non-conciliation prescrite à peine de nullité ; cependant elle a une sanction. En effet, la loi veut que, dans ce cas, les frais de la notification qui serait faite dans le cours de l'instance soient à la charge du demandeur, quel que soit en définitive l'événement du procès.

585. — Suivant Boncenne (t. 2, p 155), l'ajournement peut, sans inconvénient, être muet sur l'objet et les moyens de la demande quand ils se trouvent exprimés dans le procès-verbal de non-conciliation, dont la copie signifiée en tête de l'exploit forme alors tout naturellement *le libellé* de l'action.

586. — Il importe, ajoute le même auteur, de ne pas confondre l'énonciation des titres, qui doit se trouver dans l'ajournement, avec la signification des pièces qui doit l'accompagner. Ce sont deux formalités distinctes ; l'une ne dispense pas de l'autre.

587. — Il n'est pas nécessaire qu'une assignation par laquelle on demande le partage d'un immeuble contienne copie des titres qui servent de base à l'action. — *Besançon*, 21 juin 1809, Perrot.

588. — Si les pièces étaient en langue étrangère, le tribunal pourrait, en cas de désaccord des parties, nommer un interprète pour traduire ces pièces. — Pigeau, *Comment.*, t. 1er, p. 189 ; Chauveau sur Carré, t. 1er, quest. 336 *ter*.

589. — Foi est due en justice à l'exploit dont l'original et la copie énoncent qu'en tête une copie de pièces a été donnée au défendeur. — *Grenoble*, 13 déc. 1811, Gondrand c. Bilon.

590. — Chaque partie doit recevoir séparément copie du procès-verbal de non-conciliation et des pièces sur lesquelles la demande est fondée. Il ne suffirait pas de notifier copie à une des parties, et de sommer les autres d'en prendre connaissance dans ses mains ou au greffe. — Lepage, t. 1er, p. 139 ; Chauveau, *Journ. des avoués*, v° *Exploit*, n° 368 ; Carré, quest. 337. — *Contrà* Delaporte, t. 1er p. 73 ; Jousse, sur l'art. 6 de l'ordonnance.

591. — L'huissier est obligé, sous peine d'amende, de faire enregistrer les pièces dont il signifie copie avec l'exploit. — V. ENREGISTREMENT.

592. — Les copies de pièces doivent être correctes et lisibles. — V. COPIES DE PIÈCES.

593. — Nous avons vu que l'huissier doit mentionner sur l'original et la copie, non seulement le coût de son exploit, ce qui constitue une formalité intrinsèque exigée par l'art. 67 du Code ; mais qu'il doit même mentionner en marge le détail des articles formant le coût de cet exploit ; c'est là une formalité extrinsèque. — V. à cet égard *suprà*, nos 534 et suiv.

§ 2. — *Enregistrement.*

594. — Nous avons dit *suprà*, n° 53, que les actes du ministère de l'huissier doivent être soumis à l'enregistrement dans les quatre jours de leur date sous peine de nullité de l'acte et d'amende contre l'officier ministériel. Ainsi, un exploit signifié le 1er doit être enregistré le 5 au plus tard. — LL. 22 frim. an VII, art. 20 ; 27 vent. an IX, art. 5.

595. — L'art. 28, L. 22 frim. an VII, assujétit également l'huissier à faire enregistrer les pièces dont il signifie copie, sous peine d'une amende de 50 fr.

596. — Lorsque, dans l'ancien droit, l'édit de 1669 supprima l'usage des recors, et autorisa les huissiers à signifier seuls, sans témoins, les exploits d'ajournement, le législateur substitua, à la garantie des recors qu'il abrogeait, la formalité du contrôle.

597. — Le contrôle n'était guère autre chose que ce qu'est actuellement notre enregistrement des exploits ; c'était l'insertion sommaire sur les registres publics de la substance de l'exploit signifié par l'huissier. Mais il est à remarquer que le contrôle ou la mention sur un registre public de la remise d'un exploit n'atteste en aucune façon la vérité, la sincérité de cette remise ; elle atteste uniquement qu'un original d'exploit a été présenté par l'huissier dans les bureaux du contrôle, elle n'atteste pas que la copie ait été remise ni même qu'elle existe. Il en est de même de la formalité de l'enregistrement qui n'est, comme le contrôle, qu'une mesure fiscale.

598. — L'exploit non enregistré dans le délai fixé par la loi, lors même que le retard proviendrait du fait du receveur de l'enregistrement, est nul, ainsi que nous l'avons fait remarquer *suprà* n° 54. — *Bourges*, 23 déc. 1816, Ferrand c. Grangier.

599. — Il en est de même de l'exploit d'appel enregistré plus de quatre jours après sa date, lors même qu'il l'aurait été bien avant l'expiration des trois mois dans lesquels il devait être signifié. — *Riom*, 6 déc. 1830, Jurie c. Mercier.

600. — Mais un exploit n'est pas nul par cela seul que la copie ne porte point qu'il a été enregistré. — *Cass.*, 26 vendém. an VIII, Douanes c. Geerts.

601. — Jugé également qu'une assignation n'est pas nulle pour ne pas faire mention de l'enregistrement des pièces dont elle contient la signification. — *Turin*, 20 flor. an XI, Belloti c. Bianco.

602. — Un exploit d'huissier, non enregistré, ne peut être produit en justice comme emportant avec lui une justification légale. — *Paris*, 13 mars 1834, Lombardy c. de Feuchère ; — Boncenne, t. 2, p. 242.

603. — Les irrégularités d'un exploit peuvent être opposées par la partie assignée, encore bien que

l'original soit régulier. Spécialement, si, d'après la date énoncée à la copie d'un exploit, cet exploit n'a pas été enregistré dans le délai de quatre jours, fixé par la loi du 22 frim. an VII, lors même qu'en consultant la date donnée à l'original, on voit que l'enregistrement a eu lieu dans le délai de rigueur, la partie peut cependant en proposer la nullité. — *Caen*, 25 avril 1826, Barbel c. Jean.

604. — Il a été jugé que s'il s'agissait d'un acte intéressant l'ordre public, tel qu'une notification de la liste des jurés, la signification de cet acte serait valable quoiqu'il n'eût pas été enregistré dans les délais de quatre jours ; l'art. 47 déroge pour ce cas à l'art. 34 de la loi du 22 frim. an VII. — *Cass.*, 7 janv. 1826, Tranchant ; 1er fév. 1816, Maisonneuve; — Merlin, *Quest.*, vo *Appel*, § 10, art. 3, no 14.

605. — Jugé de même que le défaut de mention, sur l'original de notification de la liste des jurés, de la date de l'enregistrement de cet acte n'emporte pas nullité et n'empêche pas que cette notification, d'ailleurs incontestée, n'ait été constatée authentiquement par acte d'un officier public faisant foi jusqu'à inscription de faux. — *Cass.*, 15 déc. 1831, Franquette.

606. — On s'est demandé si l'extrait du registre du receveur peut suppléer au défaut d'exhibition d'un exploit, et prouver en même temps son existence et sa régularité. — « Je n'ai jamais conçu, dit Boncenne (t. 2, p. 242), que cette question ait été sérieusement agitée. L'accomplissement des formalités prescrites ne peut se vérifier que par l'acte lui-même, *non extrinsecùs*. L'enregistrement constate bien qu'un exploit a été enregistré, mais il ne prouve pas que cet exploit ait été régulièrement rédigé et signifié. »

607. — Aussi la question ainsi posée a-t-elle été résolue négativement par la cour de cassation. — *Cass.*, 1er août 1810, Lempereur Larochelle c. Poncet.

608. — Jugé de même que l'extrait des registres de l'enregistrement qui mentionne un exploit ne dispense pas de représenter cet acte. — *Grenoble*, 11 juill. 1810, Albert c. Bernard ; *Rennes*, 22 avr. 1814, N. c. N. ; *Toulouse*, 25 nov. 1808, Rousse c. Daraill.

609. — Jugé aussi qu'un extrait de l'enregistrement d'un exploit de notification de jugement, qui ne porte pas la date de ce jugement, ne peut suppléer à la représentation de l'original de l'exploit. — *Rennes*, 17 mai 1815, Lemasson c. Solidu.

610. — ... Que les certificats des receveurs de l'enregistrement peuvent établir la date, mais non le contenu d'un exploit. — *Besançon*, 7 juill. 1808, Quihenin c. Truche.

611. — On a jugé cependant qu'on peut prouver l'existence de l'exploit de signification d'un jugement par un extrait de l'enregistrement lorsqu'on ne rapporte pas l'exploit même. — *Riom*, 28 déc. 1808, Majeune c. Fougères. — Mais cet arrêt ne peut infirmer l'autorité de ceux qui précèdent et qui font jurisprudence. — V. ENREGISTREMENT.

612. — Le taux des droits d'enregistrement varie selon la nature des actes. — V. ENREGISTREMENT.

§ 3. — *Visa*.

613. — Le visa est encore une des formalités extrinsèques de l'exploit. — D'après l'art. 1039, C. procéd., toutes significations faites à des personnes publiques préposées pour les recevoir doivent être visées par elles sans frais sur l'original.

614. — Les fabriques des églises étant des établissemens publics dans le sens de l'art. 69, C. procéd., l'exploit d'ajournement notifié au trésorier de la fabrique doit être visé par lui à peine de nullité. — *Paris*, 8 janv. 1836, préfet de la Seine c. fabr. de Saint-Médard.

615. — Jugé qu'à la différence des exploits d'assignation, les significations de jugemens et arrêts faites à la commune, en la personne de son maire ou adjoint, ne sont pas nulles faute par le maire ou l'adjoint d'avoir apposé son visa sur l'original. — *Cass.*, 28 avr. 1835, comm. de Tailly c. Darodes.

616. — En cas de refus, l'original est visé par le tribunal de première instance de leur domicile. Les refusans peuvent d'ailleurs être condamnés, sur les conclusions du ministère public, à une amende qui ne peut être moindre de 5 francs. — Nous reviendrons plus bas sur cette formalité.

CHAPITRE IV. — *Signification des exploits*.

617. — Après avoir expliqué dans les sections précédentes quelles sont les formes substantielles des exploits, il nous reste à faire connaître de quelle manière ils doivent être signifiés. La signification est, comme on sait, la remise faite par un huissier de la copie de l'exploit à la partie intéressée, afin qu'elle n'en ignore. On voit dès-lors toute l'importance que le législateur a dû attacher aux formalités qui sont destinées à assurer l'exacte remise des exploits. Il a voulu surtout prévenir à jamais le retour des abus sans nombre qui existaient dans l'ancien régime et que la sévérité des magistrats et la prévoyance du législateur n'avaient pu empêcher. Les auteurs du Code ont été plus heureux : grace aux sages dispositions qu'ils ont promulguées, grace à une meilleure organisation du corps des huissiers, grace enfin aux changemens apportés dans nos mœurs, les *copies soufflées* ne sont plus que des faits exceptionnels et très rares, et encore le plus souvent, quand cela arrive, est-ce moins par un esprit de fraude et avec l'intention de nuire que parce que la stricte exécution de la loi est momentanément très difficile.

618. — Sans nous étendre sur ces considérations, rappelons que le but du législateur a été d'assurer que l'ajournement parviendra réellement au défendeur et d'avertir celui-ci des poursuites dirigées contre lui ; de là ces garanties, ces précautions, ces formalités essentielles qu'il nous reste à énumérer.

619. — Aux termes de l'art. 68, C. procéd. civ., tous les exploits doivent être faits *à personne ou domicile*.

620. — Il en était de même avant le Code de procédure. Aux termes de l'art. 3, tit. 2, ord. 1667, une assignation devait aussi, à peine de nullité, être signifiée à personne ou domicile. — *Cass.*, 4 juill. 1791, Dufresne c. Ricard ; 11 germ. an XI, Throuillet c. Rougier.

621. — En conséquence, devait être annulé le jugement rendu sur des conclusions non signifiées à la personne ou au domicile du défendeur, et prises en son absence à l'instant où le tribunal s'assemblait pour juger la contestation. — *Cass.*, 27 vent. an V, Courdurier c. comm. de Montbrun.

622. — Le même principe a été appliqué sous le Code de procédure civile, et il a été jugé, en vertu du texte littéral de la loi, qu'un acte d'appel doit, à peine de nullité, être signifié à personne ou à domicile. — *Agen*, 28 mars 1809, Bonnald c. Ducayla ; *Metz*, 21 janv. 1813, Harth c. Lambert.

623. — ... Alors même que le jugement aurait été notifié avec désignation d'un domicile élu. — *Metz*, 21 janv. 1813, Harth c. Lambert.

624. — Il en est ainsi même en matière de saisie immobilière. L'exploit d'appel doit être signifié à personne ou domicile, à peine de nullité. Il ne suffirait pas qu'il eût été notifié au greffier du tribunal. — *Rennes*, 11 oct. 1817, Pincé. — V. SAISIE IMMOBILIÈRE.

625. — Le principe de l'art. 68 s'applique aussi en matière criminelle.

626. — Ainsi, une assignation en police correctionnelle serait nulle si la copie n'avait pas été remise à personne ou à domicile. — *Cass.*, 10 sept. 1831, Aubry. — V. EXPLOIT (matière criminelle).

627. — Jugé que l'acte d'appel d'un jugement du tribunal de commerce doit être signifié à personne ou à domicile réel ; qu'il ne saurait l'être valablement au domicile élu au lieu où siége le tribunal, ou, à défaut, au greffe, par application de l'art. 422, C. procéd. — *Rennes*, 29 août 1840 (t. 1er 1841, p. 107), Leroi c. Mazurié. — V. au surplus, à cet égard, APPEL, nos 897 et suiv., 913 et suiv.

628. — Nous verrons dans les sections suivantes que la loi a déterminé comment, où, et à quelles personnes la remise des copies devrait être faite.

629. — Il a été jugé que la preuve de la remise de la copie à personne ayant qualité pour la recevoir peut s'induire des termes de l'exploit, bien que le contraire soit littéralement mentionné; et que la nullité qui résulterait du défaut de remise est couverte par des actes de procédure établissant que l'assigné a eu en temps utile connaissance de l'exploit. — *Douai*, 27 juin 1835, Becq c. Legrand.

630. — Jugé encore que l'exploit remis au sieur N... et à sa femme, parlant *à sa personne*, est valable alors que les autres énonciations de l'acte font clairement connaître à qui l'exploit a été laissé. — *Cass.*, 29 janv. 1840 (t. 1er 1840, p. 511), Bourdon.

631. — .. Et qu'on doit réputer valable l'exploit signifié en une seule copie à deux époux ayant un intérêt commun, lorsqu'il se borne à énoncer que la copie a été remise aux époux *parlant à leurs personnes*, sans dire par lequel des deux époux l'exploit a été reçu. — *Cass.*, 21 déc. 1840 (t. 1er 1841, p. 512), Auffaire c. Seurre.

Sect. Ire. — *Signification de l'exploit à personne*.

632. — L'art. 68, C. procéd., exige que tout exploit soit fait *à personne* ou *domicile*. Rien de plus net que cette disposition ; ainsi, lorsque l'huissier trouve, en quelque endroit que ce soit, la personne qu'il est chargé d'assigner, il lui remet à elle-même l'ajournement, et il en fait mention sur l'original et sur la copie de l'exploit. C'est ce qui peut arriver de plus rassurant pour la justice. — Boncenne, t. 2, p. 193 ; Boitard, t. 1er, p. 185.

633. — Rodier (sur l'art. 3, tit. 2, ord. 1667) rappelle que suivant divers édits et arrêts des parlemens, un exploit ne pouvait être valablement signifié à la partie intéressée dans une église, ou dans une procession, ou dans une salle d'audience, *coram judice*, ou à la bourse. — V. aussi Papon, liv. 18, tit. 5, no 27.

634. — Les auteurs du *Praticien franç.* (t. 1er, p. 313), ainsi que Pigeau (*Procéd.*, t. 1er, p. 120, et *Comment.*, t. 1er, p. 186), et Delaporte (t. 1er, p. 76) sont également d'avis que, nonobstant le silence de l'art. 68, un exploit ne peut être signifié dans les édifices consacrés au culte pendant les exercices religieux, ni dans le lieu où les autorités constituées tiennent leurs séances durant le temps consacré aux délibérations.

635. — Nous croyons cette opinion erronée, 1o parce qu'elle est contraire à l'art. 1030, C. procéd., qui défend aux juges d'annuler aucun exploit à moins que la nullité n'en soit formellement prononcée par la loi ; — 2o Et par cette autre raison encore que, dans le projet du Code, il y avait un article qui reproduisait les prohibitions signalées par Rodier, et que cet article a été supprimé. — Locré, *Législat.*, t. 21, p. 257, no 22.

636. — Jugé, en ce sens, que l'exploit d'appel signifié à un individu *trouvé en personne* dans l'auditoire d'un tribunal n'est pas nul. — *Riom*, 22 nov. 1820, Battut c. Pelissier.

637. — Mais ces réserves faites au point de vue du droit et dans un intérêt purement théorique, nous nous empresserons de reconnaître que les huissiers, par un sentiment naturel des convenances, doivent éviter de signifier leurs exploits dans les circonstances indiquées plus haut, car si cette signification n'est pas nulle, elle peut du moins faire scandale et causer des désordres fâcheux. — V. dans le sens de notre opinion Chauveau et Carré, t. 1er, p. 346 ; Boitard, t. 1er, p. 253, édit. 1re ; Favard de Langlade, t. 1er, p. 141, no 2 ; Boncenne, t. 2, p. 195.

638. — ... Et Boncenne (*loc. cit.*) admet qu'au cas de trouble ou de scandale l'huissier pourrait encourir des peines.

639. — On s'est demandé si un exploit pouvait être valablement signifié à la personne assignée trouvée au domicile d'un tiers, mais l'affirmative n'est pas douteuse. L'art. 1030 ne permettrait pas d'annuler une assignation ainsi délivrée. Seulement il est constant que l'huissier ne pourrait pas pénétrer dans le domicile du tiers pour y faire sa signification, si celui-ci refusait de le recevoir. — V. HUISSIER.

640. — Ainsi, il est vrai de dire qu'aujourd'hui les exploits sont valablement remis *en tous lieux*, pourvu qu'ils le soient aux mains de ceux auxquels ils s'adressent.

641. — Seulement l'huissier ne doit remettre la copie à une personne trouvée hors de son domicile qu'autant qu'il la connaît lui-même. S'il faisait autrement, s'il remettait de confiance la copie de l'exploit à une personne qui se dirait être celle à laquelle la signification s'adresse, ou qui serait désignée comme telle, il s'exposerait à être trompé et pourrait voir annuler son acte par suite d'une inscription de faux. — Chauveau et Carré, t. 1er, quest. 348.

642. — Telle est aussi l'opinion de M. Bioche (nos 165 et 166) : « L'huissier, dit-il, n'est pas garant de l'identité de la personne à qui il remet, à domicile, copie d'un exploit d'assignation. Mais, hors du domicile, il ne doit plus se contenter de la déclaration de celui qui se dit être le défendeur; il doit s'assurer lui-même de son identité. »

643. — Il a été jugé qu'un exploit peut être remis à la personne de l'assigné trouvé hors de son domicile, lors même que par jugement l'assignation à domicile a été ordonnée. — *Rennes*, 22 juill. 1814, Garbugny c. N.

644. — Mais il faudrait déclarer nul l'exploit dont le *parlant à* énoncerait qu'il a été signifié *à une personne rencontrée* hors de son domicile, *et parlant à son avoué*. — *Besançon*, 16 juin 1809, Jourdain c. Barbier.

645. — Le principe que tous les exploits du ministère de l'huissier peuvent être signifiés à personne, hors du domicile, souffre exception lorsqu'il s'agit d'un acte de protêt ; en effet, comme le protêt doit être précédé de la sommation de payer, il est dans la nature des choses que la signification se fasse au lieu même indiqué pour le paiement, puisque c'est là que les fonds doivent se trouver. — V. PROTÊT.

646. — Bien qu'il soit dans l'esprit de la loi que les exploits soient faits d'abord à personne avant de l'être à domicile, il est des cas où la signification ne peut pas être faite à la personne même que l'exploit concerne, mais à une autre personne qui la représente ou à son domicile.

647. — Ainsi, 1° un mineur, un interdit doivent être assignés en la personne ou au domicile de leurs tuteurs. Il en est de même du condamné aux travaux forcés à temps, à la détention ou à la réclusion, pendant le temps de sa peine. — C. pén., art. 29.

648. — ... 2° Un mort civilement doit être assigné en la personne ou au domicile de son curateur. — V. MORT CIVILE.

649. — ... 3° Un mineur émancipé, un individu pourvu d'un conseil judiciaire, peuvent, il est vrai, être assignés par copie remise à leur personne ou à leur domicile, mais il faut en outre que, par copie séparée, le curateur ou le conseil judiciaire soit également assigné. — C. civ., art. 482 et 513. — V. CONSEIL JUDICIAIRE, n° 110, ÉMANCIPATION, nos 113 et suiv.

650. — ... 4° La femme mariée est assignée en la personne de son mari ou à son domicile, par une seule copie, toutes les fois qu'il s'agit d'une matière à raison de laquelle le mari peut agir seul, soit en demandant, soit en défendant. — Dans les autres cas, l'assignation doit être donnée à la femme et au mari pour l'assister et lui donner son autorisation, mais par copies séparées. Cette distinction est consacrée par la jurisprudence.

651. — Jugé que est nulle l'assignation donnée à une femme séparée de biens, lorsqu'il n'a été laissé qu'une copie pour elle et son mari. — *Bourges*, 6 mai 1822, comm. de Saint-Germain-des-Bois c. Villeminot.

652. — ... Que l'assignation donnée à une femme séparée de biens à raison de ses droits, et à son mari pour l'autoriser, est nulle s'il n'en est laissé copie séparée à chacun d'eux. Peu importe que la femme soit assignée conjointement avec son mari et au domicile de celui-ci. — *Cass.*, 7 sept. 1808, Berthier c. Villemenant.

653. — ... Que lorsqu'une femme séparée de biens procède en justice pour un droit qui lui est personnel, et que son mari n'est en cause que pour l'autoriser, l'appel du jugement qu'ils ont obtenu doit leur être notifié par des copies séparées à peine de nullité. — *Cass.*, 17 nov. 1823, de Clermont-Tonnerre c. de la Tour-d'Auvergne.

654. — ... Que lorsque, dans une instance où le mari ne figure que pour autoriser son épouse, on les assigne l'un et l'autre pour être présens à une enquête, on doit, à peine de nullité, laisser deux copies de l'exploit chez l'avoué commun des époux, l'une pour le mari, l'autre pour la femme. — *Bordeaux*, 17 mai 1831, Blanc de Lestrade c. Durand.

655. — ... Que lorsque la femme est actionnée avec son mari, comme solidairement engagée, il doit lui être délivré copie séparée des actes de procédure; et que, conséquemment, la copie laissée au mari seul du jugement prononçant contre les époux une condamnation solidaire n'a point pour effet de faire courir le délai de l'appel à l'égard de la femme. — *Colmar*, 18 fév. 1839 (t. 1er 1839, p. 526), Kah c. Bigard

656. — ... Que le mari et la femme, séparés de biens, qui procèdent en justice, la femme en son nom personnel et le mari pour l'autoriser, ont un intérêt distinct et séparé; qu'en conséquence, tout exploit qui leur est signifié, et notamment un exploit d'appel, doit, à peine de nullité, être signifié à chacun d'eux par copie séparée. — *Nancy*, 7 juin 1833, Chapelot c. Pierre.

657. — ... Que les intérêts d'une femme commune sont distincts de ceux de son mari dans une action qui touche à ses droits immobiliers ou personnels; et qu'en conséquence il doit être adressé une copie à la femme comme personnellement intéressée, et une au mari comme représentant la communauté et autorisant son épouse. — *Rennes*, 5 août 1839 (t. 2 1839, p. 590), comm. de Plédeliac c. Bigeon.

658. — ... Que le jugement qui statue sur une demande en partage de droits mobiliers et immobiliers appartenant à une femme, et dirigée à la fois contre elle et son mari, doit être signifié séparément à chacun d'eux, encore bien que la femme, mineure émancipée et commune en biens, procédât sous l'assistance du mari, son curateur, si, en outre, celui-ci a été instancié en son propre et privé nom; que la signification par une seule copie aux deux époux ne ferait pas courir le délai d'appel. — *Cass.*, 29 avr. 1839 (t. 2 1839, p. 471), Mirabeau c. de Kerstrat; *Rennes*, 30 mai 1838 (t. 2 1840, p. 332), mêmes parties.

659. — ... Qu'on doit réputer nul l'acte d'appel signifié au mari et à la femme par une seule copie, alors qu'il s'agit dans la cause d'immeubles propres à la femme, et que les droits des époux sont distincts et séparés. — *Paris*, 4 mars 1843 (t. 1er 1844, p. 549), d'Esterno c. de Felcourt. — V. conf. *Rennes*, 10 janv. 1840 (t. 2 1842, p. 359), Langenardiere c. Debarcs; *Cass.*, 15 juin 1842 (t. 2 1842, p. 359 et 360), comm. de Verzé c. de Morangiès.

660. — Mais lorsque les époux ne sont point séparés de biens, il suffit de remettre une copie au mari, dans les significations relatives aux biens dotaux de la femme. — *Bordeaux*, 23 janv. 1835, Marroncle c. Fonbonne.

661. — Jugé aussi que l'assignation à comparaître devant la chambre civile de la cour de Cassation peut être donnée par une seule copie à deux époux communs en biens. — *Cass.*, 27 mars 1838 (t. 2 1838, p. 177, Malécot. — V. en outre CASSATION (matière civile), nos 1712 et suiv.

662. — ... Que les époux qui ne sont pas séparés de biens peuvent être valablement assignés devant une cour par une seule copie de l'acte d'appel, dans les procès qui concernent les intérêts particuliers de la femme. — *Caen*, 11 janv. 1825, Barbey c. Cauchard.

663. — ... Que lorsque des époux ne sont pas séparés de biens, il ne faut pas, dans tous les cas, signifier séparément l'acte d'appel à l'un et à l'autre; qu'une seule copie suffit quand l'objet litigieux se trouve appartenir à la communauté, encore bien que, par sa primitive origine, la femme en ait été seule propriétaire. — *Cass.*, 30 juin 1835, préfet du Nord c. Danglemont.

664. — ... Qu'une seule copie de l'acte d'appel laissée pour un mari et sa femme suffit, lorsque les époux ont le même avocat et le même avoué. — *Agen*, 27 juill. 1810, Quentin c. Lacoste.

665. — .. Que lorsque l'action n'intéresse que les droits mobiliers de la femme, l'assignation est valable, quoique donnée au mari et à la femme par une seule copie. — *Orléans*, 29 mai 1845 (t. 2 1845, p. 477), Pélissot-Croué c. Courtois-Delaporte et Ollier.

666. — Toutefois l'acte d'appel signifié par une seule copie au mari et à la femme est nul, si, au moment de la signification, le mari était décédé laissant des héritiers dont les intérêts étaient distincts de ceux de la veuve. — *Bourges*, 11 mars 1836, Alexandre c. Cordelier.

667. — ... 5° L'absent doit être assigné en la personne ou au domicile de l'administrateur nommé par la justice pendant le temps de la présomption d'absence, et si l'absence est déclarée, en la personne ou au domicile des envoyés en possession provisoire ou définitive. — V. ABSENCE.

668. — Ce que nous avons dit de l'absent pendant la présomption d'absence s'applique aussi au condamné par contumace. — V. CONTUMACE.

669. — ... 6° Le roi était assigné anciennement en la personne du procureur du roi de l'arrondissement; mais, d'après la loi du 2 mars 1832, il doit l'être aujourd'hui en la personne de l'administrateur du domaine de la couronne ou en celle de l'administrateur du domaine privé, suivant les circonstances. — V. DOMAINE PRIVÉ, LISTE CIVILE. — C'est, dit M. Bioche (v° *Exploit*, n° 315), à l'intendance de la liste civile que doivent être remises les copies de tous les actes relatifs à des actions dirigées contre le domaine privé ou contre le domaine de la couronne.

670. — ... 7° L'état, lorsqu'il s'agit de domaines et droits domaniaux, est assigné en la personne ou au domicile du préfet du département où siége le tribunal devant lequel doit être portée la demande en première instance. — C. procéd., art. 69. — V. DOMAINE DE L'ÉTAT.

671. — Suivant Boncenne (t. 2, p. 146), quand la cause intentée contre l'état est engagée par une assignation donnée régulièrement au préfet, les réquisitions et conclusions sont notifiées au parquet du procureur du roi.

672. — L'assignation au préfet, en ce qui concerne le domaine de l'état, doit être précédée d'un mémoire adressé à ce magistrat. — L. 5 nov. 1790, art. 15, tit. 3; — avis Cons. d'état, 28 pluv. an VIII. — V. DOMAINE DE L'ÉTAT.

673. — Lorsque le préfet est absent, il délègue ses fonctions à un conseiller de préfecture ou au secrétaire général. Cette délégation est quelquefois présumée.

674. — Ainsi, l'assignation donnée à un préfet, en sa qualité, est valablement remise à un conseiller de préfecture, et visée par lui, s'il déclare agir par autorisation. En un tel cas, il y a présomption légale de l'absence du préfet et de délégation de pouvoirs faite au conseiller de préfecture pour le remplacer. — *Toulouse*, 29 juin 1831, Narbonne-Larra c. préfet de Tarn-et-Garonne.

675. — De même est valable un exploit signifié au préfet, au nom de l'état, en parlant au secrétaire général de la préfecture, lequel a visé l'exploit comme préfet, bien qu'il ne mentionne pas que ce dernier eût délégué ses fonctions au secrétaire général, et que la délégation ne soit pas représentée. En pareil cas, la délégation est légalement présumée, alors d'ailleurs que le préfet était dans l'habitude de déléguer le secrétaire général. Peu importe qu'on ne prouve pas qu'il y ait eu urgence, et que le préfet n'était pas absent, mais seulement non présent à son hôtel. — *Metz*, 27 août 1835, comm. de Ham et Guerting c. préfet de la Moselle.

676. — Jugé, au contraire, qu'en cas d'absence d'un préfet, les actes qui lui sont notifiés, par exemple la signification d'un jugement, doivent être visés non par le secrétaire général, mais par le juge de paix ou par le procureur du roi, à peine de nullité. — *Pau*, 25 janv. 1827, préfet des Landes c. comm. de Pouy.

677. — Lorsqu'il s'agit de procès relatifs aux *revenus* domaniaux, l'action est dirigée contre les directeurs de l'administration de l'enregistrement et des domaines. — V. DOMAINE DE L'ÉTAT, ENREGISTREMENT.

678. — ... 8° Le trésor public est assigné en la personne ou au bureau de l'agent judiciaire. — C. procéd., art. 69. — V. AGENT JUDICIAIRE DU TRÉSOR PUBLIC, nos 12 et suiv.

679. — Il a été jugé que l'assignation donnée à la requête d'un agent du trésor est valable, quoiqu'elle ne contienne pas son nom, si ce fonctionnaire a agi en raison de ses fonctions. — *Besançon*, 11 janv. 1810, Dormoy et Lubert c. Alain.

680. — ... 9° Les communes sont assignées en la personne ou au domicile du maire, et à Paris en la personne ou au domicile du préfet. — C. procéd., art. 69. — V. COMMUNE, PARIS (ville de).

681. — L'assignation est nulle si elle est donnée personnellement au maire et non *à la commune* en la personne de ce fonctionnaire. — *Cass.*, 10 juin 1812, Fulcraud c. comm. de Saint-Privat.

682. — Jugé aussi que dans un procès contre une commune, c'est au maire en sa qualité que doit être signifié l'acte d'appel, quoique le jugement contre lequel on interjette appel ait été rendu contre l'adjoint commis par le préfet pour suivre le procès en l'absence du maire. — *Bourges*, 31 mars 1829, Bourdiau c. comm. de Sainte-Marie.

683. — En cas d'absence du maire, l'adjoint a-t-il qualité pour recevoir et viser la copie de l'exploit signifié à une commune? — La question a été longtemps controversée.

684. — Pendant long-temps la jurisprudence de la cour de Cassation s'est prononcée et maintenue en ce sens, qu'en cas d'absence du maire, l'exploit ne pouvait être remis à l'adjoint, et qu'il fallait s'adresser au juge de paix ou au procureur du roi. Les motifs de cette interprétation de l'art. 69 étaient: 1° que, s'agissant d'un acte de procédure et des formalités nécessaires pour sa validité, il était inutile de s'occuper de la législation qui déterminait les fonctions et attributions des adjoints en cas d'empêchement des maires; — 2° que, dans le concours d'une législation générale et d'une législation spéciale, il fallait s'arrêter à la législation spéciale, surtout quand les dispositions en étaient claires et expresses.

685. — Ainsi, on jugeait que la copie d'une assignation donnée à une commune ne pouvait valablement, en l'absence du maire, être laissée à l'adjoint, et que celui-ci ne pouvait viser l'original. — *Cass.*, 10 juin 1812, Fulcraud c. comm. de Saint-Privat; 10 févr. 1817, maire de Reynel c. de Choiseul; *Lyon*, 12 juin 1823, ville de Nantua c. Lebrument; *Riom*, 14 mai 1827, Sabatier c. Banel; *Cass.*, 7 juill. 1828, comm. d'Ambutrix c. comm. de Saint-Denis; 12 mai 1830, comm. de Loisia c. de Pimorin; *Bourges*, 17 nov. 1830, Plassat c. comm. de la Chapelle.

686. — ... Et que dans ce cas, le juge de paix ou le procureur du roi pouvait seul recevoir la copie et viser l'original. — *Cass.*, 22 nov. 1813, comm. d'Ennezat c. comm. de Riom.

687. — Quelques arrêts ont également jugé qu'en cas de décès du maire, et en l'absence de l'adjoint, un conseiller municipal n'a pas qualité pour recevoir la copie d'un acte d'appel et le revêtir de son visa. — *Nancy*, 24 mai 1833, comm. de Merville c. comm. de Rehercy.

688. — ... Et que la copie d'un appel signifié à une commune doit être laissée, en l'absence du maire, au procureur du roi et non à l'adjoint, lors même que le maire n'eût été que provisoire et eût cessé ses fonctions par l'installation d'un nouveau conseil municipal. — *Nîmes*, 17 déc. 1834, Delpuech c. ville d'Avignon.

689. — ... Et, de même, que le conseiller municipal, le premier dans l'ordre du tableau, ne pouvait remplacer le maire et l'adjoint pour recevoir la copie d'une assignation donnée à la commune. — *Bordeaux*, 14 juill. 1836, comm. d'Izon c. Le Feuvre.

690. — Toutefois, d'autres arrêts décidaient que

la copie d'une assignation donnée à une commune peut, en l'absence du maire, être laissée valablement à l'adjoint, qui peut viser l'original. — *Lyon*, 23 fév. 1825, comm. d'Ambutrix c. comm. de Saint-Denis; *Poitiers*, 13 fév. 1827, comm. d'Asnières c. Boistard; *Rennes*, 31 juill. 1829, Deschampsneuf c. comm. de Frossay; *Lyon*, 25 mars 1830, Vignau c. comm. de Sothonod; *Grenoble*, 19 août 1830, comm. d'Ambutrix c. comm. de Saint-Denis.

691. — Le 6 août 1832, la cour de Cassation avait aussi posé en principe que lorsqu'une commune a été représentée dans une instance par l'adjoint remplissant par intérim les fonctions de maire, les significations faites en la personne de cet adjoint, postérieurement à la nomination d'un maire, sont valables, s'il n'existe aucun acte qui ait porté ce changement à la connaissance de la partie adverse. — *Cass.*, 6 août 1832, comm. d'Epieds c. comm. de Morton.

692. — ... Et revenant définitivement sur l'interprétation par elle donnée à l'art. 69, cette cour a décidé par arrêt solennel qu'en France les fonctions ne sont jamais vacantes, et que leurs titulaires, en cas d'absence, d'abstention, démission, mort ou maladie, sont toujours remplacés par ceux qui, dans la hiérarchie, viennent immédiatement après eux. En conséquence, elle a déclaré valable l'assignation donnée au domicile et en la personne de l'adjoint toutes les fois que l'absence du maire était légalement et régulièrement constatée. — *Cass.*, 8 mars 1834, comm. d'Ambutrix c. comm. de Saint-Denis.

693. — C'est dans ce sens que les auteurs se sont prononcés (Chauveau sur Carré, t. 1er, quest. 370), et que la jurisprudence est aujourd'hui fixée. — *Cass.*, 24 août 1836 (t. 1er 1837, p. 5), Delpech c. ville d'Avignon.

694. — Jugé aussi qu'à défaut du maire et de l'adjoint, l'exploit peut être remis à un conseiller municipal; qu'ainsi, un acte d'appel est valablement signifié, en l'absence du maire et de ses adjoints, au conseiller municipal, le premier dans l'ordre du tableau. — *Toulouse*, 13 fév. 1835, comm. de Montgiscard c. propriétaires du canal du Midi.

695. — Mais la cour de Colmar nous paraît avoir exagéré le principe consacré par la nouvelle jurisprudence lorsqu'elle a décidé qu'un exploit n'est valablement signifié à une commune, en parlant au juge de paix, qu'autant qu'on a préalablement constaté, soit l'absence non seulement du maire, mais encore de tous les adjoints ou conseillers municipaux, soit le refus de l'un de ces fonctionnaires. — *Colmar*, 11 déc. 1834, de Bergheim c. comm. de Innenheim.

696. — Une telle décision est inadmissible. En effet, les nullités sont de droit étroit. La validité des actes au contraire est toute favorable; or, quand la loi ne dit pas, en cas d'absence ou de refus du maire, des adjoints, des conseillers municipaux..., pourquoi ne pas s'en tenir à la lettre de la loi, surtout quand on fait attention que son but est rempli? Comment prononcer contre l'huissier la peine de nullité de son exploit, par cela même qu'il aura pris plus de précautions pour la prévenir, en s'en tenant scrupuleusement au texte de la loi. Ce serait de la rigueur sans justice. De plus, le système de la cour de Colmar aurait pour résultat de donner lieu à des difficultés sans nombre et toujours renaissantes lorsqu'il s'agirait de signifier des exploits à des communes. Il faudrait que, pour chaque commune, l'huissier connût non seulement le personnel de la municipalité, mais encore l'ordre de nomination ou d'élection de chacun des membres. Le plus souvent il lui serait impossible de lever les incertitudes qui naîtraient soit relativement à la capacité relative des remplaçans, soit relativement à la légalité du remplacement, que la loi n'admet pas en cas d'absence momentanée du titulaire pour vaquer à ses travaux.

697. — Aussi a-t-il été jugé par la cour de Cassation que, bien qu'en l'absence du maire, l'adjoint ait qualité pour recevoir la signification d'un exploit, l'huissier n'est obligé, ni de s'informer si l'absence du maire est telle que ses fonctions se trouvent dévolues à l'adjoint, ni de chercher le domicile de cet adjoint, avant de remettre au procureur du roi l'exploit destiné au maire. — *Cass.*, 7 juill. 1834, hospices de Paris c. comm. de Garches.

698. — Jugé cependant que l'exploit d'ajournement signifié à une commune ne peut être valablement laissé à un autre que le maire ou l'adjoint, qu'autant que l'absence de ces fonctionnaires est constatée par l'exploit lui-même, et que l'huissier déclare s'être transporté à leur domicile, et ne les avoir pas trouvés. — *Bordeaux*, 14 juill. 1836, comm. d'Izon c. de Feuvre. — V. au surplus COMMUNE, nos 548 et suiv.

699. — ... 10° *Les administrations ou établissemens publics* sont assignés *en leurs bureaux*, dans lieu où réside le siége de l'administration, dans les autres lieux en la personne et au bureau de leur préposé. — C. procéd., art. 69, n° 3 et art. 70. — V. ÉTABLISSEMENS PUBLICS, FABRIQUES, HOSPICES.

700. — Ainsi, d'après cet article, c'est au bureau même de l'administration et non en la demeure du préposé que doivent être faites les significations, parce que cette demeure n'est pas le domicile de l'administration ni le domicile administratif du préposé.

701. — Jugé en conséquence qu'on doit réputer nul l'acte d'appel notifié à un receveur d'hospices, parlant à sa personne trouvée en son domicile. — *Cass.*, 4 juill. 1838 (t. 2 1838, p. 163), Palge c. hospices de la ville d'Alais.

702. — Il en est de même de l'assignation donnée à la fabrique d'une église, si l'exploit n'a pas été signifié au bureau et à la personne de son préposé. — *Liége*, 12 mars 1829, N....

703. — Jugé aussi que l'acte d'appel dirigé contre la fabrique d'une église ne peut être signifié à la maison du trésorier; qu'il doit l'être à son bureau. — *Liége*, 13 juill. 1814, N... c. Delaitre.

704. — ... Que l'appel d'un jugement obtenu par l'administration des hospices n'est pas valablement signifié au préposé de cette administration, chez lequel il a été fait élection de domicile en première instance, lors même qu'il habiterait dans la ville où siége l'administration. — *Liége*, 31 mars 1810, Braconna c. hospices de L....

705. — Ce principe a également été reconnu par un arrêt de la cour de Cassation qui, néanmoins, et attendu les énonciations résultant de l'ensemble de l'acte et qui prouvaient que l'huissier s'était transporté au bureau même de l'administration de l'hospice et non au domicile personnel de l'administrateur, a déclaré valable un exploit ainsi conçu: « J'ai laissé copie dudit jugement et du présent exploit au sieur N..., administrateur, *parlant au domicile à sa personne*. — *Cass.*, 27 avr. 1830, hospice de Salon c. Panier.

706. — Cependant lorsque l'administration d'un hospice n'a point de bureau spécial, on peut lui donner assignation en la personne du maire, son président, sans qu'il soit nécessaire de la remettre au receveur de l'hospice. — *Cass.*, 11 janv. 1830, hospice de Ste-Marie c. Foissy.

707. — Jugé aussi qu'une administration ecclésiastique qui n'a ni bureaux ni commis en permanence, bien qu'elle ait un local spécial, pour la tenue de ses séances, est régulièrement assignée en la personne de son receveur, surtout si celui-ci prenant une inscription hypothécaire dans l'intérêt de cette administration, a fait pour elle élection de domicile en sa propre demeure. — *Colmar*, 25 avr. 1817, Carbriston c. N....

708. — Il a été jugé même que l'acte d'appel notifié au domicile du président d'un conseil de fabrique, parlant à la personne de ce président, n'est pas nul comme n'étant pas conforme à ce que prescrit le § 3 de l'art. 69, C. procéd. civ., alors que rien dans la cause ne justifie que cette fabrique ait un local où seraient situés ses bureaux et le siége de son administration. — *Nîmes*, 4 mars 1840 (t. 1er 1840, p. 670), fabrique de l'église de Saint-Pons c. Dibbon.

709. — Les administrations publiques, telles que celles des douanes, de l'enregistrement, des contributions directes ou indirectes, sont réputées avoir leur domicile dans les bureaux de leurs préposés. — Bioche, v° *Exploit*, n° 338.

710. — ... 11° *Sociétés de commerce.* — Aux termes de l'art. 69, C. procéd. civ., les sociétés de commerce, tant qu'elles existent, sont assignées en leur maison sociale, et, s'il n'y en a pas, en la personne ou au domicile de l'un des associés.

711. — Cependant il faut distinguer, dans cette seconde hypothèse, pour l'application de l'art. 69, les différentes espèces de sociétés de commerce à qui des significations doivent être faites.

712. — Les sociétés *en nom collectif* sont assignées conformément au § 6 de l'art. 69 qui vient d'être cité. — Les sociétés *en commandite* sont assignées en la maison sociale, et, s'il n'y en a pas, au domicile de l'un des associés responsables et solidaires. — Quant aux sociétés *anonymes*, les significations d'exploit doivent être faites, en la personne de leurs directeurs, au siége de la société. Comme la société anonyme n'a pas d'associés proprement dits, et seulement des actionnaires, l'art. 69 est inapplicable en ce sens qu'un actionnaire ne peut recevoir la signification.

713. — Il a été jugé que quand des commerçans associés ont été individuellement dénommés au procès, sans indication de la société dont ils sont membres, toute signification à domicile est régulièrement faite à leur domicile individuel, et qu'il n'est pas nécessaire qu'elle soit faite au domicile de la société. — *Cass.*, 26 fév. 1815, Gihoul et Roussel.

714. — Jugé encore que l'exploit signifié à une maison de commerce, et dans lequel l'huissier déclare avoir remis la copie à un individu qu'il désigne comme *associé de cette maison*, fait foi jusqu'à ce qu'on ait prouvé que cet individu n'a pas cette qualité. — *Turin*, 9 avr. 1811, Gervasio c. Deabbate.

715. — Bien qu'une société de commerce ait indiqué une maison sociale par l'acte de ses statuts, on a pu l'assigner au domicile de son régisseur, lorsqu'en fait c'est à ce domicile que ses bureaux sont établis, que son enseigne est placée, et que se font toutes ses opérations de commerce. — *Cass.*, 25 nov. 1836 (t. 1er 1837, p. 600), société des Ardoisières c. Beauvalet; *Riom*, 5 août 1844 (t. 1er 1845, p. 158), Giroux c. N....

716. — Les significations faites à une société en la personne d'un liquidateur sont valables. — *Paris*, 12 déc. 1810, Leluc c. Mannier.

717. — La disposition de l'art. 59, § 5, C. procéd., portant qu'une société, tant qu'elle existe, doit être assignée devant le juge du lieu où elle est établie, s'applique même à une société non encore autorisée et n'ayant qu'une existence de fait, et cela, alors même que l'ajournement formé contre cette société aurait pour but de la faire annuler comme entachée d'illégalité. — *Caen*, 23 fév. 1844 (t. 1er 1845, p. 158), compagnie d'assurances mutuelles c. Gibert. — V. au surplus SOCIÉTÉ.

718. — Que faut-il décider lorsqu'il s'agit, non d'une société commerciale, mais d'une société civile? — Il a été jugé que l'art. 69, C. procéd. civ., dont le § 6 porte que les sociétés commerciales seront assignées *en leur maison sociale*, et, s'il n'y en a pas, en la personne ou au domicile de *l'un des associés*, ne peut être étendu aux sociétés civiles, et qu'ainsi, en matière de société civile, l'assignation donnée à chacun des intéressés individuellement est valable. — *Cass.*, 26 mai 1841 (t. 1er 1841, p. 751), Tassy c. Fouque. — V. SOCIÉTÉ.

719. — L'assignation donnée à une entreprise de messageries comme civilement responsable, mais sans indication du préposé délinquant, indique suffisamment que c'est à raison du fait du conducteur et du postillon, quand cela est expliqué dans une requête signifiée en même temps que l'assignation. — *Bordeaux*, 20 fév. 1845 (t. 2 1845, p. 191), Mespoulède c. Messageries royales.

720. — ... 12° *Les unions et directions des créanciers* sont assignées en la personne ou au domicile de l'un des syndics ou directeurs (C. procéd., art. 69, n° 7). — V. FAILLITE.

Sect. 2e. — *Signification à domicile.*

721. — Quoique la signification à personne soit certainement le mode qui remplit le mieux le but du législateur, comme on ne peut y recourir que rarement dans la pratique, et qu'il est toujours facile au défendeur de se dérober à l'approche de l'huissier, il a bien fallu permettre de suppléer à ce mode par un autre non moins efficace, nous voulons parler de la *signification à domicile*. C'est ce qui résulte de la disposition de l'art. 68, C. procéd. civ.

722. — Par cette expression de l'art. 68, tout exploit sera signifié à personne ou *domicile*, le législateur indique le domicile légal, et non pas seulement la résidence de fait du défendeur: il faut donc, sur la question de savoir en quel lieu la signification doit être faite, s'en référer aux principes ordinaires. — V. DOMICILE.

723. — En outre, le législateur entend parler du domicile réel: quant à ce qui concerne l'élection de domicile, ses effets et les questions auxquelles elle peut donner lieu, V. DOMICILE, nos 287 et suiv., 293 et suiv.

724. — L'individu qui a légalement changé de domicile doit, à peine de nullité, être assigné au nouveau domicile qu'il a choisi. — *Nîmes*, 30 mars 1808, Rose c. Ponce

725. — Jugé aussi que l'assignation donnée à un individu qui a légalement déclaré son changement de domicile, est nulle, si elle lui a été donnée dans la forme tracée pour ceux qui n'ont ni domicile ni résidence connue. — *Paris*, 10 juin 1811, Froidefond-Duchatenet c. N....

726. — Mais une signification serait valablement faite au domicile connu du débiteur, en parlant à des personnes de sa famille, quoiqu'il alléguât avoir un nouveau domicile qu'il n'aurait pas d'ailleurs fait connaître. — *Bruxelles*, 25 fév. 1810, Delescailles.

727. — Jugé encore que l'assignation donnée à l'ancien domicile connu, s'il n'a pas été changé dans la forme légale, est valable, surtout si l'exploit a été affiché à la porte de l'auditoire du tribunal et visé sur l'original par le procureur du roi. — *Bourges*, 6 mai 1822, commune de Sa nt-Germain-des-

Bois c. Villeminot; *Paris*, 3 fév. 1812, Astruc de Selves.

728. — Au reste, il n'est pas toujours nécessaire que le changement de domicile soit constaté par une déclaration. En effet, ce changement résulte de l'acceptation de fonctions publiques et à vie. — V. DOMICILE.

729. — Mais les significations à un percepteur de contributions sont valablement faites à son ancien domicile, car ses fonctions sont essentiellement révocables. — *Paris*, 17 août 1810, Gronier; *Cass.*, 11 mars 1812, Provost.

730. — L'assignation donnée à un domicile indiqué par la partie intéressée n'est pas nulle, bien qu'il résulte des certificats de l'autorité administrative qu'elle soit domiciliée en un autre lieu. — *Cass.*, 5 mai 1834, Fournier c. héritiers Roussel-Lavalette.

731. — Il a été jugé que les militaires et marins doivent être assignés au domicile qu'ils avaient au moment de leur départ. — *Rennes*, 5 août 1812, Hautchemin c. Appert; — Carré et Chauveau, quest. 351; Boncenne, t. 2, p. 205.

732. — Jugé cependant que le capitaine d'un navire peut être valablement assigné à bord de son bâtiment. — *Bruxelles*, 16 mai 1815, Desmedt c. Grœnewert et Fusch.

733. — ... Et que les significations d'exploit en matière commerciale maritime peuvent être laissées à toute personne de l'équipage trouvée à bord. — *Caen*, 22 janv. 1827, Corbin c. Thibout. — V. MARIN.

734. — Les bannis, les déportés, les condamnés aux travaux forcés sont assignés également au lieu de leur ancien domicile. L'ajournement doit aussi être signifié au curateur du condamné qui se trouve pendant la durée de la peine en interdiction légale. — Commaille, t. 1er, p. 143; Boncenne, t. 2, p. 204; Carré, quest. 337.

735. — Il a été jugé à cet égard que les individus déportés en vertu de la loi du 19 fructid. an V, et qui se sont rendus dans l'île d'Oleron dans le délai fixé par l'arrêté du directoire du 28 niv. an VII, n'ayant pas encouru la mort civile, ont conservé pendant leur déportation le domicile qu'ils avaient auparavant, et que l'assignation qui leur a été donnée devant les juges de ce domicile a été régulière. — *Cass.*, 16 frim. an XI, Donnere c. Donault.

736. — Jugé encore (implicitement) que celui qui a été condamné aux travaux forcés à perpétuité peut être valablement assigné, pour intérêts civils, au domicile qu'il avait avant son arrestation. — *Paris*, 30 janv. 1817, Billaut c. Worbe.

737. — On peut assigner un prévenu dans la prison même, pourvu que l'exploit lui soit remis entre les deux guichets où il est réputé en liberté. La copie ne pourrait être remise aux employés de la prison; mais elle le serait valablement aux parens ou aux serviteurs de l'assigné, trouvés à son ancien domicile. — Rodier, sur l'art. 3, tit. 2, 7e quest.; Favard, t. 1er, p. 143; Boncenne, t. 2, p. 204; Carré et Chauveau, quest. 238.

738. — Du moment que le Code exige que l'exploit soit signifié à personne ou domicile, il s'ensuit qu'une assignation donnée à un propriétaire, au domicile du gérant de ses propriétés, serait nulle.

739. — Jugé en ce sens que l'acte d'appel signifié au domicile de l'administrateur des biens de l'intimé, est nul. — *Bruxelles*, 29 juill. 1809, Lorent c. Tricot.

740. — ... Qu'une assignation n'a pu être donnée à un ci-devant seigneur en la personne de son agent; et que le vice d'une assignation ainsi donnée emporte nullité du jugement arbitral qui l'a suivie. — *Cass.*, 17 vendém. an VI, Gérard de Rayneval c. comm. d'Entzweiller.

741. — ... Que l'assignation donnée à un individu non en sa personne, mais en celle de son agent, est nulle. — *Cass.*, 4 thermid. an V, Custine c. comm. de Guermange.

742. — ... Que de même on doit réputer nul l'acte d'appel remis à un fondé de pouvoir qui se trouve par hasard au domicile de l'intimé. — *Limoges*, 19 août 1818, Vaslet.

743. — ... Et qu'un acte d'appel ne peut, à moins d'un consentement formel, être valablement signifié au domicile d'un mandataire. — *Rennes*, 28 janv. 1836, préfet de la Loire-Inférieure c. Talva.

744. — Par la même raison, l'acte d'appel signifié en l'étude de l'avoué qui a occupé en première instance pour l'intimé n'est pas valable. — *Turin*, 21 août 1807, Ferrero c. Guisiana; *Besançon*, 18 déc. 1809, N...; *Rennes*, 11 nov. 1813, N...; *Paris*, 9 juin 1814, Mercovich c. Henri; *Rennes*, 11 nov. 1814, N....

745. — ... Alors même qu'il s'agirait de l'acte d'appel d'un jugement d'adjudication. — *Cass.*, 20 mars 1820, Batz.

746. — Jugé encore que l'appel signifié au domicile de l'huissier et de l'avoué qui ont instrumenté et occupé pour l'intimé en première instance, s'ils n'avaient mandat spécial de le recevoir, est nul. — *Trèves*, 28 nov. 1812, Bernot c. Claude.

747. — D'après les mêmes motifs, on a déclaré nul l'arrêt signifié aux assurés en la personne et au domicile de celui qui a contracté dans une police d'assurance pour compte de qui il appartiendrait, si, par la procédure antérieure, l'assureur a connu les assurés et leur domicile. — *Rennes*, 16 avr. (et non *Bruxelles*, 15 avr.) 1813, Biarrot c. Sorbé.

748. — Peut-on signifier *à domicile*, lorsque la personne à laquelle l'exploit est adressé est décédée? La jurisprudence établit sur cette question des distinctions très simples, ainsi qu'il résulte des arrêts suivans.

749. — En thèse générale, on ne doit pas assigner une personne qu'on sait décédée. Ainsi l'acte d'appel ne peut être signifié à une partie décédée, lorsque son décès n'est pas ignoré de l'appelant; il faut dans ce cas intimer les héritiers en nom direct. — *Grenoble*, 22 mai 1812, Vitalis c. Arnoux-Bermont.

750. — Jugé de même que l'acte d'appel signifié au domicile de la partie décédée est nul. — *Bordeaux*, 17 fév. 1826, Reymond c. Cornillet.

751. — Mais jugé aussi qu'un acte d'appel n'est pas nul pour avoir été signifié au domicile d'une partie décédée, lorsque le décès n'était pas connu de l'appelant. — *Paris*, 12 mai 1814, héritiers Gentil c. enregistrement. — V. d'ailleurs APPEL, CASSATION, no 1727.

752. — De même la signification d'un arrêt faite au domicile d'une personne décédée ne serait pas nulle si le décès n'avait eu lieu que postérieurement à cet arrêt, et s'il n'était constaté par aucune pièce que le demandeur eût connu le véritable domicile de l'héritier.

753. — Jugé encore que l'huissier a pu valablement signifier un exploit à une personne décédée, s'il n'avait pas connaissance du décès qui d'ailleurs ne serait pas inscrit sur les registres de l'état civil. — *Cass.*, 3 sept. 1811, Marquer.

754. — Il en serait de même si, quoique le décès fût connu, il était trop récent pour que les héritiers fussent connus et eussent pris qualité.

755. — Dans ce cas, on peut interjeter appel d'un jugement rendu au profit d'une personne décédée depuis peu, en notifiant l'exploit à la maison du défunt, aux héritiers collectivement, sans désignation de noms ni de qualités. — *Bruxelles*, 30 août 1810, domaine c. de Burges.

756. — La cour de Bordeaux a jugé qu'une assignation est valable, quoique donnée à des parties alors décédées, si elle a été en même temps dirigée contre d'autres parties solidaires. — *Bordeaux*, 22 août 1833, Lassus.

757. — Mais cette solution est fondée sur d'autres principes que ceux qui nous occupent ici. — V. SOLIDARITÉ.

758. — On peut au surplus consulter les indications que nous avons données vo DOMICILE, nos 192 et suiv.

§ 1er. — *Remise de la copie à des parens ou à des serviteurs.*

759. — En signifiant son exploit à domicile, il n'est pas nécessaire que l'huissier laisse la copie à la personne même à laquelle cet exploit est destiné, il peut, suivant l'art. 68 lui-même, le remettre à un *parent* ou *serviteur*.

760. — *Parens.* — Quelques auteurs pensent que, par le mot *parent*, on doit entendre, non pas d'une manière générale, toutes les personnes que le lien du sang unirait au défendeur, mais bien les personnes qui, unies avec lui par ce lien, demeurent d'habitude, séjournent régulièrement dans sa maison, dans son domicile; qu'en un mot, l'exploit ne pourrait être remis valablement à un parent trouvé par hasard au domicile du défendeur. — Boitard, t. 1er, p. 185, no 263; Boncenne, t. 2, p. 205, Favard de Langlade, t. 1er, p. 143, no 4.

761. — Jugé en ce sens, que la copie d'un exploit ne peut être laissée à un parent de la partie assignée trouvé accidentellement dans le domicile de celle-ci; qu'elle ne pourrait lui être remise que comme à un voisin (s'il l'était) et que par conséquent l'original devrait être signé de lui, à peine de nullité. — *Poitiers*, 13 juill. 1813, N... c. Bouffel; *Colmar*, 4 déc. 1807 (et non 1809), Gougenheim c. Brion.

762. — ...Jugé de même, que l'assignation remise à un parent de la partie assignée qui n'est pas domicilié chez elle, mais qui s'y trouve accidentellement est nulle. — *Poitiers*, 24 août 1834, Maurat c. Jourde.

763. — ...Mais l'opinion contraire est enseignée par M. Chauveau sur Carré (t. 1er, quest. 360 *bis*) : « Il faut convenir, dit-il, que lorsque la loi indique les parens de l'assigné, elle ne distingue pas entre ceux qui habitent avec lui et ceux qui ne se trouvent que par hasard à son domicile; que les nullités ne peuvent être suppléées par les juges, et qu'en combinant les art. 68 et 70, C. procéd. civ. on ne trouve pas de nullité pour le cas dont il s'agit. » — V. au surplus Thomine-Desmazures, t. 1er, p. 169 et 170.

764. — ... Et il a été jugé en ce sens, que l'exploit dont la copie est laissée au parent de la partie assignée est valable, quoique ce parent n'ait pas le même domicile que l'assigné. — *Bruxelles*, 15 fév. 1832, Winck c. N...; *Aix*, 6 fév. 1826, Meyer c. Méon.

765. — Telle est également la jurisprudence de la cour de Cassation. Cette cour a jugé que la remise d'un ajournement faite au parent de la partie assignée, trouvé au domicile de cette dernière, est valable, alors même qu'il n'y est pas lui-même domicilié, et que l'exploit constate qu'il n'y a été trouvé qu'accidentellement. — *Cass.*, 14 mai 1838 (t. 2 1838, p. 205), Maurat c. Jourde.

766. — Le degré de parenté importe peu; la loi ne fait aucune distinction. Du reste, le mot *parent* est pris dans son acception la plus générale, et il s'applique aux *alliés*.

767. — Nul doute que les époux ne soient compris dans le mot *parent*, personne n'offrant en effet plus de garanties qu'eux au législateur.

768. — Si la signification s'adresse à la femme, elle doit être faite au domicile conjugal, même lorsque c'est le mari qui la poursuit.

769. — Ainsi l'assignation donnée à la femme au domicile conjugal par le mari demandeur en divorce, est valable, bien que la femme ait de son consentement résidé dans un autre lieu. — *Aix*, 7 mai 1809, B...

770. — Jugé cependant que les significations faites par l'acquéreur pour arriver à la purge de l'hypothèque légale d'une femme ne peuvent être laissées à la personne du mari, qui est alors adversaire de sa femme. — *Paris*, 25 fév. 1819, Lélang.

771. — Mais la notification du contrat faite à la femme, même séparée de biens, en parlant à son mari, trouvé dans son domicile, et avec lequel elle demeure, suffit pour purger l'hypothèque légale, qu'elle a, pour sa dot, sur les biens vendus par son mari, pourvu qu'il n'y ait ni dol ni fraude. — *Cass.*, 14 juill. 1830, Doray.

772. — La formalité de la remise de la copie de l'exploit est trop importante pour que l'art. 68 ne soit pas appliqué avec une certaine rigueur.

773. — Ainsi on doit déclarer nul l'exploit dont la copie est laissée au domicile de celui qu'il concerne, en parlant à une personne qui n'est ni son parent, ni son serviteur, ni son allié. — *Nîmes*, 5 avr. 1808, Olivier c. Pascal.

774. — Mais il a été jugé que l'erreur sur le nom de la personne à qui la copie d'un exploit a été remise, peut ne pas en vicier la signification, s'il est constant que la partie assignée n'en a éprouvé aucun grief et a fait emploi de cette copie dès le premier jour utile. — *Cass.*, 20 juin 1838 (t. 2 1838, p. 346), Becq c. Legrand.

775. — *Serviteurs.* — Le mot *serviteur* dont se sert l'art. 68, C. procéd., doit être entendu *lato sensu*; il faut seulement que la personne qui reçoit la copie soit, avec la personne à qui l'exploit est signifié dans des rapports journaliers.

776. — Ainsi, parmi les *serviteurs*, on doit ranger toutes les personnes demeurant avec le défendeur et employées à son service : dès-lors, les secrétaires, commis, clercs, bibliothécaires, précepteurs, etc., auraient donc qualité pour recevoir la copie. — Boitard, t. 1er, p. 186; Favard, t. 1er, p. 148; Boncenne, t. 2, p. 205; Carré et Chauveau, quest. 361; Favard de Langlade, t. 1er, p. 143, no 4, et Thomine-Desmazures, t. 1er, p. 170.

777. — Un exploit peut donc être remis à un *domestique*, à une servante, à un valet de chambre, à un cocher, etc., de la personne assignée.

778. — ... Ou bien à un de ses *commis*. — *Rouen*, 5 janv. 1814, Thonin c. Lambert.

779. — ... Ou à l'un de ses *clercs*. — *Nîmes*, 17 avr. 1812, Brugnière.

780. — ... Ou bien encore à son *employé*. — *Bordeaux*, 24 août 1831, Douanes c. Monneyra; *Cass.*, 2 mars 1833, Brunet.

781. — ... Ou même à son jardinier; encore bien que le domaine ait été mis en séquestre, et que le propriétaire en ait été expulsé par le gardien judiciaire. — *Cass.*, 26 mars 1822, Fresnais de la Briais c. Rousseau.

782. — Jugé encore qu'un exploit d'appel n'est pas nul, si la copie ayant été portée au domicile de l'intimé, a été laissée à un homme qui a paru pour lui en qualité d'homme d'affaires dans l'instruction de l'instance, et qui par conséquent pouvait être considéré comme attaché à son service, surtout lorsque l'intimé a reçu cette copie et la représente. — *Besançon*, 28 juin 1816, N... c. N...

783.—Pourrait-elle l'être valablement à un concierge ou à un portier?— La jurisprudence et les auteurs décident la question affirmativement.— Chauveau et Carré, t. 1er, quest. 361 *bis*, addit.; Bioche, t. 2, vo *Exploit*, no 265.

784. — Ainsi jugé qu'un portier d'une maison étant préposé au service de tous les locataires qui l'habitent, il s'ensuit qu'un exploit fait en parlant au portier de la maison est valable.—*Lyon*, 25 mai 1816, Chevelu c. Veuillot-Durand.

785. — Jugé encore en ce sens qu'un acte d'appel peut être valablement laissé pour un préfet et son épouse au concierge de la préfecture.— *Toulouse*, 10 mai 1826, Tobler c. de Saint-Blanquat.

786.— ... Que la portière d'une maison peut être considérée comme femme au service des locataires, ayant qualité pour recevoir, dans le sens de l'art. 68, C. procéd., la signification des actes judiciaires. — *Paris*, 9 nov. 1830, Bruyères c. Vanderkaegen.

787. — Mais un concierge ne peut plus être considéré comme ayant qualité pour recevoir les significations, lorsque les personnes qu'elles concernent ont cessé d'habiter la maison confiée à sa garde.— *Nîmes*, 29 nov. 1839 (t. 1er 1840, p. 377), Michel c. Baud.

788. — Ce qui vient d'être dit du concierge et du portier s'applique *à fortiori* à un suisse ; ce subordonné fait partie de la maison et doit être rangé dans la classe des serviteurs dont parle la loi.

789. — Lorsqu'il y a diversité d'intérêts, soit entre le propriétaire de la maison et ses locataires, soit entre ces locataires, et que l'exploit remis au portier est relatif aux contestations qui les divisent, ce dernier peut-il être considéré comme le serviteur de celui auquel l'exploit est signifié?

790. — Cette question s'est présentée devant le tribunal civil de Paris dans une espèce où une saisie-arrêt ayant été faite entre les mains des locataires contre leur propriétaire, les premiers n'avaient pas reçu la copie de cette opposition.— On disait qu'en une semblable circonstance où il y avait diversité d'intérêts entre le propriétaire saisi et les locataires tiers saisis, le premier avait grand intérêt à faire disparaître les copies; que le portier ne devait plus être considéré comme l'homme, comme le serviteur des locataires, puisqu'il était sous la dépendance immédiate du propriétaire, et qu'il y aurait une souveraine imprudence à l'huissier, qui ne peut ignorer ces circonstances, à mettre les copies entre les mains de la partie saisie.

791. — Toutefois, le tribunal, par jugement du 17 fév. 1829, déclara valable la remise faite au portier, même dans ce cas, et MM. Carré et Chauveau approuvent cette décision, sans néanmoins se dissimuler les inconvéniens d'un pareil mode de procéder. — Sauf aux locataires à se pourvoir par les voies de droit contre le propriétaire ou le portier, en cas de dol ou de fraude leur ayant causé préjudice.

792. — Par une extension assez raisonnable de l'art. 68, on décide qu'un exploit peut être laissé valablement au maître d'un hôtel garni en l'absence de la partie qui y demeure. — *Caen*, 4 mai 1813, Lecomte c. Mariette; *Paris*, 19 janv. 1826, Housset de Catteville c. Douet de la Boullaye.

793. — Ainsi, l'exploit signifié à un particulier logé en hôtel garni peut être laissé au maître de cet hôtel. On ne doit point considérer celui-ci comme un voisin qui doive signer la copie, aux termes de l'art. 68, C. procéd.—*Nancy*, 22 juin 1813, Dormer c. Speri.

794. — D'après la cour de Caen, la détention du locataire dans la maison d'arrêt pour dettes ne fait pas cesser *tous les rapports de service* qui existaient entre lui et le maître d'hôtel garni, lorsque le locataire a conservé son domicile dans cet hôtel. — *Caen*, 4 mai 1813, Lecomte c. Mariette.

795. — Suivant M. Carré, l'exploit peut même être laissé aux domestiques de l'hôtel garni, et la cour de Riom, conformément à cette doctrine, a jugé que la copie d'un exploit signifié à Paris, dans un hôtel garni habité par la personne à laquelle la signification est adressée, peut être laissée à la portière de l'hôtel. — *Riom*, 10 fév. 1815, de la Bernardière c. Champlebout.

796. — Nous avons vu plus haut que la remise de l'exploit faite à un serviteur n'est valable qu'autant qu'il s'agit d'un serviteur de la personne assignée ou de sa maison.

797. — Aussi, la cour de Cassation a-t-elle jugé : qu'un exploit notifié au domicile d'un négociant *parlant à un commis* était nul, parce qu'il n'était pas dit que ce commis fût celui de l'assigné.—*Cass.*, 15 fév. 1810, Maury c. Duval.

798. — ... Qu'un exploit signifié en parlant *à une domestique* est nul s'il n'est pas dit que cette domestique, quoique trouvée au domicile du défendeur, fût à son service. — *Cass.*, 28 août 1810, Roi-Garnier c. Lorieux.

799. — ... Qu'il en est de même de l'exploit dans lequel un huissier se borne à mentionner qu'il l'a remis à une fille de confiance. — *Cass.*, 4 nov. 1811, Enreg. c. Lemarquant.

800. — *A fortiori* doit-on déclarer nul l'exploit qui n'indique ni le nom ni la qualité, par exemple si l'huissier déclare avoir remis la copie à une femme. — *Cass.*, 7 août 1809, Bouvier c. Lemarchand.

801. ... Ou à une personne qui n'a pas dit son nom. — *Cass.*, 20 juin 1808, Delamarre c. Dampierre

802. — Jugé toutefois, par d'autres arrêts, qu'un acte d'appel est valable quoique l'huissier ait constaté seulement qu'il a laissé la copie à des filles de confiance trouvées au domicile de l'intimé et qui, sommées de le faire, ont refusé de se nommer. — *Rennes*, 26 avr. 1810, N...; 18 août 1810, Laubert c. Offen.

803. — La cour de Rennes a également déclaré valable un exploit dans lequel il était exprimé qu'il avait été laissé *à une domestique*. — *Rennes*, 18 déc. 1811, Kerambard c. Boussineau.

804. — Et la cour de Grenoble a jugé suffisante la mention « *parlant à une fille à gages y trouvée.* » — *Grenoble*, 22 janv. 1824, Durand c. Blanchet.

805. — Enfin la cour de Cassation elle-même a déclaré valable un exploit dont la copie énonçait qu'elle avait été remise *à une domestique*, sans autre énonciation. — *Cass.*, 26 nov. 1816, Delore c. Lullier.

806. — Au surplus, M. Chauveau sur Carré (t. 1er, quest. 363) dit avec raison qu'il ne faut pas se montrer trop exigeant pour les prénoms *son*, *sa*, *ses*, lorsqu'il résulte d'autres expressions ou circonstances de l'acte que la personne désignée comme parente ou serviteur est bien réellement parente ou serviteur de la partie, car il est difficile de croire qu'en se servant de ces mots, l'huissier ait eu l'intention d'exprimer une autre idée.

807. — A cet égard, la cour de Cassation a jugé qu'un exploit donné en parlant à *une servante domestique* au domicile de l'assigné est valable quoique rien ne fît expressément connaître que cette servante fût celle de celui-ci. — *Cass.*, 22 janv. 1810, Bouvrot c. Chalonge.

808. — Mais les cours de Poitiers et de Bourges ont jugé différemment dans le cas d'une pareille énonciation. — *Poitiers*, 30 juin 1825, Freland c. Ficaud; *Bourges*, 17 nov. 1828, Villenaut c. Chary.

809. — Jugé encore qu'on doit annuler le protêt fait en parlant à *une citoyenne* ou à *une servante* lorsque l'acte n'énonce pas si cette personne appartient à la famille ou à la domesticité de celui auquel le protêt est signifié. — *Bordeaux*, 19 août 1840 (t. 2 1840, p. 717), de Noailles c. Changeur.

810. — Jugé, en tous cas, que lorsqu'un exploit est laissé, conformément à l'art. 68, C. proc. civ., à un parent ou serviteur de la partie assignée, il n'est pas nécessaire, à peine de nullité, que ce parent ou ce serviteur soit désigné nominativement; qu'ainsi, et spécialement, est valable l'acte d'appel signifié à la partie *en parlant à son oncle* sans autre désignation. — *Riom*, 11 janv. 1837 (t. 2 1837, p. 380), Vasson c. Bourguignon.

811. — ...Et que, d'ailleurs, la nullité résultant du défaut de désignation nominative ne pourrait être invoquée, si l'acte signifié était arrivé à sa destination. — Même arrêt.

812. — La jurisprudence admet encore que la copie d'un exploit est valablement signifiée au domicile d'un défendeur, lorsqu'en son absence elle est laissée à la personne chez laquelle il demeure. — *Bordeaux*, 17 juill. 1833, Bernard.

813. — Jugé en ce sens qu'un ajournement est valable lorsque la copie portée au domicile du défendeur a été remise à une personne avec laquelle il demeurait et mangeait habituellement. — *Paris*, 30 janv. 1817, Billaut c. Worbe.

814. — ...Que lorsque deux personnes habitent constamment ensemble, la copie de la signification faite à l'une d'elles peut être laissée au domestique de l'autre. — *Cass.*, 7 août 1807, Pene c. Touya.

815. — ...Que la copie de l'exploit signifié à un individu peut, en son absence, être laissée à son commensal; sans que celui-ci soit tenu de signer l'original; qu'ainsi lorsqu'un exploit a été signifié au défendeur *parlant au sieur.... chez qui il demeure*, et que ce dernier n'a pas signé l'original, il doit être présumé le commensal du défendeur, à moins que celui-ci ne prouve qu'il avait dans la même maison une habitation séparée, et qu'ainsi il était son voisin. — *Cass.*, 23 nov. 1835, de Magnoncour c. Dejoux.

816. — ... Que l'exploit d'ajournement remis à une personne vivant dans la même maison que la partie ajournée, ne doit point contenir les formalités qu'il aurait dû renfermer s'il avait été remis à un voisin. — *Lyon*, 26 mars 1817, Buisson.

817. — ... Que dans les lieux où il est d'usage que le locataire principal se charge de recevoir les commissions pour ses sous-locataires, on peut valablement laisser au premier des exploits notifiés à ces derniers. — *Bruxelles*, 18 juil. 1817, Debacque c. Tréau; 27 mars 1819, L... c. N...

818. — En cas d'absence de la partie assignée, l'exploit ne doit être remis qu'à des personnes domiciliées avec elle. — *Poitiers*, 24 août 1834, Morat c. Jourde.

819. — Ainsi, est nul l'exploit d'appel signifié au domicile de l'intimé et dont la copie a été remise à un notaire, propriétaire de la maison, mais ne mentionne pas la qualité que celui-ci avait pour recevoir la copie. — *Colmar*, 21 nov. 1821, comm. d'Obersausheim c. d'Andlau-Hombourg.

820. — Est nul l'exploit d'ajournement remis au propriétaire de la maison, dont la partie assignée habite une pièce, si les formalités prescrites pour la remise au voisin ne sont pas observées. — *Rennes*, 23 août 1817, Allaire c. Mignot et Gaultier.

821. — Il faut remarquer, du reste, qu'une copie est valablement remise à un domestique ou à une personne réputée telle, quoique au moment où l'huissier s'est présenté le défendeur fût à son domicile. — Bioche, no 186.

822. — L'exploit serait-il valablement remis aux parens ou serviteurs de l'assigné trouvés hors de son domicile? — Non, répond M. Chauveau sur Carré (t. 1er, quest. 360 *ter*), puisque la loi veut que cette remise ait lieu à la personne ou au domicile ; si donc ce n'est pas à la personne qu'on s'adresse, si c'est à l'un de ses parens, de ses serviteurs, il faut nécessairement que cela ait lieu au domicile, partout ailleurs ils n'ont pas qualité. — V. en ce sens Thomine-Demazures, t. 1er, p. 169; Boncenne, t. 2, p. 206 ; Boitard, t. 1er, p. 271.

823. — Et tel était aussi le principe consacré par l'ancienne jurisprudence. — V. Rodier, sur l'art. 3, tit. 3 de l'ord de 1667; Boutaric, sur le même article.

824. — Et il a été jugé en ce sens que l'exploit notifié en parlant à une domestique est nul, s'il ne mentionne pas qu'elle a été trouvée au domicile de la personne assignée. — *Rennes*, 28 déc. 1812, Revel c. N...; 16 avr. 1813, Barrot c. Sorbé.

825. — ...Que, de même, est nul l'exploit d'appel remis à la portière de l'intimé, s'il ne porte pas que la remise a eu lieu au domicile de celui-ci. — C. procéd., art. 68. — *Bruxelles*, 27 juin 1810, Gaubert c. Tyberghien.

826. — Jugé également que la signification à avoué parlant à son serviteur est nulle, si elle ne mentionne pas que c'est au domicile de l'avoué que la remise a eu lieu.—*Liége*, 19 mars 1812, Niezstrass c. Déprès.

827. — ...Que la copie d'un acte d'appel à signifier à une femme ne peut, à peine de nullité, être remise à son mari hors de leur domicile. — *Toulouse*, 22 déc. 1830, Lascazes c. Vergnes.

828. — Le principe sur lequel reposent les précédentes décisions est aussi consacré par les arrêts suivans. — *Cass.*, 26 fructid. an XI, enreg. c. Lalande; *Montpellier*, 3 déc. 1810, Bidoux c. Descoins; *Rennes*, 9 août 1819, Decroix c. Riou Khalet.

829. — La cour de Besançon a également déclaré nul un acte d'appel signifié à une personne rencontrée hors de son domicile et parlant à son avoué. — *Besançon*, 16 juin 1809, Jourdain c. Barbier.

830. — L'huissier n'est pas tenu de requérir la signature des parens ou serviteurs à qui il remet la copie. — Chauveau sur Carré, t. 1er, quest. 363 *bis*.

§ 2. — *Remise de la copie au voisin, au maire ou au procureur du roi.*

831. — Lorsque l'huissier ne trouve au domicile de la partie à laquelle il a une signification à faire ni cette personne, ni ses parens ou serviteurs, il doit faire mention de cette circonstance et constater ainsi l'impossibilité où il se trouve d'effectuer la remise telle qu'elle est exigée par la loi. Il doit ensuite remettre la copie à un voisin et lui faire signer l'original. Telle est la disposition de l'art. 68.

832. — Et le même article ajoute que si le voisin ne peut ou ne veut signer, l'huissier remettra la copie au maire ou adjoint de la commune.

833. — Dans l'ancien droit, et même sous l'empire de l'ordonnance de 1667, l'huissier devait, dans ce cas, afficher la copie de son exploit à la porte du domicile et requérir la signature du plus proche voisin; mais il suffisait de mentionner le refus de signature pour que la signification ainsi

faite fût valable. Comme on le voit, cette double formalité n'offrait pas une grande garantie de la remise des exploits. Aussi, le Code a-t-il pris plus de précautions pour atteindre le but qu'il se proposait et assurer cette remise des copies.

834. — En général, on est d'avis que le mot *voisin* ne peut s'entendre que d'un chef de famille, d'un maître de maison, ou d'une personne établie dans un lieu dépendant du même corps de bâtiment, ou à la distance la moins éloignée possible du domicile du défendeur.

835. — On ne doit donc pas considérer comme voisins dans le sens de l'art. 68 les commis, les domestiques ou autres employés du chef de maison voisin de l'assigné. — Bioche, no 187; Carré, *ibid.*; Boncenne, t. 2, p. 215; Pigeau, *Comm.*, t. 1er, p. 193.

836. — Jugé en ce sens que la copie d'un exploit ne peut être valablement remise *au domestique du voisin* de la partie assignée. — *Bruxelles*, 19 fév. 1806; 4 mai 1811, Moris c. N...

837. — ... Surtout si l'exploit ne fait pas mention de la signature de ce domestique. — *Bruxelles*, 4 mai 1811, Moris c. N...; *Rennes*, 21 août 1820, Bihel c. Talhouarn.

838. — Est nul également l'exploit remis au parent du voisin. — *Bruxelles*, 4 mai 1811, Moris c. N...

839. — Toutefois M. Chauveau sur Carré (t. 1er, quest. 367) ne trouve aucun motif pour ne donner le titre de voisins qu'aux chefs de maisons; aussi n'approuve-t-il pas la jurisprudence qui précède. « Notre voisin, dit-il, est celui qui habite non loin de notre domicile, et qui, pour cela, trouvera et saisira l'occasion de nous transmettre ce qu'il a reçu pour nous. Peu importe que ce soit un fils de famille, un serviteur, une femme mariée, etc., etc. »

840. — Néanmoins, même à l'égard du fils et de la femme du voisin, Carré (*loc. cit.*) doute qu'ils puissent être compris dans la qualification de l'art. 68.

841. — L'art. 4 du tit. 11 de l'ord. de 1667 voulait que la copie fût remise *au plus proche voisin*, en sorte qu'il ne pouvait s'élever aucune difficulté de savoir si, à raison du plus ou du moins d'éloignement de la demeure de celui auquel cette remise était faite, il pouvait ou non être considéré comme voisin. — Mais le Code, en ne faisant aucune distinction, peut rendre la question susceptible de contestations.

842. — Réputera-t-on voisin la personne qui habite en face de l'assigné? celle qui demeure dans une maison voisine, celle qui a son domicile dans la même rue à quelque distance que ce soit ou qui l'a dans une rue contiguë? — Si l'assigné occupe une maison isolée dans la campagne, considérera-t-on comme tel l'individu qui demeure à une longue distance, qui cependant serait la plus rapprochée?

843. — « Toutes ces questions, dit Carré (quest. 368), peuvent se présenter. — Nous croyons que l'huissier pour prévenir toute difficulté doit remettre la copie *au plus proche voisin* : et tel est l'avis des auteurs. — Pigeau, t. 1er, p. 193; Favard de Langlade, t. 1er, p. 143; Boncenne, t. 2, p. 213.

844. — Et M. Chauveau sur Carré (*loc. cit.*) dit qu'il résulte de l'esprit de la loi qu'elle a entendu parler, sous le titre *de voisins*, de personnes dont les habitations seraient assez rapprochées pour qu'elles pussent se voir aisément chaque jour : c'est aussi ce que pense Favard de Langlade, *loc. cit.*

845. — Il est d'ailleurs abandonné à la prudence du juge de décider qui peut ou non, dans telle ou telle espèce, être considéré comme voisin de l'assigné. — Carré et Chauveau, *loc. cit.*

846. — Il a été jugé que l'art. 68, C. procéd., n'entend pas exclusivement par voisin celui qui habite la maison adjacente; et qu'ainsi, dans le cas où un individu a cessé d'habiter une maison par lui ou les siens, mais est censé y avoir encore son domicile, faute de déclaration de changement, un exploit à lui adressé pourrait valablement être remis, en qualité de voisin, à celui qui l'habite lors de la signification, s'il est prouvé qu'il y a demeuré simultanément avec la partie à laquelle l'exploit est signifié. — *Bruxelles*, 24 fév. 1831, Goubau.

847. — Si le voisin le plus proche refuse de recevoir la copie, faut-il s'adresser à d'autres, ou l'huissier peut-il la porter directement au maire? — La cour de Bruxelles a décidé que, dans ce cas, le vœu de la loi était rempli lorsqu'on s'était adressé au premier voisin. — *Bruxelles*, 12 juill. 1819, N...; — Pigeau, *Comment.* t. 1er, p. 193, Chauveau sur Carré, *loc. cit.*

848. — Jugé encore que l'art. 68, C. procéd., n'impose pas à l'huissier chargé de signifier un exploit à partie l'obligation de s'adresser successivement à deux ou plusieurs voisins dans le cas où le plus

proche, chez lequel il s'est présenté, n'était pas à son domicile; et qu'en conséquence, est valable la signification énonçant seulement qu'*ayant trouvé la porte de la partie fermée, ainsi que chez son plus proche voisin*, il s'est transporté à la mairie. — *Bourges*, 7 nov. 1840 (t. 2 1841, p. 109), Delagogué c. syndics Duchalais.

849. — Mais Pigeau (*loc. cit.*), ainsi que MM. Favard de Langlade, Boncenne et Thomine-Desmazures, conseillent à l'huissier de ne pas se contenter de la première démarche de faire plus d'un essai avant d'aller au maire et de constater toutes ces recherches, afin d'ôter par là tout prétexte à la chicane.

850. — Si l'huissier, qui fait une signification à domicile, y trouve des parens ou des domestiques, mais qui refusent de recevoir la copie, doit-il alors s'adresser au voisin ou au maire?

851. — Suivant la cour de Cassation, quand les domestiques trouvés au domicile de la partie assignée refusent de recevoir la copie de l'assignation, l'huissier peut remettre cette copie à un voisin ou au maire. — *Cass.*, 24 janv. 1816, Jouenne c. Saint-Julien.

852. — Suivant la cour de Bourges, dans ce cas la copie doit être remise au maire, et non à un voisin. — *Bourges*, 16 déc. 1828, Robin c. Saint-Haon.

853. — Au reste, la remise de la copie de l'exploit au voisin n'est qu'une faculté subsidiaire laissée à l'huissier, faculté qui suppose l'absence de la partie et de ses serviteurs du domicile qu'ils habitent. Il est donc évident que cet officier ministériel doit nécessairement justifier cette remise, en prenant soin de constater dans son exploit qu'il n'a trouvé personne au domicile de la partie. Autrement ce défaut de mention, qui rend l'absence incertaine, frappe son exploit d'une irrégularité radicale, parce qu'à moins d'une absence bien constatée, l'exploit doit être remis à la personne ou à son domicile. Cette conséquence résulte du texte même de l'art. 68, C. procéd. L'huissier doit donc faire mention de l'absence de la partie et de ses serviteurs, et il le doit, à peine de nullité, aux termes de l'art. 70, qui attache cette peine à l'inobservation de ce qui est prescrit par les art. 68 et 69.

854. — Jugé en ce sens qu'un exploit est nul, si l'huissier déclare qu'il a remis la copie à un voisin, sans énoncer qu'il s'est présenté au domicile de la partie, et qu'il n'y a trouvé ni celle-ci, ni aucun de ses parens ou serviteurs. — *Cass.*, 25 mars 1812, Enreg. c. Lambert.

855. — L'exploit laissé à un voisin doit être signé par celui-ci, lors même que la signification en serait faite à un domicile élu. — *Cass.*, 29 mai 1811, Haindel c. Achard

856. — Mais cette signature exigée quand le voisin reçoit la copie n'est plus nécessaire quand il la refuse. — *Montpellier*, 4 fév. 1811, Argilliers.

857. — D'après l'art. 68, la copie n'est laissée au voisin que s'il consent à apposer sa signature sur l'original. Dans le cas contraire, c'est-à-dire si le voisin ne sait, ne peut ou ne veut signer, l'huissier ne doit pas se borner à constater, comme autrefois, le refus qu'il éprouve; il doit alors remettre la copie au maire ou à l'adjoint de la commune, et requérir le visa de ce fonctionnaire.

858. — Ainsi, lorsque la copie est laissée par l'huissier à un voisin qui a déclaré ne savoir signer, l'exploit est nul. — *Rennes*, 15 juill. 1818, N...

859. — Mais la faculté de remettre la copie au maire ou à l'adjoint de la commune n'est que subsidiaire, et seulement pour le cas où il n'a pas été trouvé de voisin, ou si le voisin trouvé n'a pu ni voulu signer l'original.

860. — Jugé en ce sens que l'acte d'appel qui ne constate pas que la copie n'a été remise au maire que dans l'impossibilité où l'huissier a été de la laisser au voisin, est nul. — *Aix*, 12 déc. 1839 (t. 1er 1840, p. 349), Laffé.

861. — ... Que lorsque l'huissier remet au maire la copie d'un exploit, il doit, à peine de nullité, faire mention qu'il n'a trouvé au domicile de la partie assignée aucun de ses parens ou serviteurs, et qu'il s'est adressé au voisin, qui a refusé de se charger de la copie. — *Cass.*, 2 nov. 1822, Bernard c. Heu; *Limoges*, 4 janv. 1828, Doreau c. Laglavois; *Douai*, 5 mars 1827, Godfrin c. Garnier.

862. — ... Qu'il faut annuler l'exploit remis à un maire en l'absence de la partie assignée, si l'huissier n'a constaté ni l'absence des parens ou serviteurs, ni le refus des voisins de celle-ci. — *Liége*, 22 mars 1809, Furstemberg.

863. — ... Que quand l'huissier qui se présente au dernier domicile connu de la partie assignée y reçoit pour réponse qu'elle a quitté ce domicile et qu'elle n'habite plus la commune, cet officier, avant de remettre au maire la copie de son ex-

ploit, doit, à peine de nullité, constater l'impossibilité de la faire parvenir au voisin ou son refus de la recevoir. — *Orléans*, 20 juill. 1827, Boudet c. Louvet.

864. — ... Que l'exploit remis au maire de la commune de la partie assignée en cas d'absence de celle-ci, doit, sous peine de nullité, énoncer que l'huissier l'a d'abord présenté à un voisin. — *Montpellier*, 12 août 1807, N...; *Limoges*, 1er juin 1814, N...; *Rennes*, 21 août 1820, Bihel c. Talhouarn; *Montpellier*, 29 mars 1841 (t. 2 1841, p. 433), Combi c. Vincent.

865. — Jugé encore qu'un exploit est nul lorsqu'il a été remis au maire, à défaut de voisin de la partie assignée, s'il ne constate pas qu'il n'y avait aucun voisin auquel la copie pût être remise. — *Orléans*, 29 juill. 1812, Millet c. Daillet; *Agen*, 17 mars 1812, Galles c. Faugère.

866. — Jugé encore qu'on doit réputer nulle et inopérante, par suite, pour faire courir les délais de l'opposition, la signification d'un jugement par défaut, lorsque l'huissier n'ayant trouvé au domicile de la personne à laquelle elle était destinée aucun de ses parens ni de ses serviteurs, a remis la copie au maire sans s'être préalablement adressé à l'un des voisins du destinataire, et à son refus de signer l'original ou après sa déclaration de ne le pouvoir faire. — *Rouen*, 16 août 1844 (t. 1er 1845, p. 510), Morin.

867. — ... Comme aussi est nul l'acte d'appel signifié par un huissier qui, après avoir constaté que l'intimé est absent de son domicile, ainsi que ses domestiques, mais qu'il existe un portier dans sa maison, n'a point offert la copie à ce dernier ni constaté son refus de la recevoir, et s'est contenté de la remettre au maire. — *Dijon*, 21 août 1844 (t. 1er 1845, p. 82), Desfrances c. Lutaud.

868. — Comme aussi est nul un exploit dans lequel l'huissier, après avoir énoncé qu'il n'a trouvé personne au domicile de la personne assignée, et qu'il a requis l'un des voisins de recevoir la copie, se borne à ajouter : « *Ce que vu, je l'ai portée et remise au maire.* » Il n'est pas suffisamment constaté par cette déclaration que le voisin a refusé de signer et de recevoir la copie. — *Toulouse*, 22 avr. 1828, Desmonts.

869. — Est nulle également la signification d'un jugement, si l'huissier en a laissé copie au maire auquel il a parlé au domicile de la partie condamnée, en l'absence de celle-ci, sans faire mention qu'il n'y a pas trouvé des parens ou domestiques. — *Trèves*, 19 mars 1813, Eberhart c. N...

870. — Il a été jugé cependant que l'exploit d'ajournement signifié à une personne absente de son domicile n'est pas nul, bien que l'huissier qui en a laissé la copie au maire n'ait pas constaté par une mention expresse qu'il ne s'est trouvé aucun voisin qui ait voulu recevoir et signer l'exploit. — *Toulouse*, 13 déc. 1809, Lucre-Montagnac c. Molinier-Fonbette.

871. — L'huissier qui, ne trouvant personne au domicile de la partie assignée, propose au voisin de se charger de la copie et de signer l'original de l'exploit, doit, si celui-ci refuse, faire mention de ce refus dans l'acte, à peine de nullité; et pour se soustraire à l'action récursoire résultant de l'omission de cette formalité, l'huissier ne peut prétendre que la vaine tentative faite auprès du voisin est implicitement et suffisamment prouvée par la remise de la copie de l'exploit au maire et le *visa* de ce dernier au bas de l'original. — *Rouen*, 1er août 1810, Barbey c. Léger.

872. — L'exploit laissé à un maire *en parlant comme dessus* est valable, encore que la copie n'indique pas à qui elle a été laissée, si le visa du maire apposé sur l'original indique que c'est lui qui l'a reçu. — *Cass.*, 16 déc. 1840 (t. 1er 1841, p. 706), Gilbert-Pailler c. de Borrédon.

873. — On s'est demandé si l'huissier qui ne trouve personne au domicile de l'assigné doit, à peine de nullité, indiquer dans l'exploit la demeure et le nom du voisin auquel il offre la copie.

874. — On peut dire pour l'affirmative que si les huissiers n'étaient pas tenus d'énoncer le nom et la demeure du voisin auquel la loi les oblige de remettre la copie, ils pourraient commettre toute espèce de faux impunément, puisqu'on ne pourrait jamais les en convaincre. On peut ajouter que n'étant pas juges souverains des rapports qui constituent le voisinage, ils doivent faire connaître les individus qu'ils qualifient de voisins, afin que les tribunaux puissent s'assurer que le vœu de la loi a été rempli. — Boncenne (t. 2, p. 214) dit que le voisin auquel l'huissier s'est adressé doit être *désigné*.

875. — Et la cour de Bruxelles a jugé que l'huissier qui dans un exploit déclare qu'un voisin n'a voulu ni dire son nom ni signer, et qu'il a, en conséquence remis la copie au maire, doit, à peine de

nullité, *indiquer la demeure* de ce voisin. — *Bruxelles*, 28 juin 1810, Powits c. Moulard.

876. — Toutefois, l'art. 1030, C. proc. civ., portant qu'aucun exploit ne peut être déclaré nul si la nullité n'est pas formellement prononcée par la loi, et l'art. 68 n'exigeant pas expressément l'indication du nom et de la demeure du voisin, les auteurs pensent généralement qu'on serait mal fondé à déclarer nul un exploit qui ne contiendrait pas cette indication. — Carré, t. 1er, quest. 364; Chauveau, *ibid.*; Favard de Langlade, t. 1er, p. 143. — Et telle est la doctrine admise par la jurisprudence.

877. — Ainsi, il a été jugé par la cour de Bruxelles elle-même qu'un exploit est valable, quoiqu'il n'indique point le nom du voisin de la partie assignée qui a refusé de le recevoir en l'absence de celle-ci. — *Bruxelles*, 11 janv. 1832, Q. c. N.

878. — Et que l'huissier qui, n'ayant trouvé au domicile ni la partie, ni aucun de ses parens ou serviteurs, s'est adressé à un voisin qui n'a pas voulu signer l'original de l'exploit, ne doit pas, sous peine de nullité, énoncer le nom de ce voisin, ainsi que le numéro de sa maison. — *Bruxelles*, 12 juill. 1819, N...

879. — Jugé de même que l'huissier qui ne trouve pas un voisin auquel il puisse laisser la copie d'un exploit n'est point tenu de désigner par son nom ce voisin. — *Orléans*, 23 juin 1814, Dubois c. Vedy.

880. — Et la cour de Cassation a également reconnu que l'huissier n'est pas tenu d'indiquer le nom du voisin à qui il s'est adressé, et qui n'a pas voulu recevoir la copie de l'exploit. — *Cass.*, 3 fév. 1835, Lattier c. Lacoste.

881. — Mais jugé qu'un exploit est nul lorsqu'il a été remis à un voisin, sans donner la qualité de voisin à celui qui l'a reçu, quoique l'original en fasse mention. — *Poitiers*, 9 fév. 1830, Arginet.

882. — Ainsi qu'on l'a vu, lorsqu'après s'être transporté au domicile de la personne qui doit recevoir l'exploit, l'huissier n'y a trouvé ni parens, ni serviteurs, et que s'étant adressé au voisin, celui-ci a refusé de signer l'original, c'est au maire alors que la copie doit être remise, et, dans ce cas ce magistrat *est tenu de viser l'original*. C'est ce que porte l'art. 68, C. procéd.

883. — On ne peut guère supposer que le maire ou l'adjoint refuse d'apposer le visa sur l'original de l'exploit; mais si cela arrivait, l'huissier devrait présenter l'original au procureur du roi de l'arrondissement, lui demander son visa et lui laisser la copie. — C. procéd., art. 1039.

884. — Jugé qu'il n'est point nécessaire, à peine de nullité, que la copie de l'exploit laissée au maire dans le cas de l'art. 68, C. procéd., contienne la mention du visa donné par ce fonctionnaire, alors que le visa se trouve réellement apposé sur l'original. — *Paris*, 29 nov. 1836 (t. 1er 1837, p. 463), N... c. Rabel. — V. cependant *Aix*, 7 mars 1836, Boyer c. Favard.

885. — Jugé que la remise ou la présentation préalable d'un exploit à un fonctionnaire public qui doit le viser, par exemple la remise au maire d'un commandement tendant à saisie immobilière, doit être faite personnellement par l'huissier. — *Cass.*, 18 déc. 1843 (t. 2 1844, p. 232), Greliche et Didier.

886. — ... Et que, la loi du 2 juin 1841, qui, pour simplifier la procédure, a supprimé de l'art. 673 la disposition relative à la remise d'une copie au maire ou à l'adjoint, qui donne le visa, n'a pas affranchi l'huissier de l'obligation de présenter lui-même l'original du commandement au visa du maire. — *Cass.*, 7 oct. 1842 (t. 2 1842, p. 758), Didier et Greliche.

887. — En conséquence, l'huissier contrevient à l'art. 45, décr. 14 mai 1813, lorsqu'il fait requérir le visa par un recors. — Même arrêt.

888. — Cet art. 45 est général et s'applique à tous les actes qu'un huissier est tenu de notifier, qu'il s'agisse d'une signification à partie, ou de la simple remise d'une copie à un fonctionnaire chargé de viser l'original. — *Cass.*, 19 fév. 1842 (t. 1er 1842, p. 597), Hurel.

889. — La bonne foi de l'huissier ne peut être pour lui une excuse. — *Cass.*, 25 mars 1836, Gouazé. — V., au surplus, sur les obligations des huissiers quant à la remise des exploits, HUISSIER.

890. — L'exploit d'ajournement notifié à un maire, en son domicile, parlant à sa servante, est nul à défaut de visa. — *Pau*, 30 avr. 1840 (t. 1er 1847), maire de Bordès.

891. — En matière correctionnelle, comme en matière civile, l'exploit serait nul, ainsi que le jugement qui aurait suivi, si, en l'absence de l'assigné, il avait été remis au maire sans être présenté au voisin; dans ce cas, la prescription n'aurait pu être interrompue. — *Grenoble*, 18 août 1824, Marel. — V. EXPLOIT CRIMINEL.

892. — Aux termes du § 8, art. 69, C. procéd. civ., ceux qui n'ont aucun domicile connu en France doivent être assignés au lieu de leur résidence actuelle, et si le lieu n'est pas connu, l'exploit doit être affiché à la principale porte de l'auditoire du tribunal où la demande est portée, et une seconde copie être donnée au procureur du roi qui doit viser l'original.

893. — Cette disposition n'est pas exclusivement applicable aux assignations; elle concerne également les significations de jugement. En conséquence, la signification faite dans la forme prescrite par cette disposition à une personne dont le domicile est inconnu fait courir le délai d'appel. — *Cass.*, 3 déc. 1844 (t. 1er 1845, p. 209), de Laronade c. Tanquerel.

894. — On s'est demandé ce qu'il faut décider dans le cas où un individu n'étant pas trouvé à son ancien domicile, l'huissier ignore et ne peut découvrir quel est le nouveau. Dans quelle forme, en ce cas, doit avoir lieu la signification?

895. — Par un arrêt du 11 août 1838, la cour d'Orléans a posé en principe que lorsque le dernier domicile de la partie à laquelle un exploit doit être signifié est connu, on ne peut la considérer comme n'ayant pas de domicile, encore qu'elle l'ait quitté et que les recherches faites dans la commune pour découvrir sa nouvelle demeure aient été infructueuses. Dans ce cas, c'est à un voisin, ou, au refus de celui-ci, au maire de la commune, que la copie de l'exploit doit être remise. — *Orléans*, 11 août 1838 (t. 2 1838, p. 263), Audaine c. Toury.

896. — Jugé de même qu'on ne peut considérer comme sans domicile connu en France les personnes qui, ayant eu domicile, l'ont abandonné pour aller s'établir ailleurs, alors même que le nouveau domicile serait ignoré de la partie qui doit les assigner. En conséquence, le § 8, art. 69, leur est inapplicable, et la copie de l'acte d'appel qui les concerne doit être remise au maire ou à l'adjoint de leur ancien domicile. — *Nîmes*, 29 nov. 1839 (t. 1er 1840, p. 377), Michel c. Band.

897. — Mais, par un arrêt plus récent, la même cour d'Orléans a décidé que lorsqu'un individu a quitté son domicile sans faire de déclaration à la mairie, et que son nouveau domicile est inconnu, l'huissier chargé de lui signifier un acte d'appel, doit, aux termes du § 8 de l'art. 69, C. civ., afficher copie de l'exploit à la porte de l'auditoire de la cour, et remettre une seconde copie à l'officier du ministère public; et qu'il n'est pas autorisé à remettre la copie de l'exploit au maire de la commune du dernier domicile. — *Orléans*, 12 août 1846 (t. 2 1846, p. 351), Bergeron c. Adam.

898. — Suivant M. Chauveau sur Carré (t. 1er, quest. 355), il faut distinguer entre le cas où il s'agit d'un premier exploit ou d'un exploit isolé, et celui où il s'agit de significations faites dans le cours de l'instance. — Dans le premier, il pense que l'exploit doit être signifié dans la forme prescrite par le § 8 de l'art. 69, C. procéd., civ., c'est-à-dire par affiche à la porte du tribunal, et par remise d'une seconde copie au procureur du roi. — « En effet, dit-il, n'est-ce pas au moment même où il commence son attaque que le demandeur doit s'informer du lieu où il convient de la diriger? Peut-il invoquer comme excuse la connaissance qu'il avait de l'ancien domicile et l'ignorance où il peut être du nouveau, lorsque le changement s'est réellement opéré avec toutes les conditions légales? A-t-on dû l'en avertir officiellement et dans une forme particulière? Non, car on n'était pas obligé de prévoir son attaque: on n'avait eu jusque alors avec lui aucune relation judiciaire. Le demandeur doit se conformer à la loi. Rien ne lui est plus facile que de savoir que l'assigné a quitté son ancien domicile; il peut être moins aisé de découvrir le nouveau. Le § 8 de l'art. 69 lui offre, dans ce cas, une ressource: ce sera aux tribunaux à décider s'il se trouvait dans les conditions de bonne foi nécessaires pour être admis à en user. Mais qu'il laisse l'exploit à l'ancien domicile, comme si c'était celui de la partie, on ne peut le souffrir sans porter la plus grave atteinte à la loi, qui veut que la copie parvienne à l'assigné, et que, pour cela, elle soit remise à sa personne ou à son domicile! Parce qu'un citoyen aura usé de son droit en transportant ailleurs son principal établissement, devra-t-il être exposé à ne pouvoir se défendre, à être condamné sans avertissement préalable? Les prescriptions de la loi n'ont-elles pas été introduites dans l'unique intérêt du défendeur? Ne sont-elles pas toutes à la charge de son adversaire? »

899. — Dans le second cas, M. Chauveau (*loc. cit.*) enseigne que les significations peuvent être faites au dernier domicile, par le motif que le demandeur n'est pas obligé de savoir que son adversaire a changé de demeure, et que c'était à celui-ci, qui n'ignorait pas qu'il était en procès et qu'on pouvait avoir des significations à lui faire, à l'occasion de ce procès, à notifier son changement de domicile à sa partie adverse. — Bioche et Goujet, *Dictionnaire de procédure*, v° *Exploit*, n° 238.

900. — Quant à la jurisprudence, elle a prononcé que lorsque l'ancien domicile d'un individu est connu de sa partie adverse, et que son nouveau domicile peut l'être facilement, les significations sont nulles, si elles sont faites directement au parquet du procureur du roi. — *Paris*, 8 fév. 1828, d'Acosta c. Tanneguy Duchâtel.

901. — ... Et que la signification d'un jugement ou arrêt par défaut à un condamné dont le domicile et la résidence actuels sont inconnus, ne peut être faite suivant les formes tracées par l'art. 69, C. procéd., qu'autant qu'on ne lui connaîtrait pas en France de domicile antérieur. — *Cass.*, 21 mai 1835, Renard.

902. — Jugé d'un autre côté que l'huissier qui n'a trouvé personne au domicile indiqué par l'exploit de notification aux créanciers et qui n'a pu découvrir le nouveau domicile du vendeur, doit remettre la signification de l'acte de surenchère au parquet du procureur du roi. — *Cass.*, 24 déc. 1833, Guignard c. Leloup.

903. — ... Et que l'assignation en validité d'une caution offerte par un surenchérisseur peut être signifiée au parquet du procureur du roi, si le vendeur n'a plus son domicile indiqué au contrat de vente, et si on ignore sa nouvelle résidence. — *Cass.*, 2 mai 1832, Visseaux c. Marsion.

904. — ... Que lorsqu'une des parties a quitté le domicile qu'elle avait conservé pendant tout le cours d'une instance, sans en faire la déclaration à la mairie de son ancien domicile, la signification d'un exploit, et, par exemple, celle d'un jugement faite à cette partie, est régulière, lorsque l'huissier s'est d'abord présenté à l'ancien domicile, puis s'est rendu, sur le dire du concierge que l'assigné n'y demeurait pas, à la mairie, pour s'enquérir s'il y avait fait une déclaration de changement, et a ensuite, sur une réponse négative, affiché copie de son exploit à la porte du palais, et laissé une seconde copie au parquet du procureur du roi. — *Cass.*, 28 nov. 1837 (t. 2 1840, p. 428), Barre c. Héloin.

905. — Jugé, toutefois, qu'en cas de changement de domicile depuis le commencement de l'instance, de la part d'un individu qui, dans ses actes, s'en était assigné un, s'il est déclaré à l'huissier porteur de la copie du jugement, par les voisins, qu'ils ignorent où il réside, la signification doit être laissée à un voisin, ou, sur son refus, au maire comme au cas d'absence de l'assigné et des siens de son domicile et non au parquet du procureur du roi comme au cas où l'assigné n'a pas de domicile connu. — *Amiens*, 21 fév. 1828, Leindet c. hospices.

906. — Jugé encore qu'un jugement doit être signifié au domicile de la partie condamnée indiqué aux qualités, et si on ne trouve personne à ce domicile, la copie doit être remise à un voisin ou au maire, mais non au parquet du roi, comme au cas où la partie n'aurait pas de domicile connu. — *Bordeaux*, 28 mars 1833, d'Arlincourt c. Cazeaux.

907. — ... Et que si l'exploit destiné à une société, peut être valablement signifié au siége social énoncé, soit dans les contrats, soit dans les actes de procédure intervenus entre la société et la partie qui notifie l'exploit, dans le cas où les associés sont inconnus au domicile indiqué, la copie doit être remise non au parquet du procureur du roi, mais au maire, conformément à l'art. 68, C. procéd. civ. — *Cass.*, 14 août 1844 (t. 1er 1845, p. 251), Teste c. Michel.

908. — Au reste lorsqu'une partie s'est efforcée de faire ignorer sa résidence, elle peut être considérée comme n'ayant ni domicile ni résidence connus; et, en conséquence, elle est valablement assignée par exploit laissé au parquet du procureur du roi, avec affiche à la porte du tribunal. — *Cass.*, 23 déc. 1840 (t. 1er 1841, p. 708), Boutcille c. Pillon.

909. — Jugé aussi qu'il rentre dans les attributions exclusives des cours royales d'examiner et de juger en fait si l'huissier chargé de signifier un exploit a eu raison de considérer comme inconnu le domicile de la partie à laquelle la signification devait être adressée, et que l'arrêt, qui, sans se fonder seulement sur la déclaration de l'huissier, déclare, par appréciation des circonstances de la cause, que la partie assignée n'avait ni résidence ni domicile actuellement reconnu en France, et qu'en conséquence les formes prescrites par l'art. 69, § 8, C. procéd., ont été à bon droit observées, échappe à la censure de la cour de Cassation. — *Cass.*, 3 déc. 1844 (t. 1er 1845, p. 209), de Laronade c. Tanquerel. — V. au surplus, pour plus amples détails, DOMICILE, nos 231 et suiv.

910. — Par application du n° 8 de l'art. 69, il a été jugé que l'exploit d'appel signifié au parquet,

en cas de domicile inconnu de l'intimé, doit l'être au parquet du procureur général près la cour saisie de l'appel. — *Nîmes*, 29 nov. 1839 (t. 4er 4846, p. 377), Michel c. Baud.

911. — ... Et que c'est au procureur du roi et à la porte du tribunal du lieu qui a rendu le jugement en vertu duquel il a été procédé à la saisie, et non au procureur du roi et à la porte du tribunal du dernier domicile du défendeur que doit être remise, et affichée la copie du commandement tendant à saisie-immobilière. — *Nîmes*, 29 nov. 1839 (l. 2 1838, p. 263), Audierne c. Toury.

912. — Ceux qui habitent le territoire français hors du continent, et ceux qui sont établis chez l'étranger doivent être assignés au domicile du procureur du roi près le tribunal où sera portée la demande, lequel visera l'original et enverra la copie, pour les premiers au ministre de la marine, et, pour les seconds, à celui des affaires étrangères.

913. — Quoiqu'en cas d'appel formé contre une personne établie en pays étranger, l'exploit d'appel doit être notifié au procureur général près la cour royale saisie de l'appel et non au procureur du roi près le tribunal qui a rendu le jugement attaqué. — *Pau*, 6 janv. 1835, Cadena c. enregist.

914. — En matière de société l'assignation peut être donnée aux différens associés en la personne du gérant de la société au domicile de celui-ci, encore bien que quelques uns des associés demeurent à l'étranger. — V. SOCIÉTÉ.

915. — Quoique l'art. 69 dispose à peine de nullité (art. 70, C. procéd.), cependant le défaut de remise de la copie par le procureur du roi, soit au ministre de la marine, soit au ministre des affaires étrangères, n'empêche pas l'exploit d'être valable, attendu que cette formalité n'est pas prescrite à la partie qui ne peut répondre des faits ou de l'omission du procureur du roi. — *Cass.*, 14 mars 1817, Bellot c. Aubury. — Carré, t. 4er, p. 496; Favard, 4. er, p. 444; Berriat, n. 204; Coin-Delisle, *Comm. anal.*, sur les art. 14 et 15, no 8.

916. — Nous avons parlé, (vo COLONIES, nos 93, 400, 429) du mode d'assignation des personnes qui habitent les colonies françaises.

917. — À cet égard que l'exploit d'un appel interjeté contre un individu établi dans les colonies françaises doit être signifié, non au domicile du procureur du roi près le tribunal qui a rendu le jugement, mais à celui du procureur général près la cour royale qui doit connaître de l'appel. — *Bordeaux*, 10 fév. 1845 (l. 2 1845, p. 494), Bernard c. Darricarrère.

918. — La cour de Cassation a jugé qu'à la Guadeloupe, et sous l'empire de l'ord. du 19 oct. 1828, qui a modifié l'art. 69, C. procéd. civ., il suffit que la personne assignée devant un tribunal de la colonie n'ait ni domicile ni résidence connus dans la colonie pour que, indépendamment de la remise au procureur du roi, cet exploit doive à peine de nullité être affiché en seconde copie à la principale porte de l'auditoire du tribunal où la demande est portée, alors même que cette personne aurait un domicile ou une résidence connus hors de la colonie. — *Cass.*, 48 juin 1845 (t. 2 1845, p. 187), Butter c. Barré.

919. — C'est dans la forme prescrite par l'art. 69 que doivent être assignés les étrangers domiciliés hors de France. — V. à cet égard, ÉTRANGER, no 501 et suiv.

920. — Jugé qu'on doit réputer nul l'acte d'appel signifié à un étranger non résidant en France, au parquet du procureur du roi autre que celui du tribunal dont lequel la cause doit être portée, encore bien que postérieurement une assignation régulière ait été donnée en vertu d'un arrêt par défaut profit-joint. — *Nancy*, 26 mai 1834, Leclère c. Hecht.

921. — Les dispositions de l'art. 69, § 9, du C. de procéd. civ., sont-elles applicables aux actes d'appel des jugemens rendus par les tribunaux consulaires aux échelles du Levant ? — V. ÉCHELLES DU LEVANT, nos 20 et suiv.

Sect. 3e. — Effets des exploits.

922. — Les exploits ont divers effets qu'il nous reste à faire connaître et qui résultent ou de leur nature même ou de la volonté expresse de la loi. Voici les principaux qu'il importe de signaler.

923. — 4o L'exploit d'ajournement, véritable mise en demeure, oblige les deux parties de comparaître, au jour indiqué, devant le tribunal, sous peine d'être condamné par défaut.

924. — Quand l'assignation est donnée devant un tribunal civil ou devant une cour royale, elle oblige le défendeur à se faire assister ou à constituer avoué dans le délai de l'ajournement, toujours sous la peine du défaut. — V. JUGEMENT PAR DÉFAUT.

925. — 3o Elle fait profiter le défendeur du bénéfice du délai que la loi lui réserve pour comparaître et paralyse, pendant cet intervalle, l'action du demandeur, de telle sorte qu'il ne peut prendre un jugement valable, ni faire aucune instruction jusqu'à l'expiration de ce délai.

926. — ... 4o L'exploit, quand c'est un acte d'appel, arrête l'exécution du jugement et suspend toutes poursuites, à moins que le tribunal n'ait prononcé l'exécution provisoire (V. ce mot); dans tout autre cas, son effet est suspensif. — V. APPEL.

927. — 5o L'exploit d'ajournement saisit le juge de la cause et l'oblige de statuer dès qu'elle est en état, s'il en est requis et s'il est compétent, à peine de déni de justice. — V. COMPÉTENCE, DÉNI DE JUSTICE.

928. — 6o Il fixe la valeur du litige et détermine ainsi la compétence du tribunal en premier ou dernier ressort. — V. DEGRÉS DE JURIDICTION.

929. — ... 7o Il unit dans l'instance les deux parties litigantes jusqu'au jugement définitif, à moins que le demandeur ne se désiste ou que le défendeur n'adhère à la demande. — Merlin, *Rép.*, vo *Compte*, § 2; Berriat, t. 4er, p. 237, art. 5, no 8.

950. — 8o L'exploit fait preuve, jusqu'à inscription de faux, des faits qu'a constatés l'huissier dans les limites de son ministère, par exemple, de la date de l'acte, de la remise de la copie, du transport de l'huissier, etc. — Boncenne, t. 2, p. 245. — V. FAUX INCIDENT, HUISSIER.

931. — ... 9o La remise de la copie de l'ajournement à l'avoué par la partie assignée vaut pouvoir d'occuper pour elle dans l'instance et de conclure en son nom. — V. AVOUÉ, MANDAT.

932. — 40o L'exploit fait courir les intérêts (C. civ., art. 4453), à moins qu'il ne tombe en péremption. — V. INTÉRÊTS.

933. — La cour de Paris avait jugé que la demande formée devant un juge même *incompétent* fait courir les intérêts. — *Paris*, 27 juin 1816, Hanot c. Marex.

934. — Mais cette doctrine a été repoussée tant par la cour de Paris elle-même (arr. du 8 janv. 1837, t. 4er 1837, p. 617, Lainné c. la compagnie l'*Union*), que par la cour de Cassation (le 44 janv. 1847 (t. 4er 1847, Castellane c. Bousquet) — Il faut donc tenir pour constant que la demande formée devant un juge incompétent ne fait pas courir les intérêts.

935. — 44o La demande, même formée devant un juge incompétent, interrompt la prescription, à moins que l'ajournement ne soit nul ou périmé. — C. civ., art. 2244 à 2250. — V. PRESCRIPTION.

936. — 42o L'exploit d'ajournement constitue en mauvaise foi le possesseur de l'immeuble revendiqué; celui-ci ne peut plus faire les fruits siens. — V. FRUITS, nos 48 et 580.

937. — Dans l'ancien droit, l'ajournement, lorsqu'il était suivi de la *contestation en cause*, prorogeait au moins pour trente ans les actions de courte durée; mais cette jurisprudence est aujourd'hui sans application, parce que le Code n'a pas maintenu ce que l'ordonnance de 4667 nommait la contestation en cause. — Berriat, t. 4er, p. 229, note 84, no 3.

958. — Dans l'état actuel de la jurisprudence, la signification de l'arrêt d'admission avec assignation devant la chambre civile, fait cesser la légitimité de la possession de celui qui a fait exécuter l'arrêt déféré à la cour de Cassation, le rend, en cas d'annulation de cet arrêt, passible de la restitution des fruits à partir du jour de la signification. — V. *contrà* Orléans, 4 juill. 1846 (t. 2 1846, p. 403, Comp. d'assur. contre l'incendie de Bustenède des bitumes de Bustennes), arrêt- qui fait remonter l'obligation de restitution au jour du paiement.

V. en outre ABRÉVIATION, ACTE AUTHENTIQUE, ACTE SOUS SEING-PRIVÉ, AGENT DIPLOMATIQUE, ALGÉRIE, COMMENCEMENT DE PREUVE PAR ÉCRIT, ÉTRANGER, PREUVE TESTIMONIALE.

EXPLOIT (Matière criminelle).

Table alphabétique.

EXPLOIT EN MATIÈRE CRIMINELLE. — **1.** Cette dénomination convient en général à toutes les significations qu'exige la procédure suivie devant les tribunaux de justice répressive.

2. — Toutefois nous ne nous occuperons pas de l'exploit en matière criminelle. Il faut placer cet exploit sous les divers articles qui les concernent. — V. ACTE D'ACCUSATION, CHAMBRE DU CONSEIL, COUR D'ASSISES, INSTRUCTION CRIMINELLE, SIGNIFICATION.

3. — Nous bornerons à présenter les règles communes à tous les exploits en traitant spéciale-

EXPLOIT (Mat. crim.), sect. 1re.
EXPLOIT (Mat. crim.), sect. 1re.

ment de l'assignation des prévenus en matière criminelle, correctionnelle et de police.

SECT. 1re. — *Notions générales* (no 4).

§ 1er. — *De l'ajournement ou de la citation des prévenus devant les divers tribunaux de justice répressive* (no 4).

§ 2. — *A la requête de quelles personnes les citations sont données* (no 21).

§ 3. — *Par qui les exploits sont notifiés* (no 44).

SECT. 2e. — *Forme des exploits* (no 55).

§ 1er. — *Dispositions générales* (no 55).

§ 2. — *Formes intrinsèques des exploits* (no 64).

§ 3. — *Formes extrinsèques* (no 122).

SECT. 3e. — *Du délai des ajournemens et citations* (no 168).

Sect. 1re. — *Notions générales.*

§ 1er. — *De l'ajournement ou de la citation des prévenus devant les divers tribunaux de justice répressive.*

4. — On a vu, vis CHAMBRE D'ACCUSATION et CHAMBRE DU CONSEIL, comment en général les tribunaux de justice répressive sont saisis du jugement des crimes, délits et contraventions. Lorsqu'à raison de la nature du délit, le prévenu n'a pas été mis en état d'arrestation, ou lorsqu'il a obtenu sa liberté provisoire, ou bien encore lorsque les voies ordinaires d'accusation ne sont pas suivies, sa citation est indispensable pour qu'il puisse être légalement procédé à son jugement.

5. — Cette voie doit être également employée dans tous les cas où la personne qui a pu souffrir d'un délit ou d'une contravention est autorisée, ainsi que nous le verrons tout à l'heure, à saisir elle-même le tribunal qui doit en connaître.

6. — Ainsi, devant le tribunal de simple police, où aucune information préalable n'est prescrite, c'est par la citation, soit du ministère public, soit de la partie qui réclame, que le prévenu doit être mis en jugement. — C. inst. crim., art. 145.

7. — Cependant une exception est autorisée par l'art. 147 du même code, qui porte que « les parties pourront comparaître volontairement et sur un simple avertissement, sans qu'il soit besoin de citation. »

8. — Mais, comme on le voit, cette exception suppose que le prévenu aura comparu *volontairement*, sans avoir été cité.

9. — Le prévenu qui ne comparaît pas sur un simple avertissement, ne peut pas être jugé, ni par conséquent acquitté, sans avoir été cité régulièrement par exploit d'huissier. — *Cass.*, 11 nov. 1824, Labrousse; 4 mars 1826 (int. de la loi), Sulpicy.

10. — Jugé encore dans le même sens qu'en matière de simple police les inculpés doivent être cités directement à l'audience; que le juge de paix ne doit pas procéder à une information préalable, et que le jugement rendu sur des dépositions de témoins recueillies par le juge de paix hors la présence des parties, doit être annulé. — *Cass.*, 26 brum. an VII, Boismarin; 8 vent. an X, Maillet; 19 avr. 1806, Jean Chio.

11. — Tout ce qu'on peut conclure de la dérogation au principe consacré par l'art. 147, C. inst. crim., c'est que la citation devant le tribunal de simple police n'étant pas de rigueur, il n'y a lieu, dès que le prévenu comparait, à le renvoyer de la plainte sous le prétexte que la citation serait nulle. — *Cass.*, 29 août 1806, Vindevogel; 11 fév. 1808, Durieux. — V. TRIBUNAL DE SIMPLE POLICE.

12. — En matière correctionnelle, à défaut de renvoi par la chambre du conseil, le tribunal doit être également saisi « par la citation donnée directement au prévenu et aux personnes civilement responsables..... » — C. inst. crim., art. 182.

13. — Est en conséquence nul l'arrêt rendu sur l'appel du prévenu sans que celui-ci ait été cité devant la cour, soit par le ministère public, soit par la partie civile. — *Cass.*, 7 déc. 1844 (t. 1er 1845, p. 668), Pellault et Perriquet.

14. — Ce préalable n'est toutefois rigoureusement indispensable que par rapport au prévenu ou à la personne citée comme responsable.

15. — Il a même été jugé que la comparution spontanée des parties peut, sans aucune citation préalable ni ordonnance de renvoi, saisir les tribunaux correctionnels, lorsqu'ils sont d'ailleurs compétens à raison du fait qui leur est imputé. — *Cass.*, 25 janv. 1828, Forêts c. Marin. — V. TRIBUNAL DE POLICE CORRECTIONNELLE.

16. — La poursuite par voie de citation directe est autorisée, devant les cours royales, contre les magistrats qui sont prévenus d'avoir, dans l'exercice ou hors de l'exercice de leurs fonctions, commis des délits entraînant une peine correctionnelle. — C. inst. crim., art. 479 et 483. — V. FONCTIONNAIRE PUBLIC.

17. — Enfin, en matière de grand criminel où, dans les cas ordinaires, le jugement n'a lieu que sur le renvoi des chambres d'accusation, le procureur général est également autorisé en certains cas à citer directement les prévenus devant la cour d'assises.

18. — C'est ce qui a lieu d'abord dans les cas de rébellion prévus et punis par les art. 209 à 221 du Code pénal, et dans le cas d'infraction à la loi du 24 mai 1834 relative aux détenteurs d'armes ou de munitions de guerre. — L. 9 sept. 1835, art. 4. — V. POUDRE ET MUNITIONS DE GUERRE, RÉBELLION.

19. — Cette dérogation aux règles du droit commun a été motivée sur la nécessité de réprimer avec promptitude toutes les attaques de nature à menacer l'ordre social. On s'est autorisé à cet égard de l'exemple de l'Angleterre qui, en pareil cas, admet également le jugement sans accusation et par citation directe. — Blackstone, chap. 3 et suiv. et chap. 23; Rapp. de M. Hébert à la chambre des députés et de M. Tripier à la chambre des pairs (*Moniteur* des 14 et 27 août 1835).

20. — Le même mode de poursuite est autorisé pour la répression des attaques commises contre la sûreté de l'état ou la personne du roi, par la voie de la presse ou autres publications. — L. 8 avr. 1831, art. 1er; L. 9 sept. 1835, art. 24. — V. DÉLITS DE PRESSE, nos 561 et suiv.

§ 2. — *A la requête de quelles personnes les citations sont données.*

21. — Au point de vue de l'application des peines, les exploits de citation en matière criminelle doivent être faits à la requête des fonctionnaires à qui appartient l'exercice de l'action publique, c'est-à-dire des divers officiers du ministère public qui sont attachés à chaque juridiction.

22. — Ainsi, devant le tribunal de simple police, et lorsque ce tribunal est tenu par le juge de paix, les citations doivent être données à la requête du commissaire de police où siége le tribunal; en cas d'empêchement du commissaire de police, ou s'il n'y en a pas, par le maire ou par l'adjoint qui le remplace; s'il y a plusieurs commissaires de police, par celui qu'a désigné le procureur général pour faire le service. — C. inst. crim., art. 144.

23. — Le commissaire de police n'est pas tenu de prendre la cédule du juge de paix pour faire citer en simple police un prévenu. — *Cass.*, 4 brum. an XIV, Chambon.

24. — Les citations peuvent toujours être données à la requête du maire comme exerçant les fonctions du ministère public, bien qu'il soit empêché par maladie de paraître en personne à l'audience. — *Cass.*, 13 nov. 1841 (t. 1er 1842, p. 662), Duroussel.

25. — La citation donnée à la requête de l'adjoint est valable quoiqu'elle ne mentionne pas qu'il agisse par délégation du maire. — *Cass.*, 21 mars 1812, N...

26. — ... Et encore bien qu'il n'existe aucun acte en forme établissant cette délégation. — *Cass.*, 21 août 1812, Cornu.

27. — « L'adjoint, dit à cet égard Mangin (*Tr. de l'action publique*, t. 1er, p. 202, no 101), peut recevoir du maire une délégation générale qui l'investisse de toutes les fonctions du ministère public. L'adjoint qui a reçu une pareille délégation peut donc agir sans qu'il soit nécessaire d'exprimer que le maire est empêché; il peut intenter valablement l'action publique par une citation donnée à sa requête, lorsqu'il y mentionne qu'il agit en vertu de cette délégation. »

28. — Nous pensons, avec les arrêts que nous venons de citer, qu'il faut aller plus loin. Toutes les fois que l'adjoint agit à sa requête, il y a présomption légale d'empêchement ou de délégation du maire. Le remplacement du maire par l'adjoint est une affaire administrative intérieure qui ne regarde pas les particuliers. Tant que le maire ne désavoue pas son adjoint, personne n'a le droit de se plaindre.

29. — Devant les tribunaux de police tenus par les maires, les citations doivent être données par l'adjoint; et en l'absence de l'adjoint, ou lorsque l'adjoint remplace le maire comme juge de police, par le membre du conseil municipal qui est désigné par le procureur du roi pour remplir pendant l'année les fonctions du ministère public près le tribunal du maire. — C. inst. crim., art. 167.

30. — C'est dans ce seul cas, du reste, que les citations peuvent être données à la requête des membres des conseils municipaux. Devant le tribunal du juge de paix, en l'absence de commissaire de police, de maire et d'adjoint, c'est au procureur général à choisir dans les maires ou adjoints du canton celui ou ceux qui doivent remplir les fonctions de ministère public devant le tribunal, et par conséquent à la requête desquels doivent être faites les citations. — *Cass.*, 9 août 1834, Delaporte; 10 sept. 1835, Deligny.

31. — Sous le Code du 3 brumaire, la citation donnée à la requête du juge de paix était nulle lorsque ce magistrat agissait comme juge et non comme officier de police judiciaire. — *Cass.*, 26 prair. an XII, Pierre Buttgenback.

32. — Devant les tribunaux correctionnels, et toujours au point de vue de l'action publique, les citations sont données par le procureur du roi. — C. inst. crim., art. 182.

33. — Devant les cours d'assises et dans les cas exceptionnels dont nous avons parlé plus haut, elles sont délivrées par le procureur général ou les autres officiers du ministère public qui sont appelés à le remplacer.

34. — Seulement, le procureur général ou les autres officiers du ministère public doit adresser préalablement dans ce cas un réquisitoire au président de la cour d'assises afin d'en obtenir une ordonnance qui fixe le jour de la comparution ou de l'ouverture des débats. — LL. 8 avr. 1831, art. 2; 9 sept. 1835, art. 5 et 6.

35. — Devant toutes les juridictions, le ministère public jouit, quant à la délivrance des citations, d'un droit complétement indépendant, et les tribunaux ne sauraient, sans excéder leurs pouvoirs, lui prescrire de citer un prévenu.

36. — Toutefois la disposition par laquelle un tribunal d'appel de police correctionnelle, jugeant utile la présence d'un prévenu, enjoint au ministère public de le faire citer, doit être considérée comme prescrivant un complément d'instruction, et non comme portant atteinte à l'indépendance du ministère public. — *Cass.*, 15 juin 1832, Bignon.

37. — En matière correctionnelle et de simple police, les citations peuvent être également données par les agens des administrations publiques qui sont admises, dans l'intérêt de l'état, à participer à l'action publique, ce qui comprend l'administration des forêts, celle des contributions indirectes, celle des douanes, etc. — V. ACTION PUBLIQUE, no 54 et suiv.; CONTRIBUTIONS INDIRECTES; DOUANES; FORÊTS.

38. — La citation donnée à la requête des administrateurs des contributions indirectes, poursuites et diligences de leur directeur dans l'arrondissement, est régulière quoique faite postérieurement à l'ordonnance du 17 mai 1817, qui a substitué aux administrateurs un conseil sous la présidence du directeur général. — *Cass.*, 29 mai 1818, contrib. ind. c. Euphrosine Quesnel.

39. — Enfin, en matière correctionnelle, comme en matière de simple police, le droit de citation directe appartient à toute personne lésée par un délit ou une contravention. — C. instr. crim., art. 145 et 182.

40. — En conséquence, un tribunal de police est valablement saisi de la connaissance d'une contravention par une citation donnée à la requête d'un particulier. — *Cass.*, 6 oct. 1837 (t. 2, 1837, p. 442), Bernard.

41. — Jugé également en matière de délits de la presse et encore bien que l'art. 5, L. 25 mai 1819, semble supposer que le droit de la partie lésée se borne à adresser une plainte au ministère public, que celui qui se prétend diffamé par un article de journal, peut citer directement le gérant devant le tribunal de police correctionnelle sans être tenu de faire une plainte au ministère public. — *Cass.*, 25 fév. 1830, Guise c. gendarmes de Rodez. — V. au surplus DÉLITS DE PRESSE, DIFFAMATION.

42. — Il importe peu que la citation à la requête de la partie civile ait été faite en vertu de la cédule du juge de paix, elle n'en est pas moins régulière quoique la cédule était inutile si ce n'est pour citer à bref délai. — *Cass.*, 2 déc. 1808, Didier c. Kraeser.

43. — Toutefois, par une exception toute spéciale, le droit de citer directement devant la cour royale les fonctionnaires désignés dans les art. 479 et 483, C. inst. crim. n'appartient qu'au procureur général, et ne peut être exercé par la partie civile. — *Douai*, 10 août 1836, Picard c. Graveline; *Rennes*, 6 janv. 1834, Leport c. Frogeray; *Cass.*, 15 juin 1832, Delzenzes. — V. FONCTIONNAIRE PUBLIC.

§ 3. — *Par qui les exploits sont notifiés.*

44. — Tous les exploits en matière criminelle sont, comme en matière civile, faits généralement par le ministère d'huissiers.

45. — Ainsi, l'art. 145, C. inst. crim., dispose formellement que les citations à comparaître devant le tribunal de police tenu par le juge de paix, doivent être notifiées par un huissier.

46. — Il résulte, d'ailleurs, de l'art. 141 du même Code, et de l'art. 16, L. 25 mai 1838, sur les justices de paix, que la notification doit être faite dans ce cas par les huissiers ayant droit d'exercer auprès du tribunal.

47. — Jugé avant cette dernière loi que la citation ne devait pas être annulée sous le prétexte qu'elle avait été délivrée par un huissier autre que celui de la justice de paix; que dans tous les cas la nullité serait couverte par la comparution volontaire de la partie sans l'avoir opposée; la citation, quoique nulle, valant comme avertissement, ce qui suffit devant le tribunal de simple police. — *Cass.*, 23 fév. 1815, Allard; 23 mai 1817, Bazinerie; 8 août 1834, Ledoux.

48. — Il ne peut plus, du reste, y avoir aucun doute à cet égard depuis la loi du 25 mai 1838, dont l'art. 16 a aboli le privilége des huissiers audienciers. — Mais il est bien entendu que la citation doit être donnée par un huissier ayant droit d'exploiter dans l'arrondissement communal, autrement il n'y aurait pas citation. — *Cass.*, 8 août 1834, Ledoux. — V. HUISSIER.

49. — Quant aux citations aux prévenus devant le tribunal de police tenu par le maire, elles peuvent être faites par un avertissement du maire, qui annonce au défendeur le fait dont il est inculpé, le jour et l'heure où il doit se présenter. Le ministère des huissiers n'est plus dans ce cas indispensable. — C. inst. crim., art. 169.

50. — Il en est de même des citations aux témoins; elles peuvent être faites par un avertissement qui indique le moment où leur déposition sera reçue. — C. inst. crim., art. 170.

51. — Devant les tribunaux correctionnels, les citations doivent être notifiées par les huissiers ayant droit d'exercer auprès du tribunal, sans préjudice du droit du ministère public de se servir des agens de la force publique ayant caractère légal pour faire des significations judiciaires, tels que les gendarmes.

52. — Jugé que la citation faite par un huissier hors du ressort du tribunal civil de son arrondissement, mais dans le département, est valable, par ce que cet huissier aurait pu la faire s'il en avait obtenu mandement exprès du procureur général. — L. 5 pluv. an XIII, part. 1re. — Cela est vrai surtout lorsque le procureur général déclare avoir réellement donné à l'huissier ce mandement; cette déclaration remplit le vœu de la loi, puisqu'elle n'exige pas que le mandement soit donné par écrit. — *Cass.*, 12 sept. 1807, N...; 16 flor. an IX, Cousin.

53. — La citation des témoins appelés devant le juge d'instruction se fait également par un huissier ou par un agent de la force publique, à la requête du procureur du roi. — C. inst. crim., art. 72.

54. — Devant les cours d'assises, et dans les cas exceptionnels ci-dessus prévus, la citation directe donnée par le ministère public au prévenu, lorsqu'il juge convenable de recourir à cette voie, doit être notifiée par un huissier commis par le président de la cour. — LL. 8 avr. 1831, art. 2; 9 sept. 1835, art. 6.

Sect. 2e. — *Forme des exploits.*

§ 1er. — *Dispositions générales.*

55. — Les principales formalités nécessaires pour la validité des exploits et citations en matière correctionnelle et de police sont contenues dans les art. 141, 145, 146, 182, 183 et 184, C. inst. crim.

56. — Celles exigées pour les citations directes données exceptionnellement par le ministère public devant la cour d'assises, sont réglées par les lois des 8 avr. 1831 et 9 sept. 1835, qui ont consacré ces exceptions. — V. DÉLITS DE PRESSE, nos 568 et suiv.; POUDRE ET MUNITIONS DE GUERRE, RÉBELLION.

57. — Il a été plusieurs fois jugé que les art. 182, 183 et 184, C. inst. crim., sur la forme des citations ne sont pas prescrites à peine de nullité. — *Cass.*, 14 janv. 1830, Forêts c. comm. d'Azelot; *Pau*, 24 déc. 1829, Forêts c. Larazet.

58. — Une jurisprudence constante a d'ailleurs consacré comme règle que les dispositions du Code de procédure civile, relatives aux formes des exploits, ne sont pas applicables en cette matière. — *Cass.*, 5 mai 1809, Berzano; 18 oct. 1813, Forêts c. Pierre Thomas; 2 avr. 1819, Greillot; 25 janv. 1828, Morin; *Pau*, 24 déc. 1829, Forêts c. Larazet; *Nîmes*, 29 mars 1838 (t. 1er 1838, p. 587), Hasard c. Forêts; *Poitiers*, 29 mai 1843 (t. 1er 1845, p. 154); Lastic et Treuille. — V. également dans le même sens Legraverend, *Législ. crim.*, t. 2, p. 384; Favard, *Rép.*, vo *Citation*, p. 496; Bourguignon, sur les art. 145 et 183, C. inst. crim.

59. — Jugé particulièrement, que l'art. 1037, C. procéd. civ., qui défend de faire aucune signification ni exécution les jours de fête légale, ne s'applique pas aux actes qui se rattachent à l'exercice de la justice répressive. — *Cass.*, 27 août 1807, Ségu; 14 avr. 1815, Aug. Leclerc; 8 mars 1832, Lepetit; 29 nov. 1838 (t. 1er 1839, p. 425), Vigneron Heucqueville; 26 avr. 1839 (t. 2 1839, p. 285), Becq; *Bruxelles*, 18 août 1814, Peirre Détrief. — V. aussi Carnot, sur l'art. 66, C. instr. crim., no 14; Legraverend, t. 1er, ch. 5, p. 199; Merlin, *Rép.*, vo *Fête*, no 4; Berriat Saint-Prix, *Cours de dr. crim.*, p. 88, note 2e.

60. — Le principe de cette jurisprudence est qu'il suffit que le prévenu ait eu connaissance qu'il était cité devant le tribunal répressif compétent pour statuer sur un fait à lui reproché pour que le tribunal se trouve légalement saisi, surtout lorsque le prévenu comparaît sur la citation.

61. — On peut regarder comme une règle certaine qu'il n'y a nullité qu'autant que les irrégularités commises peuvent être considérées comme substantielles pour l'exercice du droit de défense. — V. dans ce sens Morin, *Dict. de dr. crim.*, vo *Citation.*

62. — Il a été jugé, dans ce sens, en matière administrative, que lorsque le procès-verbal d'une contravention a été notifié au contrevenant, et qu'il a fourni ses moyens de défense, il n'est plus recevable à opposer le défaut d'assignation régulière devant le conseil de préfecture. — *Cons. d'état*, 26 nov. 1839, Borel de Favencourt.

63. — Au surplus, en supposant la citation nulle, un tribunal excéderait ses pouvoirs en prononçant l'acquittement du prévenu, au lieu de se borner à annuler la citation, ce qui laisserait entier le droit du demandeur. — *Cass.*, 11 fév. 1808, Bernard Durieux.

§ 2. — *Formes intrinsèques.*

64. — Les principales formalités intrinsèques exigées pour la validité des exploits en matière criminelle consistent dans l'énonciation de la date, du domicile du demandeur et de l'immatricule de l'huissier, dans la désignation du prévenu ou de la personne responsable, l'indication du tribunal compétent et de l'objet de la demande, enfin dans l'articulation et la qualification des faits reprochés.

65. — *Date.* — En matière criminelle comme en matière civile, les exploits de citation ou autres doivent toujours être datés.

66. — Toutefois, du principe général posé ci-dessus (no 31) il suit que les nullités qui pourraient résulter du défaut ou de l'irrégularité de la date, doivent être réputées couvertes toutes les fois qu'elles n'ont pu préjudicier à la défense de la partie citée.

67. — Ainsi, l'irrégularité résultant de l'absence de la date dans une citation en police correctionnelle est couverte par la comparution du prévenu ou par celle de l'avocat qu'il a chargé de le représenter. — *Cass.*, 30 déc. 1825, Casteran; 25 janv. 1828, Forêts c. Morin; 30 janv. 1846 (t. 1er 1846, p. 718), les postes c. Combes.

68. — Seulement, le prévenu qui comparaît peut demander le renvoi de la cause s'il ne lui a pas été possible, dans le trop bref délai qui lui a été imparti, de préparer sa défense. — *Cass.*, 15 fév. 1821, Jean Lamper.

69. — Jugé encore que quoique la copie de l'exploit contenant notification de l'arrêt de renvoi et de l'acte d'accusation soit datée seulement du mois et de l'an et non du jour, cet exploit n'est pas nul s'il s'est écoulé plus de cinq jours entre la fin du mois où l'exploit a été notifié et le jour où l'accusé a paru aux débats, cet accusé, quelle que soit l'irrégularité, ayant été mis à même de se pourvoir en temps utile. — *Cass.*, 28 août 1845 (t. 2 1845, p. 163), Dominique Rossi.

70. — En tout cas, il suffit pour la régularité de l'exploit de notification de la liste des jurés que la date du mois et le nom de l'huissier, au lieu d'être au commencement, soient placés à la fin, par un renvoi approuvé et suivi de la signature de l'huissier. — La loi du 25 vent. an XI, sur le notariat, n'est pas applicable en pareil cas. — *Cass.*, 22 mars 1839 (t. 2 1843, p. 407), Philip.

71. — *Domicile du demandeur.* — La citation donnée par la partie civile doit contenir élection de domicile dans la ville où siège le tribunal. — C. inst. crim., art. 183.

72. — L'indication du domicile élu peut rendre superflue la mention du domicile réel du demandeur.

73. — Par exemple, l'assignation donnée devant la cour de Cassation, en vertu de l'arrêt d'admission d'un pourvoi, n'est pas nulle, quoiqu'elle n'indique pas le domicile réel du demandeur, si elle indique le domicile élu chez l'avocat chargé de sa défense. — *Cass.*, 10 avr. 1811, Fiando c. Delprato.

74. — *Immatricule et patente de l'huissier.* — En matière criminelle, comme en matière civile, l'huissier doit énoncer dans tous les exploits qu'il fait, son immatricule et autrefois sa patente.

75. — Mais, de même aussi qu'en matière civile, les omissions de l'huissier à cet égard, peuvent seulement motiver contre lui une condamnation à l'amende, elles n'entraînent pas la nullité de l'exploit. — *Cass.*, 7 janv. 1834, Pelissier. — V. EXPLOIT (mat. civ.).

76. — *Désignation du prévenu ou de la personne citée comme responsable.* — Sans qu'il y ait obligation de suivre, à cet égard, rigoureusement les prescriptions de l'art. 61, no 2, C. procéd., l'exploit doit désigner le prévenu ou la personne responsable à qui la citation est donnée, d'une manière telle qu'il ne puisse y avoir aucun doute sur son identité.

77. — Mais une citation est régulière quoiqu'elle ne contienne ni le nom ni les prénoms du prévenu, si elle établit d'ailleurs son identité d'une manière suffisante. — *Cass.*, 5 mai 1809, Berzano; 18 nov. 1813, Thomas; 2 avr. 1819, Greillot.

78. — ... Par exemple par l'indication de sa qualité de berger de telle personne. — *Grenoble*, 8 mai 1824, Humbert c. Forêts.

79. — Est nulle au contraire la citation dans laquelle le prévenu n'est désigné que par son nom patronimique, sans prénom ni indication de domicile, surtout quand il existe deux individus de ce nom attachés en la même qualité à une maison de commerce. — *Liége*, 25 juill. 1834, Steenbruggen.

80. — Est également nulle la citation donnée à une mère pour un de ses fils, lorsqu'on n'y désigne pas celui contre qui la poursuite est dirigée. — *Cass.*, 16 prair. an VII, Ouctel.

81. — *Indication du tribunal compétent.* — Cette indication doit être claire, précise, de manière à ce que la partie citée ne puisse pas être dans l'incertitude sur les juges devant lesquels elle est tenue de se présenter, et tout à la fois de manière à ce que le tribunal saisi ne puisse pas lui-même méconnaître sa juridiction.

82. — En conséquence est nulle la citation pour fait de chasse donnée à comparaître devant le tribunal de première instance d'une ville où il y a plusieurs tribunaux jugeant en première instance. — *Bruxelles*, 15 mars 1833, R... c. N..

83. — Mais la citation sur appel à l'effet de comparaître devant le *tribunal correctionnel* du chef-lieu du département, est valable et saisit légalement ce tribunal, sauf à lui à se constituer en tribunal correctionnel d'appel au nombre de cinq juges. — *Cass.*, 29 mai 1818, Quesnel.

84. — La citation à comparaître devant un juge incompétent, a-t-elle, en matière criminelle, de même qu'en matière civile, pour effet d'interrompre la prescription? — *Oui*, d'après *Liége*, 15 nov. 1833, R... — *Non*, suiv. *Cass.*, 11 mars 1819, Roger; 18 janv. 1822, Christinane. — V. PRESCRIPTION (matière criminelle).

85. — *Objet de la demande.* — L'art. 61, C. procéd., qui exige que tout ajournement, en matière civile, contienne l'objet de la demande et l'exposé sommaire des moyens, n'est point applicable aux citations en police correctionnelle; il suffit pour celles-ci, d'après l'art. 183, C. inst. crim., qu'elles énoncent les faits. — *Cass.*, 19 déc. 1834, Forêts c. Rebrochet; même jour (deux arrêts identiques), Vital.

86. — *Énonciation et qualification des faits.* — L'art. 183, C. inst. crim., porte que : « la citation énoncera les faits et tiendra lieu de plainte. »

87. — Cette disposition sur l'interprétation de laquelle nous reviendrons tout à l'heure, est-elle indistinctement applicable à la partie civile et au ministère public lorsqu'il poursuit par voie de citation directe? En d'autres termes, le ministère public est-il obligé d'énoncer dans sa citation les faits qui donnent lieu à la poursuite?

88. — La raison de douter naît de ce que l'art. 183 semble exclusivement spécial à la partie civile, et il a été jugé en ce sens, que l'obligation d'énoncer les faits ne concerne pas le ministère public. — *Cass.*, 20 janv. 1826, Laprotte.

89. — Mais, ainsi que le fait remarquer Carnot,

sur l'art. 183, C. inst. crim., cet article a deux dispositions qu'il faut se garder de confondre : la première, particulière à la partie civile et qui a pour objet de lui imposer l'obligation d'élire domicile dans la ville où siége le tribunal ; la seconde, *générale*, portant que la citation énoncera les faits et tiendra lieu de plainte.

90. — En effet, puisque le ministère public peut poursuivre par voie de citation directe, il faut bien lui appliquer une disposition qui n'est que l'expression du principe d'éternelle justice, respecté par toutes les législations, même en matière civile (C. procéd., art. 61), que quiconque engage un débat judiciaire doit préciser son attaque pour que l'adversaire puisse préparer ses moyens de défense. — V. aussi Morin, *Dict. de droit crim.*, v° *Citation*; Legraverend, t. 2, ch. 4, sect. 4e; Bourguignon, sur l'art. 183.

91. — Il a été décidé dans ce sens que l'obligation imposée au ministère public d'articuler et de qualifier les faits incriminés s'applique aux poursuites dirigées contre l'éditeur responsable d'un journal, prévenu d'avoir rendu un compte infidèle et de mauvaise foi d'un débat judiciaire, comme à la poursuite de tout autre délit. — *Cass.*, 7 déc. 1822, Guise et Legracieux.

92. — Jugé également que l'obligation d'articuler et de qualifier les provocations, outrages, faits diffamatoires ou injures servant de fondement à une poursuite correctionnelle, s'applique aussi bien au cas où le ministère public assigne directement qu'au cas où il a requis une instruction préalable, et à celui où le plaignant agit par voie de citation directe.,.. et cela alors même que la citation de la partie publique aurait été précédée d'une plainte (non notifiée) renfermant les articulations et qualifications prescrites par la loi. — *Cass.*, 22 déc. 1843 (t. 1er 1844, p. 603), Léotaud.

93. — Que faut-il entendre, pour satisfaire au vœu de l'art. 183, par *énonciation des faits?* Suffit-il que le fait matériel soit énoncé en substance? est-il nécessaire de le préciser et de le qualifier?

94. — Suivant M. Morin (*ubi suprà*), l'accusation doit être précisée de telle sorte que le prévenu puisse voir dans la citation même et le fait matériel qui lui est imputé et le caractère attribué au fait par la partie poursuivante, car il peut avoir à contester, tant la réalité du fait, quant à lui, que l'application de la loi pénale au fait en question.

95. — En ce qui touche le fait matériel, il suffit évidemment, suivant nous, que l'objet de la prévention soit suffisamment indiqué au prévenu. Peu importe que cette indication soit plus ou moins circonstanciée.

96. — Ainsi, il n'est point nécessaire, à peine de nullité, d'énoncer dans une citation à comparaître devant un tribunal correctionnel le jour précis du délit. — *Colmar*, 28 janv. 1846 (t. 1er 1846, p. 682), Meyer.

97. — Spécialement, la citation qui, en matière de chasse, énonce l'année et le mois du délit sans fixer le jour, n'est pas nulle, si d'ailleurs elle est à cet égard complétée par la date du jour consigné dans le procès-verbal, bien que ce procès-verbal n'ait pas été notifié au prévenu. — Même arrêt ; *Cass.*, 11 mars 1837 (t. 2 1840, p. 18), Toupillier ; *Paris*, 8 juill. 1837 (t. 2 1837, p. 350); anal. *Cass.*, 30 mars 1838 (t. 1er 1840, p. 206), Poupardin.

98. — Une citation ne peut pas être annulée sur le motif qu'elle n'énonce point le jour ni l'heure où les faits se sont passés, lorsqu'elle en contient au surplus une articulation suffisante. — *Cass.*, 21 janv. 1835, Lerel c. Lebrec.

99. — Une citation est valable bien qu'elle n'indique pas à celui qui la reçoit le jour et l'endroit où le fait dont il est prévenu a eu lieu, alors surtout qu'elle fait suffisamment connaître l'objet de la prévention. — *Cass.*, 28 fév. 1839 (t. 2 1839, p. 375), Dutriaux.

100. — Jugé dans le même sens que la différence qui existe entre la date donnée à un délit de chasse par la citation en justice et celle que lui assigne le procès-verbal du garde champêtre ne saurait vicier de nullité la citation, attendu que la loi (C. instr. crim., art. 183) exige seulement que les citations énoncent les faits. — *Cass.*, 18 mars 1837 (t. 1er 1838, p. 97), Mellier.

101. — A plus forte raison, la désignation précise du jour du délit dans la citation donnée par la partie civile n'est pas indispensable, lorsque d'ailleurs le prévenu a répondu à la citation et défendu aux faits qui en sont l'objet. — *Douai*, 13 sept. 1844 (t. 2 1845, p. 360), Goulois c. Ragonne.

102. — Quant aux circonstances de détail, il suffit que le prévenu ait connaissance des faits qui lui sont reprochés. — *Cass.*, 3 juin 1830, Pamis-Lacase.

103. — Il a été jugé que le plaignant qui cite directement le prévenu devant le tribunal correctionnel doit énoncer dans la citation les faits dont il se plaint avec l'article de la loi dont il provoque l'application ; qu'il ne lui suffirait pas de dire que le prévenu aura à répondre aux interpellations qui lui seront faites et de se référer à la plainte déposée au parquet, lors surtout que ce dépôt n'est pas constaté conformément aux art. 31 et 65, C. instr. crim. — *Cass.*, 21 août 1835, Pitrat c. Sigaud.

104. — Il a été décidé également que lorsque les faits constitutifs de la prévention ne sont énoncés que par la qualification légale avec la mention de la date, ils ne sont pas articulés d'une manière assez positive pour remplir le vœu de la loi. Ainsi est nulle la citation portant que le cité est prévenu d'avoir tel jour outragé par paroles tendant à inculper l'honneur et la délicatesse du maire de telle commune et d'avoir ainsi outragé ce magistrat dans l'exercice de ses fonctions et à l'occasion de cet exercice. — *Cass.*, 23 juill. 1835, P...

105. — Mais les faits de la plainte sont suffisamment énoncés lorsque la citation exprime que le prévenu est assigné pour avoir à répondre aux inculpations qui sont à sa charge et desquelles il résulte que tel jour il a outragé par paroles, gestes et menaces un commissaire de police dans l'exercice et à l'occasion de l'exercice de ses fonctions, délit prévu et puni par les art. 222 et 223, C. pén. Il n'est pas nécessaire que les faits particuliers d'où l'on induit qu'il y a eu outrages soient en outre spécifiés. — *Cass.*, 25 nov. 1831, Germa ; 6 avr. 1838 (t. 1er 1840, p. 202), Oger.

106. — Jugé aussi qu'une citation est régulièrement libellée, lorsqu'elle porte que tel jour le prévenu s'est rendu coupable de résistance avec violence et voies de fait envers un buissier agissant pour l'exécution d'un jugement rendu au profit de tel individu, ou du moins qu'il s'est rendu coupable d'outrages par paroles, gestes ou menaces et violences envers le même officier ministériel dans l'exercice de ses fonctions. — *Cass.*, 3 juin 1830, Pamis Lacase.

107. — Le vœu de l'art. 183 est suffisamment rempli lorsque la citation porte que deux prévenues se sont frauduleusement concertées pour faire naître dans l'esprit du plaignant l'espérance illusoire d'un mariage que l'une d'elles, dénommée, avait le dessein de rendre et a en effet rendu chimérique ; et qu'à l'aide de ces manœuvres frauduleuses par elles employées, elles ont soustrait la majeure partie de la fortune du plaignant. — *Cass.*, 14 juill. 1832, Evrard c. Duthuit.

108. — La citation dans laquelle celui qui se plaint d'une dénonciation calomnieuse déclare que son honneur a été calomnieusement incriminé par les imputations contenues dans une dénonciation que les prévenus ont adressée au préfet et consignées dans les parties de cette dénonciation qu'il indique par leur intitulé, remplit complètement l'obligation prescrite par l'art. 183, C. inst. crim., d'énoncer les faits de la plainte. — *Cass.*, 3 sept. 1831, Dotard, Faffe c. Pardé.

109. — Jugé même que lorsqu'un prévenu n'a pas pu ignorer les faits d'usure et d'escroquerie pour lesquels il est poursuivi, il ne peut invoquer la nullité de la citation qu'il a reçue du ministère public à la suite d'une ordonnance de renvoi en police correctionnelle, parce qu'elle n'énumère pas les faits constituant ce double délit. — *Cass.*, 20 janv. 1826, Laprotte.

110. — Une citation en simple police est suffisamment motivée par l'indication de l'arrêté auquel il a été contrevenu ; les autres formalités de la loi civile, sur les ajournemens, ne sont pas applicables en pareille matière. — *Cass.*, 29 août 1806, Vindevogel ; 11 fév. 1808, Durieux.

111. — La qualification des faits n'est pas rigoureusement indispensable pour la validité de la citation.

112. — La citation est régulière lorsqu'elle contient l'énonciation des faits, sans aucune qualification ; par exemple, quand l'exploit est signifié à un individu inculpé d'avoir chassé à telle époque dans telle commune, sans permis de port d'armes. — *Cass.*, 20 août 1812, Caron ; 14 janv. 1830, Azelot ; 3 mai 1834, Guenolé et Hascort.

113. — Les tribunaux doivent d'ailleurs apprécier et qualifier les faits conformément à la loi, sans être liés par la qualification que le ministère public leur a donnée dans la citation introductive d'instance. — *Cass.*, 26 juin 1835, Labourey.

114. — Toutefois le tribunal saisi par la citation directe du ministère public ou de la partie civile ne peut pas commettre un juge d'instruction à l'effet de faire une information et le charger de la lui transmettre sans avis préalable de la chambre du conseil. — *Cass.*, 31 août 1833, Arnaud ; *Douai*, 19 août 1836, Grard.

115. — En tous cas, lorsqu'un tribunal correctionnel saisi d'une affaire par une citation directe de la partie plaignante, croit devoir renvoyer cette cause devant un juge d'instruction, attendu que des explications données à l'audience ont révélé des complices non compris dans la citation, il reste investi et ne peut se dessaisir de la connaissance des faits articulés contre l'auteur principal. — *Paris*, 22 mai 1838 (t. 1er 1838, p. 618), Graziani.

116. — Le prévenu, cité devant le tribunal de police correctionnelle pour un fait qui, d'après l'acte de citation, ne constitue qu'une simple contravention de police, peut, avant toute instruction, demander son renvoi devant le juge de police. — *Cass.*, 8 mars 1839 (t. 1er 1839, p. 596), Sedent. — V. TRIBUNAL DE POLICE CORRECTIONNELLE.

117. — Lorsque la citation délivrée à un contrevenant reproduit par erreur une circonstance déjà écartée définitivement par le tribunal correctionnel, et qui donnait au fait incriminé le caractère d'un délit, le ministère public peut rectifier cette erreur à l'audience, et le tribunal de police viole l'autorité de la chose jugée en rejetant cette rectification et en se déclarant incompétent sans aucun débat préalable. — *Cass.*, 13 juill. 1833, Hélis.

118. — Mais la citation en simple police tendant à ce que, faute par un commerçant d'avoir effectué à la préfecture le dépôt ordonné par jugement des poids de marc saisis à son domicile, il soit condamné à en payer la valeur et à la verser dans la caisse du receveur des amendes, diffère essentiellement de la demande antérieure ayant eu pour objet de faire ordonner ce dépôt et prononcer la confiscation. En conséquence, le tribunal ne peut la déclarer nulle sous le prétexte qu'elle était comprise dans la première. — *Cass.*, 21 fructid. an X, Pigeon.

119. — La citation pour outrages publics envers un garnisaire dans l'exercice de ses fonctions, ne peut être annulée comme ne contenant point les articulations et qualifications prescrites par la loi, lorsque, d'après le résultat des débats, ces outrages sont reconnus ne constituer que le simple délit prévu par l'art. 224, C. pén. — Il suffirait d'ailleurs pour la régularité de la citation, qu'elle fût accompagnée d'une copie de procès-verbal régulier dressé par le garnisaire. — *Cass.*, 20 fév. 1830, Papenet.

120. — En matière correctionnelle, aucune loi n'exige, pour la validité des citations, qu'elles contiennent les conclusions du demandeur, ou l'indication de la loi pénale. — *Cass.*, 20 août 1812, Caron ; 19 déc. 1834, Fauty c. Berrochet.

121. — Jugé aussi qu'il n'est pas nécessaire pour la régularité d'une citation en simple police que les termes de la loi pénale y soient insérés. — *Cass.*, 20 août 1812, Cornu.

§ 3. — *Formes extrinsèques.*

122. — Les formes extrinsèques des exploits sont relatives à la copie des pièces, à la remise de l'exploit, au domicile où la copie doit être remise, et à l'enregistrement de l'original.

123. — *Copie de pièces.* — En matière de simple police comme en matière correctionnelle, la loi n'exige pas que les exploits de citation soient accompagnés de la copie des pièces sur lesquelles est basée la poursuite.

124. — Ainsi, il suffit pour qu'une citation donnée en matière de simple police soit régulière, qu'elle énonce le fait sur lequel le contrevenant est appelé à se justifier, sans qu'il soit nécessaire de lui notifier en même temps copie du procès-verbal dressé contre lui. — *Cass.*, 23 avr. 1831, Audeband.

125. — En conséquence, est valable la citation délivrée à un individu pour avoir, suivant procès-verbal dressé par le commissaire de police, contrevenu à une ordonnance de police de telle date, dont il lui sera du tout donné lecture à l'audience. — Même arrêt.

126. — La citation est également valable quoique, pour un délit de chasse, il n'ait pas été donné copie du procès-verbal au prévenu. — *Cass.*, 14 août 1829, Joseph Petit.

127. — Est, à plus forte raison, régulière la citation pour délit forestier, bien qu'elle ne contienne pas copie de l'enregistrement du procès-verbal, ou parce qu'elle contient une erreur de date dans la transcription de cet enregistrement. — *Cass.*, 30 janv. 1814, forêts c. Jassoubre ; *Metz*, 15 avr. 1820, Guering.

128. — ... Mais, en matière de grand criminel, dans le cas de citation directe donnée par le ministère public devant la cour d'assises, il doit être, avec la citation, donné copie au prévenu, tant du réquisitoire que le ministère public est obligé d'adresser à cet effet au président de la cour, que de l'ordonnance du président portant indication du jour auquel le prévenu est sommé de comparaître. — LL. 8 avr. 1831, art. 2 ; 9 sept. 1835, art. 6.

129. — On sait d'ailleurs que dans les affaires de

la compétence de la cour d'assises, l'arrêt de renvoi et l'acte d'accusation doivent être signifiés à l'accusé. Il lui est laissé copie du tout. — C. inst. crim., art. 242. — V. ACTE D'ACCUSATION.

130. — Quant à la copie de la liste du jury qui doit être en outre notifiée à l'accusé, V. JURY.

131. — En Algérie où les tribunaux peuvent, selon les circonstances, accueillir ou rejeter *toutes les nullités* d'exploits et actes de procédure, il n'y a pas lieu de prononcer la cassation d'un arrêt de condamnation, parce qu'on n'aurait pas notifié à l'accusé la traduction de l'acte d'accusation, encore bien que cette traduction soit exigée *à peine de nullité* par l'art. 58 de l'ord. du 10 août. — *Cass.*, 17 oct. 1837 (t. 2 1837, p. 511), Ahmed-ben-Amar.

132. — Jugé dans le même sens que le moyen tiré de ce que l'exploit contenant notification à un musulman indigène de l'acte d'accusation dressé contre lui, et citation devant le tribunal supérieur d'Alger, n'a été accompagné d'une traduction en langue arabe que par extrait, ne peut être invoqué devant la cour de Cassation, alors surtout que l'accusé, loin de proposer ce moyen devant le tribunal, a déclaré formellement à l'audience renoncer à s'en prévaloir. — *Cass.*, 25 janv. 1839 (t. 1er 1839, p. 569), Soliman-ben-Abd-el-Rahman.

133. — *Remise de la copie de l'exploit.* — C'est une règle commune à tous les exploits que la copie doit en être remise aux parties à qui est faite la signification.

134. — Cette règle est spécialement prescrite en ce qui concerne les citations à comparaître devant le tribunal de police par l'art. 145, C. inst. crim., qui porte que la copie sera laissée « au prévenu ou à la personne civilement responsable. »

135. — Quoiqu'elle n'ait pas été reproduite à l'égard des citations données en matière correctionnelle, la nécessité de son application dans ce cas est d'une évidence incontestable.

136. — Une copie distincte doit être laissée au prévenu et à la partie civilement responsable. — Bourguignon sur l'art. 145, instr. crim.; Favard, *Rép.*, v° *Citation*, p. 496; Legraverend, t. 2, p. 308. — Carnot émet une opinion contraire en se fondant sur les termes de l'art. 145, mais il est évident, selon nous, que c'est faire une fausse interprétation de la disposition finale de cet article. Chaque partie intéressée doit, en effet, recevoir une copie de la citation. — Carnot reconnaît lui-même, du reste, ce principe relativement à l'acte d'appel, quoique l'art. 205 soit conçu dans les mêmes termes que l'art. 145.

137. — Toutefois, l'irrégularité résultant de ce qu'une seule copie aurait été remise ne peut être invoquée que par celui qui n'a pas reçu la citation et elle cesse même d'être opposable par lui s'il comparaît volontairement.

138. — Jugé en ce sens que la citation donnée à un individu nominativement désigné, et *à son gendre*, sans autre indication, est valable à l'égard de l'individu dénommé, qui a reçu la copie, et ne peut pas être annulée, sous le prétexte qu'il n'a pas été délivré une seconde copie, pour l'individu resté inconnu. — *Cass.*, 3 fév. 1827, Barbe.

139. — ... Qu'en matière correctionnelle, le fils prévenu d'un délit et le père civilement responsable sont valablement assignés par une seule copie signifiée au domicile commun en parlant à tous les deux; qu'ils sont au surplus non-recevables à proposer la nullité en appel, lorsqu'ils ont comparu devant les premiers juges, sur cette citation. — *Limoges*, 14 nov. 1812, Radèle.

140. — S'il y a plusieurs prévenus ou plusieurs personnes civilement responsables, chacun d'eux doit avoir une copie distincte.

141. — D'après ce principe, toutes les fois qu'un mari et une femme cités en police correctionnelle ont des intérêts différens, ils doivent recevoir chacun une copie de la citation, à peine de nullité. — *Bourges*, 8 janv. 1824, Teissier c. Cochet.

142. — Lorsque la citation à un mari et à sa femme par une seule copie laissée en parlant à leurs personnes, n'exprime pas si elle a été donnée au mari plutôt qu'à la femme, elle doit être annulée sur la demande de celui des deux qui n'a pas comparu. — *Bourges*, 1er juill. 1825, Tournon c. Bouquin.

143. — *Domicile auquel la copie doit être remise.* — En matière correctionnelle comme en toute autre, la citation, pour être régulière, doit être donnée à personne ou domicile. — L'art. 182, C. inst. crim., n'a point dérogé à cette règle du droit commun. — *Cass.*, 21 mai 1842 (t. 2 1842, p. 583), Contrib. indir. et octroi de Bordeaux c. Galibert.

144. — La citation est nulle si elle n'a été remise ni à la personne ni au domicile du prévenu. — *Cass.*, 10 sept. 1831, Rudry-Billaudelle.

145. — Est également nulle la citation donnée, non au domicile réel de l'assigné, c'est-à-dire où il paie sa contribution personnelle et habite avec sa famille, mais seulement à un lieu où il ne possède qu'un établissement de commerce. — *Cass.*, 21 mai 1842 (t. 2 1842, p. 583), Contrib. indir. et octroi de Bordeaux c. Galibert.

146. — Mais un prévenu est valablement assigné au domicile qu'il occupait lors de la perpétration du délit, et qu'il a quitté subitement sans faire connaître le lieu qu'il a habité depuis. Dans tous les cas, l'appel par lui formé du jugement par défaut rendu contre lui le rend non-recevable à se prévaloir des vices de forme qui auraient entaché l'assignation. — *Cass.*, 19 janv. 1837 (t. 2 1840, p. 96), Dersonville.

147. — Jugé, néanmoins, qu'en pareil cas, le prévenu qui a déserté son domicile étant assimilé à celui qui n'a pas de domicile connu en France, la signification d'un jugement par défaut rendu contre lui peut valablement lui être faite par affiche et par copie déposée au parquet; et que cette signification a pour effet d'interrompre le cours de la prescription. — *Paris*, 27 août 1836, Latour; 7 déc. 1837 (t. 1er 1838, p. 101), Kéranguevin.

148. — Jugé aussi que lorsque la citation en police correctionnelle a été précédée d'un procès-verbal de perquisition constatant que le prévenu n'avait ni domicile ni résidence connus en France, la signification du jugement par défaut contre lui rendu peut lui être faite au parquet, sans qu'il soit besoin d'un nouveau procès-verbal de perquisition. — *Paris*, 27 août 1836, Latour.

149. — L'objet d'une citation étant de mettre le prévenu en demeure de comparaître à l'audience, le but serait manqué si la copie était remise dans un lieu où il n'y aurait aucune chance de le rencontrer; c'est pourquoi les militaires en activité de service contre lesquels des poursuites correctionnelles sont dirigées doivent être assignés au corps où ils se trouvent. — *Pau*, 8 janv. 1834, Laloubère.

150. — La citation donnée à un domestique au domicile de son maître, parlant à la personne de celui-ci, est présumée avoir été faite au véritable domicile, et suffit pour interrompre la prescription, encore que le maître n'ait pas fait observer à l'huissier que le prévenu n'est plus à son service. — *Cass.*, 30 avr. 1807, Forêts c. Teyssèdre.

151. — Un prévenu est régulièrement cité en police correctionnelle, lorsque la copie de l'exploit est remise en son absence à son domicile, en parlant à sa femme. — *Cass.*, 29 mai 1812, Régie des sels et tabacs c. Santi.

152. — L'huissier qui ne trouve point la partie à son domicile, ni personne de la maison à qui il puisse laisser la copie de son exploit, ne peut, à peine de nullité, la remettre au maire qu'autant que le voisin a refusé de s'en charger ou de viser l'original. — *Cass.*, 2 avr. 1819, Greillot; *Grenoble*, 18 août 1824, Marrel.

153. — L'huissier doit prendre la même précaution, lorsqu'il s'agit de la signification d'un jugement par défaut, et en l'absence de tout parent ou serviteur, si aucun voisin ne veut recevoir la copie et signer l'original, la signification est régulièrement faite au condamné par la remise de la copie au maire ou adjoint qui signe l'original conformément à l'art. 68, C. procéd. — *Metz*, 26 janv. 1824, Moïse Cahen.

154. — Lorsque le prévenu n'a ni domicile ni résidence connus, il peut être régulièrement cité au parquet du procureur du roi. — *Paris*, 7 sept. 1837 (t. 1er 1838, p. 101), Keranguevin.

155. — La notification du jugement par défaut faite à un individu absent, sans domicile ni résidence connus, doit être faite conformément aux dispositions soit du § 8, soit du § 9 de l'art. 69. Est en conséquence nulle la notification remise au maire d'une commune, au lieu d'être affichée à la principale porte de l'auditoire où la demande est portée; elle doit être de plus donnée au procureur du roi près le tribunal. — *Cass.*, 11 août 1842 (t. 1er 1843, p. 498), Lefeurle; 20 sept. 1844 (t. 2 1844, p. 570), Bianco. — V., au surplus, EXPLOIT (mat. civ.).

156. — *Parlant à.* — En matière correctionnelle, la loi n'exige pas, sous peine de nullité, que la citation fasse mention de la personne à laquelle la copie de l'exploit a été laissée, surtout dans une action récursoire en garantie exercée par le prévenu. — Les art. 182, 183 et 184, C. instr. crim., ne prescrivent pas cette formalité. — *Cass.*, 30 déc. 1825, Casteran; *Douai*, 27 déc. 1833, Héron c. douanes et Girard.

157. — Au surplus, la comparution du prévenu au jour indiqué par la citation établit la présomption légale qu'il a reçu la copie de l'exploit. — *Cass.*, 2 avr. 1819, Greillot; 18 nov. 1813, Thomas; 30 déc. 1825, forêts c. Casteran-Tourette. — V. aussi Carnot, sur l'art. 182, C. instr. crim., t. 2, p. 30, n° 2.

158. — Jugé que la mention que la liste des jurés a été notifiée aux accusés, en parlant à leurs personnes, indique que la notification a été faite individuellement et séparément à chacun d'eux, alors surtout qu'ils n'ont point allégué devant la cour d'assises, avant le tirage au sort, qu'ils n'ont pas respectivement reçu cette notification. — Dès lors, l'inscription en interligne non approuvée sur l'original d'exploit des mots *à chacun séparément*, est surabondante et ne saurait, malgré son irrégularité, entacher l'exploit de nullité. — *Cass.*, 10 janv. 1833, Gellée.

159. — La notification de la liste des noms des jurés faite aux accusés est régulière lorsque l'original mentionne que copie en a été donnée: 1° à...; 2° à...; 3° à...; et 4° à...; et qu'après chaque chiffre est relaté le nom de chacun des accusés. — *Cass.*, 10 déc. 1836 (t. 1er 1840, p. 25), Jeanson.

160. — Jugé même que l'exploit de notification de la liste des jurés mentionnant qu'il en a été laissé copie aux trois accusés, en parlant à *leurs personnes*, constate suffisamment que chacun d'eux a reçu sa copie. — *Cass.*, 29 mars 1838 (t. 1er 1840, p. 203), Lourdel et Minet.

161. — Quoique les formalités établies pour les exploits par le Code de procédure ne soient pas applicables aux matières correctionnelles, la citation dont la copie a été remise à un voisin qui n'a pas l'original étant insuffisante pour prouver que cette copie est parvenue en temps utile, doit être déclarée nulle. — *Cass.*, 15 janv. 1830, forêts c. Millelire.

162. — Mais une citation en police correctionnelle, délivrée à une commune en parlant à la personne du maire ne peut être annulée, sous le prétexte que ce fonctionnaire n'a pas visé l'original, conformément aux art. 69 et 70, C. procéd.; ces articles sont inapplicables en matière correctionnelle. — *Cass.*, 15 janv. 1830, forêts c. comm. d'Azelot.

163. — Sous le Code du 3 brum. an IV, la citation en police correctionnelle qui n'avait pas été visée par le directeur du jury, était nulle et ne saisissait pas le tribunal. — *Cass.*, 26 fructid. an VII, Michel Gauthier.

164. — Néanmoins, sous l'empire du même Code, les citations en police correctionnelle dans les matières de droits réunis n'étaient pas soumises à la formalité du visa préalable du directeur du jury. — *Cass.*, 18 fév. 1808, droits réunis c. N...

165. — D'après la même législation, la formalité du visa ne s'appliquait qu'à la partie plaignante et non à la citation délivrée à la requête du commissaire du pouvoir exécutif à un notaire en retard de verser son cautionnement. — *Cass.*, 26 fructid. an VII, Gauthier; 17 germin. an IX, Leture; 28 flor. an IX (int. de la loi), N...

166. — *Enregistrement.* — Le défaut d'enregistrement des exploits ou citations en matière criminelle n'est pas une cause de nullité. — *Cass.*, 28 sept. an XIII, Maugré c. enreg.; 1er sept. 1809, forêts c. Dugier; 1er fév. 1816, André Maisonneuve; 5 mars 1819, Taillandier; 16 janv. 1824, Tocme; 23 fév. 1827, Pain; — Merlin, *Rép.*, v° *Enregistrement*, § 44; Roland et Trouillet, *Dict. de l'enreg.*, v° *Délai*, § 6. — V. toutefois aussi Carnot, sur l'art. 594, C. inst. crim.

167. — Jugé également avant le Code que le défaut d'enregistrement de l'exploit dans le délai prescrit ne rendait pas nulle la notification de la liste du jury; que la nullité prononcée par l'art. 34, L. 22 frim. an VII, ne s'appliquait qu'aux actes concernant les particuliers. — *Cass.*, 7 janv. 1826, Tranchant.

Sect. 3e. — *Du délai des ajournemens et citations.*

168. — En matière de simple police, la citation ne peut être donnée à un délai moindre de vingt-quatre heures, outre un jour par trois myriamètres, à peine de nullité, tant de la citation que du jugement qui serait rendu par défaut. — C. inst. crim., art. 146.

169. — Jugé, en conséquence, que bien qu'en thèse générale les irrégularités de la citation ne soient pas nécessairement une cause de nullité, une citation doit être annulée lorsqu'elle a été donnée à un délai moindre de vingt-quatre heures. — *Cass.*, 11 fév. 1808, Bernard Durieux.

170. — Néanmoins, la nullité ne peut être proposée qu'à la première audience avant toute exception et défense. — C. instr. crim., art. 146.

171. — Dans les cas urgens, les délais peuvent, d'ailleurs, être abrégés et les parties citées à comparaître même dans le jour et à l'heure indiqués, en vertu d'une cédule délivrée par le juge de paix. — *Ibid.*

172. — Mais c'est là une innovation introduite par le Code d'instruction criminelle; sous l'empire

du Code du 3 brum. an IV (art. 157), une citation en simple police ne pouvait être valablement donnée à comparaître le soir même. — *Cass.*, 8 prair. an IX, Protat.

173. — Au cas d'un jugement par défaut rendu par un tribunal de police, l'opposition à ce jugement, lorsqu'il en est formé une, emporte de droit citation à la première audience après l'expiration des délais. — C. inst. crim., art. 151. — V. TRIBUNAL DE SIMPLE POLICE.

174. — En matière correctionnelle, il doit y avoir au moins un délai de trois jours, outre un jour par trois myriamètres, entre la citation et le jugement, à peine de nullité de la condamnation qui serait prononcée par défaut contre la personne citée. — C. inst. crim., art. 184.

175. — Il existe entre cette disposition et celle de l'art. 146 une différence essentielle, en ce que l'art. 146 prononce la nullité tant de la citation donnée à trop bref délai que du jugement rendu par défaut sur cette citation; tandis que l'art. 184 ne prononce que la nullité de la condamnation qui interviendrait par défaut et non celle de la citation. — Bourguignon, t. 1er, p. 420; Carnot, sur les art. 146 et 184.

176. — Il a été plusieurs fois jugé, dans le sens de cette remarque, que la citation en police correctionnelle quoique donnée à un délai moindre de trois jours, est valable comme un acte de poursuite qui interrompt la prescription. — *Cass.*, 18 fév. 1808, Froger; 25 fév. 1819, Barthélemy-Gautier; 2 avr. même année, Graillot; 26 août 1831, de Lapeloaze. — V. aussi dans le même sens Legraverend, t. 1er, chap. 1er, p. 76; Mangin, *De l'action publique*, t. 2, p. 114, no 357.

177. — Jugé encore que lorsqu'une citation en police correctionnelle a été donnée à un trop bref délai, le jugement par défaut intervenu sur cette citation est nul, mais la citation ne peut pas être annulée. — *Cass.*, 14 avr. 1832, Littenbacher.

178. — Dans tous les cas la nullité ne peut être proposée qu'à la première audience et avant toute exception ou défense. — Même art. 184. — V. TRIBUNAL DE POLICE CORRECTIONNELLE.

179. — Il résulte de là que la nullité dont il s'agit n'est pas de droit et ne peut être prononcée que sur la demande du défendeur.

180. — Cependant il a été jugé le 15 nov. 1811 qu'un tribunal (la cour prévôtale des douanes) n'avait pas commis d'usurpation de pouvoir en prononçant d'office la nullité d'une citation donnée à un trop bref délai. — *Cass.*, 15 nov. 1811, douanes c. Cesledy.

181. — Mais cette décision, rendue en matière de douanes, où l'application de l'art. 184, C. inst. crim., est très contestable, ne saurait faire règle, surtout en présence de la loi du 28 avr. 1816, qui ayant réglé (art. 45 et suiv.) la procédure à suivre en cette matière, semble indiquer évidemment qu'il n'y a pas lieu de recourir aux règles du code d'instruction criminelle.

182. — La loi n'exige pas que la citation soit donnée à jour fixe, ainsi la citation à comparaître devant un tribunal correctionnel à la première audience qui aura lieu trois jours francs après la date de la citation, et en tant que de besoin à toutes les audiences suivantes, ne peut pas être annulée pour n'avoir pas été donnée à jour fixe. — *Cass.*, 5 fév. 1808, droits réunis c. N...; 15 oct. 1835, Langlet; même jour, Dupont.

183. — Une citation en police correctionnelle n'est pas nulle parce que le prévenu a été assigné à un délai plus long que celui de trois jours, sauf à lui, s'il veut être jugé plus tôt, à anticiper le délai qui lui a été donné. — *Orléans*, 26 déc. 1842 (t. 1er 1843, p. 20), forêts de la couronne c. Mathieu.

184. — Au cas où sur un jugement par défaut du tribunal correctionnel, il est formé une opposition, cette opposition emporte de droit citation à la première audience. — C. inst. crim., art. 188.

185. — Que faut-il entendre ici par la première audience? est-ce, comme le porte l'art. 151, C. inst. crim., pour les oppositions aux jugemens du tribunal de police, la première audience, après l'expiration ordinaire du délai des citations, ou seulement la première audience qui vient à être tenue après l'opposition?

186. — Carnot (sur l'art. 188, C. inst. crim., t. 2, p. 47, no 2) pense, d'après les rapprochemens de l'art. 151 et de l'art. 188, que la première audience dont parle l'art. 188, est celle qui suit immédiatement le jour où l'opposition a été signifiée. « Si dans les matières de simple police, dit-il, la première audience est celle qui vient après l'expiration du délai ordinaire des citations, c'est que l'art. 151 confirme une disposition expresse sur ce point, tandis que l'art. 188 se borne à dire que l'opposition en matière correctionnelle emportera de droit citation à la première audience. »

187. — Mais il a été jugé que l'art. 188, C. inst. crim., d'après lequel l'opposition à un jugement par défaut de police correctionnelle emporte de droit citation à la première audience, ne doit s'entendre que de la première audience utile après l'expiration du délai de trois jours accordé en général pour les comparutions par l'art. 184, même Code. — *Gand*, 28 mai 1834, Vani.

188. — Dans les matières qui donnent lieu à citation directe devant la cour d'assises par le ministère public, le délai doit être au moins de dix jours avant la comparution ou l'ouverture des débats. — L. 8 avr. 1831, art. 2; 9 sept. 1835, art. 6.

189. — Au cas d'opposition à un arrêt rendu par défaut en matière de presse, cette opposition emporte de plein droit, comme en matière correctionnelle, citation à la première audience. — L. 9 sept. 1835, art. 25. — V. DÉLITS DE PRESSE.

190. — En matière criminelle, comme en matière civile, on ne doit, suivant le principe général posé par l'art. 1033, C. procéd., compter dans le délai de la citation, ni le jour de la signification, ni celui de l'échéance.

EXPLOITATION.

V. BAIL, MINES.

EXPORTATION.

V. ACQUIT A CAUTION, DOUANES, ENTREPOTS, GRAINS.

EXPOSÉ (Compte).

V. COMPTE DE TUTELLE ET REDDITION DE COMPTE.

EXPOSÉ DE MOTIFS.

1. — C'est le nom qu'on donne au discours prononcé dans l'une ou l'autre des assemblées législatives, au nom du gouvernement, pour faire connaître les causes qui ont déterminé la présentation et la rédaction d'un projet de loi.

2. — Les projets de loi se rattachant à la politique générale sont présentés et l'exposé des motifs est fait par le ministre président du conseil, et les autres par celui des ministres au département duquel le projet de loi se rattache.

3. — Cependant il est arrivé, pour certaines matières spéciales, qu'un commissaire du roi chargé par ordonnance royale de soutenir la discussion du projet de loi, en a en même temps exposé les motifs. — V. par exemple CODE FORESTIER, no 5. — V. aussi PÊCHE.

4. — L'exposé des motifs doit être lu en séance publique, et il est de plus déposé en manuscrit sur le bureau de la chambre à laquelle il est présenté.

5. — On comprend que, pour un même projet de loi, l'exposé des motifs fait à chacune des chambres ne soit pas identiquement le même, et que les amendemens introduits par la chambre qui a été saisie la première, la discussion à laquelle le projet de loi a donné lieu dans le sein de cette chambre, doivent influer sur la rédaction des motifs destinée à l'autre chambre.

6. — Lorsqu'un projet de loi est proposé par un membre de l'une des deux chambres en vertu du droit d'initiative consacré par l'art. 15 de la charte constitutionnelle de 1830, le discours destiné à faire connaître les causes de cet acte d'initiative, prend la dénomination, non pas d'*exposé des motifs*, mais de *développemens de la proposition*.

V. LOI.

EXPOSITION DE PART.

V. ENFANS (Crimes et délits contre les).

EXPOSITION DES PRODUITS DE L'INDUSTRIE FRANÇAISE.

1. — L'exposition des produits de l'industrie française a été dans son principe considérée comme un moyen de stimuler, de féconder l'industrie, d'en constater les progrès et de faire reconnaître au gouvernement vers quel point son aide et ses encouragemens devaient être portés.

2. — Les gouvernemens directorial, consulaire et impérial cherchèrent, sans doute pour rendre cette exhibition plus solennelle, à la rattacher à des anniversaires patriotiques ou glorieux, tantôt à l'anniversaire de la fondation de la république, tantôt à la célébration des triomphes des armées françaises.

3. — Ainsi, un arrêté des consuls du 13 ventôse an IX ordonna qu'il y aurait chaque année à Paris, pendant les cinq jours complémentaires, une exposition des produits de l'industrie française qui devait faire partie de la fête destinée à célébrer l'anniversaire de la fondation de la république.

4. — Un décret du 15 févr. 1806 ordonna pour le 25 mai de la même année une exposition spéciale et publique de tous les produits de l'industrie; cette exhibition faisait partie des fêtes consacrées à célébrer les triomphes des armées françaises.

5. — Mais le gouvernement de la restauration déclara, par l'ord. royale du 13 janv. 1819, que l'exposition des produits de l'industrie devait être considérée comme un des moyens les plus efficaces d'encourager les arts, d'exciter l'émulation et de hâter les progrès de l'industrie, et, sans la rattacher à aucun anniversaire historique, national ou guerrier, ordonna que l'exposition commencerait le 25 août, jour de la fête du roi Louis XVIII.

6. — Charles X, par l'ord. du 4 oct. 1826, fixa au 1er août l'ouverture de l'exposition qui, par l'ord. du 4 août 1833, et par celles qui l'ont suivie, a été portée au 1er mai, jour de la fête du roi Louis-Philippe Ier.

7. — La première exposition de cette nature a eu lieu le 1er vend. an VI.

8. — L'arrêté du 13 vent. an IX avait ordonné que les expositions auraient lieu chaque année; mais cette disposition ne fut pas exécutée, car le décret du 15 févr. 1806 est le seul monument de la législation impériale qui ait prescrit une pareille solennité industrielle.

9. — L'ord. du 13 janv. 1819 ordonna que les expositions auraient lieu à des époques déterminées par le roi et dont les intervalles n'excéderaient pas quatre années. — Par suite, deux ordonnances, des 29 janv. 1823 et du 4 oct. 1826 prescrivirent des expositions qui eurent lieu ces deux années.

10. — Enfin l'art 5 de l'ord. 4 oct. 1833, qui régit aujourd'hui cette matière, dispose qu'à l'avenir les expositions périodiques des produits de l'industrie auront lieu de cinq ans en cinq ans. — V. ord. 27 sept. 1838 et 3 sept. 1843.

11. — Le lieu de l'exposition a toujours été Paris, grand centre de population, où les produits des arts et de l'industrie peuvent être appréciés par un plus grand nombre de consommateurs.

12. — Cependant le gouvernement, en créant ce moyen de donner la publicité aux belles inventions, d'honorer leurs auteurs et de leur donner des récompenses, n'a pas voulu qu'il résultât le moindre déboursé pour eux du transport obligé des différens produits tant au chef-lieu du département qu'à celui de l'exposition. Dans le premier cas, les frais sont imputés sur les fonds départementaux réservés pour les dépenses imprévues, et dans le second cas ils sont payés par l'état. — Ord. 3 sept. 1843, art. 3; circ. min. 7 sept. 1833, 29 janv. 1834; — Magnitot et Delamarre, vo *Exposition des produits de l'industrie*.

13. — Les produits des découvertes nouvelles et les objets d'une exécution achevée, si la fabrication en est connue, peuvent seuls faire partie de l'exposition. — Arr. 13 vent. an IX, art. 3.

14. — Aucun produit n'est exposé qu'il n'ait été admis par un jury nommé à cet effet par les préfets dans chaque département. — Ord. 4 oct. 1833 art. 2. — L'examen de ce jury, qui doit être composé des hommes les plus zélés pour l'industrie, les plus experts et les plus impartiaux pour en apprécier les avantages, a pour objet d'éviter qu'on n'expédie des produits qui ne seraient ni nouveaux ni perfectionnés. — Magnitot et Delamarre, *Dict. de dr. admin.*, vo *Exposition des produits de l'industrie*.

15. — Une fois les opérations des jurys départementaux terminées, les préfets devaient faire publier et afficher les noms des manufacturiers et artistes de leurs départemens respectifs dont les productions avaient été jugées dignes d'être présentées au concours général à Paris; ils devaient indiquer l'espèce et la qualité de ces productions (art. 13 vent. an IX, art. 4.) — Cette publication préliminaire à l'exposition n'a pas lieu aujourd'hui.

16. — L'ordonn. du 28 fév. 1828 portait, art. 1er: Si dans les départemens où il existe une ou plusieurs branches de grande industrie manufacturière il est survenu, depuis l'époque de la dernière exposition des produits de l'industrie, en 1819, quelque perfectionnement remarquable, soit par l'invention ou la confection des machines, soit par des changemens introduits dans la teinture, dans le tissage ou dans les autres procédés des manufactures et des arts, ces améliorations notables seront constatées par les jurys établis dans chaque département. Ils signaleront les artistes à qui sont dues ces découvertes et leur mise en pratique.

17. — Après s'être assuré du mérite de ces perfectionnemens que chaque jury aura constatés, et

de l'importance des manufactures aux progrès desquelles ils ont concouru, le ministre de l'intérieur en rendra compte au roi.

18. — Les artistes auteurs de ces perfectionnemens nouveaux ont toujours eu part aux récompenses que le roi accorde à la suite de l'exposition publique des produits de l'industrie. — Ord. 20 fév. 1823, art. 8; 27 sept. 1838, art. 4; 3 sept. 1843, art. 5.

19. — Des dispositions analogues se retrouvent dans les art. 3 de l'ord. du 8 oct. 1826 et 4 de l'ord. du 4 oct. 1833, d'après lesquels les préfets doivent, sur l'avis des jurys départementaux, faire connaître les artistes qui, par des inventions ou procédés non susceptibles d'être exposés séparément, auront contribué aux progrès des manufactures depuis la dernière exposition. Ces artistes peuvent avoir part aux récompenses.

20. — D'après l'art. 2 de l'arrêté du 13 vent. an IX, tous les manufacturiers et artistes *français* qui voulaient concourir à cette exposition étaient tenus de se faire inscrire avant une époque déterminée au secrétariat général de la préfecture de leur département et d'y remettre des échantillons ou modèles des objets d'art qu'ils désiraient exposer. — Arr. 13 vent. an IX, art. 2.

21. — L'art. 2 du décret du 15 fév. 1806 admettait à concourir à l'exposition toutes les fabriques et manufactures des départemens; l'art. 3 de l'ordonnance royale du 13 janv. 1819, et l'art. 2 de l'ordonnance du 29 janv. 1823 appelaient tous les manufacturiers et fabricans établis en France. Enfin l'ord. du 8 oct. 1826 et celle du 4 oct. 1833, celle du 27 sept. 1838 et celle du 3 sept. 1843 se bornent à ordonner l'exposition des produits de l'industrie *française*.

22. — La rédaction de ces divers arrêtés, décrets ou ordonnances est assez vague pour qu'on ne puisse dire qu'elle exclut de la faculté de faire admettre leurs produits à l'exposition les fabricans étrangers qui résidant en France y ont établi des manufactures.

23. — Les mêmes textes ne peuvent pas davantage servir à appuyer la prétention qu'on dit avoir été élevée, lors de la dernière exposition, d'exclure les produits des fabricans ou commerçans qui avaient été déclarés en état de faillite.

24. — Cette prétendue incapacité qui ne repose sur aucun texte est repoussée aussi par l'esprit des diverses dispositions que nous avons rappelées. En effet il s'agit ici de constater et ensuite de récompenser un progrès, une amélioration dont un artiste, un fabricant, un artisan aura doté l'industrie française. Ce qu'il faut récompenser ce n'est pas le succès pécuniaire, c'est le succès artistique et manufacturier; et tel habile mécanicien ou industriel peut être assez inexpérimenté dans les spéculations du commerce pour ne pas savoir éviter les fautes qui conduisent ordinairement à la faillite : l'inexpérience ou l'imprévoyance d'un fabricant dans la gestion de ses propres affaires ne doit pas être un motif pour le gouvernement de se montrer avare envers le fabricant de ces distinctions que le pouvoir législatif a promises au mérite et au progrès industriel.

25. — Les récompenses distribuées par le roi, sur le rapport d'un jury central, désigné originairement par le ministre de l'intérieur et maintenant par le ministre de l'agriculture et du commerce, consistent en médailles d'or, d'argent, de bronze : enfin il y a des mentions honorables.

26. — Le procès-verbal contenant le choix motivé du jury devait être transmis à tous les préfets, qui devaient en donner connaissance à leurs administrés. — Arr. 13 vent. an IX, art. 8; décr. 15 fév. 1806, art. 6. — Le gouvernement emploie aujourd'hui un autre mode de publicité.

27. — L'exposition de 1806 fut suivie d'une grande fête nationale. Les produits dont les échantillons avaient été exposés furent seuls mis en vente dans les portiques de l'exposition. La foire nationale ainsi instituée était d'ailleurs ouverte à la vente de tous les objets de fabrique française. — Décr. 15 fév. 1806, art. 8.

28. — En cas d'insuffisance des portiques de l'exposition, les marchands et fabricans de Paris qui avaient été admis à l'exposition furent autorisés à mettre, pendant la durée de la foire nationale, à leurs magasins et boutiques, une enseigne particulière annonçant qu'ils en faisaient partie. — Décr. 15 fév. 1806, art. 9.

29. — Un échantillon de chacune des productions désignées par le jury comme préférable à toutes les autres doit être déposé au conservatoire des arts et métiers avec une inscription particulière qui rappelle le nom de l'artiste qui en est l'auteur. — Arr. 13 vent. an IX, art. 7; décr. 15 fév. 1806, art. 5; ord. 13 janv. 1819, art. 7; ord. 29 janv. 1823, art. 5.

EXPOSITION PUBLIQUE.

Table alphabétique.

EXPOSITION PUBLIQUE. — 1. — Peine consistant à exposer un condamné aux regards du peuple sur la place publique.

2. — L'exposition publique n'est autre chose, sauf quelques différences qui seront indiquées *infrà* nos 16 et s., que les peines du carcan et du pilori qui appartenaient autrefois aux seigneurs hauts-justiciers. — En 1791 le pilori fut supprimé, le carcan conservé et l'exposition publique établie comme accessoire des fers, de la réclusion, de la gêne et de la détention. — Chauveau et Hélie, *Th. C. pén.*, 2e édit., t. 1er, p. 144 et suiv.; Teulet, d'Auvilliers et Sulpicy, *C. pén. annoté*, sur l'art. 22, nos 1er et suiv. — V. aussi Carnot, sur le même art., nos 1er et suiv.; Merlin, *Rép.*, vo *Exposition*.

3. — En 1810 le carcan fut maintenu; le Code pénal s'en montra même assez prodigue; mais lors de la révision, en 1832, l'art. 22 reçut une nouvelle rédaction, et l'exposition publique fut définitivement substituée au carcan, qui disparut de notre système répressif. — V. au surplus CARCAN, nos 13 et suiv.

4. — En réalité, cette peine n'est qu'un moyen matériel dont se sert la loi pénale pour exciter d'une manière particulière l'animadversion publique contre les auteurs de certains crimes.

5. — Et M. Rossi dit à cet égard, dans son *Traité de droit pénal* (t. 3, p. 192), que le législateur joue en quelque sorte ici le rôle d'un auteur dramatique, dont l'art consiste surtout à inventer les mises en scène les plus propres à émouvoir et à impressionner fortement les imaginations.

6. — La peine de l'exposition a été l'objet de vives critiques de la part des criminalistes. — Indépendamment de ce qu'il est peu digne de la gravité du législateur « de présenter, ainsi que le dit M. Rauter (*Tr. de dr. crim.*, no 165), pendant une heure de temps, un homme attaché à la manière des bêtes féroces, » on a, non sans raison, reproché à l'exposition publique de briser violemment, et sans espoir de les renouer, tous les liens du condamné avec la société; d'avoir pour résultat d'empêcher que le blâme ne se distribue et ne se proportionne d'une manière équitable; — de n'être pas appréciable; car, supplice horrible pour les uns, elle n'est qu'un sujet de plaisanterie immorale et révoltante pour les autres; — d'éteindre dans le public les sentimens de bienveillance et de pitié, et de le familiariser avec la vue de l'infamie; — d'être corruptrice à l'égard du condamné, au lieu de pouvoir contribuer à son amendement moral; — de ne pas être rassurante, puisqu'au lieu de supprimer le pouvoir de nuire elle en donne l'envie, et qu'elle place le condamné dans la nécessité de mal faire; — d'être la moins personnelle de toutes les peines, puisqu'elle atteint et accable, par sa publicité même, une famille tout entière. — Rossi, *loc. cit.*, p. 198 et suiv.; Exposé des motifs de loi du 28 avr. 1832 dans le *C. pén. progr.*, p. 125; Chauveau et Hélie, *Th. C. pén.*, t. 1er, p. 147 et suiv.; Boitard, *Leçons sur les C. pén. et d'instr. crim.*, 3e édit., p. 112.

7. — Mais, d'un autre côté, on peut motiver le maintien de cette peine, en disant avec M. Dumon dans son rapport (*C. pén. progr., loc. cit.*) « qu'elle a une grande efficacité répressive; qu'elle est exemplaire comme la peine de mort, et n'a pas comme elle le triste dénoûment qui détruit par la pitié tous les effets de l'exemple; qu'elle donne à la sanction pénale la plus imposante publicité et est surtout très redoutée. »

8. — L'exposition publique a nécessairement, comme le carcan, un caractère infamant, puisqu'elle accompagne toujours une peine infamante. — Teulet, d'Auvilliers et Sulpicy, *loc. cit.*, no 4.

9. — Jugé, sous l'empire du Code du 3 brum. an IV spécialement, que l'exposition publique n'ayant lieu qu'à la suite des peines prononcées pour délits emportant peine afflictive ou infamante, le mot *détention*, employé dans la loi du 28 sept.-6 oct. 1791 sur la police rurale, n'avait d'autre valeur que celui d'emprisonnement, et qu'ainsi il y avait excès de pouvoir dans la disposition d'un jugement de condamnation pour simple délit rural, qui ordonnait que le condamné fût exposé sur l'échafaud, attaché à un poteau avec un écriteau. — *Cass.*, 15 prair. an X, Chiafredo Isoardi.

10. — Il y a lieu de se demander, en ce qui concerne la peine de l'exposition publique : — en quoi elle consiste; — sous quels rapports elle diffère du carcan; — dans quels cas le condamné est frappé; — et quelles sont les personnes qui sont affranchies de son application.

11. — L'art. 22, C. pén., dispose ainsi qu'il suit : « quiconque a été condamné à l'une des peines des travaux forcés à perpétuité, des travaux forcés à temps ou de la réclusion, doit, avant de subir sa peine, *demeurer durant une heure exposé aux regards du peuple, sur la place publique*; au-dessus de sa tête est placé un écriteau, portant en caractères gros et lisibles, ses noms, sa profession, son domicile, sa peine et la cause de sa condamnation. »

12. — Le même article ajoute qu'en cas de condamnation aux travaux forcés à temps ou à la réclusion, la cour d'assises *pourra* ordonner par son arrêt que le condamné, *s'il n'est pas en état de récidive*, ne subira pas l'exposition publique.

13. — Quant à l'exécution même de la peine de l'exposition, il faut remarquer que, dans aucun cas, le condamné ne peut rester soumis à l'exposition pendant plus d'une heure, tandis que sous l'empire du Code pénal de 1791 il devait y rester quelquefois pendant *six heures*, ce qui, comme le fait observer avec raison Carnot (*loc. cit.*, no 3), n'avait aucun objet d'utilité; ce n'était que des souffrances de plus à faire supporter au patient.

14. — Du reste, les règles qui concernent le lieu et le moment de l'exécution, l'exécuteur, la force publique, l'établissement de l'échafaud ou des poteaux, les ouvriers nécessaires, etc., pour la peine capitale (V. MORT (peine de), s'appliquent également, quoique avec moins de solennité, à l'exposition publique. — Ch. Berriat Saint-Prix, *De l'exécution des jugem. et arrêts*, no 59. — V. aussi EXÉCUTEUR DES ARRÊTS CRIMINELS.

15. — Depuis la suppression d'une partie des exécuteurs, il est recommandé, pour rendre moins fréquens les déplacemens de ceux des départemens voisins, de faire exécuter le même jour tous les arrêts rendus pendant la même session, et portant condamnation à l'exposition. — Circ. garde des sceaux 22 nov. 1832; Gillet, *Analyse des circ. du ministère de la just.*, p. 343; Ch. Berriat Saint-Prix, *loc. cit.*

16. — L'exposition publique, telle qu'on vient de la décrire, diffère du carcan, en ce que le condamné n'est pas attaché à un poteau (V. L. 25 sept.-6 oct. 1791, part. 1re, tit. 1er, art. 8), ou du moins en ce que la loi ne l'ordonne plus, car, pour prévenir soit des tentatives d'évasion, soit des scènes cyniques, on continue à prendre cette mesure, mais en l'exécutant avec moins de rigueur. — Teulet, d'Auvilliers et Sulpicy, *loc. cit.*, no 5. — V. aussi CARCAN, no 4.

17. — L'exposition publique n'est jamais, comme l'était quelquefois le carcan, prononcée comme peine principale, elle est *essentiellement accessoire*.

18. — Et même elle ne se joint pas à une peine principale toujours de la même manière; tantôt elle en est l'accessoire *obligé*, tantôt l'accessoire *facultatif*.

19. — Ainsi nous avons vu (*suprà* no 11) qu'aux termes de l'art. 22, C. pén., elle est l'accessoire obligé de la peine des travaux forcés à perpétuité et de celles des travaux forcés à temps et de la réclusion lorsque le condamné *est en état de récidive*; l'art. 165 du même Code la rend également l'accessoire obligé des condamnations pour crime de faux.

20. — La disposition de l'art. 165, en ce qui concerne les faux, est tellement absolue : « tout faussaire condamné soit aux travaux forcés soit à la réclusion, *subira* l'exposition publique » qu'on en a tiré la conséquence que le faussaire condamné à l'une des peines indiquées ne peut jamais, alors même qu'il n'est pas en état de récidive ou qu'il y aurait eu en sa faveur déclaration de circonstances atténuantes, être dispensé de l'exposition, sauf néanmoins le cas où il s'agit de mineur de dix-huit ans ou d'un septuagénaire. — V. FAUX.

21. — En outre, de ce que la disposition de l'art. 165 est générale et s'applique à *tout faussaire* condamné à l'une des peines indiquées, on en a conclu qu'elle devait comprendre tous les cas rangés par la loi dans la catégorie du faux. — V. CONTREFACTION DES EFFETS PUBLICS ET BILLETS DE BANQUE, no 21, CONTREFACTION DES MARQUES DU GOUVERNEMENT, DES AUTORITÉS ET DU COMMERCE, no 26; CONTREFACTION DES SCEAUX, TIMBRES, MARTEAUX ET POINÇONS DE L'ÉTAT, no 39; — Vo FAUSSE-MONNAIE.

22. — Avant la loi du 28 avr. 1832, l'individu en état de récidive de crime ne pouvait pas être dispensé de subir une seconde fois la marque, sous le prétexte qu'ayant déjà été flétri, cette peine était indélébile. — *Cass.*, 20 juill. 1827, intér. de la loi, Schœffer; 28 août 1829, Louis Berguignoux.

23. — Jugé, par application de ce même principe que, lorsque après une première condamnation à une peine emportant l'exposition publique, le même individu s'est rendu coupable d'un crime emportant la même peine, les juges ne peuvent se dispenser de le condamner de nouveau à l'exposition publique. L'art. 365, C. instr. crim., qui prohibe la cumulation des peines, n'étant applicable qu'au cas où la seconde poursuite a pour objet un crime commis avant la première condamnation. — *Cass.*, 17 juin 1825 (intér. de la loi), Antoine Vallon; 5 mai 1826, Etienne Ostremanne; 12 juin 1835 (intér. de la loi), Brillois. — V. conf. Mangin, *action publique*, t. 3, nº 464; Teulet d'Auvilliers et Sulpicy, *loc. cit.*, nº 10.

24. — V. au surplus, sur l'application du principe du cumul des peines à la peine de l'exposition publique, CUMUL DES PEINES, nºs 83 et suiv.

25. — Il suffit qu'un individu en état de récidive de crime soit condamné à la réclusion pour que la peine accessoire de l'exposition publique doive lui être infligée, alors même qu'à raison de la déclaration de circonstances atténuantes, la cour d'assises aurait pu ne le condamner qu'à la peine d'emprisonnement. — *Cass.*, 20 avr. 1843 (t. 2 1843, p. 519), Bridé. — V. aussi dans ses motifs *Cass.*, 30 nov. 1837 (t. 1er 1840, p. 145), Lambert.

26. — L'exposition n'est, au contraire, selon l'art. 22 précité, que l'accessoire *facultatif* de la peine des travaux forcés à temps et de la réclusion à l'égard du condamné qui n'est pas en état de récidive.

27. — On a fait observer que cette faculté laissée au juge d'infliger la peine ou d'en exempter, était peut-être fondée sur une fausse appréciation des limites du pouvoir : les peines facultatives, en effet, outre qu'elles laissent trop d'arbitraire dans la répression, par cela seul qu'elles forcent les cours d'assises à rentrer dans le domaine des faits, à les rejuger, et à empiéter ainsi sur les attributions du jury, ne sont guère en harmonie avec le principe fondamental de la législation criminelle qui sépare le fait et le droit. — Conf. Chauveau et Hélie, *loc. cit.*, p. 150.

28. — Quoi qu'il en soit, on n'est pas arrivé du premier coup au système d'application que l'on vient de faire connaître. Dans le projet de loi de 1832, non seulement la peine de l'exposition était purement facultative, mais il fallait, en outre, que cette peine fût formellement ordonnée par la cour d'assises, dont le silence en impliquait la dispense. La chambre des députés modifia le projet en ce qu'elle créa la nécessité d'une dispense formelle, mais elle conserva, du reste, le système de peine facultative. Il n'y fut porté d'atteinte qu'à la chambre des pairs, et c'est à la suite de ces hésitations qu'est né le système mixte dont on vient d'analyser, dans l'art. 22, la formule législative, et où l'on s'est de plus en plus éloigné de l'esprit d'humanité qu'on remarquait dans le projet. — Chauveau et Hélie, *loc. cit.*, p. 146 et suiv; *Code pénal progressif*, p. 128 et suiv; Boitard, *loc. cit.*, p. 112 et suiv.

29. — Cet esprit d'humanité ne se révèle plus que dans le dernier alinéa de l'art. 22 aux termes duquel l'exposition publique ne doit jamais être prononcée à l'égard des mineurs de dix-huit ans et des septuagénaires.

30. — Ces deux dispenses tiennent, à l'égard des uns, à l'espoir d'une réformation postérieure, à l'égard des autres, au désir de soustraire aux yeux du peuple, trop souvent sans compassion, le spectacle triste et hideux d'un vieillard attaché sur la place pullique et exposé aux moqueries de la foule. — Boitard, *loc. cit.*, p. 116.

31. — Jugé que la disposition de l'art. 22, C. pén., portant que l'exposition publique ne sera jamais prononcée contre les septuagénaires, doit s'entendre des individus qui ont atteint leur soixante-dixième année révolue, et non de ceux qui y sont seulement entrés, nonobstant la disposition contraire de l'art. 2066, C. civ., qui n'est pas applicable en matière criminelle. — *Cass.*, 5 sept. 1833, Saint-André. — V. conf. Carnot, *loc. cit.*, *Observ. addit.*, nº 9; Teulet, d'Auvilliers et Sulpicy, *loc. cit.*, nº 8.

32. — Jugé, d'un autre côté, que la cour d'assises, devant laquelle l'accusé s'est déclaré âgé de dix-sept ans, ne peut, si elle ne contredit point ce fait, qu'elle tient pour constant, ordonner qu'il subira l'exposition publique. — *Cass.*, 16 janv. 1840 (t. 1er 1843, p. 599), Barthélemy.

33. — Les cours d'assises doivent donc prononcer l'exposition publique du condamné qui n'a pas encore atteint ses soixante-dix ans accomplis; mais bien que cette condamnation ait été prononcée conformément à la loi, le condamné pourra-t il néanmoins être exposé, si, lorsqu'on veut procéder à son exposition, il a réellement accompli sa soixante-dixième année ?

34. — La négative est avec raison enseignée par Carnot (*loc. cit., Observ. addit.*, sur l'art. 70, C. pén.) Ajoutons toutefois avec M. Ch. Berriat Saint-Prix (*loc. cit.*, nº 39), que l'officier du ministère public compétent, étant sans pouvoirs pour supprimer une peine prononcée par arrêt, ne pourrait que surseoir à l'exécution, et informer de l'incident M. le garde des sceaux qui prendrait les ordres du roi.

35. — Carnot enseigne encore (*loc. cit.*, sur l'art. 24, C. pén., nº 4, et *Observ. addit.*, nº 2) que les femmes enceintes condamnées à l'exposition ne doivent pas subir cette peine d'après la loi du 31 août 1792, qui les en dispensait en effet, et les soumettait à un emprisonnement d'un mois à compter du jour de leur jugement, lequel devait être imprimé, affiché et attaché à un poteau planté sur la place publique. — V. aussi Bourguignon, *Jurisp. des Codes crim.* (art. 22, C. pén.).

36. — Mais cette opinion ne saurait être suivie aujourd'hui par le double motif qu'évidemment, à partir de la promulgation du Code pénal, la loi de 1792 a cessé implicitement d'être en vigueur, et que, d'ailleurs, cette loi ne dispensant les femmes enceintes de l'exposition qu'à la charge de l'emprisonnement et de l'affiche de leur jugement, ce sont là des peines véritables dont l'application ne peut plus être faite, puisque le Code ne les a pas reproduites. — V. conf. Chauveau et F. Hélie, *Théorie du Code pén.*, t. 1er, p. 252; Ch. Berriat-Saint-Prix, *loc. cit.*, nº 38.

37. — Les cours d'assises pouvant, d'après ce qui précède, dispenser de l'exposition les condamnés, dans les cas prévus par l'art. 22, § 3, C. pén., et cette faculté cessant, aux termes du même article, à l'égard des condamnés aux travaux forcés à perpétuité, des condamnés en état de récidive, et, selon l'art. 165, C. pén., à l'égard des condamnés pour faux, l'on s'est demandé si, dans les cas où la cour d'assises ne peut ou ne veut pas dispenser de l'exposition, il est nécessaire qu'elle prononce positivement cette peine. — Trois systèmes se sont produits sur cette importante question.

38. — Le premier, se fondant sur ce que l'art. 7, C. pén., ne met pas l'exposition au rang des peines et sur ce qu'elle est subie de plein droit si le condamné n'est pas mineur de dix-huit ans, septuagénaire, ou n'est pas dispensé par l'arrêt même de condamnation; en conclut que c'est moins une peine que l'accessoire et la conséquence d'une peine, un mode d'exécution de cette peine : — Dès-lors, dit-on, pourquoi exiger que les cours d'assises écrivent dans leurs arrêts des dispositions inutiles? Résultera-t-il de leur silence quelques incertitudes dans l'exécution des arrêts? Mais l'art. 22, C. pén., porte : *Quiconque aura été condamné..... demeurera*, etc.; l'art. 165 du même Code : *Tout faussaire condamné... subira*, etc. Ces termes sont impératifs, absolus; ils ne laissent aucune place à l'équivoque. On pourrait ajouter que la loi fait une obligation aux cours d'assises, dans le cas où elles veulent dispenser un condamné de l'exposition publique, de *l'ordonner par arrêt*. D'où la conséquence que le silence n'est pas une dispense, et que l'exposition publique doit être subie, si l'arrêt n'ordonne pas le contraire.

39. — Tel est le système qu'embrasse notamment Carnot (art. 22, C. pén., nº 5, et *Observ. addit.*, sur le même article, nº 8); cet auteur invoque même à son appui deux arrêts de la cour de Cassation, des 17 juin 1825 et 5 mai 1826, dont les termes cités par nous (*suprà* nº 23) ne paraissent pas toutefois se prêter à l'induction qu'on en tire. — V. dans le même sens Boitard, *loc. cit.*, p. 113 et suiv. — V. aussi Bourguignon, *loc. cit.*

40. — Cette opinion a, au surplus, en sa faveur d'autres arrêts; ainsi jugé que l'accusé condamné à une peine qui entraîne l'exposition publique, ne peut se faire un moyen de nullité de ce qu'elle n'aurait pas été formellement prononcée, ni de ce que le président de la cour d'assises n'aurait pas lu à l'audience et fait insérer dans l'arrêt le texte de l'art. 22, C. pén. — *Cass.*, 27 déc. 1832, Giraud.

41. — Jugé également qu'il ne résulte aucune ouverture à cassation de ce qu'en condamnant aux travaux forcés à perpétuité un accusé qui n'est ni mineur de dix-huit ans, ni septuagénaire, la cour d'assises n'aurait pas prononcé expressément la peine de l'exposition publique. L'exposition est dans ce cas une conséquence nécessaire de la condamnation principale. — *Cass.*, 12 sept. 1835, Tremblays.

42. — Un deuxième système, qui paraît sssez rationnel, consisterait à distinguer entre les cas où l'exposition est l'accessoire obligé de la peine et ceux où elle en est l'accessoire facultatif. Lorsque l'exposition doit être nécessairement subie, il peut sembler inutile de la prononcer : elle est textuellement écrite dans la loi; le ministère public, chargé de l'exécution, y trouve une règle certaine de conduite. Mais il en doit être autrement s'il s'agit de la condamnation aux travaux forcés à temps ou à la réclusion pour crimes autres que celui de faux et en l'absence de récidive.

43. — Un troisième système repousse ces distinctions et pose comme règle absolue que pour que l'exposition soit exécutée il faut qu'elle soit prononcée par l'arrêt; tellement qu'il ne suffirait pas qu'elle résultât, même nécessairement, de la nature de la peine appliquée au condamné : « La loi du 28 avr. 1832, dit-on, ayant introduit dans l'article précité deux dispositions nouvelles, l'une qui permet à la cour d'assises de dispenser en certains cas l'accusé de subir l'exposition publique, l'autre qui interdit de la prononcer contre les mineurs et les septuagénaires, la cour d'assises est actuellement obligée de vérifier si l'accusé se trouve placé dans l'un des cas d'exception prévus par la loi. Il suit de là que l'exposition publique n'a plus lieu de *plein droit*, et qu'elle a besoin d'être prononcée. » — V. dans ce sens Chauveau et Hélie, *Journal de droit criminel*, t. 7, art. 1680; Ch. Berriat Saint-Prix, *loc. cit.*, nº 60.

44. — On se fonde encore sur ce que la mise en pratique de ce système coupe court à bien des difficultés; car ce n'est pas toujours chose si facile que de rechercher dans un arrêt tous les élémens qui peuvent dispenser de l'exposition : il peut y avoir des doutes sur l'âge; les questions de récidive sont quelquefois très délicates; il peut s'élever des débats entre le procureur général et le condamné; le cumul des peines, la qualité du faussaire, sont des sources d'erreur. Voilà bien des causes de perplexité et de difficultés graves, qui vont au contraire disparaître, si l'on admet que l'exposition publique doit toujours, pour être exécutée, être prononcée par l'arrêt.

45. — On ajoute enfin qu'il résulterait de ce système des avantages pour le juge, qui connaîtra mieux la portée de ses arrêts; pour le ministère public, qui n'aura plus d'incertitude sur le mode d'exécution; pour le condamné, qui, connaissant mieux la peine qu'il doit subir, sera dirigé plus sûrement dans son pourvoi; enfin pour le public lui-même, qui connaîtra le châtiment tout entier et ne verra plus une peine s'exécuter par interprétation d'arrêt. — Chauveau et Hélie, *loc. cit.*

46. — C'est du reste à ce dernier système que la jurisprudence, après de longues hésitations, paraît enfin s'être définitivement arrêtée. — Ainsi jugé que la cour d'assises qui condamne un accusé aux travaux forcés à perpétuité doit en même temps lui appliquer la peine de l'exposition publique, à moins qu'il ne se trouve dans l'un des cas exceptionnels indiqués par la loi. — *Cass.*, 13 sept. 1839 (t. 1er 1840, p. 497), Dupaire.

47. — ... Qu'il y a lieu de considérer comme nul l'arrêt qui en condamnant un accusé pour crime de faux ne prononce pas contre lui la peine de l'exposition publique sans examiner ni exprimer s'il se trouve dans un des cas où la loi permet de l'en dispenser. — *Cass.*, 19 déc. 1835, Soubabère.

48. — ... Enfin que la peine accessoire de l'exposition publique, bien que inhérente dans le cas de récidive à celle de la réclusion, doit être l'objet d'une disposition formelle dans l'arrêt de condamnation, et que son omission emporterait nullité de cet arrêt. — *Cass.*, 30 nov. 1837 (t. 1er 1840, p. 145), Lambert; 20 avr. 1843 (t. 2 1843, p. 519), Bédé.

49. — Quant aux effets de la grâce ou du moins de la commutation de peine relativement à l'application des peines accessoires, V. GRACE ET COMMUTATION DE PEINES.

EXPRESSIONS.

V. TERMES (Expressions).

EXPROMISSION.

1. — Les jurisconsultes romains appelaient ainsi l'espèce de novation par laquelle un nouveau débiteur est substitué à l'ancien, qui est déchargé par le créancier. — Celui qui se rendait ainsi débiteur pour un autre s'appelait *expromissor*.

2. — L'expromisseur diffère du fidéjusseur, qui, en se rendant caution pour un débiteur, ne le décharge point de son obligation, mais y accède seulement et se rend débiteur avec lui.

V. CAUTIONNEMENT, NOVATION.

EXPROPRIATION FORCÉE.

V. SAISIE IMMOBILIÈRE.

EXPROPRIATION POUR UTILITÉ PUBLIQUE.

Table alphabétique.

EXPROPRIATION POUR UTILITÉ PUBLIQUE.—1.—
C'est la faculté que la loi accorde à l'état, au département ou à la commune de pouvoir, en accomplissant certaines formalités, et moyennant une
juste indemnité, acquérir dans un but d'intérêt général, et lorsque cet intérêt a été dûment constaté,
des biens ou héritages appartenant à des particuliers.

CHAP. Ier. — Historique. — Dispositions générales (no 2).

SECT. 1re. — Historique (no 2).

SECT. 2e. — Dispositions générales (no 24).

ART. 1er. — But et conditions de l'expropriation (no 21).

ART. 2. — Caractère de l'expropriation (no 57)

CHAPITRE Ier. — Historique.—Dispositions générales.

Sect. 1re. — Historique.

2. — Cette espèce d'expropriation remonte à la plus haute antiquité et la Bible même en fournit un exemple : *Dixit David ad Ornan : Da mihi locum area tuæ, ut ædificem in eo altare domino, ita ut in quantum valet argenti accipias, et cesset plaga à populo.* » *Paralip.,* liv. 1er, ch. 24, vers. 22.

3. — Une ordonnance de Philippe-le-Bel de l'an 1303 est plus formelle encore ; elle porte que possessores possessionum quas pro ecclesiis aut domibus ecclesiarum parochialium de novo fundandis aut ampliandis infrà villas, non ad superfluitatem sed ad necessitatem necessitatem acquiri contingit, ad eas veniendas pro justo pretio compelli debent.—*Ancien style du parlement de Paris,* part. 3, tit. 45, § 47.

4. — Enfin, l'art. 4 de l'édit de janv. 1607 soumet au rachat les coporsionnaires de marais qu'on veut dessécher.

5. — Sous notre ancienne législation, l'expropriation pour cause d'utilité publique s'appelait *retrait d'utilité publique.*—Merlin, *Rép.,* v° *Retrait d'utilité publique.*—C'est en en faisant usage que Louis XV a acquis les terrains nécessaires pour l'exécution de quelques unes des principales routes qui traversent la France.

6. — Plus tard, le droit d'expropriation fut inscrit par l'assemblée constituante dans la première de nos constitutions, celle du 14 sept. 1791, art. 47 ; il le fut pareillement dans les constitutions qui succédèrent ; on le retrouve dans l'art. 545, C. civ.; dans l'art. 8 de la charte de 1814, et dans l'art. 9 de la charte de 1830.

7. — Mais dans le Code civil comme dans toute ces constitutions, le droit d'expropriation n'existe qu'à l'état de principe. La loi du 16 sept. 1807 est la première qui l'ait réglementé. D'après son économie, le jugement de toutes les questions était abandonné à l'autorité administrative qui décidait seule s'il y avait utilité publique, et seule aussi réglait l'indemnité.

8. — Les inconvéniens d'un tel système ne tardèrent pas à se faire sentir. La loi du 8 mars 1810 eut pour objet d'y pourvoir.

9. — Suivant ses dispositions, les bases avaient été indiquées par l'empereur lui-même, la déclaration d'utilité publique restait confiée à l'administration, ainsi que la désignation des héritages à exproprier, sous la garantie de certaines formes. Seulement, l'administration cessait alors d'être juge de sa propre conduite ; la justice était appelée à examiner et à déclarer si les formes prescrites avaient été régulièrement observées. Quand le tribunal avait prononcé l'expropriation, arrivait la question d'indemnité. Si l'on ne traitait pas à l'amiable, les juges fixaient l'indemnité.

10. — Cette loi a fonctionné pendant plus de vingt ans. Mais depuis long-temps déjà on se plaignait et des lenteurs extrêmes de l'expropriation : le propriétaire exproprié était récalcitrant, et de l'énormité des évaluations accordées par les tribunaux, lorsque la loi du 7 juill. 1833 fut promulguée ; l'idée-mère qui la domine, idée empruntée à la législation de l'Angleterre et des États-Unis, c'est la fixation sans appel de l'indemnité par le jury.

11. — Quelques imperfections signalées par l'expérience, quelques lacunes et notamment celle relative à l'expropriation pour travaux civils en cas d'urgence, ont été corrigées ou comblées par la loi du 3 mai 1841 qui, en se réservant à la loi du 7 juillet 1833, s'appropria toutes celles de ses dispositions qu'elle ne modifiait pas ; en sorte qu'au-

jourd'hui, bien que la loi du 1841 ne diffère point de la loi de 1833 dans les points essentiels, la matière de l'expropriation pour cause d'utilité publique est exclusivement réglée par la première de ces deux lois.

12. — Cependant cette proposition a besoin d'être expliquée par une distinction entre l'expropriation proprement dite qui consiste à dépouiller un citoyen soit de la totalité de sa propriété, soit d'une partie de son étendue, et l'expropriation qui consiste seulement à diminuer la propriété par la réduction de sa valeur et de son utilité, sans atteindre sa consistance. Il s'agit alors plutôt d'un dommage que d'une expropriation, et le règlement de l'indemnité due pour un dommage reste soumis aux principes généraux, c'est-à-dire qu'il est dans les attributions des tribunaux ordinaires. — V. DOMMAGES PERMANENS.

13.—D'un autre côté, les lois du 28 pluv. an VIII et 16 sept. 1807, n'étant pas abrogées, en ce qui touche les terrains fouillés pour extraction des matériaux destinés aux routes, canaux et autres travaux publics, c'est aux conseils de préfecture qu'il appartient de statuer à cet égard.

14. — Ajoutons que lorsqu'il y a lieu d'occuper tout ou partie d'une ou plusieurs propriétés particulières pour y faire des travaux de fortifications dont l'urgence ne permet pas d'accomplir les formalités de la loi du 3 mai 1841, cette urgence est déclarée par une ordonnance royale et l'on procède de la manière tracée par la loi du 20 mars 1831.

15.—Enfin les formalités de l'expropriation pour ouverture, élargissement ou redressement des chemins vicinaux, sont spécialement déterminées par les art. 15 et 16, L. 21 mai 1836.

16. — Nos colonies de la Guyane, du Sénégal, de Bourbon, de la Guadeloupe, de la Martinique, et toutes leurs dépendances sont encore régies, relativement à l'expropriation pour cause d'utilité publique, par des ordonnances spéciales de leurs gouverneurs, basées sur la loi du 8 mars 1810, à laquelle il n'a été apporté d'autres modifications que celles qui commandaient les différences existant entre le système administratif de ces colonies et celui de la métropole.

17. — Ces ordonnances ont été rendues : pour la Guyane, le 9 oct. 1823 ; pour le Sénégal et ses dépendances, le 30 du même mois d'octobre ; pour Bourbon, le 19 mars 1824 ; pour la Guadeloupe et ses dépendances, le 3 avril suivant. — Quant à la Martinique, aucun arrêté spécial n'a appliqué la loi du 8 mars 1810 ; néanmoins cette loi y est suivie comme raison écrite, toutefois avec les modifications apportées dans les autres colonies à raison de la différence des systèmes d'administration. — V. au surplus Delalleau, *Tr. de l'expropriation pour utilité publique,* t. 2, n° 4184 et suiv.

18. — L'expropriation des immeubles situés en Algérie fut d'abord réglée par des arrêtés des gouverneurs généraux et par celle colonie, en date des 17 oct. 1832, 4 nov. 1835, 9 sept. 1841 et 15 janv. 1842.

19. — Mais ces mesures laissaient beaucoup à désirer. On se plaignait surtout de ce que l'indemnité était basée sur le prix d'achat, ce qui exposait le propriétaire à perdre la plus-value résultant de son travail personnel.

20. — L'ordonnance du 1er avril 1844 a établi, sur cette matière, des règles beaucoup plus équitables et qui s'appliquent à toutes les portions de l'Algérie comprises dans le ressort des tribunaux civils de première instance de cette colonie. — Le système consacré par la loi du 3 mai 1841 a été, sauf quelques modifications appliqué aux terres cultivées, maisons de ville et de campagne ; des dispositions spéciales ont été établies pour les terres incultes et les marais. — V. au surplus Delalleau, *Tr. de l'expropriation pour utilité publique,* t. 2, n°s 1192 et suiv.

Sect. 2e. — Dispositions générales.

ART. 1er.—*But et conditions de l'expropriation pour utilité publique.*

21. — « Posons pour maxime, disait Montesquieu, que lorsqu'il s'agit du bien public, le bien public n'est jamais que l'on prive un particulier de son bien, ou même qu'on lui en retranche la moindre partie par une loi ou par un règlement politique ; dans ce cas il faut suivre à la rigueur la loi civile qui est le *palladium* de la propriété. Ainsi lorsque le public a besoin du fonds d'un particulier, il ne faut jamais agir par la rigueur de la loi civile ; mais c'est là que doit triompher la loi civile qui, avec des yeux de mère, regarde chaque particulier comme toute la cité même. » — *Esprit des lois,* liv. 26, chap. 15.

22. — Aussi était-ce une maxime incontestable de l'ancien droit public français, que les rois de France étaient dans l'impuissance de porter aucune atteinte aux propriétés de leurs sujets. — *Cass.*, 19 juill. 1827, De Forbin-Janson c. Dautant.

23. — Jugé en conséquence que, lorsqu'un arrêt du conseil, non enregistré, avait fait concession à un particulier d'une prise d'eau dans une rivière, au moyen d'un canal à creuser sur les fonds riverains appartenant à des tiers, le concessionnaire n'avait pas le droit de s'emparer, à son gré et arbitrairement, des propriétés d'autrui pour construire, sans arrangemens préalables avec les propriétaires, le canal qui lui était nécessaire pour user de la prise d'eau concédée (même arrêt).

24. — Ce grand principe de notre ancien droit a été proclamé par la charte de 1814 (art. 9) et par celle de 1830 (art. 8), qui ont l'une et l'autre déclaré que toutes les propriétés étaient *inviolables*.

25. — Toutefois ce principe souffre une exception, c'est quand l'intérêt public l'exige. — « Nul, dit l'art. 545, C. civ., ne peut être contraint de céder sa propriété, si ce n'est pour cause d'utilité publique et moyennant une juste et préalable indemnité. » — *Cons. d'état*, 24 déc. 1818, Ferry Lacombe c. André.

26. — Cette restriction a été consacrée en d'autres termes par les art. 10 de la charte de 1814 et 9 de la charte de 1830, qui portent : L'Etat peut exiger le sacrifice d'une propriété pour cause d'intérêt public légalement constaté, mais avec une indemnité préalable.

27. — Jugé en conséquence que, malgré l'inviolabilité des propriétés particulières, un propriétaire peut être obligé de céder la sienne pour cause d'utilité publique. — *Cass.*, 7 août, 1829, Becq.

28. — Ainsi, pour qu'un individu puisse être contraint à céder sa propriété, il faut le concours de ces deux circonstances : 1° qu'il y ait cause d'utilité publique ; — 2° qu'il y ait juste et préalable indemnité.

29. — En ce qui concerne l'utilité publique, les constitutions de 1791, 1793 et de l'an III allaient plus loin que les dispositions constitutionnelles ou législatives qui les ont suivies ; elles exigeaient qu'il y eût nécessité publique.

30. — Quant à l'indemnité, voici comment s'exprime Montesquieu, *Esprit des lois, loc. cit.* « Si le magistrat politique veut faire quelque édifice public, quelque nouveau chemin, il faut qu'il indemnise. Le public est à cet égard comme un particulier qui traite avec un particulier. C'est bien assez qu'il puisse contraindre un citoyen de lui vendre son héritage, et qu'il lui ôte ce grand privilége qu'il tient de la loi, de ne pouvoir être forcé d'aliéner son bien. »

31. — Aussi la condition d'une juste et préalable indemnité a-t-elle été posée dans l'art. 545, C. civ., et dans les art. 10 de la Charte de 1814 et 9 de celle de 1830.

32. — Décidé, en conséquence, qu'on doit annuler la décision du ministre de la guerre qui, sans indemnité préalable, étend les limites du terrain militaire sur un emplacement réservé par une loi à une ville pour son agrandissement. — *Cons. d'état*, 26 août 1818, ville de Metz c. min. de la guerre.

33. — ... Que lorsque, par suite de la suppression des ordres monastiques, l'état, mis aux droits d'un couvent, s'est emparé d'une propriété à laquelle appartient un droit de péage ; qu'il a vendu ensuite cette propriété, le droit de péage compris ; et que postérieurement, en vertu de la loi du 30 flor. an X, sur la navigation intérieure, et de l'arrêté interprétatif du 8 prair. an XI, il s'est de nouveau mis en possession du péage vendu, le propriétaire dépossédé a le droit de réclamer une indemnité, et cette indemnité lui est due, tant en vertu du principe que l'acquéreur doit être garanti par son vendeur de l'éviction qu'il souffre, que du principe consacré par l'art. 545, C. civ., et depuis par l'art. 10 de la Charte, dans le cas d'expropriation pour cause d'utilité publique. — *Cass.*, 23 fév. 1825, préf. de l'Yonne c. Bonneville.

34. — ... Que les mines, après la concession, constituent une propriété perpétuelle dont le concessionnaire ou ses ayant-droit ne peuvent, pour cause d'utilité publique, être dépossédés sans indemnité. — *Cass.*, 18 juill. 1837 (t. 2 1837, p. 232) et 3 mars 1841 (t. 2 1841, p. 181), mines de Couzon c. Chem. de fer de Saint-Etienne. — V. MINES.

35. — Toutefois, lorsqu'une école gratuite a été érigée en école spéciale, par le gouvernement, sur la demande du fondateur, celui-ci ne peut se considérer comme exproprié pour cause d'utilité publique, et demander par suite une indemnité. — Le fondateur de l'école ne peut demander des indemnités, au delà des souscriptions et des encouragemens qu'il a reçus du ministère de l'intérieur, pour le temps pendant lequel il a soutenu son établissement à son propre compte. — Il n'est pas fondé non plus à réclamer une indemnité pour la valeur du mobilier qui se trouvait dans l'établissement à l'époque de la cession, lorsqu'il ne justifie d'aucun inventaire, d'aucune estimation au procès-verbal de réception, qui ait réservé ses droits à cet égard. — *Cons. d'état*, 14 oct. 1831, de Montizon.

36. — Il n'est pas dû non plus d'indemnité par l'autorité municipale aux propriétaires dont les maisons ont été détruites par suite de mesures révolutionnaires, et qui ont reçu, sans réclamation ni réserve, l'indemnité qui leur était, pour cet objet, allouée par l'état. — *Cons. d'état*, 3 janv. 1827, Villefranche Seriziat c. ville de Lyon.

37. — De même, lorsque la prise de possession de la maison d'un particulier est un fait d'occupation militaire qui se rattache à la conquête de la régence d'Alger, cette prise de possession ne donne aucun droit à une indemnité ; en conséquence, si le ministre de la guerre a jugé convenable d'accorder une indemnité, sa fixation est un acte de haute administration qui ne peut être attaqué par la voie contentieuse. — *Cons. d'état*, 30 août 1842, Roux.

38. — De ce que, dans l'expropriation pour cause d'intérêt public, le public est comme un particulier qui traite avec un particulier (Montesquieu, *Esprit des lois*, liv. 26, chap. 15), il suit que l'expropriation ne peut s'opérer que par autorité de justice. — L. 8 mars 1810, art. 1er ; L. 7 juill. 1833, art. 1er ; L. 3 mai 1841, art. 1er.

39. — Toutefois, comme l'utilité publique, ainsi qu'on le verra plus loin, ne peut être constatée et déclarée que par l'autorité administrative, on sent que le pouvoir des tribunaux en ce qui concerne l'expropriation doit subir quelques modifications. Tout ce qui concerne les questions de propriété, de possession définitive, d'indemnité représentative de l'immeuble exproprié est de leur domaine. Mais tout ce qui a pour but d'arriver à la déclaration d'utilité publique, à la désignation des terrains à exproprier, etc., reste nécessairement dans les attributions de l'autorité administrative.

40. — Jugé, en conséquence, que les tribunaux ordinaires sont compétens pour connaître de la demande formée par un propriétaire en revendication d'un terrain dont il prétend que le concessionnaire d'un chemin de fer s'est emparé en dehors du tracé du cahier des charges, et sans en avoir obtenu l'expropriation préalable, alors que ce propriétaire ne demande pas la destruction des travaux opérés sur ce terrain, et reconnaît au concessionnaire le droit d'en obtenir l'expropriation moyennant indemnité. — *Amiens*, 21 mars 1840 (t. 1er 1842, p. 256), Charpentier c. liste civile.

41. — ... Mais que c'est à l'autorité administrative seule qu'il appartient de connaître des difficultés relatives aux opérations déterminées par le cahier des charges pour les raccordemens des chemins ; — que les tribunaux ne seraient compétens à cet égard qu'autant que, les travaux étant terminés et reçus, il résulterait du mode d'exécution un dommage permanent pour la propriété, non prévu lors de la fixation de l'indemnité. — Même arrêt.

42. — ... Que les difficultés relatives à l'occupation temporaire, sans autorisation, de terrains expropriés pour cause d'utilité publique, et à l'indemnité due pour icelle, doivent être soumises à la juridiction administrative, lorsque l'autorisation d'effectuer ladite occupation est intervenue avant le jugement des contestations portées devant l'autorité judiciaire. — *Paris*, 2 avr. 1842 (t. 1er 1842, p. 573), comp. du chemin de fer de Paris à Orléans c. Boulé-Robert.

43. — ... Qu'il n'en serait pas de même des contestations relatives à des constructions définitives faites sur ces terrains avant le règlement et le paiement de l'indemnité prescrite par la loi ; que ces contestations seraient exclusivement de la compétence de l'autorité judiciaire. — Même arrêt.

44. — ... Mais que l'autorité judiciaire ne peut compétemment statuer sur la remise en possession et sur la destruction des travaux ou sur les dommages-intérêts qui en seraient la conséquence, qu'autant qu'elle a été saisie au principal et non par voie de référé, le juge des référés n'étant compétent que pour statuer sur l'opposition à ce que les travaux soient commencés ou à ce qu'ils soient continués. — Même arrêt.

45. — Les tribunaux civils sont incompétens pour ordonner la destruction des ouvrages commencés par un entrepreneur de travaux publics sur une propriété privée avant l'accomplissement des formalités prescrites pour l'expropriation, et sans déclaration préalable d'utilité publique, mais d'après les ordres de l'administration. Cette dernière peut seule, dans ce cas, prononcer la révocation des mesures par elle prescrites, et statuer sur les torts et dommages provenant du fait de l'entrepreneur. — *Cons. d'état*, 30 déc. 1841, Buchon et Lorentz c. cessionnaires du chemin de fer de Strasbourg à Bâle ; 29 juin 1842, Carol c. Coste.

46. — La même raison, qui veut que l'expropriation s'opère par autorité de justice, commande également que l'indemnité à donner à l'exproprié soit réglée par les tribunaux.

47. — Ainsi, c'est à l'autorité judiciaire seule qu'il appartient de connaître des contestations relatives au prix des immeubles expropriés pour cause d'utilité publique ; en conséquence, s'il s'est élevé un conflit en pareil cas, l'arrêté qui l'a déclaré doit être annulé. — *Cons. d'état*, 30 mars 1844, Richarme.

48. — De même, un bureau de pesage et le droit d'exercer ce pesage dans un local déterminé, constituant autrefois une véritable propriété, alors que le bureau avait été acheté du gouvernement antérieur, c'est aux tribunaux qu'a appartenu le droit de statuer sur les dommages-intérêts qui pouvaient être dus au propriétaire dépossédé. — *Cons. d'état*, 1er avr. 1808, Franco c. comm. de Casal.

49. — Cependant, il est certains cas où l'expropriation s'opère par la seule force de la loi, sans l'intervention des tribunaux. Cette sorte d'expropriation est appelée par les auteurs *expropriation tacite*. — De Lalleau, *Traité de l'expropriation pour utilité publique*, p. 558, 2e édit., n° 880 ; Cotelle, *Cours de dr. admin.*, t. 1er, p. 275.

50. — La loi du 21 avr. 1810, sur les mines, en offre un exemple en déclarant que les concessions temporaires deviendraient de plein droit définitives. — V. aussi arg. *Cass.*, 3 mars 1841 (t. 2 1841, p. 181), concessionnaires des mines de Couzon c. chemin de fer de Saint-Etienne.

51. — L'art. 661, Code civ., en offre un autre exemple en accordant à tout propriétaire joignant un mur de le rendre mitoyen en remboursant au maître du mur la moitié de sa valeur et de celle du terrain sur lequel il est bâti.

52. — Un troisième exemple d'expropriation tacite est pris dans l'arrêt rendu par la cour de Cassation dans l'affaire de Grammont contre l'Etat, à l'occasion de la propriété de la citadelle de Blaye. — *Arg. Cass.*, 6 avr. 1835, l'Etat c. de Grammont.

53. — La cour de Bordeaux dont la décision a été cassée par cet arrêt a jugé au contraire que, lorsqu'une forteresse a été construite par l'Etat sur le terrain d'un particulier, il n'y a pas là une véritable et suffisante expropriation pour cause d'utilité publique, de telle sorte que l'individu dépossédé n'ait le droit de réclamer qu'une indemnité et que les tribunaux ne puissent condamner l'Etat à délaisser, à moins qu'il ne préfère user de la voie ordinaire d'expropriation pour cause d'utilité publique. — *Bordeaux*, 19 août 1833, sous *Cass.*, 6 avr. 1835, l'Etat c. de Grammont.

54. — Il y a encore expropriation tacite, c'est-à-dire sans formalités, lorsque par suite de nécessités très urgentes comme celles de s'opposer à une inondation, un incendie, etc., l'autorité s'empare de propriétés particulières. — Duvergier, *Collect. des lois*, année 1833, p. 278.

55. — Enfin, l'art. 38, tit. 1er, L. 8-10 juill. 1791, permet, durant l'état de guerre, en vertu d'un ordre du roi ou d'une délibération du conseil de défense, toutes destructions et démolitions jugées nécessaires. — V. PLACES DE GUERRE.

56. — La ville de Paris est autorisée par un décret du 11 janv. 1808, à acquérir, pour cause d'utilité publique, les maisons construites à moins de cinquante toises du mur de clôture.

ART. 2. — *Caractère de l'expropriation pour utilité publique.*

57. — Pour qu'il y ait expropriation, il ne suffit pas qu'il y ait un dommage quelconque éprouvé par le propriétaire, il faut qu'il y ait encore une transmission de propriété ou d'un droit quelconque des mains du particulier propriétaire, dans les mains du représentant de l'intérêt public.

58. — Il y a expropriation pour cause d'utilité publique dans le fait, de la part d'une commune ou de l'état, de priver un individu de la jouissance de sa propriété ou d'une partie de cette jouissance, et par conséquent il y a lieu à indemnité préalable. — *Rennes*, 14 mars 1822, Deschamps-neufs c. comm. de Nantes.

59. — La destruction partielle d'un rocher situé dans le Rhône, pour en améliorer la navigation, constitue une expropriation pour cause d'utilité publique ; en conséquence, le réglement de l'indemnité doit être fait conformément aux dispositions de la loi du 7 juill. 1833, et non par le conseil de préfecture. — *Cons. d'état*, 3 mai 1839, Blachier Remisange c. Min. des travaux publics.

60. — Mais la destruction d'une propriété privée

(d'un pont, par exemple), prescrite et exécutée par l'autorité militaire pour s'opposer aux progrès d'une insurrection, présente un cas de guerre et non pas une expropriation pour utilité publique. — *Cass.*, 14 juill. 1846 (t. 2 1846, p. 385), de Chazournes c. Préfet du Rhône.

61. — ... Et les tribunaux, ne pouvant connaître des actes d'administration, sont incompétens pour statuer sur la demande en réglement d'indemnité formée contre l'état par le propriétaire du pont ainsi détruit, laquelle demande rentre dans la compétence administrative. — Conf. *Cons. d'état*, 3 déc. 1817, Administration des ponts et chaussées c. La blanchetais

62. — Le dommage permanent constitue-t-il une expropriation pour utilité publique? Oui, ainsi que nous le disions vo DOMMAGE PERMANENT (nos 20 et suiv.), en ce sens qu'il y a pour le propriétaire une dépréciation perpétuelle de sa chose, qu'il en est véritablement privé quant à une partie de la jouissance, et cela par suite de travaux exécutés dans un but d'intérêt général. Alors le mot *expropriation* est pris dans un sens général et absolu.

63. — Mais, sous un autre point de vue, on peut dire que le dommage permanent ne saurait constituer une expropriation, alors que la propriété d'un individu n'est pas matériellement atteinte.

64. — Ainsi, lorsque l'administration municipale a désigné l'une des places publiques de la ville pour l'exécution des condamnations capitales, un propriétaire n'a pas le droit de réclamer contre la ville une indemnité fondée sur la dépréciation qui résulte de cette désignation pour sa maison contiguë à la place. — *Cons. d'état*, 14 janv. 1834, Ledieu c. ville de Paris.

65. — De même, le principe de l'indemnité préalable, posé par les art. 8 et 9 de la Charte, n'est applicable qu'au fait de la dépossession matérielle de tout ou partie de la propriété privée, et non aux servitudes légales nouvellement créées sur cette propriété. Il en est spécialement ainsi relativement aux servitudes légales résultant soit de l'établissement de cimetières, soit des rivières déclarées navigables, des forêts particulières devenues forêts de l'état, des chemins communaux érigés en routes royales, et des fortifications des places de guerre. — *Nancy*, 30 mai 1843 (t. 1er 1844, p. 157), Lamoureux c. comm. de Nancy.

66. — Le placement d'un aqueduc destiné à un service public, par exemple de l'aqueduc de ceinture de la ville de Paris, dans le terrain d'un particulier, laissant à ce particulier la propriété et la jouissance de la superficie dont il peut disposer à son gré, à charge seulement de ne pas y construire sans l'autorisation de l'administration, et de ne pas y placer des arbres susceptibles d'endommager la maçonnerie, constitue, non pas une expropriation pour utilité publique, mais une servitude dont l'établissement donne cependant à ce particulier droit à une indemnité que le conseil de préfecture doit régler. — *Cons. d'état*, 27 oct. 1819, Parent c. préf. de la Seine.

67. — Jugé, au contraire, que lorsque l'état établit, sous une propriété privée, un canal destiné à l'écoulement des eaux d'une grande route, il y a là, non une occupation temporaire sur laquelle l'autorité administrative est compétente pour statuer, mais une occupation définitive, une servitude continue entraînant une véritable expropriation qui ne peut s'accomplir que suivant les formalités prescrites par la loi du 7 juill. 1833; et que si les travaux ont commencé avant l'accomplissement de ces formalités, les tribunaux peuvent en suspendre le cours. — *Rouen*, 11 mai 1842 (t. 1er 1847), Enoux c. Gouhier et comm. de Rey.

68. — En tous cas, si pour l'établissement d'une pareille servitude, le propriétaire ne peut exiger que l'état achète sa propriété, il a le droit de prétendre à une indemnité. — *Cons. d'état*, 27 nov. 1818, Parent.

69. — Quand le dommage, au lieu d'être permanent, n'est que temporaire, il ne saurait être considéré comme une expropriation pour utilité publique; l'indemnité due est d'une nature toute différente et se détermine d'après d'autres bases. — V. TRAVAUX PUBLICS.

70. — Toutefois, il est une espèce de dommage temporaire dont nous devons parler ici: c'est l'occupation temporaire, en cas d'urgence, de propriétés privées jugées nécessaires pour des travaux de fortifications. Nous citerons *infrà* les règles qui concernent cette occupation, attendu que ces règles ont plusieurs dispositions communes avec celles de l'expropriation en pareille matière.

71. — Les fouilles pour extraction de matériaux destinés aux travaux publics ne sont pas soumises aux formalités de l'expropriation, et l'indemnité est réglée par la voie administrative. — L. 28 pluv. an VIII, art. 4; 28 sept. et 6 oct. 1792, art. 1er, sect. 4e, tit. 1er; 21 mai 1836, art. 17; — de Lalleau, no 43.

72. — Mais nous pensons que si l'extraction des matériaux est de nature à *détruire* la propriété, si, par exemple, d'un champ ou d'une vigne de peu d'étendue, il ne doit rester, après la fouille, qu'une immense excavation, sans aucune valeur, sans aucune utilité possible, ce fait constitue une expropriation, et que l'indemnité doit être fixée par le jury.

73. — Les lois du 7 juill. 1833 et 3 mai 1841, en changeant les conditions et la forme de l'expropriation pour cause d'utilité publique, n'ont point étendu la limite de la compétence des tribunaux, ni enlevé aux conseils de préfecture la connaissance des difficultés sur lesquelles ils n'ont pas cessé de prononcer sous l'empire de la loi du 8 mars 1810, spécialement sur les indemnités dues pour expropriation totale ou partielle d'une prise d'eau résultant de l'exécution de travaux publics. — *Cons. d'état*, 17 mai 1814, société du moulin d'Albarèdes.

74. — Il ne peut y avoir expropriation qu'autant que l'aliénation est forcée; car si la cession était volontaire, il y aurait *vente* dans l'acception légale de ce mot, et cela, encore bien que la chose vendue fût destinée à un objet d'utilité publique. — C. civ., art. 1582; — Delalleau, no 263.

75. — Toutefois, les aliénations opérées après une déclaration d'utilité publique sont considérées comme forcées, en ce sens que le propriétaire n'est censé les avoir consenties que par suite de la conviction, résultant pour lui de la déclaration d'utilité publique, qu'il ne pourrait se dispenser avant peu de se dessaisir des immeubles réclamés. — Aussi, comme on le verra, ces cessions sont-elles soumises aux mêmes règles que les expropriations proprement dites. — Delalleau, *ibid.*

ART. 3. — *Objet de l'expropriation pour utilité publique.*

76. — Quelles sont les propriétés qui peuvent être expropriées? Les lois de 1810, 1833 et 1841 ne le disent pas; mais comme elles emploient le mot expropriation dans le même sens que le Code civil, il s'ensuit (art. 2204) que le droit d'expropriation ne peut s'appliquer qu'à l'égard: — 1o des biens immobiliers et de leurs accessoires réputés immeubles; — 2o et de l'usufruit sur les biens de même nature. — Delalleau, *De l'exprop. pour cause d'utilité publique*, no 265.

77. — Les accessoires d'un immeuble qui y sont attachés étant réputés immeubles eux-mêmes tant qu'ils ne sont pas détachés, font nécessairement partie de l'expropriation; tels sont les constructions de toute nature, les arbres, etc., existant sur un fonds. — Delalleau, nos 265 et 266.

78. — Le droit de vue sur une rue ou sur une place étant un droit de servitude foncière, celui auquel il appartient ne peut être forcé de le céder, si ce n'est pour cause d'utilité publique, après l'accomplissement des formalités légales et moyennant une juste et préalable indemnité. — *Cass.*, 12 juill. 1842 (t. 2 1842, p. 102), David c. Drahon.

79. — L'expropriation pourrait-elle s'appliquer à d'autres objets qu'à des immeubles? Non, dit M. Delalleau, attendu que la loi du 3 mai 1841 (et par conséquent celles de 1810 et 1833) n'organise l'exercice du droit d'expropriation qu'en ce qui concerne les propriétés foncières et des droits immobiliers.

80. — Mais, de ce que les règles de l'expropriation telles qu'elles sont établies par la loi du 3 mai 1841, ne s'appliquent qu'aux immeubles (Delalleau, p. 7, no 13; Gillon et Stourm, *Code des municipalités*, p. 26 et 57; Garnier, *Traité des chemins*, p. 155; Robion, no 273; Proud'hon, t. 1er, p. 478), il ne s'ensuit pas que le droit d'expropriation n'existe pas pour d'autres objets. « L'art. 9 de la Charte déclare d'une manière générale que l'état peut exiger le sacrifice d'*une propriété* pour cause d'intérêt public légalement constaté, mais avec une indemnité préalable. » Or, ce principe s'applique évidemment à toutes les espèces de propriété.

81. — Aussi M. Daru, rapporteur de la loi de 1841 à la chambre des pairs, ayant en vue les voies de circulation et notamment les canaux, faisait-il remarquer que la nature de certains objets repoussait l'application des règles ordinaires en matière d'expropriation: « On ne peut, a-t-il dit, appliquer la loi à toutes les expropriations qu'exige ou que peut exiger l'intérêt public. Ainsi qu'une route, un canal, une voie de circulation quelconque appartienne à une compagnie ou à des communes, et que le besoin se manifeste de faire rentrer cette propriété particulière dans le domaine public, les formes d'expropriation de la loi ne seront évidemment pas applicables: la composition du jury telle qu'elle y est stipulée ne donnerait point les garanties suffisantes d'une bonne justice. L'appréciation de pareilles indemnités, la déclaration de l'utilité publique exigeraient dans ce cas des dispositions spéciales. C'est une lacune qu'il peut être utile de combler. »

82. — Cette lacune a été spécialement comblée par la loi du 29 mai 1845, d'après laquelle les propriétaires des actions de jouissance des canaux peuvent dans certains cas en être expropriés par l'état pour cause d'utilité publique. — V. au surplus CANAUX, nos 106 et suiv.

83. — Une source d'eau peut être l'objet d'une expropriation pour utilité publique. — Arg. *Cass.*, 3 juill. 1839 (t. 2 1846, p. 545), Bourgon c. ville de Besançon.

84. — Décidé, sous l'empire de la loi du 8 mars 1810, que l'administration pouvait, pour cause d'utilité publique, ordonner l'expropriation de bains d'eaux thermales. — *Cons. d'état*, 23 sept. 1810, Lizet c. préfet du Puy-de-Dôme; 8 mai 1813, Lizet c. préfet du Puy-de-Dôme; 23 déc. 1815, Lizet c. préfet du Puy-de-Dôme.

85. — ... Et qu'on avait pu ordonner qu'en cas de contestation sur le montant de l'indemnité, elle devait être réglée conformément à la loi du 16 sept. 1807. — *Cons. d'état*, 23 sept. 1810, Lizet c. préfet du Puy-de-Dôme; 8 mai 1813, mêmes parties.

86. — La loi du 7 juill. 1833, en déclarant que l'expropriation pour cause d'utilité publique s'opère par autorité de justice, n'a pour objet que l'expropriation foncière en matière de travaux publics et n'est pas applicable aux demandes en indemnité pour prohibition de fabriquer et débiter du tabac factice. — *Cons. d'état*, 26 août 1835, Clament-Zuntz et Mathon; 21 oct. 1835, Duchatellier.

87. — Toutefois aucune loi n'autorise l'expropriation des droits d'un auteur pour cause d'utilité publique. — *Cass.*, 3 mars 1826, Muller c. Guibal.

88. — La question offre un grand intérêt pour les personnes qui s'occupent de l'étude des projets de chemin de fer ou autres travaux qui peuvent devenir plus tard la base d'une concession; car il leur importe de savoir si l'état, en leur refusant la concession, peut *s'emparer* de leur projet et l'exécuter lui-même ou le faire exécuter par d'autres concessionnaires. — M. Legrand, directeur général des ponts et chaussées, s'est prononcé devant la chambre des députés pour la négative. — *Moniteur*, 7 juin 1835, p. 1448.

89. — Le projet de loi sur la propriété littéraire récemment présenté aux chambres introduisait une sorte d'expropriation pour utilité publique, dont voici les termes: « Si pendant les quinze années après la mort de l'auteur, ou après la dernière publication faite par ses héritiers ou ayant-cause, l'ouvrage n'a pas été réimprimé et publié, tout libraire ou imprimeur patenté pourra mettre en demeure, par acte extrajudiciaire, les représentans de l'auteur aux fins d'une nouvelle publication dudit ouvrage; ledit acte devra contenir l'offre 1o du rachat des exemplaires restés dans les mains du dernier éditeur; — 2o de l'indemnité à payer aux représentans de l'auteur pour les années de jouissance qui restent à courir. Lorsque deux années se seront écoulées depuis la signification de l'acte susdésigné sans que lesdits représentans aient fait réimprimer l'ouvrage, leurs droits seront vendus par devant le tribunal civil au plus offrant; dans le cas où l'acquéreur n'aurait point publié de nouveau l'ouvrage dans l'espace de deux années, il tombera de plein droit dans le domaine public. » — M. Gastambide (*Traité des contref.*, p. 26, *introd.*), critique cette disposition du projet.

90. — L'expropriation peut frapper indistinctement tous les immeubles, quel que soit leur propriétaire. — Delalleau, no 277.

91. — Ainsi, on voit que les art. 13, 25 et 26, L. 13 mai 1841, reconnaissent explicitement l'exercice de ce droit, en ce qui concerne les biens de l'état, de la couronne, des départemens, des communes, et des établissemens publics, ceux dépendant des majorats, les immeubles dotaux ou grevés de substitution, ainsi que ceux appartenant à des mineurs, interdits ou autres incapables.

92. — Déjà même avant les lois des 7 juill. 1833 et 3 mai 1841, on avait reconnu que les biens et domaines nationaux étaient, comme les propriétés particulières, susceptibles d'être aliénés, en cas de besoin, pour utilité publique, départementale ou communale, à estimation d'experts. — Avis cons. d'état, 21 fév. 1808.

93. — Toutefois, il faut remarquer qu'il n'y a pas lieu alors d'observer les formalités prescrites par la loi du 8 mars 1810 (aujourd'hui par celle du 3 mai 1841), pour les expropriations de propriétés particulières. — Duvergier, *Collect. des lois*, t. 31, p. 47.

94. — L'expropriation peut s'appliquer également aux immeubles appartenant à un étranger. En effet, les immeubles même possédés par des *étran-*

gers sont régis par la loi française. » (C. civ., art. 3. — Et par cela seul que l'étranger est propriétaire, il est soumis, quant à sa propriété, à toutes les lois du pays où elle se trouve. — Faure, rapport au tribunat, sur l'art. 545, C. civ.; Delalleau, n° 278.

CHAPITRE II. — *Expropriation sous la législation antérieure aux lois de 1833 et 1841.*

Sect. 1re. — *Expropriation antérieure à la loi du 8 mars* 1810.

95. — D'après l'art. 4, L. 28 pluv. an VIII, les conseils de préfecture devaient prononcer sur les demandes et contestations concernant les indemnités dues aux particuliers, à raison des terrains pris et fouillés pour la confection des chemins, canaux et autres ouvrages publics.

96. — On était assez généralement d'accord que les termes de cet article donnaient aux conseils de préfecture le droit de prononcer sur les questions d'expropriation pour cause d'utilité publique.

97. — Décidé cependant que l'art. 4, L. 28 pluv. an VIII n'était point applicable aux indemnités résultant de l'expropriation de la propriété. — *Colmar*, 9 juill. 1845 (t. 1er 1846, p. 678), commune du Village-Neuf c. l'état.

98 — ... Que jusqu'à la promulgation de la loi du 16 sept. 1807, la fixation des indemnités dues pour des expropriations ordonnées ou opérées avant cette loi restait soumise au droit commun, c'est-à-dire à l'arbitrage des tribunaux. — Même arrêt.

99. — La loi du 16 sept. 1807, qui contient des dispositions sur tant de matières, statuait entre autres 1° sur les cas de dommages permanens résultant, pour les propriétés particulières, de l'établissement de travaux publics ; — 2° sur l'expropriation pour cause d'utilité publique ; — 3° enfin sur les suppressions de machines et usines ou sur les occupations de terrains pour l'extraction des matériaux, et lorsqu'il s'agit de l'établissement de travaux publics.

100. — Nous ne rapporterons ici que les dispositions qui concernaient d'une manière générale l'expropriation pour utilité publique. — Pour le surplus V. DOMMAGE PERMANENT, TRAVAUX PUBLICS.

101. — D'après l'art. 49, L. 16 sept. 1807, les terrains nécessaires pour l'ouverture des canaux et rigoles de desséchement, des canaux de navigation, de routes, de rues, pour la formation de places et autres travaux reconnus d'une utilité générale, doivent être payés à leurs propriétaires, et à dire d'experts, d'après leur valeur, avant l'entreprise des travaux, et sans nulle augmentation du prix d'estimation. — L. 16 sept. 1807, art. 49.

102. — Les termes de l'art. 49 sont généraux et absolus, de telle sorte que les terrains pris pour les travaux d'utilité publique ne peuvent jamais donner lieu à une augmentation du prix d'estimation, même quand l'augmentation de la valeur survenue depuis l'entreprise des travaux proviendrait du cours naturel des propriétés et d'une sorte de mouvement commercial. — *Cons. d'état*, 30 juin 1841, L'Huillier.

103. — En ce qui concerne les expropriations ou démolitions totales ou partielles de maison, en cas d'alignemens donnés ou à donner, V. ALIGNEMENT. — V. aussi *infrà* nos 1278 et suiv.

104. — Les maisons et bâtimens dont il était nécessaire de faire démolir et d'enlever une portion pour cause d'utilité publique légalement reconnue, devaient être acquis en entier, si le propriétaire l'exigeait, sauf à l'administration publique ou aux communes à revendre les portions de bâtimens ainsi acquis, et qui n'étaient pas nécessaires pour l'exécution du plan. — L. 16 sept. 1807, art. 51.

105. — La cession par le propriétaire à l'administration publique ou à la commune, et la revente étaient effectuées d'après un décret rendu en conseil d'état, sur le rapport du ministre de l'intérieur dans les formes prescrites par la loi. — *Ibid.*

106. — Si le propriétaire obligeait l'état à l'acquisition de la totalité de l'immeuble dont une portion seulement devait être enlevée, pour l'exécution des travaux, il fallait distinguer, pour la résiliation des baux, entre l'acquisition de la portion nécessaire aux travaux et celle du surplus de l'immeuble. — *Paris*, 12 fév. 1833, Batton c. ville de Paris.

107. — L'acquisition de la portion nécessaire aux travaux donnait à l'état une propriété pleine, entière, dans un but spécial, et qui devait par cela même emporter la résiliation des baux que le vendeur avait pu consentir sur cette portion. — Au contraire, l'acquisition du surplus de l'immeuble, ne constituant qu'un acte volontaire de la part du vendeur, auquel l'état succédait et dont il prenait la place comme simple acquéreur, devait être régie par les principes ordinaires du droit et laisser subsister les droits acquis aux tiers dans les termes de leurs conventions, si l'état des choses le permettait. — Même arrêt.

108. — Dans tous les cas où le locataire des lieux acquis par l'état se refusait à la résiliation du bail de la portion de l'immeuble non nécessaire aux travaux d'utilité publique, il y avait lieu pour les tribunaux à apprécier les circonstances, et conséquemment 1° à vérifier si cette portion pouvait, en effet, suffire à l'objet de la location primitive ; 2° à examiner la nature et l'importance des travaux à faire par l'état pour la continuation du bail ; 3° à fixer, au cas de continuation du bail, la diminution du prix résultant de la privation de jouissance de la portion enlevée. — Même arrêt.

109. — Lorsqu'il y avait lieu en même temps à payer une indemnité à un propriétaire pour terrains occupés, et à recevoir de lui une plus-value pour des avantages acquis à ses propriétés restantes, il y avait lieu à compensation jusqu'à concurrence, et le surplus seulement, selon les résultats, devait être payé au propriétaire ou acquitté par lui. — L. 16 sept. 1807, art. 54.

110. — Cet article a continué d'être en vigueur sous la loi du 8 mars 1810. — *Cass.*, 22 janv. 1829, Tristan c. préfet de la Gironde.

111. — Les experts pour l'évaluation des indemnités étaient nommés savoir : 1° pour les objets de travaux de grandes voieries, l'un par le propriétaire, l'autre par le préfet ; et le tiers expert, s'il en était besoin, était de droit l'ingénieur en chef du département ; s'il y avait des concessionnaires, un expert était nommé par le propriétaire, un par le concessionnaire, et le tiers expert par le préfet ; — 2° pour les travaux de ville, un expert était nommé par le propriétaire ; un par le maire de la ville ou de l'arrondissement pour Paris, et le tiers expert par le préfet. — L. 16 sept. 1807, art. 56.

112. — Le contrôleur et le directeur des contributions directes devaient donner leur avis sur le procès-verbal d'expertise qui était soumis par le préfet à la délibération du conseil de préfecture. Dans tous les cas, le préfet pouvait faire faire une nouvelle expertise. — L. 16 sept. 1807, *art.* 57.

113. — Décidé que si l'expertise ordonnée par un conseil de préfecture appelé à prononcer sur l'indemnité avait été irrégulièrement faite, le conseil de préfecture devait ordonner une nouvelle expertise, et ne pouvait fixer lui-même l'indemnité. — *Cons. d'état*, 3 juin 1818, Niogret c. ville de Lyon.

114. — Et même, que les conseils de préfecture ne pouvaient, lorsque l'expertise avait été mal faite, en ordonner une nouvelle ; qu'ils avaient seulement le droit d'en référer au préfet, qui, seul, pouvait faire recommencer l'expertise. — *Cons. d'état*, 11 juill. 1812, Goulet c. ville de Paris.

115. — ... Qu'il y avait lieu de déclarer nulle la décision ministérielle qui, en matière d'expropriation pour utilité publique, déclarait une expertise non avenue et ordonnait une nouvelle expertise. — *Cons d'état*, 23 avr. 1807, Devenat c. min de la guerre.

116. — Sous la loi du 16 sept. 1807, lorsque les intérêts des propriétaires expropriés pour utilité publique avaient été garantis par une expertise, l'administration, en cas de nécessité et d'extrême urgence, pouvait procéder à la prise de possession et à la démolition de la propriété, bien que l'indemnité n'eût pas encore été réglée. — Cons. d'état, 21 déc. 1808, Malon.

117. — Lorsque l'indemnité accordée à un propriétaire pour cause d'expropriation publique a été fixée par l'autorité administrative, en conformité de la loi du 16 sept. 1807, il n'appartient pas aux tribunaux ordinaires de juger les contestations accessoires relatives à cette indemnité. — Spécialement, le principal de l'indemnité étant arrêté par l'administration, il n'est pas dans les attributions des tribunaux de juger si les intérêts de ce principal sont dus, et depuis quelle époque ils ont couru. — *Cass.*, 30 déc. 1833, préfet des Bouches-du-Rhône c. de Trinquelage.

Sect. 2e. — *Expropriation sous la loi du* 8 *mars* 1810.

118. — La loi du 8 mars 1810 apporta, comme on va le voir, des dispositions tout-à-fait nouvelles en matière d'expropriation pour utilité publique. Cependant les lois antérieures ne furent pas complètement abrogées. En effet, l'art. 27 de cette loi du 8 mars 1810 ne déclare rapportées les dispositions de la loi du 16 sept. 1807 ou de toutes autres lois, qu'en ce qu'elles ont de contraire à ce qu'elle prescrit.

119 — D'où il suit que les dispositions non abrogées de ces lois antérieures ont, ainsi qu'on l'a pu voir dans la section précédente, continué de recevoir leur application sous la loi du 8 mars 1810.

120. — *Questions transitoires.* — D'un autre côté la loi du 8 mars 1810 n'ayant pu statuer que pour l'avenir, un décret impérial du 18 août 1810 disposa (art. 1er) que les décisions rendues par décrets impériaux antérieurs à la loi du 8 mars 1810, et prononçant l'expropriation soit explicitement par la désignation des propriétés, soit implicitement par l'adoption des plans qui y étaient annexés, recevraient leur exécution selon la loi du 16 sept. 1807, sans qu'il fût besoin de recourir aux tribunaux conformément à la loi du 8 mars 1810. — Décidé en conséquence :

121. — ... Que c'était à l'autorité administrative seule, c'est-à-dire aux conseils de préfecture, qu'il appartenait de statuer sur les indemnités ou les contestations relatives aux expropriations pour utilité publique, commencées ou ordonnées sous la loi du 16 sept. 1807, bien qu'elles n'eussent été achevées ou exécutées que depuis la loi du 8 mars 1810. — *Cons. d'état*, 20 sept. 1812, Charles c. préfet de la Charente-Inférieure ; 25 fév. 1818, Vitalis c. préfet de la Charente-Inférieure ; 16 janv. 1822, Devère c. ville de Paris ; 28 août 1822, Fournier ; 14 juill. 1824, de Trinquelague c. préfet des Bouches-du-Rhône ; 6 août 1824, Hallé c. préfet de la Seine ; 1er sept. 1825, d'Harville c. ville de Paris ; 26 oct. 1825, Gomard c. ville de Paris ; 18 oct. 1832, préfet de la Côte-d'Or c. Vallet ; 5 avr. 1833, Godard.

122. — ... Qu'il en était de même au sujet des indemnités dues pour des expropriations faites postérieurement à la loi du 8 mars 1810, mais en vertu de plans adoptés avant cette loi. — *Cons. d'état*, 12 avr. 1829, Leveil.

123. — ... Que les expropriations pour utilité publique, ordonnées même implicitement par des décisions antérieures à la loi du 8 mars 1810, qui avaient prononcé l'adoption des plans pour la construction d'un pont, devaient être exécutées dans les formes prescrites par la loi du 16 sept. 1807. — *Cons. d'état*, 24 nov. 1810, Niogret c. ville de Lyon.

124. — ... Que lorsque le projet des travaux à exécuter pour l'ouverture d'un canal avait été approuvé par un arrêté du gouvernement antérieur à la loi du 8 mars 1810, et que les indemnités auxquelles l'exécution de ce canal avait donné lieu, avaient été constamment et sans exception réglées conformément à la loi du 16 sept. 1807, le conseil de préfecture était compétent pour prononcer sur la demande en indemnité formée par des usiniers, bien qu'ils n'eussent été expropriés de leurs usines qu'en 1826. — *Cons. d'état*, 24 déc. 1828, Zeltener.

125. — Toutefois on a dû soumettre aux tribunaux ordinaires les demandes en indemnité auxquelles donnaient lieu les dégradations commises, dans leur intérêt personnel, par les concessionnaires des travaux publics, causes de l'expropriation. — *Cons. d'état*, 28 août 1822, Fournier.

126. — Décidé enfin que le décret du 18 août 1810 avait eu pour but de fixer d'une manière certaine la compétence pour toutes les expropriations antérieures au 8 mars 1810, et pour effet de soumettre aux dispositions de la loi du 16 sept. 1807 l'exécution non seulement des décrets impériaux prononçant des expropriations, intervenus depuis le 16 sept. 1807 jusqu'à la loi du 18 août 1810, mais généralement de tous ceux rendus antérieurement à cette dernière loi, sans distinction d'époque, donnant ainsi implicitement, mais virtuellement, un effet rétroactif à la loi du 16 sept. 1807, à l'égard des décrets d'expropriation rendus même antérieurement. — *Colmar*, 9 juill. 1845 (t. 1er 1846, p. 678), comm. du Village-Neuf c. l'Etat.

ART. 1er. — *Dispositions préliminaires.*

127. — L'expropriation pour cause d'utilité publique s'opérait par l'autorité de la justice. — L. 8 mars 1810, art. 1er.

128. — Ainsi, sous l'empire de cette loi, l'expropriation ne pouvait plus être ordonnée par l'autorité administrative. — *Cons. d'état*, 16 mai (et non mars) 1810, Niogret c. ville de Lyon.

129. — ... Et spécialement par les conseils de préfecture. — *Cons. d'état*, 7 mars 1821, comm. de Cauneille c. Delucq ; 16 août 1823, Min. de l'int. ; 17 août 1825, Manisse ; — *Cass.*, 7 déc. 1835, Barbier et Naemenroa c. préfet de la Seine.

130. — Par conséquent, si le propriétaire d'un immeuble reconnu cessible pour utilité publique refusait d'en faire l'abandon, le préfet ne pouvait se mettre en possession que sur l'autorisation du tribunal. —*Cons. d'état*, 16 mai (et non mars), 1810, Niogret c. ville de Lyon.

131. — L'autorité judiciaire était compétente pour prononcer, non seulement sur la fixation de l'indemnité due pour la propriété du terrain exproprié, mais encore pour les dommages que l'exécution des travaux publics pouvait avoir occasionnés sur son héritage.—*Cons. d'état*, 20 nov. 1815, Roussel c. préf. du Calvados.

132. — Jugé au contraire que si les tribunaux sont compétens pour régler les indemnités dues à raison du dommage qui est une conséquence directe de l'expropriation, il n'appartient qu'à l'administration d'apprécier les effets des travaux d'utilité publique, et de déterminer les indemnités dues à raison du dommage qui ne résulte pas de l'expropriation. — *Cons. d'état*, 25 mai 1832, préf. de la Nièvre c. Blandin.

133. — ... Qu'ainsi les indemnités dues pour toutes autres causes que la valeur du fonds, et, par exemple, pour perte de récolte, privation momentanée de passage, et autres causes que la valeur du fonds, devaient être réglées administrativement. — *Cons. d'état*, 19 nov. 1825, préfet du Cher c. Goblet.

134. — ... Que les indemnités dues relativement aux essais faits pour fixer le tracé d'un chemin de fer par enlèvement et fouille précaire de terrains et destructions de récoltes en dehors de la portion de terrain qui était devenue, plus tard, sujette à l'expropriation définitive, devaient être appréciées par l'autorité administrative et non par les tribunaux ordinaires. — *Lyon*, 31 mai 1833, Mellet et Henry c. Descot. — V. au surplus TRAVAUX PUBLICS.

135. — En tout cas l'autorité judiciaire ne pouvait sans excès de pouvoir abandonner au particulier exproprié, en paiement de l'indemnité à laquelle il avait droit, la propriété de portion provenant d'une route ou du lit d'une rivière. — *Cons. d'état*, 20 nov. 1815, Roussel c. préfet du Calvados.

136. — Les tribunaux ne pouvaient prononcer l'expropriation qu'autant que l'utilité en avait été constatée dans les formes établies par la loi. —L. 8 mars 1810, art. 2.

137. — Par utilité publique il fallait entendre ce qui était utile à une commune, aussi bien que ce qui était utile à l'état. — *Cons. d'état*, 14 juill. 1812, Ottevaère et Stevens c. préfet de la Seine; 7 mars 1821, comm. de Cauneille c. Delucq.

138. — Mais l'expropriation ne pouvait être prononcée pour l'utilité privée. — *Cons. d'état*, 7 mars 1821, comm. de Cauneille c. Delucq.

139. — La loi de 1810 avait réservé à l'administration le droit de constater l'utilité de l'expropriation. — *Cons. d'état*, 26 juill. 1826, David et Calou c. ville de Paris; 10 avr. 1812, Delathe c. préfet de la Somme; 22 sept. 1812, Boucher c. Provigny.

140. — L'administration avait également le droit de déterminer, dans les formes prescrites par les tit. 1 et 2, l'étendue et les limites de l'expropriation, et si elle devait être absolue, ou bien restreinte par des servitudes ou des constructions favorables aux fonds qui restaient dans la possession des particuliers. — *Cons. d'état*, 19 oct. 1825, préfet du Cher c. Goblet.

141. — C'était au roi seul, et non au conseil de préfecture, qu'appartenait le droit de constater et d'admettre l'utilité publique qui autorisait l'expropriation. — *Cons. d'état*, 24 déc. 1818, Ferry-Lacombe c. André.

142. — Dès-lors l'ordonnance déclarative de l'utilité publique étant purement administrative ne pouvait être attaquée par la voie contentieuse devant le conseil d'état. — *Cons. d'état*, 26 juill. 1826, David et Callon c. ville de Paris; 30 nov. 1830, Beltchelé.

143. — De même l'arrêté du préfet qui, en vertu d'un décret impérial, ordonnait la démolition d'une maison pour une cause d'utilité publique ne pouvait être soumis au conseil d'état par la voie contentieuse. — *Cons. d'état*, 5 fév. 1813, Chevignard c. domaines.

144. — Les propriétaires lésés ne pouvaient être admis à contester les décisions de l'administration en ce qui concernait l'utilité publique. — *Cons. d'état*, 22 sept. 1812, Boucher c. Provigny.

145. — Lorsqu'il y avait contestation sur la propriété du terrain sur lequel une maison à exproprier était bâtie, c'était aux tribunaux civils qu'il appartenait de statuer. — *Cons. d'état*, 3 fév. 1813, Chevignard c. domaines.

146. — Après le règlement, par l'administration, de l'étendue et des limites de l'expropriation, les tribunaux ne devaient plus statuer que sur le montant de l'indemnité due aux propriétaires expropriés. — *Cons. d'état*, 19 oct. 1825, préfet du Cher c. Goblet.

147. — L'autorité administrative n'était pas compétente pour décider si un notaire devait ou non remettre au propriétaire exproprié expédition de l'acte qui avait consommé l'expropriation. — *Cons. d'état*, 20 nov. 1815, ville de Lyon c. Niogret.

148. — Les formes établies par la loi pour constater l'utilité publique, consistaient : — 1° dans le décret impérial qui seul pouvait ordonner des travaux publics ou achats de terrains ou édifices destinés à des objets d'utilité publique. — L. 8 mars 1810, art. 3.

149. — ... 2° Dans l'acte du préfet qui désignait les localités ou territoires sur lesquels les travaux devaient avoir lieu, lorsque cette désignation ne résultait pas du décret même, et dans l'arrêté ultérieur par lequel le préfet déterminait les propriétés particulières auxquelles l'expropriation était applicable. — Même arrêt.

150. — L'avis que le préfet pouvait avoir émis sur la question de propriété du terrain dans l'arrêté qui ordonnait la démolition ne préjugeait rien sur cette question qui devait être résolue par l'autorité judiciaire. — *Cons. d'état*, 3 fév. 1813, Chevignard c. domaine.

151. — Au reste l'état, après avoir acquis des terrains pour utilité publique, pouvait toujours modifier le plan des ouvrages qui avaient donné lieu à l'expropriation. — *Cons. d'état*, 11 août 1832, Tielmann de Schenck c. ville de Paris.

152. — L'application de l'expropriation ne pouvait être faite à aucune propriété particulière qu'après que les parties intéressées avaient été mises en état d'y fournir leurs contredits, selon les règles ci-après exprimées. — L. 8 mars 1810, art. 4.

153. — Jugé en Belgique qu'il n'était pas nécessaire que le décret qui ordonnait les travaux à faire et les arrêtés qui indiquaient les terrains sur lesquels ces travaux devaient avoir lieu, fussent signifiés aux parties intéressées. — *Bruxelles*, 1er juill. 1818, Hannecart c. domaines.

ART. 2. — *Mesures d'administration relatives à l'expropriation.*

154. — Les ingénieurs ou autres gens de l'art chargés de l'exécution des travaux ordonnés, devaient, avant de les entreprendre, lever le plan terrier ou figuré des terrains ou édifices dont la cession était par eux reconnue nécessaire. — L. 8 mars 1810, art. 5.

155. — Le plan desdites propriétés particulières indicatif des noms de chaque propriétaire, devait rester déposé pendant huit jours entre les mains du maire de la commune où elles étaient situées, afin que chacun pût en prendre connaissance et ne prétendît en avoir ignoré. — Même loi, art. 6, § 1er.

156. — Le délai de huitaine ne courait qu'à dater de l'avertissement qui devait être collectivement donné aux parties intéressées à prendre communication du plan. — Même art., § 2.

157. — Cet avertissement devait être publié à son de trompe ou de caisse dans la commune, et affiché tant à la principale porte de l'église du lieu qu'à celle de la maison commune; ces publications et affiches devaient être certifiées par le maire. — Même art., § 3.

158. — A l'expiration du délai, une commission présidée par le sous-préfet de l'arrondissement et composée en outre de deux membres du conseil d'arrondissement désignés par le préfet, du maire de la commune où les propriétés étaient situées et d'un ingénieur, devait se réunir au local de la sous-préfecture. — Même loi, art. 7.

159. — Cette commission était chargée de recevoir les demandes et les plaintes des propriétaires qui soutenaient que l'exécution des travaux n'entraînait pas la cession de leurs propriétés. — Même loi, art. 8, § 1er.

160. — La commission pouvait en outre appeler les propriétaires toutes les fois qu'elle le jugeait convenable. — Même article, § 2.

161. — Si la commission pensait qu'il y avait lieu de maintenir l'application du plan, elle en exposait les motifs. — Même loi, art. 9 § 1er.

162. — Si elle était d'avis de quelques changemens, elle ne les proposait qu'après avoir entendu ou appelé les propriétaires des terrains sur lesquels devait se reporter l'effet de ces changemens. — Même article, § 2.

163. — Dans le cas où il y avait dissentiment entre les divers propriétaires, la commission exposait sommairement leurs moyens respectifs et donnait son avis motivé. — Même article, § 3.

164. — Les opérations de la commission se bornaient aux objets mentionnés aux art. 8 et 9; elles devaient être terminées dans le délai d'un mois à partir de l'expiration de celui énoncé dans l'art. 7; après quoi le procès-verbal en était adressé par le sous-préfet au préfet. — Même loi, art. 10, § 1er.

165. — Le préfet devait statuer immédiatement et déterminer définitivement les points sur lesquels seraient dirigés les travaux. — Même article, § 2.

166. — La commission et le préfet ne pouvaient prendre aucune connaissance des difficultés qui ne portaient que sur le prix des fonds à céder. — Même loi, art. 11, § 1er.

167. — Si les propriétaires et le préfet ne s'accordaient point à ce sujet, il y était pourvu par les tribunaux, qui devaient connaître de même de toutes réclamations relatives à l'infraction des règles prescrites par les tit. 1er et 2. — Même article, § 2.

168. — Jugé en conséquence que le propriétaire exproprié devait s'adresser directement aux tribunaux pour la fixation de l'indemnité qui lui était due, lorsqu'il trouvait que la décision du préfet, contenant un règlement amiable, ne le dédommageait pas suffisamment de ses pertes. — *Cons. d'état*, 23 août 1820, Sauvan.

169. — Lorsque les propriétaires souscrivaient à la cession qui leur était demandée ainsi qu'aux conditions qui leur étaient proposées par l'administration, il était passé entre les propriétaires et le préfet un acte de vente qui était rédigé dans la forme des actes d'administration et dont la minute restait déposée aux archives de la préfecture. — L. 8 mars 1810, art. 12.

170. — Pour opérer l'expropriation et la translation de propriété, il fallait non-seulement le consentement des propriétaires, mais encore un contrat de vente. En l'absence de ce contrat, on devait considérer les propriétaires comme tels et non comme des créanciers de l'état. — *Cons. d'état*, 16 nov. 1825, Hébert.

171. — Lorsqu'il existait une convention relative à une expropriation pour utilité publique entre l'état et le propriétaire dépossédé, il n'y avait pas lieu au renvoi à la liquidation de la dette publique. — *Cons. d'état*, 1er sept. 1811, Paugnet c. préfet de la Seine.

172. — S'il y avait contestation de la part de l'une des parties sur cette convention, l'interprétation en appartenait aux tribunaux, qui devaient en ordonner l'exécution lorsque l'acte était valable, et dans le cas contraire statuer sur le montant de l'indemnité. — *Cons. d'état*, 28 fév. 1828, Coquebert c. préfet de la Loire.

173. — Lorsque deux actes avaient pour objet une seule et même chose, que l'un contenait la concession par l'état à un particulier d'un terrain et que l'autre fixait le chiffre de l'indemnité qui serait due en cas d'expropriation pour utilité publique de ce même terrain, la liquidation de l'indemnité devait être faite conformément à ces actes. — *Cons. d'état*, 2 juill. 1823, Dehamel c. Ministre de la guerre.

174. — Le fait par un intéressé d'avoir retiré la lettre portant avis que la liquidation d'une indemnité par lui réclamée avait été faite par décision du ministre ne constituait point de la part de cet intéressé un acquiescement à la liquidation. — *Cons. d'état*, 6 fév. 1832, Dehamel c. Ministre de la guerre.

175. — Jugé encore que si l'acquéreur d'un bien national s'était obligé de fournir au prix de vente les terrains nécessaires pour la voie publique, il ne pouvait réclamer un prix plus élevé. —*Cons. d'état*, 7 fév. 1834, Châtillon c. la ville de Paris.

176. — ... Que si une somme a été payée par le préfet, agissant au nom de l'état, à un particulier pour prix de son terrain déclaré nécessaire pour des travaux d'utilité publique et pour prix de réparations à faire à sa maison par suite de ces travaux, mais qu'ensuite l'administration renonce aux travaux qui rendaient les réparations indispensables, la somme payée pour ces réparations doit être restituée, sans qu'on puisse opposer qu'il y a entre les parties un contrat légalement formé qui les oblige. —*Angers*, 8 janv. 1829, Lieutaut c. préfet de Maine-et-Loire.

ART. 3. — *Procédure devant le tribunal.*

§ 1er. — *De l'expropriation.*

177. — Lorsqu'à défaut de convention entre les parties, l'arrêté du préfet, indicatif des propriétés cessibles, avait été par lui transmis, avec copie des autres pièces, au procureur impérial du tribunal de l'arrondissement où ces propriétés étaient situées, ce procureur impérial, dans les trois jours suivans, devait requérir l'exécution dudit arrêté, sur le vu duquel le tribunal, s'il n'apercevait aucune infraction des règles posées aux titres 1er et 2, autorisait le préfet à se mettre en possession des

terrains ou édifices désignés en l'arrêté, à la charge de se conformer aux autres dispositions de la loi. — L. 8 mars 1810, art. 13, § 1er.

178. — Le jugement qui déclarait que les parties d'un immeuble indiquées par le préfet étaient nécessaires à la confection de travaux d'utilité, et qu'il y avait juste cause d'expropriation, mais qui ne fixait pas l'indemnité et le délai dans lequel elle devait être payée, ne dépouillait pas le propriétaire de cet immeuble de son droit de propriété. — Dès-lors, si l'indemnité due à raison de l'expropriation n'a été fixée et réalisée qu'après le décès de ce propriétaire, elle appartenait à ceux qu'il avait institués légataires de l'immeuble dont une partie était expropriée, et non à ceux auxquels il avait légué son mobilier. — *Bourges*, 26 mars 1833, Charpin c. Miron-Marigny et de Montagu.

179. — L'expertise faite dans la vue de parvenir à une cession volontaire, et lorsque les parties ne s'étaient pas arrangées, ne pouvait, sous le prétexte de son irrégularité, servir de moyen contre le jugement qui ordonne la dépossession. — *Bruxelles*, 1er juill. 1818, Hannecart c. Domaine.

180. — L'envoi en possession du domaine ne pouvait être ordonné sans expertise préalable, sauf à la partie intéressée à faire valoir ses droits lors de la fixation de l'indemnité et de la mise en possession de l'administration. — Même arrêt.

181. — Quand le jugement avait dépouillé l'exproprié de sa propriété, il y avait droits acquis pour chacune des parties, savoir l'administration à la propriété de l'immeuble, et l'exproprié à l'indemnité.

182. — Dès-lors quand, sur sa demande, l'administration avait obtenu et exécuté contre un particulier un jugement portant expropriation pour cause d'utilité publique, par lequel elle se trouvait investie de la propriété, et que le réglement de l'indemnité était incertain, elle n'a pu ensuite se désister de sa demande contre le gré de son adversaire, et le priver du droit qui lui était acquis. — *Bordeaux*, 16 janv. 1832, hospices d'Angoulême c. Gerbeaud.

183. — Le jugement devait être, à la diligence du procureur du roi, affiché à la porte du tribunal; il devait, de plus, être publié et affiché dans la commune, selon les formes établies par l'art. 6. — L. 8 mars 1810, art. 13, § 2.

184. — Si, dans les huit jours qui suivaient les publications et affiches faites en la commune, les propriétaires ou quelques uns d'entre eux prétendaient que l'utilité publique n'avait pas été constatée, ou que leurs réclamations n'avaient pas été examinées et décidées, le tout conformément aux règles ci-dessus, ils pouvaient présenter requête au tribunal, lequel en ordonnait la communication au préfet, par la voie du procureur impérial, et pouvait néanmoins prononcer un sursis à toute exécution. — Même loi, art. 14, § 1er.

185. — Dans la quinzaine qui suivait cette communication, le tribunal devait juger, à la vue des écrits respectifs, ou immédiatement après l'expiration de ce délai, sur les seules pièces produites, si les formes prescrites par la loi avaient été ou non observées. — Même art., § 2.

186. — Si le tribunal prononçait que les formes n'avaient pas été remplies, il devait être indéfiniment sursis à toute exécution jusqu'à ce qu'elles l'eussent été, et le procureur impérial, par l'intermédiaire du procureur général, en informait le grand-juge qui faisait connaître à l'empereur l'atteinte portée à la propriété par l'administration. — Même loi, art. 15.

§ 2. — *Indemnités.*

187. — Dans tous les cas où l'expropriation était reconnue ou jugée légitime, et où les parties ne restaient discordantes que sur le montant des indemnités dues aux propriétaires, le tribunal fixait la valeur de ces indemnités, eu égard aux baux actuels, aux contrats de vente passés antérieurement et néanmoins aux époques les plus récentes, soit des mêmes fonds, soit des fonds voisins et de même qualité, aux matrices de rôles et à tous autres documens qu'il pouvait réunir. — L. 8 mars 1810, art. 16.

188. — C'était aux tribunaux exclusivement qu'il appartenait de fixer l'indemnité. — *Bruxelles*, 1er juill. 1818, Hannecart c. domaine; *Bourges*, 7 (et non 18) fév. 1827, Fournier d'Armes c. préfet du Cher et c. le procureur-général (deux arrêts).

189. — ... Et cela, même dans les cas où des raisons d'utilité publique obligeaient l'administration de requérir un édifice, par exemple, une salle de spectacles pour un service temporaire. — *Cons. d'ét.*, 10 fév. 1816, Lebrun c. Féréol et Duplan.

190. — Les tribunaux pouvaient puiser les élémens de leur conviction ailleurs que dans des baux, des contrats de vente et autres actes nommément indiqués dans l'art. 16. — *Cass.*, 22 janv. 1829, Tristan c. préfet de la Gironde.

191. — Le prix des ustensiles nécessaires à l'exploitation d'une usine était un des élémens du capital de l'indemnité due au propriétaire de l'usine exproprié. — *Cons. d'ét.*, 9 juin 1830, Chambaut c. la ville de Paris.

192. — L'indemnité due au propriétaire d'une halle par une commune qui l'oblige à la lui vendre, devait être calculée, non seulement d'après la valeur intrinsèque du sol et des bâtimens, mais encore d'après le revenu que le propriétaire pouvait en retirer par la location des places aux marchands. — *Cass.*, 20 mai 1829, comm. de Bazouges c. Sohier; *Bordeaux*, 30 avr. 1830, Maynard c. comm. de Saint-Savin.

193. — De même l'indemnité due pour un terrain usurpé par une commune devait, hors le cas où il s'agit d'alignement, porter sur les jouissances dont le propriétaire a été privé, comme sur la valeur du terrain. — *Cass.*, 2 août 1831, ville de Paris c. Berthier.

194. — Jugé au contraire que les profits que procurait l'exploitation d'une usine ne devaient pas être pris en considération pour régler l'indemnité. — *Bruxelles*, 13 fév. 1822, Cordier c. domaine.

195. — L'indemnité devait comprendre non seulement la valeur matérielle de l'immeuble, mais encore la valeur vénale qu'il aurait eue dans le cas d'une vente entre particuliers eu égard à sa situation et aux localités. En conséquence, lorsque les experts nommés pour estimer l'immeuble ainsi frappé d'expropriation n'avaient basé leur estimation que sur la valeur matérielle, il appartenait aux tribunaux d'ajouter au prix d'expertise la somme qu'ils jugeaient nécessaire pour porter l'immeuble à la véritable valeur dont l'indemnité était due au propriétaire dépossédé. — *Toulouse*, 8 juill. 1830, préfet de la Haute-Garonne c. Grenier-Mortis.

196. — Cette estimation de l'immeuble devait se faire sur le pied de sa valeur avant le commencement des travaux. — *Cons. d'ét.*, 24 oct. 1832, ministre du commerce et des trav. publics c. Saunier.

197. — De plus, dans la fixation de l'indemnité due à un particulier par suite d'expropriation pour cause d'utilité publique (la confection d'une nouvelle route), on devait faire entrer, outre la valeur vénale des fonds enlevés, les frais de construction d'un mur jugé nécessaire pour soutenir ces fonds le long de la nouvelle route. On ne pouvait dire, dans ce cas, que les tribunaux empiétaient sur l'autorité administrative, en ce qu'ils ordonnaient la construction d'un mur sur un chemin public, ce qui était exclusivement du ressort de l'autorité administrative. — *Cass.*, 21 fév. 1827, préfet de l'Hérault c. Cormary et Terral.

198. — Enfin l'indemnité devait comprendre non seulement le prix de l'objet principal, mais encore toutes les pertes ou privations que le propriétaire éprouvait pour les parties restantes des héritages morcelés. — *Bourges*, 7 (et non 13) fév. 1827, Fournier d'Armes c. préfet du Cher; même jour, Fournier d'Armes c. procureur général.

199. — ... Ou pour la dépréciation et les dommages que l'expropriation ou l'usurpation avaient pu causer au surplus de la propriété. — *Cass.*, 9 déc. 1835, Bartier et Naemenroa c. préfet de la Seine.

200. — Jugé également que lorsqu'il ne s'agissait ni d'une occupation momentanée des terrains, ni d'une moins-value sans expropriation, mais d'une expropriation foncière, le tribunal chargé de régler l'indemnité due au propriétaire n'excédait pas ses pouvoirs en ayant égard non seulement à la valeur réelle du sol exproprié, mais encore à la dépréciation du sol restant, par suite du morcellement, de la privation d'irrigation, de la faculté des communications et de l'augmentation des frais de culture. — *Cons. d'ét.*, 24 janv. 1827, Magnables et Chenu.

201. — Quand le propriétaire dépossédé avait droit aux intérêts du prix de l'immeuble, il pouvait exiger que l'on procédât à une liquidation régulière et distincte, tant de l'indemnité qui pouvait lui être accordée pour moins-value du loyer que des intérêts qui lui étaient dus. — *Cons. d'ét.*, 28 juill. 1820, d'Hérisson c. le préfet de la Seine.

202. — Lorsque le propriétaire exproprié réclamait 37,000 fr. d'indemnité, que le préfet en offrait 12,000, et que le tribunal adjugeait 14,000 fr., le propriétaire devait être considéré comme ayant succombé et pouvait par suite être condamné à tous les dépens. — *Cass.*, 18 mars 1829, Bullourde c. préfet de la Seine.

203. — Si les documens produits se trouvaient insuffisans pour éclairer le tribunal, il pouvait nommer d'office un ou trois experts. — L. 8 mars 1810, art. 17.

204. — On a pu nommer un conducteur des ponts et chaussées expert, à l'effet de procéder à l'estimation de l'indemnité. — *Cons. d'ét.*, 12 avr 1829, Leveil.

205. — .. Et désigner l'ingénieur en chef chargé des travaux publics donnant lieu à l'expropriation comme tiers-experts, tout aussi bien que l'ingénieur en chef du département. — *Cons. d'ét.*, 12 avr. 1829, Leveil.

206. — Le rapport des experts ne liait point le tribunal et ne valait que comme renseignement. — L. 8 mars 1810, art 17.

207. — Ainsi, en pareil cas, comme en toute autre matière, les juges étaient souverains appréciateurs du rapport des experts, et maîtres de le suivre ou de le rejeter. — *Bruxelles*, 13 fév. 1822, Cordier c. Domaine; *Cass.*, 22 janv. 1829, Tristan c. préfet de la Gironde; 18 mars 1829, Bullourde c. préfet de la Seine.

208. — Lorsque des experts avaient déterminé une somme pour l'indemnité due à un propriétaire exproprié, que le jugement avait fixé une somme inférieure à celle indiquée par les experts, et que l'exproprié avait interjeté appel du jugement, la prise de possession et le changement des lieux opérés par l'administration emportaient de sa part acquiescement à la fixation faite par les experts. — *Bourges*, 3 mars 1828, Gaudé c. préfet de la Nièvre.

209. — Le propriétaire qui, pour fixer l'importance de l'indemnité qu'il réclamait, avait provoqué et obtenu une nomination d'experts, n'était pas recevable à contester ensuite ce mode de liquidation, et à se plaindre que les formes administratives déterminées par la loi de 1807 n'avaient pas été suivies. — Ces formes, d'ailleurs, étaient exclusivement applicables au cas où il s'agissait d'indemnités pour plus-value à payer par des propriétés améliorées, et non de celles à recevoir par un propriétaire exproprié. — *Cass.*, 22 janv. 1829, Tristan c. préfet de la Gironde.

210. — Lorsque les juges avaient reconnu, dans la première instance sur la fixation de l'indemnité provisionnelle, qu'il n'y avait pas morcellement, cette question n'a pu être reproduite lors de la fixation de l'indemnité définitive devant le même tribunal. — *Metz*, 6 mars 1833, Legardeur c. l'Etat.

211. — Dans le cas où il y avait des tiers intéressés à titre d'usufruitier, de fermier ou de locataire, le propriétaire était tenu de les appeler avant la fixation de l'indemnité pour concourir, en ce qui les concernait, aux opérations y relatives, sinon il restait seul chargé envers eux des indemnités que ces derniers pouvaient réclamer. — L. 8 mars 1810, art. 18, § 1er.

212. — Les indemnités des tiers intéressés, ainsi appelés ou intervenus, étaient réglées en la même forme que celles dues aux propriétaires. — Même article, § 2.

213. — La répartition de l'indemnité accordée aux propriétaires indivis, appartenait à l'administration qui avait accordé l'indemnité. — *Cons. d'état*, 18 mars 1813, Sallard c. Rémond.

214. — Avant l'évaluation des indemnités, et lorsque le différend ne portait point sur le fond même de l'expropriation, le tribunal pouvait, selon la nature et l'urgence des travaux, ordonner provisoirement la mise en possession de l'administration; son jugement était exécutoire, nonobstant appel ou opposition. — L. 8 mars 1810, art 19.

215. — Mais jugé que la charte de 1814 avait implicitement abrogé cet art. 19, L. 8 mars 1810. — *Bourges*, 27 fév. 1826, Dagois c. préf. de l'Indre.

216. — Dès-lors le propriétaire n'était véritablement exproprié que par le paiement de l'indemnité, et jusqu'à ce moment il conservait la libre disposition de sa chose. — *Amiens*, 22 mars 1823, préf. de la Somme c. Geuse; *Paris*, 4 mars 1824, préf. de la Seine c. Bouché.

217. — ... Et cette chose pouvait être encore l'objet d'une vente par licitation. — *Paris*, 4 mars 1824, préf. de la Seine c. Bouché.

218 — Par la même raison, la prise de possession de la part de l'administration ne pouvait avoir lieu qu'après le paiement de l'indemnité. — *Bourges*, 7 (et non 13) fév. 1827, Fournier D'armes c. préf. du Cher et procureur général (trois arrêts); 3 mars 1828, Gaudé c. préf. de la Nièvre.

219. — Le jugement qui fixait l'indemnité ne pouvait être déclaré exécutoire par provision. — *Bourges*, 3 mars 1828, Gaudé c. préf. de la Nièvre.

220. — Il en était de même, quand les parties n'étaient pas d'accord sur l'indemnité relative à la partie de l'immeuble non expropriée. — *Bourges*, 7 (et non 13) fév. 1827, d'Armes c. préf. du Cher et procureur général (trois arrêts).

221. — De même, en matière d'expropriation pour utilité publique, le tribunal ne pouvait ordonner l'exécution provisoire de son jugement, et décider qu'après les offres réelles de l'indemnité fixée par le tribunal, l'administration se mettrait en possession du terrain exproprié : le paiement préa-

lable de l'indemnité était indispensable. — *Bourges*, 3 janv. 1826, de Raigecourt c. préfet de la Nièvre.

222. — L'autorité administrative ne pouvait même, en cas d'urgence, être autorisée à se mettre provisoirement en possession de l'immeuble désigné, avant que l'indemnité eût été réglée définitivement et payée au propriétaire. — *Amiens*, 22 mars 1823, préfet de la Somme c. Geuse.

223. — Les juges avaient la faculté d'apprécier les motifs d'urgence allégués par l'administration, dans une cause d'expropriation pour utilité publique. Et ils pouvaient, par suite, refuser d'ordonner l'exécution provisoire, nonobstant appel, d'un jugement qui prononçait l'expropriation, encore qu'il s'agît de construire des fortifications de guerre sur les terrains expropriés. — *Cass.*, 14 juill. 1829, préfet de la Marne c. Hatot.

224. — Jugé toutefois en Belgique que les tribunaux ne peuvent accorder de défenses contre l'exécution provisoire d'un jugement prononçant l'expropriation pour cause d'utilité publique, et que l'art. 164, loi fondamentale (Belge), a dérogé à l'art. 545, C. civ., en ce qui touche le paiement préalable de l'indemnité. — *Liége*, 28 juill. 1828, N...

§ 3. — *Paiement des indemnités.*

225. — Tout propriétaire dépossédé devait être indemnisé conformément à l'art. 545, C. civ. — L. 8 mars 1810, art. 20, § 1er.

226. — Si des circonstances particulières empêchaient le paiement actuel de tout ou partie de l'indemnité, les intérêts en étaient dus à compter du jour de la dépossession, d'après l'évaluation provisoire ou définitive de l'indemnité et payés de six mois en six mois, sans que le paiement du capital pût être retardé au-delà de trois ans, si les propriétaires n'y consentaient. — Même art., § 2.

227. — Le propriétaire exproprié pour l'utilité de la ville de Paris (par exemple pour la nécessité du culte religieux), avait le droit de réclamer le paiement de l'indemnité qui lui avait été allouée par les tribunaux civils, dans la forme prescrite par la loi du 8 mars 1810. — *Cons. d'ét.*, 14 juill. 1812, Ottevaers et Stevens c. le préfet de la Seine.

228. — ... Et il y avait lieu d'appeler, comme de déni de justice, du silence gardé par un fonctionnaire compétent en présence de sommations qui lui étaient faites de payer l'indemnité régulièrement fixée pour expropriation pour utilité publique. — *Cons. d'état*, 14 juill. 1812, Ottevaers et Stevens c. préfet de la Seine.

229. — Le propriétaire dépossédé avait droit aux intérêts du montant de l'indemnité depuis le jour de la possession jusqu'à celui du paiement ou de la consignation du montant de l'indemnité. — *Cons. d'état*, 28 juill. 1820, d'Hérisson c. préfet de la Seine; 9 juin 1830, Chambaut c. la ville de Paris.

230. — Toutefois, les intérêts du montant d'une indemnité accordée à raison d'une expropriation pour utilité publique, n'étaient pas dus lorsque l'expropriation était antérieure à la loi du 8 mars 1810, et que l'indemnité avait été touchée sans aucune réserve dans la quittance. — *Cons. d'état*, 8 août 1834, Gandon.

231. — L'indemnité due par l'état à un particulier à raison d'un terrain cédé pour cause d'utilité publique est prescrite par trente ans. — C. civ., art. 2262. — Cette créance tombe d'ailleurs en déchéance conformément aux lois de finances. — *Cons. d'état*, 27 juill. et 11 août 1814, Portier.

232. — Si l'expropriation avait eu lieu sous l'empire de la loi du 16 sept. 1807, le propriétaire avait encouru la déchéance faute d'avoir réclamé son indemnité dans les délais fixés par l'art. 5, L. 26 mars 1817. — *Cons. d'état*, 30 nov. 1832, Tixier.

233. — Lorsqu'il y avait des intérêts échus et non payés par l'administration débitrice, ou lorsque le capital ou partie du capital de l'indemnité n'avait pas été remboursé dans les trois ans ou dans les termes du contrat, les propriétaires et autres parties intéressées pouvaient remettre à l'administration des domaines, en la personne de son directeur, dans le département de la situation des biens, un mémoire énonciatif des sommes à eux dues, accompagné des titres à l'appui; cette remise était constatée par le récépissé du directeur, ou par exploit d'huissier. — L. 8 mars 1810, art. 21, § 1er.

234. — Si dans les trente jours qui suivaient la remise le paiement n'était pas effectué, les propriétaires ou autres parties intéressées pouvaient traduire l'administration des domaines devant le tribunal, pour y être condamnée à leur payer les sommes à eux dues à l'acquit de l'administration en retard, et sauf le recouvrement exprimé en l'article 24 ci-après. — Même art., § 2.

235. — L'autorisation que le ministre de l'intérieur donnait au préfet, à l'effet de faire payer au particulier exproprié le montant de l'indemnité liquidée par un arrêté par défaut du conseil de préfecture était une simple adhésion qui ne constituait pas une décision de nature à faire obstacle à l'opposition de la partie défaillante. — *Cons. d'ét.*, 24 déc. 1828, Zettener.

236. — Avant qu'il fût statué sur l'action récursoire dirigée contre l'administration des domaines, le procureur impérial pouvait requérir, pour en instruire le ministre de la justice, un ajournement d'un à deux mois qui devait en ce cas être prononcé par le tribunal. — L. 8 mars 1810, art. 22.

237. — Si durant cet ajournement nulle mesure administrative n'avait été prise pour opérer le paiement, le tribunal prononçait après l'expiration du délai. — L. 8 mars 1810, art. 23.

238. — Lorsque l'administration des domaines avait par suite des condamnations prononcées contre elle en exécution des dispositions ci-dessus, déboursé ses propres deniers en l'acquit d'autres administrations, elle se pourvoyait devant le gouvernement, qui lui en procurait le recouvrement ou lui en tenait compte, le tout ainsi qu'il appartenait. — L. 8 mars 1810, art. 24.

ART. 4. — *Dispositions générales.*

239. — Dans tous les cas où il y avait des hypothèques sur les fonds, des saisies-arrêts ou oppositions formées par des tiers au versement des deniers entre les mains, soit du propriétaire dépossédé, soit des usufruitiers ou locataires évincés, les sommes dues étaient consignées à mesure qu'elles échéaient, pour être ultérieurement pourvu dans l'ordre et selon les règles du droit commun. — L. 8 mars 1810, art. 25.

240. — Toutes les fois qu'il y avait lieu de recourir au tribunal, soit pour faire ordonner la dépossession ou s'y opposer, soit pour le règlement des indemnités, soit pour en obtenir le paiement, soit pour reporter l'hypothèque sur des fonds autres que ceux cédés, la procédure s'instruisait sommairement. — L. 8 mars 1810, art. 26, § 1er.

241. — On devait suivre alors les formes établies par les lois générales de la procédure, et non les formes spéciales fixées par les lois des 22 frim. an VII, 27 vent. an IX, qui prescrivent l'instruction par mémoires et sans plaidoiries. — *Cass.*, 14 juill. 1829, préfet de la Marne c. Hatot.

242. — L'enregistrement des actes qui y étaient sujets avait lieu *gratis*. — L. 8 mars 1810, art. 26, § 1er. — V. ENREGISTREMENT.

243. — Le procureur impérial devait toujours être entendu avant les jugemens tant préparatoires que définitifs. — Même article, § 2.

244. — Enfin, les dispositions de la loi du 16 sept. 1807 ou de toutes autres lois contraires à la loi du 8 mars 1810 étaient déclarées rapportées. — Même loi, art. 27.

CHAPITRE III. — *Expropriation sous les lois des 7 juill. 1833 et 3 mai 1841.*

245. — Bien que la loi du 7 juill. 1833 ait été expressément abrogée par celle du 3 mai 1841 (art. 77), nous devons cependant en rapporter les termes, parce que ses dispositions ayant été, pour la plus grande partie, reproduites par la loi de 1841, il y a lieu d'invoquer encore aujourd'hui les décisions judiciaires rendues sous son empire. Nous indiquerons donc à la suite de chacun des articles de la loi de 1841 les articles correspondans de la loi de 1833, en signalant les différences toutes les fois qu'il en existera.

Sect. 1re. — *Dispositions préliminaires.*

246. — L'expropriation pour cause d'utilité publique s'opère par autorité de justice. — LL. 3 mai 1841, art. 1er; 7 juill. 1833, même article.

247. — On a, dit M. Duvergier (*Collection des lois*, t. 33, p. 277), reproché à cet article de renfermer une véritable déception en ce qu'il énonce que l'expropriation pour cause d'utilité publique s'opère par autorité de justice, tandis que, dans la réalité, c'est l'autorité administrative qui constate la nécessité de l'expropriation et qui dépouille véritablement le propriétaire. Il est possible que l'expression ne soit pas parfaitement exacte; mais comme c'est aux tribunaux qu'est réservé le droit de prononcer l'expropriation que l'administration a préparée, que ce sont les tribunaux qui déterminent le montant de l'indemnité, on conçoit très bien que l'article ait été rédigé et adopté comme il l'est.

248. — La présente loi n'est point applicable au cas d'occupation temporaire (V. art. 77, L. 3 mai 1841); elle ne doit point servir de règle dans les cas où il y a urgence. — Duvergier, *ibid.* — V. *infrà* nos 1125 et suiv., et 1172 et suiv.

249. — Les formes qu'elle a établies ne sont point non plus applicables à l'expropriation qui a lieu par suite d'alignement. — Duvergier, t. 41, p. 121. — V. *infrà* nos 1242 et suiv., et nos 1278 et suiv.

250. — En tout cas, la loi du 7 juill. 1833 n'ayant pas eu d'effet rétroactif, l'indemnité due à raison de la suppression d'un moulin ordonnée pour cause d'utilité publique, sous la loi du 16 sept. 1807, a dû être réglée administrativement et non judiciairement dans les formes déterminées par la nouvelle loi. — *Cons. d'état*, 29 août 1834, Mayet-Génétry et Boutet.

251. — Les tribunaux ne peuvent prononcer l'expropriation qu'autant que l'utilité en a été constatée et déclarée dans les formes prescrites par la présente loi. — LL. 3 mai 1841, art. 2, § 1er; 7 juill. 1833, même article.

252. — Ainsi, le concours de l'administration et des tribunaux est nécessaire pour arriver à la dépossession d'un propriétaire. Leur action séparée serait inefficace.

253. — Un tribunal ne peut donc prononcer l'expropriation que des terrains nécessaires à la confection des travaux compris expressément ou implicitement dans la déclaration d'utilité publique, et il ne peut l'étendre aux terrains non compris dans cette déclaration, alors même qu'ils seraient nécessaires pour la confection des travaux qui paraîtraient indispensables pour l'achèvement de ceux ordonnés. — *Cass.*, 21 nov. 1836 (t. 1er 1837, p. 118), préfet du Puy-de-Dôme c. Courzon.

ART. 1er. — *Déclaration d'utilité publique.*

254. — La déclaration d'utilité publique émane de l'administration qui possède, à cet égard, un pouvoir discrétionnaire que les tribunaux ne peuvent contrôler. Il n'est pas même nécessaire que la loi ou l'ordonnance déclare en propres termes que les travaux concernent l'utilité publique; il suffit qu'elle en autorise l'exécution. — Delalleau, no 108.

255. — Les formes de la déclaration et de la constatation de l'utilité publique consistent : 1° dans la loi ou l'ordonnance royale qui autorise l'exécution des travaux pour lesquels l'expropriation est requise. — LL. 3 mai 1841, art. 2, § 2; 7 juill. 1833, même art.

256. — Le cahier des charges qui a été déclaré annexé à une loi ordonnant des travaux publics, est devenu ainsi partie intégrante de cette même loi. — *Cass.*, 9 janv. 1839 (t. 2 1846, p. 657), Riant et Mignon c. chemin de fer de Saint-Germain.

257. — Lorsqu'il s'agit d'opérer le redressement, sur une direction nouvelle, d'une route départementale déjà classée par un décret ou une ordonnance, l'expropriation pour utilité publique des terrains nécessaires à cette opération doit être précédée d'une ordonnance royale autorisant le redressement de la route. — *Cass.*, 11 juill. 1838 (t. 2 1838, p. 441), préfet de la Drôme c. Rousset.

258. — L'ordonnance déclarative de l'utilité publique étant un acte d'administration doit être rendue sur le rapport d'un ministre responsable. L'art. 53, ord. 1er août 1821, consacre le principe en édictant que les ordonnances relatives aux expropriations pour travaux de fortification soient rendues sur le rapport du ministre de la guerre. — Delalleau, no 11. — Ainsi, les tribunaux devraient refuser de prononcer l'expropriation, si l'ordonnance déclarative de l'utilité publique n'était pas dans cette condition de régularité.

259. — Un changement de tracé dans la direction d'une route départementale déjà classée, mais non exécutée, constitue un nouvel œuvre qui ne peut avoir lieu sans une déclaration préalable d'utilité publique. — *Cass.*, 10 mai 1843 (t. 2 1843, p. 211), préfet de la Somme c. Remy.

260. — Lorsqu'un grand travail d'utilité publique, tel que la canalisation d'une rivière, a été régulièrement autorisé, et qu'après la confection de ce travail, quelques travaux accessoires, comme par exemple la construction d'un pont, sont reconnus nécessaires, l'administration ne peut réclamer son envoi en possession des terrains sur lesquels doivent être élevées les nouvelles constructions, sans remplir préalablement les formalités prescrites par la loi du 7 juill. 1833 pour la déclaration d'utilité publique. — *Cass.*, 13 janv. 1840 (t. 1er 1840, p. 56), de Valbrunne c. l'administration des ponts-et-chaussées.

261. — Dès-lors un tribunal, non seulement peut, sans excès de pouvoir et sans empiétement sur l'autorité administrative, mais doit surseoir à prononcer les expropriations nécessaires à la confection de travaux publics, jusqu'à justification d'une loi ou d'une ordonnance royale prescrivant ces travaux. — *Cass.*, 8 avr. 1835, préfet des Ardennes c. commune d'Attigny.

262. — Spécialement, lorsque, sur la provocation du conseil municipal, une ordonnance royale a autorisé une ville à construire un abattoir, à la condition de l'isoler de toute habitation, et, par suite, de faire exproprier pour utilité publique la maison d'un propriétaire voisin, l'autorité judiciaire a pu

décider que la ville était tenue, d'après cette ordonnance, non pas de payer seulement une indemnité au propriétaire voisin, mais même d'acquérir sa maison, soit à l'amiable, soit par voie d'expropriation. — *Cass.*, 7 déc. 1836 (t. 1er 1837, p. 612), ville de Besançon c. Bourrier.

263. — ... 2° Dans l'acte du préfet qui désigne les localités ou territoires sur lesquels les travaux doivent avoir lieu, lorsque cette désignation ne résulte pas de la loi ou de l'ordonnance royale. — L. 7 juill. 1833, art. 2; L. 3 mai 1841, art. 2, § 2.

264. — Ainsi, lorsque l'ordonnance royale déclarative de l'utilité publique désigne expressément les localités ou territoires sur lesquels les travaux doivent avoir lieu, il n'est pas besoin ultérieurement d'un arrêté spécial du préfet portant cette désignation. — *Cass.*, 3 juill. 1839 (t. 2 1846, p. 544), Bourgon c. ville de Besançon.

265. — Mais lorsque la loi qui autorise les travaux ne désigne pas les localités ou territoires où ils devront avoir lieu, un arrêté du préfet désignant ces localités ou territoires, rendu sur la mise à l'enquête, est une formalité substantielle dont l'inobservation entraîne la cassation du jugement qui a été ensuite prononcé. — *Cass.*, 6 janv. 1836, Gaultieur-l'Hardy c. Boyer-Fonfrède.

266. — ... 3° Dans l'arrêté ultérieur par lequel le préfet détermine les propriétés particulières auxquelles l'expropriation est applicable. — LL. 3 mai 1841, art. 2, § 2; 7 juill. 1833, même art.

267. — L'expropriation est valablement poursuivie, bien que la propriété ne soit pas spécialement désignée dans l'arrêté du préfet qui détermine les propriétés sur lesquelles devra porter l'expropriation, si elle est comprise et indiquée sur le plan annexé à l'ordonnance royale déclarative d'utilité publique et à l'arrêté du préfet lui-même. — *Cass.*, 5 fév. 1840 (t. 1er 1840, p. 307), Charnay c. ville de Paris.

268. — Lorsque, d'après la loi de concession d'un chemin de fer, l'administration doit, de concert avec la compagnie, déterminer l'emplacement et la surface des gares, elle a le droit d'affecter à l'établissement de ces gares tels terrains que bon lui semble, pourvu qu'ils soient compris dans le domaine du chemin, et cela quand bien même les terrains qui, d'après la loi de concession, ne devaient être parcourus qu'*en souterrain,* devront l'être *à tranchées ouvertes*, par suite de leur affectation aux gares. — *Cass.*, 9 janv. 1839 (t. 2 1846, p. 657), Riant et Mignon c. compagnie du chemin de fer de Saint-Germain.

269. — Tous grands travaux publics, routes royales, canaux, chemins de fer, canalisation des rivières, bassins et docks entrepris par l'état, les départemens, les communes, ou par compagnies particulières, avec ou sans péage, avec ou sans subsides du trésor, avec ou sans aliénation du domaine public, ne peuvent être exécutés qu'en vertu d'une loi. — L. 3 mai 1841, art. 3, § 1er.

270. — La rédaction de l'art. 3 de la loi du 3 mai 1841 diffère de celle du même article de la loi du 7 juill. 1833 en ce que l'on a appliqué expressément aux départemens et aux communes les bénéfices de l'expropriation pour cause d'utilité publique. Mais il a été bien entendu dans la discussion que cette rédaction nouvelle n'avait pour but que de conserver la pratique du passé, et que du reste les travaux d'ouverture et de redressement des chemins vicinaux, ainsi que toute la procédure qui s'y rattache, continueraient à être régis par la loi du 21 mai 1836.

271. — L'art. 3 de la loi du 3 mai 1841 n'a pas eu pour effet de rétroagir contre les classemens antérieurs des routes royales régulièrement ordonnés, ni de soumettre à de nouvelles déclarations d'utilité publique les travaux d'alignement et d'élargissement conformes aux plans anciens. En conséquence, un tribunal ne peut refuser d'ordonner l'expropriation de parcelles de terrain nécessaires à l'élargissement d'une route royale classée par le décret du 16 déc. 1811, en se fondant sur ce que la condition imposée par l'art. 3 de la loi du 3 mai 1841 n'a pas été accomplie, et qu'il n'est pas intervenu une loi déclarative de l'utilité publique. — *Cass.*, 5 août 1844 (t. 2 1844, p. 161), préfet de la Haute-Saône c. Heuvrard.

272. — Une ordonnance royale suffit pour autoriser l'exécution des routes départementales, et celle des canaux et chemins de fer d'embranchement de moins de 20,000 mètres de longueur, des ponts et de tous autres travaux de moindre importance. — L. 3 mai 1841, art. 3, § 2.

273. — Le même paragraphe de l'art. 3 de la loi du 7 juill. 1833 présentait quelque différence. — Ainsi il parlait simplement *des routes*, et on y a ajouté le mot *départementales*. De la sorte, les routes royales restent toujours, quelle que soit leur longueur, soumises à la disposition du § 1er, et le second n'est relatif qu'aux routes départementales. — Duvergier, *Collection des lois*, t. 41, p. 124.

274. — Ensuite, le même paragraphe disait qu'une ordonnance royale suffisait « pour l'exécution des routes, des canaux et chemins de fer d'embranchement de moins de 20,000 mètres de longueur; » d'où la question de savoir si les mots *d'embranchement* et ceux *de moins de 20,000 mètres* s'appliquent aux routes, comme aux canaux et aux chemins de fer. Dans la pratique, on entendait constamment qu'ils se rapportaient seulement aux canaux et aux chemins. Mais pour rendre toute autre interprétation impossible, on a, sur la proposition de M. Renouard, intercalé les mots *et celle* devant ceux *des canaux*. Ainsi il est évident, d'après cette intercalation, que l'exécution d'une route départementale est, dans tous les cas, suffisamment autorisée par une ordonnance, et que les canaux et les chemins de fer qui peuvent être autorisés par ordonnance sont seulement ceux qui s'embranchent et qui ont moins de 20,000 mètres. — Duvergier. *ibid.*

275. — Une fois qu'une route royale a été classée, son redressement, eût-il plus de 20,000 mètres, peut être autorisé par ordonnance. — Duvergier, *ibid.*, p. 125.

276. — Ainsi il faut, suivant l'importance des travaux, une loi ou une ordonnance royale qui en autorise l'exécution. M. de la Plesse avait proposé d'ajouter « ou l'arrêté du préfet. » Cet amendement se liait à une disposition additionnelle qu'il avait proposée sur l'art. 3, et qui était ainsi conçue : « Les travaux intéressant une commune seront autorisés par arrêté du préfet en conseil de préfecture, lorsque la dépense n'excédera pas 30,000 francs. — Cet amendement se rattachait d'ailleurs à la disposition de l'art. 45, L. 28 juill. 1837, sur l'organisation municipale, qui permet aux communes d'entreprendre des travaux dont la dépense n'excédera pas 30,000 francs, avec la seule approbation du préfet. Mais M. Dufaure, rapporteur, a facilement démontré que si l'approbation du préfet suffit pour autoriser une dépense peu considérable à la charge de la commune, elle ne présente point des garanties assez rassurantes pour les propriétaires expropriés. — « Si le préfet, a-t-il dit, est le tuteur des communes qui doivent faire la dépense, il n'est pas le tuteur des propriétaires dont on est obligé d'enlever les propriétés pour faire les travaux des communes; et, du moment que le propriétaire apparaît, il est évident qu'il s'élève d'autres intérêts qui exigent d'autres garanties. Ces intérêts exigent des garanties plus complètes que celles que voudrait leur donner M. de la Plesse. Permettez-moi de vous indiquer une vue générale qui nous a guidés dans l'examen de la loi de 1833. Quand nous avons été appelés à prononcer sur les formalités qui suivent l'expropriation, nous avons pu apporter quelque adoucissement à la loi de 1833; mais avant d'arriver à l'expropriation, lorsque le droit des propriétaires est en présence des projets de l'administration, qu'il s'agit de le garantir, la commission s'est bien gardée de diminuer le moins du monde les garanties données à la propriété par la loi de 1833. » — Duvergier, *Collect. des lois*, t. 41, p. 123. — Toutefois ceci doit être entendu d'une manière générale et pour tous autres travaux que ceux concernant les chemins vicinaux.

277. — On a soulevé la question de savoir si une ordonnance suffirait pour autoriser les travaux compris dans le § 2, art. 3, L. 3 mai 1841, lorsque la concession serait faite avec subside du trésor public, et l'on a soutenu la négative. — Il faut distinguer : si l'on se place au point de vue de la compétence abstraite de l'administration, il nous paraît certain que le fait du subside ne modifie pas cette compétence, et que l'administration pourra toujours autoriser les travaux sans intervention du pouvoir législatif, qu'il y ait ou non subside, pourvu que ces travaux rentrent dans les catégories du § 2; — que si, au contraire, on se place au point de vue du fait pratique, il est également certain qu'il faudra l'intervention des trois pouvoirs qui seuls peuvent voter le subside; réduite à ces termes, la querelle n'est plus qu'une querelle de mots. — Et même, au point de vue du fait pratique, il peut arriver que des travaux avec subside soient régulièrement autorisés par simple ordonnance; par exemple, si le subside est accordé sur les allocations portées au budget pour aider les départemens et les communes dans la construction des routes et ponts. — Gillon et Stourm, *C. des municip.*, p. 32; Delalleau, n° 120.

278. — Mais M. Delalleau fait observer avec raison que l'art. 2 veut que la loi ou l'ordonnance autorise *l'exécution des travaux*. Ainsi une ordonnance qui approuverait les statuts d'une société anonyme formée pour l'exécution des rues, places, squares ou passages, ne serait pas suffisante pour autoriser l'expropriation des terrains nécessaires à ces travaux. De même, l'approbation par ordonnance du budget d'une ville dans lequel on aurait porté la dépense des travaux pour lesquels l'expropriation serait à requérir, serait, surtout si elle n'avait pas été précédée d'une enquête régulière, inefficace à autoriser les tribunaux à prononcer cette expropriation. — *Cons. d'état,* 19 juin 1821, Gouin.

279. — Il résulte évidemment des deux premiers paragraphes de l'art. 3, L. 3 mai 1841, que les travaux qui, d'après le § 2, sont susceptibles d'être autorisés par simple ordonnance, peuvent l'être ainsi, bien que leur confection doive entraîner aliénation d'une partie du domaine public, ou qu'elle soit opérée par une compagnie moyennant la concession d'un péage. — Sans doute, en thèse générale, aucune portion du domaine public ne peut être aliénée sans le concours des trois pouvoirs; mais il s'agit ici de travaux de moindre importance, et la loi a voulu que, par une sorte de délégation, sans grand danger pour le domaine, le pouvoir exécutif eût la faculté d'en aliéner les parcelles nécessaires pour l'exécution de ces travaux. Nous devons toutefois reconnaître que la discussion à la chambre des députés favorise l'opinion opposée. — Stourm et Gillon, *C. des municip.*, p. 34. — Quant aux concessions de péage, M. Legrand, commissaire du roi, s'est exprimé en ces termes pour repousser un amendement de M. Dumon, contraire à notre proposition : « J'ai contesté tout à l'heure qu'un péage fût un impôt dans l'acception véritable du mot... il serait plus exact de ne voir dans le péage que le loyer d'un service. Il n'y a pas, par exemple, obligation d'emprunter la voie d'un chemin de fer : si votre intérêt vous porte à en user, pouvez-vous regarder comme un impôt le prix que vous acquittez dans les mains de la compagnie? Ce prix n'est-il pas la juste récompense des soins que cette compagnie a donnés à l'entreprise et des capitaux qu'elle y a consacrés? — *Monit.* 1833, p. 259. — V. aussi L. 14 flor. an X.

280. — La loi ou l'ordonnance royale qui ordonne ou autorise les travaux doit être précédée d'une enquête. — LL. 3 mai 1841, art. 3, § 1er, 2 et 3; 7 juill. 1833, même art.

281. — Ainsi, l'ordonnance royale nécessaire pour autoriser le redressement d'une route départementale déjà classée par un décret ou une ordonnance doit être précédée d'une enquête administrative. — *Cass.*, 11 juill. 1838 (t. 2 1838, p. 441), préfet de la Drôme c. Rousset.

282. — L'ordonnance royale qui, postérieurement à la loi du 7 juill. 1833, approuve, en le modifiant, le tracé d'un chemin de fer dont la concession est antérieure à cette loi, n'a pas dû être précédée d'une enquête administrative. — *Cass.*, 11 mai 1835, Dumarest c. Henry et Mellet.

283. — L'art. 2, L. 20 mars 1835, qui, tout en disposant que les votes de classement des routes émis par les conseils généraux de départemens seraient toujours et nécessairement précédés de l'enquête prescrite par l'art. 3, L. 7 juill. 1833, autorise, par exception à la règle générale, le classement, par ordonnance royale et sans enquête administrative préalable, des routes votées antérieurement à sa promulgation, ne doit s'entendre que du vote du classement lui-même, et autant que ce classement nouveau n'entraînerait la nécessité d'aucune expropriation; mais il ne confère pas à l'administration le droit d'opérer dans la même forme le redressement et la rectification de ces routes. — En conséquence, les tribunaux doivent refuser de prononcer l'expropriation des terrains sur lesquels on veut faire passer la route rectifiée, tant qu'on n'a pas procédé à l'enquête administrative prescrite par l'art. 3. — *Cass.*, 13 janv. 1840 (t. 1er 1840, p. 185), préfet de la Drôme c. Forquet.

284. — Lorsqu'une ordonnance royale déclarative d'utilité publique énonce, dans son préambule, qu'elle a été, conformément à l'art. 3, L. 7 juill. 1833, précédée d'une enquête administrative accomplie dans les formes déterminées par l'ordonnance réglementaire du 18 fév. 1834, des allégations contraires peuvent d'autant moins être écoutées que l'autorité n'est pas compétente pour juger le fond des formalités administratives. — *Cass.*, 10 août 1841 (t. 1er 1847), Forquet c. préfet de la Drôme.

285. — Les enquêtes préparatoires à la loi ou à l'ordonnance qui autorise les travaux ne doivent pas être confondues avec les enquêtes dont parle le titre 2 de la loi du 3 mai 1841, et relatives au tracé des travaux. L'absence des premières ne serait pas un vice que les tribunaux auraient le droit de relever, et dont les propriétaires pourraient se prévaloir pour résister à l'expropriation, tandis que les secondes sont un préliminaire obligatoire du jugement d'expropriation. M. Legrand, commissaire du roi, s'est exprimé ainsi à l'occasion d'un amendement qui proposait de réunir les deux enquêtes:

«La question de savoir s'il est utile d'ouvrir une route ou un canal est autant d'abord une question d'économie politique qu'une question d'art. Pour l'apprécier, il suffit de connaître la direction générale de la ligne qu'on veut suivre, et les principaux obstacles qu'on peut rencontrer... Lorsque, au contraire, l'utilité publique est déclarée, lorsque le gouvernement s'est décidé à entreprendre l'opération, ou lorsqu'une compagnie consent à en exécuter les travaux à ses risques et périls, c'est alors seulement qu'on s'occupe de lever des plans parcellaires; c'est alors qu'on appelle les particuliers à présenter leurs observations sur la ligne définitive des travaux.» — *Monit.*, 1er fév. 1833, p. 258.

286. — Ces enquêtes ont lieu dans les formes déterminées par un réglement d'administration publique. — LL. 3 mars 1841, art. 3, § 4; 7 juill. 1833, même art. — Tel est l'objet des ordon. des 18 fév. 1834, 15 fév. et 23 août 1835.

287. —Les ordonnances des 18 sept. 1816 et 28 déc. 1828 règlent le mode d'instruction spéciale qui doit précéder l'autorisation des travaux purement civils, mais qui doivent être exécutés dans la zone militaire des frontières.

ART. 2. — *Désignation des propriétés à exproprier.*

288. — Lorsqu'à défaut de la loi ou de l'ordonnance, un premier arrêté du préfet a déterminé la direction que suivraient les travaux et indiqué les *territoires*, et lorsqu'un second arrêté du préfet a désigné les *propriétés particulières* à atteindre, les ingénieurs ou autres gens de l'art chargés de l'exécution des travaux, lèvent pour la partie qui s'étend sur chaque commune le *plan parcellaire* des terrains ou des édifices dont la cession leur paraît nécessaire. — L. 3 mai 1841, art. 4; 7 juill. 1833, même article.

289. — Un autre plan dressé pour l'élargissement d'un chemin qui devenait route départementale, peut valablement servir plus tard à désigner les terrains à prendre pour opérer le redressement de cette route et le creusement d'un canal; et même un extrait de ce plan peut suffire si, d'après l'arrêté préfectoral et le jugement d'expropriation, les parcelles nécessaires à la rectification de la route et au creusement du canal sont nettement déterminées à l'aide de lignes de diverses couleurs ajoutées au plan primitif. — *Cass.*, 10 août 1841 (t. 1er 1847), Forquet c. préfet de la Drôme.

290. — Le plan desdites propriétés particulières indicatif des noms de chaque propriétaire, tels qu'ils sont inscrits sur la matrice des rôles, reste déposé pendant huit jours à la mairie de la commune où les propriétés sont situées, afin que chacun puisse en prendre connaissance. —L. 3 mai 1841, art. 5.

291. — L'art. 5 de la loi du 7 juill. 1833 portait: huit jours *au moins*. — Ces deux derniers mots ont été retranchés par la commission de la chambre des pairs parce qu'ils étaient une superfluité. Le délai de huit jours était d'ailleurs consacré par la pratique comme suffisant.

292. — Lors de la discussion de la loi de 1833, deux amendemens avaient été proposés: l'un voulait que les ingénieurs indiquassent la valeur des propriétés, l'autre laissait à l'administration la faculté de faire, immédiatement après les opérations des ingénieurs dont parle l'art. 5, des offres aux propriétaires. On pensait que ces évaluations pourraient être acceptées, et que par ce moyen les lenteurs et les discussions seraient évitées. Mais M. Teste, auteur du second amendement, allait plus loin, et pensait que si l'offre ainsi faite était refusée, et que, plus tard, il fût décidé qu'elle était suffisante, le propriétaire devrait supporter tous les frais à partir du jour où la proposition avait eu lieu. Cela a été combattu et repoussé; mais il est néanmoins intéressant de connaître cet incident afin de rendre bien précis le moment de la procédure où commencent les actes dont les frais peuvent rester à la charge des propriétaires expropriés. — Au demeurant, l'on se tromperait si l'on supposait que la chambre, en rejetant l'amendement, a voulu interdire à l'administration de faire, dès le premier moment, des offres amiables propres à prévenir l'instruction et les débats. « Nous n'avons aucun intérêt, a dit le ministre du commerce, à repousser la faculté qu'on veut nous donner; car, avant que l'on en vienne, ainsi qu'on l'a dit, à des hostilités, c'est-à-dire à une procédure ou administrative ou judiciaire, l'administration fait des offres à l'amiable à tous les propriétaires pour éviter d'en venir à ces moyens de droit. » — Duvergier, *Coll. des Lois*, t. 33, p. 282.

293. — Un tribunal ne peut prononcer l'expropriation en se référant seulement à un arrêté du préfet qui paraîtrait annoncer qu'un plan parcellaire des terrains nécessaires à l'exécution des travaux projetés aurait été déposé à la mairie de la commune où sont situées les propriétés qu'il s'agit d'exproprier; mais il doit viser les pièces constatant formellement le dépôt d'un plan parcellaire, soit entre les mains du maire, soit en la maison commune. — *Cass.*, 2 fév. 1836, Houzet c. préfet du Nord.

294. — Les art. 4 et 5, L. 7 juill. 1833, qui prescrivent la levée, *pour la partie qui s'étend sur chaque commune*, d'un plan parcellaire des terrains ou édifices, objet de l'expropriation, ont pu être considérés comme inapplicables dans certains cas. — Par exemple, alors que la nature particulière de l'objet de l'expropriation (les eaux d'une source à amener dans l'intérieur d'une ville) a dû entraîner la nécessité d'un travail souterrain, dont le point de départ était encore inconnu, on a pu se borner à indiquer sur le plan parcellaire des propriétés isolées et en poursuivre séparément l'expropriation. — *Cass.*, 3 juill. 1839 (t. 2 1846, p. 544), Bourgon c. ville de Besançon.

295. — Il ne résulte aucune nullité de ce que le plan n'énoncerait pas les noms des propriétaires tels qu'ils sont inscrits sur la matrice du rôle, si, d'ailleurs, les indications de ce plan ne laissent aucun doute sur l'identité des propriétés soumises à l'expropriation et sur celle des possesseurs. —*Cass.*, 14 déc. 1842 (t. 1er 1843, p. 33), Maillier c. le préfet de la Manche.

296. — S'il n'existe pas de mairie dans la commune, le dépôt peut être fait au domicile du secrétaire-greffier, après avoir été annoncé à son de caisse. — Duvergier, *Collect. des lois*, t. 41, p. 126.

297. — La demande à fin d'expropriation a pu être déclarée quant à présent non-recevable si le délai de huit jours établi par les art. 5 et 6 de la loi du 7 juill. 1833 n'a pas été observé. —Jug. *trib. Lure*, 15 mai 1839, sous *Cass.*, 9 juill. 1839 (t. 2 1846, p. 655), préfet de la Haute-Saône c. Dépoire.

298. — Le délai de huit jours pour prendre connaissance du plan parcellaire ne court qu'à dater de l'avertissement qui est donné collectivement aux parties intéressées, de prendre communication du plan déposé à la mairie. — L. 3 mai 1841, art. 6, § 1er; 7 juill. 1833, même art.

299. — Il résulte nettement de la discussion à laquelle cet article a donné lieu que le délai de huit jours doit être franc et ne comprend ni le jour de l'avertissement ni celui de la réunion de la commission. — Duvergier, *Coll. des lois*, t. 41, p. 126.

300. — L'avertissement est publié à son de trompe ou de caisse dans la commune, et affiché tant à la principale porte de l'église du lieu qu'à celle de la maison commune. —L. 3 mai 1841, art. 6, § 2; 7 juill. 1833, même art.

301. — De ce mode à suivre pour l'avertissement il résulte qu'il n'est pas nécessaire que l'avertissement soit donné individuellement et par écrit.

302. — Lorsque la commune n'a point d'église, il nous semble, dit M. Delalleau (nº 157), que l'affiche doit être apposée à la principale porte de l'église dont la commune dépend sous le rapport du culte, quoique cette église soit située sur un autre territoire. Cette affiche serait alors placée par les soins du maire de la commune où l'église est située, et le procès-verbal d'affichage serait dressé par ce magistrat. — Nous pensons, nous, que cette pratique serait bonne et utile, mais nous estimons que si l'on s'en était dispensé, il ne serait pas possible, dans le silence de la loi, de voir là une fin de non-recevoir contre la réquisition d'expropriation.

303. — S'il y a plusieurs églises dans la ville, l'affiche doit être placée soit à la porte de l'église principale, soit à la porte de l'église paroissiale dans la circonscription de laquelle sont situés les biens à exproprier. Le choix du maire doit être libre et n'être déterminé que par l'intérêt de la plus grande publicité.

304. — La dénomination d'*église* ne s'applique qu'aux édifices destinés à l'exercice de la religion catholique; mais ce mot ne doit pas ici être pris trop rigoureusement, et s'il n'existait dans la commune qu'un temple pour l'exercice du culte protestant ou qu'une synagogue, ce serait certainement remplir l'intention du législateur que d'apposer l'affiche à la principale porte de ce temple ou de cette synagogue. — Delalleau, nº 158. — Ou encore dans le lieu le plus apparent de la commune. — Husson, *Législ. des trav. publ.*, p. 205.

305. — A défaut d'affiche de l'avertissement à la porte de l'église, la réquisition à fin d'expropriation a pu être déclarée, quant à présent, non-recevable. — Jug. *tribunal de Lure*, 15 mai 1839, sous *Cass.*, 9 juill. 1839 (t. 2 1846, p. 655), préfet de la Haute-Saône c. Dépoire.

306. — L'avertissement est en outre inséré dans l'un des journaux publiés dans l'arrondissement, ou, s'il n'en existe aucun, dans l'un des journaux du département. — L. 3 mai 1841, art. 6, § 3.

307. — La loi du 7 juill. 1833 portait seulement: « Il est en outre inséré dans l'un des journaux des chefs-lieux d'arrondissement et de département. » — Depuis, les opinions s'étant partagées sur l'interprétation de ce texte, on a voulu faire cesser toute ambiguïté en établissant nettement d'abord l'inutilité d'une double publicité, et ensuite la préférence à donner au journal de l'arrondissement sur celui du chef-lieu du département.

308. — Nous pensons avec M. Duvergier (*Coll. des lois*, t. 41, p. 127), et malgré l'opinion émise par M. Persil dans la discussion de la loi du 2 juin 1841 (*Monit.* 25 avr. 1840, p. 797), que l'obligation de se servir des journaux désignés par les cours royales s'applique exclusivement aux insertions prescrites par cette dernière loi, et que celles dont parle la loi sur l'expropriation peuvent être faites, s'il existe plusieurs journaux dans l'arrondissement, dans celui qu'il plaît au maire chargé de la publication de choisir.

309. — La réquisition à fin d'expropriation a pu être déclarée, quant à présent, non recevable, à défaut d'insertion de l'avertissement dans le journal du chef-lieu d'arrondissement, quand il y en a un, indépendamment de cette insertion au journal du chef-lieu de département. — *Trib. Lure*, 15 mai 1839, sous *Cass.*, 9 juill. 1839 (t. 2 1846, p. 655), préfet de la Haute-Saône c. Dépoire.

310. — Il est indispensable que l'avertissement soit publié par la voie des journaux, conformément à l'art. 2 de la même loi. — Cette publication, ayant lieu dans l'intérêt général, n'est pas suppléée par l'avertissement individuel. — *Cass.*, 4 avr. 1843 (t. 1er 1843, p. 636), Soulbieu et prévôt c. préfet de l'Eure et comm. de Cintray.

311. — Décidé, sous l'empire de la loi du 7 juill. 1833, que l'avertissement destiné à faire courir contre les intéressés le délai de huitaine qui leur était accordé pour prendre communication du plan parcellaire et fournir leurs observations, avertissement qui devait être donné par voie de publication à son de trompe ou de caisse, d'affiche et insertion dans les journaux, produisait son effet dès qu'il avait été donné dans cette forme, alors même que l'expropriation n'atteignait qu'un seul individu. En vain dirait-on que ce mode d'avertissement n'était suffisant que lorsqu'il avait été donné *collectivement* à plusieurs, et que dans le cas où il n'y aurait qu'un seul intéressé il devait lui être donné un avertissement *individuel*. — *Cass.*, 14 avr. 1840 (t. 1er 1840, p. 525), préfet de la Corrèze c. Monteil.

312. — Le maire certifie ces publications et affiches. —LL. 3 mai 1841, art. 7; 7 juill. 1833, même art.

313. — Le fait du dépôt du plan à la mairie pendant le délai de huit jours est suffisamment attesté par le certificat du maire qui déclare que toutes les formalités et publications prescrites par les art. 5 et 6 de ladite loi ont été observées; et cela, encore bien qu'il s'agisse d'une expropriation poursuivie dans l'intérêt d'une commune administrée par le maire qui a délivré le certificat. — *Cass.*, 11 août 1841 (t. 2 1841, p. 285), Desbrosses c. ville de la Rochelle.

314. — Le maire mentionne sur un procès-verbal qu'il ouvre à cet effet, et que les parties qui comparaissent sont requises de signer, les déclarations et réclamations qui lui y ont été faites verbalement, et y annexe celles qui lui sont transmises par écrit. — LL. 3 mai 1841, art. 7; 7 juill. 1833, même art.

315. — Il n'est pas nécessaire que le procès-verbal contienne mention du dépôt des plans et de la durée de ce dépôt, alors d'ailleurs que la preuve de l'accomplissement des formalités légales (comme, par exemple, que le dépôt a eu lieu pendant le temps voulu) résulte des autres énonciations dudit procès-verbal. —*Cass*, 20 avr. 1842 (t. 2 1842, p. 19), Bourgon c. ville de Besançon.

316. — Les propriétaires qui ne demeurent pas dans l'arrondissement peuvent faire sur ce procès-verbal l'élection de domicile qui leur est prescrite par l'art. 4.

317. — Le maire doit ensuite transmettre au sous-préfet le procès-verbal contenant les observations. On n'a pas cru nécessaire de le mettre dans la loi; mais on a reconnu que cela devait se faire ainsi. —Duvergier, *Coll. des lois*, t. 33, p. 283, et t. 41, p. 127.

318. — A l'expiration du délai de huitaine prescrit par l'art. 5, une commission se réunit au chef-lieu de la sous-préfecture. — Cette commission, présidée par le sous-préfet de l'arrondissement, est composée de quatre membres du conseil général du département, ou du conseil de l'arrondissement, désignés par le préfet, du maire de la commune où les propriétés sont situées, et de l'un des ingénieurs chargés de l'exécution des travaux. — LL. 3 mai 1841, art. 8, § 1er et 2; 7 juill. 1833, même art.

319. — Dans les chefs-lieux de département, la commission est présidée par le préfet lui-même ou par le secrétaire général de la préfecture, ou, à défaut du secrétaire général, par le conseiller de préfecture délégué.

320. — Le préfet ne peut nommer les membres de la commission qu'après la confection et l'approbation des plans parcellaires de la commune. — Delalleau, n° 182.

321. — Quand des travaux d'utilité publique doivent s'étendre sur plusieurs communes, on doit former autant de commissions qu'il y a de communes, en appelant à chaque commission le maire de la commune respective. Il n'est pas permis de ne former qu'une seule commission dans laquelle figureraient les maires des diverses communes intéressées. — *Cass.*, 6 janv. 1836, Gaullieur-l'Hardy c. Boyer-Fonfrède.

322. — Il est évident que le préfet peut faire entrer les mêmes membres du conseil général ou du conseil d'arrondissement et les mêmes ingénieurs dans chacune des commissions particulières. Autrement il aurait été impossible de composer ces commissions lorsque le nombre des communes aurait été considérable.

323. — Lorsque, dans un intérêt purement communal, une expropriation est poursuivie, il n'est pas nécessaire que le maire de la commune de la situation des terrains expropriés soit appelé à faire partie de la commission d'examen. — *Cass.*, 2 fév. 1836, Houzet c. préfet du Nord.

324. — Jugé que l'art. 8, L. 7 juill. 1833, ne défendait pas de faire entrer dans la deuxième commission d'enquête un membre qui avait déjà fait partie de la commission d'enquête réunie, d'après l'art. 3, préalablement à la déclaration d'utilité publique. — *Cass.*, 10 août 1841 (t. 1er 1847), Forquet c. préfet de la Drôme.

325. — ... Ni de faire entrer dans la deuxième commission un ingénieur entendu dans la première, en vertu de l'art. 6, ord. réglementaire du 18 fév. 1834. — *Cass.*, 10 août 1841 (t. 1er 1847), Forquet c. préfet de la Drôme; — Husson, *Législ. des trav. pub.*, p. 206.

326. — Les propriétaires qu'il s'agit d'exproprier ne peuvent être appelés à faire partie de la commission. — LL. 7 juill. 1833, art. 8, § 3; 3 mai 1841, même art., § 5.

327. — M. Caumartin avait demandé la suppression de ce paragraphe afin que, conformément au droit commun, non seulement les propriétaires mais leurs parens au degré indiqué par les dispositions du Code de procéd., pour les récusations de juges, et toutes les parties intéressées fussent exclues de la commission. M. le rapporteur a répondu que l'inconvénient signalé est à peu près inévitable, leur qualité n'étant pas toujours connue comme celle du propriétaire qui résulte de la matrice des rôles. — Il résulte de là d'abord que les propriétaires seuls sont exclus; et ensuite que la présence des parens des intéressés dans le sein de la commission ayant été reconnue présenter des inconvéniens, le devoir du préfet est de tâcher de découvrir leur qualité et de ne les point appeler lorsqu'il les a découverts.

328. — La commission ne peut délibérer valablement qu'autant que cinq de ses membres au moins sont présens. — L. 3 mai 1841, art. 8, § 3.

329. — Lorsque la commission délibère au nombre de moins de cinq membres, sa délibération est nulle, et cette nullité entraîne celle de toutes les opérations ultérieures. — *Cass.*, 24 août 1846 (t. 2 1846, p. 547), Benker c. préfet de l'Hérault.

330. — L'art. 8, L. 7 juill. 1833, ne contenait aucune disposition à cet égard.

331. — Alors on raisonnait ainsi : « La commission instituée par l'art. 8 a été organisée, et le nombre de ses membres a été calculé de telle sorte que les divers intérêts qu'il s'agit de concilier dans toute affaire d'expropriation pour utilité publique y fussent représentés. Ainsi le préfet et l'ingénieur stipulent dans l'intérêt de l'expropriation requise, le maire de la commune dans l'intérêt de la localité, soit opposé, soit conforme à l'expropriation, et les quatre membres du conseil général du département et de l'arrondissement dans l'intérêt sainement apprécié soit de la propriété privée, soit de l'utilité générale. D'où il suit que l'absence d'un seul des sept membres de la commission dérange l'équilibre de la loi et par conséquent que l'avis final de la commission ne doit être considéré comme légal qu'autant qu'il sera émané du concours de tous ses membres. » — *Cass.* (motifs), 3 juill. 1839 (t. 2 1846, p. 544), Bourgon c. ville de Besançon. — *Contrà* Delalleau, n° 120.

332. — En conséquence on décida que la commission n'avait pu valablement délibérer en l'absence d'un seul de ses sept membres, — *Cass.*, 3 juill. 1839 (t. 2 1846, p. 544), Bourgon c. ville de Besançon; 30 déc. 1839 (t. 2 1846, p. 546), préfet de Seine-et-Oise c. Finet.

333. — ... Et cela alors même que les membres présens formaient la majorité. — *Cass.*, 30 déc. 1839 (t. 2 1846, p. 546), préfet de Seine-et-Oise c. Finet.

334. — .. Et par une conséquence du même principe, qu'il y avait nullité de l'enquête et par suite lieu à cassation du jugement ultérieur, si la commission avait été composée de huit membres au lieu de sept, par exemple en ce que les maires de deux communes différentes auraient pris part tous deux aux délibérations en ce qui concernait chacune des communes. — *Cass.*, 6 janv. 1836, Gaullieur-L'Hardy c. Boyer-Fonfrède.

335. — Dans le cas où le nombre des membres présens serait de six et où il y aurait partage d'opinion, la voix du président est prépondérante. — L. 3 mai 1841, art. 8, § 4. — C'est ordinairement le préfet ou le sous-préfet qui est président. — Husson, *Législ. des trav. pub.*, p. 207.

336. — Mais si les voix se divisent en plus de deux opinions dont aucune ne réunisse la majorité absolue, il ne suffira pas de dresser un procès-verbal constatant la dissidence : il faudra, par application de l'art. 117, C. procéd., que les membres plus faibles en nombre soient tenus de se réunir à l'une des deux opinions qui ont été émises par le plus grand nombre. — Nous nous fondons à cet égard sur ce qu'il résulte nettement du § 4 de l'art. 8 que la commission doit exprimer un avis, et sur les art. 10 et 11, qui font produire à cet avis des conséquences fort graves. — V. en ce sens Duvergier, *Collect. des lois*, t. 41. p. 126.

337. — Toutefois l'avis de la commission n'étant en définitive qu'un renseignement et n'étant nullement obligatoire pour l'administration, il s'ensuit que l'avis de la minorité et même le nombre de voix dont s'est composée cette minorité doivent être mentionnés.

338. — La commission reçoit pendant huit jours les observations des propriétaires. — L. 3 mai 1841, art. 9, § 1er. — (La loi du 7 juill. 1833 ne fixait point de délai.)

339. — Un amendement de M. Renouard, tendant à autoriser la commission qui ne saurait être astreinte à rester dix jours en permanence, à déléguer l'un de ses membres pour recevoir les explications orales ou écrites que les intéressés pourraient transmettre, a été repoussé ; mais il ne l'a été que par cette considération que cette faculté de délégation est de droit. On a d'ailleurs fait remarquer que le sous-préfet, président de la commission, est naturellement délégué pour recevoir toutes les observations présentées. — Duvergier, *Collect. des lois*, p. 126, t. 41.

340. — Les réclamations des intéressés peuvent être produites verbalement, puisque la loi n'a rien réglé à cet égard ; mais nous pensons, contrairement à l'opinion de M. Delalleau (n° 192), qu'en cas de refus de la commission, les réclamans ne pourraient la contraindre à leur donner audience. C'est là une affaire abandonnée à sa discrétion et à sa sagesse.

341. — En admettant les intéressés à fournir dans son sein leurs réclamations, la commission peut et doit même leur permettre de se faire assister d'un conseil.

342. — La commission appelle les propriétaires toutes les fois qu'elle le juge convenable. — L. 3 mai 1833, § 2. (La loi 7 juill. 1833 ajoutait : « Elle reçoit leurs moyens respectifs. »)

343. — En somme, la commission peut prendre toutes mesures qui lui semblent les plus propres à l'éclairer.

344. — La commission donne son avis. — LL. 3 mai 1841, art. 9, § 2 ; 7 juill. 1833, art. 9, § 3.

345. — On a vu que d'après l'art. 9, L. 8 mars 1810, si la commission pensait qu'il y avait lieu de maintenir l'application du plan, elle déduisait les motifs qui la portaient à rejeter les réclamations des propriétaires. Cette disposition n'a été reproduite ni dans la loi de 1833, ni dans celle de 1841 ; mais il n'en est pas moins certain que c'est ce que la commission doit faire en pareille circonstance. — Delalleau, n° 195.

346. — En général, la commission dont il s'agit ici n'a à s'occuper que de la question de savoir si pour exécuter la loi ou l'ordonnance qui a autorisé les travaux, il est nécessaire d'occuper telle ou telle propriété particulière; si, par exemple, pour ménager tel domaine, on ne pourrait pas infléchir la ligne du plan de manière à la diriger vers la limite plutôt que sur le milieu de ce domaine. Il ne s'agit pas d'un intérêt général, mais d'un intérêt purement local et presque individuel. — Discours de M. Legrand, *Monit.* 1833, p. 278. — Mais ce serait une grave erreur que de penser que la commission sortirait de ses attributions en proposant des modifications plus essentielles. Au moment où elle délibère, il y a déjà, il est vrai, des actes administratifs qui décident le tracé des travaux ; mais ces actes ne sont point définitifs, et l'institution de la commission a précisément pour but de les mettre aux prises avec les propriétaires dont ils doivent ou peuvent amener la dépossession.

347. — Les opérations de la commission doivent être terminées dans le délai de dix jours ; après quoi le procès-verbal est adressé immédiatement par le sous-préfet au préfet. — L. 2 mai 1841; art. 9, § 3.

348. — Sous l'empire de la loi de 1833, le délai était d'un mois tant pour recevoir les observations des propriétaires que pour clore le procès-verbal et l'adresser au préfet, d'où il résultait une difficulté insoluble, car, si la commission statuait avant l'expiration du mois, elle privait les propriétaires d'une partie du délai à eux imparti, et si elle statuait après le mois expiré, elle excédait ses pouvoirs, qui ne devaient durer qu'un mois.

349. — Décidé que, sous la loi du 7 juill. 1833, la commission ne pouvait clore ses opérations avant l'expiration d'un mois après le délai de huitaine, pendant lequel l'art. 5 de ladite loi autorisait les propriétaires à prendre communication du plan des travaux. — *Cass.*, 27 nov. 1838 (t. 2 1838, p. 548), préfet de la Gironde c. Couderc.

350. — ... Que la commission ne pouvait ouvrir et fermer son procès-verbal le même jour ; qu'elle devait le tenir ouvert pendant un mois, à peine de nullité. — Peu importerait d'ailleurs que les propriétaires eussent eu tout le temps nécessaire pour consigner leurs observations sur le registre ouvert à la mairie, en vertu de l'art. 7 de ladite loi, la faculté qui leur était donnée à cet égard ne pouvant être confondue avec le droit qui leur appartient, suivant l'art. 9, de présenter leurs observations devant la commission. — *Cass.*, 21 juin. 1842 (t. 2 1842, p. 139), préfet du Jura c. commune des Essarts.

351. — Dans le cas où les opérations de la commission n'ont pas été mises à fin dans le délai ci-dessus, le sous-préfet doit, dans les trois jours, transmettre au préfet son procès-verbal et les documens recueillis. — L. 3 mai 1841, art. 9, § 4 ; 7 juill. 1833, même article, § 5.

352. — Jugé que sous l'empire de la loi du 7 juill. 1833, lorsque la commission n'avait pas donné son avis dans le mois, elle était désormais sans pouvoir, alors même que l'inaccomplissement de cette formalité provenait de l'absence d'un des membres de la commission. — Dans ce cas, le sous-préfet ou le préfet pouvaient passer outre, conformément au dernier paragraphe de l'art. 9. — Il en était ainsi surtout lorsqu'il s'agissait d'une expropriation demandée par une commune dans un intérêt purement communal. — *Cass.*, 20 avr. 1842 (t. 2 1842, p. 19), Bourgon c. ville de Besançon.

353. — Si la commission propose quelque changement au tracé indiqué par les ingénieurs, le sous-préfet doit, dans la forme indiquée par l'art. 6, en donner immédiatement avis aux propriétaires que ces changemens peuvent intéresser. Pendant huitaine, à dater de cet avertissement, le procès-verbal et les pièces restent déposés à la sous-préfecture; les parties intéressées peuvent en prendre communication sans déplacement et sans frais et fournir leurs observations écrites. Dans les trois jours suivans, le sous-préfet transmet toutes les pièces à la préfecture. — L. 3 mai 1841, art. 10.

354. — L'art. 10 de la loi de 1833 était ainsi conçu : « Le procès-verbal et les pièces transmises par le sous-préfet restent déposés au secrétariat général de la préfecture pendant huitaine, à dater du jour du dépôt. Les parties intéressées peuvent en prendre communication sans déplacement et sans frais. »

355. — La nouvelle loi a donc modifié sur trois points principaux la loi ancienne : 1° en supprimant la nécessité du dépôt lorsque la commission n'a pas proposé de modification au tracé, elle supprime l'espèce de recours au préfet, résultant, pour tous les cas, de l'art. 10 de la loi de 1833 ; — 2° lorsqu'il y a proposition de modifier le tracé, le sous-préfet doit en donner avis aux propriétaires ; — 3° lorsqu'il y a lieu au dépôt, les pièces restent à la sous-préfecture au lieu d'être transmises au secrétariat général de la préfecture.

356. — Le mot *immédiatement*, dans lequel on dit que doit être donné, dans la forme prescrite par l'art. 6, l'avis des modifications proposées, doit être entendu dans le sens du *plus tôt possible*. Il était impossible de fixer un délai déterminé, parce que, comme dans la plupart des chefs-lieux d'arrondissement, il n'existe que des journaux paraissant à des intervalles éloignés, on se serait exposé, en restreignant le délai, à mettre le sous préfet dans l'impossibilité d'accomplir les formalités de la loi, et en accordant un délai plus long, à perdre souvent inutilement un temps précieux.

357. — Il n'y a pas lieu au dépôt, lorsque la com-

mission n'a pas terminé ses opérations dans le délai. Dans ce cas, elle est présumée avoir approuvé le tracé.

358. — Jugé, sous l'empire de la loi du 7 juill. 1833, qu'il n'y avait pas lieu à cassation du jugement, lorsqu'il énonçait que les pièces de l'enquête étaient restées déposées pendant huitaine à la préfecture, et que l'exproprié soutenait le contraire, s'il avait, d'ailleurs, dans le délai, fourni ses réclamations personnelles. — *Cass.*, 6 janv. 1836, Gaullieur-l'Hardy c. Boyer-Fonfrède.

359. — Le certificat du préfet constatant que le dépôt du procès-verbal de la commission d'enquête et des pièces a eu lieu au secrétariat général de la préfecture *pendant huit jours, depuis le 25 juill. jusqu'au 2 août*, doit être entendu en ce sens que les huit jours ont été entiers. — *Cass.*, 10 août 1841 (t. 1er 1847), Forquet c. préfet de la Drôme.

360. — Sur le vu du procès-verbal et des ordonnances y annexées, le préfet détermine par un arrêté motivé les propriétés qui doivent être cédées, et indique l'époque à laquelle il est nécessaire d'en prendre possession. Toutefois, dans le cas où il résulterait de l'avis de la commission qu'il y aurait lieu de modifier le tracé des travaux ordonnés, le préfet doit surseoir jusqu'à ce qu'il ait été prononcé par l'administration supérieure. — L. 3 mai 1841, art. 11, § 1er ; 7 juill. 1833, même article.

361. — L'administration peut, suivant les circonstances, ou statuer définitivement, ou ordonner qu'il soit procédé de nouveau à tout ou partie des formalités prescrites par les articles précédens. — L. 3 mai 1841, art. 11, § 2.

362. — Une difficulté grave se présente sur l'interprétation à donner à cette alternative laissée à l'administration de statuer définitivement ou d'ordonner qu'il soit procédé de nouveau à tout ou partie des formalités prescrites par les articles précédens. Cette faculté alternative est-elle absolue, et l'administration peut-elle statuer définitivement, lors même qu'elle se range à l'avis de la commission et adopte des modifications au tracé? Voilà la question. — Nous inclinons fort vers la négative. En effet, les garanties accordées par la loi aux propriétaires doivent être les mêmes pour tous; or, les propriétaires atteints par le premier tracé ont pu faire valoir leurs réclamations devant une commission; et, dans le fait, ils les ont tellement fait valoir, qu'elles ont été accueillies. Par suite de l'adoption de ces réclamations, d'autres propriétaires qui n'ont pas été entendus, qui n'ont pas dû l'être, se trouvent menacés. Pourquoi voudrait-on enlever à ceux-ci le droit de réclamer dans les mêmes termes et avec les mêmes garanties que les premiers? Sans doute ils peuvent, d'après l'art. 10, fournir pendant huitaine leurs réclamations écrites; mais ce n'est point être dans une condition égale que de fournir des réclamations écrites à l'administration, ou de les présenter à une commission composée de propriétaires de la localité, à une commission qui est obligée de les repousser, si elle les repousse, par un avis motivé, à une commission qui adresse des objections auxquelles on peut répondre. D'un autre côté, il a été reconnu dans la discussion que l'administration, après avoir adopté définitivement un tracé, ne pouvait le modifier qu'à la charge par elle d'accomplir toutes les formalités prescrites par les art. 4 et suiv. de la loi. Pourquoi donc dispenser l'administration de ces formalités, lorsqu'il s'agit du tracé proposé par la commission? Est-ce que dans les deux cas il n'y a pas un tracé nouveau? Et en quoi la position des propriétaires menacés par le changement d'avis de l'administration, après adoption définitive d'un tracé, mérite-t-elle plus de faveurs que celle des propriétaires atteints par les modifications proposées par la commission? — Suivant nous, l'administration ne peut donc adopter définitivement un tracé, sans formalités nouvelles, qu'autant qu'elle rejette les modifications proposées par la commission; et, lorsqu'au contraire elle se range à l'avis de la commission, elle doit nécessairement instituer une autre commission pour recevoir les réclamations des propriétaires atteints. L'administration a la libre faculté de statuer définitivement ou d'ordonner le réaccomplissement des formalités, mais cette faculté est subordonnée au choix qu'elle fait entre son premier avis et l'avis de la commission; et les observations écrites que l'art. 10 permet aux propriétaires de présenter n'ont pas d'autre but que de mettre l'administration à même de se prononcer en connaissance de cause.

363. — L'art. 11, L. 1833, portait que la décision de l'administration supérieure était définitive et sans recours au conseil d'état. — On a supprimé avec raison cette dernière disposition; car il est manifeste que cette décision est un acte de pure administration qui ne touche en rien au contentieux. — Busson, *Législ. des trav. publics*, p. 210.

364. — La décision de l'administration, quoiqu'elle soit qualifiée de définitive, peut néanmoins être modifiée; mais, dans cette hypothèse, il y a lieu de procéder à l'enquête et à toutes les formalités exigées par la loi, lorsqu'il n'y a point encore eu de décision. — Duvergier, *Coll. des lois*, t. 41, p. 132.

365. — Aucune disposition de loi ne s'oppose à ce que les membres de la première commission fassent partie de la seconde commission d'enquête, ni à ce que la première commission soit, comme doit l'être la seconde, présidée par le sous-préfet. — *Cass.*, 14 déc. 1842 (t. 1er 1843, p. 33), Maillier c. préfet de la Manche.

366. — Il n'est pas nécessaire que la seconde commission d'enquête reste réunie en permanence pendant le délai fixé par la loi. Le vœu de la loi est suffisamment rempli lorsque, après avoir ouvert son procès-verbal, cette commission a déclaré que ce procès-verbal et les diverses pièces de l'instruction resteraient ouverts aux investigations et aux recherches de tous ceux qui se présenteraient, et qu'elle s'est ajournée à un jour pris dans le délai pour connaître des observations qui auraient été faites et en délibérer.

Sect. 2e. — *De l'expropriation et de ses suites quant aux priviléges, hypothèques et autres droits réels.*

Art. 1er. — *Cessions amiables.*

367. — Lorsque toutes les formalités énoncées en la section qui précède ont été accomplies, l'administration peut requérir l'expropriation des terrains. Mais elle doit préalablement tenter d'obtenir des propriétaires la cession amiable de leurs propriétés.

368. — En effet, il résulte du paragraphe dernier de l'art. 3, L. 3 mai 1841, que le préfet ne doit agir que « à défaut de conventions amiables, soit avec les propriétaires des terrains ou bâtimens dont la cession est reconnue nécessaire, *soit avec ceux qui les représentent*. » — (Ce dernier membre de phrase ne se trouvait pas dans la loi de 1833.) »

369. — De plus, comme on le verra plus loin, le paragraphe dernier de l'art. 14, L. 3 mai 1841, trace la marche à suivre par le tribunal « dans le cas où les propriétaires expropriés consentiraient à la cession, mais où il n'y aurait point accord sur le prix. »

370. — Bien que l'on qualifie de cessions amiables des contrats par lesquels des propriétaires consentent à l'abandon de leurs propriétés moyennant une indemnité sur laquelle on s'est mis d'accord, cependant une pareille expression n'est employée que par opposition avec le cas d'expropriation, qui est l'aliénation forcée dans toute la rigueur des mots. La cession amiable n'est pas une aliénation volontaire. Les propriétaires n'y consentent que parce qu'ils savent qu'elle aurait lieu malgré eux. C'est là un véritable consentement forcé. — Delalleau, no 710.

371. — Pour arriver au but de cession amiable, il est indispensable que l'administration fasse immédiatement procéder à l'estimation de toutes les parcelles, et s'entoure de tous les renseignemens propres à éclairer ses offres.

372. — Les formes de cette sorte d'expertise préalable ne sont point réglées par la loi; et par conséquent elles sont abandonnées au libre arbitre de l'administration, qui même, à toute rigueur et si elle croyait avoir d'ores et déjà des élémens suffisans d'appréciation, pourrait se dispenser de toute expertise, sans que les propriétaires fussent en droit de se plaindre.

373. — Toutefois, M. Delalleau (no 247) croit voir dans les art. 24 et 25 de la loi la preuve que l'expertise doit avoir lieu contradictoirement avec les propriétaires; d'où la conséquence qu'elle serait absolument indispensable; il s'appuie aussi sur les discussions dans les deux chambres. Mais toutes les raisons qu'il donne nous semblent peu concluantes, et ne sauraient faire que, dans le silence complet de la loi, l'administration puisse être critiquée, soit pour s'être abstenue d'une expertise, si elle a jugé convenable de n'y point recourir, soit pour avoir procédé à cette expertise de telle ou telle façon.

374. — Remarquons d'ailleurs que d'après le projet présenté par le gouvernement en 1832, lequel, après avoir subi diverses modifications, est devenu la loi du 7 juillet 1833, la nécessité d'une expertise préalable contradictoire avec les parties intéressées, était imposée à l'administration, et que ce système a été repoussé sans être remplacé par aucun autre.

375. — Si des biens de mineurs, d'interdits, d'absens ou autres incapables sont compris dans les plans déposés en vertu de l'art. 5, ou dans les modifications admises par l'administration supérieure aux termes de l'art. 11 de la loi, les tuteurs, ceux qui ont été envoyés en possession provisoire, et tous représentans des incapables, peuvent, après autorisation du tribunal donnée sur simple requête en la chambre du conseil, le ministère public entendu, consentir amiablement à l'aliénation desdits biens. — L. 3 mai 1841, art. 13, § 1er. — Cette disposition, non plus que celles des § 2, 3, 4 et 5 ci-après rappelées, ne se trouvait pas dans la loi du 7 juill. 1833.

376. — Sous la loi du 7 juill. 1833, les biens des incapables ne pouvaient être cédés à l'amiable par leurs représentans. Le prix pouvait seulement en être fixé à l'amiable après l'expropriation prononcée.

377. — L'art. 13, L. 3 mai 1841, s'applique aux mineurs émancipés, comme aux mineurs encore en tutelle. Mais ce n'est pas le curateur qui devra présenter la requête et provoquer l'autorisation. — Duvergier, *Collect. des lois*, t. 1er, p. 136.

378. — Quoique la femme mariée soit incapable de vendre seule ses biens, elle est cependant capable de donner son consentement; dès-lors le mari ne peut, sans le concours de sa femme, et en observant les formalités de l'art. 13, L. 3 mai 1841, céder les biens propres de celle-ci. — Duvergier, *ibid.*, p. 137.

379. — Si le mari n'a pas la jouissance des biens à exproprier, la femme, sur le refus du mari de l'autoriser à les céder amiablement, pourra se pourvoir devant le tribunal. (C. civ., art. 217.) Mais si le mari a la jouissance des biens de sa femme sujets à l'expropriation, et que l'un ou l'autre se refuse à une vente amiable, il y aura nécessairement lieu de laisser au tribunal le soin de prononcer l'expropriation. — Duvergier, *ibid.*

380. — Les personnes munies d'un conseil judiciaire peuvent vendre à l'amiable en présentant requête avec l'assistance de leur conseil. — Duvergier, *ibid.*

381. — Les biens des aliénés placés dans un hospice et non interdits peuvent être cédés à l'amiable par l'administrateur pourvu d'une autorisation spéciale du tribunal. — L. 30 juin 1838, art. 31, 33, 36. — Duvergier, *ibid.*, p. 1378.

382. — L'époux présent qui usant du bénéfice de l'art. 124, C. civ., a empêché l'envoi en possession provisoire des héritiers du conjoint absent, en optant pour la continuation de la communauté, peut consentir la cession amiable.

383. — L'héritier bénéficiaire et le curateur à une succession vacante, quoiqu'ils ne soient point représentans d'incapables, peuvent néanmoins consentir l'aliénation amiable. C'est évidemment l'esprit de la loi. Il y a, au surplus, une grande analogie entre les pouvoirs des héritiers bénéficiaires et des curateurs à successions vacantes, et ceux des tuteurs, en ce qui concerne l'aliénation des immeubles (C. procéd., art. 986 et suiv.). Dès-lors, on n'aperçoit pas pourquoi la loi spéciale aurait retiré aux biens des mineurs ou interdits et laissé aux biens dépendant de successions bénéficiaires ou vacantes, les garanties que la loi commune avait voulu leur assurer également.

384. — L'acquéreur à pacte de réméré ne peut ni consentir à l'aliénation amiable, ni accepter les offres sans le concours de son vendeur, parce qu'il n'a qu'un droit résoluble, et que, d'après son titre même, sa propriété n'est point incommutable.

385. — Le tribunal ordonne les mesures de conservation ou de remploi qu'il juge nécessaires. — L. 3 mai 1841, art. 13, § 2.

386. — Ces dispositions sont applicables aux immeubles dotaux et aux majorats. — L. 3 mai 1841, art. 13, § 3.

387. — L'autorisation du tribunal ne serait pas nécessaire, s'il s'agissait d'immeubles dotaux dont l'aliénation aurait été permise par le contrat de mariage; mais cette autorisation serait, pour les immeubles dotaux comme pour ceux non soumis au régime dotal, complétement inefficace, si la femme refusait son concours à l'aliénation amiable.

388. — Le tribunal, en autorisant la cession amiable de tout ou partie des biens dépendant d'un majorat, doit, autant que possible, se conformer, pour tout ce qui concerne les mesures de conservation et de remploi, aux règles tracées par le tit. 4 du décret du 1er mars 1808.

389. — Les biens grevés de substitution peuvent, aussi bien que les biens composant un majorat, être cédés à l'amiable par le détenteur : seulement nous pensons avec M. Duvergier (*loc. cit.*) qu'il serait convenable de faire intervenir le tuteur à la substitution. — V. aussi en ce sens Delvincourt, t. 2, p. 107, no 3; Grenier, *Tr. des donat.*, no 392; Duranton, t. 9, no 590.

390. — Les préfets peuvent, dans le même cas,

aliéner les biens des départemens, s'ils y sont autorisés par délibération du conseil général ; les maires ou administrateurs peuvent aliéner les biens des communes ou établissemens publics, s'ils y sont autorisés par délibération du conseil municipal ou du conseil d'administration, approuvée par le préfet en conseil de préfecture.—L. 3 mai 1841, art. 13, § 4.

391. — Il résulte du rapprochement des trois premiers paragraphes de l'art. 13 avec les paragraphes suivans que pour toutes les aliénations de biens appartenant à l'état, aux départemens, aux communes, aux établissemens publics, l'autorisation du tribunal ne doit pas être requise.

392. — Lorsqu'il s'agit d'aliéner des biens appartenant au département, la délibération du conseil général qui autorise l'aliénation n'a besoin d'aucune approbation.

393. — Le ministre des finances peut consentir à l'aliénation des biens de l'état ou de ceux qui font partie de la dotation de la couronne sur la proposition de l'intendant de la liste civile. — L. 3 mai 1841, art. 13, § 5.

394. — La vente amiable par le nu-propriétaire d'un terrain autoriserait l'administration à prendre possession de l'immeuble sans qu'il soit besoin, pour vaincre la résistance de l'usufruitier, de faire prononcer régulièrement l'expropriation de son droit d'usufruit. — C. civ., art. 621. — *Contrà* Delalleau, p. 13, n° 20.

395. — Il en serait ainsi surtout si le vendeur, au lieu de céder à l'administration la nu-propriété seulement de l'immeuble, avait dissimulé l'existence de l'usufruit et transmis à l'administration la pleine et entière propriété de cet immeuble. L'usufruitier aurait sans doute une action pour revendiquer la jouissance de son droit d'usufruit ; mais l'art. 18 de la loi du 3 mai 1841 déclare qu'en cas d'expropriation, le droit des réclamans sera transporté sur le prix, l'immeuble en demeurant affranchi, et l'art. 19 ajoute que les dispositions de l'art. 18 seront applicables aux conventions amiables passées entre le propriétaire et l'administration.

396. — Les mêmes règles s'appliquent aux droits d'usage et d'habitation.

397. — De ce que l'art. 56 de la loi du 3 mai 1841 (comme on le verra *infrà* n°s 1100 et suiv.) dit que « les contrats de vente... *peuvent* être passés dans la forme des actes administratifs », il suit qu'ils peuvent aussi être passés de toute autre manière, par exemple devant notaires. — Delalleau, n° 713.

398. — Au surplus l'autorité administrative est seule compétente pour décider dans quelle forme doivent être faits les actes de cession. — *Cons. d'état*, 9 mai 1841, Bernard Chertemps c. départem. de la Marne.

399. — Mais *quid* lorsqu'il y a cession gratuite d'un terrain à l'état ? L'acte qui doit la constater est-il soumis aux formalités des donations ordinaires, et par conséquent ne peut-il être passé que devant notaire ? Nous ne le pensons pas. Il nous semble que les règles tracées par la loi spéciale doivent seules être suivies, et que dès-lors le contrat peut être passé dans la forme administrative.

400. — Quoi qu'il en soit, la preuve de la cession amiable ne peut résulter que d'un acte régulier ayant pour objet la transmission de la propriété.

401. — Jugé en ce sens que la prise de possession des terrains soumis à l'expropriation ne prouve pas l'existence de conventions amiables entre l'exproprié et l'administration. — *Cass.*, 31 juill. 1843 (t. 2 1843, p. 363), Jayle c. préfet de Tarn-et-Garonne.

402. — ... Que le seul fait de la part de l'état de s'être mis en possession d'une propriété privée pour en faire un établissement militaire, en vertu de la loi du 8-10 juill. 1791, ne suffit pas pour établir qu'il a payé le prix de la propriété, soit de gré à gré, soit sur estimation, aux termes de l'art. 7, tit. 4 de cette loi ; que l'action de l'ancien propriétaire en revendication de sa propriété ne peut être repoussée que par la preuve du paiement. — *Cass.*, 11 déc. 1838 (t. 2 1839, p. 392), préfet des Basses-Pyrénées c. Renaud.

403. — ... Que l'existence de conventions amiables ne saurait résulter non plus de simples bordereaux signés seulement de l'exproprié, par lesquels il déclare accepter l'évaluation faite par l'ingénieur de l'arrondissement, alors que ces bordereaux mêmes portent la preuve qu'ils ont été renvoyés à l'exproprié par l'ingénieur en chef, parce que l'autorité supérieure ne les a pas approuvés. — *Cass.*, 31 juill. 1843 (t. 2 1843, p. 363), Jayle c. préfet de Tarn-et-Garonne.

404. — Un extrait des conventions amiables doit, de même que pour le jugement d'expropriation, être publié et affiché dans la commune, et inséré dans les journaux de l'arrondissement ou du département. — L. 3 mai 1841, art. 15, § 1er, et art. 19, § 1er. — V. *infrà* n° 462. — Cette disposition n'existait pas dans la loi de 1833.

ART. 2. — *Jugement d'expropriation.*

405. — A défaut de conventions amiables, soit avec les propriétaires des terrains ou bâtimens dont la cession est reconnue nécessaire, soit avec ceux qui les représentent, le préfet transmet au procureur du roi, dans le ressort duquel les biens sont situés, la loi ou l'ordonnance qui autorise l'exécution des travaux, et l'arrêté mentionné en l'art. 11. — L. 3 mai 1841, art. 13, § 6. — L'art. 13, L. 7 juill. 1833, contenait de moins ce membre de phrase : « Soit avec ceux qui les représentent. »

406. — Dans les trois jours, et sur la production des pièces constatant que les formalités prescrites par l'art. 2, tit. 1er, et par le tit. 2 de la loi ont été remplies, le procureur du roi requiert l'expropriation pour cause d'utilité publique des terrains ou bâtimens indiqués dans l'arrêté du préfet. — LL. 3 mai 1841, art. 14, § 1er ; 7 juill 1833, même art.

407. — Le délai de trois jours pour le réquisitoire du procureur du roi est indiqué seulement dans l'intérêt de l'administration, et pour qu'elle puisse s'en prévaloir près du magistrat du parquet.

408. — Les pièces constatant l'accomplissement des formalités, et que le procureur du roi doit produire indépendamment de la loi ou de l'ordonnance et de l'arrêté sont : le plan parcellaire, le certificat du maire relatif à la publication et à l'affiche de l'avertissement concernant le dépôt du plan, un exemplaire signé en manuscrit par l'imprimeur et légalisé des journaux contenant cet avertissement, le procès verbal ouvert par le maire pour recevoir les réclamations des intéressés, le procès-verbal de la commission spéciale, le certificat du sous-préfet attestant le dépôt des pièces pendant huitaine si la commission a proposé des modifications, les pièces constatant que les intéressés ont été avertis de ce dépôt dans les formes voulues, et enfin la décision de l'administration supérieure. — Husson, *Législ. des trav. publics*, p. 214.

409. — Si l'expropriation n'a lieu que dans un intérêt purement communal, il faut retrancher de la nomenclature qui précède tout ce qui en est excepté par la première partie de l'art. 12 et y ajouter ce qui est prescrit par la seconde.

410. — Si dans l'année de l'arrêté du préfet, l'administration n'a pas poursuivi l'expropriation, tout propriétaire dont les terrains sont compris audit arrêté peut présenter requête au tribunal. Cette requête est communiquée par le procureur du roi au préfet, qui devra, dans le plus bref délai, envoyer les pièces, et le tribunal statuera dans les trois jours. — L. 3 mai 1841, art. 14, § 2.

411. — Ce paragraphe ne se trouvait point dans la loi de 1833 ; il a été inséré par la chambre des députés pour empêcher que les propriétés comprises dans l'arrêté restassent indéfiniment frappées d'interdit. Il se combine d'ailleurs avec l'art. 55 dont il vivifie la disposition qui, autrement, n'eût, le plus souvent, présenté aux parties qu'une garantie illusoire.

412. — Cependant, comme le délai d'un an ne court qu'à partir de l'arrêté définitif du préfet, il dépend toujours de l'administration d'enlever toute action au propriétaire. Aussi M. Daru, rapporteur de la commission de la chambre des pairs, faisait-il remarquer que le paragraphe en question n'aurait pas dans la pratique une grande efficacité.

413. — Il a été entendu, dans la discussion à la chambre des députés, que le mot *terrains* comprenait les terrains bâtis ou non.

414. — L'art. 14 ne parle que des propriétaires ; ce qui confirme encore ce que nous avons dit ci-dessus (n° 394) qu'en cas de cession amiable de la part du propriétaire, il n'était pas nécessaire d'exproprier l'usufruitier.

415. — Si le préfet, après avoir pris un arrêté définitif, refusait d'envoyer les pièces au tribunal, et le mettait ainsi dans l'impossibilité de vérifier l'accomplissement des formalités, le propriétaire requérant pourrait, en signifiant au préfet son consentement à la cession amiable, lever cette difficulté. Et s'il pensait que toutes les formalités n'ont pas été remplies, il pourrait toujours faire valoir ses moyens de nullité, lorsqu'on voudrait le déposséder ; dès-lors l'arrêté ne lui causerait aucun préjudice.

416. — Le droit nouveau conféré aux propriétaires n'empêche en aucune manière l'administration de modifier ses plans après l'arrêté du préfet.

417. — Pour que l'expropriation puisse être valablement suivie, il faut toutefois qu'elle soit dirigée contre le propriétaire de l'immeuble.

418. — Ainsi, l'expropriation d'un immeuble appartenant à une femme séparée de biens ne peut être valablement poursuivie contre son mari. — *Cass.*, 24 août 1846 (t. 2 1846, p. 509), Forest c. préfet du Gard.

419. — M. Delalleau, s'appuyant sur les termes de l'art. 622, C. civ., estime (n° 279) que l'expropriation doit être poursuivie et prononcée contre l'usufruitier récalcitrant, aussi bien que contre le propriétaire lui-même. Mais il n'a peut-être pas assez considéré qu'il n'y a guère d'analogie entre la position du nu-propriétaire lorsqu'il vend à un particulier ou lorsqu'il cède amiablement sous la menace imminente d'un jugement d'expropriation. La loi sur l'expropriation a voulu surtout simplifier les procédures, et l'interprétation de M. Delalleau les compliquerait singulièrement ; car ce qu'il veut pour l'usufruitier, il faudrait l'accorder à l'usager, au fermier et au locataire ; il serait même difficile de le refuser au simple ayant-droit à une servitude ; et alors il y aurait peu de propriétés qui n'exigeassent pas deux expropriations au lieu d'une seule. C'est pourquoi nous pensons que l'art. 13, lorsqu'il ne parle que des propriétaires des terrains ou bâtimens, doit être entendu rigoureusement. L'art. 21 ne laisse pas d'ailleurs à nos yeux le moindre doute à cet égard.

420. — Les parties doivent-elles être appelées au jugement qui prononce l'expropriation ?

421. — Décidé, sous l'empire de la loi du 7 juill. 1833, que les parties n'avaient pas besoin d'être appelées devant le tribunal qui procédait à l'expropriation quand l'affaire avait été préalablement et contradictoirement instruite par la voie administrative. — *Cass.*, 9 juin 1834, Montmorency c. comm. de Fontaine-Ledun.

422. — ... Que le propriétaire soumis à l'expropropriation, maître qu'il était d'ailleurs de se présenter devant le tribunal pour lui donner des explications sur le jugement qui allait être prononcé, ne devait pas, sous peine de nullité, y être appelé par le préfet, le procureur du roi ou le concessionnaire. — *Cass.*, 6 janv. 1836, Gaullieur l'Hardy c. Boyer-Fonfrède.

423. — Lors de la discussion de la loi de 1841 à la chambre des députés, M. Renouard, ayant proposé d'ajouter au § 1er ces mots : *Sans qu'il soit nécessaire d'appeler en cause les propriétaires dont les biens sont sujets à expropriation*, et M. Dalloz ayant substitué à l'amendement abandonné de M. Renouard cette rédaction : *Sauf le droit d'intervenir par simple enquête, sans procédure ni plaidoierie*, le président résuma ainsi la discussion après l'abandon du sous-amendement de M. Dalloz : La chambre se souvient que, d'une part, M. Renouard a retiré son amendement parce qu'il est reconnu par tout le monde que cette non-nécessité est établie par le droit commun ; et que, d'un autre côté, M. Dalloz retire son amendement relatif au droit des parties de produire leurs observations, parce que personne ne conteste ce droit, à condition que ceux qui l'exercent ne soient pas parties. — Husson, *Législ. des trav. publics*, p. 215.

424. — Alors même qu'il s'agit d'une expropriation poursuivie au nom d'une commune, c'est au procureur du roi seul qu'il appartient de la requérir (art. 13 et 14, L. 7 juill. 1833). — Dès-lors, ne s'agissant pas d'une instance dans laquelle la commune puisse être considérée comme partie, cette commune n'est pas astreinte à se faire préalablement autoriser en justice. — *Cass.*, 11 août 1841 (t. 2 1841, p. 285), Desbrosses c. ville de la Rochelle.

425. — Le réquisitoire du procureur du roi, étant une sorte de demande introductive à l'instance et le point de départ de la mise en action du tribunal, doit être écrit. Si l'affaire est mise au rapport de l'un des juges, le procureur du roi doit être entendu après le rapport ; si au contraire le tribunal veut statuer sans désemparer, il doit fournir immédiatement ses conclusions verbales. — Toutefois le jugement qui ne constaterait pas que le procureur du roi a été entendu ne serait pas pour cela, dans le silence de la loi, entaché de nullité.

426. — Le procureur du roi peut conclure contre ses propres réquisitions s'il lui paraît que toutes les formalités n'ont pas été remplies, ou qu'il n'en est pas suffisamment justifié. Il a ici la même liberté qu'en matière de conflit, où souvent il combat le déclinatoire qu'il a présenté.

427. — Sur le vu des pièces produites et sur la réquisition du procureur du roi, le tribunal prononce l'expropriation. — L. 3 mai 1841, art. 14, § 1er ; L. 7 juill. 1833, même art.

428. — Bien que l'art. 14 dise que le tribunal doit prononcer l'expropriation dans les trois jours, cependant le tribunal peut renvoyer la prononciation du jugement d'expropriation à tel jour qu'il trouve convenable, en se réservant tout le temps nécessaire pour examiner la régularité des pièces produites.

429. — Mais si le tribunal ne peut prononcer que

sur la production des pièces indiquées, jusqu'à quel point a-t-il le droit de contrôler leur contenu ?

430. — Les tribunaux ont le droit d'examiner si les travaux doivent être autorisés par une loi ou par ordonnance, de telle sorte qu'ils peuvent refuser de prononcer l'expropriation, s'il leur paraît qu'une ordonnance a été substituée à une loi, dans le cas où une loi eût été nécessaire. — Gillon et Stourm, *C. des municip., loi sur l'expropr.*, p. 65. — *Contrà* Delalleau, n° 305.

431. — En reprenant la discussion qui eut lieu à cet égard, en 1833, à la chambre des députés, il faut dire avec M. Duvergier (*Collection des Lois,* t. 33, p. 289) : Si les pièces produites ne constatent pas l'accomplissement de toutes les formalités, le tribunal ne doit pas prononcer l'expropriation ; mais il n'a nullement à annuler l'arrêté du préfet, car ce n'est pas la mission qui lui est confiée. Il doit se borner à dire : « Attendu que les pièces produites ne constatent pas que telles et telles formalités ont été remplies, il n'y a lieu de prononcer l'expropriation des terrains appartenant à tel ou tel propriétaire. »

432. — Ainsi, le tribunal saisi d'une demande en expropriation doit examiner non seulement si les pièces constatant l'accomplissement des formalités prescrites sont produites, mais encore si ces formalités ont été accomplies ainsi que le veut la loi, et il doit, en cas d'irrégularité, déclarer qu'il n'y a lieu, quant à présent, à prononcer l'expropriation. — *Cass.*, 30 déc. 1839 (t. 2 1846, p. 546), préfet de la Seine et Vise c. Finet.

433. — Toutefois, les tribunaux n'ont pas compétence pour examiner le mérite des actes dont l'accomplissement est confié par la loi à l'administration pour la période antérieure à la déclaration d'utilité publique. — *Cass.*, 14 déc. 1842 (t. 1er 1843, p. 33), Maillier c. préfet de la Manche.

434. — Ainsi, lorsqu'une loi ou une ordonnance royale a déclaré certains travaux d'utilité publique, les tribunaux chargés de prononcer l'expropriation n'ont pas de compétence pour examiner si cette loi ou cette ordonnance a été précédée d'enquêtes suffisantes. — *Cass.*, 25 août 1841 (t. 1er 1843, p. 33), Lenormand c. compagnie du chemin de fer de Paris à Rouen ; 14 déc. 1842 (t. 1er 1843, p. 33), Maillier c. préfet de la Manche.

435. — Lorsque la loi spéciale a imposé au concessionnaire l'obligation de justifier de la constitution d'un certain fonds social avant de provoquer aucune expropriation, et que l'administration supérieure, par l'organe du directeur des ponts et chaussées, a reconnu que la formalité était accomplie, le tribunal est incompétent pour rechercher contre une telle déclaration la justification du fait. — *Cass.*, 6 janv. 1836, Gaullieur-l'Hardy c. Boyer-Fonfrède.

436. — Les actes constatant que les formalités préliminaires de l'expropriation ont été accomplies par l'administration, font pleine foi de leur contenu, et le tribunal ne peut les rejeter qu'après une inscription de faux régulièrement introduite et jugée. — Gillon et Stourm, *Code des municipalités,* p. 64.

437. — Cependant, on ne peut être admis à s'inscrire en faux devant l'autorité judiciaire contre l'ordonnance royale qui, en déclarant certains travaux d'utilité publique, vise dans son préambule l'enquête administrative : les tribunaux ne peuvent, sans sortir du cercle de leurs attributions, examiner le mérite de cette ordonnance et en vérifier les énonciations. — Duvergier, *Collection des lois,* t. 1er 1841, p. 126. — M. Delalleau (n° 306) pense que les tribunaux ne peuvent vérifier la régularité de l'enquête administrative, mais qu'ils peuvent examiner si, en fait, elle a eu lieu.

438. — M. Delalleau pense aussi (n° 307) que, lorsque la commission a été d'avis d'un changement dans le tracé, et que le préfet a dû, avant de prendre l'arrêté définitif, consulter le ministre, le tribunal ne peut vérifier si le préfet s'est exactement conformé à la décision du ministre, parce que ce serait s'immiscer dans l'examen d'un acte administratif, le modifier, le réformer en quelque sorte. — Cette opinion nous semble reposer sur une erreur manifeste : d'une part, parce que le tribunal ne réforme pas l'arrêté du préfet en refusant de prononcer l'expropriation, et ensuite, parce que tous les actes préliminaires de l'expropriation étant des actes administratifs, il s'ensuivrait, d'après la doctrine de M. Delalleau, que le tribunal ne pourrait jamais refuser de prononcer l'expropriation.

439. — Le jugement prononçant l'expropriation pour cause d'utilité publique ne peut ordonner la dépossession immédiate de l'exproprié, sauf indemnité ultérieure. — *Cass.*, 28 janv. 1834, Dumarest c. Henry et Mellet.

440. — Le tribunal, après avoir visé les pièces produites, ainsi qu'on le verra plus bas, prononce

l'expropriation de chacun des immeubles désignés, moyennant préalable indemnité.

441. — Lorsque, par une locution inexacte, un jugement, au lieu de prononcer l'expropriation d'un terrain, a prononcé l'envoi en possession des concessionnaires, mais à la charge d'acquitter préalablement l'indemnité qui sera réglée par le jury, on ne peut en conclure que le propriétaire du terrain a été dépossédé avant d'avoir été préalablement indemnisé. — *Cass.*, 11 mai 1835, Dumarest c. Henry et Mellet.

442. — L'arrêté définitif du préfet devant, d'après l'art. 11, indiquer l'époque à laquelle il sera nécessaire de prendre possession, le jugement doit, suivant M. Delalleau (n° 313), énoncer l'époque à laquelle l'administration compte prendre possession, parce que, dit cet auteur, c'est là un élément d'appréciation pour l'indemnité.

443. — Le même jugement commet un des membres du tribunal pour remplir les fonctions attribuées par le tit. 4, chap. 2, au magistrat directeur du jury chargé de fixer l'indemnité, et désigne un autre membre pour le remplacer au besoin. — En cas d'absence ou d'empêchement de ces deux magistrats, il est pourvu à leur remplacement par une ordonnance sur requête du président du tribunal civil. — L. 3 mai 1841, art. 14, § 3 et 4.

444. — La loi de 1833 n'exigeait pas que le jugement désignât un autre membre du tribunal pour remplacer au besoin le directeur du jury ; elle n'indiquait pas non plus le moyen de remplacer ces deux magistrats, s'ils étaient absens ou empêchés. Il a été sagement pourvu à cette lacune.

445. — Le jugement qui prononce l'expropriation doit non seulement déclarer que toutes les formalités prescrites par la loi ont été remplies, mais encore porter avec lui la justification de sa légalité par le visa, ou du moins l'énonciation des pièces constatant l'accomplissement des formalités prescrites. — *Cass.*, 1er juill. 1834, Dumarest c. Henry et Mellet ; 2 fév. 1836, Houzet c. préfet du Nord.

446. — Ainsi il doit, à peine de nullité, contenir les noms des propriétaires dépossédés. — *Cass.*, 2 fév. 1836, Houget c. préf. du Nord ; 4 août 1841 (t. 2 1841, p. 377), Coniac.

447. — Ainsi, encore, on doit annuler le jugement où ne se trouve mentionnée aucune production des pièces qui ont dû être adressées par le préfet au procureur du roi et qui ne constate pas que ces pièces ont été visées par le tribunal. — *Cass.*, 1er juill. 1834, Dumarest c. Henry et Mellet.

448. — Jugé cependant qu'il y a, dans un jugement pour cause d'expropriation publique, constatation suffisante de l'accomplissement de toutes les formalités par la mention suivante : *Vu les pièces, au nombre de neuf, transmises au ministère public par le préfet, et constatant que les formalités exigées par la loi ont été remplies.* — *Cass.*, 11 mai 1835, Dumarest c. Henry et Mellet.

449. — Le jugement qui prononce l'expropriation est suffisamment motivé par cela qu'il se réfère aux pièces de la poursuite qu'il a visées. — *Cass.*, 3 juill. 1839 (t. 2 1846, p. 544), Bourgon c. ville de Besançon.

450. — Si les pièces produites au tribunal à l'effet de constater l'accomplissement des formalités l'ont été en originaux, elles doivent être restituées au préfet après le jugement : si, au contraire, ces pièces ne sont que des copies certifiées, elles doivent rester déposées au greffe.

451. — Le jugement doit énoncer la contenance de chaque parcelle et indiquer sa nature. — Delalleau, n° 312.

452. — L'erreur résultant de ce qu'un jugement prononce l'expropriation pour cause d'utilité publique de 105 hectares 47 ares 71 centiares, lorsque l'expropriation n'était demandée que pour 10,547 mètres 71 centimètres constitue un excès de pouvoir qui emporte la nullité du jugement. — *Cass.*, 14 mars 1842 (t. 1er 1842, p. 735), Jayle c. préf. de Tard-et-Garonne.

453. — L'omission, dans la copie signifiée par le préfet, des visa réellement contenus dans le jugement, n'est pas une cause de nullité du jugement lui-même, et l'exproprié n'est pas fondé à l'invoquer comme cause de nullité surtout si, antérieurement à cette signification, il s'est fait délivrer par le greffier une expédition du jugement constatant l'accomplissement des formalités prescrites par les art. 2 et 14, L. 3 mai 1841. — *Cass.*, 31 juill. 1843 (t. 2 1843, p. 363), Jayle c. préf. de Tarn-et-Garonne.

454. — Dans le cas où les propriétaires à exproprier consentent à la cession, mais où il n'y a point accord sur le prix, le tribunal donne acte du consentement et désigne le magistrat directeur du jury, sans qu'il soit besoin de rendre le jugement d'expropriation, ni de s'assurer que les formalités prescri-

tes par le titre 2 ont été remplies — L. 3 mai 1841, art. 14, § 5.

455. — Une pareille disposition n'existait pas dans la loi du 7 juill. 1833. — Aussi a-t-il été décidé, sous l'empire de cette loi, que de ce qu'un propriétaire aurait consenti à l'expropriation, il n'en résulterait pas que le tribunal pût la prononcer sans que toutes les formalités voulues par la loi pour la constatation de l'utilité publique eussent été remplies, et avant que la production des pièces établissant l'accomplissement de ces formalités eût eu lieu, si l'administration et le propriétaire n'étaient pas d'accord sur la fixation de l'indemnité. — *Cass.*, 5 juill. 1836 (t. 1er 1837, p. 119), Dusserech c. préf. du Lot.

456. — Le jugement qui prononce une expropriation pour cause d'utilité publique a pour effet de dépouiller irrévocablement l'exproprié de son héritage et de ne lui laisser désormais d'autre droit que celui de réclamer une somme d'argent à régler à l'amiable ou par la voie du jury. — *Colmar,* 23 juill. 1841 (t. 1er 1842, p. 459), Kœchlin c. Cron.

457. — Ainsi l'immeuble n'est plus la chose de l'exproprié, mais celle de l'état ou du concessionnaire. — D'où la conséquence :

458. — ... 1° Que si l'immeuble périt dans l'intervalle du jugement d'expropriation à la décision du jury, il périt pour le compte de l'état ou de la compagnie. — M. Persil, discussion à la chambre des pairs de la loi du 3 mai 1841 ; Duvergier, *Collect. des lois*, t. 41, p. 148. — Arg. de l'art. 1592, C. civ.

459. — ... 2° Que l'état ou le concessionnaire au profit de qui l'expropriation a été prononcée ne peut plus, après que ce jugement est passé en force de chose jugée, renoncer en tout ou en partie au bénéfice de l'expropriation contre le gré du propriétaire exproprié et enlever à celui-ci la faculté de faire régler l'indemnité et d'en toucher le montant. — *Colmar,* 23 juill. 1841 (t. 1er 1842, p. 459), Kœchlin c. Cron ; *Toulouse,* 25 juill. 1846 (t. 2 1846, p. 651), préfet de Tarn-et-Garonne c. Orliac.

460. — Il en est ainsi notamment au cas où le propriétaire exproprié d'une partie de sa maison a usé de la faculté que lui donnait l'art. 50, L. 3 mai 1841, de forcer l'état à prendre la maison tout entière. — *Toulouse*, 25 juill. 1846 (t. 2 1846, p. 651), préfet de Tarn-et-Garonne c. Orliac.

461. — En pareil cas, si l'état et l'exproprié sont d'accord pour faire rapporter le jugement d'expropriation, l'exproprié peut exiger que sa réintégration soit prononcée par jugement, et de plus il peut obtenir contre l'état des dommages-intérêts à raison du préjudice résultant pour lui de la longue incertitude sur ses droits et des dépenses nécessitées par la translation éventuelle de son établissement de commerce. — Même arrêt.

462. — Le jugement est publié et affiché par extrait dans la commune de la situation des biens de la manière indiquée en l'art. 6. Il est en outre inséré dans l'un des journaux publiés dans l'arrondissement, ou, s'il n'en existe aucun, dans l'un de ceux du département. — L. 3 mai 1841, art. 15, § 1er.

463. — La loi du 7 juill. 1833, même article, portait que l'extrait du jugement devait être inséré dans l'un des journaux de l'arrondissement et dans l'un de ceux du chef-lieu du département.

464. — De ce que les conventions amiables doivent, aussi bien que le jugement d'expropriation, être publiées et affichées (V. *suprà* n° 404), il suit que le jugement qui donne acte aux propriétaires de leur consentement doit également être affiché et publié. — Duvergier, *Collect. des lois,* t. 41, p. 143.

465. — L'extrait du jugement contenant les noms des propriétaires, les motifs et le dispositif du jugement leur est notifié au domicile qu'ils auront élu dans l'arrondissement de la situation des biens par une déclaration faite à la mairie de la commune où les biens sont situés ; et dans le cas où cette élection de domicile n'aurait pas eu lieu, la notification de l'extrait doit être faite en double copie au maire et au fermier, locataire, gardien ou régisseur de la propriété. — LL. 3 mai 1841, art. 15, § 2 ; 7 juill. 1833, même article.

466. — Il ne s'agit ici que des noms des propriétaires tels qu'ils sont portés sur la matrice du rôle.

467. — Toutes les autres notifications prescrites par la présente loi seront faites dans la forme ci-dessus indiquée. — L, 3 mai 1841, art. 15, § 3 ; L. 7 juill. 1833, même art.

468. — Il eût été plus exact de dire *de la manière indiquée au précédent paragraphe* ; car pour *la forme* des notifications il faut se reporter à l'art. 57.

469. — En ce qui concerne le recours en cassation contre le jugement d'expropriation, V. *infrà* nos 882 et suiv.

ART. 3. — *Transcription et purge des priviléges et hypothèques.*

470. — Le jugement doit être, immédiatement

après l'accomplissement des formalités prescrites par l'art. 15 de la présente loi, transcrit au bureau de la conservation des hypothèques de l'arrondissement, conformément à l'art. 2181, C. civ. — L. 3 mai 1841, art. 16.

471. — L'art. 16, L. 7 juill. 1833, portait seulement que le jugement devait être immédiatement transcrit au bureau de la conservation des hypothèques de l'arrondissement, conformément à l'art. 2181, C. civ.

472. — Cet article n'est applicable qu'au jugement qui a prononcé l'expropriation sans le concours du propriétaire, et à celui qui, après la cession amiable, a donné acte du consentement intervenu. — Quant à la convention amiable qui s'entend du cas où il y a accord et sur la cession et sur le prix, ce qui la concerne est réglé par l'art. 19. — Séance de la chambre des pairs 6 mai 1840.

473. — La commission avait d'abord proposé de mettre au commencement de l'article ces mots : *En cas de purge des hypothèques.* Ces expressions indiquaient que la purge n'était pas nécessaire dans tous les cas. Mais dans le cours de la discussion le rapporteur ayant proposé de les supprimer, M. le commissaire du roi s'y opposa vivement. Malgré sa résistance, la chambre les supprima. Il résulte de ces rapprochemens que toutes les fois qu'il y a eu jugement il y a lieu à la purge. — On ne doit pas s'arrêter d'ailleurs à cette idée que le droit commun considère pour les particuliers la purge comme facultative. M. Persil a fait remarquer avec raison que les particuliers maîtres de leurs droits peuvent en négliger la conservation, tandis que ceux qui administrent les biens de l'état ne doivent point s'écarter des mesures de précaution prescrites par les lois. « L'administration, a-t-il dit, a voulu, comme tous les citoyens, avoir le droit de payer sans purger ; mais le ministre des finances, défenseur de la caisse qui lui est confiée, ne l'a pas voulu ; on l'avait toléré pour quelques sommes ; la cour des comptes s'est trouvée là, et la cour des comptes, dans ses observations au roi, a invoqué le principe que j'énonçais tout à l'heure. On est allé plus loin : le ministre des finances ne voulant pas prendre sur lui-même la responsabilité d'une pareille décision, en a référé au conseil d'état, et le comité des finances, en 1837, a décidé que la purge des hypothèques n'était pas facultative, mais obligatoire. — V. instr. de la régie du 1er août 1837 ; ord. 14 sept. 1822, art. 15 ; Baudot, *Formalités hypoth.*, t. 2, no 1120.

474. — Au demeurant, cette question ne peut avoir d'intérêt que pour l'administration. Relativement aux créanciers inscrits, il est certain, et personne n'a songé à le contester, que leurs droits pourront être exercés tant qu'ils n'auront pas été éteints par l'effet de la purge légale.

475. — Le conservateur des hypothèques ne doit pas, lors de la transcription du jugement d'expropriation, prendre inscription d'office au profit du vendeur exproprié. Les dispositions de l'art. 2108, C. civ., ne s'appliquent point à ce cas. — *Paris*, 25 mai 1844 (t. 1er 1844, p. 739), compagnie du chemin de fer d'Orléans c. conservateur des hypothèques de Corbeil.

476. — En matière d'expropriation, les conservateurs des hypothèques ne peuvent, dans le cas où le prix des immeubles sera payé par le trésor, réclamer aucun salaire, soit pour le dépôt ou la transcription des contrats ou des jugemens, soit pour la délivrance des états d'inscription et des certificats négatifs, de même que pour toute espèce de renseignemens dans l'intérêt de l'état. — Circul. 1er août 1837.

477. — D'après l'art. 58 de la loi, les compagnies concessionnaires doivent jouir des mêmes avantages.

478. — Dans la quinzaine de la transcription, les priviléges et les hypothèques conventionnelles, judiciaires ou légales, seront inscrits. — L. 3 mai 1841, art. 17, § 1er.

479. — La loi de 1833 contenait de plus, après les priviléges et hypothèques conventionnelles, judiciaires et légales, les mots *antérieurs au jugement.* Mais il a été entendu, sur une explication de M. Dussolier, approuvée par le rapporteur, que ces mots *antérieurs au jugement* étaient supprimés comme inutiles.

480. — A défaut d'inscription dans ce délai de quinzaine, l'immeuble exproprié est affranchi de tous privilèges et hypothèques de quelque nature qu'ils soient, sans préjudice des droits des femmes, mineurs et interdits, sur le montant de l'indemnité, tant qu'elle n'a pas été payée ou que l'ordre n'a pas été réglé définitivement entre les créanciers. — L. 3 mai 1841, art. 17, § 2.

481. — Dans la loi de 1833, ce paragraphe se terminait ainsi : « Sans préjudice du recours contre les maris, tuteurs ou autres administrateurs qui auraient dû requérir les inscriptions. » Ces mots ont été retranchés comme inutiles sur les observations de M. Lherbette.

482. — Les créanciers inscrits n'ont dans aucun cas la faculté de surenchérir, mais ils peuvent exiger que l'indemnité soit fixée conformément au titre. — LL. 3 mai 1841, art. 17, § 3 ; 7 juill. 1833, même art.

483. — La raison de cette disposition est simple. La surenchère a pour objet de faire passer l'immeuble des mains du premier acquéreur dans celles d'un autre, moyennant un prix plus élevé. Ici, l'acquéreur c'est le gouvernement ; et il faut que l'immeuble reste entre ses mains. Seulement on peut exiger que le prix soit porté aussi haut qu'il doit l'être, et les créanciers qui ont intérêt à ce que réellement le prix soit le plus élevé possible ont droit d'exiger que les garanties offertes par la loi soient observées. — Duvergier, *Collect. des lois*, t. 33, p. 290.

484. — Les créanciers n'ont plus, par le seul fait de l'expropriation, de droits que sur l'indemnité. Cependant il a été jugé que l'expropriation pour cause d'utilité publique d'une portion de l'immeuble saisi ne doit pas suspendre le cours des poursuites ni arrêter l'adjudication. — *Paris*, 9 oct. 1839 (t. 2 1839, p. 572), Henry c. Lefebvre-Meuret.

485. — La loi du 8 mars 1810 (V. *suprà* no 240) autorisait le tribunal à permettre, sur la demande du débiteur, que celui-ci, pour continuer à jouir du bénéfice du terme, fît transporter l'hypothèque sur d'autres immeubles. Malgré le silence de la loi actuelle, M. Delalleau (no 389) pense qu'il en est encore de même. Nous hésitons beaucoup à nous ranger à cette opinion ; mais nous admettrions plus volontiers que le créancier qui ne voudrait pas recevoir son remboursement, si la convention le dispensait de cette nécessité avant le terme stipulé, pourrait, par analogie de l'art 2131, C. civ., obtenir du tribunal que son hypothèque fût transportée sur d'autres immeubles de son débiteur.

486. — Les actions en résolution, en revendication, et toutes autres actions réelles, ne peuvent arrêter l'expropriation ni en empêcher l'effet. Le droit des réclamans est transporté sur le prix et l'immeuble en demeure affranchi. — L. 3 mai 1841, art. 18 ; L. 7 juill. 1833, même art.

487. — L'action résolutoire pour défaut de paiement du prix n'étant pas sujette à inscription, le vendeur non payé peut, bien qu'il n'ait pas fait inscrire son privilége dans la quinzaine de la transcription, venir, en vertu de son action résolutoire, primer les créanciers inscrits. — Duvergier, *Collect. des lois*, t. 33, p. 290.

488. — Les règles posées dans les art. 16, 17 et 18, sont applicables dans le cas de conventions amiables passées entre l'administration et les propriétaires. — L. 3 mai 1841, art. 19, § 1er.

489. — La loi du 7 juill. 1833 (art. 19) ne déclarait applicables aux conventions amiables passées entre l'administration et les propriétaires que les règles posées aux art. 17 et 18.

490. — Il ne s'agit ici que des conventions amiables passées après la déclaration d'utilité publique. Cela a été formellement déclaré par M. le garde-des-sceaux lors de la première discussion à la chambre des pairs. La seconde commission de la chambre des pairs a cru même devoir le dire expressément, mais cette disposition a été retranchée comme tout-à-fait superflue.

491. — Cependant l'administration peut, sauf les droits des tiers, et sans accomplir les formalités ci-dessus tracées, payer le prix des acquisitions dont la valeur ne s'élèverait pas au-dessus de 500 fr. — L. 3 mai 1841, art. 19, § 2.

492. — Le défaut d'accomplissement des formalités de la purge des hypothèques n'empêche pas l'expropriation d'avoir son cours ; sauf, pour les parties intéressées, à faire valoir leurs droits ultérieurement dans les formes déterminées par le titre 4 de la présente loi. — Même art. 19, § 3.

493. — Voici à quelle occasion le gouvernement a demandé cet article. Un arrêt de la cour de Colmar avait refusé de désigner le jury dont la compagnie du chemin de fer de Bâle à Strasbourg réclamait la formation ; toutes les formalités étaient remplies, le jugement d'expropriation était rendu. La cour de Colmar voulait que la compagnie justifiât devant elle de l'accomplissement de toutes les formalités relatives à la purge des hypothèques. En vain la compagnie alléguait que la purge pouvait être faite plus tard ; que même, si elle voulait courir la chance de payer deux fois, elle pouvait se dispenser de la purge. La cour de Colmar a refusé de désigner les jurés, et la procédure en expropriation, ou plutôt le réglement du prix a été suspendu. C'est pour prévenir de pareils arrêts que l'article a été proposé.

Sect. 3e. — *Réglement des indemnités.*

Art. 1er. — *Mesures préparatoires. — Offres.*

494. — Dans la huitaine qui suit la notification prescrite par l'art. 15, le propriétaire est tenu d'appeler et de faire connaître à l'administration les fermiers, locataires, ceux qui ont des droits d'usufruit, d'habitation ou d'usage, tels qu'ils sont réglés par le Code civil, et ceux qui peuvent réclamer des servitudes résultant des titres mêmes du propriétaire ou d'autres actes dans lesquels il serait intervenu : sinon il restera seul chargé envers eux des indemnités que ces derniers pourront réclamer. — L. 3 mai 1841, art. 21, § 1er.

495. — L'art. 21 de la loi du 7 juill. 1833 contenait une semblable disposition, mais avec cette différence : « de faire connaître au magistrat directeur du jury. »

496. — Ce délai de huitaine est fatal et non pas simplement comminatoire. — *Cass.*, 12 janv. 1842 (t. 2 1842, p. 17), Méritan c. maire d'Apt.

497. — Tout prétendant droit à une indemnité n'a d'action contre celui dans l'intérêt duquel l'expropriation est poursuivie qu'autant que par lui-même ou par le secours du propriétaire exproprié, il a fait connaître son droit dans la huitaine au plus tard de la notification du jugement d'expropriation faite conformément à l'art. 15 de la loi du 7 juill. 1833. Dès-lors il y a nullité de la décision du jury qui alloue une indemnité à un individu non compris dans le tableau des indemnitaires, faute d'avoir réclamé dans le délai légal. — *Cass.*, 10 août 1841 (t. 2 1841, p. 376), Rimbault c. Pilloy et Legrand.

498. — On a demandé si la disposition s'appliquait au cas où la concession serait faite à une compagnie. M. Renouard a répondu : « J'entends par l'administration la partie expropriante. » Dans la loi on a toujours dit l'administration pour la partie expropriante. — V. art. 633. — Duvergier, t. 41, p. 149.

499. — Le propriétaire qui a négligé d'appeler ou de faire connaître à l'administration, dans le délai, le fermier des lieux expropriés, pour le mettre à même de réclamer une indemnité, reste seul chargé de celle à laquelle ce dernier peut avoir droit, et il est non-recevable à former lui-même ultérieurement une demande en indemnité dans l'intérêt de ce fermier, les contestations qui peuvent s'élever entre le propriétaire et le fermier étant désormais étrangères à l'état, qui exproprie. — *Cass.*, 17 juill. 1844 (t. 1er 1845, p. 455), Chion c. préfet de la Drôme.

500. — Le propriétaire n'est pas tenu de faire connaître les communautés qui jouissent de droits d'usage dans les marais, les prés, les forêts. Cependant, d'après MM. Gillon et Stourm (*Code des municip.*, *Loi sur l'expropr.*, p. 89 et 94), Duvergier (*Coll. des lois*, t. 33, p. 293), si le propriétaire ne les a pas indiquées et que son indemnité ait été fixée comme si sa propriété eût été libre, les usagers dépouillés auront un recours contre lui. — Nous estimons que, bien que cette opinion repose sur des motifs puissans d'équité, les termes de l'art. 21 et le rapprochement de ses deux paragraphes sont trop formels pour qu'il soit possible de l'admettre. — V. rapp. de M. Martin (du Nord), *Monit.* 1833, p. 211.

501. — Nous ne pensons pas que le propriétaire qui n'a pas fait connaître les ayant-droit à des servitudes résultant des titres dans lesquels il a été partie soit toujours responsable envers eux. Il est possible en effet que ces actes soient anciens, que la servitude ne soit pas exercée, etc., et que son silence ne soit point le fruit de la mauvaise foi. Il serait injuste dans un tel cas de le punir d'une ignorance très excusable, surtout si l'ayant-droit à la servitude a connu les poursuites en expropriation. — V. *Monit.* 1833, p. 301 et 1291 ; — Duvergier, t. 33, p. 293.

502. — Les autres intéressés sont en demeure de faire valoir leurs droits par l'avertissement énoncé en l'art. 6, et tenus de se faire connaître à l'administration dans le même délai de huitaine ; à défaut de quoi ils sont déchus de tous droits à l'indemnité. — L. 3 mai 1841, art. 21, § 2.

503. — L'art. 21 de la loi du 7 juill. 1833 contenait la même disposition avec cette différence : « Se faire connaître au magistrat directeur du jury. »

504. — Ce délai de huitaine pour se faire connaître est fatal et non pas seulement comminatoire. — *Cass*, 12 janv. 1842 (t. 2 1842, p. 17), Meritan c. maire d'Apt ; 23 nov. 1846 (t. 2 1846, p. 639), préfet du Gard c. Caron.

505. — En conséquence, l'intervention, au débat engagé devant le jury, d'un locataire qui a laissé écouler le délai fixé par l'art. 21 sans se présenter, est irrecevable, et le jury est sans pouvoir pour fixer, même éventuellement, l'indemnité à laquelle il prétend avoir droit. Ce n'est pas le cas de faire application de l'art. 39 de la même loi, qui, en prescrivant une évaluation provisoire, sauf renvoi de-

vant qui de droit en cas de litige sur le fond du droit ou sur la qualité des réclamans, n'a entendu parler que d'un litige élevé dans les délais de la loi. — *Cass.*, 23 nov. 1846 (t. 2 1846, p. 639), préfet du Gard c. Caron.

506. — Les intéressés non inscrits sur le rôle de la contribution foncière, qui doivent se faire connaître à l'administration, sous peine de déchéance, au plus tard dans la huitaine de la notification du jugement d'expropriation, peuvent néanmoins se faire connaître auparavant. — *Cass.*, 6 déc. 1842 (t. 2 1842, p. 749), Vaissier c. ville de Besançon.

507. — Le délai pendant lequel celui qui a des droits réels sur un terrain exproprié doit, aux termes de l'art. 21, exercer sa réclamation, n'est applicable qu'au cas où le terrain grevé a fait l'objet d'une expropriation judiciaire et régulièrement notifiée, et non lorsqu'il a fait l'objet d'une vente amiable entre le propriétaire et l'état. — *Riom*, 1er mars 1838 (t. 2 1838, p. 277), Coulot c. préfet de l'Allier.

508. — Les dispositions de la présente loi relatives aux propriétaires et à leurs créanciers sont applicables à l'usufruitier et à ses créanciers. — L. 3 mai 1841, art. 22; 7 juill. 1833, même art.

509. — Cet article ne s'applique, en ce qui concerne l'usufruitier, qu'au règlement de l'indemnité; autrement, et s'il entraînait la nécessité d'obtenir l'expropriation contre l'usufruitier aussi bien que contre le propriétaire, il serait inconciliable avec l'art. 21, qui place l'usufruitier sur la même ligne que l'usager et le fermier, en réduisant la faculté qu'il lui accorde à celle de réclamer une indemnité. — Et il est évident que s'il fallait exproprier l'usufruitier comme le propriétaire lui-même, celui-ci ne saurait être tenu de payer une indemnité au premier qui aurait la faculté de rester en possession des lieux malgré l'expropriation prononcée contre le propriétaire.

510. — D'un autre côté, nous reconnaissons qu'avec le sens restreint que nous prêtons à l'art. 22, cet article est assez inutile et que l'art. 23, par la généralité de ses termes, pourvoyait suffisamment à la conservation des droits de l'usufruitier. — Cet article, qui ne se trouvait point dans le projet de loi du gouvernement et qui a été intercalé lors de la discussion de la loi de 1833, sur la proposition de M. Decazes, a passé inaperçu lors de la révision de 1841. Il offre ainsi un nouvel exemple du danger de ces amendemens soudains qui viennent déranger toute l'économie d'une loi.

511. — L'administration notifie aux propriétaires et à tous autres intéressés qui ont été désignés ou qui sont intervenus dans le délai fixé par l'art. 21, les sommes qu'elle offre pour indemnités. — Ces offres sont en outre affichées et publiées conformément à l'art. 6 de la présente loi. — L. 3 mai 1841, art 23.

512. — L'art. 28, L. 7 juill. 1833, portait : « L'administration notifie aux propriétaires, *aux créanciers inscrits*, et à tous autres intéressés qui auront été désignés ou qui seront intervenus *en vertu des art. 21 et 22*, les sommes qu'elle offre pour indemnité. »

513. — Lorsqu'il s'agit de l'expropriation d'un immeuble appartenant à une femme séparée de biens, les offres ne peuvent, sous peine de nullité des opérations ultérieures, être faites au mari seul. — *Cass.*, 24 août 1846 (t. 2 1846, p. 509), Forest c. préfet du Gard.

514. — Sous la loi du 7 juill. 1833, la notification par l'administration des sommes qu'elle offrait pour indemnité était une formalité substantielle à laquelle il ne pouvait être suppléé par un équivalent, et, par exemple, par des offres faites verbalement et même discutées contradictoirement. — *Cass.*, 26 mai 1840 (t. 2 1840, p. 474), Paris c. préfet des Deux-Sèvres; — Delalleau, n° 476.

515. — Ainsi qu'on vient de le voir, la loi de 1833 exigeait la notification individuelle à chacun des créanciers inscrits; mais c'était là une complication d'actes sans utilité pour personne, et la loi de 1841 a sagement fait en la supprimant. — Debray, *Manuel de l'expr.*, n° 69.

516. — Aujourd'hui la notification individuelle ne doit plus avoir lieu qu'à l'égard des créanciers qui sont intervenus dans le délai de huitaine fixé par l'art. 21.

517. — Du reste, il ne s'agit point ici de la purge des hypothèques, il ne s'agit que de l'exercice du droit de faire fixer le montant de l'indemnité par le jury. Dans tous les cas, les créanciers qui se sont inscrits dans le délai de quinzaine à partir de la transcription peuvent, qu'ils aient ou non réclamé, se faire colloquer et payer suivant l'ordre de leur inscription.

518. — L'art. 23 ne reçoit pas application lorsqu'il y a eu vente amiable. Dans ce cas, les notifications ne sont pas nécessaires; du moins, la commission de la chambre des pairs ayant proposé un dernier paragraphe ainsi conçu : « Les prix stipulés dans les contrats amiables sont notifiés aux créanciers inscrits et à tous autres intéressés qui seront intervenus, » cet amendement fut rejeté.

519. — Mais si, au cas de vente amiable, les notifications ne sont pas nécessaires, les créanciers perdent-ils pour cela le droit de requérir la fixation du prix par le jury? — Les paroles prononcées par le commissaire du roi et le garde des sceaux lors du rejet de l'amendement de la chambre des pairs sembleraient le faire croire. M. le commissaire du roi a prétendu que la notification individuelle, en cas de vente amiable, n'était pas exigée par la loi de 1833; que cette loi *regarde les conventions amiables comme définitives*. M. le garde des sceaux a fait remarquer, de son côté, que les créanciers ne sont pas véritablement lésés. Ils ne perdent qu'un droit, a-t-il dit, celui de surenchérir. Mais en pareille matière les prix sont toujours si largement, si loyalement fixés, que ce droit paraît sans objet. Je ne parle en ce moment que de l'état et nullement de compagnies. Pour les contrats passés avec l'administration, aucune fraude n'est à craindre, aucun concert n'est possible entre l'acheteur et le vendeur pour tromper les créanciers. Conséquemment, il n'y a pas à redouter que le prix soit établi de manière à préjudicier aux droits des créanciers. Quand nous discuterons les dispositions relatives aux compagnies, nous prouverons que pour elles-mêmes la fraude n'est pas possible, parce qu'il est dans leur constitution des conditions qui empêchent qu'on puisse dissimuler le prix. En effet, elles sont obligées de rendre compte; il faudrait donc qu'elles fissent des paiemens réguliers qui ne pourraient pas être justifiés d'une façon probante, et dont par conséquent elles ne pourraient pas se faire rembourser. Mais M. Persil, dans la même discussion, ne l'avait pas compris ainsi; car il a dit : « Les créanciers conservent le droit de faire fixer l'estimation par le jury; et dès que l'art. 23 n'a pas pour objet de rendre irrévocable la fixation du prix, je n'ai pas besoin de me préoccuper des intérêts des créanciers, puisque la loi y a pourvu. » — Selon nous, M. Persil était dans le vrai. Il est possible que, même sans frais, un propriétaire négligent ou peu éclairé accepte un prix inférieur à la valeur de l'immeuble; quelle serait alors la position des créanciers, s'ils n'avaient pas le droit de requérir l'intervention du jury? — D'ailleurs, comment concilier avec la doctrine du commissaire du roi et du garde des sceaux l'art. 19 et le dernier paragraphe de l'art. 17? — Duvergier, *Coll. des lois*, t. 41, p. 151. — Cependant nous convenons que l'on ne comprend pas trop pourquoi si les créanciers peuvent exiger la fixation du prix par le jury lorsqu'il y a eu vente amiable, on ne leur fait pas la notification dans ce cas aussi bien que lorsque le propriétaire et l'administration ne se sont pas entendus.

520. — Lorsqu'il y a plusieurs intéressés à une même indemnité, propriétaire, usufruitier, usager, ayant droit à une servitude, l'administration doit diviser son offre, de manière que chacun puisse stipuler pour son propre compte. — Conf. Debray, *Manuel de l'expr.*, n° 69.

521. — Lorsque la décision du jury, rendue sur les offres faites de *la simple plus-value* pour toute indemnité, a été cassée en ce qu'elle considérait cette plus-value comme une indemnité suffisante, il n'est pas nécessaire, si la nullité des premières offres n'a pas été demandée dans le cours de la première instance, qu'il soit fait des offres en argent devant le nouveau jury. Les premières offres suffisent pour satisfaire au vœu de l'art. 23, L. 7 juill. 1833. — *Cass.*, 26 mai 1840 (t. 2 1841, p. 736), Hanaire et Appay c. ville de Paris.

522. — Lorsque, dans l'expropriation d'une partie de terrain, pour la rectification d'une route royale, le jury a, suivant l'offre faite à l'audience par l'avocat de l'administration et acceptée par l'exproprié, compris dans l'indemnité l'abandon, en faveur de celui-ci, du sol de l'ancienne route, cet abandon doit être maintenu, bien que l'offre n'en ait pas été signifiée, et que l'approbation du ministre n'ait pas été donnée conformément à la loi du 20 mai 1836. — *Lyon*, 14 juill. 1846 (t. 2 1846, p. 650), Vaginay c. préfet de la Loire et Tachon.

523. — L'huissier ou l'agent de l'administration chargé de faire les offres n'a pas besoin, comme en matière ordinaire, d'être porteur des espèces. — Conf. Debray, n° 69.

524. — Les offres sont faites au domicile ou aux personnes indiquées par l'art. 15.

525. — M. Delalleau (n° 481) estime que lorsque l'immeuble exproprié appartient à un mineur ou à une femme mariée, les offres doivent distinguer la somme représentant l'indemnité principale de celle représentative des fruits, parce que la première seule est sujette à remploi et que l'autre doit rester à la disposition du tuteur ou du mari. Pour nous, nous ne voyons pas la nécessité de cette distinction; car les offres acceptées produisent des intérêts à compter de l'instant où cesse la jouissance effective de l'immeuble.

526. — Lorsqu'il y a à la fois un nu-propriétaire et un usufruitier, l'acceptation du propriétaire ne dispenserait pas de faire des offres à l'usufruitier. Mais alors, si l'indemnité obtenue du jury par l'usufruitier est supérieure à celle que le propriétaire a acceptée, celui-ci ne saurait profiter de l'excédant, et à l'extinction de l'usufruit cet excédant devra rentrer dans la caisse de l'administration. — Delalleau, n° 506. — Au contraire, si l'indemnité fixée par le jury est inférieure à l'indemnité amiable, l'usufruitier profitera de la totalité de celle-ci; seulement il sera condamné aux frais.

527. — La même règle est applicable aux créanciers inscrits. Si l'indemnité qu'ils ont obtenue du jury est supérieure à l'indemnité acceptée par le propriétaire, l'administration deviendra créancière de ce dernier pour la différence.

528. — L'administration n'est tenue de notifier des offres au locataire qu'autant que le droit à une indemnité pour celui-ci lui a été signifié à elle-même dans le délai déterminé par la loi. En l'absence de cette signification, le défaut d'offres ne saurait être un moyen d'annulation de la décision du jury. — *Cass.*, 4 mars 1844 (t. 1er 1844, p. 691), Luys c. préfet de la Seine.

529. — Dans la quinzaine suivante, les propriétaires et autres intéressés sont tenus de déclarer leur acceptation, ou, s'ils n'acceptent pas les offres qui leur sont faites, d'indiquer le montant de leurs prétentions. — L. 3 mai 1841, art. 24; 7 juill. 1833, même article.

530. — M. Clappier, à la chambre des députés, avait proposé de terminer l'article par ces mots : « Ou de requérir que l'indemnité sera fixée conformément aux dispositions du titre 4. » — Sa proposition avait pour but de limiter et de préciser le délai dans lequel devrait être formée la demande de fixation du prix par le jury dans le cas où le propriétaire, acceptant les offres, le créancier les repousserait. Mais le commissaire du roi a fait observer que cet objet était réglé par l'art. 28. — Néanmoins, le rapporteur a terminé la discussion par ces mots : « Je crois que l'honorable préopinant est dans l'erreur; l'art. 24 ne parle pas des créanciers. » Ce qui semblerait indiquer, à tort, suivant nous, que lorsque le propriétaire accepte les offres, le créancier n'a pas le droit de requérir une nouvelle fixation par le jury. — V. les observations de Duvergier, *Collection des Lois*, t. 41, p. 252.

531. — Lorsque, après avoir notifié ses offres au fermier, l'administration les a notifiées au propriétaire par un autre exploit à une date postérieure, et sans relation au premier, ce n'est qu'à partir de ce second exploit que court contre le propriétaire le délai de quinzaine dans lequel il doit notifier son acceptation ou son refus, sous peine d'être condamné à tous les dépens, quelle que soit l'estimation du jury. — *Cass.*, 24 mars 1841 (t. 1er 1847), préfet des Bouches-du-Rhône c. de Grignan.

532. — C'est à peine de nullité que l'indemnitaire doit, avant de recevoir assignation à comparaître devant le jury, jouir du délai de quinze jours. — En conséquence, il y a nullité de la décision du jury lorsque, par l'acte de notification des offres de l'administration, il a été donné assignation à l'indemnitaire à comparaître devant le jury pour le quinzième jour à partir de cette notification. — *Cass.*, 24 déc. 1845 (t. 2 1846, p. 437), Catherinet c. préfet de la Seine.

533. — L'exproprié peut, même après le délai de quinzaine fixé par l'art. 24, L. 3 mai 1841, demander une somme supérieure aux offres de l'administration, sauf à lui à supporter tous les frais de l'instance. — *Cass.*, 21 juin 1842 (t. 2 1842, p. 129), préfet d'Indre-et-Loire c. Trebriand.

534. — L'exproprié qui, en réponse aux offres faites par l'administration, a notifié dans le délai prescrit sa demande d'indemnité, n'est pas privé du droit de prendre devant le jury des conclusions nouvelles relatives à un chef d'indemnité non compris dans sa première demande, sauf à supporter les frais, conformément à l'art. 40, § dernier, L. 3 mai 1841, pour n'avoir pas, comme le veut l'art. 24, fait connaître toute l'étendue de ses prétentions dans ledit délai. — Dès-lors, le directeur du jury commet un excès de pouvoir qui entraîne la nullité de la décision postérieure, s'il refuse de soumettre au jury ces nouvelles conclusions. — *Cass.*, 11 avr. 1843 (t. 1er 1843, p. 672), de Croybert c. préfet de la Marne.

535. — En un mot, la règle de droit commun qui permet aux parties de modifier leurs conclusions en tout état de cause, jusqu'au jugement, est applicable aux matières d'expropriation pour cause d'utilité publique. — *Cass.*, 13 mai 1846 (t. 2 1846,

p. 251), préfet des Bouches-du-Rhône c. Turcat.

536. — Les créanciers inscrits qui refusent les offres de l'administration doivent faire connaître le montant de leurs prétentions par acte d'huissier ou d'un agent de l'administration. — Gillon et Stourm, *C. des municip., loi sur l'expropriation*, p. 63. — Ou même par simple lettre. — Debray, n° 70.

537. — Les femmes mariées sous le régime dotal, assistées de leurs maris, les tuteurs, ceux qui ont été envoyés en possession provisoire des biens d'un absent, et autres personnes qui représentent les incapables, peuvent valablement accepter les offres énoncées en l'art. 23, s'ils y sont autorisés dans les formes prescrites par l'art. 13. — L. 3 mai 1841, art. 25.

538. — L'art. 25, L. 7 juill. 1833, était ainsi conçu : « Les tuteurs, maris et autres personnes qui n'ont pas qualité pour aliéner un immeuble peuvent valablement accepter les offres énoncées en l'art. 33, lorsqu'ils s'y sont fait autoriser par le tribunal. — Cette autorisation peut être donnée sur simple mémoire en la chambre du conseil, le ministère public entendu. — Le tribunal ordonne les mesures de conservation ou de remploi que chaque cas peut nécessiter. »

539. — Quoique l'énumération de l'art. 25, L. 3 mai 1841 ne comprenne pas toutes les personnes indiquées par l'art. 13, il est certain cependant qu'il y a entre ces deux articles une corrélation complète, et que nul de ceux qui peuvent consentir à la cession amiable n'est incapable d'accepter les offres. — La seconde commission de la chambre des pairs avait proposé une rédaction qui comblait cette lacune; si elle a retiré son amendement, ce fut pour ne pas retarder le vote de la loi.

540. — Il ne s'agit ici que des biens dotaux inaliénables; car pour les autres ils restent soumis au droit commun.

541. — Si la femme veut accepter des offres relatives à ses propres, et que le mari ne le veuille pas, il faut distinguer le cas où le mari a la jouissance de celui où il ne l'a pas. Dans le premier, le mari a le droit de requérir la fixation par le jury; dans le second, la femme peut accepter avec l'autorisation de la justice.

542. — La transaction faite sur le montant de l'indemnité entre le tuteur du mineur exproprié et l'administration ne met pas obstacle à ce que les jurés fixent l'indemnité à une somme supérieure, si ce tuteur ne s'est pas fait autoriser à transiger. L'administration peut d'autant moins se prévaloir de cette transaction devant la cour de Cassation que, loin de l'opposer devant le jury, elle a au contraire discuté la question d'indemnité sans réserve ni protestation. — *Cass.*, 23 mai 1842 (t. 2 1842, p. 135), préfet de l'Isère c. Lebrun.

543. — Dans le silence de l'art. 25, le tribunal n'est pas obligé d'ordonner la convocation du conseil de famille; mais s'il avait des doutes sur la suffisance de la somme offerte ou sur les mesures à prendre pour l'emploi de l'indemnité, il devrait provoquer son avis.

544. — Le ministre des finances, les préfets, maires ou administrateurs peuvent accepter les offres d'indemnité pour expropriation des biens appartenant à l'état, à la couronne, aux départemens, aux communes ou établissemens publics, dans les formes et avec les autorisations prescrites par l'art. 13. — L. 3 mai 1841, art. 26.

545. — L'art. 26, L. 7 juill. 1833, portait : « S'il s'agit de biens appartenant à des départemens, à des communes ou à des établissemens publics, les préfets, maires ou administrateurs pourront valablement accepter les offres énoncées en l'art. 23, s'ils y sont autorisés par délibération du conseil général du département, du conseil municipal ou du conseil d'administration, approuvée par le préfet en conseil de préfecture. »

546. — Le préfet qui, en cas d'expropriation d'un immeuble départemental, a fait les offres à la requête de l'administration centrale, peut accepter ces mêmes offres en qualité de chef du département, parce que alors il n'agit en quelque sorte que comme mandataire du conseil général dont l'autorisation est nécessaire.

547. — M. Delalleau (n° 490) émet l'opinion que les tuteurs et autres administrateurs ne peuvent pas, en refusant les offres de l'administration, fixer le prix qu'ils réclament. Il s'appuie sur les termes du dernier paragraphe de l'art. 40. — Il est évident, au contraire, que le tuteur qui aurait pu accepter une offre inférieure, peut bien refuser cette offre pour en accepter une supérieure faite sur sa demande. — Quant à l'art. 40, on peut en induire que les tuteurs et autres ne sont pas obligés de former une demande, mais on ne peut en tirer la conséquence que toute demande leur soit interdite.

548. — Le délai de quinzaine fixé par l'art. 24 est d'un mois dans les cas prévus par les art. 25 et 26. — LL. 7 juill. 1833, art. 27; 3 mai 1841, même art.

549. — Le propriétaire de bâtimens ou de terrains dont une portion seulement est expropriée, et qui se trouve dans le cas d'user de la faculté accordée par l'art. 50, doit en outre, dans les mêmes délais énoncés aux art. 24 et 27, adresser au magistrat directeur du jury sa déclaration formelle qu'il entend que la propriété soit achetée en entier. — L 3 mai 1841, art. 50.

550. — Lorsqu'un propriétaire a accepté les offres de l'administration, le montant de l'indemnité doit, s'il l'exige, et s'il n'y a pas eu contestation de la part des tiers dans les délais prescrits par les art. 24 et 27, être versé à la caisse des dépôts et consignations, pour être remis et distribué à qui de droit, selon les règles du droit commun. — LL. 7 juill. 1833, art. 59; 3 mai 1841, même art.

551. — La demande de consignation peut être faite postérieurement à l'acceptation, suivant l'art. 59; mais elle peut aussi être faite en même temps par un seul et même acte. C'est ce qui résulte de l'art. 2, n° 4 du tarif des frais.

552. — Si les offres de l'administration ne sont pas acceptées dans les délais prescrits par les art. 24 et 27, l'administration cite devant le jury, qui sera convoqué à cet effet, les propriétaires et tous autres intéressés qui auront été désignés ou qui seront intervenus pour qu'il soit procédé au réglement des indemnités de la manière indiquée ci-après. La citation doit contenir l'énonciation des offres qui ont été refusées. — L. 3 mai 1846, art. 28.

553. — L'art. 28, L. 7 juill. 1833, était ainsi conçu : « Si les offres de l'administration ne sont pas acceptées, ou si, nonobstant l'acceptation du propriétaire, les créanciers inscrits et autres intéressés déclarent, dans la quinzaine de la notification qui leur en est faite, qu'ils ne veulent pas se contenter de la somme convenue entre l'administration et le propriétaire, il sera procédé au réglement des indemnités de la manière indiquée au chapitre suivant. »

554. — Ainsi, dit M. Duvergier (*Collect. des Lois*, t. 41, p. 153), la nouvelle rédaction explique nettement qu'il n'y a qu'un seul et même délai de quinzaine accordé pour l'acceptation des offres, soit aux propriétaires, soit aux autres intéressés. Il ne faut pas notifier l'acceptation du propriétaire aux autres parties; elles doivent se décider spontanément à accepter ou à refuser.

555. — Au reste, il est bien entendu que l'administration ne fera citer devant le jury que les refusans, c'est-à-dire ceux qui auront indiqué le montant de leurs prétentions, ou, ce qui est la même chose, ceux qui se seront dispensés de les faire connaître.

ART. 2. — *Jury spécial chargé de régler les indemnités.*

§ 1er. — *Formation du jury.*

556. — Dans la session annuelle, le conseil général du département désigne, pour chaque arrondissement de sous-préfecture, tant sur la liste des électeurs que sur la seconde partie de la liste du jury, trente-six personnes au moins et soixante-douze au plus, qui ont leur domicile réel dans l'arrondissement, parmi lesquelles sont choisis, jusqu'à la session suivante ordinaire du conseil général, les membres du jury spécial appelé, le cas échéant, à régler les indemnités dues par suite d'expropriation pour cause d'utilité publique. — Le nombre des jurés désignés pour le département de la Seine est de six cents. — L. 7 juill. 1833, art. 29; 3 mai 1841, même article.

557. — Si une propriété est située en partie sur le territoire d'un arrondissement, et en partie sur celui d'un autre arrondissement, et qu'il y ait lieu d'exproprier une parcelle de chacune des deux parties, le même jury ne pourra prononcer sur l'indemnité due pour toutes deux, et dès-lors il y aura lieu de choisir deux jurys distincts, dont les membres appartiendront à chacun des arrondissemens. — Gillon et Stourm, *Code des municipalités, loi sur l'expropriation*, p. 110.

558. — Les jurés faisant partie de la liste dressée par le conseil général peuvent être maintenus sur cette liste tant qu'ils n'ont pas siégé. — Disc. de M. Martin (du Nord), rapp. *Monit.* 1833, p. 315.

559. — Les listes dressées par le conseil général ne sont pas publiées; mais, pour l'exécution de cet article, elles sont déposées dans les archives de la préfecture, et une expédition en est adressée soit au procureur général près la cour royale, soit au procureur du roi près le tribunal, qui en ordonnent le dépôt au greffe. — Circ. 17 juill. 1833; — Debray, n° 75.

560. — Les pouvoirs des jurys d'expropriation cessent au renouvellement annuel des listes par le conseil général. Il n'y a d'exception à cette règle que lorsque les opérations du jury sont commencées lors du renouvellement de la liste. — *Cass.* 29 avr. 1844 (t. 2 1844, p. 151), Fléchet et Glas c. Donzel; 7 avr. 1845 (t. 2 1845, p. 542), Charlens c. préf. de la Nièvre; 6 janv. 1846 (t. 2 1846, p. 273), Gamare c. préf. du Calvados; 13 mai 1846 (t. 2 1846, p. 273), préf. du Finistère c. Biacabé.

561. — Dès-lors les opérations d'un jury sont nulles si ce jury n'a été réuni et ne les a commencées qu'après le renouvellement de la liste par le conseil général. — *Cass.*, 7 avr. 1845 (t. 2 1845, p. 542), Charleus c. préfet de la Nièvre.

562. — Il en est de même du jury spécial désigné pour fixer l'indemnité par suite d'expropriation en matière de chemins vicinaux. — *Cass.*, 23 fév. 1842 (t. 2 1842, p. 304), Rouamet c. préfet de l'Aude; 15 févr. 1843 (t. 1er 1843, p. 295), Semalé c. préfet de la Manche, et Rébellac c. préfet de l'Hérault.

563. — La partie qui critique les opérations du jury ainsi vicieusement composé ne peut être déclarée non-recevable en ce qu'elle ne se serait pas pourvue contre la première délibération de la cour, qui désignait le jury, et la seconde délibération, qui, après le renouvellement, décidait qu'il serait passé outre, le recours en cassation n'étant pas ouvert contre ces délibérations. — *Cass.*, 15 févr. 1843, (t. 1er 1843, p. 295), Semalé c. préfet de la Manche.

564. — L'ensemble des opérations du jury ne peut être réputé commencé avant que le magistrat directeur ait, conformément à l'art. 33, L. 1833, procédé à la formation de la liste définitive des jurés appelés à faire le service de la session. — *Cass.*, 15 févr. 1843 (t. 1er 1843, p. 295), Rébellac c. préfet de l'Hérault.

565. — La nullité tirée du défaut de pouvoir dans le jury est d'ordre public. — *Cass.*, 15 fév. 1843 (t. 1er 1843, p. 295), Semalé c. préfet de la Manche.

566. — Toutes les fois qu'il y a lieu de recourir à un jury spécial, la première chambre de la cour royale dans les départemens qui sont le siége d'une cour royale, et dans les autres départemens la première chambre du tribunal du chef-lieu judiciaire, choisit en la chambre du conseil, sur la liste dressée en vertu de l'art. 29, pour l'arrondissement dans lequel ont lieu les expropriations, seize personnes qui formeront le jury spécial chargé de fixer définitivement le montant de l'indemnité, et en outre quatre jurés supplémentaires. Pendant les vacances, ce choix est déféré à la chambre de la cour ou du tribunal chargé du service des vacations. — L. 3 mai 1841, art. 30, § 1er.

567. — La loi de 1833 (art. 30) voulait que le choix des jurés eût lieu *toutes les chambres réunies* de la cour ou du tribunal, et ne disait rien pour le cas de vacances.

568. — En cas d'abstention ou de récusation des membres du tribunal, le choix du jury est déféré à la cour royale. — L. 3 mai 1841, art. 30, § 1er. — Cette disposition n'existait point dans la loi de 1833.

569. — Si en matière criminelle la récusation ne peut être exercée contre les magistrats qui forment la liste du jury, c'est que les jurés sont désignés successivement par la voie du sort. Ici il en est autrement. On comprend donc que la loi ait permis aux juges de s'abstenir et aux parties de les récuser. — Duvergier, *Collect. des lois*, t. 41, p. 154.

570. — Au surplus, ce droit d'abstension et de récusation n'existe qu'autant que le choix du jury est déféré à un tribunal de première instance. Sans doute le législateur n'a pas supposé que les magistrats de la cour pussent cesser d'être en nombre suffisant par suite d'abstension ou de récusation. — Duvergier, *ibid.*

571. — Lorsque le tribunal du chef-lieu du département ne pouvait pas désigner le jury spécial chargé de fixer le montant de l'indemnité, cette désignation ne pouvait être faite que par la cour royale seule, à l'exclusion de tout autre tribunal du département ou du ressort de la cour.

572. — Sous les lois des 7 juill. 1833 et 11 avr. 1838 (loi sur les tribunaux civils de première instance), l'assemblée d'un tribunal réuni pour choisir les personnes appelées à former le jury spécial a dû, à peine de nullité des opérations ultérieures, être composée de la majorité au moins des juges de ce tribunal. — *Cass.* 24 fév. 1841 (t. 2 1841, p. 661), canal de Givors c. Dubouchet.

573. — Le choix des jurés à l'aide desquels doit se composer le jury spécial peut être fait en la chambre du conseil. — *Cass.*, 30 avr. 1844 (t. 2 1844, p. 109), Singer c. préf. de la Seine.

574. — La cour royale ou le tribunal de première instance n'a point, avant de procéder à la formation du jury, à vérifier la régularité des procédu-

res. C'est à l'administration à veiller à cette régularité et aux parties à se pourvoir, si elles le jugent convenable. Les tribunaux ne sont là qu'un instrument chargé exclusivement de choisir quelques noms sur le tableau dressé par le conseil général du département. — Duvergier, t. 41, p. 453.

575. — C'est en ce sens qu'il a été jugé, sous l'empire de la loi de 1833, que les cours royales n'ont reçu aucun pouvoir juridictionnel en matière d'expropriation. La mission que leur confère l'art. 30 n'a rien de judiciaire et est purement administrative, de sorte que pourvu qu'on produise devant elles — 1° un jugement d'expropriation en forme probante, — 2° et un procès-verbal constatant le refus par les propriétaires ou à leur défaut par les créanciers inscrits d'accepter les offres qui ont dû leur être faites, les cours royales ne peuvent surseoir, sous aucun prétexte, à procéder à la composition du jury. — *Cass.*, 31 déc. 1839 (t. 1er 1847), intérêt de la loi, chemin de fer de Mulhouse à Thann ; — même jour, Strasbourg à Bâle.

576. — Et spécialement, il y a excès de pouvoir de la part d'une cour royale qui prononce un tel sursis jusqu'à ce que le concessionnaire expropriant ait produit un état des créanciers inscrits, afin d'éviter de faire entrer ces créanciers dans la composition du jury ; ou encore jusqu'à ce qu'il ait justifié soit de la notification des actes d'offres aux créanciers inscrits, soit de la transcription du jugement d'expropriation, soit de la notification de ce jugement aux intéressés. — Mêmes arrêts.

577. — L'art. 30, L. 3 mai 1841, dispose d'une manière impérative, et à peine de nullité. Dès-lors, il y a nullité des opérations du jury alors que, par suite de l'indication erronée du nom de l'un des seize jurés, un nom qui n'était pas porté sur la liste du conseil général du département a été compris dans la liste arrêtée par l'autorité judiciaire. — *Cass.*, 22 nov. 1841 (t. 2 1841, p. 661), Huvé de Garel c. préfet de la Seine.

578. — Le jury spécial d'indemnité ne peut être choisi que sur la liste que le conseil général a renouvelée avant de se séparer ; dès-lors il est illégalement constitué lorsque, ne commençant ses opérations que depuis la clôture de la session du conseil général, il a été choisi par le tribunal ou la cour royale, sur la liste dressée par le conseil général dans sa précédente session. Peu importe qu'il s'agisse d'une expropriation relative à un chemin vicinal. — *Cass.*, 23 fév. 1841 (t. 1er 1847. p. 117), Rouanet c. préf. de l'Aude.

579. — La décision par laquelle l'autorité judiciaire fait choix d'un jury spécial d'expropriation doit, comme toute autre décision judiciaire, porter la preuve de sa régularité. Dès-lors, elle est nulle si elle n'indique ni le nom ni le nombre des magistrats qui y ont participé. — *Cass.*, 22 nov. 1841 (t. 2 1841, p. 661), Huvé de Garel c. préfet de la Seine.

580. — Cependant la délibération d'un tribunal peut être réputée valable, bien que l'expédition qui en est produite ne soit ni intitulée ni revêtue de la formule exécutoire, cette double formule n'étant pas nécessaire à la validité intrinsèque des décisions judiciaires, mais seulement pour procéder à leur exécution forcée. — *Cass.*, 17 juill. 1844 (t. 1er 1845. p. 455,) Chion c. préf. de la Drôme.

581. — Ne peuvent être choisis pour jurés : 1° les propriétaires, fermiers, locataires des terrains et bâtimens désignés en l'arrêté du préfet pris en vertu de l'art. 11, et qui restent à acquérir. — L. 3 mai 1841, art. 30, § 2, n° 1er ; 7 juillet 1833, même art.

582. — Jugé cependant que la décision du jury ne peut être attaquée par la voie de cassation, par cela qu'y aurait concouru, comme juré, un propriétaire d'immeubles restant à acquérir, et désignés dans l'arrêté du préfet antérieur au jugement d'expropriation. — *Cass.*, 19 août 1846 (t. 2 1846, p. 507), Léguillette c. préfet de l'Aisne.

583. — Le projet du gouvernement ajoutait : « soit de tous autres qui pourraient se trouver ultérieurement soumis à l'expropriation, en vertu du plan parcellaire ou conformément à l'avis de la commission. » — Cette disposition additionnelle a été retranchée, soit parce qu'elle tendait trop à rétrécir le nombre des personnes propres à entrer dans la composition du jury spécial, soit parce que le droit de récusation, à l'époque du jugement, présentait des garanties suffisantes. — Duvergier, t. 41, p. 154.

584. — ...2° Les créanciers ayant inscription sur les immeubles indiqués dans le n° 1er. — L. 3 mai 1841, art. 30, § 2, n° 2 ; 7 juill. 1833, même art.

585. — ... Tous autres intéressés désignés ou intervenant en vertu des art. 21 et 22. — L. 3 mai 1841, art. 30, § 2, n° 3 ; 7 juill. 1833, même art.

586. — Les fonctions de juré sont incompatibles avec la qualité de membre du conseil municipal de la ville qui est partie dans les procès en expropriation. — *Cass.*, 2 fév. 1846 (t. 1er 1847, ville de Marseille c. Mille — V. aussi sur la question *Cass.*, 5 mars 1844 (t. 1er 1844, p. 759), François c. comm. de La Villette.

587. — M. Clappier avait proposé d'ajouter à ce n° 3 : « Et toute personne reprochable selon le Code de procédure. » — Cet amendement n'a pas été appuyé par le motif qu'il rendrait, sinon impossible, du moins très difficile, la composition du jury. — Duvergier, t. 41, p. 154.

588. — Jugé, toutefois, que le fait d'avoir compris dans les jurés un individu exclu par le § 2 de l'art. 30, L. 3 mai 1841, et que l'exproprié n'a point récusé, quand il pouvait le faire, n'entraîne pas la nullité de la décision intervenue, une pareille exclusion n'étant pas prescrite sous peine de nullité. — *Cass.*, 2 fév. 1846 (t. 1er 1847), ville de Marseille c. Mille ; 26 mai 1846 (t. 2 1846, p. 275), Lacoste de Lisle c. l'état ; — conf. Debray, *Manuel de l'expropr. pour util. publ.*, n° 79.

589. — ...Et alors surtout que le juré auquel s'appliquait l'exclusion ou l'incompatibilité n'a point fait partie du jury de jugement. — *Cass.*, 5 mars 1844 (t. 1er 1844), p. 759), François c. comm. de la Villette.

590. — ...Qu'il n'y a pas nullité des opérations du jury en ce que l'un des intéressés dans l'instance à fin de fixation de l'indemnité aurait été indûment désigné par la cour royale comme quatrième juré supplémentaire, alors d'ailleurs que cet intéressé n'a pas fait partie du jury de jugement, que le jury a été entièrement complété sans l'appel de son nom, et que l'exercice du droit de récusation appartenant à l'administration poursuivant l'expropriation n'a été gêné ni directement ni indirectement, ce droit ayant été exercé par elle dans sa plénitude par la récusation de deux des jurés titulaires. — *Cass.*, 7 avr. 1845 (t. 1er 1845, p. 585), préfet du Nord c. Ferrond, Jausonne, Vermesch, André.

591. — ... Peu importerait même que le juré ainsi intéressé dans la décision à intervenir eût été, après épuisement des noms précédant le sien sur la liste, appelé lors de la formation du jury de jugement, si d'ailleurs il avait, sur sa demande, été déclaré empêché par le magistrat directeur ; qu'il n'eût pas fait partie de ce jury, et qu'en réalité l'exercice du droit de récusation n'en eût éprouvé aucune atteinte. — Même arrêt.

592. — Les septuagénaires sont dispensés, s'ils le requièrent, des fonctions de juré. — L. 3 mai 1841, art. 30, § 3 ; L. 7 juill. 1833, même art.

593. — La liste des seize jurés et des quatre jurés supplémentaires est transmise par le préfet au sous-préfet qui, après s'être concerté avec le magistrat directeur du jury, convoque les jurés et les parties, en leur indiquant au moins huit jours à l'avance le lieu et le jour de la réunion. — LL. 3 mai 1841, art. 31 ; 7 juill. 1833, même article.

594. — En général, les difficultés relatives à la convocation du jury, dénonciation de la liste aux parties, désignation et réunion des jurés, et autres formalités semblables pour lesquelles la loi de 1841 n'a pas tracé de règles spéciales, doivent être résolues d'après le droit commun. — Opinion de M. Martin (du Nord), *Rapp. de la loi* de 1833, *Monit.* 1833, p. 317.

595. — L'art. 31, L. 3 mai 1841, dispose d'une manière impérative et à peine de nullité. — Dès-lors, il y a nullité des opérations du jury lorsqu'un juré, dont le nom n'a pas été régulièrement notifié, n'a pas été assigné valablement et n'a pas concouru à la formation du jury. — *Cass.*, 22 nov. 1841 (t. 2 1841, p. 661), Huvé de Garel c. préf. de la Seine.

596. — La décision du jury est nulle et sujette à cassation quand la notification faite à l'un des jurés a été signifiée à un autre domicile que le sien. — *Cass.*, 20 juill. 1840 (t. 2 1840, p. 470), de Lesdiguières c. préfet de la Drôme, et Bayle c. préfet de la Drôme

597. — Toutefois, la circonstance qu'un juré résiderait dans un lieu autre que celui qui est indiqué comme son domicile dans l'extrait de la liste générale sur lequel le tribunal a choisi les membres du jury spécial ne saurait constituer un moyen de cassation. — *Cass.*, 30 avr. 1839 (t. 2 1846, p. 656), comm. de Cogolin c. Bérenguier.

598. — Est nulle et sujette à cassation la décision du jury, lorsque la convocation notifiée à l'un des jurés indiquait par erreur un jour autre que celui fixé pour la réunion du jury. — *Cass.*, 23 juin 1840 (t. 2 1840, p. 470), Lacoste de Lisle c. préf. de Tarn-et-Garonne.

599. — La convocation tardive de quelques-uns des jurés n'est pas une cause de nullité de la décision qui intervient ultérieurement, alors que le retard n'a pu exercer aucune influence sur la décision du jury, en ce que, dès avant la réunion, ces jurés ont fait connaître des motifs d'abstention ou d'excuse qui ont été admis sans opposition. — *Cass.*, 27 mars 1843 (t. 1er 1843, p. 635), Thinières c. préf. du Pas-de-Calais.

600. — D'après une opinion exprimée à différentes reprises par M. le ministre de l'intérieur, le lieu de la réunion devra être, autant que faire se pourra, dans la commune où sont situées les propriétés. — Cette opinion est confirmée par l'art. 16 du tarif qui suppose que les assises spéciales peuvent se tenir ailleurs que dans la ville où siége le tribunal, mais cependant toujours dans un lieu situé dans l'étendue de l'arrondissement.

601. — Il n'y a pas nullité en ce que la réunion du jury, indiquée dans l'acte de convocation comme devant avoir lieu dans la salle des audiences du tribunal civil, *au palais de justice*, aurait été tenue, non dans cette salle, occupée momentanément pour l'audience des criées, mais dans un autre local (par exemple, celui destiné à la chambre des notaires), s'il est constaté, en fait, par le procès-verbal, que le jury s'est assemblé dans une salle du tribunal. — *Cass.*, 13 janv. 1840 (t. 1er 1840, p. 54), Concessionnaires des travaux de la Scarpe c. Favier.

602. — Quoi qu'il en soit, une ville ne peut, quand elle a été représentée par le préfet dans l'instance d'expropriation, se prévaloir des irrégularités qui peuvent se trouver dans les copies d'exploits de convocation données aux jurés, puisqu'alors ces irrégularités sont réputées son propre fait. — *Cass.*, 2 fév. 1846 (t. 1er 1847), ville de Marseille c. Mille.

603. — La notification aux parties leur fait connaître le nom des jurés. — L. 3 mai 1841, art. 31 ; 7 juill. 1833, même article.

604. — Toutefois, l'erreur commise dans l'orthographe du nom d'un juré sur la liste notifiée à l'exproprié n'est pas une cause de nullité quand elle n'est pas de nature à amener une confusion de personnes. — *Cass.*, 26 mai 1846 (t. 1er 1847), Lacoste de Lisle c. l'état.

605. — De même, l'erreur qui peut se glisser dans l'un des prénoms d'un individu ne viciant point les actes auxquels il concourt, lorsque son identité est d'ailleurs constante, la décision du jury ne doit point être annulée parce que l'un des jurés ayant les prénoms de *Louis-Michel* aurait été désigné sur la liste sous ceux de *Louis-Pierre*, s'il n'est pas prouvé soit qu'il existe un individu portant le même nom patronymique (spécialement *Tournel*) auquel les prénoms de *Louis-Pierre* soient applicables, soit qu'il existe un *Louis-Michel Tournel* avec lequel ait pu être confondu le membre du jury. — *Cass.*, 30 avr. 1839 (t. 2 1846, p. 656), comm. de Cogolin c. Bérenguier.

606. — Il n'est pas nécessaire, à peine de nullité, que la convocation des parties et la notification de la liste des jurés aient lieu par le ministère d'un huissier ; elles sont valablement faites par les agens de l'administration, pourvu que les parties ne soient pas privées du délai de huitaine que la loi leur accorde soit pour se mettre en état d'exercer leur droit de récusation, soit pour préparer leur défense. — *Cass.*, 15 avr. 1840 (t. 2 1840, p. 167), Maury c. préfet de la Haute-Vienne.

607. — Spécialement, une partie ne peut se plaindre de ce que l'avertissement et la notification auraient eu lieu par une lettre du préfet à elle remise par le commissaire de police, si, en comparaissant au jour indiqué, elle a exercé son droit de récusation et présenté ses observations sans protestation ni réserve ; elle a prouvé par là qu'elle n'avait été privée d'aucun moyen de défense. — Même arrêt.

608. — La notification ne doit pas, à peine de nullité, même lorsqu'elle est faite par exploit d'huissier, contenir toutes les formalités prescrites par l'art. 61, C. procéd. civ. Spécialement, il n'est pas nécessaire que cette notification contienne l'indication de la demeure de l'exproprié : il suffit qu'il y ait certitude pour le juge que la copie de l'exploit a été remise au domicile indiqué par l'art. 15 de la même loi. — *Cass.*, 4 avr. 1842 (t. 1er 1842, p. 488), Degrais c. préfet de la Seine.

609. — Cette même notification est régulièrement faite dans la forme indiquée par l'art. 15, L. 3 mai 1841. Dès-lors, il n'est pas nécessaire d'ajouter au délai de huit jours qui doit s'écouler entre cette notification et le jour de la réunion des jurés le délai de distance prévu par l'art. 73, C. procéd. civ. — *Cass.*, 3 mai 1843 (t. 1er 1843, p. 664), Berogue de Camtignes c. préfet du Pas-de-Calais.

610. — Mais aussi, quand la partie intéressée n'a pas fait élection de domicile dans l'arrondissement de la situation des biens, la notification doit être faite en double copie adressée l'une au maire de la commune, l'autre au fermier, locataire, régisseur ou gardien de la propriété. Cette notification est nulle si elle n'a été faite qu'en simple copie, adressée au maire, et cette nullité emporte celle de la décision intervenue. — *Cass.*, 25 mai 1846 (t. 2 1846, p. 438), Henry c. préfet du Gard.

611.—Les parties qui ont comparu devant le jury d'expropriation, et ont discuté contradictoirement le montant des indemnités à accorder, sont non-recevables à proposer devant la cour de Cassation le moyen tiré de ce que la liste des jurés leur aurait été notifiée moins de huit jours avant celui de la réunion du jury. — *Cass.*, 13 janv. 1840 (t. 1er 1840, p. 54), concessionnaires des travaux de la Scarpe c. Favier.

612.—Jugé cependant que la comparution volontaire, et non accompagnée de réserves, d'une partie devant le jury, ne couvre nécessairement que les nullités qui ne résultent que de l'inobservation des délais impartis par la loi, mais non celles qui auraient pu vicier la composition du jury. Dans ce dernier cas, il faut, pour que la partie soit non-recevable à invoquer les nullités, qu'il y ait eu de sa part renonciation spéciale ou connaissance prouvée de leur existence lors de sa comparution.—*Cass.*, 22 nov. 1841 (t. 2 1841, p. 661), Huvé de Garel c. préfet de la Seine.

613.—Tout juré qui, sans motifs légitimes, manque à l'une des séances ou refuse de prendre part à la délibération, encourt une amende de 100 fr. au moins et de 300 au plus. — LL. 3 mai 1841, art. 32, § 1er; 7 juill. 1833, même article.

614.—On n'est pas recevable à prétendre, à moins d'inscription de faux, qu'un juré n'a pas répondu à l'appel, lorsque le procès-verbal constate que les jurés ont été présens à l'appel. — *Cass.*, 15 avr. 1840 (t. 2 1840, p. 167), Maury c. préfet de la Haute-Vienne.

615. — L'amende est prononcée par le magistrat directeur du jury.—Il statue en dernier ressort sur l'opposition qui serait formée par le juré condamné. — LL. 3 mai 1841, art. 32, § 2 et 3; 7 juill. 1833, même article.

616. — D'après MM. de Caudaveine et Théry, l'opposition formée par un juré à la décision du magistrat directeur qui l'a condamné à l'amende pour absence doit être portée devant ce magistrat lors même que la session du jury serait terminée.—M. Duvergier (*Collect. des lois*, t. 33, p. 297, et t. 41, p. 155) pense au contraire, et avec raison ce nous semble, qu'il n'est plus possible de s'adresser au directeur du jury dont la mission est finie, dont les pouvoirs ont cessé, et qu'il y a nécessité de se pourvoir devant le directeur du jury d'une autre session. — V. aussi Debray, n° 86.

617.—En tout cas, si le magistrat directeur qui a prononcé la condamnation était, au moment de l'opposition, décédé, mis en retraite, promu à d'autres fonctions, empêché, ou bien encore s'il n'y avait pas de directeur du jury désigné pour une session à ouvrir, l'opposition devrait être déférée au tribunal de l'arrondissement.—Gillon et Stourm, *loc. cit.*

618. — Le magistrat directeur prononce également sur les causes d'empêchement que les jurés proposent, ainsi que sur les exclusions ou incompatibilités dont les causes ne seraient survenues ou n'auraient été connues que postérieurement à la désignation faite en vertu de l'art. 30.—LL. 3 mai 1841, art. 32, § 4; 7 juill. 1833, même article.

619. — A la différence des causes d'exclusion ou d'incompatibilités, les causes d'empêchement peuvent être présentées alors même qu'elles seraient antérieures à la désignation faite en vertu de l'art. 30.—Duvergier, t. 41, p. 155.

620. — Les septuagénaires qui, faute d'avoir été prévenus, n'ont pas requis leur élimination avant la formation des listes peuvent se faire dispenser par le magistrat directeur du jury.—Rapport de la commission à la chambre des députés; — Duvergier, t. 41, p. 154.

621. — Il résulte des explications qui ont eu lieu à la Chambre des pairs lors de la discussion de l'art. 32, L. 3 mai 1841, que les causes de récusation motivée énumérées dans l'art. 378, C. procéd., ne s'appliquent pas aux jurés en matière d'expropriation pour cause d'utilité publique. — Duvergier, *Collect. des lois*, t. 41, p. 156.

622. — D'après la discussion qui eut lieu lors de la rédaction de l'art. 32, L. 7 juill. 1833, il n'était pas possible de fonder sur les clauses d'exclusion ou d'incompatibilités antérieures à la désignation faite en vertu de l'art. 30, des récusations *motivées*, outre des récusations péremptoires autorisées par l'art. 34 (V. *infrà* n° 646). Le législateur n'a pas cru devoir modifier cette disposition en 1841; il a sans doute pensé que les incompatibilités qui n'auront pas été aperçues au moment de la désignation donneront lieu aux récusations péremptoires, et qu'ainsi le jury ne sera jamais composé de personnes n'offrant pas toutes les garanties exigées. Mais il résulte de là que le droit de récusation péremptoire accordé par l'art. 34 peut se trouver extrêmement limité et même anéanti. — Duvergier, t. 41, p. 155

623. — Jugé qu'il y a nullité de la décision lorsque, postérieurement à la composition du jury, après épuisement des récusations permises, le magistrat directeur admet la radiation d'un juré pour une cause d'empêchement non proposée jusque là, et l'introduction d'un nouveau juré sur lequel la récusation ne peut plus avoir lieu. — *Cass.*, 22 nov. 1843 (t. 1er 1844, p. 354), du Couédic c. préfet du Finistère.

624. — Lorsque la mesure par laquelle le magistrat directeur du jury a réuni en une seule catégorie un grand nombre d'affaires se rapportant à la même nature d'expropriation et d'indemnité, en engageant les intéressés à s'entendre pour l'exercice collectif de leur droit de récusation, a reçu son exécution sans que aucun des expropriés présens ou dûment appelés ait protesté soit lors de l'exercice du droit de récusation, soit lors de la comparution devant le jury, et ait demandé la disjonction, ces intéressés se sont par là rendus non-recevables à prétendre ultérieurement qu'il n'existait pas entre les réglemens d'indemnité réunis sous la même catégorie un lien de connexité suffisant pour constituer une même affaire. En pareil, cas le magistrat directeur du jury use de son droit lorsque, après l'exercice du droit de récusation, il élimine un des jurés non récusés à raison de ses liens de parenté avec l'un des intéressés. — *Cass.*, 20 mai 1845 (t. 1er 1845, p. 692), Manoury c. préfet de la Seine.

625. — Ceux des jurés qui se trouvent rayés de la liste par suite des empêchemens, exclusions ou incompatibilités prévus à l'article précédent, sont immédiatement remplacés par les jurés supplémentaires que le magistrat directeur du jury appelle dans l'ordre de leur inscription. — LL. 3 mai 1841, art. 33, § 1er; 7 juill. 1833, même arrêt.

626. — La décision du jury n'est pas nulle parce qu'un juré supplémentaire appelé pour remplacer un juré titulaire, au lieu d'être porté le dernier sur la liste, y aurait été inscrit à la place même qu'occupait le juré remplacé. — *Cass.*, 9 mai 1334, de Boubers c. Min. du commerce.

627. — L'indemnitaire qui a usé de son droit de récusation dans toute sa latitude ne peut exciper du défaut de convocation du deuxième juré supplémentaire, et de l'introduction du troisième au lieu du deuxième. Il est non-recevable à invoquer, dans l'intérêt propre de l'administration, sous prétexte qu'elle aurait pu exercer deux récusations au lieu d'une, le manque de convocation du deuxième juré supplémentaire, qui est un fait personnel de l'administration, et dont elle ne se plaint pas. — *Cass.*, 3 mai 1841 (t. 2 1841, p. 334), Chamecin c. préfet du Jura.

628. — En cas d'insuffisance des jurés titulaires et des jurés supplémentaires, le magistrat directeur du jury choisit, sur la liste dressée en vertu de l'art. 29, les personnes nécessaires pour compléter le nombre de seize jurés. — L. 3 mai 1841, art. 33, § 2.

629. — D'après la loi de 1833 (art. 33), c'était le tribunal de l'arrondissement qui complétait le nombre des seize jurés.

630. — En prescrivant au magistrat directeur de choisir sur la liste dressée par le conseil général du département les personnes nécessaires pour compléter, en cas d'insuffisance, le nombre des seize jurés, l'art 33, L. 3 mai 1841, n'exige pas que, lorsque le besoin de cette convocation de jurés supplémentaires se manifeste successivement dans plusieurs affaires pendant une même session, les mêmes personnes soient seules appelées à compléter le jury. — *Cass.*, 1er juill. 1845 (t. 2 1345, p. 92), préfet des Bouches-du-Rhône c. Despans.

631. — En vain dirait-on que, lorsque plusieurs affaires doivent être jugées dans une même session, il est nécessaire de procéder dès l'ouverture de la session à la composition de tous les jurys pour chacune des affaires; au contraire, chaque jury de jugement est valablement formé au moment où chaque affaire est appelée. — *Cass.*, 1er juill. 1845 (t. 2 1845, p. 92), préfet du Rhône c. Despans.

632. — Aucune forme spéciale n'est prescrite pour faire avertir les citoyens choisis comme jurés complémentaires. C'est à la prudence du magistrat directeur à employer le mode de convocation qui, eu égard aux circonstances, lui semble le plus sûr et le plus expéditif. — *Cass.*, 4 mars 1844 (t. 1er 1844, p. 691), Luys c. préfet de la Seine.

633. — En confiant au magistrat-directeur le pouvoir de compléter le nombre de seize jurés, la loi ne lui fait pas un devoir de rendre à ce sujet une ordonnance, encore moins une ordonnance publique; il suffit d'une simple invitation adressée aux citoyens appelés à compléter le jury. — Même arrêt.

634. — La décision n'est pas nulle parce que le magistrat directeur du jury aurait, en l'absence de la partie et de son défendeur, appelé un juré supplémentaire pour remplacer un juré titulaire. — *Cass.*, 9 mai 1834, de Boubers c. minist. du commerce.

635. — Aucun texte n'impose ni forme déterminée ni moment précis pour porter à la connaissance des parties intéressées les noms des jurés nouveaux. Ainsi cette connaissance peut leur être donnée alors seulement qu'il va être procédé à la constitution définitive du jury, sans que de là il résulte aucune entrave au libre et plein exercice du droit de récusation. — *Cass.*, 4 mars 1844 (t. 1er 1844, p. 691), Luys c. préfet de la Seine.

636. — La publicité exigée par la loi du 3 mai 1841, pour la discussion qui s'ouvre après la constitution et le serment du jury, n'est commandée par aucune disposition de la loi pour le choix auquel le magistrat directeur procède, en vertu de l'art. 33, dans la désignation des jurés complémentaires. — *Cass.*, 6 fév. 1843 (t. 2 1846, p. 760), ville de Paris c. l'Etat; 16 janv. 1844 (t. 1er 1846, p. 760), Berry c. préfet de la Seine.

637. — Aucune disposition de la loi ne s'oppose à ce que ceux des jurés compris dans la liste composant le jury spécial qui n'ont pas été présens lors de l'ouverture de la session, et qui n'ont pas été expressément et définitivement rayés se présentent dans le cours de la session et soient valablement compris dans les jurys de jugement composés postérieurement à leur comparution. — *Cass.*, 1er juill. 1845 (t. 2 1845, p. 92), préfet des Bouches-du-Rhône c. Despans.

638. — Lorsqu'un des jurés, absent à l'appel de la cause, a été remplacé par un juré supplémentaire, le jury est définitivement constitué, et la comparution tardive du juré absent ne pourrait, fût-elle même excusable, autoriser le magistrat directeur à lui faire prendre la place du juré supplémentaire, alors surtout qu'elle n'aurait eu lieu qu'après le serment des jurés, et même après une première délibération et un transport sur les lieux litigieux. — *Cass.*, 25 fév. 1840 (t. 1er 1840, p. 238), Valogne.

639. — Le magistrat directeur du jury est assisté, auprès du jury spécial, du greffier ou commis-greffier du tribunal. — LL. 3 mai 1841, art. 34, § 1er; 7 juill. 1833, même art.

640. — L'exproprié ne peut se faire un moyen de nullité de ce que le magistrat directeur du jury n'était pas assisté d'un greffier lors des premières opérations du jury, si cet exproprié, après avoir lui-même provoqué la nomination d'un greffier, a pris, sans faire aucune réserve, part à la discussion ultérieure. — *Cass.*, 30 avr. 1844 (t. 2 1844, p. 409), Singer c. préfet de la Seine.

641. — Le greffier ou commis-greffier appelle successivement les causes sur lesquelles le jury doit prononcer, et tient procès-verbal des opérations.—L. 3 mai 1841, art. 34, § 1er; L. 7 juill. 1833, même article.

642. — Le procès-verbal des opérations du jury d'expropriation est nul s'il est signé par le greffier seul, et non par le magistrat directeur. Il ne suffirait pas que ce magistrat eût apposé sa signature au bas de l'ordonnance nécessaire pour rendre exécutoire la décision du jury. — *Cass.*, 31 déc. 1844 (t. 1er 1845, p. 311), Mouren c. Collet, Mouren c. Ferre, Mouren c. Pelissier.

643. — Jugé au contraire qu'il n'y aurait pas nullité en ce que la décision du jury n'aurait pas été signée par le magistrat directeur du jury ni par le greffier, les dispositions du Code d'instruction criminel n'étant point applicables en pareil cas. — *Cass.*, 9 mai 1834, de Boubers c. ministre du commerce.

644. — Le procès-verbal est un acte authentique auquel foi est due en justice jusqu'à inscription de faux. — *Cass.*, 19 janv. 1835, comm. de Charny c. Guillemineau; 15 avr. 1840 (t. 2 1840, p. 167), Maury c. préf. de la Haute-Vienne; 25 fév. 1840 (t. 1er 1840, p. 234), Valogne.

645. — Jugé également que le procès-verbal du directeur du jury fait foi jusqu'à inscription de faux des énonciations qu'il contient, notamment en ce qui concerne le mode de la prestation du serment des jurés; et l'inscription de faux ne doit être admise par la cour de Cassation qu'autant qu'il existe des indices assez graves et assez nombreux pour qu'on puisse les considérer comme susceptibles de prévaloir sur la présomption légale qui investit le procès-verbal. — *Cass.*, 26 avr. 1843 (t. 2 1843, p. 209), Mouruan c. l'état.

646. — Lors de l'appel, l'administration a le droit d'exercer deux récusations péremptoires; la partie adverse a le même droit.—Dans le cas où plusieurs intéressés figurent dans la même affaire, ils s'entendent pour l'exercice du droit de récusation, sinon le sort désigne ceux qui doivent en user. — L. 3 mai 1841, art. 34, § 2 et 3; L. 7 juill. 1833, même article.

647. — En disposant, par son art. 34, § 2, que lors

de l'appel l'administration et les parties ont le droit d'exercer des récusations, la loi du 3 mai 1841 a entendu parler de l'appel des causes dont il est fait mention dans le § 1er dudit article, et non d'un second appel de jurés. Le droit de récusation a donc été régulièrement exercé lorsqu'il l'a été par les parties intéressées lors de l'appel de la cause qui les concernait. — *Cass.*, 7 avr. 1845 (t. 1er 1845, p. 585), préf. du Nord c. Ferrond, préf. du Nord c. Jaussone, préf. du Nord c. Vermesch, préf. du Nord c. André.

648. — Il doit y avoir autant de jurys distincts qu'il y a de causes, c'est-à-dire de propriétés différentes. — Cotelle, t. 1er, p. 308 ; Gillon et Stourm, *C. des municip.*, p. 428 ; Delalleau, nº 558. — Mais chaque jury est arrêté pour toutes les affaires, dès le premier jour de la session, au fur et à mesure de l'appel des causes par le greffier.

649. — Jugé cependant que lorsque plusieurs affaires sont comprises dans un même jugement, un seul jury peut être constitué pour toutes ces affaires ; il suffit, dans ce cas, qu'avant la constitution du jury toutes les parties aient été mises à même d'exercer leur droit de récusation, et que, si, pour certaines affaires, les récusations exercées ont rendu nécessaire un nouveau jury, ce jury ait été formé. — Du moins, les parties qui ont adhéré à un pareil mode de procéder en exerçant leur droit de récusation ne sont pas recevables à se plaindre. — *Cass.*, 23 mai 1842 (t. 2 1842, p. 135), préf. de l'Isère c. Lebrun.

650. — Lorsque, du consentement de toutes les parties intéressées et des jurés, il a été préalablement convenu que le jury des douze, tel qu'il se trouvera définitivement composé après l'exercice du droit de récusation concerté en commun, statuera sur toutes les causes à lui soumises dans la session, une des parties qui a exécuté cette convention n'est point admissible à critiquer le mode de procéder qu'elle autorisait. — *Cass.*, 3 mai 1841 (t. 2 1841, p. 334), Chamecin c. préf. du Jura.

651. — Si le droit de récusation n'est point exercé ou s'il ne l'est que partiellement, le magistrat directeur du jury procède à la réduction des jurés au nombre de douze en retranchant les derniers noms inscrits sur la liste. — LL. 3 mai 1841, art. 34 § 4 ; 7 juill. 1833, même article.

652. — La formation du jury n'est pas moins légale, quoique l'appel destiné à provoquer les récusations ait eu lieu sur une liste, non de seize jurés, mais de quinze seulement, par suite des dispenses accordées par le magistrat directeur, alors qu'aucune des parties n'a réclamé au moment de l'opération, et que l'exercice du droit de récusation n'en a reçu aucune atteinte. — *Cass.*, 3 janv. 1844 (t. 1er 1844, p. 152), chemin de fer de Paris à Saint-Germain c. préfet de la Seine.

653. — De ce que, dans l'énonciation de la constitution du jury d'expropriation, il serait dit que cette constitution (postérieure à la loi du 3 mai 1841) a été faite aux termes de la loi du 7 juill. 1833, il n'en résulte pas un motif de nullité lorsqu'il est constant soit d'après le procès-verbal du magistrat directeur du jury, soit d'après l'ordonnance rendue par ce magistrat à la suite de la décision, et qui rappelle la seule loi de 1841, que c'est cette dernière loi, et non celle de 1833, qui a été appliquée, et que, dès lors, l'énonciation critiquée est évidemment le résultat d'une erreur. — *Cass.*, 27 mars 1843 (t. 2, 1843, p. 89), Cluse c. préfet de Vaucluse.

654. — Le jury spécial n'est constitué que lorsque les douze jurés sont présens. — Les jurés ne peuvent délibérer valablement qu'au nombre de neuf au moins. — L. 3 mai 1841, art. 35 ; 7 juill. 1833, même article.

655. — Ainsi, dit M. Duvergier, *collect. des lois* (t. 33, p. 298), il n'y a de jury qu'au moment où douze jurés non récusés sont présens et prêts à exercer leurs fonctions. Il peut arriver que différens motifs diminuent ce nombre avant que l'affaire soit terminée ; tant qu'il en restera neuf, les opérations pourront continuer ; mais s'ils se trouvaient réduits à huit ou à moins de huit, il faudrait tout recommencer avec un jury complet de douze membres et ainsi pour chaque affaire. — V. aussi Debray, nº 89.

656. — La délibération du jury est régulière, bien qu'elle n'ait été prise qu'à onze membres, alors qu'il est constant que l'abstention, pour cause de maladie, décès, d'un des douze jurés, n'a eu lieu qu'après la constitution du jury et même son transport sur les lieux. — *Cass.*, 6 fév. 1844 (t. 1er 1844, p. 274), préfet de l'Hérault c. Jancen.

657. — De ce que l'un des passages du procès-verbal ne mentionnait expressément la présence que de onze jurés, au lieu de douze (notamment au moment de la prestation du serment), il ne suit pas nécessairement une nullité, lorsqu'il résulte d'ailleurs de l'ensemble des énonciations du même

procès-verbal que le jury a été complet, et que les douze jurés ont siégé régulièrement après avoir prêté le serment exigé par la loi. — *Cass.*, 20 mai 1845 (t. 1er 1845, p. 692), Mannoury c. préfet de la Seine.

658. — Est nulle la délibération du jury à laquelle a pris part un individu qui n'en faisait pas partie, alors même qu'en retranchant cet individu du nombre des membres délibérans, il y ait encore un nombre suffisant pour rendre une décision. — *Cass.*, 6 déc. 1837 (t. 1er 1838, p. 304), Bérard c. préfet de la Seine.

659. — Lorsque le jury est constitué, chaque juré prête serment de remplir ses fonctions avec impartialité. — L. 3 mai 1841, art. 36 ; L. 7 juill. 1833, même article.

660. — La prestation du serment doit nécessairement précéder toute espèce d'opération de la part des jurés.

661. — Ainsi les jurés ne peuvent se transporter sur les lieux avant d'avoir prêté serment ; il y a lieu d'annuler leurs opérations, si la visite qu'ils ont faite avant d'avoir prêté serment a été l'un des élémens de leur opinion. — *Cass.*, 26 sept. 1834, compagnie du canal de Roanne c. Ducoin.

662. — Ainsi encore, le jury, lorsqu'il est constitué, ne peut, avant sa prestation de serment, entendre les offres de l'administration ni ordonner et effectuer son transport sur les lieux litigieux. — Dès lors un pareil mode de procéder doit, sur la demande de l'une des parties à qui il en a été donné acte par le magistrat directeur, entraîner l'annulation de la décision intervenue. — *Cass.*, 9 mai 1843 (t. 2 1843, p. 521), Acoquat-Fontvive c. préfet de l'Ariége.

663. — Mais il n'y a pas nullité en ce que, postérieurement à l'appel de la cause, mais avant la constitution du jury et la prestation du serment, les seize jurés, au nombre desquels devaient se trouver les douze jurés de jugement, se seraient transportés spontanément sur les lieux expropriés. — Une telle visite de lieux faite à ce moment ne peut être considérée que comme une démarche privée purement officieuse, et sans influence sur le sort de l'instruction, alors surtout qu'elle n'a été l'objet d'aucune observation devant le directeur du jury. — *Cass.*, 26 avr. 1843 (t. 2 1843, p. 209), Mouruan c. l'état.

664. — De ce que les jurés, avant d'être constitués en jury, ont demandé que les lieux soient visités par un tiers, et même par l'un d'eux, il ne s'ensuit pas qu'ils soient réputés avoir commencé leurs opérations, et, dès-lors, avoir dû déjà prêter serment. — *Cass.*, 9 mai 1834, de Boubers c. min. comm.

665. — En ordonnant que la prestation du serment des jurés suive la constitution du jury, la loi n'exige cependant pas qu'elle ait lieu sans délai ; cette formalité a donc pu être différée sans inconvénient dans une espèce où le grand nombre des parcelles expropriées et la distribution compliquée du travail qui en était la suite ont forcé de laisser un intervalle entre la composition du jury et son entrée en fonctions. — *Cass.*, 16 janv. 1844 (t. 1er 1846, p. 760), Berry c. préfet de la Seine.

666. — En cas de constitution d'un même jury pour juger plusieurs affaires différentes, il n'est pas nécessaire que le jury prête serment au commencement de chaque affaire. Néanmoins si, par suite d'une récusation, un nouveau membre était adjoint au jury, ce n'est pas seulement ce membre qui serait astreint au serment, mais bien chacun des membres composant le nouveau jury. — *Cass.*, 23 mai 1842 (t. 2 1842, p. 135), préfet de l'Isère c. Lebrun.

667. — La formule du serment n'est point écrite d'une manière sacramentelle dans la loi. — En conséquence, il n'y a pas nullité si le magistrat directeur a ajouté à la formule : « Vous jurez de remplir vos fonctions avec impartialité, » prescrite par cette loi, les mots suivans : Devant Dieu et devant les hommes. — Nous pensons même que l'emploi de ces derniers mots est dans les convenances, comme prêtant plus de solennité au serment. — *Cass.*, 7 fév. 1837 (t. 1er 1837, p. 94), Parmentier-Carlier c. Urbain et Picard.

668. — La décision du jury est nulle lorsque le procès-verbal ne constate pas que les jurés aient prêté le serment prescrit par la loi. — *Cass.*, 21 août 1843 (t. 2, 1843, p. 638), préfet de l'Hérault c. Bonenfant ; 12 mars 1844 (t. 2 1846, p. 436), François c. préfet de l'Aisne ; 20 avr. 1846 (t. 1er 1846, p. 713), comm. de Saint-Martin-des-Vignes c. préfet de l'Aude.

669. — Quand le procès-verbal constate que chacun des jurés appelé individuellement pour prêter serment a dit : « Je le jure », on ne peut alléguer que serment a été prêté par les jurés en masse, et non individuellement. — *Cass.*, 9 mai 1834, de Boubers c. ministre du commerce.

§ 2. — *Actes d'instruction.*

670. — Le magistrat directeur met sous les yeux du jury : 1º le tableau des offres et demandes notifiées en exécution des art. 23 et 24 ; les plans parcellaires et les titres ou autres documens produits par les parties à l'appui de leurs offres et demandes. — L. 3 mai 1841, art. 37, § 1er ; L. 7 juill. 1833, même article.

671. — C'est à peine de nullité des opérations du jury que le magistrat directeur doit placer sous les yeux des jurés le tableau des offres et des demandes d'indemnité que les parties se sont respectivement fait signifier. — *Cass.*, 15 juill. 1844 (t. 2 1844, p. 160), Badinaud c. comp. des mines de Montrambert et Quartier-Gaillard réunies.

672. — Le procès-verbal des opérations du jury doit, à peine de nullité, constater que le magistrat directeur a mis sous les yeux des jurés le tableau des offres et demandes produites par les parties. — *Cass.*, 11 août 1844 (t. 1er 1847), préfet de l'Aveyron c. Albin.

673. — Le procès-verbal qui porte que « le tableau des offres faites par l'administration, et les pièces et documens produits par les parties ont été placés sous les yeux des jurés, » ne constate pas suffisamment que les plans parcellaires des terrains expropriés aient été remis aux jurés. — L'absence d'une énonciation régulière à cet égard vicie les opérations du jury. — *Cass.*, 2 janv. 1844 (t. 1er 1844, p. 152), Maury, c. maire de Rivière.

674. — Toutefois, il est suffisamment satisfait aux prescriptions de l'art. 37 par la remise du tableau des offres et demandes, ainsi que des documens et titres à l'appui, bien que ce tableau n'indique que le montant total de la demande ou des offres, sans en détailler les élémens. — *Cass.*, 23 nov. 1846 (t. 2 1846, p. 640), Girard de Vilsaison c. préfet de l'Indre.

675. — De ce que le procès-verbal ne désignerait le tableau remis aux jurés que sous la dénomination de tableau des offres, sans parler de la remise du tableau des demandes, il n'y a pas nécessairement nullité, s'il résulte d'ailleurs des pièces et documens produits, ainsi que des énonciations de ce même procès-verbal, qu'en réalité la remise du tableau des offres et demandes a eu lieu. — *Cass.*, 3 mai 1843 (t. 1er, 1843, p. 664), Berogne de Camtignes c. préfet du Pas-de-Calais.

676. — Il suffit que le magistrat directeur du jury place sous les yeux des jurés, à l'appui du tableau des offres, un certificat du maire constatant que la notification de ces offres a eu lieu sans qu'il soit besoin que les exploits de notification eux-mêmes soient représentés au jury. — *Cass.*, 12 janv. 1842 (t. 2 1842, p. 17), Méritan c. maire d'Apt.

677. — L'art. 37, L. 3 mars 1841, est suffisamment exécuté par la production d'un plan dressé et publié par l'administration, se référant par lettres et numéros aux sections du cadastre auxquelles appartiennent les parcelles à exproprier, et dont en conséquence la teneur rend impossible toute erreur sur l'identité et l'assiette de ces parcelles. — *Cass.*, 27 mars 1843 (t. 2 1843, p. 89), Cluse c. préfet de Vaucluse.

678. — ... Par la production d'un plan indicatif des parcelles à exproprier, de leur nature, de leur situation précise, et du nom des propriétaires, auquel plan a été jointe une évaluation des parcelles, alors que les jurés se sont rendus sur les lieux pour y appliquer leur évaluation, offres et demandes respectives. — *Cass.*, 27 mars 1843 (t. 1er 1843, p. 635), Thinières c. Préfet du Pas-de-Calais.

679. — Le procès-verbal des opérations du jury fait foi relativement à l'énonciation qu'il contient que les plans parcellaires ont été produits sous les yeux des jurés. — *Cass.*, 25 fév. 1840 (t. 1er 1840, p. 234), Valogne ; 15 avr. 1840 (t. 2 1840, p. 167), Naury c. Préfet de la Haute-Vienne.

680. — Lorsque le procès-verbal du magistrat directeur constate qu'il a mis sous les yeux du jury les plans produits par les parties, cela établit suffisamment que c'étaient les plans dont la loi ordonnait la remise. — *Cass.*, 5 mars 1844 (t. 1er 1844, p. 759), François c. comm. de la Villette.

681. — La remise faite aux jurés, après le débat oral, des actes et documens invoqués respectivement par les parties dans leurs observations, doit être réputée régulière, bien qu'elle ait eu lieu par l'entremise de l'huissier, alors qu'il est constaté par le procès-verbal : 1º que cette remise a eu lieu publiquement, sans réclamation des parties, et sous les yeux du magistrat directeur ; 2º que, conformément à l'art. 37 de la loi du 3 mai 1841, le magistrat directeur a remis au jury, lors de l'ouverture des débats, le plan parcellaire, le tableau des offres et demandes et autres documens produits à l'appui. — *Cass.*, 7 avr. 1845 (t. 1er 1845, p. 585), préfet du Nord c. Ferrond.

682. — L'administration ou le préfet est non-recevable à attaquer la décision du jury, en ce que les plans parcellaires n'auraient pas été mis sous les yeux des jurés, si c'est par son fait même que ce défaut de remise a eu lieu. — *Cass.*, 24 mars 1841 (t. 1er 1847), préfet des Bouches-du-Rhône c. de Grignan ; 6 fév. 1844 (t. 1er 1844, p. 274), préfet de l'Hérault c. Jeancen.

683. — Dans tous les cas, le défaut de production de ces plans parcellaires ne pourrait être invoqué pour la première fois devant la cour de Cassation par la partie qui aurait plaidé devant le jury sans s'en plaindre. — *Cass.*, 25 fév. 1840 (t. 1er 1840, p. 234), Valogne.

684. — Les parties ou leurs fondés de pouvoirs peuvent présenter sommairement leurs observations. — LL. 3 mai 1841, art. 37, § 2; 7 juill. 1833, même art.

685. — L'administration est elle-même *partie*. Cela a été expressément reconnu lors de la discussion. — Duvergier, *Coll. des lois*, t. 33, p. 299.

686. — La personne contre laquelle l'expropriation a dû être poursuivie peut seule être réputée *partie*. — Dès-lors, en cas d'expropriation d'un immeuble appartenant à une femme séparée de biens, la décision du jury serait nulle, si elle avait été rendue entre l'administration et le mari seul qui n'aurait comparu et conclu qu'en son propre et privé nom. — *Cass.*, 24 août 1846 (t. 2 1846, p. 509), Forest c. préfet du Gard.

687. — Le maire d'une commune ou le tuteur d'un mineur n'a pas besoin d'une autorisation spéciale pour se présenter devant le jury comme représentant de la commune ou des mineurs, et pour conclure à ce qu'il soit accordé une somme supérieure à celle offerte par la partie qui poursuit l'expropriation, les art. 13, 25 et 26, L. 3 mai 1841, qui exigent cette autorisation, n'étant relatifs qu'aux conventions d'acquisitions amiables et à l'acceptation amiable des offres de l'administration. — *Cass.*, 16 fév. 1846 (t. 1er 1846, p. 499), préfet des Bouches-du-Rhône c. hospices de Vitrolles (deux arrêts).

688. — Les avocats à qui les réglemens de l'ordre interdisent, au moins à Paris, d'accepter une procuration, doivent, pour être admis à porter la parole, être assistés de la partie ou de son mandataire, qui d'ordinaire est un avoué.

689. — L'administration n'est pas recevable à contester, pour la première fois, devant la cour de Cassation le pouvoir du mandataire qui, devant le jury, a représenté l'exproprié. — *Cass.*, 20 déc. 1842 (t. 1er 1843, p. 257), préfet d'Ille-et-Vilaine c. Thomas.

690. — Le jury peut entendre toutes les personnes qu'il croira pouvoir l'éclairer. — LL. 3 mai 1841, art. 37, § 3; 7 juill. 1833, même article.

691. — Ainsi le jury peut, sans qu'il en résulte aucune irrégularité, entendre dans les débats l'expert de l'administration; et l'exproprié est encore moins admissible à se faire de ce mode de procéder un grief devant la cour de Cassation lorsque les débats ont eu lieu sans opposition ni réclamation de sa part. — *Cass.*, 26 avr. 1843 (t. 2 1843, p. 209), Mouruan c. l'état.

692. — Lorsqu'une expropriation intéressant deux communes, qui l'une et l'autre doivent contribuer à l'indemnité, n'est suivie qu'à la requête d'une de ces deux communes, le maire de l'autre commune, ayant un intérêt légal à faire réduire l'indemnité, peut être entendu dans le cours de la discussion, sans qu'il soit nécessaire que le jury ait demandé à l'entendre à titre de renseignemens. — *Cass.*, 30 avr. 1844 (t. 2 1844, p. 109), Singer c. préfet de la Seine. — *Contrà* Husson, *Travaux publics*, p. 240.

693. — Le jury n'a aucune voie coërcitive pour faire comparaître devant lui les personnes qu'il veut entendre. Ces personnes n'ont point le caractère de témoins et ne peuvent être punies en cette qualité, si elles ne comparaissent pas. — Gillon et Stourm, *Code des municipalités (Loi sur l'expropr.)*, p. 135; Duvergier, *Collection des lois*, t. 33, p. 299. — V. *contrà* Delalleau, nº 577.

694. — Il est certainement dans l'esprit de la loi que le jury fasse par lui-même les vérifications qu'il croit utiles, et nous sommes convaincus qu'il excéderait ses pouvoirs en ordonnant une enquête dans les termes du Code de procédure. Cependant nous croyons que la faculté d'entendre toutes personnes doit être interprétée dans le sens le plus large, et que le jury pourrait commettre un expert pour procéder à certaines opérations techniques et même à certaines estimations, sauf à lui à en faire pour sa décision définitive tel usage que de raison. — V. conf. Husson, p. 243.

695. — C'est ainsi qu'il a été décidé que lorsqu'un homme de l'art a été commis par le jury à l'effet d'assister et d'éclairer le jury délégué pour visiter les lieux, il n'est pas nécessaire que cet homme de l'art dresse un rapport. — *Cass.*, 9 mai 1834, de Boubers c. ministre du commerce.

696. — Du reste, les personnes appelées par le jury à titre de renseignemens, et les tiers chargés par lui d'une mission, n'étant ni des témoins ni des experts proprement dits, peuvent être avertis dans quelque forme que ce soit, ne sont pas assujétis au serment, et ne sont point reprochables.

697. — L'avertissement de comparaître doit être donné par le magistrat directeur aux personnes appelées. — C'est également pour le bon ordre et la dignité de l'audience, que les questions doivent être adressées par l'intermédiaire du magistrat directeur.

698. — Le greffier constate sommairement sur son procès-verbal la demande des jurés que telles personnes soient appelées, les ordres donnés par le président pour leur comparution, le fait de leur comparution et de leur audition. — Delalleau, nºs 577 et suiv.

699. — En matière d'expropriation, c'est le jury qui instruit, et le magistrat directeur n'est en quelque sorte que son collaborateur. Dès-lors, ce magistrat ne pourrait, à peine de nullité, repousser comme inutile aucune des mesures d'instruction jugées nécessaires par le jury. — Duvergier, *Coll. des Lois*, t. 3, p. 299.

700. — Dès-lors, on doit considérer comme consacrant une grave erreur, bien qu'elles n'aient éprouvé aucune contradiction lors de la discussion de la loi de 1833, ces paroles de M. Duboys d'Angers : « Ne perdons pas de vue que le pouvoir discrétionnaire que la loi donne aux présidens des cours d'assises appartiendra au président du jury; il pourra, en vertu de son pouvoir discrétionnaire appeler toutes les personnes qu'il croira convenable d'entendre. » — Duvergier, *ibid.*

701. — De ce que, pendant le cours des opérations, le jury, par l'organe de son président, a dit qu'il était essentiel d'entendre un témoin, et, plus tard, a déclaré que la religion des jurés était suffisamment éclairée, après quoi le magistrat directeur a prononcé la clôture de l'instruction, il n'en résulte pas que le président du jury ait empiété sur les attributions du magistrat directeur. — *Cass.*, 5 mars 1845 (t. 1er 1845, p. 385), ville de Clermont-Ferrand c. N...

702. — Lorsque le jury régulièrement convoqué interrompt ses opérations pour prendre dans l'intervalle des renseignemens propres à l'éclairer, il peut continuer ses opérations au jour indiqué par lui sans qu'il soit nécessaire de le convoquer de nouveau dans les formes prescrites par l'art. 31, L. 3 mai 1841. — *Cass.*, 5 août 1844 (t. 2 1844, p. 162), préfet d'Ille-et-Vilaine c. N...

703. — Le jury peut également se transporter sur les lieux, ou déléguer à cet effet un ou plusieurs de ses membres. — LL. 3 mai 1841, art. 37, § 4; 7 juill. 1833, même article.

704. — Les jurés peuvent ordonner, même après avoir délibéré sur l'affaire, qu'ils se transporteront sur les lieux dont l'expropriation est poursuivie. — *Cass.*, 7 fév. 1837 (t. 1er 1837, p. 96), Parmentier c. Urbain.

705. — La présence du magistrat directeur à la délibération par laquelle le jury détermine le jour et l'heure d'un transport sur les lieux contentieux n'emporte pas nullité de cette délibération. — *Cass.*, 7 avr. 1845 (t. 1er 1845, p. 585), préfet du Nord c. Ferrond.

706. — De même, le magistrat directeur n'est pas réputé s'être immiscé dans la délibération du jury pour l'avoir averti que si une visite des lieux était jugée nécessaire, cette visite serait plus utilement faite après un exposé sommaire des points litigieux et avant la discussion. — *Cass.*, 19 août 1846 (t. 2 1846, p. 507), Léguillette c. préfet de l'Aisne.

707. — Il n'y a pas nullité en ce que le jury aurait ordonné un transport sur lieux sans en indiquer le jour ni l'heure alors qu'après la visite des lieux, la cause étant revenue à l'audience, la discussion s'est rouverte et qu'aucune partie n'a fait de protestation notamment contre le transport ainsi ordonné et exécuté. — *Cass.*, 16 fév. 1846 (t. 1er 1846, p. 499), préfet des Bouches-du-Rhône c. Masson ; préfet des Bouches-du-Rhône c. Berthet; préfet des Bouches-du-Rhône c. Picciolini, préfet des Bouches-du-Rhône c. Aymard et Estay ; préfet des Bouches-du-Rhône c. Bonfilhon; préfet des Bouches-du-Rhône c. Lecoq.

708. — Il n'est pas besoin que le défendeur à l'expropriation soit prévenu par une sommation du jour et de l'heure auxquels le transport du jury doit avoir lieu, lorsque la délibération qui l'ordonne et qui fixe ce jour et cette heure a été lue en audience publique. — *Cass.*, 7 fév. 1837 (t. 1er 1837, p. 94), Parmentier-Carlier c. Urbain et Picard.

709. — Le magistrat directeur peut assister à la visite des lieux contentieux; sa présence ne saurait être considérée comme une violation du secret de la délibération du jury. — Même arrêt.

710. — Mais sa présence n'est pas nécessaire pour la validité de l'opération. — *Cass.*, 27 mars 1843 (t. 2 1843, p. 89), Cluse c. préfet de Vaucluse.

711. — Les membres du jury délégués pour la visite des lieux sont accompagnés du greffier. Cela résulte de l'esprit des art. 17 et 24 combinés du tarif du 18 sept. 1833.

712. — Toutefois, la présence du greffier n'est pas absolument nécessaire et moins encore prescrite sous peine de nullité. — *Cass.*, 27 mars 1843 (t. 2 1843, p. 89), Cluse c. préfet de Vaucluse.

713. — Il nous semble qu'il doit être dressé un procès-verbal de la descente sur les lieux, car il y a ici même raison que pour les descentes sur lieux ordinaires. Toutefois, la loi étant muette à cet égard, l'absence d'un procès-verbal ne devrait pas emporter la nullité de l'opération. Les commissaires pourront par leurs renseignemens oraux éclairer suffisamment la religion du jury. Celui-ci en effet, sans être tout-à-fait édifié sur la difficulté de la contestation, possède déjà des élémens presque suffisans. Il a sous les yeux le tableau des offres et des demandes, les plans parcellaires, les titres et généralement tous les documens qu'il a été loisible aux parties de lui adresser. Un simple renseignement oral suffira donc pour fixer l'esprit du jury.

714. — Mais si les jurés commissaires qui n'ont point dressé procès-verbal de la descente ne prenaient point part au jugement définitif, il serait nécessaire, ce nous semble, de procéder à une nouvelle nomination, car le jury se trouverait manquer des élémens qu'il a cru lui être nécessaires pour rendre une décision consciencieuse.

715. — Il n'y a pas non plus violation de l'art. 7 de la loi du 20 avr. 1840 en ce qu'un juré qui n'a pas assisté à la visite des lieux contentieux a coopéré cependant au jugement, alors surtout qu'il n'a été fait aucune observation à raison de cette absence avant la reprise de la discussion sur le fond. — *Cass.*, 21 juin 1842 (t. 2 1842, p. 129), préfet d'Indre-et-Loire c. Trebriand.

716. — Il n'y a pas nullité de ce que le résultat de la délibération du jury relative à la visite des lieux et aux moyens d'exécution concertés entre lui et le magistrat directeur, pour opérer cette mesure d'instruction, aurait été proclamée par ce magistrat. — *Cass.*, 7 avril 1845 (t. 1er 1845, p. 585), préfet du Nord c. Ferrond.

717. — La discussion est publique : elle peut être continuée à une autre séance. — LL. 3 mai 1841, art. 37, § 5; 7 juill. 1833, même art.

718. — Le procès-verbal des opérations du jury doit, à peine de nullité, mentionner que la discussion a été publique. — *Cass.*, 11 août 1841 (t. 1er 1847), préfet de l'Aveyron c. Albin.

719. — L'énonciation contenue au procès-verbal qu'il a été procédé en séance publique emporte preuve légale et suffisante de la publicité exigée. — En vain dirait-on que la salle était trop exiguë pour permettre au public de s'y introduire. — *Cass.*, 13 janv. 1840 (t. 1er 1840, p. 54), concessionnaires des travaux de la Scarpe c. Favier.

720. — La publicité des débats est suffisamment constatée par cette énonciation du procès-verbal, qu'après les débats contradictoires et l'entrée du jury en délibération, le magistrat directeur, les parties, leurs conseils, et le public, se sont retirés. — *Cass.*, 30 avr. 1844 (t. 2 1844, p. 109), Singer c. préfet de la Seine.

721 — ... Lorsque le procès-verbal constate, après l'ordonnance du magistrat directeur, que tout a été fait publiquement. — Cette mention de publicité est, en effet, réputée s'appliquer aussi bien à la décision du jury qu'à l'ordonnance d'*exequatur*. — *Cass.*, 12 juin 1843 (t. 2 1843, p. 496), Benoît c. préfet des Bouches-du-Rhône.

722. — ... Lorsque le procès-verbal porte que le jury est entré en séance, qu'il s'est retiré pour délibérer, et que, rentré en séance, la décision a été lue publiquement. — *Cass.*, 16 fév. 1846 (t. 1er 1846, p. 499), préfet des Bouches-du-Rhône c. hospices de Vitrolles; préfet des Bouches-du-Rhône c. Picciolini.

723. — Il résulte suffisamment de la mention du procès-verbal fait et arrêté à la salle d'audience, mise après la mention de la lecture de la décision du jury, que cette lecture a été publique. — *Cass.*, 15 avr. 1840 (t. 2 1840, p. 167), Maury c. préfet de la Haute-Vienne.

724. — Lorsque le procès-verbal constate qu'après la clôture des débats prononcée dans un local ces débats ont été rouverts dans un autre et repris publiquement; que l'avoué de l'une des parties a été entendu en ses observations, et qu'ensuite, après avoir demandé aux parties si elles avaient de nouvelles observations à soumettre aux jurés, et à

ceux-ci s'ils étaient suffisamment renseignés, personne ne demandant plus la parole, le magistrat directeur a déclaré les débats définitivement clos, il résulte de ces diverses énonciations que les débats ont été rouverts en présence des parties, et que celles-ci ont été, conformément au vœu de la loi, mises en mesure de se défendre. — *Cass.*, 17 déc. 1845 (t. 1er 1846, p. 35), Godefroy, Piattier, Trochery et Laroze c. préfet de la Seine.

725. — La clôture de l'instruction est prononcée par le magistrat directeur du jury. — LL. 3 mai 1841, art. 38, § 1er ; 7 juill. 1833, même art.

726. — Il n'y a pas nullité de la procédure dans le cas où, après la descente sur lieux faite par le jury, les débats sont ouverts de nouveau par le magistrat directeur. — Dans tous les cas, la nullité, à supposer qu'elle existât, ne pourrait être invoquée par la partie qui, loin de s'opposer à la réouverture, en aurait profité pour présenter des moyens nouveaux à l'appui de ses prétentions. — *Cass.*, 7 fév. 1837 (t. 1er 1837, p. 94), Parmentier-Carlier c. Urbain et Picard.

727. — Le fait, de la part du jury, d'avoir délibéré de nouveau après la fixation de l'indemnité, dans le but d'éclaircir, dans l'intérêt d'une des parties, un point de la décision qui ne semblait pas suffisamment explicite, ne constitue pas une nullité d'ordre public ; en conséquence, la partie qui a provoqué la nouvelle délibération n'est pas recevable à s'en faire un moyen de cassation. — Même arrêt

728. — La clôture prononcée, le magistrat directeur est-il tenu de faire un résumé et de poser des questions au jury ? — En proposant de placer auprès du jury un magistrat, les auteurs de la loi de 1833 disaient que ce magistrat aurait pour devoir de *surveiller* et *diriger* les opérations, de manière à ce que les décisions fussent convenablement *préparées* et rendues..., de surveiller l'instruction et d'écarter les difficultés de procédure... Aussi les auteurs qui ont écrit sur la loi de 1833 n'hésitent-ils pas à dire que le magistrat fera pour la direction des débats tout ce qu'il croira convenable, et ils indiquent même comme une des mesures qu'il pourra prendre, le résumé, la position des questions, etc. — V. de Caudaveine et Théry, no 241 ; Delalleau, éd. 1836, no 541 et suiv.; Herson, no 217. — Mais ces mesures devaient être considérées comme purement facultatives pour le magistrat.

729. — Ainsi jugé qu'il n'y avait pas nullité en ce que le magistrat directeur du jury n'avait pas posé de questions, les dispositions du Code d'instruction criminelle n'étant point applicables en pareil cas. — *Cass.*, 9 mars 1834, de Boubers c. Min. du commerce.

730. — Jugé cependant que le magistrat directeur devait soumettre aux jurés toutes les questions principales ou accessoires qui pouvaient résulter tant des documens antérieurs à la comparution des parties que des instructions orales. — *Cass.*, 25 fév. 1840 (t. 1er 1840, p. 245), préfet de la Marne c. Ponsard.

731. — Et si, outre la question principale, le magistrat avait posé, comme résultant du débat oral, et d'après les offres faites par l'exproprié, une question incidente et accessoire, par exemple celle de savoir à quel taux devait être fixée l'indemnité dans une hypothèse prévue, les jurés ne pouvaient, à peine de nullité, se borner à répondre sur la question principale. — Même arrêt.

732. — M. Duvergier (*Coll. des lois*, t. 41, p. 157) pense que cette jurisprudence devrait encore être suivie sous l'empire de la loi du 3 mai 1841. « Toutefois, dit-il, l'obligation pour les jurés de répondre aux questions ne naît pas précisément de ce qu'elles seraient posées par le directeur du jury, mais bien de ce que les questions résulteraient des débats. Dans l'espèce de l'arrêt du 25 fév. 1840, la partie intéressée, après avoir réclamé une indemnité, avait ajouté qu'elle réduirait sa prétention, si l'administration exécutait certains travaux, et la cour de Cassation dit que, dans une pareille position, le directeur avait pu soumettre au jury, outre la question principale, une question accessoire, et que le jury en ne répondant pas à cette question n'avait rendu qu'une décision incomplète. »

733. — Lors de la discussion de la loi de 1841, la chambre des pairs avait adopté la rédaction suivante : « Le magistrat directeur du jury prononce la clôture de l'instruction et pose les questions. » — La commission de la chambre des députés présenta une nouvelle rédaction ainsi conçue : « Le magistrat directeur du jury... ; il indique sommairement et par écrit et remet aux jurés les questions qui lui paraissent résulter de l'instruction. » — Mais après diverses explications échangées, la rédaction de l'article a été maintenue telle qu'elle était dans la loi de 1833. — Revenue à la chambre des pairs, l'art. 83 a été, en ce point, l'objet des observations qui suivent, de la part de M. Daru, rapporteur : « Il a paru plus sage de laisser au magistrat directeur le soin d'avoir des communications officieuses et non officielles avec le jury ; de poser ou de ne pas poser les questions suivant le besoin des circonstances. »

734. — Jugé dès-lors que si la loi n'impose pas au magistrat directeur l'obligation de poser au jury les questions qu'il est appelé à résoudre, elle ne lui interdit pas non plus la faculté de les poser, ainsi que le droit d'appeler l'attention du jury sur les faits et circonstances indiqués par la procédure et les débats. — *Cass.*, 1er mars 1843 (t. 1er 1343, p. 510), Labbé c. préfet de la Seine ; 23 nov. 1846 (t. 2 1846, p. 640), Girard de Vilsaison c. préfet de l'Indre.

735. — Spécialement, il peut, sans excès de pouvoir, et sauf au jury à avoir à ses observations tel égard que de raison, avertir le jury que l'état n'a pas fait d'offres, signaler la cause de ce silence, et expliquer que l'indemnité à fixer ne doit être qu'hypothétique. — *Cass.*, 1er mars 1843 (t. 1er 1843, p. 510), Labbé c. préfet de la Seine.

§ 3. — *Délibération et décision du jury.*

736. — Les jurés se retirent immédiatement dans leur chambre pour délibérer, sous la présidence de l'un d'eux, qu'ils désignent à l'instant même. — LL. 7 juill. 1833 ; 3 mai 1841, art. 38, § 2.

737. — En prescrivant aux jurés de se retirer *immédiatement* dans leur chambre pour délibérer, l'art 38 entend nécessairement qu'il ne doit y avoir aucun intervalle entre la clôture du débat et le commencement de la délibération. Il le veut ainsi par deux raisons puissantes : 1o afin que les jurés ne perdent pas les impressions d'audience ; 2o afin qu'ils ne soient pas exposés aux influences du dehors dans ce moment solennel où, tout étant dit et expliqué par les parties, il ne s'agit plus pour le jury que de prononcer. — Sans doute, la loi ne défend pas d'une manière absolue les suspensions nécessaires au repos des jurés ; mais il semble résulter de l'esprit et du texte de la loi, aussi bien que de leur combinaison avec les règles que la nécessité a fait admettre en matière criminelle, que ces suspensions doivent avoir lieu avant la clôture des débats.

738. — Jugé cependant que, bien que les jurés doivent, immédiatement après la clôture des débats, se retirer dans leur chambre pour délibérer, il n'y a pas nullité de la décision en ce que, après la clôture des débats (prononcée à onze heures du soir, à la suite d'une séance qui durait depuis midi), les jurés se seraient retirés pour prendre un repos que le magistrat directeur aurait jugé indispensable, et en ce que la délibération aurait été remise au lendemain matin. — *Cass.*, 7 janv. 1845 (t. 1er 1845, p. 82), de Clermont Saint-Jean c. préf. de l'Oise.

739. — Par cela qu'il prescrit aux jurés de désigner leur président à l'instant même, l'art. 38, L. 3 mai 1841, n'interdit pas aux jurés de le désigner à une époque antérieure de leurs opérations, et, par exemple, au moment où ils ont une délibération à prendre sur une mesure d'instruction préparatoire. — *Cass.*, 5 mars 1845 (t. 1er 1845, p. 385), ville de Clermont-Ferrand c. N...

740. — La nomination d'un des jurés, sous la présidence duquel le jury doit délibérer, n'est exigée que pour la délibération qui s'ouvre après la clôture de l'instruction, et non pour celle qui, avant cette clôture, s'engage sur une mesure préparatoire. — *Cass.*, 7 avr. 1845 (t. 1er 1845, p. 585), préf. du Nord c. Ferrand.

741. — ... Ou à l'occasion d'une mission d'instruction, par exemple, d'une visite de lieux, alors surtout qu'il n'y a eu, de la part des parties, ni protestation, ni réserves. — *Cass.*, 19 août 1846 (t. 2 1846, p. 507), Leguillette c. préf. de l'Aisne.

742. — La loi du 7 juill. 1833 ne prescrivait aucune forme particulière pour la désignation du président du jury. — *Cass.*, 22 juill. 1839 (t. 2 1846, p. 640), sous-préf. de Saint-Pôl c. Allard.

743. — Ainsi, cette désignation a pu être valablement faite par les jurés pendant qu'ils étaient encore dans la salle d'audience. — *Cass.*, 22 juill. 1839 (t. 2 1846, p. 640), sous-préf. de Saint-Pôl c. Allard ; 24 mars 1841 (t. 1er 1847), préf. des Bouches-du-Rhône c de Grignan.

744. — Il en est surtout ainsi, alors qu'une pareille désignation aurait été confirmée par le jury dans la chambre de ses délibération. — *Cass.*, 22 juill. 1839 (t. 2 1846, p. 640), sous-préf. de Saint-Pôl c. Allard.

745. — Dès-lors, quand à la désignation, en séance publique, d'un juré pour président du jury, se joint la qualification de *président* donnée au même membre dans la décision du jury, il n'y a pas de doute possible que tel ait été le choix fait par le jury. — *Cass.*, 24 mars 1841 (t. 1er 1847), préf. des Bouches-du-Rhône c. Grignan.

746. — Le choix du président est constaté par les jurés eux-mêmes, soit sur la feuille qui contient leur décision, soit à leur retour à l'audience sur leur déclaration.

747. — Lorsque le procès-verbal déclare que les jurés se sont choisis un président, on n'est pas recevable à prétendre le contraire. — *Cass.*, 15 avril 1840 (t. 2 1840, p. 167), Maury c. préfet de la Haute-Vienne.

748. — Il n'y a pas nullité en ce qu'il ne serait pas constaté que le président du jury aurait été nommé par les jurés, les dispositions du Code d'instruction criminelle n'étant point applicables en pareil cas. — *Cass.*, 9 mai 1834, de Boubers c. ministre du commerce.

749. — Les jurés doivent délibérer sans désemparer. — LL. 3 mai 1841, art. 38, § 2 ; 7 juill. 1833, même art.

750. — Dans les conclusions qu'il donnait au sujet de l'arrêt de Cassation, 7 janv. 1845 (Clermont-Saint-Jean), ci-après rapporté, M. le premier avocat général Pascalis soutenait que par les mots : *sans désemparer*, la loi avait voulu dire : *sans divertir à d'autres affaires*, et qu'il suffisait que cette dernière condition eût été observée pour qu'on ne pût prétendre que l'art. 38 avait été violé. — Cette interprétation de la loi nous semble erronée, autrement il faudrait aller jusqu'à considérer comme valable une délibération interrompue pendant un temps quelque long qu'il fût, et reprise ensuite, pourvu que dans l'intervalle il n'eût été procédé par les mêmes jurés à l'examen d'aucune autre affaire. — Or, c'est ce qu'il est impossible d'admettre ; et il paraît juste de penser avec MM. Delalleau, *Tr. de l'expr. pour utilité publ.*, no 590, et Duvergier, *coll. des lois* (t. 33, p. 299), que les mots *sans désemparer* contenus dans l'art 38 ont le même sens que ceux de l'art. 343, C. instr. crim. : « les jurés ne peuvent sortir de leur chambre qu'après avoir formulé leur déclaration. »

751. — Il n'y a pas violation de la disposition qui prescrit aux jurés de juger sans désemparer en ce qu'ils ont ordonné, après avoir délibéré sur l'affaire, qu'ils se transporteront sur les lieux dont l'expropriation est poursuivie. — *Cass.*, 7 fév. 1837 (t. 1er 1837, p 94), Parmentier-Carlier c. Urbain et Picard.

752. — ... Par cela seul qu'un juré, venant jusqu'au seuil de la porte de communication de la chambre de délibération avec l'auditoire, aurait demandé à haute voix la remise d'une des pièces du procès. — *Cass.*, 27 fév. 1837 (t. 1er 1837, p. 334), Urbain et Piart c. Devienne et Duflot.

753. — ... Par cela que le greffier serait entré dans la chambre des délibérations si le procès-verbal constate qu'il n'est resté qu'un instant et pour remettre aux jurés un document demandé par eux. — *Cass.*, 3 mai 1843 (t. 1er 1843, p. 664), Berogne de Camtignes c. préfet du Pas-de-Calais. — V. *infrà* no 764.

754. — ... En ce que les jurés, réunis depuis huit heures du matin, seraient, au milieu de la journée, sortis tous ensemble de leur chambre de délibérations pour prendre un repas à l'hôtel, quand d'ailleurs le procès-verbal constate qu'il n'y a eu alors de la part du jury aucune communication avec les parties intéressées ou leurs conseils. — *Cass.*, 7 janv. 1845 (t. 1er 1845, p. 82), de Clermont-Mont-Saint-Jean c. préfet de l'Oise.

755. — Au surplus, les énonciations du procès-verbal suffisent pour établir, nonobstant toute obligation contraire, que les jurés ont délibéré sans désemparer. — *Cass.*, 19 janv. 1835, comm. de Charny c. Guillemineau.

756. — De ce que les jurés sont, immédiatement après la clôture des débats, tenus de délibérer sans désemparer, on a conclu qu'ils ne devaient avoir aucune communication avec qui que ce fût, et que dès lors leur délibération devait être secrète.

757. — Ainsi lorsque, après la clôture de la discussion prononcée par le magistrat directeur, le jury d'expropriation s'est retiré dans la chambre des délibérations, l'introduction dans cette chambre d'une personne étrangère (de l'arpenteur qui a exprimé une opinion sur la valeur des parcelles expropriées), appelée sur la demande d'un des jurés, entraîne la nullité de la décision du jury, et de l'ordonnance du magistrat directeur qui en est la suite. — *Cass.*, 18 mars 1844 (t. 1er 1844, p. 673), duc d'Aremberg c. préfet du Nord.

758. — De même, le seul fait de la part d'un des jurés d'avoir quitté la chambre des délibérations avant que la décision fût rendue, et de s'être, nonobstant les avertissemens du magistrat directeur, dirigé vers la partie intéressée et son conseil, avec lesquels il n'est point certain qu'il ne se soit

pas entretenu, suffit pour vicier la décision du jury. — *Cass.*, 20 août 1845 (t. 1er 1846, p. 112), préfet des Pyrénées-Orientales c. Pujade.

759. — Mais il n'y a pas nullité en ce que les jurés auraient délibéré dans la salle d'audience « comme étant plus convenable, » alors que le procès-verbal constate que le public, le magistrat directeur et le greffier, se sont retirés pendant cette délibération. — *Cass.*, 25 fév. 1840 (t. 1er 1840, p. 233), Valogne.

760. — Aucune disposition de la loi n'interdit au magistrat directeur du jury la faculté de faire les observations qu'il croit utiles pour la direction de l'instruction.

761. — Ainsi, le magistrat directeur n'est pas réputé s'être immiscé dans la délibération du jury pour l'avoir averti que, si une visite des lieux était jugée nécessaire, cette visite serait plus utilement faite après un exposé sommaire des points litigieux et avant la discussion. — *Cass.*, 19 août 1846 (t. 2 1846, p. 507), Leguillette c. préfet de l'Aisne.

762. — Il n'y a pas lieu non plus d'annuler une décision du jury pour violation du secret de la délibération par le motif que pendant leur délibération les jurés auraient communiqué avec le magistrat directeur, lorsqu'il est d'ailleurs établi que la communication n'a eu pour objet que la forme de la décision à rendre, et non la décision elle-même. — *Cass.*, 2 janv. 1837 (t. 1er 1837, p. 150), préfet de l'Hérault c. Glaize et Sagnier.

763. — ...Par cela seul que le magistrat directeur, le greffier et l'avocat du demandeur seraient entrés dans la salle de délibération des jurés, alors surtout qu'il est constant qu'ils ne l'ont fait que sur l'appel et la provocation de ceux-ci, et à un moment où, la décision étant arrêtée, il s'agissait seulement de les consulter sur la forme à donner à cette décision. — *Cass.*, 27 mars 1843 (t. 1er 1843, p. 635), Thinières c. préfet du Pas-de-Calais.

764. — ... Ou que le greffier serait entré dans la chambre des délibérations, si le procès-verbal constate qu'il n'est resté *qu'un instant*, et pour remettre aux jurés un document demandé par eux. — *Cass.*, 3 mai 1843 (t. 1er 1843, p. 664), Berogne de Camtignes c. préfet du Pas-de-Calais.

765. — L'absence de communication n'étant exigée que lorsque les jurés sont entrés dans la chambre de leurs délibérations, il ne résulte aucune nullité de ce qu'avant la clôture de l'instruction, des jurés auraient communiqué avec le public. Le défaut de mention de cette communication ne saurait donc motiver une inscription de faux contre le procès-verbal du directeur du jury, alors surtout que les parties intéressées n'en ont fait à l'audience l'objet d'aucune observation. — *Cass.*, 26 avr. 1843 (t. 2 1843, p. 209), Mouruan c. l'état.

766. — Les énonciations du procès-verbal suffisent pour établir, nonobstant toute allégation contraire, que des jurés ont délibéré en secret. — *Cass.*, 19 janv. 1835, comm. de Charny c. Guillemineau.

767. — Les jurés, entre eux, votent comme ils le jugent à propos. Les règles tracées par l'ordonnance du 9 sept. 1835, pour le jury en matière criminelle, ne s'appliquent point au jury en matière d'expropriation.

768. — La décision du jury fixe le montant de l'indemnité. — LL. 3 mai 1841, art. 38, § 3; 7 juill. 1833, même article. — V. à ce sujet *infrà* nos 866 et suiv.

769. — Cette décision est prise à la majorité des voix. En cas de partage, la voix du président du jury est prépondérante. — L. 3 mai 1841, art. 38, § 3 et 4; 7 juill. 1833, même article.

770. — La majorité à laquelle est prise la décision du jury est la majorité absolue des voix. — Gillon et Stourm, *Code des municipalités*, loi sur l'expropriation, p. 139; Duvergier, *Coll. des lois*, t. 33, p. 289.

771. — Mais s'il se forme plus de deux opinions, si, par exemple, quatre jurés allouent 100 fr., quatre 200 fr. et quatre 300 fr., comment devra-t-on procéder?

772. — Il faudra d'abord considérer comme écartée l'indemnité de 100 fr., puisque huit jurés ont été d'avis d'une indemnité de 200 fr. au moins. Puis, par application, comme règle de raison, de l'art. 117, C. procéd., les quatre jurés qui ont voté l'indemnité de 100 fr. devront voter, soit pour 200 fr., soit pour 300 fr. — Si, par suite de ce nouveau vote, il y a six jurés pour 200 fr. et six pour 300 fr., c'est l'avis des six parmi lesquels se trouvera le président qui devra l'emporter.

773. — Lorsque l'expédition de la décision se termine par cette mention : *Cette décision prise à la majorité des suffrages*, il est suffisamment constaté que tous les chefs de contestation sur lesquels le jury a prononcé ont été jugés à la majorité; l'énonciation de la *majorité* s'applique à la décision tout entière, et non à la dernière partie seulement. — *Cass.*, 7 fév. 1837 (t. 1er 1837, p. 94), Parmentier-Carlier c. Urbain et Picard.

774. — Le procès-verbal du magistrat directeur du jury n'a pas besoin non plus de contenir la mention que la décision du jury a été rendue à la majorité des voix. — *Cass.*, 19 janv. 1835, comm. de Charny c. Guillemineau.

775. — D'un autre côté, il n'y a pas nullité en ce que ce procès-verbal mentionne que la délibération du jury a eu lieu à l'unanimité. — *Cass.*, 26 avr. 1843 (t. 2 1843, p. 209), Mouruan c. l'état.

776. — La loi ne prescrit aucune forme sacramentelle pour la décision du jury.

777. — Dès-lors, elle peut être rendue sous forme de réponse à une question posée au jury; il suffit que cette réponse soit claire et précise. Ainsi est valable la décision rendue en ces termes : « *L'indemnité doit-elle être égale à la demande du sieur B..? — Oui, à la majorité.* » — *Cass.*, 21 août 1843 (t. 2 1843, p. 658), préf. du Pas-de-Calais c. Boucher.

778. — Aucune disposition de loi n'impose au jury l'obligation de motiver sa décision. — *Cass.*, 17 août 1840 (t. 2 1840, p. 211), Delessert et Lafond c. compagnie du chemin de fer d'Orléans.

779. — Il n'est pas non plus nécessaire que la décision du jury contienne les points de fait et de droit, ainsi que les conclusions des parties. — L'art. 141, C. procéd. civ., n'est pas applicable en pareille matière. — *Cass.*, 12 juin 1843 (t. 2 1843, p. 196), Benoît c. préf. des Bouches-du-Rhône.

780. — La décision du jury est signée des membres qui y ont concouru. — L. 3 mai 1841, art. 41, § 1er; 7 juill. 1833, même article.

781. — Est nulle la décision du jury auquel manque la signature d'un des douze membres désignés pour la composer. — *Cass.*, 6 déc. 1837 (t. 1er 1838, p. 304), Bérard c. préfet de la Seine.

782. — L'ordonnance d'exequatur du magistrat directeur peut être indifféremment écrite soit à la suite de la décision, soit en minute séparée. — Il suffit même que le procès-verbal en fasse mention en ces termes : « Le magistrat directeur a déclaré cette décision exécutoire. » — *Cass.*, 15 avr. 1840 (t. 2 1840, p. 167), Maury.

783. — La décision des jurés rentrés dans la salle d'audience publique est lue par le président. Si le magistrat directeur y remarque quelque irrégularité, il renvoie le jury dans la salle des délibérations, parties ouïes, s'il y a lieu. — *Monit.* 7 fév. 1833, p. 317.

§ 4. — *Ordonnance du magistrat directeur.*

784. — La décision du jury est remise par le président au magistrat directeur, qui la déclare exécutoire. — LL. 3 mai 1841, art. 41, § 1er; 7 juill. 1833, même ar.

785. — Ainsi jugé que l'ordonnance ne doit pas nécessairement être rédigée en minute séparée; qu'il suffit que le procès-verbal en fasse foi en ces termes : « Le magistrat directeur a déclaré cette décision exécutoire. » — *Cass.*, 15 av. 1840 (t. 2 1840, p. 167), Maury c. préfet de la Haute-Vienne.

786. — La décision du jury, revêtue de l'ordonnance d'*exequatur* du magistrat directeur emporte exécution parée. — *Colmar*, 28 juill. 1841 (t. 1er 1842, p. 459), Kœchlin c. Cron.

787. — Est nulle l'ordonnance d'expropriation rendue publique à une audience où la présence du jury n'est pas constatée, à la suite d'une décision transmise par les jurés au magistrat directeur, et dont celui-ci déclare avoir donné préalablement connaissance aux parties. — *Cass.*, 11 août 1845 (t. 1er 1846, p. 111), de Roys de Levignan c. comm. de Villecerf.

788. — Par l'ordonnance qui déclare la décision du jury exécutoire, le magistrat directeur envoie l'administration en possession de la propriété, à la charge par elle de se conformer aux dispositions des art. 53, 54 et suiv. — LL. 3 mai 1841, art. 41, § 1er; 7 juill. 1833, même art.

789. — Le magistrat directeur du jury ne peut *maintenir* l'administration en possession de l'objet en litige, au lieu de l'y *envoyer*, ainsi que le prescrit l'art. 41, L. 7 juill. 1833, sous le prétexte que sa possession remonterait à une époque antérieure. — *Cass.*, 2 janv. 1837 (t. 1er 1837, p. 150), préfet de l'Hérault c. Glaize et Sagnier.

790. — Le magistrat directeur ne peut non plus, en raison d'une possession antérieure de l'administration, possession dont il se ferait juge, condamner l'administration aux intérêts de l'indemnité fixée par la décision, à partir du jour où elle aurait commencé. — Même arrêt.

791. — D'après l'art. 11 de la loi, l'administration doit déclarer l'époque à laquelle il sera nécessaire d'entrer en possession, et le jury en fixant l'indemnité prend nécessairement cette époque en considération. Il est dès-lors utile que le jury vise dans sa décision la déclaration de l'administration pour la rendre irrévocable à l'égard des parties.

792. — Toutefois, il a été jugé que le droit de fixer l'époque de la prise de possession, et par suite de l'exigibilité de l'indemnité, n'appartient qu'à l'administration. Dès-lors le jury sort du cercle de ses attributions s'il décide que l'indemnité partira du jour du commencement des travaux jusqu'à telle ou telle époque. — *Cass.*, 31 déc. 1838 (t. 1er 1839, p. 5), Charrin c. maire de la Croix-Rousse.

793. — Par son ordonnance qui déclare la décision du jury exécutoire, le magistrat directeur statue sur les dépens. — LL. 3 mai 1841, art. 41, § 1er; 7 juill. 1833, même article.

794. — L'ordonnance du magistrat directeur serait nulle si elle ne statuait pas sur le paiement des dépens; mais cette nullité n'entraînerait pas celle de la décision du jury. — *Cass.*, 23 mai 1842 (t. 2 1842, p. 135), préfet de l'Isère c. Lebrun.

795. — Si l'indemnité réglée par le jury ne dépasse pas l'offre de l'administration, les parties qui l'ont refusée sont condamnées aux dépens. — L. 3 mai 1841, art. 40, § 1er.

796. — L'art. 40, L. 7 juill. 1833, portait : « Si l'indemnité réglée par le jury est inférieure ou égale à l'offre faite par l'administration, etc. » Mais les modifications de ce premier paragraphe et du suivant ont eu uniquement pour but, lors de la loi du 3 mai 1841, de les mettre en harmonie avec la dernière disposition de l'art. 39. — Duvergier, *Coll. des lois*, t. 41, p. 460.

797. — Si l'indemnité est égale à la demande des parties, l'administration est condamnée aux dépens. — L. 3 mai 1841, art. 40, § 2. — Le même paragraphe, art. 40, L. 7 juill. 1833, portait : « Si l'indemnité est égale ou supérieure à la demande des parties, etc. » — Mais V. le no qui précède.

798. — Si l'indemnité est à la fois supérieure à l'offre de l'administration et inférieure à la demande des parties, les dépens sont compensés de manière à être supportés par les parties et l'administration dans les proportions de leur offre ou de leur demande avec la décision du jury. — L. 3 mai 1841, art. 40, § 3.

799. — Voici l'opération mathématique au moyen de laquelle on arrivera à l'exacte répartition des dépens. Il faut diviser la somme demandée par la somme allouée; diviser aussi la somme allouée par la somme offerte et additionner les deux quotiens; ensuite multiplier la somme totale des frais par le premier quotient et diviser par la somme qu'a donnée l'addition des deux quotiens. Le résultat fera connaître les frais à la charge de l'exproprié, et une soustraction fixera ce qui doit être supporté par l'administration. — Duvergier, *Collect. des lois*, t. 41, p. 461; Husson, p. 255.

800. — Tout indemnitaire qui ne se trouve pas dans le cas des art. 25 et 26 est condamné aux dépens, quelle que soit l'estimation ultérieure du jury, s'il a omis de se conformer aux dispositions de l'art. 24, c'est-à-dire si dans la quinzaine des offres de l'administration, il n'a pas indiqué le montant de ses prétentions. — LL. 3 mai 1841, art. 40, § 4; 7 juill. 1833, même article.

801. — L'exproprié qui n'a pas, conformément à l'art. 24, L. 3 mai 1841, fait connaître le montant de ses prétentions, doit être condamné aux dépens, bien que le jury lui ait accordé une indemnité plus élevée que celle qui était offerte par l'administration. — *Cass.*, 12 janv. 1842 (t. 2 1842, p. 17), Méritan c. maire d'Apt; 21 juin 1842 (t. 2 1842, p. 117), préfet de la Vendée c. Plumans.

802. — Il suffit que l'exproprié ait formé dans le délai de quinzaine une demande supérieure aux offres, bien qu'indéterminée, pour que, si l'indemnité allouée excède les offres, mais est moindre que la somme définitivement réclamée, les frais soient répartis conformément à l'avant-dernier paragraphe de l'art. 40 de ladite loi. — *Cass.*, 21 juin 1842, (t. 2 1842, p. 129), préfet d'Indre et Loire c. Trebriand.

803. — Si les expropriés mineurs ne sont point passibles des dépens pour le cas où leur tuteur n'a pas fait de réponse aux offres de l'administration, il en est autrement quand l'indemnité accordée par le jury ne dépasse pas la somme offerte par l'administration. — *Cass.*, 24 août 1846 (t. 2 1846, p. 509), préfet de la Nièvre c. Delamire.

804. — Il y a ouverture à Cassation contre l'ordonnance du magistrat directeur qui, faute par l'exproprié de déclarer dans le délai prescrit son acceptation des offres ou le montant de ses prétentions, met tous les dépens à la charge de celui-ci, bien que, l'indemnité étant supérieure aux offres et inférieure à la demande, il y ait lieu de les compenser proportionnellement, si à raison de l'état de

minorité de l'exproprié l'art. 40 lui était inapplicable dans la disposition sus-rappelée.—*Cass.*, 16 fév. 1846 (t. 1er 1846, p. 499), préfet des Bouches-du-Rhône c. Picciolini.

805. — Quant aux frais des actes antérieurs à l'offre de l'administration, ils demeurent dans tous les cas à la charge de l'administration. — LL. 3 mai 1841, art. 41, § 3 ; 7 juill. 1833, même art.

806. — Ainsi, lors de la discussion de la loi de 1833, le rapporteur de la commission a reconnu que les frais des notifications imposées aux propriétaires par l'art. 21 devaient être supportés par l'administration, quelle que fût la décision du jury. — *Moniteur*, 7 fév. 1833. — Toutefois, le § 2 de l'art. 31 du tarif n'en parle point.

807. — Lorsqu'à raison de la contestation élevée sur la qualité du réclamant, et conséquemment sur le fond du droit à l'indemnité, le jury ne peut adjuger qu'une indemnité hypothétique, éventuelle, et soumise au jugement à intervenir sur le litige, c'est avec raison que le magistrat directeur réserve les dépens en disposant qu'il y devra être statué en même temps que sur le fond du droit. — *Cass.*, 1er mars 1843 (t. 1er 1843, p. 510), Labbé c. préfet de la Seine.

808. — L'ordonnance du magistrat directeur du jury qui porte que les dépens seront compensés de manière à être supportés par les parties et par l'administration dans la proportion des offres et demandes avec la décision du jury, ne peut être critiquée, même dans le cas où le jury aurait fixé à la fois une indemnité définitive et une indemnité éventuelle. — Cette ordonnance ne met en effet aucun obstacle à ce que dans le paiement des dépens on ait égard à la condition définitive de la portion d'indemnité allouée éventuellement seulement. — *Cass.*, 7 avr. 1845 (t. 1er 1845, p. 585), préfet du Nord c. Jaussoone et André.

809. — Ce serait non contre l'ordonnance, mais contre le réglement des dépens, que les parties auraient intérêt à réclamer si elles étaient lésées par une fausse application du principe de compensation posé par cette ordonnance. — Même arrêt.

810. — La décision du magistrat directeur qui dispose que les dépens seront supportés par chaque propriétaire et l'administration dans les proportions de leur demande et de leur offre avec la décision du jury a satisfait à l'art. 40, L. 3 mai 1841, alors même qu'elle ne contient l'énonciation d'aucun chiffre, sans qu'il y ait lieu, pour ce magistrat, de se préoccuper de l'intérêt de tiers qui ne sont pas en cause, et dont les noms ne sont pas même indiqués. — *Cass.*, 6 fév. 1844 (t. 1er 1844, p. 274), préfet de l'Hérault c. Jancen.

811. — Le magistrat directeur, en condamnant aux dépens l'exproprié qui succombe, peut autoriser l'administration à retenir ces dépens sur le montant de l'indemnité dont elle est débitrice. — *Cass.*, 30 avril 1844 (t. 2 1844, p. 109), Singer c. préf. de la Seine.

812. — Lorsque le magistrat directeur du jury s'est, en droit, conformé, pour la condamnation aux dépens, à l'art 40 de la loi du 7 juill. 1833, qu'il a transcrit dans sa décision, l'application vicieuse qu'il a pu faire des dispositions de cet article dans la répartition mathématique à laquelle il s'est livré ne constitue qu'une erreur de calcul réparable par les voies de droit, mais qui ne saurait donner ouverture à cassation. — *Cass.*, 13 (et non 17) janv. 1840 (t. 1er 1840, p. 54), concess. des travaux de la Scarpe c. Favier.

813. — Le magistrat directeur taxe les dépens dont le tarif est déterminé par un réglement d'administration publique. — LL. 3 mai 1841, art. 41, § 2 ; 7 juill. 1833, même art.

814. — Le tarif des dépens est réglé par l'ordonnance du 18 sept. 1833. — V *infrà* n°s 1804 et suiv.

815. — La taxe ne doit comprendre que les actes faits postérieurement à l'offre de l'administration. — LL. 3 mai 1841, art. 41, § 3 ; 7 juill. 1833, même article. — Quant aux actes antérieurs, V. *suprà* n° 805.

§ 5. — *Recours contre la décision du jury et l'ordonnance du magistrat directeur.*

816. — La décision du jury et l'ordonnance du magistrat directeur ne peuvent être attaquées que par la voie du recours en cassation et seulement pour violation des articles indiqués par la loi. — L. 3 mai 1841, art. 42. — V. *infrà* n°s 1048 et suiv.

817. — La décision du jury qui n'a pas été attaquée dans les délais et dans les formes déterminées par l'art 42, L. 3 mai 1841, a l'autorité souveraine de la chose jugée. — *Lyon*, 14 juill. 1846 (t. 2 1846, p. 650), Vaginay c. préf. de la Loire ; *Cons. d'état*, 29 juin 1842, Pruvost c. concessionnaires du canal de la Sambre à l'Oise.

818. — S'il s'élève des difficultés sur le sens des décisions du jury, ainsi que sur la manière plus ou moins complète dont elles ont vidé le litige, c'est aux tribunaux qu'il appartient de résoudre ces difficultés. — *Caen*, 6 avr. 1842 (t. 2 1842, p. 725), Defontette c. l'état ; *Cons. d'état*, 16 juill. 1842, Defontette.

819. — Ainsi, les tribunaux sont compétens pour apprécier si le jury a pris ou non pour base de son évaluation l'hypothèse où un bac serait établi par l'état pour desservir l'exploitation de la propriété du réclamant. — *Caen*, 6 avr. 1842 (t. 2 1842, p. 725), de Fontette c. l'état.

820. — La compétence de l'autorité judiciaire pour se livrer à cette appréciation ne reçoit aucune atteinte de ce que des arrêtés du préfet auraient rejeté la demande du réclamant tendant à l'établissement du bac, alors que n'attaquant pas ces arrêtés, il a renoncé nécessairement à cet établissement pour ne plus s'occuper que de l'indemnité supplémentaire à laquelle il prétend avoir droit. — Même arrêt.

821. — Une lettre par laquelle le ministre des travaux publics, répondant au mémoire fourni par le réclamant, conformément à la loi de 1790, aurait combattu ses prétentions relatives à une indemnité supplémentaire, n'est pas un acte de juridiction administrative qui mette obstacle à ce que les tribunaux restent saisis de la question d'appréciation du premier verdict du jury. — Même arrêt.

822. — De même, l'autorité judiciaire est seule compétente pour connaître des difficultés survenues sur l'exécution d'une décision du jury qui a acquis l'autorité de la chose jugée. — *Cons. d'état*, 29 juin 1842, Pruvost c. concessionnaires du canal de la Sambre à l'Oise.

823. — Le propriétaire d'un terrain traversé en tranchée par un chemin de fer, qui, lors des enquêtes préalables à l'expropriation, n'a point demandé l'établissement de travaux destinés à servir de communication, est-il encore recevable à former cette demande après l'estimation du terrain par le jury ? (Non rés.). — *Paris*, 25 nov. 1839 (t. 1er 1840, p. 67), Hagermann c. la compagnie du chemin de fer de Saint-Germain. — Nous pensons que le propriétaire n'est pas recevable, parce qu'il y a présomption que le jury a, comme il le devait, tenu compte, dans son estimation, de la dépréciation résultant pour l'immeuble du défaut de communication entre les parcelles restantes.

824. — Jugé en ce sens que la décision du jury qui fixe le montant de l'indemnité est, sauf le cas de recours en cassation, définitive et irrévocable, quels que soient les obstacles qui s'opposent ultérieurement au paiement de cette indemnité entre les mains de celui à qui elle a été attribuée. Il ne peut donc, après la décision du jury, s'élever ou se débattre que des difficultés étrangères à la fixation du montant de l'indemnité. — *Cass.*, 5 fév. 1845, (t. 1er 1845, p. 218), domaine de l'état c. Boudard.

§ 6. — *Dispositions diverses.*

825. — Le jury ne connaît que des affaires dont il a été saisi au moment de sa convocation, et statue successivement et sans interruption sur chacune de ces affaires. Il ne peut se séparer qu'après avoir réglé toutes les indemnités dont la fixation lui a été ainsi déférée. — LL. 3 mai 1841, art. 44 ; 7 juill. 1833, même article.

826. — On avait d'abord fixé la durée de chaque session à quinze jours ; mais on a supprimé cette disposition, qui pouvait être inconciliable avec l'obligation imposée au jury de régler toutes les indemnités dont la fixation lui était déférée. — Duvergier, *Coll. des lois*, t. 33, p. 302.

827. — Suivant MM. Gillon et Stourm (*Code des municipalités* (*Loi sur l'expropr.*), p. 153), les jurés saisis de l'examen d'une affaire peuvent, lorsqu'ils ordonnent un acte d'instruction à faire par un tiers, passer, pendant que l'acte d'instruction ordonné s'accomplit, à l'examen d'une autre affaire.

828. — Ces auteurs vont plus loin encore : ils soutiennent qu'il en est de même lorsque l'acte d'instruction ordonné par le jury doit avoir lieu par l'un de ses membres. Mais cela ne serait possible qu'autant que le juré commis ne ferait pas partie du jury de l'affaire à l'instruction de laquelle il s'agit de passer ; et, dans ce cas même, cette pratique cadrerait mal avec les termes de l'art. 44, qui veut qu'il soit statué *successivement et sans interruption* sur chaque affaire.

829. — Aussi a-t-il été jugé que lorsque deux jurys distincts ont été constitués pour connaître séparément de deux séries d'indemnités à allouer à raison d'expropriation pour utilité publique, chacun d'eux doit procéder séparément sur les affaires dont il est saisi, lors même que les deux jurys seraient en grande partie composés des mêmes membres ? et qu'en conséquence est nulle la décision intervenue lorsque les deux jurys ont procédé simultanément aux mêmes jours et aux mêmes heures à l'examen des deux séries d'affaires, ou lorsqu'un membre de l'un des jurys a été appelé à prendre part à la délibération de l'autre jury, à l'égard duquel il doit être regardé comme un étranger. — *Cass.*, 22 juin 1840 (t. 2 1840, p. 468), compagnie du chemin de fer de Strasbourg c. Schuch.

830. — Aucune disposition de la loi du 3 mai 1841 n'interdit de continuer à un autre jour les débats et l'instruction d'une affaire commencée. Et il ne peut y avoir violation de l'art. 44, L. 3 mai 1841, qui veut que le jury ne connaisse que des affaires dont il a été saisi au moment de sa convocation, et statue successivement sur chacune de ces affaires, en ce que, après la remise d'une affaire au surlendemain, motivée par l'obligation d'une descente sur lieux, un autre jury, composé en partie des mêmes jurés, aurait statué sur une autre affaire, alors qu'il n'est pas prouvé que les deux jurys aient procédé conjointement à des actes d'instruction ni à des délibérations. — *Cass.*, 7 avr. 1845 (t. 1er 1845, p. 585), préfet du Nord c. Ferrond.

831. — De même, il n'y a pas violation de l'art. 44, L. 3 mai 1841, en ce que le jury n'aurait statué sur une affaire qu'après plusieurs jours d'intervalle écoulés depuis le jugement d'autres affaires. La loi n'a voulu prescrire que l'examen et le jugement sans interruption de chacune des affaires soumises au jury. — *Cass.*, 7 avr. 1845 (t. 1er 1845, p. 585), préfet du Nord c. Vermesch ; même jour, préfet du Nord c. André.

832. — Jugé également qu'il n'est interdit au jury ni de remettre, s'il le juge nécessaire, à un autre jour la continuation d'une instruction commencée, ni de procéder à l'instruction et au jugement d'autres affaires pendant l'intervalle de temps laissé libre par cet ajournement régulièrement prononcé. — Ainsi, et spécialement, le jury qui a ordonné un transport sur les lieux et qui a remis la cause à un autre jour peut, pendant l'intervalle, procéder à l'examen d'autres affaires. — *Cass.*, 16 fév. 1846 (t. 1er 1846, p. 499), préfet des Bouches-du-Rhône c. Masson (six arrêts).

833. — D'ailleurs, l'art. 44 n'étant pas compris au nombre de ceux dont l'infraction donne ouverture à cassation, la violation qui en aurait eu lieu n'emporterait pas nullité des opérations. — *Cass.*, 7 avr. 1845 (t. 1er 1845, p. 585), préfet du Nord c. Ferrond (trois arrêts) ; 16 fév. 1846 (t. 1er 1846, p. 499), préfet des Bouches-du-Rhône c. Masson (six arrêts).

834. — Les opérations commencées par un jury et qui ne sont pas encore terminées au moment du renouvellement annuel de la liste générale mentionnée en l'art. 29, sont continuées, jusqu'à conclusion définitive, par le même jury. — LL. 3 mai 1841, art. 45 ; 7 juill. 1833, même article.

835. — Après la clôture des opérations du jury, les minutes de ses décisions et les autres pièces qui se rattachent auxdites opérations sont déposées au greffe du tribunal civil de l'arrondissement. — LL. 3 mai 1841, art. 46 ; 7 juill. 1833, même article.

836. — Les noms des jurés qui ont fait le service d'une session ne peuvent être portés sur le tableau dressé par le conseil général pour l'année suivante. — L. 3 mai 1841, art. 47.

837. — Ainsi, les jurés qui ont été portés sur le tableau pour une année, mais qui n'ont pas fait le service d'une session, peuvent être portés sur le tableau pour l'année suivante. — Duvergier, *Coll. des lois*, t. 33, p. 302.

838. — Les jurés portés sur la liste d'une année peuvent, si l'année suivante s'est écoulée sans réunion du jury, être tenus de faire le service pendant l'année subséquente. — *Cass.*, 8 nov. 1843 (t. 1er 1844, p. 255), Desalaze c. préfet du Var et génie militaire de Toulon ; 28 nov. 1843 (t. 1er 1844, p. 635), Desalaze c. préfet du Var.

ART. 3. — *Règles à suivre pour la fixation des indemnités.*

839. — Le jury est juge de la sincérité des titres et de l'effet des actes qui sont de nature à modifier l'évaluation de l'indemnité. — LL. 3 mai 1841, art. 48 ; 7 juill. 1833, même article.

840. — Toutefois, le jury n'est juge de la sincérité des titres et de l'effet des actes que pour le cas où ces titres sont de nature à modifier l'évaluation de l'indemnité, et non lorsque le litige auquel ils donnent lieu porte sur le fond du droit et sur la qualité des réclamans. Ainsi, le jury ne peut être juge de la question de savoir si un bail allégué existe ou non, et si le réclamant est ou non locataire. — *Cass.*

1er mars 1843 (t. 1er 1843, p. 510), Labbé c. préfet de la Seine.

841. — MM. Gillon et Stourm (*Code des municipalités*, p. 155) émettent avec raison l'opinion que les contre-lettres établissant un autre prix que celui énoncé dans les contrats apparens, peuvent, nonobstant les termes des art. 40, L. 22 frim. an VII, et 1321, C. civ., être produites devant le jury. Mais ils soutiennent en même temps qu'aucun acte ne peut être présenté devant le jury, à moins qu'il soit enregistré. Sur ce point, nous ne partageons pas leur avis. L'interdiction portée par l'art. 4, L. 22 frim. an VII, aux juges et arbitres de rendre aucun jugement sur des actes non enregistrés, ne s'applique en effet qu'aux décisions motivées et basées sur ces actes. Or, le jury ne motive pas sa sentence; il puise où il lui plaît, et sans être tenu de les énoncer, les élémens de sa conviction; il s'entoure de tous les renseignemens qu'il croit propres à l'éclairer sans en devoir compte à personne; il ne saurait donc y avoir lieu de repousser jusqu'à enregistrement les actes sous seings-privés dont les parties jugent à propos de se prévaloir, d'autant mieux que le jury est parfaitement libre, après examen de ces actes, de n'y point avoir égard.

842. — Les bâtimens dont il est nécessaire d'acquérir une portion pour cause d'utilité publique sont achetés en entier si les propriétaires le requièrent par une déclaration formelle adressée au magistrat directeur du jury dans les délais énoncés dans les art. 24 et 27. — Il en est de même de toute parcelle de terrain qui, par suite du morcellement, se trouvera réduite au quart de la contenance totale, si toutefois le propriétaire ne possède aucun terrain immédiatement contigu, et si la parcelle ainsi réduite est inférieure à dix ares. — L. 3 mai 1841, art. 50.

843. — La loi du 7 juill. 1833 (même article) disait *les maisons et bâtimens*; mais sur l'observation de M. Galis à la chambre des députés que la distinction entre les maisons et bâtimens avait dans la pratique fait naître la prétention de requérir l'acquisition de toutes les constructions, de quelque nature qu'elles fussent, lorsque l'une d'elles était atteinte, parce que le sens de l'article paraissait comprendre une collection d'objets, le mot *maisons* fut retranché. Alors M. de Marmier ayant fait observer qu'il y a tel bâtiment dont l'existence est si intimement liée à celle d'un autre bâtiment qui n'est pas atteint, qu'il n'y a guère possibilité de les séparer dans l'expropriation, il fut répondu que la valeur de la portion expropriée serait fixée à raison du tort que sa séparation causerait au surplus de l'immeuble. — Ces considérations ayant été approuvées par le rapporteur de la commission, l'article fut voté sans difficultés.

844. — Lorsque l'expropriation ne porte que sur une cour ou sur un jardin, le propriétaire ne peut contraindre l'administration à acquérir la maison dont cette cour ou ce jardin dépendent. — Gillon et Stourm, *Codes des municip. (loi sur l'expropriation)*, p. 162; Duvergier, *Collect. des lois*, t. 33, p. 304, t. 41, p. 163.

845. — Mais il a été bien entendu que l'indemnité devait être calculée non pas seulement à raison du terrain enlevé, mais aussi à raison de la dépréciation qu'éprouverait la maison privée d'une cour ou d'un jardin. — Duvergier, *Collect. des lois*, t. 33, p. 304.

846. — Les expressions *parcelles de terrain* dont se sert le § 2, art. 50, indiquent, par opposition avec l'expression *bâtimens* du § 1er, que le propriétaire d'une construction dont une portion est atteinte a la faculté d'exiger l'acquisition de la totalité, lors même que cette portion serait de moins des trois quarts, et que le restant couvrirait un espace de plus de dix ares.

847. — Mais si la cour d'une maison se trouve comprise dans le tracé sans que la maison soit atteinte, le propriétaire ne pourra contraindre l'administration à acquérir cette maison, lors même que la portion de terrain couverte par les constructions serait de moins de dix ares. — En un mot, les deux paragraphes de l'art. 50 sont tout-à-fait distincts, et la faculté réservée par le second ne s'applique point aux maisons, aux bâtimens et à leurs dépendances.

848. — Suivant M. Delalleau (no 702), s'il s'élevait des difficultés sur le point de savoir si celui qui a demandé l'acquisition de la propriété entière avait ou non qualité pour cela, si la déclaration a été faite dans le délai légal, ou si le propriétaire est réellement dans les conditions déterminées par la loi, ces difficultés seraient renvoyées à la décision des tribunaux, et, provisoirement, le jury devrait fixer une indemnité pour la propriété entière, et une autre pour la parcelle nécessaire aux travaux. Mais MM. Gillon et Stourm (*Code des municipalités*, p. 164), se fondant sur ce que la question est de fait et que la décision de toutes les questions de fait appartient au jury, émettent une opinion contraire. Pour nous, nous préférons la doctrine de M. Delalleau, tout en faisant remarquer que le projet de loi présenté en 1840 proposait d'attribuer au jury seul le droit d'apprécier si, par la distraction de la portion nécessaire aux travaux, la propriété totale se trouvait tellement dénaturée, qu'il y eût nécessité de contraindre la partie expropriante à l'acquisition du tout. — V. dans ce sens *Paris*, 29 mars 1841 (t. 1er 1841, p. 585), Lachaux c. préfet de la Seine.

849. — La réquisition faite à la partie expropriante d'acquérir la totalité d'un immeuble entamé est une aliénation : dès-lors, les tuteurs, les maris, etc., ne peuvent faire cette réquisition seuls et sans autorisation. D'un autre côté, nous pensons qu'elle peut avoir lieu pour les biens inaliénables tels que ceux dépendant d'un majorat ou appartenant à une femme mariée sous le régime dotal. Dans cette position, les autorisations nécessaires doivent être demandées et obtenues conformément à l'art. 13, sans qu'il soit besoin d'observer les formalités exigées pour les aliénations ordinaires de biens d'incapables. Ces formalités, en effet, étant longues et dispendieuses, s'accorderaient mal avec le délai assez restreint accordé pour la réquisition; et de plus, il ne serait pas raisonnable de prétendre que les garanties que l'art. 13 a trouvées suffisantes pour l'aliénation de la totalité de l'immeuble ne le seraient pas pour l'aliénation d'une portion. — *Contrà*, Delalleau, no 697.

850. — M. Delalleau (no 698) nous semble être tombé dans une autre erreur. Il soutient que le propriétaire ne peut, sans le consentement de l'usufruitier, demander que la totalité de l'immeuble soit acheté, et il se fonde sur l'art. 599, C. civ., qui porte qu'il ne peut par son fait, ni de quelque manière que ce soit, nuire aux droits de l'usufruitier. S'il fallait choisir d'une manière absolue entre le droit du propriétaire et celui de l'usufruitier, s'il fallait nécessairement sacrifier l'un à l'autre, nous dirions que l'intérêt du propriétaire doit, à cause de sa perpétuité, avoir le pas sur l'intérêt viager, transitoire de l'usufruitier; nous dirions que, d'après le titre de l'usufruit tout entier, l'usufruitier ne peut pas plus nuire au propriétaire que, d'après l'art. 599, le propriétaire ne peut nuire à l'usufruitier; nous dirions enfin que cet art. 599 est inapplicable à un cas où la force majeure étant venue morceler un immeuble, réserve à titre de dédommagement, et sans aucune condition, une faculté au propriétaire. Mais il n'y a personne à sacrifier : le propriétaire requerra seul l'acquisition de la totalité de sa propriété, et l'usufruitier, s'il veut rester dans la portion non atteinte par les travaux, le pourra également de la même manière et aux mêmes charges que le locataire. Seulement alors la partie expropriante déposera la portion du prix afférente à ce qui aura été conservé par l'usufruitier et en touchera les intérêts jusqu'à ce que l'usufruit étant éteint le propriétaire la retire.

851. — Lorsque le propriétaire d'un bâtiment exproprié pour utilité publique, usant de la faculté que lui accorde la loi, a contraint l'état d'acquérir la totalité de l'immeuble, cette acquisition n'emporte pas nécessairement la résiliation des baux de la portion du bâtiment non nécessaire aux travaux publics; ces baux restent soumis aux règles ordinaires. Par suite le locataire peut à son choix opter pour la continuation du bail (pourvu toutefois que les travaux ou réparations à faire par l'état pour rendre les lieux habitables ne soient pas trop dispendieux, auquel cas le prix du bail subira une réduction proportionnelle) ou pour la résiliation du bail (s'il se trouve privé d'une partie des lieux loués). — Duvergier, *Collect. des lois*, t. 41, p. 164.

852. — S'il est vrai que les droits hypothécaires puissent se purger pour les fractions de propriété dont les propriétaires, conformément à l'art. 50 de la loi du 3 mai 1841, ont requis l'acquisition, comme pour celles réellement expropriées, en remplissant les formalités prescrites par la loi, il n'en saurait être de même des droits de servitude qui suivent la propriété aux mains de l'expropriant, et ne peuvent se purger par la transcription. — *Paris*, 18 mai 1846 (t. 2 1846, p. 97), préfet de la Seine c. Chéron et Pignard.

853. — L'expropriant n'a donc, dans ce cas, aucune action en garantie contre l'exproprié, s'il est constant que, lors de la fixation de l'indemnité, le jury a eu connaissance des droits de servitude. — *Paris*, 18 mai 1846 (t. 2 1846, p. 97), préfet de la Seine c. Chéron et Pignard; même jour, préfet de la Seine c. Leroux et Denis.

854. — Si l'exécution des travaux doit procurer une augmentation de valeur immédiate et spéciale au restant de la propriété, cette augmentation doit être prise en considération dans l'évaluation du montant de l'indemnité. — L. 3 mai 1841, art. 51.

855. — L'art. 51 de la loi du 7 juill. 1833 portait que la plus-value *pourra* être prise en considération, et la loi de 1841 dit qu'elle *sera* prise en considération. Mais ce changement de rédaction n'a, en définitive, aucune importance puisque le jury ne motive pas sa décision.

856. — La loi du 16 sept. 1807 admettait dans toute son étendue le principe de la compensation entre l'indemnité et la plus-value résultant des travaux au profit du surplus de l'immeuble, à ce point que si la plus-value dépassait la valeur de la portion expropriée, le propriétaire était tenu de payer la différence à l'état. Mais elle était conséquente et voulait (art. 30) que ceux dont les propriétés n'étaient pas atteintes payassent aussi en proportion de la plus-value dont l'exécution des travaux les favorisait. Dans la pratique, on a vu que cette disposition ne procurait presque rien au trésor, et entraînait une foule d'inconvéniens; on a donc renoncé à rien exiger des propriétaires dont les immeubles n'étaient pas atteints, et l'on s'est borné, dans la loi de 1833, à permettre au jury de prendre en considération la plus-value de la portion restante, lors de la fixation du prix de la portion enlevée.

857. — L'art. 51 de la loi du 7 juill. 1833 n'autorisait pas le jury à compenser et absorber complétement l'indemnité par le montant présumé de la plus-value. — Il était de principe que cette plus-value ne pouvait jamais se compenser qu'avec le prix de convenance et d'affection que le propriétaire attribuait à sa chose, et non avec la partie de l'indemnité représentative de la valeur vénale et intrinsèque de l'immeuble, et des dépenses soit de démolition, soit de reconstruction nécessaires pour rétablir la partie non expropriée dans un état convenable et utile d'exploitation. — *Cass.*, 28 août 1839 (t. 2 1841, p. 734), Hanaire et Appey c. ville de Paris; — Duvergier, *Collect. des lois*, t. 41, p. 164; Caudaveine et Théry, *Traité sur l'expropriation*, no 317.

858. — Au reste, les termes du rapport présenté par M. Dufaure à la chambre des députés sont de nature à lever toute espèce de doute sur la question qui nous occupe. « Jusqu'à quel point, a-t-il dit, doit-on prendre en considération, dans l'évaluation de l'indemnité, l'augmentation de valeur procurée par les travaux au surplus de la propriété? — Cette question a été l'objet de graves débats. L'art. 51 de la loi de 1833 semblait laisser au jury la faculté de compenser, *même en totalité*, l'augmentation de valeur avec l'indemnité. La cour de Cassation a interprété différemment cet article et a jugé qu'il devait toujours y avoir indemnité, quelque faible qu'elle fût. On avait songé dès-lors à expliquer dans l'art. 51 que la compensation pouvait avoir lieu *en tout ou en partie*; mais la chambre des pairs a repoussé cette proposition, tout en reconnaissant que, dans certains cas assez rares, la compensation intégrale serait conforme aux règles d'équité; on a craint, si on l'autorisait, de déposer dans la loi le germe d'une faculté qui pourrait devenir dangereuse. *Il devra donc toujours y avoir une indemnité* que le jury, dans sa conscience, abaissera autant qu'il le jugera convenable. »

859. — MM. Couturier et Durand de Romorantin avaient demandé l'addition à l'art. 51 du paragraphe suivant : « Si, lors de la fixation de l'indemnité, le jury a pris en considération l'augmentation de valeur du restant de la propriété, et qu'après cette fixation les travaux ne s'exécutent pas ou soient ordonnés sur de nouveaux plans, dans ce cas le propriétaire exproprié pourra demander que l'indemnité à laquelle il avait droit soit fixée par le jury d'après les élémens qui résultent du nouvel état de choses. » Et M. Durand voulait que le jury exprimât dans la fixation de l'indemnité la portion afférente à la plus-value. Mais cette double proposition a été rejetée comme impraticable, et l'on a pensé que le bénéfice accordé par l'art. 60 aux propriétaires était suffisant. — Sans doute cette disposition remédie, sous quelques rapports, à l'inconvénient que nous avons signalé; mais on conçoit qu'il est telles modifications qui ne seraient pas, à proprement parler, un changement de destination, et dont le résultat, néanmoins, pourrait être de diminuer singulièrement la plus-value que le jury aurait eue en vue. — C'est là une nouvelle raison pour le jury de n'avoir égard à la plus-value qu'avec une extrême réserve.

860. — Absolument parlant, l'art. 51 est équitable; mais au point de vue de la justice distributive il ne l'est pas. Il n'est pas équitable, en effet, que le propriétaire dont l'héritage est partiellement emporté par l'expropriation, paie la plus-value du restant en recevant une indemnité moins élevée sur la portion atteinte, tandis que le riverain dont la propriété n'est pas atteinte ne paie rien quoique son héritage acquière proportionnellement une

égale plus-value. Cette considération nous semble de nature à porter le jury à être très circonspect dans ses applications de plus-value. — Duvergier, *Coll. des lois*, t. 41, p. 164.

861. — Le sens du mot valeur *immédiate* est suffisamment clair; par valeur *spéciale*, il faut entendre celle qui résulte de la position particulière de l'immeuble et des avantages exceptionnels attachés à cette position. *Valeur spéciale* est dit ici par opposition à l'accroissement général de valeur que l'exécution des travaux peut procurer à la contrée.

862. — La plus-value que le jury déclare résulter, en faveur d'une maison dont partie est expropriée pour faire le prolongement d'une rue, 1º du fait de ce prolongement; 2º de la démolition qui sera effectuée par le propriétaire suivant ses offres, est suffisamment spéciale et immédiate, et peut, dès-lors, servir d'élément pour la fixation de l'indemnité. — *Cass.*, 26 mai 1840 (t. 2 1841, p. 736), Hanaire et Appay c. ville de Paris.

863. — Le jury ne peut faire entrer dans la composition de l'indemnité en faveur du propriétaire la jouissance qui lui est rendue de la portion non expropriée, et à l'égard de laquelle le jury déclare que le bail est rompu. — *Cass.*, 19 juill. 1843 (t. 2 1843, p. 295), préfet du Nord c. hospices de Roubaix et Blanquart (trois arrêts).

864. — Les constructions, plantations et améliorations ne donnent lieu à aucune indemnité, lorsque, à raison de l'époque où elles ont été faites, ou de toutes autres circonstances dont l'appréciation lui est abandonnée, le jury acquiert la conviction qu'elles ont été faites dans la vue d'obtenir une indemnité plus élevée. — LL. 7 juill. 1833, art. 52; 3 mai 1841, même art.

865. — Ainsi on ne doit pas tenir compte au propriétaire, pour la fixation de l'indemnité qui lui est due, des améliorations et modifications qu'il n'a faites que postérieurement à l'adjudication des travaux qui ont donné lieu à l'expropriation. — *Cons. d'état*, 18 mars 1843, Bize; 15 avr. 1843, Périer.

ART. 4. — *Fixation des indemnités.*

866. — La décision du jury fixe le montant de l'indemnité à accorder au propriétaire exproprié. — L. 3 mai 1841, art. 38, § 3; 7 juill. 1833, même art.

867. — Cette fixation de l'indemnité de la part du jury doit se rapporter à tout ce qui a été l'objet du jugement d'expropriation ou de la cession amiable, mais elle ne saurait comprendre ni moins ni plus.

868. — Ainsi il n'appartient pas au jury de modifier la mission qui lui a été conférée par le jugement d'expropriation. En conséquence, il ne peut se borner à évaluer une partie seulement du terrain dont l'expropriation a été prononcée, sous prétexte que, du consentement de l'exproprié, les travaux exécutés par l'administration n'auraient porté que sur cette partie. — La décision qui restreint ainsi le chiffre de l'évaluation est nulle, surtout si l'ordonnance du magistrat directeur a envoyé l'administration en possession de la totalité du terrain exproprié par le jugement. — *Cass.*, 28 mai 1845 (t. 1er 1845, p. 732), Barberon c. préfet de l'Indre.

869. — Ainsi encore le jury n'a mission pour statuer que sur la fixation de l'indemnité, et non sur les litiges qui peuvent s'élever relativement à l'époque de prise de possession des terrains; il ne peut dès-lors déterminer le point de départ des intérêts motivés sur cette prise de possession, et qui doivent être payés à la partie expropriée. — *Cass.*, 20 mai 1845 (t. 1er 1845, p. 692), Mannoury c. préfet de la Seine.

§ 1er. — *Elémens de l'indemnité.*

870. — Que doit-on entendre par *indemnité*? De quels élémens doit-elle se composer? Ecoutons à ce sujet M. Daguilhon-Pujol, qui a proposé l'art. 48 de la loi du 7 juill. 1833 — « Constamment, a-t-il dit, l'administration a contesté l'étendue et la définition du mot *indemnité*. Elle a soutenu devant les tribunaux que l'indemnité qui était due n'était que la valeur vénale du sol, mais non la dépréciation du sol restant. — Je pourrais citer, à l'appui de mon assertion, des monumens de la jurisprudence qui attestent que les prétentions de l'administration ont toujours été telles que je viens de les signaler, prétentions contre lesquelles les tribunaux se sont toujours élevés, parce qu'ils ont justement et sagement interprété les dispositions de l'art. 545, C. civ., parce qu'ils ont pensé que l'indemnité, pour être juste, doit être complète. — En effet, le mot *indemnité* ne veut pas dire seulement *prix vénal de l'immeuble*; il veut dire aussi le *dédommagement dû* au propriétaire *par suite de sa dépossession, la dépréciation du sol restant.* » — Duvergier, *Coll. des lois*, t. 33, p. 303.

871. — Jugé en ce sens que l'indemnité due au propriétaire exproprié doit comprendre non seulement la valeur de l'immeuble, mais aussi celle des avantages réels (par exemple une servitude de passage) attachés à la propriété, et dont le propriétaire se trouve dépouillé par une conséquence naturelle et nécessaire de l'expropriation. — *Riom*, 1er mars 1838 (t. 2 1838, p. 277), Coulot c. préfet de l'Allier.

872. — ... Que de même l'indemnité due pour une maison qui a subi un retranchement considérable doit être fixée, non seulement d'après la valeur vénale du sol abandonné, mais encore eu égard au préjudice que le surplus de la propriété a éprouvé par la diminution de son étendue, et aux travaux nécessités pour en tirer parti. — *Paris*, 11 nov. 1835, préfet de la Seine c. d'Osmond.

873. — Toutefois, lorsque par suite de travaux d'utilité publique il y a lieu d'exproprier un propriétaire, l'indemnité doit être basée uniquement sur la valeur de la propriété au moment de l'expropriation, et non sur les avantages que le propriétaire aurait pu en retirer, en modifiant, de quelque manière que ce soit, l'état de sa propriété. — *Cons. d'état*, 30 juin 1841, L'Huillier.

874. — C'est au jury qu'il appartient exclusivement d'apprécier l'indemnité non seulement relativement à la valeur vénale de l'immeuble exproprié, mais encore relativement aux avantages dont le propriétaire se trouvera dépouillé par suite de l'expropriation. — *Cass.*, 11 janv. 1836, préfet de la Côte-d'Or c. comm. de Chazilly; *Riom*, 1er mars 1838 (t. 2 1838, p. 277), Coulot c. préfet de l'Allier.

875. — ... Et cela quand il s'agit du dommage causé à une commune tout comme à un particulier. — *Cass.*, 11 janv. 1836, préfet de la Côte-d'Or c. comm. de Chazilly.

876. — Par la même raison, le propriétaire exproprié qui a demandé devant le jury d'expropriation une indemnité pour la dépossession de son terrain, sous la réserve expresse de demander une indemnité supplémentaire à raison des dommages que lui feraient éprouver ces travaux, ne peut recourir aux tribunaux ordinaires pour faire fixer ce supplément d'indemnité. — Le jury est seul appelé à régler une semblable indemnité. — *Cass.*, 15 déc. 1841 (t. 1er 1842, p. 329), de Robillard c. Mosselmann.

§ 2. — *Nature de l'indemnité.*

877. — L'indemnité, considérée et par rapport à ceux qui ont à la fixer et par rapport à ceux qui doivent la payer ou la recevoir, doit nécessairement être d'une chose qui ait la même valeur pour tous. Cette chose ne pouvait donc être qu'une somme d'argent, à moins de conventions contraires.

878. — Jugé dès-lors que l'indemnité ne peut consister en entier que dans une somme d'argent. — *Cass.*, 19 déc. 1838 (t. 2 1842, p. 674), préfet de Seine-et-Oise c. chemin de fer de Versailles; 31 déc. 1838 (t. 1er 1839, p. 5), Charrin c. maire de la Croix-Rousse; 3 juill. 1843 (t. 2 1843, p. 294), Castex c. préfet de Tarn-et-Garonne; 19 juill. 1843 (t. 2 1843, p. 295), préfet du Nord c. hospices de Roubaix (trois arrêts); 2 janv. 1844 (t. 1er 1844, p. 356), Dutertre c. préfet de la Seine.

879. — Jugé en conséquence que l'indemnité accordée à l'exproprié ne peut consister à la fois en argent, en ouvrages et en matériaux. — *Cass.*, 2 janv. 1844 (t. 1er 1844, p. 152), Maury c. maire de Rivière; 2 juin 1845 (t. 2 1845, p. 72), ville Dumas-d'Agenais c. Lacoste.

880. — ... Que la loi n'autorise pas le jury à contraindre l'exproprié à prendre à son compte, en déduction de l'indemnité, tout ou partie des matériaux de ses bâtimens. — *Cass.*, 2 janv. 1844 (t. 1er 1844, p. 356), Dutertre c. préfet de la Seine.

881. — ... Que le jury ne peut, sans excéder ses pouvoirs, faire consister l'indemnité en une faculté, pour la commune qui poursuit l'expropriation, de faire les travaux rendus nécessaires pour la nouvelle disposition des lieux. — *Cass.*, 31 déc. 1838 (t. 1er 1839, p. 5), Charrin c. maire de la Croix-Rousse.

882. — ... Que, quand le propriétaire d'une maison partiellement expropriée exige, comme il en a le droit, que cette maison soit achetée en totalité, l'évaluation du montant intégral de l'indemnité doit être faite en argent, sans que le jury puisse contraindre ce propriétaire à prendre en déduction des matériaux du bâtiment, soit des objets adhérens à l'immeuble et devenus immeubles par destination, tels que des glaces et tableaux scellés dans les murs. — *Cass.*, 3 juill. 1843 (t. 2 1843, p. 294), Castex c. préfet de Tarn-et-Garonne.

883. — ... Que la décision du jury est nulle, lorsqu'après avoir déterminé un chiffre, elle alloue en outre une indemnité supplémentaire subordonnée au cas où l'administration qui, d'ailleurs a pris des conclusions formellement contraires à cet égard, n'exécutera pas certains travaux, par exemple, un mur de terrasse. — *Cass.*, 16 fév. 1846 (t. 1er 1846, p. 499), préfet des Bouches-du-Rhône c. Gros.

884. — Mais il en est autrement quand le propriétaire exproprié consent à ce que l'indemnité soit fixée en argent et matériaux. — *Cass.*, 3 juill. 1843 (t. 2 1843, p. 294), Castex c. préfet de Tarn-et-Garonne; 19 juill. 1843 (t. 2 1843, p. 295), préfet du Nord c. hospices de Roubaix (trois arrêts); 2 janv. 1844 (t. 1er 1844, p. 356), Dutertre c. préfet de la Seine; arg. *Cass.*, 2 juin 1845 (t. 2 1845, p. 72), ville Dumas-d'Agenais c. Lacoste.

885. — Ainsi, en sus de l'indemnité pécuniaire réclamée par l'exproprié, le jury a pu réserver à celui-ci, *sur sa demande formelle*, des glaces et des cheminées en marbre existant dans la maison dont il est dépossédé. — *Cass.*, 21 août 1843 (t. 2 1843, p. 658), préfet du Pas-de-Calais c. Boucher.

886. — Lorsqu'un propriétaire exproprié de partie d'une maison a demandé, indépendamment des frais de reconstruction, une somme pour frais de démolition, et l'attribution des vieux matériaux, le jury peut ne lui accorder, pour toute indemnité, que les matériaux de démolition. — *Cass.*, 26 mai 1840 (t. 2 1841, p. 736), Hanaire et Apay c. ville de Paris.

887. — La décision du jury ne peut pas être cassée par le motif qu'en indiquant une option au moyen de laquelle l'administration pourra se soustraire au paiement d'une indemnité, il aurait omis de préciser les sommes représentant en argent chacun des objets mis à la charge de l'administration. — *Cass.*, 11 janv. 1836, préfet de la Côte-d'Or c. comm. de Chazilly.

§ 3. — *Caractère de l'indemnité.*

888. — La fixation de l'indemnité doit être certaine, de manière qu'elle détermine clairement le montant précis de l'indemnité.

889. — L'indemnité dont le montant est déterminé par mètre carré doit être considérée comme réglée d'une manière certaine et définitive, si la contenance du terrain exproprié n'est l'objet d'aucune contestation. — *Cass.*, 15 janv. 1844 (t. 1er 1844, p. 623), préfet du Var c. Verlaque.

890. — Est nulle comme ne fixant pas d'une manière certaine l'indemnité accordée à l'exproprié la décision du jury qui lui accorde tant par are de terrain, si en même temps elle ne détermine pas le nombre d'ares expropriés. — Si le montant de l'indemnité peut résulter suffisamment d'un chiffre monétaire multiplié par une mesure de terrain, au moins faut-il que ces deux bases soient également déterminées, et notamment que la contenance du terrain soit hors de toute incertitude. — *Cass.*, 29 août 1843 (t. 2 1843, p. 386), préfet de l'Aisne c. François.

891. — La décision qui alloue à l'exproprié une somme en capital, plus les intérêts à partir de l'époque de la prise de possession, détermine clairement le montant précis de l'indemnité, et l'on ne saurait exciper de ce qu'elle n'a pas assigné une date à cette prise de possession, les difficultés qui, dans le cas exceptionnel de non paiement préalable au règlement de l'indemnité, viendraient à s'élever sur cette date, n'étant pas de nature à être soumises au jury. — *Cass.*, 1er juill. 1845 (t. 1er 1845, p. 92), préfet des Bouches-du-Rhône c. Despans.

892. — La décision par laquelle, en cas de prise de possession antérieure au règlement de l'indemnité, le jury fixe pour cette indemnité un chiffre principal en y ajoutant l'allocation d'intérêts à 5 % à partir du jour de cette prise de possession, renferme une détermination précise, alors même qu'elle n'assignerait pas la date de ce dernier fait, ce qui ne rentre pas d'ailleurs dans la mission du jury. — *Cass.*, 16 fév. 1846 (t. 1er 1846, p. 499), préfet des Bouches-du-Rhône c. hospices de Vitrolles.

893. — La fixation d'indemnité doit être définitive, indépendante de tous calculs ou événemens ultérieurs et de manière à mettre fin à toutes contestations à ce sujet entre les parties. — *Cass.*, 7 fév. 1837 (t. 1er 1837, p. 94), Parmentier-Carlier c. Urbain et Picard; 3 août 1840 (t. 2 1846, p. 470), Kechlin c. Kreutler; 10 août 1841 (t. 2 1841, p. 375), Rimbault c. Pilloy et Legrand; 9 fév. 1846 (t. 1er 1846, p. 401), préfet de la Seine c. Luce et Bédeau.

894. — En conséquence, doit être annulée la décision du jury qui laisse incertain et subordonné à des calculs qui peuvent donner lieu à des litiges le montant de l'indemnité due au propriétaire exproprié, et qui, par exemple, se borne à allouer

une indemnité de 50 francs par are pris pour l'usage d'un chemin de fer, et de 20 francs par are de dépréciation sur le terrain restant, sans que cette décision ni aucune énonciation du procès-verbal ne déterminent l'étendue du terrain qui, restant au propriétaire, aurait dû diminuer de valeur. — *Cass.*, 3 août 1840 (t. 2 1840, p. 476), Kœchlin c. Kreutler.

895. — De même, est nulle la décision qui alloue au propriétaire 10 francs par pied d'arbre se trouvant sur la partie du terrain dont il sera privé, et 12 francs par pied d'arbre qui se trouvera à une certaine distance sans que rien dans le procès-verbal du jury, dans le jugement d'expropriation ni dans aucun acte de procédure fasse connaître à quel nombre les intéressés fixent les arbres de chacune de ces catégories. — *Cass.*, 10 août 1841 (t. 2 1841, p. 576), Rimbault c. Pilloyt et Legrand.

896. — Est nulle encore la décision qui déclare fixer l'indemnité à une somme déterminée, à raison d'une avance prétendue faite par les expropriés pour le percement d'une rue, sans dire si le montant de cette avance, en la supposant faite, doit être ajouté à l'évaluation ou en être déduit, comme aussi, en admettant que le jury ait voulu prendre la plus-value résultant pour les expropriés des travaux projetés comme un des élémens de son évaluation, sans déterminer cette plus-value d'une manière précise et définitive. — *Cass.*, 9 fév. 1846 (t. 1er 1846, p. 401), préfet de la Seine c. Luce et Bedeau.

897. — La fixation, que fait un jury, de l'indemnité due à l'exproprié, doit être considérée comme certaine et définitive, alors même que la décision porte que l'indemnité est fixée à tant le mètre, si d'ailleurs cette indication n'est que la décomposition d'un chiffre total arrêté par le jury pour un nombre de mètres déterminé. — *Cass.*, 9 fév. 1846 (t. 1er 1846, p. 343), préfet de la Seine c. Larbouillat et Schmidt.

898. — La fixation faite par le jury ne cesse pas d'être définitive par cela seul qu'une ordonnance spéciale du magistrat directeur aurait réservé à l'exproprié le droit de faire déterminer la contenance exacte de l'immeuble frappé par l'expropriation, si d'ailleurs cette ordonnance a déclaré en même temps que ces réserves seraient étrangères au travail du jury, lequel continuerait à opérer sur les indications de contenances énoncées au jugement d'expropriation, et rendrait une décision déterminée, certaine, précise, et non conditionnelle. — Même arrêt.

899. — De ce que la fixation de l'indemnité doit être définitive il suit qu'elle ne saurait être éventuelle.

900. — Ainsi, le jury ne peut attribuer l'indemnité éventuellement et pour le cas seulement où la chose faisant l'objet de l'expropriation ne serait pas remplacée par un équivalent. — *Cass.*, 7 fév. 1837 (t. 1er 1837, p. 94), Parmentier-Carlier c. Urbain et Picard.

901. — De même est nulle la décision qui, après avoir déterminé un chiffre, alloue en outre une indemnité supplémentaire et subordonnée au cas où l'administration, qui d'ailleurs a pris des conclusions formellement contraires à cet égard, n'exécutera pas certains travaux, par exemple un mur de terrasse. — *Cass.*, 16 fév. 1846 (t. 1er 1846, p. 499), préfet des Bouches-du-Rhône c. Gros.

902. — La prétention élevée par une partie relativement à une indemnité éventuelle, à raison de la possibilité d'un dommage futur, à naître, d'un événement ultérieur et incertain, étant contraire à la loi, n'est pas par cela même de nature à être soumise au jury ; d'où il résulte qu'en refusant de poser une question sur ce chef, et même en avertissant les jurés de l'irrégularité de la demande, le magistrat directeur n'excède pas ses pouvoirs. — *Cass.*, 7 avr. 1845 (t. 1er 1845, p. 585), Riedet-Monborne c. préfet du Nord.

903. — Il en est ainsi surtout si le magistrat directeur fait réserve à la partie de la présentation de sa demande en temps utile et devant qui de droit. On ne saurait dire qu'il y ait préjugé sur le sort ultérieur de cette demande. — Même arrêt.

904. — Le jury, n'ayant pas mission de statuer sur les travaux qui peuvent être à exécuter par suite d'une expropriation, agit régulièrement en se bornant à fixer l'évaluation des terrains expropriés. — *Cass.*, 17 juin 1846 (t. 2 1846, p. 92), préfet des Bouches-du-Rhône c. Brest

905. — Le jury ne peut, en fixant l'indemnité due à raison de l'expropriation d'un terrain voisin d'une usine appartenant à l'exproprié, fixer éventuellement une autre indemnité pour le cas où cette expropriation entraînerait la détérioration ou la suppression de cette usine. — En procédant ainsi, le jury commet un excès de pouvoir et empiète sur les droits de l'autorité administrative en ce qu'il préjuge la question de savoir si l'usine a ou non une existence légale, condition nécessaire pour qu'en cas de suppression ou détérioration, le propriétaire de cette usine ait droit à une indemnité. — Une pareille déclaration étant indivisible, quoique alternative, son annulation sur un chef emporte nécessairement l'annulation de la décision tout entière. — *Cass.*, 16 juill. 1844 (t. 2 1844, p. 357), préfet du Lot c. Lacroux-Lacoste.

906. — Mais la fixation de l'indemnité peut être éventuelle en ce sens que le fond du droit ou la qualité des parties étant contestés, le jury détermine une indemnité hypothétique et soumise au jugement à intervenir sur le litige. — Arg. L. 3 mai 1841, art. 39.

907. — Lorsque, par suite de l'établissement d'une route, une propriété jouissant d'un droit d'irrigation a été divisée, ce droit, étant inhérent à la propriété, se trouve virtuellement compris dans l'expropriation et doit l'être également dans l'estimation de cette propriété; et le jury procède régulièrement en fixant une double indemnité, l'une pour le cas où l'administration refuserait de permettre le passage des eaux de l'une des propriétés à l'autre, et la seconde pour le cas où cette permission serait accordée. — *Cass.*, 27 mars 1843 (t. 2 1843, p. 89), Cluse c. préf. du Vaucluse.

908. — Lorsqu'il est reconnu par l'administration que la nécessité dans laquelle se trouve un propriétaire de placer des rampes pour donner accès à ses propriétés donne lieu à une indemnité, l'engagement que prend l'administration d'établir ces rampes à ses frais ne dispense pas le jury de fixer éventuellement une indemnité pour le cas où elles ne seraient pas faites. — *Cass.*, 11 déc. 1843 (t. 1er 1844, p. 351), Dupontavice c. comm. du Chatelier.

§ 4. — *Indemnités distinctes.*

909. — Dans les diverses indemnités que le jury a à fixer, il en est à l'égard desquelles il n'est pas tenu de distinguer les élémens de son appréciation. Mais il en est d'autres au contraire à l'égard desquelles l'intérêt des ayant-droit exige que le jury fasse cette distinction.

910. — Le jury n'est pas tenu, lorsqu'il fixe le montant de l'indemnité, de spécifier les divers élémens dont elle se compose, alors même que cette indemnité serait demandée pour plusieurs causes distinctes. — *Cass.*, 26 mai 1840 (t. 2 1841, p. 736), Hanaire c. ville de Paris; 17 août 1840 (t. 2 1840, p. 24), Delessert c. chemin de fer d'Orléans.

911. — Tel est le cas où l'indemnité demandée a pour cause la dépossession partielle d'une maison et les frais de construction rendus nécessaires par cette dépossession. — *Cass.*, 26 mai 1840 (t. 2 1841, p. 736), Hanaire c. ville de Paris.

912. — Jugé également que lorsqu'un propriétaire réclame tout à la fois une indemnité pour la valeur intrinsèque des terrains qui lui sont pris, et, en outre, une indemnité particulière pour la dépréciation causée par l'expropriation partielle au restant de sa propriété, le jury n'est pas tenu d'accorder deux indemnités distinctes à raison de ce double chef de demande. — Le jury n'est même pas obligé dans ce cas de déclarer expressément que, pour la fixation de l'indemnité unique qu'il alloue, il a pris en considération la dépréciation que pourra éprouver la portion non expropriée de la propriété du demandeur. — *Cass.*, 17 août 1840 (t. 2 1840, p. 241), Delessert c. chemin de fer d'Orléans.

913. — ... Que le jury n'est pas obligé de préciser une indemnité pour chaque parcelle expropriée, et qu'il peut régler toutes les indemnités pour les diverses parcelles en un chiffre unique, si elles sont réclamées à un seul et même titre, comme celui de propriétaire. — Peu importe qu'à chaque parcelle un chiffre particulier ait été attaché dans les offres et dans les demandes, et reproduit devant le jury. Il n'y a là ni aveu ni contrat judiciaire, qui oblige le jury à déterminer pour chacune des parcelles un dédommagement spécial. — La division des évaluations motivées sur quelque intérêt personnel n'ayant pas été réclamée, le jury a conservé toute la liberté, qu'il tient de l'art. 39, de déterminer par une somme unique les indemnités diverses prétendues à un titre unique. — *Cass.*, 3 janv. 1844 (t. 1er 1844, p. 152), chemin de fer de Saint-Germain c. préf. de la Seine.

914. — ... Que le jury procède régulièrement lorsqu'il statue collectivement sur l'indemnité due à raison de trois parcelles de terrain dont l'expropriation a été prononcée par un même jugement, et dont le réglement a donné lieu à une seule et même instruction ; et que l'administration peut d'autant moins se plaindre qu'il ait été ainsi procédé si l'on n'a fait que suivre les erremens de sa demande et de ses offres, comprenant une somme totale pour l'ensemble de l'indemnité. — *Cass.*, 17 juin 1846 (t. 2 1846, p. 92), préfet des Bouches-du-Rhône c. Brest.

915. — ... Que l'administration qui poursuit l'expropriation est sans intérêt à se plaindre de ce que le jury aurait réuni en un seul chiffre total deux indemnités réclamées distinctement à raison de deux domaines différens par la même partie et au même titre. — *Cass.*, 16 fév. 1846 (t. 1er 1846, p. 499), préfet des Bouches-du-Rhône c. Masson et Lecoq (deux arrêts).

916. — Mais le jury doit prononcer des indemnités distinctes en faveur des parties qui les réclament à des titres différens, comme propriétaires, fermiers, locataires, usagers et autres intéressés dont il est parlé à l'art. 21. — L. 3 mai 1841, art. 39, § 1er.

917. — Dans la loi de 1833, le paragraphe était ainsi conçu : — « Le jury prononce des indemnités distinctes en faveur des parties qui les réclament à des titres différens comme propriétaires, fermiers, locataires, *usagers autres que ceux dont il est parlé* au premier paragraphe de l'art. 21. D'où il suit que sous l'empire de cette loi, ceux qui avaient des droits d'usage et d'habitation étaient assimilés à l'usufruitier et ne pouvaient prétendre à une indemnité distincte. — Ce système a été changé par la loi de 1841, et aujourd'hui tous les usagers sans distinction ont droit à une indemnité particulière.

918. — Bien que l'expropriation pour cause d'utilité publique ait été prononcée contre le propriétaire apparent, c'est-à-dire contre celui dont le nom se trouve inscrit avec la qualité de propriétaire sur la matrice des rôles, cependant, si celui-ci n'est pas propriétaire ou a cessé de l'être, et si le propriétaire réel se fait connaître, le jury opère régulièrement en liquidant l'indemnité sous le nom de ce dernier, alors surtout que l'administration l'a reconnu propriétaire en lui faisant notifier les offres et la liste des jurés, en l'appelant devant le jury et en débattant avec lui le chiffre de l'indemnité. — *Cass.*, 14 avr. 1846 (t. 1er 1846, p. 691), compagnie du chemin de fer de Marseille à Avignon c. Gazielle.

919. — Alors même que dans l'exploit contenant réponse aux offres, l'exproprié aurait déclaré avoir vendu une partie des biens expropriés à des tiers, et qu'il aurait demandé que l'indemnité lui fût accordée seulement à raison de la portion de biens à lui restant, cependant, si personne n'a requis acte contre lui de cette déclaration, rien n'empêche qu'il ne la rétracte devant le jury, qu'il ne conclue à ce que l'indemnité soit liquidée sous son nom pour la totalité des biens, et que la liquidation soit en effet opérée en son nom sur cette dernière base. — Au reste, dans ce cas, il n'est pas nécessaire que l'exploit de réponse aux offres soit remis au jury. Le magistrat directeur peut se borner à mettre sous ses yeux les conclusions nouvelles prises à l'audience par l'exproprié. — Même arrêt.

920. — La décision du jury qui n'a fixé qu'une seule indemnité pour un terrain appartenant à deux copropriétaires est valable, alors que, l'expropriation ayant été poursuivie contre un seul pour le tout, aucune circonstance n'a fait connaître l'existence de la copropriété. — *Cass.*, 12 janv. 1842 (t. 2 1842, p. 17), Méritan c. maire d'Apt.

921. — Lorsque les jurés n'ont été saisis que d'une seule demande en fixation de l'indemnité, et que le fermier, dont le propriétaire a fait connaître l'existence, n'a adressé aucune réclamation, le propriétaire qui a obtenu une indemnité est sans intérêt pour invoquer comme moyen d'annulation de la décision qui la lui accorde l'oubli ou le refus par l'administration d'appeler ce fermier en cause. — *Cass.*, 27 mars 1843 (t. 1er 1843, p. 635), Thinières c. préfet du Pas-de-Calais.

922. — En cas d'expropriation de partie seulement d'une maison louée, le jury peut fixer deux indemnités alternatives, l'une pour le cas où il serait jugé que le retranchement de partie des biens loués autorise le locataire à résilier son bail, l'autre pour le cas où le locataire resterait dans les lieux moyennant une diminution du prix du bail. Et cela alors même que, sur l'offre qui lui aurait été faite d'une seule indemnité, le locataire aurait contesté sans distinction entre ces deux cas. — *Cass.*, 3 avr. 1839 (t. 1er 1840, p. 307), Royer c. préfet de la Seine.

923. — Lorsqu'une partie seulement d'une maison a été expropriée, et que les locataires de cette maison, d'accord avec l'autorité qui poursuit l'expropriation, demandent qu'il soit évalué deux indemnités alternatives, l'une pour le cas où ils seraient obligés de quitter les lieux, l'autre pour celui où ils continueraient de les habiter, le jury ne peut, sous prétexte qu'il a reconnu l'impossibilité de conserver aux locataires les lieux par eux occupés, se borner à fixer une seule indemnité. — *Cass.*, 5 fév. 1840 (t. 1er 1840, p. 213), Lachiche c. ville de Paris et

Grandjean, et Galopin c. ville de Paris ; 5 fév. 1840 (t. 1er 1840, p. 307), Charnay c. ville de Paris.

924. — En l'absence de conclusions tendant, de la part d'un prétendu locataire, à la fixation de deux indemnités alternatives, l'une pour la résiliation d'un bail écrit, l'autre, purement subsidiaire, pour la résiliation d'un simple bail verbal, le jury peut se borner à fixer une indemnité pure et simple, et le moyen tiré de ce qu'il n'aurait pas été procédé conformément à cette distinction, proposée pour la première fois devant la cour de Cassation, n'est pas admissible. — *Cass.*, 1er mars 1843 (t. 1er 1843, p. 510), Labbé c. préfet de la Seine.

925. — En prescrivant au jury de prononcer des indemnités distinctes au profit de toutes les parties, propriétaires ou fermiers, qui seraient appelés en cause devant lui, l'art. 39, L. 7 juill. 1833, a eu pour objet de faire terminer devant cette juridiction tous débats relatifs à la dépossession. En conséquence, le jury ne peut se borner à allouer à chaque locataire une indemnité à raison du trouble qu'il éprouvera dans sa jouissance, en renvoyant aux tribunaux ordinaires la question des indemnités qui peuvent leur être dues pour résiliation de leurs baux. — *Cass.*, 31 déc. 1838 (t. 1er 1839, p. 5), Charrin c. maire de la Croix-Rousse

926. — Lorsqu'une indemnité est demandée à titre de locataire, mais à raison de divers préjudices résultant de la dépossession des lieux, le jury ne doit allouer qu'une seule indemnité pour le tout, et non une indemnité spéciale pour chacune des causes de préjudice alléguées par l'exproprié. — *Cass.*, 12 juin 1843 (t. 2 1843, p. 196), Benoît c. préfet des Bouches-du-Rhône.

927. — Celui qui prétend avoir des droits sur la chose expropriée ne peut demander la modification de l'indemnité fixée par le jury ; il est seulement recevable à faire valoir ses droits sur la somme formant le montant de cette indemnité. — *Cass.*, 5 fév. 1845 (t. 1er 1845, p. 218), Domaine de l'état c. Boudard.

928. — L'état, qui a poursuivi l'expropriation et provoqué la fixation de l'indemnité contre celui qu'il a considéré comme le véritable propriétaire, ne peut avoir plus de droits que celui qui serait fondé à exercer l'action en revendication transportée sur le prix. En conséquence, il ne peut être admis à réclamer contre la fixation en tout ou en partie de l'indemnité allouée par le jury : son droit se borne à exiger que sa libération soit régulière. — Même arrêt.

929. — Dans le cas d'usufruit, une seule indemnité est fixée par le jury, eu égard à la valeur totale de l'immeuble ; le nu-propriétaire et l'usufruitier exercent leurs droits sur le montant de l'indemnité, au lieu de l'exercer sur la chose. — LL. 3 mai 1841, art. 39, § 2 ; 7 juill. 1833, même article.

930. — Il n'y a pas contravention à l'art. 39, L. 7 juill. 1833, relatif à la fixation d'une seule indemnité pour la valeur totale de l'immeuble, dans la décision qui, après avoir fixé une seule indemnité, a ajouté (s'agissant d'une forêt) que cette indemnité serait applicable pour telle somme à la superficie, et pour telle autre somme au sol. — Le jury ne fait, en s'exprimant ainsi, qu'indiquer le double élément de sa décision, qui ne cesse pas d'être une, et sur le résultat complexe de laquelle il est loisible au propriétaire et à l'usufruitier d'exercer leur droit réciproque, au lieu de l'exercer sur la chose. — *Cass.*, 4 avr. 1838 (t. 2 1838, p. 103), liste civile c. Charpentier.

931. — Par suite, également, l'ordonnance homologative de la décision du jury, par laquelle le magistrat directeur attribue à l'usufruitier la somme applicable à la superficie, et au nu propriétaire la somme applicable au sol, n'est pas nulle comme préjugeant les droits respectifs du nu propriétaire et de l'usufruitier, alors que l'un d'eux fait défaut. Ils restent l'un et l'autre libres d'exercer leurs droits ainsi qu'il peut leur appartenir. — *Cass.*, 4 avr. 1838 (t. 2 1838, p. 103), liste civile c. Charpentier.

932. — L'usufruitier est tenu de donner caution. Les père et mère ayant l'usufruit légal des biens de leurs enfans en sont seuls dispensés. — LL. 3 mai 1841, art. 39, § 3 ; 7 juill. 1833, même article.

933. — En obligeant ainsi l'usufruitier à donner caution lorsque peut-être la convention l'en dispensait, on se trouve modifier les droits que la volonté des parties avait constitués. Mais on a été déterminé par cette considération que l'usufruitier dispensé de donner caution ne pouvait faire le plus souvent disparaître la chose soumise à l'usufruit, à raison de sa nature immobilière ; que lorsqu'une expropriation convertissait l'immeuble en une somme d'argent, l'usufruitier pouvait consommer la somme et ne plus rien laisser au nu-propriétaire à l'expiration de l'usufruit ; que d'ailleurs la convention n'était pas à la rigueur violée, en ce que si le titre dispensait l'usufruitier de donner caution, il ne s'expliquait point sur le cas où par un événement de force majeure l'immeuble serait converti en une chose mobilière.

934. — Si l'usufruitier ne pouvait trouver une caution, la somme provenant de l'indemnité serait placée conformément à l'art 602, C. civ., et l'usufruitier en toucherait l'intérêt. — Duvergier, *Coll. des lois*, t. 1er 1841, p. 159.

935. — Dans tous les cas, la partie expropriante ne doit payer qu'après que l'usufruitier a fourni toutes les garanties exigées par la loi ; et si le nu-propriétaire n'accepte pas amiablement la caution, il y a lieu de procéder conformément aux art. 517 et suiv., C. procéd., au titre de la réception des cautions.

936. — Les auteurs qui ont écrit sur la matière sont généralement d'avis que le droit du preneur emphytéotique doit être (au point de vue de la loi de 1841) assimilé au droit d'usufruit (V. Delalleau, 2e éd., no 452 ; de Caudaveine et Théry, no 332, p. 230 ; Husson, no 273) ; et qu'en conséquence l'indemnité représentative du fonds, ainsi que des constructions ajoutées par le preneur librement ou en vertu de son contrat, doit être unique ; les intérêts sont alors touchés par le preneur jusqu'à fin de bail, déduction faite du canon emphytéotique, et à cette époque le bailleur rentre dans l'indemnité au lieu de rentrer dans son fonds.

937. — Jugé en ce sens qu'en cas d'expropriation d'un bien donné à emphytéose, les juges chargés d'apprécier l'étendue du droit de l'emphytéote sur l'indemnité allouée n'exagèrent pas cette étendue en assimilant l'emphytéote à un usufruitier, et en lui accordant dès-lors la jouissance intégrale de cette indemnité pendant toute la durée de l'emphytéose. — *Cass.*, 12 mars 1845 (t. 1er, 1845, p. 525), Laporte c. Lévesque.

938. — A moins du consentement de tous les intéressés, le jury ne peut rompre le bail emphytéotique pour la portion de terrain qui n'a pas été comprise dans l'expropriation. — *Cass.*, 19 juill. 1843 (t. 2 1843, p. 295), préfet du Nord c. hospices de Roubaix et Blanquart.

§ 5. — *Litige sur le fond du droit. — Indemnités éventuelles.*

939. — Une fois que l'expropriation a été prononcée et que le jury est appelé à fixer les indemnités, si des contestations existent entre les prétendans droit, on sent que d'une part le jury ne saurait être juge de ces contestations et que d'autre part le but de l'expropriation ne permet pas de surseoir à la fixation des indemnités.

940. — Lorsqu'il y a litige sur le fond du droit ou sur la qualité des réclamans, et toutes les fois qu'il s'élève des difficultés étrangères à la fixation du montant de l'indemnité, le jury règle l'indemnité indépendamment de ces litiges et difficultés, sur lesquels les parties sont renvoyées à se pourvoir devant qui de droit. — L. 3 mai 1841, art. 39, § 4 ; L. 7 juill. 1833, même art.

941. — M. Renouard avait proposé de terminer ainsi le paragraphe : « et s'il y a lieu il établit hypothétiquement des indemnités correspondantes à l'éventualité des décisions à intervenir sur les points contestés entre les parties. » — Mais il a retiré son amendement sur l'observation faite par le rapporteur qu'il résultait suffisamment de la loi sans que cela fût formellement exprimé, que le jury devait accorder des indemnités alternatives applicables à toutes les éventualités pouvant résulter des difficultés signalées devant lui.

942. — Lorsque le propriétaire d'un immeuble dont on demande l'expropriation partielle prétend avoir le droit d'exiger que l'expropriation comprenne l'immeuble en totalité, il y a là une question constitutive d'un litige sur le fond du droit qui ne peut être jugée par le jury d'expropriation. En conséquence le jury ne doit pas se borner à fixer l'indemnité pour la partie dont l'expropriation est demandée, et le magistrat directeur rendre cette décision estimative exécutoire ; mais il doit au contraire donner une estimation alternative pour la partie et pour le tout, afin de pourvoir aux éventualités de la décision à rendre au fond par les juges compétens. — *Cass.*, 25 mars 1839 (t. 2 1842, p. 746), Viel c. comp. du chemin de fer de Versailles.

943. — Lorsque le propriétaire d'une maison avec bâtiment et terrain adjacent dont une partie seulement a été expropriée, a, dans tous les temps, manifesté son intention de faire acheter la totalité de l'immeuble par la commune en vertu de l'art. 50, L. 7 juill. 1833, et a conclu formellement à ce que le magistrat directeur fît décider par le jury quelle indemnité serait due non seulement pour la partie expropriée, mais encore pour la totalité de la propriété, le magistrat directeur a excédé ses pouvoirs en ne faisant régler l'indemnité que pour l'expropriation partielle ordonnée. En pareil cas, la question de savoir s'il y avait lieu de mettre à la charge de la commune l'acquisition de la propriété entière constituait un litige sur le fond de droit, que le magistrat directeur devait renvoyer devant qui de droit.

944. — Si, sur les poursuites à fin d'expropriation partielle d'une maison pour utilité publique, le propriétaire a fait connaître dans le délai voulu l'intention où il était de faire acquérir sa maison entière, et que cette proposition n'a pas été agréée, cette contestation constitue un litige sur le fond du droit qui oblige le jury à fixer une indemnité alternative applicable au cas d'une acquisition entière et à celui d'une expropriation partielle. En conséquence la décision qui ne fixe qu'une seule indemnité est nulle, alors surtout qu'elle est tellement ambiguë et incertaine qu'il y a doute, même en présence de l'ordonnance du magistrat directeur, si elle s'applique à l'expropriation partielle. — *Cass.*, 15 mai 1843 (t. 2 1843, p. 200), Corneille c. Bernex et Philippon.

945. — Le jury n'a mission que pour évaluer les indemnités dues à raison des expropriations judiciairement ordonnées, et on ne peut considérer comme un litige sur le fond du droit donnant lieu à une indemnité éventuelle l'allégation de la possibilité d'un dommage futur à naître d'un événement ultérieur et incertain. — *Cass.*, 7 avr. 1845 (t. 1er 1845, p. 585), préfet du Nord c. Ferrond, Jausoone, Vermesch et André ; Riedet-Monborne ; 17 déc. 1845 (t. 1er 1846, p. 35), Godefroy c. préfet de la Seine.

946. — ..., Tel que serait l'établissement d'une servitude militaire qui, dans un temps plus ou moins éloigné, viendrait à grever les terrains avoisinant les fortifications. — *Cass.*, 17 déc. 1845 (t. 1er 1846, p. 35), Godefroy c. préfet de la Seine.

947. — En conséquence, le jury ne peut, en même temps qu'il alloue une indemnité à un propriétaire à raison d'un terrain dont il est dépossédé pour des travaux de fortifications, lui attribuer également une indemnité éventuelle pour le cas où il pourrait y avoir lieu à une moins-value d'une propriété non atteinte par l'expropriation à cause de la nouvelle enceinte des fortifications, cette indemnité éventuelle n'ayant pas pour objet la dépréciation certaine et immédiate de la portion non expropriée. — *Cass.*, 7 avr. 1845 (t. 1er 1845, p. 585), préfet du Nord c. André et Riedet-Mondorne c. préfet du Nord.

948. — Mais le jury ne peut se dispenser de fixer hypothétiquement l'indemnité réclamée par l'exproprié à raison d'un passage supprimé par le fait de l'expropriation, sous prétexte que l'administration dénierait tout droit à indemnité en soutenant que ce passage a été établi en contravention aux lois et réglemens. La question de savoir si la contravention alléguée existe, et si en définitive il est dû ou non une indemnité, constitue un litige sur le fond du droit concernant un chef éventuellement constitutif d'un des élémens de l'indemnité, et qui donne lieu dès-lors au réglement hypothétique de cette indemnité. — *Cass.*, 17 déc. 1845 (t. 1er 1846, p. 35), Godefroy c. préfet de la Seine.

949. — Lorsqu'un tiers se présente et se prétend propriétaire d'une portion d'un terrain exproprié, le magistrat directeur doit poser au jury une première question relative à l'indemnité allouée pour la totalité du terrain, et une seconde question sur l'indemnité due pour ce terrain, déduction faite de la partie revendiquée par le tiers. — *Cass.*, 21 août 1838 (t. 2 1838, p. 203), sous-préfet de Toulon c. Saurin.

950. — Le jury, en fixant l'indemnité à une somme qu'il adjuge tout entière au propriétaire contre lequel la revendication est exercée, préjuge le débat qui doit s'établir devant les tribunaux ordinaires sur le droit de propriété, et commet un excès de pouvoir et une violation de l'art. 39, L. 17 juill. 1833, qui doivent entraîner la cassation de sa décision. — Même arrêt.

951. — Le jury, non plus que le magistrat directeur, n'ont pouvoir et compétence pour statuer sur la difficulté relative au droit prétendu par un locataire, en vertu de son bail, de conserver une partie de ses locations au cas de dépossession partielle de la maison. — *Cass.*, 5 fév. 1840 (t. 1er 1840, p. 307), Charnay c. ville de Paris.

952. — Lorsqu'il s'élève entre l'état, qui exproprie, et la partie réclamante, une contestation relative à la qualité de cette partie (par exemple, si l'état dénie au réclamant la qualité de locataire par lui invoquée), le jury procède régulièrement en fixant une indemnité qu'il déclare éventuelle et ne devoir être attribuée au réclamant qu'autant que sa qualité serait reconnue par les tribunaux. — *Cass.*, 1er mars 1843 (t. 1er 1843, p. 510), Labbé c. préf. de la Seine.

953. — En cas d'existence d'un bail emphytéotique relativement à une parcelle expropriée, la contestation qui s'élève sur le point de savoir si le bailleur et le preneur ont chacun droit à une indemnité distincte, ou si, au contraire, l'indemnité ne doit pas être réglée suivant les bases déterminées par la loi pour le cas de nu-propriété et d'usufruit, est de la compétence exclusive des tribunaux ordinaires. — Dès-lors le jury doit, en vue de la solution alternative qui peut intervenir, pourvoir par son réglement aux deux hypothèses en fixant d'un côté une indemnité unique et de l'autre deux indemnités distinctes. — *Cass.*, 19 juill. 1843 (t. 2 1843, p. 295), préf. du Nord c. hospices de Roubaix et de Blanquart (trois arrêts).

954. — Lorsque deux individus, que l'administration offre d'indemniser, l'un comme propriétaire, l'autre comme usager, prétendent tous les deux à la propriété de l'immeuble exproprié, le jury ne peut, sans excéder ses pouvoirs, juger la question de propriété en divisant entre les réclamans l'indemnité affectée à la propriété et celle affectée à l'usage. — *Cass.*, 21 août 1844 (t. 1er 1845, p. 132), préf. de la Meurthe c. comm. d'Einville et Louviot.

955. — Lorsque sur une demande d'indemnité une offre inférieure a été faite, avec déclaration que cette offre serait élevée à un chiffre déterminé dans le cas où une condition mise à cette augmentation serait accomplie par l'exproprié, si celui-ci persiste dans sa première réclamation sans s'expliquer sur l'éventualité indiquée par l'administration, le jury n'a point à fixer d'indemnité éventuelle pour le cas où la condition prévue dans les offres se réaliserait. — *Cass.*, 4 mars 1844 (t. 1er 1844, p. 691), Luys c. préf. de la Seine.

956. — Si, au milieu des opérations du jury, celui qui a obtenu l'expropriation vient à faire des renonciations et déclarations au sujet desquelles les prétentions de l'exproprié ne permettent plus de régler l'indemnité dans les termes fixés par le jugement d'expropriation, il y a là un litige qui doit faire surseoir le jury à statuer jusqu'à ce que les bases de l'indemnité soient déterminées d'une manière invariable par l'autorité compétente.

957. — Dans le cas où l'administration conteste au détenteur exproprié le droit à une indemnité, le jury sans s'arrêter à la contestation dont il renvoie le jugement devant qui de droit, fixe l'indemnité comme si elle était due. — LL. 3 mai 1841, art. 49; 7 juill. 1833, même art.

958. — Cette disposition embrasse dans sa généralité tous les cas où l'administration prétend qu'à raison de quelques circonstances particulières, l'exproprié doit abandonner la propriété, sans avoir droit à une indemnité. — Le projet du gouvernement lors de la loi de 1833 s'exprimait d'une manière moins étendue; il ne prévoyait que le cas où il s'agissait de moulins et autres usines établis sur des rivières navigables et flottables, dont l'administration prétendrait que le titre n'est pas légal, ou contient une clause qui les soumet à démolir sans indemnité. — Il est bien entendu que les tribunaux sont juges de la question de savoir si en effet il y a clause portant obligation de démolir sans indemnité. Cette question peut surtout offrir de la difficulté dans un grand nombre de cas où l'administration, en donnant des permissions de construire sur des cours d'eau qui ne sont ni navigables, ni flottables, et qui, par conséquent, ne sont point dépendances du domaine public, a cependant stipulé que les usines seraient démolies sans indemnité, si l'utilité publique l'exigeait. — Duvergier, *collect. des lois*, t. 33, p. 303.

959. — Sous la loi du 7 juill. 1833, lorsque l'administration contestait au détenteur ou locataire exproprié le droit à une indemnité, le jury n'a pu, sans excès de pouvoir, décider qu'il n'était dû aucune indemnité au réclamant, le jury devait renvoyer le jugement de cette contestation devant qui de droit et fixer l'indemnité comme si elle était due, puis le magistrat directeur en ordonner la consignation.

960. — Les parties qui se sont fait connaître en temps utile à l'administration peuvent réclamer devant le jury une indemnité éventuelle pour le cas où les droits par elles réclamés seraient ultérieurement consacrés par l'autorité compétente. — *Cass.*, 6 déc. 1842 (t. 2, 1842, p. 749), Vaissier c. ville de Besançon.

961. — Ainsi, celui qui est appelé devant le jury comme ayant droit à une servitude peut y faire valoir les droits qu'il prétend avoir comme propriétaire, et si ses conclusions à cet égard sont contestées par l'administration, il s'élève sur le fond du droit un litige à raison duquel les parties doivent être renvoyées devant qui de droit. — Mais le jury n'en doit pas moins fixer une indemnité comme si elle était due, c'est-à-dire en régler une pour le cas où le réclamant n'aurait droit qu'à une servitude et une autre pour le cas où il serait propriétaire. — Même arrêt.

962. — Lorsque l'indemnité réclamée a été contestée en partie par l'administration sur le motif qu'une portion du terrain exproprié appartiendrait au domaine de l'état, et qu'il a été conclu à ce que le jury fixât une indemnité spéciale pour le terrain litigieux, la décision du jury est nulle si elle fixe une indemnité unique sans dire pour quelle somme elle y comprend la partie contestée, ni même si elle l'y comprend. — *Cass.*, 5 mars 1844 (t. 1er 1844, p. 716), Bruneau c. préfet du Rhône.

963. — Le propriétaire soumis à l'expropriation, qui n'a point excipé devant le jury de l'existence d'un litige devant le conseil d'état relativement à des constructions qu'on lui reproche d'avoir élevées contrairement à la législation sur les servitudes militaires, et qui n'a conclu ni à un sursis, ni à la fixation de deux indemnités alternatives, ne peut, pour la première fois, élever devant la cour de Cassation une question de nature à exercer de l'influence sur l'évaluation définitive de l'indemnité. — *Cass.*, 8 nov. 1843 (t. 1er 1844, p. 255), de Salasse c. préfet du Var et génie militaire de Toulon.

964. — Lorsque par suite de contestations avec l'administration le jury a fixé une indemnité comme si elle était due, le magistrat directeur du jury en ordonne la consignation pour ladite indemnité rester déposée jusqu'à ce que les parties se soient entendues ou que le litige soit vidé. — LL. 3 mai 1841, art. 49; 7 juill. 1833, même article.

§ 6. — *Limites de l'indemnité.*

965. — Quelque large que soit le droit d'appréciation conféré au jury, la raison et la loi veulent cependant qu'il soit renfermé dans certaines limites.

966. — L'indemnité allouée par le jury ne peut en aucun cas être inférieure aux offres de l'administration, ni supérieure à la demande de la partie intéressée. — L. 3 mai 1841, art. 39, § 5.

967. — Cette disposition n'existait pas dans la loi de 1833; elle a été rendue nécessaire par quelques décisions de jurys qui avaient alloué aux personnes expropriées plus qu'elles ne demandaient.

968. — Ainsi jugé que, sous la loi du 7 juill. 1833, le jury d'expropriation pour cause d'utilité publique pouvait légalement allouer une indemnité plus forte que celle qui avait été demandée, et qu'en cette matière l'ultra-pétition n'était pas interdite. — *Cass.*, 5 mai 1841 (t. 2 1841, p. 577), compagnie du chemin de fer de Strasbourg c. Schuch. — V. aussi *Cass.*, 22 juin 1840 (t. 2 1840, p. 468), mêmes parties.

969. — Cependant le principe *non ultrà petita*, disait M. Dufaure lors de la discussion de la loi de 1841, est un principe de droit commun, dont le jury, pas plus que toute autre juridiction, ne semblait pouvoir s'affranchir. — La disposition du nouvel art. 39 n'est pas, comme on a essayé de le prouver, une atteinte au pouvoir du jury. Les offres de l'administration, comme la demande du propriétaire, sont le commencement d'un contrat auquel il ne manque plus que l'adhésion de l'un des deux contractans et que le jury vient sanctionner. La mission du jury n'est pas de déterminer en termes absolus la valeur de l'immeuble exproprié, mais bien de dire quelle est, entre l'offre de l'administration et la prétention du propriétaire, la somme qui doit être allouée. S'il sort de ces limites, il répond à ce qu'on ne lui demande pas; il dénature sa mission.

970. — De ce que le jury ne peut fixer l'indemnité à une somme supérieure à celle demandée, il en résulte qu'on doit réputer nulle la décision qui alloue à l'exproprié, indépendamment de la somme par lui demandée tant à raison de son terrain que des frais nécessaires au rétablissement de son mur de clôture, les matériaux du mur dont l'expropriation occasionne la démolition. — *Cass.*, 2 juin 1845 (t. 2 1845, p. 72), ville Dumas-d'Agenais c. Lacoste.

971. — Le principe qui veut que le jury ne puisse accorder une indemnité supérieure à celle demandée s'applique même au cas où le jury aurait gardé le silence sur un chef que l'exproprié avait joint à sa demande d'indemnité, par exemple sur un chef tendant à obtenir, indépendamment de l'indemnité pécuniaire réclamée, la construction de certains travaux. En vain voudrait-on faire considérer l'excédant alloué comme l'équivalent en argent de la construction demandée. — *Cass.*, 15 juill. 1844 (t. 2 1844, p. 358), comp. des mines de Montrambert c. Liogier.

972. — Lorsque l'exproprié réclame une somme, avec réserve des matériaux et d'une parcelle de sa propriété, le jury, en lui accordant une somme supérieure, n'est pas réputé avoir alloué au delà de la demande, lorsque cette somme s'applique à la totalité de la propriété, sans aucune réserve, même des matériaux, et si d'ailleurs il résulte du procès-verbal que les prétentions de l'exproprié ont été par lui modifiées devant le jury, et qu'en définitive la somme allouée est égale à sa demande. — *Cass.*, 4 mars 1844 (t. 1er 1844, p. 687), préfet de l'Allier c. Henry.

973. — Le jury ne viole pas l'art. 39, L. 3 mai 1841, en accordant une indemnité supérieure à la somme offerte par l'administration et acceptée par l'exproprié, lorsque outre l'indemnité due pour la dépossession de la parcelle expropriée, le propriétaire fait, par une déclaration indivisible, réserve d'une autre indemnité réclamée pour la dépréciation du surplus de son immeuble... pourvu, toutefois, que la somme allouée par le jury n'excède pas le montant de la double demande formée par l'exproprié. — *Cass.*, 29 avr. 1844 (t. 2 1846, p. 486), préfet de Seine-et-Oise c. Dumay.

974. — Si, d'une part, l'offre de l'administration et la demande de l'exproprié étaient l'une et l'autre d'une somme déterminée, et que de l'autre part le magistrat directeur n'eût posé uniquement que la question de savoir quelle indemnité serait définitivement attribuée à l'exproprié, cette indemnité ne saurait être réputée supérieure à la demande, par cela seul qu'elle excéderait l'un des divers élémens qui ont servi de base à cette demande. — *Cass.*, 26 juin 1844 (t. 1er 1847), préfet des Basses-Alpes c. de Villages.

975. — Lorsque l'administration a cité un particulier devant le jury pour voir statuer sur ses offres, bien qu'elles aient été antérieurement acceptées par lui, et que devant le jury elle se soit bornée à contester la demande supérieure qui a été formée par celui-ci, mais sans exciper de son acceptation, elle n'est pas recevable ultérieurement à se plaindre de ce que, malgré l'acceptation des offres, le jury a alloué une indemnité supérieure à leur montant. — *Cass.*, 20 déc. 1842 (t. 1er 1843, p. 257), préfet d'Ille-et-Vilaine c. Thomas.

976. — L'administration n'est pas recevable à se plaindre de ce que le jury, en allouant l'indemnité, aurait donné acte de l'engagement qu'elle prenait d'exécuter certains travaux, surtout si c'est sur ses offres mêmes qu'il est donné acte de cet engagement. — *Cass.*, 16 fév. 1846 (t. 1er 1846, p. 499), préfet des Bouches-du-Rhône c. Masson et Lecoq (deux arrêts).

977. — Lorsque l'administration ayant offert, pour une portion du terrain exproprié, une somme que le propriétaire a acceptée, ce propriétaire exige, aux termes de l'art. 50, que l'administration fasse l'acquisition du surplus de l'immeuble, le jury qui n'alloue pour l'intégralité du terrain que l'indemnité offerte et acceptée pour l'expropriation partielle est réputé avoir alloué une indemnité inférieure à la somme offerte. — *Cass.*, 26 nov. 1845 (t. 2 1846, p. 437), Abreuveux c. préfet de la Haute-Marne.

978. — Cette disposition de l'art. 39, L. 3 mai 1841, que l'indemnité allouée par le jury ne peut être inférieure aux offres de l'administration, étant toute favorable à l'exproprié, ne saurait être invoquée par l'administration pour faire annuler une décision qui aurait fixé l'indemnité à un taux inférieur à ses offres. — *Cass.*, 17 juin 1846 (t. 2 1846, p. 92), préfet des Bouches-du-Rhône c. Brest.

979. — Les termes du § 5, art. 39, qui déterminent expressément et sans distinction des personnes que la somme allouée *ne peut être supérieure à la demande*, établissent que le privilége accordé à certaines personnes par les art. 25, 26 et 40, de pouvoir se dispenser de répondre à la notification des offres de l'administration, n'est qu'un privilége temporaire qui cesse lorsque les parties sont en présence devant le jury.

980. — Lorsque, sur la notification des offres de l'administration, l'exproprié ne fait pas connaître le montant de ses prétentions et se borne à s'en rapporter à la justice, le jury ne peut allouer une somme supérieure à ces offres. — *Cass.*, 23 fév. 1842 (t. 1er 1842, p. 308), préfet de l'Aveyron c. Albin.

981. — L'administration qui dénie au réclamant la qualité de locataire en vertu de laquelle il prétend avoir droit à une indemnité peut se dispenser de faire aucune offre sans se mettre pour cela en opposition avec le § 5, art. 39, L. 3 mai 1841. — *Cass.*, 1er mars 1843 (t. 1er 1843, p. 510), Labbé c. préfet de la Seine.

Sect. 4e. — *Pourvoi en cassation contre le jugement d'expropriation ou contre la décision du jury et l'ordonnance du magistrat directeur.*

982. — On peut se pourvoir en cassation 1o contre le jugement qui prononce l'expropriation (L. 3

mai 1841, art. 20); — 2° et contre la décision du jury et l'ordonnance du magistrat directeur. — Même loi, art. 42.

983. — Comme le second de ces articles de la loi renvoie au premier pour le plus grand nombre des formalités, il y a lieu de distinguer les dispositions communes aux deux espèces de pourvois, et les dispositions particulières à chacun d'eux.

ART. 1er. — *Dispositions communes.*

984. — Le pourvoi en cassation ne peut être exercé que par ceux qui ont été parties au procès, ou ceux qui ont qualité pour représenter ces mêmes parties.

985. — Comme en matière d'expropriation pour cause d'utilité publique, c'est le préfet seul qui est investi des actions judiciaires appartenant à l'administration, et qui a seul pour elle qualité à l'effet d'ester en jugement, un pourvoi est nul lorsqu'il a été formé et notifié en pareille matière à la requête du ministère public procédant dans l'intérêt de la loi et au nom de l'administration des ponts et chaussées. — *Cass.*, 13 déc. 1843 (t. 1er 1844, p. 29), préfet de la Corse c. Piccioni et Soavi.

986. — Mais est valable le pourvoi surabondamment formé par un sous-préfet contre une décision du jury d'expropriation en vertu de pouvoirs délégués par le préfet, lorsque ce dernier fonctionnaire, loin de désavouer le pourvoi, y a au contraire adhéré, et l'a soutenu par des instructions signées de lui et mises sous les yeux de la cour. — *Cass.*, 6 janv. et 13 mai 1846 (t. 2 1846, p. 278), préfet du Finistère c. Biacabe.

987. — Une femme est non-recevable à se pourvoir en cassation contre le jugement qui, sur le vu de toutes les pièces, a prononcé contre son mari, et sans qu'elle y fût partie, l'expropriation de diverses parcelles de terrain, sous prétexte que ces parcelles étaient sa propriété et non celle de son mari. — *Cass.*, 12 août 1844 (t. 2 1844, p. 321), Lamothe c. préfet de l'Allier.

988. — Le mari séparé de biens d'avec sa femme n'a point qualité pour se pourvoir seul en cassation contre la décision du jury qui alloue à cette femme une indemnité comme locataire du terrain exproprié, dont le mari était le bailleur. — *Cass.*, 5 mars 1844 (t. 1er 1844, p. 759), François c. comm. de La Villette.

989. — Le pourvoi est valablement formé par un mandataire verbal de l'exproprié, alors que celui-ci, bien loin de dénier le mandat, l'a, au contraire, avoué en poursuivant devant la cour à l'effet du pourvoi. — *Cass.*, 26 avr. 1843 (t. 2 1843, p. 209), Mouruan c. l'état.

990. — De même, le pourvoi est valablement formé par un fils au nom de son père et comme se portant fort pour lui, alors surtout que, loin de dénier l'existence du mandat verbal qu'il aurait donné à son fils, le père a au contraire déclaré par acte judiciaire ratifier tout ce qu'il avait fait. — *Cass.*, 14 déc. 1842 (t. 1er 1843, p. 378), Dupontavice c. préfet du Calvados.

991. — M. Duvergier (*Coll. des lois*, t. 33, p. 292) pense qu'il n'est pas possible de refuser aux créanciers et aux autres parties intéressées le droit de se pourvoir en cassation contre un jugement qui statue sur leurs droits, et qui, par exemple, ordonne incompétemment une expropriation qui les lèse. C'est là une erreur qui est échappée au savant jurisconsulte. Il n'est pas possible, au contraire, d'accorder aux créanciers ou autres intéressés de ce genre la faculté d'attaquer un jugement qui n'a été rendu ni avec eux ni contre eux; l'esprit et la lettre de la loi, c'est que les tiers n'interviennent que sur la fixation de l'indemnité; tout ce qui touche à l'expropriation leur est étranger; et il est si vrai que les tiers ne peuvent pas se prévaloir des nullités de la procédure d'expropriation, que le propriétaire peut consentir une cession amiable, et qu'alors le tribunal n'a pas à vérifier l'accomplissement des formalités. La loi a voulu simplifier les formes, écarter les complications; comment donc aurait-elle ouvert une action évidemment de nature à entraîner toutes sortes d'embarras et de longueurs? Au surplus, M. Duvergier reconnaît lui-même (t. 41, p. 151) que lorsque le prix de l'immeuble sujet à expropriation a été amiablement fixé entre le propriétaire et l'état ou la compagnie, il n'est pas nécessaire de notifier le contrat, même aux créanciers inscrits; seulement, ceux-ci ne sont pas obligés d'accepter ce prix, s'ils interviennent malgré le défaut de notification, et ils conservent le droit de faire fixer l'indemnité par le jury.

992. — Une ville ne peut, sans autorisation, intervenir dans une instance pendante devant la cour de Cassation; elle est, d'ailleurs, représentée suffisamment par le préfet contre lequel est formé le pourvoi des propriétaires expropriés. — *Cass.*, 18 janv. 1837 (t. 1er 1837, p. 83), Louzet Vaulequeren c. préfet du Nord et ville de Roubaix.

993. — Le pourvoi doit se faire par déclaration au greffe du tribunal. — LL. 3 mai 1841, art. 20 et 42; 7 juill. 1833, même article.

994. — Ainsi, les pourvois en cassation formés par les préfets au nom de l'état (même dans l'intérêt du domaine militaire) doivent, à peine de nullité, être déclarés au tribunal du lieu où l'expropriation a été prononcée, et ils ne peuvent être déclarés au greffe de la cour de Cassation par un avocat. — *Cass.*, 20 août 1844 (t. 2 1844, p. 364), préfet du Bas-Rhin c. ville de Schelestadt.

995. — De ce que le pourvoi doit être formé par déclaration au greffe, M. Delalleau (n° 336) conclut qu'il faut suivre par analogie les règles tracées par les art. 422 et suiv., C. inst. crim.

996. — Mais jugé qu'il n'y a pas lieu d'appliquer ici, comme en toute matière civile, l'art. 417, C. inst. crim., suivant lequel la déclaration de pourvoi faite par un mandataire n'est valable qu'autant qu'il est porteur d'un pouvoir spécial qui reste annexé à la déclaration. Dès-lors, le pourvoi est valablement formé au greffe par un fils au nom de son père, et comme se portant fort pour lui. — *Cass.*, 14 déc. 1842 (t. 1er 1843, p. 378), Dupontavice c. préfet du Calvados.

997. — La déclaration de pourvoi faite par un mandataire est valable alors même que le mandat n'aurait pas été enregistré au moment où la déclaration a eu lieu. — *Cass.*, 18 janv. 1837 (t. 1er 1837, p. 83), Louzet-Vaulequeren c. préfet du Nord et ville de Roubaix.

998. — Le pourvoi doit être notifié dans la huitaine soit à la partie, au domicile indiqué par l'art. 15, soit au préfet ou au maire, suivant la nature des travaux, le tout à peine de déchéance. — L. 3 mai 1841, art. 20 et 42. — La loi du 7 juill. 1833 (même art.) ne prescrivait la notification qu'au préfet ou à la partie, et ne prononçait pas la déchéance.

999. — Ainsi le pourvoi en cassation, formé dans le délai de quinzaine, contre une décision du jury, est non recevable s'il n'a été notifié dans la huitaine suivante. — *Cass.*, 26 janv. 1841 (t. 1er 1841, p. 196), Charnay et Lachiche.

1000. — Le délai de huitaine fixé comme délai de la notification du pourvoi doit s'entendre de la huitaine qui s'est écoulée depuis que le pourvoi a été formé, sans égard à l'époque de la notification du jugement. — *Cass.*, 2 janv. 1843 (t. 1er 1843, p. 129), Laffite c. préfet de la Seine; 4 avr. 1843 (t. 1er 1843, p. 636), Soulbieu et Prévot c. préfet de la Seine et comm. de Cintray; 4 mars 1844 (t. 1er 1844, p. 372), Fontanier c. préfet de la Haute-Garonne.

1001. — Ainsi la notification, faite seulement le 25 août, d'un pourvoi formé le 21 juill. précédent, est tardive, alors même que le jugement n'aurait été signifié que le 21 août. — *Cass.*, 4 mars 1844 (t. 1er 1844, p. 372), Fontanier c. préfet de la Haute-Garonne.

1002. — Ces mots de la loi: *sera notifié... soit à la partie... soit au préfet*, indiquent que le pourvoi doit être notifié au préfet quand c'est la partie qui s'est pourvue, et à celle-ci quand c'est le préfet qui a formé le pourvoi.

1003. — Le pourvoi formé dans le délai légal contre la décision du jury, et porté à la connaissance du défendeur par exploit contenant en même temps assignation devant la chambre civile de la cour, est valable alors même qu'on n'a pas signifié avec cet exploit une copie textuelle de l'acte de déclaration de pourvoi, si d'ailleurs ledit exploit est de nature, par ses énonciations, à remplir les conditions imposées à la notification de pourvoi par l'art. 42 combiné avec l'art. 20, L. 3 mai 1841. — *Cass.*, 16 févr. 1846 (t. 1er 1846, p. 499), préfet des Bouches-du-Rhône c. hospices de Vitrolles.

1004. — Dans la quinzaine de la notification du pourvoi, les pièces sont adressées à la chambre civile de la cour de Cassation, qui doit statuer dans le mois suivant. — LL. 3 mai 1841, art. 20 et 42; 7 juill. 1833, même art.

1005. — Si le pourvoi est formé après les délais fixés (c'est-à-dire trois jours ou quinze jours), il doit être, comme dans toutes les autres matières, déclaré non recevable. — M. Renouard, discussion à la chambre. — V. Duvergier, *Coll. des lois*, 1841, p. 149.

1006. — Lorsque le pourvoi a été régulièrement formé, y a-t-il déchéance à raison du défaut d'envoi des pièces dans la quinzaine? Non, car il y a une peine contre ceux qui n'envoient pas leurs pièces, c'est qu'il peut être prononcé contre eux un arrêt par défaut, lequel, suivant la fin de l'art. 20, n'est pas susceptible d'opposition. — M. Renouard, *ibid.*

1007. — Quant au défaut de notification du pourvoi dans le délai de huitaine, il doit entraîner la déchéance du pourvoi, attendu que la loi a principalement en vue la détermination fixe et réglée de tous les délais de la procédure de manière à ce qu'ils soient obligatoires pour toutes les parties. — M. Renouard, *ibid.*

1008. — Les affaires d'expropriation pour utilité publique sont urgentes, et dès-lors elles rentrent dans la compétence de la chambre criminelle de la cour de Cassation qui remplit les fonctions de la chambre des vacations. — *Cass.*, 26 sept. 1834, compagnie du canal de Roanne c. Ducoin.

1009. — Ainsi qu'on l'a déjà vu v° CASSATION, n° 1817, les pourvois ne sont pas affranchis de la confiscation d'amende, et ils doivent être déclarés non recevables s'il n'y a pas eu consignation de cette amende. — *Cass.*, 2 janv. 1837 (t. 1er 1837, p. 577), Avizoli c. comp. du chem. de fer de Saint-Germain; 22 juill. 1839 (t. 2 1843, p. 409), commune de Saint-Vincent-de-Paul c. préfet de la Gironde.

1010. — Il faut exercer cependant le cas où un pourvoi est formé par le préfet dans l'intérêt de l'état. — Tel est le cas d'un pourvoi que dirige un préfet en matière d'expropriation des terrains nécessaires à la rectification d'une route départementale et lorsque ce pourvoi n'est pas formé dans un intérêt purement départemental, mais dans un intérêt public et général, et à l'occasion d'un débat qui se rapporte au système d'ensemble des voies de communication du royaume. — *Cass.*, 20 déc. 1842 (t. 1er 1843, p. 257), préf. d'Ille-et-Vilaine c. Thomas.

1011. — L'amende à consigner par la partie qui se pourvoit n'est que de 75 fr., comme pour les jugemens par défaut ou par forclusion.

1012. — Toutefois, la recevabilité du pourvoi n'est pas subordonnée à la consignation *préalable* de cette amende: il suffit que la consignation ait eu lieu avant l'époque où l'affaire est en état de recevoir arrêt. — *Cass.*, 14 déc. 1842 (t. 1er 1843, p. 378), Dupontavice c. préf. du Calvados; 2 janv. 1842 (t. 1er 1843, p. 129), Laffite c. préf. de la Seine.

1013. — Une seule consignation suffit pour toutes les parties lorsqu'elles ont un intérêt commun; si elles ont des intérêts différens, il faut une consignation pour chacune d'elles. — Merlin, *Rép.*, v° *Cassation*, § 5; Poncet, *Des jugemens*, n° 349.

1014. — Lorsque le même jugement ayant prononcé l'expropriation de plusieurs parcelles distinctes, il y a pourvoi de la part des différens propriétaires, chacun d'eux doit consigner une amende. — Delalleau, n° 333.

1015. — La loi n'exige pas qu'en matière d'expropriation pour cause d'utilité publique, la déclaration du pourvoi soit accompagnée de l'exposé des moyens de cassation. — En conséquence, on doit considérer comme valable une déclaration de pourvoi ainsi formée *pour les motifs que la partie se réserve de faire valoir devant la cour.* — *Cass.*, 1er juill. 1834, Dumarest c. Henry.

1016. — Jugé cependant depuis que le pourvoi formé par une commune contre un jugement d'expropriation pour cause d'utilité publique est non recevable, si aucun mémoire explicatif des moyens sur lesquels ce pourvoi est fondé, n'a été déposé au greffe de la cour de Cassation. — *Cass.*, 22 juill. 1839 (t. 2 1843, p. 409), comm. Saint-Vincent de Paule c. préf. de la Gironde.

1017. — ... Que, si le défendeur, après avoir notifié au défendeur le pourvoi qu'il forme contre la décision du jury, laisse écouler plus de quinzaine sans adresser les pièces à la chambre civile de la cour de Cassation, le pourvoi doit être rejeté, alors surtout qu'au jour où cette cour prononce, aucune production n'a encore été faite. — *Cass.*, 30 mai 1842 (t. 2 1842, p. 397), préf. du Finistère c. Lebir.

1018. — Toutefois si, après un pourvoi régulièrement formé par le préfet comme étant aux droits de l'administration pour tout ce qui est relatif à l'expropriation, une défense est produite, portant pour titre: *Mémoire à l'appui du pourvoi en cassation formé par M. le préfet agissant au nom de l'Etat*, et signé du directeur général des ponts et chaussées, il ne faut pas considérer la signature d'une personne ainsi étrangère à la contestation et sans qualité pour y intervenir comme une fin de non-recevoir qui puisse empêcher la cour de Cassation de chercher dans le mémoire les moyens à l'appui du pourvoi présenté par le préfet. — *Cass.*, 11 janv. 1836, préfet de la Côte-d'Or c. la comm. de Chazilly.

1019. — Le pourvoi doit être rejeté lorsque des pièces produites le jour où la chambre civile doit statuer, il ne résulte aucune justification des moyens de cassation. — *Cass.*, 9 mai 1843 (t. 2 1843, p. 36), préfet de la Vendée c. Bonnefond.

1020. — Toutefois de ce qu'une partie a négligé de présenter sa défense dans les délais que la loi prescrit, si la partie adverse n'en a pas profité pour obtenir arrêt, la partie retardataire doit être répu-

tée déchargée de plein droit, si cependant en fait elle fournit sa défense avant la décision. — *Cass.*, 11 janv. 1836, préfet de la Côte-d'Or c. commune de Chatilly.

1021. — Lorsque la cour de Cassation rejette le pourvoi du demandeur ou le déclare non recevable, elle condamne le demandeur à l'amende de 75 fr. envers le trésor, et à l'indemnité de 37 fr. 50 c. envers la partie. — *Cass.*, 9 janv. 1839 (t. 2 1846, p. 657), Riant et Mignon c. chemin de fer de Saint-Germain; 22 juill. 1839 (t. 2 1843, p. 409), commune de Saint-Vincent de Paule c. préfet de la Gironde.

1022. — En pareil cas, le pourvoi étant porté directement devant la chambre civile, sans être soumis à l'épreuve d'une admission préalable par la chambre des requêtes, ne donne point lieu à l'aggravation d'amende et d'indemnité encourue par le demandeur qui succombe, après un arrêt de *soit communiqué*. — *Cass.*, 9 janv. 1839 (t. 2 1846, p. 657), Riant et Mignon c. compag. du chem. de fer de Saint-Germain.

1023. — Le demandeur en cassation qui se désiste de son pourvoi doit être condamné tout à la fois à l'amende envers le trésor public et à l'indemnité au profit du défendeur. — Même arrêt.

1024. — L'arrêt de la cour de Cassation, s'il est rendu à l'expiration du délai prescrit pour la notification du pourvoi et pour l'envoi des pièces, n'est point susceptible d'opposition. — L. 3 mai 1841, art. 20 et 42; 7 juill. 1833, mêmes art.

1025. — M. Delalleau soutient (nº 347) que la partie mal assignée et qui a succombé, sans être entendue, devant la cour de Cassation, peut former tierce-opposition à l'arrêt. Nous ne partageons point cette opinion, parce que la cour de Cassation, tout en statuant en l'absence des parties, doit examiner et examine la régularité de la procédure devant elle. — Si donc la cour a admis un pourvoi et cassé un jugement, il y a présomption qu'avant de prononcer sur le fond, elle a vérifié les assignations et qu'elle les a trouvées régulières.

1026. — Quant aux moyens qui peuvent être présentés en cassation, indépendamment de ceux énoncés dans les deux articles suivans, V. CASSATION (matière civile), nºs 1178 et suiv.

1027. — Le pourvoi en cassation est-il suspensif? On a vu vº CASSATION (matière civile), nº 1534, que l'affirmative était adoptée par M. Tarbé (p. 122, § 7). — Cependant la négative est plus généralement adoptée (*Moniteur* 8 fév. 1833, p. 31; — Gillon et Stourm, *Code des municipalités*, p. 150). — Et la loi du 16-19 juill. 1793 déclare qu'il ne sera fait par la trésorerie nationale... aucun paiement en vertu des jugemens qui seront attaqués par la voie de la cassation... qu'au préalable ceux au profit desquels lesdits jugemens auraient été rendus n'aient donné bonne et suffisante caution pour la sûreté des sommes à eux adjugées. — Delalleau, nº 621.

ART. 2. — *Pourvoi en cassation contre le jugement d'expropriation.*

1028. — Le jugement qui prononce l'expropriation ne peut être attaqué que par la voie du recours en cassation, et seulement pour incompétence, excès de pouvoirs ou vices de forme du jugement. — LL. 3 mai 1841, art. 20; 7 juill. 1833, même article.

1029. — Il suit de là qu'il n'y a jamais lieu à attaquer ce jugement, ni par opposition, ni par tierce-opposition, ni par appel, ni même par requête civile. — Delalleau, nº 321.

1030. — L'art. 20 de la loi du 7 juill. 1833, et ensuite de celle du 3 mai 1841, n'accordent le recours en cassation que contre le jugement d'expropriation. — *Toulouse*, 31 août 1837 (t. 2 1837, p. 549), ville de Toulouse c. Cassaing.

1031. — Il s'ensuit que ce recours n'est pas ouvert contre le jugement qui, par suite de l'expropriation consentie et exécutée entre les parties, se borne à nommer un magistrat directeur du jury chargé de fixer l'indemnité. — *Cass.*, 6 fév. 1844 (t. 1er 1844, p. 274), préfet de l'Hérault c. Jancen.

1032. — ... Que les décisions postérieures qui peuvent être rendues par les tribunaux de première instance par suite de contestations survenues entre les parties ne peuvent, alors même qu'elles se rattacheraient à l'instance en fixation de l'indemnité, être réputées rendues en dernier ressort; qu'elles sont soumises à la règle générale des deux degrés de juridiction. — *Toulouse*, 31 août 1837 (t. 2 1837, p. 549), ville de Toulouse c. Cassaing.

1033. — Il y a excès de pouvoir toutes les fois que le tribunal a prononcé l'expropriation en dehors des règles tracées par la loi et malgré le défaut d'accomplissement des formalités exigées.

1034. — Ainsi, il y a excès de pouvoir et par suite ouverture à cassation, lorsqu'en prononçant l'expropriation, le tribunal ordonne que l'administration ou les concessionnaires qui la représentent seront immédiatement mis en possession du terrain exproprié, sauf indemnité ultérieure. — *Cass.*, 28 janv. 1834, Dumarest c. Henry et Mellet.

1035. — Mais l'extension abusive donnée à un jugement d'expropriation ou son exécution illégale ne peut donner lieu qu'à une action en dommages-intérêts, et non à un recours devant la cour de Cassation contre ce jugement reconnu légal. — *Cass.*, 5 fév. 1840 (t. 1er 1840, p. 307), Charnay c. ville de Paris.

1036. — Lorsque le propriétaire exproprié se pourvoit en cassation pour inaccomplissement des formalités, la mention dans le jugement de l'accomplissement des formalités prescrites par la loi du 7 juill. 1833 et la loi spéciale de concession ne constitue pas une fin de non-recevoir absolue contre lui. — *Cass.*, 6 janv. 1836, Gaulleur-l'Hardy c. Boyer-Fonfrède.

1037. — Le pourvoi doit avoir lieu au plus tard dans les trois jours à dater de la notification du jugement *à la partie*, etc — LL. 3 mai 1841, art. 20; 7 juill. 1833, même article.

1038. — Par ces mots : *à la partie*, M. Delalleau (nº 342) prétend que l'art. 20 entend parler seulement de la *partie intervenante*, s'il y en a une.

1039. — Mais jugé que si, aux termes de l'art. 14, L. 3 mai 1841, les jugemens qui statuent sur les demandes d'expropriation pour cause d'utilité publique sont rendus sans qu'il y ait lieu de mettre en cause les propriétaires intéressés, il en est autrement (art. 20, même loi) dans les instances ouvertes contre ces jugemens devant la cour de Cassation. — En conséquence, le pourvoi formé par un préfet contre un pareil jugement, soit qu'il prononce l'expropriation, soit qu'il déclare n'y avoir lieu de la prononcer quant à présent, est non-recevable s'il n'est notifié aux intéressés. — *Cass.*, 23 juin 1846 (t. 2 1846, p. 64), préfet du Cher c. propriétaires des communes de Saint-Germain-du-Puch.

1040. — La signification du jugement ne fait courir le délai du pourvoi qu'autant que le jugement a été affiché, publié et inséré dans un des journaux de l'arrondissement et du chef-lieu de département, et la notification n'est complète que lorsque ces formalités ont été remplies. — *Cass.*, 1er juill. 1834, Dumarest c. Henry et Mellet.

1041. — La notification du jugement d'expropriation faite dans la forme et de la manière indiquée par les art. 15 et 57, L. 7 juill. 1833, est de rigueur pour faire courir le délai du pourvoi en cassation; et il ne pourrait y être suppléé, soit par la remise d'un extrait du jugement au maire de la commune de l'exproprié, soit par l'attestation du maire portant qu'il a fait afficher cet extrait, et qu'il l'a notifié à l'exproprié, soit enfin par la preuve que l'exproprié a eu connaissance du jugement. — *Cass.*, 28 janv. 1834, Dumarest c. Henri et Mellet.

1042. — Le pourvoi pourrait-il être formé avant la notification du jugement? L'affirmative n'est point douteuse en présence de ces mots *au plus tard* de la loi du 3 mai 1841. — Debray, *Man. d'expropr.*, nº 60. — Mais comme ces mêmes mots n'étaient pas dans la loi de 1833, la question pouvait présenter plus de difficulté.

1043. — Mais jugé que sous la loi du 7 juill. 1833 un jugement d'expropriation pour cause d'utilité publique pouvait, comme tout autre jugement, être attaqué en cassation avant d'avoir été signifié. — *Cass.*, 6 janv. 1836, Gaulleur-l'Hardy c. Boyer-Fonfrède. — V. au surplus CASSATION (mat. civ.), nºs 1238 et suiv.

1044. — Le tribunal saisi, par suite du renvoi après cassation, de la connaissance d'une expropriation pour cause d'utilité publique, a une juridiction spéciale et exceptionnelle qui ne lui permet de statuer que sur le litige originairement soumis au tribunal dont la décision a été cassée, et seulement entre les parties qui avaient été en instance devant le tribunal et devant la cour de Cassation. — Il ne peut être saisi en même temps de la connaissance de l'expropriation poursuivie contre de nouveaux propriétaires, à l'occasion de nouveaux terrains, par suite de modifications apportées au projet primitif du gouvernement. — *Cass.*, 18 janv. 1837 (t. 1er 1837, p. 83), Lonzet Vaulequeren c. le préfet du Nord et la ville de Roubaix.

1045. — Jugé sous l'empire de la loi du 7 juill. 1833, que lorsqu'un premier jugement d'expropriation pour utilité publique a été cassé pour vice de forme, le tribunal saisi de la cause par le renvoi après cassation peut statuer valablement, sans que la partie expropriée ait été appelée, et sans qu'il soit besoin que préalablement l'arrêt de cassation rendu à sa requête lui ait été signifié. — *Cass.*, 11 août 1841 (t. 2 1841, p. 285), Desbrosses c. la ville de La Rochelle.

1046. — Dans ce cas, le tribunal de renvoi peut, sans excéder les bornes de sa compétence, appuyer sa décision même sur des pièces, conclusions, titres et documens, dont la production ou même l'existence serait postérieure au premier jugement d'expropriation. — *Cass.*, 11 août 1841 (t. 2 1841, p. 285), Desbrosses c. ville de La Rochelle.

1047. — Le renvoi après cassation d'un jugement d'expropriation pour irrégularité dans l'instruction administrative a pour effet de substituer le tribunal de renvoi à toutes les attributions qui appartenaient sur le litige au tribunal dont le jugement a été cassé, et non pas seulement au droit de connaître des nouvelles formalités que l'administration devra recommencer pour arriver à l'expropriation. — Dès-lors, de ce qu'à raison de l'irrégularité de ces nouvelles formalités le tribunal de renvoi aurait déclaré la demande en expropriation non-recevable en cet état, il ne résulte pas qu'il ait par là épuisé ses pouvoirs, et qu'il soit, après que les formalités ont été complétées, sans droit pour statuer sur la même demande reproduite devant lui. — *Cass.*, 20 juill. 1841 (t. 2 1841, p. 354), préfet du Doubs et ville de Besançon c. Bourgon.

ART. 3. — *Pourvoi en cassation contre la décision du jury et l'ordonnance du magistrat directeur.*

1048. — La décision du jury et l'ordonnance du magistrat directeur ne peuvent être attaquées que par la voie du recours en cassation et seulement pour violation du premier paragraphe des art. 30 et 31; des deuxième et quatrième paragraphes de l'art. 34, et des art. 35, 36, 37, 38, 39 et 40. — L. 3 mai 1841, art. 42.

1049. — Relativement à l'application que le principe a déjà pu recevoir dans les différens cas soumis aux tribunaux, il faut se reporter à ce que nous avons dit sous chacun des articles indiqués dans l'art. 42.

1050. — L'art. 42 énumère limitativement les dispositions de la loi dont l'observation est prescrite à peine de nullité. — *Cass.*, 6 fév. 1843 (t. 2 1846, p. 547), ville de Paris c. l'état; 6 fév. 1844 (t. 1er 1844, p. 274), préfet de l'Hérault c. Jancen; 26 mai 1846 (t. 2 1846, p. 275), Lacoste de Lisle c. l'état; 19 août 1846 (t. 2 1846, p. 507), Leguillette c. préfet de l'Aisne.; — Debray, *Man. d'expropr.*, nº 132.

1051. — Ainsi la voie du recours en cassation n'existe pas pour une prétendue violation des formalités prescrites par les art. 15, 19, 21, 23, 24, 28, de ladite loi. — *Cass.*, 6 fév. 1844 (t. 1er 1844, p. 274), préfet de l'Hérault c. Jancen.

1052. — Ainsi encore, ainsi qu'on la déjà vu *suprà*, bien que le § 2 de l'art. 30 de la même loi défende de choisir comme membres du jury les propriétaires, fermiers et locataires des terrains et bâtimens désignés dans l'arrêté du préfet, ainsi que tous les autres intéressés, il ne peut résulter d'ouverture à cassation de ce qu'il a été contrevenu à cette disposition législative, surtout si le demandeur en cassation n'a pas usé de son droit de récusation. — *Cass.*, 26 mai 1846 (t. 2 1846, p. 275) de Lisle c. l'état; 19 août 1846 (t. 2 1846, p. 507), Leguillette c. préfet de l'Aisne.

1053. — La loi du 7 juill. 1833 (art. 42) ne parlait que de la décision du jury comme susceptible du recours en cassation. De là la question de savoir si l'ordonnance du magistrat directeur l'était également.

1054. — Jugé que cette ordonnance pouvait être attaquée par voie de cassation, même abstraction faite de la décision qu'elle rendait exécutoire. — *Cass.*, 2 janv. 1837 (t. 1er 1837, p. 150), préfet de l'Hérault c. Glaize et Sagnier.

1055. — L'art. 42, L. 3 mai 1841, ne dit pas que chacun de ces deux actes, la décision du jury et l'ordonnance du magistrat directeur, doive faire l'objet d'un recours distinct. Mais cela paraît hors de doute, et il est impossible d'admettre que le pourvoi uniquement dirigé contre l'un d'eux puisse nécessairement et de plein droit s'appliquer à l'autre.

1056. — Jugé en ce sens qu'il ne peut être proposé aucun moyen de cassation contre l'ordonnance du magistrat directeur qu'autant qu'il y a eu, relativement à cette ordonnance, une déclaration expresse de pourvoi; qu'il ne suffirait pas de s'être pourvu contre la décision du jury. — *Cass.*, 20 mai 1845 (t. 1er 1845, p. 692), Mannoury c. préfet de la Seine.

1057. — De ce que le concessionnaire des travaux prend possession des terrains expropriés, et fait des offres d'indemnité, il ne s'ensuit pas qu'il soit non-recevable à se pourvoir en cassation contre la décision du jury sur la fixation de l'indemnité, si ce concessionnaire a exprimé, au moment de la prise de possession et des offres, la réserve de se pourvoir. — *Cass.*, 22 juin 1840 (t. 2 1840, p. 468), compagnie du chemin de fer de Strasbourg c. Sohuch.

1058. — Quand même la cession des terrains aurait été consentie et qu'il n'y aurait désaccord entre les parties que sur la fixation du prix, cette circonstance, qui aurait pu, aux termes de l'art. 14, § dernier, L. 3 mai 1841, dispenser l'administration de faire prononcer l'expropriation par jugement, n'est pas à elle seule suffisante pour autoriser le propriétaire à se pourvoir en cassation lorsqu'il ne prouve pas que le jugement lui ait occasionné un préjudice quelconque. — *Cass.*, 31 juill. 1843 (t. 2 1843, p. 368), Jayle c. préfet de Tarn-et-Garonne.

1059. — Le délai pour le recours en cassation est de quinze jours, et il court à partir du jour de la décision. — LL. 3 mai 1841, art. 42; 7 juill. 1833, même art.

1060. — Ce délai de quinze jours doit être entendu selon l'esprit général de l'art. 1033, C. procéd., en ce sens que ni le jour de la décision ni celui de l'échéance ne doivent être compris dans ce délai. — *Cass.*, 11 janv. 1836, préfet de la Côte-d'Or c. commune de Chazilly.

1061. — Mais l'art. 1033, C. procéd., doit-il être appliqué en son entier, et le délai pour intenter le pourvoi être augmenté à raison des distances? M. Delalleau (nº 327) se prononce pour l'affirmative; mais nous ne partageons point cette opinion. La loi de 1841 est, on ne saurait trop le répéter, une loi spéciale dans laquelle on ne doit mêler les principes du droit commun qu'avec une extrême réserve. — A la chambre des députés, le rapporteur a dit, lors de la discussion de la loi de 1833 : « dans la pensée de la commission, jamais l'art. 1033 ne recevra d'application. » — *Monit.* 3 fév., p. 281. — Ajoutons que la proposition d'augmenter le délai à raison des distances fut faite à la chambre des députés par M. Dagullhon-Pujol, et qu'elle s'y perdit au milieu de la discussion, après avoir été repoussée par plusieurs membres. — *Monit.* 6 fév., p. 301.

1062. — Bien que la loi ne dise pas que la décision du jury et l'ordonnance du magistrat directeur doivent être notifiées, cette notification doit se faire. Les auteurs du *Code des municipalités*, p. 150, émettent, sans la développer, l'opinion contraire; mais l'art. 1er, § 8, du tarif (ord. 18 sept. 1833), prouve qu'ils sont dans l'erreur. — Delalleau, nº 614.

1063. — Il n'y a pas lieu, sur l'instance en cassation relative au réglement de l'indemnité due aux locataires d'une maison expropriée, de mettre en cause le propriétaire de cette maison — *Cass.*, 5 fév. 1840 (t. 1er 1840, p. 307), Charnay c. ville de Paris.

1064. — Le propriétaire exproprié ne peut, en l'absence de toute réclamation de la part du locataire, se faire un moyen de cassation de ce que le jury n'aurait pas statué sur l'indemnité due à ce dernier. — *Cass.*, 26 avr. 1843 (t. 2 1843, p. 209), Mouruan c. l'état.

1065. — La contestation sur la qualité de propriétaire, en laquelle il a été procédé au réglement de l'indemnité, ne peut pas être élevée pour la première fois devant la cour de Cassation. — En conséquence, il n'y a pas lieu de s'arrêter à la fin de non-recevoir opposée au pourvoi d'un prétendant-droit à l'indemnité, et tirée de ce qu'il n'aurait pas la qualité de légitime propriétaire. — *Cass.*, 24 déc. 1845 (t. 2 1846, p. 437), Catherinet c. préfet de la Seine.

1066. — Lorsqu'une décision du jury vient à être cassée, l'affaire est renvoyée devant un nouveau jury choisi dans le même arrondissement. — L. 3 mai 1841, art. 43; L. 7 juill. 1833, même article.

1067. — Néanmoins, la cour de Cassation peut, suivant les circonstances, renvoyer l'appréciation de l'indemnité à un jury choisi dans un des arrondissemens voisins, quand même il appartiendrait à un autre département. — L. 3 mai 1841, art. 43.

1068. — Ce paragraphe n'existait pas dans la loi de 1833 : aussi a-t-il été jugé, sous son empire, que le demandeur en cassation d'une décision du jury ne pouvait conclure à ce que l'affaire fût, pour cause de suspicion légitime, renvoyée devant le jury d'un autre arrondissement. — *Cass.*, 22 juin 1840 (t. 2 1840, p. 468), comp. du chemin de fer de Strasbourg c. Schuch.

1069. — ... Que lors même que le jugement qui avait prononcé l'expropriation avait été cassé, et que, par suite, l'affaire avait été renvoyée devant un autre tribunal, c'était toujours par un jury de l'arrondissement de la situation des biens que l'indemnité devait être fixée. — Et que le magistrat, directeur du jury devait être toujours pris parmi les juges mêmes du tribunal qui avait rendu le jugement annulé. — *Cass.*, 11 mai 1835, Dumarest c. Henry et Mellet.

1070. — Les membres du jury qui ont rendu la décision annulée par la cour de Cassation peuvent faire partie du jury de renvoi. — Duvergier, *Collect. des lois*, t. 33, p. 302, et t. 41, p. 161; Gillon et Stourm, *Code des municip.*, p. 151; Debray, *ibid.*, nº 138 *bis*.

1071. — En supposant qu'un membre d'un jury chargé de fixer l'indemnité due pour cause d'expropriation ait fait partie d'un premier jury appelé à prononcer à cet effet, mais dont la décision a été annulée, on ne serait pas recevable à proposer, pour la première fois en cassation, la récusation de ce juré. — *Cass.*, 11 mai 1835, Dumarest c. Henry et Mellet.

Sect. 5e. — *Paiement des indemnités.*

1072. — Les indemnités réglées par le jury sont préalablement à la prise de possession acquittées entre les mains des ayant-droit. — L. 3 mai 1841, art. 53, § 1er; L. 7 juill. 1833, même article.

1073. — Le principe du paiement préalable de l'indemnité a toujours été appliqué avec une grande fermeté par les tribunaux.

1074. — Ainsi jugé que le paiement de l'indemnité ne peut être subordonné à une éventualité, pour le cas, par exemple, où après la dépossession, l'administration n'exécuterait pas certains travaux qui rendraient au propriétaire la chose ou la remplaceraient par un équivalent. — *Cass.*, 7 fév. 1837 (t. 1er 1837, p. 94), Parmentier.

1075. — ... Que l'arrêté du préfet, qui indiquant, conformément à l'art. 11, L. 7 juill. 1833, la prise de possession des terrains expropriés, déclare que l'administration se mettra en possession *immédiatement* après la fixation de l'indemnité, ne saurait affranchir l'administration de payer avant la prise de possession l'indemnité fixée. — *Cass.*, 10 août 1841 (t. 1er 1847), Forquet c. préfet de la Drôme.

1076. — L'état ayant, comme propriétaire, les mêmes droits que les particuliers, les conventions qui interviennent entre les concessionnaires de travaux publics et le gouvernement, comme administrateur, n'affectent en aucune façon les propriétés de l'état, lesquelles demeurent gouvernées par les règles du droit commun; dès-lors la condition substantielle de l'indemnité due, en cas d'expropriation, à l'état comme propriétaire dépossédé, ne peut être modifiée par les clauses insérées dans l'acte de concession d'un chemin de fer, ni, par conséquent, par la stipulation portant qu'à l'expiration de la jouissance conférée à la compagnie concessionnaire, elle sera tenue d'en faire remise à l'état. — En conséquence, est illégale la décision du jury d'expropriation qui, ayant à déterminer l'indemnité due à l'état, dépossédé pour la confection d'un chemin de fer, la convertit partiellement en de simples annuités payables à des époques successives et nécessairement *postérieures* à la dépossession. — *Cass*, 19 déc. 1838 (t. 2 1842, p. 674), préfet de Seine-et-Oise c. la comp. du ch. de fer de Paris à Versailles.

1077. — Si les ayant-droit se refusent à recevoir des indemnités réglées par le jury, la prise de possession a lieu après offres réelles et consignation. — L. 3 mai 1841, art. 53.

1078. — Avant la loi du 3 mai 1841, on avait jugé que, pour être *préalable*, l'indemnité devait consister en une somme d'argent. — *Cass.*, 19 déc. 1838 (t. 2 1842, p. 674), préfet de Seine-et-Oise c. ch. de fer de Versailles; 31 déc. 1838 (t. 1er 1839, p. 3), Charrin c. maire de la Croix-Rousse.

1079. — D'après les § 3 et 4, art. 53, L. 3 mai 1841, s'il s'agit de travaux exécutés par l'état ou les départemens, les offres réelles peuvent s'effectuer au moyen d'un mandat égal au montant de l'indemnité réglée par le jury. Ce mandat, délivré par l'ordonnateur compétent, visé par le payeur, sera payable sur la caisse publique qui s'y trouvera désignée. — Si les ayant-droit refusent de recevoir le mandat, la prise de possession a lieu après consignation en espèces.

1080. — Ces deux paragraphes, qui n'existent pas dans la loi de 1833, ont été ajoutés sur la proposition de la première commission de la chambre des pairs en 1840. Ils ont pour objet de faire concorder l'exécution des offres réelles avec les règles de la comptabilité publique. — On avait proposé d'étendre la même faculté aux communes; mais cette proposition a été repoussée. — Duvergier, *Collect. des lois*, p. 165.

1081. — D'après les art. 1, 2 et 3 du tarif, la consignation doit être faite en présence des ayant-droit ou eux dûment appelés.

1082. — Le dépôt à la caisse des consignations de la somme fixée à titre d'indemnité par le jury, bien que notifié sous toute réserve de contester le droit à l'indemnité, équivaut au paiement et opère libération, en ce sens qu'il peut être procédé de suite à la démolition de l'immeuble exproprié, sans attendre la décision à intervenir à l'égard de la somme consignée. — Dans ce cas, la demande d'envoi en possession n'étant que l'exécution d'actes authentiques, le juge des référés est compétent pour l'ordonner, nonobstant l'instance pendante sur le fond même du droit. — *Paris*, 29 mars 1841 (t. 1er 1841, p. 585), Lachaux c. préfet de la Seine.

1083. — Il ne doit pas être fait d'offres réelles toutes les fois qu'il existe des inscriptions sur l'immeuble exproprié ou d'autres obstacles au versement des deniers entre les mains des ayant-droit; dans ce cas, il suffit que les sommes dues par l'administration soient consignées pour être ultérieurement distribuées ou remises selon les règles du droit commun. — LL. 3 mai 1841, art. 54; 7 juill. 1833, même article.

1084. — Il n'y a pas lieu à consignation, lors même qu'il existerait des inscriptions sur l'immeuble, s'il est justifié, par un acte régulier, de la distribution du prix entre les créanciers inscrits. Dans ce cas, le prix doit être versé directement entre les mains des ayant-droit, suivant les proportions établies par l'acte de distribution. — Gillon et Stourm, *Code des municipalités*, p. 170.

1085. — Toutefois, le droit commun sur la nature des garanties que l'acquéreur peut exiger du vendeur avant de payer son prix, ne saurait être appliqué indéfiniment aux propriétaires expropriés pour utilité publique; c'est aux tribunaux à apprécier s'il y a pour l'état un assez éminent péril d'avoir à payer une seconde fois l'indemnité, pour qu'il y ait lieu de refuser à l'exproprié le droit de la toucher. — *Rouen*, 3 juill. 1846 (t. 2 1846, p. 652), chemin de fer de Rouen au Havre c. Godefroy-Candon.

1086. — Ainsi, le paiement de l'indemnité ne peut être refusé lorsqu'il y a eu accomplissement des diverses formalités établies par la loi, tant pour rendre définitive la mutation au profit de l'état que pour faire apparaître les droits de toute nature à revendiquer par des tiers sur les biens expropriés. — Même arrêt.

1087. — Les obstacles au paiement des deniers entre les mains des indemnitaires sont, outre les inscriptions hypothécaires, les saisies-arrêts ou oppositions.

1088. — L'antichrèse, lorsqu'elle a été régulièrement notifiée à l'administration, forme également un obstacle au paiement des deniers. — C. civ., art. 2085 et suiv.

1089. — Enfin, tant que le vendeur à réméré est encore dans le délai pour exercer le pacte de rachat et qu'il n'a pas fait connaître sa volonté, l'administration est tenue de consigner l'indemnité.

1090. — Suivant MM. Gillon et Stourm (*loc cit.*), et Duvergier (*Collect. des lois*, t. 33, p. 305), si les sommes pour lesquelles il a été pris inscription ou formé opposition ne s'élèvent pas à la valeur totale de l'indemnité, l'administration ne doit consigner que la somme nécessaire pour garantir les droits des tiers, et doit remettre le surplus au propriétaire. Mais nous n'admettons pas qu'il en soit ainsi, et il nous semble impossible que l'intention de la loi spéciale ait été d'exposer l'administration à des recours pouvant résulter d'un paiement que d'autres créanciers attaqueraient comme précipité, tandis que la loi commune veut que le tiers-saisi ne vide ses mains qu'après l'accomplissement de certaines formalités et l'expiration de certains délais.

1091. — Si, dans les six mois du jugement d'expropriation, l'administration ne poursuit pas la fixation de l'indemnité, les parties peuvent exiger qu'il soit procédé à ladite fixation. — L. 3 mai 1841, art. 55; § 1er L. 7 juill. 1833, même art.

1092. — La fixation, par le jugement d'expropriation, d'une époque pour la mise en possession ne met pas obstacle à ce que l'exproprié exerce tous les droits résultant de la loi de 1841, dans le cas où l'indemnité préalable à lui due n'aurait pas été régulièrement déterminée à l'époque indiquée par le jugement. Il en est ainsi alors surtout que le jugement, en ordonnant la cession de ce terrain, ajoute : « moyennant indemnité convenue ou fixée conformément à la loi du 3 mai 1841. — *Cass.*, 31 juill. 1843 (t. 2 1843, p. 363), Jayle c. préfet de Tarn-et-Garonne.

1093. — Les parties qui, après l'expiration du délai de six mois, veulent exiger la fixation de l'indemnité, doivent faire sommation au préfet de prendre les mesures nécessaires pour la formation et la convocation du jury spécial. En cas de refus ou d'inaction de sa part, elles présentent requête au premier président de la cour royale ou au président du tribunal du chef-lieu, lequel, sur le vu du jugement d'expropriation et de la sommation au préfet, fera droit, conformément à l'art. 29.

1094. — Le jury formé, elles présentent requête au magistrat directeur du jury pour qu'il permette de convoquer les jurés, et indique le jour pour lequel la convocation devra avoir lieu; puis elles no-

tifient l'ordonnance du magistrat directeur tant aux jurés qu'aux intervenans; après quoi les débats s'ouvrent et le jury statue.

1095. — Suivant MM. Gillon et Stourm (p. 171), si le préfet sommé n'agit pas, les parties n'auront d'autres ressources que de se plaindre au ministre d'une négligence ou d'une mauvaise volonté qui leur serait préjudiciable; mais ces auteurs n'indiquent point les motifs sur lesquels ils se fondent. Pour nous, nous ne voyons rien dans la loi qui soit contraire à la marche que nous indiquons, et nous voyons, au contraire, que l'art. 30 n'indique point sur la réquisition de qui il sera procédé à la formation du jury; d'où il est permis de conclure que c'est à la requête de tous les intéressés indistinctement, avec cette seule différence établie par l'art. 55 que l'administration peut requérir de suite et que les parties ne le peuvent qu'après l'expiration d'un délai de six mois. — Ajoutons que le recours au ministre serait d'autant plus illusoire, que le préfet peut n'avoir agi que sur ses ordres. Or, il est évident que l'art. 55 qui n'a d'autre but que de protéger les propriétaires expropriés et contre les lenteurs et l'arbitraire de l'administration ne peut pas vouloir leur conférer seulement la faculté d'adresser au préfet une sommation à laquelle ce fonctionnaire pourrait n'avoir aucun égard. — V. aussi Debray, *ibid.*, nº 143.

1096. — Le jugement qui, par suite de l'expropriation consentie et exécutée entre les parties, se borne à nommer un magistrat directeur du jury pour fixer l'indemnité, n'étant pas un jugement d'expropriation, ce n'est pas du jour où il a été rendu que commence à courir pour l'administration le délai de six mois pendant lequel elle a le droit exclusif de poursuivre la fixation de l'indemnité. — *Cass.*, 6 fév. 1844 (t. 1er 1844, p. 274), préfet de l'Hérault c. Jancen.

1097. — Quand l'indemnité a été réglée, si elle n'est ni acquittée ni consignée dans les six mois de la décision du jury, les intérêts courent de plein droit à l'expiration de ce délai. — L. 3 mai 1841, art. 55, § 2.

1098. — Ces mots *« de la décision du jury »* ont été ajoutés pour faire cesser l'équivoque que présentait l'article de la loi de 1833 sur le point de départ des six mois. — Duvergier, *Coll. des lois*, t. 41, p. 166.

1099. — L'article de la loi de 1833 se terminait par ces mots: *à titre de dédommagement*; ils ont été supprimés, sur l'observation de M. Dugabé qu'ils pouvaient être considérés comme un dédommagement à forfait du préjudice que le retard pourrait causer au propriétaire, et comme l'application à la matière spéciale de l'expropriation du principe de droit commun consacré par l'art. 1153, C. civ. — Dans la pensée de l'orateur, le propriétaire lésé peut, outre les intérêts, demander des dommages-intérêts. — Mais M. Duvergier (*loc. cit.*) hésite, et nous hésitons, avec lui, à adopter ce système. Les paroles des orateurs ne sont qu'un élément d'interprétation et ne sauraient avoir force de loi. Or, le paragraphe ne parle point d'une action en dommages-intérêts, et les principes du droit commun y résistent. Dans tous les cas, ce seraient les tribunaux ordinaires, à l'exclusion du jury, qui devraient être saisis de la réclamation dirigée contre l'administration.

Sect. 6e. — *Dispositions diverses. — Formes des actes.*

1100. — *Formes des actes.* — Les contrats de vente, quittances et autres actes relatifs à l'acquisition des terrains peuvent être passés dans la forme des actes administratifs; la minute reste déposée au secrétariat de la préfecture, expédition en est transmise à l'administration des domaines. — LL. 3 mai 1841, art. 56; 7 juill. 1833, même article.

1101. — Le choix de la forme administrative est purement facultative, et l'administration peut toujours recourir au ministère des notaires. — Le ministère des notaires sera même indispensable toutes les fois que la partie expropriante sera non concessionnaire des travaux, et que les préfets ne voudront pas prêter leur ministère. — Discours de M. Legrand, commissaire du roi, séance du 13 mai 1833, chambre des pairs.

1102. — *Significations et notifications.* — Les significations et notifications mentionnées en la présente loi sont faites à la diligence des préfets du département de la situation des biens. — LL. 3 mai 1841, art. 57, § 1er; 7 juill. 1833, même article.

1103. — Toutefois, lorsque l'expropriation est poursuivie dans l'intérêt unique d'une commune (par exemple, si le terrain exproprié est destiné à servir de cimetière communal), la notification du jugement et des offres est valablement faite à la requête du maire de cette commune; il n'est pas nécessaire qu'elle le soit à la requête du préfet. — *Cass.*, 12 janv. 1842 (t. 2 1842, p. 17), Méritan c. maire d'Apt.

1104. — Les significations et notifications peuvent être faites tant par huissier que par tout autre agent de l'administration dont les procès-verbaux font foi en justice. — LL. 3 mai 1841, art. 57, § 2; 7 juill. 1833, même article.

1105. — Les agens dont les procès-verbaux font foi en justice sont: les gardes du génie (L. 29 mars 1806, art. 2); les portiers-consignes des places de guerre (déc. 16 sept. 1811, art. 15); les conducteurs des ponts et chaussées et cantonniers (déc. 16 sept. 1811, art. 112; ord. 28 juill. 1820); les gardes et agens forestiers (C. for., art. 176, 177); les agens de la navigation et la gendarmerie (L. 29 flor. an X, art. 2); les gardes-champêtres (C. instr. crim., art. 9 et 16); les employés des contributions indirectes, des douanes. — Delalleau, nº 666. — Cependant MM. Gillon et Stourm (p. 205) excluent ces derniers agens parce qu'ils appartiennent à une administration spéciale, et que leurs procès-verbaux ne font foi, à très peu d'exceptions près, que pour constater les faits qui ressortissent à leur administration. La même observation s'appliquerait à la plupart des agens compris dans la nomenclature qui précède.

1106. — Jugé, en conséquence, que sous la loi du 7 juillet 1833, le poursuivant était non recevable à arguer d'irrégularité la convocation des jurés par simples lettres-missives du préfet, remises à chacun d'eux par le garde champêtre, alors que ces jurés ont répondu à l'appel qui leur avait été fait. *Cass.*, 30 avr. 1839 (t. 2 1846, p. 656), commune de Cogolin c. Bérenguier.

1107. — ... Et alors surtout que le poursuivant avait lui-même notifié à l'indemnitaire la liste des jurés qu'il argue d'irrégularité. — Même arrêt.

1108. — ... Que les porteurs de contraintes étant des agens de l'autorité publique dont les procès-verbaux font foi en justice, ils ont caractère pour faire les notifications et significations prescrites par la loi du 3 mai 1841, en matière d'expropriation pour cause d'utilité publique. — *Cass.*, 14 août 1843 (t. 2 1843, p. 587), Armspach c. préfet de Seine-et-Oise.

1109. — ... Et ainsi, par exemple, pour donner avertissement à un propriétaire appelé à faire partie du jury d'expropriation. — Même arrêt.

1110. — Les procès-verbaux des maires et adjoints, des préfets, des juges de paix, des procureurs du roi et leurs substituts, des juges d'instruction, des officiers de gendarmerie, des ingénieurs des ponts et chaussées, etc., font foi en justice; mais nous ne pensons pas que la loi ait voulu comprendre ces *fonctionnaires* sous la dénomination d'agens de l'administration. — Delalleau, nº 677.

1111. — En tout cas, le tarif (art. 29) n'allouant aucune taxe aux agens de l'administration, ils ne peuvent être contraints de prêter leur ministère aux concessionnaires des travaux; et même, lorsqu'ils consentent à le prêter, il est convenable qu'ils ne le fassent qu'après s'être assurés du consentement de leurs supérieurs.

1112. — En général, toutes les notifications doivent être faites aux propriétaires au domicile qu'ils auront élu dans l'arrondissement de la situation des biens par une déclaration faite à la mairie de la commune où les biens sont situés; et dans le cas où cette élection de domicile n'aurait pas eu lieu, la notification doit être faite en double copie au maire et au fermier, locataire, gardien ou régisseur de la propriété. — L. 3 mai 1841, art. 15, § 2 et 3; 7 juill. 1833, même art.

1113. — C'est par le motif qu'il n'y a jamais lieu à notification au domicile réel du propriétaire lorsque ce domicile est situé hors de l'arrondissement de la situation des biens, que M. Martin (du Nord), rapporteur, a déclaré à la chambre des députés, séance du 2 février 1833, qu'il n'y aurait jamais lieu à l'application de l'art. 1033, C. procéd., c'est-à-dire à l'augmentation du délai à raison des distances.

1114. — *Timbre, enregistrement.* — Les plans, procès-verbaux, certificats, significations, jugemens, contrats, quittances et autres actes faits en vertu de la présente loi, sont visés pour timbre et enregistrés gratis, lorsqu'il y aura lieu à la formalité de l'enregistrement. — L. 3 mai 1841, art. 58, § 1er; 7 juill. 1833, même art. — V. ENREGISTREMENT, nos 735 et suiv., et TIMBRE, nos 326 et suiv.

1115. — *Transcription (droit de).* — Il n'est perçu aucun droit pour la transcription des actes au bureau des hypothèques. — L. 3 mai 1841, art. 58, § 2. — V. TRANSCRIPTION (*Droit de*), nos 137 et suiv.

1116. — Les droits perçus sur les acquisitions amiables faites antérieurement aux arrêtés du préfet, seront restitués lorsque, dans le délai de deux ans à partir de la perception, il sera justifié que les immeubles acquis sont compris dans les arrêtés. La restitution des droits ne peut s'appliquer qu'à la portion des immeubles qui aura été reconnue nécessaire à l'exécution des travaux. — L. 3 mai 1841, art. 58, § 3. V. ENREGISTREMENT, nº 4387.

1117. — Ces deux derniers paragraphes n'existaient point dans la loi de 1833, et ont été ajoutés pour détruire la pratique contraire de l'administration de l'enregistrement. — Décis. min. 17 août 1838.

1118. — M. Vavin avait proposé de terminer le dernier paragraphe par ces mots: la restitution des droits s'appliquera aussi à la portion des immeubles dont les propriétaires auraient eu le droit de requérir l'acquisition aux termes de l'art. 50; mais cet amendement, combattu par le rapporteur et le directeur de l'enregistrement, n'a pas été appuyé.

1119. — Au surplus, l'art. 58 tout entier de la loi de 1841 était critiqué à la chambre des pairs par M. Roy, comme présentant une contravention à la charte qui veut que tous les Français participent indistinctement aux charges de l'état (art. 2), et à la maxime fondamentale en matière d'enregistrement d'après laquelle le droit régulièrement payé est acquis au trésor, et ne peut, dans aucun cas, être rendu au contribuable, pas même lorsque l'acte qui a donné lieu à la perception est annulé par les tribunaux. — Quant à l'objection tirée de l'existence, dans la loi de 1833, du premier paragraphe de l'article, il la repoussait en disant qu'à l'époque où cette loi avait été rendue l'état seul entreprenait les travaux publics.

1120. — On a répondu que l'exemption d'impôt que la loi accorde en pareil cas, loin de nuire au trésor, a au contraire pour résultat de lui procurer, sous une autre forme, des revenus plus considérables, et que d'ailleurs les acquisitions faites par les compagnies concessionnaires devaient être considérées comme faites par l'état lui-même, auquel, dans un avenir plus ou moins éloigné, les travaux doivent faire retour.

1121. — *Rachat des terrains non employés.* — Si les terrains acquis pour des travaux d'utilité publique ne reçoivent pas cette destination, les anciens propriétaires ou leurs ayant-droit peuvent en demander la remise. — LL. 3 mai 1841, art. 60, § 1er; 7 juill. 1833, même art.

1122. — La disposition de l'art. 60 peut-elle être invoquée, lorsque l'entreprise n'ayant point été abandonnée et ayant au contraire été mise à fin, certains terrains restent libres par suite d'un changement de tracé? — D'une part la rédaction de l'article paraît comprendre dans sa généralité tous les cas quelconques où un terrain n'a pas été employé, et M. Duvergier (*Collect. des lois*, t. 33, p. 306 et t. 41, p. 166) adopte cette interprétation. D'une autre part, MM. Gillon et Stourm (*C. des municipalités*, p. 178), tout en reconnaissant la force de l'objection tirée des termes de l'article, tout en rappelant que l'art. 62, qui n'est fait que pour un cas exceptionnel, paraît confirmer l'interprétation qu'ils considèrent comme erronée, émettent un avis contraire à celui de M. Duvergier, en se fondant sur quelques paroles de M. le commissaire du roi et de M. le rapporteur. Pour nous, nous préférons ici l'opinion de M. Duvergier.

1123. — Au surplus, la question n'a guère, si ce n'est dans l'hypothèse prévue dans le numéro suivant, qu'un intérêt théorique, car il nous paraît indubitable que, quel que soit le temps écoulé depuis l'expropriation, l'entreprise n'est réputée abandonnée et les propriétaires dépossédés ne peuvent exercer le rachat qu'après que l'administration a publié l'avis dont il est question dans l'art. 61. Ils ne le peuvent non plus après l'achèvement des travaux, qu'autant que l'administration a déclaré dans la même forme qu'elle n'entend pas utiliser les terrains restés en dehors du tracé.

1124. — Toutefois si l'administration vendait à des tiers les terrains laissés en dehors du tracé, les anciens propriétaires pourraient alors, en supposant vraie l'opinion de M. Duvergier et la nôtre, attaquer la vente comme faite en violation du privilége qui leur est réservé.

1125. — C'est aux tribunaux ordinaires que les anciens propriétaires devraient s'adresser pour obtenir la nullité d'une telle vente.

1126. — Décidé, dans le même sens, que lorsqu'un particulier a été exproprié de la partie d'un terrain dont il a vendu plus tard le surplus; que, par la suite, il y a lieu de revendre une portion du terrain exproprié, s'il naît une contestation sur le point de savoir à qui de l'exproprié ou de l'acquéreur sera accordée la préférence de la rétrocession, c'est devant les tribunaux seuls qu'elle doit être portée. — *Cons. d'état*, 1er avr. 1840, Autun.

1127. — Toutefois, lorsqu'un propriétaire ne demande la remise des terrains non employés dont il

avait été exproprié pour cause d'utilité publique que postérieurement à un arrêté du préfet portant cession de ces terrains à un tiers, le tribunal saisi de la demande en remise doit surseoir à statuer jusqu'à ce qu'il ait été prononcé par l'administration supérieure sur le mérite de l'arrêté de cession. — *Cass.*, 29 mars 1842 (1. 1er 1842, p. 490), préfet de la Nièvre c. Gueuttenard.

1128. — La notification de la volonté de rachat peut avoir lieu soit par exploit d'huissier, soit par tout autre acte en forme probante.

1129. — Le prix des terrains rétrocédés est fixé à l'amiable, et, s'il n'y a pas accord, par le jury, dans les formes ci-dessus prescrites. La fixation par le jury ne peut, en aucun cas, excéder la somme moyennant laquelle les terrains ont été acquis. — L. 3 mai 1841, art. 60, § 2.

1130. — L'art. 60, § 2, L. 7 juill. 1833, était conçu dans les mêmes termes, à l'exception de la seconde phrase, qui se terminait ainsi : « La fixation par le jury ne peut, en aucun cas, excéder la somme moyennant laquelle l'*état est devenu propriétaire desdits terrains.* »

1131. — Lors de la discussion de la loi de 1845, M. Bis a demandé si le § 2 de l'art. 60, rédigé dans les mêmes termes que celui de la loi de 1833, s'appliquait aux immeubles acquis par les communes et les départemens, aussi bien qu'à ceux acquis par l'état. — M. Vivien, le rapporteur, le commissaire du roi et le président ont répondu que la disposition s'appliquait aux départemens et aux communes, que par l'état il fallait comprendre l'être collectif au nom duquel la déclaration d'utilité publique avait été faite, et que, quand on disait l'état, il était évident que ceux qui étaient subrogés à l'état étaient compris dans cette disposition. — Néanmoins, pour lever toute difficulté, on a, sur la proposition de M. Vavin, adopté la nouvelle rédaction de l'art. 60.

1132. — Un avis publié de la manière indiquée en l'art. 6 fait connaître les terrains que l'administration est dans le cas de revendre. Dans les trois mois de cette publication, les anciens propriétaires qui veulent réacquérir la propriété desdits terrains sont tenus de le déclarer; et, dans le mois de la fixation du prix, soit amiable, soit judiciaire, ils doivent passer le contrat de rachat et payer le prix; le tout à peine de déchéance du privilége que leur accorde l'article précédent. — LL. 3 mai 1841, art. 61; 9 juill. 1833, même article.

1133. — La forme du contrat de rachat et les effets de la déchéance sont réglés par l'ord. 22 mars 1835, ainsi conçue :

1134. — ... « Les terrains ou portions de terrains acquis pour des travaux d'utilité publique et qui n'auraient pas reçu ou ne recevraient pas cette destination sont réunis à l'administration des domaines pour être rétrocédés, s'il y a lieu, aux anciens propriétaires, conformément aux art. 60 et 61, L. 7 juill. 1833. » — Ord. 22 mars 1835, art. 1er, § 1er.

1135. — « Le contrat de rétrocession est passé devant le préfet du département ou devant le sous-préfet, sur délégation du préfet, en présence et avec le concours d'un préposé de l'administration des domaines et d'un agent du ministère pour le compte duquel l'acquisition des terrains avait été faite. — Le prix de la rétrocession est versé dans les caisses du domaine. » — Même ord., art. 1er, § 2 et 3.

1136. — « Si les anciens propriétaires ou leurs ayant-droit encourent la déchéance du privilége qui leur est accordé par les art. 60 et 61, L. 7 juill. 1833, les terrains ou portions de terrains seront aliénés dans la forme tracée pour l'aliénation des biens de l'état, à la diligence de l'administration des domaines. » — Même ord., art. 2.

1137. — Les contrats de rachat des immeubles expropriés passés au profit des anciens propriétaires ne sont pas exempts du droit de mutation. — Duvergier, *Coll. des lois*, t. 33, p. 306, et t. 41, p. 168.

1138. — Les dispositions des art. 60 et 61 ne sont pas applicables aux terrains qui ont été acquis sur la réquisition du propriétaire, en vertu de l'art. 50, et qui resteraient disponibles après l'exécution des travaux. — LL. 3 mars 1841, art. 62; 7 juill. 1833, même article.

1139. — Ceci ne doit s'entendre que du cas où les travaux ont été exécutés; car si l'entreprise a été abandonnée et que l'administration ait publié l'avis dont il était fait mention dans l'art. 61, les anciens propriétaires peuvent évidemment racheter, sans distinction, la totalité de leur immeuble.

1140. — *Concessionnaires.* — Les concessionnaires des travaux publics exercent tous les droits conférés à l'administration et sont soumis à toutes les obligations qui lui sont imposées par la présente loi. — LL. 3 mai 1841, art. 63; 7 juill. 1833, même article.

1141. — Ainsi, il a été reconnu dans la discussion de la loi du 7 juillet 1833, qu'alors même qu'il s'agissait d'actes entre les concessionnaires de travaux et les propriétaires, ils pouvaient être passés dans la forme administrative.

1142. — Tous les actes qui tendent immédiatement à l'expropriation ou qui la suivent, comme la production des pièces au tribunal, la réquisition d'expropriation, la publication du jugement, la notification aux intéressés, la convocation du jury, le pourvoi en cassation, etc., doivent avoir lieu à la diligence et au nom des concessionnaires.

1143. — Le concessionnaire qui a mis en société sa concession n'est pas pour cela déchu du droit de provoquer en son nom l'expropriation. — *Cass.*, 6 janv. 1836, Gaullieur-l'Hardy c. Boyer-Fonfrède.

1144. — *Contributions.* — Les contributions de la portion d'immeuble qu'un propriétaire a cédée ou dont il a été exproprié pour cause d'utilité publique, continuent à lui être comptées pendant un an, à partir de la remise de la propriété pour former son cens électoral. — L. 3 mai 1841, art. 64 ; 7 juill. 1833, même art.

CHAPITRE IV. — *Expropriation en cas d'urgence pour les travaux civils.*

1145. — Lorsqu'il y a urgence de prendre possession des terrains non bâtis qui sont soumis à l'expropriation, l'urgence est spécialement déclarée par une ordonnance royale. — L. 3 mai 1841, art. 65.

1146. — Il ne s'agit, dans cet article et les articles suivans, que des travaux civils qui, sous la loi de 1833, ne pouvaient être déclarés urgens, et obtenir, à ce titre, les avantages d'une procédure plus expéditive. Du reste, le seul but que l'on atteigne par ces dispositions nouvelles, est d'épargner les délais de la procédure devant le jury, en permettant la prise de possession provisoire, moyennant l'accomplissement des formalités et conditions prescrites, après le jugement d'expropriation. Mais soit qu'il y ait, soit qu'il n'y ait pas déclaration d'urgence, il n'est rien changé aux règles générales tracées par la loi pour arriver au jugement d'expropriation.

1147. — Une place et une avenue servant d'issue à des bâtimens ne peuvent être assimilés à une propriété bâtie. — Dès-lors, une ordonnance royale peut autoriser la partie poursuivant l'expropriation pour utilité publique à prendre, attendu l'urgence, possession immédiate de ces immeubles, avant la fixation de l'indemnité. — *Cass.*, 15 juill. 1845 (1. 2 1845, p. 253), Ménassier c. compagnie du chemin de fer de Paris à Sceaux.

1148. — On a excepté de la procédure d'urgence les terrains bâtis, parce que, après la destruction des bâtimens, il eût été impossible au jury d'en déterminer exactement la valeur. Mais l'exception est restreinte à cette seule nature de propriété, en sorte que les terrains clos ou non à clos, tenant ou non à des bâtimens, peuvent être soumis à la prise de possession préalable. — Duvergier, *Collect. des lois*, t. 41, p. 171 ; Husson, *Trav. publ.*, p. 278.

1149. — L'ordonnance déclarative de l'urgence peut intervenir à toute époque, et aussi bien avant le jugement d'expropriation qu'après. — Duvergier, *ibid.*

1150. — La commission de la chambre des pairs avait proposé de dire dans la loi que l'ordonnance devrait être motivée sur la nature des travaux, sur les obstacles imprévus qui s'opposent à leur exécution et sur la nécessité de les terminer sans délai. Cette proposition a été repoussée, sans doute, comme inutile; car il est certain que, par la nature des choses, toute ordonnance indiquera ces motifs ou d'autres analogues. Au surplus, les tribunaux ne pourraient, sans excès de pouvoir, examiner la réalité de l'urgence et, dans le cas où ils ne l'apercevraient pas, refuser d'ordonner l'envoi en possession provisoire.

1151. — En ce cas, après le jugement d'expropriation, l'ordonnance qui déclare l'urgence et le jugement sont notifiés, conformément à l'art. 15, aux propriétaires et aux détenteurs avec assignation devant le tribunal civil. L'assignation est donnée à trois jours au moins ; elle énoncera la somme offerte par l'administration. — L. 3 mai 1841, art. 66.

1152. — Les détenteurs sont les usufruitiers, les usagers, les fermiers, les gardiens, les régisseurs ou occupans à quelque titre que ce soit. — L. 30 mars 1831, art. 4. — Lorsque le propriétaire est présent, il est manifeste que la loi aurait pu dispenser d'assigner les régisseurs et autres occupans semblables qui n'ont aucun intérêt dans le débat ; mais comme la procédure est très rapide et que le propriétaire peut être absent, on n'a pas voulu qu'il fût exposé à n'être ni averti, ni représenté. De là, la prescription d'une citation qui sera quelquefois surabondante.

1153. — Il n'est pas nécessaire d'appeler les créanciers parce que la fixation de l'indemnité par le tribunal étant essentiellement provisoire (art. 73), et la fixation de l'indemnité devant, après la prise de possession, suivre le cours ordinaire, il suffit de les appeler alors pour sauvegarder leurs droits.

1154. — Au jour fixé, le propriétaire et les détenteurs sont tenus de déclarer la somme dont ils demandent la consignation avant l'envoi en possession. Faute par eux de comparaître, il est procédé en leur absence. — L. 3 mai 1841, art. 67.

1155. — De même que l'administration n'a pas à signifier des offres par un autre acte que l'exploit d'assignation devant le tribunal, les propriétaires ne sont pas tenus de faire connaître leur demande ailleurs qu'à l'audience et par conclusions signifiées d'avoué à avoué.

1156. — Le tribunal fixe le montant de la somme à consigner. — Le tribunal peut se transporter sur les lieux ou commettre un juge pour visiter le terrain, recueillir tous les renseignemens propres à en déterminer la valeur, et en dresser, s'il y a lieu, un procès-verbal descriptif. Cette opération doit être terminée dans les cinq jours à dater du jugement qui l'aura ordonnée. — Dans les trois jours de la remise de ce procès-verbal au greffe, le tribunal détermine la somme à consigner. — L. 3 mai 1841, art. 68.

1157. — M. Persil, à la chambre des pairs, avait proposé de laisser le chiffre de la somme à consigner à la discrétion du propriétaire. Un autre membre avait demandé que l'on prît pour base l'impôt dont l'immeuble est grevé. Ces deux propositions ont été repoussées.

1158. — Le tribunal ou le juge commis peut se faire assister d'experts ; mais les termes de l'article paraissent si nettement s'en remettre à eux du soin d'agir personnellement, que nous doutons qu'il soit permis d'ordonner une expertise proprement dite.

1159. — Le tribunal peut, s'il le juge plus convenable, commettre le juge de paix de la situation des biens. Il a été entendu que l'on restait, à cet égard, dans le droit commun. — Art. 1035, C. procédure.

1160. — Le procès-verbal que le juge commis doit dresser, *s'il y a lieu*, est pour le cas où l'immeuble est couvert de sa récolte ou complanté d'arbres.

1161. — Il n'y aurait pas nullité parce que l'opération du juge ou du tribunal aurait duré plus de cinq jours ; car il serait absurde d'annuler dans le silence de la loi, pour la recommencer, une opération qui aurait le défaut d'avoir été trop lente. — Duvergier, *Collection des Lois*, t. 41, p. 172.

1162. — Le chiffre de la somme à déposer ne pouvant dans aucun cas être invoqué lors de la fixation définitive de l'indemnité, et ne pouvant dès-lors, sous aucun rapport, porter préjudice à l'état ou à la compagnie concessionnaire, le tribunal doit en élever le taux au plus haut, de telle façon que le propriétaire soit pleinement garanti.

1163. — La consignation doit comprendre, outre le principal, la somme nécessaire pour assurer pendant deux ans le paiement des intérêts de 5 %. — L. 3 mai 1841, art. 69.

1164. — Sur le vu du procès-verbal de consignation et sur une nouvelle assignation à deux jours de délai au moins, le président ordonne la prise de possession. — Même loi, art. 70.

1165. — Le jugement du tribunal et l'ordonnance du président sont exécutoires sur minute et ne peuvent être attaqués par opposition ni par appel. — Même loi, art. 71.

1166. — L'article du projet ajoutait « ni pourvoi en cassation. » Ces mots ont été retranchés par la commission sur l'observation de M. Renouard : « Nous avons cru, a dit le rapporteur, qu'il serait trop grave d'autoriser même une ordonnance du président qui ne fût pas soumise au pourvoi en cassation ; et comme le pourvoi n'est jamais suspensif, il n'y a aucun inconvénient à le permettre. » — Duvergier, *Coll. des lois*, t. 41, p. 172.

1167. — Quoique la disposition de l'art. 71 n'ait été édictée que dans l'intérêt de l'administration, elle serait néanmoins applicable au cas où le tribunal aurait refusé de fixer le montant de la somme à consigner, et le président d'ordonner la prise de possession.

1168. — Le président taxe les dépens qui doivent être supportés par l'administration. — L. 3 mai 1841, art. 72.

1169. — Après la prise de possession, il est, à la poursuite de la partie la plus diligente, procédé à la fixation définitive de l'indemnité, en exécution

du tit. 4 de la présente loi. — Même loi, art. 73.

1170. — Ainsi, aucune atteinte n'est portée à l'institution du jury. La détermination de la somme à consigner n'est qu'une mesure provisoire qui ne lie en rien le jury. Il conserve la plénitude de sa liberté d'appréciation. — Duvergier, *Coll. des lois*, t. 41, p. 171.

1171. — Si la fixation définitive de l'indemnité est supérieure à la somme qui a été déterminée par le tribunal, le supplément doit être consigné dans la quinzaine de la notification de la décision du jury, et, à défaut, le propriétaire peut s'opposer à la continuation des travaux. Si, au contraire, la fixation par le jury est inférieure, l'administration peut retirer de la caisse des consignations l'excédant de la somme déposée. — L. 3 mai 1841, art. 74.

CHAPITRE V. — *Expropriation pour travaux militaires et de la marine.*

1172. — La loi distingue, en cas d'urgence, les travaux civils des travaux militaires : les premiers sont régis par les art. 65 et suiv., L. 3 mai 1841 ; les seconds par la loi du 30 mars 1831 modifiée par les deux derniers paragraphes de l'art. 76.

1173. — M. Delalleau (n° 846) estime que la loi du 30 mars 1831 n'est pas applicable, en cas d'urgence, aux travaux de la marine. Il est vrai que rien, dans la *discussion* de cette loi, ni de celle de 1833, ni de celle de 1841, n'indique que le législateur ait entendu que les travaux de la marine seraient compris dans les dispositions spéciales qui réglementent les fortifications ordinaires. Mais l'art. 76 parle sans distinction des *travaux de fortification*, et tout ce qui tend à la défense du territoire est virtuellement compris sous la dénomination générale de fortifications. C'est pourquoi nous pensons avec M. Tarbé de Vauxclairs, *Diction. des travaux publics*, v° *Expropriation*, p. 265) que la loi de 1831 régit les travaux de la marine.

Sect. 1re. — *Expropriation pour travaux militaires et de la marine, sans urgence.*

1174. — Les formalités prescrites par les titres 1er et 2 de la loi du 3 mai 1841 ne sont applicables ni aux travaux militaires, ni aux travaux de la marine royale. — L. 3 mai 1841, art. 75, § 1er ; même disposition dans la loi 7 juill. 1833, art. 65, § 1er.

1175. — Pour ces travaux, une ordonnance royale détermine les terrains qui sont soumis à l'expropriation. — L. 3 mai 1841, art. 75, § 2 ; L. 7 juill. 1833, art. 65, § 2.

1176. — Ainsi, lorsqu'il s'agit de travaux militaires, la détermination des terrains soumis à l'expropriation rentre dans le domaine des ordonnances royales, sans que les formalités prescrites par les titres premier et deuxième de la loi du 3 mai 1841 doivent recevoir application. — *Cass.*, 9 févr. 1842 (t. 1er 1842, p. 303), préfet des Landes c. Dupuis.

1177. — Si une ordonnance royale a déclaré d'utilité publique l'acquisition pour le service militaire de certains terrains qu'elle détermine expressément, les juges ne peuvent refuser de prononcer l'expropriation, sous prétexte qu'il ne serait pas justifié de l'accomplissement des formalités prescrites par le titre 2 de ladite loi, et notamment par les art. 8, 9 et 10. — Même arrêt.

1178. — Il n'est pas nécessaire que l'ordonnance d'expropriation détermine littéralement les terrains qui doivent être expropriés ; il suffit qu'ils soient indiqués et tracés dans un plan annexé à ladite ordonnance. — *Cass.*, 22 déc. 1834, Senez c. préfet maritime de Toulon.

1179. — M. Tesnières avait proposé une disposition additionnelle ainsi conçue : « Les dispositions ci-dessus seront applicables aux cas prévus par l'art. 43, sans qu'il soit besoin de recourir à l'ordonnance royale : la prise de possession provisoire pourra être ordonnée par le président du tribunal sur simple requête, au vu du procès-verbal de consignation du montant de l'indemnité fixée par le jury. » — Mais cette proposition n'a pas été appuyée. — Duvergier, *Collect. des lois*, t. 41, p. 172.

1180. — Ce droit pour le roi de déterminer quels terrains peuvent être soumis à l'expropriation pour travaux militaires, rentre essentiellement dans ses attributions administratives, et ne pourrait être l'objet d'une matière contentieuse.

1181. — Dès-lors on ne peut demander au conseil d'état de décider qu'il y a lieu à l'expropriation d'une propriété pour établissemens militaires, lorsque l'administration de la guerre ne demande pas l'occupation de tout ou partie de cette propriété. — *Cons. d'état*, 18 fév. 1836, de Narbonne-Lara c. min. de la guerre.

1182. — Lorsqu'il s'agit d'expropriation pour travaux utiles au service de la marine, le préfet maritime a qualité pour tenter des conventions amiables, et à défaut de ces conventions, pour mettre en action le ministère du procureur du roi. — *Cass.*, 22 déc. 1834, Senez c. préfet maritime de Toulon.

1183. — Alors l'expropriation peut être requise par le procureur du roi et prononcée par le tribunal, sans qu'il soit nécessaire de citer le propriétaire. — Il suffit que ce propriétaire ait eu communication de l'ordonnance royale avec le plan y annexé, et qu'il lui ait été fait des offres amiables pour l'acquisition de sa propriété. — *Cass.*, 22 déc. 1834, Senez c. préfet maritime de Toulon.

1184. — L'indemnité mentionnée par l'art. 15, L. 17 juill. 1819, comme devant être fixée dans les formes prescrites par la loi du 8 mars 1810 (aujourd'hui 3 mai 1841) n'est accordée par les art. 36, 37 et 38 de la loi du 8-10 juill. 1791 que pour les démolitions et autres opérations préjudiciables aux propriétés particulières qui ont lieu dans l'état de guerre en vertu des ordres du roi ou d'une délibération du conseil de défense. — *Cass.*, 14 juill. 1846 (t. 2 1846, p. 385), de Chazournes c. préfet du Rhône. — V. au surplus PLACES DE GUERRE, SERVITUDES MILITAIRES.

Sect. 2e. — *Expropriation et occupation temporaire, en cas d'urgence, pour travaux de fortifications.*

1185. — Bien que l'*occupation temporaire* d'une propriété doive en général ne pas être confondue avec son *expropriation*, cependant il nous a semblé indispensable de les réunir ici, en ce qui concerne les travaux de fortifications, à cause des dispositions qu'elles ont de communes sur cette matière exceptionnelle.

1186. — Depuis la loi sur l'expropriation pour utilité publique, l'expropriation ou l'occupation temporaire, en cas d'urgence, des propriétés privées qui sont jugées nécessaires pour des travaux de fortifications doivent continuer d'avoir lieu conformément aux dispositions prescrites par la loi du 30 mars 1831. — LL. 3 mai 1841, art. 76, § 1er ; 7 juill. 1833, art. 66, § 1er.

1187. — Lorsqu'il y a lieu d'occuper tout ou partie d'une ou de plusieurs propriétés particulières pour y faire des travaux de fortifications dont l'urgence ne permet pas d'accomplir les formalités de la loi du 8 mars 1810 (puis de celle du 7 juill 1833 et aujourd'hui de celle du 3 mai 1841), il doit être procédé de la manière suivante. — L. 30 mars 1831, art. 1er.

1188. — L'ordonnance royale qui autorise les travaux et déclare l'utilité publique déclare en même temps qu'il y a urgence. — Même loi, art 2.

1189. — Cette disposition, conforme à l'art. 2 de la loi du 8 mars 1810 en tant qu'elle confère à l'autorité royale le droit de déclarer l'*utilité publique*, s'écarte de l'art. 19 de la même loi en ce qu'elle accorde à la même autorité le droit de déclarer l'*urgence*, droit qui auparavant appartenait aux tribunaux.

1190. — Dans les vingt-quatre heures de la réception de l'ordonnance du roi, le préfet du département où les travaux de fortifications doivent être exécutés transmet ampliation de ladite ordonnance au procureur du roi près le tribunal de l'arrondissement où sont situées les propriétés qu'il s'agit d'occuper et au maire de la commune de leur situation. — L. 30 mars 1831, art. 3, § 1er.

1191 — Sur le vu de l'ordonnance royale, le procureur du roi requiert de suite, et le tribunal ordonne immédiatement que l'un des juges se transportera sur les lieux avec un expert que le tribunal nomme d'office. — Même art., § 2.

1192. — Le maire fait sans délai publier l'ordonnance royale par affiches tant à la principale porte de l'église du lieu qu'à celle de la maison commune, et par tous autres moyens possibles. Les publications et affiches sont certifiées par ce magistrat. — Même art., § 3.

1193. — Dans les vingt-quatre heures, le juge-commissaire rend, pour fixer le jour et l'heure de sa descente sur les lieux, une ordonnance qui est signifiée à la requête du procureur du roi, au maire de la commune où le transport doit s'effectuer, et à l'expert nommé par le tribunal. — Le transport s'effectue dans les dix jours de cette ordonnance, seulement huit jours après la signification dont il vient d'être parlé. — Même loi, art. 4, § 1er et 2.

1194. — Le maire, sur les indications qui lui sont données par l'agent militaire chargé de la direction des travaux, convoque, au moins cinq jours à l'avance, pour le jour et l'heure indiqués par le juge-commissaire : 1° Les propriétaires intéressés, et s'ils ne résident pas sur les lieux, leurs agens, mandataires ou ayant-cause ; — 2° les usufruitiers ou autres personnes intéressées, telles que fermiers, locataires ou occupans à quelque titre que ce soit. — Les personnes ainsi convoquées peuvent se faire assister par un expert ou arpenteur. — Même art., § 3 et 4.

1195. — Un agent de l'administration des domaines et un expert-ingénieur, architecte ou arpenteur, désignés l'un et l'autre par le préfet, se transportent sur les lieux au jour et à l'heure indiqués, pour se réunir au juge-commissaire, au maire ou à l'adjoint, à l'agent militaire et à l'expert désigné par le tribunal. — Même loi 30 mars 1831, art. 5, § 1er.

1196. — Le juge-commissaire reçoit le serment préalable des experts sur les lieux, et il en est fait mention au procès-verbal. — Même art., § 2.

1197. — L'agent militaire détermine, en présence de tous, par des pieux et piquets, le périmètre du terrain dont l'exécution des travaux doit nécessiter l'occupation. — Même art., § 3.

1198. — L'opération achevée, l'expert désigné par le préfet procède immédiatement et sans interruption, de concert avec l'agent de l'administration du domaine, à la levée du plan parcellaire, pour indiquer le plan général de circonscription, les limites et la superficie des propriétés particulières. — Même loi, art. 6.

1199. — L'expert nommé par le tribunal dresse un procès-verbal qui comprend : 1° la désignation des lieux, des cultures, plantations, clôtures, bâtimens et autres accessoires des fonds ; cet état descriptif doit être assez détaillé pour pouvoir servir de base à l'appréciation de la valeur foncière et, en cas de besoin, de la valeur locative, ainsi que des dommages-intérêts résultant des changemens ou dégâts qui pourront avoir lieu ultérieurement ; — 2° l'estimation de la valeur foncière et locative de chaque parcelle de ses dépendances, ainsi que l'indemnité qui pourra être due pour frais de déménagement, pertes de récoltes, détérioration d'objets mobiliers ou tous autres dommages. — Même loi, art. 7, § 1er.

1200. — Il y a nécessité, dans certains cas, de déterminer la valeur locative. En effet, il se peut, disait M. Gillon, rapporteur à la chambre des députés, qu'il y ait une indemnité à fournir, non seulement au propriétaire, mais encore à un locataire ; il se peut aussi que d'abord il n'y ait à acquitter qu'une somme représentative de loyer, et que finalement il faille payer le prix du fonds lui-même. Tout dommage, au surplus, qui a sa cause dans la dépossession devant être réparé, l'injonction expresse est faite aux experts d'en déterminer l'appréciation. — Duvergier, *Coll. des lois*, t. 31, p. 234.

1201. — Ces diverses opérations ont lieu contradictoirement avec l'agent de l'administration des domaines et l'expert nommé par le préfet, avec les parties intéressées, si elles sont présentes, ou avec l'expert qu'elles ont désigné ; si elles sont absentes et qu'elles n'aient point nommé d'expert, ou si elles n'ont point le libre exercice de leurs droits, un expert doit être désigné d'office par le juge-commissaire pour les représenter. — L. 30 mars 1831, art. 7, § 2.

1202. — L'expert nommé par le tribunal doit dans son procès-verbal : 1° indiquer la nature et la contenance de chaque propriété, la nature des constructions, l'usage auquel elles sont destinées, les motifs des évaluations diverses et le temps qu'il paraît nécessaire d'accorder aux occupans pour évacuer les lieux ; 2° transcrire l'avis de chacun des autres experts, et les observations et réquisitions, telles qu'elles lui sont faites, de l'agent militaire, du maire, de l'agent du domaine et des parties intéressées ou de leurs représentans ; chacun signe ses dires, ou mention est faite de la cause qui l'en empêche. — Même loi, art. 8.

1203. — Lorsque les propriétaires ayant le libre exercice de leurs droits consentent à la cession qui leur est demandée et aux conditions qui leur sont offertes par l'administration, il est passé entre eux et le préfet un acte de vente qui est rédigé dans la forme des actes d'administration et dont la minute reste déposée aux archives de la préfecture. — Même loi, art 9.

1204. — Dans le cas contraire, et sur le vu de la minute du procès-verbal dressé par l'expert et de celui du juge-commissaire, qui a assisté à toutes les opérations, le tribunal, dans une audience tenue aussitôt après le retour de ce magistrat, détermine en procédant comme en matière sommaire, sans retard et sans frais : 1° l'indemnité de déménagement à payer aux détenteurs avant l'occupation ; 2° l'indemnité approximative et provisionnelle de dépossession qui doit être consignée, sauf règlement ultérieur et définitif, préalablement à la prise de possession. — Même loi, art 10, § 1er.

1105. — Le juge-commissaire, disait le rappor-

teur de la chambre des députés, a l'indispensable devoir d'assister à toutes les opérations que décrit la loi; c'est l'accomplissement de ce devoir que ce procès-verbal est destiné à constater; mais les détails seront consignés dans le procès-verbal de l'expert. — Duvergier, *Collect. des lois*, t. 31, p. 235.

1206. — Jugé en ce sens que l'instruction qui précède le jugement de dépossession et de fixation de l'indemnité approximative et proportionnelle doit être réputée nulle si le juge-commissaire n'a pas assisté à toutes les opérations de l'expertise. — *Cass.*, 2 janv. 1843 (t. 1er 1843, p. 129), Lafitte c. préfet de la Seine.

1207. — Le jugement qui prononce l'expropriation est également frappé de nullité si le juge-commissaire désigné par le tribunal pour se transporter sur les lieux soumis à l'expropriation n'a pas assisté à toutes les opérations de l'expertise; il ne suffirait pas qu'il eût ouvert et fermé le procès-verbal. — *Cass.*, 5 juill. 1842 (t. 2 1842, p. 208), Saint-Albin c. préfet de la Seine.

1208. — Toutefois il n'est pas nécessaire, à peine de nullité, que le juge-commissaire qui a procédé aux opérations de l'expertise assiste au jugement, il suffit que le jugement soit rendu sur le vu de son procès-verbal et de celui de l'expert. — *Cass.*, 15 (et non 17) mars 1843 (t. 2 1843, p. 211), Saint-Albin c. préfet de la Seine.

1209. — Les expropriés ne sont pas parties au jugement qui, en cas d'urgence, ordonne l'expropriation et fixe provisoirement l'indemnité. — *Cass.*, 5 juill. 1842 (t. 2 1842, p. 208), Saint-Albin c. préfet de la Seine; 11 déc. 1844 (t. 1er 1845, p. 42), préfet de la Seine c. Saint-Albin.

1210. — En conséquence, ils peuvent légalement être déclarés non recevables à intervenir dans l'instance qui précède ce jugement. — *Cass.*, 5 juill. 1842 (t. 2, 1842 p. 208), Saint-Albin c. préfet de la Seine.

1211. — Ils doivent même être déclarés non-recevables à intervenir dans cette instance, et la décision qui admet l'intervention doit être cassée. — *Cass.*, 11 déc. 1844 (t. 1er 1845, p. 42), préfet de la Seine c. Saint-Albin.

1212. — L'obligation de consigner, avant la prise de possession, l'indemnité provisionnelle est un hommage rendu aux principes; il faut que le propriétaire ait reçu ou du moins ait la certitude de recevoir son indemnité avant d'être obligé d'abandonner son bien. — Duvergier, *Coll. des lois*, t. 31, p. 235.

1213. — Il y a excès de pouvoir donnant ouverture à cassation, de la part d'un tribunal qui, en vertu de la loi du 30 mars 1831, ordonne la dépossession et fixe l'indemnité provisionnelle, alors que l'instruction préalable n'a pas été suivie et consommée. — *Cass*, 2 janv. 1843 (t. 1er 1843, p. 129), Lafitte c. préfet de la Seine.

1214. — L'art. 51, L. 16 sept. 1807, qui ordonne l'acquisition de la propriété entière, dans le cas de morcellement par suite de l'expropriation de partie d'un immeuble pour cause d'utilité publique, reçoit son application dans le cas d'expropriation d'urgence pour travaux militaires prévus par la loi du 30 mars 1831. Le jugement qui statue sur l'indemnité provisionnelle peut aussi décider la question de morcellement lorsque le tribunal en a été saisi par les parties — *Metz*, 6 mars 1833, Legardeur c. l'état.

1215. — Le même jugement autorise le préfet à se mettre en possession, à la charge 1° de payer, sans délai, l'indemnité de déménagement soit au propriétaire soit au locataire; — 2° de signifier avec le jugement l'acte de consignation de l'indemnité provisionnelle de dépossession. — L. 30 mars 1831, art. 10, § 2.

1216. — Le même jugement détermine le délai dans lequel, à compter de l'accomplissement de ces formalités, les détenteurs sont tenus d'abandonner les lieux; ce délai ne peut excéder cinq jours pour les propriétés non bâties et dix jours pour les propriétés bâties. — Même art., §§ 3 et 4.

1217. — Le jugement est exécutoire nonobstant appel ou opposition. — Même loi, art. 10, § 5.

1218. — Toutefois, il y a lieu de remarquer que de nouvelles dispositions ont été prescrites, en ce qui concerne le jugement et toutes conventions amiables, par l'art. 76, § 3, L. 3 mai 1841, ainsi conçu : « Sont également applicables aux expropriations poursuivies en vertu de la loi du 30 mars 1831, les art. 16, 17, 18, 19 et 20, ainsi que le titre 6 de la présente loi. »

1219. — Entre cette disposition et celle résultant de l'art. 66, § 3, L. 7 juill. 1833, il y a cette seule différence que l'article de la loi de 1833 ne rappelait pas l'art. 19. Il était résulté de cette omission une chose assez bizarre; c'est que lorsqu'il s'agissait des cas ordinaires d'expropriation pour cause d'utilité publique, on remplissait, pour la purge des hypothèques, les formalités rapides de la loi de 1833, tandis que lorsqu'il s'agissait d'acquisitions faites pour des travaux urgens, l'administration était forcée d'observer les longues et dispendieuses formalités du Code civil; cet inconvénient a disparu par la mention de l'art. 19. — Duvergier, *Collection des lois*, t. 41, p. 173.

1220. — La cassation, avec renvoi à un autre tribunal, du jugement d'expropriation motivée sur la violation des formes de l'instruction, a pour effet de saisir le tribunal de renvoi non seulement de la vérification de la forme de l'instruction, mais encore de la fixation provisionnelle et approximative de l'indemnité et du pouvoir de prononcer l'expropriation; dès-lors, l'administration ne peut plus, au moyen d'un désistement de la première instance, ressaisir d'une seconde poursuite le tribunal qui a rendu le premier jugement; le tribunal de renvoi a seul le droit de connaître de cette poursuite. — *Cass.*, 15 (et non 17) mai 1843 (t. 2 1843, p. 211), de Saint-Albin c. le préfet de la Seine. — V. *contrà* de Caudaveine et Théry, *De l'expropriation pour utilité publique*, n° 188.

1221. — L'acceptation de l'indemnité approximative et provisionnelle de dépossession ne fait aucun préjudice à la fixation de l'indemnité définitive. — L. 30 mars 1831, art. 11, § 1er.

1222. — Cette première disposition, a dit le rapporteur de la commission de la chambre des députés, n'est qu'un principe d'équité qui s'appliquera, soit dans l'hypothèse prévue par la seconde disposition, soit lorsque l'indemnité étant supérieure à 100 fr., le propriétaire dépossédé aurait consenti primitivement à la consignation des deniers.

1223. — Si l'indemnité provisionnelle n'excède pas 100 fr., le paiement en est effectué sans production d'un certificat d'affranchissement d'hypothèque et sans formalité de purge hypothécaire. — L. 3 mars 1831, art. 11, § 2.

1224. — Cette seconde disposition est contraire au droit sur les hypothèques, a dit M. le rapporteur; mais elle a été introduite par une décision du ministre des finances du 25 mai 1825, et par plusieurs autres, rappelées dans une circulaire de la direction générale des ponts-et-chaussées du 15 juill. de la même année. Admise enfin par l'usage, il nous a paru convenable de l'ériger en loi exceptionnelle. Ce sera aux créanciers hypothécaires, si leur gage affaibli d'une simple valeur de 100 fr. leur cause quelque inquiétude, à veiller à ce que l'indemnité leur soit payée à eux-mêmes par le trésor de l'état. Les moyens judiciaires ne leur manqueront pas; mais la modicité de l'intérêt a dû forcer à s'écarter des règles de purge hypothécaire qui ne seraient pas accomplies sans une dépense au moins égale à la somme principale elle-même.

1225. — Si l'indemnité excède 100 fr., le gouvernement fait, dans les trois mois de la date du jugement, transcrire ledit jugement et purge les hypothèques légales. A l'expiration de ce délai, l'indemnité provisionnelle est exigible de plein droit, lors même que les formalités ci-dessus n'auraient pas été remplies, à moins qu'il n'y ait des inscriptions, ou des saisies-arrêts, ou oppositions. Dans ce cas, il est procédé selon les règles ordinaires et sans préjudice des dispositions de l'art. 26, L. 8 mars 1810. — L. 30 mars 1831, art. 11, § 3.

1226. — Ce troisième paragraphe a été ainsi expliqué par le rapporteur : « Si le gouvernement ne fait pas transcrire le contrat, il sera contraint de se libérer du prix, à moins que l'immeuble ne se trouve grevé d'hypothèques inscrites. S'il a fait transcrire, et qu'aucune inscription ne se trouve, mais si en même temps il a négligé de faire purger les hypothèques légales, il sera encore contraint de verser le montant de l'indemnité. Il ne doit imputer qu'à sa propre négligence la rigueur de cette obligation, qui est la peine de la faute qu'il a commise. L'honorable M. His (qui a présenté le paragraphe) n'a pas voulu que le gouvernement fût obligé de purger les hypothèques inscrites. La commission avait proposé de lui en imposer le devoir dans tous les cas; mais cette modification n'a rien qui altère la garantie de paiement de l'indemnité. Le texte clair et précis de l'amendement détermine avec sagesse en quels cas ce paiement s'effectuera entre les mains du propriétaire.

1227. — Puis il a ajouté que ces derniers mots, *et sans préjudice des dispositions de l'art.* 26 *de la loi du* 8 *mars* 1810, lui paraissaient fort utiles. « C'est le sûr moyen, a-t-il dit, de conserver au propriétaire le droit de donner à ses créanciers une hypothèque nouvelle en remplacement de celle qui reposait sur l'immeuble qui, de sa fortune privée, a passé dans le domaine de l'état. Ce droit est précieux à maintenir, car, sans lui, le propriétaire serait contraignable au remboursement inopiné et peut-être ruineux de dettes considérables qui avaient l'immeuble exproprié pour partie de leur gage hypothécaire. »

1228. — Aussitôt après la prise de possession, le tribunal procède au réglement définitif de l'indemnité de dépossession dans les formes prescrites par les art. 16 et suiv. de la loi du 8 mars 1810. Si l'indemnité définitive excède l'indemnité provisionnelle, cet excédant est payé conformément à l'art. 11. — L. 30 mars 1831, art. 12.

1229. — « La purge, disait le rapporteur, commence aussitôt après la dépossession commencée. Le droit du propriétaire et celui des créanciers ne s'en trouvent que mieux garantis. Ces derniers peuvent prétendre à d'autant plus de sollicitude de la part du législateur, que la faculté de surenchérir leur est ôtée par cela seul que le besoin de la propriété se fait sentir pour l'état. »

1230. — Mais l'art. 12 de la loi du 30 mars 1831 a été successivement modifié par l'art. 66, § 2, de la loi du 7 juill. 1833 et par l'art. 76, § 2, de celle du 3 mai 1841, ainsi conçu : « Toutefois, lorsque les propriétaires ou autres intéressés n'ont pas accepté les offres de l'administration, le réglement définitif des indemnités doit avoir lieu conformément aux dispositions du titre 4 de la présente loi. »

1231. — Lorqu'il y a eu prise de possession d'urgence et indemnité provisionnelle, conformément à la loi du 31 mars 1831, il n'est point nécessaire, à peine de nullité, de mettre le rapport d'experts qui a servi à la fixation de cette indemnité sous les yeux du jury chargé de fixer l'indemnité définitive, d'après la loi de 1841. — *Cass.*, 8 nov. 1843 (t. 1er 1843, p. 255), de Salaze c. préf. du Var et génie militaire de Toulon; 28 nov. 1843 (t. 1er 1844, p. 635), de Salaze c. préf. du Var.

1232. — Celui qui, devant le jury chargé de fixer l'indemnité due pour l'expropriation d'un terrain soumis à une servitude militaire, et sur lequel il a été fait des constructions, n'a pas excipé de l'existence d'une instance administrative engagée sur le point de savoir si ces constructions avaient ou non été légalement élevées, instance dont le résultat eût pu influer sur la détermination de l'indemnité, n'est pas recevable à exciper pour la première fois de cette instance devant la cour de Cassation, et à soutenir que le jury n'a pas statué en présence de tous les élémens nécessaires. — *Cass.*, 28 nov. 1843 (t. 1er 1844, p. 635), de Salaze c. préf. du Var.

1233. — *Occupation temporaire.* — L'occupation temporaire prescrite par ordonnance royale ne peut avoir lieu que pour les propriétés non bâties. — L. 30 mars 1831, art. 13, § 1er.

1234. — L'indemnité annuelle représentative de la valeur locative de ces propriétés et du dommage résultant du fait de la dépossession est réglée à l'amiable ou par autorité de justice et payée par moitié de six mois en six mois au propriétaire et au fermier, le cas échéant. — Même article, § 2.

1235. — Lors de la remise des terrains qui n'ont été occupés que temporairement, l'indemnité due pour les détériorations causées par les travaux ou pour la différence entre l'état des lieux au moment de la remise et l'état constaté par le procès-verbal descriptif, est payée sur réglement amiable ou judiciaire, soit au propriétaire, soit au fermier ou exploitant, et selon leurs droits respectifs. — Même article, § 3.

1236. — « Il ne pouvait suffire, disait le rapporteur, ni d'une indemnité annuelle au propriétaire, ni d'un dédommagement pour lui à la fin de l'occupation temporaire, si le terrain est donné à bail; car l'exploitant a aussi des droits qu'on ne saurait méconnaître. Quand le propriétaire touchera du gouvernement le loyer annuel qu'il touchait auparavant du fermier, celui-ci devra obtenir à son tour une indemnité représentative de la jouissance qu'il a perdue, et en vue de laquelle il avait peut-être fait des dépenses. — De même lorsque le gouvernement délaisse la possession, la réparation pécuniaire qu'il devra des dommages faits par lui à la propriété peut le soumettre à des obligations envers le fermier comme envers le propriétaire. »

1237. — Si, dans le cours de la troisième année d'occupation provisoire, le propriétaire ou son ayant-droit n'est pas remis en possession, ce propriétaire peut exiger et l'état est tenu de payer l'indemnité pour la cession de l'immeuble, qui devient dès-lors propriété publique. — L. 30 mars 1831, art. 14, § 1er.

1238. — L'indemnité foncière doit être réglée non sur l'état de la propriété à cette époque, mais sur son état au moment de l'occupation, tel qu'il aura été constaté par le procès-verbal descriptif. — Même art., § 2.

1239. — Tout dommage causé au fermier ou exploitant par cette dépossession définitive lui est payé après réglement amiable ou judiciaire. — Même art., § 3.

1240. — Dans tous les cas où l'occupation pro-

visoire ou définitive donne lieu à des travaux pour lesquels un crédit n'avait pas été ouvert au budget de l'état, la dépense reste soumise à l'exécution de l'art. 152, L. 25 mars 1817. — Même loi, art. 15.

1241. — L'art. 8, L. 27 juin 1833, porte que les travaux des routes stratégiques, en ce qui concerne les occupations permanentes ou temporaires de terrains et bâtimens, seront assimilés aux travaux militaires et régis par les mêmes lois.

CHAPITRE VI. — *Application de la loi du 3 mai 1841 aux législations spéciales.*

Sect. 1re. — *Intérêt communal. — Chemins vicinaux.*

1242. — D'après l'art. 12, § 1er, L. 7 juill. 1833, les dispositions des art. 8, 9 et 10 n'étaient point applicables aux cas où l'expropriation était demandée par une commune et dans un intérêt purement communal.

1243. — Dans cet état de choses a été rendue la loi du 21 mai 1836, qui statue sur le mode d'indemniser les propriétaires dépossédés soit par suite d'ouverture ou de redressement des chemins vicinaux, soit par suite de classement ou d'élargissement des mêmes chemins vicinaux.

1244. — *Ouverture et redressement des chemins vicinaux.* — D'après l'art. 6, §, 1er, L. 21 mai 1836, les travaux d'ouverture et de redressement des chemins vicinaux sont autorisés par arrêté du préfet.

1245. — De plus, le redressement d'un chemin vicinal élevé par le conseil général au rang de chemin de grande communication ne peut être ordonné par le préfet qu'avec l'approbation du conseil général — *Jug. trib. Lure*, 15 mai 1839, sous *Cass.*, 9 juill. 1839 (t. 2 1846, p. 655), préfet de la Haute-Saône c. Dépoire.

1246. — Mais alors s'est élevée (ainsi qu'on l'a vu v° CHEMINS VICINAUX, nos 262 et suiv.) la question de savoir si, pour l'ouverture et le redressement des chemins vicinaux, il fallait suivre les formes d'expropriation que traçait la loi de 1836, ou bien celles de la loi du 7 juill. 1833.

1247. — Jugé que la loi du 7 juill. 1833 n'était pas applicable en pareil cas. — *Cass.*, 23 avr. 1838 (t. 1er 1838, p. 624), procureur du roi de Neufchâteau; 7 juin 1838 (t. 1838, p. 250), Barghou.

1248. — Jugé au contraire que des travaux qui intéressaient à la fois plusieurs cantons, tels que ceux relatifs à un chemin de grande communication, et à raison desquels l'expropriation est poursuivie par le préfet, ne pouvaient être considérés comme étant d'un intérêt purement communal. Que dès-lors l'expropriation des terrains nécessaires pour le redressement de ce chemin devait avoir lieu suivant les formes prescrites par la loi du 7 juill. 1833. — *Cass.*, 9 juill. 1839 (t. 2 1846, p. 134), préfet de la Haute-Loire c. Barreyre.

1249. —.. Que l'art. 16, L. 21 mai 1836, sur les chemins vicinaux, n'avait dérogé à la loi du 7 juill. 1833 que sur les points formellement spécifiés par cet article, et notamment en ce qu'un arrêté du préfet était substitué à l'ordonnance royale qui doit autoriser les travaux dans les cas ordinaires. — *Cass.*, 20 août 1838 (t. 1er 1847), préfet de l'Orne c. de Charencey; 21 août 1838 (t. 1er 1847), préfet des Vosges c. Demangeon et Aptel.

1250. —... Que, toutes les fois que l'ouverture d'un chemin nouveau ou la nouvelle direction donnée par voie de redressement à un chemin de grande communication devaient entraîner la dépossession d'une propriété privée, l'expropriation ne pouvait être prononcée qu'après l'accomplissement des formalités prescrites par le titre 2, L. 7 juill. 1833. — Mêmes arrêts.

1251. —... Que, lorsqu'il s'agissait d'un chemin de grande communication, il ne suffisait pas de l'accomplissement des prescriptions des art. 5, 6 et 7 de ce titre; qu'en pareil cas, ne s'appliquait pas l'art. 12 de la loi de 1833, qui dispensait des formalités des art. 8, 9 et 10 les expropriations demandées par une commune dans un intérêt purement communal. — *Cass.*, 20 août 1838 (t. 1er 1847), préfet de l'Orne c. Charencey.

1252. — ... Que c'était également conformément à la loi du 7 juill. 1833 qu'il fallait procéder sur le changement de direction d'un chemin vicinal, parce que cet acte administratif constituait une véritable dépossession. — *Toulouse*, 8 fév. 1840 (t. 1er 1840, p. 508), Cheverry c. Calmès.

1253. — Tel était l'état des choses, lorsque la loi du 3 mai 1841 a statué dans son art. 12, § 1er : — « Les dispositions des art. 8, 9 et 10 ne sont point applicables au cas où l'expropriation serait demandée par une commune et dans un intérêt purement communal, non plus qu'aux travaux d'ouverture ou de redressement des chemins vicinaux. »

1254. — Aux décisions que nous avons rapportées v° CHEMINS VICINAUX, nos 270 et suiv., il faut ajouter celles qui suivent :

1255. — Lorsqu'il y a lieu d'appliquer l'art. 12, L. 3 mai 1841, le procès-verbal prescrit par l'art. 7 est transmis, avec l'avis du conseil municipal, par le maire ou sous-préfet, qui l'adresse au préfet avec ses observations. — L. 3 mai 1841, art. 12, § 1er.

1256. — L'avertissement à donner collectivement aux parties intéressées que le plan des propriétés particulières dont la cession est nécessaire est déposé à la mairie, doit, à peine de nullité, être publié et affiché conformément à l'art. 6, L. 3 mai 1841, et ne peut être suppléé par un avertissement individuel que le maire aurait donné oralement aux divers intéressés. — *Cass.*, 30 avr. 1845 (t. 2 1845, p. 273), Desplats c. préfet du Tarn.

1257. — Le défaut d'ouverture du procès-verbal destiné à recevoir les réclamations, aux termes de l'art. 7, L. 3 mai 1841, et l'omission de l'avis du conseil municipal prescrit par l'art. 12 de la même loi entraînent la nullité des expropriations prononcées. — Même arrêt.

1258. — L'avis du conseil municipal qui doit être transmis au sous-préfet ou au préfet avec le procès-verbal ouvert à la mairie pour recevoir les observations et contredits des intéressés ne doit, à peine de nullité de l'expropriation, intervenir que lorsque le procès-verbal est complet et clos, c'est-à-dire après l'épuisement du délai de huit jours pendant lequel il doit rester ouvert. — Dès-lors l'expropriation est nulle si l'avis du conseil municipal a été rendu le 26 juin lorsque le procès-verbal n'a été clos que le 27. — *Cass.*, 14 déc. 1842 (t. 1er 1843, p. 378), Duponfavice c. préfet du Calvados.

1259. — Par ces mots : *l'avis du conseil municipal*, l'art. 12, L. 3 mai 1841, entend parler d'un avis *spécial* donné *après* la clôture du procès-verbal. — Dès-lors les opérations préalables au jugement d'expropriation doivent être réputées irrégulières, si le préfet a statué sur le vu d'un avis donné par le conseil municipal à une époque *antérieure*. — *Cass.*, 4 avr. 1843 (t. 1er 1843, p. 636), Soulbieu et Prevot c. préfet de l'Eure et comm. de Cintray; 4 juill. 1843 (t. 2 1843, p. 584), Verdier c. préfet du Nord; 21 août 1843 (t. 2 1843, p. 664), Reulos et Lemarfre c. comm. de Marcé.

1260. — Ainsi, disait M. l'avocat général Laplagne-Barris, lors du premier de ces deux arrêts, en cette matière le conseil municipal doit donner deux avis distincts : le premier doit précéder l'arrêté qui prescrit l'ouverture ou le redressement du chemin (V. LL. 1824 et 1836, spéciales pour le classement des chemins vicinaux); le deuxième doit intervenir après l'arrêté de classement, et lorsqu'il s'agit de savoir sur quelles propriétés particulières frappera l'expropriation pour les travaux partiels. C'est de ce dernier avis qu'il s'agit dans l'art. 12, L. 3 mai 1841. — Dans ce dernier cas, le conseil municipal remplace la commission spéciale instituée par les art. 8, 9 et 10, pour les autres cas d'expropriation.

1261. — Le préfet, en conseil de préfecture, sur le vu de ce procès-verbal, et sauf l'approbation de l'administration supérieure, prononce comme il est dit en l'art. 11, c'est-à-dire qu'il détermine par un arrêté motivé les propriétés qui doivent être cédées, et qu'il indique l'époque à laquelle il sera nécessaire d'en prendre possession. — L. 3 mai 1841, art. 12, § 3.

1262. — Ces mots de l'art. 12 : *le préfet en conseil de préfecture*, signifient, le préfet décidant seul après avoir pris l'avis des conseillers de préfecture. — Duvergier, *Collect. des lois*, t. 41, p. 134; Chauveau, *Princ. de compét. et de jurid. administ.*, *introduction*, p. 128.

1263. — Le jugement intervenu pour prononcer l'expropriation est nul si l'arrêté du préfet qui désigne le terrain à exproprier n'a pas été rendu en conseil de préfecture. — *Cass.*, 22 mai 1843 (t. 2 1843, p. 221), Mauduit c. préfet du Finistère.

1264. — D'après la discussion des chambres, ces mots : *sauf l'approbation de l'autorité supérieure*, ne s'appliqueraient qu'aux travaux d'intérêt communal pour lesquels cette approbation est exigée par les lois, et ils ne dérogeraient point à la loi de 1836 qui attribue aux préfets un pouvoir propre et définitif à l'égard des chemins vicinaux. — V. cependant Duvergier, t. 41, p. 135.

1265. — L'approbation, par le ministre de l'intérieur, de l'arrêté du préfet, peut intervenir valablement à toute époque de la procédure, pourvu seulement qu'elle précède le jugement d'expropriation. — *Cass.*, 11 août 1841 (t. 2 1841, p. 285), Desbrosses c. ville de la Rochelle.

1266. — L'arrêté par lequel le préfet, en conseil de préfecture, détermine les propriétés à exproprier pour l'exécution des travaux d'ouverture des chemins vicinaux doit être soumis à l'approbation de l'autorité supérieure dans le cas où l'avis du conseil municipal rendu à la suite du procès-verbal d'enquête ouvert conformément à l'art. 7 de la loi du 3 mai 1841 ne contient pas adhésion au tracé proposé. — Dès-lors le tribunal chargé de prononcer l'expropriation doit refuser de la prononcer tant que l'arrêté du préfet contraire à l'avis du conseil municipal n'a pas été revêtu de l'approbation de l'autorité supérieure. — *Cass.*, 31 mars 1845 (t. 1er 1845, p. 431), préfet de l'Ain c. Seigue-Martin.

1267. — Lorsque, après avoir rendu un premier arrêté pour ordonner l'ouverture d'un chemin vicinal et désigner les localités qu'il doit traverser, le préfet n'en a pas publié un second pour déterminer les propriétés particulières auxquelles l'expropriation est applicable, les opérations ultérieures et la décision du jury sont frappées de nullité. — *Cass.*, 30 avr. 1845 (t. 2 1845, p. 273), Desplats c. préfet du Tarn.

1268. — La déclaration d'utilité publique étant attribuée au conseil général du département lorsqu'il s'agit de déterminer la direction des chemins vicinaux de grande communication, il en résulte que le jugement qui prononce l'expropriation et qui ne peut être rendu que vérification faite de l'accomplissement des formalités prescrites par la loi, et notamment de la déclaration légale d'utilité publique, doit à peine de nullité viser la délibération de ce conseil général. — *Cass.*, 2 janv. 1844 (t. 1er 1844, p. 65), Duponfavice c. préfet du Calvados.

1269. — Les tribunaux ne peuvent ordonner la destruction de travaux administratifs, alors même que ces travaux auraient été exécutés sur une propriété privée avant la déclaration d'utilité publique et l'entier accomplissement des formalités préalables à l'expropriation. — *Nancy*, 26 déc. 1842 (t. 1er 1844, p. 12), Milard-Levrechon c. Varlet et préfet de la Meuse.

1270. — Quant à la composition du jury chargé de fixer l'indemnité, au mode d'opérer, aux pouvoirs dont est investi le juge chargé de présider et de diriger le jury, V. CHEMINS VICINAUX, nos 276 et suiv.

1271. — Toutefois, nous ajouterons que, conformément à ce qui est rapporté *loc. cit.* n° 279, le jury spécial ne conserve son caractère public et ses pouvoirs au-delà de l'année pour laquelle avait été formée la liste générale qu'autant que ses opérations sont commencées avant la clôture de la session du conseil général chargé de renouveler cette liste. — Dès-lors est nulle la décision rendue après le renouvellement de la liste par un jury désigné sur l'ancienne liste, mais qui n'avait pas antérieurement à ce renouvellement commencé ses opérations. — *Cass.*, 6 janv. 1846 (t. 1er 1846, p. 196), Gamare-Thillaye c. préfet du Calvados.

1272. — Le recours en cassation, soit contre le jugement qui prononce l'expropriation, soit contre la déclaration du jury qui règle l'indemnité, n'a lieu que dans les cas prévus et selon les formes déterminées par la loi du 7 juill. 1833. — L. 21 mai 1836, art. 16, § 6.

1273. — Le pourvoi formé par un préfet en matière d'expropriation des terrains nécessaires à la rectification de chemins vicinaux de grande communication n'étant pas formé dans un intérêt purement départemental, mais dans un intérêt public et général, il s'ensuit qu'un tel pourvoi est dispensé de la formalité préalable d'une consignation d'amende. — *Cass.*, 20 déc. 1842 (t. 1er 1843, p. 257), préfet d'Ille-et-Vilaine c. Thomas.

1274. — *Classement ou élargissement des chemins vicinaux.* — Pour tout ce qui concerne cette matière, il faut consulter ce que nous avons dit v° CHEMINS VICINAUX, nos 217 et suiv.

1275. — Nous rappellerons ici que, d'après l'art. 15, § 1er, L. 21 mai 1826, les arrêtés du préfet portant reconnaissance et fixation de la largeur d'un chemin vicinal, attribuent définitivement au chemin le sol compris dans les limites qu'ils déterminent.

1276. — L'arrêté d'un préfet qui classe un chemin au nombre des chemins vicinaux constitue en faveur de la commune un titre irréfragable qui ne laisse au propriétaire, se prétendant injustement dépossédé, qu'une action en indemnité. — *Nancy*, 6 août 1845 (t. 2 1845, p. 738), de Bourcier c. comm. de Ville-au-Val.

1277. — Ce pouvoir extraordinaire d'expropriation ne s'applique pas au classement des chemins ruraux. En conséquence, l'effet des arrêtés de classement de ces chemins est subordonné aux jugemens à intervenir sur les questions de propriété ou de servitude, dont les tribunaux seuls peuvent être saisis. — Même arrêt.

Sect. 2e. — *Alignemens.*

1278. — L'expropriation qui est le résultat d'un alignement n'est point, du moins pour la majeure partie des cas, assujétie aux formalités déterminées par la loi du 3 mai 1841. — Duvergier, *Coll. des lois*, t. 33, p. 278.

1279. — Cependant, quoique l'expropriation des terrains nécessaires pour l'alignement ou le redressement des rues anciennes ait lieu d'après les règles écrites d'une législation spéciale, l'autorité judiciaire est seule compétente pour prononcer sur l'indemnité due aux propriétaires expropriés. — Delalleau, *Tr. de l'expropr.*, p. 536; Discussion à la chambre, *Monit.* 10 fév. 1833, p. 339; Cormenin, *Dr. admin.*, 5e édit., t. 2, p. 482, note 4e; Isambert, *Tr. de la voirie*, 3e vol., p. 375 et 388; Gillon et Stourm, *C. des municip.*, p. 115.

1280. — Tout ce qui concerne l'expropriation en matière d'alignement a été traité vº ALIGNEMENT. — Il faut donc se reporter à ce mot, et principalement aux nos 216 et suiv. — Toutefois aux décisions rapportées il faut ajouter les suivantes :

1281. — La commission d'enquête ne peut, lorsque l'ouverture et le tracé direct d'une route ont été déclarés d'utilité publique, connaître que des réclamations relatives à l'application des alignemens particuliers en exécution du tracé général, et non de celles relatives au tracé général lui-même. — *Cass.*, 14 déc. 1842 (t. 1er 1843, p. 33), Maillier c. préfet de la Manche.

1282. — Lorsqu'une maison est démolie en partie pour l'élargissement d'une route, l'indemnité due pour la partie de maison démolie et celle due pour dépréciation de la partie de maison conservée doivent être réglées par l'autorité judiciaire, suivant les dispositions des lois sur l'expropriation pour cause d'utilité publique. — *Cons. d'état*, 4 sept. 1841, Lehmann.

1283. — De même, quand un particulier exproprié en vertu de la loi du 7 juill. 1833 est appelé, par suite d'alignement, à reprendre une partie de son terrain, le prix de cette partie de terrain doit être fixé par le jury conformément à l'art. 60 de ladite loi, et non par le conseil de préfecture conformément aux art. 50 et 51, L. 16 sept. 1807. — *Cons. d'état*, 30 août 1843, Charrin c. comm. de la Croix-Rousse.

1284. — C'est également par un jury spécial, constitué conformément à la loi du 3 mai 1841, que doit être fixée la somme à payer à l'état par le riverain d'une route royale qui acquiert un terrain qui, par suite du redressement de cette route, en est retranché et est délaissé par l'état. — *Cass.*, 11 août 1845 (t. 2 1845, p. 375), préfet de Seine-et-Marne c. Chabbal. — V. au surplus ALIGNEMENT, nos 229 et suiv.

1285. — Dès-lors, doit être cassé le jugement d'un tribunal de première instance qui, sous le prétexte que l'estimation du terrain cédé doit être faite conformément à l'art. 53, L. 16 sept. 1807, refuse de commettre un de ses membres pour remplir les fonctions de magistrat directeur du jury. — Même arrêt.

1286. — Dans le cas de démolition de tout ou partie d'un bâtiment, ordonnée pour cause de vétusté, sa reconstruction ne peut avoir lieu qu'à la charge par le propriétaire de se conformer à l'alignement arrêté par l'autorité administrative. — *Cass.*, 7 juill. 1829, ville de Douai c. Villette. — V. ALIGNEMENT, nos 238 et suiv.

1287. — Et si par l'effet de cet alignement, il est obligé de reculer, l'indemnité qui lui est due doit être estimée sur la valeur du terrain délaissé et non d'après tout le dommage résultant du reculement. — Même arrêt.

1288. — Les propriétaires dont les terrains se trouvent frappés de l'interdiction de bâtir par suite d'une ordonnance royale d'alignement ont qualité et intérêt à exercer l'action en indemnité qui leur est ouverte par l'ordonnance, encore bien qu'ils ne soient pas encore dépossédés de fait. — Dans tous les cas, ce défaut d'intérêt et de qualité ne pourrait être proposé, pour la première fois, devant la cour de Cassation. — *Cass.*, 4 déc. 1839 (t. 1er 1840, p. 164), ville de Paris c. comp. des marchés à fourrage.

1289. — La commune n'est pas recevable à opposer à ces propriétaires le défaut d'accomplissement des formalités de l'expropriation pour cause d'utilité publique; l'indemnité doit être payée malgré l'absence de ces formalités. — Même arrêt.

1290. — Dans le cas où le propriétaire d'une maison partiellement expropriée pour cause d'agrandissement d'une route départementale a acquiescé au jugement d'expropriation par l'exécution qu'il y a donnée, l'indemnité à laquelle il a droit ne peut être réglée eu égard seulement au terrain dont s'empare l'administration, comme celle qui serait due à celui qui démolit volontairement sa maison, ou qui est contraint de la démolir à cause de vétusté; dès-lors, le jury d'expropriation procède légalement en attribuant à ce propriétaire, outre une indemnité pour prix de l'emplacement cédé à la route, une seconde indemnité pour dépréciation de la maison. — *Cass.*, 15 janv. 1844 (t. 1er 1844, p. 683), préfet du Var c. Verlaque.

1291. — Lorsqu'une ordonnance royale, en autorisant l'ouverture d'une voie publique, a autorisé également les propriétaires de terrains frappés d'interdit à forcer la ville à faire, même avant l'établissement de la voie, l'acquisition de leurs terrains, l'intérêt de ce prix ne leur est pas dû à partir du jour où ils ont requis l'alignement et où une expertise contradictoire a fixé la valeur des terrains abandonnés, mais seulement à partir du jour de la décision judiciaire qui statue sur la dépossession des terrains. — *Cass.*, 4 déc. 1839 (t. 1er 1840, p. 164), ville de Paris c. compagnie des marchés à fourrage. — V. au surplus ALIGNEMENT, nº 249.

Sect. 3e. — *Halles.*

1292. — La loi du 28 mars 1790 a permis aux communes de contraindre tout propriétaire de halles à les leur vendre ou à les leur louer. — V. HALLES.

1293. — Et cette disposition s'appliquait indistinctement aux halles possédées par des seigneurs et à celles qui appartenaient à des particuliers. — *Bordeaux*, 30 avr. 1830, Maynard. c. commune de Saint-Savin.

1294. — Toutefois, les propriétaires ne peuvent être dépossédés qu'après avoir reçu l'indemnité préalable qui leur est due aux termes de l'art. 545, C. civ. — *Cons. d'état*, 26 mars 1814, Delamarre c. préfet de l'Eure; 2 juin 1819, Brichet c. commune de Lannion.

1295. — Cette expropriation du propriétaire de la halle étant alors une expropriation pour utilité publique, il y a lieu d'appliquer les principes proclamés d'abord par la loi du 8 mars 1810 et ensuite par les lois des 7 juill. 1833 et 3 mai 1841. — Delalleau, t. 2, nº 1150.

1296. — Décidé, en conséquence, que le préfet est incompétent pour ordonner que le propriétaire d'une halle en sera dépossédé au profit d'une commune. Il doit se borner à prendre des mesures pour forcer le propriétaire de cette halle soit à la vendre, soit à la louer, soit à provoquer un tarif des droits qu'il pourra percevoir, sauf aux parties à se pourvoir en cas de difficulté devant le conseil de préfecture. — *Cons. d'état*, 26 mars 1814, Delamarre c. préfet de l'Eure.

1297. — ...Que le conseil de préfecture commet un excès de pouvoir et empiète sur les attributions de l'autorité judiciaire en ordonnant, dans ce cas, une expertise à l'effet de déterminer la valeur des halles. — *Cons. d'état*, 2 juin 1819, Brichet c. comm. de Lannion.

1298. — L'indemnité due au propriétaire d'une halle par une commune qui l'oblige à la lui vendre, doit être calculée non seulement d'après la valeur intrinsèque du sol, mais encore d'après le revenu que le propriétaire peut en retirer par la location des places aux marchands; ce revenu présumé est un des élémens indispensables d'une juste évaluation. — *Bordeaux*, 30 avr. 1830, Maynard c. comm. de Saint-Savin.

1299. — Lorsqu'un particulier a refusé soit de vendre, soit de louer à une commune un emplacement servant à une foire ou à un marché et que cette commune destinait à une halle, la commune peut poursuivre et le tribunal prononcer l'expropriation pour cause d'utilité, sans laisser au particulier la faculté d'opter entre la location et l'aliénation. — *Cass.*, 9 juin 1834, héritiers de Montmorency c. comm. de Fontaine-Ledun.

Sect. 4e. — *Dessèchement de marais.*

1300. — Il n'y a pas expropriation dans le mode le plus ordinaire de dessèchement des marais, et qui consiste à faire exécuter les travaux par des concessionnaires auxquels on attribue une partie de la plus-value acquise aux terrains par le dessèchement.

1301. — Mais comme il peut se présenter des cas où, soit par les obstacles de la nature, soit par les oppositions persévérantes des propriétaires, on ne pourrait parvenir au dessèchement, alors le propriétaire ou les propriétaires de la totalité des marais peuvent être contraints à délaisser leur propriété. — L. 16 sept. 1807, art. 24.

1302. — Pour parvenir à la dépossession des propriétaires, dépossession qui constitue une véritable expropriation, la loi du 16 sept. 1807 traçait des formes différentes de celles qui ont été ensuite établies par la loi du 8 mars 1810 et par celles des 7 juill. 1833 et 3 mars 1841.

1303. — On pense assez généralement qu'il faudrait suivre aujourd'hui les dispositions de la loi du 3 mai 1841. — Delalleau, *Tr. de l'expropriation*, t. 2, nº 1449; Favard de Langlade, *Rép. de la nouvelle législation*, vº *Expropriation pour cause d'utilité publique*, nº 15; Cormenin, *Dr. admin.*, 5e édit., t. 2, p. 300. — V. cependant Stourm et Gillon, *Code des municipalités, loi sur l'expropriation*, p. 116, et Cotelle, *Cours de dr. admin.*, tit. 1er, liv. 7, p. 374, 1re édit. — V. au surplus MARAIS.

CHAPITRE VII. — *Tarif des frais et dépens.*

1304. — Le tarif des frais et dépens pour les actes faits en vertu de la loi du 7 juill. 1833, sur l'expropriation pour cause d'utilité publique, a été ainsi fixé par l'ord. royale du 18 sept. 1833.

Sect. 1re. — *Huissiers.*

1305. — Il est alloué à tous huissiers 1 fr. pour l'original. — Ord. 18 sept. 1833, art. 1er.

1306. — ... 1º De la notification de l'extrait du jugement d'expropriation aux personnes désignées dans les art. 15 et 22, L. 7 juill. 1833.

1307. — ... 2º De la signification de l'arrêt de la cour de Cassation. — Art. 20 et 42.

1308. — ... 3º De la dénonciation de l'extrait du jugement d'expropriation aux ayant-droit mentionnés aux art. 21 et 22.

1309. — ... 4º De la notification de l'arrêté du préfet qui fixe la somme offerte pour indemnité. — Art. 23.

1310. — ... 5º De l'acte contenant acceptation des offres faites par l'administration, avec signification, s'il y a lieu, des autorisations requises. — Art. 24, 25 et 26.

1311. — ... 6º De l'acte portant convocation des jurés et des parties, avec notification aux parties d'une expédition de l'arrêt par lequel la cour royale a formé la liste du jury. — Art. 31 et 33.

1312. — ... 7º De la notification au juré défaillant de l'ordonnance du directeur du jury qui l'a condamné à l'amende. — Art. 32.

1313. — ... 8º De la notification de la décision du jury revêtue de l'ordonnance d'exécution. — Art. 41.

1314. — ... 9º De la sommation d'assister à la consignation dans le cas où il n'y aura pas eu d'offres réelles. — Art. 54.

1315. — ... 10º De la sommation au préfet pour qu'il soit procédé à la fixation de l'indemnité. — Art. 55.

1316. — ... 11º De l'acte contenant réquisition par le propriétaire de la consignation des sommes offertes, dans le cas où cette réquisition n'a pas été faite par l'acte même d'acceptation. — Art. 59.

1317. — ... 12º Et généralement de tous actes simples auxquels peut donner lieu l'expropriation. Ainsi, c'est le même salaire que celui qui est fixé par l'art. 71, nº 1er, décret du 18 juin 1811. — V. Dalmas, *Frais de just. en mat. crim.*, etc., p. 175.

1318. — Il est alloué à tous les huissiers 1 fr. 50 c. pour l'original (ord. 18 sept. 1833, art. 2) : — 1º de la notification du pourvoi en cassation formé soit contre le jugement d'expropriation, soit contre la décision du jury. — L. 7 juill. 1833, art. 20 et 42.

1319. — ... 2º De la dénonciation faite au directeur du jury par le propriétaire ou l'usufruitier des noms et qualités des ayant-droit mentionnés au § 1er de l'art. 21 de la loi. — Art. 21 et 22.

1320. — ... 3º De l'acte par lequel les parties intéressées font connaître leurs réclamations. — Art. 18, 21, 39, 52 et 54.

1321. — ... 4º De l'acte d'acceptation des offres de l'administration avec réquisition de consignation. — Art. 24 et 59

1322. — ... 5º De l'acte par lequel la partie qui refuse les offres de l'administration indique le montant de ses prétentions. — Art. 17, 24, 28 et 53.

1323. — ... 6º De l'opposition formée par un juré à l'ordonnance du magistrat directeur du jury qui l'a condamné à l'amende. — Art. 32.

1324. — ... 7º De la réquisition du propriétaire tendant à l'acquisition de la totalité de son immeuble. — Art. 50.

1325. — ... 8º De la demande à fin de rétrocession des terrains non employés à des travaux d'utilité publique. — Art. 60 et 61.

1326. — ... 9º De la demande tendant à ce que l'indemnité d'une expropriation déjà commencée soit réglée conformément à la loi du 7 juill. 1833. — Art. 68.

1327. — ... 10º Enfin, de tous actes qui, par leur nature, peuvent être assimilés à ceux dont l'énumération précède. — V. au surplus décr. 16 fév. 1807, art. 29. — V. aussi Chauveau, *Comment. du tarif*, t. 1er, p. 78, 83, 126 et 302, et t. 2, p. 279, 280, 374, 380, 382, 383, 396, 399 et 418.

1328. — Il est alloué à tous huissiers, pour l'original (ord. 18 sept. 1833, art. 3): 1° du procès-verbal d'offres réelles, contenant le refus ou l'acceptation des ayant-droit et sommation d'assister à la consignation (L. 7 juill. 1833, art. 53), 2 fr. 25 c.

1329. — ... 2° Du procès-verbal de consignation, qu'il y ait ou non offres réelles (art. 49, 53 et 54), 4 fr. — V. au surplus décr. 16 sept. 1807, art. 59 et 60; — Chauveau, *Comment. du tarif*, t. 2, p. 291, 294 à 299.

1330. — Il est alloué, pour chaque copie des exploits ci-dessus, le quart de la somme fixée pour l'original. — Ord. 18 sept. 1833, art. 4.

1331. — Lorsque les copies de pièces dont la notification a lieu en vertu de la loi sont certifiées par l'huissier, il lui est payé 30 cent. par chaque rôle, évalué à raison de vingt-huit lignes à la page et quatorze à seize syllabes à la ligne (art. 57). — Ord. 18 sept. 1833, art. 5.

1332. — Cette taxe, ainsi que le fait remarquer M. de Dalmas (*loc. cit.*), est la moindre de celles que fixe l'art. 71, n° 10, du décret du 18 juin 1811; mais l'ordonnance n'exige que vingt-huit lignes à la page et quatorze à seize syllabes à la ligne; d'ailleurs il n'est pas défendu, comme dans le tarif criminel, de compter le premier rôle. Cette double innovation, ajoute-t-il, a été motivée sur l'utilité qu'il y a à rendre les copies d'huissier en tout semblables aux expéditions des greffiers, afin qu'elles puissent se contrôler réciproquement et faciliter ainsi la surveillance des magistrats chargés de les taxer.

1333. — Les copies de pièces déposées dans les archives de l'administration qui sont réclamées par les parties dans leur intérêt, pour l'exécution de la loi, et qui sont certifiées par les agens de l'administration, sont payées à l'administration sur le même taux que les copies certifiées par les huissiers. — Ord 18 sept. 1833, art. 6.

1334. — Il est alloué à tous huissiers 50 cent. pour tout visa de leurs actes, dans le cas où cette formalité est prescrite. — Ce droit est double si le refus du fonctionnaire, qui doit donner le visa, oblige l'huissier à se transporter auprès d'un autre fonctionnaire (art. 8). — V. au surplus déc. 16 fév. 1807, art. 66, § 4 et 5; — Chauveau, *Comment. du tarif*, t. 1er, p. 38 et 118, et t. 2, p. 101, 119, 142, 163, 170, 173, 192, 219, 220, 269 à 454.

1335. — Les huissiers ne peuvent rien réclamer pour le papier des actes par eux notifiés ni pour l'avoir fait viser pour timbre. — Ils doivent employer du papier d'une dimension égale au moins à celle des feuilles assujéties au timbre de 70 cent. — Art. 8 — V. TIMBRE.

Sect. 2e. — *Greffiers.*

1336 — Tous extraits ou expéditions délivrés par les greffiers en matière d'expropriation pour utilité publique doivent être portés sur papier d'une dimension égale à celle des feuilles assujéties au timbre de 1 fr. 25 cent. — Ils doivent contenir vingt-huit lignes à la page et quatorze à seize syllabes à la ligne. — Ord. 18 sept. 1833, art. 9.

1337. — Il est alloué aux greffiers 40 cent. pour chaque rôle d'expédition ou d'extrait. — Art. 10.

1338. — Il leur est alloué, pour la rédaction du procès-verbal des opérations du jury spécial, 5 fr. pour chaque affaire terminée par décision du jury rendue exécutoire. — Néanmoins, cette allocation ne peut jamais excéder 15 fr. par jour, quel que soit le nombre des affaires; et, dans ce cas, ladite somme de 15 fr. doit être répartie également entre chacune des affaires terminées le même jour. — Art. 11.

1339. — L'état des dépens est rédigé par le greffier. — Celle des parties qui requiert la taxe doit, dans les trois jours qui suivent la décision du jury, remettre au greffier toutes les pièces justificatives. — Le greffier paraphe chaque pièce admise en taxe, avant de la remettre à la partie. — Art. 12.

1340. — Il est alloué au greffier 10 cent. pour chaque article de l'état des dépens, y compris le paraphe des pièces. — Art. 13.

1341. — L'ordonnance d'exécution du magistrat directeur du jury indique la somme des dépens et la proportion dans laquelle chaque partie doit les supporter. — Art. 14.

1342. — Au moyen des droits ci-dessus accordés aux greffiers, il ne leur est alloué aucune autre rétribution à aucun titre, sauf les droits de transport dont il est ci-après parlé; et ils demeurent chargés: 1° du traitement des commis-greffiers, s'il était besoin d'en établir pour le service des assises spéciales; 2° de toutes les fournitures de bureau nécessaires pour la tenue de ces assises; 3° de la fourniture du papier des expéditions ou extraits, qu'ils doivent aussi faire viser pour timbre. — Art. 15.

1343. — Ainsi, les greffiers ayant leurs droits taxés par l'ordonnance du 18 sept. 1833 ne peuvent exiger les droits ordinaires tels qu'ils sont déterminés par la loi du 21 vent. an VII. — V. rapport au roi (*Monit.* 21 sept. 1833).

Sect. 3e. — *Indemnités de transport.*

1344. — Lorsque les assises spéciales se tiennent ailleurs que dans la ville où siége le tribunal, le magistrat directeur du jury a droit à une indemnité fixée de la manière suivante: s'il se transporte à plus de cinq kilomètres de sa résidence, il reçoit pour tous frais de voyage, de nourriture, de séjour, une indemnité de 9 fr. par jour; s'il se transporte à plus de deux myriamètres, l'indemnité est de 12 fr. par jour. — Ordonn. 18 sept. 1833, art. 16.

1345. — Dans le même cas, le greffier ou son commis assermenté reçoit 6 ou 8 fr. par jour, suivant que le voyage est de plus de cinq kilomètres ou de plus de deux myriamètres, ainsi qu'il est dit dans l'article précédent. — Art. 17.

1346. — Les jurés qui se transportent à plus de deux kilomètres du lieu où se trouvent les assises spéciales, pour les descentes sur les lieux autorisées par l'art. 37, L. 7 juill. 1833, reçoivent, s'ils en font la demande formelle, une indemnité qui est fixée, pour chaque myriamètre parcouru, en allant et revenant, à 2 fr. 50 c. — Il ne leur est rien alloué pour toute autre cause que ce soit, à raison de leurs fonctions, si ce n'est dans le cas de séjour forcé en route, comme il est dit ci-après dans l'art. 24. — Art. 18.

1347. — Les personnes qui sont appelées pour éclairer le jury, conformément à l'art. 32 précité, reçoivent, si elles le requièrent, savoir: quand elles ne sont pas domiciliées à plus d'un myriamètre du lieu où elles doivent être entendues, pour indemnité de comparution, 1 fr. 50 c; quand elles sont domiciliées à plus d'un myriamètre, pour indemnité de voyage, lorsqu'elles ne sont pas sorties de leur arrondissement, 1 fr. par myriamètre parcouru en allant et revenant; et lorsqu'elles sont sorties de leur arrondissement, 1 fr. 50 c.; dans le cas où l'indemnité de voyage est allouée, il ne doit être accordé aucune taxe de comparution. — Art. 19.

1348. — Les personnes appelées devant le jury, qui reçoivent un traitement quelconque à raison d'un service public, n'ont droit qu'à l'indemnité de voyage, s'il y a lieu et si elles le requièrent. — Art. 20.

1349. — Les huissiers qui instrumentent dans la procédure en matière d'expropriation pour utilité publique reçoivent, lorsqu'ils sont obligés de se transporter à plus de deux kilomètres de leur résidence, 1 fr. 50 c. pour chaque myriamètre parcouru en allant et en revenant, sans préjudice de l'application de l'art. 35, décr. 14 juin 1813. — Art. 21.

1350. — Les indemnités de transport ci-dessus établies sont réglées par myriamètre et demi-myriamètre. Les fractions de huit ou neuf kilomètres sont comptées pour un myriamètre, et celles de trois à huit kilomètres pour un demi-myriamètre. — Art. 22.

1351. — Les distances sont calculées d'après le tableau dressé par les préfets, conformément à l'art. 93, décr. 18 juin 1811. — Art. 23.

1352. — Lorsque les individus ci-dessus dénommés sont arrêtés dans le cours du voyage par force majeure, ils reçoivent en indemnité, pour chaque jour de séjour forcé, savoir: les jurés, 2 fr. 50 c.; les personnes appelées devant le jury et les huissiers, 1 fr. 50 c. — Ils sont tenus de faire constater par le juge de paix, et à son défaut par l'un des suppléans ou par le maire, et à son défaut par l'un de ses adjoints, la cause du séjour forcé en route, et d'en représenter le certificat à l'appui de leur demande en taxe. — Art. 24.

1353. — Si les personnes appelées devant le jury sont obligées de prolonger leur séjour dans le lieu où se fait l'instruction, et que ce lieu soit éloigné de plus d'un myriamètre de leur résidence, il leur est alloué, pour chaque journée, une indemnité de 2 fr. — Art. 25.

1354. — Les indemnités des jurés et des personnes appelées pour éclairer le jury sont acquittées comme frais urgens par le receveur de l'enregistrement, sur un simple mandat du magistrat directeur du jury, lequel mandat doit, lorsqu'il s'agit d'un transport, indiquer le nombre des myriamètres parcourus, et, dans tous les cas, faire mention expresse de la demande d'indemnité. — Art. 26.

1355. — Sont également acquittées par le receveur de l'enregistrement les indemnités de déplacement que le magistrat directeur du jury et son greffier peuvent réclamer lorsque la réunion du jury a lieu dans une commune autre que le chef-lieu judiciaire de l'arrondissement. Le paiement est fait sur état certifié et signé par le magistrat directeur du jury, indiquant le nombre des journées employées au transport, et la distance entre le lieu où siége le jury et le chef-lieu judiciaire de l'arrondissement. — Art. 27.

1356. — Dans tous les cas, les indemnités de transport allouées au magistrat directeur du jury et au greffier restent à la charge soit de l'administration, soit de la compagnie concessionnaire qui a provoqué l'expropriation, et ne peuvent entrer dans la taxe des dépens. — Art. 28.

Sect. 4e. — *Dispositions générales.*

1357. — Il n'est alloué aucune taxe aux agens de l'administration autorisés, par la loi du 7 juill. 1833, à instrumenter concurremment avec les huissiers. — Ord. 18 sept. 1833, art. 29.

1358. — Le greffier tient exactement note des indemnitées aux jurés et aux personnes qui sont appelées pour éclairer le jury, et en porte le montant dans l'état de liquidation des frais. — Art. 30.

1359. — L'administration de l'enregistrement se fait rembourser de ses avances comprises dans la liquidation des frais, par la partie qui est condamnée aux dépens, en vertu d'un exécutoire délivré par le magistrat directeur du jury, et selon le mode usité pour le recouvrement des droits dont la perception est confiée à cette administration. — Art. 31. — V. ENREGISTREMENT.

1360. — Quant aux indemnités de transport payées au magistrat directeur du jury et au greffier, et qui, suivant l'art. 28 ci-dessus, ne peuvent entrer dans la taxe des dépens, l'administration de l'enregistrement en est remboursée, soit par l'administration, soit par la compagnie concessionnaire qui a provoqué l'expropriation. — Même art. 31.

EXPULSION.

V. BAIL, ÉTRANGERS, RÉFUGIÉS.

EXTERRITORIALITÉ.

V. AGENT DIPLOMATIQUE.

EXTINCTION.

1. — Action de mettre fin à une chose, de l'anéantir.

2. — Les manières d'éteindre ou d'anéantir les droits et obligations en tout ou en partie sont en assez grand nombre. On peut, dit Toullier (*Dr. civ.* t. 7 n° 2), les réduire aux suivantes:

3. — ... 1° Le consentement mutuel des parties, sous lequel on peut comprendre la remise de la dette, les transactions et même les novations et les délégations qui ne peuvent s'opérer que par le consentement mutuel. — V. CONSENTEMENT, DÉLÉGATION, NOVATION, REMISE DE LA DETTE, TRANSACTION.

4. — ... 2° Quelquefois la volonté d'une seule des parties; lorsque, par exemple, la convention porte qu'il sera libre à l'une d'elles ou à toutes les deux de rompre le contrat à volonté, ou lorsque cela résulte de la nature du contrat, comme la société, le mandat et tous les contrats qui participent de sa nature, la cession volontaire ou l'abandonnement et en certain cas le cautionnement. — V. CAUTIONNEMENT, CESSION DE BIENS, MANDAT, SOCIÉTÉ.

5. — ... 3° L'accomplissement ou l'exécution de l'obligation, c'est-à-dire le paiement, sous lequel on peut comprendre la cession de biens, l'abandon par hypothèque, le déguerpissement et la compensation. — V. CESSION DE BIENS, COMPENSATION, DÉGUERPISSEMENT, HYPOTHÈQUE, PAIEMENT.

6. — ... 4° La substitution d'un second engagement au premier; en sorte que le second seul subsiste et que le premier soit anéanti, comme dans le cas de la novation, de la délégation, qui, bien qu'elles s'opèrent par le consentement mutuel, ont des règles qui leur sont particulières. — V. DÉLÉGATION, NOVATION.

7. — ... 5° La confusion, qui se fait par la réunion dans la même personne des qualités de créancier et de débiteur. — V. CONFUSION DE DETTES.

8. — ... 6° La perte de la chose due, ou sa détérioration sans la faute du débiteur. — V. PERTE DE LA CHOSE.

9. — ... 7° Le jugement ou la décision arbitrale qui déclare l'engagement nul, ou qui le rescinde en tout ou en partie. — V. NULLITÉ, RESCISION.

10. — ... 8° La prestation du serment déféré au dé-

biteur. — V. SERMENT JUDICIAIRE ET EXTRAJUDICIAIRE.

11. — ... 9° Le temps fixé par la convention ou par la loi (par exemple en matière de cautionnement) et l'événement de la condition résolutoire. — V. CAUTIONNEMENT, CONDITION, TERME.

12. — ... 10° La mort du créancier ou du débiteur. — V. CRÉANCIER, DÉCÈS, OBLIGATION PERSONNELLE ET RÉELLE.

13. — ... 11° Enfin la loi qui peut en certains cas anéantir les obligations même conventionnelles, les modifier ou en suspendre l'exécution. — V. LOI, NULLITÉ, PRESCRIPTION.

14. — Cette nomenclature retrace, comme on le voit, les différens cas énoncés dans l'art. 1234, C. civ., et en contient quelques autres qui ne s'y trouvent pas. — V. au surplus OBLIGATION.

15. — Outre ces modes d'extinction des droits et obligations en général, il peut y avoir des modes d'extinction particuliers, pour certaines espèces de contrats.

16. — Les servitudes s'éteignent : 1° par l'impossibilité d'user des choses (C. civ., art. 703); 2° par la réunion dans la même main du fonds dominant et du fonds servant (art. 705); 3° par le non-usage pendant trente ans (art. 706). — V. SERVITUDE

17. — L'obligation qui résulte du cautionnement s'éteint par les mêmes causes que les autres obligations. — V. CAUTIONNEMENT.

18. — Les priviléges et hypothèques s'éteignent : 1° par l'extinction de l'obligation principale; 2° par la renonciation du créancier à l'hypothèque; 3° par l'accomplissement des formalités de la purge (V. PURGE); 4° par la prescription (C. civ., art. 2180.) — V. HYPOTHÈQUE, PRIVILÉGE.

EXTINCTION DES FEUX OU DE LA CHANDELLE.

V. FEUX (Adjudication).

EXTORSION DE TITRES ET SIGNATURES.

1. — L'extorsion dont s'occupe la loi pénale consiste, aux termes de l'art. 400, dans le fait d'avoir « extorqué la signature ou la remise d'un écrit, d'un acte, d'un titre, d'une pièce quelconque contenant ou opérant obligation, disposition ou décharge. »

2. — Elle constitue un *crime* lorsqu'elle est accompagnée de l'emploi de *la force, de la violence ou de la contrainte* (art. 400), et, dans ce cas, elle est punie de la peine des travaux forcés à temps. — Même article.

3. — Mais si elle est dépouillée de ces trois circonstances constitue-t-elle un fait punissable?

4. — La cour de Cassation a résolu cette question affirmativement et décidé, en se fondant sur ce que l'art. 400 est rangé sous la rubrique *vols*, que dans ce cas le fait d'extorsion constitue un *vol simple*, prévu et réprimé par l'art. 401, C. pén. — *Cass.*, 7 oct. 1831, Rippert; 30 avr. 1830, Bardet. — Chauveau et Hélie, t. 7, p. 211.

5. — D'où il a été conclu que si les jurés ont déclaré un individu coupable d'extorsion de signature, mais sans contrainte, la cour d'assises ne peut se dispenser de lui appliquer la peine de l'art. 401. — Mêmes arrêts.

6. — Toutefois, en rapportant le premier de ces arrêts, nous avons cru devoir faire remarquer que l'argument tiré de la rubrique où se trouve placée la disposition de l'art. 400 paraît peu décisif. « La force, la violence, la contrainte, avons-nous dit, jointes à une extorsion de titre, caractérisent formellement la soustraction frauduleuse prévue par l'art. 379, qui domine toute la section. C'était donc dans la rubrique du vol que devait être placé le crime d'extorsion de titres. Mais si l'on écarte la force, la violence, la contrainte, le débat se trouve circonscrit dans l'interprétation du mot *extorquer* qui, pris isolément, peut n'avoir plus la même signification. On est donc fondé à répliquer que si la disposition de l'art. 400 est placée sous la rubrique du *Vol*, c'est par des motifs étrangers à la question spéciale et qui ne peuvent aider en rien à sa solution. Or, s'il est vrai que le mot *extorquer* ne se prenne qu'en mauvaise part, il ne suit pas de là qu'il emporte nécessairement la fraude telle que la loi l'exige pour constituer le vol, ni même celle de la soustraction, qui en forme également une condition substantielle. Ainsi, quand on dit d'une personne qu'à force d'importunités elle a extorqué la signature d'une autre personne, cela ne signifie pas que la signature ait été volée; les importunités ne sont pas une fraude, et l'extorsion ne peut s'entendre ici que d'une remise volontaire. Cet exemple suffit pour démontrer que le mot *extorquer* n'a pas, par lui-même, le sens exigé par l'art. 379, C. pén.; qu'il rentre dans sa disposition ou s'en éloigne, selon l'influence qu'exercent sur lui les autres expressions qui l'accompagnent. — Dans tous les cas il y a doute, et c'en est assez pour faire rejeter un système qui exposerait les jurés à une erreur des plus funestes. »

7. — Quoi qu'il en soit, et de ce que l'extorsion est, suivant la jurisprudence ci-dessus indiquée, réputée *vol*, il a été conclu que l'art. 380 est applicable à ce cas, et que dès-lors aucune peine ne doit être prononcée *contre la femme* qui a extorqué par force, violence et contrainte, la signature de deux écrits contenant obligation de son mari au profit d'un tiers. — *Cass.*, 8 fév. 1840 (t. 2 1840, p. 537), Marchetti; — Chauveau et Hélie, t. 7, p. 210; Carnot, t. 2, sur l'art. 400, n° 3. — V. *contrà* Rauter, t. 2, p. 132 et 134, n° 586.

8. — Le *vol* ne pouvant se constituer que par la soustraction frauduleuse *de la chose d'autrui*, aux termes de l'art. 379, si la force, la violence ou la contrainte employées n'avaient eu pour but que d'arriver à la remise d'un écrit qui *serait retenu sans droit* par l'individu auquel il aurait été enlevé, elles ne constitueraient que des voies de fait. — Carnot, *loc. cit.*, n° 4.

9. — Du reste, il est indifférent que l'objet extorqué ait dû tourner au profit de celui qui commet l'extorsion, ou au profit d'un tiers. — Rauter, t. 2, p. 130.

10. — Le crime ou le délit d'extorsion n'existe qu'autant que l'écrit signé ou remis contient ou opère obligation, disposition ou décharge. — Chauveau et Hélie, t. 7, p. 212; Carnot, n° 6.

11. — Le mot *disposition* comprend, en général, tous les actes qui, sans contenir précisément une obligation ou une décharge, peuvent intéresser cependant la fortune du signataire ou du propriétaire; par exemple, suivant MM. Chauveau et Hélie (t. 7, p. 213), les testamens et les actes qui ont pour objet de les révoquer.

12. — Mais faut-il comprendre dans cette expression les écrits qui peuvent intéresser, non la fortune de celui qui les a souscrits, mais son honneur ou sa réputation?

13. — MM. Chauveau et Hélie (t. 7, p. 213) soutiennent la négative par le motif que les mots *contenant disposition, obligation ou décharge* supposent nécessairement la possibilité d'un préjudice matériel, d'une lésion portant sur les biens. — Et c'est ce qu'ils soutiennent également en matière de destruction de titres. — V. DESTRUCTION DE TITRES ET ACTES, n° 26. — *Contrà* Carnot, *loc. cit.*, n° 7.

14. — Il avait de même été jugé, avant le Code pénal, que pour qu'il y ait crime d'extorsion de signature, il faut que l'écrit dont la signature a été extorquée emporte obligation ou décharge; et qu'ainsi la peine de ce crime ne peut pas être appliquée à l'individu qui a extorqué par violence la signature d'un fonctionnaire public sur un passeport. — *Cass.*, 19 messid. an VII, Marchand, dit Marjoz.

15. — C'est par la même raison qu'il a été décidé que l'extorsion d'une signature sur un papier blanc, par force ou par violence, ne constitue pas de délit. — *Cass.*, 7 messid. an IX, Baux.

16. — Néanmoins, le même arrêt décide avec raison qu'il suffirait, pour que le fait punissable existât, que l'extorsion eût été faite dans l'intention d'adapter à la signature un écrit emportant obligation ou décharge.

17. — Jugé aussi que lorsqu'il résulte de l'acte d'accusation que l'accusé a extorqué par violence une signature sur un papier blanc, dans l'intention d'y adapter un écrit emportant obligation ou décharge, il ne suffit pas de demander au jury si l'accusé a agi méchamment et dans l'intention du crime : qu'il faut lui demander si l'accusé a agi dans l'intention d'adapter à la signature un écrit emportant obligation ou décharge. — Même arrêt.

18. — Suivant M. Rauter (*Dr. crim. fr.*, t. 2, p. 131), il suffit, pour que le crime existe, que l'acte extorqué ait eu une forme extérieure telle qu'elle ait pu induire en erreur sur la validité de l'acte : la circonstance que l'acte extorqué est ou non valable en la forme est indifférente.

19. — Et il a été jugé, en ce sens, que les nullités de forme qui auraient pu se glisser dans des billets extorqués ne changent rien au caractère du crime d'extorsion de titres, et que, dès-lors, il n'est pas nécessaire d'interroger le jury sur la validité des billets qu'on reproche à l'accusé d'avoir extorqués. — *Cass.*, 6 fév. 1812, Morin.

20. — Toutefois, MM. Chauveau et Hélie (t. 7, p. 214) font remarquer que, dans l'espèce de l'arrêt précité, les billets, malgré l'état imparfait de leur rédaction, étaient, ainsi que la cour de Cassation l'a elle-même reconnu, *susceptibles d'obligation* : or, cela suffisait pour que l'art. 400 dût recevoir son application.

21. — Les mêmes auteurs (t. 7, p. 214) proposent une distinction. Si l'acte est nul mais d'une nullité indépendante de la volonté de l'agent et par une circonstance qu'il n'avait pas prévue, quoique irrégulier et privé de sa force, il peut être considéré comme une tentative du crime d'extorsion. Si l'acte est au contraire atteint d'un vice radical qui rend impossible tout préjudice, il échappe à toute répression.

22. — Au surplus, il faut appliquer à la matière de l'extorsion de titres et de signatures ce qui est dit à l'égard de la destruction des titres emportant obligation ou décharge. — V. DESTRUCTION DE TITRES ET ACTES, n°s 27 et suiv.

23. — Et il faut reconnaître aussi, comme en matière de destruction de titres, que le fait que l'acte extorqué contenait obligation étant constitutif du crime d'extorsion, l'accusation n'est pas purgée lorsque le jury n'a pas répondu sur ce fait constitutif. — DESTRUCTION DE TITRES ET ACTES, n° 25.

24. — *La violence* est un élément constitutif de l'extorsion en *tant que crime*; et la loi a voulu l'atteindre sous quelque forme qu'elle se présentât, comme le prouve l'art. 400, qui exige que l'extorsion soit effectuée par force, violence ou contrainte.

25. — La contrainte est la violence morale. Il suffit, aux termes de l'art. 1112, C. civ., qu'elle soit de nature à faire impression sur une personne raisonnable, et qu'elle ait pu lui inspirer la crainte d'exposer sa personne ou sa fortune à un mal considérable et présent. — Chauveau et Hélie, t. 2, p. 302, n° 5. — V. CONTRAINTE.

26. — Il n'est pas nécessaire que les trois modes d'extorsion, *violence*, *force*, *contrainte*, concourent ensemble; il suffit d'un seul pour la formation du crime. — Chauveau et Hélie, t. 7, p. 216.

27. — Ainsi, l'extorsion de signatures ou de remises d'actes ou titres, pouvant se faire de trois manières distinctes, savoir par force, par violence ou par contrainte, les jurés peuvent, sans tomber en contradiction, répondre négativement sur deux de ces circonstances et affirmativement sur la troisième. — *Cass.*, 15 janv. 1825, Candon.

28. — La *surprise* n'a pas été assimilée par la loi à la force, la violence et à la contrainte « En effet, dit Carnot (*loc. cit.*, n° 9), on n'aurait pu l'y assimiler sans donner un trop puissant aliment à l'arbitraire : l'enlèvement des pièces par cette voie ne peut constituer qu'une escroquerie ou qu'un abus de confiance qui doit bien être puni, mais qui n'a pas un caractère aussi grave que le fait prévu et réprimé par l'art. 400.

29. — Il a été jugé que la peine pour extorsion par violence d'un acte ou d'une signature n'est applicable qu'à l'extorsion équipollente au vol par violence; qu'ainsi, l'arrêt de condamnation est nul s'il est intervenu sans déclaration légale du jury *sur la moralité et la violence*. — *Cass.*, 21 mai 1807, Dewilde et Gay.

30. — La tentative d'extorsion est punissable comme le fait consommé; et ceux qui s'en seraient rendus complices seraient passibles de la même peine que l'auteur de la tentative. — Carnot, art. 400, n° 10.

31. — Il a été jugé que acheter des pistolets, les charger, disposer un caveau, des chaînes, écrire les billets que l'on se propose d'extorquer, faire monter en voiture et conduire la victime dans le chemin du lieu où les instrumens du crime sont préparés, c'est commettre un commencement d'exécution tel que la loi l'exige pour constituer la tentative d'extorsion de billets. — *Cass.*, 6 fév. 1812, Morin. — V. au surplus TENTATIVE.

EXTRACTION DE MATÉRIAUX.

1. — L'extraction de matériaux nécessaires à l'exécution des routes ou travaux d'utilité publique peut être effectuée dans les terrains appartenant à des particuliers. — V. sur les diverses conditions exigées pour que cette extraction soit légalement effectuée, et sur le droit du propriétaire à une indemnité, CARRIÈRE, n°s 88 et suiv. — V. aussi FOUILLES, EXPROPRIATION POUR UTILITÉ PUBLIQUE, ROUTES, TRAVAUX PUBLICS.

2. — L'extraction de pierres, sable, minerai, terre ou gazon, bruyères, etc., existant sur le sol des forêts, est interdite à peine d'amendes qui sont fixées par l'art. 144, C. forest. — V. FORÊTS.

3. — Mais cette prohibition, exprimée par l'art. 145, C. forest., ne déroge pas, ainsi que le porte l'art. 145, aux droits conférés à l'administration des ponts et chaussées, d'indiquer les lieux où doivent être faites les extractions de matériaux pour les travaux publics; néanmoins les entrepreneurs sont tenus envers l'état, les communes et établissemens publics, comme envers les particuliers, de payer toutes les indemnités de droit et d'observer toutes les formes prescrites par les lois et réglemens en cette matière. — V. FORÊTS, TRAVAUX PUBLICS.

EXTRADITION.

Table alphabétique.

EXTRADITION.—1.— Remise par un État du prévenu d'une infraction commise hors de son territoire à un autre État compétent pour juger et punir cette infraction.

§ 1ᵉʳ. — Historique et principes généraux

§ 2.—A quelles personnes s'applique l'ex-
tradition (n° 33).

§ 3. — Pour quelles causes a lieu l'extra-
dition (n° 59).

§ 4. — Procédure (n° 83).

§ 5. — Incidens contentieux (n° 114).

§ 1ᵉʳ. — Historique, principes généraux.

2. — L'histoire nous montre dans les temps les
plus anciens des exemples d'extradition demandée
ou accomplie : c'est ainsi que l'on voit les tribus
d'Israël sommer la tribu de Benjamin de livrer des
criminels qui s'y étaient réfugiés (lib. Judic., cap 20,
nᵒˢ 12 et suiv.); les Israélites livrer Samson aux
Philistins (ibid., cap. 15, n° 12); les Lacédémoniens
et les Achéens faire un cas de guerre d'un refus
d'extradition (Pausanias, liv. 4, chap. 4; Tite-Live,
lib. 38, cap. 24); et, enfin, les Athéniens publier
qu'ils livreraient ceux qui, après avoir attenté à la
vie de Philippe, se réfugieraient sur leur territoire.
—Diodore de Sicile, lib. 16, cap. 93.

3. — Mais l'extradition n'était guère alors obtenue que par la force. Loin d'être érigée à la hauteur d'un principe de droit international, ce n'é-
tait qu'un fait, qui rencontrait d'ailleurs un puissant obstacle dans le droit d'asile que l'on trouve
en vigueur chez tous les peuples de l'antiquité, et
dans les mœurs mêmes de ces temps.

4. — Les asiles étaient surtout attachés à un temple, à une statue, à une église, à un lieu quelconque. — V. ASILE. — Mais, indépendamment de ces
asiles particuliers, il en est que l'on pourrait, par
opposition, appeler généraux, parce qu'ils sont attachés au territoire même d'une cité, d'une nation.
Or, c'est en envisageant le droit d'asile sous ce dernier aspect que l'on reconnaît qu'il a dû, ainsi
qu'on vient de le dire, rendre fort rares les cas
d'extradition.

5. — Il ne paraît point toutefois que, dans les
temps anciens, la seule circonstance d'avoir foulé
un sol étranger ait toujours suffi pour protéger les
fugitifs. Il n'en était guère ainsi que lorsqu'il s'a-
gissait de fonder des villes et d'y attirer des habitans.

6. — C'est dans ce but, en effet, que Cadmus,
Thésée et Romulus proclamèrent que tous les malfaiteurs, poursuivis chez les peuples voisins, trouveraient dans l'enceinte de la nouvelle ville un
refuge et des droits de cité. — Stace, Thebaid., 12;
Virgile, Énéide, 8; Ovide, in 4 Fastorum. — On ne
distinguait pas entre les réfugiés ; tous, opprimés et
coupables, étaient protégés contre l'extradition.
Quels qu'ils fussent, l'asile les acceptait et les trans-
formait. — H. Wallon, du Droit d'Asile, p. 2.

7. — C'est ainsi que les villes les plus célèbres de
l'antiquité, comme Athènes, Thèbes, Éphèse (V. Pausanias, 1, 17; VII, 2; IX, 5), et Rome (V. Plutarque,
Rom. 9, Denys d'Halycarnasse, II, 15), ont commencé par n'être, à leur origine, qu'autant d'obstacles au principe de l'extradition et de la répression des crimes. — H. Wallon, p. 28 et suiv.

8. — Ce qui explique, au surplus, bien mieux
peut-être que le droit d'asile, l'extrême rareté du
cas d'extradition dans le monde ancien , c'est,
comme nous le disions, les mœurs mêmes du
temps. Après la peine de mort, il n'y avait point
dans les législations anciennes de peine plus forte
que celle de l'exil. On devait donc regarder comme
assez puni le coupable qu'on avait été forcé de quitter
sa patrie; et, en effet, à peine était-il quelque crime
que le bannissement volontaire ne pût expier. On
comprend, dès-lors, que la justice, satisfaite quand
le coupable s'était volontairement-exilé, n'étendît
pas ses regards au-delà des limites du territoire,
et qu'ainsi l'extradition se trouvât sans motif et
sans cause. — Faustin Hélie, Tr. de l'instr. crim.,
t. 2, p. 654, et Revue de législation, t. 47, p. 224 et
suiv.

9.—Sous la domination romaine, il n'y avait lieu
à l'extradition que lorsque Rome exigeait des peuples barbares, les seuls qui ne fussent pas soumis
à son empire, la remise de ses ennemis ou de ses
criminels.—V. conf. F. Hélie, loc. cit., p. 652.

10.—Lorsque, à la chute de l'empire romain,
des nations nouvelles se furent formées sur ses
ruines, ces nations restèrent d'abord dans un état
réciproque d'isolement hostile, et cet isolement,
joint à la décadence des asiles particuliers, dut favoriser le développement du droit d'asile territorial, et entraver, par conséquent, l'exercice du
droit d'extradition.

11. — Aussi passa-t-il en maxime, ainsi que l'a
établi l'avocat-général de Calissanne, à l'audience
du parlement d'Aix du 29 janv. 1777, que chaque
souverain donnait asile dans son territoire à tous
les étrangers qui s'y réfugiaient, et que dès-lors on
ne pouvait agir contre ces étrangers, sans le consen-

tement du souverain. Ce nouveau droit d'asile territorial était du reste fondé sur le principe de réciprocité, c'est-à-dire qu'on admettait que s'il était un
état qui refusât le droit d'asile aux étrangers, tous
les sujets de cet état devaient être privés à leur tour
du même droit chez les autres nations. — V. Journal du palais de Provence, t. 2, § 40; Merlin, Quest.
de dr., v° Étranger, § 2, n° 4 ; F. Hélie, p. 653.

12.—La France fut un de ceux où ce droit d'a-
sile territorial eut le plus de force : on y proclama
mait cette règle : Fit liber quisquis solum Gallia com-
axyli vice contigerit. Tout étranger coupable qui se
réfugiait en France était à l'abri de toutes poursuites, sa personne devenait pour ainsi dire sacrée, et
il ne reconnaissait que la juridiction immédiate du
souverain. — Mêmes auteurs.

13.—A mesure que les progrès de la civilisation,
inséparables de ceux du christianisme, eurent pour
résultat, sinon de détruire, au moins d'abaisser les
barrières que les inimitiés de race et les haines nées
de la conquête avaient élevées entre les nations,
celles-ci, sortant de leur état d'isolement mutuel,
et, par suite de ces rapports internationaux,qûe devait tôt
suite de ces rapports internationaux,que devait tôt
morale dont l'une des conséquences fut l'introduction dans le droit des gens du principe de
l'extradition.

14. — On trouve une première application de
cette institution nouvelle dans un traité passé le
4 mars 1376 entre le comte de Savoie et Charles V.
Dans cette convention, les parties stipulent qu'elles
se remettront réciproquement, à la première réquisition de part et d'autre, leurs fugitifs et leurs propres sujets qui auraient commis des crimes.—Isambert, Collect. des lois, etc., t. 5, p. 479. — V. aussi F.
Hélie, loc. cit., p. 654; Ch. Berriat Saint-Prix, De
l'exécution des jugemens, etc., § 23, n° 428.

15. — On peut également citer une lettre de
Charles VI au roi d'Angleterre, en date du 14 sept.
1413, demandant que l'on livrer les fauteurs des
troubles de Paris.— Isambert, loc. cit., t. 7, p. 401 ;
Rymer, IX, 54.

16. — Ces actes en font supposer un grand nombre de la même nature.] Mais ce n'est surtout que
plus tard qu'apparaissent et se multiplient les conventions générales d'extradition. On en voit de signée successivement avec les Pays-Bas (ord. 17
août 1736), avec le Wurtemberg (traité du 27 mars
1759), avec l'Autriche (traité du 6 sept. 1766), avec
la Suisse (traité du 28 mai 1777), avec l'électeur de
Trèves (traité du 25 juin 1778), avec l'Espagne (traité du 29 sept. 1765).

17. — D'autre part, le principe de réciprocité, à
défaut de traités, suppléé aux conventions écrites, et c'est ainsi que, vers la fin du dix-huitième
siècle, le droit d'extradition paraît avoir fini par
être universellement reconnu. — V. Isambert, loc.
cit., t. 21, p. 423 ; t. 22, p. 381 ; t. 25, p. 4 et 40 ;
F. Hélie, p. 653 et suiv.; Ch. Berriat Saint-Prix, ubi
suprà.

18. — Quand un gouvernement réclame l'extradition de ses régnicoles pour crimes commis sur
son territoire, ce n'est pas en vertu de la puissance
judiciaire qu'il agit, car la puissance judiciaire expire aux frontières; mais c'est en vertu des principes du droit international, et comme délégant la
volonté du souverain étranger, mandat purement
volontaire et qui n'investit d'ailleurs celui-ci d'aucun pouvoir, d'aucun acte de police judiciaire ou
de juridiction. — F. Hélie, Inst. crim., t. 2, § 432,
p. 456 et suiv.

19. — Ce qui justifie de pareils mandats de la
part du gouvernement qui les donne, c'est la nécessité de fortifier, dans l'intérêt de la répression
des crimes, l'autorité des lois, et d'empêcher que
l'espérance de l'impunité et d'un refuge contre les
atteintes de la justice sociale ne l'emporte sur l'in-
timidation que présente cette justice.— Mangin, Tr. de l'acte publ., t. 1ᵉʳ, n° 474, p. 446; F. Hélie, loc. cit. — V. aussi Beccaria, Des délits et
des peines, § 28.

20. — La légitimité du droit d'extradition se dé-
duirait encore, selon quelques publicistes, de cette
considération que le fugitif, pour cela seul qu'il a
commis un crime, a contracté envers la société
qu'il a offensée l'obligation de comparaître en justice. Or, en fuyant il manque à cette obligation.
Le pays où il a porté le trouble a donc le droit
de réclamer l'exécution. — V. Grotius, De jure
belli et pacis, lib. 2, cap. 21 ; Puffendorf, liv. 8,
ch. 6, § 42 ; H. Kluit, De deditione profugorum,
p. 2.

21. — L'extradition, considérée par rapport au
gouvernement qui la réclame, ne présente donc
pas de difficulté de principe. Mais il n'en est pas de
même quand on la considère vis-à-vis du pays dans
quel on la sollicite : le souverain de ce pays a-t-il,
en principe, le droit de l'accorder? En d'autres ter-

mes, peut-il légitimement arrêter le fugitif qui a cherché un refuge sur son territoire, et qui n'en a pas violé les lois?

22.—Nous n'hésitons pas à admettre l'affirmative. Chaque nation ne peut se conduire comme si elle était isolée et en faisant abstraction des rapports qui la lient à l'humanité tout entière. Or ces rapports imposent à chacune l'obligation de concourir à tout ce qui peut tourner au profit de la civilisation générale, par conséquent le devoir d'assurer, autant que possible, l'observation en tous lieux des lois de l'ordre moral; et c'est comme moyen d'atteindre ce but qu'il y a lieu de reconnaître l'extradition comme légitime. — Mangin, *ubi suprà*; F. Hélie, *loc. cit.*, p. 662.

23. — D'un autre côté, indépendamment de cette solidarité morale en vertu de laquelle tous les états civilisés se doivent mutuellement non seulement de ne pas entraver, mais encore de favoriser le cours de la justice ordinaire, et de ne pas offrir au crime l'impunité, il y a pour chacun d'eux un intérêt plus direct à consentir l'extradition, puisqu'il s'assure ainsi, par une juste réciprocité, un égal concours de la part des autres nations pour l'exécution des actes de sa propre justice. — Mêmes auteurs. — V. aussi de Molènes, *Tr. pratique des fonct. du proc. du roi*, t. 2, p. 93.

24. — Surabondamment, l'on peut faire remarquer que si l'humanité commande aux hommes de se prêter un mutuel appui, le malheur seul a droit à cet appui, et non le crime, suivant la juste distinction de Cicéron (*De intentione*, lib. 2, cap. 36) et de Tacite (*Annal.*, lib. 3, cap. 36, n° 3), et qu'en définitive on ne voit pas quel droit pourrait invoquer un malfaiteur en fuite pour contraindre une nation de le protéger contre les atteintes de la justice de son pays. — F. Hélie, p. 658 et suiv; Mangin, p. 147 et suiv.

25. — Ces principes établis, Grotius (*De jure belli et pacis*, lib. 2, cap. 21, § 5) et Vattel (*Dr. des gens*, liv. 2, chap. 6, n° 77) considèrent l'extradition comme une mesure nécessaire. M. F. Hélie (*loc. cit.*, p. 666), au contraire, déclare cette doctrine visiblement erronée, l'extradition étant, selon lui, purement facultative.

26. — Sans doute, l'extradition est purement facultative, en ce sens que le gouvernement qui l'accorde ne se rend pas l'agent de la justice étrangère, dont il n'a pas d'ordre à recevoir, mais lui prête seulement assistance dans toute la plénitude de sa souveraineté et de son libre arbitre, et en ce sens encore, comme l'explique très bien Mangin (*loc. cit.*, p. 145), que le gouvernement dont on sollicite une extradition doit examiner les motifs de cette demande dont il est le juge. D'un autre côté, cependant, à un certain point de vue, la doctrine de Vattel et de Grotius n'est pas, suivant nous, aussi erronée que le prétend M. F. Hélie, si, en disant que l'extradition est nécessaire, l'on entend parler seulement d'une nécessité morale fondée, en effet, ainsi que nous l'avons vu, sur les rapports qui lient chaque nation au reste de l'humanité et imposent à ce titre des devoirs réciproques à tous les états civilisés.

27.—D'où il semblerait résulter qu'une obligation générale et commune pèse sur tous les états civilisés, celle de se livrer réciproquement les malfaiteurs, laquelle existe indépendamment des traités, qui ne peuvent que la reconnaître et en régler le mode d'exécution, mais qui ne la constituent pas.

28. — Toutefois, ce point de vue n'est pas admis par tous les auteurs; plusieurs, en effet, comme de Martens (*Dr. des gens*, § 101), Kluber (*Dr. des gens*, § 66), Schmalz (*Dr. des gens européen*, § 40), M. Mittermaier (*Procéd. crimin. allemande*, § 59), paraissent s'en écarter, en soutenant que les autorités d'un état ne sont pas obligées à accorder l'extradition d'un criminel, s'il n'existe, entre les deux états, des traités formels applicables à la matière.

29. — M. Pinheiro-Ferrera (*Cours de dr. publ.*, t. 2, p. 32 et suiv. et 179) émet sur ce point une opinion plus extrême encore; il repousse toute extradition, et n'admet qu'une poursuite contre l'accusé dans le lieu où il s'est réfugié.

30. — Cette opinion de M. Pinheiro-Ferrera, que ne confirme l'assentiment d'aucun autre auteur, n'a pas davantage en sa faveur la pratique des gouvernemens. Il résulte, au contraire, des documens recueillis par M. Fœlix (*Tr. de dr. intern*, n°s 576 et suiv.), que l'extradition est une mesure aujourd'hui presque universellement admise.

31. — Remarquons néanmoins, en ce qui concerne la France, que, suivant Mangin (*Tr. de l'act. publ.*, n° 74) et MM. Ortolan et Ledeau (*Tr. du min. publ.*, p. 231 en note), le gouvernement aurait déclaré en 1831 que jamais il n'accorderait ni ne solliciterait l'extradition. On ajoute même que le gouvernement aurait notifié alors à la confédération suisse sa renonciation à la disposition des traités relatifs à l'extradition. Mais, comme le fait observer M. Fœlix (*loc. cit.*, n° 573), il est certain que les déclarations, si elles ont été faites, n'ont pas eu de suite, puisque, d'un côté, l'on voit, depuis cette époque, le gouvernement français non seulement réclamer et accorder des extraditions, mais encore conclure chaque jour de nouveaux traités à ce sujet.

32. — Jugé que le droit d'asile (territorial) n'est point un droit personnel aux fugitifs, mais seulement un effet des droits respectifs de souveraineté, qui cesse par la réunion des deux territoires sous la même domination. — *Cass.*, 11 juin 1808, Odone.

§ 2. — *A quelles personnes s'applique l'extradition.*

33. — En principe, l'extradition peut s'étendre à toutes personnes, hormis aux nationaux de la puissance qui l'accorde.

34. — Cette exception n'est pas seulement fondée sur un juste sentiment de dignité nationale. Ainsi que le fait observer M. Mangin (*Act. publ.*, t. 1er, n° 78, p. 154), la liberté individuelle peut avoir reçu des lois positives d'un état des garanties telles que le gouvernement n'ait pas le droit de faire arrêter un citoyen à raison d'un crime commis sur un territoire étranger.

35. — L'on peut d'ailleurs ajouter, avec Kluit (*De deditione profugorum*, p. 51), que chaque état n'est jamais délié de toute obligation envers ses régnicoles, qu'il leur doit toujours protection dans une certaine mesure, ce qui semble exclure, dans l'espèce, l'extradition. Le citoyen auquel l'on appliquerait l'extradition trouverait-il, en effet, devant les tribunaux étrangers toutes les garanties qu'il trouve devant ceux de son pays, et ne serait-il pas à craindre que la justice étrangère ne se montrât trop rigoureuse à son égard?

36. — M. F. Hélie (*loc. cit.*, p. 668) remarque, à l'appui de ce principe, que l'extradition n'aurait plus ici de motif: en effet, si un gouvernement est tenu de livrer les malfaiteurs étrangers, c'est qu'il n'a sur eux aucune action, et que, sans cette extradition, les crimes demeureraient impunis. « Mais, continue cet auteur, quand il s'agit de ses propres sujets, le gouvernement n'est plus désarmé. Les tribunaux, nous l'avons vu, sont compétens pour connaître des crimes commis en pays étranger, même contre des étrangers. »

37. — Cette considération est puissante, au point de vue de quelques législations étrangères qui, comme celles de la Belgique (L. crim. belge, 30 déc. 1836, art. 2), des Pays-Bas (C. inst. crim., art. 9) du grand-duché de Saxe-Weymar (C. pén., art. 2), du royaume de Würtemberg (C. pén., art. 3), du royaume de Hanovre (C. pén., art. 2), du grand-duché de Hesse (C. pén., art. 1er), de Sardaigne (C. pén., art. 6), punissent les crimes commis par leurs régnicoles en pays étranger, sans distinguer si les infractions ont été commises au préjudice de leurs nationaux ou des étrangers, et satisfont suffisamment par là au principe de la répression des crimes, ce qui enlève, en effet, dans l'espèce, tout motif légitime à l'extradition du régnicole par son gouvernement.

38. — Mais elle nous paraît beaucoup moins fondée en présence de notre code d'instruction criminelle, qui ne rend possible que la répression des crimes commis à l'étranger par des Français contre des Français, et garde le silence sur ceux dirigés par eux contre des étrangers. — Dans ce cas, en effet, l'extradition aurait un motif, puisque seule elle permettrait de donner satisfaction au principe qui veut que la répression des crimes soit assurée. — V. C. inst. crim., art. 7. — V. encore ACTION PUBLIQUE, n°s 138 et suiv., et COMPÉTENCE CRIMINELLE, n°s 227 et suiv.

39. — Quoi qu'il en soit, la règle qui soustrait à l'empire du droit d'extradition les nationaux réfugiés dans leur propre pays a obtenu la sanction des législations étrangères, ainsi que cela résulte des art. 30, C. pén. de Bavière; 501, C. pén. d'Oldenbourg; 6, C. pén. de Wurtemberg; 206, de la constitution de Brunswick; d'une ordonnance du roi de Hanovre du 26 fév. 1822, et des §§ 13 et 15 de la constitution du grand-duché de Bade. — Mittermaier, *Procéd. criminelle*, § 59.

40. — En France, également, l'extradition ne s'applique, en aucun cas, aux régnicoles qui, après s'être rendus coupables d'un crime commis en pays étranger, se sont réfugiés dans leur patrie. C'est ce qui a été formellement reconnu par le garde des sceaux dans la discussion qui a eu lieu, au mois d'avr. 1842, à la chambre des députés, au sujet de la proposition par lui présentée de changer la disposition de l'art. 7, C. inst. crim., et, depuis, dans l'exposé des motifs à la chambre des pairs, dans la séance du 6 fév. 1843 (V. *Monit.* du 10). — V. aussi circ. min. du 5 avr. 1841.

41. — Cette règle toutefois ne s'est pas établie sans contradiction. Elle n'était pas admise d'abord dans notre ancien droit public. Avant la révolution de 1789, on ne doutait pas au contraire que le roi, en qui se personnifiait le droit de souveraineté dans toute sa plénitude, ne pût ordonner l'arrestation et l'extradition d'un de ses sujets. — Mangin, *loc. cit.*

42. — Sous l'empire, on recueillit ces traditions de l'ancienne monarchie, et un décret du 23 oct. 1811 autorisa formellement le gouvernement français à accorder l'extradition demandée contre un Français prévenu d'avoir commis hors de France un crime contre des étrangers.

43. — Mais l'art. 62 de la charte de 1814, portant que nul ne peut être distrait de ses juges naturels, parut aux yeux du gouvernement qui succéda à l'empire avoir substitué au décret du 23 oct. 1811 le principe nouveau que nous avons énoncé et que l'on voit en effet proclamé à partir de cette époque dans les transactions diplomatiques, notamment dans les traités du 22 nov. 1834 avec la Belgique, 23 mai 1838 avec la Sardaigne, 14 juin 1845 avec les Deux-Siciles, 21 juin 1845 avec la Prusse, 31 mai 1846 avec la Bavière. — V. F. Hélie, *loc. cit.*, p. 671.

44. — MM. Rauter (*Traité du droit criminel*, t. 1er, n° 55) et Serrigny (*Droit public*, t. 1er, p. 439) admettent également que le décret du 23 oct. 1811 a été tacitement abrogé, aussi bien par la charte de 1814 que par celle de 1830; mais ils font résulter cette abrogation de l'art. 4, dont les termes sont identiques dans les deux chartes. Cette disposition porte en effet que les Français ne peuvent être poursuivis ni arrêtés *que dans les cas prévus par la loi*. Or, disent ces auteurs, aucune loi n'autorise l'extradition d'un Français.

45. — Mais cet argument ne nous paraît assis que sur une pétition de principe: car précisément la question est de savoir si le décret impérial qui autorise l'extradition d'un Français n'est pas une loi encore en vigueur. Ce n'est donc pas à l'art. 4 des deux chartes qu'il faut rattacher l'abrogation du décret du 23 oct. 1811, mais uniquement à la disposition qui ne veut pas qu'un Français puisse être distrait de ses juges naturels, disposition avec laquelle il se trouve en effet manifestement incompatible.

46. — Notons, toutefois, le dissentiment qui s'est élevé dans la doctrine au sujet de ce décret. Par opposition à ce qui précède, quelques auteurs l'ont au contraire considéré comme ayant conservé sa force obligatoire. — V. dans ce sens Legraverend, *Législ. crimin.*, t. 1er, chap. 1er, sect. 8e, p. 113 et suiv.; Lesellyer, *Traité de droit crim.*, t. 5, n°s 1944 et suiv. — Mangin (*Action publique*, t. 1er, n° 78, p. 154), adoptant une opinion intermédiaire, ne lui reconnaît cette force obligatoire que jusqu'en 1830. Depuis cette époque, le gouvernement, suivant cet auteur, aurait perdu le droit d'accorder l'extradition d'un Français pour crime commis en pays étranger.

47. — Les gouvernemens peuvent-ils se faire livrer en vertu du droit d'extradition d'autres personnes que leurs nationaux? Sur ce point, la doctrine hésite et paraît encore loin d'être fixée.

48. — Suivant de Martens (*Droit des gens*, § 101), l'étranger ne doit être livré qu'à la nation dont il est citoyen.

49. — Kluit (*loc. cit.*, p. 61), tout en reconnaissant qu'en droit cette extradition est légitime, pense toutefois que des motifs de convenance politique doivent en général empêcher qu'elle ne s'accomplisse.

50. — Quant à M. F. Hélie, il est d'avis (*loc. cit.*, p. 672 et suiv.) que l'extradition, dans cette hypothèse, est parfaitement régulière, sauf à la subordonner dans son application aux convenances politiques et aux intérêts qui peuvent légitimement influer sur les relations internationales. C'est au fond, comme on voit, l'opinion de Kluit.

51. — Mais cette opinion ne nous paraît pas suffisamment justifiée en principe. L'on peut objecter en effet (et cette objection, selon nous très grave, est indiquée par M. Hélie lui-même) que l'extradition n'ayant pas ici pour résultat de renvoyer le malfaiteur devant les juges de son pays, mais devant des juges étrangers qui peuvent ne pas lui offrir les mêmes garanties, est en elle-même injuste ou oppressive.

52. — C'est en vain que, pour échapper à cette objection, on dirait avec l'auteur précité que les juges du lieu de la perpétration du crime sont les juges naturels de l'accusé, car cela n'est vrai que quand le malfaiteur étranger est arrêté sur le territoire même qui a été le théâtre de son crime. Le système de M. F. Hélie nous paraît donc pécher par la base,

et nous n'hésitons point à le rejeter et à donner la préférence à celui de De Martens.

53. — On remarquera d'ailleurs que, lorsqu'il s'agit de savoir si un gouvernement doit consentir à l'extradition de ses régnicoles, Kluit et M. F. Hélie ont, ainsi qu'on l'a vu *suprà* nos 35 et 36, adopté sans difficulté la négative, précisément sur ce motif qu'il serait à craindre que les tribunaux étrangers ne déployassent trop de sévérité et n'appliquassent pas à l'accusé cette mesure d'indulgence qui est un élément nécessaire de la justice. Or, dans l'hypothèse actuelle, il s'agit également de livrer un accusé à la justice étrangère, et si, à raison de l'insuffisance des garanties que présente cette justice à tout autre que le régnicole, l'on n'admet pas l'extradition dans un cas, pourquoi l'admettrait-on dans l'autre ?

54. — Toutefois, si l'opinion de M. F. Hélie prévalait, il paraîtrait au moins convenable que le gouvernement chez lequel le malfaiteur s'est réfugié donnât, avant d'accorder l'extradition, avis de l'accusation et de la demande qui lui est faite au gouvernement auquel cet agent appartient. Cette communication perdrait néanmoins à peu près toute son utilité, si, comme semble le penser M. F. Hélie (*loc. cit.*, p. 673), cette tierce puissance ne pouvait, en refusant son assentiment, mettre obstacle à l'extradition. C'est encore là, suivant nous, une opinion qui a au moins le défaut d'être trop absolue. Sans doute la répression des crimes chez tous les peuples est le principe général, mais il y a aussi le principe qu'un état a un devoir de tutelle et de protection à remplir envers ses régnicoles, devoir qui paraît engendrer incontestablement au profit de cet état le droit de s'opposer, dans tel cas donné, à l'extradition, sur ce fondement toujours que les tribunaux étrangers ne présenteraient pas à l'accusé toutes les garanties dont il doit être entouré.

55. — Ce droit semble surtout incontestable, si l'état, dont le malfaiteur est le sujet, offrait de le juger et de le punir. Nous ne croyons pas, en conséquence, contrairement encore au sentiment de M. F. Hélie (*loc. cit.*), que, dans l'hypothèse où le criminel est à la fois réclamé par le gouvernement du lieu du crime et le gouvernement de sa propre patrie, l'extradition doive généralement, de préférence, en être faite au pays où le crime a été commis. C'est plutôt à son pays originaire que l'accusé doit être livré, parce que c'est là qu'il trouvera ses juges naturels et qu'ainsi l'on aura concilié l'intérêt individuel avec l'intérêt général de la répression des crimes.

56. — On peut enfin prévoir l'hypothèse où deux nations réclameraient à la fois le même individu pour crimes différens commis successivement sur leurs territoires. Il n'y a d'abord pas de difficulté pour le cas où l'une des nations réclamantes serait la patrie de l'accusé : évidemment alors ce serait à celle-là que l'extradition devrait être faite. — Kluit, *loc. cit.*, p. 64 ; F. Hélie, p. 676.

57. — Mais que décider si les deux nations sont l'une et l'autre étrangères à l'accusé ? Pour sortir d'embarras, Tittmann (*Die Strafrechtspflege*, etc., p. 26) veut que l'on préfère celle qui la première a demandé l'extradition, Schmalz (*Droit des gens*, liv. 4, chap. 3, p. 160), que l'on apprécie, au contraire, les faits, et que l'on livre l'agent au pays sur le territoire duquel le crime le plus grave a été commis. — Pour nous, nous pensons avec M. F. Hélie (*loc. cit.*, p. 676) que ces deux considérations doivent également être pesées dans la décision à prendre.

58. — Des personnes soumises par leur qualité ou par l'acte perpétré à la juridiction des tribunaux français peuvent avoir commis des crimes dans l'hôtel des agens diplomatiques ou s'y être réfugiés après avoir commis ces crimes au dehors. Quel est, dans cette hypothèse, le droit des autorités du pays ? — V. sur ce point AGENT DIPLOMATIQUE, nos 154 et suiv.

§ 3. — *Pour quelles causes a lieu l'extradition.*

59. — L'extradition n'a été pendant long-temps invoquée que pour les plus grands crimes. Et à cet égard, Grotius (*De jure pacis et belli*, liv. 2, chap. 21, no 4) enseigne que « le droit qu'ont les puissances souveraines de demander les criminels qui se sont sauvés hors de leurs terres n'a lieu, suivant l'usage établi depuis quelques siècles dans la plus grande partie de l'Europe, qu'en matière de crimes d'état ou de crimes qui sont d'une énormité extrême. Pour les autres moins considérables, on ferme les yeux de part et d'autre. »

60. — Vattel (*Droit des gens*, liv. 1er, chap. 19, no 233) dit également, en développant la même règle, que, « si la justice de chaque état doit, en général, se borner à punir les crimes commis sur son territoire, il faut excepter de la règle ces scélérats qui, par la qualité et la fréquence habituelle de leurs crimes, violent toute sûreté publique et se déclarent les ennemis du genre humain. Les empoisonneurs, les assassins, les incendiaires de profession peuvent être exterminés partout où on les saisit ; car ils attaquent et outragent toutes les nations, en foulant aux pieds les fondemens de leur sûreté commune. »

61. — Cette règle, sur laquelle revient encore Vattel (*loc. cit.*, liv. 2, chap. 6, no 76), a servi de base aux traités d'extradition qui régissent, en cette matière, les relations internationales. Nous donnons plus bas la liste de ces traités et l'indication des cas d'extradition qui s'y trouvent énumérés. Il y a lieu seulement, pour compléter notre travail, d'énoncer les principes généraux d'après lesquels on a procédé à la détermination de ces cas d'extradition.

62. — Un premier principe est que les états ne doivent pas se livrer réciproquement les coupables de crimes politiques. — F. Hélie, *loc. cit.*, p. 686 et suiv. ; Fœlix, *Droit intern.*, no 570 ; Ortolan et Ledeau, *Tr. du min. pub.*, t. 2, p. 231 ; M. Mittermaier, *Procédure criminelle*, § 56.

63. — Kluit (*loc. cit.*, p. 44, à la note) improuve, en conséquence, les traités d'extradition obtenus par l'Angleterre, du Danemark, le 23 fév. 1661, et des états généraux des Pays-Bas, le 14 sept. 1662, pour l'extradition des complices de l'homicide de Charles Ier. Mais il n'est pas besoin de remonter aussi haut, et l'on peut, par exemple, citer comme méritant une égale improbation le traité d'extradition des accusés politiques qui a été conclu le 4 janv. 1834 (V. de Martens, *Nouv. recueil*, etc., t. 15, p. 44), entre la Prusse, l'Autriche et la Russie, relativement aux sujets des provinces polonaises.

64. — La France a toujours pris pour règle de sa conduite le principe que l'extradition ne doit pas s'appliquer aux crimes politiques. Le traité avec la Suisse, du 31 déc. 1828, mentionne pourtant les crimes contre la sûreté de l'état ; mais d'une part ce traité n'a jamais été ni invoqué ni reproduit, et d'autre part, on trouve même dans les traités ultérieurs (V. notamment art. 5 du traité avec la Belgique, 6 du traité avec la Sardaigne, 6 du traité avec Bade, 6 du traité avec la Toscane, 3 du traité avec les Pays-Bas, etc.) des dispositions qui, en exceptant formellement de l'extradition les crimes politiques, impriment au principe sus-énoncé une dernière et définitive consécration.

65. — C'est ce qu'établit également une instruction ministérielle du 5 avr. 1841 en ces termes : « Les crimes politiques s'accomplissent dans des circonstances si difficiles à apprécier, ils naissent de passions si ardentes, qui souvent sont leur excuse, que la France maintient le principe que l'extradition ne doit pas avoir lieu pour fait politique. C'est une règle qu'elle met son honneur à soutenir. Elle a toujours refusé, depuis 1830, de pareilles extraditions : elle n'en demandera jamais. »

66. — Il ne peut y avoir de difficulté en ce qui concerne cette exception, que relativement au sens qu'il convient de donner dans l'application des traités aux mots *crimes et délits politiques*.

67. — A cet égard, nous pensons avec M. F. Hélie (*loc. cit.*, p. 687 et suiv.) qu'il ne faut point, en matière d'extradition, prendre ces mots dans une acception étroite, et qu'en conséquence l'exception doit protéger non seulement les crimes et délits politiques proprement dits, tels que les complots, les actes séditieux et les faits de presse, mais même les délits politiques qui se compliquent d'un délit commun.

68. — Quant à la question que se pose Kluit (*De deditione profugorum*, p. 84), celle de savoir si l'extradition ne peut atteindre l'homme qui, non pour cause, mais sous un prétexte politique, a commis un crime odieux, ou qui, sous le voile des troubles civils, n'a fait que satisfaire ses passions personnelles et sa propre cupidité, nous pensons encore avec M. F. Hélie (*loc. cit.*, p. 689) qu'il y a lieu, pour la résoudre, d'apprécier les faits et d'examiner les élémens qui ont concouru à leur perpétration.

69. — Lorsque les réfugiés politiques conspirent dans le pays qui les a accueillis contre le gouvernement de leur patrie, il n'y a pas lieu davantage à leur extradition. Les mesures que l'on est dans l'usage de prendre alors à leur égard sont ou de les interner ou de les expulser du territoire. — V. ÉTRANGER, RÉFUGIÉ.

70. — Un autre principe, déjà indiqué dans les passages précités de Grotius et de Vattel, restreint l'extradition aux faits qualifiés crimes et punis d'une peine afflictive ou infamante par la loi pénale. « Quand un homme, a dit un magistrat (*Quest. de droit*, vo *Etranger*, § 2, no 3), a commis dans sa patrie un de ces crimes qui n'ébranlent point les fondemens de la société, un usage universel des nations policées le reçoit à vivre tranquillement et sans être recherché dans une région nouvelle. On regarde la privation de ses amis et de ses proches, le renversement de sa fortune, la perte de son état, un perpétuel exil hors de sa patrie, comme des expiations assez fortes. » — V. dans le même sens Legraverend, *Législ. crim.*, t. 1er, ch. 1er, sect. 8, p. 111 ; Bourguignon, *Jurisp. des Codes crim.* sur l'art. 5, C. inst. crim., no 4 ; Mangin, *Action publ.*, no 74 ; Lesellyer, *Tr. de dr. crim.*, t. 5, no 1947 ; F. Hélie, *Tr. de l'inst. crim.*, t. 2, § 134, p. 689 ; Ch. Berriat Saint-Prix, *De l'exéc. du jug. et arr.*, § 23, no 122.

71. — Cette condition restrictive, que l'on trouve encore énoncée dans l'instruction ministérielle du 5 avr. 1841, se modifiera sans doute avec les progrès de la jurisprudence internationale. Ainsi, comme le remarque M. F. Hélie (*loc. cit.*, p. 693), il est, parmi les délits, des faits d'une immoralité absolue, dont la répression est essentielle à tous les pays, tels, par exemple, que les vols et les escroqueries, et que l'extradition devra atteindre. Déjà même (Fœlix, *Traité du droit international*, p. 596) on trouve ces délits mentionnés dans plusieurs conventions d'extradition que les états de l'Allemagne ont passées entre eux.

72. — Quoi qu'il en soit, tirons maintenant de tout ce qui précède deux conséquences : la première, que si l'extradition d'un individu accusé à la fois d'un crime et d'un délit a été obtenue, il ne doit pas être jugé sur le délit ; la seconde, que si l'extradition a été obtenue à l'égard d'un individu prévenu d'un crime ordinaire, et d'un crime politique, il ne doit être jugé que pour le premier, et qu'il doit, après acquittement ou après l'expiration de la peine, sortir de France sur l'ordre du gouvernement et dans le délai fixé. — Circul. du 5 avr. 1841.

73. — Ajoutons, conformément à la même circulaire, que si, durant la demande d'extradition, le fait qui l'a provoquée a perdu le caractère de crime pour prendre celui de délit, ou s'il est intervenu un arrêt de non-lieu, le ministre doit en être averti sans délai pour que la demande soit retirée, ou que le prévenu soit rendu à la liberté et conduit hors des frontières.

74. — La gravité du crime n'est pas toujours, au surplus, un motif déterminant pour solliciter l'extradition. Les circonstances peuvent influer sur la détermination du gouvernement. — Bourguignon, sur l'art. 5, C. inst. crim. ; Duvergier sur Legraverend, *loc. cit.*, note 2e.

75. — Remarquons aussi avec M. Lesellyer (*Tr. de dr. crim.*, t. 5, no 1940) que, pour le cas de crimes commis contre un gouvernement étranger, l'extradition peut être accordée par la France, soit que le crime ait été commis en pays étranger, soit qu'il ait été commis en France, tandis que, si le crime a été commis contre un particulier étranger, l'extradition ne peut être accordée qu'autant que le crime a été commis en pays étranger.

76. — La liste des crimes que renferment les traités est généralement purement indicative. En d'autres termes, comme l'explique M. F. Hélie (*loc. cit.*, p. 694), les gouvernemens n'ont prévu dans les traités que les cas les plus habituels d'extradition, sans s'être interdit d'ajouter des faits nouveaux à leurs conventions générales.

77. — M. F. Hélie ajoute (*ibid.*) que ces conventions particulières, qui sont limitées à l'espèce qu'elles ont pour objet, sont soumises, dans tous les cas, à deux conditions : premièrement, que le fait soit qualifié crime par la loi pénale ; secondement, que l'état qui demande l'extradition s'engage à la réciprocité dans le même cas.

78. — Remarquons enfin avec le même auteur (*ibid.*, p. 693) que, sous les deux conditions qui viennent d'être indiquées, des extraditions peuvent même être demandées et accordées à des gouvernemens auxquels aucun traité ne lie la France. C'est ainsi qu'aucune convention d'extradition n'existe entre la France d'une part, et la Suède, la Russie de l'autre, et que, cependant, des demandes d'extradition s'échangent incessamment avec efficacité entre ces puissances. — V. conf. Mangin, *Act. publ.*, t. 1er, no 75, p. 149 et suiv. — V. aussi Fœlix, *Tr. de dr. intern. privé*, no 570 ; de Molènes, *Tr. des fonct. du procureur du roi*, t. 2, p. 92.

79. — Jugé, dans ce sens, que le droit de livrer aux tribunaux de son pays un étranger qui y est prévenu de crime ou de délit appartient au roi, non en vertu des traités conclus avec les puissances étrangères, mais par suite des droits qu'il tient de *sa naissance*. — *Cass.*, 30 juin 1827, comtesse de la Grandville. — Décision irréprochable, sous cette modification toutefois que le roi, au lieu de tenir de sa naissance le droit d'extradition, le tient aujourd'hui de la puissance souveraine dont il a été investi par la nation. — Cette phrase s'explique d'ailleurs par la date même que porte l'ar-

rêt. — V. conf. Serrigny, *Tr. de dr. publ.*, t. 1er, p. 434 et suiv. ; Fœlix, *Dr. intern.*, no 572.

80. — Le même arrêt a décidé en outre que le fait d'avoir favorisé l'évasion d'un étranger qui n'était point prisonnier de guerre, ni prévenu d'un crime ou délit commis en France, mais qui était détenu en vertu d'une ordonnance d'extradition, ne peut donner lieu à aucunes poursuites, si le complice de l'évasion n'était préposé à la conduite, au transport, ni à la garde du prisonnier.

81. — Dans la liste que nous donnons des traités d'extradition, l'on verra figurer une certaine classe de conventions qui ne concernent que la restitution réciproque des déserteurs. C'est à tort, comme le remarque M. Ch. Berriat-Saint-Prix (*loc. cit.*, no 125), que MM. de Chabrol-Chaméane (*Dictionnaire des lois pénales*, t. 1er, p. 528) et Morin (*Dict. crim.*, vo *Extradition*, p. 311), pour le traité avec la Prusse, confondent ces conventions avec les traités d'extradition proprement dits, qui s'appliquent aux accusés ou condamnés pour crimes ordinaires.

§ 4. — *Procédure en matière d'extradition.*

82. — Lorsqu'un individu prévenu de l'un des crimes qui peuvent motiver l'extradition est en fuite et que les renseignemens parvenus au parquet apprennent sa résidence en pays étranger et le lieu de cette résidence, le procureur du roi transmet ces renseignemens au procureur général avec les pièces à l'appui.

83. — Ces pièces sont adressées par ce dernier magistrat, avec son avis sur la demande, au garde des sceaux.

84. — C'est alors au gouvernement seul à agir. Il n'est point permis en cette matière aux magistrats de s'entendre, sous aucun prétexte, avec les agens des puissances étrangères; ils ne peuvent pas non plus s'adresser directement aux autorités judiciaires des pays voisins pour obtenir l'extradition : ils peuvent correspondre seulement avec les magistrats étrangers pour avoir des renseignemens. — Circ. min. 5 avr. 1841, § 3.—V. conf. Mangin, *Action publique*, t. 1er, no 75, p. 149; Bourguignon, *Code inst. crim.*, art. 5, no 4; Lesellyer, *Tr. de droit criminel*, t. 5 no 1948; Fœlix, *Dr. intern.*, no 572. — V. aussi Carnot, *Code d'instr. crim.*, sur l'art. 6, *Observ. addit.*, no 1er.

85. — Suivant Legraverend (*Législ. crim.*, ch. 1er, sect. 8e, p. 111), dont l'opinion, partagée par M. Lesellyer (*Tr. de droit crim.*, t. 5, no 1948), paraît se concilier assez difficilement avec les termes restrictifs de la circulaire que l'on vient de citer, les magistrats pourraient toutefois, si le cas était grave et pressant, inviter les autorités étrangères à arrêter le délinquant ou à prévenir son évasion, en leur faisant part des réclamations auxquelles le crime a donné lieu.

86. — Les pièces qui doivent être jointes à la demande sont différentes, selon que la procédure contre l'individu dont on réclame l'extradition est plus ou moins avancée. Il y a lieu d'envoyer au ministre, soit l'arrêt de la chambre des mises en accusation, soit, s'il y a eu condamnation par contumace ou contradictoire, les arrêts de condamnation, soit enfin, quand l'extradition est demandée au commencement de la procédure, un mandat d'arrêt.—Même circulaire.

87. — Ce mandat d'arrêt ne peut être remplacé par le mandat d'amener, qui ne contient pas la qualification du fait, et qui est presque toujours décerné avant que le fait soit bien connu.—*Ibid.*

88. — Le mandat d'arrêt lui-même n'est point, du reste, un acte exécutoire à l'étranger, mais simplement un document : c'est donc à tort que des juges d'instruction, des officiers du ministère public ont accompagné ces mandats d'interventions ou réquisitions adressées aux autorités étrangères.—*Ibid.*

89. — C'est également à tort que quelques juges d'instruction saisissent la chambre du conseil pour obtenir une ordonnance qui homologue pour ainsi dire le mandat d'arrêt. Cette formalité est surabondante et inutile.—*Ibid.*

90. — Il va de soi, du reste, que le mandat doit être rédigé avec soin, et que la qualification du fait doit y recevoir le développement nécessaire.—*Ibid.*

91. — Après avoir ainsi expliqué, d'après la circulaire ministérielle, les pièces qui doivent être jointes à la demande d'extradition, indiquons brièvement les dispositions des traités qui se réfèrent au même objet.

92. — Suivant l'art. 4 du traité de Sardaigne (article qu'on retrouve dans les traités passés avec la Suisse, la Grande-Bretagne, les Etats-Unis, la Toscane, Lucques, Bade, la Prusse, les Deux-Siciles et la Bavière), « les pièces qui devront être produites à l'appui des demandes d'extradition sont : le mandat d'arrêt décerné contre les prévenus ou tous autres actes ayant au moins la même force que ce mandat et indiquant également la nature et la gravité des faits poursuivis, ainsi que la disposition pénale applicable à ce fait. »

93. — Le traité de la Toscane exige seulement, en outre, « le signalement du prévenu, afin d'en faciliter la recherche et l'arrestation; » et, comme le remarque M. F. Hélie (*loco citato*), bien que cette pièce ne soit pas exigée par les autres traités, il est utile de la joindre, soit afin que les investigations des autorités étrangères soient efficaces, soit afin de constater l'identité du prévenu.

94. — D'après les traités de Belgique, du grand-duché de Luxembourg, de la Hollande et de l'Espagne, les pièces que l'on vient d'indiquer ne suffisent plus : il faut en outre, pour que l'extradition s'opère, la production d'un arrêt de la chambre des mises en accusation ou d'un arrêt de condamnation.

95. — Les pièces sont transmises par le garde des sceaux au ministre des affaires étrangères, qui poursuit, par la voie diplomatique, l'obtention de l'extradition.

96. — Suivant la circulaire déjà citée, « quand un individu est livré et amené en France, c'est à l'autorité administrative qu'il doit d'abord être remis; mais comme il importe qu'il soit le plus promptement possible à la disposition de l'autorité judiciaire, le procureur-général dans le ressort duquel il est conduit le reçoit de l'autorité administrative; et si le jugement ne doit pas être rendu dans son ressort, il s'entend immédiatement avec le procureur général dans le ressort duquel l'accusation doit être purgée pour que la translation soit opérée. L'autorité administrative remet l'ordre de conduite, ou tout autre document équivalent, qui suffit pour saisir le procureur général du lieu où est transféré le prévenu. »

97. — Il ne s'agit, dans ce qui précède, que des formes relatives à l'extradition demandée par la France; il reste à indiquer celles que l'on doit suivre quand c'est au contraire à la France que l'on demande l'extradition.

98. — L'autorité judiciaire reste étrangère aux négociations qui interviennent sur les demandes d'extradition adressées à la France. A cet égard, la circul. du 5 avr. 1841 porte ce qui suit : « Souvent des magistrats étrangers transmettent directement aux procureurs généraux, à leurs substituts et même aux tribunaux, des mandats, des ordres d'arrestation, des jugemens de condamnation. Ces mandats, ces jugemens ne sont point exécutoires en France : l'arrestation d'un étranger ne peut être opérée qu'en vertu de l'ordonnance du roi qui ordonne l'extradition. Ces mandats ou jugemens doivent m'être adressés par les magistrats qui les ont reçus pour que je m'entende sur la question d'extradition avec M. le ministre des affaires étrangères. » — V. aussi Legraverend, *loc. cit.*, p. 112; Ch. Berriat-Saint-Prix, *De l'exécution des jugem. et arrêts*, § 23, no 121; Serrigny, *Traité de droit public*, t. 1er, p. 435.

99. — D'un autre côté, l'art. 2, décr. 23 oct. 1811, dispose que « toute demande en extradition faite par un gouvernement étranger et appuyée de pièces justificatives sera adressée à notre ministre des relations extérieures, lequel la transmettra avec son avis à notre grand-juge, ministre de la justice. »

100. — L'art. 1er, même décret, porte que « cette demande nous sera soumise par notre grand-juge ministre de la justice, pour être par nous statué ainsi qu'il appartiendra. »

101. — C'est sur l'ordonnance qui est alors rendue à la suite du rapport du garde-des-sceaux qu'a lieu l'extradition, indépendamment, comme on voit, de toute intervention de l'autorité judiciaire.

102. — Quelques personnes regrettent qu'il en soit ainsi, et voudraient que l'autorité judiciaire ne restât pas étrangère aux négociations qui s'engagent sur les demandes d'extradition. Elles préfèrent, en conséquence, au système suivi en France, celui que l'on trouve établi par la loi belge de 1833, en ces termes : « L'extradition ne sera accordée qu'après avoir pris l'avis de la chambre des mises en accusation de la cour d'appel dans le ressort de laquelle l'étranger aura été arrêté. Le ministère public et l'étranger seront entendus en chambre du conseil. Dans la quinzaine de la réception des pièces, elles seront renvoyées, avec l'avis motivé, au ministre de la justice. L'étranger pourra être arrêté provisoirement en Belgique sur l'exhibition d'un mandat d'arrêt décerné par l'autorité étrangère compétente et rendu exécutoire par la chambre du tribunal de première instance du lieu de sa résidence ou du lieu où il pourra être trouvé. — Une disposition analogue se trouve également dans la convention avec l'Angleterre, du 18 mars 1843.

103. — L'on ne saurait contester l'utilité d'une pareille vérification des charges de la prévention et de l'identité du prévenu, faite par l'autorité judiciaire. Comme le fait observer avec raison M. F. Hélie (*loc. cit.*, p. 703), cette vérification ne serait d'ailleurs pas contraire au principe qui a placé les extraditions dans les attributions du gouvernement, puisque le gouvernement ne demanderait, en définitive, à l'autorité judiciaire, que la constatation d'un fait, en se réservant toujours de statuer suivant sa volonté.

104. — En ce qui concerne l'exécution de l'ordonnance d'extradition, elle rentre dans les attributions de l'autorité administrative, toujours à l'exclusion de l'autorité judiciaire. La circulaire précitée dit à cet égard aux magistrats : « Vous êtes souvent instruit qu'un étranger qui a commis un crime dans son pays se trouve dans votre ressort. Si cet étranger est porteur d'un passeport falsifié, s'il se livre à la mendicité, au vagabondage, vous ferez opérer son arrestation, et vous m'en instruirez immédiatement. Mais quand il n'a commis aucun délit en France, vous vous rappellerez que c'est à l'autorité administrative seule à prendre les moyens de surveillance, à adopter les moyens de police qui peuvent l'empêcher d'échapper aux poursuites commencées contre lui. L'exécution de l'ordonnance d'extradition est confiée aux agens de l'ordre administratif. »

105. — C'est également à l'autorité administrative qu'il appartient exclusivement de donner les ordres nécessaires pour faire conduire à la frontière et remettre aux autorités étrangères les individus dont l'extradition est autorisée. — F. Hélie, p. 704.

106. — ... Et cela, sans que le ministère public soit appelé à prendre aucune réquisition pour faire opérer ce transport. — F. Hélie, *ibid.*; *contrà* Legraverend, *Législ. crim.*, t. 1er, p. 112; Mangin, *Tr. de l'act. publ.*, t. 1er, p. 152; Lesellyer, *loc. cit.*, no 1957.

107. — La saisie du prévenu étranger, son transport et sa remise entre les mains des agens étrangers, s'opérant par les ordres de l'administration française, sans qu'il soit besoin de mandats de dépôt ou d'arrêt des officiers de la police judiciaire de France, l'on pourrait objecter que c'est là violer la liberté individuelle de l'étranger, sous prétexte que son arrestation n'a pas lieu conformément aux dispositions de la loi commune française. Mais, pour répondre à cette objection, il suffit de faire observer avec M. Serrigny (*Tr. de dr. publ.*, t. 1er, p. 436 et suiv.), en premier lieu, que les lois protectrices de la liberté individuelle ne concernent, en définitive, que les seuls Français, ainsi que cela résulte de l'ensemble de notre législation et spécialement de l'art. 4 de la Charte (V. LIBERTÉ INDIVIDUELLE), et, en second lieu, que les officiers de la police judiciaire et du ministère public français n'étant pas chargés d'instruire et de poursuivre les crimes commis en pays étranger, hors les cas prévus par les art. 5 et suiv., C. inst. crim., on ne voit pas en quelle qualité ils interviendraient pour faire arrêter un individu coupable d'un crime commis à l'étranger.

108. — Jugé, conformément à ce qui précède, que les tribunaux sont incompétens pour ordonner la mise à la disposition du gouvernement d'un étranger dont l'extradition est demandée par la nation. — *Cass.*, 17 oct. 1834, Crescuit.

109. — L'exécution des ordonnances d'extradition doit être constatée soit par des procès-verbaux, soit par des récépissés dressés ou délivrés par les agens étrangers chargés de recevoir les individus qui sont remis aux gouvernemens qu'ils représentent. Ces procès-verbaux ou ces récépissés doivent être représentés par les agens de la force publique à l'autorité par ordre de laquelle ils ont été mis en mouvement. — Lesellyer, *loc. cit.*, no 1958.

110. — Quant aux frais d'arrestation et à ceux d'extradition, ils sont, en règle générale, et à moins de convention contraire, à la charge du gouvernement qui a requis ces mesures.—Lesellyer, *loc. cit.*, no 1949; Legraverend, *loc. cit.*, p. 112, note 1re.

111. — Jugé que l'arrestation d'un étranger sur le territoire français, en vertu d'une ordonnance du roi prescrivant son extradition, constitue une détention légale. — *Cass.*, 30 juin 1827, comtesse de la Granville.

112. — Le pays d'Andorre étant placé sous la souveraineté française, l'extradition d'un Français pour cause de crime, faite sur la réquisition d'un magistrat français, par le procureur-général syndic chargé du pouvoir exécutif dans ce pays, est régulière sans que l'intervention préalable du gouvernement soit nécessaire. — *Cass.*, 9 mai 1845 (t. 1er 1847, p. 148), Langé.

113. — Jugé aussi qu'il faut même considérer comme légale l'extradition d'un accusé français,

faite sur la réquisition d'un magistrat français, sur un navire étranger mouillé dans un port français, quoiqu'il n'y ait pas eu préalablement de demande d'extradition, si plus tard cette arrestation a obtenu l'approbation des deux gouvernemens. — *Cass.*, 31 juill. 1845 (t. 1er 1847, p. 152), Bastianesi.

§ 5.—*Incidens contentieux en matière d'extradition.*

114. — Des incidens contentieux peuvent s'élever à l'occassion soit de l'extradition d'étrangers faite par la France, soit, au contraire, de l'extradition de Français faite par les gouvernemens étrangers.

115. — Lorsqu'il s'agit d'un étranger dont l'extradition est demandée au gouvernement français, il est d'abord incontestable que deux circonstances peuvent retarder cette extradition : c'est 1° si cet étranger a été condamné en France à une peine qu'il n'a pas encore subie, ou 2° s'il se trouve poursuivi, au moment même de la négociation, à raison d'un délit commis en France. L'extradition n'aura lieu, dans ces deux cas, que lorsque la peine encourue aura été subie, ou que le jugement aura été rendu. Il faut, en effet, que la justice du pays soit, avant tout, satisfaite. — F. Hélie, p. 705 et suiv.; Mangin, *loc. cit.*, n° 77; Legraverend, t. 1er, p. 112; Lesellyer, *Tr. de dr. crim.*, t. 5, n° 1956; Fœlix, *Dr. intern. privé*, n° 570.

116. — Ce dernier auteur pense toutefois (*ibid.*) que si un étranger avait été condamné en France pour un crime par lui commis sur le territoire français, il n'y aurait aucun inconvénient à ce que l'extradition fût accordée pour un temps limité, sous la condition expresse qu'après ce temps expiré, l'étranger serait rendu à la France, pour subir la peine prononcée contre lui par le tribunal français.

117. — La plupart des traités, notamment ceux consentis avec la Prusse et avec la Sardaigne, admettent qu'il y a lieu de surseoir à l'exécution de l'ordonnance d'extradition dans les deux cas précités qu'ils confondent d'ailleurs sous une seule et même disposition. Nous pensons, au surplus, avec M. Faustin Hélie (*loc. cit.*), que la règle qui autorise ainsi exceptionnellement un sursis est générale, et devrait être observée lors même que les traités ne l'auraient pas sanctionnée.

118. — Toutefois remarquons avec l'instruction ministérielle du 5 avr. 1841 que « c'est dans l'intérêt de la vindicte publique seule que l'extradition peut être retardée ; l'intérêt particulier ne pourrait être écouté, et en conséquence, un créancier qui retient en prison un débiteur étranger dont l'extradition serait accordée ne saurait s'opposer à ce qu'il fût livré à la puissance étrangère qui l'a réclamé. En effet, par suite de l'extradition, l'étranger se trouve sous la main de la justice étrangère : il est complétement à sa disposition, et l'assurance du paiement d'une dette ne peut être mise en balance avec l'utilité qu'il y a à punir un malfaiteur. Si, dans un cas pareil, des créanciers réclamaient auprès du ministère public, il n'aurait aucun égard à leur réclamation ; et si, comme il y en a eu des exemples, ils s'adressaient aux tribunaux, le ministère public devrait soutenir l'incompétence de l'autorité judiciaire, et s'entendre, au besoin, avec l'autorité administrative pour que le conflit fût élevé. »

119. — Décidé, dans le sens de ces principes qui ont été aussi consacrés par l'art. 9 de la convention conclue avec la Bavière et publiée le 28 mai 1846, que l'étranger dont l'extradition a été accordée par le gouvernement français, et qui a été arrêté en vertu de l'ordonnance d'extradition, ne peut être écroué sur le territoire par son créancier français. — *Cons. d'état*, 2 juill. 1836, Boidron.

120. — ...Et que l'autorité judiciaire ne peut s'immiscer dans l'examen et l'appréciation de l'ordre d'extradition. D'où il suit qu'on doit confirmer l'arrêté de conflit qui a pour but de soustraire à l'autorité judiciaire la connaissance d'un acte de haute administration fait en vertu de traités diplomatiques. — Même décision.

121. — Lorsque c'est la France qui demande l'extradition d'un Français réfugié à l'étranger, des incidens contentieux plus graves encore peuvent s'élever. Posons d'abord, en principe, que si le prévenu a des exceptions ou nullités à faire valoir contre l'acte d'extradition, ces exceptions ne doivent pas être rejetées sans examen. — V. conf. F. Hélie, p. 709 et suiv.

122. — Jugé, dans ce sens, que l'accusé a nécessairement le droit d'invoquer toutes les nullités dont peuvent être entachés les actes en vertu desquels il a été arrêté, malgré le silence qu'il aurait gardé sur ces illégalités jusqu'aux débats. — *Cass.*, 9 mai 1845 (t. 1er 1847, p. 148), Langé.

123. — ...Et que les réclamations, à cet égard, doivent être portées devant la cour d'assises, qui est seule compétente pour les apprécier. — Même arrêt.

124. — Il faut éviter toutefois de se méprendre sur cette compétence. De ce que les exceptions, fondées sur l'illégalité de l'acte d'extradition, sont renvoyées devant la cour d'assises, il ne s'ensuit pas que cette cour soit compétente pour les juger.

125 — Comme l'établit fort bien M. Faustin Hélie (p. 713 et suiv.), la cour d'assises doit seulement examiner si l'exception est sérieuse, si le fait sur lequel elle s'appuie est d'une nature grave, et peut constituer une fin de non-recevoir, puis, dans le cas de l'affirmative, surseoir aux débats jusqu'à ce qu'il ait été statué par l'autorité compétente, et, au contraire, dans le cas de la négative, passer outre au jugement.

126. — C'est dans le sens de cette distinction qu'il a été jugé qu'un accusé, arrêté dans le pays d'Andorre, n'est pas recevable à exciper du défaut d'une extradition régulière, et que, par conséquent, la cour d'assises ne doit pas surseoir au jugement. — *Cass.*, 9 mai 1845 (t. 1er 1847, p. 148), Langé.

127. — Jugé également, dans le même sens, qu'une cour d'assises, en rejetant l'exception qu'un accusé livré par la Suisse en vertu d'une extradition régulière, fondait sur ce que le crime qui faisait l'objet de l'accusation n'était pas compris dans le traité conclu entre la France et la Suisse, n'a violé aucune loi. — *Cass.*, 16 sept. 1841 (t. 1er 1847, p. 153), Burgerey.

128. — Il résulte, d'autre part, d'un arrêt de Cassation du 4 sept. 1840 (t. 2 1840, p. 591, Darmenon), conformément au second terme de la distinction sus-énoncée, que la cour d'assises doit, au contraire, surseoir toutes les fois que le fait allégué, lui paraissant constituer une exception sérieuse, touche à l'interprétation de la convention diplomatique en vertu de laquelle l'extradition a eu lieu. — V. conf. circ. min. du 5 avr. 1841; — F. Hélie, *loc. cit.*, p. 717; Ch. Berriat Saint-Prix, *De l'exéc. des jug. et arr.*, § 23, n° 121.

129. — Spécialement, lorsqu'un prévenu de désertion, arrêté en pays étranger, soutient que son extradition a été effectuée contrairement à une convention diplomatique, cette défense présente une question préjudicielle qui oblige le conseil de guerre à surseoir jusqu'à ce qu'il ait été décidé par le gouvernement si l'extradition est régulière. Le conseil de guerre ne peut, en conséquence, se déclarer purement et simplement incompétent. — *Cass.*, 25 mars 1822, Descamps; 6 juin 1822, Cramoisin; — Mangin, *Action publ.*, t. 1er, p. 576, n° 238; Duvergier, sur Legraverend, *Législ. crim.*, t. 1er, ch. 1er, sect. 8e, p. 112, note 2e; Carnot, sur l'art. 6 du Code d'inst. crim., *Observ. addit.*, n° 5; — *Contrà* Legraverend, *ubi suprà*; Lesellyer, *Tr. de dr. crim.*, t. 5, n° 1950.

130. — Mais quand l'exception doit-elle paraître fondée à la cour d'assises à l'effet de motiver un sursis? En d'autres termes, dans quels cas la cour doit-elle, ou non, passer outre au jugement. — Une première règle, à cet égard, est que l'accusé qui comparaît par suite d'extradition ne peut être jugé et condamné qu'à raison des faits pour lesquels son extradition a été demandée et obtenue. — *Cass.*, 4 sept. 1840 (t. 2 1840, p. 591), Darmenon.

131. — C'est également ce qu'établit la circulaire du 5 avril 1841, dans laquelle on lit : « Comme les actes d'extradition sont non seulement personnels à celui qu'on livre, mais qu'ils énoncent en outre le fait qui donne lieu à l'extradition, l'individu qu'on a livré ne peut être jugé que sur ce fait. Si, pendant qu'on procède à l'instruction du crime pour lequel il est livré, il surgit des preuves d'un nouveau crime pour lequel l'extradition pourrait être également accordée, il faut qu'une nouvelle demande soit formée à cet effet. » — V. conf. Legraverend, t. 1er, chap. 1er, sect. 8e, p. 112; Bourguignon, sur l'art. 5, C. instr. crim.; Mangin, *Act. pub.*, t. 1er, n° 76; Lesellyer, *Tr. du dr. crim.*, t. 5, nos 1954 et suiv.; Fœlix, *Dr. intern.*, n° 570, p. 580; Morin, *Dict. de dr. crim.*, v° *Extradition*.

132. — Jugé aussi par l'arrêt du 4 sept. 1840 précité que, lorsque l'accusé ayant été, après son acquittement sur les faits qui avaient motivé son extradition, reconduit à la frontière et remis entre les mains des autorités du pays qui l'avait livré, n'a pas été reçu dans ce pays, les tribunaux français ne peuvent même le juger à raison d'autres faits, jusqu'à ce que le gouvernement ait décidé si cette interdiction du territoire équivaut à une seconde extradition.

133. — Telle est la rigueur avec laquelle doit être appliquée la règle qui vient d'être posée, que l'on a pensé qu'il était interdit de mettre en jugement, à raison d'un simple délit, l'individu dont l'extradition a été accordée à raison d'un crime, en supposant même que les deux faits soient connexes. — V. conf. F. Hélie, p. 719 et suiv.

134. — Jugé cependant que lorsque l'extradition a été autorisée pour banqueroute frauduleuse, l'extradé qui a été déclaré par le jury coupable de ce crime ne peut se faire un moyen de nullité contre l'arrêt de condamnation de ce qu'il a, en outre, été déclaré coupable de banqueroute simple et d'escroquerie, si la cour d'assises n'a prononcé, en conformité de l'art. 365, C. inst. crim., que la peine la plus forte, qui est celle de la banqueroute frauduleuse. — *Cass.*, 26 avr. 1844 (t. 1er 1847, p. 154), Coupé.

135. — Il a même été décidé que l'accusé pourrait être jugé sur un fait distinct de celui qui a motivé l'extradition, s'il y consentait et renonçait au bénéfice de l'exception résultant en sa faveur des termes de l'extradition. — *Assises du Pas-de-Calais*, 15 fév. 1848 (t. 1er 1847, p. 211), L... — V. conf. Legraverend, t. 1er, chap. 1er, sect. 8e, p. 112.

136. — Mais cette dernière décision a été improuvée par le garde-des-sceaux dans une lettre adressée au procureur général de Douai. — « Il est de règle, a-t-il dit dans cette lettre, qu'un accusé, livré par un gouvernement étranger, ne peut être mis en jugement que pour le fait même qui a motivé son extradition, et qu'en cas d'acquittement sur ce fait, il doit être immédiatement reconduit à la frontière pour y être mis en liberté. — Le consentement donné par L... à la mise en jugement pour abus de confiance, et même la connexité de ce fait avec le fait principal, ne sauraient motiver une exception à cette règle, qui a toujours été scrupuleusement suivie entre la France et la Belgique. — Je vous invite à vous concerter immédiatement avec l'autorité administrative pour que L... soit sur-le-champ reconduit à la frontière belge et rendu à la liberté. »

137. — M. Faustin Hélie (*loc. cit.*, p. 720), après avoir admis que ni la connexité d'un fait accessoire avec un fait principal qui seul, par hypothèse, a été l'objet de l'extradition, ni le consentement même du prévenu ne sauraient justifier une exception à la règle qui veut qu'un accusé ne puisse être mis en jugement qu'à raison du fait qui a motivé l'extradition, enseigne toutefois qu'il y aurait lieu de faire fléchir cette règle si les deux faits étaient le résultat d'une même action et s'ils ne pouvaient être séparés sans scinder une procédure indivisible. Alors, en effet, le crime et le délit se confondent dans un même fait, et c'est à raison de ce fait, considéré dans toute sa criminalité, que l'extradition a été accordée.

138. — Une autre décision que l'on peut proposer comme règle en cette matière consiste dans cette proposition, à savoir : que c'est sur le titre originaire de la poursuite ou de l'accusation, et non pas seulement d'après la qualification légale qu'a reçue le fait incriminé dans l'arrêt de condamnation, que la légalité de l'extradition et de ses conséquences doit être appréciée. — *Cass.*, 1er fév. 1845, (t. 1er 1845, p. 558), Wolf Cromback. — V. conf. F. Hélie, *ibid.*, p. 721.

139. — D'où la conséquence que celui qui a subi l'extradition à raison d'une poursuite en complicité de faux en écriture de commerce, crime prévu dans les traités existant entre la France et la confédération helvétique, ne peut prétendre avoir le droit d'être reconduit à la frontière, sous prétexte que, par suite de l'atténuation imprimée à l'accusation par les débats, il n'aurait été condamné qu'en qualité de complice d'un faux en écriture privée, crime non prévu par les mêmes traités. — Même arrêt.

140. — Cette décision soulève quelque difficulté : dire d'une manière absolue que c'est au titre originaire de l'accusation qu'il faut uniquement s'attacher pour déterminer si l'extradition a été légale, n'est-ce pas aller bien loin? Sans doute il ne faut avoir aucun égard à la question de pénalité; ainsi, de ce que, par suite de circonstanes atténuantes, le crime poursuivi n'aurait motivé qu'une condamnation correctionnelle, ou que, par suite d'une déclaration négative sur les circonstances aggravantes le fait est sorti des débats avec un caractère purement correctionnel, on n'en saurait tirer aucun argument contre la validité de l'extradition ; mais la position n'est-elle pas complétement différente lorsque c'est la poursuite elle-même qui subit une modification essentielle, et qu'au fait qui a motivé l'extradition l'accusation en substitue ou en joint un autre qui demeure seul par la déclaration de culpabilité? — Le système de l'arrêt que nous recueillons n'aurait-il pas pour conséquence possible de favoriser les demandes détournées d'extradition pour des cas non prévus par les traités?

141. — Une dernière question que résout M. F. Hélie (*loc. cit.*, p. 723 et suiv.) est celle de savoir ce que doit faire la chambre d'accusation ou la cour d'assises, quant au délit ou au crime dont l'extradition n'a pas autorisé la poursuite.

142. — Cet auteur distingue entre la chambre des mises en accusation et la cour d'assises. Selon

lui, la chambre d'accusation, lorsqu'elle est saisie de la procédure, doit statuer sur toutes les circonstances, sans s'arrêter aux réserves de l'extradition. — V. conf. *Cass.*, 5 sept. 1845 (t. 1er 1847, p. 151), Grandvaux.

143. — Mais la cour d'assises doit procéder autrement. Elle est obligée de tenir compte des réserves et de scinder la procédure, ou, dans tous les cas, de ne poser au jury que les questions relatives au fait pour lequel l'extradition a été accordée. Quant au fait qui n'a pas été l'objet de cette mesure, elle doit procéder comme en matière de contumace.—F. Hélie, *loc. cit.*, p. 725,

144. — Suivant l'art. 7, C. inst. crim., « tout Français qui se sera rendu coupable, hors du territoire du royaume, d'un crime contre un Français, pourra, *à son retour en France*, y être poursuivi et jugé, s'il n'a pas été poursuivi et jugé en pays étranger, et si le Français offensé rend plainte contre lui. » — Entre autres difficultés que soulève cette disposition, il en est une qui se lie à l'extradition et qu'il nous reste à signaler.

145. — Les mots *à son retour en France*, qui expriment l'une des conditions de la poursuite, doivent-ils s'entendre même du retour forcé, tel que le serait celui provenant d'un naufrage ou de tout autre accident de force majeure, et spécialement pour faire rentrer la question dans notre matière, du retour forcé résultant de l'extradition?

146. — Carnot (*De l'inst. crim.*, t. 1er, p. 124), et Bourguignon (*Jurisp. des C. crim.*, t. 1er, p. 78), tiennent avec raison, mais sans donner toutefois de motifs, pour la négative. Ainsi, suivant ces auteurs, il ne s'agirait, dans l'art. 7 précité, que du cas de *retour volontaire*, de telle sorte que si le Français inculpé ne se trouvait revenu en France que par suite d'une extradition, la justice serait sans pouvoir.

147. — M. Mangin (*Act. publ.*, t. 1er, no 70), qui adopte la même interprétation, la fait résulter des termes mêmes dont s'est servie la loi, car si elle n'avait pas eu en vue un retour volontaire, il eût suffi, pour qu'elle autorisât cette poursuite, que le prévenu eût été arrêté ou qu'il reparût sur le territoire. M. F. Hélie (*Inst. crim.*, t. 2, § 130, p. 620) ajoute dans le même sens que le droit de juridiction suppose d'ailleurs logiquement la présence volontaire.

148. — Le contraire a pourtant été jugé par la cour d'assises de la Seine (20 nov. 1846 [t. 1er 1847], de Prou). Par suite du pourvoi, la question est venue devant la cour de Cassation, mais elle n'y a point reçu de solution.

Liste des traités d'extradition entre la France et les états étrangers.

AUTRICHE. — Traité du 6 sept. 1766. — M. Hélie, qui mentionne ce traité ainsi qu'une autre convention avec l'électeur de Trèves (V. *Instr. crim.*, t. 2, p. 655), n'assure point qu'il n'y a pas été dérogé depuis par des conventions postérieures ou par la désuétude.

BADE (GRAND-DUCHÉ DE).— Traité du 27 juin 1844, ordonnance du 24 août 1844, pour les crimes suivans : 1o assassinat, empoisonnement, parricide, infanticide, meurtre, viol ou attentat à la pudeur avec violence ; 2o incendie ; 3o faux en écriture authentique ou de commerce et en écriture privée, contrefaçon de billets de banque et effets publics, vol, soustraction commise par des dépositaires publics, lorsque ces faits ont le caractère de crimes et sont punis de peines afflictives et infamantes par la loi générale du pays où le prévenu s'est refugié; 4o fabrication et émission de fausse monnaie; 5o faux témoignage; 6o banqueroute frauduleuse. — IX. *Bull.* MCXXX, no 11462.

BAVIÈRE. — Traité du 23 mars 1846; ord. 28 mai 1846, pour les mêmes crimes que ceux énumérés dans la convention avec la Belgique, citée *infrà* à son rang, et, en outre, pour les crimes de subornation de témoins, d'attentat à la pudeur, consommé ou tenté avec violence, et de contrefaçon des poinçons de l'état servant à marquer les matières d'or et d'argent. — *Bull.* no 12757. — Convention spéciale pour l'extradition des déserteurs en date du 9 mai 1827. — *Bull.* 1827, 162, no 6054.

BELGIQUE. — Traité du 22 nov. 1834 ; ord 19 déc. 1834, pour l'un des crimes suivans : 1o assassinat, empoisonnement, parricide, infanticide, meurtre, viol ; 2o incendie ; 3o faux en écriture authentique ou de commerce, et en écriture privée, y compris la contrefaçon des billets de banque et effets publics, mais non compris les faux certificats, faux passeports et autres faux qui, d'après le Code pénal, ne sont point punis de peines afflictives et infamantes, 4o fabrication et émission de fausse monnaie ; 5o faux témoignage ; 6o vol, lorsqu'il a été accompagné de circonstances qui lui impliquent le caractère de crime ; 7o soustractions commises par les dépositaires publics, mais seulement dans le cas où elles sont punies de peines afflictives et infamantes; 8o banqueroute frauduleuse. — IX. *Bull.*, 1re sect. CCCXLIII, no 5618

ESPAGNE — Traité du 29 sept. 1765, pour les crimes de vol, sur les grands chemins, dans les églises et dans les maisons avec fractures et violences, d'incendie prémédité, d'assassinat, de viol, de rapt, d'empoisonnement prémédité, de faux monnayeur, de vol de deniers publics. — V. F. Hélie, *loc. cit.*, p. 679. — Ce traité n'a reçu aucune publicité. — V. les notes de M. Royer-Collard sur l'art. 7, C instr. crim., dans l'édition des Codes publiée par lui en 1842.—Convention spéciale du 5 juillet 1783, entre la France, l'Espagne et le Portugal, pour l'extradition des déserteurs et des individus coupables de contrebande. (De Martens, *Rec. des traités*, t. 2, p. 612, et 625); — autre convention, spécialement relative aux crimes de contrebande entre la France et l'Espagne, du 24 déc. 1786 (*ibid.* t. 4, p. 187). M. Fœlix, qui cite ces conventions (V. *Tr. du dr. intern. privé*, p. 582 et suiv.), ne nous dit pas si elles sont encore en vigueur, ou si elles auraient été abrogées par la désuétude.

ÉTATS-UNIS D'AMÉRIQUE. — Traités des 9 nov. 1843 et 24 fév. 1845, ord. 12 juin 1844 et 11 août 1845, pour l'un des crimes suivans, savoir : meurtre (y compris les crimes qualifiés dans le Code pénal français d'assassinat, de parricide, d'infanticide et d'empoisonnement) ou tentative de meurtre, ou viol, ou faux, ou incendie, ou soustractions commises par les dépositaires publics, mais seulement dans le cas où elles seront punies de peines infamantes, crime de *robbery*, consistant dans l'enlèvement forcé ou criminel, effectué sur la personne d'autrui, d'argent ou d'effets d'une valeur quelconque, à l'aide de violence et d'intimidation, crime de *burglary*, consistant dans l'action de s'introduire, nuitamment et avec effraction ou escalade, dans l'habitation d'autrui, avec une intention criminelle, et les crimes correspondans prévus et punis par la loi française, sous la qualification de vol commis avec violences ou menaces, et de vols commis dans une maison habitée, avec les circonstances de la nuit et de l'escalade ou de l'effraction. — IX *Bull.*, MCIII, no 11814; IX *Bull.* MCCXXXII, no 12186. — Convention spéciale du 14 novembre 1788 avec les Etats-Unis (V. de Martens, t. 4, p. 417), relativement à l'extradition des déserteurs,

GRANDE-BRETAGNE. — Traité du 13 fév. 1843, ord. 18 mars 1843, pour les crimes de meurtre (y compris les crimes qualifiés dans le Code pénal français d'assassinat, de parricide, d'infanticide et d'empoisonnement), ou de tentative de meurtre, ou de faux, ou de banqueroute frauduleuse. — IX. *Bull.* DCCCCLXXXIX, no 10571.— Déjà la Grande-Bretagne, par suite du traité de paix d'Amiens, intervenu le 6 germin. an XI (27 mars 1802) entre elle, la France, l'Espagne et la République s'était engagée, relativement à l'extradition des personnes accusées des crimes de meurtre, de falsification ou de banqueroute frauduleuse. — V. de Martens, t. 7. p. 404.— Indépendamment de ces conventions d'extradition proprement dites, citons encore les conventions intervenues entre la France et la Grande-Bretagne, les 31 août 1787 et 7 mars 1815, concernant l'extradition des individus poursuivis en justice pour offenses commises dans les possessions des Indes-Orientales.

LUCQUES (DUCHÉ DE). — Traité du 10 nov. 1843, ord. 25 janv. 1844, pour l'un des crimes suivans : 1o assassinat, empoisonnement, parricide, infanticide, meurtre, viol, attentat à la pudeur consommé ou tenté avec violence; 2o incendie; 3o faux en écriture authentique ou de commerce et en écriture privée, y compris la contre-façon des billets de banque et effets publics, mais non compris les faux certificats, faux passeports et autres faux qui, d'après la législation des deux pays, ne sont point punis de peines afflictives et infamantes; 4o fabrication et émission de fausse monnaie; 5o faux témoignage, subornation de témoins; 6o vol, lorsqu'il a été accompagné de circonstances qui lui impriment le caractère de crime, d'après la législation des deux pays; 7o soustractions commises par les dépositaires publics, mais seulement dans le cas où, suivant la législation des deux états, elles sont punies de peines afflictives et infamantes; 8o banqueroute frauduleuse. — IX. *Bull.* MLXXII, no 11131.

LUXEMBOURG (GRAND-DUCHÉ DE). — Traité du 25 sept. 1844, ord. 6 déc. 1844, pour les mêmes crimes que ceux énoncés dans le traité avec la Belgique.— IX. *Bull.* MCLVII, no 11667.

PAYS-BAS. — Traité du 7 nov. 1844, ord. 29 janv. 1845, pour les mêmes crimes que ceux énoncés dans le traité avec la Belgique. — IX. *Bull.* MCLXXIII, no 11795. — En 1736, traité pour la restitution réciproque des déserteurs et des criminels. — Isambert, t. 21, p. 422. — Le 20 oct. 1820 convention spéciale pour l'extradition des déserteurs.—V. *Bull.* 1821, p. 486, no 11576.

PORTUGAL. — V. ESPAGNE.

PRUSSE. — Traité du 21 juin 1845, ord. 30 août 1845, pour les mêmes crimes que ceux énumérés dans le traité avec la Belgique, et pour les crimes de subornation de témoins, et d'attentat à la pudeur consommé ou tenté avec violence.—IX. *Bull.* MCCXXXVI, no 12221. — Le 25 juill. 1828, convention spéciale pour l'extradition des déserteurs. — *Bull.* 1828, 257, no 9590.

SARDAIGNE.— Traité du 23 mai 1838, ord. 16 déc. 1838, pour les mêmes crimes que ceux énumérés dans le traité avec la Belgique. — IX. *Bull.* DCXVI, no 7716. — Les 16 juin 1782 et 9 août 1820, convention spéciale pour l'extradition des déserteurs. — *Bull.* 425, 1820, no 9971; — de Martens, *Rec. des Tr.*; suppl. t. 2, p. 42.

SICILES (ROYAUME DES DEUX-).—Traité du 14 juin 1845, ord. 11 août 1845, pour les mêmes crimes que ceux énumérés dans le traité avec la Belgique, et pour le crime de subornation de témoins. — IX. *Bull.* MCCXXXII, no 12185.

SUISSE.—Traité du 2 fructid. an VI (19 août 1798), et renouvelé le 27 sept. 1803 et le 18 juill. 1828, pour les crimes suivans : Assassinat, empoisonnement, incendie, faux en écriture publique et en écriture de commerce, fabrication de fausse monnaie, vol avec violence ou effraction, vol de grand chemin, banqueroute frauduleuse, soustraction de deniers publics. — V. de Martens, t. 6, p. 466; t. 7, p. 663; t. 8, p. 132. — *Bull.* 1829, no 10, 572; — Snell, p. 495 et suiv.; Faustin Hélie, p. 680.

TOSCANE (GRAND-DUCHÉ DE). — Traité du 11 sept. 1844, ord. 28 nov. 1844, pour les crimes suivans : 1o homicide de tout genre commis volontairement et hors les cas de légitime défense; 2o viol, attentat à la pudeur consommé ou tenté avec violence; 3o incendie volontaire; 4o faux en écriture authentique ou de commerce et en écriture privée, y compris les contrefaçons des billets de banque et effets publics, mais non compris les faux certificats, faux passeports, et autres faux qui, d'après la législation des deux pays, sont punis d'une peine moindre que celle de la réclusion; 5o fabrication et émission de fausse monnaie; 6o faux témoignage, subornation de témoins, lorsque ces crimes ont été commis au détriment de prévenus ou accusés; 7o vol, lorsqu'il a été accompagné de circonstances qui entraînent, d'après la législation des deux pays, l'application, au moins, de la peine de la réclusion; 8o soustractions commises par les dépositaires publics, mais seulement dans le cas où, suivant la législation des deux états, elles sont punies, au moins, de la peine de la réclusion; 9o banqueroute frauduleuse. — Sont exceptés formellement par l'art. 6 les crimes et délits politiques. — IX. *Bull.* MCLV, no 11658.

WURTEMBERG. — Traité du 3-9 déc. 1765, pour l'extradition réciproque des brigands, malfaiteurs, voleurs, incendiaires, assassins, vagabonds (ce sont les termes mêmes du traité).—V. de Martens, t. 1er, p. 300.— M. Fœlix, en mentionnent ce traité (V. *Dr. intern. privé*, p. 582) n'assure point qu'il soit encore en vigueur. Le même doute existe à l'égard d'un autre traité de 1759 avec cette même puissance, et que mentionne M. Isambert (*Rec. des anc. lois*, t 22, p. 283).

EXTRAIT.

Table alphabétique.

EXTRAIT. — C'est l'analyse ou la copie partielle d'un écrit quelconque.

2. — Un même acte contient souvent des dispositions distinctes qui concernent différentes personnes; comme alors ces personnes n'ont aucun intérêt à avoir une copie entière de l'acte, elles peuvent se borner à en prendre chacune un extrait.— Rolland de Villargues, *Rép. not.*, vo *Extrait*, no 1er.

3. — Aussi est-il de principe que les parties peu-

vent ne requérir qu'un extrait d'une clause quelconque. — Ferrière, *Parf. not.* t. 2, p. 483.

4. — Les extraits des actes notariés ne peuvent être délivrés que par le notaire possesseur de la minute; néanmoins, le notaire peut délivrer copie d'un acte qui lui a été déposé pour minute.—Arg. L. 25 vent. an XI, art. 24. — V. à cet égard ce que nous avons dit v° EXPÉDITION.

5. — Les greffiers et dépositaires des registres publics sont tenus d'en délivrer, sans ordonnance de justice, extrait à tous requérans, à charge de leurs droits, à peine de dépens, dommages et intérêts. — C. procéd., art. 853.

6. — Toutefois, cette disposition ne doit s'entendre que des actes livrés à la publicité. — V. COPIE DE TITRES ET ACTES, nos 448 et suiv.

7. — Celui qui, dans le cours d'une instance, veut se faire délivrer extrait d'un acte dans lequel il n'a pas été partie, doit se pourvoir ainsi qu'il est dit v° CONCLUSOIRE.

8. — La loi, dans plusieurs circonstances, exige la production ou l'affiche d'extraits. — C. civ., art. 804, 2494; C. procéd., art. 872; C. comm., art. 42, 46 et 67. — V. BAIL ADMINISTRATIF, CONTRAT DE MARIAGE, nos 62 et suiv., INTERDICTION, SAISIE IMMOBILIÈRE, SOCIÉTÉ COMMERCIALE, etc.

9. — En général, un simple extrait suffit toutes les fois que la loi n'exige pas une expédition entière, par exemple, lorsqu'il s'agit de contrats à transcrire. — Rolland de Villargues, *ibid*, n° 2.

10. — Dans la pratique, on distingue l'extrait littéral de l'extrait analytique ou raisonné.— *Dict. du not.*, v° *Extrait*, n° 6 ; Rolland de Villargues, *ibid.*, n° 7 ; Ferrière, *Parf. not.*, liv. 9, chap. 45.

11. — L'extrait littéral consiste à transcrire mot à mot la clause que l'on se propose d'extraire.

12. — L'un extrait analytique, au contraire, c'est se contenter de rendre avec exactitude, tout en les abrégeant, les diverses parties de l'acte qui ont trait à telle disposition.

13. — D'après Ferrière (*loc. cit.*), ces deux sortes d'extraits sont également bonnes. « Ce qui est vrai, ajoute M. Rolland de Villargues (*ibid.*, n° 9), en ce sens que l'une et l'autre peuvent être employées sans qu'on puisse contester la régularité de l'extrait. Mais l'extrait littéral semble devoir jouir d'une faveur plus grande que l'autre : c'est là, de fait, une expédition partielle ; à foi qui lui est due doit être la même que celle qui s'attache aux expéditions, tandis que l'extrait analytique ne rapportant point textuellement les expressions de l'acte, le champ semble être ouvert aux interprétations et aux contestations : bien entendu toutefois que foi doive être aussi ajoutée aux conventions qu'il contient d'une manière claire et précise, sans équivoque.» — Rolland de Villargues, *ibid.*, n° 44.

14. — Ainsi, on préfère l'extrait littéral à l'extrait analytique : 4° pour les dispositions testamentaires. A cet égard, en effet, il est bon de conserver et de reproduire avec fidélité les expressions et même l'orthographe.—Massé, *Parf. not.*, liv. 43, chap. 47 ; Rolland de Villargues, n° 44.

15. — 2° Pour les actes relatifs aux formalités hypothécaires de radiation d'inscription et de transcription. — C. civ., art. 2494. — V. INSCRIPTION HYPOTHÉCAIRE, TRANSCRIPTION.

16. — 3° Pour les actes à représenter aux officiers de l'état civil. — Hutteau d'Origny, *De l'état civil*, p. 95 ; Rolland de Villargues, *ibid.*, n° 43.

17. — 4° Pour la délivrance des grosses.— Rolland de Villargues, *ibid.*, n° 44. — V. ce mot.

18. — A l'égard des extraits analytiques, leur but étant toujours de présenter exactement le sens des conventions, il faut autant que possible reproduire les termes mêmes de l'acte; on doit surtout s'attacher à ne rien omettre d'essentiel; il faut aussi éviter avec le plus grand soin l'obscurité, écueil ordinaire des extraits. — Rolland de Villargues, *ibid.*, n° 45.

19. — Il est bon, lorsqu'on se borne à un extrait analytique, de déclarer qu'il est référé aux minutes pour le surplus. — Rolland de Villargues, *ibid.*, n° 23.

20. — A Paris, les notaires qui délivrent des extraits de procuration à la suite d'actes passés en vertu de ces procurations, ne se bornent pas à déclarer que les pouvoirs y contenus sont spéciaux à l'effet desdits actes; ils ont coutume de relater les termes mêmes des procurations. — Rolland de Villargues, n° 40. — V. ANNEXE DE PIÈCE, n° 35.

21. — Au surplus le même extrait peut être et est souvent tout à la fois littéral et analytique : littéral pour les dispositions qu'on tient à indiquer textuellement, analytique à l'égard des parties de l'acte qu'on veut abréger. — Rolland de Villargues, *ibid.*, n° 46.

22. — Tout extrait doit contenir la date de l'acte, le nom du notaire qui l'a reçu, celui des parties

avec les qualités dans lesquelles elles ont agi, ainsi que la mention de la nature ou de l'espèce de l'acte d'où il est tiré, par exemple si c'est une vente, une donation, un échange, etc. — Ferrière et Massé, *loc. cit.*; Rolland de Villargues, *ibid.*, nos 47 et 48; Blondeia, *Traité des connaissances nécessaires à un notaire*, t. 4er, p. 373; Loret, *Élém. de la science not.*, t. 4er, p. 342.

23. —Lorsque l'extrait a été fait sur une minute, il doit indiquer en la possession de qui elle se trouve, et si c'est une grosse ou expédition, que qu'elle a été rendue ou qu'elle est demeurée annexée à la minute de tel acte dont tel notaire est resté dépositaire. — Mêmes auteurs.

24. — Indépendamment des énonciations propres à constater l'authenticité de l'acte, l'extrait doit indiquer : — 4° ce qui établit la capacité des parties, comme l'autorisation ou le concours du mari; — 2° ce qui est de la substance de la convention, par exemple le prix lorsqu'il s'agit de vente, afin qu'il soit facile de reconnaître sur l'extrait si l'acte est valable au fond comme en la forme. — Rolland de Villargues, *ibid.*, n° 20 ; Carré, *Cours d'organis. judic.*, p. 424.

25. — Ainsi un extrait qui ne mentionnerait que la main-levée d'une inscription prise au profit d'un mineur, sans parler de la quittance donnée par le tuteur, serait insuffisant pour opérer la radiation, le tuteur ne pouvant donner main-levée sans recevoir. — Rolland de Villargues, n° 21.

26. — Par la même raison, le tuteur ne pouvant consentir une subrogation qu'autant qu'il a été payé, l'extrait de l'acte constatant la subrogation devrait mentionner la quittance donnée par le tuteur. — Rolland de Villargues, *ibid.*

27. — Au surplus c'est par le but que se proposent ceux qui requièrent l'extrait que se détermine ce qui doit y entrer. — Rolland de Villargues, *ibid.*, n° 22.

28. — Mais une partie ne pourrait pas contraindre un notaire à se conformer à un modèle qu'elle lui présenterait, et fixer ainsi rigoureusement l'étendue de l'extrait. La rédaction d'un extrait a toujours été considérée comme appartenant essentiellement au notaire ; or, comme il est responsable de cette rédaction, c'est à lui seul à en mesurer les termes et l'étendue ; autrement il arriverait qu'on se ferait délivrer des extraits tronqués et incomplets qui pourraient être une source de fraude. — Rolland de Villargues, *ibid.*, n° 26.

29. — Cependant un jugement du tribunal de Civray du 44 sept. 4835, considérant qu'il est loisible à chaque partie de désigner ce que l'extrait qu'elle réclame doit contenir, et que le notaire dépositaire de la minute n'a aucun motif raisonnable de se refuser à la délivrance d'un pareil extrait, dont la partie n'est pas tenue de lui faire connaître l'usage, a condamné un notaire à délivrer l'extrait qui lui était demandé d'après la formule qui lui avait été donnée.

30. — Dans tous les cas, on ne peut extraire les clauses particulières d'un acte qu'avec les modifications qui s'y rapportent, et tout ce qui fait partie de la stipulation. — L. 4, § 4, *De adend.* — Massé, liv. 43, ch. 47.

31. — Le parlement de Toulouse, par arrêt du 22 juill. 4742, rejeta l'extrait compulsé des statuts de la chapelle dite de Saint-Martial, parce que cet extrait ne contenait pas la fondation en entier, le chapitre ayant omis plusieurs articles dans le compulsoire. — Arrêts inédits de Leviguerie, n° 849; Rolland de Villargues, *ibid.*, n° 24.

32. — Lorsque l'ensemble des faits doit être connu, il est alors indispensable que chaque objet soit justifié par des expéditions et des extraits successifs. — Rolland de Villargues, *ibid.*, n° 24.

33. — Au surplus, les extraits soit littéraux, soit analytiques, ne sont astreints à aucune forme spéciale et déterminée.

34. — Les règles relatives aux expéditions s'appliquent aux extraits qui ne sont eux-mêmes, en général, que des expéditions abrégées. — V. COPIE DE TITRES ET ACTES, nos 88 et suiv.; EXPÉDITION.

35. — En général, l'extrait d'un acte ne peut être placé à la suite de l'expédition d'un autre acte auquel il ne serait pas annexé, encore bien qu'il ait été passé dans la même étude. — Arg. L. 43 brum. an VII, art. 23. — V. toutefois ANNEXE DE PIÈCES, nos 35 et suiv.

36. — Ce que nous avons dit pour les expéditions relativement au timbre et à l'enregistrement est nécessairement applicable aux extraits. — V. EXPÉDITION, ENREGISTREMENT, TIMBRE.

V. aussi ABRÉVIATION, ACTES DE L'ÉTAT CIVIL, ANNEXE DE PIÈCE, ARCHIVES, COMMENCEMENT DE PREUVE PAR ÉCRIT, CONSERVATEUR DES HYPOTHÈQUES, ENQUÊTE, GREFFE (droits de), RÉPERTOIRE, TRANSCRIPTION (droits de).

EXTRAIT D'INSCRIPTION SUR LE GRAND-LIVRE.

Table alphabétique.

EXTRAIT D'INSCRIPTION SUR LE GRAND-LIVRE.

1. — C'est le relevé de l'inscription faite sur le grand-livre de la dette publique au nom de chaque propriétaire de rentes sur l'état, et qui lui est remis pour servir à prouver ses droits.

2. — Le décret du 24 août 4793, en créant le grand-livre de la dette publique, donna le premier modèle de l'extrait ou certificat d'inscription à remettre aux créanciers de la nation en remplacement de leurs anciens titres ou en paiement de leurs créances.

3. — Cet extrait ou certificat d'inscription devint dès-lors, pour tous les créanciers de l'état, un titre uniforme qui ne permettait de faire aucune distinction entre les diverses créances à la charge du trésor public, assurait à toutes l'égalité de privilège à laquelle elles avaient droit.

4. — Les extraits d'inscriptions portent les noms et prénoms du propriétaire, la somme de rentes qui lui est due, le numéro de la série, dont elle fait partie, la jouissance (c'est-à-dire le semestre) à laquelle commence le service des intérêts, le numéro du transfert et celui du journal. — L. 47 août 4822, art. 27.

5. — Ces extraits sont délivrés par le directeur du grand-livre, dans les formes et après les vérifications prescrites par les réglemens émanés du ministre des finances.

6. — Au cas de transfert d'une rente sur l'état, il est délivré au nouveau propriétaire un extrait de l'inscription qui remplace celle qui avait été faite au nom du propriétaire précédent. — Décr. 24 août 4793, art. 468.

7. — Si le cédant n'a disposé que d'une partie de sa rente, il est également remis un nouvel extrait de son inscription pour la partie dont il reste propriétaire. — *Ibid.*

8. — Au cas de mutation autre que celle résultant d'un transfert, par exemple au cas de mutation par suite de décès, il est également délivré un nouvel extrait d'inscription à l'ayant-droit sur le simple rapport de l'ancien extrait d'inscription et d'un certificat de propriété ou acte de notoriété contenant les noms, prénoms et domicile, la qualité en laquelle il procède et possède, l'indication de la portion dans la rente et l'époque de sa jouissance. — L. 28 flor. an VII, art. 4. — V. au surplus CERTIFICAT DE PROPRIÉTÉ, RENTES SUR L'ÉTAT.

9. — Les créanciers de la nu-propriété des inscriptions sur le grand-livre ne peuvent pas réclamer des extraits de leur inscription, leurs droits

étant suffisamment établis et garantis par la mention faite sur le grand-livre....... Toutefois, le trésor public délivre aux nu-propriétaires qui le demandent un titre qui prouve leurs droits à la nu-propriété d'après le mode déterminé par le comité, aujourd'hui le ministre des finances. — L. 14 vent. an III, art. 6.

10. — Les extraits d'inscription délivrés dans la forme ordinaire ne peuvent servir aux propriétaires de rentes pour toucher les arrérages qu'au trésor public à Paris.

11. — Mais les rentiers qui désirent être inscrits et payés dans les départemens, reçoivent, sur leur demande, un extrait d'inscription départementale, signé par le receveur général du département où ils résident, visé et contrôlé par le préfet. — L. 14 avr. 1819, art. 3.

12. — Ces titres équivalent aux extraits d'inscription délivrés par le directeur du grand-livre. — *Id.*, art. 4.

13. — Le propriétaire d'un extrait d'inscription directe sur le grand-livre, qui veut l'échanger contre un extrait d'inscription départementale, doit, à l'effet d'obtenir cette mutation, déposer à la recette générale de son département, avec une demande écrite, l'extrait de son inscription au grand-livre; il lui est délivré, par le receveur général, un reçu échangeable dans le plus court délai contre une inscription départementale. — Ord. du même jour 14 avr. 1819, art. 1er.

14. — Au cas de transfert ou de mutation, les extraits à remettre aux nouveaux propriétaires sont délivrés dans les formes prescrites par la loi du 28 pluv. an VII pour les inscriptions directes sur le grand-livre, par l'intermédiaire des receveurs généraux. — Même ord., art. 6 et suiv.

15. — La conversion d'un extrait d'inscription départementale en un extrait d'inscription sur le grand-livre s'effectue, après confrontation au talon, au nom du propriétaire désigné dans l'inscription départementale, sur la seule demande du porteur. — *Ibid.*, art. 9.

16. — L'échange d'un extrait d'inscription départementale contre un titre semblable dans un autre département s'accomplit de la manière suivante : l'extrait à échanger est présenté au receveur général signataire qui l'annule, et délivre au titulaire une lettre d'avis adressée au receveur général du département où la rente doit être transportée; ce dernier, sur l'avis du ministre des finances, à qui l'extrait d'inscription annulé est adressé, remet ensuite au titulaire le nouveau titre. — *Ibid.*, art. 10.

17. — Dans l'origine, et soit en vertu du décret du 24 août 1793, soit aux termes de la loi du 24 frim. an VI, relative à la liquidation de la dette publique, tous les créanciers de l'état au profit desquels les premières rentes sur l'état furent constituées, furent inscrits nominativement sur le grand-livre, et les extraits qui leur furent délivrés furent également nominatifs.

18. — Cet usage des extraits nominatifs s'est perpétué, et telle est encore aujourd'hui la règle générale d'après laquelle se délivrent les extraits d'inscription sur le grand-livre.

19. — Pour faciliter néanmoins les négociations, et principalement celles effectuées par l'intermédiaire des banquiers, on autorisa d'abord l'émission de certificats au porteur, constatant, pour les diverses personnes qui pouvaient avoir des droits dans les mêmes inscriptions de rente déposées par des maisons de banque, leur participation à ces inscriptions. Ce fut l'objet de diverses décisions ministérielles en date des 14 oct. 1816, 26 mai 1819, 24 mai 1825 et 5 mars 1830.

20. — Plus tard, on reconnut le besoin de compléter et de généraliser cette mesure; et une ordonnance royale, du 29 avr. 1831, modifiée par une autre ordonnance du 10 mai suivant, autorisa l'émission d'extraits d'inscription payables au porteur.

21. — Tout propriétaire d'un extrait d'inscription de rente nominative peut en demander la conversion en rentes au porteur. — Ord. roy. 29 avr. 1831, art. 1er.

22. — Pour opérer cette conversion, le propriétaire de l'inscription de rente nominative doit la déposer au trésor public (bureau des transferts et mutations), accompagnée d'une déclaration de transfert, dans la forme ordinaire, signée de lui et certifiée par un agent de change. — *Idem*, art. 2.

23. — Il doit indiquer, en faisant le dépôt de son extrait d'inscription nominative, le nombre et la quotité d'inscriptions au porteur qui lui sont nécessaires, en ayant soin cependant de ne pas demander de coupures au-dessous de 50 fr. — *Idem*, art. 3.

24. — En échange du dépôt fait, le directeur de la dette inscrite fait opérer un transfert d'ordre du montant de la rente déposée au crédit d'un compte ouvert sous le titre de *Trésor public, son compte de rentes au porteur, cinq, quatre et demi pour cent, quatre ou trois pour cent.* — Les coupures demandées sont, le surlendemain du dépôt, remises à l'agent de change certificateur, à moins que le propriétaire n'ait exprimé formellement, dans sa déclaration signée au bureau des transferts, le désir que les valeurs lui soient directement remises, auquel cas elles sont conservées à la direction de la dette inscrite, qui ne s'en dessaisit que sur un bulletin signé de l'agent de change et du propriétaire de la rente. — Art. 4.

25. — Ces extraits d'inscription doivent être revêtus des signatures du chef du grand-livre et de l'agent comptable des mutations, visés au contrôle et signés par le directeur de la dette inscrite. Ils sont à talons, et les porteurs peuvent, quand ils le veulent, les rapprocher de la souche qui reste déposée au trésor. — Art. 5.

26. — Les extraits d'inscription au porteur sont, à la première demande qui en est faite, convertis en extraits nominatifs, sur le dépôt opéré au trésor de l'extrait d'inscription dont la reconversion est demandée, accompagné d'un bordereau certifié par le déposant, indiquant ses qualités et son domicile, et désignant avec exactitude les noms et prénoms auxquels la rente nouvelle doit être inscrite. — Art. 7.

27. — Aux extraits d'inscription de rentes au porteur sont attachés des *coupons* sur lesquels se fait le paiement des arrérages. — Ord. roy. 10 mai 1831, art. 1er.

28. — Ces coupons, qui sont, pour chaque extrait, au nombre de dix, représentant cinq années d'arrérages, sont successivement détachés et payés par le trésor aux époques d'échéance fixées pour les semestres de chaque nature de rentes 5, 4 1/2, 4 et 3 %. — *Idem*, art. 2.

29. — Les coupons sont détachés d'un talon qui reste déposé au trésor public. — Art. 3.

30. — La conversion d'une inscription au porteur en inscription nominative ne peut s'opérer qu'avec la jouissance des coupons non détachés de l'inscription. — Art. 4.

31. — Au bout de cinq années, sur la représentation de l'extrait d'inscription, il est délivré gratuitement par le trésor de nouveaux coupons, comme représentation des arrérages à courir ultérieurement. — *Idem*, art. 5.

32. — C'est sur la seule représentation des extraits nominatifs d'inscription que les arrérages sont payés au porteur, qui en donne quittance. — Décr. 24 août 1793, art. 137; L. 22 flor. an VII, art. 5.

33. — Chaque paiement est indiqué au dos de l'extrait par l'application qui y est faite d'un timbre énonçant le terme ou le semestre pour lequel le paiement a lieu. — L. 22 flor. an VII, art. 9.

34. — Lorsque les propriétaires de rentes ne peuvent les recevoir par eux-mêmes, et ne jugent pas cependant à propos de confier leurs extraits d'inscriptions à des tiers, ils peuvent y suppléer par des procurations spéciales passées pardevant notaires. — Ord. roy., 1er mai 1816, art. 1er.

35. — Il n'est pas nécessaire que ces procurations contiennent une désignation spéciale des numéros des extraits et des sommes à toucher. Elles sont valables pour toutes les inscriptions possédées par les propriétaires au moment du mandat, et même pour celles qu'ils pourraient acquérir par la suite, lorsque toutefois elles en contiennent la clause expresse. — Ord. royale, 9 janv. 1818, art. 1er. — On a voulu ainsi éviter à ceux qui font de nouveaux placemens en rentes les frais qu'entraînerait l'obligation de donner de nouveaux pouvoirs pour toucher les arrérages des nouvelles inscriptions.

36. — Aux termes de l'art. 2, ord. 1er mai 1816, lorsque ces procurations n'avaient pas été passées chez un notaire de Paris, elles devaient être déposées chez un notaire de cette ville qui en délivrait des extraits conformes au modèle dont le ministre des finances devait régler la forme. L'un de ces extraits était joint à la première quittance de paiement, et l'autre, après avoir été visé par le directeur du grand livre, demeurait au fondé de pouvoirs, pour être par lui présenté au lieu des inscriptions à chaque semestre.

37. — L'ordonnance du 9 janv., art. 2, a modifié cette disposition, en portant que les procurations passées à l'étranger ou dans les départemens seront déposées chez un notaire de Paris, qu'il en sera produit un seul extrait ou expédition au directeur du grand-livre, qui en délivrera autant d'extraits qu'il y aura de parties de rentes au nom du même propriétaire.

38. — Ces derniers extraits doivent recevoir l'empreinte prescrite par l'art. 9, L. 9 flor. an VII. — Ord. 1er mai 1816, art. 3

39. — Les procurations dont il vient d'être parlé sont, sauf révocation par le mandant, valables pendant dix ans. — *Ibid.*, art. 4.

40. — ... Si, dans l'intervalle, le titulaire se présente pour recevoir un semestre, sa quittance est interprétée comme la révocation des pouvoirs qu'il aurait précédemment donnés. — *Ibid.*, art. 4.

41. — Les fondés de pouvoirs qui, ayant connaissance du décès de leur commettant, auraient néanmoins reçu des arrérages postérieurement au décès, sans avoir fait opérer la mutation, sont dans le cas d'être, à la diligence de l'agent judiciaire du trésor, poursuivis conformément aux lois. — *Ibid.*, art. 5.

42. — En cas de perte par vol, incendie ou tout autre accident, d'un extrait d'inscription sur le grand-livre, ou d'un extrait d'inscription départementale, le rentier doit en faire la déclaration devant le maire de la commune de son domicile, en présence de deux témoins qui constatent son individualité. — Décr. 3 mess. an XII, art. 2; ord. roy. 14 avr. 1819, art. 5.

43. — Cette déclaration est assujétie au droit fixe d'enregistrement de 1 fr. — Décr. 3 mess. an XII, art. 2.

44. — La déclaration est rapportée au trésor public. Après en avoir fait constater la régularité, le ministre des finances autorise le directeur du grand-livre à débiter le compte de l'inscription perdue, et à la porter à compte nouveau par un transfert de forme; il est remis au réclamant un extrait original de l'inscription de ce nouveau compte. — *Ibid.*, art. 3.

45. — Ce transfert de forme ne peut avoir lieu que dans le semestre qui suit celui pendant lequel la demande d'un nouvel extrait d'inscription a été adressée au ministre des finances.

46. — Si des extraits d'inscription déposés au trésor sur récépissé viennent à être volés dans les bureaux, il est hors de doute que le trésor doit rendre aux propriétaires des bulletins de nouveaux extraits d'inscription pour une somme égale à celle portée aux extraits volés. C'est ce que le gouvernement a décidé sans difficulté, par arrêtés du 9 germ. et 14 fruct. an XI, dans une affaire (Colin et Lallemand), qui, plus tard, a donné lieu à un arrêt de la cour d'appel de Paris du 19 mai 1806 (mêmes parties).

47. — Quant à l'action que le trésor pourrait avoir par suite à exercer contre celui qui se présenterait avec les extraits perdus ou volés, pour en percevoir les arrérages ou pour en opérer le transfert, V. RENTES SUR L'ÉTAT.

48. — C'est également sous ce mot que nous parlerons de la responsabilité que les notaires pourraient encourir à ce sujet, si les extraits volés ou perdus se trouvaient avoir été transférés à des tiers, au moyen d'actes faux.

49. — Les extraits d'inscription des rentes sur l'état ne sont soumis ni au timbre, ni à l'enregistrement. — L. 13 brum. an VII, art. 16; 22 frim. an VII, art. 70.

50. — Lorsque, dans une succession ordinaire il se trouve des extraits d'inscription sur le grand-livre, le notaire qui fait l'inventaire doit les coter et parapher; cette formalité fait qu'au trésor on n'acquitte plus les arrérages qu'après la mutation opérée au profit des nouveaux propriétaires, en vertu d'un certificat de propriété que le notaire délivre d'après la liquidation, homologuée s'il y a des mineurs, ou sur la réquisition des parties, et d'après leurs portions viriles, si tous les héritiers sont majeurs. Le notaire doit faire mention dans quelle qualité la succession a été acceptée. — Rolland de Villargues, *Rép. du notar.*, 1re édit., vo *Inscription sur le grand-livre*, no 44.

51. — Les extraits d'inscription de rente sur l'état n'ont pas moins de force et d'autorité que ceux qui se rapportent aux stipulations privées. — Dufour, *Dr. administ.*, t. 2, no 1354.

52. — Ils sont susceptibles tout aussi bien que les titres ayant pour objet des stipulations privées d'être produits devant les tribunaux ordinaires. — *Ibid.*

53. — Mais les tribunaux sont incompétens pour connaître de toutes les difficultés qui peuvent s'élever sur la régularité, la validité ou le sens des extraits produits devant eux.

54. — A cet égard, c'est au ministre des finances seul qu'il appartient de statuer comme ayant été investi des pouvoirs primitivement confiés à la commission de la trésorerie nationale. — V. DETTE PUBLIQUE.

55. — Ainsi, l'autorité judiciaire n'est pas compétente pour statuer sur une question ayant pour objet de faire apprécier les formes et les réglemens intérieurs suivis au trésor public pour la remise des inscriptions et le paiement des arrérages de rentes. — *Cons. d'état*, 6 déc. 1836, Loubens de Verdale c. min. des fin.

86. — Mais il n'en est pas ainsi de l'appréciation des pouvoirs confiés à un mandataire pour le retrait des inscriptions et des arrérages. — Même décis.

87. — Jugé d'ailleurs que le refus fait par le ministre des finances de délivrer aux parties qui les réclament de nouveaux extraits d'inscription de rentes, constitue un acte administratif qui ne peut être apprécié que par l'autorité administrative supérieure. — Cons. d'état, 11 mars 1843, Lepelletier de Mortefontaine. — Même décis.

V. CERTIFICAT DE PROPRIÉTÉ, DETTE PUBLIQUE, EFFETS PUBLICS, INSCRIPTION SUR LE GRAND-LIVRE, RENTES SUR L'ÉTAT.

EXTRAJUDICIAIRE (Acte).

1. — Se dit de l'acte signifié par une partie en dehors de tout procès, et auquel le juge ne participe ni par sa présence, ni par sa surveillance directe ou indirecte.

2. — La loi reconnaît elle-même des actes extrajudiciaires. Ainsi, aux termes de l'art. 162, Code procéd., l'opposition à un jugement par défaut contre partie peut être formée par acte extrajudiciaire. — V. JUGEMENT PAR DÉFAUT.

3. — Les actes extrajudiciaires, loin de provoquer une décision judiciaire sur une contestation, ont, en général pour objet de prévenir cette contestation.

4. — On signifie souvent un acte extrajudiciaire, soit pour conserver, soit pour acquérir un droit.

5. — Les actes extrajudiciaires diffèrent sous plusieurs rapports des actes judiciaires. — Ainsi, le ministère des avoués est requis pour les actes judiciaires, tandis qu'il est inutile pour les actes extrajudiciaires. — Bioche, v° Acte judiciaire, n° 7.

6. — Les actes extrajudiciaires sont soumis à la prescription et les actes judiciaires à la péremption. — V. ACTE JUDICIAIRE.

7. — Quelques auteurs donnent au mot extrajudiciaire une signification plus étendue. Ils considèrent certains actes, tels que les nominations de tutelle, les émancipations, comme actes extrajudi-

ciaires, encore bien qu'ils exigent l'intervention des juges. La raison qu'ils en donnent, c'est que ces actes sont étrangers à toute contestation et que les juges, en y intervenant, exercent une juridiction purement gracieuse et volontaire. — Berriat-Saint-Prix, introd.; Rauter, Cours, introd., p. 2. — Mais cette extension est arbitraire et ses motifs ne militent que pour une foule d'actes qui émanent d'une juridiction gracieuse et qui ne sont pas pour cela extrajudiciaires.

EXTRAVAGANTES.

On appelle ainsi les décrétales ou constitutions des papes qui furent publiées depuis les Clémentines. — V. à cet égard v° DROIT CANON, n°s 12 et 13.

EXTRÉMIS (In).

On appelle acte in extremis celui qui est fait à l'article de la mort. — V. MARIAGE in extremis.

F

FABRICANT. — FABRIQUE.

1. — Le fabricant est celui qui à l'aide de machines ou procédés, seul ou avec le secours d'ouvriers, fait avec les matières qu'il achète des choses d'une nature ou d'une forme nouvelle, qu'il livre ensuite à des débitans, ou expose en vente dans ses magasins. — V. BREVET D'INVENTION, n°s 146 et suiv.

2. — La fabrique est le lieu où travaillent le fabricant et les ouvriers qu'il emploie. Le mot fabrique se dit aussi de l'industrie même ou du travail de la fabrication.

3. — On emploie généralement le mot fabrique comme synonyme de manufacture. Cependant il y a cette différence entre les fabriques et les manufactures, que la fabrique roule particulièrement sur des objets les plus communs et d'un usage plus ordinaire, tandis que la manufacture roule sur des objets plus relevés et d'une grande recherche. La fabrique est une manufacture en petit; la manufacture est une fabrique en grand.

4. — Une protection spéciale a été accordée par la loi aux fabriques dont les intérêts généraux et les développemens sont confiés à la surveillance des chambres consultatives des manufactures, fabriques et arts et métiers — V. CHAMBRE CONSULTATIVE DES MANUFACTURES, CONSEIL GÉNÉRAL DES MANUFACTURES.

5. — Des règles spéciales ont été tracées par le législateur pour la bonne fabrication de certains produits (V. CONDITION DES SOIES, ÉTOFFES, GUIMPERIE, SOIERIES), et l'art 413 du code pénal prononce une sanction contre toute violation des réglemens d'administration publique relatifs aux produits des manufactures françaises qui s'exporteront à l'étranger et qui ont pour objet de garantir la bonne qualité, les dimensions et la nature de la fabrique.

6. — Les secrets des fabriques sont protégés contre l'usurpation commise contrairement aux lois sur les brevets d'invention (V. BREVET D'INVENTION) et sur les marques de fabrique et la contrefaçon (V. MODÈLES ET MARQUES DE FABRIQUE, PROPRIÉTÉ INDUSTRIELLE). Ils sont d'une autre part protégés contre les communications coupables qu'un directeur, commis, ouvrier de fabrique aura pu faire à des étrangers ou à des Français même résidant en pays étranger ou même résidant en France par les peines portées par l'art. 418 C. pén.

7. — Le dommage matériel volontairement causé à des matières premières servant à la fabrication est réprimé par les peines prononcées par l'art. 443, C. pén. — V. INDUSTRIE ET COMMERCE, MANUFACTURES.

8. — Par des dispositions analogues à celles par lesquelles le législateur a établi une juridiction spéciale au commerce, il a établi pour les fabriques, pour ceux qui les exploitent comme pour les ouvriers qui y travaillent, une juridiction exceptionnelle. — V. JUGE DE PAIX, PRUD'HOMMES.

9. — A côté de ces dispositions prises pour assurer que la justice et l'équité présideront aux rapports des maîtres avec les ouvriers, le législateur a tracé des règles de police, d'hygiène et de morale qui régissent le travail des enfans dans les manufactures.

10. — Il y a des fabriques qui, à raison, soit de leur voisinage soit de l'insalubrité de leurs pro-

duits, sont soumises à certaines mesures— V. ÉTABLISSEMENS INSALUBRES.

11. — Il est des marchandises et des produits que les lois fiscales ont soumis à l'impôt et qui ne peuvent être fabriqués sans l'accomplissement de certaines formalités préalables. — V. BOISSONS, n° 21 ; CARTES A JOUER, n°s 23 et suiv.; CONTRIBUTIONS INDIRECTES, n° 3; HUILES, OR ET ARGENT, POUDRE, SALPÊTRES, SAVONS, SELS, SOUDES, SUCRES INDIGÈNES, TABACS. — V. aussi INDUSTRIE ET COMMERCE, PROPRIÉTÉ INDUSTRIELLE.

12. — Les lois sur les douanes ont aussi imposé diverses prohibitions à l'établissement des fabriques dans un certain rayon des frontières. — V. DOUANES.

13. — Les art. 453, 455, 457 et 458, C. forest., ont aussi prononcé diverses restrictions à l'établissement de certaines fabriques dans le voisinage des bois soumis au régime forestier. — V. FORÊTS.

14. — Le fabricant est commerçant, et comme tel soumis à la patente. — V. ACTES DE COMMERCE, n°s 248 et suiv.; COMMERÇANT, n°s 87 et suiv.; PATENTE.

15. — Les fabricans à métiers sont (les patentables soumis à un droit fixe de 10 fr. pour cinq métiers lorsqu'ils sont réunis dans un corps de fabrique, plus 2 fr. 50 cent. par métier en sus jusqu'au maximum de 400 fr. — Lorsque les métiers ne sont pas réunis dans un corps de fabrique, le droit fixe est de 2 fr. 50 cent. seulement par chaque métier jusqu'au maximum de 300 fr.

16. — Ces droits sont réduits de moitié pour les fabricans à façon. V. L. 25 avr. 1844, tableau C. 4° partie. — Ainsi ces fabricants ne doivent que les droits suivans : si les métiers sont réunis dans un corps de fabrique jusqu'à cinq métiers, 5 fr., et 4 fr. 25 cent. en sus par métier jusqu'au maximum de 200 fr. — si les métiers ne sont pas réunis dans un corps de fabrique; 4 fr. 25 cent. par métier, jusqu'au maximum de 150 fr.— Circul. minist. 14 août 1844.

17. — On ne doit pas, aux termes de cette circulaire ministérielle du 14 août 1844, considérer comme fabricant à façon l'ouvrier tisseur travaillant seul ou ne travaillant qu'avec sa femme et ses enfans non patentés : cet ouvrier est exempt de la patente. d'après l'art. 13, L. 25 avr. 1844, soit que les métiers lui appartiennent, soit qu'ils appartiennent au fabricant qui l'emploie.

18. — Le droit proportionnel est, pour tous, du vingtième de la valeur locative de la maison d'habitation et des magasins de vente complètement séparés de l'établissement, et du cinquantième de la valeur locative de l'établissement industriel.

19. — Quant aux fabricans à métiers résidant dans les communes d'une population inférieure à 20,000 ames ayant moins de dix métiers et ne travaillant qu'à façon, ils sont exempts de tout droit proportionnel—L. 25 avr. 1844, tableau D. in fine.

20. — Pour les fabriques de soude, V. SOUDE, et aussi ÉTABLISSEMENS INSALUBRES.

FABRICATION DANS LES PRISONS ET DANS LES DÉPÔTS DE MENDICITÉ (Entrepreneurs de).

1. — Les entrepreneurs de fabrication dans les prisons sont rangés au nombre des patentables par

la loi du 25 avr. 1844, et soumis par suite à 1° un droit fixe de 25 fr. pour un atelier de vingt-cinq détenus et au-dessous, plus par chaque détenu en sus, 50 c. jusqu'au maximum de 500 fr.; et 2° à un droit proportionnel du quinzième de la valeur locative de l'habitation seulement.

2. — Les entrepreneurs de fabrication dans les dépôts de mendicité, ne sont imposés qu'au droit fixe de moitié des entrepreneurs dans les prisons et au même droit proportionnel. — V. PATENTE.

FABRIQUES D'ÉGLISE.

Table alphabétique.

FABRIQUES D'ÉGLISE. — 1. — On appelle ainsi le corps des administrateurs chargés de régir les biens et les revenus d'une église paroissiale ou cathédrale, ou même d'une chapelle vicariale. — Ce terme s'entend également des biens et revenus.

2. — Le mot fabrique, fabrica, réduit à son sens littéral, signifie construction, et désignait spécialement autrefois la construction de l'église. On l'étendit ensuite aux reconstructions et réparations ainsi qu'à toutes les dépenses quelconques destinées à l'acquisition ou à la fabrication des objets nécessaires au culte. Puis, enfin, comme la construction et l'entretien de l'église constituent l'objet principal de son administration temporelle, on a compris dans l'acception du mot fabrique les membres de cette administration ainsi que la chose administrée, c'est-à-dire les dotations de l'église.

3. — Les fabriques rentrent dans la classe des établissemens publics. C'est ce que décident soit explicitement, soit implicitement, de nombreux arrêts qui trouveront leur place plus loin. — V. notamment Cass., 7 juin 1826, fabrique de Tar c. Sartelon.

CHAP. Ier. — *Historique.* — *Législation.* — *Notions générales* (n° 4).

CHAP. II. — *Fabriques paroissiales* (n° 32).

  SECT. 1re. — *De l'organisation des fabriques et de leurs attributions* (n° 32).

    ART. 1er. — *De la composition du conseil de fabrique. — Conseil de fabrique. — Bureau des marguilliers* (n° 32).

    § 1er. — *Du conseil de fabrique* (n° 32).

    § 2. — *Bureau des marguilliers* (n° 123).

    ART. 2. — *Attributions du conseil de fabrique et du bureau des marguilliers. — Droits. — Obligations. — Responsabilité* (n° 149).

  SECT. 2e. — *Des biens des fabriques* (n° 197).

    ART. 1er. — *Des biens fonds et des rentes* (n° 201).

    ART. 2e. — *Des charges des fabriques* (n° 333).

  SECT. 3e. — *Des charges des fabriques et des communes* (n° 375).

    ART. 1er. — *Des charges des fabriques* (n° 375).

    ART. 2. — *Des charges des communes* (n° 430).

  SECT. 4e. — *Budget des fabriques* (n° 444).

  SECT. 5e. — *De l'administration des biens des fabriques* (n° 449).

    ART. 1er. — *Administration des biens* (n° 449).

    ART. 2. — *Apurement des comptes* (n° 552).

    ART. 3. — *Du timbre et de l'enregistrement* (n° 568).

  SECT. 6e. — *Des procès soutenus par les fabriques. — Autorisation. — Procédure. — Compétence* (n° 583).

    ART. 1er. — *Autorisation de plaider* (n° 583).

    ART. 2. — *Procédure et exécution des jugemens* (n° 619).

    ART. 3. — *Compétence* (n° 650).

CHAP. III. — *Fabriques des cathédrales et métropoles* (n° 707).

CHAPITRE Ier. — *Historique, législation, notions générales.*

4. — On ne connaît point d'une manière précise l'époque à laquelle les fabriques ont pris naissance, du moins sous une forme régulière, non plus que les progrès successifs de leur institution. Il paraît néanmoins constant que, dans les premiers siècles de l'ère chrétienne, les offrandes reçues par l'église et les biens qu'elle possédait étaient, confondus dans une même masse, et leur produit consacré au soutien des pauvres et du clergé ainsi qu'à l'ornement des temples. L'administration de ces fonds appartenait à l'évêque seul et d'une manière absolue, toutefois, sous la surveillance morale du concile provincial auquel il rendait compte de sa gestion lors des réunions assez rapprochées de ce concile, et sous la réserve de se conformer à certaines règles établies. Aussi, « quoique l'évêque, dit le concile d'Orléans tenu en 511 par ordre de Clovis, ne doive rendre compte de son administration qu'à Dieu seul, s'il manque néanmoins à exécuter les ordonnances générales de toute l'église, le concile doit lui en faire sentir la juste confusion et même le séparer de la communion de l'église. »

5. — L'administration de l'évêque n'était pas restreinte aux biens appartenant à sa cathédrale ; elle s'étendait à ceux de toutes les églises dont la propagation du christianisme amena la création, et que les évêques considéraient comme les démembremens de leur cathédrale.

6. — Toutefois, les évêques n'eurent pas toujours l'administration active et exclusive des biens des églises rurales et urbaines, et ne conservèrent qu'un droit de surveillance. Ainsi «..... l'usage des bénéfices, pris dans le sens des anciens conciles, dit Durand de Maillane (Dict. canonique, v° Bénéfice, § 1er), commença par les églises de la campagne, dont l'évêque fut comme forcé d'abandonner les fonds aux curés qui étaient plus à portée d'en avoir soin ; et ce qui se pratiqua à la campagne par une espèce de nécessité, fut bientôt suivi dans les villes par la force et l'autorité de l'exemple. » Déjà, d'ailleurs, l'archidiacre, l'archiprêtre et le curé avaient quelquefois, sous l'inspection de l'évêque, l'intendance de la fabrique ; et, plus tard, vers le sixième ou septième siècle, les conciles donnèrent aux églises des économes, le plus souvent prêtres ou diacres, qui touchaient les revenus et entretenaient les églises, en rendant compte à l'autorité épiscopale, et remplissaient réellement ainsi les fonctions de fabriciens. Plus tard, les évêques se démirent entièrement de l'administration des biens ecclésiastiques, qui resta entre les mains de l'archidiacre, de l'économe et du clergé.

7. — Au surplus, dès l'année 360, un concile tenu à Rome, sous le règne de Constantin, avait tracé aux évêques la destination des produits et revenus des églises, et ordonné le partage de ces produits en quatre lots : le premier pour l'évêque, le second pour son clergé, le troisième pour les pauvres, et le quatrième pour l'église. Ce partage fut l'objet des recommandations successives de plusieurs papes et d'un capitulaire de Charlemagne de 801. — Le Besnier, Législation des fabriques des églises.

8. — Le neuvième siècle, selon quelques auteurs, vit instituer les marguilliers, dont l'origine, selon d'autres, ne remonte qu'au douzième siècle. Quoi qu'il en soit, ils n'avaient primitivement que des attributions très restreintes et recevaient les aumônes pour les distribuer aux pauvres dont les noms étaient inscrits sur un registre ou matricule, ne matricula, déposé, à cet effet, entre les mains de ces receveurs. Ces pauvres, inscrits par cette raison matriculi ou matricularii, donnèrent, par suite, leur nom aux dépositaires de la matricule, appelés dès-lors matriculiers, d'où l'on a tiré marguillier.

9. — Les fonctions de marguillier, d'abord exclusivement réservées aux clercs, étaient, dès le commencement du treizième siècle, partagées entre ces derniers et les laïques : et l'aptitude de ceux-ci à remplir ces offices avec le consentement des prélats et sous la surveillance immédiate du curé et des principaux habitans de la paroisse, cette aptitude, consacrée par le concile d'Exeter, en 1287, et par le concile de Visbourg, fut expressément consacrée par le concile de Lavaur, en 1368, qui invita les curés à choisir parmi les paroissiens les intendans des fabriques.

10. — Ces intendans devaient rendre leurs comptes tous les ans et sans frais, aux évêques ou archidiacres, dans leurs visites, ainsi que cela résulte des décisions de plusieurs conciles, notamment de ceux de Salsbourg et de Trente, confirmées par des lettres-patentes de Charles IX du 13 octobre 1571.

11. — Enfin, à dater du concile de Mayence, en 1549, les fabriques durent être définitivement composées et réglées ; le commencement du treizième siècle avait vu s'établir le premier fabricien ; et l'ordre de choses établi par ce concile se maintint à peu près intact jusqu'à la révolution de 1789.

12. — Mais les différentes mesures relatives aux fabriques étaient loin d'être exécutées dans toutes les paroisses, et elles étaient d'ailleurs conçues en des termes vagues qui laissèrent place à l'introduction des usages locaux, et provoquèrent un grand

nombre d'arrêts de parlement, souvent contradictoires, et parmi lesquels cependant on distingue le réglement homologué par le parlement de Paris le 2 avr. 1737, pour l'administration de la fabrique de Saint-Jean-de-Grève, réglement dont plusieurs dispositions importantes sont reproduites dans le décret du 30 déc. 1809, dont il est parlé *infrà*.

13. — Néanmoins, les règles suivantes étaient généralement adoptées: les marguilliers, fabriciens ou procureurs (on leur donnait cette triple qualification) nommés par les habitans seuls dans des assemblées ou par les marguilliers sortans, lorsque les paroisses étaient trop nombreuses, se divisaient, dans certaines villes, en marguilliers *honoraires* et en *comptables*, et rendaient leurs comptes aux archevêques, évêques ou archidiacres, lors de leurs visites, mais toujours en présence des officiers de justice et des principaux habitans (édit de 1695, art. 17). Ils ne pouvaient accepter de fondations sans le consentement du curé (ord. de Blois, art. 55) ni intenter aucun procès sans une délibération de la communauté des habitans et une autorisation de l'intendant de la Généralité (déclar. 2 oct. 1703). Ils veillaient à la perception des revenus et à la conservation des fonds (*id.*), et ne devaient emprunter de l'argent à intérêt ou à fonds perdu, pour réparations, qu'avec l'autorisation du roi et en vertu de lettres-patentes enregistrées au parlement, le tout sous leur responsabilité pécuniaire (déclar. 31 janv. 1690). Les habitans et les *gros décimateurs*, c'est-à-dire les percepteurs des dîmes, subvenaient par moitié aux réparations de l'église, les premiers pour la nef, les seconds pour le chœur et le sanctuaire (*ibid.* et déclar. 18 fév. 1623).

14. — Tel était, à peu près, l'état des fabriques, lorsque éclata la révolution, dont les principes nouveaux renversèrent le système existant. La loi du 2 nov. 1789 mit à la disposition de la nation tous les biens ecclésiastiques, à la charge par elle de pourvoir aux frais du culte, à l'entretien de ses ministres et au soulagement des pauvres.

15. — Les rentes dues au clergé furent déclarées éteintes par les lois des 15 août et 10 sept. 1790 et 24 août 1793. Celle du 10 fév. 1791 comprit au nombre des biens ecclésiastiques à vendre les immeubles affectés à l'acquit des fondations, sauf le paiement aux fabriques de l'intérêt du prix sur le pied de 4 % pour le service des fondations.

16. — Enfin, la loi du 19 août 1792 prescrivit de vendre les immeubles appartenant aux fabriques, en transportant aux officiers municipaux l'administration de ces fabriques; et celle du 13 brum. an II (3 nov. 1793) déclara propriété de l'état tout l'actif affecté, à titre de fondation ou autre, aux fabriques des églises cathédrales, paroissiales et succursales.

17. — Par suite de cette dernière loi et de l'abolition du culte, les fabriques cessèrent d'exister. Et il a été jugé par application de ses dispositions :

18. — ...1° Que cette loi s'appliquait à toutes les églises indistinctement. — *Cass.*, 12 germin. an X, enregistr. c. Bévy.

19. — ... 2° Et qu'une commune n'avait pas le droit, sous l'empire de la loi du 13 brum. an II, de percevoir les revenus des biens qui avaient appartenu aux fabriques; que l'administration de ces biens était déférée à la régie des domaines nationaux. — *Cass.*, 1er vent. an VII, Dom. c. comm. de Meurcourt.

20. — ...2° Que la régie de l'enregistrement et des domaines était chargée de recouvrer les créances qui se trouvaient dans l'actif des fabriques déclaré propriété de l'état, et qu'en conséquence, il y avait lieu de casser le jugement qui, sans se borner à déclarer la régie non-recevable, quant à présent, faute de présentation du titre de créance, la déclarait définitivement mal fondée dans sa demande. — *Cass.*, 14 frim. an VIII, Dom. c. Turchi.

21. — ... 4° Que dès-lors le débiteur d'une rente léguée à une fabrique à la charge de quarante messes par an, n'a pu refuser de la payer à l'état, sous le prétexte que la fondation à raison de laquelle cette rente avait été créée n'était plus desservie. — *Cass.*, 11 flor. an IX, Enreg. c. Maurian. — V. conf. *Cass.*, 13 prair. an IX, Enreg. c. James; 4 niv. an X, Enreg. c. Chapus; 24 pluv. an X, Enreg. c. Bernard; 12 germ. an X. Enreg. c. Bévy; 12 prair. an X, Enreg. c. Broy, Lubet. — V. Merlin, *Rép.*, v° *Fondation*, n° 5, et *Quest. de droit*, *ibid.*; Cormenin, p. 413; Macarel, *Elém.*, p. 116.

22. — ... 5° Jugé de même que le domaine ayant droit, en vertu de la loi du 13 brum. an II, de réclamer comme propriété nationale tout l'actif affecté aux fabriques à quelque titre que ce fût, il a pu exiger l'exécution de l'obligation de payer une somme pour l'acquittement d'une messe, tout aussi bien qu'il aurait pu exiger le service d'une rente constituée pour le même objet. — *Cass.*, 2 mars 1807, Enreg. c. Vanderbeke.

23. — Le conseil d'état a aussi reconnu que tous les biens affectés, à quelque titre que ce fût, au service du culte, ont été indistinctement placés sous le séquestre, en vertu des lois relatives aux domaines nationaux. — *Cons. d'état*, 8 janv. 1836, comm. d'Uchaud c. fab. de Bernis.

24. — La loi du 18 germ. an X (8 avr. 1802), en réorganisant le culte, rétablit en même temps les fabriques. L'art. 76 de cette loi est ainsi conçu : « Il sera établi des fabriques pour veiller à l'entretien et à la conservation des temples, à l'administration des aumônes. »

25. — Mais cette loi ne disait rien quant à l'établissement de ces fabriques. — Aussi furent-elles d'abord, en vertu d'une décision du 9 flor. an XI, établies par des réglemens particuliers des évêques soumis à l'approbation du gouvernement. On n'avait pas pensé que la matière fût susceptible d'un réglement général, « car, dit M. Portalis (Lettre du 4 prair. an XI), la fabrique d'une succursale située dans un petit bourg et souvent dans un hameau, ne saurait comporter le régime que l'on doit donner à la fabrique d'une paroisse ou d'une succursale située dans une grande ville. Chaque contrée a d'ailleurs ses usages, ses coutumes, ses habitudes. » — Et la même lettre ajoutait : « Enfin la situation des fabriques n'est plus la même : ces sortes d'établissemens étaient dotés anciennement par des biens fonds, par des rentes de toute espèce, par des donations purement laïcales. On sent que dans une telle position la puissance civile était tenue d'une surveillance plus particulière, et que l'intervention des séculiers devenait plus indispensable. Dans les circonstances actuelles, l'administration des fabriques est certainement moins étendue qu'elle ne l'était; cette administration n'est presque relative qu'à la recette et à l'emploi des aumônes, à la perception et à l'emploi du produit des chaises, à la perception et à l'emploi du produit de quelques rentes provenant des fondations; elle est presque renfermée dans des objets qui ne dépassent pas les murs du temple. »

26. — Toutefois, le décret du 7 thermid. de la même année, en restituant aux fabriques les biens et rentes qui leur avaient appartenu et que l'état n'avait point encore aliénés ou transférés, chargea les préfets de nommer, pour administrer ces biens, trois marguilliers dans chaque commune.

27. — Ainsi, à partir de cette époque, il y eut dans chaque paroisse deux fabriques constituées chacune dans des formes particulières, et ayant chacune des attributions distinctes : l'une existant en exécution de l'art. 76, L. 18 germ. an X, était chargée de recueillir et administrer le produit éventuel de tout ce qui peut se percevoir dans l'intérieur des églises, et de veiller aux besoins journaliers de l'exercice du culte; elle administrait, en un mot, les recettes et dépenses ordinaires du culte : on la désignait sous le nom de fabrique *intérieure* ; l'autre existant en exécution de l'arrêté de thermid. an XI, avait pour fonctions spéciales de gérer les biens-fonds et rentes rendus au culte par cet arrêté, d'en percevoir les revenus, en un mot d'administrer la *dotation financière* de l'église, les recettes et les dépenses extraordinaires du culte. On l'appelait la fabrique *extérieure*. — La fabrique *intérieure* avait l'administration en quelque sorte religieuse, et la fabrique *extérieure* l'administration temporelle de l'église. — En conséquence, la composition et l'administration de la première étaient plus ecclésiastiques que civiles, et celles de la seconde plus civiles qu'ecclésiastiques. — Vuillefroy, *Tr. de l'admin. du culte catholique*, v° *Fabrique*, p. 331, note.

28. — Cet état de choses donnait lieu à tant de discussions, de conflits et de plaintes, que le gouvernement se décida à y mettre un terme. Il rendit, dans ce but, le décret du 30 déc. 1809, qui forme aujourd'hui encore, avec quelques autres dispositions qui l'ont complété, la base de la législation sur les fabriques, et qui, en confondant les deux fabriques en une seule et même fabrique, lui a donné, comme nous le verrons, pour sa composition et son administration, des réglemens mixtes.

29. — Ce décret, portant réglement général des fabriques, a supprimé de droit tous les réglemens faits par les archevêques ou évêques, en vertu de la décision du 9 flor. an XI. — Avis cons. d'état, 22 fév. 1813.

30. — Aux termes du décret précité, ces dispositions ne régissent que les églises paroissiales et succursales. Quant aux fabriques des églises cathédrales et métropolitaines, elles continuent, sauf en ce qui touche leur administration intérieure soumise à la règle commune, d'être composées et gouvernées d'après les réglemens épiscopaux approuvés par le gouvernement. — Décr. 30 déc. 1809, art. 104 et 105.

31. — Nous traiterons séparément de ce qui concerne les fabriques en général, et des règles spéciales aux fabriques des cathédrales.

CHAPITRE II. — *Des fabriques paroissiales.*

Sect. 1re. — *De l'organisation des fabriques et de leurs attributions.*

ART. 1er. — *De la composition des fabriques. — Conseil de fabrique. — Bureau des marguilliers.*

§ 1er. — *Conseil de fabrique.*

32. — Les fabriques se composent d'un conseil de fabrique et d'un bureau de marguilliers. — Décr. 30 déc. 1809, art. 2.

33. — *Conseil de fabrique.* — Dans les paroisses où la population est de 5,000 ames et au-dessus, le conseil est composé de neuf membres, et de cinq seulement dans toutes les autres paroisses.

34. — « Le gouvernement, dit M. Vuillefroy (p. 333), publie des tableaux officiels de la population tous les cinq ans; on doit s'y conformer. — V. aussi Affre, *Tr. de l'admin. temporelle des paroisses*, 4e éd., p. 48.

35. — Les conseillers sont pris parmi les *notables*. — *Ibid.*, art. 3.

36. — Par notables il faut entendre ceux qui exercent des fonctions publiques ou des professions libérales, comme les juges de paix, magistrats, avocats, médecins, et aussi les plus imposés de la paroisse (Carré, *Gouv. des paroisses*, n° 206; Rolland de Villargues, *Rép. du notar.*, v° *Fabrique*, n° 5); comme aussi les officiers de la garde nationale, des armées de terre et de mer, les électeurs, même ceux des conseillers municipaux; — mais non ceux qui vivent dans un état de domesticité, alors même qu'ils auraient une fortune considérable relativement à leur état. — Affre, n° 49.

37. — M. Affre (*loc. cit.*) refuse de comprendre les huissiers parmi les *notables*, attendu que si leurs fonctions sont très honnêtes, elles sont, dit-il, généralement odieuses. — Nous ne pensons pas que cette opinion doive être suivie, et, dans la pratique, elle ne l'est pas.

38. — Ils doivent être catholiques. — Même décr., art. 3.

39. — Par *catholique* on entend toute personne née dans le catholicisme et qui n'a pas commencé à pratiquer une autre religion. — Il n'est pas indispensable, pour être conseiller de fabrique, de remplir exactement les devoirs extérieurs de la catholicité. — Déc. min. 21 août 1812; 19 oct. 1813. — V. toutefois M. Affre (p. 70), qui exclut les hommes *notoirement impies*, c'est-à-dire qui ne pratiquent aucun acte de religion ou professent hautement l'athéisme.

40. — Enfin, aux termes du même article, ils doivent avoir leur domicile dans la paroisse.

41. — Par la même raison, si l'église n'est qu'une chapelle ou annexe, ils doivent être choisis dans la circonscription spirituelle fixée par l'autorité compétente.

42. — Il suit de la disposition de l'art. 3 que l'on ne doit pas avoir égard à la circonscription civile. Ainsi, s'il y a plusieurs communes dans une cure ou succursale, on peut choisir dans ces diverses communes les membres du conseil, et s'il n'y a qu'une section de commune, on ne peut les prendre en dehors de cette section. — Affre, p. 50.

43. — Les conseillers de fabrique doivent avoir leur domicile dans la paroisse, non seulement au moment de leur nomination, mais même postérieurement; de telle sorte que celui qui transporterait ensuite son domicile hors de la paroisse, perdrait, par cela seul, sa qualité de fabricien. — Jousse, *Tr. du gouvernement des paroisses*, ch. 2, art. 5, § 5; Affre, p. 49; Vuillefroy, v° *Fabrique*, p. 333; — Déc. min., 18 mars 1811.

44. — ... Et cela doit s'entendre moins du domicile de droit que du domicile de fait : M. Affre dit que le domicile de droit sans le domicile de fait ne suffirait pas, mais aussi que le domicile de fait sans celui de droit pourrait suffire, car ce que la loi veut par dessus tout, c'est que tous les fabriciens portent à l'église l'intérêt et les affections que suppose le titre de paroissiens, et que leur présence leur permette de remplir les fonctions d'administrateurs de l'église; or, pour cela il suffit du domicile de fait.

45. — Par suite, un même individu ne peut être en même temps membre de deux conseils de fabriques. — *Journ. des conseils de fabriques*, 1834-1835, p. 356.

46. — Il n'existe, du reste, quant au choix des conseillers, aucune exclusion, incompatibilité ou empêchement légal. Ainsi, d'une part, aux termes d'une décision ministérielle du 19 mars 1806, les membres du conseil peuvent être pris indifférem-

ment parmi les laïques et parmi les ecclésiastiques, même parmi les vicaires d'une paroisse (décis. min. 22 mai 1813). — Et rien n'empêche non plus qu'un débiteur de la fabrique en soit nommé membre, la fabrique conservant toujours contre lui droit de poursuite (décis. min. 21 août 1812). — Vuillefroy, *loc. cit.*

47. — M. Affre pense (p. 51) qu'il est convenable qu'un vicaire s'abstienne, lorsque, ce qui arrive presque toujours, il reçoit un traitement de la fabrique, et il ajoute que ce dernier motif doit aussi faire exclure tous ceux qui sont salariés par cet établissement. — V. aussi *Délibération insérée au Journ. des fabriques*, t. 1er, p. 191.

48. — Ajoutons aussi qu'il est tout-à-fait dans l'esprit de l'institution des conseils de fabrique que la composition en soit purement laïque : c'est au reste, en fait, ce qui est généralement pratiqué.

49. — D'autre part, les incompatibilités de parenté dont nous parlerons plus bas en ce qui concerne la formation du bureau des marguilliers n'existent pas à l'égard du conseil de la fabrique; des parens peuvent faire partie du même conseil, ou les uns être membres du conseil et d'autres membres du bureau. — Décis. min. 21 août 1812. — La raison en est (décis. min. oct. 1811) que le conseil n'étant qu'un corps surveillant et nombreux, il aurait été difficile de trouver dans les campagnes un nombre suffisant de sujets. — V. aussi Affre, p. 52.

50. — Rien ne s'oppose de même à ce qu'un parent du curé soit conseiller de la fabrique : « Attendu que les autres fabriciens ont le droit d'opérer communément et d'empêcher toute espèce de prévarication contraire aux intérêts de la commune. » — Décis. min. 12 frim. an XII; — Vuillefroy, *loc. cit.*

51. — Les fabriciens peuvent refuser les fonctions qui leur sont offertes, parce qu'elles ne constituent qu'un acte volontaire de religion et de charité. — C'est ce qu'enseigne M. Affre (*loc. cit.*), en ajoutant qu'il n'en était pas de même autrefois. — Carré, *Tr. du gouvern. des paroisses*, p. 145, no 217; Denisart, vo *Marguillier*, no 25.

52. — Outre les conseillers sus-énoncés, sont de droit membres du conseil de fabrique : 1o le curé ou desservant, qui a la première place (c'est-à-dire qui est placé à la droite du président) et peut se faire remplacer par un de ses vicaires; — 2o le maire de la commune du chef-lieu de la cure, succursale ou chapelle, lequel peut également se faire suppléer par un adjoint; il occupe la seconde place, c'est-à-dire est placé à la gauche du président. — Décr. 1809, art. 4.

53. — Toutefois le maire ne peut siéger qu'autant qu'il est catholique, et dans le cas contraire, il doit se substituer un adjoint ou à défaut un membre du conseil municipal, catholique. — Art. 4.

54. — Dans les villes où il y a plusieurs paroisses ou succursales, le maire est de droit membre du conseil de chaque fabrique et peut, quand il le juge convenable, s'y faire remplacer comme il est dit ci-dessus. — Décr. 30 déc. 1809, art. 5.

55. — Lorsqu'un maire, quoique légalement convoqué pour la séance du conseil de fabrique, ne se rend point à cette séance et ne s'y fait suppléer ni par un adjoint ni par un membre du conseil municipal, le conseil n'en doit pas moins délibérer, et ses décisions sont valables pourvu qu'elles aient été, du reste, régulièrement prises. — *Journal des conseils de fabriques*, 1834-1835, p. 357.

56. — Un maire et son adjoint peuvent valablement être en même temps membres du même conseil de fabrique. Cette décision ne fait point obstacle à ce que le maire se fasse, en cas d'empêchement, remplacer par cet adjoint. En pareille circonstance, il n'y a pas lieu de nommer un nouveau membre pour tenir temporairement la place de l'adjoint qui siége en cette qualité et supplée le maire. — *Journal des conseils de fabriques*, 1834-1835, p. 191.

57. — Dans les paroisses ou succursales dont le conseil de fabrique est composé de neuf membres, non compris les membres de droit, cinq des conseillers sont, au moment de la première formation de la fabrique et pour cette fois seulement, nommés par l'évêque et quatre par le préfet; dans celles où le conseil n'a que cinq membres, trois sont à la nomination de l'évêque et deux à celle du préfet. — Décr. 30 déc. 1809, art. 6.

58. — D'après une circulaire ministérielle du 11 mars 1809, les membres des fabriques des annexes doivent toujours être nommés par l'évêque. — Et M. Affre (p. 48) dit que dans la fabrique d'une annexe, l'évêque désigne deux ou trois membres pour en administrer les revenus.

59. — Cette même circulaire avait assimilé les fabriques des chapelles vicariales à celles des annexes; mais l'ordonnance du 12 janv. 1825 les assimile à celle des cures et des succursales et y prescrit le même nombre de membres. — Art. 1er, ord. 1825; art. 7 et 8, décr. 30 déc. 1809. — Affre, *loc. cit.*

60. — Lorsqu'un évêque, au lieu de nommer trois membres d'un conseil de fabrique et d'inviter le préfet du département à en nommer deux (dans les paroisses de moins de 5,000 âmes), a nommé les cinq membres de ce conseil, le silence du préfet ne suffit point pour valider ces nominations, et la nomination du conseil est nulle. De telle sorte que lorsque, plus tard, le préfet réclame son droit de nomination, il doit être procédé à une réorganisation totale du conseil au moyen de nouvelles nominations opérées par l'évêque et par le préfet, et non pas seulement par ce dernier. On dirait en vain que l'évêque a épuisé son droit par les trois premières nominations, et que ces dernières doivent être maintenues. — Décr. 30 déc. 1809, art. 6, et ord. 12 janv. 1825, art. 1er; — *Journal des conseils de fabriques*, 1835-1836, p. 21.

61. — La première nomination des conseillers de fabrique a dû être faite immédiatement après le décret de 1809 et pour le 1er avr. 1810. Elle a dû être faite en exécution de la nouvelle ordonnance réglementaire, du 12 janv. 1825, dans toutes communes où le décret de 1809 n'avait pas été régulièrement exécuté. — Ord. 12 janv. 1825, art. 1er.

62. — Mais, aux termes d'un avis du conseil d'état, du 7 avr. 1837, un conseil de fabrique qui n'a pas été organisé immédiatement après cette ordonnance de 1825, mais qui s'est depuis renouvelé régulièrement ne pourrait être réorganisé aujourd'hui en exécution de cette même ordonnance; car, en s'abstenant d'user du pouvoir conféré par ladite ordonnance, et en sanctionnant depuis tous les actes émanés de ce conseil, l'évêque et le préfet ont implicitement reconnu que les dispositions ne lui en étaient pas applicables. — Vuillefroy, p. 335.

63. — Le conseil de fabrique une fois organisé se renouvelle tous les trois ans, savoir : à l'expiration de la troisième année qui suit la première formation, par la sortie de cinq ou de trois membres (selon que le conseil se compose de neuf ou de cinq membres non compris les membres de droit), lesdits membres désignés par le sort, et par celle des quatre ou deux restant après les six ans révolus. Dans la suite, et à chaque autre renouvellement triennal, ce sont toujours les plus anciens en exercice qui doivent sortir. — Décr. 1809, art. 7.

64. — Ainsi, dit M. Affre (p. 60), dans une fabrique composée de sept membres, y compris le maire et le curé, ce sont quatre fabriciens qui font la première élection et cinq qui font la deuxième. — Mais on demande si, le décret exigeant pour une délibération et un acte valide la moitié plus un des membres, cette disposition oblige, sous peine de nullité, à ce que l'élection soit faite par quatre membres, nombre nécessaire pour la validité des autres actes, quand la fabrique n'a que sept membres.

65. — La solution de cette question, ajoute le même auteur, dépend de celle-ci. — De combien de membres est légalement composée une fabrique au moment où elle fait une élection? — Il est certain qu'alors le nombre total n'est formé que des membres restans, c'est-à-dire de quatre dans les moindres paroisses et de six dans les plus fortes. C'est donc la moitié plus un de ces membres qu'il faut prendre, c'est-à-dire trois dans les premières, et quatre dans les deuxièmes. Du reste, cette règle ne semble applicable qu'au cas de l'élection triennale de la moitié des membres; s'il y avait des vacances dans la fabrique, par mort ou démission, les délibérations ne seraient valides qu'autant qu'il y aurait quatre ou six membres, selon la population de la paroisse.

66. — L'élection des conseillers appelés à compléter le conseil de fabrique appartient aux membres restans, qui peuvent toujours réélire les membres sortans. — *Ibid.*, art. 8.

67. — Cette élection confère directement aux conseillers élus le droit de siéger, sans être soumise à la sanction, soit du préfet, soit de l'évêque. — Décis. min. 1818; — Vuillefroy, p. 336.

68. — Le renouvellement triennal doit avoir lieu dans la séance du conseil qui se tient le dimanche de *Quasimodo*. — Ord. 12 janv. 1825, art. 2.

69. — Dans le cas de vacances par mort ou par démission, l'élection en remplacement doit se faire dans la première séance ordinaire du conseil de fabrique qui suit la vacance. Les nouveaux fabriciens ne sont élus que pour le temps d'exercice qui restait à ceux qu'ils sont destinés à remplacer. — Ord. 1825, art. 3.

70. — Lorsque, soit le renouvellement triennal, soit le remplacement pour cause de vacance, n'a point été fait à l'époque fixée, ou au plus tard dans le délai d'un mois, à partir de cette époque, c'est l'évêque diocésain qui pourvoit aux nominations. — Ord. 12 janv. 1825, art. 4.

71. — Le délai ainsi fixé est fatal, et les élections faites par le conseil après son expiration seraient nulles et devraient être annulées. — Avis cons. d'état, 13 sept. 1833 et 19 janv. 1836.

72. — En pareil cas, le droit de nomination ainsi attribué à l'évêque est tellement absolu, que lorsque des fabriciens par lui nommés refusent d'accepter ces fonctions, c'est à lui et non au conseil de fabrique qu'il appartient de choisir leurs remplaçans, conformément à l'art. 4, ord. 12 janv. 1825. — Avis cons. d'état, 19 janv. 1836. — Affre, p. 61.

73. — Mais si les fabriciens ainsi nommés par l'évêque se démettaient après avoir accepté, le droit de remplacement appartiendrait au conseil. — C'est ce que suppose l'avis du cons. d'état du 19 janv. 1836 précité. — V. aussi Affre, *loc. cit.*

74. — M. Affre se demande comment, dans le cas qui vient d'être prévu, l'évêque pourra user de son droit de procéder au renouvellement partiel quand c'est au sort à désigner les fabriciens sortans, et que le tirage au sort n'a pas eu lieu. « D'une part, dit-il, l'évêque ne peut désigner lui-même les membres sortans, puisque le décret veut qu'ils le soient par le sort. De l'autre, cette désignation serait arbitraire, puisque tous les membres ont des droits égaux. — Que doit-il donc faire? Ou bien inviter les fabriciens à procéder au tirage, et, au cas de refus, provoquer du ministre la révocation du conseil; ou bien, sans attendre le tirage au sort et après le délai expiré, nommer, en nombre égal à ceux qui doivent sortir, de nouveaux fabriciens, lesquels, réunis au curé et au maire, tirent au sort quels sont ceux qui doivent sortir et ceux qui doivent rester, et composent avec ces derniers le conseil de fabrique. »

75. — Si tous les fabriciens avaient plus de six ans d'exercice, M. Affre (p. 63) pense qu'après les six ans expirés l'évêque pourrait les renouveler tous. Toutefois le même auteur avoue que son opinion n'est pas admise par le ministre, et que l'administration paraît disposée à penser qu'il y a lieu de procéder comme lorsqu'il s'agit d'une première formation du conseil ou d'un renouvellement motivé par destitution de tous ses membres.

76. — Il faut remarquer, au surplus, que tous les actes faits par un conseil qui est en demeure de se renouveler sont valides tant que l'autorité compétente n'a pas pourvu à son remplacement. Le bon ordre et l'avantage des églises exigent cette validité, et il y aurait les plus graves inconvéniens à ce qu'un établissement public ne fût pas administré. — Affre, p. 65.

77. — Les règlemens ne déterminent aucune forme particulière quant au mode de l'élection; ils ne *prescrivent* le scrutin que pour la nomination du président et du secrétaire du conseil (V. *infrà* no 87). « Elle peut donc, dit M. Vuillefroy (p. 337), être faite soit au scrutin, soit en réunissant les voix. » — « Mais, ajoute M. Affre (p. 69), le scrutin est préférable. »

78. — Un avis du cons. d'état de juin 1839, rapporté par M. Vuillefroy, éclaircit, quant au mode d'élection, certains points qui pouvaient paraître douteux : « En cas de partage des voix, dit cet avis, le conseil peut-il s'en rapporter au sort pour désigner, entre les candidats qui ont réuni le même nombre de voix, celui qui sera membre du conseil? Non : l'art. 8, décr. 1809, porte que les conseillers qui devront remplacer les membres sortans seront *élus* par les membres restans. Il est contraire à son esprit de faire intervenir le sort pour désigner les conseillers dont la nomination doit être l'expression libre et réfléchie de votes éclairés. Dans le cas où les voix seraient partagées au premier tour de scrutin, il est nécessaire de procéder à un second scrutin; et dans le cas où le scrutin conserverait le même partage, le plus âgé devrait obtenir la préférence. »

79. — Ainsi, malgré les termes de l'art. 9, décr. 30 déc. 1809, on doit dire qu'en matière d'élection des membres de la fabrique, la voix du président n'est pas prépondérante en cas de partage, « soit, lit-on dans l'avis du conseil d'état précité, parce que cette prépondérance ne s'applique qu'aux délibérations ordinaires du conseil, soit parce qu'elle est incompatible avec la nature de l'élection et avec le mode de l'élection au scrutin secret qui est généralement suivi. » — D'où il résulte que lorsque c'est le président du conseil qui est désigné par le sort au nombre des membres sortans, il n'est pas indispensable que le conseil, avant de procéder à la nouvelle élection, nomme un président provisoire.

80. — La majorité des suffrages nécessaires pour amener une nomination valable doit être *absolue* et non *relative*. Le décret ne dit rien de formel à cet égard; mais il semble qu'il y a lieu d'appliquer ici la règle généralement adoptée pour les autres espèces d'élections. — Affre, p. 70.

82. — Enfin, aux termes de l'ord. de 1825, si les membres de la fabrique, malgré toutes réquisitions, refusent ou négligent de présenter le budget ou de rendre les comptes, ou s'ils commettent toute autre faute grave, le ministre du culte peut révoquer le conseil; et, dans ce cas, on procède à la réorganisation de ce conseil comme à l'époque d'une première formation. — Ord. 12 janv. 1825, art. 5; décr. 30 déc. 1809, art. 6.

83. — Aux termes de l'art. 5, la révocation a lieu *sur la demande de l'évêque* et l'avis du préfet; mais un avis du conseil d'état de 1831 a décidé qu'en accordant à l'évêque l'initiative de la demande en révocation, l'art. 5 de l'ordonnance n'a pas entendu lui donner une initiative exclusive et a réservé au gouvernement l'appréciation des causes graves qui, même en l'absence de proposition faite par l'évêque, pourraient rendre cette révocation indispensable. Ainsi, il est certain qu'elle pourrait avoir lieu, même d'office, ou sur la demande des parties intéressées, lesquelles doivent néanmoins commencer par s'adresser à l'évêque ou au préfet.

85. — M. Vuillefroy fait remarquer (p. 329) qu'il ne s'agit dans l'ord. de 1825 que de la révocation *collective* de tout le conseil. Mais les membres du conseil peuvent-ils être individuellement révoqués ou destitués? « La négative, dit-il, paraît vraisemblable. Le 14 thermid. an XIII, le ministre des cultes décidait que, pour faire opérer la sortie d'un fabricien, on doit attendre que le temps d'exercice fixé par le réglement soit accompli. Une autre décision ministérielle porte, il est vrai, que le préfet, dans l'intervalle des renouvellemens, a le droit de réformer un des marguilliers ou un des membres du conseil de fabrique ou du bureau. Mais le silence du décret de 1809 et celui, plus significatif encore, de l'ordonnance de 1825, qui autorise la révocation en masse du conseil, ne permet guère de soutenir une pareille doctrine. »

84. — M. Affre (p. 73) est d'un avis contraire. « Qui peut le plus peut le moins, dit-il, est un axiôme de droit, puisqu'il est une règle du bon sens. Si, d'après l'ordonnance, *tous* peuvent être révoqués, on peut donc aussi n'en révoquer qu'une partie.

85. — Par *cause grave* donnant lieu à la révocation, dit le même auteur (p. 73), il faut entendre toute violation importante des lois, toute négligence notablement préjudiciable aux intérêts de la fabrique, enfin une conduite scandaleuse sous le rapport des mœurs, de la foi, de la probité.

86. — En cas de violation essentielle des réglemens dans les élections des membres de la fabrique, la nullité des élections doit être prononcée. Mais quelle est l'autorité compétente à cet effet? M. Berryer (Cons. insérée au *Journal des fabriques*, t. 1er, p. 176) et M. Parquin (même recueil, p. 46, note sur l'art. 18, décr. 1809) pensent que l'annulation rentre dans le domaine de l'ordonnance royale délibérée en conseil d'état; et ils invoquent une ordonnance du 18 octobre 1833, portant en effet annulation des élections de la fabrique d'Yvecrique. Toutefois M. Affre (p. 72) est d'avis que si la nullité est évidente ainsi que cela arrive lorsque l'élection a eu lieu un mois après le terme légal, l'évêque peut nommer, puisqu'il ne fait, dans ce cas, qu'exercer un droit certain.

87. — Aux termes de l'art. 9, décr. 1809 : « Le conseil nomme au scrutin son secrétaire et son président. »

88. — Le président et le secrétaire du conseil sont renouvelés chaque année dans la séance du dimanche de Quasimodo. — Ord. 12 janv. 1825, art. 2. — Ils peuvent être réélus. — Décr. 20 déc. 1809, art. 9.

89. — Une des prérogatives du président est d'avoir, en cas de partage, voix prépondérante. — Décr. 1809, art. 9.

90. — Un conseil de fabrique peut-il élire pour son président le curé ou desservant de la paroisse ou le maire de la commune? La question est controversée. Carré (*Gouvernement des paroisses*, no 313, p. 140, et no 598, p. 472) soutient la négative; il se fonde : 1o sur ce que l'art. 50, décr. 1809, prescrit qu'il y aura trois clefs de la caisse ou armoire, et que l'une sera remise au trésorier, l'*autre* au président *et la troisième au curé*; or, dit-il, cet article ne peut être exécuté si le curé est président; — 2o sur ce que l'art. 4 du même décret détermine la place fixe du curé et du maire; or, cela suppose que ni l'un ni l'autre ne peut être président; — 3o sur une circulaire ministérielle du 17 août 1811, qui, en invoquant l'art. 4, refuse la présidence au curé ou au maire.

91. — M. Vuillefroy (p. 340) professe la même opinion en invoquant, en outre, d'autres décisions ministérielles des 6 sept. 1810, 26 mars 1811, et 18 fév. 1812. — « Telle a été, du reste, dit-il, l'intention du réglement. Il a été déterminé par la considération d'éviter toute rivalité entre le curé et le maire, et tout esprit de parti entre les membres du conseil : dans cette pensée, on a voulu leur ôter une influence qui ne pouvait être réciproque. »

92. — A ces considérations qui nous semblent graves M. Affre (p. 76) répond que le silence de la loi prouve en faveur de la liberté absolue du choix du conseil, et que la place distinguée assignée au curé ou au maire ne saurait être considérée comme un titre d'exclusion lorsqu'il s'agit de les appeler à des fonctions plus éminentes; qu'enfin les décisions ministérielles n'ont de valeur qu'autant qu'elles s'appuient sur un texte de loi : or, il n'existe aucun texte prohibitif. — V. en ce sens Henrion, *C. ecclés.* et *Journal des cons. de fabrique*, 1834-1835, p. 25.

93. — Dans tous les cas, le maire ou le desservant peut être nommé secrétaire. — Décis. min., oct. 1811 et 18 fév. 1812. — Vuillefroy, *loc. cit.*

94. — Il semble que, lors des élections des présidens et secrétaires, le scrutin doit être individuel, et l'élection elle-même réunir la majorité *absolue* des suffrages, aussi bien que lorsqu'il s'agit de la nomination des membres du conseil. — V., en ce sens, Affre, p. 75.

95. — Dans cette élection, comme pour celle des membres du conseil, on doit dire, d'après le principe posé par l'avis du conseil d'état de 1839 précité (no 78), que la voix du président n'est pas prépondérante. Il doit d'autant plus en être ainsi que le président, comme on l'a vu, peut être réélu.

96. — Il a été dit qu'aux termes de l'art. 2, ord. 12 janv. 1825, la séance qui devait, suivant le décret de 1809, se tenir le premier dimanche du mois d'avril, doit avoir lieu le dimanche de Quasimodo, et que c'est ce jour que doivent être faites, tous les trois ans, les élections ordinaires, comme aussi chaque année celles du président et des secrétaires.

97. — En conséquence, les opérations auxquelles un conseil de fabrique aurait procédé dans une séance tenue le premier dimanche d'avril, au lieu du dimanche de Quasimodo, pourraient être annulées par ordonnance royale, sur l'avis du comité de l'intérieur du conseil d'état. — Avis cons. d'état, 11 oct. 1833.

98. — Le conseil qui n'aurait pas élu un président et un secrétaire dans la séance du dimanche de Quasimodo ou dans le délai d'un mois, n'aurait plus le droit de procéder à ces élections. Des élections tardives devraient être annulées sur l'avis du comité de l'intérieur du conseil d'état; et il n'appartiendrait qu'à l'autorité diocésaine de nommer un président et un secrétaire. — Même ord. — Affre, p. 76.

99. — Toutes les fois qu'un conseil de fabrique, par suite de circonstances quelconques, a été formé à une autre époque que le dimanche de Quasimodo, le renouvellement partiel n'en doit pas moins avoir lieu au dimanche de Quasimodo. Ce renouvellement doit avoir lieu au dimanche de Quasimodo qui précède l'expiration des trois années, à partir de l'époque de la nomination du conseil. Cette dernière règle souffrirait cependant quelque exception, si le moment de l'expiration des trois années touchait de près au dimanche de Quasimodo suivant. — *Journ. des cons. de fabr.*, 1834-1835, p. 194. — V. aussi Affre, p. 68.

100. — Il en est de même, lorsqu'un conseil de fabrique nouvellement nommé, ayant procédé à des élections de président, secrétaire, marguilliers, etc., dans le courant de l'année, est appelé à renouveler ces élections. Néanmoins, si ces dernières avaient eu lieu peu de temps avant un dimanche de Quasimodo, le renouvellement devrait en être renvoyé au second dimanche de Quasimodo suivant. — *Journ. des cons. de fabr., ibid.*

101. — Le conseil s'assemble le dimanche de Quasimodo (ord. 12 janv. 1825, art. 2), et le premier dimanche de juillet, d'octobre et de janvier, *à l'issue de la grand'messe ou des vêpres*. — Décr. 1809, art. 10.

102. — La réunion ne peut donc être indiquée pour le temps de l'office et un curé qui refuserait d'assister à une séance fixée à ce moment par les autres membres, pourrait faire annuler ladite délibération. — Affre, p. 80.

103. — Le lieu de la réunion, d'après le décret, art. 10, doit être *l'église, un lieu attenant à l'église ou le presbytère*.

104. — C'est au président qu'il appartient de choisir et de déterminer celui de ces lieux où se tiendra la séance. — Dans les paroisses où il n'est point fourni de presbytère au curé, et où il ne reçoit en remplacement qu'une indemnité pécuniaire, le conseil peut se réunir dans le logement que le curé occupe. — *Journ. des cons. de fabr.*, 1835-1836, p. 90 et 91.

105. — D'après les anciens réglemens, lorsque l'assemblée se tenait dans l'église, les fabriciens se plaçaient au banc d'œuvre. Mais M. Affre (p. 80) dit qu'un usage plus moderne a abrogé cette coutume introduite dans le moyen-âge à une époque de désordre; et il ajoute que, malgré la disposition du décret, l'évêque pourrait défendre, sous peine de censure, de tenir l'assemblée dans le lieu saint. — Mais rien n'empêcherait l'assemblée à la sacristie.

106. — Le conseil peut, en outre, s'assembler extraordinairement, sur l'autorisation de l'évêque ou du préfet, lorsque l'urgence des affaires ou de quelques dépenses imprévues l'exige. — Même décret. — Dans ce cas, l'autorisation doit fixer le jour de l'assemblée. — En outre, l'évêque et le préfet doivent respectivement se prévenir des autorisations qu'ils accordent et des objets qui doivent être traités dans les assemblées extraordinaires. — Ord. 12 janv. 1825, art. 6.

107. — La délibération serait invalide si l'autorisation donnée par l'évêque ne fixait pas le jour comme si elle avait été prise à un autre jour que celui fixé. — V. Vuillefroy (p. 341), qui cite une ordonnance délibérée dans le comité de l'intérieur du conseil d'état, le 23 août 1839.

108. — Elle serait également invalide si la fabrique délibérait sur d'autres objets que ceux qui auraient motivé sa convocation extraordinaire.

109. — Toute délibération prise dans une assemblée non autorisée doit être annulée. La nullité est prononcée par une ordonnance du roi rendue sur le rapport du ministre des cultes et délibérée dans le comité de législation du conseil d'état. — Avis du cons. d'état, 13 sept. 1833. — Le pouvoir d'annulation n'appartient pas au conseil lui-même. — Même ordonnance précitée du 23 août 1839.

110. — L'avertissement de chacune des séances ordinaires du conseil doit être publié, le dimanche précédent, au prône de la grand'messe. — Décr. 1809, art. 10. — Mais indépendamment de cet avertissement, chaque fabricien doit, lorsqu'il s'agit d'une séance extraordinaire, être appelé au conseil par une convocation à domicile. — *Journ. des cons. de fabr.*, 1834-1835, p. 160. — Et la convocation doit être faite assez tôt pour que les fabriciens puissent se rendre à la séance. — Affre, p. 79.

111. — Si, en convoquant la fabrique à l'improviste, ou si, de toute autre manière, on s'arrangeait pour choisir un jour où l'on saurait que des membres opposans seraient obligés de s'absenter, il y aurait lieu à l'annulation de la délibération par suite de cette fraude, et en prouvant qu'elle a eu lieu. — Affre, *loc. cit.*

112. — Malgré ce qui a été dit plus haut sur les jours des réunions du conseil de fabrique, il ne semble pas que ces conseils soient restreints à ne tenir qu'une seule séance par session; lorsque la loi a voulu que dans des cas analogues le nombre des séances et des jours auxquels on doit les tenir fût limité, elle les a fixés. — V. art. 57, L. 19 avr. 1831; 49, L. 22 juin 1833; 23, L. 21 mars 1831. — En conséquence, un conseil de fabrique, réuni en session ordinaire ou extraordinaire, peut valablement, et sans avoir besoin de demander l'autorisation de l'évêque ou du préfet, s'ajourner au lendemain ou au surlendemain, *pour continuer ses délibérations*. — *Journ. des cons. fabr., eod. loc.*, p. 197; Affre, p. 81.

113. — Le conseil ne peut délibérer que lorsqu'il y a plus de la moitié des membres présens à l'assemblée, et les délibérations doivent être prises à la pluralité des voix, sauf, en cas de partage, la prépondérance de la voix du président, comme il a été dit ci-dessus. — Décr. 30 déc. 1809, art. 9. — La disposition qui exige la pluralité des voix doit être entendue en ce sens que le conseil doit réunir plus de la moitié des membres dont la loi veut qu'il soit composé, et non point seulement de ceux qui se trouvent actuellement en exercice. — *Journ. des cons. de fabr.*, 1835-1836, p. 250.

114. — Les procès-verbaux des séances sont écrits par les secrétaires. Ils doivent être signés par tous les membres présens. — Décr. 1809, art. 9.

115. — Si le procès-verbal rédigé par le secrétaire contenait des omissions ou altérations, les membres du conseil auraient le droit d'opposition ou de réclamation, et même celui de refuser de signer la délibération qui ne serait pas conforme à ce qu'ils auraient délibéré. — Décis. min. oct. 1811. — Vuillefroy, p. 341.

116. — C'est au président qu'appartient la direction des délibérations. Mais, en cas d'absence, par qui le président est-il suppléé? — On paraît d'abord d'accord pour reconnaître qu'un conseil ne peut nommer d'avance, en même temps que le président, un vice-président pour les cas d'absence. — *Journ. des cons. de fabr., loc. cit.*, p. 163 et suiv.; Affre, p. 83. — De même il ne pourrait

nommer un vice-président pour la séance. — Affre, *loc. cit.*

117. — Mais le *Journal des fabriques* ajoute qu'en cas d'absence du président, la présidence appartient au plus ancien des fabriciens présens à la séance. — Au contraire, M. Affre (*loc. cit.*) pense que la vice-présidence appartient de droit d'abord au curé, comme ayant la première place après le président, et ensuite au maire, comme ayant la deuxième. « Toutes les fois, dit-il, que dans une assemblée il y a des membres distingués des autres par leurs fonctions, ils sont préférés. » — Et le même auteur n'adopte l'opinion du *Journal des conseils de fabriques* que pour le cas où le curé et le maire seraient absens en même temps.

118. — Dans tous les cas, le fabricien momentanément investi de la présidence jouit du privilége accordé au président élu d'avoir voix prépondérante, s'il y a partage. — *Journ. des cons. de fabr.*, p. 164 ; Affre, *loc. cit.*

119. — Le décret ne s'occupant des places qu'en ce qui concerne le président, le curé et le maire, il en résulte que les fabriciens peuvent être placés selon le rang d'âge ou d'ancienneté dans la fabrique. — M. Affre (p. 84) ajoute aussi *« ou la position dans la société;* » mais nous pensons que pour éviter des conflits regrettables les deux premiers modes et surtout le second sont à préférer.

120. — Lorsqu'un objet mis en délibération intéresse personnellement quelqu'un des membres du conseil, il est convenable qu'il s'abstienne ou même qu'il se retire. — V. Affre, p. 85, qui cite deux arrêts des 22 avr. 1785 et 15 sept. 1783.

121. — Les membres des conseils de fabriques ne sont astreints à la prestation d'aucun serment, lors de leur entrée en fonctions; à cet égard, le silence du décret et des divers réglemens a suffi pour abroger les anciens usages particuliers à quelques provinces. — Carré, nº 209; Affre, p. 89.

122. — De même, et à la différence des anciens réglemens, le décret ne s'est pas occupé du costume des fabriciens. — Mais il semble convenable d'admettre qu'assistant à la séance comme fabriciens ils doivent porter l'habit de ville, à l'exception du curé et du maire qui, admis au conseil de fabrique à raison de leurs fonctions, doivent pouvoir en porter les insignes. — V., à cet égard, M. Affre, p. 86.

§ 2. — *Bureau des marguilliers.*

123. — Le bureau des marguilliers se compose du curé ou desservant, qui en est membre perpétuel et de droit, et de trois membres du conseil de fabrique. — Décr., 1809, art. 13.

124. — Le curé ou desservant a la première place dans le bureau, il peut s'y faire remplacer par un de ses vicaires. — Même article.

125. — Quant au maire, il ne peut être membre du bureau en ce qu'il y a incompatibilité entre les fonctions d'administrateurs, dont la gestion et les comptes sont dans le cas d'être vérifiés par la municipalité, et celles de maire qui, comme chef de la municipalité, est, de droit, au nombre des vérificateurs. — Vuillefroy, p. 343 (qui cite en ce sens une décision ministérielle, mais sans en donner la date).

126. — Les parens ou alliés, jusques et compris le degré d'oncle et de neveu, ne peuvent être en même temps membres du bureau. — Décr. de 1809, art. 14.

127. — Toutefois, lorsque des parens ou alliés au degré prohibé ont été nommés membres d'un même conseil, si l'un des deux vient à renoncer à son élection, la nomination de l'autre ne peut être annulée. — Avis Cons. d'état, 26 fév. et 9 mars 1832. — Affre, p. 101.

128. — Les marguilliers sont, pour la première fois, choisis au scrutin par le conseil de fabrique, parmi ses membres. — Décr. 1808, art. 11.

129. — Le bureau se renouvelle par tiers tous les ans. — A la fin de la première et de la deuxième année de la première organisation, deux marguillers sortent successivement par la voie du sort. A la fin de la troisième année révolue, le troisième sort de droit. — Dans la suite c'est toujours le marguillier le plus ancien en exercice, c'est-à-dire qui siége depuis trois ans, qui sort de droit. — Même décr., art. 16 et 17.

130. — Les membres sortans sont remplacés par le conseil de fabrique, qui doit y procéder par voie d'élection au scrutin, dans la session du conseil qui se tient le dimanche de Quasimodo. — Ord. 1825, art. 2; décr. 1809, art. 11.

131. — A défaut d'élection dans cette séance, c'est à l'évêque que l'art. 18, décr. de 1809, confère le droit de nommer le marguillier. — Et le droit de l'évêque commence aussitôt qu'expire celui de la fabrique. — Ord. cons. d'état, 11 oct. 1833.

132. — En cas de vacance par mort ou démission, l'élection en remplacement doit avoir lieu dans la première séance du conseil de fabrique qui suit la vacance. — La raison en est que le bureau devant toujours être en activité, doit toujours être au complet. — Déc. min. 18 fév. 1812. — Aussi M. Vuillefroy (p. 344) dit-il avec raison que si la session ordinaire est encore éloignée, c'est le cas d'ordonner une séance extraordinaire.

133. — Si, un mois après, le conseil n'a pas procédé à l'élection, c'est l'évêque qui nomme. Le nouveau marguillier n'est, au reste, élu que pour le temps qui restait à celui qu'il remplace. — Vuillefroy, p. 344; — ord. 1825, art. 4 et 8.

134. — Les fabriciens nommés marguilliers ont sans doute le droit de refuser ces fonctions; mais ils n'ont pas, pour ce refus, la même latitude que lorsqu'il s'agit des fonctions de membres de la fabrique. — En effet, un semblable refus, s'il n'était fondé sur de justes motifs, pourrait justifier une demande en exclusion du conseil, attendu que, les marguilliers ne devant être choisis que dans le conseil, ceux qui en font partie semblent avoir tacitement consenti à accepter la qualité de marguillier, et que, par leur refus, ils risquent de rendre le bureau impossible. — Carré, nº 217; Affre, p. 102.

135. — L'art. 19, décr. de 1809, porte que les membres du bureau nomment *entre eux* un président, un secrétaire et un trésorier.

136. — Ainsi, le droit de nomination n'appartient qu'au bureau et non au conseil de fabrique, et l'ordonnance du conseil d'état déjà cité du 11 oct. 1833 a annulé une élection parce que les fonctionnaires du bureau n'avaient pas été nommés par lui.

137. — De même, le choix des fonctionnaires ne peut s'arrêter que sur les membres du bureau. — Même avis.

138. — Une décision ministérielle d'octobre 1811 porte, au surplus, que le président du conseil de fabrique peut être en même temps président du bureau.

139. — Quant aux fonctions de trésorier de la fabrique, une lettre du ministre de l'intérieur, du 14 nov. 1837, a déclaré qu'elles étaient incompatibles (L. 21 mars 1831, art. 18) avec celles de conseiller municipal, lorsque la commune supplée à l'insuffisance des revenus de la fabrique ou lui alloue une subvention quelconque. — Vuillefroy, p. 344.

140. — Le curé peut-il être nommé à la présidence du bureau? M. Affre soutient l'affirmative: on a vu d'ailleurs qu'il considère le curé comme apte même à présider le conseil. — V *suprà* nº 92. — Dans tous les cas, la présidence du bureau lui serait moins contestable que celle du conseil en ce que les principaux motifs qui pourraient le faire exclure de celle-ci, par exemple, la crainte d'une rivalité avec le maire, n'existent pas lorsqu'il s'agit du bureau, puisque le maire ne peut en faire partie. — V. *suprà* nº 125.

141. — Un arrêt du parlement de Rouen, du 8 mars 1736, défendait aux curés d'accepter la place de trésorier. — Un autre arrêt du parlement de Bretagne, du 14 mai 1735, étendait même cette prohibition aux vicaires, et leur défendait, ainsi qu'aux curés, de rédiger les délibérations des fabriques. — M. Affre (p. 136) pense que, sans examiner si cette jurisprudence est en vigueur, les ecclésiastiques font sagement de s'y conformer en ce qui touche le maniement des deniers, pour éviter des soupçons injurieux et des débats fâcheux.

142. — Les mêmes raisons, et de plus fortes encore, dit M. Affre (p. 103), qui obligent un fabricien, qui ne veut pas déserter le conseil, à entrer dans le bureau, obligent le marguillier nommé à accepter l'une des trois fonctions de président, de secrétaire et de trésorier. — Le refus d'exercer les mêmes fonctions après leur acceptation suffirait pour motiver l'exclusion du bureau et du conseil.

143. — Aux termes de l'art. 21, décr. 1809, dans les paroisses où il y avait ordinairement des marguilliers d'honneur, il peut en être choisi deux par le conseil parmi les principaux fonctionnaires publics domiciliés dans la paroisse.

144. — Ces marguilliers, ainsi pris en dehors du conseil, ont, ainsi du reste que tous les membres du conseil, une place distinguée dans l'église. — C'est ce qu'on appelle le *banc d'œuvre*, lequel doit être placé devant la chaire, autant que faire se peut. Le curé ou desservant a, dans ce banc, la première place, toutes les fois qu'il s'y présente pour la prédication. — Même article. — V. BANCS ET CHAISES DANS LES ÉGLISES, nos 12 et 42.

145. — Mais les marguilliers d'honneur ne sont pas compris dans le nombre des personnes appelées à délibérer dans les assemblées du conseil de fabrique et du bureau. — Toutefois, ils ont droit d'assister au conseil avec voix consultative. — Décis. min. 30 mai 1811.

146. — Le bureau s'assemble tous les mois, à l'issue de la messe paroissiale, au lieu indiqué pour la tenue des séances du conseil (V. *suprà* nos 103 et suiv.). Dans les cas extraordinaires, il est convoqué, soit d'office par le président, soit sur la demande du curé ou du desservant. — Décr. 1809, art. 22 et 23.

147. — Les marguilliers ne peuvent délibérer s'ils ne sont au moins au nombre de trois. En cas de partage, le président a voix prépondérante. Toutes les délibérations sont signées par les membres présens. — Décr. 1809, art. 20.

148. — L'art. 4, décr. 17 thermid. an XI (26 juill. 1803), n'accordait au curé ou desservant que voix consultative; mais ce décret a été implicitement rapporté par celui du 30 déc. 1809, bien que Carré (nº 238) soutienne l'opinion contraire. Il résulte évidemment de la combinaison des art. 13 et 20, décr. 1809, que le curé a les mêmes droits que les trois autres marguilliers. — V. conf. Affre (*Administration des paroisses*, p. 104) et Parquin, qui, dans ses notes sur l'art. 13 du décret, *s'étonne* que Carré ait pu adopter une pareille opinion.

ART. 2. — *Attributions du conseil de fabrique et du bureau des marguilliers. — Droits, obligations et responsabilité.*

149. — Le conseil de fabrique choisit et renouvelle, dans son sein, les membres du bureau des marguilliers. Les objets soumis à sa délibération sont : 1º le budget de la fabrique; — 2º le compte annuel de son trésorier; — 3º l'emploi des fonds excédant les dépenses et du montant des legs et donations, et le remploi des capitaux remboursés; — 4º toutes les dépenses extraordinaires au-delà de 50 fr. dans les paroisses au-dessous de 1000 ames, et de 100 fr. dans les paroisses d'une plus grande population; — 5º les procès à entreprendre ou à soutenir, les baux emphytéotiques ou à longues années, les aliénations ou échanges, et généralement tous les objets excédant les bornes de l'administration ordinaire des biens des mineurs. — Décr. 1809, art. 11 et 12.

150. — Il faut entendre ici par bail emphytéotique ou à longues années tout bail dont la durée excède neuf ans. — Ces mots : *tous les objets excédant les bornes de l'administration ordinaire des biens des mineurs*, doivent être interprétés en ce sens que tout acte qu'un tuteur ne pourrait faire seul et sans autorisation doit être ici soumis à la délibération du conseil.

151. — Le bureau des marguilliers, suivant l'art. 24 du décret, *prépare* les affaires qui doivent être portées au conseil : il est, en outre, chargé de *l'exécution* des délibérations du conseil et de l'administration journalière du temporel de la paroisse.

152. — De leur côté, le trésorier et le curé ont certaines attributions spéciales dont il sera question ci-après.

153. — Quant aux fonctions que le bureau est chargé de remplir par lui-même, elles consistent : 1º à veiller à ce que toutes les fondations soient fidèlement acquittées et exécutées suivant l'intention des fondateurs, sans que les sommes puissent être employées à d'autres charges. — Décr. 1809, art. 26.

154. — ... Sans toutefois avoir le droit de déterminer le mode d'exécution, ce qui appartient à l'autorité ecclésiastique. — V. FONDATIONS.

155. — ... 2º A fournir au trésorier la somme nécessaire pour l'huile, le pain, le vin, l'encens, la cire et généralement pour tous les objets de consommation nécessaires à l'exercice du culte. — Art. 27.

156. — ... 3º A ordonner les réparations et les achats d'ornemens, de meubles et d'ustensiles pour l'église et pour la sacristie. — Art. 27.

157. — ... 4º A faire les marchés pour ces divers objets.

158. — ... 5º A nommer à la pluralité des suffrages les prédicateurs, sur la présentation faite par le curé ou desservant, et à la charge par lesdits prédicateurs d'obtenir l'autorisation de l'ordinaire (décr. 1809, art. 32) — V. aussi L. 18 germin. an X, art. 50, qui porte que « les prédications solennelles appelées sermons, et celles connues sous le nom de stations de l'avent et de carême, *ne seront faites* que par des prêtres qui en auront obtenu une autorisation spéciale de l'évêque. »

159. — ... 6º A examiner tous les trois mois les bordereaux présentés par le trésorier, lesquels doivent énoncer la situation active et passive de la fabrique pendant le trimestre précédent, être signés des marguilliers et déposés dans une armoire pour être présentés au conseil à l'époque de la reddition du compte annuel; — comme aussi à déterminer la somme nécessaire pour le trimestre suivant. — Art. 34, décr. 1809.

160. — ... 7º A veiller à ce que les réparations

soient bien et promptement faites (pour connaître celles qui sont nécessaires ils doivent visiter les bâtimens avec des gens de l'art au commencement du printemps et de l'automne; — (à pourvoir aussi sur-le-champ et par économie aux réparations locatives et autres qui n'excéderont pas 50 fr. dans les paroisses au-dessous de mille âmes et 100 fr. dans les paroisses d'une plus grande population, non compris les sommes déjà allouées par le budget pour le service du culte. — Art. 41.

161. — ... 8° A donner son avis sur les dons et legs qui seraient faits à la fabrique. — Art. 59.

162. — ... 9° A faire les baux emphytéotiques, les aliénations, les acquisitions, après les avoir soumis à la délibération du conseil, avoir pris l'avis de l'évêque et avoir obtenu l'autorisation du gouvernement. — Art. 62.

163. — ... 10° A soutenir les procès intentés à la fabrique et ceux qu'elle intenterait elle-même.

164. — Si la fabrique succombe, c'est au préfet à régler l'exécution du jugement et à assigner les fonds sur lesquels seront payés les frais du procès. — Avis cons. d'état, 24 juin 1818, 22 juin 1811.

165. — .... 11° A régler les prix des chaises. — V. à cet égard comme en ce qui concerne la concession des bancs et chapelles, BANCS ET CHAISES DANS LES ÉGLISES ET CHAPELLES.

166. — ... 12° A nommer ou révoquer l'organiste, les sonneurs, bedeaux, suisses ou autres serviteurs de l'église, sur la proposition du curé ou desservant. Toutefois, dans les communes rurales, la nomination et la révocation des chantres, sonneurs et sacristains sont attribuées au curé, desservant ou vicaire. Du reste, leur traitement continue à être réglé par le conseil de fabrique, et payé par qui de droit. — Décr. de 1809, art. 33; et ord. 12 janv. 1825, art. 7.

167. — Il n'existe aucun signe certain et légal auquel on puisse reconnaître les *communes rurales* dans lesquelles le droit de nommer les chantres, sonneurs et sacristains, appartient au curé, desservant ou vicaire, conformément à l'art. 7, ord. 12 janv. 1825. C'est au ministre des cultes, d'accord avec le ministre de l'intérieur, qu'il appartient de trancher la question d'après les faits particuliers, la connaissance des localités, la notoriété publique, le chiffre de la population, etc. — *Journ. des conseils de fabriques*, 1834-1835, p. 286. — V. aussi Affre, p. 111.

168. — Si, au sujet de la nomination ou de la révocation dont il vient d'être parlé, le curé et les marguilliers ne peuvent s'entendre, on doit recourir au conseil de fabrique qui, aux termes de l'art. 12 du règlement, connaît de tout ce qui excède l'administration ordinaire. Le conseil devient, en ce cas, une sorte de bureau de conciliation. — Décis. min. 25 janv. 1812; — Vuillefroy, p. 346.

169. — Quant aux prêtres habitués, c'est le curé ou desservant qui les agrée et leur assigne leurs fonctions. On appelle prêtres habitués ceux qui, non seulement disent la messe dans une paroisse, mais qui sont autorisés à y administrer les sacremens, à y prêcher, et à aider ainsi le curé ou desservant. Ce dernier désigne aussi le sacristain-prêtre, le chantre-prêtre et les enfans de chœur. — Décr. 1809, art. 30.

170. — Le clerc laïque qui participe directement à l'acte de célébration du culte est compris dans les termes de l'art. 30 précité, comme les enfans de chœur, et non parmi les serviteurs de l'église dont l'art. 33 fixe le mode de nomination et de révocation. — Décis. min., 13 oct. 1812.

171. — ... 13° A veiller à la conservation des titres et autres objets appartenant à la fabrique, et pour cela le bureau doit avoir une armoire fermant à trois clés, dans laquelle sont déposés les clés des troncs et l'argent de la fabrique. — Art. 50 et 51.

172. — ... 14° A faire deux inventaires, dont le premier doit contenir un état des ornemens, des linges, des vases sacrés, de l'argenterie, des ustensiles en général (art. 55), et le deuxième un état des titres d'acquisitions de rentes, maisons ou autres biens fonds, des fondations, des concessions de chapelles et de bancs, des baux à loyer ou à ferme, des arrêtés et instructions de l'administration, des ordonnances, réglemens et instructions de l'évêque, des titres et autres objets qui intéressent la fabrique. — Même art. — V. aussi Affre, p. 112.

173. — Les deux inventaires une foi faits, il suffit d'un récolement annuel, lequel est signé, comme les inventaires, par le curé ou desservant et par le président du bureau. — Même art.

174. — Lorsque des marguilliers ont causé un dommage quelconque à la fabrique, ils en sont pécuniairement responsables; mais ils ne le sont que personnellement, et non plus solidairement.

175. — L'officier de la fabrique qui remplit les fonctions les plus importantes est le trésorier. Il a la garde des deniers et des titres de la fabrique, perçoit tous les fonds qui, à quelque titre que ce soit, appartiennent à la fabrique. — Décr. 1809, art. 25.

176. — Si le trésorier refusait de percevoir les fonds qui doivent revenir à la fabrique, M. Affre (p. 114) dit que celle-ci devrait, conformément à l'art. 86 du décret, faire ses réserves à l'époque de la reddition du compte et sommer le trésorier de les recouvrer; et que si cela ne suffisait pas, le curé ou tout autre membre du conseil devrait prévenir l'évêque ou le préfet, qui nommeraient un commissaire à l'effet d'examiner les comptes et de constater les non-recouvremens. — V. au surplus, en ce qui concerne les comptes, *infrà* nos 552 et suiv.

177. — Le trésorier rédige le budget qui, après avoir été discuté par le bureau, est soumis au conseil. — V. *infrà* nos 444 et suiv.

178. — C'est le trésorier qui est chargé des démarches nécessaires, soit pour l'autorisation, soit pour l'acceptation des legs et donations qui peuvent être faits à la fabrique. — V. *infrà* nos 472 et s.

179. — Une de ses plus importantes fonctions est de faire les actes conservatoires pour empêcher que les droits de la fabrique ne soient lésés. — M. Affre cite, comme actes conservatoires, les suivans : 1° une sommation de paiement; 2° une surenchère; 3° une apposition de scellés; 4° la passation d'un titre nouvel; 5° toute espèce de saisie mobilière; 6° généralement tout acte extrajudiciaire qui a pour objet de conserver un droit.

180. — Les actes conservatoires peuvent être faits par le trésorier sans autorisation. — Art. 76 du décret. — Toutefois, comme il peut y avoir procès à l'occasion d'une exécution sur les biens du débiteur, et comme cette exécution par elle même entraîne des frais, M. Affre (p. 120) pense qu'il serait plus prudent de se faire autoriser par le bureau.

181. — Les procès sont soutenus au nom de la fabrique, et les diligences faites à la requête du trésorier. — V., en ce qui concerne les actions qui intéressent les fabriques, *infrà* nos 583 et suiv.

182. — Les dépenses que le trésorier est chargé de faire sont : 1° celles appelées *menues dépenses*, et qui consistent dans l'achat du pain, vin, huile, etc.; dans la réparation des linges, ornemens, etc.; 2° les achats d'ornemens et autres objets nécessaires à l'église; 3° les dépenses votées par le conseil, quelle qu'en soit la nature. — Décr. 1809, art. 27 et 35.

183. — Pour faire ces dépenses le trésorier doit, au commencement de chaque trimestre, demander au bureau de déterminer approximativement la dépense; s'il n'a pas entre les mains la somme nécessaire, demander au bureau la permission de la prendre dans la caisse et y déposer son récépissé. — Art. 34, 52, 53.

184. — Toutes les fois qu'il y a un achat à faire, le trésorier fait un mandat pour chacune des fournitures. — Le curé ou le sacristain ou un marguillier certifie au bas du mandat qu'il a été rempli (art. 35). En outre, le mandat de paiement doit être signé par le président du bureau. — Affre, p. 124.

185. — Comme surveillant des deniers de la fabrique et préposé à la conservation des titres, le trésorier doit, s'il n'existe pas d'armoire à trois clés pour recevoir les deniers de la fabrique et les clés des troncs, la faire construire, et remettre une des clés au curé, une autre au président du bureau et garder la troisième. — Art. 50.

186. — Il présente tous les trois mois au bureau des marguilliers un bordereau signé de lui, établissant la situation active et passive de la fabrique pendant les trois mois précédens. Ses comptes rendus au bureau sont communiqués au conseil. — V. *infra* nos 244 et suiv.

187. — Par cela seul qu'il est administrateur comptable d'un établissement public, le trésorier devient responsable de tous les actes de sa gestion; ses biens sont frappés d'hypothèque légale au profit de la fabrique, et on peut, le cas échéant, le condamner par corps.

188. — L'action en reddition de compte d'une fabrique contre un ancien trésorier se prescrit par le délai de trente ans, sans aucune poursuite, conformément à l'art. 2262, C. civ. Cette prescription court contre l'action en reddition de compte de chacun des exercices, à partir du jour où ce compte aurait dû en être rendu. Le trésorier ne peut invoquer l'art. 475 du Code, qui libère le tuteur de toute réclamation relative au compte de tutelle dix ans après que le mineur a atteint sa majorité; il n'y a aucune analogie entre les fonctions d'un tuteur et celles du trésorier d'une fabrique. — Carré, *Gouvern. des paroisses*, n° 482; Affre, *Admin. des paroisses*, p. 118; Rolland de Villargues, *Rép. du not.*, v° *Fabrique*, n° 30; *Journ. des cons. de fabrique*, t. 2, p. 287 et 349. — V. aussi Jousse, *Gouvern. des paroisses*, chap. 2, art. 5, 56-13°.

189. — Le conseil de fabrique peut, lorsqu'il est appelé à répondre sur faits et articles, choisir à cet effet un membre autre que le trésorier, et lui conférer un pouvoir spécial pour répondre au nom de la fabrique, mais sans qu'on puisse néanmoins l'interroger d'office. — C. procéd., art. 336. — Carré, n° 535.

190. — Nous avons déjà vu plus haut quels étaient les droits et prérogatives du curé, quant à son admission tant au conseil de fabrique que dans le sein du bureau. — Il convient d'ajouter : 1° qu'il propose les dépenses nécessaires pour l'entretien du service divin, et que l'état de ces dépenses, qui doit contenir le détail de tous les objets de consommation, d'achat, de réparations d'ornemens, d'ustensiles d'églises, etc., est porté en bloc au budget annuel; 2° qu'il prévient le bureau des réparations nécessaires à l'église, afin que celui-ci y pourvoie. — Quant aux réparations à faire au presbytère, V. CURE, CURÉ.

191. — Ajoutons encore qu'il doit : 1° avoir une clé de la caisse et les clés des troncs, un double de l'inventaire du mobilier de l'église; — 2° signer le récolement annuel de ce mobilier; — 3° signer toutes les pièces et tous les titres qui sont transmis sur le sommier; — 4° être instruit par les notaires de tous les actes de donation entre-vifs et testamens faits au profit de la fabrique. — Décr. 1809, art. 50, 55, 56, 58.

192. — Les attributions du conseil de fabrique et du bureau sont restreintes à l'administration des biens de la fabrique; mais le service du culte et la police intérieure de l'église sont dévolus au curé. — C'est ce que nous avons expliqué vis BANCS ET CHAISES DANS LES ÉGLISES, CIMETIÈRE, n° 91; CLOCHES, CLOCHERS, nos 25 et suiv.; CULTE, nos 236 et suiv., 255 et suiv., 262.

193. — Ainsi, lorsqu'une église a plusieurs portes, le curé est justement fondé à ordonner que quelques unes de ces portes seront seules ouvertes, et que les autres resteront fermées, notamment pendant la durée des offices. Le maire ou le conseil de fabrique ne peuvent rien prescrire ni exiger en cette matière, contrairement à la volonté du curé, celui-ci ayant la police intérieure de l'église. — *Journal des conseils de fabriques*, t. 1er, p. 70.

194. — On a vu également (v° CULTE, n° 266), qu'à la différence de la police intérieure, la police extérieure rentre dans les attributions de l'autorité civile.

195. — Et delà, on peut conclure que le maire a le droit de faire apposer des affiches ou placards, soit sur les murs extérieurs, soit sur les portes de l'église, sans que le conseil de fabrique ou les marguilliers puissent s'y opposer. Seulement, il faut qu'il ait, par un arrêté préalable et dûment publié, fait choix de ces murs ou portes pour l'apposition des affiches. — L. du 18-22 mai 1791, art. 11; — *Journal des conseils de fabr.*, t. 1er, p. 291. — V. CULTE, n° 278 et suiv.

196. — Mais il en est autrement lorsque ce sont des particuliers qui ont apposé sur les murs extérieurs ou les portes des églises des affiches ou placards; le conseil de fabrique ou les marguilliers ont alors qualité suffisante pour les faire enlever. — *Journ. des cons. de fabr.*, *eod. loc.*, p. 330.

Sect. 2e. — *Des biens des fabriques.*

197. — Les biens des fabriques sont ceux à la propriété ou au produit desquels elles ont un droit acquis.

198. — M. Affre fait remarquer (p. 147) que les mots *biens de fabrique* ne peuvent être entendus en ce sens que les fabriciens en soient propriétaires. — Lors donc, dit-il, qu'on parle des biens dont la *fabrique est propriétaire*, et qu'on dit qu'elle peut vendre, acquérir, etc., on prend la partie pour le tout, les administrateurs de la paroisse pour la paroisse elle-même.

199. — Les biens des fabriques sont d'espèces différentes; ils se composent : 1° des biens-fonds et des rentes attribués aux fabriques, soit par suite de restitution et en vertu de divers décrets, soit par fondation ou par acquisition postérieures, soit à tout autre titre; — 2° du produit de ces biens et de ces rentes, ainsi que de celui des bancs, chaises, etc., de celui des quêtes, troncs et autres oblations; des droits perçus d'après les tarifs, enfin des secours ou supplémens accordés par la commune, le département ou le gouvernement.

200. — De là découle naturellement la division de cette section en deux articles : nous parlerons, dans l'un, des biens-fonds et des rentes sur lesquels la fabrique exerce des droits; et dans l'autre, des revenus des fabriques.

ART. 1er. — *Des biens-fonds et des rentes.*

201. — Les biens sur lesquels les fabriques ont des droits comme propriétaires ou comme usufruitiers peuvent se diviser en biens *attribués ou restitués* ou en *biens acquis*.

202. — Les biens *attribués ou restitués* se composent : 1° des anciens biens de la fabrique qui n'avaient pas été aliénés ou affectés à d'autres services publics, ainsi que des rentes dont elle jouissait autrefois et dont le transfert n'avait pas été fait par l'état pendant qu'il les détenait à titre de biens nationaux. — Arr. 7 thermid. an XI, art. 1er.

203. — Aux termes d'une décision ministérielle du 16 juin 1806, les rentes ainsi rendues aux fabriques sont seulement celles qui n'avaient été ni transférées ni remboursées, c'est-à-dire celles existant encore dans les mains du domaine et celles non connues sur lesquelles il avait des droits.

204. — M. Vuillefroy (vo *Fabrique*, p. 351) rapporte plusieurs circulaires ou décisions ministérielles ou avis du conseil d'état desquels il résulte, comme conséquence du principe qui vient d'être posé, que celles des rentes qui avaient été, en exécution de la loi du 4 vent. an IX, abandonnées aux hospices et dont ceux-ci étaient légalement entrés en possession ne sont pas comprises dans la restitution. — Circ. min. 27 prair. an XII.

205. — ... Mais aussi que les droits qui avaient été précédemment accordés aux hospices sur les rentes des fabriques et des fondations par la loi du 4 vent. an IX ont cessé dès le 7 thermid. an XI, époque de la restitution des biens aux fabriques et que les hospices ne doivent donc conserver ces biens qu'autant qu'ils avaient été avant cette époque découverts, réclamés et régulièrement transférés à leur profit. — Avis cons. d'état, 30 avr. 1807 et 20 sept. 1809.

206. — ... Que, dans ce cas même, et lorsqu'un hospice en a été régulièrement mis en possession avant le 7 thermid. an XI, il doit encore faire acquitter les services religieux dont les biens pourraient être grevés suivant le tarif des oblations du diocèse. — Décr. 19 juin 1806 ; — décis. min. 23 sept. 1807.

207. — Mais si les hospices ne peuvent, en thèse générale, se dispenser de payer les fondations attachées aux biens ou rentes dont ils ont été mis en possession définitive, en suite de la loi du 4 vent. an IX, il n'en est pas de même lorsque ces biens et rentes leur ont été abandonnés en échange de leurs créances sur l'état, en vertu de l'arrêté du 15 brum. an IX, et qu'ils les ont ainsi acquis *à titre onéreux*. Le décret du 19 juin 1806 n'a entendu parler que des biens et rentes transférés *à titre gratuit ;* quant aux autres, ils sont exempts de toutes charges, même des services religieux. — Affre, p. 668.

208. — Le même avis du 30 avr. 1807 décide que tout immeuble ou rente provenant de fabriques, de confréries, de fondations, ou de fabriques d'anciens chapitres, dont l'aliénation ou le transfert n'avait pas été consommé antérieurement à la promulgation des arrêtés des 7 thermid. an XI, 25 frim. an XII, 15 vent. et 28 messid. an XIII, devait retourner aux fabriques, quelles qu'eussent été les démarches préliminaires des hospices pour en obtenir la jouissance, et que ces démarches donnaient seulement à ces derniers le droit de répéter contre les fabriques le remboursement des frais faits pour parvenir à la découverte et à l'envoi en possession desdits biens.

209. — M. Vuillefroy cite encore un avis du conseil d'état du 19 fév. 1823 qui a décidé que les créances éteintes par confusion ou autres voies légales au profit de l'état, et pour lesquelles la nation, dans un temps donné, s'est trouvée à la fois créancière et débitrice, ne peuvent être réclamées par les fabriques contre l'état ; mais aussi que *l'état seul* peut se prévaloir de la confusion.

210. — Jugé conformément à ce dernier principe que l'émigré amnistié auquel une fabrique d'église réclame une rente provenant d'une ancienne fondation ne peut opposer la compensation au moyen de créances qui lui étaient dues par l'état au moment de son émigration et au moment de la mainmise nationale sur les biens de la fabrique, s'il n'a, conformément à l'art. 3, arr. 3 flor. an XI, fait les justifications prescrites par cet arrêté ; que, dans ce cas, les rentes anciennement dues à l'émigré sont éteintes conformément à l'art. 17, sén. cons. 6 flor. an X, et qu'il n'en reste pas moins débiteur de la fabrique. — *Cons. d'état*, 20 juin 1812, fabr. Saint-Paul de Liége c. Bastin. — V. aussi *Cons. d'état*, 28 mai 1812, fabr. de Liége c. Villenfague. — Cormenin, *Dr. admin.*, vo *Fabrique*, t. 2, p. 250.

211. — Jugé qu'une rente due à une fabrique par un émigré a été éteinte par la confusion lorsque l'état, débiteur de la rente par suite de la confiscation à son profit des biens de l'émigré, en est devenu créancier en vertu de la loi qui lui attribuait tout l'actif des fabriques. — *Caen*, 27 fév. 1827, de Vassy c. fabr. de Saint-Saturnin.

212. — Jugé aussi que l'aveu de l'émigré qu'on ne lui a point déduit le capital d'une rente réclamée dans la liquidation faite de ses droits, en vertu de la loi d'indemnité, ne suffit point pour justifier l'action en continuation de cette rente contre lui ; que la fabrique ne saurait dès-lors être admise à refuser l'offre par lui faite de lui en déléguer le capital en rente 3 % sur l'indemnité qui lui est dévolue. — Même arrêt.

213. — Les biens cédés à la caisse d'amortissement ne sont pas compris dans l'affectation faite aux fabriques. En effet le décret du 17 février 1808 porte que les biens cédés à cette caisse ne sont plus censés faire partie du domaine public. — Décis. min. 19 mai 1809.

214. — Les créances des anciennes fabriques non recouvrées par l'état appartiennent aux nouvelles fabriques. Parmi ces créances, il faudrait comprendre les sommes reçues et non employées par un curé à qui la fabrique les aurait remises pour un usage déterminé.

215. — Ainsi jugé que les héritiers d'un ancien curé qui s'était engagé à faire au presbytère les réparations dues par les héritiers de son prédécesseur, et qui en a reçu d'eux le montant, peuvent, s'il n'a fait lui-même aucune réparation, être poursuivis par la fabrique actuelle quoique les biens de leur auteur aient passé dans les mains du gouvernement ; mais qu'ils ne peuvent pas être condamnés solidairement. — *Rennes*, 4 avr. 1818, fabr. de Saint-Maugan c. Rolland.

216. — Tous les biens aliénés des fabriques en général réunis au domaine de l'état par suite de la déchéance des acquéreurs et encore disponibles sont restitués à ces établissemens, nonobstant toutes décisions contraires, qui demeurent comme non avenues, à la charge expresse par les fabriques de verser dans la caisse du domaine, pour être remis à l'acquéreur déchu, les à-comptes qu'il aurait payés. — Décis. min. fin. 26 sept. 1818.

217. — Décidé dans ce sens que lorsqu'un acquéreur de domaines nationaux a été déchu du bénéfice de son adjudication et que, par suite de cette déchéance, une fabrique a été envoyée en possession du bien vendu, l'acquéreur ne peut se prévaloir d'une décision ministérielle postérieure qui l'aurait maintenu, à la charge de payer le résultat d'un décompte ; que cette décision ne pouvait pas détruire les droits précédemment acquis à la fabrique tant par l'envoi en possession que par la déchéance prononcée et consommée à l'égard de l'acquéreur ; et qu'il y a lieu dès-lors de considérer cette décision comme non avenue. — *Cons. d'état*, 5 nov. 1828, Marion.

218. — Quoique rentrées en possession des biens qu'on leur avait confisqués, les fabriques ne peuvent sous aucun prétexte attaquer la validité des cessions ou aliénations consenties par l'état pendant la durée de la main-mise nationale. — *Cons. d'état*, 19 mai 1811, fabr. de Sundhoffen.

219. — Ainsi dans les communes où, contrairement aux dispositions des 18-23 oct. et 20-23 déc. 1790, lors de la vente soit des immeubles des cures supprimées à cette époque, soit des immeubles des monastères auxquels une cure était unie, les jardins des presbytères ou les terrains qui pouvaient en tenir place, au lieu d'être réservés, ont été compris dans les ventes, les fabriques ou les curés actuels ne sont point pour cela fondés à attaquer ces ventes et à réclamer les jardins ou terrains ainsi aliénés. — *Journal des conseils de fabriques*, t. 1er, p. 249.

220. — De même, lorsqu'une rente qui était due autrefois à une fabrique a été remboursée dans les mains de l'état en vertu d'un arrêté du directoire du département et pendant l'époque où l'état était propriétaire des biens des fabriques, la fabrique à qui la rente avait appartenu n'a plus qualité pour faire annuler cet arrêté. — *Cons. d'état*, 16 janv. 1822, fabr. de Chevreuse.

221. — Lorsque rien ne justifie de la cause qui a pu autoriser anciennement l'aliénation des biens de l'église, et que le titre invoqué dénote même l'absence de cette cause, une pareille aliénation doit être considérée comme nulle. — *Cass.*, 24 juin 1835, comm. d'Aiguetebia c. préfet des Pyrénées-Orientales.

222. — Les fabriques peuvent réclamer les arrérages échus des rentes dont elles sont en possession ; ces arrérages, conformément à la loi du 20 nov. 1792 et depuis la publication du Code civil, se prescrivent par un laps de cinq années (C. civ., art. 3277). — Cette prescription n'a pu être opposée qu'après le 2 nov. 1794 ; avant cette époque, selon d'Héricourt, on pouvait exiger vingt-neuf ans d'arrérages de rentes chargées d'obits et fondations.

223. — En cas de prescription des arrérages, les fabriques ne seraient point fondées à déférer le serment au débiteur qui opposerait cette prescription. — Carré, *Gouvern. des par.*, no 253.

224. — ... 2o Des anciens biens des fabriques des églises supprimées et qui se trouvent réunies à la paroisse, quand même ces biens seraient situés sur des communes étrangères. — V. à cet égard et sur ce qu'on doit considérer d'après les divers décrets rendus sur la matière, comme édifices supprimés attribués aux fabriques, ÉGLISE, nos 78 et s., 85 et s.

225. — ... 3o Des biens chargés d'anciennes fondations ou de services anniversaires faisant partie des revenus des églises. — Arr. 25 frim. an XII ; décr. 22 fruct. an XIII ; Avis cons. d'état, 30 avr. 1807.

226. — Jugé que les fondations pieuses n'ont pas été supprimées comme féodales, quoiqu'elles renfermassent des droits purement honorifiques, tels que l'encens, l'eau bénite, le pain bénit, etc. — *Cass.*, 16 pluv. an XIII, Clément c. Ithier.

227. — ... Non plus que les rentes qui ont eu pour but primitif de servir de dotation à des établissemens ecclésiastiques. — *Cass.*, 6 mai 1807, de Chinon c. Chalabre.

228. — Jugé encore qu'on n'a pu réputer abolie comme féodale une rente déclarée foncière, alors surtout qu'elle était due à un sacristain dont la charge était une dignité claustrale et non seigneuriale. — *Cass.*, 3 pluv. an X, domaine c. Couders.

229. — Jugé dans le même esprit que la loi du 1er juill. 1790 et celles subséquentes relatives à la nouvelle constitution du clergé, en mettant le traitement des ecclésiastiques à la charge de l'état, et en abolissant les droits de patronage, de même que les devoirs corrélatifs à ces droits, n'ont pas eu pour effet de supprimer les rentes ou prestations provenant de donations assurées par des patrons aux églises, et de consolider, libres de toutes charges, entre les mains de leurs détenteurs, des propriétés qui ne leur avaient été concédées que sous la condition de remplir des engagemens déterminés ; et qu'en conséquence, et spécialement, l'emphytéote à qui des charges ou prestations ont été imposées, comme conditions du bail, par le patron d'une église qui en a accepté le bénéfice, n'en reste pas moins tenu de l'acquittement de ces prestations, malgré la suppression du droit de patronage. — *Colmar*, 4 mars 1840 (t. 2 1840, p. 352), maires de Goldbach et d'Altenbach et la fabr. de l'église de Goldbach c. Luthringer.

230. — Les fabriques ne peuvent réclamer les biens destinés au service d'une chapelle ou oratoire situé dans l'intérieur d'une maison particulière. Une revendication de ce genre serait également contraire aux anciennes coutumes et aux lois de l'assemblée constituante, dont l'esprit et la volonté étaient que l'auteur d'une fondation laïcale demeurât propriétaire des biens ou rentes par lui affectés à cette fondation. — Carré, no 248 ; Affre, p. 119 et 120, édit. 3e.

231. — Peu importerait que cette chapelle ou oratoire eût une communication avec l'église. — Ainsi, une famille qui, en 1664, a fait construire à ses frais et sur son terrain une chapelle communiquant avec une église, et qui, depuis, a toujours joui de cette chapelle, en a conservé la propriété. En conséquence, cette chapelle, n'étant point tombée sous l'application de la loi du 13 brum. an II, et n'ayant jamais appartenu à l'état, n'a pu être comprise dans les biens restitués par celui-ci aux fabriques. — *Journ. des cons. de fabr.*, t. 2, p. 315.

232. — Mais lorsqu'une chapelle appartenant à un particulier et fondée par lui a été spiritualisée, et qu'elle a été réunie au domaine public, la fabrique peut alors légitimement demander à être mise en possession de cette chapelle. — Carré, no 250.

233. — Les rentes et fondations pieuses provenant de legs ou donations faits à des communautés religieuses dont les biens sont passés entre les mains de la nation, ne font point partie des revenus des fabriques. — Décis. min. fin. 7 germin. an XII.

234. — Si afin d'assurer le service d'une rente donnée à une fabrique pour l'acquit d'une fondation ou pour tout autre motif, les biens du fondateur avaient été affectés d'une hypothèque spéciale, ces biens ne pourraient être réclamés à titre de propriété par l'établissement donataire ; ce serait confondre l'hypothèque de la rente avec la rente elle-même. Partant, le contrat étant la loi des parties, le fondateur ou son successeur ne serait astreint, comme tout débiteur par hypothèque, qu'au paiement de la dotation ; et la fabrique devrait, pour être en droit d'exiger ce paiement, se conformer elle-même aux conditions de la fondation. — V. Affre, *Tr. de l'admin. des par.*, p. 166 (4e édit.). — V. aussi Carré, *Gouvern. des par.*, nos 251 et 252 ; Cormenin, *Quest.*, vo *Fabrique*.

235. — Il a été reconnu en principe que les biens ainsi restitués aux fabriques sont seulement ceux qui leur appartenaient anciennement, et dont elles avaient la jouissance et l'administration, et qu'en conséquence une fabrique n'est pas fondée à réclamer une propriété qui formait la dotation d'un bénéfice simple à patronage laïque dont le titulaire touchait les revenus et passait les baux en son nom personnel, de tels biens étant la propriété de l'état, bien que donnés anciennement à la charge de fondations pieuses. — *Cons. d'état*, 12 fév. 1814, fabr. de la ville de Liége ; 14 août 1822, fabr. de Severac-le-Château.

236. —Jugé néanmoins que, de ce que les lois de l'assemblée nationale, et notamment celles des 4 nov. 1789, 29 juill. et 5 nov. 1790, ont déclaré biens nationaux tous les biens du clergé, et en outre ont placé au rang de biens du clergé ceux provenant de bénéfices, titres et fondations à patronage laïque ou de pleine collocation laïcale sous deux seules exceptions : la première, relative aux biens servant de dotation aux chapelles desservies dans l'enceinte des maisons particulières, par un chapelain ou desservant à la seule disposition du propriétaire ; la seconde, relative aux biens servant de dotation aux fonds faits pour subvenir à l'éducation des parens du fondateur, il s'ensuit que des héritages affectés à perpétuité pour sûreté d'une fondation d'une messe solennelle à dire par un chapelain à la nomination de l'évêque diocésain, mais choisi de préférence dans un cercle désigné, sont devenus, par les lois de la révolution, la propriété de l'état, qui a été en droit de les rendre aux fabriques, à la charge d'acquitter les services religieux, objet de la fondation, et ce, sans que les héritiers du fondateur puissent réclamer aucun droit sur ces biens. — *Rennes*, 9 juill. 1835, fabr. de Cardroc c. Hervé.

237. — Au surplus, en ce qui concerne l'exécution des fondations et le droit qui peut appartenir aux fondateurs ou à leurs successeurs d'exiger cette exécution, V. FONDATION.

238. — ... 4° De ceux provenant de fondations pieuses dues aux fabriciens (avis cons. d'état, 22 juin 1812). — Donc, dit M. Vuillefroy (p. 354), les marguilliers doivent recueillir le prix de ces fondations, sauf au curé à en remplir les conditions. — Décis. min. 27 flor. an XII.

239. — ... 5° De la rétribution que les hospices et les bureaux de bienfaisance qui auraient été mis, sous le régime de la loi du 4 vent. an IX, en possession de biens ou rentes chargés d'anciennes fondations, sont obligés de payer à la fabrique pour services religieux. — Décr. 19 juin 1806, art. 1er.

240. — ... 6° Des biens et rentes non aliénés provenant des fabriques et des chapitres des collégiales qui se trouvaient situés, si ce sont des biens, ou payables, si ce sont des rentes, dans la circonscription de la paroisse. — Décr. 15 vent. an XIII, art. 2.

241. — ... 7° Des biens non aliénés et rentes non transférées provenant des confréries établies précédemment dans l'église paroissiale ou dans les églises supprimées qui se trouvent dans la circonscription de la nouvelle paroisse. — Décr. 28 messid. an XIII ; avis cons. d'état, 28 août 1810.

242. —Il s'agit, dit M. Vuillefroy (p. 354) en citant deux décisions ministérielles du 16 mai 1806 et de janv. 1809, des biens des confréries qui étaient établies dans les églises, de ces réunions de citoyens de différentes classes ou d'artisans du même état qui avaient pour objet d'honorer plus spécialement tel ou tel saint, de célébrer telle ou telle fête, et qui, à cet effet, entretenaient par des dons volontaires ou par des fondations des chapelles ou des autels dans une église, et pourvoyaient, de la même manière, aux dépenses du service religieux. Il ne s'agit des anciennes compagnies ou confréries d'arquebusiers, archers, etc., etc., que pour la part de leurs biens seulement qui était affectée au service religieux. Il ne s'agit pas des compagnies de pénitens, lesquelles avaient leurs temples à part et leurs dépenses, et ne concouraient pas comme les confréries à l'entretien du service religieux dans les églises paroissiales et communes aux autres fidèles. — C'est cette dernière considération surtout qui a motivé le décret du 28 messid. an XIII.

243. — Décidé que les rentes constituées au profit d'ordres religieux ou de confréries qui ne faisaient pas partie d'églises supprimées ne sont pas comprises dans les biens et rentes restitués aux fabriques nouvelles par l'arrêté du 7 thermid. an XI. — *Cons. d'état*, 29 mars 1811, comm. de Gerbevillon c. Lambertye.

244. — ... 8° Des édifices du culte, églises et presbytères des paroisses supprimées, non aliénés, et situés dans la circonscription de la paroisse, ainsi que des églises et chapelles non aliénées des congrégations religieuses.—Décr. 30 mai 1806, art. 1er ; 17 mars 1809, art 3. — V. ÉGLISES.

245. — ... 9° Des biens et rentes célés au domaine et qui seraient révélés au profit de la fabrique, et dont elle a été ou elle serait autorisée à se mettre en possession. — Décr. 30 déc. 1809, art. 36 ; Décis. min., 6 août 1817.

246. — On entend par *biens célés* tous ceux provenant du clergé, de corporations supprimées, d'établissemens publics, de communes, ou de toute autre origine que ce soit, qui n'auraient pas été inscrits sur les registres de la régie des domaines, ou que cette régie, quoiqu'elle en ait les titres, n'aurait pas fait poursuivre, et dont elle serait dès-lors censée avoir ignoré l'existence. — Arrêté 27 frim. an XI.

247. — Le décret de 1809, en investissant les fabriques de ces biens, n'a pas entendu restreindre ce don à ceux de ces biens dont l'espèce était déterminée par divers décrets antérieurs portant des restitutions ou affectations en faveur des fabriques ; il l'a étendu à tous les biens célés en général. Ces derniers, suivant une décision du ministre des finances du 6 août 1817, *peuvent, quelle qu'en soit l'origine, être révélés au profit des fabriques.*—V. conf. Affre, *Traité de l'admin. des par.* append., p. 649 (4e édit.).

248. — Une fabrique pourrait-elle profiter d'un bien célé qui aurait appartenu à une autre fabrique, si celle-ci administrait une église ayant encore un titre légal ? — M. Affre (p. 650) pense, dans ce cas, que ce serait à l'ancien propriétaire à jouir du bénéfice de la révélation, sauf aux révélateurs à demander la récompense promise par l'ordonnance du 21 août 1816.

249. — Les fabriques ont également été autorisées à recouvrer, au lieu et place des hospices, les *domaines usurpés* qui formaient anciennement la dotation des fabriques et confréries, ou qu'un donateur avait affectés au service d'une fondation.— Par *domaines usurpés* il faut entendre ceux que leurs possesseurs détiennent à titre précaire, comme celui de fermier, de locataire, concessionnaire ou tout autre titre, et dont ces possesseurs n'ont pas déclaré, conformément à l'art. 37 des décrets des 7 et 11 août 1790, comment et en vertu de quoi ils jouissent, et n'ont pas représenté et fait parapher leur titre. La date et la nature du titre sont indifférentes, puisque, quel qu'il soit, il suffit qu'il n'ait pas été déclaré en exécution de la loi de 1790 ; qu'il ne soit pas rappelé aux registres de la régie, et que le service de la rente ait été interrompu pendant les délais déterminés, pour caractériser l'espèce d'usurpation qui donne ouverture aux droits des hospices, et par suite à celui des fabriques, quand les hospices n'ont point été régulièrement saisis. — Avis cons. d'état, 30 avr. 1807. — V. aussi arrêté 17 juill. 1805, 20 vendém. et 28 frim. an XII ; — Affre, p. 657.

250. — Nous verrons plus bas que lorsqu'une fabrique veut recouvrer la propriété d'un bien célé, elle doit en solliciter l'envoi en possession. — Décr. 30 déc. 1809, art. 36.

251. — Il a été jugé que l'envoi en possession prononcé au profit d'une fabrique en vertu du décret du 30 déc. 1809, par suite de révélation de biens célés au domaine, et l'autorisation à elle accordée de demander en justice le délaissement de l'immeuble révélé, emportent virtuellement, pour cette fabrique, le droit d'agir en restitution du prix contre l'ancien détenteur qui ne serait plus en possession, aussi bien que celui d'exercer contre le détenteur actuel l'action en revendication. — *Cass.*, 26 fév. 1840 (t. 1er 1840, p. 417), de Boufflers c. fab. de Romaneche.

252. — Jugé encore qu'une fabrique envoyée en possession d'un immeuble célé au domaine peut, au cas où elle est empêchée d'exercer son action en revendication contre le tiers acquéreur de cet immeuble qui oppose la prescription de dix ans, poursuivre, par action personnelle, contre l'indû vendeur, la restitution du prix dont elle a été ainsi frustrée, ou le paiement de la valeur de cet immeuble. — *Cass.*, 4 avr. 1838 (t. 2 1838, p. 223), fabr. de Cordieux c. Boufflers ; 26 fév. 1840 (t. 1er 1840, p. 417), mêmes parties.

253. — Mais s'il apparaît que le vendeur ait été de bonne foi, il peut n'être condamné à payer la valeur de l'immeuble que comparativement au moment de la vente, et non sa valeur au moment de la revendication de la fabrique. — *Dijon*, 23 mars 1839, sous *Cass.*, 26 fév. 1840 (t. 1er 1840, p. 417), de Boufflers c. fabr. de Romanèche.

254. — Jugé que la prescription privilégiée de quarante ans en faveur de l'état courue avant le C. civ. n'a pu cesser d'avoir son cours que du jour où l'état a été dessaisi de ses droits ; et qu'en matière de biens célés au domaine, et dont, par suite de révélation, une fabrique a été envoyée en possession, ce dessaisissement n'a pu être réputé avoir lieu que du jour de l'envoi en possession et non du jour de la vente faite par le possesseur au profit du tiers. — Même arrêt.

255. — Les préfets peuvent exiger des fabriques l'état des biens inconnus au domaine dont elles ont repris la possession, afin de s'assurer s'il n'y en a pas qui soient la propriété du domaine public. — Avis cons. d'état, 29 déc. 1810.

256. — Après avoir énuméré les biens restitués aux fabriques, M. Affre (p. 670) pour éclaircir d'autant plus cette matière assez obscure par elle-même, indique ceux dont la loi leur refuse la restitution et dont nous avons déjà indiqué quelques uns ; ce sont : 1° les biens formant la dotation d'un bénéfice simple dont le titulaire passait les baux en son nom (V. BÉNÉFICE ECCLÉSIASTIQUE) ; — 2° ceux des chapelles où il n'y avait ni service paroissial ni fondations ; — 3° les biens des confréries situées hors de l'enceinte des églises paroissiales (V. CONFRÉRIE) ; — 4° les biens qui étaient affectés à la dotation des curés, vicaires et chapelains, à moins qu'ils ne fussent chargés de servir avec le revenu desdits biens une fondation : les autres qui n'auraient pas eu cette destination ne pouvaient être restitués sans une autorisation spéciale du gouvernement (décis. min. fin. 30 vent. an XIII), laquelle a été plusieurs fois accordée par des décrets spéciaux (Cormenin, t. 2, p. 406) ; — 5° les rentes des fabriques hypothéquées sur des biens ecclésiastiques vendus (décis. min. fin. 11 août 1806 ; — 6° les biens des chapitres supprimés (décr. 29 sept. 1806) ; — 7° ceux des anciens évêchés, — sauf restitution en vertu d'arrêtés spéciaux (Cormenin, *ibid.*) ; — 8° les biens des ordres religieux (V. COMMUNAUTÉ RELIGIEUSE) ; — 9° les rentes des fabriques hypothéquées sur les biens d'émigrés qui ont été vendus. — Toutefois, l'auteur ajoute à l'égard de ces rentes que si une partie des biens sur lesquels elles étaient hypothéqués avait été restituée à l'émigré ou à la fabrique débitrice ou à tout autre établissement ecclésiastique, la fabrique créancière de la rente pourrait en réclamer une partie au prorata des biens restitués, et que l'établissement ou l'individu débiteur serait tenu de la payer.

257. — Quoique les biens de différentes sortes que nous avons énumérés plus haut aient été restitués ou affectés aux fabriques par des actes législatifs, toutefois ces fabriques n'en acquièrent la propriété qu'autant qu'elles en ont obtenu du gouvernement l'envoi en possession. — C'est ce que la jurisprudence a reconnu tant à l'égard des biens dont la restitution a été ordonnée par l'arrêté de thermid. an XI, que pour ceux dont le décret de 1809 les autorisait à se mettre en possession.

258. — Toutefois, on n'est pas précisément d'accord sur les textes qui fondent une pareille décision : ainsi diverses cours royales s'appuient sur un avis du conseil d'état du 30 janv. 1807 dont les arrêts de la cour de Cassation ne font aucune mention et que M. l'avocat général Hello, qui portait la parole lors du dernier de ces arrêts, repoussait, attendu qu'à défaut de son insertion au *Bulletin des lois*, rien ne paraissait en attester l'existence légale. — Cet avis, auquel plusieurs auteurs donnent aussi la date du 25 janv. 1807, contient des dispositions générales que n'a pas abrogées celui du 25 avr. de la même année, spécialement relatif aux biens sur lesquels les fabriques et les hospices prétendent réciproquement des droits. — Cormenin, *Quest.*, v° *Fabriques.*

259. —Ainsi, il a été jugé que l'arrêté du 7 thermid. an XI n'a pas investi, *de plano*, et par le seul effet de sa publication, les fabriques des biens et rentes dont il ordonnait la restitution à leur profit ; et qu'il faut, au contraire, pour qu'elles soient légalement saisies de ces biens et rentes, et qu'elles puissent les revendiquer, qu'elles en obtiennent l'envoi en possession de la part du gouvernement. Et la décision est la même, que la revendication ait lieu contre des particuliers ou contre le domaine.—*Bastia*, 2 mai 1837 (t. 2 1839, p. 432), Christinacce c. fabr. de Vico ; *Bourges*, 7 mai 1838 (t. 2 1839, p. 431), fabr. de Champleny c. Delorge ; *Colmar*, 25 mars 1828, Teutsch c. fabr. de Geispolsheim ; *Bastia*, 2 déc. 1834, Guiseppi c. fabr. de Luri ; *Nîmes*, 4 mars 1840 (t. 1er 1840, p. 670), fabr. de Saint-Pons c. Dibbou ; *Orléans*, 19 avr. 1845 (t. 1er 1845, p. 535), fabr. de Tours c. de Larochejacquelein ; *Toulouse*, 18 janv. 1843 (t. 2 1844, p. 410), fabr. de Saint-Alain c. Rival de Jul ; *Montpellier*, 25 nov. 1845 (t. 1er 1846, p. 147), Dozèlis c. fabr. de Saint-Coind. — V. aussi *Cons. d'état*, 18 juill. 1821, fabr. de Thannenkirch ; 4 nov. 1835, Miroird c. fabr. de Lion-devant-Dun ; — Cormenin, *Quest. de dr. admin.*, v° *Fabriques*, t. 3, p. 153, 4e édit. ; Favard, *Rép.*, v° *Fabriques.*

260. — Telle est aussi la jurisprudence de la cour de Cassation.—*Cass.*, 13 août 1839 (t. 2 1839, p. 433), Roy et Duval c. fabr. de Saint-Foy-des-Couches ; 23

janv. 1843 (t. 1er 1843, p. 526), fabr. de Vico c. Christinacce.

261. — Jugé encore que bien qu'en vertu de l'arrêté du 7 thermid. an XI, les biens des fabriques non aliénés, ainsi que les rentes dont elles jouissaient, aient été rendus à leur destination, ces établissemens, pour être investis du droit de propriété de ces rentes, doivent avoir été envoyés en possession par l'autorité administrative, et que lorsque cet envoi en possession n'a pas été prononcé, une fabrique a bien le droit de faire des actes conservatoires relatifs à la propriété de ces rentes, mais qu'elle doit, avant de se défendre devant les tribunaux, se faire envoyer en possession. — *Rennes*, 5 avr. 1824, Kerouartz c. fabr. de Pestivien.

262. — ... Et, en conséquence, que le débiteur d'une rente due à une fabrique supprimée est encore recevable à opposer à la fabrique qui l'a remplacée le défaut de qualité résultant de ce qu'elle n'a pas été régulièrement envoyée en possession, bien qu'il ait, pendant un temps plus ou moins long, acquitté les arrérages de la rente entre les mains du trésorier de la fabrique demanderesse. — *Nîmes*, 4 mars 1840 (t. 1er 1840, p. 670), fabr. de l'église de Saint-Pons c. Dibbon.

263. — Jugé, au contraire, que la formalité de l'envoi en possession exigée par l'avis du conseil d'état du 30 avr. 1807, relativement aux biens détenus par le domaine, n'est pas nécessaire à l'égard des biens que les fabriques peuvent revendiquer contre des particuliers. — *Montpellier*, 8 janv. 1834, fabr. de Caudas c. Vialettes.

264. — Et suivant Carré (*Gouvern. des paroisses*, no 256), ce n'est pas pour les biens à elles restitués par l'arrêté du 7 thermid. an XI, mais seulement pour ceux dont le décret du 30 déc. 1809, art. 36, ne leur accorde la propriété qu'autant qu'elles ont été autorisées à se remettre en possession, que les fabriques ont besoin de provoquer un envoi en possession. Toutefois, l'auteur conseille aux fabriques de provoquer cet envoi.

265. — De même, une consultation, signée de plusieurs jurisconsultes, porte, dans une espèce analogue, que les fabriques sont fondées à revendiquer la propriété des anciennes maisons vicariales dont les communes se trouvent en possession, sans aucun titre légal. Les fabriques n'ont pas besoin, pour cette revendication, d'obtenir de l'administration un envoi en possession préalable, le décret du 8 nov. 1810, en leur restituant les anciennes maisons vicariales, les ayant investies de *plano* de la propriété de ces immeubles. Cependant, pour plus de prudence, elles peuvent s'adresser au préfet du département, puis au ministre des finances, et ne recourir à la revendication directe que sur le refus de l'autorité administrative. — *Jour. des cons. de fabriques*, t. 1er, p. 220. — V. aussi *ibid.*, t. 2, p. 58.

266. — Jugé que l'envoi en possession préalable par l'autorité administrative, n'est pas nécessaire à une fabrique pour défendre à une demande en revendication, alors surtout qu'elle est en possession de l'immeuble revendiqué. — *Rennes*, 7 août 1845 (t. 2 1845, p. 507), fabr. de Peuvenan c. Duportal du Goasmeur.

267. — L'envoi en possession ne peut être suppléé par l'autorisation de plaider accordée aux fabriques. — *Bastia*, 2 mai 1837 (t. 2 1839, p. 431), Christinacce c. fabr. de Vico.

268. — ... Il ne peut résulter d'un simple arrêté pris par un préfet sur le rapport du sous-préfet de l'arrondissement dans lequel se trouve la fabrique, alors que cet arrêté n'a pas été revêtu de l'approbation du ministre. — *Nîmes*, 4 mars 1840 (t. 1er 1840, p. 670), fabr. de l'église de Saint-Pons c. Dibbon.

269. — L'autorisation préalable est tellement nécessaire, que la fabrique qui a intenté son action sans y recourir, ne peut obtenir un sursis pour se faire envoyer en possession. — A défaut de cet envoi préalable, son action doit être, quant à présent, déclarée non recevable. — *Bastia*, 2 mai 1837 (t. 2 1839, p. 432), Christinacce c. fabr. de Vico; *Bourges*, 7 mai 1838 (t. 2 1839, p. 431), fabr. de Champleny c. Delorge; *Orléans*, 19 avr. 1845 (t. 1er 1845, p. 534), fabr. de Tours c. de la Rochejacquelin; *Montpellier*, 25 nov. 1845 (t. 1er 1846, p. 147), Dozilès c. fabr. de Saint-Courd.

270. — Mais la cour de Cassation a jugé que, lorsqu'une fabrique a actionné en paiement le débiteur d'une rente à elle remise par l'état, avant d'avoir obtenu l'envoi en possession de cette rente, son action n'est pas viciée d'une nullité tellement absolue et d'ordre public qu'on puisse l'invoquer devant la cour de Cassation, quand on ne s'en est point prévalu devant la cour royale. — Et que le débiteur de cette rente, condamné par un arrêt à en payer les arrérages à la fabrique, ne peut, pour la première fois devant la cour de Cassation, soutenir que, le titre constitutif de la rente ne faisant pas mention de la fabrique, elle était sans qualité

pour intenter son action. — *Cass.*, 15 fév. 1832, Sollier c. fabr. de Nantes.

271. — Néanmoins cette exception, comme toutes celles tirées du défaut de qualité, est proposable pour la première fois en cour royale. — *Bastia*, 2 mai 1837 (t. 2 1839, p. 432), Christinacce c. fabr. de Vico; *Cass.*, 23 janv. 1843 (t. 1er 1843, p. 526), mêmes parties.

272. — Jugé encore que le droit, réservé à l'autorité administrative, d'envoyer les fabriques en possession, tient essentiellement à l'ordre public. Dès lors l'exception tirée du défaut d'envoi en possession peut être proposée, même par celui qui aurait reconnu dans un acte formel les droits et qualités de la fabrique. — *Montpellier*, 25 nov. 1845 (t. 1er 1846, p. 147), Dozilès c. fabr. de Saint-Coind. — V., en ce sens, *Bastia*, 2 mai 1837 (t. 2 1839, p. 432), Christinacce c. fabr. de Vico; *Bourges*, 7 mai 1838 (t. 2, 1839, p. 431), fabr. de Champleny c. Delorge; *Orléans*, 19 avr. 1845 (t. 1er 1846, p. 535), fabr. de Tours c. de la Rochejacquelin.

273. — Lorsqu'une fabrique réclame un bien, qu'elle prouve devoir lui appartenir aux termes d'un des décrets ou lois que nous avons rapportés *suprà*, doit-elle, en outre, si elle en est requise, justifier de son envoi en possession de ce bien, ou cet envoi en possession est-il présumé jusqu'à preuve contraire? — Il semble qu'en partant du principe, adopté par la jurisprudence de la majorité des cours, à savoir qu'une fabrique ne devient réellement propriétaire des biens qui lui ont été restitués ou affectés qu'après que le gouvernement l'a envoyée en possession de ces biens, et en considérant que la fabrique, par cela même qu'elle fait acte de propriétaire en revendiquant les biens en litige, déclare implicitement qu'elle a été envoyée en possession, devrait être tenue de rapporter la preuve de ce fait, en vertu de l'axiôme : *Ei incumbit probatio qui dicit, non qui negat.* — V. cependant *J. des Cons. de fabr.*, 1835-1836, p. 58.

274. — De ce que l'envoi en possession est nécessaire pour fonder la propriété de la fabrique il résulte que, lorsqu'une fabrique est envoyée en possession de bois ou autres biens qui lui ont appartenu, c'est à dater de l'envoi en possession que commence sa jouissance, et les revenus perçus antérieurement appartiennent à l'état. — Décis. min. fin. 18 janv. et 2 juill. 1828.

275. — Et les fabriques ne peuvent attaquer les aliénations postérieures aux décrets de réintégration ou d'attribution, mais antérieures à l'envoi en possession qui seul a consommé la restitution. — *Colmar*, 25 mars 1828, Teusch c. fabr. de Geilspossheim; — *Cons. d'état*, 7 oct. 1812, Respaujeu c. fabr. de Saint-Michel.

276. — C'est dans ce sens qu'un décret du 2 complémentaire an XI a décidé que les biens des fabriques désignés par les préfets, dans le cours de l'an X et de l'an XI, pour la dotation de la Légion-d'Honneur, n'ont pu être atteints par les dispositions de l'arrêté du 7 thermid. an XI, bien que les états dressés pour les dotations n'aient été approuvés que postérieurement. — V. aussi décis. minist. 18 oct. 1806 et fév. 1809.

277. — L'envoi en possession des fabriques est prononcé par des arrêtés spéciaux des préfets, rendus sur l'avis du directeur des domaines, et approuvés par le ministre des finances. — Cependant quelque auteurs citent un avis du conseil d'état, du 16 déc. 1816, qui aurait prescrit l'approbation de l'arrêté préfectoral par le ministre de l'intérieur.

278. — Jugé, en conséquence, que lorsqu'une fabrique réclame des biens transférés par le domaine à un tiers, le préfet seul doit être saisi de la demande, et non le conseil de préfecture. — *Cons. d'état*, 8 sept. 1819, Domaine c. fabr. Saint-Etienne de Cerney.

279. — Mais si, lors de l'érection d'une nouvelle église, il y a lieu de transférer à cette dernière une partie des biens d'une église déjà existante, cette translation ne peut être opérée que par ordonnance royale : un simple arrêté du préfet ou du ministre serait insuffisant. — *Journ. des Cons. de fabr.*, t. 2, p. 153. — V. cependant Carré, *Gouvernem. des par.*, nos 31 et 245.

280. — L'arrêté préfectoral, dûment approuvé, qui envoie une fabrique en possession d'un bien quelconque, en vertu de l'arrêté du 7 thermid. an XI et de l'avis du conseil d'état du 30 janv. 1807, ne saurait être un empêchement aux réclamations qu'aurait à faire valoir un tiers sur ce bien; ce tiers, s'il avait acquis des droits antérieurs de propriété, serait toujours libre de les exercer et de les faire reconnaître.

281. — On trouve cependant une instruction du directeur général de l'enregistrement, en date du 27 juill. 1808, et aux termes de laquelle il n'y aurait point à revenir sur la rentrée en possession d'une

fabrique opérée avant le 6 juill. 1806, de quelque manière que cette rentrée ait eu lieu, soit en vertu d'arrêtés spéciaux ou sans arrêtés. Les acquéreurs évincés n'auraient à réclamer contre leur éviction et la prise de possession de la fabrique qu'autant que leur réclamation aurait eu lieu avant le 6 juin 1806. On peut se demander jusqu'à quel point une telle instruction ferait autorité, et si elle serait obligatoire pour les tribunaux.

282. — Lorsqu'une fabrique veut recouvrer la propriété soit d'un bien célé, soit de tout autre bien, les preuves qu'elle a à fournir doivent rentrer dans celles admises par le droit commun, c'est-à-dire les titres, tels que des actes d'acquisition, des baux et autres documens écrits et authentiques, ou la preuve testimoniale, dans les cas fort rares indiqués par l'art. 1348, C. civ. A défaut de titres, on pourrait invoquer le service des arrérages par les débiteurs.

283. — Ainsi, jugé que lorsqu'une fondation dont le titre n'est pas représenté a été exécutée pendant plus d'un siècle, on doit en présumer la régularité d'après la maxime *in antiquis omnia præsumuntur solemniter acta*, et que l'acquéreur de l'immeuble affecté au service de cette rente est non-recevable et sans intérêt à arguer de nullité cette fondation qu'il a desservie, soit parce qu'il ne pourrait pas revenir contre son propre engagement, soit parce qu'il serait obligé de rendre à ses vendeurs la portion de son prix destinée au service de la rente, s'il ne la payait pas au trésor public. — *Cass.*, 4 niv. an X, Enreg. c. Tartanson.

284. — Jugé également que les dispositions de la loi du 28 flor. an III, relative aux déclarations à faire par les débiteurs des corporations ecclésiastiques ou laïques supprimées, des émigrés, etc., n'étant point abrogées, une fabrique peut être admise à prouver, par témoins, que les arrérages d'une rente ont été payés, depuis moins de quarante ans, avant la demande, laps de temps exigé pour la prescription, et cela encore bien que de simples individus attesteraient l'existence de la rente. — *Angers*, 22 mai 1829, fabriq. de Saint-Calais c. Granger. — V. anal. *Cass.*, 1er juill. 1829, hospices de Montpellier c. Pagès.

285. — Mais les fabriques seraient-elles aujourd'hui recevables à établir, comme elles le pouvaient sous l'ancienne législation, la preuve du service des arrérages par les comptes ou registres des marguilliers? — Carré (no 255) et Toullier (t. 9, no 103) soutiennent la négative par le motif que ce serait violer d'une manière flagrante ce principe de droit que nul ne se peut créer un titre à soi-même.

286. — Et, suivant Toullier (*loc cit.*), lorsqu'une rente étant prétendue par une fabrique, on lui oppose la prescription, et qu'elle s'étaie, à son tour, du paiement des arrérages pour contester cette prescription, les registres de son trésorier, lorsqu'ils ne contiennent rien du fait de son adversaire, ne sauraient former, en faveur de la fabrique, même un commencement de preuve pour établir la prestation des arrérages. — V. en ce sens *Rouen*, 13 juin 1827, Ligois c. fabrique de Favilly; anal. *Bourges*, 26 août 1839 (t. 1er 1841, p. 146), Pial c. hospices de La Châtre.

287. — Tel n'est pas l'avis de M. Affre (p. 652), qui invoque à la fois l'ancienne jurisprudence et les termes de la loi du 11 flor. an III (art. 3), suivant laquelle la nation représentant les individus et les corporations dont les biens étaient frappés de confiscation, pouvait réclamer les créances appartenant à ces communautés et individus « lorsqu'aux indications résultant des registres, sommiers et carnets on joindrait soit la preuve testimoniale soit des indices tirés de quelques actes publics dont on pourrait conclure la légitimité de la créance. » — — Or, dit-il, les fabriques ayant été subrogées aux droits de la nation sur les biens qui leur sont restitués, il est certain qu'elles peuvent invoquer les dispositions de la loi précitée.

288. — Et il a été décidé en ce sens qu'une fabrique d'église peut, à défaut de titres constitutifs, établir par des cueilloirs et les comptes des marguilliers l'existence des rentes qui lui sont dues, et exiger titre nouvel de ses débiteurs. — *Paris*, 6 juill. 1810, Dechaumont c. Bordier, Lessore et Cressard; anal. *Cass.*, 24 mai 1832, Postal d'Orveaux c. hospices de Conche.

289. — Dans tous les cas, une fabrique ne peut jamais se faire autoriser à compulser les papiers et actes de famille, à l'effet de prouver contre le débiteur que la rente n'est pas prescrite; c'est à la fabrique à justifier de sa demande par les papiers qu'elle a en sa possession. — *Rouen*, 13 juin 1827, Ligois c. fabrique de Favilly.

290. — La fabrique qui possède un terrain depuis trente ans, sans interruption, à titre de propriétaire, peut se dispenser d'invoquer d'autre titre que cette possession même. Les actes par les,

quels un trésorier de fabrique déclare reconnaître sans avoir été autorisé à faire ces déclarations, qu'un terrain n'appartient pas à la fabrique ou que la fabrique en a fait abandon, doivent être considérés comme nuls et sans valeur. — *Journ. des conseils de fabrique*, t. 2, p. 58.

291. — Jugé que le consistoire protestant qui dispute des biens d'église à une fabrique catholique doit, s'il invoque la règle de l'année décrétoire 1624, prouver sa possession à cette époque. — *Colmar*, 16 août 1831, cons. protestant d'Algolsheim c. fabrique de Biesheim. — Suivant l'art. 5 du traité de Westphalie, les droits et biens ecclésiastiques devaient être réglés selon l'état et la possession de l'année 1624, c'est ce qu'on appelle année décrétoire ou normale. — Koch, *Abrégé de l'histoire des traités de paix*, t. 1er, p. 130.

292. — Jugé par le même arrêt que la possession par le culte protestant de ces biens litigieux ne résulte pas du fait seulement que le seigneur du lieu où ils sont situés a, dès le commencement du seizième siècle, embrassé le culte réformé, et que de gré ou de force son exemple aurait été suivi par ses sujets; que ce fait ne peut prévaloir contre une longue possession, qui d'après le droit civil fait présumer une possession antérieure conforme.

293. — ... Et que Louis XIV n'était pas lié par les traités de Passau et de Westphalie, en ce sens qu'il n'aurait pu rendre des églises et les biens en dépendant à leur destination primitive, en les affectant en partie au culte catholique. — Même arrêt.

294. — Sous l'ancienne législation, les fabriques, comme établissemens religieux, jouissaient de grands priviléges, en matière de prescription. — V. PRESCRIPTION.

295. — Aujourd'hui ces priviléges ont disparu, et les fabriques, de même que l'état, les communes et tous les établissemens publics, sont soumises aux mêmes prescriptions que les particuliers, et peuvent également les proposer, soit que les prescriptions invoquées pour ou contre elles, aient pour but de les faire acquérir ou se libérer, soit qu'elles comprennent le fond du droit ou qu'il s'agisse de redevances. — Troplong, vo *Prescription*, no 195; Rolland de Villargues, *Rép. du not.*, vo *Prescription*, nos 81 et 91.

296. — L'église, le presbytère et le cimetière figurent au nombre des biens-fonds sur lesquels la fabrique exerce des droits; mais de quelle nature ces droits sont-ils?

297. — Quant aux églises (et il ne peut être ici question que des églises construites avant le concordat, puisqu'il est évident qu'à l'égard de celles construites depuis, suivant qu'elles ont été bâties par l'état, les communes, sections de communes, les fabriques ou les particuliers, elles demeurent la propriété de ceux qui les ont construites, tant que ce droit n'est pas par eux aliéné), on s'est demandé si en déclarant que toutes les églises métropolitaines, cathédrales, paroissiales et autres non aliénées seraient remises à la disposition des évêques, l'art. 12 du concordat avait entendu donner en toute propriété ces mêmes églises aux fabriques.

298. — Nous avons examiné cette question (V. ÉGLISE, nos 48 et suiv.), et il nous a semblé résulter de la législation que la propriété est demeurée aux communes ou à l'état, et que les fabriques n'en ont que la jouissance.

299. — On doit donc considérer comme bien rendue la décision qui juge que la propriété des églises appartient aux communes et que les fabriques n'ont droit, en ce qui les concerne, qu'à l'administration et à la jouissance. — *Grenoble*, 2 janv. 1836, Belle-Laurent c. comm. de Presle.

300. — Du reste, dit M. Rolland de Villargues (*Répertoire du notoriat*, vo *Fabrique*, no 51), la divergence qu'on peut remarquer dans la jurisprudence sur ce point de droit, tend à s'effacer ou du moins ne conserve plus qu'une importance secondaire par suite d'une nouvelle jurisprudence qui paraît aujourd'hui acceptée par la plupart des cours du royaume. Celles-ci, sans s'occuper de la question controversée relative à la propriété des églises restituées avant le décret du 30 mai 1806, sont parties, dans les contestations élevées entre les fabriques et les particuliers relativement aux usurpations de ces derniers ou aux droits de servitude par eux réclamés, du point incontestable que ces églises sont à perpétuité consacrées à l'exercice du culte: qu'en conséquence les fabriques ont, dans l'intérêt de cet exercice, le droit d'actionner ceux qui y portent atteinte d'une manière quelconque, et qu'il est inutile d'appeler en cause la commune, qui a le même intérêt que la fabrique. D'après cette jurisprudence, qui ne préjuge point la question de propriété, les fabriques peuvent, sans blesser les droits des communes, intenter, dans l'intérêt de leur possession et jouissance des églises, toutes les actions tendantes à réclamer contre les tiers les droits qui en résultent.

301. — Il a, en effet, été jugé en ce sens qu'une fabrique d'église a le droit, dans le cas où l'autorité municipale refuse de prendre l'initiative, d'agir en revendication d'un terrain qu'elle prétend n'avoir pas été vendu par la nation lorsqu'elle était investie de la propriété des biens des anciennes fabriques, et être une dépendance de l'édifice consacré au culte. — *Bordeaux*, 6 fév. 1838 (t. 2 1838, p. 222), fabr. Saint-Laurent d'Arce c. Garnier.

302. — Jugé encore que la propriété *absolue* des églises n'étant exclusivement attribuée ni aux communes, ni aux fabriques, les fabriques chargées de percevoir les produits de ces édifices ont qualité pour exiger toutes les justifications de titres qui pourraient donner des droits à la jouissance gratuite, notamment des bancs ou chapelles, et pour contester les prétentions à cette jouissance. — *Cass.*, 7 juill. 1840 (t. 2 1840, p. 193), fabr. de Sainte-Feyre. — V. BANCS ET CHAISES DANS LES ÉGLISES.

303. — Un arrêt de la cour de Nancy a, il est vrai, décidé que les communes n'ont pas qualité pour intenter les actions réelles qui concernent les églises, et que ce droit appartient aux fabriques seules. — *Nancy*, 31 mai (et non 18 mai) 1827, ville de Mirecourt c. Thirioz.

304. — Mais il a été jugé d'un autre côté que si les fabriques ont qualité pour exercer l'action en réparation d'une voie de fait commise par le curé, et par conséquent pour empêcher le curé de faire pratiquer une ouverture ou communication donnant de l'intérieur de l'église dans le presbytère contigu à cette église., les communes ont également ce droit, surtout quand la fabrique n'agit pas. — *Paris*, 29 déc. 1835, Géland c. le maire de Montreuil-sous-Bois. — V. aussi *Paris*, 20 fév. 1835, Labroue de Vareilles c. comm. de Sommière.

305. — ... Et même que le maire d'une commune a seul qualité pour défendre à une action réelle intentée par un particulier, relativement à une dépendance d'un presbytère. — *Grenoble*, 2 janv. 1836, Belle-Laurent c. comm. de Presle.

306. — En tous cas, la partie qui a engagé contre la fabrique une question de propriété a à s'imputer de n'avoir pas mis en cause le maire de la commune, si elle jugeait sa présence nécessaire. Cette mise en cause ne pouvait être laissée à la charge de la fabrique, dûment autorisée à plaider. — *Cass.*, 7 juill. 1840 (t. 2 1840, p. 193), de Maulmont c. fabr. de Sainte-Feyre.

307. — Il a été jugé que les églises et autres édifices publics ne peuvent pas être grevés des servitudes que la loi autorise de particulier à particulier, et qu'ainsi la faculté accordée au propriétaire joignant un mur de le rendre mitoyen, en en payant la moitié de la valeur, ne s'étend point au cas où ce mur dépend d'un édifice public hors du commerce, notamment d'une église. — *Toulouse*, 13 mai 1831, Delhom c. fabr. de Carbonne. — V. MITOYENNETÉ.

308. — Quant à la jouissance du presbytère, elle appartient aux fabriques. — V. CURE-CURÉ. — Mais les fabriques en ont-elles la propriété? — V. PRESBYTÈRE.

309. — Nous avons dit (vo CIMETIÈRE, no 52 et suiv.) que la propriété du cimetière appartient, à de rares exceptions près, à la commune, bien que quelques uns des produits de ce cimetière soient, comme nous le verrons plus bas, dévolus aux fabriques.

310. — Jugé que celui qui a signé une soumission pour l'acquisition des biens formant autrefois un cimetière possédé par une fabrique ne peut refuser d'exécuter sa soumission, en alléguant que la fabrique ne justifie pas sa propriété et que le cimetière doit appartenir à la commune, si la fabrique a agi comme propriétaire au vu et au su de la commune qui n'a pas élevé de réclamations. — *Colmar*, 27 fév. 1830, fabr. de Molsheim c. Verbilia.

311. — A côté des biens restitués ou attribués aux fabriques, viennent se placer les *biens acquis* par elles. Les fabriques, en effet, sont des établissemens publics reconnus par la loi. — Elles peuvent en conséquence, avec l'autorisation du gouvernement, acquérir ou recevoir, par legs ou donations, toutes sortes de biens meubles, rentes et immeubles. — V., en ce qui concerne la forme de l'autorisation et de l'acceptation, *infrà* nos 247 et suiv.

312. — Le gouvernement, comme tuteur des intérêts généraux des familles et des établissemens publics, tient de la loi le pouvoir de faire des réductions sur les legs ou de les rejeter. — Il se détermine par la destination de la disposition, son utilité, son importance, et la position des parens du testateur ou donateur.

313. — M. Affre pense (p. 373) qu'en cas de soupçons de fraude ou de suggestion, le gouvernement ne doit pas se constituer seul juge, mais renvoyer les parties devant les tribunaux. — V. aussi Vuillefroy, *Principes de dr. admin.*, p. 103.

314. — L'insolvabilité de l'héritier universel n'est pas un motif suffisant de rejeter le legs. Il faut, dit M. Affre, laisser à l'établissement légataire les chances que peut offrir un revirement de fortune. — Avis cons. d'état, 6 janv. 1833; 27 mai 1834; 12 nov. 1830.

315. — Lorsque le gouvernement réduit, il ne peut imposer à l'établissement légataire des conditions qui ne résultent pas du testament ou des dispositions qu'il renferme. — Avis, 27 juin 1834. — Il ne peut non plus, lorsqu'il réduit ou rejette, favoriser quelques uns des héritiers au préjudice des autres. — Avis, 16 déc. 1834; 8 nov. 1833.

316. — De même la réduction du legs n'autorise pas l'établissement légataire à demander la réduction des charges. — Avis, 20 oct. 1833.

317. — Mais M. Affre (p. 275) dit qu'il est dans le droit de l'évêque, en vertu des lois civiles et canoniques, de réduire les charges en ce qui concerne les services religieux.

318. — Le roi pourrait accorder aux fabriques et autres établissemens publics l'autorisation de transiger sur un legs, lorsqu'il y a contestation sur la validité. — Affre, p. 274.

319. — Un avis du conseil d'état a décidé que les fabriques ne peuvent recevoir et posséder que dans l'intérêt de la célébration du culte et dans les limites des services qui leur sont confiés à cet égard, et qu'elles ne peuvent, en dehors de ces limites, invoquer la qualité d'établissemens publics pour recevoir des donations à l'effet d'établir des écoles ou de former *toutes autres entreprises étrangères à leurs attributions*; en conséquence, l'autorisation sollicitée par une fabrique d'accepter une donation qui lui était faite d'une somme d'argent et d'un immeuble à l'effet de les consacrer à l'établissement et à l'entretien d'une école, a été refusée. — V. avis du cons. d'état, 12 avr. 1837.

320. — Toutefois, le conseil d'état avait décidé antérieurement que, lorsqu'une fabrique à qui une rente a été léguée pour faire l'aumône aux pauvres de la paroisse, a été autorisée par ordonnance royale à accepter cette rente, et qu'elle en a joui pendant dix ans, l'administration des hospices ne peut former opposition à l'ordonnance d'autorisation, sous prétexte que les fabriques n'ont point, dans leurs attributions, la gestion des biens des pauvres. — *Cons. d'état*, 11 nov. 1830, Hospices de Paris c. fab. Bonne-Nouvelle.

321. — M. Vuillefroy cite (p. 357) deux décisions ministérielles des 6 thermid. et 23 brum. an XII, desquels il résulte que les biens légués aux fabriques deviennent biens communaux, qu'ils ont une destination spéciale, et n'ont pas le caractère de ce qu'on nommait autrefois *biens ecclésiastiques*; que la fabrique, ou plutôt la communauté des habitans catholiques en demeure propriétaire, et que l'objet de la destination spéciale cessant, ces biens peuvent, sans blesser les droits de personne, recevoir toute autre destination pour l'avantage de la communauté.

322. — Les donations avec réserve d'usufruit ont presque toujours été repoussées par le gouvernement; elles sont formellement défendues par l'ord. du 14 janv. 1831. — Le motif en est qu'elles présentent le caractère d'une donation testamentaire, et qu'elles n'offrent pas, comme ces dernières, la faculté d'examiner la position des héritiers et, par suite, la convenance de l'acceptation. — Avis cons. d'état, 13 oct., 1er déc. 1830 et 13 avr. 1831.

323. — Toutefois cette ordonnance n'a pu invalider un don fait à une fabrique avec réserve d'usufruit au profit du donateur et déjà accepté par l'établissement donataire, en vertu d'une ordonnance royale antérieure à 1831. — *Journ. des cons. de fabr.*, t. 2, p. 213.

324. — Lorsque l'usufruit d'un bien a été légué à un établissement public, l'ordonnance qui en autorise l'acceptation doit fixer la durée de cet usufruit à trente ans, par application de l'art. 616, C. civ. — Avis cons. d'état, 7 mai 1823.

325. — Une fabrique ne peut recevoir une libéralité à la charge de la transmettre à un autre établissement, soit existant, soit non encore fondé, mais qui viendrait à l'être. Une telle donation présenterait le caractère de substitution prohibée par l'art. 896, C. civ. — Avis cons. d'état, 30 mars 1822; — Affre, p. 278.

326. — Mais on ne pourrait considérer comme entachée de substitution la donation qui devrait être transmise de l'établissement légataire à un autre établissement pour le cas où les conditions imposées au premier ne seraient pas exécutées. — V. Affre, p. 280 (qui cite deux avis du cons. d'état

des 8 nov. 1832 et 9 août 1833). — V. aussi Vuillefroy, *Princ. d'adm.*, p. 111 et suiv.

327. — De même un donateur ou testateur peut, conformément à l'art. 899, C. civ., donner ou laisser à deux fabriques le même bien-fonds ou la même rente, en attribuant, ainsi qu'il est dit à cet article, la jouissance à l'une et la nu-propriété à l'autre. — Affre, p. 280. — V. aussi Vuillefroy, *loc. cit.*

328. — La clause de retour, en cas de suppression d'une fabrique, au profit des descendans ou autres héritiers légitimes du donateur ou testateur, serait constitutive d'une substitution prohibée; le droit de retour ne peut être stipulé qu'à l'égard du donateur seul. — C. civ., art. 896 et 951; — Cormenin, *Dr. adm.*, t. 2. p. 422; — Avis cons. d'état, 30 mars 1822.

329. — Lorsqu'un don fait pour l'érection d'une chapelle vicariale est accompagné de clauses faites en faveur de la cure et paroisse cantonale, il est considéré comme fait à un établissement public autorisé par la loi; il serait également valable, encore qu'il fût considéré comme fait uniquement à la chapelle. — *Colmar*, 31 juill. 1823, Meinrad-Munch c. Ettwiller.

330. — Le legs fait pour une chapelle vicariale ne peut être envisagé comme devenu caduc, sous prétexte qu'il sépare la propriété de l'usufruit, et ainsi ne consomme pas l'aliénation, par cela qu'il contient une clause qui appelle de préférence un parent du disposant à desservir la chapelle, et qui, à défaut de parent dans l'église, confère le droit de collation à cinq des plus proches parens. — Même arrêt.

331. — La clause du droit de collation, dans une fondation de chapelle, ne rend pas la disposition caduque, lorsque le testateur impose au chapelain l'obligation de se faire agréer par l'évêque diocésain, ce qui rentre dans la collation de l'ordinaire. D'ailleurs, la suppression, par les lois nouvelles des droits de collation, aurait seulement pour effet de faire considérer comme non écrite la clause qui y serait relative, et la disposition elle-même devrait subsister en tout ce qui serait compatible avec la législation actuelle. — Même arrêt.

332. — Il a été jugé que la disposition par laquelle un testateur veut que la valeur de tous ses biens soit employée à faire dire des messes, et en conséquence institue un ecclésiastique pour son exécuteur testamentaire, peut être réputée contenir un legs fait en faveur d'une fabrique, et que, dès-lors, elle doit être autorisée par le gouvernement. — *Cass.*, 26 nov. 1828, Guimet c. Isante. — V. aussi *Turin*, 30 janv. 1808, Tournon c. Garino. — V. cependant *Pau*, 24 août 1825 (c'est l'arrêt cassé par celui de 1828). — V. en outre *Cass.*, 16 juill. 1834, Sobier c. Durand et Grould. — V. au surplus DISPOSITIONS A TITRE GRATUIT, n°s 473 et suiv.

ART. 2. — *Des revenus des fabriques.*

333. — Les revenus de chaque fabrique se forment : 1° du produit de tous les biens et rentes, en général, restitués ou affectés aux fabriques par les différentes lois ou décrets; 2° du produit des biens, rentes et fondations qu'elles ont été ou sont autorisées à accepter; 3° de celui des biens et rentes celés au domaine, dont elles ont été autorisées à se mettre en possession; 4° du produit spontané des terrains servant de cimetières; 5° du prix de la location des chaises; 6° de celui de la concession des bancs, tribunes et chapelles placés dans l'église; 7° des quêtes faites pour les frais du culte; 8° de ce qui est trouvé dans les troncs placés pour le même objet; 9° des oblations faites à la fabrique; 10° des droits que, suivant les réglemens épiscopaux approuvés par le gouvernement, les fabriques perçoivent, et de celui qui leur revient sur le produit des frais d'inhumation; 11° du supplément donné par la commune, le cas échéant. — Décr. 30 déc. 1809, art. 36.

334. — Il faut encore comprendre dans les revenus de la fabrique les recettes en nature, telles que cierges offerts sur les pains bénis ou délivrés pour les annuels, et ceux qui, dans les enterremens et services funèbres, appartiennent à la fabrique. — Décr. 1809, art. 76.

335. — *Produit spontané des cimetières.* — Par cette expression il faut entendre les herbes qui croissent sans culture dans les cimetières, ainsi que les fruits et les émondes des arbres qui viennent également sans culture. Ces herbes, de même que l'ébranchement et le produit de ces arbres, appartiennent aux fabriques et non aux communes. — Affre, *Admin. des par.*, p. 162; Carré, *Gouv. des par.*, n° 415.

336. — Quant aux arbres et arbustes, bien qu'en raison de ce qu'ils sont réputés faire partie du sol, ils semblent devoir être attribués aux communes propriétaires de ce sol; néanmoins lorsqu'ils ont cru spontanément, naturellement, ils appartiennent aux fabriques seules, à titre de produit spontané. — Décr, 30 déc. 1809, art. 36, 4°; — *J. des cons. de fabriq.*, 1834-1835, p. 130. — V. *contrà* Carré, *Tr. du gouv des par.*, n° 415.

337. — Mais, pour pouvoir être considérés comme venus spontanément, faut-il que ces arbres aient poussé sans culture *et sans avoir jamais été plantés?* ou suffit-il que ces arbres ou arbustes ne demandent point de culture, quoiqu'ayant été plantés soit par la commune, soit par des particuliers? Dans ce dernier cas, la fabrique a-t-elle droit à ces arbres? — M. Affre (*Admin. des par.*, p. 163, note) cite, comme attribuant aux fabriques même la propriété des arbres plantés, attendu qu'ils ne demandent pas de culture, une lettre de M. le ministre de l'intérieur du 21 mai 1818, adressée au préfet de la Somme. — Mais V. CIMETIÈRE, n°s 60 et 61.

338. — Quant aux pierres sépulcrales, aux croix en fer ou en bois, et aux autres objets semblables placés sur les tombeaux ou à l'entour, et qui viendraient à être supprimés, soit par suite de l'expiration du temps pour lequel les terrains ont été concédés aux familles, soit par translation du cimetière, il est évident qu'ils ne pourraient être revendiqués par les fabriques comme constituant un produit spontané.

339. — *Location des chaises.* — *Concession des bancs, places et chapelles.* — Nous avons donné à cet égard (V. BANCS ET CHAISES DANS LES ÉGLISES ET CHAPELLES) des détails qui nous dispenseront de tout développement.

340. — Ajoutons toutefois qu'il a été jugé que les fabriques chargées de percevoir les produits dont ces édifices sont susceptibles, notamment ceux des bancs et des chapelles, ont qualité pour exiger toutes les justifications de titres qui pourraient donner des droits à la jouissance gratuite desdits bancs ou chapelles, et pour contester les prétentions à cette jouissance. — *Cass.*, 7 juill. 1840 (t. 2 1840, p. 193), de Maulmont c. fabr. de Sainte-Feyre.

341. — ... Et que dans le cas où les justifications réclamées par la fabrique ne peuvent être faites, il y a lieu de faire exclure les indus détenteurs des bancs ou chapelles.

342. — L'action en délaissement de ces bancs et chapelles appartient également au maire de la commune et à la fabrique de l'église. — *Cass.*, 7 juill. 1840 (t. 2 1840, p. 193), de Maulmont c. fabr. de Sainte-Feyre.

343. — Ajoutons encore qu'aux arrêts qui ont jugé (v° CHAPELLE) qu'un droit quelconque sur un banc réservé ne peut résulter d'une longue possession, il faut joindre l'arrêt *Limoges*, 22 août 1838 (t. 2 1838, p. 668), Maulmont de Sainte-Feyre c. la fabr. de Sainte-Feyre.

344. — La fabrique pouvait autrefois, avec la seule autorisation de l'évêque, consentir à la construction d'une chapelle formant une propriété privée. — Boyer, t. 1er, p. 180. — Cette autorisation ne serait plus suffisante aujourd'hui, encore même que le terrain de la nouvelle chapelle appartînt au fondateur de celle-ci, qu'elle fût bâtie hors de l'enclos de l'église, de ses ailes, qu'elle eût une voûte à part et ne communiquât avec l'église que par une ouverture plus ou moins grande. La servitude qui résulterait de l'adjonction de cette chapelle privée à l'église serait une aliénation réelle, qu'une ordonnance royale pourrait seule autoriser. — V. Affre, p. 185. — V. aussi CHAPELLE, n° 56.

345. — Celui qui a acquis dans une église un droit de chapelle, postérieurement au décret du 30 déc. 1809 et dans le sens de l'art. 72 de ce décret, peut tenir cette chapelle fermée à clé et en interdire l'entrée aux autres paroissiens; peu importe que cette chapelle soit une propriété privée, ayant sa voûte à part et hors des ailes de l'église, ou qu'elle fasse partie intégrante de celle-ci. — Affre, p. 186; Carré, n° 305.

346. — Les anciens auteurs étaient, il est vrai, partagés sur cette question. Mais l'art. 72 précité, accordant aux personnes qu'il désigne la propriété illimitée d'un banc ou d'une chapelle, suppose nécessairement un droit exclusif de l'usage, lequel ne peut être modifié qu'en cas de nécessité évidente, par exemple lorsque la chapelle occupe une étendue de terrain indispensable pour que tous les paroissiens puissent assister aux offices. — Mêmes auteurs.

347. — Nous avons dit (v° DROIT DES PAUVRES, n° 54) qu'il a été décidé que la taxe fixée par divers décrets sur le prix des places dans les spectacles ou autres fêtes publiques et qui est perçue au profit des indigens ne peut être exigée pour le prix des chaises pendant la durée d'une messe en musique, encore que ce prix ait été notablement augmenté par le fait des artistes musiciens, alors surtout que l'église ne cesse pas d'être ouverte au public gratuitement. — *Cons. d'état*, 25 nov. 1806, Bertin.

348. — Mais nous verrons plus bas (n° 423) que la location des bancs et chaises est frappée d'une retenue au profit des prêtres infirmes.

349. — Nous avons dit également (v° ÉGLISE, n° 42) qu'aucune inhumation ne peut avoir lieu dans les églises, temples, etc., et généralement dans aucun des édifices clos et fermés où les citoyens se réunissent pour la célébration de leurs cultes. — Décr. 23 prair. an XII, art. 1er; — et que tout ancien privilége de ce genre acquis à des particuliers est par conséquent aboli. — V. aussi à cet égard CIMETIÈRE, n° 19 et suiv., 26, 30, 32, et suiv.

350. — Nul cénotaphe, nulles inscriptions, nuls monumens funèbres ou autres, de quelque genre que ce soit, ne peuvent être placés dans les églises que sur la proposition de l'évêque diocésain et la permission du ministre des cultes. — Décr. 30 déc. 1809, art. 73). — Cette double autorisation serait également nécessaire pour déplacer un monument funèbre une fois établi, après l'accomplissement des formalités voulues. Du reste, la fabrique ou la famille qui aurait fait ériger ce monument pourraient seules réclamer ce changement. — Affre, p. 186.

351. — *Des quêtes, des troncs et des oblations.* — Tout ce qui concerne les quêtes faites dans les églises est réglé par l'évêque, *sur le rapport des marguilliers*, sans préjudice des quêtes pour les pauvres, lesquelles doivent toujours avoir lieu dans les églises toutes les fois que les bureaux de bienfaisance le jugent convenable. — Décr. 30 déc. 1809, art. 75. — V., sous ce dernier rapport, BUREAU DE BIENFAISANCE, n°s 53, 54, 57.

352. — Le produit des quêtes pour les frais du culte est versé dans la caisse de la fabrique; celui des quêtes pour les pauvres est versé dans les caisses des bureaux de bienfaisance. — Carré, n° 311. — V., au surplus, QUÊTES.

353. — Le décret du 30 décembre 1809 distinguant le produit des troncs de celui des quêtes, il est nécessaire de ne pas confondre les deux recettes, et d'en faire dans les comptes deux articles séparés. — Carré, n° 315.

354. — Le droit attribué dans certaines paroisses aux curés, d'après d'anciens réglemens ou usages, de prélever le tiers des offrandes volontaires déposées dans les troncs ou recueillies dans les églises, ne peut plus être exercé aujourd'hui. — Décis. min. cult. 18 sept. 1835.

355. — Nous avons vu (v^is^ BUREAU DE BIENFAISANCE, n° 55, et CULTE, n° 261) que les administrateurs des hospices et des bureaux de bienfaisance organisés dans chaque arrondissement sont aussi autorisés à faire poser dans toutes les églises des troncs destinés à recevoir les aumônes et dons que la bienfaisance individuelle voudrait y déposer.

356. — Le placement des troncs est réglé de la même manière que les quêtes, c'est-à-dire par l'évêque, sur la proposition des marguilliers. — Néanmoins cette règle s'applique surtout aux troncs appartenant à l'église. Quant à ceux du bureau de bienfaisance, M. Affre (p. 200) pense que tout ce qu'il peut exiger, c'est que le tronc qui lui appartient soit mis dans un lieu apparent sur le passage des fidèles, ou dont ils puissent facilement approcher, mais sans avoir le droit de choisir lui-même la place.

357. — Les clefs des troncs des églises sont placées dans une armoire fermant à trois clefs. — Décr. 30 déc. 1809, art. 51.

358. — Aux termes du décret de 1809, art. 36, les oblations faites à *la fabrique* entrent aussi dans ses revenus.

359. — De ces oblations, les unes sont tout-à-fait libres, et doivent être inscrites comme le produit des quêtes. — Elles appartiennent à la fabrique lorsqu'elles lui sont attribuées par l'usage ou par la volonté, soit formelle, soit présumée des donateurs. — Affre, p. 200.

360. — On peut ranger dans la classe des oblations libres ce qui est donné volontairement en sus des sommes fixées par le tarif. Ainsi le conseil d'état a décidé que si sur certains articles un ecclésiastique demande des oblations supérieures à celles fixées par le tarif, et que sur d'autres il diminue ou abandonne ses droits, et qu'en tous cas ce qu'il y a d'excessif n'ait été perçu que sur la demande et du consentement de la partie intéressée, celle-ci est sans droit et sans intérêt à se plaindre. — *Cons. d'état*, 4 mars 1830, Gancel c. Partie. — V. OBLATIONS.

361. — Les autres sont tarifées et consistent dans des droits perçus d'après le tarif sur les inhumations et dans des droits sur la cire, la tenture, le transport des corps et la sonnerie.

362. — Relativement aux droits de la fabrique

en ce qui concerne les inhumations, la tenture et le transport des corps, V. INHUMATION.

363. — Du reste, les fabriques n'ont rien à percevoir pour l'administration des sacremens, et les réglemens épiscopaux ne peuvent leur attribuer aucun droit à cet égard. — V. aussi M. Affre, p. 202. — V. en ce qui concerne les droits de l'église vº OBLIGATIONS.

364. — Quant à la *cire*, l'art. 76 du décret de 1809 porte que : « Le trésorier portera parmi les recettes en nature les cierges offerts *sur* les pains bénits. »

365. — Mais cet article ne peut être exécuté que dans les paroisses où l'on offre un luminaire sur le pain bénit. Il ne s'applique point au cierge, dit d'*offerte*, et porté à la main par celui qui donne le pain bénit, lequel cierge appartient de droit au curé, alors même qu'il n'y aurait aucun cierge autour du pain bénit. En résumé, la fabrique ne peut réclamer que les autres cierges placés sur le pain bénit ou déposés au banc de l'œuvre. — *Jour. cons. fabr.*, 1834-1835, p. 321. — V. dans ce sens une décision du ministre des cultes du 18 sept. 1835. — V. aussi Affre, p. 205.

366. — L'art. 76 précité comprend encore dans les recettes des fabriques les cierges délivrés pour les annuels. — Ainsi, dit M. Affre (p. 206), si les parens du défunt fournissent la cire, c'est à la fabrique qu'appartient tout ce qui reste après le service. — Si la fourniture est faite par la fabrique, moyennant somme convenue, c'est là un arrangement licite et que la loi ne condamne pas.

367. — Enfin, le même article ordonne au trésorier de porter en recette les cierges qui dans les enterremens et services *funèbres appartiennent aux fabriques*.

368. — Cette disposition trop vague a été expliquée par le décret du 26 déc. 1813 où il est dit : Dans toutes les paroisses les cierges qui, aux enterremens et services funèbres seront portés par les membres du clergé leur appartiendront : les autres cierges placés autour du corps et à l'autel, aux chapelles et aux autres parties de l'église appartiendront, savoir : une moitié à la fabrique et l'autre moitié à ceux du clergé qui y ont droit : ce partage sera fait en raison du poids de la totalité des cierges.

369. — « Il arrive souvent, dit M. Affre (p. 208), que les fabriques font leurs arrangemens avec le curé qui perçoit toute la cire des enterremens et des annuels à la condition de fournir comme compensation une partie ou la totalité de celle qui est nécessaire pour les messes, offices et saluts pendant le cours de l'année. Cet arrangement n'a rien d'illégal. » Mais le curé est intéressé à fournir la preuve à la fabrique, qu'il n'est conduit à le faire que pour simplifier la comptabilité et nullement par aucun espoir ou attrait de gain.

370. — Le produit de la sonnerie appartient à la fabrique seule qui est chargée de payer les sonneurs. — Les droits de la fabrique doivent être fixés ou par un réglement particulier à chaque paroisse ou par le tarif du diocèse. — En l'absence du réglement la *perception* serait illégale, et il ne pourrait y avoir qu'une *offrande spontanée* et *non un droit exigible*. — Le réglement est dressé par la fabrique et envoyé à l'évêque qui l'approuve. — Affre, p. 213. — V. au surplus CLOCHES, CLOCHER.

371. — *Supplément de la commune, du département ou du gouvernement*. — La commune doit un supplément à la fabrique, lorsque les revenus de cette dernière sont insuffisans pour acquitter les charges portées en l'art. 37 du décret de 1809 ; c'est-à-dire quand la fabrique ne peut subvenir par ses seules ressources à l'achat des vases sacrés, des ornemens, etc. ; au paiement des vicaires jugés nécessaires par l'évêque diocésain, et aux réparations de l'église, du presbytère et du cimetière. — Affre, p. 216. — V. aussi COMMUNE, nº 1199 et suiv.

372. — En outre du supplément donné par la commune, ou lorsque les ressources de cette dernière sont également insuffisantes, des secours sont souvent accordés par le conseil général, sur le budget départemental, et par le gouvernement, sur le budget de l'état. Ces secours sont le plus souvent affectés à la restauration des églises et presbytères. — Affre, p. 216 et 217.

273. — Aux termes de l'art. 106 du décret du 30 déc. 1809, les départemens contenus dans un diocèse sont tenus, envers la fabrique de la cathédrale, aux mêmes obligations que les communes envers leurs fabriques paroissiales. — V. *infrà* nº 7.

374. — Jusqu'en 1825 les dépenses des métropoles et des cathédrales étaient obligatoires pour les départemens ; depuis cette époque, des fonds spéciaux ayant été portés au budget de l'état, ces dépenses sont devenues facultatives. — Affre, *loc. cit.* — V. aussi DÉPARTEMENT, nº 189.

Sect. 3e. — *Des charges des fabriques et des communes.*

ART. 1er. — *Des charges des fabriques.*

375. — Les charges résultant, en général, soit directement, soit par voie de conséquence, des besoins du culte, sont les unes (et c'est la majeure partie) laissées aux fabriques qui doivent y pourvoir sur leurs propres fonds ; les autres imposées aux communes dépendant du territoire paroissial.

376. — Les charges de la fabrique sont : 1º de fournir aux frais nécessaires du culte, *savoir* : les ornemens, les vases sacrés, le linge, le luminaire, le pain, le vin, l'encens. — Décr. 30 déc. 1809, art. 37.

377. — Le décret de 1809 ne dit pas en quoi consisteront les ornemens, les vases sacrés, etc., etc. : il faut donc s'en rapporter à l'usage. — Carré, nº 357 et suiv. ; Affre, p. 218. — « Il doit y avoir, dit ce dernier auteur à l'égard des ornemens, les cinq couleurs et autant que possible un ornement de chaque couleur. Dans les paroisses populeuses où l'on a des chantres, un diacre et un sous-diacre, il faut qu'il y ait un ornement complet de chaque couleur. On tolère le camelot, mais on exige que les voiles des calices soient de soie. »

378. — Les vases sacrés sont : un calice, un ostensoir, un ciboire, une petite boîte en argent pour porter le saint-sacrement. — D'après un arrêt du parlement de Paris de 1746 (cité par M. Affre comme preuve qu'en général les vases sacrés doivent être de métal précieux) le soleil, le calice et le ciboire doivent être en argent et la coupe du ciboire et du calice en vermeil. — Aujourd'hui on ne tolère plus les vases sacrés de bois, de cuivre, d'étain, de plomb. Il faut au reste consulter à cet égard les statuts du diocèse. — V. au surplus à cet égard et sur d'autres de pratique intérieure, M. Affre (p. 218), qui ajoute que s'il y a trois prêtres dans une paroisse, il doit y avoir deux calices, et que s'il n'y a que deux prêtres un calice peut absolument suffire.

379. — Quoique l'art. 37 du décret ne parle pas des autres vases qui ne sont pas sacrés, M. Affre (*loc. cit.*) dit qu'ils sont également dus par la fabrique. Tels sont les burettes avec leur bassin, l'encensoir, la navette, un vase pour l'eau bénite avec son goupillon, une cuvette en plomb ou en cuivre pour l'eau baptismale, les trois crémières des saintes huiles avec des lettres qui les distinguent, et une lampe pour brûler devant le saint-sacrement.

380. — L'art. 37 ne fait pas non plus mention des livres nécessaires pour le chant, pour la messe et l'administration des sacremens : ce qui n'empêche pas que la fabrique ne les doive : ce sont, le Missel, le Graduel, l'Antiphonier, le Psautier et le Rituel. Le nombre des missels doit égaler celui des calices. — Affre, *loc. cit.*

381. — Il en est de même des différens meubles, tels que chandeliers, croix, pupitres, etc., nécessaires à l'église. « L'art. 37, dit M. Affre, en obligeant en général les fabriques à fournir les frais nécessaires du culte, indique que c'est aux lois, soit générales, soit particulières de chaque diocèse, à déterminer quels sont les frais nécessaires. — Nous ne doutons pas, ajoute-t-il, qu'une ordonnance de l'évêque qui prescrit l'achat de quelques uns des objets ci-dessus ne soit obligatoire dans le for extérieur, et que, en cas de contestation, elle ne doive être maintenue par les tribunaux. »

382. — Quant au *linge* dont parle l'art. 37, M. Affre (p. 219) donne les détails des objets indispensables pour le service convenable de l'église.

383. — Les objets nécessaires à l'exercice du culte, comme les ornemens, le pain, le vin, etc., sont dus tous les jours, et non pas seulement les jours de fêtes légales reconnues par l'état. Ils sont dus également aux basses messes, et non pas seulement aux grand'messes, vêpres ou salut. — V. conf. Carré, nº 363 ; Affre, p. 221.

384. — Les frais nécessaires pour la célébration des cérémonies religieuses ordonnées par le gouvernement sont compris dans les frais du culte à la charge des fabriques. Ainsi, la célébration des services anniversaires de juillet, ordonnée par le gouvernement dans toutes les églises de France, constitue une dépense obligatoire du culte qui tombe à la charge des fabriques, et doit entrer dans leur budget et dans leurs comptes annuels. — Avis cons. d'état, juill. 1838 ; — Vuillefroy, vº *Fabrique*, p. 347.

385. — Mais si la fabrique doit les ornemens pour le service paroissial, elle ne les doit point pour les confréries ; dans le cas où elle les prête, elle peut exiger une redevance. — V. conf. Boyer, *Adminis. des par.*, p. 476 et 477 ; Affre, p. 224.

386. — De même, les prêtres qui ne sont point attachés à la paroisse, et à laquelle ils ne rendent aucun service, n'ont pas droit à réclamer l'usage des vases sacrés et des ornemens. — Boyer, *loc. cit.* ; M. Affre, *loc. cit.* — Il en serait autrement s'ils disaient, à une heure fixée, une messe pour la paroisse. — Affre, *ibid.*

387. — Si des personnes ont fait des dons, tels que des lampes, lorsqu'il y en a déjà une, des couronnes, des reliquaires, des tableaux, et autres objets d'église, la fabrique peut se refuser à les entretenir ; mais elle ne peut les vendre sans l'autorisation de l'évêque. — V. conf. Boyer, *Admin. des par.*, t. 1er, p. 471 ; Affre, p. 223.

388. — Les fabriques, étant obligées de pourvoir à l'achat des objets dont la célébration du service nécessite l'usage, doivent par là même veiller à l'entretien et à la conservation de ceux dont l'église est déjà en possession, et elles doivent veiller à ce que les églises soient toujours pourvues d'une manière décente et suffisante.

389. — De même, si ces objets viennent à être soustraits, les fabriques sont en droit de les revendiquer.

390. — Ainsi jugé que lorsqu'un individu se disant prêtre de l'église française avoue que des objets consacrés au culte catholique romain lui ont été confiés par des fabriciens, il peut, bien qu'il prétende avoir remis ces objets à des personnes composant, selon lui, la fabrique de l'église française, être condamné personnellement à les restituer à la fabrique de l'église catholique romaine. — *Paris*, 14 mars 1836, fabr. de l'église catholique romaine de Clichy c. Auzou.

391. — Et, lorsque l'exercice des cultes a lieu dans une église qui n'a été érigée par le gouvernement, ni en paroisse, ni en succursale, ni en chapelle, ni en annexe, alors la commune dans laquelle cette église est située, a qualité pour réclamer de l'ecclésiastique qui l'a desservie, et qui aurait conservé en sa possession personnelle quelques-uns des ornemens ou des vases sacrés, la restitution de ces vases ou ornemens. — *Paris*, 1er déc. 1834, comm. de Dilo c. Colombel.

392. — ... 2º Le paiement des vicaires, des sacristains, chantres, organistes, sonneurs, suisses, bedeaux et autres employés au service de l'église, selon la convenance et les besoins du lieu. — Décr. 30 déc. 1809, art. 37.

393. — Ainsi si la paroisse a besoin d'un vicaire, son traitement est payé par la fabrique, et subsidiairement par la commune, à défaut de ressources de la part de la fabrique.

394. — Mais ce n'est point à la fabrique non plus qu'à la commune qu'il appartient de décider de l'utilité ou de l'inutilité d'un vicaire. L'art. 38 du décret de 1809 dit : « Le nombre de prêtres et de vicaires habitués à chaque église sera fixé par l'évêque, après que les marguilliers en auront délibéré, et que le conseil municipal aura donné son avis. » Ainsi les marguilliers et les conseillers municipaux ne donnent qu'un avis, et c'est l'évêque qui décide.

395. — Selon M. Affre (p. 222, note 2), l'avis du conseil municipal ne serait pas nécessaire, si la commune ne payait rien au vicaire. Cependant l'art. 38, rapporté ci-dessus, est conçu en termes absolus ; et d'ailleurs on voit par l'article suivant que ce n'est qu'après que l'utilité d'un vicaire a été constatée par l'évêque, que la commune est appelée à voter les fonds nécessaires, s'il y a lieu, tandis que son *avis* précède la décision de l'évêque. L'art. 39 du décret porte en effet que « si, dans le cas de la nécessité d'un vicaire, reconnue par l'évêque, la fabrique n'est pas en état de payer le traitement, la décision épiscopale devra être adressée au préfet, et il sera procédé ainsi qu'il est expliqué à l'art. 49, concernant les autres dépenses de la célébration du culte, pour lesquelles les communes suppléent à l'insuffisance des revenus des fabriques. »

396. — En tous cas, M. Affre dit avec raison (*loc. cit.*) que l'avis du conseil municipal et la délibération de la fabrique ne doivent point être requis quand il y a un vicariat reconnu par le gouvernement, parce que cette érection constate suffisamment la nécessité d'un vicaire.

397. — Au surplus, pour plus amples détails, à l'égard de l'érection des vicariats, comme aussi en ce qui concerne le traitement des vicaires, V. CURE, CURÉ, nos 194 et suiv.

398. — ... 3º Le paiement de l'honoraire des prédicateurs de l'Avent, du Carême et autres solennités. — Décr. 30 déc. 1809, art. 37. — V. aussi PRÉDICATIONS.

399. — ... 4º Le paiement des sommes nécessaires à la décoration et les dépenses relatives à l'embellissement intérieur de l'église. — *Ibid.*

400. — Il est difficile de déterminer d'une manière précise la nature des embellissemens dont l'église doit être l'objet, et les frais que la fabrique,

doit supporter pour cela. Les marguilliers doivent, en cette matière, avoir égard à trois choses : 1° à l'usage des lieux ; — 2° aux facultés de la fabrique ou des habitans ; — 3° à la nécessité de ces sortes de réparations. — M. Affre (p. 224) dit qu'on ne pourrait, par exemple, se dispenser de faire blanchir une église noircie par la poussière et la malpropreté, de restaurer les tableaux détériorés par la vétusté, de peindre un autel en bois qui n'avait pas été peint, etc., etc.

401. — ...5° En outre, l'art. 37, décr. de 1809, impose aux fabriques l'obligation de veiller à l'entretien des églises, et, en cas d'insuffisance de leurs revenus, de faire faire toutes les diligences nécessaires pour qu'il soit pourvu aux réparations et reconstructions que de droit. — Cette disposition demande quelques explications.

402. — Quant aux réparations locatives et d'entretien, en ce qui concerne l'église, nulle difficulté. — Elles sont à la charge des fabriques. — Affre, p. 224 ; Vuillefroy, p. 347.

403. — Aux termes de l'art. 1754, C. civ., les réparations locatives ou de menu entretien sont celles désignées comme telles par l'usage des lieux, et entre autres, les réparations à faire aux âtres, contre-cœurs, chambranles et tablettes des cheminées ; au récrépiment du bas de la muraille des appartemens et autres lieux d'habitation, à la hauteur d'un mètre ; aux pavés et carreaux des chambres, lorsqu'il y en a seulement quelques-uns de cassés ; aux vitres, à moins qu'elles ne soient cassées par la grêle et autres accidens extraordinaires et de force majeure dont l'occupant ne peut être tenu ; aux portes, croisées, planchers de cloison ou de fermetures de boutiques, gonds, targettes et serrures. — V. BAIL.

404. — Mais que doit-on décider à l'égard des grosses réparations et reconstructions des églises ? — Ce qui peut faire quelques difficultés, c'est que, d'une part, l'art. 37, décr. de 1809, semble imposer aux fabriques l'obligation d'y pourvoir au cas de suffisance des revenus ; que, de l'autre, l'art. 46 (n° 4) affecte aux grosses réparations l'excédant des revenus de la fabrique, déduction faite des autres dépenses ; enfin, que l'art. 92 met au nombre des charges des communes, relativement au culte, « de fournir aux grosses réparations des édifices consacrés au culte. » Enfin l'art. 30, L. 18 juill. 1837, porte au nombre des dépenses obligatoires des communes : ...16° « Les grosses réparations aux édifices communaux, *sauf ce qui concerne l'exécution des lois spéciales concernant... les édifices consacrés au culte,* » — De ces divers textes, nous avons conclu (V. ÉGLISE, n° 35) que c'est à la fabrique que sont imposées, en principe, les dépenses de construction, reconstruction et réparation de l'église, sauf, *en cas d'insuffisance de revenus justifiée*, l'assistance de l'état, s'il s'agit d'un édifice diocésain, et de la commune, s'il s'agit d'un édifice paroissial. — V. aussi COMMUNE, n°s 1199 et suiv.

405. — Tel est aussi l'avis de M. Vuillefroy (p. 348). « L'excédant du budget de la fabrique, dit-il, doit, par sa nature, figurer en première ligne parmi les ressources affectées aux réparations des édifices du culte, et ces réparations ne tombent qu'exceptionnellement à la charge de la commune qui ne peut être appelée à y pourvoir qu'en cas d'insuffisance des revenus de la fabrique. — Avis cons. d'état, 30 janv. 1833 ; 27 sept. 1833 ; 14 juill. 1835.

406. — M. Affre (p. 241 et suiv.) finit également, après une assez longue discussion, par adopter cette opinion, mais en présence du principe que l'obligation des fabriques n'existe que jusqu'à concurrence de l'*excédant de revenus, s'il y en a ;* il rappelle que le budget de la fabrique n'est soumis (art. 47) qu'à l'approbation de l'évêque, et que le conseil municipal, bien qu'appelé (art. 93) à en avoir communication, ne peut en faire l'objet de sa délibération, sauf à référer au préfet, qui s'en entendrait avec l'évêque dans le cas où il y aurait été porté des dépenses évidemment superflues ou non indispensables, qui, en diminuant l'*excédant* ou en le supprimant, laisserait à la charge de la commune une dépense trop lourde.

407. — Les marguilliers, et spécialement le trésorier, sont tenus de veiller à ce que toutes les réparations soient bien et promptement faites. Ils ont soin de visiter le bâtiment avec des gens de l'art, au commencement du printemps et de l'automne. — Déc. de 1809, art. 41.

408. — Ils pourvoient sur-le-champ, et par économie, c'est-à-dire, sans adjudication, en payant eux-mêmes les ouvriers, les matériaux, etc., aux réparations locatives *ou autres* qui n'excèdent pas 50 fr. dans les paroisses au-dessous de 1,000 ames, et de 100 fr. dans les paroisses d'une plus grande population, et sans préjudice toutefois des dépenses réglées pour le culte. — Même décret.

409. — Lorsque les réparations excèdent la somme ci-dessus indiquée, le bureau est tenu d'en faire rapport au conseil, qui peut ordonner *toutes* les réparations qui ne s'élèvent pas à plus de 100 fr. dans les communes au-dessous de 1,000 ames, et de 200 fr. dans celles d'une plus grande population. Néanmoins, ledit conseil ne peut, même sur le revenu libre de la fabrique, ordonner les réparations qui excéderaient la quotité ci-dessus énoncée, qu'en chargeant le bureau de faire dresser un devis estimatif, et de procéder à l'adjudication au rabais ou par soumission, après trois affiches renouvelées de huitaine en huitaine. — Décr. de 1809, art. 42.

410. — Lorsque le montant des travaux doit dépasser 100 fr. dans une paroisse de moins de 1,000 habitans, ou de 200 fr. dans une paroisse de 1,000 ou de plus de 1,000 habitans, le préfet peut autoriser la dépense jusqu'à concurrence de 30,000 fr., et pourvu que la somme soit prise sur les revenus libres de la fabrique. — « L'ordonnance du 8 août 1821, dit M. Affre (p. 227), avait fixé 20,000 fr., mais la loi du 18 juill. 1837 a étendu la liberté des communes et par cela même celle des fabriques, qui sont régies, sous ce rapport, par les mêmes règles ; au delà de cette somme, il faut l'autorisation du ministre des cultes. Après que la dépense a été dûment approuvée, les travaux sont mis en adjudication, et l'adjudication, pour être valable, doit être approuvée par le préfet.

411. — Quant à l'adjudication, M. Affre (p. 229) dit qu'on doit suivre la forme soit de l'adjudication publique au rabais, soit de l'adjudication sur soumission cachetée, soit de celle qui se fait par simple soumission d'un entrepreneur agréé par l'administration au bas du devis de l'architecte (cette forme est employée pour les travaux d'urgence). Enfin, ajoute-t-il, il est une quatrième forme appelée par attachement ou économie. — C'est au bureau, au conseil de fabrique, au greffier ou au ministre, suivant les différens cas, qu'il appartient de choisir celle de ces formes qui paraît s'accorder le mieux avec la nature des travaux, les localités et autres circonstances, mais toujours sur devis préalable.

412. — Le décret de 1809, non plus que l'ordonnance du 8 août 1821, en disposant que les travaux auraient lieu par adjudication, ni aucune autre, n'ont prévu le cas où les travaux exigeraient des connaissances tellement spéciales, que la concurrence, au lieu d'être utile, deviendrait nuisible. On peut citer, par exemple, la confection d'un orgue de première classe. Pour ces sortes d'ouvrages on est dispensé de l'adjudication publique. — Affre, p. 230.

413. — Il est important d'observer que si des marguilliers ou des curés, ou même, dans certains cas, des fabriciens avaient ordonné des travaux sans y être autorisés dans les formes prescrites, ils pourraient être condamnés à en supporter les frais sur leurs propres fonds. — Avis cons. d'état, 17 mai 1813 ; ord. 8 août 1821 ; inst. min. int. 12 août 1821 ; — Affre, p. 231.

414. — Il est évident que si des réparations étaient devenues nécessaires par le fait d'un tiers, ce dernier devrait supporter les frais qu'entraîneraient ces réparations, en vertu de ce principe que tout fait quelconque de l'homme qui cause à autrui un dommage oblige celui par la faute duquel il est arrivé à le réparer. (C. civ., art. 1382). » Il en serait ainsi, alors même que ce tiers aurait agi au nom de l'autorité publique, et aurait, par exemple, pratiqué une ouverture au clocher, pour lever un plan des lieux nécessaire à la confection d'une carte ; seulement, en pareil cas, l'autorité serait seule responsable des dégradations causées par ses ordres. — Affre, p. 226.

415. — Quant aux presbytères, il existe dans l'art. 37, décr. 1809, une disposition semblable à celle qui concerne les églises. — Mais des difficultés se sont élevées sur le point de savoir à la charge de qui devaient peser les réparations.

416. — D'un côté, l'art. 44 du décret porte que : lorsque le curé ou desservant d'une paroisse reçoit de la commune un presbytère, ce curé ou desservant n'est tenu que des réparations simples locatives et des dégradations survenues par sa faute. Le curé ou desservant sortant, ou ses héritiers ou ayant-cause, sont tenus desdites réparations locatives et dégradations. — V. au surplus CURE-CURÉ.

417. — Nous avons vu (v° CURE-CURÉ) que le trésorier de la fabrique est chargé de poursuivre le curé ou desservant, dans le cas où celui-ci aurait omis ou refusé de faire les réparations locatives dont il est tenu.

418. — Mais quel est le temps après lequel l'action à fin de réparations doit être réputée prescrite ? — Carré (n° 389) pense que ce temps est de cinq ans. Toutefois, la question n'est pas sans difficulté. — Au surplus sur l'interprétation de l'art. 2277, C. civ., v° PRESCRIPTION.

419. — Quant aux grosses réparations et reconstructions que réclameraient les presbytères, la question peut paraître plus grave en présence du décret du 6 nov. 1813, dont l'art. 21 porte : « le curé est tenu des réparations locatives, *les autres sont à la charge de la commune.* » De cet article M. Affre (p. 236) conclut que les fabriques, quelles que soient leurs ressources, ne sont soumises à aucune obligation en ce qui concerne les grosses réparations du presbytère. — Mais tel n'est pas l'avis de M. Vuillefroy (v° *Fabrique*, p. 348), qui donne à cet égard la même solution que pour les églises, en se fondant sur la combinaison des art. 37, 42, 43, 46, 92 et 93, décr. 1809, et sur l'esprit de la législation ; lequel, dit-il, est de n'imposer les communes, pour ce qui concerne les dépenses nécessaires au culte, que subsidiairement et seulement en cas d'insuffisance des revenus de la fabrique. — M. Vuillefroy, au reste, ne parle pas du décret du 6 nov. 1813. Il cite comme confirmant son opinion, les avis du conseil d'état déjà cités en ce qui concerne les grosses réparations des églises.

420. — M. Vuillefroy indique encore comme dépenses à la charge de la fabrique (et subsidiairement seulement à la charge de la commune) le loyer d'un édifice pour célébrer le culte, s'il n'y a pas d'église, et l'indemnité de logement due au curé ou desservant, s'il n'y a pas de presbytère. — Mais on sait que la question est l'objet d'une vive controverse. — V. à cet égard COMMUNE, n°s 1194 et s.

421. — A l'égard des *cimetières,* l'art. 37 4°, décr. 30 déc. 1809, met leur entretien à la charge des fabriques ; mais on s'est demandé si cette disposition n'est pas abrogée par la loi nouvelle du 18 juill. 1837, sur les attributions municipales, laquelle (art. 30) range parmi les dépenses obligatoires des communes *la clôture des cimetières, leur entretien* et leur translation dans les cas déterminés par les lois et réglemens d'administration publique. — En examinant cette question (v° CIMETIÈRE, n°s 68 et suiv.), nous avons cru devoir nous prononcer pour la négative, et cette opinion est adoptée par l'administration.

422. — Indépendamment des charges ci-dessus indiquées, les fabriques sont encore tenues de veiller à ce qu'elles soient acquittées (art. 26, décr. 1809), puisqu'elles en perçoivent les revenus. — V. à cet égard FONDATION.

423. — Aux termes du décr. du 13 thermid. an XIII, art. 1er, les fabriques doivent prélever, sur la location des chaises, le sixième du produit, déduction faite des frais qu'elles ont faits pour établir les bancs et chaises. Ce prélèvement, qui s'effectue conformément à un réglement de l'évêque, approuvé par le gouvernement, est destiné à secourir les prêtres âgés et infirmes. Dans plusieurs diocèses, l'évêque fait un abonnement avec les fabriques.

424. — Selon Carré, le prélèvement précité ne doit point avoir lieu sur le produit de la location des bancs, places ou chaises *concédés à des particuliers.* — Mais M. affre (p. 232) combat cette interprétation en disant qu'elle rendrait le décret illusoire dans la plupart des paroisses rurales où les bancs et chaises sont loués pour un temps plus ou moins long, et ne sont presque jamais mis en régie et encore moins donnés en bail à ferme à une seule personne pour en percevoir le prix à chaque office.

425. — Les biens des fabriques qui, avant la révolution, étaient grevés de rentes ou d'autres charges, leur ont été rendus libres de ces rentes et de ces charges. — L. 13 brum. an II ; décr. 11 mai 1807 ; décis. min. 12 oct. 1807 ; — avis cons. d'état, 9 déc. 1810 ; — Vuillefroy, p. 356 ; Affre, p. 667.

426. — Quant à leurs créanciers, ils sont devenus et restés créanciers de l'état (L. 13 brum. an II) et, à défaut d'avoir fait liquider leurs droits par l'état, ils ont été soumis aux lois sur l'arriéré de la dette publique, c'est ce qu'a décidé la jurisprudence constante du conseil d'état. — V. notamment *Cons. d'état*, 28 juill. 1820, Lebarrier c. fabr. de Rouen ; 20 juin 1821, Crepis c. comm. de Vismoutiers ; 4 nov. 1835, Mirevoir c. fabr. de Lion-devant-Dun ; — Cormenin, v° *Fabrique*, t. 2, p. 255.

427. — Les fabriques ne sont demeurées chargées, comme nous l'avons dit, que des fondations dont étaient grevés les biens restitués : et si les biens-fonds ou les rentes sur lesquelles était assise la fondation, ne leur ont été restitués qu'en partie, M. Affre (p. 667) pense que les fondations doivent être réduites dans les proportions du bien recouvré. — V. FONDATION.

428. — M. Vuillefroy (v° *Fabrique*, p. 356) dit aussi que les biens restitués ou affectés aux fabriques sont demeurés grevés des charges qui pouvaient exister au profit d'autres fabriques.

429. — Jugé que, bien que les nouvelles fabri-

ques d'églises aient succédé aux biens des anciennes fabriques sans succéder aux charges, comme elles ont conservé le droit de réclamer les institutions d'héritiers faites en leur faveur, un particulier est recevable à poursuivre une fabrique en revendication de biens qui lui ont été légués. — *Besançon*, 28 mars 1822, N...

ART. 2. — *Des charges des communes.*

430.— L'art. 92 énumère ainsi qu'il suit les charges des communes relativement au culte : 1° de suppléer à l'insuffisance des revenus de la fabrique, pour les charges portées en l'art. 37 ; — 2° de fournir au curé ou desservant un presbytère, ou, à défaut de presbytère, un logement, ou, à défaut de presbytère et de logement, une indemnité pécuniaire ; — 3° de subvenir aux grosses réparations des édifices consacrés au culte. — Décr. 1809, art. 92. — V. aussi la loi du 18 juill. 1837, sur les attributions municipales, § 13 et 14.

431.—Nous avons expliqué *suprà*, en parlant des charges des fabriques, et v° COMMUNE (nos 1194 et suiv., 1199 et suiv., 1212 et suiv.), ainsi qu'aux mots CURE-CURÉ et CIMETIÈRE, comment cet art. 92, combiné avec l'art. 37 du même décret et avec la loi de 1837, devait être interprété, en ce qui concerne les obligations de la commune, relativement au presbytère, au cimetière, à l'église, au traitement du vicaire et au supplément à fournir en cas d'insuffisance des revenus de la fabrique.

432. — Dans les cas où les communes ne sont obligées que de suppléer à l'insuffisance des revenus des fabriques, pour les charges énumérées dans l'art. 92 précité, et autres que les réparations, le budget de la fabrique est porté au conseil municipal dûment convoqué à cet effet, pour y être délibéré ce qu'il appartient. — Décr. 1809, art. 93.

433.—La délibération du conseil municipal doit être adressée au préfet, qui la communique à l'évêque diocésain pour avoir son avis. — En cas de dissentiment entre eux, il peut en être référé, soit par l'un, soit par l'autre, au ministre des cultes. — Art. 93.

434. — S'il s'agit de réparations de bâtiment, de quelque nature qu'elles soient, et que la dépense ordinaire arrêtée par le budget de la fabrique ne laisse pas de fonds disponibles, ou n'en laisse pas de suffisans pour ces réparations, et que, sur le rapport du bureau, le conseil de fabrique demande par une délibération qu'il y soit pourvu par la commune, cette délibération est envoyée par le trésorier au préfet. — Le préfet nomme des gens de l'art par lesquels, en présence d'un membre du conseil municipal et d'un marguillier, il est dressé le plus promptement possible un devis estimatif des réparations. Le préfet soumet ce devis au conseil municipal, et, sur son avis, ordonne, s'il y a lieu, que ces réparations soient faites aux frais de la commune, et, en conséquence, qu'il soit procédé par le conseil municipal, en la forme accoutumée, à l'adjudication au rabais. — Décr. 1809, art. 94 et 95.

435. — Si ce conseil municipal est d'avis de demander une réduction sur quelques articles de dépense de la célébration du culte, et dans le cas où il ne reconnaîtrait pas la nécessité de l'établissement d'un vicaire, sa délibération en porte les motifs. Toutes les pièces sont adressées à l'évêque, qui prononce (décr. 1809, art. 96). Dans le cas où l'évêque prononcerait contre l'avis du conseil municipal, ce conseil pourrait s'adresser au préfet ; et celui-ci enverrait, s'il y avait lieu, toutes les pièces au ministre des cultes, pour être, sur son rapport, statué par le roi en conseil d'état ce qu'il appartiendrait. — Art. 97. — V. au surplus, en ce qui concerne le vicaire, CURE-CURÉ, nos 201 et suiv.

436. — Si les revenus communaux sont insuffisans pour couvrir les dépenses réclamées par la fabrique, le conseil municipal délibère sur les moyens de subvenir à ces dépenses, selon les règles prescrites par la loi. Et si, les dépenses ayant été inscrites d'office au budget communal, le conseil municipal refuse d'y pourvoir, il y est fait face au moyen d'une contribution extraordinaire établie par une ordonnance du roi, dans les limites du maximum qui est fixé annuellement par la loi des finances, et par une loi spéciale si la contribution doit excéder ce maximum. — L. 18 juill. 1837. — V. COMMUNE, nos 1354 et suiv.

437. — Mais, dans le cas où il est reconnu que les habitans d'une paroisse sont dans l'impuissance de fournir aux réparations, même par levée extraordinaire, on se pourvoit devant le ministre des cultes, sur le rapport duquel il est alloué à cette paroisse tel secours par lui déterminé, et qui est pris sur le fonds commun. — Décr. 1809, art. 100.

438. — Aucune imposition extraordinaire sur les communes ne peut être levée pour les frais du culte qu'après l'accomplissement des formalités prescrites par la loi. — Décr. 1809, art. 103.

439. —Lorsqu'un conseil municipal n'alloue pas les fonds exigés pour une dépense obligatoire, ou n'alloue qu'une somme insuffisante, l'allocation nécessaire est inscrite au budget par ordonnance du roi, pour les communes dont le revenu est de 100,000 francs et au-dessus, et par arrêté du préfet en conseil de préfecture, pour celles dont le revenu est inférieur. Dans tous les cas, le conseil municipal est préalablement appelé à en délibérer. S'il s'agit d'une dépense annuelle et variable, elle est inscrite pour sa quotité moyenne pendant les trois dernières années. S'il s'agit d'une dépense annuelle et fixe de sa nature, ou d'une dépense extraordinaire, elle est inscrite pour sa quotité réelle. — L. 18 juill. 1837, art. 39. — V. COMMUNE, nos 1298 et suiv.

440. — Dans le cas où il y a lieu à la convocation du conseil municipal, si le territoire de la paroisse comprend plusieurs communes, le conseil de chaque commune doit être convoqué et délibérer séparément. — Art. 102.

441. — Lorsqu'une paroisse se compose de plusieurs communes, la répartition des frais du culte doit être faite entre ces communes administrativement et au marc le franc de leurs contributions respectives. Ce serait vainement que l'une d'elles invoquerait des titres antérieurs à l'an X, d'après lesquels elle ne serait tenue de contribuer que pour une moindre partie. — *Cons. d'état*, 27 juin 1834, comm. de Villers-Rotin c. comm. de Billey; 11 juin 1828, comm. Brettiguey c. comm. de Silley.

442. — Quand, dans une commune, une somme a été votée en faveur du curé ou du vicaire, si le maire refuse de délivrer un mandat sur le percepteur pour la somme ainsi votée, le curé ou vicaire agit prudemment en réclamant d'abord auprès du préfet ou du ministre des cultes ; mais il peut, en outre, avec l'autorisation du conseil de préfecture, assigner la commune, dans la personne du maire, en paiement de la somme qui lui a été allouée. — *Journ. des cons. de fabr.*, t. 1er, p. 80.

443. — M. Affre (p. 254) demande si un fabricien qui est en même temps membre du conseil municipal peut prendre part à la délibération du conseil de la commune lorsque celui-ci est appelé à délibérer sur une demande de secours formée par la fabrique et à laquelle cet individu a également participé; et il résout cette question affirmativement, la loi n'ayant, à cet égard, prononcé aucune incompatibilité, et ayant, au contraire, suffisamment exprimé que les deux qualités de fabricien et de membre du conseil municipal s'allient fort bien ensemble lorsqu'elle a placé le maire dans les deux conseils, sans lui interdire de voter dans l'un ou dans l'autre.

Sect. 4e. — *Budget des fabriques.*

444. — Il est présenté chaque année au bureau, par le curé ou desservant, un état par aperçu des dépenses nécessaires à l'exercice du culte, soit pour les objets de consommation, soit pour réparations et entretien d'ornemens, meubles et ustensiles d'église. Cet état, après avoir été, article par article, approuvé par le bureau, est porté en bloc sous la désignation de *dépenses intérieures*, dans le projet de budget général ; le détail de ces dépenses est annexé audit projet. — Décr. 1809, art. 45.

445. — Ce budget, établissant la recette et la dépense de l'église, est soumis au conseil de fabrique, dans la séance du dimanche de Quasimodo (ord. 12 janv. 1825, art. 2), et envoyé, avec l'état des dépenses de la célébration du culte, à l'évêque diocésain, pour avoir sur le tout son approbation. — Décr. 1809, art. 46 et 47.

446. — Dans le cas où les revenus de la fabrique couvrent les dépenses portées au budget, celui-ci peut, sans autres formalités, recevoir sa pleine et entière exécution. — Art. 48.

447. — Mais s'il renferme des dépenses supérieures aux revenus de la fabrique, il doit être communiqué au conseil municipal, avec la demande d'un supplément indispensable pour acquitter, soit les frais ordinaires du culte, soit les dépenses nécessaires pour le maintien de sa dignité, soit les gages des officiers et des serviteurs de l'église, soit les réparations des bâtimens, ou pour fournir à la subsistance de ceux des ministres que l'état ne salarie pas. — Art. 49.

448. — Une circulaire du ministre des cultes du 15 mars 1839 recommande aux évêques de veiller à ce que l'établissement des budgets annuels des fabriques se fasse d'une manière régulière.

Sect. 5e. — *De l'administration des biens des fabriques. — Apurement des comptes. — Timbre et enregistrement.*

ART. 1er. — *De l'administration des biens des fabriques.*

449. — Cette administration comprend : 1° les baux, locations et régie des biens; — 2° les acquisitions ; — 3° les aliénations ; — 4° les remboursemens de rentes et capitaux et l'emploi et remploi des deniers divers ; — 5° les emprunts ; — 6° les actes conservatoires.

450. — Les fabriques des annexes ne peuvent faire par elles-mêmes aucun des actes susmentionnés ; elles ne sont autorisées qu'à pourvoir à l'entretien du culte dans leur église. Les aliénations, acquisitions, etc., sont faites par les fabriques de l'église paroissiale. — Avis cons. d'état, 28 déc. 1819.

451. — Indépendamment des règles spéciales à quelques unes des diverses branches de l'administration, il en est certaines qui s'appliquent à l'administration en général. — Ainsi, chaque fabrique doit avoir une caisse ou armoire, dans laquelle sont déposés tous les deniers appartenant à la fabrique, ainsi que les clés des troncs des églises, et dont on ne peut distraire aucune somme sans une autorisation du bureau, et sans un récépissé qui y reste déposé. Cette caisse ou armoire doit fermer à trois clés, dont une demeure dans les mains du trésorier, une autre dans celles du curé ou desservant, et la troisième dans celles du président. — Décr. 1809, art. 50, 51 et 52. — On ne peut, sous aucun prétexte, se dispenser d'observer les prescriptions formelles de l'art. 50 ; c'est aux évêques et aux préfets à y tenir la main.

452. — Sont aussi déposés dans une caisse ou armoire les papiers, titres et documens concernant les revenus et affaires de la fabrique, et notamment les comptes, avec les pièces justificatives, les registres de délibération autres que le registre courant, le sommier des titres et les inventaires ou récolemens dont il est fait mention *infrà* nos 454 s. — Décr. 1809, art. 54. — Dans les campagnes, la même caisse ou armoire sert pour les deniers et pour les titres, ce qui ne semble pas avoir de graves inconvéniens. — Rolland de Villargues, v° *Fabrique*, n° 27.

453. — Nul titre ni pièce ne peut être extrait de la caisse sans un récépissé faisant mention de la pièce retirée, de la délibération du bureau par laquelle cette extraction aura été autorisée, de la qualité de celui qui s'en chargera et signera le récépissé, de la raison pour laquelle le retrait aura eu lieu, et, si c'est pour un procès, le tribunal et le nom de l'avoué seront désignés. — Ce récépissé ainsi que la décharge au temps de la remise seront inscrits sur le sommier ou registre des titres. — Art. 57.

454. — Il a dû être fait, sans frais, dans chaque fabrique, deux inventaires, l'un, des ornemens, linges, vases sacrés, argenterie, ustensiles, et en général de tout le mobilier de l'église ; l'autre, des titres, papiers et renseignemens, avec mention des biens contenus dans chaque titre, du revenu qu'ils produisent, de la fondation à la charge de laquelle les biens ont été donnés à la fabrique. Un double inventaire du mobilier est remis au curé ou desservant — Il est fait, en outre, tous les ans, un récolement desdits inventaires, afin d'y porter les additions, réformes ou autres changemens : ces inventaires et récolemens sont signés par le curé ou desservant et par le président du bureau. — Art. 55.

455. — Le secrétaire du bureau transcrit, par suite de numéros et par ordre de dates, sur un registre sommier : 1° les actes de fondation, et généralement tous les titres de propriété ; — 2° les baux à ferme ou loyer. Chaque pièce doit être signée conforme à l'original par le curé ou desservant et par le président du bureau. — Art. 56.

456. — Le montant des fonds perçus pour le compte de la fabrique, à quelque titre que ce soit, est, au fur et à mesure de la rentrée, inscrit, avec la date du jour et du mois, sur un registre coté et paraphé qui demeure entre les mains du trésorier. — Art. 74. — Cependant l'usage a prévalu, pour le produit des quêtes, de le verser dans un coffre qu'on ouvre à certaines époques, en présence des membres du bureau.

457. — *Baux, locations et régie des biens.* — Aux termes de l'art. 60, décr. 30 déc. 1809, les maisons et biens ruraux, chaises, bancs et chapelles appartenant à la fabrique sont affermés, régis et administrés par le bureau des marguilliers, dans la forme d'administration des biens communaux. On peut étendre la pensée de cet article, et dire, en principe général, que tous les biens des fabriques

sont soumis à la même forme d'administration que les biens des communes. — *Cons. d'état*, 22 juin 1810. fabr. de Heddesshem; — Affre, p. 257.

458. — Et, suivant l'art. 62, les biens immeubles ne peuvent être loués pour un terme plus long que neuf ans sans une délibération du conseil, l'avis de l'évêque diocésain et l'autorisation du gouvernement.

459. — Toutefois, depuis la loi du 25 mai 1835, et par exception à cet art. 62, les fabriques peuvent, comme tous autres établissemens publics et les communes, affermer leurs biens *ruraux* pour dix-huit années et au-dessous, sans autres formalités que celles prescrites pour les baux de neuf années.

460. — Ces formalités peuvent être résumées ainsi qu'il suit : 1° le bureau dresse un cahier des charges exprimant les conditions et clauses du bail ; — 2° ce cahier des charges est envoyé par le trésorier au sous-préfet : celui-ci, après avoir donné son avis, l'adresse au préfet qui, après avoir consulté l'évêque, l'adopte tel qu'il lui est présenté ou le modifie, s'il le croit nécessaire ; — 3° un mois avant l'adjudication le trésorier fait apposer des affiches ; — 1° tous les dimanches à la porte de l'église de la situation de l'immeuble ; — 2° à celle des églises les plus voisines ; — 3° de quinzaine en quinzaine aux lieux accoutumés. Enfin un extrait de l'affiche est inséré dans les journaux. — Puis, ces formalités préalables remplies, l'adjudication a lieu un jour de marché, en présence du notaire désigné par le préfet, du trésorier et d'un membre du bureau et à la chaleur des enchères. — Affre, p. 309.

461. — L'adjudication n'est définitive qu'après l'approbation du préfet. — Ord. 7 oct. 1818; L. 15 mai 1818, art. 18. — Vingt jours après cette approbation, le bail doit être enregistré.

462. — Les baux des fabriques étant passés devant notaire font foi en justice jusqu'à inscription de faux, et ont le privilége de l'exécution parée attaché aux actes de l'autorité publique. — Affre, p. 311.

463. — Mais les baux de fabrique n'ont plus pour effet, sous l'empire du Code civil, d'emporter hypothèque de plein droit. Seulement, le décret du 12 août 1807 exigeant que l'hypothèque sur les biens du preneur soit stipulée dans l'acte, le bail pourrait être annulé si cette clause était omise. Les biens servant de gage à la fabrique doivent être désignés, et leur prix doit être plus considérable que celui de la totalité du bail. Il n'est donc pas nécessaire que l'inscription soit prise sur tous les biens du fermier; ce serait assez d'en hypothéquer un seul, si ce bien garantissait suffisamment l'exécution du bail. — V. conf. Carré, n° 400; Affre, p. 310.

464. — Le décret du 11 therm. an XII, concernant les hospices, et rendu commun aux fabriques, porte que les inscriptions hypothécaires, prises dans l'intérêt de ces établissemens, ne sont radiées, modifiées ou changées que sur la décision des conseils de préfectures.

465. — Conformément à une décision du 24 pluv. an XIII, la fabrique ne doit avancer ni le droit d'hypothèques, ni le salaire des préposés. — V. Persil, *Régime hypoth.*, t. 2, p. 104, n° 2.

466. — Aucun membre du bureau ne peut être adjudicataire. — Décr. 1809, art. 61 ; ord. 7 oct. 1818, art. 5,

467. — Les baux de plus de dix-huit ans, pour les biens ruraux, et de plus de neuf ans pour les autres, exigent en outre : 1° une délibération du conseil de fabrique; 2° une enquête *de commodo* et *incommodo* faite par le juge de paix ou son suppléant, assisté du trésorier (l'enquête est précédée par des affiches apposées huit jours auparavant, et invitant à donner des renseignemens à l'effet de dresser le projet de bail); 3° une ordonnance royale. — V. sur la forme de cette ordonnance, *infrà* n° 471. — V. au surplus v° BAIL ADMINISTRATIF, n°s 57 et suiv., 107 et suiv.

468. — La fabrique régit les immeubles qu'elle possède, lorsqu'au lieu de les louer moyennant un certain prix, elle prépose quelqu'un à leur exploitation. Mais elle ne peut employer ce moyen qu'autant qu'elle y est autorisée. Le préfet peut permettre cette régie lorsque le revenu ne dépasse point 1,000 fr.; le ministre des cultes, lorsque ce revenu est au-dessus de 1,000 fr., mais au-dessous de 2,000 fr., et le roi, lorsque le revenu est de 2,000 fr. et au-dessus. — V. Carré, n° 298; Affre, p. 319.

469. — « Toutefois, dit M. Affre, il y aurait peut-être exception pour le cas où elle posséderait un champ, une vigne ou un jardin attenant au presbytère, et dont elle abandonnerait l'exploitation au curé; et encore, dans ce cas, il vaudrait mieux qu'elle se fît autoriser. » — V. circ. min., 31 déc. 1809.

470. — Le bureau des marguilliers peut être autorisé par le conseil, soit à régir la location des chaises et bancs mobiles, et chapelle, soit à la mettre en ferme. Tout ce qui concerne cette mise en régie ou cette location est expliqué v° BANCS ET CHAISES DANS LES ÉGLISES ET CHAPELLES.

471. — *Acquisitions.* — Les fabriques des cures, succursales et chapelles vicariales peuvent, d'après la loi du 2 janv. 1817 et le décret du 30 déc. 1809, acquérir, soit à titre gratuit, soit à titre onéreux, à la charge d'obtenir l'autorisation du gouvernement. — Une ordonnance récente du 27 déc. 1846, relative aux attributions des comités du conseil d'état, porte que les projets d'ordonnance seront immédiatement soumis au roi, après avoir été délibérés dans les comités, lorsqu'ils auront pour objet d'autoriser soit l'acceptation de legs ou donations faits à des établissemens publics qui n'auront donné lieu à aucune réclamation et qui ne dépasseront pas 50,000 fr., soit des acquisitions, aliénations, concessions, échanges, baux à longs termes, emploi de capitaux par les mêmes établissemens, lorsqu'il n'y aura pas de réclamans. — La même ordonnance ajoute que tout projet d'ordonnance portant réduction ou refus d'autorisation sera soumis à l'assemblée générale, et qu'il en sera de même dans tous les cas où les ministres, soit d'office, soit sur la proposition des comités, prononceront le renvoi au conseil d'état.

472. — *Acquisition à titre gratuit.* — Déjà, dans le but de prévenir la concentration de biens trop nombreux dans les mains des corporations et établissemens publics, concentration qui était, au reste, en grande partie consommée, et qui ne pouvait que s'accroître, les gens de main-morte ne pouvant aliéner, un édit du roi déclara, en 1749, qu'à l'avenir les libéralités faites aux colléges, séminaires, hospices et communautés religieuses, ne seraient valides qu'autant qu'elles auraient été, préalablement à leur acceptation, autorisées par lettres-patentes. — Art. 1er, 2 et 3.

473. — Mais les dispositions de cet édit ne s'étendaient cependant point à tous les établissemens. — Ainsi jugé que l'édit de 1749, qui exige la permission expresse et préalable du roi, pour les dispositions faites en faveur des établissemens de main-morte, n'est plus en vigueur depuis les lois nouvelles qui régissent les établissemens publics, et n'était pas d'ailleurs applicable à la fondation d'une chapelle vicariale. — *Colmar*, 31 juil. 1823, Meinrard c. Ettwiller.

474. — Postérieurement au concordat de l'an IX, le gouvernement avait régularisé par son approbation la formation de divers établissemens ecclésiastiques. Ces établissemens, en vertu de l'art. 73 et 74 du concordat précité, ne pouvaient acquérir que des rentes sur l'état. On avait craint que la faculté de donner des immeubles ne joignît à divers autres inconvéniens celui de devenir un prétexte de solliciter et d'obtenir, sous les apparences d'une fondation libre, la restitution souvent forcée des biens qui avaient appartenu au clergé, et dont l'aliénation avait été ordonnée par les lois. Mais le décr. du 12 août 1809, et l'ord. du 10 juin 1814, relative aux fondations, dons et legs faits aux églises, séminaires, fabriques, hospices, etc., étendirent, sous ce rapport, la capacité de ces établissemens, et déterminèrent les formes de l'autorisation. Enfin la multiplicité des associations religieuses provoqua la présentation de la loi du 2 janv. 1817, qui, proclamant d'abord la nécessité d'une loi pour reconnaître l'existence d'un établissement ecclésiastique, permit ensuite à leur égard les legs ou donations d'immeubles ou rentes, sauf l'autorisation du roi. — V. aussi l'arrêté du 4 pluv. an XII.

475. — On a demandé si les fabriques pouvaient recevoir des legs universels. Aucune disposition légale ne s'y oppose. La loi du 24 mai 1835, qui défend aux membres des communautés religieuses de faire des legs universels au profit de ces communautés (V. COMMUNAUTÉS RELIGIEUSES), doit être renfermée dans son objet; elle ne s'applique pas aux fabriques. — Rolland de Villargues, *Rép. du not.*, v° *Fabrique*, n° 72.

476. — Pour éviter que les fabriques ne soient injustement privées des dons ou legs qui leur auraient été faits, l'art. 58, décr. 1809, dispose que « tout notaire devant lequel il aura été passé un acte contenant donation entre-vifs ou disposition testamentaire au profit d'une fabrique, sera tenu d'en donner avis au curé ou desservant. »

477. — Tout acte contenant des dons ou legs à une fabrique est remis au trésorier, qui en fait son rapport à la prochaine séance du bureau. — Décr. 1809, art. 59. — La fabrique prend une délibération par laquelle elle émet son avis sur le legs ou la donation, et cette délibération est envoyée au préfet, pour être transmise au ministre des cultes.

478. — Le bureau, dit M. Affre (p. 264), dans l'examen auquel il se livre, n'a pas à examiner si le don ou legs est fait conformément aux lois, mais s'il est ou non avantageux.

479. — Le mode général d'acceptation, prévu par les art. 910 et 937, C. civ., a été développé par une ordonn. du 2 avr. 1817, qui, rendue en exécution de la loi du 2 janv. de la même année, a réservé et modifié en partie les dispositions contenues dans les décrets du 4 pluv. an XII, 12 août 1807 et 30 déc. 1809, et dans l'ord. du 10 juin 1814. — Aux termes de l'art. 1er de cette ordonnance, les dispositions entre-vifs ou testamentaires de biens meubles ou immeubles, faites au profit des églises, ne sont acceptées qu'après l'autorisation du roi, et cette autorisation elle-même n'est donnée que le conseil d'état entendu, et de l'avis préalable des préfets et évêques, suivant les cas.

480. — L'autorisation du préfet suffit pour l'acceptation des dons ou legs en argent ou objets mobiliers n'excédant pas 300 fr. (ord. 2 avr. 1817, art. 1er), laquelle somme doit être en capital, et non en rente. — Arrêté 4 pluv. an XII.

481. — Les dons manuels faits à des fabriques ou autres établissemens publics sont-ils également soumis à la nécessité de l'autorisation? — V. à cet égard DON MANUEL, n°s 28 et suiv. — M. Affre (p. 259) enseigne la négative, qui paraît consacrée par plusieurs arrêts.

482. — Quant à M. Foucart (*Droit public*, t. 3, p. 125 et suiv.), il enseigne l'affirmative. Ses motifs, qui ne manquent point de solidité, sont : « qu'en accordant au don manuel tous les effets d'une donation ordinaire, il faut aussi l'assujétir aux règles générales qui sont prescrites pour ces sortes de donations; qu'ici des considérations d'ordre public font exiger une autorisation du maire pour l'acceptation; que ces considérations, qui s'appliquent à une donation faite ostensiblement dans un acte passé devant notaire, prennent une nouvelle force quand il s'agit d'un fait souvent occulte qui peut avoir lieu entre deux personnes dont l'une a quelquefois sur l'autre une grande influence; que la donation pourrait être faite avec des charges, ou être de telle nature qu'elle entraînerait dans des dépenses considérables, par exemple s'il s'agissait d'une créance dont il faudrait poursuivre le recouvrement. » Il ajoute que « les auteurs ne font nulle difficulté de décider que les règles du fond sont applicables au don manuel, et qu'il doit être annulé quand il est fait au profit d'un incapable; or il y a pour les établissemens publics une incapacité de recevoir qui ne peut être levée que par ordonnance du roi : par conséquent toute donation acceptée par eux avant que cette ordonnance ait été rendue est nulle. »

483. — La soumission ou souscription volontaire faite par un individu de payer une certaine somme pour la construction d'une église peut n'être considérée que comme un contrat commutatif, et non pas seulement comme une donation à titre gratuit soumise pour sa validité aux formalités prescrites à l'égard des donations en général. Ainsi une telle soumission faite entre les mains d'un maire peut être déclarée obligatoire, bien que le soumissionnaire soit décédé avant que le maire fût autorisé à accepter la soumission. — *Cass.*, 7 avr. 1829, Reverchon c. comm. de Morez.

484. — L'autorisation d'accepter peut être implicite et résulter d'une ordonnance qui autorise l'emploi de la somme votée. C'est ce qui a été jugé dans une matière analogue : il s'agissait d'une donation faite à un séminaire. — *Bourges*, 21 nov. 1831, séminaire de Saint-Maxent c. Fraigneau.

485. — La fabrique ne peut accepter avant l'obtention de l'autorisation. Des circulaires des 12 avr. 1819 et 19 janv. 1831 parlent il est vrai, au lieu d'un simple avis, d'une *acceptation provisoire* du bureau; mais le ministre de l'intérieur, consulté sur cette question, a répondu que le bureau n'avait qu'un simple avis et des observations à soumettre, conformément à l'art. 59, décr. 30 déc. 1809. — Et M. Affre (p. 267) dit que les auteurs des circulaires se sont trompés lorsqu'ils ont renvoyé, comme consacrant ce droit d'acceptation provisoire, à l'art. 3 de l'ord. du 2 avr. 1817.

486. — Seulement, suivant l'art. 2 de la même ordonnance, lorsqu'un don ou un legs est chargé de services religieux, l'autorisation ne peut être donnée qu'en suite de l'approbation provisoire de l'évêque diocésain. — Cette acceptation, dit M. Affre (p. 267), doit précéder l'envoi des pièces au préfet.

487. — Tant qu'elle n'est pas autorisée, une fabrique n'a pas qualité pour réclamer l'exécution du legs, encore bien qu'il ne s'agisse que d'en fixer l'assiette ou la nature. — Ord. 7 mai 1823. — C'est ce que la cour de Cassation a jugé dans une espèce (analogue) où il s'agissait d'un legs fait à une commune. — *Cass.*, 7 juill. 1834, hosp. de Paris c. comm. de Garches. — Affre, p. 271.

488. — Jugé de même que lorsqu'un legs a été

fait pour le service d'une fondation et qu'une demande en délivrance de ce legs a été portée devant les tribunaux, si une ordonnance royale refuse d'autoriser la fondation à laquelle le legs était destiné, l'autorité judiciaire peut rejeter définitivement la demande en délivrance. Cette autorité ne saurait être réputée avoir ainsi contrevenu à la loi sous le prétexte que l'ordonnance de refus peut être postérieurement réformée par l'autorité administrative, la décision judiciaire ne faisant point obstacle à cette réformation. — *Cass.*, 18 nov. 1834, de Feuchères c. duc d'Aumale. — V. conf. *Paris*, 16 juill. 1833, mêmes parties.

489. — Aux termes d'une ordonnance du 14 janv. 1831 (art. 3), nulle acceptation de legs au profit des fabriques ne doit être présentée à l'autorisation du roi ou du préfet sans que les héritiers connus du testateur aient été appelés par acte extrà-judiciaire pour prendre connaissance du testament, donner leur consentement a son exécution ou produire leurs moyens d'opposition. S'il n'y a pas d'héritiers connus, extrait du testament est affiché de huitaine en huitaine et à trois reprises consécutives au chef-lieu de la mairie du domicile du testateur, et inséré dans le journal judiciaire du département, avec invitation aux héritiers d'adresser au préfet, dans le même délai, les réclamations qu'ils auraient à présenter. — V. aussi DISPOSITION A TITRE GRATUIT, nos 509 et suiv.

490. — Les pièces à fournir par la fabrique qui sollicite l'autorisation d'accepter un legs ou une donation sont : — 1° un extrait du testament ou de la donation ; — 2° un acte de décès ou un certificat de vie du testateur ou donateur ; — 3° l'état de l'actif et du passif ainsi que des revenus et charges des établissemens légataires ou donataires, vérifié et certifié par le préfet ; — 4° un procès-verbal d'évaluation de l'objet légué ou donné ; — 5° copie des pièces constatant que les formalités légales relatives à l'avertissement des héritiers ont été accomplies ; — 6° leur consentement à la délivrance du legs ou le mémoire contenant leurs réclamations. — Ord. 1831, art. 5 ; circ. min. 12 avr. 1819. — Affre, p. 262.

491. — Nous avons exposé plus haut quel était le droit du gouvernement relativement à la réduction des dispositions faites en faveur des fabriques.

492. — Nous ajouterons qu'au surplus l'autorisation, de quelque source qu'elle émane, ne fait que sanctionner, et, en quelque sorte, rendre exécutoires les dispositions ; mais elle n'en préjuge pas la validité, qui peut toujours être contestée devant les tribunaux. L'ordonnance du 12 avr. 1817 contient à cet égard une déclaration expresse. — V. DISPOSITIONS ENTRE-VIFS, n° 492.

493. — C'est au trésorier de la fabrique qu'il appartient d'accepter les dons ou legs faits à cette fabrique (Ord. 2 avr. 1817, art. 3. — V. aussi circ. 12 avr. 1819.), sauf, dit M. Affre (p. 268), le cas où le trésorier serait lui-même donateur ; l'acceptation doit alors être faite par le président de la fabrique.

494. — Les dispositions entre-vifs ou par testament faites au profit des chapelles dont l'érection a été autorisée par le roi, sont acceptées dans les formes et conditions réglées par l'ordonnance du 2 avr. 1817. Si la chapelle n'est pas érigée, le maire devra poursuivre l'érection et l'autorisation d'accepter la libéralité. Les dispositions faites en faveur des annexes érigées, ou dont l'érection n'aurait pas encore été autorisée, ne pourront être acceptées que par le trésorier ou par le desservant de l'église paroissiale, dans la forme déterminée ci-dessus, à la charge de donner à la libéralité reçue la destination indiquée par le donateur. — Ord. 19 janv. 1820. — V. aussi avis cons. d'état 28 déc. 1819.

495. — Les règles du droit commun sur l'acceptation des donations sont applicables aux fabriques, tant qu'il n'y a pas été expressément dérogé. — Favard, v° *Donation entre-vifs*, sect. 2e, § 1er, nos 1er et 8.

496. — D'où il semble résulter que le donateur n'est lié que par la notification qui lui est faite de l'acceptation. — C. civ., art. 932. — Toutefois, M. Affre pense que l'exécution volontaire équivaudrait à la notification de l'acceptation. » — V. au surplus, sur l'acceptation des donations entre-vifs, DONATION ENTRE-VIFS, nos 299 et suiv.

497. — De même, les fabriques ne sont pas restituables contre le défaut d'acceptation. — Favard, *loc. cit.*

498. — Et d'après un avis du comité de l'intérieur du 24 mars 1835, le consentement donné par les héritiers ne peut suppléer cette acceptation. Mais, suivant le même avis, ces héritiers peuvent eux-mêmes faire directement la donation. — Affre, p. 270.

499. — Et l'acceptation ne peut être ni antérieure à l'autorisation ni postérieure au décès du donateur. — Affre, p. 270.

500. — Les fabriques n'étant pas incapables de recevoir, il ne peut y avoir à leur égard *interposition légale* de personnes dans le sens de l'art. 911, C. civ. Ainsi jugé en matière (anal.) de legs fait aux membres d'un bureau de bienfaisance. — *Bruxelles*, 28 mars 1810, Vanheerk c. Verbeken.

501. — Lorsqu'une libéralité est faite collectivement à une fabrique et à d'autres établissemens publics, chacun de ces établissemens doit accepter en ce qui le concerne. — Mais l'autorisation est accordée par une seule et même ordonnance. — Avis cons. d'état 18 oct. 1833.

502. — Si au lieu d'une libéralité faite à plusieurs établissemens désignés pour la recevoir directement, un seul était désigné à cet effet, mais à charge d'en faire profiter un ou plusieurs autres, comme il y aurait là plusieurs donations dont l'une directe et l'autre indirecte, le mode de procéder serait le même : chacun des établissemens intéressés accepterait et y serait autorisé par une seule ordonnance. — Avis cons. d'état, 13 janv., 19 avr. 1833 ; — Affre, p. 268.

503. — S'il n'y avait en faveur d'un établissement qu'une valeur constituant le prix d'une charge imposée, cet établissement pourrait ne pas être appelé à accepter, parce qu'il ne peut pas avoir le caractère d'un donataire, même indirect. Tel est le cas d'une donation faite à une commune, par exemple, avec charge de faire acquitter un nombre déterminé de services religieux par la fabrique ; celle-ci n'étant pas, à proprement parler, gratifiée par le donateur, ne peut être considérée comme donataire, à moins que les termes de la donation ne décident autrement. — Affre, p. 269 ; — circul. min. des cultes, 15 juill. 1838.

504. — *Acquisition à titre onéreux.* — Les fabriques ne peuvent faire d'acquisition à titre onéreux, sans en obtenir, comme pour celles à titre gratuit, l'autorisation du roi. — V. sur la forme de l'autorisation *suprà* n° 471.

505. — En conséquence, l'ordonnance du 14 janv. 1831, relative aux donations et legs, acquisitions et aliénations de biens concernant les établissemens ecclésiastiques, porte, art. 2, « qu'aucun notaire ne pourra passer acte de vente, d'acquisition, d'échange, de cession ou transport, de constitution de rente, de transaction, au nom desdits établissemens, s'il n'est justifié de l'ordonnance royale portant autorisation de l'acte, et qui devra y être entièrement insérée. »

506. — Nous verrons plus bas que l'autorisation est nécessaire, même lorsqu'il s'agit d'acquisition de rentes sur l'état, ou de placemens sur particuliers. — V. *infrà* nos 517 et suiv.

507. — Les formalités à observer, pour obtenir l'autorisation nécessaire, par la fabrique qui veut acquérir un immeuble à titre onéreux, sont d'abord une délibération du conseil de fabrique ; puis l'avis du conseil municipal de la commune, lequel avis est toujours requis pour les autorisations d'emprunter, d'acquérir, d'échanger, d'aliéner, de plaider ou de transiger, demandées par les fabriques des églises et autres administrations préposées à l'entretien des cultes dont les ministres sont salariés par l'état. — L. 18 juill. 1837. — Le surplus des formalités est en tout semblable à celles imposées, dans les mêmes circonstances, aux communes ; on doit seulement joindre aux diverses pièces l'opinion de l'évêque. — Carré, n° 417.

508. — Quand le ministre des cultes, sur le vu des pièces qui lui sont envoyées par le préfet, fait son rapport au roi et fait signer une ordonnance approuvant l'acquisition, l'acte est passé entre le trésorier de la fabrique et le vendeur. — Arrêté 7 germin. an IX ; circul. min. 29 janv. 1831. — Les frais, à moins de stipulation contraire, sont supportés par l'établissement acquéreur, selon les termes généraux de l'art. 1593, C. civ. ; — Affre, p. 288.

509. — Il est, toutefois, un cas où la fabrique pourrait acquérir sans autorisation : lorsque, créancière d'un particulier dont elle a poursuivi l'expropriation, elle s'est, en l'absence de tout enchérisseur, rendue adjudicataire de l'immeuble exproprié pour se remplir de sa créance, parce que l'adjudication en ce cas n'est que la conséquence naturelle du droit d'expropriation, et ne peut être assimilée à une acquisition volontaire. — M. Affre (p. 288) présente cette décision comme contenue dans le considérant d'un décret rendu au profit de l'université, le 12 sept. 1811. — Conf. Carré, n° 418 ; Rolland de Villargues, v° *Fabrique*, n° 21.

510. — Mais si un autre a poursuivi l'expropriation, la fabrique peut alors, il est vrai, surenchérir, mais seulement pour faire un acte conservatoire, et non pour devenir adjudicataire. — V. conf. Carré, n° 419 ; Affre, *ibid.*

511. — Dans le cas même où la fabrique a dirigé les poursuites, elle ne peut, à moins d'y être autorisée, acquérir au-delà de sa créance, et il faut toujours, pour que l'acquisition soit réputée valable, qu'elle soit contrainte de se charger de l'immeuble, faute d'acquéreur. — Affre, *ibid.*

512. — *Remboursement des rentes ; emploi et remploi des capitaux.* — Le remboursement des rentes et capitaux dus aux fabriques peut toujours avoir lieu quand des débiteurs se présentent pour se libérer. Mais ils doivent avertir les marguilliers, dans la personne du trésorier, un mois d'avance, afin que ces administrateurs avisent, pendant ce temps, aux moyens de placemens, et requièrent les autorisations nécessaires de l'autorité supérieure. — Avis cons. d'état 21 déc. 1808. — V. aussi L. 18-29 déc. 1790. — V. *suprà* n° 471.

513. — Jugé, sur ce point, que les administrateurs des fabriques reçoivent valablement, bien qu'ils n'aient pas réclamé préalablement l'adhésion de l'autorité supérieure, le remboursement des rentes constituées au profit des établissemens qu'ils dirigent. — *Cass.*, 11 vendém. an X, Brigant.

514. — Mais une fois le remboursement effectué de ces rentes ou autres capitaux, les fabriques doivent employer les sommes provenant de ces remboursemens, ainsi que les deniers résultant de donations ou legs dont l'emploi n'aurait pas été déterminé par la fondation, le prix de ventes ou soultes d'échanges et les revenus excédant l'acquit des charges ordinaires. — Décr. 1809, art. 63.

515. — Une circulaire ministérielle, du 7 sept. 1819, indique la manière dont doivent être faits les placemens des sommes provenant de fondations, et dont l'emploi a été déterminé en rentes sur l'état.

516. — Les ordonnances et arrêtés d'autorisation des dons et legs faits aux fabriques déterminent, pour le plus grand bien de ces établissemens, l'emploi des sommes données, et prescrivent la conservation ou la vente des effets mobiliers, lorsque le testateur ou le donateur a omis d'y pourvoir. — Ord. 1817, art. 4.

517. — L'ordonnance du 2 avr. 1817 avait, par son art. 6, dispensé les acquisitions et remplois en rentes sur l'état et sur les villes de l'autorisation ; la même disposition était contenue dans un avis antérieur du conseil d'état du 21 déc. 1808, avis modifié plus tard par un décret du 16 juill. 1810. Mais l'ordonnance du 14 janvier 1831 a disposé, d'une manière générale, que l'art. 6 de l'ordonnance de 1817 ne serait plus exécuté, et qu'en conséquence, aucun transfert ni inscription de rentes sur l'état, au profit d'un établissement ecclésiastique, ne serait effectué qu'autant qu'il aurait été autorisé par une ordonnance royale, dont l'établissement intéressé présenterait, par l'intermédiaire de son agent de change, expédition en due forme au directeur du grand livre de la dette publique. — Art. 1er.

518. — De même les placemens de rentes sur particuliers, qui pouvaient, selon les cas, être autorisés par le préfet ou le ministre des cultes seul, aux termes du décret précité du 16 juill. 1810, ne peuvent plus l'être aujourd'hui que par une ordonnance du roi. — Ord. 14 janv. 1831, art. 2.

519. — Il en résulte que si, par suite d'un placement non autorisé sur particulier, une fabrique éprouvait une perte ou un préjudice quelconque, les marguilliers et le trésorier en seraient personnellement responsables. — Carré, n° 428.

520. — Quant aux placemens en biens-fonds ou autres, les fabriques doivent se conformer aux règles tracées pour les acquisitions, échanges, etc., c'est-à-dire, se faire autoriser par une ordonnance rendue en conseil d'état, sur l'avis du ministre des cultes. — Avis cons. d'état 21 déc. 1808. — V. *suprà* n° 471.

521. — Une ordonnance du 22 nov. 1826, insérée au *Bulletin des lois* le 28 sept. 1835, porte ce qui suit : « A l'avenir, les fonds provenant des coupes extraordinaires adjugées dans les quarts de réserve des bois appartenant..... aux fabriques et autres établissemens ecclésiastiques, et dont, aux termes des ordonnances royales des 5 sept. 1821 et 31 mars 1825, le montant était placé en partie au trésor royal et en partie à la caisse des dépôts et consignations, seront recouvrés en totalité par les receveurs généraux des finances, à titre de placement en compte-courant au trésor royal, pour être tenus, avec les intérêts qui en proviendront, à la disposition des... établissemens ci-dessus rappelés, sur la simple autorisation des préfets. »

522. — Lorsque les fabriques font des placemens sur particuliers, ainsi que dans tout autre cas où elles ont des débiteurs, le trésorier ni aucun autre membre de la fabrique ne peuvent, sous peine d'en supporter personnellement les conséquences, accepter de ces débiteurs des déclarations sous seing-privé. L'art. 83, décr. 1809, leur prescrit implicitement d'exiger des titres récognitifs rédigés par un notaire.

523. — Par suite, une lettre ministérielle du 15 mai 1811 a décidé que les notaires ou autres dépositaires devaient, lorsqu'ils en étaient requis par les fabriques, délivrer à ces dernières des copies des titres récognitifs de leurs droits. — C. procéd. civ., art. 839; L. 25 vent. an XI, art. 23.

524. — *Aliénations.* — On entend généralement par aliénation tout acte, quelle qu'en soit la dénomination, par lequel un individu transfère à un autre la propriété partielle ou totale de son fonds ou de sa chose. Cette expression comprend donc les ventes, échanges et transactions, et les établissemens de servitudes, coupes d'arbres et tourbages, et même les hypothèques, qui sont une sorte d'aliénation de fonds.

525. — Les donations sont aussi des aliénations, mais elles ne sont pas permises aux fabriques. — Affre, p. 295.

526. — Les fabriques ne peuvent aliéner leurs biens qu'en vertu d'une ordonnance royale qui les y autorise (L. 2 janv. 1817); et la demande qu'elles en font doit être basée sur l'urgence ou tout au moins une notable utilité (Affre, p. 294). — V. sur la forme de l'autorisation *suprà* nº 471. — Mais, indépendamment de la volonté des fabriques, leurs biens peuvent encore être aliénés pour cause d'expropriation pour utilité publique. — Carré, nºs 406 et 407.

527. — Carré (nº 409) émet l'opinion que, sous la législation actuelle comme sous l'ancienne, une aliénation faite sans cause, encore que toutes les formalités eussent été remplies, serait susceptible d'annulation si elle était préjudiciable à la fabrique, celle-ci étant considérée comme mineure. Et comme la minorité des fabriques est perpétuelle, on pourrait dans leur intérêt invoquer la prescription trentenaire, et non pas seulement celle de dix ans qui court contre les mineurs, à dater de leur majorité, pour les actes passés à leur désavantage avant cette majorité.

528. — D'après un avis du conseil d'état du 31 mai 1833, donné en matière de vente des biens de communes, mais évidemment applicable aux fabriques, le motif que le produit actuel des biens immeubles est inférieur à celui que rapporteraient des fonds placés sur l'état, n'est pas à lui seul un motif suffisant pour légitimer une aliénation. — Affre, p. 296.

529. — Les formalités relatives à la vente des biens de fabriques, et qui doivent précéder l'autorisation du gouvernement, sont, d'après la circulaire ministérielle du 29 janv. 1831, les mêmes que celles requises pour les acquisitions. Toutefois, bien qu'au nombre de ces formalités se trouve une expertise contenant estimation de l'immeuble, cette expertise ne doit pas toujours être contradictoire, ainsi que semblerait l'exiger l'instruction ministérielle du 12 avr. 1819; il est impossible de l'exiger dans les cas d'adjudication aux enchères. Mais elle serait nécessaire s'il n'y avait point d'enchérisseurs et qu'il se présentât un soumissionnaire. — V. conf. Carré, nº 412; Affre, p. 297.

530. — L'avis de l'évêque et les délibérations de la fabrique doivent être les deux actes prépondérans. — Autrefois, dit M. Affre (p. 298), ils étaient seuls exigés, et c'est d'après eux seuls que le roi autorisait les aliénations des biens d'église. — C'est aussi d'après cette règle, ajoute-t-il, qu'il faudrait juger la validité des aliénations qui ont précédé le 7 thermid. an XI.

531. — Mais il a été jugé que lorsque rien ne justifie de la cause qui a pu anciennement autoriser l'aliénation des biens de l'église, et que le titre invoqué dénote même l'absence de cette cause, une pareille aliénation doit être considérée comme nulle. — *Cass.*, 24 juin 1835, comm. d'Aiguetebia c. préf. Pyrénées-Orientales.

532. — En général la vente doit avoir lieu aux enchères. — Avis cons. d'état, 30 mai 1834, 3 avr. 1833, 10 fév. 1835. — Toutefois, et bien que la circulaire du 29 janv. 1831 défende les aliénations à l'amiable, elles peuvent être exceptionnellement autorisées: 1º quand l'objet est d'une valeur minime; 2º en cas d'avantage évident qui rende la formalité des enchères inutile; 3º en cas de vente faite par les fabriques à un autre établissement public. — Avis cons. d'état 27 fév. 1833; 18 déc. 1835.

533. — La vente d'un bien de fabrique, lorsque d'ailleurs il y avait des causes suffisantes de vendre, ne peut être résiliée pour cause de lésion des sept douzièmes, conformément aux art. 1674 et suiv., C. civ.: l'aliénation étant précédée d'une expertise, il y a présomption légale que l'immeuble a été vendu sa juste valeur. — V. conf. Carré, nº 414; Affre, p. 300.

534. — Lorsqu'en l'absence de tout enchérisseur, un soumissionnaire s'est présenté pour acheter un bien de fabrique, il ne peut ensuite retirer sa soumission, sous le prétexte que, celle-ci ne pouvant

avoir de valeur que par l'approbation du gouvernement, cette approbation n'est point encore parvenue. La soumission demeure obligatoire, nonobstant ce retard, et jusqu'à ce qu'elle ait été dûment approuvée, surtout s'il n'a point été stipulé de délai pour l'obtention de l'autorisation royale, et lorsque la soumission a été déjà exécutée en partie par son auteur. Cependant, les tribunaux peuvent fixer à la fabrique un délai fatal pour se munir de l'autorisation du roi. — *Colmar*, 27 fév. 1830, fabr. de Molsheim.

535. — Aucun des membres du bureau des marguilliers ne peut se porter, soit pour adjudicataire, soit même pour associé de l'adjudicataire, des ventes, marchés de réparations, constructions, reconstructions ou baux des biens de la fabrique. — Décr. 30 déc. 1809, art. 61. — Cette disposition doit s'étendre aux membres du conseil de fabrique, aux termes de l'art. 1596, C. civ., et la vente à l'amiable, dans le cas où elle est autorisée, ne pourrait avoir lieu en leur faveur. — Affre, p. 297 et 301.

536. — Aucune disposition législative ne fait aux fabriques une obligation de se pourvoir de l'autorisation du roi ou du préfet pour procéder à la vente des meubles appartenant à ces fabriques. Néanmoins, quoique les matériaux provenant d'une démolition, ou destinés à une autre construction, soient réputés meubles par l'art. 532, C. civ., une décision du ministre de l'intérieur, du 12 juill. 1819, dispose que les bois, pierres et tous autres matériaux provenant de la démolition d'un édifice de fabrique ne peuvent être vendus que sur l'avis de l'évêque diocésain, et avec l'autorisation du préfet. — Affre, p. 300.

537. — *Échanges.* — Les échanges opérés par les fabriques se font dans les mêmes formes que les acquisitions; mais l'envoi du budget n'est pas nécessaire, quand il n'y a point de soulte à payer. — Affre, p. 301.

538. — *Transactions.* — Les fabriques peuvent transiger, mais seulement avec l'autorisation du roi (C. civ., art. 2045). On doit suivre, pour l'obtenir, les formes tracées pour les hospices et les communes par les arrêtés du gouvernement des 7 messid. an IX (26 juin 1801) et 21 frim. an XII (13 déc. 1803). Le conseil de fabrique délibère, et sa délibération, envoyée au préfet, est, dans l'usage, soumise à l'examen de trois jurisconsultes choisis par ce fonctionnaire, pour avoir leur avis. — C. civ., art. 467. — L'ord. précitée du 27 déc. 1846 porte que le projet d'ordonnance d'autorisation pour les transactions des établissemens publics sera soumis directement au roi après délibération des comités du conseil d'état, sans avoir besoin d'être soumis à l'assemblée générale, lorsque les autorités dont les avis doivent être pris, aux termes des lois et réglemens, auront donné leur adhésion au projet. — V. *suprà* nº 471. — V. COMMUNES, HOSPICES, TRANSACTION.

539. — *Arbitrage.* — Quant à l'arbitrage, il est interdit aux fabriques; c'est ce qui résulte des art. 83, 1000 et 1004, C. procéd. civ. — V. COMPROMIS, nº 65, 130, 137.

540. — *Hypothèques, servitudes, etc.* — Les droits et charges qui diminuent la propriété, tels que la servitude, l'usufruit, l'hypothèque, l'antichrèse, etc., ne peuvent être établis sans l'autorisation du roi, sur l'avis du préfet et de l'évêque. — Affre, p. 306.

541. — *Coupes d'arbres et tourbages.* — Les coupes d'arbres sont, suivant les circonstances, autorisées par le roi ou par le préfet. D'après une décision du ministre de l'intérieur, interprétative de l'art. 90 du Code forestier, le préfet est investi d'une autorité suffisante pour permettre la coupe des arbres épars plantés sur le cimetière ou sur tout autre terrain appartenant à la fabrique ou à la commune. — Dans tous les cas, les fabriques doivent se conformer, pour les coupes d'arbres, aux formalités prescrites par un arrêté du 8 thermid. an IV. — Carré, nº 415; Affre, p. 306. — Sur les principes qui régissent les bois appartenant aux établissemens publics, V. FORÊTS.

542. — Les tourbières peuvent être exploitées par voie d'économie ou par adjudication. Lorsqu'elle veut extraire la tourbe, la fabrique prend, sur le moyen qu'elle désire adopter, une délibération qu'elle adresse au préfet, et ce dernier, lorsqu'il est favorable à la demande, doit solliciter l'autorisation du ministre. — Les travaux des tourbages sont surveillés par le trésorier de la manière indiquée par l'autorisation. L'exploitation des tourbières n'étant pas d'ailleurs soumise à des réglemens uniformes, les fabriques doivent consulter et observer les arrêtés spéciaux rendus par les préfets sur cette matière. — Affre, p. 308. — V. TOURBIÈRES.

543. — *Emprunts.* — Les emprunts faits par les fabriques ne sont valables que lorsqu'ils ont été

autorisés par une ordonnance royale, rendue sur le vu d'une délibération du conseil constatant la nécessité, la quotité, les conditions, l'emploi de l'emprunt et les moyens de ce remboursement, et sur l'avis du conseil municipal, du sous-préfet, de l'évêque et du préfet. — L. 10 août 1791 et 18 juill. 1837. — Aux termes de l'ord. du 27 déc. 1846, le projet d'autorisation est soumis au roi après délibération des arrêtés du conseil d'état, sans avoir besoin d'être soumis à l'assemblée générale, lorsque le remboursement des emprunts devra s'opérer à l'aide des revenus ordinaires, et un délai de moins de dix ans. — V. aussi *suprà* nº 471.

544. — Cependant, la nullité des emprunts contractés par les fabriques sans autorisation préalable du gouvernement, n'est pas absolue; les prêteurs ne peuvent s'en prévaloir, elle ne peut être invoquée que par les fabriques.

545. — Les fabriques des paroisses, quant à la capacité des membres qui les composent, sont assimilées aux mineurs, auxquels il est toujours permis d'améliorer leur condition, et, en conséquence, la nullité des emprunts faits par les fabriques, sans l'autorisation préalable du gouvernement, ne peut être prononcée que dans leur intérêt. — *Orléans* (et non *Paris*) 2 mars 1829, fabrique de Recouvrance c. Faisian.

546. — Mais, quand les fabriques demandent et obtiennent l'annulation des emprunts contractés en leur nom par les administrateurs de ces établissemens, les prêteurs ont alors une action contre les fabriciens qui ont consenti l'acte, et ceux-ci ne peuvent se libérer que sur leurs biens personnels et non sur les deniers de l'église.

547. — *Actes conservatoires.* — On appelle acte conservatoire toute précaution prise extrà-judiciairement, c'est-à-dire sans former précisément une action devant les tribunaux, afin de conserver un droit.

548. — Le trésorier est tenu de faire tous actes conservatoires pour le maintien des droits de la fabrique, et toutes diligences nécessaires pour le recouvrement de ses revenus (Décr. 1809, art. 78). A ce titre, il doit, quand il y a lieu, former des saisies-arrêts, prendre une inscription hypothécaire, provoquer une apposition de scellés, demander un compulsoire, passer les titres nouvels ou récognitifs de rentes.

549. — C'est comme actes conservatoires qu'une circulaire ministérielle, du 21 déc. 1833, a recommandé aux trésoriers, et même aux fabriciens, de veiller, sous leur responsabilité personnelle à faire interrompre toutes les prescriptions prêtes à s'accomplir.

550. — Le trésorier et les marguilliers n'ont pas besoin, pour faire les actes conservatoires, d'avoir une autorisation. Et il a été jugé, à cet égard, que le trésorier ou les marguilliers peuvent, sans autorisation, faire une surenchère (une surenchère n'étant qu'un acte conservatoire), alors surtout qu'avant la réquisition de mise aux enchères l'autorisation a été demandée. — *Bruxelles*, 20 avr. 1811, Croitteux c. fabr. du Sablon. — V. SURENCHÈRE.

551. — De même, le trésorier devant, lorsqu'il a été fait à la fabrique une donation entre-vifs ou testamentaire, accomplir, en attendant l'autorisation d'accepter, tous les actes conservatoires (ord. 2 avr. 1817, art. 5), n'est point obligé, pour faire ces actes, et même pour ester en jugement sur les difficultés auxquelles ils peuvent donner lieu, de se munir de l'autorisation du conseil de préfecture. — Anal. *Cons. d'état*, 28 mars 1821 (ord. rendue au profit d'un hospice), Moydieu.

ART. 2. — *De l'apurement des comptes.*

552. — Indépendamment des comptes trimestriels auxquels il est assujéti, comme nous l'avons dit plus haut, le trésorier est tenu, dans la séance du premier dimanche de mars, de présenter son compte annuel au bureau des marguilliers. Ce compte, avec les pièces justificatives, est communiqué au bureau, sur le récépissé de l'un de ses membres. — Décr. 1809, art. 85.

553. — Les marguilliers font au conseil, dans la séance du dimanche de *Quasimodo* (ord. 12 janv. 1825, art. 2), le rapport du compte, et ce dernier est examiné, clos et arrêté dans cette séance, qui peut cependant, s'il en est besoin, être prorogée, pour cet effet, au dimanche suivant. — Même article.

554. — S'il arrive, de la part des administrateurs, quelques débats sur un ou plusieurs articles du compte, le compte n'en est pas moins clos, sous la réserve des articles contestés. — Art. 86.

555. — L'évêque peut nommer un commissaire pour assister, en son nom, au compte annuel; mais si ce commissaire est un autre qu'un grand-vicaire, il ne peut rien ordonner sur le compte, mais seulement dresser procès-verbal sur l'état de

la fabrique et sur les fournitures et réparations à faire à l'église. Dans tous les cas, les archevêques et évêques, en cours de visite, ou leurs vicaires généraux, peuvent se faire représenter tous comptes, registres et inventaires, et vérifier l'état de la caisse. — Art. 87.

556. — Si le compte n'a soulevé aucun débat, et s'il n'y a pas lieu de recourir aux subventions communales, il n'a besoin d'aucune approbation, à moins que l'évêque, ainsi qu'il en a toujours le droit, ne veuille le voir et le soumettre à son approbation. — Décis. min. 10 mars 1812. — Et la délibération de la fabrique est immédiatement exécutoire.

557. — Mais si le compte a soulevé des débats, les contestations sont soumises à l'évêque.

558. — « En général, dit M. Affre (p. 350), on n'appelle pas de la décision de l'évêque, et la loi n'a pas prévu cet appel. Mais s'il avait lieu, quel en serait le juge ? — Le conseil de préfecture, s'il y avait eu débat sur les comptes ; le ministre, s'il s'agissait d'une décision administrative, concernant, par exemple, un emploi de fonds ; le métropolitain, s'il fallait décider que telle prescription épiscopale concernant l'église et les objets religieux qui y sont renfermés, est ou n'est pas conforme aux lois canoniques. »

559. — Jugé que les comptes des trésoriers des fabriques doivent être rendus, débattus et réglés en la forme administrative, et non devant les tribunaux. Il n'y a lieu de s'adresser à ceux-ci que pour faire ordonner la reddition du compte ou le paiement du reliquat, si le trésorier s'y refuse, ou pour faire juger les contestations élevées sur des articles du compte, sauf à l'autorité administrative à régler ensuite et à arrêter définitivement le compte. — *Cass.*, 9 juin 1823, fabr. de Sainte-Marguerite de l'Autel c. Olivier Duvalet.

560. — Jugé que la signification d'un compte nouveau général s'oppose à ce que celui qui l'a faite puisse exciper de ce qu'un autre compte a été précédemment arrêté, et que lorsque divers articles de dépense ont été admis dans des comptes particuliers appuyés de pièces, et que ces divers articles sont reproduits dans un compte général, on ne peut les rejeter sous prétexte qu'il n'y a pas de pièces à l'appui. — *Cons. d'état*, 13 mai 1829, fabr. de Sainte-Marguerite de l'Autel c. Olivier Duvalet.

561. — Lorsque le compte est arrêté, le reliquat est remis au trésorier en exercice qui est tenu de s'en charger en recette : il lui est en même temps remis un état de ce que la fabrique a à recevoir par baux à ferme, une copie du tarif des droits casuels, un tableau par approximation des dépenses, celui des reprises à faire, celui des charges et fournitures à acquitter. Il doit être, dans la même séance, dressé sur le registre des délibérations acte de ces remises, et copie en est délivrée en bonne forme au trésorier sortant pour lui servir de décharge. — Décr. 1809, art. 88.

562. — Le compte annuel est en double copie dont l'une est déposée dans la caisse ou armoire à trois clés, l'autre à la mairie. — Même décret, art. 89. — Il doit en être donné communication au conseil municipal dans les communes où la fabrique reçoit des secours sur les fonds communaux. — L. 18 juill. 1837, art. 20, § 7.

563. — Faute par le trésorier de présenter son compte à l'époque fixée, et d'en payer le reliquat, s'il y en a, celui qui lui succède est tenu de faire, dans le mois au plus tard, les diligences nécessaires pour l'y contraindre ; et, à son défaut, le procureur du roi, soit d'office, soit sur l'avis qui lui en est donné par l'un des membres du bureau ou du conseil, soit sur l'ordonnance rendue par l'archevêque ou l'évêque en cours de visite, est tenu de poursuivre le comptable devant le tribunal de première instance, et le fait condamner à payer le reliquat, à faire régler les articles débattus, ou à rendre son compte, s'il ne l'a été, le tout dans un délai qui est fixé ; sinon, et ledit temps passé, à payer provisoirement, au profit de la fabrique, la somme égale à la moitié de la recette ordinaire de l'année précédente, sauf les poursuites ultérieures. — Décr. 1809, art. 90.

564. — On doit entendre par recette ordinaire celle qui provient des revenus certains et fixes de la fabrique, comme le produit des biens affermés, des rentes, etc. ; les recettes extraordinaires sont celles qui ne sont que casuelles, comme les dons et legs. De même, les dépenses ordinaires sont celles dont le montant est fixe et l'objet déterminé, comme les rentes ou intérêts dus par la fabrique, l'acquit des fondations, etc. ; et les dépenses extraordinaires sont celles dont le montant n'est pas susceptible de détermination, telles sont les réparations d'édifices, les frais d'achat et d'entretien des ornemens, etc.

565. — V. en outre relativement aux principes applicables aux trésoriers des fabriques, comme comptables publics, sous le rapport de la responsabilité ou autres, COMPTABLES PUBLICS.

566. — On peut lire dans M. Affre (p. 351 et suiv.) diverses formules indiquées aux trésoriers de fabriques pour la tenue de leurs comptes et procès-verbaux, et adoptées par l'autorité diocésaine.

567. — La circulaire précitée du 15 mars 1839, du ministre des cultes, recommande aussi aux évêques de veiller à ce que la formation et la présentation des comptes des trésoriers aient lieu régulièrement et ne soient pas une formalité purement illusoire.

ART. 3. — *Du timbre et de l'enregistrement.*

568. — Les registres des recettes et dépenses et ceux des délibérations, comme tous les actes ayant pour objet l'ordre ou l'administration intérieurs des fabriques, sont exempts du timbre et de l'enregistrement. — Décr. 30 déc. 1809, art. 81 ; L. 15 mai 1818, art. 80 ; instr. 181 et 941, de l'administration de l'enregistrement.

569. — Les seuls actes et registres assujétis au timbre et à l'enregistrement, sont ceux qui ont trait aux conventions faites entre la fabrique et des particuliers, et portant transmission de propriété, d'usufruit ou de jouissance quelconque ; les adjudications ou marchés de toute nature, aux enchères, au rabais ou sur soumissions, et les cautionnemens relatifs à ces actes. — L. 15 mai 1818, art. 78 ; décis. min. fin. 12 mars 1827 ; instr. gén. 30 juin 1827, nº 1210, § 14 ; — Rolland de Villargues, vº *Fabrique*, nº 104 ; Affre, p. 126.

570. — Les doubles des comptes des trésoriers des fabriques, ainsi que les quittances *au-dessus de 10 fr*, sont sujets au timbre. Toutefois, il faut excepter de cette règle les quittances de traitement des préposés et employés divers des fabriques, quittances que le droit de timbre n'atteint que lorsque le traitement annuel excède 300 fr. — Décis. min. fin. 17 oct. 1809, 12 mars et 19 nov. 1827 et 10 juin 1837 ; instr. gén. 23 nov. 1809, nº 454, § 5 ; 30 juin 1827, nº 1210, § 14 ; 22 janv. 1828, nº 1231, § 1er, et 31 déc. 1838, nº 1577, § 25.

571. — Les quittances même au-dessous de 10 fr. seraient assujéties au timbre s'il s'agissait d'un à-compte ou d'une quittance finale sur une somme au-dessus de 10 fr. — Affre, p. 125.

572. — Sont exempts du timbre, à titre d'actes d'administration intérieure, les mandats que délivrent les membres des conseils de fabrique ; mais il n'en est pas de même de l'acquit de la partie prenante apposé sur le mandat : cette quittance nécessite l'emploi du papier timbré dans les cas susmentionnés. — Déc. min. fin. 17 oct. 1809 ; inst. gén. 23 nov. 1809, nº 454, §§ 2 et 3. — Du reste, le droit est de 35 cent. seulement, quelle que soit la dimension du mandat ; et l'on peut même apposer l'acquit sur un mandat non timbré, pourvu qu'à ce mandat soit annexée une quittance particulière sur papier timbré. — Déc. min. fin. 21 mars 1828 ; 16 juill. 1829 ; inst. gén. 14 avr. 1828, nº 1239, § 1er ; 10 avr. 1829, nº 1273 ; 30 juill. 1829, nº 1286 ; — Rolland de Villargues, nos 106 et 107.

573. — M. Affre (p. 128) se demande si, dans le cas où le traitement fait par l'état à un vicaire, réuni à l'allocation communale, est porté sur un même mandat qui dépasse 300 fr. et payé par la caisse municipale, le mandat doit être timbré, et il répond négativement pour le cas où l'allocation communale demeure au-dessous de 300 fr. La raison en est, dit-il, que les mandats pour traitemens soldés par le trésor n'étant jamais assujétis au timbre, l'allocation communale doit être considérée isolément, et abstraction faite de son adjonction à un autre traitement. — Et cette opinion est applicable à toutes les allocations au profit des églises, qui viennent en partie du trésor et en partie d'un établissement public. — V. aussi *Journ. des cons. de fabr.*, t. 3, p. 158 et 221.

574. — Les mémoires et factures sont toujours sujets au timbre, quelle que soit leur importance. Mais les fournisseurs sont dispensés de représenter un mémoire timbré pour les mémoires au-dessous de 10 fr., à la condition cependant de faire détailler les fournitures dans le corps même des mandats. — Déc. min. fin. 20 déc. 1834 ; inst. gén. 21 avr. 1835, nº 1481, § 17 ; — Rolland de Villargues, nº 108. — V. aussi lett. min. fin. 21 mars 1828 ; inst. min. 10 sept. 1830 ; — *Journ. des cons. de fabr.*, t. 4, p. 181.

575. — Les quittances des fournisseurs, ouvriers et autres de même nature produites comme pièces justificatives de comptabilité vis-à-vis de l'administration, sont, par induction de l'art. 537, C. procéd. civ., exemptes d'enregistrement, il suffit qu'elles soient sur papier timbré. — Affre, p. 126.

576. — Différentes dispositions de lois, décrets et arrêtés du gouvernement, qu'il est inutile de rapporter, n'avaient assujéti qu'au droit fixe, pour l'enregistrement et la transcription hypothécaire, les actes d'acquisition faits au profit des fabriques et autres établissemens publics. — Depuis, la loi du 16 juin 1824 porta (art. 7) que tous ces mêmes établissemens publics légalement autorisés, paieraient 10 fr. pour droit fixe d'enregistrement et de transcription hypothécaire sur les actes d'acquisition qu'ils feraient lorsque les immeubles acquis devaient recevoir une destination d'utilité publique et ne pas produire de revenus, sans préjudice des exceptions déjà existantes en faveur de quelques uns de ces établissemens. — De plus, ce droit de 10 fr. était réduit à 1 fr., toutes les fois que la valeur des immeubles acquis n'excédait pas 500 fr. en principal. — Mais l'art. 17, L. 18 avr. 1831, a abrogé toutes ces dispositions, et déclaré que les acquisitions en question seraient soumises aux droits proportionnels d'enregistrement et de transcription établis par les lois existantes. — V. au surplus ENREGISTREMENT.

577. — De même les dons et legs faits au profit des fabriques, lesquels n'étaient passibles que du droit fixe de 1 fr. (décr. 30 sept. 1809), sont aujourd'hui assujétis aux droits ordinaires des donations ou mutations par décès entre personnes non parentes. — Même loi du 18 avr. 1831.

578. — Mais il a été jugé que les dons ou legs faits à une fabrique ou à un autre établissement public, sous l'empire de la loi du 16 juin 1824, quoique déclarés depuis la loi du 18 avr. 1831, ne sont sujets qu'au droit fixe, et non au droit proportionnel établi par cette dernière loi. — Il en est encore de même, quoique l'autorisation d'accepter n'ait été accordée que postérieurement à la loi du 18 avr. 1831. — *Cass.*, 4 fév. 1834, Enreg. c. Institut. des jeunes aveugl. ; — Affre, p. 129.

579. — Les ventes de biens appartenant aux fabriques sont passibles du droit ordinaire de 5 fr., 50 cent. par 100 fr., y compris le droit de transcription. — Déc. min. fin. 24 déc. 1827 ; inst. gén. 22 mars 1828, nº 1236, § 8.

580. — L'autorisation que le préfet accorde à une fabrique, pour consentir la radiation d'une inscription hypothécaire, n'est point soumise au timbre ni à l'enregistrement ; mais la main-levée elle-même doit recevoir l'une et l'autre formalité. — Déc. min. fin. 18 mai 1823.

581. — Il a été jugé que, bien que les fabriques soient dans la classe des établissemens publics, elles ne constituent point des administrations publiques. En conséquence, un trésorier de fabrique ne saurait être considéré comme un fonctionnaire public, dans le sens de l'art. 12, L. 13 brum. an VII, qui exempte de la formalité du timbre les expéditions d'actes de l'état civil délivrées à une administration publique. — *Cass.*, 6 nov. 1832, Enreg. c. Combeau.

582. — D'après l'art. 1er, décr. 4 messid. an XIII, les trésoriers des fabriques sont tenus de communiquer, sans déplacer, aux préposés de l'administration de l'enregistrement, les minutes d'actes assujétis au timbre et à l'enregistrement. — Mais M. Affre (p. 126) dit que les curés ne sont pas obligés de communiquer les mêmes pièces parce qu'ils ne sont ni receveurs de deniers ni dépositaires d'actes, et que la loi n'atteint que ces deux espèces de personnes. — V. au surplus, pour d'autres développemens, les mots TIMBRE et ENREGISTREMENT.

Sect. 6e. — *Des procès soutenus par les fabriques. — Autorisation. — Procédure. — Compétence.*

ART. 1er. — *De l'autorisation de plaider.*

583. — Les marguilliers ne peuvent entreprendre aucun procès, ni y défendre, sans une autorisation du conseil de préfecture, auquel est adressée la délibération qui doit être prise à ce sujet par le conseil et le bureau réunis. — Décr. 1809, art. 77.

584. — Nous avons déjà donné, sur le point de savoir : 1º Si, pour les fabriques comme pour les établissemens de bienfaisance, les communes doivent être appelées à donner leur avis sur les demandes en autorisation ; 2º si la fabrique doit produire à l'appui de sa demande un avis de jurisconsultes, des détails sur lesquels nous ne reviendrons pas. — V. AUTORISATION DE PLAIDER, nos 334 et suiv.

585. — Le principe de la nécessité de l'autorisation du conseil de préfecture pour que les fabriques puissent plaider a été consacré par de nombreux arrêts. — Ainsi jugé qu'une fabrique d'église ne peut intenter contre un particulier une action

en revendication d'un immeuble sans être pourvue d'une autorisation de plaider. — *Colmar*, 12 déc. 1833, Lecomte Durkem c. fabr. de Mietershem; 13 nov. 1833, comm. de Hengwiller c. consist. de Wasselonne; *Bastia*, 13 nov. 1823, Cesari c. Dono.

586. — Jugé même que, bien que le trésorier d'une fabrique soit tenu de poursuivre son prédécesseur dans le délai d'un mois, pour le forcer à rendre son compte, il n'en a pas moins besoin d'être autorisé par le conseil de préfecture pour introduire l'instance. — *Paris*, 16 janv. 1834, N...; — Bioche et Goujet, *Dict. de procéd.*, vo *Fabrique*, no 25.

587. — Jugé encore que les fabriques ne peuvent former une demande en validité de saisie-arrêt sans une autorisation du conseil de préfecture. — *Cass.*, 7 juin 1826, fabr. de Tar c. Sartelon.

588. — Cette autorisation est également nécessaire aux fabriques pour former une tierce-opposition ou une requête civile. — Carré, no 543.

589. — Il avait été décidé, il est vrai, que les fabriques d'église n'avaient pas besoin d'autorisation pour former une demande en restitution d'objets mobiliers *de peu de valeur et dont la propriété n'était pas contestée*. — *Cass.*, 21 juin 1808, Jeudi c. fabr. de Maisons. — Mais cet arrêt a été rendu avant le décret qui a fixé définitivement les règles d'administration des fabriques, et sous une loi qui, différente en cela de ce décret, n'exigeait pas expressément, comme il est dit dans le texte de cet arrêt, une autorisation pour légitimer dans tous les cas l'exercice d'une action en justice de la part d'une fabrique. Cet arrêt ne nous paraît donc pas pouvoir être invoqué utilement aujourd'hui. — *Contrà* Affre, p. 423.

590. — Nous avons vu *suprà*, no 550, que, pour ester en jugement sur les difficultés auxquelles pourraient donner lieu les actes conservatoires prescrits aux établissemens publics, ceux-ci n'ont pas besoin de l'autorisation spéciale du conseil de préfecture.

591. — En général, les marguilliers ou fabriciens qui plaideraient, au nom de la fabrique, sans autorisation, s'exposeraient à être condamnés personnellement aux dépens et à des dommages-intérêts.

592. — Cependant, lorsque les marguilliers d'une église ont, avant d'être autorisés à plaider, fait des actes conservatoires urgens, mais introductifs d'instance, ils ne peuvent point être personnellement condamnés aux dépens faits par l'adversaire de la fabrique dans l'intervalle entre l'assignation donnée à la requête de ladite fabrique et l'autorisation du conseil de préfecture, si c'est d'ailleurs légitimement qu'ils ont fait ces actes conservatoires. — *Journal des conseils de fabriques*, t. 2, p. 187.

593. — Il a été jugé que l'autorisation du conseil de préfecture n'est pas seulement nécessaire à la fabrique pour plaider en première instance, mais encore pour interjeter appel de la décision qui l'a condamnée. Ainsi, jugé qu'une fabrique autorisée à plaider ne peut, lorsqu'elle a succombé en première instance, interjeter appel sans une nouvelle autorisation. La nullité résultant du défaut d'autorisation est d'ordre public. — *Bastia*, 13 nov. 1823, fabrique de Sainte-Lucie de Tallano c. Dono; *Metz*, 9 janv. 1818, fabrique de Neuville c. N...

594. — .... Et que le trésorier d'une fabrique ne peut, lorsque le conseil de préfecture a refusé l'autorisation, interjeter valablement appel, sous le prétexte qu'il s'est pourvu devant le conseil d'état contre l'arrêté du conseil de préfecture. — L'appel ainsi interjeté par le trésorier de la fabrique doit être envisagé non comme un acte conservatoire, mais comme une démarche inconsidérée qui doit le faire condamner personnellement aux dépens de son appel. — *Bastia*, même arrêt.

595. — Jugé au contraire que l'autorisation accordée à une fabrique de plaider contre un individu pour le contraindre au paiement d'une somme, suffit pour former la demande devant le tribunal de première instance, et même pour interjeter appel du jugement qui a repoussé les prétentions de la fabrique. Il n'est pas, en ce cas, besoin d'obtenir pour l'appel une nouvelle autorisation. — *Nîmes*, 3 mars 1820, fabrique d'Avignon c. Bossy..

596. — ... Et qu'il n'est pas nécessaire que la fabrique obtienne une nouvelle autorisation pour défendre, sur l'appel, la décision des premiers juges. — *Douai*, 1er mai 1820, Cochez c. fabrique de Camphin.

597. — Décidé aussi que, si le conseil de préfecture accorde l'autorisation jusqu'à jugement et arrêts *définitifs*, cette autorisation, dans le cas même de la perte du procès en première instance, est non seulement suffisante, mais ne peut être ni détruite, ni renouvelée par le conseil de préfecture. — *Cass.*, 26 déc. 1810, comm. de Neuil-sur-Dives c. de Brézé.

598. — On sait au reste que, d'après la loi du

FABRIQUES D'ÉGLISE, ch. 2, sect. 6e.

18 juill. 1837 (art. 49), les communes (et en cela on leur assimile les fabriques) ne peuvent se pourvoir devant une juridiction nouvelle sans une nouvelle autorisation.

599. — Il a été jugé que la nullité tirée du défaut d'autorisation est d'ordre public et peut être opposée en tout état de cause pour la première fois en appel et être suppléée d'office. — *Colmar*, 12 déc. 1833, 13 nov. 1833; *Bastia*, 13 nov. 1823, fabrique de Sainte-Lucie de Tallano c. Dono.

600. — Jugé même que la nullité résultant du défaut d'autorisation peut être proposée par la fabrique pour la première fois en cassation. — *Cass.*, 7 juin 1826, fabrique de Tar c. Sartelon.

601. — Quoi qu'il en soit, lorsqu'une fabrique a gagné en cour royale, son adversaire ne peut, s'il se pourvoit en cour de Cassation, exciper, devant cette cour, de ce que la fabrique n'était point autorisée à plaider, quand les qualités de l'arrêt attaqué font mention du contraire, et qu'il ne s'est point opposé à ces qualités. — *Cass.*, 1er fév. 1825, Senot c. fabr. de Cassagnoles.

602. — Mais, dans aucun cas, quand une fabrique a été autorisée à plaider sur le fond d'un procès, on ne peut lui opposer qu'elle a, sans autorisation spéciale, plaidé sur les incidens relatifs à l'exécution du jugement qui a été rendu; cette autorisation spéciale ne lui est point nécessaire. — V. conf. *Cass.*, 17 nov. 1824, comm. de Sombecourt c. comm. de Daumartin.

603. — Jugé de même (et ces arrêts quoique rendus spécialement en matière de commune, seraient applicables en matière de fabrique) : 1o que l'autorisation de plaider au fond emporte autorisation de plaider sur les incidens, relatifs au réglement de l'exécution de l'arrêt rendu, encore qu'il n'aurait pas une connexité rigoureuse avec l'affaire primitive. — *Cass.*, 29 fév. 1832, comm. de Tarasterie c. comm. de Gayan.

604. — ... 2o Que l'autorisation de plaider s'étend à tous les incidens auxquels l'action peut donner lieu, et par exemple, au droit de consentir au renvoi du jugement définitif de la cause, dans les matières de la compétence du juge de paix, à un jour hors du délai des quatre mois de l'interlocutoire. — *Cass.*, 7 janv. 1835, comm. de Lainsecq c. Lecaruyer. — V. au surplus AUTORISATION DE PLAIDER, nos 115 et suiv., 146, et suiv., 152.

605. — De même, quand la fabrique est en possession de l'objet en litige, qu'elle est défenderesse, et qu'elle a été autorisée à plaider sur un chef de la contestation, il n'y a pas lieu de restreindre cette autorisation sur les autres chefs. — V. anal. *Cons. d'état*, 23 juin 1819, comm. de Latour c. Arnaud.

606. — Mais, lorsque l'action pour laquelle l'autorisation a été accordée est périmée, et qu'on veut en introduire une autre, il faut obtenir une nouvelle autorisation. — *Cass.*, 16 prair. an XII, Lacotte c. comm. de Larigni.

607. — Un jugement, en général, n'est pas absolument nul par cela seul que la fabrique pour ou contre laquelle il a été rendu, n'était point autorisée à plaider, si cette autorisation ou la ratification des poursuites a été donnée pendant le procès ou par acte postérieur, soit expressément, soit implicitement. Cela résulte de différens arrêts. — Jugé, par exemple, que bien qu'une fabrique assignée par un particulier n'ait pas été autorisée à plaider au moment où est rendu un jugement préparatoire, l'autorisation d'ester en jugement, régulièrement accordée avant le jugement définitif, valide la procédure antérieure. — *Cass.*, 14 mars 1833, fabr. de Vavincourt c. Varin.

608. — De même, l'autorisation de plaider en appel couvrirait la nullité résultant du défaut d'autorisation en première instance. — V. anal. *Colmar*, 2 avr. 1833, sémin. de Strasbourg c. Lienhart.

609. — L'autorisation donnée à une fabrique, de plaider sur la validité d'un legs, n'entraîne pas la faculté d'acquiescer à un jugement qui annulle la disposition; un tel acquiescement, donné sans autorisation expresse, ne lie pas la fabrique, et ne rend pas non-recevable l'appel du jugement acquiescé. — *Colmar*, 31 juill. 1823, Meinrad-Munch c. Ettwiller.

610. — Lorsqu'à propos d'un procès soutenu par une fabrique, le préfet élève, dans l'intérêt de cette fabrique, un conflit motivé sur le défaut d'autorisation de plaider, ce conflit est nul. — *Cons. d'état*, 16 janv. 1822, fabr. de Pin-les Magny; — Cormenin, vo *Fabriques d'églises*.

611. — La jurisprudence contraire avait d'abord été adoptée. Du reste, cet arrêt ne veut pas dire que, dans l'espèce jugée (il s'agissait de la validité de titres de créance produits contre une fabrique, pour en obtenir le paiement), l'autorisation ne fût pas nécessaire, mais qu'il n'appartenait pas au préfet de contester, pour ce motif, la compétence du tribunal; c'était à la fabrique à faire valoir ce

FABRIQUES D'ÉGLISE, ch. 2, sect. 6e.

moyen. Le conflit ne peut être élevé que lorsque les tribunaux connaissent d'une cause qui est de la compétence de l'administration. — V. CONFLIT.

612. — L'arrêté du conseil de préfecture qui accorde à une fabrique, sur sa demande, l'autorisation de plaider, ne doit pas être nécessairement motivé; mais il en est autrement quand il refuse cette autorisation. — L. 18 juill. 1837, art. 53. — V. conf. Carré, nos 518 et 519.

613. — Il a été jugé que de ce que le conseil d'état aurait annulé la décision d'un conseil de préfecture, portant refus d'autorisation de plaider et déclaré que l'affaire est de la compétence des tribunaux, il ne résulterait pas nécessairement de cet arrêt l'autorisation implicite de plaider et qu'il y aurait lieu de nouveau de solliciter l'approbation du conseil de préfecture. — *Cons. d'état*, 12 fév. 1823, ville de Poitiers c. Mallé; et *Cass.*, 20 oct. 1814 (dans ses motifs), Saint-Victor c. Velermont.

614. — Jugé cependant par un autre arrêt que lorsqu'à l'occasion d'une instance pendante devant lui, le conseil d'état renvoie les parties devant les tribunaux, cette décision renferme nécessairement, si l'une des parties est un établissement public, l'autorisation de plaider. — *Cass.*, 22 mai 1822, administ. de la caisse Lafarge c. Lafarge.

615. — Par suite de l'assimilation des fabriques aux communes, quiconque veut intenter une action contre une fabrique est tenu d'en obtenir du conseil de préfecture l'autorisation écrite. A cet effet, il adresse au préfet un mémoire exposant les motifs de sa réclamation, mémoire dont il lui est donné récépissé, et qui a pour conséquence immédiate d'interrompre la prescription et toutes déchéances; le conseil de préfecture doit statuer dans le délai de deux mois, à partir de la date du récépissé. — L. 18 juill. 1837, art. 51 et 52. — V. AUTORISATION DE PLAIDER.

616. — Mais celui qui est lui-même poursuivi par une fabrique n'est pas obligé pour défendre à cette action de se faire autoriser. — Décr. 31 mai 1808.

617. — L'autorisation de plaider accordée à la partie demanderesse contre une fabrique dispense celle-ci de demander une autorisation, à moins que celle donnée à sa partie adverse n'ait préjugé que la fabrique n'est pas fondée à repousser la demande. En ce cas, la fabrique ne peut défendre à cette demande sans une autorisation expresse. — Décr. 29 nov. 1808.

618. — L'autorisation du conseil de préfecture n'est nécessaire ni au particulier ni à la fabrique, si l'action devant les tribunaux est prescrite par une ordonnance royale. — V. au surplus comme analogues les règles qui concernent les autorisations de plaider en matière de communes et d'établissemens publics en général. — V. AUTORISATION DE PLAIDER.

ART. 2. — *De la procédure et de l'exécution des jugemens.*

619. — *Procédure.* — Aux termes du décret de 1809, art. 79, les procès sont soutenus *au nom de la fabrique*, et les diligences faites *à la requête du trésorier*, qui donne connaissance de ces procédures au bureau.

620. — Bien que l'art. 79 du décret précité charge le trésorier de soutenir le procès, Carré (no 402) pense qu'il ne doit pas moins en recevoir le pouvoir spécial exigé par le Code de procédure (art. 336), pouvoir qui peut être conféré à tout autre membre de la fabrique. — V. en ce sens Affre, p. 423.

621. — Lorsque le trésorier, et en général un agent d'un établissement public refuse de donner suite à un procès pour lequel il a reçu l'autorisation de plaider, l'autorité administrative peut-elle nommer un agent spécial pour y suppléer? — Spécialement, un agent spécial nommé par un préfet pour remplacer le trésorier d'une fabrique, a-t-il qualité pour appeler d'un jugement auquel cette fabrique a donné son acquiescement en se désistant expressément de l'appel qu'elle avait interjeté? — L'affirmative a été jugée par un arrêt de la cour de Colmar. — *Colmar*, 31 juill. 1823, Meinrad Munch c. Ettwiller.

622. — M. Affre (p. 422) dit que le conseil d'état a adopté une jurisprudence contraire, ce qui expose à mettre parfois les fabriques dans l'impossibilité de faire valoir des droits sérieux; et il fait des vœux pour que la jurisprudence de la cour de Colmar soit consacrée par une décision irréfragable.

623. — En thèse générale, les instances suivies par les fabriques, soit devant les tribunaux administratifs, soit devant les tribunaux civils, sont introduites, instruites et jugées comme toutes autres affaires privées, sauf le préliminaire de conciliation dont elles sont exemptées (C. procéd. civ., art. 49). Les fabriques sont soumises à tous les moyens d'in-

struction et à toutes les déchéances qui atteignent les particuliers, et sont, en outre, astreintes à quelques formalités spéciales aux établissemens publics.

624. — Ainsi 1° si la fabrique est demanderesse l'exploit doit être notifié à la diligence du trésorier; l'exploit est notifié *à la requête de la fabrique, suites et diligences de son trésorier.*

625. — Jugé à cet égard que l'assignation délivrée à la requête du trésorier d'une fabrique, *en son nom et comme trésorier*, est recevable, encore qu'il soit en même temps déclaré que ce dernier agit au nom des administrateurs dont il se porte fort. — En pareil cas, l'action doit être considérée comme introduite au nom de la fabrique elle-même. — *Rouen*, 26 déc. 1840 (t. 1er 1841, p. 297), Hermel c. Coquais.

626. — ... 2° Si la fabrique est défenderesse, l'exploit d'ajournement doit être signifié au trésorier. — Il est donné à la fabrique *suites* et diligences de son trésorier et remis à la personne et au bureau de celui-ci, conformément au § 3, art. 69, C. procéd. civ.

627. — Jugé qu'on doit réputer nulle l'assignation donnée à la fabrique d'une église, si l'exploit n'a pas été signifié au bureau et à la personne de son préposé. — *Liége*, 12 mars 1829, N...; 13 juill. 1814, N... c. Delaitre.

628. — Jugé encore que l'exploit signifié aux marguilliers d'une paroisse doit être signifié au bureau de la fabrique. — *Liége* (et non *Bruxelles*), 2 (et non 27) juill. 1810, Paefgen c. marguilliers de la paroisse de Dôme.

629. — Et, suivant ces arrêts, l'assignation laissée au domicile du trésorier serait nulle si rien ne prouvait que ce domicile fût le lieu du bureau des marguilliers ou de leur préposé. — V. anal. en matière d'exploit signifié à un receveur d'hospice, *Nîmes*, 4 juill. 1838 (t. 2 1838, p. 163), Palge c. hospices d'Alais.

630. — C'est aussi ce qui paraît résulter implicitement des termes d'un arrêt de la cour de Cassation. — *Cass.*, 27 avr. 1830, hospice de Salon c. Panier.

631. — Jugé encore qu'un exploit d'ajournement contre une fabrique doit, à peine de nullité, être, aux termes de l'art. 1039, C. procéd., visé par le trésorier: les fabriques étant des établissemens publics, dans le sens des art. 65 et 66, C. procéd. civ. — *Liége* (et non *Bruxelles*), 2 (et non 27) juill. 1810, Pœffgen c. marguilliers de la paroisse du Dôme; *Paris*, 8 janv. 1836, préfet de Seine-et-Marne c. fabrique de Saint-Médard; *Toulouse*, 16 nov. 1830, Martin c. pauvres de Brax; — Affre, p. 422; — V. cependant Carré, n° 533.

632. — Lorsque la fabrique est demanderesse, l'exploit doit être accompagné de la copie certifiée de la délibération de la fabrique, et de l'autorisation accordée, sur cette délibération, par le conseil de préfecture. Si, au contraire, elle est défenderesse, l'exploit qui lui est signifié doit relater aussi tout au long l'autorisation obtenue du même conseil par le demandeur pour poursuivre la fabrique.

633. — Le trésorier doit se faire représenter par un avoué.

634. — Une autre formalité, propre aux fabriques et aux autres établissemens publics est la communication au ministère public des affaires qui les intéressent. — C. procéd., art. 83. — V. aussi Pigeau, *Tr. de la procéd. civ.*, t. 1er, p. 224. — L'ancienne jurisprudence distinguait entre les causes qui concernaient la propriété et celles qui ne regardaient que l'administration des revenus: la nouvelle n'admet point cette distinction.

635. — Au reste, la formalité de l'envoi en possession, prescrit par l'avis du conseil d'état du 30 avr. 1807, relativement aux biens dont jouit le domaine et revendiqués par la fabrique, n'est pas nécessaire pour que la fabrique puisse actionner des particuliers en délaissement d'immeubles qu'ils soutiennent leur appartenir. — *Montpellier*, 8 janv. 1834, fabrique de Caudat c. Viateller.

636. — Toute instance introduite par une fabrique est éteinte par discontinuation de poursuites pendant trois ans. Mais elle a son recours contre le trésorier, qui a laissé s'accomplir ce délai sans faire aucun acte valable propre à interrompre la péremption. — C. procéd., art. 397 et 398.

637. — Il a été jugé que la péremption ne court pas contre la fabrique, quand elle a plaidé sans y être autorisée. — *Toulouse*, 26 fév. 1829, Marty Marrot c. fabrique de Saint-Sauveur. — Mais le contraire a été décidé dans la matière analogue des communes. — *Paris*, 17 janv. 1809, Dugretz c. comm. de Saint-Ouen; *Nîmes*, 31 août 1812, Maigre c. comm. de Saint-Chapters. — V., au reste, COMMUNE et PÉREMPTION D'INSTANCE.

638. — Les fabriques peuvent, comme l'état, les mineurs et les communes, se pourvoir en requête civile quand ils n'ont pas été défendus ou qu'ils ne l'ont pas été valablement. — C. procéd. civ., art. 481. — V. REQUÊTE CIVILE.

639. — Elles sont, au surplus, comme l'état et les communes, soumises aux mêmes prescriptions que les particuliers, et peuvent également les opposer. — C. civ., art. 2227 — V. PRESCRIPTION.

640. — Quant à l'interrogatoire sur faits et articles, il est, pour les fabriques comme pour les autres établissemens publics, régi par l'art. 336 du C. procéd. civ. — V. INTERROGATOIRE SUR FAITS ET ARTICLES.

641. — Les dispositions et principes qui régissent les désistemens et acquiescemens donnés par les communes sont également applicables à ceux donnés par les fabriques. — Carré, nos 538 et suiv. — En conséquence, ces actes, qui peuvent en certains cas constituer de véritables aliénations, ne sont valables que lorsqu'ils ont été légalement approuvés par l'autorité compétente. — Carré, *Analyse des arrêts*, n° 134.

642. — Selon M. Affre (p. 280), si les fabriques ne peuvent se désister *au fond*, parce que ce serait faire abandon de l'objet contesté, elles peuvent néanmoins se désister *dans la forme*, c'est-à-dire renoncer au mode d'instance commencée, lorsqu'il n'y a point à redouter un dépérissement de preuves, et que l'on peut éviter par ce moyen les frais et autres inconvéniens d'une procédure vicieuse. Dans ce cas, d'après cet auteur, l'autorisation du conseil de fabrique suffit. — V. au surplus ACQUIESCEMENT, nos 93 et suiv.; DÉSISTEMENT, nos 66 et suiv.

643. — *Exécution des jugemens.* — Les règles relatives à l'exécution des jugemens diffèrent selon qu'ils ont été rendus pour ou contre les fabriques. Dans le premier cas, ces jugemens sont, après avoir été dûment notifiés à la partie adverse, exécutoires sur tous les biens de celle-ci et par toutes les voies de droit établies par le Code de procédure.

644. — Dans le second cas, si la fabrique a des fonds suffisans, le créancier porteur contre elle d'un jugement doit se pourvoir auprès du préfet, qui, sur l'avis de la fabrique et de l'évêque, assigne des fonds pour le paiement. Sinon le préfet, après avoir également consulté la fabrique et l'évêque, s'adresse au ministre des cultes pour obtenir du roi l'autorisation d'aliéner les meubles ou immeubles qu'il paraît le plus avantageux de vendre. — V. conf. Carré, n° 556; Affre, p. 427.

645. — Mais le créancier d'une fabrique ne pourrait opérer contre elle une saisie mobilière ou immobilière en se prévalant de l'art. 547 du Code de procédure, et en tout cas il ne pourrait saisir ni l'église ni les ornemens et vases sacrés, non plus que ceux des meubles en général qui servent immédiatement à l'exercice du culte ni les immeubles et rentes chargés de fondations et qui sont le gage privilégié de la volonté du fondateur. Quant aux autres biens, il faudrait pour les vendre une autorisation de l'administration supérieure, parce que seule elle règle le mode de paiement, les fonds et les objets destinés à y subvenir. — Avis cons. d'état, 18 juill. 1807; — Affre, p. 428.

646. — Il suit de ces principes cette conséquence tirée par Merlin, que le créancier d'une fabrique ne pourrait faire une saisie entre les mains d'un débiteur de cette fabrique. — L'avis du cons. d'état du 12 août 1807, qui prohibe les saisies-arrêts sur les revenus des communes, doit être étendu aux fabriques, dont l'administration est assimilée à celle des communes. — V. conf. Carré, nos 550 et 551; Affre, p. 429; Cormenin, 3e édit., p. 417.

647. — Ce qu'on peut dire, au reste, c'est que les dettes des fabriques ne pouvant être acquittées que sur les fonds assignés à cet effet par l'autorité administrative, l'autorité judiciaire excède ses pouvoirs en prononçant la validité d'une saisie-arrêt des revenus d'une fabrique et en jugeant le mode de paiement de ces dettes. — Décr. 24 juin 1808 (et non 1806), Kénor c. fabr. de Saint-Walbruge.

648. — Mais lorsque la créance a été reconnue, la liquidation faite, le paiement ordonné et les fonds de paiement assignés par l'autorité administrative, le créancier peut saisir-arrêter les revenus de la fabrique entre les mains du trésorier de la fabrique si elle refuse d'obtempérer aux dispositions du préfet. Le tribunal qui en ce cas valide la saisie n'excède point son mandat, et le préfet a tort d'élever le conflit. En général, une saisie-arrêt n'est défendue et la contestation judiciaire n'est illégale qu'autant que l'administration n'aurait pas consommé son mandat. — *Cons. d'état*, 3 déc. 1817, Treich-Desfarges c. fabr. de Moymac.

649. — Il faut remarquer aussi que lorsque la condamnation prononcée contre une fabrique par un jugement devenu *définitif* et *irrévocable* ne se résout point en une somme à payer, mais a pour objet, par exemple, la restitution à son véritable propriétaire d'un immeuble que la fabrique est reconnue posséder indûment, l'autorisation du conseil de préfecture n'est pas nécessaire à cette fabrique pour exécuter le jugement. — V. à cet égard *Cass.*, 17 nov. 1824, comm. de Sombacourt c. comm. de Dammartin.

ART. 3. — *De la compétence.*

650. — Aux termes de l'art. 80, décr. 30 déc. 1809, toutes contestations relatives à la propriété des biens et toutes poursuites à fin de recouvrement des revenus sont portées devant les juges ordinaires.

651. — Cet article, conçu en termes généraux, mais non limitatifs, ne saurait suffire pour la solution des questions de compétence dans cette matière où les principes ordinaires sont modifiés par de nombreux actes du gouvernement. Il est donc nécessaire de présenter le résumé des principales décisions fournies par la jurisprudence sur la distinction de l'attribution des deux pouvoirs administratif et judiciaire, en ce qui concerne les fabriques.

652. — Et d'abord il faut bien distinguer les actes de pure administration des matières contentieuses; il est évident dans le premier cas que jamais l'autorité judiciaire ne peut être compétente.

653. — Toutes les fois donc qu'il s'agira d'un acte de juridiction gracieuse, les tribunaux ordinaires devront reconnaître leur incompétence. C'est, en effet, un principe constant qu'un tribunal ne peut s'immiscer dans les actes d'administration concernant les fabriques d'église. — *Cass.*, 1er mars 1792, comm. d'Hennebon.

654. — Ainsi, l'autorité administrative est seule compétente pour faire exécuter un ancien traité fait entre deux communes relativement aux frais du culte, lorsque ce traité n'est point attaqué, et sauf à la commune qui le jugerait convenable à demander devant les tribunaux la modification du traité. — *Cons. d'état*, 11 juin 1828, comm. de Brétigny c. comm. de Silly.

655. — De même, l'autorité administrative est en droit de décider que c'est vainement que l'une des deux communes invoque des titres antérieurs à l'an X, d'après lesquels elle ne serait tenue de contribuer que pour une moindre portion. — *Cons. d'état*, 27 juin 1834, comm. de Villers-Rotin c. comm. de Billey. — V. *Journ. des conseils de fabriques*, t. 1er, p. 24.

656. — Comme aussi, et en règle générale, il appartient exclusivement à l'administration d'exécuter les dispositions de l'arrêté du 7 thermid an XI relatives à la cession aux fabriques des biens réunis au domaine. — *Cons. d'état*, 8 juill. 1818, fab. de Saint-Vincent c. fab. de Notre-Dame et de Saint-Patrice; 26 déc. 1827, mêmes parties.

657. — Mais ce n'est point simplement quant aux actes de pure administration que les tribunaux civils sont incompétens; le décret de 1809, en déclarant comme principe général qu'aux tribunaux ordinaires appartiendrait la connaissance des contestations relatives aux fabriques n'a pas entendu déroger aux règles sur la compétence des conseils de préfecture en matière de contentieux administratif.

658. — On doit donc porter devant les conseils de préfecture toutes les contestations auxquelles peut donner lieu l'exécution des arrêtés, décrets et ordonnances concernant l'abandon aux fabriques des biens qui auraient été réunis au domaine de l'état. — Mêmes décisions.

659. — ... Il en est de même des contestations relatives à la validité et aux effets des actes par lesquels l'administration a opéré la réunion au domaine de l'état des églises et chapelles, et fait ensuite la remise de ces édifices. — *Cons. d'état*, 2 juill. 1828, Bas-cher-Lenfant c. comm. de la Chapelle-Basse-Mer.

660. — On oppose à cette ordonnance un arrêt de rejet de la chambre des requêtes de la cour de Cassation du 6 déc. 1836 (Gallard c. comm. de Terranche), qui, sur le pourvoi d'un ancien émigré contre un arrêt de la cour d'Agen du 28 nov. 1835, a décidé que le demandeur en Cassation ne justifiait d'aucun acte administratif qui lui aurait rendu la portion d'église par lui réclamée en lui faisant la remise de ses biens; que dès-lors la cour d'Agen n'avait eu aucun acte administratif à interpréter, mais qu'elle avait dû seulement faire à la cause l'application des lois, ce qu'elle avait fait dans les bornes de sa compétence.

661. — Comme on le voit, cet arrêt n'est pas la négation formelle des principes consacrés par l'ordonnance sur conflit que nous rapportons, puisque la cour, pour reconnaître sa compétence, excipe du défaut d'actes administratifs qui auraient remis le

sieur Gallard en possession de la partie d'église par lui revendiquée.

662. — Mais il faut reconnaître que l'arrêt de la cour d'Agen avait été plus explicite. Partant de ce principe que les tribunaux sont compétens lorsqu'il s'agit de la simple application des actes administratifs ou de l'interprétation de la loi, la cour avait décidé que, si la fabrique avait dû être remise en possession par un arrêté administratif, cet arrêté n'était pas représenté; mais qu'en supposant qu'il existât, il ne pouvait qu'être conforme aux dispositions de la loi du 18 germin. an X, qui met chaque église à la disposition de l'évêque, sans condition ni réserve; que l'autorité judiciaire était compétente soit pour interpréter la loi du 18 germ., soit pour exécuter l'acte administratif qui lui-même avait interprété cette loi. Les principes généraux de cet arrêt sont en opposition avec les règles spéciales que proclame, sans les établir sur aucun texte, l'ordonnance précitée, car elle ne suppose nullement que l'arrêté de restitution par lequel le préfet a remis la fabrique en possession de l'église dont il s'agit, contienne quelques clauses ou réserves ambiguës dont l'interprétation serait certainement réservée à l'autorité judiciaire.

663. — M. de Cormenin (*Droit administratif*, v° *Fabriques*, t. 2, p. 237), rapporteur de cette affaire, sans établir ce principe, comprend dans la compétence administrative l'*application* comme l'*interprétation* des décrets et autres actes qui ont remis à la disposition des communes ou des fabriques les églises et presbytères qui étaient devenus nationaux.

664. — En cas de difficultés entre une fabrique et commune relativement à la question de propriété une des églises et presbytères remis par l'état pour le service du culte, c'est à l'autorité administrative et non à l'autorité judiciaire à en connaître, parce que cette question puise sa solution dans des actes de haute administration, dont l'autorité administrative peut seule apprécier l'étendue et les effets, et qu'à raison tant de la nature contentieuse de semblables difficultés que de l'origine nationale des biens contestés, le litige doit être soumis au conseil de préfecture, sauf le recours au conseil d'état. — Circul. min. 24 juin 1838.

665. — Spécialement, c'est devant l'autorité administrative que doit être portée la demande formée au nom de l'état et par une fabrique ayant pour objet de déterminer les droits d'une ville à la jouissance d'une salle dépendante d'une église restituée, alors que pour le jugement de l'affaire il est nécessaire de se livrer à l'appréciation des lois qui ont statué sur l'affectation des édifices consacrés au culte, et des actes administratifs en vertu desquels cette église et ses dépendances auraient été remises soit à l'autorité ecclésiastique, soit à la ville où elles sont situées. — *Cons. d'état*, 23 fév. 1839, préfet du Jura et fabr. de la cathédrale de Saint-Claude c. ville de Saint-Claude.

666. — Les difficultés qui s'élèvent sur l'application des décrets qui ont remis les communes en possession de leurs anciennes rentes sont du ressort de l'autorité administrative. — *Cons. d'état*, 9 mai 1841, fabr. de l'église de Notre-Dame-de-Réalmont.

667. — Même solution lorsqu'il s'agit de contestations relatives aux remboursemens des rentes qu'un perticulier prétend avoir payées au domaine, et qui sont réclamées par une fabrique. — Avis cons. d'état 10 mai 1813.

668. — ... Ou de contestations entre deux fabriques qui se disputent la préférence d'attribution de biens ou de rentes ayant appartenu à des églises supprimées. — *Cons. d'état*, 8 juill. 1818, fabr. de Saint-Vincent.

669. — ... Ou de contestations entre une fabrique et un hospice sur la question de savoir lequel de ces deux établissemens doit être envoyé en possession d'une rente qu'ils se disputent. Si le préfet a statué par un arrêté sur cette question, on est recevable à recourir directement contre cet arrêté au conseil d'état. — *Cons. d'état*, 31 août 1821, hospices de Limoges c. fabr. de Saint-Sylvestre. — V. conf. avis cons. d'état 30 avr. 1807.

670. — C'est encore à l'autorité administrative à connaître des difficultés élevées entre les fabriques et les séminaires sur la propriété des biens nationaux à eux respectivement rendus. — *Cons. d'état*, 17 nov. 1824, séminaire d'Evreux c. fabr. de Saint-Taurin.

671. — Lorsque des biens affectés par le gouvernement à l'entretien d'un séminaire sont situés dans un département qui, par l'effet d'une nouvelle circonscription ecclésiastique, passe sous le régime d'un autre diocèse, la répétition desdits biens, formée par l'évêque de ce diocèse, ne doit point, lors et parce qu'il y a contestation entre les deux évêques, être soumise aux tribunaux. L'acte primitif d'affectation est une mesure de haute administration, dont il appartient exclusivement au gouvernement d'interpréter les dispositions, et de préciser les effets; les contestations qui peuvent s'élever sur son exécution ne doivent, en aucun cas, être portées devant les tribunaux; et si les établissemens ecclésiastiques, comme les autres établissemens d'utilité publique, sont des personnes civiles, capables d'acquérir, recevoir, posséder et ester en justice, sous certaines conditions prescrites par la loi, il n'appartient qu'au gouvernement, au moment de leur fondation, de déterminer les conditions et les effets de leur existence. — Avis cons. d'état, 30 oct. 1823; — Cormenin, p. 411. — V. SÉMINAIRE.

672. — C'est encore aux tribunaux administratifs qu'il appartient de statuer sur les demandes tendantes à faire déterminer l'étendue des dépendances d'un bénéfice vendu et des parties réservées; le conseil de préfecture n'excède point les limites de sa compétence, s'il se borne à interpréter les actes administratifs qui ont précédé ou consommé la vente. — *Cons. d'état*, 17 nov. 1819, fabr. Notre-Dame d'Agen c. Thermasson.

673. — Sur les questions de propriété, lorsqu'elles ne peuvent être décidées que par voie d'interprétation d'actes administratifs, tels qu'une vente nationale et une ordonnance du bureau des finances d'une ancienne généralité, les tribunaux doivent, en cet état, se déclarer incompétens et renvoyer l'interprétation à l'autorité administrative. — *Cass.*, 18 déc. 1830, Doujon-Paysant c. comm. de Mathieu.

674. — C'est aux tribunaux administratifs qu'il appartient de connaître des difficultés qui peuvent s'élever entre les communes et les fabriques, relativement à la propriété des églises et presbytères, restitués en vertu d'actes administratifs. — V. avis cons. d'état, 3 nov. 1836.

675. — Mais c'est devant les tribunaux ordinaires que doivent être portées les contestations entre une fabrique et une commune qui se disputent la propriété d'un terrain, en se fondant respectivement, non sur des actes administratifs, mais sur la possession et sur divers actes de propriété faits par elles à différentes époques. — *Cons. d'état*, 19 juill. 1826, fabr. Saint-Christophe de Turcoing c. comm. de Turcoing. — V. PRESBYTÈRE.

676. — Les tribunaux ordinaires sont seuls compétens pour statuer sur la revendication de la part des tiers de la propriété des rentes ou biens immobiliers non aliénés, et dont les fabriques auraient été remises en possession en vertu de l'arrêté du gouvernement du 7 therm. an XI. — Cormenin, v° *Fabriques*, p. 146.

677. — La question de savoir si un particulier a la propriété d'un mur d'église est du ressort des tribunaux ordinaires. — *Cons. d'état*, 13 août 1823, fabr. de Saint-Bonaventure c. Graverniet. — V. conf. Chevalier, *Jurisp. admin.*, v° *Fabrique*, t. 2, p. 242.

678. — La décision du ministre des finances, qui annulle un arrêté du préfet, lequel a envoyé, comme subrogée aux droits de l'état, une fabrique en possession d'une chapelle, ne fait point obstacle à ce qu'un particulier fasse valoir, devant l'autorité judiciaire, les droits qu'il prétend avoir à la propriété de cette chapelle. — *Cons. d'état*, 29 janv. 1839, Garme de Beaucoudray c. fabr. de Beaucoudray.

679. — Les contestations élevées sur la propriété ou la féodalité d'une rente, entre les fabriques envoyées en possession et les tiers qui en ont obtenu le transfert en leur faveur, sont de la compétence des tribunaux civils, sauf l'intervention du domaine au procès, s'il y a lieu. — *Cons. d'état*, 24 oct. 1821, Albar c. hosp. d'Albi; — Cormenin, t. 3, p. 145.

680. — Il en est de même s'il s'agit de juger une question de propriété entre un luthier et une fabrique réclamant la propriété d'un orgue. — *Cons. d'état*, 1er déc. 1819, fabr. de Notre-Dame de Chalabre c. Vable.

681. — L'autorité judiciaire est seule compétente pour connaître d'une demande en paiement dirigé entre les membres d'une ancienne fabrique à raison d'un emprunt fait, il est vrai, en leur qualité d'administrateurs, mais avec engagement solidaire en leur propre nom. — *Cons. d'état*, 11 janv. 1808, Lombærts. — V. conf. Carré, n° 504.

682. — Il en est de même de la question de savoir si, en fait, les anciens marguilliers d'une fabrique ont agi en leur propre et privé nom à l'égard des créances pour lesquelles ils sont recherchés, et quelles sont, dans le cas de l'affirmative, les conséquences de cette obligation personnelle. — *Cons. d'état*, 11 déc. 1808, Barthélemy c. fabr. de Waltrack.

683. — Mais, lorsque, d'après une autorisation générale donnée par le conseil de fabrique, un trésorier a acquitté, sur les mandats d'un fabricien, des dépenses dont la fabrique se croit fondée à demander le remboursement à ce fabricien, l'action en remboursement doit être portée devant les tribunaux administratifs. — *Journ. des conseils de fabr.*, t. 2, p. 210.

684. — En effet, l'autorité administrative est seule compétente pour recevoir, débattre et arrêter définitivement les comptes des trésoriers des fabriques. — *Cass.*, 9 juin 1823, fabr. de Sainte-Marguerite-de-l'Autel c. Olivier-Duvalet. — V. CONSEIL DE PRÉFECTURE, n° 204 et suiv.

685. — On ne doit s'adresser aux tribunaux que pour faire ordonner la reddition du compte ou le paiement du reliquat, si le trésorier s'y refuse, ou pour faire juger les contestations élevées sur les articles du compte, sauf à l'autorité administrative à régler ensuite et arrêter définitivement le compte. — Même arrêt.

686. — C'est aux tribunaux administratifs qu'il appartient de statuer sur les difficultés qui peuvent s'élever à raison des dépenses auxquelles doivent faire face les biens et revenus confiés à l'administration des marguilliers d'une fabrique, comme autrefois le salaire d'un instituteur d'école primaire. — *Cons. d'état*, 11 avr. 1810, Hermès.

687. — ... Sur les contestations entre une fabrique et un curé ou desservant relativement à des dépenses faites par ce dernier pour le culte. — *Cons. d'état*, 22 juin 1810 (et non 1811), fabr. de Heddesheim.

688. — Mais, il en serait autrement si les dépenses résultaient d'un article du budget voté par le conseil de fabrique, et régulièrement approuvé, et qu'il n'y eût plus qu'à juger du mérite des réclamations du curé, desservant, ou de toute autre personne, qui aurait fait l'avance de ces dépenses: le procès rentrerait alors dans les attributions des tribunaux, parce qu'il n'y aurait lieu qu'à l'application du principe de droit civil, qui condamne au remboursement celui dont la dette a été payée par un tiers. — Carré, n° 503.

689. — Toutefois cette opinion n'est pas universellement partagée, et des auteurs prétendent au contraire que les tribunaux sont incompétens pour statuer sur l'action intentée contre une fabrique, à raison de dépenses faites pour le service du culte, lors même que ces dépenses ont été liquidées et sanctionnées par la fabrique. — Macarel, *Élém. de dr. administ.*, t. 2, p. 113.

690. — C'est un point constant que les tribunaux ordinaires sont seuls compétens pour prononcer sur des titres de créance produits contre une fabrique, afin d'en obtenir le paiement. En conséquence, c'est aux tribunaux qu'il appartient de statuer sur l'existence et la validité des titres du fournisseur d'une église contre la fabrique de cette église; et le conflit élevé par le préfet, et motivé sur le défaut d'autorisation de plaider, sur l'irrégularité des pièces produites à l'appui de la dette et sur la non-liquidation de celle-ci, est nul de plein droit. — *Cons. d'état*, 6 janv. 1822, fabr. de Pin-les-Magny c. Potiquet.

691. — Cependant, ainsi qu'on l'a déjà dit plus haut, bien qu'investis du droit d'ordonner le paiement des dettes des fabriques, les tribunaux sortiraient de la sphère de leurs attributions, et excéderaient leurs pouvoirs, s'ils arrêtaient le *mode* du premier paiement, et prétendaient en forcer l'exécution. — Ainsi, les dettes des fabriques ne pouvant être acquittées que sur les fonds assignés à cet effet par l'autorité administrative, les tribunaux outre-passeraient leurs droits en validant la saisie-arrêt des revenus d'une fabrique. — *Cons. d'état*, 24 juin 1808 (et non 1806), Kenor c. fabrique de Sainte-Walbruge.

692. — Mais l'autorité judiciaire peut, sans excéder sa compétence, valider la saisie-arrêt pratiquée entre les mains du trésorier de la fabrique en vertu d'une créance reconnue, liquidée et ordonnancée par l'autorité administrative. — *Cons. d'état*, 3 déc. 1817, Treich-Desforges c. fabrique de Meymac.

693. — Dans tous les cas, elle peut connaître des actions des créanciers contre les cautions des fabriques, les cautions n'étant distraites par aucune loi de la juridiction ordinaire. — *Cons. d'état*, 28 avr. 1809, Piquet c. Beillier.

694. — De nouvelles constructions faites à une église paroissiale doivent être assimilées à des travaux publics et rangées dans la même classe, lorsque surtout ces travaux ont été adjugés par un marché revêtu de l'approbation du préfet, et passé avec toutes les formes prescrites pour l'adjudication des travaux publics. — V. COMPÉTENCE ADMINISTRATIVE, n° 270.

695. — Dans ce cas, les réclamations des particuliers qui se plaignent de torts et de dommages procédant du fait personnel de l'entrepreneur de ces

travaux, doivent être portées, aux termes de la loi du 28 pluv. an VIII, devant le conseil de préfecture. — *Cons. d'état*, 24 déc. 1823, Jullien; 7 déc. 1825, Pierron c. Chapuy.

696. — Il en est de même des contestations relatives à l'exécution de l'engagement entre les parties intéressées. — *Cons. d'état*, 24 mars 1824, Dufour c. Ernult.

697. — D'où il suit encore qu'un jugement rendu contre une fabrique d'une ville représentée par son maire, et par lequel il est ordonné, à titre conservatoire et sans rien préjuger, avec exécution provisoire nonobstant opposition ou appel, que des travaux seront suspendus, doit être déclaré nul parce que, s'agissant de contestations entre une fabrique et un maire sur l'utilité de certaines réparations à faire dans une église, c'était à l'administration à en connaître. — *Nîmes*, 7 mai 1841 (t. 2 1841, p. 462), fabrique de Saint-Siffrein c. ville de Carpentras.

698. — Mais lorsqu'il ne s'agit que d'un marché passé avec une fabrique pour l'érection d'un autel, ce marché ne peut être assimilé aux marchés pour travaux publics; les tribunaux civils sont seuls compétens pour en connaître. — *Cons. d'état*, 12 avr. 1839, Bazin c. comm. de Mollans.

699. — Décidé encore que l'autorité administrative, appelée à juger une affaire qui lui est soumise pour le fond, ne peut connaître des exceptions qui appartiennent à l'autorité judiciaire. Ainsi, quand, dans une affaire de fabrique, l'une des parties oppose l'exception de la prescription quinquennale des intérêts, le conseil de préfecture doit renvoyer devant les tribunaux civils. — *Cons. d'état*, 28 fév. 1809, Voyat. — Conf. Cormenin, p. 414, 3e édit.; Carré, no 504; Chevalier, *Jurispr. administ.*, t. 2, p. 104, sect. 2e.

700. — C'est encore parce que les conseils de préfecture sont les juges ordinaires des contentieux administratifs qu'ils sont appelés à statuer sur les contestations existantes entre les entrepreneurs des pompes funèbres et les fabriques relativement à la part que celles-ci prélèvent sur le produit de ces entreprises. — *Cons. d'état*, 4 juill. 1815, fabriques de Saint-Thomas-d'Aquin et de Saint-Germain-des-Prés c. Lebulte.

701. — ...Et généralement sur toutes les difficultés qui peuvent s'élever entre ces mêmes entrepreneurs et la fabrique relativement à l'exécution et à l'interprétation du cahier des charges de l'adjudication. — *Cons. d'état* (motifs), 27 oct. 1819, Prévots Lucet c. fabrique d'Orléans. — V. POMPES FUNÈBRES.

702. — Nous verrons, sous le mot FONDATION, que les tribunaux ordinaires sont incompétens pour connaître de l'exécution des fondations à charge de service religieux. — *Cass.*, 8 févr. 1837 (t. 2 1837, p. 100), Cornudet c. hospice d'Ardres.

703. — D'où il suit que c'est à l'autorité administrative et non à l'autorité judiciaire que doit s'adresser le prêtre qui demande le paiement des messes et services religieux que doivent faire remplir les fabriques, en raison des fondations pieuses qui grèvent leurs biens. — *Cons. d'état*, 22 juin 1810, fabrique de Heddesheim.

704. — Enfin, rappelons, en terminant, que toutes les contestations sur la distribution, l'emplacement, la forme des bancs ou des chaises, en ce qui concerne la police de l'église, sont du ressort de l'autorité administrative et ne peuvent être jugées que par elle. Les tribunaux sont incompétens pour en connaître. — *Cons. d'état*, 29 avr. (et non 17 mai) 1809, maire de Turny c. Besançon.

705. — Comme aussi, que l'autorité administrative seule (et non les tribunaux) est compétente pour juger les difficultés qui s'élèvent, au sujet des places qui sont distribuées, dans une église, aux autorités civiles, lors même que ces distributions auraient lieu en vertu de réglemens de la fabrique approuvés par l'évêque diocésain. — Même décision.

706. — Mais rappelons aussi que la compétence de l'autorité administrative cesse dès qu'il ne s'agit plus de police ou d'administration intérieure, mais de droits acquis à des particuliers. Partant, l'autorité judiciaire seule est compétente pour statuer sur la validité d'un acte de concession de bancs, sur les effets de cet acte, sur son exécution et sur les dommages-intérêts résultant de son inexécution. — *Cons. d'état*, 4 juin 1826, Lefebvre c. fabrique de Saint-Aubin; 12 déc. 1827, Boccaudé c. Morel; 31 oct. 1838, Leclerq c. fabr. de Neuville. — V. BANCS ET CHAISES DANS LES ÉGLISES, no 53 et suiv.

CHAPITRE III. — *Fabriques des cathédrales et métropoles.*

707. — De tout temps les églises cathédrales ou métropolitaines, comme églises motrices, ont eu leurs fabriques réglées par des principes particuliers ou par les usages propres à chacune : « Il est naturel, dit Portalis (*Rapp. à l'empereur*, *juill.* 1806) qu'un évêque qui a autour de lui un chapitre plus ou moins nombreux n'ait pas besoin de chercher ailleurs un conseil qu'il trouve dans la constitution même de ses églises. »

708. — Conformément à cet ancien usage, le décret organique des fabriques du 30 déc. 1809 déclara, par son art. 104, que les fabriques des églises cathédrales et métropolitaines seraient constituées et régies conformément aux réglemens particuliers, proposés par l'évêque ou l'archevêque et approuvés par le gouvernement.

709. — « Les réglemens qui sont soumis par les évêques à l'approbation royale, doivent établir d'une manière précise le mode d'organisation et la composition de la fabrique. » — Avis cons. d'état 21 juill. 1840.

710. — « Ainsi, dit M. Vuillefroy (p. 384, note 6e), les réglemens doivent indiquer le nombre des membres du conseil de fabrique, celui des membres qui composeront le bureau des marguilliers, la durée du temps pendant lequel ils resteront en exercice, le mode et l'époque de leur renouvellement. Un réglement qui ne règle pas tous ces points ne remplit pas les principales conditions qui sont implicitement renfermées dans l'art. 104 du 30 déc. 1809, et il n'y a pas lieu de l'approuver. » — V. encore Avis déjà cité du conseil d'état.

711. — Bien que, comme le dit encore M. Vuillefroy, « non seulement des motifs de haute convenance, mais aussi les intérêts du trésor public et la bonne administration des églises métropolitaines et cathédrales exigent que les fabriques destinées à gérer les biens de ces églises soient régulièrement constituées, » le décret de 1809 n'a pas encore reçu sur ce point sa complète exécution.

712. — En 1822, le ministère des cultes proposa aux évêques d'adopter, pour l'organisation de leur fabrique de cathédrales, un réglement uniforme, établissant : 1o que la fabrique se composerait d'un conseil de fabrique et d'un bureau de marguilliers; — 2o que la nomination des président et membres du conseil de fabrique et des président et membres du bureau des marguilliers, ainsi que du secrétaire et du trésorier, seraient réservés à l'évêque; — 3o que le président et le secrétaire du conseil le seraient également du bureau; — 4o que le droit d'interprétation des articles du réglement seraient réservés à l'évêque.

713. — En 1841, trente-huit fabriques de cathédrales étaient régies par ce réglement rédigé, du reste, comme on le voit, de manière à laisser aux évêques une autorité à peu près absolue pour l'organisation des fabriques de leurs cathédrales. — Trente-cinq autres fabriques étaient encore sous l'empire des réglemens provisoires, arrêtés par les évêques en vertu du décret du 9 flor. an XI, et approuvés en l'an XI et en l'an XII. — Enfin sept fabriques de cathédrales étaient encore sans réglemens approuvés.

714. — Dans plusieurs cathédrales, dit M. Affre (p. 53), le chapitre forme le conseil de fabrique, et l'évêque nomme le bureau. Dans quelques-unes qui sortent de la règle ordinaire, le chapitre forme à lui seul le conseil et le bureau. — L'auteur ajoute que cette composition, comme toute autre, peut être adoptée, mais qu'il y aurait un inconvénient à ne pas partager cette administration en conseil et en bureau.

715. — M. Affre fait remarquer que l'évêque ayant le droit de nomination, quant aux membres d'une fabrique, a aussi le droit de les destituer sans recourir au ministre; mais il ajoute que l'exercice de ce pouvoir est soumis à certaines formes et spécialement à l'audition des membres inculpés, ainsi qu'à la signification à la fabrique de l'ordonnance de destitution.

716. — La dotation des fabriques cathédrales, considérées uniquement sous ce rapport, se compose comme celles des fabriques d'églises, tant des biens restitués ou attribués par le gouvernement, comme provenant des anciennes fabriques des métropoles et cathédrales comprises dans la circonscription des nouveaux diocèses (décis. min. 6 flor. an XII), que des acquisitions de toute nature, dons ou legs, qui ont pu avoir lieu depuis leur constitution nouvelle, et des quêtes et perceptions autorisées par les tarifs d'oblations.

717. — Il faut encore y joindre les subventions allouées autrefois par les départemens (Décr. 30 déc. 1809, art. 106), aujourd'hui passées à la charge de l'état, comme toutes les autres dépenses diocésaines (V. DIOCÈSE) et qui sont destinées à subvenir à l'insuffisance des revenus de la fabrique de la métropole ou cathédrale.

718. — A cet effet, et lorsqu'il survient de grosses réparations ou des reconstructions à faire aux églises cathédrales, aux palais épiscopaux et aux séminaires diocésains, l'évêque doit en donner l'avis officiel au préfet du département dans lequel est le chef-lieu de l'évêché; il donne en même temps un état sommaire des revenus et dépenses de sa fabrique, en faisant la déclaration des revenus qui restent libres après les dépenses ordinaires de la célébration du culte. » — Décr. 30 déc. 1809, art. 107.

719. — Le préfet, sur le vu de l'avis transmis par l'évêque, ordonne qu'il soit fait, suivant les règles ordinaires, un devis estimatif des travaux à faire, lequel rapport communiqué à l'évêque, qui y joint ses observations, est transmis par le préfet, et avec son avis, par les voies hiérarchiques, au ministre des cultes, qui statue. — *Ibid.*, art. 108 et 109.

720. — Par suite des réductions opérées sur le budget des cultes, les dépenses relatives aux maîtrises des cathédrales sont restées entièrement à la charge des fabriques; l'état ne leur alloue plus, à cet effet, aucune subvention; mais il continue à contribuer aux frais des bas-chœurs des cathédrales. — Circ. min., 19 avr. 1832.

721. — Au surplus, et en principe général, toutes les règles établies relativement aux biens, aux charges, à l'administration intérieure et aux procès des fabriques paroissiales, sont applicables aux fabriques des cathédrales. Nous n'avons aucun détail nouveau à donner sur ce point. — Décr. 30 déc. 1809, art. 105.

722. — Nous ferons seulement observer que les dons et legs faits aux cathédrales et aux métropoles sont acceptés non par le trésorier, comme lorsqu'il s'agit d'églises paroissiales, mais par l'évêque. — Décr. 30 déc. 1809, art. 113; ord. 2 avr. 1817.

723. — Quant à la comptabilité des fabriques épiscopales, elle n'est soumise qu'au contrôle immédiat de l'évêque et au contrôle supérieur du ministre des cultes; sur tous les autres points elle est conforme à celle des églises paroissiales. — Affre, p. 56.

724. — Toutes les églises métropolitaines et cathédrales, en même temps qu'elles sont consacrées au service diocésain, sont presque toujours affectées aussi au service d'une paroisse, ce qui a donné lieu à la question de savoir s'il n'y a pas obligation dans ce cas de séparer l'administration de la paroisse de celle de la cathédrale dans laquelle se fait le service paroissial, et, par conséquent, s'il ne doit pas y avoir deux fabriques.

725. — A cet égard, une décision du 16 nov. 1811 a posé en principe qu'il ne peut y avoir, dans une métropole ou cathédrale, deux fabriques, l'une métropolitaine ou de la cathédrale, et l'autre paroissiale. — Et même, une circulaire du directeur des cultes regardait la confusion des *deux fabriques* comme tellement naturelle, qu'elle portait : « Il serait impossible de distinguer les dépenses qui regardent l'office de la cathédrale de celles qui concernent celui de la paroisse, comme aussi de séparer ce qui est relatif à l'usage du mobilier; puisque l'usage et l'emploi sont communs, les recettes et dépenses doivent l'être aussi. »

726. — Néanmoins, on a fait observer que cette confusion des recettes et des dépenses pourrait entraîner des inconvéniens, les deux services étant de nature distincte, puisque si c'est le département (aujourd'hui l'état) qui doit subvenir aux dépenses diocésaines que ne peut supporter seule la fabrique de la cathédrale, c'est à la commune qu'incombe l'obligation d'assurer le service paroissial. Or, a-t-on dit, comment savoir, si les budgets sont communs, auquel des deux services se rapporte l'insuffisance des revenus de la fabrique, et qui doit venir à son aide.

727. — Pour éviter cette difficulté, le ministre des cultes, en 1810 et 1812, avait décidé qu'en pareil cas la fabrique ne s'adresserait au conseil municipal que pour deux objets : le traitement des vicaires et le logement du curé. — Mais, comme le fait remarquer M. Vuillefroy (p. 388), cette solution était loin de résoudre la difficulté, car ce n'est qu'exceptionnellement, et non en principe, que la commune est tenue de subvenir à ces dépenses du culte; or, comment établir l'insuffisance de revenus du service paroissial, alors qu'il n'est point distingué du service diocésain.

728. — Une circulaire ministérielle du 22 août 1822 eut pour but de mettre un terme à cet état de choses, en statuant que « la distinction entre les recettes et les dépenses de la fabrique cathédrale et celle de la fabrique paroissiale existante, dans la même église doit être maintenue avec exactitude : un budget séparé doit être établi pour chaque service. » Mais il est à remarquer qu'en fait, les prescriptions de la circulaire de 1822 ne sont pas exactement suivies; et que, comme autrefois, il

existe, dans la plupart des comptabilités des fabriques des cathédrales, une confusion complète entre le service diocésain et le service paroissial.

729. — M. Affre (p. 57), s'expliquant sur cette question, dit que rien dans la nature de deux établissemens, tels qu'un chapitre et une paroisse, n'impose l'union ou la séparation, et que la liberté de réaliser l'une de ces deux choses, selon que les évêques y trouveront plus d'avantage, est d'ailleurs consacrée par l'usage. — Depuis le concordat, ajoute-t-il, certaines cathédrales ont eu deux fabriques, d'autres n'en ont eu qu'une seule. Sous l'ancien régime, nous ne voyons nulle part deux fabriques, parce que, ou les cathédrales n'avaient pas de paroisse, ou elles avaient une paroisse fort peu étendue, ou que, d'après la législation et les coutumes de cette époque, l'évêque et le chapitre étaient chargés de pourvoir à tous les besoins, et d'administrer les revenus de ces églises. — Au reste, dit encore le même auteur, il y a une chose décisive en faveur de la faculté laissée aux évêques de n'avoir qu'une fabrique, c'est le pouvoir qu'ils ont de réunir la cure au chapitre; ce sont deux institutions corrélatives, et les motifs d'établir l'unité dans les deux sont les mêmes.

730. — Et dans une circulaire du 20 mai 1807, Portalis, ministre des cultes, annonçait aux évêques que l'archevêque de Paris avait réuni la cure au chapitre, pour faire cesser les discussions que pouvait faire naître la séparation; aussi n'y a-t-il qu'une fabrique dans la métropole de Paris. — Affre, p. 58.

731. — Il y a quelques années, en 1840, dans une discussion qui eut lieu au conseil d'état dans le sein du comité de législation, on a soutenu que le défaut d'existence d'une fabrique paroissiale distincte de la fabrique de la cathédrale est une contravention aux prescriptions du décret de 1809, qui exige sans distinction qu'il y ait dans chaque paroisse une fabrique organisée suivant des règles déterminées et fixes, avec intervention de l'autorité civile dans le choix et la composition des membres, organisation si différente de celle de la fabrique de la cathédrale, placée dans la dépendance presque absolue de l'évêque; d'où il suivait, a-t-on ajouté, que les paroisses les plus importantes des diocèses, qui, en fait, sont presque toujours celles dont le siége est à la cathédrale, se trouvaient dépouillées de ces garanties si sages d'administration régulière assurées par le décret de 1809 aux plus petites et plus pauvres paroisses. — Vuillefroy, p. 387, note *a*.

732. — Cette opinion nous paraît trop exclusive : de même que l'expérience a appris que le contact perpétuel dans une même église de deux autorités spirituelles, l'évêque et son chapitre d'un côté, le curé de l'autre, étaient la source de conflits souvent fâcheux, et ont amené la suppression des curés de cathédrales et l'institution des archiprêtres (V. CURE, CURÉ), de même il nous paraît que les avantages que l'on pouvait retirer de l'existence simultanée de deux administrations distinctes seraient loin d'être balancées par les nombreux inconvéniens auxquels donnerait lieu un pareil état de choses. Les principes posés par la circulaire du 22 août 1822, une seule fabrique, mais deux comptabilités distinctes, nous paraissent bien plus rationnels.

733. — Seulement nous pensons, ainsi du reste que cela a été dit dans la discussion précitée du comité de législation en 1840, que dans l'intérêt de la paroisse il serait à désirer que les ordonnances royales rendues pour l'organisation des fabriques de cathédrales exigeassent toujours certaines garanties spéciales, telles que la présence du maire, membre de droit, et l'intervention du préfet pour la nomination d'une partie des membres, ce qui donnerait à l'intérêt communal et laïque une représentation et une garantie directe.

FACTEURS.

1. — On désigne ainsi, en général, les préposés qui sont chargés par un manufacturier ou le chef d'un établissement commercial de faire en son lieu et place des opérations commerciales.

2. — Dans l'usage et le plus souvent, les facteurs ont pour mission exclusive soit d'acheter, soit de vendre des marchandises pour le compte de leurs commettans; mais ils peuvent être également chargés de faire simultanément l'une et l'autre de ces choses.

3. — Le plus ordinairement aussi, les manufacturiers et les négocians ne se font représenter par des facteurs que hors du lieu où ils ont le siége de leur établissement. Mais rien n'empêche qu'ils emploient les mêmes agens dans les lieux mêmes où ils résident et dans l'intérieur même de leur établissement ou de leur maison de commerce.

4. — Les facteurs préposés aux achats sont communément envoyés dans les villes manufacturières ou dans les ports de mer et dans les endroits où se fait un grand commerce d'entrepôt; ils achètent là pour le compte de leurs commettans, les marchandises que ceux-ci leur demandent, les emballent et les leur envoient.

5. — Les facteurs préposés à la vente sont communément fixés dans les villes les plus commerçantes. Les marchands et fabricans leur envoient leurs marchandises pour les vendre au prix et aux conditions qu'ils leur désignent.

6. — Ceux qui résident dans le lieu même où est établie la maison à laquelle ils sont attachés, ou dans l'intérieur même de l'établissement, ont une mission qui est déterminée soit par l'usage de la place, soit par le chef de la maison qui les emploie.

7. — Quel que soit d'ailleurs l'objet de la mission des facteurs et le lieu où ils résident, on doit les considérer comme des commis relativement à leurs rapports tant avec leurs patrons qu'avec les tiers. — Goujet et Merger, *Dict. de droit commercial*, v° *Facteur*, n° 2.

8. — Et encore bien qu'ils ne soient pas commensaux de ceux qui les emploient, il faut les placer sur la même ligne que les commis qui travaillent dans l'intérieur. — Pardessus, *Dr. commercial*, n° 40.

9. — Toutefois, le facteur représente plus complètement le négociant à l'établissement duquel il est attaché; il est présumé avoir reçu un mandat plus étendu qu'un simple commis ordinaire. — Goujet et Merger, n° 3.

10. — « C'est l'usage seul, dit à cet égard M. Pardessus (*ubi suprà* n° 531), et même, dans chaque pays, l'acception particulière donnée aux mots, qui peuvent déterminer la différence qui existe entre les commis, les facteurs ou les serviteurs consacrés au commerce. »

11. — Dans tous les cas, la qualité de facteur d'une maison de commerce, emporte tellement l'idée que celui à qui elle appartient est identifié au chef de cette maison, que, par exemple, le facteur attaché à une maison de commerce française, et résidant à l'étranger, est considéré quant à ses droits personnels comme résidant sur le territoire français. C'est ainsi qu'il a été jugé que la qualité de facteur de commerce attaché à une maison française dans les Echelles du Levant rend l'étranger capable d'être adopté par un Français, encore bien qu'il n'y aurait pas réciprocité établie par les traités des deux nations. — *Aix*, 17 avr. 1832, Peracco c. Marcenaro.

12. — D'un autre côté, il y a entre le facteur et le commissionnaire ou le courtier cette différence que, tandis que le premier est aux gages de celui qui l'emploie et qu'il contracte l'obligation de travailler en quelque sorte exclusivement pour son maître, le commissionnaire et le courtier sont au contraire des intermédiaires établis pour tous, des hommes indépendans disposés à négocier, moyennant certaines rétributions, pour quiconque veut leur accorder sa confiance. — Pardessus, *Dr. comm.*, n° 40.

13. — En général, les facteurs engagent leurs commettans pour tout ce qu'ils font dans l'ordre des pouvoirs que supposent leurs fonctions, ou la confiance dont ils ont habitude de jouir, et, par une raison corrélative, les engagemens contractés envers ces préposés, dans les mêmes circonstances, sont obligatoires pour les tiers en faveur des maîtres des facteurs, et irrévocables, sans qu'il soit nécessaire qu'ils les acceptent ou déclarent vouloir en profiter. — Pardessus, n° 148.

14. — Le facteur préposé, en termes généraux, à un établissement commercial, est autorisé à faire tout ce que rend nécessaire la direction qui lui est confiée. — Pardessus, n° 149.

15. — Les limites précises de ce mandat sont, du reste, fixées, à défaut de conventions spéciales, par les usages du lieu et par la nature du commerce auquel se trouve préposé le facteur. — Goujet et Merger, *ubi suprà*, n° 3.

16. — Les facteurs des marchands ne sont pas commerçans. — Molinier, *Tr. de dr. comm.*, t. 1er, n° 101.

17. — Cependant ils sont, comme les commis et les serviteurs des marchands, justiciables du tribunal de commerce, en ce qui concerne le fait du trafic du marchand auquel ils sont attachés. — C. comm., art. 634.

18. — Réciproquement, il faut considérer comme actes de commerce soumis à la même juridiction les engagements des commerçans envers leurs facteurs. — Pardessus, n° 40.

19. — Indépendamment des facteurs de commerce proprement dits, auxquels seuls s'appliquent les notions qui précèdent, on désigne encore sous le nom de *facteurs* certains agens ou préposés dont les fonctions sont réglées par des dispositions particulières.

20. — Ainsi, on donne le nom de facteur à l'employé qui, dans chaque bureau de poste, est chargé de porter les lettres au domicile des destinataires. — V. FACTEURS DE LA POSTE AUX LETTRES.

21. — On désigne aussi sous le même nom des employés chargés, dans les entreprises de messageries ou de roulage, de délivrer les ballots, les marchandises et les paquets, et de recevoir les droits de transport, s'ils n'ont pas été acquittés au lieu du chargement. — V. MESSAGERIES, ROULAGE, VOITURES PUBLIQUES.

22. — La même qualification est encore donnée au commis garde-vente des adjudicataires de coupes de bois dans les bois de l'état. — V. FORÊTS.

23. — Enfin, il y a les facteurs aux halles et marchés qui sont des agens institués par l'administration municipale dans les grandes villes, et notamment à Paris, pour effectuer la vente des denrées apportées aux marchés. — V. FACTEURS AUX HALLES ET MARCHÉS.

24. — Les facteurs de fabrique et ceux de denrées et marchandises sont dans la quatrième classe des patentables : droit fixe basé sur la population, droit proportionnel du vingtième de la valeur locative de l'habitation et des lieux servant à l'exercice de la profession. — V. PATENTE.

FACTEURS AUX HALLES ET MARCHÉS.

Table alphabétique.

Acheteur, 20.
Acte de commerce, 7 s.
Administration municipale, 1.
Association, 19, 46.
Beurre, 45. — faussé, 49. — d'Isigny, 44. — et œufs de Gournay, 52.
Bordereau, 38.
Boulanger, 21 s.
Bourse commune, 27.
Bureau de contrôle, 13.
Caisse de la marée, 35. — municipale, 18.
Candidat, 25, 61.
Carreau de la halle, 46.
Cautionnement, 14, 28, 34 s., 42, 54.
Charge (vente de), 7 s.
Commerce, 19, 31, 46, 63.
Commission, 13, 24, 41, 53.
Compte ouvert, 47.
Contestations, 59.
Contrôle, 3, 20, 64.
Crédit ouvert, 8.
Cultivateur, 15.
Déclaration de vente, 17.
Délégué de commerce, 61.
Destitution, 58.
Dixième, 18.
Droit de vente, 18, 30, 32, 40, 50 s., 56.
Electeur du commerce, 61.
Enchères, 44 s.
Enfant, 62.
Facteurs adjoints, 18. — spéciaux, 6.
Farine, 12, 14.
Filles de place, 16.
Fondé de pouvoir, 15.
Fraude, 49.
Garantie, 3, 28, 42, 54.
Grains, 14.
Graines et grenailles, 12.
Halle au beurre, œufs et fromages, 6, 41. — au charbon, 6. — aux grains et farines, 6, 12. — aux poissons, 6, 23. — à la volaille et au gibier, 6, 53.
Hausse, 57.
Huitres, 32.
Indemnité, 22.
Inspecteur général des marchés, 48.
Journal de vente, 17.
Justification, 47, 64.
Liberté du commerce, 58.
Marchand, 15. — forain, 39.
Marée, 23.
Ministère forcé, 15, 43, 55, 62.
Nomination, 25, 34, 41, 53, 61.
Œufs, 45.
Origine, 5.
Paiement, 17, 35, 37, 39.
Paris, 4.
Patente, 11.
Place, 16.
Poisson d'eau douce, 23, 33.
Préfet de police, 59.
Privilége, 21 s.
Propriétaire, 15.
Réception des marchandises, 1.
Receveur municipal, 51.
Registre, 29. — de vente, 36, 47, 57, 59.
Réglement, 16. — ancien, 5.
Réserve, 21.
Responsabilité, 20.
Société, 26.
Surveillance, 3.
Transaction, 49.
Vendeur, 20.
Vente, 1, 3, 15, 31. — à terme, 46.

FACTEURS AUX HALLES ET MARCHÉS. — 1. — Ce sont des préposés nommés ou agréés par l'administration municipale dans quelques grandes villes, et notamment à Paris, pour recevoir les denrées envoyées aux halles et marchés et en effectuer la vente.

SECT. 1re. — *Dispositions générales* (n° 2).

SECT. 2e. — *Facteurs aux halles et marchés de Paris* (n° 12).

§ 1er. — *Facteurs à la halle aux grains et farines* (n° 12).

§ 2. — *Facteurs à la halle aux poissons* (n° 23).

§ 3. — *Facteurs à la halle aux beurres, œufs et fromages* (n° 41)

§ 4. — *Facteurs à la halle à la volaille et au gibier* (n° 53).

§ 5. — *Facteurs au marché au charbon* (n° 60).

—

Sect. 1re. — *Dispositions générales.*

2. — Les attributions des facteurs aux halles, leurs droits et leurs devoirs ne sont déterminés par aucune loi. Tout ce qui concerne leur organisation est réglé par des ordonnances ou arrêtés pris par l'autorité municipale (à Paris, par le préfet de police) en exécution de l'art. 3, tit. 11, L. 16-24 août 1790, qui confie à la vigilance et à l'autorité des corps municipaux l'inspection et la police des halles et marchés publics. — Goujet et Merger, *Dict. de droit commercial*, v° *Facteurs aux halles*, n° 3.

3. — La création d'agens spéciaux pour opérer les ventes dans les marchés, presque indispensable dans les grands centres de population, a en effet pour double résultat de faciliter le contrôle et la surveillance de l'administration, en même temps qu'elle assure aux marchands, qui trouvent dans ces agens des intermédiaires aussi sûrs qu'utiles, la protection et la garantie dont ils ont besoin.

4. — Nous nous occuperons seulement ici de l'organisation des facteurs établis auprès des divers marchés de Paris.

5. — L'institution de ces préposés dans la capitale remonte à une époque déjà ancienne, ainsi qu'on le voit par les réglemens et ordonnances de police des 4 juill. 1724, 25 juin 1757 et autres que les nouveaux réglemens n'ont en quelque sorte fait que développer.

6. — Il existe à Paris des facteurs spéciaux : 1° à la halle aux grains et farines ; — 2° à la halle aux poissons ; — 3° à la halle aux beurres, œufs et fromages ; — 4° à la halle à la volaille et au gibier ; — 5° au marché au charbon.

7. — La vente d'une place de facteur à la halle ne constitue pas un acte de commerce. — *Paris*, 20 juin 1840 (t. 2 1840, p. 193), Devé c. Marion.

8. — Mais le cautionnement donné par un individu non commerçant pour le prix d'une charge de facteur à la halle, à la condition qu'un crédit serait ouvert par le vendeur à l'acheteur, rend la caution justiciable du tribunal de commerce. — Même arrêt.

9. — Les facteurs des halles, et spécialement les facteurs à la halle aux charbons, doivent-ils être réputés commerçans ? — V. COMMERÇANT, n° 137.

10. — Les facteurs aux halles de Paris sont soumis à la patente. — Droit fixe de 150 francs pour les farines, le beurre, les œufs, les fromages et le poisson salé ; de 100 francs pour les grains et grenailles, la marée, les huîtres et les cuirs ; de 75 francs pour le poisson d'eau douce, la volaille, le gibier, les agneaux, cochons de lait, veaux de rivière et de présalé, les veaux, les charbons de bois arrivés par eau, les draps, les toiles, les fourrages ; de 50 fr. pour le charbon de bois arrivé par terre ou pour le charbon de terre ; de 25 fr. pour les fruits et légumes ; — et droit proportionnel de 15 fr. de la valeur locative de l'habitation et des lieux servant à l'exercice de la profession.

11. — Les facteurs de denrées et marchandises (partout ailleurs qu'à Paris) sont patentables de quatrième classe. Droit fixe basé sur la population, et droit proportionnel du vingtième de la valeur locative de l'habitation et des lieux servant à l'exercice de la profession. — V. PATENTE.

Sect. 2e. — *Facteurs aux halles et marchés de Paris.*

§ 1er. — *Facteurs à la halle aux grains et farines.*

12. — Les facteurs et factrices chargés de la vente des farines en gros sont au nombre de vingt-deux. Seize facteurs ou factrices sont chargés de la vente des graines et grenailles. — Réglem. du bureau central du 15 germin. an IV, art. 2 ; autre réglem. du 6 frim. an V, art. 2 et suiv. ; — Elouin, Trébuchet et Labat, *Dict. de police*, v° *Halles*.

13. — Les facteurs et factrices sont tenus, ainsi que leurs adjoints, de faire enregistrer au bureau du contrôle établi près la halle les commissions qui leur sont délivrées par la préfecture de police. — Réglem. 15 germin. an IV, art. 4 ; 6 frim. an V, art. 1er.

14. — Les facteurs chargés de la vente des farines en gros doivent fournir un cautionnement de 50,000 fr. en immeubles ou en rentes 5 %. Les facteurs aux grains ne sont pas soumis à la même obligation. — Arrêté 10 vent. an XI.

15. — Le ministère des facteurs à la halle aux blés n'est pas forcé. Les marchands et blatiers munis de patentes, les propriétaires et cultivateurs peuvent vendre sur le carreau de la halle les grains, farines et grenailles qu'ils déclarent leur appartenir, soit par eux-mêmes, soit par des préposés qu'ils munissent de pouvoirs *ad hoc*, et dont ceux-ci justifient au contrôleur. — Réglem. 15 germinal an IV, art. 2 ; 6 frim. an V, art. 1er.

16. — Les facteurs et factrices ne peuvent exposer en vente les grains et farines qui leur sont confiés qu'aux places qui leur sont indiquées ; ils sont tenus de vendre par eux-mêmes et non par leurs filles de place ; ils doivent se conformer en tout aux lois concernant la vente des grains et farines et aux réglemens concernant le régime de la halle. — Réglem. 15 germin. an IV, art. 7.

17. — Chaque facteur doit tenir un journal de vente timbré dont les feuillets sont cotés et paraphés par le contrôleur de la halle, et un compte ouvert pour chaque marchand, sur lequel ils portent la quantité des sacs qu'ils ont reçus, de ceux qu'ils ont vendus, le prix de ces sacs et les sommes qu'ils ont payées aux marchands ; ils sont aussi tenus, en exécution de l'art. 9, arrêté du directoire exécutif du 29 brum. an IV, de faire au bureau du contrôle de la halle leurs déclarations de vente, au fur et à mesure et en présence de l'acquéreur. — Réglem. 15 germin. an IV, art. 5.

18. — La commission de vente allouée aux facteurs à la vente en gros des farines est de 80 c. par 100 kilogr., poids net de farine, sur lequel ils ont à prélever le dixième ou 8 cent. qu'ils doivent verser à la caisse municipale en conformité du décret impérial du 21 sept. 1807. — Arrêté du préfet de police du 13 av. 1842, art. 5.

19. — Les facteurs ou factrices chargés de la vente des farines en gros ne peuvent, sous peine de destitution, faire aucun commerce de grains, farines ou grenailles pour leur compte, ni s'associer avec les marchands, sous aucun prétexte. — Réglement du 15 germin. an IV, art. 6.

20. — Il a été néanmoins jugé que les facteurs à la halle aux farines sont responsables, vis-à-vis du vendeur et de l'acheteur, de l'exécution des marchés faits par leur entremise. — *Paris*, 4 mars 1840, (t. 1er 1840), p. 395), Carriat c. Plet. — Cette solution repose sur l'usage de la place de Paris d'après lequel les facteurs à la halle aux farines, à la différence des courtiers, dont la mission se borne à mettre l'acheteur et le vendeur en présence, traitent eux-mêmes avec l'acheteur, et mettent seuls leur signature sur le registre du contrôleur général, sans aucune intervention de la part du vendeur.

21. — Les facteurs à la halle aux grains et farines ont, sur les quinze sacs que les boulangers de Paris doivent déposer à la réserve, à titre de garantie, un privilége dont nous avons déjà parlé. — V. BOULANGER, nos 147 et suiv.

22. — Il a été jugé que le décret du 27 fév. 1811, qui établit ce privilége, n'attribue pas aux facteurs un privilége sur l'indemnité payée par le corps des boulangers pour les établissemens supprimés. — *Cons. d'état*, 18 mai 1822, Chéron c. Trono.

§ 2. — *Facteurs à la halle aux poissons.*

23. — On doit distinguer, dans cette classe de facteurs, ceux qui sont préposés à la vente de la marée proprement dite et ceux qui sont chargés de la vente du poisson d'eau douce.

24. — Il y a, pour la vente de la marée, six facteurs ou factrices qui doivent être munis d'une commission spéciale du préfet de police. — Ord. pol. 9 frim. an X, art. 2.

25. — Le préfet de police nomme les facteurs et factrices sur une liste de trois candidats par eux présentés. — Ord. 9 frim. an X, art. 13.

26. — Les facteurs et factrices ont entre eux un acte de société approuvé par le préfet de police. — Ord. de pol. 9 frim. an X, art. 1er.

27. — Ils font bourse commune. — Ord. de pol. 9 frim. an X, art. 16.

28. — Chaque facteur ou factrice doit verser, à titre de garantie, dans la caisse de la marée, une somme de 6,000 francs, en trois paiemens égaux : le premier avant que la commission leur soit délivrée, le second, dans les six mois, et le troisième avant la fin de l'année. — Ord. pol. 9 frim. an X, art. 14.

29. — Les facteurs doivent avoir un registre coté et paraphé sur lequel ils inscrivent, au fur et à mesure des ventes faites par les commis-vendeurs préposés *ad hoc*, les noms des maréyeurs, la quantité de paniers de petite marée, les espèces de poissons de grosse marée, les prix de chaque article vendu et le nom des acquéreurs. Immédiatement après la vente, ils remettent ce registre au bureau du caissier. — Ord. pol. 9 frim. an X, art. 8 et 9.

30. — Les acheteurs paient aux facteurs ou factrices, savoir : sur les articles de marée vendus trois fr. et au-dessous, quinze centimes pour le crédit et quinze cent. pour le comptant. Sur les articles vendus au-dessus de trois francs, jusques et y compris sept francs, vingt centimes pour le crédit et quinze centimes pour le comptant. Sur les articles vendus au-dessus de sept francs, vingt-cinq centimes pour le crédit, et vingt cent. pour le comptant. — Ord. 4 juill. 1724, art. 6 ; arrêts des 8 juin 1734, art. 15, et 14 août 1783, art. 8 ; ord. pol. du 9 frim. an X, art. 15.

31. — Il est expressément défendu aux facteurs attachés au service de la marée et à leurs femmes de se faire adjuger directement ou indirectement aucun article de vente, et de se livrer, sous quelque prétexte que ce soit, au commerce de la marée. — Arrêtés des 31 déc. 1776, art. 6, et 14 août 1783, art. 11 ; ord. pol. 9 frim. an X, art. 19.

32. — Il existe, en outre, trois factrices à la vente en gros des huîtres. Leurs droits sont réglés ainsi qu'il suit : le marchand forain leur paie 12 fr. par voiture, et 3 fr. pour le déchargement ; et les écaillères, 50 cent. par chaque panier contenant quarante-huit douzaines d'huîtres. — Elouin, Trébuchet et Labat, *Dict. de police*, v° *Halles*.

33. — La vente du poisson d'eau douce amené à Paris se fait comme pour la marée, par le ministère d'un facteur. — Décr. 28 janv. 1811, art. 1er.

34. — Le facteur est nommé comme ceux de la marée ; il est soumis aux mêmes règles et obligations et donne un cautionnement pareil. — *Id.*, art. 2.

35. — Ce cautionnement est versé à la caisse de la marée, laquelle paie comptant le prix des ventes aux marchands forains. — *Id.*, art. 3.

36. — Le facteur doit tenir un registre sur lequel il inscrit, article par article, sans blanc ni interligne, les noms des marchands, l'espèce et le prix de chaque lot vendu, et les noms des acquéreurs. — Ord. pol. 25 fév. 1811, art. 2.

37. — Il doit verser chaque jour à la caisse de la marée, le prix des ventes. — Décr. 28 janv. 1811, art. 4.

38. — Immédiatement après la vente et la vérification des registres, le facteur remet à la caisse de la marée le bordereau détaillé des ventes faites pour chaque marchand et le produit total des ventes, soit au comptant, soit à crédit. — Ord. de pol. 25 fév. 1811, art. 3.

39. — Il est défendu au facteur de poisson d'eau douce de payer directement le marchand forain. — Ord. pol. 1er déc. 1814, art. 6.

40. — Ses droits sont fixés à un % sur les ventes au comptant et demi % pour les ventes faites à un crédit de plus de vingt-quatre heures, sans aucune autre perception, sous aucun prétexte. — Décr. 28 janv. 1811, art. 6.

§ 3. — *Facteurs à la halle aux beurres, œufs et fromages.*

41. — Il y a à la halle aux beurres, œufs et fromages quatre facteurs commissionnés par le préfet de police pour la réception et la vente des beurres, fromages et œufs. — Ord. pol. 29 janv. 1806, art. 17.

42. — Chaque facteur est tenu de fournir, en immeubles ou en rentes 5 %, un cautionnement de 20,000 francs pour la garantie des marchands forains. — Ord. pol. 29 janv. 1806, art. 18.

43. — Les marchands peuvent vendre par eux-mêmes et sans recourir à l'intermédiaire des facteurs les marchandises qu'ils apportent à la halle ; mais lorsqu'ils ne vendent pas eux-mêmes, ils sont obligés de s'en servir, aucune autre personne ne pouvant s'immiscer dans l'exercice des fonctions de facteur. — Ord. pol. 18 juin 1823, art. 27 et 28 ; Elouin, Trébuchet et Labat, *Dictionnaire de police*, v° *Halles*.

44. — Les facteurs doivent vendre aux enchères tous les beurres d'Isigny. — Ord. pol. 18 juin 1823, art. 29.

45. — Ils doivent également vendre dans la même forme, sur toutes les réquisitions qui leur sont faites à cet effet, tous les autres beurres ainsi que les œufs qui leur sont adressés directement ou leur sont remis sur le carreau pour en opérer la vente. — *Ibid.*, art. 30 et 31.

46. — Il est défendu aux facteurs : — 1° de faire aucune vente ailleurs que sur le carreau ; — 2° de faire, soit pour leur compte particulier, soit en société ou participation, le commerce des beurres, œufs et fromages ; — 3° de faire aucune vente à

livrer ou à terme. — Ord. pol. 18 juin 1833, art. 82.

47. — Les facteurs doivent tenir de leurs opérations tous registres, carnets et écritures nécessaires pour être en état de rendre compte, en tous temps, soit à leurs commettans, soit à l'administration, à toute réquisition.—Ord. de police 18 juin 1823, art. 33.

48. — Leurs registres doivent être sur papier timbré, cotés et paraphés par l'inspecteur général des marchés.—Ord. de police 29 janv. 1806, art. 23.

49. — En exécution des ordonnances qui prescrivent la saisie des beurres reconnus, dans le cours de la vente, pour avoir été dénaturés, faussés ou frauduleusement composés, il est défendu aux facteurs de transiger avec les acheteurs sur cette espèce de fraude. — Ord. 30 mars 1535, art. 46; édit de déc. 1672, ch. 3, art. 19 et 20; L. 24 août 1790, tit. 11, art. 3, § 4; C. pén., art. 423; ord. de police 18 juin 1823, art. 19.

50. — Le droit de commission des facteurs aux beurres, fromages et œufs, a été fixé à 2 1/2 % du produit de la vente des beurres et œufs amenés sur le carreau. — Ord. de police 28 mai 1806, art. 1er et 2.

51. — Aux termes d'un décret impérial 24 sept. 1807, il a été disposé que la moitié du droit de 2 1/2 % ci-dessus indiqué serait versée par les facteurs chaque mois, et dans les cinq premiers jours du mois suivant, quitte de tous frais, dans la caisse du receveur municipal.

52. — Et il a été disposé en dernier lieu : 1° que les facteurs auraient droit à une remise de 1 1/4 % sur les beurres de Gournay vendus à la criée; 2° que la remise de 1 1/4 % dont ils jouissent sur les œufs de même origine serait réduite à 4 %. — Ord. de police 10 mai 1826, art. 1er et 2.

§ 4. — Facteurs à la halle à la volaille et au gibier.

53. — Huit facteurs sont commissionnés par le préfet de police pour la vente en gros de la volaille et du gibier apportés par les approvisionneurs. — Ord. de police, 22 vent. an XII, art. 29.

54. — Chacun d'eux est soumis à un cautionnement de 19,000 fr., qui doit être fourni soit en immeubles, soit en rentes 5 %, soit en actions de la banque de France. — Arr. préf. de police 25 juin 1817.

55. — Les marchands forains sont libres de se servir des facteurs qu'il leur plaît. — Ord. 22 vent. an XII, art. 18.

56. — Le droit des facteurs sur les ventes effectuées par leur entremise est de 1 %. — Décr. 21 sept. 1807, art. 8.

57. — Il est défendu aux facteurs de hausser le prix que le vendeur a établi. Ils doivent faire enregistrer le prix de la marchandise au fur et à mesure de la vente, et avant qu'elle soit enlevée. — Ord. de police 22 vent. an XII, art. 32.

58. — Tout facteur qui chercherait à gêner la liberté du commerce est passible de la destitution. — Ord. 22 vent. an XII, art. 18.

59. — En cas de difficultés entre les forains et les facteurs au sujet de la vente des marchandises, les facteurs sont tenus de communiquer leurs feuilles et registres de vente à l'inspecteur général des marchés, qui statue, sauf le recours au préfet de police, s'il y a lieu. — Ord. de police 22 vent. an XII, art. 33.

§ 5. — Facteurs aux marchés au charbon.

60. — La vente des charbons sur les divers marchés affectés à ce genre de commerce est également effectuée par l'intermédiaire de facteurs nommés par le préfet de police. — Ord. de police 15 déc. 1834, art. 18. — V. au surplus BOIS ET CHARBONS, nos 94 et suiv.

61. — Cette nomination est faite par le préfet de police sur une liste de trois candidats présentés par les délégués et électeurs du commerce. — Ord. de police 12 fév. 1817, art. 24.

62. — Les marchands peuvent vendre par eux-mêmes ou par un de leurs fils leurs charbons sur les places de vente; mais ils ne peuvent se faire remplacer que par les facteurs. — Ord. de police 24 fév. 1817, art. 23.

63. — Les facteurs ne peuvent faire ni directement ni indirectement le commerce de charbon pour leur propre compte. — Ord. de police 15 déc. 1834, art. 19.

64. — Leur gestion est contrôlée administrativement, selon le mode établi par le préfet de police, et de telle sorte que les expéditeurs puissent toujours trouver auprès des mains du facteur tous les renseignemens propres à leur faire apprécier la sincérité des opérations confiées à ces mandataires. — Ord. de police 15 déc. 1834, art. 19.

FACTEURS DE LA POSTE AUX LETTRES.

Table alphabétique.

FACTEURS DE LA POSTE AUX LETTRES. — 1. — Les facteurs de la poste aux lettres sont les préposés de cette administration chargés de la distribution des lettres, paquets, imprimés et journaux à domicile.

2. — Nommés comme tous les autres employés de l'administration des postes par le directeur général, qui seul a également le droit de les révoquer, les facteurs sont comme eux porteurs d'une commission et assujétis à la prestation préalable d'un serment devant le tribunal civil. — V. POSTES.

3. — Nul ne peut être nommé facteur de la poste aux lettres, s'il a moins de dix-huit ans ou plus de quarante, sans les injonctions les plus formelles faites sont par les directeurs des postes de ne présenter de sujets que dans cette limite d'âge.—Instr. gén. des postes, juin 1832, art. 40.

4. — Les facteurs doivent, du reste, réunir les conditions d'aptitude exigées en général de tous les agens de l'administration des postes — V. POSTES.

5. — Il y a deux classes principales de facteurs, les facteurs de ville et les facteurs ruraux. — Les facteurs de ville sont attachés aux bureaux composés, c'est-à-dire ceux qui comptent plusieurs employés; ils font la distribution dans les villes et dans les banlieues des villes.—Les facteurs ruraux distribuent les lettres dans les communes où il n'y a ni bureau ni distribution.—Instr. gén. des postes, art. 22.

6. — Parmi les facteurs de ville, il convient de distinguer les facteurs de Paris, comme aussi les facteurs ruraux se divisent en facteurs ruraux proprement dits et facteurs de relais.

7. — L'instruction générale de l'administration des postes donne aussi le nom de facteur à des préposés qui ne dépendent nullement d'elle et qui sont attachés à d'autres administrations. Ainsi, les lettres adressées aux personnes qui se trouvent dans une prison ou dans un hospice sont remis par le facteur de l'administration des postes aux directeurs de ces établissemens qui chargent un employé de leur choix de la distribution des lettres entre les divers destinataires qui se trouvent dans la prison ou dans l'hospice. C'est cet employé que l'instruction générale désigne par le nom de facteur de l'hospice ou de facteur de la prison.

8. — L'importance des intérêts privés qui se trouvent chaque jour en contact avec le service des facteurs, l'utilité de rendre plus précises et plus connues les règles auxquelles les facteurs sont astreints dans leur emploi, nous ont déterminés à détacher de la matière générale des postes tout ce qui peut toucher le public ou se rapporter aux devoirs du facteur, à ses droits et à la pénalité qu'il peut encourir.

§ 1er. — Facteurs de ville (n° 9).
§ 2. — Facteurs de Paris (n° 22).
§ 3. — Facteurs ruraux (n° 55).
§ 4. — Facteurs de relais (n° 69).

§ 1er. — Facteurs de ville.

9. — C'est au bureau même que les facteurs disposent par ordre de rues et de numéros, selon l'itinéraire qui leur est fixé, les lettres qui leur sont remises. Une fois en tournée, ils ne peuvent plus s'arrêter avant que la distribution ne soit finie. — Instr. gén., art. 499.

10. — Les facteurs sont responsables envers les directeurs du montant des taxes des lettres dont ils ont reconnu le compte; ils sont tenus de rapporter, jour par jour, le montant de la taxe des lettres distribuées. — Ibid., art. 100.

11. — Les art. 142 et 147 de l'instruction générale imposent aux facteurs de ville un costume dont elle indique la composition; l'art. 148 veut, par une précaution fort sage, que les lettres dont ils sont chargés soient déposées dans une boîte de cuir noir, et passée en bandoulière.

12. — Il est défendu aux facteurs de faire aucun crédit; ils doivent se faire payer immédiatement le port des lettres qu'ils distribuent. — Dès que la taxe est acquittée la lettre est distribuée, et ne peut être réclamée par ceux qui ont cru que la lettre n'était pas destinée à la personne à qui elle a été remise.—Ibid., art. 504, 502, 503. — V. au surplus infra n° 39.

13. — Il est défendu aux facteurs de recevoir, à quelque titre que ce soit, un supplément de port pour les lettres qu'ils distribuent. — Ibid., art. 70 Réglem. des facteurs de Paris, art. 70.

14. — Il est défendu aux facteurs de monter dans les maisons pour y distribuer les lettres; ils doivent, lorsqu'il n'y a pas de portier, appeler les destinataires et leur donner le temps de venir recevoir leurs lettres. — Ibid., art. 505. — Il n'est fait exception à cette règle que pour les lettres recommandées. — Réglem. de facteurs de Paris, 1er fév. 1837, art. 71.

15. — Il est défendu à tout facteur, sous peine de révocation, de rentrer dans son domicile avant d'avoir achevé sa tournée ou d'y apporter des lettres, journaux et imprimés de toute nature qu'il n'aurait pas pu distribuer. — Inst. gén., art. 506; — Réglem. des facteur de Paris, art. 81 et 91.

16. — Les facteurs ne doivent faire aucune distribution sans être munis de la boîte destinée à contenir les lettres et le produit des taxes recouvrées.—Instr. gén., art. 507.

17. — Les facteurs ne doivent retirer les lettres de leurs boîtes à distribution qu'il portent avec eux que lorsqu'ils arrivent au domicile des destinataires. Il leur est en conséquence expressément défendu de parcourir leurs quartiers en tenant les lettres à la main. — Instr. gén., art. 507.— Réglem. des facteurs de Paris, art. 67.

18. — Les lettres qui ne sont pas distribuées, le facteur doit immédiatement annoter au dos de la lettre ou faire annoter les causes de la non distribution. — Instr. gén. — V. au surplus infra n° 44.

19. — Il est défendu aux facteurs de donner connaissance à qui que ce soit de l'adresse des lettres qu'ils sont chargés de distribuer. — Instr. gén., art. 500.— Réglem. des facteurs de Paris, art. 80.

20. — Le facteur qui s'est arrêté dans sa tournée, ou a interverti l'ordre de ses tournées, soit en changeant l'itinéraire qui lui était tracé, soit en faisant la remise, dans les rues ou chez lui, des lettres et journaux adressés aux personnes aux domiciles desquelles il n'a encore pu se rendre, est puni d'une retenue de cinq jours à un mois de traitement, en cas de récidive, il est révoqué. — Instr. gén., art. 71.

21. — Enfin, les art. 509 et suiv. de l'instruction générale chargent les directeurs de veiller d'une manière spéciale à ce que les facteurs remplissent avec exactitude et fidélité leurs devoirs.

§ 2. — Facteurs de Paris.

22. — Le service des facteurs de Paris est fixé par un règlement spécial du 1er février 1837, dont nous avons déjà eu occasion de citer plusieurs dispositions, et qui par son importance pratique doit attirer notre attention. — Cette instruction est divisée en quatre titres.

23. — D'après le titre 1er, qui règle l'organisation du service, les facteurs de Paris sont divisés en trois classes, savoir : 1° les facteurs en titre; 2° les surnuméraires facteurs; 3° les surnuméraires leveurs de boîte.

24.— Les facteurs en titre sont chargés d'opérer la distribution à domicile des lettres, journaux, ouvrages périodiques, livres brochés, brochures, prospectus et imprimés de toute nature confiés à la poste. — Art. 2.

25.—Les surnuméraires facteurs remplacent les facteurs en cas d'absence ou de maladie et coopèrent, à l'Hôtel des Postes, au timbrage et au tri des lettres, journaux et imprimés, ainsi qu'aux autres travaux qui leur sont assignés chaque jour par le chef de service de Paris. — Art. 3.

26.— Les surnuméraires leveurs de boîtes sont principalement chargés de faire la levée, aux heures prescrites, des boîtes aux lettres situées dans l'arrondissement des bureaux auxquels ils sont attachés et de rapporter les lettres à ces bureaux. — Ils sont chargés aussi du timbrage et du tri des lettres déposées dans les boîtes et aux bureaux; ils font en outre les courses qui leur sont commandées par le service, et exécutent, à tour de rôle, les travaux de peine de l'intérieur du bureau. — Art. 4.

27.—Les facteurs en titre chargés de la distribution des lettres sont partagés en neuf divisions ou arrondissemens. Chaque arrondissement est desservi par deux brigades qui alternent de distribution en distribution. A chaque brigade est attaché un chef facteur. — Art. 6.

28.— Les chefs facteurs reçoivent une haute paie de 300 francs par an, et portent une marque distinctive sur leur uniforme. Les facteurs de leur brigade leur doivent obéissance. Les chefs facteurs desservent du reste comme les autres facteurs un quartier de distribution. — Art. 7. — Au bout de deux ans de grade, ils peuvent, en récompense de leurs services, obtenir l'emploi de commis dans le service actif de Paris.

29.— La perte du grade de chef facteur ne peut être prononcée que par le conseil des postes. — Art. 10. — Elle est encourue: 1° pour insubordination; 2° pour négligences graves; 3° pour avoir encouru trois fois dans un an la peine de la suspension.

30.—Est révoqué, sans préjudice des peines portées par les art. 169, 174 et 187, C. pén., tout facteur convaincu: 1° d'avoir violé le secret des lettres dont la manipulation ou la distribution lui était confiée et de s'en être approprié le contenu; 2° d'avoir supprimé ou détruit, laissé supprimer ou détruire une lettre qui lui aurait été confiée à raison de ses fonctions; 3° d'avoir exigé ou reçu, pour port de l'objet qu'il était chargé de distribuer, une taxe excédant celle qu'il savait être due; 4° d'avoir détourné tout ou partie des produits des taxes qu'il était chargé de percevoir. — Art. 11.

31.— Est également révoqué tout facteur convaincu: 1° d'avoir distribué frauduleusement des lettres et autres objets dont le transport est attribué à l'administration des postes, et d'en avoir perçu le prix à son profit; 2° d'avoir repris du destinataire une lettre dont la distribution avait été régulièrement opérée. — Art. 12.

32.— La peine de la suspension, avec privation de traitement, laquelle ne peut être moindre de cinq jours ni excéder un mois, est encourue pour désobéissance, inconduite, insubordination ou encore irrégularité dans le service, et notamment pour remise de la lettre à un autre domicile que celui du destinataire. — Art. 13 et 14.

33.—Il est défendu aux facteurs revêtus de leur uniforme de fumer sur la voie publique ou de porter des ballots, fardeaux ou paquets quelconques étrangers au service des postes. — Art. 15.

34.— Les art. 16 à 21 de ce réglement sont relatifs aux congés qui ne peuvent jamais être accordés simultanément aux deux facteurs chargés du même quartier; les art. 22 à 33, qui concernent l'habillement, entrent sur ce point dans les détails les plus minutieux.

35.— Le tit. 2 de ce réglement concerne le *service des facteurs en titre*. — Tout ce qui concerne l'arrivée des facteurs à l'hôtel des postes, et le travail préparatoire à la distribution est contenu dans les art. 34 à 59 du réglement; nous ne croyons pas devoir entrer ici dans l'examen des diverses opérations qui ont lieu à ce sujet, et qui, se rattachant plutôt au service de la poste aux lettres même qu'aux obligations des facteurs, ne doivent pas nous occuper en ce moment. — Notons seulement que l'inexécution des devoirs imposés aux facteurs par les articles précités peut faire encourir, dans certains cas, aux contrevenans la peine de la suspension.

36.— Le chap. 3, au contraire, après avoir, dans ses art. 60 à 65, dont l'art. 66 a pour but d'assurer l'exécution, réglé ce qui a trait au départ des facteurs transportés pour la plupart dans des voitures jusqu'à un point donné de leurs quartiers respectifs, établit sur les devoirs des facteurs certaines règles qu'il n'est pas inutile de faire connaître.

37.— Quelques unes de ces règles ont déjà été indiquées par nous en traitant des facteurs de ville en général; il ne nous reste à mentionner ici que les prescriptions plus détaillées que contient le réglement du 1er fév. 1837, prescriptions qui, du reste, doivent être considérées comme le développement de celles contenues en l'instruction générale, et à ce titre sont applicables à tous les facteurs de ville, sauf en quelques points tout exceptionnels, et qui dérivent de l'organisation toute spéciale du service de la poste aux lettres à Paris.

38.— Les lettres ne doivent être remises qu'au domicile indiqué sur l'adresse, ou à la nouvelle destination indiquée au premier domicile. — Art. 68.

39.—Il est défendu aux facteurs de faire aucun crédit. Ils doivent se faire payer immédiatement le port des lettres qu'ils distribuent. — Aucune lettre ne peut être reprise par les facteurs après qu'elle a été remise aux mains du destinataire ou à son domicile, et que le port en a été acquitté. — Sont exceptées: 1° les lettres qui sont reconnues ne pas appartenir aux personnes à qui elles avaient été remises; 2° les lettres adressées aux membres de la chambre des députés; 3° les lettres dont les destinataires habitent des hôtels garnis et qui ont été livrées aux maîtres de ces hôtels.—Art. 69.

40.—Le réglement du 1er fév. 1837, après avoir rappelé, par son art. 70 (reproduit de l'art. 505, instr. gén.), qu'il est défendu aux facteurs de monter dans les maisons pour distribuer les lettres, sauf le cas de lettres recommandées (V. *suprà* n° 15), ajoute: « Néanmoins, lorsque des particuliers logés au rez-de-chaussée, soit sur le devant de la maison, soit au fond d'une cour, voudront recevoir leurs lettres des mains mêmes des facteurs, ceux-ci seront tenus de les leur livrer directement. » — Art. 72.

41.— Comme aussi lorsque des portiers seront logés à l'entresol ou au premier étage des maisons, les facteurs sont tenus d'y monter pour leur remettre les lettres adressées aux habitans de ces maisons. — Art. 73. — On comprend au surplus que le but de ces deux articles est de donner plus de facilité à la correspondance du commerce et des particuliers.

42.— Toute lettre emportée par erreur par un facteur et qui sera adressée à une personne domiciliée hors des limites du quartier de distribution de ce facteur, mais à la distance de deux cents pas, devra être distribuée par le facteur dans le cours de sa distribution; au cas contraire, elle doit être rapportée par lui. — Le facteur réprimandé est à la troisième fois suspendu et privé de traitement pendant deux jours au moins et cinq au plus. — Art. 74.

43.—L'art. 75 veut qu'au cas où le destinataire a changé de domicile, le facteur écrive immédiatement en caractères lisibles, au dos de la lettre refusée, les renseignemens qu'il peut recueillir sur la direction nouvelle à faire suivre à la lettre. — Art. 75. — V. au surplus *suprà* n° 18.

44.— Les facteurs doivent écrire encore et sans aucun retard, au dos de la lettre: *Refusée*, si la lettre, pour quelque cause que ce soit, est refusée par le destinataire ou par la personne autorisée à recevoir ses lettres (art. 76); *Inconnu*, lorsque après avoir présenté la lettre tant au domicile indiqué qu'aux deux maisons voisines et aux numéros de la rue dont le chiffre final est le même que celui porté sur l'adresse, ses recherches n'ont été suivies d'aucun succès (art. 77); *Parti sans laisser d'adresse*, lorsque le destinataire a quitté son domicile sans faire connaître sa nouvelle demeure (art. 78); *Mort, héritiers inconnus*, ou *Refusée par les héritiers*, suivant les divers cas, lorsque la lettre est refusée au domicile du destinataire et que celui-ci est décédé (art. 79).

45.— Du reste, les lettres adressées à des personnes décédées doivent être portées au domicile désigné sur l'adresse aussi long-temps qu'elles y sont reçues. — Art. 79.

46.— Il est pareillement défendu aux facteurs de recevoir, dans le cours de leurs distributions, des lettres que des particuliers les inviteraient à affranchir au bureau ou à mettre dans la boîte. — Art. 82.

47.— L'art. 84 contient, relativement aux lettres affranchies, et les art. 86 à 89, sur la distribution des lettres recommandées, des prescriptions très détaillées pour en assurer la remise aux destinataires, ou la conservation au cas de destinataires inconnus.

48.— Les facteurs dont tout ou partie du quartier de distribution est compris dans un périmètre de 1,200 mètres tracé autour de l'hôtel des postes, doivent rapporter à cet hôtel, immédiatement après avoir achevé leur tournée, les lettres non distribuées. A l'égard des facteurs placés en dehors de ce périmètre, ils peuvent, s'ils le préfèrent, remettre les lettres au bureau d'arrondissement, d'où elles sont dirigées sur l'hôtel des postes. Après vérification faite par le chef de service des indications portées sur le dos de chaque lettre, il en est donné décharge aux facteurs. — Art. 91 et suiv.

49.— Chaque matin, à une heure différente pour chaque brigade, les facteurs dont les comptes ont été vérifiés par leurs chefs facteurs respectifs, sous la surveillance d'un inspecteur de service, doivent faire le versement des taxes perçues la veille. Ce versement, qui a lieu à la caisse de l'agent comptable, est fait par les chefs facteurs.

50.— Tout facteur qui ne se présentera pas à l'heure indiquée pour opérer le versement, ou qui ne pourra verser intégralement le produit des taxes mis à sa charge, est suspendu sur-le-champ par l'inspecteur, qui immédiatement en rend compte au chef inspecteur de Paris. — Art. 105.

51.— Les versemens à faire par les facteurs doivent être effectués en monnaie d'argent. Il est alloué à chaque facteur une indemnité annuelle de 50 fr. pour frais de change de billon reçu dans la réalisation des taxes de lettres. — Art. 106.

52.— Sous le titre 3, relatif au service des surnuméraires facteurs, se trouvent les art. 107 à 122 qui contiennent, sur le service de ces facteurs, des prescriptions minutieuses et toutes d'administration intérieure qui n'ont pas besoin d'être rappelées.

53.— Le titre 4 régit le *service des surnuméraires leveurs de boîtes*. — Les surnuméraires leveurs de boîtes attachés aux bureaux d'arrondissement sont chargés: 1° de faire la levée des boîtes aux lettres situées dans l'arrondissement de leurs bureaux; — 2° de trier et de timbrer les lettres extraites de ces boîtes et rapportées par eux aux bureaux; — 3° de faire, à tour de rôle, l'ouverture, le nétoiement et la garde du bureau; — 4° d'apporter de leurs bureaux à l'hôtel des postes, aux heures prescrites, le sac contenant les lettres qui proviendront de la dernière levée des boîtes de chaque jour.—Art. 110.

54.— Enfin, les art. 112 et suivans contiennent, sur la levée des boîtes, une série de prescriptions qui, se rattachant plutôt au service de la poste en lui-même qu'aux obligations des facteurs, fera l'objet de notre examen lorsque nous traiterons de la poste aux lettres. — V. POSTES.

§ 3. — *Facteurs ruraux.*

55.— Les facteurs ruraux doivent être porteurs d'une feuille de service appelée *port*, et qui constate le nombre et l'espèce des dépêches dont ils sont chargés. — Ces ports doivent être renouvelés à chaque tournée. Il est interdit aux directeurs de les préparer d'avance. — A la fin de chaque tournée des facteurs doivent rapporter leurs *ports* au bureau. — Inst. gén., art. 547.

56.— Les facteurs ruraux doivent acquitter par avance le montant de la taxe des lettres qui leur sont remises. — *Ibid.*, art. 550.

57.— Le réglement de chaque bureau indique l'heure fixée pour le départ des facteurs ruraux. — Ils doivent partir aussitôt que la remise des lettres leur a été faite. — Ils parcourent les communes et lèvent les boîtes dans l'ordre de marche indiqué par l'administration sans pouvoir intervertir cet ordre sous quelque prétexte que ce soit. — *Ibid.*, art. 552.

58.— Les facteurs doivent prendre avec soin, dans la colonne réservée à cet effet sur le port, une empreinte du timbre placé dans chaque boîte. — *Ibid.*, art. 553.

59.— Ils doivent tenir les directeurs informés de l'état des boîtes; et, dans le cas où quelqu'une d'entre elles se trouverait momentanément hors de service, ils sont tenus de recueillir les lettres à la main jusqu'à ce que la boîte ait été réparée.—*Ibid.*, art. 554.

60.— Ils doivent distribuer dans l'ordre de leur tournée, mais sans que cet ordre puisse être interverti, les lettres dites *simples*, c'est-à-dire pesant moins de sept grammes et demi, qui leur seraient remises à la main ou qu'ils trouveraient dans les boîtes, et destinées pour des communes de l'arrondissement de leurs tournées, que le port soit payé soit par l'envoyeur, soit par le destinataire, à la charge de mentionner le montant de la taxe sur leur *port* par l'indication du nombre de lettres ainsi distribuées, et de verser le montant de cette taxe au bureau à leur rentrée. — Instr. gén., art. 555.

61.—Les facteurs ruraux doivent rapporter exactement au bureau, à la fin de chaque tournée, les lettres, journaux, imprimés qu'ils n'ont pu distribuer; de plus, ils doivent indiquer ou faire indi-

quer au dos de ces objets la cause de leur non-distribution. — *Ibid.*, art. 556.

62. — Il est défendu aux facteurs de distribuer aucun imprimé autre que ceux qui ont été déposés aux bureaux. — *Ibid.*, art. 557.

63. — Les directeurs peuvent recommander sur le port les lettres qui présentent de l'intérêt, ou certaines correspondances administratives. — Les facteurs doivent se faire donner sur le *port* reçu des lettres et paquets ainsi recommandés. — *Ibid.*, art. 558.

64. — Les facteurs ruraux sont tenus de se présenter dans leur tournée à la mairie de chaque commune pour recueillir la correspondance administrative. — *Ibid.*, art. 562.

65. — Dans aucun cas, les facteurs ruraux ne doivent distribuer de lettres dans la commune où est placé l'établissement de poste; et réciproquement les facteurs de ville ne doivent pas faire de distribution dans l'arrondissement rural. — Instr. gén., art. 546.

66. — Du reste, les dispositions générales applicables au service de la distribution des lettres à domicile dans les villes sont également applicables au service des facteurs ruraux. — Instr. gén., art. 559.

67. — Les facteurs ruraux ne sont pas tenus à l'uniforme, mais ils portent une plaque en métal blanc, avec ces mots : *service rural*, et autour, *administration des postes*. — De plus, les lettres qu'ils sont chargés de distribuer doivent être déposées dans un portefeuille de cuir noir, lequel est expédié par l'administration centrale. — Instr. gén., art. 147.

68. — Si une maladie ou toute autre cause tient un facteur rural éloigné de ses fonctions, il doit se faire remplacer par une personne agréée du directeur du bureau. — Si le remplacement dure plus de quinze jours, le directeur doit en informer l'administration. — Si l'empêchement résulte d'un accident grave arrivé au facteur dans l'exercice même de ses fonctions, le directeur en rend compte à l'administration, qui juge s'il y a lieu à faire remplacer le facteur aux frais du trésor. — Instr. gén., art. 54.

§ 4. — *Facteurs de relais.*

69. — Les arrondissemens ruraux présentent par fois trop d'étendue pour être desservis en entier par des facteurs ruraux partant du bureau même; ces arrondissemens sont desservis en partie par des facteurs ruraux appelés facteurs de relais. — Instr. gén., art. 560.

70. — Les facteurs de relais sont ainsi nommés parce qu'ils reçoivent à chaque tournée des mains du facteur partant du bureau les lettres qu'ils sont chargés de distribuer, ainsi que leur *port*, daté et signé du directeur, sous la surveillance duquel ils sont placés. — Ce *port*, semblable à celui du facteur partant du bureau, est rendu à ce facteur le jour suivant par le facteur de relais pour être rapporté au bureau. — *Ibid.*

71. — La marche des facteurs de relais est réglée par l'administration; qui fixe également le lieu de leur résidence. — *Ibid.*, art. 560.

72. — Le facteur partant du bureau tient compte au directeur du montant des taxes à recouvrer par le facteur de relais, et il s'en fait rembourser par ce dernier. — *Ibid.*

73. — Les facteurs de relais remettent aux facteurs partant du bureau les lettres qu'ils ont recueillies dans les boîtes, et qui sont à distribuer dans l'arrondissement du bureau ou à diriger sur un lieu de destination plus éloigné. — *Ibid.*, art. 561.

74. — Les facteurs de relais sont du reste soumis, quant à la distribution des lettres et journaux, à toutes les obligations imposées aux facteurs en général et plus spécialement aux facteurs ruraux.

V. POSTES, VIOLATION DU SECRET DES LETTRES.

FACTORERIE.

1. — On peut appeler ainsi, en termes généraux, tout établissement géré par un facteur.

2. — Dans l'usage, cette dénomination est plus particulièrement employée pour désigner les établissemens commerciaux des Européens dans d'autres parties du monde et surtout aux Indes orientales, dans des endroits où ils n'ont pas de colonies.

3. — Pris dans cette acception la plus usuelle, le mot *factorerie* est, comme on le voit, synonyme du mot *comptoir*. — V. COMPTOIR, nos 7 et suiv.; ÉCHELLES DU LEVANT; INDES (établ. des).

FACTUM.

1. — C'est le nom qu'on donnait autrefois aux mémoires imprimés que publiaient les parties dans le cours du procès, lorsque l'affaire était importante.

2. — Ce mot, qui est resté dans le style du palais, quoiqu'il soit peu employé aujourd'hui, s'appliquait primitivement aux mémoires *écrits en latin*, alors que le latin était la langue du barreau.

3. — Comme ces mémoires étaient destinés surtout à exposer le *fait* aux juges, on les appelait *factum*, et l'on a continué de leur donner ce nom, même après que François Ier eut substitué, dans les tribunaux, la langue française à la langue latine.

4. — Cependant comme ce titre, bien que consacré par l'usage, était en discordance avec l'idiome employé dans le corps de l'ouvrage, les avocats du siècle dernier y renoncèrent et donnèrent à leurs productions juridiques le nom de *Mémoires*.

5. — S'il faut en croire Loisel, le premier qui fit imprimer ses *factums* est Delavergne, avocat du seizième siècle. — Il commença, dit-on, dans un procès contre le premier président Lemaistre, son beau-père, procès qu'il gagna tout d'une voix. — Loisel, *Dialog. des avocats*, 3e *confér.*, éd. in-4o, p. 529.

6. — La faveur due à la défense a toujours paru si nécessaire que, même sous l'ancien régime, les requêtes, mémoires ou factums n'étaient pas soumis à la censure. La signature de l'avocat suffisait pour autoriser l'imprimeur et équivalait à une permission. — Déclarat. 28 fév. 1723, art. 110 et 111.

7. — A une certaine époque, ce droit des avocats fut menacé; il trouva du moins d'ardens contradicteurs, mais il résista à toutes les attaques. Voici les considérations que présentait sur cette question la Cour des aides dans ses remontrances du 6 mai 1775 : — « Celui qui se pourvoit en cour souveraine a le droit de faire imprimer ses mémoires et de les faire publier; et quand il est appelant de la sentence d'un tribunal inférieur, le mémoire imprimé est nécessairement la critique du jugement. Nous n'ignorons pas non plus que les particuliers qui se pourvoient à Votre Majesté contre un arrêt de cour souveraine, par demande en cassation, en révision ou autrement, usent du même droit, et qu'il s'imprime et se publie des mémoires signés d'avocats au conseil, où les particuliers critiquent les arrêts de cour souveraine par lesquels ils se croient lésés. Nous savons que cette publicité des mémoires n'est pas unanimement approuvée; on dit qu'il est même des magistrats qui la regardent comme un abus, et qui soutiennent que les mémoires ne devraient être faits que pour l'instruction des juges qui doivent prononcer sur chaque procès, mais que le public ne doit pas se constituer juge des tribunaux. Pour nous, nous avons toujours cru et nous croyons toujours devoir répondre à Votre Majesté et à la nation de la justice que nous rendons aux particuliers, et nous devons avouer qu'il faut récuser les juges, *quand ils s'opposent à la publicité des mémoires*. — L'ordre commun de la justice en France est qu'elle soit rendue publiquement. C'est à l'audience publique que se portent naturellement toutes les causes; et quand on prend le public à témoin par mémoires imprimés, *ce n'est qu'augmenter la publicité de l'audience*. Si on objecte que la profusion avec laquelle se publient les mémoires est une nouveauté introduite depuis peu d'années, ce reproche d'innovation ne serait pas une objection suffisante; car il y a des nouveautés utiles... D'ailleurs, bien loin que cet usage puisse être regardé comme une innovation dangereuse, nous pensons que c'est le rétablissement de l'ancien ordre judiciaire de ce royaume, etc. » — *Remontrances de la C. des aides*, édit. in-4o, p. 685.

8. — On a vu plus haut (no 6) que les mémoires et factums pouvaient être imprimés sans permission, pourvu que le manuscrit fût signé par un avocat; mais il fallait, d'après les réglemens, que cet avocat fût *inscrit au tableau*. — Arr. parlem. Paris, 11 août 1708; Déclarat. 12 mars 1717 et 28 fév. 1723. — « La multitude d'individus, dit M. Delacroix, qui se parent du titre d'*avocat* sans en faire les fonctions, et qui, ne tenant point à l'ordre, ne sont pas sous sa discipline, et n'ont par conséquent rien à craindre de sa censure, a rendu nécessaires les réglemens récens qui limitent aux seuls avocats inscrits sur le tableau, la faculté de faire imprimer des mémoires sur leur signature. » — *Encycloped. méthod.* (Jurispr.), t. 4, p. 457. — V., sur le droit des avocats stagiaires de signer des mémoires, l'ord. du 20 nov. 1822, art. 34 et 36.

9. — En Lorraine, contrairement à la pratique française, les factums, requêtes et mémoires ne pouvaient être imprimés qu'après avoir été préalablement communiqués, avec les pièces du procès, aux officiers du parquet, dont le visa était nécessaire. — V. Edit. 27 juin 1727, art. 2. — L'impression même était interdite lorsque le procès était pendant devant une juridiction subalterne. — Art. 4.

10. — Un factum imprimé n'était considéré comme véritable pièce du procès qu'autant qu'il était signifié; aussi ne passait-il pas en taxe, si ce n'est dans le cas où il était produit devant le grand conseil.

11. — Par une innovation qui fut mal accueillie, le chancelier Maupeou fixa à *24 livres la feuille* le coût des mémoires et factums imprimés, et il décida que cette dépense passerait en taxe; mais ce réglement tomba, comme tant d'autres, lors du rappel du Parlement.

12. — L'ordre des avocats à la Cour royale de Paris possède une riche collection de mémoires et de factums dont les tables ont été faites par MM. Gaudry et Montcavrel.

FACTURE.

1. — Compte ou mémoire présentant l'état détaillé, le prix, la nature, la qualité et la quantité des marchandises vendues.

2. — On désigne encore sous ce titre le compte de marchandises que des négocians se doivent entre eux, notamment entre un commissionnaire et son commettant. — Souquet, *Dict. des temps légaux*, vo *Facture*, 202e tableau, 1re colonne.

3. — Les factures, lorsqu'elles ont été acceptées, servent à constater les ventes et achats, les envois et dépôts. — C. comm., art. 109.

4. — Et l'acceptation de la facture peut elle-même être prouvée par témoins ou par des présomptions dont l'appréciation est laissée à la sagesse des magistrats. — *Cass.* (motifs), 21 avr. 1830, Bonnecaze c. Durin; — Pardessus, *Droit commercial*, t. 1er, no 248. — V. d'ailleurs PREUVE LITTÉRALE, VENTE.

5. — Mais les factures ne font preuve des achats et des ventes, à l'égard des tiers, qu'autant qu'elles sont régulièrement portées sur les livres des parties. — *Paris*, 1er mars 1828, Delamarre c. Lainé.

6. — Les factures, quoique non acceptées, servent quelquefois pour justifier certains faits ou la valeur de certaines marchandises. — C. comm., art. 339 et 415. — V. ASSURANCE MARITIME, nos 680 et suiv., 717 et suiv.

7. — Les droits résultant d'une facture peuvent se transmettre soit par acte notarié, soit par acte sous seing-privé, soit enfin par endossement, si toutefois la facture est payable à l'ordre de celui au profit de qui elle a été créée. — Pardessus, *ibid.*; Rolland de Villargues, *Rép. notar.*, vo *Facture*, no 7.

8. — Jugé que la cession d'une facture de vente contre argent, lorsqu'elle a été faite de bonne foi, saisit immédiatement le cessionnaire même à l'égard des tiers, sans qu'il soit besoin de signification. — *Aix*, 30 janv. 1845 (t. 1er 1846, p. 437), Creisson c. Paléologue. — V. cependant TRANSPORT DE CRÉANCE.

9. — Celui qui achète une facture avec l'intention de la revendre fait une opération commerciale. — V. ACTE DE COMMERCE., no 35.

10. — Dans l'usage du commerce, la cession d'une facture opère la délivrance des objets qui y sont portés. — Pardessus, *ibid.*

11. — Ainsi, dans le cas de vente sur facture, c'est-à-dire lorsque l'acheteur revend les marchandises sans les livrer matériellement, la remise de la facture équivaut à la livraison, tellement qu'en cet état le vendeur primitif non payé ne pourrait plus les revendiquer. — Souquet, *Dict. des temps légaux*, vo *Facture*, tableau, 202, col. 5e, no 3; Pardessus, *ibid.*

12. — Quant à l'influence que les énonciations de la facture peuvent exercer entre le vendeur et l'acheteur pour l'attribution de juridiction au tribunal du domicile de l'un ou de l'autre, nous avons exposé au mot COMPÉTENCE COMMERCIALE (nos 499, 568, 573, et surtout 588 et suiv.) les variations de la jurisprudence sur cette question, et nous nous sommes rangés à cette opinion que c'est au tribunal de commerce du domicile de l'acheteur qu'il appartient de connaître des contestations relatives au paiement des marchandises vendues, bien que les factures indiquent comme lieu de paiement le domicile du vendeur, si l'acheteur a rejeté ces factures et refusé de prendre livraison. — V. en outre en ce sens *Lyon*, 26 fév. 1846 (t. 2 1846, p. 637), Gauthier c. Revoux et Geoffroy; *Toulouse*, 3 janv. 1843 (t. 1er 1844, p. 599), Samie c. Proyard; *Caen*, 16 déc. 1844 (t. 1er 1846, p. 580), Rowoliffe c. Fleury.

13. — Les factures sont assujéties au timbre de dimension. — L. 13 brum. an VII, art. 12.

14. — Il n'est dû aucun droit de timbre proportionnel, lors même que le débiteur aurait reconnu la dette par sa signature au bas de la facture. — Décis. min. fin. 4 avr.; instr. gén., 20 sept. 1831, no 1381, § 9.

15. — Les factures ne sont assujéties à la formalité de l'enregistrement que lorsqu'on veut les pro-

duire en justice. — L. 22 frim. an VII, art. 68, § 1er, n° 51.

16. — Quant à la perception du droit d'enregistrement, ou les factures sont simplement souscrites par le fournisseur, ou elles sont revêtues de son acquit. — Dans le premier cas, il est dû un droit fixe de 1 fr. — Ibid. — Dans le second cas, comme il y a libération, il est perçu un droit de 50 c. par 100 fr. — Ibid., art. 69, § 2, n° 11.

17. — Lorsque la facture est souscrite par l'acheteur qui reconnaît avoir reçu les marchandises et s'engage à en payer le prix, il y a lieu à la perception du droit de 2 % comme vente de meubles. — V. arg. ibid., § 8, n° 1er ; — Rolland de Villargues, ibid., n° 12.

FACULTATIVE (Obligation).

C'est celle qui laisse au débiteur la faculté de donner certaine chose au lieu de celle qu'il doit. — V. OBLIGATION ALTERNATIVE ET FACULTATIVE.

FACULTÉ.

1. — Se dit d'un droit dont on peut user ou ne pas user. — V. DROIT (faculté), n°s 88 et suiv., OBLIGATION, PRESCRIPTION, SERVITUDE.

2. — Le même mot s'emploie aussi quelquefois pour signifier cette liberté appartenant à tous les hommes ou à plusieurs membres d'une société, d'agir ou de ne pas agir, selon qu'ils le jugent à propos et que les lois le leur permettent. — Rolland de Villargues, Rép. du notariat v° Faculté. — V. LOI.

FACULTÉ D'ÉLIRE.

V. INSTITUTION D'HÉRITIER.

FACULTÉ DE RACHAT.

1. — On appelle faculté de rachat ou de réméré celle que le vendeur se réserve, pendant un temps déterminé, mais qui ne peut être plus long que cinq ans (C. civ., art. 1660), de reprendre la chose vendue, moyennant la restitution préalable du prix principal, des frais et loyaux coûts de la vente, et le remboursement également préalable des réparations nécessaires et de celles qui ont augmenté la valeur du fonds, jusqu'à concurrence de cette augmentation. C. civ., art. 1659 et 1673.

2.— La convention qui contient, au profit du vendeur, réserve de cette faculté, s'appelle pacte de rachat.

3. — L'existence du pacte de rachat n'empêche pas que l'acquéreur soit habile à agir en qualité de propriétaire. Toutefois, il ne peut transmettre que des droits résolubles.

4.—La stipulation de la faculté de réméré ne met pas obstacle à ce que la transmission de propriété s'opère au profit de l'acheteur. — Seulement elle ne s'opère que sous une condition résolutoire; d'où il résulte que les droits conférés par lui en qualité de propriétaire sont eux-mêmes résolubles en vertu du principe nemo plus juris in alium transferre potest quàm ipse habet. — Il existe toutefois une exception pour les baux faits sans fraude. — C. civ., art. 1673.—V. au surplus, pour tout ce qui se rattache à la faculté de rachat, à ses effets, ainsi qu'à l'exercice de cette faculté, VENTE A RÉMÉRÉ.

FACULTÉS.

1. — Établissemens universitaires consacrés à l'enseignement supérieur, et chargés de la collation des grades.

2. — L'organisation du professorat, et le mode de pourvoir aux chaires vacantes dans ces établissemens ont été, dans ces derniers temps, l'objet des discussions les plus vives. On a vu au mot ENSEIGNEMENT, n°s 830 et suiv., 433 et suiv., 577 et suiv., 727 et suiv., quels sont les principes qui ont prévalu à cet égard, et quelle part a été faite à l'institution du concours.

3. — Il y a dans l'université cinq ordres de facultés, savoir : les facultés de théologie, les facultés de droit, les facultés de médecine, les facultés de sciences mathématiques et physiques, les facultés des lettres. — Décret du 17 mars 1808, art. 1er. — Pour tout ce qui concerne l'instruction qu'on reçoit dans ces facultés, les objets des cours, la matière et la forme des examens, les inscriptions de grades, ainsi que les améliorations à introduire sur ces divers points, V. ENSEIGNEMENT, n°s 269 et suiv.

4. — C'est par des ordonnances, rendues dans la forme des réglemens d'administration publique, qu'il est pourvu à l'organisation des diverses facultés et écoles, à leur administration et à l'enseignement qui y est donné, aux conditions exigées pour l'obtention des grades, ainsi qu'à la fixation de leurs dépenses et au mode de leur comptabilité. — Chauveau, Principes de compétence et de juridiction administratives, n° 1088.

5. — Cette proposition résulte, en effet, de la loi du 19 vent. an XI, art. 9 et 20, pour les écoles de médecine, de la loi du 21 germ. an XI, art. 4 pour les écoles de pharmacie et de la loi du 22 vent., art. 38 pour les écoles de droit. Comme exemples d'ordonnances rendues en exécution de ces lois, l'on peut citer notamment les ordonnances du 18 mai 1820, 27 sept. et 18 oct. 1814, 13 mars 1841.

6.— Quant à l'administration, à la comptabilité et aux réglemens disciplinaires des facultés, V. UNIVERSITÉ.

FACULTÉS (Navire).

On désigne ainsi les marchandises et objets chargés par un navire. — V. ASSURANCE MARITIME, CORPS DE NAVIRE, PRÊT A LA GROSSE.

FAIBLESSES ET PASSIONS DE MINEURS.

L'abus des besoins, des passions et des faiblesses des mineurs est rangé par la loi parmi les abus de confiance. — V. ABUS DES BESOINS, DES PASSIONS ET DES FAIBLESSES DES MINEURS.

FAIENCE (Manufacturier, marchand de).

1. — Manufacturiers de faïence, patentables; droit fixe de 25 fr. par jour jusqu'au maximum de 150 fr. ; droit proportionnel du vingtième de la valeur locative de l'habitation, des magasins de vente complètement séparés de l'établissement; et du quarantième de l'établissement industriel.

2. — Marchands de faïence patentables de sixième classe; droit fixe basé sur la population et droit proportionnel du vingtième de la valeur locative de l'habitation et des lieux servant à l'exercice de la profession.

3. — Les fabriques de faïence sont, à raison de la fumée qui s'en dégage au commencement des fournées, rangées dans la deuxième classe des établissemens insalubres. — V. ÉTABLISSEMENS INSALUBRES (Nomenclature).

FAILLITE.

Table alphabétique.

CHAPITRE Iᵉʳ. — Historique.

3. — Les mots *faillite* et *banqueroute* ont été longtemps synonymes. Ils expriment aujourd'hui deux idées bien distinctes, dont le développement très lucide se trouve dans le passage suivant de l'exposé des motifs du Code de 1808 présenté au corps législatif dans sa séance du 3 sept. 1807 par le conseiller d'état de Ségur : « On a cru qu'il fallait considérer le failli non comme un coupable, non comme un innocent, mais comme un débiteur dont la conduite exigeait un examen rigoureux et une solide garantie. Il existe un délit puisqu'il y a eu violation d'engagemens et de propriété ; celui qui a commis ce délit peut y avoir été conduit par le malheur, par l'inconduite ou par la mauvaise foi. Si c'est par le malheur, il doit être protégé ; si c'est par inconduite, il doit subir une correction ; si c'est par fraude, il doit être livré à toute la sévérité de la justice criminelle. » — V., au surplus, au mot BANQUEROUTE nᵒ 2 et suiv.

4. — La condition des débiteurs était fort dure dans l'antiquité. La législation des Hébreux permettait aux débiteurs de vendre leurs personnes et celles de leurs enfans ; mais tous les sept ans le jubilé venait libérer la personne des débiteurs. La sévérité des lois grecques, quelque adoucissement qu'y eût apporté Solon, était très grande, et on sait qu'à Rome les traitemens que les créanciers exerçaient envers leurs débiteurs furent souvent le prétexte de luttes entre les patriciens et les plébiens. Nous avons rappelé, au mot CONTRAINTE PAR CORPS (nᵒ 2), à quelles interprétations et nous croyons ne pouvoir mieux faire que de renvoyer ceux de nos lecteurs qui voudront consulter cette partie de l'histoire du droit au tableau complet qu'en a tracé M. Renouard, *Traité des faillites et banqueroutes*, t. 1ᵉʳ, p. 40 et suiv. — V. aussi Esnault, *Tr. des faillites et banqueroutes*, nᵒ 2.

5. — La distinction entre les commerçans insolvables et les débiteurs insolvables paraît de moderne origine. On trouve dans les lois de la Grèce des garanties particulières accordées aux créanciers commerçans contre la personne de leurs débiteurs, mais non des conditions spéciales à l'égard des débiteurs commerçans. — V. aussi Vincens, *Exposition raisonnée de la législation commerciale*, Préface, p. xvj.

6. — M. Renouard (*Traité des faillites et banqueroutes*, t. 1ᵉʳ, p. 24) rappelle que le droit commercial moderne a son berceau en Italie, et il indique les divers principes qui, consacrés par les lois commerciales de Gênes, de Florence, de Milan, ont servi à poser les fondemens de notre législation sur les faillites. — V. aussi Vincens, *Exposition raisonnée de la législation commerciale*, Préface, p. xvj.

7. — La plus ancienne loi portée en France contre les banqueroutiers est l'ordonn. de François 1ᵉʳ, donnée à Lyon le 10 oct. 1536. La sévérité de cette loi fut aggravée par l'ordonn. de Charles IX, du 4560, rendue à la suite des états d'Orléans (art. 142, 144 et 145), et dont les dispositions sont confirmées par l'ordonn. de Blois de 4579 (art. 203).

8. — Par mandement du 25 juin 1582, enregistré le 24 juill. au parlement, Henri III évoqua tous les procès pendans pour banqueroute, comman- pour les juger souverainement, ainsi que pour informer et statuer sur les banqueroutes faites depuis vingt ans, trois conseillers au parlement de Paris, défendant aux juges ordinaires d'en connaître.

9. — Après l'édit de Henri IV de mai 1609, enregistré au parlement le 4 juin, vint l'ordonn. de Louis XIII, du 45 janv. 1629, connue sous le nom de *Code Michau*, dont l'art. 153 est ainsi conçu : « Les banqueroutiers qui feront faillite en fraude seront punis extraordinairement. »

10. — L'ordonn. de 4673 a conservé contre les banqueroutiers frauduleux la peine capitale. Cette ordonn. contient, dans son tit. 11, *des Faillites et banqueroutes*, des dispositions qu'on peut regarder comme l'origine prochaine de notre droit actuel.

11. — Après l'ordonn. de 4673, la législation française sur les faillites n'est pas restée stationnaire ; de nombreux actes législatifs ont organisé, étendu et modifié les dispositions de l'ordonnance.

12. — Une déclaration du roi du 23 déc. 1699 ajouta quelques précautions restrictives à la législation sur les lettres de répit.

13. — Une déclaration du roi du 16 nov. 1702 établit, en l'empruntant au règlement pour Lyon de 4667, la règle importante en vertu de laquelle les cessions et transports, privilèges et hypothèques sont nuls, s'ils n'ont existé que pendant les dix jours qui ont précédé la connaissance publique de la faillite.

14. — Ce fut une déclaration du 11 janv. 4716 qui imposa aux créanciers la formalité de l'affirmation. La vérification des créances, instituée par une déclaration du roi du 13 sept. 1739, demeura dès lors distincte de l'affirmation.

15. — Un arrêt du conseil du 24 sept. 4724 établit une Bourse à Paris, et interdit les fonctions d'agens de change à ceux qui avaient obtenu des lettres de répit ou fait faillite ou contrat d'atermoiement. Un autre arrêt du conseil du 24 avr. 1766 défendit aux faillis l'entrée de la Bourse.

16. — La compétence en matière de faillites et banqueroutes a subi de nombreuses vicissitudes. L'ordonnance de 4673 l'avait déférée aux juges royaux, et, en effet, on trouve un arrêt du parlement de Paris du 27 mars 1702, rapporté au *Journal des audiences*, qui ordonne que, sur les demandes en homologation du contrat fait par Chatelain avec ses créanciers, les parties procéderont en chef, fait défense aux *juges-consuls* de connaître de l'homologation des contrats d'atermoiement ; plus tard vient la déclaration du 6 juin 1705, qui ordonne que, jusqu'au 1ᵉʳ janv. 4716, toutes les contestations concernant les faillites, notamment l'homologation des contrats d'atermoiement et autres actes faits à l'occasion des faillites, seront portées devant les juges-consuls ; enfin, sont publiées les déclarations des 19 juin 1745, 5 août 1732 et 13 sept. 4739. — Depuis ce moment, la connaissance des faillites et banqueroutes, ainsi que des différends nés à ce sujet, est rentrée dans la compétence des juges royaux ordinaires. Les entreprises des juges-consuls sur cet objet, ont été toujours réprimées par les parlemens. — V., notamment, arrêt du parlement de Paris du 31 août 1704 en faveur des officiers de la prévôté d'Orléans, contre les juges-consuls de la même ville, et arrêt du 7 sept. 4769, qui renouvelle la défense du contrat du 27 mars 4702 ; parlement de Toulouse, 4ᵉʳ sept. 4738 ; parlement de Rennes, 42 nov. 4694. — V. aussi Jousse, *Comment. sur l'ord. de 1673*, addit. au tit. 42, § 4ᵉʳ, nᵒ 4ᵉʳ ; Rousseaud de Lacombe, *Recueil de jurisprudence civ.*, vᵒ *Atermoiement et Banqueroute* ; Denisart, vᵒ *Atermoiement*, nᵒˢ 3 et 4, et vᵒ *Banqueroute*, nᵒˢ 35 et suiv. ; Esnault, nᵒ 18.

17. — On trouve en outre de nombreux arrêts du conseil qu'il serait oiseux de rapporter, qui, en matière de faillites et de banqueroutes, évoquaient le procès soit civils, soit criminels, et les renvoyaient devant les juges qu'ils déterminaient.

18. — La réciprocité en cas de faillites était le principe de certaines conventions diplomatiques passées entre la France et les nations voisines. — V. notamment la déclaration du roi du 20 juin 4784 pour les états helvétiques ; — la ville libre et impériale de Francfort-sur-le-Mein ; — les lettres-patentes du 11 avr. 4786, pour la ville libre et impériale de Francfort-sur-le-Mein ; — les lettres-patentes du 30 juin 4786 pour la principauté de Neufchâtel et Vallangin ; — les lettres-patentes de 26 déc. 4786, pour les états du prince-évêque de Bâle ; — les lettres-patentes du 4 oct. 4789, pour plusieurs bailliages communs des républiques de Berne et de Fribourg, etc.

19. — Sous le ministère de M. Hue de Miromesnil (garde des sceaux de 4774 à 4787), on essaya de réformer la législation dont l'ordonn. de 4673 n'était qu'une expression impartiale ; mais la retraite du ministre entraîna la dissolution de la commission qu'il avait appelée auprès de lui pour la réforme des lois de commerce. Cette commission n'a laissé qu'un extrait du travail auquel elle s'était livrée.

20. — Un arrêté des consuls du 3 germin. an IX établit auprès du ministre de l'intérieur une commission de sept membres, chargés de concourir à

la rédaction d'un projet qui fut présenté aux consuls le 13 frim. an X, par Chaptal, ministre de l'intérieur, et envoyé aux tribunaux et conseils de commerce.

21.—Ce projet primitif et les observations des tribunaux servirent de matériaux pour la rédaction du projet qui fut dressé par la section de l'intérieur du conseil d'état On peut voir dans M. Renouard (*Tr. des Faill. et banq.*, t. 1er, p. 140), ceux des points fondamentaux qui ont été le plus vivement discutés.

22.—A la suite des observations du tribunat et des modifications que fit introduire l'empereur Napoléon, qui, après les victoires d'Eylau et de Friedland et la paix de Tilsitt, revint présider le conseil d'état, le projet du livre 3 du Code de commerce fut présenté au corps législatif le 8 sept. 1807 (V. *Exposé des motifs*, par l'orateur du gouvernement, le conseiller d'état de Ségur (Thierriet, *Cours de droit comm.*, p. 207). Le vœu d'adoption du tribunat fut émis le 12 sept. 1807, et le même jour le projet fut décrété par le corps législatif. Promulguée le 22 sept., cette loi ne fut exécutoire, comme tout le reste du Code, qu'à dater du 1er janvier 1808, et c'est cette dernière circonstance qui fait généralement désigner le Code de commerce impérial sous la dénomination de Code de 1808.

23. — Implantée par la conquête, notre loi est restée ou est devenue la loi de beaucoup de pays étrangers. La Belgique, Genève, plusieurs états d'Italie et de l'Allemagne l'ont conservée ; d'autres nations, la Grèce, par exemple, l'ont imitée, ainsi que l'a démontré M. Anthoine de Saint-Joseph, juge au tribunal de la Seine ; dans sa concordance des Codes de commerce étrangers avec le Code de commerce français. M. Renouard (*loc. cit.*, t. 1er, p. 150) analyse les Codes de commerce des Deux-Siciles, d'Espagne, de Hollande, de Valachie et Moldavie, ainsi que la loi anglaise du 2 mai 1825 *sur les Banqueroutiers*.

24. — M. Rauter (*Revue étrangère de législation*, t. 1er, p. 577) a clairement exposé le droit allemand en ce qui concerne les faillites. C'est cette législation qui régit le royaume Lombardo-Vénitien, et c'est dans le même système qu'a été rédigé, avec quelques emprunts de détails au droit français, le code de Hongrie dans le titre : *du Concours des créanciers*, promulgué en 1839 et 1840. — Pour la législation anglaise on peut consulter la traduction des lois des 25 mai 1825 (statut 6, Georges IV, chap. 16), du 20 oct. 1831 (statuts 1 et 2, Guillaume IV, chap. 56), et du 12 août 1842 (statuts 5 et 6, Victoria, chap. 122), qui forment l'ensemble de la législation anglaise sur les faillites. — *Revue étrangère*, t. 1er, p. 363, 422 et 534 ; *Revue de droit français et étranger*, t. 1er, p. 932.

25. — M. Renouard (*loc. cit.*, t. 1er, p. 158), après avoir indiqué les différens systèmes des législations européennes en matière de faillite, fait remarquer que plusieurs principes communs apparaissent dans toutes les législations, et les dominent toutes parce qu'ils sont inhérens à la nature même des droits placés en présence les uns des autres. — Voici les plus importans de ces principes fondamentaux : — dans le désordre d'une faillite, tous les créanciers doivent être traités également, mais sans que l'on porte atteinte aux droits légitimes de préférence qui peuvent exister au profit de quelques uns d'eux. — Ce n'est point par le débiteur, c'est par les créanciers eux-mêmes et par l'autorité judiciaire que doivent être vérifiées et jugées les prétentions à des créances ou à des priviléges.— Tous les créanciers, unis fortuitement par un malheur commun, forment un être collectif, une masse à qui appartient, de concert avec l'autorité publique, chargée d'empêcher que les intérêts des absens, des incapables, des dissidens, ne soient sacrifiés, la surveillance des biens qui forment son gage. — Quelques volontés individuelles ne doivent pas empêcher les mesures jugées utiles dans l'intérêt commun ; mais la loi prend des précautions pour que l'intérêt commun soit équitablement et manifestement constaté. — La fraude, la mauvaise foi, le désordre doivent être punis. Le malheur, accompagné de la bonne foi, doit être secouru.

26 —Par une circulaire du 22 mai 1826, le ministre de la justice (M. de Peyronnet) pria les magistrats de transmettre des observations motivées et détaillées sur les changemens et améliorations qu'il serait utile d'introduire dans une nouvelle loi sur les faillites (Gillet, *Analyse des circulaires, instr. et décis. du ministre de la justice*, p. 281). Les observations furent recueillies au ministère de la justice.

27.—Un arrêté du ministre de la justice (M. Barthe) du 13 nov. 1833 nomma une commission chargée de présenter un projet de loi. M. Persil, qui, le 4 avr. 1834, succéda à M. Barthe comme garde des sceaux, fit un travail personnel sur le projet de la commission. La principale modification qu'il y apporta fut de supprimer les *agens* institués par le Code comme premiers administrateurs provisoires de la faillite.

28.—Le 1er déc. 1834, le projet de loi fut présenté à la chambre des députés par le garde des sceaux (M. Persil). M. Renouard, rapporteur de la commission de la chambre des députés, présenta son rapport le 26 janv. 1835. Le projet de loi, adopté par la chambre des députés le 25 fév. suiv., fut présenté à la chambre des pairs le 28 mai par le garde des sceaux (M. Persil). Mais la session fut close avant que la commission de cette chambre eût fait son rapport. — Le même projet fut présenté de nouveau le 26 janv. 1836. — M. Tripier, rapporteur de la commission, déposa son rapport dans la séance du 12 mai 1836, toutefois la session fut close encore une fois avant que le projet de loi pût être discuté. Le projet, amendé par la chambre des députés et modifié par la commission de la chambre des pairs, fut, en vertu d'un arrêté du garde des sceaux (M. Sauzet) du 4 août 1836, soumis dans chacun de ses articles à une révision complète.

29.—Les travaux de cette commission furent dirigés d'abord par M. Sauzet, puis par M. Persil, qui, le 6 sept. 1836, le remplaça comme ministre. — M. Persil présenta à la chambre des pairs, le 17 janv. 1837, le nouveau projet du gouvernement, M. Tripier fit le rapport le 13 avr. suivant, et le projet fut adopté le 8 mai 1837 par la chambre des pairs.

30.—La chambre des députés ayant été saisie de ce projet, le 15 janv. 1838, M. Quénault présenta le rapport de la commission le 17 mars 1838, et il fut adopté par la chambre des députés dans la séance du 5 avr. Le projet, reporté à la chambre des pairs le 16 du même mois, fut, après un court rapport fait par M. Tripier dans la séance du 10 mai, adopté sans amendement et sans discussion par cette chambre le 14 mai 1838.

31. — La loi, portant la date du 28 mai 1838, a été promulguée le 8 juin.

32.—La loi du 28 mai 1838, qui forme actuellement le troisième livre du Code de commerce, contient le même nombre d'articles que le troisième livre du Code de commerce de 1808, sous la même série de numéros ; mais chacun des numéros du nouveau Code ne correspond pas exactement au numéro du Code ancien, qu'il conserve ou remplace. — La loi du 28 mai 1838 a été exécutoire à partir du 8 juin 1838, date de sa promulgation ; elle ne régit que les faillites déclarées postérieurement. — Elle n'est applicable aux faillites déclarées antérieurement à sa promulgation que dans deux cas, 1° en ce qui touche les réhabilitations ; 2° en ce qui touche la clôture des opérations, en cas d'insuffisance de l'actif.

33.— La crainte d'être obligé de se jeter dans des détails sans fin, ou de donner ouverture à des embarras pour la pratique, a empêché le législateur d'étendre aux faillites déclarées avant la loi du 28 mai 1838 quelques autres de ses dispositions qui auraient pu leur être appliquées sans porter atteinte au principe de la non rétroactivité des lois. —Renouard, *Tr. des faill. et banq.*, t. 1er, p. 217.

34. — Si une faillite est née sous le Code de 1808 et qu'elle ait été déclarée sous la loi de 1838, tout ce qui tiendra à la procédure, à la forme, sera régi par la loi nouvelle ; c'est ce qui résulte des principes généraux du droit et des termes mêmes du second alinéa de la disposition servant de préambule à la loi du 28 mai 1838, qui n'astreignait à observer les anciennes dispositions du Code de commerce que pour les faillites déclarées antérieurement à la loi de 1838. — Le même principe avait été appliqué au Code de 1808. — *Besançon*, 13 mai 1808, Mouret c. Desmarestes ; *Metz*, 20 fév. 1811, Mathis.

35. — Mais il en serait autrement quant à ce qui touche au fond du droit. Selon M. Bédarride (t. 1er, n° 8), la faillite étant constituée par la cessation de paiemens et l'ouverture de la faillite remontant à ce fait, c'est à ce moment que les droits des intéressés se sont ouverts et leur ont été définitivement acquis.

36. — L'influence de la loi nouvelle, tant sur la forme que sur le fond de la faillite, ne pourrait cependant pas aller jusqu'à porter atteinte aux droits acquis aux créanciers qui auraient contracté avec le failli encore *in bonis* sous l'empire de la loi antérieure. Ainsi, le vendeur d'effets mobiliers non payés pourrait, s'il les avait livrés sous le Code de 1808, exercer soit le privilége, soit la revendication, car l'un et l'autre lui ont été acquis au moment de la vente par la seule force de la loi alors en vigueur. — Bédarride, n° 9 ; Lainné, *Comment. sur la loi des faillites et banqueroutes*, p. 3. — Il en serait de même quant à la validité des actes intervenus entre le failli et des tiers, sous le Code de 1808.—*Colmar*, 31 déc. 1841 [t. 1er 1842, p. 563], Maille c. Meyer), et à l'hypothèque légale de la femme du failli.

CHAPITRE II. — *Caractères de la faillite et cas dans lesquels elle a lieu.*

37.—L'art. 437, C. comm., porte : « Tout commerçant qui cesse ses paiemens est en état de faillite. » — Il faut donc, pour pouvoir être déclaré en faillite, 1° *être commerçant*, 2° *cesser ses paiemens*. — Bravard, *Manuel*, p. 563.

38.—On ne peut appliquer aux individus non négocians les dispositions du Code de commerce sur les faillites. —*Rennes*, 24 mars 1812, Fabre ; — Delvincourt, *Cours de C. civil*, t. 3, p. 584, note ; Persil, *Régime hypoth.*, art. 2146, n° 11 ; Grenier, *Tr. des hypoth.*, t. 1er, n° 123 ; Boulay-Paty, *Faillites et banquer.*, t. 1er, n° 10 ; Gadrat, *Faillites et banquer.*, t. 1er, p. 2 ; Duranton, t. 20, n° 80, et Troplong, t. 3, n° 461 ; Saint-Nexent, n° 4 ; Lainné, p. 8.

39.— L'état d'insolvabilité du débiteur non commerçant est régi par la loi civile et a reçu le nom de *déconfiture*. — V. ce mot.

Sect. 1re. — *De la qualité de commerçant.*

40.—On est commerçant dès qu'on fait habituellement des actes de commerce, bien qu'on ne soit pas patenté, et quand même on exercerait principalement une autre profession, si étrangère qu'elle pût être à l'exercice de ces actes. — Renouard, *Tr. des faillites*, t. 1er, p. 232.

41.—Mais quelques actes isolés ou passagers ne suffisent pas pour constituer la profession de commerçant, pas plus que des actes, fussent-ils habituels, que l'on ferait pour la seule administration de sa fortune personnelle. — Même auteur, *ibid.*

42.—Il a été jugé qu'il n'était pas essentiellement nécessaire d'être commerçant pour être déclaré en faillite. — *Bruxelles*, 17 fév. 1810, Dancels. — Cet arrêt ne saurait faire autorité. — V. *suprà* n° 38.

43.—Mais c'est avec raison qu'il a été jugé que l'insolvabilité d'un individu qui a été dans le commerce ne suffit pas pour le faire déclarer en état de faillite, lorsqu'il n'est pas reconnu qu'il est actuellement commerçant. — *Cass.*, 16 mars 1818, Lambert ; — Locré, *Esprit du C. de comm.*, t. 3, p. 2 ; E. Vincens, *Législ. comm.*, t. 1er, p. 533 ; Pardessus, *Cours de dr. comm.*, t. 4, n° 1091 ; Boulay-Paty, *Tr. des faill. et banquer.*, t. 1er, n° 10, et t. 2, p. 414, *Observat. sur la déconfiture* ; Bioche et Goujet, *Dict. de procéd.*, v° *Faillite*, n° 2 ; Gadrat, *Faill. et banquer.*, t. 1er, p. 2 ; et Lainné, *Comment. de la loi du 8 juin 1838 sur les Faillites et banquer.*, p. 8 et 9 ; Goujet et Merger, *Dict. de dr. comm.*, v° *Faillite*, n° 6 ; Esnault, n° 21.

44.—L'arrêt qui, de la circonstance qu'un individu a fait le commerce pendant plus de trente ans, a induit qu'un traité fait verbalement à l'effet de substituer à son fonds de commerce l'un de ses commis ne prouvait pas suffisamment la cessation entière de la profession du cédant, et, par suite, ne faisait point obstacle à ce qu'il pût encore être déclaré en état de faillite, ne viole aucune loi, surtout si, depuis la cession, le cédant a pris et reçu, dans plusieurs actes, la qualité de négociant, souscrit des billets à ordre, subi des condamnations commerciales, même par corps, sans élever aucune contestation sur cette qualité ou sur la compétence. — *Cass.*, 1er avr. 1829, Philippe c. de Condeville.

45.— Avant le Code de commerce, il y avait lieu de prononcer la faillite de l'individu qui, après avoir fait de nombreuses négociations en lettres de change et entretenu à raison de ces négociations correspondance avec des banquiers, devenait insolvable. — *Bruxelles*, 25 août 1809, Delabarre c. Daoust

46.—Mais, sous le Code de commerce, un individu ne peut être réputé négociant, et par suite déclaré en faillite, pour avoir signé un grand nombre de billets à ordre, et essuyé à l'occasion de ces billets des protêts et des condamnations.—*Paris*, 13 janv. 1816, Aubé de Braquemont.

47.—Un tailleur de pierres est commerçant et, comme tel, susceptible d'être déclaré en faillite, si, au lieu de se borner à tailler des pierres qui lui sont confiées à cet effet, il achète habituellement des pierres brutes pour les revendre après les avoir taillées. — *Cass.*, 15 déc. 1830, Durand c. Olivier.

48. —Peut être déclaré en faillite l'entrepreneur d'un cercle de lecture qui reçoit des abonnés une rétribution annuelle et fournit, à eux seulement, dans le local du cercle, du café et des rafraîchissemens aux prix communs de la ville.— *Grenoble*, 12 déc. 1829, Tournu c. Ribaud.

49.—Le propriétaire d'une manufacture qui fait des achats pour son établissement et en revend les produits, qui se livre d'ailleurs à de fréquentes opérations de commerce, doit être réputé commerçant et peut être, en cas de cessation de paiemens, constitué en état de faillite et non de simple déconfiture. — *Paris*, 9 janv. 1813, Deflers c. Barthélemy et Abadie.

50. — Le propriétaire de forges qui exploite le minerai à lui appartenant, mais qui, pour les besoins de son exploitation, achète du charbon et d'autres combustibles, et souscrit dans l'intérêt de son établissement des engagemens nombreux et pour des sommes considérables, fait acte de commerce, et il peut, en conséquence, être, dans les cas déterminés par la loi, déclaré en faillite et par suite condamné pour banqueroute simple. — *Cass.*, 20 fév. 1846 (t. 1er 1846, p. 728), Perré.

51.—Un foulonnier peut être constitué en état de faillite par le tribunal de commerce, lorsque ses établissemens sont tels qu'ils constituent, par leur importance, une manufacture. — *Rouen*, 2 déc. 1825, Duval c. Chardon.

52. — L'individu qui fréquente habituellement les foires et les marchés pour y acheter des bestiaux maigres et les revendre après les avoir engraissés, doit être considéré comme commerçant, et, par suite, peut être déclaré en état de faillite, encore bien qu'il emploie ces bestiaux à dépouiller les herbages dont il est le propriétaire ou le fermier. — *Rouen*, 14 janv. 1840 (t. 1er 1843, p. 547), Guidon c. Lamy.

53.—L'individu qui s'est chargé à forfait des frais nécessaires à l'établissement d'un ordre religieux a fait par là acte de commerce, et peut être déclaré en faillite. — *Paris*, 15 avr. 1834, Dufour c. Hémar.

54.— Mais une maîtresse de pension, ayant pour but principal l'éducation des enfans et non la fourniture des alimens, ne peut être rangée dans la classe des commerçans, et par suite être déclarée en faillite. — *Paris*, 11 juill. 1829, Julien c. Hemar; — Esnault, nº 48.

55.—Un particulier ne peut être considéré comme commerçant, et déclaré en état de faillite, par cela seul qu'il a été, en qualité d'ancien capitaine de vaisseau, appelé à faire partie d'un tribunal de commerce, et qu'il a accepté ou tiré quelques effets de commerce. — *Rennes*, 10 avr. 1811, Danet.

56.—Le propriétaire d'une ardoisière ne peut être réputé commerçant, bien qu'il façonne lui-même des ardoises et qu'il ait pris une patente. Il ne saurait dès-lors être déclaré en faillite.— *Metz*, 24 nov. 1840 (t. 2 1841, p. 512), Parizelle dit Ministre, Cautier.

57.—Un directeur de théâtre soumis à un régime administratif particulier ne peut être compris dans la classe des commerçans ordinaires qui peuvent être déclarés en état de faillite, d'après les dispositions de l'art. 437, C. comm. — *Rennes*, 19 déc. 1822, Léger c. Dangis. — Cette solution ne nous paraît en harmonie ni avec la législation sur les théâtres, qui prive de son privilége le directeur qui tombe en faillite, ni avec la pratique du tribunal de commerce de la Seine, qui a plus d'une fois déclaré la faillite des directeurs de théâtres. — Esnault, *Faill. et banq.*, t. 1er, nº 53. — V. au surplus au mot COMMERÇANT, quels sont ceux que l'on doit considérer comme commerçans.

58.— Le mineur et la femme mariée ne peuvent être déclarés en faillite qu'autant qu'ils ont été autorisés à faire le commerce dans les formes prescrites par les art. 1er à 7, C. comm. Ce n'est pas des actes de commerce auxquels ils se sont livrés, ce n'est pas de leurs faits que peut dériver leur qualité, puisque c'est précisément pour les protéger contre leurs faits et leurs actes que la capacité leur est refusée. — Renouard, *Tr. des faill.*, t. 1er, p. 235; Esnault, *ibid.*, nos 64 et 66.

59.—La femme d'un commerçant failli, qui n'a fait que détailler les marchandises du commerce de son mari, ne peut être déclarée en état de faillite, dans le cas même où elle figurerait au bilan et l'aurait signé conjointement avec son mari. *Paris*, 7 fév. 1835, Martho c. Laurens; — Goujet et Merger, *Dict. de dr. comm.*, vº *Faillite*, nº 13. — On déciderait la même chose s'il s'agissait de signature ou de consentement donné par un mineur non habilité au commerce. — Renouard, *ibid.*

60.— Ainsi, la femme mariée n'est réputée marchande publique qu'autant qu'elle exerce un commerce séparé. Par suite, la femme qui ne fait qu'exploiter un fonds de commerce conjointement avec son mari n'est pas réputée légalement marchande publique, et, conséquemment, ne peut pas être déclarée en état de faillite. — *Paris*, 19 oct. 1843 (t. 2 1843, p. 697); Treifons c. Laignier.

61. — Il n'y a aucune différence à faire entre les étrangers établis en France et les régnicoles. Ces deux classes de personnes sont régies par le Code de commerce pour toutes les contestations relatives à leur commerce. Les étrangers doivent, à plus forte raison, être soumis à la loi des faillites, qui punit sévèrement la négligence ou la fraude et donne aux créanciers des garanties contre la mauvaise foi de leur débiteur. — Goujet et Merger, vº *Faillite*, nº 14.

62. — Delvincourt (*Institut. comm.*, t. 2, p. 412) et M. Pardessus (*Cours de dr. comm.*, t. 4, nº 1093) considèrent comme une exception à la règle qu'un débiteur ne peut être déclaré en faillite qu'en cas de cessation de paiemens, les dispositions des art. 85 et 89, C. comm., et 404, C. pén., qui interdisent aux agens de change et courtiers de commerce de se livrer, pour leur compte, à des opérations de banque et de commerce, et ordonnent, en cas de faillite, de les poursuivre comme banqueroutiers, et de les punir, s'ils ont fait faillite, des travaux forcés à temps; s'ils ont fait banqueroute, des travaux forcés à perpétuité. — M. Renouard (*Tr. des faill.*, t. 1er, p. 233) est d'un avis contraire. « Ces agens intermédiaires, dit-il, n'ont pas le droit d'être commerçans, mais enfin, ils peuvent l'être, et c'est précisément dans la prévision des cas où ils viendraient à se livrer à des opérations de commerce et où ils feraient faillite en cessant leurs paiemens commerciaux, que la loi punit leur faillite des peines de la banqueroute frauduleuse, et leur banqueroute frauduleuse des travaux forcés à perpétuité; Ils sont faillis parce qu'ils se sont faits commerçans; leur faillite est sévèrement punie, parce que la loi leur défendait de se faire commerçans. »

63.—Un avocat, un magistrat qui, infidèles aux règles et aux convenances de leur profession, ont fait des actes de commerce et ont cessé leurs paiemens commerciaux, peuvent être déclarés en faillite.

64.— Ainsi un avocat qui, alors qu'il a abandonné la plaidoirie et ne fait plus aucun acte ostensible de sa profession, se livre habituellement à des opérations de change, ou de banque ou de courtage, à des entreprises d'agence ou de bureau d'affaires, doit être réputé commerçant, et, comme tel, être déclaré en état de faillite. — *Montpellier*, 11 mai 1844 (t. 1er 1844, p. 682), Odon-Rech; — Esnault, nº 44.

65. — Comme nous l'avons fait observer en rapportant ce dernier arrêt, les tribunaux seront bien rarement appelés à se prononcer sur des espèces semblables, car aux termes de l'art. 42, ord. 20 nov. 1822, la profession d'avocat est incompatible avec toute espèce de négoce, avec l'exercice de la profession d'agent d'affaires. — V. Mollot, *Règles de la profession d'avocat*, p. 9 et 35. — Le conseil de discipline a de plus, d'après l'art. 15, ord. 20 nov. 1822, compétence pour réprimer d'office, ou sur les plaintes qui lui sont adressées, les infractions et les fautes commises par les avocats inscrits au tableau. C'est en usant de ce pouvoir dans la limite de son droit que le conseil de discipline de l'ordre des avocats à la cour royale de Paris a prononcé la peine de la radiation contre divers avocats qui s'étaient immiscés dans les fonctions d'agent d'affaires. — V. Mollot, *Règles de la profession d'avocat*, p. 470, nº 382 et suiv. — Si donc la jurisprudence du conseil de discipline de Paris était suivie dans le ressort des autres cours royales, l'avocat qui se livrerait à des actes de commerce assez répétés pour constituer l'habitude du négoce, ou à des actes d'agence d'affaires, devrait être immédiatement rayé du tableau, et il ne pourrait plus, dès-lors, chercher dans son titre d'avocat un prétexte pour neutraliser les effets que le Code de commerce attache à la cessation des paiemens du négociant.

66.—Le notaire qui s'adonne habituellement à des opérations de banque et de courtage ou qui a établi une manufacture et l'a mise en société peut être réputé commerçant et déclaré en état de faillite. — *Caen*, 16 août 1811, Lebreton c. Poitevin; *Cass.*, 28 mai 1828, M. G...; *Paris*, 24 fév. 1831, Chauvot c. Chollet; 17 déc. 1842 (t. 1er 1844, p. 412), Lehon; *Rouen*, 9 août 1843 (t. 1er 1844, p. 463), Peclet; *Cass.*, 15 avr. 1844 (t. 2 1846, p. 705, Lehon; *Limoges*, 28 fév. 1845 (t. 2 1846, p. 705), Castaingt; — Boulay-Paty, *Des faill. et banq.*, t. 1er, nº 17; Bioche et Goujet, *Dictionnaire de procéd.*, vº *Faillite*, nº 4; Rolland de Villargues, *Répert. du notariat*, vº *Faillite*, nº 3; Gagneraux, *Comment. sur la loi du 25 vent. an XI*, art. 1er, nº 37, et art. 7, nº 20; Gadrat, *Faill. et banq.*, t. 1er, p. 3; Esnault, *ibid.*, nº 43; Bédarride, *Faill. et banq.*, t. 1er, nº 30.

67.— Mais il ne suffit pas d'établir qu'un notaire a contracté des engagemens de commerce et qu'il a fait quelques actes réputés actes de commerce pour qu'on puisse le déclarer en état de faillite; il faut encore prouver qu'il en a fait sa profession habituelle. — *Bordeaux*, 1er mars 1841 (t. 1er 1841, p. 702), Durand et Baillon c. Fabre.

68. — C'est dans le même sens qu'il a été jugé, le 12 fructid. an XI, par le tribunal d'appel de *Paris* (Randoulet c. Ladouzelle), qu'un notaire ne peut être considéré comme négociant, et par suite être déclaré en faillite; et le 30 avr. 1840 par la cour royale de *Bordeaux* (t. 1er 1844, p. 339, Blaye c. Godinet), qu'un notaire ne peut être déclaré en faillite sur le motif que les achats qu'il a faits à l'occasion d'une usine dont il est propriétaire constituent des actes de commerce, surtout si ces actes ont été de courte durée et de peu d'importance. — Ni à raison de billets à ordre émis pour éteindre des créances civiles ou pour acheter des immeubles (*Aix*, 30 juill. 1839 (t. 1er 1844, p. 462), Lançon c. Armand Fabre), ni à raison de jugement par défaut emportant contrainte par corps. — Même arrêt.

69.— L'huissier qui se livre habituellement à des actes de commerce peut, lorsqu'il cesse ses paiemens, être déclaré en faillite. — *Bordeaux*, 9 déc. 1828, Goulmain-Cornille c. Mencie; *Paris*, 14 fév. 1844 (t. 1er 1844, p. 682), Blancheton c. Leter.

70. — Il en est de même d'un receveur particulier des finances qui se livre habituellement à des opérations de commerce de banque étrangère à ses fonctions et qui, ayant cessé ses fonctions, dépose lui-même son bilan. — *Cass.* (motifs), 5 juill. 1837 (t. 2 1837, p. 26), Juilliard.

71.—Un fonctionnaire public, tel qu'un receveur de l'enregistrement, qui fait de nombreux actes de commerce, peut être déclaré en faillite. — *Bruxelles*, 25 janv. 1809, Allard. — V. aussi Esnault, *ibid.*, nº 58.

72. — On devrait juger de même à l'égard d'un percepteur des contributions qui se livrerait habituellement à des actes de commerce. — *Paris*, 25 juill. 1811, Raveneau-Chaumon c. Goix.

73. — M. Renouard (t. 1er, p. 234) exprime le vœu qu'une législation intervienne, qui punisse les faillites de ces diverses personnes, officiers ministériels ou fonctionnaires, comme celles des agens de change et des courtiers.

74.—M. Bédarride (*Tr. des faillites et banqueroutes*, t. 1er, nº 30), fait avec raison observer qu'en matière de faillite de notaires, huissiers, avocats, percepteurs, etc., le fait domine nécessairement le droit et que la loi abandonne à l'appréciation souveraine des magistrats les faits qui constituent l'habitude des actes de commerce, et par suite la profession de commerçant. — Ce n'est pas, au reste, une question de la compétence des tribunaux civils, mais une exception à la demande en déclaration de faillite qui doit être jugée par le tribunal de commerce. — *Metz*, 20 fév. 1811, Mathia.

Sect. 2e. — *Cessation de paiemens.*

75.—On peut considérer la faillite sous deux points de vue, ou comme l'état du commerçant qui a cessé ses paiemens, ou comme l'état du commerçant qui a été judiciairement déclaré failli; mais la loi, conformément à la coutume commerciale, considère la faillite comme un fait qui existe par lui-même, un fait que le jugement déclaratif constate mais ne crée pas. — Renouard, *Tr. des faill.*, t. 2, p. 220; Menot, *Lég. comm.*, p. 38.

76.—Il suit de là que si la constitution judiciaire de la faillite appartient exclusivement aux tribunaux de commerce, l'existence de la faillite, c'est-à-dire la cessation générale des paiemens d'un commerçant étant un fait, tous les tribunaux saisis d'une contestation où ce fait est impliqué ont le pouvoir de le reconnaître, de le constater et d'en appliquer les conséquences légales aux litiges desquels ils sont saisis. — *Cass.*, 30 nov. 1838 (t. 1er 1838, p. 22), Rochon c. Leron. — V. BANQUEROUTE.

77. — C'est donc à tort que la cour royale de Douai a jugé qu'aucune faillite n'existe qu'autant qu'elle a été déclarée expressément par le tribunal de commerce dans les formes déterminées par la loi. — *Douai*, 15 avr. 1840 (t. 1er 1844, p. 724), Legentil c. Cartier; — Renouard, t. 1er, p. 241.

78.—Y a-t-il des signes certains qui puissent caractériser la cessation des paiemens? — L'ordonn. de 1673, tit. 11, art. 1er, réputait la faillite ou banqueroute ouverte du jour que le débiteur s'était retiré, ou que le scellé avait été apposé sur ses biens.

79.—Le Code de 1808 a voulu préciser davantage, en fixant l'époque à laquelle la faillite a commencé, soit par la retraite du débiteur, soit par la clôture de ses magasins, soit par des actes constatant de sa part un refus d'acquitter des engagemens de commerce. — Pardessus, nos 1100 et 1106.

80.—Mais, en présence de cette énumération, les tribunaux hésitaient à faire résulter la cessation de paiemens de faits qui, quoique graves, n'avaient aucune identité avec ceux textuellement prévus par la législation. — Bédarride, nº 15.

81. — Aussi la loi du 28 mai 1838, aujourd'hui insérée dans le Code de commerce dont elle est devenue partie intégrante, a adopté une autre règle, et la cessation de paiemens est un fait complexe dont l'appréciation, nécessairement arbitraire, doit être laissée à la prudence des juges. Les tribunaux n'ont pas besoin de s'occuper de la *notoriété* de la cessation de paiemens qui avait été exigée par le projet de loi primitif. Ils n'ont à prendre pour règle que la réalité de cette cessation de paiemens et sa généralité. — Renouard, *Tr. des faill.*, t. 1er, p. 226.

82. — Ainsi jugé que les circonstances et les faits qui constituent un négociant en état de cessation de paiemens, et, par suite, en état de faillite, sont abandonnés à l'appréciation discrétionnaire des juges. — *Orléans*, 30 juill. 1844 (t. 2 1844, p. 414), Goin c. Duhamel-Proust. — V. *infra* no 124.

83. — Il peut y avoir cessation de paiemens, quoiqu'il n'y ait pas insolvabilité complète. — Pardessus, *Cours de droit comm.*, t. 5, no 1821; Boulay-Paty, *Faill. et banquer.*, t. 1er, p. 34; Saint-Nexent, *Faill. et banq.*, t. 1er, no 6; Goujet et Merger, vo *Faillite*, no 26. — *Contrà* Locré, *Esprit du C. de comm.*, sur l'art. 437. — Un commerçant peut, en effet, bien que son passif soit inférieur à son actif, ne pas remplir ses engagemens; ce résultat peut n'être que l'effet de la perte de son crédit; — Fremery, *Et. du dr. comm.*, p. 352.

84. — Mais si ses paiemens ne subissent pas la plus légère interruption; si, par son crédit, il fait constamment face à tous ses engagemens, il n'est pas en état de faillite, quoique son passif soit supérieur à son actif. — Pardessus, no 1821; Gadrat, *Faill. et banq.*, t. 2, p. 5.

85. — Un négociant ne peut être mis en état de faillite par cela seul que ses affaires sont embarrassées, et qu'il ne soutient son crédit qu'à l'aide d'emprunts et de renouvellemens de billets. Il faut qu'il ait réellement cessé ses paiemens, et c'est seulement à partir de leur cessation effective qu'on doit fixer l'époque de l'ouverture de sa faillite. — *Orléans*, 15 mai 1844 (t. 1er 1844, p. 775), Beauvais c. syndics de la faillite Brevet; *Bourges*, 18 août 1845 (t. 2 1846, p. 664), Souchoise c. Renault; *Colmar*, 28 déc. 1840 (t. 2 1842, p. 597), Kiener c. Schwindyn-Hammer.

86. — L'insolvabilité d'un commerçant ne doit pas être confondue avec sa cessation de paiemens. Celle-ci ne peut résulter que d'un ensemble de circonstances témoignant de l'extinction de la vie commerciale d'un individu et de la perte de son crédit. — *Rouen*, 18 janv. 1845 (t. 2 1845, p. 240), Declercq.

87. — Locré (*ibid.*, t. 5, p. 18) prétend que le Code de 1808 avait tracé les caractères légaux, à l'aide desquels la suspension de paiemens pouvait se distinguer de la cessation de paiemens. — M. Em. Vincens (*Législ. comm.*, t. 1er, p. 432), tout en reconnaissant que cette distinction n'existait pas, exprime le désir qu'elle soit consacrée par le législateur. Elle a été très catégoriquement écartée par M. Renouard, dans son rapport présenté à la chambre des députés, dans la séance du 26 janv. 1835, par ce motif principal, que si tous les créanciers étaient d'accord pour concéder du temps au débiteur, l'intervention de la loi était inutile; que si quelques créanciers s'y refusaient, il faudrait, pour réunir les créanciers, les convoquer, vérifier et faire affirmer leurs créances, et remplir ainsi des formalités dispendieuses. — V. Horson, *Quest.*, t. 2, no 152; Lainné, p. 14. — Ces observations de M. Renouard contenaient la réfutation anticipée du système proposé par madame Goldsmild dans un ouvrage intitulé: *de la Faillite, ver rongeur de la société, ou de l'infaillible destruction de ce fléau*, et qui consiste à substituer à l'organisation actuelle et immédiate des faillites une procédure préalable devant une juridiction nouvelle, dite la *Chambre des protêts*, dont la mission consisterait à accorder au débiteur le délai de grace nécessaire pour acquitter les effets de commerce qu'il n'aurait pu solder à l'échéance. — V. l'ouvrage précité, p. 198 et suiv.

88. — La cessation de paiemens est le seul caractère incontestable de la faillite. — *Paris*, 6 janv. 1812, Molin et Jeannel c. Bordereau. — V. Saint-Nexent, t. 1er, no 16.

89. — La cessation de paiemens nécessaire pour fixer l'ouverture d'une faillite doit être absolue, et non momentanée. — *Bourges*, 22 déc. 1844 (t. 1er 1843, p. 272), Guyon c. de Tinanet Simonnot.

90. — L'état de faillite ne résulte que d'une cessation de paiemens générale et d'un ensemble de circonstances indiquant que le commerçant ne peut plus satisfaire à ses engagemens. — *Paris*, 20 fév. 1846 (t. 1er 1846, p. 266), Malen c. Renaudin.

91. — La simple cessation de paiemens suffit pour constituer un débiteur en état de faillite, alors même que ce débiteur serait ou paraîtrait être solvable. — *Cass.*, 30 avr. 1810, Barreau c. Renault; — Pardessus, *C. de dr. comm.*, t. 5, no 1100; Boulay-Paty, *des Faill. et banquer.*, no 24, et E. Vincens, *Législ. comm.*, t. 1er, p. 482; Bédarride, no 27; Goujet et Merger, vo *Faillite*, no 26. — V. toutefois Esnault, *Faill. et banq.*, t. 1er, no 76.

92. — La cessation de paiemens, de la part d'un négociant, le constitue en faillite, quelle qu'en soit la cause, et lors même qu'elle proviendrait d'un fait de force majeure, tel que son arrestation par mesure administrative. — *Cass.*, 18 mars 1826, Dermenon-Annet; — Goujet et Merger, vo *Faillite*, no 25.

93. — On doit considérer comme ayant cessé ses paiemens, et se trouvant en état de faillite le commerçant dont les effets protestés n'ont pas réellement été payés, mais seulement renouvelés continuellement. — *Bordeaux*, 14 juin 1830, Espinasse c. Lèques.

94. — D'un autre côté, pour qu'il y ait faillite d'un négociant il n'est pas nécessaire que la cessation de ses paiemens soit constatée par des protêts, ou résulte d'actes notoires qui avertissent le public de l'état d'insolvabilité où il se trouve. — *Paris*, 7 mars 1846 (t. 1er 1846, p. 646), Proust c. Renet.

95. — Il y a faillite lorsque les paiemens n'ont pas été faits à l'aide des ressources personnelles du commerçant, et que la cessation réelle de paiemens de sa part a été dissimulée au moyen de l'assistance d'un tiers intéressé à lui prêter une existence commerciale pour se rembourser personnellement en fraude des autres créanciers. En conséquence il y a lieu de reporter la faillite déclarée plus tard, et de faire restituer à la masse les sommes provenant des opérations auxquelles ce tiers a concouru. — Même arrêt.

96. — Décidé qu'il suffit, pour faire déclarer un commerçant en faillite, qu'il ait refusé de payer une dette, sans qu'il soit nécessaire qu'il ait suspendu ou cessé tous ses paiemens. — *Nîmes*, 28 avr. 1831, Iraque c. Montvaillant.

97. — La cessation de paiemens constituant l'état de faillite, peut être réputée résulter du défaut de paiement d'un seul effet important, encore qu'ultérieurement des billets d'une faible valeur aient été acquittés. — *Cass.*, 26 avr. 1841 (t. 2 1841, p. 373), Boutard c. Boutard.

98. — Pour déclarer un commerçant en faillite, il n'est pas nécessaire qu'il y ait, de sa part, cessation absolue de paiemens; il suffit que le montant des effets protestés, des condamnations intervenues contre lui, excède la valeur du gage qu'il peut offrir à ses créanciers. — *Bourges*, 27 août 1824, Guenot c. Périgne-Desmarais; — Pardessus, *Droit comm.*, t. 4, no 1101; Favard, *Rép.*, vo *Faillite*; Boulay-Paty, t. 1er, no 29.

99. — Des paiemens partiels, qui ne portent que sur quelques frais de poursuites à l'effet de saisies-exécutions, ne caractérisent pas la continuation de paiemens exigée par la loi pour exclure l'état de faillite. — *Colmar*, 3 déc. 1816, Diemert c. Heimbac et Champy; — Pardessus, no 1101; Bioche et Goujet, *Dictionn. de procéd.*, vo *Faillite*, no 7. — Autrement, quelques paiemens modiques, peut-être même frauduleux, seraient allégués comme des preuves d'un crédit conservé, quoique évidemment perdu. — Pardessus, *loc. cit.*, no 1101; Rolland de Villargues, vo *Faillite*, no 12; Bioche et Goujet, vo *Faillite*, no 7.

100. — Ce n'est pas être en faillite que de manquer à quelques engagemens seulement, s'il est constant que le défaut de paiement procède de la difficulté de réaliser des fonds, et si le débiteur se libère avant d'être assigné devant les tribunaux. — Pardessus, t. 5, no 1101; Renouard, t. 1er, p. 219; Gadrat, *Faill. et banq.*, t. 1er, p. 6.

101. — L'ouverture de la faillite d'un négociant ne doit être déterminée que par la cessation de ses paiemens, ou par la déclaration qu'il en fait, quelles que soient d'ailleurs les circonstances auxquelles on puisse reconnaître l'embarras de ses affaires. — *Grenoble*, 1er juin 1831, Ollivier; — Goujet et Merger, vo *Faillite*, no 24.

102. — Une société de commerce ne peut être déclarée en faillite, parce que son passif dépasse son actif, ou que des lettres de change non souscrites par elle, mais tirées sur elle, ont été protestées, s'il n'y a d'ailleurs ni cessation de paiemens, ni déclaration de faillite de la part du gérant. — *Colmar*, 17 mars 1810, Schlumberger c. Benner.

103. — On ne peut légèrement constituer en faillite un négociant qui éprouve des embarras momentanés, et plus particulièrement un directeur de théâtre, dont l'administration est soumise à des chances incalculables. — *Rennes*, 19 déc. 1822, Léger c. Dangis.

104. — L'état de faillite ne résulte pas nécessairement d'une cessation de paiement qui n'est qu'accidentelle et temporaire, et non l'effet de la situation réelle du commerçant. — *Paris*, 14 juin 1815, Mahon c. Tapin; *Cass.*, 19 déc. 1831, Pichoret c. Bodinier; *Paris*, 25 nov. 1830, Bodinier c. Pichoret. — V. aussi Esnault, *loc. cit.*, t. 1er, no 76.

105. — On peut considérer comme constatant une simple cessation momentanée de paiemens le protêt d'un certain nombre de billets, lorsqu'ils ont été acquittés ensuite par le commerçant avant sa cessation définitive ou sa disparition. Mais il y a cessation absolue de paiemens lorsque les protêts se sont succédé, et que les billets protestés sont restés en souffrance jusqu'au jour de la déclaration de faillite, et cela quand bien même il aurait été fait par le commerçant quelques paiemens partiels. — *Bourges*, 22 déc. 1841 (t. 1er 1843, p. 272), Guyon c. de Tinan et Simonot.

106. — Jugé que l'art. 441, C. comm. 1808, qui déterminait les signes caractéristiques de la faillite, devait être interprété dans un sens rigoureux et limitatif, en sorte que, s'il n'y avait point cessation publique de paiemens ou déclaration du failli, les autres événemens étaient insuffisans pour établir l'ouverture de la faillite. — *Bruxelles*, 24 mars 1810, Doubleistein c. Colson. — Cette décision serait applicable sous le Code actuel.

107. — Sous l'ordonnance de 1673, le protêt des billets à ordre souscrits pour affaires de banque ou de commerce ne constituait pas, quand il n'avait été suivi d'aucune poursuite, l'état de faillite du débiteur, et ne lui enlevait pas la libre disposition de ses biens. — *Paris*, 11 avr. 1807, Tourton et Ravel c. Bouglé.

108. — Jugé de même, sous le Code de commerce, que de simples protêts isolés, non suivis de condamnations, ne suffisent pas pour motiver l'état de faillite. — *Paris*, 8 août 1809, Herban c. Garnery; *Aix*, 16 janv. 1825, Bouchet c. Larry; *Paris*, 13 mai 1826, Lebon c. Wildy; *Colmar*, 28 déc. 1840 (t. 2 1842, p. 597), Kuner c. Schwinden-Hammer; — Pardessus, t. 4, no 1101; Bioche et Goujet, *Dictionn. de procéd.*, vo *Faillite*, no 20; Saint-Nexent, *loc. cit.*, t. 1er, no 12.

109. — Le négociant qui a endossé des effets de commerce ne saurait être déclaré en faillite, parce que ces effets ont été protestés faute de paiement, mais à un domicile autre que le sien, et à une époque où il acquittait encore des engagemens de commerce à son propre domicile. — *Cass.*, 6 janv. 1813, Carteret; — Boulay-Paty, t. 1er, nos 26 et 47; Goujet et Merger, vo *Faillite*, no 19.

110. — Mais un seul protêt suffit pour constituer l'ouverture d'une faillite, si depuis ce premier refus de paiement le débiteur a laissé tous ses engagemens en souffrance, et a laissé successivement protester les billets qu'il avait consentis. — *Bordeaux*, 19 déc. 1833, Damblat c. Boutin.

111. — L'endosseur d'un billet à ordre qui a cessé ses paiemens peut être déclarée en faillite, à la poursuite du porteur de ce billet, quoique celui-ci n'ait pas exercé son recours en garantie dans le délai de la loi. — *Bourges*, 27 août 1824, Guenot c. Périgne-Desmarais.

112. — Le protêt d'une seule lettre de change purgé depuis par le paiement, et des constitutions d'hypothèques, fussent-elles attaquables comme faites en fraude des créanciers, ne sont pas des actes propres à déterminer la fixation de l'ouverture d'une faillite. — Mais, lorsqu'à la suite d'un protêt, le débiteur a convoqué ses créanciers, leur a déclaré qu'il était dans l'impossibilité de remplir ses engagemens à leurs échéances, qu'il a soumis la vente et la gestion de ses biens à leur surveillance, qu'il s'est engagé même à leur rendre compte de ses opérations, et qu'ainsi il a cessé de conserver la libre administration et disposition de ses biens, c'est de cette époque que doit dater l'ouverture de la faillite, bien que la déclaration de cessation de paiement n'ait été faite que deux années plus tard. — *Bruxelles*, 22 août 1812, Neefs.

113. — Si des protêts faits au domicile du tiré d'effets endossés par un négociant, sans que celui-ci ait été mis en demeure ou ait refusé de les payer, ne suffisent pas pour déterminer l'époque de l'ouverture de la faillite, il n'en est pas de même d'une lettre circulaire adressée par ce négociant à tous ses créanciers pour leur faire connaître l'état déplorable de ses affaires et leur annoncer que tout paiement est quant à présent impossible, surtout lorsque cette lettre a été précédée des protêts susénoncés et d'une cessation de paiemens et d'affaires constatée par le livre-journal de ce négociant. — *Liége*, 3 juill. 1812, Homberg c. Chauvet.

114. — Le fait par un commerçant de s'être laissé condamner au paiement d'une dette ne le constitue pas en état de cessation de paiemens, alors que

cette condamnation a été satisfaite, et qu'il a suivi depuis le cours de ses affaires, à la tête desquelles il est demeuré. — *Angers*, 30 déc. 1842 (t. 2 1843, p. 153); Bernier-Chevré c. Pillet.

115. — Ne peut constituer l'état de faillite, 1o le refus d'un négociant d'acquitter une dette litigieuse. — *Rennes*, 12 sept. 1810, douanes c. B. — V. sur ce point Esnault, *loc. cit.*, t. 1er, n. 80.

116. — ... 2o Le refus d'exécuter des marchés à terme dont un négociant demande la nullité. — *Caen*, 29 mars 1825, Mancel c. Patinot; — Goujet et Merger, vo *Faillite*, no 23.

117. — ... 3o Le refus d'exécuter un traité qu'il avait souscrit, et par lui attaqué de nullité comme étant le fruit de l'erreur. — *Grenoble*, 18 juin 1831, Ollier et autres c. Thomas; — Pardessus, no 1105.

118. — Une saisie réelle contre un ancien marchand devenu étranger au commerce ne peut le faire réputer failli. — *Cass.*, 11 flor. an XI, Garilh-Barrot c. Loches.

119. — Le défaut de paiement des obligations contractées par un négociant pour affaires commerciales donne lieu à la déclaration de faillite, quoique cette déclaration ne soit provoquée que postérieurement à l'époque où ce négociant a cessé le commerce. — *Metz*, 20 fév. 1811, Mathis.

120. — Le commerçant qui a disparu de son domicile, qui était dans un état de faillite notoire, et a éprouvé depuis sa disparition deux saisies conservatoires et quatre dénonciations de protêt, ne peut se plaindre d'avoir été déclaré en état de faillite, alors d'ailleurs, qu'accusé de banqueroute frauduleuse, son état de négociant failli a été déclaré par le jury. — *Cass.*, 16 sept. 1831, Buret.

121. — En un mot, il n'est juste de considérer un négociant en état de faillite que dans le cas où, succombant sous le poids de ses engagemens, il se trouve dans l'impossibilité d'y faire face; lorsqu'il existe un grand nombre de refus de paiement, d'où l'on peut conclure moralement qu'il y a cessation absolue; ou, enfin, si le nombre des dettes non acquittées est peu considérable, lorsque des circonstances accessoires annoncent une rupture de commerce. — Pardessus, no 1101.

122. — Les principes que nous venons de résumer d'après le savant auteur du *Cours de droit commercial* sont évidemment bien plus favorables aux négocians que peuvent instantanément assaillir tant de chances fâcheuses que le projet de madame Goldsmid qui, dans son livre intitulé : *de la Faillite ver rongeur de la société, ou de l'infaillible destruction de ce fléau*, p. 199, se contente du défaut de paiement de trois billets pour constituer le négociant dans un état analogue à celui de la faillite.

123. — La preuve du refus de paiement peut résulter d'un écrit privé, d'une lettre missive, par exemple. — *Nîmes*, 28 avr. 1831, Iraque c. Montvaillant. — Même du témoignage des créanciers du failli, s'il n'y a pas contre eux des motifs de suspicion personnelle. — *Poitiers*, 30 déc. 1828, Fleurian c. Jurriaud. — V. *contrà Bruxelles*, 2 janv. 1824, M... c. Chandelle; 16 juill. 1830, Devaerle c. Verriken. — V. aussi *infrà*, no 252.

124. — L'appréciation du caractère des faits constitutifs de la cessation de paiemens ne rentre pas dans le domaine exclusif des juges du fond. — *Cass.*, 1er avr. 1829, Philippe c. Godard de Condeville; 12 mai 1841 (t. 2 1841, p. 342), Desport c. Desmarest; 26 avr. 1841 (t. 2 1841, p. 373), Boutard c. Beutard. — V. cependant *Cass.*, 15 nov. 1828, Garet. — Mais il appartient aux juges du fond de constater souverainement les faits qui établiront la cessation de paiement. — Même arrêt; — Pardessus, no 1107.

125. — Une contestation en justice contre un seul créancier ne constitue pas la cessation des paiemens. — *Rennes*, 22 sept. 1810, Douanes c. B....

126. — Mais le commerçant qui n'a qu'un seul créancier peut-il être déclaré en faillite? — En principe général tout commerçant qui, par une impossibilité qui n'est ni temporaire ni accidentelle, cesse ses paiemens, est en état de faillite; tout créancier peut provoquer la décision propre à constater cette situation; cette déclaration doit même émaner du débiteur lui-même. La loi ne fait pas d'exception pour le cas où le failli n'a qu'un seul créancier; car ce serait attacher trop d'importance au texte de la loi, que de considérer les mots, de l'art. 437, *« qui cesse ses paiemens, »* comme emportant l'idée d'un refus de paiemens à l'égard de plusieurs individus. Le créancier unique a, d'ailleurs, intérêt à faire déclarer la faillite, soit pour faire annuler les libéralités consenties par son débiteur, soit pour faire restreindre les droits de la femme de celui-ci, soit pour le dessaisir de l'administration de biens qui, convenablement gérés, peuvent permettre au créancier de recouvrer ce qu'il a avancé. Dira-t-on que le Code de commerce suppose une masse de créanciers, des vérifications contradictoires, des délibérations communes; nous répondrons que la loi a prévu le cas le plus général; mais qu'il n'en faut pas conclure qu'elle ait voulu interdire la faillite quand il n'y a qu'un seul créancier, autrement il faudrait reconnaître que le Code a permis à un négociant d'échapper aux conséquences de sa profession, en contractant un emprunt assez considérable pour amortir ses dettes partielles, et ne laisser subsister qu'une seule victime. Une pareille conséquence n'a pu entrer dans le vœu de la loi. — N'est-il pas, d'ailleurs, bien difficile de s'opposer de prime-abord à la déclaration, par la raison qu'il n'existerait qu'un créancier ? Et comment peut-on savoir d'une manière certaine si, dans le cours des opérations de la faillite, d'autres créanciers ne se présenteront pas, notamment par suite du rapport de paiemens reconnus frauduleux ?

127. — C'est, au reste, en ce sens que s'est prononcée la jurisprudence. En effet, s'il a été jugé qu'un commerçant qui n'a qu'un seul créancier ne peut pas être déclaré en état de faillite (*Paris*, 30 mai 1838 (t. 1er 1839, p. 433), K...), il existe de nombreuses décisions en sens contraire. — *Pau*, 26 août 1824, Rancès c. Garrapt; *Orléans*, 29 mai 1840 (t. 2 1840, p. 272), Serrou c. Lauzet; *Cass.*, 7 juill. 1841 (t. 2 1841, p. 204), Lauzet c. Serrou; *Cass.*, 6 déc. 1841 (t. 2 1841, p. 697), K...; *Colmar*, 19 avr. 1842 (t. 2 1842, p. 381), Walch c. Jenny; *Rouen*, 22 juin 1842 (t. 2 1842, p. 381), K...; *Bourges*, 21 mai 1842 (t. 2 1842, p. 742), Gouyon c. Perrot-Baujon; — Lainné, p. 38; Renouard, *Tr. des faill.*, t. 1er, p. 265; Bioche et Goujet, vo *Faillite*, no 41; Bédarride, *Tr. des faill.*, no 58; Esnault, *loc. cit.*, t. 1er, no 82; Goujet et Merger, vo *Faillite*, no 27.

128. — Lorsqu'un négociant a déclaré à ses créanciers qu'il suspendait ses paiemens (ce qui constituait son état de faillite sans qu'il fût besoin de jugement déclaratif), que ces créanciers se sont réunis, et l'ont autorisé à liquider ses affaires, vendre ses immeubles et payer ses dettes par dividendes sur les rentrées qu'il pourrait opérer, le tout sous la surveillance et avec l'avis et le consentement d'un conseil de liquidation par eux nommé, un créancier isolé, dont le titre n'est pas contesté, et qui n'a droit, d'ailleurs, à aucun privilége, ne peut, alors qu'il lui est fait offre, tant pour le présent que pour l'avenir, des dividendes convenus, demander judiciairement contre le débiteur une condamnation. — Cette condamnation serait sans intérêt pour lui, en ce qu'elle ne lui donnerait pas plus de droits qu'il n'en a, et qu'elle ne pourrait, en présence du fait notoire de l'état de faillite, lui conférer hypothèque. — *Grenoble*, 3 janv. 1842 (t. 2 1842, p. 499), Quiquandon c. Giroud.

129. — Cependant, la cessation de paiemens, pour constituer la faillite, doit se rapporter à des engagemens commerciaux. — Boulay-Paty, no 29; Pardessus, no 1101; Rolland de Villargues, vo *Faillite*; Favard, vo *Faillite*, § 1er, no 2; Bédarride, no 19. Esnault, *ibid.*, t. 1er, no 84; Saint-Nexent, *Faill. et banq.*, t. 1er, no 5, p. 7; Goujet et Merger, vo *Faillite*, no 24; Lainné, p. 12.

130. — M. Pardessus (no 1101) ajoute que les créanciers pour dettes civiles ont les voies ordinaires, et l'expérience apprend que les commerçans ne retirent pas toujours leur confiance à celui qui, acquittant ses dettes commerciales, est moins exact à payer les autres.

131. — Jugé, cependant, que le commerçant qui cesse d'acquitter ses dettes doit être déclaré en faillite, sans qu'il y ait lieu de distinguer entre la cessation de paiemens des dettes purement civiles et celle des dettes commerciales. — *Nancy*, 29 juill. 1842 (t. 2 1842, p. 693), Georgel c. Pierrefitte. — *Contrà* Bravard, *Manuel*, p. 563.

132. — Une dette, dont la cause est commerciale ou réputée telle, ne cesse pas de l'être parce qu'elle aurait été contractée par acte devant notaire, et qu'on y aurait affecté un gage ou une hypothèque. Dès-lors, le défaut de paiement de semblables dettes autorise le créancier à provoquer la déclaration de faillite de son débiteur. — *Paris*, 27 nov. 1841 (t. 2 1842, p. 475), Hue c. Pochet et Mouton.

133. — Mais la faillite est un état général et indivisible qui s'étend et sur la personne du failli, et sur l'universalité, tant de ses dettes que de ses biens. Il n'y a donc, une fois la faillite déclarée, ou du moins la cessation de paiement révélée, aucune distinction à faire entre ce qui est d'origine commerciale et la partie non commerciale de ses affaires. — Renouard, *Tr. des faill.* t. 1er, p. 227; Pardessus, no 1093; Goujet et Merger, vo *Faillite*, no 24.

134. — Aussi, la cour royale de Paris a-t-elle jugé que tous les créanciers d'un commerçant qui a cessé d'acquitter ses obligations commerciales, même ceux qui n'ont que des créances purement civiles, ont qualité pour le faire déclarer en état de faillite. — *Paris*, 27 nov. 1841 (t. 2 1842, p. 475), Hue c. Pochet et Mouton.

Sect. 3e. — *Caractères de la faillite après décès.*

135. — Le projet du Code de 1808, présenté au conseil d'état par la section de l'intérieur, contenait un article ainsi conçu : « Lorsque la faillite survient par la mort du débiteur, l'ouverture en est fixée au jour du décès. » Cette disposition, qui se motivait sur ce qu'il est facile de reconnaître après la mort d'un négociant, par l'examen de l'état de ses affaires, s'il était en faillite, et sur l'embarras qu'on éprouverait après le décès de ce failli à assigner à l'ouverture de la faillite une autre époque que celle de la mort, fut combattue par Bigot Préameneu, qui soutenait qu'il n'y avait de faillite que celle qui existait avant la mort du failli. Cambacérès ajouta qu'il importait de ne pas prendre, pour signes caractéristiques de la faillite, lorsque le failli n'était plus là pour prouver qu'il avait laissé un actif égal à ses dettes, les diligences faites par un créancier impatient ou les dilapidations commises au préjudice de la succession par des gens mal intentionnés. L'article proposé fut ajourné et ne reparut pas dans les rédactions suivantes.

136. — Dans le silence de la loi, la jurisprudence parla. Voici le tableau des décisions par lesquelles elle a préparé le second alinéa de l'art. 437, C. comm.

137. — La cour de Douai a jugé que la faillite d'un commerçant ne pouvait être déclarée après son décès. — *Douai*, 27 mai 1811, B...

138. — Mais un bien plus grand nombre d'arrêts avaient décidé que la faillite d'un négociant pouvait être déclarée après son décès. — *Bourges*, 12 juill. 1822, Cuinat c. Moreau; *Riom*, 23 août 1809, Rougier c. Julliard; *Paris*, 28 janv. 1814, Piranesi.

139. — Décidé de même, lorsqu'il est reconnu qu'il avait cessé ses paiemens auparavant. — *Cass.*, 24 déc. 1818, Courrège c. Marc; *Toulouse*, 10 déc. 1830, Richard; *Rouen*, 10 déc. 1836, Cardon c. Pimond-Bazille; — Lainné, *Comment. sur la loi des faill. et banquer.*, p. 17; Pardessus, no 1108; Bioche et Goujet, vo *Faillite*, no 5.

140. — Sous le Code de comm. de 1808, le suicide d'un négociant qui était dans l'impossibilité d'acquitter ses engagemens pouvait être assimilé à la retraite du débiteur — Même arrêt de *Rouen*, 10 déc. 1836. — V. cependant *infrà* no 146.

141. — On décidait avec raison que pour qu'un négociant pût être déclaré en état de faillite après son décès, il était nécessaire que la cessation de ses paiemens fût constatée par des actes légaux antérieurs. — *Paris*, 8 juill. 1826, Broquère c. Boursier.

142. — Un commerçant ne pouvait, après son décès, être déclaré en état de faillite, bien que sa succession fût insolvable, s'il n'avait pas, avant sa mort, cessé ses paiemens. — *Lyon*, 28 avr. 1828, Robert c. David.

143. — Le négociant qui est décédé *integri statûs* sans qu'aucun protêt, aucune condamnation, aucune suspension ni cessation de paiement de fait ou de droit ait eu lieu avant sa mort, ne peut être déclaré en état de faillite ouverte à une époque postérieure à son décès, bien que la liquidation de sa succession en mette l'insolvabilité en évidence. — *Nîmes*, 17 févr. 1812, Charbaut c. Aubary; 16 oct. 1812, mêmes parties.

144. — Lorsqu'un négociant est décédé *integri statûs*, et que, loin d'avoir cessé ses paiemens, il a joui jusqu'à sa dernière heure du crédit et de la confiance, et a toujours fait face à ses engagemens, il ne peut être, après son décès, déclaré en faillite, quoique sa succession soit vacante et que le passif dépasse l'actif. — *Montpellier*, 15 févr. 1836, Sabatier c. Bonfils.

145. — Un négociant, même en société, qui meurt avant qu'il y ait eu ni déclaration de faillite ni cessation de paiemens, ne peut être déclaré en état de faillite après sa mort. — *Rennes*, 6 févr. 1811, Le Caer.

146. — Un commerçant qui s'est suicidé avant toute déclaration de faillite, tout protêt, toute cessation de paiement, ne peut être réputé mort en état de faillite. — Ce suicide ne peut être considéré comme une retraite dans le sens de l'art. 441, C. comm. — *Douai*, 27 mai 1811, B... — V. Esnault, *loc. cit.*, t. 1er, no 87.

147. — La loi du 28 mai 1838 adopta la distinction posée par la jurisprudence et la formula en ces termes, dans le 2e alinéa de l'art. 437. « La faillite d'un commerçant peut être déclarée après son dé-

cès, lorsqu'il est mort en état de cessation de paiemens. »

148.—Il suit de là que la faillite ne pourrait être étendue au cas où les paiemens ne cessent qu'après l'ouverture de la succession. En effet, le caractère de failli ne saurait être attaché à la mémoire d'un négociant qui est mort sans avoir cessé ses paiemens, et de plus, les règles du droit civil, relatives aux successions, seraient difficiles à combiner avec les règles particulières aux faillites. — Rapport de M. Renouard; Bédarride, *Tr. des faill*, nº 22.

149. — Pour qu'un négociant décédé puisse être déclaré mort en état de faillite, il ne suffit pas d'établir qu'il a laissé des dettes; il faut encore prouver qu'on lui en avait demandé le paiement, et qu'il l'avait refusé. — *Orléans*, 19 avr. 1844 (t. 1er 1844, p. 739), Magniez-Brecy c. Bizot; — Bédarride, nº 22.

150.—Depuis la loi du 28 avr. 1838, la faillite d'un commerçant peut être déclarée après son décès; dans ce cas, il n'est pas nécessaire d'établir, par des actes antérieurs au décès, le refus ou la cessation de paiemens; il suffit que l'état de cessation de paiemens existe de fait lors du décès, et résulte d'ailleurs de l'insolvabilité du débiteur constatée ultérieurement. — *Paris*, 10 déc. 1839 (t. 2 1841, p. 261), Clément c. Gavoty.—V., sur ce point, Esnault, t. 1er, nº 89.

151. — La faillite d'un commerçant décédé peut être déclarée d'office, même en l'absence de protêts ou autres actes judiciaires si l'insolvabilité de ce négociant au moment de sa mort est établie par la notoriété publique, confirmée par les offres que ses héritiers font aux créanciers de leur payer la moitié seulement de leurs créances. — *Colmar*, 30 août 1838 (t. 1er 1847, p. 102), Dreyfuss c. Moog; — Goujet et Merger, vº *Faillite*, nº 30; Esnault, nº 89.

152. — Par une conséquence de la même disposition, si un commerçant a fait honneur à sa signature jusqu'au dernier moment de son existence, il est impossible de le mettre en faillite après sa mort, quoique sa succession soit insolvable et qu'il n'ait échappé que par le suicide à la cessation de ses paiemens. Un amendement contraire à cette doctrine a été, sur les observations de M. Quénault, repoussé par la chambre des députés dans sa séance du 28 mars 1838. Au reste, on consultera avec fruit la discussion qui s'est engagée, à la chambre des députés, lors du vote du paragraphe 2e de l'art. 437. — *Moniteur* du 28 mars 1838, p. 701.

153.—Aux deux alinéas qui formaient le projet de l'art. 437, la seconde commission de la chambre des députés proposa d'en ajouter un troisième, qui était inspiré par la nécessité de concilier le droit des créanciers avec le droit des héritiers du débiteur qui ont besoin de savoir sous quel régime la succession sera placée avant de prendre qualité dans cette succession. En conséquence, la commission proposa de décider que les créanciers du négociant décédé en état de cessation de paiemens auraient trois mois, à partir de son décès, pour faire déclarer sa faillite. Le vote définitif de la chambre porta, par suite d'un amendement de M. Gillon, le délai à une année après le décès. — C. comm., art. 437.

154.—Sous le Code de 1808, il avait été jugé que la faillite d'un négociant ne pouvait être déclarée plusieurs années après son décès, et, que, dans tous les cas, l'ouverture de cette faillite ne pouvait être placée à une époque postérieure au décès. — *Toulouse*, 16 juill. 1830, Beusnade.

155. —La faillite d'un négociant décédé en état de cessation de paiemens, avant la promulgation de la loi du 28 mai 1838, ne peut être déclarée, s'il s'est écoulé plus d'un an depuis le décès de ce négociant, quand même il y aurait eu antérieurement à l'expiration de ce délai preuve certaine de la cessation de paiemens. — *Douai*, 15 avr. 1840 (t. 1er 1844, p. 724), Legentil c. Cartier.

156.— Les créanciers trouveraient, sans doute, dans le droit civil, des moyens de se faire payer ou tout au moins de se faire attribuer tout l'actif de la succession de leur débiteur, mais la déclaration judiciaire de la faillite permet de faire administrer les biens par les délégués des créanciers, d'appliquer des présomptions légales de nullité à certains actes, et de soumettre les droits de la femme du failli à certaines modifications. — Pardessus, nº 1108.

157.— La loi de 1838 n'accorde pas aux héritiers du commerçant décédé un droit analogue à celui qu'elle fonde au profit des créanciers. En effet, pour les héritiers le bénéfice d'inventaire est une sauvegarde suffisante. —V. *contrà* Bédarride, *ibid.*, nº 25.

158.—L'art. 437, § 2, C. comm., est impératif, et les tribunaux de commerce ne peuvent se dispenser de déclarer en faillite, sur la poursuite des créanciers, le négociant qui, à sa mort, se trouvait dans le cas prévu par cet article. — *Paris*, 10 déc. 1839 (t. 2 1841, p. 261), Clément c. Gavoty; — Goujet et Merger, vº *Faillite*, nº 30. — On avait décidé de même que la mort d'un négociant, présumé en faillite, donne à chacun de ses créanciers l'exercice de tous ses droits et actions, qui ne peuvent être entravés par aucun acte d'union ou concordat ultérieur. — *Rouen*, 29 janv. 1807, Carpentier c. Vibert.

159. —L'art. 437, C. comm., qui dispose que la faillite d'une personne décédée ne pourra être demandée ou prononcée d'office que dans l'année qui suivra son décès, n'est pas applicable au cas où la faillite est prononcée contre la société qui, postérieurement au décès d'un des associés, a continué ses opérations, et non contre l'associé personnellement. — *Cass.*, 26 juill. 1843 (t. 1er 1844, p. 84), Robert c. Coste-Millard.

CHAPITRE III. — *Déclaration et ouverture de la faillite.*

Sect. 1re. — *Déclaration de faillite.*

ART. 1er. — *Déclaration de faillite en général.*

160.—Si la cessation des paiemens, si les faits qui la révèlent peuvent présenter quelque ambiguïté aux yeux des tiers, il n'en saurait être de même pour le négociant qui, lui, ne peut ignorer sa position, et pour lui naissent dès ce moment, des devoirs qu'il doit immédiatement remplir. — Bédarride, *Tr. des faill.*, t. 1er, nº 30 bis.

161. — « Tout failli est tenu, dans les trois jours de la cessation de ses paiemens, d'en faire la déclaration au greffe du tribunal de commerce de son domicile. Le jour de la cessation de paiement est compris dans les trois jours. » — C. comm., art. 438, alin. 1er. — Il en était de même sous l'art. 440, C. comm. ancien.

162. — Le but de la loi, en fixant un délai aussi court, a été d'empêcher certains créanciers de s'assurer, par fraude, un paiement intégral, et aussi d'éclairer les tiers qui ont intérêt à ne pas accorder leur confiance à un commerçant qui, par le mauvais état de ses affaires, n'en doit plus mériter aucune. — Bédarride, *Tr. des faill.*, t. 1er, nos 32 et 33.

163.—Sous la loi du 28 mai 1838, comme sous le Code de commerce de 1808, le mot *déclaration* a deux acceptions diverses: 1º les art. 438, 439, 440, 456 et 586 donnent le nom de *déclaration* du failli à la confession qu'il fait au greffe de sa cessation de paiemens. Dans le reste de la loi, la déclaration de faillite s'entend du jugement qui proclame l'existence de la faillite. — Renouard, t. 1er, p. 243.

164.—La confession de la cessation de paiemens doit être faite au greffe du tribunal de commerce, ou du tribunal civil, jugeant commercialement, du domicile du failli.

165.—Le négociant qui paie patente en plusieurs lieux différens, doit faire sa déclaration au tribunal dans le ressort duquel il a son principal établissement. — *Cass.*, 16 juin 1824, Boissière c. Milcent; — Renouard, *Tr. des faill.*, t. 1er, p. 245. — Encore bien que la nature des spéculations commerciales du failli exige sa résidence dans un lieu autre que celui où il a son domicile. — *Nancy*, 26 avr. 1827, Thomas c. Laurens.

166.— Si le failli a changé de domicile depuis la cessation de ses paiemens, et avant sa déclaration au greffe, on considérera comme son domicile celui qu'il avait lors de la cessation de ses paiemens. — Renouard, *ibid.*, p. 246. — Si le failli n'a pas de domicile fixe, la faillite peut être déclarée par le tribunal du lieu où il a manqué à ses principaux engagemens. — *Limoges*, 27 janv. 1823, Gelys.

167.—Lorsqu'un commerçant a quitté son domicile sans remplir les formalités prescrites par les art. 103 et 104, C. civ., pour la constatation et la translation de son domicile dans un autre lieu, c'est le tribunal de l'ancien domicile qui est compétent pour statuer sur la demande de mise en faillite de ce commerçant, alors surtout que la cessation de paiemens existait avant l'époque par lui indiquée comme étant celle de son changement de domicile. — *Rouen*, 19 déc. 1842 (t. 2 1843, p. 274), Lehongre-Duboulay c. Lecaron.

168.—La faillite ne devrait pas être déclarée par le failli et par suite ne serait pas régulièrement prononcée par le tribunal dans le ressort duquel le failli n'aurait qu'un simple dépôt de marchandises et non son principal établissement. — *Cass.*, 16 mars 1809, Gatien c. Mayaud; 19 juill. 1838 (t. 2 1838, p. 117), Dagneau c. Chaix.

169. — Lorsque deux tribunaux ressortissant à deux cours royales différentes ont respectivement déclaré la faillite d'une maison de commerce, la cour de Cassation, statuant par voie de réglement de juges, doit renvoyer la suite des opérations devant le tribunal du lieu où se trouve le siége du principal établissement et le domicile du failli. — *Cass.*, 17 avr. 1843 (t. 1er 1843, p. 551), Aulagnier et Robert c. Dupuis; 22 fév. 1827, Leblanc de Marconnay c. Deluy et Jourdan. — V. *infrà* nº 199.

170. — Il en est ainsi, alors même que ce principal établissement serait situé dans une colonie française où la loi n'est pas la même que sur le continent, les parties qui ont traité avec la maison de commerce ayant su que le réglement de leurs droits serait fait par les juges de leurs débiteurs. — *Cass.*, 18 août 1841 (t. 1er 1843, p. 173), Maugendre c. Renaldès et Cortès.

171. — Les créanciers ont de plus le droit de demander le renvoi de la faillite devant le tribunal de l'ancien domicile du failli s'il résulte des circonstances que le débiteur n'a changé de domicile que dans l'intention de se soustraire à la juridiction du tribunal qui connaissait le mieux sa conduite, et les juges ne doivent pas hésiter à accueillir leur demande dès qu'ils soupçonnent la mauvaise foi du débiteur. — Pardessus, nº 1094.

172. — La cour royale qui annule pour vice de forme un jugement déclaratif de faillite peut renvoyer la cause et les parties devant un tribunal autre que celui du domicile du failli. — *Amiens*, 24 avr. 1839 (t. 1er 1847, p. 102), Lefebvre et comp. c. Lebrun; — Goujet et Merger, vº *Faillite*, nº 38, — *Contrà* Pardessus, nº 1102.

173.—Le siége de la faillite est important à régler, parce qu'il détermine la compétence qui, au reste, est indépendante de la déclaration faite par le failli, et se règle d'après le véritable état des choses.

174.—Une déclaration de faillite a été valablement faite par un condamné aux travaux forcés à temps. — *Paris*, 18 janv. 1823, Renet c. Singer.

175.— La loi considère le commerçant comme failli, et le qualifie tel, par cela seul qu'il a cessé ses paiemens, et avant toute déclaration émanée, soit de lui-même, soit du tribunal de commerce. — *Cass.*, 13 nov. 1838 (t. 1er 1839, p. 22), Rachon c. Leron.

176.— En effet, la faillite est un fait qui existe par lui-même, un fait que le jugement déclaratif constate, mais ne crée pas. — Renouard, *Tr. des faill.*, t. 1er, p. 220; —Orillard, *Comp. des trib. de comm.*, nº 499, note.

177.—Donc tout commerçant qui cesse ses paiemens est *par cela même* en état de faillite. — *Cass.*, 23 avr. 1841 (t. 1er 1842, p. 882), Delestre-Letellier, Morisse et Julienne.

178.—De ce que la cessation générale des paiemens d'un commerçant est un fait qui constitue l'état de faillite, il suit que tous les tribunaux peuvent le constater, et en appliquer les conséquences aux litiges dont ils sont régulièrement saisis. Ainsi les tribunaux correctionnels et criminels peuvent être saisis d'une action en banqueroute simple ou frauduleuse, sans que la faillite ait été déclarée par le tribunal de commerce. — V. BANQUEROUTE. — La même règle s'applique aux tribunaux civils. — *Cass.*, 13 nov. 1838, cité *suprà* nº 175.

ART. 2. — *Déclaration de faillite d'une société.*

179. — Le second paragraphe de l'art. 438, C. comm., parle de la faillite des sociétés en nom collectif, mais il ne s'occupe ni des associés commanditaires, dont les capitaux et non les personnes sont engagés dans l'association, ni des sociétés anonymes, qui ont en ce point le même caractère, ni des sociétés en participation, qui laissent à chacun des coparticipans son individualité commerciale, et ne les considère que comme des coobligés à une même dette. Mais les associés en nom collectif sont tous obligés aux dettes sociales solidairement et sur tous leurs biens. Aussi la faillite d'une société en nom collectif entraîne-t-elle nécessairement celle de tous les associés solidaires. — *Douai*, 9 fév. 1825, Druez-Velcome c. Lecœuvre. — Gadrat, *Faill. et banq.*, t. 1er, p. 19; Esnault, nº 94; Lainné, p. 23.

180. — Jugé de même, en principe, que la faillite d'une société en nom collectif ou en commandite entraîne la faillite personnelle de chaque associé ou de chaque gérant solidairement responsable. — *Cass.*, 10 nov. 1845 (t. 2 1845, p. 610), Brize-Cadet c. Bonnard.

181. — Un commanditaire ne peut être atteint dans son état de commerçant par la faillite de la société dans laquelle il a versé une mise. Aussi il n'est pas recevable à provoquer la déclaration de faillite de la société, soit comme associé, soit comme créancier, sous prétexte que l'inventaire constate un déficit d'une somme considérable, lorsqu'il

n'y a pas cessation de paiemens. — *Colmar*, 17 mars 1810, Schlumberger c. Benner.

182.—Le commanditaire qui, sous prétexte d'un déficit constaté par l'inventaire, fait déclarer la société en faillite et ruine ainsi l'établissement de ses coassociés est passible envers eux de dommages-intérêts. —Même arrêt; — Esnault, nº 96.

183. — On avait douté qu'une société anonyme pût être déclarée en faillite, parce que, disait-on, elle ne présente pas d'obligé personnel et n'offre qu'une association de capitaux; mais les termes de l'art. 437, C. comm., sont trop généraux pour qu'il soit possible d'admettre une distinction, et il y a d'ailleurs lieu de prendre relativement à l'actif de la société toutes les précautions qu'autorise l'état de faillite. Les dispositions relatives à la personne du failli resteront seules sans application. — *Paris*, 29 déc. 1838 (t. 1er 1839, p. 72), Millet et Henry c. chemin de fer de la Loire; —Gadrat, *Des faillites*, p. 21; Goujet et Merger, vº *Faillite*, nº 54.—Lainné, p. 25; Esnault, nº 95.

184. — La déclaration de faillite qui émane d'un gérant ou d'un administrateur d'une société ne fait pas, à l'égard de la cessation de paiemens, une preuve aussi complète que celle qui émane d'un failli qui est seul intéressé dans son commerce. Si donc les autres associés soutiennent que la société n'est pas en état de cessation de paiemens, ce sera au tribunal à apprécier si le gérant doit apporter réellement la preuve du fait constitutif de la faillite. —Pardessus, nº 1097. — L'état de liquidation de la société ne serait pas un obstacle à la déclaration de la faillite. — Esnault, nº 98.

185. — Puisque tous les membres de la société en nom collectif sont en faillite, il faut que la justice trouve sous sa main les indications nécessaires pour prendre des mesures contre la personne et les biens de chacun d'eux. — Bédarride, *Tr. des faill.*, t. 1er, nº 35.

186.—Cette disposition est évidemment applicable aux gérans d'une société en commandite par actions, car ils sont entre eux associés en nom collectif, et généralement à tous les associés qui sont solidairement engagés dans une association dont la plupart des intéressés ne sont que des commanditaires.

187.—Ainsi, « en cas de faillite d'une société en nom collectif, la déclaration de faillite contiendra le nom et l'indication du domicile de chacun des associés solidaires. » C. comm., art. 438, alin. 2e.

188.—Lors de la discussion à la chambre des députés, un membre demanda que, quelle que fût la société, on fût tenu de déclarer le nom des associés solidaires. « Cet amendement a été repoussé, avec raison, dit M. Bédarride (*Tr. des faill.*, t. 1er, nº 36). La solidarité n'est de droit commun que dans les sociétés en nom collectif, et s'il est vrai, comme l'auteur de l'amendement le faisait observer, que le commanditaire qui s'est immiscé devient solidaire, il est certain que cette solidarité est une exception aux règles ordinaires de ces sociétés, qu'elle n'est qu'une peine attachée par la loi au fait d'immixtion. Il faut donc tout d'abord prouver ce fait avant d'en déduire les conséquences; et comme, même dans ce cas, la solidarité n'est que dans l'intérêt des créanciers, il convenait de leur laisser le soin d'en provoquer le bénéfice. »

189.—De ce que l'associé commanditaire qui s'est immiscé dans la gestion des affaires de la société, est obligé solidairement avec les associés en nom collectif, on ne peut induire qu'en cas de faillite de la société, il doive lui-même être déclaré en faillite. — *Bourges*, 2 août 1828, Porcheron c. Guébin.

190. — Le syndic d'une société en commandite tombée en faillite peut, à l'aide d'un commencement de preuve par écrit et de présomptions graves, précises et concordantes, prouver la qualité d'actionnaire d'un individu dont l'acte de soumission n'est pas représenté. — Ce n'est pas le lieu d'appliquer la règle qu'entre associés, la qualité de sociétaire ne peut se prouver que par écrit. En pareil cas, le syndic agit au nom et dans l'intérêt des créanciers de la société qui sont des tiers. — *Cass.*, 5 août 1844 (t. 2 1844, p. 607), de Villebresme c. compagnie de l'Eclair.

191.— Lorsqu'un associé est déclaré en faillite pour des affaires qui lui sont toutes personnelles et antérieures à la société, et qu'en outre il a conservé son patrimoine particulier et personnel, distinct du fonds social, ses créanciers personnels ne peuvent exercer aucun droit sur les mises de ses coassociés. — *Cass.*, 13 mars 1823, Biançon c. Clément.

192.—La faillite d'un commerçant n'entraîne pas la faillite d'une société dont il fait partie, lorsque cette société existe sous une raison sociale différente, et que ses opérations sont aussi différentes de celles de l'associé qui a été déclaré en faillite. — *Cass.*, 13 déc. 1831, Suchetet c. Pillas. — Jugé encore que, quand un négociant anglais qui, sous deux raisons sociales différentes, a une maison de commerce à Londres et une autre à Anvers, est déclaré en faillite par les tribunaux anglais, cette faillite ne peut, sans l'intervention des tribunaux des Pays-Bas, entraîner la faillite de la maison d'Anvers. — *Bruxelles*, 6 juin 1816, N...

193.—Lorsque des sentences arbitrales ont condamné l'associé liquidateur d'une société à verser à la banque une somme nécessaire pour préparer la liquidation, si cet associé n'effectue pas ce versement, il peut être déclaré en état de faillite sur la demande de son ancien associé, encore que les sentences arbitrales ne constituent pas ce dernier créancier direct et personnel du liquidateur, alors surtout que des créanciers de la société interviennent dans l'instance. — *Paris*, 22 déc. 1831, Rousseau Châtillon c. Corbin-Desboissières.

194.—Une société ne peut, après sa dissolution, être déclarée en faillite, sur la provocation d'un de ceux qui en ont fait partie, sous le prétexte qu'il est poursuivi par des créanciers de la société, lorsque d'ailleurs ces poursuites ont seulement pour objet la portion que l'associé poursuivi doit supporter dans leurs créances. — Cette demande en déclaration de faillite peut donner lieu à des dommages-intérêts contre l'associé qui l'a provoquée. — *Lyon*, 11 août 1819, Chirat.

195.—Lorsque l'autorité administrative a ordonné la liquidation d'un établissement commercial (par exemple d'une banque) soumis à sa surveillance, l'arrêté qui prescrit cette mesure, ayant pour but de prévenir une déclaration de faillite, met obstacle à ce que les tribunaux puissent, plus tard, prononcer, sur la demande des créanciers, la mise en faillite de cet établissement. — *Cass.*, 8 fév. 1837 (t. 1er 1837, p. 358), Patron.

196.—Le gérant d'une société en commandite qui s'est borné à donner sa démission, sans provoquer, au moment de sa retraite, la dissolution et la liquidation de la société, doit être déclaré en faillite avec le nouveau gérant, lorsque la société vient plus tard à cesser ses paiemens. — *Paris*, 26 mars 1840 (t. 1er 1840, p. 704), Fouqueron c. Piston, Dubois de Jansigny et Hennin.

197.—Le mandataire d'une maison de commerce, non associé ni négociant lui-même, mais ayant la signature sociale, qui a signé des effets commerciaux en y apposant la raison sociale, sans énoncer qu'il ne signait que par procuration, et qui a été condamné au paiement de ces effets, comme ayant induit les tiers en erreur, ne peut, par suite de cette condamnation, être admis à se déclarer en état de faillite. — *Paris*, 3 mars 1831, Guibal c. Delhorme.

198.—« La déclaration de faillite sera faite au greffe du tribunal dans le ressort duquel se trouve le siége du principal établissement de la société. » — C. comm., art. 438.

199. — Lorsque deux tribunaux ressortissant à deux cours royales différentes ont respectivement déclaré la faillite d'une société de commerce, la cour de Cassation, statuant par voie de réglement de juges, doit renvoyer la suite des opérations devant le tribunal du lieu où se trouve le siége du principal établissement de la société. — *Cass.*, 19 juill. 1838 (t. 2 1838, p. 117), Dagneau c. Chaix; 7 déc. 1841 (t. 1er 1848, p. 174), Lantelme c. Chapellier et Mordstadt; 6 avr. 1840 (t. 2 1840, p. 93), Desessarts c. Jeantin. — V. aussi *Cass.*, 18 août 1841 (t. 1er 1843, p. 173), Maugendre c. Renaldès et Cortès; 29 nov. 1843 (t. 1er 1844, p. 175), Bigant et Jouve c. Jonquoy et Vieux. — V. *suprà* nos 144 et 145. — Mais il n'y a pas lieu à renvoi pour incompétence quand la demande en déclaration de faillite est portée devant le tribunal de l'endroit où est situé le principal établissement de la société, au lieu de l'être devant celui du domicile du lieu des associés. —*Cass.*, 14 janv. 1829, Jebanne c. Guebin.

200.—Il est quelquefois fort difficile de se fixer sur ce qui constitue le principal établissement. Le tribunal appelé à prononcer doit remonter à l'origine de la société, la suivre dans ses progrès, rechercher d'abord s'il n'a existé qu'une seule maison, quel est le tribunal au greffe duquel le dépôt de l'acte social a été effectué. La nature du commerce peut aussi fournir des indications : s'il est tout maritime, par exemple, la maison située dans un port de mer pourra être considérée comme la principale. — Bédarride, *Tr. des faill.*, t. 1er, nº 37. —V. aussi Esnault, t. 1er, nº 92.

201. — Si la faillite d'un négociant qui réside au lieu de l'exploitation de la mine dont il est gérant a été déclarée à la fois par le tribunal de ce lieu et par le tribunal du domicile de son coassocié, aussi en faillite, c'est à ce dernier tribunal que la connaissance des opérations de la faillite doit être définitivement attribuée lorsqu'il est établi que les livres principaux de la société se trouvaient au domicile de ce coassocié, que les billets souscrits par le gérant de la mine étaient acquittés par le coassocié, qui remboursait aussi les avances de fonds faites par des banquiers pour les besoins de l'exploitation, et enfin que la société était un accessoire des opérations commerciales du même coassocié. — *Cass.*, 27 déc. 1843 (t. 1er 1846, p. 757), Courtin-Jordis.

202. — Mais l'ouverture simultanée de la faillite de deux sociétés gérées par le même individu, mais distinctes tant par les personnes qui les composent que par leur objet et leur situation, doit être prononcée par le tribunal dans le ressort duquel est le siége de chaque société. — *Cass.*, 23 mars 1809, Boursier et compagnie c. Agens Boursier-Ancelin; —Boulay-Paty, *Faillites et banqueroutes*, t. 1er, nº 39; Pardessus, nº 1094; Merlin, *Quest.*, § 5, nº 2; Goujet et Merger, vº *Faillite*, nº 49. — Toutefois, en cas de faillite de deux maisons entre lesquelles il existe une société en participation, cette circonstance suffit pour qu'il y ait lieu à connexité et à attribution de la connaissance des deux faillites à un seul et même tribunal. — *Cass.*, 30 déc. 1811, Caudet c. N...

ART. 3. — *Forme de la déclaration.*

203. —En règle générale, la déclaration du failli doit être accompagnée du dépôt du *bilan* (*de binæ lances*, les deux plateaux d'une balance, c'est-à-dire l'état, le compte de l'actif et du passif du failli). Mais certaines circonstances de fait, l'extension des affaires, peuvent mettre le failli dans l'impuissance de faire un inventaire exact de son actif et de son passif. Aussi l'art. 439, C. comm. nouveau, prévoyant ce cas exceptionnel, soumet-il alors le failli à l'obligation de comprendre dans sa déclaration de cessation de paiement l'indication des motifs qui l'ont empêché de déposer son bilan (Séance de la ch. des dép. des 9 et 10 fév. 1835). Ce sera au tribunal de commerce qu'il appartiendra d'apprécier si ces motifs sont légitimes. Les art. 456 et 586, C. comm. nouveau, portent la sanction qui assure l'accomplissement de l'obligation du dépôt du bilan.

204.—« Le bilan contiendra l'énumération et l'évaluation de tous les biens mobiliers et immobiliers du débiteur, l'état des dettes actives et passives, le tableau des profits et pertes, le tableau des dépenses. » — C. comm. nouveau, art. 439.

205. — Ordinairement le bilan est divisé en cinq chapitres : — 1º celui de l'actif, qui présente l'indication détaillée des biens mobiliers et immobiliers appartenant au failli et leur estimation; — peu importe que ces immeubles soient grevés d'hypothèques ou autres charges. — *Besançon*, 29 nov. 1843 (t. 1er 1844, p. 641), Berçot c. Huot. — 2º celui du passif, qui relate le nom de chaque créancier, la somme qui lui est due et la cause de sa créance : la première de ces énonciations fournit la liste des créanciers présumés; la seconde sert à établir la balance entre l'actif et le passif, et la troisième est nécessaire pour la vérification des créances; — 3º le chapitre des pertes; — 4º le chapitre des profits; — 5º le chapitre des dépenses.— Ces trois derniers chapitres doivent autant que possible remonter à l'époque de l'entrée du failli dans les affaires, quelque reculée qu'elle soit. — Goujet et Merger, vº *Faillite*, nº 58.

206.—L'ord. de 1673 exigeait, comme le fait la législation anglaise, que le bilan fût affirmé sous serment. On a supprimé cette formalité qui, sans affranchir d'aucune vérification, multiplie les parjures. Il suffit aujourd'hui qu'il soit certifié véritable. — C. comm., art. 439.

207. —Il devra être daté et signé par le débiteur. — C. comm. nouveau, art. 439. — A la chambre des députés (séance du 2 avril 1838), le rapporteur, M. Quénault, a déclaré que le failli peut se faire représenter par un fondé de pouvoirs pour déclarer sa faillite, signer et présenter son bilan. M. Pardessus (*Cours de Dr. comm.*, t. 4, nº 1096) est du même avis et fait remarquer avec raison que la procuration doit être spéciale. — V. aussi Bédarride, t. 1er, nº 40; Goujet et Merger, vº *Faillite*, nº 59. — S'il arrivait, ce qui est rare, qu'un négociant ne sût pas signer, il pourrait employer l'intermédiaire d'un fondé de pouvoirs, ou faire rédiger son bilan par un notaire et le déposer lui-même. — Pardessus, nº 1156.

208.—Les énonciations du bilan ne lient pas les créanciers, pour lesquels la vérification des créances est la seule constatation du passif. La vérification de l'actif, la recherche et la rectification des erreurs ou des réticences du failli sont un des droits des créanciers, un des devoirs des syndics.

209.—Nous croyons que c'est à tort que M. Bou-

lay-Paty (*Tr. des faill. et banquer.*, no 157) et Locré (sur l'art. 471) ont accordé la force d'*aveux judiciaires* aux énonciations que le failli insère dans le bilan qu'il certifie véritable et qu'il signe. D'abord qu'est-ce qu'un aveu judiciaire? C'est la déclaration que fait en justice la partie ou son fondé de pouvoir spécial (C. civ., art. 1356). Or le bilan n'a pas ce caractère; c'est un acte qui émane d'un simple particulier, qu'il a rédigé secrètement, isolément, et qui n'a, en réalité, d'autre force et valeur que celle d'un acte privé.—Nous ne voyons, avec M. Renouard (*Tr. des faill.*, t. 1er, p. 260), dans le bilan qu'un acte rédigé, dans un temps suspect, par un homme que le désordre de sa situation a pu égarer, et qui était d'ailleurs dépouillé du droit de s'engager par des reconnaissances. La vérification des créances peut d'ailleurs en signaler les erreurs ou les mensonges; elle fera connaître si le failli s'est borné à mentionner les prétentions élevées contre lui, ou s'il s'agit d'une des collusions que la loi punit sévèrement. — C. comm. nouveau, art. 593, 597 et 598.

210.—Un bilan peut être rectifié par des états supplémentaires, sans que ces rectifications puissent être regardées comme des indices de fraude dans le bilan. — *Paris*, 6 messid. an XIII, Bazuret Faber c. Thibault.

211.—Toute rectification, dit M. Bédarride (no 41), est inutile relativement à l'état des dettes. L'omission du nom d'un ou plusieurs créanciers ne leur préjudicie en rien et n'établit contre eux aucun préjugé. Ils peuvent donc se présenter à la vérification, la justification de leurs droits les ferait admettre sans difficulté. D'ailleurs les syndics peuvent rédiger un bilan supplémentaire; on évite de cette manière la possibilité pour le failli d'introduire après coup des créanciers de complaisance. — V. *infrà* no 776.

212.—La faillite est déclarée par jugement du tribunal de commerce. — C. comm., art. 440.

213.—C'est par un jugement du tribunal de commerce, et non par une simple ordonnance rendue sur requête par le président qu'une faillite doit être déclarée et l'apposition de scellés ordonnée.— *Rouen*, 10 mai 1818, Hébert c. Langlois; — Boulay-Paty, *Tr. des faill. et banquer.*, t. 1er, nos 38 et 40; Bioche et Goujet, *Dict. de procéd.*, vo *Faillite*, nos 28 et 98; Despréaux, *Compét. des trib. de comm.*, no 604; Orillard, *Compét. des trib. de comm.*, no 499.

214.—Ce jugement est rendu soit sur la déclaration du failli, soit à la requête d'un ou de plusieurs créanciers, soit d'office. — C. comm., art. 440.

215. — La faculté de provoquer la déclaration de faillite appartient à tout créancier porteur de titres exigibles ou non exigibles, chirographaires ou privilégiés. — La forme de la demande en déclaration de faillite est réglée par la loi en vigueur à l'époque où elle est formée, bien que cette demande soit basée sur des faits antérieurs. — *Besançon*, 13 mai 1808, Mourel c. Desmarestes; *Metz*, 20 janv. 1811. Mathis. — V. *suprà* no 34.

216. — Ainsi l'administration des douanes a, comme tout autre créancier, le droit de provoquer la déclaration de faillite d'un créancier redevable, surtout si elle est intéressée à exercer ce droit pour faire tomber une hypothèque consentie à son préjudice sur les biens de son débiteur. — *Aix*, 29 nov. 1835, Douanes c. Saint-Lary.

217. — Tous les créanciers d'un commerçant qui a cessé d'acquitter ses obligations commerciales, même ceux qui n'ont que des créances purement civiles, ont qualité pour le faire déclarer en état de faillite. — *Paris*, 27 nov. 1841 (t. 2 1842, p. 475), Hue c. Pochet et Mouton.

218.—Le tribunal de commerce compétent est celui du lieu du domicile du commerçant, lors même que ce domicile aurait été abandonné après la cessation de paiemens. — Bédarride, t. 1er, no 51. — V. *suprà* nos 164 et suiv.

219. — Un associé en nom collectif peut et doit même provoquer la déclaration de faillite de la société; car lui-même est failli dès que la société cesse ses paiemens. — Bédarride, no 44.—V. *suprà* nos 179 et suiv.

220.— L'agent provisoire d'une faillite a qualité pour provoquer la mise en faillite d'un coassocié du failli. — *Paris*, 6 janv. 1836, Brun c. Billacoye.

221.—Un commanditaire n'est pas recevable à provoquer la déclaration de faillite de la société. — N'ayant pas le droit de s'immiscer dans l'administration, le commanditaire ne peut l'apprécier sûrement. Il doit veiller sur sa mise s'il la croit en péril. Il peut poursuivre la dissolution de la société et la liquidation de ses droits; mais il n'a aucun intérêt réel à provoquer la faillite.—Bédarride, t. 1er, no 45; Boulay-Paty, t. 1er, no 32. — V. aussi Esnault, t. 1er, no 95.

222.— Les mêmes motifs amèneraient une décision identique pour l'actionnaire d'une société anonyme. — Bédarride, no 46.

223.— L'action des créanciers naît de leur intérêt à ne pas laisser entre les mains du failli un actif qui est leur gage et que le débiteur pourrait laisser dépérir. — Bédarride, no 48.

224.—Le créancier porteur d'une créance civile peut, comme nous l'avons dit plus haut, provoquer la déclaration de faillite.

225.—Le porteur d'une créance non encore échue a qualité pour provoquer la faillite. La cessation de paiemens peut être pour lui la preuve qu'à l'échéance la dette ne sera pas soldée, il peut donc prendre des mesures pour rendre ses droits exigibles, et cette exigibilité résulte du jugement déclaratif de la faillite. — Bédarride, no 50.

226.—L'agent nommé à la faillite du mari a qualité pour provoquer celle de la femme. — Une action dirigée contre la femme dans ce but ne serait pas nulle à défaut d'assignation donnée au mari pour autoriser sa femme. — La femme est sans intérêt à se prévaloir de ce défaut d'autorisation lorsque le tribunal de commerce, pour déclarer sa faillite, s'est fondé sur la notoriété publique. — *Liége*, 15 janv. 1834, Wodon.

227.— Le créancier qui a renoncé à la contrainte par corps n'est pas déchu, par cette renonciation, du droit de provoquer la mise en faillite de son débiteur. — *Orléans*, 29 mai 1840 (t. 2 1840, p. 272), Serron c. Lauzet; — Goujet et Merger, vo *Faillite*, no 65.

228 — La femme et les enfans du failli devraient, par des raisons d'affection ou seulement de convenance, s'abstenir de provoquer la déclaration de faillite de leur père ou de leur mari; cependant, si une pareille action était intentée par ces personnes, on ne trouverait dans la loi aucun texte qui autorisât à la déclarer non-recevable. —Esnault, no 97.

229. — Si la faillite est poursuivie par les créanciers, c'est par voie de requête qu'il est procédé; on n'a nul besoin d'assigner le débiteur. La loi n'accorde à celui-ci que le droit de former opposition au jugement déclaratif. L'urgence de cette mesure et de sa réalisation a dicté cette procédure; ce sera aux tribunaux à examiner avec maturité les faits allégués qui, d'ailleurs, ne manqueront pas, dans dans la plupart des cas, d'une certaine publicité. — Bédarride, no 53.

230. — Le créancier peut aussi saisir le tribunal par une assignation notifiée au débiteur, et, dans ce cas, le débat entre le demandeur et le défendeur s'engage à l'audience publique ordinaire.

231.—Quoiqu'un jugement rendu en pays étranger ne soit pas obligatoire en France, néanmoins, les tribunaux français doivent tenir pour constans, jusqu'à preuve contraire, le fait de la faillite d'un étranger et l'époque de l'ouverture de cette faillite, constatés par un jugement rendu au lieu du domicile de cet étranger. — *Bordeaux*, 10 fév. 1824, Charvet c. Montméjan; — Bioche et Goujet, *Dict. de procéd.*, vo *Exécution de jugemens*, no 57. — V. cependant *Bruxelles*, 6 juin 1816, N...

232.— L'irrégularité des poursuites faites par un créancier ne peut influer sur la décision d'un tribunal de commerce qui déclare le débiteur en faillite, lorsque d'ailleurs il a prononcé en connaissance de cause, et d'après des pièces constatant la cessation des paiemens. — *Rennes*, 10 juill. 1820, Duchesne c. Desjardins.

233. — Si le tribunal ne trouve pas que la cessation de paiemens soit suffisamment prouvée, il peut, il doit même refuser de déclarer la faillite.— Pardessus, no 1102.

234. — Mais un tribunal ne peut refuser de déclarer, sur la demande des créanciers, la faillite d'un commerçant qui a cessé ses paiemens sous le prétexte qu'il était complétement insolvable; et son actif n'étant pas suffisant pour couvrir les frais de la faillite, les créanciers sont sans intérêt pour la faire prononcer. — *Besançon*, 18 janv. 1845 (t. 1er 1846, p. 347), Zeettner. — V. au reste *infrà* no 1093.

235.— Les tribunaux de commerce, connaissant de tout ce qui concerne les faillites, sont compétens pour statuer sur une demande dont l'objet est de rendre commun aux défendeurs un jugement déclaratif de faillite. — *Paris*, 4 janv. 1844 (t. 1er 1844, p. 133), Combalot c. Buissaizon.

236. — Le tribunal peut aussi d'office, et s'il a, par la notoriété, connaissance de la cessation de paiemens, déclarer la faillite; mais, comme le fait remarquer M. Pardessus (no 1103), on donne trop souvent le nom de notoriété à des bruits vagues, sans aucun fondement, et la plus grande prudence est nécessaire pour ne pas céder à des insinuations malignes répandues par l'ignorance ou la méchanceté, comme pour ne pas repousser des renseignemens exacts et véritables.

237. — Le jugement déclaratif d'une faillite est nul s'il n'a pas été prononcé en audience publique. — *Amiens*, 24 avr. 1839 (t. 1er 1847, p. 102), Lefebvre c. Lebrun.

238.—Si la requête est rejetée, le créancier poursuivant pourra se pourvoir par appel de la sentence. La forme de procéder sur cet appel est la même que celle adoptée devant le premier degré. La cour, saisie par une requête, délibère sur le vu du jugement s'il y a lieu de le maintenir ou de le réformer. —Bédarride, t. 1er, no 54. — Mais si le débiteur a été mis en cause devant les premiers juges, ou s'il est intervenu et a soulevé un débat contradictoire, il faudra saisir la cour royale par une assignation.

239. — La décision qui repousserait la demande pourrait donner lieu, de la part du débiteur contre le poursuivant, à une demande en dommages-intérêts. — Bédarride, no 55. — V. aussi *Colmar*, 17 mars 1810, Schlumberger c. Benner.

240.—Cependant il a été jugé que les artistes qui, après la suspension du paiement de leurs appointemens échus, ont provoqué la faillite du directeur de leur théâtre ne peuvent être, à raison de ces faits, condamnés à des dommages-intérêts. — *Rennes*, 19 déc. 1822, Léger c. Dangis.

241. — Ce jugement sera exécutoire provisoirement. — C. comm., art. 440. — Il en sera de même pour l'arrêt rendu sur l'appel de ce jugement, car en cette matière le pourvoi en cassation n'est pas suspensif.

242. — Un jugement déclaratif de faillite est susceptible, non seulement d'opposition, mais aussi d'appel. — *Amiens*, 24 avr. 1839 (t. 1er 1847, p. 102); Lefebvre c. Lebrun.

243. — Un jugement déclaratif de faillite rendu par défaut, demeure sans effet, s'il n'a pas été exécuté dans les six mois de sa date. — *Cass.*, 26 fév. 1834, Duprat c. Laroque; *Paris*, 6 déc. 1838 (t. 2 1842, p. 642), Leroux de Lens c. Bouchard. — V. *contrà Rennes*, 7 janv. 1829, Trésor c. Danet; *Metz*, 30 mars 1833, Duretesie c. Thibout. — Jugé aussi que l'état de faillite ne peut pas être prescrit au profit du failli ou de ses héritiers, par l'expiration du laps de trente ans, sans poursuite, soit de la part des créanciers, soit de la part des syndics. — *Paris*, 31 mars 1842 (t. 2 1842, p. 62), Briard c. Modewick. — M. Pardessus (no 1110) n'admet pas la péremption dans le cas où le jugement a été rendu sur la déclaration du failli ou sur une requête des créanciers qui lui a été communiquée.

244. — Lorsque le jugement d'un tribunal qui prononçait la faillite d'un commerçant sur la poursuite de quelques uns de ses créanciers a été réformé par la cour royale, ce tribunal ne peut ultérieurement prononcer d'office cette même faillite, s'il ne résulte pas de faits graves et certains survenus depuis le premier jugement qu'il y a eu erreur.—*Dijon*, 6 mars 1844 (t. 2 1844, p. 251), Martin.

245.—Le débiteur qui a fait sa déclaration de cessation de paiement peut la rétracter tant que le jugement déclaratif n'a pas été rendu. Le commerçant reprenant ses paiemens, il n'existera plus de cessation de paiement. — Bédarride, no 57.

Sect. 2e.—*Ouverture de la faillite, sa fixation.*

246.—« Par le jugement déclaratif de la faillite, ou par jugement ultérieur rendu sur le rapport du juge commissaire, le tribunal déterminera, soit d'office, soit sur la poursuite de toute partie intéressée, l'époque à laquelle a eu lieu la cessation de paiemens. » C. comm., art. 441.

247.—Le tribunal a la faculté de faire, soit d'office, soit sur la demande d'un créancier, remonter la faillite à une ou plusieurs années du jugement déclaratif.

248.— Le Code de 1808 semblait, dans l'art. 441, prendre pour point de départ de la faillite l'époque où, par des actes significatifs, le débiteur avait manifesté son impuissance de faire face à ses engagemens; c'était une conséquence de la disposition qui faisait remonter le dessaisissement du failli au jour même de la cessation de ses paiemens. Cette incapacité de droit devant avoir une fâcheuse influence contre les tiers qui avaient traité avec le failli, on devait être extrêmement réservé dans l'exercice de la faculté de faire remonter le jour de l'ouverture de la faillite.

249.—Mais le Code actuel a abandonné le système du Code de 1808. Les conséquences du report de la faillite ont donc perdu de leur gravité, et comme, en définitive, ce sera aux créanciers qui attaqueront un acte quelconque à fournir la preuve de la mauvaise foi de celui en faveur de qui il a été souscrit, le report a été considéré comme un moyen d'atteindre la fraude sans exposer à aucun danger les transactions sérieuses et sincères.— Bédarride, nos 60 et 61.

250.—Les principes qui doivent en cette matière

servir de règle aux tribunaux de commerce peuvent se résumer à ceci : Pour qu'il y ait faillite, il faut qu'il y ait cessation de paiemens par un commerçant ; pour que la cessation de paiemens constitue la faillite, il faut qu'elle provienne d'une insolvabilité réelle.—Bédarride, nº 66.—Nous avons déjà dit (nos 129 et suiv.) qu'il faut en outre que l'insolvabilité se réalise à l'égard d'engagemens commerciaux.

251.—L'énumération des actes constitutifs de la faillite que contenait l'art. 441, Code de 1808, a été supprimée dans la loi du 28 mai 1838. Le législateur a entendu laisser aux juges la faculté d'apprécier, d'après les faits particuliers qui sont portés à leur connaissance et d'après leur expérience commerciale, si le débiteur doit être considéré comme ayant cessé ses paiemens, et, dès-lors, s'il y a faillite. — Bioche et Goujet, *Dictionn. de procéd.*, vº *Faillite*, nos 21 et 24.— V. aussi *suprà* nos 78 et suiv.

252.—On a décidé, sous le Code de 1808, que les tribunaux de commerce ne pouvaient, pour fixer l'époque de l'ouverture d'une faillite, admettre la preuve par témoins du refus, de la part du failli, d'acquitter des engagemens de commerce; que cette preuve ne devait être administrée, et que, par suite, l'époque de l'ouverture de la faillite ne pouvait être fixée que par la date d'actes patens constatant le refus de paiemens; qu'enfin, le défaut de pareils actes indiquait, de la part du créancier, concession d'un terme ou délai au débiteur. — *Douai*, 4 janv. 1827, Crespy c. Calonne. — Cette solution ne devrait plus être suivie depuis la nouvelle loi, qui laisse aux juges un pouvoir discrétionnaire sur l'appréciation des circonstances qui doivent déterminer l'état de faillite. — V., sur la preuve, *suprà* nos 123 et suiv.

253.—Nous groupons ici diverses décisions qui serviront à montrer quelle appréciation a pu être faite des circonstances, sous l'influence des principes que nous venons de résumer.

254.—Sous l'ordonnance de 1673, lorsque l'absence d'un débiteur avait pour cause l'impossibilité de faire face à ses engagemens, elle devait déterminer l'époque de l'ouverture de sa faillite. — *Cass.*, 2 thermid. an VIII, Isnard et Valette c. Reboul.

255.— Sous le Code de 1808, l'ouverture de la faillite pouvait être fixée au jour de la retraite du débiteur, bien que la cessation de paiemens fût postérieure à cette retraite. —*Poitiers*, 4 fév. 1835, Debureau c. Naudin.

256.—Un commerçant ne pouvait fixer l'époque de sa faillite à un temps où quelques poursuites étaient dirigées contre lui, mais antérieur cependant au moment où il a souscrit plusieurs engagemens qu'il a exécutés. —*Paris*, 8 août 1809, Hernan c. Garnery.

257.—On ne peut fixer l'ouverture d'une faillite à l'époque où des poursuites en expropriation forcée, pour une dette non commerciale, ont été dirigées contre le failli.—*Metz*, 17 août 1818, Anceaux; — Pardessus, nº 1101; Boulay-Paty, t. 1er, nos 26 et 47; Bioche et Goujet, *Dict. de procéd.*, vº *Faillite*, nº 12. — V. aussi Locré, *Esprit du Code de comm.*, t. 5, sur l'art. 441.

258.—Des protêts et des jugemens, même nombreux, ne constituent pas l'état de faillite lorsque le négociant contre lequel les poursuites étaient dirigées est resté, en payant quelques uns de ses créanciers, ou en obtenant des délais, à la tête de ses affaires; et la faillite de ce négociant, qui est déclarée ultérieurement, ne doit pas nécessairement être reportée à la date de ces protêts ou jugemens.— *Lyon*, 6 août 1832, Vernick et Reynaud c. Langlade.

259.—Lorsque des effets originairement protestés ont été depuis acquittés, et ne sont pas restés à la masse comme titres de créance, les juges ne doivent pas avoir égard à ces refus de paiemens pour fixer la date de l'ouverture de la faillite. — *Liége*, 26 avr. 1823, Dubois c. Delchamps.

260.—On ne peut s'arrêter pour fixer la faillite d'un négociant, soit à quelques protêts isolés, demeurés inconnus du public et non suivis de poursuites judiciaires, soit à la vente de son fonds, si ce négociant a continué le commerce sous son nom et a conservé son existence commerciale. — *Paris*, 6 janv. 1812, Molin et Jeannel c. Lordereau.

261.— Un billet non acquitté ne suffit pas pour déterminer l'époque de l'ouverture d'une faillite.— *Paris*, 11 mai 1812, Remaud et Trabé c. Larchevêque.

262.—La loi, pour déterminer la fixation de l'ouverture d'une faillite, exige qu'il y ait, non pas cessation entière de paiemens, mais cessation de paiemens procédant de l'insolvabilité réelle du débiteur. — Ainsi, le tribunal n'est pas tenu de fixer l'ouverture de la faillite à la première cessation de paiement. Il peut la fixer à une époque ultérieure, s'il reconnaît que la cessation de paiemens, qui a motivé contre un négociant des protêts et des jugemens de condamnation, provenait de circonstances extraordinaires et difficiles où se trouvait le commerce, et si, depuis, ce négociant a tenu ses comptoirs ouverts, a continué sans interruption ses opérations commerciales, et a fait des affaires considérables. — *Rouen*, 19 avr. 1815, Sauval c. Thuiller.

263.— L'ouverture de la faillite peut être déterminée seulement par la cessation de paiemens, encore bien que la cause puisse en être attribuée à des emprunts considérables effectués par le failli, si, postérieurement à ces emprunts, il est encore resté à la tête de ses affaires, s'il a réglé des comptes courans, payé des dettes considérables et opéré de nombreuses négociations, prouvant qu'il jouissait du crédit public. — *Cass.*, 12 mai 1841 (t. 2 1841, p. 342), Deport c. Desmarets.

264. — Si un commerçant cesse ses paiemens et obtient de ses créanciers un atermoiement, et que, postérieurement, faute de remplir les conditions de l'atermoiement, il soit déclaré en faillite, l'ouverture de cette faillite doit être reportée à l'époque de la cessation primitive de paiemens, bien que depuis cette époque il ait acquitté quelques dettes. — *Bordeaux*, 9 mai 1828, Pelletingeas c. Frelon.

265.—Lorsque, après un concordat demeuré imparfait par le défaut d'adhésion de plusieurs créanciers, le débiteur fait des paiemens partiels à plusieurs créanciers, obtient des novations de créance ou des prorogations de terme, on ne peut faire remonter l'ouverture de la faillite du débiteur, ultérieurement déclarée, au jour de ce concordat. — *Paris*, 1er fév. 1825, Ligneau-Grandcourt c. Lugol.

266.—Tout acte constatant le refus de paiement des engagemens de commerce fixe l'époque de la faillite, quand il y a cessation de paiemens ou déclaration de faillite. — *Aix*, 20 déc. 1820, Billiet c. Ferréol.

267.—La faillite doit être réputée ouverte du jour où divers protêts et jugemens ont constaté la cessation de paiemens de la part du débiteur et sa disparution, lors même que depuis il se serait livré, loin des lieux où son insolvabilité était notoire, à l'insu et en fraude de ses créanciers, à quelques achats ou ventes momentanés. — *Cass.*, 3 pluv. an X, Dupont-Delabre c. Guillard et Blutel.

268. — Un seul protêt peut servir à déterminer l'époque de l'ouverture d'une faillite, lorsque, depuis cet acte, le failli a cessé complètement de payer ses engagemens.— *Bordeaux*, 20 juill. 1827, Saint-Germe c. Lusseaud; — Bioche et Goujet, *Dict. de procéd.*, vº *Faillite*, nos 18 et suiv.

269.—On doit faire remonter la faillite d'un commerçant au jour de son premier protêt, lorsqu'à dater de cette époque ce commerçant ne s'est plus soutenu qu'à l'aide de renouvellemens successifs de billets qui n'ont point été payés. — *Bordeaux*, 4 avr. 1835, Boué c. Bureau.

270.—L'ouverture de la faillite peut être reportée à la première échéance d'un effet protesté, encore que cet effet ait été renouvelé, s'il n'a pas été acquitté à l'échéance du renouvellement, et si, dès la première époque, le débiteur était en état d'insolvabilité. —*Cass.*, 26 avr. 1841 (t. 2 1841, p. 373), Boutard c. Beutard; *Douai*, 10 avr. 1845 (t. 2 1845, p. 177), Lunel-Duval c. Cobuil.

271.—Lorsque l'état de faillite d'un commerçant est évident et constaté, l'ouverture de sa faillite peut être fixée au jour du protêt d'un effet dont il n'était qu'endosseur, surtout si ce protêt a été suivi d'une condamnation prononcée contre lui.— *Bruxelles*, 10 déc. 1828, Pierre et Hublou.

272.—Tout acte apparent qui constate le refus du débiteur de payer des engagemens de commerce est propre à fixer l'ouverture de la faillite, si cet acte a été suivi sans interruption d'autres actes qui constatent la décadence du débiteur, et si la cessation totale de ses paiemens et sa faillite en ont été finalement le résultat. — *Bruxelles*, 27 août 1822, Beauginet. c. Vautier et Josson.

273.—L'ouverture d'une faillite peut être fixée au jour de l'acte d'atermoiement consenti par les créanciers, et non exécuté par le débiteur, lors même que celui-ci aurait depuis acquitté quelques unes de ses dettes. — *Bordeaux*, 31 août 1831, Clermont c. Crespy. — V. aussi Esnault, t. 1er, nº 130. — Il en autrement si le débiteur a, par l'atermoiement, donné mandat à ses créanciers de vendre ses biens et de payer ses dettes, et s'ils ont reconnu qu'il n'était pas en faillite.—*Bordeaux*, 5 fév. 1825, Besse c. de Cromières.

274.—Des protêts suivis d'une convocation de créanciers, d'un acte d'atermoiement et de nomination de commissaires chargés de surveiller et d'administrer l'avoir des débiteurs, sans que jusqu'à la déclaration de leur faillite, leur état se soit amélioré au point de leur permettre de reprendre le cours suspendu de leurs affaires, constituent une cessation réelle de paiemens qui doit déterminer l'époque de la faillite. — *Bruxelles*, 27 août 1822, cité *suprà* nº 247.

275.— Lorsqu'un commerçant, après avoir souffert plusieurs protêts et avoir demandé à ses créanciers un atermoiement qu'ils lui ont refusé, a néanmoins acquitté ses billets protestés, sans poursuites, et a continué son commerce pendant plusieurs années, au vu et au su de ses créanciers, l'ouverture de la faillite de ce commerçant, ultérieurement déclarée, ne doit pas nécessairement remonter à l'époque des premiers protêts et de la demande d'un atermoiement. — *Angers*, 27 août 1824, Grille c. Chauveau.

276.—Une assignation en paiement d'une facture de marchandises, sur laquelle est intervenue une condamnation par défaut, dont le montant n'a pas été acquitté depuis, constate un refus de payer un engagement de commerce, et autorise les juges à reporter à la date de cette assignation l'époque de l'ouverture de la faillite, surtout si, antérieurement à l'époque fixée pour l'ouverture de la faillite, le failli a écrit au créancier demandeur, qu'il avait refusé de payer ses traites parce qu'il lui était entièrement impossible d'y faire honneur. — *Liége*, 29 déc. 1823, Vanderay c. Laborne.

277.—Les tribunaux doivent faire remonter l'ouverture d'une faillite au jour où il y a réellement cessation de paiemens ou impossibilité d'acquitter des engagemens contractés.— *Colmar*, 3 déc. 1816, Diémert c. Heimbach et Champy.

278.—L'arrêt qui décide en fait que plusieurs effets de commerce ont été l'objet de protêts faute de paiemens et figurent encore à la masse de la faillite, et qui fait en conséquence remonter l'ouverture de ladite faillite à la date du premier de ces protêts, ne peut être attaqué pour violation de la loi. — *Liége*, 26 avr. 1823, Dubois c. Delchamps.

279. — L'époque de l'ouverture de la faillite est fixée par la loi à la date de tous actes constatant le refus ou l'impossibilité d'acquitter des engagemens de commerce. — On ne peut reporter cette ouverture au temps où le failli, bien que dans un état de gêne, et sous le poids d'un passif excédant son actif, n'était pas encore arrivé à une véritable cessation de paiemens. — *Lyon*, 15 juill. 1840 (t. 1er 1841, p. 233), Deport.

280 — La déclaration authentique faite par un négociant qui cesse ses paiemens, constitue l'ouverture de la faillite. — *Nîmes*, 21 janv. 1807, Lacombe c. Bernard; — Boulay-Paty, *Des faill. et banq.*, t. 1er, nº 21.

281. — La circulaire par laquelle un négociant déclare à ses créanciers qu'il ne peut les payer, doit servir à fixer l'époque de l'ouverture de la faillite, si, dans la suite, ce négociant ayant continué son commerce, vient à manquer tout-à-fait. —*Paris*, 26 pluv. an X, Guignard.

282. — Il en est ainsi quand cette circulaire est contemporaine du refus fait par le négociant de payer ses propres traites, et de sa disparition. — *Bruxelles*, 24 nov. 1810, Dussard c. Boulenger.

283.— Si des protêts, faits au domicile du tiré, d'effets endossés par un négociant, sans que celui-ci ait été mis en demeure ou ait refusé de les payer, ne suffisent pas pour déterminer l'époque de l'ouverture de sa faillite, il n'en est pas de même d'une lettre circulaire adressée par ce négociant à tous ses créanciers, pour leur faire connaître l'état déplorable de ses affaires, et leur annoncer que tout paiement est quant à présent impossible, surtout lorsque cette lettre a été précédée des protêts susénoncés et d'une cessation de paiemens et d'affaires, constatée par le livre-journal de ce négociant. — *Liége*, 3 juill. 1812, Hombert c. Chauvet.

284.— La date d'une lettre par laquelle un négociant donne à celui qui le représente dans sa maison, et à ses correspondans, l'ordre d'arrêter le cours de ses opérations et de cesser ses paiemens, n'est pas celle qu'on doit donner à l'ouverture de sa faillite, si cet ordre n'a pas été exécuté, et si des opérations et des paiemens ont continué d'être faits pendant plusieurs jours encore. — Dans ce cas, l'époque de l'ouverture de la faillite doit être fixée seulement au jour où sa maison a été fermée, et où ses paiemens ont été suspendus. — *Paris*, 6 déc. 1831, Mackensie c. Daly; *Grenoble*, 1er juin 1831, Olivier c. Thomas; *Lyon*, 6 août 1832, Vernick c. Langlade.

285. — L'ouverture de la faillite d'un receveur général ne doit être fixée qu'au jour de sa destitution, si ce n'est qu'à cette époque seulement qu'il s'est trouvé dans les cas prévus par l'art. 441, C. comm. — *Rennes*, 27 août 1819, N...

286.— La cessation de paiemens, condition expressément exigée pour la *déclaration* de la fail-

lite, est également nécessaire pour la *fixation de l'époque* de la faillite. — En d'autres termes, l'époque de la faillite ne peut être reportée à une date *antérieure* à la cessation des paiemens, et à laquelle il serait *seulement constant* que le failli était dans un état de gêne et de détresse qui ne lui permettait de satisfaire à ses engagemens qu'avec des sacrifices plus ou moins considérables et préjudiciables à la masse. — *Paris*, 7 mai 1829, Borda et Brunet c. Perreau et Lecomte; — Pardessus, nº 1105; Boulay-Paty, t. 1ᵉʳ, nº 26; Lainné, *Comment. sur la loi de* 1838, p. 44.

287. — On ne peut faire résulter implicitement la faillite de la cession de biens opérée devant un tribunal civil en alléguant que cette cession de biens aurait nécessairement entraîné la cessation de paiemens. En conséquence, un tribunal de commerce ne peut fixer par jugement l'ouverture d'une faillite qui n'a été préalablement déclarée par aucun autre jugement antérieur. — *Douai*, 15 avr. 1840 (t. 1ᵉʳ 1841, p. 724), Legentil c. Cartier. — Mais la cession de biens n'empêche pas le tribunal de déclarer la faillite quand il a appris la cessation de paiemens. — *Cass.*, 4 nov. 1823, Dureteste c. Thibout.

288. — L'usage de plusieurs tribunaux de commerce, et notamment de celui de Paris, est de fixer *provisoirement* l'ouverture de la faillite, quand on ne possède pas les documens suffisans pour prononcer une fixation définitive. Le tribunal peut d'office reporter à une autre époque cette ouverture provisoirement fixée. — V. aussi *Rennes*, 14 janv. 1829, Sotin de la Coindière c. Boucher Délaville-Jossy; — Bioche et Goujet, *Dict. de procéd.*, vº *Faillite*, nº 52; Pardessus, nº 1103.

289. — Le tribunal de commerce peut, en déclarant une faillite et en ordonnant l'apposition des scellés chez le failli, se réserver de fixer par jugement postérieur l'époque de l'ouverture de la faillite. — *Douai*, 23 avr. 1815, Bonté c. Mathieu; 30 sept. 1815, Debraudt c. Mathieu. — Même après le délai donné pour faire opposition au jugement qui fixe provisoirement une faillite, reporter cette ouverture à une autre date. — *Paris*, 2 déc. 1834, Bondonneau c. Théroude.

290. — Lorsque le tribunal n'a fixé l'époque de l'ouverture d'une faillite que provisoirement, en se réservant de la fixer définitivement, les créanciers sont recevables, même après la vérification des créances, et tant qu'il n'y a pas eu fixation définitive, à demander que l'ouverture soit reportée à une époque antérieure à celle provisoirement déterminée. — *Grenoble*, 10 août 1829, Cret c. Linossier.

291. — Lorsqu'un tribunal a provisoirement fixé l'ouverture d'une faillite en se réservant de la fixer définitivement, cette ouverture ne peut être reportée à une autre date, après la vérification des créances. — *Toulouse*, 28 juin 1833, Besombes c. Blanc.

292. — Le jour auquel un jugement de déclaration de faillite en reporte l'ouverture est toujours compris, sans distinction d'heure ni d'instans, dans le temps de la faillite. — *Rouen*, 12 juill. 1835, Lecoutaulx c. Caveleux.

293. — Le jugement qui fixe l'ouverture de la faillite est susceptible d'appel. La cour royale peut dès-lors, comme juge du second degré, être appelée à déterminer l'époque de l'ouverture de la faillite.

294. — Lorsqu'il y a appel principal du jugement qui déclare la faillite et en fixe *provisoirement* l'époque, la Cour royale peut, sur la demande des syndics, incidemment appelans du même jugement, reporter l'ouverture à une autre époque. — *Cass.*, 24 déc. 1818, Courrège c. Marc; — Bioche et Goujet, *Dictionnaire de procéd.*, vº *Faillite*, nºˢ 34 et 52.

295. — Les cours royales sont appréciatrices des faits desquels doit résulter la véritable époque de la faillite d'un commerçant. — Dès lors une cour royale a pu, sans violer la loi, décider qu'il n'était pas justifié que la cessation des paiemens d'un failli remontât à une époque antérieure à celle où, d'après sa propre déclaration, avait été fixée l'ouverture de sa faillite, bien qu'à cette première époque des protêts eussent été faits contre le failli. — *Cass.*, 13 nov. 1828, Mollard c. Collin; 15 messid. an XII, Gendebien; 7 avr. 1819, Kauffmann c. Collin et Barthélemy; — Pardessus, nº 1107.

296. — Il n'est pas inutile de rappeler que la loi ayant déterminé les caractères légaux de l'état de faillite, il appartient à la cour de Cassation de vérifier si la faillite résulte des faits reconnus constans par les tribunaux, mais que la cessation de paiemens ne pouvant être établie que par l'ensemble des faits et circonstances de la cause, il appartient aux juges du fond de prononcer souverainement à cet égard, et que leur décision ne peut donner ouverture à cassation. — *Cass.*, 12 mai 1841 (t. 2 1841, p. 342), Deport c. Desmarets. — V. *suprà* nº 124

297. — A défaut de recours dans le délai légal, la fixation du jour de l'ouverture de la faillite est définitivement maintenue telle qu'elle a été déterminée par le jugement déclaratif ou tout autre subséquent.

298. — A défaut de détermination spéciale, la cessation de paiemens est réputée avoir eu lieu à partir du jugement déclaratif de faillite. — *Paris*, 22 fév. 1820, Boulanger Dumolcrais c. Dubois Bergeron.

299. — Il est cependant une exception formelle à ce principe, c'est celle de la faillite déclarée après décès. Il n'y a, dans ce cas, de faillite possible qu'autant que la cessation de paiemens s'est réalisée pendant la vie. Il serait dès lors impossible de prendre pour point de départ de cette cessation le jugement déclaratif qui est postérieur au décès; ce serait ouvrir la faillite à une époque où elle ne peut plus exister. Il faut donc, pour la régularité des opérations ultérieures, que le tribunal répare d'office l'omission qui aurait été commise dans le jugement déclaratif; à défaut par le tribunal d'y procéder, les syndics seraient tenus, avant toute immixtion dans leurs fonctions, de le requérir. Jusque-là le jugement est entaché d'un vice radical qui en motiverait la rétractation. — Bédarride, nº 70; Goujet et Merger, vº *Faillite*, nº 85.

Sect. 3ᵉ. — *Publication du jugement déclaratif.*

300. — Avertir le public et les créanciers omis dans le bilan de l'état de faillite, tel est le but des publications prescrites par affiches et par insertions.

301. — Ceux qui ont traité avec le failli ont intérêt à connaître l'époque à laquelle a été fixée l'ouverture de la faillite, car elle peut entraîner, dans les cas déterminés par la loi, la nullité de certains actes faits par le failli; ceux qui pourraient traiter avec lui dans l'avenir ont intérêt à connaître l'incapacité qui le frappe.

302. — « Les jugemens rendus en vertu des deux articles précédens (c'est-à-dire les jugemens qui statuent sur la fixation ou le report de l'ouverture de la faillite) seront affichés et insérés par extrait dans les journaux, tant du lieu où la faillite aura été déclarée que de tous les lieux où le failli aura des établissemens commerciaux, suivant le mode établi par l'art. 42 du présent Code. » — C. comm., art. 442.

303. — Le jugement déclaratif de la faillite est censé, à moins de preuve contraire, ignoré des tiers jusqu'à sa publication. — *Bruxelles*, 2 mars 1822, Mans c. Wauwermans.

304. — Un jugement déclaratif de faillite est, jusqu'à preuve contraire, présumé avoir été affiché en même temps que les scellés ont été apposés. — *Besançon*, 4 fév. 1809, Loye c. Michaud et Tabellion.

305. — Puisque la date de l'affiche sert, comme on le verra dans l'art. 580, à déterminer la recevabilité de l'opposition du failli et des intéressés au jugement de déclaration ou de fixation d'ouverture de la faillite, cette date doit être constatée d'une manière authentique, c'est-à-dire par un procès-verbal dressé par huissier, conformément au Code de procédure. — Le certificat d'un afficheur, même commissionné par l'autorité, ne suffirait pas pour faire courir les délais d'opposition. — Pardessus, nº 1109.

306. — L'apposition de l'affiche du jugement qui déclare la faillite ouverte doit être constatée par un procès-verbal authentique. Il ne suffirait pas, pour faire courir le délai de l'opposition, d'un simple certificat du greffier constatant que cette formalité a été remplie. — *Douai*, 27 fév. 1810, Leclair et Gauthier; *Colmar*, 17 mars 1810, Schlumberger c. Benner; — Boulay-Paty, t. 1ᵉʳ, nº 52; Bédarride, nº 71.

307. — L'insertion dans les journaux est prouvée par la représentation d'un numéro du journal revêtu de la signature du gérant ou de l'imprimeur, dûment légalisée par le maire et enregistrée dans les trois mois de sa date.

308 — La huitaine pendant laquelle il est défendu d'appeler du jugement déclaratif de faillite court du jour de l'apposition des scellés, à moins que l'intimé ne prouve que les huit jours depuis cette affiche ne sont point passés. — *Besançon*, 4 fév. 1809, Loye c. Michaud.

CHAPITRE IV. — *Effets de la déclaration de faillite.*

Sect. 1ʳᵉ. — *Effets à l'égard du failli.*

309. — L'état de faillite enlève au failli certains droits civiques, civils ou commerciaux. A dater du jugement déclaratif de faillite, le débiteur est frappé du dessaisissement de l'administration de ses biens.

ART. 1ᵉʳ. — *Incapacités civiques, civiles ou commerciales résultant de la faillite.*

310. — La loi du 22 déc. 1789—janv. 1790, sect. 1ʳᵉ, portait : « Art. 5. Aucun banqueroutier, failli ou débiteur insolvable ne pourra être admis dans les assemblées primaires, ni devenir ou rester membre, soit de l'assemblée nationale, soit des assemblées administratives, soit des municipalités. — Art. 6. Il en sera de même des enfans qui auront reçu et qui retiendront, à quelque titre que ce soit, une portion des biens de leur père mort insolvable, sans payer leur part virile de ses dettes, excepté seulement les enfans mariés et qui auront reçu des dots avant la faillite de leur père, ou avant son insolvabilité entièrement connue. — Art. 7. Ceux qui, étant dans l'un des cas d'exclusion ci-dessus, feront cesser la cause de cette exclusion en payant leurs créanciers, ou en acquittant leur portion virile des dettes de leur père, rentreront dans les droits de citoyen actif, pourront être électeurs et seront éligibles, s'ils réunissent les conditions prescrites. »

311. — Suivant la constitution du 14 sept. 1791, tit. 3, chap. 1ᵉʳ, sect 2ᵉ, art. 5, étaient exclus de l'exercice des droits de citoyen actif, ceux qui, après avoir été constitués en état de faillite ou d'insolvabilité prouvée par pièces authentiques, ne rapportaient pas un acquit général de leurs créanciers.

312. — La loi du 24 vendém. an III s'exprime ainsi : « La convention nationale décrète que ceux qui, ayant fait faillite, ne se sont pas complètement libérés envers leurs créanciers, ne peuvent exercer aucune fonction publique. »

313. — Les lois qui viennent d'être citées ont été remplacées par l'art. 5 de la constitution du 22 frim. an VIII, ainsi conçu : « L'exercice des droits de citoyens français est suspendu par l'état de débiteur failli, ou d'héritier immédiat détenteur, à titre gratuit, de la succession totale ou partielle d'un failli. » Cet article est resté en vigueur depuis la publication de la Charte. — *Cass.*, 9 juill. 1832, Gauthier c. Chaillou; 6 août 1838 (t. 1ᵉʳ 1839, p. 59), de Villeneuve c. préfet de l'Ain; — Favard de Langlade, vº *Faillite*, § 15; Pardessus, *Droit comm.*, t. 5, nº 1313; Crémieux et Balson, *Code constitutionnel*, p. 24; Renouard, *Traité des faill.*, t. 2, p. 507; Gadrat, *Tr. des faill.*, t. 1ᵉʳ, p. 52; Esnault, nºˢ 151 et 152.

314. — Le Code de commerce n'a établi aucune distinction pour ce qui concerne l'exercice des droits civiques entre le failli concordataire et celui qui n'a pas obtenu de concordat. — Mêmes arrêts.

315. — La suspension des droits de citoyen français, prononcée par l'art. 5 de la constitution de l'an VIII, à l'égard de l'héritier immédiat du failli, n'est applicable que lorsque cet héritier immédiat est en même temps détenteur, et détenteur à titre gratuit, de la succession totale ou partielle du failli. Ainsi, cette disposition n'est pas applicable au fils d'un failli qui, après avoir accepté la succession de son père et y avoir recueilli certaines valeurs, les a plus tard restituées aux créanciers de son père, et s'est ainsi complétement dénanti de tout ce qu'il avait recueilli dans l'hoirie paternelle. — *Nîmes*, 22 fév. 1839 (t. 1ᵉʳ 1839, p. 191), Allard c. Jouve de Bord. — Montesquieu (*Esprit des lois*, liv. 20, ch. 16) nous apprend qu'à Genève les enfans des faillis étaient exclus des magistratures et même du grand conseil, s'ils ne payaient les dettes de leur père.

316. — Un failli ne peut être juré. — *Cass.*, 12 nov. 1841 (t. 1ᵉʳ 1842, p. 589), Henry c. Nap.

317. — Un failli est donc incapable de remplir aucune fonction politique, par exemple d'être député, membre d'un conseil général de département, d'un conseil d'arrondissement, d'un conseil municipal, maire ou adjoint. — Esnault, nº 152.

318. — La dignité de membre de la chambre des pairs peut être conférée par le roi à des personnes qui, par la classe de notabilités à laquelle elles appartiennent, sont nécessairement commerçantes (Charte constit., art. 23, §§ 21 et 22), et peuvent, dès-lors, par un fatal concours de circonstances, se trouver atteintes par les revers d'une faillite. La faillite d'un des membres de la chambre haute lui ferait-elle perdre la dignité de pair? — Nous ne le croyons pas, et l'inamovibilité de chacun des membres de cette fraction du pouvoir législatif a été consacrée comme un supplément de garantie de leur indépendance. Cependant l'état de faillite suspend les droits civiques, qui sont aussi une condition indispensable pour l'exercice des fonctions de pair. Le moyen de concilier ces deux

principes nous paraît être de conserver au failli sa dignité de pair, en le privant toutefois d'en exercer les fonctions, et de le placer ainsi dans une situation analogue à celle créée par l'art. 24 de la Charte, qui donne entrée dans la chambre aux pairs âgés de vingt-cinq ans, et ne leur accorde voix délibérative que lorsqu'ils ont atteint l'âge de trente ans.

319.—Le failli peut-il être témoin testamentaire? —Oui. — L'art. 980, C. civ., exige que les témoins testamentaires soient sujets du roi et jouissent des droits civils. — Peut-il être témoin instrumentaire dans un acte notarié? — Son admission paraît impossible à M. Renouard (t. 2, p. 509), à cause de l'art. 3, L. 25 vent. an XI, qui exige que les témoins dans les actes notariés soient citoyens français. La cour de Cassation a jugé contrairement à cette opinion. — *Cass.*, 10 juin 1824, Dodé c. Martin et Obry; — V. aussi *Liége*, 19 fév. 1827, N... — M. Renouard (t. 2, p. 510) cite comme ayant fait l'application des vrais principes un arrêt de *Rouen*, du 13 mai 1839 (t. 2 1839, p. 58), Cheval.—M. Esnault, n° 153, et MM. Goujet et Merger (v° *Faillite*, n° 97) partagent l'avis de M. Renouard. — V. au reste ACTE NOTARIÉ.

320.— Le failli non réhabilité peut faire partie de la garde nationale et siéger dans un conseil de discipline. — *Cass.*, 25 juill. 1839 (t. 2 1839, p. 491), Demaheux ; — Renouard, t. 2, p. 511. — V. *contrà* Esnault, n° 154. — Lors de la discussion de la loi sur la garde nationale, un amendement fut proposé qui tendait à exclure les faillis des rangs de la milice citoyenne, mais il fut rejeté sur les observations de M. de Vatismenil.

321.—Le failli ne peut être, dans les pays étrangers, député de la nation, ni assister à ses assemblées, (art. 45 et 51, tit. 2, ordonn. du 3 mars 1781, concernant *les consulats, la résidence, le commerce et la navigation dans les Echelles du Levant et de Barbarie*).

322.— Il ne peut être entrepreneur de théâtres. —Décr. 8 juin 1806, art. 13.

323.—Il ne peut être nommé agent de change ou courtier. — C. comm., art. 83.

324.— Il ne peut entrer à la Bourse. — C. comm., art. 613.

325.— Il ne peut être admis à l'escompte par la Banque de France. — Décr. 16 janv. 1808.

326.— Il est exclu des assemblées tenues pour l'élection des prud'hommes (Décr. 20 fév. 1810, art. 14), ou pour celle des juges de commerce.—C. comm., art. 619 et 620.

327. — Autrefois, suivant Baldus et Sraccha, les faillis ne pouvaient plus exercer la *marchandise*, et la communauté des marchands de drap de Carcassonne leur avait interdit le droit de faire fabriquer des draps directement ou indirectement. — Arrêts du conseil du 30 août 1735 et 11 fév. 1738 ; — Denisart, v° *Banqueroute*, n° 41 ; Testard-Dubreuil, *Nouveau dictionn. des lois du commerce*. — Aujourd'hui, en l'absence d'une loi formelle dérogeant au principe de la liberté d'industrie, le failli capable de contracter encore des engagemens valables envers les tiers peut exercer son commerce et son industrie, sauf les restrictions toutefois résultant des dispositions prises par la loi relativement à ses biens. Par conséquent, le fabricant ou artiste déclaré en état de faillite n'en devrait pas moins être admis à exposer, parmi les produits de l'industrie française, les objets de sa fabrication. — V. EXPOSITION DES PRODUITS DE L'INDUSTRIE FRANÇAISE.

328. — Un failli peut-il être tuteur, curateur, membre d'un conseil de famille? — Non, selon Boulay-Paty (t. 1er, n° 69). M. Renouard (t. 2, p. 510) pense que le failli sera admissible à ces fonctions si un concordat l'a remis à la tête de ses affaires, et quand même il ne serait pas réhabilité. Mais, suivant le même auteur, le failli, dessaisi de l'administration de ses propres biens, n'a pas capacité légale pour administrer les biens d'autrui.—Jugé au contraire que le failli conserve, malgré sa faillite, le droit d'être tuteur ou membre d'un conseil de famille. — *Bruxelles*, 14 août 1833, N... — La privation du droit d'être tuteur ou membre d'un conseil de famille est considérée par les art. 9 et 42, C. pén., comme une peine correctionnelle que les tribunaux ne peuvent prononcer qu'autant qu'elle est infligée par une disposition particulière de la loi. C'est donc avec raison que la cour de Bruxelles a refusé de priver d'un droit de famille le failli qui peut être coupable d'imprudence ou même de négligence, mais non pas d'un délit. — V., en ce sens, Magnin, *Traité des minorités*, n° 412. — Toullier (t. 2, nos 1163 et suiv.) et M. Duranton ne mentionnent pas l'état de faillite comme une cause d'exclusion ou de destitution de la tutelle. — V. aussi Pardessus, *Droit comm.*, t. 5, n° 1117. — V. *contrà Dijon*, 28 prair. an XII, Goin c. Pauthemier. — V. encore *Cass.*, 30 germin. an X, Désormeaux (mais dans une espèce où le père failli s'était retiré en pays étranger). — Marchand (*Code des minorités*, p. 250) semble adopter cette solution, qui est aussi celle que préfère M. Esnault, n° 155.

329. — A plus forte raison le failli conserve l'exercice de tous les droits attachés à la qualité de mari ou de père, et peut faire tous les actes de la puissance paternelle ou maritale.

330. — Il peut donc autoriser sa femme à contracter. — *Bordeaux*, 18 mars 1828, Biot c. Jaumard ; 21 déc. 1840 (t. 1er 1841, p. 351), Mende c. Larroque.

331. — Il peut administrer les biens qui lui appartiennent, tant qu'elle ne fait pas prononcer sa séparation de biens. — Suivant M. Esnault (n° 156), cette administration appartient aux syndics jusqu'à ce que la femme l'ait reprise de leurs mains après sa séparation de biens accomplie, à la charge toutefois par les syndics de supporter les charges dont sont grevés les revenus de la femme.

332. — Il peut jouir des biens de ses enfans mineurs, sauf à remplir les obligations que la loi lui impose comme charges de cette jouissance. — Jugé que les créanciers ne peuvent intervenir individuellement dans une instance relative à un compte de tutelle introduite par le subrogé-tuteur des enfans du failli contre la masse ou contre les syndics. — *Cass.*, 22 déc. 1835, Thurel c. Demiannay.

333. — Le failli continue à jouir de ses droits civils, comme nous le démontrerons (V. *infrà* nos 403 et suiv.); il peut donc contracter des engagemens valables envers les tiers. — *Toulouse*, 4 avr. 1840 (t. 2 1840, p. 236), Maurel c. Bouscatel.

334.—La faillite entraîne, en outre, la dissolution de la société contractée par le négociant déclaré en faillite — C. civ., art. 1865, n° 4 et 2003. — V. MANDAT, SOCIÉTÉ.

335. — Mais il en est autrement quand le failli est simplement propriétaire d'actions dans une société en commandite ou anonyme; la seule obligation du failli, qui est de verser sa mise, a été accomplie.

336. — La faillite entraîne de plus la révocation des mandats ou commissions qu'il aurait reçus. — C. civ., art. 2003. — V. MANDAT.

337. — Une partie des incapacités dont il vient d'être parlé ne frappera pas l'étranger qui, faisant le commerce en France, viendrait à cesser ses paiemens. Comment, en effet, enlever à un individu les droits politiques que la loi ne lui reconnaît pas? Mais, ainsi que nous l'avons dit au mot ÉTRANGER (n° 156), le commerçant étranger établi en France n'en devra pas moins être déclaré en faillite, et il y aura lieu de prendre, quant à sa personne et à ses biens, toutes les mesures de précaution que la loi commerciale autorise à l'égard des biens et de la personne du négociant failli; car ces mesures de précaution sont commandées par l'intérêt de la masse des créanciers.

338. — Il n'y a pas lieu de soumettre à la patente le failli concordataire qui s'occupe de sa liquidation, sans entreprendre de nouvelles opérations commerciales. — *Cons. d'état*, 24 oct. 1834, Garnier-Pérille.

339.— Le failli ne peut être relevé des incapacités dont il est frappé qu'en remplissant les formalités prescrites pour sa réhabilitation. — *Cass.*, 28 (et non 20) nov. 1827 (intérêt de la loi), Minart-Barrois; — Bioche et Goujet, *Dictionn. de procéd.*, v° *Faillite*, n° 35.

ART. 2.— *Dessaisissement dont est frappé le failli.*

340.— « Le jugement déclaratif de la faillite emporte de plein droit, à partir de sa date, dessaisissement pour le failli de l'administration de tous ses biens, même de ceux qui peuvent lui échoir tant qu'il est en faillite. » — C. comm., art. 443.—Le tribunal de commerce ne saurait, même par une disposition expresse de son jugement, affranchir le failli du dessaisissement. — Pardessus, n° 1116.

341. — Le dessaisissement dont le failli est frappé diffère quant à ses effets, 1° de l'expropriation, en ce qu'il ne lui enlève que l'administration de ses biens, et laisse la propriété reposer encore sur sa tête; aussi après le concordat, le failli reprend-il l'exercice de son droit de propriété, sans qu'il soit besoin qu'un jugement le réintègre; — 2° de l'interdiction pour cause de démence, en ce que le failli conserve, dans leur intégrité, les droits de puissance paternelle et maritale, qui sont des attributs personnels, et par conséquent continue à garder en main l'administration des biens personnels de sa femme et de ses enfans. — Gadrat, p. 51.

342. — Le dessaisissement du commerçant qui cesse de remplir ses engagemens était indispensable, soit parce qu'il ne pouvait utilement continuer l'administration de ses biens, soit parce qu'il convenait de laisser aux intéressés le soin de conserver et de liquider leur gage. — Bédarride, n° 73.

343. — Aussi ce dessaisissement a-t-il été prescrit par nos législations successives, mais dans des conditions et avec des effets différens.

344. — Ainsi l'ord. de 1673 disposait, tit. 11, art. 1er, que la faillite ne serait réputée ouverte que du jour que le failli se serait retiré, ou que les scellés auraient été apposés sur ses biens, en sorte que dans l'usage il fallait, pour qu'il y eût dessaisissement, que le failli eût pris la fuite ou se fût volontairement constitué; il n'y avait donc jamais de dessaisissement que, comme le dit Merlin (*Rép.*, v° *Faillite*, sect. 1re, § 1er, n° 4), lorsqu'il convenait au failli qu'il en fût ainsi.

345. — Aussi a-t-on jugé, sous cette ordonnance, que le protêt de billets à ordre souscrits pour affaires de banque ou de commerce ne constituait pas, quand il n'avait été suivi d'aucune poursuite, l'état de faillite du débiteur et ne lui enlevait pas la libre disposition de ses biens.— *Paris*, 11 avr. 1807, Tourton et Ravel c. Bouglé.

346. — ... Mais que le bail d'une maison passé par un négociant en état de cessation de paiemens, et sur lequel était poursuivie l'expropriation de cette maison, était nul, bien que ce négociant ne fût pas encore dessaisi par l'apposition et la notification des affiches; et qu'il n'y eût eu dépôt de bilan que plus de dix jours après que le bail avait acquis date certaine. — *Paris*, 22 janv. 1808, Michault c. Sakoski.

347.— Si le débiteur consentait à faillir, il convoquait lui-même ses créanciers, et ce n'était qu'après la réunion que ceux-ci pouvaient prendre des mesures pour la conservation de l'actif. Mais pendant ces lenteurs le failli avait pu dissimuler son avoir, et s'enrichir des dépouilles des créanciers. —Bédarride, n° 74.

348. — Ce mal avait été bien senti par les rédacteurs du Code de commerce, qui, dans leur projet, proposaient de déclarer les créanciers saisis de plein droit, du jour de la faillite, de tous les biens, droits et actions du failli, du pouvoir de vendre les immeubles et d'en toucher la valeur. Mais dans la discussion au conseil d'état (Locré, t. 19, p. 78), on revendiqua pour le failli les droits sacrés de la propriété, et on proposa de se borner à dessaisir le failli de l'administration de ses biens, et d'empêcher un créancier de se venger sur les biens du failli au détriment des autres créanciers. — Séance du cons. d'état 26 fév. 1807.

349. — De là sortit l'art. 442, C. comm. de 1808, qui faisait résulter le dessaisissement de plein droit de l'état de faillite. La faillite étant constituée par la cessation de paiement, c'était à l'époque où cette cessation s'était manifestée, que remontait le dessaisissement, quelle que fût la date du jugement déclaratif de faillite.

350. — Il résultait de là que les actes faits dans l'intervalle de la cessation de paiemens au jugement déclaratif étaient frappés de nullité. — Boulay-Paty (*Tr. des faill.*, t. 1er, nos 90 et 91) approuva cette rigueur; M. Pardessus (4e édit., nos 1118 et 1119) la blâma.

351. — La jurisprudence, tempérant les termes absolus de la loi, exigeait, pour frapper les actes consentis par le failli, la preuve que ceux qui avaient agi avec le failli étaient de mauvaise foi, mais elle respectait les actes passés de bonne foi. C'était aussi l'esprit de la doctrine des auteurs qui déclaraient valables les ventes de marchandises faites sans fraude et au prix courant dans les dix jours. — Gautier, *Etudes de jurispr. commerciale*, n° 1403.— Tel est l'esprit des décisions qui vont suivre.

352.—Quand un failli était resté plusieurs années, après la déclaration de sa faillite, à la tête de ses affaires, au vu et au su de ses créanciers, et de leur consentement, les syndics de sa faillite étaient non-recevables à attaquer la validité d'un transport par lui fait à un tiers, si ce transport n'avait point été fait en fraude des créanciers. — *Paris*, 16 mai 1835, Thira c. Caran.

353. — Les baux consentis sans fraude par un failli avant la déclaration de sa faillite, mais postérieurement à l'époque où le jugement déclaratif en avait fait remonter l'ouverture, étaient valables. — *Bourges*, 10 janv. 1823, Cuinat-Chardon c. Arnoux.— Bioche et Goujet, *Dict. de procéd.*, v° *Faillite*, nos 92, 98, 101 et 106.

354.— Les actes (autres toutefois que ceux dont le Code de 1808, art. 443 et 444, alin. 1er, prononçait la nullité comme étant présumés légalement frauduleux) faits par un failli, lorsque la faillite n'était ni déclarée ni connue, et dans l'intervalle écoulé entre le jour où elle était déclarée ouverte et celui auquel le jugement en fixait l'époque, étaient valables lorsqu'ils étaient faits de bonne foi.—*Cass.*, 28 mai 1823, Choisy c. Potier; — Pardessus, n° 1118.

355.— La licitation d'un immeuble d'un failli faite plus de dix jours avant la déclaration de la faillite, mais postérieurement à l'époque où un ju-

gement en faisait remonter l'ouverture, était valable, lorsqu'elle avait été faite de bonne foi. — *Cass.*, 7 mars 1827, Dallarde.

356. — Etaient valables les jugemens obtenus de bonne foi contre un débiteur déclaré plus tard en faillite, quoique l'ouverture de cette faillite remontât à une époque antérieure à la date de ces jugemens. — *Lyon*, 9 juill. 1833, Faidy c. Moulet. — La décision était contraire et le jugement était déclaré sans effet à l'égard des créanciers quand le créancier qui avait fait les poursuites avait eu connaissance de la position de son débiteur. — *Douai*, 14 janv. 1825, Girard c. Dussart.

357. — Un jugement obtenu par un créancier dans les dix jours qui avaient précédé l'ouverture de la faillite, ou postérieurement, était valable. — *Nancy*, 9 juill. 1834, Villemain c. Delsop.

358. — Celui qui s'était rendu pour le failli caution du paiement de marchandises que celui-ci avait achetées dans les dix jours qui avaient précédé sa faillite, ne pouvait, pour faire tomber le cautionnement, opposer la nullité de la vente qui, loin de diminuer l'actif du failli, l'avait augmenté de la valeur des marchandises dont il s'agit. — *Bruxelles*, 24 déc. 1818, Nélis c. Vandamme.

359. — Les actes et paiemens faits par le failli, même dans le temps intermédiaire entre le jour du premier jugement déclaratif de l'existence de la faillite, et le jour auquel un second jugement en faisait remonter l'ouverture, n'étaient pas nuls de plein droit. — Ils pouvaient être déclarés valables et être maintenus comme tels par les juges, s'ils croyaient que ces mêmes actes et paiemens eussent été faits, non pour frauder les créanciers du failli, mais de bonne foi. — L'appréciation des circonstances constitutives de la bonne foi rentrait exclusivement dans les attributions des cours royales. — *Cass.*, 28 mai 1833, Demianay c. Harel-Lambert.

360. — Jugé que, sous l'ord. de 1673, la vente faite en fraude des créanciers par le failli admis au bénéfice de cession, était nulle, lors même que l'acquéreur avait traité de bonne foi. — *Cass.*, 8 oct. 1806, Dassin c. Hervier.

361. — Lorsque les créanciers du failli n'attaquaient pas, comme faits en fraude de leurs droits, les engagemens consentis postérieurement à la faillite et avant le concordat, le failli lui-même était non-recevable à critiquer ces engagemens qui n'avaient, au surplus, pour objet que le paiement d'une somme dont il était réellement débiteur. — Les créanciers auraient pu seuls les attaquer comme faits en fraude et au préjudice de leurs droits. — *Bordeaux*, 19 août 1828, Fourgeaut c. Collineau.

362. — Les créanciers d'un failli ne pouvaient attaquer, pour cause de dol et fraude, le traité fait par leur débiteur antérieurement aux dettes par lui contractées. — *Toulouse*, 1er déc. 1837 (t. 2 1838, p. 83), Vaysse c. Alibert.

363. — Une vente de meubles et d'immeubles consentie par un débiteur avant la déclaration de faillite, mais à une époque postérieure à la date de son ouverture, au profit de sa femme, en remplacement de ses reprises matrimoniales, liquidées par un jugement qui prononçait la séparation de biens, pouvait être annulée comme faite en fraude des droits des créanciers du failli. — *Colmar*, 30 juill. 1819, Meyer. — Lainné, *Comm. sur la loi du 8 juin* 1838, p. 67.

364. — Le système de cette jurisprudence reposait sur cette administration de fait que le failli avait conservée jusqu'au jugement déclaratif; aussi les actes d'administration antérieurs par lui faits étaient présumés faits de bonne foi. — *Rennes*, 7 mai 1818, Weisbrod. — Annuler ces actes, s'ils avaient été consentis de bonne foi, c'était, comme le dit Bédarride (no 77), autoriser l'injustice pour arriver à la répression de la fraude.

365. — Mais en règle générale, sous le Code de 1808, le dessaisissement du failli opérait du jour auquel sa faillite était reportée, et il y avait lieu à faire rapporter à la masse les marchandises qu'en déduction de sa dette il avait postérieurement à cette époque livrées à un de ses créanciers. *Gand*, 17 mars 1834, T.... c. Delaustbeer. — Bioche et Goujet, *Dict. de procéd.*, vo *Faillite*, no 74.

366. — C'est par suite des mêmes principes qu'on jugeait que la somme consignée entre les mains du geôlier par un débiteur pour obtenir son élargissement appartenait à la masse, et non au créancier à la requête duquel le débiteur était détenu, lorsqu'un jugement postérieur à l'élargissement avait déclaré ce débiteur en état de faillite, et avait fait remonter l'ouverture de la faillite à une époque antérieure à la consignation. — *Caen*, 23 juill. 1827, Bodeaux, dit Lejeune, c. Binet.

367. — ... Et que le jugement obtenu par un créancier antérieurement au jugement déclaratif de la faillite, mais postérieurement au jour auquel plus tard elle est reportée, était nul, et ne pouvait servir de base à une saisie immobilière. — *Aix*, 21 fév. 1840 (t. 2 1840, p. 94), Bovary c. Cottessard.

368. — Jugé aussi que le jugement qui déclarait la faillite ouverte produisait son effet contre les créanciers du failli à dater du jour où il avait été rendu, et non pas seulement à compter de celui où il avait été affiché et inséré dans les journaux. — En conséquence, les créanciers du failli ne pouvaient obtenir de condamnations contre lui après que ce jugement avait été rendu, bien qu'il n'eût pas encore acquis la publicité résultant de l'affiche et de l'insertion dans les journaux. — *Cass.*, 2 juill. 1821, Chamborre c. Protat.

369. — De même, était nulle de plein droit la cession d'un prix de vente consentie par un failli au profit de son frère, postérieurement à l'époque fixée pour l'ouverture de la faillite, bien qu'à l'époque de la cession la faillite n'eût pas encore été déclarée. — *Riom*, 28 juin 1814, Champeaux c. Meyre.

370. — L'art. 443 du Code actuel a apporté une importante modification au Code de 1808. Le dessaisissement que la cessation de paiement opérait de plein droit, n'existe plus que du jour où le jugement déclaratif de faillite a été rendu.

371. — On accepte ainsi en droit ce qui est irrévocablement accompli en fait, la faculté de reporter la faillite, et les art. 446 et suiv. garantissent l'intérêt le plus urgent de la masse.

372. — Déjà avant la loi française de 1838, la cour de Cassation belge avait jugé que le dessaisissement du failli n'opérait qu'à compter du jour où la faillite était déclarée. — *Cass. belge*, 18 fév. 1835, domaine c. Devalensart; — Bioche et Goujet, *Dict. de procéd.*, vo *Faillite*, no 74.

373. — Ainsi les poursuites faites par un créancier avant le jugement déclaratif de faillite sont valables, et les paiemens faits par suite de ces poursuites ne peuvent être annulés qu'autant qu'ils rentreraient dans un des cas prévus par les art. 446 et suiv.

374. — Le dessaisissement prononcé par la loi actuelle est général, et s'applique indistinctement aux biens possédés au moment de la faillite à quelque titre qu'ils aient été acquis, même par des voies étrangères au négoce, comme à ceux advenus plus tard par succession, donation ou legs. — Bédarride, no 81; Goujet et Merger, no 106.

375. — Le jugement qui déclare une faillite ouverte étant exécutoire provisoirement, cette exécution *provisoire* suffit pour que les objets détournés par le failli soient réputés appartenir à ses créanciers, et que dès-lors il ne puisse impunément les détourner. — *Cass.*, 24 sept. 1819, Joseph d'Ambricourt.

376. — La restitution d'un dépôt fait au failli après le jugement déclaratif de la faillite, mais avant que ce jugement ait reçu la publicité voulue par la loi, est valable. — *Cour sup. belge*, 2 mars 1822, Mans c. Wauvarmans.

377. — Il faut cependant à la généralité du principe du dessaisissement admettre une exception pour les choses données ou léguées à titre d'alimens. L'art. 581, C. procéd., ne fait pas de distinction, et s'applique au failli comme à tout autre débiteur. Les créanciers tenus de lui fournir des alimens ne peuvent le priver des ressources qu'une amitié généreuse et prévoyante a entendu lui assurer.

378. — Le dessaisissement ne frappe que l'administration, et non la propriété des biens, qui réside tout entière sur la tête du failli, contre lequel la vente doit en être ultérieurement poursuivie. — *Bourges*, 12 mai 1812, Imbert c. Godin.

379. — Par une conséquence de ce que nous avons dit (V. *suprà*, nos 304, 307 et s.), le failli ne perd pas non plus l'administration des biens de ses enfans jusqu'à ce que la tutelle lui en soit retirée dans les formes légales, ni de ceux de sa femme jusqu'à ce qu'elle ait fait prononcer sa séparation de biens, et en cet état les créanciers du failli ne peuvent toucher les revenus des biens de ses enfans ou de sa femme qu'à condition de supporter les charges auxquelles le droit civil affecte ces mêmes biens. — Pardessus, no 1117.

380. — Si le failli est héritier dans une succession qu'il a acceptée sous bénéfice d'inventaire, le dessaisissement frappe sur tout ce qui peut lui revenir après la liquidation; mais comme l'effet du bénéfice d'inventaire est d'empêcher la confusion, et que l'actif de la succession est réservé aux créanciers du défunt, ceux-ci peuvent demander la nomination d'un curateur au bénéfice d'inventaire. — Pardessus, no 1117. — Si la succession est créancière du failli, ce curateur fait valoir à la faillite comme tout autre créancier les droits de la succession.

381. — Les créanciers du défunt pourraient d'ailleurs demander la séparation des patrimoines.

382. — Toutefois les biens que le failli recueille après le jugement déclaratif de faillite n'entrent dans la masse composant son actif que sous la déduction des dettes particulières dont ils sont grevés. — *Paris*, 22 janv. 1840 (t. 1er 1847, p. 137), Leroux c. Grébaut.

383. — Le failli perd l'exercice de ses actions, qui est transféré aux syndics

384. — Ainsi, un commerçant déclaré en état de faillite qui, en l'absence de ses syndics, se présente en justice non en sa qualité de failli et dans l'intérêt de ses créanciers, mais en son nom et pour son compte personnel, est incapable d'exercer des droits dont l'administration lui a été enlevée par suite de la déclaration de faillite. — Le failli qui succombe dans de telles circonstances doit être condamné aux dépens. — *Cass.*, 28 déc. 1842 (t. 1er 1843, p. 490), Varennes c. Saint-Didier.

385. — Le jugement déclaratif de faillite dessaisissant complétement le failli de l'administration de ses biens, le droit d'appel ne peut plus être exercé par lui personnellement. — Peu importerait que l'instance eût été originairement introduite contre lui-même, qu'il eût figuré devant les premiers juges comme partie concurremment avec les syndics, enfin, que l'affaire lui fût toute personnelle, et concernât des intérêts immobiliers comme des droits mobiliers. — L'adhésion que les syndics donneraient à l'audience à l'appel interjeté par le failli ne saurait couvrir le vice dont cet acte est entaché, et saisir régulièrement la cour royale. — *Nîmes*, 18 janv. 1843 (t. 1er 1843, p. 568), Blachère c. Boyer.

386. — C'est par une conséquence du dessaisissement du failli qu'il a été jugé que l'arrêt qui ordonne l'exécution d'un traité particulier conclu entre un débiteur représenté par des commissaires liquidateurs et certains de ses créanciers, et qui condamne ces liquidateurs à remettre aux créanciers, jusqu'à concurrence d'une certaine somme, les valeurs de la liquidation, n'a pas, au profit de ceux qui l'ont obtenu, l'autorité de la chose jugée, lorsque, avant qu'il n'ait été rendu, le débiteur a été déclaré en faillite, cet état de faillite mettant fin à la liquidation et détruisant, dans la personne des commissaires, la qualité de liquidateurs; alors même que le jugement déclaratif de faillite, frappé d'appel avant ledit arrêt, n'aurait été confirmé que postérieurement. — *Cass.*, 8 avr. 1846 (t. 2 1846, p. 375), Dime c. Reverchon.

387. — Les effets d'une faillite se maintiennent par la seule force de la loi tant que les conditions nécessaires pour opérer la clôture des opérations n'ont pas été accomplies. — Par suite, l'exécution des obligations que le failli a contractées depuis sa mise en faillite doit être poursuivie non contre lui personnellement, mais contre son syndic. — *Rouen*, 19 mai 1845 (t. 2 1845, p. 247), Leduc c. Jouen.

388. — Cependant la faillite ne dessaisit pas le failli de la propriété de ses biens, et n'a, dès-lors, pour effet ni de transporter cette propriété aux créanciers, ni de paralyser les actions judiciaires nées de faits antérieurs à son ouverture. — *Paris*, 4 mars 1839 (t. 1er 1839, p. 431), Trésor public c. Rollac.

389. — De plus, comme le dessaisissement n'est pas, ainsi que nous l'avons dit plus haut, une interdiction, le failli a capacité pour soutenir en justice les demandes étrangères à l'administration qui seule lui est enlevée, par exemple pour réclamer ses droits contre la masse, pour s'opposer aux actes qui pourraient le blesser. — *Cass.*, 21 nov. 1827, Astruc c. Gresse.

390. — Un failli peut ester en jugement pour la défense de ses droits purement personnels, et interjeter appel du jugement qui déclare la faillite non excusable. — *Bruxelles*, 13 mars 1810, Vandick.

391. — Le failli, bien que dessaisi de l'administration de ses biens, n'est pas frappé d'incapacité absolue, et peut ester en jugement pour revendiquer des biens détenus par un tiers, surtout si son action a pour objet d'interrompre la prescription prête à s'accomplir. — *Poitiers*, 29 janv. 1829, Lesay c. Nazet et Ingrand.

392. — Le failli, quoique dessaisi par sa faillite de l'administration de ses biens, ne cesse pas d'avoir ses actions civiles; il a, en conséquence, qualité, soit pour revendiquer ses créances ou droits, soit pour augmenter son actif, soit pour tout autre moyen justificatif. — *Aix*, 28 fév. 1832, Sanson c. Méjanelle.

393. — Un failli peut interjeter appel d'un jugement qui porte préjudice à ses droits, et faire tous actes conservatoires de l'appel. — *Bordeaux*, 14 avr. 1840 (t. 2 1840, p. 151), douanes c. Sourget.

394. — Comme aussi il devient passible de l'exception de péremption, s'il laisse écouler plus de

trois ans sans poursuivre l'instance d'appel. — La demande est valablement formée contre le failli, s'il a figuré seul dans l'acte d'appel.—L'intervention de l'agent de la faillite n'apporterait aucun changement à ce résultat, sauf à lui à défendre à la demande en péremption. — *Bordeaux*, 14 avr. 1840 (t. 2 1840, p. 151), les douanes c. Sourget.

395. — En général, le failli peut faire valoir toutes les exceptions du syndic. — Mais, si les créanciers du failli ont été désintéressés par des offres satisfactoires et non contestées, le failli n'est pas plus recevable que le syndic à proposer des moyens de nullité du chef du syndic. — *Cass.*, 18 juill. 1833, Boisnard et Marion c. Moloré.

396. — D'un autre côté, il est des cas où le failli peut avoir intérêt à agir, soit concurremment avec les syndics, soit à leur défaut.

397. — Le failli, ayant intérêt à ce qu'il soit procédé pour l'administration et la vente de ses biens suivant les formes déterminées par la loi, a qualité et action pour attaquer les actes dans lesquels on ne s'y est point conformé, et, par exemple, l'acte par lequel les syndics ont vendu comme meubles des portions d'intérêt dans un objet immeuble par sa nature. — *Metz*, 17 avr 1822, Delhalle c. Mathis et Debarquins.

398. — Le failli a droit, intérêt et qualité pour ester en justice dans les instances relatives à la vente de ses immeubles, et pour proposer en son nom personnel tous moyens de nullité qu'il juge convenables contre les poursuites d'expropriation; et l'arrêt qui, en le déclarant valablement représenté par ses syndics, alors qu'il se présente personnellement en cause, refuse de statuer sur les conclusions prises en son nom, doit être annulé, alors même que ces conclusions ne seraient autres que celles déjà prises par les syndics. — *Cass.*, 8 mai 1838 (t. 2 1838, p. 228), Thomas Varenne c. Delaruelle.

399. — Jugé sous le Code de 1808 que le failli étant toujours investi de la propriété de ses immeubles, les actions immobilières devaient être dirigées contre lui à la charge d'y appeler les créanciers pour la conservation de leurs droits. — *Bourges*, 12 mai 1812, Imbert c. Gadin.

400. — De ce principe qu'un failli, quoique dessaisi de l'administration de ses biens, peut utilement critiquer les actes de la poursuite de saisie immobilière de ses immeubles, il ne s'ensuit pas que lorsque deux poursuites ont été dirigées simultanément contre lui et contre les syndics de sa faillite, le débiteur failli puisse défendre aux attaques dirigées contre lui en son nom personnel. — *Orléans*, 7 juill. 1826, Traversa c. Blanche.

401. — Mais en cette matière, comme dans toutes les autres, les questions d'intérêt et par suite de recevabilité d'action doivent être résolues par les tribunaux. Aussi la loi de 1838, consacrant les améliorations que la jurisprudence avait successivement apportées dans l'application du Code de 1808, décide par l'art. 443, *in fine*, que le tribunal, lorsqu'il le juge convenable, peut recevoir le failli partie intervenante.

402. — Ces principes sur le dessaisissement doivent, ainsi que le fait remarquer M. Pardessus (no 1117), être appliqués avec la juste mesure et les modifications que l'équité et les circonstances peuvent suggérer aux tribunaux.

403. — Le failli qui se livrerait à quelque travail personnel ou d'industrie ne devrait donc pas être privé en quelque sorte jour par jour des rétributions ou profits qu'il pourrait acquérir par cette voie. — Pardessus, no 1117. — Cette opinion, outre les autorités de jurisprudence sur lesquelles elle s'appuie, emprunte un invincible argument à l'art. 488 du Code actuel.

404. — Ainsi jugé que le failli n'est pas, depuis sa faillite, absolument incapable de contracter des engagemens. — *Bordeaux*, 19 mars 1841, Chantecaille c. veuve Lazare.

405. — ... Et que le failli, quoique dessaisi de l'administration de ses biens, a encore la capacité de s'obliger. — *Bourges*, 28 août 1813, Col c. Maignan; *Cass.*, 21 nov. 1827, Astruc c. Gresse.

406. — ... De faire de bonne foi les actes, et de donner les acquiescemens qui sont de son intérêt. — *Cass.*, 23 avr. 1834, Blétry c. Jacquemoux.

407. — Le failli pouvant, malgré sa faillite, travailler et acquérir par son travail de nouveaux biens, peut contracter des obligations nouvelles qui ne sont nulles qu'autant qu'elles affectent son ancien patrimoine et portent préjudice à ses anciens créanciers. — *Paris*, 22 janv. 1840 (t. 1er 1847, p. 137), Leroy c. Grébaut. — V. conf. Esnault, no 159.

408. — Il ne perd pas sa qualité de négociant (V. *suprà* no 302) et il ne lui est pas interdit de se livrer à de nouvelles opérations de commerce lorsqu'elles ne peuvent nullement compromettre l'actif de sa faillite ni causer de préjudice à ses créanciers. — *Cass.*, 6 juin 1831, Blondeau c. Charbonnier; *Paris*, 2 fév. 1835, Dubois c. Méchin.

409. — L'art. 443, C. comm., semble conduire à une conséquence contraire, puisqu'il dessaisit le failli même des biens par lui acquis postérieurement à la déclaration de faillite.

410. — Toutefois jugé que le failli n'en est pas moins capable de contracter et de s'obliger encore, sauf à régler plus tard, vis-à-vis des autres créanciers, l'effet que doivent avoir ses dettes postérieures. — *Toulouse*, 4 avr. 1840 (t. 2 1840, p. 236), Maurel c. Bouscatel.

411. — Les actions qui naissent des obligations qu'il a contractées après la déclaration de sa faillite ne peuvent pas être exercées contre les syndics, mais contre lui seul. — *Bourges*, 28 août 1813, Col c. Maignan; *Paris*, 2 fév. 1835, Dubois c. Méchin.

412. — Le failli est personnellement tenu d'acquitter les nouveaux engagemens qu'il aurait pu contracter, sans qu'ils puissent aucunement altérer le gage des anciens créanciers, alors même que ces engagemens ne seraient que le renouvellement d'une dette antérieure à la faillite et portée au bilan. — *Bourges*, 28 août 1813, Col c. Maignan; *Cass.*, 21 nov. 1827, Astruc c. Gresse.

413. — Si les biens nouvellement acquis par le failli étaient, à raison de leur importance, reconnus susceptibles d'entrer dans la masse active de la faillite, ils ne devraient y tomber qu'avec leurs charges, particulières qui devraient être acquittées sur ces biens avant les dettes de la faillite. — Pardessus, no 1117.

414. — Aussi a-t-on jugé que les créanciers anciens ne sauraient profiter de l'actif nouveau du failli qu'en acceptant les charges qui ont contribué à le créer. — *Paris*, 22 janv. 1840 (t. 1er 1847, p. 137), Leroy c. Grébaut.

415. — En conséquence, le failli peut valablement consentir des hypothèques sur les immeubles acquis par lui après l'ouverture de sa faillite, surtout si l'acquisition de ces immeubles n'a eu lieu qu'en les grevant de ces mêmes hypothèques. — *Paris*, 22 janv. 1840 (t. 1er 1847, p. 137), Leroy c. Grébaut.

416. — Pour les actes qui se réfèrent aux anciennes affaires du failli, le dessaisissement résultant du jugement déclaratif de faillite le frappe en général d'une incapacité qui ne saurait être douteuse.

417. — Par le jugement qui l'a déclaré en faillite, le failli est tellement frappé d'incapacité qu'il n'y a pas lieu de maintenir les engagemens qu'il a pris depuis en pays étranger, et alors qu'il était physiquement impossible qu'on y connût le jugement déclaratif de la faillite. — *Cass.*, 13 mai 1835, Pellegrino c. Bels.

418. — L'incapacité du failli peut être invoquée par le failli lui-même contre un de ses créanciers — *Douai*, 9 fév. 1825, Druez-Velcome c. Lecœuvre.

419. — Jugé au contraire que le débiteur qui, pendant sa faillite, a contracté des engagemens, ne peut en demander la nullité. — *Agen*, 28 mai 1811, Ollier c. Balguerie; — Pardessus, no 1114; Bioche et Goujet, *Dict. procéd.*, vo *Faillite*, nos 82 et 83; Boulay-Paty, *Faillites et Banqueroutes*, no 67.

420. — De même les traités passés entre le failli et ses créanciers sont valables à l'égard du failli, quoique sans force contre la masse. — *Bordeaux*, 18 mars 1828, Biot c. Jaumard.

421. — La convention particulière faite par un débiteur en faillite avec un de ses créanciers doit être exécutée, si les autres sont désintéressés. — Le porteur de l'acte contenant cette convention, dont la date a été laissée en blanc, et qui l'a remplie, n'a pas commis un faux. — *Paris*, 15 déc. 1809, N...

422. — Dans tous les cas, les engagemens du failli ne peuvent être attaqués que par ses créanciers; l'héritier bénéficiaire du failli, qui n'est point le représentant légal des créanciers, ne peut être admis à invoquer la nullité des billets souscrits par son auteur alors qu'il était en faillite. — *Bordeaux*, 19 mars 1841 (t. 2 1843, p. 192), Chantecaille c. Lazare. — V. conf. *Toulouse*, 4 avr. 1840 (t. 2 1840, p. 236), Maurel c. Bouscatel. — V. aussi *Cass.* 28 déc. 1842 (t. 1er 1843. p, 490), Thomas Varennes c. Saint-Didier.

423. — Ce n'est pas le failli mais les créanciers seuls qui peuvent invoquer l'incapacité du failli pour faire annuler les obligations par lui contractées depuis sa faillite. — *Angers*, 4 juin 1829, Quantin-Hardiau c. Lambron; *Cass.*, 12 avr. 1821, Abram c. Holive.

424. — Les créanciers d'un failli seuls peuvent se plaindre de ce qu'il exerce une action contre un tiers. Celui-ci ne peut le faire déclarer non-recevable par le motif que la faillite l'a dessaisi de l'exercice de ses droits. — *Poitiers*, 7 déc. 1830, Mouchet c. Potreau.

425. — L'incapacité qui frappe un failli ne peut être invoquée par des tiers, et n'est pas telle qu'il ne puisse signifier un jugement, et par là faire courir les délais d'appel. — *Lyon*, 25 août 1828, Dupont c. Bourdin. — V. au reste *suprà* no 297.

426. — Un négociant français déclaré en état de faillite par un tribunal de France peut contracter et s'obliger en Belgique. — *Bruxelles*, 23 mars 1820, Petitain c. Paumier-Duverger; — Merlin, *Rép.*, vo *Faillite*, sect. 2, § 2, art. 10.

427. — L'étranger déclaré en faillite par les tribunaux de son pays, et qui vient se fixer en Belgique, ne peut être poursuivi par un créancier belge à fin de paiement d'une dette contractée dans son pays avant la faillite. — Cette action doit être dirigée par le créancier contre les syndics du failli. — *Bruxelles*, 29 juill. 1823, Spechnan c. Roche.

428. — L'étranger qui dans son pays est déclaré en faillite n'est pas réputé failli en France. En conséquence, des Français peuvent l'assigner personnellement devant un tribunal français. — Et ses syndics, qui sont eux-mêmes sans qualité pour le représenter en France, ne peuvent intervenir pour opposer son incapacité d'ester en jugement. — *Colmar*, 11 mars 1820, Kolb c. Bunger.

429. — Les syndics choisis par le tribunal français ne peuvent opposer le jugement déclaratif de la faillite au Belge qui, depuis qu'il a été rendu, a contracté avec le failli. — *Bruxelles*, 23 mars 1820, Petitain c. Paumier-Duverger.

Sect. 2e. — *Des effets de la déclaration de faillite à l'égard des droits des tiers.*

ART. 1er. — *Suspension des voies d'exécution de la part des créanciers.*

430. — La faillite une fois déclarée, les droits et les actions des divers créanciers sont soumis à des règles communes qui ont pour but d'empêcher que l'un ou quelques uns des créanciers ne puissent, par une démarche précipitée, améliorer leur situation au détriment de la masse. D'une part, le désir de maintenir chacun des créanciers dans l'état où il se trouvait au moment où a éclaté la cessation des paiemens et l'insolvabilité du débiteur; d'autre part, l'impuissance où le dessaisissement prononcé par l'art. 443 a placé le failli de satisfaire aux poursuites judiciaires, aux actes d'exécution accomplis par ses créanciers, ont porté le législateur à suspendre de la part des créanciers toute voie d'exécution. — Goujet et Merger, vo *Faillite*, no 119.

431. — Il y a même plus; une peine est prononcée contre le failli qui, dépouillé de toutes ses ressources, chercherait encore à éluder son incapacité de payer (C. comm., art. 585 4o), et voudrait encore satisfaire à des prétentions élevées, à des exécutions tentées contre lui.

432. — L'intérêt des créanciers commandait aussi d'éviter de charger la masse des frais frustratoires que chaque créancier exposerait isolément; leurs droits sur l'actif seront réglés par la vérification des créances.

433. — Dès-lors, les créanciers, tant que durent les opérations de la faillite, sont privés du droit de diriger isolément des poursuites à raison de leurs créances, d'exercer aucune exécution sur les biens meubles ou immeubles, et de réaliser spécialement la contrainte par corps.

434. — Mais ils n'en ont pas moins le droit de faire contre les syndics tous les actes conservatoires de leurs droits qui peuvent être nécessaires; ces actes ne peuvent, en effet, entraver l'administration de la faillite, et ils peuvent, non pas augmenter, mais seulement préserver de toute diminution les droits antérieurement acquis aux créanciers. — Goujet et Merger, vo *Faillite*, no 137.

435. — Les droits des créanciers ne sont que suspendus. Si la faillite n'a été que le résultat de la mauvaise foi, il y aura union, et après le réglement de cette union, l'exercice de la contrainte par corps sera rendu à chacun des créanciers, la certitude de la fraude excluant toute idée d'excusabilité — Bédarride, no 85.

436. — Les exécutions mobilières, commencées avant le jugement déclaratif, peuvent être continuées après le jugement contre le syndic. — Bédarride, no 86.

437. — Les poursuites de saisie-exécution pratiquées par un créancier ordinaire avant la déclaration de faillite peuvent être continuées nonobstant la faillite survenue. — *Paris*, 21 juill. 1837, Verdet c. Gosselin; 26 juill. 1837 (t. 2 1837, p. 156), Lavache c. Reborer; *Aix*, 21 juill. 1840 (t. 1er 1847, p. 178), Bonnot c. Aumassy.

438. — La cour royale d'Aix a décidé que le créancier saisissant n'est pas tenu d'abandonner

aux syndics la continuation de sa poursuite. — *Aix*, 21 juill. 1840 (t. 1er 1847, p. 178), Bonnet c. Aumassy.

439. — Mais la cour royale de Paris, par les deux arrêts des 21 et 26 juill. 1837, cités *suprà* no 437, a décidé qu'il est néanmoins loisible aux tribunaux d'ordonner la discontinuation des poursuites pendant un délai déterminé imparti aux syndics, afin de procéder eux-mêmes à la vente, avec subrogation du saisissant, si ce délai était dépassé.

440. — Jugé depuis, d'une manière absolue, qu'à partir de la déclaration de faillite, toutes les poursuites commencées doivent être continuées par les syndics, même celles de saisie-exécution intentées originairement par un créancier ordinaire. — — *Paris*, 2 juill. 1846 (t. 2 1846, p. 556), Bartinet Quesney; *Montpellier*, 22 juin 1838 (t. 2 1838, p. 426), Coste c. Vidal Naguet; *Rouen*, 12 déc. 1837 (t. 1er 1843, p. 646), Onfray c. Fleury; 6 janv. 1843 (t. 1er 1843, p. 646), Baorn c. Brencel; *Paris*, 21 juin 1845 (t. 1er 1846, p. 208), Darras c. Dormoy. — V. conf. Esnault, no 158.

441. — Décidé de même qu'à partir de la déclaration de faillite, toutes les poursuites individuelles des créanciers doivent cesser; que c'est au syndic seul, sous l'autorisation du juge-commissaire, qu'il appartient de réaliser l'actif du failli; qu'en conséquence, il y a lieu d'ordonner la discontinuation des poursuites, et non pas seulement de se borner à déclarer commune avec le syndic l'ordonnance qui a autorisé la vente du fonds de commerce du débiteur. — *Paris*, 22 août 1846 (t. 2 1846, p. 557), Frécon c. Claye.

442. — Mais le créancier qui, par ses diligences antérieures à la faillite, a conservé le gage commun des créanciers, a droit d'être remboursé par privilége des frais qu'il a légitimement faits pour la conservation de ce gage. — *Rouen*, 6 janv. 1843 (t. 1er 1843, p. 646), Baron c. Brunel; *Bordeaux*, 28 nov. 1840 (t. 1er 1841, p. 329), Estrac c. Amalric.

443. — Toutefois, comme il est constant que si la cessation de paiemens constitue l'état de faillite, ce n'est que par le jugement déclaratif de la faillite que le failli est dessaisi de l'administration de ses biens, on a jugé avec raison que jusqu'à ce jugement les créanciers du failli conservent la faculté d'exercer individuellement leurs poursuites contre lui, et qu'il en est ainsi alors même que le débiteur a déclaré par une circulaire à ses créanciers qu'il suspendait ses paiemens, et que, par une délibération de ces créanciers unis, il a été autorisé à liquider, à vendre et à payer sous la surveillance et avec le consentement d'un conseil de liquidation nommé par eux. — *Cass.*, 26 juin 1844 (t. 2 1844, p. 283), Quiquandon c. Giroud.

444. — Un créancier ne peut poursuivre son débiteur en état de faillite après l'entrée en fonctions des agens et syndics, sous le prétexte que la situation actuelle du débiteur démontre une insolvabilité absolue. — *Bruxelles*, 3 déc. 1812, Vanpouck c. Debaets.

445. — Lorsque la faillite est déclarée, les créanciers du failli ne peuvent saisir et arrêter les sommes dues à leur débiteur. Les agens et syndics provisoires ont seuls qualité pour faire rentrer une somme à la masse. — *Poitiers*, 9 fév. 1826, Millaire c. Corbineau. — Jugé toutefois qu'un créancier du failli peut agir directement contre un débiteur de celui-ci, mais qu'il doit appeler en cause les agens de la masse pour leur faire retirer le produit des poursuites. — *Montpellier*, 22 juin 1838 (t. 2 1838, p. 426), Coste c. Vidal Naguet.

446. — Mais s'il y a négligence de la part des syndics, le créancier peut provoquer leur remplacement. — *Poitiers*, 9 fév. 1826, Millaire c. Corbineau; *Aix*, 21 fév. 1840 (t. 2 1840, p. 91), Borard c. Coltessard.

447. — Un commandement, bien qu'il ait pour effet ultérieur d'en venir à l'expropriation d'un immeuble, a néanmoins pour objet immédiat et direct d'obtenir le paiement actuel de la dette. Il rentre par conséquent dans la classe des actions et poursuites mobilières qui doivent être dirigées contre le syndic provisoire de la faillite. — *Rouen*, 23 mars 1811, Pigot.

448. — Jugé, sous le Code de 1808, que la saisie immobilière poursuivie contre le débiteur avant sa faillite devait être maintenue contre le failli personnellement jusqu'à la prestation du serment des agens, surtout si la déclaration de faillite n'avait pas été publiée conformément à l'art. 457, C. comm. — *Bordeaux*, 31 janv. 1832, Montaxier c. Valla.

449. — Sous l'art. 494, C. comm. de 1808, une saisie immobilière intentée contre le failli pouvait être valablement suivie *contre lui* après la faillite déclarée, surtout si les syndics n'avaient pas mis le saisissant à même de diriger contre eux les poursuites. — En conséquence, l'adjudication définitive après surenchère formée par suite de la saisie immobilière était valable bien que prononcée en l'absence des syndics. — La décision ne saurait être la même sous le Code de commerce actuel, qui par son art. 443 frappe le failli d'un dessaisissement général et absolu dont le point de départ est le jugement déclaratif de faillite, qui reçoit, aux termes de l'art. 442, une publicité qui le porte à la connaissance de tous les intéressés. — *Cass.*, 20 mai 1844 (t. 2 1844, p. 96), Delalu-Huguet c. Trouvé.

450. — Le créancier, porteur d'un titre exécutoire et ayant hypothèque, qui a fait pratiquer une saisie immobilière sur les biens de son débiteur, avant la faillite de celui-ci, peut continuer les poursuites depuis la faillite alors même que l'inscription serait menacée de devenir caduque par suite du report de la faillite. — Il n'y a pas lieu dans ce cas de surseoir aux poursuites jusqu'à la décision de la question de report de la faillite, la qualité de créancier par jugement étant d'ailleurs certaine en la personne du poursuivant et lui donnant le droit de suivre. — *Paris*, 12 avr. 1844 (t. 2 1844, p. 75), Freslon c. Giraud.

451. — Les poursuites de saisie immobilière commencées par un créancier hypothécaire avant la faillite de la partie saisie n'en doivent pas moins continuer nonobstant cette faillite. Par suite, le failli concordataire ne peut obtenir la radiation de la transcription de la saisie lorsque la validité de cette saisie a été reconnue avant le concordat par une décision souveraine dans laquelle le failli était lui-même partie. — *Paris*, 3 déc. 1846 (t. 1er 1847, p. 111), Freslon c. Giraud.

452. — La déclaration de faillite n'empêche pas le paiement des bordereaux délivrés antérieurement sur le prix des immeubles du failli. Ces bordereaux sont exécutoires aussi bien pour les tiers acquéreurs que pour les syndics qui ne les ont point attaqués régulièrement. — *Riom*, 24 mars 1846 (t. 2 1846, p. 581), Comitis c. Chauliaguet, Dauriac.

453. — V. au reste *infrà*, nos 809 et suiv., ce qui concerne la vente des meubles du failli, et, nos 2810 et suiv., ce qui regarde la vente de ses immeubles.

454. — En général, pour les créanciers privilégiés, il n'y a pas de faillite, puisqu'ils sont payés intégralement. Suspendre, comme le fait l'art. 450, l'exercice d'un privilége, c'est déroger au droit commun; mais cette dérogation, qui est une innovation au Code de 1808 (V. *Paris*, 19 oct. 1808, Nousselle c. Chalops, et *Rouen*, 17 mai 1826, Valentin c. Langlois), est justifiée par l'intérêt que la masse peut retirer de ce temps de répit. — Renouard, t. 1er, p. 373.

455. — La pensée de la loi est d'empêcher, surtout dans les faillites de petits débiteurs, que le propriétaire ne vînt, en saisissant les meubles et marchandises, rendre immédiatement impossible toute exploitation du fonds de commerce. — V. M. Quénault, *Rapp. à la chambre des députés*.

456. — Le premier projet de loi présenté en 1835 suspendait les poursuites relativement à tous les créanciers privilégiés; mais, dans la discussion à la chambre des députés, on a reconnu que les créanciers autres que le propriétaire ne pouvaient poursuivre leur paiement avant d'avoir fait vérifier leurs créances, et que cette formalité demanderait plus de temps que n'en comportait la suspension des voies d'exécution imposées au propriétaire; aussi le garde-des-sceaux, M. Persil, en présentant en 1836 le projet à la chambre des pairs, s'exprimait en ces termes : « La suspension apportée jusqu'à la vérification des créances aux voies d'exécution sur le mobilier du failli pour parvenir au paiement des créances privilégiées permet de ne point épuiser, dès l'ouverture de la faillite, les chétives ressources nécessaires pour en suivre les premières opérations. »

457. — Il n'y a donc d'entrave apportée qu'à l'exercice du privilége du locateur; et, sous la condition de la vérification, nulle atteinte n'est portée aux autres priviléges, et notamment à ceux des frais de justice, dont l'intérêt général de la masse exige que rien n'arrête le cours. — Ainsi, lorsque le trésor public a fait saisir les meubles d'un débiteur tombé en faillite, la vente doit être poursuivie à la requête des agens du trésor et non des syndics. — *Cass.*, 9 janv. 1815, Droits réunis c. Bonnet.

458. — L'art. 450, C. comm., tend donc à concilier les droits du propriétaire avec ceux de la masse. Les droits du propriétaire sont suspendus pendant un délai qui permet aux créanciers de transiger avec le propriétaire ou de s'entendre entre eux pour le désintéresser ou pour tirer parti du mobilier, gage du propriétaire, et du fonds de commerce.

459. — En effet, l'art. 450, C. comm., porte : « Toutes voies d'exécution pour parvenir au paiement des loyers sur les effets mobiliers servant à l'exploitation du commerce du failli seront suspendus pendant trente jours, à partir du jugement déclaratif de la faillite, sans préjudice de toutes mesures conservatoires et du droit qui serait acquis au propriétaire de reprendre possession des lieux loués. Dans ce cas, la suspension des voies d'exécution établie au présent article cessera de plein droit. » Ainsi se trouve respecté dans toute son extension le privilége du locateur, que rien ne pourra altérer ni détruire.

460. — Il résulte des termes de l'art. 450 que la suspension des voies d'exécution ne s'applique qu'aux objets mobiliers servant à l'exploitation du commerce du failli; si donc il se trouve dans les lieux loués d'autres objets mobiliers étrangers au commerce, par exemple des meubles meublans, des bijoux, le bailleur peut exercer tous ses droits sur ces effets. — Goujet et Merger, vo *Faillite*, no 131.

461. — Il pourrait même faire, sur les meubles du commerce, tous les actes conservatoires utiles, et, par exemple, les frapper de saisie-gagerie. La vente seule lui est interdite. — Goujet, vo *Faillite*, no 131.

462. — Après l'expiration de la suspension, le propriétaire créancier rentre dans tous ses droits, et c'est à sa requête que la vente doit être faite. — *Paris*, 24 août 1839 (t. 1er 1840, p. 271), Thibault c. Branzon.

463. — La clause résolutoire par laquelle le propriétaire stipule la résiliation de plein droit du bail qu'il a consenti, à défaut de paiement de loyers, après quinzaine du jour du commandement qui aura eu lieu, est une clause absolue qui doit recevoir son exécution, nonobstant l'état de faillite du locataire, et les offres réelles faites par les syndics, postérieurement au délai de quinzaine. — *Paris*, 19 fév. 1830, Desnoyers c. Abrial.

464. — Le bail des lieux dans lesquels le commerce s'exploite n'en reste pas moins soumis aux principes du droit commun. — En conséquence, l'état de faillite et le défaut de paiement des loyers depuis la faillite autorisent la demande en résiliation du bail ou de la cession du bail, encore bien que cette cession aurait été consentie par le même acte que la vente du fonds de commerce. — *Paris*, 24 août 1839 (t. 1er 1840, p. 271), Thibault c. Branzon.

465. — Une demande tendant à faire des réparations au logement occupé par le failli ne peut être portée même reconventionnellement devant le tribunal de commerce. — *Rennes*, 23 nov. 1846 (t. 1er 1847), Bonhomme.

466. — Sous le Code de 1808, le propriétaire ne pouvait, en cas de faillite du fermier, assigner les syndics provisoires, soit en paiement des loyers échus, soit en résiliation du bail. Ces demandes ne devaient être formées que contre les syndics définitifs. — *Cass.*, 4 avr. 1811, Bréant de la Neuville c. Meignen.

467. — Il n'est pas inutile de rappeler ici que le locateur, si le bail a date certaine, a privilége sur tout ce qui garnit les lieux loués pour tous les loyers échus et à échoir, et que si le bail n'a pas date certaine, le privilége n'a lieu que pour l'année échue et l'année courante. — C. civ., art. 2102-1o. — De là, M. Pardessus (no 1133) conclut que le bail qui n'aurait de date certaine que dans les dix jours antérieurs à l'ouverture de la faillite, devrait être considéré comme s'il ne l'eût pas acquise; mais que néanmoins le privilége devrait avoir lieu pour l'année échue et l'année courante.

468. — Le bail verbal, passé au profit d'un individu qui est tombé depuis en faillite, est obligatoire pour ses créanciers, s'il n'est pas attaqué par eux, comme ayant été fait frauduleusement. — *Paris*, 13 fév. 1833, Cabanes c. Grandjean-Delisle.

ART. 2. — *Exigibilité des dettes non échues.*

469. — Le jugement déclaratif de faillite rend exigibles *à l'égard du failli* les dettes passives non échues. — C. comm., art. 444. — A l'égard du débiteur, son insolvabilité lui fait perdre le bénéfice du terme, et rend la dette exigible. Il en était ainsi sous l'ancien droit français, d'après lequel la faillite rendait exigibles même les capitaux de rente perpétuelle. — Nouveau Denisart, vo *Faillite*, p. 405. — A l'égard de la masse des créanciers, dont chacun a pour gage commun les biens du débiteur, il fallait entre tous une répartition simultanée pour leur garantir une condition égale.

470. — De ce que la faillite opère la résolution des termes de crédit accordés au failli et rend exigibles les créances non échues, il ne s'ensuit pas que ces créances doivent être acquittées sur-le-champ. — *Metz*, 28 déc. 1846, B... C. M...

471. — Il a été jugé, sous le Code de 1808, que c'était le fait de la faillite résultant de la cessation des paiemens, et non le jugement postérieur déclara-

tif de cette faillite, qui rendait exigibles les créances non échues. Et par suite, on admettait un créancier à intervenir sur l'opposition au jugement déclaratif de la faillite, encore que sa créance ne fût pas échue. — *Paris*, 22 déc. 1831, Rousseau-Chatillon c. Corbin-Desboissières.— Le texte de l'art. 444 est aujourd'hui trop formel pour que cette décision puisse recevoir son application.

472. — Il suit de la disposition actuelle qu'un créancier ne pourrait compenser une dette antérieurement échue avec une créance devenue exigible par l'effet de la faillite, car cette créance cesse d'être certaine et déterminée ; elle ne se compose plus que des dividendes que l'actif offrira.—*Bruxelles*, 24 mars 1821, Steenkist c. Neefs.

473. — Quand un négociant en compte courant avec un autre négociant, tombé depuis en faillite, est porté sur les livres du failli pour une certaine somme, tandis qu'en réalité il est créancier de plus forte somme, comme porteur de traites à lui remises par le failli, qui n'ont pas été acquittées, il s'opère une compensation jusqu'à due concurrence, entre le débet apparent et la créance réelle dont le surplus doit seul figurer au profit de la faillite. Mais le porteur des traites n'est pas obligé de remettre à la faillite partie des traites équivalentes à la somme dont il était débiteur ; il peut, au contraire, conserver entre ses mains la totalité de ces effets, pour en poursuivre le recouvrement contre les autres signataires. — *Bourges*, 11 fév. 1829, Guébin c. de Montbrun.

474. — Un billet dont l'échéance est postérieure à la faillite, ne peut libérer le failli d'une créance qu'il a d'ailleurs portée à son bilan. — *Bruxelles*, 16 août 1811, Ligné c. Lebourva.

475. — L'art. 448, ancien C. comm., qui déclare exigibles par le seul fait de la faillite toutes les dettes passives non échues, n'a pour effet que de donner à tous les créanciers le droit d'être payés en même temps sur les biens du failli ; mais il n'en résulte pas, pour celui dont la créance ne viendrait réellement à échéance que postérieurement à la faillite, le droit d'en opérer la compensation avec ce dont il serait débiteur au moment de l'ouverture de cette faillite.—Le principe qu'aucune compensation ne s'opère tant que dure l'état de faillite peut être invoqué, non seulement par la masse des créanciers, mais aussi par le failli rétabli, au moyen d'un concordat, dans l'administration de ses biens.—En conséquence, le failli concordataire a le droit d'exiger de son débiteur la totalité de la créance échue au moment de l'ouverture de la faillite, sans que celui-ci puisse l'obliger à faire entrer en compensation la totalité de la dette échue seulement depuis ladite ouverture : cette dette ne peut entrer en compensation que pour la somme à laquelle elle a été restreinte par le concordat et dans les termes mêmes du concordat. — *Cass.*, 24 nov. 1841 (t. 2 1841, p. 726), Gas c. Blanchy.—Cette décision, bien que rendue par application de l'art. 448, ancien C. comm., n'en devrait pas moins être appliquée sous l'art. 448, nouveau C., le premier paragraphe de ce dernier article reproduisant d'une manière identique la disposition de l'art. 448, sauf l'addition des mots *à l'égard du failli*, lesquels n'ont été insérés que pour trancher la question de savoir si l'exigibilité résultant du simple fait de la faillite avait lieu aussi bien à l'égard des *coobligés* qu'à l'égard du failli.—V. Goujet et Merger, vo *Faillite*, no 157.

476. — Si, au moment où deux dettes sont devenues exigibles, la faillite de l'un des débiteurs n'était pas encore connue, la compensation s'est irrévocablement opérée, encore bien que, par jugement postérieur, l'ouverture de la faillite ait été reportée à une époque où sa dette n'était pas encore exigible.—*Cass.*, 12 juill. 1832, Seytre c. Guibal ; — Bédarride, no 90.

477.— Le créancier aurait cependant le droit de renoncer à la compensation, et c'est ce qu'il serait présumé faire en se présentant à l'affirmation et à la vérification des créances. — Bédarride, no 91.

478. —L'exigibilité s'étend à toutes les dettes du failli, commerciales ou civiles, de quelque nature qu'elles soient. — Goujet et Merger, vo *Faillite*, no 162. — Même aux créances garanties par une hypothèque. — *Bordeaux*, 4 juin 1832, Polh c. Loriague.

479. — Elle profite même, selon M. Bédarride (no 93), aux créances conditionnelles, mais avec cette remarque que le créancier pourrait être astreint à fournir caution de restituer, si par l'effet de l'avènement ou de la défaillance de la condition, la restitution devenait nécessaire.

480. — Jugé que l'art. 1188, C. civ., qui déclare le débiteur failli déchu du bénéfice du terme, doit être restreint aux cas où il s'agit de termes accordés pour l'exécution de l'obligation ; et qu'il ne peut être étendu aux termes qui ont été stipulés pour l'accomplissement d'une condition suspensive, c'est-à-dire dont l'effet est de suspendre même l'existence de l'obligation. — *Paris*, 18 déc. 1840 (t. 1er 1841, p. 272), Domaine c. Sicard ; — Troplong, *Comment. de la vente*, t. 1er, no 55 et suiv.

481. — L'obligation non échue du failli peut être corrélative à un engagement également non échu que le failli aurait par devers lui ; le créancier aurait alors le choix de demander la résiliation de son engagement ou d'exiger une caution suffisante pour garantir l'exécution des obligations du failli.

482. — Lorsqu'une dette non échue est solidaire entre plusieurs débiteurs, la faillite de l'un d'eux ne prive pas les autres du bénéfice du terme. C'est ce que décide l'art. 444 implicitement, en ne déclarant les dettes exigibles qu'*à l'égard du failli*.—Bedarride, no 94 ; Pardessus, no 1129. —La différence dans les époques d'exigibilité de la créance n'est pas d'ailleurs un obstacle à l'existence de la solidarité. — C. civ., art. 1201.

483. — L'art. 448, C. comm. 1808, avait fait une trop large exception à ce principe, en déclarant que par la faillite d'un seul signataire de lettres de change ou billets à ordre, fût-il tireur, accepteur ou simplement endosseur, les autres seraient tenus de donner caution immédiatement, ou à défaut, de payer la traite au porteur. — C'était une innovation aux anciens principes d'après lesquels la faillite ne rendait pas les créances exigibles à l'égard des coobligés non faillis. — Testard-Dubreuil, *Nouv. comment. des lois de commerce*, p 141 ; Rogues, *Jurispr. consul.*, ch. 63, p. 227 ; Gauthier, *Etudes de jurispr. comm.*, no 1432. — La difficulté pour les négocians, soit de payer une somme pour laquelle ils n'étaient pas en mesure, soit de trouver une caution, avait fait presque abandonner l'art. 48 du Code de 1808, qui a été modifié par l'art. 444, 2e alin., de la loi du 28 mai 1838.

484. — En cas de faillite du souscripteur d'un billet à ordre, de l'accepteur d'une lettre de change ou du tireur à défaut d'acceptation, les autres obligés seront tenus de donner caution pour le paiement à l'échéance, s'ils n'aiment mieux payer immédiatement. — C. comm., art. 444, 2e alin.

485. — Si la lettre de change a été acceptée, le porteur ne peut exiger ni garantie ni paiement des autres signataires, même en cas de faillite du tireur. L'acceptation suppose provision ; dès lors l'accepteur est aussi le véritable débiteur. Le tireur lui-même n'est donc considéré que comme un garant, sauf les droits de l'accepteur à son égard.

486. — Si le failli est souscripteur d'un billet à ordre, ou s'il est tireur d'une lettre de change non acceptée, il est le débiteur principal, et comme il est certain qu'il a cessé ses paiemens, il est équitable d'exiger caution de tous ceux qui ont garanti le remboursement.

487. — S'il n'est qu'endosseur, l'obligé principal est encore *in bonis*, et il n'y a pas de véritables motifs de soumettre la faillite de cet endosseur à une exigibilité immédiate.

ART. 3.—*Interruption du cours des intérêts.*

488. — Le jugement déclaratif de faillite arrête, à l'égard de la masse seulement, le cours des intérêts de toute créance non garantie par un privilége, par un nantissement ou par une hypothèque. — C. comm., art. 445, 1er alin.

489. — L'art. 445 ne se trouvait ni dans le Code de 1808, ni dans le projet primitif de la loi du 28 mai 1838 ; il a été introduit dans le projet par la première commission de la chambre des députés qui proposa, à titre d'amendement, le 1er paragraphe seulement. L'article fut complété lors de la discussion.

490. — La pratique avait, dans le silence du Code, suppléé cette disposition qui, pour la masse, forme la compensation et la contre-partie de l'exigibilité des créances non échues.

491. — En effet, l'équité s'oppose à ce que l'intérêt des fortes créances vienne absorber l'actif de la faillite au préjudice des petits créanciers. — Lainné, *Comment. de la loi sur les faillites et banqueroutes*, p. 55 ; Bédarride, no 98.

492. — Avant la loi nouvelle, on considérait généralement que les principes d'égalité entre tous les créanciers devaient faire cesser les intérêts à partir de l'ouverture de la faillite. En effet, les intérêts représentent les fruits du capital, et à l'égard de la masse, on ne peut dire que les capitaux aient fructifié depuis l'ouverture de la faillite ; on ajoutait que ce n'est pas d'ailleurs parce que la faillite est déclarée, mais parce qu'il y a faillite que les intérêts devaient cesser.

493. — Malgré ces raisons, il faut conclure du texte de l'art. 445 que ce n'est pas la cessation de paiemens, mais le jugement déclaratif de la faillite qui arrête les intérêts, lesquels par conséquent courent même après la cessation de paiemens et jusqu'à la survenance du jugement déclaratif.

494. — Au reste, cette suspension d'un des effets de conventions légalement formées n'a lieu qu'à l'égard de la masse seulement. Le cours des intérêts n'est pas arrêté à l'égard du failli qui, s'il veut obtenir sa réhabilitation, devra les acquitter dans leur intégralité jusqu'au paiement du capital. — Renouard, *Traité des faillites et banqueroutes*, t. 1er, p. 323. — Les autres obligés à la créance ne peuvent pas non plus réclamer le bénéfice de l'art. 445. — Bédarride, no 98.

495. — Si le failli a souscrit des billets payables d'année en année dans lesquels les intérêts ont été réunis au capital, il n'y a pas lieu de réduire ces effets de tous les intérêts postérieurs à la faillite, et le créancier doit être admis pour le montant total des billets dont il est porteur. Par le mode de réglement des comptes adopté entre le créancier et le débiteur, il y a eu une sorte de forfait qui doit être respecté. La facilité que le créancier a entendu donner au débiteur ne doit pas être tournée contre ce créancier, autrement on arriverait souvent à lui donner pour toute sa créance un dividende plus faible qu'un ou deux trimestres d'intérêts qu'il aurait pu recevoir. D'ailleurs les intérêts ont été *capitalisés*, ils sont confondus avec le principal. Et cette confusion ne saurait être critiquée si les billets dont il s'agit ont été passés à l'ordre d'un tiers et sont produits à la faillite par ce porteur de bonne foi.— Lainné, *Comment. sur la loi des faillites et banqueroutes*, p. 57.

496. — Mais de la discussion engagée à la chambre des députés il résulte que si un billet, présenté par le bénéficiaire originaire, donnait par lui-même la preuve que l'intérêt à courir jusqu'à l'échéance a été ajouté au capital, les tribunaux de commerce devraient en faire la réduction. — Goujet et Merger, vo *Faillite*, no 175.

497. — Lorsque des marchandises ont été vendues avec escompte, le vendeur doit-il, la facture étant récente et la faillite étant assez rapprochée de la vente pour que le débiteur, en payant à cette date, ait été à même de jouir de l'escompte, être admis au passif pour sa facture entière, déduction faite de l'escompte ? — On peut objecter pour la négative que le vendeur dont la facture est jugée par lui-même susceptible d'une réduction qu'il a appelée *escompte*, ne peut prétendre à une part équivalente à celle du créancier qui a fourni une valeur égale en argent. Mais il faut tenir pour constant que la déduction de l'escompte ne doit pas être faite. Le saisi doit la totalité de la facture, quel que soit le rabais qu'il aurait pu exiger en payant comptant, la condition de l'avantage qui lui a été fait n'étant pas remplie, il ne saurait exiger cet avantage (Lainné, *Comment. sur la loi des faill. et banq.*, *ibid.*). Il est vrai que si le vendeur des marchandises a reçu en paiement de sa facture un billet payable à une courte échéance et qui ne monterait alors qu'à la somme à lui due sous la déduction de l'escompte, il ne sera pas admis à la faillite pour le montant originaire de sa créance ; mais ce sera alors le résultat de la substitution d'une créance naissant d'un billet à une créance née d'une vente de marchandises.

498. — Les créanciers qui ont eu la précaution de stipuler des garanties spéciales, ou auxquels la loi, à raison de la faveur attachée à la nature de leur créance, a attribué une préférence, ont, d'après la seconde disposition de l'art. 445, un droit exceptionnel aux intérêts de leurs créances.

499. — Mais ce droit est restreint dans son application. Les intérêts des créances garanties ne pourront être réclamés que sur les sommes provenant des biens affectés au privilége, à l'hypothèque ou au nantissement. — C. comm., art. 445, 2e alin.

500. — Si le produit du gage est insuffisant pour faire face aux intérêts des créances qui existent, les créances privilégiées ou hypothécaires deviennent pour la partie non payée simples chirographaires et ne produisent aucun intérêt depuis le jugement déclaratif — Bédarride, no 98 ; Goujet et Merger, vo *Faillite*, no 174.

Sect. 3e. — *Présomption légale de nullité de certains actes faits depuis les dix jours qui ont précédé la cessation de paiemens.*

501. — On doit, suivant le Code actuel, considérer les actes suivant qu'ils ont été faits 1o dans les dix jours qui précèdent la cessation de paiement ; 2o depuis cette cessation jusqu'au jugement déclaratif ; 3o après ce jugement.— Dans cette dernière période, tout ce qui a été fait est radicalement nul. Dans les deux premières, il y a présomption

de bonne foi pour ceux qui, sauf les contrats énumérés dans l'art. 446, ont traité avec le failli; mais cette présomption s'efface devant la preuve du contraire. Or, ce qu'il importe surtout de remarquer, c'est que cette preuve résulte de la connaissance du mauvais état des affaires du failli, et que cette connaissance suffit pour annihiler l'acte et le faire considérer comme fait en fraude des créanciers. — Bédarride, nº 105.

502. — L'ord. de 1673, qui remplaçait l'édit de mai 1609, ne contenait, sur les effets de la cessation de paiemens et sur les droits qu'elle ouvrait au profit des créanciers de critiquer certains actes émanés du failli, qu'un seul article ainsi conçu : « Art. 4, tit. 11. Déclarons nuls tous transports, cessions, ventes et donations de biens meubles ou immeubles faits en fraude des créanciers; voulons qu'ils soient rapportés à la masse commune des effets. » — Déjà le règlement de 1667, pour la ville de Lyon, voulant atteindre les fraudes faites aux créanciers dans les jours qui précèdent la faillite, avait annulé les actes qui n'auraient pas été faits dix jours au moins avant la faillite publiquement connue. La déclaration du roi du 18 nov. 1702 étendit cette dernière règle à l'universalité du royaume.

503. — Le Code de commerce de 1808 ne se départit que fort peu de ces rigueurs. Seulement, les actes et engagemens de commerce furent, non pas annulés de plein droit, mais seulement présumés frauduleux. Quant au failli, les actes translatifs de propriété immobilière furent déclarés nuls de plein droit, quand ils avaient été faits à titre gratuit, et susceptibles seulement d'être annulés quand ils avaient été faits à titre onéreux. Ainsi le Code de 1808 désignait clairement 1º ce qui était annulé de plein droit; 2º ce qui était présumé frauduleux, sauf la preuve contraire; 3º ce qui était susceptible d'annulation.

504. — Mais que devait-on entendre par les dix jours qui précèdent l'*ouverture de la faillite ?* — Les tribunaux de commerce avaient le droit de reporter la faillite au jour où s'était manifesté un fait constatatif de la cessation de paiemens. Ils en usèrent, et dans cette constatation rétrospective de faits antérieurs ils ne connurent d'autre terme que la prescription; des faillites ont été reportées à plus de vingt années ! Ces annulations rétroactives portaient une grande perturbation dans le commerce : aussi la législation fléchit dans sa rigueur. On équivoqua sur le jour de la faillite: au lieu de continuer à désigner par ce terme l'ouverture réelle de la faillite, c'est-à-dire la cessation de paiement, on ne voulut plus y voir que le jour du jugement qui déclarait la faillite qui, s'ouvrant réellement, dessaisit *de fait* le failli de l'administration de ses biens, et on rechercha s'il y avait bonne foi de la part de tous ceux qui avaient traité avec le failli dans l'ignorance du dessaisissement de droit établi par l'art. 442 du Code de 1808. Cette doctrine, approuvée, comme nous l'avons déjà dit, par M. Pardessus (*Cours de droit commercial*, nos 1119, 1120, 1121), fut très vivement attaquée par Boulay-Paty (nº 96), et M. Horson (*Quest. sur le C. comm.*, nos 155 et 156) y vit la réformation plutôt que l'interprétation de la loi.

505. — Le projet présenté en 1835 par le gouvernement donna pour point de départ au dessaisissement le jugement déclaratif, puis il frappa d'une présomption de fraude les actes faits depuis la cessation notoire de paiemens, sans toutefois exclure la preuve contraire et en permettant de valider les actes à l'égard des tiers qui justifieraient avoir traité de bonne foi dans l'ignorance du mauvais état des affaires du failli. Ce projet réservait en outre aux créanciers, conformément aux règles du droit commun, le droit de demander l'annulation des actes faits, à quelque époque que ce fût, en fraude de leurs droits.

506. — Une grande discussion s'engagea sur cette partie du projet. On réclama en faveur des tiers de bonne foi, qu'on exposait, disait-on, à l'impossibilité de faire une preuve négative. On critiqua la faculté de reporter la faillite à une date antérieure; on représenta surtout dans quelle situation défavorable se trouveraient les tiers porteurs de lettres de change; on répondait que la masse des créanciers avait, en prouvant la notoriété de la cessation de paiemens, en faisant déclarer cette notoriété et reporter l'ouverture de la faillite, fait toutes les justifications qu'on pouvait exiger d'elle, et que c'était aux tiers qui prétendaient être dans une situation exceptionnelle à faire aussi la justification que réclamaient leurs intérêts, réprouvant des exceptions que la rigueur des principes lui semblait devoir faire rejeter. M. Charamaule proposa un amendement ainsi conçu : « Tous actes passés avec le failli depuis la cessation notoire de ses paiemens seront nuls; toutes sommes par lui payées depuis cette époque seront rapportées à la masse. » Cet amendement fut rejeté. — Pour parer aux inconvéniens qui résultaient de la faculté pour les tribunaux de fixer l'ouverture de la faillite à une époque ancienne, divers amendemens furent produits pour limiter la durée de ce droit. M. Jacques Laffitte proposa de ne pas permettre de faire reporter la faillite à plus de vingt-quatre heures avant le jugement déclaratif. M. Mangin proposa le délai d'un mois. Ces amendemens furent rejetés. Les orateurs qui les combattirent firent remarquer l'inexactitude de cette expression *faillite reportée*. Ce n'était jamais que la déclaration d'un fait, d'une cessation de paiemens dont la date était ancienne. M. Teste insista vivement sur les inconvéniens d'un délai fixe : « Les débiteurs de mauvaise foi, disait-il, seront tenus pour avertis que, lorsqu'ils sentiront leurs affaires chanceler, ils pourront impunément faire tous les arrangemens propres à frauder leurs créanciers pourvu qu'ils sachent laisser un mois d'intervalle entre leurs derniers méfaits et la date de leur faillite. Durant ce mois même, leurs manœuvres frauduleuses seraient inattaquables s'ils savaient dissimuler les apparences ou du moins les preuves de la fraude. »

507. — La discussion se termina par l'adoption d'un article proposé par M. Mangin, et qui ne diffère de la loi actuelle que par la rédaction. « Tous actes ou paiemens faits par le débiteur dans l'intervalle qui s'est écoulé entre l'ouverture de la faillite et le jugement qui l'a déclarée, pourront être annulés s'ils ont eu lieu soit de mauvaise foi, soit avec connaissance de la part de ceux qui ont traité avec le failli. La chambre des pairs adopta le principe de cet amendement, qui subit dans sa rédaction d'assez importantes modifications, mais qui est resté la base de la loi actuelle. Après avoir fixé les effets du jugement déclaratif de faillite, on inséra dans la loi et on confia aux tribunaux le pouvoir de maintenir ou d'annuler les actes et les paiemens faits dans l'intervalle de la cessation de paiemens au jugement, selon leur nature et la bonne ou mauvaise foi des contractans.

508. — On supprima aussi comme inutile et résultant suffisamment du droit commun l'article du projet qui ouvrait aux créanciers du failli le droit de faire annuler les actes faits par leur débiteur en fraude de leurs droits.

509. — Aujourd'hui, d'après l'art. 446, la nullité atteint, en vertu de la présomption de la loi, certains actes faits dans l'intervalle qui s'est écoulé depuis le dixième jour avant la cessation des paiemens.

510. — L'art. 446, C. comm., porte : « Sont nuls et sans effet, relativement à la masse, lorsqu'ils auront été faits par le débiteur depuis l'époque déterminée par le tribunal comme étant celle de la cessation de ses paiemens, ou dans les dix jours qui auront précédé cette époque, tous actes translatifs de propriétés mobilières ou immobilières à titre gratuit; tous paiemens, soit en espèces, soit par transport, vente, compensation ou autrement, pour dettes non échues, et pour dettes échues, tous paiemens faits autrement qu'en espèces ou effets de commerce; toute hypothèque conventionnelle ou judiciaire, et tous droits d'antichrèse ou de nantissement constitués sur les biens du débiteur pour dettes antérieurement contractées. »

511. — Le délai de dix jours a été critiqué par quelques personnes qui ont ainsi raisonné : Si la faillite existe dans ces dix jours, pourquoi ne pas porter au commencement de ces dix jours l'ouverture de la faillite; si elle n'existe pas, pourquoi annuler les actes faits par le failli? Il y a d'ailleurs de l'arbitraire dans cette fixation d'un délai de dix jours, pourquoi pas quinze? pourquoi pas trente jours? Mais on ne saurait méconnaître l'utilité d'un délai antérieur pour diminuer les chances ou prévenir les tentatives de fraude. Quant à la fixation de ce délai à dix jours, elle n'a pour elle que l'autorité de la déclaration du roi de 1702.

512 — Le code de Hollande, après avoir établi (art. 769) que la faillite commence au jour de la déclaration du débiteur ou du jour de la déposition au greffe de la requête des créanciers ou du réquisitoire du ministère public, porte la période antérieure d'annulation à six jours pour les donations de biens, meubles et immeubles; et à cent vingt jours si le donataire est parent ou allié du donateur en ligne ascendante ou descendante au quatrième degré inclusivement (art. 775); à quarante jours pour les paiemens de dettes non échues (art. 773); à quarante jours pour le gage ou l'hypothèque dans les deux cas suivans : — 1º s'ils ont été consentis pour sûreté d'engagemens contractés avant ladite période; 2º s'ils sont consentis pour sûreté d'engagemens contractés pendant ladite période sans l'avoir été au moment de la convention originaire. Ces dispositions ne sont pas applicables aux hypothèques que le tuteur ou curateur est tenu de fournir pour sûreté de sa gestion (art. 774)

513. — On a considéré les dispositions à titre gratuit comme un détournement du gage appartenant aux créanciers; on a pensé qu'à dix jours de la cessation de ses paiemens, le débiteur devait connaître l'embarras de ses affaires, et on a préféré l'avantage des créanciers qui ont fourni des valeurs au failli à l'enrichissement de tiers qui veulent conserver un avantage.

514. — L'art. 446, C. comm., qui en matière de faillite prononce la nullité de certains actes faits depuis la cessation des paiemens ou dans les dix jours qui ont précédé cette époque, ne peut être invoqué que dans l'intérêt de la masse. — Le débiteur concordataire n'a aucun titre pour réclamer le bénéfice de cette disposition toute spéciale à la masse. — *Paris*, 3 déc. 1846 (t. 1er 1847, p. 111), Freslon c. Giraud; *Cass.*, 16 nov. 1840 (dans ses motifs (t. 1er 1841, p. 108); *Paris*, 24 janv. 1844 (t. 1er 1844, p. 272), Baincourt c. Darville; — Lainné, p. 66; Bioche, vº *Faillite*, nº 828. — V. aussi Esnault, nº 192.

515. — Les parties qui ont participé à ces actes sont également non-recevables à refuser de les exécuter. — *Cass.*, 5 août 1812, Asselin c. Malatra; — Goujet et Merger, vº *Faillite*, nº 184.

516. — Lorsque l'ouverture d'une faillite déclarée depuis la loi du 28 mai 1838 a été reportée à une époque antérieure à cette loi, la validité des actes intervenus entre le failli et des tiers doit être réglée d'après le Code de 1808 si ces actes ont été passés sous son empire. — *Colmar*, 31 oct. 1841 (t. 1er 1842, p. 563), Maille c. Mayer. — Les divers actes dont parle l'art. 446 feront la matière des articles qui vont suivre.

ART. 1er. — *Aliénation à titre gratuit.*

517. — L'art. 444 du Code de 1808 ne parlait que des actes translatifs de propriété immobilière; mais la loi actuelle a pensé qu'il n'y avait aucun motif de traiter plus favorablement la donation des propriétés mobilières plus dangereuses pour la masse, parce que les occasions en sont plus fréquentes, et qu'il est plus facile d'en effacer les traces.

518. — Comme nous le disions tout à l'heure d'une manière générale, la nullité prononcée par cet article n'est relative qu'à la masse et en faveur des créanciers. Quant au failli, il n'est pas personnellement libéré des effets des libéralités consenties par lui.

519. — L'annulation ne profite pas aux créanciers postérieurs, et si le prix des biens excède le montant des sommes dues à ceux qui ont droit de l'invoquer, le surplus demeure aux donataires. — Pardessus, nº 1138. — V. *contrà* Goujet et Merger, vº *Faillite*, nº 193.

520. — Des enfans ou autres intéressés non créanciers ne peuvent en exciper; et si le failli s'acquitte intégralement, les donataires sont bien fondés à demander l'exécution de la donation.

521. — Le testament fait par le commerçant déclaré en faillite après son décès serait frappé de la nullité prononcée par l'art. 446, 2e alinéa, quelle que fût la date inscrite dans ce testament, puisque la libéralité faite par testament n'est en droit censée faite qu'à l'époque du décès du testateur.

522. — L'annulation ne doit pas atteindre les dispositions rémunératoires faites en faveur de domestiques ou de commis; ce sera aux tribunaux à apprécier s'il y a une juste rémunération de services antérieurs, ou donation préjudiciable aux créanciers.

523. — M. Chardon, qui a écrit sous le Code de 1808, dont l'art. 444 annulait tous actes translatifs de propriété immobilière faits par le failli à titre gratuit dans les dix jours précédant l'ouverture de la faillite, enseigné dans son *Traité du dol et de la fraude*, t. 2, nº 238, que les donations faites par contrats de mariage sont des donations à titre onéreux plutôt qu'à titre gratuit.

524. — Mais aujourd'hui les termes absolus de l'art. 446 ne semblent pas permettre de douter que la constitution dotale faite par le failli en faveur de son enfant dans les dix jours avant la faillite devrait être annulée. — Bédarride, nº 107.

525. — Est nul et sans effet l'abandon d'un immeuble fait par le père à son fils en paiement de la somme qu'il lui avait constituée en dot avec réserve de l'acquitter en espèces ou en immeubles, lorsque cet abandon a eu lieu dans les dix jours qui précèdent l'époque à laquelle a été fixée la cessation de paiemens du père en faillite. — *Riom*, 20 juill. 1841 (t. 2 1842, p. 402), Quinsat.

526. — Il en serait de même pour toute donation faite avant les dix jours, mais qui n'aurait été acceptée que pendant ou après ce délai, puisque l'acceptation seule fait produire effet à la volonté de donner exprimée par le donateur. — Bédarride, nº 108; Locré, p. 183; Boulay-Paty, nº 85.

527. — Une donation antérieure à une faillite, mais transcrite seulement dans les dix jours qui la précèdent, n'est pas passible de la nullité portée par l'art. 444, C. comm. 1808 (aujourd'hui 446). — *Grenoble*, 17 juin 1822, Dossat c. Charvet et Durand; — Coin-Delisle, *Comment. sur les donat.*, art 94, nº 14; Bédarride, nº 109; Goujet et Merger, vº *Faillite*, nº 191.

528. — Mais si le donataire, au lieu de faire transcrire quelques jours avant l'ouverture de la faillite, avait retardé jusqu'après le jugement déclaratif, et si les syndics avaient valablement pris inscription au nom de la masse, soit avant la transcription, soit dans la quinzaine, la transcription serait sans effet parce que la masse chirographaire de la faillite serait saisie d'un droit réel antérieur. — Coin-Delisle, *ibid.*

529. — Jugé, sous le Code actuel, que la donation à cause de noces, faite par un donateur insolvable, connaissant son insolvabilité, et tombé depuis en faillite, est nulle, lors même que le donataire aurait été de bonne foi, et qu'il aurait été procédé au mariage à raison duquel la donation avait eu lieu. — *Grenoble*, 3 fév. 1842 (t. 1er 1844, p. 302), Boissat c. Colomb de Batines.

530. — Un partage dans lequel a figuré un individu déclaré ultérieurement en faillite n'est pas nul par cela seul qu'il a été fait dans les dix jours qui précèdent l'époque assignée à la cessation des paiemens. — Mais on peut annuler la cession faite par le failli de ses droits héréditaires, lorsqu'elle a eu lieu dans les dix jours de la cessation des paiemens, et qu'il est prouvé que le cessionnaire avait connaissance de la situation du cédant. — *Orléans*, 28 juill. 1843 (t. 1er 1844, p. 659), Chesneau c. Prevost-Hersant et Monin.

ART. 2. — *Paiement des dettes échues ou non échues.*

531. — L'art. 446, C. comm., frappe ensuite tous paiemens, soit en espèces, soit par transport, vente, compensation ou autrement; pour dettes non échues; et pour dettes échues, tous paiemens faits autrement qu'en espèces ou en effets de commerce.

532. — Le mot *dettes* ne signifie pas simplement des sommes d'argent, mais toutes choses dues. — Pardessus, nº 1139; Goujet et Merger, vº *Faillite*, nº 196.

533. — Si le failli avait vendu, avant les dix jours de la cessation de ses paiemens, des corps certains livrables à un certain terme, par un traité que la masse ne parviendrait pas à faire annuler, et si, dans les dix jours ou depuis le jugement déclaratif de faillite, il avait fait délivrance anticipée de ces objets, le paiement ne serait pas attaquable. Dès le jour de la vente, l'acheteur, quoique les objets ne fussent pas livrés, était devenu propriétaire, et puisqu'il aurait pu exiger la délivrance contre la masse, le failli a pu la lui faire valablement. — Pardessus, nº 1139. — V. aussi Gautier, *Etudes de jurisp. comm.*, nº 1403.

534. — Le paiement fait avant l'échéance ne deviendrait pas valable parce qu'il aurait lieu avec escompte. Nonobstant l'escompte, il y a toujours paiement d'une dette non échue. — Goujet et Merger, vº *Faillite*, nº 199.

535. — On avait jugé, sous le Code de 1808, qu'il y avait lieu d'annuler la vente d'un immeuble faite par le failli, sans date certaine avant les dix jours de la faillite, en ce qu'elle contenait une dation en paiement faite à l'un des créanciers au préjudice des autres, sauf à ce créancier à demander le recouvrement de sa créance comme en matière de faillite. — *Liége*, 21 avr. 1821, Gourmont c. Avril-Château.

536. — De même, sous le Code, il y a nullité dans le paiement d'une dette non échue opérée au moyen d'une compensation conventionnelle, c'est-à-dire de la remise d'un objet quelconque accepté par le créancier comme l'équivalent de la dette. En effet, lors de la discussion à la chambre des députés, un député, M. Parès, fit remarquer que le mot *compensation* employé dans l'art. 446, était impropre parce qu'il ne s'entend en général que de la compensation légale, et que cette compensation ne peut avoir lieu qu'à l'égard de *dettes échues*; mais on répondit que dans ce cas le mot *compensation* était pris dans le sens de ceux-ci : *dation en paiement*, et l'article ainsi expliqué fut adopté.

537. — Jugé que le paiement par compensation fait par un failli à un créancier entre l'époque de la cessation de paiemens et la déclaration de faillite ne tombe pas sous les dispositions de l'art. 446, C. comm. — *Metz*, 16 juill. 1845 (t. 2 1845, p. 580), Jollat c. Louis.

538. — Jugé, sous le Code de 1808, que des ventes d'immeubles consenties par un débiteur au profit de l'un de ses créanciers, en paiement des créances échues, n'étaient pas nulles de plein droit, si le jugement qui déclarait plus tard le vendeur en état de faillite en fixait l'ouverture à une époque antérieure à celle où les ventes avaient été faites; que de pareilles ventes pouvaient être déclarées valables, lorsque les juges reconnaissaient que les créances étaient réelles et sincères, et que l'acquéreur avait agi de bonne foi. — *Cass.*, 13 mai 1829, Bessoneau c. Moricheau-Beauchamp. — Une pareille décision ne saurait faire autorité sous l'art. 446, 3e alinéa, du Code de commerce actuel.

539. — S'il s'agit de dettes non échues, l'annulation s'étend *à tous paiemens*, soit en espèces, soit par transport, vente, compensation ou autrement.

540. — L'art. 446, C. comm. 1808, disait : « Toutes *sommes payées* pour dettes *commerciales non échues* sont rapportées. » La loi nouvelle a substitué à cette rédaction des termes plus explicites qui coupent court aux controverses qu'on avait tenté d'élever sur l'ancien article.

541. — Elle a également fait disparaître la distinction faite sans trop de raison entre les créanciers commerciaux et les créanciers civils; quand il y a faillite, tous les créanciers doivent être traités sur un pied d'égalité. — Renouard, *Tr. des faillites et banqueroutes*, t. 1er, p. 348.

542. — La seconde commission de la chambre des députés proposa d'annuler les paiemens *de dettes échues* quand ils auraient été faits par transport ou vente de partie des immeubles ou du mobilier du failli. Elle en donna pour motif que la présomption de la connaissance de la faillite devait s'étendre au créancier au profit duquel s'opère une dation en paiement. — MM. Bouet, Wustemberg et Galos (séance du 29 mars 1838) proposèrent de borner l'annulation des paiemens de dettes échues aux paiemens faits par vente de tout ou partie des immeubles du failli. Ils dirent que le mot *mobilier* comprend même les marchandises, les titres de créance et les effets de commerce; M. Sfourm proposa alors de substituer au mot *mobilier* les mots *meubles ou marchandises*, mais cet amendement était trop restreint, selon le garde des sceaux (M. Barthe). — M. Meynard insista pour la validité des paiemens en marchandises, en disant que c'est par ces paiemens que dans les provinces méridionales surtout se soldent habituellement les comptes courans, et il en concluait qu'il fallait assimiler les paiemens en marchandises aux paiemens en espèces. La discussion se termina par l'adoption d'un amendement de M. Hébert qui, pour éviter les difficultés attachées à l'interprétation des mots *meubles et mobilier*, proposa d'annuler les paiemens faits autrement qu'en *espèces ou effets de commerce*. Il résulte de là évidemment que les paiemens en marchandises sont compris dans l'annulation.

543. — Ce deuxième paragraphe de l'art. 446 est une conséquence du premier, il a le même principe pour base. En effet, il y a gratuité dans l'avantage qui procure au créancier une condition meilleure et qui soustrait sa créance au sort commun de toutes celles que la faillite enveloppera. Lorsqu'un débiteur paie une dette non échue, il donne au créancier une partie de biens qui ne lui appartient pas, qui est à la masse; il donne à ce créancier ce qu'il aurait perdu dans la répartition. De même pour une dette échue, il enrichit un créancier au détriment des autres.

544. — Il faut donc décider encore aujourd'hui comme on l'a jugé sous le Code de 1808, que le débiteur ne peut valablement payer, dans les dix jours ou le jour même de sa faillite, avec des marchandises de son magasin un billet antérieurement échu. — Le porteur du billet ne peut donner à ce fait le caractère d'une vente qui, le constituant à son tour débiteur envers le failli, le mettrait en droit d'opposer en compensation le montant du billet échu dont il est créancier. — *Rome*, 24 avr. 1813, Picard c. Lung.

545. — Le paiement d'une dette échue, fait par un individu déclaré postérieurement en état de faillite, est nul, lorsque le tribunal de commerce fixe l'ouverture de la faillite à une époque antérieure à celle où le paiement a été effectué, surtout si ce paiement n'a pas été accepté de bonne foi par le créancier. — *Metz*, 18 juin 1825, Grosjean c. Pousart.

546. — La faveur qui s'attache aux opérations consommées, la facilité de la circulation des effets commerciaux a fait excepter de l'annulation cette sorte de paiement des créances échues.

547. — Mais le transport, fait par le failli au débit du compte d'un tiers, d'une créance qu'il a contre un de ses débiteurs, ne peut être assimilé au paiement en espèces ou effets de commerce dont parle l'art. 446 du nouveau Code de commerce. — Dès lors, il est nul s'il a été fait dans les dix jours qui ont précédé la faillite. — *Rouen*, 5 janv. 1841 (t. 1er 1841, p. 282), Chouquet c. Paillette et Wood-Paillette.

548. — S'il s'agit de dettes échues, le créancier en se présentant à l'échéance chez son débiteur, ou même en le poursuivant, obtient son paiement en argent; il n'y a là rien que de tout naturel et de fort légitime.

549. Les art. 446 et 447, C. comm., qui déclarent valables les paiemens pour dettes échues effectués de bonne foi par le failli en espèces ou effets de commerce dans l'intervalle de la cessation de paiemens au jugement déclaratif, comprennent dans leur généralité non seulement les dettes échues avant la cessation de paiemens, mais encore celles échues depuis cette cessation et avant le jugement déclaratif. — *Cass.*, 17 fév. 1845 (t. 2 1845 p. 542), Marion et Brun c. Thiébault.

550. — Le paiement d'une dette échue et exigible, fait dans les dix jours qui ont précédé la faillite, est valable, si le créancier, quand il a touché, ignorait l'état des affaires du débiteur. — *Poitiers*, 28 avr. 1830, Dupont c. Servino.

551. — Le commanditaire qui, conformément au pacte social, a reçu les intérêts de ses fonds et les bénéfices acquis avant la faillite de la société, ne peut être tenu d'en faire le rapport à la masse des créanciers. — *Cass.*, 14 fév. 1810, Cardon c. Godet et Delépine. — V. par suite du renvoi prononcé par la cour de Cassation, *Paris*, 11 fév. 1811, qui se prononce en sens contraire. — Locré, dans son *Esprit du Code de commerce*, rend compte en ces termes de la discussion élevée sur cette grave question : « Pour soutenir que le commanditaire devait contribuer aux pertes dans la proportion des bénéfices qu'il a pu retirer précédemment de la société, on se fondait sur la justice due au gérant qui pourrait porter tout le poids d'une année malheureuse, quoiqu'il n'ait eu qu'une faible part aux bénéfices peut-être considérables des années précédentes; sur la justice due aux créanciers qui, ignorant la part qu'a le gérant dans la société, ont pu, trompés par les apparences, lui ouvrir un crédit supérieur à ses moyens; sur l'intérêt de favoriser les sociétés en commandite, auxquelles la disposition pourrait faire perdre tout crédit. — On a répondu que les bénéfices passés sont réputés consommés; qu'adopter la proposition, ce serait changer la condition du commanditaire, laquelle consiste essentiellement à ne pouvoir perdre plus que les fonds qu'il a mis en société; qu'on dégoûterait les capitalistes des sociétés en commandite, parce qu'aucun d'eux ne voudrait s'exposer à rapporter, peut-être après dix ans, le dividende qui a servi à pourvoir à ses dépenses journalières, à ses besoins; que le système de l'article existait déjà, et que, néanmoins, les sociétés en commandite obtenaient du crédit. » — M. Pardessus (nº 1805) pense qu'il faut se décider d'après les circonstances et la bonne foi des opérations. — M. Persil (*Des sociétés comm.*, p. 103 et suiv.), se range à l'avis de la cour de Paris. — V. aussi Malepeyre et Jourdain, p. 157.

552. — Un jugement rendu dans les dix jours antérieurs à la faillite du défunt est valable et peut servir de base à une poursuite de saisie immobilière. — *Nancy*, 9 juill. 1824, Villemain c. Delsop.

553. — Le créancier qui, avant la faillite de son débiteur, a obtenu, dans une distribution par contribution, la délivrance d'un bordereau de collocation est fondé à en exiger le paiement, bien qu'un jugement postérieur ait fait remonter l'ouverture de la faillite à une époque antérieure à cette délivrance. — *Bordeaux*, 16 nov. 1841 (t. 1er 1842, p. 335), Chauvet c. Laporte. — V. *contrà* Bédarride, nºs 114 et suiv.

554. — Jugé, sous le Code de 1808, que la cession d'une créance qui n'avait point acquis de date certaine avant la faillite du cédant, et qui n'avait pas été notifiée non plus d'une manière régulière au débiteur avant la même époque, devait néanmoins produire son effet, si elle avait été faite entre négocians, et qu'elle fût le résultat d'opérations commerciales faites de bonne foi. — *Cass.*, 7 janv. 1824, Gay c. de Wolmar. — Mais que les cessions de créances non signifiées aux débiteurs cédés avant les dix jours de la faillite du cédant n'avaient pas saisi les cessionnaires au préjudice des créanciers du cédant. — *Cass.*, 13 juill. 1830, Gaillard et Doyon c. Poncet.

555. — La cession consentie par un débiteur tombé depuis en faillite est nulle au regard de la masse des créanciers, lorsqu'elle n'a été notifiée que postérieurement au jugement déclaratif de la faillite. — *Cass.*, 4 janv. 1847 (t. 1er 1847), Laurent c. Langlier; 4 janv. 1847 (t. 2 1847), Calendeau c. Hervo. — Par suite des mêmes principes, la signification d'un transport de créance consentie par acte public antérieurement à la cessation de paiement du cédant pour garantir le solde d'un crédit ouvert à celui-ci est valable et saisit le cessionnaire vis-à-vis de la masse des créanciers, bien qu'elle ait eu lieu postérieurement à l'époque fixée

pour cette cessation, si d'ailleurs elle est antérieure au jugement déclaratif. — *Cass.*, 4 avr. 1847 (t. 1er 1847), Bureau et Allamon c. Bodin.

556. — Les actes de transport consentis par un individu tombé depuis en faillite pour dettes nouvellement contractées ne sont pas frappés de la nullité absolue prononcée par l'art. 446, C. comm., quoique faite depuis l'époque déterminée par la cessation de paiemens ou dans les dix jours qui ont précédé cette époque. — *Cass.*, 4 janv. 1847 (t. 1er 1847), Bureau et Allamon c. Bodin. — Au surplus le transport, même signifié avant le jugement déclaratif de la faillite, peut être déclaré nul, lorsque les juges constatent que le cessionnaire n'a pas fourni le prix des créances cédées, et que la cession n'a eu pour but que de couvrir le cessionnaire des sommes qui pouvaient ou pourraient lui être dues par suite de billets de complaisance non échus ou du paiement de traites tirées par lui dans le temps de la faillite. — *Cass.*, 4 janv. 1847 (t. 1er 1847), Calendeau c. Hervo.

557. — L'envoi de marchandises ou d'une somme d'argent en compte courant ne pourrait être considéré que comme une opération commerciale, et non comme un paiement. Il ne serait donc pas atteint par l'art. 446. — Bédarride, no 112. — Il en serait de même pour le solde que la balance du compte peut présenter. En effet, le règlement du compte rend le solde exigible; aucune difficulté ne saurait naître si ce solde inscrit à nouveau, un compte était ouvert immédiatement. L'envoi des marchandises serait considéré comme l'aliment de ce compte nouveau, plutôt que comme un paiement réel. Mais si le créancier, rompant toute relation, exigeait le remboursement du solde, il ne pourrait valablement l'obtenir qu'en espèces ou en effets de commerce. — Bedarride, no 117.

558. — L'envoi de marchandises, fait dans les dix jours qui ont précédé l'ouverture de la faillite, par le failli à un créancier, qui connaissait son état d'insolvabilité et voulait ainsi se couvrir de ses avances, est présumé fait en fraude des autres créanciers, et, dès-lors, ces marchandises doivent être rapportées à la masse. — *Liège*, 8 juill. 1812, Hemberg et comp. c. Chauvet. — V. aussi Esnault, no 184.

559. — Les paiemens faits par le failli le jour même de la faillite, sans distinction de l'heure à laquelle ils ont eu lieu, sont nuls, et les sommes reçues doivent être rapportées à la masse. — *Turin*, 22 août 1812, Zanotti c. Massonne. — Cette décision doit encore aujourd'hui faire autorité, elle s'appuie non sur ce que la dette est exigible ou non exigible, mais sur ce que, du jour de la faillite, le failli est dessaisi de l'administration, et d'ailleurs, la distinction à faire entre les opérations d'un même jour est trop vague et prête à l'arbitraire.

560. — Lorsque des marchandises ont été déposées frauduleusement au Mont-de-Piété par le failli postérieurement à l'époque où l'ouverture de la faillite a été reportée, les syndics ont le droit de revendiquer les reconnaissances de ce dépôt à l'égard du tiers-détenteur qui avait connaissance de la cessation de paiemens au moment où il en a obtenu la cession de la part du failli. — *Aix*, 4 juin 1845 (t. 1er 1846, p. 232), Ancelin c. Florès.

561. — Les envois de marchandises faits entre le jour auquel l'ouverture de la faillite est reportée et le jugement qui la déclare ne constituent pas des paiemens en marchandises qui, aux termes de l'art. 446, C. comm., devraient être frappés de nullité, lorsque ces marchandises ont été remises à un commissionnaire pour les vendre, et que ce dernier en a imputé le prix sur sa créance exigible. — *Metz*, 26 mars 1846 (t. 2 1846, p. 621), Hacquart c. Dupont.

562. — M. Bédarride (*Traité des faillites*, t. 1er, no 112) décide que l'on ne doit pas considérer comme paiement anticipé de marchandises l'envoi de marchandises en compte courant; il est vrai, dit-il, que tant que le compte courant n'est pas balancé, il n'y a pas dette échue; mais l'envoi d'argent ou de marchandises entre deux correspondans dans l'habitude depuis long-temps d'agir ainsi, ne caractérise pas un véritable paiement; c'est là une opération commerciale dont la répétition et la fréquence alimentent et constituent ce compte; elle n'a donc rien de suspect ni de contraire aux habitudes commerciales. Celui qui a reçu ce dernier envoi s'est conformé à des précédens dès long-temps établis, et qu'il pouvait de très bonne foi croire durer long-temps encore; il n'y a en conséquence, dans ce fait, ni déloyauté ni fraude, et comme c'est l'une ou l'autre que la loi a voulu seulement proscrire, il faudrait, pour l'obliger à restitution, prouver qu'il n'a reçu qu'après avoir connu la déconfiture de son correspondant.

563. — Le créancier dont le paiement est annulé doit rapporter ce qu'il a reçu. Cependant s'il avait disposé des marchandises ou autres objets semblables à lui délivrés, la masse des créanciers n'a pas le droit de suite contre les tiers; elle ne peut exiger du créancier tenu au rapport qu'une somme égale au montant de la dette acquittée, ou, si elle alléguait une vilité d'évaluation dans les choses délivrées, la véritable valeur de ces choses. — Pardessus, no 1120.

564. — Les intérêts des sommes indûment touchées sont rapportables par le créancier, de même que le principal. — Goujet et Merger, vo *Faillite*, no 204.

565. — Les questions relatives à la validité des paiemens faits par le failli depuis la cessation de ses paiemens ou dans les dix jours qui ont précédé cette cessation doivent être considérées comme concernant la faillite, et, par suite, comme étant de la compétence du tribunal de commerce du failli, quels que soient d'ailleurs le domicile et la qualité du défendeur. — *Bourges*, 18 mars 1843 (t. 1er 1844, p. 554), Bonnichon c. Jobier.

566. — Les contestations en matière de faillite ne sont pas indistinctement et d'une manière absolue de la compétence des tribunaux de commerce. — Spécialement, l'action intentée par les syndics d'une faillite contre un individu non commerçant pour le contraindre à rapporter à la masse une somme qu'il aurait frauduleusement reçue du failli n'est pas une action commerciale rentrant à ce titre dans la juridiction du tribunal de commerce. — Mais est de la compétence du tribunal de commerce l'action dirigée par les syndics d'une faillite contre un individu non commerçant, dans le but de faire reporter l'ouverture de la faillite à une époque antérieure. — *Rouen*, 13 août 1842 (t. 1er 1843, p. 641), Carité c. Godalier.

567. — A cette annulation prononcée par le no 2 de l'art. 446 une modification a été cependant prononcée dans l'intérêt des tiers porteurs d'effets de commerce dont la bonne foi ne saurait être le plus souvent suspectée. Les effets de commerce sont une sorte de monnaie dont il ne faut pas altérer la valeur. Les porteurs à l'échéance sont dans la nécessité de recevoir ou de faire constater le refus par un protêt. Si le paiement est effectué, le protêt ne peut être fait; et, sans le protêt, pas de recours contre le tireur et les endosseurs. On ne pourrait sans injustice admettre une règle qui leur enlèverait en même temps les valeurs qu'ils ont reçues et leur recours contre les endosseurs; ils ont été dans la nécessité de recevoir, ils conserveront le paiement. Mais s'il a été reçu à la décharge d'un précédent obligé, ce sera contre celui-ci que l'action en rapport devra être exercée. — C'est en ces termes que M. Tripier exposait à la chambre des pairs les motifs de l'art. 449, qui porte que dans les cas où des lettres de change auraient été payées après l'époque fixée comme étant celle de la cessation de paiemens et avant le jugement déclaratif de la faillite, l'action en rapport ne pourra être intentée que contre celui pour compte duquel la lettre de change aura été fournie. — S'il s'agit du billet à ordre, l'action ne pourra être exercée que contre le premier endosseur.

568. — La remise de traites faite par un tiers pour le compte d'un négociant failli, et postérieurement à la faillite de celui-ci, est valable, si elle a eu lieu en exécution de conventions antérieures à la faillite. — *Cass.*, 11 juill. 1837 (t. 2 1837, p. 384), Ducarrey c. Labalette.

569. — Celui pour le compte duquel la lettre est tirée peut être le tireur lui-même et peut être un tiers; alors le tireur n'est qu'un mandataire et la répétition ne peut avoir lieu contre lui.

570. — Mais remarquez que, pour que le tiers porteur revendique le bénéfice de l'art. 449, il faut: 1o que le paiement ait été effectué pour dettes échues; — 2o qu'il ait été réalisé en espèces ou effets de commerce. A ces conditions, les créanciers ne sauraient demander contre personne le rapport de la somme payée si elle a été versée avant la cessation de paiemens, l'eût elle été dans les dix jours qui ont précédé cette cessation.

571. — Le tiers porteur d'une lettre de change, qui en a reçu le montant du tireur à une époque postérieure à celle où la faillite de celui-ci a été reportée, mais avant le jugement déclaratif de cette faillite, ne peut être tenu d'en restituer le montant à la masse, alors qu'il résulte des faits et circonstances: 1o que la lettre était pour le compte du tireur, et non pour celui du tiers porteur (ce qui rend inapplicable à celui-ci l'art. 449, C. comm.); — 2o que le tiers porteur ignorait, lors du paiement, l'état des affaires du tireur. Il est protégé par l'art. 447, C. comm. — *Cass.*, 16 juin 1846 (t. 2 1846, p. 90), Mellonas c. Chaine.

572. — Dans l'un et l'autre cas de l'art. 449, il faudra prouver que celui à qui on demande le rapport avait connaissance de la cessation de paiemens à l'époque de l'émission du titre qui peut remonter bien avant la cessation de paiement.

573. — Si le tiers porteur avait eu, au moment de son intervention dans la négociation, connaissance de la fraude tentée par son cédant, il ne serait plus de bonne foi, et on devrait lui rendre commune la peine portée contre l'auteur de la fraude. — Bédarride, no 140.

ART. 3. — *Hypothèque, antichrèse et nantissement.*

574. — L'art. 443 du Code de 1808 frappait de nullité les hypothèques prises en vertu d'un titre nouveau et pour sommes actuellement prêtées; c'était priver un négociant de contracter un emprunt dont le secours pouvait lui faciliter le rétablissement de ses affaires.

575. — Ainsi sous ce Code, un contrat de nantissement n'était pas valable, s'il avait été fait dans les dix jours qui avaient précédé l'ouverture de la faillite. — *Aix*, 4 fév. 1834, Kiar Galula c. Chapelié.

576. — De même était nulle l'hypothèque acquise dans les dix jours qui précédaient l'ouverture de la faillite, aussi bien dans le cas où les tribunaux faisaient remonter l'ouverture de la faillite à une époque antérieure à la déclaration que dans le cas où elle demeurait fixée au jour même de cette déclaration. — *Paris*, 26 fév. 1835, Bony c. de Joly. — Toutefois, on ne devait pas considérer comme acquise dans les dix jours qui avaient précédé la faillite l'hypothèque judiciaire d'un créancier qui avait obtenu un jugement par défaut et ensuite un nouveau jugement de débouté d'opposition rendu dans ces dix jours. — *Orléans*, 7 juill. 1826, Traverse c. Blanche.

577. — ... Et les hypothèques acquises dans les dix jours précédant l'époque à laquelle avait été reportée, par un second jugement, la date de l'ouverture d'une faillite, étaient atteintes de la même nullité que celles acquises dans les dix jours précédant la déclaration de faillite. — *Cass.*, 15 mars 1830, Bonnet-Cibié c. Chapelier.

578. — Aussi le Code actuel n'a-t-il fait porter la prohibition que sur les hypothèques conventionnelles ou judiciaires, sur les droits d'antichrèse ou de nantissement constitués dans les dix jours qui précèdent la cessation de paiemens pour dettes antérieurement contractées. — V. Esnault, no 186.

579. — L'hypothèque consentie pour prêt nouveau avant le jugement déclaratif doit donc être maintenue pourvu que la somme pour laquelle elle a été constituée ait été réellement comptée au moment même de l'acte.

580. — Si le créancier chirographaire, ajoutant quelque chose à sa créance antérieure, se faisait consentir une hypothèque pour le tout, il faudrait annuler l'hypothèque, si la somme nouvellement versée n'avait eu pour objet que d'éluder la loi; mais si la somme prêtée est importante, s'il résulte des circonstances que le contrat récent est sérieux, l'hypothèque doit être seulement réduite jusqu'à concurrence du montant du prêt dont le débiteur aurait profité en dernier lieu. — Bédarride, no 123.

581. — Pour être valable en cas de faillite, le nantissement qui a lieu dans les dix jours qui précèdent la cessation de paiemens doit être constitué au moment même où la dette est contractée. — — Toutefois, lorsqu'un individu acquitte, sans y être obligé, pour le compte d'une maison de commerce, le montant d'un billet, en vue d'un nantissement qui doit lui être donné, on ne peut, en cas de faillite de la maison de commerce, considérer la dette contractée par elle au profit de celui qui a payé le billet comme antérieure au nantissement, alors surtout que la remise de ce nantissement a suivi de deux jours seulement le paiement du billet. — Mais, encore bien que celui qui a fait une avance de fonds à une maison de commerce ait exigé en échange des traites, protestées plus tard faute d'acceptation, le nantissement qu'il reçoit ultérieurement comme garantie du reliquat que lui doit la maison de commerce, n'en a pas moins pour cause une créance antérieure à sa constitution, et rentre, dès-lors, dans le cas prévu par le dernier paragraphe de l'art. 446, C. comm. — *Rouen*, 4 juill. 1842 (t. 2 1842, p. 117), Staub et comp. c. Houllier.

582. — L'art. 446, C. comm., qui déclare que nul ne peut acquérir de privilége sur les biens du failli dans les dix jours qui précèdent la faillite, n'est point applicable au privilége du commissionnaire. — C. comm., art. 93 et 446. — Le vendeur des marchandises est sans qualité pour contester le privilége du commissionnaire, la loi n'ayant déclaré nuls les actes intervenus dans les cas de l'art. 446 que contre le failli au profit de tous les créanciers,

et non dans l'intérêt individuel d'un créancier. — *Douai*, 29 nov. 1843 (t. 2 1844, p. 154), Carlier c. Courvoisier.

583. — Le dernier alinéa de l'art. 446, C. comm., mettant un terme aux difficultés qu'avait fait naître la rédaction de l'art. 443, C. comm. de 1808, ne parle pas des hypothèques légales. En effet, il n'y a pas de fraude à craindre à cet égard, puisque ces hypothèques ne procèdent pas de la volonté de l'homme, mais de la force de la loi, qui, dans presque tous les cas, les dispense d'inscription. — Renouard, t. 1er, p. 352. — V. aussi Esnault, no 221.

584. — M. Pardessus (no 1135) fait cependant une distinction. Si un commerçant faisait faillite, et si la cessation de ses paiemens était reportée de manière que son contrat de mariage se trouvât avoir été passé dans les dix jours antérieurs, sa femme n'aurait pas d'hypothèque sur ses biens. Il en serait de même pour l'hypothèque de l'état ou des établissemens publics sur les receveurs et autres comptables. Il y a eu stipulation libre, et par conséquent possibilité de tromper les tiers. — Mais, si un commerçant perd sa femme quelques jours avant la cessation de paiemens, et reste tuteur de ses enfans, ou si, dans les dix jours, il est élu à une tutelle, c'est la loi qui l'oblige d'accepter, même malgré lui. Dans ce cas, l'hypothèque légale des mineurs est valablement acquise.

585. — Quant aux priviléges, il n'y a plus que ceux qui résultent du nantissement et de l'antichrèse qui soient frappés par l'art. 446, 3e alinéa. Tous les autres sont, en effet, attachés par la loi à la nature de la créance. — V. Renouard, t. 1er, p. 353. — Quant à l'acte de nantissement, s'il a été consenti en même temps que l'obligation principale, mais long-temps avant la mise en faillite du débiteur, il est valide et saisit le créancier gagiste vis-à-vis de la masse, encore que la signification de l'acte n'ait pas eu lieu avant la cessation de paiement, si d'ailleurs elle a précédé le jugement déclaratif de faillite. — *Cass.*, 4 janv. 1847 (t. 1er 1847), Maury c. Odonrech.

586. — On ne peut se dissimuler qu'il reste encore une objection sérieuse à faire contre le système de l'art. 446 relativement aux hypothèques. Cette disposition enlève à un négociant une ressource dont il eût pu se servir sans en abuser : pressé par le créancier porteur d'un titre échu, il eût pu apaiser ses poursuites en lui consentant une affectation hypothécaire.

587. — Une obligation, bien que souscrite après la faillite du débiteur, est valable s'il est prouvé qu'elle a sa cause dans une dette légitime et bien antérieure à cette faillite. — *Paris*, 26 déc. 1810, Lefrançois c. Gerbé et Duchesne.

588. — Quant aux inscriptions hypothécaires, l'art. 443, C. comm. de 1808, reproduisait l'art. 5, L. 11 frim. an VII, et l'art. 2146, C. civ., d'après lesquels les inscriptions prises dans les dix jours précédant la faillite ne conféraient pas la vie à l'hypothèque.

589. — Ainsi le créancier qui n'avait fait inscrire que dans ce délai un titre même antérieur, n'était qu'un simple créancier chirographaire. — *Grenoble*, 20 fév. 1809, Laugier c. Bardarague.

590. — ... Le créancier d'un failli, en vertu d'un jugement obtenu plus de dix jours avant l'ouverture de la faillite devait, sous l'empire du Code civil, s'il n'avait pas pris d'inscription, ou s'il n'en avait pris qu'après la faillite, être rangé dans la classe des créanciers chirographaires, et subir la loi du concordat passé entre ceux-ci et le débiteur failli. — *Cass.*, 19 déc. 1809, Berges c. Ollié.

591. — ... Le jugement obtenu avant les dix jours précédant la faillite n'emportait pas hypothèque sur les biens du failli, lorsqu'il n'y avait eu inscription prise que dans les dix jours. — *Nîmes*, 21 janv. 1807, Lacombe c. Bernard.

592. — Sous le Code de commerce de 1808, l'inscription qui avait pour objet la conservation d'un privilége était nulle lorsqu'elle avait été prise dans les dix jours de la faillite du débiteur. — *Cass.*, 16 juill. 1818, Berthier c. Rachais.

593. — L'inscription prise avant les dix jours précédant la faillite, mais à une époque postérieure à celle où un jugement en faisait remonter l'ouverture, était nulle, encore que le créancier eût agi de bonne foi. — *Cass.*, 8 août 1831, Cantenat c. Chicou-Bourbon; *Bordeaux*, 6 mars 1829, mêmes parties.

594. — Aujourd'hui, toutes hypothèques, tous priviléges valablement acquis, soit avant, soit après la cessation de paiemens, pourront être inscrits jusqu'au jugement déclaratif de la faillite. — C. comm., art. 448. — La seule condition pour qu'elles ne puissent être attaquées, c'est qu'entre l'acquisition du droit et son inscription, il ne se soit pas écoulé quinze jours. — V. Esnault, no 190. — V. aussi au *Moniteur* du 3 avr. 1838 la discussion qui s'est engagée, dans la chambre des députés, sur cet article du projet.

595. — La faculté d'inscrire dans la quinzaine s'applique à toutes hypothèques, à tous priviléges *valablement acquis*. Donc, le titre hypothécaire ou le privilége résultant du nantissement pour dettes antérieures doit avoir été consenti, le jugement pour l'hypothèque judiciaire doit avoir été obtenu avant la cessation de paiemens et les dix jours qui l'ont précédée ; autrement l'un et l'autre tomberaient sous l'application de l'art. 446 ; et, non-seulement l'inscription, mais le droit au fond serait annulé. — Bédarride, no 129. — Un emprunt hypothécaire est si éloigné des habitudes commerciales, que celui qui le contracte serait présumé dans un état de gêne. Le créancier hypothécaire aurait pu se prêter à cacher ainsi son droit de préférence, sauf à ne le démasquer qu'au moment où le mauvais état des affaires du débiteur le forcerait à suspendre ses paiemens; cette mention aurait trompé la bonne foi des tiers et abusé les créanciers ; tel est le motif de la deuxième disposition de l'art. 448, tel que l'exposait M. Quénault dans son Rapport à la chambre des députés.

596. — Néanmoins, porte cette seconde disposition, les inscriptions prises après l'époque de la cessation des paiemens, ou dans les dix jours qui la précèdent, pourront être déclarées nulles, s'il s'est écoulé plus de quinze jours entre la date de l'acte constitutif de l'hypothèque ou du privilége et celle de l'inscription. — Ce délai sera augmenté d'un jour à raison de cinq myriamètres de distance entre le lieu où le droit d'hypothèque aura été acquis et le lieu où l'inscription sera prise.

597. — Des termes de l'art. 448 (deuxième alinéa) il résulte que le délai de quinzaine fixé par l'art. 448 est franc. — Esnault, no 215.

598. — Mais cet article ne punit que la fraude ou la faute, et non l'impossibilité d'agir; si donc le défaut d'inscription dans la quinzaine n'est dû ni à la connivence, ni à la négligence, s'il est le résultat de la force majeure, de circonstances fortuites, le tribunal aura la faculté de maintenir l'inscription.

599. — Le renouvellement d'inscription ne donnant aucun droit nouveau et conservant seulement ceux qui ont été antérieurement acquis, ne peut éveiller aucune idée de fraude et de préjudice. Il peut donc être réalisé à quelque époque que ce soit. — Troplong, *Comment. hyp.*, t. 3, p. 46; Bédarride, no 132; Esnault, no 224. — V. PRESCRIPTION HYPOTHÉCAIRE.

ART. 4. — *Actes passés après la cessation de paiemens avec la connaissance de cette cessation.*

600. — Le paiement fait par un individu déclaré postérieurement en état de faillite, et reçu de bonne foi par son créancier dans un temps où la faillite n'était ni déclarée ni connue, et où *il est constant que le débiteur jouissait de la confiance publique*, était valable sous l'empire des ord. de 1673 et 1702, quoique le jugement déclaratif de la faillite en fixât l'époque au jour de ce paiement. — *Cass.*, 22 juill. 1823, Stuber c. Warens.

601. — Sous le Code de 1808, les actes faits par le failli dans l'intervalle écoulé entre l'époque fixée pour l'ouverture de sa faillite et le jugement qui l'a déclarée, étaient présumés frauduleux et devaient être annulés à l'égard même de ceux qui avaient contracté avec le failli, à moins que ces derniers ne prouvassent d'une manière incontestable qu'ils ignoraient le dérangement des affaires du failli et qu'ils étaient de bonne foi. — *Bordeaux*, 27 juin 1828, Duclaud c. Brisson.

602. — Les paiemens faits par le failli, dans l'intervalle du jour de la déclaration de faillite au jour où était fixée l'ouverture de la faillite, n'étaient pas nuls de plein droit. — La nullité ne pouvait être déclarée, lorsque ces paiemens avaient été faits de bonne foi et dans l'ignorance de la position malheureuse du débiteur — *Colmar*, 26 fév. 1833, Witz-Witz, Daguenet c. Schmaltzer-Hartmann et Grimm; *Cass.*, 17 mars 1829, Cretais c. Leroy.

603. — Toutes opérations faites avec le failli, postérieurement à l'époque fixée pour l'ouverture, quoique antérieurement à la déclaration de faillite, par un créancier qui avait connaissance de la situation des affaires de son débiteur, et qui agissait de concert avec lui, étaient nulles, et toutes les sommes reçues par lui devaient être rapportées à la masse. — *Liége*, 20 mars 1824, N...

604. — Les paiemens faits par le failli dans le temps intermédiaire entre sa déclaration de faillite et le jour auquel on l'avait fait remonter plus tard, devaient être réputés frauduleux, et par conséquent nuls, si le créancier avait eu connaissance de l'état d'insolvabilité du débiteur. — *Cass.*, 2 juill. 1834, Duval Liard c. Demiannay.

605. — Avant la loi de 1838 sur les faillites, les engagemens commerciaux contractés par le failli dans l'intervalle qui s'était écoulé entre l'ouverture de la faillite et le jugement déclaratif pouvaient être considérés comme frauduleux, lorsque l'état d'insolvabilité du failli était connu de celui qui avait traité avec lui. — *Cass.*, 1er déc. 1840 (t. 1er 1841, p. 162), Lesage-Prieur c. Lepeltier.

606. — Le Code actuel dispose (art. 447) : « Tous autres paiemens faits par le débiteur pour dettes échues, et tous autres actes à titre onéreux par lui passés après la cessation de ses paiemens et avant le jugement déclaratif de faillite, pourront être annulés si, de la part de ceux qui ont reçu du débiteur ou qui ont traité avec lui, ils ont eu lieu avec connaissance de la cessation de ses paiemens. »

607. — S'il s'agit d'un versement fait depuis la cessation des paiemens, il est certain qu'il y a préjudice pour les créanciers qui sont privés de la part contributive qui leur était dévolue sur les sommes qui ont été payées.

608. — S'il s'agit d'un acte à titre onéreux, il faudra rechercher s'il y a grief pour les créanciers dans l'exécution de l'opération concertée. Ce qui doit en ce cas déterminer l'annulation, c'est le préjudice que les créanciers pourront souffrir. — Bedarride, no 119.

609. — L'art. 447, C. comm., ne s'occupe plus du délai des dix jours précédant la faillite; il prend seulement en considération l'époque fixée par le tribunal de commerce pour la cessation de paiemens et l'époque du jugement déclaratif qui a engendré le dessaisissement du failli. Il n'y a plus présomption de fraude contre les actes à titre onéreux passés par le failli durant cet intervalle, pendant lequel il n'était pas dessaisi de l'administration, ni contre les paiemens de dettes échues faits alors en espèces ou en effets de commerce. Le seul droit qui reste aux créanciers c'est de prouver que ceux qui ont traité avec le failli avaient connaissance de la cessation de ses paiemens. — Donc si le créancier du failli qui a touché de celui-ci des sommes pour effets échus entre l'époque de la faillite déclarée et de la faillite reportée a toujours été de bonne foi, il ne doit rien rapporter à la masse. — *Cass.*, 12 fév. 1844 (t. 1er 1844, p. 277), Joursaurault c. Deren.

610. — Lorsque la lettre du vendeur annonçant qu'il exécutera la commission et qu'il va expédier les marchandises n'est remise au domicile du failli qu'après l'ouverture de la faillite, la vente est réputée postérieure à la faillite. — *Caen*, 7 août 1820, Durand c. Delongerais.

611. — La connaissance que le créancier avait, au moment du contrat, de l'état d'insolvabilité de son débiteur, suffisait, sous l'empire du Code de commerce de 1808, pour entraîner la nullité du transport consenti par ce dernier à son profit, dans l'intervalle écoulé entre le jugement déclaratif de la faillite du cédant et le jour auquel elle a été reportée. — *Colmar*, 31 déc. 1841 (t. 1er 1842, p. 563), Maille c. Mayer.

612. — Le bail verbal consenti au profit d'un individu tombé depuis en faillite est obligatoire pour ses créanciers s'il n'est pas attaqué par eux comme fait frauduleusement. — *Paris*, 23 mars 1833, Rousseau c. Gabaud.

613. — La faillite d'un négociant ne suffit pas pour faire déclarer frauduleuse une vente faite peu de temps avant, s'il n'y a d'ailleurs aucun autre soupçon ni preuve de fraude. — *Paris*, 11 mai 1812, Remaud et Trabé c. Larchevêque et l'intendant de la couronne.

614. — L'acheteur ne peut se prévaloir de la faillite du vendeur, et refuser sur ce motif de prendre livraison des marchandises qui lui ont été vendues antérieurement à la faillite et d'en payer le prix, surtout si les marchandises ne se trouvent encore dans les magasins du failli que par le fait de l'acheteur, qui a prié de différer la livraison. — *Cass.*, 4 août 1812, Asselin c. Malatra.

615. — Jugé, sous le Code de 1808, que la vente faite pardevant notaire, publiquement à l'enchère, d'un immeuble dont l'un des créanciers inscrits s'est rendu adjudicataire, était nulle si, quatre jours après l'adjudication, le vendeur déclarait sa faillite, qu'un jugement du tribunal de commerce reportait à une époque antérieure à la vente. — *Bruxelles*, 8 juin 1822, Buysschaert-Vanbarlem.

616. — On a voulu laisser aux tribunaux plus de latitude; aussi, dans la seconde discussion à la chambre des députés (séance du 30 mars 1838), on a rejeté un amendement qui portait : *Devront* être annulés, au lieu de : *pourront*. M. Quénault, rapporteur, a exprimé la confiance que les tribunaux seraient assez éclairés pour distinguer les actes susceptibles de porter préjudice à la masse de ceux qui auraient trop peu d'importance pour produire

cet effet. — Jugé que l'appréciation que les cours royales peuvent faire de la fraude échappe à la cour de Cassation. — *Cass.*, 13 juill. 1820, Gaillard et Doyen c. Poncel ; 3 fév. 1829, Bourdin c. Marel ; 1er déc. 1840 (t. 1er 1841, p. 162), Lesage-Prieur c. Lepelletier ; 17 mars 1829, Crétord c. Leroy ; 12 fév. 1844 (t. 1er 1844, p. 277), Joursaurault c. Deren.

617. — Une vente faite par le failli, dans les dix jours qui ont précédé l'ouverture de la faillite, ne peut être attaquée, lorsqu'un jugement passé en force de chose jugée l'a déclarée exempte de fraude, que la majorité des créanciers l'a d'ailleurs approuvée, en traitant avec l'acquéreur, et qu'enfin les autres créanciers, loin d'avoir intérêt à l'attaquer, y trouvent au contraire un avantage. — *Cass.*, 24 nov. 1817, Guebhard c. Bonamy.

618. — Le jour auquel un jugement de déclaration de faillite en reporte l'ouverture est toujours compris, sans distinction d'heure ni d'instans, dans le temps de la faillite. En conséquence, est nul le paiement fait le jour de l'ouverture de la faillite, quand bien même les causes qui ont amené l'état de faillite n'auraient été connues du failli que quelques heures après ce paiement. — *Rouen*, 12 juill. 1825, Le Couteulx c. Cavelan.

619. — L'art. 442, C. comm. 1808, faisant partir le dessaisissement du jour de la faillite (et non, comme l'art. 443 actuel, du jour du jugement déclaratif), on jugeait avec raison que tous paiemens faits par le failli entre l'époque de la faillite et le jugement qui avait fixé cette époque, étaient nuls ; en conséquence, le créancier payé était tenu de rapporter la somme par lui reçue. — *Bruxelles*, 28 mars 1823, N... ; — Bioche et Goujet, *Dict. de procéd.*, vo *Faillite*, art. 3, sect. 2e, § 3, édit. 2e.

620. — Les paiemens reçus par un créancier après l'époque à laquelle a été reportée l'ouverture de la faillite du débiteur, donnent lieu, au profit de la masse, à une action en rapport, alors qu'il est reconnu en fait que, lors des paiemens, ce créancier connaissait l'état d'insolvabilité du débiteur. — *Cass.*, 1er juin 1840 (t. 2 1840, p. 482), Feminier c. Arnac. — Mais le créancier qui par suite d'une saisie-arrêt formée entre les mains du locataire d'un commerçant depuis tombé en faillite a touché les loyers dus à celui-ci, ne doit pas en faire rapport à la masse, lors même que l'ouverture de la faillite serait reportée à une époque antérieure au paiement. Mais malgré la saisie-arrêt, les loyers à échoir appartiennent à la masse. — *Rouen*, 25 juin 1828, Desloyes c. Chaubern.

621. — La présomption de fraude établie contre tous les actes ou engagemens faits ou contractés par le failli, soit dans le délai déterminé par la loi avant l'ouverture de la faillite, soit depuis l'époque fixée pour cette ouverture, ne peut être invoquée que contre le failli et au profit de la masse des créanciers. — Un simple créancier n'est recevable à demander, dans son intérêt personnel, la nullité des actes ainsi faits par le failli qu'autant qu'il établit qu'il y a eu fraude de la part du tiers avec lequel le failli a traité. — Spécialement, le créancier d'un failli qui a reçu en paiement, postérieurement à l'époque à laquelle la faillite a été reportée, des billets souscrits par un tiers, ne peut être tenu de les rapporter à ce dernier personnellement s'il les a reçus de bonne foi. — *Cass.*, 19 nov. 1840 (t. 1er 1841, p. 108), Lefrançois c. Brodard.

622. — Était nulle, sous le Code de commerce de 1808, la vente faite par un failli dans l'intervalle écoulé entre la cessation de ses paiemens et le jugement déclaratif de la faillite, lorsque l'acquéreur avait eu connaissance de la cessation de paiemens. — *Caen*, 19 juill. 1842 (t. 1er 1843, p. 186), Lamy c. Guidon.

623. — Les tribunaux ne peuvent prononcer la nullité de la vente, faite plus de dix jours avant la cessation réelle de ses paiemens, à son frère par le failli, des bateaux servant à l'exploitation de son industrie, s'il n'est pas établi par les preuves les plus claires que l'acquéreur a été en participation de fraude et de collusion avec le failli. Mais ces circonstances que la vente a été passée entre deux frères, sans bourse délier et à une époque très prochaine de l'ouverture de la faillite, suffit pour faire rejeter la demande en dommages-intérêts formée par l'acquéreur contre le demandeur en nullité de la vente. — *Bruxelles*, 24 mars 1810, Doublestein c. Colson.

624. — Celui qui a indûment reçu une somme doit rapporter non seulement à la masse le capital, mais aussi les intérêts, non pas seulement du jour de la demande en restitution, mais depuis l'indû paiement — *Cass.*, 2 juill. 1834, Duval Liard c. Demiannay ; — Renouard, t. 1er, p. 361 ; Esnault, no 228.

625. — Les créanciers qui, par suite du report de l'ouverture d'une faillite, sont obligés de rapporter à la masse une somme qu'ils avaient collectivement reçue du failli, ne peuvent être condamnés solidairement à effectuer ce rapport. — *Nancy*, 24 janv. 1842 (t. 2 1842, p. 557), Aragais c. Bazin ; — Esnault, no 231.

CHAPITRE V. — *Nomination du juge commissaire.*

626. — L'ancien Code de commerce avait sagement chargé de la surveillance de l'administration de la faillite un des membres du tribunal, désigné sous le nom de *juge-commissaire* ; la loi du 28 mai 1838 a conservé cette mesure, et la nomination et les fonctions du juge-commissaire ont été fixées ainsi qu'il suit.

627. — Par le jugement qui déclarera la faillite, le tribunal de commerce désignera l'un de ses membres pour juge-commissaire. — Art. 451. — Il est nommé pour toute la durée des opérations de la faillite ; ses fonctions commencent à l'instant même de sa nomination jusqu'à la liquidation définitive ou jusqu'à ce qu'un concordat ait fait cesser l'administration des biens du failli. — Pardessus, no 1142 ; Esnault, no 254.

628. — Bien que le failli eût été admis au bénéfice de cession par le tribunal civil au greffe duquel il avait fait le dépôt de son bilan, c'était au tribunal de commerce que les créanciers devaient, après le 1er janv. 1808, s'adresser pour obtenir la nomination d'un juge-commissaire et de syndics provisoires. — *Pau*, 19 mai 1808, Terrier c. Bordenave.

629. — Sur les attributions du juge-commissaire, relativement aux investigations nécessaires pour découvrir s'il y a banqueroute frauduleuse, V. BANQUEROUTE.

630. — Mais le tribunal de commerce peut, à toutes les époques, remplacer le juge primitivement commis par un autre de ses membres sans être obligé d'en déduire les motifs et sans que sa décision puisse être susceptible de recours. — L. 28 mai 1838, art. 583 ; — St-Nexent, no 295. — Néanmoins le juge-commissaire nommé par le tribunal pourrait être de la part des intéressés l'objet d'une récusation qui serait jugée par le tribunal qui a fait la nomination. — Esnault, nos 237 et suiv.

631. — Le juge-commissaire est chargé spécialement d'accélérer et de surveiller les opérations et la gestion de la faillite. Il fera au tribunal de commerce le rapport de toutes les contestations que la faillite pourra faire naître, et qui seront de la compétence de ce tribunal. — C. comm., art. 452. — Par l'ancien article 454, il était spécialement chargé d'accélérer la confection du bilan et la convocation des créanciers ; cette énumération incomplète a été supprimée dans la loi nouvelle.

632. — Le juge-commissaire doit se renfermer dans les simples bornes de la surveillance et ne pas administrer ; car alors ceux qu'il est chargé de surveiller seraient à l'abri de toute responsabilité. — Pardessus, no 1142 ; Lainné, p. 83 ; Saint-Nexent, no 292.

633. — Il est sans caractère pour faire des visites domiciliaires, interroger le failli et le renvoyer en état d'arrestation devant le procureur du roi. — *Cass.*, 13 nov. 1823, Belle ; — Pardessus, no 1142 ; Bioche et Goujet, vo *Faillite*, no 125 ; Esnault, no 248.

634. — Le tribunal juge sur le rapport du juge-commissaire, sans autre procédure, et le juge-commissaire a voix délibérative dans les jugemens qui concernent la faillite (*Rouen*, 16 fév. 1829, Durand c. Dumont et Viard), même quand l'affaire est portée à une section du tribunal autre que celle à laquelle il appartient. — Pardessus, no 1142.

635. — Si le juge-commissaire n'administre pas la faillite, il entre dans ses fonctions de s'opposer, soit par des ordres directs, soit en provoquant les décisions du tribunal, à ce qu'il voit faire de contraire aux lois ou à l'intérêt de la masse. — Pardessus, no 1143.

636. — Les opérations du juge-commissaire d'une faillite, quelles qu'elles puissent être, sont provisoires, et comme telles, nécessairement dépendantes de l'approbation ou de l'improbation du tribunal ; ainsi elles ne peuvent avoir le caractère d'un jugement, ni conséquemment donner ouverture à l'appel. — *Bruxelles*, 25 mai 1815, Vandougem ; — Pardessus, no 1143.

637. — Néanmoins, les ordonnances du juge commissaire ne sont susceptibles de recours que dans les cas prévus par la loi. Ces recours seront portés devant le tribunal de commerce. — Les cas de recours sont prévus par les art. 466, 474, 530, 567, C. comm.

638. — Dans le cas où le recours contre une ordonnance du juge commissaire est porté devant le tribunal, le juge commissaire cesse d'avoir voix délibérative dans la discussion. — Bioche et Goujet, vo *Faillite*, no 121 ; Esnault, no 248.

CHAPITRE VI. — *Apposition des scellés et mesures à l'égard de la personne du failli.*

Sect. 1re. — *Apposition de scellés.*

639. — Par le jugement qui déclare la faillite, le tribunal ordonne l'apposition des scellés. — Néanmoins, si le juge commissaire estime que l'actif du failli peut être inventorié en un seul jour, il n'est point apposé de scellés, et il doit être immédiatement procédé à l'inventaire. — C. comm., art. 455. — Le deuxième alinéa de cet article contient une disposition nouvelle qui a pour but de procurer une économie de temps et de frais dans les faillites de peu d'importance. — V. Esnault, no 256. — C'est donc la loi qui prévoit aujourd'hui les inconvéniens qu'avait voulu prévenir la cour impériale de Florence en jugeant (13 mars 1811, Magani c. Barbieri) que le tribunal de commerce qui a déclaré la faillite est seul compétent pour déterminer si l'intérêt des créanciers exige ou non l'apposition des scellés sur les magasins du failli ou s'il y a d'autres mesures à prendre pour l'administration provisoire de ses biens.

640. — Lorsque l'inventaire a lieu sans apposition de scellés, il est dressé en double minute conformément à l'art. 480, L. 28 mai 1838 ; la présence du juge de paix n'est pas nécessaire, puisqu'il n'y a pas de scellés et sa présence ne servirait alors qu'à augmenter inutilement les frais.

641. — Le tribunal de commerce n'est pas tenu, à peine de nullité, en ordonnant l'apposition des scellés chez un failli, de déclarer en même temps l'époque de l'ouverture de la faillite. — *Douai*, 25 avr. 1815, Bonté c. Mathieu ; 30 sept. 1815, Debrandt c. Mathieu.

642. — Les art 449 et 453 de l'ancien Code de commerce prescrivaient la remise d'une expédition du jugement au juge de paix, dans le but d'éviter les frais ; cette disposition a été remplacée par l'alinéa premier de l'art. 457, ainsi conçu : Le greffier du tribunal de commerce adressera, sur le champ, au juge de paix avis de la disposition du jugement qui aura ordonné l'apposition des scellés. — Toute négligence préjudiciable engagerait la responsabilité du greffier.

643. — L'art. 450 de l'ancien Code autorisait le juge de paix à apposer les scellés sur la notoriété publique sans préciser dans quels cas. La crainte des abus et le vague de cette disposition nécessitaient une nouvelle rédaction, dont voici les termes : Le juge de paix pourra, même avant ce jugement, apposer les scellés, soit d'office, soit sur la réquisition d'un ou plusieurs créanciers, mais seulement dans le cas de disparition du débiteur ou de détournement de tout ou partie de son actif. — C. com., art. 457, 2e alinéa. — Le juge de paix, hors des deux cas qui viennent d'être spécifiés, n'aurait pas le droit d'apposer les scellés, il devra donc s'assurer si le débiteur a bien réellement disparu, ou s'il est simplement absent momentanément. — Esnault, no 271 ; Boulay-Paty, no 41 ; Lainné, p. 91. — La réquisition même des créanciers devra être appréciée par lui avec la plus grande circonspection, car les dommages-intérêts qui pourraient être infligés à l'imprudence des créanciers ne répareraient pas le tort causé au débiteur. — Lainné, p. 91. — V. aussi Saint-Nexent, no 297.

644. — Les scellés seront apposés sur les magasins, comptoirs, caisses, portefeuilles, livres, papiers, meubles et effets du failli. — C. comm., art. 458.

645. — Si dans le cours de l'apposition des scellés au domicile du failli, le juge de paix découvre l'existence d'établissemens ou de dépôts de marchandises dans d'autres endroits situés hors de son ressort, il en doit donner avis aux juges de paix des lieux et au tribunal de commerce du ressort. — Pardessus, no 1146.

646. — Le juge des référés ne peut ordonner qu'il soit sursis à l'apposition des scellés requise en vertu d'un jugement déclaratif de faillite. — *Bruxelles*, 14 avr. 1820, Duwelz c. Doches.

647. — En cas de faillite d'une société en nom collectif, les scellés seront apposés, non seulement dans le siége principal de la société, mais encore dans le domicile séparé de chacun des associés solidaires. — C. comm., art. 458.

648. — M. Pardessus (no 1146) regrette que la loi ait prescrit, sans aucun adoucissement, des mesures aussi sévères à l'égard d'associés qui, parce que leur société est dans de mauvaises affaires peuvent en leur particulier être dans une situation bien éloignée de la faillite. Il émet l'opinion que le tribunal de commerce, s'il avait connaissance de

la solvabilité d'un des associés, pourrait, soit ne pas ordonner l'apposition des scellés à son domicile, soit fixer un sursis pendant lequel cet associé pourrait donner des garanties aux créanciers. M. Pardessus va même jusqu'à dire que dans le cas où le tribunal de commerce n'aurait pas ordonné la saisie, le juge du référé pourrait l'ordonner, mais à la charge par l'associé solvable de donner caution, de satisfaire aux engagemens sociaux.

649. — Si la société était en commandite, les scellés devraient être apposés au domicile social, sur les magasins et établissemens sociaux. Dans le cas où le gérant, ou quelques uns des gérans, s'ils sont plusieurs, auraient un domicile différent, on devrait y apposer aussi les scellés, puisqu'ils sont indéfiniment responsables et solidaires. — Pardessus, nº 1146.

650. — Mais il n'y aurait pas lieu à prendre la même mesure contre les commanditaires, à moins qu'ils n'aient été condamnés comme ayant fait des actes de gestion. — Pardessus, nº 1146. — Il ne suffirait pas qu'à un autre titre ils fussent débiteurs de la société, même à raison du défaut de versement de leur mise. — Pardessus, *ibid.*; Esnault, nº 274; Lainné, p. 93.

651. — S'il s'agit d'une société anonyme, les scellés ne doivent être apposés qu'au domicile social et sur les magasins et autres établissemens qui en dépendent; mais le tribunal peut, sur la demande des syndics, autoriser l'apposition au domicile des administrateurs, lorsqu'il se trouve à leur domicile des papiers, valeurs ou registres appartenant à la société. — Pardessus, nº 1146; Esnault, nº 275.

652. — Pour le cas où, dans une association en participation, l'associé qui était en nom tomberait en faillite, on ne doit agir que contre lui seul dans tout ce qui tient à cette situation, sauf à poursuivre ses coparticipans si l'on découvrait qu'ils sont dépositaires ou redevables de quelques valeurs. — Pardessus, nº 1146.

653. — Le juge de paix, dans tous les cas, donnera, sans délai, au président du tribunal de commerce avis de l'apposition des scellés. — C. comm., art. 458. — Ainsi l'avis doit être transmis, soit que le juge de paix ait agi d'office pour apposer les scellés, soit qu'il ait procédé en exécution d'un jugement du tribunal de commerce. Le Code de 1808 obligeait le juge de paix à l'envoi de son procès-verbal, ce qui était bien plus dispendieux. — Saint-Nexent, nº 298.

654. — Le juge-commissaire peut, sur la demande des syndics, les dispenser de faire placer sous les scellés, ou les autoriser à en faire extraire : 1º Les vêtemens, hardes, meubles et effets nécessaires au failli et à sa famille, et dont la délivrance sera autorisée pas le juge-commissaire, sur l'état que lui en soumettront les syndics; — 2º les objets sujets à dépérissement prochain ou à dépréciation imminente; — 3º les objets servant à l'exploitation du fonds de commerce, lorsque cette exploitation ne pourrait être interrompue sans préjudice pour les créanciers. — Les objets compris dans les deux paragraphes précédens seront de suite inventoriés avec prisée par les syndics, en présence du juge de paix, qui signera le procès-verbal. — C. comm., art. 469.

655. — On pourrait encore, si l'urgence de cette mesure était reconnue par le juge-commissaire, se dispenser de mettre sous les scellés les livres du failli. Le juge de paix doit, en les remettant, constater sommairement leur état extérieur et apparent sans entrer dans l'examen des opérations qu'ils constatent. — Pardessus, nº 1147.

656. — Lorsque au moment de l'apposition des scellés la propriété de certains objets est revendiquée par des tiers, le juge-de-paix, s'il agit d'office ou en l'absence des syndics, doit se borner à donner acte des réclamations et passer outre. Si les syndics sont présens, ils peuvent, avec l'approbation du juge-commissaire, faire droit à la réclamation. — S'il y a contestation, le juge de paix constate les droits respectifs, place les objets sous le scellé et le tribunal prononce, après avoir entendu le juge commissaire. — C. comm., art. 579.

657 — Afin d'éveiller la sollicitude du ministère public, le greffier du tribunal de commerce adresse, dans les vingt-quatre heures, au procureur du roi du ressort extrait des jugemens déclaratifs de faillite, mentionnant les principales indications et dispositions qu'ils contiennent. — C. comm., art. 459; — V. Esnault, nº 277.

Sect. 2e. — *Mesures à l'égard de la personne du failli.*

658. — Le conseil d'état avait discuté le Code de commerce sous la présidence de l'archichancelier Cambacérès et en l'absence de l'empereur, qui livrait les batailles d'Eylau, de Friedland et traitait à Tilsitt. A son retour il se fit rendre compte par le conseil-d'état des travaux sur le Code de commerce et ce fut par suite de ses observations que fut introduit l'art. 455, en vertu duquel le jugement déclaratif de faillite ordonne le dépôt de la personne du failli dans la maison d'arrêt pour dettes ou la garde de sa personne par un officier de police ou de justice ou un gendarme. — La loi du 28 mai 1838 apporte un adoucissement à ce système en permettant, par le nouvel art. 456, et dans certains cas seulement, que le tribunal affranchisse le failli du dépôt ou de la garde de sa personne.

659. — Mais le principe général est toujours ainsi formulé (art. 455, C. comm.) : « Par le jugement qui déclare la faillite, le tribunal ordonne le dépôt de la personne du failli dans la maison d'arrêt pour dettes, ou la garde de sa personne par un officier de police ou de justice, ou par un gendarme. » — ou, à Paris, par un garde du commerce. — Décr. 14 mars 1808.

660. — Le failli qui a été déposé dans la maison d'arrêt et par suite mis en accusation de banqueroute, mais acquitté, n'est pas affranchi de la contrainte par corps résultant des titres qu'il a souscrits; il peut être emprisonné de nouveau à la requête des syndics des créanciers. — *Bourges*, 27 fév. 1816, Col.

661. — Un créancier ne peut, lorsque le jugement de déclaration de faillite n'est pas attaqué, faire incarcérer le failli. — *Rouen*, 15 janv. 1824, Lermier c. Gérard; — Locré, *Esprit du Code de commerce*, sur l'art. 494; Pardessus, nº 1149.

662. — Néanmoins, lorsque le failli se sera conformé aux art. 438 et 439, et ne sera point, au moment de la déclaration, incarcéré pour dettes ou pour une autre cause, le tribunal pourra l'affranchir du dépôt ou de la garde de sa personne. — C. comm., art. 456. — Le désordre ou même l'absence des livres ne serait pas, suivant M. Esnault (nº 260), un motif de priver le failli de sa liberté, sauf toutefois au tribunal à rapporter cette partie de son jugement.

663. — L'étranger incarcéré à la requête de ses créanciers peut, comme le Français, obtenir sa mise en liberté après sa déclaration de faillite. — *Paris*, 26 juill. 1840 (t. 2 1840, p. 741), Galipeau c. Welker-Bayly. — Mais le tribunal de commerce ne pourrait pas autoriser l'arrestation en France en vertu d'un jugement rendu par un tribunal de commerce piémontais et ordonner la translation dans les prisons du Piémont d'un failli de cette nation. — *Aix*, 30 mars 1832, Margaria.

664. — Les tribunaux de commerce, dans le cas de l'art. 456, apprécieront si les motifs allégués pour excuser l'absence du dépôt de bilan sont fondés ou s'ils ne sont que des allégations sans valeur. — Renouard, *Tr. des faillites*, t. 1er, p. 259.

665. — Le tribunal n'a pas cette faculté d'ordonner l'élargissement si, au moment de la déclaration, le failli était déja détenu à la requête de quelque créancier. Il doit alors ordonner qu'il soit de nouveau écroué en vertu de son jugement; car l'emprisonnement pouvant, à défaut de recommandation, cesser par le consentement de l'incarcérateur, une connivence avec ce dernier pourrait délivrer un homme qui, s'il eût été libre au moment de l'ouverture de la faillite, aurait été arrêté par ordre du tribunal. — Pardessus, nº 1145.

666. — La disposition du jugement qui affranchirait le failli du dépôt ou de la garde de sa personne pourra toujours, suivant les circonstances, être ultérieurement rapportée par le tribunal de commerce, même d'office. — C. comm., art. 456.

667. — On jugeait, sous le Code de 1808, que le ministère public, ou le juge-commissaire d'une faillite, avait qualité pour faire incarcérer le failli, en exécution de la disposition du jugement déclaratif de la faillite, qui ordonnait le dépôt de la personne du failli dans la maison d'arrêt. Mais on annulait l'emprisonnement opéré à la requête du syndic. — *Toulouse*, 15 juin 1836, Vaisse c. Olmières. — Esnault, nº 269.

668. — Décidé cependant, sous le même Code, que l'emprisonnement du failli étant ordonné, tant dans l'intérêt des créanciers que dans celui de la vindicte publique, pouvait être fait à la requête des créanciers, aussi bien qu'à celle du ministère public. — *Limoges*, 27 janv. 1823, Gelys.

669. — C'est en ce dernier sens qu'a statué le nouveau Code. Les dispositions qui ordonneront le dépôt de la personne du failli dans une maison d'arrêt pour dettes, ou la garde de sa personne, seront exécutées à la diligence, soit du ministère public soit des syndics de la faillite. — C. comm., art. 460.

670. — L'emprisonnement qui avait lieu en matière de faillite, aux termes de l'art. 455, C. comm. 1808, ne nécessitait pas l'emploi des formalités prescrites par le Code de procédure pour les emprisonnemens ordinaires pour dettes. — *Limoges*, 7 janv. 1823, Gelys.

671. — Le tribunal de commerce doit envoyer au procureur du roi le jugement qui ordonne la mise en dépôt ou la garde à domicile du failli. Le procureur du roi requiert et poursuit l'exécution dans les formes, et par les officiers établis pour l'exécution des mandats d'arrêt ou de dépôt. Il adresse, sans délai, au tribunal de commerce, soit l'extrait de l'écrou constatant la mise au dépôt dans la maison d'arrêt pour dettes, soit le certificat constatant la garde à domicile, soit le procès-verbal de non-exécution. — Circul. min. just., 3 avr. 1826; Gillet, *Analyse des circul. du min.*, p. 281. — Cette décision est applicable sous le Code de commerce actuel qui charge de l'envoi du jugement le greffier du tribunal de commerce. La circulaire du ministre de la justice, du 8 juin 1836, porte que : « C'est au procureur du roi qu'est conférée l'exécution de l'ordre en vertu duquel le débiteur est déposé dans la maison d'arrêt pour dettes, et que ce magistrat peut exiger dans les vingt-quatre heures l'envoi de tout jugement déclaratif de faillite et à toute époque la communication des livres et papiers du failli. — Gillet, p. 378. — La prudence lui conseillera de n'agir qu'après avoir conféré avec les syndics.

672. — Le failli qui, condamné comme banqueroutier simple à plusieurs mois de prison, a subi sa peine, peut être admis à soutenir que, d'après la règle *Non bis in idem*, la disposition du jugement déclaratif de la faillite qui ordonne le dépôt de sa personne dans une maison d'arrêt n'est plus susceptible d'exécution. — *Paris*, 28 juin 1828, Viardin.

673. — Jugé, au contraire, que le jugement qui condamne un débiteur failli à la peine de l'emprisonnement comme banqueroutier simple, ne fait pas cesser les effets de celui qui, en déclarant l'ouverture de la faillite, avait ordonné le dépôt de la personne de ce débiteur dans une maison d'arrêt, et que le premier jugement peut continuer de recevoir son exécution après l'expiration du terme assigné à la durée de la peine. — *Cass.*, 9 nov. 1824, Groult.

674. — Le failli qui se croit fondé à se plaindre de ce que sa détention est prolongée ne peut obtenir son élargissement qu'à l'aide des moyens indiqués par les art. 466 et 467, C. comm. — *Cass.*, 9 nov. 1824, Groult. — Ainsi, c'est devant le tribunal de commerce et non devant le tribunal civil ou la cour royale saisie de l'appel du jugement déclaratif de faillite ou du jugement qui ordonne le dépôt de sa personne dans la maison d'arrêt que le failli doit porter sa demande à fin d'élargissement, ou en prorogation d'un premier sauf-conduit. — *Lyon*, 14 déc. 1827, Pinget; *Bordeaux*, 8 déc. 1829, Feytaud c. Taillerie; *Paris*, 14 oct. 1840 (t. 2 1840, p. 415), Savary c. Bouhard. — Mais le tribunal civil est seul compétent pour connaître de la demande de mise en liberté formée par le failli qui se fonde sur son état de faillite pour demander la nullité d'une incarcération antérieure. — *Paris*, 14 oct. 1840, précité; — Esnault, nº 267.

675. — Le tribunal peut toujours accorder un sauf-conduit au débiteur failli qui n'est incarcéré qu'en vertu du jugement qui a déclaré la faillite. — *Paris*, 10 fév. 1815, Chévrier c. Gir.; — Horson, nº 163; Bioche et Goujet, *Dict. de procéd.*, vº *Faillite*, nºs 63 et 64; Boulay-Paty, *Faillites et Banqueroutes*, t. 1er, nºs 121 et 123.

676. — Quand la faillite est déclarée, un créancier n'a pas le droit de s'opposer individuellement au jugement qui a accordé un sauf-conduit au débiteur. — *Colmar*, 17 janv. 1824, Drion c. Couleaux.

677. — La sommation adressée à un failli d'assister à l'assemblée convoquée pour l'affirmation des créances n'équivaut pas à un sauf-conduit. En conséquence, le failli qui, sur une telle sommation, comparaît volontairement à l'assemblée de ses créanciers, sans s'être assuré à l'avance la protection d'un sauf-conduit, peut être arrêté en vertu du jugement déclaratif de la faillite. — *Amiens*, 20 août 1839 (t. 2 1840, p. 652), Duchenne; — Esnault, nº 315. — V., au surplus, sur la mise en liberté du failli, *infrà*, nºs 748 et suiv.

678. — Le tribunal doit informer le procureur du roi du sauf-conduit accordé ou de la mise en liberté. Le jugement doit ordonner que les syndics seront tenus de consigner à toute réquisition les frais de nourriture au taux légal entre les mains du concierge. Le ministère public est tenu de faire exécuter simultanément la mise en dépôt et la consignation d'alimens et successivement chaque nouvelle consignation nécessaire. Si la mise en dépôt dure plus d'un mois, les officiers de justice requis pour l'exécution devront s'adresser aux syndics pour le paiement de leurs salaires qui seront taxés

conformément au décret du 18 juin 1811. — Avis cons. d'état, C. comm., art. 455, 456, 467; circ. min. just., 30 avr. 1826. — Gillet, *Recueil des circulaires, instructions et décisions émanées du ministre de la justice*, p. 281. — V. au reste n° 658.

679. — Il ne peut en cet état être reçu contre le failli emprisonné en vertu du jugement déclaratif d'écrou de recommandation pour aucune espèce de dettes. — C. comm., art. 455. — Ces dernières expressions sont plus générales que celles du Code de commerce de 1808, qui ne parlait que de jugemens du tribunal de commerce. — Lainné, p. 88; Esnault, n° 257.

680. — La rédaction actuelle comprend évidemment les dettes civiles, même pour dommages-intérêts, prononcées par des tribunaux de police correctionnelle ou criminels emportant contrainte par corps, mais il est douteux que cette modification fût appliquée aux droits du trésor public contre ses redevables. — Pardessus, n° 1145. — Elle ne s'appliquerait pas aux condamnations pénales prononcées à la requête du ministère public, ni à la détention préventive en vertu de mandats. — Esnault, n° 262.

681. — Le créancier d'un failli ne peut, durant la faillite, diriger individuellement des poursuites contre le failli, lors même que celui-ci aurait été condamné pour banqueroute simple à une peine correctionnelle. Il ne peut exercer contre lui aucune voie d'exécution et notamment la voie de la contrainte par corps. — *Angers*, 31 juill. 1823, Héraut. — Bioche et Goujet, *Dict. de procéd.*, v° *Faillite*, n° 71. — Jugé aussi que le failli emprisonné par suite d'une condamnation pour banqueroute, ne peut être valablement recommandé s'il est en même temps sous le poids du dépôt prescrit par l'art. 455, C. comm. — *Riom*, 25 mai 1829, Basset c. Bagon; — Esnault, n° 265.

682. — L'art. 455, C. comm., d'après lequel il ne peut être reçu contre le failli déposé dans la maison d'arrêt aucune recommandation, ne s'applique pas seulement aux jugemens des tribunaux de commerce, mais à tous les jugemens emportant la contrainte par corps, et spécialement aux jugemens des tribunaux civils en matière de stellionat. — *Metz*, 2 nov. 1837 (t. 2 1843, p. 549), Poncelet c. Brotard.

Sect. 3°. — *Avance de frais par le trésor.*

683. — Dans un grand nombre de cas il arrivait sous l'ancien code de commerce que les créanciers ne faisaient pas faire les déclarations de faillite, parce que l'actif ne leur paraissait pas suffisant pour se rembourser des frais. Afin d'éviter cet inconvénient la loi nouvelle fait faire les avances par le trésor; ainsi lorsque les deniers appartenant à la faillite ne pourront suffire immédiatement aux frais du jugement de déclaration de la faillite, d'affiche et d'insertion de ce jugement dans les journaux, d'apposition de scellés, d'arrestation et d'incarcération du failli, l'avance de ces frais sera faite, sur ordonnance du juge-commissaire, par le trésor public, qui en sera remboursé par privilége sur les premiers recouvremens, sans préjudice du privilége du propriétaire. — C. comm., art. 461.

684. — Ces frais sont payés par les receveurs de l'enregistrement, au moyen d'une ordonnance du juge-commissaire mise au bas de chacun des mémoires. Dans les frais d'incarcération à avancer par le trésor se trouvent compris les alimens dont la consignation est indispensable. — Circ. du min. de la justice du 8 juin 1838. — Cette circulaire ajoute: « Le juge-commissaire fera tenir note au greffe des sommes ordonnancées, et le greffier dressera l'état de liquidation pour en payer le montant et récupérer, s'il y a lieu. — Gillet, *Analyse des circ. min. just.*, p. 328. — Au reste, l'art. 461, C. comm., est limitatif, et l'ordonnance du juge-commissaire n'aurait aucune force exécutoire pour des frais autres que ceux énoncés plus haut. C'est pour le cas d'insuffisance de l'actif de la faillite à parer à ces autres frais que le tribunal a été autorisé à en clore les opérations. — Esnault, n° 279.

CHAPITRE VII. — *Nomination et remplacement des syndics provisoires.*

685. — L'administration des biens de la faillite, sous l'empire de l'ancien Code de commerce, était d'abord confiée à des agens nommés par le tribunal de commerce et révocables par lui; leurs fonctions duraient quinze jours, ou même trente jours, lorsque le tribunal croyait devoir les prolonger. — Elles comprenaient l'apposition des scellés, le recouvrement des effets à courte échéance, la vente des marchandises sujettes à dépérissement et la formation du bilan. — C. de 1808, art. 462 et suiv.

686. — Venaient ensuite les syndics provisoires qui administraient jusqu'au concordat ou au contrat d'union; ils étaient choisis par le tribunal de commerce sur une liste triple du nombre de syndics à nommer, et qui avait été dressée par les créanciers sous la présidence du juge-commissaire. — V. C. de 1808, art. 476 et suiv. — Et enfin, dans le cas de contrat d'union, les créanciers nommaient des syndics définitifs.

687. — Par la loi nouvelle les agens ont été supprimés; il n'y a plus que les syndics qui sont nommés par le tribunal. Cette innovation est ainsi motivée dans l'exposé des motifs de la loi présentée par M. le garde des sceaux (M. Persil): » L'opinion publique signalait, comme l'un des vices du régime des faillites, la complication des divers modes d'administration établis par le Code, qui multiplie les formalités, les lenteurs et les frais, et cette succession d'agens et de syndics, qui à peine se sont mis au courant des affaires de la faillite, qu'on les écarte pour les remplacer par des administrateurs nouveaux... Il est impossible de ne pas maintenir la ligne de démarcation qui sépare le syndicat provisoire du syndicat définitif, les représentans de l'union des créanciers vérifiés, investis de ses pleins pouvoirs, et les hommes que le tribunal aura choisis dans les premiers momens, parmi les créanciers présumés, pour leur confier une mission provisoire et bornée. Mais pourquoi faire précéder ce syndicat d'une autre agence provisoire? Pourquoi ne pas appeler, dès le principe, dans l'administration de la faillite, les créanciers qui sont intéressés à la faire marcher rapidement vers son but, au lieu d'agens étrangers, qui ont, au contraire, intérêt à prolonger leurs fonctions pour en retirer plus d'émolumens. »

688. — Aujourd'hui, contrairement au Code de 1808 et à l'art. 9, tit. 11, ord. 1673, c'est le tribunal de commerce qui, par le jugement qui déclare la faillite, nomme un ou plusieurs syndics provisoires. — C. comm., art. 462.

689. — Le juge-commissaire convoque immédiatement les créanciers présumés à se réunir dans un délai qui n'excède pas quinze jours. — C. comm., art. 462. — Suivant M. Esnault (n° 283), ce délai ne peut être dépassé sous aucun prétexte. Ainsi les fonctions des syndics provisoires ne doivent ordinairement durer que quinze jours et doivent dès-lors se borner aux mesures les plus urgentes. — Lainné, p. 101.

690. — Ce délai de quinze jours court à partir du jour de l'avertissement donné pour la convocation. Cet avertissement a lieu, dans l'usage, par lettres et insertions dans les journaux. La loi ne prescrit rien à cet égard. Le juge-commissaire se conforme, à cet égard, à l'ancien article 476; toutefois, les délibérations ne seraient pas nulles parce qu'on n'aurait pas suivi ce mode que la loi ne prescrit pas (Pardessus, n° 1149). Il est à remarquer, d'ailleurs, que le droit des créanciers se borne ici à faire des observations.

691. — Le juge-commissaire doit indiquer le jour et le lieu de la réunion. Dans l'usage, ces réunions ont lieu dans une des salles du tribunal, mais elles pourraient aussi se faire au domicile du juge ou chez le failli.

692. — D'après le projet du gouvernement, les créanciers présens devaient seuls être convoqués; on craignait, en appelant ceux qui sont domiciliés à une grande distance, d'entraver la marche de la faillite et d'augmenter les délais. Mais M. Jacques-Lefèbvre fit remarquer qu'il pourrait ne pas y avoir de créanciers présens, qu'il y avait intérêt pour tous à être convoqués, sauf à la loi à ne leur accorder qu'un délai uniforme; c'est ce qui a été, en définitive, adopté. — *Moniteur* du 30 avr. 1838. — V. Esnault, n° 288.

693. — Tous les créanciers, même ceux hypothécaires ou privilégiés, ainsi qu'on le jugeait sous l'ord. de 1673 (*Cass.*, 23 prair. an IX, Foucher c. Robinot), doivent être appelés; mais les créanciers non portés au bilan ne sont admis à prendre part à la délibération qu'avec l'autorisation du juge-commissaire. — Bioche, v° *Faillite*, n° 149. — C'est à la prudence et à la conscience de ce magistrat qu'est confiée la rédaction de la liste des créanciers présumés, et rien ne s'opposerait à ce qu'il n'y comprît pas des créanciers qu'il aurait quelque raison de croire suspects. — Pardessus, n° 1149. — Sauf aux créanciers à faire consigner leurs observations au procès-verbal sur l'état dressé par le juge-commissaire des créanciers présumés. — V. Lainné, p. 103.

694. — Des créanciers peuvent se présenter sans avoir été individuellement convoqués. Il suffit qu'ils soient admis dans l'assemblée par le juge commissaire. — Au reste, la loi nouvelle n'a pas reproduit l'art. 479, C. de 1808, qui punissait des peines de la banqueroute frauduleuse celui qui se présentait comme créancier à l'assemblée pour la nomination des syndics, et dont plus tard le titre était reconnu supposé de concert avec le failli.

695. — Les créanciers d'une première faillite, terminée par un contrat d'union, mais qui n'ont pas été entièrement désintéressés, doivent, si leur débiteur vient à tomber une seconde fois en faillite, être convoqués et concourir au choix des candidats parmi lesquels le tribunal doit nommer les syndics provisoires. — *Paris*, 24 août 1825, Laisné c. Noen.

696. — Il n'est pas nécessaire d'appeler le failli à cette assemblée, où il pourrait entendre des reproches pénibles et sans qu'un accommodement puisse encore avoir lieu. — Pardessus, n° 1149.

697. — Si les créanciers ne répondent pas à la convocation, le juge-commissaire doit en dresser procès-verbal. — Si un seul se présente, il doit être dressé procès-verbal de ses observations. — V. l'arrêt cité *suprà* n° 676; — Esnault, n° 285.

698. — Le juge-commissaire consulte les créanciers présens à cette réunion tant sur la composition de l'état des créanciers présumés que sur la nomination de nouveaux syndics. Il est dressé procès-verbal de leurs dires et observations, lequel est présenté au tribunal. — C. comm., art. 462. — Ainsi les créanciers ne font pas de présentation, et si le tribunal jugeait que les observations des créanciers sont contraires à leurs intérêts, il pourrait les négliger. — Sur le vu de ce procès-verbal et de l'état des créanciers présumés, et sur le rapport du juge-commissaire, le tribunal nomme de nouveaux syndics ou continue les premiers dans leurs fonctions. — C. comm., art. 462.

699. — Les formalités suivant lesquelles, sous le Code de 1808, les syndics provisoires étaient nommés par le tribunal sur une triple liste présentée par les créanciers, sont aujourd'hui abrogées, et les décisions qu'elles ont provoquées n'ont plus d'intérêt actuel. Nous ne les mentionnons donc ici que pour ordre.

700. — Le tribunal de commerce devait choisir les syndics dans la liste triple dressée par les créanciers, aux termes de l'art. 480, C. comm., dans le cas où les candidats auraient été incapables ou indignes. — *Bordeaux*, 22 août 1814, Baritault c. Lasalle. — MM. Bioche et Goujet (*Dict. de la procédure*, v° *Faillite*, n° 163) pensaient avec raison que le tribunal aurait pu ordonner la formation d'une nouvelle liste.

701. — Le créancier qui sur la convocation paraissait seul avait qualité pour présenter seul une liste de candidats pour le syndicat provisoire. — Si le tribunal de commerce refusait de nommer un syndic sur une liste ainsi présentée, le créancier pouvait se pourvoir contre cette décision par requête adressée à la cour royale en la chambre du conseil. — *Nancy*, 28 juill. 1833, Germain.

702. — Les candidats portés sur la liste triple fournie par les créanciers d'une faillite pour la nomination des syndics provisoires ne devaient pas nécessairement être domiciliés dans le lieu de la faillite. — En conséquence, si sur la liste des candidats se trouvaient des créanciers domiciliés dans une autre ville que celle où la faillite avait été ouverte, le tribunal de commerce devait néanmoins choisir les syndics sur cette liste. — *Aix*, 5 fév. 1835, Hélian c. Corbière.

703. — Les créanciers qui réclamaient contre la décision par laquelle le tribunal de commerce avait rejeté la liste des candidats qui lui avait été présentée pour choisir un syndic provisoire devaient mettre en cause l'agent de la faillite. — Même arrêt.

704. — Bien que les agens d'une faillite dussent rendre leur compte aux syndics provisoires et les syndics provisoires aux syndics définitifs, les agens pouvaient être nommés syndics provisoires et les syndics provisoires définitifs. — *Colmar*, 31 déc. 1831, Thiébaud c. Dolfuss-Mueg; *Cass.*, 1er déc. 1819, d'Yvrande c. Bourdon.

705. — Sous le Code de 1808, il avait été jugé que les syndics provisoires d'une faillite pouvaient être pris hors de la masse des créanciers du failli. — *Paris*, 13 mars 1813, Marguier. — Bioche et Goujet, *Dict. de la procéd.*, v° *Faillite*, n° 164; Romiguières, *Des faillites et des réformes dont cette matière est susceptible*, p. 15; Boulay-Paty, *Faillites et banqueroutes*, t. 1er, nos 185 et 186. — Le législateur a consacré cette règle, déjà adoptée par la doctrine et la jurisprudence.

706. — Sous le Code de 1808, le créancier qui avait été compris, par un failli, au nombre des créanciers dont l'état avait été joint au concordat, avait ainsi un titre apparent propre à lui conférer les fonctions de syndic, encore qu'on opposât que le failli n'avait point figuré dans l'acte dont ce créan-

sier était porteur. — *Cass.*, 11 mai 1830, Gullard de Brassac c. de Caumont-Laforce.

707. — Mais aujourd'hui les syndics peuvent être choisis parmi les personnes étrangères à la masse. — C. comm., art. 462. — V. Saint-Nexent, nº 309. — Il importe, suivant nous, de ne pas perdre de vue ce passage de la circulaire du ministre de la justice, du 8 juin 1838 : « Prendre les syndics parmi ceux des créanciers connus qui inspirent le plus de confiance, telle doit être la règle générale. Choisir ces syndics parmi d'autres personnes, telle doit être l'exception que pourront déterminer des motifs dont l'appréciation dépendra entièrement des circonstances. » Au reste, contrairement à l'art. 456, Code de 1808, aujourd'hui abrogé, le tribunal peut confier à la même personne la gestion de plusieurs faillites. — Esnault, nº 286.

708. — Un mineur ne pourrait être nommé syndic, à moins qu'il ne fût commerçant. — Pardessus, nº 1151 ; Esnault, nº 284.

709. — Il n'y a pas d'exclusion contre les femmes ou filles majeures qui feraient le commerce ; mais ces cas de nomination sont fort rares, et une femme ne pourrait accepter sans autorisation de son mari. — Pardessus, nº 1151.

710. — Un failli non réhabilité, mais à qui un concordat aurait rendu la libre administration de ses biens, pourrait également être nommé.

711. — La qualité d'étranger non admis à fixer son domicile en France ne semble pas non plus être une cause d'exclusion, car cette qualité ne change rien à ses droits et à son intérêt. — Pardessus, nº 1151 ; Esnault, nº 282.

712. — Aucun parent ou allié du failli, jusqu'au quatrième degré inclusivement, ne pourra être nommé syndic. La prohibition contenue dans cet article ne se trouvait pas dans l'ancien Code ; il résultait de cette omission, dit M. Renouard dans son rapport, que les proches parens, nommés syndics, étaient exposés, soit à favoriser le failli, soit à être soupçonnés de partialité, soupçon qui ôtait du crédit même à leurs actes utiles et sincères. On peut à cet égard, dit M. Pardessus (nº 1144), suivre par analogie ce qui est établi par le droit commun pour les reproches des témoins. — C. procéd., art. 268.

713. — Le créancier qui se trouve en état d'hostilité avec le failli peut-il être investi des fonctions de syndic ? — Sous le Code de 1808, les créanciers présentaient les syndics provisoires et choisissaient les syndics définitifs. Aujourd'hui ils n'ont qu'un droit d'observation. C'est donc au tribunal qu'il appartient d'apprécier si l'état d'hostilité est tel qu'il puisse nuire aux intérêts combinés de la masse et du failli. — *Paris*, 17 juill. 1841 (t. 2 1841, p. 193), Vittoz c. Lasne.

714. — Les créanciers d'un failli ne peuvent forcer l'un d'eux à accepter et à remplir les fonctions de syndic définitif. — *Colmar*, 18 déc. 1812, Ostermann c. Abraham Cahen.

715. — Le nombre des syndics peut être, à toute époque, porté jusqu'à trois. — C. comm., art. 462.

716. — Les syndics ainsi institués sont définitifs ; cependant ils peuvent être remplacés par le tribunal de commerce, dans les cas et suivant les formes déterminés. — C. comm., art. 462.

717. — Le droit de révocation des syndics n'était point écrit dans l'ancien Code. La force des circonstances en avait fait user quelquefois ; ainsi il avait été décidé que :

718. — ... Le tribunal de commerce ne pouvait pas, d'office, révoquer les syndics provisoires comme il pouvait révoquer les agens ; qu'il ne pouvait révoquer les syndics que sur la plainte des créanciers. — *Rennes*, 25 janv. 1820, Bournichon c. Froust. — MM. Pardessus (nº 1183), Boulay-Paty (t. 1er, nº 208) et Bioche et Goujet (*Dictionn. de procédure*, vº *Faillite*, nº 175) étaient d'avis que les syndics pouvaient être révoqués d'office par le tribunal en cas d'impéritie, de négligence, de fraude et d'abus de pouvoir. Leur opinion, contraire à l'arrêt ci-dessus, a été avec raison consacrée par la nouvelle loi des faillites (art. 467).

719. — Jugé, sous le Code de 1808, que les syndics définitifs d'une faillite sont de simples mandataires révocables à volonté par les créanciers. Ici s'applique l'art. 2004, C. civ., d'après lequel le mandant n'est pas tenu de rendre compte des motifs de sa révocation. — *Caen*, 8 déc. 1812, Delaunai c. Leplaisant ; — Pardessus, t. 4, p. 332. — Il en serait de même à l'égard de ceux des créanciers que la masse aurait chargés d'une partie de l'administration. — *Paris*, 6 mai 1825, Regnault c. Garling ; 24 déc. 1827, Guerlain-Houel c. Michel.

720. — D'après la loi nouvelle (art. 464), lorsqu'il y a lieu de procéder à l'adjonction ou au remplacement d'un ou plusieurs syndics, il en est référé par le juge-commissaire au tribunal de commerce, qui procède à la nomination suivant les formes établies par l'art. 462. — Il y aurait lieu, suivant nous, à une nouvelle assemblée, à de nouvelles observations des créanciers et à un nouveau procès-verbal du juge-commissaire.

721. — Sous le Code de 1808, jugé que lorsqu'il y avait lieu, dans le cours d'une faillite, de remplacer le syndic, la nomination du nouveau syndic était nulle si elle n'avait pas été faite sur une liste triple présentée par les créanciers. — *Bordeaux*, 4 août 1824, Rives c. Mendez ; *Rennes*, 25 janv. 1820, Bournichon c. Froust.

722. — Jugé cependant que, quand il s'agissait de procéder au remplacement de syndics qui n'accomplissaient pas leur mandat, le tribunal pouvait faire les nominations sur la liste primitivement présentée en exécution de l'art. 480, C. comm., sans qu'il fût nécessaire, tant que cette liste n'était pas épuisée, de réunir les créanciers à l'effet d'en présenter une seconde, surtout si le remplacement avait lieu à une époque très voisine de la présentation. — *Montpellier*, 10 août 1830, Raymond-Barre c. Fesquet ; — Bioche et Goujet, vº *Faillite*, nº 165.

723. — Les syndics peuvent abuser de leurs pouvoirs ; aussi l'art. 466 porte : « S'il s'élève des réclamations contre quelqu'une des opérations des syndics, le juge-commissaire statue dans le délai de trois jours, sauf recours devant le tribunal de commerce. — Les décisions du juge-commissaire sont exécutoires par provision. » — Le jugement du tribunal qui statue sur le recours est inattaquable. — C. comm., art. 583. — Ces réclamations peuvent être élevées soit par le failli, soit par les créanciers. — Pardessus, nº 1166. — Dans le silence de la loi il n'y a pas lieu d'exiger caution de celui qui poursuit l'exécution provisoire des ordonnances du juge-commissaire. — Lainné, p. 113.

724. — Le juge-commissaire peut, soit sur les réclamations à lui adressées par le failli ou par des créanciers, soit même d'office, proposer la révocation d'un ou plusieurs des syndics. — Si, dans les huit jours, le juge-commissaire n'a pas fait droit aux réclamations qui lui ont été adressées, ces réclamations peuvent être portées devant le tribunal. — Le tribunal, en chambre du conseil, entend le rapport du juge-commissaire et les explications des syndics, et prononce à l'audience sur la révocation. — C. comm., art. 467.

725. — Lors de la discussion à la chambre des députés, le garde des sceaux dit qu'il fallait s'en rapporter à la prudence des juges pour la rédaction du jugement, qui ne la feront pas plus compromettante qu'il ne faut pour la réputation des particuliers. — *Moniteur* du 3 avr. 1838. — C'est dans le même esprit que la circulaire du 8 juin 1838 porte : « Les tribunaux de commerce ne sauraient trop se montrer attentifs à ce qu'une attribution aussi essentielle soit exercée sans exagération, mais aussi sans faiblesse, il ne sera pas nécessaire pour cela que l'abus soit allé jusqu'à la fraude ; il est évident que la conduite privée des syndics peut altérer la confiance qui a été placée en eux, et la simple négligence amener aussi la nécessité d'un changement de mandataires »

726. — Il n'y a pas de recours contre le jugement (C. comm., art. 583), à la différence du Code de 1808, sous lequel on jugeait que le syndic provisoire pouvait former opposition au jugement qui le révoquait et qui avait été rendu en son absence. — *Rennes*, 25 janv. 1820, Bournichon c. Froust ; — Et que tout créancier avait même le droit de former opposition au jugement qui consacrait la nomination du remplaçant du syndic révoqué. — *Bordeaux*, 4 août 1824, Rives c. Mendez. — Au surplus, une cour royale était incompétente pour annuler même incidemment à une autre action les nominations de syndics intervenues dans le ressort d'une autre cour. — *Cass.*, 30 nov. 1824, Mejean.

727. — Lorsque certains actes ont occasionné, soit la censure des syndics, soit la prohibition d'y donner suite, soit encore la révocation des syndics, il ne s'ensuit pas nécessairement que les tiers avec qui les syndics ont contracté soient privés du droit de faire maintenir les résultats de ces mêmes actes à leur profit. Les tribunaux ne pourraient révoquer ou annuler ces opérations qu'en cas de connivence.

728. — Il en serait de même si par un motif quelconque la nomination des syndics était annulée, comme irrégulière ; les tiers, en les voyant investis de l'administration, n'ont pas dû et même n'ont pas pu connaître cette irrégularité résultant d'actes et jugemens auxquels ils n'ont pas été appelés. — Pardessus, nº 1166 ; Lainné, p. 107. — Aussi a-t-il été jugé que des syndics, bien qu'irrégulièrement nommés dans une faillite, ont caractère pour représenter la masse des créanciers jusqu'à leur remplacement, et que les jugemens rendus contre eux au profit de tiers intéressés de bonne foi sont valables. — *Cass.*, 25 mars 1823, Delaporte c. Taniel et Desurmont.

729 — Les syndics peuvent recevoir, quelle que soit leur qualité, c'est-à-dire lors même qu'ils seraient créanciers du failli, après avoir rendu compte de leur gestion, une indemnité que le tribunal arbitrera sur le rapport du juge-commissaire. — C. comm., art. 462. — V. Saint-Nexent, nº 310. — Le jugement rendu en ce cas par le tribunal, s'il excède le taux du dernier ressort, est soumis à l'appel qui doit être interjeté dans le délai de quinze jours, à compter de la signification, si cette formalité a dû être remplie.

730. — Sous le Code de 1808 on a jugé que les syndics provisoires d'une faillite n'ont pas, comme les agens, droit à une indemnité après la reddition de leur compte. — *Poitiers*, 30 juill. 1828, Lecourt c. Bourdron. — V. *contrà* Boulay-Paty, nº 186.

CHAPITRE VIII. — *Fonctions des syndics.*

Sect. 1re. — *Mesures conservatoires.*

731. — Toutes les mesures conservatoires propres à garantir les intérêts des créanciers doivent être prises par les syndics.

732. — Ainsi, si l'apposition des scellés n'a point eu lieu avant la nomination des syndics, ils requerront le juge de paix d'y procéder. — C. comm., art. 468. — C'est la reproduction de l'ancien art 462, qui chargeait les agens de ce soin. — Il n'y aurait pas lieu à cette apposition de scellés si le juge-commissaire l'avait déclarée inutile, d'après l'art. 455, C. comm.

733. — La vente des objets sujets à dépérissement ou à dépréciation imminente, ou dispendieux à conserver, et l'exploitation du fonds de commerce, auront lieu à la diligence des syndics, sur l'autorisation du juge-commissaire. — C. comm., art. 470. — L'ancien art. 464 ne faisait pas mention des objets sujets à dépréciation imminente, ni des objets dispendieux à conserver, c'est là une sage innovation de la nouvelle loi. — V. Saint-Nexent, nº 314 ; Esnault, nº 306.

734. — L'exploitation du fonds de commerce n'aura lieu qu'autant que le juge-commissaire l'aura autorisée ; les syndics doivent conserver l'actif et non lancer la masse dans des opérations chanceuses.

735. — Les livres seront extraits des scellés et remis par le juge de paix aux syndics, après avoir été arrêtés par lui ; il constatera sommairement, par son procès-verbal, l'état dans lequel ils se trouveront. — C. comm., art. 471. — Le travail du juge de paix est complètement matériel. Il n'analyse rien, il constate le nombre de pages écrites, les lacunes, les surcharges, et met au point où chaque registre s'arrête son visa pour empêcher les additions. — Saint-Nexent, nº 315.

736. — Un des membres d'une société déclarée en faillite peut obtenir que les syndics de la faillite lui communiquent les livres de commerce de cette société. — *Lyon*, 14 déc. 1827, Pingot — La nécessité de cette communication ne saurait être méconnue, même dans l'intérêt de la masse des créanciers. Elle est, d'un autre côté, la conséquence de la situation du failli, qui, tout en étant dessaisi de l'administration de ses biens, a encore le droit de faire, soit dans son intérêt, soit dans l'intérêt de ses créanciers, certains actes conservatoires.

737. — Dans une instance en faillite, la communication des livres, registres et papiers, demandée par un des créanciers, doit avoir lieu au greffe du tribunal de commerce, et non chez un des syndics. — *Rennes*, 4 oct 1811, N...

738. — Les effets de portefeuille à courte échéance ou susceptibles d'acceptation, ou pour lesquels il faudra faire des actes conservatoires, seront aussi extraits des scellés par le juge de paix, décrits et remis aux syndics pour en faire le recouvrement. Le bordereau en sera remis au juge-commissaire. — C. comm., art. 471. — Les autres créances seront recouvrées par les syndics sur leurs quittances. — *Ibid.* — L'ancien art. 463 exigeait le visa du juge-commissaire sur les quittances des agens ; cette formalité a été, sur la proposition de M. Barbet, supprimée dans la nouvelle loi, par le motif que, le juge-commissaire n'étant pas toujours présent, exiger son visa eût été retarder la libération des individus qui apportaient de l'argent.

739. — Les lettres adressées au failli seront remises aux syndics, qui les ouvriront ; il pourra, s'il est présent, assister à l'ouverture. — C. comm., art. 471. — La connaissance, la suite des affaires commencées, les réglemens à faire avec les débiteurs du failli, exigent le dépouillement de la correspondance du failli.

740. — La rédaction de l'ancien art. 463 laissait douter que les agens eussent, en présence du failli, le droit d'ouvrir ses lettres. La nouvelle rédaction fait cesser toute ambiguïté : si les lettres sont relatives aux affaires du failli, les syndics doivent les conserver en leur possession ; s'il s'agit de lettres qui lui seraient purement personnelles, les syndics sont incontestablement autorisés à les lui remettre. C'est ce qui résulte de la discussion à la chambre des députés (séance du 18 fév. 1835). — V. Esnault, nº 313.

741. — Les syndics n'ont aucun droit sur les lettres adressées à la femme ou aux enfans du failli. Il n'est pas douteux qu'ils ne peuvent détruire les lettres adressées au failli. — Lainné, p. 127.

742. — Une instruction sur le service général des postes, approuvée le 29 mars 1832 par le ministre des finances, trace aux agens de l'administration les devoirs pour la remise aux syndics des lettres adressées à un négociant en banqueroute ou en faillite. — V. cette instruction, art. 524 à 529.

743. — A compter de leur entrée en fonctions, les syndics seront tenus de faire tous actes pour la conservation des droits du failli contre ses débiteurs. — C. comm., art. 490. — Ces droits sont en même temps ceux de la masse. — Les syndics formeront donc toutes saisies-arrêts, toutes saisies-gageries, toutes oppositions aux jugemens par défaut ; ils interrompront les prescriptions, ils renouvelleront les inscriptions hypothécaires prises pur le failli sur ses débiteurs, etc.

744. — Ils seront aussi tenus de requérir l'inscription aux hypothèques sur les immeubles des débiteurs du failli, si elle n'a pas été requise par lui ; l'inscription sera prise au nom de la masse par les syndics, qui joindront à leurs bordereaux un certificat du greffier constatant leur nomination. — C. comm., art. 490. — Le certificat du greffier sera moins dispendieux que l'extrait du jugement qu'exigeait l'ancien art. 499.

745. — L'inscription prise en vertu de l'art. 500, C. comm., par les syndics d'une faillite, sur les immeubles échus au failli dans une succession ouverte à son profit, ne confère pas de droits hypothécaires aux créanciers de la faillite au préjudice des créanciers de la succession, et n'empêche pas ceux-ci de demander la séparation de patrimoines, encore qu'ils n'aient pas pris d'inscription dans les délais prescrits par l'art. 2111, C. civ. — En d'autres termes, l'inscription dont parle l'art. 500, C. comm., n'est pas une véritable inscription hypothécaire devant produire, à l'égard des tiers, les effets attachés à une semblable inscription ; ce n'est, au contraire, que l'accomplissement d'une formalité ayant pour objet de donner un plus grand degré de publicité à la faillite. — *Nîmes*, 27 janv. 1840 (t. 1er 1840, p. 444) ; et *Cass.*, 22 juin 1841 (t. 2 1841, p. 329), Du Palais c. Delenire ; — Pardessus, *Cours de droit comm.*, t. 4, p. 320, nº 1157 ; Troplong, *Tr. des hypothèques*, t. 3, p. 14, nº 651 ; Locré, *C. comm.*, art. 500.

746. — Selon MM. Goujet et Merger (vº *Faillite*, nº 233), cette inscription n'est plus un simple moyen de publicité, c'est une hypothèque judiciaire dont l'étendue est définitivement réglée par le jugement qui homologue le concordat. — V. *infrà* nºs 1497 et suiv.

747. — Cette inscription n'a pour effet que de rendre plus notoire l'état de faillite et d'empêcher que les immeubles du failli soient vendus au préjudice de la masse, mais elle ne conserve à chaque créancier que les droits qui lui seront reconnus ; si un créancier hypothécaire n'était pas valablement inscrit avant le terme fixé par l'art. 448, C. comm., cette inscription ne lui servirait pas à obtenir la préférence sur les chirographaires. — Pardessus, nº 1168.

Sect. 2e. — *Mise en liberté provisoire du failli et secours alimentaires à sa famille.*

748. — Lorsque le tribunal n'a pas, comme le lui permet l'art. 456, affranchi le failli de la garde ou du dépôt de sa personne, le juge-commissaire, d'après l'état apparent des affaires du failli, pourra proposer sa mise en liberté avec sauf-conduit *provisoire* de sa personne. — C. comm., art. 472. — Si le tribunal accorde le sauf-conduit, il pourra obliger le failli à fournir caution de se représenter, sous peine de paiement d'une somme que le tribunal arbitrera et qui sera dévolue à la masse. — C. comm., art. 472. — Cette disposition diffère de l'ancien art. 456, en ce qu'elle permet d'exiger caution.

749. — M. Lainné (p. 128) critique cette disposition à cause du caractère provisoire qui y est attaché, mais M. Renouard (t. 2, p. 453) fait remarquer selon nous avec raison, que le tribunal accordera plus facilement et plus promptement un sauf-conduit provisoire que s'il fallait rendre une décision définitive ; au surplus, ne faudra-t-il pas des cas extrêmement graves pour déterminer le tribunal à rétracter la liberté qu'il aura accordée ?

750. — Le défaut de livres n'élève pas contre un failli une présomption de fraude qui le rende indigne de sa mise en liberté provisoire. — *Pau*, 26 août 1824, Rancès c. Garrapit.

751. — Jugé sous le Code de 1808 que lorsqu'un failli avait été incarcéré avant sa faillite à la requête d'un créancier qui avait obtenu contre lui la contrainte par corps, le tribunal de commerce devait lui accorder sa mise en liberté avec sauf-conduit. — *Rouen*, 26 avr. 1824, Adam c. Desormeaux.

752. — Un tribunal de commerce *peut* ordonner la mise en liberté provisoire d'un failli dont l'emprisonnement pour dette serait antérieur à sa faillite. — *Pau*, 26 août 1824, Rancès c. Garrapit ; *Montpellier*, 7 avr. 1825, Farraud c. Guillard. — Mais, suivant M. Bravard (*Manuel de droit commercial*, p. 526), si le failli au moment de l'ouverture de la faillite était déjà incarcéré pour dettes antérieures, on doit présumer que ce n'est pas spontanément qu'il a rempli les formalités dont l'accomplissement lui mérite, d'après l'art. 456 de la nouvelle loi sur les faillites, l'affranchissement de l'incarcération.

753. — Même décision, soit que le failli ait été emprisonné en vertu de l'art. 455, soit qu'il l'ait été à la requête d'un créancier, et même nonobstant la recommandation de tout autre créancier. — *Montpellier*, 27 avr. 1825, Farrand c. Guillard. — V. aussi Bioche et Goujet, vº *Faillite*, nº 190. — V. Goujet et Merger, vº *Faillite*, nº 329.

754. — A défaut par le juge-commissaire de proposer un sauf-conduit pour le failli, ce dernier pourra présenter sa demande au tribunal de commerce qui, après avoir entendu le juge-commissaire, statuera en audience publique. De ce que l'audience est publique, il semble qu'on peut conclure que le législateur a voulu permettre aux syndics et aux créanciers de venir contester la demande du failli. — Renouard, t. 1er, p. 454 ; Esnault, nºs 314 et 316.

755. — La même décision avait été adoptée par la cour royale de Pau, dans les termes suivans : — Un créancier qui a fait emprisonner son débiteur avant la faillite de celui-ci peut intervenir pour s'opposer à sa demande de mise en liberté provisoire, et c'est contre lui, et non contre les syndics de la faillite, qu'il doit diriger son intervention. » — *Pau*, 26 août 1824, Rancès c. Garrapit.

756. — Mais, dans son intervention, le créancier ne pourra pas faire prévaloir son intérêt ou ses actes individuels contre l'intérêt général. Depuis l'existence de la faillite le sort de toutes les créances est fixé ; la détention du failli concerne la masse ; elle n'est plus dans l'intérêt de tel ou tel. C'est en ce sens qu'il faut appliquer aujourd'hui les décisions suivantes.

757. — Quand la faillite est déclarée, un créancier n'a pas le droit de s'opposer individuellement au jugement qui a accordé un sauf-conduit à son débiteur. — *Colmar*, 17 janv. 1824, Drion c. Couleaux.

758. — Le créancier qui avait fait arrêter et écrouer son débiteur avant qu'il eût été déclaré en état de faillite ne peut, *sur ce fondement*, s'opposer à sa mise en liberté avec sauf-conduit. — *Paris*, 7 déc. 1824, Derivière c. Ledat. — Mais il peut, ainsi que les syndics, faire valoir les motifs qui s'opposent à ce que le failli profite de cette faveur. — *Rouen*, 2 avr. 1827, Vaas c. Lerat.

759. — Surtout si, par le contrat d'union, les créanciers ont renoncé à la contrainte par corps. — *Paris*, 29 janv. 1825, Fessard c. Carlhian.

760. — Mais le créancier pourrait baser son opposition sur la faute ou le dol qu'il reprocherait au failli. — Pardessus, nº 1153.

761. — Sous le Code de 1808, le failli qui se croyait fondé à demander, soit un sauf-conduit, soit une mise en liberté définitive, devait s'adresser préalablement au juge-commissaire de la faillite, et jusque-là il devait être déclaré non-recevable dans sa demande. — *Paris*, 28 juin 1828, Viardin c. syndics de sa faillite.

762. — Ce n'est aujourd'hui pour les syndics et les créanciers qu'une faculté d'intervention ; car, quant au failli, sa demande est valablement formée par requête au tribunal, il n'est pas nécessaire qu'il appelle les syndics. — Bioche, vº *Faillite*, nº 192 ; Goujet et Merger, vº *Faillite*, nº 329.

763. — Sous le Code de 1808, on avait jugé que le jugement qui, sur la demande du syndic et conformément au rapport du juge commissaire, accordait un sauf-conduit à un failli arrêté pour dettes avant sa faillite, et retenu en prison par l'un de ses créanciers, était susceptible d'opposition de la part de celui-ci. — *Rouen*, 2 avr. 1827, Vaas c. Lerat. — Mais d'après l'art. 583, C. comm., ce jugement n'est pas susceptible de recours.

764. — Le sauf-conduit peut, dans tous les cas, être révoqué par le tribunal, soit d'office, soit sur la demande des syndics, ou d'un créancier, s'il était reconnu que le débiteur abuse de sa liberté, ou si de nouvelles découvertes faisaient voir qu'il a agi frauduleusement. — Pardessus, nº 1153 ; Goujet et Merger, vº *Faillite*, nº 333 ; Esnault, nº 317.

765. — Le sauf-conduit obtenu par un failli doit avoir son effet tant que dure l'état de faillite ; à moins qu'il n'ait été révoqué. — *Paris*, 12 fév. 1817, Michelet c. Horeau ; — Goujet et Merger, nº 335 ; Esnault, nº 315.

766. — Lorsqu'il s'est écoulé plusieurs années depuis l'obtention du sauf-conduit, le failli qui l'oppose à un créancier qui le poursuit n'est pas tenu de prouver que les opérations de la faillite ne sont pas terminées. — Même arrêt.

767. — Le failli, quoique dessaisi de l'administration de ses biens, n'est pas sans action pour réclamer en justice la portion de mobilier que lui réserve la loi. — *Paris*, 29 avr. 1812, Devinck c. syndics de sa faillite.

768. — C'est aussi ce que porte la loi nouvelle. — Le failli pourra obtenir pour lui et sa famille, sur l'actif de sa faillite, des secours alimentaires qui seront fixés, sur la proposition des syndics, par le juge-commissaire, sauf appel au tribunal en cas de contestation. — C. comm., art. 474. — Le jugement rendu sur cet appel n'est pas susceptible de recours. — C. comm., art. 583. — D'après le Code de commerce de 1808, le failli ne pouvait obtenir de secours qu'au moment de l'union. — Cette innovation du nouvel article 474 est ainsi motivée dans le rapport de M. Renouard : « Il vaut mieux accorder régulièrement au failli de faibles secours que de le contraindre, sous peine de mourir de faim, à se faire lui-même sa part et à se créer des ressources illégitimes. » — On avait d'abord adopté une disposition par laquelle c'était le tribunal qui devait fixer la quotité des secours, mais lorsque le projet fut reporté à la chambre des députés, la rédaction actuelle a été votée sans discussion. En effet, à quoi bon un jugement s'il n'y a pas contestation ? Mais il pourra y avoir recours au tribunal qui statuera sans appel. — Esnault, nº 318.

769. — Quoique des reproches graves puissent être adressés à un failli sur le désordre de ses écritures et son administration irréfléchie, les juges peuvent, s'il n'y a pas eu mauvaise foi de sa part, lui allouer un secours provisoire. — Le soin pris par le failli de s'abstenir de grever ses immeubles d'inscriptions hypothécaires est une présomption de bonne foi. — *Rennes*, 26 juin 1832, B... c. Andrieux.

770. — Les syndics ne peuvent, lorsque de leur consentement une pension alimentaire a été accordée au failli, demander ultérieurement la cessation de cette pension ou sa réduction. — *Rennes*, 5 mars 1816, N... — Le tribunal de commerce a la faculté, lorsque, pour la première fois, il est appelé à arbitrer les secours à accorder au failli, de refuser toute allocation, bien qu'il ne s'élève contre le failli aucune présomption de banqueroute. — *Cass.*, 17 nov. 1818, Dumont ; — Boulay-Paty, *Faillites et Banqueroutes*, t. 1er, nº 327. — Au reste, sur les secours qui peuvent être accordés au failli, V. *infrà* nºs 1776 et suiv.

Sect. 3e. — *Clôture des livres du failli. — Rédaction du bilan.*

771. — Les syndics appelleront le failli auprès d'eux pour clore et arrêter les livres en sa présence. — C. comm., art. 475. — Mais déjà l'art. 471 fait arrêter les livres par le juge de paix. — Il faut donc entendre l'art. 475 en ce sens que les syndics arrêteront les comptes, si cela est possible, et cloront les écritures, c'est-à-dire traceront une claire séparation entre les écritures du failli et celles du syndicat qui peuvent, sans inconvénient, être tenues sur les mêmes registres. — Lainné, p. 138 ; Goujet et Merger, vº *Faillite*, nº 337 ; Renouard, t. 1er, p. 456.

772. — Si le failli ne se rend pas à l'invitation, il sera sommé de comparaître dans les quarante-huit heures au plus tard. — C. comm., art. 475. — La sommation qui lui est adressée est faite par exploit d'huissier. — Pardessus, nº 1162.

773. — Soit que le failli ait ou non obtenu un sauf-conduit, il pourra comparaître par fondé de pouvoirs, s'il justifie de causes d'empêchement reconnues valables par le juge-commissaire. — C. comm., art. 475. — Aux termes du § 5 de l'art. 586, le failli qui ne comparaît pas après en avoir été sommé ou qui, dans le cas d'empêchement reconnu valable, ne se fait pas représenter, est con-

damné comme banqueroutier simple. — Le fondé de pouvoirs devra être porteur d'un mandat spécial, mais il ne sera pas nécessaire qu'il soit conféré par acte authentique. — Goujet et Merger, v° *Faillite*, n° 341.

774. — L'ancien art. 469, C. de comm., autorisait le failli qui n'avait pas obtenu de sauf-conduit à se faire représenter par un fondé de pouvoirs, sans être tenu de justifier des causes de sa non-comparution en personne. D'après la nouvelle rédaction de l'art. 475, le défaut de sauf-conduit ne peut être considéré comme un empêchement valable. — M. Renouard (t. 1er, p. 456) donne pour motif de cette disposition, que M. Lainné (p. 134) critique comme trop sévère, qu'un failli se doit à ses créanciers, et qu'on ne peut admettre l'excuse qu'on voudrait tirer de ce qu'après avoir mérité une arrestation, il plairait au failli de s'y soustraire.

775. — Le bilan est le tableau de la situation active et passive des affaires d'un commerçant au moment de la cessation de ses paiemens. — Il doit même contenir, selon M. Pardessus (n° 1154), tout ce qui peut éclairer sur l'état actuel et ancien de ses affaires, sur les causes et les circonstances de sa faillite.

776. — Aux termes de l'art. 439, C. comm. nouveau, il doit être déposé par le failli au greffe du tribunal, au moment de sa déclaration de cessation de paiement. Mais il peut arriver que la faillite soit déclarée après décès, ou d'après la notoriété publique, ou sur la poursuite d'un créancier. Alors il n'y a pas eu de dépôt de bilan ; c'est pour ces cas que statue l'art. 476, qui porte : « Dans le cas où le bilan n'aurait pas été déposé par le failli, les syndics le dresseront immédiatement à l'aide des livres et papiers du failli, et des renseignemens qu'ils se procureront, et ils le déposeront au greffe du tribunal de commerce. » Le dépôt au greffe du tribunal du bilan rédigé par les syndics a été ajouté sur la proposition de la commission de la chambre des pairs, dont le rapporteur, M. Tripier, disait : « Cette pièce intéresse tous les créanciers ; il leur importe de connaître, non seulement les sommes pour lesquelles ils y sont portés, mais aussi celles pour lesquelles les autres créanciers y figurent. » — Esnault, n° 322.

777. — Les agens et les syndics provisoires qui ont laissé le failli continuer son commerce et disposer de l'actif sans déposer le bilan sont responsables vis-à-vis des créanciers de l'inobservation de ces formalités. — *Paris*, 11 fév. 1815, Clo et Cordonnier c. Garnery.

778. — Le bilan doit contenir l'énumération et l'évaluation de tous les biens mobiliers et immobiliers du débiteur ; l'état de ses dettes actives et passives ; le tableau de ses dépenses ; celui des profits et pertes. Les deux premiers tableaux ont pour objet de faire connaître la situation du failli, les autres d'éclairer sur sa conduite. Si quelque propriété est douteuse et sujette à éviction, si quelque créance est caduque ou de recouvrement difficile, le bilan doit en faire mention. L'argent en caisse doit aussi y être porté. Le tableau du passif doit énoncer le nom de chaque créancier et la somme qui lui est due. Indépendamment de ces deux énonciations essentielles, il est convenable d'indiquer la cause de chaque dette. Le tableau des pertes, profits et dépenses peut donner des notions importantes sur les causes et les circonstances de la faillite ; il doit par ces motifs, s'il est possible, remonter jusqu'à l'époque où a commencé le commerce ou l'entreprise. La loi n'imposant au commerçant l'obligation de ne garder ses livres que pendant dix ans, ce tableau doit au moins comprendre cette période ; mais rarement les livres sont détruits après dix ans, parce qu'un grand nombre d'actions commerciales ne se prescrivent qu'après trente ans ; et, d'ailleurs, dès qu'un commerçant n'a pas cessé ses opérations, il serait suspect de ne pas rendre un compte exact de tous les inventaires annuels faits depuis qu'il les a entreprises. — Pardessus, n° 1155.

779. — Il y a lieu de rectifier par des additions ou autrement les erreurs qui ont pu se glisser dans le bilan ; et il ne faut pas toujours de ces omissions ou de ces mentions inexactes conclure que le failli qui a rédigé ce bilan était de mauvaise foi. — Pardessus, n° 1755.

780. — L'omission, dans le bilan dressé par un failli, d'effets qui lui appartiennent réellement, ne donne pas par elle-même, et en l'absence de toute intention frauduleuse, ouverture à l'action en nullité du concordat pour cause de dol. — *Bordeaux*, 11 janv. 1833, Jalaguier c. Capgras.

781. — Le juge-commissaire est autorisé à entendre le failli, ses commis et ses employés, et toute autre personne, tant sur ce qui concerne la formation du bilan que sur les causes et les circonstances de la faillite (C. comm., art. 477). L'ancien art. 474, C. comm., rendant hommage au principe qui ne veut pas qu'on entende contre un failli sa femme et ses enfans, défendait au juge-commissaire d'interroger la femme et les enfans du failli. M. Lavielle avait proposé un amendement qui reproduisait l'ancien art. 474 ; mais cet amendement a été rejeté. La nouvelle disposition contenue dans l'art. 477 a été ainsi motivée lors de la présentation de la loi à la chambre des députés : « L'autorisation donnée au juge-commissaire d'interroger les femmes et les enfans avait fait craindre qu'on ne les transformât en témoins ; mais aucune crainte semblable ne peut exister, attendu que le juge-commissaire n'est pas chargé de procéder à une instruction judiciaire, et qu'il n'a aucun pouvoir de contraindre les individus appelés devant lui à faire des déclarations. — Cette autorisation est avantageuse en ce qu'elle offre souvent le seul moyen de procurer au tribunal les renseignemens propres à l'éclairer dans la première période de la faillite sur les élémens du bilan. »

782. — Ajoutons que la femme et les enfans du failli pourront ainsi produire des explications de nature à venir à sa décharge.

783. — Les personnes que l'art. 477, C. comm., autorise le juge-commissaire à appeler pour donner des éclaircissemens ne peuvent refuser de comparaître ou de répondre sans encourir les peines prononcées contre les témoins défaillans (C. procéd., art. 263) ; et même elles donneraient lieu contre elles à des soupçons de complicité de banqueroute frauduleuse, si des poursuites de ce genre étaient dirigées contre le failli. — Pardessus, n° 1158. — Mais M. Esnault (n° 331), se fondant sur ce que la loi actuelle a substitué le mot *entendre toute personne* au mot *interroger* de l'art. 494, C. 1808, considère les renseignemens comme acte d'obligeance. — MM. Goujet et Merger (v° *Faillite*, n° 347) pensent aussi qu'il ne saurait être prononcé de peine contre les personnes qui, bien qu'appelées devant le juge-commissaire, se refuseraient à comparaître. Quant à nous, nous considérons le juge-commissaire comme procédant à une enquête indispensable pour éclairer la justice, et il nous paraît difficile de lui refuser le droit de sanction qui résulte de l'art 263, C. procéd.

784. — Lorsqu'un commerçant aura été déclaré en faillite après son décès, ou lorsque le failli viendra à décéder après la déclaration de la faillite, sa veuve, ses enfans, ses héritiers pourront se présenter ou se faire représenter pour le suppléer dans la formation du bilan, ainsi que dans toutes les autres opérations de la faillite. — C. comm., art. 478. — Ce droit, qui découle du soin de défendre la mémoire du failli, ne cesse pas d'appartenir à la veuve et aux enfans, lors même qu'ils auraient renoncé à la communauté et à la succession ; en l'absence de tout intérêt pécuniaire, ils conservent l'intérêt moral. — Renouard, t. 1er, p. 460. — Mais ce n'est pour eux qu'une simple faculté, et en leur absence, comme avec leur concours, les syndics procèdent à la rédaction du bilan au moyen des pièces et documens provenant du failli.

Sect. 4e. — *Levée des scellés. — Inventaire.*

785. — Une fois nommés, les syndics ont arrêté les livres qui ont dû être extraits des scellés antérieurement apposés ; ils les ont étudié pour y démêler la nature des affaires du failli. Ils ont exploité le fonds de commerce dont les marchandises, légalement, n'ont pas toutes été placées sous le scellé, mais ces occupations ne doivent employer qu'un très court délai.

786. — Aussi, l'art. 479, C. comm., porte : « Dans les trois jours de leur nomination, les syndics requerront la levée des scellés et procéderont à l'inventaire des biens du failli, lequel sera présent ou dûment appelé. »

787. — L'ancien article 486 imposait aux syndics l'obligation de requérir la levée des scellés aussitôt après leur nomination ; la loi nouvelle a précisé le délai sur la proposition de la commission de la chambre des députés ; les trois jours fixés par l'art. 479 courent de la nomination des syndics, si les scellés ont été apposés avant leur nomination, ou de l'apposition si elle a eu lieu conformément à l'art. 468. — Renouard, *Traité des faillites*, art. 6, p. 461.

788. — Les syndics conservent le droit de commencer les opérations avant l'expiration des trois jours ; par ces mots : *dans les trois jours*, il faut entendre dans des trois jours au plus tard. — *Monit.* 3 avr. 1838.

789. — La levée des scellés pourra durer plus de trois jours puisqu'elle sera accompagnée de la confection de l'inventaire. Il suffit que les opérations soient commencées dans le délai de trois jours à compter de la nomination des syndics

790. — Il n'est pas nécessaire d'appeler ceux qui auraient fait aux scellés des oppositions fondées sur la simple qualité de créanciers, car ils sont légalement représentés par les syndics. Il en serait autrement si ces oppositions résultaient d'une prétention de propriété sur certains objets mis sous les scellés, ou restant dans les magasins ou appartemens du failli, par exemple de demandes en revendication, distraction et restitution de dépôt. — Renouard, t. 1er, p. 462 ; Pardessus, n° 1152.

791. — Mais les créanciers qui croiraient y avoir intérêt pourraient, à leurs frais, intervenir à la levée des scellés. — Pardessus, n° 1152, Goujet et Merger, v° *Faillite*, n° 351.

792. — L'art. 480, C. comm., a modifié l'ancien art. 486, sans diminuer en rien les garanties que cette disposition offrait aux intérêts privés. La conscience des juges de paix, la surveillance des magistrats et même des parties, empêchera les vacations de se multiplier. Les frais d'expéditions des inventaires ou procès-verbaux des scellés deviennent inutiles par la double minute dont l'une est remise aux syndics et leur sert pour la marche de la faillite, et dont l'autre, déposée au greffe, peut toujours être consultée par les parties intéressées.

793. — L'inventaire sera dressé en double minute par les syndics, à mesure que les scellés seront levés, et en présence du juge de paix, qui le signera à chaque vacation. L'une de ces minutes sera déposée au greffe du tribunal de commerce, dans les vingt-quatre heures ; l'autre restera entre les mains des syndics. — C. comm., art. 480.

794. — Il s'est élevé la question de savoir si la présence du juge de paix était nécessaire lorsqu'il n'y avait pas eu apposition de scellés ; l'art. 480 ne faisant aucune exception à cet égard, nous pensons qu'en l'absence du juge de paix, il ne saurait y avoir aucune constatation régulière de la consistance et de la valeur de l'actif ; les syndics ne peuvent être à la fois chargés de la garde des dépôts et chargés de certifier ce qui compose le dépôt. — Goujet et Merger, v° *Faillite*, n° 353. — V. *contrà* Renouard, t. 1er, p. 389.

795. — Les syndics seront libres de se faire aider pour la rédaction de l'inventaire comme pour l'estimation des objets par qui ils jugeront convenable. — C. comm., art. 480.

796. — Il sera fait récolement des objets qui, conformément à l'art. 469, n'auraient pas été mis sous les scellés, et auraient déjà été inventoriés et prisés. (C. comm., art 480). — On conçoit que les objets qui n'ont pas été inventoriés et prisés, tels que les linges et hardes du failli et de sa famille qui leur ont été remis comme objet de nécessité, ne peuvent être récolés. — Renouard, t. 2, p. 465 ; Goujet et Merger, v° *Faillite*, n° 356.

797. — En cas de déclaration de faillite après décès, lorsqu'il n'aura point été fait d'inventaire antérieurement à cette déclaration, ou en cas de décès du failli avant l'ouverture de l'inventaire, il y sera procédé immédiatement, dans les formes du précédent article, et en présence des héritiers ou eux dûment appelés. — C. comm., art. 481.

798. — L'ancien code ne réglait pas le cas prévu par cet article, et dans le premier projet amendé par la commission de la chambre des députés, on avait décidé que dans le cas de décès du failli, il serait procédé à un inventaire fait selon les formes de l'art. 942, C. procéd. Mais on demanda ensuite la substitution de l'inventaire commercial à l'inventaire de droit commun. Cette proposition fut adoptée et complétée par cette garantie qu'il ne serait procédé à cet inventaire qu'en présence des héritiers ou eux dûment appelés.

799. — Les héritiers, pour régler leurs droits, soit entre eux, soit à l'égard des tiers, même lorsqu'il s'agira d'une succession bénéficiaire, pourront user de l'inventaire fait suivant le mode prescrit par l'art. 481.

800. — Dans le cas où le failli laisserait des héritiers mineurs et où il y aurait déjà eu un inventaire dressé après décès, si cet inventaire a été fait légalement, il doit être pris pour base de l'inventaire de la faillite, sauf récolement ; on parvient ainsi à éviter les frais et à rendre les opérations beaucoup plus rapides. — *Moniteur* du 3 avr. 1838.

801. — En toute faillite, les syndics, dans la quinzaine de leur entrée ou de leur maintien en fonctions, seront tenus de remettre au juge-commissaire un mémoire ou compte sommaire de l'état apparent de la faillite, de ses principales causes et circonstances, et des caractères qu'elle paraît avoir. Le juge-commissaire transmettra immédiatement les mémoires, avec ses observations, au procureur du roi. S'ils ne lui ont pas été remis dans les délais prescrits, il devra en prévenir le procureur du roi et lui indiquer les causes du retard (C. comm., art. 482). — Cette mesure a été prise afin d'éveiller la surveillance du ministère public sur les actes du failli qui se trouve parfois en présomption de ban-

queroute. L'ancien art. 488 ordonnait déjà la remise d'un mémoire, par les syndics, dans les huit jours de leur nomination. — V., sur la remise de ce mémoire et la communication de toutes les pièces au procureur du roi, la circulaire du ministre de la justice du 8 juin 1838, n° 7.

802. — Si les causes du retard sont légitimes, un nouveau délai est accordé.

803. — Si, dans l'opinion du juge-commissaire, le retard ou défaut absolu d'envoi d'un mémoire était le résultat d'une négligence inexcusable ou même de connivence de la part des syndics, le juge-commissaire devrait provoquer leur remplacement; les créanciers pourraient aussi porter leur plainte à ce sujet. — Pardessus, n° 1163.

804. — Le failli a droit de prendre communication de ce mémoire et de fournir ses réponses justificatives, sans préjudice du droit de se plaindre des assertions inexactes ou malveillantes qui l'exposeraient à des poursuites en banqueroute frauduleuse.

805. — L'agent ou le syndic qui, en donnant au procureur du roi les renseignemens exigés par la loi sur l'état de la faillite, porte inconsidérément atteinte à la moralité du failli, est tenu de dommages et intérêts envers ce dernier, lorsque, par suite des erreurs graves qu'il a commises dans son rapport, le failli a été renvoyé devant la cour d'assises, qui l'a néanmoins acquitté. — L'agent ou le syndic contre qui les dommages-intérêts sont réclamés ne peut, dans ce cas, se prévaloir de ce que le failli ne les a pas demandés devant la cour d'assises avant le jugement. — *Cass.*, 14 déc. 1825, Rebattu c. Dercpas. — V. les lois 213 et 216, ff., *De verb. sign.*; — Rolland de Villargues, *Répert. du not.*, v° *Responsabilité*, n° 1er et 2; Pardessus, n° 1164.

806. — Si le juge-commissaire n'accomplit pas la mission que lui impose cet article, il pourra y avoir lieu à son remplacement, ainsi que le prévoit l'art. 454, C. comm.

807. — Suivant M. Renouard (t. 1er, p. 472 et s.), ce n'est qu'après la première constitution du syndicat qu'il y a lieu d'exiger le mémoire dont parle l'art. 482. Cette formalité n'est évidemment pas nécessaire à tout changement total ou partiel dans le syndicat.

808. — L'inventaire est un acte d'une telle importance non seulement pour constater l'actif de la faillite, mais encore pour découvrir les causes du mauvais état des affaires du failli, que l'art. 483 a prescrit une mesure extraordinaire, en permettant aux officiers du ministère public de se transporter au domicile du failli et d'assister à l'inventaire, et en leur donnant, à toute époque, le droit de requérir communication de tous les actes, livres ou papiers relatifs à la faillite. Néanmoins l'art. 483 a été rédigé dans un sens moins étendu que l'art. 489, dans la vue d'éviter de trop fréquentes occasions de conflit entre le ministère public et la juridiction consulaire.

Sect. 5e. — *Vente des meubles et marchandises. — Recouvremens.*

809. — Dans l'intervalle qui séparera l'inventaire du concordat ou de l'union, il faut, outre les ventes d'objets sujets à dépérissement ou dispendieux à conserver, faire opérer toutes les ventes que réclamera l'intérêt de la masse, et, par exemple, la nécessité de pourvoir à certaines dépenses, à l'acquittement de droits d'enregistrement, de frais de procédure, du remboursement au trésor des frais qu'il a avancés. Aussi, le juge-commissaire pourra, le failli entendu ou dûment appelé, autoriser les syndics à procéder à la vente des effets mobiliers ou marchandises. — C. comm., art. 486.

810. — Il ne s'agit pas encore de disposer de la totalité de l'actif pour en répartir le prix à des créanciers dont les droits ne sont pas constatés. Il serait à souhaiter qu'un concordat intervînt, et il deviendrait inutile après la vente totale de l'actif du failli. Le juge-commissaire décidera si la vente se fera, soit à l'amiable, soit aux enchères publiques, par l'entremise de courtiers ou de tous autres officiers publics préposés à cet effet. — C. comm., art. 486.

811. — C'est le juge-commissaire qui, après avoir entendu le failli dont l'intérêt est que les ventes ne soient pas faites mal à propos, appréciera la nécessité ou l'opportunité de la vente, le mode amiable ou judiciaire qu'il importera de choisir, et dans quelle classe sera pris l'officier ministériel qui devra y procéder. La loi nouvelle enlève, sous ce dernier rapport, aux syndics une option qui n'avait pas laissé que de donner matière à des abus.

812. — Le failli peut se pourvoir contre la décision du juge-commissaire, s'il croit qu'elle lui fait grief. — Pardessus, n° 1170.

813. — Sur les officiers publics par le ministère desquels la vente doit être faite, V. COMMISSAIRES-PRISEURS, COURTIERS DE COMMERCE, HUISSIERS.

814. — C'est aux syndics qu'il appartient de choisir dans la classe d'officiers publics déterminée par le juge-commissaire, celui dont ils voudront employer le ministère.

815. — Sous le mérite de cette distinction, on jugerait donc aujourd'hui comme sous le Code de 1808, que les juges-commissaires des faillites ne sont pas autorisés à nommer les officiers ministériels qui doivent procéder à la vente des meubles et des immeubles des faillis, et que le droit de choisir ces officiers appartient exclusivement aux syndics définitifs de la faillite, comme représentant la masse des créanciers. — *Paris*, 27 fév. 1813, Suzanne c. N...; *Cass.*, 5 janv. 1846 (t. 1er 1846, p. 118), Poitrineau et Alexandre c. Mercier.

816. — Jugé de même pour le tribunal de commerce. — *Paris*, 26 mai 1813, Mercier; — Bioche et Goujet, *Dict. procéd.*, v° *Faillite*, n° 178.

817. — Il faut aussi, pour la vente des marchandises du failli, ne pas omettre de se conformer aux prescriptions de la loi du 25 juin 1841 sur les ventes des marchandises neuves.

818. — Le failli ne peut s'opposer à la vente de ses meubles jusqu'à ce que la remise des effets que lui réserve l'art 529, C. comm., ait été effectuée. — *Paris*, 29 avr. 1812, Devinck c. syndics de sa faillite.

819. — Mais les droits du failli sont suffisamment garantis lorsque les syndics, qui se sont fait autoriser à vendre le mobilier, offrent de remettre au failli les habits et hardes à son usage et des meubles qu'il pourra acheter, jusqu'à concurrence d'une certaine somme, et dont le bordereau sera pris pour comptant par le commissaire-priseur. — *Paris*, 29 avr. 1812, Devinck c. syndics de sa faillite.

820. — Le juge des référés est incompétent pour accorder à un créancier, porteur d'un titre exécutoire, le droit de poursuivre la vente du mobilier, dans le cas où les syndics n'y procéderaient pas dans un délai déterminé. — *Paris*, 25 mars 1830, Duval c. Clave; — Bioche et Goujet, *Dict. de procédure*, v° *Référé*.

821. — Il pourrait arriver que le failli fût un agent de change, un courtier, un notaire, un huissier; que, la faillite l'ayant frappé d'incapacité, il y ait à le remplacer. Dans la rigueur du droit, le gouvernement peut refuser aux syndics le droit de proposer un successeur; mais presque toujours, par esprit de justice envers le créancier, il permet cette présentation pour laquelle une somme souvent très considérable est stipulée; on ne peut voir dans ce titre, dans cette clientèle une chose mobilière susceptible d'être mise aux enchères; la nature des choses s'y refuse. Nous pensons que, dans ce cas, une autorisation de justice est nécessaire, mais comme ce titre, cette clientèle ne sont pas, à proprement parler, des objets commerciaux, nous pensons que les syndics, après avoir pris les instructions des juges-commissaires, doivent s'adresser, soit au président du tribunal civil statuant en référé, soit, si ce magistrat le croyait convenable, au tribunal qui, après avoir consulté le syndicat ou la chambre de la corporation à laquelle le failli appartenait, fixerait le prix de cession du titre et de la clientèle. — Pardessus, n° 1170.

822. — La faculté de faire des ventes est restreinte à l'actif mobilier; ce n'est que sous le régime de l'union que les syndics peuvent procéder à la vente des immeubles (V. *infrà* nos 2310 et suiv.); les syndics ont le droit de louer les immeubles, avec l'autorisation de la justice. — Pardessus, n° 1171; Goujet et Merger, v° *Faillite*, n° 371.

823. — Les art. 496 et 497 du Code de 1808 ordonnaient le dépôt des deniers provenant du prix des ventes du mobilier et des recouvremens dans une caisse à double serrure, sauf au juge-commissaire à en faire effectuer le dépôt à la caisse des consignations sur la demande des syndics; cette mesure recevant rarement son application dans la pratique, la loi nouvelle a ordonné de suite le dépôt à la caisse.

824. — Sur l'emploi qui doit être fait du prix des ventes, V. *infrà*, nos 2263 et suiv.

825. — L'inventaire terminé, les marchandises, l'argent, les titres actifs, les livres et papiers, meubles et effets du débiteur seront remis aux syndics au bas dudit inventaire (C. comm., art. 484), c'est-à-dire, suivant M. Renouard (t. 1er, p. 475), en apposant leur signature à la suite de chacun des doubles de l'inventaire.

826. — Les syndics continueront de procéder au recouvrement des dettes actives, sous la surveillance du juge-commissaire (C. comm., art. 485), et non plus sous l'autorisation du juge-commissaire, comme le disait l'ancien art. 492. Il ne sera donc plus besoin de l'intervention du juge-commissaire pour le recouvrement de dettes minimes.

827. — Les syndics ont qualité pour donner toutes quittances. Les débiteurs du failli peuvent leur faire des offres réelles dans les cas où ils auraient pu en faire à leur créancier. — *Cass.*, 11 mai 1825, Dyvrande c. Delondre; — Pardessus, n° 1172; Bioche et Goujet, v° *Offres réelles*, n° 11.

828. — Les syndics peuvent poursuivre les garans ou cautions comme le débiteur lui-même.

829. — Si des débiteurs du failli étaient tombés ou tombaient en faillite, les syndics devraient se présenter aux assemblées de créanciers, faire vérifier et affirmer la créance du failli qu'ils représentent et participer enfin à toutes les opérations qui doivent tendre au recouvrement de cette partie de l'actif. — Pardessus, n° 1172; Goujet et Merger, v° *Faillite*, n° 368. — Le failli lui-même peut être admis à intervenir à la vérification et à l'affirmation de sa créance, surtout si elle résulte d'un compte courant. — *Bruxelles*, 21 juin 1820, Godral c. M...

830. — La remise partielle consentie par les syndics provisoires d'une faillite au profit d'un débiteur du failli ne peut être attaquée par ce dernier, alors que ces syndics ont eu soin de se faire autoriser par le tribunal. — *Paris*, 21 déc. 1824, Langlet c. Ripart et Alonzet.

Sect. 6e. — *Gestion des syndics.*

831. — Les syndics sont à la fois représentans de la masse et du failli. — Ils ont pour mission d'administrer les biens de la faillite dans le double intérêt du failli et de ses créanciers, et de prendre les mesures nécessaires pour parvenir à la liquidation de la faillite.

832. — Les règles sur l'administration du tuteur sont en général applicables aux fonctions des syndics. — Pardessus, n° 1175.

833. — Les créanciers du failli ont le droit de toucher les produits d'un usufruit constitué au profit de leur débiteur dans son contrat de mariage, si cet usufruit n'est pas déclaré insaisissable ni promis à titre d'alimens. — *Cass.*, 17 nov. 1808, Dumont.

834. — L'administration qui est confiée aux syndics étant le résultat d'une confiance personnelle, il s'ensuit qu'ils ne peuvent la déléguer d'une manière générale; mais ils peuvent choisir et employer des préposés, des commis, dont ils sont responsables. — Pardessus, n° 1160.

835. — Si le failli a été affranchi du dépôt, ou s'il a obtenu un sauf-conduit, les syndics pourront l'employer pour faciliter et éclairer leur gestion; le juge-commissaire fixera les conditions de son travail. — C. comm., art. 488.

836. — Ainsi le juge-commissaire ne pourra pas contraindre les syndics à accepter la collaboration du failli; le failli pourra, de son côté, refuser de participer à la gestion, et s'il accepte, il n'y aura pas de collusion entre lui et les syndics, puisque le salaire sera déterminé par le juge-commissaire.

837. — S'il a été nommé plusieurs syndics, ils ne pourront agir que collectivement. Néanmoins le juge-commissaire peut donner à un ou plusieurs d'entre eux des autorisations spéciales pour faire séparément certains actes d'administration. — C. comm., art. 465.

838. — Les syndics sont à l'égard de l'actif de la faillite dépositaires et administrateurs judiciaires. Donc un syndic qui s'appliquerait quelques portions de l'actif serait passible des peines de l'art. 408, C. pén. — Pardessus, n° 1161.

839. — Ils pourraient être en vertu de l'art. 126, C. procéd., condamnés par corps. — *Cass.*, 18 janv. 1814, Gaudin-Bellecourt c. Amyet.

840. — Les syndics ne pourraient pas non plus, sous prétexte de recevoir des sommes dues au failli, opposer à un de ses créanciers propres la compensation avec ce que ce dernier doit à la faillite. — Pardessus, n° 1161.

841. — Il doit être interdit aux syndics d'acheter directement ou indirectement des créances contre le failli (Arg. C. civ., art. 1596). Le tribunal à qui de pareilles opérations seraient dénoncées devrait ordonner que le bénéfice de ces opérations, s'il y en a, tournât au profit de la masse et peut-être même, selon les circonstances, ordonner la destitution des syndics. — Pardessus, n° 1161.

842. — Les créanciers du failli et toutes personnes qui, à un titre quelconque, ont un droit contre la masse ou dans la masse, ne peuvent s'immiscer dans la gestion des syndics, ni leur demander des comptes, ni exiger que les pièces et titres de la faillite soient remis en d'autres mains.

843. — C'est aux syndics exclusivement qu'ap-

partient l'administration et le recouvrement des deniers de la faillite ; leur gestion ne peut être entravée par des oppositions, quelle que soit la nature de l'obligation, même pour loyers échus..., l'opposition tenant néanmoins entre les mains des syndics pour la conservation des droits de l'opposant. — *Paris*, 29 août 1841 (t. 2 1841, p. 563), Lacaille c. Guérard.

844. — Cependant, la régie des douanes, créancière d'un failli, peut, à raison de son état de préférence, prendre la voie de la saisie-arrêt, entre les mains des syndics, et n'est pas tenue de se conformer aux règles prescrites par le Code de comm., aux créanciers ordinaires. — *Bruxelles*, 18 août 1811, Douanes c. Vanhove ; — Legraverend, t. 1er, chap. 1er, p. 12, note 1re ; Roger, *Saisie-Arrêt*, no 220.

845. — Le créancier qui impute aux syndics d'une faillite de ne pas activer la liquidation n'a pas le droit d'exercer personnellement des poursuites sur les biens du failli, mais seulement de se pourvoir contre les syndics. — *Aix*, 21 fév. 1840 (t. 2 1840, p. 91), Rovaric c. Cottessard.

846. — Celui à qui le failli aurait vendu des marchandises sans les lui livrer aurait le droit d'agir pour se les faire livrer. S'il s'agit de corps certains, l'acheteur est investi de la propriété, et il a le droit de demander la distraction.

847. — Si le failli a vendu des choses indéterminées, l'acheteur n'aura qu'une simple action, qui se résoudra en une condamnation pécuniaire et le rendra simplement créancier de la masse. La même règle serait suivie pour une obligation de faire que la faillite ne permettrait plus au failli d'exécuter.

848. — Mais si la masse voulait exécuter la convention, celui qui a traité avec le failli ne pourrait pas s'y refuser. — *Cass.*, 5 août 1812, Asselin c. Malaira ; — Pardessus, no 1180.

849. — C'est aussi au syndic qu'il appartient de décider si d'après les intérêts de la masse, il convient de résilier certains contrats ou de les exécuter en donnant caution.

850. — Les syndics, représentans de la masse, peuvent provoquer la nullité ou la rescision de contrats contre lesquels le failli aurait pu invoquer le dol, la violence, l'erreur, ou le défaut de pouvoir d'un mandataire. — *Cass.*, 3 août 1819, Delarue c. Hervé. — Pardessus, no 1180.

851. — Les syndics provisoires ne peuvent consentir sans l'autorisation du juge-commissaire un contrat à la grosse pour faire naviguer un navire qui se trouve dans le patrimoine de la faillite. — *Rouen*, 12 juin 1821, N...

852. — Une expédition maritime commencée par un négociant qui tombe en faillite avant le départ du navire ne peut être continuée par les syndics provisoires de la faillite avec l'assentiment de la majorité des créanciers, mais contre le vœu de plusieurs d'entre eux. — *Aix*, 15 juill. 1822, Jaudou c. Segond.

853. — Cependant les syndics pourront, avec l'autorisation du juge-commissaire, et le failli dûment appelé, transiger sur toutes contestations qui intéressent la masse, même sur celles qui sont relatives à des droits et actions immobilières. Si l'objet de la transaction est d'une valeur indéterminée ou qui excède 300 francs, la transaction ne sera obligatoire qu'après avoir été homologuée, savoir : par le tribunal de commerce pour les transactions relatives à des droits mobiliers, et par le tribunal civil pour les transactions relatives à des droits immobiliers. — Le failli sera appelé à l'homologation ; il aura dans tous les cas la faculté de s'y opposer. Son opposition suffira pour empêcher la transaction si elle a pour objet des biens immobiliers. — C. comm., art. 487.

854. — Le syndic qui a transigé sur une créance, en vertu de l'autorisation de la masse des créanciers, homologuée par jugement rendu avec le failli, ne peut être inquiété sous le prétexte qu'il n'a pas appelé le failli à cette délibération, si d'ailleurs il a agi de bonne foi. — *Cass.*, 13 mars 1833, Ricard c. Delalande. — Le failli ne pourrait pas davantage élever de contestations contre le tiers qui dans cette position aurait transigé avec le syndic. — Pardessus, no 1181.

855. — Les transactions faites conformément à l'art. 487, C. comm., sont obligatoires pour la masse, et quel qu'en fût le sort ultérieur, elles ne donneraient lieu à aucune responsabilité personnelle des syndics qui auraient traité en cette qualité, à moins qu'il n'y eût dol ou fraude de leur part. — Arg. *Cass.*, 28 mars 1814, Levacher-Desmarets c. Ozeanne. — Pardessus, no 1181. — On ne pourrait pas non plus attaquer le désistement que les syndics auraient seuls donné d'un jugement entaché de nullité pour en obtenir un nouveau, surtout s'ils ont expressément réservé le fond du droit et le maintien des procédures consommées. — *Cass.*, 27 juin 1843 (t. 1er 1844, p. 32), Caudron c. Fresson.

856. — Quant au droit de soumettre une contestation à des arbitres, il faut distinguer : si le failli a consenti à un arbitrage, les syndics qui le représentent doivent nommer les arbitres. — *Cass.*, 6 fév. 1827, Dupin Valène c. Henne. — Mais ils ne pourraient consentir le dernier ressort si le failli ne s'y était pas soumis.

857. — Hors ce cas, les syndics ne pourraient, sans un pouvoir spécial, nommer des arbitres volontaires pour liquider une société commerciale ; le compromis qu'ils auraient souscrit serait radicalement nul. — *Cass.*, 6 avr. 1818, Saint-Denis c. Lambert ; — Pardessus, no 1181.

858. — D'après les lois espagnoles, les syndics d'une faillite ont le droit de transiger comme mandataires sur les contestations relatives à la faillite, lorsqu'ils ont été autorisés par une assemblée des créanciers à traiter sur toutes les affaires de la faillite. — *Pau*, 9 fév. 1831, sous *Cass.*, 21 août 1832, Raucès c. d'Ossuna.

859. — La nouvelle loi sur les faillites du 8 juin 1838 (art. 571) interdit, à partir du jugement déclaratif de faillite, la poursuite par les créanciers chirographaires de la saisie des immeubles du failli ; mais les art. 571 et 572 réservent aux créanciers hypothécaires leur droit de suite et le droit d'expropriation jusqu'à ce que l'union ait été formée.

860. — La poursuite d'expropriation forcée intentée après la faillite était régulièrement dirigée contre le syndic provisoire. — *Bruxelles*, 7 nov. 1815, Michales c. Nasson ; *Pau*, 21 fév. 1828, B... c. Lechaud ; *Poitiers*, 18 janv. 1826, Millaire c. Baudry. — V. Merlin, *Saisie immobilière*, § 2 ; Delvincourt, *Inst. de dr. comm.*, p. 255, note ; Favard, *Rép.*, vo *Faillite*, § 5, nos 3 et 4 ; Pardessus, *Dr. comm.*, t. 4, p. 429, 3e édit. ; Persil, *Quest. sur les priv. et hyp.*, t. 2, p. 165 ; Boulay-Paty, *Faillites et banqueroutes*, t. 1er, p. 251 et 265 ; Carré, *L. de la procéd.*, t. 2, p. 516.

861. — Une saisie immobilière des biens d'un failli est nulle si le commandement préalable n'a pas été signifié tout à la fois au failli et aux syndics provisoires. — *Metz*, 14 mars 1820, Rogier c. L... et Pagès.

862. — Les syndics provisoires de la faillite n'ont pas qualité pour demander la conversion de la poursuite de saisie immobilière en vente sur publications volontaires. — Le débiteur saisi, lorsqu'il est en état de faillite, ne peut exercer cette faculté en vertu de l'art. 747, C. procéd. — *Paris*, 21 août 1810, Florenville c. Luzier ; — Bioche et Goujet, vo *Faillite*, no 358. — M. Pardessus (no 1265) pense que si le créancier poursuivant consent à la conversion, le tribunal ne peut la refuser, sauf à décider si la vente sera faite à l'audience ou pardevant un notaire.

863. — M. Pardessus (no 1181) pense qu'aujourd'hui, sous l'art. 487, C. comm., les syndics ne pourraient consentir la conversion d'une saisie immobilière en vente sur publications judiciaires, sans avoir rempli les formalités prescrites par cet article.

864. — A partir du jugement déclaratif de la faillite, toute action mobilière ou immobière ne peut être suivie ou intentée que contre les syndics. Il en est de même de toute voie d'exécution tant sur les meubles que sur les immeubles. Néanmoins, si le tribunal le juge convenable, le failli peut être reçu partie intervenante. — C. comm., art. 443.

865. — Cette règle s'applique uniquement à ce qui concerne la fortune du failli ; s'il y avait lieu à le poursuivre pour crime, délit ou contravention, ce serait contre sa personne que les actions seraient dirigées, sauf aux syndics à intervenir pour contester les demandes en réparations civiles qui pourraient augmenter le passif de la faillite.

866. — Les syndics d'une faillite sont sans qualité pour représenter le failli, sans un pouvoir spécial de sa part, sur une poursuite correctionnelle exercée contre lui, même sous le rapport des réparations civiles qui peuvent être la suite de l'amende par lui encourue. — *Cass.*, 6 avr. 1822, Richard-Jacques c. Forêts. — Cette proposition ne souffre aucune difficulté en ce qui concerne l'amende, parce que les peines sont personnelles, et qu'elles ne perdent point ce caractère lors même que, consistant en condamnations pécuniaires, elles devraient retomber à la charge de la masse du prévenu failli. Mais il en est autrement à l'égard des réparations civiles. Le fond du droit et la qualité des parties ne cessent point d'être régis par les principes du droit civil. La juridiction seule est changée. Cela est si vrai que, si la partie lésée laissait statuer définitivement sur l'action publique sans faire juger son action, elle ne pourrait l'exercer ensuite devant les tribunaux civils que contre les syndics de la faillite. Il n'y a donc aucune raison de repousser leur intervention devant le tribunal correctionnel, sauf à prononcer par défaut contre le prévenu les condamnations pénales qu'il a encourues. En d'autres termes, l'action civile étant distincte de l'action publique, rien ne s'oppose à ce qu'il y soit statué dans une forme différente.

867. — Les poursuites que, dans certains cas, les créanciers peuvent avoir intérêt à exercer contre la masse ne sont valables qu'autant qu'elles sont dirigées contre les syndics. — Ainsi le créancier personnel d'un associé membre d'une société en nom collectif qui a fait faillite ne peut pas agir directement contre son débiteur ; mais il doit diriger son action contre les syndics de la société. — *Douai*, 9 fév. 1825, Druez-Velcome c. Lecœuvre.

868. — Il n'est pas défendu aux agens, syndics ou autres mandataires des créanciers d'une faillite, d'intenter une action devant les tribunaux, dans l'intérêt de la masse, sans y être préalablement autorisés par le juge-commissaire de la faillite. Dans tous les cas, les créanciers seuls seraient recevables à invoquer ce défaut d'autorisation. — *Cass.*, 1er fév. 1830, Piol c. Petit. — Par conséquent, celui qui a comme demandeur procédé en première instance, volontairement et sans réserve, avec des syndics provisoires ne peut se prévaloir contre eux de leur défaut de qualité pour exercer les actions de la masse. — *Cass.*, 22 janv. 1833, Mirault c. Baumgarten.

869. — Les débiteurs d'un failli ne sont pas recevables à se prévaloir de ce que les syndics ne se seraient pas fait autoriser par le juge-commissaire à diriger contre eux des poursuites. — *Besançon*, 14 août 1811, N... c. N... ; — Pardessus, no 1178.

870. — Les syndics provisoires sont tenus de faire tous les actes nécessaires pour la conservation des droits du failli sur ses débiteurs. Mais cette obligation ne les astreint pas à intenter aux risques et périls des créanciers un procès éventuel dont les frais pourraient absorber la totalité de leurs créances. — *Rennes*, 1er juill. 1819, Gautron-Laberguerie c. syndics de sa faillite.

871. — Un syndic peut poursuivre une saisie immobilière contre un débiteur du failli sans se faire autoriser par le juge-commissaire. — *Besançon*, 14 août 1811, N... ; — Carré et Chauveau, quest. 2198.

872. — Les syndics ont qualité pour soutenir, dans l'intérêt de la masse, le jugement qui a déclaré la faillite et en a fixé l'ouverture. — *Bruxelles*, 10 déc. 1828, Pierre et Hublon c. L...

873. — Les syndics doivent faire les demandes qui tendent à faire rentrer dans la masse les portions d'actif qui peuvent en avoir été détournées ou qui doivent être considérées comme propriété du failli, par exemple des marchandises vendues au failli et non livrées, des objets par lui prêtés ou déposés, des effets de commerce qu'il aurait transmis par des endossemens irréguliers qui, ne valant que comme procuration, se trouvent révoqués par la faillite. — C. civ., art. 2003. — Les syndics seraient, en ce cas, fondés à former opposition entre les mains de celui qui doit payer l'effet, afin qu'il ne le paie pas entre les mains de celui qui n'en serait porteur que comme mandataire du failli. — Pardessus, no 1178.

874. — Mais celui qui possède un effet en vertu d'un endos irrégulier peut-il repousser l'opposition des syndics en prouvant qu'il a réellement payé la valeur au failli avant sa faillite, et que l'endossement, quoique irrégulier, doit être considéré comme translatif de propriété ? C'est un droit que le tiers pourrait incontestablement exercer si le failli était encore *integri status*. Dès-lors, il nous semble que la même exception pourrait avec avantage être opposée à la masse des créaciers. M. Pardessus (no 1178) est d'un avis contraire, et il justifie ainsi son opinion : « Le législateur a voulu que l'endossement irrégulier ne fût qu'une procuration (C. comm., art. 138) ; si ce principe peut être modifié quand l'auteur de l'endossement irrégulier est libre de disposer de ses biens et de donner un consentement que la justice supplée pour qu'il ne profite pas de sa mauvaise foi, la même modification ne peut plus être admise lorsque, par le dessaisissement, il est devenu incapable de donner un consentement qui change les effets de l'endossement irrégulier. » Les motifs donnés par M. Pardessus ne sauraient nous déterminer à adopter son opinion. En effet, la transmission de la propriété de l'effet de commerce résulte directement non de la reconnaissance du failli ou de la déclaration faite par la justice que la valeur a été réellement fournie, mais de la prestation même de la valeur ; c'est le versement du montant de l'effet qui a donné naissance à ce contrat de change par suite duquel, en échange de l'argent, la lettre a été endossée et remise. La déclaration de la justice, l'aveu du failli ne sont que des modes de preuve d'un fait accompli

antérieurement à une époque où le failli était *integri status*. Comment admettre que le mauvais état des affaires du failli pût influer sur l'admission de tel ou tel mode de preuve? Et, s'il est inique de permettre à un négociant à la tête de ses affaires de profiter de sa mauvaise foi et de se saisir de nouveau d'un effet dont il a déjà reçu la valeur, il n'est pas moins inique de voir une masse de créanciers profiter d'un titre qui n'appartient pas à son débiteur, et cela au détriment d'un négociant de bonne foi qui serait victime de l'irrégularité involontaire d'un endos, bien qu'il pût prouver par ses livres et par d'autres documens extrinsèques qu'il est réellement propriétaire de l'effet que la masse lui dispute.

875. — Les syndics d'une société tombée en faillite ont qualité, à titre de représentans de la masse et du failli, pour demander aux commanditaires, qu'ils prétendent s'être immiscés dans la gestion, le paiement des dettes de la société. — *Paris*, 5 mai 1841 (t. 1er 1841, p. 699), Brulé et Hendin c. Barba.

876. — Les syndics provisoires ont qualité pour contester la validité des hypothèques qui grèvent les immeubles du failli. — *Paris*, 26 fév. 1835, Bony c. de Joly.

877. — Les syndics chargés par le tribunal de commerce français, qui a déclaré la faillite d'un négociant français, du recouvrement des dettes actives du failli, ont qualité, nonobstant l'arrêté du roi des Pays-Bas du 9 sept. 1814, pour intenter devant un tribunal de ce pays une action à charge d'un Belge, débiteur du failli. — La prohibition prononcée par ledit arrêté a eu pour objet, comme le Code civil et le Code de procédure, d'empêcher en Belgique toute espèce de poursuite exécutoire en vertu d'un titre paré obtenu à l'étranger contre un débiteur belge. — *Bruxelles*, 21 juin 1820, Godsal c. M... — Mais quand un négociant anglais qui, sous deux raisons sociales différentes, a une maison de commerce à Londres et une autre à Anvers, est déclaré en faillite par les tribunaux anglais, les syndics de la faillite de Londres n'ont pas qualité pour agir dans le royaume des Pays-Bas contre les débiteurs de la maison dont le siége est à Anvers. — *Bruxelles*, 6 juin 1816, N...

878. — L'état de faillite ne peut rien changer aux règles de la compétence des tribunaux. Les causes étrangères au commerce seront suivies ou continueront d'être portées devant le tribunal civil.

879. — Une cause commerciale qui, d'après les règles générales, appartiendrait à un tribunal de commerce autre que celui qui a déclaré la faillite, continuerait d'y être portée.

880. — Dans toutes les affaires dont connaîtra le tribunal de commerce qui a déclaré la faillite, le juge-commissaire en devra faire un rapport. — C. comm., art. 450.

881. — La disposition de l'art. 56, § 7, C. procéd. civ., d'après laquelle le défendeur peut, en matière de faillite, être assigné devant le tribunal de la faillite, n'est pas applicable au cas où les syndics forment une demande qui compéterait au failli s'il était en possession de la plénitude de son état civil et commercial. — *Cass.*, 10 juill. 1837 (t. 2 1837, p. 119), Lafon c. Girard.

882. — La règle qui veut que, dans le cas où il y a plusieurs défendeurs, le demandeur puisse, à son choix, déférer l'action au tribunal du domicile de l'un d'eux, n'autorise pas celui-ci à se servir d'une action secondaire dans la seule vue de distraire la véritable et principale partie de ses juges naturels. — Spécialement, lorsque l'action est dirigée, à la requête des syndics d'une faillite, à la fois contre le véritable intéressé et contre le failli lui-même, pour prendre toutes conclusions qu'il avisera, les juges peuvent et doivent déclarer, en présence de l'art. 494, C. comm., que le failli, dessaisi de l'administration de ses biens, n'est pas un véritable défendeur, et que l'action n'a pu être portée devant les juges de son domicile. — *Cass.*, 10 juill. 1837 (t. 2 1837, p. 119), Lafon c. Girard. — De même, dit Carré (*Lois de la procéd.*, art. 49), l'option consacrée par cet article ne s'applique pas au cas où les défendeurs ne sont pas obligés d'une manière égale et semblable; dès que l'engagement de l'un n'est qu'accessoire à celui de l'autre, le domicile de ce dernier détermine la compétence.

883. — Lorsque les syndics d'une faillite actionnent un tiers en nullité d'un acte qu'ils prétendent avoir été fait en fraude des droits des créanciers, ils sont obligés de l'assigner devant les juges de son domicile, et non devant le tribunal du lieu de l'ouverture de la faillite. — *Douai*, 13 déc. 1823, Lhermite-Hennebelle c. Courtois.

884. — Les syndics d'une faillite ne peuvent, en vertu de l'art. 59, § 7, C. procéd., porter devant le tribunal du domicile du failli une action en restitution de marchandises soustraites à l'actif de la faillite. — Cette exception d'incompétence peut être opposée en tout état de cause. — *Amiens*, 23 mars 1828, Delaporte c. Desurmont.

885. — Les créanciers de la masse d'une faillite, non à raison d'une obligation du failli, mais à raison de faits personnels aux syndics, ne sont pas tenus d'actionner le failli devant le tribunal de la faillite. — Ainsi, lorsque, pour s'indemniser des suites d'une saisie faite à tort sur lui par les syndics d'une faillite, un tiers pratique à son tour saisie-arrêt sur des sommes dues au failli et assigne en validité les syndics devant le tribunal du lieu de la saisie, les syndics ne peuvent demander leur renvoi devant le tribunal de l'ouverture de la faillite, si l'action est intentée contre un étranger pour obligations contractées hors du royaume. — En tous cas, les syndics auraient couvert l'exception d'incompétence s'ils avaient conclu à la main-levée de la saisie. — *Bruxelles*, 21 déc. 1807, Cappé et Schnell c. Bouvarlet; — Roger, *Saisie-arrêt*, n° 250; Lepage, *Quest.*, p. 392; Guichard, *Droit civil*, n° 281.

886. — Le jugement rendu contre un capitaine de navire comme représentant le propriétaire, mais postérieurement à la faillite de celui-ci, ne peut être opposé aux syndics de cette faillite, alors qu'ils n'y ont été ni appelés ni représentés. — *Cass.*, 4 mars 1835, Luce c. Risnich.

887. — Une instance engagée devant un tribunal éloigné pourrait être suivie de bonne foi dans l'ignorance de la déclaration de faillite, et il n'y aurait pas nullité, car une procédure commencée continue même contre les héritiers d'une partie décédée tant qu'ils n'ont pas notifié ce décès. — Pardessus, n° 1176. — Jugé même que la nullité de l'action résultant de l'état de faillite de celui qui l'a intentée est couverte par la défense au fond de l'adversaire. — *Paris*, 26 nov. 1836, Desbassiers de Richemont c. Desgranges de Rancy.

888. — Mais M. Pardessus n'étend pas la même règle aux actes extrajudiciaires et, par exemple, aux protêts, dénonciations et autres diligences qui, requérant célérité et devant être faits dans des délais rigoureux, quelquefois même à des domiciles élus très éloignés du véritable, ne permettent pas des investigations et des retards; ces actes d'ailleurs sont purement conservatoires.

889. — Le failli n'est pas réduit à la nécessité de demeurer étranger aux instances continuées ou intentées contre le syndic. Il n'est ni mineur ni interdit. Il peut donc y figurer même quand les syndics feraient défaut. — *Cass.*, 19 avr. 1826, Choffin-Besançon c. Levert. — Il a intérêt à augmenter son actif ou à en empêcher la diminution, soit pour obtenir plus facilement un concordat, soit pour avoir moins à payer après la clôture de la faillite. — V., pour l'application de ce principe, *infrà* nos 1087 et 1092.

890. — Lorsque la faillite d'un individu est déclarée pendant une instance d'appel qu'il avait engagée sur des droits immobiliers le concernant, les syndics provisoires peuvent s'opposer à la mise hors d'instance du failli, qui, quoique privé de l'administration de ses biens, reste toujours saisi de ses droits et actions immobiliers. — *Toulouse*, 25 avr. 1820, Lacaze c. Dintrans.

891. — Le tribunal peut donc recevoir le failli partie intervenante; mais s'il n'intervient pas, ou si le tribunal n'admet pas son intervention, ce qui est jugé avec les syndics a force de chose jugée contre le failli, et il ne peut être admis à y former tierce-opposition sous prétexte qu'il n'aurait pas été partie à cette décision. — Peu importe qu'il s'agisse d'une demande relative à une hypothèque (*Cass.*, 25 août 1842 (t. 1er 1843, p. 142), ou à un droit mobilier ou immobilier. — *Paris*, 28 juin 1832, Leffo c. Volland. — Il ne peut pas plus former requête civile quand les syndics dans l'intérêt de la masse n'ont pas jugé utile de se pourvoir. — *Bruxelles*, 14 mai 1831, N...

892. — Mais cette proposition doit s'entendre seulement des jugemens relatifs à la qualité de créancier et à la quotité de la créance.

893. — Si la femme d'un failli croyait devoir demander la séparation de biens, ce ne serait pas contre les syndics seuls qu'elle devrait agir; autrement le mari dont l'état de famille, dont l'autorité maritale est modifiée aurait le droit de former tierce-opposition au jugement: ses créanciers ont seulement intérêt à discuter les droits de la femme. — Pardessus, n° 1177.

894. — Mais c'est aux syndics seuls comme représentant la masse des créanciers qu'appartient le droit d'attaquer le jugement par lequel la femme du failli a fait, sans mettre les créanciers en cause, prononcer sa séparation de biens. Un créancier serait non-recevable à cet égard, surtout s'il n'est devenu créancier que depuis le jugement de séparation de biens. — *Montpellier*, 7 juin 1825, Teissier c. Dessalle.

895. — Les syndics ayant un caractère légal pour représenter la masse; les significations qui leur sont faites font courir les délais des recours dont les jugemens rendus contre elle sont susceptibles. — Pardessus, n° 1183.

896. — Les créanciers coïntéressés de la masse peuvent attaquer ces jugemens. Chacun d'eux peut à ses frais et risques se joindre aux syndics dans une instance qui intéresserait la masse. — *Cass.*, 26 avr. 1813, Foucaud et Rabec c. d'Aligre.

897. — Mais le créancier d'une faillite n'est point recevable à intervenir dans un procès qui intéresse la masse, quand le syndic y est partie, et qu'il y défend par tous les moyens que le fait et le droit peuvent fournir. — *Paris*, 23 mars 1824, Remy et Biale c. Denon. — *Paris*, 4 janv. 1844 (t. 1er 1844, p. 133), Combelot c. Buissaizon. — A moins que le syndic n'approuve en quelque sorte l'action du créancier en déclarant, par exemple, s'en rapporter à parties. — *Paris*, 1er fév. 1831, Briard c. Prodhomme.

898. — Un créancier pourrait même, de son chef, quoique dans le seul intérêt de la masse, soutenir à ses risques une contestation que les syndics n'auraient pas cru convenable d'élever. — Pardessus, n° 1183.

899. — Pour prévenir la négligence ou la malversation d'un syndic, le créancier d'un failli peut contester, à ses risques et périls, les droits d'un autre créancier, ou attaquer les actes faits par le débiteur au préjudice de ses créanciers. — *Colmar*, 26 fév. 1833, Witz-Witz et Daguenet c. Schmaltzer-Hartmann et Grimm.

900. — Les syndics d'une faillite ont qualité pour exercer au nom de la masse les actions qui peuvent appartenir au failli; mais, en cas de négligence ou de refus de leur part, les créanciers ont individuellement qualité pour reprendre une instance ouverte avant la faillite, entre un tiers et leur débiteur. — Mais ce tiers a le droit de demander la mise en cause des syndics pour que le jugement à intervenir puisse obtenir la force de la chose jugée à l'égard de tous les créanciers. — *Liége*, 1er mars 1823, de Billehé et de Gonzé c. Manderlier.

901. — Jugé cependant que les syndics d'une faillite représentant la masse des créanciers, ceux-ci ne peuvent, tant que les syndics exercent encore leurs fonctions, rentrer dans l'exercice de leurs droits individuels. — Dès-lors, un créancier est sans qualité, et, conséquemment, non recevable à intenter en son propre et privé nom, avant la clôture des opérations de la faillite, une action intéressant dans son principe la masse des créanciers. — *Bourges*, 16 janv. 1841 (t. 2 1841, p. 549), Godin c. de Praconfal. — Même une action en nullité pour cause de fraude d'actes faits par le failli. — *Cass.*, 9 avr. 1829, Barillon c. Berton.

902. — Si des condamnations étaient prononcées contre la masse, elles n'obligeraient les syndics que pour leur portion, et chacun des créanciers condamnés pourrait, en cas d'insuffisance de l'actif, être poursuivi pour la sienne, même par corps, si la condamnation était de nature à entraîner cette exécution. — *Cass.*, 19 janv. 1819, Marmod c. Mathelin; — Pardessus, n° 1189.

903. — La chose jugée contre les syndics est réputée chose jugée contre la masse.

904. — Cependant s'il s'était élevé une contestation à la requête d'un créancier qui aurait obtenu une décision par laquelle, outre la reconnaissance de cette qualité de créancier, on lui aurait attribué un certain rang d'hypothèque, ce dernier point ne devrait pas être réputé chose jugée contre ceux à qui l'attribution de ce rang apporterait quelque changement d'ordre: ce dernier objet ne serait plus que chose intéressant exclusivement la masse, et le jugement n'aurait point, sous ce rapport, l'effet de la chose jugée contre le créancier qui aurait un intérêt particulier et spécial à l'attaquer. — *Cass.*, 25 juill. 1814, Quevremont c. Mommessin; — Pardessus, n° 1183.

905. — Les syndics définitifs d'une faillite ont qualité, non seulement pour défendre les intérêts communs de la masse des créanciers contre des tiers, mais encore pour contester la demande formée par un des créanciers contre la masse. — *Metz*, 4 mai 1820, B. c. A.

906. — Les syndics d'une faillite représentent la masse des créanciers lorsqu'ils agissent dans un intérêt commun. — Mais ce mandat légal cesse lorsque des créanciers ont des intérêts distincts et opposés, comme dans le cas de fixation de l'ouverture de la faillite; les intéressés ont alors le droit d'intervenir individuellement. — *Paris*, 12 fév. 1841 (t. 1er 1841, p. 386), Théran c. Lepeintre.

907. — Les syndics ne représentent les créanciers que quand il s'agit d'intérêts généraux et communs à la masse entière; il en est autrement quand il s'agit d'intérêts où les créanciers sont en opposition les uns avec les autres. — Ainsi les créan-

ciers d'un failli ne sont pas représentés par les syndics aux jugemens relatifs à la fixation de l'époque de l'ouverture de la faillite, et dans ce cas les créanciers peuvent attaquer individuellement les sentences dans lesquelles les syndics ont été parties. — *Toulouse*, 8 mai 1824, Degenne c. Dintrans; — E. Vincens, *Législat. comm.*, t. 4, p. 547; Bioche et Goujet, *Dict. de procéd.*, v° *Faillite*, n° 600.

908. — Le syndic d'une faillite doit refuser tout mandat particulier de l'un des créanciers pour le représenter dans la masse. — Toutefois, il n'en résulte pas que le mandat soit nul, tant que la créance n'est pas contestée. — *Colmar*, 10 déc. 1839 (t. 1er 1840, p. 149), Karcher c. Welté.

909. — De même les créanciers hypothécaires sont, ainsi que les créanciers chirographaires, représentés par les syndics définitifs. Ainsi, dans les contestations sur le rang des créances des syndics provisoires pour frais d'administration, les jugemens rendus contradictoirement avec les syndics sont réputés rendus avec les créanciers hypothécaires, et acquièrent contre eux l'autorité de la chose jugée. — *Colmar*, 4 juill. 1831, Teutsch c. Jeanneson. — Il en est de même pour les créanciers privilégiés. — *Poitiers*, 2 janv. 1845 (t. 1er 1845, p. 287), Guillot c. Ege.

910. — Les syndics de la faillite ne représentent pas soit le failli, soit les créanciers d'un certain ordre spécial, hypothécaires ou privilégiés, lorsque ceux-ci ont des intérêts opposés et contraires à ceux des autres créanciers. — Spécialement, la résolution prononcée, contre les syndics, d'une vente d'immeubles faite au failli, ne peut être opposée aux créanciers hypothécaires que la résolution priverait de leur gage, en faisant tomber dans la masse chirographaire les sommes déjà payées par le failli. Dès-lors ceux-ci sont recevables à former tierce-opposition au jugement qui la prononce. — *Cass.*, 13 juin 1837 (t. 2 1837, p. 470), Drouet c. Cuisinier. — V. sur le même principe *Cass.* 15 juin 1848 (t. 2 1843, p. 108), Nivert c. Georges — Mais lorsque dans un temps où le dessaisissement ne rendait pas le failli incapable de défendre seul à des actions en justice, une condamnation a été prononcée contre lui, les syndics ne peuvent l'attaquer par tierce-opposition.

911. — De ce que la masse de la faillite représente activement et passivement le failli, il suit que les actes sous seings-privés faits par celui-ci peuvent lui être opposés, comme s'ils avaient date certaine, et que, hors le cas de fraude, les syndics et les créanciers ne peuvent être considérés comme des tiers dans le sens de l'art. 1328, C. civ. — *Paris*, 12 avr. 1811, Armet Delisle c. Chandenier; *Besançon*, 23 juill. 1812, Saudrin c. Racine; *Cass*, 31 mars 1843 (t. 2 1843, p. 105), Dequeux c. Hainguerlot et Deverjry, 15 juin 1843 (t. 2 1843, p. 111), Doffémont; 15 juin 1843 (t. 2 1843, p. 108), Nivert c. Georges; 18 juin 1844 (t. 2 1844, p. 252), Chollier c. Lorin; *Angers*, 7 janv. 1846 (t. 2 1846, p. 77), Piercheron.

912. — Les syndics provisoires sont sans qualité pour attaquer par voie de tierce-opposition les jugemens intervenus contre le failli lui-même à une époque où il n'était pas encore dessaisi de l'administration de ses biens. — *Bruxelles*, 21 mai 1819, Hughes c. Bennet.

913. — Les syndics d'une faillite n'ont pas qualité pour appeler, conjointement avec le failli, d'un jugement rendu contre ce dernier au profit d'un créancier hypothécaire, et qui le condamne comme stellionataire. — Dans ce dernier cas, et bien qu'un arrêt ait déclaré à tort les syndics sans qualité, leur pourvoi ne doit pas être rejeté, comme dénué d'intérêt, si, de fait, ils n'ont pas pris en appel d'autres conclusions que celles prises par le failli lui-même, et sur lesquelles il a été statué. — *Cass.*, 13 avr. 1836, Bony c. Baudin d'Alogny.

914. — Les syndics définitifs d'une faillite ne sont pas astreints à ne pouvoir interjeter appel d'un jugement qui prononce des condamnations contre la masse de la faillite, sans s'y être fait autoriser préalablement par le juge-commissaire. — *Paris*, 23 avr. 1812, Julien c. Lamy; — Bioche et Goujet, *Faillite*, n° 337. — Un auteur cite, sous la date du 18 juin 1823, un arrêt de la cour de Cassation qui aurait jugé cette question.

915. — Le syndic d'une faillite ne peut appeler d'un jugement sans autorisation de la masse des créanciers, et il doit être condamné personnellement aux dépens de son appel. — *Besançon*, 30 mars 1808, Perret c. Perreciol; — Chauveau, *Comment. du tarif*, t. 1er, p. 208, n° 6.

916. — Des syndics, bien qu'irrégulièrement nommés dans une faillite, ont caractère pour représenter la masse des créanciers jusqu'à leur remplacement, et les jugemens rendus contre eux, au profit de tiers-intéressés de bonne foi, sont valables. — Les nouveaux syndics régulièrement nommés ne peuvent attaquer ces jugemens par la voie de l'appel ou de la tierce-opposition. — L'appel qu'ils en auraient interjeté de leur chef serait au surplus un obstacle à ce qu'ils pussent se rendre tiers-opposans. — *Cass.*, 25 mars 1823, Delaporte c. Tamel et Desurmont; — Pardessus, n° 1188; Bioche et Goujet, *Dict. de procéd.*, v° *Faillite*, n° 166. — Jugé par suite du même principe que les nouveaux syndics d'une faillite sont non-recevables à interjeter appel d'un jugement homologatif de la liquidation d'une succession rendue sur requête collectivement présentée par les anciens syndics et les héritiers du défunt. — *Paris*, 22 janv. 1846 (t. 1er 1846, p. 640), Demiannay.

917. — Les syndics peuvent, suivant les circonstances, être tenus personnellement et solidairement quand ils succombent dans une instance par eux introduite; dans ce cas, la masse n'est pas obligée envers le tiers et n'a pas à craindre de répétition de la part des syndics. — *Cass.*, 27 juin 1821, Dumont et Gillot c. Poullain; *Paris*, 12 août 1830, Delacourtie c. Dartois. — Observons que l'arrêt qui décide qu'une opération effectuée par les syndics est un acte de bonne administration ne peut être l'objet de la censure de la cour de Cassation. — *Cass.*, 28 janv. 1824, Segond c. Rigal.

918. — Le failli n'est pas incapable d'agir en justice contre les syndics de ses créanciers pour se plaindre du tort qu'ils lui ont occasioné par leur faute ou leur prévarication. — *Rennes*, 1er juill. 1819, Gauthon Laberguerie c. les syndics de sa faillite.

919. — Le syndic d'une faillite n'est responsable qu'autant qu'il aurait commis une faute grave. C. civ., art. 1992. — *Cass.*, 13 mars 1833, Ricard c. Delalande.

920. — ... Il doit, en ce cas, être condamné personnellement aux dépens. — *Bourges*, 2 avr. 1828, Boulet c. Bouton. — Mais l'arrêt qui le condamne personnellement aux dépens, s'il ne spécifie pas que le syndic a compromis les intérêts de la faillite, doit être cassé comme violant soit l'art. 132, C. procéd., soit l'art. 7, L. 20 avr. 1810, qui prescrit de motiver les jugemens. — *Cass.*, 9 fév. 1847 (t. 1er 1847), Brédif et Pathée c. Leroux et Goguey.

921. — L'agent d'une faillite qui a vendu des marchandises et loué des immeubles sans formalités de justice et à vil prix, peut être condamné à des dommages et intérêts, lorsqu'il s'élève contre lui des présomptions de dol et de fraude. — *Cass.*, 14 déc. 1825, Rebattu c. Berepas; — Bioche et Goujet, *Dict. de procéd.*, v° *Faillite*, n° 170.

922. — Le syndic qui, après avoir repris une instance existant avant la faillite, a déclaré, à défaut de titres et de renseignemens, s'en rapporter à justice, n'est pas responsable de la perte du procès s'il a agi consciencieusement. — *Cass.*, 13 mars 1833, Ricard c. Delalande.

923. — Les prétendus syndics qui intentent des actions au nom des créanciers, sans véritables pouvoirs, doivent supporter personnellement tous les frais auxquels ils ont donné lieu en plaidant sous leur fausse qualité. — *Cass.*, 19 août 1807, Lebois c. Rathelot et Jossinet; — Chauveau, *Comment. du tarif*, art. 130.

924. — Un syndic, quoique irrégulièrement nommé par un tribunal de commerce, ne peut être personnellement responsable des dépens et des conséquences d'une action qu'il a intentée, au nom de la masse des créanciers, sous cette qualité qui lui a été conférée par la justice. — *Rennes*, 18 avr. 1825, Deloche et Rialan c. Leberg.

925. — En général, il y a solidarité au profit d'une masse de créanciers unis contre les syndics auxquels elle a confié ses intérêts et respectivement au profit des syndics contre les créanciers qui composent la masse. — *Rouen*, 18 flor. an XI, Duvolet-Colombel c. Terson; — Laurens, *Tr. des faill. et banq.*, p. 188. Nouveau Denisart, v° *Direction*, p. 524; Gautier, *Etudes de jurisp. comm.*, n° 1534. — De même les syndics qui ont reçu indûment une somme pour le compte de la faillite sont tenus solidairement de la restitution de cette somme. — *Limoges*, 2 sept. 1842 (t. 2 1843, p. 264), Gores c. Poncet.

926. — Jugé, avant le nouveau Code de commerce, que tout mandat judiciaire oblige solidairement ceux qui l'acceptent; qu'en conséquence, les syndics d'une faillite sont tenus solidairement de la gestion commune envers la masse, encore bien qu'ils aient été autorisés, par le jugement qui les nomme, à agir séparément. — *Paris*, 30 déc. 1837 (t. 1er 1838, p. 146), Mongenot c. Castagnet.

927. — Mais d'après l'art. 465, C. comm., dans le cas où le juge-commissaire a donné à un ou plusieurs d'entre les syndics des autorisations spéciales à l'effet de faire séparément certains actes d'administration, les syndics autorisés sont seuls responsables.

928. — Les syndics provisoires d'une faillite sont solidaires à raison du préjudice que leur négligence peut causer à la masse des créanciers. Ils peuvent être condamnés par corps. — *Cass.*, 18 janv. 1814, Gaudin-Bellecourt c. Amyel; — Pardessus, *Cours de droit comm.*, t. 4, n° 1167; Bioche et Goujet, *Dict. de procéd.*, v° *Faillite*, n° 179.

929. — Un failli ne peut pas, pendant la durée des fonctions des syndics définitifs, intenter contre ceux-ci une action. — L'intervention de quelques créanciers qui viennent dans l'instance d'appel déclarer qu'ils se réunissent au failli pour faire rendre compte aux syndics, n'est pas recevable. — *Dijon*, 5 août 1816, J... — Si les créanciers n'ont pas le droit de demander aux syndics compte d'une gestion contre laquelle aucune critique raisonnable ne saurait être dirigée, il est hors de doute que la négligence et l'imprévoyance des syndics pourraient donner lieu contre eux, pendant l'union même, à une action en dommages-intérêts. — Boulay-Paty, *Faillites et banq.*, t. 1er, n° 328.

930. — Les syndics provisoires qui, au lieu de gérer eux-mêmes, comme ils le devaient, les biens de la faillite, en ont laissé l'administration au failli, ne sont pas dispensés de rendre leur compte, par la raison que le failli a été nommé, par un concordat homologué, liquidateur de sa propre faillite. Toutefois, le failli doit préalablement compte à ces syndics du mandat de confiance dont ils l'ont investi, et cela jusqu'au jour de la reddition de compte, et non pas seulement jusqu'à celui de l'homologation du concordat qui l'a nommé liquidateur. — *Paris*, 14 avr. 1831, Belhomme.

931. — Les syndics d'une faillite doivent être tenus de rendre compte de leur gestion devant les juges de leur domicile, lorsqu'ils en sont sommés par un créancier du syndicat ou de la masse. — *Toulouse*, 16 mars 1824, M... c. Carol.

932. — Le failli est non-recevable à demander aux syndics un nouveau compte de leur gestion, lorsqu'il a reçu d'eux ou de leur fondé de pouvoirs, après l'homologation du concordat, sans protestations ni réserves, ses livres et papiers, le carnet de caisse tenu pendant la durée de leur syndicat, avec les pièces justificatives de la dépense et le reliquat de la recette. — *Paris*, 18 juin 1825, Langlet.

933. — Lorsque les syndics d'une faillite ont rendu leur compte de gestion aux créanciers, qui l'ont approuvé, ils ne peuvent être actionnés par le failli, pour prétendues malversations ou autres faits qui tiennent à la gestion, et qui ne sont pas relatifs seulement à des erreurs, omissions, faux ou doubles emplois dans le compte. — *Cass.*, 15 mars 1826, Lainé. — Cependant un supplément de compte peut être demandé, mais seulement quand il s'agit de réparer des erreurs que présentait le compte rendu primitivement. — *Bordeaux*, 19 juin 1830, Brisson c. Larue. — C'est l'action seule en redressement et non celle en révision qui est admissible. — Bioche et Goujet, *Dict. de proc.*, v° *Reddition de compte*, n° 137.

934. — La décharge que le failli a donnée de leur gestion aux syndics de sa faillite, avant l'homologation du concordat, est entachée *d'une nullité absolue*, qui ne peut être couverte par aucun acte postérieur. — *Paris*, 18 juin 1825, Langlet.

935. — Les syndics d'une faillite, devenus personnellement adjudicataires des immeubles du failli, et dépossédés depuis par une surenchère, doivent rendre devant le tribunal civil, et non pas devant le tribunal de commerce, le compte de la gestion qu'ils ont eue de ces immeubles. — Le tribunal de commerce est également incompétent pour statuer sur les répétitions qu'ils prétendent exercer à raison des travaux exécutés par eux sur ces immeubles pendant leur possession momentanée. — *Bordeaux*, 24 juill. 1834, Tardieu c. Boileau.

936. — Il est dû des frais au syndic pour la mise en ordre des pièces justificatives de son compte, encore bien que les matières de commerce soient sommaires. — *Cass.*, 13 mars 1833, Ricard c. Delalande.

937. — Lorsque des salaires ont été alloués par les syndics à un commis qu'ils ont pris, avec autorisation de justice, pour les aider dans les opérations de la faillite, les tribunaux ont souverainement le droit d'en réduire le montant, quand même l'assemblée des créanciers aurait approuvé la nomination et les frais de gestion du commis employé. — *Cass.*, 13 mai 1840 (t. 2 1840, p. 328), Patron c. Petit.

938. — Un concordat ne peut pas porter au-delà de 5 % de la masse la rétribution accordée aux syndics pour leurs peines et soins. — *Rennes*, 8 mai 1817, Rossi c. N...

939. — Le syndic nommé par la masse des créanciers d'une faillite ne peut réclamer solidairement contre chacun d'eux le montant de ses avances. —

Cass., 23 mai 1837 (t. 2 1837, p. 7), Roussille c. Carol; — Boulay-Paty, *Des faillites et banq.*, no 331.

940. — Le privilége dû aux syndics d'une faillite, à raison de leurs frais de gestion et d'administration, ne peut s'exercer sur les immeubles du failli. — *Paris*, 27 avr. 1836, Loret c. Lebras; — Boulay-Paty, *Faillites et banqueroutes*, no 231; Bioche et Goujet, *Dict. de procéd.*, vo *Faillite*, no 348.

941. — Les syndics d'une faillite ne peuvent pas réclamer un privilége sur le prix des immeubles du failli à raison des frais de justice faits par eux dans l'intérêt seulement des créanciers chirographaires. — *Bordeaux*, 20 août 1836 (t. 2 1837, p. 465), Dubreuilh et Gros c. Courréjolle.

942. — Les syndics définitifs d'une faillite sont mandataires des créanciers ayant hypothèque, aussi bien que des simples chirographaires, de sorte que les frais de gestion qu'ils réclament sont privilégiés sur les immeubles en cas d'insuffisance du mobilier. — *Rouen*, 6 nov. 1842, Larsonnier et Dujardin c. Mathéus; — Boulay-Paty, *Des faillites et banqueroutes*, no 231; Bioche et Goujet, vo *Faillite*, no 348. — Les syndics ont même un recours contre la masse des créanciers pour tout ce qui résulte régulièrement du mandat. — *Paris*, 12 août 1830, Delacourtie c. Dartois; — Boulay-Paty, no 330.

943. — Lorsqu'un jugement qui avait déclaré deux individus en état de faillite collective a été infirmé, à l'égard de l'un d'eux, par un arrêt qui condamne le syndic de la faillite: 1o *à lui rendre tout ce qu'il peut avoir de deniers à lui appartenant* en sa qualité de syndic; 2o aux dépens du procès, avec autorisation de les employer en frais de syndicat; ce syndic n'est pas fondé à retenir sur les deniers dont la restitution est ordonnée les frais causés, soit par les opérations de la faillite antérieures à l'arrêt, soit par l'instance que cet arrêt a terminée. — Cette retenue ne serait pas même permise dans le cas où le syndic aurait été nommé d'office par le tribunal de commerce, et ne pourrait trouver, dans l'actif de l'individu maintenu en état de faillite, de quoi se rembourser des avances faites ou à faire pour le paiement des frais dont il s'agit. — *Paris*, 9 juill. 1824, Marchais-Dussablon c. Duchemin.

944. — M. Pardessus (no 1182) n'admet pas que les officiers ministériels chargés de procédure pour la masse puissent agir solidairement contre les syndics. Il en donne pour raison qu'en recevant les pouvoirs des syndics ils ont connu leur qualité, et n'ont pu ignorer qu'ils étaient des mandataires qui faisaient connaître la nature de leurs pouvoirs

945. — Les syndics sont personnellement et solidairement responsables envers les officiers ministériels qu'ils emploient dans l'intérêt de la faillite. — *Paris*, 12 août 1830, Delacourtie c. Dartois; *Cass.*, 27 juin 1821, Gillot et Dumon c. Poullain; — Bioche et Goujet, *Dictionn. de procéd.*, vo *Faillite*, no 180.

946. — Jugé toutefois que l'avoué qui a occupé pour les syndics d'une faillite agissant en cette qualité, n'a pas contre eux d'action personnelle pour le montant de ses frais. — *Paris*, 25 août 1838 (t. 2 1838, p. 400); *Cass.*, 24 août 1843 (t. 2 1843, p. 755 et 757), Beumé c. Vernaut et Lombard.

947. — ... Que l'avoué qui a occupé pour les syndics d'une faillite ne peut réclamer ses frais contre les créanciers de la masse que jusqu'à concurrence de leurs droits dans l'actif, à moins que ces derniers n'aient donné une autorisation spéciale. — *Paris*, 24 déc. 1841 (t. 1er 1842, p. 28); — *Cass.*, 24 août 1843 (t. 2 1843, p. 755 et 757), Beaumé c. Vernant et Lombard.

948. — Les deux décisions que nous venons de rapporter nous semblent faire une fausse appréciation des principes. — En effet, il est certain que le mandataire ne contracte aucune obligation personnelle toutes les fois qu'il se renferme dans les bornes de son mandat; et lorsqu'un syndic charge, en cette qualité, un avoué d'occuper pour la faillite, il l'avertit suffisamment que ce n'est pas en son nom personnel qu'il s'adresse à lui, et que la masse seule contracte par son entremise. — Quant aux créanciers, ils sont fondés à soutenir que les syndics ne sont pas leurs représentans individuels, mais bien les représentans de la masse, et que dès lors ils ne peuvent les engager que jusqu'à concurrence de leurs droits dans l'actif; en un mot, que les syndics ont seulement mandat pour engager les choses, et non les créanciers de la faillite. — En cet état, que fera donc l'avoué pour assurer le recouvrement de ses frais? Il devra exiger l'engagement personnel des syndics, ou *une autorisation spéciale des créanciers.*

949. — Jugé dans ce sens que le syndic qui a payé à un avoué les frais par lui faits dans un procès qu'il l'a chargé de suivre dans l'intérêt de la faillite ne peut, pour obtenir son remboursement, exercer une action solidaire contre les créanciers. — Chacun d'eux ne peut être obligé à ce remboursement que proportionnellement à son intérêt dans la faillite. — *Bordeaux*, 24 avr. 1838 (t. 2 1838, p. 400), Martin c. Reboul et Moulia; *Cass.*, 23 mai 1837 (t. 2 1837, p. 7); — Boulay-Paty, *Faillites et banqueroutes*, no 331.

950. — Le syndic d'une faillite est tenu, comme mandataire, des intérêts des sommes qu'il a employées à son usage, à dater de cet emploi. — *Cass.*, 1er déc. 1841 (t. 1er 1842, p. 338), Bourjuge c. Farron.

951. — Jugé de même que l'agent ou le syndic qui, au lieu de verser le produit des ventes et des recouvremens dans une caisse à double serrure, aux termes des art. 465 et 496, C. comm. de 1808, les garde en sa possession, nonobstant même une sommation de les représenter est justement présumé en avoir fait son profit, et doit en supporter l'intérêt. — *Cass.*, 14 déc. 1825 (t. 19, p. 1025), Rebattu c. Derepas.

952. — Il en serait de même si le syndic négligeant de se conformer à l'art. 489, C. comm. ne versait pas à la caisse des consignations les sommes reçues des débiteurs de la faillite. Trois jours après l'encaissement, le syndic qui n'a pas déposé à la caisse doit tenir compte à la masse des intérêts des valeurs qu'il a reçues, le cas de prévarication serait puni des peines portées par l'art. 596.

953. — En effet, selon l'art. 89, C. comm., les deniers provenant des ventes et des recouvremens seront, sous la déduction des sommes arbitrées par le juge-commissaire, pour le montant des dépenses et frais, versés immédiatement à la caisse des dépôts et consignations. Dans les trois jours de recettes, il sera justifié au juge-commissaire desdits versemens; en cas de retard, les syndics devront les intérêts des sommes qu'ils n'auront point versées. Les deniers versés par les syndics, et tous autres consignés par des tiers, pour compte de la faillite, ne pourront être retirés qu'en vertu d'une ordonnance du juge-commissaire. S'il existe des oppositions, les syndics devront préalablement en obtenir la main-levée. Le juge-commissaire pourra ordonner que le versement sera fait par la caisse directement entre les mains des créanciers de la faillite, sur un état de répartition dressé par les syndics et ordonnancé par lui. — C. comm., art. 489.

CHAPITRE IX. — *Vérification et affirmation des créances.*

954. — Le premier but de l'administration de la faillite est de recueillir et de conserver l'actif du failli dans l'intérêt de la masse des créanciers, et on comprend que les premiers actes faits pour arriver à ce résultat peuvent être exercés dans un intérêt dont toutes les parties n'ont pas été soigneusement examinées.

955. — Mais dès que les actes conservatoires les plus urgens ont été accomplis, il faut arriver à examiner les droits de ceux qui prétendent à faire partie de la masse des créanciers et à se partager les biens ou plutôt le prix des biens de leur débiteur. Pour n'accueillir que des créanciers sérieux et légitimes, il faut vérifier, contrôler et par suite rejeter ou admettre chacune des créances comme une partie de tout le passif du failli. Tel est l'objet de la vérification des créances.

956. — Tel est le but auquel tendent les obligations imposées au juge-commissaire et les droits respectifs conférés aux créanciers de produire leurs titres, de les vérifier mutuellement et de les affirmer.

957. — La vérification des créances doit être contradictoire, prompte, générale et définitive. — Renouard, *Traité des faillites*, t. 2, p. 3; Goujet et Merger, vo *Vérification de créances*, no 2.

958. — Les formes introduites par le Code de 1808 avaient été, ainsi que l'attestait M. de Ségur dans l'exposé des motifs, consacrées par l'approbation de toutes les chambres de commerce, et la surveillance du juge-commissaire qui y avait été ajoutée devait donner sur cet objet important une complète sécurité; les enquêtes autorisées, l'apport des registres ordonnés dans certains cas, devaient rassurer tout créancier légitime et dissiper toute crainte d'erreur ou de fraude à cet égard.

959. — Mais si le Code de comm. de 1808 avait perfectionné le système organisé par la déclaration de 1739, suivant laquelle, ainsi que nous l'avons dit *suprà* no 14, la vérification précédait l'affirmation et se faisait devant les conseils, il laissait encore beaucoup à désirer, car il permettait soit aux créanciers, soit au failli, soit aux syndics de prolonger les délais, qui, bien que déterminés en apparence par la loi, s'étendaient indéfiniment.

Sect. 1re. — *Production des titres.*

960. — La vérification imposée aux syndics n'est possible qu'autant que les créanciers ont produit leurs titres et énoncé le chiffre auquel s'élèvent leurs prétentions. Ces indications rapprochées des livres tenus par le failli permettent d'apprécier la sincérité des créances réclamées.

961. — Dans la période de temps qui s'écoule depuis le jugement déclaratif de faillite jusqu'au maintien ou remplacement des syndics, le dépôt des titres de créances est facultatif.

962. — C'est ce qui résulte de l'art. 491, C. comm., qui porte: « A partir du jugement déclaratif de la faillite, les créanciers *pourront* remettre au greffier leurs titres avec un bordereau indicatif des sommes par eux réclamées. » — C. comm., art. 491.

963. — L'obligation de faire vérifier sa créance et par suite le droit que confère l'art. 491, C. comm., s'applique indistinctement à tous les créanciers hypothécaires ou privilégiés pour causes commerciales ou non. — *Rennes*, 15 juin 1811, Basterrèche c. Boisviolette; *Caen*, 20 juin 1843 (t. 2 1844, p. 371), Mariette c. Cuiret; — Boulay-Paty, *Faillite*, nos 213 et 230; Pardessus, no 1184; Delvincourt, *Cod. comm.*, t. 2, p. 262, note 3e; Saint-Nexent, t. 3, no 402.

964. — Puisque le privilége et l'hypothèque peuvent être contestés, il faut reconnaître que les créances privilégiées et hypothécaires sont soumises à la vérification.

965. — Cette vérification est nécessaire non-seulement quant au privilége et à l'hypothèque, mais aussi quant à la quotité de la créance.

966. — De même, le créancier nanti d'un gage doit, comme tout autre créancier, affirmer sa créance. — *Rennes*, 12 fév. 1813, Duchesne et comp. c. Boisviolette; — Boulay-Paty, *Faillites*, nos 213 et 230; Pardessus, no 1184; Delvincourt, *Instit. comm.*, t. 2, p. 262, note 3e.

967. — Jugé cependant, mais à tort selon nous, que la créance privilégiée du propriétaire sur les meubles de son locataire pour le paiement des loyers arriérés n'est pas, en cas de faillite du débiteur, rigoureusement soumise aux formalités de la vérification et de l'affirmation. — *Paris*, 18 juill. 1828, Jailloux c. Monchotte.

968. — Jugé de même, que la créance du propriétaire sur les meubles garnissant les lieux loués n'est point, en cas de faillite du locataire, soumise aux formalités de la vérification et de l'affirmation, et qu'en conséquence, le propriétaire est bien fondé à actionner le locataire ou ses syndics devant la juridiction civile, pour maintenir son privilége et conserver son gage. — *Paris*, 28 sept. 1836 (t. 1er 1837, p. 226), Desclozet c. Marchand.

969. — Jugé, au contraire, conformément aux principes, que tous les créanciers du failli, même privilégiés ou étrangers au commerce, par exemple un médecin qui réclame les honoraires des soins par lui donnés au failli pendant sa dernière maladie, doivent se soumettre au préliminaire indispensable de la vérification et de l'admission au passif de la faillite ordonnée par les art. 502 et suiv., C. comm., avant de former devant le tribunal civil une demande en condamnation; qu'en conséquence, tant que l'existence de la créance n'a pas été vérifiée par le syndic, le tribunal civil, qui serait compétent pour juger la question de privilége, ne l'est pas pour procéder à la vérification de la créance et pour en ordonner le paiement. — *Bordeaux*, 10 déc. 1839 (t. 1er 1847, p. 176), Lespinasse c. Cazenave; *Amiens*, 27 fév. 1839 (t. 1er 1847, p. 177), Billot et Gros c. Lefebvre-Bottel.

970. — Avant la vérification des créances, les créanciers hypothécaires ou privilégiés peuvent exercer leurs droits sauf les restrictions qu'y apporte l'art. 450. Le créancier nanti d'un gage pourra exercer ses droits sur l'objet qui lui a été donné en nantissement le lendemain du jugement déclaratif de faillite comme il l'aurait pu la veille.

971. — Mais une fois le moment de la vérification venu, il doit faire vérifier sa créance. Il vaut souvent mieux pour lui suivre cette voie, qui peut le conduire à obtenir son paiement, puisque les syndics ont la faculté de le désintéresser pour retirer le gage de ses mains (C. comm., art. 547), que d'entamer une procédure dispendieuse que son inutilité ferait laisser à sa charge.

972. — Le créancier qui se prétend privilégié n'est pourtant pas tenu, à peine de déchéance, de déclarer sa prétention au privilége au moment de la vérification, il est seulement forcé d'affirmer la sincérité de sa créance. — Rapport de M. Tripier à la chambre des pairs.

973. — Mais la prudence lui fait une loi de ne pas garder un silence absolu, de crainte qu'on ne puisse induire de ce silence, rapproché de certaines au-

tres circonstances, qu'il a entendu renoncer à tout droit de préférence. — Renouard, t. 2, p. 39.

974. — Aux termes d'une décision ministérielle du 24 juin 1808, les titres de créance présentés à la vérification et à l'affirmation devant les syndics ne sont pas soumis à l'enregistrement préalable.— Bédarride, n° 427.

975. — Le bordereau de production qui, selon M. de Saint-Nexent (n° 399), n'a été exigé que pour dispenser les créanciers du droit de timbre, indiquera, soit les à-comptes reçus par les créanciers qui auront diminué la dette, soit les intérêts ou accessoires qui l'auront augmentée.

976. — Il ne faut pas conclure des termes de l'art. 491 que toute créance doit être nécessairement justifiée par titres. Il peut en effet arriver que les titres soient perdus ou égarés, que le créancier, s'il s'agit de lettres de change, par exemple, ait été obligé de les produire dans une autre faillite; il est possible même qu'il n'y ait pas eu de titres souscrits par le failli, et que la créance résultant de fournitures ou de comptes courans ne puisse être établie que par les registres.— Pardessus, n° 1184; Goujet et Merger, n° 14.

977. — Le créancier qui est dans l'impossibilité de produire un titre à l'appui de sa créance indique dans son bordereau par quel moyen légal de preuve il entend suppléer à l'absence de titre.

978. — Le greffier devra tenir état des titres et en donner récépissé. — C. comm., art. 492.

979. — Dès que les syndics sont maintenus ou remplacés, le greffier doit leur remettre les titres dont il n'a été constitué dépositaire que pour arriver à la vérification, opération qui ne peut se faire que par les syndics. Le greffier ne pourrait donc persister à demeurer indéfiniment détenteur des titres pour dégager la responsabilité qu'il a prise en délivrant des récépissés aux créanciers. Le greffier peut, ou reprendre les titres des mains des syndics dès qu'ils les ont examinés, ou exiger des créanciers la restitution de ces récépissés au moment de la vérification contradictoire. A défaut de la restitution de son récépissé, le greffier pourrait retenir les titres même vérifiés jusqu'à ce que son récépissé fût représenté ou jusqu'à ce qu'une décharge régulière lui eût été donnée.

980. — Le Code de 1808 n'indiquait pas la durée de la responsabilité du greffier. On la fixait, par analogie de l'art. 2276, C. civ., à cinq ans. C'est la règle admise par le Code actuel, art. 491 : « Il (le greffier) ne sera responsable des titres que pendant cinq années, à partir du jour de l'ouverture du procès-verbal de vérification. »

981. — Il n'était pas possible de prendre pour point de départ du délai de cinq ans le jour même du dépôt des titres; car, puisque le dépôt n'a lieu que pour parvenir à la vérification, il n'était pas probable que le créancier retirât ses titres avant cette opération. Mais comme, dès que la vérification a commencé, chacun doit se présenter pour faire admettre sa créance, la loi a dû supposer qu'à partir de ce moment les titres avaient dû faire retour à leur propriétaire. Alors commence la négligence: le dépôt a produit tous ses effets, le déposant a pu le faire cesser, dès-lors son silence pendant cinq années libère complétement le greffier.

982.—L'art. 491, C. comm., indique que le greffier peut, avant le maintien ou le remplacement des syndics, recevoir les titres; mais cette disposition, qui a été inspirée par la pensée que les créanciers pourraient avoir quelque hésitation à produire leurs titres entre les mains de personnes qui seraient peut-être en définitive étrangères à la faillite, et qui, dans cette prévision, ne procéderaient sans doute pas immédiatement à cet examen, n'est cependant pas exclusive du dépôt entre les mains des syndics. — Bédarride, n° 422; Saint-Nexent, t. 3, n° 401.

983.—Si le dépôt est fait entre les mains des syndics, quelle sera la durée de la responsabilité? — M. Renouard (*Tr. des faill.*, t. 2, p. 7) applique par analogie aux syndics le délai de cinq ans fixé par l'art. 491 pour le greffier. Nous pensons que c'est étendre à tort la portée de l'art. 491, et que les raisons qui ont pu déterminer le législateur à abréger pour le greffier la durée ordinaire de la responsabilité, qui ne doit s'éteindre que par la prescription trentenaire, ne militent pas en faveur des syndics qui n'ont pas les titres en dépôt d'une façon aussi passagère que le greffier, et qui dès-lors doivent être moins facilement présumés libérés.

984.— De ce que les titres peuvent être remis aux syndics, il suit qu'ils peuvent, dès leur entrée en fonctions, faire l'examen des titres qui leur sont déposés.

985. — La loi détermine, pour la production des titres, un délai qui est forcé, et qui, commencé au jugement qui maintient ou confirme les syndics, expire à la clôture du procès-verbal de vérification, et pendant lequel les créanciers qui n'ont pas usé de la faculté de l'art. 491, C. comm., sont mis en demeure de produire soit entre les mains du greffier, soit entre celles des syndics.

986. — D'importantes modifications ont été apportées par la loi nouvelle aux délais pour cette production. Aujourd'hui, les créanciers qui, à l'époque du maintien ou du remplacement des syndics, en exécution du troisième paragraphe de l'art. 462, n'auraient pas remis leurs titres, seront immédiatement avertis, par des insertions dans les journaux et par lettres du greffier, qu'ils doivent se présenter en personne ou par fondés de pouvoirs, dans le délai de vingt jours, à partir desdites insertions, aux syndics de la faillite, et leur remettre leurs titres accompagnés d'un bordereau indicatif des sommes par eux réclamées, si mieux ils n'aiment en faire le dépôt au greffe du tribunal de commerce. — C. comm., art. 492.

987. — Aux termes de l'art. 502 du Code de 1808, les créanciers avaient un délai de quarante jours pour produire leurs titres; la vérification en était faite dans la quinzaine suivante (C. comm., 1808 art. 503). Un délai de huit jours était accordé aux créanciers pour l'affirmation de leurs créances. (Art. 507 du même code.) Après ces cinquante-cinq jours, les syndics dressaient un procès-verbal indiquant les créanciers qui n'avaient pas produit, et le tribunal, sur le vu du procès-verbal et sur le rapport du juge-commissaire, fixait un nouveau délai, apprécié d'après les distances, eu égard au domicile du créancier le plus éloigné parmi les non-comparans, et à raison d'un jour par trois myriamètres; de plus, si un créancier résidait hors de France, il fallait observer les délais de l'art. 73, C. procéd.— C. comm. 1808, art. 511.— Or, comme à cette phase il n'y a que des créanciers présumés, il dépendait du failli, en portant sur son bilan quelques créanciers étrangers, d'ajourner à plus d'un an la délibération sur le concordat ou l'union.

988. — D'après l'ancien art. 514, on ne convoquait l'assemblée que dans les trois jours après l'expiration des délais prescrits pour l'affirmation des créanciers connus.

989. — Ainsi, il avait été jugé que la déchéance prononcée par l'art. 513, C. comm., relatif à la vérification des créances sur le failli, n'était encourue qu'après l'observation de toutes les formalités prescrites, notamment après la notification du jugement qui accorde aux défaillans un dernier délai pour vérifier et affirmer leurs créances. Dans le cas d'inobservation des formalités, ces créanciers pouvaient, même après le délai expiré, demander à être admis, non-seulement dans les distributions à faire, mais encore et par prélèvement dans celles qui avaient été consommées.— *Bordeaux*, 28 août 1829, Delamain c. Laurence.

990. — Il y avait aussi des délais indéfinis résultant, par exemple, de procès engagés sur le sort d'une créance; on attendait, pour clore la vérification d'une créance, que la contestation fût définitivement jugée, c'est-à-dire qu'elle eût parcouru tous les degrés de juridiction.

991. — Mais, par la loi nouvelle, le délai est abrégé. Il est de vingt jours seulement. Il court à partir de l'insertion dans les journaux. Ce délai de rigueur pour tous les créanciers est unique; ainsi, l'art. 511, C. comm. de 1808, qui, à l'égard des créanciers retardataires, faisait fixer par un jugement un nouveau délai, est abrogé; et c'est là une double amélioration; car, généralement, en cas de concurrence de deux délais, le premier n'est regardé que comme comminatoire, et c'est au second seulement qu'on se conforme; et, de plus, il y a économie des frais que nécessitaient le jugement et les formalités prescrites par les art. 511 et 512, C. comm. 1808.

992. — A l'égard des créanciers domiciliés en France, hors du lieu où siége le tribunal saisi de l'instruction de la faillite, ce délai sera augmenté d'un jour par cinq myriamètres de distance entre le lieu où siége le tribunal saisi de l'instruction de la faillite et le domicile du créancier. — C. comm., art. 492.

993. — La facilité actuelle des communications permet de porter à cinq myriamètres par jour le délai que le Code de 1808 et le Code de procédure civile portaient seulement à trois. C'est, du reste, une disposition analogue à celle de l'art. 165, C. comm., relatif à la notification des protêts. — Saint-Nexent, n° 505.

994. — Les fractions de distances inférieures à cinq myriamètres doivent-elles être comptées? — M. Renouard (*Tr. des faill.*, t. 2, p. 9) se prononce pour la négative, et un arrêt de la cour de Cassation du 10 déc. 1839 (t. 1er 1840, p. 247), [Couhapé c. Benafort] a consacré cette opinion.

995. — A l'égard des créanciers domiciliés hors du territoire continental de la France, il y avait quelques difficultés à surmonter; car, ne pas tenir compte de la distance, c'était sacrifier des intérêts individuels; retarder la vérification générale jusqu'à leur production, c'était nuire à la masse des créanciers; la combinaison des art 492, 493, 502, 567 et 568 est destinée à faire la part de l'une et de l'autre de ces légitimes considérations.

996. — L'art. 492, C. comm., dispose qu'à l'égard des créanciers domiciliés hors du territoire continental de la France, le délai de vingt jours sera augmenté, conformément aux règles de l'art. 73, C. procéd., c'est-à-dire : 1° pour ceux demeurant en Corse, dans l'île d'Elbe ou de Capraja, en Angleterre et dans les états limitrophes de la France, de deux mois; 2° pour ceux demeurant dans les autres états de l'Europe, de quatre mois; 3° pour ceux demeurant hors d'Europe, en-deçà du Cap de Bonne-Espérance, de six mois; et pour ceux demeurant au-delà, d'un an.

997. — Une modification à cet article, en ce qui concerne l'Algérie, devient chaque jour plus nécessaire. La fréquence et la facilité de nos relations permettent d'abréger les délais. — Mais cette innovation ne devrait pas être circonscrite aux rapports commerciaux, elle devrait être réglée par une loi qui s'appliquât à toutes les relations en général qui peuvent exister entre la France et sa colonie d'Afrique.

998. — Mais cette prescription de l'art. 492, C. comm., n'est pas obligatoire pour la masse en ce sens, qu'en attendant l'expiration de ce délai, il lui est permis de passer outre à la vérification des créances et même à la répartition de l'actif.

999. — Les deux modes de convocation des créanciers, qui sont indiqués par l'art. 502, C. comm. 1808, par les papiers publics et par lettres des syndics, devaient-ils être employés simultanément? —(Sol. implic.) Cass., 17 janv. 1826, Piquet c. Martin. — Sur cette question voici comment s'exprime M. Pardessus (*Cours de droit commercial*, n° 1185) : « Tous les créanciers, même pour des causes étrangères au commerce, privilégiés ou hypothécaires, sont avertis par les papiers publics, et *en outre ceux que le bilan et les autres actes ont fait connaître*, par lettres des syndics, de venir dans le délai de 40 jours déclarer à quel titre et pour quelle somme ils sont créanciers. » — Bioche et Goujet, *Dict. de procéd.*, v° *Faillite*, n° 148.

1000. — L'art. 502, C. comm. 1808, laissait aux syndics le soin d'expédier les lettres; mais les réclamations qui se sont parfois élevées de la part de certains créanciers, relativement à l'envoi de ces lettres, l'accusation portée contre quelques syndics de n'avoir averti que les créanciers qu'ils savaient portés vers un intérêt que le syndic favorisait, a déterminé le législateur de 1838 à donner la mission de prévenir par lettres au greffier qui, dégagé de tout intérêt dans la faillite, présente des garanties incontestables d'impartialité.— Bédarride, n° 424.

1001.—Les lettres du greffier doivent être adressées aux créanciers dont les noms sont connus ou indiqués dans le bilan.

1002.—Le greffier doit adresser des lettres à tous les créanciers hypothécaires, privilégiés ou chirographaires. Tous sont indistinctement soumis à la formalité de la vérification pour arriver à prendre part à la répartition de l'actif et à toucher ce qui leur est dû.

1003. — Le dépôt des titres est constaté par un récépissé donné par le greffier ou par le syndic, selon que la remise est faite entre les mains de l'un ou de l'autre.

1004. — Ces récépissés ne sont soumis ni à l'enregistrement ni au timbre. Le dépôt, dit M. Bédarride, n° 428, alors même qu'il est reçu par le greffier, ne constitue pas un acte de ses fonctions, c'est une simple remise officieuse, et le récépissé n'a d'autre objet que de prouver que les titres sont en la possession du signataire du récépissé.

Sect. 2e. — *Délais et formes de la vérification.*

1005— Avant le Code de comm. de 1808, sous la déclaration du 11 janv. 1716, les affirmations de créances faites au tribunal de commerce étaient régulières. — *Paris*, 6 messid. an XIII, Razuret et Faber c. Thibault.

1006. — Sous le Code de 1808, la vérification des créances avait lieu au fur et à mesure de la présentation des créances; actuellement la vérification des créances commence dans les trois jours de l'expiration des délais déterminés par les premie et deuxième paragraphes de l'art. 492. —C. comm., art. 493. — On ne pouvait, sans nuire aux créan-

ciers domiciliés à l'étranger, eux-mêmes, suspendre jusqu'après la vérification de leurs créances les opérations de la faillite, c'eût été leur nuire que d'exposer par des lenteurs l'actif à se détériorer. Ils trouveront au reste une garantie dans l'intérêt personnel des créanciers présens. — Renouard, rapp. à la chambre des députés.

1007. — Les trois jours commencent donc à courir de l'expiration du délai de distance accordé au créancier le plus éloigné.

1008. — L'avertissement aux créanciers ordonné par l'art. 492 contient mention de l'indication faite par le juge-commissaire. Néanmoins les créanciers sont de nouveau convoqués à cet effet, tant par lettre du greffier que par insertions dans les journaux. —C. comm., art. 493.—Cet avertissement était nécessaire, car le délai de 20 jours assigné pour la production des titres peut être prolongé du délai à raison des distances.

1009. — Cette seconde convocation doit être faite *avant* l'expiration du délai fixé par l'art. 492, C. comm.); autrement cette convocation serait illusoire, puisque la vérification doit nécessairement s'ouvrir trois jours après les délais de l'art. 492; les créanciers auxquels la seconde convocation peut être nécessaire ne pourraient pas en profiter pour les premiers actes de la vérification.

1010. — Ceux auxquels les lettres ne parviendraient pas ou ne seraient pas adressées sont présumés avertis par la publication des journaux, et dès-lors l'allégation de n'avoir pas reçu de lettres du greffier ne saurait, en aucun cas, relever un créancier non comparant de la déchéance qu'il aurait encourue. — Bédarride, no 433.

1011. — Le second avertissement ne devra pas changer le lieu, le jour et l'heure que le premier aura indiqués. Le vœu de la loi est qu'il soit la répétition exacte du premier, à moins que des circonstances imprévues ne nécessitent un changement d'indication. Dans tous les cas, les délais ne devraient pas être abrégés. — Renouard, *Tr. des faill.*, t. 2, p. 16.

1012. — Le Code de 1808 ne disait pas si la vérification des créances était une série d'opérations distinctes et successives, ou bien si c'était une seule opération générale. Le plus généralement l'opération se passait entre le créancier produisant et le syndic, sauf aux autres créanciers à contester plus tard ; mais il y avait de grandes difficultés à vaincre ; il fallait qu'un créancier sût ce qui avait été fait avant lui, qu'il prît communication du procès-verbal, et l'admission prononcée par le syndic était un préjugé contre les contestations qu'un créancier pouvait chercher à élever.

1013. — L'art. 493 dispose aujourd'hui que la vérification sera continuée sans interruption et qu'elle se fera aux lieu, jour et heure indiqués par le juge commissaire.

1014. —Ainsi, les créanciers sont maîtres, s'ils le jugent à propos, de se former en assemblée générale, et chacun peut alors, en révélant les faits qui sont à sa connaissance, empêcher toute fraude. Mais à côté de ce droit la loi laisse une latitude qui a pour effet de ne pas gêner un grand nombre de créanciers ; en exigeant d'eux des déplacemens à jour fixe.

1015.— Si les opérations n'ont pu être terminées en une seule séance, le juge-commissaire indiquera la continuation au jour le plus prochain. Suivant M. Renouard (*Tr. des faill.*, t. 2, p. 16), si des causes de force majeure obligeaient à mettre entre les séances un intervalle de plusieurs jours, il serait sage et conforme à l'esprit de la loi de faire de nouvelles convocations qui cependant ne sont pas exigées.

1016. — Le Code de 1808 donnait bien aux syndics la mission de vérifier mutuellement leurs créances, mais il n'avait pas statué pour le cas où il n'y avait qu'un syndic. L'art. 493 actuel dispose en général que les créances des syndics seront vérifiées par le juge commissaire. Ce magistrat n'est pas obligé de se faire assister du greffier pour cette opération.

1017. — Dans la crainte que le juge-commissaire ne pût se livrer utilement aux investigations qu'exige la vérification de la créance des syndics, on avait proposé de remettre le soin de cette vérification à tel créancier que le juge-commissaire désignerait ; mais cette proposition fut rejetée pour exclure toute idée de complaisance réciproque que la position respective du créancier et du syndic pourrait inspirer. — Bédarride, no 441.

1018. — Les contestations élevées sur les créances des syndics sont jugées suivant les formes tracées par les art. 498 et suiv.

1019. — Ces contestations ne portent au surplus aucune atteinte à la qualité du syndic et ne doivent pas entraver les actes auxquels il peut être appelé à procéder, puisque, aux termes de l'art. 462, 4e alinéa, les syndics peuvent être choisis parmi les personnes étrangères à la masse.

FAILLITE, ch. 9, sect. 2e.

1020. — Les autres créances sont vérifiées contradictoirement entre le créancier ou son fondé de pouvoirs et les syndics, en présence du juge-commissaire qui en dresse procès-verbal.

1021. — Le procès-verbal ainsi dressé reste déposé au greffe du tribunal de commerce. Des expéditions partielles peuvent en être prises par les parties intéressées. — C. comm., art. 569.

1022. — Les créanciers peuvent se faire représenter par un fondé de pouvoirs. De cette expression générale et de l'art. 1985, C. civ., on doit conclure que la procuration peut être indifféremment conférée par acte sous seing-privé ou par acte passé devant notaire.

1023. — Un syndic peut-il se charger du mandat d'un créancier pour présenter sa créance à la vérification? — Un arrêt de la cour royale de Colmar du 10 déc. 1839 (t. 1er 1840, p. 149), [Karcher c. Weité], décide, en principe général, que le syndic doit refuser tout mandat particulier de l'un des créanciers pour le représenter dans la masse, mais que, toutefois, il ne résulte pas de là que le mandat soit nul tant que la créance n'est pas contestée.—Mais comment, même en l'absence de toute contestation, la vérification pourra-t-elle se faire contradictoirement entre les syndics et le fondé de pouvoirs qui sera le syndic lui-même? soumettra-t-on la créance à la vérification du juge-commissaire, comme s'il s'agissait d'une créance du syndic lui-même? Mais c'est une marche anormale que la loi n'a pas prévue.

1024. — Suivant M. Renouard (*Tr. des faill.*, t. 2, p. 17), le juge-commissaire peut engager le syndic à se dessaisir d'un mandat inconciliable avec les intérêts de la masse, et si le syndic s'obstinait à le conserver, ce pourrait être un cas de révocation.

1025. — Lorsqu'un débiteur se trouve dans l'impossibilité de se présenter dans une faillite où il est partie et créancier, son créancier peut, comme exerçant ses droits, procéder et stipuler à la vérification de ses créances. — *Amiens*, 18 déc. 1822, Viel c. Commun.

1026. — Celui qui a cédé une créance, devant la garantir et la faire valoir, et l'exercice des droits de créance dans une faillite étant subordonné à l'admission, un cessionnaire peut exiger que son cédant fasse vérifier et affirmer la créance cédée. —Pardessus, no 1185; Renouard, t. 2, p. 24.

1027. — Lorsqu'on a des droits à exercer dans une faillite, à quelque titre que ce soit, on est obligé d'affirmer et de faire vérifier sa créance. — — *Rennes*, 10 juill. 1811, Loychon ; — Pardessus, no 1184; Bioche et Goujet, *Dict. de procéd.*, vo *Faillite*, no 209.

1028. —Aujourd'hui, comme sous le Code de 1808, la vérification des titres n'est pas censée faite lorsque, après être restés déposés au greffe pendant plus de quarante jours, le créancier les a retirés sans qu'ils aient été vérifiés, bien qu'il ait mis les syndics en demeure de le faire. —*Paris*, 25 juill. 1816, Boursier c. Penaverd et Chambaud.

1029. — Le créancier qui a laissé expirer les délais fixés sans faire vérifier sa créance ne peut *de plano* s'adresser au tribunal de commerce pour la faire admettre; il doit auparavant la faire vérifier par le syndic en présence du juge-commissaire. Si la vérification est devenue impossible à raison de la cessation des fonctions du juge-commissaire et du syndic, le créancier ne peut que se pourvoir dans la forme ordinaire pour faire reconnaître ses droits. — *Colmar*, 26 mai 1840 (t. 2 1840, p. 283), Petit-Didier c. Menner.

1030. — Les créanciers dont la créance avait été vérifiée et affirmée pouvaient seuls, aux termes de l'art. 504, C. de 1808, assister à la vérification des autres créances. Le droit de vérification naissant de la qualité même de créancier, la loi nouvelle a sagement fait d'accorder à tous les créanciers de la faillite vérifiés ou seulement portés au bilan la faculté d'assister à la vérification des créances et de fournir des contredits aux vérifications faites et à faire.— C. comm., art. 594.— Il n'y aura pas grand mal à ce qu'un individu reconnu plus tard n'être pas créancier ait contesté certaines créances.

1031. — Le créancier qui aurait perdu le titre de sa créance serait admis à y suppléer par tous les moyens légaux. Il pourrait, pour obtenir son admission au passif, demander et produire un extrait des livres du failli ; il pourrait donc assister à la réunion et concourir à la vérification des autres créances. — Bédarride, no 439.

1032. — Les syndics tiennent de l'art. 494, C. comm., le droit d'admettre la créance ou de la contester en tout ou en partie.

1033. — Les syndics sont les représentans de la masse, et dès-lors ils sont chargés d'en protéger les intérêts ; mais ces intérêts généraux se composant d'une collection d'intérêts particuliers, il en résulte que ceux qui sont les maîtres de ces intérêts particuliers, c'est-à-dire les créanciers peuvent intervenir à la vérification des créances et contester des créances même déjà admises. Ces contredits sont soutenus par les créanciers personnellement et à leurs risques et périls, et rien n'obligerait les syndics à intervenir s'ils ne croyaient pas la contestation fondée.—Les créanciers pourraient même demander la nullité d'une créance qui aurait déjà subi la vérification et l'affirmation.—Gautier, *Études de jurispr. comm.*, no 1492.

FAILLITE, ch. 9, sect. 2e.

1034. — Les syndics ont le droit de faire des contredits aux vérifications faites et à faire.

1035. — Ainsi le syndic d'une faillite est recevable à demander la révision d'un compte courant signé et approuvé par le failli, lorsque cette demande tend à faire rectifier des erreurs commises dans l'allocation de droits qui ne seraient pas dus, et qui, admis, excéderaient l'intérêt légal. — *Colmar*, 11 mai 1842 (t. 1er 1843, p. 8), B. c. Lebelbaum.

1036. — Le porteur d'un bon pour une somme déterminée écrit par le signataire, mais ne portant ni date, ni cause, ni échéance, a droit d'être admis à la faillite sans être tenu de prouver d'abord la réalité de l'obligation. — *Riom*, 17 déc. 1844 (t. 2 1846, p. 693), Cavy c. Andrieu et Marilhat. — On ne peut rejeter du passif, par le motif qu'ils n'avaient pas date certaine avant la faillite, les billets produits à celle-ci. — *Grenoble*, 8 fév. 1842 (t. 1er 1844, p. 802), Boersat c. Colomb de Batines. — Surtout quand la sincérité de ces billets n'est pas suspecte. —*Paris*, 26 déc. 1840, Lefrançois c. Gerbé et Duhesne ; — Pardessus, no 1187.—Nous n'admettrions même pas la distinction indiquée par M. Gautier (no 1386), entre les actes de commerce qui d'ordinaire ne sont pas sujets à enregistrement, et les actes ordinaires pour lesquels, selon cet auteur, le porteur devrait prouver la sincérité de la date.

1037.—Mais, pour ces contredits, les syndics ont la même liberté d'action que pour les contestations élevées par les créanciers, et à la différence de ces derniers, le failli ne pourrait pas en son nom poursuivre judiciairement la solution des contredits que les syndics refuseraient de soutenir ; car, outre l'abus qu'il pourrait faire de cette faculté, et qui pourrait grever la masse de frais considérables, le failli est dessaisi du droit d'agir en justice, lorsqu'il s'agit de droits se rattachant à ses biens.

1038. — Mais la contestation consignée sur le procès-verbal sauvegarderait les droits du failli, qui, selon M. Bédarride (no 447), pourrait, après concordat ou union, et lorsqu'il s'agirait de distribuer l'actif aux créanciers, intenter les actions nécessaires pour faire juger lui-même le contredit qu'il aurait élevé.

1039. — Un failli peut, avant l'homologation de son concordat, acquiescer au jugement qui admet un créancier au passif de sa masse, de telle sorte que l'appel qu'il interjette de ce jugement, après sa réintégration dans l'exercice de ses droits, est non-recevable.— *Colmar*, 24 déc. 1832, Blétry c. Jacquemont.

1040. — Le Code de 1808 n'avait pas voulu donner au failli la faculté d'assister à la vérification des créances ; on avait craint de jeter du trouble et de l'aigreur dans ces opérations. Mais ces considérations, qui expliquent le silence de l'ancien art. 504, n'avaient pas prévalu dans la pratique, et l'usage s'était introduit d'admettre le failli à la vérification. Son intérêt est si évident qu'on ne doit pas s'étonner que la loi nouvelle lui ait accordé le même droit qu'aux créanciers. Remarquons seulement que pour le failli l'assistance à la vérification des créances n'est qu'une faculté dont il peut ne pas user, que la loi n'impose pas l'obligation de le convoquer, et que son absence ne saurait être un empêchement à ce qu'il fût procédé aux opérations.— Bédarride, no 440.

1041. — Il est incontestable, quant aux créanciers, que la clôture du procès-verbal de vérification emporte à leur égard forclusion du droit de contredire ultérieurement les créances admises, sauf toutefois le cas d'une fraude qui devrait être prouvée par le contestant.

1042. — Sur l'époque jusqu'à laquelle les contredits peuvent être élevés, V. *infrà* nos 1805 et suiv.

1043. — Le procès-verbal de la vérification est dressé par le juge-commissaire, mais c'est le greffier qui tient la plume et qui reste dépositaire de la minute pour en donner des expéditions aux parties. — C. procéd., art. 1040 ; décis. min. just. 27 sept. 1808 ; instr. gén. de la régie des domaines, 9 mars 1809 ; — Bioche et Goujet, *Dict. de procéd.*, vo *Faillite*, no 219 ; Lainné, *Comment. sur la loi du 8 juin 1838*, p. 176. — V. aussi Pardessus, no 1186 ; Boulay-Paty, t. 1er, no 218 ; Bédarride, no 449.

1044.—Le procès-verbal de vérification, dit l'art. 495, indiquera le domicile des créanciers et de leurs fondés de pouvoirs.

1045. — Il n'est pas nécessaire que le fondé de pouvoir d'un créancier ait son domicile réel au lieu où siége le tribunal de commerce.

1046. — On avait proposé d'obliger les créanciers à élire domicile au chef-lieu du tribunal, mais cette proposition a été rejetée pour ne pas introduire des formes de procédure dont la violation pourrait devenir la source de nombreuses contestations ou le prétexte de déchéances imméritées.—Bédarride, nº 450.

1047.—Le procès-verbal doit, entre autres choses, contenir la description sommaire des titres, mentionner les surcharges, ratures et interlignes. — C. comm., art. 495.—La constatation de l'état matériel de la pièce empêche que cette pièce une fois produite ne soit divertie par le créancier qui l'a produite, et elle constate des indices dont pourront profiter les contestations futures des créanciers.

1048. — Le procès-verbal doit aussi exprimer si la créance est admise ou contestée. — C. comm., art. 495.

1049. — L'admission pourrait, au surplus, n'être prononcée qu'avec des réserves soit de la part d'un créancier, soit de la part du failli, soit de la part du porteur de la créance lui-même qui, par exemple, se réserverait le droit de compenser sa créance avec une dette contractée par lui envers le failli, et le procès-verbal de vérification devrait mentionner ces réserves.—Bédarride, nos 452 et 453.—Par suite les syndics, qui n'ont d'autres pouvoirs que d'admettre les créanciers au passif de la faillite, ne peuvent renoncer à faire rapporter par un créancier les sommes par lui reçues après l'ouverture de la faillite, ni admettre au détriment de la masse des compensations qui auraient pour ce créancier l'effet d'un privilége ; et quand même le compte ainsi réglé par les syndics provisoires aurait été arrêté par jugement du tribunal de commerce, il n'y aurait pas à l'égard des compensations chose jugée, et les créanciers pourraient revenir sur la décision des syndics. — *Bruxelles*, 24 mars 1821, Steenkist c. Neefs.

1050.—Le procès-verbal doit encore mentionner au commencement de la vérification et à chaque reprise de séance les noms des créanciers présens à la vérification, et dont le silence serait contre leurs contestations ultérieures une fin de non-recevoir. —Il en sera de même à l'égard du failli.

1051.—Le juge-commissaire doit consigner dans le procès-verbal qu'il dresse de la vérification des créances les contredits des créanciers et les réquisitions des syndics, et, en cas de contestation, renvoyer les parties à bref délai, et sans citation, devant le tribunal de commerce, qui juge sur son rapport si le syndic provisoire est en droit de refuser de signer le procès-verbal qui ne contient pas toutes ces formalités.—*Rennes*, 25 janv. 1820, Bourmichon c. Fromot.

1052. — Le procès-verbal dont il s'agit ne fait que constater des faits ; il ne décide rien. Il devra donc mentionner les contestations par quelques personnes qu'elles soient élevées, et ces contestations, quelque peu fondées qu'elles soient, doivent retarder l'admission de la créance et être renvoyées devant le tribunal.

1053. — S'il ne s'élève pas de contestations de la part des parties intéressées qui ont concouru ou assisté à la vérification, le titre de la créance est tenu pour légitime.

1054. — Le procès-verbal d'admission au passif d'une faillite est un titre suffisant pour faire prononcer l'exécution provisoire, et contre lequel on ne peut ordonner ni la preuve testimoniale ni le serment supplétoire. — *Bordeaux*, 2 déc. 1831, Gaudichaud c. Mauduy.—Bioche et Goujet, vº *Faillite*, nº 279.

1055. — Mais le procès-verbal de vérification ne fait pas tellement preuve de la créance, qu'en cas de contestation ultérieure par les syndics définitifs, il dispense le créancier admis au passif de représenter le titre original sur lequel la formule d'admission a été inscrite, surtout si ce procès-verbal contient, de la part des syndics provisoires, des réserves formelles pour la réduction de la créance, s'il y échet. — *Cass.*, 19 juin 1834, Mallez c. Défontaine. — Bioche et Goujet, *Dict. de proc.*, vº *Faillite*, nº 280.

1056.—Dans tous les cas, selon l'art. 496, le juge-commissaire pourra, même d'office, ordonner la représentation des livres du créancier, ou demander, en vertu d'un compulsoire, qu'il en soit rapporté un extrait fait par les juges du lieu.

1057. — Un négociant créancier d'un failli doit, à peine de déchéance, constater la sincérité de sa créance, par la représentation de ses livres, surtout lorsqu'il a déclaré que cette créance résultait d'un compte courant extrait de ses livres mêmes. — *Cass.*, 12 flor. an XII, Manuel c. Lerat ; — Boulay-Paty, *Tr. des faill. et des banqueroutes*, t. 1er, p. 337.

1058. — Sous l'empire du Code de 1808, il avait été jugé que lorsque le titre d'un créancier du failli est un jugement passé en force de chose jugée, le syndic de la faillite est mal fondé à demander à ce créancier, en vertu de l'art. 505, C. comm., la production de ses livres. —*Rouen*, 14 mars 1823, Darry c. Caruette.

1059.— Nous croyons, avec M. Renouard (*Tr. des Faillites*, t. 2, p. 22), que cette décision serait inapplicable sous l'art. 496 actuel, dont les termes sont si généraux. —La production des livres peut d'ailleurs avoir un autre but que celui de porter atteinte à l'autorité de la chose jugée, et, par exemple, le fait d'un paiement effectué en vertu du jugement, mais avant la faillite, serait un motif suffisant de faire exhiber les livres qui peuvent en contenir la constatation.

1060. — D'ailleurs il avait été jugé, sous le Code de 1808, qu'il en serait autrement s'il s'agissait d'un acte notarié sur la sincérité duquel des doutes pourraient être élevés. — *Caen*, 21 fév. 1820, Surbled. — Jugé aussi que, celui qui a souscrit, au profit du failli, des effets causés *valeur en compte* et les a acquittés à l'échéance, peut invoquer les livres du failli pour prouver que ces billets ne sont que des effets de complaisance et qu'il est, dès-lors, créancier du failli. — *Rouen*, 23 mai 1825, Garvey c. Begouen et Foahe.

1061. — La quittance sous seing-privé du prix de marchandises qu'un tiers prétend avoir achetées du failli ne suffit pas pour prouver que l'existence et la date de la vente sont antérieures à la faillite, lorsqu'il n'est produit à l'appui de cette quittance aucune écriture tenue, soit par le prétendu acheteur, soit par le failli avant la faillite. Cette quittance ne peut, dès-lors, avoir à l'égard des syndics de la faillite d'autre date que celle de l'enregistrement. — *Bruxelles*, 21 sept. 1816, Neerinckx c. Moysons.

1062. — Ce serait, du reste, à la prudence du juge-commissaire à apprécier l'opportunité des mesures indispensables pour éclairer la justice.

1063. — Le juge-commissaire a un pouvoir discrétionnaire, soit pour ordonner d'office, soit pour refuser, malgré la demande des syndics ou des créanciers, l'apport des livres ou de leur extrait. — Bédarride, nº 460.

1064. — Si le créancier allègue n'avoir pas de livres, le juge-commissaire constatera cette déclaration dans son procès-verbal et renverra au tribunal la question d'admissibilité de la créance.

1065. — L'extrait sera fait par les juges *du lieu*, expression plus générale que celle de *juges de commerce du lieu*, que désignait seuls l'art. 505, C. comm. de 1808 ; ces mots *les juges du lieu* nous paraissent même désigner le juge de paix.

1066. — Si le juge-commissaire a ordonné l'apport des livres, le syndic ne peut admettre la créance avant qu'il ait été satisfait à l'ordonnance du juge-commissaire. Cette ordonnance, suivant M. Renouard (*Tr. des faillites*, t. 2, p. 22), n'est pas, conformément à l'art. 453, C. comm., susceptible de recours, puisque la loi ne l'a pas déclarée telle.

1067. — Cependant il faut bien reconnaître que cette ordonnance pourra être déférée au tribunal au moins indirectement ; car si la production des livres paraissait au juge-commissaire indispensable pour justifier la créance, les syndics refuseront de l'admettre au passif, et alors le créancier rejeté se pourvoira devant le tribunal qui, en appréciant le degré de justification de la créance, pourra être conduit à décider implicitement que la production de livres demandée par le juge-commissaire était inutile.

1068. — Si les écritures du créancier ne contiennent rien de relatif à la créance, et que celles du failli soient explicites contre lui, ou bien si les unes et les autres sont contradictoires, le juge-commissaire devra renvoyer les parties devant le tribunal de commerce, qui se décidera d'après les présomptions respectivement invoquées, et pourra même déférer le serment, mais au créancier contesté seul, puisque le failli ne peut plus prêter ce serment, et qu'il ne s'agit pas d'un fait personnel au syndic.

Sect. 3e. — *Admission au passif.*

1069. — Si la créance est admise, les syndics signeront, sur chacun des titres, la déclaration suivante : *Admis au passif de la faillite de... pour la somme de... le...* — Le juge-commissaire visera la déclaration. — C. comm., art. 497.

1070. — C'est pour plus de simplicité que la déclaration d'admission est inscrite sur le titre. Cette mention faite sur le titre peut aussi prévenir les doubles emplois et les fraudes, quand il s'agit d'un titre contre plusieurs coobligés et, par exemple, d'un effet de commerce.

1071. —Dans la pratique de quelques tribunaux de commerce, au lieu de porter la mention sur chacun des titres, on se borne à la placer sur le bordereau même qui, devant être soumis à l'enregistrement, est toujours sur papier timbré, tandis que beaucoup de titres, dont au moment de la vérification l'enregistrement serait forcé, sont souvent sur papier libre.

1072. —Les créanciers par compte courant n'ont à produire que l'extrait de leurs livres, qui doit être timbré et enregistré, puisque c'est la pièce sur laquelle la mention d'admission au passif devra être inscrite.

1073. — Une créance d'ailleurs bien justifiée sera admissible lors même qu'elle ne sera pas établie sur un titre écrit et matériellement représenté. — Renouard, *Tr. des faillites*, t. 2, p. 24.

1074. — Mais dans ce cas, comme le créancier aura dû, aux termes de l'art. 482, produire un bordereau indicatif des sommes par lui réclamées, c'est sur ce bordereau que devra se mentionner l'admission dont il faut qu'il y ait une trace entre les mains du créancier.

1075. — Un titre n'ayant pas date certaine peut être admis s'il existe des preuves suffisantes de sa sincérité. — Renouard, *Tr. des faillites*, t. 2, p. 424.

1076. — En matière de faillite, les tribunaux de commerce peuvent réduire, d'après de simples présomptions, une créance présentée à la vérification des syndics, quoiqu'elle soit prouvée par un titre. — *Cass.*, 12 déc. 1815, Deleuze c. Pélicier ; — Bioche et Goujet, *Dict. de procéd.*, vº *Faillite*, nº 225 ; Boulay-Paty, *Faillites et banquer.*, t. 1er, nº 235.

1077. — On ne peut rejeter du passif d'une faillite des effets souscrits par le failli, sous le prétexte qu'il n'en est pas fait mention sur ses livres et qu'ils n'indiquent pas la cause de leur création. — *Paris*, 31 janv. 1812, Deflavigny c. Burdin.

1078. — Lorsqu'un commerçant est tombé en faillite, celui qui avait été associé avec lui dans quelque entreprise pour laquelle il y avait entre eux un compte non encore réglé au jour de la faillite ne peut, tant que ce compte n'est pas réglé, se faire admettre au passif, comme créancier, en vertu de billets souscrits en sa faveur, *valeur reçue comptant* ; il en pourrait être autrement s'il était établi que les billets ont eu une cause spéciale, complétement étrangère à la société dont le compte est à régler.— *Bordeaux*, 25 avr. 1828, Fraignant et Lapeyre c. Coudurier-Fontaine.

1079.— La balance d'un compte courant ne peut servir de base pour l'admission de la créance au passif de la faillite, que lorsque le créancier a fait des remises effectives et réelles, et nullement lorsque les remises ne sont que fictives et en effets postérieurement protestés, et conséquemment sans valeur. — Dans cette hypothèse, puisqu'il est impossible de reconnaître laquelle des deux masses est véritablement créancière, une admission définitive au passif sur l'aperçu d'un compte courant tendrait à avantager une masse au préjudice de l'autre, et dès lors ne peut être prononcée.—*Rouen*, 16 nov. 1820, Delcourt c. Delahalle et Lemoyne.

1080. — Lorsque les syndics d'une faillite ont réduit une créance et que cette créance ainsi réduite a été affirmée par le créancier ou par son fondé de pouvoir, sans aucune réserve, le créancier est non-recevable à réclamer après le concordat contre la réduction opérée sur la créance. — *Paris*, 5 fév. 1833, Berens et Blumberg c. Legros et Valentin.

1081. — Le jugement qui, contradictoirement avec les syndics d'une faillite, admet un créancier au passif pour une créance qu'il désigne comme étant la créance réclamée au procès, et sur laquelle il y a contestation, admet par là même implicitement le chiffre de la créance ainsi désignée, bien qu'il ne soit pas expressément énoncé. Dès lors un jugement postérieur ne peut réduire le chiffre sans violer l'autorité de la chose jugée.—On ne peut dire qu'à défaut d'énonciation expresse de ce chiffre, les choses restaient entières à cet égard. — *Cass.*, 13 juin 1838 (t. 1er 1838, p. 646), Cesbron c. Bourjuge.

1082. — Sous l'ancien Code, les syndics définitifs avaient le droit de vérifier de nouveau et de contester des créances admises au passif de la faillite par les syndics provisoires. — *Limoges*, 19 janv. 1822, Dujardin c. Chapetias ; — Pardessus, nº 1255 ; Boulay-Paty, t. 1er, nº 320 ; Bioche et Goujet, nº 341.

Sect. 4e. — *Contestations des créances.*

1083. — L'art. 494, C. comm., donnant aux créanciers le droit de contester les vérifications faites avant eux, semble leur permettre de contester les

créances, même après leur admission au passif, mais ce serait éterniser les procès, et il faut dire que c'est l'admission au passif et non la vérification qui engendre la fin de non-recevoir.

1084. — Lorsque les syndics d'une faillite ne sont pas unanimes pour prononcer l'admission, la créance doit être réputée contestée; car d'abord il résulte de l'art. 493 que chacun des syndics est partie essentielle dans la vérification des créances; chacun d'eux doit, d'après l'art. 497, signer la déclaration d'admission de la créance au passif de la faillite; en outre, si la contestation d'un seul créancier suffit pour empêcher l'admission au passif, il semble qu'il y aurait inconséquence à ne pas faire produire le même effet à la contradiction d'un seul des syndics.— Un examen ultérieur démontrera de quel côté est la vérité, et c'est ce que déclarera le tribunal devant lequel la contestation sera renvoyée. — Locré, t. 6, p. 263; Bédarride, nº 461.

1085.— Les créances, une fois admises au passif, ne peuvent plus être contestées de nouveau. — *Paris*, 25 juin 1812, Levrat c. Happey; — Renouard, *Tr. des faillites*, t. 2, p. 28.

1086. — Les créanciers qui ont vérifié et affirmé ne peuvent revenir sur les créances vérifiées avant les leurs, lorsque le procès-verbal de vérification est clos. — Même arrêt. — Boulay-Paty, *Faillites et banq.*, t. 1er, nº 220; Pardessus, nº 1186; Bioche et Goujet, *Dict. de procéd. civ.*, vº *Faillite*, nº 232. — Leur droit de contestation cesse à plus forte raison après le contrat d'union et la nomination des syndics définitifs.—*Paris*, 8 avr. 1835, Devesvres c. Perreau-Lecomte.

1087. — La fraude fait exception au droit commun; si donc il y avait eu dol de la part des créanciers admis, il est certain que leur créance pourrait être contestée. — Pardessus, nº 1186.

1088. — Une créance doit être déclarée frauduleuse et rejetée du passif de la faillite d'un négociant, si aucun livre de commerce n'est présenté pour l'appuyer, et bien qu'elle soit fondée sur un titre authentique, si la numération réelle n'a pas été faite en présence du notaire, et si la fraude peut s'induire de circonstances graves, précises et concordantes. — *Caen*, 21 fév. 1820, Etienne Surbled; — Boulay-Paty, *Faillites et Banq.*, t. 1er, nº 235; Bioche et Goujet, *Dictionn. de procéd.*, vº *Faillite*, nº 226.

1089. — Un créancier ne pourrait, pour rendre une contestation recevable, prétendre avec succès qu'il n'a pas assisté à la vérification; car, d'une part, l'absent a été représenté et défendu par les autres créanciers présens; d'autre part, il ne peut se faire un titre de ce qu'il a négligé de se rendre aux convocations du juge-commissaire. — Renouard, t. 2, nº 29.

1090. — M. Lainné (*Comment. sur la loi du 8 juin* 1838, p. 178) pense que le failli n'aurait pas le droit de contester une créance vérifiée et affirmée, s'il y avait eu de sa part reconnaissance de sa dette, s'il avait porté la créance à son bilan, ou s'il avait assisté à la vérification sans élever de contradiction.

1091.—Jugé que le failli peut même, après le contrat d'union et après le paiement d'un dividende, contester une créance admise sans opposition ni jugement par les syndics provisoires, et en demander le rejet du passif. Il en serait autrement si la créance n'avait été admise qu'après contestation et jugement ordonnant qu'elle serait portée au passif de la faillite. — *Douai*, 28 mai 1829, Sailli c. Truffier Leroi.

1092.— M. Renouard (t. 2, p. 29) combat cette doctrine. Suivant cet auteur, le failli doit s'imputer son silence lors de la vérification; et laisser au failli ce droit de contestation, c'est l'exciter à ne pas assister à la vérification à laquelle il importe qu'il soit présent, et lui permettre de combattre plus tard les créanciers qui, dans le cours des opérations de la faillite, ne le favoriseraient pas. M. Renouard n'admet d'exception à cette règle que dans le cas de fraude ou de dol dûment constaté. — Mais il est incontestable, surtout depuis l'art. 443, C. comm., actuel, que le failli a le droit d'intervenir en personne dans les contestations qui s'élèvent entre ses syndics et des tiers relativement à la liquidation de ses dettes tant actives que passives. — *Rennes*, 12 juin 1822, Botrolle c. assureurs de Saint-Malo.

1093. — Le juge-commissaire n'a aucun pouvoir pour statuer sur les difficultés que fait naître la vérification des créances.

1094.— Mais, aux termes de l'art. 498, C. comm., si la créance est contestée, le juge-commissaire peut, sans qu'il soit besoin de citation, renvoyer à bref délai devant le tribunal de commerce, qui jugera sur son rapport.

1095. — D'après la rédaction de l'art. 508, C. comm. 1808, le juge-commissaire pouvait d'office renvoyer au tribunal les créances qui lui paraissaient suspectes. C'était le moyen que, suivant Locré (*Espr. C. comm.*, art. 505.), l'on avait trouvé pour éviter la collusion entre le syndic et les créanciers; mais aujourd'hui on n'a plus à craindre cet inconvénient, puisque la vérification se fait en présence de tous les créanciers, des syndics et du failli. Le juge-commissaire n'a donc pas aujourd'hui le pouvoir d'empêcher l'admission d'une créance que ne contestent ni le syndic, ni le failli, ni les autres créanciers. — Bédarride, nº 473.

1096. — Le juge-commissaire peut ne pas autoriser la procédure sommaire introduite par l'art. 498, C. comm., et, en ce cas, l'affaire s'instruit avec les formes et les délais ordinaires.

1097. — Le tribunal de commerce une fois saisi, soit par le renvoi ordonné par le juge-commissaire, soit par la citation notifiée par l'une des parties intéressées, doit statuer dans le plus bref délai possible. La loi, au lieu de l'astreindre aux formes ordinaires de vérification et de preuve généralement consacrées par la loi ordinaire, permet même au tribunal d'ordonner qu'il sera fait, devant le juge-commissaire, enquête sur les faits, et que les personnes qui pourront fournir des renseignemens seront à cet effet citées par devant lui. — C. comm., art. 498.

1098. — C'est à la requête des syndics ou des créanciers que les personnes dont le juge-commissaire croira l'audition nécessaire devront être appelées à comparaître, et, comme il s'agit ici d'une enquête sur des faits que la loi n'a pas donné au juge-commissaire le pouvoir d'apprécier seul, et qui d'ailleurs, après la décision du tribunal de commerce, peuvent être soumis à un second degré de juridiction, il devra être dressé des dépositions un procès-verbal qui sera rapporté au tribunal dont il doit éclairer et baser la décision.

1099. — Le juge-commissaire pouvait, d'après l'art. 508 du Code de 1808, ordonner sur les réquisitions des syndics le dépôt au greffe des titres d'une créance contestée. Bien que le Code actuel n'ait pas reproduit cette mesure, elle est néanmoins dans les pouvoirs du juge-commissaire, qui, dans l'intérêt de l'ordre public, peut ordonner toutes les mesures propres à prévenir la fraude et à réprimer les faux qui auraient pu être commis.—Bédarride, nº 476.

1100.—Le tribunal devant lequel la contestation est portée est en général celui devant lequel la faillite se suit, car la faillite est défenderesse à la demande en admission formée par le créancier. La connaissance des différends relatifs à des engagemens commerciaux appartient évidemment aux tribunaux consulaires.

1101.—Jugé en ce sens que c'est au tribunal auquel appartient la vérification des créances à statuer sur les contestations qui s'élèvent sur leur nature. — *Rennes*, 12 fév. 1813, Duchesne c. Boisviolette.

1102. — Mais si la créance était purement civile, si elle avait pour objet une réclamation du trésor pour enregistrement, douanes, etc., ou bien des droits prétendus, soit par la femme du failli, soit par des mineurs dont il aurait été tuteur, ou bien s'il s'agissait d'un privilége ou d'une hypothèque sur les immeubles du failli, le tribunal de commerce devrait renvoyer la contestation devant le tribunal. — *Cass.*, 10 mai 1815, enregistr. c. Godin; *Bruxelles*, 18 fév. 1820, Dehase c. Vandergoten; — Boulay-Paty, t. 1er, nº 233; Pardessus, nº 1186; Bédarride, nº 477.

1103. — C'est aux tribunaux de commerce qu'il appartient de statuer en matière de faillite sur les contestations relatives à l'existence ou à la non existence des créances, mais ces tribunaux sont incompétens pour décider si ces créances sont hypothécaires ou privilégiées. — *Poitiers*, 2 avr. 1830, Compagnon c. Guichard; — Pardessus, nº 1186; Boulay-Paty, nº 233 — Une distinction nous paraît devoir être admise entre les divers priviléges, quant à la compétence; s'il s'agit de priviléges commerciaux relatifs, par exemple, à des opérations maritimes, à des avances faites par un commissionnaire, à des sommes dues à un voiturier, le tribunal de commerce est compétent; mais pour régler l'ordre entre ces divers priviléges se rattachant à des créances civiles de leur ordre respectif, ou même la préférence à établir entre les priviléges commerciaux et des priviléges civils, le tribunal civil, qui a la plénitude de juridiction, nous paraît seul compétent. Voici quelques applications de ces principes.

1104. — La demande en privilége formée par le propriétaire, pour ses loyers, contre les syndics de son débiteur failli, est de la compétence exclusive du tribunal civil, et non de celle du tribunal de commerce, saisi des opérations de la faillite. — L'exception de compétence élevée à cet égard par les syndics n'est pas une exception réelle qui puisse être proposée en cause d'appel pour la première fois.—*Paris*, 1er déc. 1831, Labrebis c. Moisson-Devaux.

1105.—Le créancier subrogé dans le privilége du propriétaire à raison de loyers échus, qui a demandé son admission au passif de la faillite, et, de plus, a fait vérifier et a affirmé sa créance devant le juge-commissaire, accepte la compétence du tribunal de commerce, et ne peut ultérieurement décliner sa juridiction à l'occasion des contestations élevées sur cette subrogation par les syndics de la faillite. — *Paris*, 29 août 1841 (t. 2 1841, p. 563), Lacaille c. Guérard.

1106.— Un tribunal de commerce n'est pas compétent pour fixer le montant d'une créance non commerciale contre un failli, quoique le porteur en ait présenté le titre au syndic de celui-ci pour le faire vérifier. — *Colmar*, 31 déc. 1831, Thiébaud c. Dolfuss Mueg.

1107. — La remise faite par le créancier d'une faillite de ses titres au greffe du tribunal de commerce, et la demande en vérification et en affirmation par lui adressée au juge-commissaire, ne sont que des opérations préliminaires pour arriver à la fixation de ses droits de créancier, mais ne constituent pas une action contre les syndics qui saisisse le tribunal de commerce. — Par conséquent, si le créancier produisant n'est pas commerçant, et si sa créance est non commerciale, il peut, sur l'action intentée contre lui devant le tribunal de commerce par le syndic de la faillite, demander son renvoi devant le tribunal civil. — *Rouen*, 14 déc. 1844 (t. 1er 1845, p. 312), Lambert c. Renard; *Bordeaux*, 8 août 1838 (t. 1er 1839, p. 35), Levy-Beer c. Mossé; — Pardessus, *Droit commercial*, t. 5, p. 176, nº 1186, et Bédarride, *Des faillites*, t. 1er, p. 461, nº 477.

1108. — Dans tous les cas, on comprend que la faillite représentée par les syndics est toujours défenderesse, et que c'est devant le tribunal, soit commercial, soit civil du lieu de son ouverture qu'elle doit être appelée.

1109. — La généralité des termes de l'art. 498, C. comm., a fait penser à M. Bédarride (nº 477) que le juge-commissaire a la faculté de saisir par un simple renvoi le tribunal civil comme le tribunal de commerce. Outre les embarras que pourrait jeter dans l'expédition des affaires civiles ordinaires et qui devraient dans la pratique faire repousser ce mode de procéder, il nous paraît résulter du texte même de l'art. 500, C. comm., que le créancier dont la créance est contestée doit être appelé à la requête du syndic, ou, réciproquement, que le créancier, s'il est plus diligent, doit saisir le tribunal civil en introduisant cette instance contre le syndic.

1110. — Lorsque les syndics d'une faillite ont intenté une action contre un débiteur prétendu de la faillite et ont porté cette action devant le tribunal du domicile de ce dernier, si celui-ci, se prétendant au contraire créancier de la faillite, demande à être admis en cette qualité au passif, les syndics peuvent, en se désistant préalablement de la première assignation par eux donnée, attirer leur adversaire devant le tribunal de la faillite. — *Rennes*, 18 août 1825, Douestan c. Mutot-Hébert.

1111. — Lorsque la contestation sur l'admission d'une créance a été portée devant le tribunal de commerce, ce tribunal, si la cause n'est point en état de recevoir jugement définitif avant l'expiration des délais fixés, à l'égard des personnes domiciliées en France, par les art. 492 et 497, pour la vérification et l'affirmation de leurs créances, ordonne, selon les circonstances, qu'il sera sursis ou passé outre à la convocation de l'assemblée pour la formation du concordat. — C. comm., art. 499.

1112. — Cette disposition de la loi nouvelle, qui n'existait pas dans le Code de 1808, a pour objet de ne pas laisser la marche de la faillite entravée par une contestation élevée à propos d'une créance, ou d'empêcher que par une contestation préméditée le failli n'éloigne du concordat un créancier dont il aura à redouter la sévérité.

1113. — Le pouvoir du tribunal pour ordonner ou refuser le sursis est complétement discrétionnaire.

1114. — Aussi, les jugemens qui, à une époque de la procédure où la cause n'est pas en état de recevoir une solution définitive, prononcent, soit un sursis au concordat, soit une admission provisionnelle, ne sont susceptibles, ni d'opposition, ni d'appel, ni de recours en Cassation. — C. comm., art. 583-3º.

1115. — Mais, dit M. Renouard (t. 2, p. 33), lorsque le tribunal de commerce aura statué sur le fond, la cour royale ne sera pas dessaisie du droit de statuer par provision. La cause a été vidée, non pas souverainement, mais aussi définitivement qu'il appartenait à la juridiction de première instance de le faire; la cour royale peut, en vertu du droit commun, et lorsque la connaissance du fond

est régulièrement portée devant elle, admettre par provision une partie de la créance réclamée, et le créancier aura droit en vertu de l'arrêt de figurer au concordat pour le montant de la provision dont il sera investi.

1116. — Il est cependant un cas dans lequel le sursis est forcé, c'est celui où la contestation serait de nature à faire planer sur le failli des soupçons de banqueroute frauduleuse, car, dans ce cas, la preuve du crime rendrait tout concordat impossible, et il faudrait attendre le résultat des investigations de l'autorité judiciaire.—Lainné, p. 187.

1117. — L'esprit de la loi actuelle étant d'accélérer autant que possible la marche des faillites, le tribunal ne doit ordinairement accorder le sursis qu'en présence d'une nécessité absolue. Autrement il doit ordonner qu'il sera passé outre, et s'il ordonne qu'il sera passé outre, il peut décider par provision que le créancier contesté sera admis dans les délibérations pour une somme que le même jugement déterminera. — C. comm., art. 499; — Pardessus, nº 1188.

1118. — Dans le cas où une créance serait l'objet d'une instruction criminelle ou correctionnelle, le tribunal de commerce pourra également prononcer le sursis. — C. comm., art. 500. — Mais il faut qu'il y ait une instruction commencée, l'existence seulement d'une plainte ne suffirait pas pour motiver ce sursis.

1119. — La poursuite correctionnelle pourrait même être commune au failli sans qu'il en résultât nécessité de surseoir ; en effet, le failli même condamné pour banqueroute simple peut obtenir ce sursis et à plus forte raison le peut-il s'il est seulement sous le coup d'une prévention.

1120. — Mais si le tribunal ordonne de passer outre; il ne pourra accorder l'admission par provision, et le créancier contesté ne pourra prendre part aux opérations de la faillite tant que les tribunaux compétens n'auront pas statué. — C. comm., art. 500. — Dans ce cas, il ne restera au créancier contesté que le bénéfice de la réserve que l'art. 568 fait à son profit.

1121. — Lorsque la contestation sera portée devant un tribunal civil, le tribunal de commerce décidera s'il sera sursis ou passé outre.—C. comm., art. 500.

1122. — Il est à remarquer que le droit de prononcer le sursis est réservé au tribunal de commerce, qui, ayant suivi l'ensemble des opérations de la faillite, peut mieux apprécier l'opportunité d'un délai ou la nécessité de passer outre; mais l'admission provisoire de la créance devait être réservée aux juges, qui, saisis de la contestation, peuvent en apprécier le caractère et juger de la nature de la créance contestée. — Lainné, p. 189.

1123. — Aussi, dans le cas où le tribunal de commerce a rejeté la demande en sursis et a ordonné qu'il sera passé outre, le tribunal civil saisi de la contestation jugera, à bref délai, sur requête des syndics signifiée au créancier contesté, et sans autre procédure, si la créance sera admise par provision, et pour quelle somme. — C. comm., art. 500.

1124.—Le tribunal civil pourrait même prononcer une admission provisionnelle hypothétiquement et pour le cas où le tribunal de commerce viendrait plus tard à ordonner de passer outre. — Renouard, t. 2, p. 35. — Le jugement du tribunal civil qui prononce une admission provisionnelle ne peut être attaqué par opposition, appel ni recours en cassation : c'est ce qui résulte des termes généraux de l'art. 583, nº 4. — Lainné, p. 190.

1125. — Mais aussi le tribunal civil a la faculté de refuser l'admission provisoire, même lorsque le tribunal de commerce a ordonné qu'il ne serait pas sursis.

1126. — La requête doit être presentée au tribunal civil par les syndics, et c'est au créancier contesté à les mettre en demeure d'accomplir cette procédure. La négligence des syndics donnerait au créancier contesté la faculté de se plaindre au juge-commissaire, de poursuivre la révocation des syndics et d'obtenir contre eux personnellement des dommages-intérêts. — Bédarride, nº 465; Lainné, p. 189.

1127. — L'art. 501 porte que le créancier dont le privilége ou l'hypothèque seulement serait contesté sera admis dans les délibérations de la faillite comme créancier ordinaire.

1128. — Si les créanciers privilégiés ne se présentaient pas aux premières opérations de la vérification, ils pourraient, en vertu de l'art. 503, prendre part seulement aux répartitions ultérieures.

1129. — La commission de la chambre des députés avait inséré dans le projet un article d'après lequel tout créancier était interpellé de déclarer s'il se prétendait privilégié, et faute par lui d'avoir fait cette déclaration, le créancier était déchu de son privilége; mais la commission de la chambre des pairs, dont M. Tripier était le rapporteur, écarta cette disposition comme trop rigoureuse et comme exposant un particulier à perdre, à cause de la négligence ou de l'ignorance de ses mandataires, ses droits attachés à la qualité et à la nature de sa créance.

1130. — Cependant le créancier qui prétend à une cause de préférence agira prudemment en réclamant dès le principe un privilége que son silence rapproché d'autres circonstances pourrait faire présumer avoir été abandonné par lui.—Renouard, t. 2, p. 39; Goujet et Merger, vº *Vérification de créances*, nº 9.

1131. — Le droit accordé aux créanciers privilégiés ou hypothécaires par l'art. 501 n'est pas en opposition avec la défense que leur fait l'art. 508 de voter un concordat sous peine de perdre leur droit de préférence, car dans l'art. 501 il s'agit pour le créancier du droit d'assister à l'assemblée et d'y participer à la *délibération* comme créancier ordinaire, et en effet la participation d'un créancier privilégié ou hypothécaire peut être fort utile aux intérêts généraux de la masse des créanciers; de plus, si le failli n'obtient pas de concordat, il sera immédiatement procédé à la constitution de l'union, et les créanciers privilégiés ou hypothécaires ont, comme les autres, intérêt aux mesures de surveillance qui peuvent être prises. — Au contraire, c'est le droit de *vote* pour le concordat que l'art. 508, C. comm., refuse au créancier hypothécaire ou privilégié, sous peine, s'il veut en user, de perdre sa cause de préférence.

1132. — Si ce n'est pas seulement l'hypothèque ou le privilége, mais si c'est le fond même de la créance qui est contesté, le créancier hypothécaire ou privilégió a comme tout autre le droit d'être admis provisoirement par le tribunal.

Sect. 5e. — *Affirmation des créances.*

1133. — Chaque créancier, dans la huitaine au plus tard après que sa créance aura été vérifiée, sera tenu d'affirmer, entre les mains du juge-commissaire, que ladite créance est sincère et véritable. — C. comm., art. 497.

1134.—Lors de la discussion de la loi à la chambre des députés, la commission avait demandé la suppression de l'affirmation ; mais elle fut maintenue sur les observations de M. Hennequin. « Donnez, a-t-il dit, donnez de la moralité à vos lois; que le serment ne reçoive pas de vous cette marque de dédain; le serment ne dût-il éclairer, prévenir, sauver qu'une seule fois dans la consommation d'un siècle, la disposition que je réclame n'aurait pas été votée sans une grande utilité. Je dis plus : le principe consacré par le Code de commerce ne devrait-il être maintenu que comme un hommage à la conscience, que comme une doctrine honorable pour l'humanité, il faudrait encore le retrouver dans la loi. » — *Moniteur*, 19 fév. 1835.

1135. — En général, l'affirmation doit avoir lieu avec serment. Mais la formule de l'affirmation, n'étant pas tracée par la loi, peut se borner à une affirmation pure et simple non accompagnée de serment. Mais, comme le dit en termes pleins de dignité M. Renouard (*Tr. des faillites*, t. 2, p. 26), « Les termes de l'affirmation n'influent pas sur la sainteté morale de l'obligation qu'elle impose. L'affirmation mensongère ainsi faite en justice est un véritable parjure, qui comme tout parjure suppose le mépris de soi-même et mérite le mépris des autres. »

1136. — Il a été contesté dans la même discussion que l'affirmation pût avoir lieu par un fondé de pouvoirs, et la commission pensait que c'était retirer à l'affirmation toute son efficacité que de permettre de la faire par mandataire.

1137. — Mais on s'est décidé pour l'affirmative par le motif que ce n'est pas ici un serment décisoire déféré sur un litige, mais bien un acte que le droit commun permet de remplir par mandataire et que la crainte du parjure même autorisé préviendrait des actes que l'art. 593, C. comm., punit des peines de la banqueroute frauduleuse.

1138. — Celui qui se présente dans une faillite comme exerçant les droits de son débiteur créancier du failli ne peut être admis à faire l'affirmation de la créance de son débiteur ; on peut cependant l'admettre à affirmer qu'il n'est point à sa connaissance que la créance qu'il réclame comme exerçant les droits de son débiteur ait été éteinte et que celui-ci ait été payé. — *Amiens*, 18 déc. 1822, Viet c. Commun.

1139 — Le délai de huitaine fixé par cet article est comminatoire, et le créancier, faute d'avoir fait son affirmation dans la huitaine, n'est pas déchu d'une manière absolue et irrévocable. C'est ce qui nous paraît résulter d'un arrêt de *Paris*, 29 déc. 1830, Perreau-Lecomte c. Goddé), ainsi que de l'art. 503, L. 28 mai 1838.

1140. — La question était tranchée par le projet de l'ancien Code, qui portait : « Faute d'avoir affirmé dans ce délai, le créancier sera sommé extrajudiciairement au nom des syndics d'affirmer dans un second délai de quinzaine; après quoi il sera déclaré forclos par jugement du tribunal, et il ne pourra plus rien prétendre sur la masse active de la faillite. » Cette disposition adoptée, lors des discussions préliminaires, n'a pas reparu dans le Code de 1808.

1141. — M. Renouard (t. 2, p. 26) est d'un avis contraire. Suivant lui, les termes de la loi sont impératifs, et l'extension du délai qu'elle établit serait un appât laissé aux capitulations de conscience. Il estime cependant qu'en cas de force majeure, le créancier pourrait être relevé de la déchéance.

1142. — C'est aussi l'avis de M. Bédarride (nº 467), qui pense que la fixation de ce délai de huitaine n'a d'autre objet que celui de déterminer le point de départ de l'obligation pour les syndics de convoquer les créanciers pour la délibération sur le concordat et l'union.

1143. — Au reste, jusqu'à l'affirmation de sa créance, le créancier est censé n'être pas réellement créancier conformément à l'art. 503, C. comm. Il ne fait pas partie des réunions pour le concordat et ne participe pas aux répartitions de l'actif. — Toutefois, le syndic ne peut être recherché à raison de la part qu'il a laissé prendre dans les dividendes par des créanciers dont les créances, quoique vérifiées dans les formes de la loi, n'avaient pas cependant été affirmées dans les délais, si leur admission a eu lieu du consentement de la masse. — *Cass.*, 13 mars 1833, Ricard c. Delalande.

1144. — A partir de la clôture du procès-verbal de vérification, la position du créancier est fixée par l'affirmation suivie de vérification, et la déclaration d'admission, lorsqu'elle est acceptée par lui sans protestation ni réserve, opère, comme tout échange de consentement obligatoire, un lien de droit qui rendrait le créancier non-recevable à prétendre à une somme plus élevée ou à une cause de préférence sur les autres créanciers.

1145. — L'admission produit des effets également irrévocables à l'égard du failli si c'est lui qui a dressé son bilan et s'il a assisté, sans élever aucune contradiction, à la vérification des créances.

1146. — L'affirmation doit, comme la vérification, être constatée par un procès-verbal que signent le créancier affirmant, le juge-commissaire et le greffier. — Bédarride, nº 466.

1147. — S'il s'agit de la faillite d'une société en nom collectif, comme il y a deux passifs; dont l'un procède de la société et est exclusivement applicable aux créanciers sociaux, et l'autre de chacun des associés solidaires et est dévolu à leurs créanciers personnels, les syndics doivent indiquer lors de l'admission des diverses créances le passif auquel elles appartiennent. C'est le seul moyen de réserver aux créanciers sociaux l'actif social, qui est leur gage spécial.

1148. — Les créanciers qui ont des droits suspendus par une condition peuvent aussi se présenter à la vérification, et ils doivent être admis au passif; mais pour la conservation des droits de la masse, les syndics doivent mentionner sur les titres que l'admission n'est qu'éventuelle. — Bédarride, nº 471.

Sect. 6e. — *Droits des créanciers retardaires.*

1149.— Aux termes de l'art. 510 du Code de 1808, à l'expiration des délais fixés pour la vérification des créances, les syndics dressaient un procès-verbal contenant les noms de ceux des créanciers qui n'auraient pas comparu. Ce procès-verbal, clos par le commissaire, les établissait en demeure.

1150. — Suivant l'art. 511 de ce Code, le tribunal de commerce, sur le rapport du commissaire, fixait par jugement un nouveau délai pour la vérification. Ce délai était déterminé d'après la distance du domicile du créancier en demeure, de manière qu'il y eût un jour par chaque distance de 3 myriamètres ; à l'égard des créanciers résidant hors de France, on observait les délais prescrits par l'art. 73, C. procéd. civ.

1151. — Enfin l'art. 512 disposait que le jugement qui fixait le nouveau délai serait notifié aux créanciers au moyen des formalités voulues par l'art. 683, C. procéd. civ. (l'insertion dans un journal du département); l'accomplissement de ces formalités valait signification à l'égard des créanciers qui n'avaient pas comparu, sans que pour cela la nomination des syndics définitifs fût retardée.

1152. — Aujourd'hui, d'après l'art. 502, L. 28 mai 1838, les créanciers domiciliés en France n'ont plus qu'un seul délai fixé par les §§ 1er et 2 de l'art. 492.

1153. — Le désir de satisfaire à l'utilité générale en accélérant l'achèvement des opérations de la faillite a déterminé l'abrogation de la disposition du Code de 1808, qui prescrivait, relativement aux créanciers domiciliés hors de France, l'observation des délais de l'art. 73, C. procéd.; les droits de ces créanciers sont d'ailleurs sauvegardés par les dispositions nouvelles, qui prescrivent de n'opérer aucune répartition sans que leurs créances soient comprises dans la masse prenante.

1154. — Voici, en effet, comment s'exprime l'art. 502: « A l'expiration des délais déterminés par les art. 492 et 497, à l'égard des personnes domiciliées en France, il sera passé outre à la formation du concordat et à toutes les opérations de la faillite, sous l'exception portée aux art. 567 et 593 en faveur des créanciers domiciliés hors du territoire continental de la France. »

1155. — Si on attendait l'expiration des délais de l'art. 73, C. procéd., ce serait souvent, disait le rapporteur M. Renouard, nuire aux étrangers eux-mêmes en laissant l'actif, qui est aussi leur gage, se détériorer par des lenteurs. La réserve de leurs dividendes les tiendra indemnisés de toutes pertes, et si la force des choses met un obstacle à ce qu'ils figurent dans les opérations du concordat, ils trouveront une garantie dans l'intérêt personnel des créanciers présens, qui, soumis comme eux à des conditions égales pour tous, auront pesé et débattu ces conditions avant de les accepter pour eux-mêmes.

1156. — A défaut de comparution et d'affirmation dans les délais qui leur sont applicables, les défaillans connus ou inconnus ne seront pas compris dans les répartitions à faire. — C. comm., art. 503.

1157. — Les termes de l'art. 503 prouvent que la déchéance s'appliquerait même aux créanciers que le failli aurait portés dans son bilan. — Goujet et Merger, v° *Vérification de créances*, n° 78.

1158. — Ainsi, dans le cas où l'actif ayant été réalisé totalement, il n'y a qu'une seule répartition, les créanciers retardataires sont définitivement déchus de leurs droits, et ils n'ont à s'en prendre qu'à eux seuls de n'avoir pas obtempéré aux avertissemens suffisamment réitérés qui leur ont été donnés.

1159. — Les créanciers dont les titres sont contestés doivent être compris dans les répartitions pour la totalité de leur créance, sauf à ne leur délivrer leur dividende que dans la proportion des droits consacrés par le jugement définitif lors de chaque répartition. On met donc en réserve le dividende afférent à la créance totale, la portion dont la contestation détermine le rejet retourne en définitive à la masse.

1160. — La déchéance de toute participation aux répartitions est encourue de plein droit par la seule force de la loi et sans qu'il soit besoin d'un jugement pour la prononcer. — Pardessus, n° 1188, Bédarride, n° 498.

1161. — Toutefois, la voie de l'opposition est ouverte aux défaillans jusqu'à la distribution des deniers inclusivement. — C. comm., art. 503.

1162. — L'ancien art. 513 contenait une disposition plus rigoureuse; aux termes de cet article, la voie de l'opposition était ouverte aux créanciers défaillans jusqu'à la dernière distribution des deniers inclusivement, mais sans qu'ils pussent rien prétendre aux répétitions consommées qui, à leur égard, étaient réputées irrévocables, et sur lesquelles ils étaient entièrement déchus de la part qu'ils auraient pu prétendre. La nouvelle loi, en pourvoyant à la conservation des droits des retardataires dans les répartitions de l'actif postérieures à leur opposition, a réparé une injustice contre laquelle M. Berlier s'était déjà élevé lors de la discussion de l'ancien Code de commerce. — Séance du 16 avr. 1807; — Locré, t. 19, p. 251.

1163. — Si l'opposition est faite avant toute répartition, l'opposant est admis à toutes les répartitions à effectuer; si une répartition était ordonnancée avant que le tribunal eût statué sur le mérite de son opposition antérieure à l'ordonnancement, on devrait le comprendre, comme les autres créanciers contestés, dans la masse prenante pour la somme qui sera provisoirement déterminée par le tribunal, et qui sera tenue en réserve jusqu'au jugement de son opposition. — C. comm., art. 503; — Bédarride, n° 499.

1164. — Mais l'opposition ne peut suspendre l'exécution des répartitions ordonnancées par le juge-commissaire (C. comm., art. 503); si donc la répartition est ordonnancée par le juge, mais non encore réalisée, l'ordonnance du juge-commissaire qui détermine la somme à distribuer et le dividende afférent à chaque créance n'est pas susceptible de recours, et dès-lors l'opposant n'a pas droit à cette répartition, mais seulement aux répartitions ultérieures.

1165. — Si les opposans se font ultérieurement reconnaître créanciers, ils ne pourront rien réclamer sur les répartitions ordonnancées par le juge-commissaire; mais ils auront le droit de prélever, sur l'actif non encore réparti, les dividendes afférens à leurs créances dans les premières répartitions. — C. comm., art. 503.

1166. — L'opposant, puisqu'il se présente après la clôture du procès-verbal de vérification, est déchu aussi du droit de contester les autres créances. — Bédarride, n° 504.

1167. — De cette disposition de l'art. 503, il faut conclure que le failli concordataire ne pourra pas s'autoriser du défaut de vérification pour se refuser à payer, dans les termes des stipulations du concordat, le dividende afférent à une créance qui, d'ailleurs, serait établie contre lui par des titres ultérieurement reconnus valables, et que dès-lors ce n'est qu'autant que la faillite se termine par une union que la déchéance de l'art. 503 est encourue. — Bédarride, n° 505.

1168. — La déchéance n'existe que dans l'intérêt de la masse des créanciers. Le créancier vérifié ou non affirmé pourra donc toujours faire valoir contre le failli personnellement ses preuves et ses titres. — Renouard, *Traité des faillites*, t. 2, p. 47.

1169. — Jugé, conformément à cet avis, qu'un créancier privilégié qui, lors de la faillite, n'a pas affirmé sa créance, est recevable à la réclamer jusqu'à la dernière distribution à faire entre les créanciers; qu'indépendamment de cette distribution, le créancier est recevable dans sa réclamation, lorsque le failli est rentré dans la pleine administration de ses biens. — *Rennes*, 9 mai 1812, Soudry c. Lecoz-Keristiou.

1170. — Les cautions du failli concordataire sont également tenues, à moins qu'elles n'aient déclaré restreindre leur engagement aux créances vérifiées et affirmées. — *Paris*, 9 juill. 1828, Girard et Vincent c. Goffard; — Goujet et Merger, v° *Vérification de créances*, n° 81.

1171. — Il est, du reste, incontestable, comme le remarquent MM. Goujet et Merger, que les cautions cesseraient d'être obligées si elles démontraient qu'il y a eu collusion frauduleuse entre le failli et les créanciers non vérifiés.

1172. — Selon MM. Lainné (p. 198) et Bioche (v° *Faillite*, n° 276), l'opposition des créanciers retardataires doit être faite entre les mains du juge-commissaire, pour l'empêcher de procéder à de nouvelles répartitions; elle doit être dénoncée aux syndics avec assignation devant le tribunal.

1173. — L'opposition n'a pas besoin d'être introduite et jugée comme une action ordinaire, et il suffit, selon M. Pardessus (n° 1588), que le créancier dénonce sa qualité au juge-commissaire, et qu'il présente requête à ce magistrat pour obtenir la vérification de sa créance. M. Bravard (*Manuel de dr. comm.*, p. 684) dit que l'opposition doit être formée entre les mains du juge-commissaire, qui la soumettra au tribunal. M. Renouard pense que le créancier retardataire peut agir par acte extrajudiciaire signifié au syndic; mais, selon cet auteur (t. 2, p. 46), il faut qu'un jugement rendu par le tribunal, sur le rapport du juge-commissaire, en présence des syndics ou eux dûment appelés, reconnaisse les droits de ce créancier, et supplée ainsi au contrôle que, dans la vérification ordinaire, les créanciers exercent les uns envers les autres.

1174. — Le juge-commissaire doit nécessairement être appelé à donner son avis.

1175. — Les frais de ce jugement doivent rester à la charge du créancier; ils sont accessoires des frais d'opposition.

1176. — Les frais de l'opposition demeureront toujours à la charge de l'opposant, ainsi que ceux du procès-verbal séparé d'affirmation et de vérification.

1177. — Mais on comprend que si une contestation était élevée sur la quotité, la nature de la créance, les dépens qui en seraient le résultat devraient demeurer à la charge de la partie qui succomberait. — Renouard, t. 2, p. 49; Goujet et Merger, v° *Vérification de créances*, n° 84.

1178. — Il en devait être de même en cas d'appel. — Renouard, *ibid.*

1179. — Suivant M. Renouard (t. 2, p. 46), les réserves faites par l'art. 503, dans l'intérêt des créanciers défaillans, ne s'appliquent qu'aux créanciers qui n'ont pas comparu, et non à ceux qui, ayant comparu et s'étant fait vérifier, n'ont pas fait leur affirmation, et ne sont pas réellement défaillans. On peut objecter, poursuit-il, que le législateur aurait mieux exprimé sa pensée en effaçant de l'art. 503 les mots *et affirmation*, qui deviennent surabondans si l'article n'a voulu parler que du double défaut s'étendant d'une manière inséparable tant à la comparution qu'à l'affirmation. Indépendamment du motif décisif tiré de l'art. 497, ne voit-on pas que l'art. 503 lui-même n'est pas rédigé en vue des créanciers qui, n'ayant pas été défaillans à la vérification, n'ont manqué qu'à l'affirmation? La voie d'opposition qui leur est ouverte, la décision du tribunal qui est exigée pour reconnaître leur créance sont des mesures qui ne se comprendraient pas s'il s'agissait d'une créance déjà vérifiée, et s'il ne restait qu'à relever le créancier d'un reste d'affirmation.

CHAPITRE X. — *Concordat et union.*

1180. — Le concordat est un traité par lequel les créanciers d'un commerçant failli, remettant leur débiteur à la tête de ses affaires à des conditions ou restrictions convenues, lui accordent des délais pour se libérer, ou lui font remise d'une portion de leurs créances.

1181. — L'union est l'état des créanciers d'une faillite après le refus ou l'annulation du concordat sollicité par le débiteur.

1182. — Ainsi, le concordat et l'union sont deux voies que la loi ouvre aux créanciers pour mener à fin les opérations de la faillite, et entre lesquelles elle leur laisse un libre choix qui ne doit être influencé que par la conduite du failli, par la confiance et l'intérêt qu'il a su inspirer. — Mais on peut dire avec M. Lainné (p. 200) que, dans le vœu de la loi des faillites, le concordat est le but naturel auquel toutes les opérations doivent tendre, et que l'union n'en est que l'exception.

1183. — L'intérêt des créanciers et l'intérêt du failli sont engagés dans l'option à faire entre l'union et le concordat au point de vue des créanciers. Il faut considérer que l'union offre toujours les chances d'une liquidation difficile, embarrassée, et souvent sans résultats satisfaisans. Le concordat fait sans doute perdre aux créanciers, souvent contre leur volonté et par suite du vote de la majorité, une partie de leurs droits; mais si la somme que chacun d'eux doit toucher est plus faible, l'époque de son échéance est plus rapprochée. C'est aux créanciers à apprécier s'ils doivent faire au failli la concession du concordat. Au point de vue du failli, le concordat offre beaucoup plus de ressources que l'union. En effet, l'union dépouille le failli non seulement de ce qu'il possède actuellement, mais encore de ce que son travail et son industrie pourraient lui acquérir dans l'avenir. Le concordat, qui fait présumer qu'aucune fraude n'est imputable au failli, le replace à la tête de ses affaires, lui laisse espérer que des résultats plus satisfaisans lui permettront de satisfaire ses créanciers, non seulement en leur payant le dividende auquel ils ont réduit leurs créances, mais même, en les désintéressant complétement, d'obtenir sa réhabilitation.

Sect. 1re. — *Convocation et assemblée des créanciers.*

1184. — C'est en cette partie surtout que la loi nouvelle a apporté d'utiles et importantes modifications au Code de 1808.

1185. — L'art. 514, C. comm., chargeait de la convocation des créanciers les syndics provisoires. Pour plus d'exactitude et de soins, la loi nouvelle a confié au juge commissaire le soin de les faire convoquer par le greffier.

1186. — Ainsi, d'après l'art. 504 actuel, dans les trois jours qui suivent les délais prescrits pour l'affirmation, c'est-à-dire dans l'expiration de la huitaine accordée au créancier dernier vérifié pour l'affirmation de sa créance, le juge-commissaire fait convoquer par le greffier, à l'effet de délibérer sur la formation du concordat, les créanciers dont les créances ont été vérifiées et affirmées, ou admises par provision.

1187. — Les insertions dans les journaux et les lettres de convocation indiqueront l'objet de l'assemblée — C. comm., art. 504. — Les journaux doivent être ceux dont parle l'art. 42, C. comm., sans toutefois que l'insertion dans d'autres journaux puisse entraîner la nullité du concordat. — Lainné, p. 203.

1188. — Ces insertions dans les journaux ne s'adressent pas aux créanciers qui ne se sont pas encore fait connaître, et qui ne sont pas soumis à la vérification des créances et à l'affirmation, puisque ces créanciers, lors même qu'ils se présenteraient, ne pourraient être admis à la réunion.

1189. — C'est au juge-commissaire qu'est laissé le soin de fixer le jour de la réunion. Le délai entre la convocation et la réunion devra être combiné de telle sorte que les opérations de la faillite ne soient pas retardées, et que les créanciers domici-

liés hors du lieu de l'ouverture de la faillite puissent envoyer à leurs mandataires les instructions nécessaires.

1190. — Est nulle la convocation de créanciers faite du jour au lendemain à l'effet de nommer un syndic définitif; la loi ne fixant aucun délai, il importe cependant de laisser un temps moral suffisant pour que cette convocation ne soit pas illusoire. — S'il résulte de cette convocation irrégulière et des circonstances dont elle a été accompagnée qu'il y a eu intention de nuire au failli, le créancier poursuivant et les agens du greffe qui se sont prêtés à cette irrégularité peuvent être condamnés aux frais et à des dommages-intérêts. — *Paris*, 17 juill. 1841 (t. 2 1841, p. 193), Vittoz c. Lasne.

1191. — L'importance du concordat, qui, une fois consenti et homologué, est obligatoire même pour les créanciers qu'on aurait omis de convoquer, justifie les précautions prises par la loi.

1192. — Le défaut de convocation d'un créancier vérifié et affirmé peut, en règle générale, d'après l'art. 513, C. comm., motiver le refus d'homologation du concordat. Ce sera au tribunal de commerce à apprécier, soit d'office, soit sur la plainte des créanciers, l'effet et la cause des erreurs et des omissions dans les convocations.

1193. — Aux lieu, jour et heure qui sont fixés par le juge-commissaire, l'assemblée se forme sous sa présidence; les créanciers vérifiés et affirmés, ou admis par provision, s'y présentent en personne ou par fondés de pouvoirs. — C. comm., art. 505.

1194. — Il n'y a pas lieu d'admettre à l'assemblée les créanciers non vérifiés qui, pour obtenir d'y être présens, argumenteraient de ce que personne ne conteste leur créance. — Renouard, *Tr. des faillites*, t. 2, p. 52; Pardessus, nº 1235.

1195. — Les créanciers à qui l'on aurait contesté leur qualité lors de la vérification, ceux dont les créances ne sont pas encore vérifiées, ne peuvent se présenter, à moins qu'ils n'aient été autorisés par provision à voter. — Pardessus, nº 1235.

1196. — Jugé sous le Code de 1808 que lorsque, dans une faillite, des créances étaient contestées, on n'était pas obligé d'attendre le jugement du procès avant de pouvoir passer outre au concordat. — Que le concordat ainsi passé avant le jugement des contestations et en l'absence des créanciers contestés était obligatoire pour eux, si c'était par leur négligence qu'il n'avait pas été statué sur le sort de leurs créances avant le traité, et que ces créanciers avaient dû, sous peine de déchéance, former opposition au concordat dans la huitaine. — *Aix*, 24 août 1829, Escher et Delor c. Fournier frères; *Cass.*, 12 janv. 1831, mêmes parties.

1197. — Mais le créancier peut suppléer à l'absence de vérification dans les formes prescrites par l'art. 497, en se faisant vérifier par jugement; et alors il a droit d'entrer et de participer à l'assemblée.

1198. — Tout créancier peut se faire représenter par un fondé de pouvoir, et le même individu peut représenter plusieurs mandans; en ce cas, il aura autant de voix qu'il aura de mandans. La loi n'a pas voulu restreindre la liberté du choix du mandataire et causer des embarras et des préjudices aux créanciers absens.

1199. — L'ancien art. 517 autorisait le juge-commissaire à vérifier les pouvoirs de ceux qui se présentaient comme fondés de procuration; c'était une autorisation surabondante, car une telle vérification est de droit. — Renouard, t. 2, p. 52; Lainné, p. 205.

1200. — Le failli est appelé à cette assemblée. — C. comm., art. 505. — M. Bédarride (nº 513) est d'avis que ce sont les syndics qui doivent judiciairement appeler le failli. En l'absence d'une disposition légale qui laisse ce soin aux syndics, nous pensons que le failli doit être convoqué par lettre du greffier, dans la forme générale indiquée par l'art. 504.

1201. — Le failli doit se présenter à l'assemblée, en personne, s'il a été dispensé de la mise en dépôt, ou s'il a obtenu un sauf-conduit, et il ne pourra s'y faire représenter que pour des motifs valables et approuvés par le juge-commissaire. — C. comm., art. 505.

1202. — A défaut d'approbation par le juge-commissaire des motifs qui déterminent le failli à se faire représenter à l'assemblée des créanciers, le mandataire que ce failli aurait choisi ne serait pas admis à la réunion.

1203. — A la différence de l'art. 475, l'art. 505 n'oblige pas le failli à se présenter, si, n'ayant pas été dispensé de la mise en dépôt, il n'a pas non plus obtenu de sauf-conduit.

1204. — L'absence du failli ne serait pas, selon M. Bédarride (nº 513) et M. Lainné (p. 206), un obstacle à ce que les créanciers passassent outre à la délibération sur le concordat, qui est aussi dans l'intérêt des créanciers; mais le refus du failli de se trouver en présence de ses créanciers le ferait suspecter de fraude. En effet, le failli qui a obtenu un sauf-conduit peut, lorsqu'il ne se présente pas à l'assemblée des créanciers ou ne fait pas approuver son remplacement par un fondé de procuration, être condamné comme banqueroutier simple. — C. comm., art. 586.

1205. — Toutefois, à la différence du Code de 1808, le Code actuel permet d'accorder au banqueroutier simple un concordat.

1206. — Aussi M. Lainné (*Comment. sur la loi du 8 juin* 1828, p. 208) pense qu'un concordat pourra être accordé au failli absent de l'assemblée et non valablement représenté.

1207. — M. Renouard (*Tr. des Faillites*, t. 2, p. 34) est d'un avis contraire. Il se fonde sur l'art. 507 et sur la nature du concordat, qui est un contrat passé entre le failli et les créanciers et non pas seulement entre les créanciers.

1208. — Sous le Code de 1808, lorsque le failli ne comparaissait pas ou ne se faisait pas représenter à l'assemblée des créanciers, les créanciers devaient procéder de suite à la formation d'un contrat d'union. — Les art. 510 et 511, L. 28 mai 1838, laissent aux créanciers le droit de surseoir au concordat, dans le cas où le failli est prévenu de banqueroute; il faut en conclure qu'ils peuvent également surseoir au contrat d'union dans le cas d'absence du failli à la convocation des créanciers. — V. Lainné, p. 206; Bioche, vº *Faillite*, nº 298.

1209. — Mais si à l'expiration du sursis le failli ne se présente pas ou ne se fait pas représenter par un fondé de pouvoir, le concordat n'est pas possible, car le concordat est une convention synallagmatique. Or, le failli n'y aurait pas donné son consentement et il dépendrait de lui de rendre inutile le consentement des créanciers, de plus le concordat doit, à peine de nullité, être signé séance tenante. L'absence de la signature du failli serait donc encore un obstacle à la validité de l'arrangement.

1210. — Si le failli avait fait des propositions écrites et signées de lui, son écrit, annexé au procès-verbal par le juge-commissaire, pourrait servir de base à l'arrangement avec ses créanciers. Le double consentement des deux classes d'intéressés au concordat serait suffisamment constaté, il y aurait dès-lors une convention obligatoire. Comme il est indispensable que le consentement des contractans s'accorde sur tous les points, on comprend que le dissentiment des créanciers sur un seul point des propositions du failli rendrait le concordat impossible.

1211. — Dans le cas de faillite d'une société, la société doit être représentée à l'assemblée des créanciers par les associés en nom collectif, si la société est en nom collectif, ou en commandite et par les administrateurs, si la société était anonyme. — Lainné, p. 207.

1212. — Les syndics font à l'assemblée un rapport sur l'état de la faillite, sur les formalités qui ont été remplies et les opérations qui ont eu lieu. Le rapport des syndics est remis, signé d'eux, au juge-commissaire. — C. comm., art 506.

1213. — Cet article contient la reproduction des dispositions des anciens art. 517 et 518. L'on y a seulement ajouté l'obligation pour les syndics d'écrire leur rapport, ce qui résulte bien clairement de l'obligation de le remettre signé d'eux au juge-commissaire.

1214. — Le failli est entendu. — C. comm., art. 506. — Il peut ainsi éclairer ses créanciers et rétablir les faits que le rapport des syndics a pu exagérer ou dénaturer.

1215. — Lorsque le juge-commissaire découvre, par l'exposé des syndics ou sur les observations de quelque créancier, que certaines opérations ont été omises ou sont irrégulières, ou que les délais indiqués pour la convocation des créanciers n'ont pas été observés, il doit ordonner qu'on procède aux formalités omises, ou que l'on recommence celles qui sont irrégulières, ou qu'on attende l'expiration des délais et ajourner l'assemblée jusqu'à ce que l'omission ou l'irrégularité de la formalité ait été réparée. — Pardessus, nº 1253.

1216. — Le juge-commissaire dresse procès-verbal de ce qui a été dit et décidé dans l'assemblée. — C. comm., art. 506.

1217. — Le procès-verbal dressé par le juge-commissaire, assisté du greffier, étant rédigé par un magistrat compétent, a le caractère d'acte authentique. — C. comm., art. 1317. — L'intervention d'un notaire au procès-verbal, exigée par M. Favard de Langlade (vº *Concordat*, § 8, nº 2), n'est donc pas nécessaire, et le juge a qualité pour constater l'assentiment des parties qui ne savent pas signer. — Pardessus, nº 1235; Boulay-Paty, nº 251.

1218. — Le rapport des syndics doit être annexé par le juge-commissaire au procès-verbal de l'assemblée, et le tout est déposé parmi les minutes du greffe.

1219. — Si les faits ont été altérés par le rapport des syndics, et que le failli ait été le complice de ces altérations, il est incontestable que les créanciers pourront obtenir l'annulation du concordat auquel ils n'auraient pas adhéré s'ils n'eussent été trompés.

1220. — Mais si le failli est demeuré étranger à ces altérations, si elles ne sont l'œuvre que des syndics, lors même que le failli aurait, sur la promesse des syndics de le faire concorder, signé avec eux un traité dans lequel il s'est engagé à leur payer le montant intégral de leur créance, M. Bédarride (nº 516) émet l'opinion qu'il n'y aurait pas lieu d'annuler le concordat, puisque le fait dont il s'agit ne peut, d'après l'art. 597, C. comm., attirer de peine que sur la tête des syndics.

1221. — Pour nous, nous pensons que, dans les circonstances précisées par M. Bédarride, on devrait voir la preuve d'un concert entre le failli et les syndics. Si l'on s'explique que la loi n'ait pas voulu frapper pénalement le failli qui s'est laissé arracher la promesse envers un créancier d'avantages en dehors du concordat, il faut considérer, à notre avis, que la demande en annulation du concordat se rattache à un autre ordre de faits, et les faits sur lesquels cette demande s'appuierait nous paraîtraient devoir constituer un dol civil suffisant pour faire annuler le concordat obtenu à l'aide de moyens déloyaux.

Sect. 2e. — *Concordat.*

ART. 1er. — *Formation et vote du concordat.*

1222. — Il ne peut être consenti de traité entre les créanciers délibérans et le débiteur failli qu'après l'accomplissement des formalités voulues pour la conservation des droits des créanciers et la conservation de l'actif du failli. — C. comm., art. 507. — Cette prohibition est sanctionnée par la peine de nullité.

1223. — Sous la déclaration du 13 juin 1716, le concordat passé entre un failli et ses créanciers, ainsi que le jugement d'homologation qui en avait été la suite, était frappé de nullité si le failli n'avait pas déposé ses livres, registres et bilan au greffe du tribunal de commerce de son domicile, ou au greffe du tribunal de commerce le plus voisin, et cela encore bien que le dépôt eût été effectué dans un autre tribunal. — *Nîmes*, 5 frim. an IX, Gouin c. Milhaud.

1224. — Sous le Code de 1808, le concordat fait avant la vérification de toutes les créances, au préjudice d'un créancier dont la créance était contestée, n'était pas valable. — Mais les syndics n'étaient pas garans du préjudice que cette violation des formes prescrites par la loi faisait éprouver au créancier. — *Paris*, 10 août 1811, Thuart c. Dangest Willemain.

1225. — Ainsi jugé qu'il ne peut être fait régulièrement un concordat avec le failli, quand les formalités prescrites par la loi pour la conservation des droits des créanciers n'ont point été observées. — *Paris*, 11 fév. 1815, Clo et Cordonnier c. Garnery; — Bioche et Goujet, *Dict. de procéd.*, vº *Faillite*, nº 263; Boulay-Paty, *Faillites et banq.*, t. 1er, nº 252.

1226. — Parmi les formalités dont parle l'art. 507 il faut compter la rédaction du bilan. — Aussi a-t-on jugé que le concordat obtenu par le failli ne peut être homologué, si le failli s'est dispensé de faire figurer dans son bilan ses immeubles, parce qu'ils étaient grevés d'hypothèques ou autres charges. — *Besançon*, 29 nov. 1843 (t. 1er 1844, p. 641), Barçot c. Huot.

1227. — Décidé toutefois que l'inobservation des formalités de l'art. 440, C. comm. (438, nouv. texte), qui oblige le failli à consigner dans les registres du greffe sa déclaration de suspension de paiemens, ne lui fait pas perdre le droit d'obtenir un concordat, alors d'ailleurs que cette omission ne présente aucun esprit de fraude. — *Pau*, 2 avr. 1838 (t. 1er 1843, p. 549), Marlin c. Chrétien.

1228. — Un concordat n'est pas nul parce que l'époque de l'ouverture de la faillite n'a pas été préalablement fixée par le tribunal de commerce. — Dans tous les cas, les créanciers qui n'ont point attaqué le jugement déclaratif de la faillite dans un délai utile sont non-recevables à faire valoir contre le concordat le prétendu moyen de nullité résultant de ce que l'époque de la faillite n'a pas été fixée par le tribunal de commerce. — *Paris*, 25 fév. 1820, Boulanger Demollerais c. Dubois-Bergeron; — Bioche et Goujet, nº 38.

1229.— Nous avons dit que, sous le Code actuel, art. 499, le tribunal peut, lorsqu'une créance est contestée, ordonner qu'il sera sursis à la formation du concordat, ou tout au moins déterminer la somme jusqu'à concurrence de laquelle le créancier contesté sera admis à prendre part à la délibération. Dans le cas où les dispositions prescrites par le tribunal auraient été méconnues, il y aurait nullité de la délibération et du traité intervenu entre le failli et ses créanciers.

1230.— On comprend que l'art. 507, C. comm., ne prohibe, avant l'accomplissement des formalités prescrites par la loi, que les traités qui constituent, à proprement parler, un concordat; mais qu'on ne saurait frapper des mêmes empêchemens les traités qu'un débiteur en déconfiture peut faire avec ses créanciers, et qui, à la différence du concordat, que le dissentiment d'un seul suffit pour entraver, ne sont obligatoires que pour les créanciers qui les ont consentis.

1231.— Aussi a-t-il été jugé avec raison que les contrats passés avec les trois quarts en somme ne sont exécutoires contre tous les créanciers qu'en matière de faillite. — *Paris*, 14 mai 1812, Hubert c. Pascal; — Toullier, *Droit civil*, t. 7, nos 252 et 253; Rolland de Villargues, *Répert. du not.*, vo *Cession de biens*, no 17.

1232. — Ajoutons que dès que la déclaration de faillite a été prononcée, un pareil arrangement amiable ne serait plus praticable, et que l'unanimité même des créanciers ne pourrait paralyser l'exécution des dispositions que la loi, dans des vues d'ordre public, a prescrites pour la réalisation du concordat. — Bédarride, nos 525 et 526.

1233.— Sous l'ordonnance de 1673, le concordat devait, à peine de nullité, réunir les trois quarts en sommes des créanciers du failli. — *Rouen*, 29 janv. 1807, Carpentier c. Vibert; *Paris*, 22 janv. 1807, Borridon c. Bully.

1234. — Cette condition des trois quarts des créances étant seule exigée, le failli n'avait qu'à créer quelques dettes simulées pour former une masse de créances capables de réduire au silence les porteurs de titres sérieux. — Bédarride, no 527.

1235. — Les auteurs du projet du Code de 1808, rassurés par l'opération préalable de la vérification des créances, avaient proposé d'adopter la même disposition, mais le tribunat n'y voyant pas assez de garanties pour la minorité des créanciers auxquels le concordat était imposé, on adopta une disposition au moyen de laquelle les voix furent non seulement pesées mais comptées de manière que pour faire la loi aux créanciers qui refusaient le concordat, il fallût, avec les trois quarts des sommes dues et vérifiées, réunir aussi la majorité des voix. Cette règle, admise par le Code de 1808, art 519, a été reproduite par l'art. 507 du Code actuel.

1236. — Les créanciers porteurs de titres pour lesquels ils ont d'autres obligés solidaires que le failli ont le droit de figurer pour la totalité de leurs créances dans la faillite de chacun de leurs débiteurs, et de concourir avec les signataires de l'atermoiement à la détermination des trois quarts en sommes. — *Paris*, 6 messid. an XIII, Razuret et Faber c. Thibault.

1237. — La majorité en sommes doit être des trois quarts des créances, non pas seulement des créances représentées, mais des créances vérifiées, affirmées et admises. — Bédarride, no 536.

1238. — Les créances de personnes domiciliées hors de France sont, il est vrai, censées vérifiées quand il s'agit de la répartition des deniers, mais il n'en est pas de même quand il s'agit du concordat; elles ne doivent donc pas être comprises au nombre de celles sur lesquelles se calcule la majorité.

1239. — Les créances provisoirement admises en vertu des art. 499 et 500, C. comm., ne doivent être comptées que pour la somme provisoirement déterminée par le tribunal.

1240.— Cependant on conçoit que si le jugement définitivement rendu sur la contestation dirigée contre ces créances en élève le chiffre de manière à déplacer la majorité en sommes, la validité du concordat devra se trouver affectée de cette circonstance.

1241. — La parenté avec le failli, quelque proche qu'elle soit, n'est point une raison qui exclue du droit de délibérer et d'être compté dans le nombre de voix nécessaires. La justice est rassurée par la vérification des créances. — Pardessus, no 1236.

1242. — Quelle que soit la proximité du degré de parenté ou d'alliance des créanciers avec le failli, ils ont le droit de prendre part aux assemblées générales et au vote du concordat alors qu'ils sont créanciers sérieux et légitimes, et leurs créances doivent concourir à la formation de la majorité des trois quarts en sommes. — *Dijon*, 21 mai 1844 (t. 2 1844, p. 269), Auloy c. de Digoine.

1243. — Il en est de même d'un créancier dont la créance est garantie par le cautionnement solidaire d'un individu créancier lui-même du failli à un autre titre. — Même arrêt.

1244. — Les femmes mariées à des commerçans sont restées sous l'empire du droit commun quant à la qualité de créancières chirographaires. — *Douai*, 27 mai 1841 (t. 2 1841, p. 263), Juclin c. Odoux. — Donc la femme du failli peut aussi participer à l'assemblée et au vote du concordat.

1245. — La majorité en nombre doit-elle se compter sur le nombre total des créanciers qui ont fait vérifier et affirmer leurs créances, ou sur le nombre seulement de ceux qui étaient présens au vote?

1246. — Si l'on ne s'arrêtait qu'à la lettre de l'art. 507, qui exige, pour établir le concordat, le concours de la majorité des créanciers vérifiés et affirmés; et si l'on se reportait à la modification apportée par l'art. 509 actuel, qui substitue ces mots *la majorité en nombre* à la rédaction de l'ancien art. 522, qui paraissait se contenter de la majorité des créanciers présens, on pourrait soutenir qu'il faut, pour le concordat, la majorité en nombre des créanciers vérifiés et affirmés. On ajoute qu'il est d'ailleurs plus conséquent de calculer la majorité en nombre sur les créances affirmées, puisque c'est uniquement à la masse des créances vérifiées qu'on a égard pour déterminer la majorité des trois quarts en sommes. Tel est l'avis de MM. Goujet et Merger (*Dictionn. de droit comm.*, vo *Concordat*, no 37).

1247. — Nous pensons cependant que c'est d'après le nombre des créanciers présens que la supputation doit être faite. — En effet, l'art. 522 de l'ancien Code comm. était ainsi conçu : « Si la majorité des *créanciers présens* consent au concordat, mais ne forme pas les trois quarts en sommes, la délibération sera remise à huitaine pour tout délai. » L'art. 509 du nouveau Code ne reproduit pas *textuellement* l'art. 522; il dispose que « si le concordat est consenti seulement par la majorité *en nombre* ou par la majorité des trois quarts en sommes, etc. » Il y a, comme on voit, cette différence entre les deux articles que le premier dit expressément qu'il suffit de l'adhésion de la majorité des créanciers *présens* pour faire renvoyer la décision à huitaine; tandis que le second ne reproduit pas la même expression et la remplace par celle-ci : *La majorité en nombre*. — Toutefois, il ne résulte pas de la discussion des chambres que l'intention du législateur ait été d'innover et de modifier l'ancien principe, et, en l'absence d'un texte suffisamment précis et clair, on doit d'autant moins le supposer que la loi nouvelle est évidemment plus favorable que l'ancienne aux arrangemens entre le failli et ses créanciers. — Lainné, *Comment. sur la loi des faillites*, p. 212; Bédarride, no 530; Pardessus, no 1237.

1248.— Jugé, en conséquence, que, sous le nouveau comme sous l'ancien Code de commerce, il suffit que la majorité des créanciers délibérans ait été d'avis d'admettre le concordat pour que, si ces créanciers ne représentent pas les trois quarts de la totalité des créances vérifiées et affirmées, la délibération doive être remise à huitaine; qu'il n'est pas nécessaire de la majorité des créanciers vérifiés et affirmés. — *Caen*, 2 fév. 1842 (t. 2 1842, p. 533), Vacquerel c. Feroy.

1249. — Il nous paraît qu'on ne doit pas faire état, et qu'on ne doit pas considérer comme présens les créanciers étrangers qui sont encore dans les délais de la vérification.

1250. — Dans un ouvrage que nous avons déjà eu occasion de citer, Mme Goldsmid exprime le vœu que l'on compte comme favorables au failli les créanciers qui ne se présentent pas. Il ne nous paraît pas qu'il en doive être ainsi. Le résultat du concordat peut être d'imposer au créancier la remise, l'abandon d'une partie de sa créance. Or, on ne peut supposer que le silence ou l'absence du créancier puisse être interprété comme une renonciation de sa part à des droits qu'il a acquis à titre onéreux.

1251. — Les créanciers gagistes, hypothécaires ou privilégiés, quoique assistant à la délibération, ne peuvent compter pour déterminer la majorité, à moins que, renonçant à leur droit de préférence, ils n'aient pris part au vote ou qu'ils n'agissent en vertu d'une autre créance non privilégiée.

1252.— Le failli qui, soit dans le cours de la faillite, soit lors du concordat, n'a pas protesté contre l'admission d'une créance sans l'adjonction de laquelle le concordat n'aurait pu avoir lieu est censé acquiescer au jugement en vertu duquel cette admission a eu lieu. — *Colmar*, 24 déc. 1832, Blétry c. Jacquemoux.

1253.— Les créanciers qui ont cédé leurs créances sur un failli peuvent, lorsque les cessionnaires ne se présentent pas à la délibération relative au concordat, y assister ou s'y faire représenter pour soutenir et faire valoir les créances par eux cédées. — Lors même qu'une seule personne aurait réuni entre ses mains la cession de plusieurs créances, la voix de chacun des cédans doit figurer utilement dans la délibération et servir à former la majorité individuelle. — *Amiens*, 2 juill. 1822, Becquerel c. N...; —Bioche et Goujet, *Dict. procéd.*, vo *Faillite*, no 319.

1254. — Est valable l'acquisition faite par le créancier d'une faillite d'un nombre de créances suffisant pour composer à lui seul la majorité en voix et les trois quarts en sommes exigés pour un concordat. — Une telle cession ne pourrait être annulée qu'en cas de fraude. — *Bordeaux*, 26 avr. 1836 (t. 1er 1837, p 40), Apiau c. Sainte-Marie et Santos.

1255. — Le créancier devenu cessionnaire de plusieurs créances postérieurement à la faillite a dans les délibérations, et notamment lors de celles relatives au concordat, autant de voix qu'il représente de personnes distinctes. — Il en serait autrement si ces cessions étaient antérieures à la faillite : dans ce cas, tous les titres se confondant sur sa tête, il ne pourrait avoir qu'une seule voix. — Même arrêt.

1256. — Si pour exclure des créanciers du concordat, ce qui détruirait la majorité en nombre et en sommes prescrite par la loi, il est soutenu qu'ils ont perdu tous droits par suite de la cession qu'ils ont faite de leurs créances à un seul et même individu figurant déjà au concordat, et si la preuve de ce fait est offerte par des conclusions formelles, l'arrêt qui, sans répondre à ces conclusions, se borne à homologuer le concordat comme constatant une majorité en nombre et en sommes conforme au vœu du Code de commerce est nul pour défaut de motifs. — *Cass.*, 24 mars 1840 (t. 1er 1840, p. 441), Apiau c. Sainte-Marie et Santos.

1257. — A l'opinion adoptée par les arrêts d'Amiens et de Bordeaux, on oppose que le droit de voter est un droit individuel qui ne peut être exercé qu'une seule fois par la même personne, quel que soit le nombre de titres ou l'importance des sommes qui lui en confèrent le droit.

1258. — Aussi l'arrêt de la cour royale de Bordeaux a-t-il été cassé par la cour suprême (arrêt précité), qui a décidé que le cessionnaire de plusieurs créances ne peut, dans la délibération relative au concordat, voter autant de fois qu'il représente de personnes distinctes, et qu'il n'y a aucune distinction à faire à cet égard entre le cas où la cession est antérieure ou postérieure à la faillite. — Bioche et Goujet, *Dict. de procéd.*, vo *Faillite*, no 319.

1259 — Si un créancier a transporté des parties de sa créance à plusieurs personnes, soit avant, soit après sa faillite, on doit dire conséquemment qu'il y aura autant de créanciers que de cessionnaires. Mais les tribunaux devront, si la cession est postérieure à la faillite, présumer facilement une simulation et se montrer peu sévères dans l'admission des preuves invoquées pour écarter les cessionnaires comme n'étant que les prête-noms des cédans.

1260. — Sous l'ord. de 1673, les créanciers hypothécaires d'un failli devaient être compris dans la masse de son passif pour déterminer les trois quarts en sommes dont le concours était nécessaire pour la validité du concordat. — *Paris*, 28 brum. an XIII, Leduc c. Crépeaux.

1261.— Mais sous le Code de 1808, au contraire, les créanciers hypothécaires ou nantis d'un gage ne devaient pas être comptés avec les créanciers chirographaires pour former la majorité en nombre et les trois quarts en sommes nécessaires pour la validité du concordat. — *Besançon*, 25 août 1812, N... c. Arcelin.

1262.—Cependant les créanciers pouvaient, en renonçant à leur privilége, concourir au concordat.—*Nîmes* (et non *Rennes*), 18 mai 1813, Rouesch c. Valescure.— Boulay-Paty, *Faill. et banq.*, t. 1er, no 255; Bioche et Goujet, *Dict. de procéd.*, vo *Faillites*, no 265.

1263.—Convertissant en loi cette jurisprudence, l'art. 508 actuel dispose que « les créanciers hypothécaires inscrits ou dispensés d'inscription, et les créanciers privilégiés ou nantis d'un gage, n'auront pas voix dans les opérations relatives au concordat pour lesdites créances. »

1264.— Les dispositions de l'art. 508 ont pour but d'éloigner de la délibération ceux des créanciers qui n'auraient pas un intérêt direct à apprécier avec impartialité les propositions du failli; si donc un créancier hypothécaire était en même temps créancier pour des sommes qui ne seraient point garanties par une hypothèque, un gage, ou un privilége, il serait alors simple chirographaire, et

à l'égard des sommes non garanties, il aurait le droit d'intervenir au concordat, et de délibérer, sans que l'on pût en conclure qu'il a renoncé à ses droits pour ses autres créances. — Pardessus, n° 1236.

1265. — Par réciprocité, il convient de ne pas compter, pour former la majorité en somme, les créances hypothécaires inscrites ou dispensées d'inscription, privilégiées ou nanties d'un gage. Procéder autrement, ce serait rendre le concordat impossible, dans le cas, par exemple, où les créances hypothécaires excéderaient le quart du passif de la faillite; ce n'est que quand ces créanciers renoncent à leurs hypothèques, gages ou priviléges, qu'ils peuvent être comptés pour établir la majorité, parce qu'alors ils votent au concordat.

1266. — Sous l'art. 520 du Code de 1808, qui excluait du concordat les *créanciers hypothécaires inscrits et ceux nantis d'un gage*, la question s'était élevée, de savoir si les créanciers privilégiés sur les meubles avaient droit de voter au concordat.

1267. — MM. Pardessus (n° 1235) et Boulay-Paty (n° 255) avaient embrassé l'affirmative.

1268. — Jugé en ce sens sous le Code de 1808, que, bien que le propriétaire-bailleur ait un privilége sur le mobilier garnissant les lieux loués, il ne peut être réputé créancier nanti d'un gage, dans le sens de l'art. 520, C. comm. de 1808, et que, dès-lors, il a droit d'être admis à participer aux délibérations des créanciers. — *Paris*, 15 déc. 1836 (t. 1er 1837, p. 451), Cordier c. Rousseau.

1269. — Locré (*Espr. C. comm.*, t. 6, p. 45) soutenait la négative.

1270. — C'est cette dernière opinion que doit faire prévaloir aujourd'hui l'art. 508 de la loi nouvelle, qui, après avoir parlé des créanciers hypothécaires inscrits ou dispensés d'inscription, expressions dont la généralité comprend les privilégiés sur les immeubles, ajoute les *privilégiés ou nantis d'un gage*, second membre de phrase qui ne peut s'appliquer qu'aux privilégiés sur les meubles. D'ailleurs, les créanciers privilégiés sur les meubles ne sont pas plus que les autres privilégiés soumis à la règle du concordat. On ne peut donc les admettre avec justice à imposer aux autres créanciers une perte à laquelle ils ne participeront pas.

1271. — La renonciation du créancier à la cause de préférence attachée à sa créance n'a pas besoin d'être expresse. Le fait par un créancier hypothécaire ou privilégié de voter dans un concordat emporte la renonciation tacite à son privilége ou à son hypothèque. — Pardessus, n° 1236.

1272. — Sous le Code de 1808, M. Pardessus (n° 1235) et Boulay-Paty (n° 255 et 256) pensaient qu'il était loisible au juge-commissaire ou au tribunal d'admettre à voter au concordat les créanciers hypothécaires ou privilégiés dont le rang laissait apercevoir qu'ils n'en retireraient aucun bénéfice. La disposition formelle de l'art. 508 ne permet plus aujourd'hui de leur laisser cette alternative, et le simple fait du vote emporte déchéance de la cause de préférence.

1273. — Les noms des créanciers hypothécaires ou privilégiés qui prennent part au vote du concordat doivent être mentionnés au procès-verbal, afin que tous les autres créanciers intéressés puissent se prévaloir de la renonciation résultant de ce vote. — Bédarride, n° 541.

1274. — La renonciation à l'hypothèque ou au privilége qui résulte du vote au concordat est définitive et absolue, et le renonçant ne pourrait être relevé de la déchéance encourue ni par le consentement du failli, ni par sa prétendue ignorance des dispositions de la loi.

1275. — Mais cette renonciation au privilége ou à l'hypothèque est, comme toutes les conventions synallagmatiques, soumise à la condition résolutoire en cas d'inexécution de l'obligation qui lui est corrélative. Ainsi, si le concordat n'est pas homologué, s'il est annulé ou rescindé, le créancier hypothécaire privé des avantages qu'il avait entrevus dans son accession au concordat doit rentrer dans la plénitude de son droit de préférence.

1276. — Le créancier d'un failli qui a obtenu personnellement de l'autorité la direction d'un mont-de-piété exploité auparavant par le failli ne peut être exclu des délibérations relatives au concordat comme créancier nanti d'un gage. — *Cass.*, 1er déc. 1819, d'Yvrande c. Bourdon.

1277. — Le concordat peut être discuté pendant plusieurs séances; il peut être proposé à une séance et signé à l'autre; mais l'art. 509, C. comm., exige que pour sa validité il soit signé séance tenante, c'est-à-dire dans la séance où il a été consenti. Le juge-commissaire doit veiller à l'exécution de cette formalité, qui est une garantie de la sincérité des votes qui ont sanctionné le concordat. — Vincens, t. 1er, p. 434; Pardessus, n° 1237; Renouard, t. 2, p. 75; Bédarride, n° 546.

1278. — Le concordat n'est pas nul parce que quelques créanciers qui y ont consenti ne l'ont pas signé dans le lieu où il a été consommé, si d'ailleurs les autres signatures représentent la majorité en nombre et les trois quarts en somme. — *Nîmes*, 18 mai 1813, Rouech c. Valescure; — Bioche et Goujet, *Dict. de procéd.*, v° *Faillite*, n° 279.

1279. — Chacune des parties intéressées peut se prévaloir de la violation de la formalité relative à la signature et provoquer le tribunal à prononcer la révocation du concordat irrégulier.

1280. — Si les adhésions au concordat recueillies dans la première séance ne réunissent ni la majorité en nombre ni la majorité en sommes, le concordat est définitivement rejeté et les créanciers sont de plein droit en état d'union. — Goujet et Merger, v° *Concordat*, n° 45.

1281. — Mais si le concordat est consenti seulement par la majorité en nombre, ou par la majorité des trois quarts en sommes, la délibération sera remise à huitaine pour tout délai; dans ce cas, les résolutions prises et les adhésions données lors de la première assemblée, demeureront sans effet. — C. comm., art. 509.

1282. — La disposition finale de l'art. 522, Code de 1808, contenait une prescription analogue; mais dans la pratique on avait interprété cet article en le considérant comme simplement comminatoire, et on décidait que rien n'empêchait de former dans une réunion ultérieure le concordat qui n'avait pas pu être formé dans la seconde réunion après la huitaine.

1283. — Ainsi on jugeait que le délai de huitaine fixé par l'art. 522, C. comm., pour admettre ou rejeter définitivement le concordat, n'est pas prescrit à peine de nullité, et que dès-lors il peut être prorogé du consentement de tous les créanciers, sans que le tribunal puisse d'office prononcer une déchéance par suite de l'expiration de ce délai. — *Paris*, 15 nov. 1836, Raimbert; — Lainné, *Comment. sur les faill. et banqueroutes*, p. 218.

1284. — Mais il résulte formellement de la discussion aux chambres qu'on a entendu dans la loi nouvelle proscrire cette interprétation et prononcer une déchéance absolue, et le juge-commissaire, au cas où le concordat n'est pas consenti par la majorité légale, est tenu de prononcer l'existence immédiate de l'union.

1285. — Aussi a-t-il été jugé que le délai de huitaine fixé pour la remise de la délibération sur le concordat, au cas où il n'aurait pu être consenti dans une première réunion, est un délai fatal. — *Cass.*, 6 août 1840 (t. 1er, 1842, p. 16), Berton. — V. conf. Locré, sur l'art. 522, *Esprit du Code de comm.*; Vincens, *Législ. commerciale*, t. 1er, p. 487; Boulay-Paty, *Des faill. et banqueroutes*, t. 1er, n° 262. — V. *contrà* Lainné, *Comment. de la loi de* 1838, p. 218.

1286. — Lorsque, conformément à l'art. 509, C. comm., il y a remise pour une nouvelle délibération sur le concordat, le délai ne peut être de plus de huitaine, encore bien que les créanciers demeurent à une très grande distance. — Le renvoi à une époque plus reculée aurait pour effet de mettre obstacle à l'homologation du concordat qui interviendrait après ce renvoi, et les créanciers seraient alors de plein droit en état d'union. — *Bordeaux*, 10 mai 1845 (t. 2 1846, p. 600), Del Perrugia. — Toutefois, si quelque événement de force majeure empêchait la réunion, par exemple si un créancier rendait plainte contre le failli et qu'une détention ou une instruction la suivît, le juge-commissaire pourrait dans sa prudence indiquer un jour plus éloigné qu'annonceraient de nouvelles invitations, afin que, d'après l'état de l'affaire, on pût délibérer. — Pardessus, n° 1237.

1287. — La rédaction un peu vague de l'art. 522, Code de 1808, avait fait penser que les créanciers qui avaient dans la première séance adhéré au concordat étaient liés par leur consentement. La négative n'est plus douteuse aujourd'hui, puisqu'il n'y a plus de concordat obligatoire que celui qui réunit la majorité indispensable pour sa validité. Tant que la majorité n'est pas réunie, il n'y a qu'un simple projet qui n'oblige personne, et ce qui a précédé la seconde réunion est non avenu. — Bédarride, n° 548; Lainné, p. 219.

1288. — Ce traité ne s'établit que par le concours d'un nombre de créanciers formant la majorité, et représentant, en outre, les trois quarts de la totalité des créances vérifiées et affirmées, ou admises par provision, conformément à la sect. 5e, chap. 5, le tout à peine de nullité.

1289. — Quoique à la rigueur l'on puisse considérer un concordat comme une transaction, les formes dont il est entouré et l'intervention de la justice dispensent le tuteur de recourir, pour y prendre part, à une assemblée de famille et à une autorisation spéciale. Il en est de même de l'héritier bénéficiaire. — Pardessus, n° 1238.

1290. — La délibération qui, en matière de faillite, rejette le concordat proposé par le débiteur n'est pas assujétie aux mêmes formalités que celle qui l'admet. — *Cass.*, 2 juin 1812, Letocard.

1291. — Sous le Code de 1808, la banqueroute simple ou frauduleuse, ou même la *présomption* de banqueroute, rendait le concordat impossible. C'est ce qui résultait de l'art. 521, qui imposait au juge-commissaire le soin de veiller à l'exécution de sa disposition.

1292. — Ainsi le failli qui avait été déclaré banqueroutier simple, et condamné comme tel à une peine correctionnelle, ne pouvait être admis à faire un concordat avec ses créanciers. — *Orléans*, 16 (et non 17 mai) 1836, Ligneau-Grandcourt c. Chavanne frères.

1293. — Il en était de même du failli condamné comme banqueroutier simple pour n'avoir pas tenu de livres réguliers. — *Paris*, 27 janv. 1831, Schmidt et Cavelan c. Sobier.

1294. — ... Du négociant dont la faillite avait pour cause des pertes occasionnées par des jeux de bourse. — *Paris*, 18 juin 1808, Boursier c. Bardel.

1295. — Aujourd'hui, d'après la loi nouvelle (art. 510), si le failli a été condamné comme banqueroutier frauduleux, le concordat ne pourra être formé.

1296. — Cette prohibition est d'ordre public et elle doit même faire prononcer l'annulation du concordat intervenu.

1297. — Mais la loi actuelle est moins sévère que le Code de 1808, qui se contentait de la seule présomption de banqueroute, même simple, pour prohiber le concordat. — Aujourd'hui il faut, pour que le concordat ne puisse être formé, qu'une condamnation pour crime de banqueroute soit intervenue, peu importe d'ailleurs la peine appliquée, qu'elle ait été ou non modifiée par la déclaration des circonstances atténuantes.

1298. — Le même art. 510 s'est aussi occupé du cas où une instruction en banqueroute frauduleuse a été commencée. — Pour que l'instruction soit réputée commencée, il ne suffit pas qu'une plainte ait été déposée par une partie qui se prétend lésée, il faut encore que la poursuite soit commencée, il faut que le procureur du roi ait adressé au juge d'instruction un réquisitoire qui, en imprimant au fait reproché au failli la qualification légale de banqueroute frauduleuse, requiert le juge d'instruction de procéder à l'information.

1299. — Ainsi, les tribunaux ne sont pas obligés de surseoir à l'homologation du concordat, par cela seul qu'un créancier a porté contre le failli une plainte en banqueroute frauduleuse, si, d'ailleurs, il n'est pas justifié que le ministère public ait commencé une instruction. — *Cass.*, 19 juin 1821, Richard et comp. c. Duchesne; — Mangin, *Traité de l'action publique*, t. 1er, p. 350, n° 163; Lainné, p. 232.

1300. — Quant aux intérêts de la partie qui se croit lésée, elle a un sûr moyen de les sauvegarder et de leur assurer, même relativement au concordat, la satisfaction qu'elle leur croit due; elle peut former opposition au concordat et à son homologation, et alors les griefs qu'elle peut avoir à faire valoir seront appréciés par la justice, qui pourra y trouver un motif de refuser l'homologation du concordat.

1301. — Lors donc qu'une instruction en banqueroute frauduleuse a été commencée, les créanciers sont convoqués à l'effet de décider s'ils se réservent de délibérer sur un concordat, en cas d'acquittement, et si, en conséquence, ils surseoient à statuer jusqu'après l'issue des poursuites. — C. comm., art. 510. — Les créanciers peuvent, en effet, avoir intérêt à ne pas se constituer en état d'union, et à suspendre toute résolution définitive; aussi c'est à eux que la loi a remis le soin de décider s'il y a lieu au sursis.

1302. — Ce sursis, ajoute l'art. 510, ne pourra être prononcé qu'à la majorité en nombre et en sommes déterminée par l'art. 507, c'est-à-dire la moitié plus un des votans, et les trois quarts des créances chirographaires admises.

1303. — La pensée qui a déterminé le législateur à exiger la même majorité que pour la formation du concordat a été que les opposans au sursis seraient également plus tard opposans au concordat, et que dès-lors il était inutile d'admettre à prononcer un sursis une majorité qui serait inopérante lorsqu'il s'agirait d'arriver plus tard à une décision définitive relative au concordat.

1304. — Si une seule des majorités se prononce pour le sursis, il y a lieu de procéder à une nouvelle épreuve, et, à cet effet, par analogie de l'art.

509, la délibération doit être remise à huitaine.

1305. — Si, à l'expiration du sursis, il y a lieu à délibérer sur le concordat, les règles établies par l'art. 509 seront applicables aux nouvelles délibérations. — C. comm., art. 510. — Et ces délibérations n'auront lieu qu'après une convocation nouvelle dans les formes prescrites par l'art. 504.

1306. — La distinction entre la banqueroute simple et la banqueroute frauduleuse avait été repoussée par le Code de 1808, qui fut discuté à une époque où l'on sortait à peine d'une crise commerciale dans laquelle de scandaleuses faillites avaient excité une réprobation générale. Mais l'ordre avait été depuis long-temps rétabli, et le précurseur ordinaire de la réforme, la jurisprudence, avait déjà commencé à protester contre la rigueur du Code de 1808.

1307. — C'est ainsi qu'il avait été jugé que l'irrégularité des livres du failli n'était pas à elle seule un obstacle au concordat, alors d'ailleurs qu'il ne s'élevait contre lui aucun soupçon de fraude. — *Rouen*, 21 nov. 1835, Dutartre c. Lebreton.

1308. — La loi nouvelle a consacré cet adoucissement. Si le failli, dit l'art. 511, a été condamné comme banqueroutier simple, le concordat peut être formé. Néanmoins, en cas de poursuites commencées, les créanciers peuvent surseoir à délibérer jusqu'après l'issue des poursuites, en se conformant aux dispositions de l'art. 510.

1309. — Accorder, dit M. Renouard dans son rapport, un sursis pour délibérer jusqu'à l'issue des poursuites qui peuvent amener d'utiles éclaircissemens a paru une garantie. — Mais puisque le sursis n'est qu'une garantie, et que le concordat peut être formé, on comprend que le sursis pour l'emporter sur le concordat devra être adopté par la majorité en nombre et en sommes, dont parle l'art. 507.

1310. — Si le juge-commissaire omettait, dans le cas des art. 510 et 511, de s'opposer à la formation du concordat, ce serait au tribunal de commerce à refuser l'homologation, et si cette homologation même était prononcée, elle ne formerait pas obstacle à l'annulation qu'un créancier ou tout autre intéressé pourrait provoquer, et qui serait inévitablement prononcée, car elle se rattache à l'ordre public.

1311. — Lorsque, sur des présomptions de banqueroute, au moins simple, il a été, par le juge-commissaire d'une faillite, mis obstacle à un concordat, et fait en conséquence un contrat d'union, on peut, si, par un jugement ultérieur, le failli est déclaré n'être banqueroutier frauduleux ni simple, procéder de nouveau au concordat, nonobstant ledit contrat d'union, et sans l'avoir au préalable fait rescinder. — *Angers*, 14 août 1816, Hardiau-Quentin; — Pardessus, nº 1269.

1312. — En principe, les contestations élevées sur une créance ne peuvent être un obstacle au concordat, surtout si le défaut de décision de la part du tribunal est le résultat de la faute du créancier contesté, qui aurait eu tout le temps nécessaire pour faire statuer sur le litige. — *Aix*, 24 août 1829, Escher et Delor c. Fournier; *Cass.*, 12 janv. 1831, Mêmes parties.

1313. — Avant la loi du 28 mai 1838, le renvoi à l'audience, ordonné par le juge-commissaire d'une faillite, en cas de contestation sur une partie d'une créance, ne mettait pas obstacle à la signature du concordat, alors d'ailleurs que le litige ne laissait pas en doute la quotité des trois quarts en somme exigés pour la validité de ce concordat. — *Bordeaux*, 26 avr. 1836 (t. 1er 1837, p. 40), Apiau c. Sainte-Marie et Santos; *Cass.*, 24 mars 1840 (t. 1er 1840, p. 441), mêmes parties.

1314. — En supposant qu'on puisse faire le concordat avant le jugement des contestations, ce concordat ainsi passé en l'absence des créanciers contestés est obligatoire pour eux, surtout si c'est par leur négligence qu'il n'a pas été statué sur le sort de leurs créances avant le traité. — C. comm., art. 510, 511, 512, 513 et 514. — Dans tous les cas, ces créanciers ont dû, sous peine de déchéance, former opposition au concordat dans la huitaine fixée par l'art. 523, C. comm. — *Cass.*, 12 janv. 1831, Fournier c. Escher et Delor.

1315. — Lorsqu'il y a contestation judiciaire sur l'admission d'une créance, le tribunal, aux termes des art. 499 et 500 du Code actuel, peut aussi ordonner le sursis au concordat.

1316. — Si, à l'époque du concordat, le failli justifiait de la consignation du montant de toutes les dettes vérifiées, des sommes dues pour l'administration de la faillite, d'une somme arbitrée par le tribunal pour les créances en litige ou les droits présumés des créanciers absens, hors du territoire continental, il y aurait lieu, par le tribunal, après avoir entendu les syndics et le rapport du juge-commissaire, d'ordonner la clôture de la faillite et de réintégrer le failli dans son actif. — Pardessus, nº 1233.

ART. 2. — *Opposition au concordat.*

1317. — Le concordat proposé par le failli et accepté par les deux majorités, en sommes et en nombre, ne devient obligatoire que lorsqu'il a été homologué par le tribunal de commerce, qui en même temps apprécie les motifs qui ont pu déterminer certains créanciers à former opposition à l'homologation du concordat.

1318. — Tous les créanciers ayant eu le droit de concourir au concordat, peuvent y former opposition. — C. comm., art. 512.

1319. — Les créanciers qui ont refusé de signer le concordat ont incontestablement le droit de former opposition au concordat contre lequel leur refus a été une première protestation.

1320. — Huitaine après la date du concordat, et sans qu'il soit besoin de notifier ce concordat, les créanciers qui ne l'ont pas signé sont non-recevables à y former opposition. — *Rouen*, 14 avr. 1813, Mondot-Lagorce c. Ragoulleau.

1321. — Sous le Code de 1808, les créanciers d'un failli ne pouvaient demander la nullité du concordat par une autre voie que celle de l'opposition à l'homologation. Il en était ainsi lors même que le créancier avait porté contre le failli une plainte en banqueroute. — *Cass.*, 17 juin 1812, Lagorce c. Ragoulleau.

1322. — Les créanciers qui ont signé le concordat ne sont recevables dans leur opposition qu'autant que leur consentement a été le résultat du dol ou de l'erreur, ou si les causes de leur opposition étaient postérieures au concordat. — V. arg. C. comm., art. 518. — Bédarride, nº 564. — De même, le créancier non opposant n'aurait pas le droit de rétracter sa signature sur le fondement de l'opposition formée par un autre créancier. — Lainné, p. 226.

1323. — Le créancier qui n'a pas assisté à la délibération ne s'est pas par son absence rendu inhabile à former opposition; il suffit que la vérification et l'admission de sa créance l'ait rendu apte à concourir au concordat pour qu'il puisse en contredire l'homologation.

1324. — Quant aux créanciers qui n'ont pas fait vérifier et admettre leur créance avant le concordat, ils ne sont recevables à former opposition qu'autant que par des opérations postérieures au concordat ils ont fait reconnaître leurs droits par les syndics et le juge-commissaire.

1325. — Une contestation élevée sur la quotité de la créance du créancier retardataire ne devrait pas être considérée comme une fin de non-recevoir qui l'empêchât de former opposition au concordat; seulement si la contestation attaquait l'intégralité de la créance, le tribunal, avant de statuer sur le mérite de l'opposition, devrait apprécier la contestation que la vérification de la créance a soulevée, ou du moins, si cette contestation excédait sa compétence, il devrait surseoir à statuer sur l'opposition. Si la contestation ne portait que sur une partie de la créance, il est évident que le sursis serait inutile puisque la qualité de créancier subsistant toujours rendrait l'opposition recevable.

1326. — La même règle devrait servir de guide sur le point de savoir s'il y a lieu de surseoir ou de passer outre au jugement de l'opposition formée par les créanciers admis provisoirement, aux termes des art. 499 et 500, et dont la qualité n'a pas encore été définitivement appréciée.

1327. — Mais le sursis serait forcé bien que la contestation des droits d'un créancier provisoirement admis ne portât que sur la quotité de la créance, si la fixation de cette quotité était de nature à changer la majorité des sommes. Le jugement qui, écartant une contestation, admet l'intégralité de la créance, a un effet rétroactif au jour de la demande en admission; mais on conçoit que, si cette rétroactivité profite au créancier qui s'est spontanément présenté dans le délai utile, elle ne peut en aucune manière bénéficier au créancier qui, par sa négligence, n'a pu assister à la délibération et qui, dès-lors, doit demeurer exclu du calcul des majorités en sommes et en nombre.

1328. — Lors donc qu'une contestation sur une créance doit entraîner un pareil revirement dans la majorité, le tribunal doit surseoir à statuer sur l'homologation du concordat jusqu'après la décision sur la créance contestée.

1329. — Les créanciers qui n'ont ni fait vérifier ni affirmer une créance sont non-recevables à former opposition au concordat. — *Nîmes*, 17 janv. 1812, Isnard c. Charbonnier; *Colmar*, 25 fév. 1820, Boulenger-Demollerais c. Dubois-Bergeron; *Cass.*, 19 juin 1821, Richard c. Duchesne; *Paris*, 18 juill. 1826, Edighoffer c. Riebert et Braggel.; — Pardessus, nº 1239; Bioche et Goujet, *Dict. de procéd. civ.*, vº *Faillite*, nº 283.

1330. — Le créancier qui a produit ses titres en temps utile entre les mains des syndics, mais dont la créance n'a point été vérifiée par leur fait, ni par suite affirmée, a le droit soit d'être reçu opposant au concordat, soit de former tierce-opposition au jugement d'homologation. — *Paris*, 23 fév. 1844 (t. 1er 1844, p. 506), Delabarre c. Bertrand.

1331. — Le créancier qui n'a point été appelé au concordat est recevable à y former opposition après la huitaine, s'il établit que les formalités prescrites n'ont pas été observées. — *Caen*, 18 août 1814, Caboulet c. Guisière; — Boulay-Paty, *Des Faillites et Banq.*, t. 1er, nº 277; Bioche et Goujet, *Dict. de procéd.*, vº *Faillite*, nº 311.

1332. — Le droit de former opposition au concordat n'appartient qu'aux créanciers chirographaires qui seuls ont voix dans les délibérations y relatives, mais il n'appartient pas aux créanciers hypothécaires. — *Besançon*, 25 août 1812, Arcelin. — Cette décision ne peut faire aujourd'hui difficulté, puisque l'art. 512 n'accorde le droit de former opposition qu'à ceux qui ont le droit de concourir au concordat et que les créanciers hypothécaires et privilégiés sont nommément exclus de ce concours. — C. comm., art. 508.

1333. — Mais le créancier privilégié ou le créancier hypothécaire qui voudrait renoncer à son privilége, ce qu'il peut faire à toute époque, peut user des mêmes droits que les chirographaires; il le pourrait encore si, n'étant pas venu en ordre utile, il n'a pas été colloqué à son rang d'hypothèque. — Lainné, p. 229.

1334. — M. Pardessus (nº 1235) et Locré (t. 8, p. 345) pensent que si le créancier hypothécaire prouvait par une estimation l'insuffisance des biens hypothéqués, le tribunal de commerce pourrait déterminer jusqu'à concurrence de quelle somme il aurait voix au concordat. Ce mode de procéder ne doit pas être admis, car il faisait, dans le projet du Code de 1808, l'objet d'un article qui a été rejeté par le tribunat, et il suffirait d'ailleurs que le créancier hypothécaire pût profiter, même partiellement, de son hypothèque pour qu'il ne soit plus dans une position identique aux chirographaires et pour qu'il soit frappé de l'exclusion prononcée par l'art. 508. — V. *suprà* nº 1272.

1335. — Celui qui a porté contre le failli une plainte en banqueroute n'est pas tenu de former l'opposition prescrite par l'art. 523, C. comm. — *Paris*, 31 août 1811, Ragoulleau c. Mondot-Lagorce.

1336. — L'opposition doit être motivée (C. comm., art. 512), c'est-à-dire qu'elle doit contenir l'énonciation détaillée des reproches dirigés contre le concordat. La loi n'a pas voulu que ces oppositions pussent être inspirées par le désir d'effrayer le failli et de l'amener à composition.

1337. — Mais nous croyons que ce serait ajouter au texte de la loi que d'interdire à l'opposant de produire à l'appui de son recours d'autres moyens que ceux libellés dans son opposition.

1338. — L'opposition au concordat est suffisamment motivée lorsque le créancier opposant déclare qu'il entend faire prononcer la nullité du concordat par les motifs par lui déduits dans le procès-verbal de l'assemblée des créanciers tenue pour la délibération du concordat, lorsqu'il est constant que ce procès-verbal est connu du failli, des syndics et des créanciers. — *Caen*, 20 fév. 1822, Godard c. Nolle; — Bioche et Goujet, *Dictionn. de procéd.*, vº *Faillite*, nº 289.

1339. — L'arrêt de la chambre des mises en accusation qui déclare qu'il n'existe pas contre un failli des indices suffisans de culpabilité de banqueroute simple ou frauduleuse ne renferme pas l'autorité de la chose jugée. — Dès-lors, cet arrêt n'enlève pas aux créanciers la faculté de former au concordat une opposition fondée d'ailleurs sur des causes différentes de celles de la poursuite du ministère public. — *Toulouse*, 13 mars 1839 (t. 1er 1844, p. 326), Saget c. Vigniaux.

1340. — L'opposition doit être signifiée aux syndics comme représentant les créanciers, et au failli, qui aurait pu aussi être représenté par les syndics, mais dont la loi, à raison de l'importance du débat, a ordonné la mise en cause. — C. comm., art. 512.

1341. — Il avait été jugé, sous le Code de 1808, que quand il n'avait été nommé dans une faillite qu'un seul syndic, et qu'il se rendait opposant au concordat, il ne pouvait être obligé de mettre tous les créanciers en cause à ses frais, pour tenir lieu de la notification d'opposition qu'aux termes de l'art. 523 l'opposant devait faire au syndic, mais que les créanciers devaient se réunir pour nommer un autre syndic, conformément à l'art. 480, C. comm. — *Rouen*, 10 avr. 1824, Marie c. Bertrand Yvernez.

1542. — Cet expédient, que la jurisprudence avait imaginé pour suppléer au silence de l'art. 523, C. comm. 1808, a passé dans le nouvel art. 512, qui porte : « S'il n'a été nommé qu'un seul syndic, et s'il se rend opposant au concordat, il doit provoquer la nomination d'un nouveau syndic, vis-à-vis duquel il est tenu de remplir les formes prescrites au présent article. »

1543. — On avait proposé, dans la discussion qui s'est engagée à la chambre sur ce point, d'obliger le syndic à ne faire la signification de son opposition qu'au failli; mais on a préféré nommer un autre syndic, afin de ne pas priver la masse de son représentant. — *Monit.* 4 et 5 avr. 1838.

1544. — Selon M. Bédarride (no 570), la nomination de ce syndic *ad hoc* appartient au tribunal de commerce, qui devra choisir dans la liste de présentation dressée par les créanciers.

1545. — L'opposition doit contenir assignation pour la première audience du tribunal de commerce. Si l'audience pour laquelle l'assignation a été donnée est antérieure à la huitaine de la signature du concordat, le tribunal, s'il a lieu de penser que d'autres oppositions sont formées, devra joindre ces diverses oppositions pour statuer sur le tout par un seul et même jugement — Lainné, p. 223.

1546. — La nullité de l'assignation emporte la nullité de l'opposition. — *Paris*, 7 juill. 1840 (t. 2 1840, p. 121), Bunel c. Gentil.

1547. — Après l'expiration de la huitaine, les créanciers qui n'auraient pas formé opposition pendant ce délai ne pourraient pas intervenir dans l'instance et profiter des diligences faites par un autre créancier. — Bédarride, no 572. — Même en cas de désistement de l'opposant, il n'y aurait pas lieu par un autre créancier de demander la subrogation et de poursuivre à sa place le jugement de l'opposition.

1548. — L'opposition doit être signifiée aux syndics et au failli, à peine de nullité, dans les huit jours qui suivent le concordat.

1549. — L'opposition au concordat passé entre le failli et ses créanciers doit être formée dans la huitaine, à peine de nullité. — *Paris*, 15 avr. 1811, Barot c. M...

1550. — Le délai pour former opposition au concordat n'est pas prorogé à raison des distances. Chaque créancier averti depuis long-temps a pu charger un fondé de pouvoirs ou se tenir prêt. La déchéance serait applicable même aux mineurs, interdits ou femmes mariées, sauf leur recours contre qui de droit. — Pardessus, no 1240; Renouard, p. 91; Lainné, p. 229.

1551. — Jugé que lors même que les créanciers hypothécaires seraient recevables à former cette opposition, ils seraient obligés de le faire dans le délai de huitaine rigoureusement fixé par l'art. 523, C. comm. — *Besançon*, 25 août 1812, N... c. Arcelin.

1552. — Le même délai est assigné, à peine de déchéance, à tout créancier opposant au concordat, même à celui qui n'y aurait pris aucune part. — *Cass.*, 26 avr. 1820, de Magnoncour c. Lecuyer.

1553. — .. Ou au créancier dont les titres ont été contestés, mais qui n'a pas fait vérifier ses titres avant le concordat et qui n'a pas été appelé à cette opération. — *Bordeaux*, 27 juin 1832, Foucard c. Hérard.

1554. — Le délai fixé par l'art. 523, C. comm., pour former opposition au concordat, court même contre le créancier qui a porté plainte en banqueroute. — *Rouen*, 11 avr. 1813, Mondot-Lagorce c. Ragoulleau; *Cass.*, 17 juin 1812, mêmes parties.

1555. — Suivant l'art. 523, C. comm., le créancier qui veut se pourvoir contre le concordat est tenu de le faire dans le délai de huitaine, à moins qu'il ne l'attaque pour cause de dol ou de fraude. — *Cass.*, 27 mars 1838 (t. 2 1838, p. 338), Tabourier c. Maisonneuve; *Aix*, 24 août 1829, Escher et Delor c. Fournier.

1556. — Ainsi un créancier que le débiteur failli a frauduleusement empêché de prendre part au concordat, peut y former opposition après l'expiration du délai de huitaine fixé par l'art. 523, C. comm. — *Rouen*, 8 juin 1818, Hallay c. Alexandre; — Lainné, p. 230.

1557. — Les créanciers qui ont attaqué le concordat après le délai de huitaine, pour inaccomplissement des formalités requises, ne peuvent se pourvoir contre l'arrêt qui les a déclarés non recevables, en se fondant sur ce que leurs titres étaient contestés et qu'ils n'avaient pu agir, lorsque l'arrêt attaqué a déclaré en fait qu'il n'existait pas de contestation sur leurs titres, puisque sur leur production et après vérification ils avaient été admis au passif de la faillite. — *Cass.*, 27 mars 1838 (t. 2 1838, p. 338), Tabourier c. Maisonneuve.

1558. — Une partie civile n'ayant droit de poursuite devant les tribunaux criminels que pour ses intérêts civils, le créancier qui n'a point formé opposition, dans les délais de la loi, à l'homologation du concordat obtenu par son débiteur failli, est réputé y avoir acquiescé et doit être déclaré non-recevable à suivre, en qualité de partie civile, une plainte en banqueroute frauduleuse. — *Cass.*, 9 mars 1811, Ragoulleau c. Mondot-Lagorce; — Carnot, sur l'art. 1er, C. inst. crim., t. 1er, p. 18, no 34; Boulay-Paty, *Faillites et banqueroutes*, t. 2, no 522.

1559. — Le quatrième paragraphe de l'art. 512 a modifié les règles de compétence déterminées par l'ancien Code. — D'après l'art. 635 ancien, les tribunaux de commerce connaissaient des oppositions au concordat, lorsque les moyens de l'opposition étaient fondés sur des actes ou opérations dont la connaissance est attribuée par la loi à ces tribunaux; mais, dans tous les autres cas, les oppositions au concordat étaient jugées par les tribunaux civils. — Par la loi nouvelle, le droit de prononcer sur les oppositions au concordat est spécialement réservé aux tribunaux de commerce. Lors de la discussion, M. Parent avait demandé si l'on entendait déroger au principe que le juge de l'action est juge de l'exception, et si les tribunaux de commerce ne pourraient pas juger des questions qui n'étaient pas de leur compétence. Il fut répondu par M. Renouard, rapporteur, et par M. Dupin, que « d'après l'art. 635 de l'ancien Code, le jugement des oppositions se partageait entre les tribunaux civils et les tribunaux de commerce; que le but de le nouvelle rédaction était de changer cet état de chose et de faire juger par le tribunal de commerce toutes les oppositions et de ne renvoyer aux tribunaux civils que les questions incidentes. »

1560. — Aussi aujourd'hui l'art. 512, C. comm., porte : « Si le jugement de l'opposition est subordonné à la solution de questions étrangères, à raison de la matière, à la compétence du tribunal de commerce, ce tribunal surseoit à prononcer jusqu'après la décision de ces questions. » — Ainsi les tribunaux de commerce demeurent juges des oppositions au concordat; mais si, incidemment à une opposition au concordat, se joint une question d'état, les tribunaux civils, en statuant sur la question d'état, ne jugeront que la question de leur compétence, et le tribunal de commerce prononcera sur tout ce qui peut être relatif à l'opposition au concordat. — *Moniteur* du 20 fév. 1835.

1561. — Pour ne pas laisser la faillite en suspens et ne pas priver indéfiniment le failli du bénéfice du concordat, le tribunal de commerce, d'après l'art. 512, fixe un bref délai dans lequel le créancier opposant doit saisir les juges compétens et justifier de ses diligences. — Ces deux points accomplis, le créancier opposant a fait tout ce qui dépendait de lui, et les juges compétens une fois saisis, le législateur a dû compter que l'incident recevrait une solution aussi prompte que possible. Mais si l'opposant laisse écouler le délai fixé sans faire la double justification que l'art. 512 lui impose, il doit être, sur la poursuite de la partie intéressée, déclaré déchu de son opposition par le tribunal de commerce.

1562. — Les tribunaux de commerce sont compétens pour connaître de l'opposition à un concordat, lorsque l'opposant est créancier à titre commercial et que l'opposition n'est fondée sur aucune cause civile. — Il en est de même dans le cas où les moyens de l'opposant se réfèrent à des actes constitutifs de la banqueroute simple ou frauduleuse et où, par suite, l'opposition tend à faire considérer le failli comme inhabile à concorder. — *Aix*, 7 mai 1825, Olive c. S... — Au contraire, ce n'est pas le tribunal de commerce, mais le tribunal civil qui est seul compétent pour statuer sur l'opposition au concordat fondée sur des moyens de fraude ou sur une incapacité de contracter. — L'opposant ne doit pas nécessairement développer, dans l'opposition, les moyens sur lesquels elle est fondée, sous peine de n'en pouvoir ensuite faire valoir un qu'il n'aurait qu'indiqué. — *Rennes*, 4 oct. 1811, T... c. N...

1563. — L'appel n'est pas recevable contre le jugement qui fixe le sursis. — L. 28 mai 1838, art. 583.

1564. — Quand des créanciers opposans à un concordat ont été déclarés déchus de leur opposition, et condamnés aux frais de l'instance en homologation, un jugement postérieur peut, sans contrevenir à la chose jugée, décider que la condamnation n'a pour objet que les dépens auxquels la résistance des créanciers opposans a donné lieu. — *Cass.*, 10 juill. 1819, Bourcard c. Wendel. — Il est en effet de toute justice qu'une condamnation aux dépens ne comprenne que ceux faits légalement et nécessités par la résistance de la partie qui succombe.

ART. 3. — *Homologation du concordat.*

1565. — L'homologation du concordat est poursuivie à la requête de la partie la plus diligente. — C. comm., art. 513.

1566. — L'homologation intéresse trois sortes de personnes : le failli, les syndics et chacun des créanciers admis au concordat. En disant qu'elle peut être poursuivie à la requête de la partie la plus diligente, la loi nouvelle répond à toutes les nécessités. — Rapp. de M. Renouard. — Le failli peut donc, malgré le dessaisissement dont l'a frappé la faillite, poursuivre en son nom l'homologation du concordat. — Pardessus, no 1243.

1567. — Mais la loi n'a pas fait ici, comme pour le jugement de l'opposition, une nécessité de la mise en cause de l'opposant, des syndics et du failli.

1568. — Aussi l'homologation est demandée sur simple requête et sans assignation. — Telle est au moins la procédure suivie dans la pratique; mais la loi n'ayant rien prescrit à cet égard et n'ayant pas, par conséquent, interdit une autre voie, l'homologation pourrait être demandée par assignation donnée à la requête du failli ou d'un créancier aux syndics, ou à la requête des syndics au failli. — Lainné, p. 240.

1569. — Les formes sommaires généralement usitées pourraient offrir des inconvéniens et ne pas donner aux intéressés autres que celui qui poursuit l'homologation, une garantie suffisante. Mais à cette intervention de l'intérêt privé qui a pu d'ailleurs se manifester par la voie de l'opposition, la loi a substitué un autre examen sérieux et éclairé. En effet, l'art. 514 exige que *dans tous les cas*, avant qu'il soit statué sur l'homologation, le juge-commissaire fasse au tribunal de commerce un rapport sur les caractères de la faillite et sur l'admissibilité du concordat. — Ce rapport doit être écrit, et il doit être fait, dans le jugement qui admet ou rejette l'homologation, mention de sa lecture au tribunal de commerce.

1570. — Est nulle l'homologation d'un concordat qui n'a pas été précédée d'un rapport du juge-commissaire. — *Douai*, 23 déc. 1839 (t. 2 1840, p. 547), N...; — Bédarride, no 587.

1571. — Jugé toutefois que le jugement qui homologue un concordat n'est pas entaché de nullité par cela seul que le juge-commissaire n'a pas été préalablement entendu dans son rapport, alors d'ailleurs que ce juge a siégé parmi ceux qui ont rendu le jugement d'homologation, et que, dans ce cas, l'art. 515, C. comm., n'est pas applicable. — *Besançon*, 29 nov. 1843 (t. 1er 1844, p. 640), Berçot c. Huot.

1572. — Sous l'ordonnance de 1673, les tribunaux de commerce n'étaient pas compétens pour connaître des concordats ou transactions auxquels les faillites pouvaient donner lieu. — *Turin*, 6 pluv. an XII, Ronzo et Regis c. Spanna et Richetti; *Paris*, 13 prair. an X, N...

1573. — La connaissance leur en avait été cependant temporairement attribuée. — V. les déclarations du roi du 10 juin 1705, 10 juin 1715, 5 août 1732. — Mais depuis la déclaration du 13 sept. 1739, la connaissance des faillites et banqueroutes, ainsi que des différens nés à ce sujet, était rentrée dans la compétence des juges royaux ordinaires. — V. la note sous l'arrêt du 13 prair. an X.

1574. — La loi du 16-24 août 1790, tit. 12, art. 2, décida que les tribunaux de commerce connaîtraient de toutes les affaires de commerce de terre et de mer, mais on pensa généralement que les contrats d'union et d'atermoiement ne pouvaient recevoir cette qualification d'affaires de commerce.

1575. — L'art. 635 du Code de 1808 proclama en cette matière la compétence de la juridiction consulaire, et encore aujourd'hui, d'après l'art. 513 du Code actuel, la demande en homologation est portée devant le tribunal de commerce. — Le tribunal compétent est le tribunal de commerce saisi de la faillite, quand même tous les créanciers ne seraient pas ses justiciables, parce que c'est la qualité du failli qui détermine la compétence. — Pardessus, no 1243.

1576. — Il en doit être ainsi quelle que soit la qualité des parties intéressées au concordat.

1577. — Sous l'ancien Code, si, par un concordat passé avec ses créanciers et ceux de son mari tombé en faillite, une veuve oblige ses enfans mineurs, ce concordat doit être homologué par le tribunal de commerce comme concordat, en ce qui concerne la veuve, et par le tribunal civil comme transaction avec des mineurs. — *Rennes*, 29 mars 1817, N... — En rapportant cet arrêt, nous avons combattu la doctrine adoptée par la cour de Rennes. Il nous semble que les mineurs trouvent une garantie suffisante dans l'homologation du con-

cordat prononcée par le tribunal de commerce. Cette intervention de la justice doit être considérée comme établissant l'absence de toute fraude et de toute lésion. D'ailleurs, si l'on entre une fois dans la voie tracée par cet arrêt, il faut aller jusqu'au bout et faire éclairer la décision du tribunal par une consultation de trois jurisconsultes.

1378. — Le concordat passé à l'étranger par un négociant étranger avec la majorité de ses créanciers, et homologué par un tribunal étranger, ne peut en France être opposé à un créancier français qui ne veut pas y adhérer. — *Paris*, 23 fév. 1825, Pedemonte c. Mollet. — V. anal. *Bordeaux*, 5 fév. 1813, Boneke c. Mulk.

1379. — Suivant l'art. 524, C. comm. 1808, le concordat devait être homologué dans la huitaine du jugement sur les oppositions.

1380. — Sous l'empire de cet art. 524, il avait été décidé que l'homologation du concordat ne pouvait avoir lieu avant l'expiration du délai de huitaine accordé aux opposans pour faire signifier leur opposition, sans toutefois que l'inobservation de ce délai entraînât nullité dans le cas où il n'aurait pas été fait d'opposition dans la huitaine. — *Colmar*, 18 juill. 1826, Edighoffer c. Richert et Braggel.

1381. — D'après l'art 513 actuel, le tribunal ne peut statuer avant l'expiration du délai de huitaine, fixé par l'art. 512, C. comm. — On peut consulter l'analyse de la discussion qui a précédé le vote de cet article dans le *Traité des faill. et banq.* de M. Saint-Nexent, nos 437 et 438.

1382. — La violation de la prohibition que fait l'art. 513 de prononcer sur l'homologation avant le délai de huitaine, n'emporterait pas la nullité du jugement, car ce délai n'a été imparti que pour donner aux créanciers le temps de former les oppositions. Si donc ces oppositions ont été formées avant l'expiration de ces huit jours, elles seraient recevables et il devrait, si elles étaient fondées, y être fait droit, bien que l'homologation eût été antérieurement prononcée. Si aucune opposition n'est intervenue, le jugement d'homologation doit recevoir son effet. — Lainné, p. 238.

1383. — Le décès du failli postérieurement au traité souscrit entre lui et ses créanciers n'est point un obstacle à l'homologation du concordat. Cette homologation peut être requise par les héritiers même bénéficiaires du failli. — *Paris*, 23 fév. 1839 (t. 1er 1839, p. 262), Rignault et Hain c. Breuillaud et comp.

1384. — L'héritier bénéficiaire qui obtient l'homologation du concordat ne doit pas être condamné à fournir caution jusqu'à concurrence des dividendes promis. — Même arrêt.

1385. — Sous le Code de 1808, l'opposition et la demande en homologation étaient jugées par deux jugemens séparés. L'art. 513, § 2, a pour but d'éviter des lenteurs et des frais, en ordonnant que si, pendant le délai de huitaine fixé par l'art. 512, il a été formé des oppositions, le tribunal statue sur ces oppositions et sur l'homologation par un seul et même jugement. — Saint-Nexent, no 438.

1386. — On a jugé que le tribunal de commerce peut par un même jugement homologuer le concordat et fixer définitivement l'ouverture de la faillite, lorsque cette fixation n'a pas été faite par le jugement déclaratif de la faillite. — *Paris*, 10 juin 1833, Goudechaud c. Porteneuve.

1387. — Mais la cour de Cassation a décidé au contraire que le tribunal de commerce ne peut par un même jugement homologuer le concordat et fixer définitivement l'époque de l'ouverture de la faillite. — *Cass.*, 13 nov. 1837 (t. 2 1837, p. 594), Goudechaud c. Porteneuve. — Et cette décision paraît aujourd'hui pouvoir s'accorder parfaitement avec l'art. 507 de la loi nouvelle, qui n'admet de concordat régulier qu'après l'accomplissement des formalités légales.

1388. — Si l'opposition est admise, l'annulation du concordat est prononcée à l'égard de tous les intéressés. — C. comm., art. 513.

1389. — C'est là une addition de la loi nouvelle. Elle a pour but d'empêcher que l'on puisse désormais juger comme on l'a fait sous le Code, que le concordat valable à l'égard de certains créanciers est nul à l'égard des autres.

1390. — En donnant son consentement à l'homologation du concordat, le tribunal n'a pas le droit de modifier le concordat. En effet, le concordat est un contrat entre le failli et ses créanciers. Le tribunal peut refuser d'y donner sa sanction, mais il ne peut ni en changer la substance ni en modifier les clauses.

1391. — Le concordat souscrit par les créanciers d'un failli ne peut être modifié que du consentement de tous les signataires. Les créanciers qui n'ont point adhéré à la délibération modificative du concordat ont droit d'exiger l'exécution du concordat. — *Paris*, 13 thermid. an XI, B renger c. M...

1392. — Jugé aussi que le tribunal appelé à homologuer un concordat n'a pas le droit de s'immiscer dans les conventions des parties à l'effet de les modifier en n'accordant l'homologation qu'à la charge de certaines conditions imposées d'office. — *Nancy*, 6 juin 1846 (t. 1er 1847, p. 98), Honillon c. Nicolas.

1393. — ... Et que spécialement le tribunal ne peut pas ordonner l'homologation du concordat à cette condition qu'au mode de vente publique adopté par les parties pour la vente des immeubles du failli il sera substitué le mode observé pour la vente des biens des mineurs. — Même arrêt.

1394. — Aux termes de l'art. 526 du Code de comm. de 1808, le tribunal ne pouvait refuser l'homologation du concordat que pour cause d'inconduite ou de fraude, et dans ce cas le failli était renvoyé de droit, comme prévenu de banqueroute, devant le procureur du roi, qui était tenu de poursuivre d'office.

1395. — S'il accordait l'homologation, le tribunal devait déclarer le failli excusable et susceptible d'être réhabilité. — C. comm. de 1808, art. 526.

1396. — Le nouvel art. 515, en laissant au tribunal un pouvoir beaucoup plus étendu, offre une nouvelle garantie aux créanciers. Le législateur a pensé que le tribunal, en présence de la disposition ancienne, se croyait souvent dans la nécessité d'homologuer le concordat, pour éviter de mettre le failli en prévention de banqueroute; aussi, d'après l'art. 515, en cas d'inobservation des règles prescrites, ou lorsque des motifs tirés, soit de l'intérêt public, soit de l'intérêt des créanciers, paraissent de nature à empêcher le concordat, le tribunal en refuse l'homologation.

1397. — Ainsi, le refus d'homologation est forcé, quand le failli a été condamné pour banqueroute frauduleuse, par exemple si la plainte d'un créancier a été portée depuis le concordat. — V. dans le même sens édit de Henri IV du mois de mai 1609; — Nouveau Denisart, vo *Atermoiement*, no 520; Gauthier, *Etudes de jurisp. comm.*, no 1549.

1398. — Le concordat intervenu entre le failli et ses créanciers n'est plus obligatoire pour ceux-ci, si le failli est condamné, même par contumace, comme banqueroutier frauduleux. — *Montpellier*, 5 août 1836 (t. 2 1837, p. 459), Coste c. Vacquier.

1399. — Sous le Code de 1808, on doutait que le tribunal pût, pour violation des formes légales, refuser l'homologation du concordat. La raison qu'on en donnait était tirée de ce que les créanciers pouvaient renoncer aux formes introduites dans leur intérêt, et on induisait leur renonciation de leur défaut d'opposition au concordat; on ajoutait que le refus d'homologation constituait de droit la prévention de banqueroute; or, une pareille présomption, conséquence nécessaire du refus d'homologation, ne pouvait pas résulter de l'inobservation d'une formalité. — Aujourd'hui l'art. 515 est formel, et le refus d'homologation peut être uniquement fondé sur l'inobservation des formalités légales. — Mais, suivant M. Pardessus, no 1244, ce tribunal pourrait en ce cas ordonner une nouvelle convocation de créanciers.

1400. — S'il ne s'élevait aucune présomption de fraude ou d'inconduite contre le failli, le tribunal de commerce devait homologuer un pareil concordat, et déclarer ce failli excusable et susceptible d'être réhabilité, quoique ces formalités n'eussent pas été préalablement accomplies. — *Douai*, 22 juin 1820, Desfarges c. Anceaume.

1401. — Décidé que les juges ne pouvaient, hors les cas de fraude et d'inconduite, annuler d'office dans sa généralité un concordat qui n'était contesté que par quelques créanciers; en d'autres termes, que la nullité établie par l'art. 519, C. comm., qui défendait le concordat avant l'accomplissement des formalités prescrites, était purement relative, en sorte qu'elle ne pouvait être prononcée qu'en faveur de ces créanciers réclamans. — *Cass.*, 25 fév. 1817, Garnery c. Clo et Cordonnier; — Boulay-Paty, *Faillites et banqueroutes*, t. 1er, no 252; Bioche et Goujet, *Dict. de procéd.*; vo *Faillite*, no 263.

1402. — Jugé d'autre part qu'un concordat pouvait, hors les cas littéralement déterminés par les art. 519 et 526, C. comm., être annulé d'office par le juge, même à l'égard des créanciers non opposans. — *Paris*, 18 fév. 1817, Vignon c. René Jacquemart.

1403. — En matière d'homologation de concordat, les tribunaux de commerce ont uniquement pour mission de vérifier si les formalités prescrites par la loi ont été remplies, et de rechercher, dans un but d'intérêt public, s'il existe des faits de fraude ou d'inconduite imputables au failli, de nature à le priver du bénéfice du concordat. — *Paris*, 23 fév. 1839 (t. 1er 1839, p. 282), Rignault et Hain c. Breuillaud.

1404. — La validité du concordat qui intervient entre un failli et ses créanciers est subordonnée à cette condition que l'époque de l'ouverture de la faillite aura été préalablement fixée. — *Cass.*, 3 (et non 2) janv. 1833, Goudechaux c. Porteneuve; 13 nov. 1837 (t. 2 1837, p. 594), mêmes parties.

1405. — Un concordat dans lequel ont figuré des créanciers hypothécaires, sans renoncer expressément à leurs hypothèques, à raison des sommes pour lesquelles ils demandent à être admis au passif de la faillite, est frappé d'une nullité radicale et absolue. — Cette renonciation ne peut pas même s'induire de la circonstance que les créanciers n'auraient été admis que pour la partie de leurs créances excédant la valeur des immeubles affectés à leur garantie. — La nullité de forme une fois reconnue et constatée, les tribunaux n'ont plus à rechercher s'il y a lieu ou non, au fond, d'homologuer le concordat. — *Paris*, 6 mai 1837 (t. 1er 1837, p. 482), Michaux c. D...

1406. — Le tribunal de commerce ne peut refuser d'office l'homologation du concordat, lorsqu'aucun créancier ne se plaint, que le juge-commissaire atteste que toutes les formalités ont été remplies et qu'il ne s'élève contre le failli aucune présomption de banqueroute ni d'inconduite. — *Rennes*, 8 mai 1817, Rosi c. N....

1407. — Sous le Code de 1808, les créanciers ne pouvaient valablement faire et le tribunal de commerce ne pouvait homologuer un concordat passé avec le failli quand il y avait prévention de banqueroute. — *Paris*, 31 août 1811, Ragoulleau c. Mondot-Lagorce.

1408. — La condamnation du failli comme banqueroutier simple, pour irrégularité dans la tenue de ses livres, aurait constitué la preuve d'un fait d'inconduite suffisant pour faire refuser l'homologation du concordat. — *Cass.*, 31 janv. 1837 (t. 1er 1837, p. 331), Lignean-Grandcour c. Chavanne.

1409. — Le concordat passé entre un failli et ses créanciers était nul lorsque le failli avait été condamné ultérieurement comme banqueroutier simple. Le tribunal pouvait donc d'office refuser l'homologation demandée par les créanciers signataires du concordat. — *Caen*, 19 janv. 1824, C... c. B....

1410. — Le concordat, même postérieur à la condamnation du failli pour banqueroute simple, ne pouvait être homologué. — *Caen*, 19 janv. 1824, C... c. B.... — V. conf. Pardessus, *Cours de droit commercial*, no 1252.

1411. — Le refus d'homologation n'entraîne plus aujourd'hui la présomption de banqueroute. D'ailleurs la présomption de banqueroute ni même la déclaration de banqueroute simple ne sont point un empêchement à l'homologation du concordat.

1412. — « Que la faveur du concordat ne puisse jamais être accordée au banqueroutier frauduleux, disait M. Quénault dans son rapport, l'ordre public l'exige, l'intérêt des créanciers ne saurait le souffrir; mais la même indignité doit-elle toujours résulter des actes d'imprudence qui peuvent constituer la banqueroute simple ? Ne vaut-il pas mieux laisser aux créanciers et au tribunal de commerce à apprécier si la conduite du failli l'a rendu indigne de toute confiance? — C'est ce que la commission a pensé. »

1413. — Lorsque deux associés en nom collectif ont obtenu, non seulement un concordat pour la société, mais encore un concordat personnel à chacun d'eux, la cour royale peut refuser l'homologation de ces deux concordats, sans distinguer entre les associés, quand elle se fonde sur des faits communs à l'un et à l'autre. — *Cass.*, 2 août 1832, Deleutre et Mantel. — Il s'agissait dans l'espèce de faits d'inconduite et de présomptions de banqueroute qui pesaient sur les deux associés. Bien qu'aujourd'hui la simple prévention de banqueroute ne puisse plus seule motiver le refus d'homologation, des faits communs aux deux associés, et qui paraîtraient au tribunal être de nature à constituer des motifs tirés de l'intérêt général ou de l'intérêt privé des créanciers, pourraient encore autoriser le tribunal à refuser de la même manière l'homologation des concordats des deux affaires.

1414. — Le tribunal de commerce est souverain appréciateur des circonstances qui peuvent constituer des motifs se rattachant soit à l'intérêt public soit à l'intérêt privé des créanciers, et assez graves pour empêcher l'homologation du concordat. Ces motifs peuvent être tirés de transactions illicites, de collusions coupables, ou même de conditions qui, stipulées dans le concordat, paraissent contraires au double intérêt confié au tribunal. — L'intérêt privé peut être celui du failli ou celui des créan-

ciers dont la minorité peut n'avoir point formulé son opposition. — Lainné, p. 242; Saint-Nexent, no 439.

1415. — Les circonstances constitutives de la banqueroute simple ne peuvent pas, à ce titre, autoriser le refus d'homologation; mais le tribunal peut les envisager comme constituant des motifs d'intérêt public ou privé. — Bédarride, no 584.

1416. — C'est à ce pouvoir d'appréciation des motifs d'intérêt public ou privé laissé aux tribunaux qu'il faut rapporter et subordonner aujourd'hui les décisions suivantes, qui offrent l'application de l'art. 526 du Code de 1808.

1417. — Si les tribunaux de commerce ont le pouvoir de refuser l'homologation d'un concordat arrêté de l'avis même unanime des créanciers, ce n'est que pour des causes manifestes d'inconduite ou de fraude que les créanciers auraient ignorées, ou qu'ils auraient dissimulées par une connivence répréhensible. — *Rennes*, 7 janv. 1811, Keristiou; — Bioche et Goujet, vo *Faillite*, no 300.

1418. — Les tribunaux ne peuvent considérer comme des indices de fraude et d'inconduite suffisans pour faire refuser l'homologation du concordat la différence entre l'actif et le passif, si elle est moindre de 5 0/0, l'émission de traites tirées à découvert, la facilité démesurée à livrer des signatures de circulation, ou la négligence à faire assurer ses navires. — Même arrêt.

1419. — Le défaut de livres du failli ou leur irrégularité ne fait pas obstacle à l'homologation du concordat, lorsqu'il est consenti par la majorité en nombre, et plus des trois quarts en somme des créanciers, et que le failli a été absous de tout fait de dol. — *Colmar*, 17 mars, 1813, Goll c. Stupfel; — Boulay-Paty, t. 1er, no 269.

1420. — Le concordat passé avec le failli et les trois quarts en sommes de ses créanciers peut être déclaré exécutoire contre les créanciers récalcitrans, bien que; sur la poursuite de l'un d'eux, le failli ait été condamné ultérieurement pour banqueroute simple résultant non de fraude et d'inconduite, mais seulement de la tenue irrégulière de ses livres. — *Paris*, 9 janv. 1819, Devaux c. Perrot. — Locré, *Esp. du Code comm.*, t. 2, p. 331, et Bioche et Goujet, *Dict. de procéd.*, vo *Faillite*, no 259.

1421. — Jugé qu'on ne peut reproduire au civil, contre un failli, des moyens de dol et de fraude, déclarés, sur une instruction criminelle, non susceptibles de servir de fondement à une accusation, même de banqueroute simple. — *Nîmes*, 18 mai 1813, Rouesch c. Valescure.

1422. — Au contraire, un arrêt de non-lieu rendu par la chambre d'accusation sur une plainte en banqueroute ne constitue pas l'autorité de la chose jugée, lorsqu'il s'agit au civil de statuer sur la demande en homologation du concordat. — En conséquence, les faits de fraude et d'inconduite peuvent être reproduits contre la demande en homologation du concordat, nonobstant l'arrêt de non-lieu. — *Paris*, 22 mars 1838 (t. 1er 1838, p. 475), Ardant c. Genion. — En effet, l'appréciation des faits d'inconduite et de fraude dans une procédure criminelle étant faite en vue de la punition d'un délit ou même d'un crime, il peut arriver que ces faits ne soient pas suffisamment caractérisés pour amener une condamnation, tandis qu'au contraire, dans une instance civile, ils seraient de nature à faire repousser une demande en homologation de concordat. — Voir en ce sens la note placée sous l'arrêt de la cour de Nîmes, du 18 mai 1813, cité au no qui précède.

1423. — L'arrêt qui, en écartant les faits d'inconduite et de fraude produits contre une demande en homologation d'un premier concordat, a néanmoins annulé ce concordat par un autre motif, ne constitue pas l'autorité de la chose jugée à l'égard des faits d'inconduite et de fraude reproduits sur la demande en homologation d'un second concordat. — *Paris*, 22 mars 1838 (t. 1er 1838, p. 475), Ardant c. Genthon.

1424. — Le tribunal de commerce, qui a remarqué dans les actes d'un failli des indices d'inconduite et de fraude, peut refuser l'homologation du concordat, sans qu'on puisse lui reprocher d'avoir violé la chose jugée par la décision qui a renvoyé le failli d'une plainte en banqueroute frauduleuse. — *Paris*, 21 mai 1831, G..... c. N.....

1425. — Une circulaire du ministre de la justice, du 18 octobre 1819, portait : « Le ministère public doit veiller à ce que les concordats ne soient pas homologués avant le paiement des amendes pour les livres non timbrés du failli. L'homologation est un jugement, et ce jugement intervient sur des livres de commerce, puisque ces livres ont servi de base au concordat, et qu'ils doivent y être rappelés. — L. 13 brum. an VII, art. 24, et du 28 avril 1816, art. 74. » (Gillet, *Analyse des circ. et instr. du minist. de la just.*, p. 184.) — La loi du 20 juill. 1837, ayant, à compter du 1er janv. 1848, substitué à l'impôt du timbre qui frappait chacun des feuillets des livres de commerce une perception additionnelle de 3 cent. au principal de l'impôt de la patente, la recommandation faite par cette circulaire est aujourd'hui sans objet.

1426. — Le jugement qui statue sur l'homologation est susceptible d'appel. — L. 28 mai 1838, art. 582 et 585. — Mais les créanciers qui n'ont formé aucune opposition au concordat en temps utile ne peuvent appeler du jugement d'homologation; ils y ont acquiescé en ne recourant pas à la voie qui leur était ouverte pour faire réformer le concordat. — Bédarride, no 585; Pardessus, no 1345.

1427. — Jugé avant la loi actuelle que lorsque, sur l'appel interjeté par des créanciers, du jugement qui homologue son concordat, le failli formait une demande en cession de biens, il était présumé se désister du bénéfice du jugement d'homologation. — *Paris*, 22 janv. 1808, Borridon c. Bully.

1428. — Suivant M. Pardessus (no 1245), les créanciers, lorsque l'homologation a été demandée par le failli, doivent se pourvoir par tierce-opposition contre le jugement d'homologation auquel ils n'ont pas été parties.

1429. — Mais, selon M. Bédarride (no 586), les créanciers ne forment, en définitive, qu'une demande en nullité qui ne peut appeler le juge de commerce à apprécier de nouveau la décision sur laquelle il a déjà statué et par l'effet de laquelle il a été dessaisi; et cet auteur en conclut que c'est par appel que le jugement d'homologation doit être attaqué. C'est aussi l'opinion émise par M. Pardessus (no 1345), pour le cas où les créanciers ont été représentés au jugement par les syndics.

1430. — Selon M. Bédarride (no 588), l'annulation du jugement d'homologation, comme irrégulièrement rendu, n'autorise pas la cour royale saisie de l'appel à annuler le concordat. Elle doit renvoyer au tribunal de commerce pour juger de nouveau sur la requête de la partie la plus diligente. Le tribunal n'est pas lié par sa décision précédente, et mieux éclairé, il peut refuser l'homologation qu'il avait d'abord accordée.

ART. 4. — *Effets du concordat.*

§ 1er. — *Effets généraux du concordat.*

1431. — Sous l'ordonnance de 1673, le concordat était presque complétement contractuel et ses effets étaient en général déterminés comme ceux des obligations conventionnelles.

1432. — Aussi, sous la même ordonnance de 1673, le concordat n'était pas obligatoire pour les créanciers qui n'y avaient pas été appelés. — *Cass.*, 15 mai 1832, Enfantin c. Abbéma et Devaux.

1433. — ... Le concordat que le failli qui n'avait pas tenu de registres, ou qui ne les avait pas déposés conformément à la loi, passait avec les trois quarts des créanciers en sommes, n'était pas obligatoire pour ceux des créanciers qui refusaient d'y adhérer. — *Paris*, 28 messid. an XII, Flahaut c. M...; *Nîmes*, 5 frim. an IX, Gouin c. Milhau.

1434. — Jugé cependant qu'il n'était pas indispensable, pour que le concordat arrêté par les deux tiers des créanciers liât la minorité, que cette minorité eût été appelée à la délibération. — *Turin*, 25 vent. an XII, Bronzet et compagnie c. Tranquillio, Lates et Foa.

1435. — ... Et que le failli avait le droit de contraindre les créanciers non signataires à exécuter le concordat qu'il avait passé avec les autres créanciers formant les trois quarts en somme, quoique les premiers déclarassent ne pas vouloir contrarier l'exécution de ce contrat, et se réservassent seulement le droit d'agir contre leur débiteur dans le cas d'une meilleure fortune. — *Cass.*, 29 thermid. an X, Maynony

1436. — Aux termes de l'art. 524, Code de 1808, l'homologation rendait le concordat obligatoire pour tous les créanciers.

1437. — Il s'était cependant élevé des doutes relativement à l'application des termes généraux de cet article, et la jurisprudence avait constaté certaines divergences.

1438. — Ainsi, on jugeait, sous le Code de 1808, que le concordat passé entre le failli et les créanciers qui figuraient dans son bilan n'était pas obligatoire pour ceux qui n'y étaient point portés, et que ces derniers avaient le droit, nonobstant l'existence du concordat, de poursuivre contre le failli la condamnation au paiement de l'intégralité de leurs créances. — *Cass.*, 17 janv. 1826, Piquet c. Martin.

1439. — ... Que le concordat n'était pas obligatoire pour le créancier qui n'avait point été porté au bilan du failli, dont la créance n'avait été ni vérifiée ni affirmée, et qui, par suite, n'avait pas figuré à l'assemblée où ce traité avait été délibéré. — *Poitiers*, 14 janv. 1831, Papilleau c. Botton.

1440. — La force obligatoire du concordat était au contraire reconnue à l'égard des créanciers qui avaient connu la faillite et ses suites, et lors même qu'ils auraient refusé d'adhérer au concordat et de la signer. Tel était l'esprit des décisions qui vont suivre.

1441. — Un concordat était obligatoire, même pour les créanciers non signataires, si le jugement d'homologation portait qu'il les obligerait comme les autres. — *Rennes*, 24 fév. 1818, Coeslier c. Binard; *Bruxelles*, 13 fév. 1811, Vangermeesch c. Planchon; *Cass.*, 17 juin 1812, Lagorce c. Rayoulleau; — Boulay-Paty, no 278; Pardessus, no 1250; Bioche et Goujet, *Dict. de procéd.*, vo *Faillite*, no 302.

1442. — On ne pouvait opposer au créancier dont la créance était contestée au moment de la faillite le concordat intervenu, en lui concédant toutefois le droit d'examiner, de critiquer l'acte, et d'y former opposition, s'il y avait lieu. — *Paris*, 2 déc. 1831, Morin c. Cabany.

1443. — La disposition de l'art. 524, C. comm., portant que le concordat dûment homologué est obligatoire pour tous les créanciers, était tellement absolue, qu'elle s'appliquait même aux créanciers qui ne l'avaient pas signé, quoique appelés à y prendre part. — *Cass.*, 16 juin 1828, Guyot c. Saillant.

1444. — Le concordat obtenu par un failli était obligatoire pour le créancier qui n'avait pas été appelé à la faillite, si sa créance avait été omise de bonne foi dans le bilan, et s'il avait eu connaissance de la faillite et de ses suites. — *Cass.* (et non *Orléans*), 18 nov. 1829, Hache-Bourgois c. Gerdret. — Jugé de même, pour le cas où l'omission de la créance avait été faite à dessein, pourvu que la faillite eût été rendue publique dans les formes légales. — *Paris*, 23 déc. 1843 (t. 1er 1844, p. 239), Trésor public c. Séguin.

1445. — Le concordat, légalement formé et homologué, oblige indistinctement tous les créanciers, même ceux qui ont refusé de le signer, lesquels ne peuvent exercer, hors du concordat, aucune action contre le failli, à moins que ce dernier, par une obligation contractée de bonne foi, et sans aucun préjudice pour les autres créanciers, ne leur ait donné un droit particulier, et par là une action spéciale à exercer uniquement contre lui. — *Cass.*, 20 juin 1838 (t. 2 1838, p. 330), Jannesson c. Mennet.

1446. — La rédaction de l'art. 516, L. 28 mai 1838, rend désormais toute controverse impossible. D'après cet article, l'homologation du concordat le rend obligatoire pour tous les créanciers portés ou non portés au bilan, vérifiés ou non vérifiés, et même pour les créanciers domiciliés hors du territoire continental de la France, ainsi que pour ceux qui, en vertu des art. 499 et 500, auraient été admis par provision à délibérer, quelle que soit la somme que le jugement définitif leur attribue ultérieurement.

1447. — Ainsi, le concordat est obligatoire pour celui dont la créance contestée n'a été admise que provisoirement. L'admission définitive prononcée à son profit, lors même qu'elle le reconnaîtrait créancier pour une somme plus forte que celle provisoirement admise, ne modifierait en rien la force du concordat, et donnerait seulement à ce créancier le droit de réclamer un dividende proportionnel à la somme dont il sera définitivement déclaré créancier.

1448. — Le concordat est obligatoire, même pour les créanciers inconnus qui ne se sont pas présentés à la faillite; ils peuvent donc profiter des stipulations favorables aux créanciers et exiger le paiement des dividendes. Aucune fin de non-recevoir ne pourrait être tirée contre eux de ce qu'ils n'ont pas soumis leurs créances aux opérations et au contrôle de la vérification; car le failli remis à la tête de ses affaires et redevenu maître de ses actions, a capacité pour apprécier et par suite pour admettre ou rejeter la demande de paiement de ces créanciers. S'il reconnaît la dette, il doit la payer dans les termes du concordat, s'il la conteste, les tribunaux prononceront entre lui et celui qui se prétend créancier.

1449. — Ainsi, on devrait encore aujourd'hui juger que le créancier qui, régulièrement averti, n'a pas comparu aux assemblées, qui n'a ni présenté ni affirmé sa créance, ne peut, en prétextant son ignorance du concordat, faire incarcérer son débiteur. — *Bruxelles*, 13 fév. 1811, Muller c. Despiennes; — Pigeau, t. 2. p. 281 et 458; Pardessus, t. 5, p. 288.

1450. — Sous l'ordonnance de 1673, les résolutions prises dans l'assemblée des créanciers d'un failli, et notamment celle qui faisait main-levée de toutes saisies et oppositions, avec défense aux créanciers de les renouveler, n'étaient pas obligatoires pour les créanciers hypothécaires. — *Cass.*, 7 déc., 1792, Broustaet c. Robinot, Lalande et Jouanjon.

1451. — ... Et le débiteur affranchi de la contrainte par corps par le consentement des trois quarts en sommes des créanciers chirographaires seuls, ne pouvait opposer cet arrangement aux créanciers hypothécaires porteurs de titres entraînant la contrainte par corps. — *Cass.*, 26 janv. 1808, Desgoffes c. Déal.

1452. — Sous le Code de 1808, il s'était élevé quelques doutes sur les effets que le concordat devait produire à l'égard des créanciers privilégiés ou hypothécaires, que l'art. 520 n'admettait pas, comme on sait, aux délibérations relatives au concordat.

1453. — Ainsi on a jugé que le concordat obtenu par le failli n'était pas obligatoire pour le créancier hypothécaire qui n'avait pas été appelé à l'assemblée où il a été délibéré. — *Cass.*, 24 août 1836, L.. c. Ravin; *Paris*, 18 mars 1833, Lavollée c. Turpin; 26 fév. 1833, Lainné c. Gauthier de la Richerie.

1454. — ... Que dès-lors le créancier hypothécaire pouvait, nonobstant ce concordat, exercer ses droits sur les immeubles de son débiteur. — *Paris*, mars 1833, Lavollée c. Turpin.

1455. — Mais il avait été aussi jugé que le concordat passé entre le failli et ses créanciers chirographaires liait les créanciers hypothécaires eux-mêmes, quant à l'exercice de leurs droits sur les meubles du failli. — *Cass.*, 26 avril 1814, Amyot c. Gilles; *Nîmes*, 18 mai 1818, Rouech c. Valescure.

1456. — De même le créancier hypothécaire était lié par le concordat qui avait acquis l'autorité de la chose jugée, et dès-lors il ne pouvait, à l'occasion d'un stellionat qu'il prétendrait avoir été commis à son égard, exercer la contrainte par corps dont le failli avait été affranchi par le concordat. — *Besançon*, 25 août 1812, N... c. Arcelin.

1457. — Le concordat arrêté et homologué sous l'empire du Code de commerce de 1808 était obligatoire pour les créanciers hypothécaires ou privilégiés, aussi bien que pour les simples chirographaires. — *Colmar*, 11 déc. 1841 (t. 1er 1842, p. 541), Witz-Koenig c. Bastard.

1458. — Le créancier hypothécaire qui, à raison de sa qualité, n'avait point figuré dans le concordat, était néanmoins lié par les stipulations qui y étaient contenues. — *Nancy*, 14 déc. 1829, Olry c. A...

1459. — Aujourd'hui, sous la loi nouvelle, il est incontestable que le créancier hypothécaire ou privilégié qui n'a pas par sa participation au concordat renoncé à son droit de préférence, doit être payé intégralement sur l'objet qui frappe son privilége ou son gage; mais que pour le surplus de sa créance qui n'est pas utilement colloqué, il doit être considéré comme chirographaire et à ce titre subir la remise stipulée au concordat. — C. comm., art. 559. — Bédarride, no 596; Pardessus, no 1248. — S'il s'est volontairement présenté au concordat sans faire réserve de son privilége, il a fait novation de sa créance, et il est non-recevable à se prétendre privilégié. — *Cass.*, 19 juill. 1841 (t. 2 1841, p. 659), Vézian.

1460. — Jugé que le créancier nanti d'un gage ne peut même, quoiqu'il y ait eu concordat, se présenter pour toucher des dividendes avant d'avoir fait vendre ce gage. — *Paris*, 16 déc. 1836, Nicoud c. Michelet.

1461. — Le concordat intervenu entre un failli et ses créanciers chirographaires ne met pas obstacle à ce qu'un créancier hypothécaire puisse postérieurement poursuivre le failli comme stellionataire et le faire condamner *par corps* au paiement intégral de la créance. La règle est la même, encore bien que ce créancier hypothécaire, qui est en même temps créancier chirographaire, aurait, en cette dernière qualité, figuré au concordat, alors que, par ce concordat, il a formellement réservé les droits résultant de sa qualité de créancier hypothécaire..., et alors surtout que le préjudice résultant du stellionat ne s'est fait sentir et même connaître qu'à l'ordre ouvert sur les biens du débiteur, postérieurement au concordat. — *Cass.*, 28 janv. 1840 (t. 1er 1840, p. 316), Dubry c. Letoublon; — Lainné, *Comment. de la loi du 8 juin 1838*, p. 418.

1462. — Si le créancier qui est tout à la fois hypothécaire et chirographaire n'a signé le concordat qu'en cette dernière qualité, il conserve, même après l'homologation du concordat, le droit de poursuivre le failli comme stellionataire. — *Rouen*, 9 déc. 1840 (t. 2 1841, p. 683), Vittecoq c. Decamps et Faucon.

1463. — Le concordat intervenu entre un failli et ses créanciers ne fait pas obstacle à ce qu'un créancier hypothécaire (pour lequel il n'est point obligatoire) poursuive le failli comme stellionataire et le fasse condamner, *même par corps*, au paiement intégral de sa créance. — *Paris*, 13 nov. 1843 (t. 1er 1844, p. 53), Lebreton c. Dubois; 26 fév. 1833, Lainné c. Gauthier de Labicherie; *Bordeaux*, 9 déc. 1834, R... c. Guestier.

1464. — Lorsque les créanciers hypothécaires intervenant au concordat ont consenti la réduction de leurs capitaux, mais avec stipulation des intérêts à 5 % au profit du créancier hypothécaire qui ne serait pas payé sur le prix convenu, on ne peut appliquer à ces intérêts la réduction dont sont passibles les créances formant le passif de la faillite. — *Bruxelles*, 24 mars 1821, Steenkist c. Neefs.

1465. — En matière de faillite, les délibérations prises par la majorité des créanciers ne sont pas, hors des cas prévus par la loi, obligatoires pour la minorité. — *Aix*, 15 juill. 1822, Jaudou c. Segond.

1466. — Le traité fait entre la plupart des créanciers d'un débiteur et celui-ci ne peut être opposé à un autre créancier qui n'y est pas partie, et avec lequel il n'a pas été homologué, quoique ce créancier ait acheté des immeubles du débiteur, vendus suivant les formes prescrites par ce traité, et en exécution de cet acte. — *Riom*, 19 déc. 1814, Champaresse c. Cohendi.

1467. — Avant le Code de comm., le failli était capable de contracter s'il avait été laissé à la tête de ses affaires, en vertu d'un concordat consenti par ses créanciers, encore que ce concordat n'eût pas été homologué. — *Douai*, 19 juin 1809, Reçu c. Coulon.

1468. — De même le commerçant qui, après avoir déposé son bilan, avait souscrit un concordat avec ses créanciers, cessait d'être en état de faillite. — *Cass.*, 11 flor. an XI, Garilh-Barbot c. Locher.

1469. — Aujourd'hui, comme cela avait lieu sous le Code de 1808, le concordat a pour effet de remettre le failli à la tête de ses affaires et de lui restituer la plénitude de l'exercice de ses droits et actions. L'administration et la disposition de ses biens lui est rendue. — Pardessus, no 1246.

1470. — Ainsi, le failli rentré dans l'exercice de ses droits, par suite du concordat obtenu de ses créanciers, peut aliéner son mobilier au profit de ses enfans, en paiement de leurs droits pupillaires. Ses créanciers ne peuvent obtenir une estimation nouvelle du mobilier cédé. — *Rennes*, 16 mai 1821, Boulay c. Paymal et Muller.

1471. — Un failli qui a passé un concordat avec ses créanciers recouvre qualité pour relever appel et faire d'autres poursuites judiciaires. — *Bourges*, 4 oct. 1811, T... c. N...

1472. — Le failli réintégré dans l'exercice de ses droits par un concordat dont il n'a pas rempli les conditions a pu néanmoins aliéner et hypothéquer ses immeubles. — *Paris*, 10 fév. 1813, Chémery c. Aviat et Paulin.

1473 — Le failli qui, au moyen d'un concordat, a fait abandon de tous ses biens, a néanmoins qualité pour réclamer les sommes qui lui sont dues, lorsque ses créanciers négligent d'en poursuivre la rentrée. — *Paris*, 5 avr. 1834, Crépin c. N...

1474 — De plus, à l'égard du failli, toutes ses dettes sont réduites de tout ce dont la remise lui a été accordée par le concordat.

1475. — Le failli qui, par son concordat, a obtenu une remise de ses créanciers, n'est tenu de payer que le dividende auquel donne lieu chacune de ses dettes, encore bien que divers créanciers pourraient les réclamer de lui, chacun pour le tout. Par exemple, le tireur d'une lettre de change qui obtient par concordat une remise des deux tiers, n'est tenu de payer que le tiers, sans que l'accepteur puisse avoir recours contre lui, par le motif qu'il est obligé, lui, de payer la totalité de la lettre. — *Paris*, 11 juin 1825, Basidrant c. Bonnet et Bazin. — V. les observations de M. Horson sur cet arrêt, *Quest. sur le Code de Comm.*, t. 2, quest. 179e et 180e; Pardessus, *Dr. comm.*, t. 4, p. 433

1476. — Le concordat libère pleinement le failli de toutes les dettes dont la remise lui est faite, et ses créanciers ne conservent plus aucun droit contre lui, dans le cas où il a été dit qu'*ils s'en rapportaient à lui pour le paiement des sommes remises, si ses affaires devenaient meilleures.* — *Poitiers*, 9 niv. an XI, Chevalier c. Kirch-Patrich; — Boulay-Paty, *Faillites et banqueroutes*, t. 1er, no 291; Pardessus, *Cours de dr. comm.*, no 1247.

1477. — Les offres que ferait ultérieurement le failli de payer les dettes ainsi remises ne produiraient d'obligation de sa part qu'autant qu'elles auraient été acceptées en termes formels, avant qu'il les eût rétractées. — Même arrêt.

1478. — Le failli, lorsqu'il vient à la succession d'un de ses créanciers, est-il dispensé de faire le rapport de la portion de dettes dont la remise lui a été consentie? — Jugé que le failli concordataire venant à la succession de l'auteur commun qui a consenti au concordat doit rapporter à cette succession seulement les dividendes promis et qu'il n'a pas acquittés, et non la totalité de la somme empruntée, lorsqu'il est constaté que le prêt a été fait plutôt dans l'intérêt du prêteur que dans celui de l'emprunteur. — *Cass.*, 22 août 1843 (t. 1er 1844, p. 16), Valeau. — V. RAPPORT A SUCCESSION.

1479. — Les engagemens pris par un débiteur en exécution d'un concordat ne peuvent être annulés comme dépourvus de cause, aux termes de l'art. 1131, C. civ., par le seul motif que ce concordat n'aurait pas été homologué. C'est moins, dans ce cas, le concordat qui est la cause des engagemens que l'obligation préexistante qu'il s'agissait de réduire et de régler. — *Bordeaux*, 19 mars 1841 (t. 2 1843, p. 192), Chantecaille c. Lazare.

1480. — La remise faite dans un concordat n'ayant pas le caractère d'une remise volontaire ne peut profiter à la caution du failli. — *Cass.*, 9 août 1842 (t. 2 1842, p. 520), Carbonnet c. Loyvet et Hersent; *Paris*, 8 juin 1831, Duchauffour c. Legros; — Pardessus, no 1247; Bioche et Goujet, *Dict. de procéd.*, vo *Faillite*, no 819.

1481. — Lorsque le mari seul a été déclaré en état de faillite, et que le concordat n'a été homologué qu'avec lui, sans nulle mention de la femme, ce concordat ne peut pas être opposé aux créanciers personnels de cette dernière, par cela seul qu'elle y aurait accédé, et qu'elle aurait garanti le dividende sur ses propres biens. — *Cass.*, 19 janv. 1820, Coeffier c. Binard.

1482. — Celui qui intervient dans un concordat, comme caution des engagemens du failli, ne peut être obligé de payer des créances non vérifiées ni affirmées. — *Rouen*, 2 juin 1815, Marie c. Poullain-Dumesnil.

1483. — Le concordat qu'un débiteur failli a passé avec ses créanciers, et qui a été homologué, est pour ces derniers un titre qui justifie de leur créance, quant au dividende qui leur est attribué. — *Nîmes*, 20 nov. 1829, Laurent c. Murjas.

1484. — Le concordat passé entre un failli et ses créanciers et homologué en justice à la requête du débiteur établit l'existence des créances, et le failli est dès-lors non-recevable à contester le montant des créances vérifiées et admises par les syndics en présence du commissaire. — *Colmar*, 19 nov. 1813, Heisch c. Marocco.

1485. — Jugé de même qu'après l'homologation du concordat, le failli n'est pas recevable à contester, sous prétexte d'erreur de droit ou de défaut de formalités, les créances vérifiées et affirmées, dues aux signataires de ce même concordat. — *Douai*, 16 avril 1813, Leblond c. Jean.

1486. — Ces décisions sont contestées par M. Bédarride (no 594), qui soutient que, durant sa faillite, le débiteur est frappé d'une incapacité qui le rend inhabile à donner un consentement, un acquiescement susceptible de l'engager, et qui fait remarquer que le débiteur ne peut être privé dans le cas de concordat d'une faculté de contestation dont il a le droit d'user envers ceux qui se prétendent ses créanciers, lorsqu'il est dans les liens d'un contrat d'union. — Il ajoute que le failli ne critiquera le plus généralement que certaines créances dont l'importance ne peut pas être assez grande pour remettre en question tout l'état de la faillite, dont la marche au surplus ne saurait être entravée, puisque les opérations qui la constituent sont complétement terminées. — Enfin, il termine en faisant observer que ce serait créer une peine contre le failli ponr le cas où il n'aurait pas contesté lors de la vérification, et qu'il vaut mieux lui laisser refuser un paiement injuste que de l'exposer à répéter une somme qu'il aurait indûment payée.

1487. — Le failli sera évidemment non-recevable à contester les créances qui auront été admises au passif en sa présence et sans réclamation de sa part, ou dont il a lui-même reconnu l'existence en les inscrivant sur son bilan, car les énonciations que le failli a portées dans son bilan font pleine foi contre lui, quand elles ne sont pas le résultat d'une erreur de fait.

1488. — Jugé en effet que le failli qui a compris au passif de son bilan une dette qu'un jugement l'avait condamné à payer est réputé avoir acquiescé à cette condamnation, et il ne peut en appeler. — *Paris*, 27 frim. an XII, J... c. Doyen et Durieux.

1489. — De même le failli est recevable, après l'homologation du concordat et son exécution partielle, à demander le redressement d'une erreur du bilan, et spécialement à réclamer d'un créancier qui y a figuré à ce titre le paiement d'une dette qui aurait été omise, lorsque d'ailleurs il rapporte la

preuve de la légitimité de sa réclamation. — *Bordeaux*, 27 janv. 1846 (t. 1er 1846, p. 479), Pérès c. Lesnier.

1490. — Une fin de non-recevoir invincible résulterait encore du jugement définitif qui aurait écarté la contestation soulevée contre une créance par le syndic représentant légal du failli qui, au surplus, pouvait, par son intervention, fournir au syndic les documens propres à assurer le succès de sa contestation.

1491. — Jugé toutefois que le failli, quoique dessaisi de l'administration de ses biens, conserve la capacité de contracter, de faire de bonne foi les actes et de donner les acquiescemens qui sont de son intérêt. — Qu'ainsi, lorsque le failli a donné son consentement au concordat sans aucune contestation sur les droits de l'un des créanciers qui y figure, il ne peut pas, par cette protestation signifiée même avant l'homologation du concordat, détruire l'effet d'un tel acquiescement en se fondant sur ce qu'à cette époque il n'était pas relevé de son incapacité. — *Cass.*, 23 avr. 1834, Blétry c. Jacquemoux ; — Bioche et Goujet, vo *Faillite*, no 371.

1492. — On comprend qu'il en peut être autrement lorsque le failli n'a pas assisté à la vérification des créances. L'art. 494, C. comm., lui donne sans doute le droit d'assister à ces opérations et d'y élever telles contestations qui lui paraissent fondées. Mais la loi ne lui fait pas un devoir d'y assister, et son absence peut être expliquée par l'impossibilité d'obtenir un sauf-conduit, par sa captivité, même par la crainte qu'il a pu éprouver de se trouver en présence de créanciers mécontens et irrités. Dans ces divers cas, le failli ne peut être considéré comme lié par son silence, et on ne pourrait sans injustice vouloir l'obliger à payer une somme qu'il ne devrait pas et dont, au surplus, ses autres créanciers profiteront.

1493. — La poursuite même de l'homologation du concordat par le failli, en son propre nom, ne semble pas devoir être interprétée comme constituant un acquiescement général à toutes les créances de ceux qui ont figuré au concordat, à moins toutefois que le concordat lui-même ne contienne l'énonciation du chiffre de chacune des créances.

1494. — Le concordat n'opère pas novation des créances ; il laisse subsister les titres primitifs avec les effets et les voies d'exécution qui y sont attachés par la loi. — En conséquence, le créancier porteur d'un engagement civil ne peut exercer la contrainte par corps contre le failli concordataire pour le paiement des dividendes échus et non acquittés. — *Paris*, 22 juin 1844 (t. 2 1844, p. 92), Worms c. Maret ; 11 août 1843 (t. 2 1843, p. 696), Gendrop c. Tondu ; — Renouard, t. 2, p. 216 ; Lainné, p. 270.

1495. — Le failli qui, aux termes de son concordat, a abandonné à la masse de ses créanciers tous ses biens et droits, ne peut plus, après ce concordat, être poursuivi personnellement, par le locateur d'une chose qui pendant la faillite a été employée dans l'intérêt de la masse sur une usine dépendant des biens composant l'actif de la faillite, en paiement des loyers de cette chose : le locateur est lié par le concordat et n'a d'action que contre les créanciers. — *Cass.*, 11 fév. 1845 (t. 1er 1845, p. 383), Kœchlin c. OEhl et Crussard.

1496. — Si en principe la masse des créanciers n'est pas responsable des dettes personnelles au failli et qui ont une cause postérieure à la faillite, il n'en est pas de même à l'égard des dettes dont l'existence se rattache à des biens qu'a abandonnés le failli par ce concordat, et dont la masse a continué à jouir postérieurement à l'ouverture de la faillite. — Ainsi les loyers, courus depuis la faillite, d'une chose nécessaire à l'exploitation d'une usine abandonnée par le failli à ses créanciers, exploitation dont la masse a profité depuis la même époque, sont une charge personnelle de cette masse, et non du failli concordataire, alors surtout qu'il est reconnu en fait que les créanciers ont empêché le locateur de faire résilier le bail. — *Cass.*, 11 fév. 1845 (t. 1er 1845, p. 383), Kœchlin c. OEhl et Crussard.

§ 2. — *Effets hypothécaires du jugement d'homologation du concordat.*

1497. — L'art. 524, Code 1808, disposait que l'homologation du concordat conservait à chaque créancier l'hypothèque sur les immeubles du failli. Ces expressions faisaient naître la question de savoir quelle était l'hypothèque conservée par l'homologation du concordat. La rédaction de l'art. 517 de la nouvelle loi a levé toute ambiguïté en déclarant que l'hypothèque conservée est celle prise par les syndics en vertu du 3e § de l'art. 490.

1498. — L'art. 517 porte : « L'homologation conservera à chacun des créanciers, sur les immeubles du failli, l'hypothèque inscrite en vertu du 3e § de l'art. 490. A cet effet, les syndics feront inscrire aux hypothèques le jugement d'homologation, à moins qu'il n'en ait été décidé autrement par le concordat.

1499. — La rétroactivité imprimée à l'inscription prise en vertu du jugement d'homologation ne semble pas au premier coup d'œil avoir été imposée au législateur par la nécessité ; car la faillite frappant le failli d'incapacité l'a placé, jusqu'à l'homologation du concordat, dans l'impuissance de constituer utilement une hypothèque susceptible de préjudicier à la masse des créanciers.

1500. — Mais les syndics peuvent négliger de prendre inscription, en vertu de l'art. 517, et la loi n'a pas voulu que cette omission pût nuire aux créanciers et les exposer à être primés par une hypothèque postérieure au concordat ; en outre, il peut arriver qu'à défaut des syndics, les créanciers individuellement requièrent cette inscription à des époques différentes ; les plus diligens eussent alors été payés sur le prix des immeubles, et ceux qui ne seraient arrivés qu'en un rang ultérieur n'eussent pas pu obtenir la légitime satisfaction à laquelle ils ont droit. Aussi, pour éviter cette inégalité de situation entre des créanciers qui puisent uniformément leurs droits dans le concordat, l'art 517 a assigné une date et un rang uniformes à l'hypothèque résultant des art. 490 et 517.

1501. — L'effet de l'hypothèque dont il s'agit est de conférer aux créanciers chirographaires un rang hypothécaire qui ne les met pas en concurrence avec les créances hypothécaires antérieures à la faillite, mais qui les rend préférables aux créanciers postérieurs à la faillite. — Pardessus, no 1248 ; Bédarride, no 598 ; Goujet et Merger, vo *Concordat*, no 147.

1502. — L'inscription prise en vertu de l'art. 500, C. comm. 1808, par les syndics de la faillite d'un héritier sur la part des immeubles à lui échue dans une succession, ne conférait aux créanciers du failli aucun droit d'hypothèque au préjudice des créanciers de la succession et ne faisait point obstacle à ce que ceux-ci demandassent la séparation des patrimoines, bien qu'ils n'eussent pas pris inscription dans le délai de l'art. 2111, C. civ. — *Bourges*, 20 août 1832, Devaux c. Viviet-Deslandes.

1503. — L'inscription prise en vertu de l'art. 490, C. comm. (ancien art. 500), par les syndics d'une faillite sur les immeubles échus au failli dans une succession ouverte à son profit, ne crée pas de droits hypothécaires en faveur des créanciers de la faillite au préjudice des créanciers de la succession, et ne peut, dès-lors, primer les inscriptions prises postérieurement par ces derniers. — *Cass.*, 23 juin 1841 (t. 2 1841, p. 339), Martel c. Deleutre.

1504. — L'inscription prise en vertu de l'ancien art. 500, C. comm., par les syndics d'une faillite dans l'intérêt de la masse n'était qu'un moyen de publicité de la faillite, mais elle ne conférait aux créanciers chirographaires aucun droit hypothécaire. — Dès-lors elle ne leur donnait pas celui de surenchérir. — *Caen*, 29 fév. 1844 (t. 2 1844, p. 308), Mesnel c. Pierre.

1505. — Selon M. Pardessus (no 1248) et MM. Goujet et Merger (vo *Concordat*, no 148), l'hypothèque dont il s'agit est une hypothèque judiciaire qui, par conséquent, s'étend sur tous les biens présens et à venir du débiteur. Cette qualification nous semblerait pouvoir être adoptée, si cette hypothèque n'était établie que par la disposition de l'art. 517 et si elle était exclusivement rattachée par la loi au jugement d'homologation du concordat, mais l'inscription prise en vertu du jugement d'homologation a pour effet de *conserver*, dit l'art. 517, l'hypothèque que les syndics ont fait inscrire en vertu de l'art. 490 au profit de la masse. Or, cette hypothèque ne résulte évidemment pas d'un jugement, puisque le jugement déclaratif de faillite ne prononce aucune condamnation ; comme celle du légataire, qui est tenu de justifier des testamens, quand il fait inscrire l'hypothèque que lui accorde l'art. 1017, C. civ., elle résulte seulement de la loi, et, en effet, le fait qui donne naissance à l'hypothèque, le fait dont il faut justifier, c'est l'état de faillite du débiteur ; il s'agit donc ici d'une hypothèque légale non dispensée d'inscription dont l'effet s'étend, au reste, sur tous les biens présens et à venir du failli.

1506. — Jugé que la sentence homologative d'un concordat intervenu entre les actionnaires d'une société, cette société même et les créanciers de cette société, emporte hypothèque judiciaire, lors même que le concordat homologué renferme la promesse de fournir une hypothèque spéciale. — *Bruxelles*, 8 mai 1822, d'Haverskerke.

1507. — L'hypothèque inscrite en vertu de l'art. 490 a été prise au nom de la faillite et en ordonnant de faire inscrire le jugement d'homologation ; la loi, selon M. Renouard, t. 2, p. 125, ne prescrit pas de relater dans l'inscription les noms de tous les créanciers.

1508. — Selon M. Bédarride, au contraire, et selon MM. Pardessus (no 1248) et Lainné (p. 257), les syndics ne rédigeront qu'un seul bordereau pour tous les créanciers ; mais ce bordereau devra mentionner le nom de chacun des créanciers dénommés au concordat, non seulement de ceux qui ont signé le concordat, mais de ceux dont les créances ont été vérifiées, admises et affirmées, et, en outre, des créanciers domiciliés hors de France, qui sont encore dans les délais de la vérification.

1509. — Il est certain que l'on devra désirer que le bordereau contienne toutes ces indications, mais le Code de commerce n'en impose pas la condition pour la validité de cette inscription d'une nature toute spéciale. Il est d'ailleurs bien des cas dans lesquels des formalités indiquées par M. Bédarride ne pourraient s'accomplir.

1510. — Il est superflu de dire que ce bordereau ne contiendra pas les noms des créanciers qui sont demeurés inconnus ; mais lorsqu'ils se présenteront, pourront-ils revendiquer pour eux le bénéfice de l'hypothèque dont nous parlons ? — Si l'on se reporte à l'art. 517 et aux formalités à l'aide desquelles cet article reçoit son application, si on songe que les tiers qui ont traité avec le failli en présence d'une inscription qui ne mentionne pas ces créanciers pourraient se trouver lésés par la survenance de ce passif inattendu, et si l'on fait attention que le failli se trouverait paralysé dans les ressources à l'aide desquelles il a peut-être compté exécuter son concordat, parce qu'une hypothèque dont la détermination est impossible frapperait ainsi ses immeubles, on conclura que les créanciers demeurés inconnus jusqu'à l'homologation du concordat ne pourront pas se prévaloir de cette inscription. Tel est l'avis de M. Bédarride, no 604 ; mais d'un autre côté, si l'on remarque que l'hypothèque conservée est celle que l'art. 490, § 3, a établie au profit de la *masse des créanciers de la faillite*, si l'on se souvient que le concordat est obligatoire, même pour les créanciers qui n'y ont pas expressément consenti et par conséquent pour ceux-là même qui n'y ont pas comparu, et même pour ceux qui sont demeurés inconnus jusque-là, que toutes les autres garanties stipulées au concordat militent en leur faveur, on trouvera tout simple qu'ils profitent du bénéfice de cette hypothèque avant de songer à ménager le crédit du failli ; il faut qu'il se libère même envers des créanciers qui, inconnus du juge-commissaire, des syndics ou des autres créanciers, n'auraient pas dû l'être du failli qui, lui, n'a pas pu ignorer une dette qui n'a pu être contractée sans sa participation, bien que le porteur actuel ait pu demeurer momentanément inconnu.

1511. — Les syndics devront énoncer dans le bordereau, selon M. Bédarride, la somme due, l'époque de son exigibilité et l'élection de domicile dans l'arrondissement. L'élection de domicile est indispensable pour assurer aux créanciers en faveur desquels milite cette inscription l'effet qu'elle devra produire en cas d'aliénation de l'immeuble. L'exigibilité sera exprimée par l'indication des termes pris pour le paiement des dividendes stipulés au concordat ; et pour l'exactitude de l'énonciation de la somme due, les syndics devront y comprendre non seulement le chiffre pour lequel certains créanciers contestés ont été provisoirement admis, mais même le chiffre de la réclamation de ces créanciers. — V. D'ailleurs ce que nous avons dit au numéro précédent sur l'effet de l'inscription relativement aux créanciers demeurés inconnus.

1512. — Les créanciers contestés ont hypothèque en vertu du concordat pour la totalité de la somme pour laquelle ils sont admis définitivement, et ils ont droit de faire rectifier l'inscription que les syndics auraient prise en leur nom pour une somme moindre que celle définitivement allouée.

1513. — On peut cependant convenir par le concordat qu'une partie ou même la totalité des immeubles du failli sera affranchie de l'hypothèque qui nous occupe, et dans ce cas l'inscription n'est requise qu'aux bureaux des hypothèques dans l'arrondissement desquels se trouvent des immeubles soumis à l'hypothèque.

1514. — Quant au renouvellement de l'inscription, il s'opérera le plus généralement à la requête de chacun des créanciers individuellement ; cependant en cas de seconde faillite il pourrait y avoir lieu au renouvellement collectif. — Renouard, t. 2, p. 126.

1515. — On comprend que dans l'intérêt de son crédit immobilier le failli ait intérêt et puisse dès-lors faire opérer la radiation partielle de l'inscription en ce qui concerne les créanciers vis-à-vis desquels il sera individuellement libéré,

1516. — Pour obtenir la radiation absolue et définitive de cette inscription, il faudra, dans quelque forme qu'elle ait été rédigée, justifier de la libération du failli vis-à-vis de tous les créanciers dénommés au concordat.

1517. — M. Bédarride, qui considère comme une hypothèque judiciaire le droit résultant des art. 490 et 517, décide (nº 607) que le jugement d'homologation produit contre les cautions le même effet que contre le failli, c'est-à-dire qu'à moins de stipulations contraires les créanciers sont autorisés à s'inscrire sur les immeubles appartenant aux cautions, et que ce sera donc à la caution à s'expliquer dans le concordat et à stipuler qu'elle sera affranchie de l'hypothèque si elle ne veut pas contracter un engagement qui affecte ses immeubles. — Pour nous, qui différons d'opinion sur la qualification à donner à cette hypothèque et qui la considérons comme une hypothèque légale, nous ne croyons pas qu'elle puisse dans le silence de la loi atteindre de plein droit les immeubles de la caution, qui ne devra se trouver soumise qu'aux hypothèques conventionnelles qu'elle aura constituées volontairement sur ses immeubles.

§ 3. — *Commissaires au concordat.*

1518. — Nous avons dit que le concordat revêtu de toutes les formalités qui peuvent le rendre obligatoire et définitif restitue au commerçant la capacité dont sa faillite l'avait privé.

1519. — Cependant cette réintégration du failli à la tête de ses affaires peut n'être pas entière et absolue. Ainsi il arrive dans certains cas que l'une des conditions du concordat ne permet au failli de reprendre la direction de ses affaires que sous la surveillance de commissaires choisis par les créanciers, et qui ont pour mission de surveiller et d'assurer par leur concours et en vertu des pouvoirs qui leur sont conférés l'exécution du concordat — Lors donc qu'il a été stipulé dans un concordat que le failli ne pourrait disposer d'une partie quelconque de l'actif dévolu à la masse sans le concours des commissaires établis au concordat, un créancier postérieur à la faillite ne peut se prévaloir, au préjudice de la masse, de la cession qui lui aurait été faite par le failli concordataire d'une créance appartenant à son actif, bien qu'il allègue avoir traité de bonne foi et dans l'ignorance de la faillite. — *Bruxelles*, 21 juin 1820, Venlook c. Demayer.

1520. — Les commissaires ou syndics nommés par les créanciers d'un failli pour surveiller l'exécution du concordat ne doivent pas être assimilés aux syndics définitifs de l'union, dont les fonctions sont déterminées par le Code de commerce. — Il n'y a entre ces commissaires et les créanciers que les rapports ordinaires existant entre le mandant et le mandataire. — *Caen*, 7 août 1819, Grusdon et Ménager c. Toutain.

1521. — Dès-lors, l'art. 443, C. comm., qui exige que les actions intentées depuis la faillite soient exercées contre les syndics, ne s'applique pas aux commissaires nommés par concordat.

1522. — Mais lorsqu'un concordat a rétabli le failli dans le droit d'administrer ses biens avec l'assistance des commissaires de sa faillite, les créanciers peuvent former leur demande contre le failli directement. — *Cass.*, 21 juin 1825, Ouvrard-Vanlerberghe c. Séguin.

1523. — Lorsque, par un concordat, les créanciers attribuent à quelques-uns d'entre eux le pouvoir de surveiller les opérations commerciales du failli jusqu'à ce qu'il ait payé les dividendes auxquels il s'est obligé, ces mandataires n'ont pas le droit, au nom des créanciers, d'intenter des actions ou d'intervenir dans des instances engagées. — *Rennes*, 17 avr. 1834, Caillaud c. Goin.

1524. — Des commissaires nommés par les créanciers d'un négociant non failli pour surveiller la liquidation de ses affaires n'ont aucune qualité pour ester en justice, soit comme parties principales, soit même comme parties jointes, dans les procès auxquels peut donner lieu cette liquidation. — *Rouen*, 12 juin 1846 (t. 2 1846, p. 38), Lemaître c. Delavoye et Percy.

1525. — A plus forte raison le failli peut être admis à intervenir dans une instance entre son débiteur et le syndic de ses créanciers, et à affirmer la créance sincère et véritable, surtout lorsqu'il s'agit du règlement d'un compte courant, et que la vérification de la créance a été faite contradictoirement entre le syndic et le failli d'une part, et le débiteur de l'autre devant un juge du tribunal commis à cet effet. — *Bruxelles*, 21 juin 1820, Godsal c. M...

1526. — Mais le liquidateur nommé par les créanciers dans le concordat, avec pouvoir de citer devant tous les tribunaux, a qualité pour interjeter appel d'un jugement rendu entre le failli, même avant sa faillite, mais dans les dix jours d'icelle, et l'un de ses créanciers. — Ce jugement ne pourrait pas être opposé aux créanciers, en tant qu'il aurait statué sur une question de privilége en faveur de ce créancier. — *Paris*, 27 mai 1840 (t. 2 1840, p. 120), Méry c. Spréafico.

1527. — Un pourvoi en cassation dirigé seulement contre le failli et l'un des commissaires de la faillite ne doit pas être déclaré non-recevable sur la demande des défendeurs, sous prétexte que le concordat n'autorisait le failli à faire, avec le concours d'un seul commissaire, que les actes de pure administration, lorsqu'on a procédé ainsi devant la cour royale sans qu'il se soit élevé aucune contestation à cet égard. — *Cass.*, 27 nov. 1827, Valois c. Desbordes.

1528. — Lorsque, par un concordat intervenu entre les actionnaires d'une société, cette société même et les créanciers de cette société, il a été nommé des commissaires avec pouvoir de faire tout ce qu'ils jugeraient nécessaire pour l'exécution de l'acte, ces commissaires sont suffisamment autorisés à faire homologuer ce concordat en justice. — *Bruxelles*, 8 mai 1822, d'Heverskerke c. B...

1529. — A supposer qu'avant le Code de commerce les commissaires-syndics d'une faillite eussent le droit de conférer un droit de préférence à un créancier qui n'était, lors de l'ouverture de cette faillite, que simple chirographaire, au moins faut-il reconnaître qu'une telle convention ne saurait nuire au créancier hypothécaire de la même faillite qui est demeuré étranger au contrat d'union par lequel ces commissaires ont été nommés. — Dès-lors ce créancier est recevable à former tierce-opposition aux décisions rendues en exécution d'une pareille convention. — *Cass.*, 3 mai 1843 (t. 2 1843, p. 91), trésor public c. Seguin.

1530. — Lorsque les syndics provisoires et la masse des créanciers d'une faillite ont ratifié le paiement fait par des commissaires nommés avant la déclaration de faillite à des porteurs d'effets souscrits par le failli, un créancier ne peut demander le rapport du montant de ces effets sous prétexte que les commissaires les ont payés après l'ouverture de la faillite et sans en avoir reçu le pouvoir. — C comm., art. 441 et suiv.; 482 et suiv., et 1998, C. civ. — L'appréciation des faits constitutifs de cette ratification appartient exclusivement aux cours royales et ne peut donner ouverture à cassation. — *Cass.*, 27 fév. 1837 (t. 1er 1837, p. 152), de Montal c. Miège.

1531. — Le pouvoir donné par une masse de créanciers concordataires et par le failli lui-même à des commissaires directeurs de vendre certains immeubles, dont le prix servirait à acquitter les créances privilégiées, hypothécaires et chirographaires, entraîne pour ces commissaires le droit de faire procéder à la distribution amiable des deniers provenant de la vente, et même à celle du supplément du prix résultant d'une surenchère. — Du moins, l'arrêt qui, interprétant les termes et l'esprit du concordat, le juge ainsi est à l'abri de la cassation. — Dans le cas même où il y aurait excès de pouvoir de la part de ces commissaires, la nullité de leurs opérations ne pourrait pas être provoquée par le failli après la clôture de l'ordre amiable terminé sans contestation et le paiement fait aux créanciers. — *Cass.*, 29 mars 1836, Floceau.

1532. — Lorsqu'un commissaire au concordat a, en vertu de ses pouvoirs, donné décharge au syndic, celui-ci ne peut ensuite être inquiété à raison des recouvremens non effectués. — *Rennes*, 16 fév. 1829, Durand c. Dumont.

1533. — La mission des commissaires au concordat prend fin comme le mandat. — V. MANDAT.

1534. — Les pouvoirs conférés aux commissaires nommés au concordat cessent donc le plus ordinairement lorsque ces commissaires ont accompli intégralement la mission qui leur est confiée, et par exemple lorsque les dividendes promis aux créanciers leur ont été intégralement payés. Les créanciers étant tous désintéressés, n'ont pas de droit à restreindre par leur intervention la capacité du failli, qui se trouve alors complétement replacé dans la plénitude de ses droits.

1535. — Les créanciers qui ont chargé deux d'entre eux de l'administration d'une faillite peuvent révoquer les pouvoirs de l'un pour les conférer à l'autre. — La majorité, non seulement en nombre, mais en créances, n'est pas nécessaire pour la révocation de cet administrateur, comme elle l'est pour la validité d'un concordat. — Les créanciers légalement représentés dans la délibération relative à la révocation ne peuvent attaquer ni cette délibération ni le jugement qui l'a homologuée. — *Paris*, 24 déc. 1827, Guerlain-Houel c. Michel.

1536. — Puisque ces commissaires au concordat sont, en réalité, de simples mandataires des créanciers, ils doivent à leurs mandans compte de leur gestion lorsqu'elle a pris fin. Mais ce compte ne peut leur être demandé avant la liquidation de la faillite; jusque là, ils ne sont tenus de donner aux créanciers que le tableau de la situation active et passive de la faillite. — *Bruxelles*, 24 mars 1821, Steenkist c. Neefs.

1537. — C'est devant le tribunal civil de son domicile, et non devant le tribunal de commerce qui a homologué un concordat, que doit être assigné en reddition de compte le syndic ou commissaire nommé pour l'exécution du concordat. — *Bourges*, 23 août 1822, Guillemeau et Talou c. Lefebvre-Martineau; *Caen*, 7 août 1819, Grisdonat Ménager c. Toutain.

1538. — Lorsque, pour l'exécution d'un concordat et la recherche de toutes valeurs portées ou non au bilan, il a été nommé des commissaires par les créanciers, ceux-ci ne peuvent demander compte (dans les prévisions du concordat) qu'à ces commissaires, et sont non-recevables à diriger une pareille demande contre les héritiers du failli. — *Colmar*, 24 mars 1841, Mennet.

1539. — Lorsqu'un concordat porte que des commissaires administreront avec l'assistance du failli à qui 20 % sont alloués sur l'actif, après prélèvement de 50 % au profit des créanciers, si, en raison de cet intérêt éventuel de 20 %, il a été décidé que le failli a qualité et intérêt pour exiger un compte qui lui sera rendu par les commissaires, sans préjudicier aux droits des parties réglés par le concordat, un jugement subséquent a pu néanmoins, sans violer la chose jugée, déclarer que le failli était sans droit ni qualité pour quereller le compte des commissaires, et que ce droit n'appartenait qu'aux créanciers. Le premier jugement réserve le droit des parties; le second ne renferme qu'une simple appréciation du concordat. — C. civ., art. 1351. — D'ailleurs, il suffit qu'en fait les juges aient reconnu que l'actif du failli ne suffisait pas pour former les 50 % réservés au profit des créanciers pour qu'une telle décision échappe à la censure de le cour de cassation. — *Cass.*, 9 nov. 1831, Charbonnier c. Perret, Luxembourg et Derat.

1540. — Le mandat conféré aux commissaires au concordat peut être gratuit : telle est la nature du mandat, mais il peut aussi être salarié.

1541. — Toutefois le gérant des créanciers concordataires qui ne justifie pas de poursuites contre les débiteurs de la faillite perd son droit aux honoraires stipulés en sa faveur et au remboursement de ses avances, et est comptable des sommes non recouvrées, il est même passible de dommages-intérêts à raison de sa mauvaise gestion. — *Rouen*, 16 fév. 1829, Durand c. Dennout et Viard.

§ 4. — *Compte de la gestion des syndics.*

1542. — D'après le Code de 1808, art. 525, l'obligation pour les syndics de rendre leur compte, et, par suite, le rétablissement du failli dans la gestion de ses affaires, avaient pour point de départ la signification de l'homologation aux syndics. Or, ce jugement d'homologation attaqué par appel pouvait être réformé. Pour éviter les inconvéniens qui pouvaient naître d'un tel état de choses, l'art. 519 ne fait cesser les fonctions des syndics qu'après que le jugement d'homologation est passé en force de chose jugée par l'expiration du délai de quinzaine depuis la signification de ce jugement. — C. comm., art. 582.

1543. — Après ce délai de quinzaine, les syndics rendent au failli leur compte définitif en présence du juge-commissaire; ce compte est débattu; si le compte est approuvé, il est arrêté, et les syndics remettent au failli l'universalité de ses biens, livres, papiers et effets. Le failli en donne décharge, et les syndics se trouvent libérés de leur administration. Il est dressé du tout procès-verbal par le juge-commissaire, dont les fonctions cesseront. — C. Comm., art. 519.

1544. — Si le compte est l'objet de contestations, le procès-verbal dressé par le juge-commissaire en fait mention, et c'est au tribunal de commerce qu'il appartient de prononcer.

1545. — Il est à remarquer que l'attribution de compétence faite au tribunal, au lieu de s'appliquer seulement au débat du compte des syndics, comme l'avait fait l'art. 525, C. 1808, s'étend aujourd'hui à l'art. 519 entier. — Renouard, t. 2, p. 135.

1546. — Le tribunal n'est pas saisi par le juge-commissaire, auquel la loi n'a pas donné ici la faculté de prononcer le renvoi des parties à l'audience.

1547. — Mais comme la contestation dont le compte est l'objet se rattache à la faillite et que la loi, par l'art. 519, a voulu que le juge-commissaire présidât à la reddition du compte, il nous semble résulter de la combinaison des art. 452 et 519, C. comm., que le jugement devra être rendu sur le

rapport du juge-commissaire et que le concours de ce magistrat est indispensable à la régularité du jugement. — *Contrà* Bédarride, n° 625.

1548. — Il est clair que l'existence d'une contestation entre les syndics et le failli doit le plus souvent par sa nature faire obstacle à ce que les livres, papiers et effets mobiliers du failli lui soient restitués, car on ne peut exiger que les syndics se dessaisissent avant l'apurement de leur compte des documens qui peuvent justifier leurs opérations et leur comptabilité. Cependant nous pensons que les syndics ne pourraient sans injustice persister à retenir les pièces, livres et titres qui seraient étrangers à la contestation agitée entre eux et le failli.

1549. — Puisque le concordat dûment homologué remet le failli à la tête de ses affaires, il faut reconnaître que le mandat des syndics cesse de plein droit par l'effet de l'homologation et que leur qualité de comptables ne saurait prolonger en eux la qualité d'administrateurs. — Renouard, t. 2, p. 135.

1550. — Ils devraient au surplus à toute réquisition laisser consulter et même communiquer au failli toutes les pièces dont la rétention leur aurait paru indispensable pour leur compte.

1551. — En thèse générale, les syndics doivent être solidairement responsables du reliquat de leur compte de gestion ainsi que des suites de leur gestion; c'est une conséquence des principes généraux du droit (C. civ., art. 1995) et aussi de la disposition spéciale de l'art. 465, C. comm., qui, lorsqu'il y a plusieurs syndics, ne leur permet d'agir que collectivement. Mais cette règle de la solidarité reçoit exception pour le cas prévu par ce même art. 465, où il s'agirait de la responsabilité engendrée par certains actes d'administration que le juge-commissaire aurait autorisé un des syndics à faire seul.

1552. — Les syndics doivent faire figurer dans leur compte à la charge du failli les honoraires que l'art. 462, C. comm., les autorise à réclamer. Le règlement peut en être fait amiablement, et s'il s'élève une contestation le tribunal de commerce statuera.

1553. — Le jugement qui statue sur les contestations entre le failli et ses syndics est soumis à l'appel. — C. comm., art. 585.

1554. — L'homologation du concordat qui fait recouvrer au failli la recréance de sa personne et l'administration de ses biens enlève en même temps au syndic la qualité qui lui permettait d'agir au nom des créanciers. — *Bordeaux*, 6 août 1835, Tauziet c. Topino.

1555. — Lorsque, pendant une instance d'appel que les syndics ont engagée, le failli passe un concordat avec ses créanciers et est remis à la tête de ses affaires, il prend la place des syndics; aussi doit-il être condamné aux dépens envers l'intimé, et les syndics dégagés, comme n'étant que ses représentans; mais, dans ce cas, il ne doit pas de dépens aux syndics, puisque, sans la substitution qui a eu lieu, ils eussent dû supporter eux-mêmes, au profit de l'intimé, les frais occasionnés par le litige dans lequel le failli a succombé. — *Aix*, 11 mai 1840 (t. 2 1840, p. 703), Jubelin c. Conver.

§ 3. — *Avantages particuliers stipulés par des créanciers à raison de leur vote.*

1556. — Le sort de tous les créanciers est fixé par la faillite, et un créancier ne peut, en exigeant du failli un paiement illégal, faire son sort meilleur que celui des autres. — *Caen*, 26 janv. 1825, Demireleau c. Gauchet.

1557. — Cette règle d'égalité entre les créanciers d'un même failli était souvent méconnue avant la loi actuelle, et beaucoup de personnes, se faisant sans scrupule une position distincte de celle des autres créanciers, stipulaient clandestinement à leur profit des avantages que n'obtenaient pas les autres, qui subissaient les effets du concordat. L'équité et une stricte application de la loi civile avaient déjà conduit, sous le Code de 1808, les tribunaux à annuler de pareilles stipulations, mais ces résultats n'étaient pas acceptés sans contestations et sans difficulté, et nous avons retracé au mot BANQUEROUTE (nos 309 et suiv.) les fluctuations de la jurisprudence sur la validité des engagemens pris par le failli en dehors de son concordat.

1558. — Nous nous bornerons à rappeler que si des décisions regardaient comme entachés d'une nullité radicale et absolue les engagemens souscrits par le débiteur failli et lui permettaient à lui-même d'en demander la nullité (*Lyon*, 17 mars 1831, Godard), d'autres arrêts accordaient aux créanciers seuls l'action en nullité, et se bornaient à proroger l'exigibilité de ces engagemens après l'époque du paiement du dernier dividende. — *Cass.*, 19 juin 1832, Bradet c. Busnot; *Paris*, 17 mars 1832, Berle c. Dubuisson; 12 avr. 1821, Abraham c. Holive, Silvy et Graffau.

1559. — Aujourd'hui l'art. 597, C. comm., punit correctionnellement d'un emprisonnement qui ne peut excéder une année, et d'une amende qui ne peut être au-dessus de 2,000 fr., « le créancier qui aura stipulé, *soit avec le failli, soit avec toutes autres personnes*, des avantages particuliers à raison de son vote dans les délibérations de la faillite, ou qui aura fait un traité particulier duquel résulterait en sa faveur un avantage à la charge de l'actif du failli. »

1560. — Si le créancier est syndic de la faillite, l'emprisonnement peut être porté à deux ans. — C. comm., art. 598.

1561. — Les conventions sont en outre déclarées nulles, à l'égard de toutes personnes, et même à l'égard du failli. — C. comm., art. 598.

1562. — Cette nullité est prononcée par le tribunal correctionnel sur la demande des intéressés constitués parties civiles, si l'action publique a saisi cette juridiction.

1563. — Mais si l'annulation est poursuivie par voie civile, la demande en nullité doit être portée devant le tribunal de commerce. — C. comm., art. 599.

1564. — Sous le Code de 1808, on a jugé encore que le créancier devait rapport à la masse des sommes qu'il avait touchées de son débiteur antérieurement à la déclaration, mais postérieurement à l'époque fixée pour l'ouverture de la faillite, et pendant l'existence d'arrangemens qui avaient maintenu le débiteur dans l'administration de ses biens. — *Bruxelles*, 20 mars 1816, Cloquette c. N. — Le failli concordataire agissant en son propre et privé nom, ne peut demander la restitution d'une somme que le créancier a touchée de bonne foi avant la déclaration de faillite, mais après l'époque à laquelle l'ouverture a remonté, bien que le failli prétende que cette somme lui a été abandonnée par la masse des créanciers. — *Cass.*, 9 mai 1834, Lainné c. Delcus.

1565. — Il y avait lieu à rapport, quoique le paiement eût été effectué bien avant le jugement déclaratif de la faillite. — *Bruxelles*, 24 mars 1821, Steenkist c. Neefs.

1566. — ... Et lors même que la mauvaise foi n'était pas prouvée. — *Aix*, 20 déc. 1820, Billiet c. Ferréol.

1567. — Le créancier qui, contrairement au contrat d'atermoiement passé entre lui, les autres créanciers et le débiteur commun, a reçu de celui-ci, avant l'expiration du délai accordé, le réglement de sa créance, est tenu, envers la masse, de la restitution de ce qu'il a reçu. — Le réglement stipulé en billets doit s'entendre de billets souscrits par le débiteur, et non être fait en valeurs de portefeuille. — *Paris*, 14 nov. 1838 (t. 1er 1839, p. 65), Royer et Aubert c. Voisine. — On ne pourrait plus au reste juger aujourd'hui comme l'a fait la cour royale de Toulouse, le 31 juill. 1830 (Lamothe c. Génat), que celui qui traite avec un négociant insolvable, et sur le point de tomber en faillite, peut en recevoir, en paiement de ce qui lui est dû, des lettres de change dont la date est en blanc, avec faculté d'y mettre une date postérieure à tout concordat.

1568. — Tout en annulant un avantage qu'elle considérait comme illégal, mais sans en faire opérer par le créancier la restitution immédiate, la cour royale de Caen a jugé, le 26 janv. 1825 (Demireleau c. Gauchet), qu'on devait interdire à ce créancier de prendre part à une répartition de l'actif jusqu'à ce que les autres créanciers eussent reçu une somme proportionnellement égale à celle qu'il avait touchée d'avance. — C. comm., art. 442.

1569. — Depuis la loi nouvelle, il n'y a plus lieu à cette sorte de compensation admise par la cour royale de Caen, puisque d'après l'art. 598, C. comm., le créancier est tenu de rapporter à qui de droit les sommes ou valeurs qu'il a reçues en vertu des conventions annulées.

1570. — La convention par laquelle un failli s'obligeait à payer à l'un de ses créanciers des sommes plus fortes que celles qu'il pouvait offrir aux autres était, sous l'empire de l'ancienne loi des faillites, nulle comme illicite et contraire à la morale. — Les effets souscrits par le failli, en exécution de cette convention, qu'ils l'eussent été avant ou après le concordat, étaient entachés de la même nullité. — Toutefois, le failli ne saurait répéter les sommes payées par lui en vertu de pareils effets. — Mais ce droit appartient aux créanciers de la faillite lorsqu'il est prouvé que le dividende stipulé par le concordat n'épuisait pas tout l'actif, et que plusieurs créanciers n'ont pas même touché ce dividende dans son entier. — *Colmar*, 18 janv. 1843 (t. 1er 1844, p. 122), Dreyfus et Hitschler-Bussmann c. Favrèse, Schæffer, Schlumberger et Gayelin.

1571. — La loi prohibe aujourd'hui d'une part la convention par laquelle le créancier stipule à raison de son vote, soit avec le failli, soit avec un tiers des avantages particuliers; d'autre part, tout traité particulier intervenu avec le failli ou dont la conséquence est d'attribuer au créancier un avantage à la charge de l'actif de la faillite.

1572. — Les termes généraux de l'art 597, C. comm., laissent une grande latitude à l'appréciation des juges, et le délit que réprime cet article existe, soit lorsque le créancier a voté le concordat après avoir stipulé des avantages particuliers, soit lorsque, après avoir voté le concordat, il menace de s'opposer à son homologation, et obtient par ces moyens les avantages que la loi réprouve, soit même qu'il stipule ces avantages pour prix de son abstention au vote du concordat.

1573. — De même, l'art. 597, C. comm., s'applique non seulement à celui qui se les fait consentir à l'avance pour prix du vote favorable qu'il s'engage à donner, mais encore à celui qui les extorque en donnant d'abord un vote défavorable dont il se fait ensuite acheter la rétractation. — L'absence du créancier du concordat équivaut à un vote négatif, alors d'ailleurs qu'elle a été suivie d'une opposition à l'homologation de ce concordat et d'une plainte en banqueroute frauduleuse; dès-lors si, pour renoncer à son opposition et à sa plainte, ce créancier détermine le failli à lui faire une position meilleure que celle des autres créanciers, il se rend passible de la peine portée par l'art. 597, C. comm. — *Cass.*, 4 fév. 1843 (t. 2 1843, p. 465), Cavelau.

1574. — Il est indifférent que le traité consenti par le failli ne doive recevoir son exécution qu'après l'accomplissement du concordat. — Goujet et Merger, v° *Concordat*, n° 197. — Sans doute le failli peut avoir, dès le moment où il sollicite son concordat, l'intention d'arriver ultérieurement à sa réhabilitation par le paiement intégral de ses dettes, et c'est une disposition que la loi favorise en sa personne, mais le créancier n'a pas besoin d'en faire, dès ce moment, l'objet d'une stipulation dans son intérêt particulier et exclusif.

1575. — « Je crois, dit M. Duvergier (*Collect. des lois, Comment. sur l'art.* 598), que les traités faits après le concordat à une époque où le failli a recouvré la disposition de ses biens seraient valables, non à l'égard des créanciers, mais à l'égard du failli. Sans doute de semblables engagemens, quoique réalisés après le concordat, auront souvent été formés avant, et on éludera ainsi les dispositions de la loi; on pourra même, en postdatant les obligations, assurer la fraude. Pourtant il est impossible de ne pas reconnaître qu'un failli peut, lorsqu'il a été remis en possession de ses biens, prendre un engagement valable envers un de ses anciens créanciers. Les tribunaux devront donc s'attacher à examiner à quelle époque et dans quelle intention les obligations ont été contractées, et ils valideront celles qui n'ont pas été faites en fraude de la disposition du présent article. »

1576. — Nous avons dit au mot BANQUEROUTE (n° 304) que même lorsque le jugement déclaratif de faillite a été rapporté, les créanciers qui ont fait ces traités illicites n'en ont pas moins encouru les peines portées par la loi. — *Cass.*, 23 avr. 1841 (t. 1er 1842, p. 382), Delestre et Letellier.

1577. — Celui qui cède sans perte aucune sa créance à un tiers qui agissait ouvertement dans l'intérêt du failli ne peut être considéré comme stipulant des avantages particuliers et illicites. — Goujet et Merger, v° *Concordat*, n° 199.

1578. — La cour royale de Paris a jugé que les engagemens pris par le débiteur en dehors des conditions d'un atermoiement volontaire qui lui a été consenti par ses créanciers sont nuls et sans effet, et que la nullité peut en être poursuivie par le débiteur lui-même. — *Paris*, 21 avr. 1845 (t. 2 1845, p. 44), Multigné c. Savignac.

1579. — ... Et que, dans ce cas, les créanciers sont recevables à intervenir individuellement, même après la faillite du débiteur, dans l'instance en nullité de ces stipulations particulières. — Même arrêt.

1580. — Mais cette même cour royale a consigné des décisions opposées dans les arrêts suivans, dont quelques-uns sont plus récens que celui que nous venons de citer.

1581. — Ainsi elle a jugé que les dispositions des art. 597 et 598, C. comm., qui prononcent la nullité des stipulations intervenues en dehors du concordat entre le failli et ses créanciers ne sont pas applicables au cas d'atermoiement; — qu'en conséquence, les sommes payées en vertu de ces engagemens par le débiteur qui plus tard tombe en faillite ne sont pas sujettes à rapport; — que l'action en nullité de ces traités pour dol et fraude n'appartient ni au débiteur, qui s'est lui-même rendu coupable de la fraude, ni au syndic, représentant la masse, lorsqu'il est constant que la fraude a été

consommée à une époque antérieure à la faillite ; qu'elle ne peut être exercée que par le créancier qui en a personnellement souffert.—*Paris*, 30 mars 1843 (t. 1er 1843, p. 535), Bénazech c. Bouvier.

1582. — La même solution se retrouve dans l'arrêt de la même cour, 11 janv. 1844 (t. 1er 1844, p. 135), Gentifol et Chartier c. Lereuil.

1583. — Jugé encore que les avantages particuliers consentis par un débiteur concordataire à l'un de ses créanciers postérieurement au concordat, à la suite d'un atermoiement volontaire, n'ont pas le caractère de stipulations illicites et ne sont pas frappés de la nullité prononcée par l'art. 538, C. comm. — *Paris*, 18 août 1846 (t. 1er 1847, p. 56), Dussausse c. Caudron.

1584. — ... Que les dispositions du Code pénal relatives à la complicité sont applicables au délit prévu par les art. 597 et suiv., C. comm. — *Paris*, 7 août 1846 (t. 1er 1847, p. 57). Vincent.

1585.—... Qu'un agent d'affaires mandataire salarié du failli qui, dans un intérêt de lucre, consent à souscrire un billet qu'il savait destiné à assurer un avantage particulier à un créancier de la faillite à raison de son vote ne peut être considéré comme l'une des personnes affranchies, ainsi que le failli lui-même, des conséquences pénales de ces stipulations, mais comme ayant aidé et assisté avec connaissance le créancier dans les faits constitutifs de son délit et par conséquent comme son complice.

1586.—Selon MM. Bédarride (no 1291), Goujet et Merger (vo *Concordat*, no 201), le tiers qui remet à un créancier une somme quelconque pour prix de son vote au concordat ne peut être poursuivi comme complice du délit reproché au créancier ; car l'art. 597, C. comm., ne parle que des créanciers, et de plus, l'art. 598 porte que le créancier sera tenu de rapporter à qui de droit, c'est-à-dire même au tiers, les sommes ou valeurs qu'il aura reçues.

1587.—N'est point illicite le cautionnement souscrit par un tiers au profit d'un créancier du failli pour prix de l'adhésion de ce créancier au concordat. Il n'en serait ainsi qu'autant que ce cautionnement altérerait la consistance des biens du failli, ou que, par son adhésion, le créancier garanti contraindrait les autres créanciers à faire au failli des remises illégitimes. — *Cass.*, 19 juin 1832, Bradel c. Busnot.

1588. — Le failli, après avoir adhéré à ces arrangemens condamnés par la loi, peut en demander la nullité, et il n'est frappé d'aucune peine pour les avoir consentis. — V. BANQUEROUTE, no 307.

1589.—Les jugemens obtenus par les syndics d'une faillite doivent profiter au failli, lequel, dans le cas de concordat homologué, prend les choses dans l'état où elles se trouvent au moment où, conformément à l'art. 519, C. comm., il est réintégré dans les biens et droits qui composent son actif. — Spécialement, le failli a qualité pour signifier le jugement qui a condamné un créancier à rapporter à la masse de la faillite une somme qu'il avait illégalement reçue, et, cette signification ayant dès-lors la force de faire courir les délais, le créancier condamné au rapport est tenu, sous peine de déchéance, d'interjeter appel dans la quinzaine, conformément à l'art. 582 du Code précité.—*Bordeaux*, 16 juill. 1840 (t. 2 1840, p. 358), Brun c. Torrès.

1590. — Comme nous l'avons dit au mot BANQUEROUTE (no 326) et *suprà* (no 1569), les sommes ou valeurs doivent être rapportées à qui de droit, c'est-à-dire, soit au failli, soit à l'union, soit aux parens, amis ou autres qui auront fourni les derniers objets des stipulations.

1591.— On comprend que la nullité de pareils arrangemens ne peut pas être opposée à ceux qui de bonne foi sont devenus tiers porteurs des billets qui, causés valeur reçue comptant, auraient été souscrits par le failli en exécution de ces stipulations illicites. Le failli devrait acquiter ces billets, sauf son recours contre le bénéficiaire. — *Paris*, 14 fév. 1844 (t. 1er 1844, p. 334), Laloé c. Lucasse ; — Goujet et Merger, vo *Concordat*, no 204.

1592. —L'exécution partielle du traité ne saurait élever une fin de non-recevoir contre l'action en nullité, soit du failli, soit des tiers intéressés, car il s'agit d'un délit ou d'une action civile se rattachant à un délit sur lequel aucune confirmation ou ratification ne peut intervenir. — Bédarride, no 1292.

1593. — La nullité des conventions ainsi arrêtées, en dehors des stipulations du concordat, peut être demandée devant les tribunaux correctionnels, soit par une action civile incidente à l'action publique, soit devant les tribunaux de commerce par la voie d'une action principale.

1594. — Cette action principale peut être, comme toute autre action en réparation d'un délit intentée soit avant, soit après l'action du ministère public, et l'influence de la décision rendue sur l'action publique se règle d'après les principes généraux du droit. — Bédarride, no 1294; Goujet et Merger, vo *Concordat*, no 207.

1595. — Si une pareille action est d'abord portée devant le tribunal de commerce et qu'elle soit accueillie, le tribunal devra ordonner qu'une expédition de son jugement sera transmise au procureur du roi pour être, par ce magistrat, statué ainsi qu'il avisera.

1596. — Si à raison de la forme d'engagement civil donné à la stipulation illicite, le tribunal civil avait été saisi de la demande en paiement formée par le créancier, le défendeur, s'il le demandait, devrait obtenir son renvoi devant le tribunal de commerce. — Bédarride, no 1295 ; Goujet et Merger no 209.

1597. —Nous avons dit au mot BANQUEROUTE, no 330, comment les jugemens rendus en pareille matière devaient être publiés et affichés.

1598. — L'annulation des engagemens que la loi réprouve et la pénalité qui y est attachée ne sont pas les seuls effets qui puissent résulter de l'application des art. 597, 598 et 599, C. comm., et la majorité, soit des voix, soit des sommes qui a contribué à former le contrat, peut se trouver aussi viciée.

1599. — Il a été en effet jugé sous le Code de 1808, et cette décision nous semble encore applicable aujourd'hui, que les traités faits entre le failli et quelques-uns de ses créanciers, dans la vue de s'assurer un vote favorable, rendaient ceux-ci inhabiles à participer au concordat; qu'en conséquence, le concordat dans lequel figurait un créancier qui avait consenti une réduction apparente, ou l'abandon d'un privilége moyennant la garantie secrètement donnée du paiement intégral de sa créance, devait être annulé comme n'ayant été consenti ni légalement ni de bonne foi, et comme ne présentant pas la majorité en somme voulue par la loi. — *Paris*, 22 mars 1838 (t. 1er 1838, p. 477), Ardant c. Genthon.

ART. 5. — *Annulation et résolution du concordat.*

1600. — Le Code de 1808 ne contenait aucune disposition relative à l'annulation et à la résolution du concordat.

1601. — Ainsi on jugeait sous ce Code que l'inexécution du concordat ne faisait pas de plein droit renaître l'état de faillite. — *Paris*, 10 fév. 1813, Chemery c. Aviat.

1602.—...Et que le failli qui ne remplissait pas les engagemens par lui contractés dans le concordat passé avec ses créanciers ne pouvait, à raison de ce défaut de paiement, être constitué de nouveau en état de faillite, lorsqu'il était constant que, depuis le concordat, il ne s'était livré à aucun acte de commerce. — *Cass.*, 27 mai 1829, Combal c. Langlois ; — Pardessus, t. 4, no 1249 ; Lainné, *Comment. sur la loi de 1838 sur les faill. et banquer.*, p. 266; Boulay-Paty, *Traité des faill. et banquer.*, t. 1er, no 291.

1603. —La résolution des concordats sous l'ancien Code, dit M. Renouard (*Tr. des faillites et banqueroutes*, t. 2, p. 14), ne pouvait faire revivre ni l'incapacité du débiteur, ni l'exercice de la contrainte par corps, ni les titres primordiaux sur lesquels le concordat avait fait novation. — Boulay-Paty, no 291. — V. également Bioche et Goujet, *Dict. de proc.*, vo *Faillite*, nos 388 et suiv.

1604. — Il résultait de là de graves inconvéniens, dont l'effet paralysait l'exécution de la loi. C'est pour remédier aux abus introduits dans la pratique qu'a été rédigéee la loi nouvelle, qui a créé des sanctions efficaces au profit des créanciers.

§ 1er. — *Annulation du concordat pour banqueroute frauduleuse.*

1605. — Il n'y a pas aujourd'hui de concordat possible, art. 510 et 515, C. comm., lorsqu'une condamnation pour banqueroute frauduleuse a frappé le failli avant la formation ou l'homologation du concordat.

1606. — Toutefois le concordat intervenu entre le failli et ses créanciers, nonobstant des présomptions de banqueroute frauduleuse, n'est pas nul de plein droit, et doit recevoir effet si le failli est acquitté. — *Poitiers*, 21 juill. 1825, Demé c. Boucaud.

1607. — Mais la condamnation du failli comme banqueroutier frauduleux est une cause d'annulation du concordat.

1608. — Lors de la discussion de l'art. 520 à la chambre des députés (V. le *Moniteur* des 4 et 5 avr. 1838), l'on a voulu introduire une autre cause d'annulation qu'on voulait faire résulter de la déclaration de banqueroute simple faite postérieurement à l'homologation ; mais cet amendement a été rejeté comme contraire au principe précédemment établi par la loi : « que la qualité de banqueroutier simple ne rend pas le concordat impossible ; » d'où il résulte que la condamnation pour banqueroute simple ne peut avoir pour effet d'annuler de plein droit le concordat déjà voté. Si le failli concordataire, a dit M. Quénault, rapporteur de la commission, est mis, par l'effet de sa banqueroute simple, dans l'impossibilité d'exécuter le concordat, les créanciers auront l'action en résolution ; de sorte que leurs droits seront toujours à couvert.

1609. — Le projet primitif de l'art. 518 contenait un paragraphe qui, après l'homologation du concordat, déclarait non-recevable toute action en banqueroute simple ; mais la crainte de créer une prescription plus courte que celle du droit commun et d'assurer ainsi au banqueroutier l'impunité ont fait écarter cette disposition. — V. le *Moniteur* des 4 et 5 avr. 1838. — V. aussi Saint-Nexent, nos 450 et 451. — Les créanciers pourront donc toujours porter une plainte en banqueroute simple, et le ministère public pourra suivre la répression de ce délit ; mais les faits de banqueroute simple sans autre qualification seraient impuissans, comme nous l'avons dit, contre un concordat suivi d'homologation.

§ 2. — *Annulation du concordat pour dol et fraude.*

1610. — Le concordat peut aussi être annulé dans le cas de dol et de fraude. — C. comm., art. 518.

1611. — Mais lorsque le concordat est homologué, il ne peut plus être annulé pour irrégularité ou pour inobservation des formes préliminaires exigées par la loi ; les créanciers pouvaient ou refuser d'y accéder ou contester son homologation, et leur silence a dû être considéré comme une ratification de tout ce qui s'est passé. — Pardessus, no 1250.

1611. — Ainsi jugé qu'un concordat passé entre un failli et ses créanciers ne peut être annulé pour inobservation des art. 510, 511 et 512, C. comm. 1808, qui veulent qu'à l'expiration des délais fixés pour la vérification des créances, les syndics dressent un procès-verbal contenant les noms des créanciers non comparans, que le tribunal détermine un nouveau délai pour la vérification, et que le jugement qui fixe ce délai soit notifié aux créanciers au moyen d'une insertion dans les journaux. — *Nancy*, 14 déc. 1829, Olry c. A...

1613. — Sous le Code de 1808, qui ne s'était pas occupé du cas où postérieurement à l'homologation du concordat on découvrirait le dol ou la fraude qui entacheraient le traité, on s'en référait au droit commun et on admettait que le consentement qui était entaché de ces sortes de vices ne pouvait être considéré comme un consentement valable.

1614. — Ainsi on jugeait que le créancier signataire d'un concordat pouvait en demander la nullité, même après l'expiration du délai de huitaine fixé par l'art. 523, et après l'homologation, lorsqu'il n'avait été déterminé à y consentir que par le dol et la fraude commis par le failli dans l'exposé de sa situation, et découverts depuis l'expiration du délai. — *Lyon*, 1er août 1825, Michoud c. Guillou.

1615. — ... Que les créanciers d'un failli qui, aux termes de l'art. 523, C. comm., avaient huit jours pour former opposition au concordat, étaient en outre recevables à demander la nullité de cet acte, même après son homologation en justice et son exécution, lorsqu'il y avait dol de la part du failli, et que ce dol n'avait été découvert que depuis le jugement d'homologation. — *Cass*, 12 déc. 1827, Guillon c. Michaud.

1616.—Le projet de loi primitif présenté en 1835 n'admettait pas le recours ouvert contre le concordat par l'art. 518. On avait eu pour but de fermer tous ces recours indirects qui, sous le Code de 1808, permettaient de revenir contre le concordat. On avait voulu assurer au failli et à ceux qui traitaient avec lui une position stable et constante. (V. rapport de M. Renouard). Un député (M. Lavielle) s'éleva contre cette disposition absolue, et soutint que le concordat, étant une transaction entre le failli et ses créanciers, devait pouvoir être annulé par toutes les voies qui rendent une transaction rescindable ; mais cette proposition fut rejetée. La commission de la chambre des pairs, qui avait pour organe M. Tripier, proposa d'admettre l'action en nullité pour dol découvert depuis l'homologation. Cet amendement, que combattit M. Quénault, commissaire du roi, finit par être adopté au moyen d'un sous-amendement proposé par M. Girod (de l'Ain), qui limitait l'action en nullité au cas où le dol résulterait, soit de la dissimulation de l'actif, soit de l'exagération du passif. Il est évident que les créanciers, s'ils eussent su que l'actif était plus considérable et que le passif était moins élevé, auraient refusé de consentir une remise semblable à celle qu'ils ont accordée. La majorité n'est-elle pas d'ailleurs faussée par l'agrégation des créanciers simulés.

1617. — Donc aujourd'hui aucune action en nullité de concordat n'est recevable, après l'homologation ; que pour cause de dol découvert depuis cette homologation, et résultant, soit de la dissimulation de l'actif, soit de l'exagération du passif. — Art. 518.

1618. — Ainsi il faut, pour que l'action en nullité pour dol et fraude soit recevable, 1° que le dol et la fraude aient été découverts depuis le jugement d'homologation, autrement ils auraient pu motiver, soit un refus de signer le concordat, soit une opposition à l'homologation ; — 2° que le dol et la fraude consistent dans la dissimulation de l'actif et dans l'exagération du passif, deux faits constitutifs de la banqueroute frauduleuse, et qui à ce titre doivent autoriser les créanciers à revenir par la voie civile contre le concordat, sans qu'ils soient placés dans la nécessité d'avoir recours à une plainte en banqueroute frauduleuse devant la justice criminelle.

1619 — Mais l'omission sur le bilan rédigé par le failli, d'effets qui lui appartiennent réellement, ne donne pas par elle-même, et en l'absence d'intention frauduleuse, ouverture à l'action en nullité du concordat, pour cause de dol. — *Bordeaux*, 11 janv. 1833, Jalaguier c. Capgras.

1620. — L'action en nullité pour cause de dol appartient à tous les créanciers, même à ceux qui se sont opposés au concordat, qui n'y ont pas concouru, ou qui ne se sont fait connaître qu'après l'homologation du concordat.

1621. — Les parties qui ont signé un concordat conservent toujours le droit d'en demander la nullité, dans le cas où leur consentement a été surpris par le dol ou la fraude. — Ce droit appartient également au créancier forclos qui se plaint de dol ou de fraude commis à son égard. — *Lyon*, 15 mars 1838 (t. 2 1838, p. 566), Cote c. Bertholat.

1622. — L'exécution du concordat, si elle est antérieure à la découverte du dol et de la fraude, ne saurait exercer aucune influence sur l'action en nullité, mais on conçoit qu'il en pourrait être différemment de l'exécution postérieure à la connaissance acquise des manœuvres frauduleuses et dolosives.

1623. — Cette action, comme toutes les actions en nullité ou en rescision, doit durer dix ans à compter de la découverte du dol. A défaut d'une disposition exceptionnelle, il y a lieu d'appliquer la règle générale de l'art. 1304. — *Lyon*, 1er août 1825, Guillon c. Michoud; *Cass.*, 12 déc. 1827, Guillon c. Michoud; — Bédarride, n° 615; Renouard, t. 2, p. 125; Pardessus, n° 1250.

1624. — L'instance en nullité pour dol ou fraude est introduite au moyen d'une assignation qui doit être libellée, motivée et contenir l'articulation des faits de dol et de fraude.

1625. — Cette assignation peut être donnée à la requête de tout créancier. Ceux mêmes qui ne se seraient pas constitués demandeurs peuvent intervenir et poursuivre en leur nom en cas de désistement de la part des demandeurs originaires. — Bédarride, n° 618.

1626. — Avant la loi du 28 mai 1838, il avait été jugé que la nullité du concordat, prononcée pour cause de fraude sur la demande d'un créancier du failli, ne profitait pas aux autres créanciers; que dès-lors ceux-ci étaient non-recevables à former tierce-opposition à l'arrêt qui avait infirmé le jugement prononçant la nullité du concordat. — *Bordeaux*, 5 juill. 1833, Bernier c. Pihet. — Mais aujourd'hui V. l'art. 513.

1627. — Le tribunal de commerce est seul compétent pour statuer sur la demande en nullité, pour cause de dol et de fraude, du concordat qu'il a homologué. — *Colmar*, 11 déc. 1841 (t. 1er 1842, p. 541), Witz-Kœnig c. Bastard; — Pardessus, n° 1259.

1628. — Si les faits allégués comme constitutifs de la fraude et du dol n'étaient pas pertinens, s'ils ne tendaient pas à établir soit l'exagération du passif, soit la dissimulation de l'actif, s'ils ne pouvaient constituer que la banqueroute simple, le tribunal ne devrait pas en ordonner la preuve et il devrait *de plano* écarter l'action.

§ 3. — Résolution du concordat pour inexécution.

1629. — Aux causes d'annulation qui viennent d'être indiquées, il faut joindre la résolution du concordat pour inexécution, car, comme tous les contrats synallagmatiques, le concordat est soumis à la condition résolutoire.

1630. — En cas d'inexécution, par le failli, des conditions de son concordat, la résolution de ce traité peut être poursuivie contre lui devant le tribunal de commerce, en présence des cautions, s'il en existe, ou elles dûment appelées. — C. comm., art. 520.

1631. — La résolution d'un concordat n'a pas lieu de plein droit; en conséquence, l'inexécution du concordat par le débiteur dans les délais fixés ne suffit pas pour emporter la déchéance du bénéfice de cet acte à son égard, alors surtout qu'il n'a pas été mis en demeure par le créancier. — *Paris*, 3 déc. 1842 (t. 1er 1843, p. 197), Crouzet c. Fize.

1632. — Le failli étant obligé à l'exécution de son concordat envers chacun de ses créanciers, celui des créanciers qui a à se plaindre de l'inexécution du concordat à son égard a le droit d'en demander la résolution.

1633. — Ce point aujourd'hui constant avait été adopté par la première commission de la chambre des députés; mais il fut contesté par M. Tripier, dans son premier rapport à la chambre des pairs, qui proposa de n'admettre l'action qu'autant qu'elle serait ratifiée par la majorité des créanciers en nombre et en sommes.

1634. — Le second projet du gouvernement reproduisit, non la disposition proposée par le rapporteur de la chambre des pairs, mais l'article voté par la chambre des députés, qui reconnaissait à chaque créancier le droit individuel de demander la résolution ; dans les séances de la chambre des pairs des 9 et 10 mai 1837, la discussion s'engagea de nouveau, et la commission de la chambre des pairs ne consentit à adhérer à la disposition qui laissait les cautions engagées après la résolution du concordat qu'à la condition d'exiger pour la demande en résolution le concours de la majorité des créanciers. Le projet, reporté en ces termes à la chambre des députés (séances des 4 et 5 avril 1832), fut de nouveau critiqué, et la chambre des députés se détermina à admettre le principe que la résolution du concordat peut être demandée par un seul créancier. Les motifs de ce vote sont résumés dans les paroles suivantes du rapporteur, M. Quénault : « Après le concordat, il n'existe plus de masse, plus de communauté, plus de majorité, plus de minorité, plus de droits collectifs; chacun peut poursuivre l'exercice de ses droits individuels par tous les moyens qui lui restent en vertu du concordat; la majorité serait souvent impossible à retrouver s'il s'était écoulé plusieurs années depuis la formation du concordat; ce serait soumettre à une condition la résolution qu'il importe de prononcer; il pourrait même arriver que la majorité fût désintéressée et n'eût plus aucun intérêt à faire prononcer la résolution. » — *Moniteur*, 6 avr. 1838.

1635. — Aucune disposition spéciale ne fixe le délai dans lequel l'annulation du concordat doit être demandée, il faut donc à cet égard s'en tenir au droit commun. — Mais quelle sera la durée du délai? M. Pardessus, n° 1250, fixe ce délai à dix ans. Cette opinion ne nous paraît pas devoir être admise. En effet, la question a été soulevée à la chambre des députés, dans les séances des 19 et 20 févr. 1835, par MM. Salverte et Quénault ; on a répondu que l'action serait ouverte tant que les engagemens pris par le concordat resteraient à remplir. — M. Renouard (t. 2, p. 148) ajoute, pour compléter cette réponse, que, conformément au droit commun, l'action durera 30 ans, si pendant ce laps de temps des créanciers conservent intérêt à la demande, et que le point de départ de cette prescription trentenaire sera l'inexécution du concordat, à compter du terme qui a pu être accordé au failli. — Bédarride, n° 636.

1636. — Lorsque le dividende promis dans un concordat a été stipulé payable par termes à partir du jour de l'homologation, l'action en paiement se prescrit à dater du jour du concordat, et non de celui de l'homologation. — *Bordeaux*, 19 mars 1841 (t. 2 1843, p. 192), Chantecaille c. Lazare. — Cet arrêt est fondé sur ce que les créanciers, en reculant l'époque de l'homologation du concordat, qui, dans l'espèce, remontait à 1807, n'avaient pu prolonger indéfiniment leur action. Mais il nous semble que la décision devrait être différente aujourd'hui que le droit de poursuivre l'homologation appartient à la partie la plus diligente.

§ 4. — Effets de la résolution ou annulation du concordat.

1637. — La résolution du concordat sous le nouveau Code produit, à l'égard du failli, un effet indivisible et absolu ; bien que prononcée sur la poursuite d'un simple créancier, elle rétablit l'état de faillite, de dessaisissement et d'incapacité du débiteur; elle produit également cet effet à l'égard des créanciers qui n'ont pas été désintéressés, lors même qu'ils ne seraient pas intervenus à l'exercice de l'action en résolution. — Pardessus, n° 1251.

1638. — L'inexécution du concordat à l'égard de l'un des créanciers de la part du concordataire autorise ce créancier, qui rentre dès lors dans la plénitude de ses droits, à poursuivre son débiteur, même par la voie de la contrainte par corps. — Mais cette inexécution, et, par suite, la résolution du concordat à l'égard d'un seul des créanciers, ne peut faire revivre de plein droit l'ancien état de faillite, et paralyser l'action du créancier. — *Paris*, 11 août 1843 (t. 2 1843, p. 697), Gendrop c. Tondu.

1639. — Jugé toutefois que lorsque le débiteur failli a été affranchi de la contrainte par corps par une clause de son concordat, moyennant des sûretés qu'on ne pouvait pas exiger de lui, comme le cautionnement de sa femme, par exemple, il ne devient pas ultérieurement contraignable, par cela qu'il n'a point payé aux échéances le dividende promis. — *Cass.*, 3 janv. 1814, Lasbouygues c. Galazot; 9 déc. 1812, mêmes parties.

1640. — Mais on comprend que cette résolution pour inexécution ne puisse porter atteinte à des faits accomplis, qu'elle ne puisse plus faire renaître des qualités éteintes, et que les créanciers qui, par le paiement des dividendes accomplis à leur égard, ont été payés de ce qui leur avait été promis soient sans intérêt ni droit pour poursuivre la résolution ou pour profiter de ses conséquences. — Bédarride, n° 638.

1641. — Les cautions du failli, qui ont garanti l'exécution du concordat, sont, d'après l'art. 520, libérées de plein droit par l'annulation du concordat, soit pour dol, soit par suite de condamnation pour banqueroute frauduleuse intervenue après son homologation.

1642. — Mais la résolution du concordat pour inexécution ne libère pas les cautions qui y sont intervenues pour en garantir l'exécution totale ou partielle. — C. comm., art. 520.

1643. — Ce résultat avait été critiqué par M. Tripier, rapporteur à la chambre des pairs, qui faisait remarquer que les cautions ne s'étaient engagées que pour procurer au failli les avantages du concordat, et qui voulait que la résolution prononcée opérât à l'égard de tous ceux auxquels le concordat impose des obligations, parce qu'il était contradictoire qu'un acte fût résolu à l'égard du débiteur principal, tandis qu'il recevrait son exécution à l'égard de la caution dont cependant, d'après sa nature et les principes du droit commun, l'obligation ne peut jamais être qu'un accessoire de la promesse principale.

1644. — Mais le commissaire du roi, M. Vincens, répondit d'abord que la dérogation au droit commun, signalée par M. Tripier, ne serait pas le premier exemple de ce genre qu'offrirait le Code de commerce. Il ajouta que ce n'était qu'en vue des cautions que les créanciers avaient adopté le concordat et replacé le failli à la tête de ses affaires; que, sans l'intervention des cautions, le concordat n'aurait pas été consenti, et les créanciers auraient pu profiter d'un actif qui, depuis, a pu être consommé par le débiteur ou qui est devenu le gage des nouvelles dettes qu'il a pu contracter. Ce système l'a emporté, et la disposition du projet a été maintenue.

1645. — Ainsi les créanciers ont une double faculté : ils peuvent, d'une part, se faire payer par les cautions; d'autre part, retirer au failli le bénéfice du concordat, et le paiement qu'offriraient les cautions et auquel elles ne pourraient se soustraire, même après la résolution du concordat, n'empêcherait pas le créancier de faire résilier le concordat et de tenter ainsi d'obtenir pour sa créance une somme plus forte que celle que lui promettait le concordat.

1646. — La mise en cause des cautions n'a donc pas pour objet de les mettre en demeure d'exécuter leur propre engagement, mais de surveiller et de contrôler les actes desquels le créancier prétend faire suivre la résolution. Ainsi, les cautions, qui ont un grand intérêt à empêcher une résolution qui, tout en les laissant obligées, leur enlèverait les moyens d'exercer un recours utile contre leur débiteur, pourront opposer à la demande en résolution pour inexécution toutes les exceptions dont le débiteur concordataire aurait pu se prévaloir. — Bédarride, n° 645.

1647. — La résolution prononcée contre le failli ne peut pas aggraver la condition des cautions, qui ne seront jamais engagées que pour la somme déterminée par leur engagement. Les sommes payées par le débiteur avant la résolution seront imputées sur ce qu'elles ont promis, et elles ne pourront être tenues que de la différence entre la somme cautionnée et ce que les créanciers auront reçu sur l'actif.

1648. — La demande en résolution du concordat formée par un créancier devant le tribunal de commerce est l'acte d'un simple particulier, et, tant qu'elle n'a pas été sanctionnée et approuvée par la justice, elle ne peut autoriser l'application d'une mesure même conservatoire.

1649. — La raison, dit M. Renouard (t. 2, p. 149),

veut que l'art. 521 soit applicable au cas où le failli poursuivi se trouve en état de mandat d'amener. Ce point avait été convenu dans la discussion, et le *Moniteur* du 4 avril 1838 indique comme adopté un amendement qui retranchait de la rédaction ces mots, et *placé sous mandat de dépôt ou d'arrêt*. Mais, quoique adopté par la chambre des députés, cet amendement ne se retrouve pas dans la loi.

1650. — Mais, d'après l'art. 521, C. comm., il en est autrement lorsque, après l'homologation du concordat, le failli est poursuivi pour banqueroute frauduleuse, et placé sous mandat de dépôt ou d'arrêt; l'intervention de l'autorité judiciaire, les actes d'instruction auxquels elle se livre éloignent toute idée de vexation et de tracasserie; le tribunal de commerce peut alors prescrire telles mesures conservatoires qu'il appartient.

1651. — Après la résolution du concordat, les créanciers peuvent en consentir un nouveau au profit du débiteur; et le second concordat libère les cautions qui ont garanti l'exécution du premier concordat, si on n'exige pas qu'elles accèdent au second arrangement, et qu'elles renouvellent à cette occasion leur engagement; car le second concordat opère une novation qui éteint le premier ainsi que les obligations accessoires qui s'y rattachaient.

1652. — C'est au tribunal de commerce qu'appartient l'initiative de ces mesures conservatoires. Il faut donc que le procureur du roi donne avis à ce tribunal des poursuites criminelles en banqueroute frauduleuse, afin que le tribunal puisse ordonner ce qu'il appartiendra.

1653. — Chaque créancier peut, au reste, provoquer individuellement le tribunal de commerce à user du droit que lui confère l'art. 521.

1654. — Ces mesures conservatoires devront être telles qu'elles ne puissent être considérées comme une atteinte aux droits que le concordat a rendus au failli, qui, bien que prévenu, est encore protégé par une présomption d'innocence. Elles peuvent consister, par exemple, à adjoindre au failli, ou au mandataire que celui-ci aura choisi, un ou plusieurs créanciers, sous le contrôle desquels l'administration se continuera.

1655. — L'art. 521, C. comm., se termine en déclarant que ces mesures cessent de plein droit du jour de la déclaration qu'il n'y a lieu à suivre, de l'acte d'acquittement ou de l'arrêt d'absolution. Elles cessent également par la condamnation même par contumace, et on doit y substituer un état définitif, qui est réglé par les art. 522 et suiv.

1656. — Si le failli est condamné pour banqueroute frauduleuse, l'annulation du concordat est de droit; elle n'a pas besoin d'être prononcée par le tribunal de commerce, qui, sur le vu de l'arrêt de condamnation pour banqueroute frauduleuse, doit nommer un juge-commissaire et un ou plusieurs syndics. — C. comm., art. 522.

1657. — Le jugement qui prononce soit l'annulation, soit la résolution du concordat, doit produire les mêmes effets, et l'appel dont ce jugement d'annulation ou de résolution peut être frappé ne serait pas suspensif en ce qui concerne la nomination des syndics et les conséquences qu'elle entraîne. — Bédarride, n° 658.

1658. — Si après le jugement d'homologation d'un concordat le failli est remis à la tête de ses affaires, l'appel du jugement d'homologation du concordat, interjeté par un créancier, ne suspend pas l'exécution de ce concordat quant aux délais accordés au failli pour payer. — C. comm., art. 524. — Néanmoins, lorsque ces délais ont dû courir à compter du jugement d'homologation, si ce jugement est frappé d'appel, et si le failli a pu penser que les délais ne courraient que du jour de l'arrêt confirmatif, il n'y a pas lieu de le déclarer déchu du bénéfice du concordat pour n'avoir pas payé dans les délais courus depuis le jugement de première instance; mais seulement de le condamner à payer immédiatement les dividendes échus. — *Paris*, 26 juill. 1833, Cahier c. Delacoste.

1659. — Les syndics peuvent faire apposer les scellés (C. comm., art. 522). C'est une faculté qui leur est laissée tandis qu'à l'ouverture de la faillite c'était un devoir impérieux; la raison de cette différence vient de ce que, dans le cours de la faillite, il a été procédé à divers actes qui peuvent établir la consistance de l'actif tels que l'inventaire et le compte que les syndics ont rendu au failli après l'homologation du concordat; mais comme depuis ces actes il peut s'être écoulé un assez long intervalle, que les marchandises, par exemple, du failli ont pu être renouvelées, la loi laisse aux syndics à faire l'appréciation des circonstances et à déterminer s'il y a lieu de recourir, pour empêcher ce détournement de l'actif, à la mesure de précaution d'apposition de scellés.

1660. — Les syndics doivent procéder, sans retard, avec l'assistance du juge de paix, sur l'ancien inventaire, au récolement des valeurs, des actions et des papiers, et procéder, s'il y a lieu, à un supplément d'inventaire. — C. comm., art. 522. — Ils demeureront ainsi, en leur qualité, chargés des objets composant l'actif du failli.

1661. — C'est aux syndics que l'art. 552 impose le devoir de dresser un nouveau bilan, ce que leur rendront facile le dépouillement des écritures du failli et l'inventaire auquel ils ont procédé. La loi n'impose pas cette obligation au failli, car c'eût été le forcer à exécuter volontairement les conséquences d'une résolution à laquelle il a résisté.

1662. — Les syndics doivent immédiatement faire afficher et insérer dans les journaux à ce destinés, avec un extrait du jugement qui les nomme, invitation aux créanciers nouveaux, s'il en existe, de produire dans le délai de vingt jours leurs titres de créance et de vérification. Cette invitation est faite aussi par lettres du greffier, conformément aux art. 492 et 493. — C. comm., art. 522.

1663. — Les créanciers connus ou inconnus doivent se présenter dans le délai uniforme de vingt jours, quelle que soit la distance à laquelle ils soient domiciliés. Ce délai court du jour de l'affiche et de l'insertion dans les journaux. — Bédarride, n° 666.

1664. — Mais il faut nécessairement que ce délai soit écoulé pour qu'on puisse procéder aux opérations ultérieures, car il peut exister des créanciers dont les écritures tenues par le failli peuvent révéler l'existence.

1665. — Les créanciers n'ont pas besoin d'attendre le délai de vingt jours pour produire leurs titres et les syndics doivent, sans retard, procéder à la vérification des titres de créances produits. — C. comm., art. 523.

1666. — Le failli peut, s'il le juge convenable, et pour le cas où il ne subirait pas sa peine comme banqueroutier frauduleux, assister à cette vérification, mais il n'est pas nécessaire de l'y appeler.

1667. — Tous les créanciers vérifiés, anciens et nouveaux, ont le droit d'élever des contestations lors de cette vérification.

1668. — Mais, ajoute l'art. 523, il n'y a pas lieu à nouvelle vérification des créances antérieurement admises et affirmées, sans préjudice néanmoins du rejet ou de la réduction de celles qui depuis auraient été payées en tout ou en partie, ou de celles dont la fausse énonciation ou l'exagération aurait servi à motiver l'annulation, ou dont la fausseté serait ultérieurement reconnue. — Pardessus, n° 1251.

1669. — Il suit de là que les créanciers nouveaux ne peuvent contester les créances antérieurement admises et affirmées, et que la seule objection à laquelle ces créances puissent être exposées est celle tirée des paiemens que les créanciers auraient pu recevoir.

1670. — Les contestations que peut faire naître cette vérification nouvelle, sont jugées dans la forme prescrite par les art. 498 et suiv. — V. *suprà* nos 1028 s. — Le tribunal décidera s'il y a lieu de surseoir ou de passer outre, et il déterminera, s'il y a lieu, le chiffre jusqu'à concurrence duquel aura lieu l'admission provisoire. — Bédarride, n° 672.

1671. — Ces opérations mises à fin, les créanciers devront délibérer sur le point de savoir s'il y a lieu d'accorder au failli un nouveau concordat.

1672. — Il faut rappeler que leur délibération affirmative serait sans effet si le failli avait été condamné pour banqueroute frauduleuse, ou si la résolution du premier concordat avait été prononcée pour dol ou pour fraude relatifs à l'exagération du passif et à la diminution de l'actif. — Pardessus, n° 1251.

1673. — Mais si le premier concordat a été résolu pour inexécution, le second concordat est licite; il doit être délibéré conformément aux art. 504 et suiv., et voté par la majorité en nombre et en sommes de tous les créanciers tant anciens que nouveaux.

1674. — Le droit d'opposition pour les créanciers et la nécessité de l'homologation pour ce nouveau concordat sont réglés par les dispositions qui régissent le concordat et que nous avons mentionnées plus haut.

1675. — S'il n'intervient pas de nouveau concordat, les créanciers sont de plein droit sous le régime de l'union. Ils sont convoqués à l'effet de donner leur avis sur le maintien ou le remplacement des syndics. — C. comm., art. 524; — Pardessus, n° 1251; Lainné, n° 278.

1676. — D'après l'art. 524, il peut y avoir lieu de procéder aux répartitions de l'actif actuellement disponible, mais il n'est procédé à ces répartitions qu'après l'expiration, à l'égard des créanciers nouveaux, des délais accordés aux personnes domiciliées en France par les art. 492 et 497, c'est-à-dire d'un jour par cinq myriamètres de distance entre le lieu où siége le tribunal et le domicile du failli, et de la huitaine accordée au créancier dernier vérifié pour l'affirmation de sa créance.

1677. — Il est à remarquer que la loi n'accorde pas de prorogation pour les créanciers domiciliés hors de France.

1678. — Après avoir admis l'annulation et la résolution du concordat, le législateur règle le sort des actes faits par le failli depuis l'homologation du concordat jusqu'à la reprise des opérations de la faillite. En principe général, ces actes sont valables, et d'après l'art. 525, les actes faits par le failli postérieurement au jugement d'homologation, et antérieurement à l'annulation ou à la résolution du concordat, ne seront annulés qu'en cas de fraude aux droits des créanciers.

1679. — En présence des termes généraux de l'art. 525, il n'y a plus à se préoccuper des distinctions faites par l'art. 446, C. comm., pour une autre hypothèse. — Lainné, p. 280.

1680. — La fraude dont il est ici question doit, à défaut de règles spéciales dans la loi exceptionnelle, demeurer soumise aux principes du droit commun. Il faudra donc que la fraude ait été ici concertée entre les deux parties, qu'il y ait eu de leur part réciproque l'intention de frauder, et, en outre, un préjudice causé aux créanciers du failli. — Ainsi il ne suffirait pas d'un simple préjudice porté aux droits des créanciers soit de la première, soit de la deuxième faillite; mais les juges du fond peuvent, en appréciant la moralité de ces actes, en interpréter les dispositions et décider, d'après les circonstances dans lesquelles ils ont été passés, que le créancier n'a pas eu le droit de faire sa condition meilleure que celle des autres, surtout s'il apparaît que les tiers aient pu être induits en erreur par de fausses apparences sur la position du débiteur commun. — *Cass.*, 24 nov. 1835, Michaud c. Ravot.

1681. — Vis-à-vis du failli, la résolution du concordat lui enlève le bénéfice de la remise qui lui avait été consentie, et d'après l'art 526, les créanciers antérieurs au concordat rentrent dans l'intégralité de leurs droits à l'égard du failli seulement. Dans leurs rapports avec leur débiteur, les sommes qu'ils ont touchées à titre de dividende sont imputées sur tout ce qui leur est dû en principal, intérêts et frais.

1682. — Mais les rapports des créanciers entre eux sont réglés autrement; ainsi, d'après l'art. 526, ils ne peuvent figurer dans la masse que pour les proportions suivantes, savoir : s'ils n'ont touché aucune part du dividende, pour l'intégralité de leurs créances; s'ils ont reçu une partie du dividende, pour la portion de leurs créances primitives correspondante à la portion du dividende promis qu'ils n'auront pas touchée. — Pardessus, n° 1251; Gautier, *Etudes de jurisp. comm.*, n° 1425.

1683. — Ajoutons que ceux qui ont touché l'intégralité des dividendes qui leur avaient été promis ne sont plus créanciers, relativement à la masse, et qu'ayant obtenu la satisfaction qu'ils avaient demandée, ils n'ont plus rien à réclamer, et réciproquement que les créanciers non payés ne peuvent obliger ceux qui l'ont été à rapporter ce qu'ils ont touché. — Savary, parère XLIX, p. 421.

1684. — L'art. 526 contient une innovation qui est ainsi motivée dans le rapport de M. Renouard: « Sous le Code, les créanciers de l'ancienne faillite étaient sacrifiés aux créanciers nouveaux. Si une remise de 60 % avait été faite par le concordat, et que la perte fût de 90 % dans la deuxième faillite, les créanciers anciens n'avaient droit qu'à un dixième des 40 % auxquels ils avaient consenti à réduire leur créance originaire. Une telle combinaison blessait profondément l'équité. La remise n'est consentie par les créanciers qu'en vue et à condition du paiement partiel qui leur est promis. S'ils ont reçu une partie de leur dividende, qu'une part correspondante de leur créance première se trouve éteinte, rien de plus juste; mais toute la part de leur créance première, correspondante au dividende qui leur a été promis et qui ne leur a pas été payée, doit revivre à leur profit. »

1685. — L'art. 526 se termine par un paragraphe qui a été ajouté par suite d'un amendement proposé par M. Gaillard de Kerbertin (séance du 20 fév. 1838), et qui est ainsi conçu : « Les dispositions du présent article seront applicables au cas où une seconde faillite viendra à s'ouvrir sans qu'il y ait eu préalablement annulation ou résolution du concordat. »

1686. — Ces dispositions s'appliqueraient également à une troisième, à une quatrième faillite.

1687. — Il avait été jugé, sous le Code de 1808, qu'un commerçant qui, depuis une première faillite, s'était mis à la tête de nouvelles affaires, ne pouvait être constitué une seconde fois en état de

faillite. — *Paris*, 31 août 1831, Séguin c. Ouvrard; 16 mai 1835, Thira c. Caran.

1688. — Mais la loi nouvelle a d'autres principes. Les créanciers ont pu ne pas se prévaloir de l'inexécution du concordat pour en faire prononcer la résolution, et cette déclaration de faillite sur faillite ne devait pas être un motif pour les priver, dans ce cas, de la protection que la loi leur accordait, dans le cas où ils avaient provoqué la résolution du concordat.

1689. — Ainsi, lorsque le débiteur tombe de nouveau en faillite avant d'avoir satisfait tous les créanciers, cette nouvelle situation produit par le fait une véritable résolution à l'égard des créanciers de la première faillite; et les dispositions des deux premiers paragraphes de l'art. 526 leur sont applicables. — Pardessus, nº 1251; Bloche, vº *Faillite*, nº 405.

1690. — Au surplus, cette nouvelle faillite ne doit être déclarée qu'autant qu'on a constaté l'existence du fait constitutif de la faillite, c'est-à-dire de la cessation de paiemens. — Mais cette faillite, une fois déclarée, devrait produire tous les effets attachés par les art. 438 et suiv.

1691. — Dans la discussion qui a précédé l'adoption du projet, un député a demandé quel serait, en cas de seconde faillite, ou de faillite rouverte, l'effet de l'inscription prise sur les immeubles du failli en vertu de l'art. 490, au profit de la masse des créanciers alors existans. — Il a été répondu que cette inscription subsistera, et que les créanciers qui composaient la masse au moment où l'inscription a été prise, auront, sur les immeubles frappés de cette hypothèque, les droits qu'aurait un créancier particulier dont l'hypothèque aurait été inscrite. — Renouard, t. 2, p. 159.

1692. — L'inscription du jugement d'homologation effectuée en vertu de l'art. 517 conservera-t-elle ses effets hypothécaires? — M. Renouard (*ibid.*) distingue: « S'il y a, dit-il, seconde faillite, ce qui suppose la reconnaissance du concordat de la première, les effets de l'inscription subsisteront; si l'ancienne faillite a été rouverte par l'anéantissement du concordat, et en le considérant comme n'ayant jamais existé, l'inscription du jugement d'homologation tombera; au contraire, l'inscription prise en vertu de l'art. 490 subsistera, car l'anéantissement du concordat ne saurait rétroagir contre les droits acquis, antérieurement au concordat, à la masse des créanciers. » — V. en ce sens Lainné, p. 277.

Sect. 3e. — *Clôture des opérations de la faillite en cas d'insuffisance de l'actif.*

1693. — L'innovation introduite par les art. 527 et 528 actuels est due aux observations présentées dans le sein de la commission préparatoire de la chancellerie par le respectable M. Aubé, alors président du tribunal de commerce de Paris et aujourd'hui le doyen de cette magistrature consulaire. Les renseignemens statistiques consignés dans le rapport de M. Renouard à la chambre des députés, dans le rapport de M. Tripier à la chambre des pairs, établissent que sous le code de 1808, et en l'absence de cette disposition, plus du tiers des faillites restaient en suspens.

1694. — C'est pour porter remède à une telle situation que l'art. 527 a disposé que si, à quelque époque que ce soit, avant l'homologation du concordat ou la formation de l'union, le cours des opérations de la faillite se trouve arrêté par insuffisance de l'actif, le tribunal de commerce peut, sur le rapport du juge-commissaire, prononcer, même d'office, la clôture des opérations de la faillite.

1695. — La disposition contenue dans le deuxième paragraphe de l'art. 527 a eu pour objet, disait M. Quénault (*Monit.* du 5 avr. 1838), de pourvoir à une situation qui n'était pas prévue par le code de 1808, et qui cependant est très préjudiciable aux intérêts des créanciers. Un débiteur commerçant tombe en faillite; faute de fonds la procédure n'est pas continuée; le failli, que personne n'a le moyen de poursuivre collectivement ni droit de poursuivre individuellement, se remet à faire des affaires, et la faillite reste complétement oubliée jusqu'à ce que le failli lui-même ait intérêt à exhumer le jugement de déclaration de faillite pour se soustraire à la contrainte par corps. Il y a même des faillis qui spéculent sur cette position.

1696. — Il est bon d'observer que, quelque insuffisant que paraisse l'actif, la faillite n'en doit pas moins être déclarée: le jugement déclaratif sera publié, le failli dessaisi de l'administration de ses biens, les scellés apposés, l'inventaire dressé, l'examen des livres du failli accompli, et on pourra, s'il y a lieu, retrouver la trace des fautes ou même des fraudes commises par le failli.

1697. — Ainsi jugé qu'un tribunal ne peut refuser de déclarer, sur la demande des créanciers, la faillite d'un commerçant qui a cessé ses paiemens, sous le prétexte qu'étant complétement insolvable, et son actif n'étant même pas suffisant pour couvrir les frais de la faillite, les créanciers sont sans intérêt pour la faire prononcer. — *Besançon*, 13 janv. 1845 (t. 1er 1846, p. 347), Zeclner.

1698. — Le jugement de clôture peut être provoqué à quelque époque que ce soit, pourvu que le concordat ne soit pas homologué, ou que l'union ne soit pas formée; il suffit qu'il y ait insuffisance de l'actif.

1699. — Ce jugement peut être provoqué soit par les syndics, soit par un des créanciers. Il peut être rendu d'office par le tribunal, mais la loi n'impose dans aucun cas l'obligation d'appeler le failli en cause. Il s'agit, en effet, de la constatation d'un fait matériel qu'une discussion contradictoire ne pourrait changer; au surplus, si le failli a des ressources qui lui soient fournies par des tiers, il pourra faire rapporter le jugement avant le mois de sa mise à exécution. — Bédarride, nos 700 et 706; Goujet et Merger, vº *Faillite*, nº 405.

1700. — Le jugement qui prononce la clôture des opérations de la faillite fait rentrer chaque créancier dans l'exercice de ses actions individuelles, tant contre les biens que contre la personne du failli.

1701. — La clôture prononcée en cas d'insuffisance de l'actif a des effets sévères, disait M. Renouard dans son rapport, car tout porte à croire que le failli n'est arrivé à cette absorption totale de son actif que par des fautes ou des négligences bien peu pardonnables. Une analogie assez sensible devait exister entre cette clôture et le cas de clôture de l'union après liquidation totale. Dans cet esprit, l'art. 527 dispose que, par l'effet du jugement, chaque créancier rentrera dans l'exercice de ses actions individuelles, tant contre les biens que contre la personne du débiteur. A ce mot *débiteur*, la commission a substitué le mot *failli*, afin qu'il demeure bien constant que l'état de faillite et toutes les incapacités qui en découlent continuent à subsister comme après la clôture de l'union. C'est pour exprimer la même pensée qu'au lieu de *clôture de faillite* la commission a dit *clôture des opérations de la faillite*.

1702. — Ainsi l'état de faillite et par suite le dessaisissement de ses biens, droits et actions continuent à peser sur le failli. Il perd par le jugement dont parle l'art. 527 le bénéfice que sa position de failli lui assurait de ne pouvoir être poursuivi sur sa personne et sur ses biens que par les syndics. Chaque créancier peut donc le contraindre par corps pour ce qui lui est dû. — Bédarride, nº 701; Pardessus, nº 1269; Renouard, t. 2, p. 193; Goujet et Merger, vº *Faillite*, nº 412.

1703. — Du droit pour tout créancier de reprendre ses poursuites individuelles, comme du droit de tout intéressé même autre que le failli de faire, d'après l'art. 528, rapporter le jugement de clôture, M. Pardessus (nº 1269) conclut que le jugement doit être rendu public dans la même forme que le jugement déclaratif de la faillite. C'est la pratique qui a été suivie par le tribunal de commerce de la Seine, et nous croyons, avec MM. Goujet et Merger (vº *Faillite*, nº 408), qu'il est convenable de s'y conformer; mais l'inobservation de cette publication non prescrite par la loi ne saurait entraîner la nullité du jugement de clôture.

1704. — Observons toutefois qu'il est indispensable que le créancier qui, après avoir ainsi provoqué et obtenu la clôture des opérations de la faillite, voudra reprendre l'exercice individuel de ses poursuites, fasse signifier au failli avec ses titres exécutoires le jugement de clôture.

1705. — Puisque chaque créancier reprend l'exercice de ses actions individuelles, tant contre les biens que contre la personne du failli, celui qui exerce des poursuites doit en recueillir seul le bénéfice, et par conséquent les paiemens que le failli sous le coup de ces poursuites pourra faire seront acquis à ce créancier diligent. — V. conf. Bédarride, nº 702.

1706. — MM. Pardessus (nº 1269), Goujet et Merger (vº *Faillite*, nº 415) soutiennent, au contraire, que ces paiemens doivent profiter à la masse, et ils en donnent pour raison que la faillite continue à subsister; que le débiteur est toujours frappé de dessaisissement; que tout paiement fait par le saisi doit dès-lors être frappé de nullité et rapporté au profit de tous les créanciers. — C. comm., art. 443 et 447.

1707. — Nous ne saurions adopter cette dernière opinion, à laquelle nous opposons le texte de l'art. 527, qui rend aux créanciers l'exercice de leurs actions *individuelles*, tant contre *les biens* que contre la *personne* du failli. L'exercice d'une action comporte non seulement le droit d'obtenir une condamnation, mais aussi celui de la faire exécuter. L'exécution sur les biens se pratique par la mise en vente, par la réalisation d'une somme d'argent, et cette exécution est l'exercice d'une action individuelle. Le failli demeure sans doute frappé des incapacités que la faillite a fait peser sur lui; mais ces incapacités doivent se combiner avec la faculté donnée aux créanciers d'exercer une action individuelle. L'art. 527 fait à notre avis exception aux art. 443 et 447, C. comm.; comment d'ailleurs exécuter un rapport à la masse? où est la masse? quel est son représentant depuis que les opérations de la faillite sont clôturées? Comment, par qui, entre qui se fera la répartition des fonds ainsi réalisés? La loi nouvelle a voulu placer le failli complétement insolvable dans une situation pire que celle que lui faisait le Code de 1808; or, elle n'aurait apporté aucun changement à la situation du failli, si les actions *individuelles* des créanciers devaient profiter non pas à eux, mais à la masse. En effet, où trouvera-t-on des créanciers disposés à faire les avances, à accepter les soucis de poursuites souvent longues et difficiles, si les fruits de ces exécutions doivent, pour la plus grande part, être recueillis par d'autres, et s'ils n'y doivent toucher qu'une modique part contributoire?

1708. — Les créanciers, suivant l'exercice de leurs actions individuelles, auraient le droit de former des saisies-arrêts entre les mains des débiteurs du failli, et par une conséquence nécessaire de l'avis que nous avons émis au numéro précédent, nous pensons que les sommes arrêtées par le premier saisissant devraient lui être acquises s'il arrivait à les toucher avant qu'aucun autre créancier ait fait des diligences pour acquérir un droit sur ces sommes.

1709. — Si plusieurs saisies-arrêts venaient frapper les sommes, elles devraient se répartir au marc le franc entre les divers saisissans, sans préjudice bien entendu pour tout autre intéressé, créancier ou autre, d'user du bénéfice de l'art. 528, et, après avoir fait rapporter le jugement de clôture, de requérir une distribution plus générale et plus régulière des sommes arrêtées.

1710. — M. Démonts, dont l'amendement avait été appuyé par MM. Sévin-Moreau et Martin (de Strasbourg), avait proposé une disposition ainsi conçue: « Si le failli n'est pas déclaré excusable, les créanciers rentreront dans l'exercice de leur action individuelle, tant contre sa personne que sur ses biens; s'il est déclaré excusable, il demeurera affranchi de la contrainte par corps à l'égard des créanciers de sa faillite et ne pourra plus être poursuivi par eux que sur ses biens, sauf les exceptions prononcées par les lois spéciales. »

1711. — Mais cet amendement a été rejeté par les raisons que le rapporteur, M. Quénault, a développées en ces termes: « Entre la situation à laquelle l'art. 527 a pour objet de pourvoir et l'état de faillite, l'assimilation est inexacte; sans doute, on conçoit que lorsque l'union a eu son cours, que lorsque l'actif a été liquidé, on fixe définitivement l'état du failli, et qu'on le fixe d'une manière favorable, si sa conduite ne présente rien de fâcheux ni aux créanciers ni au tribunal; mais à l'égard d'un homme qui s'est joué de ses créanciers en déclarant sa faillite au moment où il ne lui restait plus rien à leur offrir, la position n'est plus la même: ce serait encourager la fraude que d'affaiblir la disposition du projet. »

1712. — Pendant un mois, à partir de sa date, l'exécution du jugement qui prononce la clôture des opérations de la faillite est suspendue. — C. comm., art. 527.

1713. — Les conséquences du jugement qui prononce à raison de l'insuffisance de l'actif la clôture des opérations de la faillite étant graves, disait M. Renouard, rapporteur, le projet de loi en a suspendu l'exécution pendant un mois, avec faculté au failli ou à tout autre intéressé de le faire rapporter.

1714. — L'art. 528 porte que le failli, ou tout autre intéressé, peut, à toute époque, le faire rapporter par le tribunal, en justifiant qu'il existe des fonds pour faire face aux frais des opérations de la faillite, ou en faisant consigner entre les mains des syndics somme suffisante pour y pourvoir.

1715. — Les premiers projets ne donnaient qu'un mois au failli et à tout autre intéressé pour faire rapporter le jugement de clôture; mais le second projet du gouvernement a dit que ce rapport pouvait être demandé à toute époque.

1716. — Dans tous les cas, porte l'alinéa final de l'art. 528, les frais des poursuites exercées en vertu de l'art. 527 devront être préalablement acquittés. — Sans cette disposition, le droit de poursuite rendu aux créanciers aurait été paralysé par la crainte de supporter la charge des frais qui ont été exposés et

qui n'auraient pas été faits si la faillite eût suivi son cours régulier.

1717. — Quelque multipliées qu'aient été les poursuites, quelque élevé que soit le chiffre total des frais qu'elles ont occasionnés, les créanciers qui ont usé d'un droit incontestable ne peuvent supporter ces frais, dont l'acquittement intégral et préalable est de rigueur. — Bédarride, n° 709.

1718. — Ce sera au tribunal de commerce devant lequel sera portée la demande en rétractation qu'il appartiendra de fixer la somme dont la consignation préalable devra être faite. Pour la fixation de cette somme, les juges devront considérer quelle peut être l'importance des frais de procédure et d'administration que nécessitera la faillite jusqu'à la délibération du concordat. — Pardessus, n° 1269.

1719. — L'art. 528 parle de *fonds* suffisans pour faire face aux frais des opérations de la faillite et de la consignation d'une *somme*. Nous ne pensons pas cependant que cette condition doive être rigoureusement exécutée dans les termes où elle est conçue et que le failli doive nécessairement consigner une somme d'argent. Il suffirait, ce nous semble, qu'il justifiât que son actif n'est pas insuffisant et qu'il renferme, par exemple, des marchandises, des effets mobiliers, des valeurs dont le produit réalisé pourra subvenir aux frais des opérations de la faillite.

1720. — Il sera indispensable, néanmoins, que cet actif mobilier soit d'une facile réalisation, et la demande en rapport du jugement de clôture ne devrait pas être admise si elle était fondée sur l'existence d'immeubles. — Pardessus, n° 1269.

1721. — L'appel étant de droit commun, et les exceptions apportées par l'art. 583 à cette règle générale étant de droit étroit, si le jugement de clôture a été rendu par suite d'une instance engagée par un créancier contre le failli, la partie qui croira avoir des griefs contre ce jugement pourra en interjeter appel et le déférer à la cour royale.

1722. — Si, sur la requête présentée par un des créanciers, le tribunal de commerce refuse de prononcer la clôture, le demandeur à qui aucune disposition n'enlève le droit d'appel pourra déférer au second degré de juridiction le jugement qui aurait écarté sa prétention.

1723. — Mais si le jugement de clôture a été rendu sur requête, le failli qui, à raison de la procédure suivie, n'aurait pas été appelé en cause, ne pourra pas attaquer ce jugement par l'appel, et il devra simplement introduire devant le tribunal de commerce l'action principale, autorisée par l'art. 528.

1724. — L'appel pourra incontestablement être dirigé, soit par le failli, soit par tout autre intéressé, contre la décision rapportant le jugement de clôture des opérations de la faillite.

1725. — Les conséquences du refus de rétractation touchent à un intérêt indéterminé, et quel que soit, dès-lors, le chiffre de la consignation ou du paiement à faire par le demandeur, il y aura toujours recevabilité de l'appel. — Bédarride, n° 713.

1726. — Les mots *tout autre intéressé*, qu'emploie l'art. 528, sont tellement généraux qu'on doit y comprendre tous ceux qui ont un intérêt de quelque nature qu'il soit, et par exemple, la femme, les enfans, les parens, comme les créanciers du failli.

1727. — Le jugement de clôture une fois rétracté, les opérations de la faillite sont reprises au point où elles avaient été interrompues.

1728. — Au surplus, comme le fait très bien remarquer M. Renouard (t. 2, p. 171), les documens publiés successivement par les présidens du tribunal de commerce de la Seine rendaient saillante l'utilité des art 527 et 528, et la sagesse de la disposition transitoire précédant la loi du 28 mai 1838, qui a ordonné l'application de ces articles aux faillites ouvertes antérieurement à cette loi.

1729. — Selon M. Bédarride (n° 705), ce n'est qu'en considérant les art. 527 et 528 comme des lois de procédure seulement qu'on a pu leur imprimer un effet rétroactif. Et de cette observation cet auteur tire la conséquence, que si les effets de la clôture des anciennes faillites sont identiques aux effets des nouvelles en ce qui concerne les droits des créanciers de reprendre leurs poursuites individuelles, les anciens faillis pourront néanmoins s'affranchir de la contrainte par corps par la cession volontaire ou judiciaire de leurs biens; car c'est là un droit acquis pour eux d'après la loi sous l'empire de laquelle leur faillite a été déclarée. — V. aussi Lainné, p. 289.

Sect. 4e. — *Union des créanciers.*

ART. 1er. — *Formation et administration de l'union.*

1730. — A la différence de l'union des créanciers, qui, sous l'art. 527 du Code de 1808, était un contrat qui, lorsqu'un concordat n'intervenait pas, était formé à la majorité individuelle des créanciers présens, l'union des créanciers, sous la loi nouvelle, existe de plein droit s'il n'intervient pas de concordat, ou si le concordat est annulé.

1731. — On peut donc définir l'union, l'état des créanciers d'une faillite après le refus ou l'annulation du concordat proposé par leur débiteur et jusqu'à la liquidation de la faillite.

1732. — L'objet de l'union est d'obtenir une réalisation définitive et complète de l'actif de la faillite, afin d'arriver au paiement des créanciers d'après leurs droits.

1733. — Cette situation existant de plein droit, la loi nouvelle n'a plus dû, comme l'avait fait le Code de 1808, employer le mot *contrat d'union*, qui rappelait que, même après le rejet du concordat, l'union n'existait régulièrement que si elle avait été souscrite par la majorité. — Lainné, p. 293.

1734. — Le Code de 1808 laissait sans solution possible les cas où ne se rencontraient ni le concours de deux majorités nécessaires pour un concordat, ni la majorité individuelle exigée pour former un contrat d'union.

1735. — Les décisions qui vont suivre donnent une idée des diverses difficultés qu'avaient fait naître les dispositions incomplètes du Code de 1808.

1736. — Le contrat d'union n'était pas nul pour n'avoir pas été précédé du rapport des syndics sur l'état de la faillite, lorsque le failli lui-même avait déclaré qu'il ne pouvait donner un état exact de ses affaires, ou pour avoir été délibéré par les créanciers hypothécaires, lorsque la résolution avait été arrêtée à l'unanimité. — *Douai*, 12 oct. 1811; *Cass.*, 2 juin 1812, Letocard c. Fleury; — Bioche et Goujet, *Dictionn. de procéd.*, v° *Faillite*, n° 333; Boulay-Paty, t. 1er, n° 303.

1737. — La validité d'un contrat d'union intervenu entre les créanciers d'un failli était nécessairement subordonnée à la condition de la vérification des créances affirmées, et de l'homologation. — *Cass.*, 4 fév. 1806, Jousselin c. Blau.

1738. — Les créanciers d'un failli dont les titres de créances n'avaient pas été vérifiés et admis au passif de la faillite n'avaient pas dû être appelés au contrat d'union et n'étaient pas recevables à l'attaquer. Mais si ce contrat d'union était déclaré nul, sur la demande du porteur d'une créance vérifiée, cette nullité était indivisible, et profitait à tous les créanciers, même à ceux qui étaient sans qualité pour attaquer un contrat d'union. — *Bordeaux*, 15 janv. 1834, Armand.

1739. — Sous le Code de 1808, le procès-verbal dressé par le juge-commissaire d'une faillite, et qu'il qualifiait contrat d'union, devait, pour être valable, avoir été rédigé, clos et lu en présence des créanciers, afin de les mettre à même d'en apprécier la teneur et d'y donner leur consentement.

1740. — C'est en s'écartant de la lettre de l'art. 527, Code de 1808, que la cour de Cassation avait jugé que le contrat d'union qui, aux termes de l'art. 527, C. comm. ancien, serait intervenu, ne pouvait être argué de nullité, pas plus que la nomination des syndics qui en aurait été la suite, bien qu'il n'eût été voté que par la minorité des créanciers. — *Cass.*, 6 août 1840 (t. 1er 1842, p. 16), Berton.

1741. — Le Code de 1808 ne s'était pas non plus expliqué sur le point de savoir s'il était ou non nécessaire de soumettre le contrat d'union à l'homologation du tribunal.

1742. — Cette formalité devait être accomplie sous l'ordonnance de 1673, puisqu'il avait été jugé par le tribunal d'appel de Paris, le 13 prairial an X, qu'avant le Code de comm., les tribunaux de commerce n'étaient pas compétens pour homologuer des contrats d'union. — *Paris*, 13 prair. an X, N...

1743. — Quoique le Code de 1808 n'en eût rien dit, M. Émile Vincens (*Législ. comm.*, t. 1er, p. 445) et M. Boulay-Paty (*Traité des faillites*, t. 1er, p. 511) soutenaient que le principe de la nécessité de l'homologation subsistait et devait être appliqué toutes les fois qu'une délibération non unanime pouvait obliger tous les créanciers d'une faillite.

1744. — On jugeait sous le Code de 1808 que l'homologation exigée pour la validité du concordat n'était pas nécessaire pour la validité du contrat d'union; qu'en conséquence, on ne pouvait opposer à des syndics qu'ils étaient sans qualité pour agir au nom des créanciers de la faillite par le motif que l'acte d'union qui les nommait n'avait pas été homologué. — *Bordeaux*, 3 mai 1830, Gorsse c. Chicou-Bourbon.

1745. — Toutes ces controverses ont disparu devant la loi nouvelle, qui dispose que les créanciers sont *de plein droit* en état d'union s'il n'intervient pas de concordat.

1746. — Peu importe la cause pour laquelle il n'y a pas de concordat, soit défaut de consentement de la majorité, soit refus d'homologation, soit annulation du concordat consenti pour dol et fraude relatifs à la diminution de l'actif ou à l'exagération du passif, soit pour banqueroute frauduleuse.

1747. — Le juge-commissaire déclare l'état d'union, qui de plein droit, par la seule force de la loi, devient obligatoire pour tous les créanciers et ne peut plus dès-lors être rétracté par aucun traité ultérieur.

1748. — Selon M. Bédarride (n° 719), le procès-verbal dressé par le juge-commissaire doit, pour la validité des opérations ultérieures, mentionner que le juge-commissaire a déclaré que les créanciers étaient en état d'union. Il est sans doute préférable que le juge-commissaire proclame ce résultat et mentionne dans son procès-verbal la constatation par lui faite du nouvel état de choses; mais la loi déclarant que l'état d'union existe *de plein droit* et ne prescrivant pas cette mention dans le procès-verbal, nous ne croyons pas qu'on doive attacher la peine de nullité à son omission. Mais comme l'union ne peut exister qu'à défaut de concordat, le procès-verbal devra constater les circonstances qui ont empêché le concordat d'intervenir. — Lainné, p. 293.

1749. — Sous le Code de 1808, le contrat d'union mettait fin à la gestion des syndics provisoires, que le tribunal avait choisis sur la triple liste qui lui avait été soumise, et c'était aux créanciers seuls qu'était laissée la faculté de choisir leurs nouveaux mandataires définitifs.

1750. — Aujourd'hui le fait de l'état d'union ne révoque plus les syndics; mais le juge-commissaire consulte les créanciers immédiatement tant sur les faits de la gestion que sur l'utilité du maintien ou du remplacement des syndics. — C. comm., art. 529.

1751. — Ainsi les créanciers sont seulement consultés. — Les syndics, suivant l'art. 527 de l'ancien Code, étaient nommés par les créanciers. D'après la loi nouvelle, les syndics de l'union tiennent leur nomination du tribunal de commerce, conformément à l'art. 462, et de la même manière que les syndics nommés au commencement des opérations de la faillite; et le failli n'a pas plus aujourd'hui que sous le Code de 1808 qualité pour attaquer les délibérations par suite desquelles les syndics ont été nommés. — *Caen*, 21 août 1843 (t. 1er 1844, p. 170), Boulay c. Delacour.

1752. — Les créanciers se trouveront éclairés sur le double objet de leur délibération par le compte détaillé qu'avant la délibération sur le concordat les syndics ont dû leur rendre, aux termes de l'art. 506.

1753. — Les créanciers privilégiés, hypothécaires ou nantis d'un gage, sont, comme les chirographaires, admis à cette délibération. — C. comm., art. 529.

1754. — On ne retrouvait plus ici, dans le cas d'union, les raisons qui ont motivé l'exclusion des délibérations relatives au concordat de ces créanciers privilégiés et hypothécaires; leur vote ne devait pas être admis quand il s'agissait d'imposer à la majorité le sacrifice d'une partie de sa créance; mais ici ils ont un intérêt commun avec les autres créanciers, puisqu'il s'agit d'administrer, de réaliser et de partager l'actif. — Lainné, p. 294; Saint-Nexent, n° 470.

1755. — Le créancier hypothécaire du failli, qui a concouru au contrat d'union avec les chirographaires, et qui a pris part à plusieurs répartitions de deniers, sans réserver expressément l'effet de son hypothèque sur les immeubles, n'est pas pour cela censé avoir renoncé à cette hypothèque. — Cette renonciation ne peut pas s'induire surtout de la clause du contrat d'union, que ce créancier n'a point contestée, par laquelle les syndics étaient autorisés à vendre les immeubles, à en distribuer le prix entre tous les créanciers, *au marc le franc*, et à donner main-levée des inscriptions prises sur les biens. — *Paris*, 5 fév. 1822, Gogit et Julien c. Patris.

1756. — Il est dressé par le juge-commissaire procès-verbal des dires et observations des créanciers, tant sur la gestion que sur le maintien ou le remplacement des syndics, et, sur le vu de cette pièce et le rapport du juge-commissaire, le tribunal de commerce statue comme il est dit à l'art. 462. — C. comm., art. 529.

1757. — N'est point susceptible d'appel le jugement qui maintient des syndics dans l'administration d'une faillite, alors même que ce jugement aurait été précédé d'un refus de sursis demandé aux créanciers par le failli avant leur délibération sur des propositions de concordat. — *Paris*, 18 juill. 1843 (t. 2 1843, p. 339), Bernard.

1758. — Si les syndics sont continués dans leurs fonctions, ils poursuivent leur gestion; s'ils sont

remplacés, ils rendent compte de leur gestion en présence du juge-commissaire, qui dresse procès-verbal des dires et observations que le compte peut suggérer.

1759. — Ce compte est rendu aux nouveaux syndics qui, chargés des intérêts de la masse et de l'exercice des actions qui appartiennent au failli, doivent débattre et discuter ce compte.

1760. — Le failli, qui doit être présent ou dûment appelé, a aussi le droit de discuter ce compte, et les concessions que les syndics auraient pu faire ne sont pas un engagement, un lien pour lui. — Lainné, p. 296.

1761. — Mais s'il ne se présentait pas pour débattre ce compte, l'apurement qu'en feraient les syndics serait définitif; il serait déchu du droit de contredire, sauf toutefois la justification d'erreurs ou omissions, et la preuve que la fraude ou le dol ont présidé à cette opération. — Bédarride, n° 732.

1762. — D'après l'art. 527, C. comm. 1808, les créanciers nommaient un caissier chargé de recevoir les sommes provenant de toute espèce de recouvrement. Mais aujourd'hui cette nomination est inutile, et la loi nouvelle ne l'exige pas, parce que les syndics de l'union doivent, aux termes de l'art. 489, C. comm., verser immédiatement à la caisse des consignations les deniers provenant des ventes et recouvremens. — Lainné, p. 295.

1763. — D'après l'art. 529, C. comm. 1808, il devait être, sous l'approbation du juge-commissaire, remis au failli et à sa famille, les vêtemens, hardes et meubles nécessaires à l'usage de leurs personnes. Cette remise se faisait sur la proposition des syndics, qui en dressaient l'état.

1764. — Le failli auquel les syndics avaient fait délivrance des objets dont les art. 529 et 530, C. comm., lui permettaient de réclamer la remise, ne pouvait, en invoquant l'art. 592, C. procéd., réclamer la délivrance des instrumens ni des livres relatifs à sa profession. — *Rouen*, 4 fév. 1828, Bertout c. ses syndics; — Bioche et Goujet, *Dict. de procéd.*, v° *Saisie-Exécution*, n° 29.

1765. — Les syndics des créanciers d'un failli, autorisés par l'art. 529, C. comm., à remettre à celui-ci et à sa famille les meubles nécessaires à l'usage de leurs personnes, ne pouvaient user de ce droit au préjudice du privilége du propriétaire, et rendre au failli d'autres meubles que ceux spécifiés par le n° 2, art. 592, C. procéd. — *Paris*, 27 déc. 1813, Caubec c. Latizean.

1766. — S'il n'existait pas de présomption de banqueroute, le failli avait le droit, d'après l'ancien art. 530, de demander, à titre de secours, une somme sur ses biens; les syndics devaient en proposer la quotité, et le tribunal, sur le rapport du juge-commissaire, la fixait en proportion des besoins et de l'étendue de la famille du failli, de sa bonne foi, et du plus ou moins de perte qu'il faisait supporter à ses créanciers.

1767. — L'art. 530 actuel porte : « Les créanciers seront consultés sur la question de savoir si un secours pourra être accordé au failli sur l'actif de la faillite. »

1768. — La remise des vêtemens et hardes nécessaires au failli et à sa famille a été opérée en vertu de l'art. 473; il n'était plus nécessaire d'en parler ici. Il est vrai que les secours alimentaires les plus urgens leur ont été accordés en vertu de l'art. 474, C. comm. Mais en cas d'union, tout l'actif du failli appartient aux créanciers, et dès lors c'est eux que la loi nouvelle a voulu laisser juges du nouveau sacrifice qu'ils doivent s'imposer.

1769. — Une raison semblable a motivé le changement apporté aux anciens art. 529 et 530, et la substitution à la décision du tribunal du vote émis par les créanciers.

1770. — L'urgence des secours à accorder au failli dans le cas de l'art. 474, la difficulté de consulter des créanciers dont la qualité ne soit pas sujette à contestation, devait faire remettre la décision au tribunal, tandis qu'au moment de l'union, les créanciers ont pu apprécier la bonne ou la mauvaise foi de leur débiteur, et on a dû les laisser libres du sacrifice qu'ils veulent s'imposer.

1771. — La loi de 1838 a supprimé la condition de l'art. 530 du Code de 1808, *s'il n'existe pas de présomption de banqueroute*. Il était inutile d'exprimer cette condition puisque la décision est laissée aux créanciers, qui n'accorderont pas de secours au failli qu'ils présumeront avoir commis à leur préjudice un crime ou un délit.

1772. — Jugé d'ailleurs, sous le Code de 1808, que les juges pouvaient, dans certains cas, refuser au failli des secours sur ses biens, quoiqu'il n'existât contre lui aucune présomption de banqueroute. — *Cass.*, 17 nov. 1818, Dumont c. ses créanciers. — V. Bioche et Goujet, *Dict. de procéd.*, v° *Faillite*, n° 332; Lainné, *Comment. de la loi du 8 juin 1838*, p. 298; Pardessus, n° 1255.

1773. — Bien que la loi ne le dise pas expressément, il faut reconnaître que son esprit commande de consulter les créanciers sur les secours à accorder au failli, dans l'assemblée même où il a été décidé qu'il n'y aurait pas de concordat. — Renouard, t. 2, p. 179.

1774. — Le juge-commissaire doit d'office provoquer la délibération sur ce point, lors même que le failli ne le demanderait pas. — Bédarride, n° 738; Goujet et Merger, v° *Union*, n° 57.

1775. — La délibération doit être prise à la majorité numérique des créanciers présens; ce n'est que dans les cas expressément prévus par la loi que la majorité en somme, doit se trouver réunie à la majorité en nombre. — Bédarride, n° 739; Renouard, t. 1er, p. 178; Goujet et Merger, v° *Union*, n° 58; Lainné, p. 299.

1776. — Lorsque la majorité des créanciers présens y a consenti, une somme peut être accordée au failli à titre de secours sur l'actif de la faillite. Les syndics en proposent la quotité, qui est fixée par le juge-commissaire, sauf recours au tribunal de commerce, de la part des syndics seulement. — C. comm., art. 530.

1777. — Le juge-commissaire ayant la faculté d'augmenter comme de diminuer le chiffre que lui proposent les syndics, ceux-ci, gardiens des intérêts des créanciers, peuvent déférer au tribunal la décision du juge-commissaire. — Saint-Nexent, n° 471.

1778. — Ce recours se forme par une simple requête et sans citation ni ajournement au failli, car le secours accordé au failli est une libéralité que lui font ses créanciers; aussi n'a-t-il pas le droit d'en discuter le montant et d'attaquer la décison du juge-commissaire. — Bédarride, n° 742; Goujet et Merger, v° *Union*, n° 60.

1779. — Le tribunal de commerce statue et fixe le secours à accorder au failli sans que son jugement puisse être attaqué par opposition, appel ou recours en cassation. — C. comm., art. 583.

1780 — Lorsqu'une société de commerce est en faillite, les créanciers peuvent accorder à la société tout entière un concordat.

1781. — ... Quelle que soit d'ailleurs la nature de cette société, car il a été implicitement jugé qu'une société anonyme tombée en faillite peut obtenir un concordat. — *Paris*, 29 déc. 1838 (t. 1er 1839, p. 72), Mellet et Henry c. chemin de fer de la Loire.

1782. — Ainsi, en cas de faillite d'une société anonyme, la société faillie, représentée par ses anciens administrateurs ou par son liquidateur, doit être appelée à l'assemblée des créanciers pour être entendue sur le rapport des syndics provisoires et sur les mesures à adopter pour la liquidation de la faillite.... En conséquence, c'est à tort qu'on soutiendrait qu'une société anonyme n'étant qu'une association de capitaux, il y a lieu de passer outre au contrat d'union, après la vérification des créances. — Même arrêt.

1783. — En cas de concordat, les stipulations et les charges du concordat sont communes à tous les associés, qui demeurent engagés dans les liens de la solidarité pour le paiement du dividende convenu, sauf répétition, s'il y a lieu, contre leurs coassociés.

1784. — Tel est l'état normal des choses sous la loi actuelle, comme il l'était sous le Code de 1808. La société même en état de faillite est d'abord considérée comme un être collectif ayant une existance propre. Le concordat, s'il est accordé, est donné à la société; le contrat d'union était également formé, sous le Code de 1808, avec la société, et il embrassait les biens sociaux ainsi que les biens personnels de ceux des associés que la solidarité joignait inextricablement au sort de la société.

1785. — « Le Code de commerce, disait M. Renouard dans son rapport à la chambre des députés, se taisait sur les faillites des sociétés, il s'en rapportait aux principes de droit commun sur la solidarité, sans permettre en aucun cas aux créanciers de traiter diversement plusieurs associés, encore que leur conduite méritât des conditions différentes. Un associé pouvait être absent pendant que ses coassociés dilapidaient l'actif; il pouvait être de bonne foi lorsque des actes frauduleux ou insensés engageaient et perdaient sa maison; sa fortune particulière, celle de sa femme ou de sa famille, pouvaient, en dehors de l'actif social, acquitter une forte part de la dette, et devant toutes ces considérations l'application rigoureuse des principes absolus de la solidarité et de l'unité fictive de la personne sociale empêchait d'adoucir en rien sa position individuelle. Il est juste d'accorder faveur à celui des associés qui, par une meilleure conduite, a mérité d'être distingué des autres, et qui peut offrir à ses créanciers des avantages particuliers. »

1786. — La modification que, d'après le vote de la chambre des députés conforme au rapport précité, le projet de loi apportait au droit commun ne passa pas à la chambre des pairs sans quelque opposition, et le rapporteur, M. Tripier, résumait ainsi les deux opinions : « La minorité de votre commission a observé que cette innovation blesse les principes de la solidarité, qui soumet tous les biens de chaque associé au paiement des dettes sociales, et qu'elle est contraire à l'égalité qui doit exister entre les membres d'une pareille société; elle a ajouté que les traités particuliers avec quelques associés pourront être le fruit de manœuvres employées pour obtenir faveur pour les uns et rigueur pour les autres; que les associés solidaires ont contracté en vue de cette solidarité et en considération de la garantie que la fortune de chacun offrait pour le paiement des dettes sociales; que chaque associé a intérêt à ce que la fortune de tous les autres reste engagée jusqu'au concordat de la société; que les concordats individuels seront souvent un obstacle au concordat commun. La majorité a pensé que les créanciers ont toujours le droit de faire remise de la solidarité à une partie de leurs débiteurs; que les concordats particuliers seront toujours utiles aux créanciers; que le sort des débiteurs peut, sans injustice, être inégal lorsque leur position et la part qu'ils ont prise à la gestion de la société sont différentes. »

1787. — Tels sont les motifs qui ont dicté l'art. 531, C. comm., qui porte : « Lorsqu'une société de commerce est en faillite, les créanciers peuvent ne consentir de concordat qu'en faveur d'un ou de plusieurs des associés ».

1788. — La conséquence de la séparation de position entre les associés que les créanciers sont autorisés à faire peut aller jusqu'à accorder un concordat à l'associé dont le coassocié aurait été condamné pour banqueroute frauduleuse.

1789. — Les créanciers d'une société en nom collectif ont seuls droit à l'actif social, à l'exclusion des créanciers personnels des associés. Ces créanciers personnels peuvent seulement concourir sur les biens particuliers avec les créanciers de la masse. — *Agen*, 19 déc. 1845 (t. 1er 1846, p. 173), Destermes c. Leyniac et Lanes.

1790. — S'il est vrai que la faillite d'une société en commandite ou en nom collectif entraîne la faillite personnelle de chaque associé ou de chaque gérant solidairement responsable, il n'en résulte pas nécessairement que le concordat social puisse être opposé aux créanciers purement personnels de chaque associé. — En pareil cas, en effet, à moins de consentement contraire des divers créanciers, il existe deux faillites, dont les intérêts actifs et passifs ne se confondant pas de plein droit, peuvent être administrés séparément et donner lieu à des délibérations différentes, et même opposées. — *Cass.*, 10 nov. 1845 (t. 2 1845, p. 610), Brize-Cadet c. Bonnard.

1791. — Il résulte de la situation double que la position d'associé en nom collectif et la solidarité qui en est la conséquence font à chaque associé que le concordat particulier qui pourra être accordé à chacun d'eux devra être le fruit d'une double délibération. En effet, il faudra d'abord que les créanciers sociaux, usant de la faculté que leur concède le premier alinéa de l'art. 531, déclarent à la majorité en nombre et des trois quarts en sommes qu'ils concèdent le concordat particulier. Puis une seconde délibération devra s'engager entre les créanciers sociaux réunis aux créanciers personnels de l'associé pour arrêter à la double majorité sus-énoncée le concordat de l'associé. — Renouard, t. 2, p. 188. — V. Saint-Nexent, nos 477 et suiv.

1792. — Lorsque l'un des associés en participation tombe en faillite, il faut distinguer les affaires de la société des affaires particulières de l'associé failli, en sorte que l'actif de la société soit appliqué au paiement des dettes sociales préférablement à celui des dettes particulières du failli. — *Metz*, 7 fév. 1822, Huartet-Delcroix c. Sturel.

1793. — Le concordat consenti au profit de l'un des associés, tombé en faillite depuis la dissolution de l'entreprise, ne peut être opposé à un créancier de la société. — *Paris*, 22 avr. 1825, Momet c. Delatour.

1794. — La remise d'une partie de la dette, faite dans un concordat par des créanciers d'une société de commerce, n'est pas un obstacle à ce que les créanciers de la société contre lesquels l'homologation du concordat a été obtenue se présentent comme créanciers, pour la totalité de leurs créances, dans la masse particulière de l'un des associés, lorsqu'on peut induire des circonstances qui ont précédé le concordat que l'intention de ces créanciers n'a pas été de renoncer à ce qui pourrait leur revenir dans les masses particulières des associés. — *Paris*, 18 fév. 1817, Vigneron c. Réné et Jacquemart.

1795. — Le concordat personnel qu'obtient le

gérant d'une société de commerce tombée en faillite ne fait pas cesser l'état de faillite de cette société. Le tribunal du domicile du failli ne cesse donc pas, même après ce concordat, d'être compétent pour connaître des demandes formées par les syndics, à raison de la faillite. — *Douai*, 9 mars 1842 (t. 1er 1844, p. 495), Tenré c. Delcambre.

1796. — « Mais, continuait le rapporteur, M. Renouard, cette faveur d'accorder un concordat particulier cesserait d'être équitable si on allait jusqu'à affecter à la libération personnelle de l'un des membres de la société une portion de l'actif qui appartient collectivement à tous; ce serait briser les principes de la solidarité qu'il n'est possible de faire fléchir en ce cas que pour ce qui concerne les associés entre eux. L'actif social demeurera donc tout entier sous le régime de l'union et sera intégralement consacré à l'extinction de la dette sociale. »

1797. — L'art. 531 ajoute donc que pour le cas d'un concordat particulier, tout l'actif social demeure sous le régime de l'union. Les biens personnels de ceux avec lesquels le concordat aura été consenti en sont exclus, et le traité particulier passé avec eux ne peut contenir l'engagement de payer un dividende que sur des valeurs étrangères à l'actif social.

1798. — L'actif social se compose de tout ce qui, n'étant pas la propriété particulière des associés, appartient à l'être moral nommé société, et par exemple la mise de chaque associé : les marchandises, effets mobiliers, meubles, ustensiles d'exploitation, les immeubles, créances ou valeurs appartenant à la raison sociale. — Bédarride, n° 751.

1799. — Par conséquent, le versement intégral de la mise sociale du concordataire particulier devrait être exigé de lui et être réuni à la masse de l'actif social, si ce versement n'avait pas été effectué par cet associé, qui, placé dans une situation particulière, n'en doit pas moins exécuter une obligation envers la société dont les créanciers n'ont pas entendu le dégager par le concordat particulier.

1800. — Si les créanciers voulaient décharger l'associé de ce versement, ils devraient, ainsi que l'observe avec raison M. Bédarride (n° 752), en appliquer l'intégralité à la décharge des autres associés.

1801. — L'art. 531 se termine en disant : « L'associé qui a obtenu un concordat particulier est déchargé de toute solidarité. Il n'est plus tenu qu'aux engagemens stipulés en son concordat. »

1802. — L'art. 531, alin. 3e, doit-il être accepté dans les termes généraux où il est conçu, et l'associé concordataire particulier est-il déchargé de la solidarité même à l'égard de ses coassociés?

1803. — M. Renouard (t. 2, p. 491) ne le pense pas, et, selon lui, les comptes que les associés peuvent se devoir entre eux ne sont pas modifiés dans leurs bases par l'art. 531 ; et si par suite de l'exécution de son concordat particulier un des associés a payé plus que sa part contributive dans les dettes de la société, il aura le droit de répéter cet excédant contre ses associés, mais après le paiement des créanciers sociaux. — Si, au contraire, l'associé concordataire particulier a payé moins que les conventions sociales ne l'y obligeaient, ses coassociés auront un recours contre lui, mais après qu'il aura été satisfait aux engagemens de son concordat avec les créanciers sociaux, ou après que par une autre voie ces créanciers sociaux auront été désintéressés. — V. Saint-Nexent, n° 476; Lainné, p. 301 et suiv.

1804. — Contre cette opinion de M. Renouard semble s'élever un des incidens de la discussion de la loi à la chambre des députés, rapporté par M. Renouard lui-même (t. 2, p. 186).

1805. — En effet, une disposition finale du projet de l'art. 531 subrogeait l'associé favorisé d'un concordat particulier aux droits des créanciers contre ses coassociés pour la part dont le dividende par lui payé en dehors de l'actif aurait diminué la dette de la société. Cette disposition a été supprimée et on s'en est référé au droit commun. Cette disposition aurait produit cette injuste conséquence de faire figurer l'associé concordataire au nombre des créanciers de ses coassociés; de telle sorte qu'on l'aurait vu prétendre venir en partage avec les créanciers même qui lui auraient accordé une remise.

1806. — Le législateur n'a donc pas voulu que le concordataire particulier pût venir concourir avec les créanciers sociaux. Or, quand donc pourra-t-il exercer, à raison de ce qu'il aura payé en excédant de sa part sociale, son recours contre les coassociés, dont tous les biens seront affectés au paiement des créanciers de l'union? S'il a payé moins que sa part sociale, si son concordat lui confère un avantage, pourquoi chercher à le lui enlever? Le concordat particulier contient de la part des créanciers une remise de la dette qui restreint l'obligation de ce concordataire particulier à une somme déterminée, et, par une sorte de libéralité toute personnelle, l'affranchit de la charge de la solidarité. L'extinction partielle de la dette est donc l'effet du concordat particulier, et cet effet se trouverait inévitablement détruit par le recours que les coassociés pourraient exercer contre le concordataire. Si ce recours est autorisé par les termes de l'art. 1214, il est dérogé à cette disposition générale de la loi commune par l'exception contenue dans l'art. 531 de la loi commerciale. — Bédarride, n° 747.

1807. — Mais si cet associé voulait plus tard se faire réhabiliter, il devrait payer non seulement sa portion intégrale de la dette en capital, intérêts et frais, mais encore toutes les dettes sociales. — C. comm., art. 604.

1808. — En accordant à l'un des associés solidaires un concordat particulier qui le décharge de la solidarité, mais en conservant les autres associés sous le régime de l'union, on peut dire que les créanciers ont borné la remise de la solidarité à un seul des associés, au concordataire, et que, réalisant la prévision exceptionnelle de l'art. 1285, C. civ., ils se sont réservé expressément la plénitude de la solidarité et de leurs droits contre les autres codébiteurs.

1809. — Cependant M. Bédarride (nos 749 et 750) émet une opinion contraire, et il regarde comme définitivement anéantie, à l'égard de tous les coassociés, la portion de la dette dont il a été fait remise à l'autre. Il considère d'ailleurs le concordat particulier comme une sorte de division des paiemens qui, aux termes de l'art. 1210, C. civ., suffit pour que le créancier doive déduire de la dette solidaire à la charge des débiteurs la part du débiteur déchargé de la solidarité.

1810. — A cette opinion on peut objecter que dans l'art. 1210, C. civ., la division du paiement est prise comme établissant la présomption que le créancier a entendu consentir une décharge de solidarité, qui, dans notre espèce, est formellement exclue par le refus du créancier d'accorder un concordat à la société. Ce refus doit même être considéré comme une réserve expresse de la solidarité; s'il en était autrement, l'associé indigne de faveur, l'associé banqueroutier frauduleux, profiterait au moins pour partie, contre le vœu de la masse des créanciers, d'un avantage qu'elle a entendu restreindre à un seul associé. Les créanciers doivent, à notre avis, conserver la plénitude de leurs droits contre les associés non concordataires, sous la déduction toutefois des sommes effectivement payées par le concordataire particulier, et qui diminueraient d'autant la dette.

1811. — Les syndics représentent la masse des créanciers unis (C. comm., art. 532), et cela au même titre et avec le même caractère que dans les premières opérations de la faillite. — Lainné, p. 310.

1812. — Tout créancier uni est régulièrement représenté par les syndics dans le cours de l'instance, et est, dès-lors, recevable à intervenir en son propre nom devant la cour de Cassation et à se joindre aux syndics pour soutenir le pourvoi formé par eux. — *Cass.*, 29 avr. 1813, Foucaud et Rabec c. d'Aligre.

1813. — Le droit des syndics de représenter la masse des créanciers doit cependant être entendu, avec cette restriction que les syndics ne doivent pas être considérés comme les représentans des créanciers qui ont des droits opposés à ceux de la masse; tels sont, dans certains cas, les créanciers hypothécaires, qui peuvent revendiquer exclusivement et personnellement le droit de défendre les droits attachés à leur qualité. — Bédarride, n° 754; Lainné, p. 312.

1814. — Les syndics sont chargés de procéder à la liquidation (C. comm., art. 532), jusqu'à la réalisation de l'actif qu'ils doivent opérer aussitôt que possible. Ils administrent dans l'intérêt commun.

1815. — Les commissaires d'une union amiable, nommés en dehors des formalités légales par une partie des créanciers, ne peuvent être assimilés à des syndics, et sont, à la différence de ceux-ci, tenus personnellement et solidairement des conséquences pécuniaires des mandats qu'ils ont donnés, sauf leur recours contre les créanciers dont ils ont reçu mission. — *Cass.*, 22 nov. 1843 (t. 1er 1844, p. 71), Maniglier c. Saussay.

1816. — Le Code de 1808 avait, dans son art. 528, fait preuve d'un laconisme qui avait, dans la pratique, fait naître plus d'un embarras. C'est donc avec raison que la loi nouvelle est entrée dans des détails, et a prévu et réglé des cas qui peuvent fréquemment se réaliser dans l'intérêt bien entendu des créanciers, et, par exemple, la continuation de l'exploitation du commerce du failli.

1817. — Dans la loi de 1808, lorsqu'une masse continuait l'exploitation du failli, et ce droit ne lui était pas contesté (Gauthier, *Etudes de jurispr. comm.*, p. 205), aucune disposition ne déterminait l'importance des engagemens que le fait de cette exploitation imposait aux créanciers unis; selon les uns, la masse, si elle s'engageait, était tenue de ses obligations dans la personne de tous ses membres. — Lainné, p. 314.

1818. — Aussi jugeait-on qu'un tiers pouvait poursuivre contre chacun des créanciers unis l'exécution solidaire du jugement qu'il avait obtenu contre le syndic en sa qualité de mandataire des créanciers. — *Rouen*, 13 flor. an XI, Duvolet-Colombel c. Terson.

1819. — Dans l'intérêt des créanciers, on objectait qu'il y avait injustice à les considérer comme engagés sur leurs biens personnels, quand ils n'avaient eu pour but que de faire valoir et de réaliser une portion d'actif de la faillite, portion souvent minime.

1820. — D'un autre côté, restreindre l'action de ceux qui avaient ainsi contracté avec l'union, c'était mettre l'union dans l'impuissance de continuer une exploitation exigée peut-être par son intérêt, commandée souvent par la nécessité; c'était aussi l'exposer à perdre son gage; car, comme le disait le rapporteur à la chambre des députés, M. Renouard, en signalant la lacune du Code de 1808, et l'urgence de pourvoir aux besoins d'une situation fréquente dans le commerce, « un manufacturier tombe en faillite; s'il faut immédiatement arrêter tous les travaux et liquider du jour au lendemain, les valeurs dépérissent, les ouvriers sont sans pain, l'actif disparaît. Continuer quelque temps l'exploitation, c'est se procurer une utile occasion de vendre, c'est employer les valeurs actives, c'est sauver le gage commun. » — Saint-Nexent, n° 480.

1821. — La nouvelle loi s'est rendue à cette nécessité, et par dérogation à la règle générale qui est la liquidation, les créanciers, d'après l'art. 532, pourront donner aux syndics mandat pour continuer l'exploitation de l'actif. — Saint-Nexent, n° 479.

1822. — Ainsi les syndics n'agissent plus qu'en qualité de simples mandataires; et vis-à-vis des créanciers comme vis-à-vis des tiers avec lesquels ils contractent, ils sont soumis à toutes les règles du mandat. — Goujet et Merger, v° *Union*, n° 37.

1823. — On comprend cependant que les rapports des syndics devront être légèrement modifiés vis-à-vis des créanciers. Si le syndic, au lieu d'être, comme cela arrive souvent, une personne étrangère à la faillite, a été choisi parmi les créanciers, sa position de créancier lui imposera dans ce cas une responsabilité personnelle et pécuniaire qui sera déterminée conformément à l'art. 533, C. comm.

1824. — Le syndic qui voudrait refuser un pareil mandat serait libre de le faire, mais sa résolution sur ce point devrait le plus souvent emporter son remplacement dans les fonctions du syndicat.

1825. — La délibération qui confère au syndic le mandat d'exploiter en détermine la durée et l'étendue, et fixe les sommes qu'il pourra garder entre ses mains, à l'effet de pourvoir aux frais et dépenses. — C. comm., art. 532.

1826. — M. Renouard, dans son rapport, faisait avec raison remarquer que si la délibération des créanciers pour continuer l'exploitation a été prise à l'unanimité, rien ne s'oppose à ce que les créanciers soient tenus personnellement de toutes les suites des engagemens que les syndics leurs mandataires avaient contractés en leurs noms, et que l'équité indique que la part contributive de chacun doit être fixée au prorata des créances.

1827. — Mais s'il y a des dissidens, si l'exploitation est repoussée par quelques uns, toute garantie leur est offerte par les dispositions qui terminent l'art. 532.

1828. — La délibération, selon cet article, ne peut être prise qu'en présence du juge-commissaire, et à la majorité des trois quarts des créanciers en nombre et en sommes.

1829. — Le vote doit être ostensiblement donné par chaque créancier, et le procès-verbal doit contenir la constatation des noms de tous ceux qui ont été d'avis d'autoriser; autrement il deviendrait impossible d'assigner la portion de responsabilité acceptée par chacun. — Bédarride, n° 225; Goujet et Merger, v° *Union*, n° 49.

1830. — Les créanciers hypothécaires, privilégiés ou nantis d'un gage doivent-ils concourir à la délibération? — La loi ne les exclut pas, elle ne leur fait pas encourir, comme dans le cas de participation au vote du concordat, la perte du droit de préférence attaché à leur créance; et dès-lors on ne peut suppléer une peine ou une incapacité que

la loi ne prononce pas. M. Bédarride (n° 766) objecte, il est vrai, que le créancier hypothécaire ou privilégié, s'il se réalise une perte par suite de la continuation du commerce, n'en sera pas moins payé de sa créance sur le gage qui lui est spécialement affecté; mais ce créancier n'en sera pas moins passible des suites du mandat qu'il aura conféré aux syndics; et si d'un côté il est intégralement payé de sa créance, de l'autre il n'en devra pas moins contribuer à supporter les charges de cette exploitation que l'actif de la faillite ne pourra couvrir; sa signature au bas de la délibération l'engage vis-à-vis des tiers qui ont dû compter sur son adhésion et sa solvabilité. Il faut sans doute reconnaître que ce ne sera que très rarement que le créancier hypothécaire ou gagiste aura intérêt direct aux résultats de cette délibération; mais il a un intérêt possible, un intérêt éventuel pour le cas d'insuffisance de son gage, et si au surplus la modicité de son intérêt ne peut pas être une cause d'exclusion, elle devra être pour les créanciers chirographaires un motif d'examiner par eux-mêmes, et le plus soigneusement possible, les chances que peut offrir l'exploitation dont la continuation est proposée.

1831. — A la différence du concordat, cette délibération n'a pas besoin d'être homologuée par le tribunal de commerce (Lainné, p. 317); mais les intéressés pourront toujours faire un appel à la justice.

1832. — En effet, la voie de l'opposition est ouverte contre cette délibération au failli et aux créanciers dissidens, ou même à un seul d'entre eux. Cette opposition est évidemment de la compétence du tribunal de commerce.

1833. — Les créanciers qui ont consenti à la délibération, et qui ont formé la majorité numérique, ne pourraient revenir immédiatement contre l'engagement qu'ils ont ainsi pris, qu'autant qu'ils prouveraient que leur consentement a été entaché d'un de ces vices qui annulent le consentement, tel que l'erreur, le dol, la violence.

1834. — Mais au bout d'un certain laps de temps l'expérience peut avoir démontré à la majorité elle-même qu'elle s'est méprise sur ses véritables intérêts, et un membre de cette même majorité pourrait attaquer par opposition la délibération dont il s'agit.

1835. — La loi n'ayant fixé aucun délai pour former cette opposition, il faut dire qu'elle sera recevable tant qu'il y aura intérêt à la former dès que le danger de la mesure sera révélé. — Bédarride, n° 769; Renouard, t 2, p. 199.

1836. — L'opposition, soit du failli, soit du créancier dissident, n'est pas suspensive de l'exécution. — C. comm., art. 532. — La volonté d'un seul ne pourrait pas tenir en échec la résolution prise par une majorité qui offre certainement de grandes garanties. — Saint-Nexent, n° 479.

1837. — Les bénéfices que l'exploitation peut produire devront recevoir la destination entendue par tous, c'est-à-dire être répartis entre les créanciers au prorata de leurs créances, et ceux-là même qui auront formé à la délibération une opposition dont la justice les aura déboutés devront être appelés à la répartition; car une fois que la délibération a été déclarée la loi commune, tous doivent participer à ses effets. — Bédarride, n° 770; Goujet et Merger, v° *Union*, n° 44; Lainné, p. 318.

1838. — Si ces bénéfices viennent à dépasser le montant de toutes les créances en principal, intérêts et frais, cet excédant devra être restitué au failli, qui, à ce moyen, pourrait obtenir sa réhabilitation. — Bédarride, n° 771; Goujet et Merger, v° *Union*, n° 45.

1839. — Si les pertes n'excèdent pas l'actif de l'union, elles sont supportées par les créanciers en proportion de leurs créances, puisque chacun d'eux perd le dividende sur lequel il avait pu compter, et comme aucun paiement ne leur a été fait à valoir sur leurs créances, il en résulte qu'ils sont toujours créanciers de sommes de la même importance; c'est donc en réalité le failli qui supporte les résultats de la mauvaise exploitation de ses créanciers. On peut sans doute trouver rigoureux un pareil résultat, mais il ne faut pas oublier que c'est une compensation de l'avantage que le failli pourra retirer des bénéfices recueillis par l'exploitation des créanciers. Si la chance qu'il a courue lui paraissait tout d'abord trop désavantageuse, ne pouvait-il pas user du droit que lui donne l'avant-dernier alinéa de l'art. 532, et, par une opposition à la délibération, appeler le tribunal à apprécier sa réclamation et à l'autoriser à abandonner purement et simplement à ses créanciers, jusqu'à concurrence de leurs créances, l'actif que présentait la faillite?

1840. — Si le failli a gardé le silence, ou, à plus forte raison, s'il a accédé à la délibération par laquelle les créanciers ont autorisé l'exploitation, la gestion est réputée faite pour son compte, et il en devra supporter toutes les conséquences.

1841. — Enfin, une troisième hypothèse est prévue par l'art. 533, qui porte: « Lorsque les opérations des syndics entraînent des engagemens qui excèdent l'actif de l'union, les créanciers qui ont autorisé ces opérations sont seuls tenus personnellement au-delà de leur part dans l'actif, mais seulement dans les limites du mandat qu'ils ont donné; ils contribuent au prorata de leurs créances. » — De ces derniers mots il résulte qu'il n'y a pas entre eux de solidarité. La part des insolvables ne se répartit pas entre ceux qui ont des ressources. Ce sera aux syndics à ne pas exposer l'union à se trouver à découvert; ce sera à ceux qui traiteront avec l'union, à apprécier l'étendue des opérations comparativement à la position des créanciers unis.

1842. — Hors le cas exceptionnel de continuation de l'exploitation du commerce du failli, la principale mission des syndics est de liquider le plus promptement possible la communauté accidentelle d'intérêts que l'union établit entre les créanciers du failli.

1843. — Aussi, d'après l'art. 534, les syndics sont chargés de poursuivre la vente des immeubles, marchandises et effets mobiliers du failli, et la liquidation de ses dettes actives et passives; le tout, sous la surveillance du juge-commissaire, et sans qu'il soit besoin d'appeler le failli.

1844. — Les syndics font procéder à la vente dans la forme prescrite par l'art. 486, C. comm.; mais il est à remarquer qu'ici en cas d'union les syndics dont la mission, précisée par la loi, est d'accélérer la liquidation et par conséquent de réaliser l'actif, n'ont pas besoin de l'autorisation du juge-commissaire. Dans le cas de l'art. 486, au contraire, il pourrait intervenir entre le syndic et ses créanciers un concordat dont l'exécution pourrait impliquer la remise au failli de ses meubles et marchandises. Mais au moment de l'union, ce n'est plus dans l'actif de sa faillite que le failli doit placer son avenir. Les créanciers ont le droit absolu de vendre, et les syndics doivent l'exercer.

1845. — Le droit de vendre des syndics reçoit une limitation dans le cas où les créanciers ont décidé qu'ils continueraient l'exploitation du commerce du failli. Ils ne peuvent alors vendre que les meubles meublans, l'argenterie, les bijoux, linges et hardes à l'usage personnel du failli, déduction faite encore des objets qui ont été laissés au failli, conformément à l'art. 469, et de ceux qui, même après l'union, pourraient lui être remis par ordre du juge-commissaire s'il ne les avait pas réclamés plus tôt.

1846. — Un créancier du failli a qualité pour demander en son nom personnel la nullité des ventes faites par les commissaires de l'union, encore bien qu'il ait concouru à la nomination de ces commissaires, et alors même qu'il a reçu sa part proportionnelle dans le prix de vente, surtout s'il a pu ignorer que la somme versée entre ses mains en provenait. — *Orléans*, 24 avr. 1845 (t. 1er 1845, p. 722), Lalande c. Pasquier.

1847. — Les syndics, après l'union, doivent aussi liquider les dettes passives; ainsi, ils ont qualité pour contraindre tous débiteurs, recevoir toutes sommes, en donner quittance, faire main-levée de toute hypothèque et autoriser la radiation de toute inscription. — Bédarride, n° 781.

1848. — Cependant, on a jugé que lorsque, par un contrat d'union passé, sous le Code de 1808, entre un failli et ses créanciers, ils l'ont autorisé à poursuivre lui-même ses recouvremens, ils ne peuvent ultérieurement, et tant qu'il n'a pas présenté son compte, actionner eux-mêmes les débiteurs. — *Cass.*, 1er mars 1831, Després c. Vanlerbergh et Ouvrard.

1849. — Sous l'empire de la coutume de Paris, les actes d'union et d'abandon consentis avec une partie des créanciers et dûment homologués contre tous rendaient inutiles et sans effet les oppositions formées antérieurement à ces actes, entre les mains des débiteurs du failli. — *Paris*, 24 fév. 1809, Champeaux c. Fleurot.

1850. — Sous le Code de 1808, le syndic définitif avait, comme représentant de la masse, qualité pour poursuivre en justice, sans mandat spécial des créanciers unis, le recouvrement des rentes foncières dues au failli. — *Colmar*, 4 mai 1842 (t. 1er 1843, p. 5), Teutsch c. Fischer. — On devrait juger de même, sous l'empire de la nouvelle loi sur les faillites, qui, dans son art. 531, reproduit les termes de l'ancien art. 528.

1851. — Le cessionnaire de ces rentes n'étant saisi, à l'égard des tiers, que par la signification de la cession, les actes de poursuite faits par les syndics jusqu'à cette signification, sont valables. — Même arrêt.

1852. — Les syndics peuvent même, avant les répartitions, payer les créanciers privilégiés et les sommes dues à un créancier gagiste. Dans ce dernier cas, ils retirent le gage et en opèrent la vente. — Bédarride, n° 782.

1853. — L'art. 535, C. comm., leur donne un pouvoir plus étendu. Les syndics, dit cet article, pourront, en se conformant aux règles prescrites par l'art. 487, transiger sur toute espèce de droits appartenant au failli, nonobstant toute opposition de sa part.

1854. — Ainsi, il faudra, pour une transaction faite en vertu de cet article, l'autorisation du juge-commissaire et la mise en demeure du failli; mais il n'y a plus ici, comme dans les premiers momens de la faillite, une distinction entre les droits mobiliers ou immobiliers, et les syndics peuvent transiger sur les uns comme sur les autres. Les droits du failli n'en sont pas moins conservés, car lorsque la transaction excède 300 fr., ou qu'elle est indéterminée dans son objet, il faut qu'elle soit suivie d'une homologation à laquelle le failli est appelé et qu'il peut contester. — Pardessus, n° 1257; Lainné, p. 323. — On avait proposé à la chambre des députés, en 1838, d'obliger le syndic, avant de conclure une transaction, à prendre l'avis de trois créanciers désignés par le juge-commissaire parmi ceux qui lui paraîtraient présenter plus de garantie de moralité et de capacité; mais cet amendement n'a pas été adopté. — Saint-Nexent, p. 484.

1855. — Le débiteur qui a fait avec les syndics de la faillite une convention modificative du titre primitif de créance devient pour l'exécution de cette convention justiciable du tribunal de la faillite. — *Paris*, 6 mars 1846 (t. 1er 1846, p. 657), Morin c. Gervais.

1856. — Si le failli n'était pas appelé à cette transaction et à son homologation, il pourrait demander la nullité de la transaction et du jugement, mais il pourrait seul exciper de cette nullité, dont les créanciers ne pourraient se prévaloir.

1857. — On appliquerait avec raison à ce cas la décision de l'arrêt de la cour de Cassation du 17 déc. 1833 (Boulestreau c. Toutain et Drieu), qui a jugé qu'en supposant qu'une délibération prise après le contrat d'union, dans une assemblée générale des créanciers d'une faillite, en l'absence du failli, qui n'y a point été appelé, ne fût pas régulière, le failli serait le seul qui pût se prévaloir de cette irrégularité. — Mais que celui qui a pris part avec les autres créanciers à la délibération ne pourrait utilement invoquer ce moyen d'irrégularité personnel au failli.

1858. — Mais si devant le tribunal où il est appelé pour l'homologation, il ne se prévaut pas de ce ce qu'il n'a pas été présent à la transaction, il laisse alors élever une fin de non-recevoir contre le moyen de nullité qu'il aurait pu invoquer.

1859. — La réserve, faite lors de la vente d'un office par le titulaire, pour lui ou ses héritiers, de reprendre la charge dans un temps et pour un prix déterminés, alors même qu'on la considérerait comme personnelle au vendeur et à ses héritiers, peut, en cas de faillite de celui-ci, devenir entre le syndic et le cessionnaire l'objet d'une transaction à laquelle le vendeur n'a pas le droit de s'opposer. — *Amiens*, 6 janv. 1842 (t. 1er 1846, p. 329), Fresson.

1860. — Mais les syndics de l'union n'auraient pas qualité pour traiter directement avec le failli lui-même à titre de transaction; il faudrait, pour un arrangement de cette nature, la participation des créanciers, et il faut dire qu'en ce cas la majorité n'obligerait pas la minorité.

1861. — Jugé, en effet, que la transaction intervenue entre le condamné pour banqueroute frauduleuse, par l'intermédiaire de son tuteur, et la majorité des créanciers, n'est obligatoire que pour ceux qui l'ont signée et non pour les créanciers dissidens, et que les seuls traités qui peuvent être opposés à tous les créanciers sont ceux qui interviennent légalement entre l'union et les tiers. — *Paris*, 2 juill. 1840 (t. 1er 1841, p. 360), Delaborde c. Dulin.

1862. — Il entre dans les attributions souveraines d'une cour royale d'apprécier le caractère et les effets d'une transaction intervenue entre un failli et ses créanciers; en conséquence, l'arrêt par lequel elle déclare une telle transaction valable ne peut tomber sous la censure de la cour de Cassation. — *Cass.*, 31 mai 1843 (t. 2 1843, p. 105), Degueux-Dreut c. Hainguerlot et de Vatry.

1863. — Le droit de transiger n'emportant pas celui de compromettre (C. civ., art. 1989), les syndics ne pourraient pas déférer à des arbitres volontaires une contestation, quelque modique qu'elle fût, qui intéressât l'union. Mais on ne pourrait étendre cette décision au cas où, d'après l'art. 51, C. comm., la juridiction arbitrale est forcée.

1864. — Les syndics d'une faillite n'ont pas qualité pour déférer le serment décisoire à une partie contre laquelle ils poursuivent un recouvrement, s'ils n'y sont autorisés ni par le juge-commissaire ni par la masse des créanciers. — *Paris*, 17 fév. 1844 (t. 1er 1844, p. 365), Clochez c. Leroux.

1865. — C'était seulement à l'expiration de l'union que le Code de 1808 imposait aux syndics l'obligation de rendre compte de leur gestion. M. Renouard a signalé dans son rapport les graves abus résultant de cet état de choses, sous lequel les syndics se perpétuaient indéfiniment dans leurs fonctions, et ne tardaient pas à devenir presque étrangers à la masse, et il a appuyé le projet qui proposait de réunir les créanciers au moins une fois par an durant le cours de l'union. Mais la crainte de jeter dans des dépenses considérables la masse, dont l'actif est toujours peu important, a suggéré à M. Stourm un amendement qui a modifié le projet et a fait l'art. 536 tel qu'il est aujourd'hui.

1866. — Cet article porte : Les créanciers en état d'union sont convoqués au moins une fois dans la première année, et, s'il y a lieu, dans les années suivantes, par le juge-commissaire. — « Dans ces assemblées, les syndics doivent rendre compte de leur gestion. — Ils sont continués ou remplacés dans l'exercice de leurs fonctions, suivant les formes prescrites par les art. 462 et 529. — Quoique la présence du failli à leur assemblée ne soit pas indispensable, il peut y assister. — Lainné, p. 325.

1867. — Bien que par l'art. 570, C. comm., les créanciers aient le droit de provoquer les délibérations de l'union, c'est aux juges-commissaires principalement qu'incombe la responsabilité de veiller à l'exécution des dispositions de l'art. 536, puisque c'est à eux qu'est laissé le soin discrétionnaire d'ordonner les convocations dont ils apprécient l'oportunité. — Renouard, t. 2, p. 207; Bédarride, nº 795. — Les convocations peuvent encore avoir lieu dans certaines circonstances extraordinaires qui excèdent les attributions des syndics, par exemple lorsqu'il s'agit d'aliéner certaines créances dont le recouvrement n'a pu s'opérer et dont il y a lieu, dès-lors, d'autoriser l'aliénation à forfait. — Pardessus, nº 1257; Lainné, p. 325. — Il devra être dressé procès-verbal de ces diverses assemblées.

1868. — Les créanciers dont il est question sont ceux qui, admis au passif de la faillite, ont participé aux délibérations qui, après avoir exclu le concordat, ont réalisé l'union que la loi a établi de plein droit.

1869. — Or, le créancier du failli dont la créance n'a été ni vérifiée ni admise au passif de la faillite est sans droit ni qualité pour attaquer les actes des syndics. — *Orléans*, 16 nov. 1842 (t. 1er 1843, p. 27), Coignard c. Coutont.

1870. — Un pareil créancier serait donc également sans qualité pour provoquer dans l'assemblée annuelle, convoquée par le juge-commissaire, la révocation et le remplacement d'un syndic.

1871. — Un créancier est non-recevable à former une demande en garantie contre les syndics d'une faillite, par application des art. 491 et 503, C. comm., après le procès-verbal de clôture de l'union des créanciers, et lorsqu'il n'existe plus de deniers entre les mains des syndics. — *Besançon*, 28 déc. 1844 (t. 2 1845, p. 406), Dumilly, Grillet c. Jeanney.

ART. 2. — *Dissolution de l'union. — Excusabilité du failli.*

1872. — Le Code de 1808 n'avait pas précisé à quelle époque ni par quelle opération l'union devait se dissoudre.

1873. — Il est vrai qu'il avait été jugé que, sous l'empire de l'art. 562 de l'ancien Code de commerce, comme sous celui de l'art. 537 du nouveau Code, l'union devait être réputée dissoute lorsque la liquidation était terminée, la dernière répartition opérée, et décharge définitive donnée au syndic; qu'en conséquence, à partir de cette époque, les créanciers rentraient dans l'exercice individuel de leurs droits quant aux nouveaux biens qui pouvaient survenir au failli, sans qu'il y eût lieu, dans ce cas, à la nomination de syndics chargés d'en provoquer la vente sous la surveillance d'un commissaire, et de procéder à la répartition du prix en provenant. — *Cass.*, 4 août 1841 (t. 2 1841, p. 565), Conard c. Martel. — Jugé, par le même arrêt, que la cession de biens judiciaire à laquelle a été admis un failli avant la loi nouvelle sur les faillites produit les mêmes effets quant au droit qui appartient aux débiteurs et aux créanciers de traiter librement à raison des nouveaux biens advenus au failli après les dernières opérations de la faillite.

1874. — Toutefois, il avait été décidé que le compte rendu par les syndics définitifs à la masse des créanciers ne dissolvait pas l'union et ne faisait pas cesser la faillite, et que les créanciers ne pouvaient, après le compte rendu, exercer personnellement des poursuites contre le failli, en paiement de ce qui leur restait dû, surtout lorsqu'il était constant qu'aucuns biens n'étaient survenus au failli depuis le compte des syndics. — *Poitiers*, 24 juill. 1832, Reviron c. Brun.

1875. — Le contrat d'union intervenu entre les créanciers du failli ne devait pas être considéré comme mettant fin à tout ce qui est relatif à la faillite, en sorte que la cour royale, saisie de la connaissance des contestations auxquelles elle avait donné lieu, n'était pas dans la nécessité de prononcer la mise en liberté du débiteur, au lieu d'ordonner l'exécution de la mise en dépôt de sa personne. — *Cass.*, 9 nov. 1824, Groult.

1876. — Dans le cas où, à défaut de concordat, les créanciers du failli avaient formé un contrat d'union, il ne suffisait pas, pour que le failli eût le droit de reprendre l'administration de ses biens et que les fonctions des syndics cessassent, qu'il eût désintéressé les créanciers comparans, lorsqu'il avait d'autres créanciers antérieurs à la faillite, non comparans et non payés, surtout si ces créanciers avaient formé opposition au jugement qui les avait déclarés forclos, faute de produire. — *Cass.*, 31 août 1830, Thirion c. Panis.

1877. — La loi nouvelle a été explicite à l'égard de la fin de l'union; il résulte de l'art. 537 que l'union cesse avec la liquidation, car l'union est sans objet dès qu'il ne reste plus d'actif à réaliser ni de deniers à répartir.

1878. — Aussi on lit dans l'art. 537, C. comm.: « Lorsque la liquidation de la faillite sera terminée, les créanciers seront convoqués par le juge-commissaire... Les syndics rendront leur compte... Après la clôture de cette assemblée, l'union sera dissoute de plein droit. »

1879. — Les créanciers sont convoqués dans la forme ordinaire, c'est-à-dire par lettres et par insertion dans les journaux.

1880. — Comme on vient de le dire, dans cette dernière assemblée, les syndics rendront leur compte. — C. comm., art. 537.

1881. — Le failli doit être présent ou dûment appelé (C. comm., art. 537), mais son absence ne serait pas un obstacle à ce que l'on procédât aux opérations auxquelles cette assemblée est affectée. En effet, si, lorsqu'un concordat a été voté par les créanciers, c'est au failli lui-même que les syndics rendent leur compte, il n'en est pas de même à la dissolution de l'union : les syndics sont en ce cas les représentans de la masse et les mandataires des créanciers, c'est donc à leurs mandans qu'ils rendent leur compte. Il est vrai que l'assemblée doit aussi statuer sur l'excusabilité du failli; mais si les explications de ce dernier pouvaient être de nature à éclairer les créanciers et à leur faire porter sur son compte un jugement plus favorable, c'est à lui seul qu'il doit imputer de ne les avoir pas fournies, et il ne saurait s'en faire un moyen de nullité. — V. Saint-Nexent, nº 486.

1882. — Mais c'est avec raison que M. Bédarride (nº 804) dit que l'approbation donnée au compte par les créanciers ne lie pas le failli lorsqu'il n'a pas été appelé à l'assemblée.

1883. — Le failli peut donc critiquer les salaires alloués par les syndics à un commis qu'ils ont pris avec autorisation de justice pour les aider dans les opérations de la faillite et les faire réduire par les tribunaux, bien que l'assemblée des créanciers ait approuvé les frais de gestion. — *Cass.*, 13 mai 1840 (t. 2 1840, p. 323), Patron c. Petit.

1884. — Lorsque des syndics définitifs ont fait apurer leur compte par l'union des créanciers, en présence du commissaire, le failli ne peut, en articulant des dilapidations et malversations commises par les syndics, être reçu à en administrer la preuve pour obtenir contre eux, solidairement et par corps, des dommages-intérêts. — Le failli n'a que l'action en redressement d'erreurs, omissions, faux ou doubles emplois, réservée par l'art. 541, C. procéd. — *Paris*, 16 nov. 1824, Lainé c. Noel et Morice; *Cass*, 15 mars 1826, mêmes parties; — Bédarride, nº 804; Pardessus, nº 1278.

1885. — Si, dans l'assemblée, il s'élève des contestations qui soient de nature à être terminées amiablement ou sur la production de pièces nouvelles, le juge-commissaire peut continuer l'assemblée à un jour ultérieur; mais si une solution amiable ne paraît pas présumable, le magistrat doit renvoyer les contestans à se pourvoir devant le tribunal de commerce. — Renouard, t. 2, p. 210; Bédarride, nº 803.

1886. — Le tribunal de commerce, selon la nature des contestations, prononce en premier ou dernier ressort.

1887. — Bien que la contestation sur le compte des syndics soit pendante devant le tribunal, il n'en est pas moins procédé à l'accomplissement des autres formalités prescrites par l'art. 537, relativement à l'excusabilité du failli. — V. cependant Lainné, p. 328.

1888. — Bien plus, suivant M. Bédarride (nº 807), l'union n'en est pas moins clôturée et dissoute. Nous croyons qu'à cet égard il est nécessaire de faire une distinction à raison de la nature des contestations soulevées par les créanciers ou par le failli. Ces contestations peuvent en effet, par leur objet, impliquer le non achèvement de la liquidation de l'actif, et en augmentant la somme dont les syndics seront reliquataires, rendre indispensable une nouvelle répartition. Mais si la contestation soulevée ne peut pas avoir une semblable portée, il n'y a pas d'inconvénient à ce que le juge-commissaire proclame le résultat, que la loi déclare au surplus accompli de plein droit, la clôture de l'union après la liquidation terminée.

1889. — Pour le cas où un grand nombre de créanciers conteste le compte des syndics, M. Bédarride (nº 809) conseille à ces créanciers de déléguer dans le procès-verbal dressé par le juge-commissaire un ou plusieurs d'entre eux pour les représenter et plaider en leur nom. — Que les créanciers délèguent un ou plusieurs d'entre eux pour suivre le procès, c'est, à notre avis, une mesure utile, mais le procès n'en devra pas moins être suivi au nom et à la requête de tous les contestans, car *nul en France ne plaide par procureur.*

1890. — Le failli est, dans dans tous les cas, recevable à intervenir dans l'instance engagée par les créanciers contre les syndics. — Goujet et Merger, vº *Union*, nº 78.

1891. — S'il ne s'élève sur les comptes aucune réclamation, les syndics reçoivent leur décharge, qui est mentionnée dans le procès-verbal et devient définitive par le paiement du reliquat et la quittance que donne chaque créancier du dividende qui lui est attribué.

1892. — Si les syndics sont créanciers, ils conservent leur action contre la masse.

1893. — L'union peut-elle se terminer avant toutes ces opérations, et, par exemple, par un arrangement amiable que les créanciers passeraient avec le failli, et par lequel ils le réintégreraient dans l'administration de ses biens? — M. Pardessus (nº 1268) se prononce pour l'affirmative, sous la condition, toutefois, de l'unanimité des créanciers et de l'homologation par le tribunal de leur délibération. — Mais on répond que cette marche n'est pas indiquée par la loi; que c'est là une procédure arbitraire qui tend à réaliser, en dehors des prévisions de la loi, une sorte de concordat dont l'inexécution ne serait pas sauvegardée par les précautions que la loi a prises pour garantir l'accomplissement d'un concordat régulier.

1894. — La contrainte par corps ne peut être exercée contre le failli en état de contrat d'union, même pour cause de stellionat, tant que la liquidation de la faillite n'est pas terminée, et que le failli reste dépouillé de l'administration de ses biens. — *Metz*, 2 nov. 1837 (t. 1er 1843, p. 549), Poncelet c. Broyard; *Angers*, 31 juill. 1823, Hérault; — Pardessus, *Cours de droit commercial*, t. 5, nº 1153; Bioche et Goujet, *Dictionn. de procédure*, vº *Faillite*, nº 71.

1895. — Mais la dissolution de l'union rend aux créanciers l'exercice de tous leurs droits contre le failli qui, ne possédant plus rien, serait exposé sans ressource aux poursuites les plus rigoureuses.

1896. — Contre une aussi fâcheuse situation, le Code de 1808 ouvrait au failli malheureux qui voulait s'affranchir de la contrainte par corps la voie de la cession de biens.

1897. — L'abandon de ses biens fait à ses créanciers par le commerçant qui avait cessé ses paiemens ne pouvait être assimilé, alors même qu'il contiendrait quittance de la part des créanciers, à une libération exclusive de l'état de faillite. — *Cass.*, 8 juin 1837 (t. 1er 1837, p. 580), F. Tardy c. Noyer.

1898. — La cession volontaire des biens laissait subsister l'état de faillite tant qu'elle n'avait pas été acceptée par tous les créanciers. — *Cass.*, 11 août 1837 (t. 2 1837, p. 427), Grimardias.

1899. — Les créanciers hypothécaires, comme les chirographaires, devaient être appelés au contrat de cession.

1900. — Un acte d'abandon de tous ses biens signifié par un failli, sur une plainte en banqueroute portée contre lui par quelques-uns de ses créanciers, ne conférait pas à ceux-ci un *droit spécial* d'être payés de l'intégralité de leurs créances, bien que la majorité des créanciers, ayant refusé cet acte d'abandon, eût passé un concordat qu'ils n'avaient pas signé, mais en vertu duquel ils avaient reçu

des dividendes. — *Cass.*, 28 juin 1838 (t. 2 1838, p. 330), Jannesson c. Mennet.

1901. — Mais aujourd'hui, d'après l'art. 541, C. comm., aucun débiteur commerçant n'est recevable à demander son admission au bénéfice de cession de biens.

1902. — Cet article abolit le titre 10 du livre 3 du Code de commerce, relatif à la cession de biens (art. 566 et suiv.). Cette abolition a été ainsi justifiée par M. Quénault dans son rapport : « Les dispositions des art. 537, 538 et 539 permettent de supprimer, à l'égard des débiteurs commerçans, le bénéfice de la cession de biens, qui n'avait d'utilité réelle que sous le régime de l'union et en l'absence de toute disposition protectrice du sort du failli. La demande d'admission au bénéfice de cession, qui, dans tous les autres cas, ne servait qu'à éluder les règles spéciales établies contre le failli, avait en outre l'inconvénient de rendre juge de sa moralité un tribunal civil étranger à l'ensemble des circonstances de la faillite et dépourvu des renseignemens nécessaires pour le mettre à portée d'apprécier son caractère. »

1903. — Pour remédier à cet état de choses et pour régler ce que le Code de commerce de 1808 n'avait pas fait, la fin de l'union en ce qui concerne le sort du failli, l'art. 537 de la loi nouvelle a substitué à la cession de biens un système moins compliqué et moins dispendieux.

1904. — Les créanciers donnent, d'après l'art. 537, C. comm., leur avis sur l'excusabilité du failli. Il est dressé, à cet effet, un procès-verbal dans lequel chacun des créanciers peut consigner ses dires et observations.

1905. — Aux termes de l'art. 538, le juge-commissaire présente au tribunal la délibération des créanciers relative à l'excusabilité du failli, et un rapport sur les caractères et les circonstances de la faillite. Le tribunal prononce si le failli est ou non excusable. — V. Saint-Nexent, n° 486.

1906. — Sous le Code de 1808, art. 531, le tribunal déclarait si le failli était ou non excusable et susceptible d'être réhabilité; le failli n'en restait pas moins après l'union exposé aux poursuites des créanciers, tant sur sa personne que sur ses biens; cependant on jugeait qu'il fallait que les créanciers pour exercer leurs poursuites personnelles justifiassent que de nouveaux biens étaient parvenus au failli depuis le compte des syndics. — *Paris*, 28 fév. 1833, Levy c. Dittmar. — De plus, le failli non excusable était de plein droit en prévention de banqueroute et devait être poursuivi d'office.

1907. — Aujourd'hui ce n'est plus qu'après la liquidation et la clôture de l'union que la question d'excusabilité se présente. L'homologation du concordat supppose de plein droit l'excusabilité. La non excusabilité n'entraîne plus la prévention de banqueroute, mais elle laisse le failli exposé aux actions de ses créanciers. Enfin, elle ne ferme plus au failli la voie de la réhabilitation.

1908. — Les créanciers sont appelés, d'après l'art. 537, à faire des dires et observations, d'où il faut conclure d'une part qu'on ne doit pas s'arrêter à considérer quant à ces observations la majorité ou la minorité, et, d'autre part, que le tribunal n'est pas lié par l'opinion exprimée par les créanciers, mais que prenant de son côté en considération la bonne foi et la conduite du failli, il prononce après un mûr examen.

1909. — Le failli peut faire insérer au procès-verbal ou ultérieurement fournir au tribunal des notes et mémoires pour sa justification; nous croyons même, contrairement à l'avis exprimé par M. Renouard (t. 2, p. 211), que le failli pourra faire donner à l'audience publique des explications orales sur son excusabilité.

1910. — Le jugement rendu par le tribunal est susceptible d'appel. Le projet primitif contenait une disposition qui le déclarait en dernier ressort, mais elle a été supprimée par la chambre des députés en considération des graves conséquences que ce jugement entraîne. — Renouard, t. 2, p. 212; Bédarride, n°s 838 et 839; Goujet et Merger, v° *Union*, n° 97.

1911. — La faculté d'interjeter appel est ouverte à tous les intéressés, c'est-à-dire au failli et à chaque créancier; car il n'y a plus de représentation collective, plus de masse, plus de syndics. — Renouard, t. 2, p. 212; Bédarride, n° 840.

1912. — Jugé de même, sous le Code de 1808, que le failli pouvait interjeter appel du jugement qui déclarait la faillite non excusable. — *Bruxelles*, 13 mars 1810, Vandick.

1913. — MM. Goujet et Merger (v° *Union*, n° 100) estiment que, s'agissant d'une question résultant de la faillite, d'une action exercée à l'occasion de la faillite, l'art. 582 est applicable, et peut limiter, comme pour tout autre jugement rendu en matière de faillite, le délai d'appel à quinzaine.

1914. — M. Bédarride pense au contraire que lorsque le jugement sur l'excusabilité est rendu, il n'y a plus de faillite, puisque l'union est dissoute, et que dès-lors le délai d'appel doit être fixé non à quinzaine d'après l'art. 582, C. comm., mais à trois mois d'après l'art. 443, C. procéd.

1915. — Nous croyons qu'il s'agit bien ici encore d'un jugement rendu en matière de faillite, d'un jugement lors de la délibération duquel toutes les circonstances, toutes les causes, toutes les opérations, tous les résultats de la faillite devront être exposés par celui que l'art. 538 nomme encore le juge-commissaire, auquel il impose le devoir de faire un rapport conformément à la règle générale de l'art. 452, C. comm., et que tous ces élémens devront être pesés et appréciés par le tribunal. Que décidera d'ailleurs le dispositif de ce jugement, si ce n'est que le *failli* est ou n'est pas excusable? Nous croyons donc que le délai d'appel devra être limité à quinzaine, conformément à l'art. 582.

1916. — Selon MM. Renouard (t. 2, p. 212), Bédarride (n° 841), Goujet et Merger (v° *Union*, n° 99), le délai d'appel court à partir du jugement; ces auteurs se fondent sur ce qu'aucune disposition n'exige la signification du jugement, formalité qui, remplie par le failli vis-à-vis des divers créanciers, entraînerait des frais énormes et inutiles, et que personne n'est d'ailleurs chargé d'accomplir vis-à-vis du failli.

1917. — Mais si l'appel est soumis quant au délai à l'art. 582 (et sur ce point MM. Goujet et Merger sont d'accord avec nous), il nous paraîtrait peu conséquent de s'écarter, quant au point de départ de ce délai déjà si court, de la disposition générale et absolue de cet art. 582 qui fait courir le délai d'appel *à compter de la signification du jugement*. En présence d'une disposition si formelle, la prétendue impossibilité alléguée par les auteurs que nous citions tout à l'heure, ne nous paraît guère admissible. Comment, d'ailleurs, les créanciers pourront-ils connaître l'existence et la teneur d'un jugement lors duquel ils n'ont pu produire que des dires et observations consignés sur un procès-verbal? Comment pourront-ils apprécier les motifs d'un jugement dont ils ne connaîtront pas le texte? L'importance des frais est sans doute une considération de nature à influer sur la résolution à prendre par le législateur, mais une fois la loi votée et promulguée, il ne reste plus qu'à se soumettre aux règles qu'elle a posées, aux formalités qu'elle a prescrites. La signification à faire au failli lui sera notifiée à la requête de celui des créanciers qui aura intérêt à rendre définitif le jugement proclamant l'inexcusabilité du failli; et quant au failli lui-même, son intérêt à être déclaré excusable est assez grand pour qu'il puisse exposer les frais de signification de ce jugement, qu'au surplus si le débat a été contradictoire, l'élection de domicile prescrite par l'art. 422, C. procéd., pourra rendre un peu moins onéreux.

1918 — Le créancier qui interjettera appel devra intimer le failli pour qu'il puisse user du droit de défense. — Renouard, t. 2, p. 213; Bédarride, n° 842.

1919. — Le failli appelant devra à son tour intimer tous les créanciers, puisque personne n'a plus qualité pour les représenter, et en réalité la procédure qui sera suivie équivaudra à la procédure de cession de biens telle que le Code de 1808 l'avait organisée. — Bédarride, n° 842.

1920. — Selon M. Renouard (t. 2, p. 213), le failli appelant du jugement d'inexcusabilité serait dispensé d'intimer tous les créanciers dont l'intérêt collectif serait suffisamment représenté par l'impartialité du ministère public. — Aucune loi n'impose une mission pareille au ministère public, qui doit sans doute être entendu dans toutes les causes qui concernent les faillites, mais qui, nonobstant le libellé du jugement d'inexcusabilité, pourrait bien ne pas posséder tous les documens et toutes les preuves établissant les faits retenus par le jugement attaqué pour faire prononcer la confirmation de la sentence des premiers juges.

1921. — Au reste, il n'est pas contesté qu'en appel la procédure ne peut pas reposer sur la seule instruction écrite. « Le droit commun, dit M. Renouard (t. 2, p. 213), reprend son empire, et l'appelant sera reçu à faire valoir oralement ses griefs à l'audience. »

1922. — Si le failli n'est pas déclaré excusable, les créanciers rentrent dans l'exercice de leurs actions individuelles, tant contre sa personne que sur ses biens. — C. comm., art. 539.

1923. — A quel moment ces poursuites individuelles pourront-elles être exercées? Les créanciers pourront-ils agir sur le champ ou bien doivent-ils attendre que de nouveaux biens soient advenus au failli?

1924. — Sous l'ancien Code, cette question de savoir si la dissolution de l'union autorisait les créanciers à exercer immédiatement des poursuites individuelles contre leur débiteur était controversée.

1925. — Il était certain que lorsqu'il avait été formé une union régulière de créanciers, ils ne pouvaient agir individuellement. — *Paris*, 4 avr. 1810, Chalandrai c. N... — On a aussi jugé que des créanciers qui avaient acquiescé à la libération intégrale de leur débiteur, moyennant un abandon qu'il leur avait consenti par son concordat, n'étaient pas recevables à intervenir dans l'action postérieurement dirigée par un autre créancier, et qui ne formait aucun obstacle à l'exécution du jugement. — *Paris*, 16 juill. 1810, Lecouteux-Dumoley c. Scherb.

1926. — De même, le créancier d'un failli, placé sous l'influence d'un contrat d'union, ne pouvait exercer contre ce dernier des poursuites individuelles, sur le motif qu'un compte suivi de répartition avait été rendu par les syndics de l'union, lorsqu'il était constant que, depuis ce compte, de nouveaux recouvremens non encore distribués avaient été faits. — *Paris*, 26 nov. 1829, François c. Levassor; — Pardessus, n° 1268; Bioche et Goujet, *Dict. de procéd.*, v° *Faillite*, n° 445. — Les créanciers d'un failli qui avaient renoncé à exercer leur recours contre lui, sauf la réserve de suivre contre le syndic la liquidation et la répartition des valeurs actives de la masse, étaient non-recevables à exercer des poursuites contre le failli, bien que le syndic fût devenu insolvable depuis l'arrangement. — *Paris*, 17 juill. 1841 (t. 2 1841, p. 193), Vitloz c. Lasne.

1927. — Lorsque par le résultat d'un contrat d'union intervenu entre les créanciers d'un failli, ces derniers n'avaient touché qu'une partie de leur créance, ils conservaient contre leur débiteur une action en paiement du surplus. — Cette action pouvait s'exercer par la contrainte par corps; elle pouvait s'exercer du moment où les opérations de la faillite étaient terminées, et où les syndics avaient rendu leur compte de gestion, sans que les créanciers fussent préalablement obligés de prouver que leur débiteur avait acquis de nouveaux biens. — *Colmar*, 31 déc. 1830, Lévy c. Reychenbach. — V. Pardessus, *Cours de droit comm.*, t. 4, p. 499; Bioche et Goujet, *Dict. de procéd.*, v° *Faillite*, n° 445.

1928. — Le contrat d'union ne libérait le failli que de la portion de ses dettes éteintes par la répartition faite entre ses créanciers. — Après la reddition du compte, chacun des créanciers rentrant dans tous ses droits pouvait par la dissolution de l'union, exercer individuellement, *même par corps*, contre le débiteur, les actions qui lui appartenaient avant la faillite, sans être au préalable tenu d'établir que de nouveaux biens étaient survenus au failli. — La loi, dans ce cas, offrait au failli un refuge contre des poursuites trop rigoureuses dans la faculté qu'elle lui donnait de réclamer la cession de biens. — *Paris*, 17 mai 1838 (t. 2 1838), Berryer c. Coutan.

1929. — Sous le Code de commerce de 1808, le compte rendu par les syndics définitifs et la dernière répartition opérée faisaient cesser l'état d'union. Dès-lors, chacun des créanciers rentrait dans la plénitude de ses droits, et pouvait poursuivre le débiteur, même par corps, sans être au préalable tenu d'établir que de nouveaux biens lui étaient advenus. — *Paris*, 17 fév. 1846 (t. 1er 1846, p. 676), Fleury c. Sabroux; 30 janv. 1841 (t. 2 1843, p. 414), Raulet c. Guillotin-Charlot.

1930. — MM. Pardessus (*Cours de dr. comm.*, t. 4, n° 1268) et Frémery (*Etudes du dr. comm.*, p. 421), en adoptant cette opinion, tempèrent la rigueur de cette doctrine en accordant aux tribunaux le pouvoir de prendre en considération la position du failli, de lui donner des délais pour payer, ou même d'écarter la demande, s'il ne s'est écoulé que peu de temps depuis la dissolution de l'union.

1931. — Les dispositions de l'art. 539, C. comm. nouveau, qui veulent que le failli soit affranchi de la contrainte par corps à l'égard des créanciers de sa faillite lorsqu'il a été déclaré excusable, ne sont pas applicables au cas où la faillite a été déclarée sous l'empire de la loi ancienne. — Alors le failli, même déclaré excusable, ne peut se soustraire à cette contrainte qu'au moyen de la cession de biens. — *Paris*, 30 janv. 1841 (t. 2 1843, p. 414), Raulet c. Guillotin-Charlet.

1932. — Lorsque, dans une faillite, il était intervenu un contrat d'union entre les créanciers du failli, à la suite duquel ils n'avaient été payés que d'une partie de leurs créances, ceux-ci conservaient contre leur débiteur une action en paiement de ce qui leur restait dû. — L'exercice de cette action devait demeurer suspendu, et les créanciers devaient y être déclarés non-recevables, tant qu'il n'était pas prouvé que le failli avait acquis postérieurement de nouveaux biens. — *Paris*, 17 juill. 1824, Anfrye c. Lainé.

1933.—Dans le cas de contrat d'union, un créancier qui y avait été compris ne pouvait, après le partage consommé de l'actif du failli, et sans justification aucune *de nouveaux biens acquis par son débiteur*, obtenir une condamnation en justice pour ce qui lui restait dû. — *Paris*, 7 déc. 1831, Hemerdinger c. Levy; *Poitiers*, 24 juill. 1832, Reviron c. Brun; *Rouen*, 10 août 1838 (t. 2 1838, p. 535), Martel c. Conard.

1934. — En présence des termes généraux de l'art. 539, l'équivoque ne paraît plus permise. Celui qui contracte une dette s'oblige par cela seul à la remplir intégralement; la faillite du débiteur ni aucune autre circonstance indépendante de la volonté du créancier ne peut altérer en rien les droits de celui-ci, ni en modifier l'exercice. Tant qu'il n'est point désintéressé, il doit conserver tous les moyens de contraindre son débiteur au paiement. Le système contraire pourrait entraîner de graves inconvéniens, et surtout favoriser la fraude. En effet, si le contrat d'union devenait un obstacle à de nouvelles poursuites, tant qu'on ne prouverait pas que le failli a acquis de nouveaux biens, il résulterait de là que ce dernier pourrait recueillir impunément le fruit des infidélités ou soustractions qu'il aurait commises lors de la faillite, tandis que, s'il reste exposé aux mêmes poursuites jusqu'à parfaite libération, il n'a plus les mêmes motifs de sécurité, ni par conséquent des raisons aussi pressantes pour céder à l'appât d'une fraude qui pourrait bien ne pas lui profiter. — V. cependant *contrà* Bédarride, n° 831.

1935. — Lorsque, postérieurement à la dernière répartition et à la reddition du compte des syndics, de nouveaux biens surviennent au failli, les créanciers peuvent se réunir de nouveau pour nommer des syndics chargés de procéder, sous la surveillance d'un juge-commissaire, à la vente des biens et à la répartition du prix en provenant. — Le failli ne peut demander la nullité de la nomination des syndics et du juge-commissaire sous prétexte qu'il n'était plus soumis qu'aux poursuites individuelles de ses créanciers. — Il ne peut le faire, alors même qu'il y aurait eu de sa part cession de biens, cette cession n'ayant pas pour effet de faire cesser l'état de faillite. — *Rouen*, 10 août 1838 (t. 2 1838, p. 535), Martel c. Conard; *Cass.*, 4 août 1841 (t. 2 1841, p. 565), Conard c. Martel.

1936. — S'il n'a pas encore été statué sur l'excusabilité, le failli est non-recevable à se prévaloir de cette omission pour s'affranchir de la contrainte par corps; il a seulement le droit d'obtenir un délai pour faire prononcer la déclaration d'excusabilité. — Goujet et Merger, v° *Union*, n° 84.

1937. — S'il est déclaré excusable, il demeure affranchi de la contrainte par corps à l'égard des créanciers de sa faillite, et ne peut plus être poursuivi par eux que sur ses biens, sauf les exceptions prononcées par les lois spéciales. — C. comm., art. 539. — Renouard, t. 2, p. 214.

1938. — Le protêt d'un billet à ordre n'est pas indispensable pour obtenir condamnation contre un débiteur failli, après le jugement qui le déclare non excusable. — *Montpellier*, 30 juill. 1840 (t. 1er 1841, p. 9), C... c. M...

1939. — Jugé que tant que dure l'état de faillite, les créanciers, même postérieurs à la faillite, sont privés du droit individuel de contrainte par corps contre le débiteur. — *Paris*, 3 août 1846 (t. 2 1846, p. 608), Adam c. Demarbeuf. — Suivant M. Renouard (*Traité des faillites*, p. 214), au contraire, « l'affranchissement de la contrainte par corps n'existe qu'à l'égard des créanciers de la faillite; les dettes nouvelles que le failli aurait contractées demeurent sous les garanties ordinaires du droit comumun. Excusé vis-à-vis des créanciers de sa faillite, le failli reste passible de la contrainte par corps envers les créanciers postérieurs. » — V. également, dans ce sens Bioche, v° *Contrainte par corps*, n° 431.

1940. —Le projet primitif portait qu'on ne pourrait déclarer excusables les tuteurs, administrateurs, dépositaires et étrangers. Cette disposition a été remplacée par cette formule plus générale, qui excepte expressément de la dispense de la contrainte par corps les cas où des lois spéciales accordent cette voie d'exécution.

1941. — Or les lois spéciales dont parle le deuxième alinéa de l'art. 539 sont celles relatives aux étrangers non domiciliés, aux stellionataires, aux tuteurs, administrateurs et dépositaires. Le caractère particulier de leurs dettes exigeait que la garantie de la contrainte personnelle continuât à subsister contre eux.

1942. — Ainsi les tuteurs, administrateurs, dépositaires et étrangers sont affranchis de la contrainte par corps pour toutes les dettes contractées en dehors des lois spéciales qui les régissent; mais ils restent soumis à cette voie d'exécution pour tous les engagemens qui ont pour cause des actes se rattachant à leur qualité.

1943. — Ne pourront être déclarés excusables les banqueroutiers frauduleux, les stellionataires, les personnes condamnées pour vol, escroquerie ou abus de confiance, les comptables de deniers publics. — C. comm., art. 540.

1944. — Un amendement proposé par M. Parant dans la séance de la chambre des députés du 20 fév. 1835 avait proposé d'exclure du bénéfice de l'excusabilité les banqueroutiers simples. Un autre amendement de M. Réalier-Dumas, proposé dans la même séance, tendait à en exclure les banqueroutiers simples qui seraient en état de récidive. Mais ces amendemens ont été rejetés par le motif que la banqueroute simple peut n'être que le résultat de la légèreté, de la négligence ou de l'impéritie. — Renouard, t. 2, p. 216; Saint-Nexent, n° 488.

1945. — La disposition de l'art. 537 est, comme toutes les dispositions de notre droit français qui prononcent des incapacités, limitative, et elle doit être restreinte aux catégories qu'elle renferme; mais les tribunaux ont dans tous les cas un pouvoir discrétionnaire pour refuser cette faveur à tout failli, quel qu'il soit, qui par sa conduite et sa bonne foi ne s'en est pas rendu digne.

CHAPITRE XI. — *Droits des divers créanciers.*

1946. — Il peut dans les faillites exister diverses catégories de créanciers, parmi lesquels se classent les créanciers porteurs d'engagemens souscrits par plusieurs coobligés solidaires ou non, garantis par des cautions, nantis de gages, ou pouvant se prévaloir de la préférence due aux privilèges sur les meubles et immeubles et aux hypothèques.

Sect. 1re. — *Coobligés et cautions.*

1947. — Les débiteurs solidaires sont tenus chacun de la totalité de la dette, et le créancier peut s'adresser pour réclamer son paiement à celui des débiteurs qu'il lui plaît, parce que chacun des débiteurs a promis de payer la même somme que chacun des autres codébiteurs s'est engagé à payer. De ce que chacun des débiteurs doit la même somme que les autres, il résulte que si l'un d'eux paie une partie de la dette, l'amoindrissement qu'il fait subir à la créance profite à tous les codébiteurs, qui restent d'ailleurs obligés tant que la dette subsiste à l'égard de l'un d'eux. — C. civ., art. 1200, 1203, 1204.

1948.—L'obligation solidaire à l'égard du créancier se divise de plein droit entre les débiteurs, qui en sont tenus chacun pour sa part et portion (C. civ., art. 1213), à moins que l'affaire pour laquelle la dette a été contractée ne concerne que l'un des coobligés, qui est alors tenu seul de toute la dette vis-à-vis des autres codébiteurs. — C. civ., art. 1216. — Si l'un ou plusieurs des codébiteurs deviennent insolvables, la part des insolvables est contributoirement répartie entre tous les débiteurs, même entre ceux que le créancier a précédemment déchargés de la solidarité. — C. civ. art. 1215.

1949. — Tels sont les principes du droit commun en matière de solidarité. Ces principes devaient-ils être strictement appliqués en matière commerciale pour le cas de faillite? Le créancier qui avait réclamé son paiement dans la faillite d'un des codébiteurs solidaires pouvait-il se faire payer par les autres de ce qui ne lui avait pas été réellement payé?

1950. — Cette question était déjà débattue sous l'ordonnance de 1673. — Savary (Parères 13 et 48, 5e question) considérait la production à la faillite de l'un des débiteurs comme une option faite entre les obligés, et l'acceptation par le créancier d'une promesse de paiement de dividende comme l'extinction de l'obligation tout entière, et il interdisait ainsi au créancier tout recours contre les autres obligés. — Gauthier, *Etudes de jurispr. comm.*, n° 1510.

1951. — Dupuys de la Serra, dans son ouvrage intitulé *l'Art des lettres de change suivant l'usage des plus célèbres places de l'Europe* (chap. 16), posait au contraire en maxime qu'en cas de faillite de tous les obligés à la lettre de change acceptée et protestée faute de paiement, le porteur qui a une action solidaire contre tous a droit d'entrer dans chaque direction ou contribution, sans pouvoir être obligé d'en choisir un et d'abandonner les autres; que le porteur qui signait l'atermoiement d'un des premiers obligés, sans avoir le consentement des derniers obligés que c'était sans préjudicier à son action, se rendait non-recevable contre eux, et enfin que le porteur entré dans quelque contribution ne pouvait entrer dans les suivantes que successivement, pour ce qui lui était dû en reste.

1952. — Pothier, dans son *Traité du contrat de change* (n° 179), enseignait aussi que la remise forcée que le propriétaire de la lettre de change aurait été contraint de faire à l'accepteur ne privait pas ce porteur de son action pour le paiement total de sa créance contre le tireur et les endosseurs. — V. aussi Jousse, sur l'art. 33, tit. de l'ord. 1673; Boutaric, sur l'art. 12 du même titre.

1953. — Mais le porteur de la lettre de change n'arrivant à la dernière faillite que sous la déduction des dividendes par lui reçus dans les autres, et la dernière faillite payant, non le reliquat de sa créance, mais seulement un dividende de ce reliquat, ce porteur n'aurait pas touché la somme intégrale à lui due. Ce résultat fut critiqué par Emérigon (chap. 10, sect. 3e, *Contrat à la grosse*), et un arrêt du parlement de Paris du 18 juin 1776, ainsi qu'un arrêt du conseil du 23 oct. 1781, décidèrent que le porteur du billet avait droit de figurer dans chaque direction pour la totalité du billet, jusqu'à ce qu'il eût reçu son entier paiement.

1954. — Le projet du Code de 1808 fut rédigé dans une pensée conforme à cette jurisprudence: en effet, l'art. 534 de ce Code était ainsi conçu; « Le créancier porteur d'engagemens solidaires entre le failli et d'autres coobligés qui sont en faillite participera aux distributions dans toutes les masses, jusqu'à son parfait et entier paiement. »

1955. — Aussi MM. Vincens (t. 4, p. 521), Locré (t. 7, p. 33) et Pardessus (n° 1211) enseignaient que le créancier avait le droit de se présenter dans chaque masse pour le total de sa créance en principal, intérêts et frais, quels que fussent les dividendes partiels qu'il eût déjà obtenus, jusqu'à ce qu'il fût ainsi arrivé à son entier paiement.

1956. — Et de même on jugeait que le porteur d'effets de commerce, qui avait été payé en partie par l'un des débiteurs solidaires de ces effets, pouvait demander à la faillite de l'autre débiteur la totalité de sa créance, de manière cependant à ne pas recevoir au-delà de ce qui lui était dû; qu'il pouvait, en exécution du concordat consenti au failli, demander sur la totalité de sa créance le dividende convenu. — *Cass.*, 28 janv. 1817, Gabriel Leblond c. Caucha.

1957. — L'art. 542, C. comm. actuel, ne laisse plus la moindre équivoque; il est ainsi conçu: « Le créancier porteur d'engagemens souscrits, endossés ou garantis solidairement par le failli et d'autres coobligés qui sont en faillite, participera aux distributions dans toutes les masses, et y figurera pour la valeur nominale de son titre jusqu'à parfait paiement. » — C. comm., art. 542.

1958. — Indépendamment de la valeur nominale de son titre, le créancier doit figurer encore dans toutes les masses, pour les accessoires de sa créance, tels que les intérêts non arrêtés par les jugemens déclaratifs des diverses faillites et les frais; car il n'y a de parfait paiement que lorsque les accessoires ont été payés avec le capital. C'est ainsi qu'on avait entendu l'art. 534, C. 1808, dans la discussion au conseil d'état. C'est ainsi qu'il faut appliquer la loi actuelle. — Renouard, t. 2, p. 224; Bédarride, n° 857; Pardessus, n° 1211; Goujet et Merger, v° *Faillite*, n° 424; Lainné, p. 340. — Mais les codébiteurs solvables devront les intérêts jusqu'au jour du paiement.

1959. — Ainsi l'art. 542, C. comm., fait exception au droit commun en cas de paiement par des codébiteurs solidaires en faillite. En effet, bien que le paiement effectué en dividende par l'une des faillites soit légalement total, en ce sens que cette faillite est légalement libérée, le législateur, inspiré par des sentimens d'équité pour le créancier qui, par la solidarité, a voulu s'assurer un paiement intégral, n'a pas considéré ce paiement, en partie fictif, comme une libération totale. — Renouard, t. 2, p. 229; Pardessus, n° 1211; Goujet et Merger, v° *Faillite*, n° 422; Bédarride, n° 853.

1960. — L'ancien article 534 portait: *Le créancier porteur d'engagemens solidaires*, etc.; afin d'éviter toute difficulté, ces mots ont été remplacés par ceux plus clairs et plus précis de *porteur d'engagemens souscrits, endossés ou garantis solidairement*. — Renouard, t. 2, p. 225.

1961. — L'art. 542 n'est applicable qu'aux obligations solidaires; s'il n'y a pas solidarité le créancier ne pourra se présenter dans chaque masse que pour la portion virile dont chacun des obligés est tenu envers lui.

1962. — On ne peut considérer comme coobligé à aucun titre et par conséquent comme débiteur solidaire celui qui a réellement cessé de faire partie d'une société. Ainsi, lorsqu'après la dissolution d'une société, des associés continuent l'exploi-

tation du même commerce et font ensuite faillite, leurs créanciers ne peuvent réclamer de l'associé qui a cessé de faire partie de la société sa part dans le déficit qui existait au moment de la dissolution de la société. — *Liége*, 16 mars 1813, Peters c. Arntz.

1963. — Comme une conséquence des droits résultant de la solidarité, le créancier a la faculté de s'adresser à la faillite de tel ou tel de ses codébiteurs, sans qu'on puisse l'astreindre à interpeller l'un des codébiteurs plutôt que l'autre. Il peut de même s'adresser à tous simultanément. — Pardessus, nº 1211; Goujet et Merger, vº *Faillite*, nº 426.

1964. — Le commissionnaire qui a reçu de l'acheteur, en paiement de marchandises par lui vendues, sans garantie envers son commettant, des billets passés à son ordre, et en a avancé le montant au commettant, peut, au cas de faillite de l'acheteur et du commettant, se porter à la fois créancier dans les deux masses. — *Rouen*, 28 juin 1828, Maille c. Hiberprey.

1965. — Il peut s'adresser à celui des codébiteurs qui est demeuré en état de solvabilité, et celui-ci quand il a payé est subrogé légalement aux droits du créancier qu'il peut exercer dans les faillites de ses autres codébiteurs. — Bédarride, nº 855.

1966. — Quand un négociant en compte-courant avec un autre négociant tombé depuis en faillite, est porté comme débiteur sur les livres du failli pour une certaine somme touchée; qu'en réalité il est créancier de plus fortes sommes, comme porteur de traites à lui remises par le failli qui n'ont pas été acquittées, il s'opère une compensation jusqu'à due concurrence entre le débet apparent et la créance réelle dont le surplus doit seul figurer à la faillite. — *Bourges*, 11 fév. 1829, Guébin c. de Montbrun. — Mais le porteur des traites n'est pas obligé de remettre à la faillite partie des traites équivalentes à la somme dont il était débiteur; il peut au contraire conserver entre ses mains la totalité de ces effets pour en poursuivre le recouvrement contre les autres signataires. — Même arrêt.

1967. — L'art. 542, qui statue pour le cas d'engagemens souscrits ou garantis solidairement, devrait recevoir exception dans le cas où le créancier aurait consenti à la division de la dette entre les divers coobligés ou à l'égard de l'un d'eux.

1968. — Mais si la dette a conservé tous les avantages de la solidarité, et que même avant l'échéance une des cautions tombe en faillite, le créancier pourra, malgré la certitude de paiement que la solvabilité des autres obligés donnerait pour l'époque de l'échéance, se faire admettre à la faillite de la caution; seulement cette admission ne serait qu'éventuelle, et la masse pourrait exiger que ce créancier éventuel déposât à la caisse des consignations le montant de son dividende ou donnât caution de restituer ce dividende jusqu'à l'échéance où ce créancier serait désintéressé par les débiteurs solvables. — Bédarride, nos 858 et 859; Goujet et Merger, vº *Faillite*, nº 428. — La même collocation éventuelle devrait être opérée pour le cas où le débiteur principal tombant en faillite, la caution aurait la crainte d'être, à l'échéance, encore éloignée de la dette, obligée de payer le principal de l'obligation. — Lainné, p. 344.

1969. — La masse de la faillite de la caution qui aurait ainsi payé sans prendre les précautions que nous venons d'indiquer aurait au surplus un recours contre les codébiteurs solvables qui seraient tenus de lui rembourser tout ce qu'elle aurait payé.

1970. — Comme nous le disions tout à l'heure, d'après le droit commun, la dette acquittée dans son intégralité envers les créanciers par l'un des codébiteurs, se divise entre ceux-ci de plein droit, et chacun n'est tenu en général que de sa part et portion. Cette disposition pouvait-elle être appliquée en matière commerciale? N'aurait-elle pas conduit, pour la dette solidaire, à un résultat opposé aux effets ordinaires de la faillite qui tendent à faire à tous les créanciers une égale position? Si le créancier produisant pour une créance de 10,000 fr. obtient un dividende de 50 %, et que le codébiteur solidaire duquel le créancier aura touché le surplus de ce qui lui est dû vienne à son tour produire à la faillite et réclamer un dividende pour les 5,000 fr. qu'il a payés au créancier, la faillite se trouvera-t-elle obligée de payer deux fois une partie de la dette, cette créance ne touchera-t-elle pas au préjudice des autres un double dividende?

1971. — Le Code de 1808 n'avait aucune disposition qui pût trancher cette difficulté. On y trouvait seulement l'art. 538, portant : Les créanciers garantis par un cautionnement seront compris dans la masse sous la déduction des sommes qu'ils auront reçues de la caution. — La caution sera comprise dans la même masse pour tout ce qu'elle aura payé à la décharge du failli.

FAILLITE, ch. 11, sect. 1re.

1972. — Aujourd'hui l'art. 543 dispose : Aucun recours pour raison des dividendes payés n'est ouvert aux faillites des coobligés les unes contre les autres, si ce n'est lorsque la réunion des dividendes que donneraient ces faillites excéderait le montant total de la créance, en principal et accessoires, auquel cas cet excédant sera dévolu, suivant l'ordre des engagemens, à ceux des coobligés qui auraient les autres pour garans.

1973. — L'art. 543 du Code actuel a fait dominer cette règle qu'en matière de faillite chaque créance ne doit participer qu'une seule fois à la répartition des dividendes, parce qu'en matière de faillite le dividende payé représente la totalité de la créance, et qu'il faut entre les codébiteurs considérer non pas ce que le créancier a reçu, mais la valeur nominative de son titre. Le créancier en produisant a épuisé tous ses droits à l'égard de chacun des débiteurs; conséquemment, quand les masses n'ont pas payé au-delà de la totalité de la dette, les faillites n'ont aucun recours les unes contre les autres. — Pardessus, nº 1225; Lainné, p. 346; Saint-Nexent, nº 337.

1974. — Le failli qui a payé les dividendes d'effets qu'il avait acceptés à découvert pour un autre négociant qui est aussi en faillite, a son recours, contre ce dernier, dans les termes du concordat, encore bien que, par ce résultat, le débiteur principal se trouve faire un double paiement des mêmes créances. — *Bruxelles*, 20 mai 1823, Volquaert, c. Demulder. — Mais cet arrêt a été cassé le 22 mars 1814, et il a été jugé que lorsque le tireur et l'accepteur d'une lettre de change ayant fait faillite le porteur a pris dans les deux masses, l'une de ces masses ne peut avoir un recours contre l'autre. — *Cass.*, 22 mars 1814, Volquaert c. de Mulder; — Horson, *Quest. sur le C. de comm.*, quest. 92e, 93e, 94e, 109e et 180e.

1975. — Lorsque le donneur d'ordre, le tireur et l'accepteur d'une lettre de change sont tous trois tombés en faillite avant l'échéance de la lettre de change, les masses du tireur pour compte et de l'accepteur qui ont payé un dividende au porteur ne peuvent être admises à la faillite du donneur d'ordre chacune pour le montant de la traite. — En ce cas, la masse du donneur d'ordre doit payer seulement à chacune des deux autres masses un dividende représentant la moitié du montant de la traite. — *Cass.*, 1er déc. 1824, Desprez c. Dammemme Steinmann.

1976. — Lorsque le tireur de lettres de change pour lesquelles provision a été faite, mais qui n'ont pas été acquittées par les accepteurs à leur échéance, tombe en faillite; que, par suite du concordat qu'il a obtenu, il a payé aux porteurs de ces lettres de change seulement le dividende promis, il a droit de demander son admission au passif de la faillite des accepteurs pour la provision qu'il a fournie, sans que ceux-ci puissent lui opposer que lui, tireur, n'est pas, à cause de son concordat, obligé de payer aux porteurs la totalité des lettres de change. — *Cass.*, 8 fév. 1827, Bozin et Bonnet c. Bazindrant; Pardessus, nº 1214; *Quest. sur le C. comm.*, nos 179 et 180.

1977. — Lorsque le failli voudra obtenir sa réhabilitation, il devra justifier du paiement intégral de la créance. Il ne lui suffira pas de prouver que le créancier a reçu la somme totale qui lui revenait; il faut qu'il prouve qu'il a remboursé au codébiteur dont l'argent ou le dividende a servi à parfaire le paiement de la dette. — Renouard, t. 2, p. 277; Lainné, p. 348.

1978. — Si le débiteur n'a pas obtenu de concordat, et que ce soit par suite des répartitions d'une union que les paiemens partiels aient eu lieu, il se verra, pour le surplus de la dette, exposé aux poursuites personnelles de ses codébiteurs devenus, au moyen des remboursemens faits de leurs deniers, ses créanciers.

1979. — Si le porteur de la lettre de change, en produisant à la faillite pour la valeur nominale de son titre a droit, à titre de dividende, à une somme supérieure à celle qui, vu les à-comptes qu'il a reçus dans la faillite des autres obligés, est suffisante pour le désintéresser, l'excédant ne pourra être touché par le créancier. — Mais, selon M. Renouard (t. 2, p. 227), la faillite dans laquelle se fait la répartition n'en bénéficiera pas, elle devra payer cet excédant à celui des codébiteurs qui aura partiellement désintéressé le créancier. La faillite n'aura pas à se plaindre, car elle n'aura fait que payer sa dette.

1980. — Ces mots de l'art. 543, suivant l'*ordre des engagemens*, ne doivent pas s'entendre de l'ordre matériel et chronologique; mais ils s'appliquent à la nature et à l'ordre naturel des engagemens, de façon que les garantis soient préférés aux garans. — Lainné, p. 350; Renouard, t. 2, p. 228; Bravard-Veyrières, *Examen critique et comparatif de la loi des faillites*, p. 135; Pardessus, nº 1214-2º; Lainné, p. 350.

FAILLITE, ch. 11, sect. 1re.

1981. — Ainsi, s'il s'agit d'endosseurs successifs, le dernier sera préféré à ceux dont les endossemens le précèdent; les endosseurs devront être préférés au donneur d'aval, et celui-ci à l'accepteur qui, s'il n'a pas eu provision, devra être préféré au souscripteur.

1982. — De même, si le porteur d'une lettre de change a été désintéressé même partiellement par le tireur pour compte, celui-ci peut se faire restituer, soit par le donneur d'ordre, soit par l'accepteur, et se faire admettre à leur faillite, à moins que le porteur n'eût lui-même été admis et n'eût retiré le dividende. — Bédarride, nº 873; Pardessus, nº 1242; Goujet et Merger, vº *Faillite*, nº 45.

1983. — En cas de faillite du tireur, les tiers-porteurs ne peuvent recourir contre le donneur d'ordre comme subrogé aux droits du tireur; la créance du tireur contre le donneur d'ordre appartient à la masse de la faillite du tireur, et les tiers-porteurs ne peuvent réclamer dans cette faillite qu'un dividende comme tous les autres créanciers. Le tireur et l'accepteur d'une lettre de change tirée pour compte d'autrui, qui ont concouru tous deux au paiement de la lettre, doivent, en cas de faillite du donneur d'ordre, être admis dans cette faillite concurremment et sans que le tireur ait un droit de préférence. — *Cass.*, 27 août 1832, Steinmann et Fort c. Desprez; — Lainné, p. 353.

1984. — Si les coobligés ne sont pas garantis les uns par les autres, comme par exemple dans une dette civile solidaire, l'excédant devra se partager proportionnellement à la somme pour laquelle chacun aura contribué au paiement. — Renouard, t. 2, p. 229.

1985. — Il sera facile de constater si le paiement des dividendes payés dans les diverses faillites des coobligés présentent sur le principal et les accessoires de la dette solidaire un excédant, puisque d'une part les syndics doivent mentionner sur le titre original de la créance les à-comptes payés, et que d'autre part les créanciers, en recevant leur paiement, émargent et quittancent les états de répartition. — C. comm., art. 569. — Lainné, p. 342.

1986. — C'est à celui qui dans l'ordre des co-obligés se trouve appelé à profiter de l'excédant du dividende sur le montant de la créance, à veiller à ses intérêts et à réclamer du créancier la remise du titre, et des syndics de la faillite, le paiement des dividendes ultérieurs. — Bédarride, nº 874.

1987. — Le négociant qui, en état de simple suspension de paiement, a obtenu, par un concordat amiable, la remise de tant pour cent, et qui néanmoins paie la totalité de la dette, ne peut répéter l'excédant contre son coobligé solidaire. — *Cass.*, 27 mai 1829, A... c. D....

1988. — Lorsque le paiement à-compte a été fait avant la faillite, le créancier avait à ce moment un juste sujet d'espérer qu'il serait complètement désintéressé : il n'était pas préoccupé de l'éventualité d'une faillite qui, n'existant pas, n'étant même pas prévue, n'avait pu modifier la volonté du créancier d'accorder à tous les coobligés une libération proportionnelle à la somme payée. Il convenait donc alors de demeurer sous l'empire du droit commun et de considérer le paiement fait à-compte comme ayant définitivement éteint à l'égard de tous les coobligés une portion correspondante de la dette. C'est cette intention, cette volonté du créancier qui explique pourquoi, l'art. 542 donne au créancier le droit de figurer dans toutes les masses pour la valeur nominale de son titre, tandis que l'art. 544 lui interdit de se présenter pour toute cette valeur quand il en a reçu une partie avant la faillite. Tel est l'esprit dans lequel a été rédigé l'art. 544, qui dissipe ainsi les doutes qu'avait soulevés l'art. 538 du Code de 1808.

1989. — En effet, l'ancien art. 538 du Code de commerce avait paru à divers auteurs (MM. Pardessus, nº 1216; Vincens, t. 4, p. 525) en contradiction avec l'art. 1252, C. civ., ainsi conçu : « La subrogation... ne peut nuire au créancier lorsqu'il n'a été payé qu'en partie; en ce cas, il peut exercer ses droits, pour ce qui lui reste dû, par préférence à celui dont il n'a reçu qu'un paiement partiel. »

1990. — A ces critiques, M. Bravard-Veyrières (*Examen comparatif et critique de la loi des faillites*, p. 136) a répondu : « On a totalement perdu de vue à quel cas s'applique l'art. 538, à savoir, le seul cas de faillite et de répartition de dividende. Tout dividende, quelque faible qu'il soit, emporte, je ne dis pas pour le failli lui-même, car il reste personnellement débiteur de ce qui manque pour désintéresser le créancier, mais pour la masse, libération complète. Dès-lors le créancier qui a reçu son dividende dans la masse du débiteur principal a reçu tout ce que cette masse lui devait. Par conséquent, l'art. 1252, évidemment inapplicable à cet

égard, ne s'oppose pas le moins du monde à ce que la caution vienne de son côté toucher le dividende dans cette masse qui est pleinement libérée vis-à-vis du créancier. » — V. cependant Saint-Nexent, nos 341 et suiv.

1991. — Si le créancier, dit l'art. 544, porteur d'engagemens solidaires entre le failli et d'autres coobligés a reçu, avant la faillite, un à-compte sur sa créance, il ne sera compris dans la masse que sous la déduction de cet à-compte, et conservera, pour ce qui lui restera dû, ses droits contre le coobligé ou la caution. Le coobligé ou la caution qui aura fait le paiement partiel sera compris dans la même masse pour tout ce qu'il aura payé à la décharge du failli.

1992. — Le premier projet de loi avait adopté une disposition portant : « Le créancier, si le coobligé ou la caution ne sont point en faillite, pourra réclamer directement, jusqu'à concurrence de ce qui lui restera dû, la part à lui afférente dans la faillite du débiteur principal ; si le coobligé ou la caution sont de même en faillite, il n'exercera son action que contre leurs masses. » Mais cet article a été écarté, lors de la seconde discussion, par suite d'objections qui se résument ainsi : ou le créancier principal a un droit direct au dividende afférent à la caution, et alors la faillite de la caution ne peut pas lui ôter ce droit ; ou il n'a pas ce droit direct, et alors la solvabilité de la caution ne peut pas le lui donner. Le droit direct est inutile si la caution restée solvable peut payer sur tous ses biens. Le droit direct n'est pas juste à l'égard des autres créanciers de la caution en faillite, s'il crée contre eux un privilége. — Renouard, t. 2, p. 283.

1993. — Le codébiteur qui a payé la dette solidaire a un recours contre son codébiteur failli pour la totalité de ce qu'il a payé en capital, intérêts et frais, si la dette a été exclusivement contractée dans l'intérêt du failli (Pardessus, no 1213). Il aurait le même recours comme caution puisqu'il serait subrogé aux droits du créancier payé par lui. Si la dette était commune à tous les codébiteurs, celui qui aurait payé ne pourrait réclamer de chacun d'eux que la portion qui le concerne personnellement.

1994. — Le dernier endosseur qui aurait payé le tiers-porteur, ayant pour obligés solidaires le tireur, l'accepteur et tous les endosseurs qui le précèdent, pourrait s'adresser à celui d'entre eux qu'il lui plairait choisir, et il devrait être admis à la faillite de chacun d'eux pour l'intégralité de ce qu'il aurait payé au porteur. — Bédarride, no 882.

1995. — Celui qui s'est rendu caution solidaire de partie d'une obligation contractée par un commerçant tombé depuis en faillite, ne peut, en acquittant la somme qu'il a cautionnée, exiger du créancier une quittance subrogatoire à l'effet de produire à la faillite. Le créancier est fondé à prétendre que la caution n'a aucun droit à exercer sur la masse de la faillite tant qu'il n'a pas été lui-même complétement désintéressé. — *Nancy*, 25 juin 1842 (t. 2 1842, p. 659), Dreyfuss c. Anspach.

1996. — D'après l'art. 545, nonobstant le concordat, les créanciers conservent leur action pour la totalité de leur créance contre les coobligés du failli.

1997. — Le concordat fait par un commerçant avec ses créanciers ne peut profiter à sa femme qui s'est obligée solidairement avec lui, et qui n'a point été partie dans l'acte d'atermoiement. La femme dans ce cas est justiciable du tribunal de commerce, lorsqu'elle est poursuivie séparément pour son obligation solidaire, même avant qu'aucun des termes de paiement convenus par le concordat soit arrivé. — *Paris*, 18 avr. 1815, Albertoni c. Maillet.

1998. — La question vidée par cet art. 545 était généralement résolue dans un sens contraire sous l'ordonnance de 1673.

1999. — Sous le Code de 1808, la division s'était encore manifestée à cet égard dans la jurisprudence comme on en peut juger par les décisions qui vont suivre.

2000. — ... La remise que faisait le porteur d'une traite au profit de l'accepteur failli libérait le tireur également failli, si le créancier n'avait pas réservé les droits contre ce dernier. — *Bruxelles*, 22 avr. 1815, Dusart-Piquet c. Laurent et Vanderborght.

2001. — ... La remise accordée sans réserves au failli dans le concordat par un créancier *hypothécaire* libérait le tiers qui avait donné sur ses biens, pour sûreté de la dette, un cautionnement hypothécaire. — *Bordeaux*, 28 août 1826, Coureau c. Leblond.

2002. — ... La remise forcée que le porteur d'une lettre de change pour laquelle il y avait provision faite à l'accepteur tombé en faillite l'empêchait de demander la totalité de la dette au tireur, alors même qu'il s'était expressément réservé tous ses droits contre lui. Dans ce cas, le tireur condamné solidairement avec l'accepteur au paiement de la traite devait être considéré comme un débiteur solidaire contre lequel le créancier ne pouvait plus répéter la dette que sous la déduction de la part de celui à qui la remise avait été faite. — *Cass.*, 30 nov. 1819, Daigremont c. Pepin-Dufeugray.

2003. — ... Le créancier qui avait adhéré, sans faire de réserves, à un concordat, par lequel une remise avait été faite à son débiteur tombé en faillite, ne perdait pas pour cela son recours contre la caution. — A plus forte raison, en devait-il être ainsi, s'il y avait eu entre la caution et le créancier réserve expresse des droits de celui-ci. — *Lyon*, 14 juin 1826, Durand c. Dalmais et Girodet ; — Pothier, *Oblig.*, part. 2e, ch. 6, sect. 1re ; Merlin, *Rép.*, vo *Atermoiement*, § 7 ; Toullier, *Dr. civ.*, t. 7, no 330 ; Pardessus, *Dr. comm.*, nos 223 et 1247 ; et Bousquet, *Dict. des contr. et oblig.*, vo *Caution*, t. 1er, p. 458.

2004. — L'article du projet primitif du gouvernement était ainsi conçu : « Le créancier qui a acquiescé à un concordat dûment homologué conserve son recours pour la totalité de sa créance contre les autres obligés ; il le perd s'il a volontairement consenti au concordat. »

2005. — Mais la commission de la chambre des députés combattit par l'organe de son rapporteur, M. Renouard, cet article dans les termes suivans : « La remise faite par un concordat ne saurait jamais être réputée volontaire. En effet, elle est toujours censée faite en vue spéciale des nécessités qu'impose l'état des affaires du débiteur. Punir par la perte de son recours le créancier qui consentirait au concordat et l'obliger, pour conserver l'intégralité de ses droits à garder le silence et à se contenter d'acquiescer à l'homologation, c'est en réalité exclure ce créancier des délibérations. Cette exclusion, qui peut souvent blesser gravement ses droits, conduirait dans bien des cas à rendre tout concordat impossible ; qu'une maison de banque tombe en faillite, la plus grande partie de son passif pourra se composer de lettres de change et de billets revêtus de plusieurs signatures. Si tous les porteurs de titres à plusieurs signatures sont contraints par la loi, sous peine de perdre tout recours, à s'abstenir du concordat, il deviendra impossible de réunir la majorité en nombre à la majorité des trois quarts en sommes, alors même qu'une faible minorité s'opposerait seule à l'acceptation de conditions raisonnables. » La disposition proposée fut supprimée.

2006. — La remise faite au débiteur failli est une exception purement personnelle, attendu que cette remise n'a eu lieu qu'en considération de sa position personnelle. — Duranton, *Droit français*, t. 18, no 380.

2007. — Donc la remise faite dans un concordat, n'ayant pas le caractère d'une remise volontaire, ne peut profiter à la caution du failli. — *Cass.*, 9 août 1842 (t. 2 1842, p. 520), Carbonnet c. Loyvet et Hersent.

2008. — M. Bédarride (no 890) fait observer avec raison que le créancier hypothécaire, privilégié ou gagiste qui aurait, en participant au concordat, renoncé à la cause de préférence attachée à sa créance ne pourrait exercer son recours contre la caution qui lui objecterait avec succès qu'il s'est par son fait volontaire mis dans l'impossibilité de la subroger dans le privilége ou l'hypothèque qui était attaché à sa créance. — C. civ., art. 2037.

Sect. 2e. — *Créanciers nantis de gages et créanciers privilégiés sur les biens meubles.*

§ 1er. — *Créanciers nantis de gages.*

2009. — Le mot *gage* est employé dans des acceptions diverses. Ainsi le gage proprement dit est un contrat de nantissement de chose mobilière par lequel un débiteur remet une chose à son créancier pour sûreté de sa dette.

2010. — Les art. 2073 à 2084, C. civ., régissent cette matière, sauf les dispositions relatives aux matières commerciales. Il faudra donc pour établir le gage à l'égard des tiers que ce gage soit constaté par un acte authentique ou sous seing-privé dûment enregistré. Cet enregistrement aura pour effet d'empêcher la transformation d'un contrat en un autre et d'attester que la convention est passée à une époque où le failli n'était pas encore dans les liens de la faillite et avait capacité pour former ce contrat. — Bédarride, nos 902 et 903.

2011. — Le gage, au lieu d'être un contrat principal résultant d'une stipulation expresse assujétie à des formalités déterminées, est l'accessoire d'un autre contrat principal. C'est ainsi que les droits du gage appartiennent au commissionnaire sur les marchandises à lui expédiées, à l'ouvrier sur les matières premières qui lui ont été confiées pour être mises en œuvre, à l'aubergiste sur les effets du voyageur, au voiturier sur la chose voiturée, enfin au bailleur sur les meubles garnissant les lieux loués. Toutes ces diverses personnes retiennent la possession des choses remises entre leurs mains jusqu'à ce que le contrat principal ait été exécuté à leur égard, et ce droit de rétention produit à leur profit les mêmes garanties pratiques que le privilége. — Renouard, t. 2, p. 291.

2012. — L'acception plus générale du mot *gage* telle qu'elle résulte de l'art. 2092, C. civ., ne rentre pas dans l'application des art. 546 et suiv., C. comm.

2013. — L'art. 546, C. comm., qui est conçu dans les mêmes termes que l'art. 535, Code de 1808, porte : « Les créanciers du failli qui seront valablement nantis de gages ne seront inscrits dans la masse que pour mémoire. »

2014. — Cette inscription dans la masse pour mémoire des créanciers nantis d'un gage est utile sous plus d'un rapport. En effet il faut que toute la situation passive du failli soit connue ; il faut aussi que si le gage est insuffisant pour remplir le créancier qui en est nanti, on connaisse cette situation pour l'appeler aux répartitions, ou si le prix du gage est supérieur à sa créance, pour que la masse profite de cet excédant. — Pardessus, no 1203.

2015. — Il faut pour que le gage produise les effets privilégiés que la loi y a attachés qu'il soit valablement contracté. — V. GAGE. — Si le gage n'est pas valable, les syndics pourront en poursuivre la restitution sans être tenus de rembourser la dette, et le créancier sera simple chirographaire.

2016. — Ainsi, un failli ne peut, par suite d'arrangemens pris avec ses créanciers chirographaires, faire un dépôt à titre de nantissement au préjudice de ses créanciers hypothécaires. — *Turin*, 16 flor. an XIII, Ballarini c. Tron.

2017. — Mais le créancier saisi d'un gage consistant dans diverses créances qui lui ont été transportées par le failli, peut, après avoir touché partie de ces créances, en abandonner le surplus à la masse, et prendre part comme créancier chirographaire aux délibérations relatives au concordat. — *Paris*, 1er avr. 1829, Clairin c. Normand.

2018. — L'art. 536 du Code de 1808 portait : « Les syndics seront autorisés à retirer les gages au profit de la faillite en remboursant la dette. »

2019. — L'article 547 de la loi nouvelle, en maintenant cette disposition, a spécifié que l'autorisation dont les syndics avaient besoin émanerait du juge-commissaire ; il contient, de plus, les mots : *à toute époque*, pour bien faire comprendre que le retrait du gage peut avoir lieu dès les premières opérations de la faillite, aussi bien qu'après la formation de l'union. — Bédarride, no 915.

2020. — Ainsi, l'art. 547 porte : « Les syndics pourront, à toute époque, avec l'autorisation du juge-commissaire, retirer les gages au profit de la faillite, en remboursant la dette. »

2021. — Les syndics d'un failli qui, avant sa faillite, a déposé des marchandises au mont-de-piété et ne les a pas retirées dans le délai fixé, ne peuvent s'opposer à ce qu'elles soient vendues par l'administration du mont-de-piété, avec le concours de ses agens. Cette vente ne peut avoir lieu que d'après le mode ordonné par le décret du 8 thermid. an XIII, dans l'intérêt des emprunteurs, et pour mettre à couvert la responsabilité des agens de l'administration. — *Paris*, 27 avr. 1844 (t. 2 1844, p. 90), Brunswigh c. direct. du mont-de-piété de Paris.

2022. — L'art. 548, qui ne diffère de l'art. 537 du Code de 1808 que par une rédaction plus correcte, porte : « Dans le cas où le gage ne sera pas retiré par les syndics, s'il est vendu par le créancier moyennant un prix qui excède la créance, le surplus sera recouvré par les syndics ; si le prix est moindre que la créance, le créancier nanti viendra à contribution pour le surplus, dans la masse, comme créancier ordinaire.

2023. — Le créancier nanti d'un gage ne peut, dans une faillite, alors même qu'il y aurait un concordat, se présenter pour toucher des dividendes avant d'avoir fait vendre ce gage. — *Paris*, 16 déc. 1836 (t. 2 1837, p. 77), Nicoud c. Michelet et Demergue. — Car, comme le dit M. Renouard (t. 2, p. 202), jusqu'à la vente du gage qui, peut-être, couvrira ce créancier de tout ce qui lui est dû, on ignore s'il demeurera créancier d'un excédant.

2024. — Il résulte de la discussion de la loi (V. le *Moniteur* du 5 avr. 1838) que le créancier ne peut faire vendre le gage qu'en se conformant aux dispositions du Code civil, art. 2078 et suiv. — Lainné, p. 389.

 FAILLITE, ch. 11, sect. 2e. FAILLITE, ch. 11, sect. 2e.

§ 2. — *Créanciers privilégiés sur les biens meubles.*

2025. — La matière du privilége, si importante pour tous les créanciers puisque, si elle favorise les uns, elle cause un détriment aux autres, est traitée avec détail au mot PRIVILÉGE, où sont exposés avec développemens les principes du droit commun. Nous nous bornerons à résumer ici quelques notions générales indispensables pour faire comprendre les règles particulières introduites par la législation spéciale des faillites.

2026. — Le privilége est un droit que la qualité de la créance ou quelquefois la détention de la chose donne à un créancier d'être préféré aux autres créanciers, même hypothécaires. — C. civ., art. 2093, 2095, 2099 et suiv.

2027. — Puisque le privilége est généralement une cause de préférence attachée à la nature de la créance, il passe avec cette créance à ceux qui en deviennent cessionnaires ou s'y font subroger.

2028. — Les priviléges sont généraux ou particuliers. Les priviléges généraux sont ceux qui frappent sur tous les meubles et sur tous les immeubles du débiteur. Les priviléges particuliers frappent exclusivement sur certains meubles ou certains immeubles du débiteur.

2029. — Les priviléges généraux sont énoncés et classés dans l'art. 2101 du Code civil. Les priviléges particuliers sont compris dans l'article 2102, 2103 et suiv., mais sans aucune classification.

2030. — Les priviléges sont de droit étroit et ils doivent être restreints aux cas pour lesquels la loi les a établis. — Pardessus, no 1190.

2031. — La préférence entre les divers priviléges se règle par la qualité de la créance (V. PRIVILÉGE), et les créanciers privilégiés qui sont dans le même rang se paient par concurrence.

2032. — Les créanciers privilégiés devant être payés intégralement sont, en quelque sorte, en dehors des chances et des éventualités de la faillite; ils peuvent donc réclamer leur paiement dès que le mobilier est vendu et même avant toute répartition faite aux autres créanciers. — Bédarride, no 951.

2033. — Aussi l'art 551 a-t-il disposé en ces termes : « Les syndics présenteront au juge-commissaire l'état des créanciers se prétendant privilégiés sur les biens meubles, et le juge-commissaire autorisera, s'il y a lieu, le paiement de ces créanciers sur les premiers deniers rentrés. »

2034. — Cette présentation par les syndics de la liste des créanciers privilégiés ne peut avoir lieu qu'après que la vérification des créances et la clotûre du procès-verbal leur a permis de connaître l'ensemble de tous les priviléges réclamés par les divers créanciers — Bédarride, no 952 ; Goujet et Merger, vo *Faillite*, no 463.

2035. — L'art 551 laisse une certaine latitude au juge-commissaire, ainsi qu'on le voit par ces mots *autorise, s'il y a lieu, le paiement sur les premiers deniers rentrés*. Et cette faculté, confiée au juge, était indispensable, car le juge-commissaire peut ordonner le paiement immédiat de tous les créanciers privilégiés sur l'actif réalisé ; il peut aussi arriver qu'il ne puisse y avoir de paiement possible que sur les premiers deniers à recevoir, et alors c'est au juge-commissaire qu'il appartient d'apprécier quels sont les créanciers privilégiés parmi ceux qui sont au même rang, qui ont intérêt ou besoin d'être payés les premiers. — Bédarride, no 953 ; Goujet et Merger, vo *Faillite*, no 954.

2036. — Les créanciers privilégiés sur la généralité des meubles pourront, suivant les cas, être contraints d'attendre, pour obtenir leur paiement, que les syndics représentant l'union aient fait vendre tout le mobilier dépendant de l'actif de la faillite. Mais les créanciers qui ont des priviléges particuliers sur certains meubles et qui doivent être payés sur la valeur des objets qu'ils détiennent ne sont dessaisis par les syndics qu'au moyen de leur paiement, et ils ont même le droit de poursuivre la vente des objets qui sont la garantie de leur droit de préférence.

2037. — L'art. 551 ajoute : « Si le privilége est contesté, le tribunal prononcera. » — Quel est ce tribunal?

2038. — Jugé en termes généraux que le tribunal de commerce est compétent pour statuer sur une demande en privilége. — *Limoges*, 16 mai 1840 (t. 2 1840, p. 433), Baignol c. Albin.

2039. — Néanmoins, s'il s'agit de privilége ayant une cause purement civile, le tribunal de commerce devra renvoyer devant le tribunal civil. C'est ce qui résulte, par une incontestable analogie, de l'art. 500, C. comm.

2040. — On devrait donc encore décider aujourd'hui, comme on l'a fait sous le Code de 1808, que les tribunaux de commerce auxquels il appartient de statuer, en matière de faillite, sur les contestations relatives à l'existence ou à la non existence des créances, sont incompétens pour décider si ces créances sont hypothécaires ou privilégiées. — *Poitiers*, 2 avr. 1808, Compagnon c. Guichard; *Bordeaux*, 8 août 1838 (t. 1er 1839, p. 35), Lévy Béer c. Mossé ; — Pardessus, t. 4, no 1186 ; Boulay-Paty, *Tr. des faillites et de banquer.*, no 283 ; Carré, *Lois d'organ. et compét.*, no 521.

2041. — L'art. 551 n'a pas reproduit la disposition de l'ancien art. 555, qui portait : « Les frais seront supportés par ceux dont la demande aura été réjétée et ne seront pas au compte de la masse. » Mais cette disposition est du droit commun, et résulte suffisamment de l'art. 130, C. de procéd.

2042. — Le créancier privilégié d'un failli, dont les syndics ont mal à propos contesté le privilége et retardé le paiement, peut réclamer des intérêts à compter du jour de la demande. — Il peut réclamer un intérêt de 5 %, bien que son privilége soit établi sur un cautionnement qui, déposé à la caisse des consignations, ne produit qu'un intérêt de 4 %. — *Cass.*, 14 juill. 1829, Roger c. Ragouleau.

2043. — En cas de contestation, non plus sur l'existence même des priviléges, mais sur l'ordre dans lequel ils doivent être classés, il faut également examiner si les divers priviléges dont il s'agit ont une cause commerciale, ou bien si quelques uns d'entre eux sont purement civils : dans la première hypothèse, le tribunal de commerce peut prononcer ; dans la seconde, le tribunal civil est seul compétent. — Goujet et Merger, vo *Faillite*, no 469.

2044. — Voici l'énumération des priviléges généraux sur les meubles.

2045. — 1o *Frais de justice*. — C. civ., art. 2101-1o. — V. PRIVILÉGE. — En matière de faillite, il faut considérer comme frais de justice ceux qui ont été occasionnés par les diverses formalités prescrites par la loi, par exemple ceux du jugement déclaratif de faillite, de scellés, d'inventaire, de convocation des créanciers. — Renouard, t. 2, p. 244 ; Bédarride, no 929 ; Goujet et Merger, vo *Faillite*, no 471.

2046. — Les frais dus à un agréé pour les opérations d'une faillite dont il a été chargé, se rattachant aux frais d'administration de la faillite, sont privilégiés, et la demande dont ils sont l'objet est de la compétence du tribunal de commerce. — *Paris*, 14 juin 1833, Lallemand c. Badin.

2047. — Le premier saisissant n'avait pas, sous l'empire de la cout. de Paris, un droit exclusif sur les objets saisis, lorsque son débiteur était tombé en faillite. — *Paris*, 24 fév. 1809, Champeaux c. Fleurot. — Cette décision est formellement consacrée par l'art. 179, cout. Paris, qui statue pour le cas de déconfiture. — V. Ferrière, sur cet article, t. 1er, p. 390; Bretonnier, sur Henrys, t. 1er, liv. 4, quest. 38e (où il rapporte un arrêt du 17 mars 1699 en ce sens); Denisart, vo *Déconfiture*, no 3. — On jugeait, en pays coutumier, que la femme, qui la première saisissait les meubles de la communauté pour s'assurer le paiement de ses reprises, venait à contribution avec les autres créanciers de son mari tombé en faillite ; mais, en pays de droit écrit, au contraire, même dans le ressort du parlement de Paris, la femme, pour ses deniers dotaux, était préférée à tous créanciers sur les meubles. — Brodeau, sur Louet, M. 8 ; Bretonnier, sur Henrys, t. 2, liv. 4, quest. 44e ; Rousseau-Delacombe, vo *Contribution*, no 1er.

2048. — Le créancier qui, sur le vu du jugement déclaratif de la faillite de son débiteur, dont il avait antérieurement saisi les meubles, a arrêté ses poursuites, peut prétendre à un privilége pour les frais qu'il a faits, quoique sa créance principale soit une créance ordinaire, et que les syndics n'aient pas continué et mis à fin la saisie commencée. — *Bordeaux*, 28 nov. 1840 (t. 1er 1841, p. 329), Estrac c. Amalric.

2049. — Le créancier qui a fait saisir les meubles et effets de son débiteur n'en peut faire opérer la vente si, dans l'intervalle qui s'est écoulé entre cette saisie et la vente qu'il se propose de mettre à exécution, le débiteur a été déclaré en état de faillite. — Le créancier saisissant ne peut, sous le prétexte qu'il lui est dû des frais de justice, se dire privilégié, et par cela même autorisé à faire opérer la vente. — *Bordeaux*, 3 fév. 1838 (t. 2 1840, p. 317), Leydet c. Saboureau.

2050. — Mais les frais faits par un créancier pour obtenir condamnation ne peuvent participer à la faveur du privilége, car ils ont été faits dans l'intérêt exclusif de la créance à laquelle ils doivent demeurer attachés. — Pardessus, no 1192 ; Goujet et Merger, vo *Faillite*, no 471.

2051. — Quoique la saisie pratiquée sur les immeubles d'un failli par un créancier hypothécaire inscrit moins de dix jours avant l'ouverture de la faillite soit nulle, cependant les frais de la saisie peuvent être employés en frais accessoires de sa créance, si le poursuivant était de bonne foi. — *Lyon*, 21 juin 1832, Tiblier-Verne c. Limosin.

2052. — Les frais faits par la femme pour obtenir sa séparation de biens ne peuvent jamais être employés par privilége, ils constituent seulement un accessoire de la créance. — *Rouen*, 29 fév. 1840 (t. 1er 1840, p. 533), Desmartre c. Pissarella ; — Renouard, t. 2, p. 251 ; Goujet et Merger, vo *Faillite*, no 476.

2053. — Les frais des procès soutenus par les syndics dans l'intérêt de la masse, ne sont pas à proprement parler des frais de justice, mais ils donnent lieu aux prélèvemens que les syndics sont autorisés à faire sur la masse avant toute distribution. — Goujet et Merger, vo *Faillite*, no 1192.

2054. — Les frais de justice ne priment au surplus que les créanciers dans l'intérêt desquels ils ont été faits ; les créanciers qui n'en ont retiré aucun avantage ne sont pas tenus de les laisser passer avant eux : c'est ce qui résulte évidemment de l'art. 461, C. comm., qui porte que le trésor sera remboursé des frais qu'il a avancés par privilége sur les premières rentrées, mais sans préjudice du privilége du propriétaire. — Renouard, t. 2, p. 244 et 245 ; Goujet et Merger, vo *Faillite*, no 480. — V. aussi *Lyon*, 1er avr. 1841 (t. 2 1841, p. 671), Contr. indir. c. Chalard et Rothan.

2055. — Mais les créanciers ne pourraient se soustraire au prélèvement des frais qui leur auraient été utiles. — Renouard, t. 2, p. 247.

2056. — Il faut donc distinguer entre les divers frais nécessités par la faillite ; on doit payer par préférence à toutes créances les frais de scellés et d'inventaire comme ayant contribué à la conservation du gage immobilier comme à celle des meubles. Mais les frais de déclaration de faillite, de convocation d'assemblée de créanciers, non plus que les droits de greffe, les honoraires des syndics et autres analogues ne peuvent être prélevés avant les créances hypothécaires pour lesquelles ils ne sont d'aucune utilité. — *Rouen*, 2 déc. 1841 (t. 2 1841, p. 443), Vasseur c. Gautier. — Mais tous les créanciers étant intéressés à ce qu'une administration vigilante conserve autant que possible les gages qui répondent de leurs créances, les frais et honoraires du syndicat doivent être privilégiés sur le prix des immeubles, selon M. Troplong (*Des priviléges et hypoth.*, t. 1er, no 131 ; Boulay-Paty, *Faillites et banqueroutes*, no 281). — V. *contrà Paris*, 27 avr. 1836, Loret c. Lebves. — Toutefois, s'il était constant que les frais réclamés par le syndic n'avaient été faits que dans le seul intérêt des créanciers chirographaires, ils ne pourraient être privilégiés sur les immeubles. — *Bordeaux*, 20 août 1836 (t. 2 1837, p. 465), Dubreuilh et Gros c. Courréjolle.

2057. — ... 2o *Frais funéraires*. — C. civ., art. 2101 2o. — V. PRIVILÉGE. — Ce privilége peut certainement s'exercer en matière de faillite, puisqu'un commerçant peut être déclaré en faillite après son décès. — Pardessus, no 1193 ; Bédarride, no 930 ; Goujet et Merger, vo *Faillite*, no 489.

2058. — Si le failli décède après la faillite, les frais funéraires sont encore une dette sacrée imposée par la piété et le respect pour la décence publique. Les syndics pourront donc payer cette dépense, mais ils feront sagement d'en soumettre le montant à l'approbation du juge-commissaire. — Renouard, t. 2, p. 253 ; Goujet et Merger, vo *Faillite*, no 490 ; Pardessus, no 1193.

2059. — Si la dépense avait été payée par un des parens du défunt, il y aurait à apprécier dans quelle intention cette avance a été faite ; si dans ce paiement on doit voir l'accomplissement d'un devoir religieux et de famille ou une simple avance faite dans l'intérêt de la faillite, et dont, en ce dernier cas, elle devrait le remboursement. — V. cependant Boulay-Paty (no 342), qui n'accorde de subrogation que quand elle est expresse.

2060. — ... 3o *Frais de dernière maladie*. — C. civ., art. 2101 3o. — V. PRIVILÉGE. — M. Pardessus (no 1194) pense que les frais de la dernière maladie supportée par le failli moins d'une année avant sa déclaration de faillite, doivent être privilégiés. M. Bédarride (no 933) n'admet pas cette opinion. — Selon M. Pardessus (no 1194), si la maladie est au nombre de celles qu'on appelle *chroniques* ou *lentes*, la quotité des frais auxquels le rang privilégié serait accordé sera déterminée par le tribunal compétent, selon les règles du droit commun.

2061. — Si le failli meurt pendant la faillite d'une maladie dont il était atteint avant la déclaration de faillite, on est généralement d'accord qu'il y aura privilége. — Troplong, *Priv. et hypothèq.*, no 137 ; Goujet et Merger, no 495 ; Lainné, p. 377.

2062. — Si la maladie ne s'est déclarée que depuis l'ouverture de la faillite, rigoureusement il n'y aura pas de privilége, mais la faillite devrait acquitter ces frais à titre de secours accordés au failli, d'après l'art. 474, C. comm. — Renouard, t. 2, p. 253 ; Pardessus, no 1194 ; Goujet et Merger, no 498.

2063. — ... 4° *Salaire des gens de travail ou de service pour l'année échue et pour ce qui est dû de l'année courante.* — C. civ., art. 2101. — V. PRIVILÉGE. — Le jugement qui a déclaré la faillite détermine l'époque qui servira à fixer l'année courante et l'année échue. — Bédarride, n° 954.

2064. — Par gens de service il faut entendre ceux qui sont employés à l'année dans la maison du failli.

2065. — La question de savoir si les ouvriers et les commis jouissaient du privilége établi par l'art. 2101, C. civ., au profit des gens de service, a été long-temps débattue et résolue en sens divers. Elle est aujourd'hui tranchée pour l'affirmative par l'art. 549 qui porte : « le salaire acquis aux ouvriers employés directement par le failli, pendant le mois qui aura précédé la déclaration de faillite, sera admis au nombre des créances privilégiées, au même rang que le privilége établi par l'art. 2101, C. civ., pour le salaire des gens de service. — Les salaires dus aux commis pour les six mois qui auront précédé la déclaration de faillite seront admis au même rang. »

2066. — Cette innovation de la loi est ainsi expliquée dans le rapport de M. Renouard : « Le projet dans l'intérêt de la classe qui vit du travail de ses mains a créé un privilége pour le salaire des ouvriers, mais pour un mois seulement ; notre commission a cru nécessaire d'indiquer qu'il ne s'agit que des ouvriers employés directement par le failli ; en effet, lorsqu'ils sont mis en œuvre par un entrepreneur, c'est à lui qu'ils doivent s'adresser, puisqu'il est directement responsable envers eux. — Saint-Nexent, n° 345. — La quotité des appointemens des commis peut être justifiée par une lettre du failli, quoiqu'elle n'ait acquis date certaine que depuis la faillite, si d'ailleurs cette lettre est en harmonie avec les écritures du failli. — *Toulouse*, 24 janv. 1824, Raetoux c. Labrune.

2067. — A l'égard du privilége des commis, cet article ne concerne que ceux à appointemens fixes, et non les commis rétribués à commission ; ces derniers agissent comme des courtiers, et travaillent à leurs risques et périls. — Lainné, p. 898 ; Bédarride, n° 939 ; Pardessus, n° 1195.

2068. — On ne peut non plus faire rentrer dans cette classe les courtiers, les agens de change, les commissionnaires et autres intermédiaires employés dans le commerce. — Pardessus, n° 1195.

2069. — Dans la discussion à la chambre des pairs (séance du 9 mai 1837), on avait proposé d'étendre à six mois de salaire le privilége des ouvriers. M. Quénault, commissaire du roi, a répondu que l'usage étant de payer les ouvriers par quinzaine, il n'était pas présumable qu'un ouvrier restât plus d'un mois sans se faire payer, et l'amendement a été rejeté.

2070. — Il faut aussi que les salaires, pour obtenir privilége, s'appliquent aux travaux qui ont été faits dans le dernier mois qui a précédé la faillite ; c'est ce qui résulte de ces mots de l'art. 549 : *pendant le mois qui aura précédé la déclaration de faillite.*

2071. — Les ouvriers, dans le cours de leur travail, sont parfois chargés de faire certaines dépenses, certains achats, pour lesquels ils ne pourraient obtenir le même privilége général qu'à raison de leur salaire. Mais ils pourraient se faire admettre, par privilége particulier, soit comme subrogés aux droits du vendeur de ces objets, soit comme ayant conservé la chose qui leur avait été confiée. — Pardessus, n° 1195. — On ne devrait considérer que comme une créance ordinaire les dommages-intérêts qu'une personne louée par un failli aurait droit de prétendre contre la masse, pour inexécution des engagemens pris envers elle. — Pardessus, *ibid.*

2072. — Lorsque celui qui s'est obligé à faire certains ouvrages, par exemple des mécaniques à filer, se trouve dans l'impossibilité de fournir la matière, si celui qui l'en avait chargé fournit les objets nécessaires à la confection des ouvrages commandés et paie la main-d'œuvre, ce dernier ne peut être contraint à payer le prix convenu et être renvoyé pour le montant de ses impenses à se faire payer au marc le franc sur l'actif de l'entrepreneur tombé en faillite. — *Bruxelles*, 9 nov. 1818, Vanimschott c. Monnier Vandenabeele.

2073. — ... 5° *Fournitures de subsistances* faites au failli et à sa famille pendant les six derniers mois par les marchands en détail, tels que boulangers, bouchers et autres, et, pendant la dernière année, par les maîtres de pension et marchands en gros. — C. civ., art. 2101-5°. — V. PRIVILÉGE.

2074. — ... 6° Les *frais de défense* du débiteur failli, quand il est poursuivi criminellement ou correctionnellement, sont acquittés par préférence au privilége général accordé, après ceux qui viennent d'être énumérés, au trésor public pour le remboursement des frais de justice. — L. 5 sept. 1807, art. 2.

2075. — Mais la spécialité de la loi du 5 sept. 1807 ne permet pas d'en étendre les conséquences sur d'autres que sur le trésor. S'il y a, dit M. Tarrible (*Rép. de Merlin*, v° *Hypothèque*), concours et insuffisance dans la distribution du prix des meubles entre les créanciers privilégiés, le trésor public, le défenseur de l'accusé et les créanciers cédulaires, les créanciers privilégiés seront colloqués les premiers ; le trésor public devra être colloqué le second ; mais il devra céder son droit au défenseur, à concurrence du montant de la taxe, et le trésor public, pour le recouvrement de cette part cédée, devra concourir avec tous les créanciers cédulaires par contribution au marc le franc. — V. aussi Renouard, t. 2, p. 275.

2076. — ... 7° *Les créances du trésor public* sur les contribuables. — Elles comprennent les priviléges sur les biens des comptables chargés de la recette ou du paiement des deniers du trésor public. — L. 5 sept. 1807, art. 123 et 456. — Le privilége sur les biens des condamnés pour le recouvrement des amendes et frais de poursuites. — L. 5 sept. 1807, art. 1er. — Mais pour les frais de poursuite en matière de banqueroute, V. BANQUEROUTE ; — le privilége en matière de contributions directes, V. L. 8 nov. 1808, art. 1er ; — de douanes, V. L. 22 août 1791, tit. 13, art. 22 ; L. 4 germin. an II, tit. 6 ; — de contributions indirectes ; L. 1er germin. an XIII, art. 47 ; — et en matière de timbre, V. L. 28 avr. 1816, art. 76.

2077. — — Les formes établies par le Code de comm. pour la liquidation des faillites ne sont pas applicables à l'exercice d'une créance privilégiée du trésor public contre le failli son comptable. — *Cass.*, 9 mars 1808, trésor c. Duquesnoy ; *Bourges*, 18 déc. 1811, Marguery c. agent du trésor ; 12 nov. 1811, trésor public c. Robert ; — Merlin, *Rép.*, v° *Faillite*, § 2, art. 7 ; Magnitot et Delamarre, *Dict. de droit public et administratif*, v° *Faillite.*

2078. — La faillite d'un négociant, arrivée pendant que ses meubles sont saisis en vertu d'une contrainte décernée par une administration publique, ne soumet pas cette administration aux formes prescrites par le Code de comm., pour les faillites. — *Bruxelles*, 13 août 1811, droits réunis c. Franck.

2079. — Le créancier qui a obtenu un jugement contre les syndics d'une faillite ne peut l'opposer à un créancier privilégié, et, par exemple, au trésor public, quant à son privilége sur les biens du failli, alors que ce privilége n'a pas fait l'objet du débat et que le trésor n'a pas été appelé dans l'instance sur laquelle est intervenu ce jugement. — *Cass.*, 11 mars 1835, Mougeot c. directeur de la caisse des dépôts et consignations.

2080. — Voici maintenant l'indication des créances auxquelles sont attachés les priviléges particuliers sur certains meubles.

2081. — 1° *Bailleur ou propriétaire.* — Les loyers et fermages des immeubles sur les fruits de la récolte de l'année et sur le prix de tout ce qui garnit la maison louée ou la ferme, et de tout ce qui sert à l'exploitation de la ferme. Pour les détails et pour la détermination de la créance à laquelle le privilége profite, V. PRIVILÉGE.

2082. — Lors de la discussion de la loi du 28 mai 1838 (V. le *Moniteur* du 5 avr. 1838), l'on avait demandé de restreindre le privilége du bailleur aux meubles meublans et d'exclure les marchandises. Cette proposition a été repoussée par ces motifs, que souvent un négociant paie un loyer très élevé et n'a qu'un mobilier de peu de valeur ; que le Code civil, par les mots : *tout ce qui garnit la maison louée*, comprenait les marchandises, et qu'il ne fallait pas, à propos de faillite, réformer les dispositions du Code civil relatives aux conséquences du droit de propriété ; et que l'art. 450 avait entendu maintenir dans toute son extension le droit du propriétaire sur tous les objets garnissant les lieux loués.

2083. — Les droits du bailleur ne sont modifiés en matière de faillite que par la suspension pendant trente jours de toute voie d'exécution sur les objets servant à l'exploitation du commerce du failli. — C. comm., art. 450.

2084. — Le propriétaire peut, comme tout autre créancier privilégié, être payé avant toute répartition sur les premiers deniers rentrés, en vertu de l'autorisation que, d'après l'art. 447, le juge-commissaire a la faculté d'accorder.

2085. — Le propriétaire d'une maison, qui a fait saisir et vendre le mobilier de son locataire, n'est pas tenu de rapporter le prix de la vente et de faire vérifier sa créance parce que, d'après un jugement postérieur à ses poursuites, la faillite du locataire aurait été déclarée remonter à une époque antérieure à la saisie, sauf le droit des syndics de réclamer le compte du produit de la vente. — *Cass.*, 16 mai 1815, Moreau c. Gui.

2086. — Le bailleur peut exercer contre les syndics l'action en résiliation pour défaut de paiement des loyers.

2087. — ... 2° *Créancier nanti d'un gage.* — V. PRIVILÉGE et *suprà* n°s 2009 et suiv.

2088. — ... 3° *Les frais faits pour la conservation de la chose.* — Ils comprennent non seulement ce qui a empêché la chose de périr, mais même de diminuer de valeur ; mais le privilége est limité à la valeur ainsi conservée. — Renouard, t. 2, p. 300 ; Pardessus, n° 1201.

2089. — Ainsi, les frais de réparation des tonneaux contenant des marchandises, les dépenses faites pour réparer des avaries arrivées pendant le transport, les frais de chargement et de déchargement qui en ont été la conséquence, les frais d'emmagasinage faits dans le même but sont privilégiés sur le prix des objets conservés. — Pardessus, n° 1201.

2090. — On assimile à ces frais le salaire dû à un ouvrier qui, par son travail et sa main d'œuvre, a amélioré la chose. — V. PRIVILÉGE.

2091. — Le privilége du commissionnaire ou consignataire se rattache aux priviléges des frais faits pour conservation de la chose et des créanciers nantis de gage. Il est spécialement réglé par les art. 93, 94 et 95, C. comm. — V. COMMISSIONNAIRE, n°s 128 et suiv.

2092. — ... 4° *Le vendeur d'effets mobiliers non payés.* — Il a, suivant l'art. 2102, C. civ., droit au privilége. — V. PRIVILÉGE.

2093. — Sous le Code de 1808, on avait soutenu avec succès que le privilége établi par l'art. 2102-3° s'appliquait au vendeur d'effets mobiliers, fussent-ils incorporels, tel qu'un fonds de commerce. — Le vendeur non payé avait aussi le droit d'exercer l'action résolutoire. — *Paris*, 15 févr. 1840 (t. 1er 1840, p. 241), Dumant c. Jauk.

2094. — Cependant l'agent d'affaires qui vendait son cabinet à un autre agent d'affaires ne pouvait plus, lorsque les deux cabinets avaient été réunis en un seul, exercer le privilége de vendeur dans la faillite de l'acheteur. — *Paris*, 17 juin 1836 (t. 1er 1837, p. 15), Sellier c. Bonneville.

2095. — Mais la loi de 1838 a supprimé le privilége accordé au vendeur d'effets mobiliers. Rien n'était en effet plus contraire à la sûreté des relations commerciales que ce privilége latent qui venait tout d'un coup anéantir les garanties mobilières sur la foi desquelles les tiers consentaient à traiter avec un commerçant. — Renouard, t. 2, p. 304 ; Bédarride, n° 346 ; Goujet et Merger, v° *Faillites*, n° 563.

2096. — Aujourd'hui l'art. 550, C. comm., est ainsi conçu : « Le privilége et le droit de revendication établis par le n° 4, art. 2102, C. civ., au profit du vendeur d'effets mobiliers ne seront point admis en cas de faillite. »

2097. — L'art. 550 est applicable au cas de vente de choses mobilières incorporelles, tels que les fonds de commerce, offices et autres objets de même nature. — Discussion aux chambres, *Moniteur* du 24 fév. 1835.

2098. — La chambre des députés a même rejeté un amendement de M. Oger qui tendait à maintenir le privilége quand l'acte de vente en aurait fait la réserve expresse. — Renouard, t. 2, p. 305 ; Pardessus, n° 1204.

2099. — Le vendeur ne peut pas non plus exercer d'action résolutoire. Le but de l'art. 550 est de maintenir l'égalité entre les créanciers et de conserver intégralement l'actif qui a servi à fonder le crédit du failli. — *Paris*, 24 août 1839 (t. 1er 1840, p. 271), Thibault c. Branzon ; — Goujet et Merger, v° *Faillite*, n° 565.

2100. — Si le vendeur est encore en possession de la chose au moment de la faillite de l'acheteur, il a droit de la retenir jusqu'au parfait paiement du prix ; car, d'après les principes en matière de vente (C. civ., art. 613), le vendeur ne peut être obligé à la délivrance si depuis la vente l'acheteur est tombé en faillite, à moins que l'acheteur ne donne caution de payer le prix au terme convenu.

2101. — L'art. 550 n'est pas interprétatif de l'ancienne loi ; il est déclaratif d'un droit nouveau. — Le privilége du vendeur prend naissance dans l'acte de vente même et doit en conséquence être régi par la loi sous l'empire de laquelle le contrat a été passé. — *Paris*, 2 avr. 1840 (t. 1er 1840, p. 674), Vigoureux c. Brunet ; *Limoges*, 16 mai 1840 (t. 2 1840, p. 438), Balignon c. Albin ; *Paris*, 1er déc. 1840, (t. 1er 1841, p. 224), Dumont et Regnard c. Gromort ; *Rouen*, 7 août 1841 (t. 2 1841, p. 688), Achaintre c. Boussard.

2102. — ... Encore bien que la faillite n'ait été déclarée que depuis. — *Paris*, 4 août 1843 (t. 2 1843,

p. 698), Verdois c. Delabrousse. — Ainsi le vendeur d'un objet mobilier, par acte antérieur à la loi du 28 mai 1838, dans lequel il s'est réservé le privilége, et même la propriété jusqu'à parfait paiement, a droit à ce privilége nonobstant l'art. 550 de cette loi. — *Paris*, 12 fév. 1842 (t. 1er 1842, p. 427), Giroudei c. Terzuolo.

2103. — Avant la nouvelle loi des faillites, le vendeur d'un fonds de commerce et d'un brevet d'imprimeur pouvait en cas de faillite de l'acheteur exercer sur le produit de la vente de ce fonds et de ce brevet le privilége réservé par l'art. 2102, § 4, C. civ., au vendeur d'effets mobiliers non payés. — *Limoges*, 16 mai 1840 (t. 2 1840, p. 433), Baignol c. Albin.

2104. — Le privilége du vendeur non payé pouvait être exercé, même en matière de faillite, à l'égard des objets qui n'étaient pas de nature à se confondre avec le reste de l'actif du failli, tels que le fonds de commerce, l'achalandage, les ustensiles nécessaires à l'exploitation du fonds. — *Paris*, 1er déc. 1840 (t. 1er 1841, p. 224), Dumont et Regnard c. Gromort. — Il en serait de même sous le Code actuel, selon MM. Goujet et Merger, vo *Faillite*, no 571.

2105. — L'art. 550 ne confère pas à la masse des créanciers d'autres droits que ceux qui appartiennent au failli. — *Paris*, 2 avr. 1840 (t. 1er 1840, p. 670), Vigoureux c. Brunet; 1er déc. 1840 (t. 1er 1841, p. 224), Dumont et Regnard c. Gromort.

2106. — La revente d'un fonds de commerce, depuis la nouvelle loi sur les faillites met obstacle à l'exercice du privilége antérieurement stipulé en faveur d'un premier vendeur. — *Rouen*, 5 juin 1840 (t. 2 1840, p. 710), Bertheaume c. Legendre.

2107. — ... 5o *Les aubergistes* ont privilége sur les effets des voyageurs pour les dépenses de nourriture et de logement faites dans leurs établissemens par les voyageurs qui y sont reçus. — C. civ., art. 2102. — V. PRIVILÉGE.

2108. — L'aubergiste aurait même privilége sur les effets qu'emporterait avec lui un banqueroutier frauduleux, pourvu toutefois que l'aubergiste ignorât l'origine des objets détournés par le failli. — Renouard, t. 2, p. 309; Goujet et Merger, vo *Faillite*, no 573.

2109. — ... 6o *Le voiturier* a pour les frais de voiture et dépenses accessoires privilége sur la chose voiturée. — C. civ., art. 2102-6o. — V. PRIVILÉGE.

2110. — ... 7o *Les créanciers* pour faits de charge des officiers ministériels ou pour prévarication des fonctionnaires publics sont privilégiés sur les fonds du cautionnement et sur les intérêts qui en sont dus. — C. civ., art. 2102-7o. — V. CAUTIONNEMENT, PRIVILÉGE.

2111. — ... 8o *Les sous-traitans* fournisseurs et ouvriers ont privilége sur les sommes dues aux entrepreneurs de travaux publics qui les ont employés. — Décrets 28 pluv. an II; 12 déc. 1806. — V. MARCHÉS ET FOURNITURES, PRIVILÉGE.

2112. — Les ouvriers, à qui la loi du 26 pluv. an II accorde un privilége sur les sommes dues par l'état aux entrepreneurs de travaux publics, ne peuvent, depuis la faillite de ceux-ci, former des saisies-arrêts entre les mains du payeur; le droit de recouvrer les sommes dues n'appartient qu'aux syndics, et les créanciers privilégiés n'ont que le droit de se faire admettre au passif de la faillite, et d'y faire valoir le privilége établi en leur faveur. — *Poitiers*, 16 mars 1838 (t. 1er 1838, p. 612), Chauveau c. Gaboriau.

2113. — ... 9o *Certains créanciers* sont privilégiés sur les navires et leurs chargemens. — C. comm., art. 191. — V. NAVIRE et PRIVILÉGE.

Sect. 3e. — *Créanciers hypothécaires et créanciers privilégiés sur les immeubles.*

2114. — Les art. 2103 et suiv. du Code civil déterminent les priviléges sur les immeubles (V. PRIVILÉGE), et ces immeubles peuvent, en outre, être frappés d'une autre cause de préférence entre les créanciers, à savoir d'hypothèques légales, judiciaires ou conventionnelles. — V. HYPOTHÈQUE. — L'état de faillite du débiteur ne change rien aux droits respectifs des créanciers qui ont légitimement acquis ces causes de préférence.

2115. — Le créancier qui, avant la faillite de son débiteur, a pris inscription en vertu d'un jugement interlocutoire, *spécialement* d'un jugement qui ordonne le réglement d'un mémoire, non suivi d'un jugement définitif, mais d'une transaction qui garde le silence sur l'inscription prise, doit être considéré comme un créancier chirographaire, surtout s'il a été admis au passif de la faillite. — *Paris*, 31 juill. 1833, Bellu c. Lavaysse.

2116. — A raison du droit d'être payés par préférence sur le prix des immeubles, les créanciers hypothécaires qui n'ont pas à courir toutes les chances de la faillite ont dans le cours de ses opérations une situation distincte de celle des autres créanciers. Ainsi, ils ne sont pas légalement représentés par le syndic dans une instance relative à la propriété de l'immeuble hypothéqué, et dont l'issue pourrait anéantir leurs droits hypothécaires. — *Paris*, 10 juill. 1833, Rigny c. Pichet. — Bédarride, no 755.

2117. — De plus, un créancier hypothécaire a le droit d'intervenir dans une instance dont l'issue pourrait être préjudiciable au gage de sa créance. — *Colmar*, 7 fév. 1829, sous *Cass.*, 22 janv. 1833, Mirault c. Beaugmartin.

2118. — Mais le droit particulier de préférence garanti aux créanciers privilégiés ou hypothécaires sur les immeubles ne leur enlève pas le droit de gage général qu'ils ont sur les biens de leur débiteur. — C. civ., art. 2092. — Ainsi en matière de faillite, comme, au reste, en matière civile, les créanciers hypothécaires, lorsque l'immeuble hypothéqué est insuffisant pour les remplir de leur créance, peuvent encore, comme tous les créanciers du failli, prendre part à la distribution du prix des biens mobiliers de leur débiteur.

2119. — Il était indispensable de régler la participation accidentelle de ces créanciers hypothécaires ou privilégiés sur les immeubles aux répartitions de l'actif mobilier.

2120. — Lorsque la distribution du prix des immeubles sera faite antérieurement à celle du prix des biens meubles, ou simultanément, les créanciers privilégiés ou hypothécaires, non remplis sur le prix des immeubles, concourront, à proportion de ce qui leur restera dû, avec les créanciers chirographaires, sur les deniers appartenant à la masse chirographaire, pourvu toutefois que leurs créances aient été vérifiées et affirmées suivant les formes ci-dessus établies. — C. comm., art. 552

2121. — Les créanciers hypothécaires peuvent répéter, sur le prix de l'immeuble hypothéqué, les intérêts échus depuis l'ouverture de la faillite. — — *Cass.*, 2 avr. 1833, Julienne c. Cavelan.

2122. — Si une ou plusieurs distributions des deniers mobiliers précèdent la distribution des immeubles, les créanciers privilégiés et hypothécaires vérifiés et affirmés concourront aux répartitions dans la proportion de leurs créances totales, et sauf, le cas échéant, les distractions dont il sera parlé ci-après. — C comm., art. 533.

2123. — Les créanciers hypothécaires peuvent prétendre leur part du dividende promis aux chirographaires par le concordat passé entre eux et le failli, et par lequel ceux-ci, ont fait abandon d'une partie de leurs créances. — *Paris*, 26 nov. 1812, Baudouin et Pernot c Duroux.

2124. — Les créanciers hypothécaires qui n'auraient pas demandé la vérification de leur créance dans les délais légaux pourraient la demander en tout état de cause, et même au moment de la répartition des deniers; mais les frais de la vérification et de l'affirmation resteraient à leur charge. — Bédarride, no 969.

2125. — Selon M. Bédarride (no 971), quand les créanciers qui ont privilége général sur les meubles, et que l'art. 2104 admet aussi comme privilégiés sur les immeubles, ont été intégralement payés dans l'ordre, les créanciers hypothécaires sur lesquels, par suite de ce prélèvement, les fonds produits du prix de l'immeuble viendraient à manquer, seraient subrogés légalement contre la masse mobilière, et ils retireraient exclusivement, dans la répartition de l'actif mobilier, tout ce que les créanciers à priviléges généraux auraient pris dans la masse immobilière.

2126. — Réciproquement, la masse mobilière, quand les distributions mobilières se sont faites les premières, est subrogée jusqu'à concurrence de ce que les créanciers hypothécaires ont touché à son préjudice dans ces premières répartitions.

2127. — C'est ce que prescrit l'art. 554, ainsi conçu : « Après la vente des immeubles et le réglement définitif de l'ordre entre les créanciers hypothécaires et privilégiés, ceux d'entre eux qui viendront en ordre utile sur le prix des immeubles pour la totalité de leur créance ne toucheront le montant de leur collocation hypothécaire que sous la déduction des sommes par eux perçues dans la masse chirographaire. — Les sommes ainsi déduites ne resteront point dans la masse hypothécaire, mais retourneront à la masse chirographaire, au profit de laquelle il en sera fait distraction. »

2128. — Le créancier hypothécaire du failli n'est créancier direct que sur la masse immobilière, et ne peut, dès lors, concourir avec les créanciers chirographaires sur les deniers composant la masse mobilière qu'en proportion des sommes qui lui restent dues après sa collocation hypothécaire. — Les deniers qu'il avait touchés d'abord dans la masse chirographaire au-delà de cette proportion doivent être déduits sur le montant de sa collocation hypothécaire et reversés dans la masse chirographaire. — Lorsque les deux distributions se font simultanément, le créancier hypothécaire doit être d'abord employé dans l'ordre du prix des immeubles, afin que par sa collocation ses droits dans le mobilier demeurent irrévocablement fixés. — *Paris*, 28 juin 1821, Pierrugues c. Soupé.

2129. — A l'égard des créanciers hypothécaires qui ne seront colloqués que partiellement dans la distribution du prix des immeubles, il sera procédé comme il suit : leurs droits sur la masse chirographaire seront définitivement réglés d'après les sommes dont ils resteront créanciers après leur collocation immobilière, et les deniers qu'ils auront touchés au-delà de cette proportion, dans la distribution antérieure, leur seront retenus sur le montant de leur collocation hypothécaire, et reversés dans la masse chirographaire. — C. comm., art. 555.

2130. — La faillite qui paie avec les deniers de la masse chirographaire une somme en l'acquit d'un créancier hypothécaire est subrogée dans les droits de celui-ci jusqu'à concurrence de la somme payée, et peut se faire colloquer en sous-ordre dans la masse hypothécaires sur la collocation faite au profit des créanciers hypothécaires pour le montant intégral de sa créance. — Goujet et Merger, vo *Faillite*, no 595.

2131. — Le créancier hypothécaire qui a perçu un dividende proportionnel sur la masse mobilière peut d'autant moins se refuser à l'observation des art. 554 et suiv., que le jugement passé en force de chose jugée qui l'a autorisé à percevoir ce dividende a, conformément à ses offres, réservé les droits des créanciers chirographaires au cas où sa collocation éventuelle deviendrait définitive. — *Cass.*, 22 janv. 1840 (t. 1er 1840, p. 230), Larsonnier et Gaillard c. Godefroy ; — Esnault, no 574.

2132. — L'administration des douanes n'a pas, sur les immeubles de ses redevables, une hypothèque indépendante de l'inscription des titres qui la lui confèrent. — En cas de faillite de ses débiteurs, cette administration ou ceux qui sont subrogés à ses droits doivent être considérés comme créanciers chirographaires s'ils n'ont pas fait inscrire leurs titres de créance, en sorte qu'ils sont tenus de se conformer aux dispositions d'un concordat homologué contradictoirement avec eux et auxquels ils n'ont pas formé d'opposition. — *Rennes*, 1er avr. 1812, Berthelot et Brossard.

2133. — Les créanciers qui ne viennent point en ordre utile seront considérés comme chirographaires, et soumis comme tels aux effets du concordat et de toutes les opérations de la masse chirographaire. — C. comm., art. 556.

2134. — Ainsi les créanciers hypothécaires subiront la remise consentie par la majorité, bien qu'ils aient été exclus du droit d'y voter. Cette remise sera calculée sur les sommes dont ils seront restés créanciers, elle sera totale ou partielle, selon qu'ils auront été partiellement colloqués, ou qu'ils n'auront rien reçu dans la distribution du prix des immeubles. — D'après M. Esnault (no 576), le créancier hypothécaire qui, dans l'ordre, n'a pas reçu une complète satisfaction, prendra dans la masse chirographaire un dividende d'après sa créance intégrale, pourvu toutefois que ce dividende n'excède pas la dette originaire ; mais, selon le même auteur (no 577), les créances hypothécaires ne peuvent être comprises dans la masse chirographaire pour les intérêts quelles ont produits. L'art. 445, C. comm., contient à cet égard une disposition formelle.

2135. — Lorsqu'un créancier privilégié dans la masse chirographaire a une créance garantie par une hypothèque assise sur un immeuble situé en pays étranger, on ne peut pas exiger qu'il fasse discuter préalablement l'immeuble situé en pays étranger et ne le colloquer qu'à la condition qu'il déposera à la caisse des consignations une somme égale au montant de sa créance hypothécaire. — *Cass.*, 13 mai 1835, Pellegrine c. Bels.

2136. — Le créancier d'un failli qui, par l'effet d'un stellionat que ce dernier a commis à son préjudice, est déchu de son hypothèque, doit être rangé parmi les créanciers chirographaires, et, en conséquence, il ne peut répéter du failli que le dividende fixé par le concordat. — *Bordeaux*, 9 déc. 1834, Guestier. — Quant à l'exercice par le créancier hypothécaire de l'action à diriger contre le failli, V. *suprà* nos 2116 et suiv.

Sect. 4e. — *Droits des femmes.*

2137. — En cas de faillite du mari, la femme peut être créancière, et elle a droit de faire valoir ses prétentions; mais de quelque faveur plus ou moins étendue que le législateur l'ait entourée, elle doit, comme les autres créanciers, se conformer à la marche qu'impose la procédure de la faillite.

2138. — Ainsi la femme du failli, séparée de biens, ne peut, après l'entrée en fonctions des agens ou des syndics, frapper de saisie-arrêt, entre les mains du fermier, tous les revenus indéfiniment d'un immeuble dont elle se prétend copropriétaire avec son mari. — Elle doit se borner à faire connaître son droit au fermier, et procéder contre les syndics pour faire liquider sa créance. — *Bourges*, 30 juill. 1813, Linier-Praux; — Roger, *Saisie-Arrêt*, no 218.

2139. — La femme, qui a obtenu la séparation de biens contre son mari tombé en faillite, devant un tribunal autre que celui du lieu où la faillite a été déclarée, ne peut ensuite assigner devant le premier de ces tribunaux les syndics de la faillite pour procéder à la liquidation de ses droits : elle ne peut le faire que devant le tribunal de la faillite. — *Metz*, 28 avr. 1815, Bataille.

2140. — Une femme intéressée à faire annuler un traité passé entre son mari et un tiers, créancier de ce dernier, ne peut fonder sa demande en nullité sur l'état de faillite du mari, alors qu'elle est forcée d'avouer que ce traité a reçu l'approbation des commissaires de la faillite, et que d'ailleurs elle ne prouve pas qu'ils étaient sans pouvoir pour la donner. — *Cass.*, 5 janv. 1830, Vanlerbergh c. Séguin.

2141. — Les créanciers hypothécaires, et spécialement la femme du failli, sont, comme les créanciers chirographaires, représentés par les syndics définitifs, alors surtout que tous les créanciers sont hypothécaires. — Par suite, l'exception de la chose jugée résultant d'un jugement contradictoire avec les syndics définitifs peut être valablement opposée à la femme du failli. — Toutefois, en admettant que les créanciers hypothécaires ne soient pas valablement représentés par les syndics définitifs, ils peuvent être forcés d'agir par la voie de la tierce-opposition contre un jugement contradictoire avec les syndics pour écarter l'exception de la chose jugée qui en résulte. — Ils ne peuvent se borner à soutenir que c'est *res inter alios judicata*. — *Colmar*, 4 juill. 1832, Teutsch c. Essein, Jeanneson.

2142. — La femme du failli commune en biens a qualité, tant que la communauté n'a pas été liquidée et qu'il n'est pas établi légalement que le passif excède l'actif, pour défendre, personnellement, et sans le concours des syndics de la faillite, aux actions relatives aux biens dépendant de cette communauté. — En conséquence, dans le cas d'une action de cette nature dirigée à la fois contre la femme du failli et les syndics de la faillite, l'acquiescement de ces derniers au jugement qui a accueilli la demande ne prive pas la femme du droit d'en interjeter appel. — *Cass.*, 26 déc. 1836 (t. 1er 1837, p. 436), Rattier-Plat c. Hérault.

2143. — L'ordonnance de 1673 ne portait, en cas de faillite du mari, aucune atteinte aux droits et avantages que la femme pouvait prétendre recueillir d'après son contrat de mariage.

2144. — De nombreux scandales qui suivirent un pareil état de choses et qui éclatèrent principalement à la fin du dix-huitième siècle, étaient retracés en ces termes, par M. Treilhard, dans l'exposé des motifs du Code de 1808 : — « Trop souvent un commerçant a reconnu en se mariant une forte dot qu'il ne touchait pas, soit qu'il voulût faire illusion par l'annonce d'un actif supposé, soit qu'il préparât de loin un moyen de soustraire un jour sa fortune à ses créanciers légitimes. Le mari faisait à sa femme des avantages proportionnés à une dot qu'il ne devait pas recevoir; souvent aussi il acquérait sous le nom de sa femme des immeubles qu'il payait de ses propres deniers ou plutôt des deniers de ses créanciers. Enfin, par des séparations frauduleuses et des actes simulés, les meubles, bijoux, argenterie, tout passait dans la propriété de la femme, et au moment d'une catastrophe, souvent méditée de longue main, la femme, avec sa dot factice, ses avantages matrimoniaux, ses indemnités, pour des dettes qu'elle n'avait pas payées et ses acquisitions prétendues, absorbait toute la fortune de son mari. Les malheureux créanciers étaient condamnés à passer leurs jours dans les privations et dans les larmes pendant que la femme coulait des jours tranquilles dans la mollesse et dans l'oisiveté; tous les arts concouraient pour décorer le palais qu'elle habitait; une cour nombreuse prévenait ses désirs et flattait ses goûts, et lorsqu'elle daignait faire tomber quelque faible secours sur un petit nombre de malheureux, non par bienfaisance (car la bienfaisance n'habite pas avec le vol) mais dans l'espoir que les bénédictions de quelques infortunés étoufferaient les malédictions de la multitude, ces actes prétendus d'humanité étaient encore proclamés avec éclat par des écrivains officieux jusque dans les cours étrangères. Il est temps enfin de poser un terme à ces scandales... »

2145. — Le Code de 1808 déploya, pour remédier à ces abus, des sévérités qui firent fléchir les intérêts de famille, que le contrat de mariage a généralement pour but de consacrer et de sanctionner.

2146. — La loi nouvelle, sans rompre complétement les barrières élevées contre la fraude, adoucit un peu les rigueurs du Code de 1808 et replace en certains points les droits des femmes sous l'empire de la loi commune.

2147. — Le Code de 1808, par son art. 557, déclarait que ses dispositions n'étaient pas applicables aux droits et actions des femmes acquis avant la publication de ce code, et ce principe de non-rétroactivité légale fut consacré par la jurisprudence. — *Cass.*, 9 avr. 1834, Mouroult; — Renouard, t. 2, p. 323; Bédarride, no 989.

2148. — Jugé ainsi que l'art. 547, C. comm., qui dispose que les biens acquis par la femme d'un failli sont présumés appartenir au mari et avoir été payés de ses deniers, est inapplicable à la femme mariée avant la publication du Code de commerce. — *Nîmes*, 11 mars 1828, Père c. Bellet.

2149. — Jugé de même que la femme mariée avant le Code de commerce a le droit de réclamer le gain de survie stipulé dans son contrat de mariage, encore que la faillite de son mari n'ait eu lieu que postérieurement à l'émission de ce code. — *Riom*, 19 avr. 1817, Mallet.

2150. — ... Que l'art. 554, C. comm. de 1808, qui n'accorde à la femme du failli le droit de reprendre les effets mobiliers qu'elle a apportés qu'autant qu'elle en justifie par état ou inventaire ne peut s'appliquer au cas où le mari a reçu ces effets antérieurement à la promulgation du Code de commerce. — Même arrêt.

2151. — On ne peut opposer à la femme mariée antérieurement au Code de 1808 la disposition de l'art. 551 de ce Code qui restreint l'hypothèque de la femme du commerçant sur les seuls immeubles appartenant à son mari à l'époque de la célébration de son mariage. — Spécialement, on doit considérer comme irrévocablement acquis à la femme le droit qui lui est concédé par son contrat de mariage, antérieurement au Code, de se faire indemniser de ses obligations sur les biens présens et à venir de son mari. — *Cass.*, 9 avr. 1834, Mouroult.

2152. — La question de savoir si la faillite du mari entraîne, au profit de la masse, la dévolution des biens propres de la femme, concerne le statut personnel, et par suite doit être décidée, non d'après la loi existant lors du mariage, mais d'après la législation en vigueur au temps de la faillite du mari. — Et spécialement, la femme mariée sous la coutume de Gand n'est pas, par suite de la faillite de son mari, ouverte sous le Code de commerce actuel, devenue incapable de s'obliger, de telle sorte que les créanciers avec qui elle a contracté ne puissent plus, depuis la faillite, prendre valablement une inscription hypothécaire sur les biens qu'elle s'était stipulés propres, et ces biens ne doivent pas être considérés comme dévolus de plein droit par cette faillite à la masse des créanciers du mari. — *Cass. belge*, 4 mai 1827, N...

2153. — Mais si le mariage a été célébré sous le Code de 1808, et que la faillite soit déclarée depuis la promulgation de la loi du 28 mai 1838, le principe de la non rétroactivité s'oppose-t-il à l'application de cette dernière loi? — Non; la femme peut profiter des améliorations que cette loi consacre en sa faveur.

2154. — Jugé du reste, sous la loi de 1838, que c'est la loi en vigueur au moment de l'ouverture de la faillite, et non la loi qui était en vigueur au moment du mariage, qui doit régler l'étendue des droits hypothécaires de la femme du failli sur les biens de son mari. — *Grenoble*, 17 mars 1842 (t. 1er 1843, p. 501), Durand; *Caen*, 18 mai 1842 (t. 1er 1843, p. 502), Cheverel c. Fontaine; *Dijon*, 29 mars 1843 (t. 2 1844, p. 87), Baille; *Cass.*, 3 janv. 1844 (t. 1er 1844, p. 360), Durand; 3 janv. 1844 (t. 1er 1844, p. 362), Laurent.

2155. — L'art. 551, C. comm., qui restreint pour le cas de faillite les droits hypothécaires de la femme, est applicable aussi bien au cas de l'état flagrant de faillite résultant simplement de la cessation absolue de paiement qu'à celui d'une faillite déclarée par jugement. — *Cass.*, 8 juin 1837 (t. 1er 1837, p. 580), Tardy c. Noyer.

2156. — Il suffit qu'un commerçant ait cessé ses paiemens pour que sa femme ne puisse exercer sur ses biens aucune action à raison des avantages portés au contrat de mariage. — *Cass.*, 13 nov. 1838 (t. 1er 1839, p. 22), Rachon c. Leron; — Esnault, no 594.

2157. — L'hypothèque légale de la femme qui épouse un commerçant ne doit être restreinte aux immeubles que celui-ci possédait lors de la célébration du mariage que dans le cas où il y a faillite déclarée par jugement, bien qu'il y ait cessation absolue de paiemens à l'époque où des immeubles du mari sont vendus à la requête de ses créanciers; cependant, la femme a droit de se faire colloquer, même sur les biens advenus au mari depuis le mariage, si la faillite n'a pas été déclarée judiciairement. — *Toulouse*, 26 août 1828, Carivenc c. Lourde.

2158. — Les art. 549 et 551, C. comm. 1808, suivant lesquels la femme ne peut exercer, dans la faillite de son mari, aucune action à raison des avantages portés dans leur contrat de mariage, et n'a d'hypothèque pour ses reprises que sur les immeubles qui appartenaient à son mari lors de la célébration du mariage, si à cette époque celui-ci était commerçant, sont exclusivement applicables au cas de la faillite du mari. — *Bourges*, 27 nov. 1830, Bernard c. Demonferrand.

2159. — L'art. 551, C. comm. ancien (aujourd'hui 563), qui restreint l'hypothèque légale de la femme d'un mari commerçant aux immeubles que celui-ci possédait lors du mariage, ne reçoit application que dans *le cas de faillite*, c'est-à-dire lorsque le mari a cessé ses paiemens, et que l'époque de sa faillite a été fixée soit par sa retraite, soit par la clôture de ses magasins, soit par le refus constaté d'acquitter des engagemens de commerce. Cet article ne reçoit pas son application par le seul fait de l'ouverture d'un ordre sur les biens du mari. — Lors donc que la faillite du mari n'a pas été déclarée, les juges ne peuvent appliquer l'art. 551 qu'en constatant préalablement le fait de la cessation de paiemens, constitutif de l'état de faillite. — *Cass.*, 28 déc. 1840 (t. 1er 1841, p. 169), Laloë c. Pène; — Esnault, no 593.

2160. — Ainsi la femme dont le mari est mort en état d'insolvabilité, mais sans avoir cessé ses paiemens avant son décès, ne serait pas soumise aux restrictions que la loi commerciale apporte au droit commun. — Bédarride, no 995.

2161. — Mais le concordat ne fait pas cesser l'état de faillite en ce sens que la femme du failli puisse, pour le réglement de ses reprises et l'exercice de son hypothèque légale, faire considérer son mari comme non failli. — En conséquence, la femme dont le mari, négociant au moment de son mariage, est postérieurement tombé en faillite, ne peut exercer son hypothèque légale sur les biens acquis depuis le mariage par son mari, bien que la faillite de celui-ci ait été suivie non d'un contrat d'union, mais d'un concordat. — *Nîmes*, 4 mars 1828, Chion c. Engellier. — V. conf. Lainné, *Comm. sur la loi des faillites*, p. 246; Bioche et Goujet, *Dict. de procéd.*, vo *Faillite*, no 379; Esnault, no 395.

2162. — La cession de biens faite volontairement par un commerçant failli à ses créanciers, qui l'ont acceptée, en le tenant quitte de leurs créances, ne peut, quels que puissent être ses effets pour l'avenir, rétroagir sur le passé, et faire renaître au profit de la femme le droit de réclamer les avantages portés dans son contrat de mariage. — *Cass.*, 13 nov. 1838 (t. 1er 1839, p. 22), Rachon c. Leron.

2163. — Mais la réhabilitation, selon M. Bédarride (no 1043), rend à la femme la plénitude de ses droits et lui permet d'exercer l'intégralité de ses reprises. Nous dirons même que le paiement intégral des reprises de la femme aura dû précéder la réhabilitation, car si en vue des intérêts des créanciers compromis par l'état de faillite du mari, certaines précautions ont été prises contre les droits de la femme, ces précautions sont une conséquence de la faillite, et cette conséquence, dans les rapports du mari et de la femme, doit avoir été annihilée pour que la réhabilitation puisse être obtenue.

2164. — La collocation provisoire obtenue par une femme avant la faillite de son mari, commerçant à l'époque de son mariage, ne constitue pas en sa faveur, la faillite survenant, un droit acquis qui fasse obstacle à l'application de l'art. 551, C. comm. — *Rouen*, 30 mai 1840 (t. 2 1840, p. 264), Halley c. Niatel.

2165. — Les art. 557 et suiv. n'ont été du reste introduits dans la loi nouvelle, comme ils l'avaient été dans le Code de 1808, qu'en faveur des créanciers du mari failli. Mais le droit commun, le Code civil, reste seul applicable au mari, à ses héritiers ou ayant-cause autres que les créanciers de sa faillite. — Renouard, t. 2, p. 324.

2166. — Jugé par suite que l'art. 551, C. comm. (563 actuel), ne peut recevoir d'application que lorsqu'il s'agit du réglement des droits de la femme

qui viendrait en concours avec les créanciers. — *Bordeaux*, 15 mars 1833, Raymond c. Fraichit.

2167. — Lorsque, après la séparation de biens, la fixation en justice des reprises de la femme vient à être critiquée comme excessive par les syndics du mari tombé en faillite, et que celui-ci, appelé dans l'instance pour soutenir la contestation, a conclu à une réduction du montant des reprises pour cause d'erreurs matérielles avouées en partie par sa femme, l'arrêt qui, dans cette circonstance, ordonne une réduction et déclare la décision commune avec le mari, doit être réputé avoir l'autorité de la chose jugée, tant à l'égard du mari que de ses créanciers, représentés par les syndics. — En conséquence, la femme ne peut pas prétendre plus tard que son mari, replacé à la tête de ses affaires, est débiteur envers elle du montant des reprises, fixé par la première liquidation, sans tenir compte des réductions prononcées sur la demande des syndics. Dans ce cas, le mari peut invoquer ces réductions soit de son chef, soit du chef de ses créanciers. — *Cass.*, 21 juill. 1840 (t. 2 1840, p. 493), Boyer-Fonfrède.

2168. — En cas de faillite du mari, la femme dont les apports en immeubles ne se trouveraient pas mis en communauté reprendra en nature lesdits immeubles et ceux qui lui seront survenus par succession ou par donation entre-vifs ou testamentaire. — C. comm., art. 557.

2169. — Cet article contient les mêmes dispositions que celles de l'art. 545 du Code de 1808; seulement, dans la rédaction, les mots : *donation entre vifs* ou *pour cause de mort*, ont été remplacés par ceux-ci : *donation entre-vifs* ou *testamentaire;* ce changement n'a eu pour but que de reproduire les termes mêmes de l'art. 1402, C. civ., relatif aux acquêts de communauté, et pour faire comprendre que cet art. 557 était applicable à toutes les dispositions, même à celles qui ne reçoivent leur effet qu'après la mort. — Au surplus, si les immeubles apportés par la femme avaient été annulés, ils feraient partie de la masse de la faillite et ne pourraient être repris par la femme. — Paul, *Exposé théorique et pratique des droits du mari et de ses créanciers sur les biens de la femme*, nº 146. — La clause de reprise d'apport en cas de renonciation à la communauté (C. civ., art. 1514) n'ayant pas d'effet à l'égard des tiers, mais seulement entre les époux, la femme n'aurait pas le droit de reprendre les immeubles en nature, elle n'aurait qu'une sérieuse créance pour laquelle elle exercerait son hypothèque légale. — Paul, nº 147.

2170. — La femme reprendra pareillement les immeubles acquis par elle et en son nom des deniers provenant desdites successions et donations, pourvu que la déclaration d'emploi soit expressément stipulée au contrat d'acquisition, et que l'origine des deniers soit constatée par inventaire ou par tout autre acte authentique. — Telle est la disposition de l'art. 558, qui remplace l'art. 546 du Code de 1808, dont il n'est que la reproduction.

2171. — Bien que l'art. 558 porte que *la femme sans état reprendra* les immeubles acquis par elle, elle conserve, néanmoins, le droit d'agir et d'acquérir par mandataire, et rien ne s'oppose à ce que le mandataire ne soit le mari lui-même. — Mais pour que la reprise en nature d'un immeuble acheté par le mari dans le cas qui nous occupe puisse être effectuée par la femme, il faut que la femme ait déclaré accepter le remploi (C. civ., art. 1435), et cette acceptation ne pourrait être faite par la femme, ni après le jour fixé pour l'ouverture de la faillite, ni dans les dix jours précédens. — Paul, nº 149.

2172. — L'insertion faite par un failli dans l'actif de son bilan d'un immeuble qui avait été vendu à sa femme non commune en biens avec lui ne fait pas preuve que celle-ci n'était pas propriétaire. — *Paris*, 8 août 1815, Le Sueur et Ragoulleau c. Lagorce.

2173. — La propriété des immeubles acquis pendant le mariage par la femme d'un négociant mariée sous le régime de la communauté doit être attribuée au mari et profiter à ses créanciers lorsque la femme ne prouve pas de la manière prescrite par le Code de commerce (art. 546 ancien Code) que ces immeubles ont été acquis de ses propres fonds. — Mais il ne suffirait pas à la femme soit d'alléguer, soit même d'établir que le prix des acquisitions a été payé avec des deniers provenant d'une donation qui lui aurait été faite avant son mariage, ces deniers étant tombés, aux termes de l'art. 1401, C. civ., dans la communauté, et ayant par cela même cessé de constituer une propriété propre de la femme. — *Toulouse*, 14 mai 1841 (t. 2 1841, p. 740), Pierrou c. Mathieu.

2174. — La femme pourrait également reprendre l'immeuble provenant du remploi d'autres immeubles à elle appartenant et qui ne faisaient pas partie de la communauté, si les conditions prescrites par l'art. 553 avaient été observées; et si elle avait, conformément à l'art. 1435, C. civ., accepté l'acquisition faite en remploi. — Renouard, t. 2, p. 327 ; Lainné, p. 429, et Bédarride, nº 1000.

2175. — L'acceptation de l'emploi par la femme doit avoir été faite dans un temps assez rapproché de l'acquisition et assez éloigné de la faillite pour que la fraude ne puisse pas être soupçonnée. — Bédarride, nº 1001.

2176. — La mention insérée dans l'acte authentique d'acquisition d'immeuble, que cet immeuble a été acheté des deniers dotaux de la femme et pour servir de remploi à la femme, établit suffisamment l'origine des deniers, surtout lorsque la consistance de la dot et son versement entre les mains du mari sont constatés par l'admission de la femme au passif de la faillite. — *Cass.*, 8 janv. 1844 (t. 1er 1844, p. 488), le trésor c. Rogier.

2177. — L'art. 559, conforme à l'ancien art. 547, porte : « Sous quelque régime qu'ait été formé le contrat de mariage, hors le cas prévu par l'article précédent, la présomption légale est que les biens acquis par la femme du failli appartiennent à son mari, ont été payés de ses deniers, et doivent être réunis à la masse de son actif, sauf à la femme à fournir la preuve du contraire. »

2178. — Mais quelle sera la nature de la preuve qui devra être fournie par la femme? Toute espèce de preuve, de présomption même, suffirait-elle? — Non, la femme doit être astreinte à faire la preuve par des actes authentiques; car on ne comprendrait pas que le législateur se fût montré plus sévère dans le cas de l'art. 558, où la femme a déclaré, en achetant, l'origine des deniers, que dans le cas de l'art. 559, qui ne lui impose pas une pareille condition. — Esnault, nº 585.

2179. — L'art. 554 du Code de 1808 était ainsi conçu : « Tous meubles meublans, effets mobiliers, diamans, tableaux, vaisselle d'or et d'argent et autres objets, tant à l'usage du mari qu'à celui de la femme, sous quelque régime qu'ait été formé le contrat de mariage, seront acquis aux créanciers sans que la femme puisse en recevoir autre chose que les habits et linge à son usage, qui lui seront accordés d'après les dispositions de l'art. 529, c'est-à dire, sur la proposition des syndics, avec l'approbation du juge-commissaire. » Toutefois, la femme pourra reprendre les bijoux, diamans et vaisselle qu'elle pourra justifier, par état légalement dressé, annexé aux actes, ou par bons et loyaux inventaires, lui avoir été donnés par contrat de mariage, ou lui être advenus par succession seulement.

2180. — Sous l'empire de cette loi, les bijoux, diamans et vaisselle n'étaient pas les seuls effets mobiliers que la femme du failli pût reprendre. Aux termes du § 2, art. 554, C. comm., elle pouvait reprendre indistinctement tous les effets mobiliers qu'elle justifiait, par inventaires ou autres actes authentiques, lui avoir été donnés en mariage, ou lui être advenus par succession. — *Rouen*, 25 août 1826, Mallard c. Pelletier; — Pardessus, *Droit commercial*, nº 1228, et Locré, t. 7, p. 161.

2181. — Après de longues discussions dans les deux chambres, l'art. 554 du Code de 1808 a reçu de notables modifications en faveur des femmes et a été remplacé par l'art. 560, L. 28 mai 1838.

2182. — La femme pourra reprendre en nature les effets mobiliers qu'elle s'est constitués par contrat de mariage ou qui lui sont advenus par succession, donation entre-vifs ou testamentaire, et qui ne seront pas entrés en communauté, toutes les fois que l'identité en sera prouvée par inventaire ou tout autre acte authentique. — C. comm., art. 560, 1er alinéa. — On comprend qu'il s'agit ici du cas où les époux ne sont pas mariés sous le régime de la communauté, ou bien encore lorsque sous ce dernier régime il existe pour ces effets mobiliers une clause de réalisation. — Paul, *Exposé théorique et pratique des droits du mari et de ses créanciers sur les biens de la femme*, nº 144.

2183. — Comme on le voit, le droit de reprise pour la femme du failli s'étend, d'après l'art. 560, non-seulement aux bijoux, diamans et vaisselle, mais à tous ses effets mobiliers; soit qu'ils aient été constitués par contrat de mariage ou qu'ils lui soient advenus par donation entre-vifs ou testamentaire; mais sous un certain point de vue, l'art. 560 de la loi nouvelle est plus rigoureux que l'art. 554 du Code de 1808, puisque, sous le Code de 1808, il suffisait pour la femme de prouver l'apport des meubles dont elle voulait exercer la reprise, tandis que, d'après la loi nouvelle, il faut qu'elle prouve encore l'identité des objets qu'elle est autorisée à reprendre en nature.

2184. — L'acte authentique autre que l'inventaire dont parle l'art. 560 peut être le contrat de mariage dans lequel la femme peut s'être constitué des meubles corporels décrits et spécifiés par le contrat de mariage, et dont la reprise en nature pourrait être faite par elle. Ce serait encore l'état estimatif annexé par le notaire à l'acte authentique par lui reçu et contenant une donation d'objets mobiliers. — Il ne faut pas perdre de vue les paroles prononcées par M. Dufaure dans la séance de la chambre du 23 fév. 1835, à propos des reprises d'objets mobiliers : « S'il y a des difficultés pour en reconnaître l'identité, la femme seule en sera victime; s'il y a doute quant à cette identité, elles ne lui seront pas accordées. »

2185. — Lorsque le contrat de mariage énonce qu'une somme apportée par la femme *a été payée comptant en argent ou effets*, on peut dire que la preuve de cet apport se trouve constatée *par un acte authentique légal*. — *Cass.*, 21 févr. 1827, Hoffmann c. Kargès. — Si la somme a été stipulée payable à terme, et qu'il se soit écoulé dix ans depuis la célébration du mariage, l'art. 1669, C. civ., établit la présomption légale du paiement de la somme apportée, et cette prescription légale dispenserait de la production d'un acte authentique qui aurait moins de force qu'elle. — V. Esnault, nº 586 *bis*.

2186. — La femme d'un commerçant à laquelle une dot payable en argent, à des époques déterminées, avait été constituée par contrat de mariage pouvait, en cas de faillite de son mari, prouver autrement que par des actes authentiques les paiemens faits à ce dernier antérieurement à la faillite. — *Angers*, 23 juill. 1830, Vinet. — V. *contrà* Esnault, nº 586 *bis*.

2187. — Les actes de procédure et le jugement qui, faits et rendus avant la faillite du mari, constatent que celui-ci a reçu pour sa femme le capital d'une rente sont des actes ayant date certaine qui autorisent la femme à demander son admission au passif de la faillite de son mari comme créancière du capital de cette rente. — *Limoges*, 29 juin 1839 (t. 1er 1844, p. 301), Southon. — Renouard, *Traité des faillites et banqueroutes*, t. 2, p. 345.

2188. — La disposition relative à la preuve authentique de l'apport devrait fléchir dans le cas où il résulterait des circonstances que la femme n'a pu faire procéder à l'état ou inventaire exigé par cet art. 560, C. comm. — *Riom*, 19 août 1817, Mallet.

2189. — Il est superflu d'observer que le droit de reprise concédé à la femme ne pourrait s'appliquer aux objets mobiliers que le mari aurait donnés à la femme, car les libéralités de cette nature seraient de véritables avantages matrimoniaux, dont en cas de faillite l'art. 564 empêche la réalisation. — Bédarride, nº 1016.

2190. — La femme d'un commerçant failli peut faire preuve contre les créanciers de son mari, tant par titres et papiers domestiques que par témoins et commune renommée, de la valeur mobilière des successions non inventoriées qui lui sont échues durant le mariage; mais ces reprises ne la constituent que simple créancière chirographaire. — *Douai*, 27 mai 1841 (t. 2 1841, p. 263), Jaclin c. Odoux.

2191. — Mais la preuve contraire est réservée aux adversaires de la femme, qui peuvent discuter le mérite des actes authentiques produits par elle.

2192. — Ainsi, lorsque le contrat de mariage contient l'évaluation en numéraire des droits dans une succession mobilière apportée en dot par la femme, et mentionne l'acceptation de cette évaluation par le mari, celui-ci peut (et à plus forte raison ses créanciers), nonobstant un long silence gardé par lui postérieurement au mariage, opposer à la présomption légale du paiement de la dot la preuve contraire résultant des énonciations mêmes du contrat de mariage. — Même arrêt.

2193. — La femme d'un commerçant dont le mariage, postérieur au Code civil, est antérieur au Code de commerce peut être admise à prouver par commune renommée la valeur d'une succession mobilière à elle échue postérieurement à la promulgation de ce Code. — On ne saurait lui opposer avec avantage que l'art. 551 du Code de commerce ancien n'admet d'autres preuves que les preuves authentiques, l'art. 537 disposant que cet article et ceux compris dans la même section ne doivent pas nuire aux droits et actions des femmes acquis avant la publication de la loi. — *Caen*, 18 mai 1842 (t. 1er 1843, p. 502), Chevrel c. Fontaine.

2194. — L'art. 560 continue ainsi : « A défaut par la femme de faire cette preuve, tous les effets mobiliers tant à l'usage du mari qu'à celui de la femme, sous quelque régime qu'ait été contracté le mariage, seront acquis aux créanciers, sauf aux syndics à lui remettre, avec l'autorisation du juge-commissaire, les habits et le linge nécessaires à son usage. »

2195. — On avait jugé sous le Code de 1808 que la femme du failli pouvait obtenir la remise de la par-

tie du mobilier de son mari qui lui était nécessaire pour elle et pour ses enfans, et même de quelques autres meubles, sans être obligée d'en faire compte à la masse lorsqu'il était présumable qu'elle les avait apportés en mariage ou qu'ils avaient été acquis des deniers qui composaient sa dot. Les juges, sans l'astreindre à faire preuve par enquête, pouvaient se borner à exiger son affirmation que sa réclamation était sincère. — *Colmar*, 24 fév. 1813, Lemaire c. Shœffer.

2196. — Cette décision excédait les limites apportées par l'art. 554 du Code de 1808 à la restitution à faire à la femme d'habits et linge à son usage; elle était contraire à la prescription rigoureuse de l'article précité, qui astreignait la femme à faire par acte authentique la preuve de la consistance de ses apports et dont la disposition a été reproduite en ce point par l'art. 560 du Code actuel; mais elle se justifiait par le peu d'importance des meubles ainsi délivrés.

2197. — Remarquons, au surplus, que si une semblable restitution était demandée, elle ne pourrait pas être faite par les syndics sous la simple autorisation du juge-commissaire, suffisante sans doute pour faire remettre à la femme des linges et hardes indispensables à elle et à ses enfans, mais tout-à-fait inopérante quand il s'agit de liquider une portion des reprises de la femme et de lui en faire l'abandonnement. Ce serait en ce cas au tribunal même que la demande devrait être portée.

2198. — L'action en reprise résultant des dispositions des art. 557 et 558 ne sera exercée par la femme qu'à la charge des dettes et hypothèques dont les biens sont légalement grevés, soit que la femme s'y soit obligée volontairement, soit qu'elle y ait été condamnée. — C. comm., art. 561.

2199. — Cet article est conforme à l'art. 548 du Code de 1808. Le mot *légalement* y a seulement été ajouté pour qu'il fût bien entendu que la femme ne serait pas tenue des hypothèques irrégulièrement constituées; et, par exemple, de celles qui frapperaient sur un immeuble dotal déclaré inaliénable.

2200. — Dans la séance de la chambre des députés du 25 fév. 1835, M. Parant demanda qu'il fût bien entendu que la femme tenue des dettes et hypothèques qu'elle avait contractées pour son mari et qui grevaient l'immeuble qu'elle reprenait, conservait contre son mari un recours pour indemnité de ces dettes. Il fut répondu, par le rapporteur et par le garde-des-sceaux, que tel est le sens de l'article, sens très clairement exprimé par la disposition finale de l'art. 563. — Renouard, t. 2, p. 336; Bédarride, nº 1019. — Si les immeubles de la femme étaient tombés en communauté, et comme tels eussent profité à la masse de la faillite, cette masse serait soumise aux charges qui avant le mariage grevaient ces immeubles. — Esnault, nº 584.

2201. — En admettant que les intérêts du prix de vente d'un bien dotal aliénable, produits antérieurement à la séparation de biens de la femme, puissent tomber indistinctement dans l'actif de la faillite du mari, au moins est-il juste de dire que les intérêts des dettes contractées par la femme autorisée par son mari antérieurement à cette séparation étant une charge du mariage et les revenus dotaux n'étant attribués au mari que pour subvenir à cette nature de charges, le paiement de ces intérêts doit être imputé, non sur le prix principal des biens dotaux, mais sur les intérêts de ce prix qui peuvent encore être dus par l'acquéreur. De même, la provision accordée à la femme dotale après la séparation de biens doit être imputée non exclusivement sur le capital, mais sur les intérêts produits par ce capital depuis la séparation de biens. — *Cass.*, 14 fév. 1843 (t. 1er 1843, p. 607), Berne c. Bruyne et Berne.

2202. — L'art. 562 porte : « Si la femme a payé des dettes pour son mari, la présomption légale est qu'elle l'a fait des deniers de celui-ci, et elle ne pourra, en conséquence, exercer aucune action dans la faillite, sauf la preuve contraire, comme il est dit à l'art. 559.

2203. — La présomption admise par l'art. 562 est une application du principe posé dans l'art. 559. — La preuve contraire ne pourra résulter que des des actes indiqués par l'art. 559, d'un inventaire ou de tout autre acte authentique; et les avances qu'elle aura ainsi faites lui seront garanties par l'effet de son hypothèque légale. — Esnault, nº 587.

2204. — Le Code civil (art. 2121 et 2135) accorde aux femmes une hypothèque légale dispensée d'inscription sur tous les immeubles de leurs maris pour raison de leur dot et conventions matrimoniales à compter du jour du mariage, pour les successions à elles échues ou les donations à elles faites pendant le mariage à compter du jour de l'ouverture de ces successions, ou de l'effet de

ces donations et pour l'indemnité des dettes qu'elles ont contractées avec leurs maris et pour le remploi de leurs propres aliénés à compter du jour de l'obligation ou de la vente.

2205. — Mais le Code de 1808 (art. 551) avait, pour toutes ces diverses créances, limité cette hypothèque aux immeubles appartenant en effet au mari à l'époque du mariage.

2206. — En admettant que l'art. 551 n'ait pas porté atteinte à l'hypothèque légale de la femme (c'est ce que la jurisprudence a formellement décidé), au moins cette hypothèque légale, si elle avait pris naissance sous l'empire de la loi du 11 brum. an VII, n'aurait d'effet, jusqu'à la promulgation du Code civil, qu'autant qu'on l'aurait fait connaître par une inscription. — *Cass.*, 9 avr. 1834, Mouroult.

2207. — La règle imposée par le Code de 1808 (art. 552) aux femmes mariées dans le commerce s'appliquait également aux femmes qui avaient épousé des fils de négocians n'ayant à l'époque de leur mariage aucun état ni profession déterminée et qui devenaient eux-mêmes négocians.

2208. — La loi du 28 mai 1838 s'est relâchée d'une partie de ces rigueurs. Ainsi, la femme qui épouse un fils de commerçant sans profession ou un homme qui a une profession déterminée autre que celle de commerçant, conserve tous les droits établis à son profit par le Code civil, quoique son mari se fasse commerçant, même dans l'année qui suit la célébration du mariage. On a pensé avec raison d'une part que la qualité de fils de négociant n'est pas une présomption suffisante que le fils embrasse à une époque ultérieure quelconque la profession de son père, et d'autre part que la bonne foi de la femme et les calculs de sa famille seraient trompés si, après qu'elle aurait épousé un homme qui exerçait une profession déterminée autre que celle de commerçant, elle se voyait exposée sans l'avoir prévu aux rigueurs exceptionnelles de la loi commerciale. — Renouard, t. 2, p. 340; Goujet et Merger, vº *Faillite*, nº 626. — Jugé que l'hypothèque légale de la femme mariée sous le Code de 1808 à un fils de commerçant, qui n'est devenu lui-même commerçant que plus d'une année après la célébration du mariage, s'étend, en cas de faillite survenue depuis la loi de 1838, à tous les immeubles de celui-ci, et que cette hypothèque confère à la femme un droit de préférence sur les créanciers de la faillite, lorsqu'aucun d'eux n'est porteur de titres antérieurs à la loi de 1838. — *Cass.*, 3 janv. 1844 (t. 1er 1844, p. 362), Laurent.

2209. — « Mais, dit l'art. 563, C. comm., lorsque le mari sera commerçant au moment de la célébration du mariage, ou lorsque, n'ayant pas alors d'autre profession déterminée, il sera devenu commerçant dans l'année, les immeubles qui lui appartiendraient à l'époque de la célébration du mariage, ou qui lui seraient advenus depuis, soit par succession, soit par donation entre-vifs ou testamentaire, seront seuls soumis à l'hypothèque de la femme. »

2210. — La question de savoir si les créanciers d'un débiteur en état de cessation de paiemens qui, en acceptant sa cession de biens, déclarent que les droits de préférence qu'ils peuvent avoir les uns contre les autres demeureront conservés, ont entendu reconnaître à la femme du débiteur des droits autres que ceux résultant de l'art. 551 du Code de 1808, et s'interdire le droit de lui en opposer plus tard les dispositions, rentre, comme ne présentant qu'une appréciation des termes de l'acte, dans le domaine exclusif des juges du fond. — *Cass.*, 8 juin 1837 (t. 1er 1837, p. 580), Tardy c. Noyer.

2211. — La femme du failli ne perd point, par son adhésion au concordat, le droit de répéter le montant de sa dot sur l'actif immobilier, toute renonciation de sa part ne pouvant, quels que soient les termes de l'art. 524, C. comm., être apliquée qu'aux valeurs mobilières. — *Cass.*, 2 mars 1840 (t. 1er 1840, p. 716), Floceau.

2212. — Il faut que le mari soit commerçant; ainsi on devrait encore juger aujourd'hui que l'hypothèque légale de la femme d'un failli n'est pas restreinte aux biens que son mari possédait à l'époque de la célébration du mariage, si le mari n'était pas alors commerçant de profession, mais faisait seulement quelques actes de commerce isolés. — *Bruxelles*, 9 mai 1822, Coms c. Cuylitz. — V. conf. Merlin, *Rép.*, vº *Inscription hypothécaire*, nº 13 *bis*; Bioche et Goujet, *Dictionn. de procéd.*, vº *Faillite*, nº 484.

2213. — Mais ce n'est pas seulement par la qualité énoncée dans le contrat de mariage, c'est aussi d'après les circonstances du fait qu'on appréciera si le mari était commerçant au moment de la célébration du mariage, et si dès lors il y a lieu de faire

l'application des dispositions exceptionnelles qui nous occupent en ce moment. Il devra être fait application à ce cas des règles qui servent de guide pour savoir si un individu est négociant, et s'il y a lieu, à ce titre, de le déclarer en faillite.

2214. — Ainsi l'exercice d'une profession déterminée, par exemple des fonctions de receveur particulier des finances, de la part du mari au moment de son mariage, n'est pas un obstacle à l'application contre sa femme de l'art. 551 (aujourd'hui 563), C. comm., s'il est établi en fait que, non seulement à cette époque, mais long-temps auparavant et depuis, le mari se livrait habituellement à des opérations de commerce étrangères à sa profession. — *Cass.*, 5 juill. 1837 (t. 2 1837, p. 26), Juillard ; — Esnault, nº 589.

2215. — Jugé cependant que l'art. 551 (aujourd'hui 563), C. comm., s'applique non seulement au cas de faillite de ce dernier, mais encore au cas où le prix de ses biens mis en distribution serait insuffisant pour payer ses dettes, quoique la faillite n'ait pas été déclarée. — *Grenoble*, 28 janv. 1832, Dejoux c. Lendemman et Buchy.

2216. — L'art. 552, C. comm. 1808, qui assimile à la femme dont le mari était commerçant à l'époque de la célébration du mariage celle qui épouse un fils de négociant n'ayant encore aucun état ou profession déterminée, n'est pas applicable au cas où ce dernier, fils d'un juif d'Alsace, et devenu plus tard commerçant, s'étant marié sous l'empire du décret du 17 mars 1808, son père a pris dans le contrat et les actes de l'état civil la qualité de commerçant, sans être, d'ailleurs, muni des patente et autorisation requises, alors surtout qu'il est justifié par une série d'actes notariés que la qualité de propriétaire était celle qu'il prenait habituellement. — *Colmar*, 19 nov. 1839 (t. 1er 1840, p. 180), Rueff.

2217. — C'est à ceux qui invoquent contre la femme mariée l'exception contenue en l'art. 551, C. comm., lequel restreint son hypothèque aux immeubles que possédait son mari au jour du mariage, à prouver que le mari était négociant à cette époque. — *Orléans*, 16 mars 1839 (t. 1er 1839, p. 648), Bruère-Dallaire c. Reverdy.

2218. — La femme mariée en communauté n'a point un droit de préférence sur le mobilier de son mari, pour la reprise de ses créances matrimoniales, et particulièrement des sommes qu'elle s'est réservées propres, alors surtout que son mari était commerçant lors du mariage, et qu'elle se trouve en concours avec les créanciers de sa faillite. — *Lyon*, 25 juill. 1822, Durand.

2219. — La prohibition de l'art. 551, C. comm. 1808, qui porte que la femme d'un commerçant n'a d'hypothèque que sur les immeubles qui appartenaient au mari à l'époque du mariage, devait être appliquée aux immeubles qui advenaient au mari par succession en ligne directe pendant le mariage. — Elle ne devait pas s'entendre seulement des immeubles que le mari acquérait à titre onéreux postérieurement au mariage. — *Cass.*, 12 juin 1834, Boutigny c. Fayet; 29 avr. 1835, Dumesnil; — Treilhard, *Exposé des motifs*, p. 109; Delvincourt, t. 3, p. 350, note 7e, p. 60.

2220. — La femme mariée sous l'empire du Code de commerce de 1808, et dont le mari a été déclaré en faillite avant la promulgation de la loi de 1838, ne peut réclamer d'hypothèque légale sur les immeubles échus à son mari sous l'empire de ladite loi de 1838 et pendant l'existence de la faillite. — — *Rouen*, 6 juin 1844 (t. 1er 1846, p. 23), Grenie c. Brisson et Barel.

2221. — Conséquemment, sous le Code de 1808, bien qu'un commerçant soit devenu, par l'effet d'un partage et moyennant une soulte, propriétaire de la totalité d'un immeuble dont les deux tiers indivis lui appartenaient seuls au moment de son mariage, c'était seulement sur cette portion de deux tiers que pouvait frapper l'hypothèque légale de la femme de ce commerçant. — L'art. 551, C. comm. 1808, dérogeait à la fiction de l'art. 883, C. civ. — *Bourges*, 2 fév 1836 (t. 1er 1838, p. 51), Pinot c. Serveau. — M. Esnault (nº 600) enseigne la même doctrine sous la loi du 28 mai 1838.

2222. — Mais l'art. 563, C. comm., dont on vient de lire la disposition, ne limite plus aux immeubles que le mari possédait au moment du mariage l'effet de l'hypothèque légale de la femme, qui est avec raison étendue aux immeubles qui, depuis le mariage, sont advenus au mari par successions, donations entre-vifs ou testamentaires. Il est certain que ces immeubles n'ont pu être acquis avec l'argent des créanciers; et dès-lors il est de toute justice qu'ils servent de garantie aux droits de la femme. — Goujet et Merger, vº *Faillite*, nº 628. — Jugé que l'hypothèque légale qui appartient à l'enfant mineur d'un commerçant failli sur les biens de son père devenu son tuteur, pour la restitution de la

dot de sa mère, s'étend aussi bien sur les immeubles qui sont advenus au père depuis son mariage que sur ceux qu'il possédait avant cette époque. — *Grenoble*, 7 juin 1834, Courret c. Ferréol.

2223. — La femme a une hypothèque légale, non seulement sur les immeubles dont le mari était propriétaire au jour du mariage, mais encore sur ceux qu'il a acquis postérieurement, et le droit de préférence qui en résulte à son profit peut être exercé même envers les créanciers chirographaires dont le titre est antérieur à la loi de 1838. — Ce n'est pas là donner à cette loi un effet rétroactif. — *Dijon*, 29 mars 1843 (t. 2 1844, p. 89), Baille. — Jugé de même que la femme d'un commerçant tombé en faillite depuis la loi de 1838 peut exercer son hypothèque légale sur les biens échus à son mari par succession, même antérieurement à sa promulgation, encore bien qu'à cette dernière époque il existât des créanciers chirographaires. — *Cass.*, 3 janv. 1844 (t. 1er 1844, p. 360), Durand.

2224. — En principe, et d'après l'art. 2133, C. civ., l'hypothèque acquise s'étend à toutes les améliorations survenues à l'immeuble. Cette disposition doit-elle s'appliquer à l'hypothèque légale de la femme d'un commerçant? — A cette question, M. Bédarride (nº 1034) et M. Renouard (t. 2, p. 344) répondent que les constructions, additions, améliorations faites aux immeubles du mari depuis le mariage ou depuis qu'ils lui sont advenus par succession ou donation ne sont pas soumises à l'hypothèque de la femme du failli, et que ces constructions faites pendant le mariage sont présumées avoir été payées des deniers des créanciers. — Nous partageons cet avis en ce qui concerne les constructions qui, élevées sur un sol vague au moment du mariage, pourront être facilement distinguées de la partie originaire de l'immeuble; mais il nous paraîtrait difficile d'appliquer l'opinion de MM. Bédarride et Renouard au cas où il s'agirait, non pas de constructions proprement dites, mais de véritables améliorations. Il ne faut pas sans doute que la femme profite, au détriment des créanciers, des dépenses que le mari a pu faire sur l'immeuble, mais il faut avec le même soin s'éloigner d'un résultat qui pourrait être inique pour la femme. Il faudrait, pour qu'il y eût lieu à l'espèce de distraction pour laquelle se prononcent les auteurs précités, que l'état primitif, sinon la valeur primitive de l'immeuble, pût être bien fixé, nettement déterminé, afin qu'à son tour la femme ne fût pas privée du gage restreint sur lequel elle a dû compter; or, les améliorations dont parle l'art. 2133 sont généralement incorporées à l'immeuble, de façon à ne pouvoir être distinguées et appréciées. — M. Esnault (nº 559) émet une opinion qui se rapproche de la nôtre.

2225. — La femme, en faisant prononcer sa séparation de biens judiciaire, en obtenant un jugement de condamnation pour le montant de ses reprises, ne pourrait arriver à agrandir la garantie limitée que la loi lui a seulement concédée; autrement, cette faculté si commode de se procurer une hypothèque judiciaire frappant sur tous les immeubles du mari serait une rapide et facile destruction des précautions prises par l'art. 563, C. comm. — Bédarride, nº 1033. — La femme du failli ne peut pas non plus obtenir par privilége les frais de sa séparation de biens sur la masse de la faillite, lors même que le jugement aurait été rendu avec le syndic, si celui-ci n'a fait que s'en remettre à justice et n'a pas contesté la demande. — *Rouen*, 29 fév. 1840 (t. 1er 1840, p. 538), Duvrac c. Putray. — Mais ces frais participant à la faveur de l'hypothèque légale devraient être colloqués sur le prix des immeubles, au même rang que le capital de la dot. — *Bordeaux*, 16 août 1838 (t. 1er 1839, p. 154), de Balathier; — Esnault, nº 603.

2226. — C'est ainsi qu'on a jugé sous le Code de 1808 que le fait de la séparation de biens prononcée entre les époux ne faisait pas obstacle à l'application de l'art. 554, C. comm., au profit des créanciers du failli. — *Bourges*, 4 août 1835, Roffin.

2227. — L'art. 563, C. comm., accorde l'hypothèque à la femme pour les deniers et effets mobiliers qu'elle aura apportés en dot, ou qui lui seront advenus depuis le mariage par succession ou donation entre-vifs ou testamentaire, et dont elle prouvera la délivrance ou le paiement par acte ayant date certaine.

2228. — Ainsi, il n'est pas nécessaire que cet acte soit authentique, et sur ce point, la loi nouvelle est plus favorable à la femme que ne l'était l'ancienne législation.

2229. — La jurisprudence était aussi plus sévère, car on décidait que lorsqu'il n'existait *aucune justification par écrit* d'un apport fait par la femme, l'arrêt qui s'appuyait pour établir cet apport sur de simples présomptions, alors que le paiement n'était pas dénié, ne remplissait pas les conditions voulues par l'art. 551, C. comm. — *Cass.*, 21 fév. 1827, Hoffmann c. Kargès.

2230. — ... Et que pour que la femme d'un commerçant failli pût exercer son hypothèque légale sur les immeubles appartenant à son mari au jour de la célébration du mariage, il ne suffisait pas que son contrat de mariage renfermât une constitution de dot avec stipulation que la célébration vaudra quittance, il fallait que la femme justifiât par actes authentiques que les deniers ou effets mobiliers relatés au contrat avaient été réellement remis à son mari. — *Besançon*, 21 juin 1828, Hoffmann c. Kargès.

2231. — Lorsqu'il a été dit au contrat de mariage de la femme d'un commerçant que la célébration vaudra quittance de la dot, le vœu de l'art. 551, C. comm., qui exige la justification par acte authentique des apports de la femme mariée à un commerçant, se trouve rempli. — Si, dans ce cas, les parties intéressées, qui conservent encore le droit d'attaquer la constitution de dot comme frauduleuse, l'ont attaquée, et si elles ont été condamnées par les juges souverains du fait, une pareille décision n'est pas sujette à la censure de la cour suprême. — *Cass.*, 19 janv. 1836, Fauquet c. Lefebvre.

2232. — Les femmes mariées à des commerçans sont restées sous l'empire du droit commun quant à la qualité de créancières chirographaires. Les dispositions de l'art. 551, C. comm., ne sont applicables qu'à l'existence et à l'exercice du privilége hypothécaire. — *Douai*, 27 mai 1841 (t. 2 1841, p. 263), Jaclin c. Odoux.

2233. — La femme pourra donc constater par titres, par papiers domestiques ou par commune renommée, l'importance des sommes qui lui sont dues, sauf à ne venir pour ces sommes que comme créancière chirographaire. — Esnault, nº 592.

2234. — Le mode de preuve autorisé par les art. 1415 et 1504, C. civ., ne s'étend point aux valeurs et sommes mobilières échues aux femmes de commerçans, soit avant, soit après le mariage, par toute autre voie que celle de succession ouverte durant le mariage. — Même arrêt.

2235. — L'hypothèque milite ensuite, d'après l'art. 563, pour le remploi des biens de la femme aliénés pendant le mariage et, enfin, pour l'indemnité des dettes par elle contractées avec son mari.

2236. — Les dispositions de l'art. 549 du Code de 1808, analogues à celles de l'art. 564, sont ainsi justifiées par M. Treilhard, dans l'exposé des motifs du Code de commerce : — « Vous pensez bien que les avantages faits à la femme par son mari ne peuvent pas être réclamés par elle dans la faillite : c'était encore là un des grands moyens de préparer la ruine des créanciers, voyant avec désespoir une femme, que tout le monde avait connue sans fortune, jouir tranquillement de biens immenses dont ils étaient dépouillés. »

2237. — L'art. 564 de la loi du 28 mai 1838 a reproduit les dispositions de l'ancien art. 549, en les restreignant néanmoins aux seuls cas où le mari est négociant à l'époque de la célébration du mariage, et où le mari, n'ayant pas à cette époque d'autre profession déterminée, est devenu commerçant dans l'année qui suit la célébration du mariage.

2238. — En effet, cet article porte : « La femme dont le mari était commerçant à l'époque de la célébration du mariage, ou dont le mari, n'ayant pas alors d'autre profession déterminée, sera devenu commerçant dans l'année qui suivra cette célébration, ne pourra exercer dans la faillite aucune action à raison des avantages portés au contrat de mariage, et, dans ce cas, les créanciers ne pourront, de leur côté, se prévaloir des avantages faits par la femme au mari dans ce même contrat. »

2239. — L'art. 549, C. comm. (aujourd'hui 564), qui ne permet pas au créancier de se prévaloir des avantages qui ont été faits par la femme au mari dans leur contrat de mariage, ne peut recevoir son application si le contrat de mariage a été passé avant le Code comm., surtout si le mari s'est trouvé au moment de sa faillite saisi par la mort de sa femme des avantages dont il s'agit. — *Bourges*, 1er fév. 1831, Crépy c. Desnoyers.

2240. — Les droits que la loi commerciale attribue à la femme peuvent, comme toute autre nature de droits, être exercés par les créanciers en vertu de l'art. 1166, et l'abandon que la femme ferait de ses droits pour faciliter à son mari l'obtention d'un concordat pourrait être attaqué par les créanciers de la femme comme fait en fraude de leurs droits. — *Cass.*, 19 janv. 1820, Coeffler c. Binard; — Pardessus, nº 1225; Esnault, nº 602.

2241. — Le Code de commerce ne s'est occupé que de la position et des droits de la femme en cas de faillite du mari, mais la femme mariée peut aussi être commerçante, et en cas de cessation de paiemens, être déclarée en faillite.

2242. — La femme d'un failli peut se livrer à l'exercice d'un commerce, et les créanciers du mari ne peuvent s'y opposer lorsqu'il n'est pas fait en fraude de leurs droits et qu'il n'est exploité qu'à l'aide de moyens personnels à la femme ou de secours étrangers qui lui ont été fournis. — *Rennes*, 11 avr. 1825, Deloche et Rialan c. Leberg.

2243. — Il ne faut pas oublier que pour être personnellement en faillite la femme doit faire un commerce séparé de celui de son mari.

2244. — Mais lorsque, à raison d'un commerce qu'il exerçait conjointement avec sa femme, un mari a été déclaré en faillite, les créanciers sont non-recevables à demander que la femme soit aussi déclarée en faillite. — *Caen*, 24 août 1825, Nicolle c. Lecavelier. — Et le syndic n'a pas le droit d'administrer les biens qui, en cas de faillite du mari, sont repris par la femme, et les revenus de ces mêmes biens n'appartiennent pas aux créanciers du mari, jusqu'à concurrence de leurs créances, tant que le mariage n'est pas dissous ou que la séparation des biens n'a pas été prononcée. — *Bruxelles*, 26 juin 1828, M... c. D...

2245. — Lors donc que la femme a été déclarée en faillite, la position du mari demeure réglée par les effets du droit commun et la loi commerciale n'a pas dû s'en préoccuper.

2246. — S'il y a communauté entre les époux, le mari, qui aurait dû profiter des bénéfices que la femme aurait pu réaliser, devra être tenu de toutes les dettes contractées par sa femme (C. civ., art. 220) et les syndics de la femme déclarée en faillite auraient le droit d'exercer contre lui les actions de la masse. — Goujet et Merger, vº *Faillite*, nº 635.

2247. — La même chance de gain des bénéfices astreint encore, en cas d'exclusion de communauté, le mari à supporter les pertes que la femme a faites dans son commerce. — Pardessus, nº 1236; Goujet et Merger, vº *Faillite*, nº 636.

2248. — Mais en cas de séparation de biens, le mari demeure tout à fait étranger aux spéculations que sa femme peut tenter; les avantages qu'elles produiraient ne devraient pas lui profiter; des fruits des propres de sa femme il ne doit jamais retirer que la part contributoire de celle-ci dans les charges du ménage, et dès-lors il ne saurait encourir la responsabilité d'aucune perte. — Pardessus, nº 1226.

2249. — Un avantage indirect au profit du mari pourrait cependant être déguisé par la femme sous les apparences de la contribution aux charges du ménage, ce sera dès-lors aux créanciers à examiner si la femme n'a pas, dans les prestations qu'elle a faites à ce titre à son mari, excédé les limites qui, dans le cas de séparation de biens contractuelle, sont fixées à un tiers, et dans le cas de séparation de biens judiciaire sont proportionnées aux ressources de chacun des époux.

2250. — L'interdiction d'exercer dans la faillite aucune action à raison des avantages portés au contrat de mariage, que l'art. 564 a prononcée contre la femme, ne saurait être étendue au mari. Les lois qui prononcent une incapacité ne doivent pas être étendues; la rareté des avantages concédés par la femme au mari a pu ne pas paraître au législateur un abus assez grave et assez fréquent pour mériter une prohibition spéciale. En effet, le mari qui ne peut réclamer la préférence qu'offre à la femme son hypothèque légale, ne viendra jamais au passif de la faillite que comme simple chirographaire. Par une conséquence naturelle, il faudrait décider que les créanciers de la femme ne seraient pas atteints par la prohibition que prononce la dernière partie de l'art. 564, et qu'ils pourraient demander à profiter des avantages faits par le mari à la femme dans leur contrat de mariage.

Sect. 5e. — *Créanciers par compte courant.*

2251. — L'état de faillite de l'un des deux commerçans qui étaient en compte courant arrête le cours de leurs négociations réciproques, et ce compte doit être réglé d'après l'état de situation qui résulte de la dernière négociation faite entre eux. — Lainné, p. 363.

2252. — Si, par la balance du compte-courant, le failli est constitué débiteur, son correspondant devra produire à la faillite, faire vérifier et affirmer sa créance, et il sera admis au passif.

2253. — Mais il est possible que la balance du compte-courant ne puisse pas se terminer par une simple opération arithmétique; ainsi celui qui se prétend créancier peut avoir porté à son crédit des effets de commerce non encore échus. L'admettre purement et simplement au passif de la faillite pour

la somme qu'il prétend être le solde de son compte courant, ce serait s'engager à payer comme pure et simple une créance dont l'existence est contestable; car si ces effets ne sont pas payés à l'échéance, celui qu'on aura admis au passif n'aura jamais été créditeur de tout le solde de son compte. Le crédité par compte courant ne doit donc, dans cette espèce, toucher le dividende afférent à sa créance qu'à la charge de donner caution de le restituer en cas de non paiement des effets à l'échéance; et à défaut par lui de donner caution, le montant de sa collocation éventuelle devrait être déposé à la caisse des dépôts et consignations, conformément à l'art. 2, ordonn. 3 juill. 1816. — Pardessus, nº 1221; Goujet et Merger, vº *Faillite*, nº 640. — Lainné, nº 364.

2254. — Si le failli a négocié, bien entendu avant sa faillite, les effets qui lui avaient été transmis en compte courant, les porteurs de ces effets ont, aux termes de l'art. 542, C. comm., le droit de se présenter à la faillite et d'y réclamer une collocation et un dividende, sans toutefois que la masse puisse agir contre le crédité par compte courant puisqu'il n'est pas en faillite. Mais la même dette ne pouvant être payée deux fois, et la collocation des porteurs satisfaisant à l'acquittement du titre, le crédité par compte courant serait sans intérêt et par conséquent non-recevable à demander son admission personnelle au passif de la faillite; la collocation des porteurs des effets lui procure une suffisante garantie. — Pardessus, nº 1121; Goujet et Merger, vº *Faillite*, nº 641; Lainné, p. 364.

2255. — Si deux correspondans se sont respectivement fourni des effets qui, au moment de la faillite, ne se trouvent pas encore échus, le correspondant qui n'est pas en faillite ne saurait être contraint de payer le solde par lequel le compte courant se balance en faveur de la masse de la faillite; car les effets peuvent à l'échéance n'être pas payés. La faillite d'un des obligés est une raison de le penser; il a donc le droit de retenir les valeurs étant en sa possession, lesquelles ne constituent pas des valeurs réelles, mais des valeurs conditionnelles qui toutes et indivisément sont offertes au remboursement de ce que le crédité doit payer en vertu de ses acceptations. — Pardessus, nº 1221.

2256. — Aussi a-t-on jugé que des effets endossés par un négociant au profit d'une maison de commerce avec laquelle il était en compte courant demeuraient la propriété de cette maison après la faillite de l'endosseur, encore que ces effets, passés d'abord au crédit de ce dernier, aient été avant la faillite contrepassés à son débit à défaut de paiement à l'échéance, et qu'on ne peut induire de ce contrepassement que la maison de commerce a renoncé à la propriété des effets lorsqu'elle est demeurée nantie et qu'elle s'en prévaut. — *Cass.*, 27 nov. 1827, Valois c. Desbordes.

2257. — Si le correspondant est admis à la faillite pour une somme supérieure à celle qu'il aura à débourser par suite de ses acceptations, il sera débiteur de la masse de la faillite de la même manière qu'il l'eût été si, la faillite n'étant pas arrivée, il avait touché au-delà de ce qui lui était dû. — Pardessus, nº 1221.

2258. — Il en serait de même bien qu'au moment de la faillite une partie des traites fournies par le failli aient été payées, de telle sorte que son correspondant fût couvert de ses avances, celui-ci ne serait tenu qu'à la restitution des traites qui excéderaient le débit de son compte, et non pas à une restitution en argent, car les deux correspondans sont, comme le dit M. Pardessus (nº 1221), des mandataires réciproques. Or, tout mandat finit par la faillite; le mandataire qui offre à la masse de rendre les traites ne fait que se conformer à ce principe, et l'événement de la faillite du remettant ne peut pas avoir pour effet de changer le titre auquel la remise a été faite et de la convertir en un contrat de vente.

2259. — Si le correspondant avait négocié ces effets, il devrait encore en garder le prix comme garantie du paiement à l'échéance, et ce ne serait qu'autant que ces effets seraient acquittés à cette époque que le correspondant pourrait se trouver débiteur. Si, par suite des recours, il les rembourse, il les rendra pour comptant à la masse de la faillite.

2260. — Lorsque les deux correspondans sont également en faillite, les deux masses doivent se régler d'après les principes qui viennent d'être exposés. Les rapports qui naissent du compte courant n'en sont pas modifiés.

2261. — La balance d'un compte courant ne peut servir de base pour l'admission de la créance au passif de la faillite que lorsque le créancier a fait des remises effectives et réelles, et nullement lorsque les remises en sont fictives et en effets postérieurement protestés et conséquemment sans valeur (*Rouen*, 16 nov. 1820, Delcourt c. Delahalle et Lemoyne). Dans cette hypothèse, puisqu'il est impossible de reconnaître laquelle des deux masses est véritablement créancière, une admission définitive au passif sur l'aperçu d'un compte courant tendrait à avantager une masse au préjudice de l'autre et dès-lors ne peut être prononcée.

2262. — Dans le cas de faillite de deux négocians qui ont fait des affaires en compte courant et dont les remises respectives ont été protestées, les tiers-porteurs seuls ont le droit de se présenter dans chacune des deux masses, sans que le prétendu créancier par compte courant puisse y figurer à raison de remises protestées. — *Rouen*, 16 nov. 1820, Delcourt c. Delahalle et Lemoyne; 3 juill. 1821, Ricard c. Delcourt; — Pardessus, nº 1222; Lainné, p. 366. — V. aussi COMPTE COURANT, nºs 87 et suiv.

CHAPITRE XII. — *Liquidation du mobilier et répartition entre les créanciers.*

2263. — Le chap. 10, liv. 3, C. comm. 1808, contenait les mêmes dispositions que le chap. 8, L. 28 mai 1838, relatif à la répartition entre les créanciers et à la liquidation du mobilier; deux additions ont néanmoins été faites dans la nouvelle loi: ce sont les art. 567 et 568 dont le but est de faciliter et d'activer les opérations de la faillite

2264. — Nous avons dit que les syndics de l'union devaient s'occuper de la réalisation de l'actif dont le produit doit être reporté entre les divers créanciers. — Renouard, t. 2, p. 350. — L'actif du failli comprend le fonds de commerce qu'il exploitait indépendamment des marchandises et ustensiles qui en dépendent (*Paris*, 19 nov. 1824, Auger c. Dumont), et le juge-commissaire peut même autoriser la cession à titre onéreux du droit au bail des lieux où s'exploite le fonds de commerce. — *Paris*, 23 juill. 1845 (t. 2 1845, p. 695), Disch et Valler.

2265. — Aujourd'hui le mode de vente du mobilier et des actions à intenter contre le failli sont réglés par l'art. 443, L. 28 mai 1838.

2266. — Cependant le créancier qui, en vertu d'un jugement, a fait saisir les meubles de son débiteur, n'est pas dépouillé du droit de poursuite par la faillite survenue de ce dernier. — *Paris*, 20 avr. 1831, Rhiva c. Desnoyez — Sauf à la masse à exercer ses droits sur les deniers à provenir de la vente. — *Paris*, 16 déc. 1825, Wormser c. Kanguiarder.

2267. — Lorsque, dans une faillite, il se trouve des meubles et des immeubles, les syndics doivent nécessairement composer deux masses distinctes, l'une du prix des immeubles pour les créanciers hypothécaires, l'autre du prix des meubles pour les chirographaires. — *Paris*, 5 fév. 1822, Cogit et Julien c. Patris. — Sauf aux créanciers à exercer leurs droits sur les deux masses, comme nous l'avons vu *suprà*. Le système de la section de l'intérieur du conseil d'état, qui tendait à circonscrire les droits des créanciers hypothécaires sur le prix des immeubles et les droits des chirographaires sur le prix des meubles, a été rejeté lors de la discussion du Code de 1808, comme devant créer des complications, multiplier les contestations, et même engendrer des inégalités.

2268. — Les revenus des immeubles du failli ne peuvent, depuis l'ouverture de la faillite jusqu'à la vente de ces biens, être immobilisés pour être distribués en même temps que le prix aux créanciers hypothécaires. — Ces fruits, meubles de leur nature, font partie de la masse mobilière et doivent être distribués comme elle entre les créanciers. — *Bourges*, 11 juin 1814, Tixier-Preux; *Cass.*, 17 mars 1807, Jocelin c. Guichard.

2269. — Sur le produit de l'actif mobilier, il doit être fait distraction de sommes de trois natures: 1º les frais et dépenses de l'administration de la faillite, qui sont vérifiés par le juge et qui comprennent, outre les frais alloués pour reddition de compte (*Cass.*, 13 mars 1833, Ricard c. Delalande), l'indemnité allouée, s'il y a lieu, aux syndics, et le paiement des sommes à l'acquittement desquelles la masse était obligée pour toute autre cause; 2º les secours accordés au failli et à sa famille; 3º les sommes payées aux créanciers privilégiés, en vertu de l'art. 551, ou payées aux créanciers gagistes pour libérer les nantissemens. — C. comm., art. 547.

2270. — Le surplus est réparti entre tous les créanciers au marc le franc de leurs créances vérifiées et affirmées. — C. comm., art. 565.

2271. — La loi 5, §§ 15 et 16, *De tributoriâ actione*, semblait accorder une sorte de privilége au créancier sur l'actif de la maison de commerce avec laquelle il avait contracté. Ainsi, lorsqu'un esclave

tenant deux maisons d'un commerce différent ou deux boutiques séparées du même commerce, a des créanciers particuliers pour chaque maison, ces créanciers doivent être payés sur la marchandise ou l'actif de la maison qui s'est obligée envers eux, par préférence aux créanciers de l'autre maison. C'était aussi ce que sous l'ancien droit français enseignait Toubeau (*Institutions consulaires*, t. 2, p. 381). — Mais il n'en est pas de même sous notre législation actuelle, d'après laquelle tous les biens du débiteur sont le gage commun de ses créanciers. — Donc, dans le cas de faillite d'un négociant qui exploite séparément deux maisons de commerce, les créanciers de chacune d'elles ne doivent pas être respectivement payés par privilége sur l'actif de la maison qu'ils ont pour obligée, à l'exclusion des créanciers de l'autre maison. — Au contraire, les deux masses doivent être confondues, et tous les créanciers payés concurremment et sans préférence. — *Cass.*, 18 oct. 1814, Mazet.

2272. — Il n'est pas nécessaire que l'actif entier soit complétement réalisé pour qu'il soit procédé à une répartition; aussi le juge-commissaire a-t-il la faculté, lorsque le ssommes réalisées sont de nature, tout en conservant les fonds nécessaires pour faire marcher la faillite, à présenter un dividende raisonnable, d'autoriser les syndics à procéder à une répartition partielle. — Bédarride, nº 1045; Esnault, nº 606.

2273. — A cet effet, les syndics remettront tous les mois, au juge-commissaire, un état de situation de la faillite et des deniers déposés à la caisse des dépôts et consignations. — C. comm., art. 566. — Cet état doit indiquer les sommes qui restent à payer et le chiffre de celles dues aux créanciers privilégiés; sans cette précaution, le juge pourrait ordonnancer une répartition que les prélèvemens à opérer sur l'actif ne permettraient pas de faire. — Bédarride, nº 1048.

2274. — Le juge-commissaire ordonnera, s'il y a lieu, une répartition entre les créanciers, en fixera la quotité, et veillera à ce que tous les créanciers en soient avertis. — C. comm., art. 566.

2275. — Le juge-commissaire est le maître de choisir, pour convoquer les créanciers, le mode d'avertissement qui lui paraît le plus convenable et le plus sûr; il pourrait avoir recours à des affiches et à des insertions dans les journaux. Dans l'usage, les créanciers sont appelés par lettres.

2276. — Puisque les créanciers domiciliés hors de France ont pour se présenter à la vérification un délai plus long que celui accordé aux autres créanciers, il était juste d'ordonner qu'il ne serait procédé à aucune répartition entre les créanciers domiciliés en France, qu'après la mise en réserve de la part correspondante aux créances pour lesquelles les créanciers domiciliés hors du territoire continental de la France seront portés sur le bilan. — C. comm., art. 567.

2277. — Lorsque ces créances ne paraîtront pas portées sur le bilan d'une manière exacte, le juge-commissaire pourra décider que la réserve sera augmentée, sauf aux syndics à se pourvoir contre cette décision devant le tribunal de commerce. — C. comm., art. 567.

2278. — Cette part sera mise en réserve et demeurera à la caisse des dépôts et consignations jusqu'à l'expiration du délai déterminé par le dernier paragraphe de l'art. 492. — C. comm., art. 568.

2279. — La somme ainsi mise en réserve et déposée à la caisse des consignations produit des intérêts qui appartiennent à la masse et non pas aux créanciers réservataires, car une consignation n'est pas un paiement, et il n'y a pas lieu à continuer d'appliquer ici la règle de l'art. 445, en vertu de laquelle le cours des intérêts se trouve arrêté. — Renouard, t. 2, p. 352.

2280. — La somme réservée sera répartie entre les créanciers reconnus, si les créanciers domiciliés en pays étranger n'ont pas fait vérifier leurs créances, conformément aux dispositions de la présente loi. — C. comm., art. 568.

2281. — Sur la demande de M. Cibiel (séance de la chambre des députés du 5 avr. 1838), la dernière disposition de l'art. 568 a été ainsi rédigée: « Une pareille réserve sera faite pour raison de créances sur l'admission desquelles il n'aurait pas été statué définitivement. » C'est là une mesure équitable qui garantit les droits d'un créancier qui aurait pu être victime des mensonges ou des erreurs d'un bilan, et c'est en même temps une mesure qui ne cause pas de préjudice à la masse, puisqu'après l'issue de la vérification elle pourra, s'il y a lieu, retrouver la somme ainsi consignée.

1282. — La réserve affectée aux créances contestées devra demeurer consignée jusqu'à la décision définitive sur la contestation, et ce n'est qu'après

ce moment qu'il pourra y avoir attribution de cette somme à celui qui aura été reconnu créancier, ou répartition entre les divers élémens de la masse des créanciers. — Esnault, n° 909.

2283. — Au jour fixé par le juge-commissaire pour la répartition, chaque créancier a le droit de se présenter aux syndics et d'exiger d'eux le paiement du dividende mis en distribution.

2284.—Lorsqu'un négociant hors d'état de payer ses dettes à l'échéance a atermoyé avec ses créanciers, en leur promettant qu'il les paierait dans une égale proportion, et dans des termes autres que ceux fixés par leurs titres, il s'est constitué en état de faillite ouverte, et son actif est devenu le gage commun de tous ses créanciers. En conséquence, les créanciers qui ont reçu des à-comptes sur ce qui leur est dû ne peuvent ensuite être admis dans les états de répartition des biens du failli qu'en rapportant à la masse fictivement ou réellement les sommes qu'ils ont reçues. — *Paris*, 23 juill. 1807, Lombard-Sérilly ; — Boulay-Paty, *Faill. et banquer.*, t. 1er, n° 27.

2285.—Le créancier d'une faillite dont la créance a été vérifiée, mais non affirmée, peut, après son affirmation, être admis à prélever sur les répartitions à faire la portion de dividende qu'il aurait reçue dans celles déjà opérées s'il eût affirmé. — — *Paris*, 29 déc. 1830, Perreau-Lecomte c. Goddé. — La déchéance ne résulte contre le créancier que du défaut de l'observation des deux formalités de la vérification et de l'affirmation. — Mais V. Delvincourt, *Institutes du droit commercial*, t. 2, p. 437, note 5e ; Boulay-Paty, *Faillites et banqueroutes*, n° 240 ; Pardessus, *Cours de droit commercial*, t. 4, p. 359 ; Montgalvi et Germain, *Analyse du Code commercial*, t. 2, p. 247, et Horson, *Quest.*, t. 2, p. 317. — Suivant ces auteurs, il résulte de l'art. 513, C. comm., qu'un créancier ne peut prélever, dans les distributions postérieures à son affirmation, ce qu'il aurait dû toucher dans les précédentes, c'est-à-dire qu'il ne peut prendre par préférence, sur les deniers restans, les sommes nécessaires pour l'égaliser à ceux qui ont touché. Tout l'avantage, disent-ils, que le créancier aura, c'est que, n'ayant encore rien touché, il viendra à contribution pour la totalité de sa créance, tandis que les autres créanciers n'y viendront que pour ce qui leur reste dû, déduction faite des sommes déjà touchées par eux. Ainsi il devra venir seulement à contribution ; autrement ce serait indirectement le rapport que la loi défend. On peut ajouter à ces raisons une autre encore plus forte : c'est que, lors de la discussion du Code de commerce au conseil d'état, on proposa un amendement dans le sens opposé, et qu'il fut rejeté.

2286. — Nul paiement ne sera fait par les syndics que sur la représentation du titre constitutif de la créance. — C. comm., art. 569. — En effet, c'est au dos de ce titre que l'admission au passif de la faillite a été mentionnée, conformément à l'art. 497, C. comm.

2287. — Les syndics mentionneront sur le titre la somme payée par eux ou ordonnancée, conformément à l'art. 489. — C. comm., art. 569.

2288. — L'art. 561 du Code de 1808 ne prévoyait pas le cas où il y aurait impossibilité de représenter le titre constitutif de la créance ; le nouvel art. 569 a réparé cette omission déjà signalée dans les observations des cours et tribunaux sur le projet du Code de 1808. — V. Locré, t. 7, p. 175.

2289. — Aujourd'hui, suivant cet article, en cas d'impossibilité de représenter le titre, le juge-commissaire pourra autoriser le paiement sur le vu du procès-verbal de vérification, et, en cas de refus du juge-commissaire, le créancier pourra s'adresser au tribunal de commerce pour éviter la déchéance de son droit. — Esnault, n° 612.

2290. — Il ne sera pas nécessaire qu'à chaque répartition l'autorisation du juge-commissaire soit renouvelée ; c'est sur l'extrait du procès-verbal une fois délivré en vertu de la permission du juge, que les syndics mentionneront le paiement autorisé et ceux qui seront faits ultérieurement. — Bédarride, n° 1062.

2291. — Dans tous les cas, le créancier donnera la quittance en marge de l'état de répartition. — C. comm., art. 569.

2292. — Cette formalité a pour but de suppléer à l'absence du titre original que le créancier pourrait, dans une intention frauduleuse, se refuser à représenter, ou que, par négligence, il pourrait avoir perdu : de plus, ces états de répartition seront, entre les mains des syndics, des pièces comptables qui justifieront l'emploi qu'ils auront fait des sommes qu'ils étaient chargés de répartir. — Si le créancier ne sait pas signer, M. Esnault (n° 60) pense que le juge commissaire pourrait, dans son procès-verbal, constater le paiement effectué par le syndic. Si le juge-commissaire assiste à la répartition, ce mode de preuve nous paraît admissible, mais si le paiement se fait, comme cela a lieu fréquemment, hors la présence de ce magistrat, il nous paraît qu'il faudra faire constater le paiement par un acte notarié.

2293. — En matière de faillite, les créanciers retardataires peuvent, à la différence de ce qui se pratique en matière de distribution par contribution, se présenter après le réglement provisoire, pour prendre part aux répartitions. — *Rouen*, 18 avr. 1828, Lucas c. Querment.

2294. — C'est le tribunal dans le ressort duquel les faillis ont eu leur principal établissement qui doit connaître de la distribution des deniers saisis et du prix des ventes mobilières faites sur eux. — *Cass.*, 3 fructid an XIII, Gombeau.

2295.—« L'union, porte l'art. 570, pourra se faire autoriser par le tribunal de commerce, le failli dûment appelé, à traiter à forfait de tout ou partie des droits et actions dont le recouvrement n'aurait pas été opéré, et à les aliéner ; en ce cas, les syndics feront tous les actes nécessaires. Tout créancier pourra s'adresser au juge-commissaire pour provoquer une délibération de l'union à cet égard. »

2296. — Cet article a apporté trois changemens à la rédaction de l'art. 563, Code de 1808 : 1° les mots : *en tout état de cause*, ont été retranchés comme inutiles ; — 2° le traité à forfait pourra porter sur toute ou partie des droits et actions ; les termes indéfinis de l'ancien Code pouvaient laisser croire que le traité à forfait pour être valable devait s'appliquer à la généralité des affaires de la faillite ; — 3° chaque créancier est autorisé à provoquer une délibération de l'union à cet égard ; le but de cette disposition est de favoriser ces sortes d'opérations.

2297. — L'aliénation d'une partie quelconque de l'actif à forfait et avec perte est un acte qui intéresse et la masse des créanciers et le failli lui-même ; elle ne peut donc être consentie que par l'union qui pourra se faire autoriser, après avoir mis le failli à même de défendre ses intérêts, et de veiller à ce que l'œuvre de la libération soit aussi avancée que possible.

2298. — L'art. 563 du Code de 1808 avait été ainsi expliqué par la discussion du conseil d'état : « Il existe souvent dans les faillites des créances d'un recouvrement difficile, ou parce qu'elles sont litigieuses, ou parce que le débiteur est peu solvable ; il faudrait beaucoup de temps et de frais pour parvenir à un recouvrement qui même est souvent incertain. Des poursuites de cette nature conviennent mieux à un particulier qu'à une administration ; elle dépenserait toujours plus qu'elle ne peut recouvrer. Le grand intérêt des créanciers demande que l'administration termine ses opérations le plus tôt possible, et qu'elle puisse aliéner des droits dont la poursuite serait trop longue et trop difficile. » — Locré, t. 7, p. 177.

2299. — La résolution qui dans ce cas est arrêtée par l'union ne peut pas être soumise à la condition d'une majorité en nombre et en sommes, cette condition, exigée par le concordat, n'est pas répétée ici. D'ailleurs, par le concordat, les créanciers font remise d'une partie de leurs créances ; dans le cas prévu par l'art. 570, ils tiennent compte de ce qu'ils ont réellement reçu. — Bédarride, n° 1068 ; Esnault, n° 614.

2300. — Les délibérations des créanciers, après le contrat d'union, devaient, dans le cas de l'art. 563 (aujourd'hui 570), comme dans celui de l'art. 519, C. comm. 1808, être prises par la majorité numérique réunissant en elle les trois quarts en sommes des créances. — Lorsqu'une délibération ainsi prise, pour traiter à forfait d'une créance, a été homologuée par jugement du tribunal de commerce, le créancier qui n'a pas formé opposition à ce jugement doit subir le sort commun des autres créanciers. — *Cass.*, 17 déc. 1833, Boulestreau c. Toutain et Drieu.

2301. — La délibération de l'union doit être homologuée par le tribunal de commerce qui empêchera la majorité des créanciers d'abuser de son influence, et qui permettra au failli de résister à toute aliénation intempestive et nuisible à ses intérêts. — Bédarride, n° 1070 et 1071.

2302. — Ainsi, le failli doit être mis en cause dans l'instance en homologation où il est partie nécessaire, et chaque créancier, membre de la minorité, a le droit d'intervenir.—Bédarride, n° 1071 ; Esnault, n° 614.

2303. — Le syndic d'une union de créanciers ne peut, s'il y a été seulement autorisé par les créanciers et le juge-commissaire, et non par le tribunal de commerce, céder valablement des rentes foncières dépendant de la faillite, et d'une valeur supérieure à 300 fr. — *Colmar*, 13 juin 1845 (t. 2 1845, p. 248), Teutsch c. Huser et Dreyfus.

2304. — Si le failli renonçait à attaquer la délibération prise et homologuée en son absence, il nous paraît que les créanciers seraient non-recevables à se prévaloir de ce qu'il n'aurait pas été appelé, mais le tribunal pourrait ordonner d'office ou sur la provocation d'un des créanciers que le failli sera mis en cause. — Bédarride, n° 1073.

2305. — Le jugement doit être rendu, comme tous les jugemens en matière de faillite, sur le rapport du juge-commissaire.

2306. — Il peut être attaqué par la voie d'appel ; cet appel sera formé par la partie qui succombera, c'est-à-dire, soit par le syndic contre le créancier opposant ou contre le failli, soit par le syndic ou le créancier opposant contre les syndics.

2307. — La vente une fois ordonnée a lieu devant le tribunal civil, conformément au Code de procédure civile ; elle a lieu, sur la poursuite des syndics, à la criée après deux publications. — Bédarride, n° 1075.

2308. — L'aliénation à forfait des créances ayant pour résultat d'accélérer le réglement de l'union, les créanciers peuvent, sur la diligence de la part des syndics, s'adresser au juge-commissaire pour provoquer une délibération sur l'aliénation dont il s'agit. — C. comm., art. 570.

2309. — En Piémont, et depuis la publication du Code civil, les créances d'un débiteur failli ont dû être, comme les meubles, distribuées par contribution, sans avoir égard à la préférence réclamée par le créancier premier saisissant, et par celui qui s'est fait adjuger une partie de ces créances postérieurement à l'abandon des biens du débiteur failli à ses créanciers. — *Turin*, 16 juin 1809, Ceppo Farinelli.

CHAPITRE XIII. — *Vente et distribution du prix des immeubles.*

2310. — A partir du jugement qui déclare la faillite, les créanciers ne peuvent poursuivre l'expropriation des immeubles sur lesquels ils n'ont pas d'hypothèques. — C. comm., art. 581.

2311. — Cet article est la reproduction des art. 552 et 564 du Code de 1808 ; seulement il ne renvoie pas au Code civil ni au Code de procédure, comme le faisait l'ancien art. 564. — Prévoyant les réformes que réclamait le mode de vente des immeubles, le législateur a voulu par la généralité des termes de l'art. 572 rendre ces réformes applicables au cas de faillite.

2312. — Les créanciers hypothécaires sont placés en quelque sorte en dehors de la faillite relativement au gage immobilier sur le prix duquel ils doivent être payés. Ils ont droit, comme nous l'avons vu *suprà*, de faire personnellement les actes qui peuvent tendre à la conservation de leur gage immobilier et de ses accessoires réputés immeubles.

2313. — C'est ainsi qu'il a été jugé que le créancier hypothécaire d'un failli peut intervenir dans l'instance pendante entre les syndics et le vendeur d'une machine incorporée à l'immeuble affecté à sa créance. — *Paris*, 10 juill. 1833, Rigny et Eynard c. Pibet.

2314. — Par une conséquence qui résulte de cette situation particulière et qui est expressément consacrée par la rédaction de l'art. 571, C. comm., les créanciers hypothécaires conservaient après la faillite le droit qu'ils avaient avant de poursuivre l'expropriation de l'immeuble affecté à leur créance. — Ainsi la déclaration de faillite de la société ne suspend pas l'action en expropriation du créancier saisissant.

2315. — Le jugement déclaratif de la faillite n'est pas cependant sans produire des effets à leur égard.

2316. — Ainsi il rend exigible leur créance, bien que le terme fixé par la convocation ne soit pas encore arrivé, et les autorise à pratiquer immédiatement une saisie immobilière.

2317. — On avait jugé, sous le Code de 1808, que si les dettes non échues deviennent exigibles dans le cas de faillite, il ne s'ensuivait pas que le créancier hypothécaire pût poursuivre l'expropriation des immeubles avant l'échéance du terme porté par son titre, et que cette exigibilité, qui prenait sa source dans la faillite, ne pouvait s'entendre que de celle qui s'exerçait par la voie du concours à la distribution entre tous les créanciers. — *Bruxelles*, 5 déc. 1811, Turk c. Neefs ; — Boulay-Paty, *Faillites et banqueroutes*, n° 11.

2318. — Au contraire, le droit de saisir immobilièrement les biens du failli avait été reconnu au créancier hypothécaire bien que sa créance ne fût devenue exigible que par la faillite du débiteur. — *Bordeaux*, 22 août 1827, Danet c. Raba.

2319. — Mais aujourd'hui l'art. 571, par ses ter-

mes généraux et absolus, ne laisse plus place à la distinction qu'on prétendait faire sous l'ancien Code.

2320. — Le jugement déclaratif de faillite astreint en outre les créanciers hypothécaires à poursuivre cette saisie non plus contre leur débiteur, mais contre les syndics de sa faillite. — Goujet et Merger, v° *Faillite*, n° 657.

2321. — Le Code de 1808 n'avait pas de règle précise à cet égard; aussi on jugeait, sous le Code de 1808, qu'un créancier hypothécaire qui avait fait saisir les immeubles de son débiteur failli avant le contrat d'union devait, à peine de nullité, procéder contre le failli personnellement et non contre les syndics provisoires. — *Colmar*, 29 août 1816, Pfessinger c. Weiger; *Bruxelles*, 12 mai 1810, Delbecque c. Destoovère; *Rouen*, 2 juin 1828, Hautemer c. Leblond; *Bordeaux*, 8 mai 1841 (t. 1er 1844, p. 72), Deslandes Combettes c. Thomas; *Orléans*, 20 mars 1841 (t. 2 1841, p. 192), Boucard c. Chabault; — Carré, quest. 2198; Bioche et Goujet, *Dict. procéd.*, v° *Saisie immobilière*, n° 35.

2322. — Plus tard on déclarait régulier le commandement à fin de saisie immobilière fait au débiteur failli en la personne du syndic provisoire. — *Rouen*, 2 juin 1828, Hautemer c. Leblond.

2323. — Mais on décidait que si l'expropriation était poursuivie à la requête d'un tuteur, il n'était pas personnellement responsable des suites de la nullité résultant de ce qu'il avait été procédé non contre le failli personnellement, mais contre le syndic provisoire. — *Colmar*, 29 août 1816, Pfessinger c. Weiger.

2324. — Jugé qu'en cas de faillite du débiteur, la saisie des immeubles par un créancier hypothécaire ne devait pas être suivie contre le failli et contre les agens de la faillite simultanément. Il suffisait que la poursuite fût dirigée contre les agens. — Plus particulièrement, le failli à qui le créancier saisissant avait cru devoir notifier la saisie, les placards et procès-verbaux d'affiches ne pouvait se prévaloir de l'irrégularité de ces différentes notifications pour demander la nullité de la saisie si toutes les poursuites faites contre les agens ou syndics provisoires étaient régulières. — *Cass.*, 2 mars 1819, Laurence c. Richard; *Bruxelles*, 12 mai 1810, Delbecque c. Destoovère; *Colmar*, 29 août 1816, Pfessinger c. Weger; *Pau*, 21 fév. 1824, B... c. Lechaud; *Poitiers*, 18 janv. 1826, Millaire c. Baudry; — Carré, t. 2, p. 516, n° 5; Berriat, p. 566, note 10e, n° 3; Pardessus, t. 3, n° 1265; Boulay-Paty, t. 1er, p. 245, et t. 2, p. 120, et Favard, v° *Faillites*, § 5, nos 3 et 4.

2325. — Une poursuite en expropriation forcée pouvait être dirigée contre les agens d'une faillite après l'expiration du mois pendant lequel devaient durer leurs fonctions quand ils n'avaient pas été remplacés par des syndics provisoires. — *Bordeaux*, 15 janv. 1828, Péreyre c. Pagès.

2326. — Sous le Code de 1808, la saisie immobilière pratiquée contre un commerçant après sa faillite, mais avant la nomination des syndics définitifs, devait être continuée par le créancier à la requête duquel elle avait été pratiquée, et non par les syndics de la partie saisie. — *Nancy*, 9 juill. 1824, Villemain c. Delsop; — Boulay-Paty, *Tr. des faillites et banq.*, t. 2, p. 118.

2327. — Le failli aurait seul le droit de se plaindre de ce qu'une demande en distraction formée incidemment à une saisie immobilière pratiquée sur ses biens n'aurait été intentée que contre les syndics. — *Bourges*, 17 juill. 1829, Crépy c. Enfert et Desnoyers.

2328. — Mais depuis le Code de commerce actuel la saisie immobilière dirigée régulièrement contre un débiteur peut, en cas de faillite de ce débiteur, être poursuivie contre les syndics d'après ses derniers erremens, sans qu'il soit nécessaire de la recommencer. Peu importe que cette saisie ne fût ni transcrite ni dénoncée au moment de la faillite. — *Cass.*, 10 mars 1845 (t. 2 1845, p. 540), Péclet c. Declercq.

2329. — Jugé aussi que le créancier porteur d'un titre exécutoire, sans hypothèque, a le droit de continuer et de mettre à fin une saisie immobilière commencée avant le jugement de déclaration de faillite du débiteur. — *Paris*, 30 nov. 1839 (t. 1er 1840, p. 128), Demauger c. Tresse.

2330. — Décidé dans le même sens, même à l'égard d'un créancier hypothécaire dont l'inscription était menacée de devenir caduque par suite du report de la faillite. — *Paris*, 12 avr. 1844 (t. 2 1844, p. 75), Freslon c. Giraud.

2331. — Il n'y a pas lieu, dans ce cas, de surseoir aux poursuites jusqu'à la décision de la question de report de la faillite, la qualité de créancier par jugement étant d'ailleurs certaine en la personne du poursuivant et lui donnant droit de suivre. — Même arrêt.

2332. — Mais s'il n'y a pas de poursuite en expropriation des immeubles commencée avant l'époque de l'union, les syndics seuls sont admis à poursuivre la vente. — C. comm., art. 572.

2333. — La préférence de la poursuite devrait, en effet, être accordée aux syndics qui, agissant dans des intérêts généraux et sans l'autorisation du juge-commissaire, prennent le parti le plus avantageux pour la masse et pour le failli. — Jugé même qu'après le décès du failli ses héritiers doivent diriger toute action relative à la vente des immeubles de la succession contre les syndics, et qu'il n'y a pas lieu de demander la nomination d'un curateur au bénéfice d'inventaire. — *Amiens*, 14 mars 1820, Jamin. — Toutefois cette prérogative des syndics ne s'appliquait pas aux faillites ouvertes avant le Code de 1808. — *Cass.*, 18 mai 1818, Pinot c. Bodin et Bontaux.

2334. — Il résulte de l'art. 571, C. comm., que les créanciers chirographaires, bien que porteurs de titres exécutoires, ne peuvent plus, après la déclaration de faillite, poursuivre l'expropriation des immeubles.

2335. — Les termes généraux de la prohibition de poursuivre l'expropriation ont porté quelques personnes à penser que même la poursuite commencée par un créancier chirographaire sera discontinuée. — C. comm., art. 443. — Mais V. *suprà*, n° 2329 et suiv. — Toutefois l'équité veut, dit M. Renouard (t. 2, p. 361), que l'on accorde sur le prix de l'immeuble un privilége pour les justes frais des poursuites valablement commencées avant la faillite.

2336. — Le droit conféré aux syndics par l'art. 561 de l'ancien Code de commerce, et par l'art. 571, C. comm., modifié, de faire vendre eux-mêmes, exclusivement aux créanciers, les immeubles de la faillite, ne saurait être invoqué par le failli, de telle sorte que la saisie immobilière exercée au nom d'un créancier isolé doit être maintenue, si le syndic déjà nommé ne provoque point de son chef l'action en nullité. — *Toulouse*, 4 avr. 1840 (t. 2 1840, p. 236), Maurel c. Bouscatel.

2337. — La vente des immeubles d'un failli doit être poursuivie non devant le tribunal de commerce, mais devant le tribunal civil. — *Cass.*, 3 oct. 1810 (Int. de la loi), Tabarh; — Merlin, *Quest. de droit*, v° *Vente*, § 8; Despréaux, *Compét. des trib. de comm.*, n° 161. — V. aussi *Agen*, 28 oct. 1809, Lepelletier.

2338. — La procédure en expropriation des immeubles d'un failli doit être portée devant le juge du territoire, et non devant le juge du lieu de l'ouverture de la faillite. — *Cass.*, 10 mars 1818, Vasse; — Bioche, *Dict. procéd.*, v° *Faillite*, n° 361; Renouard, t. 2, p. 360; Goujet et Merger, v° *Faillite*, n° 662.

2339. — Il ne pourrait pas être dérogé à cette règle, même dans le cas où les parties, étant toutes majeures, auraient usé du bénéfice de l'art. 747, C. procéd., et seraient convenues que la vente aurait lieu à l'audience des criées. — Même arrêt. — V. *contrà* Bioche et Goujet, *Dict. procéd.*, v° *Faillite*, n° 361.

2240. — Les syndics ont qualité pour consentir à la conversion de la saisie en vente sur publications judiciaires. — C. procéd. civ., art. 744.

2341. — L'adjudication des immeubles d'une faillite peut être définitivement prononcée, après la démission du syndic de la faillite et avant son remplacement, lorsqu'elle a lieu au jour fixé par le jugement d'adjudication préparatoire, et lors d'ailleurs, que l'affaire était en état au moment où la démission du syndic a été signifiée. — *Cass.*, 6 juill. 1841 (t. 2 1841, p. 196), Desvalée.

2342. — Lorsque aucune poursuite n'a été commencée avant l'union, les syndics sont tenus de procéder à la vente des immeubles dans la huitaine, sous l'autorisation du juge-commissaire, suivant les formes prescrites pour la vente de biens de mineurs. — C. comm., art. 572.

2343. — Sous le Code de 1808, la cour impériale de Rennes avait jugé (31 août 1810, N...) que les formalités prescrites par le Code de procédure pour la vente des biens de mineurs n'étaient pas nécessaires pour la validité de la vente des immeubles d'un failli. Mais cet arrêt ne pouvait faire jurisprudence, car l'avis du conseil d'état du 9 déc. 1810, qui a décidé que la vente des immeubles du failli était de la compétence des tribunaux civils, s'était fondé sur tous les articles du Code de procédure, interprétatifs ou ampliatifs du Code civil, relativement aux formalités à observer pour la vente des biens des mineurs.

2344. — Aussi a-t-on jugé que la vente des immeubles d'un failli devait être précédée des formalités tout à la fois prescrites par les Codes civil et de procédure pour la vente des biens de mineurs. En d'autres termes, bien que l'art. 564, C. comm., ne parle, pour la vente des biens d'un failli, que des formes voulues par le Code civil pour l'aliénation des biens des mineurs, il fallait de plus remplir les formalités préalables prescrites à cet égard par le Code de procédure. — *Douai*, 12 oct. 1812, Fleury Létocaert. — V. aussi *Cass.*, 21 nov. 1827, Boulay-Lemonnier.

2345. — Le tribunal devant lequel se poursuit l'homologation du concordat ne peut subordonner cette homologation à cette condition, qu'au mode de vente publique adopté par les parties intéressées au concordat pour la vente des immeubles du failli, on substituera le mode observé pour la vente des biens de mineurs. — *Nancy*, 6 juin 1846 (t. 1er 1847, p. 98), Houillon c. Nicolas.

2346. — *En principe*, la loi est entièrement muette relativement aux conditions d'une licitation de biens entre un failli et une personne jouissant de tous ses droits, et elle se borne à prescrire des formalités, telles, par exemple, que l'estimation et la mise à prix. — *Cass.*, 28 juin 1836, Cominet c. Beyermann.

2347. — Les tribunaux peuvent, suivant les circonstances qui sont abandonnées à leur appréciation, maintenir, malgré les créanciers, dans le cahier des charges d'une vente par licitation entre un failli et une personne jouissant de tous ses droits, la stipulation que l'adjudicataire servira la rente viagère dont les biens sont grevés, et qu'au moyen du service exact de cette rente, il sera, au décès du titulaire, libéré du prix de son adjudication jusqu'à concurrence d'une somme préfixe. — Même arrêt.

2348. — Le choix des officiers ministériels appartient aux syndics, mais non pas au juge commissaire de la faillite. — *Paris*, 27 fév. 1813, Suzanne.

2349. — ... Ni au tribunal de commerce. — *Paris*, 25 mai 1813, Mercier.

2350. — La loi ne détermine pas expressément dans quelle forme doit être donnée l'autorisation du juge-commissaire pour la vente des immeubles d'une faillite. — *Cass.*, 23 mars 1836, Goudot c. Beaury.

2351. — Lorsque le juge-commissaire d'une faillite a été présent à la vente définitive des immeubles, à la tentative de vente qui l'a précédée, au renvoi devant le tribunal et au jugement qui a autorisé la vente au-dessous de l'estimation, le but de la loi, relativement aux formalités qu'elle prescrit, a été suffisamment rempli. — *Angers*, 14 mars 1832, et *Cass.*, 23 mars 1836, Goudot c. Beaury; — Renouard, t. 2, p. 363; Bédarride, n° 1088; Goujet et Merger, v° *Faillite*, n° 667.

2352. — Pour veiller à la conservation de ses intérêts, le failli a le droit d'intervenir à la vente de ses immeubles, bien qu'il ne soit pas nécessaire de l'y appeler. — *Douai*, 12 oct. 1812, Fleury Létocaert c. Virnot. — Mais les frais de cette intervention ne devraient pas retomber à la charge de la masse ou de l'acquéreur si l'intervention du failli n'avait pas été autorisée par la justice. — C. comm., art. 443.

2353. — Le créancier qui impute aux syndics de ne point activer la liquidation de la faillite n'a pas le droit d'exercer personnellement des poursuites sur les biens du failli, mais seulement de se pourvoir contre les syndics par les moyens énoncés dans l'art. 495, C. comm. — *Aix*, 21 fév. 1840 (t. 2 1840, p. 91), Bovari c. Cottessard.

2354. — Le juge-commissaire peut, même d'office, adresser aux syndics l'injonction d'agir immédiatement. — Bédarride, n° 1091.

2355. — Le syndic, poursuivant la vente d'un immeuble, ne représente les créanciers que dans leurs intérêts communs, mais non dans les intérêts opposés qu'ils peuvent avoir entre eux. — *Rouen*, 27 janv. 1815, Legros c. Née.

2356. — Le cahier des charges, clauses et conditions de la vente, est rédigé par les soins des syndics.

2357. — Mais comme les créanciers qui poursuivent une vente ne sont jamais réputés vendeurs, les syndics ne doivent pas, à raison de la rédaction du cahier des charges, assumer sur eux d'autres obligations, et, sauf leur dol personnel, ils ne doivent pas être plus soumis à la garantie que ne le serait un simple créancier poursuivant la saisie des immeubles de son débiteur. — Bédarride, n° 1090; Renouard, t. 2, p. 364; Esnault, n° 622.

2358. — Les créanciers d'une faillite et les syndics ne sont pas personnellement responsables des conditions insérées au cahier des charges de la vente des immeubles du failli. L'acquéreur n'a, pour l'exécution de ces conditions, de recours que contre la masse et jusqu'à concurrence seulement des forces de la faillite. — *Cass.*, 17 mars 1840 (t. 1er 1840, p. 546), Barbereux c. Jamin.

2359. — On ne peut adjuger les immeubles d'un failli au-dessous du prix de l'estimation sans l'autorisation préalable du juge-commissaire. — *Cass.*,

21 nov. 1827, Boulay c. Lemonnier. — V. conf. Bioche et Goujet, *Dict. de procéd.*, v° *Faillite*, n° 510.

2360. — Les syndics peuvent accorder aux adjudicataires des immeubles du failli des délais convenables pour le paiement du prix. — *Metz*, 28 déc. 1816, B... c. M....

2361. — On ne doit pas considérer comme rendu en matière de faillite, et dès-lors comme régi, quant aux délais de l'appel, par l'art. 582, C. comm., le jugement qui déclare la femme du failli insolvable, et, conséquemment, incapable de porter une surenchère lors de la vente des immeubles de son mari. — *Poitiers*, 17 nov. 1842 (t. 1er, 1843, p. 349), Hubert c. Gallois.

2362. — Aucune loi ne défend aux syndics de se rendre adjudicataires des biens du failli; l'avoué qui, à leur requête, a poursuivi la vente, peut donc enchérir et se faire adjuger pour eux les immeubles dont il s'agit. — *Bourges*, 1er juin 1813, Praux c. Pez de Montveille. — C'est aussi en ce sens que s'est prononcée la commission de la chambre des pairs par l'organe de M. Tripier, son rapporteur. — Esnault, n° 623.

2363. — L'adjudication des biens du failli, qui a été faite au syndic de l'union, est censée faite à la masse elle-même. — Le syndic est, par suite, mal fondé à prétendre retenir l'acquisition pour son compte, sous le prétexte qu'on n'a point attaqué dans les dix ans l'adjudication qui, dans son système, lui aurait été faite personnellement. — *Rouen*, 8 déc. 1820, Macquet c. Vaucouleurs.

2364. — Le syndic d'une faillite a qualité pour recevoir les offres réelles des adjudicataires des biens du failli qui veulent se libérer, après avoir rempli les formalités prescrites pour purger. — *Cass.*, 11 mai 1825, Dyvrande c. Delondre. — Esnault, n° 269.

2365. — Le failli a droit et qualité pour se pourvoir en son nom personnel et sans le concours des syndics de la faillite contre le jugement portant adjudication de ses biens, et il doit être admis à établir que les formalités prescrites pour la vente n'ont pas été observées. — *Cass.*, 21 nov. 1827, Boulay c. Lemonnier.

2366. — Le ministère public ne pouvait, dans le silence des créanciers d'un failli, demander que celui-ci fût déclaré non-recevable dans l'appel qu'il a interjeté du jugement d'adjudication préparatoire de ses immeubles. — *Bordeaux*, 31 janv. 1832, Montaxier c. Valla.

2367. — Bien que les syndics d'une faillite aient seuls qualité pour en diriger les actions, un créancier peut néanmoins seul et en son nom personnel demander la nullité de l'adjudication des immeubles du failli prononcée sur la poursuite des syndics, sauf à lui à répondre de son action. — *Bourges*, 1er juin 1813, Praux c. Pez-de-Montveille et Tixier-Praux.

2368. — L'art. 565 du Code de 1808 n'accordait le droit de surenchérir qu'aux créanciers et dans le délai de huitaine de l'adjudication. Pour favoriser davantage la surenchère, la loi nouvelle accorde le droit de surenchérir à toute personne dans le délai de quinzaine de l'adjudication.

2369. — En effet, l'art. 573 porte : « La surenchère, après adjudication des immeubles du failli sur la poursuite des syndics, n'aura lieu qu'aux conditions et dans les formes suivantes : — La surenchère devra être faite dans la quinzaine. — Elle ne pourra être au-dessous du dixième du prix principal de l'adjudication. Elle sera faite au greffe du tribunal civil, suivant les formes prescrites par les art. 710 et 711, C. procéd.; toute personne sera admise à surenchérir. — Toute personne sera également admise à concourir à l'adjudication par suite de surenchère. Cette adjudication demeurera définitive et ne pourra être suivie d'aucune autre surenchère. »

2370. — On posait, sous le Code de 1808, cette question qui ne peut plus s'élever aujourd'hui, de savoir si la surenchère du quart ouverte à toute personne par le Code de procédure, concourait avec la surenchère du dixième ouverte par le Code de commerce à tout créancier.

2371. — La négative avait été embrassée par la cour de Rouen (19 nov. 1824, Auger c. Dumont), par Lachaise (*Tr. de l'exprop. forcée*, t. 2, n° 397), et par Boulay-Paty (*Faillites et banq.*, n° 442).

2372. — Mais M. Pardessus enseignait l'affirmative et soutenait que l'art. 565, C. comm. de 1808, n'avait pas dérogé à la faculté que l'art. 710, C. procédure, accorde à toute personne, même non créancière, de surenchérir du quart. » S'il en était autrement, dit-il (n° 1265), il y aurait moins de précautions prises pour assurer la vente à juste prix des immeubles d'un failli que pour garantir celle des biens de tout autre débiteur, puisque le droit de surenchérir serait limité aux seuls créanciers, au lieu d'appartenir à toute personne indistinctement. — La jurisprudence avait fini par se prononcer en ce sens. — *Cass.*, 4 août 1835, Martin c. N...

2373. — Lorsque au moyen de l'abandon de tous ses biens consenti par un failli en faveur de ses créanciers, dans un concordat, ceux-ci lui ont accordé pleine et entière libération, ils sont devenus réellement propriétaires des immeubles cédés, et, par suite, non-recevables à user de la faculté de surenchérir, après la vente ou adjudication de ces mêmes biens, poursuivie à la requête d'un mandataire par eux nommé. — Ce cas, dans lequel les créanciers sont réputés vendeurs, ne peut être assimilé à celui où l'adjudication se poursuit à la diligence des syndics, après le contrat d'union. — — *Nancy*, 9 avr. 1829, Prat c. Thouaud et Toussaint.

2374. — Il n'y a plus lieu de rechercher aujourd'hui, comme sous le Code de 1808, si un créancier non vérifié ni affirmé avait le droit de surenchérir, puisque c'est une faculté accordée à tous.

2375. — Comme il importe d'augmenter la concurrence, les syndics eux-mêmes sont admis à surenchérir et à se rendre adjudicataires par suite de la surenchère. — Rapport de M. Tripier à la chambre des pairs. — V. *suprà* n° 2362; — Esnault, n° 625.

2376. — L'art 573, C. comm., se réfère aux formes prescrites par les art. 710 et 711, C. procéd. civ. Ces articles ont été modifiés par les art. 708 et suivans, L. 2 juin 1841, aujourd'hui incorporée au Code de procédure civile. Depuis la promulgation de cette loi du 2 juin 1841, c'est à ses dispositions et non aux anciens articles, aujourd'hui abrogés, que s'applique le renvoi contenu dans l'art. 573, C. comm.

2377. — A l'imitation de la loi du 28 mai 1838 sur les faillites, la loi du 2 juin 1841 a voulu favoriser l'exercice du droit de surenchère, et par son art. 708 elle a abaissé au sixième du prix la surenchère, qui d'abord était du quart ; par l'art. 710, elle a admis toute personne à concourir à la nouvelle adjudication. Mais l'art. 573, C. comm., n'en conserve pas moins toute sa force, et, en cas de faillite, toute personne continue à pouvoir, dans la quinzaine, surenchérir d'un dixième seulement. Le renvoi au Code de procédure ne concerne au surplus que les dispositions que l'art. 573 n'a pas spécialement réglées. — Renouard, t. 2, p. 367 et 368; Esnault, n° 627.

2378. — La revente sur enchères des biens d'un failli doit être annoncée par de nouvelles affiches, conformément à l'art. 836, C procéd. — *Cass.*, 21 nov. 1827, Boulay c. Lemonnier.

2379. — Lorsqu'à la suite d'une vente renvoyée devant notaire, notamment en matière de faillite, il survient une surenchère, l'adjudication doit se faire, non devant le notaire commis, mais devant le tribunal. — *Besançon*, 27 août 1844 (t. 2 1845, p. 254), Genet c. N... — V. au surplus, pour de plus amples détails, SURENCHÈRE.

2380. — D'un autre côté, observons que l'art. 573 régit uniquement les ventes poursuivies par les syndics au nom de l'union en exécution de l'art. 572, C. comm., et si la vente de l'immeuble avait lieu par suite de saisie ou sur conversion après saisie (C. procéd., art. 744), la surenchère devrait être exclusivement régie par le Code de procédure civile.

2381. — Mais la vente faite par la masse des créanciers cessionnaires en vertu d'un concordat des biens d'un failli a le caractère d'une vente volontaire, et doit dès-lors autoriser, de la part de l'adjudicataire évincé par suite de surenchère, l'exercice d'un recours en garantie. — *Rouen*, 11 mars 1842 (t. 2 1842, p. 431), Toury c. David; — Goujet et Merger, n° 671.

2382. — C'est devant les tribunaux civils, et non devant les tribunaux de commerce que l'acquéreur évincé des immeubles d'un failli doit porter son action en restitution de ses impenses. — L'incompétence qui résulte de ce que cet acquéreur aurait actionné les créanciers unis de la faillite devant la juridiction consulaire peut être opposée en tout état de cause, et même pour la première fois, en appel. — Cette exception d'incompétence n'est pas couverte par le fait que les créanciers auraient reconnu la juridiction commerciale, soit en renvoyant aux syndics l'examen des prétentions de l'acquéreur évincé, soit même en plaidant au fond. — *Nancy*, 21 août 1846 (t. 2 1846, p. 340), Delhalle c. Malherbe.

2383. — Lorsque l'adjudicataire des biens d'un failli, pour empêcher une surenchère, s'est engagé envers un tiers non créancier de la faillite à porter son prix à un taux plus élevé, cet engagement ne peut être considéré comme une transaction dont l'exécution puisse être réclamée par les syndics de la faillite. — *Cass.*, 6 mai 1840 (t. 2 1840, p. 653), Grandin c. Lefort.

2384. — Lorsque la vente est consommée, le prix en provenant est distribué entre les créanciers d'après les règles fixées par le Code de procédure. V. ORDRE.

2385. — Bien qu'il ait été stipulé par le cahier des charges que le prix de la vente serait distribué aux créanciers hypothécaires, selon l'ordre de leurs inscriptions, et le surplus remis au vendeur, le syndic de la masse a intérêt d'agir en nullité de la vente, si le désastre des affaires du failli était à l'époque de la vente tellement notoire qu'il ait dû éloigner les enchérisseurs. — Si la vente est annulée, l'adjudicataire ne doit pas être colloqué par privilége pour le montant des frais relatifs à ce contrat, tels qu'enregistrement, transcription, procès-verbal d'ordre et de distribution. — *Bruxelles*, 8 juin 1822, Buysschaert-Vandarlem.

2386. — Le créancier à la fois chirographaire et hypothécaire inscrit sur un immeuble dépendant d'une faillite n'est pas nécessairement censé ratifier la vente qui a été faite de cet immeuble hors des termes du concordat, par cela seul qu'il aurait exigé et reçu de l'acquéreur le montant de sa créance hypothécaire, alors d'ailleurs que l'acquéreur était en même temps débiteur de la faillite, comme ayant perçu, en qualité de gérant, les produits de l'immeuble avant de l'acquérir, et que c'est avec les deniers dont il était redevable à ce dernier titre que la créance hypothécaire a été acquittée. Du moins l'arrêt qui le décide ainsi par appréciation des circonstances de la cause ne viole aucune loi. — *Cass*, 11 janv. 1832, Lemaire c. Paillet.

2387. — Un tribunal civil appelé à statuer sur la distribution du prix des immeubles d'un failli peut, sans empiéter sur la juridiction commerciale, bien qu'il n'y ait pas de jugement d'ouverture de la faillite, annuler une hypothèque sur le motif qu'à l'époque où l'inscription a été prise, le négociant était en état de faillite. — *Grenoble*, 7 juin 1834, Pourret c. Ferréol.

2388. — L'ordre pour la distribution du prix de deux immeubles vendus par suite de la faillite devant le tribunal du lieu de l'ouverture de cette faillite, mais situés dans deux arrondissemens différens, doit être poursuivi devant le tribunal du lieu de l'ouverture de la faillite, et l'ordre ouvert devant le tribunal de la situation de l'un des immeubles, doit être annulé. — *Cass.*, 30 juin 1824, Raincelin c. Peuchet; — Pardessus, n° 1265; Goujet et Merger, v° *Faillite*, n° 662.

2389. — Le créancier privilégié et hypothécaire du failli qui, en première instance, a conclu contre les syndics de l'union à être payé sur-le-champ de la totalité de sa créance sur l'immeuble hypothéqué ou à être remis en possession de cet immeuble qu'il a vendu au failli, peut, dans le cas où cet immeuble est, durant le procès, vendu par les syndics, demander devant les juges d'appel à recevoir son paiement directement des mains des acquéreurs, au lieu de l'aller prendre dans la caisse du séquestre de l'union, et l'on ne peut déclarer ces conclusions non-recevables comme constituant une demande nouvelle formée seulement en appel. — L. 3 brum. an II, art. 7. — Ces conclusions ne peuvent pas davantage être écartées sous prétexte qu'elles sont sans objet et consenties par l'union des créanciers. — *Cass.*, 22 pluv. an X, Dorci c. Lestard-Dumoutier.

CHAPITRE XIV. — *Revendication et rétention.*

2390. — La revendication est une action par laquelle celui qui se prétend propriétaire d'une chose, la réclame à une autre personne qui s'en trouve en possession.

2391. — Il y a deux espèces de revendication : celle que le propriétaire d'une chose exerce contre un tiers détenteur, qui l'a reçue d'une personne qui n'en avait pas la propriété ; et celle que le propriétaire exerce contre la personne avec qui il a traité, et à qui il a remis une chose, soit à titre de vente, de dépôt, de mandat, ou pour tout autre cause.

2392. — Ce n'est pas ici le lieu d'exposer les règles de la première espèce de revendication, il suffira de dire que lorsqu'une chose perdue ou volée se trouve en possession du failli ou de ceux qui le représentent, la revendication peut en être exercée par le propriétaire contre les syndics qui, s'ils ont vendu la chose comme appartenant à la faillite, sont tenus d'en restituer le prix. — Pardessus, n° 1271.

2393. — Un enfant demeurant avec son père, et faisant dans sa maison le même commerce que lui, doit être, dans le doute, réputé faire les affaires de celui-ci. — En conséquence, il ne peut, en cas de faillite du père, revendiquer aucun des objets saisis dans le domicile du père, s'il ne prouve sa propriété par la production de registres de commerce

régulièrement tenus par lui. — *Bruxelles*, 23 prair. an XIII, Trépagne c. Meblen.

2394. — Lorsque la vente d'un corps certain et déterminé a été consentie de bonne foi avant la faillite du vendeur, mais que la livraison n'en a pas été exécutée, l'acheteur est recevable à revendiquer la chose, parce que l'identité de cette chose, dont la propriété lui a été transférée par la vente, ne saurait être contestée. L'acheteur a donc le droit d'agir contre les syndics pour obtenir l'exécution de cette vente, ou à défaut des dommages-intérêts. — *Bourges*, 6 août 1831, Jamet c. Foulque. — Mais il n'en pourrait être ainsi, si la vente avait pour objet des choses indéterminées. — Pardessus, nº 1273.

2395. — Si la vente avait été faite sous la condition d'un pesage ou d'un mesurage, l'acheteur aurait le droit de contraindre les syndics à procéder à cette opération de mesurage ou pesage des objets déterminés qu'il aurait acquis; et les syndics de leur côté pourraient le contraindre à prendre livraison, lors même que les objets revendiqués auraient été mêlés par cas fortuit avec d'autres de même nature appartenant soit au failli, soit à un tiers. — Pardessus, nº 1273.

2396. — Aussi il a été jugé que l'art. 1585, C. civ. qui porte que la vente faite à la mesure n'est parfaite qu'après le mesurage, doit être entendu en ce sens seulement que jusqu'au mesurage la chose vendue est aux risques du vendeur, mais que la vente, alors qu'elle porte sur des marchandises déterminées, n'en est pas moins parfaite, dès qu'il y a accord sur la chose et sur le prix. — Et, qu'en conséquence, en cas de faillite du vendeur, l'acheteur peut exercer la revendication quoique le mesurage n'ait pas eu lieu, et alors même que les marchandises auraient été mêlées avec celles du failli. — *Cass.*, 11 nov. 1812, Larue c. Peyramont; — Pardessus, nº 1273.

2397. — Les mêmes principes s'appliqueraient aux opérations de change faites par le failli. Ainsi lorsqu'une lettre de change a été tirée et envoyée au preneur, si le tireur tombe en faillite avant même qu'elle soit parvenue à son adresse, le preneur n'en a pas moins tous les droits que lui aurait assurés la tradition effective de cette lettre. — Pardessus, nº 1273.

2398. — La revendication de la deuxième espèce est réglée par des dispositions particulières en cas de faillite; c'est celle qui doit nous occuper ici.

2399. — Il importe de ne pas confondre la revendication avec le privilége; l'action en revendication fournit au propriétaire le moyen de reprendre la chose en nature, tandis que le privilége ne lui confère que le droit de se faire payer sur la valeur de sa chose.

Sect. 1re. — *Historique de la revendication.*

2400. — Les anciens monumens du droit commercial en France avaient laissé la revendication des marchandises vendues avec ou sans terme sous l'empire du droit commun auquel les usages commerciaux s'étaient chargés d'apporter quelques modifications.

2401. — Pour que les marchandises vendues avec ou sans terme, pussent être revendiquées, il fallait qu'elles se trouvassent dans l'état où elles étaient quand elles avaient été livrées par celui qui les réclamait. Par exemple, il fallait qu'elles fussent encore sous balle et sous cordes, qu'elles eussent encore leurs capes ou queues, chef et aunage, ou s'il s'agissait de liquides enfermés dans des tonneaux, qu'ils n'eussent pas été mis en état d'être débités, par une broche ou cannelle adaptée au tonneau. — Acte de notoriété du Châtelet de Paris. du 13 mai 1711 (Recueil des actes de notoriété du Châtelet, p. 377).

2402. — Un arrêt du parlement de Paris du 26 juin 1759 a jugé que des marchands de bois ne pouvaient revendiquer contre la faillite d'un marchand de bois de Paris des bois qui, bien que portant la marque des revendiquans avaient été flottés et empilés dans le chantier du marchand de Paris. D'ailleurs, comme l'observe Denizart (vº *Revendication*, nº 10), les bois revendiqués ne se trouvaient plus en totalité, et ils avaient changé de forme et augmenté de valeur par le flottage et l'empilage dans le chantier de Paris.

2403. — Des actes de notoriété de la conservation de Lyon, des 14 déc. 1722 et 19 janv. 1731 établissaient aussi que les marchandises vendues pour être payées comptant ou à terme pouvaient être revendiquées par les vendeurs sur leurs débiteurs en faillite, pourvu que les marchandises se trouvassent en nature en la possession des faillis et que l'identité en pût être reconnue.

2404. — Un réglement fait par la chambre du commerce et les consuls de Marseille, le 11 août 1730, homologué par arrêt du parlement d'Aix, du 26 août, portait qu'à Marseille le droit de réclamer ou revendiquer des marchandises vendues, n'aurait lieu que sur les marchandises qui seraient trouvées en nature entre les mains de l'acheteur ou de ses commissionnaires sous la charge du paiement des avances faites par ces derniers.

2405. — Mais cette faveur accordée au vendeur de reprendre sa marchandise lorsqu'il pouvait en prouver l'identité, lorsqu'il la retrouvait sous balle, sous cordes et sans altération, n'était spécialement réglée par aucune loi formelle et variait suivant les localités. Cet usage était la source d'un grand nombre de contestations et le sujet perpétuel des plaintes des créanciers dans toutes les faillites.

2406. — Le Code civil, en admettant le vendeur d'effets mobiliers vendus sans terme, à revendiquer dans un délai qu'ils précise, avait déclaré ne rien innover aux lois et usages du commerce sur la revendication.

2407. — Le projet du Code de 1808 contenait un art. 351, que la plupart des chambres du commerce avaient approuvé et qui était ainsi conçu : « La loi n'admet aucune revendication sur les marchandises ou autres effets mobiliers du failli. » Au contraire, la section de l'intérieur du conseil d'état avait admis une revendication assez large, mais qui fut vivement combattue par le tribunat.

2408. — En effet, dans les faillites, le droit de revendication exercé avec toute la latitude que lui laisse le droit civil aurait pu donner lieu à de graves abus et compromettre ce principe d'égalité entre les divers créanciers dont la loi commerciale a toujours voulu, autant que possible, assurer la prédominance.

2409. — L'empereur voulut, dit M. Renouard (t. 1er, p. 148), qu'il lui fût rendu un compte spécial de cette question tant controversée; il n'apporta pas en cette matière une opinion personnelle faite d'avance, il écouta beaucoup et discuta peu; et après avoir entendu Begouen, Treilhard, Bigot-Préameneu, Defermon, de Ségur, Janet, Corvetto, Cambacérès, Boulay (de la Meurthe), pour étendre le droit de revendication, et au contraire pour le restreindre, opinion vers laquelle il inclinait, Jaubert, Cretet, Bérenger, Lacuée, Berlier, admettant que des considérations d'équité et de justice pouvaient être invoquées de part et d'autre, il regarda la question comme devant être résolue par les motifs d'utilité et de convenance, et voulut connaître la législation existante et le vœu du commerce. Il fit faire sur ces deux points un rapport par Jaubert, et après le rapport, le conseil d'état persista dans sa dernière rédaction qui est celle du Code de commerce.

2410. — Dans l'exposé des motifs, le conseiller d'état de Ségur disait : Après un examen approfondi, on a reconnu que l'usage de la revendication était une source de procès et un moyen de fraude, que la sagesse voudrait en vain régler un usage qui n'est fondé ni sur le droit ni sur l'équité, et que son plus grand inconvénient était surtout de laisser par ce privilége le sort des créanciers à la merci de la volonté du failli, qui pouvait à son gré favoriser l'un, sacrifier l'autre, en conservant ou dénaturant les signes qui peuvent constater l'identité et en retardant ou accélérant la vente des effets qui lui auraient été livrés.

2411. — Ce fut par ces considérations qu'on arriva au système consigné dans les art. 576 et suiv., Code de 1808, qui ne permettait la revendication que pour les marchandises en dépôt, pour celles qui étaient en route ou qui n'avaient pu encore être sujettes à aucune confusion dans les magasins de l'acheteur; et qui l'admettait encore pour les remises en effets non encore échus ou échus et non encore payés, si ces remises avaient été faites avec le simple mandat d'en recouvrer et d'en garder la valeur à la disposition du propriétaire.

2412. — Le Code de 1808 avait donc pour le cas de faillite apporté à l'exercice de la revendication des restrictions et des conditions qu'on croyait de nature à écarter les abus qu'on redoutait.

2413. — Cependant, lors des modifications que la loi du 28 mai 1838 apporta au Code de 1808, l'application de la revendication à la faillite fut mise de nouveau en question, la plupart des chambres de commerce la signalaient comme une source de difficultés, de fraudes et d'injustices.

2414. — Le projet du gouvernement présenté en 1835 considérait les marchandises expédiées aux frais et risques du failli comme livrées, et dès-lors comme non-susceptibles de revendication et ne réputait non livrées que les marchandises faisant route, et dont la livraison aurait été subordonnée par la lettre de voiture ou le connaissement au paiement immédiat du prix.

2415. — Mais ce système, qui en réalité abolissait la revendication, ne fut pas admis par la chambre

des députés. « Rendre impossible la revendication, disait le rapporteur, M. Renouard, lorsque ni le failli, ni personne pour lui n'ont encore pris possession, ce serait pousser trop loin la rigueur. Si la marchandise vendue et expédiée au failli est devenue légalement sa propriété, du moins n'a-t-elle pas encore été mise à sa disposition, elle n'a aux yeux de personne augmenté le crédit et l'actif de celui qui en est devenu propriétaire sans en être possesseur. Le vendeur mérite une condition meilleure que la plupart des autres créanciers, car sa marchandise a été vendue lorsque la faillite déjà imminente l'exposait à une perte certaine. Presque toujours l'opération faite avec lui n'aura eu d'autre but que de spéculer sur son éloignement ou son ignorance, afin de masquer à ses dépens une partie du déficit laissé par la faillite. » Le même système fut soutenu avec énergie dans la discussion par M. Hébert et par M. Thilet, et l'amendement de la commission fut substitué au projet du gouvernement.

2416. — Le second projet présenté à la chambre des pairs n'admettait pas la revendication dont l'exposé des motifs fait par le garde des sceaux (M. Persil) signalait l'injustice à l'égard de la masse des créanciers. Après avoir démontré que le droit de revendication était une base trop précaire et trop hasardeuse pour pouvoir en réalité servir de fondement au crédit commercial, le ministre ajoutait : « On objecte que le débiteur qui sent les approches de sa faillite peut faire des achats considérables pour enrichir sa masse des dépouilles de malheureux expéditeurs. Mais si ce débiteur a conservé assez de crédit pour tromper les commerçans qui traitent avec lui, il peut, à la même époque, avoir également emprunté des sommes d'argent considérables, et pourquoi, dans ce cas, les créanciers pour marchandises vendues auraient-ils un privilége que n'ont pas les créanciers pour argent prêté? Gardons-nous d'accorder à certains créanciers une faveur particulière qui serait une injustice à l'égard de la masse et qui tournerait contre eux-mêmes dans d'autres faillites. »

2417. — Néanmoins, la chambre des pairs se rangea à l'avis de la chambre des députés par des motifs développés avec beaucoup de force dans le second rapport de M. Tripier.

2418. — Le gouvernement abandonna alors son projet, ainsi que le constate l'exposé des motifs du deuxième projet de loi présenté à la chambre des députés (*Moniteur* du 17 janv. 1838), dans lequel on lit : « On avait proposé de supprimer la revendication en s'appuyant sur les principes du droit, qui conduisent à décider que, lorsque la vente des marchandises en a transféré la propriété au failli, lorsque l'expédition de ces marchandises, qui équivaut à la tradition, les a mises à ses risques, elles doivent être considérées comme acquises à la masse. Ce système paraissait aussi plus conforme aux principes du crédit commercial qui, dans un état et dans un temps où le commerce a pris un immense développement, n'est plus attaché à des droits de gage et de revendication sur des objets emportés par une circulation trop rapide, et n'a plus pour élément que la confiance dans la personne du débiteur, confiance qui expose tous les contractans aux mêmes risques et doit les soumettre au même sort. Mais la proposition de supprimer le droit de revendication a excité les alarmes dans une certaine classe de commerçans; ces alarmes, qui ont été partagées dans l'une et l'autre chambre, ont inspiré au gouvernement, jaloux de ménager et de rassurer tous les intérêts commerciaux, des inquiétudes sur le mérite de l'innovation qu'il avait proposée. Dans le doute, il vaut mieux s'en tenir à ce qui existe; nous croyons donc devoir vous proposer le maintien de la revendication. »

2419. — La discussion ne se rouvrit ni à la chambre des pairs ni à la chambre des députés; seulement, M. Teste, sans vouloir de nouveau approfondir la question, protesta, dans la séance du 5 avr. 1838, contre le système qui l'emportait.

2420. — Aujourd'hui, comme sous le Code de 1808, la revendication en matière de faillite est considérée sous une triple application : 1º à des remises, titres ou effets de commerce; — 2º à des marchandises consignées au failli à titre de dépôt ou pour être vendues pour le compte du propriétaire; — 3º à des marchandises vendues au failli, mais dont la tradition n'a pas encore été effectuée.

Sect. 2e. — *Revendication des remises, effets de commerce ou autres titres.*

2421. — Ne prévoyant qu'un seul cas de revendication, l'ord. 1673, tit. 5, art. 25, disposait qu'en cas que l'endossement ne fût pas dans les formes prescrites par elle les lettres de change seraient réputées appartenir à celui qui les avait endossées,

et elle ajoutait qu'elles pouvaient être saisies par ses créanciers et compensées par ses redevables.— On jugeait alors que les effets mobiliers et les effets au porteur qui avaient appartenu au failli avant sa faillite, et qui se trouvaient dans la possession d'une tierce personne, sans que l'on pût prouver légalement à quelle époque elle les avait acquis devaient être censés acquis par elle avant le jugement qui avait privé le failli de l'exercice de ses droits. — *Cass.*, 2 niv. an XII, Vanbomel c. Vandinter.

2422. — Le Code de 1808 régla cette matière par les art. 583 et 584.

2423. — L'art. 583 était ainsi rédigé : Les remises en effets de commerce ou en tous autres effets non encore échus ou échus et non encore payés et qui se trouveront en nature dans le portefeuille du failli à l'époque de sa faillite pourront être revendiquées si ces remises ont été faites par le propriétaire avec le simple mandat d'en faire le recouvrement et d'en garder la valeur à sa disposition ou si elles ont reçu de sa part la destination spéciale de servir ou d'acceptations ou de billets tirés au domicile du failli.

2424. — Le vague de la rédaction de l'art. 583 du Code de 1808 donna naissance à de grandes difficultés.

2425. — L'art. 574 actuel, qui est destiné à remplacer l'art. 583, est rédigé avec plus de précision ; il porte : Pourront être revendiquées, en cas de faillite, les remises en effets de commerce ou autres titres non encore payés, et qui se trouveront en nature dans le portefeuille du failli à l'époque de sa faillite, lorsque ces remises auront été faites par le propriétaire, avec le simple mandat d'en faire le recouvrement et d'en garder la valeur à sa disposition, ou lorsqu'elles auront été, de sa part, spécialement affectées à des paiemens déterminés.

2426. — On voit que pour éviter toute équivoque, le mot *effets* qui se trouvait dans l'art. 585, a été complété dans l'art 574 par les mots *autres titres*. Ces mots : *autres titres*, de l'art. 574, s'entendent, non seulement des billets et mandats non commerciaux, mais encore de tous actes et titres de créances, tels que factures, ordonnances du gouvernement pour fournitures, actions de banque, polices d'assurances, et autres de toute nature. — Goujet et Merger, vo *Revendication*, no 80 ; Esnault, no 631.

2427. — Le cas d'affectation spéciale des paiemens déterminés était également prévu dans l'art. 583 ; seulement il était exprimé en termes moins généraux.

2428. — L'art. 584 du Code de 1808, qui n'a pas été reproduit par la nouvelle loi, était ainsi conçu : — « La revendication aura pareillement lieu pour les remises faites sans acceptation ni disposition, si elles sont entrées dans un compte courant par lequel le propriétaire ne serait que créditeur ; mais elle cessera d'avoir lieu si, à l'époque des remises, il était débiteur d'une somme quelconque. »

2429. — M. Renouard, dans son rapport à la chambre des députés, exposait en ces termes les motifs de cette suppression : — « Les remises ainsi faites ne l'ont été ni à titre de dépôt ni à titre de mandat. Elles sont la conséquence de la confiance accordée au failli, et n'ont pu être que l'exécution d'un contrat formel ou tacite passé avec lui antérieurement à la faillite. La personne qui, ayant suivi la foi du failli, l'a volontairement constitué son débiteur, doit être placée dans la même catégorie que les autres créanciers avec lesquels il se trouve en compte. »

2430. — Ainsi, d'après l'art. 574, il faut, pour que la demande en revendication puisse être admise, que les traites non payées existent dans le portefeuille du failli à l'époque de sa faillite. Mais le droit du revendiquant se convertit en une créance ordinaire quand le failli a disposé des effets et que leur valeur est confondue avec ses propres biens. — Bédarride, no 1103.

2431. — Le point de savoir si les traites sont ou non échues importe donc peu à la revendication, et dès-lors on a eu raison de supprimer dans la loi nouvelle les distinctions que contenait l'ancien art. 583, puisqu'elles étaient sans influence sur le sort de l'action. — Bédarride, no 1104 ; Goujet et Merger, vo *Revendication*, no 85. — Si le failli a négligé de les négocier ou de les encaisser après leur échéance, c'est un fait accidentel qui ne dépend ni de l'envoyeur des traites, ni de la masse des créanciers, et qui, dès-lors, ne peut influer sur leurs rapports respectifs puisque les traites se retrouvent en nature dans le portefeuille du failli.

2432. — On peut, en cas de faillite d'un négociant, revendiquer des traites qui lui ont été envoyées pour en recevoir le montant et autres traites à courts jours, lorsque ces traites se trouvent encore dans son portefeuille, sans que le retour ait été fait. — *Colmar*, 9 avr. 1813, Rausch c. Bourquart.

2433. — Lorsque des effets ont été remis à un négociant pour en opérer le recouvrement et en garder les fonds à la disposition de celui qui transmet ces effets, leur existence en nature au moment de la faillite de ce négociant, entre les mains de ses préposés ou de ses mandataires, qu'il s'est substitué pour les exiger, équivaut à leur existence matérielle dans le portefeuille du failli. — *Cass.*, 5 fév. 1812, Choisnard c. Latiré ; — Pardessus, no 1284 ; Boulay-Paty, *Faillite et banqueroute*, t. 2, no 755.

2434. — Ainsi, les courtiers, les agens de change chargés de faire la négociation ou l'encaissement de ces traites, pour le compte du failli, devraient les restituer au revendiquant si, au moment de la faillite, leur mission n'avait pas reçu son exécution. — Bédarride, no 1105 ; Renouard, t. 2, p. 377 ; Pardessus, no 1284.

2435. — En cas de faillite de l'individu dont il a reçu des effets pour les négocier, un agent de change ne peut, au préjudice de la masse des créanciers, retenir le montant de ces effets pour se payer de ce qui lui est dû. — *Paris*, 24 mai 1808, Gallot c. Garnery.

2436. — Le tiers saisi par un endos en blanc ne serait pas admis à prouver par des preuves extrinsèques que les traites lui ont été remises à titre de propriété ou de nantissement. — Pardessus, no 1284. — V. *contrà* Esnault, no 638.

2437. — Mais il n'y a pas lieu à revendication si le failli saisi par un endossement en blanc qui ne vaut que comme procuration a, par un abus de ce mandat, transmis les effets par un endossement régulier, car vis-à-vis des tiers cet endossement a transféré la propriété. — Renouard, t. 2, p. 374. — V. aussi Esnault, no 634.

2438. — S'il y a eu dans cette négociation fraude de la part du failli et de la part du tiers, le créancier pourra revendiquer ses traites, mais ce ne sera pas contre la masse, ce sera contre le tiers indûment saisi. — Renouard, t. 2, p. 375.

2439. — Il faut, puisqu'il s'agit de revendication, que celui qui intente cette action soit demeuré propriétaire des traites.

2440. — Cette propriété existe d'après l'art. 574 actuel, soit quand les remises ont été faites par le propriétaire avec le simple mandat d'en faire le recouvrement et d'en garder la valeur à sa disposition, soit lorsqu'elles ont été de sa part spécialement affectées à des paiemens déterminés.

2441. — L'opération qui dans ces deux hypothèses est intervenue entre l'envoyeur des traites et le failli est purement et simplement un mandat. Si ce mandat n'a pas été exécuté, s'il n'y a pas eu transfert de propriété au profit d'un tiers, le mandant est demeuré en fait et en droit le maître des traites qu'il destinait à un emploi qu'elles n'ont pas reçu ; la masse en les conservant s'approprierait donc une chose qui n'est pas confondue avec l'actif du failli et que des faits incontestables signalent comme étant la propriété du revendiquant.

2442. — Le Code de 1808 exigeait par l'art. 583 que les valeurs recouvrées fussent destinées au paiement de lettres de change acceptées ou de billets tirés au domicile du failli ; il suffit aujourd'hui, d'après l'art. 574, qu'il s'agisse d'un paiement quelconque à faire par le failli pour le compte du revendiquant.

2443. — Si la remise a été faite sans désignation de disposition spéciale ou sans mandat de conserver, il n'y aurait pas de revendication possible lors même que l'envoyeur des traites aurait stipulé pour le cas de non paiement le retour avec ou sans frais. — Discussion à la chambre des députés, séance du 5 avr. 1838, *Moniteur* du 6 avr. 1836, p. 811. — V. Esnault, no 640 ; Saint-Nexent, no 372.

2444. — Le non paiement d'une lettre de change souscrite par un banquier, en échange des billets qui lui ont été consentis par celui au profit de qui elle a été tirée, n'autorise pas ce dernier, en cas de faillite du tireur, à revendiquer ces billets, alors même qu'ils n'ont pas été négociés et qu'ils existent encore dans le portefeuille du failli. — *Limoges*, 15 fév. 1823, Lousteau c. Avanturier. — V. aussi Pardessus, *Contrat de change*, no 73, et *Droit commercial*, t. 4 p. 499, et Delvincourt, *Instit. de droit comm.*, t. 2, p. 98 et 487.

2445. — Lorsque des billets à ordre ont été remis à un banquier pour en faire de l'argent et le garder en caisse, sous un intérêt de 5 %, à titre de compte courant, si le banquier vient à tomber en faillite sans avoir disposé des billets, celui qui en a fait la remise peut, sinon les revendiquer, du moins en demander la nullité pour défaut de cause, encore bien que le banquier lui ait compté certains fonds, soit avant, soit depuis l'opération. — *Cass.*, 21 mars 1831, Guérin c. Rey.

2446. — Lorsque, pour retirer des effets mis en circulation, le souscripteur a créé de nouvelles traites qu'il a remises à un individu qui est tombé en faillite, après avoir toutefois opéré le retirement convenu, s'il arrive que les effets retirés se trouvent dans le portefeuille du failli, ils peuvent être revendiqués par le souscripteur ou porteur des nouvelles traites, dont le montant a servi à effectuer le retirement. — *Cass.*, 5 avr. 1831, Douelle c. Moisson ; — Esnault, no 632 ; Saint-Nexent, no 369.

2447. — La preuve la plus générale et la moins contestable de l'accomplissement des conditions sous lesquelles les traites ont été envoyées au failli résultera de la correspondance.

2448. — Selon M. Bédarride (no 1108), les présomptions ne pourront être admises en pareille matière qu'autant qu'elles seront appuyées sur un commencement de preuve par écrit, rendant vraisemblable le fait allégué ; et suivant le même auteur ces présomptions seraient assez difficiles à réunir ; car on ne pourrait les tirer de l'absence d'un compte courant, ni de la rareté des relations entre le revendiquant et le failli, ni même de l'irrégularité de l'endossement, qui sans doute ne vaudrait que comme mandat, mais ne réaliserait pas l'autre condition de tenir les fonds à la disposition de l'endosseur, ou de les affecter à leur destination spéciale et déterminée.

2449. — Nous croyons cependant que la preuve testimoniale ou les présomptions qui sont des preuves admissibles en matière de commerce devraient aussi être accueillies dans l'espèce qui nous occupe, mais les juges devraient en peser les élémens avec le plus grand soin. — V. en ce sens Pardessus, no 1285.

2450. — Il suffit que le failli à qui des effets avaient été transmis par endossement régulier, avant sa faillite, s'en soit matériellement dessaisi entre les mains du tiré, pour que l'endosseur se trouve sans droit à les revendiquer contre le tiré, encore bien qu'ils n'aient été remis à celui-ci que pour le compte de qui de droit. — *Cass.*, 12 juill. 1832, Seytre c. Guibal.

2451. — Pour pouvoir exercer la revendication établie par l'art. 583, C. comm., il faut être propriétaire des effets revendiqués ; et l'on a cessé de l'être, si on les a transmis au failli par un endossement régulier. On dirait en vain que cette transmission n'a été faite qu'avec la condition que les fonds seraient recouvrés dans l'intérêt de l'endosseur. — *Cass.*, 12 juill. 1832, Reytre c. Guibal.

2452. — Si l'endossement était régulier, on ne pourrait admettre contre la cession qu'il constaterait qu'une preuve résultant de la correspondance ou de faits parfaitement justifiés et remontant à une époque antérieure à la faillite. De simples présomptions devraient être écartées par les tribunaux. — Bédarride, no 1109 ; Pardessus, no 1285 ; Goujet et Merger, vo *Revendication*, no 96.

2453. — Il n'y a plus de revendication possible si les traites ont été passées en compte courant ; car dans ce cas leur affectation est certaine. Les articles d'un compte courant forment une imputation forcée les uns sur les autres ; le crédit se compense avec le débit, et ce n'est qu'après la balance que l'une des parties devient débitrice de l'autre. — Bédarride, no 1110.

2454. — D'après les usages du commerce, les remises d'effets négociables ne sont portées, dans le compte courant, au crédit de celui qui les souscrit et au débit de celui qui les reçoit, que sous la condition que ces effets seront payés à l'échéance. La condition *sauf encaissement* est toujours sous-entendue. — En conséquence, si les effets restent impayés par suite de la faillite du créeur, celui qui les a reçus en compte est admis à les rayer du crédit. — *Douai*, 5 mars 1845 (t. 1er 1845, p. 596), Podevin c. Béry ; *Nancy*, 10 déc. 1842 (t. 2 1843, p. 324), Doublet ; *Paris*, 12 nov. 1844 (t. 2 1844, p. 517), Perrault et Lecomte c. Ruffier. — V. *contrà* Saint-Nexent, no 368.

2455. — Les valeurs de commerce transmises en compte courant deviennent à l'instant la propriété de celui qui les reçoit, et elles sont portées immédiatement au crédit de celui qui les fournit. Cette inscription est définitive ; à moins de réserve expresse de la condition *sauf encaissement*, qui ne peut être considérée comme sous-entendue. — En conséquence, lorsqu'un banquier a accepté par compte courant des traites d'un commerçant plus tard tombé en faillite, il ne peut déduire de la balance du compte ces mêmes traites qui restent impayées. — Il ne peut dans ce cas opposer aucune compensation à raison du remboursement par lui opéré, et ses droits dans la faillite ne sont autres que ceux d'un créancier ordinaire. — *Rouen*, 18 juin 1845 (t. 1er 1846, p. 439), et *Cass.*, 27 avr. 1846 (t. 2 1846, p. 622), Cordonnier c. Leprou.

2456. — L'envoyeur ne saurait être admis à prouver la destination spéciale des effets ; il suffirait qu'il en eût débité le failli pour lui en avoir

transféré la propriété, et être non recevable à alléguer un mandat ou un dépôt.

2457. — L'art. 584, C. comm. 1808, admettait bien, il est vrai, la revendication pour des remises faites sans acceptation ni disposition, bien qu'elles fussent entrées dans un compte courant, quand par ce compte le propriétaire était créditeur. Mais cet article a été abrogé, et comme nous le disions (no 2443), il a été entendu dans la discussion aux chambres, que même les traites envoyées sous la clause de retour sans frais, restaient acquises au failli, parce que le compte de l'envoyeur en ayant été crédité, il était ainsi payé, et ne pouvait donc plus revendiquer.

2458. — Les conditions de l'art. 574 accomplies, les traites sont restituées à leur propriétaire qui demeure créancier direct des souscripteurs.

2459. — Si sur le montant de ces traites le failli avait touché des à-comptes, les paiemens partiels ainsi faits seraient obligatoires pour le revendiquant qui, pour ces sommes, viendrait à la faillite comme créancier ordinaire. — Bédarride, no 1113.

2460. — La faillite frappe le commerçant d'une incapacité qui l'empêche postérieurement au jugement déclaratif de faillite d'accepter valablement une remise qui lui serait faite.

2461. — Donc, lorsque des valeurs envoyées à un failli pour faire des paiemens lui sont arrivées postérieurement à sa faillite, et ont été reçues par ses syndics, elles n'entrent point dans son actif, et sont susceptibles de revendication. — *Paris*, 11 juin 1825, Basindrant c. Bonnet et Bazin; — Goujet et Merger, vo *Revendication*.

2462. — De même le propriétaire d'une lettre de change qui, pour en faire le recouvrement, l'a transmise à un failli postérieurement à sa faillite, peut la revendiquer entre les mains d'un tiers-porteur, en vertu d'un endossement du failli, ou du moins l'arrêt qui a décidé que, d'après les circonstances de la cause, il en devait être ainsi, échappe à la censure de la cour de Cassation. — *Paris*, 25 janv. 1830, Pongerard c. Waroqué. — Bédarride, no 1115.

2463. — Jugé encore que l'endossement d'une lettre de change au profit d'une maison qui est en état de faillite, et qui n'en a pas fourni la valeur, n'est point translatif de propriété, et qu'un pareil endossement ne peut non plus être considéré comme valant procuration. — *Bruxelles*, 30 déc. 1829, Waroqué c. Blanc; *Cass.*, 24 juin 1834, Pongerard c. Waroqué.

2464. — L'opération par laquelle un commerçant adresse à un autre des valeurs destinées à être portées au crédit de son compte courant est un contrat bilatéral, qui n'acquiert son complément que par le consentement réciproque des deux parties qu'il oblige et par l'accomplissement des conditions auxquelles ces parties ont entendu subordonner son existence. — C. civ., art. 1102, 1108 et 1175. — ... Et la translation de la propriété desdites valeurs n'est consommée et ne devient définitive que lorsqu'une personne, ayant capacité à cet effet, a dûment consenti à les recevoir aux conditions stipulées. — En conséquence, le négociant qui a adressé des valeurs à son correspondant pour être encaissées et portées à son crédit a le droit d'en demander la restitution, si elles ne sont arrivées qu'après le décès et la faillite de ce correspondant. — *Cass.*, 20 juill. 1846 (t. 2 1846, p. 502), Goudchaux c. Jacquelot.

2465. — Quant aux effets arrivés entre ses mains dans l'intervalle qui sépare la cessation de paiemens du jugement déclaratif, le failli a pu en disposer de manière à les confondre dans son actif, car il n'est pas encore à ce moment frappé d'incapacité; et dès lors, sauf le cas de fraude, il faudrait que le revendiquant justifiât de l'accomplissement des conditions de l'art. 574.

2466. — Mais si le failli avait abandonné sa maison, ses comptoirs, les traites arrivées après sa disparition, ne lui ont jamais été acquises, et dès-lors doivent être restituées à l'envoyeur sur sa simple réclamation. — Bédarride, no 1116.

2467. — La revendication peut avoir pour objet non seulement tous les titres commerciaux, mais encore tous autres titres non commerciaux qui devront bien plus facilement faire supposer l'existence d'un mandat ou d'un dépôt. — Bédarride, no 1117.

2468. — La loi n'a fixé aucune époque pour l'exercice de la revendication, elle peut donc être exercée dès le commencement comme dans le cours des opérations de la faillite, et même après que les syndics auraient opéré le recouvrement des traites, leur existence entre les mains du failli au moment de la faillite, suffit à la validité de la revendication qui, au lieu de produire au demandeur la remise matérielle de ses titres, lui en assurerait la valeur pécuniaire. — Renouard, t. 2, p. 377.

2469. — Ainsi jugé même en l'absence d'acceptation par le tiré et d'affectation spéciale de la provision. — *Cass.*, 15 fév. 1832, Vic c. Leray.

2470. — S'il a été fait provision entre les mains du failli pour le paiement de lettres de change tirées par lui et non échues au moment de la faillite, la provision ne peut être revendiquée par le tireur et tombe au contraire dans l'actif de la faillite.

2471. — Si le tireur tombe en faillite après avoir fait provision entre les mains du tiré, la provision demeure la propriété du porteur. — *Cass.*, 22 nov. 1830, Duval c. Sauvan. — V. LETTRE DE CHANGE et PROVISION.

2472. — Lorsqu'une lettre de change acceptée a été renouvelée postérieurement à l'ouverture de la faillite du tireur, par une autre lettre dans la même forme, avec le concours des mêmes parties, et acceptées par le même individu, les créanciers du tireur failli ne peuvent pas s'opposer à ce que l'accepteur l'acquitte au porteur, et en revendiquer le paiement, pour le faire entrer dans la caisse de l'union. — *Paris*, 10 floréal an XIII, Duchemin c. Daudrez.

Sect. 3e. — *Revendication des marchandises consignées.*

2473. — Lorsque des marchandises ont été consignées au failli à titre de dépôt, ou pour être vendues pour le compte du propriétaire, la propriété n'en a pas évidemment été transportée et la revendication est l'exercice d'un droit légitime.

2474. — Ce droit consacré par l'art. 581, C. comm. de 1808, a été reproduit en ces termes par l'art. 575 actuel : Pourront être également revendiquées, aussi longtemps qu'elles existeront en nature, en tout ou en partie, les marchandises consignées au failli à titre de dépôt, ou pour être vendues pour le compte du propriétaire. — Pourra même être revendiqué le prix ou la partie du prix desdites marchandises qui n'aura été ni payé, ni réglé en valeur, ni compensé en compte courant entre le failli et l'acheteur.

2475. — Toutefois, l'art. 582 du Code de 1808 ne permettait la revendication du prix que dans le cas où les marchandises avaient été consignées au failli pour être vendues pour le compte de l'envoyeur, et non pour le cas où les marchandises étaient seulement consignées à titre de dépôt; cette distinction, que rien ne justifiait, n'a pas été admise dans la loi nouvelle; comme on vient de le voir, la revendication du prix peut avoir lieu dans les deux cas prévus par l'art. 575.

2476 — Celui qui voudra exercer la revendication devra d'abord prouver la consignation ou le dépôt des marchandises. La preuve résultera des livres, de la correspondance des parties, du témoignage même des personnes qui auront figuré comme intermédiaires dans la convention, sauf aux juges à apprécier les preuves administrées pour empêcher qu'au détriment de la masse des créanciers on n'arrive à changer la nature d'un contrat, et à rendre ainsi indemne de toute perte un individu qui aurait dû subir le sort commun à tous les autres créanciers.

2477. — Si un tiers réclame des marchandises qui se trouvent dans le magasin du failli, pliées dans une simple toile (et non sous corde et en ballot), et qu'il soutienne qu'il les avait confiées au failli à titre de dépôt, il est admissible, en cas de désaveu ou de refus de la part des créanciers, et, en l'absence de preuves écrites, à prouver par témoins la remise qu'il allègue. — *Riom*, 26 déc. 1814, Chanson c. Lherbet.

2478. — Un obstacle à la revendication pourrait naître de ce que le commissionnaire auquel des marchandises auraient été adressées en consignation aurait, du consentement de l'envoyeur, changé sa qualité de commissionnaire en celle d'acheteur des marchandises; mais il faudrait pour cela qu'un nouveau contrat, cimenté par le consentement des deux parties, fût venu se substituer au contrat primitif de commission. Il ne suffirait pas, par exemple, que le commissionnaire eût annoncé par lettres sa volonté de garder les marchandises pour son compte et d'en payer personnellement le prix à l'envoyeur; il faudrait encore que celui-ci eût accepté le commissionnaire pour acheteur; que si, au contraire, l'envoyeur n'a pas connu la vente que le commissionnaire s'est faite à lui-même ou s'il l'a désavouée, il demeure investi du droit de revendiquer, conformément à l'art. 575, C. comm., car le commissionnaire qui n'a reçu mandat que de vendre à autrui a excédé ses pouvoirs en se vendant à lui-même, et il n'a pu à lui seul intervertir son titre et changer sa qualité. — Goujet et Merger, vo *Revendication*, no 77.

2479. — Une autre condition indispensable pour que les marchandises consignées au failli puissent être revendiquées, c'est qu'elles existent en nature dans les mains du failli au moment de l'ouverture de la faillite. — Esnault, no 641.

2480. — On devrait considérer comme étant dans les mains du failli celles qu'il aurait placées entre les mains de ses commis, préposés, courtiers, ou tous autres intermédiaires auxquels la propriété n'aurait pas été transférée. — Bédarride, no 1121.

2481. — La circonstance que le failli leur aurait donné mandat de vendre en s'arrogeant la qualité de propriétaire au lieu de celle de mandataire ou dépositaire ne modifierait en rien le droit à la revendication.

2482. — Mais si le failli, par un coupable abus de confiance, a donné en nantissement, pour une de ses dettes personnelles, les marchandises qui lui avaient été consignées, le propriétaire de ces marchandises ne peut les reprendre des mains de celui qui, de bonne foi, les a reçues en dépôt ou en nantissement qu'en remboursant la dette du failli, sauf toutefois son action contre le failli pour abus de confiance. — Pardessus, no 1278.

2483. — Si la marchandise consignée au failli a été vendue par lui, mais non encore livrée, le propriétaire qui a donné un mandat en vertu duquel le failli a vendu ne peut s'opposer à la livraison de la marchandise, livraison qui n'est en définitive que l'exécution de son ordre. — Pardessus, no 1279.

2484. — S'il s'agit de marchandises confiées à titre de dépôt, le failli n'aurait pas eu le droit d'en transférer la propriété à un tiers, et l'opposition formée par le revendiquant à la livraison des marchandises devrait être accueillie, et par suite la nullité de la vente devrait être prononcée.

2485. — Mais si l'acquéreur était de bonne foi, et s'il avait payé le prix de son acquisition, ignorant le défaut de qualité du failli, et le délit d'abus de confiance dont ce dépositaire infidèle se rendait coupable, M. Bédarride (no 1125) pense que la vente devrait être maintenue, et qu'il n'y aurait pas à hésiter entre un tiers de bonne foi et le déposant qui a tout au moins à se reprocher d'avoir mal placé sa confiance.

2486. — Enfin pour que l'on puisse dire que les marchandises consignées existent réellement en nature, il faut qu'il soit établi que celles qui sont contenues dans les magasins du failli sont identiquement celles qui ont été consignées ou déposées.

2487. — Ce sera au revendiquant à faire la preuve de cette identité, tandis que ce serait à ses adversaires à prouver, par exemple, que les marchandises consignées ont été vendues, et qu'on leur a substitué des marchandises de même qualité. — Bédarride, no 1127.

2488. — Si le failli a aliéné des marchandises qui lui avaient été consignées pour être vendues pour le compte du propriétaire, il doit restituer les produits du mandat qui lui a été conféré; s'il a disposé des marchandises consignées chez lui à titre de dépôt, il a commis un abus de confiance dont il doit la réparation. Il est donc juste dans l'un comme dans l'autre cas d'accorder au propriétaire des marchandises le droit d'en réclamer le prix à l'exclusion de tous autres créanciers.

2489. — Dans le cas de revendication du prix comme dans le cas de revendication des marchandises, le revendiquant devra d'abord établir, soit par correspondance, soit par tous les autres moyens de preuve admis en matière commerciale, l'existence de la consignation.

2490. — Il devra être jugé ensuite de l'identité des marchandises vendues par le failli avec les marchandises consignées par le revendiquant.

2491. — Le prix des marchandises vendues ne peut être revendiqué qu'autant qu'il est encore entre les mains de l'acquéreur, qu'il n'a pas été payé et qu'il n'a pu se confondre avec l'actif de la masse de la faillite. — C. comm., art. 575.

2492. — Le prix une fois payé par l'acheteur au commissionnaire ne saurait être revendiqué par le commettant, qui ne pourrait prétendre aucun privilége sur l'argent trouvé dans la caisse du commissionnaire lors même qu'il viendrait à réunir les présomptions les plus fortes que cet argent provient de la vente de ses marchandises.

2493. — Mais les valeurs numéraires constituant le prix pourraient être revendiquées si l'acheteur les avait déposées entre les mains du commissionnaire dans des sacs revêtus d'un cachet ou d'un signe particulier d'individualité et avec la destination spéciale et expresse d'être remis au commettant. — Pardessus, no 1280; Goujet et Merger, vo *Revendication*, no 68; Esnault, no 631.

2494. — Le paiement des marchandises effectué entre les mains des syndics ne serait pas un obstacle à la revendication, car la déclaration de la faillite a fixé tous les droits respectifs des créanciers, et l'intervention nécessaire des syndics ga-

rantit qu'il n'y a pas eu antérieurement fraude ou collusion entre le failli et le créancier pour assurer indûment à celui-ci le bénéfice de la revendication. — Pardessus, n° 1280.

2495. — L'art. 581 du Code de 1808 permettait la revendication jusqu'à ce que le prix eût été payé ou passé en compte courant entre le failli et l'acheteur. Que devait-on entendre en réalité par ces mots *payé ou passé en compte courant?*

2496. — On avait prétendu qu'il n'y avait pas paiement dans le fait d'avoir souscrit des effets commerciaux; d'avoir remis un mandat, une délégation; d'avoir réglé une facture en lettres de change ou en billets à ordre; et on avait soutenu qu'il n'y avait paiement qu'autant que les divers réglemens avaient été acquittés à leur échéance, ou tout au moins qu'ils avaient été négociés par le failli. En conséquence, on avait admis la revendication de ces effets, quand ils se retrouvaient en nature dans le portefeuille du failli.

2497. — L'art. 575 ne laisse plus de place pour toutes ces questions, qui sont aujourd'hui tranchées par la rédaction de cet article, qui n'admet la revendication qu'autant que le prix n'a été ni *payé*, ni *réglé* en valeurs, ni *compensé* en compte courant. — Renouard, t. 2, p. 380; Goujet et Merger, v° *Revendication*, n° 70; Bédarride, 1131.

2498. — Observons, toutefois, que le réglement en valeurs dont il s'agit doit avoir été fait en valeurs à l'ordre du failli; le prix, une fois réglé ainsi, est réputé payé et confondu avec son actif, et ne saurait être revendiqué.

2499. — Mais, si le failli consignataire ou commissionnaire fait régler par l'acheteur le prix en valeurs à l'ordre de son commettant ou du propriétaire des marchandises, et que ces valeurs se retrouvent en nature dans son portefeuille au moment de la faillite, le propriétaire des marchandises pourra se faire restituer ce prix, qui sera demeuré distinct du gage de la masse des créanciers. — Bédarride, n° 1131; Goujet et Merger, v° *Revendication*, n° 70.

2500. — Si les effets donnés en réglement, et ainsi souscrits à l'ordre du commettant, ont été endossés par lui à l'ordre du commissionnaire, la revendication pourrait avoir lieu suivant les règles de l'art. 574.

2501. — Si les effets souscrits à l'ordre du commissionnaire failli ont été endossés par lui à l'ordre du propriétaire des marchandises, mais qu'il les détienne encore matériellement et en nature dans son portefeuille, il y eu une transmission juridique de propriété qui devra faire considérer ces billets comme n'étant plus la chose du failli, et il semble dès lors qu'ils pourront être revendiqués.

2502. — Lorsque le consignataire, après avoir vendu les marchandises qui lui avaient été données en consignation, et en avoir touché le prix en effets à terme, est tombé en faillite, le propriétaire de ces marchandises peut revendiquer les effets donnés en réglement du prix, alors que le failli n'en a point encore encaissé la valeur, et qu'ils se retrouvent en nature dans son portefeuille. — *Paris*, 23 août 1828, Petraud-Lecomte c. Saunier; — Esnault, n° 641.

2503. — Suivant M. Pardessus (n° 1280), le commettant peut revendiquer dans la masse les billets que l'acheteur des marchandises aurait donnés en paiement au commissionnaire failli, et qui se trouveraient soit en portefeuille, soit entre les mains de tiers-porteurs non propriétaires, pourvu, d'ailleurs, que de suffisantes indications ne permissent pas de douter qu'ils ont été souscrits précisément pour prix des marchandises revendiquées; car, ajoute M. Pardessus, l'existence de ces billets prouve que le prix est encore dû, et ce prix est revendicable.

2504. — On peut répondre que l'art. 575 tire du fait du réglement en valeurs une présomption légale de paiement, que cette présomption légale ne saurait être combattue, soit par des indications satisfaisantes, soit par des preuves contraires, sans jeter les parties et la justice dans des contestations difficiles, dont les résultats douteux pourraient être, malgré toute la sévérité des tribunaux, influencés par le dol, et que précisément, le législateur a eu en vue de prévenir, en spécifiant en termes positifs les circonstances de paiement, de réglement ou de compensation qui apportent un invincible obstacle à la revendication du prix des marchandises.

2505. — Sous l'art. 583, C. 1808, un propriétaire de marchandises vendues par l'entremise d'un commissionnaire était fondé à en revendiquer le prix, tant qu'il n'avait pas été payé ou passé en compte courant. — *Cass.*, 28 nov. 1808, Lévi et Sacerdote c. Tron et Comp.

2506. — Il fallait que le prix eût été passé dans un compte-courant réel, sérieux, déjà existant, et on n'admettait pas comme produisant l'effet d'interdire la revendication l'insertion du prix dans un compte récemment ouvert et dont ce prix ferait le seul article.

2507. — Il ne suffisait pas, pour que la revendication exercée en cas de faillite fût déclarée non-recevable, que l'acheteur eût crédité le vendeur du prix des marchandises vendues à terme, et que de son côté le vendeur eût porté ce prix au débit de l'acheteur dans son compte courant. L'art. 581, C. comm. de 1808, en exigeant que le prix ait été passé en compte courant entre le failli et l'acheteur, indiquait un mode de régler le paiement par la balance définitive du compte courant, arrêtée de commun accord entre le vendeur et l'acheteur. — *Bruxelles*, 24 juill. 1819, Joseph c. Synave et Osy.

2508. — D'après le Code de 1808, le commettant qui envoie des marchandises à un commissionnaire pour les vendre pouvait, en cas de faillite du commissionnaire, revendiquer le prix des marchandises porté en compte courant entre le failli et l'acheteur, lorsque dans ce compte le failli n'était que créditeur, et n'avait pas d'article à son débit. — *Toulouse*, 7 fév. 1825, Robert Bovet c. Munier-Perréal et Dumas. — Pardessus, *Cours de droit commercial*, n° 1281; Bioche et Goujet, *Dict. de pr.*, v° *Faillite*, n° 574; Goujet et Merger, v° *Revendication*, n° 72.

2509. — Les expressions de créditeur et débiteur employées dans l'art. 584, C. comm. de 1808, relatif à la revendication d'effets de commerce passés en compte courant avec un failli devaient s'appliquer, non pas seulement à la contexture des comptes, mais à leur résultat, de telle sorte que le revendiquant, s'il figurait à la fois dans le compte comme créditeur et comme débiteur, ne pouvait pas, par cela même, obtenir la restitution des effets qu'il réclamait, dans le cas où la balance du compte le constituait créancier du failli, à l'époque des remises. — Spécialement, celui qui était en compte courant avec un failli, à raison de recouvremens réciproques, pouvait revendiquer des effets de commerce entrés dans ce compte, lorsque ces effets se trouvaient en nature et non échus dans le portefeuille du failli, et qu'il était établi par le compte que le revendiquant était toujours demeuré créancier du failli, à l'époque des diverses remises qu'il lui avait faites. — *Toulouse*, 5 mars 1825, Bosseront c. Rachon. — V. conf. Pardessus, *Droit comm.*, t. 4, p. 501; Vincens, *Législat. commerc.*, t. 1er, p. 496, et Horson, *Quest. sur le Code de commerce*; quest. 190e.

2510. — La revendication des remises envoyées au failli, et entrées dans un compte courant, ne pouvait avoir lieu, si à l'époque des remises le négociant qui a envoyé les traites était par le résultat de la balance du compte courant, débiteur même apparent du failli. — Le négociant qui, au moment d'une remise faite au failli et entrée dans un compte courant, était débiteur du failli d'une somme quelconque, ne pouvait revendiquer aucune partie des effets par lui envoyés, quand bien même ils eussent excédé le montant de sa dette. — *Bourges*, 11 fév. 1829. Guérin c. Blanchard.

2511. — La revendication ne pouvait avoir lieu, en cas de compte courant, si, à l'époque des remises, le revendiquant était débiteur d'une somme quelconque envers le failli. — *Cass.*, 12 juill. 1832, Seyre c. Guibal.

2512. — Jugé toutefois que les traites de commerce transmises en compte courant deviennent *immédiatement* la propriété de celui qui les accepte, et que dès-lors elles doivent être portées *réellement* et *actuellement* au crédit de celui qui les a transmises; — et que si celui-ci est tombé en faillite, l'endosseur qui les a remboursées par suite de non paiement n'a d'autre recours à exercer que le droit de participer aux dividendes. — *Cass.*, 9 janv. 1838 (t. 1er 1838, p. 109), Calmets c. Kirchoff. — V. *suprà* n° 2454.

2513. — Il en doit à plus forte raison être de même sous l'art. 575, qui exige que le prix ait été *compensé* en compte courant. — Bédarride, n° 1133.

2514. — M. Bédarride (*loc. cit.*) va plus loin. Il faut suivant lui, que le vendeur, pour compte, soit débiteur au moment de la vente, et qu'il n'ait cessé de l'être qu'au moyen de la passation à son crédit du prix des marchandises; mais, si le failli, si l'acheteur ou commissionnaire était déjà débiteur au moment de la vente et qu'il n'ait pas cessé de l'être depuis, il n'a pas pu exister de compensation et la revendication est fondée. — V. aussi *Toulouse*, 5 mars 1825, Bosseront c. Rachon; *Cass.*, 12 juill. 1832, Seyre c. Guibal.

2515. — ... Lors même que le commissaire failli a répondu du ducroire. — *Toulouse*, 7 fév. 1825, Robert Bovet c. Munier-Perréal et Dumas; — Pardessus, *Cours de droit commercial*, n° 1183; Boulay-Paty, *Traité des faill. et banquer.*, n° 737; Bioche et Goujet, *Dict. de procéd.*, v° *Faillite*, n° 577; Bédarride. n° 1134; Goujet et Merger, *Dict. de dr. comm.*, v° *Revendication*, n° 76.

2516. — La cession non signifiée ni acceptée du prix des marchandises vendues faites par le commissionnaire tombé ultérieurement en faillite est sans effet à l'égard du propriétaire, et ne fait aucun obstacle à la revendication. — *Cass.*, 23 nov. (et non 25 sept.) 1813, Lévi et Sacerdote c. Tron et comp.

2517. — On ne peut assimiler au règlement en valeurs l'acceptation par le commettant de traites souscrites à l'ordre de celui-ci par le commissionnaire pour la valeur des marchandises consignées, ces traites ne libérant effectivement le commissionnaire de l'obligation de restituer le prix qu'il doit toucher de l'acheteur des marchandises, qu'autant qu'elles sont acquittées à leur échéance; donc en justifiant qu'elles s'appliquent identiquement aux marchandises dont le prix n'a pas encore été payé par l'acheteur, et en rapportant ces traites à la masse de la faillite, ou, s'il les a négociées, en donnant caution que les porteurs n'en réclameront pas le paiement à l'échéance, le commettant pourra revendiquer le prix dû par les acheteurs. — Pardessus, n° 1282; Bédarride, n° 1134; Goujet et Merger, v° *Revendication*, n° 75.

2518. — Jugé, en conséquence, que le fait seul de la part du commissionnaire qui a acheté des marchandises en son nom, pour son commettant, et en a payé le prix, d'avoir tiré des traites sur son commettant et de les avoir négociées après acceptation de celui-ci, ne suffit pas pour le faire considérer comme définitivement payé. La réception de ces acceptations ne peut être considérée que comme un remboursement conditionnel dépendant du paiement des traites à leur échéance, n'opérant pas novation dans la créance du commissionnaire, et ne mettant pas obstacle à ce que, en cas de faillite du commettant, il revendique les marchandises non encore arrivées dans les magasins, si, d'ailleurs, les traites n'ont pas été payées à l'échéance et sont représentées protestées. — *Rouen*, 4 janv. 1825, Fort c. Nélaton.

2519. — Mais il n'y a plus lieu à revendication, parce qu'il y a extinction de la dette par novation, lorsque le commettant ayant quittancé les comptes de vente, a reçu des billets pour le montant des soldes de ce compte, et a laissé à la charge du commissionnaire les risques des recouvrements à faire sur les acheteurs des marchandises. — Pardessus, n° 1282; Bédarride, n° 1135.

2520. — Si le commettant étant en compte courant avec le commissionnaire a porté la valeur des marchandises au crédit de celui-ci, il n'y aurait pas plus paiement et pas plus d'obstacle à la revendication que dans le cas où le commettant a reçu conditionnellement des effets dont nous parlions au n° 2517. — Pardessus, n° 1283; Bédarride, n° 1135; Goujet et Merger, n° 75.

2521. — Mais si le commettant, débiteur par son compte-courant du commissionnaire, lui expédiait pour une somme équivalente à ce débit des marchandises en consignation, et à l'aide de la valeur de ces marchandises balançait ainsi son compte, il n'y aurait plus lieu de revendiquer, puisque l'envoyeur aurait compensé en compte-courant le prix des marchandises consignées. Si toutefois le prix des marchandises était supérieur au débit du compte, l'excédant pourrait être revendiqué par le commettant. — Bédarride, n° 1135.

2522. — Le dépositaire étant tenu de restituer identiquement la chose déposée (C. civ., art. 1932), et ne pouvant dès-lors établir aucune compensation entre la valeur de la chose déposée et les sommes qu'il peut devoir au déposant (C. civ., art. 1293, 2°), la valeur des marchandises déposées et aliénées indûment par le failli, ne pourra jamais être compensée en compte courant, et pourra être revendiquée tant qu'elle n'aura pas été payée ou réglée en valeur.

2523. — Celui qui revendique des marchandises consignées à un individu tombé en état de faillite, est tenu de rendre l'actif du failli indemne de toute avance faite pour fret, voiture ou commission, de même que celui qui revendique des marchandises vendues au failli et non payées. — *Cass.*, 4 juill. 1826, Lescigneur Alexandre c. Picard; — Bioche et Goujet, *Dict. de procéd.*, v° *Faillite*, n° 558; Bousquet, *Dict. des contrats et oblig.*, v° *Commissionnaire*, t. 1er, p. 177; Pardessus, n° 1278.

2524. — Un consignataire qui accepte des traites livrées par son commettant, est censé avoir fait des avances sur les marchandises consignées, encore qu'il n'ait pas payé les traites à leur échéance, attendu son état de faillite, et, par suite, le commettant est non-recevable à revendiquer les marchandises consignées, si, n'ayant pas acquitté les lettres de change, il n'a pas ainsi rendu l'actif de la faillite indemne des avances faites par le consignataire failli. — Même arrêt.

Sect. 4e. — *Revendication de marchandises vendues.*

2525. — La revendication des marchandises vendues au failli, mais dont la tradition n'a pas encore été effectuée est régie par l'art. 576 qui remplace les art. 576, 577, 578, 579 et 580 du Code de commerce de 1808.

2526. — La revendication des marchandises vendues et non payées est une dérogation aux principes généraux du droit, suivant lesquels le simple consentement suffit pour transférer irrévocablement la propriété. La revendication doit donc être très rigoureusement restreinte aux cas prévus par la loi, et en dehors de ces cas, le vendeur n'est qu'un simple créancier ordinaire, car il n'a plus de privilége (C. comm., art. 550) et il n'a plus l'action résolutoire.

2527. — Nous n'admettons donc pas l'arrêt qui a jugé que l'art. 576, C. comm., n'a pas entendu limiter, en matière de commerce, l'exercice de l'action en revendication aux cas qui y sont prévus. — *Bruxelles*, 28 juill. 1831; Assurances c. Carasco.

2528. — Si lors de l'exercice de l'action en revendication de marchandises autorisée par l'art. 577 et suiv., C. comm. 1808, le vendeur n'avait pas formellement conclu à la résolution du contrat, mais s'était borné à invoquer simplement l'art. 1184, C. civ., cette action en revendication ne comprenait pas l'action résolutoire pour défaut de paiement du prix. — *Bruxelles*, 4 janv. 1817, Hallet et Lafontan c. Lambrechts.

2529. — L'art. 576 énumère les conditions qui doivent être accomplies pour que la revendication des marchandises expédiées au failli soit admise.

2530. — Cet article porte: « Pourront être revendiquées les marchandises expédiées au failli, tant que la tradition n'en aura point été effectuée dans ses magasins, ou dans ceux du commissionnaire chargé de les vendre pour le compte du failli. — Néanmoins la revendication ne sera pas recevable si, avant leur arrivée, les marchandises ont été vendues sans fraude, sur factures et connaissemens ou lettres de voiture signées par l'expéditeur. »

2531. — Du silence de la loi il résulte que la qualité du vendeur est indifférente pour l'exercice de cette action. Il importe peu qu'il soit ou ne soit pas commerçant. — *Cass.*, 10 janv. 1821, de Mesgrigny c. Gentil. — Pardessus, no 1288; Goujet et Merger, vo *Revendication*, no 119.

2532. — Mais il faut que l'acheteur soit en faillite. Jugé, en effet, que la revendication ne peut être exercée qu'en cas de faillite et sous les conditions établies dans l'art. 576 et suiv., C. comm., mais que le défaut de paiement du prix de la part de l'acheteur ne donne pas droit au vendeur de revendiquer la chose, lors même qu'il y aurait des présomptions d'un prochain dérangement dans les affaires de l'acheteur. — *Douai*, 5 août 1818, Kreylinger c. Chamouland.

2533. — Toutefois il a été jugé que la revendication autorisée par l'art. 576, C. comm., peut s'exercer sans jugement de déclaration de faillite par le vendeur qui n'a pas pu obtenir le paiement de ses marchandises, et envers lequel l'acheteur s'est déclaré lui-même en état de faillite. — *Rouen*, 15 juin 1825, Mousset c. Gallois. — V. conf. Bioche et Goujet, *Dict. de procéd.*, vo *Faillite*, no 564.

2534. — Jugé au contraire que la revendication dont parlent les art. 576 et 577, C. comm., n'est admissible que si l'acheteur a été déclaré en état de faillite. Sinon il ne peut y avoir lieu qu'à l'action en résolution. — La résolution à défaut de paiement de marchandises livrées, peut, tant que les marchandises n'ont pas été revendues, être exercée par le vendeur, même au préjudice de tiers, auxquels le prix à provenir de la revente des marchandises aurait été délégué par l'acheteur. — *Paris*, 20 juill. 1831, Testelin-Waresquelle c. Harding.

2535. — Le commerçant qui n'est pas payé du prix des marchandises qu'il a vendues peut, en cas de faillite de l'acheteur, exercer, non le privilége accordé par l'art. 2102, § 4, C. civ., mais seulement la revendication autorisée par l'art. 576 et suiv., C. comm., s'il se trouve dans l'un des cas déterminés par la loi. — *Nancy*, 28 déc. 1829, Barbarat c. Simon.

2536. — ... Tandis que le non commerçant qui n'est pas payé des objets par lui vendus à un commerçant depuis tombé en faillite, peut exercer contre ce dernier non seulement l'action en revendication, s'il est dans le cas prévu par les art. 576 et 577, C. comm., mais encore le privilége établi par l'art. 2102, C. civ., au profit du vendeur d'objets non payés. — *Nancy*, 28 déc. 1829, Nettancourt c. Felvart. — V. aujourd'hui, sur le privilége du vendeur d'effets mobiliers, l'art. 550, C. comm.

2537. — Sous la loi de 1808, dans le cas de faillite, le commerçant vendeur d'effets mobiliers qui se retrouvaient en la possession de l'acheteur au moment de sa faillite, pouvait exercer le privilége établi par l'art. 2102, C. civ., indépendamment de l'action en revendication, si les effets vendus n'avaient pas le caractère de marchandises destinées à entrer dans le commerce. — *Paris*, 5 déc. 1832, Toulouse c. Foulon.

2538. — De ce que le commerçant vendeur de marchandises non payé a le droit, dans certains cas déterminés par les art. 576 et suiv., C. comm. 1808, de les revendiquer dans la faillite de l'acheteur, il ne faut pas en conclure que l'art. 2102, C. civ., lui accorde un privilége sur leur prix. — Il en est autrement, même au cas de faillite de l'acheteur, et il y a lieu à privilége sur le prix au profit du vendeur, lorsqu'il s'agit non de marchandises proprement dites, c'est-à-dire d'objets mobiliers achetés uniquement pour être revendus, mais de meubles que l'acheteur entendait conserver. — *Aix*, 10 nov. 1834, Pontier.

2539. — Décidé sous le Code de 1808 que la faillite de l'un des acquéreurs solidaires faisait perdre aux autres le bénéfice du terme, et qu'il y avait lieu contre tous à la résolution de la vente, si le prix de la vente n'était pas payé ou s'il n'était pas fourni caution. — *Bordeaux*, 6 janv. 1836, Faure c. Maillères.

2540. — En cas de faillite de l'acheteur, le vendeur d'objets mobiliers ne peut exercer que l'action *en revendication* ouverte par les art. 576 et suiv., C. comm., mais il ne peut se pourvoir par voie de demande *en résolution*. — *Limoges*, 4 fév. 1837 (t. 2 1837, p. 181), Bouyer c. Gay de Nexon.

2541. — L'art. 550, C. comm., L. 28 mai 1838, qui abolit, en cas de faillite, l'exercice du privilége et du droit de revendication établis par le no 4 de l'art. 2102, C. civ., au profit des vendeurs d'effets mobiliers, prohibe également l'exercice de l'action résolutoire. Cette action est comprise implicitement dans la prohibition. — *Paris*, 24 août 1839 (t. 1er 1840, p. 271), Thibault c. Branzon.

2542. — Le droit de revendiquer appartient non seulement au vendeur, mais encore à ses représentans ou ayant-cause et, par exemple, à ses héritiers cessionnaires ou créanciers.

2543. — Ainsi, un commissionnaire qui, ayant acheté par ordre de son commettant, lui a fait des avances, est subrogé aux droits du vendeur et peut revendiquer. — *Cass.*, 14 nov. 1810, Calliano c. Saltzmann.

2544. — Le commissionnaire qui, d'après les ordres de son commettant, achète et acquitte en son nom et de ses propres deniers des marchandises au paiement desquelles il s'était personnellement obligé, peut, en vertu de l'art. 1251, C. civ., en cas de faillite du commettant, exercer, comme subrogé aux droits du vendeur, la revendication établie par l'art. 576, C. civ. — *Rouen*, 4 janv. 1825, Fort c. Nélaton; *Aix*, 4 fév. 1834, Kiar Galula c. Chapelié; — Bioche et Goujet, *Dictionn. de procéd.*, vo *Faillite*, no 561; Pardessus, t. 2, no 565.

2545. — Mais le négociant qui a acheté des marchandises pour le compte d'un commettant n'a pas qualité pour les revendiquer en cas de faillite de ce commettant. — *Colmar*, 26 avr. 1809, Saltzmann c. Colliano.

2546. — L'associé en participation qui a expédié des marchandises pour les vendre à un commissionnaire, son coparticipant, en demeure propriétaire tant qu'il n'a pas été payé par son coassocié de la somme à sa charge dans la valeur des marchandises, et, en cas de faillite de celui-ci, il a le droit de revendiquer ces marchandises, sauf à tenir compte à la masse de la faillite des bénéfices que l'opération peut produire. — *Cass.*, 7 août 1838 (t. 2 1838, p. 422), Douanes c. Gleisset et Raffin.

2547. — Lorsqu'un négociant a acheté des marchandises pour compte à demi de lui et d'un autre négociant, il ne peut, en cas de faillite de ce dernier, revendiquer que la moitié de ces marchandises, et, pour la partie vendue, il ne peut lui demander compte que de la moitié, sauf à concourir avec les autres créanciers pour l'autre moitié du prix des marchandises vendues. — *Bruxelles*, 10 nov. 1820, Joseph Ozy.

2548. — La loi ne distingue pas à quel emploi les marchandises étaient destinées, peu importe qu'il s'agisse de marchandises achetées par le failli pour son commerce ou pour son usage personnel et celui de sa famille. — Pardessus, no 1296.

2549 — On ne peut revendiquer des marchandises vendues plus de dix jours avant la faillite, et encore intactes dans les magasins du failli, lorsque la preuve de cette vente ne résulte que d'un acte sous seing-privé qui n'a reçu aucune des formes déterminées par l'art. 1328, C. civ. — *Metz*, 17 août 1818, Anceaux c. A...

2550. — La revendication établie par l'art. 583, C. comm., doit être exercée contre le failli et non contre les tiers. — *Cass.*, 12 juill. 1832, Seytre c. Guibal.

2551. — La revendication n'appartient au vendeur qu'autant que le prix lui est encore dû.

2552. — Le paiement d'à-compte sur le prix des marchandises n'est pas un obstacle à la revendication des marchandises, seulement le revendiquant doit, pour obtenir la restitution des marchandises, restituer les à-comptes qu'il a reçus. — Esnault, no 643.

2553. — Si le prix avait été réglé en billets, il y aurait à rechercher si les parties ont entendu opérer une novation qui ne doit pas se présumer, ou bien si les billets n'ont été souscrits que comme un moyen de faciliter le paiement; dans ce dernier cas, l'existence des billets ne saurait faire obstacle à la revendication. — Pardessus, no 1288; Goujet et Merger, *Dict. de droit comm.*, vo *Revendication*, no 129 et suiv.; Bédarride, no 1143; Esnault, no 643.

2554. — Jugé, dans ce sens, que lorsque le vendeur d'une marchandise quittance la facture en billets à terme souscrits à son profit par l'acheteur, il n'y a pas novation, et le vendeur peut encore, en cas de faillite de l'acheteur, revendiquer la marchandise. — *Metz*, 18 août 1821, Wuillaume c. Barthélemy.

2555. — Mais jugé aussi que celui qui a vendu des marchandises au comptant, qui ensuite reçoit de l'acheteur des effets de commerce souscrits par des tiers, sans autre stipulation, est censé *payé* dans le sens de l'art. 576, C. comm.; en sorte que si les effets ne sont pas payés à l'échéance, le vendeur ne peut revendiquer sa marchandise contre l'acheteur failli; il ne peut que demander le remboursement des effets. — *Douai*, 5 août 1818, Kreglinger c. Chamouland.

2556. — Si les parties sont en compte courant, et que le prix de vente ait été passé au crédit du vendeur, il faut appliquer les règles que nous avons tracées *suprà* nos 2720 et suiv., pour la revendication par le commettant contre le commissionnaire du prix des marchandises consignées. — Bédarride, no 1143.

2557. — La loi n'a pas fixé de délai pour l'exercice de l'action en revendication, elle peut être formée tant contre les syndics provisoires que contre les syndics définitifs, et l'intervention du créancier aux opérations de la faillite ne devrait pas, en général, être envisagée comme une renonciation à la revendication. — Goujet et Merger, vo *Revendication*, nos 172 et 173.

2558. — Les conditions exigées par la loi pour autoriser la revendication en matière de faillite ont eu pour but la constatation de permanence de propriété de l'objet revendiqué entre les mains du revendiquant. En conséquence, les conditions spécifiées dans l'art. 584, C. comm., doivent être considérées comme prescrites plutôt *exempli causâ* que comme condition *sine quâ non*. — *Douai*, 10 mai 1836, Bauffe c. Verteneuil.

2559. — Pour qu'il soit bien certain que la marchandise vendue n'a pas encore augmenté l'actif de l'acheteur, il faut que la tradition n'en ait été effectuée ni dans ses magasins ni dans ceux du commissionnaire chargé de les vendre pour le compte du failli.

2560. — La livraison des marchandises vendues, faite à l'acheteur qui a été déclaré postérieurement en état de faillite, n'est pas un obstacle à l'action en revendication de la part du vendeur, exercée pendant que ces marchandises expédiées par ordre du premier étaient encore en route, et avant qu'elles soient entrées dans ses magasins ou dans ceux d'un commissionnaire chargé de les vendre pour son compte. — *Cass.*, 6 (et non 9) nov. 1823, Aymard c. Imbert et Chateau.

2561. — Pour que le vendeur ait le droit de revendiquer ses marchandises, il suffit qu'il y ait eu tradition réelle et mise en possession au profit de l'acheteur. Il n'est pas nécessaire que les marchandises aient été expédiées au failli et mises en route pour être transportées dans ses magasins. — Spécialement, lorsqu'un propriétaire a vendu à un marchand du bois de sa forêt; que l'acheteur, après avoir agréé ce bois, l'a fait, du consentement du propriétaire, dresser et empiler sur les lieux mêmes où il a été coupé, le vendeur, en cas de faillite de l'acheteur, a le droit de revendiquer sa chose, pourvu qu'il n'y ait pas de doute sur l'identité de la marchandise. — *Limoges*, 16 fév. 1844 (t. 1er 1847, p. 75), Prouilhac c. Buffière et Magnaud. — V. cependant *infrà* no 2574.

2562. — Si l'acheteur, au moment où les marchandises arrivent dans ses magasins, déclare qu'il ne les accepte pas, cette déclaration empêche la tradition de s'effectuer, et laisse encore place à la revendication.

2563. — Lorsque le vendeur de marchandises énoncées dans une facture les a réclamées pendant qu'elles étaient encore en route, et avant qu'elles fussent entrées dans les magasins du failli, et que le failli par correspondance a répondu qu'il ne les recevrait pas, mais que cependant ces marchandises ont été reçues dans les magasins du failli, elles sont censées ne l'avoir été qu'à titre de dépôt, et le vendeur a le droit de revendiquer les marchandises qui, en conférant la facture avec l'inventaire, se trouvent être identiquement les mêmes. — *Rennes*, 23 fév. 1815, Waubert c. Danion; — Bioche et Goujet, v° *Faillite*, n° 306.

2564. — Le vendeur ne peut revendiquer les marchandises arrivées dans les magasins de l'acheteur qui est décédé avant de les avoir reçues, et dont la succession n'a été acceptée que sous bénéfice d'inventaire. — *Bruxelles*, 4 janv. 1817, Hullet et Lafontan c. Lambrechts.

2565. — Le projet qui est devenu l'art. 576 portait: « Pourront être revendiquées les marchandises expédiées au failli tant que la tradition réelle n'en aura pas été effectuée au lieu de leur destination. » En proposant cette rédaction, le rapporteur, M. Renouard, s'exprimait ainsi: « L'art. 577 ne parlait que de l'entrée dans les magasins du failli, ou dans ceux des commissionnaires, chargés de vendre pour son compte. Il se taisait sur les entrées en entrepôt, sur les arrivages à port ou à quai, lorsque l'usage est d'y effectuer des ventes partiellement ou en totalité avant le débarquement. Votre commission a cherché une rédaction générale qui s'étendît nettement à tous les cas, et qui posât clairement la limite jusqu'à laquelle la revendication pourra être admise. Elle s'est attachée à l'époque de la mutation de propriété réalisée par le fait matériel de la tradition. »

2566. — Par suite d'un amendement de M. Gaillard de Kerbertin le mot *réelle* fut supprimé, et il fut bien entendu que la tradition opérée même par la remise des objets dans les bâtimens où les marchandises sont déposées, effectuerait la tradition de manière à empêcher la revendication. — Saint-Nexent, n° 360.

2567. — On sait que cet article ainsi adopté par la chambre des députés fut supprimé dans le projet que le gouvernement porta à la chambre des pairs, et que ce fut la commission de cette chambre qui rétablit une rédaction conçue en termes restrictifs, se rapprochant de l'ancien art. 577, mais quelle que soit cette rédaction, il faut dire que dans l'esprit de la loi, tel que l'exposait M. Renouard dans son rapport, que le point essentiel à constater est de savoir si le failli a été investi de la possession des objets vendus.

2568. — Le vendeur de marchandises dont le prix ne lui a pas été payé n'a pas le droit de les revendiquer sur l'acheteur déclaré en état de faillite, lorsqu'elles étaient déjà arrivées à leur destination et entrées dans le magasin désigné par ce dernier pour y rester à sa disposition. — *Cass.*, 31 janv. 1826, Mutel c. Joly; *Rennes*, 26 mai 1815, N... c. Mené; — Boulay-Paty, *Faill. et banquer.*, t. 2, p. 699; Bioche et Goujet, *Dict. procéd.*, v° *Faillite*, n° 395; Bédarride, n° 1145; Renouard, t. 2, p. 396.

2569. — Le vendeur ne peut soutenir avec fondement que ce magasin étant un magasin public, et non un magasin propre au failli, les marchandises doivent être considérées comme étant encore en route, et par conséquent sujettes à revendication. — *Cass.*, 31 janv. 1826, Mutel c. Joly.

2570. — Jugé toutefois que le vendeur peut revendiquer ses marchandises qui se trouvent dans un dépôt public et qui ne sont point encore entrées dans les magasins de l'acheteur, au moment de sa faillite. — *Bruxelles*, 25 avr. 1810, Vandenbol c. Vanrossum.

2571. — De ce qu'une marchandise a été déposée au lazaret, il ne s'ensuit pas qu'elle ait été reçue et emmagasinée par le failli. — *Aix*, 4 fév. 1834, Kiar Galulo c. Chapelié; — Pardessus, n° 1288.

2572. — Les vins qui ne sont pas entrés dans les magasins de l'acheteur ou du commissionnaire de l'acheteur, et qui ont été arrêtés en route sur le navire qui les transportait, peuvent être revendiqués en cas de faillite de l'acheteur. — *Rouen*, 15 mars 1822, Joyeux c. Fauvel.

2573. — La revendication en cas de faillite peut être déclarée non-recevable, bien que les marchandises vendues se trouvent encore dans les magasins du vendeur, s'il y a eu remise à l'acheteur des clés de ces magasins dont le vendeur n'était que locataire, si l'acheteur a eu la possession pendant quinze mois, et si la plus grande partie des marchandises ne se trouve plus dans les magasins. — *Bourges*, 25 fév. 1826, Bezier c. Capiton; — Pardessus, n° 1288; Bédarride, n° 1145; Renouard, t. 2, p. 395.

2574. — En cas de faillite de l'acheteur d'une

FAILLITE, ch. 14, sect. 4e.

coupe de bois, le vendeur n'a pas le droit de retenir ou de revendiquer les bois coupés et façonnés, bien qu'ils soient encore déposés sur le parterre de la vente; le parterre de la vente doit, dans ce cas, être considéré comme le magasin de l'acheteur. — *Paris*, 8 août 1845 (t. 1er 1845, p. 79), d'Aligre c. Blot; *Orléans*, 30 déc. 1845 (t. 1er 1847, p. 80), Bourguignon c. le prince d'Essling; — Goujet et Merger, v° *Revendication*, n° 139; Esnault, n° 646. — V. *contrà*, mais à tort, *Limoges*, 16 fév. 1844 (t. 1er 1847, p. 75), Prouilhac c. Buffières.

2575. — En cas de faillite de l'acheteur d'une coupe de bois, le vendeur n'a pas le droit de revendiquer les bois dont la tradition a été faite réellement dans un lieu où, selon l'usage, la convention des parties, et la nature même des bois, cette tradition devait nécessairement avoir lieu; dont les acheteurs ont pris immédiatement possession, et dont ils ont matériellement disposé en les réduisant ou en commençant à les réduire en charbons. — La tradition, la prise réelle de possession, et la transformation des bois vendus, ne pouvant avoir lieu que sur l'emplacement de la forêt concédé à cet effet; cet emplacement est devenu momentanément, et par rapport au bois vendu, le magasin dont parle l'art. 576, C. comm. — *Cass.*, 9 juin 1845 (t. 1er 1847, p. 77), Buffières c. Bonneval.

2576. — De cette jurisprudence on peut tirer cette conséquence, conforme du reste aux principes en matière de vente, qu'à l'égard des marchandises non susceptibles d'être emmagasinées et pour celles qui se rendent sur les ports ou quais, l'acheteur entre immédiatement en possession, à moins qu'il ne soit stipulé que les marchandises doivent être transportées par le vendeur dans un lieu désigné par l'acheteur. — Saint-Nexent, n° 364; Esnault, n° 647.

2577. — Si c'est au contraire l'acheteur qui doit faire ce transport, et si sur l'emplacement même où elles ont été déposées, ces marchandises demeurent à ses risques, cet emplacement est considéré comme son magasin. — Pardessus, n° 1188; Bédarride, n° 1146.

2578. — Si toutefois la vente avait été faite sur cet emplacement au poids et à la mesure, la tradition n'aurait pas été effectuée et la revendication serait admissible tant que le pesage et le mesurage n'auraient pas eu lieu; car jusque-là le failli n'a pas la disposition des marchandises. — Bédarride, n° 1148.

2579. — La circonstance que les marchandises n'auraient séjourné que fort peu de temps dans les magasins de l'acheteur ou de son commissionnaire est indifférente pour l'exercice de la revendication. — Pardessus, n° 1288; Bioche et Goujet, *Dict. procéd.*, v° *Faillite*, n° 395; Goujet et Merger, v° *Revendication*, n° 142.

2580. — Des marchandises vendues à un négociant et parvenues dans ses magasins ne peuvent pas être censées en route, et en conséquence revendiquées sur l'acheteur tombé en faillite, parce que celui-ci avait annoncé qu'elles étaient destinées pour l'étranger. — *Cass.*, 13 oct. 1814, Bérard c. Jue.

2581. — Lorsque les marchandises vendues sont arrivées à leur destination et ont été réexpédiées par le failli pour son propre compte à un tiers, mandataire du failli, dans les magasins duquel elles sont entrées, elles ne peuvent être revendiquées. — *Bruxelles*, 13 avr. 1822, N... c. Weverberg.

2582. — Les marchandises entrées dans les magasins d'un commerçant failli ne peuvent être revendiquées par le vendeur, bien qu'elles y soient en entrepôt fictif, cet entrepôt, étranger au vendeur, n'intéressant que l'acheteur et l'administration des douanes; il en doit être surtout ainsi si le failli a disposé de partie des marchandises. — *Poitiers*, 28 fév. 1831, Ligneau-Grand-cour c. Berthault; — Esnault, n° 647.

2583. — Les magasins du commissionnaire sont censés être les magasins propres du failli, fussent-ils situés dans la même ville; mais il faut que le commissionnaire soit chargé de vendre les marchandises pour le compte du failli. — Si le commissionnaire, dit M. Esnault (n° 649), n'avait pas mandat de revendre les marchandises, s'il était, au contraire, uniquement investi du mandat de les expédier à un tiers pour le failli, il est bien certain que la tradition ne résulterait pas de leur séjour momentané dans ses magasins, et qu'elles seraient présumées en voyage ou dans un dépôt transitoire qui ne remplacerait en rien les bâtimens de l'acheteur.

2584. — La revendication en matière de faillite peut être exercée, bien que les marchandises aient été déposées dans les magasins du commissionnaire du failli, si elles y ont été placées non pour être vendues, mais pour attendre l'embarquement. — *Caen*, 7 août 1820, Durand c. Delongerais; — Par-

FAILLITE, ch. 14, sect. 4e.

dessus, n° 1288; Bédarride, n° 1148; Goujet et Merger, *Dict. de dr. comm.*, v° *Revendication*, n° 146; Bioche et Goujet, *Dict. de procéd.*, v° *Faillite*, n° 397.

2585. — Si ces marchandises, au jour de la faillite, sont encore déposées, même sur la demande du failli, dans les magasins du voiturier, le vendeur conserve intact son droit de revendication. — *Paris*, 16 juill. 1842 (t. 1er 1843, p. 526), Noël c. Lesage; — Goujet et Merger, v° *Revendication*, n° 147.

2586. — Quand le destinataire a chargé un commissionnaire de vendre une partie des marchandises entrées dans les magasins de celui-ci, il ne résulte pas de là que l'expéditeur, en cas de faillite de l'acheteur ou destinataire, ne puisse revendiquer l'autre partie, sur laquelle n'a point porté le mandat de vendre. — C. comm., art. 677. — La revendication peut également avoir lieu lorsque le commissionnaire a reçu de l'acheteur, avant sa faillite, l'ordre de recevoir les marchandises, et qu'elles sont réellement entrées dans ses magasins. — *Bordeaux*, 4 mars 1834, Courtois et Lusseaud c. Tyranty.

2587. — Mais le vendeur non payé ne peut, en cas de faillite de l'acheteur, revendiquer les marchandises, lorsque l'acheteur a envoyé les marchandises à un commissionnaire en le chargeant de les tenir à la disposition d'un négociant auquel il dit les avoir revendues. — *Caen*, 28 janv. 1824, Joly c. Mutel.

2588. — Pour éviter les contestations qui peuvent s'élever pour reconnaître la nature du mandat donné à un commissionnaire dont la profession est de se charger habituellement et cumulativement de ventes, d'entrepôts et de transports, un député, M. Boulay (du Var), avait proposé que ce commissionnaire fût tenu de justifier d'un mandat de vendre antérieur au moins de dix jours à la suspension de paiemens. « Dans ce cas, le commissionnaire devra fournir la preuve écrite de l'autorisation reçue du failli d'opérer la vente des marchandises, et cette autorisation devra être antérieure de dix jours au moins à la suspension des paiemens du failli. » — *Moniteur* 6 avr. 1838. — L'amendement a été rejeté comme pouvant entraver les négociations commerciales, et l'appréciation du mandat demeure donc abandonnée à la sagesse des tribunaux, qui devront annuler tout mandat qui leur paraîtrait n'avoir été concerté que pour frauder les droits légitimes des revendiquans. — Pardessus, n° 1288.

2589. — Le fait matériel de la tradition des objets vendus à un failli ne fait pas obstacle, dans tous les cas, à la revendication; il faut de plus, qu'il y ait eu dessaisissement du vendeur, c'est-à-dire qu'il ait mis les objets vendus en état d'être reçus par l'acheteur. — *Rouen*, 14 juin 1841 (t. 2 1841, p. 155), Urruty c. Barker; 30 mai 1840 (t. 2 1841, p. 155), Berthelot c. Delamare.

2590. — Il en est ainsi dans le cas du transport de machines chez l'acheteur, s'il reste au vendeur à exécuter certains travaux indispensables à leur entier achèvement, encore bien qu'il y ait eu délivrance de facture de la part du vendeur, et paiemens faits à compte par l'acheteur; ces circonstances, jointes au fait matériel de la tradition, ne constituent pas d'une manière complète le fait légal d'une livraison définitive. — *Rouen*, 14 juin 1841 (t. 2 1841, p. 155), Urruty c. Barker.

2591. — Mais il y a livraison légale de la chose vendue lorsque l'acheteur a pris possession de cette chose chez son vendeur, et lui a fait subir des modifications par son travail, encore bien que l'objet vendu soit resté chez le vendeur; la revendication ne peut plus alors être exercée. — *Rouen*, 30 mai 1840 (t. 2 1841, p. 155), Berthelot c. Delamare.

2592. — La revendication est possible lorsque les marchandises ne sont arrivées dans les magasins du failli qu'après le jugement déclaratif de la faillite qui a fixé la position de tous les créanciers. — Pardessus, n° 1288; Bédarride, n° 1151; Goujet et Merger, v° *Revendication*, n° 152.

2593. — Si les syndics ont vendu les marchandises ainsi arrivées après la faillite, le prix pourra en être revendiqué, car il n'y a aucune confusion possible.

2594. — Celui qui, postérieurement à l'ouverture de la faillite qu'il ignorait, a livré des marchandises dont la masse des créanciers a profité, a droit de réclamer contre la masse le paiement du prix ou la résiliation du marché. — *Caen*, 7 août 1820, Durand c. Delongerais.

2595. — Le débarquement et la vente des marchandises, effectués par les commissaires de la masse des créanciers, n'offrent pas une fin de non-recevoir contre la demande en revendication, surtout lorsque ces actes paraissent frauduleux, et que l'on a même renoncé à s'en prévaloir en première instance. — *Aix*, 26 avr. 1827, Cabanellas c. Blasco.

2596.—Le dessaisissement du failli ne commençant, d'après le Code actuel, qu'à compter du jugement déclaratif de faillite, les marchandises arrivées dans les magasins du failli depuis le fait de la cessation de paiemens, mais avant le jugement déclaratif, ne pourraient être revendiquées.— Bédarride, nº 1151.

2597. — Selon M. Bédarride, il importe peu que les marchandises aient été ou non déballées par le failli.—V. cependant Renouard, t. 2, p. 401.

2598. — Si au lieu de marchandises corporelles il s'agissait de mandats de commerce tirés ou endossés au profit du failli, qui n'en aurait pas versé le prix, la revendication serait impossible. L'entrée des effets dans le portefeuille du failli doit être assimilée à l'entrée des marchandises dans ses magasins.—Pardessus, nº 1297. — Ainsi, lorsqu'un négociant a souscrit au profit d'un autre des effets *valeur en compte courant*, et que ces effets portés à son crédit sont protestés à l'échéance, le souscripteur ne peut se faire un titre de créance contre son correspondant du reliquat du compte courant résultant à son profit des effets qu'il n'a point payés. — *Cass.*, 15 janv. 1823, Delcourt c. Delahalle et Lemoine; 23 fév. 1829, Noirot-Peignot c. Daguenet.

2599.—La revendication n'est plus recevable si, avant leur arrivée, les marchandises dont la propriété a été transférée à l'acheteur par le simple consentement ont été vendues sans fraude, sur factures et connaissemens ou lettres de voitures signées par l'expéditeur.—C. comm., art. 576.

2600.—La bonne foi devant toujours être présumée, ce sera au revendiquant à prouver que le tiers auquel les marchandises ont été vendues a agi par fraude, ainsi que son vendeur.

2601. — Si l'intention frauduleuse n'existait que de la part du failli, la revendication ne pourrait être admise contre le tiers de bonne foi. — Meynard, discussion à la chambre des députés, séance du 24 fév. 1835.

2602. — Le vendeur, non payé, de marchandises que l'acheteur, peu de temps avant sa faillite, a revendues à un tiers, ne peut exercer la revendication et arguer cette revente de fraude comme ayant été faite à bas prix à une époque voisine de la faillite et où les affaires du revendeur étaient embarrassées, si d'ailleurs la revente est régulière et s'il n'est point prouvé qu'elle ait été contractée par l'acheteur dans l'intention de nuire aux créanciers du vendeur. — *Caen*, 27 janv. 1824, Joly c. Muset.

2603. — La vente de marchandises constatée par acte enregistré plus de dix jours avant la faillite, mais faite au comptant, sans facture, sans énonciation de poids et quantité, et dans un temps où la faillite n'était plus douteuse pour les contractans, peut être annulée comme frauduleuse.— L'occupation de ces marchandises prises sur la route, leur introduction dans les magasins du sous-acheteur avec l'empressement de les dénaturer, ne peut priver de son droit de revendication le vendeur originaire. — Celui-ci peut faire condamner le tiers à représenter les marchandises, sinon se faire autoriser à en acheter de pareilles en quantité et qualité aux frais du tiers. — *Dijon*, 11 août 1809, Lomprey et Girard c. Rouyer et Lantillon.

2604.— Dans le cas de faillite de l'acheteur, survenue avant l'arrivée des marchandises et leur entrée dans ses magasins, le vendeur à qui le prix en est dû peut les revendiquer, malgré la revente qui en a été faite à un tiers, si cette revente n'a pas eu lieu tout à la fois sur les factures et sur connaissemens ou lettres de voiture. — *Liége*, 26 juill. 1810, Everts c. Turpin; *Toulouse*, 19 déc. 1826, Foussay c. Viguerie; *Rouen*, 20 juill. 1819, Héliot, c. Rout; —Pardessus, *Cours de droit comm.*, nº 1290; Boulay-Paty. *Faillites et banqueroutes*, nº 712; Biochet et Goujet, *Dict. de procéd.*, vº *Faillite*, nº 400; Lainné, *Comment. de la loi du 8 juin* 1838, p. 524.

2605.—La possession actuelle de la facture seule, et la subrogation de l'acheteur à l'utilité du connaissement ne suffisent pas pour remplir le vœu de la loi et pour soustraire les marchandises vendues à l'effet de la revendication. — *Toulouse*, 19 déc. 1826, Foussat c. Viguerie; même jour, Louis Viguerie et Double.

2606. — En effet, la facture sert à établir les rapports entre le vendeur et l'acheteur; quand l'acheteur primitif revend les marchandises, la facture équivaut à la délivrance réelle qui ne peut pas s'effectuer autrement; la lettre de voiture est un titre qui oblige le voiturier à remettre les marchandises au porteur de cette pièce, bien que le porteur ne soit pas propriétaire des marchandises Ces deux pièces n'ont donc rien de commun, et l'une ne saurait suppléer l'autre. Toutes deux sont donc indispensables pour compléter la vente; la facture atteste que la cession de la propriété a eu lieu, la lettre de voiture ou le connaissement donne le droit d'exiger la remise de la marchandise. — Pardessus, nº 1290; Goujet et Merger, vº *Revendication*, nº 1290; Esnault, nº 650.

2607. — L'endossement consenti par l'acheteur, tombé depuis en faillite, du connaissement des marchandises en route, est insuffisant pour empêcher la revendication, de la part du vendeur, des marchandises expédiées, s'il n'exprime pas la valeur fournie, et n'est pas accompagné de la remise de la facture délivrée par le vendeur. —Et cela nonobstant tous usages contraires.— Le porteur du connaissement ne serait surtout point fondé à s'opposer à la revendication s'il était, dans l'acte de vente auquel le premier endossement se référait expressément, indiqué comme destinataire en qualité de correspondant de l'acheteur, — *Cass.*, 11 fév. 1840 (t. 1er 1840, p. 221), Rocca c. Garavini; — Goujet et Merger, vº *Revendication*, nº 161; —Esnault, nº 650.

2608. — L'art. 576 exige que la lettre de voiture et le connaissement soient signés par l'expéditeur. Cette addition au Code de 1808 a été proposée par M. Meynard (séance de la chambre des députés du 24 fév. 1835), qui l'a motivée sur la facilité avec laquelle on peut se procurer une facture, qui est délivrée par le vendeur même pour un marché à condition, ou un duplicata de la lettre de voiture ou du connaissement que le voiturier ou le capitaine ne sauraient se refuser à remettre. C'est pour obvier au défaut de garantie, résultant de la délivrance des pièces qui a lieu à l'insu de l'expéditeur, qu'on a exigé sa signature. Toutes les fois qu'il n'aura pas signé la lettre de voiture ou le connaissement la fraude sera impossible, car la revendication sera recevable.— Lainné, p. 525; Saint-Nexent, nº 365.

2609.— Jugé toutefois sous le Code de 1808 que le nantissement, fait sur la simple remise du connaissement, est un obstacle à la revendication. — *Aix*, 4 fév. 1834, Kiar Galula c. Chapelié.

2610 — Pour que des marchandises revendues avant leur arrivée ne puissent pas être revendiquées, il suffit qu'avant l'époque de l'ouverture de la faillite du revendeur, le second acheteur ait été porteur sans fraude de la facture et de la lettre de voiture ou connaissement, bien que ce connaissement ne lui ait été remis qu'après la facture. — *Rouen*, 2 déc. 1828, Rouet c. Pouchet.

2611. — Si les marchandises expédiées ont été confisquées pour contravention aux lois sur les douanes, il n'y a plus lieu par le vendeur à exercer une revendication qui ne peut avoir lieu au préjudice des droits du trésor.—L. 22 août 1791, tit. 12, art. 5; L. 1er germin. an XIII, art. 38; — Pardessus, nº 1290; Goujet et Merger, vº *Revendication*, nº 166.

2612.—Celui qui, pouvant revendiquer un meuble dans la masse d'une faillite, en a laissé faire la vente avec les autres meubles, ne peut ensuite en réclamer la valeur par privilége au préjudice du trésor. — *Cass.*, 17 oct. 1814, Bouisson c. Douanes; — Lainné, nº 534.

2613.—Si les marchandises expédiées, au lieu d'avoir été revendues sur facture, ont été affectées à une dette privilégiée, par exemple, à des avances faites par un voiturier, le revendiquant est obligé d'acquitter ces dettes. — Pardessus, nº 1291; Goujet et Merger, vº *Revendication*, nº 1291.

2614.—La revendication de marchandises sous balle et sous corde vendues payables en lettres de change à une date éloignée, n'a pu, dans la ci-devant Alsace, être utilement exercée, après le protêt des traites non acquittées. — *Colmar*, 4 janv. 1806, Sachermann c. Barbenès.

2615.—Nous avons vu (*suprà* nºs 2401 et s.) que, dans l'ancien droit français, on exigeait pour la recevabilité de la revendication que l'identité des marchandises revendiquées avec les marchandises vendues fût établie d'une manière incontestable.

2616—C'était en partant de ce principe que le Code de 1808 avait par son art. 580 disposé en ces termes : « La revendication ne pourra être exercée que sur les marchandises qui seront reconnues être identiquement les mêmes, et que lorsqu'il sera reconnu que les balles, barriques ou enveloppes dans lesquelles elles se trouvaient lors de la vente n'ont pas été ouvertes, que les cordes ou marques n'ont été ni enlevées ni changées, et que les marchandises n'ont subi en nature et quantité ni changement ni altération. »

2617.—Le vendeur non payé ne peut exercer la revendication, lorsqu'elles ne sont plus en même quantité, par exemple, lorsque l'acheteur de plusieurs pièces d'eau-de-vie en a vendu une seule pièce. — *Rennes*, 26 mai 1815, N.. c. Mené; — Locré, t. 7. p. 313; Boulay-Paty, *Faill. et Banq.*, t. 2, nº 720; Bioche et Goujet, *Dict. de procéd.*, vº *Faillite*, nº 405.

2618. —La revendication ne peut plus être exercée, lorsqu'une partie des marchandises ne se trouve plus, quoique celles qui restent n'aient subi aucune altération et soient faciles à reconnaître. — — *Bourges*, 23 janv. 1824, Brière c. Monnot.

2619.—Il y a altération dans la *quantité* des marchandises vendues, et par suite, impossibilité d'admettre la *revendication*, lorsqu'elles ont été *enlevées en partie*, bien que les autres demeurées dans les magasins du vendeur soient *identiquement* le reliquat de ces marchandises. — *Cass.*, 1er mai 1832, Lecarpentier et Lacoudrais c. Fromage.

2620. — Bien que cet art. 580 n'ait pas pris place dans la loi nouvelle, ce serait une erreur que de conclure de sa suppression que le revendiquant n'est plus astreint à la preuve de l'identité des objets réclamés par lui. Mais la preuve de cette identité résultera d'autres circonstances que celles qu'énumérait l'ancien art. 580, et ces circonstances sont laissées à l'appréciation du juge. —Renouard, t. 2, p. 397; Pardessus, nº 1292; Bédarride, nº 1149; Goujet et Merger, vº *Revendication*, nº 168; Esnault, nº 645.

2621. — En conséquence, il pourrait résulter des faits du procès que l'ouverture des balles, caisses ou enveloppes, avant la tradition effective, ou même un changement dans la quantité des marchandises, ne fût pas sous la loi nouvelle un obstacle à la revendication.

2622.—Les opérations qu'on fait subir à la marchandise dans le lazaret ne détruisent pas l'identité exigée pour la revendication. — *Aix*, 4 fév. 1834, Kiar-Galula c. Chapelié et comp.

2623. — Des bois ou planches expédiés à flot sur une rivière et qui sont arrivés au lieu de leur destination ne peuvent être considérés comme étant entrés dans les magasins de l'acheteur, lorsqu'ils sont encore à flot et n'ont éprouvé aucun changement ni altération. — *Metz*, 18 août 1821, Wuillaume c. Barthélemy. — Pardessus, *Cours de dr. comm.*, nº 1288; Boulay-Paty, *Faillites et banqueroutes*, nº 700.

2624. — L'ébranchage ou l'équarrissage de bois vendus en grume (c'est-à-dire sous écorce) ne constitue pas l'altération qui, aux termes de l'art. 580, C. comm, pourrait empêcher la revendication, alors que leur identité est parfaitement constatée par les numéros d'ordre et les chiffres dont ils avaient été marqués. — *Rouen*, 18 mars 1839 (t. 2 1839, p. 252), Caillot c. Dubuc; — Esnault, nº 646.

2625 — La cour supérieure de Liége a, par arrêt du 16 déc. 1820 (de Mérode c. Dæmoiseu), décidé que des bois convertis en charbon représentaient encore la chose vendue, et que ce changement de nature ne s'opposait pas à l'exercice du privilége du vendeur, qui est soumis à cette condition que les *objets* soient encore en la possession de l'acheteur. Mais cette décision ne nous paraît pas pouvoir être appliquée au cas de revendication de marchandises, parce qu'il y aurait là un changement de nature qui implique, de la part de l'acheteur, une prise complète de possession.

2626. — Le vendeur d'une coupe de bois ne peut plus toutefois exercer la revendication lorsque l'acquéreur a pris une possession complète des bois en les coupant et en en fabriquant diverses natures de marchandises. — *Orléans*, 30 déc. 1845 (t. 1er 1847, p. 80), Bourguignon c. le prince d'Essling; — Lainné, p. 522.

2627. — Le vendeur d'une coupe de bois qui a poursuivi par voie de saisie-exécution le paiement du prix de la vente ne s'est pas, par ce seul fait, rendu non recevable à exciper du droit de revendication des bois existant en nature sur le parterre de la coupe, et cette exception peut être présentée par lui incidemment à la demande principale en nullité de la saisie devant le tribunal civil dont la compétence n'a pas été déclinée, et qui d'ailleurs est essentiellement compétent, cette revendication se rattachant à un acte qui n'était pas commercial de la part du vendeur. — *Orléans*, 30 déc. 1845 (t. 1er 1847, p. 80), Bourguignon c. prince d'Essling.

2628.—En cas de vente en bloc de toutes les marchandises, telles que porcelaines contenues dans un magasin, il ne peut y avoir lieu à revendication, si à l'époque de sa faillite le vendeur en a vendu une forte partie, et s'il est impossible de constater que les marchandises sont identiquement les mêmes que celles vendues. — *Bourges*, 25 fév. 1826, Bezier c. Capitan; — Lainné, p. 521; Boulay-Paty, *Tr. des faillites et banqueroutes*, nºs 719 et suiv.

2629. — Il ne pourrait pas exister de revendication collective, et si sur l'ordre de l'acheteur, la marchandise avait été mêlée dans les magasins du commissionnaire avec d'autres marchandises de même nature, les divers propriétaires des marchandises mélangées ne pourraient en commun revendiquer ce mélange; car il n'y aurait plus identité. C'est, au reste, ce qu'avait jugé le parle-

ment de Paris par l'arrêt du 26 juin 1759, cité *suprà* n° 1450. — V. cependant Lainné, p. 528.

2630. — Mais la preuve de l'identité des marchandises doit toujours être fournie par celui qui les revendique.

2631. — Lorsque la revendication étant admise, les marchandises sont restituées au vendeur, la masse qui n'en retire aucun profit doit demeurer étrangère à tout ce qui est dû à l'occasion de ces marchandises. Aussi l'art. 576 se termine-t-il par la disposition suivante : « Le revendiquant sera tenu de rembourser à la masse les à-comptes par lui reçus, ainsi que toutes les avances faites pour fret ou voiture, commission, assurances, ou autres frais, et de payer les sommes qui seraient dues pour mêmes causes. » — Le droit du consignataire des marchandises à être remboursé de ses avances est si absolu qu'il est autorisé à vendre les marchandises appartenant au failli pour se remplir de ses avances. Le consignataire peut poursuivre cette autorisation devant les juges de son domicile, mais la vente doit être faite en présence des syndics de la faillite. — *Paris*, 8 mai 1811, Cornier c. Tassin; 14 janv. 1826, Redel c. Horne.

2632. — Une cour peut déclarer un commettant non-recevable dans sa demande en revendication de marchandises consignées au failli avant la faillite, lorsque la totalité des marchandises consignées est nécessaire pour indemniser le failli de ses avances. — *Cass.*, 4 juill. 1826, Leseigneur-Alexandre c. Picard.

2633. — Le droit de revendication que l'art. 576, C. comm., accorde au vendeur, en cas de faillite de l'acheteur, ne peut être exercé au préjudice du privilége attribué au commissionnaire par l'art. 93, même Code. — *Bruxelles*, 13 novembre 1818, Thuret c. Hawkes et Malonek. — V. Merlin, *Quest. de droit*, v° *Revendication*, § 7.

2634. — Le vendeur qui revendique ses marchandises en cas de faillite de son acheteur doit rembourser préalablement les avances que le commissionnaire a faites au failli sur ces marchandises. — *Gênes*, 12 juill. 1813, Firtz et comp. c. Broglio; *Rouen*, 18 juill. 1827, Sauvage c. Demblat; *Cass.*, 6 juin 1629, Auriol-Kruger c. Morel et Bonnaire c. Morel; — Esnault, n° 643. — Ce n'est pas seulement les avances de fonds faites au failli sur les marchandises consignées qui doivent être remboursées; il doit en être de même, d'après l'art. 576, des avances faites pour frêt ou voiture, etc. Cette disposition formelle de la loi est critiquée par M. Saint-Nexent (n° 366), qui soutient que ces dépenses étant propres et personnelles à l'acquéreur, et se trouvant sans objet par sa cessation de paiemens, auraient dû être laissées à la charge de la faillite au lieu d'être, par une contradiction avec la résolution du contrat, imposées au vendeur.

2635. — Le revendiquant ne pourrait compenser les frais et avances avec les à-comptes qu'il aurait reçus et qui doivent dans tous les cas être restitués en entier à la masse de la faillite. — Bédarride, n° 1155.

2636. — Si les marchandises revendiquées ne valent plus, par suite de baisse dans les cours, le prix auquel la vente a été faite, le vendeur ne peut réclamer aucune indemnité à la masse des faillis.

2637. — Le commissionnaire qui a acheté, de l'ordre d'un négociant depuis tombé en faillite, ne peut pas, après avoir revendiqué les marchandises qu'il a envoyées à celui-ci, et après les avoir vendues au-dessous du prix d'achat, demander le montant de la différence à la masse de la faillite. — *Cass.*, 21 fév. 1828, Heinzelmann c. Martin Puech; — Lainné, p. 535.

2638. — Le montant de l'assurance que le failli a fait faire sur les marchandises revendiquées appartient à la masse de sa faillite et non aux revendiquans. — *Cass.*, 8 juin 1829, Auriol-Kruger c. Morel; — Lainné, p. 528.

2639. — Si les marchandises ont été volées ou malicieusement détruites, le vendeur est recevable à revendiquer les indemnités dues par des tiers. En effet ces indemnités représentent les marchandises, tandis que dans l'espèce indiquée au numéro qui précède, l'indemnité due par l'assureur représente les primes d'assurances. — Bioche, n° 1292; Goujet et Merger, v° *Revendication*, n° 126. — V. *contrà* Lainné, p. 528.

2640. — Le consignataire de marchandises expédiées et achetées de plusieurs vendeurs peut, en cas de revendication par l'un d'eux d'une partie de ces marchandises après la faillite de l'expéditeur, se couvrir de l'intégralité de ses avances sur le prix des marchandises non revendiquées. — Le revendiquant ne saurait être tenu, dans ce cas, d'autres charges que celles formellement déterminées par l'art. 579, C. comm. — *Amiens*, 6 juin 1838 (t. 1er 1839, p. 279), Boullanger-Maillard c. Candelot; — Esnault, n° 644; Lainné, p. 529.

2641. — Lorsqu'un failli a deux établissemens, l'un en France et l'autre à l'étranger, la valeur des marchandises restituées au créancier par voie de revendication dans une masse ne sont pas rapportables à l'autre masse si le créancier revendiquant veut s'y faire employer. — Ce créancier doit seulement déduire du montant de sa créance les marchandises qui lui ont été restituées par suite de sa revendication. — *Colmar*, 27 août 1816, Schachtrupp c. Kestner.

Sect. 5e. — *Droit de rétention au profit du vendeur de marchandises.*

2642. — Le droit pour le vendeur de retenir les objets vendus et non encore livrés, découle des art. 1613 et 1614. Le failli ne pouvant plus accomplir son obligation de payer le prix, le vendeur a le droit de retenir la chose. Dans le silence du Code de 1808, ce droit avait été, par application des principes du droit commun, reconnu au vendeur en matière commerciale. — *Limoges*, 4 fév. 1837 (t. 2 1837, p. 181), Boyer c. Gay de Naxon.

2643. — La loi du 28 mai 1838 a formellement consacré ce droit au profit du vendeur par son art. 577, qui porte : « Pourront être retenues par le vendeur les marchandises, par lui vendues, qui ne seront pas délivrées au failli, ou qui n'auront pas encore été expédiées, soit à lui, soit à un tiers pour son compte.

2644. — Comme nous avons déjà eu occasion de le faire remarquer, l'art. 550, L. 28 mai 1838, a aboli, en cas de faillite, le privilége et la revendication résultant du § 4 de l'art. 2102, C. civ. — Et bien que cet article garde le silence à l'égard de l'action résolutoire, il n'en faut pas moins conclure que l'action résolutoire ne peut plus être aujourd'hui exercée; car elle a absolument le même but que la revendication, et doit être proscrite par les mêmes motifs. — Bioche, v° *Faillite*, n° 537. — Mais le droit résultant de l'art. 576 est d'une toute autre nature.

2645. — En effet, en matière de faillite, le droit de rétention des marchandises vendues ne peut être exercé que lorsque ces marchandises n'ont pas encore été délivrées au failli ou ne lui ont pas été expédiées. — *Limoges*, 16 fév. 1844 (t. 1er 1847, p. 75), Prouilhac c. Bufflère et Magnaud.

2646. — Par marchandises non délivrées, il faut entendre celles dont la tradition n'a pas enlevé au vendeur la détention pour la transmettre à l'acheteur. Ainsi, quand la vente a été faite au poids et à la mesure, les marchandises pesées ou dégustées qui seraient restées dans les magasins du vendeur pourraient être retenues par lui. — Peu importerait même que la marchandise fût emballée et marquée au nom de l'acheteur; tant qu'elle est dans les mains du vendeur, celui-ci peut la retenir. — Lainné, p. 536. — Nous pensons même, en nous appuyant sur les dernières expressions de l'art. 577, que dans le cas où la marchandise voyagerait pour le compte du vendeur, ou se trouverait entre les mains d'un commissionnaire choisi par lui, il y aurait encore lieu à l'exercice du droit de rétention. — V. *contrà* Lainné, p. 537.

2647. — Bien que la faillite ne soit pas encore déclarée, l'insolvabilité du débiteur, la cessation de ses paiemens ou tout au moins les poursuites dont il serait l'objet pourraient, dans le cas de vente à terme, être pour le vendeur un juste motif de retenir sa chose, à moins que l'acheteur ne donnât caution de payer à l'échéance.

2648. — Si le vendeur connaissant les protêts avait néanmoins consenti à vendre à terme, on comprend qu'il ne pourrait pas suspendre la livraison de la chose en alléguant une crainte qu'il aurait dû éprouver avant le contrat.

2649. — Si la vente est faite sans terme, comme l'obligation de livrer la chose est correspondante à celle de payer le prix, le vendeur pourrait retenir la chose tant que l'acheteur ne serait pas en mesure de payer le prix. — Bédarride, n° 1161.

2650. — La circonstance que le vendeur serait en retard de livrer aurait pu l'exposer à des dommages-intérêts si l'acheteur eût continué à être solvable, mais elle ne pourrait avoir pour effet de l'obliger à exécuter une convention désormais inexécutable. — Bédarride, n° 1157; Pardessus, n° 1986; Goujet et Merger, v° *Revendication*, n° 105.

2651. — Le droit de rétention s'appliquerait à la partie comme à la totalité des marchandises et le vendeur pourrait interrompre la livraison si, dans le cours de l'exécution, il avait sujet de craindre de n'être pas payé.

2652. — La généralité des termes de l'art. 577 le rend applicable à la vente d'un fonds de commerce dont l'acheteur n'aurait pas encore été mis en possession. — *Monit.* 24 fév. 1835 ; Bédarride, n° 1163.

Sect. 6e. — *Instances à fin de revendication ou rétention.*

2653. — Les demandes en revendication, si elles sont contestées, doivent être jugées par le tribunal de commerce sur le rapport du juge-commissaire de la faillite. — C. comm., art. 579.

2654. — Lorsque des marchandises ont été expédiées par un négociant à un autre négociant pour le compte d'un tiers qui se trouve en faillite, et que ces marchandises sont encore en route, la demande en revendication formée par l'un de ces négocians peut être portée devant le tribunal du domicile du négociant commissionnaire, lorsque la faillite demeure étrangère à la contestation et qu'il ne s'élève de débats qu'entre les deux négocians à l'occasion du privilége que chacun d'eux prétend lui appartenir. — *Cass.*, 4 avr. 1821, Bouisson c. Rey.

2655. — La question de savoir si une somme déposée par un débiteur failli entre les mains d'un tiers peut être revendiquée, au préjudice de la masse, par l'un des créanciers du failli, forme un objet de litige purement civil, et du ressort des tribunaux ordinaires. — *Caen*, 23 juill. 1827, Bedeaux dit Lejeune c. Binet; — Pardessus, n° 1271; Lainné, p. 540.

2656. — Il n'y a ni litispendance ni connexité entre l'action qui tend à faire déclarer, contre le syndic des créanciers d'une faillite, que la liquidation d'une société en participation est propriétaire de bois qui sont encore sur les chantiers du failli, et celle qui a pour objet d'aplanir, entre les divers membres de cette association en participation, à laquelle d'ailleurs le failli a intérêt, les difficultés survenues à l'occasion de la délivrance des bois réclamés; aussi le tribunal arbitral peut n'être pas préféré au juge de la faillite, quoique précédemment nanti, alors surtout que, sur la question de propriété, le tribunal de la faillite est plus à portée d'examiner et de résoudre la contestation. — *Cass.*, 1er avr. 1840 (t. 1er 1840, p. 634), Seillière c. Queno.

2657. — Les dépens doivent être mis à la charge de la partie qui succombe, et dès lors ne sauraient être compris dans les frais que le revendiquant doit supporter.

2658. — Pour donner à la masse le moyen d'échapper à la charge des dépens qui peut être très onéreuse, l'art. 579 dispose que les syndics pourront, avec l'approbation du juge-commissaire, admettre les demandes en revendication.

2659. — Cet article est la reproduction de l'art. 585, C. de 1808; comme il ne fait aucune distinction à l'égard des syndics, il s'ensuit que les syndics provisoires pourraient aussi admettre les demandes en revendication, tandis que, sous le Code de 1808, les agens de la faillite ne pouvaient admettre une revendication. — *Cass.*, 10 janv. 1821, Demesgrigny c. Gentil.

2660. — L'acquiescement régulièrement donné par les syndics ne lie pas les créanciers qui, ayant d'après la loi, qualité pour contester l'existence d'un privilége, n'ont pas moins qualité pour contester la revendication qui produit, pour celui qui l'exerce, les mêmes effets qu'un privilége. — Jugé, en conséquence, que les créanciers d'une faillite ont le droit de contester, soit isolément, soit collectivement, une demande en revendication formée en vertu des art. 576 et suiv., C. comm., lorsque les syndics l'ont admise au nom de la masse, avec l'approbation du juge-commissaire. — *Aix*, 11 janv. 1831, Cohen c. Reynier; — Bioche et Goujet, *Dict. de procéd.*, v° *Faillite*, n° 529; Bédarride, n° 1174; Lainné, p. 540.

2661. — Au surplus, si la contestation élevée par le créancier est mal fondée, les dépens seront mis par les juges à sa charge personnelle.

2662. — La revendication consentie par les syndics depuis le jugement déclaratif de faillite n'est n'est point annulée par la réformation de ce jugement, alors surtout que l'arrêt infirmatif a maintenu les opérations des syndics comme faites par les *negotiorum gestores* du failli. — *Aix*, 6 janv. 1844 (t. 2 1844, p. 258), Calmarino c. Guilermin.

2663. — Dans le cas où le vendeur exerce le droit de rétention reconnu à son profit par l'art. 575, ou bien dans le cas où il veut, aux termes de l'art. 576, revendiquer les marchandises dont la tradition n'a pas été effectuée, les syndics ont la faculté, sous l'autorisation du juge-commissaire, d'exiger la livraison des marchandises, en payant au vendeur le prix convenu entre lui et le failli.

2664. — Ils sont même fondés, dans ce cas, à réclamer des dommages-intérêts contre le vendeur

en retard de livrer, tout aussi bien que le failli lui-même aurait pu le faire, s'il eût été à la tête de ses affaires.

2665. — Les syndics ont également la faculté de profiter du bénéfice du terme, à la charge par eux de donner caution. — Renouard, t. 2, p. 404; Bédarride, nº 1168; Goujet et Merger, vº *Revendication*, nº 110.

2666. — L'art. 582, C. 1808, contenait des dispositions analogues; l'art. 478 de la loi nouvelle exige de plus l'autorisation du juge-commissaire, afin d'empêcher que cette opération ne soit faite trop légèrement, et pour qu'aucun soupçon de connivence avec le vendeur ne puisse atteindre les syndics.

2667. — Le vendeur, pour pouvoir disposer de la chose, n'a pas besoin de faire prononcer la résolution de la vente, mais il est obligé d'obtenir des syndics, sous l'autorisation du juge-commissaire, une déclaration expresse qu'ils n'entendent pas user du bénéfice de l'art. 578. — Renouard, t. 2, p. 405.

CHAPITRE XV. — *Compétence.*

Sect. 1re. — *Compétence absolue.*

2668. — La compétence est ou absolue, c'est-à-dire fondée sur les limites que la loi a posées aux diverses juridictions, ou relative, c'est-à-dire déterminée dans un seul ordre de juridiction par l'aspect de l'affaire en particulier et pour un seul tribunal.

2669. — La compétence absolue se partage en matière de faillite entre le tribunal de commerce, le tribunal civil et les tribunaux de répression.

2670. — Nous avons eu occasion de faire connaître, dans le cours de cet article, à quelles incertitudes l'ancienne législation française, c'est-à-dire l'ordonnance de 1673 et les déclarations et édits royaux qui l'ont suivie, avaient abandonné la juridiction en matière de faillite.

2671. — Nous avons dit aussi quelle avait été la règle tracée par l'assemblée nationale dans la loi des 16 et 24 août 1790.

2672. — La compétence des tribunaux de commerce en matière de faillite a été déterminée par l'art. 635, C. comm, 1808, qui contenait l'énumération des différens cas dans lesquels les tribunaux de commerce étaient appelés à statuer.

2673. — A l'énumération que contenait l'art. 635 du Code de 1808 la loi nouvelle a substitué une rédaction plus générale qui a étendu le cercle de la compétence commerciale et lui a déféré tout ce qui concerne les faillites conformément à ce qui est prescrit par le livre 3e du Code de commerce.

2674. — Les détails dans lesquels nous sommes entrés au mot COMPÉTENCE COMMERCIALE, nos 341 et suiv., l'indication que nous avons donnée en analysant les dispositions du livre 3e relatives aux faillites, du tribunal auquel, suivant les circonstances il fallait recourir, nous permettront, en ce qui concerne la compétence absolue du tribunal de commerce, de nous borner à citer les articles du Code de commerce qui en matière de faillite prescrivent de saisir cette juridiction. — V. C. comm., art. 439, 440, 441, 451, 454, 455, 456, 462, 464, 466, 467, 472, 473, 474, 476, 480, 487, 498, 499, 500, 512, 513, 515, 519, 520, 522, 527, 528, 538, 570, 579, 580, 599, 600, 610, etc.

2675. — Mais les nombreuses dispositions des lois que nous venons de citer n'ont pas encore jugé toutes les hypothèses, et il peut se rencontrer des contestations qui ne soient pas prévues par le législateur. Pour savoir à quelle juridiction elles doivent être attribuées, il faut rechercher si le litige est d'une nature commerciale ou d'une nature civile. Si par sa nature le litige sort de la compétence exceptionnelle expressément attribuée par la loi au tribunal de commerce, l'état de faillite d'une des parties ne saurait faire rentrer la contestation dans la compétence de la juridiction consulaire. — V. COMPÉTENCE COMMERCIALE, nos 854 et suiv.

2676. — L'état de faillite ne fait point perdre au négociant sa qualité, et il est toujours justiciable des tribunaux de commerce pour les billets à ordre qu'il souscrit. — *Liége*, 14 avr. (et non 4) 1813, Fabricius c. Adolphy; *Agen*, 28 mai 1811, Ollier c. Balguerie.

2677. — Le tribunal de commerce est compétent pour connaître des réclamations formées par la masse des créanciers de la faillite contre les héritiers d'un ancien associé du failli. — Les syndics ont qualité pour former ces réclamations au nom de la masse. — *Liége*, 16 mars 1813, Péters c. Arntz.

2678. — Le tribunal de commerce a qualité pour décider si le jugement d'un tribunal civil qui a reconnu un droit à un créancier n'est point frappé d'inefficacité par suite de la fixation de la faillite à une époque antérieure à la reddition de ce jugement. — *Caen*, 16 août 1842 (t. 1er 1843, p. 214), Heulard c. Castel.

2679. — Un tribunal de commerce saisi d'une faillite est compétent pour connaître de la validité des paiemens faits par le failli et par conséquent de la validité de la vente d'un immeuble faite au profit d'un créancier pour le désintéresser au préjudice de la masse. — *Liége*, 21 avr. 1821, Courmont c. Avril-Château. — V. à cet égard la discussion qui a précédé l'arrêt de la cour de Cassation du 13 juill. 1830, Gaillardet et Doyen c. Poncet.

2680. — La demande en nullité de la vente du fonds de commerce d'un failli formée par les syndics de la faillite comme ayant été faite postérieurement à la cessation des paiemens est une action qui naît de la faillite et qui à ce titre est de la compétence exclusive des tribunaux de commerce. — *Orléans*, 10 juill. 1844 (t. 2 1844, p. 414), Rousseau c. Morisset-Chaudeau. — Mais l'action en révocation de la vente d'un fonds de commerce intentée par la femme d'un commerçant failli, lorsqu'elle prétend que le fonds était inaliénable pour raison de dotalité, doit être portée devant les tribunaux civils, et le tribunal de commerce doit surseoir à statuer sur les effets de la vente jusqu'après la décision sur cette question de dotalité. — *Caen*, 26 janv. 1842 (t. 1er 1843, p. 94), Julien c. Vivien.

2681. — Le tribunal de commerce est seul compétent pour prononcer sur les contestations qui s'élèvent entre les différens créanciers d'un agent de change en faillite, relativement au privilége réclamé par quelques uns d'entre eux sur les fonds du cautionnement, pour prétendu fait de charge. — En d'autres termes : quoique les négociations confiées à un agent de change par un particulier ne constituent point un fait de négoce, cependant, si l'agent de change tombe en faillite, ce particulier, qui se prétend créancier privilégié pour fait de charge, est obligé de procéder, comme les autres créanciers, devant le tribunal de commerce. — *Paris*, 25 avr. 1811, Fasquel et Perroud.

2682. — Décidé en termes généraux, depuis la loi du 28 mai 1838, que le tribunal de commerce est compétent pour connaître d'une question de privilége soulevée devant lui à l'occasion d'une faillite dont il a été saisi. — *Caen*, 16 août 1842 (t. 1er 1843, p. 214), Heulard c. Castel; *Limoges*, 16 mai 1840 (t. 2 1840, p. 433), Baignol c. Alcin.

2683. — Toutefois, MM. Pardessus (nº 1186), Goujet et Merger (vº *Faillite*, nº 685) font observer que l'art. 500, C. comm., défère au tribunal civil les contestations relatives aux créances civiles, et qu'il serait dès-lors bizarre que le tribunal de commerce fût appelé à décider si les créances de cette nature sont privilégiées.

2684. — Les actions intentées contre les syndics, à raison des fautes de leur gestion, ne sont en réalité que des débats sur le compte des syndics, et dès-lors doivent rentrer dans la compétence des tribunaux de commerce. — Nouguier, *Des trib. de comm.*, t. 2, p. 306.

2685. — Les contestations relatives à l'exécution d'un acte passé par un individu tombé depuis en état de faillite peuvent être jugées par des arbitres, lorsque, dans l'acte même, les parties se sont soumises, pour tous les cas indistinctement, à l'arbitrage, encore que les syndics allèguent qu'ils n'ont pas qualité pour compromettre et nommer des arbitres. — *Cass.*, 6 fév. 1827, Dupin-Valène c. Henne. — V. *Cass.*, 6 avr. 1818, Saint-Denis c. Lambert.

2686. — *Tribunaux civils* — Les tribunaux civils ont reçu, en matière de faillite, une attribution expresse de juridiction par les art. 487, 500, 512, 554, 557 et 571, C. comm.

2687. — C'est le tribunal civil et non le tribunal de commerce, quoique saisi par la déclaration de faillite de toutes les difficultés qui peuvent survenir lors des opérations d'icelle, qui doit connaître de la contestation sur une liquidation. — *Paris*, 7 août 1833, Etienne c. Lenormand; 8 mai 1833, Farjat c. Farjat; *Bordeaux*, 4 juill. 1831, Teulsh c. Jeanneson. — C'est aussi le tribunal civil qui doit connaître d'une saisie-revendication, intentée pour cause de fraude par les syndics d'une faillite, d'objets mobiliers ayant appartenu au failli, bien que le tiers contre lequel la revendication est dirigée soit commerçant et qu'il ait acheté les objets revendiqués pour l'utilité de son commerce. — *Amiens*, 6 nov. 1839, Crépin-Lamy c. Duchenne.

2688. — Le bailleur auquel des loyers sont dus n'est point obligé de se présenter à la faillite de son locataire; il a le droit, au contraire, d'actionner les syndics devant le tribunal civil. Dans tous les cas, il peut former sa demande devant le tribunal civil, si elle est accessoire à une autre contestation qui puisse être portée à ce tribunal. — *Paris*, 21 mars 1822, Lemercier c. Vauquelin.

2689. — La connaissance de l'exécution des jugemens et actes en forme exécutoire appartient aux tribunaux ordinaires. — Ainsi la déclaration de faillite faite devant un tribunal de commerce ne peut rendre ce tribunal compétent pour connaître d'une saisie-arrêt formée sur le failli. — *Paris*, 18 juin 1812, Caquet. — Spécialement c'est devant le tribunal civil que doit être portée la demande en validité d'une saisie-arrêt formée par un créancier entre les mains du syndic caissier. — *Cass.*, 27 juin 1821, Poullain.

2690. — Par la même raison également, c'est le tribunal civil qui doit connaître de la demande à fin de mise en liberté formée par le failli qui se fonde sur son état de faillite pour réclamer la nullité d'une incarcération antérieure. L'emprisonnement opéré comme conséquence de la déclaration de faillite est le seul dont le tribunal de commerce puisse ordonner la levée. — *Paris*, 14 oct. 1840 (t. 2 1840, p. 415), Savary c. Boubard.

2691. — *Tribunaux de répression.* — Les cours d'assises sont saisies de la connaissance des banqueroutes frauduleuses, de la complicité de ces crimes et des détournemens frauduleux commis par des tiers de biens ou valeurs dépendant de la faillite.

2692. — Les tribunaux correctionnels tiennent aussi, relativement aux faits de banqueroute simple et aux délits commis dans les faillites, des attributions des art. 584 et suiv., 594, 596 et 597.

Sect. 2e. — *Compétence relative.*

2693. — Ainsi qu'il a été dit au mot COMPÉTENCE (nº 64), la demande en matière de faillite doit être portée devant le juge du domicile du failli.

2694. — Nous avons résumé, au mot COMPÉTENCE COMMERCIALE (nº 345), les diverses interprétations auxquelles a donné naissance l'art. 59, nº 7, C. procéd. civ., et nous avons dit que les contestations en matière de faillite étaient celles dans lesquelles s'exerçaient des actions résultant de la faillite, ou nées de la faillite, ou exercées à son occasion. C'est à cette interprétation que se réfèrent les décisions qui vont suivre.

2695. — Les actions personnelles intentées par le syndic d'une faillite doivent être portées devant le tribunal du lieu de l'ouverture de la faillite, et non devant le tribunal du défendeur, si ces actions prennent leur source dans la faillite même. — *Colmar*, 26 juin 1832, Morsaline c. Karcher.

2696. — ... Peu importe que la faillite soit demanderesse ou défenderesse, pourvu que la contestation ait sa cause dans la faillite même, et dérive de faits qui s'y rattachent essentiellement. — *Douai*, 9 mars 1844 (t. 1er 1844, p. 495), Tenré c. Delcambre; *Caen*, 16 août 1843 (t. 1er 1843, p. 214), Heulard c. Castel. — Jugé de même, mais à tort, selon nous dans un cas où le failli, par l'effet d'un concordat homologué, avait recouvré l'administration de ses biens. — *Rennes*, 28 avr. 1823, N...

2697. — L'action formée par les syndics contre un débiteur de la faillite doit être portée, non devant le tribunal du domicile du défendeur, mais bien devant celui de l'ouverture de la faillite. — *Poitiers*, 22 août 1838 (t. 1er 1843, p. 211), Mollon c. Maussaud.

2698. — Jugé de même à l'égard de celui qui est débiteur d'une faillite par suite d'une opération de commerce postérieure à l'ouverture de la faillite. — *Cass.*, 8 mars 1831, Brossette c. de Pélignief.

2699. — L'associé d'un failli qui a souscrit une obligation personnelle doit être poursuivi devant le tribunal de la faillite. — *Rennes*, 28 nov. 1811, Revel c. Ruello.

2700. — Les contestations relatives à des opérations de commerce qui ont eu lieu entre le failli et quelques-uns de ses créanciers, au préjudice des autres, depuis la faillite, doivent être portées devant le juge du domicile du failli. — *Cass.*, 26 juin 1817, Vassal c. Vetter.

2701. — Toutes les contestations qui intéressent la masse des créanciers d'une faillite doivent être portées devant les juges du domicile du failli, et non devant ceux du domicile des défendeurs. — Spécialement, l'action intentée par les syndics d'une faillite contre un mandataire du failli, en paiement des sommes touchées pour le mandant, action tendant à faire annuler une quittance donnée par le failli au mandataire, postérieurement à la faillite et au préjudice de ses créanciers, doit être portée devant le tribunal du domicile du failli, et non devant celui du domicile du défendeur. — *Cass.*, 17 (et non 19) juill. 1828, Meslé c. Guiot.

2702. — La contestation élevée par les syndics

d'une faillite à raison d'un transport de marchandises consenti par le failli, dans les dix jours qui ont précédé la faillite, en faveur d'un de ses créanciers, et en paiement d'une somme qui n'était pas échue, doit être portée devant les juges du domicile du failli, et non devant ceux du domicile du défendeur. — *Cass.*, 14 avr. 1823, Paravey c. Cary.

2703. — C'est devant le tribunal de l'ouverture de la faillite que doit être portée une action appartenant à la masse des créanciers d'un Français failli, contre un étranger, à raison d'un contrat passé en pays étranger et destiné à y recevoir son exécution. — *Bruxelles*, 12 juin 1810, Hope c. Béélants.

2704. — C'est le tribunal du lieu de l'ouverture de la faillite et non le tribunal du domicile du défendeur qui est compétent pour connaître de l'action intentée par les syndics d'une faillite en nullité d'un acte prétendu fait en fraude des créanciers. — *Rouen*, 15 juin 1824, Gary c. Paravey.

2705. — Les contestations relatives à la succession d'un débiteur mort en état de faillite doivent être portées devant les juges de son domicile. — *Cass.*, 21 vendém. an XII, Massilier c. Nodel ; — Carré, *Compét.*, t. 2, p. 675, nº 552.

2706. — Mais la disposition de l'art. 59, § 7, C. procéd., d'après laquelle le défendeur peut, en matière de faillite, être assigné devant le tribunal de la faillite, n'est pas applicable au cas où les syndics forment une demande qui compéterait au failli s'il était en possession de la plénitude de son état civil et commercial. — *Cass.*, 10 juill. 1837 (t. 2 1837, p. 119), Lafon c. Girard.

2707. — Le § 7 de l'art. 59, C. procéd., ne peut s'étendre aux demandes purement personnelles indépendantes des opérations de la faillite, et qui ne sont intentées qu'à son occasion, par exemple à celles qui ont pour objet le paiement du reliquat d'un compte courant ouvert entre le failli et un tiers. — *Douai*, 14 fév. 1844 (t. 2 1844, p. 408), Sire et Chauveau-Sire c. Cogez. — Ou l'action d'un nantissement fourni par le failli à un tiers. — *Lyon*, 3 juill. 1846 (t. 2 1846, p. 697), Dassier c. Guigou et Bouchardin. — Ou le paiement d'une somme déposée entre les mains d'un tiers antérieurement à la faillite pour servir de garantie à un crédit ouvert ; et dans le cas d'une pareille convention, le défendeur a droit de demander son renvoi devant le tribunal de son domicile. — *Bourges*, 31 mai 1845 (t. 2 1846, p. 673), Farge c. Coste et Grandpré.

2708. — L'on ne peut considérer comme compris dans les mots *en matière de faillite* les engagemens intervenus plus ou moins long-temps avant la faillite entre le failli et les tiers. — A l'égard de ces engagemens, le tribunal du domicile du défendeur demeure seul compétent. — *Nancy*, 17 fév. 1844 (t. 2 1844, p. 404), Houdelaire c. Gerbert.

2709. — La demande à fin de compte dirigée par les syndics d'une faillite contre un prétendu débiteur de la faillite, doit être portée devant le juge du domicile du défendeur et non devant le tribunal de la faillite. — *Paris*, 29 juill. 1826, Randon c. Michel.

2710. — L'art. 59, C. procéd., ne règle la compétence en matière de faillite que pour le cas où il n'y a pas eu de stipulation contraire. — Mais l'élection de domicile faite pour l'exécution d'un acte attribue, nonobstant la faillite d'une des parties, juridiction au tribunal dans la circonscription duquel est situé le domicile élu. — Dès-lors, les syndics de la faillite d'un des contractans ne peuvent décliner la compétence du tribunal du domicile élu pour demander leur renvoi devant les juges du lieu de l'ouverture de la faillite. — *Bourges*, 6 mars 1840 (t. 2 1846, p. 491), Montagnac c. Provost-Dumarchais.

2711. — Lorsque les syndics d'une faillite actionnent devant le tribunal de la faillite un des créanciers en restitution des sommes par lui touchées, et que ce créancier prétend qu'il y a eu antérieurement à l'ouverture de la faillite compensation de ces sommes avec d'autres qui lui étaient dues, et demande son renvoi devant les juges de son domicile, il résulte de là une question préalable de propriété étrangère à la faillite, et à raison de laquelle le déclinatoire proposé doit être accueilli. — *Cass.*, 22 mars 1821, Fouache c. Damerval. — V. aussi *Cass.*, 13 juill. 1818, Retter c. Rousseau ; — Favard, t. 1er, p. 133.

CHAPITRE XVI. — *Voies de recours contre les jugemens en matière de faillite.*

Sect. 1re. — *Recours contre le jugement qui déclare la faillite et qui fixe la cessation de paiemens.*

2712. — Les dispositions qui composent ce chapitre ont pour but d'accélérer les opérations de la faillite, et d'attribuer au tribunal qui a suivi la marche de la faillite, la connaissance des contestations auxquelles elle peut donner lieu. — Ce chapitre n'avait pas d'équivalent dans le Code de 1808 ; les dispositions qu'il contient étaient éparses dans les Code de commerce et dans celui de procédure.

2713. — Le jugement qui déclare la faillite est considéré par la loi comme un jugement par défaut à l'égard tout à la fois du failli et de ses créanciers s'il a été rendu d'office par le tribunal ; à l'égard du failli seulement s'il a été rendu sur la poursuite d'un des créanciers ; à l'égard des créanciers s'il a été rendu sur la déclaration de cessation de paiemens faits par le failli. Par conséquent la loi déclare ce jugement susceptible d'opposition. — Renouard, t. 2, p. 412. — Ainsi ce jugement, bien que rendu entre le syndic et l'un des créanciers, fait droit vis-à-vis de tous, sauf la faculté d'opposition. — *Bruxelles*, 27 août 1822, Bauguiot c. Vautier et Josson.

2714. — Les motifs de l'opposition peuvent être différens chez le failli et chez les créanciers.

2715. — Le failli peut avoir à se plaindre de la déclaration de faillite en elle-même, et il peut vouloir la faire rétracter. — Ainsi, le débiteur qui par suite des ressources qu'il a pu se procurer se trouve en état de payer tous ses créanciers, peut, au moyen d'une opposition régulière faire rapporter le jugement qui l'a déclaré en faillite, si ce jugement n'a pas encore reçu la publicité prescrite par l'art. 442, C. comm., et bien qu'il ait été rendu sur la déclaration du débiteur lui-même. — *Rouen*, 2 mars 1843 (t. 2 1843, p. 230), Wood. — Mais V. *infrà*, nº 2807.

2716. — M. Bédarride (nº 1178) pense que la faculté de faire rétracter le jugement de déclaration de faillite n'appartient qu'au débiteur seul, et que s'il acquiesçait à cette déclaration les créanciers ne pourraient, sous aucun prétexte, être reçus à la quereller.

2717. — Prise en général, cette opinion nous paraît vraie, mais il est cependant des cas dans lesquels les créanciers auraient intérêt à empêcher une déclaration de faillite qui, de la part de leur débiteur, pourrait n'être qu'un moyen de trouver, en égarant la justice, un refuge contre les poursuites rigoureuses que des créanciers mécontens exerceraient contre lui. Dans une pareille hypothèse, il est évident que les créanciers auraient intérêt à empêcher la réalisation d'une situation qui peut paralyser l'exercice de droits légitimes.

2718. — L'associé commanditaire est sans droit pour former opposition au jugement qui déclare la société en faillite. — *Paris*, 26 nov. 1839 (t. 1er 1840, p. 16), Pinchon c. Moncey. — On ne comprendrait pas, en effet, dit M. Bédarride (nº 1178), que les commanditaires étrangers à la gestion pussent venir en leur nom soutenir qu'il n'y a pas cessation de paiemens. — Goujet et Merger, vº *Faillite*, nº 740.

2719. — Le jugement qui déclare la faillite fixe l'époque de la cessation de paiemens, et par cette disposition il touche un triple intérêt : celui du failli, celui des créanciers et celui des tiers. Celui du failli qui pourrait être soupçonné d'avoir continué ses opérations quand il ne pouvait se faire illusion sur sa pénurie ; celui des créanciers qui en reportant l'époque de la faillite peuvent faire annuler des actes dont les produits viendront grossir la masse entière de la faillite, et enfin celui des tiers qui ont traité avec le failli ; aussi l'art. 580 a-t-il ouvert à ce triple intérêt la voie de l'opposition.

2720. — Un tiers intéressé à faire rapporter un jugement déclaratif de faillite ne peut en demander le rapport, sur le motif unique que le créancier qui a provoqué la déclaration de faillite n'était porteur d'aucun titre contre le failli. — *Bruxelles*, 10 déc. 1828, Pierre et Rublou.

2721. — De même, avant la loi actuelle, les créanciers d'un failli pouvaient, à défaut des syndics, individuellement et sans avoir recours à la voie de la tierce-opposition, appeler des jugemens intervenus entre ces derniers, et, par exemple, d'un jugement qui, rendu en l'absence des créanciers, aurait rapporté le jugement déclaratif de la faillite. — *Bruxelles*, 5 oct. 1815, Lefebvre c. Lelong.

2722. — Aujourd'hui l'art. 580 porte : « Le jugement déclaratif de la faillite et celui qui fixera à une date antérieure l'époque de la cessation de paiemens, seront susceptibles d'opposition de la part du failli, dans la huitaine, et de la part de toute autre partie intéressée, pendant un mois. Ces délais courront à partir des jours où les formalités de l'affiche et de l'insertion énoncées dans l'art. 442 auront été accomplies. »

2723. — Le mot *partie intéressée* désigne non seulement les créanciers du failli, mais encore ses débiteurs, ou tous autres individus qui ayant traité avec lui, auraient intérêt à contester sa faillite pour échapper à la nullité dont la loi frappe leurs conventions. — Locré, *Esprit du Code de commerce*, t. 5, p. 457 ; Renouard, t. 2, p. 412 ; Bioche et Goujet, vº *Faillite*, p. 599.

2724. — L'art. 580, C. comm., qui n'accorde aux parties intéressées dans une faillite qu'un mois pour former opposition au jugement déclaratif de la faillite ou à celui qui en a fixé l'ouverture, et qui fait courir ce délai d'un mois à partir de la publication du jugement, ne comprend sous ces mots : *parties intéressées* que les personnes qui, n'ayant pas d'action à exercer contre le failli ni de droits à prétendre dans la masse, et ne pouvant dès-lors se dire créanciers au moment de l'ouverture de la faillite, pourraient, par suite de l'introduction de quelques demandes formées contre elles soit en nullité, soit en révocation d'actes passés avec le failli, avoir intérêt à attaquer le jugement déclaratif de la faillite. — Quant aux créanciers du failli, ils ont, jusqu'à l'expiration du délai fixé pour l'affirmation et la vérification des créances le droit de former opposition à ce jugement. — *Caen*, 26 juin 1843 (t. 2 1844, p. 371), Mariette c. Cuiret. — Toutefois ils n'est pas nécessaire que ces créanciers, pour être reçus opposans, aient fait vérifier et aient affirmé leurs créances. — *Angers*, 14 janv. 1815, N... — Ils auraient même droit d'opposition, bien que leur admission au passif fût contestée. — *Rouen*, 17 janv. 1826, Boucher-Borel.

2725. — Le délai de l'opposition court à compter de l'affiche et de l'insertion dans les journaux du jugement. Il faut l'accomplissement de ces deux formalités ; donc le délai ne courra qu'à compter du jour où la dernière aura été remplie.

2726. — L'affiche devra être constatée par un procès-verbal régulier constatant l'apposition du placard et l'insertion par la production d'un exemplaire dûment enregistré et légalisé du journal.

2727. — L'affiche, même par extrait, du jugement par défaut qui déclare un commerçant en faillite, vaut signification à l'égard du failli, de telle sorte que son opposition à ce jugement est non-recevable après le délai de huit jours à compter de l'affiche, encore bien que le jugement ne lui ait pas été signifié. — *Cass.*, 15 déc. 1830, Durand c. Olivier ; — Boulay-Paty, *Traité des faillites et banqueroutes*, t. 1er, nº 53 ; Pardessus, nº 1110 ; Bioche et Goujet, *Dict. de procéd.*, vº *Faillite*, nº 597. — V. conf. *Riom*, 4 juill. 1809, Sereudat.

2728. — Les délais de l'art. 580 ne doivent pas être augmentés à raison des distances ; si le failli est absent de son domicile, il doit être au moins présumé y avoir laissé une personne, et des instructions pour la gestion de ses affaires. Si les créanciers sont domiciliés à une grande distance du lieu de l'ouverture de la faillite, s'ils résident aux colonies ou en pays étranger, ils n'auront pas un délai plus long que celui fixé par l'art. 580. La nécessité de ne pas laisser en suspens l'état de la faillite a dû faire prévaloir une disposition qui, en réalité, exclut du droit d'opposition les créanciers éloignés. — Bédarride, nº 1186 ; Renouard, t. 2, p. 420 ; Goujet et Merger, vº *Faillite*, nº 718.

2729. — Le délai pour le failli a été borné à huit jours, et il faut reconnaître que la connaissance qu'il doit avoir de sa propre situation, ainsi que les mesures prises par la justice à l'égard de sa personne et de ses biens, le mettront bien sûrement en demeure de former son opposition ; dans cette conjoncture, son silence prolongé pendant huit jours doit être considéré comme un aveu du mauvais état de ses affaires, comme un acquiescement au jugement.

2730. — L'opposition du failli serait-elle recevable si le jugement déclaratif de la faillite avait été provoqué par le failli lui-même en déposant son bilan ? — Non, disent MM. Renouard (t. 2, p. 409) et Goujet et Merger (vº *Faillite*, nº 706).

2731. — M. Bédarride (nº 1182) ne voit pas d'inconvénient à recevoir l'opposition lorsque la déclaration de faillite a été, de la part du failli, le résultat d'une erreur et d'une fausse appréciation de sa position, et il estime que la preuve de l'existence de ressources nouvelles et imprévues devrait entraîner la rétractation du jugement.

2732. — Mais cette opposition serait non-recevable si elle n'avait pour base qu'un accord amiable avec ses créanciers, car la loi sur les faillites tient à l'ordre public et son application ne peut être paralysée par des conventions entre particuliers. — Bédarride, nº 1183, Goujet et Merger ; vº *Faillite*, nº 708. — En tous cas on ne pourrait considérer comme un acquiescement le dépôt volontaire et sans réserve du bilan effectué par le failli dans les mains des agens (aujourd'hui des syndics). — *Bruxelles*, 25 janv. 1809, Allard.

2733. — Jugé que le jugement déclaratif de faillite doit être rapporté, si l'on est encore dans les délais de l'appel ou de l'opposition, par cela seul

qu'aucun créancier ne s'est présenté à la vérification. — *Orléans*, 17 fév. 1841 (t. 1er 1841, p. 359), Mathieu c. Forté et Millet. — V. *contrà* Goujet et Merger, vo *Faillite*, no 709. — V. aussi *suprà*, no 2713.

2734. — Pour toute autre partie intéressée que le failli, le délai est d'un mois.

2735. — Mais la déchéance du droit d'opposition n'est encourue que par l'expiration du laps d'un mois et ne pourrait résulter de la participation aux premières formalités de la faillite. — Bédarride, no 1184; Renouard, t. 2, p. 409; Goujet et Merger, vo *Faillite*, no 711.

2736. — Le créancier qui a fait saisir et vendre les meubles de son débiteur postérieurement au jugement qui rejette sa demande en déclaration de faillite de ce débiteur, ne peut être réputé avoir acquiescé à ce jugement, et il est recevable à en interjeter appel. — *Orléans*, 29 mai 1840 (t. 2 1840, p. 272), Serrou c. Lauzet — De même le créancier appelant ne perd pas le bénéfice de son appel en se rendant adjudicataire des biens du failli, et en comparaissant à l'ordre ouvert entre les créanciers. — *Cass.*, 7 avr. 1819, Kauffenann c. Collin et Barthelemy.

2737. — Un créancier qui n'a pas formé opposition au jugement qui déclare son débiteur en état de faillite, et qui même s'est présenté devant les syndics pour faire procéder à l'admission de sa créance, est non-recevable à interjeter appel du jugement déclaratif de faillite, sur le motif que le failli n'était pas commerçant, et que la question de savoir s'il devait être constitué en faillite est une question d'état, d'ordre public, et à l'abri de toute espèce de fins de non-recevoir. — *Paris*, 26 mars 1830, Dauvin c. Bimar.

2738. — Le créancier d'une femme constituée conjointement avec son mari en état de faillite, ne cesse pas d'être recevable dans l'opposition qu'il a formée au jugement déclaratif de la faillite, s'il a fait vérifier sa créance, avec réserve toutefois de faire rapporter ce jugement, alors même que la clôture du procès-verbal des affirmations aurait été opérée sans protestation de sa part. — *Paris*, 7 fév. 1835, Marthe c. Laurens.

2739. — Le négociant qui, déclaré en faillite par un jugement contradictoire dont il peut encore appeler, assiste avec protestation et réserve à l'inventaire fait à son domicile en vertu de ce jugement, est encore recevable à en interjeter appel. — *Poitiers*, 25 mai 1824, Alliot c. Boucard; — Renouard, t. 2, p. 410; Goujet et Merger, vo *Faillite*, no 713.

2740. — La cour royale de Paris avait jugé que l'opposition ouverte par l'art. 457, C. comm., contre les jugemens déclaratifs de faillite, était la seule voie par laquelle on pût attaquer ces jugemens. — Qu'on ne pouvait en interjeter appel dans les trois mois qui suivaient l'expiration des délais de cette opposition. — *Paris*, 22 juill. 1824, Casanova. — V. aussi *Poitiers*, 17 août 1828, Deschamps et Fauvet c. Dissandre; — Boulay-Paty, no 60, et Bioche et Goujet, *Dict. de procéd.*, vo *Faillite*, no 603. — Mais V. Pardessus, *Droit comm.*, no 1110.

2741. — Le jugement qui déclare la faillite ouverte n'est susceptible que d'une simple opposition de la part des parties intéressées, en sorte que celle qui s'est laissée condamner par défaut sur l'opposition par elle formée à ce jugement, ne peut plus l'attaquer que par la voie de l'appel. — *Cass.*, 9 janv. 1812, Vallier c. Canot; — Boulay-Paty, *Faillites et Banqueroutes*, t. 1er, no 58; Bioche et Goujet, *Dict. procéd. civ.*, vo *Faillite*, no 50; Renouard, t. 2, p. 411; Goujet et Merger, vo *Faillite*, no 715.

2742. — La question s'était élevée sous le Code de 1808 de savoir si le tiers contre lequel on demandait la nullité d'un acte passé après l'époque fixée par le jugement pour la cessation de paiemens pouvait former tierce-opposition à ce jugement.

2743. — On avait jugé que les tiers-acquéreurs n'étaient pas compris dans les dispositions de l'art. 457, C. comm., qui fixait le délai dans lequel les créanciers présens ou représentés, et tout autre intéressé, devaient, à peine de déchéance, former opposition au jugement qui fixait l'époque de la faillite; et que la voie de l'opposition pouvait être exercée par les tiers acquéreurs, même après l'expiration du délai fixé par l'art. 457, lorsque le jugement n'avait pas été rendu contradictoirement avec eux; — *Toulouse*, 28 juin 1811, Maignial c. Fournès; — Boulay-Paty, *Faillites et Banqueroutes*, t. 1er, no 54; Locré, *Esprit du Code comm.*, t. 3, p. 461. — V. *contrà* *Cass.*, 10 nov. 1824, Gellée c. Delcourt; *Paris*, 25 juin 1825, Gellée c. Delcourt; — Pardessus, no 1111; Bioche et Goujet, *Dict. procéd.*, vo *Faillite*, no 53.

2744. — Décidé d'autre part que l'acquéreur d'un immeuble du failli pouvait après la nomination des syndics définitifs, attaquer le jugement, qui avait fixé l'ouverture de la faillite, par voie de tierce-opposition formée incidemment à l'appel du jugement qui avait déclaré la vente nulle. — *Paris*, 1er fév. 1812, Dechomorceau c. Henriot.

2745. — Cette question est aujourd'hui tranchée par l'art. 580 qui a pris soin de fixer un délai qui, au moyen de la publicité donnée au jugement, court à l'égard de toute personne intéressée, et ne laisse plus d'ouverture à la voie de la tierce-opposition. — Bédarride, no 1185; Renouard, t. 2, p. 408; Goujet et Merger, vo *Faillite*, no 704.

2746. — Le droit d'attaquer par appel le jugement qui déclare la faillite ou qui fixe l'époque de la cessation des paiemens, appartient à toutes les personnes qui auraient eu le droit de former opposition à ce jugement. — Renouard, t. 2, p. 409; Pardessus, no 1111.

2747. — L'appel de ce jugement par défaut devrait être formé dans la quinzaine de l'expiration du délai d'opposition.

2748. — Tout créancier lésé par la fixation du jour de la cessation des paiemens aurait le droit d'intervenir individuellement sur l'appel interjeté par un autre créancier, par le failli ou par les syndics. — Bédarride, no 1187; Goujet et Merger, vo *Faillite*, no 728. — Pourvu que l'intervenant fût encore dans le délai de l'opposition. — *Limoges*, 28 fév. 1845 (t. 2 1846, p. 705), Chastaingt.

2749. — Jugé en effet qu'en matière de faillite, des créanciers ayant le même intérêt que l'appelant peuvent intervenir en appel, bien qu'ils n'aient pas été parties en première instance. — *Besançon*, 13 mai 1808, Mouret c. Desmarestes.

2750. — Des créanciers, après la vérification de leurs créances, peuvent intervenir sur l'appel du jugement qui a déclaré l'époque de l'ouverture de la faillite. — Mais le syndic en cause par l'opposition d'un des créanciers n'est pas obligé de faire intervenir les autres créanciers au procès, ni de les mettre en cause. — *Bruxelles*, 27 août 1822, Baugniot c. Vautier et Josson; *Cass.*, 7 avr. 1819, Kauffmann c. Germain Collin.

2751. — Les créanciers ont en outre le droit d'intenter une action principale pour faire reporter la faillite à une époque antérieure à celle fixée par le jugement déclaratif de la faillite. « Il est en effet de principe, dit M. Bédarride, no 1188, que les jugemens qui décident de cette cessation de paiemens restent essentiellement provisoires; la nécessité de les rétracter pouvant surgir des opérations de la liquidation, chaque créancier a le droit de s'en prévaloir; il est donc recevable à la justifier. »

2752. — Toutefois ce droit reçoit une limitation de l'art. 581, qui porte : « Aucune demande des créanciers tendant à faire fixer la date de la cessation des paiemens à une époque autre que celle qui résulterait du jugement déclaratif de faillite, ou d'un jugement postérieur, ne sera recevable après l'expiration des délais pour la vérification et l'affirmation des créances. Ces délais expirés, l'époque de la cessation demeurera irrévocablement déterminée à l'égard des créanciers. »

2753. — Ces mots, *après l'expiration des délais pour la vérification et l'affirmation des créances*, devront s'entendre dans toute leur extension, et il faut y comprendre non seulement l'époque de la clôture de la vérification, mais encore l'expiration du délai de huitaine accordé au dernier créancier pour faire son affirmation. — *Paris*, 12 fév. 1841 (t. 1er 1841, p. 386), Théran c. Lepeintre; *Limoges*, 9 déc. 1840 (t. 2 1842, p. 159), Rigonaud et Souffrain c. Bassetti; *Cass.*, 4 janv. 1842 (t. 2 1842, p. 159), Courber c. Latta; *Angers*, 30 déc. 1842 (t. 2 1843, p. 155), Bornier-Chervré c. Pillot; — Bédarride, no 1189.

2754. — De même, sous le Code de 1808, on ne pouvait, après la clôture du procès-verbal de vérification des créances, former opposition au jugement qui fixait l'époque de l'ouverture de la faillite. — *Paris*, 23 juill. 1818, Lefert et Blanchon c. Huger; 25 juin 1825, Gellée c. Delcourt. — A plus forte raison en est-il ainsi après la formation d'un contrat d'union et quoiqu'aucune répartition n'ait eu lieu. — *Rennes*, 27 juin 1835, Rosbo c. Riallan et Fleury. — On jugeait même que l'expiration des délais d'opposition fixée par l'art. 457, C. comm. de 1808, emportait la déchéance. — *Nîmes*, 4 juin 1839 (t. 2 1839, p. 224), Frigoulier c. Magnier.

2755. — L'effet de cet art. 581 sera d'abréger les délais à l'égard des créanciers quand les opérations de vérification des créances et d'affirmation seront terminées avant le délai pour attaquer le jugement qui aura statué sur la fixation de la cessation de paiemens. — Goujet et Merger, vo *Faillite*, no 720.

2756. — Il suit encore de cet article que les créanciers domiciliés hors de France, si le délai extraordinaire que la loi leur accorde pour se présenter à la vérification leur est en réalité indispensable, ne pourront assister aux opérations de la faillite en temps opportun pour faire valoir leurs droits au report de la faillite. Mais une considération qui intéresse le failli et la masse a dû l'emporter sur une considération individuelle. Il faut qu'au moment du concordat la situation de chacun soit bien fixée, et que l'état de la faillite ne puisse être modifié. — Renouard, t. 2, p. 420; Bédarride, no 1189.

2757. — Si, sur la demande formée en temps utile par un créancier pour faire reporter la faillite à une époque plus ancienne, il intervenait après la vérification et l'affirmation des créances un jugement, ceux des tiers intéressés à l'égard desquels ce jugement serait par défaut auraient le droit d'y former opposition dans les délais de l'art. 580, C. comm. — Bédarride, no 1190.

2758. — Il faudrait aussi accorder le même droit d'opposition à un créancier que le jugement ainsi obtenu par un autre créancier, dans les circonstances que nous venons de mentionner, exposerait à un préjudice, et, par exemple, à voir annuler une inscription hypothécaire que le failli lui aurait consentie avant la faillite.

2759. — Un tribunal de commerce ne peut d'*office* changer l'époque, même provisoire, fixée par un précédent jugement pour l'ouverture de la faillite. — C. comm., art. 454, 457. — Dans ce cas, toute personne qui se trouverait lésée par cette seconde décision pourrait l'attaquer par la voie de tierce-opposition. — *Bordeaux*, 8 déc. 1840 (t. 1er 1841, p. 324), Dumousseau c. N... — V. *contrà* Pardessus, no 1115.

2760. — Après l'expiration des délais pour la vérification et l'affirmation des créances, un tribunal de commerce ne peut, même d'office, fixer la cessation de paiemens à une autre date que celle déterminée par le jugement déclaratif de la faillite. — *Angers*, 20 juill. 1840 (t. 2 1843, p. 237), Gauron c. Lasne.

2761. — Aux termes de l'art. 645, C. comm., l'opposition doit être formée conformément aux dispositions du Code de procédure civile, c'est-à-dire par exploit d'ajournement notifié aux syndics nommés par le jugement qui déclare la faillite. — Pardessus, no 1111; Goujet et Merger, vo *Faillite*, no 725. — L'arrêt qui intervient étant rendu dans l'intérêt de la masse, aucune des parties ne peut en son particulier être passible des dépens de la procédure suivie à cet effet. — *Bruxelles*, 22 août 1812, Neefs.

2762. — Un créancier ne peut former tierce-opposition incidente au jugement déclaratif de la faillite par simple requête signifiée à avoué. — *Turin*, 22 août 1812, Zanotti c. Massonne.

2763. — Le jugement du tribunal de commerce qui déclare un individu en faillite, et qui n'est pas attaqué dans les délais, n'acquiert pas la force de chose jugée à tel point que les tribunaux correctionnels soient tenus de reconnaître la qualité du négociant failli dans cet individu, renvoyé devant eux sous la prévention de banqueroute. — *Paris*, 27 mars 1835, Chassaigne c. Étourneau.

2764. — Le jugement qui faisait remonter l'ouverture d'une faillite à une époque antérieure à celle déjà fixée provisoirement par un premier jugement, pouvait être frappé de tierce-opposition, après les délais de l'art. 457, C. comm., par un créancier à qui on l'opposait pour anéantir ses droits. — *Cass.*, 15 mars 1830, Bonnet-Cibié c. Chapolier.

2765. — Lorsqu'une tierce-opposition formée contre un jugement déclaratif de faillite avait été rejetée par un jugement par défaut, l'opposition à ce dernier jugement était recevable quel que fût au fond le mérite de la tierce-opposition. — *Paris*, 27 juin 1826, Neumann c. Demarchère.

Sect. 2e. — *Jugemens qui ne sont susceptibles d'aucun recours.*

2766. — Sous le Code de 1808, la voie de l'appel était ouverte contre les ordonnances du juge-commissaire de la faillite et contre les jugemens rendus sur son rapport. — *Bruxelles*, 13 mars 1810, Vandick; — Pardessus, t. 3, no 1117; Merlin, *Quest.*, vo *Appel*, § 1er, no 3-3o.

2767. L'ordonnance par laquelle le juge-commissaire d'une faillite, sur le fondement que l'examen des livres du failli donnait quelque présomption de banqueroute, déclarait qu'il n'y avait pas lieu de faire un concordat, devait être déférée par le failli au tribunal de commerce et non à la cour d'appel. — *Bruxelles*, 25 mai 1815, Vandougem et Gram; — Pardessus, *Cours de droit comm.*, no 1143; Boulay-Paty, *Faillites et banquer.*, t. 1er, no 118; Bioche et Goujet, *Dict. de procéd.*, vo *Faillite*, no 119; Merlin, *Quest.*, vo *Appel*, § 1er, art. 2, no 3.

2768. — Jugé que l'opposition était la seule voie par laquelle un créancier pût faire annuler un concordat et que l'appel du jugement d'homologa-

tion n'était pas recevable. — *Caen*, 25 oct. 1823, Groult. — En ne formant pas opposition au concordat (C. comm., art. 513), le créancier est présumé avoir acquiescé à cet acte, et dès-lors il ne peut plus être recevable à l'attaquer devant la cour royale. — Bioche et Goujet, *Dict. de procéd.*, v° *Faillite*, n° 359.

2769. — Sous le Code de 1808, un créancier d'une faillite pouvait, en tout état de cause, appeler du jugement de nomination de syndic qui n'avait pas été rendu publiquement. — *Bordeaux*, 4 août 1824, Rives c. Mendez.

2770. — Mais depuis la loi du 28 mai 1838 « ne sont susceptibles ni d'opposition, ni d'appel, ni de recours en cassation : 1° les jugemens relatifs à la nomination ou au remplacement du juge-commissaire, à la nomination ou à la révocation des syndics ; — 2° les jugemens qui statuent sur les demandes de sauf-conduit et sur celles de secours pour le failli et sa famille ; — 3° les jugemens qui autorisent à vendre les effets ou marchandises appartenant à la faillite ; — 4° Les jugemens qui prononcent sursis au concordat, ou admission provisionnelle de créanciers contestés ; — 5° les jugemens par lesquels le tribunal de commerce statue sur les recours formés contre les ordonnances rendues par le juge-commissaire dans les limites de ses attributions. » — C. comm., art. 583.

2771. — Les jugemens dont s'occupe l'art. 583 ne sont, en réalité, que des actes d'administration dont l'exécution ne pouvait être suspendue par une opposition ou un appel, et bien que le même motif ne pût s'appliquer au recours en cassation qui, en matière civile, n'est pas suspensif, il est cependant également interdit, afin de laisser le tribunal de commerce juge souverain en matière de faillite. — *Monit.* 6 avr. 1838.

2772. — Cette disposition, comme toutes les dispositions exceptionnelles, ne doit pas être étendue hors des termes dans lesquels elle est conçue. — Goujet et Merger, v° *Faillite*, n° 732; Bédarride, n° 1201.

2773. — Le jugement qui prononce la clôture de la faillite pour insuffisance de l'actif, ne peut pas non plus être attaqué par opposition ou appel, mais on peut toujours revenir devant le tribunal de commerce et obtenir la rétractation de ce jugement : le jugement qui statue sur la demande en rétractation, est alors susceptible d'appel. —

2774. — Les jugemens statuant sur le recours formé contre une ordonnance rendue par le juge-commissaire hors des limites de ses fonctions pourraient être attaqués par toutes les voies ordinaires. — Bioche et Goujet, v° *Faillite*, n° 612.

Sect. 3e. — *Appel des jugemens rendus en matière de faillite.*

2775. — Le Code de commerce de 1808 ne contenait aucune disposition relative au délai dans lequel devait être interjeté l'appel des jugemens rendus en matière de faillite ; l'on était obligé de s'en référer aux formes tracées par le Code de procédure, qui fixe à trois mois le délai d'appel : ce délai avait l'inconvénient de tenir beaucoup trop longtemps en suspens les droits et les intérêts des parties.

2776. — Jugé, sous le Code de 1808, qu'on pouvait appeler du jugement qui déclare un commerçant en faillite. — *Poitiers*, 24 mai 1832, Blehée c. Ranson.

2777. — Les délais établis par l'art. 457, C. comm., pour former opposition au jugement qui fixe l'époque de l'ouverture de la faillite, ne sont applicables qu'autant que la fixation de l'ouverture de la faillite est définitive, et non lorsqu'elle n'est que provisoire, de telle sorte que les créanciers du failli puissent, en ce dernier cas, demander, après l'expiration du délai déterminé par l'art. 457, que la date de la faillite soit changée. — *Cass.*, 19 déc. 1831, Pichoret c. Bodinier; *Rennes*, 14 janv. 1829, Solin de la Coindière c. Boucher de la ville Jossy; *Paris*, 25 nov. 1830, Bodinier c. Pichoret; 30 mars 1833, Méquignon c. Depelafol.

2778. — Sous le Code de 1808, les créanciers d'un *failli* qui n'avaient pas expressément acquiescé au concordat, et contre lesquels l'homologation définitive n'avait pas été prononcée, pouvaient se pourvoir, soit par *intervention*, soit par *tierce-opposition*, contre les jugemens rendus avec les syndics. — *Cass.*, 14 mars 1810, Daveluy.

2779. — Sous le même Code on pouvait aussi appeler du jugement du tribunal de commerce qui statuait sur les oppositions des créanciers au concordat obtenu par le failli, ainsi que du jugement qui homologuait ce concordat. — Le délai pour interjeter appel dans ce cas n'était pas de huitaine seulement mais bien de trois mois. — *Colmar*, 17 mars 1813, Goll c. Stupffel; *Paris*, 27 janv. 1831, Schmidt et Cavelan c. Sohier; — Boulay-Paty, *Des faillites et banq.*, t. 1er, n° 287; Bioche et Goujet, *Dict. procéd.*, v° *Faillite*, n° 306.

2780. — Aujourd'hui, d'après l'art. 582, C. com., le délai d'appel, pour tout jugement rendu en matière de faillite, est de quinze jours seulement à compter de la signification. La circulaire du ministre de la justice du 8 juin 1838 recommande au ministère public de veiller à l'observation des délais sur appel.

2781. — Le délai pour attaquer un jugement par la voie de l'appel se règle d'après la loi sous l'empire de laquelle le jugement a été rendu. En conséquence, le délai pour interjeter appel d'un jugement en matière de faillite, rendu depuis la promulgation de la loi du 28 mai 1838, modificative du Code de commerce, est de quinzaine à compter de sa signification, et non de trois mois, comme antérieurement, encore bien qu'il s'agisse d'une faillite dont la déclaration remonte avant 1838. — *Bourges*, 18 mai 1842 (t. 1er 1843, p. 242), Guillier c. Gautrelet.

2782. — Le projet adopté en 1835 par la chambre des députés contenait un article qui refusait le droit d'appeler d'un jugement par défaut à la partie qui n'y avait pas formé opposition. Mais cette disposition pouvait être une cause de surprise et de dol; et, en présence du délai déjà assez bref accordé pour l'opposition, la chambre des pairs, sur le rapport de M. Tripier, son rapporteur, a rejeté cette disposition, et a laissé les parties sous le droit commun, qui permet d'appeler d'un jugement par défaut, bien qu'on n'y ait pas formé opposition.

2783. — L'art. 582, C. comm.; qui fixe à quinze jours le délai de l'appel pour tout jugement rendu en matière de faillite, n'est pas applicable au cas où il s'agit de statuer, à l'égard de l'acheteur, sur la propriété de marchandises que le failli avait vendues antérieurement, parce qu'aux termes des art. 575 et 576, il n'existe de revendication proprement dite qu'autant que c'est un tiers qui lui avait confié ou vendu les marchandises revendiquées, et que, d'après l'art. 582 précité, l'action n'est censée née de la faillite que lorsqu'elle est la conséquence nécessaire de l'état de négociant failli. — *Cass.*, 1er avr. 1830 (t. 1er 1840, p. 634), Seillière c. Queno; — Bédarride, n° 1193. — Jugé de même, à l'égard d'un jugement qui a statué sur les apports en immeubles de la femme du failli, et qui peut être attaqué dans le délai ordinaire de trois mois. — *Colmar*, 6 août 1845 (t. 1er 1846, p. 66), Reyss.

2784. — L'appel d'un jugement rendu sur la demande des syndics contre un créancier de la faillite à fin de rapport à la masse, doit être, à peine de déchéance, interjeté dans la quinzaine de la signification de ce jugement. — *Paris*, 29 juin 1839 (t. 2 1839, p. 99), Morand c. Pfeiffer et Ponthoy. — V. Lainné, *Commentaire analytique sur la loi du 8 juin 1838*, p. 555; Goujet et Merger, v° *Faillite*, n° 743.

2785. — Il suffit que le tribunal de commerce ait déclaré qu'il statuait en matière de faillite pour que l'appel de son jugement ne puisse être interjeté que dans la quinzaine de sa signification, conformément à l'art. 582, C. comm., sauf à l'appelant à contester ensuite devant la cour la qualification donnée à la demande. — *Orléans*, 10 juillet 1844 (t. 2 1844, p. 414), Rousseau c. Morissel-Chaudeau.

2786. — L'art. 582 doit être aussi, dans son application, limité aux jugemens rendus par les tribunaux de commerce, et ne peut être étendu aux jugemens rendus par les tribunaux civils; lorsque, exceptionnellement, ils statuent sur des causes qui intéressent les faillites, leurs décisions ne peuvent, dans ces cas, être considérées comme rendues en matière de faillite, et restent soumises à l'appel, tel que l'a réglé le Code de procédure civile. — Bédarride, n° 1194; Renouard, t. 2, p. 423. — V. arg. *Colmar*, 6 août 1845 (t. 1er 1846, p. 66), Reys. — V. *contrà* Goujet et Merger, v° *Faillite*, n° 745.

2787. — Le délai de l'appel, fixé à quinze jours par l'art. 582 de la nouvelle loi sur les faillites, pour tous jugemens rendus en matière de faillite, n'est relatif qu'aux jugemens qui ont pour objet des actes ou opérations du failli se rattachant directement à sa faillite. En conséquence, est recevable l'appel fait après le délai de quinzaine d'un jugement qui statue sur une opération qui se serait accomplie en dehors de la faillite. — *Rouen*, 6 févr. 1840 (t. 1er 1840, p. 451), Philippe Ducy.

2788. — Le délai d'appel commence à courir à compter de la signification du jugement; cependant le jugement, par sa nature, peut n'être pas susceptible de signification : si, par exemple, il s'agit d'un jugement qui, rejetant la requête d'un créancier, aurait refusé de prononcer une déclaration de faillite, ce créancier, selon M. Bédarride (n° 1195), n'aurait, pour relever appel, qu'un délai de quinze jours, à compter de la prononciation du jugement.

2789. — Cette opinion, qui soumet au court délai de l'art. 582 le jugement qui refuse de déclarer la faillite, a été combattue; on a soutenu que le jugement qui refusait de déclarer une faillite n'était pas un jugement rendu en matière de faillite, puisqu'il n'y avait pas faillite.

2790. — Mais ces subtilités ont été condamnées par la cour de Cassation, qui a décidé qu'on doit considérer comme rendu en matière de faillite, et dès lors comme régi, quant aux délais de l'appel, par l'art. 582, C. comm., le jugement qui rejette une demande à fin de déclaration de faillite. — *Cass.*, 16 août 1842 (t. 2 1842, p. 665), Dumoulin c. de Barante; *Rouen*, 6 févr. 1840 (t. 1er 1840, p. 452), Ducy.

2791. — Le délai d'appel est augmenté à raison d'un jour par cinq myriamètres pour les parties qui sont domiciliées à une distance excédant cinq myriamètres du lieu où siége le tribunal. — C. comm., art. 582.

2792. — Ne pas accorder de délai à raison des distances, c'eût été en quelque sorte dénier le droit d'appel aux créanciers domiciliés au loin. Au surplus, la loi commerciale reste fidèle à son but d'abréger les délais de procédure ; car elle fixe à cinq myriamètres la distance à parcourir par jour, tandis que le Code de procédure la fixe à trois myriamètres seulement.

2793. — Quant aux intéressés qui habitent hors du territoire continental du royaume, ils jouissent de l'augmentation du délai fixé par la loi commune en matière civile, c'est-à-dire par l'art. 73, C. procéd. civ.

2794. — Les créanciers d'une faillite qui, en première instance, ont été reçus intervenans dans un débat engagé entre le syndic et l'un des créanciers de la faillite, peuvent appeler de leur chef lorsque le syndic ne le fait point, et quoiqu'il y ait, de sa part, acquiescement audit jugement. — *Rouen*, 8 août 1840 (t. 2 1841, p. 684), André c. Lebreton.

2795. — Le failli ne peut être intimé sur l'appel d'un jugement dans lequel ont figuré les syndics de ses créanciers. — *Paris*, 18 juin 1812, Guillaume c. Caquet.

2796. — L'appel du jugement qui a refusé de déclarer une faillite est valablement formé par une requête portée directement devant la cour lorsque, le failli ayant disparu, il n'y a aucun défendeur en cause. — *Besançon*, 13 janv. 1845 (t. 1er 1846, p. 547), Zeetner; 13 mai 1808, Mouret c. Demarestes. — Bioche et Goujet, v° *Faillite*, nos 41 et 43; Carré et Chauveau, *Lois de la procéd.*, art. 456, quest. 1645 *ter*. — « La difficulté vient, dit M. Chauveau, *loc. cit.*, de ce que, la partie n'ayant pas de contradicteur, la forme de l'exploit à personne ou à domicile est impraticable; il faut donc décider que l'appel devra être relevé par simple requête présentée au juge supérieur. L'art. 858, C. procéd. civ., le prescrit formellement à l'égard d'un jugement qui refuse la rectification d'un acte de l'état civil, lorsque le demandeur en rectification était seul partie dans l'instance. »

2797. — Une demande en dommages-intérêts, formée contre le syndic à raison de ce qu'il a fait mettre sous le scellé des objets qui n'appartenaient pas au failli, ne peut être portée directement devant la cour royale saisie de l'appel d'un jugement qui statuait seulement sur la fixation de l'ouverture de la faillite. — *Bruxelles*, 10 déc. 1828, Pierre et Hublon.

2798. — Des créanciers qui ont un intérêt opposé à celui de la masse sont recevables à former tierce-opposition à un jugement rendu hors leur présence, mais contradictoirement avec les syndics de la faillite, si leurs droits sont blessés par ce jugement. — Ils le peuvent surtout lorsqu'ils sont créanciers hypothécaires. — *Cass.*, 25 juill. 1814, Quevremont c. Mommessin.

2799. — Les créanciers du failli ne peuvent attaquer par la voie de la tierce-opposition les jugemens qui n'ont été rendus contre le failli qu'après qu'il a été rétabli dans l'exercice de ses droits. — Ils ne le peuvent pas davantage dans le cas particulier où ils sont intervenus comme cautions ou garans des ventes faites par le failli. — *Cass.*, 21 fév. 1816, Havas c. Chauvel.

CHAPITRE XVII. — *Réhabilitation.*

2800. — La réhabilitation en matière de faillite est le rétablissement du failli dans tous les droits sans exception dont sa faillite l'avait privé.

2801. — Il fut un temps où les lettres de réhabilitation étaient souvent accordées par les parlemens; mais à mesure que l'autorité se concentra, elles devinrent exclusivement un attribut du pouvoir

royal ; aussi l'on arriva sous l'ancien droit à tenir pour maxime certaine que « la réhabilitation dans la bonne fame et renommée dépendait de la puissance du souverain : celle d'un failli ne pouvait avoir lieu qu'en vertu de lettres du grand sceau, en justifiant par lui du paiement de toutes ses dettes en principal, intérêts et frais. » En conséquence, un arrêt du conseil du 24 avr. 1723 avait cassé deux arrêts du parlement de Toulouse qui avait rétabli un marchand de Montpellier en sa bonne renommée et en tous les honneurs, priviléges et avantages dont il était en droit de jouir avant le contrat d'atermoiement par lui passé avec ses créanciers. — Merlin, *Rép.*, v° *Réhabilitation*, § 2 ; Denizart, v° *Réhabilitation*, n° 3.

2802. — Le premier projet de l'ancien Code de commerce (art 393 à 395) attribuait la réhabilitation aux tribunaux de commerce, et ce système fut adopté par la section de l'intérieur du conseil d'état. — Mais lors de la discussion on objecta que dans une monarchie les grâces ne devaient émaner que du prince, et une proposition fut présentée par Regnault de Saint-Jean-d'Angely et Treilhard pour réserver à l'empereur, en conseil d'état, l'action de la réhabilitation dans des formes analogues à celles adoptées depuis pour la réhabilitation des condamnés en matière criminelle.

2803. — Begouen, dans la vue de rendre les réhabilitations plus faciles, insista pour la rédaction du projet. Mais Cambacérès, Merlin, de Ségur, Bigot de Préameneu et de Fermon se prononcèrent en faveur du droit de l'autorité judiciaire, et firent prévaloir le système actuel, qui, pour plus de solennité et de garantie, consacra la compétence des cours d'appel.

2804. — L'expérience a démontré la sagesse de ces dispositions de l'ancien Code. Aussi les législateurs de 1838 ont persisté dans les mêmes erremens. En effet, le rapporteur de la chambre des députés, M. Quénault, disait : « L'état du failli ne peut être entièrement effacé que par la réhabilitation qui seule fait cesser pour le failli les incapacités politiques et l'interdiction de quelques-uns des droits des commerçans ; cette institution agit par le mobile de l'honneur ; les avantages qu'elle offre en perspective sont d'une nature toute morale et tirent de l'opinion une grande valeur, parce que l'opinion tient compte des efforts et des sacrifices faits pour les obtenir. Il ne faut pas risquer de faire perdre à la réhabilitation ce caractère et ce haut prix en cherchant à la rendre plus facile, comme on est toujours tenté de le faire. » — Rapport du 17 mars 1838.

2805. — C'est avec raison que la loi du 28 mai 1838 a, comme le Code de commerce de 1808, maintenu la réhabilitation sous un titre distinct. Ce bienfait peut s'étendre sur le banqueroutier simple comme sur le failli. La place de ce titre était naturellement marquée à la fin de la loi ; car ce n'est que postérieurement à la faillite ou à la banqueroute simple qu'il y a lieu à réhabilitation. — Renouard, *Tr. des faill. et banq.*, t. 1er, p. 218.

2806. — La réhabilitation, constitutive d'un état nouveau, a ses règles et sa procédure indépendantes de tel ou tel régime spécial de la faillite et qui se suffisent à elles-mêmes, s'appliquent sans difficulté à tout failli, même déclaré tel avant la loi du 28 mai 1838. Cette loi nouvelle ayant rendu un peu moins difficile l'obligation de cette récompense toute morale accordée à la probité et au courage, il n'eût été ni utile ni juste d'en restreindre le bénéfice ; presque toujours, d'ailleurs, cette renaissance à la vie civile et à l'honneur commercial, qui a surtout besoin de persévérance et de temps, ne peut suivre la faillite qu'à une longue distance, et dès lors les retards qu'on aurait apportés à cette partie de la loi nouvelle se seraient prolongés jusqu'à une époque fort éloignée. — Renouard, *Tr. des faill. et banq.*, t. 2, p. 216.

2807. — La réhabilitation est le moyen à employer pour effacer l'état de faillite, lorsque le jugement déclaratif a obtenu l'autorité de la chose jugée, et qu'il ne peut plus être réformé par opposition ou par appel — *Cass.*, 28 nov. 1827 (int. de la loi), Minart-Barrois ; *Lyon*, 31 août 1841 (t. 2 1842, p. 58), George ; — Bédaride, n° 1315. — Pour les droits que la faillite avait fait perdre et dans lesquels la réhabilitation réintègre, V. *suprà*, nos 310 et suiv.

2808. — Nul commerçant failli ne pourra se présenter à la Bourse, à moins qu'il n'ait obtenu sa réhabilitation (C. comm. nouveau, art. 613). — C'était aussi une interdiction prononcée par l'arrêt du conseil du 12 avr. 1766, qui fut introduite dans le Code de 1808 sur les observations des sections de législation et de l'intérieur du tribunat présentées le 10 juin 1807. — A raison de la difficulté de l'appliquer aujourd'hui, cette interdiction au failli, qu'aucun signe extérieur ne signale, on peut regarder cette peine comme purement comminatoire. — Bédarride, n° 1332.

2809. — Le failli qui aura intégralement acquitté en principal, intérêts et frais toutes les sommes par lui dues, pourra obtenir sa réhabilitation. — A cette disposition qui se lisait dans le Code de commerce de 1808, on a dû, à cause de la faculté créée par l'art. 531, d'accorder un concordat particulier à un ou plusieurs des membres d'une société en faillite, en ajouter une autre ainsi conçue : « Il ne pourra l'obtenir (sa réhabilitation) s'il est l'associé d'une maison de commerce tombée en faillite qu'après avoir justifié que toutes les dettes de la société ont été intégralement acquittées en principal, intérêts et frais, lors même qu'un concordat particulier lui aurait été consenti. » — Art. 604 2°.

2810. — Cette disposition a été dans les chambres précédée de discussions qui ont présenté des résultats variés. — Un amendement de M. Ducos (séance du 25 fév. 1835) astreignait l'associé qui voulait obtenir sa réhabilitation à payer seulement sa part proportionnelle dans toutes les dettes de la société. Il fut rejeté, mais cette proposition fut recueillie avec un tempérament par M. Tripier, membre de la commission de la chambre des pairs. Dans son rapport du 10 mai 1836, l'honorable pair rappelait d'abord tout ce qu'avait d'impérieux le lien de la solidarité sous la foi duquel les créanciers avaient contracté avec les divers membres d'une société ; mais reconnaissant que l'art. 531 du nouveau Code était de la part du créancier la remise partielle de la solidarité autorisée par l'art. 1310, C. civ., il admettait la possibilité de la réhabilitation lorsque les créanciers, renonçant eux-mêmes aux garanties que leur donnait la position de leur débiteur comme associé, auraient consenti formellement dans le concordat à ce que cet associé obtînt cette faveur après le paiement de sa part *proportionnelle* dans les dettes.

2811. — Le second projet du gouvernement, qui écartait cette disposition, fut adopté par la chambre des pairs ; et reproduite de nouveau devant la chambre des députés par M. Mermilliod (séance du 7 avr. 1838), elle fut encore rejetée par des motifs que résument assez bien ces paroles de M. Cunin-Gridaine : « On rapetisse la question aux proportions d'une simple question d'argent, elle est d'ordre moral et d'ordre public. Il faut conserver religieusement dans ce double intérêt le principe de la solidarité entre tous les coassociés ; y porter atteinte, c'est attaquer le crédit. »

2812. — Le failli peut être réhabilité après sa mort. — C. comm. nouveau, art. 614. — Cette faculté n'était pas déniée sous l'ancien Code de commerce, mais elle ne résultait que du silence de la loi. On a cru avec raison devoir en faire une mention expresse. « Une veuve, des parens, des amis, s'honorent eux-mêmes lorsqu'ils veulent rétablir dans toute sa pureté la mémoire de celui qui a failli. Une semblable tentative suppose la probité la plus courageuse et mérite la reconnaissance publique. » — Rapport de M. Renouard, 26 janv. 1835.

2813. — MM. Galisset, Légé et Daverne (*Corps de droit français*, note sur l'art. 614, t. 6, p. 411), en parlant de la réhabilitation du failli après sa mort, disent : « Aucun délai n'est fixé pour cette réhabilitation. » Ce serait se tromper que de conclure de cette proposition que la réhabilitation, lorsqu'elle est demandée par le failli lui-même, est soumise à une prescription quelconque. La durée de la vie du failli est le seul terme imposé à sa demande en réhabilitation.

2814. — L'exécution d'un concordat ne suffirait pas pour faire obtenir au failli sa réhabilitation. La remise, pour ainsi dire forcée, consentie par cet acte, ne saurait être considérée comme équivalant à un paiement intégral.

2815. — D'un autre côté, le failli qui justifie du paiement par lui fait depuis sa faillite de toutes ses dettes, peut, bien que toutes les formalités qui doivent légalement précéder le concordat n'aient pas été remplies, être déclaré excusable et susceptible de réhabilitation. — *Angers*, 28 mai 1822, Houel c. Pingré-Col.

2816. — Pour être admis à la réhabilitation, le négociant failli doit avoir payé toutes ses dettes, en capital, intérêts et frais. — Il ne suffit pas qu'il produise des quittances générales et définitives délivrées par ses créanciers, mais portant remise de ce qu'il n'a pu leur payer. — *Rennes*, 11 sept. 1846 (t. 2 1846, p. 548), Cléry.

2817. — On ne doit jamais perdre de vue, en matière de réhabilitation, le principe que le failli doit justifier, quelle que soit sa qualité de caution ou de coobligé, qu'il a acquitté ses obligations comme s'il n'avait jamais cessé d'administrer ses biens.

2818. — M. Pardessus (n° 1317) suppose une espèce dans laquelle le tiers porteur d'une lettre de change trouve en faillite au moment de l'échéance le tireur et tous les endosseurs. Après avoir indiqué la part que chacune des faillis, soit du tireur, soit des endosseurs successifs, a supportée dans le désintéressement, il enseigne que celui des endosseurs qui voudra obtenir sa réhabilitation, devra prouver qu'il a remboursé en principal, intérêts et frais, à chacun des endosseurs qui le suivent, et auxquels il doit garantie, ce que chacun d'eux a déboursé pour désintéresser le porteur, et que le tireur devra justifier de sa libération vis-à-vis de tous ceux qui successivement ont apposé leur endos sur la lettre de change créée par lui.

2819. — Il ne faut pas oublier que la quittance du capital fait supposer que le failli s'est libéré des intérêts. — C. civ., art. 1908 ; — Pardessus, n° 1316.

2820. — M. Pardessus (n° 1316) émet, ainsi que M. Bédarride (n° 1311) l'opinion que le failli doit avoir payé même les intérêts à compter de l'échéance, quoique le créancier n'ait formé aucune action pour les faire courir, parce que, dit-il, l'état de faillite constituait suffisamment le débiteur en demeure, et que le silence du créancier doit être plutôt attribué à l'impossibilité de faire des poursuites dans laquelle le constituait un concordat qu'à une renonciation de ses droits. — Nous ne saurions admettre cette opinion qui est en contradiction avec les principes du droit commun en matière d'obligation. Pour faire courir les intérêts, il faut ou une convention, ou une demande en justice (C. civ., art. 1153). — La faillite fait bien déchoir du bénéfice du terme celui qu'elle frappe (C. civ., art. 1188), mais nulle part on n'a voulu y rattacher cet effet de faire de plein droit produire des intérêts aux dettes qui y sont comprises.

2821. — Mais le failli ne peut être tenu d'acquitter des dettes qui ne sont pas les siennes ; ainsi lorsque les syndics ont, malgré l'opposition du failli, continué la gestion de son établissement industriel, les dettes qu'ils peuvent avoir contractées durant cette exploitation ne peuvent être considérées comme tombant à la charge du failli et grevant de charges nouvelles sa réhabilitation. — Tripier, rapport à la chambre des pairs, 10 mai 1836.

2822. — La réhabilitation, faisant disparaître l'état de faillite et rétablissant le failli dans l'intégralité de ses droits, anéantit par cela même les effets du concordat, à ce point que, si elle a été prononcée sans que le débiteur ait payé l'intégralité de ses dettes, les créanciers recouvrent le droit d'exiger de lui la totalité de leurs créances sans qu'on puisse leur opposer les termes du concordat. — Il en est ainsi, alors même que ces créanciers n'auraient pas formé opposition à la réhabilitation dans les termes de l'art 608, C. comm. — *Cass.*, 20 mai 1846 (t. 2 1846, p. 87), le trésor c. Séguin.

2823. — Ne sont pas admis à la réhabilitation les banqueroutiers fruduleux, les personnes condamnées pour vol, escroquerie ou abus de confiance, les stellionataires, ni les tuteurs, administrateurs ou autres comptables, qui n'ont pas rendu et soldé leur compte. — C. comm., art. 612.

2824. — Mais le banqueroutier simple peut être réhabilité quand il a subi sa peine. — C. comm., art. 612. — Les causes de la condamnation peuvent être de nature à ne pas former obstacle à la réhabilitation. La cour a dans ce cas un pouvoir discrétionnaire qui ne lui appartient pas dans les autres cas de réhabilitation. — V. *infrà* n° 2835.

2825. — Le failli non déclaré excusable peut-il être réhabilité ? — oui, la loi ne rappelle pas l'obligation que l'ancien Code de comm. imposait au tribunal de dire si le failli était ou non susceptible d'être réhabilité, et la déclaration qu'il n'est pas excusable n'a d'autre effet que de rendre aux créanciers l'exercice de leurs actions individuelles, tant contre sa personne que sur ses biens (C. comm., art. 539). D'ailleurs l'art. 612 ne le mentionne pas parmi ceux qui ne peuvent être réhabilités, et ce serait une étrange contradiction que de voir le banqueroutier simple admis à la réhabilitation, tandis que le failli non excusé ne le serait pas.

2826. — Le demandeur en réhabilitation présente à la Cour royale de son domicile une requête à l'appui de laquelle il produit toutes les pièces, quittances et décharges propres à justifier qu'il a désintéressé ses créanciers.

2827. — Le procureur-général, sur la communication qui lui est faite de la requête, en adresse des expéditions de lui certifiées au procureur du roi de l'arrondissement et au président du tribunal de commerce du domicile du demandeur, et si celui-ci a changé de domicile depuis la faillite, au tribunal de commerce dans l'arrondissement duquel elle a eu lieu en les chargeant de recueillir tous les renseignemens sur les faits allégués. — C. comm., art. 606.

2828. — Copie de la requête reste affichée à la diligence du procureur du roi et du président du tribunal de commerce pendant deux mois dans la salle d'audience de chaque tribunal, à la Bourse et à la maison commune, et est insérée par extrait dans les papiers publics. — C. comm., art 607. — Dans ce cas l'insertion est faite dans le journal qu'il plaît au demandeur de choisir, et il n'appartient à l'autorité judiciaire de faire aucune désignation à cet égard.

2829. — Tout créancier qui n'est pas intégralement désintéressé, qui n'a pas donné une quittance définitive, ou qui ne l'a signée que par dol ou violence, peut, ainsi que toute partie intéressée, former pendant la durée de l'affiche opposition à la réhabilitation par un simple acte de déclaration reçu par le greffier, soit du tribunal civil, soit du tribunal de commerce, appuyé de pièces justificatives s'il y a lieu. — C. Comm., art. 608.

2830. — L'opposant pourrait même, si le délai était expiré, faire cette déclaration au greffe de la cour royale; elle doit contenir les causes d'opposition et surtout établir ce que l'opposant prétend lui être encore dû par le failli. — Pardessus, nº 1316; Bédarride, nº 1321.

2831. — Le failli peut faire cesser cette opposition, soit en payant la somme réclamée, soit en faisant en cas de refus des offres et une consignation, soit en faisant juger qu'il n'est pas débiteur de la somme réclamée, c'est-à-dire qu'au cas où il n'est pas failli; l'opposant n'aurait pas été fondé à lui réclamer cette somme. — Pardessus, nº 1316.

2832. — Le failli peut aussi produire à la cour royale des notes et mémoires pour justifier sa demande et repousser les contestations ou observations qui tendraient à la faire écarter.

2833. — Mais le créancier opposant ne peut pas être partie dans la procédure de réhabilitation qui ne s'instruit pas contradictoirement. — C. comm., art. 608.

2834. — A l'expiration des deux mois, le procureur du roi et le président du tribunal de commerce transmettent chacun séparément au procureur-général les renseignemens qu'ils ont recueillis sur la conduite du failli et sur la sincérité des faits exposés dans la requête; ils y joignent leur avis sur la demande. — C. Comm., art. 609.

2835. — Le procureur-général fait rendre sur le tout, à l'audience publique, un arrêt portant admission ou rejet de la demande en réhabilitation. — C. comm., art. 610. — Lorsque le débiteur a soldé tous ses créanciers en principal, intérêts et frais, la cour royale ne peut refuser de lui accorder sa réhabilitation. — Bédarride, nº 1324.

2836. — Sous le Code de 1808, la demande une fois repoussée ne pouvait jamais être reproduite. Le nouveau Code, art. 610, permet de la représenter après une année d'intervalle. L'inconvénient résultant de l'introduction à plusieurs reprises de demandes vaines doit disparaître devant l'équité qui commande de reconnaître que dans le laps d'une année le débiteur peut avoir réuni les pièces justificatives qui lui manquaient ou avoir acquitté des dettes en retard. — Renouard, p. 522.

2837. — L'arrêt qui admet la réhabilitation est transmis aux procureurs du roi et aux présidens des tribunaux auxquels la demande a été adressée. Ces tribunaux en font faire la lecture publique et la transcription sur leurs registres. — C. comm., art. 611.

FAINES (Marchands de).

Marchands de faines, — patentables de huitième classe, droit fixe basé sur la population et droit proportionnel du quarantième de la valeur locative de tous les locaux qu'ils occupent, mais seulement dans les communes de 20,000 ames et au-dessus.

FAISEURS DE TOURS.

Cette profession est assimilée par les ordonnances de police à celle de bateleurs et soumise aux mêmes prescriptions. — V. BATELEURS.

FAIT.

1. — Ce mot a plusieurs acceptions dans la langue du droit. Et d'abord, il est synonyme d'action, de chose faite ou à faire.

2. — Un fait peut être l'objet d'une obligation, c'est à-dire qu'on peut par contrat s'obliger à faire ou à ne pas faire quelque chose.

3. — Mais pour que l'obligation d'un fait soit valable, il faut qu'il soit possible : *Impossibilium nulla est obligatio.* — L. 85, ff., *De reg. juris.*

4. — Il faut qu'il ne soit contraire ni aux lois ni aux bonnes mœurs : *Pacta quæ contra leges constitutionesque, vel contrà bonos mores fiunt, nullam vim habere indubitati juris est.* — L. 6, God., *De pactis.*

5. — Il faut qu'il soit déterminé de manière qu'il n'y ait pas d'incertitude sur les différentes circonstances nécessaires à son exécution. — L. 3, § 5, ff., *De eo quod certo loco.*

6. — Il faut enfin que celui en faveur de qui l'obligation est contractée ait un intérêt appréciable à son exécution; car si cet intérêt n'existait pas, l'inexécution du fait n'apporterait aucun préjudice à celui qui l'a stipulée. — Merlin, *Rép.*, vº *Fait*, § 1er.

7. — Toute obligation de faire ou de ne pas faire se résout en dommages-intérêts en cas d'inexécution de la part du débiteur. (C. civ., art. 1142.) Car *nemo potest præcisè cogi ad factum, quia id sine vi et impressione fieri non posset.* — Présid Favre, *Rationalia* sur la L. 1, ff., *De action. accepti et venditi.* — V. au surplus OBLIGATION.

8. — Les faits peuvent enfin être une cause ou une source d'obligations. Mais à cet égard il faut distinguer entre les faits licites des faits illicites.

9. — Les faits licites produisent des quasi-contrats. Il peut en résulter des obligations, soit en faveur, soit au préjudice de celui qui est l'auteur de ces faits. — V. QUASI-CONTRAT.

10. — Les faits illicites sont les délits et les quasi-délits. Ils obligent toujours celui qui les a commis à réparer le dommage qu'il peut avoir causé; mais il est de leur nature de ne pouvoir jamais faire naître d'obligation à son avantage. — Merlin, *Rép.*, vº *Fait*, § 1er. — V. DÉLIT, QUASI-DÉLIT.

11. — Ils donnent aussi lieu à une action en dommages-intérêts contre les personnes que la loi a soumises à la responsabilité des faits de celui qui a causé le dommage, et ces personnes ne peuvent se soustraire à cette action qu'en prouvant qu'elles n'ont pu empêcher le fait sur lequel elle est fondée. — V. RESPONSABILITÉ.

12. — Chacun doit répondre du préjudice qu'il a causé non-seulement par un fait de malignité, mais encore par un fait de négligence ou d'imprudence. — Serres, *Institut. au droit français*, p. 580; Domat, *Lois civ.*, liv. 2, tit. 6 § 2; Pothier, *Oblig.*, part. 1re, chap. 1er, sect. 2e, § 1er et 2. — C. civ., art. 1382 et 1383. — V. RESPONSABILITÉ.

13. — Dans le doute, un fait n'est jamais présumé avoir été déterminé par le dessein de nuire. — L. *Merito*, ff., *Pro socio.*

14. — Il ne doit pas être permis de faire chez soi ce qui nuit à autrui sans être utile à celui qui le fait. — Bordier, sur Ranchin, part. 1re, conclus. 313; Merlin, *Rép.*, vº *Fait*, § 3.

15. — Considéré relativement à sa nature, le fait est ou simple ou composé.

16. — Il est *simple* lorsqu'il exprime un acte purement matériel, dégagé de toute qualification morale, par exemple lorsqu'on dit qu'*un tel est entré dans sa maison.*

17. — Le fait est *composé* lorsqu'il contient la matérialité de l'acte et la qualification que cet acte doit avoir dans ses rapports avec la morale ou avec la loi. Ainsi quand on dit : « *Paul a volé un cheval*, » on énonce un fait composé, car le fait d'un vol exprime tout à la fois un fait matériel d'enlèvement, de soustraction et une intention coupable de dépouiller le détenteur de la chose enlevée, par infraction du droit de propriété. — Merlin, *Rép.*, vº *Fait*, § 4.

18. — Ainsi la possession que produit la prescription est encore un fait composé qui énonce tout à la fois le fait simple de la détention d'une chose et de l'esprit de propriété dans lequel cette détention est exercée. — V. PRESCRIPTION.

19. — L'ensemble de plusieurs faits simples ou composés peut présenter, par leur combinaison et par voie de conséquence morale ou légale, un fait général qui devient principal et qui, n'ayant de matérialité que dans les faits élémentaires dont il est déduit, doit s'appeler *fait moral.* — Merlin, *ibid.*, § 5.

20. — Ainsi l'escroquerie est un fait moral. Ce fait n'a par lui-même rien de matériel; mais il est constitué par la preuve des faits de dol et d'abus de crédulité que la loi a déterminés pour le caractériser et en quelque façon pour lui donner l'être. — Merlin, *ibid.* — V. ESCROQUERIE.

21. — Considéré relativement à son auteur, le fait est *fait propre* ou *personnel* quand il émane de celui à qui il est imputable, et *fait d'autrui* quand il émane d'une autre personne. — V. FAIT D'AUTRUI.

22. — Considéré relativement à sa preuve, le fait est dit *positif* quand on en affirme l'existence, *négatif* quand on nie cette même existence. — V. PREUVE.

23. — ... *Pertinent* ou *admissible* quand il a un trait direct à la contestation, et qu'il serait de nature, s'il était établi, à exercer une influence sur la décision du procès. — V. ENQUÊTE, nos 62 et suiv.

24. — Le mot *fait* s'emploie aussi par opposition au mot *droit.*

25. — Ainsi il y a l'erreur *de fait* et l'erreur *de droit* (V. ERREUR), l'ignorance *de fait* et l'ignorance *de droit* (V. IGNORANCE), la possession *de fait* et la possession *de droit* (V. POSSESSION).

26. — Ainsi encore il y a les voies *de fait*, qui comprennent en général tout acte par lequel on exerce, de son autorité privée, des prétentions ou des droits contraires aux droits et prétentions d'autrui, et les voies *de droit*, qui sont les moyens indiqués par la loi pour agir contre un acte, un jugement, une personne contre laquelle on a action. — V. ACTION, VOIES DE FAIT.

27. — Le *fait* signifie encore le cas, l'espèce dont il s'agit dans une discussion ou dans une contestation. Le *fait* est alors l'exposé des circonstances dont se compose une affaire litigieuse. — Le *fait* pris dans cette acception est souvent appelé *point de fait*, par opposition avec le *point de droit.* — Merlin, *Rép.*, vº *Fait*, § 6.

28. — Le *point de fait* dans un procès consiste aussi dans ce qui a été fait, et souvent dans ce qui n'a pas été fait; et le *point de droit* dans le rapprochement et l'application de la loi ou des règles de la justice au *point de fait.* — Merlin, *ibid.*

29. — Dans les écrits et les plaidoyers, l'exposition du *fait* doit précéder celle des moyens de *droit.*

30. — Les jugemens doivent aussi contenir l'exposition sommaire des *points de fait.* — C. procéd., art. 39, 40 et 141. — V. JUGEMENT.

FAITS ET ARTICLES.

On appelle ainsi, dans le langage juridique, les circonstances sur lesquelles, en matière civile, une partie fait interroger son adversaire. — V. INTERROGATOIRE SUR FAITS ET ARTICLES.

FAIT D'AUTRUI.

1. — C'est tout ce qui est fait, dit ou écrit par une personne relativement à une autre.

2. — Ce serait, selon Merlin (*Rép.*, vº *Fait d'autrui*), ce qu'on a coutume d'appeler en jurisprudence *res inter alios acta.*

3. — Il est de principe que le fait d'autrui ne peut pas nuire à un tiers. — LL. 12, 13 et 14, ff., *De except. rei judic.*; L. 63, ff., *De re judic.*; L. 2 Cod., *De quib. res judic. non noc.*; L. 3 Cod., *Ne uxor pro marito*; — C. civ., art. 1165, 1351 et 2051.

4. — Néanmoins il y a quelques exceptions à cette règle; tels sont les cas, par exemple, où un tuteur agit pour son mineur, un mari pour sa femme, un associé pour toute la société, etc. — Merlin, *Rép.*, vº *Fait d'autrui.* — V. RESPONSABILITÉ.

5. — Le fait d'autrui n'étant pas en notre pouvoir ne peut valablement être la matière d'un contrat. — Puffendorff, *Dr. de la nature et des gens*, t. 2, liv. 3, chap. 7, § 10; Heineccius, *De jure nat.*, liv. 1er, § 400; Toullier, t. 6, nº 130. — V. OBLIGATION.

6. — Cependant on peut se porter fort pour un tiers en promettant le fait de celui-ci. — C. civ., art. 1120; — Toullier, t. 6, nos 135 et suiv. — V. STIPULATION POUR AUTRUI.

FAIT ET CAUSE.

V. GARANTIE.

FAIT DE CHARGE.

1. — On appelle ainsi toute action ou omission d'un officier public dans l'exercice de ses fonctions quand elle donne lieu contre lui à responsabilité ou dommages-intérêts.

2. — La réparation du préjudice occasioné par un fait de charge est privilégiée sur le cautionnement. — V. CAUTIONNEMENT (FONCT. COMPT., etc.), nos 144 et suiv.

3. — L'établissement d'un pareil privilége a été introduit en considération de la foi publique. En effet il est juste que la charge réponde spécialement des fautes de celui qui en est revêtu, attendu qu'on est forcé de contracter avec lui à cause de cette charge. — Merlin, *Rép.*, vº *Fait de charge.*

4. — Quand les actes émanés d'un officier ministériel doivent-ils être réputés faits de charge? — V. à cet égard CAUTIONNEMENT (FONCT. COMPT.), nos 136 et suiv.

5. — Aux exemples indiqués (*loc. cit.*) nous ajouterons qu'il ne peut y avoir de la part d'un officier ministériel fait de charge donnant lieu à un privilége sur son cautionnement que dans les actes qui

sont nécessairement des fonctions de cet officier ministériel, et pour lesquels son ministère est forcé, et non dans les actes qu'un autre aurait pu faire et qu'il n'a faits que comme mandataire. — *Paris*, 5 nov. 1846 (t. 2 1846, p. 513), Duthcil c. Martin.

6. — Ainsi l'avoué d'appel qui a été chargé de préparer un acte d'appel est responsable de la nullité de cet acte provenant de ce que deux héritiers ont été assignés par une seule copie; mais il n'y a pas là un fait de charge donnant lieu à un privilége sur le cautionnement de cet avoué. — Même arrêt. — V. toutefois la dissertation rapportée sous cet arrêt dans notre journal.

FAIT DU PRINCE OU DU SOUVERAIN.

1. — C'est tout acte de la puissance souveraine qui tend à diminuer les droits des particuliers.

2. — Tels sont les cas, dit Merlin (*Rép.*, v° *Fait du souverain*), où le souverain révoque les aliénations ou engagemens du domaine, ou qu'il demande au possesseur quelque droit de confirmation; lorsqu'il ordonne qu'on prendra quelque maison ou héritage, soit pour servir aux fortifications d'une ville, soit pour former quelque rue, place, chemin ou édifice public; lorsqu'il augmente ou diminue le prix des monnaies et des matières d'or et d'argent; lorsqu'il réduit le taux des rentes et intérêts; lorsqu'il ordonne le remboursement des rentes constituées sur lui; et autres événemens semblables.

3. — Tous les auteurs s'accordent à considérer le fait du prince à l'égard des particuliers comme un cas fortuit et une force majeure que personne ne peut prévoir ni empêcher. — Merlin, *ibid.*; Mornac, *Ad leg. fin.*, ff., *De evict.*; Helfeld, *Jurispr. forens.*, §§ 11 et 20; Domat, *Lois civ.*, sect. 10, § 4; Favard, *Rép.*, v° *Fait du souverain*; Duvergier, *Vente*, t. 1er, n° 315.

4. — Jugé en conséquence que le fait du prince obligeant à soumission, comme le fait de la nature, constitue un cas fortuit ou de force majeure, alors que cette volonté du prince s'est accomplie par sa vertu propre, sans le concours ni l'adhésion de ceux sur lesquels elle s'est étendue. — *Cass.*, 4 mai 1842 (t. 2 1842, p. 168), Marion c. comm. de Saint-Denis. — V. au surplus CAS FORTUIT, nos 3 et suiv.

5. — Mais le fait du prince ne saurait plus être considéré comme cas fortuit ou force majeure quand l'acte du prince n'est que la déclaration d'un droit préexistant. — Arg. *Cass.*, 14 avr. 1830, Furstenstein c. Boucheporn.

6. — De ce que le fait du prince est considéré comme cas fortuit ou de force majeure, il s'ensuit que personne n'en est garant de droit. — Arg. *Paris*, 24 fév. 1827, sous *Cass.*, 16 juill. 1828, Parker c. Rapp; — Merlin, *Rép.*, v° *Fait du souverain*.

7. — Mais pourrait-on s'obliger à la garantie des faits du prince? Oui, car il y a même raison de décider pour s'obliger à la garantie des faits du prince que pour s'obliger à la garantie des cas de force majeure en général. — Merlin, *Rép.*, v° *Fait du souverain* (il y cite un arrêt conforme du Parlement de Paris du 21 mars 1715); Rousseaud de Laombe. *Jurispr. civ.*, v° *Garantie*, n° 15; Brillon, v° *Rente*, n° 76 *bis*; Domat, *Lois civ.*, liv. 1er, tit. 2, sect. 10, n° 7; Duvergier, *Vente*, t. 1er, n° 333.

8. — Jugé donc en ce sens qu'on peut stipuler la garantie des faits du prince. — *Paris*, 5 pluv. an IX, Lemairat c. Gaudot.

9. — Jugé au contraire que la garantie des faits du prince ou du gouvernement doit être considérée comme contraire aux lois qui intéressent l'ordre public, et conséquemment réputée non écrite. — *Paris*, 23 janv. 1806, Blondeau c. Leviault. — V. CONDITION, n° 131.

10. — En tous cas, pour qu'il y ait lieu à garantie, il faut que la stipulation soit expresse. — Loiseau, *Garantie des rentes*, chap. 1er, n° 14, et chap. 3, n° 13; Merlin, *Rép.*, v° *Fait du souverain*; Troplong, *Vente*, t. 1er, nos 465 et 466.

11. — Jugé dès-lors que la garantie de toutes évictions, d'empêchemens quelconques, ne s'étend pas à l'éviction qui a lieu par le fait du prince. — *Cass.*, 27 pluv. an XI, Guyenot c. Delarue.

12. — ... Que celui qui consent une délégation n'est pas de droit et sans convention tenu de la garantie des faits du prince. — *Paris*, 23 niv. an XII, de Brévie c. de Lévis.

13. — ... Que la garantie générale réciproquement stipulée entre co-héritiers, dans un partage, ne s'applique pas aux pertes que l'un des co-partageans peut éprouver par faits du prince; par exemple, par la suppression sans indemnité de rentes seigneuriales. — *Bordeaux*, 23 janv. 1826, Désarnaud.

14. — Au surplus, comme c'est principalement au sujet de la garantie en matière de vente que s'agitent les questions relatives aux faits du prince, V. VENTE.

FAIT PRINCIPAL.

1. — On désigne sous ce nom, en matière criminelle, le fait constitutif du crime ou du délit dégagé de toutes les circonstances qui l'aggravent ou l'atténuent.

2. — Il est très important de nettement distinguer le fait principal et ses élémens constitutifs des circonstances aggravantes; car cette distinction influe, notamment, sur la position des questions aux jurés, sur le nombre de voix nécessaires pour former la majorité, sur le mode de délibération, sur le droit que la cour d'assises peut avoir dans certains cas de délibérer, enfin sur la pénalité elle-même. — V., à cet égard, COUR D'ASSISES.

FALCIDIE.

V. QUARTE FALCIDIE.

FALOURDES (Débitant de).

Débitans de falourdes; — patentables de 8e classe; droit fixe basé sur la population; droit proportionnel du 40e de la valeur locative de tous les locaux qu'ils occupent, mais seulement dans les communes de 20,000 âmes et au-dessus.

FALSIFICATION DE DENRÉES ET BOISSONS.

Nous avons expliqué tout ce qui concerne cette matière. — V. COMESTIBLES ET DENRÉES CORROMPUS OU NUISIBLES et BOISSONS FALSIFIÉES. — V. aussi BOULANGER, nos 115 et 119.

FAMILLE.

1. — On désigne en général par famille toutes les personnes du même sang qui forment un corps de parenté.

2. — Quelquefois aussi le terme *famille* comprend même ceux, parens ou non, qui sont soumis au maître de la maison : ainsi, en matière de partage de biens communaux, V. BIENS COMMUNAUX, COMMUNE. — V. aussi FERMETURE DES LIEUX PUBLICS ET PRIVÉS.

3. — Il arrive parfois que le mot *famille* s'entend d'une réunion d'amis tenant lieu de parens (C. civ., art. 186, 409, etc.). — V. CONSEIL DE FAMILLE, MARIAGE.

4. — Lorsqu'on dit que les enfans suivent la famille de leur père et non celle de leur mère, cela veut dire qu'ils portent le nom de leur père et suivent sa condition. — V. ENFANT.

5. — C'est par le même motif, dit M. Rolland de Villargues (*Rép. du not.*, v° *Famille*), que l'on dit encore que les femmes sont le commencement et la fin de leur famille. » *Mulier autem familiæ suæ et caput et finis est* (L. 195, § 5, ff., *de verb. sign.*). La glose dit : « *Nam qui ex ea nascuntur familiæ paternæ nomen ferunt non maternæ*. — Ce qui n'empêche pas que dans le sens ordinaire comme dans l'ordre de la nature les femmes ne soient de la famille (L. *eod.*, § 2). — Toullier, t. 4, n° 161.

6. — Quant à la manière dont s'établissent les liens de famille, V. ADOPTION, LÉGITIMITÉ, LÉGITIMATION. — V. aussi ALLIANCE, PARENTÉ.

7. — Il n'existe aucun rapport civil de famille entre les enfans naturels et les parens de leurs père et mère. — V. ENFANT NATUREL.

8. — L'état de famille entraîne des droits et des devoirs qui sont expliqués, vis ALIMENS, CONSEIL DE FAMILLE, NOM, SUCCESSION, TUTELLE.

9. — Les droits de famille consistant dans celui de vote et de suffrage dans les délibérations de famille, et dans celui d'être tuteur ou curateur peuvent se perdre, dans certains cas, par une condamnation correctionnelle. — C. pén., art. 42. — V. DROITS CIVILS.

FAMILLE ROYALE.

1. — Autrefois les noms des enfans des rois figuraient sur les registres de baptême à côté de celui des enfans des autres citoyens.

2. — C'est ce qui a lieu encore aujourd'hui, du moins pour les actes destinés à constater l'état religieux des membres de la famille royale. Ainsi, comme nous l'avons dit (V. CHAPELLE), les actes de baptême, de mariage et de décès sont, en ce qui les concernent, comme à l'égard de tous les autres citoyens, inscrits sur le registres de la paroisse apportés à cet effet par le curé.

3. — Mais à l'égard de l'*état civil* le sénatus-consulte du 28 flor. an XII (art. 13) a disposé : « Que les actes constatant la naissance, les mariages et les décès des membres de la famille impériale seraient transmis, sur un ordre de l'empereur, au sénat qui en ordonnerait la transcription sur ses registres et le dépôt dans ses archives. »

4. — En outre, le statut impérial du 30 mars 1806 (tit. 2) confia à l'archichancelier les fonctions d'officier de l'état-civil (art. 14), prescrivit (art. 15) la transcription des actes sur un registre double tenu par le secrétaire de l'état de la maison impériale, et ordonna (art. 17) que l'un des doubles de ce registre resterait aux archives impériales, et l'autre aux archives du sénat.

5. — Une ordonnance des 23 mars et 13 mai 1816 a confié au chancelier les fonctions d'officier de l'état civil en ce qui concerne la famille royale, et a prescrit également la tenue d'un double registre. Ces registres doivent, jusqu'à ce qu'ils soient remplis en entier, rester déposés aux archives de la chambre des pairs; et, lorsqu'ils sont finis, clos et arrêtés par le chancelier, un des doubles reste déposé aux archives du royaume et l'autre aux archives de la chambre des pairs. — En outre, les rois se réservent le droit de désigner les témoins qui doivent assister aux actes de naissance ou de mariage des membres de leur famille.

6. — Les dispositions de l'ordonnance de 1816 sont encore en vigueur aujourd'hui. — On sait au reste que, pendant les quelques années qui, à la suite de la révolution de 1830, laissèrent vacantes les fonctions de chancelier, celle d'officier d'état civil de la maison royale furent, mais *provisoirement seulement* (ord. 27 août 1830) remplies par le président de la chambre des pairs. — V. aussi CHANCELIER DE FRANCE.

7. — Les princes de la famille royale ne peuvent se marier sans le consentement du roi. — Cet usage observé dans l'ancienne monarchie a été consacré par l'arrêt du mois de sept. 1634 qui déclara nul le mariage de Gaston, duc d'Orléans, avec la princesse Marguerite de Lorraine et par la déclaration confirmative de l'assemblée du clergé de 1635. — Pothier, *Tr. du mariage*, n° 343. — Il doit être considéré comme encore en vigueur aujourd'hui. — V. MARIAGE DE LA MAIN GAUCHE.

8. — C'est le roi qui nomme les tuteurs des princes et princesses de la maison royale dont le père est décédé. — Statut impérial du 30 mars 1806.

9. — C'est lui également qui désigne les membres du conseil de famille ou conseil de tutelle chargé de veiller aux intérêts du mineur et d'exercer sur le tuteur, en ce qui concerne l'administration de la tutelle, une juridiction *coactive et contentieuse*. — Stat. imp. 30 mars 1806. — V. aussi TUTELLE.

10. — Alors même qu'il n'y a pas lieu à tutelle proprement dite, il peut nommer des administrateurs aux biens de ses enfans mineurs et désigner un conseil de famille chargé de donner, s'il y a lieu, à ces administrateurs les autorisations nécessaires pour agir. — Ord. 2 sept. 1830.

11. — Suivant le même statut de 1806 les membres de la maison *impériale* ne peuvent, sans le consentement exprès de l'empereur, ni adopter ni se charger de tutelle officieuse, ni reconnaître leurs enfans naturels. — Art. 12.

12. — C'est le roi qui assigne aux divers membres de sa famille les noms qu'ils devront porter.

13. — V. au surplus, pour tout ce qui concerne l'état des princes et princesses, leur éducation et leurs rapports de soumission et de subordination à l'égard du chef de la famille, les dispositions du statut de 1806.

14. — Les princes du sang sont, par droit de naissance, membres de la chambre des pairs. — V. CHAMBRE DES PAIRS, nos 16, 55, 57.

15. — La liste civile du roi, le douaire de la reine et la dotation de l'héritier de la couronne ont été réglés par des lois particulières. — Ces lois statuent également sur le domaine privé du roi ainsi que sur les droits et actions de ses créanciers. — V. DOMAINE PRIVÉ DU ROI, LISTE CIVILE.

16. — Nous avons expliqué sous le mot DOMAINE DU ROI (nos 31 et suiv.) que les princes et princesses composant la famille royale sont rangés, quant à la jouissance et à la disponibilité de leurs biens, comme aussi quant aux actions qu'ils peuvent avoir à intenter, et à celles auxquelles ils peuvent avoir à répondre, sous l'empire de la loi commune.

17. — La loi, dans un intérêt et par des considérations qui se comprennent sans explication, a cru devoir étendre d'une manière toute spéciale sa protection sur les membres de la famille royale, et frapper de peines particulières ceux qui se rendraient coupables envers eux d'attentats, de complots ou d'offenses. — V. ATTENTAT CONTRE LE ROI

ET SA FAMILLE, COMPLOT, OFFENSE ENVERS LE ROI ET SA FAMILLE.

18. — V., au surplus, sur ce qu'on doit entendre par les mots « membres de la famille royale, v° ATTENTAT CONTRE LE ROI ET SA FAMILLE, nos 41 et suiv.

FANAUX.
V. PHARES.

FANONS OU BARBES DE BALEINE.
1. — Marchands de fanons ou barbes de baleine en gros, — patentables de première classe; — droit fixe basé sur la population et droit proportionnel du quinzième de la valeur locative de l'habitation et des lieux servant à l'exercice de la profession.

2. — Les marchands en demi-gros sont patentables de deuxième classe; — droit fixe et droit proportionnel du vingtième de la valeur locative de l'habitation et des lieux servant à l'exercice de la profession.

3. — Les ateliers pour le travail des fanons de baleine produisent d'abondantes vapeurs d'une odeur fade et tenace, et les fanons entrent en putréfaction quand on n'a pas soin de les jeter immédiatement; ils ont par suite été rangés dans la troisième classe des établissemens insalubres. — V. ÉTABLISSEMENS INSALUBRES (nomenclature).

FARINES.
1. — Le commerce de cette denrée qui, avec les grains, forme la base principale de la subsistance publique, est, à raison de son importance et de l'influence qu'elle peut avoir sur la tranquillité et l'ordre public, soumis à de nombreux réglemens que nous examinerons au mot GRAINS ET FARINES.

2. — Aux termes de l'art. 592, C. proced. civ., ne peuvent être saisis... « 7° les farines nécessaires à la consommation du saisi et de sa famille pendant un mois. » — V. SAISIE.

3. — Relativement à la quantité de farines que les boulangers de Paris doivent déposer dans des magasins publics, à titre de garantie, et au privilèges faiteurs à la halle sur les farines privilégiés, V. BOULANGER, nos 131 et suiv.

4. — Quant aux règles et usages particuliers aux ventes de farines, et aux difficultés qui en peuvent résulter, V. VENTE.

5. — Les marchands de farine en gros et en détail sont rangés, par la loi du 25 avr. 1844, les premiers dans la quatrième classe et les seconds dans la sixième classe des patentables. Ils sont assujétis, 1° à un droit fixe basé sur la population, et à un droit proportionnel du vingtième de la valeur locative de l'habitation et des lieux servant à l'exercice de la profession.

FAUBOURG.
1. — C'est la continuité des maisons qui sont hors des portes d'une ville, continentia urbis ædificia. — LL. 2 et 147, ff., De verb. sig.

2. — Aussitôt que cette continuité cesse, les faubourgs n'existent plus. — Pothier, appendice au Contr. de société; Toullier, t. 3, n° 166.

3. — Dans les places de guerre, les faubourgs fortifiés ou situés dans les inondations sont généralement assimilés aux citadelles. — V. PLACES DE GUERRE.

4. — De plus, lorsque les faubourgs sont situés dans les deux premières zones des servitudes militaires, toute construction y est défendue. — V. SERVITUDES MILITAIRES.

5. — Dans les villes et faubourgs, chacun peut contraindre son voisin à contribuer aux constructions et réparations de la clôture faisant séparation de leurs maisons, cours et jardins. — C. civ., art. 668. — V. CLÔTURE.

V BANLIEUE, BOISSONS, CONTRIBUTIONS INDIRECTES, OCTROI.

FAUCHAISON.
V. BAN DE VENDANGES, MOISSONS ET AUTRES, nos 3, 38, 41.

FAUSSE APPLICATION DE LA LOI.
V. CASSATION (Matière civile). CASSATION (Matière criminelle).

FAUSSES CLÉS.
1. — La loi (art. 398) qualifie fausses clés tous crochets, rossignols, passe-partout, clés imitées, contrefaites, altérées ou qui n'ont pas été destinées par le propriétaire, locataire, aubergiste ou logeur, aux serrures, cadenas, ou aux fermetures quelconques auxquelles le coupable les aura employées.

2. — L'emploi des fausses clés n'est par lui-même ni un délit ni un crime, mais c'est un élément d'aggravation du vol qu'il aurait servi à commettre.

3. — En outre, la contrefaçon ou l'altération des clés entraîne contre celui qui s'en rend coupable une peine correctionnelle de trois mois à deux-ans de prison et de 25 à 150 fr. d'amende; et si le coupable est serrurier de profession, la peine est celle de la réclusion. Le tout sans préjudice de plus fortes peines, s'il y a eu cas de complicité de crimes commis au moyen de ces clés altérées ou contrefaites. — V. au surplus VOL. — V. aussi CLÉS et COMPLICITÉ, n° 204.

FAUSSE CONSIGNE.
V. CONSIGNE MILITAIRE.

FAUSSE MONNAIE.

Table alphabétique.

FAUSSE MONNAIE. — 1. Le crime de fausse-monnaie consiste dans le fait de fabriquer ou altérer les monnaies ayant cours légal en France, ou de fabriquer en France des monnaies étrangères ayant cours en pays étranger. — C'est aussi le crime de celui qui participe à l'émission ou exposition de ces monnaies contrefaites ou altérées, ou en fait introduction sur le territoire français. — C. pén., art. 132, 133, 134.

§ 1er. — Historique et législation (n° 2).

§ 2. — Caractères du crime de fausse monnaie. — Contrefaçon. — Altération. — Émission. — Exposition. — Introduction. — Monnaies étrangères. — Pénalité (n° 25).

§ 1er. — Historique et législation.

2. — Historique. - Le droit de battre monnaie étant à Rome un attribut de la souveraineté, quiconque fabriquait de la monnaie, ou falsifiait celle de l'état, était considéré comme usurpant un droit impérial ou offensant le prince, et commettait ainsi un crime de lèse-majesté. De là ces pénalités si sévères, telles que la déportation, le travail des mines, l'exposition aux bêtes, le supplice du feu. — L. 8, ff., De falsis; L. 2, C., De fals. moneta.

3. — Le crime de fausse monnaie dans l'ancienne législation française était aussi réputé crime de lèse-majesté. « Comme c'est au roi seul, dit Muyart de Vouglans (Lois crim., p. 141), qu'il appartient de faire battre monnaie dans son royaume, et de lui donner juste valeur, on commet nécessairement un crime de lèse-majesté lorsqu'on s'arroge le droit de le fabriquer sans sa permission. »

4. — Mais, dit Montesquieu à cette occasion, n'était-ce pas confondre le nom de lèse-majesté? Porter sur un autre crime le nom de lèse-majesté, n'est-ce pas diminuer l'horreur du crime de lèse-majesté? »

5. — La mutilation du poing parut d'abord une pénalité suffisante pour le crime de fausse monnaie. — Capit. de Childebert III, an 744; ordonn. de Louis-le-Débonnaire et de Charles-le-Chauve, 819 et 864. — Baluze, t. 1er, ch. 20, p. 454.

6. — Mais une ordonnance de Louis XI, en 1262, établit la peine de mort, avec confiscation des biens, et ces deux peines furent maintenues par les ordonnances rendues sur la même matière. — Déclar. 14 juill. 1536, 19 mars 1540, janv. 1549; ord. Orléans, art. 148; déclar. 12 déc. 1693, 9 juill. 1697, 5 oct. 1715; édit de fév. 1726.

7. — Deux coutumes poussèrent même la barbarie jusqu'à vouloir que les faux monnayeurs fussent bouillis vivans. — Cout. de Bret., tit. 25, art. 634; cout. de Loudunois, ch. 39, art. 14.

8. — Quant aux ordonnances de 1526 et 1549, et à l'édit des monnaies de 1726, ils ordonnèrent le dernier supplice pour l'eau ou la corde.

9. — Au reste, la procédure était elle-même très rigoureuse. — Ainsi le crime de la fausse monnaie était jugé sans appel et même sur simple présomption. — Ordonn. 1670, tit. 1er, art. 12; — Jousse, t. 3, p. 452.

10. — Le Code pénal de 1791 prononça uniformément la seule peine de quinze années de fers contre le faux monnayeur, considéré comme vol avec circonstances aggravantes.

11. — Mais la peine de mort fut rétablie par la loi du 13 germin. an XI (art. 5), puis par le Code pénal de 1810 (art. 132), « à cause, disait M. Berlier, de la gravité de ce crime, et des alarmes qu'il répand dans la société. » (Th. C. pén., t. 1.3, p. 461 et suiv.)

12. — Cette rigueur excessive de la loi pénale, a été l'objet des critiques de la plupart des criminalistes. Souvent, ainsi que le dit M. Taillandier (Lois pénales de France et d'Angleterre), la misère peut conduire à l'altération de la monnaie celui homme qu'elle ne conduira pas à commettre un meurtre: de là la nécessité d'établir une différence entre les peines dont le faux monnayeur doit être atteint et la criminalité réelle et intentionnelle de l'action.

13. — Lors de la révision du Code pénal en 1832, on ne chercha pas à méconnaître l'importance du crime de fausse monnaie : « Le crime de fausse monnaie, disait l'exposé des motifs, est un de ceux qui crèent le plus de dangers et inspirent le plus d'alarmes: en ébranlant la confiance qui est due à la monnaie circulante, il attaque toute sécurité des transactions de la vie. » — Toutefois on jugea à propos de supprimer pour ce genre de crime l'application de la peine de mort. — Cette peine a été remplacée par celle des travaux forcés à perpétuité, pour les divers crimes de fausse monnaie qui ont pour objet des pièces d'or ou d'argent (art. 132); et à celle des travaux forcés à perpétuité on substitua les travaux forcés à temps, quand il ne s'agit que des monnaies de billon ou cuivre (art. 133).

14. — Certains criminalistes trouvent encore cette peine excessive. On peut lire à cet égard la discussion intéressante à laquelle se livrent MM. Hélie et Chauveau (Th. C. pén., t. 3, p. 463 et suiv.).

15. — Il est constant en effet que les législations étrangères se sont montrées moins rigoureuses à l'égard du crime de fausse-monnaie, comme cela résulte du résumé rapide, présenté par les mêmes auteurs. — Ibid., p. 172 et suiv.

16. — Ainsi, d'après le Code prussien, celui qui, sans autorisation, frappe ou met à la fonte une monnaie publique revêtue de l'effigie du prince, encourt la réclusion de deux à trois années et une amende décuple des bénéfices (art. 252). Si la monnaie est étrangère, la peine est réduite à moitié (art. 253). Si le titre est altéré, s'il y a vol, la réclusion est de quatre à dix années (art. 254); s'il a été mis en circulation une grande quantité de pièces fausses et qu'il en soit résulté une atteinte au commerce, la peine est le travail des fortifications à vie et le supplice des verges (art. 256). Enfin la fabrication sans émission n'est punie que de la moitié de la peine, et l'altération par la lime ou tout autre moyen n'est passible que d'une détention de deux à quatre ans et d'une amende (art. 259 et 263).

17. — Le Code pénal d'Autriche met sur la même ligne celui qui, sans autorité légitime, bat mon-

naie à un titre égal, celui qui fabrique de la monnaie d'une moindre valeur, et celui qui lime ou rogne des monnaies véritables : la peine est de cinq à dix ans de prison dure, et peut être élevée jusqu'à vingt ans, s'il y a danger particulier ou dommage considérable. Suivant le même Code, le complice par émission est puni d'un emprisonnement d'un an à cinq ans (art. 103, 104, 105, 106).

18. — Aux termes du Code bavarois de 1813, ceux qui ont mis en circulation les monnaies fausses, sont punis de la réclusion pendant huit à douze ans. — La simple fabrication sans émission est frappée d'un emprisonnement de quatre à huit ans, et si des monnaies véritables n'ont été que rognées ou altérées, la peine est un emprisonnement d'un an à trois ans et une amende quadruple du bénéfice illicite (art. 341 et suiv.).

19. — Jusqu'en 1832, la législation anglaise a été fort rigoureuse pour le crime de fausse-monnaie. Considérant la fabrication ou l'importation de la fausse monnaie du roi comme crime de lèse-majesté, elle ordonnait que le coupable serait traîné sur une claie et pendu jusqu'à ce que mort s'en suive. — Statut d'Edouard III; — Taillandier, *loc. cit.*, p. 65.

20. — Mais cette législation a été réformée par l'acte du 28 mai 1832. — « D'après les dispositions de ce bill, la contrefaçon des monnaies d'or et d'argent est considérée comme un crime de félonie et punie de la transportation pour sept années au moins, mais qui peut être prononcée à vie, ou d'un emprisonnement qui ne doit pas excéder quatre années. Les mêmes peines sont appliquées à ceux qui dorent ou blanchissent des pièces d'argent ou de cuivre pour les faire passer avec une valeur supérieure. La transportation est de sept à quatorze ans, ou l'emprisonnement est de trois années pour ceux qui liment ou altèrent les monnaies d'or et d'argent véritables. L'émission faite sciemment d'une monnaie contrefaite, n'est punie que d'un an d'emprisonnement. Enfin la contrefaçon des monnaies de cuivre est passible de la transportation pour sept ans ou d'un emprisonnement de deux années. »

21. — Les statuts des Etats-Unis assimilent la fausse monnaie d'or et d'argent au crime de faux, et prononcent l'emprisonnement dans un pénitencier depuis un an jusqu'à dix, suivant les circonstances et la gravité du crime.

22. — Enfin le Code du Brésil (art. 178 et suiv.) punit de la prison avec travail pendant deux à quatre ans la fabrication sans autorisation légitime, mais sans intention de commettre le vol. — La peine peut s'élever jusqu'à huit ans, lorsque la monnaie n'a pas le poids légal et que le vol est le but de sa fabrication. — L'altération de la monnaie nationale est punie de deux mois à quatre ans de prison, et l'émission d'une fausse monnaie, de la prison pendant six mois à deux ans.

23. — « Ainsi, disent MM. Chauveau et Hélie, ce crime n'est puni dans nul pays aussi sévèrement qu'en France. Les législations des autres peuples l'assimilent soit au faux, soit au vol qualifié, soit même au vol simple, et ne le frappent en général que d'une peine temporaire. Cependant ces peuples ont le même intérêt que la France à le réprimer; mais ils ont reconnu que sa criminalité intrinsèque, que l'alarme qu'il jette dans la société, ne sont pas aussi graves qu'on l'a cru généralement parmi nous sur la foi de la loi romaine et de notre ancienne législation. »

24. — De cet exposé historique passons maintenant à l'examen des dispositions de la loi pénale et des applications qu'en a faites la jurisprudence.

§ 2. — *Caractères du crime de fausse monnaie. — Contrefaçon. — Altération. — Emission. — Exposition. — Introduction. — Monnaies étrangères. — Pénalité.*

25. — L'art. 132, C. pén., punit des travaux forcés à perpétuité « quiconque aura *contrefait* ou *altéré* les monnaies d'or ou d'argent *ayant cours légal en France*, ou participé à l'émission ou exposition desdites monnaies contrefaites ou altérées, ou à leur introduction sur le territoire français. »

26. — S'il s'agit de monnaies de cuivre ou de billon, la peine est seulement des travaux forcés à temps.

27. — Remarquons bien qu'il ne s'agit ici que de la contrefaçon ou altération des monnaies métalliques. Ce qui concerne la contrefaction des billets de banque ou effets publics, même ayant cours de monnaies, est réglé par des dispositions spéciales. — V. CONTREFACTION DES EFFETS PUBLICS ET BILLETS DE BANQUE.

28. — Il a été jugé, sous la loi de 1791, que le fait de fabrication de faux billets de la caisse patriotique de Bordeaux, dont il n'y a pas eu d'émission, ne constituait pas le crime prévu par les art. 41 et 43, tit. 2, sect. 2, C. pén., selon lesquels la fabrication simple n'était tenue pour crime que lorsqu'il s'agissait de billets nationaux, ou lorsqu'il y avait conviction d'avoir fabriqué méchamment et à dessein de nuire. — *Cass.*, 20 juill. 1792, Loeillot.

29. — *Contrefaçon.* — La *contrefaçon* est l'imitation frauduleuse des monnaies.

30. — De ce que cette imitation doit être frauduleuse pour revêtir le caractère de crime, il en résulte nécessairement que celui qui aurait imité une monnaie sans nulle idée de l'émettre, et dans un but purement artistique, ne commettrait aucun crime. — Chauveau et Hélie, t. 3, p. 189.

31. — Il a été jugé que l'accusé de fabrication de fausse monnaie déclaré non convaincu d'avoir agi méchamment et à dessein de nuire, doit être acquitté. Cette déclaration n'était pas un fait d'excuse qui, sous le Code du 3 brum. an IV, autorisait une réduction de la peine. — *Cass.*, 14 prair. an IV, Soutrouille.

32. — Mais la loi ne fait aucune distinction entre la fabrication de la monnaie au même titre et poids que la monnaie nationale et celle d'une monnaie au dessous de cette valeur. Il y a donc crime non seulement quand le faux monnayeur a voulu surprendre la bonne foi des tiers, mais encore quand il s'est borné à usurper le droit de battre monnaie, et à frustrer le trésor des bénéfices du monnayage. — *Cass.*, 26 fév. 1808, N...; — Carnot, sur l'art. 132, C. pén., t. 1er, p. 430, n° 8; Merlin, *Rép.*, v° *Monnaie*, § 2; Chauveau et Hélie, t. 3, p. 189. — Toutefois, ces derniers auteurs critiquent, en théorie, le système de la loi.

33. — A quel degré l'*imitation* doit-elle être portée pour constituer la *contrefaçon?* — MM. Chauveau et Hélie (*Th. C. pén.*, t. 3, p. 190) disent que le crime de fausse monnaie suppose nécessairement l'*apparence* de la monnaie véritable. « Une grossière ébauche, ajoutent-ils, ne serait pas même une imitation : la pièce véritable ne serait pas contrefaite; il y aurait peut-être une intention criminelle, mais le *fait matériel* ne l'aurait pas suivie; car on ne saurait réputer crime un fait qui ne peut produire aucun résultat, qui ne peut causer aucun dommage; c'est, dans ce cas, un simple projet resté sans exécution. » Et ces auteurs citent, comme consacrant cette doctrine, un arrêt de la cour de Bruxelles, qui a jugé qu'il n'y a pas crime de fausse monnaie dans la contrefaçon d'une pièce de métal qui ne porte pas le coin ou l'empreinte, soit en tout, soit en partie, du souverain dont elle émane. — *Bruxelles*, 28 nov. 1817, Huart.

34. — Nous sommes, en principe, tout-à-fait de l'avis de MM. Chauveau et Hélie; mais lorsqu'ils invoquent l'arrêt de la cour de Bruxelles, nous nous séparons d'eux : il ne nous semble point que l'imitation de l'empreinte du souverain soit un des élémens du crime de fausse monnaie. On peut imiter des pièces usées comme des pièces neuves. Pour juger si celles que l'on prétend contrefaites ont l'*apparence* des pièces véritables, il faut prendre ces dernières dans l'état où l'usage les a réduites et non pas dans l'état de leur création. Ce n'est pas, en effet, la conservation de l'empreinte du souverain qui leur donne un cours légal; c'est la loi en vertu de laquelle elles ont été frappées. L'imitation d'une empreinte qui n'existe plus n'est évidemment pas nécessaire pour qu'il y ait imitation de la pièce. Or, l'imitation plus ou moins fidèle de la pièce suffit pour constituer le *fait matériel* de la contrefaçon. Il peut donc y avoir crime de fausse monnaie dans la contrefaçon d'une pièce de métal qui ne porte pas l'empreinte du souverain dont elle émane.

35. — On s'est demandé, sous le rapport du degré d'imitation, si le fait de blanchir une pièce de cuivre doit nécessairement être considéré comme une contrefaçon de monnaie d'argent. A cet égard, il résulte d'un arrêt de la cour de Cassation que le crime de contrefaçon de monnaie d'argent ne peut résulter du blanchîment d'une pièce de billon qu'autant que *les circonstances fournissent une somme d'apparences assez fortes* pour que le commerce de circulation en soit affecté, et pour contrebalancer l'expression de valeur qui ressort en relief de la pièce elle-même. — *Cass.*, 13 août 1835, Bertrand Saint-Reymond.

36. — Toutefois, antérieurement à cet arrêt, et même depuis, il a été jugé que le fait d'avoir blanchi des pièces de billon, pour leur donner l'apparence de pièces d'argent, constitue le crime de fausse monnaie, dont le caractère ne saurait être changé par le procédé grossier et fugitif employé à cette contrefaçon. — *Cass.*, 5 oct. 1821, Corrichon; 9 août 1833, Blanc; 6 mai 1841 (t. 2 1841, p. 107) Fabre. — V. Bourguignon, *Man. d'instr. crim.*, sur l'art. 133. — V. cependant Carnot, t. 1er, p. 430, n° 9; Legraverend, t. 2, p. 511, note 5e.

37. — ... Et, dans le même sens, que le fait d'avoir doré des pièces de 2 fr. et de les avoir données en paiement pour des pièces de 40 fr. constitue le crime de fausse monnaie, encore bien que toute personne jouissant de ses sens et de ses facultés n'ait pas pu y être trompée. — *Cass.*, 4 mars 1830, Mathœus.

38. — ... Et encore que le caractère distinctif de la véritable valeur des pièces blanchies n'ait pas été altéré. — *Cass.*, 4 juill. 1811, Réboni.

39. — Le fait d'avoir blanchi une pièce de billon pour lui donner la ressemblance d'une pièce d'argent, et d'avoir tenté de la faire passer pour telle, constitue donc un crime de fausse monnaie. — Toutefois, on a soutenu que ce fait ne constituait qu'une escroquerie; que la qualification d'altération de monnaie *d'or et d'argent* ne pouvait lui convenir, puisque la pièce blanchie n'était ni de l'or, ni de l'argent; que, d'ailleurs, on ne saurait y voir altération de monnaie de billon ou de cuivre, puisque le changement de couleur ne lui a rien fait perdre de sa valeur intrinsèque. On ne peut pas, non plus, ajoute-t-on dans ce système, prétendre qu'il y ait là *contrefaction* d'une monnaie quelconque. Enfin, le danger n'est pas grand, et la prudence exige que l'on ne reçoive pas d'argent sans s'être assuré que la monnaie reçue est de bon aloi. — *Cass.*, 3 juin 1808, Hanneeart; *Bruxelles*, 6 sept. 1836, Feyaert; — Carnot, sur l'art. 132, C. pén., t. 1er, p. 430, n° 10; Legraverend, t. 2, ch. 7, p. 511, note 5e.

40. — Mais on a répondu, avec raison, que s'il n'y avait pas dans l'espèce altération de monnaies, soit d'or ou d'argent, soit de cuivre ou de billon, il y avait évidemment contrefaction. Qu'a fait et qu'a voulu faire le coupable? Imiter la monnaie d'argent correspondante par la forme, le poids et le volume, de manière à tromper les personnes qui recevraient sans attention la pièce blanchie pour une valeur supérieure. Imiter, c'est contrefaire. — *Cass.*, 7 brum. an X, N...; 17 janv. 1835, Robecqué; — Bourguignon, *Man. d'instr. crim.*, sur l'art. 133, C. pén., t. 2, p. 247; Chauveau et Hélie, *Th. du Code pén.*, t. 3, p. 193; Merlin, *Rép.*, v° *Monnaie*, § 2, art. 2, n° 3 *bis*; Morin, *Dr. crim.*, v° *Fausse monnaie*, p. 313.

41. — Cette doctrine, qui voit dans le fait qui vient d'être indiqué une contrefaction de la monnaie imitée, est plus juste que celle qui y verrait une simple altération de la monnaie primitive. « En effet, disent MM. Chauveau et Hélie (t. 3, p. 195), altérer une pièce, c'est en modifier la substance, c'est en corrompre la nature; or, la pièce de monnaie qu'une substance colorante a momentanément recouverte n'éprouve aucune lésion, elle n'est pas altérée. » Toutefois, la cour de Cassation avait primitivement jugé que le fait d'avoir doré des pièces de 2 fr. constitue le crime d'altération de monnaie d'argent. — *Cass.*, 4 mars 1830, Mathœus.

42. — Mais elle a jugé depuis, avec beaucoup plus de raison, que le fait d'avoir blanchi des pièces de cuivre et de les avoir fait passer pour des pièces de 2 fr. constitue *la contrefaçon et l'émission de monnaie d'argent* ayant cours légal en France. — *Cass.*, 17 janv. 1835, Robecqué; 13 août 1835, Bertrand; 9 août 1833, Blanc. — ... Et non celui d'altération de monnaie de billon. — *Paris*, 14 oct. 1842 (t. 2 1842, p. 469), Cantôl.

43. — Au surplus, il a été jugé que c'est au jury qu'il appartient de décider si le fait du blanchîment d'une pièce de billon réunit, à raison des circonstances relatives ou intrinsèques à sa perpétration, les élémens constitutifs du crime de contrefaçon d'une monnaie d'argent. — *Cass.*, 17 oct. 1839 (t. 2 1840, p. 122), Fourmy.

44. — La loi du 22 flor. an VII, qui assimilait aux faux monnayeurs les contrefacteurs des bons aux porteurs créés en paiement des intérêts de la dette publique, n'était point applicable aux coupons de l'emprunt forcé de l'an IV. En conséquence, les contrefacteurs de ces coupons n'étaient passibles que de la peine attachée au crime de faux en écritures authentiques et publiques. — *Cass.*, 19 germin. an X, Lacointa.

45. — *Altération.* — L'altération consiste dans le fait de diminuer la valeur intrinsèque des pièces de monnaie, de modifier leur substance et leur poids.

46. — Ainsi jugé que celui qui altère de la monnaie nationale en la rognant et la limant la rend fausse quant à son poids et à sa valeur, et commet le crime de fausse monnaie. — *Cass.*, 19 brum. an X, Lefranc et Picard; — Morin, *Dict. de dr. crim.*, v° *Fausse monnaie*, p. 313.

47. — Mais MM. Chauveau et Hélie (*Th. du Code pén.*, t. 3, p. 201) font remarquer avec raison que

le fait ne constituerait pas un crime si l'auteur n'avait pas eu l'intention de remettre la pièce en circulation au taux de la valeur primitive, puisque dans ce cas il manquerait un des élémens essentiels du crime, à savoir l'*intention coupable*.

48. — *Émission.* — En général, l'émission volontaire suppose, il est vrai, une complicité de fabrication; mais cette présomption cesse-t-elle lorsque l'auteur de l'émission tient la fausse monnaie d'une tierce personne et non du fabricateur, ce qui a lieu dans les seconde et subséquente émissions? A cet égard, la loi ne distingue pas : le législateur a pensé que l'émission sciemment faite a, par elle-même, un caractère suffisant de perversité pour constituer un crime principal, indépendamment de toute relation entre l'auteur de cette émission et le contrefacteur. En n'accordant une atténuation de peine qu'à celui qui a reçu *pour bonnes* les monnaies fausses par lui émises, (V. *infrà* n° 52), l'art 135, C. pén., confirme ces principes.

49. — Aussi a-t-il été jugé que la loi qui réprime l'émission des monnaies altérées ne distingue pas entre le cas d'une première émission et celui d'une émission subséquente. — *Cass.*, 5 oct. 1821, Gorrichon.

50. — L'émission n'étant punissable qu'autant que la monnaie mise en circulation est contrefaite ou altérée, on a jugé avec raison que, dans une accusation d'émission de fausse monnaie, le jury doit, à peine de nullité, être interrogé sur le point de savoir si les pièces émises étaient contrefaites. — *Cass.*, 8 avr. 1825, Nozè; — Chauveau et Hélie, t. 3, p. 202.

51. — L'art. 132, relatif à l'émission des monnaies contrefaites ou altérées, reçoit exception dans deux cas : 1° si le distributeur ignorait les vices de la monnaie émise. — Dans ce cas il n'y a ni crime ni délit. (Art. 163.) — 2° S'il a découvert les vices de la monnaie, il peut justifier qu'il l'avait reçue pour bonne, dans ce cas sa culpabilité est atténuée.

52. — En effet, l'art, 135 porte que « la participation énoncée aux articles qui précèdent ne s'applique pas à ceux qui ayant reçu pour bonnes des pièces de monnaie contrefaites ou altérées les ont remises en circulation. »

53. — Mais l'article ajoute que « celui qui aura fait usage desdites pièces après en avoir vérifié ou fait vérifier les vices sera puni d'une amende triple au moins et sextuple au plus de la somme représentée par les pièces qu'il aura rendues à la circulation, sans que cette amende puisse, en aucun cas, être inférieure à 16 fr. »

54. — ... Sauf toutefois, ajoutent MM. Chauveau et Hélie, t. 3, p. 205, le bénéfice de l'art. 463 relatif aux circonstances atténuantes et qui trouve ici son application comme dans les autres cas où il n'est pas fait de dérogation spéciale.

55. — Dans la loi de 1791, on ne pouvait poursuivre un individu comme distributeur de fausse monnaie, lorsque rien ne faisait connaître s'il avait su ou s'il devait être présumé avoir su que la monnaie était fausse. — *Cass.*, 2 mess. an XII, Martin Vanbecke.

56. — L'exception introduite par l'art. 135 constitue un fait d'excuse légale, ainsi que le décident les arrêts qui suivent; d'où il résulte que c'est à l'accusé à proposer ce fait d'excuse, et que la preuve doit en être à sa charge. — *Cass.*, 3 mai 1832, Guillet.

57. — Jugé encore que le fait d'avoir participé à l'émission de monnaies d'argent contrefaites avec la connaissance qu'elles étaient contrefaites, constitue le crime prévu par l'art. 132., C. pén., *indépendamment de la circonstance que l'accusé n'avait pas reçu pour bonnes les pièces émises*, et qu'en conséquence l'arrêt de mise en accusation qui énumère les faits prévus par l'art. 132, C. pén., est régulier quoiqu'il ne fasse pas mention de la circonstance que l'accusé n'avait pas reçu pour bonnes les pièces émises, surtout s'il n'en existe aucun indice. — *Cass.*, 23 juin 1826, Sauvey. — Chauveau et Hélie, p. 204.

58. — Il a été jugé néanmoins par arrêt de la cour de Bruxelles, arrêt que nous avons critiqué en le rapportant comme imposant au ministère public l'obligation de prouver comment les monnaies contrefaites sont tombées dans les mains de celui qui les a émises, que dans une accusation d'émission de fausse monnaie la cour d'assises ne peut refuser de poser au jury, sur la demande de l'accusé, la question de savoir *si ce dernier avait reçu pour fausses* les monnaies par lui émises. — *Bruxelles*. 29 mai 1832, Despitalier.

59. — Mais lorsque l'excuse tirée de ce que l'accusé a reçu pour bonnes les pièces fausses par lui émises, est établie, c'est à l'accusation à prouver que le prévenu *a vérifié* ou *fait vérifier* les vices des pièces émises, cette vérification, après laquelle seulement on devient punissable, étant la circonstance constitutive du délit puni par l'art. 135. — Chauveau et Hélie, p. 204.

60. — L'individu qui n'a pas prétendu avoir reçu pour bonnes les fausses pièces de monnaie dont il est accusé d'avoir fait l'émission, et qui ne demande pas la position d'une question à cet égard est non recevable à demander qu'il en soit posé une sur le point de savoir s'il a fait usage desdites pièces après en avoir vérifié les vices. — *Cass.*, 26 déc. 1828, Ravel. — En effet, la question ne pourrait produire aucun effet légal.

61. — De ce que le fait d'avoir reçu pour bonne une monnaie contrefaite ou altérée, constitue une excuse légale, il résulte que si la question d'excuse tirée de ce fait, est proposée par l'accusé, la cour d'assises ne peut se dispenser de la soumettre au jury. — *Cass.*, 14 déc. 1833, Court-Payen; 12 nov. 1835, Lacase; 23 janv. 1840 (t. 1er 1841, p. 125, Dubelon; 26 juin 1845 (t. 2 1835, p. 637), Barns et Ryan-Zarrets; 27 juin 1845 (*ibid.*), Bauser; 10 juill. 1845 (t. 2 1845, p. 638). — Chauveau et Hélie, t. 4, p. 205. — V. aussi d'autres arrêts en ce sens cités v° COUR D'ASSISES, n° 2276 et suiv.

62. — ... Et que le jugement de cette exception n'appartient qu'au jury et non à la cour d'assises. — *Cass.*, 3 mai 1832, Guillermet; 12 nov. 1835, Lacase; — Chauveau et Hélie, *loc. cit.*

63. — Jugé que la simple tentative du délit d'émission de pièces de monnaie qu'on sait être fausses, mais qu'on a reçues pour bonnes, n'est pas punissable. — *Cass.*, 15 avril 1826 (intérêt de la loi), Schmitt. — V. en ce sens Chauveau et Hélie, p. 205.

64. — Il n'y a aucune contradiction dans la réponse du jury qui, après avoir déclaré les accusés non coupables du crime de contrefaçon de monnaies d'argent ayant cours légal en France, les a néanmoins reconnus coupables d'avoir participé à l'émission des monnaies énoncées en la première question. — *Cass.*, 16 sept. 1831, Couvreux.

65. — *Exposition.* — Quant à l'*exposition* des monnaies contrefaites, c'est, comme l'émission, un mode de complicité du crime de contrefaçon. « La loi, disent MM. Chauveau et Hélie (t. 2, p. 206), a supposé que le changeur qui expose ces monnaies pour les vendre, les a reçues du faux monnayeur et participe à son crime : de là la même peine qui les frappe l'un et l'autre. »

66. — Mais l'exposant peut, comme l'émetteur, s'il veut échapper à la peine, établir, dans les termes de l'art. 135 du C. pén., qu'il a reçu pour bonnes les pièces remises par lui en circulation. Et à cet égard il faut appliquer tout ce qui a été dit plus haut relativement à l'émission.

67. — La cour de Cassation a, il est vrai, jugé que l'immoralité du délit d'exposition de fausse monnaie était tout entière dans la connaissance qu'avait le prévenu qu'il exposait des monnaies contrefaites ou altérées; qu'ainsi, après avoir posé au jury la question de savoir si un accusé d'exposition de fausse monnaie l'avait fait sciemment, il n'y avait pas lieu à poser en outre celle de savoir s'il avait agi dans une intention criminelle; et que, par suite, la déclaration du jury portant qu'un accusé convaincu d'exposition de monnaies contrefaites l'avait fait sciemment, mais sans intention criminelle était contradictoire et nulle. — *Cass.*, 6 thermid, an VIII, Bricolleau.

68. — Jugé encore que sous la loi du 25 sept.-6 oct. 1791, il fallait, pour caractériser le délit d'exposition de fausses monnaies, que celui qui les avait exposées sût qu'elles étaient fausses. — *Cass.*, 2 frim. an XII, Dartiguelongue.

69. — Mais en rapportant le premier de ces deux arrêts qui est vivement critiqué par MM. Chauveau et Hélie (t. 4, p. 206) et tout en reconnaissant avec eux que le principe qu'il pose s'accorde peu avec la législation actuelle, nous avons fait remarquer qu'il a été rendu sous la loi de 1791 qui ne contenait aucune disposition correspondante à l'art. 135.

70. — Si l'exposant, quoique sans complicité avec le contrefacteur, a néanmoins reçu les pièces pour fausses, et cependant les met en vente comme bonnes, les art 132 et 133 lui sont applicables en ce qu'il y a complicité sinon avec l'agent principal du moins avec les agens secondaires du crime. — Chauveau et Hélie, p. 207.

71. — ... Sauf le cas où l'exposition de ces monnaies n'aurait eu lieu qu'à titre d'objet de curiosité, et non pour les mettre en circulation. — Mêmes auteurs.

72. — *Introduction.* — L'introduction sur le territoire français de monnaies contrefaites ou altérées n'est également, comme l'exposition, qu'un acte préparatoire de l'émission. » Il a fallu, disent MM. Chauveau et Hélie, *loc. cit.*, supposer une sorte d'association entre le fabricateur et l'introducteur. Si cette présomption est détruite par la défense, la criminalité cesse; mais d'après le système de la loi, elle ne peut être détruite que par la preuve que l'agent ignorait les vices des pièces importées, ou du moins qu'il les avait reçues pour bonnes. » — V., au surplus, *suprà* n°s 66 et suiv.

73. — Tout ce qui vient d'être dit s'applique (sauf la différence de pénalité) soit aux monnaies d'or et d'argent, soit aux monnaies de cuivre ou billon. — Mais on s'est demandé à quel signe on doit distinguer la monnaie de billon et la monnaie d'argent.

74. — Cette question, qui ne pourrait s'élever au sujet des pièces de notre système monétaire actuel puisqu'elles sont classées clairement en monnaie d'argent et de cuivre par la loi du 28 thermid. an III, et que toutes les monnaies d'argent sont frappées au même titre, s'est agitée au sujet des pièces de 15 et 30 sols qui appartiennent à l'ancien système monétaire.

75. — A cet égard il a été jugé qu'une pièce ne pouvant être à la fois monnaie d'argent et monnaie de billon, son caractère doit se déterminer par la qualité du métal qui y prédomine, et que, *spécialement*, les pièces de 1 fr. 50 c. et de 75 c., composées de deux tiers d'argent et un tiers d'alliage, sont monnaie d'argent, bien qu'elles ne puissent entrer dans les paiemens comme les monnaies de billon que pour des appoints au-dessous de 5 fr. En conséquence, leur contrefaçon rentre dans le crime prévu par l'art. 132, C. pén. — *Cass.*, 28 nov. 1812, Ardou; 22 sept. 1831, Frédéric; — Merlin, *Rép.* v° *Monnaie*, § 2, art. 2, n° 2; Bourguignon, *Jur. des Cod. crim.*, t. 3, p. 133; Legraverend, t. 2, p. 511; Chauveau et Hélie, *Théorie du Cod. pén.*, t. 3, p. 210. — *Contrà* Carnot, sur l'art. 133, C. pén., t. 1er, p. 436, n° 3.

76. — *Cours légal en France.* — Une condition essentielle du crime prévu par les art. 132 et 133, est que la monnaie contrefaite *ait cours légal en France*. — Or, le cours légal n'est autre chose que le *cours forcé*. — Chauveau et Hélie, t. 3, p. 196 et 197.

77. — Cette circonstance doit donc être déclarée; et il a été jugé que la cour d'assises ne peut déclarer l'auteur de l'émission d'une fausse monnaie d'argent passible de la condamnation portée par l'art. 132, qu'autant qu'il a été préalablement reconnu et constaté par elle que cette monnaie avait cours légal en France ou dans les colonies. — *Cass.*, 10 août 1839 (t. 1er 1840, p. 383), Louis.

78. — Jugé encore que dans le cas où le jury, interrogé sur la double question de savoir s'il y a eu contrefaçon de monnaie d'argent ayant cours légal en France et émission de fausse monnaie, a répondu négativement quant au chef de contrefaçon, et affirmativement quant à celui d'émission de fausse monnaie, mais sans ajouter si celle-ci avait cours légal en France, l'omission de cette circonstance, constitutive de la criminalité, ne permet pas que l'art. 132, C. pén., puisse être appliqué au fait incriminé. — *Cass.*, 30 août 1844 (t. 2 1844, p. 524), Mathon.

79. — Il est au reste constant qu'il rentre dans le domaine exclusif de la cour d'assises, et non dans celui du jury, de décider si les pièces de monnaie contrefaites ont cours légal en France; attendu qu'il s'agit là d'une question de droit. — *Cass.*, 10 août 1826, Fourgeot; — Carnot, sur l'art. 132, C. pén., et sur l'art. 350, C. inst. crim.

80. — De ce que l'art. 132 et 133 ne s'appliquent qu'au cas de monnaie *ayant cours légal en France*, on a conclu que la contrefaçon d'une monnaie adoptée par l'usage, n'est pas comprise dans les termes de ces articles, si cette monnaie ne fait pas partie de la monnaie nationale. — Carnot, sur l'art. 132.

81. — De même on a jugé que les pièces de monnaie démonétisées n'ayant plus qu'une valeur matérielle, si elles ont été fabriquées, contrefaites ou altérées depuis leur démonétisation, les dispositions pénales ne sont point applicables aux auteurs de la falsification. — *Cass.*, 6 fructid. an XI, N...

82. — Tout en approuvant ces décisions, MM. Chauveau et Hélie critiquent la distinction établie par la loi entre les monnaies *ayant cours* et celles *ayant cours légal* : toutes deux leur paraissent avoir droit à la même protection : « Le crime, disent-ils, ne change pas de nature parce que la monnaie ne porte pas l'empreinte nationale, ou parce que la loi ne fait qu'en tolérer l'usage, après en avoir modifié la forme ou la valeur. »

83. — La loi, comme on l'a vu, art. 132 et 133, parle, d'une manière générale, des monnaies *ayant cours légal en France* : — D'où il résulte que ces articles sont applicables, soit que la monnaie contrefaite fasse partie de la monnaie nationale, soit, si elle est étrangère, qu'une loi ou une ordon-

nance du roi l'ait assimilée à cette monnaie.

84. — C'est sur l'observation de M. Berlier que les mots *monnaies ayant cours légal en France*, furent substitués à ceux-ci : « *monnaies nationales ayant cours*, » que contenait le projet primitif. « Le motif de ce changement de rédaction, disait M. Berlier, est principalement fondé sur un décret récent du 24 janv. 1807, qui ordonne que les monnaies italiennes auront cours en France comme monnaies françaises ; elles ne sont pas pourtant pour la France la *monnaie nationale*, mais elles lui sont *assimilées* ; elles ont le même cours légal, et la nouvelle rédaction lèvera toute équivoque. — Ceci, ajoutait l'orateur, ne pourra pas s'étendre aux autres monnaies étrangères qui ne seraient pas spécialement *assimilées* aux nôtres, puisqu'alors elles n'auraient pas un cours légal, mais simplement volontaire ou conventionnel. » — Procès-verbaux cons. d'état, séance du 26 mai 1808.

85. — Cependant Carnot a prétendu (sur l'art. 132, C. pén., t. 1er, p. 433, n° 14) que ce qui était vrai lors de la promulgation du Code, ne le serait plus depuis que la France et l'Italie sont devenues, dans leurs rapports respectifs, des états indépendans, et il a soutenu dès-lors que si les monnaies d'Italie étaient assimilées aux monnaies de France par le décret de 1807, ce décret avait dû cesser d'être en vigueur en 1814. — Bourguignon (*Jurisp. des Codes crim.*, sur le même article, t. 3, p. 125, n° 1er), qui était d'un avis contraire, s'est laissé toucher par cette objection et semble changer de système.

86. — Mais MM. Chauveau et Hélie (*Th. du Code pén.*, t. 3, p. 198) répondent qu'après avoir été assimilée à la monnaie nationale, la monnaie d'Italie ne pouvait perdre ce privilége que par l'effet d'une disposition postérieure qui la démonétisât. Nous ajouterons que la séparation des deux états n'a anéanti l'assimilation que relativement aux monnaies faites depuis au type des nouveaux souverains, et qu'elle n'a pu rétroagir sur les monnaies antérieures, pour leur enlever, sans une disposition de loi, le caractère légal qu'elles avaient acquis.

87. — C'est donc avec raison qu'il a été jugé par la cour de Cassation que les pièces de monnaie d'or et d'argent au type du ci-devant royaume d'Italie ont cours légal en France, aux termes du décret du 24 janv. 1807, qui n'a été abrogé ni modifié par aucune loi ni ordonnance postérieures. — *Cass.*, 10 août 1826, Fourgeot.

88. — En présence de la loi du 14 juin 1829, qui porte « que les écus de 6 livres, 3 livres, les pièces de 24 sols, 12 sols et 6 sols tournois, ainsi que les pièces d'or de 48 livres, de 24 livres et de 12 livres, cesseront d'avoir cours forcé pour leur valeur nominale actuelle, le 1er avr. 1834, MM. Chauveau et Hélie (t. 3, p. 198) disent que ces pièces ont perdu le caractère de monnaies dans le sens de la loi générale, et que dès-lors la contrefaçon qui en serait faite ne pourrait constituer le crime prévu par la loi. — V. en ce sens l'arrêt précité, *Cass.*, 6 fructid. an XI, N...

89. — Il a, au surplus, été jugé que l'art. 132, C. pén., s'applique à l'émission d'une fausse monnaie originairement étrangère, mais qui, par suite d'une réunion de territoire à la France, a cours légal dans la partie de l'empire français où le crime a été commis, encore bien que sa circulation ne soit que tolérée dans les autres parties. — *Cass.*, 21 mai 1813 (intérêt de la loi), Pierre Lami ; — Chauveau et Hélie, *Théorie du Code pénal*, t. 3, p. 200 ; Legraverend, t. 2, chap. 7, p. 511 ; Merlin, *Quest.*, v° *Monnaie*, § 3.

90. — « Aujourd'hui, disent MM. Chauveau et Hélie, p. 200, l'uniformité de notre législation ne donne plus lieu d'invoquer cette décision, mais elle n'en a pas moins conservé son intérêt, et, si les mêmes circonstances se renouvelaient, on ne pourrait hésiter à l'appliquer. »

91. — La cour de Cassation a jugé que dans une accusation de contrefaçon de monnaie, la question d'émission de pièces avec connaissance de leur contrefaçon, peut être posée au jury, quoique non comprise dans le résumé de l'acte d'accusation, si elle est résultée du débat. — *Cass.*, 19 avr. 1832, Latreille ; — Chauveau et Hélie, t. 3, p. 211.

92. — Mais il a été jugé aussi que lorsqu'un individu a été renvoyé devant la cour d'assises comme accusé de fabrication et d'émission de fausses pièces de 15 et 30 sols, *considérées comme monnaie d'argent*, la cour d'assises ne peut poser au jury, comme résultant des débats, la question subsidiaire de savoir si l'accusé est coupable de fabrication et d'émission de fausses pièces de 15 et 30 sols *considérées comme monnaie de cuivre ou de billon.* — *Cass.*, 9 sept. 1830, Merleau.

93. — La raison en est que cette circonstance présente une question de droit et que la cour d'assises, en se prononçant dans un sens contraire à l'arrêt de la chambre d'accusation, usurpe un droit qui ne lui appartient pas et dénature l'accusation qu'elle a mission de purger sans pouvoir la changer. — V. Chauveau et Hélie, t. 3, p. 212.

94. — V. au surplus sur le droit de la cour d'assises en matière de questions résultant des débats, v° COUR D'ASSISES.

95. — V. aussi sur les diverses questions qui se sont élevées relativement à la position des questions au jury en matière de fausse monnaie, indépendamment des arrêts cités dans le cours de cet article, v° COUR D'ASSISES, n°s 1853 et suiv.

96. — *Monnaies étrangères.* — La loi des 25 sept.-6 oct. 1791, 1re part., tit. 1er, sect. 6e, art. 1er, ne pouvait être appliquée pour exposition de fausse monnaie que lorsque la monnaie contrefaite était nationale et ayant cours ; il fallait, en conséquence, que ces deux dernières circonstances eussent été déclarées par le jury de jugement. — *Cass.*, 19 niv. an VII, Cadion.

97. — La contrefaçon des monnaies étrangères est aujourd'hui prévue par l'art. 134 ainsi conçu : « Tout individu qui aura, en France, contrefait ou altéré des monnaies étrangères, ou participé à l'émission, exposition ou introduction en France de monnaies étrangères contrefaites ou altérées, sera puni des travaux forcés à temps. » — C. pén., art. 134.

98. — Il a été jugé à cet égard qu'il n'est pas nécessaire, pour qu'il y ait contrefaçon d'une monnaie étrangère dans le sens de la loi pénale, que les pièces fabriquées reproduisent tous les caractères et les types de cette monnaie ; qu'il suffit que l'imitation soit assez exacte pour tromper des yeux non exercés. — *Cass.*, 25 mars 1837 (t. 1er 1838, p. 89), Merle.

99. — Il importe de remarquer que la distinction établie par les art. 132 et 133, en ce qui concerne la pénalité et la criminalité, et fondée sur la différence métallique des monnaies françaises, n'est pas reproduite lorsqu'il s'agit de monnaies étrangères. — La peine est la même, qu'il s'agisse de monnaies d'or, d'argent, de billon ou de cuivre.

100. — Il est évident, bien que la loi ne s'en explique pas formellement, qu'il ne s'agit ici que des monnaies étrangères *ayant cours légal à l'étranger*, car sans cette condition il n'y a pas véritablement de *monnaie*.

101. — Quant aux monnaies étrangères ayant cours légal en France, et assimilées à la monnaie française par des dispositions formelles et spéciales, on a vu plus haut qu'elles étaient protégées par les art. 132 et 133, C. pén.

102. — Mais on s'est demandé si l'on doit comprendre dans cette expression : *monnaies étrangères*, les billets *papier-monnaie* ayant cours dans un pays étranger. Cette question a été jugée implicitement dans un sens affirmatif, par arrêt de réglement de juges, du 17 janv. 1828 (Samuel Dalsace).

103. — Jugé de même que la contrefaçon en France des billets ayant cours forcé de monnaie en pays étranger, constitue le crime prévu par l'art. 134, C. pén., qui se réfère à toutes les monnaies étrangères, de quelque espèce qu'elles soient et sans en excepter celles qui seraient d'une matière autre que l'or, l'argent ou le cuivre. — *Cass.*, 20 juin (et non 29) 1829, Samuel Dalsace.

104. — Antérieurement, la cour de Cassation avait décidé que la contrefaçon des billets de la caisse de Prusse constitue un fait punissable, aux termes des dispositions du Code pén., relatives, soit au crime de fausse monnaie, soit au crime de faux en écriture. — *Cass.*, 25 avr. 1828, Magni.

105. — Et le même arrêt précité de 1829 a jugé qu'en supposant que des billets du royaume de Prusse ne pussent être considérés comme monnaie, leur falsification constituerait au moins un crime de faux en écriture privée, et qu'en conséquence l'individu déclaré coupable de ce crime serait non recevable à se plaindre d'une violation de la loi pénale, puisque l'arrêt qui ne le condamnerait qu'à la réclusion n'aurait pas aggravé sa peine. — *Cass.*, 20 (et non 29) juin 1829, Samuel Dalsace.

106. — MM. Chauveau et Hélie (*Th. du C. pén.*, t. 3, p. 214) disent que la cour de Cassation a méconnu le vrai sens de la loi ; que le paragraphe où se trouve placé l'art. 134, n'a pour objet que la monnaie métallique, et que la contrefaçon du papier-monnaie se trouve comprise dans le § 2 de la même section. « Quoique conçu dans des termes généraux, l'art. 134, ajoutent-ils, se réfère aux art. 132 et 133, sur lesquels il est calqué. Les mots *monnaies altérées* ne peuvent s'entendre que des monnaies métalliques. » Enfin, ils pensent que la falsification des papiers-monnaies étrangers constitue seulement le crime de faux en écriture privée.

107. — Ces objections ne sont point sans réplique ; elles supposent une lacune dans la loi : car il est difficile de ne pas apercevoir une grande dissemblance entre la falsification du papier-monnaie et le faux en écriture privée. Il semble même que l'application des peines de ce dernier crime n'est qu'un expédient employé pour ne point laisser impuni un fait essentiellement criminel. L'article 134, C. pén., est conçu dans les termes les plus étendus ; il ne fait aucune distinction entre les monnaies métalliques et le papier-monnaie ; il comprend donc dans sa disposition les monnaies de toute nature. Ce n'est point par des argumens tels que celui tiré de la rubrique sous laquelle cet article se trouve placé, qu'il est possible d'en limiter l'application aux monnaies métalliques ; il faut que l'intention du législateur apparaisse d'une manière claire et précise. Or, l'art. 134 est, de tout le paragraphe, et sans en excepter les articles abrogés, le seul dont la disposition soit générale. Cette différence de rédaction n'est point une chose insignifiante : elle révèle au contraire le but du législateur. Si, dans les art. 132 et 133, il a spécifié les monnaies, c'est parce qu'il y était obligé pour graduer les peines, et qu'il n'y avait aucun inconvénient à exclure le papier-monnaie de France dont il ne devait pas plus qu'on ne pourrait aujourd'hui prévoir le retour. Mais dans l'art. 134 il n'avait point à rechercher la nature des monnaies altérées ou *contrefaites*, à cause de la difficulté de pondérer les peines suivant leur valeur, comme dans les articles précédens ; il voulait accorder la même protection à toutes les monnaies étrangères, sans en excepter celles des états où l'or et l'argent seraient remplacés par du papier, parce que le danger est le même, soit pour les étrangers dont le séjour en France est une source de richesse, soit pour les Français qui reçoivent du papier dans l'espoir d'en réaliser la valeur en numéraire. Au surplus, est-il bien vrai que la place occupée par l'art. 134 dans le C. pén., confirme l'interprétation qu'on prétend lui donner ? Le § 1er, sect. 1re, chap. 3, traite de la fausse *monnaie* ; le § 2 ne prévoit que la contrefaçon des *effets publics*. C'est évidemment dans le premier et non dans le second que le législateur devait s'occuper de tout ce qui peut avoir le caractère de *monnaie*. Eh bien ! en même temps qu'on lui reproche de n'avoir pas suivi la méthode la plus simple et la plus naturelle, on fournit la preuve que le reproche est mal fondé, en recourant au § 4 de la même section.

108. — Jugé que la déclaration d'un gouvernement étranger, que des billets de banque prétendus émis par lui sont faux, est pour les tribunaux français une preuve irréfragable de la fausseté de ces effets. — *Paris*, 16 prair. an X, Batalia c. Patris-Marchepson.

109. — Il a été jugé que durant la réunion de la Belgique à la France, la monnaie de Brabant, connue sous la dénomination de *plaquette*, ayant cours antérieurement dans tous les départemens de la Belgique, était réputée monnaie étrangère. — *Cass.*, 25 mars 1813, Pipper. — Il en est de même, à plus forte raison, aujourd'hui.

110. — L'administration de la dette du gouvernement étranger, dont la monnaie a été contrefaite, est recevable à se porter partie civile sur la poursuite en contrefaçon exercée en France. — *Cass.*, 20 (et non 29) juin 1829, Samuel Dalsace.

111. — Des termes de l'art. 134 il résulte que la contrefaçon *en pays étranger* de monnaies étrangères ne constitue ni crime ni délit : — Et MM. Chauveau et Hélie, p. 215, ajoutent que l'introducteur de ces monnaies ne pourrait être puni comme complice, puisque le fait principal ne serait pas punissable, mais seulement comme coupable du fait distinct de l'introduction.

112. — Si le contrefacteur de pareilles monnaies, *en pays étranger*, n'a pas remis les fausses pièces à l'introducteur et est resté étranger à l'introduction en France, il ne saurait être puni comme complice d'introduction de monnaies étrangères. — Mais il en serait autrement s'il avait remis ces monnaies, sachant qu'elles devaient être introduites.

113. — La cour de Cassation semble, il est vrai, avoir considéré comme régulière une poursuite dirigée contre un militaire français, pour contrefaction à l'étranger de monnaies étrangères. — *Cass.*, 18 oct. 1811, Vinoski et autres.

114. — Mais cet arrêt ne déroge pas au principe posé plus haut, car il est fondé sur la fiction que le territoire français occupé par une armée française fait partie du territoire français. — Aussi, est-ce à tort qu'il est critiqué par Legraverend (t. 2, p. 511), qui passe d'ailleurs cette circonstance sous silence.

115.—Toutefois, MM. Chauveau et Hélie (p. 216) ne pensent pas qu'on puisse, à l'aide d'une fiction qui n'a été établie qu'en faveur des militaires, et pour conserver leurs intérêts, étendre l'application d'une peine au delà des limites fixées par la loi.

116.— Les dispositions de l'art. 135, relatives à ceux qui, ayant reçu pour bonnes des pièces de monnaies contrefaites, les ont remises en circulation, s'appliquent en matière de monnaies étrangères, comme lorsqu'il s'agit de monnaies françaises.—Nous devons donc, à cet égard, renvoyer aux explications données plus haut.

117.— *Révélation.* — L'art. 138, C. pén., exempte de toute peine autre que la surveillance à vie ou à temps les coupables qui, avant la consommation du crime de fausse monnaie française, et avant toutes poursuites, en ont donné connaissance et révélé les auteurs aux autorités constituées, ou qui, même après les poursuites commencées, ont procuré l'arrestation des autres coupables.

118. — Cette disposition a été motivée par l'intérêt politique de l'état (Procès-verbal du conseil d'état, 22 oct. 1808). La même considération avait porté le législateur de 1810 à punir ceux qui n'auraient pas révélé l'existence, d'eux connus, de fabriques ou dépôts de fausse monnaie, art. 136 et 137; mais cette peine a justement été effacée par le législateur de 1832.

119. — C'est au jury à décider s'il y a lieu à l'exemption de peine promise par l'art. 138, et la question doit lui être soumise quand l'accusé le requiert. — *Cass.,* 17 août 1820, Ferchaud. — V. aussi COUR D'ASSISES.

120.—Il a en effet été jugé que, sur une accusation de contrefaçon ou altération de monnaies ou d'émission de monnaies contrefaites, on doit répuier excuse légale le fait de la part d'un accusé d'avoir procuré, même après les poursuites commencées, l'arrestation d'autres coupables; l'art. 138 prononçant contre lui, dans ce cas, l'exemption de la peine, ou simplement la mise pour la vie ou à temps sous la surveillance de la haute police.— *Cass.,* 28 juin 1839 (t. 2 1839, p. 361), Canals.

121. — Le même arrêt a décidé que la cour d'assises ne peut refuser de poser la question d'excuse, sous prétexte que le crime a été consommé, et que la non-consommation est une condition de l'application de l'art. 138; — que par cette décision, elle empiète sur les attributions du jury, qui a seul le droit de prononcer sur le fait de la consommation du crime, et donne une fausse interprétation à la loi, qui laisse aux coupables une chance d'absolution après sa consommation.

122.—MM. Chauveau et Hélie (t. 3, p. 219) critiquent cet arrêt, comme ayant jugé qu'une fois le *crime tenté,* le révélateur peut être admis à jouir du bénéfice de l'art. 138. « Si la tentative, disent-ils, est assimilée à la consommation par l'art. 2, C. pén., ce n'est que relativement à la peine, et nullement aux effets de ces deux modes d'exécution. » L'esprit du Code a, d'ailleurs, été d'étendre les effets de l'exception plutôt que de les limiter. » Et ils invoquent les paroles de M. Berlier dans le sein du conseil d'état.

123. — Nous avons fait remarquer, en rapportant cet arrêt, et tout en convenant, avec les auteurs précités, que la disposition de l'art. 138 ne peut être modifiée par celle de l'art. 2, C. pén., que l'arrêt précité n'a rien décidé de contraire. D'abord, avons-nous dit, il faut observer avec Carnot que la question n'était pas à juger dans l'espèce; c'est donc une raison de croire qu'elle ne l'a pas été, s'il n'y a rien de précis à cet égard dans le texte de l'arrêt. — En second lieu, avons-nous ajouté, le paragraphe où il est parlé de la révélation faite avant que le projet ne fût devenu criminel, soit par la consommation, soit par la tentative caractérisée crime, d'après l'art. 2, C. pén., n'a pas eu pour but de poser le principe général, qu'une fois le crime tenté, la loi refusera d'admettre le révélateur au bénéfice de l'absolution, mais de prévoir le cas où le projet ne serait pas allé au delà d'une tentative caractérisée, soit parce que des poursuites auraient été commencées, soit parce que les faussaires auraient été réduits par toute autre circonstance à l'impossibilité de l'accomplir. La tentative doit, en effet, dans ce cas, tenir lieu du crime consommé, comme étant le terme de l'application de la disposition première dudit article.

124. — A la différence de l'art. 408, l'art. 138 ne restreint pas l'exemption qu'il prononce à celui des coupables qui a le premier révélé le crime, il l'étend à tous ceux qui ont fait la révélation. Chauveau et Hélie, t. 3, p. 220.

125.—MM. Chauveau et Hélie (p. 216) posent la question de savoir si les fabricateurs des instrumens propres à la contrefaçon ou à l'altération des monnaies doivent être punis comme faux

---

monnayeurs, lorsque l'altération ou la contrefaçon n'a pas été consommée. — Et ils rapportent un décret du 17 brum. an 11, émané de la convention nationale, qui l'a décidée affirmativement en matière de contrefaçon d'assignats.

126. — Ce décret est sur ce que « la contrefaçon d'un assignat est une opération complexe qui ne peut résulter que de plusieurs faux successifs : que le crime de celui qui met la dernière main à cette contrefaçon est absolument distinct du crime de celui qui fabrique la fausse forme, comme le crime qui consiste à fabriquer la fausse forme, est absolument distinct de celui qui consiste à fabriquer le faux papier ou la fausse planche : que chacun des auteurs de ces divers faux consomme, en ce qui le concerne, le crime de contrefaçon d'assignats; qu'ainsi il est inutile d'examiner, à l'égard de chacun d'eux, si celui de ses complices qui devait opérer après lui a ou n'a pas exécuté le délit dont il s'était chargé. »

127. — Mais les auteurs précités repoussent une pareille solution par les motifs suivans : « Le fabricateur d'instrumens, disent-ils, se rend coupable, non d'un crime décidé, mais d'un acte purement préparatoire du crime de fausse monnaie. Si ce crime se consomme, il peut être réputé complice, pourvu, d'ailleurs qu'il eût connu la destination des instrumens qu'il préparait; s'il n'en a été fait aucun usage, il n'y a pas de crime, et les actes préparatoires qui n'ont été suivis d'aucun commencement d'exécution ne sont passibles d'aucune peine. La loi citée (du 7 brum. an 11) a fait des crimes distincts des actes préparatoires et des actes d'exécution. Elle ne pourrait être invoquée sous l'empire du Code pénal, qui repousse une telle confusion. »

128. — V. sur la complicité en fausse monnaie, COMPLICITÉ, n° 105.

129. — Ainsi que nous l'avons vu plus haut, le crime de fausse monnaie est puni de la peine des travaux forcés à perpétuité ou à temps, suivant les circonstances.

130. — Sous les lois du 1er brum. an II et 44 flor. an III, les jugemens rendus pour fabrication et distribution de fausse monnaie devaient, à peine de nullité, prononcer la confiscation des biens du condamné. — *Cass.,* 17 flor. an VII ; 6 mess. an VII, Laporte ; 7 mess. an VIII, Denize ; Ruffnach. 2 vend. an VIII, Lebrun ; 7 vend. an VIII, Duvoisin ; 46 janv. 1807, Bagnaschino.

131. — Cette peine accessoire avait été maintenue par l'art. 132, C. pén. 1810, mais la cour de Cassation a décidé qu'elle avait été supprimée par l'art. 66 de la Charte de 1814, qui a aboli la peine de la confiscation des biens. — *Cass.,* 15 avr. 1819, Giboulot. — V. aussi CONFISCATION, n° 18.

132. — Elle a, au surplus, été supprimée dans la rédaction nouvelle adoptée en 1832.

133. — Sous la du 23 flor. an X, une cour spéciale ne pouvait se dispenser d'ajouter la *peine de la flétrissure* à celle des faux lorsqu'elle condamnait un individu comme coupable de fausse monnaie. — *Cass.,* 23 (et non 25) oct. 1807, Collini et Ferrari.

134. — De même, sous le Code pénal de 1810 et avant la loi du 28 avr. 1832, celui qui faisait usage sciemment d'une pièce fausse encourait la marque de la lettre F, comme celui qui l'avait fait fabriquer. — *Cass.,* 17 oct. 1811, N....

135. — La peine de la marque a été supprimée par le Code pénal de 1832.

136. — Mais il est incontestable que l'art. 165, C. pén., portant que tout faussaire condamné, soit aux travaux forcés, soit à la réclusion, subira l'exposition publique, s'applique aux condamnés pour fausse monnaie, qui ne peuvent, par conséquent, être dispensés de l'exposition publique. — *Cass.,* 11 oct. 1834, *(intérêt de la loi),* Bessie ; Chauveau et Hélie, *Théorie du Code pénal,* t. 3, p. 221.

137. — Jugé encore que l'accusé condamné à la réclusion pour crime de fausse monnaie, ne peut, lorsqu'il est en état de récidive, être exempté de l'exposition publique, encore bien que le jury ait déclaré qu'il existe en sa faveur des circonstances atténuantes. — *Cass.,* 9 janv. 1834 (intérêt de la loi), Servais.

138. — Jugé de même, à l'égard d'un individu déclaré coupable de participation à l'émission de fausse monnaie, que la cour d'assises, qui le condamne à la réclusion, ne peut, par application de l'art. 22, C. pén., le dispenser de la peine de l'exposition prononcée par l'art. 165 du même code. — *Cass.,* 8 janv 1825 (intérêt de la loi), Howard.

139. — V. au surplus sur l'application de l'art. 165, C. pén., v° FAUX.

140. — Il a été également jugé que l'accusé déclaré coupable de fausse monnaie doit, à peine de

---

nullité, être condamné à l'amende portée par l'art. 164, C. pén.— *Cass.,* 28 juin 1832, César Véron ; 12 sept. 1833, Couturier ; 18 fév. 1836, Tromelin ; 5 janv. 1837 (t. 1er 1838. p. 87), int. de la loi, Lesvigue.

V. ACTE D'ACCUSATION, EXCUSE, VOL.

FAUSSER LA COUR OU LE JUGEMENT (Falsare curiam).

C'était, autrefois, soutenir que le jugement était faux et déloyalement rendu. — V. APPEL, nos 70 et suiv.

FAUTE.

Table alphabétique.

FAUTE. — **1.** — C'est tout fait, toute omission qui causent du dommage à autrui et qui peuvent être imputés à celui qui les a commis, quand même il n'y aurait eu de sa part aucune mauvaise foi. — V. sur la division des *fautes,* p. 4er ; Toullier-Duvergier, t. 3, n° 233 ; Proudhon, *De l'usufruit,* n° 4485; Rolland de Villargues, *Rép. de la Jurispr. du not.,* v° *Faute,* n° 3; Merlin, *Rép.,* v° *Faute.*

2. — Il suit de cette définition 1° que l'on doit distinguer deux grandes espèces de faute, la faute *d'omission* ou *d'inaction* qui consiste dans l'absence de certains soins dont on était tenu relativement à la chose ou aux affaires d'autrui, et la faute *de commission* qui consiste dans des actes positifs desquels est résulté le dommage illicite dont on se plaint. — Rolland de Villargues, *loc. cit.,* nos 6 et 7 ; Proudhon, n° 1487 ; Zachariæ, *Cours de dr. civ. franç.,* t. 2, p. 318, note 47°.

3. — ... 2° Que, pour que le fait proposé constitue une faute et nécessite une réparation, il faut,

outre le fait matériel, que le dommage puisse être imputé à la personne; qu'il existe entre le fait et son auteur un rapport moral, constitutif de la responsabilité. C'est même précisément dans ce *rapport moral*, dans l'*imputabilité*, que réside la faute; car l'idée de faute se réfère naturellement à la personne, comme l'idée de dommage se réfère au fait. — D'Hautuille, *Analyse de la doctrine de Hasse, Revue de législation*, t. 2, p. 271.

4. — Il n'est sans doute pas besoin de remarquer que toute faute suppose que celui à qui on en adresse le reproche, n'ait pas eu le droit d'agir comme il l'a fait. — L. 151, ff., *De reg. jur.*; — Proudhon, *loc. cit.*; Rolland de Villargues, n° 4.

5. — Lorsque, indépendamment du fait matériel du dommage, la pensée de l'agent s'est référée directement à ce dommage, en d'autres termes, lorsque la faute a été accompagnée d'une intention frauduleuse, ou au moins de la conscience des conséquences préjudiciables qui devaient résulter de l'acte, alors il y a DOL (V. ce mot).

6. — D'après notre Code civil, la faute de commission constitue tantôt un délit, tantôt un quasi-délit, suivant que le fait illicite et dommageable a été, ou non, commis avec l'intention de nuire. — Proudhon, n°s 1481 et suiv.

7. — C'est à cette espèce de faute que se réfère l'art. 1382, C. civ., aux termes duquel, « Tout fait quelconque de l'homme qui cause à autrui un dommage, oblige celui par la faute duquel il est arrivé à le réparer. »

8. — Comme le fait observer Proudhon (*loc. cit.*, n° 1487), ces expressions *tout fait quelconque* ne doivent point être prises isolément et sans les rapporter à celles, *par la faute duquel*, etc. Il ne faut pas, en effet, croire qu'il suffise qu'un homme ait causé du dommage par son fait, pour qu'il doive toujours en répondre; il est nécessaire, en outre, qu'il y ait eu de sa faute, sans quoi la perte doit être attribuée au cas fortuit pour celui qui la souffre. — V. conf. Toullier, t. 11, n° 218; Rolland de Villargues, n° 6. — V. CAS FORTUIT, n°s 2 et suiv.

9. — Ainsi, « celui qui, étant dans sa maison, jette quelque chose par la fenêtre sur un terrain adjacent qui lui appartient, n'est coupable d'aucune faute si ce terrain n'est soumis à aucune servitude de passage, quoiqu'il ait atteint et blessé par hasard un étranger qui s'y trouvait. » — Proudhon, *ibid.*; Rolland de Villargues, n° 7.

10. — Au contraire, il y aurait faute par commission et responsabilité de la part de celui qui, allumant du feu dans la distance prohibée ou sans prendre les précautions prescrites par les lois de police, cause, même sans le vouloir, un incendie dans la propriété d'autrui. — Mêmes auteurs.

11. — Il y aurait également faute par commission de la part de celui qui, sans y regarder, et par conséquent sans volonté positive de nuire, jette par une fenêtre de sa maison, sur la voie publique, quelque chose qui, en tombant, porte préjudice à une personne qui se trouve dans la rue. — *Ibid.*

12. — La responsabilité qu'entraînent les délits et les quasi-délits correspond à celle que l'on encourait en droit romain par suite de l'application de la *lex aquilia* (V. Inst. Justin. liv. 4, tit. 3). Elle est absolue, et doit être prononcée toutes les fois qu'il existe un motif, si minime qu'il soit, d'imputabilité, c'est-à-dire, sitôt qu'on peut voir entre la personne et le dommage souffert une relation morale de cause à effet. — D'Hauthuille, *Revue de législation*, t. 2, p. 343.

13. — Ce principe, écrit déjà assez clairement dans l'art. 1382, C. civ., est répété d'une manière plus précise par l'article 1383 qui porte que : « Chacun est responsable du dommage qu'il a causé non seulement par son fait, mais encore par sa négligence ou par son imprudence. »

14. — Il ne faut toutefois pas prendre à la lettre le mot *négligence* qui se trouve dans ce dernier article. La seule négligence qui puisse donner lieu à l'application de cet article, c'est-à-dire à une responsabilité envers tout le monde, est celle qui consiste dans l'inaccomplissement d'un devoir qui nous est imposé d'une manière absolue et de plein droit par suite de certaine position et de certaines circonstances. — D'Hauthuille, *loc. cit.*, p. 343 et suiv.

15. — On trouvera, au surplus, sous les mots QUASI-DÉLIT, RESPONSABILITÉ, les détails qui concernent la faute dont il est question dans les art. 1382 et suiv. Nous ne devons-nous occuper ici que de la faute d'omission, c'est-à-dire des faits illicites à raison de circonstances qui ne sont pas inhérentes au fait, et à cause de rapports juridiques préexistans.

16. — La faute d'omission résulte d'une certaine inaction ou négligence. Mais, comme le remarque M. d'Hauthuille (*loc. cit.*, p. 271), d'après M. Hasse, l'inaction étant dans le droit de chacun, ne peut devenir répréhensible qu'à raison d'une obligation préexistante d'agir.

17. — Il y a donc entre la faute d'omission et la faute de commission cette différence, à savoir que, dans celle-ci, l'on est tenu directement de réparer le dommage, tandis que, dans la première, cette obligation de réparer le dommage n'a lieu qu'indirectement, et par relation à une autre obligation préexistante.

18. — Proudhon (*De l'usufruit*, t. 3, n° 1522) remarque aussi qu'il est dans la nature des choses d'estimer avec moins de sévérité les fautes d'omission que celles de commission, parce que, dit-il, « en fait d'abstraction ou d'oubli sur l'emploi des moyens de précaution propres à prévenir le mal, l'on ne pourrait sévir comme dans les fautes positives, sans faire, en quelque sorte, le procès à la fragilité humaine. » — V. conf. Rolland de Villargues, n° 25.

19. — En dernière analyse, la faute de pure omission consiste donc à négliger de mettre en usage, quand on le peut, les moyens propres à prévenir ou empêcher la perte de la chose d'autrui, lorsqu'une loi, ou un contrat, ou un quasi-contrat nous imposent l'obligation de veiller à sa conservation. — Proudhon, n° 1489.

20. — La faute peut, au surplus, être *mixte*, c'est-à-dire supposer tout à la fois un fait positif de la part de celui auquel on la reproche, et une négligence dans l'emploi des moyens propres à empêcher le mal. — Proudhon, n° 1491; Rolland de Villargues, n° 14.

21. — Par exemple, sans aucun dessein de nuire, et même par un motif d'intérêt légitime, un homme a allumé du feu dans les champs : mais le vent a changé de manière à diriger le feu vers une propriété voisine, et l'homme dont nous parlons n'a point fait tout ce qu'il fallait pour parer au danger survenu : il est en faute. — L. 30, § 3, ff., *ad leg. aq.*; — Proudhon, n° 1493; Rolland de Villargues, n° 15.

22. — La doctrine de la prestation des fautes, restreinte aux seuls dommages qui ne sont pas illicites en soi, mais seulement par relation à des rapports juridiques préexistans, se renferme dans la matière des obligations. Or, l'imputabilité, dans laquelle réside la faute, n'étant point uniforme pour tous les contrats, un vaste champ s'ouvrait à la controverse.

23. — Quel était sur la prestation des fautes le vrai système du droit romain? — Il n'existe peut-être pas de matière sur lesquelles les jurisconsultes aient prodigué autant de subtilités; et ce n'est qu'après bien des efforts que l'on est enfin parvenu, dans ces derniers temps, à établir sur ce point une théorie qui, rationnelle dans ses principes, et concordante avec les textes, est devenue dominante et paraît devoir être définitive.

24. — Mais avant de résumer brièvement cette théorie nouvelle et d'indiquer les motifs qui l'ont fait préférer à celle que l'on suivait dans l'ancienne jurisprudence, remarquons que, comme le Code civil, le droit romain distinguait également entre la faute d'omission et la faute de commission, mais que le mot *culpa* servait à désigner à la fois l'une et l'autre.

25. — Ajoutons que, dans une autre acception large, le même mot *culpa* comprenait non seulement la faute proprement dite, mais encore le dol.

26. — En ce qui concerne la faute d'omission et la réparation des dommages qui, étant occasionnés par cette faute, ne sont illicites qu'à raison de rapports juridiques préexistant entre les parties, les anciens commentateurs de droit romain avaient émis un système symétrique qu'ils fondaient sur une triple distinction.

27. — Suivant eux, il fallait distinguer trois sortes de diligence, et, par suite, trois degrés ou sortes de faute. — V. notamment Vinnius, sur le § 2, instit., *Quib. mod. re contrah. oblig.*; Pothier, *Observation générale sur le traité de Lebrun*, à la suite de ce traité, p. 119 et suiv. — V. aussi Voët, *De polit.*, n° 7. — A cet égard, l'on avait fini par abandonner le sentiment de Barthole qui, comme le remarque Lebrun (*loc. cit*, p. 2), en avait compté cinq.

28. — La première espèce de diligence est celle que le meilleur père de famille possible, le plus vigilant et le plus attentif, apporte à ses affaires. L'absence de cette diligence constitue la faute très légère, *levissima culpa*. — Merlin, *Rép.*, v° *Faute*, n° 1er.

29. — La deuxième espèce de diligence est celle qui appartient au commun des hommes. L'absence de cette diligence constitue la faute légère, *culpa levis*.

30. — On subdivisait cette faute légère en faute légère *in concreto*, et faute légère *in abstracto*. La première s'appréciait dans un sens relatif, d'après les habitudes personnelles de ceux à qui on l'imputait; et la seconde dans un sens absolu, indépendamment de ces mêmes habitudes, et par comparaison avec la conduite qu'eût tenue à la place du débiteur, un père de famille, soigneux et diligent. — V. conf. Heineccius, *Élément. jur.*, § 787.

31. — Enfin, la troisième espèce de faute d'omission consiste dans l'absence de la diligence dont les hommes les moins attentifs ne sont pas dépourvus : c'est la faute lourde ou grave, *culpa lata*.

32. — Cette dernière faute ne suppose point, comme le dol, la connaissance du dommage que l'on va causer (d'Hauthuille, *loc. cit.*, p. 272 et s.), mais l'omission des soins dont sont capables les gens les plus inattentifs, elle est bien près de l'intention de causer du dommage : aussi cette faute est-elle qualifiée de *proxima dolo* (L. 47, § 5, ff., *De leg.* 1°; L. 11 ff., *De incend.*); ou même est-elle assimilée au dol, *dolo æquiparatur* (L. 29 *pr.*, ff., *mand.*).

33. — Cette assimilation a lieu, en ce sens, du moins, que toute personne responsable du dol répond aussi de la faute grave (LL. 1re, § 5, *si mens. fals. mod.*; 8, § 3, ff., *De precar*; 1, § 2, ff., *si is qui testam.*) — Remarquons, toutefois, ici avec M. du Caurroy (*Instit. expl.*, t. 2, n° 1071), et d'après la loi 7, ff., *ad l. c. De sicar.*, qu'en matière criminelle, dans le cas d'homicide, par exemple, le dol et la faute grave ne sont plus assimilés.

34. — Pour décider de quelle espèce de faute on peut être tenu, ou, en d'autres termes, à quelle espèce de diligence on est assujéti dans les divers contrats ou quasi-contrats, les partisans du système de la distinction des trois fautes ont établi trois principes qui leur ont paru fondés sur la loi 5, ff., *Commod.* — Pothier, *Obligations*, n° 142; — V. aussi Merlin, *Rép.*, v° *Faute*, n°s 2 et suiv.

35. — Le premier est que, dans les contrats qui sont faits pour le seul intérêt du créancier (comme, par exemple, dans le dépôt), on ne doit exiger du débiteur que de la bonne foi, c'est-à-dire que ce débiteur ne doit répondre que de son dol et de la faute lourde, *quæ dolo æquiparatur*. — Pothier, *Obs. gén. sur le traité de Lebrun*, p. 120 et suiv.

36. — On admet cependant plusieurs exceptions à ce principe; l'une pour le contrat du mandat, l'autre pour le quasi-contrat de gestion d'affaires, une troisième pour la tutelle. — Pothier, *loc. cit.*

37. — Le deuxième principe est que, si le contrat ou quasi-contrat concerne l'utilité commune des deux parties, le débiteur doit être tenu de la faute légère, tantôt *in concreto*, tantôt *in abstracto*, par exemple l'associé et le locataire. — Pothier, *loc. cit.*

38. — Le troisième principe est que, dans les contrats qui sont faits pour le seul intérêt de la partie obligée, tel que le prêt à usage ou commodat, le débiteur est tenu de la faute la plus légère.

39. — On admettait, toutefois, que, dans cette hypothèse du commodat ou prêt à usage, il fallait avoir égard à la qualité de la personne à qui la chose était prêtée pour régler l'étendue de sa responsabilité. Ainsi, par exemple, c'est en conformité de cette règle que Dumoulin a décidé qu'on ne devait pas exiger d'un écolier à qui l'on avait prêté un cheval, le même soin que d'un écuyer ou d'un maréchal. — Merlin, *Rép.*, v° *Faute*, n° 2.

40. — Cette théorie, prédominante parmi les auteurs antérieurs au Code, qui se bornaient à interpréter les textes de droit romain, a eu, toutefois, de bonne heure des adversaires. Déjà, en effet, au seizième siècle, Doneau (*Commentarii juris civilis*, liv. 16, chap. 7, 11 et 13) avait entrepris de prouver que l'on devait se borner à distinguer seulement deux degrés de faute. Thomasius, dans une dissertation intitulée : *De usu practico doctrinæ de culparum præstatione in contractibus* (*Dissertationum*, tit. 2, p. 1006), s'est également éloigné de la doctrine commune qui trouva un nouvel antagoniste dans Lebrun (V. *Essai sur la prestation des fautes*); tellement, qu'aujourd'hui elle a fait place à une doctrine qui, différant peu de celle de Lebrun, a trouvé un habile interprète dans M. Hasse (*Die Culpa des ræmischen Rechts*).

41. — Le point de départ de la doctrine nouvelle consiste à supprimer le troisième degré de faute pour n'en reconnaître que deux, la faute lourde et la faute légère, que l'on subdivise d'ailleurs, comme dans l'ancien système, en *culpa levis in abstracto* et en *culpa levis in concreto*.

42. — Faisons ici remarquer avec M. d'Hauthuille (*Anal. de la doct. de Hasse, loc. cit.*, p. 274), qu'une faute légère de sa nature peut être considérée comme lourde, à raison de la personne à laquelle elle est imputée; c'est dans le cas où cette personne n'en commet pas ordinairement de semblables dans l'administration de ses propres affaires. — V. L. 32, ff., *Depos.*

43. — A cette doctrine, qui ne reconnaît pas de troisième degré de faute, c'est-à-dire la faute très légère, l'on oppose plusieurs textes qui, au premier abord, lui paraissent, en effet, contraires. De ce nombre est notamment la loi 5, § 2, ff., *Commod.*, qui semble admettre la faute très légère; mais l'on échappe à l'objection en remarquant que dans ce texte où Ulpien affirme que le commodataire répond du dol, ce qui comprend la faute lourde, puis de la *culpa*, ce qui signifie la faute légère, le jurisconsulte, en ajoutant qu'il doit la *diligentia*, ne veut pas signaler la faute légère, mais seulement le degré de faute légère dont répond le commodataire, c'est-à-dire la *culpa levis in abstracto*. La loi 23, ff., *De reg. jur.*, où se rencontre aussi le mot *diligentia*, doit s'interpréter de la même manière. — V. conf. Etienne, *Institutes de Justinien*, t. 2, p. 46; Du Caurroy, *Instit. nouv. expl.*, t. 2, nº 1077.

44. — Quant aux superlatifs *diligentissimus paterfamilias* ou *exactissima diligentia*, que l'on trouve appliquée au commodataire (V. L. 18, ff., *Commod.*; L. 1, § 4, ff., *De oblig. et act.*), et dont on conclut que le commodataire est tenu de la faute très légère, ils ne sont nullement démonstratifs, puisqu'ils se rencontrent en matière de louage (V. *Instit. Just.*, § 5, *De locat. et cond.*), où, de l'aveu même des partisans de cet ancien système, le locataire n'est tenu que de la faute légère. — Du Caurroy, t. 2, nº 1075; Etienne, *loc. cit.*, p. 46 et suiv.

45. — Il faut donc rejeter le troisième degré de faute, la *culpa levissima*, qu'admettaient les anciens commentateurs. Mais bien qu'il n'y ait alors que deux degrés de faute, il existe trois degrés de prestation, ou trois degrés de responsabilité. — D'Hauthuille, *loc. cit.*, p. 276 et suiv.; Du Caurroy, nº 1078.

46. — *Premier degré* : l'on répond seulement du dol et de la faute lourde; — *deuxième degré* : on est responsable même de la faute légère, mais cette faute se mesure sur la diligence habituelle du débiteur; — *troisième degré* : on est responsable de la faute légère, mais elle s'estime *in abstracto*, et elle est imputée même à celui qui a l'habitude d'en commettre de pareilles dans ses propres affaires. — D'Hauthuille, *Anal. de Hasse, loc. cit.*

47. — Dans le langage des lois romaines, la division n'est ordinairement que bipartite, prestation du dol (ce qui comprend implicitement la faute lourde), prestation du dol, et de la faute (*légère*). — L. 5, ff., *Commod.*; L. 23, ff., *De reg. jur.* — La prestation de la faute *in concreto* n'est qu'une forme particulière de la prestation de la faute, une manière exceptionnelle d'apprécier la faute. — D'Hauthuille, *ubi suprà*.

48. — Il reste maintenant à déterminer, d'après M. Hasse, que nous continuons de prendre pour guide, les règles suivant lesquelles on doit appliquer à chaque contrat tel ou tel des trois degrés de prestation; il y a ici plusieurs distinctions à faire.

49. — Remarquons d'abord qu'on range dans une seule classe, par opposition aux contrats qui n'exigent que la prestation du dol, tous ceux qui exigent la prestation de la faute; puis on fait une subdivision parmi ceux-ci : dans les uns, la faute se mesure sur la diligence du bon père de famille (*diligentia*); dans les autres, sur la diligence *in concreto* (*diligentia quam suis rebus adhibere solet*). — D'Hauthuille, *loc. cit.*, p. 277.

50. — Cela posé, l'on examine dans la nouvelle théorie si les contrats, les opérations présentent ou non de l'utilité pour le débiteur.

51. — Si le débiteur n'a pas d'intérêt, il n'encourra que le premier degré de responsabilité, c'est-à-dire qu'il ne sera tenu que du dol et de la faute lourde. — V. conf. Du Caurroy, nº 1073.

52. — ... Ce qui s'applique au dépositaire (excepté lorsqu'il a offert de se charger du dépôt et lorsqu'il reçoit un salaire). — V. L. 1, § 23, ff., *Depos.* — Et au fiduciaire, qui ne reçoit rien par le testament qu'il ne doive restituer. — V. LL. 22, § 3, ff., *ad sen.-cons. Trebell*, 108, § 12, ff., *De leg.*

53. — Si le contrat a une utilité pour le débiteur, il est tenu de la faute légère et de la diligence *in abstracto* (troisième degré de prestation).

54. — ... Tels sont : le vendeur (L. 3, ff., *De peric. et comm. rei vend.*), le preneur à bail (L. 25, § 7, ff., *Locat.*), le créancier gagiste (LL. 13 et 14, ff., *De pign.*), l'usufruitier (L. 65. *ler.*, ff., *De usuf.*), l'héritier envers les légataires (L. 47, § 4, ff., *De leg.* 1º), et à plus forte raison le commodataire, chez lequel on remarque cela de particulier que le contrat est fait dans son seul intérêt (L. 5, § 2, ff., *Commod.*). — Du Caurroy, nºs 1073 et suiv.

55. — Quand une personne administre les affaires d'autrui, elle doit de la diligence, quoiqu'elle n'y ait pas intérêt. Seulement, cette diligence sera estimée *in abstracto*, lorsque la personne se sera offerte spontanément.

56. — C'est de cette manière que sont tenus le mandataire et le gérant d'affaires. — V. LL. 21, § 3; 32, ff., *De neg. gest.*; 20 *Cod. eod. tit.* — Du Caurroy, nº 1074.

57. — Pothier (*Observ. gén. sur le traité de Lebrun*, p. 121 s.) explique, par une assez singulière raison, pourquoi l'on n'exige pas seulement de la bonne foi ou tout au plus la diligence *in concreto*, mais encore la diligence *in abstracto* de la part du mandataire et du gérant d'affaires. « Une question d'affaires, dit-il en parlant tout à la fois de l'un et de l'autre, étant une chose qui, par sa nature, exige un certain soin, la partie qui l'entreprend est censée se charger d'apporter le soin nécessaire pour cette question : *spondet diligentiam gerendo negotio parem*. — Mais, comme le fait très justement observer M. Blondeau (*Thémis*, t. 2, p. 314, note 2e), ne pourrait-on pas dire également que la garde de la chose d'autrui, qui est l'objet du dépôt, est une chose qui, par sa nature, exige une certaine vigilance, de sorte que celui qui accepte le dépôt est censé promettre la vigilance convenable, et cependant le dépositaire n'est pas tenu de prester la diligence *in abstracto*.

58. — La véritable raison de cette rigueur de la loi envers le *negotiorum gestor*, c'est qu'il n'a pas *causam gerendi*, c'est qu'au lieu d'attendre qu'on lui offrît la gestion, il s'en est emparé, et qu'en s'offrant à l'obligation, il a dû prendre par cela même une responsabilité plus étendue : nous en avons pour exemple le dépositaire *qui se obtulit*. — L. 1, § 35, ff., *Depos.*; — Du Caurroy, t. 2, nº 1074.

59. — Quant au mandataire, M. d'Hauthuille (*Exp. de la doct. de Hasse, loc. cit.*, p. 279) a prétendu que cet administrateur des affaires d'autrui ne devait la diligence *in abstracto* que parce qu'il se mettait à la place du mandant, qu'il le représentait, et devait, en conséquence, agir comme aurait pu le faire celui-ci; mais cette explication pèche en ce que précisément, en droit romain, le mandataire ne représente pas le mandant; aussi préférons-nous dire, avec M. Du Caurroy (*loc. cit.*), que c'est parce que le mandat suppose entre les contractans une amitié, une affection que blesserait la moindre négligence; tellement que l'exécution du mandat est une affaire d'honneur autant que d'intérêt. — Const. C., 21, *mand.*, Ciceron, *pro. Rosc. Amer* 38.

60. — La diligence sera estimée *in concreto* si l'administration des affaires d'autrui a été forcée.

61. — ... C'est dans cette mesure qu'a lieu la responsabilité des tuteurs et des curateurs. — V. L. 1re, *pr. de tut. et rat. distrah.*

62. — Enfin, on peut être chargé de gérer une affaire commune, ou de veiller à la conservation d'une chose commune. Dans ce cas, l'on n'est tenu que de la faute *in concreto*.

63. — ... C'est ainsi que s'apprécie la responsabilité en matière de sociétés (Instit. Justinien, § 5, *de societ.*) et dans les communions d'intérêts résultant de l'ouverture d'une succession dévolue à plusieurs personnes, et d'autres circonstances semblables. — V. L. 25, § 16, ff., *fam. ercisc.*

64. — ... C'est également de cette manière que le mari est responsable de ses fautes dans l'administration des biens dotaux. — L. 17, *pr.* ff., *de jure dotium*.

65. — Si, dans ces dernières hypothèses, l'obligé n'est tenu que de la diligence *in concreto*, c'est que l'on a considéré que l'associé, le cohéritier, le colégataire et le mari se trouvent naturellement appelés à la gestion, et que chacun d'eux *causam habuit gerendi*. — Du Caurroy, nº 1073; Etienne, p. 45.

66. — Telle est aussi l'explication à laquelle s'arrête M. Duranton (*Cours de dr. fr.*, t. 10, nº 400, en note), et en cela il s'est écarté du sentiment de Heineccius dont il adopte, du reste, le système général sur la prestation des fautes. Suivant ce dernier auteur (*Elementa juris*, nº 947, *note*), si l'associé ne doit que la diligence *in concreto*, c'est parce que l'associé qui s'aperçoit de la négligence de son coassocié paraît avoir approuvé sa conduite en ne demandant pas la dissolution de la société, comme il pouvait le faire.

67. — Quoi qu'il en soit, on a remarqué que les distinctions que l'on vient de parcourir, et qui sont également applicables aux contrats innommés (V. L. 12, ff., *De præscript. verb.*), ne comprennent pas le précaire. La raison en est sans doute que le précaire n'est point un contrat, et ne donne naissance à aucune obligation. — V. conf. d'Hauthuille, *loc. cit.*, p. 281.

68. — La prestation des fautes peut, au surplus, être modifiée par un pacte. Elle peut être étendue ou restreinte. Les restrictions ne peuvent aller toutefois jusqu'à exclure la responsabilité qui vient du dol et de la faute lourde. — V. conf. Du Caurroy, nº 1078.

69. — En droit français, la règle générale pour la prestation des fautes dans les obligations se trouve dans l'art. 1137, C. civ., ainsi conçu : « L'obligation de veiller à la conservation de la chose, soit que la convention n'ait pour objet que l'utilité de l'une des parties, soit qu'elle ait pour objet leur utilité commune, soumet celui qui en est chargé à y apporter tous les soins d'un bon père de famille. — Cette obligation est plus ou moins étendue relativement à certains contrats, dont les effets, à cet égard, sont expliqués sous les titres qui les concernent. »

70. — Ce texte a fait naître des difficultés analogues à celles qui ont surgi relativement à l'interprétation des textes romains. — Proudhon (*traité de l'usufruit*, t. 3, nºs 1494 s.) enseigne que, sauf quelques modifications, la division tripartite des fautes qui, comme nous l'avons vu, était autrefois assez généralement admise par les interprètes du droit romain, a été adoptée par la nouvelle législation. — Merlin également (*Rép.*, vº *Incendie*, § 2, nº 5) admet encore cette division tripartite. — M. Duranton (t. 10, nº 410) pense que, hors les cas où le Code ne s'est pas expliqué, il n'y a pas d'inconvénient à suivre cette doctrine.

71. — Mais en rapprochant le texte de l'art. 1137 précité du discours prononcé par M. Bigot-Préameneu, orateur du gouvernement (Locré, t. 12, p. 326 s.), des rapports au tribunat de Favard et de Jaubert (*ibid*, p. 432 et 489), et des observations de Malleville (*Analyse raisonnée du Code civil*, t. 3, p. 35), on doit plutôt arriver à cette conclusion, que notre Code a entendu rejeter l'ancienne théorie, du moins en ce sens qu'en s'abstenant de consacrer la division tripartite des fautes, le législateur a voulu abandonner au juge la recherche et l'appréciation des circonstances en raison desquelles on peut exiger du débiteur une diligence ou supérieure ou moindre. — V. conf. Rolland de Villargues, nº 18; Blondeau, *Thémis* (t. 2, p. 316 s.); Poujol, *Obligations* (t. 1er, p. 229); Marcadé, sur l'art. 1137, C. civ., nº 3.

72. — Toullier (*Dr. civ. fr.*, t. 6, nº 230 s.) pense également que la théorie des interprètes a été formellement rejetée par les rédacteurs du Code civil, mais il ajoute que le débiteur est responsable de ses fautes les plus légères. D'accord avec cet auteur sur le premier point, nous ne saurions lui accorder cette dernière proposition. Elle est d'autant moins admissible que, comme le remarquent les annotateurs de Zachariæ (*Dr. civ. fr.*, t. 2, p. 318, note 18), elle ne repose que sur la fausse application à la matière des contrats et quasi-contrats des art. 1382 et 1383, qui ne concernent que les délits et quasi-délits, ou, en d'autres termes, sur la confusion de la faute de commission et de la faute d'omission. — V. cependant Duvergier, *Vente*, t. 1er, nºs 279 et suiv.

73. — Conformément à la doctrine émisé par M. d'Hauthuille (*loc. cit.*, p. 349 s.), nous pensons que la théorie du Code doit être entendue, en ce sens qu'il est toujours exigé du débiteur une certaine diligence, et que la prestation n'est jamais bornée au dol. Or, il n'y a que deux espèces de diligences : la diligence *in abstracto*, c'est-à-dire celle qui est habituelle à l'homme attentif et soigneux; et la diligence *in concreto*, c'est-à-dire celle qui est habituelle à la personne responsable. Il n'y aura donc que deux degrés de prestation, que deux espèces de fautes correspondant l'une à l'omission de la diligence *in abstracto*, l'autre à l'omission de la diligence *in concreto*. — D'Hauthuille, *loc. cit.*, p. 349 et suiv.

74. — Ainsi tout cela se réduirait, en définitive, à traduite l'article 1137 de cette manière : *Dans tous les contrats sans distinction, la diligence est exigée : mais elle s'estime tantôt* IN ABSTRACTO, *tantôt* IN CONCRETO, *selon la nature des divers contrats.* — D'Hauthuille, *ibid.*

75. — Si l'on examine maintenant les dispositions spéciales sur la prestation des fautes, on voit qu'elles se rapportent toutes naturellement à l'une des deux espèces de diligence que l'on a distinguées, tandis que nulle part on ne trouve la trace d'une diligence au superlatif, ni d'une faute lourde dans le sens du droit romain, ni d'une faute très légère, ni d'une responsabilité bornée au dol,

rien enfin qui puisse faire naître l'idée d'une division des fautes en trois degrés. — D'Hauthuille, *loc. cit.*, p. 351.

76. — Plusieurs textes du Code civil paraissent, au premier abord, peu en harmonie avec cette théorie, et conçus, au contraire, au point de vue de l'ancien système qu'ils semblent ressusciter. — V. Blondeau, *Thémis*, t. 2, p. 319.

77. — Ainsi d'abord, tandis que, dans la plupart des cas (V. par exemple, C. civ., art. 450, 601, 627, 1374, 1728, 1880, 1882), le législateur exige simplement les soins d'un bon père de famille, expressions qui supposent toujours une certaine diligence (susceptible toutefois de plus ou de moins), il y a l'art. 804 qui, en statuant que l'héritier bénéficiaire n'est tenu que de la faute grave, semble se référer à la faute lourde (*culpa lata*) de l'ancienne division tripartite.

78. — Mais on a remarqué avec raison que les termes précités de l'art. 804 signifient seulement que l'héritier bénéficiaire doit la diligence *in concreto*. On ne concevrait *pas*, en effet, que la loi, en ne le rendant responsable que dans les limites de la faute lourde, telle qu'on l'entendait autrefois, fût plus indulgente pour lui que pour le dépositaire, qui est le plus désintéressé, et qui, aux termes de l'art. 1927, C. civ., est tenu non-seulement de la faute lourde de l'ancien système, mais encore de la faute qui consiste dans l'absence de la diligence *in concreto* (V. DÉPOT, nos 89 s.) — V. conf. d'Hauthuille, p. 351.

79. — D'un autre côté, l'art. 1880, C. civ., en statuant que l'emprunteur dans le commodat, — « est tenu de veiller en bon père de famille à la garde et à la conservation de la chose prêtée, » — ne consacre rien que de conforme aux principes qui viennent d'être établis. Mais il est plus difficile, suivant nous, de concilier avec ces principes l'art. 1882 qui rend l'emprunteur responsable de la perte de la chose prêtée survenue par cas fortuit lorsqu'il aurait pu prévenir cette perte en sacrifiant sa propre chose, ou lorsque, ne pouvant conserver que l'une des deux, il a préféré sauver la sienne.

80. — Pour mettre en relief la difficulté que présente cette dernière disposition, il n'y a qu'à supposer que la chose prêtée était d'une valeur de beaucoup inférieure à celle qui appartient au commodataire. Dans cette hypothèse, le commodataire, en sauvant sa propre chose, qui est la plus précieuse, n'a-t-il pas agi en bon père de famille? Dès-lors que peut-on lui reprocher puisque précisément, aux termes de l'art. 1880 précité, il n'était tenu que de prester ce degré de diligence, et pourquoi le punir en le rendant responsable de la perte qui est survenue? — V. PRÊT A USAGE.

81. — Mais il ne suffit pas qu'en droit français il n'y ait plus de distinction possible qu'entre les contrats où l'on exige la diligence *in abstracto*, et ceux où on l'exige *in concreto* : à quels signes peut-on reconnaître dans laquelle de ces deux classes chaque contrat doit être rangé?

82. — A cet égard, M. d'Hauthuille, dont la doctrine paraît avoir été adoptée par M. Troplong (*Vente*, t. 1er, nos 361 à 399), a posé (*loc. cit.*, p. 355 et suiv.) pose les règles suivantes :

83. — Lorsqu'une personne, par suite d'un contrat ou quasi-contrat, conçu dans son intérêt (soit dans son intérêt seul, soit dans son intérêt et celui de l'autre partie en même temps), est chargée de l'administration des affaires ou de la conservation des choses d'autrui, elle doit prester la diligence *in abstracto*.

84. — Elle n'est, au contraire, tenue que de la diligence *in concreto*, lorsque pareil soin lui est imposé par suite d'un contrat ou quasi-contrat qui n'a nullement été conçu dans son intérêt.

85. — Cette dernière espèce de diligence est de même exigée de celui qui gère une affaire ou garde une chose qui lui est commune avec une autre personne.

86. — L'application de ces règles se fait : 1° au tuteur (C. civ., art. 450), à l'usufruitier (art. 601), à l'usager (art. 627), au gérant d'affaires (art. 1374), au preneur à bail et à loyer, ou à cheptel (art. 1728 et 1806), à l'emprunteur (art. 1880), de la part desquels la loi, ainsi que nous l'avons déjà fait remarquer, exige expressément la prestation des soins d'un bon père de famille. — V. BAIL, nos 446 et suiv., GESTION D'AFFAIRES, PRÊT A USAGE, TUTELLE, USAGE, USUFRUIT.

87. — ... 2° A l'héritier bénéficiaire qui, comme nous l'avons déjà vu, n'est tenu, aux termes de l'art. 804, C. civ., que de la faute grave dans le sens que nous avons expliqué. — V. au surplus SUCCESSION BÉNÉFICIAIRE.

88. — ... 3° Au dépositaire qui, suivant l'art. 1927, C. civ., « doit apporter, dans la garde de la chose déposée, les mêmes soins qu'il apporte dans la garde des choses qui lui appartiennent, » sauf, ajoute l'art. 1928, à appliquer cette disposition avec plus de rigueur : — 1° Si le dépositaire s'est offert lui-même pour recevoir le dépôt; — 2° s'il a stipulé un salaire pour la garde du dépôt; — 3° si le dépôt a été fait uniquement pour l'intérêt des dépositaires; — 4° s'il a été convenu expressément que le dépositaire répondrait de toute espèce de faute. » — V. DÉPOT.

89. — ... 4° Au mandataire qui, d'après l'art. 1992, C. civ., répond non seulement de son dol, mais encore des fautes qu'il commet dans sa gestion, sauf toutefois que la responsabilité relative aux fautes doit être moins rigoureusement appliquée à celui dont le mandat est gratuit qu'à celui qui reçoit un salaire. — V. MANDAT.

90. — 5° Au créancier gagiste qui « répond, selon les règles établies au titre *des contrats ou des obligations conventionnelles en général*, de la perte ou détérioration du gage qui serait survenu par sa négligence. » — C. civ., art. 2080. — V. GAGE.

91. — ... 6° Aux associés : l'art. 1850, C. civ., dit, en effet, que chaque associé est tenu envers la société des dommages qu'il lui a causés par sa faute, sans pouvoir compenser avec ses dommages les profits que son industrie lui aurait procurés dans d'autres affaires. Le Code, du reste, ne fixe pas précisément quelle diligence ils doivent apporter aux affaires de la société; il résulte seulement des art. 1848 et 1849, ainsi que le remarque M. d'Hauthuille (*loc. cit.*, p. 354), qu'ils doivent tenir la balance égale entre leurs intérêts particuliers et les intérêts sociaux. — V. SOCIÉTÉ.

92. — 7° Au mari, administrateur des biens de sa femme qui, suivant l'art. 1428, 4e alin., C. civ., est responsable de tout dépérissement causé par défaut d'actes conservatoires, ou plus généralement, d'après l'art. 1562, 2e alin., de toutes prescriptions acquises et détériorations survenues par sa négligence. — V. COMMUNAUTÉ, nos 638, 657 et suiv.

93. — ... 8° A l'héritier qui administre une succession indivise. A défaut de texte qui lui soit applicable, les principes généraux suffiront à décider si c'est la diligence *in abstracto*, ou *in concreto*, qu'on est en droit d'exiger de cet administrateur. — V. HÉRITIER, INDIVISION, SUCCESSION.

94. — ... 9° A l'héritier obligé de conserver la chose léguée jusqu'à la délivrance. L'art. 1018, C. civ., exigeant que cette chose soit livrée dans l'état où elle se trouvait au jour du décès du testateur, rend implicitement l'héritier responsable de toute détérioration survenue par sa faute. — V. LEGS.

95. — ... 10° Au débiteur d'un corps certain et déterminé qui, aux termes de l'art. 1245, C. civ., « est libéré par la remise de la chose en l'état où elle se trouve lors de la livraison, pourvu que les détériorations qui y sont survenues ne viennent point de son fait ou de sa faute, ni de celle des personnes dont il est responsable, ou qu'avant ces détériorations il ne fût pas en demeure. — V. PAIEMENT.

96. — ... 11° A la matière de la vente, où la question de savoir sur lequel, du vendeur ou de l'acquéreur, doit tomber la perte ou la détérioration de la chose vendue avant la livraison, est jugée d'après les règles prescrites au titre *des contrats et des obligations conventionnelles en général*. — C. civ., art. 1624. — V. VENTE.

97. — ... 12° A divers cas spéciaux, par exemple, au capitaine de navire qui, suivant l'art. 221, C. comm., est tenu de ses fautes *même légères*. — V. CAPITAINE DE NAVIRE, nos 528 et suiv.

98. — ... Par exemple encore, aux voituriers par terre et par eau qui, aux termes de l'art. 1784, « sont responsables de la perte et des avaries des choses qui leur sont confiées, à moins qu'ils ne prouvent qu'elles ont été perdues et avariées par cas fortuit ou force majeure. » — V. COMMISSIONNAIRE DE TRANSPORT, VOITURIER.

99. — Jugé, en ce qui concerne le transport des personnes, qu'il y a faute grave de la part du conducteur d'une diligence, soit lorsqu'il entreprend le voyage avec une machine à enrayer qu'il sait être en mauvais état, soit, lorsqu'aux descentes rapides, il néglige de placer le sabot. — *Bordeaux*, 20 fév. 1845 (t. 2 1845, p. 192), Mespoulide c. Messageries royales.

100. — Un notaire qui commet une nullité de droit dans la rédaction d'un acte, par exemple d'un testament, engage sa responsabilité; mais n'est-il tenu que de fraude ou de dol, ou bien répond-il encore de sa faute, et de quelle faute? — V. NOTAIRE.

101. — Remarquons à ce sujet avec Proudhon (*Tr. de l'usuf.*, t. 3, no 1519) que l'on doit être plus indulgent sur l'estimation des fautes commises dans les faits qui tiennent plus aux opérations de l'esprit, et plus sévère à l'égard de celles qui auraient été commises dans l'exécution des faits qui tiennent plus aux opérations du corps, ou qui sont plus matériels. — V. Conf. Rolland de Villargues, no 22.

102. — Ainsi, ajoute Proudhon (*ibid.*), en forme d'exemple, l'on doit plutôt pardonner à un notaire l'oubli d'une mention essentielle à la validité d'un testament, qu'à un conservateur des hypothèques l'omission d'un point de forme substantiel, dans la prise d'une inscription dont on lui avait présenté un bordereau régulier, et qu'il n'avait qu'à transcrire sur son registre tel qu'il lui avait été remis par les créanciers.

103. — Le même auteur fait observer (no 1520) que l'on doit être plus sévère à l'égard du fonctionnaire public, au ministère duquel on est forcé d'avoir recours, sans pouvoir en choisir un autre, qu'à l'égard de celui qu'on emploie librement; parce qu'il y aurait injustice dans la loi qui nous impose la nécessité de recevoir l'intervention d'un fonctionnaire, si elle ne lui imposait pas à lui-même l'obligation de s'instruire plus exactement des règles qu'il doit suivre dans l'exercice de ses fonctions, et que, d'ailleurs, nous n'avons pas à nous reprocher d'en avoir fait le choix, plutôt que de nous être adressé à un autre.

104. — Au reste, comme le plus ou le moins de gravité d'une faute ne peut s'estimer que par le rapprochement des circonstances de fait et de lieu dans le concours desquelles on a agi, il en résulte que toute question qui a cette estimation pour objet est entièrement dans le domaine du juge, qui en est l'arbitre, conformément à ce que décide la loi 15, § 11 ff., *quod vi aut clam*. — Proudhon, no 1523. — V. conf. Rolland de Villargues, no 26.

105. — ... Aussi bien que la question relative aux excuses que la personne responsable peut avoir à présenter. — V. DOMMAGES-INTÉRÊTS, no 35.

106. — La faute, pas plus que le dol (V. ce mot nos 67 et suiv.), ne se présume. Par application des règles générales qui seront établies au mot PREUVE, c'est à celui qui l'assigne à la prouver. — V. conf. Proudhon, no 1541; Rolland de Villargues, no 27.

107. — La faute, une fois prouvée, donne ouverture à une action en dommages-intérêts. C'est ce qu'établissent, en principe, les art. 1382 et suiv., C. civ., pour la faute de commission, et 1147 et suiv. pour la faute d'omission, se référant à une obligation préexistante. — V. DOMMAGES-INTÉRÊTS.

108. — Jugé qu'une faute, quelle qu'elle soit, ne peut donner lieu à une action en dommages-intérêts qu'autant qu'elle a réellement préjudicié à celui qui s'en plaint. — *Lyon*, 13 août 1845 (t. 1er 1845, p. 155), Larochette c. Dulac.

109. — On est, au surplus, responsable, non seulement du dommage que l'on cause par son propre fait, mais encore de celui qui est causé par le fait des personnes dont on doit répondre, ou des choses que l'on a sous sa garde. Telle est la règle générale que pose l'art. 1384, C. civ., dans son premier alinéa, et qu'il développe dans les paragraphes suivans. — V. aussi C. civ., art. 1385 et suiv., et pour les détails, RESPONSABILITÉ.

110. — En matière de dettes solidaires, la faute commise par l'un des co-débiteurs perpétue l'obligation, mais ne l'aggrave pas; ce que l'on exprime en disant que *culpa unius correi promittendi proficit ad perpetuandam, non ad augendam obligationem*. C'est ce qui résulte, en effet, de l'art. 1205, C. civ., ainsi conçu : « Si la chose due a péri par la *faute* ou pendant la demeure de l'un ou de plusieurs des débiteurs solidaires, les autres codébiteurs ne sont point déchargés de l'obligation de payer le prix de la chose; mais ceux-ci ne sont point tenus des dommages-intérêts. — Le créancier peut seulement répéter les dommages-intérêts, tant contre les débiteurs par la faute desquels la chose a péri, que contre ceux qui étaient en demeure. » — V. OBLIGATION SOLIDAIRE.

FAUX.

Table alphabétique.

124 s.
Altération, 30 s., 39. — de clause, 96 s. — d'écriture, 62 s., 443. — de signatures, 448.
Amnistie, 495.
Amende, 696 s., 746 s., 813 s., 822.
Antidate, 274, 290, 340, 429, 618.
Apostille, 454.
Apport de pièces, 828 s.
Arrêt (exécution), 911. — d'accusation, 880 s.
Arrêté administratif, 764 s.
Ascendans, 865 s.
Associé, 58 s.
Autorité constituée, 447. — ecclésiastique, 431 s., 436.
Banquier, 570.
Biffure, 122.
Billet de banque, 47. — à ordre, 564 s.
Bon de route, 739 s. — de rivres, 542.*
Brefs du pape, 182.
Brevet, 529 s.
Cachet de l'état, 447.
Capitaine de navire, 493 s., 769.
Certificat, 401, 415, 466 s., 470, 490, 484 s., 518. — d'aptitude, 530 s. — d'enregistrement, 427, 477. — de paiement, 741.
Chambre des mises en accusation, 358, 646, 650, 880.
Chiffres, 54, 144.
Chirurgien, 150.
Chose jugée, 884.
Clause, 96 s. — effacée, 34.
Code de 1791, 44, 264 s., 656. ●
Commandement, 116, 565 s.
Commencement de preuve par écrit, 777.
Commissaire de bienfaisance, 477.
Comparaison d'écriture, 857.
Compétence, 41, 533, 718 s., 760 s.
Complicité, 148, 245, 222, 234, 246 s., 443, 444, 591, 658 s., 768, 776, 888.
Comptabilité, 112.
Comptable, 732 s.
Confiscation, 701 s.
Congé, 440 s. — des droits réunis, 742 s.
Connexité, 758 s., 776.
Conscrit, 542 s.
Conseil, 842 s.
Conseil de révision, 401, 404, 464 s., 228 s., 546, 519, 522.
Conservateur des hypothèques, 401.
Conspiration, 277.
Contrainte par corps, 828 s.
Contributions, 447 s.
Contumace, 489.
Copie délivrée à l'accusé, 889 s.
Cour d'assises, 752 s., 787. — prérotale, 754. — spéciale, 749 s.
Courtier, 445.
Crime, 277 s. — successif, 622 s.
Croix, 352 s.
Cumul de peines, 680.
Date, 294, 474, 540.
Décharge, 90.
Déclaration, 89, 96 s., 425 s., 440 s., 461 s., 499, 507, 516.
Deniers publics, 484.
Dénonciation, 396, 823.
Dépositaire de pièces, 828 s. — public, 828 s.
Dépôt des pièces au greffe, 792 s.
Descendans, 865 s.
Déserteur, 547.
Désertion, 542.

Destruction de titre, 422.
Détournement de mineurs, 894.
Dette réelle, 359 s.
Diplôme, 346, 525 s.
Discipline, 343, 463.
Dispense de mariage, 434. — de service, 484.
Donation, 378, 442, 506.
Douane, 788.
Double paiement, 463.
Droit ancien, 9 s., 654 s. — Droit étranger, 265, 662 s. — nouveau, 45 s. — romain, 3 s., 262. — d'octroi, 384 s. — de passe, 275, 873, 494. — des pauvres, 477.
Écriture, 35, 87, 62 s. — authentique, 397 s. — de banque, 548 s., 595. — de banque étrangère, 601 s. — de commerce, 548 s. — privée, 604 s. — publique, 397 s.
Écrou, 546 s.
Effet de commerce, 88, 422, 495, 274, 335 s.
Effets publics, 47 s.
Emprisonnement, 256 s.
Endossement, 274, 335, 571. — en blanc, 561.
Enregistrement, 49, 294, 404, 474.
Énumération d'espèces, 463.
Escroquerie, 42 s., 59, 85 s., 486 s., 638.
Étranger, 545, 647.
Exercice des fonctions, 397 s., 420 s.
Expédition de jugement, 344 s., 478 s. — partielle, 303.
Expertise, 860 s.
Exploit, 402, 408 s., 424, 328, 346 s., 319 s., 340, 404, 428, 439, 480, 632.
Exposition publique, 686 s., 482.
Extrait des contributions, 492.
Fabrication de conventions, 174 s.
Facture, 89.
Failli, 334, 500.
Faillite, 80, 413.
Fausse déclaration, 89, 96 s., 425 s., 440 s., 339, 499, 507, 516.
Fausse monnaie, 49 s., 603, 644.
Fausse qualité, 45 s., 149 s., 458 s., 502.
Fausse signature, 87, 39, 62 s.
Faux certificat, 23, 463. — compte, 54. — en écriture, 21 s. — incident, 25, 828, 827. — intellectuel, 25 s., 398, 420, 464. — livres, 638. — matériel, 25 s., 398, 420. — nom, 45 s., 63 s., 70 s., 85 s., 437 s., 487 s., 494 s., 322 s., 500 s., 549 s., 609 s. — principal, 25, 27. — serment, 20. — témoignage, 20.
Femme, 365 s.
Fermier de bac, 494 s.
Feuille de route, 28, 503, 740.
Fonctionnaire assermenté, 430. — public, 286 s., 357, 397 s., 420, 639, 667. — public non assermenté, 446.
Garde, 374, 490.
Gendarme, 489 s.
Gratiage, 336.
Greffier, 478 s., 813 s., 822, 914. — de justice de paix, 344 s.
Historique, 3 s.
Homonyme, 78, 253.

Huissier, 53, 402, 423, 346 s., 319 s., 357, 439, 894.
Imitation, 68 s., 76 s.
Insertion après coup, 474 s.
Instruction criminelle, 746.
Intention, 30 s., 444 s., 607 s. — frauduleuse, 261 s., 465 s., 886. — (déclaration), 279 s., 284 s., 304. — (preuve), 294 s.
Intercalation, 87, 424, 450, 467 s.
Intérêts, 350.
Interligne, 452.
Interrogatoire, 437 s.
Juge de paix, 804 s.
Jury, 44, 272, 274, 287, 304, 320, 384 s., 379, 384, 448 s., 423, 438, 577 s., 625 s., 628, 639 s., 676 s., 786, 890 s. — au jury, 386 s.
Lettre, 45 s., 87, 487 s. — de change, 72 s., 554 s., 612 — de crédit, 189. — missive, 70, 828, 330, 389, 394, 893 s., 596 s., 848. — d'ordination, 532 s.
Livres de commerce, 638.
Loi du 28 flor. an X, 718 s. — 22 germin. an XI, 749. — 2 flor. an XI, 731 s. — 25 vent. an XII, 750 s.
Loterie, 469, 347 s., 855 s., 545.
Maire, 52, 516 s.
Mandat de paiement, 52 s.
Mandataire, 206, 244.
Mariage, 434 s., 430, 448.
Marque, 683 s., 742 s. — de commerce, 749. — du gouvernement, 47.
Marteaux, 47.
Matière d'or et d'argent, 535.
Méchanceté, 283.
Médecin, 86, 268.
Mensonge, 42, 44, 403 s., 290.
Militaire, 727 s., 739, 755 s. — à l'étranger, 433.
Mineur, 374, 375. — de dix-huit ans, 693 s.
Mise en accusation, 880 s.
Ministère public, 765 s.
Moyen chimique, 99, 404, 445.
Nom idéal, 68 s., 396.
Notaire, 269 s., 294 s., 382. — (exercice illégal), 305.
Obligation, 39.
Octroi, 384 s.
Officier de l'état civil, 36 s., 495, 307. — de police judiciaire, 490. — public, 286 s., 420, 639 s., 667. — de recrutement, 485. — de santé militaire, 742.
Parenté, 365 s.
Passavant, 274.
Passeport, 23, 250.
Peine, 542, 648 s., 654 s.
Pénalité, 82 s.
Percepteur, 438, 732 s.
Pétition, 208, 266, 387, 398, 644.
Pharmacien, 65 s.
Pièce arguée de faux, 792, 818. — de comparaison, 833 s., 914. — fausse adirée, 629, 870 s.
Plainte, 823.
Poids et mesures, 24.
Poinçons de l'état, 47.
Ponts et chaussées, 486 s.
Post-date, 337 s., 458.
Poste aux lettres, 223, 354, 536 s.

FAUX.! — 1. — Le faux dans *son acception la plus générale* comprend toute altération de la vérité, qu'elle soit ou non accompagnée de fraude.
2. — Mais, pris dans le sens que lui donne la loi pénale, le faux consiste dans l'altération de la vérité, dans une intention criminelle qui a porté ou

Poursuite, 772 s.
Préjudice, 30 s., 348, 325 s. — (absence de), 328 s. — (déclaration), 329, 834 s. — moral, 385 s.
Prénom, 79.
Prescription, 653.
Présentation à l'accusé de la pièce, 894 s.
Preuve testimoniale, 777 s.
Procédure, 790 s.
Procès-verbal, 423, 372 s., 404, 489 s., 788, 941. — des pièces, 794 s., 842 s., 894 s.
Procès-verbaux de saisie, 857.
Profits, 264 s., 415.
Projet d'acte, 414.
Promesse de mariage, 337 s.
Question résultant des débats, 630. — d'état, 779 s. — au jury, 386 s.
Quittance, 494, 327, 599.
Rapport de mer, 493 s.
Recelé, 682.
Receveur, 734. — d'arrondissement, 464. — des contributions, 743 s. — d'enregistrement, 446, 737 s. — général, 735 s.
Recrutement, 99 s., 482 s.
Réforme électorale, 395, 644.
Réfractaire, 480.
Régiment (registres), 254 s.
Registre, 444, 446 s. — public, 404, 448, 438, 464.
Remplacement militaire, 404, 445, 464 s., 220 s., 463 s., 524, 523.
Renvoi, 454, 456.
Réquisition, 544.
Sage-femme, 446.
Sceau, 47.
Septuagénaire, 693 s.
Service des armées, 444. — militaire, 79, 484, 342 s., 482 s., 509.
Signalement, 544.
Signature, 39, 62 s., 84, 514, 860, 802. — (surprise), 496 s. — sociale, 58 s.
Simulation, 49 s., 333.
Sous-intendant militaire, 523.
Substitution de feuilles, 467 s. — de numéros, 258. — de personnes, 249 s., 256 s.
Supposition d'écrits, 473 s. — de personnes, 37, 408 s., 217 s., 449, 609 s., 894 s.
Suppression d'état, 442 s.
Surcharge, 407, 448 s., 454 s.
Sursis, 779 s.
Témoin instrumentaire, 420, 247.
Tentative, 229, 255 s., 380 s., 544, 562 s., 690, 630, 744 s., 768, 876.
Testament, 35, 269, 459, 474 s.
Timbre, 47.
Traité de paix, 404.
Travaux, 493. — de département, 486 s.
Tribunal spécial, 749 s.
Usage, 408, 393, 568 s., 622 s., 703 s., 774, 787.
Usurpation de qualités, 449, 452 s., 503. — de titres, 346.
Voiturier, 89, 94, 478.
Vol, 277.

pu porter préjudice à autrui. — *Falsitas est fraudulosa veritatis mutatio in alterius præjudicium facta.*

CHAPITRE Ier. — *Historique.—Législation. — Notions générales.*

5. — A Rome, le *faux* était considéré comme crime public. La loi des douze tables condamnait le coupable de faux témoignage à être précipité du haut de la roche Tarpéienne.
5. — D'après la loi *Cornelia, De falsis,* lib. 48, tit. 40, le sénatus-consulte Libonien, et enfin la loi Vitellia, le faussaire était puni par l'interdiction du feu et de l'eau.
5. — Mais les jurisconsultes romains confondaient sous le titre de *faux* des faits qui n'avaient qu'un rapport éloigné, ou même aucun rapport avec ce crime, tels que la destruction ou le recel d'un testament, l'usurpation du testament d'un homme vivant, l'usurpation d'un nom ou d'un surnom, le stellionat. — L. 9, ff., *leg. Corn., De falsis;* L. 4, § 5, ff. *ibid;* L. 43, *ibid.;* L. 24, Cod. tit.
6. — Toutefois ils exigeaient, comme condition du crime, qu'il y eût fraude, *dolus malus,* et possibilité d'un préjudice. — Chauveau et Hélie, *Th. O. pén.,* t. 3, p. 264.
7. — Plus tard, la peine applicable au crime de faux des biens furent la déportation et la confiscation. — Du reste, la loi *Cornelia,* ne distinguait pas entre les diverses espèces de faux : elle s'occupait presque exclusivement des faux commis dans les testamens, et l'une de ses dispositions étendait sa pénalité et sa peine à tous les auteurs faux, quel que fût le caractère de l'acte falsifié. — L. 16, ff., *Ad leg. Corn. De falsis;* L. 4, § 43, ff. *eod. tit.*
9. —En France, disent MM. Chauveau et Hélie (*loc. cit.*), les ordonnances, sans admettre aussi confusément que la loi romaine dans la classe des faux des faits qui n'en avaient pas le caractère, se sont bornées à tracer une distinction utile entre les faux en écriture publique et les faux en écriture privée. — Edit mars 4534, ord. 24 mars 4680, 40 août 4699, 4 mai 4720, 30 juill. 4732, 22 sept. 4733, juin 4768.
10. — L'édit de 4534, rendu par François Ier contre les faussaires et faux témoins, les punissait de mort.
11. — L'édit du 24 mars 4680 prononçait la peine de mort contre tout faussaire *faisant fonction publique*; la peine de mort ou une peine moindre, suivant les circonstances et à l'arbitrage du juge, contre toutes personnes non publiques ayant commis le crime de faux, et enfin la peine de mort con-

tre tous ceux qui avaient falsifié les lettres et sceaux de grande et petite chancellerie.

12. — La déclaration du 10 août 1699 et celle du 4 mai 1720 portaient la même peine contre ceux qui étaient convaincus d'avoir contrefait ou falsifié les papiers royaux.

13. — D'après l'ordonnance du 14 août 1680, les faux en matière de lettres de change et de commerce rentraient dans la classe des faux en écritures privées.

14. — La loi du 25 sept.-6 oct. 1791 (tit. 2, sect. 2e, art. 41) édicta des peines contre le faux commis *méchamment et à dessein de nuire à autrui;* et les articles suivans de la même loi établirent une distinction entre les faux en écritures privées, en écritures de commerce ou de banque, et en écritures authentiques et publiques.

15. — Le crime de faux est maintenant prévu et puni par le Code de 1810, dont les dispositions à cet égard n'ont pas été modifiées par la loi de 1832.

16. — Le crime de faux, prévu par le Code pénal, peut se commettre de différentes manières : *par faits, par paroles, par écrits.*

17. — Les faux commis par faits sont compris sous la sect. 2e, chap. 3, tit. 1er du Code pénal. Nous nous en sommes déjà expliqués sous les mots CONTREFACTION DES EFFETS PUBLICS ET BILLETS DE BANQUE, CONTREFACTION DES MARQUES DU GOUVERNEMENT, DES AUTORITÉS ET DU COMMERCE, CONTREFACTION DES SCEAUX, TIMBRES, MARTEAUX ET POINÇONS DE L'ÉTAT.

18. — Quoique le Code confonde la contrefaction des *effets publics* parmi les faux qui se commettent par faits, MM. Chauveau et Hélie (*Th. C. pén.*, t. 3, p. 224) font remarquer avec raison que cette espèce de faux rentre plutôt dans la classe des faux en écritures dont il sera parlé plus bas.

19. — Quant à la contrefaction des monnaies, qui constitue aussi un faux commis par faits, nous en avons traité vo FAUSSE MONNAIE.

20. — On trouve des exemples de faux par paroles dans les art. 361 et 366, C. pén., qui traitent du faux témoignage et du faux serment. — V. FAUX TÉMOIGNAGE et SERMENT.

21. — Quant au faux *par écrit,* la loi s'en occupe dans les art. 145 et suiv., en distinguant les faux en écriture authentique et publique, en écriture de commerce et de banque, et en écriture privée.

22. — C'est de cette espèce de faux qu'il sera principalement question dans le cours de cet article, et nous comprendrons dans les explications que nous donnerons à cet égard ce qui se rattache à la supposition de personne et aux fausses déclarations, en tant que ces circonstances pourraient concourir à la perpétration d'un faux en écriture.

23. — La loi classe dans une catégorie à part certains faux en écritures qui, suivant les circonstances, peuvent revêtir un caractère moins grand de criminalité : tels sont les faux commis dans les feuilles de route, passeports et certificats. — V. FAUX CERTIFICATS, FEUILLES DE ROUTE, PASSEPORTS.

24. — Ce qui concerne les faux poids et fausses mesures sera examiné vo POIDS ET MESURES.

25. — Le faux en écriture se divise en faux *matériel* et en faux *intellectuel*, en faux *principal* et en *faux incident.*

26. — Le faux en écritures est *matériel* lorsque la pièce arguée présente quelque altération qui peut se reconnaître par le moyen d'un procédé quelconque : il est *intellectuel* lorsque l'acte n'est altéré *que dans sa substance.*

27. — Il y a lieu à poursuite par la voie de *faux principal* lorsque celui qui a fait usage de la pièce fausse est prévenu d'en être l'auteur ou le complice, ou lorsque la poursuite criminelle est encore recevable. C'est en effet par la voie criminelle (V. *infrà*) qu'il est procédé sur le *faux principal.* La poursuite, en ce cas, a pour objet bien moins la suppression de la pièce que la punition du coupable.

28. — Le *faux incident* est celui dont la découverte ou la poursuite survient dans une instance civile ou criminelle déjà pendante. Il se distingue du faux principal en ce que, *s'attachant à la pièce,* il ne peut naître qu'accessoirement à une action déjà formée.

29. — Il ne sera question dans cet article que du *faux principal.* Ce qui concerne le faux incident sera traité vo FAUX INCIDENT.

CHAPITRE II. — *Caractères du faux.*

30. — Trois conditions sont indispensables pour l'existence du crime de faux en écritures : 1o l'altération par écrit de la vérité; 2o l'intention criminelle; 3o et un préjudice réel ou possible pour autrui.

31. — C'est ce qui résulte très nettement des motifs d'un arrêt de la cour de Cassation du 19 déc. 1835 (Garbage).

32. — Il importe de tracer séparément les règles qui se rattachent à chacun de ces trois caractères.

Sect. 1re. — *Altération de la vérité.*

33. — « On ne saurait, disent MM. Chauveau et Hélie (*Th. C. pén.*, t. 3, p. 266), concevoir un faux sans une altération quelconque d'un acte ou d'un fait. L'intention de nuire, quelque préjudice qu'elle médite de porter à autrui, isolée du fait matériel de faux, n'est plus qu'une pensée coupable qui ne relève que de la conscience et que la loi pénale ne peut atteindre. »

34. — Aussi doit-on dire avec les mêmes auteurs que l'oblitération d'une clause dans un acte n'est pas un élément suffisant de faux si cette clause reste encore lisible et par conséquent vivante, puisque la vérité n'est pas altérée. — V. aussi Julius Clarus, *Suppl.*, no 200, et Jousse, p. 385.

35. — Et il a été jugé par suite du même principe que le fait d'avoir tenu la main passive et inerte d'une personne, pour la confection d'actes révocatoires de testament, ne constitue point le crime de faux, alors que cette personne avait la volonté nécessaire pour tester, et que celui qui a tenu la main n'a fait que constater cette volonté et n'y en a pas substitué une autre. — *Cass.*, 18 mars (et non 30 juin) 1830, Supeaux et Duchemin.

36. — Mais si l'altération de la vérité est un des élémens nécessaires du crime de faux, il n'en résulte pas que toute altération de la vérité puisse devenir un de ces élémens. En effet, la loi, dans les art. 145, 146 et 147, ayant déterminé d'une manière limitative les modes de perpétration du faux, il faut en conclure que l'altération de la vérité ne peut être un élément du faux criminel qu'autant qu'elle rentre dans un des cas prévus par la loi.

37. — Ainsi, s'agit-il d'un faux en écriture authentique ou publique par un fonctionnaire public, l'altération de la vérité doit consister dans une des circonstances suivantes : fausse signature, — altération d'actes, d'écritures ou de signatures, — supposition de personnes, — écritures faites ou intercalées sur des registres ou autres actes publics depuis leur confection ou clôture. — C. pén., art. 145.

38. — S'il s'agit d'un faux intellectuel reproché au fonctionnaire, il faut que l'altération de la vérité consiste à avoir, en rédigeant un acte de son ministère, frauduleusement dénaturé la substance ou les circonstances de cet acte, soit en écrivant des conventions autres que celles qui auraient été tracées ou dictées par les parties, soit en constatant comme vrais des faits faux, ou comme avoués des faits qui ne l'étaient pas. — C. pén., art. 146.

39. — Enfin, s'agit-il d'un faux, soit en écriture authentique ou publique par un individu non fonctionnaire ou officier public, soit en écriture de commerce ou de banque, soit en écriture privée, les art. 147 et 150 exigent qu'il y ait : *soit contrefaçon ou altération d'écritures ou signatures; soit fabrication de conventions, dispositions, obligations ou décharges, ou leur insertion après coup dans des actes; soit addition ou altération de clauses, de déclarations ou de faits que ces actes avaient pour objet de recevoir et de constater.*

40. — Nous reprendrons successivement ces divers caractères du faux criminel ; à présent nous résumerons quelques principes.

41. — On a jugé avant le Code pénal, et avec raison, que la circonstance qu'un faux en écriture authentique a servi à commettre une escroquerie ne lui ôte pas son caractère de crime et n'autorise pas le directeur du jury à renvoyer simplement le prévenu en police correctionnelle, au lieu de le traduire devant le jury d'accusation. — *Cass.*, 18 frim. an X, Fauconnier.

42. — Mais il n'est pas toujours aisé de distinguer l'altération de la vérité, constitutive du faux, des allégations mensongères qui servent de moyens à l'escroquerie. A cet égard, MM. Chauveau et Hélie (t. 3, p. 272) posent comme principe qu'il y a faux si les actes frauduleux employés par l'agent rentrent dans quelques-uns des cas exprimés par les art. 145 et suiv., s'ils renferment, par exemple, obligation ou décharge, ou s'ils émanent d'un fonctionnaire compétent pour constater les faits qui s'y trouvent faussement consignés, mais aussi que ces actes ne sont plus considérés que comme des déclarations mensongères et frauduleuses qui sont prévues par l'art. 405, lorsque leur fausseté n'est pas de nature à porter lésion à des tiers, ou lorsqu'ils n'ont pas pour objet de constater les faits faux qui y sont énoncés.

43. — Ainsi, disent-ils, l'homme qui, pour tromper sur sa fortune et usurper un crédit illusoire, produirait des actes simulés, des actes de prêt par lui consentis, ne pourrait être poursuivi que pour escroquerie, de pareils actes ne produisant aucune obligation. — V. au surplus ESCROQUERIE.

44. — Il a été jugé cependant que le fait d'avoir escroqué une somme d'argent, à l'aide d'une lettre fabriquée sous une fausse signature, constitue le crime de faux, encore bien que cette lettre ne fût point un titre obligatoire et ne contînt qu'une prière que la personne à qui elle était adressée pouvait refuser d'accueillir. — *Cass.*, 24 fév. 1809, Armingaud.

45. — Jugé au contraire que celui qui, dans de fausses lettres par lui fabriquées, prend un faux nom et une fausse qualité, et parvient, par ce moyen, à escroquer partie de la fortune d'autrui, se rend coupable du délit prévu par l'art. 405, C. pén. — *Cass.*, 25 sept. 1834, Barraband de Flegni.

46. — Mais, ce qu'il faut dire, c'est que la fabrication des fausses lettres peut constituer le crime de faux, si elles sont de nature à produire un engagement. C'est seulement dans le cas où leur contenu ne serait pas susceptible de produire un effet obligatoire qu'elles constitueraient seulement une manœuvre frauduleuse.

47. — Au reste, la jurisprudence, par de nombreux arrêts qui trouveront leur place sous l'explication des différens modes de perpétration du crime de faux, a jugé que l'escroquerie commise à l'aide d'un faux écrit ou de faux noms pris par écrit, constitue le crime de faux et non un simple délit correctionnel. — V. *infrà* nos 86 et s.

48. — La *simulation* se distingue aussi du faux, soit qu'opérée du consentement des deux parties il ne puisse en résulter de préjudice pour les tiers, soit même que ce préjudice puisse exister.

49. — Il existe une application de cette règle dans la loi du 22 frim. an VII, qui déclare que la dissimulation du véritable prix dans un contrat de vente, en fraude des droits du fisc, ne donne lieu qu'à une action civile.

50. — Et il a été jugé que la simulation de dettes dans un acte public, et du consentement des parties contractantes, ne constitue pas le crime de faux, encore bien qu'elle ait pour objet de grossir le passif d'un débiteur et de nuire à ses créanciers. — *Cass.*, 12 flor. an XIII, Horit.

51. — Nous pensons en effet, avec MM. Chauveau et Hélie (*Th. C. pén.*, t. 3, p. 278), que la simulation ne rentre dans aucun des cas prévus par l'art. 147, C. pén., et qu'elle n'est qu'une simple fraude donnant ouverture à l'action en nullité, de la part des créanciers, aux termes de l'art. 1167, C. civ. En effet, faire une obligation simulée, ce n'est pas *fabriquer* une obligation, ou supposer un acte *matériel* qui n'existe pas; ce n'est point non plus altérer les clauses, les déclarations ou les faits que cet acte avait pour objet de recevoir et de constater, puisqu'il reproduit fidèlement la convention, bien que simulée, qu'il avait pour objet de constater, dans l'intention des parties. En d'autres termes, c'est la convention qui est fausse, mais l'acte ne l'est nullement.

52. — Jugé que le fait de la part d'un maire d'avoir délivré un mandat de paiement pour de prétendus travaux communaux, et d'avoir fait signer une quittance au pied de ce mandat, par un individu qui n'était point créancier, présente les caractères d'une simulation, mais ne constitue point le crime de faux. — *Douai*, 17 juin 1836, M...

53. — La raison en est que le maire, en délivrant ce mandat, ne constatait pas d'une manière authentique et probante la sincérité de la dette. Ainsi, au lieu d'être un acte faux, le mandat était un acte vrai en soi, mais reposant sur la simulation d'une dette. L'apposition d'une signature de la part des prétendus créanciers avait le même caractère; elle n'aurait pu constituer un faux à la charge du maire qui l'obtenait de leur complaisance ou de leur faiblesse, qu'autant qu'il les aurait trompés sur la nature ou les effets de cette pièce.

54. — Les comptes faux, les chiffres erronés ne doivent pas être compris dans la classe des faux criminels (L. 24, ff, *Ad leg. Jul.*, *De falsis*). Le motif en est que la partie qui a reçu le compte a été mise à même d'en vérifier les chiffres, elle en a connu du moins tous les articles qui y figurent même indûment : l'exagération ou la supposition de chiffres ont donc le caractère d'une énonciation mensongère, mais non celui du faux ; le crime n'existerait que si des pièces fausses avaient été fabriquées à l'appui des chiffres altérés. — Chauveau et Hélie, t. 3, p. 286.

55. — Aussi a-t-il été jugé que l'huissier qui, sans faire usage d'aucune pièce fausse, substitue des opérations à d'autres, et suppose même des actes qui n'existent pas, dans un mémoire de frais à la charge de l'état, afin d'augmenter la somme de ses salaires, ne commet point le crime de faux. — *Cass.*,

FAUX, ch. 2, sect. 1re.
FAUX, ch. 2, sect. 1re.

7 sept. 1810, Crociani et autres; — Chauveau et Hélie, *Th. C. pén.*, t. 3, p. 286; Legraverend, t. 1er, chap. 17, p. 594; Merlin, *Rép.*, vo *Faux*, sect. 1re, § 32.

56. — MM. Chauveau et Hélie (t. 3, p. 282) disent que le Code pénal a admis comme une excuse qui modifie la nature du faux et le dépouille d'une partie de sa criminalité, la circonstance que la partie à laquelle il a pu porter préjudice a connu le fait dans lequel il s'est produit, parce que d'une part cette partie doit s'imputer son imprévoyance et la faute qu'elle a commise, et que, de l'autre, l'action criminelle suppose une immoralité moins intense.

57. — Aussi, et bien que l'abus du blanc-seing, considéré en lui-même, constitue un véritable faux, en ce qu'il consiste dans une supposition d'acte, une altération de clause ou enfin dans une frauduleuse addition aux faits que l'acte avait pour objet de constater, et que l'abus de confiance ne soit, dans certains cas, qu'une altération frauduleuse de la vérité, ces différens faits ne sont pas classés parmi les faux caratérisés.

58. — Ainsi jugé avec raison que l'abus qu'un associé ayant la signature sociale peut avoir fait de cette signature pendant l'existence de la société, pour éteindre ses dettes personnelles ou pour grever de toute autre manière la société, ne constitue point le crime de faux; qu'il n'en pouvait résulter, avant le Code pén., qu'un abus de confiance ou une escroquerie de la compétence du tribunal de police correctionnelle. — *Cass.*, 16 oct. 1806, Cor c. Bonnet-Imbert.

59. — Jugé encore que le fils d'un négociant, autorisé par lui à écrire et à signer les lettres relatives à son commerce, ne commet pas un faux caractérisé s'il se sert de la raison de commerce de son père pour se faire livrer des marchandises à crédit, sous le nom de celui-ci; qu'on ne peut voir qu'un délit d'escroquerie dans un pareil fait. — *Cass.*, 26 mars 1813, Joel Hertz; — Legraverend, t. 1er, chap. 17, p. 595; Chauveau et Hélie, *Th. du C. pén.*, t. 3, p. 284.

60. — Mais l'associé qui, postérieurement à la dissolution de la société, antidate des billets ou les souscrit en employant la signature sociale, commet un faux caractérisé. — *Cass.*, 28 germin. an XIII, Bonnet; 16 oct. 1806, Bonnet; — Merlin, *Rép.*, vo *Faux*, sect. 1re, § 5; Chauveau et Hélie, *Th. C. pén.*, t. 3, p. 284. — V. au surplus, ABUS DE CONFIANCE, ABUS DE BLANC-SEING.

61. — Ceci exposé, reprenons les divers cas dans lesquels l'altération de la vérité peut être réputée constituer un des élémens du crime de faux:

§ 1er. — *Fausses signatures. — Contrefaçon et altération d'actes, d'écritures et de signatures. — Faux noms.*

62. — Le premier mode de perpétration du crime de faux se manifeste par l'emploi de *fausses signatures* ou par la *contrefaçon ou altération d'écritures ou de signatures.*

63. — Le principe admis par la jurisprudence est qu'il y a faux toutes les fois que le souscripteur d'un acte l'a signé d'un nom quelconque, différent de celui qui lui appartient réellement. — *Cass.*, 29 nov. 1811, Marinelli; 7 août 1812, Thomas Smith; 4 nov. 1813, Taillet; 31 déc. 1813, Olhman; 10 août 1815, Perthon.

64. — Jugé en ce sens à l'égard de celui qui fabrique une lettre de change, sous le nom supposé d'un banquier français ou étranger, et la négocie avec son acceptation ou son endossement. — *Cass.*, 4 sept. 1807, Neustadt et Assier; 10 sept. 1807, Hermann; — Merlin, *Rép.*, vo *Faux*, sect. 1re, § 21.

65. — Il y a crime de faux de la part de celui qui, pour se procurer, sans être connu, les moyens d'empoisonner sa femme, signe sous un faux nom le registre d'un pharmacien chez lequel il achète de l'arsenic. — *Cass.*, 5 mars 1819, Monneret; — Legraverend, t. 1er, p. 192; Chauveau et Hélie, *Th. C. pén.*, t. 3, p. 411.

66. — De même, la fabrication sous le nom d'un médecin d'une fausse autorisation à l'effet d'obtenir d'un pharmacien la délivrance d'une certaine quantité d'arsenic constitue le crime de faux. — *Cass.*, 26 juill. 1832, Dumon.

67. — MM. Chauveau et Hélie (*ibid.*) font observer avec raison que, pour que le crime existe, il faut que l'arsenic ait été demandé dans le but d'en faire un usage criminel, et qu'il n'y aurait pas crime si l'arsenic devait être employé de manière à ne porter aucun préjudice à autrui. — V. *infrà* nos 291 et suiv.

68. — La loi ne fait au reste aucune distinction entre le cas où la signature porterait un nom idéal et celui où il y aurait contrefaçon ou imitation de la signature d'une personne réellement existante et connue. — Chauveau et Hélie, p. 346.

69. — De ce que l'art. 145, relatif aux faux commis par les fonctionnaires et officiers publics dans l'exercice de leurs fonctions, inculpe en général tout faux commis par l'emploi de *fausses signatures*, tandis que l'art. 147 ne punit que *l'altération et la contrefaçon* des signatures, on pourrait induire que la signature d'un nom inconnu ne serait pas une fausse signature dans le sens de l'art. 147, puisqu'elle ne serait pas la contrefaçon ou l'altération d'une signature véritable. Mais MM. Chauveau et Hélie (t. 3, p. 368) disent que cette conséquence ne serait pas exacte: « Car, ajoutent-ils, si le signataire ne *contrefait* pas, dans ce cas, une signature vraie, le faux nom qu'il prend peut, dans certains cas, constituer une altération de sa propre signature. Une telle signature peut donc alors, comme dans le cas prévu par l'art 145, devenir un élément du crime de faux. »

70. — Ainsi jugé qu'on doit réputer coupable du crime de faux celui qui, à l'aide de lettres missives écrites et signées sous un faux nom, s'est fait remettre diverses sommes d'argent, encore bien qu'il n'ait imité l'écriture d'aucune personne connue et qu'il se soit servi d'un nom imaginaire. — *Cass.*, 27 mars 1806, Dupoil; 8 juill. 1808, Mollier; 18 fév. 1813, Mariotte; 15 juill. 1813, Ravaglioli; 10 août 1815, Perthon; 1er sept. 1825, Vidailhac; 14 oct. 1831, Talobbe; *Bruxelles*, 24 oct. 1818, Bettini.

71. — Jugé de même que la fabrication d'une fausse signature apposée au bas d'un écrit (une lettre de change) constitue le crime de faux, que cette signature soit celle d'un nom connu ou imaginaire. — *Cass.*, 28 mars 1839 (t. 2 1842, p. 679), Fockedey et Lehardelay; 25 juin 1840 (t. 2 1842, p. 679), Maubaut.

72. — ... Et que le commerçant qui, sans imitation de signature, souscrit d'un nom imaginaire et tire sur lui une lettre de change qu'il livre ensuite à la circulation commet le crime de faux. — *Cass.*, 10 sept. 1807, Hermann.

73. — Le même arrêt décide que, si l'usage abusif établi sur une place de tirer des lettres de change sous des noms supposés peut autoriser l'acquittement d'un prévenu comme ayant agi de bonne foi, le fait n'en doit pas moins être poursuivi jusqu'à ce qu'il apparaisse clairement que ce prévenu n'a pas agi méchamment et à dessein du crime.

74. — Jugé encore que la fabrication d'une fausse signature au bas d'un billet, pour se faire délivrer un objet au préjudice d'autrui, constitue un faux en écriture privée, et non un simple délit d'escroquerie, que la signature soit ou non celle d'un nom imaginaire. — *Cass.*, 5 nov. 1831, Koestel; — Merlin, *Rép. addit.*, vo *Faux*, t. 15, p. 313.

75. — Jugé que l'apposition d'une fausse signature au bas d'une pièce ayant tous les caractères extérieurs d'un acte de naissance extrait des registres de l'état civil constitue le crime de faux, lors même qu'il n'existerait ni commune ni maire portant les noms indiqués dans cette pièce. — *Cass.*, 5 juin 1818, Denis Boulier.

76. — D'un autre côté, lorsque la signature porte le nom d'une personne existante, la criminalité de l'action n'est pas subordonnée à la plus ou moins exacte imitation de l'écriture contrefaite: ainsi il n'est pas nécessaire que le faussaire ait imité la vraie signature de la personne dont il usurpe le nom. — *Cass.*, 29 nov. 1811, Marinelli; 1er mai 1812, Vanderhoëven; 18 fév. 1813, Mariotte; 31 déc. 1813, Olhmam; 10 août 1815, Perthon; 14 oct. 1831, Talobbe; — Chauveau et Hélie, *loc. cit.*; Carnot, t. 3, p. 23; Legraverend, t. 1er, p. 592; Merlin, *Rép.*, vo *Faux*, sect. 1re, § 25, no 2; Bourguignon, *Jurispr. crim.*, t. 3, p. 141.

77. — La cour de Cassation a reconnu en principe qu'une signature n'est vraie qu'autant que l'individu qui l'a tracée est bien celui dont elle offre le nom et dont elle établit la présence dans l'acte qui la renferme, et qu'en conséquence celui qui appose dans un acte son propre nom pour simuler la présence d'un autre individu porteur du même nom, qui, seul, avait le droit d'y figurer, commet le crime de faux. — *Cass.*, 30 juill. 1836 (t. 1er 1837, p. 12), Laroche.

78. — De même le fait par un homonyme, à qui un effet de commerce est parvenu par une erreur de la poste aux lettres, d'avoir fabriqué un endos sur cet effet, d'y avoir apposé sa signature pour simuler celle du véritable destinataire, et de s'être approprié, par ce moyen, le montant du billet, constitue le crime de faux. — *Cass.*, 13 oct. 1836, Laroche.

79. — Jugé encore que celui qui signe du *prénom* de son frère l'acte de remplacement d'un conscrit au service militaire se rend coupable du crime de faux. — *Cass.*, 7 août 1812, Smit.

80. — Jugé que le failli qui, dans un acte authentique de vente consentie à son profit, prend un faux prénom dans le dessein de soustraire l'immeuble faisant l'objet du contrat aux poursuites tant des créanciers du vendeur que des siens propres, commet le crime de faux. — *Cass.*, 3 oct. 1806, Nathan Loeb.

81. — Le faux se constitue aussi bien en signant le nom d'une personne qui ne sait pas écrire qu'en signant celui d'une personne qui sait écrire. — *Cass.*, 4 août 1808, Bouchet.

82. — Il est nécessaire, pour que le faux existe, que le juge déclare que les signatures ou écritures ont été contrefaites ou altérées. Le mot *coupable*, employé isolément du faux ou de la contrefaçon d'écritures, est simplement affirmatif de la matérialité du fait énoncé dans la question. Aussi a-t-il été jugé que le fait d'avoir écrit sur un acte une mention d'enregistrement ne réunit aucun des caractères du faux, quoique l'accusé en ait été déclaré coupable. — *Cass.*, 20 sept. 1828, Girard; — Chauveau et Hélie, t. 3, p. 369.

83. — Jugé par le même arrêt que, lorsqu'un individu est accusé de faux en écriture publique pour avoir contrefait l'écriture et la signature d'un fonctionnaire public sur une quittance, le président de la cour d'assises viole l'art. 337, C. inst. crim., en n'interrogeant le jury que sur la contrefaçon de signature et en omettant la contrefaçon d'écriture.

84. — ... Et que lorsque, dans une accusation de faux par contrefaçon d'écriture et de signature, le jury n'a été régulièrement interrogé que sur la contrefaçon de signature, et a fait, à cet égard, une réponse négative, cette partie de sa déclaration est acquise à l'accusé et ne peut être soumise au nouveau jury constitué par suite du renvoi. — Même arrêt.

85. — Nous avons dit plus haut que l'emploi de faux noms pouvait, suivant les circonstauces, revêtir un caractère différent de criminalité. Ainsi, comme le font remarquer MM. Chauveau et Hélie (t. 3, p. 345), et comme nous l'avons vu vo ESCROQUERIE, l'usurpation d'un faux nom ne peut être la base d'un faux en écritures qu'autant qu'elle a lieu par écrit; mais cette usurpation, si le faux nom est pris verbalement, ne peut être rangée que parmi les moyens d'escroquerie.

86. — C'est ce que la jurisprudence a reconnu: ainsi jugé que, lorsque c'est par l'usage d'un faux nom pris par écrit que l'escroquerie a été commise, il y a crime de faux. — *Cass.*, 3 janv. 1811 (et non 1813), N...; 17 mai 1811, Peyroton; 18 août 1831, Passicousset; 25 juin 1840 (t. 2 1842, p. 679), Maubant; — Legraverend, t. 1er, chap. 17, § 3, p. 592; Chauveau et Hélie, *Th. du C. pén.*, t. 3, p. 345; Toullier, *Droit civil*, t. 9, p. 290, no 186; Merlin, *Rép.*, vo *Faux*, sect. 1re, § 7, no 3.

87. — ... Que celui qui, en prenant dans plusieurs lettres un nom faux ou imaginaire, se fait remettre des sommes d'argent par différentes personnes, commet le crime de faux. — *Cass.*, 8 juill. 1808, L. Mollier; 27 sept. 1816, Mathielle; — Merlin, *Rép.*, vo *Faux*, sect. 1re, § 8, no 3; Chauveau et Hélie, *Th. du C. pén.*, t. 2, p. 273; Carnot, *C. pén.*, t. 1er, p. 488, no 3.

88. — De même celui qui négocie des effets de commerce, qu'il sait être faux, pour les avoir lui-même fabriqués sous le nom de personnes qui n'existent pas ou ne sont pas connues, se rend coupable de faux et non d'escroquerie. — *Cass.*, 27 juin 1806, Defrêne.

89. — Un voiturier qui prend des marchandises sous un faux nom, qui les vend ensuite en signant les factures du faux nom qu'il a pris, commet le crime de faux. — *Cass.*, 17 nov. 1808, N....

90. — Mais l'escroquerie commise à l'aide d'un faux nom est punie comme un simple délit correctionnel dans le cas où le faux nom a été pris verbalement. — *Cass.*, 12 avr. 1810, Bernier; 4 nov. 1813, G. Taillet.

91. — De même, le voiturier qui prend sous le nom d'un autre un chargement de marchandises, et qui en dispose à son profit, ne commet point le crime de faux, s'il ne signe ni la lettre de voiture, ni aucune autre pièce du faux nom qu'il s'est donné. — *Cass.*, 14 germin. an XIII, André Foret.

92. — N'est pas non plus coupable de faux, mais seulement d'escroquerie celui qui, à l'aide d'un acte vrai appartenant à autrui, se fait remettre sous le nom de la personne indiquée dans cet acte des sommes à elles dues, sans rien signer ni écrire. — *Cass.*, 10 juill. 1806, Pitre et Delage; — Merlin, *Rép.*, vo *Faux*, sect. 1re, § 8, no 1er; Legraverend, t. 1er, chap. 17, § 3, p. 593.

93. — Il a été jugé qu'on ne doit pas réputer coupable du crime de faux celui qui, pour commettre une escroquerie, appose sur un écrit une signature autre que la sienne, mais dont il fait souvent usage, et ayant quelques rapports avec un faux nom qu'il a pris. — *Bruxelles*, 23 janv. 1832, Pardon.

94. — Les juges, avons-nous dit sur cet arrêt, doivent nécessairement avoir une grande latitude dans l'appréciation des faits sur une question de cette nature. Nous pensons cependant que le prévenu, en signant, dans l'espèce, *Vandoren*, nom qui ne lui appartenait pas, avait commis le crime de faux, à moins qu'il ne fût connu sous ce dernier nom, ou que, par des motifs exempts de fraude, il ne l'eût adopté pour sa signature. Dans ce cas, il n'y aurait point contrefaçon d'écriture; et le plaignant aurait à s'imputer d'avoir pris une signature pour une autre.

95. — Un écrit revêtu d'une fausse signature, et portant invitation à un tiers d'acheter un objet volé, ne constitue pas le crime de faux. — *Paris*, 22 avr. 1825, Gadifer.

§ 2. — *Altérations. — Fausses qualités. — Fausses déclarations.*

96. — L'addition ou altération de clauses, de déclarations ou de faits que les actes ont pour objet de recevoir et de constater, constitue encore un mode de perpétration du crime de faux. — C. pén., art. 147.

97. — Comme première conséquence de ce texte, il faut poser en principe que le crime n'existe qu'autant que le faux porte sur des faits que l'acte a pour objet de constater.

98. — C'est ce qui a été décidé principalement en matière de fausses déclarations. — V. *infrà* nos 126 s.

99. — Jugé encore que l'enlèvement, par des moyens chimiques, d'un corps d'écriture tracé sur le même papier qu'un acte parfait dans sa forme, ne peut être considéré comme une altération d'écriture prévue et punie par l'art. 147, C. pén., qu'autant que le corps d'écriture enlevé s'incorporait à l'acte existant, et avait pour résultat d'en compléter ou d'en modifier le sens, ou bien s'il avait un caractère particulier et distinct opérant obligation ou décharge; et spécialement que l'enlèvement des annotations placées, soit à la suite de l'extrait de la liste du tirage délivré par un sous-préfet, soit à la suite d'un certificat de bonnes vie et mœurs donné par un maire, ne constitue pas le crime de faux si cet enlèvement a laissé les pièces dont il s'agit dans leur intégrité, et alors que, ni la loi sur le recrutement ni aucune autre ne prescrivait les annotations enlevées, et ne leur assignait un effet déterminé. — *Cass.*, 25 fév. 1836, Dejagher et Carlier.

100. — ... Et que la destruction de barres transversales sur un extrait de la liste de tirage ne constitue non plus aucun délit, dès-lors que ces barres n'en faisaient pas partie, et que la loi n'ordonnait pas de les tracer. — Même arrêt.

101. — Jugé aussi que l'enlèvement, par des moyens chimiques, de l'empreinte des cachets apposés par un conseil de révision sur des certificats produits devant lui, ne constitue pas le crime de faux. — *Grenoble*, 8 juill. 1836, Falconin.

102 — De même l'altération d'un acte dans la transcription qui en est faite en tête d'un exploit d'huissier, portant notification et commandement, ne constitue pas le crime de faux. Il en est de même de l'usage fait sciemment de la copie ainsi altérée. — *Cass.*, 2 sept. 1813, L. Brunel; — Chauveau et Hélie, *Th. du C. pén.*, t. 3, p. 311 et 470; Legraverend, t. 1er, chap. 1er, p. 589.

103. — Par la même raison, les allégations consignées, soit dans une requête, soit dans un acte de procédure, et qui seraient de nature à surprendre la religion des magistrats, ne constituent pas un faux. (En droit romain, on les considérait comme de *quasi-faux* passibles de peines inférieures.)

104. — Jugé encore qu'il n'y a ni crime ni délit de faux dans le fait d'avoir consigné des déclarations mensongères dans un acte dressé par un notaire pour rectifier un acte de l'état civil et des certificats délivrés par le conseil d'administration d'un régiment à un individu qui désire se servir de cet acte de notoriété pour se faire admettre comme remplaçant militaire. — *Angers*, 29 avr. 1845 (t. 2 1845, p. 660), C... et L....

105. — Cette décision est fondée sur ce que les notaires instrumentaires n'ont reçu de la loi ni d'aucune administration publique la mission de conférer par leur attache à de pareilles déclarations une autorité suffisante pour rectifier des actes de l'état civil et des actes en due forme du conseil d'administration d'un régiment; d'où il résulte que les déclarations faites dans des actes passés à cet effet, ne faisant foi sous aucun rapport, ne constituent que de simples documens extrajudiciaires sans caractères légalement criminels.

106. — Mais l'altération de la date de l'année dans l'acte de naissance d'un individu, pour le soustraire à la conscription, constitue le crime de faux, comme portant sur un fait substantiel à cet acte. — *Cass.*, 25 juin 1812, Stakebrand; — Legraverend, t. 1er, chap. 17, p. 585 et 592, Chauveau et Hélie, *Th. du C. pén.*, t. 3, p. 334 et 381; Carnot, sur l'art. 145, C. pén., t. 1er, p. 461, no 9.

107. — Il a été jugé encore que les surcharges qui affectent la substance de l'acte et qui ont été faites sur une copie de titres qui n'a aucun caractère d'authenticité, mais qui a été communiquée au prévenu sur son récépissé, constituent le crime de faux. — *Cass.*, 18 nov. 1809, N...; — Carnot, *Comment. du C. inst. crim.*, tit. 3, observ. prélim., p. 269, no 29.

108. — ... Que celui qui, pour détourner frauduleusement la copie d'un exploit, se la fait remettre par l'huissier, en se présentant faussement à lui comme étant la personne assignée, commet un véritable crime de faux par altération d'écritures. — *Cass.*, 27 juin 1811, Doz Molette; — Chauveau et Hélie, p. 286.

109. — Merlin (dans son réquisitoire inséré au *Rép.*, vo *Faux*, sect. 1re, § 6, no 2) établit qu'il y avait de la part de l'huissier faux par supposition de personnes, et que si sa bonne foi évidente le mettait à l'abri de toutes poursuites, l'existence du fait matériel suffisait pour servir de base à la complicité dont les frères Doz-Mollette s'étaient criminellement rendus coupables.

110. — ... Que les altérations commises sur un congé dans la partie contenant le signalement, portent sur la substance même de la pièce et constituent le crime de faux, lorsqu'elles ont pour objet de soustraire un individu à la réquisition. — *Cass.*, 21 août 1807, Deslies.

111. — ... Que les faux matériels commis sur les congés provisoires ne peuvent pas être considérés comme de simples attestations mensongères délivrées à des conscrits par des officiers publics complaisans, et dont les lois des 24 brum. an IV, 28 niv. an VII, et l'art. 60, L. 8 fructid. an XIII, ont ordonné la poursuite et la punition par la voie de la police correctionnelle, qu'ils constituent le crime de faux. — *Cass.*, 13 janv. 1809, Picau.

112. — ... Que les registres tenus par un caissier, pour établir sa comptabilité, devenant un premier titre de cette comptabilité entre lui et son commettant, les altérations que le caissier peut y commettre constituent le crime de faux. — *Cass.*, 11 oct. 1810, N....

113. — ... Que celui qui, pour faire revivre au préjudice des créanciers légitimes d'une faillite des traites devenues sans objet, substitue par des grattages, des ratures et des surcharges, un endossement à un acquit, commet un véritable crime de faux. — *Cass.*, 6 juin 1807, Claro; — Carnot, sur l'art. 147, C. pén., t. 1er, p. 479, no 12; Merlin, *Rép.*, vis *Lettre* et *Billet de change*, § 7.

114. — ... Que l'altération par un tiers des registres dont il est fait mention en l'art. 1331, C. civ., rentre dans les prévisions de l'art. 147, §§ 2 et 4, C. pén., et constitue un faux punissable lorsqu'elle a eu pour objet de changer les chiffres des sommes payées à ce tiers. — *Cass.*, 28 avr. 1838 (t. 2 1842, p. 706), Cochard-Denieures.

115. — ... Que la suppression, opérée à l'aide de procédés chimiques, de la mention placée sur un certificat de libération du service militaire constatant que le titulaire est affecté d'infirmités qui le rendent impropre au service, et cela dans le but frauduleux de favoriser un remplacement, constitue le crime de faux en écriture publique et authentique. — *Cass.*, 29 mai 1845 (t. 2 1845, p. 659), Vigneron.

116. — ... Que l'individu non commerçant qui a tenu des registres domestiques, qui les a falsifiés et qui s'en sert pour nier un paiement reçu peut être réputé faussaire. — *Cass.*, 27 janv. 1827, Laloux.

117. — Mais le même arrêt ajoute que les registres privés d'un individu non commerçant ne pouvant faire foi que lorsqu'ils énoncent un paiement reçu ou qu'ils mentionnent que la note a été faite pour tenir lieu de titre au créancier, leur falsification ne constitue pas le crime de faux si le prévenu n'en a point excipé et n'en a fait aucun usage préjudiciable à autrui. — Même arrêt.

118. — MM. Chauveau et Hélie (*Th. du C. pén.*, t. 3, p. 312), en mentionnant cet arrêt, disent sur la seconde décision : « Ce n'est pas parce qu'il n'a pas l'intention de s'en servir que l'agent échappe aux peines du faux, c'est parce que l'usage de ses registres domestiques ne peut avoir aucun inconvénient, ne peut produire aucun préjudice. L'arrêt confond ici deux élémens distincts du même crime, l'intention de nuire et la possibilité d'un préjudice. Il importe peu, dans cette hypothèse, que l'agent ait voulu nuire. Dès que l'acte est de sa nature inoffensif, la loi le néglige et refuse de l'inculper. » A l'appui de leur observation, les mêmes auteurs invoquent l'opinion de Jousse (*Matières criminelles*, t. 3, p. 389) et de Farinacius (*Quæst.* 150, no 353).

119. — Cette critique pourrait, quoique reposant sur des principes certains, fournir matière à des conséquences inexactes. Nous examinerons donc les diverses hypothèses pour prévenir une nouvelle confusion. La question doit être envisagée selon que la falsification porte sur une écriture constatant un paiement reçu et pouvant former titre, ou sur une écriture à laquelle la loi n'accorde aucune valeur. C'est au dernier cas seul que s'applique la critique. MM. Hélie et Chauveau sont parfaitement fondés à dire que l'intention de nuire est absolument indifférente dès qu'il n'y a pas possibilité d'un préjudice. Mais dans le premier cas où la possibilité du préjudice est constante, il devient indispensable de rechercher l'intention qui a présidé à la falsification des registres domestiques. La cour de Cassation semble avoir décidé que l'usage peut seul rendre criminelle la falsification. Nous n'admettons pas une pareille restriction. Si l'usage rend manifeste l'intention criminelle, cette intention, lorsqu'elle est jointe à la falsification, n'en constitue pas moins un crime, quoique l'usage n'ait pas encore eu lieu. La criminalité d'un faux ne doit pas être appréciée seulement par ses effets, mais par l'intention frauduleuse reconnue dans l'auteur du faux. Ainsi, celui qui falsifie ses registres domestiques dans la partie constatant un paiement reçu doit, dès ce moment, être déclaré faussaire s'il a agi dans l'intention de nier ce paiement, car le non usage d'une pièce fausse n'exclut pas le crime de faux commis en la fabriquant.

120. — Il y a crime de faux de la part du témoin instrumentaire qui, long-temps après le décès tant du notaire que des parties, et postérieurement à l'intervention d'une instance en nullité de l'acte, appose sa signature sur la minute que la personne intéressée était parvenue à enlever d'un dépôt public et régularise cet acte. — *Cass.*, 7 nov. 1812, Dardilut et Rivière; — Carnot, *C. pén.*, t. 1er, p. 467, no 26; Legraverend, t. 1er, p. 592; Merlin, *Rép.*, vo *Faux*, sect. 1re, § 3; Chauveau et Hélie, *Th. du C. pén.*, t. 3, p. 388.

121. — L'intercalation de conventions mensongères dans un acte de prêt revêtu du caractère authentique constitue le crime de faux, indépendamment de la légalité plus ou moins contestable de ses dispositions. — *Cass.*, 19 déc. 1835, Garbage.

122. — La biffure d'un acquit apposé au dos d'un billet (qu'il s'agisse ou non d'un effet de commerce), et pratiquée pour obtenir une seconde fois le paiement d'une obligation déjà soldée, constitue le faux prévu par les art. 147 ou 150, C. pén., et non une simple destruction de titre portant quittance et décharge, punie par l'art. 439 du même Code. Dès-lors c'est à la cour d'assises, et non à la juridiction correctionnelle, qu'il appartient de connaître d'une pareille inculpation. — *Cass.*, 20 juin 1844 (t. 2 1844, p. 241), Célœrié.

123. — L'huissier qui reçoit personnellement des sommes d'argent pour dispenser certains individus de payer le montant des condamnations prononcées contre eux, et qui, à cet effet, rédige faussement des procès-verbaux constatant leur insolvabilité, commet un véritable crime de faux. — *Cass.*, 2 janv. 1807, Ravenstyn.

124. — L'individu qui, après la signification et l'enregistrement d'un exploit, opère sur la copie un changement préjudiciable, est coupable de faux dans les termes de l'art. 147. — *Cass.*, 27 juin 1819, Fournier.

125. — Nous avons dit que, pour que l'altération résultant de fausses déclarations soit considérée comme un des élémens du faux criminel, il est nécessaire que le faux porte sur des faits que l'acte a pour objet de constater.

126. — Aussi a-t-il été jugé que la déclaration faite par le père dans l'acte de naissance d'un enfant, que la mère est son épouse légitime, quoiqu'elle ne soit que sa concubine, n'altérant en rien la substance de l'acte, ne constitue pas le crime de faux. — *Cass.*, 18 brum. an XII, Huret; 26 brum. an XII, Constant. — En effet, la loi ne prescrit pas de déclarer dans les actes de naissance si les père et mère sont ou non mariés. — Chauveau et Hélie, *Th. du C. pén.*, t. 3, p. 376; Merlin, *Quest.*, vo *Faux*, § 3; Carnot, sur l'art. 147, C. pén., t. 1er, p. 480, no 15.

127. — ... Que celui qui présente à l'officier de l'état civil, comme nés d'une union légitime, les enfans qu'il a eus d'une femme avec laquelle il n'est point marié, et qu'il désigne comme son épouse, ne commet point un crime de faux. — *Cass.*, 2 oct. 1806, Saureler; 15 oct. 1807, N...; 5 fév. 1808, Franck.

128. — ... Qu'une femme *non mariée* ne commet pas le crime de faux, en faisant inscrire sur les registres de l'état civil, comme issu de son légitime

mariage avec un individu désigné, l'enfant dont elle est accouchée. — *Cass.*, 20 juill. 1809, C. Starck; — Merlin, *Quest.*, v° *Faux*, § 3; Carnot, *Code pénal*, t. 2, p. 152.

129. — ... Et par une conséquence du même principe, que l'énonciation dans un acte de décès des noms et prénoms des père et mère du décédé n'étant pas d'une nécessité substantielle, une fausse déclaration faite à l'officier de l'état civil sur les noms et prénoms des père et mère du décédé, ne constitue pas le crime de faux. — *Cass.*, 28 juill. 1808, Bertheret; — Legraverend, t. 1er, chap. 17, p. 588; Carnot, sur l'art. 147, C. pén., t. 1er, p. 479, n° 14; Bourguignon, sur le même article, *Jurisprud.*, t. 3, p. 155, n° 4; Merlin, *Rép.*, v° *Faux*, sect. 1re, § 3, n° 3.

130. — Jugé encore que le militaire qui, pour cumuler la pension de retraite et le traitement d'activité, atteste faussement, par des déclarations revêtues de sa signature, qu'il ne jouit d'aucun traitement d'activité quoiqu'il reçoive celui du grade de lieutenant, ne commet pas le crime de faux (*Cass.*, 21 avr. 1809, Vaillard) par le motif que l'acte émané du militaire n'avait pas pour objet de constater les faits qui y étaient faussement consignés.

131. — ... Et que la fabrication d'une fausse dispense par laquelle le secrétaire d'un évêché autorise un maire à célébrer un mariage entre un beau-frère et sa belle-sœur ne constitue pas le crime de faux, cette dispense ne pouvant avoir aucune influence sur l'autorité civile, absolument indépendante de l'autorité ecclésiastique. — *Cass.*, 28 avr. 1809, Gaboreau.

132. — Jugé aussi qu'une antidate, dans une publication de mariage d'un conscrit, pour le dispenser de satisfaire à un ordre, ne constitue pas le faux, la célébration du mariage pouvant seule lui accorder la dispense et non la publication. — *Cass.*, 13 oct. 1809, N....

133. — ... Que de même la rédaction des actes de décès des militaires français dans les hôpitaux des pays étrangers n'étant confiée qu'aux seuls directeurs de ces établissemens, la fabrication d'un certificat de décès prétendu délivré par un prêtre desservant un pareil hôpital et revêtu d'un visa du commissaire des guerres ne constitue pas le crime de faux, un tel acte n'offrant les caractères légaux ni du faux en écriture publique ou authentique ni du faux en écriture privée. — *Cass.*, 17 août 1815, Borel.

134. — Carnot, cependant, (t. 3, p. 260) cite un arrêt de la cour de Cassation du 30 août 1811 comme ayant jugé que l'altération d'un acte de naissance délivré par un prêtre catholique constitue le crime de faux, lors même que cet acte n'aurait pas été légalisé. — *Cass.*, 30 août 1811, N... c. N....

135. — Mais cette proposition ne peut s'appliquer qu'aux actes reçus antérieurement à la loi du 20 sept. 1792, qui a retiré à la puissance ecclésiastique l'état civil pour en investir les municipalités, car les actes qui sont aujourd'hui dressés par les prêtres ne produisent aucun effet et ne valent que comme simples notes. Leur altération ne constituerait conséquemment pas le crime de faux.

136. — Jugé que celui qui, pour obtenir la place d'instituteur d'une commune, fabrique ou fait fabriquer sous le nom et la signature du curé d'une paroisse où il a résidé un certificat attestant qu'il est marié avec une femme qui n'est que sa concubine et que cet ecclésiastique leur a donné la bénédiction nuptiale, ne constitue pas un faux (*Cass.*, 13 oct. 1809, Gabriel) « par le motif qu'un tel acte ne peut opérer aucune obligation, aucun lien civil; qu'il ne porte pas la signature d'un fonctionnaire ayant caractère pour attester un mariage légal; qu'il ne peut avoir pour effet de soustraire son auteur à l'exécution d'une loi. » Cette simulation, disent MM. Chauveau et Hélie (p. 271), n'est qu'un acte mensonger que son inefficacité absout aux yeux de la loi. — V. aussi Legraverend, t. 1er, p. 585; Carnot, sur l'art. 147, n° 15.

137. — Jugé également que celui qui altère la vérité en prenant et signant un faux nom dans l'interrogatoire par lui subi devant un juge d'instruction, ne se rend pas coupable de faux. — *Cass.*, 29 avr. 1826, Carlin; 1er sept. 1826, Sellier.

138. — La première de ces décisions est fondée sur ce que celui qui est interrogé n'est pas astreint de déclarer ce qui pourrait être à sa charge, et que le mensonge qu'il emploie pour se disculper rentre, à son égard, dans le cercle d'une défense qu'il croit nécessaire. Quant à la seconde, elle se base sur ce que le fait n'est pas préjudiciable à autrui; mais la véritable raison de décider, comme le font remarquer MM. Chauveau et Hélie (*loc. cit.*), est que la loi (art. 147) n'incrimine les déclarations de fait qu'autant qu'elles interviennent dans des actes qui avaient pour objet de les constater, et que le procès-verbal de l'interrogatoire d'un prévenu a pour objet de constater ses réponses et ses moyens de défense, mais non la vérité de ces moyens et de ces défenses.

139. — Jugé qu'il n'y a pas faux criminel de la part de celui qui, étant condamné à mort par contumace, a pris dans une citation des noms qui ne lui appartenaient pas, mais qu'il portait depuis plus de vingt ans. — *Cass.*, 2 déc. 1819, N...; — Bourguignon, *Jurisp. des Codes crim.*, t. 1er, art. 147, p. 155, n° 4.

140. — Jugé encore que l'attestation mensongère oralement émise devant une personne autre que le fonctionnaire préposé à la constatation légale du fait auquel il se rapporte ne constitue ni faux ni complicité du crime de faux. — *Cass.*, 24 mai 1845 (t. 2 1845, p. 660), Bladaut.

141. — ... Et spécialement que celui qui, en attestant faussement au commissaire de police d'une ville qu'un individu y réside, a fait constater le même fait dans un certificat délivré par le maire et destiné à amener l'admission de cet individu en qualité de remplaçant militaire, ne commet pas le crime de faux. — Même arrêt.

142. — Mais la femme qui fait inscrire sur les registres de l'état civil un enfant étranger comme provenu de ses œuvres commet le crime de faux, en ce que cette inscription a pour résultat d'opérer une filiation autre que celle de la nature. — *Cass.*, 25 nov. 1808, Jourdain.

143. — Il en est de même, et par les mêmes motifs, de celui qui fait inscrire sur les registres de l'état civil, comme né de lui et de sa légitime épouse, l'enfant qu'il sait provenir de son commerce avec une autre femme. — *Cass.*, 22 déc. 1808, Jean Deyres; 10 mess. an XII, Houel et Bergeret; 9 févr. 1810, Marin Desroziers.

144. — ... Ou de celui qui, dans l'acte de naissance de son enfant adultérin, substitue méchamment le prénom de son frère au sien, et signe ce prénom. — *Cass.*, 5 fév. 1808, Jean Franck; — Chauveau et Hélie, *Théorie du Code pénal*, t. 3, p. 383 et 384; Merlin, *Rép.*, v° *Faux* et *Quest.*, v° *Suppression d'état*, § 3; Legraverend, t. 1er, p. 585.

145. — De même encore, celui qui, dans l'acte de naissance d'un enfant né de sa concubine, prend faussement les nom et prénoms du mari de cette femme, et signe ces faux nom et prénoms, commet le crime de faux. — *Cass.*, 28 déc. 1809, Franchoi.

146. — Par la même raison, la sage-femme qui, à la prière d'une fille récemment accouchée, fait inscrire l'enfant au registre de l'état civil sous le nom d'une mère supposée, commet le crime de faux. — *Cass.*, 1er fruct. an X, Jeanne Millogé.

147. — La déclaration à l'officier de l'état civil que telle femme vient d'accoucher d'un enfant mort-né, lorsqu'il n'y a pas eu d'accouchement, constitue un faux. — *Toulouse*, 17 oct. 1839 (t. 2 1840, p. 49), Abadie.

148. — Jugé que les parties qui, sans aucune des solennités requises, signent un acte de mariage destiné à les constater, attestent non seulement qu'elles ont donné leur consentement au mariage, mais encore qu'il a été célébré avec toutes les solennités exprimées dans cet acte, et se rendent complices de faux par aide et assistance. — *Cass.*, 3 sept. 1812, Billet.

149. — L'usurpation d'une fausse qualité dans un acte, même public, lorsqu'elle est simplement ajoutée au véritable nom de l'agent, ne constitue pas le crime de faux. — *Cass.* (motifs), 2 mars 1809, Poussart.

150. — Ainsi jugé que celui qui, sans signer le nom d'autrui, et seulement en ajoutant au sien la qualité de chirurgien qu'il n'a pas, a délivré pour de l'argent des certificats de visite à des soldats dans l'intention de leur faire obtenir un congé, doit être poursuivi comme prévenu d'escroquerie, et non comme prévenu de faux. — *Cass.*, 6 août 1807, Jourdain.

151. — Toutefois, MM. Chauveau et Hélie (*loc. cit.*) disent que cette décision ne serait pas admise sans difficulté, si ces actes supposés émanés d'un officier compétent, pouvaient former la base d'un droit, ou produire un préjudice.

152. — En effet, lorsque cette fausse qualité a servi de base à l'exercice d'un droit, et qu'un acte public où ce droit a été usurpé a été souscrit en vertu de ce titre faux, cette usurpation peut prendre les caractères du crime de faux. — « Car, disent MM. Chauveau et Hélie (p. 384), l'altération est alors faite dans un acte destiné à constater cette qualité usurpée, puisqu'il est souscrit en vertu et par suite de cette qualité même. »

153. — Ainsi jugé que le soldat qui, sous le titre usurpé d'officier, se fait délivrer des feuilles de route, qu'il signe comme tel, et qui reçoit sur ses quittances, en cette qualité, les appointemens attachés à son prétendu grade, commet le crime de faux. — *Cass.*, 21 avr. 1808, Lemasson-Ramé; — Chauveau et Hélie, *Théor. du Code pén.*, t. 3, p. 384.

154. — ... Qu'il en est de même de celui qui se présente dans un département comme officier géomètre chargé de faire l'arpentage des communes, et qui, à l'aide de cette fausse qualité qu'il se donne par écrit, abuse de la crédulité de plusieurs maires, et escroque d'eux diverses sommes, pour le salaire de ses prétendus travaux. — *Cass.*, 2 mars 1809, Poussart.

155. — L'usurpation de faux noms et qualités dans un acte introductif d'instance et dans une requête présentée par un avoué au président du tribunal de première instance, pour en obtenir permission d'assigner à bref délai, constitue le faux prévu et puni par l'art. 147, C. pén. — *Cass.*, 17 mai 1839 (t. 1er 1839, p. 605), Dubaret et Louisa Féral (dite Delzeuserie).

156. — Jugé encore que la femme qui, après le décès d'un individu avec lequel elle a vécu en concubinage, délègue par acte notarié, en prenant la fausse qualité de sa veuve, une créance dépendant de la succession, pour se libérer d'une dette qui lui est personnelle, commet un véritable crime de faux. — *Cass.*, 9 déc. 1808, Madeleine Vemard.

157. — Mais, la femme qui, dans un acte ayant pour objet de constater une vente, déclare faussement qu'elle est mariée, ne commet pas le crime de faux, alors que cette supposition d'état n'a point influé et ne pouvait influer sur la validité de la vente, seul objet de l'acte. — *Cass.*, 30 avr. 1841 (t. 1er 1841, p. 708), Cheverier.

158. — De même, la femme mariée qui prend dans un acte obligatoire son seul nom de fille, sans déclarer qu'elle est mariée, ne commet point le crime de faux. La personne avec laquelle elle a ainsi contracté doit s'imputer de ne s'être pas assurée de sa qualité, avant de traiter avec elle. — *Cass.*, 26 mai 1809 N.; — Carnot, *Code inst. crim.*, t. 3, observ. prélim., p. 270, n° 22.

159. — Il a été jugé que la femme qui, pour faire opérer une saisie sur les biens d'un individu décédé, prend dans une procuration notariée la qualité de sa veuve, tandis qu'elle n'est que sa créancière, ne commet point un crime de faux. — *Cass.*, 13 vent. an XIII, Catherine Aurillion.

160. — MM. Chauveau et Hélie (*Th. Code pénal*, t. 3, p. 385) disent que cette décision est surtout motivée sur ce que la femme qui avait usurpé la qualité de veuve, se trouvait en même temps créancière, ce qui lui donnait le droit de faire saisir. Au surplus, comme l'enseignent les mêmes auteurs, cette circonstance est indifférente. Une saisie opérée sans titre, et en vertu d'une qualité usurpée, est un acte radicalement nul, qui ne peut être la base d'une action ni d'un droit. Il peut sans doute devenir une juste cause de dommages-intérêts; mais il ne constitue pas un faux dans le sens légal; car si l'acte est destiné à constater la qualité de celui qui fait opérer la saisie, il ne fait naître aucune obligation préjudiciable aux tiers. C'est un mensonge qui ne rentre dans aucun des cas exprimés en l'art. 147, C. pén.

161. — C'est une question importante que celle de savoir si la déclaration faite, et même signée, par un remplaçant, devant le conseil de révision, qu'il n'est pas marié, encore qu'il le soit, constitue le crime de faux. — A cet égard une certaine incertitude s'est manifestée dans la jurisprudence.

162. — Ainsi, d'un côté, il a été jugé que le remplaçant qui déclare et signe devant le conseil de révision la fausse déclaration qu'il est célibataire, à l'effet de se faire admettre comme remplaçant, commet le crime de faux déterminé par l'art. 147 et non le délit prévu par l'art. 43, L. 21 mars 1832. — *Cass.*, 1er juill. 1837 (t. 2 1837, p. 440), Lenoir; 6 oct. 1837 (t. 1er 1840, p. 95), Vaillant.

163. — Mais la cour de Limoges a jugé au contraire que la déclaration faite mensongèrement par un remplaçant, devant le conseil de révision, qu'il n'est pas marié, constitue un simple délit de remplacement frauduleux, et non le crime de faux, alors surtout que cette déclaration a été faite dans un acte séparé de l'acte de remplacement, et dont l'obligation n'est prescrite par aucune disposition de loi. — *Limoges*, 11 juin 1835, Chassagnard.

164. — Et la cour de Cassation elle-même, en chambres réunies, a jugé que la cour qui décide que la déclaration faite par le remplaçant devant le conseil de révision qu'il n'est pas marié, encore qu'il le soit, n'est pas de nature à faire preuve complète des faits énoncés dans cette déclaration, et que, dans ce cas, il n'y a pas faux, mais manœuvres frauduleuses en matière de remplacement, a fait une juste application des principes du droit commun. — *Cass.*, 20 janv. 1838 (t. 1er 1838, p. 340), Lenoir.

165. — M. le procureur général Dupin, qui por-

tait la parole dans cette affaire, disait que si l'on conçoit que la production de pièces fausses constitue le crime de faux puisque, par la production, le déclarant s'approprie la fausseté des pièces, on ne doit voir qu'une manœuvre frauduleuse destinée à éluder la loi et non un faux dans une simple déclaration non appuyée de pièces, relative à certaines conditions dont la loi exige l'accomplissement. — V. le réquisitoire sous l'arrêt précité.

166. — Il a été au surplus jugé, conformément à ce que disait M. le procureur général que la production, dans le but d'obtenir l'exemption du service militaire d'un certificat attestant faussement qu'un individu est fils aîné d'une femme veuve, constitue le crime de faux en écriture authentique et non pas seulement les manœuvres frauduleuses déterminées par l'art. 43, L. 21 mars 1832. — *Cass.*, 7 juill. 1837 (t. 1er 1838, p. 220), Momeja.

167. — Jugé encore que l'altération commise dans le certificat de résidence produit par un remplaçant pour être admis au service militaire constitue le crime de faux prévu par les art. 147 et 148, C. pén. — *Cass.*, 2 mars 1837 (t. 1er 1838, p. 82), Daverchère.

168. — ... Et que la participation à la constatation dans un acte public d'une fausse résidence de celui qui se présente pour se faire admettre au service militaire comme remplaçant peut être considérée comme un acte de complicité de l'altération elle-même. — *Cass.*, 24 mai 1845 (t. 2 1845, p. 660), Blanard.

169. — Le registre d'un receveur de la loterie et les billets de mises ne devant point porter le nom de l'actionnaire, la fausse déclaration sur ces registres et sur ces billets, d'un versement de fonds ne peut que constituer ce receveur débiteur des versemens supposés, et ne constitue point le crime de faux. — *Cass.*, 2 juin 1809, Garnier et Ansart.

170. — Au nombre des moyens à l'aide desquels le faux criminel peut être commis se trouve aussi la fabrication de faux certificats. — Mais il résulte de la loi elle-même que la fabrication des certificats constitue tantôt le crime de faux, tantôt un simple délit. Nous examinerons plus particulièrement ce qui les concerne sous le mot FAUX CERTIFICAT.

§ 3. — *Fabrication de conventions et actes. — Supposition et substitution de personnes.*

171. — Un autre mode de perpétration du crime de faux consiste dans la fabrication de conventions, dispositions, obligations ou décharges, ou dans leur insertion après coup dans les actes. — C. pén., art. 147.

172. — La loi prévoyant distinctement la fabrication de conventions, etc., etc., et leur insertion *après coup* dans les actes, il en résulte qu'il s'agit dans le premier cas de la fabrication de fausses conventions *dans la rédaction même des actes et avant leur consommation.*

173. — Cette fabrication s'opère par supposition d'écrits ou par supposition de personnes.

174. — Il y a supposition d'écrit lorsque l'agent fabrique, par exemple, une expédition d'acte notarié, ou un acte quelconque rentrant dans la classe de ceux indiqués par l'art. 147. — Mais MM. Chauveau et Hélie disent que s'il s'agit d'un acte notarié, il faut que l'acte soit complet et la signature du notaire contrefaite, la loi donnant au mot *acte* la signification d'un acte régulier, et, conséquemment, signé. — « Autrement, disent-ils, s'il n'y avait pas contrefaçon de signature, il n'y aurait pas d'acte pouvant porter préjudice et conséquemment de faux. »

175. — Ainsi jugé que la fabrication d'un acte quelconque dépourvu de signature ne constitue pas le crime de faux. — *Cass.*, 7 juill. 1827, Bel. — V. cependant *Cass.*, 2 frim. an XII, Vappereau.

176. — Mais jugé aussi que l'accusation d'avoir fabriqué et écrit un acte sous le nom d'un fonctionnaire s'entend d'un acte régulier et revêtu de la fausse signature de ce fonctionnaire, et qu'en conséquence, dans une pareille accusation, le président de la cour d'assises ne peut scinder l'accusation en posant au jury deux questions, l'une sur la fabrication de l'acte, l'autre sur la fabrication de la signature. — Même arrêt de 1827.

177. — Jugé qu'il y a faux de la part de celui qui, chargé comme commissaire de bienfaisance de la perception des droits dus aux pauvres sur les entrées des spectacles, fabrique et présente des bordereaux faux de la recette desdits spectacles. — *Cass.*, 17 nov. 1809, Chiaves.

178. — Le voiturier qui, pour se faire rembourser et s'approprier un droit qu'il n'a pas payé, écrit de sa main une quittance de droit d'octroi et appose au bas de cette quittance la fausse signature de l'un des receveurs de ce droit, commet un crime de faux. — *Cass.*, 26 déc. 1807, Pedrazini; — Merlin, *Rép.*, vo *Faux*, sect. 1re, § 8, no 4.

179. — Le fait d'avoir signé et délivré des expéditions de deux actes de l'état civil, avec la connaissance qu'ils étaient faux et d'en avoir fait usage, constitue le crime de faux. — *Cass.*, 13 oct. 1826, François Garnier.

180. — Le conscrit réfractaire qui, pour se mettre à l'abri des recherches, fabrique un extrait d'acte civil de mariage, se rend coupable du crime de faux. — *Cass.*, 24 mars 1806, Bernard Castor; — Chauveau et Hélie, *Th. du Code pén.*, t. 3, p. 299 et 371.

181. — De même, la fabrication d'une fausse dispense du service militaire, moyennant une somme d'argent, pour soustraire un individu aux lois de la conscription, constitue le crime de faux, encore bien qu'il soit difficile de déchiffrer deux des signatures et que les noms des trois prétendus souscripteurs soient inconnus. — *Cass.*, 11 déc. 1806, Sonydebat; — Merlin, *Rép.*, vo *Faux*, sect. 1re, § 25, no 1er; Chauveau et Hélie, *Théorie du Code pén.*, t. 3, p. 369.

182. — Contrefaire des brefs du pape est commettre un faux. — *Cass.*, 26 av. 1810, Fiaschelli.

183. — Est également coupable du crime de faux celui qui, après avoir fabriqué ou fait fabriquer un billet faux, le remet à son débiteur au lieu du billet véritable, au moment du paiement, dans le dessein de s'en faire payer une seconde fois le montant. — *Cass.*, 18 nov. 1825, Pasquier.

184. — Il y a faux dans le fait de fabrication de fausses conventions insérées dans un acte, même avant l'apposition des signatures. — *Cass.*, 1er fév. 1838 (t. 1er 1838, p. 316), Buissard

185. — La falsification d'un acte de l'état civil constitue le crime de faux, encore bien que l'altération ait été commise sur une expédition fabriquée faussement dans son entier, et non délivrée par l'officier compétent. — *Cass.*, 25 juin 1812 (int. de la loi), Stakebrand.

186. — Nous avons dit que lorsque l'escroquerie avait eu lieu à l'aide d'écritures fausses ou de pièces fabriquées, elle constituait le crime de faux; c'est ce qui a été jugé par de nombreux arrêts. — *Cass.*, 6 nov. 1812, Vessel; 18 fév. 1813, Mariotte; 16 juill. 1818 (int. de la loi), Ravaglioli; 27 sept. 1816, Mathielle; 5 sept. 1834, Quevallier.

187. — Jugé encore que l'escroquerie commise en faisant usage de lettres fabriquées sous des noms supposés et sous des signatures fausses par un individu qui en connaissait la fausseté doit être punie comme constituant le crime de faux. — *Cass.*, 11 avr. 1828, Lacaze.

188. — ... Que celui qui, au moyen de lettres fausses par lui fabriquées au nom des correspondans des marchands auxquels elles sont adressées, se fait remettre des marchandises, commet un véritable crime de faux et non un simple délit d'escroquerie. — *Cass.*, 3 juill. 1807, Huguenet.

189. — De même, celui qui, pour se faire délivrer des marchandises sous la garantie supposée d'un tiers, fabrique au nom de ce tiers une lettre de crédit, commet un véritable crime de faux. — *Cass.*, 13 août 1807, Rouellé; 8 nov. 1810, N.... — V. aussi *Cass.*, 19 janv. 1832, Broguier.

190. — De même le fait de s'être procuré de l'argent et des marchandises, à l'aide de certificats signés de faux noms, constitue le crime de faux prévu par les art. 147 et 150, C. pén., et non un simple délit d'escroquerie. — *Cass.*, 24 avr. 1828, Mottet.

191. — Celui qui, pour se faire un titre de libération, insère une quittance de sa dette dans un blanc laissé au-dessus d'un simple récépissé de linge et de hardes, commet un véritable crime de faux et non pas une escroquerie. — *Cass.*, 25 juin 1807, Verpilleux.

192. — La fabrication d'un faux extrait du rôle des contributions foncières, revêtu de la fausse signature du maire d'une commune et l'usage fait sciemment de ce faux extrait, pour commettre une escroquerie, constituent le crime de faux. — *Cass.*, 31 déc. 1813, Olthmann.

193. — Est également coupable du crime de faux celui qui, pour favoriser des escroqueries, fabrique des bordereaux d'arpentage, des notes d'envoi de ces prétendus travaux, et de prétendus ordres de l'adjudant général géomètre. — *Cass.*, 2 mars 1809, Poussart.

194. — Est coupable du crime de faux celui qui escroque à un soldat une somme d'argent, en lui remettant une fausse permission de s'absenter qu'il a fabriquée sous le nom du colonel de son régiment. — *Cass.*, 12 janv. 1816, Cribaillé.

195. — Celui qui négocie des effets de commerce qu'il sait être faux pour les avoir lui-même fabriqués sous le nom de personnages qui n'existent point ou ne sont point connus se rend coupable de faux et non d'escroquerie. — *Cass.*, 27 mars 1806, Dupoil; 27 juin 1806, Defrène; — Legraverend, t. 1er, p. 592, note 7; Merlin, *Rép.*, vo *Faux*, sect. 1re, § 7.

196. — Il a été jugé que la surprise d'une signature vraie, sur un acte sous seing-privé autre que celui que le signataire entendait souscrire, constitue le crime de faux, lorsqu'il est constant que le prévenu a fait usage de cet acte, sachant qu'il était faux, méchamment et à dessein du crime. — *Cass.*, 18 mars 1808, Rey.

197. — ... Et que celui qui, sous le prétexte de faire signer par un autre un certificat de bonnes vie et mœurs, lui a fait souscrire un billet contenant obligation, se rend coupable d'un crime de faux et non du simple délit d'escroquerie. — *Cass.*, 18 nov. 1823, Pasquier.

198. — La difficulté, dans une pareille espèce, vient de ce que le fait criminel consiste bien plus dans la surprise d'une signature que dans la fabrication d'un écrit jusque-là sans valeur. On peut soutenir que cette fabrication n'est qu'un acte préparatoire qui ne réunit pas les caractères du faux; que la signature étant véritable, c'est le souscripteur lui-même qui a fabriqué une convention ou une obligation personnelle; qu'il lui était facile de se garantir du piége dans lequel il est tombé; que sous ce rapport sa position est analogue à celle de l'individu qui a confié un blanc-seing dont on a abusé, et que la loi ne lui doit pas la même protection que s'il s'agissait d'un crime auquel il n'aurait participé en rien; qu'enfin si le législateur eût entendu punir la surprise d'une signature par fraude il n'eût point manqué de s'en expliquer, comme il l'a fait dans l'art. 400, C. pén., où il prévoit la surprise d'une signature par force, violence ou contrainte. Nous pensons cependant qu'il y a crime de faux. La fabrication de l'écrit échapperait sans doute à l'application de la loi pénale, si l'auteur s'était borné à cet acte préparatoire; mais en se procurant par un moyen frauduleux la signature de la victime, il a fait compléter par elle la fabrication qu'il avait commencée d'une fausse obligation, et il a ainsi consommé le crime de faux. La circonstance que la victime a elle-même servi d'instrument au coupable n'atténue en rien la criminalité de l'action et ne saurait effacer les caractères du délit. L'individu qui abuse d'un blanc-seing dont il a acquis la possession par dol ou par fraude est considéré comme faussaire (V. *infrà* nos 207 s.). La culpabilité est la même, soit que l'engagement ait été écrit à l'avance, soit qu'il ne l'ait été qu'après coup. Le législateur n'avait pas besoin de s'en expliquer dans une disposition spéciale, dès que le crime rentrait dans la disposition générale de l'art. 147, C. pén. — Chauveau et Hélie, *Théorie du Code pén.* t. 3, p. 265.

199. — De même, fabriquer et faire signer une quittance à une personne qui croyait signer un acte contenant obligation à son profit, c'est commettre un crime de faux et non un simple abus de blanc-seing. — *Cass.*, 18 août 1814, Lemonnier; — Legraverend, t. 1er, chap. 17, p. 554; Carnot, *Cod. pén.*, t. 1er, p. 486, no 1er; Chauveau et Hélie, *Théorie du C. pén.*, t. 3, p. 414.

200. — Jugé de même à l'égard du fait de fabriquer et faire signer une transaction à une personne qui croyait signer un compromis. — *Cass.*, 26 août 1824, Mendouse.

201. — De même encore, le créancier qui, en faisant souscrire une obligation à son débiteur, substitue frauduleusement au billet qu'il lui a montré, et lui fait signer un billet d'une somme plus forte que celle pour laquelle il entendait s'obliger, commet un crime de faux et non un simple délit d'escroquerie. — *Cass.*, 30 juill. 1829 (réglement de juges), Piou.

202. — Jugé dans le même sens, à l'égard du fait d'avoir fabriqué, au nom d'une personne, un acte de vente et de le lui avoir fait signer comme étant un bail à loyer. — *Cass.*, 21 déc. 1827 (réglement de juges), Étienne Moulotte.

203. — ... Et encore, pour le fait de fabrication d'un acte de vente que l'accusé a fait signer par le plaignant en lui déclarant que cet acte était seulement la copie d'une convention relative à un partage. — *Cass.*, 13 avr. 1837 (t. 2 1837, p. 619), Coste.

204. — Le fait par un individu d'avoir surpris la signature d'une personne en lui faisant accroire qu'elle signait une pétition au ministre tandis qu'il lui faisait signer un acte de vente d'immeubles, constitue le crime de faux en écriture privée, et non le simple délit d'escroquerie. — *Cass.*, 13 fév. 1835, Nibart.

205. — C'est donc à tort qu'il a été décidé que celui qui donne à signer un acte de vente sous seing-privé, en persuadant au signataire que

l'acte qu'il va signer n'est qu'une pétition ou un écrit qui ne lui est pas désavantageux, n'est point réputé *faussaire*, mais seulement escroc. — *Cass.*, 11 déc. 1812, Gillet.

206. — Le fait par un mandataire d'avoir, après la révocation dûment signifiée de ses pouvoirs, rempli de son nom le blanc laissé dans la procuration à lui remise précédemment, et créé une obligation sous seing-privé antidatée au nom du mandant, constitue non seulement un simple délit d'abus de confiance, mais un véritable faux par fabrication de conventions. — *Cass.*, 26 fév. 1836, Bo'ché et Morache.

207. — Nous avons dit plus haut que l'abus d'un blanc-seing n'est soumis à des peines correctionnelles que dans le cas où le blanc-seing a été confié, comme tel, à celui qui en a abusé, et que, hors ce cas, l'abus de blanc-seing constitue le crime de faux. — *Cass.*, 22 oct. 1812, Lefebvre; 2 juill. 1829, Jérôme; — Chauveau et Hélie, *Théorie du Code pénal*, t. 3, p. 283; Legraverend, t. 1er, ch. 17, p. 594; Carnot, sur l'art. 408, C. pén., t. 2, p. 384, n° 7.—*Cass.*, 20 fév. 1840 (t. 2 1844, p. 394), Truffet.

208. — Ce principe a reçu plusieurs applications. — Ainsi jugé, qu'on doit réputer coupable de faux celui qui, abusant d'une pétition à lui confiée, remplit d'une obligation à son profit un espace resté en blanc entre la signature et le corps d'écriture, qu'il fait ensuite disparaître. — *Cass.*, 22 oct. 1812, Mathurin Lefebvre.

209. — ... Qu'il en est de même de celui qui fabrique un acte obligatoire au-dessus de l'adresse d'un individu qui la lui a remise, et qui consiste en ses nom et prénoms. — *Cass.*, 2 juill. 1829, Jérôme.

210. — ...Ou de celui qui, pour se faire un titre de libération, insère une quittance de sa dette dans un blanc laissé au dessus d'un simple récépissé de linges et hardes. — *Cass.*, 25 juin 1807, Verpilleux.

211. — Jugé également, avec raison, que celui qui, après s'être procuré un blanc-seing par dol, ruse ou artifice, écrit au-dessus un billet à ordre, doit être puni comme coupable du crime de faux, et non d'un simple délit d'abus de confiance. — *Grenoble*, 24 juin 1829, Bourguignon; — Chauveau et Hélie, *Théorie du Code pén.*, t. 3, p. 284.

212. — ... Et de même qu'il y a crime de faux si un blanc-seing est arrivé au pouvoir de celui qui y a transcrit de fausses conventions, par l'effet d'une violence ou d'une confiance nécessaire. — *Cass.*, 28 janv. 1809, Lefrançois; — Merlin, *Rép.*, v° *Faux*, sect. 1re, § 7, p. 521; Chauveau et Hélie, *Théorie du Code pén.*, t. 3, p. 284. — V. au surplus ABUS DE BLANC-SEING.

213. — L'accusé déclaré coupable d'avoir abusé d'un blanc-seing qui ne lui avait pas été confié par le signataire, est passible des peines du crime de faux, à moins que le jury n'ait déclaré en outre ou que ce blanc-seing lui avait été confié par un tiers de la part du signataire, ou qu'il ne l'a pas rempli contre l'intention de ce dernier. — *Cass.*, 4 fév. 1814, Félix Tétard.

214. — Mais celui qui écrit un acte de vente sur un blanc-seing à lui confié pour être précédé d'une procuration se rend coupable d'un simple abus de blanc-seing, et non d'un crime de faux.—*Cass.*, 28 janv. 1809, Lefrançois. — V. ABUS DE BLANC-SEING.

215. — Lorsque celui à qui un blanc-seing a été confié le remet frauduleusement à un tiers et l'aide dans la fabrication d'une fausse convention au dessus de ce blanc-seing, doit-il être puni comme complice du crime de faux commis par ce dernier, et non comme s'il eût lui-même frauduleusement rempli le blanc-seing? — V. à cet égard ABUS DE BLANC-SEING, n° 13.)

216. — L'abus d'un blanc-seing par tout autre que celui qui en a été constitué le dépositaire, constituant un faux, ne peut être prouvé que par la voie de l'inscription de faux. — *Orléans*, 7 août 1845 (t. 2 1845, p. 344), comm. de Cléry c. Delaunay.

217. — La fabrication de convention peut être faite aussi par supposition de personne, ce qui a lieu lorsque la présence ou la comparution d'une personne est supposée sciemment dans un acte, bien qu'elle n'y ait réellement pas comparu.

218. — Bien que la loi ne parle de la supposition de personnes que dans l'art. 145, relatif aux faux commis par les fonctionnaires ou officiers publics dans l'exercice de leurs fonctions, cependant la jurisprudence a reconnu que le crime de faux par supposition de personnes peut être commis par un simple particulier comme par un officier public. La peine applicable en ce cas est celle de l'art. 147, C. pén. — *Cass.*, 20 fév. 1817, Lamarche; —Chauveau, et Hélie, t. 3, p. 374.

219. — « On doit, disent MM. Chauveau et Hélie (*loc. cit.*), comprendre, sous la dénomination de faux par fabrication de conventions, le faux commis par les parties lors de la rédaction d'un acte au préjudice d'un tiers qui est faussement supposé présent, dans le but de créer des engagemens à la charge de ce tiers. »

220. — Ainsi, le fait de s'être frauduleusement présenté devant un sous-intendant militaire sous un faux nom et d'avoir souscrit sous ce nom un acte de remplacement constitue le crime prévu par l'art. 147. — *Cass.*, 14 sept 1821, Noyon.

221. — Jugé encore que le fait par un individu de se faire admettre par un conseil de révision comme remplaçant militaire sous un autre nom que le sien constitue le crime de faux en écriture authentique et publique. — *Cass.*, 17 juin 1841 (t. 2, 1843, p. 468), Régnault et Perrée.

222. — ...Et que doivent être punis, comme s'étant rendus sciemment complices de ce faux, ceux qui ont aidé ou assisté son auteur avec connaissance dans les faits qui ont préparé, facilité ou consommé ce crime. — Même arrêt.

223. — Il en est de même du fait d'avoir fabriqué une quittance au nom d'une personne supposée sur les registres de la poste aux lettres.—*Cass.*, 17 juill. 1829, Huin.

224. — Est-il nécessaire, pour l'existence du faux par supposition de personnes, que la personne ait fait quelques écritures et qu'elle ait au moins signé l'acte auquel elle a concouru?

225. — Sous la loi du 25 sept. 1791, on jugeait que le remplaçant qui prenait un faux nom dans l'acte notarié dressé pour le remplacement commettait le crime de faux, encore bien qu'il ne signât pas l'acte. — *Cass.*, 18 vent. an XII, Cerby.

226. — Jugé, au contraire, que celui qui, pour se faire admettre à remplacer un conscrit au service militaire, prenait un faux nom et faisait usage d'un acte de naissance vrai en soi, mais qui ne lui était pas applicable, ne commettait point le crime de faux s'il n'avait fait usage de ce faux nom par écrit et avec signature ou mention équipollente. — *Cass.*, 29 mess. an XIII, Degallez.

227. — Jugé de même que celui qui, en prenant faussement le nom d'un conscrit, s'était substitué à lui dans le service militaire, ne pouvait être poursuivi comme coupable de crime de faux s'il n'avait point pris ce faux nom par écrit, s'il n'avait été interpellé de signer aucun acte public dans lequel on le lui eût donné sur sa déclaration, et si, enfin, il n'avait fait usage d'aucune pièce fausse à l'appui de sa déclaration. — *Cass.*, 27 juill. 1809, Verdon.

228. — Depuis, il a été reconnu que le faux se trouve constitué par la seule fabrication de l'acte à l'aide de la supposition de personnes. — Ainsi jugé que celui qui se présente sous le nom d'un autre devant le conseil de révision, et fait valoir des motifs de réforme à lui personnels dans l'intérêt de l'individu dont il prend le nom, commet un faux par supposition de personne, quand même il ne ferait aucune écriture : il suffit qu'un acte ait été dressé.—*Cass.*, 7 mars 1835, Marion et Vallat; *Nîmes*, 11 juin 1835, mêmes parties; *Cass.*, 17 juill. 1835, mêmes parties; —Chauveau et Hélie, p. 375.

229. — Jugé aussi, par les arrêts précités du 7 mars et 11 juin 1835, que si la fraude est découverte avant que le conseil de révision ait dressé aucun acte, elle conserve le même caractère de criminalité, et doit être considérée comme une tentative de faux.

230. — Jugé encore que le faux par supposition de personne peut être commis sans que la personne supposée ait fait aucune écriture. Il suffit pour le constituer que cette supposition ait motivé la rédaction d'un acte qui a eu pour objet de constater soit la présence de la personne supposée, soit des clauses, des déclarations ou des faits faux. — Dès-lors, le fait de s'être présenté sous le nom d'un conscrit, devant le conseil de recrutement, et de l'avoir fait réformer par cette substitution frauduleuse d'un individu à un autre, constitue le crime de faux par supposition de personne, encore bien que dans l'acte dressé à cet effet la personne supposée n'ait fait aucune écriture. — Merlin, *Quest.*, v° *Faux*, § 2, n° 2-3°.

231. — Ainsi, celui qui s'est présenté sous le nom d'un autre devant un conseil de révision pour le faire réformer est coupable du crime de faux par supposition de personne, quoiqu'il n'ait pas signé l'acte, et que cet acte ne contienne aucune mention qu'il ne savait ou ne pouvait signer. —*Cass.*, 14 avr. 1827 (int. de la loi), Maistre; 2 sept. 1831, Laduranlie; 12 avr. 1833, Soubeyran; 23 mai 1833, Laporte-Baure.—V. cependant *Cass.*, 21 juill. 1809, Boulet.

232. — Jugé encore que celui qui se présente sous un faux nom pour se faire admettre pour remplacer un conscrit, et qui signe de ce faux nom une quittance et un contrat de remplacement passé à la préfecture, commet le crime de faux et non pas une simple escroquerie. — *Cass.*, 27 mars 1812, Vanderlicht; 3 avr. 1812, Vermeeren; 24 avr. 1812, Bonchellim; 1er mai 1812, Vanderhaven; 7 août 1812, Smit; — Legraverend, t. 1er, ch. 17, p. 591; Carnot, *C. pén.*, t. 1er, p. 464, n° 17.

233. — ... Qu'on doit réputer coupable du crime de faux celui qui signe sous un nom qui ne lui appartient pas un contrat notarié pour le remplacement d'un conscrit, et qui signe également sous ce faux nom un billet relatif au même remplacement.—*Cass.*, 6 nov. 1812, Vessel Smaale.

234. — ... Que le fait d'avoir, par acte passé devant le sous-préfet, contracté, sous un faux nom, l'engagement de remplacer un conscrit dans le service militaire, constitue une complicité du crime de faux, par supposition de personne. — *Cass.*, 23 avr. 1813, Vardieri.

235. — ... Que lorsque la substitution frauduleuse mentionnée dans l'art. 43, L. 21 mars 1832, sur le recrutement, a été appuyée de pièces fausses, les dispositions du droit commun sur le faux sont seules applicables, et non celles de la loi de 1832. — *Cass.*, 22 janv. 1833, Dumont.

236. — ... Que l'inculpation contre un individu de s'être fait admettre par le jury de révision comme remplaçant militaire d'un conscrit, en contractant l'acte de remplacement sous un nom autre que le sien propre, et en produisant à cet effet l'acte de naissance, les certificats d'exemption et de bonnes vie et mœurs du remplaçant supposé, et le consentement donné à ce dernier par la mère pour contracter le remplacement, constitue, non la prévention du délit prévu et puni par l'art. 43, L. 21 mars 1832, sur le recrutement de l'armée, mais celle du crime de faux en écriture publique par substitution de personne. — *Cass.*, 13 oct. 1836 (t. 1er 1837, p. 566), Heurault.

237. — Jugé encore que l'individu qui se fait admettre comme remplaçant en prenant un nom qui n'est pas le sien, et en présentant des papiers appartenant à l'individu sous le nom duquel il remplace, commet le crime de faux déterminé par l'art. 147, C. pén., et non le délit prévu par l'art. 43, L. 21 mars 1832. — *Paris*, 20 fév. 1838 (t. 1er 1838, p. 246), Humbert.

238. — ... Et que celui qui se présente sous le nom de son frère devant un conseil de révision, et fait valoir des infirmités pour le faire exempter du service militaire, se rend coupable du crime de faux par supposition de personne, et non pas seulement du délit prévu par l'art. 43, L. 21 mars 1832. — *Cass.*, 16 fév. 1837 (t. 1er 1838, p. 81), Bec.

239. — ... Et que celui qui, à l'aide de marchés à prix d'argent, a substitué un conscrit à un autre, est coupable du crime de faux, si le conscrit remplaçant a pris par écrit le nom du conscrit remplacé; mais que si le faux nom n'a pas été pris par écrit, il y a escroquerie lorsqu'il est constant que la fraude ne pouvait dispenser aucun des deux conscrits de rejoindre les armées, ainsi que le prévenu le leur avait fait accroire. — *Cass.*, 4 sept. 1813, Gvertz.

240. — V. au surplus, sur la substitution de personnes en matière de recrutement, v° RECRUTEMENT.

241. — Mais il a été jugé que l'individu qui, pour se procurer une existence honnête, contracte devant le maire de sa commune un enrôlement militaire, sous un faux nom, ne commet point le crime de faux. — *Metz*, 25 juin 1819, Kramer.

242. — Celui qui a usurpé pour lui et ses enfans les actes, les droits et l'état d'une autre personne, en se substituant à elle, à la face de l'officier de l'état civil, dans un acte de mariage, est coupable du crime de faux par supposition de nom et de personne. — *Cass.*, 21 avr. 1814, Fradet.

243. — Ceux qui, en se présentant sous de faux noms devant un notaire, lui font stipuler, à la charge des personnes dont ils prennent les noms, des conventions, obligations ou quittances, se rendent coupables du crime de faux, malgré l'innocence du notaire. — *Cass.*, 18 janv. 1828, Chateau.

244. — Pour constituer le faux par supposition de personne, il suffit que cette supposition ait motivé la rédaction d'un acte ayant pour objet de constater soit la présence de la personne supposée, soit des clauses, déclarations ou faits faux. — *Cass.*, 18 févr. 1830, Couteau.

245. — En conséquence, celui qui comparaît sous un nom supposé, devant un fonctionnaire public capable de donner à sa déclaration le caractère d'authenticité, commet un véritable faux, encore bien qu'il ne signe point l'acte et qu'il déclare ne savoir signer. — *Cass.*, 8 août 1806, Chai-

lard; 14 avr. 1827, Maistre;—Merlin, *Rép.*, v° *Faux*, § 6, n° 1er; Carnot, sur l'art. 145, C. pén., t. 1er, p. 464, n° 17.

246.—Engager quelqu'un à se présenter devant un officier public sous le nom d'une autre personne, c'est se rendre complice du faux, si la provocation est de nature à constituer la complicité. —*Cass.*, 13 juin 1812, N...

247. — Est coupable de complicité celui qui assiste le faussaire avec connaissance dans le faux, en signant l'acte comme témoin instrumentaire. — *Cass.*, 6 nov. 1812, Vessel Smaale.

248. — Mais il est indispensable que la supposition ait donné lieu à de fausses écritures, car autrement le crime de faux n'existerait pas.—Chauveau et Hélie, *loc. cit.*

249. — Ainsi jugé que le départ comme soldat pour un régiment par un frère aîné au lieu et place de son frère cadet portant les mêmes prénoms, ne constitue point de faux en écriture publique et authentique, lorsque cette substitution n'a donné lieu à aucun changement, à aucune rectification sur les contrôles, ni sur aucun autre acte public et authentique. — *Cass.*, 17 déc. 1831, Jayat; — Hélie et Chauveau, *Théor. du Code pén.*, t. 3, p. 375.

250. — Jugé encore qu'on ne peut poursuivre comme coupable de faux celui qui n'a pris que verbalement le nom exprimé dans un passeport et dans un acte de naissance dont il était porteur, et qui ne lui appartenaient pas, mais qui ne présentent par eux-mêmes aucun caractère de faux. —*Cass.*, 16 germ. an XII, Signoret; 14 germ. an XIII, Foret; — Carnot, *Comment. du Code instr. crim.*, observ. prélim. sur le faux, t. 3, 269, n° 30.

251. — ... Ni celui qui s'est fait immatriculer sur les registres d'un régiment, sous un faux nom, mais sans prendre ce faux nom par écrit. — *Cass.*, 18 mai 1810, Descombes; — Chauveau et Hélie, *Théorie du C. pén.*, t. 3, p. 375.

252. — Cet arrêt est fondé sur ce que les registres matricules étant des *écritures privées*, la déclaration verbale, qui s'y trouve consignée, ne peut constituer le crime de faux. En effet, l'acte sous seing-privé ne pouvant avoir aucune force obligatoire contre la personne qui ne l'a pas signée, ne peut devenir l'objet d'un faux en l'absence de cette signature.

253. — On a jugé également que lorsque, par une erreur involontaire, deux jeunes conscrits, portant le même nom, ont tiré leurs numéros l'un pour l'autre, et que, par suite, l'un des deux se trouve exempté par le numéro qu'a tiré son homonyme, on ne peut voir un fait punissable dans le silence gardé par eux sur cette erreur, non plus que dans les moyens, tels que dons, promesses, etc., à l'aide desquels ce silence aurait été obtenu. —*Cass.*, 28 août 1835, Pichat. — V. aussi RECRUTEMENT.

254. — Substituer, antérieurement à la saisie, aux numéros qui se trouvent sur des caisses de sucre candi, des numéros repris dans une facture ancienne, dans l'intention de rendre cette facture applicable auxdites caisses, pour en faciliter la réclamation en cas de saisie, ne constitue pas le crime de faux. — *Cass.*, 5 oct. 1809, N...

255.— La fabrication d'une convention par supposition de personne se manifeste par des actes qui en rendent la simple tentative punissable. — Ainsi jugé, que celui qui comparaît devant un notaire et fait souscrire à son profit une donation par un individu stipulant faussement sous le nom d'un tiers, commet une tentative de faux, encore bien que l'acte soit resté inaccompli à défaut de la signature du notaire. — *Cass.*, 9 juill. 1807, Pierre Corte;—Chauveau et Hélie, *Théorie du C. pén.*, t. 2, p. 47, et t. 3, p. 373. — V. cependant *Cass.*, 8 août 1811, N...

256. — Il a été jugé que l'action de se présenter sous le nom d'un tiers au gardien d'une prison pour subir une peine aux lieu et place de ce tiers, et de signer sous son nom l'acte d'écrou, constitue le crime de faux par supposition de personne, indépendamment de toute connivence entre le faussaire et le gardien. — *Cass.*, 10 fév. 1827, Georges, Rerat; 17 fév. 1838 (t. 2 1838, p. 509), Dumoulin. — V. *contrà Paris*, 30 janv. 1830, Pastillet.

257. —Loin de contredire la doctrine de la cour de Cassation, MM. Chauveau et Hélie (*Th. du C. pén.*, t. 3, p. 389) reconnaissent que l'acte d'écrou est un acte public, que la substitution de personne qui s'y est glissée constitue une altération matérielle des faits que cet acte avait pour objet de constater et cause un préjudice moral à la société. Cependant il leur semble difficile de l'admettre sans aucune restriction : « Cette substitution, disent-ils, manifeste l'intention d'éluder le vœu de la loi; mais toute fraude n'est pas constitutive d'une intention criminelle. Une distance souvent profonde sépare la simulation même frauduleuse d'un fait et le crime de faux. » Enfin il leur paraît évident que l'agent n'a point l'intention de nuire; il peut même, ajoutent-ils, être parfois animé d'une pensée généreuse; mais la question change de face, selon eux, si la supposition de personne a été faite à prix d'argent, parceque ce marché imprime à la fraude une tache d'immoralité qui se reflète sur l'intention.

258. — Ces réflexions ne sont point de nature à infirmer la doctrine de la cour de Cassation. Nous ne prétendons pas que la supposition de personnes dont il s'agit renferme en elle-même l'intention criminelle; mais nous pensons qu'elle réunit tous les caractères propres à comporter cette intention, et nous en trouvons une preuve dans l'exemple même cité par MM. Hélie et Chauveau d'un marché à prix d'argent. Eh bien! il n'en faut pas davantage pour faire admettre la doctrine de la cour de Cassation, sans aucune restriction. L'intention criminelle ne présente plus alors qu'une question de fait qui sera diversement résolue par le jury, suivant les espèces: il suffit, en théorie, qu'elle ne soit pas exclue par les autres élémens du délit.

259. — Il a été jugé que l'altération d'un acte dans la transcription qui en est faite en tête d'un exploit d'huissier, portant notification et commandement, ne constitue pas le crime de faux, « attendu que l'art. 147 suppose l'altération d'un acte qui pouvait être la base d'une action ou d'un droit, » ce qui ne se rencontre pas dans l'espèce. — *Cass.*, 2 sept. 1813, Brunet; — Chauveau et Hélie, *loc. cit.*; Legraverend, t. 1er, p. 589; Carnot, sur l'art. 145, C. pén.; Bourguignon, *Jurisp. C. crim.*, t. 3, p. 156.

260. — ... Et que l'énonciation mensongèrement faite dans des actes de procédure et dans un jugement, que le titre servant de base aux poursuites a été enregistré, ne constitue pas le crime de faux. — *Cass.*, 2 avr. 1807, Lapierre.

Sect. 2e. — *Intention frauduleuse.*

261. La deuxième condition requise pour constituer le crime de faux est l'intention frauduleuse.

262. — Cette règle était posée en termes précis par la loi romaine : *Non nisi dolo malo falsum.* — L. 15, Cod., *ad leg. corn.*, *De falsis.*

263. — Elle est également reproduite par les législations étrangères. — Code prussien, art. 1384; Codes de New-York et de la Louisiane.

264. — Le Code pénal de 1791 (part. 2e, tit. 2, sect. 2e, art. 41) ne punissait que le faux commis *méchamment et à dessein de nuire.*

265. — Divers arrêts rendus sous l'empire de cette loi ont appliqué ce principe. — *Cass.*, 29 déc. 1792, Legay; 14 therm. an XII, Simond; 13 therm. an XIII, Fabre; 13 vent. an XIII, Auvillion; 4 sept. 1807, Duval; 16 mai (et non mars) 1806, Huel.

266.—Et il a été jugé sous la même loi, par diverses décisions qui trouveraient leur application sous la loi actuelle, que le fait d'avoir, sans intention de nuire, apposé de fausses signatures au bas d'une pétition, ne constitue pas le crime de faux. — *Cass.*, 16 mai 1807, Huel; — Carnot, *Code inst. crim.*, t. 3, p. 264, n° 17; Legraverend, t. 1er, chap. 17, § 3, p. 593; Chauveau et Hélie, *Théorie du C. pén.*, t. 3, p. 292; Merlin, *Rép.*, v° *Faux*, sect. 1re, § 15, n° 2.

267.—...Que l'inscription tardive et à une fausse date de la naissance d'un enfant sur les registres de l'état civil, ne constitue pas un crime de faux si elle a été faite sans intention de nuire. — *Cass.*, 3 messid. an XII, Pierdon.

268. — ... Que le médecin qui signe une consultation du nom d'un autre médecin son associé ne doit pas être poursuivi comme coupable de faux, si la consultation est avouée par ce dernier et si le malade accordait à l'un et à l'autre la même confiance. On ne peut voir dans le fait de cette signature aucun dessein de nuire, circonstance indispensable pour constituer le crime de faux.—*Cass.*, 15 flor. an XII, Romain c. Luzandy; — Carnot, *Comment. du Code d'inst. criminel*, t. 3, p. 264, n° 17; Chauveau et Hélie, *Théorie du C. pén.*, t. 3, p. 293.

269. — Jugé encore que sous le Code du 3 brum. an IV et la loi des 25 sept. et 6 oct. 1791, le notaire convaincu de faux dans l'acte de suscription d'un testament mystique était excusable lorsque, appelé inopinément pour recevoir les dispositions du testateur qu'il ne connaissait en aucune manière, il avait agi sans préméditation, sans aucun intérêt personnel et par pure ignorance, et que, sous les mêmes lois, le notaire convaincu de faux dans l'acte de suscription d'un testament mystique était pareillement excusable lorsqu'il n'était pas constant que l'écrit trouvé dans le paquet fût contraire aux volontés du testateur, et lorsque cet écrit paraissait plutôt y être conforme. — *Paris*, 11 août 1810, Bourget et Herbelin.

270. — Jugé encore qu'on ne pouvait poursuivre comme coupable du crime de faux un ancien notaire et un notaire en exercice, l'un pour avoir reçu et rédigé des actes, l'autre pour les avoir signés comme s'il les eût reçus lui-même. — *Cass.*, 7 nov. 1806, Morelli et Saretti; — Merlin, *Rép.*, v° *Faux*, sect. 1re, § 27.

271. — Mais celui qui, dans le dessein de nuire à autrui, remplissait en faveur d'un tiers et antidatait des endossemens restés en blanc, sur des effets de commerce qu'il s'était procurés, commettait le crime de faux. — *Cass.*, 6 avr. 1809, Devolder.

272.—Jugé que sous le C. du 3 brum. an IV, lorsqu'il résultait de l'acte d'accusation que l'accusé avait fabriqué une lettre sous un nom supposé, dans le dessein de faire passer ceux à qui elle était adressée pour des conspirateurs et de les exposer à des peines capitales, il ne suffisait pas de poser au jury des questions sur le faux, et qu'il devenait indispensable de lui proposer celles qui dérivaient de l'intention de l'accusé. — *Cass.*, 19 messid. an VIII, Petermann.

273. — Sous le Code pénal de 1810, on a également jugé que l'existence d'un faux matériel ne suffit pas pour constituer le crime de faux, lorsqu'il n'est pas accompagné de dol et d'intention de nuire. — *Cass.*, 24 juill. 1812, Gaggi; — Carnot, *C. instr. crim.*, t. 3, p. 259, n° 2.

274. — Jugé aussi que l'accusé déclaré coupable d'avoir falsifié un passavant délivré dans un bureau de douane, n'est pas passible des peines du crime de faux, s'il a été formellement reconnu et exprimé par le jury que ce faux n'a pas eu pour objet de soustraire aux droits les marchandises comprises dans le passavant.—*Cass.*, 25 nov. 1819, Paul Rey; — Chauveau et Hélie, *Théorie du C. pén.*, t. 3, p. 293 et 381; Legraverend, t. 1er, chap. 17, p. 585.

275. — ... Et qu'il ne peut y avoir lieu à la procédure en faux contre un procès-verbal des préposés au droit de passe, que dans le cas où les fausses énonciations reprochées au rédacteur seraient criminelles et auraient eu pour objet d'établir une contravention qui n'aurait pas existé. — *Cass.*, 20 fév. 1806, Aubry.

276. — « En effet, disent MM. Chauveau et Hélie (t. 3, p. 204), si la fausse énonciation n'a pas pour but de fabriquer des circonstances à la charge du contrevenant, elle ne peut nuire d'aucune façon et ne peut, dès-lors, devenir un élément de crime. »

277.— Il y a intention criminelle lorsque, pour dissimuler la trace d'un vol ou d'un empoisonnement, l'auteur de ces crimes a pris un faux nom. — *Cass.*, 10 sept. 1812, Ange Alavi; 5 mars 1819, Monneret; 26 juill. 1832, Dumon; — Legraverend, t. 1er, chap. 17, § 3, p. 592; Carnot, *C. pén.*, t. 1er, p. 479, n° 12; Chauveau et Hélie, t. 3, p. 411.

278. — Dans l'espèce de ces deux derniers arrêts, le faux avait été commis soit en donnant un faux nom à un pharmacien, soit en fabriquant une fausse permission d'un médecin pour se faire remettre de l'arsenic. Mais MM. Chauveau et Hélie pensent avec raison que si l'arsenic eût été destiné à un usage utile, l'altération de la vérité ne pourrait pas être incriminée, car elle ne serait accompagnée ni de l'intention de nuire ni de la possibilité d'un préjudice.

279. — Il a été jugé que la déclaration que l'accusé est coupable du crime de faux pour avoir fabriqué un acte faux suppose nécessairement des intentions criminelles dans cette fabrication et peut servir de base à une condamnation. — *Cass.*, 16 juill. 1818, Dufour.

280. — Carnot (*C. inst. crim.*, t. 2, p. 639, n° 3) dit que cette proposition n'est pas rigoureusement vraie, en ce que les jurés auraient pu attacher le caractère de crime au fait matériel du faux, sans avoir cru se livrer à l'examen de sa moralité. — Cela est impossible, à moins qu'on ne suppose de la part des jurés l'ignorance la plus complète de la langue française. D'ailleurs, la loi n'exige pas qu'il leur soit posé une question particulière sur la moralité du fait, et prescrit seulement de leur demander si l'accusé est coupable. L'intention criminelle est donc doublement exprimée par la déclaration que l'accusé est *coupable d'un crime.*

281. — L'intention de nuire est indépendante du profit personnel que peut en retirer son auteur. — La question n'était réellement point susceptible de difficulté sous la loi des 25 sept.-6 oct. 1791, part. 2e, tit. 2, sect. 2e, art. 41, qui disposait en ces termes : « Quiconque aura *méchamment et*

FAUX, ch. 2, sect. 2e.
FAUX, ch. 2, sect. 2e.

» *à dessein de nuire à autrui* commis le crime de » faux, etc. » Aussi a-t-il été jugé qu'il n'était pas nécessaire, pour constituer le crime de faux, que l'inculpé eût agi dans l'intention d'en profiter personnellement; qu'il suffit que ce faux ait été commis dans l'intention de nuire à autrui. — *Cass.*, 6 avr. 1809, Devolder.

282. — Quoique le Code pénal n'ait pas reproduit les expressions de la loi de 1791, il a été rédigé dans le même esprit, et il n'exige point que le faussaire ait été guidé par l'espoir d'un profit personnel. — Chauveau et Hélie, *Théorie du C. pén.*, t. 3, p. 298; Merlin, *Rép.*, vº *Faux*, sect. 1re, § 30; Carnot, *Code inst. crim.*, t. 3, p. 259, nº 2.

283. — Ainsi, ajoutent MM. Chauveau et Hélie (*loc. cit.*), lorsque la falsification a été commise pour servir un tiers, même étranger au crime, lorsque son seul but a même été une vaine pensée de méchanceté dénuée de tout intérêt apparent, le crime n'en subsiste pas moins dès que l'altération est constatée, que l'intention de nuire l'a dictée et que le préjudice est possible.

284. — Jugé que la déclaration du jury portant qu'un individu est *coupable* d'avoir commis le crime de faux en écriture de commerce exprime suffisamment qu'il a agi dans des intentions criminelles. — *Cass.*, 10 août 1815, Perthon.

285. — Lorsque le jury a déclaré l'accusé coupable de la fabrication d'une pièce fausse, mais *sans intention de nuire*, sa réponse n'est ni contradictoire ni incohérente, et entraîne l'absolution de l'accusé. — *Cour d'ass.* de la Seine, 10 mars 1830, Fabien.

286. — L'intention de nuire est nécessaire même lorsqu'il s'agit d'altérations commises par des officiers publics dans l'exercice de leurs fonctions. Ce principe a été posé par divers arrêts de la Cour de Cassation. — *Cass.*, 24 prair. an XIII, Mazac; 29 déc. 1808, Ferry; 18 fév. 1813, Delamotte; 4 mars 1825, D...

287. — Mais il ne sera pas toujours facile, comme le font remarquer MM. Chauveau et Hélie (p. 299), de caractériser l'espèce de fraude qui peut constituer cette intention de la part du fonctionnaire et de préciser les divers éléments par lesquels elle se révèle. La plupart du temps ce sera une question de fait dont l'appréciation appartient au jury.

288. — Quelques arrêts attestent à cet égard une grande rigueur, et semblent même méconnaître le principe posé plus haut. Ainsi jugé que le faux commis volontairement par un fonctionnaire dans un acte public et dans l'exercice de ses fonctions, suffit pour constituer ce fonctionnaire en prévention de délit, sans qu'il soit nécessaire de rechercher s'il a agi méchamment et à dessein de nuire. — *Cass.*. 22 janv. 1807, Lanternier.

289. — Mais en rapportant cet arrêt, nous avons dit que par le *considérant* que cette proposition reproduit, la Cour de Cassation n'a pas entendu décider que la preuve de l'intention criminelle fût inutile à rechercher pour la condamnation; elle a voulu seulement voir dans les faits une prévention suffisante pour servir de base à l'arrêt de compétence. C'est ce qui résulte de l'exposé inséré au *Bulletin criminel*, et reproduit dans notre recueil comme étant l'œuvre du rapporteur. « Il faudrait encore juger de même, dit Carnot (sur l'art. 145, C. pén., t. 1er, p. 466, nº 19), *s'il y avait preuve* que l'inculpé eût agi méchamment et à dessein de nuire à autrui. »

290. — Jugé que des antidates et des déclarations mensongères reconnues dans les actes d'un officier public constituent le véritable crime de faux, sans qu'il soit besoin d'examiner l'intention dans laquelle il a été commis, par la raison que la présomption de volonté du crime est essentiellement liée à un faux de cette espèce. En conséquence, une cour spéciale ne pouvait refuser de se déclarer compétente en pareil cas. — *Cass.*, 20 nov. 1807, Teissier. — Mais il faut remarquer qu'il ne s'agissait que d'un arrêt de compétence.

291. — Jugé aussi que la fausseté d'une déclaration insérée *sciemment* par un fonctionnaire public dans un acte de son ministère est une prévarication et un abus de ses fonctions qui exclut la possibilité de toute intention légitime et renferme intrinsèquement une intention criminelle. — *Cass.*, 21 juin 1810, Gibory.

292. — Jugé encore par un arrêt que nous avons critiqué en le rapportant comme posant un principe inexact, que tout faux introduit dans la rédaction des actes authentiques et publics est criminel et punissable, indépendamment de la nature des faits auxquels le faussaire veut le rattacher et qu'il aurait eu en vue. — *Cass.*, 5 nov. 1826, Lair.

293. — ... Et que la poursuite en faux peut être fondée sur ce qu'une partie contractante n'a pu se transporter et ne s'est point, en effet, transportée au lieu où l'acte notarié est censé avoir été passé, quoiqu'il ne soit allégué aucune autre circonstance de fait. — *Douai*, 23 décembre 1812, Decourbe et Briot c. Hobacq.

294. — Mais, par d'autres arrêts, la cour de Cassation a jugé que le notaire qui substitue une fausse date à la date véritable d'un contrat de vente par lui reçu ne commet point le crime de faux, s'il n'agit pas méchamment et à dessein de nuire. Et que spécialement il n'y a pas crime si la substitution de date a été faite à raison de ce que le notaire n'avait pas d'argent pour payer les droits d'enregistrement dans le délai prescrit par la loi et de ce que l'acquéreur ne lui en avait pas fourni pour y subvenir. — *Cass.*, 24 prairial an XIII, Mazac.

295. — ... Que le notaire qui a mensongèrement certifié dans un inventaire s'être transporté sur les lieux, en présence des témoins, avoir reçu le serment de l'expert estimateur et avoir dressé le procès-verbal, tandis qu'il s'est fait remplacer par son clerc, ne peut pas être condamné comme coupable de faux, s'il n'a pas agi frauduleusement... Et qu'il en est de même du notaire qui s'est fait remplacer sans fraude par son clerc dans la réception d'un contrat de vente, quoique l'acte constate qu'il l'a reçu en personne. — *Cass.*, 18 févr. 1813, Delamotte; — Chauveau et Hélie, *Théorie du Code pénal*, t. 3, p. 300; Rolland de Villargues, *Rép. du not.*, vº *Faux*, nº 47.

296. — ... Que les fausses énonciations consignées par un notaire dans un acte de son ministère ne constituent point le crime de faux, si elles ont été faites sans intention soit de nuire à l'intérêt des parties, soit de commettre une fraude, et si, dans le fait, elles n'ont nui ni pu nuire à aucun intérêt privé, ni blessé l'ordre public. — *Cass.*, 4 mars 1825, D... — Chauveau et Hélie, *Théorie du Code pénal*, t. 3, p. 300.

297. — Jugé encore que les fausses énonciations consignées par un notaire dans un acte de son ministère, ne constituent pas le crime de faux, si elles ont été faites sans intention frauduleuse. — *Poitiers*, 26 août 1819, Benassy.

298. — ... Que le notaire qui constate faussement la présence d'une partie à un acte de son ministère, ne peut pas être condamné comme coupable de faux, s'il est constant que l'acte a été réellement signé par cette partie et que le notaire a agi sans intention frauduleuse. — *Metz*, 27 nov. 1818, J... M...

299. — ... Que le notaire qui énonce faussement, dans une procuration par lui reçue, qu'il en a été donné lecture au comparant, et que celui-ci a déclaré ne pas savoir signer, ou qu'il reçoit une procuration hors la présence et à l'insu du mandant, ne peut pas être poursuivi comme coupable de faux s'il a agi sans intention de fraude. — *Poitiers*, 5 oct. 1834; P...

300. — ... Que le notaire qui énonce, contrairement à la vérité, la présence du notaire en second, ou des témoins instrumentaires, à la rédaction d'un acte qu'il reçoit, ne se rend point coupable du crime de faux s'il agit sans intention de nuire et de frauder. — *Bordeaux*, 13 déc. 1834, B...; *Cass.*, 14 juill. 1835, Cordon Pelleren; — Duranton, t. 13. p. 29, nº 29, et Toullier, t. 8, p. 133, nº 78.

301. — Mais il a été jugé que l'art. 145 du Code pénal n'exige pas que la question posée au jury renferme explicitement celle de savoir si l'accusé du crime de faux, de la nature de ceux spécifiés dans ledit article, a agi sciemment et frauduleusement; que la question intentionnelle se trouve actuellement et implicitement comprise dans celle de savoir si l'accusé est coupable d'avoir commis un faux par supposition de personne dans l'exercice de ses fonctions de notaire, et cela dans une procuration par lui retenue en cette qualité; que par suite, la réponse affirmative du jury à une question ainsi posée est complète et résout tout à la fois la matérialité du fait et l'intention criminelle. — *Cass.*, 13 oct. 1842 (t. 1er 1843, p. 169), Couret.

302. — Jugé aussi que le fait de la part d'un notaire d'avoir consigné dans les actes de son ministère des conventions autres que celles des parties, ou d'avoir, en apposant sa signature à ces actes, certifié comme véritables des faits dont il connaissait la fausseté, renferme intrinsèquement une intention criminelle et constitue le crime de faux. — *Bruxelles*, 24 janv. 1821, Frédéric M...

303. — L'expédition partielle d'un acte peut être restreinte à la partie qui intéresse la personne à laquelle elle est délivrée sans qu'il en résulte, soit contre cette personne, soit contre l'expéditionnaire, une suspicion d'infidélité ou de mauvaise foi. — Dès-lors, si le juge devant lequel il en est fait usage, allant plus loin que le plaideur qui le produit, en tire des conséquences démenties par la partie non expédiée de l'acte, le plaideur n'encourt pas pour cela les peines du faux. — *Cass.* 18 prair. an XIII, Vauban.

304. — Une question assez grave est celle de savoir si le notaire qui mentionne comme passé dans son étude un acte qui, en réalité, a été reçu et signé dans un autre lieu, se rend coupable de faux. A cet égard, la jurisprudence semble avoir posé une distinction.

305. — Ainsi d'une part il a été jugé que le notaire qui rédige comme reçu dans son étude un acte qui l'a été au domicile de la partie *où il avait d'ailleurs le droit d'instrumenter*, ne se rend pas coupable de faux, s'il a agi sans intention criminelle. — *Cass.*, 29 déc. 1808, Ferry.

306. — ... Que le crime de faux ne pouvant exister là où il ne se rencontre aucune idée ni tentative de nuire à autrui, le notaire qui, avant de signer un acte reçu par son clerc, hors sa présence, et censé passé dans son étude quoique passé dans un cabaret, va s'assurer auprès de la partie contractante qu'elle persiste dans ses dispositions, ne commet point le crime de faux. — *Cass.*, 7 juin 1810, N...; — Bourguignon, *Jurisprudence des Codes crim.*, sur l'art. 147, t. 3, p. 152, nº 2.

307. — ... Que les fausses énonciations insérées par un notaire, dans un acte, sur la date du jour et du lieu où il l'a reçu, ne constituent point le crime de faux, s'il ne les a faites *ni pour frauder la loi qui lui défend d'instrumenter hors de son ressort*, ni dans le dessein de nuire à l'une des parties. — *Cass.*, 19 nov. 1819, Benassy.

308. — Mais jugé d'un autre côté que le notaire qui, après avoir reçu un acte *hors de son ressort*, le date d'un lieu où il a le droit d'instrumenter, commet par cette fausse déclaration un véritable crime de faux. — *Cass.*, 11 août 1809, Lefèvre-Genne; 16 juin 1808, Delafont; — Merlin, *Quest.*, vº *Faux*, § 11, nº 2.

309. — Toutefois un arrêt postérieur a jugé que si le fait, de la part d'un notaire, soit d'avoir daté d'un lieu situé dans son ressort un acte par lui passé *dans un lieu où il n'avait pas le droit d'instrumenter*, soit d'avoir attesté l'assistance des deux témoins, quoiqu'il n'eût été assisté que d'un seul, soit d'avoir donné à un acte la date d'un jour autre que celui où il avait été passé, constitue le crime de faux; il n'en est pas ainsi lorsqu'il est établi que la fausse énonciation est l'effet d'une erreur, ou *qu'elle n'a pas pu nuire à des intérêts privés ou blesser l'ordre public.* — *Cass.*, 15 juill. 1819, Benassy.

310. — Mais, à la date de 1832, la cour de Cassation décida de nouveau que le notaire qui date du lieu de sa résidence un acte qu'il reçoit hors de son arrondissement, se rend coupable du crime de faux (*Cass.*, 10 nov. 1832, Menesson), « par le motif que ce faux ne peut être commis que sciemment, et qu'il a pour but de tromper la prévoyance et la volonté du législateur, et que d'ailleurs, préjudiciable à autrui, il emporte par cela même l'intention et la moralité criminelle du crime de faux. »

311. — Mais on peut reprocher aux diverses décisions qui précèdent de se préoccuper trop peu de la circonstance de la fraude, qui est cependant constitutive du crime de faux, ou plutôt de la faire résulter de l'infraction même. Or, la fraude ne saurait être confondue avec une faute, grave sans doute, mais qui peut exister sans qu'il y ait fraude, et qui, dès-lors, ne la suppose pas nécessairement. — V. anal. Chauveau et Hélie, p. 303.

312. — MM. Chauveau et Hélie (t. 3, p. 307) disent que le fait habituel de chaque notaire d'insérer dans les actes la mention mensongère qu'ils ont été passés devant lui et son collègue, ne constitue aucun crime. — Surtout depuis que la jurisprudence a reconnu que la présence effective des deux notaires n'est pas nécessaire, sauf le cas de disposition testamentaire. — V. cependant Merlin, Rép., vº *Acte authentique*. — V. au surplus, sur les modifications apportées nouvellement à la rédaction des actes notariés, vº ACTE NOTORIÉ.

313. — Il est évident, au surplus, que les faits qui ne constitueraient pas le crime de faux peuvent donner lieu à l'application de peines disciplinaires. — *Nancy*, 26 juin 1826, G... — V. DISCIPLINE et NOTAIRE.

314. — Il a été décidé que le greffier de la justice de paix qui délivre des expéditions de jugemens avant qu'ils aient été signés par le juge de paix doit être poursuivi comme faussaire, quoiqu'il n'ait pas agi frauduleusement. — *Cass.*, 22 août 1817, Thomas Goulay; — Legraverend, t. 1er, chap. 17, p. 585.

315. — Mais ce système est évidemment contraire aux principes du droit. L'art. 139, C. procéd., ne dit point que le greffier qui délivrera expédition d'un jugement avant qu'il ait été signé, sera condamné comme faussaire, mais qu'il sera pour-

suivi comme tel. Il suit de là que, loin d'établir une espèce particulière de faux, le Code de procédure renvoie simplement aux lois pénales qui régissent la matière; or, l'art. 146, C. pén., n'atteint l'officier public qui a dénaturé les circonstances d'un acte de son ministère, en constatant comme vrais des faits faux, qu'autant qu'il a agi frauduleusement. L'intention frauduleuse est en effet l'un des élémens constitutifs du crime de faux. Si l'on retranche cette intention, il ne reste qu'un fait matériel qui ne peut entraîner que des peines disciplinaires.

316. — On a jugé, avant le décret du 14 juin 1813, que l'huissier qui faisait remettre par son fils les copies de ses exploits, et qui certifiait les avoir délivrées lui-même, commettait un faux, et ne pouvait être excusé par l'exactitude du porteur. — *Cass.*, 9 niv. an XII, Marlin; 16 janv. 1806, Fauré; — Bourguignon, *Jurisp. crim.*, sur l'art. 146, t. 3, p. 147, no 1er; Carnot, sur l'art. 145, C. pén., t. 1er, p. 465, no 18; Chauveau et Hélie, *Th. C. pén.*, t. 3, p. 300 et suiv., et Legraverend, t. 1er, ch. 17, p. 589.

317. — ... Qu'il en était de même de l'huissier qui attestait dans un exploit que la copie en avait été par lui remise au mari, tandis qu'elle l'avait été à la femme et par un tiers. — *Cass.*, 22 mai 1806, Philibert Guiot; 21 juin 1810, Gibory.

318. — En matière de faux, le dessein de nuire ne doit pas s'apprécier par le résultat réel et circonstancié du fait, mais par la possibilité réelle du préjudice que le fait pouvait produire. — *Cass.*, 21 juin 1810, Gibory.

319. — ... Jugé encore en ce sens, à l'égard de tout huissier qui rédigeait des actes de son ministère, sans aucun déplacement, quoiqu'il énonçât dans les originaux qu'il les avait signifiés à personne ou à domicile. — *Cass.*, 2 janv. 1807, Ravenstyn.

320. — ... Que l'huissier qui remet la copie de son exploit à un individu portant le même nom que la personne à laquelle cette copie était destinée, mais sachant que cet individu n'était pas celui qui devait la recevoir, ne peut agir que dans le dessein de nuire, et commet le crime de faux, prévu par l'art. 145, C. pén. — *Cass.*, 24 juin 1812, N...; — Carnot, sur l'art. 145, C. pén., t. 1er, p. 465, no 18.

321. — Mais on jugeait aussi que le défaut de mention de la patente dans un exploit d'huissier n'entraînant pas la nullité de l'exploit, l'addition qui y était faite après coup de cette mention ne constituait point le crime de faux. — *Cass.*, 9 janv. 1806, Garotteau; — Legraverend, t. 1er, chap. 17, § 2, p. 588; Merlin, *Répert.*, vo *Faux*, sect. 1re, § 15.

322. — Le décret du 14 juin 1813 dispose en ces termes : « Tout huissier qui ne remettra pas lui-» même à personne ou domicile l'exploit et les co-» pies de pièces qu'il aura été chargé de signifier, » sera condamné, par voie de police correction-» nelle, à une suspension de trois mois, à une » amende qui ne pourra être moindre de 200 fr. » ni excéder 2.000 fr., et aux dommages-intérêts » des parties. Si, néanmoins, il résulte de l'ins-» truction qu'il a agi frauduleusement, il sera » poursuivi criminellement et puni d'après l'art. » 146, C. pén. » Ainsi, en cas de fraude, il y a crime, et hors ce cas simple délit correctionnel.

323. — Jugé dès-lors que le défaut de remise de la copie d'un exploit à la personne mentionnée dans l'original ne constitue un faux qu'autant qu'il est démontré que l'huissier a agi frauduleusement. — *Cass.*, 26 juill. 1822, Duport; *Lyon*, 12 déc. 1832, Richarme c. Chomat; — Chauveau et Hélie, *Théorie du Code pén.*, t. 3, p. 305.

324. — ... Et que l'énonciation dans un exploit que l'acte remis à la portière l'a été à une femme de service ne constitue pas un faux. — *Paris*, 9 nov. 1830, Bruyères c. Vanderkaegen. — V. en outre HUISSIER.

Sect. 3e. — *Préjudice.*

325. — La possibilité d'un préjudice est une des conditions essentielles du crime de faux. En effet, si l'acte même frauduleusement altéré ne peut produire aucun effet, s'il ne peut devenir la base d'aucun droit, d'aucune action, l'altération n'est plus que l'expression d'une pensée criminelle, mais impuissante à produire le crime qu'elle a médité. — Chauveau et Hélie, t. 3, p. 309; Carnot, t. 1er, p. 460; — L. 6, ff., *ist*; L. 20, C., *ad leg. de falsis;* Menochius, *De arbitr. jud.*, casa 306, nos 14 et 20; Farinacius, *quest.* 150e, nos 291, 292, 340, 341 et 362; Julius Clarus, ff., *Falsum*, no 35; Jousse, *Just. crim.*, t. 3, p. 387, no 113-3o.

326. — Mais il est à remarquer que, pour que le faux soit punissable, il n'est pas nécessaire qu'il produise un préjudice actuel, il suffit qu'il puisse le produire.

327. — C'est ce qui a été reconnu par la jurisprudence. — V. les arrêts cités *infrà* et notamment nos 350 et suiv.

328. — Une fausse lettre missive écrite au sous-préfet par un particulier, sous le nom d'un maire, pour obtenir une copie du cadastre qui ne pouvait pas raisonnablement être refusée, ne constitue pas un faux punissable. — *Cass.*, 22 oct. 1813, N... ; — Bourguignon, *Jurispr. des Codes crim.*, sur l'art. 150, C. pén., t. 3, p. 161, no 3.

329. — De ce qu'il n'y a faux punissable comme crime que lorsque la pièce fabriquée, falsifiée ou altérée est de nature à porter préjudice à autrui, il résulte qu'il ne suffit pas, pour qu'il y ait lieu à l'application de la peine de faux, que l'accusé soit déclaré coupable, et que l'usage de la pièce fausse soit déclaré constant; il faut que le caractère nuisible de la pièce, lorsqu'il ne résulte pas de la nature même de la pièce, ressorte de l'ensemble des faits déclarés par le jury. — *Cass.*, 20 janv. 1837 (t. 1er 1838, p. 8), Adam; 11 janv. 1838 (t. 1er 1839, p. 118, Molinas; 3 janv. 1846 (t. 1er 1846, p. 472), Colat.

330. — ... Et il a été jugé qu'une lettre missive ne constituant par elle-même ni convention, ni disposition, ni obligation ou décharge, il ne résulte pas nécessairement un préjudice pour autrui du faux commis par contrefaçon d'écriture ou de signature dans une pièce de ce genre. — *Cass.*, 3 janv. 1846 (t. 1er 1846, p. 472), Colat.

331. — Mais lorsque le caractère préjudiciable du faux résulte des faits compris dans la question soumise au jury, il est inutile que les jurés soient interrogés sur l'existence ou la possibilité du préjudice. — *Cass.*, 8 juill. 1830, Flahaut.

332. — Il n'y a pas omission de la part du président des assises bien que, en posant la question de savoir si un accusé est coupable de faux par supposition de personne, il n'ait pas demandé au jury si ce faux a causé préjudice à autrui. — En pareil cas, la réponse affirmative du jury renferme virtuellement la déclaration que le faux a porté ou pu porter préjudice à autrui. — *Cass.*, 13 oct. 1843 (t. 1er 1843, p. 169), Couret.

333. — Jugé que la simulation consentie par toutes les parties contractantes dans un acte, lorsqu'elle ne peut avoir pour effet ni pour objet de porter préjudice aux droits des tiers, n'est pas un faux. — *Cass.*, 8 fév. 1841, Tonigiani; — Carnot sur l'art. 146, C. pén., t. 1er, p. 470, no 2.

334. — Mais le failli qui, dans un acte de vente consentie à son profit pardevant notaire, prend un faux prénom dans le dessein de soustraire l'immeuble faisant l'objet du contrat aux poursuites tant des créanciers du vendeur que des siens propres, commet le crime de faux. — *Cass.*, 3 oct. 1806, Loeb; — Bourguignon, *Jurispr. crim.*, t. 3, p. 141, no 3; Merlin, *Rép.*, vo *Faux*, sect. 1re, § 7, no 1er; Legraverend, t. 1er, p. 591; Chauveau et Hélie, *Th. du Code pén.*, t. 3, p. 368.

335. — La substitution d'un *passé à l'ordre* à un *pour acquit*, sur une obligation transmissible par voie d'endossement ne constitue pas le crime de faux, lorsqu'elle n'a causé et n'est susceptible de causer aucun préjudice à autrui. — *Cass.*, 11 fév. 1808, Libert de Paradis; — Chauveau et Hélie, *Th. du Code pén.*, t. 3, p. 311.

336. — Mais celui qui fait revivre au moyen de grattages une traite soldée, commet le crime de faux. — *Cass.*, 6 juin 1807, Claro.

337. — Il a été jugé que la postdate donnée frauduleusement à une promesse de mariage sous seing-privé entre deux mineurs, pour la faire remonter à une époque où ils avaient atteint leur majorité, ne pouvant causer aucun préjudice à des tiers, ne constitue pas le crime de faux en écritures. — *Cass.*, 20 août 1825, Nicolas Conter.

338. — Mais cette décision ne doit s'entendre qu'en ce sens qu'une promesse de mariage étant nulle entre majeurs comme entre mineurs, la postdate ne peut avoir pour effet de lui attribuer une valeur que la loi lui refuse; car si l'on admettait qu'une promesse de mariage entre majeurs fût valable, l'altération commise dans l'espèce eût été évidemment de nature à nuire aux intérêts de l'autre partie contractante qu'elle aurait privée du bénéfice de l'exception résultant de sa minorité, à l'époque de la promesse.

339. — La femme qui, dans un acte ayant pour objet de constater une vente, déclare faussement qu'elle est mariée, ne commet pas le crime de faux, alors que cette supposition d'état n'a point influé et ne pouvait influer sur la validité de la vente, seul objet de l'acte. — *Cass.*, 30 avr. 1841 (t. 1er 1841, p. 708), Cheverier. — V. aussi *suprà* § *Fausses qualités*.

340. — De même on ne saurait considérer comme délit l'antidate d'un acte rappelé dans un acte public qui le reconnaît et le confirme, et duquel il ne résulte aucune indication pouvant porter préjudice. — *Cass.*, 8 brum. an XII, Blanc c. Jourdan.

341. — Peu importe, du reste, que le préjudice porte directement sur tel ou tel membre de la société ou sur la société tout entière.

342. — Ainsi le faux en écritures qui a pour objet de soustraire des conscrits déserteurs aux recherches de la gendarmerie constitue un crime comme celui qui a été commis méchamment et dans l'intention de nuire aux particuliers. — *Cass.*, 8 août 1806, Charbonnier; — Merlin, *Rép.*, vo *Conscription militaire*, § 4; Chauveau et Hélie, *Th. du Code pén.*, t. 3, p. 298.

343. — Jugé de même à l'égard du fait du conscrit réfractaire qui, pour se mettre à l'abri des recherches, fabrique un extrait d'acte civil de mariage. — *Cass.*, 24 mars 1806, Castor.

344. — Jugé encore que le faux en écriture authentique et publique, commis dans le but de libérer un individu du service militaire, tend à nuire à autrui, et constitue le crime prévu par l'art. 147, C. pén. — *Cass.*, 14 janv. 1830, Maitres.

345. — La raison de ces deux décisions est que l'altération de la vérité a, dans les cas prévus, pour objet de libérer le réfractaire d'une obligation que la loi lui imposait personnellement, et, par suite de faire remplir cette obligation par un autre citoyen. D'où résultait un faux commis méchamment et à dessein de nuire à autrui. — Chauveau et Hélie, t. 3, p. 299.

346. — La fabrication d'un diplôme de docteur en médecine ou de licencié en droit rentrerait dans la classe des faux, car l'usurpation de ces titres à l'aide de faux peut entraîner soit lésion envers des tiers, puisqu'elle expose les particuliers aux inconvéniens et aux dangers qu'ont pour objet de prévenir les dispositions d'ordre public qui en ont réglé l'obtention, soit préjudice envers le trésor public, puisque sa délivrance est subordonnée au paiement d'une subvention fiscale. — Chauveau et Hélie, p. 371. — V. aussi *Cass.*, 5 sept. 1833, Bouchet.

347. — Un arrêt de la cour de Cassation a jugé que la criminalité d'un faux ne doit pas être appréciée seulement par ses effets, mais par l'intention frauduleuse reconnue dans l'auteur du faux, et qu'en conséquence, l'individu déclaré coupable d'avoir falsifié un billet de loterie doit être condamné aux peines du faux, quoique le jury ait ajouté que le coupable n'a pas créé une obligation à la charge du gouvernement. — *Cass.*, 7 janv. 1826, Weyfand.

348. — Nous avons fait remarquer sous cet arrêt que si le principe est juste, la cour en tire une conséquence inexacte. Son arrêt ne répond pas au moyen de cassation proposé par le demandeur. L'intention criminelle et la nature de l'acte falsifié sont des caractères tout différens du faux. Le premier de ces caractères résultait bien évidemment, dans l'espèce actuelle, de la déclaration faite par le jury sur la culpabilité et sur la fraude. Aucune contestation ne pouvait s'élever à cet égard; mais le jury avait aussi déclaré que l'altération d'un billet de loterie ne constituait pas une obligation à la charge du gouvernement. Le demandeur soutenait avec raison que si la pièce altérée ne pouvait produire aucun effet, il n'y avait pas lieu à l'application de la loi pénale. L'arrêt ne détruit nullement cette objection. Les questions avaient été mal posées. Il est résulté de là une déclaration contradictoire, parce qu'un billet valable de la loterie royale devait nécessairement constituer une obligation au préjudice du gouvernement. En supposant d'ailleurs que le jury eût voulu parler d'un billet nul et sans effet, l'accusé aurait dû être absous. On voit par cette double hypothèse que la déclaration laissait de l'incertitude sur la nature et l'efficacité de la pièce altérée. Nous pensons qu'elle ne pouvait, sous aucun rapport, servir de base légale à une condamnation.

349. — Jugé avec raison qu'un billet de loterie ne pouvant pas être assimilé à une simple copie qui ne vaudrait pas titre, l'altération dont il était l'objet constituait le crime de faux. — *Cass.*, 13 mai 1826, Radon. — V. aussi *infrà* no 545.

350. — Le fait d'avoir frauduleusement substitué à la décharge des intérêts d'un capital dû par le faussaire la décharge du capital même est de nature à causer préjudice à autrui et constitue le crime de faux, quoique le préjudice n'ait pas eu lieu. — *Cass.*, 13 oct. 1842 (t. 1er 1843, p. 164), Boyer.

351. — Le faux commis par le fils mineur d'un directeur de la poste aux lettres, sur les registres de l'administration tenus par son père, est de nature à causer un préjudice à autrui, encore bien

que le père soit civilement responsable de son fils, et qu'il n'ait pas refusé de tenir compte des sommes détournées par ce dernier à l'aide de faux. — *Cass.*, 22 avr. 1842 (t. 2 1842, p. 303), Pietri.

352. — La fabrication sous le nom d'autrui d'un billet souscrit d'une croix, que l'on annonce dans ce billet être la marque du prétendu débiteur, ne constitue pas le crime de faux, parce que sa nature s'oppose à ce qu'il puisse engendrer une obligation. — *Cass.*, 1er juin 1827, Antoine Thébaut; *Metz*, 2 août 1816, Thil; — Chauveau et Hélie, *Théor. C. pén.*, t. 3, p. 311.

353. — Jugé cependant que la fabrication d'un faux pouvoir signé d'une croix constitue un faux sous signature privée, alors que ce pouvoir est revêtu de deux signatures de témoins contrefaites et avait pour objet la remise de billets portant obligation. — *Cass.*, 15 déc. 1831, Franquotte.

354. — Jugé que le négociant qui inscrit sur des livres de commerce des décharges mensongères en faveur de ses débiteurs, dans le but de tromper ses créanciers, ne commet pas un faux, soit en écriture de commerce, soit en écriture privée. — *Paris*, 4 fév. 1825, N...

355. — Il a été jugé que celui qui, pour déterminer un receveur de la loterie à recevoir des mises à crédit, présente à ce receveur une lettre qu'il a signée sous le nom idéal d'un riche actionnaire, ne commet point le crime de faux, en ce que le nom de l'actionnaire ne paraît pas dans les mises et ne doit être porté ni sur les registres du receveur ni sur les billets d'action. — *Cass.*, 2 juin 1809, Garnier et Ansart.

356. — Il est, en effet, difficile de voir dans un pareil fait un crime de faux, si l'on suppose une connivence entre le receveur et le joueur; mais la cour de Cassation veut qu'il n'y ait point de crime, dans le cas même où le receveur aurait été trompé. Les raisons qu'elle en donne seraient excellentes, s'il s'agissait d'établir que c'est en écriture privée et non en écriture publique qu'a été commis le faux; elles sont impuissantes pour détruire l'existence de tout délit. Cette décision est même en opposition avec sa propre jurisprudence. Il a été décidé que celui qui, à l'aide d'une fausse missive, se fait remettre des marchandises ou d'autres objets, commet le crime de faux. (V. *suprà*, no 70 et s.) N'est-il pas évident que celui qui, par le même moyen, se fait remettre des billets de loterie, ou se fait inscrire pour de prétendues mises, se trouve dans la même position?

357. — Jugé, sous le Code de 1791 et la loi du 18 pluv. an IX, que la possibilité d'un préjudice à l'égard des tiers existe toujours dans les faux commis par des fonctionnaires publics dans les actes de leur ministère, surtout dans les parties substantielles de ces actes qui ont essentiellement pour objet de conserver et de garantir les droits de toutes les parties, et que la présomption de l'intention de nuire résultant des faux de cette nature, commis volontairement dans des actes faisant foi pleine et entière, ne peut être écartée que par la preuve des faits et circonstances qui écartent l'intention et la possibilité de nuire; qu'ainsi, sous la loi de pluv. an IX, lorsqu'il était reconnu que, contrairement aux énonciations d'un procès-verbal de saisie, l'huissier n'avait remis le même jour ni au saisi ni au gardien copie du procès-verbal de la première séance, et que cette copie ne leur avait été remise que le lendemain, la cour spéciale saisie de la connaissance du faux imputé à ce fonctionnaire ne pouvait se déclarer incompétente, sous le prétexte qu'il n'avait pas agi avec intention de nuire; qu'elle devait réserver à examiner, lors des débats contradictoires, si les faits et les circonstances étaient de nature à détruire la présomption de l'intention de nuire. — *Cass.*, 28 juin 1810, Delbois et Amiot Cornu.

358. — Mais les chambres des mises en accusation ayant le droit d'examiner la criminalité des faits qui leur sont soumis, cette décision n'est plus applicable aujourd'hui.

359. — La supposition ou l'emploi d'un titre faux matériellement pour obtenir le paiement d'une dette réelle à l'insu et sans le consentement du débiteur constitue-t-il le crime de faux?

360. — Par un premier arrêt, la cour de Cassation a décidé que ce faux, n'entraînant aucun préjudice, rentrait dans la classe des altérations purement matérielles, et, dès lors, n'était pas punissable. Et qu'ainsi, celui qui, à l'aide d'une fausse procuration, se fait remettre par un tiers un à-compte sur ce qui lui est dû par la personne dont il a contrefait la signature, ne commet pas le crime de faux. — *Cass.*, 13 therm. an XIII, Parizot.

361. — Puis, par un arrêt postérieur, elle a décidé que l'emploi d'une pièce fausse, même dans la seule intention de se procurer le paiement d'une dette réelle et exigible, contre le gré de celui à qui appartient la somme retirée à l'aide de cette pièce fausse, constitue le crime de faux. — *Cass.*, 3 août 1809, Gautron.

362. — Carnot (art. 145, C. pén., t. 1er, p. 460, no 6) et Bourguignon (*Jurisp. C. crim.*, t. 3, p. 157) proposent une distinction, en soutenant 1o qu'il n'y a pas faux, si l'accusé n'a fait usage de la pièce fausse que vis-à-vis de son débiteur; et, à l'appui de leur opinion, ils invoquent l'arrêt du 1er therm. an XII (Burlando), par lequel la cour de Cassation a décidé que celui qui attaque son débiteur sur une grande route, et se fait remettre, à l'aide de violences, les sommes qu'il croit lui être dues, ne peut pas être considéré comme coupable de vol; — 2o mais aussi que le faux existe avec son caractère criminel, si l'agent s'en est servi envers des tiers.

363. — Quant à MM. Chauveau et Hélie (*Th. C. pén.*, t. 3, p. 319), ils pensent, avec raison, que la distinction admise par Carnot et par Bourguignon est inadmissible. « Dans l'une et l'autre hypothèse, disent-ils, l'intention du créancier est la même; et, soit qu'il emploie le faux vis-à-vis du débiteur et des tiers détenteurs des fonds de celui-ci, le caractère du fait n'est point altéré, puisque la base de cet usage ne change pas; c'est le débiteur seul qu'il veut atteindre. »

364. — Il est évident, en effet, que l'intention, le mode et le résultat étant les mêmes, la solution ne peut être différente. Ceci posé, la question se trouve réduite à celle de savoir si dans les circonstances où le faux a été commis il y a eu ou pu y avoir préjudice par suite de ce faux. Il y aurait préjudice, possible au moins, si la créance saisie, à l'aide de faux, n'était pas liquide ou exigible, si le débiteur avait des compensations ou une prescription à opposer; mais, si le paiement, qui a été le résultat du faux, n'a pu occasionner aucune espèce de préjudice au débiteur, une des conditions indiquées par la loi venant à manquer, le crime de faux n'existe pas. — V. anal. vo DESTRUCTION DE TITRES ET ACTES, no 24.

365. — On s'est demandé si le faux est criminel et punissable, quoiqu'il ait eu pour objet un vol qui, entre les parens désignés en l'art. 380, C. pén., ne donnerait lieu qu'à des réparations civiles. La cour de Cassation a décidé affirmativement (avr. 17 déc. 1829, Delahaye). — V. en ce sens Legraverend, t. 1er, ch. 1er, p. 50; — *Contrà*, Carnot, sur l'art. 380, C. pén., t. 2, p. 257, no 6; Chauveau et Hélie, *Th. C. pén.*, t. 3, p. 416.

366. — Néanmoins, dans leur tome 6e, p. 602, MM. Chauveau et Hélie semblent approuver les principes de l'arrêt précité. Voici, au surplus, les objections que dans leur tome 3e ils opposent à la cour de Cassation. Le premier motif de l'arrêt est tiré de ce que les dispositions relatives au crime de faux, et celle de l'art. 380, C. pén., sont placées dans des chapitres tout différens, et de ce que cette dernière ne peut pas être étendue d'un cas à un autre. MM. Hélie et Chauveau répondent que la division artificielle du Code n'est pas un obstacle à l'application des règles *générales* qui le dominent. En second lieu, la cour de Cassation se fonde sur ce que le crime de faux existe indépendamment de l'objet que son auteur a eu en vue. « Cette doctrine, disent-ils, aurait pour effet d'inculper l'altération matérielle, indépendamment de l'intention qui l'a fait naître et du préjudice qu'elle a causé. » Ils soutiennent, en outre, que les raisons qui ont inspiré au législateur la disposition de l'art. 380, C. pén., s'appliquent également au faux, et qu'enfin, lorsque ce crime a été commis entre mari et femme, entre ascendans et descendans, il ne produit point le préjudice exigé par la loi, comme l'un des caractères qui le constituent.

367. — Sans nous appesantir sur les termes de l'arrêt de la cour de Cassation, nous pensons que cette cour a bien jugé. Si la classification des matières dans le Code n'est pas une raison péremptoire de décider, elle peut néanmoins aider à faire connaître l'intention du législateur; elle est surtout utile à consulter, lorsqu'il s'agit d'étendre d'un cas à un autre une disposition *exceptionnelle*. L'identité de motifs est d'ailleurs fort contestable. Le vol ne peut causer de préjudice qu'au parent auquel la chose a été soustraite; le crime de faux, au contraire, peut causer un préjudice à des tiers, s'il a été commis sur un billet négociable et dans bien d'autres circonstances. Enfin, ce crime fût-il circonscrit entre parens tels que conjoints, ascendans ou descendans, son résultat serait infailliblement un préjudice causé ou possible. L'opinion de MM. Chauveau et Hélie se trouverait même contredite par l'art. 380, C. pén., qui suppose un préjudice, puisqu'il accorde à la victime une action en réparation civile.

368. — Et il a été jugé que l'art. 380, C. pén., est inapplicable au faux commis par un fils en faisant intervenir dans un acte public une femme qui s'est présentée faussement comme sa mère, et qui a vendu, sous ce faux nom, un immeuble appartenant à cette dernière. — *Cass.*, 15 oct. 1818, Villares.

369. — Quels sont, en ce qui concerne l'existence du crime de faux, les effets de la nullité de l'acte altéré, lorsque cette nullité dérive d'un vice de forme ou de l'incapacité relative de la personne dont la signature est supposée? — La question ne manque pas de difficulté.

370. — Sous l'ancienne jurisprudence, le faux commis dans un acte nul n'était point punissable; mais l'usage de cet acte imprimait au faux le caractère d'un crime. MM. Hélie et Chauveau (*Th. Code pén.*, t. 3, p. 314 et suiv.) font remarquer avec raison que ce système était contraire à la règle fort sage qui n'exige pour constituer le faux que la possibilité d'un préjudice.

371. — Quant à la cour de Cassation, adoptant d'autres principes elle a décidé que celui qui fabrique une acceptation sur une lettre de change, en y apposant la fausse signature d'un mineur, ne peut pas être acquitté, sous le prétexte que, l'acceptation étant nulle à cause de la minorité de l'accepteur, le faux n'est pas susceptible de porter préjudice à autrui. — *Cass.*, 21 août 1812, Castellini; — Bourguignon, *Jurisp. crim.*, t. 1er, p. 141, no 1er; Merlin, *Rép.*, vo *Faux*, sect. 1re, § 24.

372. — Elle a jugé aussi que l'affirmation d'un procès-verbal n'étant exigée par la loi que pour sa validité à l'égard des tiers, l'inaccomplissement de cette formalité ne peut pallier le faux à l'égard de celui qui en est l'auteur. — *Cass.*, 20 nov. 1807, Teissier.

373. — Jugé de même que le faux commis avec mauvaise intention par un garde, dans la rédaction du procès-verbal, n'est point pallié par une irrégularité qui serait susceptible de faire annuler le procès-verbal. — *Metz*, 18 janv. 1820, Ch....

374. — Mais elle a également décidé qu'il ne peut y avoir lieu à la procédure en faux contre un procès-verbal des préposés au droit de passe que dans le cas où les fausses énonciations reprochées au rédacteur seraient criminelles et auraient eu pour objet d'établir une contravention qui n'aurait pas existé. — *Cass.*, 20 fév. 1806, Mathurin Aubry. — La raison en est, disent MM. Chauveau et Hélie (*Th. C. pén.*, t. 3, p. 294), que si la fausse énonciation n'a pas pour but de fabriquer des circonstances à la charge du contrevenant, elle ne peut nuire d'aucune façon, et dès-lors ne peut devenir un élément de crime. — Merlin, *Rép.*, vo *Faux*, § 17.

375. — MM. Chauveau et Hélie (*loc. cit.*) critiquent le système de la cour de Cassation en ce qui concerne les actes atteints d'un vice radical (comme dans l'espèce de l'arrêt de 1812, Castellini). « La cour de Cassation, disent-ils, tombe dans une erreur grave en n'accordant aucun effet aux différentes nullités qui peuvent vicier les actes falsifiés; car si ces actes sont nuls dans leur principe, si, à raison de cette nullité, il est impossible qu'ils puissent nuire, le crime manque de l'un de ses élémens principaux, il n'a pas d'existence légale. La fausse acceptation attribuée à un mineur, sur une lettre de change, fût-elle exempte de faux, n'aurait aucun effet civil. Le vice est inhérent à son principe. L'agent a fait un acte inutile et sans force; cet acte ne peut constituer le crime de faux. »

376. — Nous serions de cet avis s'il nous était démontré qu'il n'y a pas dans l'hypothèse la possibilité d'un préjudice. La loi n'attend pas qu'il ait été fait usage d'une pièce fausse pour reconnaître l'existence d'un crime. Il faut donc, pour vérifier la possibilité d'un préjudice, raisonner dans la supposition que le faussaire avait l'intention de se servir de la pièce altérée ou fabriquée. Or, malgré la nullité de l'engagement souscrit par un mineur, le faussaire ne pourra-t-il pas trouver quelqu'un qui, croyant voir sur la traite la signature véritable d'un homme d'honneur, consentira à l'escompter sans redouter l'exception tirée de la minorité? Ne pourra-t-il pas arriver qu'à la présentation de la traite, en l'absence du prétendu accepteur, un ami intervienne et en paie le montant, dans le désir de lui épargner un protêt, ou même de simples reproches de la part de sa famille? Et si le faussaire a imité une lettre de change existant réellement ne pourra-t-il pas arriver que, présentée la première, la lettre de change fausse soit acquittée par le mineur lui-même, qui, ne soupçonnant pas un crime, croira faire honneur à sa propre signature? Enfin, le prétendu accepteur ne pourra-t-il pas, malgré sa minorité, être obligé de plaider pour faire déclarer l'engagement nul? Il y a donc, sous une foule de rap-

ports, possibilité de préjudice, soit pour lui, soit pour des tiers. Il y a donc crime de faux. — Merlin, *Rép.*, v° *Faux*, sect. 1re, § 24.

377. — En ce qui concerne les nullités qui prennent leur source dans des formes postérieures à la rédaction de l'acte (comme dans les espèces citées nos 372 et 373), les mêmes auteurs distinguent si la nullité provient du fait de l'agent ou si elle est indépendante de sa volonté. Dans le premier cas, ils pensent que l'auteur du faux doit être censé avoir renoncé à son entreprise et avoir arrêté les effets du faux en annihilant l'acte altéré.

378. — Et ils citent comme ayant consacré ce principe l'arrêt cité *infrà* no 412.

379. — Au contraire, si l'acte doit sa nullité à une cause étrangère à l'auteur du faux, ces jurisconsultes pensent qu'il faut voir dans l'altération au moins une tentative punissable.

380. — En effet, avons-nous dit en rapportant l'arrêt de 1820 (V. *suprà* no 373), quelle justification le rédacteur du procès-verbal pourrait-il produire après avoir fait tout ce qui était en son pouvoir pour accomplir son crime? La nullité du procès-verbal peut bien ôter à cet acte son effet préjudiciable; mais elle n'a pas lieu de plein droit : il faut qu'elle soit prononcée. Jusque-là l'acte subsiste et expose à des poursuites, peut-être même à des condamnations, ne fussent-elles que par défaut, la personne désignée faussement comme délinquante. Ce n'est pas après le jugement qui statue sur la nullité qu'il faut envisager le procès-verbal, c'est à l'instant même où l'œuvre du faussaire est achevée, car le rédacteur n'ayant pas le droit de proposer la nullité, il ne dépend plus de lui d'empêcher le préjudice qu'il a eu l'intention de causer.

381. — On voit, au surplus, par là, qu'il y aurait au moins, comme le font très bien remarquer MM. Hélie et Chauveau, une tentative de crime de faux.

382. — Jugé que le crime de tentative de faux en acte public ne suppose pas nécessairement un acte public entièrement consommé. — Ainsi, le défaut de signature de l'un des notaires instrumentaires sur un acte signé par l'autre notaire n'efface pas le caractère criminel du faux qui a produit cet acte. — *Cass.*, 9 janv. 1812, Herbault.

383. — Le notaire qui ferait signer après coup un testament par les témoins instrumentaires serait-il coupable d'un faux punissable, si ces témoins ayant été présens à la rédaction, le retard de leur signature n'était que le résultat d'une négligence? — MM. Chauveau et Hélie disent qu'on peut induire l'affirmative d'un arrêt de la cour de Cassation du 7 nov. 1812 (Dardelut et Rivière), mais que cet arrêt a été rendu dans une espèce où la signature n'avait eu lieu qu'après le décès du testateur, c'est-à-dire lorsqu'il y avait droit acquis à des tiers; mais ils ajoutent que si le testateur eût existé, la signature après coup des témoins n'eût porté aucun préjudice, et que dès-lors le crime n'aurait pas eu ses caractères constitutifs.

384. — Jugé que lorsqu'il a été déclaré par le jury que les accusés sont coupables du crime de faux avec les caractères qui le constituent légalement, il ne peut être soutenu devant la cour de Cassation que, l'acte étant nul, le faux ne pouvait être le principe d'une action criminelle. — *Cass.*, 4 nov. 1836 (t. 2 1837, p. 88), Horner.

385. — Le but le plus ordinaire du faux est de nuire *à la fortune d'autrui*, et c'est pour cela, comme le font remarquer MM. Chauveau et Hélie (t. 3, p. 295), que l'art. 164, C. pén., base le taux de l'amende à prononcer contre les faussaires sur l'importance du bénéfice que le faux était destiné à procurer à ses auteurs. — Mais faut-il en conclure qu'il n'y ait pas faux dans le sens de la loi lorsque l'altération criminelle n'est pas destinée à procurer un bénéfice pécuniaire?

386. — La cour de Cassation ne l'a pas pensé, et elle a décidé que l'altération de la vérité peut constituer le crime de faux, même quand elle a pour but de nuire, non pas seulement à la fortune, mais aussi à l'honneur et à la réputation d'autrui. — Chauveau et Hélie, t. 3, p. 296; Legraverend, t. 1er, p. 593; Merlin, *Rép.*, v° *Faux*, sect. 1re, § 10, no 2.

387. — Ainsi jugé que l'apposition de fausses signatures sur une pétition ayant pour objet de faire destituer un garde champêtre constitue le crime de faux, lors même que la pétition serait revêtue d'un grand nombre de signatures véritables. — *Cass.*, 8 août 1810, Louis Gilbert.

388. — ... Qu'il y a crime de faux lorsqu'on signe des lettres du nom supposé de fonctionnaires publics, dans le dessein de porter atteinte à l'honneur et à la fortune de quelqu'un. — *Cass.*, 12 janv. 1809, N...; 13 janv. 1809, N...

389. — Jugé de même que la fabrication d'une fausse lettre sous le nom d'un tiers constitue le crime de faux lorsqu'elle tend à nuire à sa réputation, encore bien qu'elle ne soit pas susceptible de nuire à sa fortune. — *Cass.*, 12 nov. 1813, Sarrazin-Lamy.

390. — Après avoir cité cet arrêt comme jugeant que l'impression d'une lettre faussement supposée écrite par un autre, dans le dessein de le calomnier, constitue le crime de faux, M. Chassan (*Traité des délits de la parole*, etc., p. 243) ajoute : « Cette décision est bien rigoureuse; mais on ne peut dire qu'elle soit contraire aux principes du droit. » — Si telle était réellement la solution consacrée par cet arrêt, elle serait pourtant bien diamétralement contraire à tous les principes et au texte même de la loi. Le faux ne peut se concevoir que par la fabrication, l'altération ou la contrefaçon d'une convention, d'un écrit, d'une signature, en un mot d'un acte ou d'une pièce auxquels on prête une existence matérielle : or, imprimer sous le nom d'un tiers une fausse lettre, c'est la supposer, et non point la fabriquer; c'est, en d'autres termes, faire un mensonge qui peut bien constituer, selon les circonstances, une injure ou une diffamation; mais il y a une distance immense entre cette action et celle qui consiste à tracer sur le papier les caractères d'écriture que l'on veut attribuer à autrui. L'impression n'est qu'une copie, qui ne fait aucune foi par elle-même, et qui ne dispense pas de recourir à l'original.

391. — Il a été jugé également que la fabrication de fausses lettres missives dans l'intention de nuire à autrui constitue le crime de faux en écriture. — *Cass.*, 9 sept. 1830, Lavraux.

392. — MM. Chauveau et Hélie (*Th. du C. pén.*, t. 3, p. 274) critiquent cette décision en soutenant qu'il ne suffit pas, pour l'existence du crime de faux, qu'il y ait contrefaçon d'écriture, et qu'il faut encore que cette contrefaçon puisse causer un préjudice à celui dont l'écriture a été contrefaite. — Nous pensons comme eux que la fabrication d'une fausse pièce ne pourrait pas être incriminée, si cette pièce n'avait aucune valeur; mais il n'en est pas ainsi dans notre espèce. La pièce fabriquée emportait obligation puisque, si elle eût été vraie, elle aurait obligé le signataire à réparer le dommage qu'elle pouvait occasionner.

393. — De même, la fabrication de lettres missives fausses et l'apposition au bas de ces lettres d'une signature fausse, ayant pour objet de nuire à autrui, constituent, ainsi que l'usage fait sciemment de ces pièces fausses, les crimes prévus par les art. 147, 150 et 151, C. pén. — *Cass.*, 24 mars 1838 (t. 2 1838, p. 40), N...

394. — Et il a été jugé par le même arrêt que de ce que ces fausses lettres missives ont été employées pour détourner frauduleusement une mineure de la maison paternelle, il ne suit pas qu'elles puissent être considérées seulement comme des moyens de fraude qui donnent le caractère de criminalité au fait de détournement de mineure; — Qu'elles doivent en outre fournir matière à des chefs d'accusation de fabrication et d'usage de faux, distincts du chef principal d'accusation relatif au détournement frauduleux d'une mineure. — Même arrêt.

395. — L'apposition de fausses signatures (de fonctionnaires et de particuliers) sur une pétition destinée aux chambres pour la réforme électorale constitue le crime de faux en écriture privée prévu par les art. 147 et 150, C. pén. — *Montpellier*, 11 août 1841 (t. 2 1842, p. 555), N...

396. — Toutefois il a été jugé par la cour supérieure de Bruxelles, 29 juill. 1831 (Pattyn), que celui qui signe d'un nom imaginaire une dénonciation qu'il adresse à l'autorité, commet, non le crime de faux en écriture privée, mais, suivant les circonstances, le délit de dénonciation calomnieuse.

CHAPITRE III. — *Faux en écritures authentiques. — Notions générales.*

397. — La loi prononce des peines différentes contre le faux commis en écritures publiques suivant que ce faux émane : 1° d'un fonctionnaire public *dans l'exercice de ses fonctions*; — ou d'un simple particulier, ou d'un fonctionnaire public *en dehors de ses fonctions*.

398. — En outre, relativement au faux commis par le fonctionnaire dans l'exercice de ses fonctions, la loi prévoit le faux matériel (art. 154) et le faux intellectuel (art. 146).

399. — Nous traiterons séparément du faux en écriture authentique ou publique considéré à ces différens points de vue. — Mais il importe d'abord de se demander ce que la loi a compris sous ces mots : *écritures authentiques ou publiques*.

400. — L'art. 1317, C. civ., définit l'acte authentique « celui qui a été reçu par officiers publics ayant le droit d'instrumenter dans le lieu où l'acte a été rédigé et avec les solennités requises. »

401. — Et MM. Chauveau et Hélie (t. 3, p. 333) disent qu'en général on peut distinguer quatre sortes d'actes authentiques : — 1° les *actes législatifs* et ceux qui émanent du pouvoir exécutif ou du gouvernement, tels que les ordonnances du roi, les traités de paix ou d'alliance, etc.; — 2° les *actes judiciaires*, ce qui comprend tant les jugemens que différentes sortes d'exploits et de procès-verbaux faits par des officiers de justice, et en général tous les actes de procédure; — 3° les *actes administratifs*, qui émanent des chefs et préposés des diverses administrations, et l'on peut ranger dans cette classe les actes consignés dans les registres publics, tels que ceux de l'état civil, les registres du conservateur des hypothèques, de l'enregistrement; — 4° enfin les *actes notariés*. — Toullier, t. 8, no 54.

402. — Au reste, en parcourant les divers arrêts classés dans les paragraphes qui vont suivre, on verra quels sont les actes auxquels la jurisprudence a reconnu le caractère authentique et public. — V. au surplus v° ACTE AUTHENTIQUE.

403. — Legraverend (t. 1er, ch. 17, p. 588) enseigne que toute fausse énonciation ou attestation dans un acte public tendant, soit à attribuer à celui qui la reçoit un caractère et une autorité qu'il n'a pas, soit à constater l'observation des formalités essentielles à la validité de l'acte et qui dans le fait n'ont pas été remplies, constitue le crime de faux en écriture publique.

404. — Un principe qu'il importe de rappeler, c'est qu'il ne peut exister de faux criminel en écritures authentiques et publiques si la pièce, en la supposant vraie, n'a pas un caractère d'authenticité et de publicité. — D'où il résulte qu'un acte faux qu'on suppose émané d'un fonctionnaire n'a pas néanmoins le caractère d'authenticité si le fonctionnaire, dont la signature a été falsifiée, était incompétent pour le recevoir ou le rédiger. — Chauveau et Hélie, p. 335; Legraverend, t. 1er, p. 584.

405. — Et ces auteurs indiquent à l'appui de ce principe deux arrêts de la cour de Cassation des 17 août 1815 (Borel), 13 oct. 1809 (Gabriel).

406. — Il a été jugé néanmoins que l'apposition d'une fausse signature au bas d'une pièce ayant tous les caractères extérieurs d'un acte de naissance extrait des registres de l'état civil, constitue le crime de faux en écriture authentique et publique, *lors même qu'il n'existerait ni commune ni maire portant les noms indiqués dans cette pièce.* — *Cass.*, 5 juin 1818, Denis Boulier.

407. — Jugé au contraire qu'il n'y a pas faux en écriture publique, lorsqu'il n'est pas justifié que le nom emprunté dans les actes de l'état civil argués de faux soit celui du maire de la commune d'où ces pièces sont censées provenir. — *Metz*, 7 août 1821, Gaspard.

408. — Mais pour qu'il y ait faux dans la supposition d'un acte authentique, il n'est pas nécessaire que l'acte supposé ait toute la forme extérieure d'un acte vrai. — *Cass.*, 11 déc. 1806, Pouydebat; — Legraverend, t. 1er, chap. 17, § 2, p. 585; Chauveau et Hélie, *Théorie du C. pénal*, t. 3, p. 335.

409. — Jugé aussi que la fabrication de la fausse expédition d'un acte notarié qui n'a jamais existé et la contrefaçon de la signature du notaire constituent un faux en écriture publique et non en écriture privée. — *Cass.*, 2 mai 1833, Esnaut.

410. — De même, il n'est pas nécessaire, pour qu'un faux soit réputé commis en acte authentique, que l'acte faux ait acquis le complément des formes exigées par la loi pour l'authenticité des actes; il suffit que les parties aient eu l'intention de faire un acte authentique, si d'ailleurs l'acte a les élémens essentiels d'un acte authentique. — *Cass.*, 12 fév. 1813, Gommaire Vandersuwera; — Carnot, sur l'art. 145, C. pén., t. 1er, p. 462, no 11.

411. — Mais il n'y aurait pas faux, si l'acte falsifié était resté à l'état de projet. — Carnot, *Code pénal*, t. 1er, p. 462, no 11.

412. — Ainsi la fabrication matérielle des clauses d'une donation, sans aucune intention d'en consommer faussement l'acte par l'apposition d'une fausse signature, ne constitue ni crime ni délit. Dès-lors, il ne suffit pas que l'accusé ait été déclaré coupable de la fabrication des clauses d'un acte, si la déclaration du jury n'établit pas l'intention de consommer le crime, par l'apposition d'une fausse signature. — *Cass.*, 14 (et non 24) août 1817, Alexis Goiran.

413. — On a vu plus haut (nos 369 et s.) que l'écriture est réputée authentique alors même

que l'acte est nul comme acte public pour vice de forme.

414.—Il a été jugé que tout faux introduit dans la rédaction des actes authentiques et publics, est criminel et punissable, indépendamment de la nature des faits auxquels le faussaire veut le rattacher, et qu'il aurait eus en vue. — *Cass.*, 3 nov. 1826, François Lair.

415. — Jugé également qu'il suffit pour qu'il y ait crime dans un faux, qu'il ait été commis en écriture authentique et publique, soit par fabrication de convention, disposition, obligation ou décharge; que l'art. 147, C. pén., ne s'explique nullement sur les élémens qui doivent le constituer et n'exige point qu'il ait profité à quelqu'un.— *Cass.*, 13 mai 1831, Bonnet et Daniau.

416.—Mais MM. Chauveau et Hélie (*Th. du Code pénal*, t. 3, p. 37) disent avec raison qu'une telle décision (celle de 1831), si elle était absolue, ne serait pas fondée ; ce serait placer le crime de faux dans un acte purement matériel, prendre l'un des élémens du crime pour le crime lui-même. Il ne suffit pas qu'il y ait fabrication d'un acte faux, il faut que cette fabrication soit animée d'une intention criminelle, il faut qu'elle puisse nuire. Nous en disons autant de la décision de 1826. — V. *suprà* nos 262 et suiv.

417. — Sous la loi des 25 sept.-6 oct. 1791, la contrefaçon des cachets des autorités constituées devait être rangée parmi les crimes de faux en écritures publiques et authentiques.— *Cass.*, 11 vent. an XII, Bronne.—Ce fait est maintenant prévu par l'art. 142, § 2, C. pén. — V. CONTREFAÇON DES SCEAUX, TIMBRES, MARTEAUX ET POINÇONS DE L'ÉTAT.

418. — Le jury doit se borner à prononcer sur le fait sans en juger la qualification. — Ainsi, après lui avoir demandé s'il existe un faux sur un extrait du registre de la préfecture du département, on ne peut lui soumettre, en outre, la question de savoir si le faux a été commis en écriture authentique et publique.— *Cass.*, 27 mess. an X, Dangies.

419. — La question de savoir si l'acte entaché de faux est un acte public, de commerce ou privé, est de la compétence exclusive de la cour d'assises et non de la compétence du jury. La jurisprudence est constante à cet égard.—V. *infrà*, nos 790 et suiv.

Sect. 1re. — *Faux en écritures publiques ou authentiques par des fonctionnaires ou officiers publics dans l'exercice de leurs fonctions.*

420. — Ainsi que nous l'avons dit plus haut, quand il s'agit de faux commis par des fonctionnaires ou officiers publics *dans l'exercice de leurs fonctions*, la loi distingue le faux matériel du faux intellectuel ; l'un est prévu par l'art 145 et l'autre par l'art. 146.

421. — *Faux matériel.* — Le faux matériel consiste dans le fait de la part de tout fonctionnaire ou officier public d'avoir, *dans l'exercice de ses fonctions*, commis un faux soit par *fausses signatures*, soit par *altération des actes, écritures ou signatures*, soit par *supposition de personnes*, soit par *des écritures faites ou intercalées sur des registres ou d'autres actes publics depuis leur confection ou clôture*.

422. — Une observation importante à rappeler, c'est que l'art. 145 et la peine qu'il édicte ne sont applicables aux fonctionnaires qu'autant que le faux a été commis par lui *dans l'exercice de ses fonctions*. D'où il résulte que le faux commis par un fonctionnaire public, même dans des écritures publiques, ne rentrent pas dans les termes de l'article si ces actes ne constituent pas un acte de ses fonctions. — Chauveau et Hélie, p. 341.

423. — Il en résulte encore qu'ils sont réputés commis hors de ses fonctions toutes les fois que le jury n'a pas formellement déclaré cette circonstance. — Mêmes auteurs.

424. — Jugé, d'après ces principes, que la circonstance mentionnée dans l'arrêt de renvoi que le faux imputé à un individu a été commis par lui *comme notaire*, est l'élément constitutif de l'un des caractères de la criminalité, et fait partie intégrante de l'accusation ; que dès-lors, il y a violation de la loi dans l'arrêt de la cour criminelle (en Corse), qui omet de s'expliquer sur cette circonstance. — *Cass.*, 14 août 1830, Mariotte.

425. — Mais il a été jugé aussi que la circonstance que l'officier public accusé de faux en écriture authentique a agi dans l'exercice de ses fonctions est constitutive d'une nature spéciale de crime de faux prévue et spécifiée par l'art. 146, C. pén., et non pas simplement une circonstance aggravante, que, dès-lors, il n'est pas nécessaire de poser au jury une question distincte à cet égard.—*Cass.*, 13 oct. 1842 (t. 1er 1843, p. 109). Couret.

426. — Les actes commis dans l'exercice des fonctions sont les actes *du ministère même* des fonctionnaires. — Chauveau et Hélie, p. 343.

427. — Ainsi jugé que le notaire qui écrit sur les minutes des actes par lui reçus un faux certificat d'enregistrement et qui y appose une fausse signature du receveur, commet bien un crime de faux en écriture authentique et publique, mais que ce faux ne rentre pas dans la disposition de l'art. 145 en ce qu'il n'est pas commis *dans l'exercice de ses fonctions*. — *Cass.*, 27 janv. 1815, Bourgeay ; 6 juill. 1826, Moulin.—V. aussi Bourguignon, t. 3, p. 148.

428. — Jugé de même, sous les lois anciennes, que l'huissier qui contrefaisait sur les exploits de l'un de ses confrères la mention du contrôle et la signature du contrôleur ne commettait point un faux dans l'exercice de ses fonctions. — *Cass.*, 11 niv. an III, Balouzat.

429. —Celui qui fabrique et qui antidate un acte qu'il n'aurait eu le droit de faire qu'en la qualité de fonctionnaire public, *qu'il a perdue*, doit-il être considéré, pour l'application de la peine, non comme un simple particulier, mais comme un fonctionnaire public coupable de faux *dans l'exercice de ses fonctions ?* — Un arrêt de la cour de Cassation du 30 juin 1808 (Dascary) semble juger l'affirmative ; mais MM. Chauveau et Hélie (*Th. C. pén.*, t. 3, p. 344) critiquent cette solution. « Lorsque l'officier public a cessé ses fonctions, disent-ils, l'officier public rentre dans la classe des simples particuliers; s'il usurpe avec une intention criminelle une qualité qui ne lui appartient plus, il est dans la même position que s'il usurpait un titre qui ne lui aurait jamais appartenu ; il commet un faux en écriture publique, mais on ne saurait soutenir sans une fiction évidente qu'il le commet *dans l'exercice de ses fonctions*, puisqu'il ne les exerce plus. »

430. — Et il a été jugé que le fait par un fonctionnaire public d'avoir commis des falsifications dans un acte dressé par lui à une époque *où il n'était pas encore assermenté* constitue un faux en écriture privée et non point en écriture publique. — *Cass.*, 21 sept. 1837 (t. 1er 1838, p. 379), Keis.

431. — Tous ceux qui ont le maniement des deniers publics sont réputés fonctionnaires publics dans le sens de l'art. 145, C. pén., sur le faux, lors même qu'ils n'auraient pas été commissionnés directement par le gouvernement. — *Cass.*, 20 janv. 1812, N...

432. — Jugé aussi qu'un receveur municipal est comptable public, et par cela même fonctionnaire public dans le sens des art. 145 et 146, C. pén. — *Cass.*, 23 mars 1827, Arnaud Tufleau.

433. — De même, le préposé à la perception des contributions qui commet un faux dans l'exercice de ses fonctions doit subir la peine prononcée par la loi contre les fonctionnaires publics. — *Cass.*, 14 vendém. an VIII, Bouvier.

434. — De même, les agens comptables des armées sont officiers publics dans le sens des art. 145 et 146, C. pén. — *Cass.*, 2 déc. 1842 (t. 1er 1844, p. 805), C... et d'A... — Chauveau et Hélie, *Th. C. pén.*, t. 3, p. 349.

435. — Et il a été décidé, par le même arrêt, qu'un individu peut être déclaré complice du faux commis par un agent comptable, encore bien qu'il soit étranger à l'intention du déficit amené par leur fraude commune.

436. — Des pièces comptables, sur le vu desquelles les dépositaires de deniers publics effectuent des paiemens valables, ont nécessairement le caractère d'écritures publiques. — En conséquence, le piqueur ambulant employé par l'administration des ponts et chaussées pour la réparation des routes, qui, en portant sur les feuilles qu'il est chargé de rédiger et d'arrêter, pour constater le nombre des ouvriers, celui des journées de travail, fixer la quotité des salaires et les mémoires d'autres frais, suppose dans ces feuilles un nombre d'ouvriers excédant l'effectif, et enfle les mémoires, ou fait usage de ces pièces fausses, se rend coupable du crime de faux en écritures publiques. — *Cass.*, 29 avr. 1825, Auguste Leclerc ; 21 avr. 1837 (t. 2 1840, p. 52), Keis et Midoux ; — Chauveau et Hélie, *Théorie du Code pén.*, t. 2, p. 344.

437. — Il peut, à la vérité, sembler extraordinaire que les simples comptes d'un piqueur, qui sont journellement contrôlés et rectifiés sans inscription de faux, soient considérés comme des écritures publiques et authentiques. Cependant ils émanent d'un fonctionnaire institué par l'autorité publique et agissant dans le cercle de ses attributions ; ils font foi par eux-mêmes avant le contrôle et servent de base à l'acquittement des dépenses certifiées. Ce n'est donc point sans de puissans motifs que le législateur a compris les simples piqueurs des ponts et chaussées dans la classe des fonctionnaires qui impriment à leurs écritures un caractère public.

438. — Est contradictoire et nulle la déclaration du jury portant qu'un faux a été commis sur un extrait des registres de la préfecture, et que ce faux n'a pas été commis en écritures authentiques et publiques.— *Cass.*, 27 messid. an X, Daugier.

439. — L'huissier qui remet la copie de son exploit à un individu portant le même nom que la personne à laquelle cette copie était destinée, mais sachant que cet individu n'était pas celui qui devait la recevoir, ne peut agir que dans le dessein de nuire et commet le crime de faux prévu par l'art. 145, C. pén. — *Cass.*, 24 juin 1812, N...

440. — Jugé que la présentation d'un titre, quelque irrégulier qu'il soit, à l'officier ministériel invité à faire, en vertu de ce titre, acte de son office, peut être légalement envisagée comme ayant servi de moyen pour parvenir à la perpétration du faux dont cet acte serait entaché, ou comme ayant procuré l'instrument à l'aide duquel le faux aurait été commis. — *Cass.*, 17 juill. 1835, Deminiac.

441. — Nous avons déjà donné, en traitant des caractères généraux du faux des explications relatives aux divers modes de perpétration du faux prévu par l'art. 145. — Nous devrons donc nous borner ici à de très courtes indications.

442. — Le premier mode de perpétration est *la contrefaçon de signatures*.

443. — Le deuxième mode de perpétration est celui qui a lieu par *altération des actes, écritures ou signatures*. — Ce qui comprend les altérations commises par les fonctionnaires dans les actes de leur ministère et par lesquelles ils détruisent ou altèrent les conventions ou les faits que ces actes ont pour objet de constater. — Chauveau et Hélie, p. 346.

444. — Mais, ainsi que nous l'avons dit plus haut, l'altération n'est coupable que si elle a été faite avec intention criminelle et si elle peut être préjudiciable à autrui. — V. *suprà* nos 261 et s., 325 et s.

445. — Jugé, que l'antidate faite par un courtier ou agent de change sur son registre pour valider une opération déclarée nulle par la loi et la rendre inattaquable, constitue un faux prévu par l'art. 145, C. pén., en ce qu'elle est commise par un officier public dans un acte de son ministère, et qu'elle a pour effet de léser des tiers. — *Cass.*, 11 fruct. an XIII, Masencal.

446. — ...Et que le receveur de l'enregistrement qui, dissimulant l'importance de ses recettes en altérant ses registres, s'approprie une partie des deniers qu'il devait verser au trésor public, commet un crime de faux en écriture publique dans l'exercice de ses fonctions.—*Cass.*, 5 juin 1807, Dessablons ; — Chauveau et Hélie, *Théorie du Code pén.*, t. 3, p. 349.

447. — Ajoutons que le crime ne changerait pas de nature alors même que l'altération aurait pour effet de porter préjudice non pas au trésor mais au contribuable ; par exemple, si un percepteur augmentait les cotes des contribuables sur les rôles des contributions.—Chauveau et Hélie, p. 359.

448. — Il a, il est vrai, été jugé que l'altération commise par un receveur des contributions pour augmenter les cotes des contribuables n'est pas un faux en pièces de comptabilité intéressant le trésor public. — Mais, comme on peut s'en convaincre, cette décision, uniquement relative à la compétence réglée par la loi du 2 flor. an XI, ne considère ni ne qualifie l'altération sous aucun autre rapport. — *Cass.*, 29 janv. 1807, Roussel.

449. — Le troisième mode de perpétration du faux, prévu par l'art. 145, est la *supposition de personne* : ce qui a lieu lorsque les fonctionnaires supposent dans un acte de leur ministère la comparution d'une personne tandis qu'un autre individu y a réellement comparu. — Il faut, bien entendu, que la supposition ait eu lieu *sciemment*. (Disc. au cons. d'état). — Chauveau et Hélie, *loc. cit.*—V. *sur la supposition et la substitution de personnes, suprà* nos 217 et s.

450. — Enfin, le faux, prévu par l'art. 145, est commis *par des écritures faites ou intercalées sur des registres ou d'autres actes publics depuis leur confection ou clôture*.

451. — On a vu, vo ACTE NOTORIÉ, quelles sont les prescriptions de la loi relativement aux renvois, apostilles, additions et surcharges dont peuvent être accompagnés les actes notariés, et les pénalités appliquées aux infractions à ces prescriptions ; mais ces peines ne sont pas exclusives de celles du faux, si la surcharge ou l'addition ont les caractères de ce crime.

452. — Jugé en ce sens que la disposition de la loi du 25 vent. an XI, qui défend aux notaires,

sous peine d'amende, les surcharges, les interlignes et les additions, ne couvre point ces sortes de faux, qu'elle n'est applicable qu'à celles qui ne contiennent rien de contraire à la vérité, et dont la seule existence suffit pour constituer une contravention. — *Cass.*, 24 fév. 1809, Rouvier.

453. — Remarquons que des surcharges sur des dates d'actes notariés et des nuances différentes d'écritures ne peuvent établir à la charge du notaire une inculpation du crime de faux qu'autant qu'elles auraient eu lieu postérieurement à la rédaction des actes. — *Cass.*, 18 fruct. an XIII, Jacques Martin.

454. — Et, en effet, elles ne présenteraient aucun caractère de fraude si les parties en avaient eu connaissance avant ou au moment de signer. Néanmoins, celles qui altéreraient la substance de l'acte, pourraient, quoique antérieures à la signature, revêtir un caractère criminel, si elles étaient le résultat d'une surprise, et si elles causaient du préjudice à quelqu'un; mais ce serait en vertu de l'art. 146. — V. *infrà* nos 464 et s. — V. Chauveau et Hélie, *Théorie du Code pénal*, t. 3, p. 352.

455. — Jugé encore que le crime de faux par intercalation d'écriture sur des registres ou autres actes publics, prévu par l'art. 145, C. pén., n'existe qu'autant que l'intercalation a eu lieu après la confection ou clôture de ces actes; que c'est là une condition substantielle et nécessaire. — Tel n'est pas le cas où un notaire aurait, dans un acte de transport non encore signé de toutes les parties, et même à l'insu du signataire (le cédant), substitué un feuillet à un autre pour remplacer un cessionnaire par un autre, alors que l'intercalation a eu lieu avant la confection ou clôture de l'acte primitif. — *Cass.*, 15 juin 1843 (t. 2 1843, p. 618), Lehon.

456. — Jugé en tout cas que des renvois faits par un notaire sur des actes postérieurement à leur rédaction, ne peuvent constituer le crime de faux, lorsqu'ils ont pour objet des mots insignifians, et sont de nature à ne porter préjudice à qui que ce soit. — *Cass.*, 18 fruct. an XIII, Jacques Martin; — Chauveau et Hélie, *Théorie du Code pén.*, t. 3, p. 353.

457. — En général, comme le font remarquer MM. Chauveau et Hélie (p. 353), le faux suppose l'altération substantielle de contrats ou de conventions des parties; cependant les surcharges qui, sans altérer la substance des conventions, ont pour objet unique de frauder la loi fiscale, peuvent constituer ce crime; car, dans ce cas, l'altération a un but criminel et elle porte préjudice au trésor.

458. — Ainsi jugé que le notaire qui, à l'aide de surcharges, altère la date d'un acte par lui reçu, et en substitue une postérieure, dans le dessein de frauder les lois fiscales, commet un véritable crime de faux. Les postdates sont punissables comme les antidates, dès qu'il a été procédé méchamment et à dessein de nuire à autrui. — *Cass.*, 24 fév. 1809, Rouvière; — Legraverend, t. 1er, chap. 17, p. 568; Chauveau et Hélie, *Théorie du Code pénal*, t. 3, p. 353; Merlin, *Rép.*, vo *Faux*, sect. 1re, § 15, no 4. — V. cependant *infrà* no 471.

459. — Carnot (sur l'art. 145) et Bourguignon (t. 3, p. 146) citent un arrêt du 22 oct. 1812, comme ayant jugé que le notaire qui surcharge de parenthèses et de virgules la minute d'un testament qu'il a reçu, ne commet point le crime de faux. — « Attendu que le changement opéré dans la ponctuation d'un acte ne peut en altérer le contenu et la substance. » — *Cass.*, 22 oct. 1812, N...

460. — Cette proposition serait incontestable, s'il était vrai qu'on ne pût pas altérer la substance d'un acte en surchargeant la minute de parenthèses et de virgules; mais on a vu assez de contestations s'élever sur des faits analogues pour que l'on demeure convaincu que cette altération est possible et qu'elle est surtout dangereuse quand la fraude a été ourdie au moment de la rédaction de l'acte. — C'est donc à l'intention criminelle et au résultat qu'il faut s'attacher, et nous pensons avec MM. Chauveau et Hélie (*loc. cit.*) que la décision citée par Carnot et Bourguignon, et qui se fondait sans doute sur des faits particuliers ne saurait être considérée comme une règle générale.

461. — Les altérations et surcharges commises par un receveur d'arrondissement sur son registre de recettes, en y substituant d'autres valeurs à celles qu'il a reçues, constituent le crime de faux. — *Cass.*, 10 juill. 1806, Guilhaud-Ducluzeau.

462. — V. au surplus, relativement aux surcharges et altérations, *suprà* nos 413 et s.

463. — Une circul. du min. de la justice du 11 sept. 1823 porte que tout notaire qui paraît convaincu, par le résultat d'une information ou d'une procédure, d'avoir énoncé faussement dans un acte une numération de deniers, doit être poursuivi criminellement, sans préjudice de l'action disciplinaire, à fin de destitution dans le cas où il serait acquitté. — V. NOTAIRE.

464. — *Faux intellectuel.* — Le faux intellectuel, mis par la loi sur la même ligne que le faux matériel, est le fait par un fonctionnaire ou officier public, d'avoir, en rédigeant des actes de son ministère, frauduleusement dénaturé la substance ou les circonstances de ces actes, soit en écrivant des conventions autres que celles qui ont été tracées ou dictées par les parties, soit en constatant comme vrais des faits faux, ou comme avérés des faits qui ne l'ont pas été. — Art. 146, C. pén.

465. — Comme on le voit, l'art. 146 exige formellement (et une prescription expresse était d'ailleurs inutile à cet égard) que le fonctionnaire ait agi frauduleusement.

466. — Jugé, en conséquence, que la substitution dans un acte de transport non encore signé de toutes les parties et non clos, opérée même à l'insu du cédant, d'un feuillet à un autre pour remplacer un cessionnaire par un autre, ne peut constituer le faux intellectuel prévu par l'art. 146, C. pén., qu'autant qu'il est constaté qu'elle a eu lieu *frauduleusement*. — *Cass.*, 15 juin 1843 (t. 2 1843, p. 618), Lehon.

467. — Jugé que bien que l'art. 146, C. pén., ait principalement pour but la répression du faux intellectuel, il n'en est pas moins applicable aux faux qui, ayant pour résultat de dénaturer la substance ou les circonstances d'un acte, ont été commis à l'aide de moyens matériels, tels que des intercalations ou des substitutions de feuillets, alors d'ailleurs que ces intercalations ou substitutions ont eu lieu *frauduleusement*. — *Cass.*, 10 nov. 1843 (t. 1er 1844, p. 87), Lehon.

468. — Le faux ainsi commis par intercalation de feuillets à d'autres doit être réputé l'avoir été par le notaire *pendant la rédaction* d'un acte de son ministère (C. procéd. civ., art. 146), alors que le fait a eu lieu avant que l'acte fût terminé et revêtu de la signature de toutes les parties qui y ont concouru, ainsi que de celle des témoins instrumentaires. — Même arrêt.

469. — Il y a crime de faux en écriture authentique de la part du notaire qui, dans un acte de son ministère, a inséré frauduleusement, et à l'insu d'une des parties, une clause restrictive de la garantie contractée par l'autre partie dans un acte précédent demeuré imparfait. — Peu importe que l'acte modificatif ait été dicté par le garant en présence du garanti, à qui même il en aurait donné lecture, s'il n'est pas prouvé que ce dernier ait réellement compris et accepté la restriction de garantie résultant de la convention nouvelle. — *Cass.*, 31 mai 1839 (t. 2 1839, p. 594), Humblot et Obry.

470. — Par suite, est aussi coupable du crime de faux le garant qui s'est concerté avec le notaire pour opérer ce changement frauduleux au préjudice du garanti, qu'il s'est efforcé d'abuser par des prétextes mensongers. — Même arrêt.

471. — Mais il a été jugé aussi que l'indication d'une date tardive donnée par un notaire à une vente d'immeuble, du consentement des parties, pour éviter un double droit d'enregistrement, ne constitue pas le crime de faux, les contractans ne pouvant se plaindre comme ayant consenti, et la régie ayant toujours le droit de prouver la date réelle de l'acte sans inscription de faux. — Il en est de même de l'énonciation d'un prix inférieur à celui réel d'une vente immobilière pour diminuer les droits d'enregistrement, la régie pouvant provoquer l'expertise de l'immeuble vendu. — Même arrêt.

472. — Jugé que le notaire qui, dans un acte de son ministère, a rédigé d'autres conventions que celles des parties, est coupable de faux, encore bien que cet acte soit revêtu de la signature véritable des parties et ne soit pas matériellement faux en tout ou en partie. — *Cass.*, 7 janv. 1808, Colibrant.

473. — Jugé encore que le notaire qui constate dans un acte de son ministère que toutes les formalités prescrites par la loi ont été observées, quoique dans la réalité elles ne l'aient pas été, se rend coupable du crime de faux. — *Cass.*, 17 mai 1812, N...

474. — ... Qu'il en est du même du notaire qui, dans l'acte de suscription d'un testament mystique, énonce l'avoir lu et cacheté en présence des témoins, quoique dans la réalité cette double opération se soit faite en leur absence. — *Cass.*, 8 oct. 1807, Quinquerez.

475. — ... Qu'il y a crime de faux dans la constatation qu'un testament a été dicté par le testateur en présence des témoins, tandis que le notaire ne les a appelés que pour la lecture d'une note, d'après laquelle il a rédigé le testament. — *Cass.*, 21 avr. 1827, Faivre.

476. — ... Qu'il y a crime de faux lorsque le notaire constate la présence de deux témoins qui n'ont pas assisté à la réception de l'acte, « attendu qu'une pareille énonciation a pour objet de donner à l'acte une validité que la loi ne lui accorde pas. » — *Cass.*, 10 nov. 1832, Menesson. — V. cependant *Cass.*, 15 juill. 1819, Benassy.

477. — Il y a également crime de faux de la part du notaire qui, dans l'expédition d'un acte qu'il délivre, en atteste l'enregistrement, quoiqu'il n'ait pas eu lieu. — *Cass.*, 20 avr. 1809, Pioselli et Gazzino; 27 janv. 1815, Bourgeay; 14 juin 1821, Guyot; 6 juill. 1826, Moulin; — Carnot, sur l'art. 145, C. pén., t. 1er, p. 468, no 28; Chauveau et Hélie, *Th. du Code pén.*, t. 3, p. 343; Legraverend, t. 1er, p. 568.

478. — De même le greffier qui, dans des expéditions rédigées, signées et délivrées par lui, atteste faussement le concours du juge dans cet acte et sa signature sur les minutes, commet le faux prévu par l'art. 146. — Chauveau et Hélie, p. 359.

479. — L'art. 139, C. procéd., porte d'ailleurs que les greffiers qui délivreront expédition d'un jugement avant qu'il ait été signé, seront poursuivis comme faussaires.

480. — De même l'huissier qui opère sur l'original d'un commandement en expropriation, après sa signification et son enregistrement, un changement établissant que le nouveau domicile du débiteur est connu du poursuivant, se rend coupable du crime de faux. — *Cass.*, 25 juin 1819 (int. de la loi), Fournier; — Legraverend, t. 1er, chap. 17, p. 589.

481. — En général, tout fonctionnaire public qui certifie faussement et sciemment comme vrai un fait dont sa déclaration doit faire preuve, commet le crime de faux. — *Cass.*, 24 janv. 1811, Chevassus.

482. — Ainsi, le maire qui certifie faussement et sciemment par écrit, dans la forme légale, qu'un conscrit est fils unique de veuve, commet le crime de faux. — Même arrêt; — Bourguignon, *Manuel d'inst. crim.*, t. 2, p. 258 et *Jurisp. crim.*, t. 3, p. 167; Chauveau et Hélie, p. 360. — V. aussi (implic.) *Cass.*, 7 juill. 1837 (t. 1er 1838, p. 221), Moumeja.

483. — Jugé encore que le faux certificat délivré par un maire à un individu pour le faire admettre au service militaire en qualité de remplaçant, constitue le crime de faux prévu par les art. 162 et 146, C. pén. — *Cass.*, 16 juill. 1829, Delaberquerie; 10 avr. 1829, mêmes parties. — V. conf. Chauveau et Hélie, *Théorie du C. pén.*, t. 3, p. 360, et t. 4, p. 47.

484. — La question présentait beaucoup plus de difficulté avant la loi du 21 mars 1831, parce que la mission des maires résultait de simples instructions ministérielles et n'était établie par aucun texte de loi. Aussi les auteurs de la *Théorie du C. pén.* disent-ils que cette jurisprudence était extensive et hasardée; mais depuis que les art. 20 et 21 de la loi précitée ont spécialement délégué les maires pour délivrer les attestations de la nature de celle qui fait l'objet de la question, la solution ci-dessus ne peut plus paraître douteuse.

485. — De même, l'officier de recrutement qui, pour faciliter le remplacement d'un conscrit, délivre au remplaçant un certificat portant qu'il est du même département que ce conscrit, quoiqu'il ait connaissance du contraire, commet un véritable crime de faux. — *Cass.*, 5 mars 1807, Delauzière.

486. — Jugé encore que l'officier de l'état civil qui constate faussement et frauduleusement, dans un acte de célébration de mariage, que ce mariage a été précédé des publications prescrites par la loi, se rend coupable du crime de faux prévu par l'art. 146, C. pén. — *Cass.*, 23 fév. 1843 (t. 2 1843, p. 677), Pieiri.

487. — Toutefois on faisait remarquer, dans le système opposé à celui consacré par la cour suprême, que le défaut de publications préalables n'entraînait pas la nullité du mariage, mais donnait seulement lieu contre l'officier public qui l'avait célébré à une amende ne pouvant excéder 300 fr. — C. civ., art. 172. — C'est là, du reste, un point constamment admis (V. MARIAGE); en conséquence, disait-on, l'affirmation faussement faite qu'il avait été procédé aux publications que prescrit la loi n'a causé aucun préjudice aux parties. Or, le faux ne constitue un crime que quand il nuit à autrui : *veritatis suppressio, dolus et detrimentum tertii*. Le fait reproché à l'officier public, n'ayant pas eu ce résultat préjudiciable, n'ayant aggravé la position d'aucune partie, étant resté sans influence sur l'acte, n'est donc qu'un simple

mensonge que ne peut atteindre la peine infligée au faux.

488. — MM. Chauveau et Hélie font remarquer avec raison (p. 360) que l'art. 146 n'est applicable qu'autant que les attestations portent sur un fait simple et absolu, et non lorsqu'il porte sur un fait moral dont l'appréciation est subordonnée soit aux lumières du fonctionnaire, soit aux règles de la science, et qui, par conséquent, sont sujettes à des erreurs de bonne foi.

489. — Les officiers de police judiciaire, les gardes forestiers, les gendarmes, les préposés des administrations publiques qui, dans les procès-verbaux qu'ils sont appelés à dresser pour constater les délits et les contraventions attesteraient comme vrais des faits faux, ou accompagneraient des faits vrais de circonstances mensongères, propres à aggraver la position des inculpés, se rendraient coupables du crime prévu par l'art. 146. — Chauveau et Hélie, t. 3, p. 361.

490. — « Les faux de cette nature, ajoutent les mêmes auteurs, produits par un égarement de zèle, sont assez fréquens parmi les fonctionnaires d'un ordre inférieur et sont peut-être les plus odieux. La foi trop légèrement accordée au procès-verbal rend toute défense inutile, et la peine a pour base un faux témoignage par acte authentique dont le prévenu lui-même ne peut attaquer la fausseté qu'à l'aide d'une procédure le plus souvent impossible. »

491. — Il a été jugé que le fermier d'un bac qui altère le tarif des droits de passe tracé sur une pancarte en planche et peinte au pinceau, en substituant des sommes plus fortes à celles fixées par l'autorité publique, commet un crime de faux en écritures. — *Cass.*, 15 niv. an XII, Nauroy.

492. — Merlin (*Rép.*, v° *Faux*, sect. 1re, § 5) dit, à l'occasion de ce jugement, dans un plaidoyer du 28 germin. an XIII : « On ne peut, cependant, leur reprocher (aux fermiers) ni contrefaction ni altération de l'acte de l'autorité publique ; ils ne sont coupables, relativement à cet acte, que d'en avoir fait une copie infidèle dans la vue d'extorquer des contribuables plus que ceux-ci ne doivent légalement. » — Ces réflexions, qui sont autant de raisons de douter, nous conduiront à une distinction : la pancarte n'a aucun caractère d'authenticité ; elle ne saurait même être considérée que comme le propre ouvrage du fermier, suivant la loi du 6 frim. an VII, art. 30, qui le charge personnellement d'afficher le tarif sur un poteau. Or, ce fermier n'est revêtu d'aucun caractère public. Comment prétendre, dès-lors, qu'en faisant une simple copie, et qui n'apparaît que comme l'œuvre du prétendu faussaire, il a contrefait ou altéré un acte de l'autorité publique? Mais si l'on envisage la question sous le rapport de l'*usage* de la pièce, la circonstance que la copie se présente comme l'ouvrage du fermier n'a plus la même importance. Son exposition en public lui imprime un degré de garantie suffisant pour tromper les passagers ; et l'on doit décider que le fermier qui s'en sert pour opérer des perceptions illégitimes est absolument dans la même position que le particulier qui altère ses registres privés pour nier un paiement reçu. Ainsi, en résumé, la fabrication, l'altération ont-elles été découvertes sans qu'il ait été fait aucun usage de la pièce, elles ne constituent ni crime ni délit. Le fermier, au contraire, en a-t-il fait usage, il s'est rendu coupable de faux, mais seulement en écriture privée et point du tout en écriture publique ; car, comme on l'a dit plus haut, sa *copie* n'a et n'emprunte aucun caractère d'acte authentique et public.

493. — Jugé encore que le capitaine de navire qui, dans un rapport de mer, fait une fausse déclaration sur des faits que cet acte a pour effet de constater, se rend coupable d'un faux en écriture authentique et publique. — *Bruxelles*, 3 mars 1819, Decoce.

494. — Nous avons fait observer à cet égard que, d'après l'art. 347, C. comm., les rapports de mer sont admis à la décharge du capitaine et font foi en justice jusqu'à la preuve contraire 1° lorsqu'ils ont été vérifiés par l'interrogatoire des gens de l'équipage ; — 2° lorsque le capitaine s'est sauvé seul dans le lieu où il a fait son rapport. Il suit de là que le capitaine qui déclare, dans un rapport de mer, des faits faux de force majeure, se rend coupable de crime de faux : car il altère, dans une intention criminelle, les faits que cet acte avait pour objet de constater, et il cause un préjudice à autrui en se créant un titre contre les intéressés. Cette première proposition nous semble claire et évidente. Mais hors les deux cas déterminés ci-dessus, un rapport de mer ne faisant point foi en justice, les déclarations qu'il contient ne peuvent causer aucun préjudice à autrui. On serait donc autorisé à soutenir que leur fausseté manque d'un des élémens constitutifs du crime de faux. Cependant supposez que les complices qui ont promis au capitaine de confirmer sa déclaration par leur témoignage ne persistent plus dans ce criminel projet devant le juge appelé à vérifier le rapport de mer ; ou supposez que le capitaine qui s'est cru le seul survivant de tout l'équipage vienne à être contredit par d'autres naufragés arrivés après lui dans le lieu de sa déclaration, il n'en aura pas moins fait tout ce qui lui était possible de faire pour consommer la fraude ; sa culpabilité sera la même que s'il eût réussi ; il aura donc encouru les peines de la tentative, ainsi que l'enseignent, dans une espèce analogue, MM. Chauveau et Hélie (*Th. C. pén.*, t. 3, p. 336) ; car quoique, par le résultat ultérieur, l'acte se soit trouvé inefficace, il n'en était pas moins susceptible d'engendrer un préjudice, sous certaines conditions dont l'inaccomplissement est indépendant de la volonté du faussaire.

495. — Jugé que celui qui, en sa qualité d'officier de l'état civil, fabrique un faux acte de mariage pour soustraire un individu à la conscription, commet un délit principal de nature à porter préjudice à des tiers, qui ne peut rentrer dans l'application d'une amnistie accordée aux conscrits et déserteurs. — *Cass.*, 4 mai 1810, Pelin ; 19 juill. 1810, Villemar. — V. au surplus AMNISTIE.

Sect. 2e. — *Faux en écritures publiques ou authentiques par ceux qui ne sont ni fonctionnaires, ni officiers publics ou par des fonctionnaires ou officiers publics hors de leurs fonctions.*

496. — L'art. 147 prévoit et punit, mais de peines moindres que les art. 145 et 146, les faux commis dans des écritures publiques et authentiques par ceux qui ne sont ni fonctionnaires ni officiers publics, ou par des officiers publics, mais en dehors de leurs fonctions.

497. — Nous avons déjà donné, en expliquant les divers modes de perpétration du crime de faux des indications qui nous dispensent d'entrer ici dans de longs développemens. Nous nous bornerons principalement à signaler, à l'aide de la jurisprudence, dans quels cas le faux commis par l'un des modes dont parle l'art. 147, doit être réputé, de la part des particuliers, commis en écriture publique ou authentique.

498. — Les actes notariés étant rangés par la loi dans les actes authentiques les faux qui y sont commis sont évidemment réputés commis en écritures authentiques.

499. — A cet égard il a été jugé que celui qui se présente chez un notaire et y souscrit un acte sous un nom étranger se rend coupable de faux en écriture publique, quand même il ne signerait pas l'acte et déclarerait seulement ne savoir ou ne pouvoir signer. — *Cass.*, 8 messid. an IX, Vandenbosch.

500. — ... Qu'il en est de même du failli qui, dans un acte authentique de vente consentie à son profit, prend un faux prénom dans le dessein de soustraire l'immeuble faisant l'objet du contrat aux poursuites tant des créanciers du vendeur que des siens propres. — *Cass.*, 3 oct. 1806, Nathan Loeb ; — Merlin, *Rép.*, v° *Faux*, sect. 1re, § 7, n° 1er ; Legraverend, t. 1er, chap. 17, *Du Faux*, § 2, p. 591 ; Chauveau et Hélie, *Théorie du Cod. pén.*, t. 3, p. 368.

501. — Jugé néanmoins que dans le cas où un mandataire, après la révocation du mandat, remplit de son nom le blanc laissé dans la procuration et crée avec antidate une obligation à la charge de son mandant (ce qui constitue le crime de faux), ce faux résultant non de l'insertion du nom dans la procuration, mais de la création ultérieure d'une obligation au nom du mandant, est en écriture privée si cette obligation a été faite par acte sous-seing-privé, bien que l'intercalation de nom ait eu lieu dans une procuration authentique. — *Cass.*, 26 fév. 1836, Boiché et Morache.

502. — En général, comme il a été dit plus haut, lorsque la fausse qualité prise par un individu a servi de base à l'exercice d'un droit, et qu'un acte public où ce droit a été usurpé a été souscrit en vertu de ce titre faux, cette usurpation peut prendre les caractères du faux, et dans ce cas le faux est réputé commis en *écriture publique*.

503. — Ainsi jugé que le soldat qui, sous le titre usurpé d'officier, se fait délivrer des feuilles de route qu'il signe comme tel, et reçoit sur ses quittances, en cette qualité, les appointemens attachés à son prétendu grade, commet le crime de faux en écritures authentiques et privées — *Cass.*, 21 avr. 1808, Lemasson-Ramé. — V. en outre *suprà* nos 96 et s.

504. — Le faux commis dans les actes civils constitue le crime de faux en écritures authentiques et publiques. — Ce principe, déjà consacré, comme nous l'avons vu plus haut, dans les espèces où il s'agissait d'actes faux dressés par les fonctionnaires eux-mêmes a, en outre, été appliqué par les décisions qui suivent.

505. — Ainsi jugé que celui qui signe et délivre expédition d'un acte de l'état civil sachant qu'il est faux commet le crime de faux en écriture authentique et publique. — *Cass.*, 13 oct. 1826, Garnier.

506. — ... Qu'est également coupable du crime de faux *en écriture authentique* celui qui, pour opérer la révocation d'une donation par lui consentie au profit d'un tiers, a fait dresser par l'officier de l'état civil l'acte de naissance et postérieurement l'acte de décès d'un enfant qu'il a déclaré être issu de son légitime mariage, mais qui n'a jamais existé. — *Grenoble*, 19 fév. 1831, Marcellin ; — Chauveau et Hélie, *Théorie du Code pén.*, t. 3, p. 384.

507. — ... Que la déclaration à l'officier de l'état civil que telle femme vient d'accoucher d'un enfant mort-né, lorsqu'il n'y a pas eu d'accouchement, constitue un faux en écriture publique, et non la supposition d'un enfant à une femme non accouchée. — *Toulouse*, 17 oct. 1839 (t. 2 1840, p. 49), Abadie.

508. — ... Que la substitution d'un nom à un autre, dans un acte de naissance, porte sur les faits que cet acte avait pour objet de recevoir et de constater, ce qui constitue, lorsqu'elle est faite dans une intention coupable, le crime de faux *en écriture publique et authentique*. — *Cass.*, 8 juill. 1813, Charles Sénécal ; — Chauveau et Hélie, t. 3, p. 381.

509. — ... Que celui qui a falsifié son acte de naissance pour se rendre apte à remplacer un conscrit au service militaire commet le crime de faux en écritures authentiques. — *Cass.*, 15 juill. 1808, Pelloree.

510. — ... Que l'altération de la date de la naissance dans un acte de naissance constitue le crime de faux en écritures authentiques. — *Cass.*, 26 déc. 1812, Moisnard ; 22 déc. 1812, Boschi ; 25 juin 1812, Stakebrand ; — Legraverend, t. 1er, p. 585 ; Chauveau et Hélie, t. 3, p. 381.

511. — Le crime existe, encore bien que la signature apposée au bas de cet extrait n'ait pas été légalisée. — *Cass.*, 22 oct. 1812, Boschi ; — Merlin, *Rép.*, v° *Faux*, sect. 1re, § 11 *bis* ; Bourguignon, *Jurisp. crim.*, t. 3, p. 154, n° 3 ; Legraverend, t. 1er, chap. 17, p. 591.

512. — Jugé encore que la falsification d'un acte de l'état civil constitue le crime de faux en écriture publique, encore bien que l'altération ait été commise sur une expédition fabriquée faussement dans son entier et non délivrée par l'officier compétent. — *Cass.*, 25 juin 1812, Stakebrand ; — Legraverend, t. 1er, p. 592.

513. — Est encore coupable du crime de faux celui qui, voulant paraître marié quoique ne l'étant pas, a signé un acte de mariage hors la présence de l'officier de l'état civil, sans que cet officier ait rempli, avant ni après, les formalités constitutives de la cérémonie nuptiale. *Cass.*, 3 sept. 1812, Bellet ; — Merlin, *Rép.*, v° *Faux*, sect. 1re, § 34.

514. — Celui qui comparaît devant l'officier de l'état civil, pour donner son consentement à un mariage, sous le faux nom du père de l'un des contractans, et qui ne se retire que pendant la lecture de l'acte, lorsqu'il s'aperçoit qu'il est reconnu par l'officier public, commet une tentative de faux *en écriture authentique*. — *Cass.*, 12 juin 1807, Martin de Coen ; 6 août 1807, même partie.

515. — Mais jugé que l'étranger qui, pour contracter mariage en France, fait fabriquer un faux acte de naissance, un faux certificat de publication et une fausse lettre d'envoi comme émanés d'un officier public de son pays, se rend coupable d'un simple faux en écriture privée et non en écriture publique, s'il ne fait aucune démarche pour donner à ces pièces la forme légale. — *Metz*, 7 août 1821, Gaspard.

516. — Les faux commis dans les certificats délivrés par les maires, en matière de recrutement de l'armée, ainsi que les fausses déclarations faites devant les conseils de révision, sont également réputés commis en écriture publique.

517. — C'est ce qui a été jugé à l'égard de la fabrication, sous le nom du maire d'une commune, d'un faux certificat attestant qu'un déserteur a tiré au sort, et qu'il a été exempté du service par son numéro qui n'a pas été atteint. — *Cass.*, 22 janv. 1813, Jean Belain ; — Legraverend, t. 1er, chap. 17, p. 590 ; Carnot, sur l'art. 162, C. pén., t. 1er, p. 505, n° 2.

518. — ... De la production, dans le but d'obte-

nir l'exemption du service militaire, d'un certificat attestant faussement qu'un individu est fils aîné d'une femme veuve. — *Cass.*, 17 juill. 1837 (t. 1er 1838, p. 220), Mouméja.

519. — ... Du fait de s'être présenté devant un conseil de révision sous un faux nom et d'avoir ainsi fait prononcer une exemption. — *Cass.*, 2 sept. 1831, Ladurantie; — Chauveau et Hélie, *Théorie du Code pénal*, t. 3, p. 387.

520. — ... Du fait par un individu de s'être attribué les noms et prénoms d'un conscrit et d'avoir figuré en son lieu et place, comme soldat, dans un acte émané de l'autorité militaire. — *Cass.*, 17 sept. 1835, Abaulret et Guen.

521. — ... Du fait, par un individu qui se présente comme remplaçant militaire, d'avoir signé d'un faux prénom l'acte de remplacement passé devant le préfet du département. — *Cass.*, 29 sept. 1836, Parsouit.

522. — Le fait, par un individu, d'avoir représenté, devant le conseil de révision, à l'effet de se faire exempter du service militaire, un faux certificat délivré par un adjoint au maire et attestant faussement, sur la prétendue déclaration de trois pères de famille, qu'il est le fils d'un septuagénaire, ne constitue un crime de faux en *écriture authentique* qu'autant qu'il est expressément déclaré par le jury que celui qui a délivré le faux certificat avait la qualité d'adjoint. — Cette dernière circonstance, constituant un fait matériel, ne peut être suppléée par la cour d'assises ni par les documens fournis par l'acte d'accusation. — *Cass.*, 5 oct. 1838 (t. 1er 1847), Chazeau.

523. — Les sous-intendans militaires étant chargés de dresser les actes de remplacement des soldats faisant partie des corps de l'armée et de donner à ces actes ainsi qu'aux expéditions qu'ils en délivrent l'authenticité nécessaire, les faux qui y sont commis constituent des faux en écriture authentique et publique. — *Cass.*, 14 sept. 1821, Charles Noyon; — Legraverend, t. 1er, ch. 17, p. 588; Chauveau et Hélie, *Th. du C. pén.*, t. 3, p. 334.

524. — V., au surplus FAUX CERTIFICATS. — V. également, sur les fausses déclarations ou substitutions de personnes devant les conseils de révision dans le but de frauder la loi sur le recrutement, les nombreuses décisions indiquées *suprà* nos 230 et s., 342 et s., 482 et s.

525. — La falsification ou fabrication des diplômes d'examen, certificat de capacité, lettres d'*ordination*, constitue un faux en écriture authentique et publique.

526. — Ainsi jugé à l'égard de la fabrication ou falsification d'un diplôme de pharmacien délivré par une école de pharmacie, et l'usage fait sciemment de cette pièce en se l'appropriant. — *Cass.*, 20 août 1825, Gabriel Lebas; — Chauveau et Hélie, *Th. C. pén.*, t. 3, p. 334 et 382.

527. — ... De la fabrication d'un faux diplôme de docteur en médecine. — *Cass.*, 5 sept. 1833, Bouchet.

528. — Jugé aussi par le même arrêt qu'il suffit qu'une pièce ait été déclarée avoir les caractères extérieurs d'un diplôme, pour que la fabrication de cet acte doive être réputée constituer un faux en écriture authentique, quel que soit l'état matériel de la pièce fabriquée, et sans que la cour de Cassation ait à rechercher si, dans la réalité, il n'était pas impossible, à cause de son état grossier, de la regarder comme acte authentique.

529. — Jugé toutefois, contrairement à ces principes, que celui qui fabrique un faux brevet de répétiteur en donnant à cet acte les signatures contrefaites des fonctionnaires de la commission d'instruction publique ayant caractère pour accorder ce brevet, se rend coupable, non d'un crime de faux en écriture publique, mais du délit prévu par l'art. 161, C. pén. — *Metz*, 2 oct. 1821, Charamand.

530. — Le fait d'avoir passé l'examen de bachelier ès-lettres pour un autre individu et d'avoir signé du nom de cet individu le certificat d'aptitude destiné à faire obtenir un diplôme constitue le crime de faux par supposition de personnes, et, suivant les circonstances, de faux en écriture authentique et publique, prévus et punis par les art. 162 et 147, C. pén. — *Cass.*, 28 fév. 1835, Quirin; — Chauveau et Hélie, *Th. C. pén.*, t. 3, p. 334.

531. — La fabrication d'un certificat de capacité pour l'instruction primaire constitue le crime de faux en écriture authentique et publique. — *Cass.*, 23 déc. 1841 (t. 1er 1842, p. 605), N...

532. — Le fait d'avoir fabriqué à son profit de fausses lettres d'ordination, et d'y avoir apposé la fausse signature d'un évêque, constitue le crime de faux en écriture publique. — *Cass.*, 29 août 1840 (t. 2 1840, p. 590), Ladmiral; — Jousse, *Just. crim.*, t. 3, p. 362, n° 51; Leprêtre, centur. 2e, ch. 56, n° 15.

533. — ... Dans tous les cas, et en admettant qu'un pareil faux ne rentrât pas dans la classe de ceux en écritures authentiques et publiques, il n'en serait pas moins de la compétence de la cour d'assises; d'où il résulte que l'auteur n'est pas fondé à critiquer l'arrêt de la chambre des mises en accusation qui le renvoie devant cette juridiction en se bornant à citer les art. 147 et 148, C. pén. — *Cass.*, 19 juin 1840 (t. 1er 1847), Ladmiral.

534. — La jurisprudence a également considéré comme faux en écriture publique l'altération frauduleuse des registres cotés et paraphés par un officier public, et servant à constater les recettes aux entrepôts de l'octroi, lors même que l'octroi serait affermé à un particulier. — *Cass.*, 2 juill. 1829, Veillet; — Chauveau et Hélie, *Th. Code pén.*, t. 3, p. 382.

535. — ... L'altération d'une pièce émanée de l'officier public préposé à la perception des droits d'essai des matières d'or et d'argent par lui délivrée dans l'exercice de ses fonctions. — *Cass.*, 19 mai 1826 (Int. de la loi), Duchêne; — Chauveau et Hélie, t. 3, p. 334 et 382.

536. — ... Le fait par un individu de s'être présenté au bureau de la poste sous le nom d'un tiers, pour recevoir le montant d'une reconnaissance, et, après avoir déclaré ne savoir signer, d'avoir fait dresser, sur l'attestation de deux témoins, et fait inscrire sur le registre de la poste une quittance du montant de la reconnaissance. — *Cass.*, 17 juill. 1829, Huin; — Chauveau et Hélie, t. 3, p. 375.

537. — ... Le fait d'avoir apposé une fausse signature sur un registre et sur une reconnaissance de la poste, à l'effet de retirer un envoi d'argent. — *Cass.*, 7 déc. 1833 (Intérêt de la loi), Mulher-Durang; — Chauveau et Hélie, t. 3, p. 334.

538. — ... Le fait d'avoir apposé une fausse signature sur un registre de l'administration des postes, dans le but de s'approprier un envoi d'argent fait à la personne dont on a contrefait la signature. — *Cass.*, 22 avr. 1842 (t. 2 1842, p. 363), Piétri.

539. — Jugé encore que le faux commis sur des reconnaissances de dépôt d'argent de l'administration de la poste est un faux en écriture authentique et publique, puisque les reconnaissances délivrées par les directeurs préposés par cette administration publique engagent le trésor. — *Cass.*, 13 juin 1846 (t. 2 1846, p. 169) [Intérêt de la loi], Poncet.

540. — ... Et que le faux commis par un militaire dans une de ces reconnaissances tombe sous l'application de l'art. 147, C. pén., et ne saurait être puni de la peine des fers et de la dégradation militaire portée par l'art. 19 de la loi du 12 mai 1793, qui ne concerne que les faux commis dans les congés militaires. — Même arrêt.

541. — ... Jugé également que les réquisitions des officiers de semaine, faites en exécution des pouvoirs à eux conférés par les art. 24 et 149 de l'ord. royale du 3 mai 1832, sur le service administratif de l'armée en campagne, ont un caractère authentique et obligent le trésor public. — *Cass.*, 12 juill. 1844 (t. 2 1844, p. 568) [intérêt de la loi], Lambert-Ligier.

542. — ... Et que le faux consistant dans la contrefaçon, par un militaire, de la signature de deux officiers sur des bons de vivres, tombe sous l'application de l'art. 147, C. pén., et ne saurait être puni des peines des fers et de la dégradation militaire portées par l'art. 19 de la loi du 12 mai 1793, qui ne concerne que les faux commis dans les congés militaires. — Même arrêt.

543. — Nous ferons néanmoins remarquer que cette décision, qui nous paraît rentrer dans la véritable interprétation de la loi du 19 mai 1793, est contraire à la jurisprudence de la plupart des conseils de guerre, et notamment des conseils de guerre de la première division militaire. Il est à mentionner, en outre, que la doctrine admise par la cour de Cassation permet, d'une part, d'élever la peine à vingt ans de travaux forcés; et, d'autre part, de l'abaisser à deux ans d'emprisonnement, aux termes de l'art. 463, C. pén., tandis que le châtiment appliqué en vertu de la loi du 19 mai 1793 serait invariablement de cinq ans de fers.

544. — L'altération d'un plan cadastral déposé dans une mairie, dans le but de faire supposer l'existence d'un chemin privé qui n'existe pas en réalité, constitue le crime de faux en écriture publique, sans qu'on puisse objecter qu'un plan cadastral ne fait pas titre. — *Cass.*, 29 fév. 1844 (t. 2 1846, p. 436), Flament.

545. — Il en est de même des faux commis dans les confections des billets de la loterie royale, des additions ou altérations qui y sont pratiquées. — *Cass.*, 2 juin 1825, Jacques Suzzoni; — Chauveau et Hélie, t. 3, p. 334.

546. — Tout faux commis dans un acte d'écrou rédigé par le gardien d'une prison constitue le crime de faux en écriture authentique et publique. — *Cass.*, 10 fév. 1827, Georges Berat.

547. — Jugé également par un arrêt déjà cité que celui qui, pour se faire écrouer au lieu d'un autre individu, fait rédiger un acte d'écrou sous un faux nom, *commet un faux en écriture authentique*; mais aussi qu'il appartient aux chambres d'accusation d'apprécier les circonstances qui peuvent dépouiller ce fait de tout caractère de criminalité. — *Cass.*, 17 fév. 1838 (t. 2 1838, p. 509), Dumoulin.

CHAPITRE IV. — *Faux en écriture de commerce ou de banque.*

548. — Le faux en écritures de commerce et de banque est puni de la même peine que le faux en écriture publique ou authentique commis par les particuliers. — « La sûreté et la confiance, dit à cet égard l'exposé des motifs, sont la base du commerce, et ses actes présentent aussi de grands points de ressemblance dans leur importance et dans leur résultat avec les actes publics : la sûreté de leur circulation, qui doit être nécessairement rapide, demande une protection particulière de la part du gouvernement : ces motifs et la facilité de commettre des faux sur les effets de commerce ont déterminé la gravité de la peine qui a pour objet leur altération. »

549. — Le Code pénal n'ayant pas défini le caractère des écritures de commerce, il en résulte que c'est aux dispositions du Code de commerce qu'il faut recourir à cet égard. — V. ACTE DE COMMERCE.

550. — Au nombre des écritures de commerce se présentent en première ligne les lettres de change. — Ainsi jugé, qu'on doit réputer coupable du crime de faux en écriture de commerce celui qui a fabriqué à son profit une fausse lettre de change et qui l'a souscrite d'une fausse signature. — *Cass.*, 10 août 1815, Louis Perthou.

551. — Jugé de même, à l'égard de celui qui a fait fabriquer à son profit une lettre de change sous un nom idéal, et qui la passe ensuite à l'ordre d'un tiers. — *Cass.*, 1er oct. 1825, Vidaillac; — Merlin, *Rép. addit.*, v° *Faux*, t. 15, p. 313.

552. — Jugé encore que la transposition frauduleuse faite, de son endossement, par l'un des endosseurs d'une lettre de change, constitue un faux en écriture de commerce. — *Cass.*, 29 janv. 1847 (t. 1er 1847), Boisset.

553. — ... Et qu'il en est de même de la fabrication d'un faux billet négociable établissant une remise d'argent de place en place, encore bien que le fait de cette remise ne soit que supposé. — *Cass.*, 3 janv. 1828, François Gabriel; — Chauveau et Hélie, t. 3, p. 398.

554. — Dès qu'un individu est déclaré coupable de faux commis dans une lettre de change, c'est la peine prononcée par l'art. 147 qui doit lui être appliquée. — *Cass.*, 15 juin 1827 (dans ses motifs), Boissonneau.

555. — Le crime de faux existe, quand bien même les maisons de commerce, après avoir reçu les lettres, se seraient refusées à la délivrance des marchandises. — *Cass.*, 8 nov. 1810, N...

556. — La lettre de change est par elle-même un effet de commerce, quelle que soit la qualité du souscripteur. — D'où il résulte que la fabrication d'une lettre de change portant la fausse signature d'un conseiller de cour royale, constitue un faux en écriture de commerce. — *Cass.*, 5 sept. 1828, Aubry.

557. — Toutefois, les lettres de change tirées par *des filles ou par des femmes non commerçantes* étant réputées simples promesses, le faux commis dans des effets de cette nature, ne peut pas constituer le crime de faux en écriture de commerce. — *Cass.*, 5 sept. 1828, Aubry; — Chauveau et Hélie, *Théorie du Code pén.*, t. 3, p. 398.

558. — C'est à tort qu'il a été jugé que le commerçant qui fabrique sous un nom imaginaire une fausse lettre de change à son ordre, causée valeur en marchandises, et qui la fait escompter à son profit, sachant qu'elle est fausse, commet un simple faux en écriture privée, et non un faux en écriture de commerce, lorsque rien n'établit que le souscripteur soit commerçant, et que l'effet ait eu pour objet, de sa part, une opération de commerce. — *Paris*, 12 mai 1837 (t. 1er 1837, p. 350), Leblanc.

559. — En effet, un pareil système rendrait à jamais impossible le faux en écriture de commerce par l'emploi d'un nom imaginaire, puisque, d'une part, la qualité de commerçant suppose un individu existant, et que, d'autre part une opération réelle de commerce ne peut pas être faite par un individu qui n'existe pas. Cet arrêt est, au surplus, mal fondé; 1° en ce que l'effet tiré d'un lieu sur un autre, ou lettre de change, constitue un acte de

commerce, même entre non-commerçans (C. comm., art. 632); — 2° en ce que le commerçant qui fait escompter et endosse un billet, soit de change, soit à ordre, est réputé opérer pour son commerce et fait un acte de commerce de même que s'il souscrivait le billet : d'où il suit qu'en faisant ainsi usage d'une pièce fausse, et dont il connaît la fausseté pour l'avoir lui-même fabriquée, il se rend coupable de faux en écriture de commerce. Il ne peut donc faire jurisprudence.

560. — Le fait de la fabrication d'une lettre de change tirée sous un faux nom à l'ordre de soi-même constitue un faux en écriture de commerce, alors même que la mise en circulation n'aurait eu lieu qu'au moyen d'un endossement en blanc, si, d'ailleurs, le porteur l'a lui-même revêtue d'un autre endossement en blanc. — Et le fait, par le porteur, d'avoir apposé sur un tel effet sa simple signature en blanc, peut être réputé constituer une complicité du crime de faux. — *Cass.*, 8 avr. 1843 (t. 2 1843, p. 646), Allary.

561. — Au cas d'accusation de faux dirigée contre un individu comme ayant, en remplissant un endossement en blanc sur une lettre de change, créé à son profit une obligation, il n'est pas nécessaire d'interroger le jury sur le point de savoir si la lettre de change avait été ou non confiée à l'accusé. Il n'en est pas comme au cas de prévention d'abus de confiance. — *Cass.*, 23 oct. 1840 (t. 1er 1847), Giraudin.

562. — Il a été jugé que celui dont la fraude est découverte lorsqu'il a déjà fait graver des modèles de lettres de change avec vignettes calquées sur les traites originales d'un banquier dont il se propose d'emprunter le nom, pour les livrer à la circulation avec son endossement, est coupable d'une tentative caractérisée du crime de faux. — *Cass.*, 4 sept. 1807, Neustadt et Assier.

563. — On peut, toutefois, se demander s'il y a là réellement un commencement d'exécution ou s'il n'y a pas plutôt un simple acte préparatoire qui échappe à l'application de la loi pénale? — Le faux ne consiste nullement dans la feuille de papier gravée, mais dans l'écriture, la signature et la confection de la date. Il reste encore à l'accusé un pas immense à franchir, et il peut encore reculer devant l'exécution du crime qu'il médite. L'individu qui prend l'empreinte d'une serrure, celui qui est porteur d'une fausse clé, ne peuvent, par cela *seul*, être considérés comme auteurs d'une tentative de vol, et, cependant, leur intention est bien manifeste. Dans l'espèce, le papier gravé n'est autre chose que l'instrument du faux, comme l'empreinte d'une serrure ou la fausse clé sont l'instrument du vol : sa fabrication ne constitue donc qu'un simple acte préparatoire.

564. — Quant aux billets à ordre, il a été jugé que le faux commis dans des billets à ordre souscrits par un marchand au profit d'un autre marchand, pour fait de marchandises, est un faux en écriture de commerce. — *Cass.*, 7 oct. 1825, Voillot.

565. — ...Que la fabrication d'un faux billet souscrit de la fausse signature d'un commerçant constitue le crime de faux en écriture de commerce. — *Cass.*, 9 juill. 1835, Seyty; — Chauveau et Hélie, *Théorie du Code pén.*, t. 3, p. 403.

566. — Jugé de même que signer un billet du faux nom d'un *menuisier* commerçant, c'est commettre le crime de faux en écriture de commerce, les billets souscrits par un commerçant étant censés faits pour son commerce lorsqu'une autre cause n'y est pas énoncée. — *Cass.*, 23 oct. 1840 (t. 1er 1847), Giraudin.

567. — ... Que la fabrication d'un billet à ordre censé souscrit par un marchand de vins, valeur reçue comptant, constitue le crime de faux en écriture de commerce, quoique ce billet ne soit pas daté. — *Cass.*, 17 août 1827, Harotte. — En effet, l'omission de la date ne rend pas l'engagement nul et n'en change pas la nature.

568. — ... Que l'usage fait sciemment d'un billet souscrit de la fausse signature d'un fabricant de serge constitue un faux en écriture de commerce. — *Cass.*, 7 déc. 1827, Sagniez.

569. — ... Que la fabrication et l'usage sciemment fait de billets faux prétendus souscrits par des négocians constitue le crime de faux en écriture commerciale, bien qu'ils portent l'énonciation *valeur reçue comptant*. — *Cass.*, 16 juill. 1835, Couillou.

570. — ... Qu'une quittance à compte d'un billet à ordre, donnée par un banquier, en sa qualité de banquier, constitue une écriture de commerce ou de banque. — *Cass.*, 28 mai 1825, Aubin Vidal; — Chauveau et Hélie, *Th. du Code pén.*, t. 3, p. 401.

571. — ... Que le fait d'avoir fabriqué au dos d'un billet à ordre trois endossemens sous la fausse signature de deux fabricans, et d'avoir donné ce faux billet à ordre en paiement de marchandises achetées comme marchand, constitue un faux en écriture de commerce passible des peines portées en l'art. 147, C. pén., et non de celles de l'art. 150. — *Cass.*, 9 nov. 1833, Ronné.

572. — Mais le faux commis dans des billets à ordre ne constitue un faux en écriture de commerce qu'autant qu'ils ont pour cause une opération de commerce ou qu'ils sont revêtus de la signature d'individus commerçans. — *Cass.*, 1er avr. 1826, Le Bihan; 26 janv., avr. et 25 mai 1827, Gabreaux; 15 juin 1827, Boissonneau; 4 oct. 1827, Peloce; 19 sept. 1828, Lévy; 4 déc. 1828, Nicolle; 30 mai 1833, Boulet; 23 janv. 1834, Grenier; 23 mars 1827, Mousson.

573. — Jugé encore que la fabrication d'un faux billet à ordre constitue un faux en écriture privée et non en écriture de commerce, s'il n'énonce point qu'il ait eu pour cause une opération de commerce; s'il ne suppose point non plus une prétendue remise d'argent de place en place, et si la fausse signature qu'il porte n'est point celle d'un commerçant. — *Cass.*, 8 juin 1827, Rose; 17 janv. 1828, Ballagny; 24 janv. 1828, Berson.

574. — De simples billets à ordre n'étant point par eux-mêmes des actes de commerce, l'insertion faite après coup du mot *ordre* sur une simple promesse ne peut la transformer en un billet de commerce, ni attribuer à cette falsification le caractère de faux en écriture de commerce. — *Cass.*, 26 janv. 1827, Avril.

575. — L'apposition de la fausse signature d'un individu non commerçant, au dos d'un billet à ordre souscrit par un commerçant, ne pourrait constituer un faux en écriture de commerce qu'autant que cette contrefaçon serait accompagnée de faits propres à donner à la transmission de la propriété d'un billet le caractère d'une opération de commerce. — *Cass.*, 16 mai 1828, More; — Chauveau et Hélie, *Th. du Code pén.*, t. 3, p. 400.

576. — Il ne suffit pas, pour constituer le crime de faux en écriture de commerce, que l'auteur d'un faux billet soit commerçant, ou qu'il en ait fait usage dans une opération commerciale; il faut que le billet soit revêtu de la signature contrefaite d'un commerçant, ou qu'il soit supposé avoir pour cause une opération de commerce. — *Cass.*, 9 mars 1827, Marin; 6 avr. 1827, Bourdillat.

577. — En conséquence, un accusé ne peut pas être condamné comme coupable d'un faux en écritures de commerce, lorsque la déclaration du jury n'exprime pas que les effets qu'il a fabriqués ou dont il fait usage soient des lettres de change ou des billets à ordre faussement souscrits de la signature de négocians, ni qu'ils aient eu pour cause des opérations de commerce. — *Cass.*, 14 juin 1832, Gourg.

578. — Ce principe a été consacré par de nombreux arrêts. — *Cass.*, 23 nov. 1833, Tronchet; 23 janv. 1834, Grenier; 10 juill. 1834, Bolle.

579. — De même, la négociation ou l'endossement d'un billet à ordre n'est réputé faux en écriture de commerce qu'autant que le jury a constaté que la fausse signature était celle d'un négociant ou que le billet avait pour cause une opération de commerce. Il ne suffirait pas qu'il fût causé valeur reçue en marchandises et à ordre. — *Cass.*, 25 mai 1827, Gabreaux; 2 avr. 1835, Boullengé; 31 janv. 1840 (t. 1er 1840, p. 566), Burland.

580. — Jugé encore que le faux commis sur des billets à ordre causés valeur en marchandises n'a le caractère d'un faux en écriture de commerce qu'autant que la déclaration du jury mentionne que les marchandises, valeur des billets, avaient été achetées pour être revendues, ou que les signatures apposées sur ces billets étaient des signatures de négocians. — *Cass.*, 7 oct. 1825, Daumont; 15 oct. 1825, Leroy; 26 janv. 1826, Muiron; 6 juill. 1827, Marcassin; 18 sept. 1829, Petit Coulon; 18 juin 1831, Brindejonc; 30 déc. 1831, Vilepert; 4 déc. 1828, Nicolle.

581. — La fabrication d'un faux billet à ordre n'est passible des peines du faux en écriture de commerce qu'autant que le jury a déclaré que les signatures contrefaites étaient celles de négocians, et cette circonstance, étant essentiellement constitutive du caractère commercial, ne peut pas être suppléée par l'énonciation que l'effet avait été mis dans le commerce. — *Cass.*, 13 déc. 1832, Pierre Biret.

582. — Jugé encore que le faux commis dans une note de négociation d'un billet à ordre, de même que dans un endossement, ne constitue un faux en écriture de commerce qu'autant que la déclaration du jury exprime que la fausse signature apposée sur cette note est celle d'un commerçant ou que la négociation a eu pour cause une opération de commerce. — *Cass.*, 6 mars 1828, Antoine Passio.

583. — ... Que l'usage d'une fausse quittance d'un prix de marchandises ne constitue le crime de faux en écritures de commerce qu'autant que le jury a déclaré que l'accusé s'en était rendu coupable en qualité de commerçant ou que les marchandises avaient été achetées, soit même pour en louer simplement l'usage. — *Cass.*, 22 juin 1832, Courmont.

584. — ... Que la cour d'assises ne peut considérer comme constituant un faux en écriture de commerce l'usage fait sciemment d'une quittance qu'autant que le jury a déclaré que cette quittance avait trait à une opération de commerce et que l'accusé en avait fait usage en qualité de commerçant. — *Cass.*, 23 juin 1832, Courmont.

585. — ... Que la cour d'assises ne peut conférer à des billets à ordre déclarés faux par le jury la qualification d'écritures de commerce et prononcer contre l'accusé la peine portée par l'art. 147, C. pén., qu'autant qu'il résulte des questions affirmativement résolues par le jury et de la solution qu'il y a donnée, que la qualité de négociant doit être attribuée aux prétendus signataires et endosseurs de ces billets. — *Cass.*, 10 juill. 1834, Bolle.

586. — La réunion de ces trois circonstances dans un billet souscrit du nom d'un individu non commerçant et déclaré faux par le jury : 1° qu'il a été négocié à un banquier, 2° qu'il renfermait l'énonciation *valeur en marchandises*, 3° qu'il a été passé à l'ordre d'un négociant et endossé par lui, ne suffit pas pour constituer un faux en écriture de commerce. — A supposer que la qualité de marchand de l'endosseur d'un billet faux puisse donner à ce billet une nature commerciale, il faut qu'elle soit énoncée dans la question posée aux jurés et déclarée par leur réponse. — *Cass.*, 2 août 1838 (t. 1er 1840, p. 420), Sudric.

587. — Lorsque, dans une accusation de faux, le billet à ordre incriminé ne porte pas la signature d'un commerçant et n'a pas pour cause une opération commerciale ne constituant qu'une obligation purement civile, et que d'un autre côté il est revêtu d'endossemens émanés de négocians, il n'y a pas lieu d'appliquer les peines du faux en écriture de commerce si les questions affirmativement résolues par le jury ne spécifient point sur lesquels de ces deux actes distincts, le billet ou les endossemens, porte l'incrimination de faux. — *Cass.*, 3 avr. 1841 (t. 1er 1842, p. 260), Roche.

588. — Lorsque dans les questions soumises au jury, il n'y a aucune mention de la qualité de commerçant ou de fabricant attribuée à l'accusé, et qu'on n'y trouve l'énonciation d'aucunes circonstances propres à caractériser le faux en écriture de commerce, la cour d'assises interprète mal la déclaration purement affirmative du jury et fait une fausse application de la loi en condamnant cet accusé aux peines du crime de faux en écriture de commerce. — *Cass.*, 30 nov. 1833, Thivoyon.

589. — Mais lorsque le jury a déclaré qu'un billet (réunissant d'ailleurs tous les caractères d'un effet de commerce) porte la fausse signature d'un souscripteur commerçant, la cour d'assises ne peut décider qu'il n'y a qu'un faux en écriture privée sous le prétexte que la fausse signature ne pouvant, d'après les débats, s'appliquer à aucun individu connu, il est incertain si c'est un commerçant dont la signature a été contrefaite. — *Cass.*, 14 oct. 1831, Talobbe.

590. — Les billets souscrits par des commerçans étant réputés faits pour leur commerce, il suffit qu'on ait demandé au jury si la fausse signature apposée au bas d'un faux billet à ordre a été attribuée à un marchand boucher (ou herbager) pour que la question embrasse les caractères du faux en écriture de commerce lorsque l'accusé n'a point prétendu qu'une cause non commerciale fût exprimée dans ce billet. — *Cass.*, 26 déc. 1828, Quétel. — V. aussi *Cass.*, 29 nov. 1839 (t. 1er 1844, p. 339), Aupierre; — Chauveau et Hélie, *Théorie du Code pénal*, t. 3, p. 397.

591. — Bien que l'accusé ait été déclaré non coupable sur les deux premières questions relatives à une fabrication de faux billets, il suffit que ces questions renferment tous les caractères du faux en écriture de commerce et que les autres questions s'y réfèrent pour que l'accusé déclaré coupable d'avoir, avec connaissance, aidé ou assisté l'auteur de la fabrication desdits billets faux, dans les faits qui l'ont préparée, facilitée ou consommée, puisse être légalement condamné aux peines de la complicité du faux en écriture de commerce. — *Cass.*, 4 juill. 1828, Brisac.

592. — Jugé aussi que la déclaration du jury portant qu'un individu a aidé ou assisté avec connaissance dans les faits qui ont préparé, facilité ou consommé un faux en écriture de commerce comprend non seulement la fabrication de l'effet,

mais encore sa commercialité, sans qu'il soit nécessaire d'indiquer que le complice a eu connaissance de la qualité de commerçant du souscripteur. — *Cass.*, 29 nov. 1839 (t. 1er 1844, p. 339), Aupierre.

593. — Peu importe que la déclaration du jury n'énonce pas formellement que le faux est en écriture de commerce si cette déclaration contient toutes les circonstances constitutives du crime. — *Cass.*, 26 janv. 1837 (t. 2 1840, p. 100), Rup.

594. — En matière de faux en écriture de commerce commis dans des billets à ordre, l'accusation n'est pas suffisamment purgée lorsque la question posée au jury est annulée pour n'avoir point reproduit la double circonstance mentionnée dans l'arrêt de renvoi que l'accusé était commerçant et qu'il avait fait un acte de commerce. — *Cass.*, 5 janv. 1833, Haudebourg-Hurson.

595. — A côté des effets de commerce proprement dits se placent les écritures de commerce ou de banque. — A cet égard il a été jugé que le fait d'avoir apposé de fausses signatures sur des lettres adressées à des négocians pour obtenir la livraison d'objets de leur commerce constitue le crime de faux en écriture de commerce. — *Cass.*, 15 juin 1827, Caminatti.

596. — ... Qu'il en est de même de la fabrication d'une lettre missive fausse ayant pour objet la négociation d'un effet de commerce. — *Cass.*, 12 sept. 1839 (t. 1er 1840, p. 435), Godin.

597. — ... Et du fait d'avoir fabriqué ou fait fabriquer une lettre missive adressée à un marchand par un autre marchand et contenant demande de marchandises. — *Cass.*, 2 avr. 1831, Lugues.

598. — Et c'est à tort qu'il a été jugé que la fabrication et l'usage d'une simple lettre missive, censée écrite pour affaires de commerce par un négociant à un autre négociant, constitue le crime de faux en écriture privée, et non en écriture de commerce. — *Paris*, 20 sept. 1825, Lemaignan.

599. — L'insertion d'une fausse décharge, dans une quittance donnée par un commerçant à un autre commerçant, et causée pour marchandises fournies, constitue un faux en écriture de commerce, et non un simple faux en écriture privée. — *Cass.*, 19 août 1830, Hennequin; — Chauveau et Hélie, t. 3, p. 401 et 404.

600. — L'agent d'affaires, étant commerçant, commet, s'il falsifie ses registres, un faux en écriture de commerce. — *Cass.*, 27 janv. 1827, Mathieu Laloux. — Chauveau et Hélie, t. 3, p. 401.

601. — La fabrication de fausses écritures de commerce ou de banque étrangère constitue le crime de faux, comme la fabrication de fausses écritures de commerce ou de banque française, et tombe également sous l'application de l'art. 147, C. pén. — *Cass.*, 21 mars 1834, de Mélignan et Fonvielle.

602. — Jugé de même que l'art. 147, C. pén., qui prévoit et détermine le crime de contrefaçon d'écritures de banque, est applicable à toute écriture de banque, sans distinction entre les banques étrangères et celles de France. — *Cass.*, 30 mars 1839 (t. 1er 1840, p. 176), Raymond d'Hénard

603. — Mais on s'est demandé si la contrefaçon des billets de banque étrangère rentrait sous l'application de l'art. 147, ou sous celle de l'art. 134, relatif à la contrefaction des monnaies. — V. à cet égard FAUSSE MONNAIE.

CHAPITRE V. — *Faux en écriture privée.*

604. — Le faux en écriture privée est le faux simple, c'est-à-dire dégagé des circonstances aggravantes de l'écriture publique et de l'écriture commerciale. Il est puni de peines moins graves.

605. — Ainsi il faut tenir pour constant que toutes les fois qu'un fait présente les caractères du crime de faux, et que ce faux ne peut être rangé dans la classe ni des faux en écriture authentique ou publique, ni de ceux en écritures de commerce ou de banque, il constitue un faux en écriture privée.

606. — Le faux en écriture privée ne peut être puni qu'autant qu'il est commis de l'une des manières exprimées en l'art. 147, c'est-à-dire s'il s'est manifesté soit par contrefaçon d'écriture, soit par fabrication de conventions, de dispositions, obligations ou décharges, ou par leur insertion après coup dans les actes, soit enfin par addition ou altération de clauses ou de déclarations ou de faits que ces actes avaient pour objet de recevoir ou de constater. — C. pén., art. 150.

607. — La cour de Cassation a décidé, par deux arrêts cités plus haut: 1° qu'il y a crime de faux en écriture privée de la part de celui qui, pour se procurer, sans être connu, les moyens d'empoisonner sa femme, signe sous un faux nom le registre d'un pharmacien chez lequel il achète de l'arsenic. — *Cass.*, 5 mars 1819, Nicolas Monneret. — Legraverend, t. 1er, chap. 17, p. 192; Chauveau et Hélie, *Théorie du Code pénal*, t. 3, p. 411.

608. — ... 2° Que de même la fabrication d'une fausse autorisation sous le nom d'un médecin à l'effet d'obtenir d'un pharmacien la délivrance d'une certaine quantité d'arsenic constitue le faux en écriture privée. — *Cass.*, 26 juill. 1832, Dumon.

609. — Carnot (*C. pén.*, t. 1er, p. 486, n° 1er) soutient que le faux en écriture privée n'admet point la fabrication de conventions par supposition de personne, attendu que la partie qui a contracté avec une personne porteur d'un faux nom doit s'imputer de n'avoir pas pris les renseignemens nécessaires pour s'assurer de l'identité de cette personne.

610. — Mais MM. Chauveau et Hélie (t. 3, p. 413) repoussent cette opinion, qui leur paraît contrarier la généralité des termes de l'art. 147, qui concerne aussi bien les faux en écritures privées que les autres espèces de faux. « La supposition de personnes, disent-ils, n'est qu'un mode de fabrication de conventions; celui qui contracte, qui vend ou qui achète sous le nom d'un tiers pris dans l'acte même, commet évidemment le même crime que s'il s'était présenté sous ce même nom devant un officier public: la différence des deux faits n'est que dans la nature de l'écriture. — On objecte que la partie, en négligeant de vérifier l'identité, est en quelque sorte cause elle-même du faux; mais lorsque ce faux est commis en écriture publique, la même négligence peut être imputée, soit à l'officier public, soit à la partie elle-même, et cette circonstance n'efface pas le caractère criminel du fait. »

611. — Ainsi que nous l'avons vu, *suprà* n° 564, le faux commis dans des billets à ordre ne constitue un faux en matière de commerce qu'autant qu'ils ont pour cause une opération commerciale ou qu'ils sont revêtus de signatures d'individus commerçans. En l'absence de l'une ou de l'autre de ces conditions, il y a seulement faux en écriture privée.

612. — On a vu de même que les lettres de change tirées par des filles ou par des femmes commerçantes, étant réputées simples promesses, le faux commis dans des effets de cette nature ne peut constituer le crime de faux en écriture de commerce et ne constitue dès-lors qu'un faux en écriture privée.

613. — La fausse lettre adressée par un négociant à un autre pour lui demander un prêt constitue-t-elle un faux en écriture de commerce? — La négative paraît résulter des motifs d'un arrêt de cassation du 15 juin 1827, Caminati.

614. — Il a été jugé qu'en supposant que des billets du royaume de Prusse ne pussent pas être considérés comme monnaie, leur falsification constituerait au moins un crime de faux en écriture privée. En conséquence, l'individu déclaré coupable de ce crime est non-recevable à se plaindre d'une violation de la loi pénale, puisque l'arrêt qui ne le condamne qu'à la réclusion n'a point aggravé sa peine. — *Cass.*, 20 juin 1829, Samuel Dalsace. — V. FAUSSE MONNAIE.

615. — La falsification d'une soumission d'acquit à caution constitue le crime de faux en écriture privée et non celui en écriture de commerce. — *Cass.*, 5 juill. 1838 (t. 2 1838, p. 443), V...

616. — Il a été jugé par un arrêt déjà cité que le fait, par un fonctionnaire public, d'avoir commis des falsifications dans un acte dressé par lui à une époque où il n'était point encore assermenté constitue un faux en écriture privée, et non point en écriture publique. — *Cass.*, 21 sept. 1837 (t. 1er 1838, p. 379), Keis.

617. — Jugé encore par un arrêt également cité que l'étranger qui, pour contracter mariage en France, fait fabriquer un faux acte de naissance, un faux certificat de publications et une fausse lettre d'envoi, comme émanés d'un officier public de son pays, se rend coupable d'un faux en écriture privée, et non d'un faux en écriture publique, s'il ne fait aucune démarche pour donner à ces pièces la forme légale. — *Metz*, 7 août 1821, Gaspard.

618. — L'antidate d'un acte sous seing-privé, faite d'un commun accord par les parties contractantes ne peut constituer un faux, en ce que, d'après l'art. 1328, C. civ., les actes sous seing-privé ne font pas foi de leur date à l'égard des tiers. — Carnot, *C. pén.*, t. 1er, p. 488, n° 4; Bourguignon, *Jurispr.*, t. 1er, p. 162, n° 7.

619. — Il a été jugé que, lorsqu'un acte faux par supposition de personne a été signé par les parties, et qu'il y a eu ainsi signature de faux nom, si l'officier public refuse de signer cet acte et de lui donner ainsi le caractère d'acte authentique, le crime se réduit à un faux en écriture privée, passible seulement de la réclusion, d'après l'art. 150, C. pén. — *Cass.*, 8 août 1811, N...

620. — Il semble que cet arrêt a méconnu le véritable caractère du faux. Il n'y a pas simplement faux en écriture privée, il y a tentative de faux en écriture authentique. Ce crime a été manifesté par un commencement d'exécution, la comparution des prétendues parties devant le notaire, ainsi que la signature de l'acte, et n'a manqué son effet que par des circonstances indépendantes de leur volonté, le refus de la part du notaire d'authentiquer l'acte. — *Cass.*, 9 juill. 1807, Corli.

621. — Nous verrons v° FAUX CERTIFICATS quels sont ceux qui peuvent être rangés dans la classe des faux en écritures privées.

CHAPITRE VI. — *Usage de faux.*

622. — La loi incrimine distinctement la fabrication et l'usage de la pièce fausse. — C'est ce qui résulte des art. 148 et 151, qui prononcent des peines particulières contre ceux qui font usage des pièces fausses.

623. — Aussi la jurisprudence a-t-elle reconnu en principe que le fait de la fabrication et celui du simple usage d'une pièce fausse sont distincts par eux-mêmes et par la loi. — *Cass.*, 5 oct. 1815, François Lhermette; 25 nov. 1815, Tardivel; 25 oct. 1813, Champeaux.

624. — ... Que dès-lors le concours de la falsification matérielle et de l'intention frauduleuse suffit pour constituer le crime de faux, sans même qu'il ait été fait usage de la pièce fausse. — *Cass.*, 5 sept. 1833, Bouchet; 10 août 1815, Perlhou; 28 oct. 1813, Champeaux; — Chauveau et Hélie, *Th. C. pén.*, t. 3, p. 422.

625. — De là il suit qu'il n'y a aucune contradiction dans la déclaration du jury portant que l'accusé a commis le crime de faux par la fabrication d'une pièce, mais qu'il n'a pas été fait usage de cette pièce. — *Cass.*, 25 nov. 1825, Tardivel; 7 juin 1821, Bachelier; — Chauveau et Hélie, *loc. cit.*; Mangin, *Tr. act. publ.*, t. 2, n° 325; Legraverend, t. 1er, p. 595; Carnot, t. 1er, sur l'art. 147, n° 11.

626. — Il faut également en conclure que celui qui a commis un faux en écriture publique ou privée, soit par la fabrication ou l'altération d'un acte, soit par l'usage qu'il en a fait sciemment, ne peut se mettre à l'abri des poursuites et de la peine, en déclarant, sur la sommation qui lui est faite, qu'il renonce à se servir de la pièce par lui produite. — *Cass.*, 28 oct. 1813, Philippe Champeaux; — Chauveau et Hélie, *Th. C. pén.*, t. 3, p. 423.

627. — Il a été au surplus jugé que le ministère public, poursuivant d'office un faux principal, n'est nullement obligé de sommer préalablement le prévenu de déclarer s'il entend se servir de la pièce incriminée. — *Cass.*, 20 juin 1817, Pastoret.

628. — Jugé que, lorsque le jury appelé à se prononcer sur 1° la fabrication de pièces fausses, 2° l'usage de ces pièces avec intention d'escroquer partie de la fortune d'autrui, a déclaré l'accusé coupable du premier fait, mais a dépouillé le second de l'intention criminelle qu'y attachait l'accusation, la cour d'assises ne peut étendre sa décision sur ce dernier point, et la faire rétroagir au fait antérieur à la fabrication dont la criminalité n'est pas détruite par la non criminalité de l'usage. — *Cass.*, 3 mars 1831, Bayenet.

629. — De ce que la fabrication et l'usage de la pièce fausse constituent deux faits criminels, il résulte que la poursuite de crime de faux n'est pas subordonnée à l'existence ou à la production de la pièce fausse. — *Cass.*, 28 oct. 1813, Champeaux.

630. — L'usage d'une pièce fausse constituant un fait principal susceptible de dégénérer en simple tentative, il en résulte que la question de tentative d'usage peut légalement être posée au jury comme résultant des débats. — *Cass.*, 2 juill. 1835, Aubry.

631. — Pour que l'usage d'une pièce fausse puisse être incriminé, il faut que la pièce falsifiée renferme les élémens d'un faux punissable; car si la fabrication d'une pareille pièce ne constitue pas un crime, à plus forte raison l'usage qui en est fait n'est-il passible d'aucune peine. — Chauveau et Hélie, t. 3, p. 425.

632. — Ainsi jugé que l'altération d'un acte dans la transcription qui en est faite en tête d'un exploit d'huissier portant notification et commandement ne constituant pas le crime de faux, l'usage, même fait sciemment de la copie ainsi altérée, n'est pas punissable. — *Cass.*, 2 sept. 1813, Brunet.

633. — Jugé aussi que le débiteur qui fait sciemment usage d'une fausse déclaration contenant

l'attestation de la part de deux individus, du fait de sa libération, ne peut pas être poursuivi comme coupable de faux, parce que cette déclaration ne porte point obligation, libération ni décharge. — *Cass.*, 19 fév. 1825, Louis Gaillard.

634. — Mais le caractère criminel attribué à un acte faux réfléchit sur l'usage qui en aurait été fait et le rend criminel, sans distinction du cas où ce faux porte seulement sur la forme de l'acte ou sur son essence. — *Cass.*, 17 juill. 1835, Deminiac.

635. — Pour que l'usage d'une pièce fausse soit punissable, il faut qu'il ait eu lieu *sciemment*.

636. — C'est ce que l'on jugeait avant le Code pénal. — *Cass.*, 21 thermid. an XII, Martin; 19 janv. 1809, Saunal; 19 prair. an XII, Lebars; 9 messid. an XII, Roos et Loris.

637. — ... Et le Code pénal s'en est expliqué d'une manière formelle en disposant, dans l'art. 163, que « l'application des peines portées contre ceux qui ont fait usage de billets et écrits faux, contrefaits, fabriqués ou falsifiés, cessera toutes les fois que le faux n'aura pas été connu de la personne qui aura fait usage de la chose fausse. »

638. — De même, l'usage d'un faux livret ayant pour but de s'emparer de tout ou partie de la fortune d'autrui, en persuadant l'existence d'une fausse entreprise, constitue le délit d'escroquerie et non le crime de faux, lorsque rien n'établit que l'accusé ait connu la fausseté de ce livret. — *Cass.*, 16 sept. 1830, Durlenwanger.

639. — La connaissance de la fausseté de la pièce étant une circonstance constitutive de la criminalité de l'usage qui en est fait, il en résulte que le jury doit, à peine de nullité, être interrogé sur cette circonstance. — *Cass.*, 5 oct. 1815, Lhermitte; 26 juin 1834, Paoli; 27 fév. 1845 (t. 1er 1845, p. 667), Favrais; — Carnot, *C. inst. crim.*, t. 2, p. 641, no 2, et *C. pén.*, t. 1er, p. 507, no 2; Chauveau et Hélie, *Th. du C. pén.*, t. 3, p. 427.

640. — Jugé de même que l'accusé déclaré coupable d'en avoir aidé un autre dans l'usage d'un écrit faux, ne peut pas être condamné comme complice, si la déclaration ne porte pas en outre qu'il a agi avec connaissance. — *Cass.*, 4 fév. 1814, Félix Télard; — Carnot, sur l'art. 60, C. pén., t. 1er, p. 233, no 20.

641. — Mais la loi n'ayant pas déterminé de formule sacramentelle pour cette déclaration du jury, il en résulte que la déclaration que l'accusé a fait sciemment usage d'une pièce fausse suffit pour caractériser la criminalité du fait. — *Cass.*, 17 déc. 1812, Bernard; 2 juill. 1813, Claude Dupart; — Chauveau et Hélie, *ibid.*

642. — ... Et il n'est pas besoin d'ajouter que cet usage a été fait méchamment et à dessein de nuire. — *Cass.*, 17 déc. 1812, Bernard; — Chauveau et Hélie, *loc. cit.*

643. — Jugé encore que la déclaration du jury portant que l'accusé est convaincu d'avoir sciemment fait usage d'une pièce fausse suffit pour l'application de la peine, sans qu'il soit nécessaire que cette déclaration constate en outre qu'il agissait dans l'intention du crime. — *Cass.*, 9 germin. an X, Pierre Laroche.

644. — Dans le cas où une pétition destinée aux chambres pour la réforme électorale a été revêtue de fausses signatures, le dépôt qui en est fait avec connaissance de la fausseté des signatures qu'elle porte, chez un tiers chargé de la transmettre à sa destination, constitue le crime d'usage d'une pièce fausse réprimé par l'art. 151, même Code. — *Montpellier*, 11 août 1841 (t. 2 1842, p. 555), Guizard.

645. — Celui qui a fait usage de faux effets de commerce sachant qu'ils étaient faux, ne peut prétendre que ces effets, de la fabrication desquels il a été déclaré coupable, étaient insignifians, souscrits par complaisance, et non susceptibles de porter préjudice. — *Cass.*, 16 sept. 1831, Buret.

646. — La chambre des mises en accusation est compétente pour spécifier les faits d'où résulte l'usage de pièces arguées de faux, et c'est au jury qu'il appartient d'apprécier les faits qui peuvent constituer cet usage. — Ainsi une chambre des mises en accusation n'excède pas ses pouvoirs lorsqu'elle accuse un individu d'avoir fait usage de fausses lettres d'ordination lui conférant le caractère de prêtre, prétendues émanées de l'évêque d'un diocèse, en les présentant à un autre évêque pour obtenir l'autorisation de célébrer la messe dans le diocèse de ce dernier. — *Cass.*, 19 juin 1840 (t. 1er 1847, p. 422), Ladmiral.

647. — Nous verrons plus bas que celui qui fait usage d'une pièce fausse est, suivant le caractère même de la pièce, et selon qu'elle est en écriture privée, de commerce ou publique, frappé de peines plus ou moins graves.

648. — Mais il est de règle générale que, quelle que soit la qualité de celui qui a fait usage d'une pièce fausse, et quel que soit l'emploi qu'il en a fait, il ne peut encourir une peine plus grave que celle dont la loi aurait puni le faussaire. — *Cass.*, 23 mars 1827, Arnaud Tuffeau; même jour, Mousson; 17 janv. 1828, Balagues; — Chauveau et Hélie, t. 3, p. 431.

649. — En conséquence, la négociation de commerçant à commerçant, ou pour opérations de commerce d'un faux billet à ordre ayant le simple caractère d'une obligation civile, constitue un faux en écriture privée et non en écriture de commerce. — *Cass.*, 23 mars 1827, Claude Mousson; 17 janv. 1828, Ballagny. — V. aussi *Cass.*, 6 avr. 1827, Bourdillat; — Chauveau et Hélie, t. 3, p. 399 et 425.

650. — L'usage fait sciemment d'une pièce fausse constituant le crime de faux, quel que soit l'emploi auquel l'accusé l'a appliqué, il s'ensuit qu'il est inutile qu'un arrêt de mise en accusation spécifie en quoi l'usage a consisté. — *Cass.*, 10 juill. 1828, Garcet.

651. — Il a été jugé que celui qui est déclaré coupable de s'être prévalu dans son intérêt particulier d'une pièce fausse, sachant qu'elle était fausse, est nécessairement convaincu d'avoir fait un usage criminel de cette pièce et encourt les peines du crime de faux. — *Cass.*, 30 janv. 1812, T... — V. *contrà* Merlin, *Quest.*, vo *Faux*, § 7.

652. — Un arrêt de la cour de Cassation a décidé que l'usage fait sciemment d'une pièce fausse est un crime *successif* qui ne s'arrête que par un acte positif de la part du coupable indiquant qu'il ne veut plus se servir de la pièce fausse; que, dès-lors, il suit de là que ce n'est qu'à compter de cet acte que la prescription du crime peut courir. — *Cass.*, 24 juin 1813, Larsonneur.

653. — En rapportant cet arrêt, nous avons fait observer que l'usage d'une pièce fausse n'est un crime successif qu'autant qu'il est répété ou qu'un débat s'engage sur la pièce conformément aux art. 214 et suiv., C. procéd., car c'est la volonté de persister à s'en servir qui donne au crime le caractère de continuité nécessaire pour le rendre successif. — Il est donc évident, avons-nous ajouté, que si après avoir fait usage une seule fois de la pièce fausse le faussaire y a renoncé, ce fait isolé doit se prescrire à partir du jour de sa date. — V. au surplus PRESCRIPTION CRIMINELLE.

CHAPITRE VII. — *Peines du faux.*

654. — L'édit de 1680, qui distingua le premier entre les faux en écritures publiques et en écritures privées, punissait de mort les notaires, tabellions et autres personnes publiques qui commettaient des faux dans l'exercice de leurs fonctions.

655. — Puis l'édit ajoutait : « à l'égard de ceux qui ne sont officiers et qui n'ont aucune fonction, ministère public, commission ou emploi, les juges pourront les condamner à telles peines qu'ils jugeront, même de mort, suivant l'exigence des cas et la qualité des crimes. » — Les faux en matière de change et de commerce rentraient dans la classe des faux en écritures privées. — Ord. pol. 14 août 1680.

656. — Le Code pénal de 1791 prononça la peine de quatre années de fers contre le faux commis en écriture privée, celle de six années de fers contre le faux commis en lettres de change et autres effets de banque, enfin, la peine de huit années de fers contre le faux en écritures authentiques et publiques. — Art. 42, 43 et 44, tit. 2, 2e partie.

657. — Le Code pénal de 1810 a maintenu le principe de gradation posé par la loi de 1791, mais en en modifiant sous certains rapports l'application.

658. — Ainsi, d'une part, il prononce contre les faussaires des peines différentes suivant que le faux est commis : 1o en écritures publiques, authentiques, de commerce ou de banque; — 2o ou bien en écritures privées.

659. — D'autre part, en ce qui concerne les faux commis en écritures authentiques ou publiques, il distingue entre le cas où le faux est commis par un fonctionnaire ou officier public dans l'exercice de ses fonctions, et celui où il est commis par un simple particulier ou même par un fonctionnaire ou officier public, mais hors de l'exercice de ses fonctions.

660. — Cette classification a donné lieu à quelques critiques. — Ainsi, MM. Chauveau et Hélie (t. 3, p. 326) considèrent comme rationnelle la différence établie entre les faux commis par les fonctionnaires publics dans leurs fonctions, et les simples citoyens, en ce que l'officier public qui commet ce crime est doublement coupable, et qu'il trahit la foi due à son caractère.

661. — Mais, à l'égard du simple citoyen, les mêmes auteurs émettent des doutes sur la nécessité de graduer la peine à un taux différent d'après le caractère des écritures qu'il altère ou contrefait : attendu que la criminalité du faux est la même, soit que l'acte soit public ou privé, qu'elle ne dépend pas de la nature des écritures, mais de l'intention qui a dicté l'altération, et que, relativement aux résultats matériels, il est certain que tel faux commis en simple écriture privée peut avoir des conséquences autrement graves qu'un faux commis dans un acte supposé émaner d'un officier public.

662. — A l'appui de ces observations, MM. Chauveau et Hélie se livrent à une revue des législations étrangères de laquelle il résulte : 1o que le Code d'Autriche (C. gén. d'Autr., 1re part., art. 178, 180 et 181), et la loi brésilienne (C. du Brés., art. 167) confondent dans la même peine, peine correctionnelle seulement, la contrefaçon des actes publics et des actes privés; — 2o que le Code prussien n'établit entre la contrefaçon des actes publics et celle des actes privés qu'une différence de peine peu importante, sauf le cas où il s'agit de faux commis par un fonctionnaire public (Code pruss., art. 1384 et 1385); — 3o que le Code de la Louisiane et la loi pénale de l'état de Géorgie établissent contre le crime de faux une peine uniforme, quelle que soit l'écriture dans laquelle il se manifeste.

663. — Quant aux statuts de New-York, ils posent une distinction puisée, non dans la nature de l'écriture, mais dans son objet. — La première classe de faux se forme de la fabrication des faux contrats qui portent atteinte aux propriétés, des fausses obligations, des actes de l'autorité publique. — La deuxième classe comprend la falsification des actes judiciaires et des certicats. L'altération des comptes publics et des livres de commerce est comprise dans la troisième classe. — Enfin, la quatrième classe se compose des altérations plus minimes, parmi lesquelles on remarque le fait d'attribuer à un homonyme une obligation signée de son propre nom.

664. — Ce dernier système (disent MM. Chauveau et Hélie, p. 329) a été en partie emprunté à la législation anglaise. « Stephen nous apprend que, d'après la loi commune, le faux ne constitue qu'un simple délit passible d'emprisonnement et d'amende (*Summary of the criminal law*, p. 203). Les statuts l'ont classé parmi les crimes, et dans certains cas, parmi les crimes de félonie : la peine fut alors celle de mort; le bill du 23 juill. 1830, qui a revisé cette matière, conservait encore cette peine dans les cas les plus graves; aujourd'hui, et d'après un bill récent, le premier degré de la peine est la transportation à vie (By 2 et 3 William V., C. 123). — Les degrés inférieurs sont la transportation à temps, avec le minimum de quatre et de sept ans : un bill du 14 août 1833 permet aux cours d'aggraver la déportation à vie d'un emprisonnement préalable d'un à quatre ans; mais la distinction de ces peines ne se puise pas dans la différence des écritures; la loi élève le taux de la peine d'après l'importance présumée de l'acte falsifié; elle ne classe pas ces actes en trois ou quatre catégories comme la loi française : le crime puise sa gravité dans les effets de l'altération et non dans le caractère des actes altérés. »

665. — De cet aperçu des législations étrangères MM. Chauveau et Hélie tirent cette double observation : 1o que le Code pénal français est le seul qui ait pris l'écriture pour base unique de ses pénalités; — 2o que ce Code est celui, sauf la loi anglaise peut-être, où les peines appliquées au crime de faux sont les plus rigoureuses et les plus élevées.

666. — C'est ce que démontreront les indications qui vont suivre : mais nous terminerons ces observations générales en faisant remarquer que la loi a édicté des peines spéciales contre ceux qui font usage des pièces fausses en établissant des distinctions selon le caractère de la pièce.

667. — Aux termes des art. 145 et 146, C. pén., tout fonctionnaire ou officier public qui, dans l'exercice de ses fonctions, a commis un faux, est puni des travaux forcés à perpétuité.

668. — On s'est demandé si le complice d'un faux commis par un fonctionnaire public dans l'exercice de ses fonctions est passible de la même peine que ce fonctionnaire; et cette question a été résolue affirmativement par la jurisprudence. — *Cass.*, 15 oct. 1813, Decamps. — V. COMPLICITÉ, no 250.

669. — Néanmoins il ne faut pas confondre le cas où il y a faux de la part du notaire avec celui où cet officier prête, de bonne foi, son ministère à des individus qui s'en servent à son insu pour commettre un faux en écriture authentique. Dans le premier cas, la peine que la loi prononce contre le fonctionnaire doit être appliquée aux autres

coupables, parce que leur conduite réunit tous les caractères de la complicité d'un faux commis par un notaire dans ses fonctions ; mais si, dans le second cas, la jurisprudence avait d'abord considéré les coupables comme complices d'un faux commis par un notaire, elle a reconnu plus tard qu'ils étaient auteurs dans les termes de l'art. 147, C. pén., et non complices.

670. — Ainsi il est maintenant constant en jurisprudence que la supposition de personnes dans un acte notarié, à l'insu du notaire, constitue un crime de faux principal en écritures authentiques et publiques rentrant dans la disposition de l'art. 147, C. pén., et non un fait de complicité du faux qui, lorsqu'il a été commis par le notaire, est puni des peines plus graves portées par l'art. 145, même Code. — V. à cet égard COMPLICITÉ, nos 129 et suiv.

671. — Jugé encore que le particulier déclaré coupable d'avoir commis un faux en écriture authentique et publique, par supposition de personnes et fabrication de conventions, dans un acte notarié, doit être puni conformément à l'art. 147, n° 3, C. pén., et n'est point passible des travaux forcés à perpétuité prononcés par l'art. 145, même Code. — *Cass.*, 11 fév. 1819, Lapons.

672. — On s'est demandé encore si, lorsqu'un notaire accusé d'avoir commis un faux en écriture authentique, dans l'exercice de ses fonctions, est acquitté, l'individu accusé de complicité doit être condamné comme complice d'un faux commis par un fonctionnaire ou officier public dans l'exercice de ses fonctions, ou si, au contraire, il ne doit être condamné que comme complice d'un simple faux en écriture authentique. — Un arrêt de la cour de Cassation a jugé la question en ce dernier sens. — *Cass.*, 23 déc. 1825, Lambert Lange.

673. — Jugé cependant par un autre arrêt que le complice est passible de l'aggravation de peine prononcée contre le faux commis par un fonctionnaire public dans l'exercice de ses fonctions, bien que ce fonctionnaire, auteur du faux, soit absous à raison de sa bonne foi. — *Cass.*, 22 janv. 1835, Dumont.

674. — V. au surplus, sur cette question et sur celle dont la solution se rattache aux principes généraux sur l'application des peines en matière de complicité, COMPLICITÉ, nos 248 et suiv., 226 et suiv., 99 et suiv.

675. — Sont punis des *travaux forcés à temps* ceux qui n'étant ni fonctionnaires, ni officiers publics, ou qui étant fonctionnaires ou officiers publics, mais agissant hors de leurs fonctions, ont commis un faux en écriture authentique et publique ou en écriture de commerce ou de banque. — C. pén., art. 147.

676. — Ainsi qu'il a été dit plus haut, on ne peut appliquer à l'accusé les peines du faux en écriture de commerce, qu'autant que le jury a déclaré l'existence de faits propres à donner un caractère commercial, soit au billet, soit à la signature altérée. — *Cass.*, 22 juin 1827, Duchâteau; 6 juill. 1827, Marcassin; 15 oct. 1844 (t. 2 1844, p. 592), Block.

677. — Du reste, il suffit que, parmi les faux dont un accusé est déclaré coupable, il se trouve des faux en écriture de commerce, pour que la peine dont ce crime est passible lui ait été légalement appliquée, encore bien que le faux sur lequel la cour d'assises a motivé sa décision ne constitue pas un faux en écriture de commerce. — *Cass.*, 5 sept. 1828, Aubry.

678. — Quant au faux en écriture privée, il est puni de la réclusion. — C. pén., art. 150.

679. — Comme on l'a vu plus haut, l'accusé déclaré coupable d'avoir commis un faux en écriture, en fabriquant un faux billet à ordre, n'est passible que des peines portées contre le faux en écriture privée, et non de celles infligées au faux en écriture de commerce. — *Cass.*, 18 juin 1831, Brindejonc.

680. — Il a été jugé, avant le Code d'inst. crim., que l'accusé convaincu de faux en écriture de commerce doit être condamné à la peine la plus forte et relative au délit le plus grave, mais qu'il ne peut pas l'être cumulativement à une peine par chaque espèce de faux et à autant de fois la même peine qu'il a commis de faux ou fait usage de pièces fausses en particulier. — *Cass.*, 19 brum. an VII, Audinet.

681. — Cette proposition, incontestable malgré les termes ambigus de l'art. 45, C. 3 brum. an IV, « quiconque aura commis ledit crime (faux en lettre de change) ou aura fait usage d'une pièce qu'il savait être fausse, sera puni des peines portées ci-dessus *contre chaque espèce de faux*, » est plus incontestable encore sous l'empire de l'art. 365, C. inst. crim. — V. CUMUL DE PEINES.

682. — Il a été jugé, avec raison, que le complice par recel d'objets escroqués, *à l'aide d'un faux*, doit subir la peine du crime de faux comme l'auteur principal. — *Cass.*, 16 mai 1828, Magis; — Chauveau et Hélie, *Théorie du Code pénal*, t. 2, p. 138. — V. COMPLICITÉ.

683. — Avant la révision du Code pénal (en 1832), tout faussaire condamné aux travaux forcés ou à la réclusion devait en outre être condamné à la peine de la marque. — C. pén. de 1810, art. 65.

684. — ... Il ne pouvait en être dispensé. — *Cass.*, 20 mai 1824, Journalier; 14 août 1830, Mariotti.

685. — Jugé même que l'individu condamné aux travaux forcés à temps pour crime de faux devait nécessairement être flétri des lettres T F, et qu'une cour d'assises violait l'art. 20, C. pén., en ordonnant qu'il ne serait flétri que de la lettre T. — *Cass.*, 21 sept. 1827, Wendling.

686. — Cette peine accessoire a disparu lors de la révision du Code pénal en 1832; mais elle a été remplacée par *l'exposition publique*. « Comme le faux, disait un des membres de la commission de la chambre des pairs, est un des crimes les plus graves qu'on puisse commettre, votre commission a pensé qu'il n'y avait aucune raison de diminuer les peines dont ce crime était frappé, et, en conséquence, elle propose de *remplacer* la peine de la marque par celle de l'exposition publique. »

687. — L'art. 165, C. pén., dispose donc que tout faussaire condamné soit aux travaux forcés, soit à la réclusion, *subira l'exposition publique*.

688. — Cette disposition est tellement absolue qu'on en a tiré la conséquence que l'art. 22, C. pén., suivant lequel la cour peut, en cas de condamnation aux travaux *forcés à temps* ou *à la réclusion*, dispenser de l'exposition publique le condamné qui n'est pas en état de récidive, ne reçoit pas ici son application. C'est, au reste, ce qui résulte formellement des explications qui ont été échangées à cet égard devant la chambre des pairs.

689. — Ainsi il faut tenir pour constant que la cour d'assises qui condamne un accusé à la peine de la réclusion pour crime de faux ne peut le dispenser de l'exposition publique, qu'il soit ou non en état de récidive. — *Cass.*, 22 janv. 1885, Renault; 18 juin 1835, Bureau; 26 déc. 1835, Martichon; 13 avr. 1837 (t. 1er 1838, p. 321), Farcinet; 1er oct. 1835, Barret; 8 juin 1837 (t. 1er 1837, p. 536), Guillaume; 29 nov. 1833, Chapuzot; 9 janv. 1835, Noaille; 8 janv. 1835, Hodard.

690. — Ce principe est si rigoureux qu'il doit être appliqué même lorsque le jury admet l'existence de circonstances atténuantes, à moins toutefois que cette déclaration n'ait pour résultat d'entraîner l'abaissement de la peine à celle d'emprisonnement, car l'exposition publique ne peut jamais être l'accessoire d'une peine correctionnelle. C'est, au surplus, encore ce qui a été reconnu dans la discussion qui a eu lieu devant la chambre des pairs. — Chauveau et Hélie, t. 3, p. 409.

691. — Et il a été, à plus forte raison, jugé que l'individu condamné à la réclusion pour crime de faux en écriture privée ne peut pas être exempté de l'exposition publique sous prétexte, soit qu'il est résulté des débats des circonstances atténuantes en sa faveur (circonstances non déclarées par le jury), soit qu'il n'est pas en état de récidive. — *Cass.*, 16 janv. 1834.

692. — MM. Chauveau et Hélie, sans répudier les conséquences légales qui résultent de l'art. 165, sont loin d'approuver, dans la généralité de son application, le principe posé par cet article. Ils se demandent, par exemple, si la loi qui traçait une ligne de démarcation si précise entre les faux en écriture authentique et de commerce et les faux en écriture privée n'aurait pas dû, au moins en ce qui concerne cette dernière espèce de faux, établir une distinction quant à la peine de l'exposition et si, par exemple, il n'eût pas été plus juste de laisser les magistrats complétement libres, lorsqu'il s'agit de pareils faux, d'appliquer ou de ne pas appliquer la peine accessoire de l'exposition, en quoi on n'eût fait que se tenir au principe général posé dans l'art. 22, C. pén. « Sans doute, disent ces auteurs, le faux révèle en général une immoralité grave et ses dangers sont manifestes; mais ce crime n'a-t-il pas, comme tous les crimes qui portent atteinte aux propriétés, ses degrés et ses nuances? Est-il certain que l'agent mérite, dans *tous les cas*, d'être voué à l'infamie d'une exposition publique? Seul entre les condamnés à des peines temporaires le faussaire ne doit-il connaître ni le repentir ni le retour à la probité? Et si ce retour n'est pas impossible, pourquoi lui en fermer la voie en élevant une barrière entre la société et lui? » Ces observations sont justes, et nous pensons même qu'il eût été plus juste, de la part du législateur, de laisser le crime de faux, en ce qui concerne la peine de l'exposition, sous l'empire de la règle générale. Quoi qu'il en soit, la loi existe.

693. — Toutefois, et malgré la rigueur de l'art. 165, il est constant que le principe général posé dans l'art. 22, C. pén., sur lequel l'exposition publique ne doit pas être prononcée à l'égard de mineurs de dix-huit ans et de septuagénaires, reçoit son application en matière de faux comme en toute autre matière. — *Cass.*, 12 sept. 1835, Tremblays.

694. — La Cour de cassation a décidé qu'il ne résulte aucune ouverture à cassation de ce qu'en condamnant aux travaux forcés à perpétuité un accusé qui n'est ni mineur de dix-huit ans ni septuagénaire, la cour d'assises n'aurait pas expressément prononcé la peine de l'exposition publique, l'exposition étant, dans ce cas, une conséquence nécessaire de la condamnation principale. — *Cass.*, 12 sept. 1835, Tremblays.

695. — Mais elle est revenue depuis sur cette jurisprudence, que nous avons critiquée sous l'arrêt précité, en jugeant qu'il y a lieu d'annuler l'arrêt qui, en condamnant un accusé pour crime de faux, ne prononce point contre lui la peine de l'exposition publique sans examiner ni exprimer s'il se trouve dans un des cas où la loi permet de l'en dispenser. — *Cass.*, 19 déc. 1835, Soubabère; 19 déc. 1835, Garbage. — V. au surplus EXPOSITION PUBLIQUE.

696. — Indépendamment des peines ci-dessus indiquées, l'art. 164, C. pén., porte qu'il sera prononcé contre les individus déclarés coupables de faux une amende dont le *maximum* pourra être porté jusqu'au quart du bénéfice illégitime que le faux a procuré ou était destiné à procurer aux auteurs du crime ou de leurs complices ou à ceux qui ont fait usage de la pièce fausse, et que le *minimum* de cette amende ne pourra être inférieur à 100.

697. — La jurisprudence a reconnu que la disposition de l'art. 164, C. pén., portant qu'il sera prononcé une amende contre les coupables de faux en écriture, est impérative et non pas simplement facultative, et que dès-lors l'arrêt qui dans ce cas ne prononce aucune peine d'amende doit être cassé. — *Cass.*, 1er juill. 1824, Guillerot, 1er juill. 1826, Boudol; 3 nov. 1826, Dubois; 11 avr. 1828, Lacaze; 11 déc. 1828, Guymoyas; 10 sept. 1829, Moreau; 22 janv. 1830, Villard; 11 juin 1830, Roulet; 14 août 1830, Mariotti; 13 déc. 1832, Mossand; 21 mars 1833, Gamet; 29 août 1833, Nouviant; 13 sept. 1833, Lizonnat; 2 mai 1834, Gouin; 12 déc. 1834, Gilbert; 1er oct. 1835, Jarret; 26 nov. 1835, N...; 10 déc. 1835, Montcouraud; 5 fév. 1826, Lerendu; 23 juin 1836, Morangier; 13 avr. 1837 (t. 1er 1838, p. 321), Farcinet; 8 juin 1837 (t. 1er 1837, p. 536), Guillaume.

698. — L'art. 164, C. pén., qui porte que l'individu déclaré coupable de faux doit être condamné à l'amende, est *général et absolu*. Il doit être appliqué *dans tous les cas*, et encore bien même que, par suite des circonstances atténuantes, la peine principale soit celle de l'emprisonnement. — *Cass.* (int. de la loi), 14 juill. 1836 (t. 1er 1837, p. 616), Demol; 21 mars 1834, de Méléguau et Fonvielle; 9 juin 1842 (t. 2 1842, p. 389), Duc.

699. — Mais il a été jugé avec raison que l'accusé est non-recevable à se faire un moyen de nullité de ce que l'amende portée par l'art. 164, C. pén., ne lui aurait pas été appliquée, cette omission ne lui portant aucun préjudice. — *Cass.*, 11 avr. 1828, Lacaze; 22 janv. 1830, Villard.

700. — D'après les termes même de l'art. 164, C. pén., l'amende doit être prononcée contre les complices du crime de faux, aussi bien que contre les auteurs principaux. — *Cass.*, 17 janv. 1828, Damon.

701. — On a jugé, avant la loi du 28 avr. 1832, que la peine de faux devant, aux termes de l'art. 164, C. pén., être aggravée par une amende dans tous les cas où elle n'est point accompagnée de la confiscation des biens, cette amende doit nécessairement être prononcée dans tous les cas depuis que la confiscation générale est abolie. — *Cass.*, 22 déc. 1831, Pichot.

702. — Mais cette question ne peut plus se représenter aujourd'hui; la loi du 26 avr. 1832 a retranché de l'art. 164 les seules expressions qui avaient pu la faire naître. Maintenant l'article commence aux mots : *Il sera prononcé contre les coupables*, etc. Tout ce qui précédait dans l'ancien article a été supprimé.

703. — La plupart des législateurs ont frappé d'une peine égale la fabrication d'une pièce fausse et l'usage de cette pièce. (V. Code prussien, art. 1379; Loi brésilienne, art. 167.) Cependant les lois pénales des Deux-Siciles punissent l'usage d'une peine moindre.

704. — Notre Code pénal n'a pas suivi à cet

égard une règle absolue. Ainsi, d'une part, aux termes de l'art. 148, l'usage fait sciemment des actes faux est puni des travaux *forcés à temps*, toutes les fois qu'il s'agit de faux en écritures publiques, authentiques, de commerce ou de banque, et cela sans distinction des cas prévus par les art. 145, 146 ou 147.

705. — D'où il résulte que l'usage constituant un fait criminel distinct et non un acte de complicité du fait principal, celui auquel il est reproché doit être puni de la peine spéciale édictée par la loi, alors même que les auteurs du fait principal, passible de peines plus graves, seraient compris dans la même poursuite. C'est ce qui résulte d'un arrêt de la cour de Cassation rendu dans une espèce où il s'agissait du fait commis avant le Code pénal. — *Cass.*, 15 oct. 1813, Liboux.

706. — Jugé par le même arrêt que le crime de faux commis par l'usage fait sciemment sous l'empire du Code pénal de 1791, d'une fausse expédition d'acte authentique à laquelle aucun fonctionnaire n'a concouru, jugé sous l'empire du Code pénal de 1810, n'a dû être puni que de huit années de fers, peine prononcée par le premier de ces Codes, comme étant plus douce que celle prononcée par le second. — *Cass.*, 15 oct. 1813, Liboux.

707. — D'autre part, suivant l'art. 151, celui qui fait sciemment usage d'un acte privé faux est passible de la peine de la réclusion, qui est celle édictée contre l'auteur même du faux en écriture privée. — C. pén., art. 151.

708. — Au reste, il importe de rappeler que celui qui a fait usage d'une pièce fausse ne peut encourir une peine plus grave que celle dont le Code pénal a puni l'auteur même du faux. — V. *suprà* § *Usage du faux*.

709. — Et il résulte dès-lors de là la nécessité de constater tous les élémens du faux principal avant de pouvoir déterminer la nature de l'usage. Aussi a-t-il été jugé que l'accusé déclaré coupable d'avoir fait sciemment usage d'un billet faux ne doit être condamné qu'à la peine du faux en écriture privée, si la question soumise au jury n'énonce pas que le signataire de ce billet fût un négociant, ou que la cause du billet fût une opération commerciale. — *Cass.*, 24 janv. 1828, Berson.

710. — ... Et que l'usage fait sciemment de billets à ordre faux ne constitue le crime de faux en écriture de commerce qu'autant que ces billets auraient été revêtus de signatures d'individus commerçans ou qu'ils auraient eu pour occasion des opérations de commerce, et qu'en conséquence une cour d'assises ne peut appliquer à un accusé les peines du faux en écriture de commerce, lorsqu'il ne résulte point de l'arrêt de renvoi ni de l'acte d'accusation, ni des questions posées au jury ni de ses réponses, que les billets faux eussent un caractère commercial. — *Cass.*, 19 sept. 1828, Lévy.

711. — Jugé que le crime de faux en écriture privée commis sous l'empire du Code pénal de 1791, qui portait la peine des fers égale en gravité à celle des travaux forcés, ne peut être puni sous l'empire du Code pénal de 1810 que de la réclusion, comme étant la peine la plus douce. — *Cass.*, 13 janv. 1814, Piccinini.

712. — On jugeait, avant la loi du 28 avr. 1832, que la peine de la flétrissure devait être prononcée contre l'accusé convaincu d'avoir fait sciemment usage d'une pièce fausse aussi bien que contre l'auteur principal du faux. — *Cass.*, 8 fév. 1812, Deurwaerder; 26 déc. 1812, Gaubert; 13 oct. 1815, Besancèle; 1er août 1816, Thierrion; 18 oct. 1817, Robert; 15 oct. 1818, Fillot; 21 fév. 1824, Boivin.

713. — Ces décisions étaient fondées sur ce que la loi « qui prononçait la peine accessoire de la flétrissure *contre le faussaire* » regarde comme *faussaires* non seulement celui qui *fabrique* un acte faux, mais encore celui qui en fait sciemment usage. — En effet, M. Berlier, présentant au corps législatif l'exposé des motifs du liv. 3, tit. 1er, du Code pénal, disait : « ... *L'usage d'une pièce fausse étant partout puni comme sa fabrication même*, il convenait de dissiper toutes les inquiétudes en exprimant que ce terrible anathème ne regardait que ceux qui ont eu connaissance du faux. »

714. — C'est en vertu de ce principe qu'il est maintenant reconnu par la jurisprudence que l'individu condamné à la réclusion ou aux travaux forcés pour avoir fait sciemment usage, ou même simplement tenté de faire sciemment usage d'une pièce fausse doit, comme le faussaire lui-même, subir l'exposition publique. — *Cass.*, 7 août 1845 (t. 2 1845, p. 779), Jamarin; — Chauveau et Hélie, t. 3, p. 434.

715. — Jugé encore que l'individu déclaré coupable d'avoir sciemment tenté de faire usage d'un faux certificat émané d'un fonctionnaire public, mais en faveur duquel le jury a reconnu l'existence de circonstances atténuantes, doit être nécessairement condamné, indépendamment de la peine de réclusion, à l'exposition publique. — *Cass.*, 23 juill. 1836 (t. 1er 1837, p. 444), Trescens.

716. — Quant à la peine de l'amende, il résulte de l'art. 164 qu'elle est applicable à celui qui a fait sciemment usage d'une pièce fausse, comme au faussaire lui-même. Et l'amende, dans les deux cas, a le même caractère et est soumise aux mêmes règles de fixation. — *Cass.*, 18 oct. 1817, Robert; 10 déc. 1835, Moncouraud; 5 mai 1836, Toulan; 11 janv. 1840 (t. 2 1842, p. 388), Claverie.

717. — De même la cour d'assises ne peut se dispenser d'appliquer à l'individu déclaré coupable de complicité d'usage d'une pièce fausse l'amende prononcée par l'art. 164. — *Cass.*, 21 août 1835, Blanche.

CHAPITRE VIII. — *Compétence et poursuites.*

718. — La loi du 23 flor. an X, art. 2, attribuait à un tribunal spécial composé de six juges la connaissance de la contrefaçon ou altération des effets publics, du sceau de l'état, du timbre national, du poinçon servant à marquer l'or ou l'argent, des marques apposées au nom du gouvernement sur toute espèce de marchandises, et, en général, la connaissance de tout crime de faux en écritures publiques ou privées, ou l'emploi fait d'une pièce qu'on savait être fausse.

719. — Ainsi jugé que la contrefaction de la marque du marteau national sur des arbres réservés dans une coupe de bois constituait, sous la loi du 23 flor. an X, le crime de faux, dont la connaissance appartenait aux cours spéciales. — *Cass.*, 2 oct. 1806, Didier.

720. — Cette compétence était exclusive. — *Cass.*, 13 mars 1807, Boutry c. Delassus.

721. — Dès-lors une cour de justice criminelle commettait une usurpation de pouvoirs en prenant connaissance d'une plainte en faux principal. — *Cass.*, 13 août 1807, Solié c. octroi du Saint-Esprit.

722. — Jugé que sous cette loi l'arrêt de compétence d'une cour spéciale, en matière de faux, devait énoncer, à peine de nullité, en quoi consistait le prétendu faux, pour mettre la cour de Cassation en état de juger s'il était de nature à être poursuivi criminellement. — *Cass.*, 21 thermid. an XII, Martin.

723. — ... Et qu'il n'était pas nécessaire, pour baser la compétence d'une cour spéciale, que les faits fussent de nature à opérer dès ce moment une entière conviction. C'était au contraire le cas, lorsqu'il existait des doutes, de rendre un arrêt de compétence qui devait amener une plus ample instruction. — *Cass.*, 20 nov. 1807, Teissier.

724. — Dans les affaires dont la connaissance était exclusivement attribuée à la cour spéciale de la Seine, l'instruction et la première déclaration de compétence lui appartenaient comme le jugement. — *Cass.*, 2 nov. 1811, N...

725. — Une cour spéciale légalement saisie d'une accusation de faux, qui d'après les débats se trouvait réduite à une simple escroquerie, était compétente pour appliquer à ce délit les peines correctionnelles portées par la loi. — *Cass.*, 23 août 1811, Lenti.

726. — Ces tribunaux spéciaux pouvaient connaître, comme les tribunaux criminels ordinaires, des dommages-intérêts réclamés par l'accusé contre la partie plaignante. — *Cass.*, 14 therm. an XII, Simondet.

727. — La loi du 23 flor. an X ne faisait d'exception pour aucune classe d'individus. — Ainsi, c'était devant les tribunaux spéciaux que devaient être traduits, et non devant les conseils de guerre, les militaires prévenus d'avoir fait usage de faux congés. — *Cass.*, 27 flor. an XII, Gallois.

728. — ... C'était également devant ces tribunaux spéciaux que devait être poursuivi le quartier-maître trésorier d'un régiment prévenu de vol de deniers publics à l'aide de faux. — *Cass.*, 16 vent. an XIII, Loiseau.

729. — Le lieu où avait été fait le premier endossement d'une lettre de change fausse devait être considéré comme celui où il en avait été fait usage, et conséquemment comme le lieu du délit. Par suite, le tribunal spécial dans le ressort duquel ce lieu était situé ne pouvait pas se déclarer incompétent et renvoyer la cause devant le tribunal spécial du domicile de l'inculpé. — *Cass.*, 11 vent. an XII, Borelly-Léger.

730. — La cour spéciale dans le ressort de laquelle il avait été fait usage d'une pièce fausse, fabriquée dans le ressort d'une autre cour, était compétente pour juger, non-seulement l'individu qui avait fait usage de la pièce, mais encore celui qui l'avait fabriquée. — *Cass.*, 14 germ. an XIII, Somez.

731. — La loi du 2 flor. an XI disposait que le *tribunal de la Seine* connaîtrait, pendant cinq ans, exclusivement à tous autres tribunaux, contre toutes personnes, de tous les crimes de faux, soit en effets nationaux, soit sur les pièces de comptabilité qui intéressent le trésor public, en quelque lieu que le faux ait été commis, ou que l'on ait fait usage des pièces fausses. — *Cass.*, 6 pluv. an XII, Rotti et Retrouvé.

732. — Ainsi, sous cette loi, le tribunal criminel de la Seine était seul compétent pour connaître des faux commis par un percepteur sur les rôles des contributions, pour affaiblir le compte de ses recettes. — *Cass.*, 10 frim. an XII, Delprat; même jour, Burette.

733. — ... Ou bien encore pour connaître des altérations commises par un percepteur des contributions directes, sur les registres nécessaires à la vérification du journal général de caisse, comme constituant un faux en pièces de comptabilité intéressant le trésor public. — *Cass.*, 21 mai 1807, G... L... et B...

734. — Les altérations et surcharges commises par un receveur d'arrondissement sur son registre de recettes, par la substitution d'autres valeurs à celles qu'il avait reçues, constituaient un faux en pièces de comptabilité intéressant le trésor public, dont la cour spéciale de la Seine avait la connaissance exclusive, et la circonstance que le receveur général, après vérification des comptes, aurait forcé le receveur d'arrondissement à rétablir dans les caisses du trésor public la différence existant entre les deux espèces de valeurs, n'ôtait pas au faux son caractère de criminalité. — *Cass.*, 10 juill. 1806, Guilhaud-Ducluzeau.

735. — Le receveur général qui, pour cacher ses malversations, inscrivait sur les quittances qu'il délivrait aux percepteurs des numéros paraissant correspondre à ceux de son livre de caisse, mais qui n'y correspondaient point, commettait un faux en pièces de comptabilité dont la connaissance appartenait, sous la loi du 2 flor. an XI, à la cour spéciale de la Seine. — *Cass.*, 26 fév. 1808, Vaucaire et Lhéritier.

736. — Mais le receveur qui accueillait les mandats du préfet de son département, motivés sur des ordonnances de décharge qu'il savait fausses, ne pouvait pas être poursuivi comme complice de faux. — Même arrêt.

737. — Les registres des receveurs de l'enregistrement formaient des pièces de comptabilité intéressant le trésor impérial, et, en conséquence, les faux commis sur ces registres appartenaient à la juridiction de la cour spéciale de Paris. — *Cass.*, 7 janv. 1813, Faure.

738. — Ainsi, cette cour pouvait seule connaître du faux commis par le receveur de l'enregistrement qui, dans le but de tourner à son profit partie des fonds publics versés entre ses mains, altérait ses registres. — *Cass.*, 5 juin 1807, Dessablons.

739. — On considérait encore comme pièce de comptabilité les bons de route délivrés par un préfet à des militaires voyageant isolément. Dès lors, le tribunal criminel de la Seine était le seul compétent pour le jugement d'une accusation de faux commis sur des bons de cette espèce. — *Cass.*, 10 frim. an XII, Burette et Beaudré.

740. — Jugé de même à l'égard du fait, par un individu, d'ajouter sa feuille de route aux lieux de gîte, pour grever le trésor public du paiement de rations qui n'étaient point dues. — *Cass.*, 1er mai 1807, Feri.

741. — ... Ou encore du faux commis sur des certificats de paiement délivrés par des brigades de gendarmerie. — *Cass.*, 20 mai 1808, Thévenin, dit Verneuil.

742. — ... Ou de celui commis par un officier de santé étant de revue, pour procurer à des militaires absens leur paie sur le trésor public. — *Cass.*, 7 niv. an XII, François Lebres.

743. — Mais l'altération commise par un receveur des contributions sur ses rôles, pour augmenter les cotes des contribuables, n'est point un faux en pièces de comptabilité *intéressant le trésor public*. En conséquence, la connaissance n'en était pas réservée exclusivement à la cour spéciale de la Seine. — *Cass.*, 29 janv. 1807, Roussel.

744. — Il en était de même du faux commis par le receveur des contributions d'une commune sur les rôles desdites contributions. — *Cass.*, 22 frim. an XIII, Lefevre.

745. — De même encore le faux commis sur un congé délivré par les préposés des droits réunis, ne pouvait pas être considéré comme commis sur une pièce de comptabilité intéressant le trésor public, en ce que le congé n'établissait aucune

relation directe entre le prévenu et le trésor public. Dès-lors, la cour spéciale de la Seine n'était pas compétente exclusivement aux autres pour en connaître. — *Cass.*, 18 nov. 1808, Cuminal et Aptel.

746. — Sous la loi du 2 flor. an XI, la cour spéciale de la Seine, saisie de la connaissance d'un faux en pièces de comptabilité intéressant le trésor public, pouvait et devait instruire sur les faux qui se rattachaient à ce délit et qui avaient servi à le couvrir, bien qu'ils n'eussent pas été commis sur des pièces de comptabilité. — *Cass.*, 26 fév. 1808, Vaucaire et Lhéritier.

747. — La cour, dans le ressort de laquelle il avait été fait usage d'une pièce fausse ou falsifiée, était compétente pour connaître de ce crime, encore bien que la pièce eût été fabriquée dans le ressort d'une autre cour. — *Cass.*, 27 déc. 1806, Féret.

748. — Celui qui remettait à un tiers des pièces comptables pour être produites dans un autre lieu, au siége d'une administration qu'elles concernent, était réputé en faire usage dans le lieu où elles étaient produites en son nom. En conséquence, en cas de fausseté desdites pièces, l'officier de police judiciaire du siége de cette administration était compétent pour exercer les poursuites. — *Cass.*, 1er pluv. an IX, Velez.

749. — Sous les lois des 23 flor. an X et 22 germin. an XI, les cours spéciales, quoique chargées de prononcer sur la contrefaçon des marques particulières des manufacturiers et artisans, ne pouvaient cependant se déclarer compétentes avant d'avoir constaté par l'instruction la matérialité du délit de contrefaçon assimilé au faux en écriture privée. — *Cass.*, 22 janv. 1807, Vimeux; — Merlin, *Rép.*, v° *Faux*, sect. 1re, § 14.

750. — La loi du 23 vent. an XII attribuait au tribunal criminel de la Seine, exclusivement à tous autres tribunaux et contre toute personne, la connaissance des crimes de contrefaçon du timbre national et d'usage du timbre contrefait, des crimes de fabrication de faux billets, soit de la banque de France, soit des banques de département, et la falsification des billets émis par elles, ainsi que de la distribution des faux billets ou des billets falsifiés desdites banques, et du crime d'introduction ou de distribution sur le territoire français de billets desdites banques fabriqués ou falsifiés en pays étranger.

751. — La fausse fabrication de vignettes à bandes propres à serrer des cartes à jouer et la contrefaçon du type ou poinçon aux armes de la régie des droits réunis sur les cartes, constituait un crime de faux dont la connaissance appartenait exclusivement, sous la loi du 23 vent. an XII, à la cour spéciale de la Seine. — *Cass.*, 26 déc. 1807, Chevalier et Coullaud.

752. — Il suffisait qu'une cour spéciale fût saisie de la dénonciation d'un crime de faux dont les auteurs étaient nommés pour qu'elle dût instruire sur cette dénonciation, qui offrait un faux principal. — *Cass.*, 8 frim. an XIII, Vaudecapel.

753. — Le Code d'inst. crim. a attribué aux tribunaux ordinaires la connaissance des crimes de faux.

754. — Il a même été jugé que les cours prévôtales créées par la loi du 20 déc. 1815 n'étaient pas compétentes pour connaître d'un faux commis par un militaire, lors même que ce faux aurait eu un vol pour but et pour effet. — *Cass.*, 21 août 1817, Joseph Nitzeler.

755. — Jugé encore que la loi du 23 flor. an X, qui attribuait la connaissance de tous crimes de faux à des tribunaux et cours spéciales qu'elle créait, ayant cessé d'avoir son effet à dater de la mise en activité des Codes d'inst. crim. et pén., les individus militaires ou non militaires prévenus de faux n'ont plus été justiciables, savoir, les derniers que des tribunaux ordinaires, les premiers que des tribunaux militaires. — *Cass.*, 19 oct. 1832, Mathieu.

756. — Le crime de faux en écriture de commerce commis par un militaire pendant qu'il était absent de son corps est de la compétence de la juridiction ordinaire. — Même arrêt.

757. — L'engagement militaire contracté sous un faux nom et dans un acte authentique par un individu qui n'était plus militaire, ou qui du moins était hors du drapeau, constitue le crime de faux prévu par l'art. 147, C. pén., dont la connaissance appartient à la cour d'assises. — L'art. 18, sect. 4e, L. 12 mai 1793, qui déclarait ce fait justiciable des tribunaux militaires, était purement transitoire, et ne peut plus dès-lors recevoir d'application. — *Cass.*, 10 déc. 1841 (t. 2 1842, p. 535), Journée.

758. — Bien que la somme détournée par un des fonctionnaires mentionnés en l'art. 169, C. pén. (V. DÉPOSITAIRES PUBLICS), soit inférieure à 3,000 fr., ce qui réduit le fait à un simple délit correctionnel, la cour d'assises doit en connaître, si ce délit est connexe à un crime de faux commis dans les pièces employées pour obtenir la remise des fonds. — *Cass.*, 29 avr. 1825, Auguste Leclerc.

759. — De même, lorsqu'à l'aide d'un faux en écriture il a été commis un vol simple, ces deux faits étant connexes, aux termes des art. 226 et 227, C. inst. crim., le renvoi à la cour d'assises doit être prononcé, tant pour le délit correctionnel de simple vol que pour le crime de faux. — *Cass.*, 29 avr. 1813, N.; 11 juin 1819, Courlès; — Bourguignon, sur l'art. 226, C. inst. crim.; *Jur. des Codes crim.*, t. 1er, p. 493, n° 2; Carnot, sur l'art. 227, même Code, t. 2. p. 217, n° 5.

760. — En matière de faux, la compétence s'établit par le lieu où il a été fait usage de la pièce arguée de faux, comme par celui du domicile du prévenu, ou par celui où elle a été fabriquée ou falsifiée. — En cas de concurrence, c'est par le juge qui, le premier, a été saisi de la connaissance de l'affaire, que l'instruction doit être continuée. — *Cass.*, 31 août 1809, Lebossé.

761. — Une expédition arguée de faux, qui n'est point représentée et dont la forme et la signature ne sont point connues, n'est pas légalement réputée avoir été fabriquée dans le lieu où la minute de l'acte est déposée. Ainsi le juge du lieu de la minute ne peut, sans autre circonstance, établir sa compétence sur la seule présomption que c'est dans ce lieu qu'a été fabriquée la pièce arguée de faux. — *Cass.*, 28 fructid. an XII, Vauban.

762. — Le juge qui n'est compétent pour connaître d'un crime de faux qu'à raison de l'usage qui a été fait dans son territoire de la pièce fausse ne peut, en décidant que cet usage a été fait sans intention criminelle, retenir la connaissance de l'affaire à l'égard des auteurs du faux qui sont étrangers à sa juridiction. — *Cass.*, 26 nov. 1812, Maupas.

763. — Il n'appartient qu'à la cour légalement saisie de la connaissance du crime de faux qui vicie un acte de remplacement militaire de prononcer la nullité de cet acte. — *Assises de l'Hérault*, 18 fév. 1835, Louis Peyras.

764. — Il a été jugé que lorsque la pièce arguée de faux est l'expédition d'un arrêté administratif qui, quoique non signé, a été transcrit sur les registres de l'administration par des fonctionnaires ayant caractère à cet effet, les tribunaux ne pouvant prononcer sur la plainte sans prononcer par cela même sur l'existence légale de cet arrêté, dont la connaissance appartient à l'autorité administrative, sont fondés à se déclarer incompétens. — *Cass.*, 6 juill. 1810, Basquiat-Toulousette.

765. — Toutefois l'autorité administrative ne pouvant, à son tour, connaître du crime de faux, s'ensuit-il que le crime, s'il existe, restera impuni? — Non sans doute. L'arrêt qui vient d'être mentionné doit être entendu en ce sens que les tribunaux ne peuvent connaître du faux, *en l'état*; c'est-à-dire qu'ils sont obligés de surseoir jusqu'à ce qu'il ait été statué par l'autorité compétente sur la question préjudicielle que présente l'existence de l'acte argué de faux.

766. — La poursuite des crimes de faux appartient au ministère public.

767. — Jugé à cet égard que le ministère public a le droit de poursuivre un faux commis par un notaire dans l'exercice de ses fonctions, encore bien que les individus dénommés dans l'acte incriminé ne se soient portés, ni parties civiles ni même dénonciateurs. — *Cass.*, 2 août 1821, Peretti; — Mangin, *Tr. de l'act. publ.*, t. 1er, p. 28, n° 16.

768. — ... Et que les auteurs et complices d'une tentative de faux en écriture authentique sont non-recevables à se prévaloir du défaut de poursuites contre le notaire instrumentaire. — *Cass.*, 9 janv. 1812, Herbault.

769. — Jugé que le ministère public est partie légitime pour défendre à l'instruction de faux formée par un capitaine de navire contre un procès-verbal constatant une contravention qui lui était imputée. — *Cass.*, 22 juill. 1825, Rougon.

770. — Il est évident, au reste, qu'on ne peut poursuivre comme accusé de faux l'individu qui n'est prévenu ni d'avoir fabriqué la pièce prétendue fausse, ni d'en avoir fait usage, sachant qu'elle était fausse. — *Cass.*, 25 prair. an XII, Burglin; 11 pluv. an XIII, Pierron; 26 brum. an XIII, Barnaud.

771. — V., au surplus, sur les principes généraux de la poursuite en matière de crimes, ACTION PUBLIQUE.

772. — L'art. 462, C. instr. crim., porte que si une cour ou un tribunal trouve, dans la visite d'un procès, même civil, des indices sur un faux et sur la personne qui l'a commis, l'officier du ministère public ou le président transmettra les pièces au substitut du procureur général près le juge d'instruction, soit du lieu où le délit paraîtra avoir été commis, soit du lieu où le prévenu pourra être saisi, et qu'il pourra même délivrer le mandat d'amener.

773. — De ce que le fait seul de la fabrication d'une pièce fausse constitue le crime de faux, indépendamment de l'usage qui en est fait, il résulte que le ministère public, poursuivant d'office un faux principal, n'est nullement obligé de sommer préalablement le prévenu de déclarer s'il entend se servir de la pièce incriminée. — *Cass.*, 20 juin 1817, Pastoret; — Chauveau et Hélie, t. 3, p. 423.

774. — Jugé encore qu'il ne peut résulter aucun moyen de nullité de ce qu'un accusé de faux n'aurait pas été interpellé de déclarer s'il voulait ou non se servir de la pièce arguée de faux, alors qu'en ayant fait usage à diverses reprises, et étant également incriminé à raison de cet usage, une semblable interpellation devenait parfaitement inutile. — *Cass.*, 4 sept. 1835, Noblot.

775. — ... Et que l'accusé ne peut se mettre à l'abri des poursuites et de la peine en déclarant, sur la sommation qui lui en est faite, qu'il renonce à se servir de la pièce par lui produite. — *Cass.*, 28 oct. 1813, Chaupeaux; — Chauveau et Hélie, t. 3, p. 424.

776. — Lorsque trois faux imputés à un notaire ont été réunis dans un seul acte d'accusation, l'individu qui n'est inculpé de complicité que dans l'un de ces faux doit néanmoins être joint à l'accusé principal, dans le même acte. — *Cass.*, 13 av. 1821, Piazza.

777. — Il a été jugé que les principes relatifs à la nécessité d'un commencement de preuve par écrit, pour l'admission de la preuve testimoniale contre la foi due à un acte, ne sont point applicables au cas où cet acte est l'objet d'une plainte en faux principal. — *Cass.*, 1er avr. 1808, Simon Delafont; 4 sept. 1835, Noblot.

778. — En effet, il n'en est pas du faux comme de la violation d'un dépôt, de la suppression d'un titre, etc., qui supposent l'existence antérieure d'un contrat dont la loi ne permet pas de faire la preuve par témoins. D'un autre côté, on n'a pas à reprocher à la partie poursuivante une infraction à la loi qui l'oblige à passer acte de toutes choses excédant la valeur de 150 fr.; car le faux est souvent commis pour supposer un contrat qui n'existe pas, et la partie poursuivante est souvent complètement étrangère à la confection de l'acte; elle se trouve donc dans le cas d'invoquer l'art. 1348, n° 1er, C. civ. — Toullier, t. 9, p. 255, nos 155 et suiv.

779. — Lorsque la poursuite en faux se rattache à des questions d'état, elle est, conformément aux art. 326 et 327, C. civ., subordonnée à la solution de ces questions par les tribunaux civils.

780. — En conséquence, l'action publique, résultant de ce qu'une femme a fait inscrire sur les registres de l'état civil un enfant étranger comme provenant de ses œuvres, ne peut être exercée par le ministère public avant qu'il ait été statué par les tribunaux civils sur la question d'état qui naît naturellement de l'acte argué de faux. — *Cass.*, 25 nov. 1808, Jourdain; — Legraverend, t. 1er, p. 51; Merlin, *Rép.*, v° *Question d'état*, n° 1er.

781. — De même, lorsque le faux a pour objet de donner à l'enfant une filiation qui ne lui appartient pas, l'action criminelle ne peut avoir lieu qu'après que les tribunaux civils ont statué sur l'état de l'enfant. — *Cass.*, 9 fév. 1810, Desrozier.

782. — Jugé encore que le faux résultant de ce qu'un individu a fait inscrire sur les registres de l'état civil, comme né de lui et de sa légitime épouse, l'enfant qu'il sait provenir de son commerce avec une autre femme, ayant pour objet d'établir une suppression d'état, la poursuite n'en peut être exercée par le ministère public, tant qu'il n'a été rendu par les tribunaux civils aucun jugement sur la question d'état, et tant qu'il n'a même été fait aucune réclamation civile à cet égard. — *Cass.*, 22 déc. 1808, Deyres.

783. — C'est donc à tort qu'il a été jugé que celui qui, dans l'acte de naissance de l'enfant né de sa concubine, prend faussement les nom et prénoms du mari de cette femme, et signe ces faux noms et prénoms, peut être poursuivi par la voie criminelle, encore bien que la question d'état n'ait pas été jugée par le tribunal civil. — *Cass.*, 28 déc. 1809, Franchot.

784. — La cour de cassation a jugé que le faux commis sur les registres de l'état civil, pour créer une filiation, ne peut pas être poursuivi par le ministère public avant le jugement de la question d'état, lors même que, laissant de côté l'acte de naissance, le ministère public restreindrait sa poursuite aux faux commis dans les actes de mariage et de décès. — *Cass.*, 30 mars 1813, M...

785. — Legraverend (t. 1er, chap. 1er, p. 39) dit à cet égard : « Les art. 326 et 327 sont placés dans le chapitre relatif à la filiation. C'est donc uniquement les attaques directes ou indirectes contre la filiation que la loi prohibe, tant qu'il n'a pas été statué sur la question d'état par les tribunaux civils; mais le faux ou les altérations commis sur les registres de l'état civil, qui ne concernent que les mariages ou les décès, ne sont point compris dans l'exception au droit commun introduite par ces articles pour la filiation seulement. Les dispositions du Code civil ne mettent donc aucun obstacle aux poursuites. » — Mangin (t. 1er, p. 419, no 186) répond que la cour de Cassation ne pouvait pas adopter cette distinction. « Un faux, dit-il, n'est criminel que quand il a été commis avec l'intention de nuire et qu'il peut en résulter un préjudice. Or, dans l'espèce, l'intention et le préjudice se rattachaient trop intimement à l'état de l'enfant pour qu'on pût les apprécier, abstraction faite de cet état. »

786. — Le jugement rendu au civil qui déclare un mariage valable ne met aucun obstacle à l'action du ministère public, à raison d'un faux commis dans l'acte de célébration de ce mariage. — *Cass.*, 3 sept. 1812, Billet.

787. — La prescription d'un faux ne fait pas obstacle aux poursuites que peut déterminer l'usage fait sciemment de la pièce fausse, si cet usage a eu lieu depuis moins de dix ans. — *Cass.*, 4 janv. 1816, Lhirondel ; 20 juin 1817, Pastoret ; 4 sept. 1835, Noblot.

788. — Jugé que la déclaration du jury portant qu'il n'y a lieu à accusation sur une plainte en faux contre les signataires d'un acte anéantit toute idée de faux, et il n'appartient plus à un tribunal criminel de la faire revivre dans un jugement qu'il a à rendre. Ainsi, en matière de douanes, lorsque la plainte en faux principal contre les signataires d'un procès-verbal de saisie a été écartée par le jury d'accusation, le tribunal correctionnel ou le tribunal criminel, juge d'appel, ne peut plus se constituer juge de ce même faux ni faire revivre le délit. — *Cass.*, 19 messid. an VII, Douanes c. Vandelinck et Beck.

789. — Merlin, qui rapporte cette décision, en son *Répertoire*, au mot *Inscription de faux*, § 1er, no 8, ajoute qu'elle ne peut être justifiée que par les circonstances dans lesquelles elle a été rendue, et il la combat formellement en ses *Questions de droit*, au mot *Faux* (§ 6, p. 171, 4e édit.). La question rentre dans celle de l'influence du criminel sur le civil, tant controversée entre Merlin et Toullier.

CHAPITRE IX. — *Procédure.*

790. — Une procédure spéciale a été de tout temps tracée par le législateur en matière de faux.

791. — Cette procédure a été successivement réglée par les titres 8 et 9 de l'ordonnance de 1670, par l'ordonnance de juill. 1737; par les titres 12 et 13 de la loi du 16-29 sept. 1791; par le titre 14 du Code du 3 brum. an IV; par la loi du 23 floréal an X; par les lois des 2 flor. an XI, 23 vent. an XII et 20 avr. 1810, art. 23, et par le Code d'instruction criminelle.

792. — *Pièces arguées de faux.* — Sous le Code du 3 brum. an IV, dans toutes les plaintes ou dénonciations en faux, les pièces arguées de faux devaient, à peine de nullité, être déposées au greffe et signées par le greffier, qui en dressait procès-verbal. — Art. 526.

793. — Sous ce Code, il y avait nullité lorsque le procès-verbal ne constatait pas que les pièces arguées de faux eussent été préalablement signées par le greffier. — *Cass.*, 2 therm. an VII, Godot.

794. — De même le défaut de procès-verbal détaillé de l'état et du dépôt au greffe des pièces arguées de faux était une cause de nullité. — *Cass.*, 8 vendém. an VIII, Come Vinet; 8 vendém. an VII, Jobert; 2 therm. an VII, Godot.

795. — Ce procès-verbal détaillé devait mentionner les altérations et les décrire de manière à assurer le faux qui pouvait s'y rencontrer. — *Cass.*, 8 frim. an VII, Danbons; 24 messid. an VII, Judde; 2 therm. an VII, Godot; — V. Carnot, sur l'art. 448, C. inst. crim., t. 3, p. 278, no 6.

796. — De même un procès-verbal de dépôt de pièces arguées de faux était nul si l'on s'était borné à relater lesdites pièces sans les caractériser, ni le faux dont elles étaient l'objet. — *Cass.*, 12 fruct. an VII, Lahaye.

797. — En conséquence, l'acte d'accusation, la déclaration du jury et le jugement étaient nuls, en matière de faux, s'il n'avait point été dressé un procès-verbal détaillé des pièces arguées de faux. — *Cass.*, 27 vendém. an VII, Gaudicheau.

798. — Mais une poursuite en faux ne pouvait pas être annulée pour inobservation des formalités du dépôt au greffe de la description et du paraphe de la pièce arguée de faux, si cette pièce n'existait plus au moment où la procédure a été commencée. — *Cass.*, 17 therm. an VIII, Baudry.

799. — Le procès-verbal de détail des pièces arguées de faux et déposées au greffe était nul s'il avait été dressé par le directeur du jury et non par le greffier. — *Cass.*, 16 vend. an VIII, Pierre Georges.

800. — Sous le même Code du 3 brum. an IV, les pièces arguées de faux devaient en outre, à peine de nullité, être signées par le directeur du jury ou par le juge de paix. — Art. 526.

801. — Tous les juges de paix de Lyon, ville de plus quarante mille habitans, avaient le droit d'exercer, dans les poursuites de faux, les fonctions d'officiers de police judiciaire. Le directeur du jury ne pouvait donc pas annuler le mandat d'arrêt décerné par l'un desdits juges de paix en cette matière, ni renvoyer le prévenu devant un autre directeur du jury. — *Cass.*, 2 prairial an VII, Vissoux.

802. — La procédure était nulle, si le juge de paix avait omis de faire signer et parapher par le prévenu les pièces arguées de faux. — Ces formalités ne pouvaient pas être suppléées par l'interpellation, faite au prévenu par le directeur du jury, de les signer s'il les reconnaissait, soit parce que le directeur du jury n'était pas officier de police judiciaire, soit parce que la loi ne faisait, quant à la nécessité de la signature du prévenu, aucune distinction entre son aveu ou sa dénégation. — *Cass.*, 28 vendém. an VI, Portenard.

803. — L'omission par le directeur du jury de signer et de parapher la pièce incriminée opérait la nullité de la procédure. — *Cass.*, 18 pluv. an X, Ribollet et Mallaval.

804. — Les pièces arguées de faux devaient de plus, à peine de nullité, être signées par la partie plaignante ou dénonciatrice.

805. — Jugé qu'il y avait nullité lorsque les pièces arguées de faux n'avaient été ni signées ni paraphées par le dénonciateur. — *Cass.*, 8 vend. an VII, Jobert.

806. — Il y avait également nullité si la partie dénonciatrice avait signé et paraphé les pièces fausses quatorze jours avant le procès-verbal dressé par le greffier, au lieu de ne les signer et parapher qu'après ce procès-verbal. — *Cass.*, 2 therm. an VII, Godot.

807. — Le fonctionnaire qui donnait avis à l'officier de police d'un délit dont il avait acquis la connaissance, ou reçu la dénonciation dans l'exercice de ses fonctions, ne se rendait pas, en donnant cet avertissement, ou en transmettant cette dénonciation, partie plaignante ni dénonciatrice dans le sens de l'art. 526 précité. — *Cass.*, 8 mess. an XIII, Victor.

808. — Ces pièces devaient être également signées et paraphées par le prévenu lors de sa comparution, à peine de nullité. — *Cass.*, 24 juin 1808, Malvano.

809. — Il ne suffisait pas que les pièces de comparaison, en matière de faux, fussent signées par le directeur du jury et par le prévenu. — *Cass.*, 17 brumaire an VIII, François-Xavier Coq.

810. — En conséquence, il y avait nullité si le directeur du jury n'avait pas fait mention, dans l'interrogatoire d'un prévenu en matière de faux, qu'il lui eût fait signer et parapher la pièce arguée de faux. — *Cass.*, 24 mess. an VII, Judde.

811. — Lorsqu'une pièce arguée de faux n'avait pas été signée ni paraphée par le prévenu au moment de sa première comparution devant le juge de paix, le directeur du jury devait casser toute la procédure et renvoyer devant un autre officier de police judiciaire; mais il n'avait pas le droit de renvoyer devant le même juge de paix pour faire valider de nouveau les actes viciés de nullité. — *Cass.*, 12 vent. an VII, Mongeot.

812. — L'art. 448 du Code d'inst. crim. dispose que dans tous les procès pour faux en écriture, la pièce arguée de faux, aussitôt qu'elle aura été produite, sera déposée au greffe, signée et paraphée à toutes les pages par le greffier qui dressera un procès-verbal détaillé de l'état matériel de la pièce; que cette pièce sera également signée et paraphée par la personne qui l'aura déposée si elle sait signer, le tout à peine de cinquante francs d'amende contre le greffier.

813. — Et l'art. 450 ajoute que la pièce arguée de faux sera de plus signée par l'officier de police judiciaire et par la partie civile ou son avoué si ceux-ci se présentent. — Qu'elle le sera également par le prévenu au moment de sa comparution; qu'enfin, si les comparans ou quelques-uns d'entre eux ne peuvent pas ou ne veulent pas signer, le procès verbal en fera mention. Le tout à peine de cinquante francs d'amende en cas de négligence ou d'omission.

814. — Il est constant qu'à la différence de l'art. 526 du Code du 3 brumaire an IV, l'art. 448 ne dispose pas à peine de nullité, et que le législateur n'a apporté à son inobservation d'autre sanction que la peine de 50 francs d'amende contre le greffier. — *Cass.*, 5 fév. 1819, Armand ; — Exposé des motifs du chap. 1er, tit. 4, liv. 2 ; — Legraverend, t. 1er, p. 574.

815. — Il en est de même de l'art. 450.

816. — En conséquence, un accusé de faux ne peut se faire un moyen de cassation de ce qu'il n'a pas apposé sa signature sur la pièce incriminée, lors de sa comparution devant l'officier de police judiciaire. — *Cass.*, 15 nov. 1812, N... ; — Carnot, sur l'art. 450, C. inst. crim., t. 3, p. 281, no 3; Bourguignon, *Jurisp. des Codes crim.*, sur le même art., t. 3, p. 360.

817. — Lorsque la pièce arguée de faux est tirée d'un dépôt public, le fonctionnaire qui s'en dessaisit doit la signer aussi et la parapher comme si elle venait de lui, sous peine de 50 francs d'amende. — C. inst. crim., art. 449.

818. — Lorsque la partie blanche du papier n'est pas suffisante pour recevoir la signature, on y ajoute à cet effet une bande de papier. — Legraverend, t. 1er, p. 574.

819. — Nous avons vu que l'art. 450, à la différence de l'art. 448, se borne à exiger la *signature* et non le *paraphe* des personnes qu'il indique. Cependant, Carnot (*C. inst. crim.*, sur l'art. 450) pense que ce paraphe est nécessaire et que cette prescription est nécessairement sous-entendue.

820. — Il est évident que c'est lors de la production de la pièce ou de la rédaction du procès-verbal descriptif que l'officier de police judiciaire et la partie civile doivent la signer ; il y aurait irrégularité si les signatures n'avaient été apposées que quatorze jours après la rédaction du procès-verbal. — *Cass.*, 2 thermid. an VII, Godot.

821. — Le Code d'instr. crim. ne dit pas si le prévenu qui est en état d'arrestation au moment où s'effectue le dépôt de la pièce doit être appelé au procès-verbal descriptif qui doit en être dressé, et l'art. 450 se borne à ordonner que le prévenu *signera* la pièce lors de sa comparution ; mais Carnot, sur l'art. 450, dit que si l'officier de police judiciaire était présent à la rédaction du procès-verbal, ce serait chose convenable que d'y appeler le prévenu, en ce que la pièce arguée ne peut être pour lui une pièce secrète, et néanmoins il ajoute que le greffier ne devrait pas l'y appeler de son autorité.

822. — De ce que l'art. 450 déclare le greffier punissable d'amende, dans le cas qu'il prescrit, s'il y a eu *négligence* ou *omission* de sa part, M. Carnot (*loc. cit.*) conclut qu'il suffit de la *matérialité* du fait pour que l'amende soit prononcée.

823. — Les plaintes et dénonciations en faux peuvent toujours être suivies lors même que les pièces qui en sont l'objet auraient servi de fondement à des actes judiciaires ou civils. — C. inst. crim., art. 451.

824. — Aucune fin de non-recevoir ne peut donc résulter contre la poursuite du faux principal de ce que la pièce arguée de faux aurait servi de base à un jugement rendu au civil, alors même que ce jugement aurait acquis l'autorité de la chose jugée, et que la pièce arguée aurait été l'objet d'une instruction sur faux incident ou d'une instance en vérification d'écriture. « La raison en est, dit Carnot (*loc. cit.*), que le faux principal est un crime, et que ce crime, loin d'avoir été jugé, n'a pas même été aperçu, et qu'aucune fin de non-recevoir ne peut être opposée contre la poursuite des crimes, lorsqu'ils ne se trouvent ni jugés, ni prescrits, ni amnistiés. »

825. — L'art. 527, C. 3 brum. an IV, renfermait, à une nuance près de rédaction, une disposition semblable à celle de l'art. 451.

826. — Il a été jugé qu'on devait réputer nulle l'ordonnance du directeur du jury qui déclarait n'y avoir lieu à suivre sur une plainte en faux, par ce motif que les auteurs de ce crime n'étaient pas indiqués. — *Cass.*, 26 germ. an IX, Bailly.

827. — La partie intéressée est-elle recevable à attaquer par la voie du faux incident la pièce qui a été l'objet de poursuites faites par la voie du faux principal? — V. FAUX INCIDENT.

828. — Tout dépositaire public ou particulier de pièces arguées de faux est tenu, sous peine d'y être contraint par corps, de les remettre sur l'ordonnance donnée par l'officier du ministère public ou par le juge d'instruction. Cette ordonnance et l'acte de dépôt lui servent de décharge envers

tous ceux qui auront intérêt à la pièce. — C. inst. crim., art. 452.

829. — L'art. 452 est applicable à ceux qui ne détiennent pas la pièce arguée de faux comme dépositaires, et qui dès-lors peuvent être contraints par corps à en faire la remise.—Legraverend, t. 1er, p. 578.

830.—L'art. 452 parle *de la remise* et non *de l'apport* de la pièce arguée de faux, d'où l'on peut conclure que le dépositaire peut transmettre la pièce arguée de faux au magistrat qui la réclame, pourvu toutefois qu'au préalable il la signe et qu'il prenne toutes les précautions nécessaires pour que cette pièce parvienne à sa destination. — Legraverend, t. 1er, p. 573; Carnot, *C. inst. crim.*, t. 3, p. 278, note 1re.

831. — Cependant Legraverend (*ibid.*) et Carnot (t. 3, p. 279, n° 4) pensent que le fonctionnaire dépositaire ne pourrait se dispenser d'apporter lui-même la pièce si l'ordonnance le lui enjoignait expressément.

832. — M. Carnot (sur l'art. 452) pense que, dès que la décharge du dépositaire ne peut s'établir que par la réunion de l'ordonnance et de l'acte de dépôt, il suit que le greffier auquel la remise de la pièce est faite doit délivrer au dépositaire un certificat constatant cette remise.

833.— *Pièces de comparaison.* — Sous le Code du 3 brum. an IV, les pièces de comparaison devaient, à peine de nullité, être signées et paraphées à toutes les pages par le greffier, par le directeur du jury ou le juge de paix, par le plaignant ou le dénonciateur, et par le prévenu lors de sa comparution. — Art. 529.

834. — En conséquence, il y avait nullité lorsque le prévenu avait signé et paraphé seulement les pièces arguées de faux et non les pièces de comparaison. — *Cass.*, 8 frim. an IX, Audet dit Bonneton; 29 messid. an X, Dangier.

835.— Jugé encore que, sous ce Code, il y avait nullité lorsque rien ne justifiait qu'un accusé de faux eût, au moment de sa comparution, signé les pièces de comparaison ou refusé de les signer. —*Cass.*, 7 pluv. an VIII, Lannuyer.

836. — ... Ou bien encore si une partie seulement des pièces de comparaison avait été signée et paraphée.—*Cass.*, 20 vent. an X, Johnson; 7 vendém. an VII, Barbel.

837. — Sous le Code d'instruction criminelle les pièces de comparaison doivent, à peine de 50 francs d'amende contre le greffier, être signées et paraphées comme il est dit, pour les pièces arguées de faux, par les art. 448, 449, 450. — C'est-à-dire qu'il doit être dressé un procès-verbal détaillé desdites pièces, et que ce procès-verbal doit être signé et paraphé par celui qui en a fait le dépôt, par l'officier de police judiciaire, la partie civile ou son avoué, s'ils sont présens, le prévenu lors de sa comparution, et le greffier.

838. — Au reste, cette disposition, non plus que celles relatives aux pièces arguées de faux par les articles précités, n'est pas prescrite, à peine de nullité.—*Cass.*, 5 fév. 1819, Benoît Arnaud.

839. — Les art. 200 et 206, C. procéd., relatifs aux pièces de comparaison dans le cas de vérification d'écriture (V. VÉRIFICATION D'ÉCRITURES) ne sont point applicables en matière criminelle.— *Cass.*, 31 mars 1831, Cornier.

840. — En principe, on ne doit admettre comme pièces de comparaison que celles qui sont authentiques, telles que celles passées devant notaires ou autres officiers publics, ou bien les pièces écrites ou signées en qualité de juge, greffier, avoué, notaire, huissier. — Jousse, *Instr. crim.*, t. 2, p. 660, n° 13.

841. — Aux termes de l'art. 454, C. inst. crim., tous dépositaires publics peuvent être contraints, même par corps, à fournir les pièces de comparaison qui sont en leur possession; l'article ajoute que l'ordonnance par écrit et l'acte de dépôt leur servent de décharge envers ceux qui peuvent avoir intérêt aux pièces.

842. — M. Carnot (sur l'art. 454) pense que cet article n'est applicable qu'aux pièces de comparaison dont le fonctionnaire public se trouve possesseur en cette qualité, et que si la pièce n'existait entre ses mains que comme elle pourrait exister dans celles d'un homme privé, le fonctionnaire public rentrerait dans l'application de l'art. 456.

843. — S'il est nécessaire de déplacer une pièce authentique, l'art. 455 dit qu'il en sera laissé au dépositaire une copie collationnée, laquelle sera vérifiée sur la minute ou l'original par le président du tribunal de son arrondissement qui en dressera procès-verbal; et que si le dépositaire est une personne publique, cette copie sera par lui mise au rang de ses minutes pour en tenir lieu jusqu'au renvoi de la pièce, et qu'il pourra en délivrer des grosses et expéditions en faisant mention du procès-verbal. Néanmoins, ajoute le même article, si la pièce se trouve faire partie d'un registre de manière à ne pouvoir en être momentanément distraite, le tribunal pourra, en ordonnant l'apport du registre, dispenser de la formalité qui vient d'être prescrite.

844. — L'ordonnance de 1737 permettait néanmoins d'admettre les écritures privées comme pièces de comparaison. Quant à la loi des 16-29 sept. 1791 et le Code du 3 brum. an IV, ils ont gardé le silence à cet égard.

845.—Le Code d'inst. crim., art. 456, dispose que les écritures privées peuvent être produites pour pièces de comparaison et être admises à ce titre, mais seulement dans le cas où *les parties intéressées les reconnaissent.*

846. — D'où il résulte que la dénégation du prévenu suffit pour les faire rejeter. C'est également ce qu'enseignait Jousse (*C. inst. crim.*, t. 2, p. 660, n° 13).

847. — M. Carnot enseigne que la *reconnaissance* dont parle l'art. 456, est une reconnaissance *volontaire*, et qu'il ne suffirait pas que la pièce produite eût été reconnue en justice, lors même qu'elle l'aurait été sur une instance en vérification d'écriture.

848.—Mais de quelles *parties intéressées* veut parler l'art. 456? — Suivant M. Bourguignon, la pièce de comparaison devrait être rejetée, quoique reconnue par la partie civile et par l'accusé si le ministère public déclarait ne pas la reconnaître.— M. Carnot n'est pas de cet avis; il refuse de ranger le ministère public au nombre des parties intéressés.— Le procureur général, dit-il, ne peut reconnaître ni méconnaître une pièce qu'il peut très bien n'avoir jamais vue. *Les parties intéressées* dont parle le Code, sont *la partie civile et l'accusé.*

849. — L'admission des écritures privées pour pièces de comparaison est facultative. Le juge peut les rejeter, encore bien qu'elles aient été reconnues par les parties intéressées.

850. — Lorsque le faux ne porte que sur une partie de la pièce, les autres parties peuvent servir de pièces de comparaison. — Jousse, *ibid.*; Rousseaud de Lacombe, p. 373.

851. — Les particuliers qui, même de leur aveu, sont possesseurs d'écritures privées, qui doivent servir de pièces de comparaison, ne peuvent être immédiatement contraints de les remettre; mais si, après avoir été cités devant le tribunal saisi pour faire cette remise ou déduire les motifs de leur refus ils succombent, l'arrêt ou le jugement peut ordonner qu'ils y seront contraints par corps. — C. inst. crim., art. 156.

852. — M. Carnot (sur l'art. 456) enseigne que c'est au tribunal auquel est attaché le juge qui fait l'instruction à apprécier le refus du possesseur de la pièce, et que s'il y avait une nouvelle vérification à faire devant la chambre d'accusation, ce serait devant cette chambre qu'il devrait être appelé, sauf à déduire ses moyens par écrit.

853. — Suivant le même auteur, les voies d'opposition d'appel et de cassation sont ouvertes contre le jugement qui condamne ou refuse de condamner le détenteur à remettre des pièces privées pour servir de pièces de comparaison, et cela tant de la part de ce détenteur lui-même que de la partie civile, de l'accusé, ou même du ministère public. — Sauf à suspendre l'instruction et le jugement jusqu'à ce qu'il ait été statué sur l'incident.

854. — Aux termes de l'art. 457, lorsque les témoins s'expliquent sur une pièce du procès, ils la paraphent et la signent; et s'ils ne peuvent signer le procès-verbal en fait mention.

855. — Cet article entend parler aussi bien des pièces de comparaison que de celles arguées de faux. — Carnot, sur le dern. art.

856. — Mais il a été jugé que la signature et le paraphe des témoins sur les pièces arguées de faux n'est ni prescrite à peine de nullité, ni substantielle à la défense. — *Cass.*, 6 août 1840 (t. 1er 1840, p. 520); —Carnot, sur l'art. 457.

857. — *Corps d'écriture.* — Le prévenu ou l'accusé peuvent être requis de produire et de former un corps d'écriture. En cas de refus ou de silence, le procès-verbal en fait mention. — C. inst. crim., art. 461.

858. — Le corps d'écriture ne doit pas seulement être demandé à l'accusé lorsqu'il n'y a pas de pièces de comparaison ou lorsqu'elles sont insuffisantes. Le corps d'écriture est un des moyens les plus efficaces d'arriver à la découverte de la vérité; aussi les juges d'instruction sont-ils dans l'usage d'en faire faire, quelle que soit la nature des pièces de conviction. — V. cependant Carnot, sur l'art. 461.

859. — Le juge d'instruction peut également faire faire au plaignant un corps d'écriture qui, plus tard, peut être remis aux experts ou aux jurés. — *Cass.*, 31 mars 1831, Cornier.

860. — Rien ne s'oppose à ce que le corps d'écriture soit fait en présence des experts.—Carnot, *C. inst. crim.*, *loc. cit.*

861. — Il a été jugé que le président de la cour d'assises peut, en matière de faux et en vertu de son pouvoir discrétionnaire, se faire remettre par un témoin un billet attribué à l'accusé mais que celui-ci dénie, et la cour d'assises peut ordonner que ce billet restera joint au procès, non comme pièce de comparaison, mais comme simple renseignement propre à éclairer le jury. — *Cass.*, 2 avr. 1831, David.

862. — Telles sont les formalités spéciales indiquées par la loi pour la poursuite du faux principal.— Puis l'art. 464 ajoute que le surplus de de l'instruction sur le faux se fera comme sur les autres délits.

863. — *Expertise.* — Sous le Code du 3 brum. an IV, en matière de faux, le procès-verbal de la pièce incriminée n'avait pour objet que d'en constater l'état matériel, de manière qu'elle ne fût pas défigurée, et n'empêchait pas que des experts fussent nommés pour vérifier si la pièce était fausse ou non. — *Cass.*, 22 prair. an X (intér. de la loi), Peneau; — Merlin, *Rép.*, v° *Faux*, sect. 2e, § 5.

864. — Jugé par le même arrêt que les experts écrivains appelés pour une vérification d'écriture dans une instruction criminelle ne devaient pas être considérés comme de simple témoins, et que le rapport qu'ils dressaient ayant le caractère de procès-verbal, constatant le corps du délit, pouvait être remis aux jurés dans la salle de leurs délibérations.

865. — Sous le Code d'instruction criminelle des experts sont nommés pour examiner la pièce arguée de faux, les pièces de comparaison et les corps d'écriture, et faire du tout leur rapport.

866. — Lorsque plusieurs experts ont été nommés dans la même affaire, ils procèdent ordinairement ensemble, à moins que le juge n'en ait autrement ordonné.

867. — Jugé que l'introduction dans le cabinet des experts d'une personne étrangère à l'expertise et la remise par elle faite aux experts de pièces prétendues relatives à leur opération, ne peuvent être une cause de nullité lorsque ni le ministère public ni le magistrat instructeur ne s'y sont opposés et lorsqu'il n'est d'ailleurs pas établi que les experts se soient servis de pièces étrangères au procès dont il n'ait pas été fait ni inventaire ni description. — *Cass.*, 31 août 1833, Létayé.

868. — La cour d'assises peut, sur la réquisition du ministère public, ordonner à son audience une vérification d'écritures consentie par l'accusé sans qu'il en résulte une nullité. — *Cass.*, 12 janv. 1833, Perrin.

869. — Jugé que l'art. 307, C. procéd., sur le serment à prêter par les experts écrivains, ne peut servir de base à un moyen de cassation contre une procédure criminelle.—*Cass.*, 4 fév. 1819, Piart et Mongloux.—V. EXPERTISE.

970.—*Non représentation de la pièce fausse.*—Les règles que nous venons de tracer sont évidemment inapplicables au cas où la pièce arguée de faux n'est pas représentée, et cependant il est constant qu'en l'absence de cette pièce, l'action du ministère public n'est pas paralysée.

871.— Ainsi, on jugeait sous le Code du 3 brum. an IV qu'un faux pouvait être poursuivi par la voie criminelle, quoique la pièce incriminée n'existât plus ou ne fût pas représentée.— *Cass.*, 17 thermid. an VIII, Baudry; 12 vend. an XIII, Boulai; 18 prair. an XIII, Vauban; 6 mars 1807, Delauzière.

872.— Et il a été jugé de même, d'après le Code d'inst. crim., qu'aucune loi ne subordonne la poursuite du crime de faux à l'existence ou à la production de la pièce falsifiée. — *Cass.*, 28 oct. 1813; Champeaux; 10 fév. 1835, Demolon; 18 juin 1835, Bureau; 17 déc. 1812, Bernard; 2 juill. 1835, Aubry; 15 oct. 1829, Quinette de la Hogue; 29 mars 1838 (t. 1er 1840, p. 203), Lourdal; — Legraverend, t. 2, p. 580 et suiv.; Chauveau et Hélie, t. 3, p. 424.

873. — ... Et qu'en conséquence, la cour royale ne peut refuser de mettre en accusation un prévenu de faux sur le motif que la pièce arguée de faux n'est point représentée. — *Cass.*, 14 mai 1836, Damarzid.

874.— En pareil cas, les formalités prescrites par les art. 448 et suiv., C. inst. crim., sont suppléés par les moyens de preuve communs à tous les crimes. — *Cass.*, 2 juill. 1835, Aubry.

875. — Jugé encore que la production aux débats des pièces arguées de faux n'est pas indispensable, la certitude de la fausseté de ces pièces pou-

vant être acquise indépendamment de leur production, et qu'à plus forte raison, la vérification par experts de ces pièces n'est pas nécessaire. — *Cass.*, 30 mars 1839 (t. 1er 1840, p. 176), Raymond d'Bénar.

876. — Jugé de même qu'une tentative de faux peut être poursuivie, quoique la pièce dans laquelle le faux a été tenté ne soit pas représentée. — *Cass.*, 9 janv. 1812, Herbault.

877. — Mais il a été jugé qu'un plaignant ne peut être admis à arguer de faux une facture qu'il ne représente pas, et qu'il n'allègue même pas lui avoir été remise. Ce ne serait qu'autant qu'elle lui aurait été enlevée, qu'il serait recevable dans sa poursuite en faux contre une pièce non représentée. — *Cass.*, 15 flor. an XII, Romain.

878. — Nous avons fait observer, en rapportant cet arrêt, que s'il est évident que, dans l'espèce actuelle, il n'y avait pas lieu à exercer une poursuite, parce qu'en supposant que les faits eussent le caractère d'un crime, elle ne pouvait, en l'état, aboutir à une conviction; en droit, aucune disposition de la loi ne la subordonne à la condition que la pièce non représentée *ait été enlevée au plaignant*. Il en est de même à l'égard de la remise de la pièce, circonstance qui n'empêche pas que le faux n'ait pu exister.

879. — L'individu condamné pour crime de faux est non-recevable à se faire un moyen de cassation, de ce que le délit n'aurait pas été constaté dans l'instruction antérieure à l'arrêt de mise en accusation. — *Bruxelles*, 25 juin 1822, P...

880. — *Mise en accusation.* — Sous le Code du 3 brum. an IV, un crime de faux n'était pas suffisamment caractérisé lorsque l'arrêt de compétence ne mentionnait point que les prévenus avaient agi dans une intention criminelle. — *Cass.*, 13 thermid. an XIII, Fabre.

881. — Sous le même Code, était nul l'arrêt de compétence qui ne précisait pas suffisamment les faux reprochés à l'accusé, et qui n'exprimait même pas s'ils avaient été commis méchamment et à dessein de nuire; et il a été jugé que, dans cet état, il était pour la cour de Cassation d'une indispensable nécessité de se livrer à l'examen des pièces arguées, ainsi que du résultat de l'instruction; et si elle reconnaissait que non seulement les prétendus faux n'avaient pas été commis méchamment, mais qu'il y avait absence de tout crime de faux, elle cassait sans renvoi. — *Cass.*, 18 fructid. an XIII, Martin.

882. — Les principes du Code d'inst. crim. veulent que l'accusé ne soit renvoyé devant les assises qu'autant qu'il y a contre lui des présomptions suffisantes de culpabilité du crime de faux. — L'arrêt doit donc énoncer les faits matériels constituant le faux.

883. — Ainsi l'arrêt de mise en accusation qui mentionne seulement la fabrication d'une pièce fausse en écriture privée et l'usage fait sciemment de cette pièce fausse, n'énonce pas suffisamment les faits matériels qu'il qualifie de crime de faux, et manque d'un des élémens indispensables pour sa régularité. — *Cass.*, 9 sept. 1819, Rabouin.

884. — Mais le renvoi devant la cour d'assises ne devant avoir lieu qu'autant qu'au fait matériel du faux vient se joindre de la part de l'accusé l'intention criminelle, il en résulte que la chambre des mises en accusation est investie du pouvoir de déclarer qu'il n'y a lieu à suivre contre un notaire prévenu de faux, en se fondant sur ce qu'il n'a pas agi frauduleusement. — *Cass.*, 18 fév. 1813, Delamotte; — Carnot, sur l'art. 220, C. inst. crim., t. 2, p. 181, n° 6.

885. — Cependant l'arrêt qui met en accusation un fonctionnaire pour avoir dénaturé la substance ou les circonstances d'un acte de son ministère, ne peut pas être annulé comme n'énonçant pas que l'accusé a agi frauduleusement, si le caractère de la fraude résulte suffisamment des faits mentionnés dans ledit arrêt. — *Cass.*, 10 juill. 1828, Garcet.

886. — Lorsqu'il se joint au faux matériel, résultant de la signature apposée après coup à un acte par un notaire et des témoins instrumentaires qui n'ont pas assisté à la confection, des circonstances qui révèlent un but et un intérêt coupables, il appartient aux chambres d'accusation de reconnaître dans ce fait les élémens du faux prévu et puni par la loi, à savoir, l'altération de la vérité dans une intention criminelle qui a porté ou pu porter préjudice à des tiers. — Bien que l'auteur d'un faux ainsi caractérisé en soit déclaré innocent, le bénéfice de l'exception de bonne foi dont il s'est prévalu ne doit pas nécessairement s'étendre au prévenu de complicité, à la charge duquel il existe des indices suffisans de culpabilité. — *Cass.*, 17 juill. 1835, Deminiac.

887. — Aussi peut-on douter du bien jugé de l'arrêt qui décide que si la circonstance d'un usage ancien et général pouvait modifier la criminalité d'un faux, ce serait une considération qui ne pourrait être examinée que dans les débats relatifs à l'arrêt définitif, et qui ne pourrait, en aucun cas, arrêter l'action de la justice criminelle. — *Cass.*, 21 juin 1810, Gibory.

888. — Lorsqu'un notaire est inculpé d'avoir commis un faux dans la minute et un faux dans l'expédition d'un acte, l'arrêt qui le décharge de la prévention, sur le motif que le faux commis dans la minute n'est pas suffisamment justifié, sans parler de celui commis dans l'expédition, laisse ignorer s'il y avait sur ce dernier chef des indices suffisans de culpabilité, et doit être annulé. — *Cass.*, 2 août 1821, Peretti. — V. au surplus CHAMBRES DES MISES EN ACCUSATION.

889. — *Copie à l'accusé de la pièce arguée de faux.* — Sous le Code du 3 brum. an IV, en matière de faux, la pièce arguée de faux était l'une des pièces dont il devait être donné copie à l'accusé, à peine de nullité. — *Cass.*, 12 vent. an VII, Mougeot; 27 mess. an X, Dangies.

890. — Ces deux décisions peuvent encore être invoquées par analogie, non sous le rapport de la nullité, car le Code d'instruction criminelle la repousse, mais pour établir la nécessité de donner copie à l'accusé de la pièce arguée de faux.

891. — *Acte d'accusation.* — Sous la loi du 16-29 sept., un acte d'accusation en matière de faux était nul s'il n'avait été dressé aucun procès-verbal détaillé des pièces arguées de faux. — *Cass.*, 11 oct. an II, Delavarde.

892. — De même, sous le Code du 3 brum. an IV, en matière de faux, un acte d'accusation était nul si le directeur du jury n'y avait annexé le procès-verbal détaillé de la pièce arguée de faux constatant légalement le corps du délit. — *Cass.*, 11 brum. an VII, Taret; 26 brum. an VII, Lacoste; 11 brum. an VIII, Busson.

893. — De même, sous ce Code, un acte d'accusation en matière de faux était nul lorsque, au lieu d'y annexer le procès-verbal de description de la pièce arguée de faux dressé par le greffier, on y avait joint un procès-verbal dressé par le directeur du jury, qui était sans qualité à cet égard. — *Cass.*, 19 therm. an VIII, Georges. — V., sur les formalités auxquelles, sous le Code d'instruction crim., sont assujétis les actes d'accusation, ACTE D'ACCUSATION.

894. — *Présentation à l'accusé de la pièce arguée de faux.* — La pièce arguée de faux doit, lors des débats, être présentée à l'accusé. — V. COUR D'ASSISES.

895. — Cependant, un accusé de faux ne peut se faire un moyen de nullité de ce que la pièce incriminée ne lui a pas été présentée, conformément à l'art. 329, C. inst. crim. — *Cass.*, 30 oct. 1812, N...; — Carnot, sur l'art. 329, C. inst. crim., t. 2, p. 544, n° 3.

896. — *Questions au jury.* — Les questions soumises au jury doivent être conformes à l'arrêt de renvoi, à l'acte d'accusation, et énoncer toutes les circonstances du crime imputé à l'accusé. — V. COUR D'ASSISES.

897. — Jugé que lorsque l'ordonnance de prise de corps est confirmée par l'arrêt de renvoi, cet arrêt de renvoi et l'acte d'accusation donnant à l'effet argué de faux la qualification de lettre de change, le jury doit, à peine de nullité, être interrogé sur la commercialité de l'acte argué de faux. — *Cass.*, 15 oct. 1844 (t. 2 1844, p. 591), Block.

898. — Mais du principe que l'accusé ne peut se plaindre d'une irrégularité commise dans une ou plusieurs questions qui lui sont relatives, lorsque cette irrégularité n'a pu lui porter aucun préjudice, il a été conclu : 1° que l'accusé déclaré coupable d'avoir fait sciemment usage d'une pièce fausse, et non convaincu de complicité dans la fabrication de cette pièce, ne peut tirer aucun argument des omissions commises dans la position des questions relatives à ladite complicité. — *Cass.*, 30 janv. 1812, T...

899. — ... 2° Que l'accusé est non-recevable à se plaindre de ce que, au lieu de demander aux jurés, conformément au résumé de l'acte d'accusation, s'il est coupable de faux en écriture publique, on leur aurait seulement demandé s'il est coupable de faux en écriture privée. — *Cass.*, 30 nov. 1827, Delaye.

900. — Toutefois, en approuvant cette décision, Carnot (sur l'art. 408, C. inst. crim.) fait remarquer qu'il ne faudrait pas trop étendre ce principe; car il pourrait arriver que la question posée substituât au crime qui fait l'objet de l'arrêt de renvoi un autre crime qui n'aurait pas été la matière de l'accusation. Il est, en effet, de toute évidence que le principe serait inapplicable si la question avait dénaturé l'accusation,

901. — Jugé que l'individu condamné pour crime de faux est sans intérêt, et par conséquent non-recevable à se faire un moyen de cassation de ce qu'une accusation aurait été à tort substitué à une autre dans les questions posées au jury, alors que le fait objet de ces questions ne comporte, tel qu'il a été reconnu constant par le jury, que l'application d'une peine correctionnelle, laquelle a été absorbée par celle du faux. — *Cass.*, 13 oct. 1842 (t. 1er 1843, p. 164), Boyer.

902. — ... Et que l'accusé déclaré coupable de faux ne peut se faire un moyen de nullité de ce que le jury n'aurait pas expliqué dans sa réponse si le crime avait été commis par contrefaçon ou par altération d'écritures, les deux faits étant punis de la même peine. — *Cass.*, 16 nov. 1827, Courbarien.

903. — La réponse du jury qui déclare l'accusé coupable d'avoir fait fabriquer une pièce fausse en en dictant les termes, constitue l'accusé auteur de ce crime et non complice. Dès-lors, il n'est point nécessaire de constater qu'il a employé pour fabriquer cet acte les moyens énoncés dans l'art. 60, C. pén. — *Cass.*, 15 déc. 1831, Franquette.

904. — Il a été jugé que la déclaration du jury portant que l'accusé est coupable d'avoir frauduleusement fabriqué un effet de commerce souscrit par lui par procuration d'un tiers, sans décider si en effet l'accusé n'était pas, à l'époque de la confection du billet, fondé de la procuration de ce tiers, ne peut pas entraîner l'application de l'art. 147, C. pén., qui punit le crime de faux. — *Cass.*, 3 mars 1837 (t. 1er 1838, p. 84), Mohen.

905. — Lorsque les jurés ont attribué les caractères du faux à un écrit qui, de sa nature, ne pouvait constituer une obligation, ni opérer une libération ou décharge, c'est une décision *en droit* susceptible de donner ouverture à cassation. — *Cass.*, 19 fév. 1825, Gaillard.

906. — Lorsque l'arrêt de condamnation décide que les faits constatés par le jury constituent le crime prévu par les art. 147, 150, 151 et 164, C. pén., il n'est pas indispensable qu'il précise les élémens qui résultent pour lui de la déclaration du jury, chacun des modes énoncés dans ces articles entraînant la même peine, et la combinaison desdits articles indiquant suffisamment que ces faits constituent le crime de fabrication et d'usage d'un faux en écriture privée. — *Cass.*, 6 avr. 1838 (t. 2 1842, p. 653), Guillaume.

907. — V. au surplus, sur les diverses difficultés que peuvent soulever la position des questions au jury et la réponse du jury en matière de faux, les mots CASSATION (mat. crim.) et COUR D'ASSISES. — V. aussi *suprà* les divers arrêts cités, notamment en matière de faux en écriture de commerce et de banque.

908. — On sait, au surplus, que la jurisprudence est constante pour reconnaître que la question de savoir quel est le caractère du faux que constitue le fait incriminé est une question de droit dont l'appréciation appartient à la cour d'assises, et non au jury. — V. COUR D'ASSISES, nos 2627 et suiv., 2567 et suiv. — V. aussi conf. *Cass.*, 26 sept. 1846 (t. 2 1846, p. 625), Baric et Chebabi-Siva.

909. — Jugé dès-lors, par le même arrêt de 1846, que l'accusé ne peut prétendre que les droits de la défense ont été méconnus en ce que le président a interrompu son avocat dans les développemens où il se proposait d'entrer devant le jury sur la question de commercialité de l'effet.

910. — Jugé encore que, dans une accusation de faux, les jurés doivent prononcer sur l'existence des faits et circonstances qui servent de base à l'accusation; mais que c'est à la cour d'assises à décider si ces faits constituent un faux en écriture publique ou de commerce, ou en écriture privée, et qu'en conséquence, s'il a été posé au jury la question de savoir si l'accusé a commis un faux en écriture authentique et publique, et si, après une réponse affirmative du jury, la cour d'assises s'est bornée à se référer à l'appréciation faite par le jury, l'arrêt de condamnation que cette cour prononce est nul. — *Cass.*, 1841 (t. 2 1843, p. 468), Regnault et Perré.

911. — L'art. 463 dispose que lorsque des actes authentiques auront été déclarés faux en tout ou en partie, la cour ou le tribunal qui aura connu du faux ordonnera qu'ils soient rétablis, rayés ou réformés, et que du tout il sera dressé procès-verbal; le même article ajoute que les pièces de comparaison seront renvoyées dans les dépôts d'où elles auront été tirées ou seront remises aux personnes qui les auront communiquées, le tout dans le délai de quinzaine, à compter du jour de l'arrêt ou du jugement, à peine d'une amende de 50 fr. contre le greffier.

912. — Il a été jugé que lorsque, sur la déclaration négative du jury, un accusé de faux en écri-

ture authentique est acquitté sans que la matérialité du faux résulte de cette déclaration, la cour d'assises ne peut, appréciant elle-même l'existence du fait, ordonner la radiation des actes incriminés. — *Montpellier*, 27 mars 1832, Ribes de Perret.

915. — En effet, les parties intéressées n'étant pas en cause, il était absolument impossible que la cour d'assises ordonnât la suppression des actes argués de faux sur les seules réquisitions du ministère public.

914. — Il a été jugé que lorsque, par suite de poursuites pour crime de faux, des pièces sont restées déposées au greffe de la cour, le greffier ne peut livrer les pièces aux personnes qui les réclament sans avoir appelé les parties intéressées ; qu'il ne peut en être délivré expédition sans le consentement exprès de celles-ci. — *Rennes*, 18 août 1828, du Châtré c. Bilhoust.

V. au reste GREFFIER, n° 915. — V. en outre ABUS DE BLANC-SEING, ACTE AUTHENTIQUE, ACTE D'ACCUSATION, ACTES DE L'ÉTAT CIVIL, COMPLICITÉ, CONCUSSION, COPIE DE TITRES ET ACTES, COUR D'ASSISES, ESCROQUERIE, GREFFIER, TENTATIVE, VOL.

FAUX CERTIFICATS.

Table alphabétique.

FAUX CERTIFICATS. — 1. — En général, les altérations dont les certificats sont l'objet sont comprises dans la classe commune des faux en écritures, lorsque, d'ailleurs, elles réunissent les caractères exigés par les art. 145 et suiv., C. pén. V. FAUX. — Et alors elles sont punies des mêmes peines que le faux; c'est ce qui résulte formellement de l'art. 162, C. pén. — V. *infra* n° 57 et suiv.

2. — Il est néanmoins, dans les-quels la loi a cru devoir faire descendre au rang de simples délits la fabrication de faux certificats, ou la fabrication ou falsification des certificats. Ces cas sont énumérés dans les art. 159, 160 et 161, C. pén.

3. — Nous passerons en revue les diverses hypothèses exceptionnellement prévues par ces articles, et nous arriverons ainsi à déterminer quels sont les certificats dont la falsification rentre sous la loi commune.

4. — La première hypothèse est celle prévue par l'art. 159, ainsi conçu : « Toute personne qui, pour se rédimer elle-même ou en affranchir une autre d'un service public quelconque, fabriquera, sous le nom d'un médecin, chirurgien ou autre officier de santé, un certificat de maladie ou d'infirmité, sera punie d'un emprisonnement d'une à cinq ans. »

5. — Pour constituer le délit prévu par l'art.159, il est nécessaire : 1° que le certificat atteste une maladie ou une infirmité;—2°qu'il ait été fabriqué sous le nom d'un médecin, chirurgien ou officier de santé;—3° qu'il ait pour objet de rédimer quelqu'un ou d'un service public. La réunion de ces trois conditions est indispensable pour constituer le

délit.— Chauveau et Hélie, *Théorie du Code pénal*, t. 4, p.33.

6.— De ce que la loi veut que le certificat ait pour objet l'attestation d'une maladie ou infirmité, il en résulte qu'il faut nécessairement pour l'existence du délit que la maladie relatée soit fausse; le délit n'existerait donc pas si la maladie ou infirmité était réelle; car alors il manquerait de base, puisqu'on n'y rencontrerait pas l'intention criminelle et le préjudice causé à autrui.— Carnot, *C. pén.*, t. 1er, p. 499, n° 5; Chauveau et Hélie, *Théorie du Code pénal*, t. 4, p. 33.

7.— L'art. 159, ne s'appliquant qu'aux certificats donnés *sous le nom d'un* médecin, chirurgien ou officier de santé, il faut en conclure que l'*usurpation de la qualité* de médecin, de chirurgien ou d'officier de santé ne constitue pas le délit de l'art. 159,si la signature du certificat est bien celle de la personne qui a rédigé le certificat.— Carnot, *C. pén.*, t. 1er, p. 499, n° 4; Chauveau et Hélie,t. 4, p. 34.

8.— Mais il est évident, ajoutent MM. Chauveau et Hélie (t. 4, p. 34), que, dans cette espèce comme dans tous les cas où le certificat peut produire préjudice à un tiers, l'usurpation de la qualité peut être considérée comme une manœuvre frauduleuse rentrant dans les termes de l'art. 405. — V. ESCROQUERIE.

9. — Carnot (*C. pén.*, t. 1er, p. 499, n° 3) pense que les pharmaciens sont compris dans ces expressions de l'art. 159 : *ou autre officier de santé*. Cette opinion ne nous semble pas devoir être suivie. En effet, la qualification d'officier de santé n'est pas applicable aux pharmaciens, et lorsqu'il s'agit d'une disposition pénale, l'extension n'est pas permise.

10. — Les mots *service public quelconque*, dont se sert l'art.159,sont d'une généralité telle que tous les services publics, quelle qu'en soit la nature, s'y trouvent compris. En conséquence, les faux certificats ayant pour but l'exemption du service de la garde nationale et du jury donnent lieu à l'application de l'art. 159, C. pén.

11.— Faut-il ranger dans la même catégorie les certificats ayant pour but des exemptions d'une autre nature, et qui seraient fabriqués, par exemple, dans le dessein de faire extraire un détenu d'une prison pour le transférer dans une maison de santé?— La question s'est présentée avant le Code pénal de 1810.

12.— Et il a été jugé que celui qui, dans le dessein de soustraire un déserteur à la poursuite et à la punition qu'il a encourue, fabrique, sous le nom d'un officier de santé, un faux certificat de maladie pour le faire extraire des prisons et le faire transférer dans un hospice, commet le crime de faux.— *Cass.*, 22 mai 1807, Lagier et Massa.

13.— Merlin (*Rép.*, v° *Faux*, sect. 1re, § 26) dit qu'aujourd'hui un faux de cette nature ne pourrait être puni que correctionnellement, d'après l'art.159,C. pén.—Mais MM. Chauveau et Hélie (*loc. cit.*) argumentent des termes de l'art. 159 « *service public* » pour soutenir que la falsification de pareils certificats rentre dans la classe du faux commun.

14.— La deuxième hypothèse est celle prévue par l'art. 160 qui dispose en ces termes : « Tout médecin, chirurgien ou autre officier de santé, qui, pour favoriser quelqu'un, certifiera faussement des maladies ou des infirmités propres à le dispenser d'un service public, sera puni d'une emprisonnement de deux à cinq ans. »

15. — Avant le Code pénal, cette espèce de faux n'était prévue par aucune loi spéciale, et rentrait dans les dispositions générales du Code de 1791.

16.— MM. Chauveau et Hélie (p. 37) font remarquer avec raison que la preuve du délit prévu par l'art. 160 sera souvent bien difficile à faire, en ce que les attestations qui ne portent pas sur un fait simple et absolu, mais sur un fait moral dont l'appréciation est subordonnée à des connaissances spéciales, sont sujettes à des erreurs de bonne foi; et le rappellant que l'élément du délit n'est pas seulement la matérialité du faux, mais l'intention frauduleuse qu'il décèle, c'est-à-dire le désir de favoriser une personne.

17.— Il a été jugé avec raison que le fait, par un chirurgien aide-major d'un bataillon de la garde nationale, d'avoir certifié faussement des maladies ou infirmités propres à dispenser un citoyen d'un service public, rentre dans l'application de l'art. 160, C. pén., et rend celui qui s'en est rendu coupable justiciable, non du conseil de discipline, mais du tribunal correctionnel.— *Cass.*, 6 mai 1836 (1. 2 1837, p. 112), Doumayron.

18.— Si la maladie faussement certifiée n'était pas de nature à exempter du service public, le certificat ne constituerait pas de délit, car il n'y aurait aucune possibilité de préjudice. — Carnot,

C. pén., t. 1er, p. 500, n° 4; Chauveau et Hélie, p. 37.

19. — Lorsque la délivrance du faux certificat dont parle l'art. 160 a été déterminée par des dons ou promesses, le fait s'aggrave singulièrement; dans ce cas la loi punit les corrupteurs et ceux qu'ils ont corrompus de la peine du bannissement. — Même article.

20. — Il ne faut pas confondre avec les dons et promesses le salaire qui aurait été accordé au médecin pour l'indemniser de son travail et non pour récompenser sa complaisance. Le médecin ne serait coupable, dans ce cas, que d'un acte de faiblesse suffisamment réprimé par la première disposition de l'art. 160, C. pén.— Carnot, *C. pén.*, t. 1er, p. 501, n° 5; Chauveau et Hélie, *Th. du Code pén.*, t. 4, p. 39.

21. — Mais l'exagération du salaire constituerait une présomption grave de corruption. — Chauveau et Hélie, *Th. du Code pén.*, t. 1er, p. 39.

22. — Ainsi jugé que le fait, par un officier de santé, d'avoir délivré à des individus appelés à faire partie du service militaire, des certificats constatant des maladies dont ils n'étaient pas atteints, et propres à les faire dispenser de ce service militaire, et cela moyennant une somme de 40 francs pour chacun et avec promesse de sommes plus fortes au cas de succès de leurs réclamations, constitue le crime prévu par le § 2 de l'art. 160, C. pén., et non le délit réprimé par les art. 405 et 1er dudit art. 160.— *Cass.*, 6 juin 1834, Petralx et Estrade; — Chauveau et Hélie, *Th. du Code pén.*, t. 4, p. 38.

23.— L'art. 160, à la différence de l'art. 179, ne punit pas les tentatives de corruption, c'est-à-dire les offres ou promesses restées sans effet. « Le crime accompli, disent MM. Chauveau et Hélie (p. 39), ou la tentative légale de ce crime peuvent seuls motiver l'application de l'art. 160. Ainsi il ne suffit pas qu'il y ait eu dons offerts mais non acceptés, des promesses faites mais non agréées ; il faut, pour justifier la peine, que l'officier de santé ait accepté les dons ou promesses, et que la délivrance du certificat qui en était le prix n'ait été empêchée que par des circonstances fortuites ou indépendantes de sa volonté. » — V. aussi Carnot, t. 1er, p. 501.

24.— Antérieurement au Code pénal, les faux certificats de bonne conduite et d'indigence pour obtenir des pensions ou des secours ne constituaient pas le crime de faux, mais un simple délit punissable de peines correctionnelles.

25.— Ainsi la mendicité avec un faux certificat d'indigence était un délit de police correctionnelle et non un crime. — *Cass.*, 10 juin 1808, Varache; 15 juill. 1808, Rondeau.—V. aussi *Cass.*,19 messid. an X, Fallais et Coudon; 5 fructid. an XII, Chevalier et Baril.

26.— De même l'usage de certificats revêtus de fausses signatures de fonctionnaires publics, attestant que le porteur avait éprouvé des malheurs et le recommandant à la considération des hommes, constituait un délit de police correctionnelle et non un crime de faux.— *Cass.*, 14 sept. 1807, N...

27. — De même la fabrication et l'usage d'un écrit sous seing-privé, ne contenant ni obligation ni libération, et destiné seulement à se faire remettre des sommes pour de prétendues œuvres pies, ne constituent point un crime de faux,mais un simple délit d'escroquerie. — *Cass.*, 14 germin. an XIII, Ebhénie (V. ESCROQUERIE); — Merlin, *Rép.*, v° *Faux*, sect. 2, n° 4, et surtout Chauveau et Hélie, *Th. du Code pén.*, t. 4, p. 372.

28.— En effet, encore sous le Code pénal de 1791, que la délivrance d'un certificat mensonger de bonne conduite et l'usage d'un tel certificat ne pouvaient être considérés que comme immoralité et ne constituaient pas le crime de faux.— *Cass.*, 9 messid. an XII, Soltiaux et Léonard.

29.— L'art. 161 du Code pénal dispose que « quiconque fabriquera *sous le nom d'un fonctionnaire ou officier public* un certificat de bonne conduite, indigence ou autres circonstances propres à appeler la bienveillance du gouvernement ou des particuliers sur la personne qui y est désignée, et à lui procurer places, crédit ou secours, sera puni d'un emprisonnement de six mois à deux ans. »

30. — Et l'article ajoute que « la même peine est applicable : 1° à celui qui falsifie un certificat de cette espèce, originairement véritable, pour l'approprier à une personne autre que celle à laquelle il a été primitivement délivré; — 2° à tout individu qui s'est servi du certificat ainsi fabriqué ou falsifié. »

31.— Ainsi deux caractères principaux servent à distinguer le délit prévu par l'art. 161. Il faut : — 1° que le certificat entaché de faux soit unique-

ment propre à attirer la bienveillance sur des personnes qu'il désigne; — 2° que ce certificat soit fabriqué sous le nom d'un fonctionnaire ou officier public.

32. — Sous le premier rapport, MM. Chauveau et Hélie (t. 4, p. 41) disent que l'énumération renfermée dans l'art. 161 n'est pas limitative, et que tous les actes qui, par leur nature ou par leur but, produisent les effets qu'il indique tombent naturellement sous son application. « La raison qui distingue ces actes, ajoutent-ils, c'est qu'ils ne renferment ni obligation ni disposition qui puisse léser des tiers, et que le préjudice qu'ils peuvent causer n'est qu'indirect. »

33. — Jugé que la fabrication d'une fausse obédience qui ne renferme ni obligation, ni convention, ni disposition de nature à causer lésion envers des tiers, et qui n'est propre qu'à faire obtenir des secours à titre d'aumône, ne constitue pas le crime de faux, mais le délit prévu par l'art. 161, C. pén. — *Cass.*, 23 nov. 1815, Masare; — Chauveau et Hélie, *Théorie du Code pénal*, t. 3, p. 272, et t. 4, p. 42.

34. — La cour de Cassation a refusé de ranger sous l'application de l'art. 161 et a considéré comme constituant un faux la fabrication de faux certificats de service ou de bonne conduite pour faire obtenir à des individus indignes ou sans titre la décoration des ordres de Saint-Louis ou de la Légion-d'Honneur. — *Cass.*, 1er oct. 1824, Massy.

35. — Cette décision repose sur les deux propositions suivantes : — 1° Il y a lésion envers le trésor, parce que les récompenses nationales sont un bien public, et que leur usurpation préjudicie à l'état; — 2° il y a usurpation envers les tiers, parce que cette usurpation lèse les droits des personnes qui avaient droit à ces récompenses et tend à en diminuer le prix dans l'opinion publique. — MM. Chauveau et Hélie (*Th. du Code pén.*, t. 4, p. 43) ont facilement démontré que la première proposition est dénuée de tout fondement. Quand la loi, dans l'art. 162, parle du préjudice causé au *trésor royal*, il faut entendre ces expressions dans leur sens naturel et non pas dans un sens figuré qui leur donne évidemment une extension repoussée par les principes du droit pénal. Est-ce donc en réalité un préjudice pour le trésor que l'usurpation d'une décoration? — La seconde proposition est plus spécieuse. Néanmoins si on l'admettait, c'est à peine si un seul des cas prévus par l'art. 161, C. pén., conserverait la nature d'un simple délit. « En effet, disent MM. Hélie et Chauveau, le faux certificat qui est destiné à procurer une place lèse également la personne qui avait des droits légitimes à cette place. Celui même qui a pour objet d'obtenir des aumônes ou des secours préjudicie indirectement aux tiers qui eussent dû en profiter. Toutefois, dans ces deux hypothèses, qu'une si frappante analogie confond avec l'espèce, la loi a maintenu le faux certificat dans la classe des délits. C'est qu'il ne suffit pas pour faire sortir le faux certificat de cette classe d'alléguer la possibilité d'un préjudice indirect et éventuel; il faut que ce préjudice soit le but direct du faux et puisse en résulter immédiatement. »

36. — Au reste, MM. Chauveau et Hélie (p. 45) précisent très nettement le sens de l'art. 161 lorsqu'ils disent que « les certificats auxquels se rapporte cet article sont principalement ces recommandations purement officieuses qui sont délivrées *spontanément* à la personne qui les sollicite par l'officier public qui les revêt de sa signature et qui ont pour unique objet d'appeler sur cette personne des témoignages également *spontanés* d'intérêt et de bienveillance; mais que lorsque ce certificat n'a pas seulement pour objet d'appeler la bienveillance du gouvernement ou des particuliers sur une personne, mais qu'il est un acte authentique pour la recommandation duquel le fonctionnaire a reçu une mission spéciale de la loi et qui est destiné *à faire preuve de la position sociale de cette personne et de son aptitude légale à un service public*, l'altération change de nature, parce que l'acte change lui-même de caractère : ce n'est plus une simple recommandation, c'est une preuve authentique; son but n'est pas seulement d'appeler la bienveillance, mais de constater des faits auxquels sont attachés *des droits*. — L'altération commise dans de pareils certificats constitue un faux ordinaire. »

37. — Cette distinction a été confirmée par la jurisprudence. — Ainsi jugé que l'art. 161, C. pén., relatif à la fabrication ou falsification de certificats, ne s'applique qu'aux certificats propres à attirer sur ceux qui en sont porteurs une bienveillance purement volontaire de la part du gouvernement ou des particuliers, et non à ceux qui confèrent légalement des droits ou des capacités. — *Cass.*, 23 déc. 1841 (t. 1er 1842, p. 605), Gourdon. — V. *infrà* (nos 57 et suiv.) diverses applications de ce principe.

38. — Toutefois, MM. Chauveau et Hélie (p. 48) font remarquer qu'il faut, pour justifier la distinction qui précède, que le certificat entaché de faux soit un acte des fonctions de l'officier dont il est présumé émaner, que cet officier ait reçu de la loi elle-même la mission de le délivrer, et enfin que le législateur ait voulu attacher à son attestation le poids d'une preuve légale et d'une garantie sociale.

39. — Le second élément du délit prévu par l'art. 161 est que le faux certificat ait été fabriqué *sous le nom d'un fonctionnaire ou d'un officier public*. — En cela l'art. 161 diffère de la législation antérieure.

40. — Jugé à cet égard que les officiers généraux et supérieurs des armées de l'ouest ayant été autorisés à délivrer des certificats et attestations des services nécessaires pour obtenir les récompenses accordées par diverses lois et ordonnances ont eu à cet égard la qualité de fonctionnaires publics dans le sens des art. 161 et 258, C. pén., et qu'en conséquence la fabrication de faux certificats, sous le nom des officiers généraux ou supérieurs des armées de l'ouest, pour procurer aux porteurs des récompenses honorifiques a constitué le délit prévu par l'art. 161, C. pén. — *Cass.*, 22 oct. 1825, Massy; — Chauveau et Hélie, *Théorie du Code pénal*, t. 4, p. 52.

41. — Quant aux certificats faux délivrés sous le nom de simples particuliers; ils peuvent bien constituer un fait immoral; mais ils ne rentrent pas sous l'application de la loi pénale.

42. — Jugé en conséquence que le certificat par lequel des personnes qui ne sont revêtues d'aucun caractère public déclarent faussement devant un maire qui en dresse acte qu'un individu n'a contracté aucun engagement volontaire et qu'il est libéré du service militaire renferme non un crime de faux, mais un simple mensonge, et ne rentre même pas dans la catégorie des faux certificats spécifiés aux art. 161 et 162, C. pén. — *Grenoble*, 7 mars 1829, Finat; — Chauveau et Hélie, *Théorie du Code pénal*, t. 4, p. 51. — V. aussi *Cass.*, 20 fév. 1806, Vaillant.

43. — De même, des particuliers qui pour faire profiter le fils d'un individu de la dispense de la conscription attestent, dans un certificat, que celui-ci est âgé de soixante et onze ans ne commettent pas le crime de faux. — *Cass.*, 15 fév. 1810, N...

44. — L'arrêt précité du 22 oct. 1825 a décidé que la fabrication et l'usage de faux certificats sous le nom d'un ou de plusieurs fonctionnaires publics, dans le but de procurer des places, du crédit ou des secours, etc., constituent le délit prévu par l'art. 161, C. pén., quoique les personnes dont le nom a été usurpé n'aient pas exercé les fonctions publiques qu'on leur attribue ou que même elles n'existent point, et qu'il suffit que les faussaires aient cherché à se prévaloir frauduleusement de l'autorité légale attachée à certaines fonctions. — *Cass.*, 22 oct. 1825, Massy.

45. — MM. Chauveau et Hélie (*Th. du C. pénal*, t. 4, p. 54) doutent que cette doctrine soit parfaitement exacte, et ils pensent qu'il faut, dans l'esprit de la loi, que la personne dont on a usurpé le nom exerçât réellement ses fonctions au moment où le certificat est présumé avoir été délivré : « Car, disent-ils, si à cette époque cet individu n'était pas encore revêtu de ses fonctions ou si ses fonctions avaient cessé, l'usurpation de son nom ne serait plus l'usurpation du nom d'un fonctionnaire. Que si la fausse mention dans le certificat d'une fonction faussement ajoutée au nom d'un individu non fonctionnaire peut encore occasionner quelque erreur, on devra s'imputer de n'avoir pas vérifié l'existence réelle de l'officier signataire; mais cette énonciation mensongère ne suffira pas pour constituer le délit prévu par l'art. 161, puisque cet article exige non pas seulement l'usurpation d'une fausse qualité, mais l'usurpation du nom d'un fonctionnaire ou officier public. »

46. — Nous ne partageons point cette opinion. Il est passé en jurisprudence que l'apposition d'une fausse signature sur un billet ou sur une lettre de change constitue le crime de faux, quoique le faussaire se soit servi d'un nom imaginaire (V. FAUX). La cour de Cassation a même fait l'application de ce principe dans une espèce où il s'agissait d'un acte de l'état civil (V. *Cass.*, 5 juin 1818, Boulier). Il y a ici égal danger et identité de motifs. Vainement dirait-on qu'il était facile de prévenir l'erreur en vérifiant l'existence réelle de l'officier signataire; cette objection, qui se présentait naturellement dans les hypothèses que nous venons de rappeler, n'a pas arrêté la cour suprême; et, en effet, il suffit que l'erreur soit possible pour que le faussaire ne doive point profiter d'une négligence sur laquelle il a compté, et qui n'atténue en rien la criminalité de son action. La vérification est d'ailleurs le plus généralement impossible. — Quelle raison y aurait-il de faire une exception pour le cas qui nous occupe? On oppose enfin une différence de rédaction entre les art. 147 et 161, C. pén., et on se prévaut des mots de ce dernier article *sous le nom d'un fonctionnaire ou officier public*. Ces expressions n'ont évidemment pas le sens restrictif qu'on leur prête. — Le *nom* n'y est point employé par opposition à la *qualité*. On ne pourrait donc, sans ajouter à la loi, introduire dans l'art. 151, C. pén., une exception qui est contraire à son esprit et qui ne résulte pas de son texte.

47. — Jugé encore que la rédaction des actes de décès des militaires français dans les hôpitaux des pays étrangers n'étant confiée qu'aux seuls directeurs de ces établissemens, les ministres du culte attachés au service des hôpitaux sont sans qualité pour dresser ces actes; et que, par suite, la fabrication d'un certificat prétendu délivré par un prêtre desservant un hôpital militaire étranger, attestant le décès d'un soldat français et revêtu d'un visa du commissaire des guerres, ne constitue ni le crime de faux ni le délit mentionné aux art. 159, 160 et 161. — *Cass.*, 17 août 1815, Borel; — Chauveau et Hélie, *Théorie du C. pén.*, t. 3, p. 335 et 372; Carnot, sur l'art. 147, C. pén., t. 1er, p. 480, no 17.

48. — Ainsi qu'on l'a vu, l'art. 161 se borne à prévoir la *fabrication* de faux certificats, et la *falsification* de certificats originairement véritables pour les approprier à une personne autre que celle à laquelle ils ont été primitivement délivrés. Mais que doit-on décider, pour le cas où la falsification d'un certificat originairement véritable a eu pour objet non de l'approprier à un tiers, mais d'y ajouter quelques nouvelles attestations en faveur de la personne qu'il désigne?

49. — MM. Chauveau et Hélie (*Th. C. pén.*, t. 4, p. 54) disent qu'en s'arrêtant aux termes de l'art. 161, C. pén., on pourrait croire que l'intercalation d'une nouvelle mention dans un certificat véritable, autrement que pour l'approprier à un tiers, ne constituerait pas le délit prévu par ledit article. Mais ils font une distinction selon que la mention intercalée porte sur une circonstance accessoire aux faits qui y sont énoncés, ou qu'elle renferme une attestation d'une circonstance nouvelle propre à exciter la bienveillance. Dans le premier cas, la falsification ne constitue, d'après eux, aucun délit, parce qu'elle ne porte pas sur une circonstance substantielle de l'acte, et que l'art. 161, C. pén., ne comprend pas cette espèce d'altération. Dans le second cas, au contraire, il y a délit, car qu'importe que le certificat de bonne conduite soit intercalé dans un premier certificat délivré à la même personne, mais pour un objet différent, ou qu'il soit fabriqué séparément et forme une pièce distincte. La moralité du fait et le préjudice qu'il peut causer sont les mêmes.

50. — Jugé à cet égard que celui qui falsifie le certificat d'un maire constatant la perte de sa feuille de route, en y insérant une attestation de bonnes vie et mœurs, ou qui fait sciemment usage d'un certificat ainsi falsifié, commet le délit prévu par l'art. 161, C. pén. — *Cass.*, 9 juin 1826, Goillon.

51. — On s'est demandé si, dans le cas où l'agent a ajouté, sur le certificat d'indigence ou autre de même nature rentrant dans les prévisions de l'art. 161, l'apposition d'un faux timbre de l'autorité, cette altération constitue un délit distinct, ou si elle doit au moins modifier le caractère du premier délit. La cour de Cassation a décidé que cette apposition du faux timbre avec but unique d'inspirer plus de confiance ne changeait pas la nature du certificat et ne suffisait pas pour lui attribuer le caractère de crime de faux. — *Cass.*, 25 janv. 1828, Constant; — Chauveau et Hélie, t. 4, p. 60.

52. — L'art. 281, C. pén., porte que les peines établies par le Code contre les individus porteurs de *faux certificats* seront toujours portées au maximum quand elles seront appliquées à des vagabonds ou mendians. — V. VAGABONDAGE, MENDICITÉ.

53. — Après avoir indiqué dans les art 159, 160, 161, quels sont les certificats dont la fabrication ou la falsification ne constituent que de simples délits, le Code pénal ajoute (art. 162) que « les faux certificats *de toute autre nature*, et d'où il pourrait résulter soit lésion envers des tiers, soit préjudice envers le trésor royal, seront punis, selon qu'il y aura lieu, d'après les dispositions des art. 145 à 150, C. pén. »

54.— De ces expressions de la loi MM. Chauveau et Hélie concluent avec raison (t. 4, p. 57) que tous les faux certificats *de la même nature* que ceux énumérés dans les art. 159, 160 et 161, mais qui ne renfermeraient pas les caractères spéciaux exigés par ces articles ne constituent nul délit et ne peuvent faire l'objet d'aucune poursuite. »

55.— Il faut conclure également de l'art. 162 que les faux certificats de *toute autre nature* ne peuvent être incriminés qu'en vertu des dispositions répressives du faux en général, et ne peuvent dès-lors motiver une poursuite qu'autant qu'ils renferment les élémens essentiels du crime de faux; c'est ce que prouve surabondamment l'art. 162 lorsqu'il exige que ces certificats puissent produire lésion envers des tiers ou préjudice envers le trésor royal.— Chauveau et Hélie, *loc. cit.*

56. — Nous avons dit plus haut (nº 37) que la jurisprudence a refusé de faire rentrer dans les prévisions des art. 159, 160 et 161 les certificats qui, attribués à des autorités compétentes, auraient pour effet de conférer légalement des droits ou des capacités. — Nous avons également rapporté, vº FAUX (nºs 397 et suiv.), divers arrêts qui ont posé et appliqué le principe que tout fonctionnaire public qui certifie faussement et sciemment un fait dont sa déclaration doit faire preuve commet le crime de faux.

57. — Les arrêts qui suivent ont également fait application de ces principes et démontré dans quels cas, en matière de faux certificats, il y a crime de faux, et non simple délit.

58. — Ainsi jugé que le fait par un individu d'avoir falsifié, sur le brevet de capacité pour l'instruction primaire délivré à un autre, la date indicative de l'âge de l'impétrant, et d'avoir fait usage de ce certificat ainsi falsifié, ne constitue pas simplement le délit prévu par l'art. 161, C. pén., mais bien les crimes de faux et d'usage d'une pièce fausse, réprimés par les art. 162, 147 et 148 du même Code.—*Cass.*, 23 déc. 1841 (t. 2 1841, p. 605), Gourdon.

59. — Jugé encore que le fait d'avoir falsifié un certificat de bonne conduite délivré par un maire pour établir l'aptitude d'un individu à servir dans l'armée constitue, non le simple délit puni par l'art. 16, C. pén., mais le crime de faux prévu et réprimé par l'art. 162, même Code. —*Cass.*, 19 mai 1836, Foulquier.

60. — ... Que celui qui a falsifié un certificat du maire de sa commune, pour se rendre apte à remplacer un conscrit au service militaire, commet le crime de faux. — *Cass.*, 15 juill. 1808, Pellorce.

61. — ... Qu'il y a faux en écriture publique dans le fait de fabrication d'un certificat de bonne conduite présenté comme émané d'un fonctionnaire, et qui est destiné à procurer l'admission à un service public. — *Cass.*, 15 déc. 1836 (t. 2 1837, p. 337), Masson et Einhorn.

62. — ... Que, de même, la contrefaçon de signatures et la supposition de personnes, dans un certificat d'identité et dans un certificat de bonnes vie et mœurs, délivrés sous le nom d'un maire, pour attester l'idonéité d'un individu au service militaire, constituent le crime de faux prévu par l'art. 162, C. pén., et non les délits prévus aux art. 161, 153, 156 et 159, même Code. — *Cass.*, 4 fév. 1825, Martial Lafon; 8 mars 1822, Weber.

63. — ... Que la fabrication et l'usage d'un faux certificat de bonnes vie et mœurs, sous le nom d'un maire, pour faire admettre par le conseil de révision un individu en qualité de remplaçant, constituent le crime de faux en écriture authentique et publique. — *Cass.*, 27 juin 1835, Granier; — Chauveau et Hélie, *Th. C. pén.*, t. 4, p. 47.

64. — ... Qu'il en est de même de la fabrication d'un faux certificat de bonne conduite, dans le but de le présenter comme ayant été délivré à un militaire par le conseil d'administration de son régiment.—*Cass.*, 31 déc. 1841 (t. 1er 1842, p. 502), Devèze.

65. — ... Que le faux commis dans un certificat d'exemption du service militaire constitue le crime prévu par l'art. 147, C. pén., et non le simple délit prévu par l'art. 161, même Code.—*Cass.*, 17 juill. 1823, Tacy.

66.—... Que les falsifications et altérations commises sur le certificat délivré par un maire pour constater la libération d'un individu du service militaire, et l'usage avec connaissance de ce certificat ainsi altéré constituent le crime de faux en écriture authentique et publique, et non le simple délit de falsification ou usage des certificats mentionnés dans l'art. 161, C. pén.—*Cass.*, 30 juill. 1831, Bourguet et Menauges.

67. — ... Que les altérations et falsifications commises dans un congé délivré à un militaire par le conseil d'administration de son régiment et dans un certificat d'aptitude au remplacement militaire, donné par le maire d'une commune, constituent le crime de faux en écriture authentique et publique, et non le simple délit prévu par l'art. 161, C. pén. — *Cass.*, 29 avr. 1826, Joseph Gelu.

68. — ... Que les notes écrites à la suite d'un congé par l'autorité qui l'a délivré faisant évidemment partie de cet acte, les falsifications et altérations commises dans ces notes constituent le crime de faux comme les altérations ou falsifications commises dans le corps même de cet acte.— Même arrêt.

69.— ...Que la fabrication d'un certificat de libération de service militaire paraissant émané d'un sous-préfet constitue le crime prévu par l'art. 147, C. pén., et non le délit réprimé par les art. 159, 160 et 161, même Code. — *Cass.*, 21 janv. 1836, Lanfuejoul et Lacaze.

70. — ... Que le conscrit déserteur qui, pour se faire admettre en remplacement d'un autre conscrit, fait sciemment usage d'un certificat de bonne conduite, constatant, par suite d'une falsification, que l'impétrant a satisfait à la conscription, doit être poursuivi comme coupable du crime de faux en écriture authentique. — *Cass.*, 13 fév. 1812, Gilles.

71. — ... Que l'insertion après coup d'un signalement dans le corps d'un certificat délivré par un maire à un remplaçant militaire, en conformité de l'art. 20, L. 21 mars 1832, constitue le crime de faux en écriture authentique et publique, et rend son auteur passible de la peine portée en l'art. 147, C. pén. — *Cass.*, 10 mars 1836, Lévy.

72. — ... Qu'il en est de même de la production, dans le but d'obtenir l'exemption du service militaire, d'un certificat attestant faussement qu'un individu est fils aîné d'une femme veuve. — *Cass.*, 7 juill. 1837 (t. 1er 1838, p. 220), Mouméja.

73. — ... Que l'individu qui a sciemment concouru à un remplacement militaire opéré à l'aide d'un faux certificat de bonne conduite commet le crime de faux prévu par l'art. 147, C. pén., et non pas le délit de remplacement frauduleux puni par l'art. 43, L. 21 mars 1832.— *Cass.*, 11 juin 1840 (t. 2 1841, p. 449), Liémance.

74. — ... Que l'usage fait sciemment d'un certificat de moralité, dans lequel avaient été frauduleusement insérées après coup les énonciations, propres à lui donner le caractère du certificat exigé, spécialement par la loi du 21 mars 1832, de celui qui se présente comme remplaçant, constitue le crime de faux puni par l'art. 147, C. pén. — *Cass.*, 6 août 1840 (t. 2 1840, p. 520), Groff.

75. — Il a été jugé qu'il suffit que de faux certificats tendant à obtenir une exemption de service militaire portent la signature d'un maire pour qu'ils constituent le faux en écriture authentique, encore bien que ces certificats ne soient que des traductions. — *Cass.*, 22 janv. 1829, Jung.

76. — Cette décision a été de notre part, dans la 3e édition du *Journal du Palais*, l'objet de quelques observations. La solution de la question, avons-nous dit, dépend entièrement de la forme donnée à la pièce incriminée. Il est de principe que cette pièce ne saurait constituer le crime de faux en écriture authentique qu'autant qu'elle rentrerait par elle-même dans l'exercice des fonctions du maire à qui on l'attribue. Pour prévenir toute erreur, il importe de ne pas la confondre avec le certificat qu'elle contient. Or, qu'est-ce qu'une traduction? C'est tout simplement une copie qui tire son authenticité, non pas de l'acte traduit, mais de la signature qui atteste que la nouvelle version est conforme à l'original. Les maires peuvent sans doute traduire en certains cas des pièces, mais ils n'ont reçu de la loi aucune mission à cet égard. Ainsi la pièce arguée de faux est-elle censée avoir été délivrée en France par un maire qui atteste qu'elle est conforme à l'original écrit en langue étrangère et existant dans les archives de la mairie, il y a évidemment faux en écriture authentique, parce que, à la qualité de traducteur, vient se joindre celle d'officier public compétent pour délivrer des copies authentiques des actes dont il se trouve dépositaire. — Mais si la traduction est l'ouvrage d'un individu sans caractère pour authentiquer les actes, elle n'a que la valeur d'une attestation délivrée par un simple particulier, car elle ne peut, en aucun cas, tenir lieu de l'original, qui doit toujours être produit et qui seul peut faire foi. Alors, de deux choses l'une: ou la signature du traducteur est vraie ou elle est fausse; si la signature est vraie, l'écrit ne renferme qu'un mensonge émané d'un simple particulier: ce n'est pas là ce qu'on doit entendre par la fabrication d'un certificat sous le nom d'un fonctionnaire public; le prévenu n'a contrefait ni l'écriture ni la signature du maire: l'écriture? l'acte la présente comme son propre ouvrage; la signature? il n'a pas signé pour le maire, il a seulement faussement attesté que le maire avait signé; enfin ce n'est pas là une fabrication de convention, disposition ou décharge dans le sens de la loi, car, ainsi que nous le disions plus haut, la loi suppose que cette fabrication a lieu dans l'acte même qui est destiné à les constater, tandis qu'ici tout se réduit à une fausse copie dénuée par elle-même de tout caractère d'authenticité. Si, au contraire, la signature du traducteur était fausse ou supposée, il y aurait nécessairement faux, mais en écriture privée seulement.

77.—Jugé que l'altération commise dans le certificat de résidence produit par un remplaçant pour être admis au service militaire constitue le crime de faux prévu par les art. 147 et 148, C. pén. — *Cass.*, 2 mars 1837 (t. 1er 1838, p. 82), Deverchère.

78. — Il a été jugé que l'attestation mensongère oralement émise devant une personne autre que le fonctionnaire préposé à la constatation légale du fait auquel elle se rapporte ne constitue ni faux ni complicité de faux, et que, spécialement, celui qui, en attestant faussement au commissaire de police d'une ville qu'un individu y réside, a fait constater ce même fait faux dans un certificat délivré par le maire et destiné à amener l'admission de cet individu en qualité de remplaçant militaire, ne commet pas un crime de faux. — Mais il en serait autrement de sa participation à la constatation dans un acte public de ce même fait faux de résidence.—*Cass.*, 24 mai 1845 (t. 2 1845, p. 660), Bladanet. — V. au surplus REMPLACEMENT MILITAIRE.

79. — Jugé qu'on ne peut assimiler aux faux certificats de bonne conduite ou d'indigence mentionnés dans l'art. 161, C. pén., un faux extrait des contributions foncières contenant l'indication d'un faux propriétaire et employé pour commettre une escroquerie. — *Cass.*, 31 déc. 1813, Joseph Olhmann.

80. — ... Et que celui qui, pour justifier un délit de vol dont il est légalement prévenu, produit un certificat revêtu de la fausse signature de prétendus vendeurs, commet un véritable crime de faux, encore bien que ce certificat ne puisse valoir comme titre obligatoire à son profit. — *Cass.*, 4 sept. 1807, Stadtfeld; — Chauveau et Hélie, *Th. du C. pén.*, t. 3, p. 316 et suiv.

81. — De même, les certificats d'indigence que les maires sont appelés à donner, dans l'exercice de leurs fonctions, pour exempter certains individus de peines ou formalités onéreuses, pouvant léser les tiers ou préjudicier au trésor public, ne rentrent pas dans la classe de ceux dont s'occupe l'art. 161, et leur falsification constitue le crime de faux. — Chauveau et Hélie, *Théorie du Code pén.*, t. 4, p. 47.

82. — Jugé que la fabrication d'un faux certificat de chirurgien attestant qu'un enfant est entré dans un hospice peut constituer le crime de faux, si elle a eu pour objet la suppression de l'état de cet enfant; — mais que la fabrication d'un faux certificat de cette nature ne constitue ni crime ni délit, si la déclaration du jury n'exprime point qu'il était de nature à préjudicier aux tiers.— *Cass.*, 8 sept. 1826, François Aussant; — Chauveau et Hélie, *Théorie du Code pén.*, t. 3, p. 332 et 418, et t. 4, p. 38.

83. — Jugé que l'abus d'un blanc-seing confié par un maire à un individu étranger à sa commune, qui l'a rempli par un certificat de bonnes vie et mœurs, pour opérer sa réception frauduleuse dans l'armée en qualité de remplaçant, constitue le délit prévu par l'art. 407, C. pén. — *Cass.*, 1er mai 1829, Mayer. — V. ABUS DE BLANC-SEING, nº 39.

84. — Si un certificat, bien que falsifié, constatait un fait vrai et sincère, MM. Chauveau et Hélie (*loc. cit.*) pensent qu'on ne saurait voir là qu'une altération purement matérielle échappant à la loi pénale. — A moins, toutefois, que l'altération, quoique s'appliquant à un fait vrai, eût été commise dans une intention frauduleuse, et fût susceptible de porter préjudice, cas auquel le faux reprendrait sa criminalité et rentrerait dans les termes de la loi pénale.

85. — Mais, comme l'indiquent les mêmes auteurs (*loc. cit.*), la question serait plus délicate si elle s'appliquait à des certificats de moralité. les faits moraux ne se présentant jamais avec l'évidence d'une vérité absolue. « Supposons, disent-ils, qu'il s'agisse d'un certificat de bonne conduite, l'appréciation de la moralité de l'agent peut être fort diverse suivant les différens points de vue où l'on se placera, et suivant que le certificat se proposera de constater une probité absolue ou relative, une vie pure ou seulement exempte de faits punissables. Suffira-t-il que le fonctionnaire, qui eût été compétent pour certifier ce fait, vienne déclarer quelle eût été son appréciation? — Non;

car ce serait l'ériger en juge souverain du crime ; son témoignage ne peut être qu'un élément de la conviction des jurés. Si des débats jaillit l'exactitude évidente de ce fait, si, par suite, l'intention de nuire et la possibilité du préjudice s'évanouissent, le crime n'aura plus de base légale ; si, au contraire, quelques nuages planent sur l'exactitude du fait, si, à ces doutes se joignent une pensée de fraude, un but préjudiciable, le faux peut être justement puni puisqu'il réunit les élémens de sa criminalité. »

86. — Il faut remarquer, au reste, que *l'irrégularité* du certificat falsifié ne serait pas de nature à effacer la criminalité du faux. En effet, il a été jugé par la cour de Cassation que, lorsqu'un individu s'est fait exempter du service militaire à l'aide d'un certificat contenant l'attestation de motifs faux, les signataires de ce certificat et celui qui en a fait sciemment usage ne peuvent être renvoyés des poursuites dirigées contre eux pour crime de faux, sur le motif qu'il était entaché d'irrégularités manifestes, qui devaient le faire rejeter par le conseil de révision et le mettaient ainsi hors d'état de préjudicier à des tiers. — *Cass.*, 4 juin 1835, Blanchard, Rey et Jouvé ; 4 juin 1835, Dethés.

87. — C'est que reconnaissent aussi MM. Chauveau et Hélie (*Th. du C. pén.*, t. 4, p. 461), qui enseignent que les irrégularités dont un certificat est entaché n'empêchent pas la punition du faux dont il a été l'objet ; si elles n'emportent pas la nullité de l'acte, et n'empêchent pas son effet ; car, disent-ils, de ce qu'un acte est atteint d'un vice de forme, il ne s'ensuit pas qu'il ne puisse servir au moins jusqu'à ce que son vice soit connu et, quelquefois même après la connaissance de ce vice. L'élément du crime est la possibilité du préjudice. Si l'acte, même irrégulier, a produit ce préjudice, on n'est pas fondé à arguer de cette irrégularité pour nier l'existence du crime.

88. — La fabrication d'un faux certificat est punissable encore bien qu'il n'en ait pas été fait usage, et même, quoiqu'il n'ait pas été remis à la personne à laquelle il était destiné. — *Contra* Carnot, *Code pénal*, t. 1er, p. 502, no 2.

89. — Il a été jugé qu'un adjoint du maire ne peut être poursuivi comme complice de la délivrance d'un faux certificat qu'après l'autorisation du gouvernement. — *Cass.*, 17 juill. 1837 (1, 1er 1838, p. 220), Moumèja. — V. FONCTIONNAIRE PUBLIC.

90. — L'art. 163, C. pén., rangée sous la rubrique *dispositions communes* aux diverses espèces de faux, et suivant lequel aucune peine ne doit être prononcée lorsque le faux n'a pas été connu de la personne qui a fait usage de la chose fausse, reçoit son application au cas de faux certificats réputés simples délits. — Chauveau et Hélie, t. 4, p. 66.

91. — Mais il en est autrement des art. 164 et 165, rangés sous la même rubrique, puisque, d'une part, les termes mêmes de l'art. 164 indiquent qu'il doit être restreint aux cas où le faux est qualifié crime par la loi, et que, de l'autre, l'art. 165 ne concerne également que les faussaires condamnés aux travaux forcés ou à la réclusion. — Mêmes auteurs. — V. FAUX.

FAUX EMPLOI.
V. REDDITION DE COMPTE.

FAUX ET FAUCILLES (Fabricans de).

Les fabricans de faux et faucilles sont soumis à la patente : — droit fixe de 25 fr. pour dix ouvriers et au-dessous ; et 3 francs par chaque ouvrier en sus de ce nombre, jusqu'au maximum de 300 fr., et droit proportionnel du vingtième de la valeur locative de l'habitation, des magasins de vente complètement séparés de l'établissement et du quarantième de l'établissement industriel.

FAUX FRAIS.
V. COMPTE DE TUTELLE, GESTION D'AFFAIRES, MANDAT, REDDITION DE COMPTE.

FAUX INCIDENT.

Table alphabétique.

FAUX INCIDENT. — **1.** — La partie à laquelle on oppose , dans le cours d'un procès, une pièce qu'elle prétend être fausse, n'est pas obligée, pour la faire rejeter par le juge, de se pourvoir par les voies criminelles contre celui à qui le faux peut être attribué. Il lui suffit de s'inscrire contre la pièce, pour en faire constater la fausseté. La procédure à laquelle donne lieu l'inscription de faux ainsi faite s'appelle *faux incident.* — Thomine-Desmazures, *Commentaires sur le Code de procédure,* t. 1er, p. 582 ; Bioche, *Dictionnaire de procédure,* vo *Faux incident,* no 5.

2. — Après avoir expliqué , sous le mot FAUX, en quoi consiste le crime qui, sous ce nom, est réprimé par les dispositions du Code pénal , nous avons vu que, lorsqu'il se commet à l'aide d'écrits, il peut résulter, soit d'une contrefaçon matérielle d'écriture , soit d'une simple altération dans la substance d'un acte non-falsifié matériellement.

3. — Le faux s'appelle *principal* lorsqu'on ne le considère que comme cause primordiale de poursuites criminelles, dirigées contre son auteur présumé pour le faire juger conformément aux lois pénales. — C. procéd., art 214 et 230.

4. — Par opposition au faux principal, on nomme faux incident celui qu'on allègue lorsque, dans le cours d'un procès engagé , soit au civil, soit au criminel, la partie à laquelle on oppose une pièce offre de prouver qu'elle est fausse ou falsifiée. — C. procéd., art. 414 ; C. inst. crim., art. 450.

5. — La dénomination de *faux incident* se prend aussi en opposition au procès lui-même dans lequel il est attaqué. Ce procès forme une instance *principale,* dont l'inscription de faux qui se produit n'est qu'un incident. C'est dans ce sens que ces deux mots figurent dans l'art. 481, C. procéd.

6. — D'où il résulterait le faux incident, s'adresse à la pièce seulement. « Le faux incident, dit Bonceune (*Théorie de la procédure,* t. 4, p. 41), est le moyen employé pour faire rejeter comme fausse une pièce produite dans le cours d'une instance. C'est l'épisode d'une action qui n'avait pas originairement une imputation de faux pour objet; c'est un procès fait à la pièce seulement, comme si la pièce s'était fabriquée ou falsifiée d'elle-même. » — V. aussi Carré, *Lois de la procéd.,* prélim. du tit. 10, liv. 2, C. procéd.

7. — Aussi, lorsque la partie qui a produit la pièce arguée de faux déclare ne pas vouloir s'en servir, la procédure de faux incident n'a-t-elle plus d'objet et s'évanouit-elle forcément. — Bonceune et Carré, *loc. cit.*

CHAPITRE Ier. — *Historique.*

8. — Le faux était à Rome un crime de jugement public, que chaque citoyen pouvait dénoncer ; mais la partie qui arguait de faux une pièce produite en justice, pouvait agir par voie d'action civile seulement , si elle le préférait. — V. L. 43, *Cod., ad legem Cornel.* — On pouvait aussi revenir du civil au criminel. — *L. unic., Cod., Quando civilis actio.*

9. — Les Romains employaient la forme de l'inscription , c'est-à-dire de la dénonciation écrite pour toutes les accusations criminelles. Le dénonciateur s'exposait ainsi aux peines réservées à la calomnie, s'il échouait. Mais ceux qui accusaient un citoyen de faux étaient dispensés de s'inscrire, à cause de la difficulté que l'on rencontrait à convaincre les faussaires. En France, depuis la création d'un ministère public , auquel appartient la poursuite des crimes, l'inscription a été réservée aux procédures de faux incident. — Bonceune, *Th. de la proc.,* t. 4er, p. 4, n° 45 et suiv.

10. — L'ordonnance de 4667 , sur la procédure, était muette sur les formes dans lesquelles devait être poursuivi le faux civil.

11. — Mais cette matière fut réglée par l'ordonnance de 4670, au titre : *Du crime de faux tant principal qu'incident.* Cette ordonnance employait, par une confusion fâcheuse; tout à la fois les termes qui appartenaient à la procédure criminelle et les expressions propres à la procédure civile. Cette impropriété dans le langage juridique jetait beaucoup de vague dans les idées.

12 — En 4737. d'Aguesseau, sentant la nécessité d'une réformation de cette partie de la procédure, fit rendre l'ordonnance sur le faux, dite la *sage ordonnance.*

13. — L'ordonnance de 4737 améliora sensiblement cette partie de la législation. On pouvait regretter, toutefois, que son auteur eût cru devoir soumettre, même le faux incident civil au système d'information secrète et mystérieuse qu'avait adopté la justice criminelle de cette époque. — Bonceune, t. 4, p. 28 ; Carré, *Lois de la procéd.,* prélim. du liv. 2, t. 40, C. proc.

14. — La loi du 24 août 4790 ne contenait aucune disposition spéciale sur le faux incident. Jugé que le délai de trois mois , donné par cette loi pour appeler, devait être prorogé , si l'appelant découvrait que la décision des premiers juges était fondée sur des pièces fausses. — *Angers,* 24 janv, 4809, Goussault c. Lafosse.

15.—La loi du 46 septembre 4791, sur la justice criminelle, contenait, dans les art. 8 et suiv. du tit. 43 de la seconde partie, quelques dispositions sur le faux incident que les Codes de procéd. civ. et d'inst. crim. reproduisent presque textuellement.

16 — Le Code des délits et des peines du 3 brum. an IV s'occupa aussi des procédures de faux tant principal qu'incident dans son tit. 14, art. 526 et s.

17. — Jugé toutefois que la procédure tracée en matière de faux incident par le Code du 3 brum. an IV, — *Cass.,* 22 brum. an IX, Mouchot c. Desvareille,

18. — ... Et cependant que, depuis la loi du 3 brum. an IV, la communication des moyens d'une inscription de faux incident devait être faite au défendeur, nonobstant les dispositions contraires de l'ordonnance de 4737 sur cette matière.— Qu'en conséquence, un tribunal n'avait pu ordonner au corps législatif sur la question de savoir s'il devait être procédé à l'instruction du faux, conformément à cette ordonnance. — Sous ce rapport, le Code de 4737, tit. 2, art. 28 et 29, paraissaient abrogés par l'art. 535, du Code des délits et des peines de l'an IV. — *Cass.,* 8 brum. an VII, réq. du min. publ.

19. — Décidé de même que, sous le Code de brum. an IV, un tribunal civil qui avait admis à prouver les moyens d'une inscription de faux incident devait, en ordonnant de suivre les formes de l'ord. de 4737, préscrire qu'il serait procédé civilement, et non par voie d'information criminelle. — *Cass.,* 2 prair. an XII, prince de Monaco c. Pélau ;—Merlin, *Rép.,* vis *Incompétence,* no 2, et *Inscription de faux,* § 15, *Additions,* 4e édit., p. 391.

20. — Il résultait des art. 535 et 536 dudit Code que, lorsqu'un défendeur arguait de faux le billet dont on lui demandait le paiement, mais ne prétendait pas que le demandeur fût l'auteur du faux, l'instruction ne pouvait être suivie que par la voie civile ; c'était seulement dans le cas où il imputait le faux au demandeur lui-même qu'il y avait lieu à l'action criminelle. — *Cass.,* 45 germ. an VIII, Gerdit c. Laney.

21. — ... Et comme la prescription ne courait que de la connaissance acquise ou de la constatation légale du délit, on jugeait qu'un crime de faux sur le procès-constaté sous par l'inscription en faux incident faite devant le tribunal civil, soit par le procès-verbal de dépôt de la pièce et la paraphe *ne varietur* du président, soit par la plainte en faux principal portée au nom de la partie lésée, encore bien que cette plainte ne fût pas signée à toutes les pages et que le mandataire qui l'avait déposée n'y eût pas annexé sa procuration. — *Cass.,* 42 janv. 4809, Guadicciol.

22. — La loi du 43 flor. an X, comprit le crime de faux parmi ceux dont elle déférait la connaissance à des tribunaux d'exception. — Art. 2.

23. — Mais l'inscription de faux incident n'en devait pas moins-être suivie civilement devant le juge saisi de la demande principale et non renvoyée devant les tribunaux. — *Cass.,* 4 plur. an XII, Aspense c. N.

24. — Lorsque les Codes de procédure civile et d'instruction criminelle ont été promulgués, cette matière était donc encore régie en grande partie par les anciennes ordonnances, notamment par celle de 4737, que le Code du 3 brum. an IV n'avait modifiée que dans quelques dispositions.

25. — La procédure de faux incident a les plus grandes analogies avec celle de la vérification d'écritures, notamment en tout ce qui touche la constatation de la sincérité ou de la fausseté de l'acte. Mais elle en diffère cependant sous des rapports essentiels. — Carré, *loc. cit.*

26. — Ainsi, la vérification d'écritures est poursuivie par la partie qui veut faire usage de la pièce qui doit être vérifiée. C'est, au contraire, contre la partie qui veut se servir de l'acte produit que se poursuit en général le faux incident. — C. procéd., art. 493 et 214.

27. — La vérification d'écriture ne peut s'appliquer qu'aux actes sous seing-privé. L'inscription de faux peut avoir pour objet des actes de toute nature. En outre, cette dernière voie est la seule qu'on puisse employer au civil, tout à la fois pour faire déclarer fausses les énonciations dont les actes authentiques font foi et pour arrêter l'exécution de ces actes, lorsqu'ils ont la force exécutoire. — C. civ., art. 4819. — V. ACTE AUTHENTIQUE.

28. — La même partie pourrait, après avoir échoué dans la procédure de vérification, prendre la voie du faux incident. Mais on ne pourrait procéder de la manière inverse et demander la vérification après avoir épuisé la procédure de faux incident.

29. — Le faux incident, plus grave qu'une sim-

ple vérification, d'écritures a des formalités et des règles plus nombreuses. Toutes les phases de l'instance sont l'objet d'une surveillance active de la part du ministère public.

30. — La partie à laquelle on oppose une pièce non authentique peut employer l'un ou l'autre de ces deux modes d'agir. Elle aura recours à la vérification si elle désire que l'affaire soit jugée d'une manière plus simple et plus expéditive. Elle s'inscrira en faux si elle veut forcer l'adversaire par des moyens plus efficaces à renoncer à se servir de la pièce. — Carré, *loc. cit.*

CHAPITRE II. — *Du faux incident dans ses rapports avec le faux principal. — De leur influence réciproque.*

31. — L'intérêt de la société l'emportant nécessairement sur l'intérêt privé, les poursuites de faux principal ont toujours la priorité sur les procédures de faux incident, et l'on ne peut avoir recours à cette dernière voie lorsque l'auteur présumé du faux étant traduit devant la juridiction répressive les débats devant cette juridiction ne sont pas terminés. C'est par la même raison que lorsque l'instance sur le faux incident a été commencée, elle doit être discontinuée si pendant son cours on se pourvoit en faux principal. — C. inst. crim., art. 3 et 460; C. procéd., art. 240 et 250.

32. — Jugé dans ce sens que l'exercice de l'action publique ne peut pas être suspendue jusqu'à ce qu'il ait été statué sur l'appel d'un jugement qui a rejeté l'inscription de faux incident; que c'est au contraire l'exercice de l'action civile qui est suspendu de plein droit tant qu'il n'a pas été prononcé sur l'action publique. — *Cass.*, 28 avr. 1809, Clerc.

33. — Même après le jugement de l'inscription de faux incident, si le ministère public acquérait la preuve que l'auteur ou le complice du faux existe, il aurait la faculté de poursuivre la répression du crime. — Carnot, *Inst. crim.*, t. 3, p. 302, no 1er; Teulet, *C. inst. crim.*, art. 46, no 13.

34. — Du reste, la règle suivant laquelle il doit être, en matière de faux incident, sursis à l'action civile jusqu'à ce qu'il ait été statué sur l'action criminelle ne reçoit son application qu'au cas où il y a eu un commencement de poursuite criminelle, et non lorsqu'il n'existe, lors du refus de surseoir, que de simples réserves de poursuivre de la part du ministère public. — *Cass.*, 19 nov. 1845 (t. 2 1846, p. 270), Lemesle c. Bruno.

Sect. 1re. — *Faux incident formé après le jugement du faux principal.*

35. — Ni le Code d'instruction criminelle ni le Code de procédure ne déterminent quelle influence le jugement qui serait rendu au criminel sur une poursuite en faux principal devrait exercer sur la décision que les juges civils seraient ensuite appelés à rendre sur les intérêts purement civils qu'auraient fait naître les faits sur lesquels les poursuites criminelles auraient été fondées. Cette question ne peut donc être résolue que par les principes généraux de droit criminel.

36. — Toullier (*Droit civil*, t. 8, nos 34 et suiv.), après avoir reconnu avec tous les auteurs que la chose jugée doit être considérée comme la vérité même, enseigne que ce principe ne saurait porter atteinte aux limites des diverses compétences, et que la chose jugée n'a cet effet à l'égard de chaque juridiction que pour le point qu'elle avait spécialement mission de juger; que devant les tribunaux criminels la question à résoudre étant seulement celle de savoir si l'accusé est coupable ou innocent ou s'il est ou non passible de peines, le jugement à rendre ne saurait avoir l'autorité de la chose jugée à l'égard des tribunaux civils, qui sont appelés à se prononcer sur des intérêts pécuniaires.

37. — Au contraire, Merlin (*Rép.*, vo *Chose jugée*, § 15, et *Quest. de droit*, *Additions*, t. 8, p. 265, vo *Faux*, § 6), et après lui Mangin (*De l'action publique*, t. 2, p. 377) et Boncenne (*Théorie de la procédure*, t. 4, p. 39) soutiennent que l'intérêt public exige que la juridiction civile soit enchaînée par la décision rendue au criminel, et que tel est le système de la loi que, spécialement en matière de faux incident, le tribunal doit avant tout reconnaître pour vraie l'existence ou la non-existence du faux, selon que l'instruction criminelle s'est terminée par une condamnation ou par un acquittement.

38. — MM. Carré et Chauveau (t. 2, quest. 943) repoussent cette doctrine et se rallient à celle de Toullier, que le dernier de ces auteurs défend avec force.

39. — Legraverend (*Législ. crim.*, t. 1er, p. 591 et suiv.) et Carnot (*C. inst. crim.*, sur l'art. 458, t. 3, p. 291) pensent que lorsqu'il résulte de l'instruction au criminel que la pièce a été reconnue et jugée naturellement fausse, les tribunaux civils ne peuvent ensuite se livrer à des investigations sur la vérité de ce fait. — V. pour l'examen développé de cette grave et difficile question le mot CHOSE JUGÉE.

40. — Il a été décidé par la cour de Cassation que la cour royale qui a sursis à statuer sur l'inscription de faux incident dirigée contre le titre sur lequel est fondée la demande jusqu'au jugement de l'action criminelle intentée contre le défendeur en faux peut, quoiqu'une ordonnance de non-lieu ait été rendue au profit de celui-ci, juger que la pièce est fausse, et même fabriquée par lui, et que cette décision doit être maintenue par la cour suprême lors même que le défendeur en faux aurait recouvré depuis la pièce jugée fausse et qu'un jugement sur des poursuites disciplinaires dirigées contre lui comme notaire aurait proclamé son innocence. — *Cass.*, 20 avr. 1837 (t. 1er 1837, p. 375), Charlot c. Babin.

41. — ... Et que le renvoi de l'accusation prononcé au criminel, en faveur d'un prévenu de faux, ne fait point obstacle à ce qu'après ce renvoi il soit statué au civil sur la vérité ou la fausseté matérielle de la pièce arguée de faux, pour en prononcer la nullité ou le maintien par suite de l'inscription de faux incident, suivant qu'elle serait ou non justifiée; que plus généralement la différence qui existe entre le criminel et le civil n'établit pas suffisamment que ce qui a été jugé touchant la responsabilité légale de la personne n'en laisse pas moins libre l'appréciation de l'acte sous le rapport civil. — *Cass.*, 12 août 1834, Lecomte c. Baussan de Maupas.

42. — ... Qu'un testament peut être attaqué par la voie de faux incident civil, même après que, sur une accusation de faux principal dirigée contre le notaire rédacteur de ce testament, le jury a déclaré que l'accusé n'était pas coupable d'en avoir frauduleusement dénaturé la substance ou les circonstances. — *Caen*, 15 janv. 1823, Lévêque c. Noyer et Denis.

43. — Il paraît donc certain que l'inscription de faux incident est admissible contre un acte qui a déjà donné lieu à une accusation en faux principal. — *Amiens*, 3 août 1821, Bacquet c. N...

44. — Mais lorsqu'une pièce arguée de faux a déjà été vérifiée avec la *même partie* sur la plainte en faux principal, cette pièce ne peut plus faire l'objet d'une demande en faux incident, et l'arrêt qui le décide ainsi ne viole aucune loi, alors surtout que cet arrêt peut être considéré comme rejetant l'exception de faux incident, d'après l'appréciation des circonstances de la cause. — *Cass.*, 4 mars 1817, Anglade c. Deshoullières; — Merlin, *Rép.*, vis *Chose jugée*, § 15, *Inscription de faux*, § 1er, no 8, et *Non bis in idem*; Toullier, *Dr. civ.*, t. 8, nos 31 et suiv., et t. 10, nos 240 et suiv.; Berriat, *Procéd.*, p. 766.

45. — Quelque opinion qu'on adopte sur ce point, on doit reconnaître que pour que le faux incident soit accueilli par la justice, il n'est pas nécessaire qu'il examine tous les élémens sans lesquels des poursuites criminelles ne pourraient être intentées contre l'auteur de la falsification. Les tribunaux de répression ont à rechercher tout à la fois la matérialité du fait et l'intention criminelle de son auteur; les juges du faux incident examinent seulement s'il y a fausseté de la pièce produite dans un procès et si la pièce arguée de faux peut avoir quelque influence sur la décision à prendre sur le fond de l'affaire. « Il n'y a pas de question intentionnelle à considérer pour le jugement du faux incident, » dit Boncenne, t. 4, p. 15 et suiv.

46. — Jugé ainsi que les juges saisis de la connaissance d'une inscription de faux incident, à l'appui de laquelle des faits ont été articulés, ne peuvent, sans statuer sur la pertinence de ces faits, rejeter la demande sur le seul motif qu'il n'y aurait pas eu fraude de la part de l'auteur de la pièce arguée de faux. — C. procéd., art. 214. — Spécialement, l'inscription de faux dirigée contre un exploit d'huissier, et fondée sur ce que cet exploit contiendrait une fausse énonciation, ne peut être rejetée par le seul motif de toute absence de fraude de la part de l'officier ministériel. — *Cass.*, 11 avr. 1837 (t. 1er 1837, p. 432), Richarme c. Chasseigneux et Chomat.

47. — On peut avoir recours au faux incident, bien que l'action en faux principal soit prescrite. En effet, le premier moyen ne constitue qu'une exception, et il est de principe que si les actions sont temporaires, les exceptions sont perpétuelles, — Mangin, *De l'act. publ.*, t. 2, p. 250, no 369; Le Sellyer, *Tr. de dr. crim.*, no 2222, à la note; Bioche, no 63; Chauveau sur Carré, t. 2, quest. 859 *bis*; Boncenne, t. 4, p. 12; Pigeau, *Comm.*, t. 1er, p. 471 et 472. — Ce dernier auteur avait embrassé d'abord une opinion contraire (*Procéd. civ.*, t. 3, ch. 1er, jugem. sur l'inscript. de faux, 2e cas), mais il l'a rétractée.

48. — Ce principe a été adopté par la cour de Limoges (7 fév. 1827, Delagorce-Dubreuil c. Lenoble-Dutheil) et par celle de Cassation (25 mars 1829, Josurand c. Guibert).

49. — D'après l'art. 637, C. instr. crim., la prescription de la poursuite des crimes, et conséquemment des faux, s'acquiert par dix ans, à compter du jour où le crime a été commis, ou bien à compter de la date du dernier acte d'inscription. — V. PRESCRIPTION CRIMINELLE.

Sect. 2e. — *Poursuites de faux principal intentées dans le cours de la procédure de faux incident. — Sursis.*

50. — Il peut y avoir lieu d'employer les voies criminelles pendant le cours d'une procédure de faux incident, soit parce que le président du tribunal devant lequel elle a lieu ou le ministère public qui lui est attaché provoque spontanément les poursuites en faux principal, soit parce que le demandeur en faux incident, abandonnant cette voie, saisit lui-même la juridiction criminelle par une plainte. Ces deux hypothèses sont prévues par les art. 239, 240 et 250, C. procéd., et 460, C. instr. crim.

§ 1er. — *Poursuites au criminel exercées d'office.*

51. — S'il résulte de la procédure des indices de faux ou de falsification, et que les auteurs ou complices soient vivans, et la poursuite du crime non éteinte par la prescription, d'après les dispositions du Code pénal, le président délivrera mandat d'amener contre les prévenus et remplira à cet égard les fonctions d'officier de police judiciaire. — C. procéd., art. 239.

52. — Dans le cas de l'article précédent, il sera sursis à statuer sur le civil jusqu'après le jugement sur le faux. — *Ibid.*, art. 240.

53. — L'art. 239 a été modifié par l'art. 462, C. inst. crim., aux termes duquel, si une cour ou un tribunal trouve dans l'examen d'un procès, même civil, des indices sur un faux et sur la personne qui l'a commis, l'officier chargé du ministère public ou le président doit transmettre les pièces au procureur du roi, soit du lieu où le délit paraîtra avoir été commis, soit du lieu où le prévenu pourra être saisi, et peut même délivrer mandat d'amener. — Le président n'est donc pas obligé, comme il semblait l'être par l'art. 239, C. procéd., de délivrer mandat d'amener; c'est pour lui une faculté.

54. — Les pièces pourraient être transmises également au procureur du roi du lieu où il a été fait un usage criminel des pièces fausses.

55. — Par le mandat d'amener, le président s'assure de la personne de l'auteur présumé du crime et le fait conduire devant le procureur du roi, conformément à l'art. 462. Le droit d'interroger la personne qui est dans les liens du mandat n'appartient qu'au magistrat de sûreté devant lequel il est conduit; ce droit ne saurait appartenir au président qui a décerné le mandat. — Thomine, t. 1er, p. 418; Carré et Chauveau, t. 2, quest. 938; Favard, t. 2, p. 564; Boncenne, t. 4, p. 130. — Cependant les auteurs du *Comm.*, inséré aux Annales du Not., t. 2, p. 72, et Delaporte (t. 1er, p. 238) professent une opinion contraire.

56. — L'art. 239 ne prévoit le cas où des indices graves de culpabilité s'élèvent contre un homme vivant, qu'à l'époque de la procédure où l'instruction est terminée, parce qu'en effet ce n'est, en général, qu'à ce moment que ces indices peuvent être recueillis; mais il ne résulte pas de cet article que le ministère public qui reconnaîtrait l'existence de charges sérieuses contre la personne soupçonnée, bien avant cette époque, et même dès le début de l'instruction, n'aurait pas le droit de requérir immédiatement l'envoi des pièces au procureur du roi. Le ministère public puise ce droit en tout état de cause dans l'art. 29, C. inst. crim. — Carré et Chauveau, t. 2, quest. 839. — V. *contrà* les auteurs du *Comm.*, inséré aux *Annales du not.*, t. 2, p. 73.

57. — Il est hors de doute que le désistement du demandeur en faux incident n'empêche pas le ministère public de poursuivre d'office les prévenus de faux, s'ils sont encore vivans, et si l'action n'est

FAUX INCIDENT, ch. 3, sect. 1re.

pas éteinte par la prescription. — *Nîmes*, 19 janv. 1819, Desaignès c. Trouilhet; — Favard, t. 2, p. 564; Pigeau, *Procéd.*, t. 1er, p. 361; Berriat, p. 766.

58. — Seulement, dans le cas où, après ce désistement, des poursuites criminelles seraient dirigées contre l'auteur présumé du faux, il n'y aurait pas lieu par le tribunal à surseoir; car en se désistant le demandeur a reconnu la sincérité de la pièce qu'il avait arguée de faux, et il doit rester étranger au résultat de l'instruction dirigée au criminel contre l'inculpé. — Chauveau sur Carré, t. 2, quest. 940 *bis*.

59. — Si cependant le fait de la contestation principale dépendait de la fausseté ou de la sincérité de la pièce incriminée, le tribunal devrait, même dans ce cas, surseoir. — Pigeau, *Comm.*, t. 1er, p. 477; Carré et Chauveau, t. 2, quest. 942.

60. — Toutefois, la cour de Nîmes a jugé d'une manière absolue qu'on doit aussi surseoir au jugement du procès civil jusqu'à ce qu'il ait été prononcé sur le faux. — *Nîmes*, 19 janv. 1819, Desaignès c. Trouilhet. — V. aussi *Cass.*, 28 mars 1836, Picard c. de Charrost.

61. — Mais il a été décidé aussi par la cour de Besançon, mais implicitement, par arrêt du 23 août 1823, qu'on est recevable à prouver qu'une énonciation contenue dans un acte authentique est fausse, sans que les juges civils, dans le cas même où les auteurs du faux seraient vivans et où le délit ne serait pas prescrit, soient tenus de surseoir jusques après le jugement du faux au criminel. — V. cet arrêt sous celui de Cassation, du 10 avril 1827, Brocard c. commune de Jasney.

62. — L'art. 240, C. procéd., n'étant relatif qu'à la poursuite du faux principal, le tribunal n'est point, en cas d'inscription de faux incident civil contre un acte, obligé de surseoir à prononcer son jugement, tant qu'aucune poursuite en faux principal n'a pas été intentée par le ministère public. — *Cass.*, 2 av. 1828, Mourgues c. Théron.

63. — Dans le cas où le faux principal est poursuivi à l'occasion d'une inscription de faux incident civil, il convient que le tribunal civil conserve l'état de la procédure en constatant par un jugement l'envoi des pièces au procureur du roi et la nécessité d'un sursis. Néanmoins le sursis étant de droit, il n'est pas nécessaire, à peine de nullité, que le tribunal rende un semblable jugement. — Demiau, p. 181; Carré et Chauveau, t. 2, quest. 941.

64. — Quand le ministère public saisit la juridiction criminelle par des poursuites, le demandeur en faux incident civil peut abandonner l'instance civile et intervenir devant le tribunal de répression pour réclamer la réparation du préjudice qu'il a éprouvé. — Pigeau, *Comm.*, t. 1er, p. 474; Chauveau sur Carré, t. 2, quest. 940.

§ 2. — *Poursuites au criminel exercées sur la plainte de la partie.*

65. — « Le demandeur en faux peut toujours se pourvoir par la voie criminelle en faux principal, et dans ce cas il sera, porte l'art. 250, sursis au jugement de la cause, à moins que les juges n'estiment que le procès puisse être jugé indépendamment de la pièce arguée de faux. » — Art. 250.

66. — Jugé qu'en cas d'inscription de faux par voie principale contre un procès-verbal de saisie immobilière, mais incidemment à l'instance en validité d'une surenchère survenue sur l'adjudication, les juges peuvent refuser de surseoir à statuer jusque après la décision sur le faux s'ils pensent que le procès peut être jugé indépendamment de la pièce arguée de faux. — *Cass.*, 11 juin 1845, Gauguet c. Bocondé.

67. — Le tribunal a même le droit d'apprécier la légalité et la régularité de la plainte et de refuser le sursis, lorsque cette plainte n'indique pas les auteurs du faux, ou si elle a été formée par un mandataire dépourvu de pouvoir spécial. — *Cass.*, 11 juill. 1816, De Larnoge et Boissieu c. Reymond.

68. — Le demandeur en faux peut toujours se pourvoir en faux principal, c'est-à-dire en tout état de cause et à toutes les époques de la procédure de faux incident. Ce principe est une exception à la règle générale : qu'on ne peut prendre la voie la plus dure après avoir pris la voie la plus douce.

69. — C'est donc à tort et contrairement aux termes de l'art. 250 précité que Pigeau (*Comm.*, t. 1er, p. 488) émet l'avis que le demandeur n'est recevable à prendre la voie du faux principal qu'avant toute inscription de faux civil ou après le jugement qui statue définitivement sur la fausseté ou la sincérité de la pièce. — V. Mangin, t. 1er, p. 98, no 30; Carré et Chauveau, sur l'art. 250, t. 2, p. 270, quest. 208, à la note; Boncenne, t. 4, p. 74.

70. — Dans l'hypothèse prévue par l'art. 250, les juges ne sont pas obligés de se prononcer d'office sur la question de savoir si la pièce arguée de faux est essentielle au procès et si dès-lors il y lieu d'ordonner le sursis, car il n'y a pour cela aucune raison d'ordre public; mais ils ne pourraient s'en dispenser s'ils étaient saisis d'une demande en sursis par les conclusions d'une des parties. Dans ce cas les juges apprécieraient quelle influence la pièce arguée peut exercer sur le procès.

71. — Jugé cependant (mais cet arrêt ne paraît pas devoir faire jurisprudence) que lorsque dans le cours d'une instance une pièce est arguée de faux, le tribunal doit examiner s'il est possible de juger le fond indépendamment de la pièce incriminée ou s'il y a lieu à prononcer le sursis. — *Cass.*, 18 août 1807, Soulié c. octroi du Saint-Esprit.

72. — Le sursis, dans l'espèce prévue par cet art. 250, est purement facultatif pour le tribunal, et il diffère en cela de celui que prescrit l'art. 240, lorsque le tribunal estime qu'il y a lieu de poursuivre criminellement l'auteur présumé du faux; dans cette dernière hypothèse, le sursis est obligatoire. — Favard, t. 2, p. 566; Chauveau sur Carré, t. 2, quest. 960.

73. — Pigeau (t. 1er, p. 489) fait observer que si l'on n'attendait pas le résultat des poursuites au criminel, bien que la vérité ou la fausseté de la pièce pût avoir de l'influence sur le faux incident, on s'exposerait à voir le jugement civil attaqué par appel ou par requête civile comme rendu sur pièces fausses. — Cod. procéd., art. 448 et 480, quest.

74. — Le demandeur en faux incident pouvant *toujours* prendre la voie du faux principal, comme le dit l'art. 250, il est recevable à le faire même lorsque son inscription de faux a été rejetée par le tribunal comme irrégulière. Il en était autrement sous l'empire de l'ordonn. de 1737. — V. Serpillon, sur les art. 20, 21 et 22 du tit. 2 de cette ordonnance. — Carré et Chauveau, t. 2, quest. 961; — Delaporte, t. 1er, p. 246, est d'un avis contraire.

75. — Le demandeur en faux peut se pourvoir au criminel, même lorsque son adversaire, sur la sommation qui lui est faite, conformément à l'art. 216, déclare qu'il n'entend pas se servir de la pièce. La loi ne distingue pas, et d'ailleurs le demandeur peut avoir un grand intérêt à procéder ainsi, car la pièce restant à la disposition du défendeur, celui-ci peut en faire usage et l'opposer dans d'autres procès. — Boncenne, t. 4, p. 74; Carré et Chauveau, t. 2, quest. 962; Pigeau, t. 1er, p. 488.

76. — Aux termes de l'art. 1319, C. civ., en cas de plainte en faux principal, l'exécution d'un acte authentique argué de faux est suspendue par la mise *en accusation*, et en cas d'inscription de faux faite incidemment, les tribunaux peuvent, suivant les circonstances, suspendre provisoirement l'exécution de l'acte. Le tribunal civil saisi d'une demande en faux incident ne serait donc pas tenu de surseoir au jugement par cela seul que dans le cours de la procédure l'une des parties aurait porté plainte en faux principal; il pourrait seulement le faire, s'il le jugeait convenable. — Merlin, *Quest. de dr.*, vo *Faux incident*, § 16; Carré et Chauveau, t. 2, quest. 963e; Pigeau, *Comment.*, t. 1er, p. 488.

77. — C'est ainsi qu'il faut entendre un arrêt de la cour de Colmar qui a décidé, avant le Code de procédure, que la plainte en faux principal contre un acte notarié ne suspendait son exécution que lorsque le jury d'accusation avait déclaré qu'il y avait lieu à accusation. — *Cass.*, 8 mai 1808, Roost c. Blum.

78. — Jugé, au reste, que cet art. 1319 ne peut s'appliquer à d'autres actes que ceux emportant obligation et ayant la forme exécutoire. — En d'autres termes, la plainte en faux contre des actes d'huissier, dans la poursuite d'une saisie immobilière, suffit pour suspendre l'adjudication. — *Cass.*, 15 fév. 1810, Agent du trésor public c. Cauchois; — Berriat, p. 91; Merlin, *Quest.*, vo *Faux*, § 16.

CHAPITRE III. — *Dans quels cas, par quelles personnes et contre quels actes la voie du faux incident peut être prise.*

Sect. 1re. — *Dans quels cas la voie du faux incident peut être prise.*

79. — « Celui qui prétend qu'une pièce signifiée, communiquée ou produite dans le cours de la procédure, est fausse ou falsifiée, peut, s'il y échet, être reçu à s'inscrire en faux, encore que ladite pièce ait été vérifiée, soit avec le demandeur, soit avec le défendeur en faux, à d'autres fins que celles d'une poursuite en faux principal ou incident, et qu'en conséquence il soit intervenu un jugement sur le fondement de ladite pièce comme véritable. » — C. procéd., art. 214.

80. — L'art. 214 exige, pour qu'on puisse s'inscrire en faux contre une pièce, qu'elle ait été signifiée, communiquée ou produite. Il ne suffirait donc pas qu'elle eût été citée dans un acte de procédure. — Carré, sur l'art. 214, note 1re.

81. — Une pièce est fausse lorsque sa fabrication même lui a donné ce caractère; elle est falsifiée lorsque étant sincère originairement elle a été altérée après coup. — Merlin, vo *Inscription de faux*, t. 6, p. 127.

82. — Il n'est pas nécessaire pour que l'inscription de faux soit admissible que le vice présenté par la pièce arguée constitue un faux matériel; il suffit qu'on allègue un faux moral, c'est-à-dire consistant dans une simulation accomplie dans l'acte même, indépendamment de toute contrefaçon d'écriture. L'art. 214 ne fait aucune distinction entre ces deux espèces de faux, et l'art. 1319, C. civ., dispose d'une manière générale que les actes authentiques font foi et sont exécutoires jusqu'à ce qu'une plainte en faux ayant été portée, l'inculpé ait été mis en accusation, ou jusqu'à ce que, sur l'inscription de faux incident, l'exécution ait été suspendue par le tribunal. — *Cass.*, 25 mai 1830, Soerus c. Dalligant; 15 juill. 1840 (t. 2 1840, p. 477), Claude c. Millet; — Boncenne, t. 4, p. 9; Carré et Chauveau, t. 2, quest. 867e. — V. cependant, en sens contraire, Thomine, édit. in 8o, p. 125; Bioche, no 59.

83. — La cour de Cassation a même jugé qu'on peut s'inscrire en faux incident pour prouver qu'un testament olographe a été antidaté par le testateur, encore bien que ce fait d'antidate ne constitue pas le crime de faux; qu'il suffit, pour motiver l'admission de cette inscription de faux, que l'antidate ait pu avoir pour objet de soustraire aux regards de la justice l'incapacité dont le testateur était frappé à l'époque où le testament a réellement été confectionné. — *Cass.*, 16 déc. 1829, Dugard c. Darcy.

84. — ... Et celle de Rennes, qu'on ne peut opposer à l'admission d'une demande en inscription de faux des moyens qui ne tendraient qu'à prouver qu'il n'existe pas de faux. — *Rennes*, 28 août 1814, Dupont c. Hanin.

85. — Il faut remarquer que l'art. 214 ne déclare déchu du droit de s'inscrire en faux que celui auquel on oppose une procédure antérieure de faux principal ou incident relative à la pièce qu'il veut arguer de faux, de telle sorte qu'une vérification déjà faite pour cette pièce par reconnaissance judiciaire, ou par titres, ou par expert, ne serait pas une cause de fin de non recevoir. Il ne résulterait non plus aucune déchéance pour le demandeur en faux d'une reconnaissance volontaire qu'il aurait faite de la pièce ou de ce qu'il aurait transigé sur son contenu.

86. — Aussi peut-on s'inscrire en faux incident contre une pièce, par exemple contre une lettre de change signée par le défunt, même après l'avoir reconnue ou approuvée. — *Riom*, 28 déc. 1830, Bos c. Méallet.

87. — ... Et l'inscription de faux peut être admise, bien que le demandeur ait reconnu la vérité de la pièce arguée de faux dans le corps d'un écrit qu'il soutient avoir signé sans le lire, et dont il n'avoue que la signature et l'approbation d'écriture. — *Bordeaux*, 22 juin 1831, Charlote c. Babin.

88. — La partie qui a reconnu judiciairement la sincérité de la signature qui lui est attribuée, et qui même a exécuté le jugement de condamnation fondé sur cette reconnaissance, peut encore être admise à s'inscrire en faux contre cette même signature. — *Cass.*, 10 avr. 1827, Mathieu c. Braulard.

89. — On est recevable à s'inscrire en faux contre des actes dont on a précédemment reconnu l'existence. — *Bordeaux*, 9 janv. 1829, Piat de Villeneuve c. Wirtz.

90. — Le demandeur en faux incident est recevable dans son action, quoiqu'il ait exécuté l'acte qu'il attaque, si cet acte était d'ailleurs revêtu des formes qui rendent valide un acte authentique, et qu'il n'ait pu se procurer sur-le-champ les moyens de l'attaquer. — *Rennes*, 29 juin 1824, sous *Cass.*, 14 juill. 1825, Cordon c. Pellerin.

91. — Cependant la cour de Cassation a décidé que le moyen d'inscription de faux contre un jugement est couvert par l'exécution de ce jugement, faite depuis les soupçons de fausseté. — *Cass.*, 18 niv. an XII, Perthon c. Jaillette.

92. — ... Et celle de Colmar que lorsqu'une partie a déféré, même subsidiairement, à son adversaire le serment décisoire sur la vérité d'un fait énoncé dans un acte, et que ce serment a été prêté sans opposition, cette partie n'est plus recevable à s'inscrire en faux contre l'acte; qu'autrement, la par-

tie se trouverait admise à prouver la fausseté du serment. — *Colmar*, 25 avr. 1827, Blenner c. Wahl.

93. — La rubrique du tit. 10, liv. 2, C. procéd., et le texte de l'art. 214, prouvent que la procédure de faux incident ne peut avoir lieu qu'incidemment à un procès principal, d'où résulte nécessairement que dans les cas où l'instance principale n'existe pas ou n'existe plus, cette procédure est impossible. — Thomine, t. 1er, p. 384; Favard, t. 2, p. 560; Carré et Chauveau, t. 2, p. 863; Boitard, t. 2, p. 159; Demiau-Crouzilhac, p. 168; Pigeau, *C. procéd. civ.* (faux incident, préliminaire), n° 6, à la note; Berriat-Saint-Prix, p. 766; Bioche, n° 28.

94. — La jurisprudence est constante sur ce point. C'est ainsi qu'il a été jugé que l'inscription de faux incident ne peut avoir lieu qu'autant qu'il existe une instance principale. — *Nîmes*, 14 janv. 1808, Dorée c. Niquet. — V. aussi *Cass.*, 21 avr. 1840 (t. 2 1840, p. 5), Debent c. Roques et Fautier; — Hautefeuille, p. 138. — V. toutefois Lepage, *Quest.*, p. 186.

95. — ... Et qu'on ne peut s'inscrire en faux incident contre une pièce sur laquelle est intervenu un jugement passé en force de chose jugée; que la voie du faux principal est alors seule ouverte contre cette pièce. — Même arrêt. — Berriat, p. 766.

96. — De même, hors d'une instance au principal, on ne peut par un acte d'avoué sommer une partie de déclarer si elle entend se servir d'un acte et ensuite s'inscrire en faux contre cet acte. Il faut introduire à cet égard une instance principale par une assignation à personne ou domicile. — *Rennes*, 19 déc. 1812, Le Bihan c. Quelen-Duplessis; 19 déc. 1815, N...

97. — Une action civile en faux ne peut être formée contre les pièces produites dans une procédure terminée par un arrêt passé en force de chose jugée, alors qu'elle ne se rattache ni à une demande principale à laquelle l'inscription de faux soit incidente, ni à une action en réparation de dommages, mais qu'elle a seulement pour but de faire constater le faux par les tribunaux civils, dans le but de se créer un moyen de requête civile contre la décision rendue sur lesdites pièces. — Si l'art. 480, n° 9, C. procéd., consacre le recours par la voie de la requête civile pour le cas où il a été jugé sur pièces reconnues fausses depuis le jugement, le droit d'user de cette ouverture de requête civile peut être utilement exercé soit par le résultat d'une plainte en faux principal, soit lorsque le faux sera déclaré par un jugement civil rendu sur une inscription de faux incidente à une instance civile principale à laquelle l'exception de chose jugée n'aura pu être légalement opposée. — *Cass.*, 25 juin 1845 (t. 2 1846, p. 336), Dupuy c. Puthod; *Grenoble*, 8 mai 1832, Odru c. Vial. — V. *contrà Bordeaux*, 30 août 1841 (t. 1er 1842, p. 67), Puthod c. Dupuy. — C'est l'arrêt cassé par la cour de Cassation le 25 juin 1845.

98. — Décidé de même qu'on ne peut, postérieurement à l'arrêt qui statue définitivement sur une contestation, introduire une demande en faux incident contre des pièces produites pendant le cours de la procédure. — *Paris*, 17 déc. 1808, Desnos c. Dulard.

99. — Spécialement le débiteur poursuivi immobilièrement en vertu d'un jugement passé en force de chose jugée, et qui a reconnu valables les titres du poursuivant, ne peut attaquer ces titres par voie de faux incident, et à ce titre demander la discontinuation des poursuites. — *Colmar*, 17 mai 1816, Lederich c. Kittler.

100. — On ne peut attaquer par la voie du faux incident civil un procès-verbal de saisie dont la validité a été prononcée par un jugement passé en force de chose jugée, qui a rejeté la demande en nullité, à laquelle celle en faux serait incidente. — L'autorité de la chose jugée relative à la demande en nullité de la saisie est alors applicable à la demande en faux incident civil. — *Cass.*, 8 déc. 1840 (t. 2 1840, p. 795), Bellot c. Compère.

101. — Jugé néanmoins que l'individu emprisonné en vertu d'un jugement par défaut et en dernier ressort, et qui n'y a pas formé opposition dans le délai légal, est recevable à s'inscrire en faux incident contre sa prétendue signature apposée au bas du billet qui a motivé sa condamnation. — *Rouen*, 11 fructid. an XII, Signol c. Loiseau. — Ce dernier arrêt paraît n'admettre le principe qu'avec restriction; mais il faut observer que, dans l'espèce soumise à la cour de Rouen, le défendeur à l'inscription de faux n'avait pas, en temps utile, opposé au demandeur la fin de non-recevoir ou la chose jugée. Peut-être la cour aurait rejeté l'inscription de faux si on lui eût présenté à temps cette fin de non-recevoir, ainsi que celle tirée de ce qu'il n'y avait plus d'instance principale.

FAUX INCIDENT, ch. 3, sect. 1re.

102. — La cour de Cassation a cependant fait fléchir ces principes en jugeant que lorsqu'une partie, durant le cours d'une instance, a demandé la nullité d'un acte produit contre elle, et qu'il lui a été donné acte de ses réserves de s'inscrire en faux, elle peut, après que l'instance a été épuisée, et qu'elle a succombé sur ses moyens de nullité dans les deux degrés de juridiction, former une inscription de faux par voie d'action civile principale contre l'acte qui a été validé. — *Cass.*, 21 avr. 1840 (t. 2 1840, p. 5), Debent c. Roques et Fautrier.

103. — S'il n'existait aucune instance principale au civil et que néanmoins la partie qui craindrait les effets d'un acte infecté de faux ne pût ou ne voulût pas prendre la voie du faux principal, elle ne serait cependant pas dans l'impossibilité de faire le procès à la pièce fausse. M. Thomine (t. 1er, p. 384) indique le moyen suivant de sortir de cette difficulté. « On assignera, dit-il, celui qui, plus tard, pourrait se servir de la pièce pour la représenter et en reconnaître la nullité, ou pour déclarer qu'il n'a transmis à personne aucuns actes ni obligations contre le demandeur : ou la déclaration sera faite, et dès-lors il n'y a plus aucun danger; ou l'acte sera produit, et, dans ce cas, on prendra la voie du faux incident. »

104. — L'instance n'étant pas terminée lorsque l'affaire principale est en appel, il est encore temps de soulever l'incident de faux, bien qu'on n'en ait rien dit en première instance. — Favard, t. 2, p. 559; Carré et Chauveau, *loc. cit.*; Thomine, t. 1er, p. 384.

105. — Il est de principe en effet qu'une demande en inscription de faux incident peut être formée en tout état de cause, en appel comme en première instance. — *Cass.*, 13 avr. 1824, Deroy; *Paris*, 30 août 1810, Rancis c. Bayard. — V. cependant *Cass.*, 2 fév. 1826, Fourmentin c. Gorlay.

106. — C'est ainsi qu'on peut, sur l'appel d'un jugement d'expropriation, s'inscrire en faux incident contre l'acte qui a motivé la poursuite, bien qu'en première instance on ait pris des conclusions sur le fond. — *Amiens*, 27 mars 1813, Coëffier c. Robert.

107. — De même on peut, pour la première fois sur l'appel, prendre la voie du faux incident civil contre un acte de vente dont l'annulation a déjà été demandée en première instance comme étant entaché de dol et de fraude. — *Rennes*, 20 fév. 1834, Cordon c. Pellerin.

108. — L'inscription de faux incident est admissible en appel, surtout lorsqu'elle est dirigée contre une obligation qui est la seule base sur laquelle repose le jugement dont est appel. — *Rennes*, 16 fév. 1813, N...

109. — Le défendeur qui s'est laissé condamner en première instance, sans s'inscrire en faux contre le billet dont on lui demandait le paiement, est recevable à s'inscrire en faux sur l'appel par lui interjeté du jugement des premiers juges. — Mais s'il est vérifié que le billet est vrai, celui qui l'a souscrit doit être condamné aux dommages-intérêts de l'autre partie. — *Paris*, 17 juill. 1810, Romagny c. Manceau.

110. — On peut, pour la première fois en appel, s'inscrire en faux incident contre un testament, après en avoir seulement demandé la nullité en première instance. — *Montpellier*, 26 fév. 1810, Barrau c. Girard.

111. — Lorsqu'un jugement a déclaré un acte valable sur les poursuites en faux incident exercées par l'un des codébiteurs solidaires auxquels on l'appliquait, ce jugement s'oppose à ce qu'une procédure semblable soit introduite par l'autre débiteur contre le même acte, lorsque le faux articulé tenait au contexte même; car les deux débiteurs ne forment légalement qu'une seule personne; mais si le premier des coobligés avait seulement prétendu que sa signature avait été contrefaite, le second pourrait à son tour arguer l'acte de faux en prétendant aussi que sa signature y a été faussement apposée. — Carré et Chauveau, t. 2, quest. 861; *Bibliothèque du barreau*, 1re partie, t. 3, p. 210; Lepage, *Quest.*, p. 184.

112. — Si une énonciation d'un acte ne paraissait fausse que par suite d'une erreur involontaire du rédacteur, il n'en serait pas moins nécessaire de prendre la voie du faux incident pour l'empêcher d'être accueillie par le tribunal. — Boncenne, t. 4, p. 14; Chauveau sur Carré, t. 2, quest. 867 *bis*.

113. — C'est en ce sens qu'il a été jugé que les juges ne peuvent refuser d'admettre l'inscription de faux toutes les fois que, cette inscription de faux venant à être écartée, l'exécution de l'acte deviendrait inévitable. — *Cass.*, 2 juin 1834, comm. de Jasney c. Brocard.

114. — La rectification d'une erreur évidente, opérée par une surcharge dans un acte sous seing-privé, ne peut être considérée comme un faux. — En conséquence doit être rejetée l'inscription de faux dirigée contre la surcharge faite pour certifier la date erronée de l'endossement d'un effet de commerce. — *Paris*, 2 août 1813, Layné c. Blin.

FAUX INCIDENT, ch. 3, sect. 1re.

115. — Bien que la partie soit obligée en général de prendre la voie du faux incident pour faire rejeter du procès une pièce comme fausse, il ne s'ensuit pas que les tribunaux ne puissent rejeter la pièce, en l'absence même de toute inscription de faux. On infère cette conséquence des expressions *s'il y échet*, employées par l'art. 214 et qu'on considère comme donnant aux tribunaux le pouvoir discrétionnaire le plus étendu à cet égard. — Carré et Chauveau, t. 2, quest. 868; Merlin, *Quest. de dr.*, v° *Inscription de faux*, § 1er; Bioche, nos 57 et suiv.

116. — Il est, en effet, de jurisprudence presque unanime que les juges peuvent ordonner le rejet d'une pièce contre laquelle aucune inscription de faux n'a été faite, lorsque son acquit seul révèle son altération ou sa falsification d'une manière évidente.

117. — Ainsi jugé sous l'empire de l'ordonnance de 1737, que les tribunaux peuvent, sans le secours de l'inscription de faux, annuler une pièce produite dans une instance civile, encore bien qu'elle ait tous les caractères extérieurs d'un acte authentique, si l'état matériel de la pièce en démontre la falsification. — *Cass.*, 14 flor. an X, Mouchot c. Lhéritier; *Toulouse*, 15 messid. an XII, Constant c. c. Darles; *Nîmes*, 30 germin. an XIII, Gaussard c. Froment; *Toulouse*, 18 frim. an XIV, Tamon c. Mourlon.

118. — La cour de Cassation a maintenu cette doctrine sous l'empire du Code de procédure, et elle a jugé que lorsque les juges, à la simple inspection d'un acte produit devant eux, reconnaissent que sa contexture et sa forme sont entachées de vices patens et matériels qui lui enlèvent tous les caractères d'authenticité, ils peuvent refuser à cet acte foi et exécution, sans subordonner leur conviction et leur jugement à l'inscription en faux. — *Cass.*, 12 janv. 1833, comm. de Tarasteix c. Cazenave; 18 août 1813, Giboulot c. Garchay; 23 août 1836, Boucaud c. Daviot; 20 fév. 1821, Busseil c. Bernard; — Merlin, *Quest.*, v° *Inscription de faux*, § 1er; Favard, *Rép.*, t. 2, p. 557.

119. — Lorsque les surcharges ou additions que renferme un acte notarié sont de nature à influer soit sur les conventions des parties, soit sur la forme substantielle de l'acte, elles peuvent néanmoins donner lieu à une simple action en nullité de cet acte sans qu'il soit nécessaire de prendre la voie de l'inscription de faux. — *Cass.*, 20 fév. 1821, Busseuil c. Bernard.

120. — Un tiers-intéressé peut, sans recourir à la voie de l'inscription de faux, être admis à prouver par témoins et par de simples présomptions la simulation frauduleuse d'un acte authentique qui énonce que les espèces ont été nombrées et comptées en présence du notaire et des témoins. — Les juges dans ce cas peuvent se déterminer par des présomptions, aux termes de l'art. 1353, C. civ. — *Cass.*, 10 juin 1816, Delabrousse.

121. — Un arrêt a pu déclarer qu'un billet de 200 fr. avait été changé en un billet de 2,000 fr., soit par substitution, soit par l'altération matérielle du chiffre 200 écrit par le souscripteur, et en conséquence annuler ledit billet comme dolosif et frauduleux, sans qu'il ait été formé d'inscription de faux, et bien que l'existence du billet et la signature ne soient pas déniées. — *Cass.*, 14 nov. 1837 (t. 1er 1838, p. 557), Jammot c. Fradel.

122. — Un acte peut être déclaré faux par les juges sans recourir à l'inscription de faux lorsque la preuve du faux leur est déjà pleinement acquise. — *Cass.*, 10 avr. 1838 (t. 2 1838, p. 149), Héritiers Barrière c. Gamory; — Carré, *Lois de la proc.*, t. 1er, quest. 868.

123. — Lorsqu'un acte est argué d'un faux matériel, résultant d'un fait évident par lui-même, ce faux peut être admis et prouvé sans qu'on doive recourir à l'inscription de faux. — Dans ce cas, la partie qui argue l'acte de faux ne peut demander qu'il soit dressé procès-verbal de l'état de la pièce incriminée, à l'effet de parvenir à démontrer le faux allégué. — *Bordeaux*, 7 mars 1831, Borie c. Borie; *Caen*, 16 juill. 1817, Clouet c. Doyen.

124. — La cour de Riom a jugé, au contraire, qu'un acte authentique contre lequel des parties n'ont pas pris la voie de l'inscription de faux ne peut être déclaré faux, quelles que soient d'ailleurs les présomptions qui s'élèvent contre sa sincérité. — *Riom*, 21 déc. 1809, Secheyroux c. N.

125. — Il est certain qu'on peut, sans recourir à l'inscription de faux contre un testament authentique, être admis à prouver par témoins que le testateur était en démence. — *Besançon*, 2 fruct. an VIII, Millot c. Buffet.

126. — M. Berriat Saint-Prix (p. 273, note 4e) pense que, lorsqu'il s'agit d'un acte authentique, il faudrait au moins, pour qu'il pût être rejeté, que l'inscription de faux eût été faite, sauf au tribunal à statuer immédiatement, sans attendre qu'il fût donné suite à la procédure. Cette manière de procéder semblerait en effet plus conforme aux prescriptions de l'art. 1319, C. civ.

127. — C'est en ce sens qu'il a été jugé que les juges ne peuvent point *de plano* déclarer nulle et fausse une pièce authentique, sans qu'une inscription de faux ait été préalablement formée par le demandeur. — *Agen*, 28 janv. 1833; sous *Cass.*, 17 déc. 1835, Bouigues c. Malleville.

128. — Un tribunal peut, suivant les circonstances, en rejetant l'inscription de faux formée contre un titre authentique, accorder ou refuser l'exécution provisoire. — *Bordeaux*, 2 oct. 1832, Babin c. Charlot; — Merlin, *Quest.*, vo *Exécution parée*; Toullier, *Droit civ.*, t. 8, nos 62 et suiv.; Duranton, *Droit français*, t. 13, no 84; Berriat, *Proc. civ.*, p. 57, note 69.

Sect. 2e. — *Quelles personnes peuvent prendre la voie du faux incident.*

129. — L'inscription de faux peut en général être formée par toute partie qui, ayant l'exercice de tous ses droits, a intérêt à démontrer la fausseté d'une pièce qui lui est ou peut lui être opposée.

130. — Une partie peut-elle s'inscrire en faux contre une pièce qu'elle produit elle-même dans un procès? Cette question n'aurait pu s'élever sous l'empire de l'ordonnance de 1737, dont le titre 2, art 1er, portait « que la poursuite du faux incident aura lieu, lorsqu'une des parties ayant signifié, communiqué ou produit quelque pièce que ce puisse être dans le cours de la procédure, l'*autre partie* prétendra que ladite pièce est fausse ou falsifiée.

131. — Mais cette rédaction n'a pas été reproduite par l'art. 414, qui est au contraire conçu en termes généraux à cet égard. Aussi semble-t-il que toutes les parties en cause, même celle qui produit la pièce, doivent avoir le droit d'arguer de faux ses énonciations. — Carré et Chauveau, t. 2, quest. 865.

132. — C'est dans ce sens qu'il a été jugé qu'on peut s'inscrire en faux contre un acte que l'on a communiqué, si les adversaires prétendent en faire usage. — *Rennes*, 12 juin 1820, Lesergent c. Lepriot.

133. — ... Et que l'inscription de faux peut être dirigée par ceux-là même qui ont concouru à la production de la pièce arguée, et qui ultérieurement auraient eu de justes raisons de la suspecter. — *Montpellier*, 16 juill. 1830, Jordy c. Jaubert de Passa.

134. — Jugé au contraire qu'on n'est pas recevable à s'inscrire en faux incident contre une pièce que l'on a produite soi-même. — *Colmar*, 19 juin 1828, Arnold c. Aron.

135. — ... Et qu'une partie n'est pas recevable à s'inscrire en faux contre la date d'un acte revêtu de sa signature, qu'elle a produit et invoqué plusieurs fois au soutien de sa cause, sans élever le moindre soupçon sur la sincérité de cette date. — *Paris*, 5 niv. an XIII, D... c. Labroust. — Toutefois il faut remarquer que ce dernier arrêt a été rendu sous l'empire de l'ordonnance de 1737.

136. — Celui qui réclame l'état et les droits d'un individu dont on lui oppose l'acte de décès doit prouver son identité avec cet individu avant que d'être admis à s'incrire en faux contre l'acte de décès qu'on lui oppose. — L'arrêt qui, en l'absence d'aucune possession d'état, d'un commencement de preuve par écrit et même d'indices graves qui puissent faire présumer cette identité, déclare l'inscription de faux non-recevable, ne contrevient pas à l'art. 214, C. procéd. Cette appréciation de faits échappe à la censure de la cour de Cassation. — *Cass.*, 5 avr. 1820, Paul c. Melet. — Dans l'espèce de cet arrêt, l'inscription de faux était incidente et se liait nécessairement à la réclamation d'état, en sorte qu'admettre la plainte en faux, alors même que le réclamant paraissait hors d'état de justifier sa demande principale, c'eût été ordonner une preuve frustratoire et inutile. En effet, que serait-il résulté de la preuve du faux? Rien autre chose, sinon que l'individu supposé mort était encore vivant; mais, du reste, cette preuve n'établissait pas l'identité de cet individu avec le réclamant. Ce dernier devenait donc sans intérêt à former une inscription de faux dont le résultat ne pouvait lui être d'aucune utilité pour sa réclamation d'état qui, d'après les lois, ne pouvait être admise qu'autant qu'elle eût été fondée sur un titre et sur une possession conforme à l'état réclamé. L'inscription de faux, dans le cas particulier, devait être écartée avec d'autant plus de raison qu'elle tendait indirectement à conquérir, à l'aide de la preuve testimoniale seule, une filiation qui n'était soutenue ni par l'acte de naissance, ni enfin par aucun indice grave qui fissent présumer le moindre rapport de filiation et de parenté entre le réclamant et la famille à laquelle il prétendait appartenir.

137. — Le tuteur peut former une inscription de faux au nom de son pupille, lorsqu'il y a été autorisé par le conseil de famille. — *Toulouse*, 2 mai 1827, Cuzard c. Gayral.

Sect. 3e. — *Contre quels actes on peut s'inscrire en faux incident.*

138. — On peut s'inscrire en faux contre un acte de procédure soit civile, soit criminelle.

139. — L'inscription de faux peut même être formée contre la minute d'un jugement ou arrêt. — V. *infrà* nos 515 et suiv.

140. — Cette voie est employée le plus souvent, ainsi que nous l'avons dit, pour détruire la foi due à un acte dont l'apparence est authentique; elle est même la seule admise contre la production de procès-verbaux qui, rédigés par certains fonctionnaires et dans des circonstances déterminées, font foi entière de leur contenu. — V. PROCÈS-VERBAUX. — V. aussi CONTRIBUTIONS INDIRECTES, DOUANES, FORÊTS.

141. — Lorsqu'un avoué ou un huissier atteste qu'une signature, se trouvant au bas d'un acte de son ministère, est celle de la partie, cette signature doit être regardée comme authentique si l'on se trouve dans l'un des cas où la loi exige la signature de la partie. L'officier ministériel doit alors mentionner d'une manière expresse cette signature, qui est comme une partie intégrante de l'acte, et qui, sans cette mention, ne pourrait être considérée comme authentique. — Pigeau, *Comment.*, t. 1er, p. 448; Chauveau sur Carré, *Lois de la procédure*, t. 2, quest. 858 *bis*.

142. — Mais dans les cas où la signature de la partie n'est pas requise par la loi, il n'entre pas dans les fonctions de l'officier ministériel de faire une pareille attestation, et s'il la faisait, il n'en résulterait pas que la signature eût un caractère d'authenticité. — Mêmes auteurs.

143. — Jugé que la vérité de la signature d'une partie apposée au bas de la déclaration prescrite par l'art. 216, C. procéd., en matière de faux incident, ne peut être contestée par l'autre partie, alors que cette signature est garantie par celle de l'avoué. — *Montpellier*, 2 déc. 1834, Dalbis et Liquier c. Mazarin.

144. — Lorsqu'un testament public énonce qu'il a été écrit de la main du notaire qui l'a reçu, la preuve du contraire ne peut être établie que par l'inscription de faux. La simple vérification des écritures ne saurait être admise à cet effet, lors même que les parties y consentiraient. — *Limoges*, 13 déc. 1813, Larfeux c. Granville.

145. — On ne peut, sans s'inscrire en faux, demander qu'un exploit d'appel soit déclaré nul, par le motif que la copie non représentée n'a pas été délivrée, quoique l'original le porte. — *Rennes*, 9 mars 1820, Couédic c. Kentret.

146. — Les énonciations insérées dans un procès-verbal de capture et relatives à la forme de l'arrestation, ne peuvent être attaquées que par la voie de l'inscription de faux. — *Bordeaux*, 14 nov. 1829, Gaussers c. Bussière.

147. — L'inscription de faux est admissible contre un acte de mariage, de la part même de l'un des époux, quoiqu'il l'ait consenti et signé ainsi que sa famille. — *Bourges*, 23 mai 1822, Millereau c. Jourdan.

148. — C'est par la voie de l'inscription de faux seulement que peut être attaquée une sentence rendue par des arbitres forcés, lorsque, contrairement à son énonciation, une des parties prétend que les arbitres n'ont point tous pris part à la délibération et au jugement. — *Paris*, 11 nov. 1845 (t. 1er 1846, p. 90), Mathon c. Paul; — Bioche, *Dict. de procéd.*, vo *Arbitrage*, no 502.

149. — Mais il n'est pas nécessaire de s'inscrire en faux contre une sentence arbitrale, lorsque les faits que pourrait établir l'inscription de faux sont reconnus par toutes les parties. — *Paris*, 3 avr. 1838 (t. 1er 1838, p. 559), Blum c. Catalan.

150. — Pigeau (*Comment.*, t. 1er, p. 447) pense que le faux incident ne peut s'appliquer qu'à un acte authentique, et qu'il n'est pas recevable contre un acte sous seing-privé. Cette opinion est combattue, avec raison, par MM. Boitard (*Leçons sur la procéd. civ.*, t. 2, p. 157); Thominc Desmazures (*Comment. du Code de procéd.*, t. 1er, p. 385); Carré et Chauveau (sur l'art. 214, t. 2, quest. 859); Favard de Langlade (*Rép.*, vo *Faux incident*); Merlin (*Rép.*, vo *Inscription de faux*, § 1er, no 2); et Boncenne (*Théorie de la procéd. civ.*, t. 4, p. 35 et 36). — En effet, la loi ne fait aucune distinction entre les divers actes contre lesquels elle autorise l'inscription de faux.

151. — Il peut même arriver qu'un acte sous seing-privé ne puisse être attaqué que par la voie de l'inscription de faux. C'est lorsqu'il a été reconnu en justice ou devant un notaire ou un juge de paix, lorsque l'écrit a été tenu comme émanant de celui qui méconnaissait la signature, par jugement passé en force de chose jugée; enfin lorsqu'il a été vérifié et tenu pour reconnu. — Carré, sur l'art. 214, quest. 859. — En effet, dans ces divers cas l'acte sous seing-privé acquiert la même foi que l'acte authentique. — C. civ., art. 1322.

152. — On peut s'inscrire en faux contre un livre de caisse produit devant des arbitres chargés de procéder au réglement et à la liquidation d'une société. — *Montpellier*, 16 juill. 1830, Jordy c. Jaubert de Passa; *Rennes*, 29 janv. 1818, Dupont c. Hévin.

153. — Jugé qu'on ne peut s'inscrire en faux contre un livre-journal représenté par des négocians, si l'inscription de faux a pour objet de démontrer qu'il y a eu un simple ajustement dans ce livre. — *Rennes*, 29 janv. 1818, Dupont c. Hévin.

154. — On peut former une demande en inscription de faux incident contre un acte, quoiqu'il soit étranger au défendeur. — *Rennes*, 21 juill. 1816, Lebreton c. Fleuriais.

155. — Rien n'empêche que l'inscription de faux ait seulement pour objet des chiffres insérés dans un acte. — Carré et Chauveau, t. 2, quest. 866.

156. — Les pièces de comparaison produites dans le cours d'une procédure de faux incident peuvent-elles être arguées de faux? On peut dire pour la négative que si l'on autorise une partie à s'inscrire en faux contre une pièce de comparaison, on lui donne un moyen facile d'éterniser la procédure engagée, car cette nouvelle inscription de faux doit avoir pour effet d'entraver l'instruction suivie sur la précédente.

157. — Mais nous croyons avec M. Chauveau (sur Carré, t. 2, quest. 935 *bis*) qu'on ne peut refuser à la partie l'exercice d'un droit qu'aucun texte du Code de procédure ne lui dénie. D'ailleurs, comme le fait remarquer cet auteur, le tribunal pourrait paralyser les effets d'une inscription de faux formée contre une pièce de comparaison, dans le seul but de gagner du temps en rejetant cette inscription de faux sur la demande de la partie adverse.

CHAPITRE IV. — *Compétence.*

158. — En matière de faux incident, la compétence paraît n'appartenir qu'aux tribunaux ordinaires c'est-à-dire; en matière civile, aux tribunaux d'arrondissement et aux cours royales; en matière criminelle, aux tribunaux correctionnels et aux cours d'assises. — Chauveau sur Carré, t. 2, quest. 863 *bis*. — Quant à l'inscription de faux devant la cour de Cassation, vo *infrà* nos 514 et suiv.

159. — Le faux incident est civil ou criminel, suivant qu'une pièce est arguée de faux dans une procédure civile ou dans une procédure criminelle. — Code procéd., art. 214; C. inst. crim., art. 458 et suiv.

160. — C'est aux tribunaux civils qu'il appartient de connaître du faux incident civil: la matière est réglée par les art. 214 et suiv., C. procéd. civ. — Bioche, no 12.

161. — Le faux incident criminel est régi par les art. 458, 459 et 460, C. inst. crim.

162. — « Si dans le cours d'une instruction ou d'une procédure, porte l'art. 458, C. inst. crim., une pièce produite est arguée de faux par l'une des parties, elle sommera l'autre de déclarer si elle entend se servir de la pièce. »

163. — La disposition de l'art. 458, C. inst. crim., n'est pas applicable au faux principal. Ainsi le ministère public poursuivant d'office n'est pas tenu de sommer préalablement le prévenu de déclarer s'il entend se servir de la pièce incriminée. — *Cass.*, 20 juin 1817, Pastoret; 4 sept. 1835, Noblot; — Chauveau et Hélie, *Théorie du Code pén.*, t. 3, p. 423; Legraverend, t. 1er, p. 555.

164. — « La pièce sera rejetée du procès si la partie déclare qu'elle ne veut pas s'en servir, ou si, dans le délai de huit jours, elle ne fait aucune déclaration; et il sera passé outre à l'instruction et au jugement. — Si la partie déclare qu'elle entend se servir de la pièce, l'instruction sur le faux sera suivie incidemment devant la cour ou le tribunal saisi de l'affaire principale. » — Art. 459.

165. — Celui qui a commis un faux, soit par la

fabrication ou l'altération d'un acte, soit par l'usage qu'il en a fait sciemment, ne peut se mettre à l'abri des poursuites et de la peine, en déclarant, sur la sommation qui lui est faite, qu'il renonce à se servir de la pièce par lui produite. — *Cass.*, 28 oct. 1813, Champaud. — Jousse, *Justice crim.*, t. 2, p. 683, n° 72; Bourguignon, *Jurispr. crim.*, t. 2, p. 380, n° 3; Chauveau et Hélie, t. 3, p. 423; Teulet, *C. inst. crim.*, art. 459, n° 1er.

166. — Il en était ainsi sous l'ancien droit. Ainsi jugé par le parlement de Paris les 31 déc. 1680 et 12 août 1681, dans l'affaire du fameux Rollet, stigmatisé par Boileau, et par le parlement de Rouen, le 15 fév. 1751, dans l'affaire d'un sieur Leloup, prêtre. — Denizart, v° *Faux*, p. 406, 2e col., nos 14 et 15.

167. — Il ne suffisait pas non plus, pour empêcher une inscription de faux incident, qu'une partie convînt que la pièce était fausse, et consentît qu'on tirât de son aveu telle induction qu'on voudrait; mais il fallait qu'elle déclarât ne s'en pas vouloir servir. Ainsi jugé par le parlement de Paris le 2 juin 1731 et en 1703. — Denizart, v° *Faux*, n° 17.

168. — L'art. 460 du même Code porte : « Si la partie qui a argué de faux la pièce soutient que celui qui l'a produite est l'auteur ou le complice du faux, ou s'il résulte de la procédure que l'auteur ou le complice du faux soit vivant et la poursuite du crime non éteinte par la prescription, l'accusation sera suivie criminellement dans les formes ci-dessus prescrites par les art. 448 et suiv. du même Code. Si le procès est engagé au civil, il sera sursis au jugement jusqu'à ce qu'il ait été prononcé sur le faux. S'il s'agit de crimes, délits ou contraventions, la cour ou le tribunal saisi est tenu de décider préalablement, et après avoir entendu l'officier chargé du ministère public, s'il y a lieu ou non à surseoir. »

169. — Il ne faut pas induire de l'art. 460 que le tribunal puisse refuser arbitrairement le sursis. La loi a dû lui laisser l'appréciation des circonstances où l'exception de faux ne serait qu'un moyen dilatoire; mais il est incontestable que, quand l'inscription est sérieuse, le tribunal ne peut refuser le sursis. — *Cass.*, 1er oct. 1807, Wickmann; — Carnot, *Inst. crim.*, t. 3, p. 302, n° 2; Bourguignon, *Manuel*, t. 1er, p. 581, et *Jurisp.*, t. 2, p. 386, n° 1er.

170. — Les art. 458, 459 et 460 se bornent à prévoir le cas où une pièce serait arguée de faux dans le cours d'une procédure criminelle et à indiquer comment le faux incident doit être soulevé par le demandeur en faux; mais ils sont muets sur les actes et les formalités dont se doit composer l'instruction sur le faux qui, aux termes de l'art. 460, se déroule devant les juges saisis de l'affaire principale.

171. — On doit en conclure nécessairement que cette procédure est régie par le droit commun, c'est-à-dire par le Code de procédure civile. Les art. 214 à 251 de ce Code sont donc applicables à ce cas pour toutes les formalités sur lesquelles les art. 458, 459 et 460, C. inst. crim., ne s'expliquent pas. — Carnot, *C. d'instr. crim.*, sur l'art. 458, t. 3, p. 291; Legraverend, *Législ. crim.*, t. 1er, p. 589 et s.

172. — L'art. 459 n'accorde qu'un délai de huit jours au défendeur pour faire sa déclaration. Le jour de l'interpellation et celui de l'échéance ne sont pas comptés. Le délai doit être augmenté à raison de la distance, s'il y a lieu, conformément au Code de procédure civile. — Carnot, *loc. cit.*; Legraverend, t. 1er, p. 590.

173. — Et le délai de huitaine n'est pas prescrit à peine de déchéance absolue dans le cas de l'art. 459; seulement le tribunal ou la cour *peut* rejeter la pièce. — Carnot, t. 2, p. 496, n° 8; — Legraverend (t. 1er, p. 594) est d'avis contraire.

174. — Il pourrait arriver que, même devant la juridiction criminelle, les deux parties fussent assistées d'avoués; la sommation pourrait alors être faite par acte d'avoué, et le défendeur n'aurait pas pour répondre un délai augmenté à raison de la distance, la présence de son avoué sur les lieux rendant l'augmentation inutile. — Legraverend et Carnot, *loc. cit.*

175. — Du reste, à défaut de réponse dans le délai de huit jours, le rejet de la pièce n'a pas lieu de droit; il doit être requis et ordonné. — Arg. de l'art. 217, C. procéd.; — Bourguignon, *Jurispr. crim.*, t. 2, p. 378, n° 1er; Carnot, *Inst. crim.*, t. 3, p. 296, n° 3.

176. — Mais une fois le délai de huitaine expiré sans réponse, le droit de faire rejeter la pièce n'est-il pas acquis irrévocablement au demandeur? L'ordonnance de 1737 laissait la question indécise. — Carnot (*Inst. crim.*, t. 3, p. 296, n° 3) pense que le Code a rendu la déchéance absolue. — V. conf. Legraverend, t. 1er, p. 559; — *contrà* Bourguignon, *Inst. crim.*, t. 1er, p. 580, note *a*, et *Jurispr. crim.*, t. 2, p. 377, n° 1er.

177. — Il semble que le jugement qui ordonne le rejet de la pièce conformément au susdit art. 459 peut être frappé d'opposition s'il est par défaut, ou d'appel s'il est en premier ressort. Tel est l'avis de Carnot (t. 2, p. 197, n° 4) et de Bourguignon (*Jurispr. crim.*, t. 2, p. 378, n° 1er); cependant Legraverend (t. 1er, p. 594) pense que ce jugement est irrévocable, et que lorsqu'il a été rendu il faut passer outre immédiatement à l'instruction du fond. Il se fonde sur ce que les tribunaux de répression ont toujours le droit de surseoir ou de refuser le sursis, lorsque devant eux une pièce est arguée de faux.

178. — L'inscription de faux étant une exception à l'action qui naît du procès-verbal, c'est au tribunal saisi de la contravention ou du délit qu'il appartient de décider si les faits et moyens de faux sont pertinens et admissibles. — *Cass.*, 24 mars 1809, Mahoudeau.

179. — Quand une inscription de faux est formée devant un tribunal criminel conformément aux art. 459 et 460, C. inst. crim., contre une pièce dont l'auteur est vivant, il est de jurisprudence que les juges doivent surseoir au jugement du procès et envoyer à instruire sur le faux devant la juridiction criminelle compétente. — Chauveau sur Carré, t. 2, quest. 940 *ter*; Merlin, *Quest. de droit*, v° *Inscription de faux*, § 11 et 12; *Rép.*, *eodem*, 37.

180. — La cour de Cassation a jugé en effet à plusieurs reprises que lorsque devant un tribunal correctionnel une inscription de faux est formée contre un acte, les juges ne peuvent ordonner l'instruction du faux incident qu'autant que l'auteur de l'acte argué est décédé ou inconnu ou couvert par la prescription, que dans les autres cas ils ne peuvent, sans violer les règles de la compétence, procéder à l'instruction sur les faits articulés. — *Cass.*, 26 mars 1808, Forêts c. Legris; 11 nov. 1808, Collet; 6 janv. 1809, Droits réunis c. Ledru; 19 janv. 1809, Droits réunis c. Berclarr; 19 août 1822, Douanes c. Ouimus.

181. — ... Et que lorsque le rédacteur de l'acte argué de faux est décédé, ce fait doit être déclaré par le tribunal. — Mêmes arrêts.

182. — ... Qu'ainsi le tribunal correctionnel qui déclare les moyens de faux pertinens et admissibles sans déclarer en même temps que les rédacteurs du procès-verbal sont décédés excède ses pouvoirs en ordonnant qu'il sera procédé pardevant lui à l'examen de l'inscription de faux; qu'il est tenu de surseoir jusqu'à ce qu'il ait été procédé conformément à l'art. 460, C. inst. crim. — *Cass.*, 26 mars 1818, forêts c. Alexis Legrix; 6 avr. 1821, contr. indir. c. Jean-Pierre Duserry; 5 nov. 1835, Campi; — Merlin, *Rép.*, v° *Inscription de faux*, § 7, n° 1er-4°; Legraverend, t. 1er, p. 562; Bourguignon, *Jurispr. crim.*, t. 2, p. 373, n° 1er; Carnot, art. 460, *C. inst. crim.*, t. 3, p. 30.

183. — Il y aurait également excès de pouvoir si un tribunal correctionnel s'était fondé sur ce que les employés rédacteurs du procès-verbal auraient agi par méprise et sans intention de nuire; ce droit n'appartient qu'à la chambre du conseil. — *Cass.*, 31 janv. 1823, Puech.

184. — Les tribunaux militaires et ceux de police paraissent être incompétens par la nature de leurs fonctions pour ordonner une instruction sur un faux incident. — Legraverend, t. 1er, p. 594.

185. — Néanmoins Carnot (t. 2, p. 298, n° 2) enseigne l'opinion contraire, et, pour justifier la compétence de ces juridictions, il fait observer que, puisqu'il y a un ministère public près d'elles, rien ne saurait s'opposer à ce que l'instruction sur le faux incident soit suivie devant elles.

186. — Les juges de paix et les tribunaux de commerce ne peuvent ordonner une instruction de faux incident; c'est ce qui résulte des art. 14 et 407, C. procéd.

187. — L'art. 14, se référant à la procédure qui doit avoir lieu devant les juges de paix, porte : « Lorsqu'une des parties déclarera vouloir s'inscrire en faux, déniera l'écriture, ou déclarera ne pas la reconnaître, le juge lui en donnera acte; il paraphera la pièce et renverra la cause devant les juges qui doivent en connaître. — Relativement aux fonctions du juge de paix, lorsqu'une inscription de faux est formée en matière de douanes, V. DOUANES.

188. — Quant aux tribunaux de commerce, l'art. 427, C. procéd., est ainsi conçu : « Si une pièce produite est inconnue, déniée ou arguée de faux, et que la partie persiste à s'en servir, le tribunal renverra devant les juges qui doivent en connaître, et il sera sursis au jugement de la demande principale. Néanmoins, si la pièce n'est relative qu'à un des chefs de la demande, il pourra être passé outre au jugement des autres chefs. »

189. — Jugé, par application de l'art. 417, que les tribunaux de commerce ne sont pas tenus de surseoir au jugement du fond jusqu'à ce qu'il ait été préalablement procédé pardevant les juges compétens à la vérification des écritures déniées au jugement sur le faux dont elles sont arguées, lorsque le fond peut être jugé indépendamment de ces incidens. — *Cass.*, 18 août 1806, Térel c. Noyée.

190. — Il suffit qu'une lettre de change dont on demande le paiement soit arguée de faux et que le porteur persiste à requérir condamnation pour que le tribunal de commerce doive surseoir à statuer, et renvoyer les parties devant les juges compétens, sans examiner si les reproches faits au titre sont de nature à motiver ce renvoi. — *Cass.*, 1er avr. 1829, Pillé-Divernois c. Renaud; 28 août 1827, Boutory c. Mayor; — Bioche, *Dict. de procéd.*, v° *Faux incident*, n° 18.

191. — Lorsque des lettres de change ont été souscrites en renouvellement d'un *bon* contre la signature duquel le souscripteur s'inscrit en faux, il y a lieu, en cas de poursuites exercées par le bénéficiaire des lettres de change, qui n'était que tiers porteur du bon, d'accorder un délai pour être statué sur l'inscription de faux. — *Riom*, 13 juill. 1844 (t. 1er 1845, p. 89), De Lamothe c. Blanc et Lacombe.

192. — Du reste, il ne suffit pas, devant le tribunal de commerce, d'arguer le faux sans en fournir la preuve pour être renvoyé à fins civiles. — *Orléans*, 10 fév. 1809, Beaumarié c. Gombault. — La loi suppose nécessairement que le moyen de faux prétendu devant le tribunal de commerce aurait un caractère sérieux.

193. — Ainsi, lorsque la dénégation du débiteur d'une lettre de change et même la déclaration de vouloir s'inscrire en faux n'ont évidemment pour but que d'éluder ou de différer le paiement de cette lettre, les tribunaux de commerce peuvent néanmoins passer outre à la condamnation. Il n'y a nécessité de suspendre les poursuites qu'autant qu'on justifie d'une inscription légalement formée. — *Paris*, 9 août 1809, Chomel c. Savoyer; *Cass.*, 2 fév. 1836, Thierrée c. Allard et Hartmann.

194. — L'inscription de faux incident contre la date de l'endossement d'un billet à ordre ne peut faire suspendre la condamnation au paiement de ce billet. — *Florence*, 30 août 1810, Bojetto c. Adami.

195. — Le tribunal de commerce devant lequel une pièce produite est arguée de faux peut, en renvoyant les parties devant les juges compétens, ordonner provisoirement le dépôt de la pièce au greffe. — *Cass.*, 1er avr. 1829, Pillé-Divernois c. Renaud.

196. — M. Pardessus (*Cours de droit comm.*, t. 5, n° 1373) pense que si, devant un tribunal de commerce, une inscription de faux était faite par une partie simplement appelée en garantie, telle qu'un donneur d'aval, le tribunal devrait, sans surseoir, procéder au jugement de l'affaire principale.

197. — Du reste, la déclaration en inscription de faux faite par le défendeur devant un tribunal de commerce, et qui a eu l'effet de dessaisir ce tribunal avant l'examen de la cause au fond, rend le défendeur non-recevable à invoquer ultérieurement l'incompétence (*ratione personæ*) de ce tribunal. — *Paris*, 28 fév. 1812, Bistolli c. Pericolli.

198. — C'est à tort que la cour de Rouen a jugé que l'inscription de faux formée devant un tribunal de commerce, et portée par suite devant le tribunal civil, doit être instruite sommairement. — *Rouen*, 6 mars 1811, Delarue c. Peton. — La procédure spéciale aux affaires sommaires est en effet incompatible avec les formalités tracées par le Code de procédure pour le faux incident. — Bioche, n° 25.

199. — L'instance dans laquelle il est fait une inscription de faux peut être pendante devant un tribunal civil, faisant fonctions de tribunal de commerce. Dans ce cas, le tribunal doit également se dessaisir et renvoyer l'affaire devant lui-même en audience ordinaire, et alors les formalités exigées dans ces sortes d'incidens devraient être remplies de la même manière que si, par suite d'un renvoi, le tribunal civil en avait été saisi. — Pardessus, t. 5, n° 1373; Bioche, n° 17.

200. — Aux termes de l'art. 1015, C. procéd., lorsqu'il est formé une inscription de faux, même purement civile, dans une contestation soumise à des arbitres, ceux-ci doivent délaisser les parties à se pourvoir, et les délais de l'arbitrage continuent à courir du jour du jugement de l'incident.

201. — Lorsque, devant le bureau général des prud'hommes, l'une des parties déclare vouloir s'inscrire en faux, le président lui en donne acte, paraphe la pièce et renvoie la cause devant les ju-

ges compétens. — Décret du 11 juin 1809, art. 17; Bioche, n° 20.

202.— L'inscription de faux en matière de douanes et de contributions indirectes est encore actuellement régie par la loi du 9 flor. an VII, tit. 4, et le décret du 1er germ. an XIII; les codes de procédure et d'instruction criminelle n'y ont point dérogé. — Avis cons. d'état. — V. CONTRIBUTIONS INDIRECTES, DOUANES.— V. aussi pour l'inscription de faux en matière d'octroi et en matière forestière, OCTROI, FORÊTS.

203. — L'inscription de faux devant le conseil d'état est régie par l'art. 20 de la loi du 22 juill. 1806, organique de ce conseil. — Bioche, n° 23.

204. — Suivant M. Bioche (n° 23), lorsque le renvoi a été prononcé, la partie qui veut s'inscrire en faux doit, sans préliminaire de conciliation, assigner le défendeur en faux, suivant la forme ordinaire, pour voir dire qu'il sera tenu de déclarer dans le délai fixé par la loi, lequel courra du jour de l'échéance de l'assignation, s'il entend ou non se servir de la pièce, sinon voir ordonner que la pièce maintenue fausse sera rejetée du procès.

205. —Dans les divers cas où une juridiction exceptionnelle, saisie de l'affaire principale, est tenue d'ordonner le renvoi du faux incident, la compétence pour connaître de la procédure de faux appartient au tribunal civil du domicile du défendeur à l'action principale; car c'est ce tribunal qui aurait été compétent pour statuer sur cette action principale en droit commun et qui dès-lors aurait connu de l'incident. — Bioche, n° 21.

CHAPITRE V. — *Procédure.*

206. — La procédure à suivre sur le faux incident se divise en trois parties ou degrés distincts qui chacun se termine par un jugement spécial et séparé. — Le premier admet ou rejette l'inscription de faux, le second statue sur les marques de faux, le dernier enfin juge le faux.

207.—Jugé que ces trois degrés doivent être successivement parcourus pour arriver à l'apurement du faux et que les juges ne peuvent ni les intervertir ni les confondre.—*Rennes*, 4 mai 1812, Coudelot c. Billet et Gignet; *Riom*, 24 juill. 1826, Benoît c. Vedeux.

208.—Spécialement, qu'un tribunal ne peut statuer par un même jugement sur l'admission de l'inscription de faux et sur le mérite des moyens de faux présentés prématurément.—Mêmes arrêts.— Le contraire a cependant été jugé, mais à tort, par la cour de Colmar, par arrêt du 3 fév. 1831, Kuentz c. de Sausay et Vallerot.

Sect. 1re. — *Sommation préalable: déclaration relative à l'usage de la pièce; inscription, jugement sur l'inscription.*

§ 1er. — *Sommation préalable.*

209.—« Celui qui veut s'inscrire en faux est tenu préalablement de sommer l'autre partie, par acte d'avoué à avoué, de déclarer si elle veut ou non se servir de la pièce, avec déclaration que dans le cas où elle s'en servirait il s'inscrira en faux. » — Art. 215.

210. — L'art. 215 présente deux innovations relativement à l'ordonnance de 1667, art. 3, qui réglait auparavant cette partie de la procédure et d'après lequel la sommation ne pouvait être faite qu'en vertu de l'autorisation du magistrat, et le demandeur devait consigner préalablement une amende dont la quittance devait être jointe à la requête présentée au juge. — Le Code n'a pas cru nécessaire d'exiger la permission de justice pour une sommation qui est faite à une époque où l'intérêt du demandeur n'est pas encore certain, la partie adverse n'ayant encore fait aucune déclaration. En outre, il n'impose de consignation d'amende qu'au défendeur qui succombe. — Carré, *Lois de la procéd.* sur l'art. 215, quest. 873.

211. — Il n'est pas nécessaire que la sommation prescrite par l'art. 215 porte la signature de celui à la requête duquel elle est signifiée. Seulement, l'avoué qui fait faire la signification doit avoir soin de se faire donner préalablement un pouvoir spécial à cet effet pour éviter un désaveu.—Thomine, t. 1er, p. 388; Carré et Chauveau, t. 2, quest. 870; Favard, t. 2, p. 560.

212. — Lorsque, en première instance, une partie a fait sommation à l'autre de déclarer si elle entendait se servir d'un acte par elle produit, et que, sur la réponse affirmative de celle-ci, elle ne s'est point inscrite en faux, on doit considérer comme frustratoire toute sommation nouvelle faite par elle en appel; et malgré le silence du défendeur, il y a lieu de passer outre au jugement du fond, s'il n'est point survenu d'inscription de faux. — *Cass.*, 13 avril 1844, Deroy.

§ 2. — *Déclaration relative à l'usage de la pièce.*

213. — « Dans les huit jours (de la sommation prescrite par l'art. 215), la partie sommée doit faire signifier, par acte d'avoué, sa déclaration, signée d'elle, ou du porteur de sa procuration spéciale et authentique, dont copie sera donnée, si elle entend ou non se servir de la pièce arguée de faux. » (Art. 216.)

214. — La déclaration ou réponse de la partie sommée a une grande importance, puisqu'elle établit le lien judiciaire entre elle et la partie adverse; aussi cette déclaration doit-elle être signée par celui qui la fait ou par son fondé de pouvoir spécial. Cette formalité était également de rigueur sous l'empire de l'ordonnance 1737. — *Bordeaux*, 9 janv. 1829, Piat de Villeneuve c. Wirtz; — Carré, sur l'art. 216, quest. 871.

215. — Carré (*Lois de la procéd.* sur l'art. 216, quest. 871) estime que le défendeur à une sommation à fin de faux incident faite dans le cours d'un délibéré sans rapport, peut déclarer qu'il refuse de répondre à la sommation, attendu qu'elle est tardive, et que le tribunal, dans le cas où le demandeur poursuivrait l'audience, doit déclarer la sommation non avenue, et passer outre à la prononciation du jugement. Il se fonde sur ce que le délibéré sans rapport a terminé l'instruction, à la différence des délibérés avec rapport, qui n'ont pas pour effet de mettre fin à la procédure.

216.—Jugé également qu'en matière sommaire, l'inscription de faux ne peut être prise après la position des qualités.—*Rouen*, 9 nov. 1826, de Maupou c. Enne.

217.—De même, l'inscription de faux n'est plus admissible après les conclusions du ministère public.—Berriat, p. 270, note 14; Bioche, n° 62.

218. — Si, depuis la sommation faite au créancier de déclarer s'il entend se servir d'un acte argué de faux, il y a eu cession de créance, la déclaration qu'on entend s'en servir peut être faite par le cessionnaire.—*Cass.*, 8 mars 1832, Midoux c. Picot. — Chauveau sur Carré, t. 2, quest. 879 *bis*.

219. — Le délai de huitaine, fixé par l'art. 216, n'est pas franc; mais il doit être augmenté, s'il y a lieu, à raison des délais de distance. En effet, lorsque l'assistance et la détermination de la partie sont nécessaires, la partie, qui n'a pu prévoir dès l'entrée de la cause le cas qui nécessiterait cette assistance, n'a pu donner, conséquemment, un pouvoir spécial; le délai doit donc être augmenté. —Pigeau, *Comm.*, t. 1er, p. 454; Carré et Chauveau, t. 1er, quest. 872; Thomine, t. 1er, p. 389; *Contrà*, Favard, t. 2, p. 560.

220. — La jurisprudence a consacré cette solution. Ainsi jugé que le délai de huitaine accordé par l'art. 216, C. procéd., à l'effet de déclarer si l'on entend se servir ou non d'une pièce arguée de faux, doit être augmenté d'un jour par trois myriamètres à raison de la distance du domicile de la partie au domicile de son avoué. — *Bordeaux*, 9 août 1828, Piat de Villeneuve c. Wirtz; *Grenoble*, 28 août 1821, Richon, c. Jaladon; *Besançon*, 3 août 1825, N... c. N...

221.—L'art. 10, tit. 2 de l'ordonn. de 1737, en accordant un délai semblable au défendeur, avait même égard à la difficulté des chemins.— Bioche, n° 73.

222.—Sous l'empire de l'ordonnance de 1737, il s'était élevé une controverse sur le point de savoir si le délai donné au défendeur, pour déclarer s'il entendait ou non se servir de la pièce, devait être observé à peine de déchéance. Cette question avait été résolue définitivement par l'affirmative.—V. *Cass.*, 5 avr. 1813, Piché c. Romain; *Rouen*, 3 fruct. an XI, Désiré c. Paris.

223.—La solution contraire a prévalu depuis le Code de procédure, et il est de jurisprudence que le délai donné par l'art. 216 n'est pas prescrit à peine de déchéance, et que le défendeur peut valablement signifier sa déclaration jusqu'au jugement par lequel le tribunal aurait rejeté la pièce comme fausse. — *Cass.*, 8 août 1837 (t. 2 1837, p. 298), Adam c. Blaise; 14 août 1838 (t. 2 1838, p. 384), Biron c. Plinguet; 21 juin 1842 (t. 2 1842, p. 293), Rougagnon c. Niel; *Rouen*, 24 août 1816, Morel c. Postel; *Bordeaux*, 31 déc. 1823, Albert c. Molhard; *Rouen*, 5 déc. 1829, Coignard c. Clavelon; *Nîmes*, 20 mai 1829, Michel c. Rochette et Lavié; *Colmar*, 4 août 1833, Klenck c. Wacker.

224.— Cependant un arrêt de la cour de Rennes (9 août 1809, N... c. N...) et un autre de la cour de Nîmes (11 mars 1819, Bialès c. Plindoux) paraissent juger que la déchéance serait encourue, si la déclaration était faite postérieurement à la demande en rejet de la pièce portée à l'audience par la partie adverse; mais cette restriction semble arbitraire, et elle est repoussée par les auteurs. — V. Boncenne, t. 4, p. 60 à 70; Carré et Chauveau, t. 2, quest. 870; Merlin, v° *Inscription de faux*; — MM. Thomine (t. 1er, p. 454) et Pigeau (*Comm.*, t. 1er, p. 454), sont, au contraire, d'avis que le délai de l'art. 216 est fatal.

225. — Il résulte également de la jurisprudence sur ce point que le tribunal peut proroger le délai pour faire la déclaration. On reconnaissait également ce droit aux tribunaux sous l'empire de l'ordonnance de 1737.— Serpillon, sur l'art. 10 du tit. 2; Bioche, n° 76.

226.—Jugé dans ce sens que l'intimé qui propose des fins de non-recevoir contre l'appel ne peut être obligé de répondre dans la huitaine à la sommation qui lui aurait été faite de déclarer s'il entend se servir de la pièce arguée de faux; il doit obtenir un nouveau délai.—*Angers*, 21 janv. 1809, Goussault c. Lafosse; — Favard, t. 2, p. 560; Carré et Chauveau, t. 3, quest. 874; Thomine, t. 1er, p. 389.

227.—La déclaration doit être telle que l'exigeait l'art. 11 du tit. 2 de l'ordonn. de 1737, c'est-à-dire précise, autrement dite formelle, claire, sans équivoque, réserve ni condition, en un mot par oui ou par non.—Serpillon, sur cet article, p. 169; Boncenne, t. 4, p. 76; Carré et Chauveau, t. 2, quest. 875; Bioche, n° 69.

228.—Jugé cependant, avec raison, qu'est régulière la déclaration faite par le défendeur à l'inscription de faux qu'il entend se servir de la pièce, arguée de faux, tant qu'on ne lui en aura pas démontré la fausseté, lorsqu'il lui aura été impossible de savoir lui-même si elle n'est pas sincère.— *Rouen*, 5 déc. 1829, Coignard c. Cavelan.

229.— La déclaration que l'on entend en tel sens une énonciation insérée dans une pièce, mais sans ajouter que l'on veut se servir de cette pièce, suffit pour remplir le vœu de l'art. 216, C. procéd.—*Rennes*, 17 av. 1818, N... c. N...; — Carré et Chauveau, t. 2, quest. 880; Bioche, n° 69.

230.—Si la partie déclare qu'elle entend se servir de la pièce produite, nonobstant la menace d'inscription de faux qui lui est faite, l'inscription est faite, et il est procédé selon les prescriptions des art. 218 et suiv.

231. — Mais lorsque au contraire elle a déclaré qu'elle n'entendait pas se servir de cette pièce, elle est censée avoir reconnu que la pièce est fausse ou tout au moins qu'elle est inutile, et dès cet instant le contrat judiciaire est formé à cet égard. Aussi ne devrait-on avoir aucun égard à une rétractation qu'elle ferait ensuite de la volonté par elle exprimée. — Favard, t. 2, p. 560; Carré et Chauveau, t. 2, quest. 876; Thomine, t. 1er, p. 390; Delaporte, t. 1er, p. 217; les auteurs du *Comment.* inséré aux *Annales du notariat*, t. 2, p. 19 et 20.

232. — Ce principe était également reçu par les commentateurs de l'ordonnance de 1737. — Jousse, notes sur cette ord., et à la suite de son *Comment.* de celle de 1670, Serpillon sur l'art. 14, p. 179.

233. — Mais la rétractation serait valable si l'auteur ne l'avait faite que par erreur ou par l'effet de menaces ou de manœuvres frauduleuses. — C'est ce qu'enseignait Duparc-Poullain dans ses *Principes de droit*, t. 12, p. 687, n° 64.

234.— Au contraire la déclaration par le défendeur qu'il entend faire usage de la pièce pourrait être rétractée; car on peut toujours renoncer à un moyen dont on s'est prévalu dans une instance. — Thomine, t. 1er, p. 389; Carré et Chauveau, t. 2, quest. 877; Favard, t. 2, p. 560. — Tel était aussi l'avis des commentateurs de l'ordonnance de 1737; mais plusieurs arrêts avaient jugé le contraire.

235. — La signature de la déclaration par la partie qui la fait signifier ou par son fondé de pouvoir est indispensable à tel point qu'on ne devrait pas s'arrêter à cette pièce, si cette condition n'était pas remplie. — *Bordeaux*, 9 janv. 1829, Piat de Villeneuve c. Wirtz.

236.— Dans le cas où la sommation à fin d'avoir à déclarer si l'on entend ou non se servir de pièces arguées de faux est faite à une maison de commerce plaidant sous une raison sociale, la réponse à cette sommation est valablement signée du nom de la raison sociale; elle n'a pas besoin d'être revêtue de la signature individuelle de chacun des associés. — *Montpellier*, 2 déc. 1834, Dalbis et Liquier c. Mazarin.

237. — Carré (sur l'art. 226, quest. 879) pense que si le pouvoir en vertu duquel un mandataire agit en justice est argué de faux, c'est le mandataire qui devient partie principale, et que dès-lors c'est lui qui doit soutenir la validité du mandat qu'il a reçu; car c'est lui qu'on soupçonne d'avoir commis le faux.

FAUX INCIDENT, ch. 5, sect. 1re.

238. — M. Chauveau sur Carré (*loc. cit.*) croit au contraire qu'on simplifierait la procédure dans ce cas en décidant que le mandant doit figurer dans l'instance et s'expliquer directement sur le fait du pouvoir qu'il a pu donner. « Qu'arrivera-t-il en effet, dit-il, si au lieu de demander au porteur du pouvoir la déclaration de l'art. 216, on s'adresse directement à celui auquel est attribué le pouvoir qu'on argue de faux? Ou celui-ci répondra en déclarant que ce pouvoir est réellement émané de lui, et alors quelle nécessité d'en prouver la fausseté? Cette déclaration ne serait-elle pas au besoin une notification? Ou bien il répondra qu'il n'a pas donné de pouvoir, et l'instance formée par le prétendu mandataire sera éteinte par cela même sans qu'il soit besoin de faire déclarer le faux. »

239. — Lorsqu'une partie sommée de déclarer si elle entend se servir d'une pièce contre laquelle sa partie adverse annonce vouloir s'inscrire en faux a répondu affirmativement, le lendemain même de la sommation, les juges peuvent sans violer aucune loi refuser de surseoir au jugement de la cause jusque après le délai de huitaine que l'art. 216, C. procéd., accorde à la partie sommée pour faire signifier sa déclaration. — *Cass.*, 13 (et non 12) mai 1829, Cotton c. Gigouley.

240. — Il n'y a pas lieu de statuer sur les fins de non-recevoir que pourrait proposer la partie sommée contre la demande en inscription de faux, tant qu'elle n'a pas fait une déclaration régulière qu'elle entendait se servir de la pièce arguée de faux. — *Bordeaux*, 9 janv. 1829, Piat de Villeneuve c. Wirtz.

241. — « Si le défendeur à cette sommation ne fait cette déclaration, ou s'il déclare qu'il ne veut pas se servir de la pièce, le demandeur peut se pourvoir à l'audience sur un simple acte pour faire ordonner que la pièce maintenue fausse sera rejetée par rapport au défendeur, sauf au demandeur à en tirer telles inductions ou conséquences qu'il jugera à propos ou à former telles demandes qu'il avisera pour ses dommages-intérêts. » — Art. 217.

242. — Le simple acte par lequel le demandeur se pourvoit à l'audience en vertu de cet article doit être libellé. — Chauveau, *Comment. du tarif*, t. 1er, p. 269.

243. — Le demandeur pourra obtenir des dommages-intérêts contre le défendeur dans le cas prévu par l'art. 217, si par exemple la production de la pièce a fait tort à son crédit, à sa réputation ou a prolongé l'instance. — Boncenne, t. 4, p. 73; Bioche, n° 81.

244. — La cour de Riom avait jugé d'abord que les dispositions des art. 215, 216 et 217, C. procéd., sont applicables au cas où l'un des époux attaque, par la voie d'inscription de faux incident, l'acte civil du mariage; qu'en conséquence si l'époux défendeur garde le silence, les juges doivent ordonner le rejet de la pièce comme fausse alors même que le ministère public déclare s'y opposer. — *Riom*, 3 juill. 1826, Beaudoux.

245. — Mais abandonnant cette doctrine, la même cour a jugé depuis par deux autres arrêts que les art. 215 et 217, C. procéd., ne sont pas applicables au cas où l'un des époux attaque par la voie d'inscription de faux incident l'acte civil du mariage; qu'en conséquence si, sur la sommation qui lui est faite, l'époux défendeur à la demande en nullité déclare qu'il ne veut pas se servir de l'acte ou garde le silence, les juges ne doivent pas par cela seul rejeter la pièce comme fausse. — *Riom*, 16 juin 1828, Daurat c. Breuil; 2 fév. 1829, Charasse c. Mazioux.

246. — C'est évidemment, cette dernière doctrine qui seule peut être suivie. S'il suffisait, en effet, qu'un des époux déclarât sur la sommation à fin de faux incident signifiée par l'autre qu'il n'entend pas se servir de l'acte de mariage pour que cet acte fût rejeté de la cause, on arriverait aux résultats les plus étranges et les plus scandaleux, puisque par l'effet d'une collusion entre les époux le lien conjugal se trouverait brisé, ce qu'à coup sûr le législateur n'a pu permettre. « Ce serait, comme le dit la cour de Riom, admettre indirectement un divorce par consentement mutuel. » — Chauveau sur Carré, t. 2, quest. 880 *bis*.

247. — Le ministère public doit être entendu avant le jugement qui admet ou rejette l'inscription de faux, de même qu'il doit l'être avant tous les autres jugemens qu'il y a lieu de rendre en cette matière. — C. procéd., art. 251.

248. — Lorsque l'affaire principale est en état, le tribunal peut, par un seul et même jugement, ordonner le rejet de la pièce arguée de faux et statuer au fond. Si l'affaire n'était pas en état, le tribunal devrait surseoir après le jugement par lequel il statuerait isolément sur le rejet de la pièce. Ce jugement peut être susceptible d'appel, et alors il faudrait attendre avant de juger le fond qu'il eût été rendu une décision sur l'appel. — Carré et Chauveau, t. 2, quest. 882; Pigeau, *Procéd. civ.*, part. 2e, tit. 3, chap. 1er, art. 3, n° 2.

249. — Berriat Saint-Prix (p. 36, note 4e) et Pigeau (*loc. cit.*, art. 4, n° 1er) pensent que le jugement sur l'inscription est en premier ou en dernier ressort, selon le taux de la demande principale. Pigeau ajoute qu'il faut consulter le montant de l'acte argué. — *Caen*, 14 déc. 1821, Lemaître c. N...

§ 3. — *Inscription de faux, jugement sur l'inscription.*

250. — « Si le défendeur déclare qu'il veut se servir de la pièce, le demandeur déclarera par acte au greffe, signé de lui ou de son fondé de pouvoir spécial et authentique, qu'il entend s'inscrire en faux; il poursuivra l'audience sur un simple acte, à l'effet de faire admettre l'inscription, et de faire nommer le commissaire devant lequel elle sera poursuivie. » — Art. 218.

251. — « Aussitôt que le défendeur a déclaré vouloir se servir de la pièce arguée de faux, dit Carré (sur l'art. 218, quest. 876), le demandeur peut se retirer au greffe pour y passer la déclaration que l'on nomme inscription de faux; cet acte est dressé par le greffier sur la comparution en personne du demandeur ou de son fondé de pouvoir spécial et authentique. L'un ou l'autre, après avoir fait dresser le procès-verbal sous l'assistance de l'avoué (*Tarif*, art. 92), le signe avec ce dernier et le greffier. L'inscription étant ainsi formulée, il reste à la faire admettre par le tribunal, et à cet effet l'avoué du demandeur poursuit l'audience où le débat s'engage sur la question de savoir s'il échet d'admettre l'inscription de faux; le ministère public est entendu dans ses conclusions et le tribunal prononce. S'il rejette l'inscription, la procédure sur l'action principale reprend son cours; s'il l'admet, le tribunal nomme par le même jugement le commissaire devant lequel l'instruction sur l'incident de faux sera poursuivie. »

252. — On ne peut s'inscrire en faux contre un acte conditionnellement et subsidiairement. Une pareille déclaration doit être pure et simple. — *Rennes*, 14 août 1823, Lhermite c. Henri.

253. — Aucun délai n'est fixé par l'art. 218 pour la déclaration au greffe par le demandeur qui s'inscrit en faux. S'il ne faisait pas l'acte d'inscription, le défendeur pourrait poursuivre l'audience pour faire rejeter l'acte argué et provoquer un jugement sur le fond. — Carré et Chauveau, t. 2, quest. 884; Thomine, t. 1er, p. 391.

254. — Jugé, en effet, que lorsque le défendeur a répondu affirmativement à la sommation du demandeur, si celui-ci, au lieu de faire la déclaration prescrite par l'art. 218, C. procéd., se pourvoit au principal, il est réputé avoir abandonné l'instance en faux incident. — *Rennes*, 9 août 1809, N....

255. — Décidé de même que la partie qui, après avoir sommé son adversaire de déclarer s'il entend se servir d'une pièce, se borne, à l'audience, à demander le rejet de cette pièce, sans s'inscrire en faux, ne peut se plaindre de ce que l'arrêt qui repousse sa demande en rejet a statué en même temps sur le fond et l'a ainsi privée de la faculté de former son inscription. — *Cass.*, 21 juin 1842 (t. 2 1842, p. 293), Rougagnon c. Niel.

256. — Jugé qu'est nulle l'inscription de faux faite en personne par un individu ne sachant pas signer, encore qu'il ait été assisté de son avoué, et que celui-ci ait signé l'acte, si cet officier ministériel n'était pas porteur d'un pouvoir spécial. — *Bourges*, 28 déc. 1839 (t. 1er 1842, p. 225), Chaumery c. Daguin.

257. — La cour de Toulouse a décidé au contraire que l'art. 218, C. procéd., suivant lequel le demandeur en inscription de faux qui fait faire sa déclaration par un fondé de pouvoir, doit donner un pouvoir spécial authentique, n'est pas prescrit peine de nullité; et qu'à supposer qu'il le fût, un avoué n'aurait pas besoin d'un tel pouvoir pour signer la déclaration d'inscription de faux. — *Toulouse*, 2 mai 1827, Cuzard c. Gayral; — Favard, t. 2, p. 560, et le *Prat. franç.*, t. 2, p. 116. — M. Chauveau sur Carré (t. 2, quest. 885) est d'avis que l'avoué ne peut se passer d'un pouvoir spécial.

258. — Si la partie qui s'inscrit en faux ou son fondé de pouvoir ne savait pas signer, le greffier ne pourrait suppléer à l'absence de signature par sa propre déclaration. En effet, les greffiers ne répondent pas comme les notaires de l'identité des personnes qui passent acte devant eux, et, dès-lors, leur attestation à cet égard ne pourrait offrir les mêmes garanties qu'une attestation semblable faite par ces officiers publics. Tel est l'avis de MM. Thomine (t. 1er, p. 391); Carré et Chauveau (t. 2, quest. 886); Pigeau (*Comm.*, t. 1er, p. 455); Bioche (n° 88).

259. — Il est bon d'annexer la procuration à l'acte d'inscription, lorsqu'il y a eu un mandataire constitué. Le greffier pourrait l'exiger pour sa garantie sans que, du reste, le défaut d'annexe de cette pièce puisse entraîner la nullité de l'inscription. — Thomine, t. 1er, p. 391; Carré et Chauveau, t. 2, quest. 887.

260. — Si l'acte d'inscription était irrégulier par inobservation des formes prescrites par l'art. 218, le défendeur à l'incident pourrait se pourvoir à l'audience pour faire juger l'affaire principale immédiatement. — Thomine, t. 1er, p. 391; Favard, t. 2, p. 560; Carré et Chauveau, t. 2, quest. 888. — On procédait de même sous l'empire de l'art. 15, tit. 2 de l'ord. 1737. — V. Serpillon, sur cet article.

261. — Serpillon, sur le même article 15, enseignait que lorsque plusieurs demandeurs se présentaient au greffe pour faire dresser l'acte d'inscription, il ne devait être passé qu'un seul acte pour tous. Il n'est pas douteux que cette opinion ne doive encore être suivie actuellement. — Carré, quest. 889.

262. — La partie qui s'est inscrite en faux pourrait renoncer à son inscription au greffe, et se contenter ensuite de déclarer qu'elle ne reconnaît pas ou qu'elle dénie la signature qui lui est opposée. En effet, l'acte d'inscription n'établit par lui-même aucun contrat judiciaire, et l'on peut s'en désister comme de tout autre acte de procédure. — Carré et Chauveau, quest. 883.

263. — En admettant l'inscription de faux, le tribunal ordonne qu'il sera sursis au jugement du fond jusqu'à la fin de la procédure incidente de faux.

264. — Mais un tribunal n'est pas tenu de surseoir au jugement du fond d'une affaire par cela qu'une des parties aurait menacé de s'inscrire en faux contre une pièce du procès, alors que cette menace ne s'est pas réalisée avant le jugement. — *Cass.*, 14 août 1832, Bohin c. Peugeot.

265. — Le tribunal devant lequel une partie déclare *qu'elle s'inscrira en faux contre un acte, si son adversaire répond qu'il veut s'en servir*, peut ne voir *qu'une simple réserve* dans cette déclaration, et, sans y avoir égard, statuer sur le fond de la contestation. — *Cass.*, 17 nov. 1830, Gilmaire c. Pinson.

266. — Jugé de même que la simple déclaration qu'on entend s'inscrire en faux ne peut suspendre l'instruction d'une cause. — *Cass.*, 13 vendém. an X, Lebret c. Mony.

267. — Mais jugé qu'une inscription en faux incident ne peut suspendre l'adjudication définitive de l'immeuble saisi immobilièrement. — *Cass.*, 1er déc. 1813, Ponte de Lombriasco c. Rosano.

268. — De même que les juges ont le droit de rejeter *de plano* une pièce du débat comme fausse, sans même qu'elle ait été arguée de faux, ils ont aussi celui de rejeter l'inscription de faux lorsqu'elle a été formée. La loi leur laisse aussi, sous ce second rapport, une liberté entière d'appréciation. — Pigeau, *Comment.*, t. 1er, p. 156; Carré et Chauveau, quest. 890.

269. — La jurisprudence s'est prononcée dans ce sens par un grand nombre de décisions — *Grenoble*, 7 juill. 1810, Claire c. Borel; 22 janv. 1810, Don c. Magnan; *Cass.*, 8 mai 1827, Branlard c. Berthéault; 25 juill. 1827, Hennequin c. Callot; 6 déc. 1827, Beauval c. Hébert; 15 fév. 1830, Pinchon c. Olet; 19 déc. 1830, Mostsch c. Hertz; 7 juil. 1835, Papon c. Puray; *Nîmes*, 1er mars 1837 (t. 2 1837, p. 265), Barberet c. Vigne; *Cass.*, 7 juill. 1839 (t. 2 1839, p. 408), Tuleux c. Jourdain; 27 mai 1840 (t. 2 1840, p. 202), Treillard-Dubaste; *Rennes*, 5 fév. 1813, N... c. N...; *Cass.*, 6 fév. 1844 (t. 1er 1844, p. 758), Revel c. de Faudoas; *Caen*, 4 juin 1845 (t. 2 1845, p. 585), Bidard c. Gaucher; *Agen*, 26 juill. 1830, Lestrade c. Vayssée; *Metz*, 8 juill. 1816, N... c. N...

270. — Mais le rejet d'une demande en inscription de faux n'est autorisé qu'à cette condition que la vérité de la pièce arguée de faux ressort, aux yeux des juges, soit de l'examen de son état matériel, soit des circonstances de la cause, et l'on ne peut repousser la demande en inscription par cela seul qu'il n'est pas, dès l'abord, établi par des présomptions graves, précises et concordantes, que cette pièce soit fausse. — *Cass.*, 27 mai 1840, (t. 2 1840, p. 202), Lafarge c. Treillard-Dubasti.

271. — Ainsi, la faculté donnée aux tribunaux de recevoir ou de rejeter une demande en inscription de faux, suivant les circonstances, n'est pas limitée à l'examen de l'influence de la pièce ar-

guée de faux. Cette faculté n'est pas non plus subordonnée à une instruction préalable; elle est générale et peut être exercée en tout état de cause. —*Cass.*, 8 mai 1839 (t. 1er 1844, p. 579), Candé c. Boisdon; 1er avr. 1844 (t. 1er 1844, p. 580), Vessie c. Lamarque.

272. — Spécialement, lorsqu'une inscription de faux a été formée contre un exploit de signification dans le but de prouver que cet exploit n'a pas été remis à la personne qu'il indique, une cour royale a pu déclarer cette inscription de faux inadmissible comme dénuée de fondement, et n'étant en réalité qu'une demande en nullité de l'exploit. — Mêmes arrêts.

273. — De même, pour que l'inscription de faux incident puisse être admise, il n'est pas nécessaire que la pièce arguée présente par elle-même des signes extérieurs de dol ou de faux. — *Bruxelles*, 23 nov. 1825, N... c. N...

274. — N'est pas susceptible de cassation l'arrêt qui constate, en fait, que de l'examen de la pièce et des faits il résultait qu'il n'y avait pas lieu d'admettre l'inscription de faux contre une sentence arbitrale; et, de plus, qu'indépendamment de la sentence arguée de faux, les parties se trouvaient réglées par des conventions nombreuses. — *Cass.*, 6 avr. 1837 (t. 2 1837, p. 357), Mathevet c. Leyve.

275. — Un tribunal peut refuser d'admettre une inscription de faux contre un acte d'huissier, lorsque dans la supposition où cet exploit serait rejeté comme faux, la cause du demandeur n'en serait pas meilleure. — *Liége*, 23 juin 1817, François c. Lottin et Spiroux.

276. — Une cour royale qui reconnaît en fait qu'un acte interruptif de la péremption a été soustrait frauduleusement dans l'intérêt de la partie demanderesse en péremption, peut en induire que cette partie n'est pas admissible à se prévaloir du défaut de représentation de l'acte et à l'arguer de faux. — *Cass.*, 16 juin 1829, Torchon de Lihu c. de Lagréné.

277. — Il y a lieu d'écarter, comme sans objet, l'inscription de faux dirigée contre quelques unes des énonciations d'un acte, lorsque la fausseté de ces énonciations est reconnue par la partie adverse. — *Cass.*, 14 août 1837 (t. 2 1838, p. 118), Desfourneaux c. Carel.

278. — Pour être admis à s'inscrire en faux contre les énonciations d'un acte authentique, il ne suffit pas d'y opposer de simples dénégations; il faut encore que les faits articulés soient précis, circonstanciés, incompatibles avec le contenu en l'acte, et que de leur certitude résulte l'induction nécessaire et infaillible de la fausseté de l'acte attaqué. — *Caen*, 9 mai 1844 (t. 2 1844, p. 286), Loupic c. Beauvais. — V. aussi *Cass.*, 18 fév. 1813, Lombardo; 28 sept. 1837 (t. 1er 1840, p. 104), Christiny.

279. — On ne peut pas rejeter *de plano* un procès-verbal de capture, lorsque ses énonciations ne sont pas contredites par un aveu formel contraire à ce qu'elles attestent, et que celui qui demande le rejet du procès-verbal a eu recours à l'inscription de faux. — *Rennes*, 1er juin 1818, Gallon c. N.

280. — Lorsque le tribunal de première instance a jugé inutile la procédure en faux, sur l'inscription faite par un prévenu contre un procès-verbal, et qu'en appel le ministère public réclame de nouveau la foi due à ce procès-verbal, le prévenu doit être admis à suivre sur l'inscription par lui déclarée en première instance. — *Cass.*, 1er fév. 1834, Delaure; — Mangin, *Procès-verbaux*, p. 133, no 56.

281. — Si un jugement rendu entre deux parties sur une inscription de faux formée par l'une d'elles avait maintenu la validité de l'acte argué de faux, les tiers qui auraient intérêt à faire constater la fausseté de l'acte ne seraient pas désarmés, ils pourraient employer la voie de la tierce-opposition contre le jugement. — Pigeau, *Comment.*, t. 1er, p. 452; Boncenne, t. 4, p. 40 et 41; Carré et Chauveau, t. 2, quest. 862e. — M. Thomine-Desmazures est cependant d'avis contraire (t. 1er, p. 386).

282. — Un notaire peut être admis à intervenir dans l'instance en inscription de faux incident dirigée contre un acte qu'il a reçu lorsqu'il peut craindre que l'annulation ne motive contre lui un recours en garantie. — *Cass.*, 24 juill. 1840 (t. 2 1843, p. 551), Mirault.

283. — Décidé que des fins de non-recevoir contre une inscription de faux ne peuvent plus être reproduites après un arrêt qui a admis l'inscription, quoique cet arrêt ait ajouté, *sans nuire ni préjudicier aux droits et moyens des parties*, et qu'il ne se soit point expliqué sur les fins de non-recevoir proposées. Les réserves ne peuvent s'appliquer qu'aux moyens du fond. — *Bourges*, 28 mai 1822, Millereau c. Jourdan.

Sect. 2e. — *Apport au greffe des pièces ou minutes; communication des pièces; moyens de faux; jugement qui admet ou rejette la preuve du faux.*

§ 1er. — *Apport au greffe des pièces ou minutes. — Signification. — Procès-verbal.*

284. — « Le défendeur est tenu de remettre la pièce arguée de faux au greffe dans les trois jours de la signification du jugement qui a admis l'inscription de faux et nommé le commissaire, et de signifier l'acte de mise au greffe dans les trois jours suivans. » — Art. 219.

285. — Il ne paraît pas que la partie soit dans l'obligation d'assister au dépôt au greffe de la pièce arguée de faux. La loi n'exige pas sa présence et il suffit, dès-lors, que la remise de la pièce soit faite par son avoué qui doit avoir cet acte entre les mains. Cette opinion se fortifie de la rédaction de l'art. 91 du Tarif qui accorde une vacation à l'avoué non pour *assister* au dépôt fait par son client, mais pour *déposer* la pièce, ce qui implique que l'avoué peut faire seul la remise. — Boncenne, t. 4, p. 80; Carré et Chauveau, t. 2, quest. 891; Pigeau, *Comment.*, t. 1er, p. 456; Thomine, t. 1er, p. 392; Demiau-Crouzilhac, p. 171.

286. — Aussi n'y a-t-il pas lieu d'augmenter le délai de trois jours, donné au défendeur pour effectuer cette remise, d'un délai de distance, à raison de l'éloignement de son domicile du lieu où siége le tribunal. — Thomine, Carré et Chauveau et Pigeau, *loc. cit.*

287. — Le délai donné par l'art. 219 pour faire le dépôt n'est pas fatal. Cet article ne prescrit pas le délai à peine de nullité; on ne peut donc suppléer une déchéance que la loi ne prononce pas. — Thomine, t. 1er, p. 393; Carré et Chauveau, t. 2, quest. 892e; Pigeau, *Comment.*, t. 1er, p. 457. — V. aussi Mangin, *Traité des procès-verbaux*, p. 375, no 223.

288. — C'est en effet en ce sens que s'est prononcée la jurisprudence. — *Paris*, 4 août 1809, Lefebvre; 14 fév. 1825, Fourmentin c. Gourlay; *Cass.*, 2 fév. 1826, mêmes parties.

289. — Jugé encore que ne sont pas prescrits, à peine de déchéance, les délais donnés, soit pour remettre au greffe la pièce arguée de faux, soit pour signifier les moyens de faux. — *Rouen*, 5 déc. 1829, Coignard c. Cavelan.

290. — Qu'ainsi, le défendeur n'est point déchu du droit de faire ce dépôt, quoiqu'il ne l'ait pas effectué dans ce délai, alors surtout que les parties étaient divisées sur le point de savoir si c'était la minute ou les expéditions de l'acte argué de faux qui devaient être produites. — *Cass.*, 2 fév. 1826, Fourmentin c. Gorlay.

291. — Toutefois, MM. Hautefeuille (p. 189) et Coffinières (*Journ. des avoués*, t. 14, p. 361) soutiennent l'opinion contraire: «Il faut convenir, dit M. Coffinières, que dans l'art. 219, le législateur exige formellement le dépôt de la pièce arguée de faux dans le délai de trois jours; qu'une telle disposition ne doit pas être impunément enfreinte, et que la peine de cette infraction ne peut être que le rejet de la pièce arguée de faux.» — Dans l'ancienne jurisprudence la question était diversement résolue. Le parlement de Dijon avait, par arrêt du 12 août 1765, décidé que le délai n'était pas fatal, mais l'opinion contraire avait été consacrée en 1777 par le parlement de Paris. — V. au surplus Merlin, *Rép.*, vo *Inscription de faux*, § 2, no 4, et *Quest.*, *eodem verbo*, § 5. — V. aussi dans ce sens, *Besançon*, 1811, Bourdin c. Putod.

292. — Jugé avec raison que lorsqu'il a été signifié au procès l'expédition d'un acte qui est argué de faux, et dont il y a minute, c'est la pièce signifiée qui est frappée par l'inscription de faux incident, et le demandeur doit en provoquer l'apport au greffe, sauf à faire ordonner ensuite celui de la minute, s'il y a lieu. — *Paris*, 14 fév. 1825, Fourmentin c. Gorlay.

293. — Avant le Code de procéd., lorsqu'une inscription de faux incident était dirigée contre un acte passé avec minute, sans mention expresse que c'était la minute qu'on arguait de faux, le demandeur devait faire son inscription dans les vingt-quatre heures de la remise au greffe, de l'*expédition* produite au procès, sans pouvoir différer jusqu'à l'apport de la minute. — *Nîmes*, 25 pluv. an XIII, Fort Saint-Maurin c. Auzias.

294. — L'expédition de l'acte argué de faux devait être déposée au greffe dans les vingt-quatre heures, encore bien que l'inscription ne fût pas dirigée contre cette expédition et que l'apport de la minute fût nécessaire. — *Cass.*, 6 pluv. an XI, Pila c. Blanc. — Ces deux solutions devraient encore être suivies.

295. — «Faute par le défendeur de satisfaire, dans ledit délai, à ce qui est prescrit par l'art. 219, le demandeur pourra se pourvoir à l'audience pour faire statuer sur le rejet de la pièce arguée de faux, suivant ce qui est porté en l'art. 217, si mieux il n'aime demander qu'il lui soit permis de faire remettre ladite pièce au greffe, à ses frais, dont il sera remboursé par le défendeur comme de frais préjudiciaux, à l'effet de quoi il lui sera délivré exécutoire.» — Art. 220.

296. — La demande en rejet de la pièce dans l'hypothèse de l'art. 220, doit être accompagnée d'un certificat du greffier constatant que la pièce n'a pas été déposée. — Favard, vo *Faux incident*, § 2; Bioche, no 113.

297. — Le demandeur peut avoir un grand intérêt à se charger de faire remettre la pièce au greffe pour suivre l'incident de faux; car s'il parvient à faire rejeter la pièce comme fausse par le tribunal, le défendeur ne pourra s'en servir ni dans le procès qui donne lieu à l'incident, ni dans tout autre procès. En outre, le jugement qui déclarerait la pièce fausse, peut avoir la plus grande influence sur la décision du fond. — V. Serpillon sur l'art. 17, tit. 2, de l'ord. de 1737; Duparc-Poullain, *Principes de dr.*, t. 12, p. 688, no 66.

298. — Pour que le demandeur puisse matériellement faire faire lui-même le dépôt au greffe, il faut supposer du reste qu'il s'agit d'un acte dont il existe des doubles ou d'un acte passé en minute. — Thomine-Desmazures, t. 1er, p. 394; Carré, sur l'art. 219, quest. 894; Boncenne, t. 4, p. 82.

299. — «En cas qu'il y ait minute de la pièce arguée de faux, il sera ordonné, s'il y a lieu, par le juge-commissaire, sur la requête du demandeur, que le défendeur sera tenu, dans le temps qui lui sera prescrit, de faire apporter ladite minute au greffe, et que les dépositaires d'icelle y seront contraints, les fonctionnaires publics par corps, et ceux qui ne le sont pas par voie de saisie, amende, et même par corps, s'il y échet.» — Art. 221.

300. — Lorsqu'une expédition est arguée de faux, il importe de la rapprocher de la minute de l'acte pour s'éclairer par cette comparaison. Aussi l'art. 221 autorise-t-il des mesures rigoureuses pour assurer dans ce cas le dépôt de la minute au greffe par ceux qui en sont détenteurs. — Carré sur l'art. 221, quest. 879.

301. — Bien que l'art. 221 n'autorise expressément le juge-commissaire à prescrire l'apport de la minute au greffe que sur la requête du demandeur, il ne paraît pas qu'il ait été dans la pensée de la loi de refuser au tribunal le droit d'ordonner d'office cet apport. A la vérité, l'art. 16 du tit. 2 de l'ordonn. de 1737 portait qu'il serait ordonné sur la requête du demandeur *ou même d'office* que la minute serait apportée au greffe, mais ainsi, que le fait observer Boncenne (t. 4, p. 86), si cette rédaction n'a pas passé dans l'art. 221, C. procéd., c'est parce qu'on n'a pas voulu que l'expression *d'office* s'appliquât au juge-commissaire opérant seul. — V. aussi Delaporte, t. 1er, p. 221; Chauveau sur Carré, t. 2, quest. 895.

302. — Il a été jugé cependant que c'est au juge-commissaire devant lequel l'inscription de faux est poursuivie qu'il appartient de décider, *soit d'office*, soit à la requête des parties, s'il y a lieu ou non d'ordonner l'apport de la minute. — *Paris*, 14 fév. 1825, Fourmentin c. Gorlay.

303. — Carré (quest. 895) croit au contraire que le tribunal lui-même n'aurait pas le pouvoir d'ordonner d'office l'apport de la minute.

304. — Le demandeur en faux pourrait, lors du jugement qui admet l'inscription de faux, demander que par le jugement même le tribunal ordonnât l'apport de la minute dans un délai déterminé. — Pigeau, *Comm.*, t. 1er, p. 327; Carré et Chauveau, t. 2, quest. 896.

305. — L'art. 70 du tarif passe en taxe une sommation au défendeur pour assister à la délivrance de l'ordonnance qui prescrit l'apport. Il est donc certain qu'il doit y être appelé. Le juge commissaire fixe par une première ordonnance les jour, lieu et heure où il prononcera. — Chauveau, *Comm. du tarif*, t. 1er, p. 271; Favard, t. 2, p. 561.

306. — Lorsque le juge-commissaire éprouve des difficultés dans le cours de ses opérations et notamment à raison d'un apport d'une minute au greffe, il peut en référer au tribunal qui décide alors ce qui doit être fait. — Thomine, t. 1er, p. 395; Carré et Chauveau, t. 2, quest. 898; Favard, t. 2, p. 561.

307. — «Il est laissé à la prudence du tribunal d'ordonner, sur le rapport du juge-commissaire, qu'il sera procédé à la continuation de la poursuite de faux, sans attendre l'apport de la minute, comme, aussi, de statuer ce qu'il appartiendra, en cas que la minute ne pût être rapportée, ou qu'il fût suffisamment justifié qu'elle a été soustraite ou qu'elle est perdue. — Art. 22.

308. — Un arrêt du parlement de Paris du 11 mars 1799, rapporté par Jousse (*Traité de la justice criminelle*, t. 2, p. 682), avait décidé que lorsqu'il était allégué qu'une minute avait été perdue ou soustraite, les tribunaux pouvaient ordonner qu'un procès-verbal de perquisition serait dressé sur les répertoires et registres du dépositaire, par un commissaire délégué à cet effet. Il ne serait pas nécessaire actuellement d'employer un mode de constatation aussi dispendieux. Le tribunal appréciera, par une attestation du dépositaire ou autrement, le fait de la perte ou de la soustraction, et il verra s'il y a justification suffisante de l'accident déclaré.—Carré, sur l'art. 222, quest. 899, à la note.

309.—Le tribunal pourrait prendre toutes les mesures qui seraient indiquées par les circonstances. Il pourrait avoir tel égard que de raison à des copies du titre, surtout si elles étaient anciennes (C. civ., art. 1334 et 1335). Si l'on prétendait que la minute est égarée, un compulsoire pourrait être ordonné. — Thomine, t. 1er, p. 397; Demiau-Crouzilhac, p. 173. — Jousse et Serpillon, sur l'ordonnance de 1737, avaient tracé quelques règles à cet égard. — Carré et Chauveau, t. 2, quest. 899.

310. — Les juges peuvent décider qu'il n'y a pas lieu à donner suite à l'inscription de faux incident contre la minute d'une obligation, lorsqu'il est reconnu que cette minute n'existe pas. — *Colmar*, 1er fév. 1812, Dokes c. Baumann.

311. — Lorsqu'une inscription de faux incident est formée contre l'extrait d'un acte de mariage célébré en pays étranger, et que la minute ne peut être déplacée, les juges doivent user de la latitude accordée par l'art. 222. — *Colmar*, 19 juin 1823, Cambefort.

312. — « Le délai pour l'apport de la minute court du jour de la signification de l'ordonnance ou du jugement au domicile de ceux qui l'ont en leur possession. » — Art. 223.

313. — L'art. 223 dit : « De l'ordonnance ou du jugement. » Le jugement dont il est question ici est celui qui ordonne l'apport de la minute, que cette mesure ait été prise lorsqu'il a été statué sur l'inscription de faux conformément à l'art. 218 ou qu'elle ait été prescrite par un autre jugement rendu par le tribunal sur le rapport du juge-commissaire en cas de difficultés.—Carré et Chauveau, t. 2, quest. 900.

314. — « Le délai qui aura été prescrit au défendeur pour faire apporter la minute courra du jour de la signification de l'ordonnance ou du jugement à son avoué; et faute par le défendeur d'avoir fait les diligences nécessaires pour l'apport de la minute dans ce délai, le demandeur pourra se pourvoir à l'audience, ainsi qu'il est dit art. 217. — Les diligences ci-dessus prescrites au défendeur seront remplies, en signifiant par lui aux dépositaires, dans le délai qui aura été prescrit, copie de la signification qui lui aura été faite de l'ordonnance ou du jugement ordonnant l'apport de ladite minute, sans qu'il soit besoin, par lui, de lever expédition de ladite ordonnance ou dudit jugement. » — Art. 224.

315. — Le défendeur auquel la signification prescrite par l'art. 224 a été faite ne peut contraindre les dépositaires de la minute à en faire l'apport au greffe : aussi, toutes ses obligations consistent-elles à leur faire connaître l'ordonnance qui prescrit l'apport. — Thomine, t. 1er, p. 397; Chauveau sur Carré, art. 224, quest. 882.

316. — Le tribunal doit nécessairement fixer un délai au défendeur à l'effet d'agir contre les détenteurs, et un autre à ceux-ci pour apporter la pièce sur l'avis qu'ils en auront reçu des défendeurs.—Demiau-Crouzilhac, p. 174; Carré, sur l'art. 224, quest. 901; Bioche, no 127.

317. — Le délai donné au défendeur par le tribunal en vertu de l'art. 224, n'est pas prescrit à peine de déchéance, et le défendeur pourrait encore régulariser sa position et faire les diligences à lui prescrites tant que le tribunal n'a pas ordonné le rejet de la pièce. — Chauveau sur Carré, t. 2, quest. 901 *bis*.

318. — Lorsque c'est le défendeur qui fait opérer l'apport au greffe, il doit dénoncer au demandeur qu'il a fait connaître l'ordonnance ou le jugement aux dépositaires de la minute : autrement il serait impossible au demandeur de savoir si son adversaire s'est mis en mesure. — Thomine, t. 1er, p. 396; Carré et Chauveau, t. 2, quest. 902; Demiau, no 130.

319. — Si la minute ne pouvait être apportée par le dépositaire, le tribunal pourrait ordonner l'envoi de cette minute en appliquant à la procédure de faux incident les dispositions des art. 202 et suiv., relatifs à la vérification d'écriture, autant toutefois que cet emprunt serait compatible avec

les principes qui régissent la première procédure. Le faux incident ayant une bien autre gravité qu'une simple vérification d'écriture, il semble qu'il y a une raison à *fortiori* pour autoriser le tribunal à procéder ainsi.—Thomine, t. 1er, p. 398; Carré et Chauveau, quest. 903; *Comment*, inséré aux *Annales du Notariat*, t. 2, p. 36.

320. — Jugé en ce sens qu'un tribunal d'appel peut ordonner que le greffier du tribunal de première instance entre les mains duquel se trouve un acte argué de faux, lui envoie cet acte par la poste. — *Paris*, 24 frim. an XI, N...

321. — « La remise de la procédure prétendue fausse étant faite au greffe, l'acte en sera signifié à l'avoué du demandeur avec sommation d'être présent au procès-verbal; et trois jours après cette signification, il sera dressé procès-verbal de l'état de la pièce. Si c'est le demandeur qui a fait faire la remise, ledit procès-verbal sera fait dans les trois jours de ladite remise, sommation préalablement faite au défendeur d'y être présent. » —Art. 225.

322. — Lorsque tous les matériaux relatifs au corps du délit ont été réunis, l'ordre naturel des idées conduit à en constater l'état. — Carré, sur l'art. 225.

323. — Carré (sur l'art. 225, quest. 904), et Pigeau (*Procéd. civ.*, t. 1er, p. 347, et *Comment.*, t. 1er, p. 400) sont d'avis que le juge-commissaire doit, avant de procéder au procès-verbal, rendre une ordonnance indicative des lieu, jour et heure auxquels aura lieu l'opération. — Mais MM. Boncenne (t. 4, p. 91), Chauveau (sur Carré, t. 2, quest. 904), et Thomine (t. 1er, p. 399) pensent avec raison qu'une ordonnance n'est pas indispensable pour cette indication. Le lieu de l'opération est nécessairement le greffe; le jour est fixé par l'art. 225, et quant à l'heure, il suffit de s'en entendre préalablement avec le juge-commissaire et le procureur du roi.

324. — Décidé que la partie qui s'est inscrite en faux doit, lors du procès-verbal de l'état de la pièce, et à peine de déchéance, requérir tous apuremens relativement aux parties de la pièce qu'elle entend arguer de faux. — *Rennes*, 13 fév. 1815, Gallon c. Dhévix.

325. — « S'il a été ordonné que les minutes seraient apportées, le procès-verbal sera dressé conjointement, tant desdites minutes que des expéditions arguées de faux, dans les délais ci-dessus : pourra néanmoins, le tribunal, ordonner, suivant l'exigence des cas, qu'il sera d'abord dressé procès-verbal de l'état desdites expéditions, sans attendre l'apport desdites minutes, de l'état desquelles il sera, en ce cas, dressé procès-verbal séparément. » — Art. 226.

326. — De ce que l'avoué de la partie qui voulait se servir d'un acte argué de faux, en a volontairement déposé l'expédition au greffe en exécution du jugement qui a admis l'inscription de faux, il ne suit pas qu'il y ait, de la part de cette partie, un acquiescement formel au jugement qui rende non-recevable l'appel postérieurement interjeté par elle, alors que le dépôt n'a pas été suivi de la signification de ce jugement.—*Rouen*, 12 août 1834, Simonnet c. Finart de Boishébert.

327. — Jugé que les seules pièces dont une partie soit recevable à demander communication sont celles qui ont été signifiées ou employées contre elle, et non pas celles que les juges se sont fait représenter par la partie adverse, alors d'ailleurs qu'ils n'ont fondé sur ces pièces aucune disposition du jugement. — Que spécialement, lorsque, sur action en faux incident, dirigée contre un testament, les juges se sont fait présenter par le notaire les minutes d'autres testamens reçus par lui, pour connaître la manière dont ils étaient rédigés habituellement, les demandeurs ne sont pas recevables à requérir la communication de ces mêmes minutes, complétement étrangères à leur cause. — *Cass.*, 22 juin 1843 (t. 1er 1844, p. 537), Gaussin c. Maurin.

328. — « Le procès-verbal contiendra mention et description des ratures, surcharges, interlignes et autres circonstances du même genre; il sera dressé par le juge-commissaire, en présence du procureur du roi, du demandeur et du défendeur, ou de leurs fondés de procurations authentiques et spéciales ; lesdites pièces et minutes seront paraphées par le juge-commissaire et le procureur du roi, par le défendeur et le demandeur, s'ils peuvent ou veulent les parapher, sinon il en sera fait mention. Dans le cas de non-comparution de l'une ou de l'autre des parties, il sera donné défaut et passé outre au procès-verbal. » — Art. 227.

329. — Le procès-verbal doit constater les ratures, surcharges, interlignes et autres circonstances du même genre, c'est-à-dire l'état du papier, s'il est neuf ou déchiré, usé, gratté, des taches de lavage s'il en est. — Le juge-commissaire

consigne toutes ces circonstances en s'abstenant d'émettre une opinion sur la question du faux. — Thomine, t. 1er, p. 400; Pigeau, *Procéd. civ.*, t. 1er, § *Faux incident*, art. 2, no 3; Boncenne, t. 4, p. 93; Carré et Chauveau, t. 2, quest. 905.

§ 2. — *Communication des pièces arguées de faux.*

330. — « Le demandeur en faux, ou son avoué, pourra prendre communication, en tout état de cause, des pièces arguées de faux, par les mains du greffier, sans déplacement et sans retard. » — Art. 228.

331. — Bien que l'art. 228 paraisse supposer que la communication ne sera prise au greffe que par le demandeur *ou* par son avoué, il n'est pas douteux que la partie n'ait le droit de se faire accompagner au greffe par son avoué.—L'ordonnance de 1737 (t. 2, art. 26) qui parlait de la partie ou de son conseil, était interprétée de même. — Serpillon, sur cet art. 26; Carré et Chauveau, t. 2, quest. 906; Thomine, t. 1er, p. 401.

332. — Il est même dans l'esprit de la loi d'autoriser la partie à se présenter au greffe pour prendre communication des pièces arguées de faux avec un *conseil* qui ne serait pas son avoué. — Mêmes auteurs; Boncenne, t. 4, p. 93; Bioche, no 140.

333. — Le défendeur peut aussi prendre communication des pièces au greffe; car on ne saurait refuser à l'une des parties les moyens de se mettre en mesure vis-à-vis de l'autre. Le greffier devra, du reste, exercer une grande surveillance pendant ces communications. — Thomine, t. 1er, p. 401; Carré et Chauveau, t. 2, quest. 908; Bioche, no 908.

334. — L'art. 254, C. pén., punit d'un emprisonnement de trois mois à un an et d'une amende de 100 fr. à 300 fr. les soustractions, destructions et enlèvement de pièces déposées dans un greffe.

§ 3. — *Moyens de faux.*

335. — Dans les huit jours qui suivront le procès-verbal de description des pièces déposées, le demandeur sera tenu de signifier au défendeur ses moyens de faux, lesquels contiendront les faits, circonstances et preuves par lesquels il prétend établir le faux ou la falsification ; sinon, le défendeur pourra se pourvoir à l'audience pour faire ordonner, s'il y échet, que ledit demandeur demeurera déchu de son inscription de faux. — Art. 229.

336. — Le Code de procédure se sépare complètement de l'ordonnance de 1737 pour tout ce qui concerne les moyens de faux et les preuves par lesquelles on peut les justifier. A partir de la présentation des moyens de faux, la procédure réglée par l'ordonnance prenait un caractère d'information secrète en harmonie avec les principes appliqués à cette époque dans les procédures criminelles. L'art. 28 de l'ordonnance défendait de donner communication au défendeur des moyens de faux, lesquels devaient être déposés au greffe. C'était aussi sans aucune publicité qu'on cherchait la preuve du faux. Le Code de procédure veut, au contraire, que les moyens de faux soient signifiés au défendeur, et que ces moyens soient prouvés et discutés publiquement et contradictoirement. — Carré, sur l'art. 229, prélim.

337. — Il résulte des mots *s'il y échet*, employés par l'art. 229, que le délai de huitaine qu'il prescrit n'est pas fatal, et que, jusqu'au jugement qui statue sur les moyens de faux, le demandeur peut signifier ces moyens. Le tribunal pourrait même accorder un nouveau délai si le demandeur justifiait d'excuses suffisantes. — Carré, sur l'art. 229, à la note; Chauveau, t. 2, quest. 908 *bis*; Pigeau, *Comm.*, t. 1er, p. 462; Thomine, t. 1er, p. 402.

338. — C'est ce qu'a reconnu la cour de Nîmes, en décidant que le demandeur en faux incident qui a laissé écouler le délai de huit jours, fixé par l'art. 229, C. procéd., sans signifier au défendeur ses moyens de faux, n'est pas de plein droit frappé de déchéance; que les juges peuvent admettre ou rejeter cette déchéance suivant les circonstances. — *Nîmes*, 4 mars 1822, Vier c. Crémieux; *Bourges*, 23 fév. 1819, Bonnet c. Bayard.

339. — Si deux procès-verbaux avaient été dressés séparément, l'un pour constater l'état de la minute et l'autre pour constater l'état de l'expédition, ce n'est qu'à partir de la date du procès-verbal le plus récent que courrait le délai pour signifier les moyens de faux ; car ces moyens doivent alors se baser sur les deux procès-verbaux. — Locré (t. 21, p. 609, no 20) nous apprend que telle était l'opinion du rapporteur au corps législatif. — Carré et Chauveau, t. 2, quest. 909; Pigeau, *Comm.*, t. 1er, p. 403.

340. — Le procès-verbal n'a pas besoin d'être signifié, et c'est à partir de sa date que court le délai.

341. — La rédaction de l'art. 229 indique clairement que le vœu de cet article n'est pas rempli, lorsque l'articulation de faits n'est pas aussi précise et aussi explicite que possible. Pour être accueillis par le tribunal, les faits allégués doivent être, en outre, pertinens et admissibles. C'est surtout lorsqu'il s'agit d'ébranler la foi due à un acte authentique que la justice apprécie avec sévérité les moyens de faux proposés contre l'acte. — Carré et Chauveau, t. 2, quest. 910; Demiau-Crouzilhac, p. 76; Boncenne, t. 4, p. 95; Favard, t. 2, p. 562; Berriat, p. 179, nos 33 et 38; Thomine, t. 1er, p. 403; Pigeau, *Procéd. civ.*, t. 1er, p. 353.

342. — Ainsi jugé que l'inscription de faux incident est inadmissible lorsqu'en supposant prouvés les moyens qui lui servent de base, elle ne détruit pas la contravention. — *Cass.*, 26 flor. an XIII, Balagno; 1er oct. 1807, Wickmann; 24 mars 1809, Mahoudeau; 23 nov. 1810, Ordioni; 7 déc. 1810, Ellena et Fariero; 19 avr. 1811, Lefranc; 27 avr. 1811, Courage; 3 mai 1811, Collin; 30 nov. 1811, Ibos; 20 mars 1812, Valhier; 3 déc. 1812, Lainé; 7 mai 1813, Laperche; 8 oct. 1822, Berton; 31 janv. 1823, Puech; *Bruxelles*, 16 fév. 1816, N...— V. arr. 4e jour complém. an II, art. 9; décr. 1er germin. an XIII, art. 42; — Dujardin-Sailly, *Code des douanes*, p. 526; Merlin, *Rép.*, vo *Inscription de faux*, § 1er, no 13.

343. — Spécialement, l'inscription de faux est non-recevable lorsque les faits articulés laissent toujours subsister les faits principaux établis par le procès-verbal, et desquels résulte la contravention. — *Cass.*, 1er oct. 1807, Wickmann.

344. — La preuve des faits antérieurs ou postérieurs à la contravention ne détruisant pas son existence, le prévenu est non admissible à les proposer comme moyens de faux. — *Cass.*, 19 avr. 1811, Lefranc; 31 janv. 1823, Puech.

345. — De même, il n'y a pas lieu de prendre l'inscription de faux pour établir des faits justificatifs qui ne sont point en opposition avec les faits matériels constatés au procès-verbal. — Mangin, *Proc. verb.*, p. 100, no 41; Teulet, d'Auvilliers et Sulpicy, *C. instr. crim.*, art. 460, no 7.

346. — C'est par application de ces principes qu'il a été jugé que le demandeur en faux incident n'a pas suffisamment satisfait à l'art. 229, C. proc., en offrant la preuve négative des faits constatés dans l'acte argué de faux, par exemple celle qu'il n'y était pas présent lorsque sa présence y est attestée; qu'il doit, au contraire, proposer des faits positifs et circonstanciés, propres à établir sa présence dans un lieu autre que celui où l'acte a été passé. — *Cass.*, 31 janv. 1825, Meige et Boisson c. Thoulouse; *Besançon*, 31 janv. 1809, Monin; *Bruxelles*, 20 fév. 1820, Vanalstein.

347. — ...Que dans la signification des moyens de faux contre un testament, il ne suffirait pas de dire et d'offrir de prouver qu'un des témoins n'a pas été présent à l'entière rédaction, ou que le testament a été dicté non par le testateur, mais par une tierce personne, on doit encore articuler les circonstances tendant à établir ces faits. — *Douai* (et non *Montpellier*), 9 déc. 1828, Charpentier c. Boucher.

348. — De ce que la signification des moyens de faux doit, aux termes de l'art. 229, C. procéd., contenir les faits et circonstances par lesquels le demandeur prétend établir le faux, il y a lieu de le déclarer déchu de son inscription, s'il se borne, par exemple, à alléguer vaguement que les témoins d'une partie contractante n'étaient pas présens à l'acte, sans indiquer aucun fait qui rende cette allégation probable. — *Bourges*, 16 avr. 1832, Roumier c. Ratheau; *Lyon*, 4 août 1840 (t. 1er 1841, p. 235), Duray c. Ducoing.

349. — Il ne suffit pas d'une dénégation pure et simple des faits constatés par un procès-verbal contre lequel on a été admis à s'inscrire en faux pour que les moyens de faux soient déclarés pertinens et admissibles; il faut qu'ils consistent dans un ensemble de faits contraires, de nature à être contredits, et qui, s'ils étaient prouvés, détruiraient ceux du procès-verbal. — *Cass.*, 28 sept. 1837 (t. 1er 1840, p. 404), Christins c. Forêts; *Toulouse*, 13 déc. 1831, Fournier c. Basseguy; *Cass.*, 23 mars 1835, mêmes parties.

350. — En matière d'inscription de faux, les faits articulés ne peuvent être considérés comme pertinens et être admis qu'autant que, s'ils étaient prouvés, ils seraient nécessairement, dans leur ensemble, exclusifs de la sincérité de l'énonciation de l'acte, ou en démontreraient invinciblement la fausseté. — *Bourges*, 22 janv. 1842 (t. 2 1842, p. 733), Ricard c. Ramon.

351. — Et les juges peuvent rejeter les moyens de faux proposés contre un acte, s'ils ne leur paraissent pas capables de faire annuler cet acte. — *Riom*, 28 août 1810, Bouchet c. Piargieu.

352. — Spécialement les moyens tendant à établir qu'il y a eu non pas faux ou erreur matérielle dans la rédaction de l'acte, mais bien une erreur purement morale dans le consentement, ne sont ni pertinens ni admissibles. — *Colmar*, 21 mai 1834, Muhl c. Malakowski, W... et Kuntz.

353. — Du reste, la déclaration que des faits articulés à l'appui d'une inscription de faux ne sont ni pertinens ni admissibles, est abandonnée au pouvoir discrétionnaire des juges du fond; leur décision à cet égard échappe à la censure de la cour de Cassation. — *Cass.*, 20 déc. 1836, Desrives c. Junca.

354. — Le demandeur en inscription de faux remplit suffisamment l'obligation qui lui est imposée par l'art. 229, C. procéd. civ., de faire connaître les moyens par lesquels il prétend établir le faux, lorsqu'il demande à prouver des circonstances dont la démonstration pourrait avoir pour effet de convaincre le magistrat de l'existence du faux allégué. — *Grenoble*, 14 janv. 1845 (t. 1er 1846, p. 699), Dourelle c. Vivier; — Merlin, *Rép. du notariat*, vo *Moyens de faux*; Rolland de Villargues, *Rép.*, vo *Faux incident*, no 38; Demiau, p. 176; Pigeau, *Procéd. civ.*, t. 1er, p. 353; Favard de Langlade, t. 2, p. 562.

355. — Bien que la négation des circonstances constatées dans un acte public ne puisse suffire pour constituer des moyens de faux, et qu'il soit nécessaire que le demandeur en faux précise des faits positifs et formels, de nature à établir le faux ou la falsification, il n'en résulte pas l'interdiction aux tribunaux d'admettre ces faits par le motif qu'ils seraient en opposition directe avec les énonciations de l'acte. — Toutefois il n'est pas nécessaire que chaque fait particulier dont le demandeur offre la preuve entraîne avec lui la conséquence forcée de la fausseté de la pièce arguée. Il suffit que cette conséquence dérive de l'ensemble de l'articulation. — *Toulouse*, 7 fév. 1844 (t. 2 1844, p. 656), Cavalié.

356. — Dès lors sont admissibles comme moyens de faux contre un testament public les articulations tendant à établir que deux des témoins n'ont été appelés que pendant l'écriture du testament et ne sont arrivés qu'après son entière rédaction, ainsi que l'offre de prouver que plusieurs personnes ont entendu de la bouche même des témoins instrumentaires l'aveu de ce fait. — Même arrêt. — Merlin, *Rép.*, vo *Moyens de faux*; Rolland de Villargues, *Rép. du notariat*, vo *Faux incident*, no 122.

357. — ...Celles par lesquelles le demandeur soutient n'avoir pas été présent à la passation d'un acte constatant ce fait, dénie la signature qui lui est attribuée, et ajoute qu'une personne étrangère s'est présentée sous son nom. — *Colmar*, 27 janv. 1832, Meyer c. Ott.

358. — Dans une inscription de faux incident contre un testament notarié sont admissibles comme moyens de faux ceux par lesquels on articule que trois des individus désignés comme témoins n'étaient pas présens quand le testament a été rédigé, lu à la testatrice et signé par elle; qu'ils l'ont signé tous trois hors de la présence l'un de l'autre et de la testatrice; que, si le quatrième témoin a signé ce testament en même temps que la testatrice, ce n'a été qu'en l'absence des autres témoins; et enfin que les noms et professions des témoins indiqués n'ont point été écrits en même temps que le testament lui-même. — *Metz*, 26 janv. 1837 (t. 1er 1840, p. 473), W... c. Laurent.

359. — Le débiteur évadé peut être admis à prouver, comme moyen de faux, qu'il a été saisi de nouveau en tel lieu autre que celui qu'indique le procès-verbal. — *Rennes*, 1er juin 1818, Gallon c. N...

360. — Lorsque le procès-verbal de capture rapporte que le débiteur a été saisi et arrêté dans la rue, on peut être admis à prouver, pour moyen de faux, que le débiteur était dans une maison; que l'huissier fut lui dire : *Pour le coup vous ne m'échapperez pas*, et qu'il le força de le suivre. — *Rennes*, 1er juin 1818, Gallon c. N...

361. — Il y a fait pertinent et concluant, et devant autoriser l'inscription de faux contre un testament mystique, lorsqu'une partie articule que l'acte de suscription porte faussement que le testateur a déclaré que le contenu était son testament. — *Bordeaux*, 18 déc. 1821, Costes c. N...

362. — Jugé qu'en matière d'inscription de faux incident, le demandeur peut rectifier et compléter ses moyens après le délai de huitaine fixé par l'art. 229, C. procéd., et même pour la première fois en appel. — *Bordeaux*, 6 juill. 1833, Babin c. Charlot. — V. conf. Carré et Chauveau, *Lois de la procéd.*, quest. 911; Thomine, t. 1er, p. 403.

363. — « Sera tenu le défendeur, dans les huit jours de la signification des moyens de faux, d'y répondre par écrit; sinon le demandeur pourra se pourvoir à l'audience pour faire statuer sur le rejet de la pièce, suivant ce qui est prescrit en l'art. 217 ». — Art. 230.

364. — Par la même raison que le demandeur est tenu d'articuler tous les faits tendant à prouver que la pièce est fausse, le défendeur ne peut se dispenser de signifier une articulation pour établir le contraire. — « Quoique d'après les art. 79 et 80 combinés, dit Pigeau (*Comment.*, t. 1er, p. 463), le défendeur puisse en général se dispenser de répondre par écrit à la demande et se réserver de le faire verbalement à l'audience, il ne le peut ici; il doit répondre auparavant par écrit à peine de rejet de la pièce, comme le porte l'art. 230, qui établit cette exception à la règle générale fondée sur ce qu'il importe à l'ordre public qu'il s'explique par écrit sur un fait qui peut être criminel, pour arriver plus sûrement à la découverte du crime, s'il y en a. » — V., dans le même sens, Chauveau sur Carré, t. 2, quest. 914; Favard, t. 2, p. 562; Bioche, no 149; Thomine, t. 1er, p. 404; Demiau, p. 177; Boncenne, t. 4, p. 99. — Carré, *loc. cit.*, est cependant d'un avis contraire.

365. — Du reste, ce délai de huitaine n'est pas fatal, et le défendeur en faux incident civil est recevable à répondre aux moyens de faux invoqués par le demandeur, même après la huitaine de leur signification, et tant que le juge n'a pas prononcé. — *Cass.*, 16 oct. 1841 (t. 1er 1842, p. 602), Pascal.

366. — S'il était rendu un jugement par défaut contre le défendeur faute de plaider, ce dernier pourrait même, en formant opposition, signifier ses défenses. — Delaporte, t. 1er, p. 227; Carré et Chauveau, t. 2, quest. 915; Thomine, t. 1er, p. 405.

367. — Lorsque l'inscription de faux contre un acte de révocation de testament a été admise, la pièce attaquée peut être rejetée du procès, si les parties n'ont pas comparu devant le juge-commissaire et n'ont pas fourni de réponse aux moyens de faux. — *Lyon*, 25 mai 1836, Chollet c. Bonnaud; — Boncenne, *Théorie de la procéd.*, t. 4, p. 99.

§ 4. — *Jugement qui admet ou rejette la preuve de faux.*

368. — « Trois jours après la réponse faite par le défendeur aux moyens de faux, la partie la plus diligente pourra poursuivre l'audience, et les moyens de faux seront admis ou rejetés, en tout ou en partie : il sera ordonné, s'il y échet, que lesdits moyens ou aucuns d'eux demeureront joints, soit à l'incident en faux, si quelques uns desdits moyens ont été admis, soit à la cause ou au procès principal, le tout suivant la qualité desdits moyens et l'exigence des cas. » — Art. 231.

369. — Lorsque les écritures prescrites par les art. 229 et 230 ont été signifiées et que l'affaire est portée à l'audience, le débat s'engage sur la pertinence et l'admissibilité des moyens de faux, et le tribunal apprécie s'il y a lieu d'autoriser le demandeur à faire preuve de ces moyens ou de quelques uns d'entre eux.

370. — En cas d'inscription de faux, le tribunal ne doit pas renvoyer à procéder sur le faux, avant d'avoir prononcé sur l'admissibilité des moyens de faux. — *Cass.*, 24 mars 1809, Mahoudeau; 21 avr. 1809, Chollois; — Mangin, *Procès-verbaux*, p. 134, no 57.

371. — Les moyens qu'il y a lieu de joindre à l'incident, comme le dit l'art. 231, sont ceux qui, sans présenter actuellement des indices assez prochains pour servir à la preuve du faux sembleraient cependant de nature à devenir plus directs et plus concluans par l'examen de ce qui reste à juger sur l'incident. — Carré, *Lois de la procéd.*, sur l'art. 231, quest. 916.

372. — Quand, au contraire, le tribunal, sans admettre les moyens de faux, pense cependant qu'ils peuvent être corroborés par la connaissance du fond, il peut rendre un jugement par lequel il joint les moyens au fond. Mais, dans ce cas, lorsque l'affaire principale est complétement instruite, le tribunal, avant de statuer au fond, doit décider préalablement l'incident et rejeter la pièce ou l'admettre comme sincère. — Carré, *loc. cit.*; Chauveau, même quest.; Boncenne, t. 4, p. 101 et suiv.; Thomine, t. 1er, p. 406; Bioche, no 158.

373. — L'admission d'une inscription de faux incident n'a pas pour effet de rendre indivisible la pièce arguée, relativement aux moyens de faux. Par suite, et par exemple dans le cas d'un billet à ordre dont le souscripteur n'a écrit que la signature et un *bon* approbatif de la somme énoncée,

les juges peuvent, sans violer aucune loi, admettre ces moyens en ce qui touche le bon approbatif et la signature, et les rejeter comme non pertinens et inadmissibles en ce qui concerne le corps du billet. — Et, dans ce cas, le tribunal civil saisi de l'inscription de faux par suite du renvoi prononcé par le tribunal de commerce ne commet pas un excès de pouvoir en se fondant, pour repousser les moyens de faux proposés contre le corps du billet à ordre, sur ce que la sincérité de la signature et du bon approbatif apposés par le souscripteur suffit, vis-à-vis du tiers porteur, pour faire valider le billet. — *Cass.*, 11 mars 1840 (t. 2 1840, p. 791), Fiocre c. Fontèle.

374. — Le jugement par lequel il est statué sur les moyens de faux préjuge évidemment le fond de l'affaire. C'est donc un jugement interlocutoire duquel on peut, en conséquence, appeler avant le jugement définitif, conformément à l'art. 451, C. procéd. — Carré, sur l'art. 231, quest. 917; Bioche, no 160.

375. — Quant au jugement qui donne acte au prévenu de l'inscription de faux par lui formée contre un procès-verbal, il n'est que préparatoire. Le tribunal qui statue ultérieurement sur l'admissibilité des moyens de faux, doit, en même temps, examiner si les formalités prescrites par la loi ont été remplies; si cet examen n'a pas eu lieu, le ministère public est fondé à interjeter appel du jugement qui l'a omis. — *Cass.*, 17 fév. 1837 (t. 1er 1837, p. 360), Forestier.

376. — Jugé de même que le jugement qui admet l'inscription de faux conformément à l'art. 218, C. procéd. civ., ne préjuge rien quant à l'admission ou au rejet des moyens de faux. — Dès-lors le deuxième jugement qui apprécie ces moyens, peut, sans violer l'autorité de la chose jugée par le premier, décider que l'inscription ne doit porter que sur une des parties de la pièce arguée, et non sur son ensemble. — *Cass.*, 11 mars 1840 (t. 2 1840, p. 791), Fiocre c. Fontèle.

377. — Lorsque, lors du jugement qui statue sur l'admissibilité des moyens de faux, les juges sont partagés, on doit procéder conformément à l'art. 118, C. procéd., et par conséquent appeler un juge pour départager le tribunal. — Merlin, *Rép.*, vis *Inscription de faux* et *Partage d'opinions*, t. 6, p. 146, et t. 9, p. 163; *Quest. de droit*, vo *Tribunaux d'appel*.

378. — Il avait été décidé, avant le Code de procédure, que le jugement qui admet ou rejette les moyens de faux incident doit être rendu à l'audience et non en la chambre du conseil. — *Paris*, 1er germin. an XI, Thomas c. Dorneau; *Cass.*, 27 frim. an XIII. — On devrait juger de même aujourd'hui. — Merlin, *Rép.*, vo *Inscription de faux*, § 3.

379. — Le jugement par lequel un tribunal statue sur la pertinence et l'admissibilité des moyens de faux proposés contre une pièce produite dans une instance ne donne pas ouverture à cassation. — *Cass.*, 11 germ. an IX, Bonnet c. Pieper.

380. — Mais lorsque par des conclusions expresses, un prévenu a demandé devant le tribunal correctionnel qu'un témoin fût arrêté comme coupable de faux témoignage, et que subsidiairement il a conclu à ce qu'il lui fût donné acte de sa déclaration de s'inscrire en faux contre sa déposition et à ce que des experts fussent nommés pour en vérifier la fausseté physique, il y a nullité si le tribunal n'a prononcé ni explicitement ni implicitement sur cette réquisition. — *Cass.*, 10 avr. 1807, Belireux.

381. — En cas d'inscription de faux incident contre un acte d'appel, la demande en garantie formée contre l'huissier qui a signifié l'exploit est non-recevable comme tardive, si elle a été formée après deux arrêts, dont l'un a admis l'inscription de faux et l'autre déclaré les faits pertinens et admissibles, sauf au garanti à agir contre l'huissier par action principale. — *Cass.*, 2 avr. 1828, Mourgues c. Théron.

382. — « Le jugement ordonnera que les moyens admis seront prouvés, tant par titres que par témoins, devant le juge commis, sauf au défendeur la preuve contraire, et qu'il sera procédé à la vérification des pièces arguées de faux par trois experts écrivains qui seront nommés d'office par le même jugement. » — Art. 232.

383. — « Les moyens de faux qui seront déclarés pertinens et admissibles seront énoncés expressément dans le dispositif du jugement qui permettra d'en faire preuve; et il ne sera fait preuve d'aucun autre moyen. Pourront néanmoins les experts faire telles observations dépendantes de leur art qu'ils jugeront à propos sur les pièces prétendues fausses, sauf aux juges à y avoir tel égard que de raison. » — Art. 233.

384. — Le demandeur en inscription de faux incident civil ne peut substituer aux moyens admis par le jugement qui ordonne la preuve, d'autres moyens qui n'y sont pas énoncés. — Spécialement, lorsque le tribunal n'a admis qu'un seul moyen de faux pris de ce qu'un testament contre lequel l'inscription de faux est dirigée n'a pas été dicté par le testateur, on ne peut y substituer le moyen pris de ce que la dictée a été faite hors la présence des témoins. — *Bordeaux*, 20 fév. 1830, Dubarry c. Ladorie-Chatenel.

385. — La preuve par titres est celle que fournit la teneur d'un écrit incontesté par rapport aux énonciations de l'acte attaqué. — Boncenne, t. 4, p. 110; Bioche, no 169.

386. — La preuve par titres peut être jointe aux deux autres par le jugement. Le plus souvent elle est ordonnée et pratiquée seule : dans le cas, par exemple, où il ne s'agit que de prouver par pièces une antidate ou la fausseté d'un acte passé sous le nom d'un autre. — Bioche, no 166.

387. — La loi admet les mêmes modes de preuve en matière de faux incident qu'en matière de vérification d'écritures. Cependant ces procédures diffèrent en ce que l'art. 232 exige que les experts écrivains soient nommés d'office par le tribunal; d'où il résulte qu'il y aurait nullité du jugement si ces experts n'avaient été commis que conformément à une désignation faite par les parties. — Locré, *Législ. civ.*, t. 21, p. 455, no 124; Carré, sur l'art. 232, prélim.

388. — Les juges ayant, en tout état de cause, un pouvoir discrétionnaire pour admettre ou rejeter la demande en inscription de faux, on doit décider que non seulement ils peuvent n'avoir recours qu'à l'un des moyens de preuve indiqués par l'art. 132, mais qu'ils peuvent même rejeter l'inscription de faux sans admettre le demandeur à faire l'une de ces preuves lorsqu'ils ont la conviction de la fausseté de l'acte. — Boncenne, t. 4, p. 108; Chauveau, sur Carré, quest. 919e; Thomine, t. 1er, p. 409.

389. — Ainsi jugé qu'en matière de faux incident les juges peuvent, au lieu d'ordonner à la fois les divers modes de preuve indiqués par l'art. 232, C. procéd., se borner à ordonner seulement soit la preuve tant par titres que par témoins, soit la vérification par experts. — *Cass.*, 11 mars 1840 (t. 2 1840, p. 791), Fiocre c. Fontèle.

390. — ... Que, par exemple, le tribunal qui admet une demande en inscription de faux peut refuser la preuve testimoniale, et ordonner seulement que les faits seront vérifiés par experts. — *Cass.*, 17 mai 1830, Faure-Lalande c. Ives Faure.

391. — Jugé encore, en matière de faux incident, que lorsqu'il suffit de la seule inspection de l'acte pour prononcer sur le faux matériel dont on prétend cet acte entaché, les juges peuvent, sans avoir recours à une expertise, déclarer s'il y a ou s'il n'y a pas faux. — *Cass.*, 25 mars 1835, Guiraud c. Bastoulh; — Merlin, *Quest.*, vo *Inscription de faux*, § 1er.

392. — ... Et que quand les parties ont respectivement signifié leurs moyens, le juge peut, d'après la seule appréciation de ces moyens, et sans avoir besoin d'ordonner la vérification des pièces, rejeter l'inscription de faux. — *Cass.*, 21 juill. 1828, Daudibon c. Chevrier.

393. — En tous cas, la loi entend prescrire les preuves que la nature du faux rend utiles ou possibles, et elle donne aux juges tous les moyens de s'éclairer. — Aussi a-t-il été jugé que la fausseté d'un acte peut être établie en matière criminelle à l'aide de pièces de comparaison dont l'écriture est déniée par le prévenu. — *Cass.*, 20 juin 1846 (t. 2 1846, p. 522), Combe c. Couderc.

394. — ... Que la preuve du faux contre la minute d'un jugement peut être faite par témoins, quoiqu'il n'existe point de commencement de preuve par écrit. — *Cass.*, 29 juill. 1807, Grimaldy c. Petau; *Toulouse*, 2 juin 1842 (t. 1er 1843, p. 741), Debent c. Roque et Feutrier; — Merlin, *Quest. de droit*, vo *Suppression de titres*.

395. — ... Et que l'art. 232, C. procéd., qui admet la preuve tant par titres que par témoins, ne doit pas être entendu dans un sens conjonctif, de telle sorte que le second de ces moyens soit subordonné au premier. — *Bruxelles*, 23 nov. 1825, N...

396. — Si le tribunal avait ordonné cumulativement les trois genres de preuve, il aurait à coup sûr le droit d'admettre la demande en inscription de faux quand même le demandeur n'aurait prouvé que par l'un de ces moyens. — Serpillon, sur l'art. 29, ord. de 1737; Carré et Chauveau, quest. 920.

397. — La preuve contraire de la part du défendeur serait de droit conformément aux principes généraux. — Boncenne, t. 4, p. 109.

398. — On pourrait commettre des experts qui ne seraient pas écrivains, bien que l'art. 232 ne parle que de ces experts. Si, par exemple, on soupçonnait que le faux a été commis à l'aide d'une composition chimique, le tribunal pourrait nommer des chimistes pour procéder à l'examen de la pièce. — Carré et Chauveau, t. 2, quest. 922; Thomine, t. 1er, p. 410.

399. — Le tribunal ne serait pas dans la nécessité de choisir les experts parmi des personnes professant l'art de l'écriture; car il n'y a plus maintenant d'experts écrivains en titre d'office. — Delaporte, t. 1er, p. 329; Carré et Chauveau, t. 2, quest. 923; Demiau, p. 178; Thomine, t. 1er, p. 409. — V. EXPERTISE.

400. — L'art. 1319, C. civ., porte que, lorsqu'une inscription de faux a été formée contre un acte authentique, les tribunaux peuvent, suivant les circonstances, suspendre l'exécution de cet acte. Il résulte de ce texte que lors du jugement qui statue sur les moyens de faux comme à toute autre période de la procédure le tribunal peut ordonner cette suspension. — Carré et Chauveau, t. 2, quest. 924.

401. — Les juges ne sont pas liés par l'avis des experts. Il faut en effet appliquer ici l'art. 323, C. procéd. — Delaporte, t. 1er, p. 230; Favard, t. 2, p. 563; Carré et Chauveau, t. 2, quest. 925.

Sect. 3e. — *Enquête; expertise; récusations; jugement sur le faux; amende.*

§ 1er. — *Enquête.*

402. — En procédant à l'audition des témoins on observe les formalités prescrites pour les enquêtes; les pièces prétendues fausses leur sont représentées et sont paraphées par eux, s'ils peuvent ou veulent les parapher, sinon il en est fait mention. — A l'égard des pièces de comparaison et autres qui doivent être représentées aux experts, elles peuvent l'être aussi aux témoins en tout ou en partie, si le juge-commissaire l'estime convenable, auquel cas elles sont par eux paraphées ainsi qu'il est ci-dessus prescrit. — Art. 234.

403. — Les formalités prescrites par la loi pour les enquêtes sont donc appliquées par l'art. 234 à celles qui sont ordonnées en matière de faux incident. En outre, cet article consacre une règle toute particulière en exigeant que les pièces arguées soient représentées aux témoins et en donnant au juge-commissaire la faculté de leur donner connaissance des pièces de comparaison et de provoquer leurs explications, s'il y a lieu, relativement à ces pièces. — Carré, sur l'art. 234, prélim.

404. — Jugé cependant que l'acte argué de faux ne doit pas, sous peine de nullité de l'enquête, être paraphé par les témoins entendus. — *Bruxelles*, 12 mai 1824, Bertrand c. Marin; *Bordeaux*, 10 (et non 26) janv. 1834, Babin c. Charlot.

405. — ... Alors surtout qu'il en a été dispensé par la partie qui en soutient la fausseté. — *Bordeaux*, 10 (et non 26) janv. 1834, Babin c. Charlot.

406. — Ces arrêts doivent être approuvés. On ne peut créer une nullité que ne prononce pas l'art. 234. — Pigeau, *Comm.*, t. 1er, p. 468; Chauveau sur Carré, t. 2, quest. 927 *ter*.

407. — Cependant Carré (sur l'art. 234, quest. 929), Delaporte (t. 1er, p. 231), et les auteurs du *Comm.* inséré aux *Annales du notariat* (t. 2, p. 60 et 62), estiment que la représentation des pièces aux témoins et le paraphe qu'ils doivent y apposer constituent des formalités tellement rigoureuses que si elles n'étaient pas observées le défendeur pourrait faire rejeter la déposition des témoins.

408. — Toutes les nullités qui sont prononcées par les articles du Code de procédure qui régissent les enquêtes pourraient être invoquées, selon les circonstances, dans celles qui ont lieu en matière de faux incident. C'est une conséquence nécessaire du renvoi fait au titre des enquêtes par l'art. 234. — Pigeau, *Comm.*, t. 1er, p. 467; Chauveau, sur Carré, t. 2, quest. 927 *bis*.

409. — Néanmoins, M. Thomine (t. 1er, p. 413) estime que les règles des enquêtes ne sont pas dans ce cas prescrites à peine de nullité. Il se fonde sur la différence de rédaction que présentent l'art. 234 au titre du faux incident, et l'art. 212 au titre de la vérification d'écriture, en ce que le premier de ces articles parle des *formalités* des enquêtes, tandis que l'autre renvoie aux *règles* de ces procédures.

410. — Une question grave et qui a été longtemps controversée est celle de savoir si les témoins instrumentaires d'un testament peuvent être entendus dans une enquête en matière de faux incident, alors que le demandeur offre de prouver par leurs dépositions que les faits attestés par le notaire et par ces témoins eux-mêmes sont faux.

411. — Avant le Code de procédure plusieurs jurisconsultes tenaient pour certain qu'on ne peut admettre les témoins instrumentaires à dire le contraire de ce que mentionne l'acte. — Domat, *Lois civ.*, liv. 3, tit. 6, sect. 2e, n° 7; Favre, Cod., *ad. leg. Corn.*, *De falsis.*; Nouveau Denisart, v° *Faux*, t. 8, p. 458. Merlin (*Quest. de dr.*, v° *Témoin*, § 3, p. 179), est de cet avis. — La même doctrine avait été adoptée par un certain nombre d'arrêts. — *Parlem. Paris*, 19 fév. 1659; 7 avr. 1664; 16 juin 1745; 31 août 1779; fév. 1786; *Dijon*, 30 août 1726; 15 mai 1756; 11 août 1759; *Aix*, 16 juin 1753; — Bioche, n° 171.

412. — C'est en ce sens qu'il a été jugé, même depuis le Code de procédure, que lorsque les moyens de faux sont fondés sur ce que les témoins instrumentaires n'ont pas assisté à la rédaction entière de l'acte, ce fait ne peut être prouvé par leur déposition même. — *Riom*, 17 mars 1819, Giraudet c. Bardet.

413. — ... Et que la preuve testimoniale contraire aux énonciations d'un acte authentique est prohibée, en sorte que l'on ne peut être admis, en matière de faux incident, à prouver des faits qui ne seraient que la dénégation de ceux attestés par l'acte attaqué. — *Agen*, 31 août 1837 (t. 2 1838, p. 649), Mazières c. Feutrier.

414. — La même doctrine est adoptée, mais d'une manière moins absolue, par d'autres arrêts, décidant que les dépositions des témoins instrumentaires ne peuvent seules prouver la fausseté de l'acte attaqué par la voie du faux incident; que ces dépositions ne peuvent être admises que comme complément de preuves. — *Douai*, 9 déc. 1828, Carpentier c. Boucher; *Colmar*, 21 nov. 1829, Biedermann.

415. — ... Que lorsqu'un testament public porte qu'il a été dicté au notaire en présence des témoins, on n'est pas recevable à prouver, par une enquête dans laquelle on déclare n'avoir à faire entendre que les témoins instrumentaires eux-mêmes, que le testament n'a pas été dicté en leur présence; que dans ce cas, les juges doivent rejeter *de plano* la preuve du moyen de faux, au lieu de l'admettre d'abord, sauf à discuter ensuite la valeur des témoignages. — *Toulouse*, 26 mai 1829, Blavignac c. Lafage.

416. — ... Et qu'un acte authentique ne peut être déclaré faux sur la simple déposition des deux témoins instrumentaires, qu'ils n'étaient point présents à sa rédaction et qu'ils ne l'ont signé qu'après coup, lorsque l'acte même énonce le contraire. — Que du moins l'arrêt qui le décide ainsi ne viole aucune loi. — *Cass.*, 17 déc. 1818, Huisse c. Condart.

417. — Mais la thèse contraire a prévalu et il est actuellement de jurisprudence que la fausseté des faits énoncés dans un testament notarié peut être prouvée, même par la déposition des témoins instrumentaires; *Caen*, 15 janv. 1823, Lévêque c. Noyer et Denis; *Cass.*, 29 juill. 1807, Grimaldi c. Péland; *Bruxelles*, 12 mai 1824, Bertrand c. Marin; *Cass.*, 21 nov. 1812, Salomon; 12 juill. 1825, Vigneron et Noyer c. Desprez; *Angers*, 21 mars 1815, hospice d'Ernée c. Lefoulon; *Pau*, 23 déc. 1836 (t. 1er 1837, p. 578), Laserre c. Saint-Martin; *Cass.*, 23 nov. 1812, Salomon c. Gfelt.

418. — Spécialement, les témoins instrumentaires d'un testament peuvent être entendus dans une inscription de faux incident qui vient à s'élever sur la vérité de ce testament, sauf à avoir à leurs dépositions tel égard que de raison. — *Paris*, 11 avr. 1832, Barbiat c. Remi Gaillard. — V. aussi *Colmar*, 5 août 1837 (t. 2 1840, p. 298), Laurent c. Vonné et Schiélé.

419. — Les témoins instrumentaires d'un acte authentique, par exemple d'un testament, contre lequel est dirigée une inscription de faux, peuvent être admis en témoignage dans l'enquête dont le but est de vérifier s'il est vrai que le testateur a dicté son testament, et si les témoins ont assisté à l'entière confection de l'acte, sauf aux magistrats à apporter une grande réserve dans l'appréciation de ces dépositions. — *Toulouse*, 2 juin 1842 (t. 1er 1843, p. 744), Debent c. Roque et Feutrier.

420. — Les témoins instrumentaires peuvent prouver le fait que le testateur n'a exprimé sa volonté et fait connaître ses dispositions que par des monosyllabes proférés en réponse aux interpellations du notaire, et le testament peut être annulé malgré l'énonciation qu'il a été dicté au notaire par le testateur. — *Cass.*, 12 mars 1838 (t. 1er 1838, p. 400), Lasserre c. Saint-Martin.

421. — On ne peut qu'approuver la voie dans laquelle est entrée la jurisprudence sur ce point. Un témoin ne peut être reproché qu'autant qu'il est reprochable, et aucun article du Code de procédure ne permet de procéder de cette manière contre le notaire qui a reçu un testament ou les témoins qui ont assisté à sa confection. — C. proc., art. 283; — Thomine, t. 1er, p. 418; Carré et Chauveau, t. 2, quest. 926; Boncenne, t. 4, p. 112 à 126; Toullier, *Droit civil*, t. 9, n° 312.

422. — Ainsi, lorsqu'un testament notarié est attaqué pour cause de démence du testateur, le notaire qui l'a reçu et les témoins instrumentaires ne peuvent, à raison de ce fait, être reprochés dans l'enquête tendante à établir la démence, comme ayant donné un certificat sur les faits de la cause. — *Cass.*, 2 fév. 1842 (t. 1er 1842, p. 407), Thiboul.

423. — Les témoins instrumentaires pourraient aussi déposer sur un fait qui résulterait du sens d'une clause insérée dans le testament. — Carré et Chauveau, t. 2, quest. 927.

424. — « Si les témoins représentent quelques pièces lors de leur déposition, elles y seront jointes, après avoir été paraphées, tant par le juge-commissaire que par lesdits témoins, s'ils peuvent ou veulent le faire. Sinon il en sera fait mention, et si lesdites pièces font preuve du faux ou de la vérité des pièces arguées, elles seront représentées aux autres témoins qui en auraient connaissance, et elles seront par eux paraphées suivant ce qui est ci-dessus prescrit. » — Art. 235.

425. — Le procès-verbal du juge-commissaire doit constater la représentation des pièces par les témoins et les paraphes. — Carré et Chauveau, t. 2, quest. 930. — *Comment. inséré aux Ann. du Not.*, t. 2, p. 61.

426. — Les pièces produites par des témoins peuvent être communiquées à tous ceux des autres témoins qui en auraient connaissance sans distinction. Après les mots de l'art. 255, *qui en auraient connaissance*, le projet du Code de procéd. ajoutait : « Et qui seraient entendus depuis la remise desdites pièces. » Mais cette dernière phrase fut supprimée sur l'observation de la section du tribunat, qu'il pourrait arriver soit que les témoins qui produiraient ces pièces seraient entendus les derniers, soit que les témoins précédemment entendus auraient connaissance de ces pièces. — Locré, t. 21, p. 456, n° 125; Bioche, n° 174.

427. — Si la contre-enquête poursuivie par le défendeur donnait la preuve de la fausseté de la pièce par lui produite, de telle sorte que ce fait fût démontré par le résultat de l'audition de ses propres témoins, il ne pourrait se plaindre de ce que le tribunal formant sa conviction à l'aide de cette contre-enquête ordonnerait le rejet de la pièce. Tout ce que peut demander le défendeur, c'est que le tribunal n'autorise pas son adversaire à faire preuve de moyens qui n'auraient pas été déclarés pertinens et admissibles par le jugement qui a ordonné la preuve. — Chauveau, sur Carré, t. 2, quest. 925 *bis*.

428. — L'art. 236, § 2, veut que lorsque les témoins ont joint des pièces à leur déposition, la partie puisse requérir et le juge ordonner qu'elles seront représentées aux experts. Il semble résulter de ce texte que l'enquête doit précéder l'expertise. — Thomine, t. 1er, p. 414; Carré, t. 2, quest. 928; Boncenne, t. 4, p. 128. — Néanmoins M. Chauveau, sur Carré (même quest.) pense que cet ordre n'est pas prescrit à peine de nullité.

429. — Jugé que, lorsqu'une pièce arguée de faux a été déclarée fausse par les experts, on est encore recevable à en prouver par témoins la sincérité, et que cette preuve peut être proposée en cause d'appel, quoiqu'elle ne l'ait pas été en première instance. — *Rouen*, 6 frim. an XIV, Pestel c. Hébert.

430. — Mais la partie qui a été admise à prouver la fausseté d'un testament olographe, tant par experts que par témoins, ne peut, après avoir procédé à l'expertise, procéder à l'enquête si elle a laissé passer le délai fixé pour faire enquête. — *Liége*, 8 juill. 1811, Carlier c. Mérotte.

§ 2. — *Expertise.*

431. — « La preuve par experts, porte l'art. 236, se fera en la forme suivante : 1° Les pièces de comparaison seront convenues entre les parties ou indiquées par le juge, ainsi qu'il est dit à l'art. 200, titre de la vérification des écritures; — 2° seront remis aux experts, le jugement qui aura admis l'inscription de faux; les pièces prétendues fausses; le procès-verbal de l'état d'icelles; le jugement qui aura admis les moyens de faux et ordonné le rapport d'experts; les pièces de comparaison, lorsqu'il en aura été fourni; le procès-verbal de présentation d'icelles; et le jugement par lequel elles auront été reçues; les experts mentionneront dans leur rapport la remise de toutes les pièces susdites, et l'examen auquel ils auront procédé, sans pouvoir en dresser aucun procès-verbal; ils parapheront les pièces prétendues fausses. — Dans le cas où les témoins auraient joint des pièces à leur déposition, la partie pourra requérir et le juge-commissaire ordonner qu'elles seront représentées aux experts; — 3° seront, au surplus, observées audit rapport, les règles prescrites au titre de la vérification des écritures. »

432. — L'art. 236 ne renvoie qu'à l'art. 200 du titre de la vérification d'écriture. Il ne faudrait pas en conclure que cet art. 200 doive seul, de tout ce titre, s'appliquer aux expertises que nécessite le faux incident. Ainsi, par exemple, les règles tracées par les art. 201 et suiv. pour l'apport et l'envoi des pièces par leurs dépositaires, sont applicables à ces expertises. — *Comm. inséré aux Annales du notariat*, t. 2, p. 66; Carré et Chauveau, t. 2, quest. 932; Thomine, t. 1er, p. 415; Demiau, p. 179.

433. — Le procès-verbal de représentation des pièces dont parle l'art. 236, n° 2, est celui qui, aux termes de l'art. 203 constate la remise des pièces au greffier par le dépositaire. — Pigeau, t. 1er, p. 348.

434. — Le jugement qui aura reçu les pièces de comparaison doit aussi être remis aux experts. En parlant de jugement, l'art. 236, § 2, semble exiger que les pièces de comparaison ne soient reçues que par le tribunal, à la différence de ce qui a lieu en matière de vérification pure et simple où le juge-commissaire paraît avoir le droit de les recevoir par une ordonnance.

435. — Pigeau (*Comm.*, t. 1er, p. 343), s'attachant aux termes de l'art. 236, est d'avis qu'une simple ordonnance du juge-commissaire serait insuffisante pour la réception des pièces, et qu'il faut dans tous les cas un jugement du tribunal.

436. — MM. Delaporte (t. 1er, p. 223), Lepage (*Quest.*, p. 178), Favard (t. 2, p. 564), Demiau (p. 180), Carré et Chauveau (t. 2, quest. 934), Thomine (t. 1er, p. 415) et les auteurs du *Commentaire* inséré aux *Annales du notariat* (t. 2, p. 66 et 67), pensent au contraire qu'en parlant de jugement, l'art. 236 s'est servi d'une expression générique qui comprend les ordonnances du juge-commissaire. Ils se fondent sur les termes de l'ordonn. de 1737, tit. 1er, art. 19, et tit. 2, art. 36 et 39 qui autorisait la réception des pièces par ordonnance du juge-commissaire et sur l'esprit du Code de procéd., qui est de se conformer autant que possible aux dispositions de l'ordonnance. — Bioche, n° 184.

437. — Le juge-commissaire pourrait, s'il le jugeait convenable, ordonner d'office et en l'absence de toute réquisition de la partie intéressée, que les pièces jointes par les témoins à leur déposition fussent représentées aux experts. En cas de difficulté, il devrait en référer au tribunal qui statuerait. — Thomine, t. 1er, p. 415; Carré et Chauveau, t. 2, quest. 935; *Comm. inséré aux Annales du notariat*, t. 2, p. 68; Bioche, n° 185.

438. — Les experts nommés pour constater le faux matériel sur une pièce incriminée peuvent recourir à des pièces de comparaison, encore qu'ils n'aient à se prononcer que sur des grattages et surcharges d'un paraphe. — *Paris*, 23 janv. 1811, Degestas.

§ 3. — *Récusation.*

439. — « En cas de récusation, soit contre le juge-commissaire, soit contre les experts, il y sera procédé ainsi qu'il est prescrit aux titres 14 et 16 du présent livre (liv. 2, part. 1re, C. procéd. civ.). » — Art. 237. — V. RÉCUSATION.

440. — Lorsqu'une récusation est proposée soit contre le juge-commissaire, soit contre les experts, la procédure de faux incident est nécessairement suspendue jusqu'à ce qu'il ait été statué sur la récusation. — Carré, sur l'art. 237, n° 193.

§ 4. — *Jugement sur le faux. — Amende.*

441. — « Lorsque l'instruction sera achevée, le jugement sera poursuivi sur un simple acte. » — Art. 238.

442. — Lorsque les opérations prescrites par le tribunal ont eu lieu, l'affaire revient à l'audience. Le tribunal apprécie, par la discussion à laquelle on se livre devant lui, si le demandeur rapporte la preuve des faits par lui allégués, et il décide sur la fausseté ou la sincérité de la pièce.

443. — La partie qui suit l'audience, après l'achèvement de l'instruction, doit signifier à son adversaire copie du rapport des experts, du procès-verbal d'enquête et de celui de contre-enquête. — Chauveau, sur Carré, t. 2, quest. 936.

444. — Mais la partie poursuivante doit-elle s'abstenir de signifier aucune requête pour développer les moyens qu'elle entend faire valoir pour le jugement définitif? — Lepage (*Quest.*, p. 190), Carré (sur l'art. 238, quest. 936), Favard (t. 2, p. 564), et

M. Carré, président du tribunal de Tours (*Comment. du tarif* (1838), p. 104, n° 189) estiment que de pareilles écritures, de même que celles qui seraient signifiées en réponse, devraient être rejetées de la taxe.

445.—MM. Chauveau sur Carré (t. 2, même question), Thomine-Desmazures (t. 1er, p. 415), et les auteurs du *Comment.*, inséré aux *Annales du not.* (t. 2, p. 70) pensent, au contraire, que la gravité de l'affaire autorise les parties à signifier une requête contenant les moyens de défense. Ils font observer qu'on ne pourrait considérer les écritures signifiées avant le jugement qui a ordonné la preuve comme suffisantes pour l'instruction de l'affaire, puisque, dans ces écritures, il n'était question que de l'admissibilité des moyens de faux.

446.—La première de ces deux opinions nous paraît seule admissible en présence des dispositions si différentes et conséquemment si significatives des art. 229 et 230, C. procéd., qui prescrivent aux parties de se signifier réciproquement les moyens de faux; et, la réponse de l'art. 238 qui, loin d'autoriser aucune signification, porte formellement qu'après l'achèvement de l'instruction, l'audience sera poursuivie *sur un simple acte*, — et le doute, s'il en pouvait rester encore, cesserait complètement par l'examen attentif des principales corrélations du tarif, dont les art. 70 et 76 n'accordent d'émolument pour aucun acte spécial postérieur à l'instruction sur le faux incident, tandis que les art. 15, 16 et 75 n'autorisent la signification d'une requête grossoyée et de sa réponse en matière de faux incident, que pour exposer et développer les moyens du faux. — Il faut donc, selon nous, tenir pour certain qu'aucune signification de requête ou conclusions n'est autorisée après l'enquête et l'expertise faites en matière de faux incident, et que si, par quelque raison que ce soit, une des parties croit utile d'en signifier, elle ne peut le faire qu'à ses frais.

447.— Le jugement qui statue sur l'inscription de faux peut ordonner soit la suppression, soit la lacération, ou la radiation en tout ou en partie, même la réformation ou le rétablissement des pièces déclarées fausses.— Arg., art. 241.

448. — Il y a *lacération* de la pièce fausse lorsqu'elle est détruite.—Boncenne, t. 4, p. 131.

449.—Lorsqu'elle est écrite sur un papier où se trouvent d'autres actes, on se borne à rayer les énonciations fausses.— *Ibid.*

450. — On prononce la *réformation* de la pièce lorsqu'on ordonne que ce qui a été transposé sera remis à sa place, que ce qui a été omis sera écrit, et que le texte véritable sera restitué. — *Ibid.*

451. — Le *rétablissement* de la pièce consiste à écrire de nouveau une disposition qui a été effacée. — *Ibid.*

452.—Le greffier, pour sa décharge, dresse procès-verbal de l'opération en marge de l'acte de dépôt de la pièce.—Thomine, art. 241 ; Bioche, n° 199.

453.—Mais, dans ces divers cas, il doit, aux termes de l'art. 241, être sursis à l'exécution de ce chef du jugement, tant que le condamné sera dans le délai de se pourvoir par appel, requête civile ou cassation, ou qu'il n'aura pas formellement et valablement acquiescé au jugement. »

454.—Le délai pour se pourvoir par voie de requête civile ne court contre les mineurs qu'après la signification du jugement qui leur est faite après leur majorité.—C. proc., art. 484.—Si le jugement, dont parle l'art. 241, était rendu contre des mineurs, ce n'est donc qu'après l'expiration de ce délai que la pièce déclarée fausse, en tout ou en partie, pourrait être lacérée, reformée, etc. — Delaporte, t. 1er, p. 240 ; Carré et Chauveau, t. 2, quest. 944 ; Thomine, t. 1er, p. 421 ; Bioche, n° 201.

455.—Pigeau (*loc. cit.*) et M. Chauveau (sur Carré, t. 2, quest. 944 *bis*) pensent, avec raison, que les opérations ainsi ordonnées ne pourraient avoir lieu sans que le défendeur y fût appelé, car il peut y avoir des observations à faire sur la manière dont il doit y être procédé, et, dans tous les cas, il doit avoir le moyen de justifier qu'il est dans les délais pour se pourvoir contre le jugement.

456. — Lorsqu'un acte sous seing-privé opposé au demandeur auquel on l'attribue, a été par lui attaqué par voie d'inscription de faux au lieu de l'être par simple méconnaissance d'écriture et de signature, les jugemens préparatoires admettant l'inscription, et, par suite, ordonnant une instruction, ne font pas obstacle à ce que le jugement définitif, au lieu de déclarer l'acte faux, se borne à le déclarer inopposable au demandeur, comme n'émanant pas de lui. — En conséquence, le défendeur ne peut se plaindre devant la cour de Cassation de ce qu'il n'y a pas eu de déclaration de faux; car ce défaut de déclaration, loin de lui faire grief, lui est, au contraire, favorable. — *Cass.*, 29 mars 1841 (t. 2 1841, p. 177), Douley c. Gelée.

457.—Si la poursuite du faux avait été renvoyée au criminel, les chefs de condamnation, dont parle l'art. 241, ne pourraient recevoir leur exécution qu'après le jugement du faux principal. —Pigeau, *Comm.*, t. 1er, p. 478.

458.—Ce jugement statue également, ainsi qu'il appartiendra, sur la remise des pièces, soit aux parties, soit aux témoins, qui les auront fournies ou représentées; ce qui aura lieu même à l'égard des pièces prétendues fausses, lorsqu'elles ne seront pas jugées telles : à l'égard des pièces qui auront été tirées d'un dépôt public, il sera ordonné qu'elles seront remises aux dépositaires ou renvoyées par les greffiers de la manière prescrite par le tribunal; le tout, sans qu'il soit rendu séparément un jugement sur la remise des pièces, laquelle néanmoins ne pourra être faite qu'après le délai prescrit par l'art. 241 (délai d'appel, requête civile ou cassation). — Art. 242.

459. — Si le tribunal n'avait rien statué quant à la remise des pièces, il faut distinguer entre le cas où elle aurait été demandée par les parties dans leurs conclusions et celui où les conclusions seraient muettes à cet égard. Dans le premier cas on ne peut se pourvoir contre le jugement que par appel ou par requête civile, selon qu'il est en premier ou en dernier ressort. Dans la seconde hypothèse, les témoins ou les dépositaires pourraient former directement une demande distincte pour faire statuer sur la remise des pièces. — Pigeau, *Comm.*, t. 1er, p. 479; Chauveau, sur Carré, t. 2, quest. 944 *ter*.

460. — « Il sera sursis pendant ledit délai à la remise des pièces de comparaison ou autres, à moins qu'il en soit autrement ordonné par le tribunal, sur la requête des dépositaires desdites pièces ou des parties qui auraient intérêt à la demander. » — Art. 243.

461. — L'art 243 a pour but d'éviter les retards et les frais d'un second apport des pièces, en cas d'appel, de requête civile ou de pourvoi en cassation.—Carré, sur cet article, prélim.

462. — Lorsque les pièces n'ont été jugées fausses ou falsifiées qu'en partie, et que la réformation ou le rétablissement en a été ordonné, elles peuvent être rendues aux personnes qui les ont produites, mais ces personnes ne peuvent en faire usage que pour la partie de leur contexte qui n'aura pas été déclarée fausse. — Carré, sur l'art. 242, prélim.

462. — Le tribunal peut, en vertu de l'art. 243, ordonner la remise aux parties elles-mêmes et aux témoins des pièces par eux produites avant l'expiration du délai. Les expressions de cet article : « des pièces de comparaison *ou autres*, » conduisent à cette conséquence, et sous ce rapport il paraît modifier l'art. 242. L'art. 67 du tit. 1er de l'ord. de 1737 permettait aussi au tribunal d'ordonner la remise de toutes les pièces avant que les délais fussent expirés. — Boncenne, t. 4, p. 134; Carré et Chauveau, t. 2, quest. 945 ; Bioche, n° 206; *Comm. inséré aux Annales du Not.*, t. 2, p. 80 et 81. — Cependant Delaporte (t. 1er, p. 241) est d'un avis contraire.

464. — Les frais de la remise des pièces doivent être supportés dans tous les cas par celui qui a succombé dans l'instance d'inscription de faux, puisque ces frais se rattachent à cette instance. Cependant, si une partie ou un tiers demandait la remise d'une pièce avant l'expiration des délais, et que cette réclamation fût repoussée par le tribunal faute de justification d'un intérêt suffisant, la personne qui aurait fait cette demande en supporterait les frais, sauf à celui qui aurait été condamné aux dépens de l'incident de faux à supporter les frais de la remise de la pièce après les délais. — Carré et Chauveau, t. 2, quest. 946; Thomine, t. 1er, p. 422. — *Contrà* Delaporte, t. 1er, p. 241.

465. — Si le tribunal avait omis de statuer sur la remise des pièces ou s'il avait sursis à cette remise, la demande formée par les témoins ou par les dépositaires, pour y faire statuer en ce qui les concernerait, devrait être signifiée sous forme d'assignation. Une semblable demande faite par les parties pourrait être formée par acte d'avoué à avoué, si l'année, à partir du jugement, n'était pas expirée (C. procéd. art. 1038). Après l'année, il faudrait procéder par voie d'assignation.—Pigeau, *Comm.* (t. 1er, p. 479 et 480); Carré sur Chaveau, t. 2, quest. 946 *bis*.

466. — Il a été jugé que lorsqu'une cour d'assises a ordonné que des pièces arguées de faux seraient rendues à un accusé renvoyé de la plainte, dans la supposition qu'elles avaient été déposées par lui, les tribunaux ordinaires peuvent ordonner qu'elles seront restituées à celui qui s'en trouvait dépositaire en vertu d'un jugement non attaqué. —*Paris*, 23 sept. 1818, Michel c. Reynier.

467. —« Il est enjoint aux greffiers de se conformer exactement aux articles précédens, en ce qui les regarde, à peine d'interdiction, d'amende, qui ne pourra être moindre de cent francs, et des dommages-intérêts des parties, même d'être procédé extraordinairement, s'il y échet. »— Art. 244.

468. — « Pendant que lesdites pièces demeureront au greffe, les greffiers ne pourront délivrer aucune copie ni expédition des pièces prétendues fausses, si ce n'est en vertu d'un jugement; à l'égard des actes dont les originaux ou minutes auront été remis au greffe, et notamment des registres sur lesquels il y aurait des actes non argués de faux, lesdits greffiers pourront en délivrer des expéditions aux parties qui auront droit d'en demander, sans qu'ils puissent prendre de plus grands droits que ceux qui seraient dus aux dépositaires desdits originaux ou minutes, et sera le présent article observé, sous les peines portées en l'article précédent. — S'il a été fait par les dépositaires des minutes desdites pièces des expéditions pour tenir lieu desdites minutes, en exécution de l'art. 203, au titre des vérifications des écritures, lesdits actes ne pourront être expédiés que par les dépositaires. » — Art. 245.

469. — Les greffiers ne sont pas des agens du gouvernement; aussi la partie ou le tiers qui exercerait des poursuites contre eux, dans les termes des art. 244 et 245, ne serait pas obligé d'obtenir préalablement l'autorisation du conseil d'état, conformément à l'art. 75 de la constitution du 22 frim. an VIII. — *Cass.*, 26 déc. 1807, Zolezzi ; — Favard, t. 2, p. 505 ; Thomine, t. 1er, p. 484 ; Carré et Chauveau, t. 2, quest. 947 ; Merlin, *Rép.*, v° *Garantie des fonctionnaires.*

470. — Si la loi ne permet aux greffiers de délivrer expédition des pièces arguées de faux qu'en vertu d'un jugement, c'est parce que tant que ces pièces sont au greffe, c'est-à-dire tant qu'il n'y a pas de jugement définitif ou qu'il reste une voie pour attaquer le jugement, ces pièces peuvent être déclarées fausses. — Carré, sur l'art. 245, prélim.

471. — Quant aux actes non suspects les greffiers peuvent en délivrer expédition. Cependant, ils n'auraient pas ce droit si le dépositaire naturel de ces actes avait eu soin, avant de s'en dessaisir, d'en faire une copie collationnée par le président du tribunal suivant les formes prescrites en matière de vérification d'écriture.

472. — Le jugement qui autorise le greffier à délivrer expédition d'une pièce arguée de faux doit ordonner que la copie ou l'expédition fera mention de l'inscription de faux et du jugement qui aura prononcé sur cet incident. — Thomine, t. 1er, p. 424; Carré et Chauveau, t. 2, quest. 948; Pigeau, *Comment.*, t. 1er, p. 350 et 482.

473. — Le greffier doit donner expédition de l'acte dont il est dépositaire aux parties intéressées en nom direct, héritiers ou ayant-droit conformément à l'art. 839, C. procéd. En cas de refus de sa part, on pourrait procéder contre lui conformément à cet article, c'est-à-dire, l'assigner en vertu d'une ordonnance du président pour le faire condamner par corps à délivrer l'expédition. Il n'y a d'exception à cette règle que dans le cas où, d'après l'art. 245, le greffier ne peut tirer expédition de l'acte qu'en vertu d'un jugement du tribunal. — Serpillon, sur l'art. 69, tit. 1er, ord. 1737 ; Boncenne, t. 4, p. 135 ; Carré et Chauveau, t. 4, quest. 949; Demiau, p. 182.

474. — « Le demandeur en faux qui succombe doit être condamné à une amende qui ne peut être moindre de 300 fr., et à tels dommages-intérêts qu'il appartiendra. » — Art. 246.

475. —« L'amende sera encourue toutes les fois que l'inscription de faux ayant été faite au greffe, et la demande à fin de s'inscrire admise, le demandeur s'en sera désisté volontairement ou aura succombé, ou que les parties auront été mises hors de procès, soit par le défaut de moyens ou de preuves suffisantes, soit faute d'avoir satisfait de la part du demandeur, aux diligences et formalités ci-dessus prescrites; ce qui aura lieu en quelques termes que la prononciation soit conçue, et encore que le jugement ne portât pas condamnation d'amende, le tout quand même le demandeur offrirait de poursuivre le faux par la voie extraordinaire. » — Art. 247.

476. — Dans ce cas, le receveur de l'enregistrement peut poursuivre contre ledit demandeur le paiement de l'amende que prononce l'art. 246 : l'art. 247 s'explique de la manière la plus formelle à cet égard. — Carré et Chauveau, t. 2, quest. 950; Boncenne, t. 4, p. 189.

477. — L'art. 247 dispose que l'amende sera encourue par le demandeur *par le défaut de moyens* ou de preuves suffisantes, ce qui indiquerait qu'il

n'en est passible que lorsque les moyens de faux n'ont pas été signifiés. Cependant, cette disposition doit s'entendre aussi du cas où les moyens proposés n'ont pas été admis par le tribunal ou ont été rejetés par lui. C'est ce qui résulterait, au surplus, de l'art. 248, qui ne comprend pas le défaut d'admission ou le rejet des moyens de faux parmi les cas où l'amende n'est pas encourue. — Demiau, p. 183 ; Carré et Chauveau, t. 2, quest. 954; Pigeau, *Comment.*, t. 1er, p. 486 ; Thomine, t. 1er, p. 426.

478. — Décidé, par application des art. 246 et 247, que l'amende prononcée, en matière d'inscription de faux, par cet article, est encourue lorsque, après l'inscription de faux faite au greffe et le jugement d'admission, le demandeur succombe. — *Bourges*, 22 janv. 1842 (t. 2 1842, p. 753.), Ricard c. Ramon.

479. — La cour de Cassation a jugé que l'amende prononcée par l'art. 246, C. procéd., est encourue par celui qui succombe dans toute inscription de faux, soit qu'elle ait été formée au civil ou au criminel, soit qu'elle l'ait été par voie principale ou par voie incidente, et notamment contre un procès-verbal dressé en matière de contributions indirectes. — *Cass.*, 8 fév. 1845 (t. 1er 1845, p. 602), Quignon.

480. — Favard de Langlade (t. 2, p. 556) et Pigeau (*Comment.*, t. 1er, 485) enseignent le premier explicitement et le second implicitement que, si pendant l'instance de faux incident il avait été fait des poursuites de faux principal terminées par une condamnation criminelle, le demandeur en faux incident ne serait passible d'aucune amende.

481. — Tel n'était pas l'avis de Carré (sur l'art. 247, quest. 955), qui pensait qu'en présence du texte des art. 246 et 247, on ne peut faire aucune distinction, dès lors que le demandeur succombe au civil.

482. — Quant à M. Chauveau, sur Carré (t. 2, même quest.), il estime que l'amende ne serait pas encourue si le demandeur en faux s'était porté partie civile devant la juridiction criminelle; car, dit-il, il ne serait ni juste ni raisonnable de faire porter la peine de la témérité à celui qui, par une voie ou par une autre, a obtenu un plein succès.

483. — Le désistement du demandeur produit son effet dès qu'un jugement fondé sur ce fait a déclaré la pièce véritable et c'est depuis ce jugement que l'amende est dès-lors encourue : elle le serait encore cependant si, avant tout jugement, le désistement avait été accepté par la partie adverse. — Chauveau, sur Carré, t. 2, quest. 955 *bis*; Pigeau, *Comment.*, t. 1er, p. 484.

484. — « Mais l'amende n'est pas encourue lorsque la pièce ou une des pièces arguées de faux a été déclarée fausse en tout ou en partie, ou lorsqu'elle a été rejetée de la cause ou du procès, comme aussi lorsque la demande à fin de s'inscrire en faux n'a pas été admise; et ce, de quelques termes que les juges se soient servis pour rejeter ladite demande, ou pour n'y avoir pas d'égard. » — Art. 248.

485. — Jugé que, lorsque la demande en inscription de faux est déclarée inadmissible comme non concluante au fond, le demandeur n'est point passible de l'amende. — *Turin*, 7 fév. 1809, Rocca.

486. — Il en est de même lorsque le jugement qui avait admis l'inscription de faux incident a été rapporté par suite d'une tierce-opposition. — *Limoges*, 12 fév. 1835, Jaloux c. Mauby.

487. — Décidé avec raison que le demandeur en inscription de faux ne doit pas être condamné à l'amende, quoiqu'il succombe dans sa demande, si l'acte argué de faux rejeté du procès comme n'ayant pas les caractères d'authenticité voulus, reste certain d'ailleurs, et si les poursuites en inscription de faux se sont arrêtées. — *Bruxelles*, 4 fév. 1808, N...

488. — En ce qui concerne les dommages-intérêts, nous croyons avec M. Chauveau, sur Carré (t. 2, quest. 951), et contrairement au sentiment de Carré lui-même, sur cette question, que le tribunal n'est pas tenu d'en accorder au défendeur s'il résulte des circonstances que la procédure de faux incident ne lui a pas causé de préjudice. Il est de principe, en effet, qu'en matière de dommages-intérêts, les tribunaux ont un pouvoir discrétionnaire.

489. — Jugé que, lorsque celui qui agit en paiement d'une certaine somme s'est inscrit en faux contre une quittance produite par le défendeur, et que cette pièce est reconnue fausse, les dommages-intérêts dus au demandeur en faux incident, doivent, en ce cas, consister uniquement dans la condamnation aux intérêts de la somme demandée. — *Bruxelles*, 4 janv. 1827, R... c. B....

490. — Jugé que l'inscription de faux dirigée contre un acte notarié peut devenir, pour le notaire qui l'a reçu, le fondement d'une action en dommages-intérêts; que toutefois, l'exercice de cette action doit être suspendu tant que l'instance en faux n'est pas terminée. — *Angers*, 25 av. 1822, Bottu c. Gasse.

491. — L'art. 247 est muet sur le pouvoir qu'aurait le tribunal d'allouer des dommages-intérêts dans les diverses hypothèses qu'il prévoit ; néanmoins ce droit lui appartient incontestablement. Il apprécie, d'après les circonstances de la cause, s'il y a lieu de condamner le demandeur à en payer à son adversaire. — Demiau, p. 183 ; Carré et Chauveau, t. 2, quest. 953.

492. — Il a été décidé qu'une partie qui s'est inscrite en faux ne doit pas être condamnée à des dommages-intérêts, si elle s'est désistée de son inscription avant toute poursuite. — *Rennes*, 26 juill. 1820, Defonds c. N....

493. — Dans les hypothèses prévues par l'art. 248, il semble que le demandeur, bien qu'affranchi de tout paiement d'amende, peut être condamné à des dommages-intérêts, puisqu'il est de principe général que les tribunaux ont un pouvoir discrétionnaire pour en accorder. Tel est le sentiment de M. Chauveau sur Carré (t. 2, quest. 956). Cependant Carré (même question) et les auteurs du *Comm.*, inséré aux *Annales du not.* (t. 2, p. 95) pensent qu'il est dans l'esprit de cette disposition de refuser ce droit au tribunal.

494. — Pigeau (*Procéd. civ.*, t. 1er, p. 362) pense avec raison que le défendeur pourrait obtenir non-seulement des dommages-intérêts, mais d'autres réparations, comme la suppression des écrits, s'il en a été rédigé, l'impression et l'affiche du jugement. — V. aussi Thomine, t. 1er, p. 426.

495. — Boncenne (t. 4, p. 137) fait observer, sur l'art. 247, qu'on ne comprend pas comment dans une instance de faux incident civil, les deux parties pourraient être mises hors de procès. Ces expressions pouvaient être employées dans l'ordonnance de 1737, dont la partie relative au faux incident paraissait révéler par sa rédaction une préoccupation du faux principal de la part de son auteur ; mais dans le système consacré pour le faux incident par le code de procédure, c'est un non-sens.

496. — Lorsque plusieurs parties ont formé séparément, dans le même procès, plusieurs demandes en faux contre des pièces qui ne sont opposées que distinctement à chacune d'elles, chacune d'elles aussi est tenue de l'amende et des dommages-intérêts. Il en serait autrement si plusieurs parties s'étaient réunies pour faire la même inscription de faux. — Carré et Chauveau, t. 2, quest. 952.

Sect. 4e. — *Conclusions du ministère public.*

497. — « Tout jugement d'instruction ou définitif, en matière de faux, ne peut être rendu que sur les conclusions du ministère public. » — Art. 251.

498. — Les termes de l'art. 251 sont tellement absolus qu'ils ne permettent pas de mettre en doute la nullité dont seraient infectés les jugemens d'instruction ou définitifs qui ne seraient pas précédés des conclusions du ministère public. — *Paris*, 29 avril 1809, Monroy. — Delaporte, t. 1er, p. 246 ; Thomine, t. 1er, p. 430 ; Carré et Chauveau, t. 2, quest. 964 ; Favard, t. 2, p. 566 ; Pigeau, *Procéd. civ.*, t. 1er, p. 344, et *Comm.*, t. 1er, p. 489.

499. — Les jugemens doivent même, également à peine de nullité, faire mention de l'audition du ministère public. — *Turin*, 7 févr. 1809, Rocca.

500. — Néanmoins l'audition du ministère public est suffisamment établie par la mention qui en est faite sur la feuille d'audience. — *Cass.*, 19 nov. 1845 (t. 2 1846, p. 270), Lemesle c. Bruno.

501. — Jugé pourtant que l'arrêt qui, se bornant à rejeter des fins de non-recevoir, autorise une partie à suivre, si bon lui semble, sur la déclaration par elle faite qu'elle entend s'inscrire en faux incident contre *telle pièce du procès*, si l'autre partie persiste à en faire usage, ne doit pas, à peine de nullité, être précédé des conclusions du ministère public. — *Cass.*, 10 avr. 1827, Mathieu c. Braulard. — La cour de Cassation, s'en tenant aux termes de l'art. 251, n'a pas considéré une pareille décision comme un jugement d'instruction.

502. — C'est sans doute par le même motif qu'il a été jugé par la cour de Toulouse qu'en matière d'inscription de faux, il n'est pas nécessaire, à peine de nullité, que le ministère public soit entendu avant ou lors du jugement préparatoire qui ordonne une instruction sur délibéré. — *Toulouse*, 4 fév. 1820, N...

503. — En matière de faux incident, le ministère public n'est que partie jointe. — Ortolan et Ledeau, *Tr. du min. publ.*, p. 297. — Il ne peut donc faire aucun des actes qui n'appartiennent à ses fonctions que lorsqu'il figure comme partie principale.

504. — Ainsi, il ne pourrait se pourvoir par appel ou autrement contre un jugement qui aurait été rendu sans qu'il eût donné de conclusions, sauf à lui à prendre les voies criminelles, s'il le juge convenable. C'est à tort que Pigeau (*Comm.*, t. 1er, p. 490) enseigne que, lorsqu'il y a eu irrégularité dans la procédure, il peut attaquer le jugement. — Chauveau, sur Carré, t. 2, quest. 964 *bis*.

CHAPITRE VI. — *Transactions.*

505. — Les parties peuvent transiger sur la poursuite du faux incident. — C. civ., art. 2046. — Mais, dans ce cas, la transaction ne peut être exécutée aux termes de l'art. 249, C. procéd. civ., si elle n'a été homologuée en justice après avoir été communiquée au ministère public, lequel pourra faire, à ce sujet, telles réquisitions qu'il jugera convenables.

506. — L'art. 249 dit que la transaction sur le faux incident ne pourra être *exécutée* qu'autant qu'elle aura été homologuée par le tribunal. Cette rédaction indique suffisamment que ce n'est pas seulement à partir du jour de l'homologation que la transaction existe à l'état de contrat parfait : dès que les parties sont tombées d'accord d'une manière définitive sur la transaction, le contrat existe. — Boncenne, t. 4, p. 142 ; Mangin, *Action publique*, p. 56, no 30 ; Carré et Chauveau, t. 2, quest. 958 et 959 ; Pigeau, *Comm.*, t. 1er, p. 344.

507. — Aussi a-t-il été décidé avec raison que, bien que l'exécution d'une transaction sur une instance en faux incident ne puisse avoir lieu qu'après l'homologation du tribunal, le contrat n'en subsiste pas moins entre les parties jusqu'à cette homologation, et met fin à leur procès au moment où il est passé entre elles, de telle sorte qu'un tiers ne peut plus intervenir dans l'instance qu'il a terminée. — *Bruxelles*, 12 fév. 1830, Ducoffre et Dufresne c. Lavary et Chaudron.

508. — Boncenne, Pigeau et Mangin (*loc. cit.*) considèrent même l'homologation comme exigée uniquement dans un intérêt d'ordre public, de telle sorte que, dès que la transaction est consentie, tout est consommé quant à l'intérêt privé. Carré (*loc. cit.*) estime cependant que l'une des parties peut faire valoir devant le tribunal des motifs graves pour le déterminer à refuser l'homologation.

509. — Il paraît certain, en effet, que le tribunal peut toujours se refuser à homologuer la transaction, même en ce qui touche l'intérêt civil, et alors que l'intérêt public est sauvegardé par des poursuites criminelles qui seraient intentées par le ministère public. L'art. 249 n'autorise à faire aucune distinction, et c'est à tort que Demiau-Crouzilhac (p. 183) enseigne que dans ce cas l'homologation est *de droit*. — Carré, t. 2, quest. 958.

510. — On s'est demandé si une transaction sur un faux incident consentie avant l'admission de l'inscription, mais après la déclaration faite au greffe, conformément à l'art. 218, est inefficace à défaut d'homologation.

511. — Boncenne (t. 4, p. 145) est d'avis qu'une pareille transaction n'aurait pas besoin d'être homologuée, l'inscription de faux ne pouvant être considérée par elle-même comme un acte de *poursuite*. Cet auteur estime qu'il y a poursuite de faux, comme l'entend la loi, seulement lorsque le demandeur porte l'affaire à l'audience pour faire admettre son inscription.

512. — MM. Carré et Chauveau (t. 2, quest. 957) considèrent, au contraire, l'inscription comme le premier acte de la poursuite du faux. « Il est vrai, dit ce dernier, que le demandeur pourrait se désister de sa déclaration, et que le tribunal se trouverait, par cela même, dessaisi de la connaissance du faux. Mais il n'en est pas d'une transaction comme d'un désistement : se désister c'est reconnaître qu'on a eu tort d'arguer de faux la pièce, c'est la tenir pour vraie ; la transaction, au contraire, ne préjuge rien sur le faux, et même il faut dire que, le plus souvent, on ne transige en pareille matière que quand la pièce est fausse. » — V. aussi Pigeau, *Procéd. civ.*, part. 2, tit. 3, chap. 1er, art. 381, no 8 ; Thomine, t. 1er, p. 428.

513. — En tous cas, une partie ne pourrait opposer, comme fin de non-recevoir à l'inscription de faux contre un acte, une pièce qu'elle qualifie indûment de transaction. — *Colmar*, 30 juill. 1813, Hasenforder c. Hirtz. — Dans l'espèce de cet arrêt, l'acte invoqué ne pouvait arrêter l'inscription de faux, puisque ce n'était pas une transaction ; mais en eût-il été une, il ne l'aurait pas non plus arrêtée, à moins qu'il n'eût porté sur le faux même. — C. civ., art. 2055.

CHAPITRE VII. — *Faux incident devant la cour de cassation.*

514. — L'inscription de faux est recevable devant la cour de Cassation lorsqu'elle est nécessaire pour la preuve d'un moyen de cassation.

515. — Jugé notamment que devant cette cour on peut s'inscrire en faux contre la minute d'un jugement ou d'un arrêt. — *Cass.*, 7 déc. 1818, Brauhauban c. Bonnafon; 25 juin 1825, Bizot Carnaton; 27 juill. 1807, Grimaldy c. Petau; 12 août 1829, de Massa c. comm. de Fourcroy; 24 juin 1840 (1.er 1841, p. 82), Lucas c. Monville; 13 mai 1840 (1. 2 1840, p. 267), Ansiaume c. Teston; 13 juin 1838 (1. 2 1838, p. 418), Constant c. Deschiroux; 15 juill. 1833, Seguin c. Ouvrard.

516. — C'était autrefois un point controversé. Tout ce qu'on peut avancer de plus fort contre l'admission de l'inscription de faux à l'égard de la minute d'un arrêt a été dit par le célèbre Cochin, dans une cause qu'il plaidait à la grand'chambre en 1740, pour le comte de Vauldrex, son client, contre le marquis de Beringhen, qui s'était inscrit en faux contre la minute d'un arrêt du 7 sept. 1667. On peut consulter les œuvres de ce jurisconsulte et l'ancien *Répertoire de jurisprudence*, où les endroits les plus saillans de ce plaidoyer sont rapportés au mot *Inscription de faux*. Cependant le sentiment de Cochin n'a point prévalu; et, par arrêt du 7 sept. 1740, l'inscription de faux a été admise, sur le fondement, dit l'arrêtiste, qu'il n'y a point d'acte contre lequel on ne puisse s'inscrire en faux, et que plus un acte est auguste, plus il est intéressant qu'il ne soit point altéré. Et depuis, cette jurisprudence a été constamment suivie.

517. — Ainsi encore on peut être admis devant la cour de Cassation à s'inscrire en faux incident contre l'arrêt dénoncé, à l'effet de prouver que les motifs qu'il renferme n'ont pas été prononcés à l'audience, mais insérés après coup. — *Cass.*, 28 mai 1830, Sucrus c. Lalligant.

518. — Mais la partie qui a signifié un arrêt est-elle recevable à prendre la voie de l'inscription de faux pour faire tomber une des énonciations de cet arrêt dans laquelle le demandeur en cassation a puisé un moyen? — Cette question, qui s'est élevée lors d'un arrêt de *Cass.*, 13 juin 1838 (1. 2 1838, p. 418), Constant c. Duchiroux) n'a pas été résolue par la cour. Tarbé (p. 440) pense qu'en général on ne peut s'inscrire en faux contre la cour de Cassation contre un arrêt que l'on produit soi-même.

519. — Devant la cour de Cassation les véritables pièces du procès sont la minute du jugement, ou arrêt, ou la feuille d'audience, ou l'expédition qui en est délivrée. C'est contre ces actes seulement qu'on peut s'inscrire en faux. Mais la cour ne pourrait permettre de s'inscrire en faux contre les pièces à l'aide desquelles aurait été rendu contre les pièces à l'aide desquelles aurait été rendu l'arrêt ou le jugement contre lequel le pourvoi aurait été formé. — Pigeau, *Comment.*, t. 1er, p. 448; Merlin, v° *Inscription de faux*, t. 6, p. 144; Chauveau, sur Carré, t. 2, quest. 863 *bis*.

520. — Il est certain, en effet, qu'on ne peut faire valoir devant la cour de Cassation un moyen nouveau, c'est-à-dire demander pour la première fois devant elle une mesure qui aurait pu être ordonnée par les juges ordinaires s'il y avait été conclu devant eux. — Tarbé, p. 226, à la note 1ro.

521. — Il y a cependant des exemples d'inscriptions de faux formées contre des actes antérieurs au jugement attaqué, et notamment des procès-verbaux, ou certificats constatant, en matière d'expropriation pour cause d'utilité publique, l'accomplissement d'une formalité dont l'omission entraînait la nullité de la poursuite. — Tarbé, p. 226 à la note.

522. — L'inscription de faux est recevable en cour de Cassation contre le procès-verbal des débats d'une cour d'assises. — *Cass.*, 18 janv. 1828, Philippe.

523. — Mais l'inscription de faux contre un procès-verbal des débats n'est admissible que lorsqu'elle porte sur des faits dont la preuve établirait qu'il y a eu violation d'un article de loi prescrit à peine de nullité. — *Cass.*, 3 oct. 1822, Berton.

524. — Jugé que la demande en inscription de faux contre le procès-verbal des débats, fondée sur ce qu'un des témoins n'a pas prêté serment avant sa déposition, ainsi que la constate le procès-verbal, ne doit pas être admise alors que, l'accusé n'ayant pas demandé acte de cette irrégularité dans la séance même où elle aurait été commise, et ne l'ayant pas même prouvé après la clôture des débats parmi les faits dont il a demandé acte, son articulation se trouve dénuée de toute espèce de vraisemblance, et l'admission à la preuve par

la voie de l'inscription de faux en serait incertaine et périlleuse. — *Cass.*, 22 janv. 1841 (1. 1er 1842, p. 262), Raynal et Puel. — V. anal. *Cass.*, 30 juin 1838 (1. 2 1838, p. 418), Hubert.

525. — Dans tous les cas, lorsqu'il est constaté par le procès-verbal d'audience que toutes et chacune des parties du débat ont été traduites et transmises à l'accusé par l'interprète qui lui a été donné, il n'y a pas lieu d'admettre l'inscription de faux formée contre ces énonciations, alors que les faits allégués à l'appui de cette inscription de faux, quoique pertinents, ne réunissent pas les caractères de vraisemblance suffisans pour ébranler la foi due à l'acte authentique, et que cette vraisemblance résulte de l'ensemble des énonciations du procès-verbal. — *Cass.*, 30 juin 1838 (1. 2 1838, p. 418), Hubert.

526. — La cour de Cassation a, comme les juridictions ordinaires, le droit d'accueillir ou de rejeter les prétentions de la partie qui veut prendre la voie du faux incident selon qu'elles lui paraissent fondées ou non. — *Cass.*, 25 mai 1830, Sucrus c. Lalligant; 12 août 1819, Démassa c. comm. de Fouleroy; 13 juill. 1808, Crispin c. Leforestier; 13 mai 1840 (1. 2 1840, p. 267), Ansiaume c. Teston.

527. — C'est ainsi qu'il a été jugé par appréciation des faits de chaque affaire : que lorsqu'un arrêt constate qu'il a été rendu publiquement, la simple allégation qu'il aurait été rendu dans la chambre du conseil ne suffit pas pour faire admettre devant la cour de Cassation une inscription de faux tendant à établir qu'il n'y a pas eu de publicité, alors surtout qu'il n'est pas allégué, en outre, que les portes de la salle d'audience fussent fermées, ou qu'un obstacle quelconque s'opposât à la libre entrée du public dans l'endroit où l'arrêt a été rendu. — *Cass.*, 15 juill. 1840 (1. 2 1840, p. 477), Claude c. Millet.

528. — ... Que la partie qui a levé et signifié un arrêt, lequel fait mention de la présence à la prononciation publique qui en a été faite d'un magistrat qui n'a pas assisté aux audiences où la cause a été plaidée, et qui n'a pris aucune précaution pour faire constater que cette présence avait été purement matérielle et n'avait pas été accompagnée d'une participation à la délibération de l'arrêt, ne doit pas être reçue devant la cour de Cassation à s'inscrire contre ledit arrêt par voie de faux incident. — *Cass.*, 18 mai 1840 (1. 2 1840, p. 267), Ansiaume c. Teston.

529. — ... Qu'il n'y a pas faux ni par suite lieu à inscription contre la fin d'une ligne d'un plumitif portant que deux magistrats se sont retirés, quoique mise après coup et écrite d'une encre différente, si elle a été signée par le greffier et le président. — *Cass.*, 13 juill. 1808, Crispin c. Leforestier.

530. — ... Que l'inscription de faux tendant à prouver qu'un arrêt a été rendu sans publicité, par cela seul qu'il a été rendu dans la chambre du conseil, n'est pas admissible alors qu'il est constant que la salle du palais de justice, dite *chambre du conseil*, parce qu'elle a cette destination quand la cour tient ses audiences solennelles, sert également de salle d'audience pour les affaires jugées au rapport, et que dans ce cas elle est accessible à tous. — *Cass.*, 24 juin 1840 (1. 1er 1841, p. 82), Lucas c. Monville.

531. — Que l'inscription de faux permise devant la cour de Cassation contre des arrêts de cours royales ne doit pas être autorisée lorsqu'elle n'est fondée que sur une simple offre de preuves dénuées de toutes circonstances propres à contrebalancer l'autorité de ces arrêts et à détruire au foi qui leur est due, lorsque l'inscription de faux ne serait le résultat ni d'un délit ni d'un quasi-délit et qu'il aurait été facile au plaignant de le faire constater de la manière la plus solennelle. — Spécialement, que l'inscription de faux contre un arrêt dont les motifs n'auraient pas été prononcés à l'audience, mais qui contiendraient une énonciation contraire, ne doit pas être autorisée lorsque le plaignant n'a pas fait constater le prétendu faux soit en demandant acte de la non prononciation des motifs à l'audience, soit en formant opposition aux qualités de l'arrêt. — *Cass.*, 2 juin 1830, Montillet c. comm. de Bressoy.

532. — ... Que bien qu'il soit constaté par la déclaration du greffier que les motifs d'un arrêt n'ont pas été prononcés à l'audience, il y a lieu de la part de la cour de Cassation de rejeter l'inscription de faux contre l'énonciation de ces motifs, portant qu'il a été prononcé en audience publique, lorsque le demandeur en faux, loin de contester cette prononciation, soit en demandant acte du faux contraire, soit en formant opposition aux qualités de l'arrêt, soit de toute autre manière, n'en a pas même fait mention dans sa requête

introductive du pourvoi en cassation et n'a allégué la prétendue non-prononciation des motifs que dans une seconde requête déposée sept mois après que l'arrêt a été rendu. — *Cass.*, 24 nov. 1830, théâtre de Marseille c. ville de Marseille.

533. — Jugé que lorsqu'un demandeur en cassation argue de faux la transaction par laquelle il a renoncé au bénéfice de son pourvoi et que les défendeurs lui opposent comme fin de non-recevoir, il n'y a lieu pour la cour de cassation à sursoir s'il est constant que la transaction n'est pas fausse. — *Cass.*, 21 germin. an XII, Rohard c. Dequehen.

534. — La cour, comme on le voit, peut admettre les inscriptions de faux ou décider qu'elle n'y doit y avoir aucun égard mais après les avoir admises, elle est incompétente pour procéder à leur instruction. — Tarbé, *Manuel de la cour de Cassation*, p. 440; Bioche, n° 234.

535. — C'est ce qui résulte de l'art. 4 du tit. 10 du réglem. de 1738, ainsi conçu : « Si le défendeur déclare qu'il veut se servir de la pièce, il sera rendu arrêt, sur sa requête ou sur celle du demandeur, portant que les parties se pourvoiront aux requêtes de l'hôtel, pour y être ladite pièce arguée de faux, déposée au greffe dans le vingt-quatre heures à compter du jour de la signification dudit arrêt, et être au surplus l'inscription formée et ladit incident instruit et jugé dans la forme prescrite par ladite ordonnance de 1737. Après quoi et le jugement dudit incident rapporté il sera passé outre en conseil au jugement de l'instance principale. » — Tarbé, p. 227.

536. — La requête à laquelle donne lieu les demandes en inscription de faux devant la cour de Cassation est en effet déterminée par l'ordonnance de 1737 dont il a déjà été question et par un règlement du 28 juin 1738.

537. — Nous avons vu que l'ordonnance de 1737, qui lorsqu'elle parut fixa la règle des juridictions ordinaires en matière de faux, dispose sur le faux incident dans son tit. 2.

538. — Le règlement du conseil du 28 juin 1738, que Tarbé (p. 226, à la note) appelle *le Code de procédure de la cour de Cassation*, contient sur le même objet quelques dispositions qui forment son titre 10, divisé en cinq articles. Ce règlement ne fait guère que se référer à l'ordonnance. Nous bornerons donc à indiquer successivement comment il doit être procédé conformément à l'un et à l'autre.

539. — La partie qui, devant la cour de Cassation, veut former une demande en faux incident contre une pièce produite doit présenter requête tendant à ce qu'il lui soit permis de s'inscrire en faux contre ladite pièce et à ce que le défendeur soit tenu de déclarer s'il entend s'en servir. Cette requête est signée par le demandeur ou le porteur de sa procuration spéciale, à peine de nullité. La procuration est attachée à la requête. — Ord. 1737, tit. 2, art. 3; réglem. 1738, part. 2e, tit. 10, art. 4er.

540. — Avant de présenter cette requête, le demandeur doit consigner une amende de 100 francs, qui est reçue sans crédit ni frais par le receveur des amendes, sinon par le greffier de la cour. La quittance de cette consignation doit être attachée à la requête et visée par l'arrêt. — Ord. 1737, art. 6 et 7.

541. — Le demandeur en cassation qui veut s'inscrire incidemment en faux devant la cour suprême doit préalablement consigner une amende de 100 francs, encore bien qu'il se trouve exemplé de toute consignation pour son pourvoi. — *Cass.*, 3 août 1838 (1. 2 1840, p. 113), Lemeneur.

542. — Autrefois la requête était rédigée conformément au règlement de 1738, tit. 4er art. 1 et 2, c'est-à-dire en forme de vu d'arrêt et après qu'elle avait été remise au rapporteur. Le rapport en était fait au premier conseil. Il y était saisi par arrêt délibéré au conseil, et il était prononcé en audience. Devant la cour de Cassation la requête est formée incidemment devant la chambre civile, et il y est statué par arrêt contradictoire. — Merlin, *Rép.*, v° *Inscription de faux*, § 7.

543. — Ainsi jugé par application d'une des dispositions que la partie qui prend la voie de l'inscription de faux devant la cour de Cassation n'est pas tenue de communiquer sa requête en inscription de faux à son adversaire. — *Cass.*, 26 mai 1842, Romani c. Pichi. — V. au *Rép.* de Merlin v° *Inscription de faux*, § 7, n° 2, le réquisitoire de M. Joubert, magistrat dans cette affaire.

544. — Lorsque l'arrêt autorise le demandeur à s'inscrire en faux, il doit sommer le défendeur de déclarer, dans les trois jours, s'il veut se servir de la pièce attaquée. — Ord. 1737, art. 8 ; régl. 1738 art. 2.

545. — Lorsque dans une instance pendante à

la cour de Cassation la permission pour s'inscrire en faux incident résulte d'un arrêt contradictoire, le délai de trois jours accordé au demandeur pour sommer l'adversaire de déclarer s'il entend se servir de la pièce arguée, court, non du jour de l'arrêt, comme s'il s'agit d'une ordonnance rendue sur requête, mais du jour où l'expédition de l'arrêt a pu être délivrée au demandeur. — *Cass.*, 5 (et non 6) avr. 1813, Pichi c. Romani.

546. — La sommation est faite au défendeur au domicile de son avoué auquel il est donné copie par le même acte de la quittance d'amende, du pouvoir spécial, s'il en est, de la requête du demandeur et de l'arrêt, le tout à peine de nullité. On doit y interpeller le défendeur de faire sa déclaration dans le délai indiqué.—Ord. 1737, tit. 1ᵉʳ; Réglem. 1738, tit. 10, art. 2.

547. — Le délai court du jour de la sommation. Il est de trois jours si le défendeur demeure dans le lieu de la juridiction. S'il demeure dans un autre lieu, le délai sera de huitaine; s'il demeure dans les dix lieues; et en cas de plus grande distance, le délai sera augmenté de deux jours par dix lieues, sauf aux juges à le prolonger, eu égard à la difficulté des chemins, sans néanmoins qu'il puisse être plus grand en aucun cas que de quatre jours par dix lieues. — Ord. 1737, tit. 2, art. 10.

548. — Les délais sont francs.

549. — Le défendeur doit faire, dans le délai ci-dessus fixé, sa déclaration précise s'il entend ou s'il n'entend pas se servir de la pièce prétendue fausse. Cette déclaration doit être signée de lui ou du porteur de sa procuration spéciale, et signifiée à l'avoué du demandeur, si le demandeur n'a pas signé lui-même. — Ord. 1737, tit. 2, art. 11.

550. — Le délai donné au défendeur pour faire sa déclaration est franc. — Ord. 1737, tit. 2ᵉ, art. 12; réglem. 1738, tit. 10, art. 3.

551. — Si le défendeur déclare qu'il n'entend pas se servir de la pièce, ou s'il ne fait pas de déclaration, le demandeur en faux peut se pourvoir à l'effet de faire ordonner que la pièce maintenue fausse sera rejetée du procès par rapport au défendeur, auquel ce jugement de l'instance principale ne pourra être différé si la cour n'en ordonne autrement. Le demandeur peut, dans ce cas, réclamer des dommages-intérêts.—Ord. 1737, tit. 1ᵉʳ, art. 12 ; réglem. 1738, tit. 10, art. 3.

552. — Lorsque le défendeur a déclaré vouloir se servir de la pièce arguée de faux, la cour de Cassation renvoie les parties devant un tribunal ordinaire égal en autorité à celui dont le jugement est attaqué par voie de cassation pour y procéder sur l'inscription de faux incident. — Merlin, *Rép., loc. cit.*, t. 8, p. 150.—V. aussi Carnot, *Instr. crim.*, t. 3, p. 299, n° 5.

553. — Le demandeur en faux qui succombe est condamné à 300 francs d'amende, y compris les 40 francs consignés. — Réglam. 1738, tit. 10, art. 6.

554. — Au reste, la cour de Cassation fait quelquefois des emprunts aux dispositions du droit commun pour la procédure qui se déroule devant elle en matière de faux.

555. — C'est ainsi qu'elle a jugé que la déclaration de vouloir s'inscrire en faux devant elle n'est pas admissible, qu'au lieu d'être faite dans la forme prescrite par l'art. 218, C. procéd., elle l'a été par un simple mémoire non signifié. — *Cass.*, 18 janv. 1828, Philippe.

FAUX DANS LES PASSEPORTS ET FEUILLES DE ROUTE.

V. PASSEPORTS, FEUILLES DE ROUTE.

FAUX POIDS.

V. POIDS ET MESURES.

FAUX TÉMOIGNAGE ET SUBORNATION DE TÉMOINS.

Table alphabétique.

FAUX TÉMOIGNAGE ET SUBORNATION DE TÉMOINS.

1. — C'est la déclaration mensongère faite devant la justice par un témoin qui, méconnaissant le devoir qui lui est imposé, ment à sa conscience et aux juges, contrairement à la vérité. Jousse (*Justice crim.*, t. 2, p. 342, n° 4) le définissait avec raison *faux par paroles*.

2. — Cette dénomination de *faux par paroles* convient non seulement au faux témoignage, mais encore au faux serment, déféré ou non, et prêté devant le juge par une des parties intéressées.

3. — Nous ne nous occuperons pas ici du faux par parole résultant de la prestation d'un serment mensonger (V. SERMENT); mais seulement du faux témoignage, c'est-à-dire de la déclaration fausse et mensongère du témoin.

4. — Nous y rattacherons néanmoins ce qui concerne la subornation de témoins qui n'est, à vrai dire, comme l'a reconnu la jurisprudence, qu'une complicité de faux témoignage.

CHAP. Iᵉʳ.— *Du faux témoignage* (n° 5).

CHAPITRE Iᵉʳ. — Du faux témoignage.

Sect. Iʳᵉ. — Historique et législation.

5. — Le faux témoignage a toujours été considéré comme un crime extrêmement grave, parce qu'il fait injure « tout à la fois à Dieu, dont il méprise la justice, au juge qu'il induit en erreur pour lui faire commettre quelque injustice, et enfin à la partie qui en devient la malheureuse victime. »—Boyart de Vouglans, *Lois crim.*, p. 263, n° 4; Farinacius, *Quæstio* 67, n° 64.

6. — Le faux témoignage était puni de mort chez les Juifs.— *Deutéronome*, XIV, v. 16 et suiv.;—Morin, *Dr. crim.*, p. 79.

7. — Chez les Grecs, peuple qui, selon Cicéron, n'observa jamais la foi des sermens, il y avait des peines rigoureuses contre les faux témoins. Les lois d'Athènes les condamnaient à l'amende et leur faisaient subir l'infamie qui rejaillissait sur celui qui les avait produits.—Gravina (trad. par Requier), p. 94.— Platon, dans son livre des lois, voulait que celui-là qui avait été convaincu trois fois de faux témoignage fût puni de mort.

8. — La législation romaine nous offre à toutes ses époques des dispositions sévères contre le faux témoignage.

9. — *Tab. Sept.* Ainsi, d'abord, on lit dans la loi des douze tables : *Qui se scierit testarier libripenave fuerit, ni testimonium fariatur, improbus intestabilisque esto.* Ainsi, le témoin déserteur, c'est-à-dire qui refusait de soutenir ce qu'il avait avancé, était rendu incapable de témoigner désormais pour les autres, privé du droit de tester et déclaré infame. — Gravina (trad. par Requier, p. 94 et 95).

10. — Et suivant Aulu-Gelle (liv. 20, chap. 1ᵉʳ), la même loi aurait renfermé cette disposition beaucoup plus sévère encore : *Qui falsum testimonium dicassit saxo ducito.* — Le supplice de la roche Tarpéienne était donc la peine réservée aux faux témoins. — V. conf. Modestinus, L. 25, § 1ᵉʳ, ff., *De pœnis.*

11. — La législation postérieure adoucit cependant la rigueur du châtiment infligé aux faux témoins. C'est ainsi que la loi Cornelia, *De falsis*, rendue sous la dictature de Sylla, tout en maintenant le dernier supplice, lorsque le coupable était esclave, ne frappait plus l'homme libre que de la double peine de la déportation et de la confiscation des biens. — L. 4, § 18, ff., *De furtis.*

12. — Toutefois, si le faux témoignage avait pour but de faire périr un homme accusé d'un crime capital, il était, dans tous les cas, puni de la peine portée par la loi Cornelia sur les empoisonneurs et les assassins. — L. 1, § 1, ff., *Ad leg. Cornelia, De sic. et venefic.;* — Morin, *ubi suprà.*

13. — Plus tard, et lorsque les actions extraordinaires eurent remplacé l'ancien système des actions publiques, la peine de la déportation avec confiscation fut quelquefois remplacée par d'autres. Ainsi, pour les personnes de condition basse, la peine des mines fut parfois appliquée; pour d'autres, qui fut la relégation avec confiscation d'une partie des biens seulement, et même dans certains cas sans confiscation. — LL. 38, § 7, 8, ff., *De pœnis;* Pothier, *Pand.*, p. 460 et suiv.

14. — Ce qui faisait dire à Paul que les faux témoins à charge ou à décharge, dans une instance judiciaire, étaient punis de l'exil, ou relégués dans une île, ou chassés de la curie. — *Sent.*

Paul., lib. 5, tit. 15, § 5; — Morin, *Dict. de dr. crim.*, p. 729.

15. — Enfin, dans le dernier état de la législation romaine, l'empereur Zénon laissa aux juges la faculté de punir les faux témoins de peines arbitraires et d'après l'appréciation des faits à eux déférés. — LL. 13, 14 et 16, Cod., *De testibus*.

16. — En France, et dans l'origine, le crime du faux témoignage n'était, comme tous les autres crimes, puni que d'amendes pécuniaires, et n'entraînait de peines corporelles contre son auteur qu'autant que la réparation en argent ne pouvait être par lui acquittée; dans ce cas le faux témoin subissait la mutilation du poing: «*Si quis convictus fuit perjurii, perdat manum aut redimat.*» — L. salique, tit. 60; — Gaubelle, art. 80. — V. encore capit. de Charlemagne, chap. 5, art. 12.

17. — Plus tard, et sous l'empire des lois qui admettaient l'épreuve du combat judiciaire, Beaumanoir (chap. 61, p. 315) écrivait «qu'un homme qui voyait qu'un témoin allait déposer contre lui, pouvait éluder le second, en disant aux juges que sa partie produisait un témoin faux et calomniateur; et, si le témoin voulait soutenir la querelle, il donnait les gages de bataille. Il n'était plus question de l'enquête; car si le témoin était vaincu, il était décidé que la partie avait produit un faux témoin et elle perdait son procès. — Il ne fallait pas laisser jurer le second témoin, car il aurait prononcé son témoignage, et l'affaire aurait été finie par la déposition de deux témoins. Mais en arrêtant le second, la déposition du premier devenait inutile. — Le second témoin étant ainsi rejeté, la partie ne pouvait en faire ouir d'autres, et elle perdait son procès: mais dans le cas où il n'y avait point de gages de bataille (Beaumanoir, chap. 61, p. 316), on pouvait produire d'autres témoins. Beaumanoir disait encore (chap. 6, p. 39 et 40) que le témoin pouvait dire à sa partie avant de déposer: «Je ne me bée pas à combattre pour vostre querele, ne à entrer en plet au mien, et se vous me voulés defendre, volontiers dirai ma verité.» La partie se trouvait obligée à combattre pour le témoin; et, si elle était vaincue, elle ne perdait point le procès, mais le témoin était rejeté. — Montesquieu, *Espr. des lois*, liv. 28, chap. 26.

18. — Et Montesquieu continue: «Je crois que ceci était une modification de l'ancienne coutume; et ce qui me le fait penser, c'est que cet usage d'appeler les témoins se trouve établi dans la loi des Bavarois (tit. 16. § 2), et dans celle des Bourguignons (tit. 45), sans aucune restriction.» — «Quand l'accusé, dit Gondebaud dans sa constitution, présente des témoins pour jurer qu'il n'a pas commis le crime, l'accusateur pourra appeler au combat un des témoins; car, il est juste que celui qui a offert de jurer et qui a déclaré qu'il savait la vérité ne fasse point de difficulté de combattre pour la soutenir. Le roi ne laissait aux témoins aucun subterfuge pour éviter le combat.»

19. — Mais en appel, lorsque l'on usait de la procédure par record, c'est-à-dire lorsqu'on prouvait par témoins devant la cour ce qui s'était déjà passé, dit ou ordonné en justice, il n'était pas permis à l'adversaire d'appeler les témoins au combat, car les affaires n'auraient jamais eu de fin. — Beaumanoir, ch. 39; Montesquieu, *Espr. des lois*, liv. 28, chap. 34.

20. — Beaumanoir (chap. 39, p. 218) dit en parlant des témoins: «Leur doit-on demander, avant que il fachent nul serement, pour qui il veulent tesmoigner, car l'enques gist li poins d'ans lever de faux tesmoignage.»

21. — Saint Louis supprimant l'épreuve du combat judiciaire statua en ce qui concerne le faux témoignage en ces termes: «Se aucuns est atteint et repris de faux témoignage ès-querelles susdites, il demourra en la volonté de justice.» — Ainsi, l'appréciation de la sincérité du témoignage par le juge, et l'amende arbitraire contre le faux témoin, telle fut la double règle posée dans les établissemens de Saint Louis. — Etabl. de Saint Louis, 1270, art. 70. — Morin, p. 729.

22. — C'est ainsi que long-temps après la législation de Saint-Louis, et alors même qu'elle était depuis long-temps tombée en désuétude, on vit le faux témoignage puni, soit de la peine des galères, soit par celle du talion, soit même atteint de la peine capitale. — Muyart de Vouglans, p. 623, no 5.

23. — Un édit de François Ier, du mois de mars 1531, porte: «Ordonnons que tous ceux qui seront atteints et convaincus d'avoir porté faux témoignage en justice, soit en matière civile ou criminelle, ensemble les subornateurs desdits faux témoins, seront exécutés à mort, tel que les juges l'arbitreront, selon l'exigence des cas.»

24. — Il est vrai que peu après, l'ordonnance de 1539 distinguant les cas de faux témoignage, voulut que des amendes plus ou moins élevées, selon les circonstances du faux ou le rang du tribunal, fussent appliquées seulement au faux témoignage commis en matière civile.

25. — Mais en dehors de ce cas, la peine de mort restait toujours applicable; et les dispositions de l'édit de 1531 furent même plusieurs fois renouvelées par divers autres édits ou ordonnances. — Ord. de Henri III, en 1585; édits de Louis XIV, en 1680 et 1709; édit de Louis XV, en 1720.

26. — L'art. 11, tit. 15 de l'ord. d'août 1670 portait: «Les témoins qui depuis le récolement rétracteront leurs dépositions, ou les changeront dans les *circonstances essentielles*, seront poursuivis et punis comme faux témoins.»

27. — Néanmoins, ainsi que le faisait remarquer Merlin (*Rép.*, vo *Subornation*, no 2), en fait, il était rare, et, pour mieux dire, il n'arrivait jamais que la peine de mort fût appliquée. La rigueur des peines variait suivant la gravité de l'affaire elle-même: c'est ainsi que les documens de la jurisprudence ancienne nous montrent souvent le faux témoin condamné seulement aux galères à temps ou au bannissement, ou même seulement à une amende honorable. On peut donc dire qu'au fond la peine demeurait toujours arbitraire.

28. — La suppression des peines arbitraires, source d'abus nombreux, et qui fut une des réformes les plus urgentes apportées par l'assemblée constituante dans notre législation criminelle, devait nécessairement donner lieu à des prescriptions nouvelles sur la matière du faux témoignage.

29. — Le Code pénal de 1791 contient, en effet, les dispositions suivantes à l'égard du faux témoignage. — «Quiconque sera convaincu du crime de faux témoignage dans un procès *criminel*, sera puni de la peine de vingt ans de fers, et de la peine de mort, s'il est intervenu condamnation à mort contre l'accusé dans le procès duquel aura été entendu le faux témoin.» — «Quiconque sera convaincu de faux témoignage en matière civile sera puni de la peine de six années de gêne.» — L. 25 sept.-6 oct. 1791 (2e part., sect. 2e, tit. 2), art. 47 et 48.

30. — Mais cette loi, comme on le voit, statuant sur le faux témoignage en matière criminelle et devant la juridiction civile ne contenait aucune prescription relativement au faux témoignage en matière correctionnelle ou de police; c'était là une lacune évidente.

31. — Toutefois, suppléant au silence de la loi, une jurisprudence constante décida que sous la loi du 25 sept.-6 oct. 1791, le faux témoignage en matière correctionnelle ou de simple police était puni comme s'il eût été commis, non en matière de grand criminel, mais en matière civile. — *Cass.*, 14 niv. an XIII, Mongrolle; 19 nov. 1807, Lorrain; 7 janv. 1808, Orsat; 2 juin 1810, Lasserre. — V. conf. Merlin, *Rép.*, vo *Faux témoignage*, no 9.

32. — Au Code pénal de 1791 la loi du 5 pluv. an II (art. 1er) ajouta, en ce qui concerne le faux témoignage, les prescriptions suivantes: «La peine de mort prononcée par l'art. 48, 2e sect., tit. 2, 2e part., C. pén., contre les faux témoins entendus sur des accusations capitales, aura lieu, quoique les accusés à la charge desquels ils auront déposé, aient été acquittés.»

33. — Les faux témoins qui auront déposé à décharge, soit que les accusés de crimes, même capitaux, aient été acquittés ou condamnés, seront punis de vingt années de fers, conformément à la première partie de l'article du Code pénal ci-dessus mentionné. Si néanmoins les accusations capitales sur lesquelles il aura été déposé à décharge ont pour objet des crimes contre-révolutionnaires, les faux témoins seront punis de mort, comme s'ils avaient déposé à charge. — *Ibid.*, art. 2.

34. — D'où il suit que sous la loi du 5 pluv. an II, la peine de mort n'était applicable aux faux témoins que lorsqu'ils avaient été entendus sur des accusations capitales à la charge des accusés, ou lorsqu'ils avaient déposé même à décharge sur des accusations capitales ayant pour objet des crimes contre-révolutionnaires. Hors ces deux cas, la peine était celle de vingt ans de fers déterminée par l'art. 2, L. 5 pluv. an II. — *Cass.*, 27 vent. an XI, Pradal.

35. — Le Code pénal de 1810 (art. 361 et suiv.) punit le faux témoignage: en matière criminelle, de la peine des travaux forcés à temps; en matière correctionnelle ou de simple police et en matière civile, de la réclusion; et si le témoin avait reçu de l'argent, une récompense quelconque ou des promesses, des travaux forcés à temps, sans préjudice de la confiscation des sommes ou objets reçus; mais en aucun cas il ne prononça contre le faux témoin la peine de mort. — C. pén. de 1810.

36. — La loi de 1832 qui a apporté des modifications si graves au système de notre loi pénale, rétablit, en ce qui concerne le faux témoignage

porté en matière criminelle, des dispositions plus rigoureuses, tout en maintenant la peine des travaux forcés à temps comme principe; néanmoins elle a prescrit qu'au cas où par suite du faux témoignage porté contre lui, l'accusé aurait été condamné à une peine plus forte, cette même peine serait encourue par le faux témoin; toutefois il faut bien remarquer qu'à la différence de la loi du 5 pluv. an II, la loi exige la *condamnation* de l'accusé à l'une des peines supérieures à celle des travaux forcés à temps.

37. — Au contraire, elle a réduit la peine en ce qui concerne le faux témoignage en matière de police, lequel ne peut plus être puni que par la dégradation civique et l'emprisonnement d'un an au moins à cinq ans au plus. — C. pén., art. 362.

38. — Mais sur tous les autres points, la loi de 1832 a maintenu complètement les principes établis par la loi de 1810, et notamment elle s'est refusée comme elle à distinguer entre le faux témoignage à charge et le faux témoignage à décharge. Peut-être cette confusion est-elle fâcheuse; en effet, une déposition favorable n'est parfois qu'un acte d'une coupable faiblesse; la déposition qui accuse mensongèrement suppose, au contraire, une haine, une vengeance ou une profonde perversité. La condamnation d'un innocent est une chose bien plus fâcheuse que l'acquittement de cent coupables. Plus le mal est grand, plus la peine doit être sévère.

39. — Enfin le crime de faux témoignage a été rangé parmi les crimes contre les personnes, et sur ce point encore des observations ont été élevées par divers criminalistes, d'après lesquels ce crime aurait peut-être mieux figuré parmi les crimes contre la paix publique, puisqu'il attaque directement la bonne administration de la justice. — Rauter, *Dr. crim.*, t. 2, no 488.

Sect. 2e. — *Caractères du faux témoignage.*

40. — Le crime de faux témoignage ne consiste pas uniquement dans la violation du serment, car, ainsi que nous le verrons plus bas, s'il portait sur des faits étrangers aux débats, et même sur des faits simplement accessoires, il n'y aurait pas faux témoignage. Il ne consiste pas non plus dans le mépris du droit qu'a la justice de connaître la vérité, puisque le refus de répondre est un délit distinct et puni en vertu de dispositions particulières. — C. inst. crim., art. 80 et 304. — Ce crime consiste dans l'altération volontaire de la vérité commise par un témoin dans sa déposition orale.

41. — Les élémens nécessaires pour constituer le faux témoignage sont: — 1o l'importance d'une déclaration ayant le caractère légal de *témoignage*; — 2o *l'altération de la vérité*; — 3o l'intention criminelle de la part du faux témoin; — 4o l'existence ou la possibilité d'un préjudice par suite de ce témoignage. — Nous passerons successivement en revue ces divers caractères.

Art. 1er. — *Témoignage.*

42. — Une première observation à faire, c'est que le crime n'existe qu'autant qu'il a été commis en portant un *témoignage*. «Or, comme le font remarquer MM. Chauveau et Hélie (*Th. du C. pén.*, t. 6, p. 415), un témoignage est, dans le sens légal du mot, une déposition *faite en justice sous la foi du serment.*»

43. — Par déclaration en justice on entend celle qui est faite *à l'audience ou dans le cours des débats*, suivant la nature de l'affaire, sur l'interpellation du juge.

44. — De là plusieurs conséquences qu'il importe dès à présent de signaler.

45. — Ainsi, d'une part, il est constant qu'il ne peut y avoir de faux témoignage sans prestation de serment préalable, et c'est pour ce motif que le témoin qui se refuserait à prêter le serment demandé ou à qui on aurait refusé de le faire prêter, ne pourrait être poursuivi comme faux témoin. — Carnot, *Inst. minist.*, t. 2, p. 494, no 6.

46. — D'où il suit que les personnes appelées en justice pour ne donner que des renseignemens ne peuvent être poursuivies pour faux témoignage, quand même leurs déclarations seraient mensongères, car elles n'ont pas le caractère de témoins et ne prêtent pas serment. — Legraverend, t. 1er, p. 284; Bourguignon, *Jurisp.*, t. 3, p. 334; Carnot, *Inst. crim.*, t. 2, p. 549, no 9, et p. 514, no 11; Chauveau et Hélie, t. 2, p. 415. — V. toutefois *contrà* Rauter, t. 2, no 489.

47. — Il en est de même évidemment à l'égard de ceux qui ne peuvent figurer en justice comme témoins, lors même que par erreur on aurait

exigé d'eux un serment préalable qu'ils auraient prêté dans l'ignorance de l'incapacité qui les frappait; car leur déclaration ne constitue pas légalement *un témoignage*.

48. — Toutefois il a été jugé que l'individu qui, frappé de dégradation civique, ne peut déposer en justice autrement que pour y donner de simples renseignemens, se rend néanmoins coupable du crime de faux témoignage, si cachant l'incapacité existant en sa personne, et s'étant ainsi fait admettre à être entendu comme témoin sous la foi du serment, il a porté contre l'accusé ou en sa faveur un témoignage contraire à la vérité. — *Cass.*, 29 juin 1843 (t. 1er 1844, p. 18), Lapeyre.

49. — Comme aussi celui qui se présenterait pour le témoin réellement appelé, et qui ferait une fausse déposition, serait coupable de faux témoignage. — Rauter, t. 2, no 490.

50. — En matière criminelle, où les témoignages sont le plus fréquemment reçus, la jurisprudence, conformément aux principes autrefois admis sous l'empire de l'ord. de 1670 (Pothier, *Proc. crim.*, sect. 4e, art. 4, § 5), a toujours reconnu comme un point constant qu'il ne peut y avoir de *faux témoignage* proprement dit que dans le cours des débats, c'est-à-dire après que l'accusation a été admise, ou que la prévention a saisi le juge, et que, par conséquent, le seul fait considéré par la loi comme constituant le faux témoignage, c'est la déposition orale faite, sous l'empire de l'ord. de 1670, au moment du récolement, aujourd'hui où la procédure criminelle est changée, à l'audience et au jour du jugement. — *Cass.*, 19 messidor an VIII, Petermann; 3 thermid. an XI, Beaussard; 19 brum. an XII, Viguier; 22 messid. an XIII, Bouchat; 18 fév. 1813, Manem; 9 nov. 1815, Petit; 26 avr. 1816, Biafin; 14 sept. 1826, Delpeux; — Merlin, *Rép.*, vo *Faux témoignage*, no 3, et vo *Calomnie*, no 3; Duvergier, sur Legraverend, t. 1er, p. 123, note 4e; Bourguignon, *Manuel*, t. 1er, p. 162, § 4; Carnot, *Inst. crim.*, t. 1er, p. 345 et suiv., no 16; t. 2, p. 549, no 8; Teulet, d'Auvilliers et Sulpicy, *C. annotés*, sur l'art. 361, C. pén.

51. — De ce que le faux témoignage ne résulte que de la déposition faite à l'audience, on concluait, sous le Code du 3 brum. an IV (et cette décision serait encore applicable aujourd'hui), que la dénonciation fausse ne pouvait pas être assimilée à un faux témoignage et ne constituait ni crime ni délit. — *Cass.*, 19 prair. an VIII, Bourricau.

52. — La dénonciation ne devient faux témoignage que lorsque son auteur, appelé à l'audience, la renouvelle sous la foi du serment. — *Cass.*, 31 juill. 1823, Chapey.

53. — Il y a plus : le seul fait de la déposition précédée du serment ne suffit pas pour établir le faux témoignage, tant que cette déposition n'est pas faite à l'audience publique. Aussi est-ce une jurisprudence constante, soit sous le Code pénal de 1791 ou celui du 3 brum. an IV, soit depuis sous la législation criminelle actuelle, que les déclarations faites dans le cours de l'instruction, et devant les officiers de police judiciaire ou magistrats instructeurs, ne peuvent constituer le crime de faux témoignage. — *Cass.*, 19 messid. an VIII, Petermann; 3 thermid. an XI, Beaussard; 19 brum. an XII, Viguier; 22 messid. an XIII, Bauchat; 18 fév. 1813, Manem; 26 avr. 1816, Bafin; 14 sept. 1826, Delpeux. — V. conf. Duvergier, sur Legraverend, t. 1er, p. 123, no 4.

54. — En conséquence, dans une accusation de faux témoignage posée devant le jury, la question de savoir si un faux témoignage a été porté en matière criminelle ne peut pas être suppléée par celle de savoir si le faux témoignage a été commis dans une information. — *Cass.*, 22 vendém. an VIII, Riollay, Didier et Pirion.

55. — En matière civile, le caractère du faux témoignage en ce qui concerne le fait de la déclaration mensongère est quelquefois difficile à saisir; en effet, les déclarations mensongères en cette matière peuvent constituer tantôt un faux en écritures publiques, tantôt un faux témoignage : il importe de ne pas confondre les caractères de ces deux crimes. — Chauveau et Hélie, t. 6, p. 453.

56. — « Le faux témoignage, disait l'orateur du corps législatif au tribunat, ne peut avoir lieu que de la part de ceux qui sont interpellés en justice ou en vertu de ses ordonnances. Toute déclaration extrajudiciaire, si elle n'est pas conforme à la vérité, est une assertion fausse, mais n'est pas un faux témoignage. »

57. — Il est vrai qu'un premier arrêt de la cour de Cassation avait jugé qu'une déclaration mensongère faite sous la foi du serment devant un officier public ayant qualité pour la recevoir, constitue le crime de faux témoignage en matière civile, encore bien que ce ne soit pas dans le cours

d'une instance liée qu'elle ait eu lieu. — *Cass.*, 6 nov. 1806, Thiberti.

58. — Mais cette décision n'était pas de nature à faire jurisprudence, bien qu'elle s'explique peut-être par cette circonstance de fait que la déclaration avait eu lieu avec serment et devant le juge de paix; circonstances, du reste, qui ne pouvaient changer en rien le caractère des faits incriminés, le serment n'ayant point été demandé et reçu dans la forme ordinaire, et le juge de paix étant sous tous les rapports incompétent pour recevoir une pareille déclaration. — Chauveau et Hélie, *ubi suprà*.

59. — Aussi, depuis, la même cour a-t-elle déclaré au contraire et comme principe qu'on ne peut considérer comme témoins en matière civile que les individus appelés judiciairement par la partie pour déclarer et attester, sous la foi du serment, les faits qu'il lui importe d'établir pour les fins de sa demande. — *Cass.*, 7 déc. 1838 (t. 2 1839, p. 342), Gallut et Ganier.

60. — ... Et spécialement que la déclaration mensongère faite, sous la foi du serment, dans un procès-verbal d'apposition des scellés après faillite, que le déclarant n'a rien détourné, vu ni su qu'il ait été rien détourné, ne constitue pas le crime de faux témoignage en matière civile, attendu que cette déclaration n'a pas lieu devant un magistrat de l'ordre judiciaire, ni devant un officier qui en remplissait les fonctions. — Même arrêt.

61. — Par le même motif, les réponses faites en matière civile, même sous la foi du serment, et en justice, soit aux interpellations de la partie adverse, soit à un interrogatoire sur faits et articles par la partie en cause, ne peuvent constituer le crime de faux témoignage. — *Cass.*, 22 pluv. an XI, Frings; — Chauveau et Hélie, t. 6, p. 455. — V. FAUX SERMENT.

62. — Mais la fausseté des dépositions sur lesquelles est intervenu le jugement qui a ordonné l'inscription d'un acte sur les registres de l'état civil présente le caractère du faux témoignage, et non celui du faux. — *Cass.*, 24 nov. 1808, Falq. — V. au surplus FAUX.

63. — Jugé que la fausse déclaration faite sous la foi du serment par des hommes de l'équipage d'un vaisseau naufragé, devant le juge auquel le capitaine fait son rapport sur le naufrage du bâtiment, porte le caractère d'un faux témoignage en matière civile. — *Cass.*, 17 sept. 1836, Coupon et Desbordes.

64. — Une autre conséquence de ce qui a été dit plus haut au sujet des caractères du *témoignage* est que les prévenus et accusés qui, dans l'intérêt de leur défense, font de fausses déclarations, ne sauraient être poursuivis comme coupable de faux temoignage, car nul n'est réputé témoin dans sa propre cause. « *Nullus* (dit la loi 10, ff., *De testibus*), *in re suâ testis intelligitur.* » Et c'est d'après cette maxime que les accusés sont affranchis du serment.

65. — Ainsi, par *faux témoignage* on ne peut entendre que la déposition faite *dans la cause d'autrui*. C'est ce que disposait formellement la loi romaine. — L. 16, ff., *De testibus*. — Ce n'est pas que, dans certains cas, la déclaration mensongère faite soit toujours à l'abri de toute pénalité. — V. les mots FAUX et SERMENT.

66. — C'est ainsi que, sous l'empire du Code pénal de 1791, et cette solution serait encore applicable aujourd'hui, on jugeait qu'on ne pouvait assimiler au faux témoignage la déclaration mensongère d'une partie à laquelle le serment avait été déféré en vertu du réglement sur l'ordre judiciaire. — *Cass.*, 22 pluv. an XI, Frings et Genes; — Chauveau et Hélie, *Th. du Code pén.*, t. 6, p. 415 et 455.

67. — Mais faut-il étendre le principe qui vient d'être posé au témoin qui n'altère la vérité que pour ne pas s'accuser lui-même?

68. — Un arrêt de la cour de Cassation a décidé, il est vrai, que le témoin qui a prêté serment de dire la vérité est obligé de déclarer même les faits qui l'incriminent personnellement, à peine de se constituer en état de faux témoignage. — *Cass.*, 27 août 1824, Conrad.

69. — Mais cette décision semble susceptible de difficultés sérieuses.

70. — En effet, dit Carnot sur l'art. 361, C. pén. (t. 2, p. 188, no 5), il est de principe reçu que *nemo tenetur edere contrà se*. — Bourguignon (*Jurisp. des Codes crim.*, sur le même article, t. 3, p. 337, no 2) pense que l'arrêt sus-indiqué est fondé sur un principe de morale incontestable; mais il n'est pas convaincu que la solution qu'il consacre soit également fondée sur la loi. « Ma raison de douter, dit-il, est que, dès qu'il s'agit de s'expliquer sur un fait qui l'incrimine, il doit cesser d'être con-

sidéré comme témoin, suivant la maxime : *Nullus in re suâ testis intelligitur* (L. 10, ff., *De Testibus*). Le serment qu'il a prêté ne peut se rapporter qu'aux faits sur lesquels il peut réellement témoigner, et non sur ceux qui sont à sa charge. Eh quoi! la loi le dispense de déposer comme témoin contre son père, son fils, sa femme, son frère, et il serait obligé de déposer contre lui-même! Il est si vrai que son serment prêté ne peut se reporter aux faits qui l'incriminent, que les prévenus eux-mêmes sont affranchis du serment. Ils en ont été formellement dispensés par les art. 12 et 13, L. 1er et 9 oct. 1789. Ne doit-on pas en conclure que si le témoin commet une action immorale en dissimulant une action à sa charge, il ne se rend pas cependant coupable, par cette simple réticence, du crime de faux? » — On pourrait répondre à Bourguignon que si les art. 156 et 322, C. inst. crim., permettent aux prévenus et aux accusés de s'opposer à l'audition de leurs proches, parens ou alliés, ils n'autorisent pas ces derniers à refuser de répondre lorsque les prévenus ou les accusés y consentent. Au surplus, nous n'en sommes pas moins de l'avis de cet auteur. Le témoin n'est appelé en justice que pour déposer sur les faits imputés au prévenu ou à l'accusé. Son serment ne l'oblige donc point à s'accuser lui-même. Ce système peut avoir des dangers, mais il n'a certes rien d'immoral. Il y aurait au contraire de l'immoralité à placer un individu dans l'alternative de se livrer lui-même à la réprobation du public, et peut-être même à l'action de la justice, ou de se parjurer. — V. conf. Rauter, t. 2, p. 490; Chauveau et Hélie, t. 6, p. 417.

ART. 2. — *Altération de la vérité.*

71. — L'altération de la vérité est, ainsi qu'on l'a dit, un des caractères essentiels du faux témoignage.

72. — Mais, l'altération de la vérité de la part d'un témoin n'est pas nécessairement constitutive du crime de faux témoignage. Pour qu'il en soit ainsi, et quelque coupable que soit même l'intention, il faut que le mensonge ait trait *à l'affaire elle-même qui fait l'objet de la déposition*.

73. — Aussi, lorsqu'une accusation de faux témoignage est portée devant le jury, est-il indispensable que, dans les questions posées comme dans les réponses données, il soit constaté que le faux témoignage a été porté sur l'affaire elle-même.

74. — Et c'est au surplus ce que, par de nombreux arrêts, la cour de Cassation a décidé, alors qu'il s'agissait de poursuites dirigées à raison de faux témoignage commis en matière criminelle, cas évidemment les plus fréquens.

75. — Ainsi jugé que pour qu'un individu puisse être condamné aux peines du faux témoignage, il est de toute nécessité que la déclaration du jury exprime si le faux témoignage dont il est convaincu a été porté *pour ou contre l'accusé*. — *Cass.*, 20 nov. 1816, Lescaut; 30 janv. 1828, Champion; 19 juin 1823, Mangin; 7 août 1823, Royer; 10 août 1827, Garaux; 21 sept. 1827, Ventejout; 4 janv. 1834, Petit; 25 fév. 1836, de Schauenbourg.

76. — Autrement la déclaration du jury ne purge pas l'accusation et il y a lieu de renvoyer, après cassation, à de nouveaux débats. — Mêmes arrêts.

77. — Même, dans le cas où la déclaration du témoin avait trait à l'affaire, on distinguait sous l'ancien droit si l'altération de la vérité avait ou non porté sur des circonstances essentielles de l'affaire. Julius Clarus, *Pratica criminalia*, quest. 53, no 9, s'exprime ainsi : *Quandò testis falsum deposuit circà factum principale vel qualitates substantiales : secùs autem si circà alia extrinseca, nam eo casu non dicitur falsus.* — V. conf. Farinacius, quæst. 67, mem. 154 et suiv., qui pense que la déposition des témoins sur les faits secondaires ne peut donner lieu à aucune poursuite.

78. — La jurisprudence ancienne adopta complétement ce principe, qui d'ailleurs se trouve implicitement consacré par l'ordonnance de 1670 (tit. 15, art 11), laquelle, s'occupant des variations ou rétractations des témoins, statuait ainsi : « Les témoins qui depuis le récolement rétracteront leurs dépositions ou les changeront dans des *circonstances essentielles* seront poursuivis et punis comme faux témoins. — V. Jousse, t. 3, p. 426.

79. — Cette doctrine doit, en principe, être suivie aujourd'hui, et l'on doit admettre pour constant qu'il ne suffit pas que la vérité ait été sur un point altérée par le témoin, mais qu'il faut encore que cette altération ait été de nature à induire le juge en erreur et à lui faire rendre par conséquent une décision erronée.

80. — Et c'est ce que la cour de Cassation paraît avoir elle-même reconnu lorsqu'elle a déclaré, par

un de ses arrêts], qu'on ne peut voir un faux témoignage dans les variations d'une personne à qui des blessures ont été faites, lorsque ces variations tombent non sur un fait matériel, mais sur le jugement que le témoin a porté quant à la volonté et à l'intention de l'individu qui l'a blessé et sur les causes qui ont pu retarder la guérison. — *Cass.*, 16 janv. 1807, Gallini ; — Merlin, *Rép.*, vº *Faux témoignage*, nº 4.

81. — En effet, il ne s'agissait évidemment que d'une opinion personnelle sur un fait étranger à l'existence matérielle du faux ; or, l'expression d'une opinion personnelle au témoin, relative non à l'existence et à la vérité d'un fait matériel, mais bien à l'appréciation de ce fait, ne peut jamais constituer un faux témoignage.

82. — Toutefois, si le principe de la distinction entre les circonstances principales et les circonstances accessoires est incontestable, il est difficile d'établir des règles *à priori* quant à l'application. Nous pensons que c'est là un ordre de questions qui ne peuvent se résoudre que par les faits, et qui, par conséquent, rentrent dans les attributions exclusives des juges.

83. — Nous n'entrerons donc point par ce motif dans les difficultés qui partageaient nos anciens auteurs, et notamment sur le point de savoir si dans une instance criminelle les circonstances de temps et de lieu doivent ou non être tenues comme des circonstances essentielles. — Ces circonstances doivent être considérées comme essentielles ou accessoires suivant l'importance que leur détermination peut avoir quant à l'affaire elle-même. Un seul point est constant, c'est qu'il n'y a faux témoignage qu'autant que l'altération de la vérité peut avoir pour résultat d'établir ou de détruire la preuve du fait prétendu. — Jousse, t. 3, p. 426, nº 21; Menochius, *De arbit. jud. casu*, p. 307; Chauveau et Hélie, t. 6, p. 428. — V. *infrà* divers arrêts cités, § *Préjudice*.

84. — Il en est de même de la fausse déclaration qu'a pu faire un témoin sur les nom, profession, âge, etc., circonstances qui, en principe, sont totalement indifférentes à la véracité des faits sur lesquels le témoignage est porté. Cependant, si la fausse déposition du témoin en ce qui concerne ses propres noms ou qualités pouvait altérer la vérité relativement aux faits en eux-mêmes, elle pourrait alors faire encourir à son auteur la peine du faux témoignage.

85. — Nous avons déjà vu que le refus de répondre ne peut jamais constituer le crime de faux témoignage, puisque l'art. 304, C. inst. crim., prononce une amende de 100 fr. contre les témoins qui refusent de faire leurs dépositions.

86. — Mais en est-il de même des réticences et dénégations des témoins? — Le refus de répondre au juge laisse sans doute celui-ci dans l'ignorance; mais les réticences et les dénégations l'induisent en erreur, et c'est là ce qui constitue l'altération de la vérité.

87. — D'où il suit qu'à la différence du refus de répondre la dénégation et la réticence peuvent en fait et dans certaines circonstances constituer le crime de faux témoignage. Mais cette solution ne doit pas être appliquée d'une manière absolue.

88. — Ainsi jugé que les dénégations et les réticences d'un témoin assermenté entendu aux débats n'ont le caractère de faux témoignage que lorsque ces dénégations et réticences équivalent à l'expression d'un fait positif contraire à la vérité, soit en faveur, soit au préjudice de l'accusé. — *Cass.*, 1er sept. 1814, N... ; — Bourguignon, *Jurisp. des Cod. crim.*, sur l'art. 361, C. pén., t. 3, p. 334, nº 3; Chauveau et Hélie, t. 6, p. 428.

89. — ...Spécialement, qu'une réticence, quand elle n'est pas liée à la déclaration dont elle altère le sens et le résultat, ne peut constituer seule le faux témoignage et se réduit à un simple refus de répondre. — *Cass.*, 20 mai 1808, Boisard ; — Carnot, sur l'art. 361, C. pén., t. 2, p. 184, nº 19, et sur l'art. 330, C. inst. crim., t. 2, p. 549, nº 10; Chauveau et Hélie, t. 6, p. 427.

90. — Il a été jugé qu'une déposition négative, qui n'exclut pas le fait affirmatif déclaré constant et qui n'est pas en contradiction absolue et nécessaire avec la vérité de ce fait, ne constitue pas un faux témoignage. — *Cass.*, 10 janv. 1812, Barthélemy Galetti.

91. — Carnot (sur l'art. 361, C. pén., t. 2, p. 182, nº 17) explique cette décision en disant : « La déclaration négative du témoin, sur un fait, ne pourrait constituer le faux témoignage qu'autant que la dénégation serait exclusive, d'une manière absolue, d'un fait reconnu pour constant au procès. Ce qui doit être ainsi; car il serait possible que de plusieurs personnes qui auraient été présentes sur le lieu de la scène, quelques unes eussent remarqué ce qui aurait échappé à d'autres; de telle sorte que celles-ci, déposant n'avoir pas vu ce que d'autres auraient remarqué, n'en auraient pas moins rendu un *témoignage véritable*, et que leur dénégation ne pourrait constituer un faux témoignage. » Cette interprétation est la seule raisonnable, en ce qu'elle n'excuse pas une déposition faite sciemment contre la vérité.

92. — Mais jugé aussi que si une déposition, simplement négative, ne constitue pas essentiellement, et par elle-même, le crime de faux témoignage, elle en a le caractère lorsqu'elle est faite de mauvaise foi et dans une intention criminelle, c'est-à-dire dans le but de se mettre en contradiction avec la vérité. — *Cass.*, 17 mars 1827, Gérard; — Chauveau et Hélie, t. 6, p. 429; Carnot, *Inst. crim.*, t. 2, p. 550; Rauter, t. 2, nº 490.

93. — ... Et spécialement, que lorsqu'un individu, après avoir dénoncé à l'autorité des voies de fait d'un fils sur son père, et dont il aurait été témoin, déclare pendant l'instruction qu'il ne les a point vu commettre, cette déclaration peut être considérée comme faite de mauvaise foi et constituant un faux témoignage. — Même arrêt.

94. — Jugé aussi qu'il suffit que les dépositions de témoins faites en matière criminelle pour ou contre l'accusé aient été déclarées fausses et mensongères pour qu'il ait dû être fait application de l'art. 361, C. pén., s'il est constant qu'elles étaient tout à la fois négatives et affirmatives : qu'ainsi, spécialement, la déclaration par un témoin qu'il n'a pas vu porter un coup, et que si le coup avait été porté il aurait dû nécessairement le voir, constitue un faux témoignage, si le fait du coup vient à être reconnu constant. — *Bruxelles*, 31 oct. 1831, Delaet et Vanvoorde.

ART. 3. — *Intention criminelle.*

95. — L'altération de la vérité, si évidente qu'elle soit, peut n'être que le résultat de l'erreur des sens et de la mémoire; il est donc nécessaire que l'altération de la vérité, pour être criminelle, ait eu lieu sciemment. — En d'autres termes, il faut constater chez le témoin l'*intention criminelle* de déposer contrairement à la vérité.

96. — Ainsi un témoin qui de bonne foi énoncerait comme vrai un fait faux ne devrait pas, sans doute, être cru dans son témoignage; mais il ne pourrait être, si aucune intention criminelle n'avait existé de sa part, poursuivi comme faux témoin.

97. — Au contraire, un individu qui déposerait d'un fait vrai, mais dont il n'aurait pas été le témoin, pourrait être poursuivi. « J'ai vu, dit à ce sujet Jousse (*loc. cit.*), en 1746, au présidial d'Orléans, condamner deux particuliers, l'un aux galères à perpétuité, et l'autre, qui était une fille, à être renfermée dans une maison de force, pour avoir, sur leurs dépositions, fait condamner un accusé à mort pour vol avec effraction extérieure et violence publique, auquel vol ils disaient avoir été présens, ce qui fut trouvé faux; et néanmoins il fut prouvé d'ailleurs, et même avant la condamnation de ces deux témoins, que le particulier condamné à mort était véritablement l'auteur du vol. »

98. — Il est vrai qu'au premier abord il semble qu'il y ait contradiction entre cette solution et le principe que nous avons posé plus haut, à savoir que le faux témoignage n'existe pas sans altération de la vérité. — Ne peut-on pas, en effet, objecter que si l'individu dont il s'agit ici a eu l'intention criminelle d'altérer la vérité, en réalité, puisque le fait est vrai, la vérité n'a pas été altérée, et que dès-lors il n'y a pas lieu à poursuites.

99. — Mais on répond avec avantage que, sans doute, ce que la loi exige de celui qui est appelé à déposer en justice, c'est qu'il témoigne des faits sur lesquels il sera interrogé, mais en tant seulement qu'il en a connaissance et dans les limites de cette connaissance : altérer la vérité consiste non seulement à déposer contrairement à la vérité du fait en lui-même, mais encore à déposer sur un fait en dehors de la connaissance personnelle qu'on peut en avoir.

100. — C'est surtout en matière criminelle que ce principe est incontestable; on conçoit en effet que les crimes et délits n'existant aux yeux des juges que par la preuve qu'on en rapporte, l'allégation mensongère d'un fait vrai ne nuit pas moins à un accusé que celle d'un fait faux.

101. — Peu importerait donc qu'il existât d'autres témoignages non suspects et de nature à opérer la conviction des juges, la criminalité de la fausse déposition ne peut dépendre de faits complètement étrangers au témoin prévaricateur, qui, en affirmant ce qu'il ne savait pas, a sciemment altéré la vérité.

102. — L'intention criminelle peut encore exister dans le fait du témoin qui, appelé à témoigner devant la justice, alors qu'il a connaissance des faits, déclare n'en avoir pas connaissance; il devait toute la vérité à la justice, non seulement il ne l'a point dite entière, mais il a avancé un fait faux en déclarant ne rien connaître. L'impunité d'un pareil mensonge serait aussi contraire à la morale que pernicieuse pour la bonne administration de la justice. — V. sur les déclarations négatives *suprà* nos 85 et suiv.

103. — Sans aucun doute, une fois prouvé que le témoin a fait *sciemment* une fausse déposition, il y a une présomption légale d'intention criminelle, présomption telle qu'elle n'a pas besoin d'être prouvée, et qu'elle n'admet pas de preuve contraire. — *Cass.*, 3 janv. 1811, Maudrill.

104. — Mais alors qu'il résulte des circonstances que la déposition n'est pas conforme à la vérité, doit-on en conclure nécessairement que l'intention criminelle a existé de la part du déposant? — Les anciens jurisconsultes étaient partagés sur ce point. — Farinacius pose pour règle : *In dubio præsumitur testem falsum deposuisse potius per errorem et ignorantiam quam dolo.* Bajardus émet une opinion contraire. Nous pensons, comme Farinacius, que *dans le doute* on doit plutôt attribuer à l'ignorance qu'à la fraude la fausse déclaration d'un témoin.

105. — Jugé, toutefois, qu'on doit réputer contradictoire et nulle la déclaration portant qu'un individu est convaincu d'avoir rendu un faux témoignage, et non convaincu de l'avoir fait sciemment et dans l'intention de nuire. — *Cass.*, 1er messid. an XIII, Mille; 19 mai 1808, Peulve.

106. — Jugé encore qu'il suffit que les dépositions de témoins faites en matière criminelle pour ou contre l'accusé aient été déclarées fausses et mensongères pour qu'il ait dû être fait application de l'art. 361, C. pén., s'il est constant qu'elles étaient tout à la fois négatives et affirmatives. — *Bruxelles*, 31 oct. 1831, Delaet et Vanvoorde.

107. — Il est évident au reste que si la déposition fausse avait été le résultat de la violence exercée ou de la crainte, telle qu'elle eût été de nature à ôter au témoin sa liberté, il n'existerait point de faux témoignage proprement dit.

108. — Les variations dans le témoignage, variations d'où résulte une contradiction, sont sans doute une juste cause de suspicion contre la valeur de la déclaration faite, et c'est ce qui faisait dire au législateur romain : *Testes qui adversus fidem suam testationis vacillant, audiendi non sunt.* — L. 2, ff., *De testibus.*

109. — Et la loi 16 du même titre ajoutait que dans ce cas ils devaient être punis comme faussaires, parce qu'ils étaient nécessairement parjures. — Modestinus (*lib. 8, reg.*) déclarait que le témoin dont le témoignage était contradictoire devait subir les peines de la loi Cornelia sur le faux témoignage.

110. — Notre législation doit être interprétée d'une manière moins rigoureuse; la contradiction qui peut exister entre les différentes déclarations d'un témoin et sa déposition écrite constituent sans aucun doute une présomption de faux témoignage; mais cette présomption ne suffit pas pour établir la preuve d'un crime, d'autant plus difficile à constater qu'il est fort grave et puni de peines très sévères.

111. — Sous l'empire de la loi du 16-29 sept. 1791, on décidait que le président du tribunal criminel ne pouvait, à l'audience du jury de jugement, ordonner l'arrestation d'un individu comme faux témoin, en se fondant uniquement sur ce qu'il existait une contradiction entre sa déposition orale et sa déposition écrite. — *Cass.*, 15 juin 1792, Guéno.

112. — Cet arrêt conserve toute son autorité sous la législation actuelle; la doctrine qu'il a établie a du reste reçu depuis une consécration nouvelle par un précédent de la cour des pairs. — *Cour des pairs*, 15 déc. 1835, Rey, sous *Cour des pairs*, 22 janv. 1836, affaire de l'attentat d'avr. 1834. — Cauchy, *Précédent de la Cour des pairs*, p. 500.

113. — « Les variations d'un témoin dans sa déposition ne sont pas nécessairement des indices de faux témoignage. Ses souvenirs peuvent l'avoir trompé dans ses premières déclarations; il peut, après les avoir méditées de nouveau, sentir le besoin de rectifier des faits qu'il n'avait pas présentés sous leur véritable jour; cette rectification est un devoir pour lui... — La même distinction s'applique encore aux contradictions qui se révèlent dans un seul et même témoignage. — Chauveau et Hélie, *ubi suprà*, p. 430 et suiv.

114. — Si rigoureuse qu'elle fût, la loi romaine avait fini par accorder aux témoins, et dans cer-

taines limites le droit de rétractation.—Le chap. 7 *De testibus* (*Décrétales*, liv. 2, tit. 21) déclare que le témoin qui, s'étant trompé sur un fait, s'est rétracté sur-le-champ ne doit pas être rejeté.

115. — Sous l'empire de notre ancienne législation, le droit de rétractation ne fut jamais contesté, et l'ordonnance de 1670 (tit. 5, art. 15) permettait au témoin d'ajouter à sa déposition ou de la diminuer lors de son récolement, c'est-à-dire au jour où il était mis en présence de l'accusé, car c'était alors seulement que l'altération acquérait un caractère définitif.

116. — Un arrêt du parlement de Grenoble, 20 août 1680, rapporté dans le *Dictionnaire* de Brillon (v° *Témoin*, n° 61), avait même décidé « que le témoin, en fait criminel, pouvait non seulement ajouter ou retrancher à sa déposition dans son récolement, mais aussi la changer entièrement sans qu'il pût être poursuivi criminellement lorsqu'il avait varié à la confrontation. » — V. *contrà* Serpillon, *C. crim.*, p. 710; lettre du procur. général du parlement de Paris au procur. du roi de Saint-Pierre-le-Moutier, 31 juin 1730; arrêt du conseil supérieur d'Artois, 27 juill. 1781; — Merlin, *Rép.*, v° *Témoin judiciaire*, § 5, art. 6, n° 3.

117. — La législation pénale qui nous régit aujourd'hui n'a pas, il est vrai, consacré formellement en faveur du témoin le droit de rétractation tant qu'il n'a pas été statué par le juge. — D'où la cour de Cassation avait d'abord conclu que la rétractation faite par un témoin ne pouvait anéantir le faux témoignage par lui porté.— *Cass.*, 7 juill. 1808, N... — V. aussi Carnot, sur l'art. 361, C. pén., n° 25; Rauter, t. 2, n° 493; Le Sellyer, t. 1er, n° 33.

118. — Mais évidemment cette solution était erronée. —En effet les différentes parties d'une déposition forment un tout indivisible qui ne peut être considéré comme complet et recevoir la qualification légale de témoignage qu'autant qu'elle est devenue irrévocable, c'est-à-dire lorsque les débats de l'affaire à laquelle cette déposition se rapporte sont définitivement clos: parce qu'en rétractant une déposition mensongère avant qu'elle ait porté à la société ou à l'accusé un préjudice irréparable, le témoin par son retour à la vérité a volontairement arrêté les conséquences funestes que sa déposition fausse aurait pu avoir.

119. — Aussi, revenant sur la doctrine émise par l'arrêt de 1808, la cour de Cassation a depuis, et par une jurisprudence constante, consacré le droit de rétractation et décidé qu'une déposition mensongère faite à l'audience perd le caractère de faux témoignage si elle est rétractée *avant la clôture des débats de l'affaire à laquelle elle se rapporte.* — *Cass.*, 4 juill. 1833, Beaucé.

120. — ... Qu'en conséquence, on ne peut considérer comme constituant le crime de faux témoignage une fausse déclaration faite volontairement devant une cour d'assises par un témoin qui s'est rétracté avant la clôture des débats. — *Cass.*, 19 avr. 1839 (t. 2 1839, p. 71), Louis Verdon.

121. — ... Encore bien que la rétractation n'ait eu lieu qu'après la mise en arrestation du témoin. — Même arrêt.

122. —La cour de Paris a également décidé que le témoin mis en arrestation à l'audience pour faux témoignage doit être relaxé de toutes poursuites si, avant la clôture des débats, il a rétracté sa fausse déposition. — *Paris*, 15 mars 1838 (t. 2 1840, p. 42), Colson.

123.— Mais la cour de Cassation, déterminant le moment auquel s'arrête le droit de rétractation, a aussi posé en principe que lorsqu'une fausse déposition a été faite devant un tribunal correctionnel qui statue en première instance, la rétractation *devant le juge d'appel* est tardive, comme faite après la clôture des débats, et ne peut dès-lors enlever au faux témoignage le caractère de criminalité que la loi pénale y a attaché. — *Cass.*, 3 juin 1846 (t. 2 1846, p. 537), Besson.

124. — C'est ce qu'enseignent également MM. Chauveau et Hélie (*Théor. du C. pén.*, t. 6, p. 440), dont l'opinion mérite d'être littéralement reproduite. — Après avoir exposé les principes consacrés par les arrêts précités sur le droit de rétractation avant la clôture des débats, «Faut-il conclure de là, disent-ils, qu'en matière correctionnelle le témoin qui a fait une fausse déposition devant un premier juge, et qui s'est rétracté devant les juges d'appel, ne doit être l'objet d'aucune poursuite? — On peut dire pour l'affirmative que, si les débats du tribunal correctionnel ont été fermés en première instance avant que le témoin ait désavoué sa déclaration, l'appel a eu pour effet de les rouvrir et de les continuer; qu'en matière correctionnelle les débats ne sont définitivement clos que par le jugement de l'appel, ou l'expiration des délais de cet appel; que, si le jugement de première instance acquiert force de chose jugée, la déposition est devenue définitive, elle peut constituer un faux témoignage; que, si les débats, au contraire, s'ouvrent encore en appel, le témoin reprend la faculté de détruire les effets de son mensonge, et d'effacer, dès-lors, la criminalité de sa déclaration. Il faut répondre à ces objections que la déposition devient complète en première instance, au moment où le débat est fermé; elle est acquise au procès, même en cas d'appel. Les juges de cet appel se serviront, pour l'apprécier, des notes de l'audience. Le faux témoignage est consommé; le jugement peut acquérir un caractère définitif; la possibilité du préjudice est évidente, et la criminalité résulte de ce qu'en présence de ce préjudice possible, le témoin a persisté, jusqu'au jugement, dans sa fausse déclaration. Comment admettre ensuite que l'existence du crime soit soumise à la condition résolutoire d'un appel, qu'il soit punissable si le jugement n'est frappé d'aucun recours, qu'il s'évanouisse si l'appel est formé, de sorte qu'il dépende d'un fait extérieur ou étranger à l'agent? Le crime est consommé par la clôture de la déposition faite avec intention de nuire, par la possibilité du préjudice qu'elle pouvait produire. Sans doute, si les débats s'ouvrent de nouveau devant une autre juridiction, le prévenu recouvrera le pouvoir de modifier ses premières déclarations; mais si ce repentir tardif peut être considéré comme une circonstance atténuante de son crime, il ne l'efface pas. Il ne faut pas confondre tous les débats auxquels peut donner lieu un procès avec le débat particulier dans lequel une déposition commence, peut se modifier et s'achève. L'arrêt de cassation qui annule l'arrêt d'une cour d'assises pour quelque vice de forme ne fait pas disparaître le faux témoignage qui a précédé cet arrêt. Si le témoin peut se rétracter pendant le débat, c'est que sa déposition n'est close, n'est acquise au procès, qu'après la clôture de ce débat; mais dès qu'il laisse devenir définitive la fausse déclaration, dès qu'elle peut devenir l'élément d'un jugement, le faux témoignage est complet, quelles que soient les suites, et lors même que le jugement serait annulé par suite de quelque recours. »

125. — On s'est demandé si lorsque le témoin a été obligé de quitter l'audience immédiatement après sa déposition, mais par un événement indépendant de sa volonté, cette circonstance, en le privant de la faculté de se rétracter, doit modifier la criminalité de son action.

126. — MM. Chauveau et Hélie (p. 441) pensent qu'il faut distinguer si, au moment où le témoin a quitté l'audience, la déposition était achevée et formait un tout complet, ou si le témoin ne l'avait pas finie. — Dans le premier cas, suivant eux, le crime est consommé. — Mais dans le second cas, la question leur semble plus difficile à résoudre.

127. — Dans une pareille hypothèse, la cour de Cassation a décidé que le témoin qui a fait devant un tribunal de police correctionnelle une fausse déclaration avec discernement et dans l'intention de favoriser le prévenu est coupable de faux témoignage, *encore bien que par une défaillance qui lui est survenue il n'ait pas pu achever sa déposition.* — *Cass.*, 28 fév. 1811, Chiezu. — V. conf. Merlin, *Rép.*, v° *Faux témoignage*, n° 12 (l'arrêt fut rendu sur ses conclusions).

128. — Mais Carnot (sur l'art. 361, C. pén., t. 2, p. 186, n° 25) et Legraverend (t. 1er, ch. 2, p. 424) combattent cette décision, et ils estiment que dans l'espèce il n'y avait encore que tentative de faux témoignage, et non faux témoignage complet achevé. — Or, dit Carnot, «si l'on pouvait dire d'une part que la tentative du crime n'avait manqué son effet que par des circonstances fortuites et indépendantes de la volonté de son auteur, on pouvait dire, d'autre part, qu'une déposition est un tout indivisible, et que le témoin avant de finir la sienne, aurait pu rendre hommage à la vérité.» — D'où ces auteurs concluent que l'intention criminelle n'est pas suffisamment constatée.

129. — MM. Chauveau et Hélie (*loc. cit.*) critiquent également cette décision, mais ils refusent de voir une tentative de faux témoignage dans une déclaration ainsi commencée: « Une tentative, disent-ils, suppose un commencement d'exécution du crime; or, une déposition incomplète ne peut être considérée comme un commencement d'exécution du faux témoignage, puisque son caractère reste indéterminé, et que sa fausseté même ne peut être suffisamment appréciée. » — Au reste, de ces réflexions, les mêmes auteurs se trouvent amenés à dire qu'en matière de faux témoignage la tentative du crime semble échapper à toute répression. «En effet, disent-ils, dans des observations qui méritent d'être reproduites, ainsi qu'on l'a vu, la déposition complète, entière, close enfin, peut seule devenir la base d'une accusation; or, la déposition n'est pas définitive tant que le témoin peut revenir sur ses déclarations, les modifier, les infirmer; et la loi tolère, dans l'intérêt de la vérité, ses tergiversations, ses réticences, ses contradictions, ses mensonges, pourvu qu'ils soient désavoués avant la clôture du débat et que les faits soient rectifiés. Quels seraient donc les élémens du commencement d'exécution du crime? Il est évident qu'ils ne pourraient se trouver que dans une déposition inachevée, ou du moins non encore rétractée, et dont les débats révèleraient subitement la fausseté; mais cette déposition, si le débat n'est pas fermé, si le témoin peut la rétracter encore, s'évanouit au moment même de la rétractation; elle ne peut, dès-lors, être considérée comme un élément de la tentative, pas plus que du crime lui-même. Si, au contraire, le débat est fermé, si le témoin a perdu la faculté de se rétracter utilement, le faux témoignage se trouve consommé; ce n'est plus la tentative, c'est le crime même qui devient l'objet de la poursuite. Ainsi, dans quelque hypothèse que l'on se place, on voit que le faux témoignage ne peut être incriminé que lorsqu'il est entier et consommé, et que la simple tentative de ce crime se trouve, par une dérogation à la règle générale, à l'abri de toute poursuite particulière.»

130. — En matière civile, où souvent il n'existe pas de débat oral, le faux témoignage est consommé au moment où la déposition a été reçue et signée. Le témoin n'a aucun délai pour se rétracter. — Chauveau et Hélie, t. 6, p. 453. — Cependant, lorsqu'il s'agit d'une déposition faite à l'audience, il n'y a aucun obstacle à ce que le témoin se rétracte avant la clôture des débats. — Teulet, d'Auvilliers et Sulpicy, *Codes annotés*, sur l'art. 363, C. pén., n° 2.

131. — Quant aux fausses déclarations faites dans un rapport de mer, affirmé devant le juge de paix par un capitaine de vaisseau, elles présentent le crime de faux et non celui de faux témoignage, nul ne pouvant être témoin en sa propre cause. — *Bruxelles*, 3 mars 1819, Decock. — V. FAUX.

ART. 4. — *Préjudice causé.*

132. — Comme nous l'avons déjà dit, le dernier élément constitutif du faux témoignage est le préjudice résultant de la déposition mensongère, préjudice qui s'établit du reste différemment, suivant qu'il s'agit du témoignage en matière civile ou en matière criminelle.

133. — *Matière criminelle.* — Les articles 361 et 362, C. pén., punissent non seulement le faux témoignage porté *contre* l'accusé ou le prévenu, mais même celui porté en sa *faveur*, et ce, sans distinction aucune.

134. — C'est qu'en effet, si le témoin a le devoir de ne pas déposer contre l'accusé contrairement à sa conscience, c'est une obligation non moins sacrée pour lui de déclarer à la justice ce qui peut être à sa connaissance quant aux faits sur lesquels on invoque son témoignage, et surtout de ne pas chercher à tromper la religion des juges par des allégations mensongères. Si, dans le premier cas, il y a préjudice pour l'accusé, dans le deuxième il y a préjudice pour la société qui a intérêt à la répression des crimes et délits.

135. — Ainsi jugé que le crime de faux témoignage existe, par cela seul qu'il nuit à l'exercice *de l'action publique*, quoiqu'il n'en puisse résulter aucun dommage envers un individu. — *Cass.*, 19 nov. 1807, Lorrain.

136. — Au reste, il n'est pas nécessaire à l'existence du faux témoignage que le préjudice soit causé; il suffit *qu'il ait été possible* et que la déclaration fausse ait pu exercer un effet nuisible.

137. — Ainsi, le faux témoin qui aura déposé contre un accusé sera puni lors même que cet accusé aurait été acquitté. — Chauveau et Hélie, t. 6, p. 444. — Il sera également poursuivi, encore que l'arrêt de condamnation intervenu à la suite des débats aurait été annulé par la cour de Cassation; car, dans ces deux hypothèses, la possibilité d'un préjudice existait, et, s'il ne s'est pas réalisé, c'est par suite d'un évènement que l'agent ne pouvait prévoir. — Chauveau et Hélie, t. 6, p. 444.

138. — Mais quand le préjudice peut-il être considéré comme existant ou pouvant exister? C'est, ainsi que nous l'avons dit plus haut, lorsque le témoin a persisté dans sa déclaration mensongère et de nature à nuire à l'accusé ou à la justice; *jusqu'à la clôture des débats.* — V. *suprà*, n° 117.

139. — Et à ce que nous avons dit plus haut quant au droit de rétractation reconnu aux témoins, il faut ajouter que si, par suite de l'annu-

lation de l'arrêt et du renvoi du procès devant d'autres juges, de nouveaux débats étaient ouverts, la rétractation du témoin n'affecterait pas la criminalité de ses premières dépositions, puisque, par ces dépositions, il aurait tenté de nuire autant qu'il pouvait le faire. « La fausseté de son témoignage, disent MM. Chauveau et Hélie (*loc. cit.*), a été complète, et il lui a laissé produire tous ses effets; il ne peut donc se faire un bénéfice du hasard qui a détourné le coup qu'il avait porté. »

140. — La même décision doit, suivant les mêmes auteurs, s'appliquer soit au cas où, en matière correctionnelle, l'affaire serait soumise à des débats nouveaux, par suite d'un renvoi ordonné par la cour de Cassation, soit à celui où il y a lieu à un nouveau débat devant la cour d'assises, par suite du renvoi à une autre session motivé par la suspicion d'un faux témoignage. Dans ces deux cas, en effet, l'exécution du crime a été complète, et le préjudice possible a existé. — V. en outre *suprà*, no 136.

141. — Au surplus, et du principe que le faux témoignage en matière criminelle n'est punissable qu'autant qu'il a eu lieu en faveur ou contre l'accusé, il suit qu'un accusé de faux témoignage ne peut être condamné comme coupable de faux témoignage en pareille matière, si la déposition du jury n'exprime pas que ce faux témoignage *a été porté soit contre l'accusé soit en sa faveur*. C'est ce qui a été jugé par plusieurs arrêts cités *suprà* nos 75 et s.

142. — Jugé, toutefois, qu'en cette matière la question posée aux jurés est suffisamment explicite lorsque, conforme d'ailleurs à l'arrêt du renvoi, elle rappelle la procédure criminelle dans laquelle le témoignage a été donné, le nom de l'accusé en faveur de qui il a été rendu, ainsi que la date de l'arrêt. — *Bruxelles*, 31 oct. 1831, Delaet et Wanvoorde; — Teulet, d'Auvilliers et Sulpicy, *Codes annotés*, sur l'art. 361, C. pén., no 37.

143. — Il a été jugé, d'ailleurs, avec raison, que la fausse déclaration faite aux débats suffirait pour constituer le faux témoignage, lors même que sa fausseté ne porterait pas sur le fait principal de l'accusation, s'il pouvait en résulter une impression favorable ou défavorable à l'accusé. — *Cass.*, 1er juill. 1808, N...; 29 nov. 1816, Lescaut; 19 juin 1823, Maugin; 7 août 1823, Roger; 1er juill. 1825, Burel; 10 août 1823, Garaux; — Carnot, sur l'art. 361, C. inst. crim., t. 2, p. 184, no 18.

144. — La plainte en faux témoignage est, du reste, la seule voie de recours ouverte à l'accusé contre l'altération de la vérité commise à son préjudice par un témoin; et, à ce sujet, il importe de remarquer qu'en matière correctionnelle il est arrivé que des prévenus se prétendant diffamés par la déposition d'un témoin prétendaient agir par la voie ordinaire accordée à celui qui se prétend injurié ou diffamé.

145. — Mais cette prétention a toujours été rejetée comme mal fondée. C'est ainsi qu'il a été jugé, avant la loi de 1819, que la déclaration faite par un témoin dans un débat criminel ne peut, quoique fausse, donner lieu à une action en injures verbales, mais à celle de faux témoignage. — *Cass.*, 2 août 1806, Piault c. Berthon.

146. — Et depuis que, lorsque l'allégation ou l'imputation d'un fait qui porte atteinte à l'honneur ou à la considération d'un citoyen, faite par un témoin dans sa déposition, se rapporte soit aux faits qui ont donné lieu à l'instruction, soit à des circonstances relatives à cette instruction, elle ne peut motiver une plainte en diffamation, mais une plainte en faux témoignage, s'il échoit. — *Cass.*, 1er juill. 1825, Hurel c. Duplessis. — V. conf. Chassan, *Tr. des délits de la parole*, t. 1er, p. 111; de Grattier, *Comment. sur les lois de la presse*, t. 1er, p. 203, no 4, et p. 234, no 6.

147. — Et, en effet, rien de plus rationnel que cette jurisprudence qui concilie tout à la fois l'indépendance du témoin et le respect dû à la vérité. La nécessité où se trouve le témoin de dire tout ce qu'il sait justifie complétement ce qu'il pourrait y avoir d'injurieux dans ses imputations; le serment qu'il prête de ne rien dire qui ne soit vrai le rend coupable de faux témoignage lorsqu'il allègue des faits soit pour nuire à l'accusé, soit pour le favoriser. — V. argument des art 29, 155, 189, 317, C. inst. crim., et 361, 367, alin. 2e, et 378, C. pén.

148. — Que décider, si la diffamation avait eu lieu à l'égard d'un tiers? — Bourguignon (*Jurisp. crim.*, art. 330, C. inst. crim., t, 2, p. 162, no 3) cite un arrêt de Cassation du 4 niv. an VIII, qui a jugé que, même dans le cas où l'allégation porte sur des tiers, il y a non pas diffamation, mais faux témoignage; cet auteur dit qu'il faudrait décider aujourd'hui le contraire, parce que l'art. 361, C. pén., ne punit que le faux témoignage fourni pour ou contre l'accusé, tandis que le Code pénal de 1791 ne définissait pas ce crime; il ajoute que la disposition finale de l'art. 23 de la loi de mai 1819 réserve l'action civile des tiers sans faire aucune distinction entre les parties, leurs défenseurs et les témoins.

149. — Nous rappellerons, à cet égard, qu'il n'y a que les faits diffamatoires *étrangers à la cause* qui puissent donner lieu à une action de la part des tiers, encore faut-il que le témoin ait été entraîné par une intention criminelle. — *Cass.*, 10 mai 1821, Colona. — V. DIFFAMATION.

150. — *Matière civile.* — Si, en matière criminelle, les art. 361 et 362, C. pén., disposent formellement que, pour être criminel, le témoignage faux doit avoir été porté *contre l'accusé* ou le prévenu ou *en sa faveur*, il n'existe, en matière civile, aucune disposition semblable, et la loi n'a point tracé, à cet égard, de règles expresses.

151. — De là il faut conclure, disent MM. Chauveau et Hélie (t. 4, p. 452), qu'en matière civile, toutes les dépositions mensongères, quelles qu'elles soient, sont incriminées, pourvu *qu'elles puissent préjudicier à autrui*.

152 — Mais il ne faudrait pas arriver jusqu'à prétendre que le seul fait d'une déclaration mensongère faite sciemment devant le juge, alors qu'aucun préjudice ne peut en résulter *pour personne*, doit être considérée néanmoins comme constitutive du crime de faux témoignage.

153. — « En effet, comme le font remarquer avec raison MM. Chauveau et Hélie (t. 6, p. 433), comment admettre que la loi aurait voulu punir le simple mensonge devant les tribunaux civils, tandis qu'elle ne punissait que le mensonge préjudiciable devant les tribunaux criminels? Ce système dérogeait à la fois au principe général, qui n'incrimine que les actes préjudiciables à la société ou aux intérêts privés, et à la règle particulière à la matière du faux, qui considère la possibilité d'une lésion quelconque comme un élément essentiel du crime. La déposition contraire à la vérité est, dans tous les cas, une action immorale: mais, lorsque cette déposition est dénuée d'effet et demeure inoffensive, l'intervention de la peine serait sans objet, car la peine ne venge pas la morale, elle répare les intérêts froissés. »

154. — La cour de Cassation a jugé, il est vrai, qu'en infligeant une peine au coupable de faux témoignage en matière civile, la loi n'impose pas la condition, pour que cette peine soit applicable, qu'il ait été porté préjudice à un tiers, et, qu'en conséquence, il n'est pas nécessaire qu'il en soit fait mention dans la question posée au jury. — *Cass.*, 14 juill. 1827, Fauvel.

155. — Mais il faut remarquer qu'il s'agissait, dans cette espèce, de savoir si l'existence d'un préjudice avait dû faire l'objet d'une question au jury. Or, à cet égard, la doctrine émise par la cour est parfaitement fondée: le jury ne doit jamais être interrogé par une question spéciale sur l'existence ou sur la possibilité du préjudice. (Teulet, d'Auvilliers et Sulpicy, *Codes annotés*, sur l'art. 363, C. pén., no 8.) — Mais il ne faudrait pas donner à l'arrêt une portée plus large, et qui serait évidemment contraire aux vrais principes.

Sect. 3e. — *Poursuites contre le faux témoin.*

Art. 1er. — *Procédure ordinaire.*

156. — C'est surtout dans les instances criminelles, et lorsqu'il s'agit d'affaires déférées au jugement du jury, que le faux témoignage appelle contre son auteur une répression sévère, et nous verrons (no 170 et s.) quels pouvoirs extraordinaires la loi, par l'art. 330, C. inst. crim., accorde à la cour d'assises, et spécialement à son président, en pareille circonstance.

157. — Mais ces dispositions de l'art. 330, C. inst. crim., n'empêchent point que le faux témoin ne puisse être poursuivi suivant les formes du droit commun.

158. — Ainsi, il appartient au ministère public d'exercer des poursuites contre l'accusé de faux témoignage, et ce, par les voies ordinaires et en tout état de cause, en se fondant, soit sur les faits connus dans les débats de l'affaire principale où le faux témoignage s'est produit, soit sur les faits découverts postérieurement.

159. — Ce droit existe pour le ministère public, alors même que les faits révélés dans les débats auraient servi de base à un réquisitoire du ministère public, tendant à l'arrestation d'un témoin, et que le président aurait rejeté ses conclusions. — On ne pourrait, en effet, dans ce cas, opposer au ministère public l'autorité de la chose jugée; car, ni les réquisitions par lui faites, ni la décision rendue par le président ne portent, dans ce cas, sur le fond de l'affaire, mais seulement sur l'utilité de la mesure préventive de l'arrestation provisoire.

160. — Lors donc que le président ne juge pas à propos d'ordonner l'arrestation d'un témoin soupçonné de faux témoignage, dans le cas où la loi lui confère ce pouvoir, le ministère public n'a pas besoin de faire de réserves, ni qu'il lui en soit donné acte, pour pouvoir ensuite poursuivre le témoin sur l'inculpation de faux témoignage. — Carnot, *C. inst crim.*, t. 2, p. 555, *Observ. add.*, no 1er.

161. — Décidé, par application de ce principe, que le jugement correctionnel qui refuse de faire droit aux réquisitions du ministère public, tendantes à ce que le tribunal ordonne l'arrestation immédiate d'un témoin inculpé de faux témoignage, mais qui dresse procès-verbal des faits, et renvoie l'inculpé devant le juge d'instruction, ne peut être considéré comme un jugement au fond ou sur la prévention: par suite, la chambre d'accusation ne peut, sur les poursuites ultérieures dirigées contre l'inculpé, opposer l'exception de chose jugée à l'action du ministère public. — *Cass.*, 10 avr. 1841 (t. 1er 1847), N...

162. — Mais la question s'est élevée de savoir si, lorsqu'un individu a été condamné, il peut, en dénonçant la déposition d'un témoin comme calomnieuse et fausse, poursuivre lui-même ce témoin, et retarder ainsi l'exécution de l'arrêt ou du jugement qui vient de le frapper dans sa personne et dans ses biens? — Nous n'hésitons pas à nous prononcer pour la négative.

163. — D'une part, en effet, le droit de poursuivre le crime d'office n'appartient qu'au ministère public, et, de l'autre, l'art. 319, C. inst. crim., spécialement édicté, il est vrai, en faveur de l'accusé traduit devant la cour d'assises, mais dont le bénéfice est applicable à tous les prévenus, lui conférait le droit de présenter, tant contre le témoin que contre son témoignage, tout ce qu'il jugeait utile pour sa défense: les juges appelés à statuer sur sa culpabilité auraient pu, en conséquence, apprécier la foi qui devait être due à la déposition attaquée; si ces observations n'ont point été alors présentées, ou si, présentées par lui, elles sont demeurées sans succès, dans tous les cas, sa défense est épuisée au fond; il ne peut retarder l'exécution de la décision qui le frappe.

164. — Il ne faut pas néanmoins conclure de là que le condamné reste complétement désarmé, alors que c'est seulement après les débats que se sont produites les circonstances qui permettent de suspecter la sincérité de ces témoignages.

165. — On doit, au contraire, reconnaître que, pour que la plainte fût non-recevable, il faudrait que les faits eussent été connus et appréciés dans le débat; et, à cet égard, il a été jugé que la chambre des mises en accusation ne peut déclarer tardive une plainte en faux témoignage, sous le prétexte qu'elle n'a été formée qu'après l'arrêt de condamnation intervenu dans l'affaire où le prévenu a déposé, et qu'aucune réclamation n'a été faite dans le cours des débats. — *Cass.*, 20 août 1819, Jourdan c. Mirabel.

166. — ... Et que l'arrêt qui, dans cet état, rejette la plainte en faux témoignage, doit expliquer, sous peine de cassation, si les faits servant de base à la plainte étaient connus lors des débats, et s'ils ont été appréciés, ou s'ils n'ont été découverts que postérieurement à l'arrêt de condamnation. — Même arrêt.

167. — Remarquons au surplus que si la voie de la plainte en faux témoignage est ouverte à l'accusé contre les témoins à charge, elle est soumise aux règles générales qui régissent l'action de tous les plaignans; et comme partie civile, l'accusé, en ce cas, n'a que le droit de former opposition, aux termes des dispositions exceptionnelles de l'art. 135, C. inst. crim., à l'ordonnance de la chambre du conseil; et non de se pourvoir en cassation contre l'arrêt de renvoi de la chambre des mises en accusation. — Ce droit n'appartient qu'au ministère public: il importe peu que la plainte en faux témoignage, intentée après la condamnation, ait pour objet, de la part du condamné, de faire réviser son jugement. — *Cass.*, 28 mars 1829, Chauvière.

168. — Lorsqu'une plainte en faux témoignage a été portée devant le juge du domicile d'un ou de plusieurs prévenus de ce crime, ce juge peut, sans contrevenir à aucune loi, renvoyer l'affaire au juge d'instruction du lieu où le faux témoignage a été commis, et où réside la plus grande partie des prévenus. — *Cass.*, 6 nov. 1817, Rillardon.

169. — Ces principes généraux posés, examinons séparément les règles spéciales relatives à la poursuite du faux témoignage devant les diverses juridictions.

ART. 2. — *Procédure extraordinaire.*

§ 1er. — *Cour d'assises.*

170. — Aux termes de l'art. 330, C. inst. crim., « si, d'après les débats, la déposition d'un témoin paraît fausse, le président pourra, sur la réquisition, soit du procureur général, soit de la partie civile, soit de l'accusé, et même d'office, faire sur-le-champ mettre le témoin en état d'arrestation. Le procureur général et le président, ou l'un des juges par lui commis, rempliront à son égard, le premier les fonctions d'officier de police judiciaire, le second les fonctions attribuées aux juges d'instruction dans les autres cas. — Les pièces d'instruction seront ensuite transmises à la cour royale, pour y être statué sur la mise en accusation. »

171. — Mais le pouvoir de la cour d'assises (et cette observation s'applique à toutes les juridictions) ne va pas jusqu'à pouvoir statuer immédiatement sur la culpabilité de l'individu soupçonné de faux témoignage, cette culpabilité fût-elle manifeste. — Quoique le faux témoignage constitue un flagrant délit, le législateur n'a pas cru devoir permettre au juge de procéder de suite et sans désemparer, comme dans les autres cas prévus par l'art. 507, C. inst. crim. (V. DÉLIT D'AUDIENCE, FLAGRANT DÉLIT), à cause de la nature des preuves à produire, et du danger de préjuger l'accusation principale. — Bourguignon, *Manuel*, t. 1er, p. 413, no 4.

172. — Du reste, la disposition de l'art. 330, C. inst. crim., n'est que la reproduction de l'art. 41, tit. 7, part. 2e, L. 16 sept. 1790, et de l'art. 367 du code du 3 brum. an IV.

173. — On jugeait, sous l'empire du code du 3 brum. an IV et L. 18 pluv. an IX, que le prévenu de faux témoignage, arrêté à l'audience sur l'ordre du président, devait, à peine de nullité, être interrogé par le directeur du jury et avoir lecture des charges existant contre lui. — *Cass.*, 1er germin. an XII, Chastenet.

174. — Sous le même Code, on décidait encore que, lorsque d'après les débats, l'un des témoins entendus devant un tribunal criminel était signalé comme coupable de crime, le président n'avait pas le droit de procéder contre lui comme au cas de faux témoignage commis à l'audience; mais que le tribunal criminel devait ordonner que le témoin inculpé fût poursuivi devant le directeur du jury compétent. — *Cass.*, 7 vendém. an VII, Barisien. — Cette décision devrait encore être suivie aujourd'hui.

175. — C'était le président de la cour de justice criminelle, aujourd'hui remplacé par le président des assises, qui était chargé de dresser l'acte d'accusation contre le prévenu de faux témoignage.

176. — Mais, ainsi que nous avons eu déjà eu occasion de le faire remarquer (V. COUR D'ASSISES, no 1299), le Code du 3 brum. an IV n'autorisait l'arrestation du témoin qu'autant que sa déposition paraissait *évidemment* fausse, d'où il suit que le texte de la loi portait non pas que le président *pourrait*, mais qu'il *ferait* mettre en arrestation le témoin prévenu de faux témoignage. — Carnot, *C. inst. crim.*, t. 2, p. 547, no 3.

177. — Le Code d'instruction criminelle s'est écarté en ce point de la législation qui l'a précédé; le mot *évidemment* ne se rencontre plus dans ce Code; dès qu'il existe des indices suffisans du crime de faux témoignage, le témoin *peut* être poursuivi, et le président *peut* ordonner son arrestation.

178. — Cet ordre d'arrestation peut être donné d'office par le président; il peut également être décerné soit sur la demande du ministère public ou de l'accusé.

179. — Le président de la cour d'assises a seul le droit de statuer sur les réquisitions du ministère public ou demande de la partie civile ou de l'accusé tendant à l'arrestation d'un témoin dont la déposition peut paraître fausse; ce droit n'appartient pas à la cour. — *Cass.*, 8 nov. 1816, Bertolani; 30 mai 1818, Bastide; 20 août 1819, Jourdain; 5 mai 1826, Renault; 2 mars 1827, Tap et Saviard; 23 avr. 1840 (t. 2 1840, p. 197), Rolland. — V. Legraverend, t. 2, p. 208; Carnot, sur l'art. 330, no 6.

180. — Il en est ainsi alors même que les réquisitions du ministère public tendant à l'arrestation du témoin seraient combattues par l'accusé. — *Cass.*, 23 avr. 1840 (t. 2 1840, p. 721), Rolland.

181. — Le droit conféré au président d'ordonner, même d'office, l'arrestation d'un témoin suspect de faux témoignage emporte à plus forte raison celui d'ordonner qu'il sera simplement gardé à vue par la gendarmerie jusqu'à la fin du débat, alors même qu'il ne statuerait pas d'office, mais sur les réquisitions du ministère public et les conclusions contraires de l'accusé. — *Cass.*, 28 déc. 1838 (t. 2 1839, p. 643), Siere et Amillis.

182. — Jugé encore que le président d'une cour d'assises peut, sans qu'il en résulte aucune violation de la loi, mettre en surveillance un témoin qu'il soupçonne de faux témoignage et le faire déposer entre deux gendarmes. — *Cass.*, 20 août 1819, Jourdan.

183. — Le président peut se borner à ordonner cette mesure alors même que les réquisitions du ministère public tendraient formellement à l'arrestation du témoin. — Même arrêt.

184. — Le président peut surseoir à statuer sur la demande en arrestation et ordonner que le témoin sera mis en surveillance et même le faire déposer dans une maison d'arrêt. L'accusé ne saurait prétendre que ces faits ont porté atteinte au droit de défense et à la sincérité des débats. — *Cass.*, 23 avr. 1840 (t. 2 1840, p. 197), Rolland.

185. — De même, l'accusé ne peut se faire un moyen de nullité de ce qu'en mettant en accusation un de ses témoins à décharge, on l'aurait privé d'une déposition indispensable à sa défense. — *Cass.*, 28 avr. 1831, Cary.

186. — Comme aussi lorsque, sur la demande d'un témoin en état d'arrestation comme prévenu de faux témoignage, le procureur du roi s'est introduit près de lui pour recevoir sa rétractation, l'accusé ne peut prétendre qu'il y a eu violation de la défense faite par le président de ne laisser communiquer ce témoin avec personne. — D'ailleurs l'infraction à cette défense ne peut pas être une cause de nullité. — *Cass.*, 28 mars 1829, Chauvière.

187. — Jugé encore que lorsque le président a mis en surveillance dans l'enceinte du palais un témoin dont la déposition lui a paru suspecte, il peut ultérieurement, et même hors de l'audience, ordonner que la mesure de surveillance sera exécutée par le dépôt du témoin dans la maison d'arrêt au lieu de l'être dans l'enceinte du palais. — *Cass.*, 23 avr. 1840 (t. 2 1840, p. 721), Rolland.

188. — Au surplus, on jugeait sous l'empire du Code du 3 brum. IV, et cette décision serait encore applicable aujourd'hui, que la disposition de la loi sur les devoirs imposés au président d'une cour de justice criminelle (aujourd'hui de la cour d'assises), dans le cas où la déposition d'un témoin produit aux débats paraît fausse, n'est pas prescrite à peine de nullité. — *Cass.*, 10 déc. 1807, Van Coppenoble.

189. — Bien qu'en règle générale il appartienne au président seul de statuer sur l'opportunité de l'arrestation d'un témoin (V. *suprà* no 179), néanmoins il a été jugé que l'intervention de la cour d'assises dans l'exercice du droit attribué au président de faire arrêter les témoins suspects de faux témoignage ne peut vicier les débats ultérieurs. — *Cass.*, 12 mars 1831, Hervé-Ansquer. — V. COUR D'ASSISES.

190. — Jugé même que l'ordonnance du président qui prescrit ou refuse l'arrestation du témoin, une fois rendue, s'il y est formé opposition, la cour d'assises est compétente pour statuer sur cette opposition; car le droit d'ordonner ou refuser alors cette arrestation rentre dans les attributions du président, mais non dans son pouvoir discrétionnaire. — V. *suprà* no 179. — *Cass.*, 5 mai 1826, Renaut.

191. — Remarquons encore que s'il appartient au président seul de la cour d'assises de statuer sur l'opportunité de l'arrestation d'un témoin, cette arrestation une fois opérée, ce magistrat ne peut prononcer sa mise en liberté. — *Cass.*, 28 mars 1829, Chauvière; 15 mars 1838 (t. 2 1840, p. 42), Colson.

192. — Cependant, lorsque le président de la cour d'assises a, sans réquisition du ministère public et sans le concours des autres membres de la cour d'assises, ordonné la mise en liberté d'un témoin qu'il avait fait arrêter dans une séance précédente comme prévenu de faux témoignage, l'accusé qui n'a point demandé le renvoi à une autre session est non-recevable à se prévaloir de l'irrégularité commise par le président. — *Cass.*, 28 mars 1829, Chauvière.

193. — Sous le Code du 3 brum. an IV, le président devait faire dresser, en même temps qu'il ordonnait l'arrestation du témoin, procès-verbal constatant les faits et établissant le faux témoignage.

194. — Et le procès-verbal était nul s'il manquait de précision et de clarté ou s'il n'énonçait pas les faits qui constituaient le délit. — *Cass.*, 12 sept. 1806, Demartini et Arata.

195. — A ce sujet, Carnot (sur l'art. 330, C. inst. crim., t. 2, p. 547, no 4) fait remarquer que ce procès-verbal avait de l'importance en ce qu'aucun article du Code de l'an IV n'obligeait à en rédiger un de ce qui se passait aux débats et en ce que l'instruction sur le faux témoignage était renvoyée au directeur du jury, qui, n'ayant pas assisté à l'audience, n'aurait eu rien pour se guider. Mais Merlin (*Rép.*, vo *Faux témoignage*, no 6) objecte que l'art. 399 dudit Code ne prononçait pas la peine de nullité, et que d'ailleurs l'omission d'un procès-verbal constatant le corps du délit ne saurait être en aucun cas un obstacle à la poursuite lorsque les faits peuvent être établis par d'autres moyens.

196. — Et c'est en effet dans ce dernier sens qu'il avait été jugé sous l'empire du même Code que, quoique le président dût dresser un procès-verbal des faits relatifs au faux témoignage, l'inobservation de cette formalité ne pouvait entraîner la nullité des débats. En effet, la preuve des crimes peut se faire par toutes sortes de moyens, et par une information aussi bien que par un procès-verbal. — *Cass.*, 10 déc. 1807, Vandenabeele; — Bourguignon, *Inst. crim.*, t. 1er, p. 412; et *Codes crim.*, t. 2, p. 61.

197. — « Le nouveau Code, dit Bourguignon (*Manuel d'inst. crim.*, t. 1er, p. 412), ne fait pas mention directement de ce procès-verbal. Néanmoins il impose implicitement au président l'obligation de le rédiger, puisqu'il lui attribue, en ce cas, les fonctions de *juge d'instruction*, et que le premier devoir d'un juge d'instruction est de constater, par un *procès-verbal*, le crime *flagrant*, commis en sa présence. » Il suit de là que cette pièce est utile et nécessaire; elle n'est cependant pas indispensable. — Le silence de l'art. 330 du Code d'instruction criminelle s'explique au surplus par l'obligation générale imposée au président et au greffier par l'art. 372 du même Code de dresser procès-verbal de chaque séance. — Carnot, *Inst. crim.*, t. 2, p. 547, no 4.

198. — Le président ou le juge par lui commis remplit dans ce cas, aux termes de la loi, les fonctions de juge d'instruction, et lorsqu'il juge l'information suffisante, les pièces sont transmises au procureur général, qui fait le rapport de l'affaire à la chambre des mises en accusation, conformément aux règles générales de l'instruction criminelle. — Bourguignon, *Manuel*, t. 1er, p. 413, no 3.

199. — Jugé que lorsqu'un individu a été condamné sur une accusation d'assassinat, et qu'il a rendu plainte en faux témoignage contre un témoin à charge, l'arrêt rendu par la chambre d'accusation sur sa plainte ne peut être cassé, parce que la procédure et l'instruction sur l'accusation d'assassinat n'ont pas été produites devant cette chambre. — *Rouen*, 13 fév. 1818, Regnault.

§ 2. — *Juridictions criminelles autres que les cours d'assises et juridictions civiles.*

200. — *Tribunaux correctionnels.* — On s'est demandé si les prescriptions de l'art. 330 du Code d'instruction criminelle sur le droit d'arrestation des témoins suspectés de faux témoignage sont applicables en matière correctionnelle, ou si les juges correctionnels n'ont d'autre droit que de dresser procès-verbal des faits et de renvoyer devant les juges compétens.

201. — La jurisprudence paraît fixée en ce sens que les dispositions de l'art. 330 du Code d'instruction criminelle, sur la mise en arrestation des témoins entendus aux débats, doivent être admises dans les matières correctionnelles comme pour celles de grand criminel. — *Cass.*, 21 janv. 1814, Schweitzen. — V. aussi Merlin, *Rép.*, vo *Subornation*, no 5; Massabiau, *Manuel du proc. du roi*, no 2685 et suiv. — *Contrà* Carnot, t. 2, p. 548, no 7; Teulet, d'Auvilliers et Sulpicy, sur l'art. 330, no 3.

202. — Jugé encore dans le même sens et par application du même article, qu'en matière correctionnelle, comme en matière de grand criminel, c'est au président seul, et non au tribunal, qu'il appartient de statuer sur la réquisition du ministère public tendant à l'arrestation d'un témoin dont la déposition paraît fausse. — *Bourges*, 5 juin 1828, Augonnet.

203. — Et ce dernier arrêt a même été jusqu'à décider que le tribunal correctionnel excéderait ses pouvoirs en prononçant sur la réquisition du ministère public tendant à l'arrestation d'un témoin dont la déposition paraîtrait fausse. — Mais cette proposition ne nous paraît pas admissible, quoiqu'au fond la cour ait bien jugé. — En effet, dans l'espèce, le ministère public ayant requis l'arres-

tation d'un témoin comme faux, le tribunal, et non le président seul, avait non seulement refusé cette arrestation, mais décidé au fond que l'inculpé ne pouvait être poursuivi comme faux témoin, à raison de ce qu'il devait être considéré comme l'un des accusés principaux. Ce jugement fut attaqué par ces deux motifs : 1° que le tribunal avait empiété sur les attributions du président ; 2° qu'il avait jugé au fond. Le premier de ces griefs semble avoir été admis, comme le second, à tort, selon nous, car encore bien que l'art. 330, C. inst. crim., soit applicable en matière correctionnelle comme en matière criminelle, le droit d'arrestation, conféré au président d'un tribunal correctionnel, n'est autre que celui accordé au président des assises. Or, nous avons vu que l'intervention de la cour dans l'exercice de ce droit ne peut vicier les débats.

204. — Mais au contraire, et toujours en admettant comme règle de principe que les dispositions de l'art. 330, C. inst. crim., sont applicables aux matières correctionnelles, il a été jugé par le même arrêt : que le tribunal avait excédé ses pouvoirs en prononçant que le témoin ne pouvait être poursuivi pour faux témoignage, parce qu'il devait être considéré, non comme témoin dans l'affaire, mais comme principal prévenu. — En effet, il ne s'agissait plus là d'arrestation, simple mesure préventive, et le tribunal correctionnel était évidemment incompétent pour absoudre ou pour condamner le prévenu ; il ne pouvait statuer au fond.

205. — *Tribunaux de police.* — Il est généralement admis que l'art. 330, C. inst. crim., est totalement étranger aux poursuites en matière de simple police, et que le tribunal doit dans ce dernier cas se borner à dresser un procès-verbal des faits et le remettre au procureur du roi chargé par la loi de la poursuite. — Carnot, t. 1er, p. 637, n° 20 ; t. 2, p. 167, n° 10.

206. — Jugé à plus forte raison qu'un tribunal de police commet un excès de pouvoir en prononçant la peine de deux jours de prison contre des témoins, pour faux témoignage commis à son audience. — *Cass.*, 13 nov. 1806 (int. de la loi), Lagarde et Mulderman ; — Merlin, *Rép.*, v° *Faux témoignage*, n° 10.

207. — *Tribunaux spéciaux.* — Un décret de la convention nationale du 7 frim. an II avait décidé, sous le Code pénal de 1791, que les prévenus de faux témoignage n'étaient pas justiciables des cours spéciales ; et qu'en conséquence il y avait lieu uniquement de renvoyer les individus soupçonnés de ce crime devant les cours criminelles ordinaires.

208. — Le principe consacré par le décret du 7 frim. an II n'a pas cessé d'être appliqué par la jurisprudence à toutes les époques.

209. — Ainsi postérieurement et sous l'empire du Code du 3 brum. an IV, des arrêts de la cour de Cassation consacrèrent que les tribunaux spéciaux n'étaient pas compétens pour connaître du crime de faux témoignage. — *Cass.*, 21 brum. an XI, Lacabanne et Taissié ; 24 nov. 1808, Faly.

210. — Il a été jugé depuis le Code d'instruction criminelle qu'un tribunal militaire ne peut connaître des crimes de faux témoignage, même commis à son audience ; et qu'il ne peut que faire arrêter les prévenus et les renvoyer devant les tribunaux ordinaires pour être prononcé par eux sur la mise en accusation, après que le président du conseil et le rapporteur ont rempli les fonctions d'officier de police judiciaire et de juge d'instruction. — *Cass.*, 12 juin 1812, Séraphino ; — V. aussi *Cass.*, 15 nov. 1811, Gioryetti.

211. — En effet, si l'art. 350, C. inst. crim., ordonne la transmission directe des pièces à la chambre d'accusation, c'est parce que, dans l'ordre hiérarchique, la cour d'assises occupe un rang supérieur à celui du tribunal de première instance, et qu'elle fait même partie de la cour royale, investie du droit souverain de poursuivre toutes les affaires criminelles, *omisso medio* (art. 235 et 250), tandis que la position d'un conseil de guerre est tout-à-fait différente. Il faut conclure de là que le capitaine rapporteur et le président n'ont pas le droit de remplir les fonctions attribuées par l'art. 330 au président de la cour d'assises et au procureur général. Ils doivent donc se borner à faire arrêter le prévenu, dresser procès-verbal des faits, et envoyer le tout aux juges compétens, conformément à l'art. 506, C. inst. crim.

212. — Toutefois, il paraît reconnu que la cour des pairs a le droit de connaître du faux témoignage commis devant elle. — *Cour des pairs*, 22 janv. 1836, accusés d'avril ; — E. Cauchy, *Procès de la cour des pairs*, p. 177 et suiv. — V. COUR DES PAIRS, n° 185.

213. — Du reste, devant la cour des pairs comme devant la cour d'assises, s'il y a lieu de soupçonner un témoin de faux témoignage, le procureur général n'a pas besoin de faire de réserves, ni d'obtenir d'autorisation spéciale pour intenter des poursuites.

214. — *Juridictions civiles.* — C'est un point incontestable qu'en matière civile, l'art. 330, Code inst. crim., n'est pas applicable, et que les tribunaux civils ne peuvent en pareil cas que renvoyer l'individu soupçonné de faux témoignage devant la juridiction criminelle compétente.

215. — Jugé par application de ce principe sous le Code du 3 brumaire an IV, et il y aurait lieu sous le Code d'inst. crim. à une décision analogue, qu'un directeur du jury excédait ses pouvoirs en dressant procès-verbal des variétés et contradictions existant dans les enquêtes en matière civile et en décernant des mandats d'arrêt en vertu de l'art. 367 du même Code, article qui n'était relatif qu'à la conduite à tenir par un président de tribunal criminel, dans le cas où en matière criminelle la déposition d'un témoin paraissait fausse d'après les débats. — *Cass.*, 29 pluv. an IX, Girod et Ducet.

Sect. 4e. — *Pénalité.*

216. — Nous avons dit plus haut quelles étaient, dans l'ancien droit, les peines applicables en matière de faux témoignage.

217. — Sous l'empire du Code pénal, les peines contre le faux témoin sont différentes, selon que le faux témoignage a été porté en matière criminelle, de police correctionnelle, de simple police ou en matière civile.

218. — C'est au titre de l'accusation et non à celui de la condamnation qu'il faut avoir égard pour déterminer si le faux témoignage a été rendu en matière criminelle, correctionnelle ou de police. — Rauter, *Dr. cr.*, t. 2, n° 494.

219. — Aux termes de l'art. 361, C. pén., quiconque est coupable de faux témoignage en matière criminelle, soit contre l'accusé, soit en sa faveur, est puni de la peine des travaux forcés à temps.

220. — Quant à l'individu déclaré coupable de faux témoignage en matière correctionnelle, soit contre le prévenu, soit en sa faveur, il est, suivant l'art. 362, puni de la réclusion.

221. — Le même art. 362 ajoute que quiconque est coupable de faux témoignage en matière de police, soit contre le prévenu, soit en sa faveur, est puni de la dégradation civique et de la peine de la prison pour un an au moins et cinq ans au plus.

222. — Enfin, le coupable de faux témoignage en matière civile est puni de la réclusion. — C. pén., art. 363.

223. — Ces peines sont modifiées par le concours de deux circonstances aggravantes spéciales, l'une aux matières criminelles, l'autre aux matières correctionnelles, civiles ou de police.

224. — Ainsi, l'art. 361, dans son deuxième paragraphe, dispose comme il suit : « Si néanmoins l'accusé a été condamné à une peine plus forte que celle des travaux forcés à temps, le faux témoin qui a déposé *contre lui* subit la même peine. »

225. — C'est là, disent MM. Chauveau et Hélie (p. 461), la peine du talion ; mais il faut remarquer que le faux témoin n'est passible d'une peine perpétuelle ou de la peine de mort que lorsqu'il a déposé *contre l'accusé*, et lorsque celui-ci a été condamné à la suite de son témoignage à l'une de ces deux peines. — La loi n'a pas admis la disposition de la loi du 5 pluv. an II.

226. — D'un autre côté, l'art. 364 porte que le faux témoin en matière correctionnelle ou civile, qui a reçu de l'argent, une récompense quelconque ou des promesses, est puni des travaux forcés à temps.

227. — ... Et, en outre, que le faux témoin en matière de police, qui a reçu de l'argent, une récompense quelconque ou des promesses, est puni de la réclusion.

228. — Dans les cas qui précèdent, il faut entendre par *récompense quelconque* non seulement les présens qui ont pu être offerts au témoin, mais aussi les services qu'il a reçus à raison et en vue de sa déposition. — Et par *promesses reçues*, les promesses qu'il a agréées dans le même but. — Chauveau et Hélie, p. 462.

229. — Il a été jugé également que l'aggravation de peine portée contre le faux témoin qui a reçu des promesses, s'entend des promesses verbales comme des promesses écrites, la loi ne fait aucune distinction. — *Cass.*, 17 sept. 1829, Cardinal ; — Chauveau et Hélie, t. 6, p. 463 ; Carnot, *Code pén.*, t. 2, p. 191, n° 4.

230. — La disposition finale de l'art. 364 porte que, *dans tous les cas*, ce que le faux témoin a reçu est confisqué.

231. — Bien que cette aggravation de pénalité semble ne se reporter qu'au cas de faux témoignage en matière correctionnelle, civile ou de police, on doit évidemment l'appliquer même au témoin qui, en matière criminelle, a déposé à prix d'argent. — La raison de décider est la même, et l'expression *dans tous les cas* est trop générale pour qu'on puisse en limiter la signification.

232. — On jugeait, avant la loi du 28 avr. 1832, et sous le Code pén. de 1810, que la peine de la marque prononcée contre les faussaires en général n'était pas applicable au crime de faux témoignage. — *Cass.*, 6 mai 1812, Bianucci.

233. — Cette décision conserve encore son intérêt, malgré l'abolition de la marque, cette peine étant aujourd'hui remplacée par celle de l'exposition publique. — Il faut donc dire que le coupable de faux témoignage n'encourt pas nécessairement, comme le faussaire, la peine de l'exposition.

234. — Il a été jugé, que sous la loi du 25 sept.-6 oct. 1791, et sous le Code du 6 brum. an IV, lorsque la peine était mitigée en faveur d'un accusé de faux témoignage qui avait pour lui un fait personnel d'excuse, il ne pouvait résulter aucune ouverture à cassation de ce que la peine prononcée contre le complice était plus grave. — *Cass.*, 17 nov. 1807, Joseph Lorrain ; — Merlin, *Rép.*, v° *Faux témoignage*, n° 9.

235. — Cet arrêt n'a plus aujourd'hui d'application possible. — En effet, le faux témoignage pouvait être excusé sous une législation qui ne définissait pas les cas d'excuses ; mais, à défaut d'une disposition spéciale, il n'en saurait être de même sous l'empire du Code pén., qui défend, dans son art. 65, d'en admettre d'autres que celles formellement exprimées par la loi. — V. EXCUSE.

Sect. 5e. — *Effets du faux témoignage quant à l'instance principale.*

236. — Tout en édictant des peines sévères contre les faux témoins, le législateur devait, sous peine de laisser son œuvre incomplète, se préoccuper des conséquences du faux témoignage et poser des règles de nature à assurer la sincérité du jugement principal ou à en rectifier les erreurs.

237. — Deux hypothèses bien distinctes peuvent se présenter : ou bien le faux témoignage est découvert et poursuivi pendant la durée de l'instance principale, ou, au contraire, ce n'est qu'après l'instance terminée que la fausseté du témoignage se révèle et est déclarée.

238. — Dans le premier cas, les juges peuvent surseoir au jugement de l'affaire principale ; dans le second, la révision du jugement peut être prononcée. — Nous examinerons séparément ce qui a trait au sursis et ce qui concerne la révision.

ART. 1er. — *Sursis au jugement.*

239. — Il faut, quant au sursis, distinguer selon que l'affaire principale est pendante devant la cour d'assises, ou devant une juridiction criminelle autre que la cour d'assises, ou bien encore devant la juridiction civile.

240. — *Cour d'assises.* — Aux termes de l'art. 331, C. inst. crim., dans le cas d'arrestation d'un témoin pour faux témoignage, le procureur général, la partie civile ou l'accusé peuvent immédiatement requérir et la cour ordonner, même d'office, le renvoi de l'affaire à la prochaine session.

241. — De là il résulte que tandis que c'est au président seul qu'il appartient d'ordonner l'arrestation, c'est la cour entière qui est appelée à décider s'il y a lieu de renvoyer l'affaire à une autre session. — Legraverend, t. 2, p. 208 et 209.

242. — Mais il convient de remarquer que si l'art. 331 du Code d'instruction criminelle accorde aux cours d'assises le droit de renvoyer l'affaire principale, ce n'est pour elle qu'une faculté et non une obligation. — *Cass.*, 21 janv. 1814, Schwistzen ; *Bruxelles*, 29 oct. 1835, Dewit ; — Merlin, *Rép.*, v° *Faux témoignage.*

243. — Jugé encore qu'en matière criminelle, les tribunaux peuvent repousser un sursis demandé par le motif qu'il y a faux témoignage de la part de plusieurs témoins et que ces témoins ont été renvoyés par arrêt de la cour devant un juge d'instruction. — *Cass.*, 10 mai 1839 (t. 2 1839, p. 667), Esmann et Paget.

244. — Ainsi, malgré l'arrestation d'un témoin suspect de faux témoignage, l'affaire peut être continuée et jugée sans renvoi à une autre session ; car le faux témoignage a pu être fait à la décharge de l'accusé ; de plus, les débats peuvent offrir, à part cette disposition, des preuves d'innocence ou de culpabilité suffisantes. — Legra-

verend, t. 2, p. 209; Carnot, *Cod. inst. crim.*, t. 2, p. 557, nº 2; Bourguignon, t. 2, p. 65.

245. — Jugé en conséquence que, lorsqu'un témoin a été mis en arrestation comme suspect de faux témoignage, le président de la cour d'assises peut, sans excéder les limites de son pouvoir discrétionnaire, l'interpeller de nouveau à l'audience du lendemain, et donner publiquement lecture de l'interrogatoire qu'il a subi après sa mise en arrestation, sans qu'il soit nécessaire d'avertir le jury que ses déclarations ne doivent être considérées que comme renseignemens, et que, d'ailleurs ; cet avertissement n'est point prescrit, même pour les déclarations de témoins, à peine de nullité. — *Cass.*, 30 sept. 1841 (t. 1er 1842, p. 590), Liarson.

246. — Jugé encore que l'accusé ne peut se plaindre que les débats auraient été continués malgré l'arrestation d'un témoin soupçonné de faux témoignage, alors qu'averti par le président de son droit de demander le renvoi de l'affaire à une autre session, il a, ainsi que le ministère public, formellement consenti à la continuation des débats. — *Cass.*, 30 sept. 1841 (t. 1er 1842, p. 590), Liarson.

247. — ... Et même que l'individu en état d'arrestation comme suspect de faux témoignage peut être entendu comme témoin malgré l'opposition de l'accusé, si d'ailleurs l'état d'arrestation a été signalé aux jurés, et si l'accusé n'a pas requis le renvoi de l'affaire à une autre session. — *Cass.*, 20 juin 1839 (t. 2 1839, p. 489), Belkassem-Ben-Ali. — Au surplus, telle était la doctrine consacrée sous l'ancienne jurisprudence où un arrêt du 7 sept. 1726 avait décidé que dans les procès instruits à la requête d'une partie civile, lorsque la subornation ne paraissait tomber que sur quelques témoins, et qu'il y en avait un grand nombre dont le témoignage ne pouvait être suspecté, le procès devait être suivi. — Merlin, vº *Subornation*, nº 5.

248. — Mais si, au lieu de refuser le sursis, comme elle en a le droit, la cour surseoit, elle indique par là qu'elle ne peut se passer des témoignages argués dans quelque sens qu'ils soient : et ce sursis, dès-lors, emporte obligation de faire juger *au préalable* l'accusation de faux témoignage qui devient, comme le disait M. le procureur général Dupin lors de l'arrêt du 20 déc. 1845, cité *infrà*, une véritable question préjudicielle. — V. en ce sens Legraverend, t. 2, p. 209.

249. — La priorité de jugement est tellement acquise à la prévention de faux témoignage que si cette prévention n'était pas encore vidée lors de la session suivante, il y aurait lieu de proroger le sursis à une autre session. — Teulet, d'Auvilliers et Sulpicy, *Codes annotés*, sur l'art. 331, Cod. inst. crim., nº 4.

250. — Il a donc été jugé que lorsque la cour d'assises renvoie l'affaire principale à la prochaine session, la chambre des mises en accusation chargée de statuer sur la prévention de faux témoignage ne peut, sans incompétence, ordonner le sursis du procès jusqu'au jugement de l'affaire principale. — *Cass.*, 20 mai 1813, Pérignon ; — Merlin, *Rép.*, vº *Subornation*, nº 5 *bis*.

251. — Jugé même que lorsque la déposition des témoins entendus dans des débats criminels a paru entachée de faux témoignage et que la cour d'assises a ordonné le renvoi de l'affaire à une autre session, l'examen et le jugement du faux témoignage sont préjudiciels et ne peuvent avoir lieu *en même temps* que l'examen et le jugement de l'accusation principale; et que dès-lors le président de la cour d'assises ne peut, sans violer les droits de la défense, ordonner la jonction des deux procédures, et, sous prétexte de connexité entre l'accusation principale et l'accusation de faux témoignage, soumettre les accusés aux mêmes débats. — *Cass.*, 20 déc. 1845 (t. 2 1846, p. 677), Juvenore.

252. — Au reste, un arrêt de la cour de Cassation avait déjà posé en principe qu'il n'y a pas de connexité nécessaire entre la procédure criminelle instruite sur une prévention de faux témoignage, et celle instruite contre l'individu dans la cause duquel a été porté le faux témoignage. — *Cass.*, 10 déc. 1807, Vancoppenoble.

253. — Et il avait été jugé aussi que loin d'ordonner de surseoir à l'instruction et à la prononciation de l'arrêt sur faux témoignage, jusqu'à ce qu'il ait été statué sur le sort de l'accusé dans la procédure principale, la loi autorise la cour d'assises à ordonner le renvoi de l'affaire principale à la session suivante. — *Bruxelles*, 31 oct. 1831, Delaet et Vanvoorde.

254. — Le renvoi à une autre session s'entend d'une session ordinaire. Toutefois, s'il se tenait une session extraordinaire avant l'ouverture de laquelle le sort du témoin accusé de faux témoignage fût décidé, l'accusé principal pourrait être jugé à cette session extraordinaire. — Legraverend, t. 2, p. 210.

255. — Mais si le sort de ce témoin n'était pas fixé et qu'au lieu d'être relaxé, il fût renvoyé aux assises pour être jugé avant l'accusé principal, ni l'un ni l'autre ne pourraient passer à cette session extraordinaire qu'autant que l'accusation du témoin et sa traduction en la maison de justice auraient précédé l'ouverture des assises. — Legraverend, *loc. cit.* — A moins, comme le fait remarquer le même auteur, qu'il n'y ait consentement du ministère public et de l'accusé, et consentement du président.

256. — Il est, du reste, évident que si les débats de l'affaire principale ayant continué malgré l'arrestation du témoin, l'accusé venait à être acquitté, il y aurait à son égard chose jugée, motivant sa mise immédiate en liberté, sans qu'il fût besoin d'attendre le jugement de la plainte en faux témoignage. — Carnot, t. 2, p. 557, nº 3; Teulet, d'Auvilliers et Sulpicy, *loc. cit.*, nº 7.

257. — *Juridictions criminelles autres que les cours d'assises.* — L'art. 331 reçoit son application dans les matières correctionnelles comme dans les matières de grand criminel.

258. — Jugé à cet égard qu'en matière correctionnelle comme au grand criminel, les tribunaux peuvent refuser le sursis, lorsqu'il existe d'autres témoignages non suspects, suffisans pour opérer la conviction, encore bien qu'ils renvoient quelques uns des témoins devant le juge d'instruction sous la prévention de faux témoignage. — *Cass.*, 21 janv. 1814, Schweltzen.

259. — Jugé encore que lorsqu'un tribunal correctionnel est saisi d'une plainte en calomnie, fondée sur l'imputation d'un faux témoignage, si le prévenu de calomnie a dénoncé au ministère public les faits relatifs au faux témoignage, le tribunal doit surseoir au jugement de la plainte en calomnie jusqu'à ce qu'il ait été statué par la cour d'assises sur cette dénonciation. Il ne peut se permettre de juger si cette dénonciation est fondée ou vraisemblable. — *Cass.*, 6 mars 1812, Pepin. — Dans l'espèce, il s'agissait d'une plainte en calomnie, interdite par la loi de 1819, laquelle n'a plus laissé subsister que les plaintes en diffamation, et a défendu au prévenu de prouver l'existence des faits diffamatoires par lui imputés. Cependant, comme il est des cas où cette preuve est autorisée par la loi, cet arrêt conserve son importance.

260. — De même, dans le cas où la déposition d'un témoin devant le tribunal de simple police paraît fausse et où il en est dressé procès-verbal, le tribunal peut surseoir au jugement de l'affaire principale, en vertu de l'art. 331, C. inst. crim., Autrement la conscience du juge se trouverait gênée par la crainte d'absoudre un coupable ou de condamner un innocent, ou enfin, en matière civile, de méconnaître les droits d'une partie.

261. — A plus forte raison, le droit, et pour mieux dire, le devoir de surseoir au jugement de l'affaire principale, doit-il être reconnu, quant aux tribunaux spéciaux, appelés à prononcer le plus souvent sur les questions les plus graves pour l'honneur, la liberté, et même la vie de ceux qui sont appelés devant eux.

262. — *Juridiction civile.* — Il semblerait résulter du principe que le criminel tient le civil en suspens, que chaque fois qu'un faux témoignage se produit dans une instance civile, il y a nécessairement lieu pour le juge de surseoir jusqu'à la décision à rendre sur la poursuite criminelle de faux témoignage.

263. — Néanmoins, il n'en est pas toujours ainsi, et il est reconnu que le juge civil peut aussi bien que le juge criminel, suivant les circonstances, et alors que la véracité ou la fausseté du témoignage suspect n'est pas de nature à influer sur la décision à rendre, ne pas surseoir au jugement de l'affaire principale.

264. — M. Mangin (*Tr. de l'act. publ.*, t. 1er, nº 165) semble même penser que les poursuites dirigées par le ministère public contre des témoins qui auraient déposé dans une enquête civile ne pourraient autoriser à surseoir au jugement du procès qui a donné lieu à une enquête. — Et cela, attendu qu'il n'est pas permis de transporter à la procédure civile les formes spéciales de la procédure criminelle. — Mais nous ne pensons pas que cette opinion trop absolue doive être suivie. — Carnot, *Inst. crim.*, t. 1er, p. 81.

265. — Il a été jugé, avant la loi de 1816, que si l'un des témoins produits par l'époux demandeur en divorce était accusé de faux témoignage et poursuivi au criminel par l'époux défendeur, le tribunal pouvait, sans attendre le jugement du témoin, statuer immédiatement sur l'instance en divorce, ce cas n'étant pas celui de l'art. 235, C. civ., lequel ordonnait le sursis de l'action en divorce lorsqu'un des faits allégués par l'époux demandeur donnait lieu à une poursuite criminelle de la part du ministère public. — *Cass.*, 22 nov. 1815, Montarches. — V. *contrà* Carnot, *Inst. crim.*, t. 1er, p. 81.

266. — Jugé aussi que les témoins qui ont déposé dans une enquête ordonnée sur une réclamation d'état peuvent être poursuivis comme prévenus de faux témoignage, sans qu'il soit besoin d'attendre qu'il ait été statué sur la question d'état, nonobstant les dispositions des art. 326 et 327, C. civ. — *Liége*, 5 janv. 1822, de Milly.

ART. 2. — *Révision des jugemens.*

267. — Soit qu'il s'agisse d'affaires criminelles, soit que l'instance principale ait été civile, alors qu'il est constant que le faux témoignage a pu, en trompant la religion du juge, porter préjudice à une partie, celle-ci est incontestablement admise à poursuivre à son tour la réparation du préjudice à elle causé, par la voie ordinaire de l'action en dommages-intérêts.

268. — Mais cette action n'est pas la seule qui lui soit ouverte, ainsi qu'il résulte des observations qui vont suivre.

269. — Ainsi, s'agit-il de condamnation prononcée en cour d'assises par suite du faux témoignage depuis constaté et puni, le droit, pour la partie condamnée, de provoquer la révision de l'affaire principale, est consacré de la manière la plus formelle par l'art. 445, C. inst. crim., qui prescrit même cette révision d'office.

270. — Voici, au surplus, comment dispose cet article : « Lorsqu'après une condamnation contre un accusé, l'un ou plusieurs des témoins qui avaient déposé *à charge contre lui* seront poursuivis pour avoir porté un faux témoignage dans le procès, et si l'accusation en faux témoignage est admise contre eux, ou même s'il est décerné contre eux des mandats d'arrêt, il sera sursis à l'exécution de l'arrêt de condamnation, quand même la cour de Cassation aurait rejeté la demande du condamné. Si les témoins sont ensuite condamnés pour faux témoignage à charge, le ministre de la justice, soit d'office, soit sur la réclamation de l'individu condamné par le premier arrêt, ou du procureur général, chargera le procureur général près la cour de Cassation de dénoncer le fait à cette cour. — Ladite cour, après avoir vérifié la déclaration du jury, sur laquelle le second arrêt aura été rendu, annulera le premier arrêt, si par cette déclaration les témoins sont convaincus de faux témoignage à charge contre le premier condamné; et pour être procédé contre l'accusé sur l'acte d'accusation subsistant, elle le renverra devant une cour d'assises autre que celles qui auront rendu soit le premier, soit le second arrêt. — Si les accusés de faux témoignage sont acquittés, le sursis sera levé de droit et l'arrêt de condamnation exécuté. » — C. inst. crim., art. 445.

271. — La disposition de l'art. 445, C. instr. crim., n'a pas besoin d'être justifiée : quel que soit le respect dû aux arrêts souverains rendus par la cour d'assises, ce respect ne peut aller jusqu'à exiger l'exécution d'une condamnation injustement appliquée ; ce n'est point, d'ailleurs, faire injure aux juges qui ont statué que de venir demander la révision de la décision par eux rendue, alors que des dépositions déloyales et coupables ont pu égarer leur religion.

272. — Toutefois, remarquons que la surséance à l'exécution de l'arrêt et la révision de l'affaire ne sont admises qu'autant que les poursuites contre le faux témoin ont commencé après la condamnation de l'accusé. Car si elles ont commencé avant, lors même que le président aurait refusé l'arrestation du faux témoin, et que celui-ci eût été ensuite condamné, il n'y a lieu ni à surséance, ni à révision : le législateur a pensé que la déposition d'un témoin ainsi mis en état de suspicion avait été appréciée à sa juste valeur.

273. — Peu importe pour la demande en révision que les preuves ou indices du faux témoignage aient été connus lors des débats de l'affaire principale; le seul point à observer est l'époque des poursuites en faux témoignage.

274. — Si le témoin suspecté de fausse déposition est arrêté, séance tenante et pendant les débats, et que, néanmoins, il intervienne ensuite une condamnation contre l'accusé principal, il n'y a pas lieu à la révision du procès, parce que, dans ce cas, les poursuites ont commencé avant le jugement de l'accusé, et que l'arrestation du faux témoin a dû ôter à sa déposition toute autorité. — Legraverend, t. 2, p. 737.

275. — Mais si l'arrestation du témoin n'avait lieu qu'à l'issue de l'audience, il pourrait y avoir

lieu à révision; car la poursuite du faux témoin serait postérieure à la condamnation de l'accusé principal. — Legraverend, t. 2, p. 737.

276. — Lorsqu'un témoin, entendu dans le procès d'un individu condamné pour crime, a été déclaré, depuis, coupable de faux témoignage à charge contre un individu, il n'y a lieu d'annuler le premier arrêt de condamnation, qu'autant qu'il est inconciliable avec celui rendu contre le faux témoin. — *Cass.*, 20 janv. 1831, Lecomte et Mallet.

277. — Aux termes de l'art. 446, C. inst. crim., les témoins condamnés pour faux témoignage ne pourront être entendus dans les nouveaux débats. —Cette prescription a besoin d'être expliquée.

278. — Ainsi, il faut bien comprendre que l'art. 446, C. instr. crim., n'interdit l'audition des témoins condamnés pour faux témoignage que dans les nouveaux débats qui, aux termes de l'art. 445, suivent l'arrêt en vertu duquel il est procédé à la révision du procès, et non dans les débats qui suivent un renvoi par suite de cassation. — *Cass.*, 17 fév. 1843 (t. 2 1843, p. 539), Besson.

279. — ... Et encore que cet article 446 n'est point applicable aux témoins condamnés pour faux témoignage à décharge, alors surtout que ce faux témoignage a été porté dans le cours des débats annulés pour d'autres causes que celles indiquées dans l'art. 445. — Même arrêt.

280. — Toutefois, dans ce dernier cas, si la condamnation portée contre ces témoins a été afflictive et infamante, ils ne doivent être entendus dans les nouveaux débats que conformément aux dispositions des art. 28 et 34, C. pén.

281. — V. au surplus, pour toutes les questions relatives à la révision pour faux témoignage, RÉVISION.

282. —Mais il importe d'observer que la révision n'a jamais lieu qu'en cas de condamnation de l'accusé principal et non lorsque la poursuite principale a été suivie d'acquittement. — C'est ce qui résulte des termes mêmes de l'art. 445.

283. — Le droit et le devoir de révision existe non seulement lorsqu'il s'agit de procès criminels vidés en cour d'assises, mais encore à l'égard des procès jugés par toute autre juridiction criminelle.

284. —Seulement, en ce qui a trait aux juridictions correctionnelles ou de police, il faut observer que la voie de la révision ne semble être ouverte qu'autant que l'affaire ne serait plus susceptible d'être portée en appel.

285. — De même, en matière civile, tant que l'appel peut être utilement interjeté, c'est seulement par cette voie qu'il y a lieu de demander la réformation du jugement de première instance rendu sur des témoignages depuis déclarés faux.

286. — Mais lorsque la décision rendue a acquis l'autorité de la chose jugée, et qu'elle n'est plus susceptible de recours par les voies ordinaires, y a-t-il lieu à se pourvoir par la requête civile, comme lorsque le jugement a été rendu sur pièces depuis reconnues déclarées fausses? —V. REQUÊTE CIVILE.

CHAPITRE II. — *Subornation de témoins. — Notions générales.*

287. — « A la matière du faux témoignage succède naturellement celle de la *subornation* des témoins. La subornation, en effet, n'est qu'un acte de complicité du faux témoignage. » — Chauveau et Hélie, t. 6, p. 468. — Les suborneurs, suivant Julius Clarus, § *falsum*, n° 3, « *sunt socii criminis et perjurii* ». — C'est ce que la jurisprudence a reconnu, comme nous le verrons plus bas.

288. —L'art. 365, C. pén., qui prévoit la subornation de témoins et indique les peines applicables aux suborneurs, dispose d'une manière générale. —Aussi a-t-on jugé avec raison qu'il s'applique à la subornation en matière correctionnelle. — *Cass.*, 30 nov. 1827, Valentin.

289. —Le crime du suborneur est en quelque sorte bien plus grave que celui du faux témoin : « car, dit Muyart de Vouglans (p. 205, n° 3), de la part du suborneur il y a toujours dol ou malignité, tandis que le témoin ne se laisse souvent suborner que par des vues d'intérêt, excitées par le besoin et par l'indigence, ou par l'effet de la jeunesse, de la simplicité ou même de la crainte. »

290. —Toutefois, et suivant les circonstances, le suborneur peut être considéré comme moins coupable aux yeux de la morale que le faux témoin; tel serait, par exemple, le cas où le mobile qui l'aurait fait agir aurait été un motif de reconnaissance ou d'affection, ou même encore d'intérêt personnel.

291. —Il est évident, d'ailleurs, qu'au point de vue moral la séduction pratiquée pour obtenir un témoignage à décharge dans une affaire criminelle est plus excusable que celle qui aurait, au contraire, pour objet une déposition mensongère, et qui pourrait faire condamner un innocent.

292. — La subornation ne consiste pas seulement à engager un témoin à déposer de ce qui matériellement n'est pas arrivé, mais encore à déposer de ce qui est véritablement arrivé, mais dont il n'a pas connaissance. — Merlin, *Rép.*, v° *Subornation*, n° 1er; Rauter, *Dr. crimin.*, t. 2, n° 498.

Sect. Ire. — *Caractères de la subornation.*

293. — Sous le Code pénal de 1791, qui ne s'occupait point du fait de la provocation au faux témoignage, la cour de Cassation reconnaissait que la subornation considérée principalement et isolément ne constituait pas un crime qualifié et que, dès-lors, le suborneur ne pouvait être atteint, si la subornation ne se rattachait à un fait criminel de sa nature dont elle pût être réputée un acte de complicité. — *Cass.*, 23 vendém. an VIII, Riollay, 19 brum. an XII, Viguier dit l'Anglade; 9 mars 1809, Jardin.

294. — Le Code de 1810 ayant fait mention expresse du crime de la subornation de témoins, on peut se demander aujourd'hui quel est le caractère réel de la subornation, et si elle peut échapper aux peines édictées par la loi, même lorsqu'elle n'a pas été suivie d'effet, c'est-à-dire, d'un faux témoignage.

295. — Mais la jurisprudence a reconnu à de nombreuses reprises que la subornation, considérée isolément, ne constitue pas un crime; qu'elle est seulement un moyen de complicité du crime de faux témoignage, et que, dès-lors, elle ne peut être punissable qu'autant qu'elle se rattache à un faux témoignage réellement commis ou à une tentative criminelle de faux témoignage. — *Cass.*, 18 fév. 1813, Manem; 9 nov. 1815, Petit; 20 août 1819, Jourdan; *Poitiers*, 21 oct. 1819, Roblin; *Cass.*, 16 nov. 1821, Girardin; 14 sept. 1826, Delpeux; 30 sept. 1826, Beuf; 8 juill. 1830, Lepine; 16 janv. 1835, Chapelier; 15 sept. 1836 (et non 1835) (t. 1er 1837, p. 355), Ferrey; 29 août 1844 (t. 1er 1845, p. 391), Adrenier; 16 janv. 1845 (t. 1er 1846, p. 45), Gazaille; 5 fév. et 27 juin 1846 (t. 2 1846, p. 539), Gachier et Neffrechoux; — V. conf. Legraverend, t. 1er, p. 123; Carnot, *C. pén.*, sur l'art. 365, n° 2, et *C. inst. crim.*, sur l'art. 130, n° 4; Merlin, *Rép.*, v° *Subornation*, n° 7; Chauveau et Hélie, t. 6, p. 467; Bourguignon, *Jurispr.*, t. 3, p. 340.

296. — ...Et, spécialement, que celui qui a tenté de suborner un témoin par une offre d'argent ne peut pas être mis en accusation, si le témoin n'a fait qu'une déclaration conforme à la vérité, ou n'a même point déposé. — *Cass.*, 4 déc. 1812, Borger.

297. — Cette jurisprudence, fondée bien plus sur les explications données dans le sein du corps législatif par l'orateur du gouvernement et par le rapporteur que sur le texte de la loi, est trop constante pour être aujourd'hui combattue : Toutefois, nous avons, en rapportant (dans notre 3e édition) l'arrêt du 9 nov. 1815 cité *suprà*, présenté quelques observations : « On a considéré, avons-nous dit, que jusqu'à la consommation ou la tentative du faux témoignage, la subornation n'est qu'un projet de ce crime, et qu'une poursuite prématurée aurait le danger de multiplier les incidens et d'aggraver le scandale sans utilité réelle. — Ces raisons ne seraient pas sans quelque poids si la subornation était une complicité pure et simple du faux témoignage; mais elle a paru au législateur avoir ses caractères propres, puisqu'il l'a érigée en crime distinct. Une fois cette séparation établie, pourquoi la subornation ne rentre-t-elle pas dans la classe ordinaire des crimes? Pourquoi reste-t-elle subordonnée à l'existence d'un fait principal lorsqu'elle n'a plus le caractère d'une complicité et qu'elle constitue elle-même un crime principal? — On dira vainement qu'elle n'est qu'un projet de faux témoignage. — Cette objection s'applique au témoin, et non au suborneur. Le crime ne peut consister, à l'égard du premier, que dans la violation du serment, et c'est avec raison que la loi tient son glaive suspendu jusqu'au moment décisif. Mais le faux témoignage ne constitue pas le crime du suborneur; il n'en est que le but. Or, ce n'est pas le succès qui fait l'immoralité d'une action. Ainsi, la loi n'attend pas que le voleur ait réussi pour le châtier. De même, elle prononce des peines contre la provocation publique aux crimes et délits, quoique non suivie d'effets. — C. pén., art. 102; L. 17 mai 1819, art. 1er et suiv.; L. 9 sept. 1835. — La provocation du faux témoignage qui emploie dans l'ombre les dons et promesses ne présente pas moins de dangers pour la société. Elle est, avec le faux témoignage une des plaies de notre époque. La jurisprudence a complètement désarmé le ministère public devant ce double crime. Eh bien, dirons-nous à nos législateurs, considérez la subornation qui n'a pas été suivie d'effet comme une tentative, exigez qu'elle se soit manifestée par un commencement d'exécution de la part du suborneur; érigez-la, si vous le préférez, en simple délit correctionnel; tracez des règles qui préviennent les inconvéniens dont vos prédécesseurs se sont trop effrayés, mais protégez les témoins contre la séduction, mettez un terme à tant d'immoralité, et rassurez la conscience du juge qui tremble lorsqu'il est obligé d'asseoir un jugement sur des témoignages.... »

298. — La cour de Rouen a jugé que le fait par un individu d'avoir fait apprendre à un enfant âgé de moins de quinze ans une déposition mensongère, que cet individu aurait lui-même écrite, ne constitue ni crime, ni délit, ni contravention. — *Rouen*, 9 nov. 1841 (t. 1er 1842, p. 704), Guillaume.

299. — Jugé toutefois, que l'arrêt qui renvoie un individu aux assises comme accusé de subornation de témoins suivie du faux témoignage de ces derniers, ne peut être annulé sous prétexte que les individus subornés étaient âgés de moins de quinze ans et n'avaient pas fait, dès-lors, une déposition assermentée. — *Cass.*, 25 mai 1832, Colas.

300. — Mais le fait matériel du faux témoignage tenté ou porté suffit-il pour l'existence du crime de subornation, ou faut-il pour que le suborneur soit punissable que le témoin ait été condamné, de telle sorte que l'acquittement de ce dernier doive entraîner nécessairement celui du suborneur?

301. — Sur ce point la jurisprudence de la cour de Cassation a subi des variations. Ainsi d'abord elle a jugé que la subornation de témoins, n'étant qu'un fait de complicité de faux témoignage, ne peut donner lieu à aucune condamnation, lorsque les individus accusés de faux témoignage avaient été déclarés non coupables par le jury. — *Cass.*, 30 sept. 1826, Beuf; 8 juill. 1830, Lepine.

302. — ....Que le crime de subornation de témoins étant subordonné à l'existence du faux témoignage, objet de la subornation, il n'y avait lieu d'appliquer aucune peine à l'accusé déclaré coupable de subornation, si, précédemment, les témoins prétendus subornés avaient été déclarés non coupables de faux témoignage. — *Cass.*, 30 juill. 1831, Salvayre.

303. — Depuis, au contraire, elle a jugé par plusieurs arrêts, et maintenant la jurisprudence est fixée en ce sens, que bien que la subornation de témoins ne soit qu'un fait de complicité du crime de faux témoignage, il n'est pas nécessaire que l'auteur du fait principal *soit condamné* pour que le complice soit puni : il suffit que les témoins subornés aient déposé ou tenté de déposer contre la vérité. — *Cass.*, 11 déc. 1834, Gury.

304. — ... Que l'absolution d'un accusé de faux témoignage ne peut pas mettre obstacle à la condamnation de l'individu déclaré coupable de subornation de témoins lorsqu'il est constant qu'il y a eu faux témoignage porté, quoique sans intention coupable. — *Cass.*, 22 août 1834, Dinard. — V. conf. *Cass.*, 16 janv. 1835, Chapelier.

305. — ... Que lorsque le jury a reconnu le fait de la fausseté du témoignage, l'acquittement de l'accusé de faux témoignage, qui peut tenir à des motifs à lui personnels, n'entraîne pas l'absolution de l'accusé de subornation de témoins. — *Cass.*, 16 janv. 1845 (t. 1er 1846, p. 45), Gazaille; 5 fév. et 27 juin 1846 (t. 2 1846, p. 539), Gachier et Naffrechoux.

306. — ... Et encore que le fait de subornation de témoins peut être atteint par la loi pénale, bien que les auteurs du fait principal de faux témoignage n'aient, en raison d'une exception toute personnelle, encouru aucune peine. — *Cass.*, 21 juill. 1836, Hasley.

307. — Jugé aussi que l'arrêt qui renvoie un individu aux assises comme accusé de subornation de témoins, suivie du faux témoignage de ces derniers, ne peut pas être annulé sous le prétexte que les individus subornés n'ont pas été condamnés pour faux témoignage; il n'appartient pas à la cour de Cassation d'apprécier les faits déclarés constans par les chambres d'accusation. — *Cass.*, 25 mai 1832, Colas.

308. — MM. Chauveau et Hélie (t. 6, p. 470) approuvent cette dernière jurisprudence, fondée sur les principes qui, en matière de complicité, ne font pas de l'acquittement et de la déclaration de non culpabilité de l'auteur principal une cause nécessaire de l'acquittement du complice. « Opposerait-on, disent-ils, une corrélation, un lien nécessaire entre l'existence du crime de faux témoignage et le faux témoin lui-même? Cette suppo-

sition ne serait pas exacte : il n'y a pas de faux témoin, parce que celui qui a fait la fausse déposition était en démence ou dans un état d'idiotisme, parce qu'il n'a pas agi méchamment et avec intention de nuire ; mais il y a faux témoignage, parce que le fait qu'il a certifié était matériellement faux : le faux témoin n'est qu'un instrument entre les mains du suborneur ; c'est celui-ci qui conçoit et prémédite le crime que l'autre ne fait souvent qu'exécuter aveuglément ; sans doute cette exécution est nécessaire pour l'existence du crime, mais la culpabilité du suborneur ne peut être subordonnée à la culpabilité du témoin ; celui-ci peut avoir agi avec bonne foi, tandis que l'autre provoquait avec connaissance du crime. Et si ces deux culpabilités étaient nécessairement liées l'une à l'autre, le suborneur échapperait le plus souvent à la peine. Car le faux témoin, qui ne dépose ordinairement que sous l'impression des menaces ou d'une fausse pitié, paraît plus faible que coupable au jury qui l'acquitte en réservant toute sa sévérité au suborneur ; or, cette distribution d'une sage répression deviendrait impossible dans le système contraire : l'acquittement du témoin aurait pour conséquence inévitable celui du suborneur, et quel motif d'une telle exception à la règle de la complicité ? Peut-on croire que la loi ait voulu laisser la société désarmée contre l'un des désordres les plus capables de la troubler. »

309. — Mais il faut, pour que le suborneur soit condamné, que le jury ait déclaré constant le fait d'une déposition mensongère portée à l'audience contre l'accusé ou en sa faveur. — *Cass.*, 16 janv. 1835, Chapelier ; 5 fév. et 27 juin 1846 (t. 2 1846, p. 539), Guchier et Neffrechoux ; 16 janv. 1845 (t. 1er 1846, p. 45), Gazaille.

310. — ... En conséquence, lorsque les individus accusés de faux témoignage sont acquittés, celui qui est accusé de les avoir subornés ne peut être condamné qu'autant que le jury, en le déclarant coupable de subornation, a énoncé qu'il y avait eu déposition mensongère faite à l'audience soit contre l'accusé ou le prévenu, soit en sa faveur. — *Cass.*, 15 sept. 1836 (et non 1835) (t. 1er 1837, p. 355), Ferrey ; 29 août 1844 (t. 1er 1845, p. 391), Adrenier.

311. — « Ainsi, il ne suffit pas, disent MM. Chauveau et Hélie (*Th. C. pén.*, t. 6, p. 472), que le jury déclare l'accusé de faux témoignage non coupable. Cette déclaration n'est pas exclusive du faux témoignage lui-même, mais elle ne l'établit pas ; il ne suffit pas non plus que le fait d'une déposition mensongère soit déclaré constant, car cette déclaration ne constitue pas nécessairement un faux témoignage, il faut qu'il soit reconnu qu'elle a été faite à l'audience et qu'elle était préjudiciable. »

312. — De ce que la subornation n'est punissable qu'autant qu'il y a eu faux témoignage constaté, il résulte nécessairement que si le témoignage mensonger avait été rétracté alors que la rétractation était encore possible, la base de la poursuite n'existerait pas.

313. — De même le refus de répondre de la part d'un témoin ne constituant pas le crime de faux témoignage, il en résulte que la subornation dont l'effet serait d'obtenir le silence du témoin, de telle sorte qu'il se refusât de répondre au magistrat interrogateur, ne tomberait pas sous l'application de l'art. 365 du Code pénal.

314. — ... Sauf, en vertu des principes généraux sur la complicité, l'application qui pourrait être faite au suborneur des peines édictées contre le témoin qui refuse de répondre.

315. — De même encore les déclarations faites devant un juge d'instruction ne constituant pas, quoique fausses, le crime de faux témoignage, il en résulte que si le témoignage n'a eu lieu que de cette manière le suborneur ne peut, en ce cas, être condamné. — *Cass.*, 14 sept. 1826, Delpeux.

316. — « Du principe que la subornation n'est qu'un acte de complicité de faux témoignage, il résulte encore, disent MM. Chauveau et Hélie (t. 6, p. 473), que la loi n'a point dû définir les actes qui constituent la subornation : cette définition se trouvait en effet dans les termes de l'art. 60, qui détermine les caractères de la complicité. »

317. — « Ainsi, soutiennent les mêmes auteurs, ceux qui, par dons, promesses, menaces, abus d'autorité ou de pouvoir, machinations ou artifices coupables, auront provoqué le faux témoignage ou donné des instructions pour le commettre, sont coupables de subornation. »

318. — La cour des pairs a décidé que, pour qu'il y ait subornation de témoins, il n'est pas nécessaire que le faux témoignage ait été obtenu à l'aide de dons ou promesses, et qu'il suffit qu'il ait été prêté à l'instigation du prévenu, même par pure complaisance. — *Paris*, 16 août 1836, Ferrey.

319. — La doctrine de cet arrêt est combattue par MM. Chauveau et Hélie (t. 6, p. 474), qui ne voient qu'une démarche immorale dans la demande d'un faux témoignage qui n'est point accompagnée de dons, de promesses ou de menaces, parce que la séduction n'a pas les mêmes dangers. « La loi, disent-ils, a défini les moyens de provocation constitutifs du crime. Or, parmi ces moyens, la demande en faux témoignage, sans employer ni dons, ni promesses, ni menaces, ni abus d'autorité, ne se trouve pas comprise. L'art. 365, C. pén., renferme le principe que la subornation est un acte de complicité, et, dès-lors, les règles de la complicité saisissent cet acte et le soumettent à leur empire. Il serait étrange ensuite de punir, à l'égard des faux témoignages, des moyens de provocation qui ne sont pas punis quand ils ont pour objet la perpétration de crimes plus graves encore. »

320. — Jugé du reste que la subornation est un crime distinct, régi par l'art. 365, C. pén., et non par l'art. 59, même Code. En conséquence, il n'est pas nécessaire que le jury énonce dans sa déclaration de quelle manière la subornation a été opérée ; il suffit que l'accusé soit déclaré coupable de subornation, pour que le fait doive rentrer dans la disposition de l'art. 365, C. pén. — *Cass.*, 9 nov. 1815, Petit.

321. — Sous l'ancienne jurisprudence, le corrupteur de témoins ne pouvait échapper à la peine en déclarant qu'il ne voulait pas se servir de la déposition du témoin suborné ; il n'en devait pas moins être puni dans ce cas, parce que le crime avait été consommé de sa part. — Arrêt du parlement de Bordeaux, cité par Boyer, décision 319. — Il en serait de même aujourd'hui.

322. — L'ancienne jurisprudence admettait de plus, dans certains cas, la présomption de subornation. — Ainsi, lorsqu'il était prouvé que, depuis l'appointement à faire preuve, un témoin avait reçu quelque présent de la partie qui le produisait, ou avait été régalé par elle, ou présumait qu'il avait été suborné, et sa déposition ne faisait aucune foi. — Pothier, *Des obligat.*, no 796.

323. — Selon Denisart (t. 4, p. 678, no 26), le témoin qui recevait de l'argent ou autre chose d'une partie, pour déposer en sa faveur, était par cela seul dans le cas d'être poursuivi extraordinairement. — Mathœus, *sur la loi Cornelia, De falsis*, chap. 1er, no 13.

324. — La présomption de subornation avait également lieu, lorsqu'il était prouvé que la partie qui produisait le témoin lui avait dressé sa déposition par écrit. — *Journ. des aud.*, t. 4, p. 650, édit. 1733 ; — Merlin, *Rép.*, vo *Témoin judiciaire*, § 1er, art. 4.

325. — De nos jours la subornation non plus que le faux témoignage ne se présume point.

Sect. 2e. — *Pénalités.*

326. — Les lois romaines punissaient le suborneur des mêmes peines que les faux témoins.

327. — Comme elles, nos anciens auteurs tenaient le suborneur comme complice du faux témoin, et devant être atteint des mêmes peines. — Jousse, *Just. crim.*, t. 3, p. 427, no 22 ; Julius Clarus, § *Falsum*, no 3 ; Farinacius, quest. 67, no 257.

328. — Par l'édit de François Ier, mars 1531, et par l'ordonnance de Henri III, en 1585, les suborneurs étaient, ainsi que les faux témoins, soit en matière civile, soit en matière criminelle, punis de la peine de mort.

329. — Cependant Imbert, liv. 3, chap. 2, rapporte un arrêt du 2 sept. 1595, qui condamne Noël Lebret à faire amende honorable *in figuris*, au fouet et en cinq ans de bannissement, pour avoir corrompu quelques témoins dans une affaire criminelle.

330. — C'est qu'en effet et par dérogation aux prescriptions des édits précités, les peines prononcées contre les faux témoins et leurs suborneurs ne furent pas toujours les mêmes, et leur gravité relative variait d'après les circonstances de leur crime. Ainsi le suborneur était puni d'une peine tantôt plus forte, tantôt moindre que le faux témoin.

331. — C'est ainsi que le grand conseil, par arrêt du 19 fév. 1736, condamna un suborneur à mort, et le faux témoin aux galères seulement ; et que le parlement, par un arrêt du 7 fév. 1755, condamna un faux témoin et son suborneur à être rompus vifs, et un autre faux témoin à être pendu.

332. — Le Code de 1791 garda le silence sur la prévention de faux témoignage. Aussi, sous ce Code, la subornation de témoins ne pouvait-elle être considérée que comme complicité de faux témoignage et était-elle punie des mêmes peines. — *Cass.*, 13 fév. 1817, Duhautois.

333. — En conséquence, il a été jugé que l'individu déclaré coupable d'un fait de subornation de témoins en matière civile, commis sous le Code pén. de 1791, n'a pu, depuis le Code pénal de 1810, être condamné qu'à la réclusion, peine substituée à celle de la gêne. — Même arrêt.

334. — Lorsque le Code pénal de 1810 fut mis en discussion, trois systèmes de pénalité se présentaient : 1o devait-on, comme sous la loi de brumaire, frapper le suborneur et le faux témoin des mêmes peines ; 2o ou bien permettre, dans certains cas, de punir, comme le firent quelquefois les parlemens, le suborneur de peines moins graves que le suborné ; 3o ou bien encore, et en sens contraire, édicter contre le suborneur une peine plus grave que contre le suborné.

335. — C'est au premier système que le projet du Code s'était d'abord arrêté ; mais sur les observations d'un de ses membres, M. de Cessac, le conseil d'état modifia le projet primitif, et consacra d'une manière absolue, par l'art. 365, C. pén., le principe de l'application d'une peine plus grave au fait de subornation de témoin qu'à celui de faux témoignage.

336. — Ainsi, aux termes de l'art. 365 de ce Code, le coupable de subornation de témoins était condamné à la peine des travaux forcés à temps, si le faux témoignage qui en avait été l'objet emportait la peine de la réclusion ; aux travaux forcés à perpétuité, lorsque le faux témoignage emportait la peine des travaux forcés à temps ou celle de la déportation ; et à la peine de mort, lorsqu'il emportait celle des travaux forcés à perpétuité ou à la peine capitale. — V. à ce sujet *Bruxelles*, 30 mai 1832, B... et V...

337. — En 1832, le gouvernement proposa de mettre le suborneur sur la même ligne que le faux témoin. La commission de la chambre des pairs pensa, au contraire, qu'il y avait lieu de s'en tenir au système du Code pénal de 1810, attendu que, dans tous les cas, le suborneur était beaucoup plus coupable que le faux témoin. « Cependant, disait M. Renouard, commissaire du gouvernement, il ne serait pas difficile de supposer des cas où le faux témoin serait plus coupable que le suborneur ; un père, par exemple, pour sauver son fils, peut se rendre coupable de subornation de témoins. Eh bien, ne peut-on pas dire que la position de ce père, entraîné à un crime par sa tendresse pour son fils, mérite plus d'indulgence que celle du faux témoin qui aura cédé pour de l'argent ? — Cet exemple suffit pour prouver qu'il ne faut pas établir en principe que le faux témoin est toujours moins coupable que le suborneur. »

338. — D'après ces observations, la commission révisa son travail, et la chambre adopta, conformément au projet du gouvernement, un article qui forme maintenant l'art. 365 du Code pénal, et qui est ainsi conçu : « Le coupable de subornation de témoins sera passible des mêmes peines que le faux témoin, selon les distinctions contenues dans les art. 361, 362, 363 et 364. »

Sect. 3e. — *Effets de la subornation quant à l'instance principale. — Poursuites contre le suborneur.*

339. — Sous l'ancienne jurisprudence, on regardait la subornation de témoins comme un fait justificatif qui pouvait se proposer par l'accusé.

340. — Le sieur Saurin, dit Denizart (t. 4, p. 678, no 27), usa de cette ressource dans l'affaire qu'il eut contre le célèbre Rousseau. Lorsqu'il vit qu'il y avait contre lui des preuves positives, il rendit plainte en subornation de témoins, et obtint permission d'informer. C'est sur cette information qu'est intervenu le fameux arrêt, rendu le 7 avr. 1712, qui a condamné Rousseau à un bannissement perpétuel.

341. — La plainte en subornation de témoins ne devait pas être, du reste, jointe au fond de l'affaire principale ; mais elle devait être suivie d'une information préalable sur le fait de subornation. — Arr. 18 mars 1712 ; concl. conf. de M. Joly de Fleury.

342. — De même, aujourd'hui, une plainte en subornation pourrait amener un sursis comme une plainte en faux témoignage. Nous disons *pourrait*, car le sursis n'est pas toujours nécessaire, et l'appréciation de son utilité est laissée à la sagesse des tribunaux. Ainsi, lorsque, indépendamment du témoin suborné, il en existe d'autres non suspects, en nombre suffisant pour amener la conviction du juge, le tribunal peut passer outre au jugement de l'affaire principale.

343. — Au surplus, la subornation n'étant punissable qu'autant que le faux témoignage a été porté ou tenté, l'accusé ne peut demander un sursis aux débats et le renvoi à la session suivante, sous le prétexte qu'il a porté une plainte en subor-

nation de témoins, si les témoins prétendus subornés n'ont pas encore été entendus. — *Cass.*, 20 août 1819, Jourdan.

344.—La procédure relative au crime de subornation de témoins est soumise aux règles ordinaires de l'instruction criminelle.

345. — Il ne peut être au surplus ici question du droit exceptionnel que nous avons vu exister en matière criminelle à l'égard des cours d'assises, lorsqu'il s'agit de faux témoignage (V. *suprà* nos 170 et suiv.), la subornation ne constituant pas, comme témoignage, un délit d'audience.

FAUX TIMBRES ET FAUX POINÇONS.

1. — Tout ce qui concerne la falsification ou contrefaction des timbres nationaux, l'usage des timbres ou poinçons falsifiés ou contrefaits, des poinçons servant à marquer les matières d'or et d'argent, ainsi que le crime prévu par l'art. 140, C. pén., a été expliqué v° CONTREFACTION DES SCEAUX, TIMBRES, MARTEAUX ET POINÇONS DE L'ÉTAT.

2. — Aux indications qui ont été données sous ce mot, nous ajouterons qu'il a été jugé que la fabrication ou la contrefaction des timbres qui doivent être apposés sur des lettres de voiture, sont passibles des peines de l'art. 140, C. pén., et non de celles prévues par l'art. 142, qui punit la contrefaction des marques du gouvernement, des autorités et du commerce.—*Cass.*, 13 oct. 1842 (t. 1er 1845, p. 140), Constant.

3.—La raison de cette décision est que « le timbre à apposer en vertu de la législation sur les droits de timbre porte, en exergue, les mots: *Timbre royal*; que c'est un véritable timbre national, expressément qualifié tel dans l'art. 2, L. 28 vent. an XII; que son caractère légal est le même qu'il soit apposé sur des lettres de voiture ou sur d'autres pièces, qu'il soit appliqué à Paris ou qu'il l'ait été dans les départemens, en exécution des lois en vigueur. »

V. aussi TIMBRE.

FÉCULES DE POMMES DE TERRE (Fabricans de).

1.—Les fabricans de fécules de pommes de terre sont soumis à la patente: droit fixe de 25 fr. pour dix ouvriers et au-dessous, et 3 fr. par chaque ouvrier en sus, jusqu'au maximum de 200 fr.; et droit proportionnel du vingtième de la valeur locative de l'habitation, des magasins de vente complètement séparés de l'établissement, et du vingt-cinquième de l'établissement industriel.

2.—Les fabriques de fécules de pommes de terre produisent une mauvaise odeur provenant des eaux de lavage quand elles sont gardées, et sont, par suite, rangées dans la troisième classe des établissemens insalubres. — V. ÉTABLISSEMENS INSALUBRES (nomenclature).

FÉLONIE.

C'était une injure grave faite par le vassal à son seigneur.—Elle entraînait la commise, c'est-à-dire la confiscation du fief par le seigneur.— V. FIEF.

FEMME. — FEMME MARIÉE.

1. — Le mot *femme* comprend en général les personnes du sexe féminin, qu'elles soient filles, femmes mariées ou veuves.

2.—Dans une autre acception, on appelle femme une personne du sexe féminin, considérée en tant qu'elle est engagée dans les liens du mariage.

3. — Les femmes, en général, lorsqu'elles sont majeures, ont, aussi bien que les hommes, le libre exercice de leurs droits civils. — Elles sont capables de tous les actes de la vie civile.

4. — Mais le mariage apporte à leur capacité de sérieuses modifications qui sont expliquées vis APPROBATION DE SOMME, AUTORISATION DE FEMME MARIÉE, MARIAGE, OBLIGATION, VENTE.

5. — Les femmes mariées ne peuvent ni faire de donations entre-vifs ni accepter de pareilles donations sans le consentement de leurs maris. — V. DONATION ENTRE-VIFS et DISPOSITION A TITRE GRATUIT, n° 300.

6. — Mais la même autorisation ne leur est pas nécessaire pour faire un testament. — V. DISPOSITION A TITRE GRATUIT.

7. — Le mariage soumet, en outre, les femmes à certaines obligations qui sont également indiquées vis AUTORISATION DE FEMME MARIÉE et MARIAGE.

8. — Il est, en outre, même dans l'ordre civil, certains droits que la loi refuse aux personnes. Ainsi elles ne peuvent être tutrices, à moins qu'il ne s'agisse de leurs enfans ou de leurs maris, au cas d'interdiction. — V. INTERDICTION, TUTELLE.

9.—En France, les femmes ne succèdent pas au trône.

10. — La régence ne peut pas non plus appartenir aux femmes (L. 30 août 1842, art. 3); mais la garde et la tutelle du roi mineur appartiennent à la reine ou princesse sa mère non remariée, et à son défaut à la reine ou princesse son aïeule paternelle également non remariée. — Même loi, art. 6.—V. RÉGENCE.

11. — Les femmes sont exclues de l'exercice des droits politiques, et en général de la participation aux fonctions publiques.

12. — Toutefois, 1° elles peuvent, dans certains cas, déléguer leurs contributions.—V. ÉLECTION.— 2° Il est certaines fonctions auxquelles elles sont admises : ainsi, par exemple, les directions de poste, les distributions de papier timbré, les bureaux de loterie (avant la suppression de la loterie).

13. — Les femmes peuvent-elles être arbitres? — V., à cet égard, ARBITRAGE.

14. — Peuvent-elles remplir les fonctions d'experts (V. EXPERTISE), ou d'interprètes (V. INTERPRÈTES)?

15.—Elles peuvent être mandataires.— V. MANDAT.

16.— Elles sont entendues comme témoins dans les affaires civiles ou criminelles. — Mais elles ne peuvent figurer en cette qualité dans les testamens ou actes notariés. — V. TÉMOINS, TESTAMENT.

17. — Les femmes peuvent faire le commerce, mais si elles sont mariées, elles ont besoin de l'autorisation de leur mari.—La qualité de femme marchande publique apporte à la capacité et aux obligations de la femme des modifications qui sont expliquées v° COMMERÇANT, nos 269 et suiv.

18. — Lorsque les femmes ne sont pas commerçantes, il est certaines opérations commerciales qui n'ont pas pour elles les mêmes conséquences que pour les hommes; ainsi, leur signature sur une lettre de change ne vaut à leur égard que comme simple promesse. — C. comm., art. 113.— V. LETTRE DE CHANGE.

19.— Elles ne sont pas soumises à la contrainte par corps pour causes civiles, sauf le cas de stellionat, ou bien encore si elles sont marchandes publiques. — V., sur ces divers points, CONTRAINTE PAR CORPS.

20. — La femme suit la condition de son mari. —Si donc elle épouse un étranger elle devient étrangère. — V. ÉTRANGER.

21. — Elle suit également la condition de son mari pour la qualité, le rang, les honneurs, les priviléges; ainsi, celle qui étant roturière épouse un noble participe au titre de son mari : on appelle princesse, duchesse, marquise, etc., etc., la femme d'un prince, d'un duc, d'un marquis, etc. — Et même, en France, la femme d'un maréchal de France prend le titre de maréchale. — Et cet état subsiste non-seulement pendant le mariage, mais même après la dissolution du mariage tant que dure l'état de viduité. — V. NOBLESSE.

22. — Sous la loi du 23 germin. an III, lorsqu'il était reconnu qu'une femme se trouvait réellement enceinte au moment où elle avait été mise en jugement comme prévenue d'un délit emportant peine de mort, les débats, la déclaration du jury et le jugement étaient nuls, encore bien qu'elle eût été préalablement visitée, et que les médecins eussent déclaré qu'elle n'était pas enceinte. —*Cass.*, 8 germin. an XIII, Dieudonné Salve.

23.— Jugé, sous la même loi, qu'il n'y avait pas lieu de casser l'arrêt qui condamnait à mort une femme sans qu'elle eût été visitée avant sa mise en jugement, si, dans le fait, il était constaté devant la cour de Cassation qu'elle n'était pas alors enceinte. — *Cass.*, 8 mai 1807, Anne Besseyre.

24. — Le Code pénal (art. 27) se borne à dire que si une femme condamnée à mort se déclare et s'il est vérifié qu'elle est enceinte, elle ne subira la peine qu'après sa délivrance.

25. — Il a été jugé que cet article a implicitement abrogé la loi du 23 germin. an III, et que la femme qui se prétend enceinte peut, seulement en cas de condamnation à mort, réclamer le sursis autorisé par l'art. 27, C. pén.— *Cass.*, 7 nov. 1811, Bonnefoy; — Bourguignon, *Man. d'instr. crim.* et *Jurispr. des C. crimin.*, sur l'art. 27, C. pén.; Merlin, *Rép.*, v° *Grossesse*, n° 3; Favard de Langlade, v° *Grossesse*; Chauveau et Hélie, *Th. C. pén.*, t. 1er p. 316 et 317;— *contrà* Carnot, sur l'art. 27, C. pén., t. 1er, p. 116, 117.—Mais l'opinion de cet auteur ne peut prévaloir. — V. MORT (peine de).

26. — V., au surplus, pour tout ce qui concerne en général les droits, la capacité et les obligations de la femme, les mots ABUS DE CONFIANCE, ACTES DE L'ÉTAT CIVIL, ACTE NOTARIÉ, ADULTÈRE, ADOPTION, APPEL, APPROBATION DE SOMME, ARBITRAGE, ASSURANCES TERRESTRES, AUTORISATION DE FEMME MARIÉE, AVAL, AVEU, AVORTEMENT, AYANT-CAUSE, CASSATION, CAUTIONNEMENT, COMPÉTENCE COMMERCIALE, COMMUNAUTÉ, COMMERÇANT, COMPLICITÉ, COMPTE, CONSEIL JUDICIAIRE, CONTRAT DE MARIAGE, CONTRAINTE, DEUIL, DIVORCE, DISPOSITION A TITRE GRATUIT, DOMICILE, DONATION ENTRE-VIFS, DOT, DROITS CIVILS, DROITS POLITIQUES, ÉTRANGER, EXPERTISE, FAILLITE, FEMME NORMANDE, FONCTIONNAIRES PUBLICS, GAINS NUPTIAUX, GAINS DE SURVIE, HYPOTHÈQUE LÉGALE, INTERDICTION, MANDAT, MARIAGE, OBLIGATION, PAPIERS DOMESTIQUES, PRESCRIPTION, SÉPARATION DE BIENS, SÉPARATION DE CORPS, SERMENT, TÉMOIN, TESTAMENT, TUTELLE, VENTE, VOL.

FEMME NORMANDE.

1.—La coutume de Normandie avait, par ses dispositions exceptionnelles du droit commun de la France, créé pour les femmes une situation particulière, dans quelque condition de la vie sociale qu'elles se trouvassent placées.

2.—Considérées par la coutume dans leurs relations avec la famille dont elles étaient issues, elles ne venaient pas comme *filles*, concurremment avec leurs frères, à la succession de leurs père et mère; mais la part qu'elles auraient eue dans la succession, elles avaient le droit de la demander à leurs frères; car elle leur était réservée sous le nom de *mariage-avenant*, et, plus tard, de *légitime*. — V. COUTUME DE NORMANDIE, nos 7 et suiv., MARIAGE-AVENANT.

3. — Les lois des 8-15 avr. 1791 et 17 niv. an II avaient, avant le Code civil, modifié les dispositions de cette coutume relative aux successions et aux dispositions à titre gratuit.

4. — Pour protéger la femme engagée dans les liens du mariage, la coutume de Normandie avait frappé fictivement d'immobilisation les deniers donnés en dot à une femme par ses père, mère, aïeul ou autres ascendans. Il en était de même des deniers donnés au même titre par toutes les autres personnes, mais à la condition qu'ils seraient convertis en héritages ou rentes. — Cout. de Normandie, art. 511.

5. — Le fonds dotal normand, soit immeuble par sa nature, soit immobilisé par la convention matrimoniale, était frappé d'inaliénabilité.—V. COUTUME DE NORMANDIE, nos 12 et suiv.

6. — Cette inaliénabilité du fonds dotal était établie au profit de la femme, et ses héritiers étaient fondés à se prévaloir comme elle-même du principe de l'inaliénabilité de la dot, alors surtout qu'ils n'avaient accepté sa succession que sous bénéfice d'inventaire.—*Caen*, 24 déc. 1839 (t. 1er 1843, p. 425), Beltre c. Analle. — V. aussi COUTUME DE NORMANDIE, n° 74.

7.—La coutume de Normandie était, quant aux biens, un statut réel qui régissait, dans l'étendue de son territoire, ceux des femmes mariées, quel que fût leur domicile, et quelle que fût aussi la coutume sous l'empire de laquelle le mariage avait été contracté. — *Angers*, 21 août 1845 (t. 2 1846, p. 204), Gosselin c. héritiers Tamboy. — V. COUTUME DE NORMANDIE, nos 135 et suiv.

8.—Le principe d'inaliénabilité de la dot devait être considéré comme une disposition tenant à l'ordre public, et prohibant dès lors toute stipulation tendant à introduire en Normandie les effets du régime pur et simple de la communauté.

9. — Cependant durant les dernières époques où la coutume de Normandie est demeurée en vigueur, et après la promulgation de la loi du 17 niv. an II, il avait été assez généralement admis qu'une stipulation de communauté avait pu être faite, et qu'elle devait être exécutée. — V. les arrêts cités au mot COUTUME DE NORMANDIE, n° 22. — V. aussi *Cass.*, 18 juin 1835, Tessier c. Serres.

10.—Mais depuis ce dernier arrêt la cour de Cassation, restreignant la loi du 17 niv. an II dans l'objet auquel elle s'applique, a décidé que l'abrogation des statuts locaux, prononcée par l'art. 61 de cette loi n'était applicable qu'aux transmissions par succession ou donation; mais qu'aucune disposition de cette loi n'a porté atteinte au principe d'inaliénabilité consacré par le statut normand relativement aux biens dotaux, et même à l'égard des biens extradotaux des femmes; qu'en conséquence, même depuis cette loi, il n'a pu être valablement dérogé, dans un contrat de mariage passé en Normandie, par une stipulation de com-

munauté, au principe d'inaliénabilité consacré par la coutume. —*Cass.*, 4 déc. 1844 (t. 1er 1845 , p. 488), Barbey c. Leroux ; *Cass.*, 31 déc. 1845 (t. 1er 1846, p. 44), de Beauney c. Quesné.

11. —Jugé plus récemment, encore dans le même sens, que des époux normands n'ont pu , même depuis la loi du 17 niv. an II (laquelle n'était relative qu'aux transmissions de biens par succession ou donation, et n'abrogeait les statuts locaux qu'en ce qui concerne ces sortes de transmissions) stipuler dans leur contrat de mariage le régime de la communauté de biens, et porter ainsi atteinte au principe d'inaliénabilité consacré par la coutume. —*Cass.*, 25 nov 1846 (t. 2 1846, p. 693), Boulanger c. Billecocq.—On peut consulter dans le sens de cette jurisprudence une dissertation récemment publiée, et signée par un magistrat du tribunal de Rouen.

12. —Lorsque la coutume de Normandie autorisait l'aliénation de la dot, c'était , sauf quelques cas exceptionnels indiqués au mot COUTUME DE NORMANDIE, nos 35 et suiv., à la charge d'un remploi dont le mari était responsable envers sa femme, soit qu'il eût concouru directement à l'aliénation , soit qu'il n'y eût paru que pour autoriser sa femme. —V. COUTUME DE NORMANDIE, nos 76 et suiv.

13. —Pour les détails sur la nature et le mode de remploi, ainsi que sur le recours subsidiaire que la femme pouvait, à défaut de remploi, exercer contre les tiers détenteurs de ses biens, V. COUTUME DE NORMANDIE, nos 76 et suiv.

14. — Lorsque, depuis le Code civil, une femme mariée qui avait des immeubles sous la coutume de Normandie les a, avec le concours de son mari, échangés contre d'autres immeubles situés dans l'ancienne province du Maine , ces derniers immeubles ont été, par l'effet de la subrogation, frappés de la prohibition qui affectait les immeubles normands , c'est-à-dire de ne pouvoir être aliénés qu'avec remplacement. Dès lors , si les biens provenant de l'échange ont été vendus avec indication de leur origine par les deux époux, mais sans remploi au profit de la femme, celle-ci est fondée à revendiquer ces mêmes biens contre les tiers acquéreurs, en vertu de la dotalité dont ils se trouvaient frappés par le statut normand. —*Angers*, 21 août 1845 (t. 2 1846, p. 204), Gosselin c. Gamboy.

15. —C'est sous le mot COUTUME DE NORMANDIE, aux nos 120 et suiv., qu'il a été traité de ce qui concerne pour les femmes le mode d'exercice du Code relatif au quarantième du quai contient le Code relatif au quarantième du quai contient le droit proportionnel du quarantième de la valeur locative de tous les locaux qu'ils occupent, leurs reprises et le sort de leurs dettes, et, aux nos 150 et suiv., des règles relatives à leur douaire légal ou conventionnel.

V. AYANT-CAUSE, CAUTIONNEMENT.

FENDEUR DE BRINS DE BALEINE.

Fendeurs de brins de baleine, patentables de septième classe ; droit fixe basé sur la population, et droit proportionnel du quarantième de la valeur locative de tous les locaux qu'ils occupent, mais seulement dans les communes de 20,000 âmes et au-dessus.

FENÊTRES.

1. —Considérées comme moyen de donner du jour et de l'air aux bâtiments, les fenêtres sont comprises dans les dispositions que contient le Code civil relativement aux jours ou ouvertures en général.

2. — Les art. 675 et suiv. de ce Code déterminent dans quels cas et de quelle manière elles peuvent être établies et comment se constitue ou s'exerce par leur moyen, le droit de vue sur la propriété du voisin. —V. SERVITUDES.

3. —Les fenêtres d'aspect (C. civ., art. 678) sont celles qui permettent de voir sur la propriété voisine ; elles sont prises par opposition aux simples jours de tolérance.

4. — Considérées comme moyen de clôture, les fenêtres peuvent donner lieu à l'application des dispositions de la loi pénale qui répriment la destruction de clôture. — V. l'art. 456, C. pén , qui a remplacé l'art. 47, tit. 2, C. rural, 18 sept.-6 oct. 1791.

5. — Il est même de jurisprudence que le délit de destruction de clôture résulte du seul fait d'avoir brisé les carreaux d'une fenêtre avec des pierres. —Merlin , Rép. vo Effraction. — V. DESTRUCTION DE CLOTURE, no 27 et suiv.

6. — Il est interdit de placer ou exposer sur les pierres d'appui des fenêtres des caisses, pots de fleurs ou autres objets de nature à nuire, par leur

chute, aux passans ; cette contravention est punie de 1 à 5 francs d'amende par l'art. 474, C. pén., nos 6 et 15. — V. JET (dommage).

7. — Enfin, les fenêtres forment une matière imposable, et elles servent d'assiette pour partie à la contribution dite des portes et fenêtres. —V. CONTRIBUTIONS DIRECTES.

FENTE. — REFENTE.

1. — Termes usités dans l'ancien droit et employés pour exprimer, savoir :

2. — La fente, la division de la succession entre la ligne paternelle et la ligne maternelle.

3. —Et la refente, la subdivision qui était dans chaque ligne, entre les deux branches paternelle et maternelle qui la composaient.

4. — Le système de la refente était inconnu dans le droit romain, mais il était suivi dans beaucoup de nos anciennes coutumes. —Merlin, Quest., vo Succession, § 4.

5. — La loi du 17 niv. an II ayant été promulguée, on agita la question de savoir si la refente était admise par les art. 77 et suiv. de cette loi. D'après cette loi, après la fente d'une succession collatérale en deux parties pour les lignes paternelle et maternelle, il y avait lieu à la refente de chacune de ces deux portions. —*Cass.*, 18 germin. an VII, Havart c. Croicy-Bonval ; 28 messid. an VII, François c. Bouria.

7. — Mais, depuis , la cour de Cassation, revenant sur sa jurisprudence, a condamné le système qu'il n'y avait pas lieu à la refente. —*Cass.*, 12 brum. an IX, François c. Bouria ; 1er niv. an IX, Navarrin ; 11 niv. an IX, Pedilion c. Trudaine ; 18 flor. an X, Lecacheux c. Hérouard ; 4 vent. an XI, Bourla c. François ; 13 messid. an XII, Despinois c. Nollet.

8. —...Qu'en conséquence, le collatéral dans la ligne paternelle qui descendait d'un trisaïeul du défunt devait exclure le collatéral de la même ligne qui descendait d'un trisaïeul. —*Cass.*, 1er niv. an IX, Navarria ; 4 vent. an IX, Bourla c. François.

9. —...Que le descendant d'un trisaïeul maternel du défunt était également exclu par le descendant d'un bisaïeul de la même ligne. —*Cass.*, 13 messid. an XII, Despinois c. Nollet.

10. — Le Code n'a point admis le système de la refente ; il veut qu'après la division opérée entre les deux lignes et ne se fasse plus d'autre division entre les deux branches de la même ligne , mais que la moitié dévolue à chaque ligne appartienne aux héritiers les plus proches en degré, soit de leur chef, soit par représentation. —C. civ., art. 734 ; — Chabot, Comment. sur les success. art. 784, no 2 ; Duranton, Dr. franç., t. 6, no 450. —V. REPRÉSENTATION (droit de), SUCCESSION.

FÉODALITÉ.

Table alphabétique.

FÉODALITÉ. — 1. — On désigne par ce mot un ensemble d'institutions politiques fondées sur le principe du privilége, qui classait les hommes et les propriétés sous de nombreuses distinctions hiérarchiques, et morcelait le territoire en une multitude de petites principautés, incompatibles avec tout gouvernement central.

2. — Quelquefois aussi on appelle féodalité l'ensemble des qualités constitutives du caractère féodal; c'est en ce sens que l'on dit la féodalité d'une rente.

3. — Les faits qui constituent proprement le régime féodal ont été réduits à trois, qui sont : — 1° la nature particulière de la propriété territoriale; — 2° la fusion de la propriété du sol avec la souveraineté politique qui aujourd'hui est la prérogative exclusive de l'état; — 3° un système hiérarchique d'institutions judiciaires, militaires, etc., qui liaient tous les possesseurs de fiefs. — V. pour les détails Guizot, *Hist. de la civilisation en France*, t. 4, p. 38 et suiv.

§ 1er. — *Historique; analyse du régime féodal* (n° 4).

§ 2. — *Abolition de la féodalité* (n° 100).

—

§ 1er. — *Historique.* — *Analyse du régime féodal.*

4. — On a cru, pendant long-temps, trouver l'origine du gouvernement féodal dans les usages des Romains, mais cette opinion n'a point prévalu, et l'on admet généralement, aujourd'hui, que ce régime nous est venu des barbares du nord qui se sont établis sur les débris de l'empire romain. On ne trouve pas, il est vrai, chez les anciens peuples de la Germanie le régime féodal tel qu'on l'a vu postérieurement, mais on en aperçoit le germe dans leur caractère et dans leurs usages. — V. Henrion de Pansey, *Tr. des fiefs* de Dumoulin, *Analyse*; etc., introd., p. 21.

5. — La féodalité n'a été définitivement constituée qu'à la fin du dixième siècle. A cette époque son élément territorial portait le nom de fief, *feodum, feudum*. Du cinquième au neuvième siècle, cet élément s'appelait *beneficium*, mot que l'on trouve comme synonyme de *feodum*, ainsi que le fait observer M. Guizot (*loc. cit.*, p. 42) dans la charte même de Charles le Gros, et jusque dans une charte de l'empereur Frédéric Ier de 1162.

6. — Or, les bénéfices qui ont ainsi précédé l'établissement des fiefs, et qui en sont l'origine, ont été définis par mademoiselle de Lezardière (*Th. des lois politiques de la monarchie française*, t. 2, p. 67): « des fonds de terre dont le propriétaire avait concédé la jouissance pour un temps fixé et à des conditions prescrites. » On trouve dans les formules de Marculfe (liv. 2, 6 et suiv.) une foule d'actes relatifs à cette sorte de concession, et c'est avec raison que M. Championnière (*De la propriété des eaux courantes et de la valeur actuelle des concessions féodales*, n° 78, p. 144) remarque que les praticiens employaient, pour exprimer cette stipulation nouvelle, la formule de l'usufruit.

7. — Suivant ce dernier auteur (*loc. cit.*, en note), il ne saurait être douteux qu'entre les concessions des terres fiscales, que faisaient les rois de la première race, et celles que faisaient des mêmes terres et au même titre les empereurs romains, il n'existât un lien fort intime. Cependant le principe de l'association germaine donnait à la convention constitutive du bénéfice un caractère nouveau qui lui permit de s'étendre hors des concessions fiscales et de s'appliquer aux contrats privés.

8. — Le fief n'a été que le bénéfice lui-même devenu héréditaire, et transférant à celui qui en était investi un droit réel sur un immeuble, à charge de fidélité et de services, et sous la réserve de la seigneurie directe. Le traité d'Andelys commença la révolution à l'égard des bénéfices, et celui de l'année 615 l'acheva entièrement. — V. pour les détails Henrion de Pansey, *loc. cit.*, p. 25 et suiv. — V. aussi Laferrière, *Hist. du droit français*, t. 1er, p. 102 et suiv.

9. — Nous traiterons à part sous le mot FIEF de tout ce qui concerne cette forme de propriété territoriale, que M. Guizot (*loc. cit.*, p. 143 et suiv.) considère comme l'élément fondamental, la molécule intégrante de la féodalité. Nous n'avons donc pas à nous occuper ici des personnes qui pouvaient posséder des fiefs, des droits et devoirs féodaux qui y étaient attachés, du dénombrement, du jeu de fief, de la prescription et de la succession des fiefs.

10. — Remarquons seulement que le bénéfice, devenu fief, ne changea pas de caractère ou du moins de qualification. Comme le fait observer M. Championnière (*loc. cit.*, n° 79), ce n'était pas l'usufruit, c'était plus et moins; plus, en ce qu'il était transmissible et perpétuel; moins, en ce que la faculté d'en disposer entre-vifs était essentiellement limitée. De même le droit de celui qui avait constitué le bénéfice était plus et moins que la nu-propriété. C'était plus en ce qu'il comportait la jouissance actuelle du service au lieu de consister dans une simple expectative; c'était moins que la nu-propriété, car ce dernier droit répugne à l'existence d'un usufruit perpétuel et suppose essentiellement l'expectative d'une réunion.

11. — Indépendamment des fiefs ou bénéfices, il y avait encore, sous le régime féodal, des immeubles nommés *censuels*. On se servait de cette dernière qualification pour désigner les propriétés territoriales qui étaient tenues à charge d'une redevance en reconnaissance de la seigneurie directe de celui de qui on les tenait. — V. BAIL A CENS.

12. — Suivant M. Laferrière (*loc. cit.*, p. 118 et suiv.), ce fut l'affranchissement des serfs qui amena les baux à cens et aussi les baux à rente foncière. Avant cet affranchissement, on donnait le nom d'*héritages serviles* aux biens tenus par des serfs, ou par une même communauté de serfs vivant sous le même toit, *à même chanteau*. La possession de ces derniers héritages était précaire et révocable.

13. — Les bénéfices, fiefs ou censives présentaient un caractère commun, c'est que, par l'effet du contrat féodal qui les faisait naître, la pleine propriété se divisait : le bénéficiaire, feudataire ou censitaire, recevait le *domaine utile*, dont les profits consistaient dans les produits du sol; le donateur se réservait le *domaine direct*, dont les bénéfices consistaient dans les obligations ou redevances du feudataire. — Championnière, n° 80.

14. — Jugé que c'était retenir la directe féodale que de se réserver un droit de prélation et de consentement aux ventes. — *Cass.*, 12 niv. an XII, Anthés c. Ulsass.

15. — Il est, du reste, à remarquer que le domaine utile, plus ou moins durable, passa successivement aux mains des classes inférieures sous d'autres noms que sous celui de bail à cens, par exemple encore sous ceux de *baux à rente*, *à locatairie perpétuelle*, *à métairie*, *à complant*, etc. — V. ces mots. — Le vieux droit français s'est développé, en cette matière, avec une exubérante fécondité. — V. conf. Valette, *Tr. des priviléges et hypothèques*, p. 195.

16. — Le domaine utile se séparait encore du domaine direct sous forme d'emphytéose. Le contrat d'emphytéose, comme le bail à rente non rachetable, ne donnait pas lieu toutefois aux lods et ventes, quand il n'y avait pas *bourse déliée*, c'est-à-dire capital payé. — Guyot, *Rép.*, v° *Emphytéose*; Nouveau Denizart, même mot, § 2, n° 3.

17. — Mais il ne faudrait pas chercher avec M. Tronchet (V. Fenet, t. 15, p. 360) dans ce fait secondaire l'explication de la pratique de l'emphytéose : c'est plutôt par le manque de capitaux entre les mains des travailleurs qu'il convient d'expliquer ce contrat qui, suivant Boutarie (*Des droits seigneuriaux*, chap. 13, *in fine*), ne diffère presque que de nom du bail à cens. — Valette, *loc cit.*, p. 194, en note. — Quant à son histoire et aux règles qui le concernent, V. EMPHYTÉOSE.

18. — Les bénéfices, fiefs ou censives différaient essentiellement d'un autre genre de propriété territoriale qui portait le nom d'*alodium*, alleu, franc-alleu. Ce mot *alod*, *alodium*, désignait, en effet, une terre que le possesseur ne tenait de personne, qui ne lui imposait envers personne aucune obligation. — V. au surplus FRANC-ALLEU.

19. — Dès le règne de Charlemagne l'on vit diminuer graduellement la classe des hommes libres, propriétaires d'alleux, exempts de tout tribut personnel, qui, jusque-là, s'était maintenue à côté des ducs et des comtes auxquels étaient dévolus, sous la surveillance des envoyés royaux (*missi dominici*), l'administration de la justice et des finances et le commandement des armées. — Cayx et Poirson, *Histoire de France*, p. 133

20. — Depuis cette époque cette classe d'hommes libres se dévoua au service des grands sous la protection desquels elle trouva un asile. Charlemagne, sans paraître prévoir la portée de ces engagemens, permit à ses arrière-vassaux de ne marcher à la guerre qu'à la suite de leurs seigneurs. Or, ces derniers parvinrent à s'isoler chaque jour davantage de l'action du gouvernement, et à resserrer le vasselage des Francs, qui devinrent ainsi *leurs hommes*, et presque étrangers à la protection et à la surveillance de la puissance royale. — Cayx et Poirson, *ibid.*

21. — Ce fait favorisa le développement du régime féodal. Un autre fait, dont l'influence s'exerça au profit de ce même régime, fut le partage de l'empire franc en légations régulières, confiées aux personnages qui tenaient le premier rang à la cour ou aux armées. Les chefs de ces légations n'étant plus, en effet, après la mort de Charlemagne, retenus par une main puissante, aspirèrent à l'indépendance, et il se forma bientôt autant de centres de pouvoir qu'il y eut de légations circonscrites.

22. — Une fois le régime féodal affermi, l'on voit toute espèce de concession revêtir la forme féodale. Ainsi, on donnait en fief la *gruerie* ou la juridiction des forêts; le droit d'y chasser; une part dans le péage ou dans le rouage d'un lieu; le conduit ou escorte des marchands venant aux foires; la justice dans le palais du prince ou haut-seigneur; les places du change, dans celles de ses villes où il faisait battre monnaie; les maisons et loges des foires; les maisons où étaient les étuves publiques; les fours banaux des villes, enfin jusqu'aux essaims d'abeilles qui pouvaient être trouvés dans les forêts. — Brussel, *De l'usage général des fiefs en France*, t. 1er, p. 42. — V. aussi Laferrière, *loc. cit.*, p. 109.

23. — « L'église elle-même, ajoute ce dernier (*ibid.*), fut entraînée dans cette même voie. Pour avoir des défenseurs partout, en Bretagne comme en Languedoc, elle transporta, *à titre de fief*, une partie de la dîme que les capitulaires de Charlemagne avaient rendue généralement obligatoire; de là les dîmes inféodées. » — V. DIME.

24. — Nous avons dit que ce qui caractérisait le régime féodal, c'était, indépendamment de la forme de la propriété territoriale, la fusion de la souveraineté et de la propriété. Le possesseur du fief était, en effet, souverain dans ses domaines; il était non seulement le maître absolu de la terre qu'il possédait, mais encore le roi des hommes qui l'habitaient. — V. pour les détails Guizot (*loc. cit.*), p. 71 et suiv.

25. — Mais il s'agit uniquement dans ce qui précède de la souveraineté du possesseur de fief dans ses domaines et sur leurs habitans. Hors du fief, et dans ses rapports avec les autres possesseurs de fiefs, supérieurs ou inférieurs, et quelle que fût entre eux l'inégalité, le seigneur n'était pas souverain. — Guizot, *ibid.*

26. — Comment toutes les autres souverainetés se sont-elles ainsi effacées pour ne laisser subsister dans l'intérieur du domaine et sur ses habitans que celle du seigneur? Bien des systèmes ont été émis à ce sujet; mais le plus probable est celui qui rattache cette fusion de la souveraineté et de la propriété au caractère primitif de la tribu germaine et de la conquête que les Germains firent de la Gaule. — V. dans ce sens Guizot, *loc. cit.*, p. 75 et suiv.

27. — Cette fusion de la souveraineté politique avec la propriété, et sa concentration dans l'intérieur du domaine, aux mains de son possesseur, eurent pour effet d'isoler le propriétaire de fief des autres propriétaires semblables. Mais si chaque fief formait, pour ainsi dire, un petit état complet, s'il est impossible de trouver le lien qui unissait tous les feudataires pour en faire une grande association politique, il n'en est pas moins vrai qu'il existait dans la société féodale des relations multiples, et qui variaient selon la nature du fief.

28. — Les feudataires, après s'être constitués indépendans contre la royauté, fondèrent, dans leurs domaines, ainsi que nous l'avons déjà dit, une autorité qu'ils présentèrent aux peuples avec toutes les prérogatives de la souveraineté. Mais comme, dans l'origine, le fief avait été une concession de la royauté, le vassal ne fut jamais, en principe, dans une indépendance absolue du monarque; il

y eut toujours entre eux quelques liens de subordination, au moins nominale.

29. — Derrière les grands feudataires, et comme soutiens de leur puissance, l'on trouve, dans la société féodale, des arrière-vassaux. Les feudataires se créaient des vassaux en donnant en fief une partie de leurs domaines. Quant aux diverses manières dont se formait le contrat d'inféodation, V. FIEF, n° 11.

30. — Quand les feudataires se furent aperçus que, par les différentes inféodations, ils avaient aliéné une trop grande partie de leur ancien domaine et presque tous ses droits utiles, ils eurent la ressource, pour multiplier le nombre de leurs vassaux, d'assigner des pensions ou même des rentes perpétuelles aux seigneurs qu'ils voulaient avoir sous leur dépendance. C'était, du reste, l'expédient auquel eurent aussi recours, dans le même but, les rois de France. — V. Brussel, *loc. cit.*, chap. 1er, § 11. — V. aussi Henrion de Pansey, *loc. cit.*, p. 29.

31. — La relation du vassal au suzerain n'était, au surplus, que l'ancienne relation du chef aux compagnons devenue, par suite de l'établissement territorial dont on lui fit un point d'appui, héréditaire et fixe de personnelle et mobile qu'elle était.

32. — Remarquons toutefois que, lorsque les personnes entre qui la relation féodale était établie venaient à changer, c'est-à-dire lorsque le vassal mourait, il fallait que le lien fût renoué. Le fils ne devenait pas tacitement et sans cérémonie le vassal du suzerain de son père : il fallait de sa part un acte formel qui le plaçât dans la même situation, et l'on faisait consister cet acte dans les cérémonies de l'hommage, du serment de fidélité, et de l'investiture. — V. pour les détails FIEF, nos 13, 89 et suiv.

33. — Le vassal était tenu envers son suzerain de plusieurs obligations morales, comme de se donner en ôtage pour le tirer de prison, s'il en était requis, de l'assister dans tout péril, etc. — V. pour les détails *Assises de Jérusalem*, cap. 205 et suiv., 217, p. 140 et suiv., édit. de la Thaumassière.

34. — Indépendamment de ces devoirs de l'homme-vassal envers l'homme-suzerain, il y avait encore, à la charge du premier, des services ou des droits féodaux. — Henrion de Pansey (*loc. cit.*, p. 27), après avoir distingué trois espèces de droits féodaux, remarque que la fidélité était la seule chose qui fût de l'essence du fief. — V. FIEF.

35. — Une autre obligation que l'on peut citer comme étant, sinon de l'essence, au moins de la nature du fief, était celle du service militaire. Ainsi que le remarque M. Guizot (*loc. cit.*, p. 300), rien de général ne saurait être affirmé touchant la nature, la durée, les formes de cette obligation. Les conditions du service féodal militaire variaient d'un lieu à l'autre, et selon l'étendue du fief. On ne trouve quelque chose d'un peu complet sur ce point que dans une ordonnance du onzième siècle, qui est probablement de l'empereur Conrad II, et dans la législation de Saint-Louis qui fixa à soixante jours la durée du temps pendant lequel le possesseur d'un fief était obligé de rester en campagne à ses frais.

36. — Le vassal qui s'exemptait sans raison du service militaire était puni primitivement par la confiscation du fief, plus tard par une simple amende. D'après une ordonnance de Philippe-le-Hardi, citée textuellement par Brussel (*De l'usage général des fiefs*, t. 1er, p. 167), le service du baron était évalué à cent sols tournois par jour et cinquante sols pour l'amende; celui du chevalier banneret à vingt sols par jour et dix sols pour l'amende; le service du chevalier simple à dix sols par jour et cinq sols six deniers pour l'amende.

37. — Le second service dû par le vassal à son suzerain, et qu'exprimait le mot *fiducia*, *fiance*, était l'obligation de servir le suzerain dans sa cour, dans ses plaids, toutes les fois qu'il convoquait ses vassaux. — Guizot, p. 302.

38. — Le vassal devait encore à son suzerain des aides (*auxilia*) ou subventions en argent, par exemple quand ce dernier armait son fils aîné chevalier. Pendant les croisades, il était dû une aide au seigneur toutes les fois qu'il s'armait pour aller à la terre sainte. — Guizot, p. 303.

39. — D'autres prérogatives s'incorporèrent encore à la féodalité. Ainsi le suzerain avait : — 1° le droit de *relief*, c'est-à-dire le droit d'exiger de l'héritier du fief une certaine somme dite *relevium*, *relevamentum*. — V. pour les détails FIEF, nos 97 et suiv.

40. — ... 2° Un droit, soit de rachat, soit d'indemnité en cas d'aliénation du fief; c'est ce que l'on appelait le *retrait féodal* et le droit du *quint denier*. — V. FIEF, nos 302 et suiv., 148 et suiv. — Ce dernier droit était aussi appelé droit de *lods et ventes*.

41. — ... 3° Le droit, en cas de contravention du vassal à tel ou tel de ses principaux devoirs féodaux, de confisquer et de réunir à toujours à son domaine le fief qui en avait été démembré. Cette confiscation était appelée *commise*. — V. FIEF, nos 365 et suiv.

42. — ... 4° Le droit de tutelle ou de garde-noble, en vertu duquel le suzerain, pendant la minorité de ses vassaux, prenait la tutelle, l'administration du fief, et jouissait du revenu. — V. GARDE-NOBLE.

43. — ... 5° Le droit de mariage (*maritagium*), qui puisa sa source dans l'obligation du service militaire, c'est-à-dire le droit d'offrir un mari à l'héritière du fief, et de l'obliger à choisir entre ceux qu'il lui offrait. — V. *Assises de Jérusalem*, cap. 242. — Il paraît même que, dans le duché de Bourgogne, non-seulement le duc de Bourgogne mariait ainsi les filles mineures de ses vassaux, mais qu'il étendait son pouvoir jusque sur les filles et veuves des marchands, des laboureurs ou des bourgeois riches.

44. — C'est une idée généralement émise que tous les droits éteints avec la féodalité dérivaient du fief. Mais cette idée tombe devant un peu de réflexion : il paraît en effet incontestable que si de nombreux droits seigneuriaux se rattachent à la concession féodale, il en est aussi plusieurs qui ne peuvent avoir rien de commun avec cette convention, et c'est ce que démontre sans réplique M. Championnière (*loc. cit.*, n° 47), en ce qui concerne spécialement le droit de garenne.

45. — Indépendamment du fief, les institutions seigneuriales renfermaient un autre élément qui s'en distinguait profondément, et qui a exercé une influence aussi décisive sur leur développement; c'était la justice.

46. — Cette distinction entre le fief et la justice s'exprimait dans cette maxime célèbre : « *Fief et justice n'ont rien de commun ensemble.* » — Loysel, *Institutes coutumières*, liv. 2, tit. 2, rég. 14.

47. — Mais que fallait-il entendre par ce mot *justice?* Quelle en était l'acception dans la langue féodale?

48. — A l'origine de notre monarchie, l'attribution des fonctions était une véritable dévolution de produits et de bénéfices matériels. Outre les abus au moyen desquels les fonctionnaires s'enrichissaient, ils recevaient une forte part des produits fiscaux. Les efforts des comtes et autres fonctionnaires tendirent successivement à s'approprier exclusivement les revenus de leurs charges au détriment du fisc royal et finalement à rendre leurs fonctions héréditaires. — V. pour les détails Championnière, nos 54 et suiv.

49. — Après la conquête, non seulement les terres, mais encore les cens, les tributs, les obligations imposées aux vaincus, les redevances et les vexations de toutes sortes créées par l'avidité du fisc romain tombèrent dans le domaine privé et s'y fixèrent au moyen du principe de l'hérédité. Or c'est ce système de droits et de produits, recueillis et patrimonialisés par l'invasion barbare, qui constituait ce que précisément, sous le régime seigneurial, on appelait la justice. — V. Championnière, n° 58.

50. — Ces fonctionnaires, qui sont les justiciers des coutumes, remonteraient suivant ce même auteur (nos 114 et suiv.), par une généalogie facile à établir, aux *Judices* du Code Théodosien et aux *Justitiarii* des capitulaires et des chartes des onzième et douzième siècles.

51. — Quoi qu'il en soit, il est bien certain que le seigneur justicier n'était pas le seigneur féodal, et si, comme le fait observer M. Championnière (*loc. cit.*, n° 48), l'une et l'autre qualités se réunissaient parfois sur la même tête, elles y demeuraient distinctes dans le droit : leurs prérogatives conservaient le caractère propre à leur nature respective.

52. — Dans plusieurs provinces, le fief et la justice étaient généralement réunis. Par exemple en Bretagne, il était rare que le possesseur d'un fief n'en eût pas la justice. Dans le territoire de Paris, au contraire, la proportion des fiefs avec justice à ceux qui en étaient séparés étaient comme 25 à 149. Le rapport était encore plus élevé dans les pays de franc-alleu; en sorte qu'il était vrai de dire qu'en France, le droit commun était la séparation de fait du domaine et de la justice. — Championnière, n° 90.

53. — Cette séparation, que Loysel, comme nous l'avons vu, a si énergiquement réduite en formule, se retrouve au surplus à l'époque de la constitution originaire des fiefs et de la justice. Aussi haut que l'on remonte en effet vers le temps de l'invasion germanique, on rencontre toujours en présence la puissance du propriétaire foncier et celle du comte opposées l'une à l'autre, la richesse de celui-ci ayant pour objet les tributs, l'impôt et ses accessoires, c'est-à-dire les *census*, les *functiones publicæ*, qui sont devenus les justices, et la richesse de celui-là consistant dans la concession du sol et de ses fruits, c'est-à-dire ayant pour profit les *reditus*, qui sont devenus les fiefs. — V. pour les détails Championnière, nos 845.

54. — Mais, comme le fait observer M. Championnière (n° 92), « parce que les comtes étaient des hommes puissans, parce qu'ils étaient généralement possesseurs de vastes propriétés dans leurs comtés, parce qu'ils avaient ainsi plus que tous autres les moyens d'opprimer les propriétaires soumis à leur administration ou leurs faibles voisins, ceux-ci furent conduits de gré ou de force à se placer dans leur vasselage. Peut-être y eut-il peu de *potentes* qui ne fussent comtes et peu de comtes qui ne se rendissent *potentes*, ou *seniores*, et par conséquent qui ne fussent à la fois seigneurs et justiciers. »

55. — Lorsque les élémens de l'ancien impôt romain, leurs accessoires et accrues, qui constituaient les justices furent tombés dans le domaine privé, leurs propriétaires les concédèrent en fief, comme ils les partagèrent, les vendirent, les donnèrent et les baillèrent en fermage. — Championnière, n° 77.

56. — Quant aux détails qui concernent les diverses causes de la consolidation de la justice et du fief, leur transmission simultanée, les inféodations et sous-inféodations des justices, la dotation en fief de diverses portions des droits de justice, la présomption d'inféodation justicière, etc., ils seront analysés sous le mot JUSTICES SEIGNEURIALES.

57. — De même qu'il existait sur le même territoire deux seigneurs, le seigneur féodal et le seigneur justicier, de même aussi il y avait deux classes de droits seigneuriaux dont l'un répondait au fief et l'autre à la justice. Il ne nous reste à parler que de ces derniers.

58. — Déjà au surplus nous en avons fait connaître un certain nombre sur lesquels il serait dès-lors superflu de revenir : les uns sous les mots AUBAINE, BAIL A CENS, CHAMPARTS, CHEVAGE, DÉTRACTION, DIMES; les autres, comme les droits de chasse et de pêche, sous le mot DROITS SEIGNEURIAUX, nos 23 et suiv.; d'autres encore, comme le droit des seigneurs, à l'exclusion des riverains, sur le lit des petites rivières sous le mot COURS D'EAU, nos 519 et suiv. Il en est enfin quelques uns qui seront indiqués dans le cours de cet ouvrage sous les mots HALAGE, JUSTICES SEIGNEURIALES, MOULINS, PÊCHE, etc. Nous nous bornerons donc ici à donner quelques indications générales.

59. — Les redevances justicières étaient fort nombreuses. La plupart des droits qualifiés féodaux et dénommés dans les glossaires ou les traités des droits seigneuriaux appartenaient à la justice. Ces droits participaient de l'universalité de l'impôt romain; comme lui, ils affectaient toutes choses, toute possession, toute manière d'être ou d'agir de l'homme, de sa famille ou de sa fortune. — Championnière, n° 102.

60. — Les uns affectaient directement le vilain ou manant; tels étaient la *corvée* (V. ce mot), le droit de gîte ou de past.

61. — Les autres se percevaient sur l'usage des choses publiques, tels que les péages, les droits des halles et marchés. — D'autres s'appliquaient à certaines jouissances, comme les droits d'herbage, de passage, de pacage, de blairie, etc. — V. HALLES ET MARCHÉS, PACAGE, PASSAGE, PÉAGE.

62. — La classe entière des banalités avait pour objet d'interdire aux sujets du seigneur la jouissance de leurs propriétés; tels étaient les droits de banvin, qui consistaient à défendre la vente des vins ou des denrées avant que le seigneur eût vendu les siennes; les droits de verrat, de taureau, de moulin, de colombier, etc. — V. BANALITÉ.

63. — Dans plusieurs provinces, les seigneurs, à raison le plus souvent de leur qualité de hauts justiciers, avaient des droits sur les mines. — V. pour les détails MINES. — V. aussi DROITS SEIGNEURIAUX, n° 68.

64. — Les redevances stipulées par eux pour prix de concessions de mines étaient connues dans plusieurs coutumes, et notamment en Hainaut, sous le nom d'*entre-cens*. — V. ENTRE-CENS.

65. — Le droit de *forêt* et le droit de *garenne* se rattachaient encore à la justice et non au fief. Ces droits étaient exercés par les seigneurs sur les terres d'autrui, et consistaient dans l'interdiction ou la défense qui privait leurs sujets du droit de chasse ou de pêche. — Championnière, nos 32 suiv., 47.

66. — L'étendue des régions soumises au droit

de *forêt* était immense. C'est par suite de l'exercice de ce droit que des populations nombreuses étaient chassées de leurs possessions et même de leurs demeures : ainsi, pour ne citer qu'un exemple, suivant Hévin (*Questions féodales*, p. 211), Guillaume-le-Bâtard, duc de Normandie, ruina vingt-six paroisses de cette province pour y faire une forêt de trente lieues. La forêt Nantaise fut également établie de la même manière.—V. Championnière, n° 35.

67. — Les garennes ne comprirent pas des provinces entières : néanmoins elles s'étendirent sur de vastes possessions. Elles frappaient non seulement les terres, mais encore les eaux.—Championnière, *loc. cit.* et n° 32.

68. — Dans ce dernier cas elles avaient la pêche pour objet, et l'on se servait des mots rivière *en garenne*, rivière *en deffaix*, rivière *banale*, pour exprimer la défense faite au propriétaire d'une rivière d'y pêcher, et la réserve exclusive de ce droit au seigneur du territoire dans lequel se trouvait le fief auquel cette rivière appartenait. — Championnière, *ibid.*

69. — Les premiers établissemens de garennes, de forêts et de toute espèce de banalités n'ont été que la continuation des ravages de la conquête. Diverses causes modifièrent la rigueur des *deffens*, rendirent leur possession moins odieuse et firent substituer, comme sanction de cette possession, l'amende de 60 sous et la commise à ces cruautés des seigneurs du dixième siècle, dont Guillaume de Jumiéges (*Histoire des Normands*, liv. 5, chap. 2), et Mathieu Paris (V. Ducange v° *Foresta*) nous ont transmis l'odieuse histoire. — V. pour les détails Championnière, n° 37.

70. — D'un autre côté, si le droit d'avoir garenne était consacré dans notre très-ancienne législation, celui d'en établir de nouvelles n'y était pas reconnu. Toute garenne légale était supposée antérieure aux dispositions prohibitives, et une possession immémoriale seule pouvait autoriser une pareille supposition. — Championnière, n° 38.

71. — Dès le quinzième siècle, les garennes seigneuriales, dans le sens que nous venons d'expliquer, avaient généralement disparu. Si l'on retrouve le mot *garenne* dans les coutumes, ce n'est que pour exprimer le droit de chasse des seigneurs sur les domaines de leurs vassaux, et l'on peut voir, au surplus, dans le savant ouvrage de M. Championnière, nos 43 et suiv. les causes qui ont amené cet oubli absolu de la nature du droit qualifié *garenne* par la législation coutumière. — V. au surplus GARENNE.

72. — Citons encore, au nombre des droits du seigneur justicier, le droit de *for-mariage*, qui était perçu sur le main-mortable ou l'aubain, lorsque celui-ci obtenait la permission de se marier à une personne d'une autre condition que la sienne. — Bacquet, *Du droit d'aubaine*, chap. 4; Bouhier, *Observations sur la coutume de Bourgogne*, chap. 67, n° 12.

73. — ... Le droit, sans qualification spéciale, en vertu duquel tout homme qui abandonnait la seigneurie dans laquelle il était né pour aller demeurer dans une autre, devenait l'un des serfs ou main-mortables du nouveau seigneur, ce qui s'appliquait également à ceux qui, au lieu de passer d'un diocèse dans un autre diocèse, d'un fief dans un autre fief, venaient d'un royaume étranger. — V. Beaumanoir, *Coutume de Beauvoisis*, chap. 45; de Laurière, *Glossaire*, v° *Aubain*; Soloman, *de la condit. jurid. des étrangers en France*, introd., p. 88 et suiv.

74. — Enfin, le seigneur justicier percevait les amendes et condamnations que subissaient ses sujets pour délits ou contraventions aux lois et coutumes, pour la violation de son ban ou le défaut d'accomplissement des obligations justicières.

75. — Aucune coutume, aucun feudiste n'a donné, au surplus, la nomenclature exacte et comparée des droits de justice et des droits de fief. Il est donc à peu près impossible d'établir entre eux une ligne de démarcation nettement séparative, d'autant plus que certains droits tels que ceux de pêche, de chasse, de moulins, de mutations, de relief, de services militaires avaient tantôt le caractère de droits de justice et tantôt celui de droits de fief.

76. — Quoi qu'il en soit, il ressort de l'examen de toutes les exactions qui constituaient les élémens du pouvoir justicier, que les uns, comme les droits de cens, de péage, de tonlieu, de transport, de past, de gîte, dérivaient des textes du code Théodosien, d'autres comme les saisies, les confiscations, de ces mêmes lois et des institutions germaines, mais d'autres enfin ne paraissent pouvoir se rattacher à aucune cause générale, et on ne saurait leur assigner d'autre origine que l'abus particulier. — Championnière, n° 265.

77. — Au nombre de ces dernières exactions figuraient, indépendamment du droit d'aubaine, des garennes et des banalités dont nous venons de parler, les droits d'*épaves* (V. ce mot), la propriété des chemins (V. CHEMIN), celle des vacants et des biens communs, le droit de taille qui consistait en une somme d'argent que le taillable ou homme de pooste devait au seigneur justicier dans certains cas et en certaines circonstances, etc.

78. — On voit par tous ces détails, comme le fait observer M. Championnière (*loc. cit.*, n° 102), que c'était du justicier et de ses prétentions qu'il était vrai de dire : « Le seigneur enferme ses manans comme sous voûtes et gonds; du ciel à la terre, tout est à lui : forêts chenues, oiseau dans l'air, poisson dans l'eau, bête au buisson, l'onde qui coule, la cloche dont le son au loin roule. »

79. — Toutes les prérogatives des justiciers étaient, en elles-mêmes, essentiellement dures et vexatoires; et si, comme l'a remarqué M. Guizot (*Essais sur l'histoire de France*, p. 341), le régime seigneurial a constamment soulevé la réprobation des peuples, c'est précisément à la nature odieuse de ces prérogatives plus qu'aux droits du seigneur féodal qu'il faut principalement l'attribuer. — V. conf. Championnière, n° 48.

80. — Les hommes du seigneur féodal étaient ses amis, *amici*, ses fidèles, attachés à lui par le lien du bienfait, *beneficio*. Le justicier n'a jamais eu de vassaux, mais bien des sujets qui furent les hommes de pooste, comme ils étaient déjà les vilains, comme ils furent les manans.

81. — Il existait, du reste, deux sortes de vilains, puisque, suivant Beaumanoir, *ceux qui tiennent en vilenage* un héritage de leurs seigneurs pouvaient appeler pour *défaute de droit*, tandis que, suivant son contemporain Defontaine, entre le seigneur et son vilain *il n'y a de juge fors Dieu*. Il y avait, en effet, le vilain *couchant et levant* dans le district de la justice, c'est celui dont parle Defontaine; ensuite il y avait *cil qui tient de son seigneur* un héritage vilain, c'est de ce dernier que parle Beaumanoir. — Championnière, n° 132.

82. — Le vilain n'était ni le serf, ni le main-mortable, ni l'esclave à aucun titre de justicier. C'était un sujet, exploité par le justicier, taillable et corvéable à merci, et il en faut dire autant de l'homme de pooste, car c'était la même personne; le nom ne change qu'en raison du rapport sous lequel on considère celui qui le porte. — Championnière, n° 133.

83. — Ainsi, l'homme de pooste, comme le vilain, pouvait être franc et libre, quoique soumis à la puissance du justicier, et c'est ce qu'explique Beaumanoir (chap. 45, n° 30) en ces termes : « On doit savoir que trois états sont entre les gens du siècle : li uns de gentillesse, li autres de cix qui sont francs naturellement... tuit li francs ne sont pas gentishomes, ainçois a grant diférence entre les gentishomes et *les autres* francs homes de pooste... li tiers estas sies *de sers...* » — V. pour les détails Championnière, nos 134 et suiv. — V. NOBLESSE, ROTURE, SERVAGE, TIERS-ÉTAT.

84. — La puissance justicière n'avait pas pour cause la terre ou la propriété. La domination des fonctionnaires qui l'exerçaient, du comte ou du vicaire, s'établissait sur les hommes *couchant et levant* dans chaque district : « Le territoire du comté, dit Hévin (*Questions féodales*, p. 247), comprenait ordinairement une ville épiscopale et toute l'étendue du diocèse, et le duché contenait communément douze comtés ou villes épiscopales avec leur territoire. »

85. — Le territoire du féodal s'appelait *terra*, *fundum*, *feodum*; celui des justiciers se nomma *pagus*, *villa*, *comitatus*, *vicaria*, plus tard *comté*, *voirie* ou *vicairie*, *vicomté*, et plus généralement justice ou district, *districtus*. Les transmissions de fief donnaient le détail des terres, celles des justices s'exprimaient par *quidquid habeo aut habere debeo*. — Championnière, n° 165.

86. — Jusqu'ici on a vu la puissance des justiciers, pesant de tout son poids sur les hommes et sur les choses, sans que l'autorité judiciaire proprement dite soit encore entrée dans ses développemens. C'est qu'en effet le droit de juger n'était pas de l'essence primitive et fondamentale des justices seigneuriales. — Championnière, n° 212.

87. — Sous la législation coutumière, comme sous la domination romaine, le justicier, comte, vicaire, ou viguier, n'a jamais véritablement rendu la justice : il participait seulement à son action en faisant exécuter les jugemens, et ce n'est qu'à partir des ordonnances royales qui ont réglementé et dénaturé son pouvoir, qu'il a régulièrement exercé la puissance judiciaire. — Championnière, n° 213.

88. — Nous n'avons pas à nous occuper ici du droit de juger dans la justice et dans le fief, des règles différentes qui concernaient la juridiction féodale et la juridiction justicière, de la distinction des diverses espèces de justices, de l'extinction des justices féodales et justicières. Tous les détails qui se réfèrent à ces divers points seront donnés sous le mot JUSTICES SEIGNEURIALES.

89. — Du moment que la royauté de la seconde race se trouva dépouillée de sa directe sur les bénéfices par leur conversion en alleux, et de tout droit dans les justices devenues héréditaires, les institutions seigneuriales touchèrent à leur apogée. Mais bientôt celles-ci commencèrent à leur tour à s'affaiblir au profit de la royauté qui ne cessa pas, à partir de la troisième race, d'employer les armes des légistes et celles des soldats pour réduire à son obéissance tous les alleux du royaume, grands et petits, féodaux ou justiciers.

90. — Il suffit à l'objet de notre travail de constater la part considérable qui revient à l'œuvre du légiste dans le triomphe de la royauté, et de signaler cette œuvre comme ayant été le principal instrument des envahissemens successifs de la puissance royale sur les possessions seigneuriales, tant sous le rapport de la justice que sous celui du fief; c'est là un fait incontestable, que nous devons nous borner à énoncer, sauf à renvoyer pour les détails et pour les preuves aux savantes dissertations de M. Troplong (*Revue de législation*, t. 1er).

91. — La propriété universelle du royaume fut le but auquel tendirent constamment les agens fiscaux. Leur maxime était *omnia sunt regis*; or, cette maxime se composait de ces deux principes : « Toute justice émane du roi, » et « le roi est le souverain fieffeux du royaume. »

92. — La souveraineté de la justice s'établit assez promptement comme règle générale. — Beaumanoir (cap. 11, n° 12) l'exprime déjà comme une existence féodale : « Toute laie jurisdiction du royaume, dit-il, est tenue du roi en fief ou arrière-fief. » — V. JUSTICES SEIGNEURIALES.

93. — Et ce fut par l'invasion des justices que le domaine royal s'empara des rivières navigables, des trésors, mines et fortunes d'or, des monnaies, péages et marchés, des successions d'aubains et déshérences. — Championnière, n° 175.

94. — La maxime que *le roi est souverain fieffeux du royaume* n'a jamais été aussi universellement admise que celle qui attachait à son pouvoir toutes les justices. Pour parvenir à son établissement, les légistes royaux commencèrent par dire que le roi était propriétaire, non pas spécialement, mais universellement, *non specialiter, sed in universo*. Ils avancèrent ensuite que le roi n'était pas propriétaire dans son intérêt particulier, mais pour le bien commun. — Championnière, n° 176.

95. — Ce fut à l'aide de ces deux propositions, successivement admises, que finit par prévaloir la maxime que *le roi est souverain fieffeux de son royaume*, maxime qui eut pour résultat d'enrichir le domaine des droits d'amortissement et de franc-fief, les premiers, ayant pour objet de faire payer un droit pour toute transmission de taxe féodale à un établissement de main-morte; les seconds consistant dans un droit exigible sur l'acquisition, par un roturier, d'un fief, et les uns et les autres fondés sur ce que ces deux actes nuisaient aux droits du roi, comme suzerain. — Championnière, *loc. cit.*

96. — On comprend maintenant que le domaine avait intérêt à ce que toutes les terres fussent considérées comme féodales, puisque les droits de francs-fiefs et d'amortissement n'étaient perçus qu'à raison du fief et de la qualité de fieffeux appartenant au roi; c'est de là qu'est venue la maxime : *Nulle terre sans seigneur*. — Championnière, *ibid.*

97. — Cette maxime était reçue dans la plupart des anciennes provinces; toutefois, quelques coutumes admettaient, au contraire : *nul seigneur sans titre*; d'autres n'excluaient pas l'allodialité, mais ne la consacraient pas formellement. — Henrion de Pansey, v° *Alleu*, § 18 et suiv., 42 et suiv.; Merlin, *Rép.*, v° *Franc-Alleu*.

98. — C'est sous l'influence des idées et des besoins de cet ancien régime, qu'on vient de voir entièrement dominé par le principe du privilége, que se sont introduites dans notre ancienne législation civile plusieurs institutions ayant toutes pour but la conservation dans les familles des biens immobiliers dont la possession constituait alors l'importance des hommes.

99. — On peut, par exemple, citer à cet égard le droit d'aînesse, les substitutions fidéicommissaires, le retrait lignager, la renonciation des filles aux successions par contrat de mariage, la succession des propres à l'égard des ascendans et des collatéraux, etc. — V. AÎNESSE (DROIT D'), RETRAIT LIGNAGER, SUBSTITUTION, SUCCESSION. —

V. pour les détails Laferrière, *loc. cit.*, p. 143 et suiv.

§ 2. — *Abolition de la féodalité.*

100. — Pendant les premiers mois qui suivirent la convocation des états-généraux de 1789, aucune réclamation ne s'éleva contre les droits seigneuriaux et le régime féodal; l'assemblée avait accueilli sans murmure cette déclaration faite par le roi à l'ouverture des états : « Toutes les propriétés sans exception seront constamment respectées, *et sa majesté comprend expressément sous le nom de propriétés les dîmes, cures, rentes, droits et devoirs féodaux et seigneuriaux*, et généralement tous les droits et prérogatives utiles ou honorifiques attachés aux terres et aux fiefs, ou appartenant aux personnes. » — Buchez et Roux, *Histoire parlementaire*, t. 2, p. 17.

101. — C'est que le roturier des villes ou le tiers-état n'avait point le même intérêt que les vilains des campagnes à la suppression du régime féodal; d'abord, plusieurs ordonnances, et notamment celle de sept. 1693, avaient ordonné le rachat forcé des droits seigneuriaux dans les villes et bourgs fermés; rachat, dont le prix versé dans les caisses du roi, devait être l'objet d'une indemnité à payer par l'état aux seigneurs. — Championnière, n° 403, p. 705, texte et note 2e.

102. — D'un autre côté, en 1789, tandis que la condition du vilain des campagnes avait continué d'être soumise aux vexations et aux misères que l'organe du tiers-état avait si énergiquement exposées aux derniers états-généraux du quinzième siècle (V. Rathery, *Histoire des états-généraux*, p. 162), celle des bourgeois s'était successivement élevée. Le tiers-état était devenu riche, éclairé, puissant; il était presque partout possesseur de fiefs et de censives, acquéreur de redevances féodales et de droits seigneuriaux, propriétaire ou officier de justice seigneuriale. — Championnière, *loc. cit.*

103. — Ce pouvait être là un sérieux obstacle aux améliorations sociales. Mais le soulèvement du peuple des campagnes, la puissance de l'opinion, l'influence de la philosophie du dix-huitième siècle amenèrent de la part de l'assemblée nationale le vote généreux qui, dans la célèbre nuit du 4 août, consacra une réforme, incomplète encore, mais que l'on dut accueillir comme un immense bienfait.

104. — Le décret qui résulta de ce vote, promulgué le 2 nov. 1789, portait : — « Art. 1er. L'assemblée nationale *détruit entièrement le régime féodal* et décrète que, dans les droits tant féodaux que censuels, ceux qui tiennent à la main-morte réelle ou personnelle, et à la servitude personnelle, et ceux qui les représentent, sont abolis sans indemnité, et tous les autres déclarés rachetables; le prix et le mode de rachat seront fixés par l'assemblée nationale. Ceux desdits droits qui ne sont point supprimés par ce décret continueront néanmoins à être perçus jusqu'au remboursement. »

105. — Le décret déclarait, en outre, abolis sans indemnité : 1° le droit exclusif des fuies et colombiers. — Art. 2.

106. — ...2° Le droit exclusif de chasse et de garennes. — Art. 3. — V. CHASSE.

107. — ...3° Les dîmes de toute nature possédées par les gens de main-morte. — Art. 5. — V. DÎMES, MAIN-MORTE.

108. — Le même décret déclarait rachetables : 1° les dîmes autres que les précédentes. — Art. 5. — V. DIME.

109. — ...2° Toutes les rentes foncières perpétuelles. — Art. 6. — V. RENTE.

110. — L'art. 4 supprimait enfin les justices seigneuriales. — V. JUSTICES SEIGNEURIALES.

111. — Jugé, toutefois, que ce décret n'a eu force de loi que par la promulgation des lettres-patentes du 3 nov. suivant. — *Cass.*, 26 fructid. an XII, Puissant c. Lesage.

112. — ...Et que, dès-lors, les rentes créées par baux à cens passés dans cet intervalle, ont reçu par le titre de leur création la qualité de rentes seigneuriales, et ont été en conséquence abolies par la loi du 17 juill. 1793. — Même arrêt. — V. Merlin, *Quest.*, v° *Feodalité*, § 1er. — V. au surplus RENTE SEIGNEURIALE.

113. — Aux termes d'un décret du 29 sept. 1789, les droits de franc-fief ouverts furent abolis et toutes poursuites ou recherches sur cet objet durent cesser.

114. — Plusieurs autres lois furent successivement promulguées pour le développement des principes que l'assemblée n'avait, pour ainsi dire, fait que poser.

115. — Dans ce but fut d'abord rendu un décret des 15-28 mars 1790, dont l'art. 1er est ainsi conçu : « Toutes distinctions honorifiques, supériorité et puissance résultant du régime féodal sont abolies : quant à ceux des droits utiles qui subsisteront jusqu'au rachat, ils sont entièrement assimilés aux simples rentes et charges foncières. »

116. — L'art. 11 abolissait le droit d'aînesse par rapport aux fiefs. — Ce n'est que par la loi des 8-18 avr. 1791 que ce droit a été aboli quant aux autres biens. — V. au surplus AÎNESSE (droit d').

117. — L'art. 11, tit. 1er, LL. 15-28 mars 1790, contenait une exception en faveur de ceux qui, au moment de la publication de la loi, étaient mariés ou veufs avec enfans, lesquels, dans les partages à faire entre eux et leurs cohéritiers de toutes les successions, mobilières ou immobilières, directes ou collatérales, qui pourraient leur échoir, devaient jouir de tous les avantages que leur attribuaient les anciennes lois. — V. AÎNESSE (droit d').

118. — Ce n'est, au surplus, qu'en faveur des héritiers présomptifs du dernier possesseur d'un fief, et des parens appelés en égal degré à une succession commune, qu'il y avait lieu d'assigner les exceptions qui, dans les lois des 15-28 mars 1790 et 8-15 avr. 1791, maintenaient au profit des mariés ou veufs avec enfans des avantages résultant des anciennes lois féodales. Ainsi, quand deux frères ayant joui par indivis d'une succession dépendant d'un fief masculin, l'un d'eux était décédé depuis l'abolition de la féodalité, et avant le 4 janv. 1793, laissant une fille, les enfans de celui qui avait survécu ne pouvaient opposer à celle-ci le droit de masculinité pour l'exclure de la succession. — *Cass.*, 3 juin 1823, Rosset c. de Girardy. — V. AÎNESSE (droit d'), MASCULINITÉ (droit de).

119. — Dans les ci-devant provinces de Navarre, de Béarn et de Labour, les expressions *d'infançon* et de *noble* n'étaient pas tellement synonymes que les tribunaux aient dû, avant la loi du 15 mai 1790, appliquer aux biens infançons l'ordre de succession tracé par la coutume de Labour pour les biens nobles. — *Cass.*, 23 flor. an XIII, d'Hespital c. d'Etcheverry. — V. aussi Merlin, *Rép.*, v° *Infançon.*

120. — Les biens ou préciputs qui, suivant les dispositions des coutumes, ou suivant des actes antérieurs au Code civil, étaient dévolus aux mâles ou aux aînés des familles, peuvent-ils encore être prélevés, à l'exclusion des filles ou des puînés, dans les successions ouvertes sous l'empire du Code ?

121. — La négative ne saurait être douteuse, car c'est une maxime certaine en législation que toute succession *ab intestat* doit être régie par la loi existante au moment où elle s'est ouverte. — V. LOI, SUCCESSION.

122. — Jugé, conformément à cette doctrine, que dans une succession ouverte en Piémont sous l'empire du Code civil, les enfans mâles n'ont pu, sur le fondement d'une ancienne jurisprudence, recueillir, à l'exclusion des filles, les biens que le père commun tenait à emphytéose ecclésiastique; — En d'autres termes, que le Code civil a aboli les droits purement éventuels qui existaient avant sa publication. — *Cass.*, 23 nov. 1809, Beltrami. — V. conf. Chabot, *Quest. transitoires*, t. 1er, v° *Droits de masculinité et de primogéniture.*

123. — Le tit. 2, décr. des 15-20 mars 1790 fut consacré à l'énumération des droits supprimés sans indemnité. L'art. 1er, tit. 3, déclara simplement rachetables, et, par conséquent, payables jusqu'au rachat effectué, tous les droits et devoirs féodaux ou censuels utiles qui étaient le prix et la condition d'une concession primitive des fonds. — V. DROITS SEIGNEURIAUX.

124. — Les difficultés qui surgirent au sujet du rachat donnèrent naissance aux décr. des 3-9 mai, 14-19 nov., 18-29 déc., 23 déc. 1790 ; 3 janv. 13-20 avr., 15 sept.-9 oct. 1791, 19 août 1792; 3 germin. an II. — V. DROITS SEIGNEURIAUX.

125. — Le décret des 13-20 avr. 1791 statua particulièrement (V. art. 7 et suiv.) sur les droits de justice réservés dans la loi du 28 mars 1790. — V. JUSTICES SEIGNEURIALES.

126. — Comme le remarque M. Championnière (n° 405), « l'assemblée constituante ne s'écarta pas de son système qui consistait à distinguer, dans les droits ceux qui, d'après les données historiques des feudistes, étaient supposés dériver de concessions, et ceux qui n'étaient que le résultat de la puissance et de l'autorité. Mais l'assemblée législative s'éloigna de ce principe. »

127. — En effet, le décr. 25 août 1792, rendu par cette dernière assemblée, porte ce qui suit : — « Art. 1er. Tous les effets qui peuvent avoir été produits par la maxime *nulle terre sans seigneur*, par celle de l'enclave, par les statuts, coutumes et règles, soit générales, soit particulières, qui tiennent à la féodalité, demeurent non avenus. »

128. — ... « Art. 2. Toute propriété foncière est réputée franche et libre de tous droits, tant féodaux que censuels, si ceux qui les réclament ne prouvent le contraire dans la forme qui sera prescrite ci-après. »

129. — ... « Art. 3. Tous les actes d'affranchissement de la main-morte réelle ou mixte, et tous les autres actes équivalens, sont révoqués et annulés. Toutes redevances, dîmes ou prestations quelconques établies par lesdits actes, en représentation de la main-morte, sont supprimées sans indemnité : tous corps d'héritage cédé pour prix d'affranchissement de la main-morte, soit par les communautés, soit par les particuliers, et qui se trouvent encore entre les mains des ci-devant seigneurs, seront restitués à ceux qui les auront cédés, et les sommes de deniers promises pour la même cause ne pourront être exigées. »

130. — Jugé que les habitans d'une commune qui ont cédé à un ci-devant seigneur, qui n'était pas leur seigneur, leurs biens communaux, et en outre leurs biens particuliers, à la condition pour le seigneur de payer leurs dettes et de les prendre pour ses colons partiaires, ne peuvent user du bénéfice de la loi du 28 août 1792, pour se faire réintégrer dans les biens par eux aliénés comme s'ils en avaient été dépouillés par abus de la puissance féodale. — *Turin*, 9 mars 1811, habitans de Gammasco c. Donadio.

131. — ...Que, l'ord. de 1669, tit. 20, art. 1er et 10, qui supprime tous droits de chauffage et d'usage dans les forêts de l'état, est un acte de la puissance publique et non du pouvoir féodal; qu'une commune ne peut donc, en vertu de l'art. 8, L. 28 août 1792, être réintégrée dans des droits d'usage supprimés par application des articles précités de l'ord. de 1669. — *Cass.*, 25 germin. an X, préfet du Jura c. comm. de Voitteur, Domblanes et Blandan.

132. — Quant aux droits seigneuriaux, féodaux ou censuels, que l'art. 5 de ce décret énumère et déclare abolis sans indemnité, V. DROITS SEIGNEURIAUX.

133. — Jugé que la distinction entre les *bourgeois* et les *manans* admise autrefois dans certains cantons de la France, notamment en Alsace, pour désigner ceux qui avaient payé le droit de participer à l'affouage et les simples domiciliés, a été abrogée par les lois nouvelles et notre droit constitutionnel. — *Cass.*, 9 avr. 1838 (t. 1er 1838, p. 485), comm. de Bendorff c. Brisa.

134. — ... Et que l'art. 105, C. forest. n'a pas eu pour but de faire revivre l'ancien usage suivant lequel les manans n'étaient admis à participer aux affouages qu'après avoir versé dans la caisse communale un droit dit *de bourgeoisie*. — Même arrêt.

135. — Plusieurs usemens donnaient en Bretagne aux baux à convenant un caractère quasi-féodal : de là, le décr. 27 août 1792 qui, sur le motif erroné que le domaine congéable était de nature féodale, déclara les colons propriétaires incommutables du fonds de leurs tenues, à la charge de payer au bailleur la rente convenancière, qu'ils rembourseraient quand ils voudraient. Ce décret était une violation manifeste de la propriété, et c'est avec raison qu'il a été abrogé par la législation postérieure. — V. au surplus BAIL A CONVENANT, nos 14 et suiv.

136. — Dans l'ancien droit breton, le bail à domaine congéable et l'afféagement présentaient des différences essentielles quant à leur nature et à leurs effets. Les lois abolitives des rentes féodales ne s'appliquent pas aux rentes convenancières. — *Rennes*, 12 juill. 1845 (t. 1er 1846, p. 249), de Tourzel c. Caëron.

137. — En matière congéable, la rente et la foncialité sont deux choses distinctes. — La loi du 9 brum. an VI a maintenu les propriétaires fonciers dans leurs droits à la foncialité de leurs tenues, nonobstant le remboursement de la rente effectué par les domaniers en vertu de l'art. 11 de la loi du 27 août 1792 et malgré même les termes de leur quittance. — *Rennes*, 6 mai 1845 (t. 2 1845, p. 275), de Courson c. Étienne.

138. — La Convention consomma la ruine des institutions seigneuriales par son décret du 18 juill. 1793, ainsi conçu : « Art. 1er. Toutes redevances seigneuriales, droits féodaux, censuels, fixes, casuels, même ceux conservés par le décret du 25 août dernier, sont supprimés sans indemnité. — Art. 2. Sont exceptées des dispositions de l'article précédent les rentes ou prestations purement foncières et non féodales. »

139. — Ainsi sont abolis, comme féodaux, les droits qu'un ci-devant seigneur ne justifie lui avoir été concédés sur des bois qu'en sa qualité de seigneur haut-justicier et en considération de son droit de haute justice. — *Cass.*, 19 pluv. an VII, comm. de Schweighausen c. Waldener.

140. — Dans le Hainaut, le droit de fouiller les mines et de s'approprier ce qui en serait extrait, connu sous la dénomination *d'avoir en terre non extrayé*, était un privilége exlusivement attaché à la qualité de seigneur haut-justicier. En conséquence a été supprimée par les lois abolitives de la féodalité la redevance du droit appelé *d'entrecens* que payaient au seigneur ceux à qui il avait concédé la faculté d'exploiter la mine. — *Cass.*, 16 vent. an XII, compagnie de Schuytener c. Carondelet.

141. — Ne peut être attaquée comme dépourvue de cause licite la transaction qu'une société qui exploite dans le ci-devant Hainaut des mines de houille a passée avec les ci-devant seigneurs haut-justiciers sur le point de savoir si la redevance stipulée dans le contrat de concession est une redevance purement foncière et représentative du droit de propriété que les ci-devant seigneurs prétendaient avoir dans les mines trouvées dans l'étendue de leurs domaines. — *Bruxelles*, 8 juin 1818, société Strépy-Bracquenies c. Dandelot et Vanderburch.

142. — Jugé que n'ont point été abolis comme entachés de féodalité un arrêt de bornage ainsi que d'autres jugemens en conséquence intervenus entre une commune et le roi, agissant non en qualité de seigneur, mais comme propriétaire du fonds voisin, et cela surtout si la commune avait acquiescé à ces différens actes et qu'ils eussent été suivis d'une possession de soixante ans. — *Cass.*, 22 flor. an X, préfet du Jura c. comm. de Courte-Fontaine.

143. — Jugé également que n'ont pas été abolies comme féodales les banalités établies par convention passée entre une communauté d'habitans et un particulier non seigneur. — *Cass.*, 9 avr. 1844 (t. 2 1844, p. 65), Foltz c. comm. de Roquevaire — V. conf. *Cass.*, 25 juill. 1843 (t. 2 1843, p. 282), Poncel c. ville du Luc. — V. au surplus BANALITÉ.

144. — On ne peut considérer comme faisant preuve d'une convention passée entre une communauté d'habitans et un particulier non seigneur une transaction de laquelle il résulte que la banalité qu'elle maintient avait une origine féodale. — Même arrêt.

145. — Si dans la vente nationale d'un moulin il n'a été fait aucune mention de la banalité qui y était attachée, soit par ignorance du caractère non féodal de la banalité, soit par toute autre cause, le débat qui s'élève sur la question de savoir si la banalité a fait ou non partie de la vente rentre dans les attributions de l'autorité judiciaire, et non de l'autorité administrative, alors que l'acte de vente ne présente ni équivoque ni obscurité. — Bien que la banalité soit un droit inhérent à la chose, elle n'en est cependant pas un accessoire immobilier et nécessaire qui, comme une servitude réelle, se trouverait implicitement compris dans la vente de la chose. — *Cass.*, 25 juill. 1843 (t. 2 1843, p. 282), Poncel c. ville du Luc.

146. — La clause d'un acte de vente par laquelle le vendeur, seigneur du lieu où est situé l'immeuble vendu, réservait en sa faveur et en celle de son coseigneur le droit d'herbage et de pâturage sur cet immeuble, a les caractères d'un droit féodal et doit par suite être annulée en vertu des lois abolitives de la féodalité. — *Aix*, 19 janv. 1843 (t. 2 1844, p. 33), Michelis c. Giraudy.

147. — La concession à perpétuité et à titre onéreux, faite par le roi à l'un de ses sujets, de terrains vains et vagues dont il était devenu propriétaire non comme seigneur de la commune dans laquelle ils sont situés, mais en sa qualité de souverain et en vertu des édits de 1566 et 1575, constitue au profit du concessionnaire un titre légitime de propriété auquel n'ont pu porter atteinte les lois abolitives de la féodalité. — La circonstance que cette concession aurait été faite, par exemple, « à titre d'inféodation moyennant une rente perpétuelle de 15 livres emportant droits seigneuriaux aux mutations, suivant la coutume des lieux », ne saurait en changer la substance et lui imprimer un caractère féodal. Ces expressions ne sont pas d'ailleurs par elles-mêmes caractéristiques de la féodalité; elles s'appliquent aussi bien à une rente purement foncière. — L'arrêté préfectoral contenant suppression de la redevance ci-dessus féodale est aussi sans influence sur l'appréciation de la nature de l'acte constitutif de la concession. — *Rouen*, 19 mai 1843 (t. 1er 1844, p. 104), comm. des Places c. Ozière.

148. — On ne peut considérer comme mélangée de féodalité la stipulation insérée dans un contrat d'accensement de deniers d'entrée consistant en deux termes égaux. Ces deniers constituent une partie du prix entièrement distincte et indépendante du cens, ils sont en conséquence restés dus malgré l'abolition du cens comme féodal. — *Cass.*, 3 mai 1837 (t. 2 1837, p. 62), préfet de la Seine c. Pellagot et Goujet.

149. — La stipulation d'une clause essentiellement féodale (par exemple celle de droits de *lods et ventes*) contenue dans un contrat postérieur aux lois abolitives du droit féodal, et ne présentant d'ailleurs aucune autre apparence de féodalité, n'a pas pour effet d'entraîner la nullité de ce contrat; elle doit seulement être considérée comme non écrite. — Même arrêt.

150. — De l'art. 2 précité du décret du 18 juill. 1793 il résulte que la loi a laissé à la jurisprudence le soin de distinguer dans les contrats les rentes purement foncières de celles qui sont entachées d'un caractère de féodalité. Or c'est là une distinction des plus délicates, dont il sera traité sous les mots RENTE FONCIÈRE, RENTE SEIGNEURIALE. — V. aussi DROITS SEIGNEURIAUX.

151. — C'est également sous les mêmes mots que l'on établira les principes relatifs à la compétence des tribunaux dans ces sortes de contestations, et à la procédure en matière de pourvoi.

152. — Nous remarquerons seulement dès à présent que les droits résultant d'un statut légal ou d'un contrat de mariage sur une certaine espèce de biens reconnus par la législation féodale n'ont point été anéantis par les lois abolitives de la féodalité. — *Cass.*, 23 avr. 1823, Laurent c. Destrées.

153. — On doit considérer comme statut réel l'art. 4, chap. 33, chartes du Hainault, qui attribuait à la femme la propriété de la moitié des biens connus sous la dénomination de *mains-fermes* que le mari acquérait pendant le mariage, à la différence des acquêts de fiefs et d'alleux qui, d'après ces chartes, appartenaient en totalité au mari. Dès-lors, la femme mariée sous l'empire de ces mêmes chartes a droit à la moitié des acquisitions que son mari a faites, quoique ces acquisitions soient postérieures aux lois des 4 août 1789, 15 mars et 19 sept. 1790, qui ont déclaré libres tous les biens des *mains-fermes*, s'il n'est pas méconnu que les biens acquis par le mari étaient des *mains-fermes* avant ces dernières lois. — Même arrêt.

154. — Lorsqu'un bail a été fait à perpétuité, et encore bien qu'il soit qualifié d'emphytéose, il peut y avoir lieu à l'application des lois abolitives de la féodalité. — *Cass.*, 12 niv. an XII, Anthés c. Ulsass.

155. — La loi du 28 niv. an II, qui ordonne la restitution de tous héritages cédés pour affranchissement de droits seigneuriaux, ne s'applique pas à des héritages cédés en paiement de sommes dues à raison de droits de cette nature déjà acquis. — *Cass.*, 1er fév. 1809, de Sauvagney c. communes de Géziers et de Monbrillon.

156. — Le cens stipulé imprescriptible et irrédimable, avec lods et ventes en cas de mutation pour concession de fonds originairement domaniaux, mais rangés dans la classe des petits domaines, a été supprimé comme féodal, sans qu'il soit nécessaire d'examiner si les fonds ont été possédés à titre de seigneurie. — *Cass.*, 17 juill. 1811, Barraut c. hospice de Dole.

157. — L'art. 6, décr. 18 juill. 1793, avait ordonné le brûlement des titres constitutifs ou récognitifs de droits supprimés, mais cette mesure fut arrêtée par des décrets des 8-28 pluv. et 11 messid. an II.

158. — On a, du reste, pu, sans contrevenir aux lois qui ont ordonné le brûlement des titres féodaux, produire en justice un titre de cette nature dont on demandait la nullité. — *Cass.*, 8 germin. an XIII, Millot c. préfet de l'Ardèche.

159. — Plusieurs lois, et notamment la loi du 25 août 1792, art. 1er, ordonnaient l'extinction de tous procès, soit civils, soit criminels, relatifs aux droits féodaux; ce qui ne peut s'entendre que des procès entre les seigneurs et leurs vassaux ou censitaires. — Merlin, *Quest. de dr.*, v° *Vente*, § 2. — V. DROITS SEIGNEURIAUX.

160. — Les effets particuliers de l'abolition du régime seigneurial se trouvent exposés sous les mots spéciaux auxquels ils se réfèrent. — V. à cet égard AUBAINE, BAIL A CENS, BANALITÉ, CHAMPART, CHEVAGE, CORVÉE, DÉTRACTION, DIME, DROITS SEIGNEURIAUX, FIEFS, JUSTICES SEIGNEURIALES, etc.

161. — L'un de ces effets particuliers a été d'enlever aux seigneurs hauts-justiciers la propriété des petites rivières. Cette propriété a donc changé de main. Mais a-t-elle été attribuée aux riverains ou réunie au domaine public? — V. COURS D'EAU, nos 325 et suiv.

162. — Jugé que sous l'empire d'une coutume allodiale, telle que celle d'Auvergne, la redevance créée pour bail à cens d'une maison au profit d'un particulier non seigneur et qui ne s'est pas donné cette qualité, mais avec réserve de la seigneurie directe et la mention que le censitaire ne pourrait reconnaître aucun autre seigneur, n'a point été atteinte par les lois de la féodalité. — *Cass.*, 31 déc. 1833, de La Gardette c. Vauris.

163. — Une rente créée par albergement (ou bail emphytéotique perpétuel) de fonds ne doit être réputée ni féodale ni mélangée de féodalité, bien que le concédant ait déclaré se réserver les droits de cens, lods, mi-lods et autres droits seigneuriaux accoutumés à être payés aux seigneurs directs, suivant l'usage du pays (en Dauphiné), lorsqu'il est reconnu que le concédant n'était pas seigneur du fonds cédé, et qu'il n'a pas même pris cette qualité dans l'acte. — *Cass.*, 27 mars 1833, Besson c. Clemaron.

164. — La revendication par les communes des biens dont elles prétendent avoir été dépouillées par la puissance féodale, ne peut être admise qu'autant qu'elles prouvent ou qu'elles le sont anciennement possédés, ou que les biens revendiqués se trouvent dans la catégorie précisée par l'art. 1er, L. 10 juin 1793, c'est-à-dire qu'au 4 août 1789, c'étaient des terres *vaines et vagues*, landes, pâtis, bruyères. — *Cass.*, 12 mai 1813, Robert de La Rivière c. comm. de Magny-le-Freul.

165. — On ne peut considérer comme résultant d'un abus de la puissance féodale la vente faite par une commune au profit de son ci-devant seigneur, d'un bois indépendant de la mouvance seigneuriale et par conséquent de l'influence féodale de ce dernier, et qu'elle aurait pu également vendre à tout autre particulier non seigneur. Cette vente doit donc être considérée comme une acquisition à titre légitime que l'art. 8, L. 28 août 1792, excepte de l'action en revendication des communes. — *Cass.*, 14 janv. 1811, comm. de Montigny-sur-Aube c. Vaillant de Savoisy.

166. — Une commune peut invoquer contre son ci-devant seigneur un titre féodal ou entaché de féodalité, dont celui ci ne pourrait pas se prévaloir contre la commune. — *Cass.*, 16 flor. an VI, comm. de Labastide-Marnhacc. Lille-Brives.

167. — Quant aux effets généraux des lois abolitives de la féodalité, ils sont résumés dans la déclaration du 6 oct. 1791, publiée sous le titre de *Code rural*, et que le décret précité du 18 juill. 1793 n'a fait que compléter et confirmer. L'art. 1er de cette déclaration est ainsi conçu : Le territoire de la France, dans toute son étendue, est libre comme les personnes qui l'habitent; ainsi toute propriété territoriale ne peut être assujétie envers les particuliers qu'aux redevances et aux charges dont la convention n'est pas défendue par la loi, et envers la nation qu'aux contributions publiques établies par le corps législatif. »

168. — Les derniers mots de cet article constatent que rien, dans les droits de justice, ne devait survivre à la révolution dont l'ère s'inaugurait. « L'état, le domaine public, la société nouvelle, dit M. Championnière (*loc. cit.*, n° 407), ne pouvaient trouver dans l'héritage du justicier rien qui pût convenir à leurs élémens nouveaux; le fisc lui-même voyait s'évanouir pour lui, comme pour tout autre, ce qu'il possédait comme dérivant de la justice seigneuriale. Les droits seigneuriaux de toute espèce, perçus au nom du roi ou des communautés, disparaissaient : d'autres devaient les remplacer, mais avec un caractère propre, celui de contribution publique, consentie et votée par les contribuables eux-mêmes et payée par eux pour être employée dans leur intérêt commun. »

169. — Ainsi, continue le même auteur (*ibid*), dans les attributions actuelles du domaine public, les droits de hallage, de monnaie, le service militaire, les contributions, l'appropriation des terres sans maître, les déshérences, les épaves, n'ont rien de commun avec l'héritage de la justice. L'état ne s'en est point trouvé implicitement saisi par les lois qui en ont dépouillé les seigneurs; c'est à des lois nouvelles, distinctes, expresses qu'il les doit. »

170. — Il résulte de ces principes que la preuve de la jouissance d'un droit de pêche aboli est inadmissible encore bien que celui qui le réclame allègue l'avoir possédé depuis la suppression du régime féodal. — *Cass.*, 29 juill. 1828, d'Harville c. comp. des canaux. — V. PÊCHE.

171. — Mais une ville, substituée temporairement au domaine de l'état sur la propriété d'un canal, peut invoquer les mêmes principes que lui à cet égard. — Même arrêt.

172. — Lorsque sur une demande en affranchissement d'un droit de *tiers-deniers* un arrêt a, d'après les titres produits, décidé que le domaine de l'état était co-propriétaire du bois qui en était grevé, il n'a fait en cela qu'interpréter les titres, et, par suite, il n'a ni fait revivre un droit féodal,

ni violé les lois abolitives de la féodalité. — *Cass.*, 26 oct. 1809, Thiébault c. préfet de la Moselle.

173. — A l'égard de la propriété foncière tous les effets de la loi révolutionnaire sont compris dans ces paroles de Merlin, rapporteur de la loi du 15 mars 1790 : « Sans contredit, en détruisant le régime féodal, vous n'avez pas entendu dépouiller de leurs possessions les propriétaires légitimes des fiefs ; mais vous avez changé la nature de ces biens ; affranchis désormais des lois de la féodalité, ils sont demeurés soumis à celles de la propriété foncière ; en un mot, ils ont cessé d'être fiefs et *sont devenus de véritables alleus.* » — V. *Rép.*, v° *Fief*, § 6.

174. — D'où il suit qu'il ne peut plus y avoir lieu à la foi et hommage ; que l'on doit regarder comme abolie toute charge imposée au vassal qui, sans utilité pour le suzerain, avait un caractère purement honorifique, et ne servait qu'à manifester la puissance de celui-ci et l'infériorité de celui-là ; que la supériorité féodale et censuelle est évanouie, et que tous les droits utiles dont étaient chargés les biens ci-devant féodaux ne doivent plus être considérés que comme des droits purement fonciers et des créances purement réelles. Merlin, *loc. cit.*

175. — Un droit d'usage est une propriété réelle et immobilière. — Les lois abolitives de la féodalité n'ayant eu pour objet que d'affranchir les propriétés réelles des charges seigneuriales dont elles étaient grevées, elles n'ont pas atteint le droit d'usage dans une forêt communale dont un particulier jouissait en sa qualité de garde forestier, que lui avait conférée le seigneur du lieu. Il en est autrement de la redevance faisant le prix de ce droit d'usage. — *Cass.*, 25 août 1807, comm. de Lompues c. Pernely.

176. — Ainsi que le fait observer M. Championnière (p. 720, n° 408), dans l'abolition des droits de fiefs, le législateur se proposait de faire cesser la copropriété du seigneur et du vassal, cette double affectation du sol et la gêne réciproque résultant des droits coexistans. C'est à ce principe que se rattachaient la promesse de la suppression du parcours et de la vaine pâture, le droit de se clore et celui de ne pas rester dans l'indivision, qui ont été consacrés de nouveau par les art. 647 et 815, C. civ.

177. — Du reste, la loi de 1793, pas plus que celle de 1789, n'a pas pu profiter à l'état ni lui conférer aucun élément quelconque de la directe seigneuriale. Nul autre que le vassal n'a pu racheter les droits composant la directe, et celui-ci a pu les racheter tous.

178. — Relativement aux personnes, les lois abolitives ont supprimé tout ce qui portait le caractère de devoir ou d'obligation dérivant de la justice ou du fief. La suppression de la main-morte, réelle ou personnelle, et des droits qui représentaient la servitude avait été prononcée par la loi même de 1789. — Championnière, n° 440.

179. — Il reste à remarquer que les lois abolitives de la féodalité loin de rien détruire dans les mains du vassal, du censitaire ou du sujet de la justice, ont, au contraire, consolidé toutes leurs possessions, cela n'est pourtant vrai qu'avec un tempérament : c'est que ces lois distinguent dans les concessions seigneuriales ce qui était l'attribution du domaine utile ou même de la propriété entière de ce qui ne constituait que la subrogation dans l'exercice d'un droit de justice ou de directe. Les droits de justice ou de directe ne sont éteints que lorsque celui qui les exerçait, tandis que les concessions faites non en vertu d'un droit seigneurial, mais en vertu du droit seigneurial, étaient maintenues comme faites par un pouvoir reconnu à l'époque où elles ont eu lieu. — V. pour les détails Championnière, n° 411, p. 724 et suiv.

180. — C'est par application de ce principe que l'art. 7, L. 20 avr. 1791, supprime le droit des ci-devant seigneurs de s'approprier les parts vaines et vagues, et que cependant les articles suivans déclarent irrévocables les inféodations, accensemens, arrentemens, défrichemens et actes d'appropriation exclusive qu'ils auraient faits de ces biens. — V. pour les détails Championnière, *ibid.* — V. TERRES VAINES ET VAGUES.

FERS.

1. — L'industrie des fers en France a pris depuis quelques années de très grands développemens. Les importations sont très considérables ; elles sont faites surtout par la Suède, la Norvége, la Russie, l'Espagne, pour les fers traités au charbon de bois et au marteau ; et par l'Angleterre, l'Allemagne, la Sardaigne, la Prusse, l'Espagne, la Belgique, la Hollande, la Suisse, le Chili, pour les fers traités à la houille et au laminoir.

2. — Jusqu'à la restauration, le tarif sur les fers étrangers n'établissait qu'un droit de 4 fr. par 100 kilogr.; mais une loi du 21 déc. 1814 le porta à 17 fr., et une autre du 27 juill. 1822 à 25 fr. Toutefois cette augmentation de droits, établie surtout dans l'intérêt des hauts-fourneaux à la houille, était moins nécessaire à la fabrication au charbon de bois, qui, par la qualité supérieure de ses produits, est assurée de la préférence sur les produits étrangers, même à une assez forte réduction de prix ; aussi cette fabrication a-t-elle pu être, sans inconvénient, ramenée au régime de 1814. — L. 2 juill. 1836.

3. — Aujourd'hui donc les fers du Nord forgés et traités au charbon de bois et au marteau acquittent les droits fixés par la loi du 21 déc. 1814, au lieu de ceux postérieurement établis, lorsqu'il est justifié qu'ils proviennent réellement de forges étrangères et qu'ils ont été importés par les ports de Marseille, Bayonne, Bordeaux, La Rochelle, Saint-Martin (île de Ré), Nantes, Redon, Lorient, Brest, Morlaix, le Légué, Saint-Malo, Cherbourg, Caen, Honfleur, Rouen, le Hâvre, Dieppe, Saint-Valéry-sur-Somme, Calais, Dunkerque, Fécamp, Paimbœuf, ou par les bureaux de Béhobie, Amhoa (Basses-Pyrénées), Thonne-la-Longue (Ardennes), Louvry, par Tellencourt, Mont-Saint-Martin, la Malmaison et Evrange (Moselle). — L. 27 juill. 1822 et 2 juill. 1836. — V. aussi ord. 23 juill. 1838.

4. — Nos établissemens d'Afrique, de l'Inde et d'Amérique n'étant point soumis aux importations des autres nations, il est d'une administration éclairée de donner aux armateurs français les moyens de livrer, dans ces possessions, les fers au plus bas prix possible, afin de soutenir la concurrence étrangère et d'augmenter les bénéfices des retours. Aussi des réductions ou même des exemptions des droits ont-elles successivement été accordées pour les importations par les ordonnances des 6 fév. 1818, 5 fév. 1826 et 29 fév. 1827, et par les circulaires des 5 mai-31 déc. 1828, 29 janv., 26 août et 8 sept. 1833.

5. — Les marchands de fer en barres en gros, vendant habituellement par parties de au moins 500 kilog., sont rangés par la loi du 25 avr. 1844 dans la première classe des patentables, et soumis par suite à un droit fixe basé sur la population, et à un droit proportionnel du quinzième de la valeur locative de l'habitation et des lieux servant à l'exercice de la profession.

6. — Les marchands en détail sont rangés dans la quatrième classe et soumis au même droit fixe, sauf la différence de classe, et à un droit proportionnel du vingtième de la valeur locative de l'habitation et des lieux servant à l'exercice de la profession.

7. — Quant aux marchands de fer en barre, dans la troisième classe et sont soumis aux mêmes droits fixe, sauf la différence de classe, au proportionnel que les précédens.

8. — Les simples ferrailleurs sont rangés dans la septième classe ; droit fixe basé sur la population, et droit proportionnel du quarantième de la valeur locative de tous les locaux qu'ils occupent, mais seulement dans les communes de 20,000 âmes et au-dessus. — V. PATENTE.

FERS (Filets).

L'art. 9, L. 15 avr. 1829, sur la pêche fluviale, dispose que l'empreinte *des fers* dont les gardes-pêche font usage pour la marque des filets sera déposée au greffe des tribunaux de première instance. — A cet égard *voy.* PÊCHE.

FERS (Peine des).

1. — La loi du 25 sept. 1791 portait que les condamnés à la peine des fers seraient employés à des *travaux forcés* au profit de l'état, soit dans l'intérieur des maisons de force, soit dans les ports et arsenaux, soit pour l'extraction des mines, soit pour le desséchement des marais, soit enfin pour tous autres ouvrages qui, sur la demande des départemens, pourraient être déterminés par le corps législatif. — Cette peine était afflictive et infamante, et prenait rang après la mort de la déportation.

2. — Aux termes de la même loi, la peine des fers ne pouvait, en aucun cas, être prononcée à perpétuité. Elle fut remplacée par la peine des galères (L. 6 oct. 1792), qui commençait à courir du jour de l'exposition publique du condamné.

3. — Aujourd'hui elle porte le nom de *travaux forcés*, expression empruntée au Code pénal du 25 sept. 1791. Elle se prononce pour cinq ans au moins et pour vingt ans au plus, sans préjudice

des augmentations qui peuvent être prononcées en cas de récidive. — V. TRAVAUX FORCÉS.

4. — Néanmoins la peine des fers figure encore au nombre de celles prononcées par la loi du 24 brum. an V en matière de délits militaires ; et aux termes de l'art. 21, tit. 8 de cette loi, elle emporte dégradation. — V. DÉLIT MILITAIRE, TRIBUNAUX MILITAIRES.

FER-BLANC. — FERBLANTIER.

1. — Fabricans de fer-blanc : patentables ; droit fixe de 100 fr. pour un nombre d'ouvriers n'excédant pas vingt ; plus, 3 fr. par chaque ouvrier en sus, jusqu'au maximum de 400 fr., et droit proportionnel du vingtième de la valeur locative de l'habitation, des magasins de vente complétement séparés de l'établissement, et du quarantième de l'établissement industriel.

2. — Les ferblantiers sont rangés dans la sixième classe des patentables et assujétis au droit fixe basé sur la population, et à un droit proportionnel du vingtième de la valeur locative des lieux d'habitation et des locaux servant à l'exploitation.

3. — Quant aux ferblantiers en chambre, ils font partie de la septième classe seulement ; même droit fixe que les précédens, sauf la différence de classe, et droit proportionnel du quarantième de la valeur locative de tous les locaux qu'ils occupent, mais seulement dans les communes de 20,000 âmes et au-dessus.

4. — Les ferblantiers-lampistes sont dans la cinquième classe ; mêmes droits fixes, sauf la différence de classe, et proportionnel que les ferblantiers (V. n° 2). — V. PATENTE.

5. — Les fabriques de fer-blanc présentent très peu d'inconvéniens ; ne le sont, par suite, rangées que dans la troisième classe des établissemens insalubres. — V. ÉTABLISSEMENS INSALUBRES (nomenclature).

FERMAGE.

On appelle fermage le prix du bail à ferme.

FERME. — FERMIER.

1. — On appelle *ferme* un domaine de campagne composé de terres, bois, prés et autres héritages réunis aux bâtimens nécessaires à leur exploitation.

2. — Le mot *ferme* s'entend quelquefois aussi seulement de l'assemblage de ces bâtimens.

3. — Enfin le mot *ferme* se dit encore de la location du domaine. Ainsi l'on dit *donner un bien à ferme.*

4. — Par *fermier* on comprend le locataire d'un bien rural.

5. — On donne aussi ce nom à celui auquel on abandonne, moyennant une redevance, une imposition ou un droit quelconque à percevoir sur plusieurs contribuables. — V. OCTROI, PÉAGE.

V. au surplus ABUS DE CONFIANCE, APPROBATION DE SOMME, BAIL, CHASSE, FERMIER, PÊCHE, VOL.

FERMETURE DES LIEUX PUBLICS ET MAISONS PARTICULIÈRES.

Table alphabétique.

—

Sect. 1re. — *Fermeture des lieux publics.*

§ 1er. — *Du droit par l'autorité de prendre des arrêtés sur ces matières.*

1. — Tous les lieux publics, c'est-à-dire ceux où il se fait ou peut se faire de grands rassemblemens d'hommes, tels que les cabarets, cafés, billards et bals publics, et autres de même nature, etc., etc., sont l'objet de la surveillance de l'autorité municipale, en vertu de l'art. 3, nos 2 et 3, tit. 11, L. 24 août 1790. — V. LIEUX PUBLICS.

2. — Au nombre des mesures que l'autorité est autorisée à prendre, à titre de surveillance, se trouvent l'obligation qu'elle peut imposer aux maîtres des établissemens publics, de les tenir fermés à certaines heures déterminées, et la défense qu'elle peut faire aux particuliers d'y entrer ou demeurer après les mêmes heures.

3. — C'est aux maires chargés de la police locale (sauf à Paris où ces fonctions sont dévolues au préfet de police (V. POLICE), qu'il appartient de prendre des arrêtés sur la fermeture des lieux publics dans leurs communes, et ces arrêtés rentrant dans le cercle de leurs attributions, les tribunaux doivent en assurer l'exécution en appliquant les peines prévues par la loi à ceux qui y contreviennent, c'est ce que reconnaît une jurisprudence constante.—*Cass.*, 17 fév. 1814 (int. de la loi), Coutaud; 10 avr. 1819 (int. de la loi), Gobelin; 29 mars 1821 (int. de la loi), Nicolas Planté; 5 oct. 1822, Délétain; 28 (et non 8) mars 1822 (int. de la loi), Raynaud; 4 avr. 1823, Jean Arnal; 10 avr. 1823 (int. de la loi), Joseph Ferrat; 7 nov. 1823, Pierre Palisse; 17 juin 1825, Runy; 3 déc. 1825, Aillot.

4. — Il est, du reste, incontestable que le même droit appartient aux préfets à l'égard de toutes ou quelques unes des communes du département, dont l'administration leur est confiée. — *Cass.*, 3 juill. 1806, N...; 10 avr. 1819 (int. de la loi), Gobelin; 8 mars 1822 (int. de la loi), Dauvergne; 18 janv. 1828, Antoine Roy; 12 juin 1828, Nicolas Chury; 18 août 1832, Georges Schillein.

5. — Le droit de surveillance à l'égard des lieux publics, et particulièrement de ceux où l'on vend du vin ou des liqueurs spiritueuses, n'est pas, au surplus, une innovation introduite par la loi de 1790. Cette loi n'a fait que transférer à l'autorité municipale le droit de faire à ce sujet des réglemens, qui jusque-là avaient toujours émané de la puissance royale ou des cours souveraines.

6. — C'est d'abord contre l'ivrognerie elle-même que se prononcèrent les édits et ordonnances. — Ainsi, une ordonnance du mois de déc. 1254 défendit de recevoir aucune personne dans les cabarets pour y boire, sinon les passans voyageurs ou ceux qui n'avaient aucune demeure dans le lieu même. — L'édit du 31 août 1536, rendu pour la Bretagne (chap. 3, art. 1er), portait que celui qui serait trouvé ivre serait mis en prison au pain et à l'eau pour la première fois; pour la seconde, battu de verges dans la prison; pour la troisième fois, fouetté publiquement, et pour la quatrième, banni.

7. — Ces prescriptions, renouvelées depuis par divers édits, et notamment par l'ordonnance d'Orléans, étaient évidemment trop sévères, et plus tard elles furent remplacées par d'autres qui se bornèrent à fixer les jours et heures pendant lesquels il serait interdit de vendre à boire dans les lieux publics.

8. — En dernier lieu, un arrêt du conseil, en date du 4 janv. 1724, dont l'exécution fut assurée sous des peines déterminées par un arrêt de réglement du 10 fév. suivant, permit aux taverniers de vendre leur vin *à toute heure de jour;* mais défendit de tenir les cabarets ouverts ou de les fréquenter après huit heures du soir en hiver et dix en été, et les dimanches et fêtes pendant le temps du service divin.

9. — Ainsi, aux termes de l'arrêté de janv. 1724, la fermeture des lieux publics où l'on donne à boire était interdite pour deux causes: 1o à l'effet de protéger le repos des citoyens (de là la prohibition de tenir les cabarets ouverts pendant la nuit); — 2o par respect pour la religion, et pour ne pas détourner plusieurs de l'assistance aux offices les jours consacrés au Seigneur (de là la prohibition de tenir les cabarets ouverts les dimanches et fêtes pendant le temps du service divin).

10. — Nous ne nous occuperons pas ici de ce qui a trait aux droits de l'autorité municipale, en ce qui concerne la fermeture des lieux publics les dimanches et fêtes pendant l'heure du service divin, et nous nous bornerons à faire remarquer que, sur ce point, l'arrêté de 1724 fut évidemment abrogé sous la législation intermédiaire, et que c'est seulement par suite d'une loi nouvelle, celle du 18 nov. 1814, que l'autorité fut de nouveau investie du droit d'ordonner la fermeture des cabarets et autres lieux publics les dimanches et fêtes pendant l'heure des services divins.— Sur la question de savoir si, depuis la Charte de 1830, la loi du 18 nov. 1814 a continué d'être en vigueur, V. JOURS FÉRIÉS.

11. — C'est donc spécialement sous le rapport de la protection due au bon ordre et au repos des citoyens que nous examinerons le droit qui appartient à l'autorité de déterminer les heures de fermeture des lieux publics, et nous commencerons par faire remarquer qu'à cet égard, l'arrêté du 4 janv. 1724 est resté, sinon quant aux pénalités encourues (V. *infrà* nos 67 et s.), du moins quant aux prohibitions, en vigueur, tant que l'autorité, en vertu des droits qui lui ont été conférés par la loi de 1790, ne les a point modifiés par de nouveaux réglemens.

12. — Jugé qu'un tribunal de simple police ne peut pas se déclarer incompétent pour connaître de la poursuite exercée contre un cabaretier pour avoir, contrairement aux réglemens, tenu son cabaret ouvert après l'heure de la retraite bourgeoise, sous le prétexte que la nature du délit n'étant point énoncée dans la loi citée, il faut recourir aux anciennes ordonnances qui statuent sur cet objet. — *Cass.*, 9 frim. an XII, Van Buggenhout.

13. — Mais l'autorité de ces réglemens étant subordonnée au silence de l'autorité municipale, il en résulte qu'aussitôt qu'un maire a pris un arrêté sur l'heure de la fermeture des cabarets et lieux publics, ils demeurent complétement abrogés dans toutes leurs parties. — *Cass.*, 9 frim. an XII, Van Buggenhout; 11 juin 1818 (int. de la loi), Cottin; 2 (et non 25) juin 1825, Jozon. — V. *infrà* no 22.

14. — En effet, l'art. 484, C. pén., qui pour toutes les matières non réglées par ledit Code renvoie aux lois et réglemens particuliers, ne se réfère point aux anciens réglemens de police légalement modifiés ou changés par de nouveaux réglemens de l'autorité municipale ou du préfet. — Mêmes arrêts. — V. aussi POUVOIR MUNICIPAL et RÉGLEMENT DE POLICE.

15. — Ainsi, lorsqu'un arrêté municipal fixant l'heure de la fermeture des cabarets, n'a rien statué relativement aux individus qui y seraient trouvés à une heure indue, le tribunal de simple police ne peut, sur le fondement d'un ancien arrêt de réglement, prononcer contre eux des peines.— Ce réglement est abrogé dans toutes ses dispositions; *la matière a été réglée* par l'arrêt municipal; il n'est plus permis d'aller recueillir quelques dispositions éparses dans de vieilles ordonnances, pour suppléer au silence gardé volontairement peut-être sur ces cas particuliers par l'auteur des réglemens nouveaux. — *Cass.*, 11 juin 1818, Cotin; 2 (et non 25) juin 1825, Jozon. — V. conf. Legraverend, t. 2, ch. 3, p. 309, note 2e; Carnot, sur l'art. 484, C. pén., t. 2, p. 640, no 13, et Merlin, *Quest.*, vo *Tribunal de police*, § 4, no 5.

§ 2. — *Effets des arrêtés.*

16. — Le maire ou le préfet en rendant un arrêté sur la fermeture des lieux publics à certaines heures, doivent avoir soin de bien préciser les cas d'infraction, et les personnes qui peuvent être réputées contrevenantes. — En effet, pas plus que les lois, les arrêtés des maires et des préfets ne sont susceptibles d'extension ou de restriction.

17. — Aussi a-t-il été jugé que le réglement de police qui défend aux habitans d'une commune de rester dans les cabarets au-delà de neuf heures du soir n'est pas applicable aux cabaretiers qui gardent les citoyens dans leur cabaret au-delà de l'heure fixée. — *Cass.*, 13 avr. 1833, Collin.

18. — ... Et que l'arrêté qui contient seulement la défense aux aubergistes de tenir leurs maisons ouvertes et de recevoir des buveurs après une certaine heure, ne pourrait être étendu aux buveurs dont il ne fait aucune mention. — *Cass.*, 5 oct. 1822, Delétain.

19. — Mais s'il n'est pas permis d'étendre ou de restreindre les arrêtés que l'autorité peut prendre, du moins faut-il les entendre dans le sens qu'ils présentent naturellement, et avec les conséquences qu'ils entraînent sans que les tribunaux puissent admettre des exceptions que la généralité des termes des arrêtés ne comporte pas.

20. — C'est ainsi qu'on a jugé que l'ordonnance de police faite pour les lieux publics où l'on donne à boire et à manger, s'applique indistinctement aux cafés-restaurans et aux simples cafés. — *Cass.*, 13 avr. 1833, Robillard.

21. — Et encore, que le limonadier qui donne à jouer à un grand nombre de personnes rassemblées dans sa maison après l'heure indiquée par un réglement de police pour la fermeture des cafés, encourt les peines portées par la loi, encore bien que la réunion se tienne dans une chambre haute, et non dans son café. — *Cass.*, 5 avr. 1811, (int. de la loi), Graff; — Merlin, *Quest. de droit*, vo *Cabaret*, § 2. — V. au surplus *infrà* no 60 et s.

22. — De même les cabaretiers ou marchands de vins *qui ont ouvert* leur établissement à deux heures du matin ne peuvent être renvoyés des poursuites du ministère public sous le prétexte que l'ordonnance de police ne parle que *de la fermeture*, si cette ordonnance n'a pas abrogé les réglemens antérieurs qui défendaient d'ouvrir à cette heure. — *Cass.*, 19 juill. 1833, Grados.

23. — En effet, l'ordonnance de police qui fixe l'heure au delà de laquelle certains établissemens ne pourront conserver ou recevoir personne, loin de modifier les réglemens antérieurs sur l'heure avant laquelle il n'était point permis de les rouvrir s'y réfère nécessairement et les renouvelle virtuellement.— *Cass.*, 10 août 1833, Lagrenois.

24. — On ne pourrait pas davantage alléguer que l'arrêté municipal a bien ordonné la clôture des lieux publics à une heure déterminée, mais qu'il n'a pas prescrit d'en faire sortir les personnes qui s'y trouvaient. — L'arrêté municipal qui fixe l'heure à laquelle les cafés, cabarets et autres lieux publics doivent être fermés, ordonne virtuellement aux chefs de ces établissemens d'en faire sortir le public à l'heure prescrite par cet arrêté, et avant d'en effectuer la fermeture. — *Cass.*, 12 mai 1842 (t. 2 1842, p. 740), Marre.

25. — C'est encore parce qu'il faut appliquer l'arrêté de police relatif à la fermeture des lieux publics, dans son sens naturel, qu'il a été constamment jugé, et avec raison, que bien que l'arrêté ne parle que d'*habitans*, il est applicable non seulement au cas de présence d'habitans domiciliés ou ayant une résidence dans la commune, mais encore au cas de présence de personnes étrangères à la commune. — *Cass.*, 3 fév. 1827, Fleureau; 15 fév. 1828, Laurent; 12 juin 1828, Chary; 19 mars 1831, Ruffey; 13 nov. 1835, Catetenot; 10 juin 1842 (t. 2 1842, p. 350), Bary. — Cela ne peut souffrir de difficultés sérieuses.

26. — ... Alors même qu'il s'agirait, comme dans l'espèce du dernier arrêt, de militaires de passage et en cantonnement. — Même arrêt de 1842.

§ 3. — *Constatation des contraventions aux arrêtés.*

27. — La surveillance de l'exécution de l'arrêté municipal ou préfectoral, en ce qui concerne la fermeture des lieux publics aux heures prescrites, rentre dans les attributions de la police municipale, chargée de constater par ses agens les infractions qui peuvent y être commises.

28. — Toutefois il faut reconnaître que la nature de cette contravention qui ne se commet, le plus souvent, que pendant la nuit, impose une grande réserve aux officiers de police judiciaire chargés de la constater.

29. — Il est vrai que, pour faciliter leur action, la loi du 22 juill. 1791, en même temps qu'elle consacrait le principe de l'inviolabilité du domicile des citoyens, déclara: « Qu'à l'égard des lieux où tout le monde est admis indistinctement, tels que les cafés, cabarets, boutiques et autres, les officiers de police pourront *toujours* y entrer, soit pour prendre connaissance des désordes et contraventions aux réglemens, soit pour vérifier, etc. » — L. 22 juill. 1791, tit. 1er, art. 9.

30. — Mais depuis, l'art. 76 de la constitution du 22 frim. an VIII, dont la disposition à cet égard a été confirmée et régularisée par la législation actuellement en vigueur, défend à toute personne d'entrer chez les citoyens *pendant la nuit*, excepté dans les cas d'incendie, d'inondation ou de réclamation faite de l'intérieur de la maison.

31. — Or, faut-il, des termes absolus de la constitution de l'an VIII conclure que la disposition contenue en la loi de 1791 a été complétement abrogée, et qu'en conséquence jamais les officiers de police ne peuvent entrer, pendant la nuit, dans les lieux publics à ce seul effet de constater les contraventions commises aux arrêtés sur la fermeture de ces lieux? Non, assurément; et, depuis la constitution de l'an VIII comme avant, les officiers de police ont pu pénétrer dans les lieux publics pendant la nuit, et, hors des cas spécialement prévus et déterminés par la constitution précitée, lorsqu'il s'est agi de constater les contraventions commises aux arrêtés sur la clôture de ces établissemens.

32. — Seulement, la disposition de la loi de 1791, qui veut que les officiers de police puissent toujours s'introduire dans les lieux publics doit être entendue en ce sens que ces officiers peuvent s'y introduire, non pas à toute heure de nuit indistinctement, mais seulement lorsque ces lieux, quelle que soit l'heure de la nuit, sont ouverts au public. — *Cass.*, 19 nov. 1829 (intérêt de la loi), Gaguier; 12 nov. 1830, mêmes parties.

33. — Ainsi, les officiers de police ne peuvent entrer dans les cafés, cabarets et autres lieux publics que pendant leur ouverture légale et de fait. Lorsque ces lieux sont fermés après la clôture prescrite par l'autorité, les personnes qui les exploitent doivent jouir du repos assuré aux autres citoyens, et les agens de l'autorité ne peuvent plus y pénétrer contre la volonté des propriétaires hors les cas déterminés et prévus par la loi. — *Cass.*, 12 nov. 1840 (t. 2 1841, p. 414), Gellé; 13 nov. 1841 (t. 2 1842, p. 483), Castelain.

34. — Le droit des officiers de police, en cas de fraude de la part de ces personnes, se borne donc à la constater extérieurement et sans qu'il soit besoin de forcer les portes, à moins qu'il n'y ait réclamation de l'intérieur, ou autres cas exceptionnels prévus par la loi. — *Cass.*, 13 nov. 1841 (t. 2 1842, p. 483), Castelain; 5 juin 1841 (t. 2 1842, p. 483), Fichet.

35. — Mais il n'appartient pas à l'autorité municipale d'étendre le nombre de ces cas exceptionnels et d'autoriser les visites à toutes les heures de la nuit, lesdits lieux n'étant soumis à sa surveillance que pendant la durée du temps où ils sont ouverts au public. — Mêmes arrêts.

36. — D'où il suit que le refus d'un maître de café de laisser pénétrer un commissaire de police dans son café après la fermeture ne peut constituer une contravention. — *Cass.*, 12 nov. 1840 (t. 2 1841, p. 414), Gellé.

37. — Lorsque la constatation n'a eu lieu qu'extérieurement, c'est à l'autorité judiciaire qu'il appartient d'apprécier souverainement si ces faits et ces présomptions constituent une preuve suffisante. — *Cass.*, 5 juin 1841 (t. 2 1842, p. 483), Fichet.

38. — Ainsi, lorsque le jugement déféré à la cour de Cassation déclare qu'il résulte du procès-verbal dressé contre le prévenu, de l'instruction et des débats que celui-ci a laissé jouer au billard passé l'heure de fermeture fixée par un arrêté municipal, cette appréciation des faits est souveraine, et l'on ne peut la critiquer sur le motif que les agens qui ont dressé le procès-verbal n'ont pas pu voir ce qui se passait dans l'intérieur du café dont l'ouverture leur a été refusée, et constater, dès-lors, régulièrement l'existence de la contravention. — Même arrêt.

39. — Jugé dans un autre sens qu'un tribunal de police a pu décider souverainement que de ce que de l'extérieur on aurait entendu dans le café plusieurs voix il ne résultait pas que le maître de ce café eût contrevenu à l'arrêté qui défendait de tenir ouvertes les maisons publiques après une certaine heure de la nuit. — *Cass.*, 12 nov. 1840 (t. 2 1841, p. 414), Gellé.

40. — Mais les individus qui sont restés dans un café contrairement à un réglement de police aux termes duquel ils étaient tenus d'en sortir à cette heure au premier avertissement, ne peuvent pas être acquittés, sous le prétexte que ce fait n'entraîne par lui-même aucune pénalité ou qu'ils n'ont pas entendu la sommation de sortir qui leur a été faite par le commissaire de police, si le procès-verbal de ce fonctionnaire constate que la sommation leur a été faite d'une voix assez forte pour être entendue. — *Cass.*, 24 janv. 1834, Genella.

§ 4. — *Jugement des contraventions.*

41. — Du moment où la contravention à l'arrêté est régulièrement constatée, le devoir du juge est de prononcer la peine. — C'est ce que la jurisprudence a toujours décidé soit avant la publication du Code pénal de 1810, soit depuis.

42. — Ainsi jugé avant le Code pénal de 1810, que lorsqu'il est établi par un procès-verbal du commissaire de police que contrairement à un arrêté de police un cabaretier a tenu sa maison ouverte, et que des particuliers y ont été trouvés après dix heures du soir, le tribunal ne peut, sans violer ce réglement, les renvoyer des fins de la plainte. — *Cass.*, 24 brum. an XIV, André, Porin et autres.

43. — ... Et depuis, que le cafetier qui a dans son café des personnes étrangères à sa famille après l'heure à laquelle un réglement de police lui ordonnait de les renvoyer, est ouvertement en contravention à ce réglement, légalement pris dans le cercle des attributions conférées par la loi à l'autorité municipale, et que le tribunal de simple police ne peut refuser de réprimer sa contravention. — *Cass.*, 30 avr. 1819, Martin Biava.

44. — De nombreux arrêts ont, au surplus, consacré cette obligation imposée aux juges saisis de la contravention dans les circonstances les plus diverses et de la manière la plus absolue.

45. — Ainsi jugé que les tribunaux ne peuvent se dispenser de réprimer les infractions faites à un arrêté municipal, sur la fermeture des cafés à certaines heures, sous le prétexte que les circonstances qui l'ont provoqué n'existant plus, cet arrêté a cessé d'être obligatoire. — *Cass.*, 17 fév. 1814 (intérêt de la loi), Couland.

46. — ... Que lorsqu'il est ordonné par un réglement de police que ceux qui seront trouvés dans les cabarets ou maisons publiques de jeu après l'heure fixée pour leur fermeture seront punis des peines de simple police, ainsi que les maîtres de ces établissemens, le tribunal de police ne peut, en condamnant les cabaretiers, se dispenser de condamner les buveurs contrevenans, sous le prétexte que l'administration a eu tort d'étendre la peine à ces derniers. — *Cass.*, 30 frim. an XIII, Armand, Rossart; 21 niv. (et non vent.) an XIII, Gervé, Chanou; — Merlin, *Rép.*, v° *Tribunal de police*, sect. 1re, § 2, n° 5.

47. — ... Que lorsqu'un arrêté municipal n'a défendu qu'aux cafetiers de recevoir le public dans leurs établissemens après une heure fixée, bien que le préfet ait, par un arrêté antérieur, interdit à tous les citoyens de s'y introduire, le tribunal de police ne peut renvoyer des poursuites le cafetier qui y a contrevenu, sous prétexte que le ministère public n'a point mis en cause les individus trouvés dans le café, malgré l'injonction qu'il en avait reçue. — *Cass.*, 25 juill. 1836, Paravicini. — L'action du ministère public est, en effet, indépendante, et l'usage qu'il en fait ne peut être soumis à aucun contrôle de la part des juges.

48. — ... Que les personnes trouvées dans un café, après dix heures du soir, contrairement aux prohibitions portées par un réglement de police, ne peuvent être renvoyées des poursuites exercées à raison de cette contravention, sous le prétexte que chacune d'elles avait des motifs plausibles pour y rester. — *Cass.*, 4 fév. 1831, Gosme.

49. — Il est un effet de principe qu'aucun motif autre que celui résultant d'une force majeure (V. *infrà* n°s 57 et 58) ne peut dispenser le tribunal d'appliquer la peine portée par la loi à la contravention reconnue constante. En matière de contravention, c'est au fait seul que la loi attache une peine, l'intention doit rester en dehors de toute appréciation. — V. CRIMES, DÉLITS ET CONTRAVENTIONS, EXCUSE.

50. — Ainsi, lorsque des individus ont été trouvés buvant dans un café après l'heure fixée par un réglement de police, le tribunal ne peut les acquitter sur leur simple allégation que leur réunion avait pour objet le service de la garde nationale, où ils occupent divers grades. — *Cass.*, 15 mai 1835, Clerc.

51. — De même, lorsque, par un arrêté municipal, il est défendu aux particuliers d'aller boire et jouer dans les auberges et cafés après une certaine heure, le tribunal de simple police ne peut acquitter les contrevenans, sous le prétexte qu'ils n'ont fait aucune objection quand on les a invités à sortir, et qu'ils pouvaient ignorer l'heure. — *Cass.* 3 déc. 1825, Aillot.

52. — Jugé encore que lorsqu'il est établi et même avoué que, contrairement à un réglement de police, les prévenus ont été trouvés dans un cabaret après dix heures du soir, le tribunal de simple police excède ses pouvoirs en les renvoyant de la plainte, sous le prétexte qu'ils n'ont pas troublé l'ordre. — *Cass.*, 12 mai 1809, Kennes. — V. Merlin, *Rép.*, v° *Cabaret*, § 1er, n° 2.

53. — ... Que le cabaretier chez lequel on a trouvé des personnes après l'heure *de la retraite bourgeoise*, contrairement au réglement local de police, ne peut être renvoyé de l'action exercée contre lui par le motif que les individus dont il s'agit n'étaient restés dans son cabaret que *peu après l'heure de la retraite civile.* — *Cass.*, 9 fév. 1833, Orth.

54. — ... Ou sous le prétexte qu'il s'occupait, lorsque la contravention avait été constatée, de faire sortir ceux qui se trouvaient dans son établissement, et que le temps écoulé depuis l'heure fixée par le réglement était trop minime pour ne pas devoir être considéré comme inaperçu. — *Cass.*, 13 déc. 1834, Barbaste.

55. — Jugé encore que le cabaretier ou limonadier qui aurait reçu ou gardé chez lui après l'heure indiquée, quelques personnes, ne pourrait être renvoyé des poursuites, sous le prétexte que ces personnes jouaient, et qu'il ne leur donnait ni à boire ni à manger. — *Cass.*, 8 mars 1822 (int. de la loi), Dauvergne; 21 fév. 1824, Legrand. — V. au surplus *infrà* n°s 59 et suiv. — Leur présence dans son établissement à une heure indue suffit pour constituer la contravention.

56. — ... Que le limonadier chez lequel on a joué au billard après l'heure fixée par les réglemens de police ne peut être renvoyé de l'action exercée contre lui, sous le prétexte que les personnes qui jouaient chez lui n'ont pas voulu s'en aller. — *Cass.*, 1er fév. 1833, Courcier.

57. — Il en serait néanmoins autrement s'il y avait eu force majeure, et la cour de Cassation a reconnu que lorsque, par des altercations et par leur conduite envers le cabaretier, des buveurs l'ont empêché de fermer sa maison à l'heure prescrite par les réglemens, il n'y a de sa part ni délit ni contravention. — *Cass.*, 7 juill. 1827 (int. de la loi), Gruyer et Lagrange.

58. — Mais il faut que le cas de force majeure soit bien établi, et qu'il n'ait pas dépendu du maître de l'établissement de s'y soustraire. Ainsi, le limonadier dont le café a été trouvé ouvert après l'heure indiquée par un arrêté du préfet, pour la fermeture des lieux publics, ne peut pas être excusé, sous le prétexte qu'il était en voyage et que sa mère qui le remplaçait n'a pas pu parvenir à faire sortir les personnes qui s'y trouvaient. — *Cass.*, 1er août 1829 (int. de la loi), Lafont.

59. — Une des excuses les plus fréquemment alléguées par les cabaretiers et maîtres d'établissemens analogues consiste à soutenir que les personnes trouvées chez eux après l'heure fixée par les réglemens y étaient admises gratuitement à titre d'amis ou de parens.

60. — Mais la jurisprudence constante de la cour de Cassation a toujours repoussé cette excuse, et décidé que le cabaretier ou autre maître d'établissement analogue chez lequel plusieurs personnes qui ne sont point de sa famille ni ses pensionnaires ont été trouvées après l'heure indiquée pour la fermeture de son cabaret, ne peut pas être acquitté, sous le prétexte que ses buveurs sont ses parens et ses amis, et qu'ils ne sont point des consommateurs payant. — *Cass.*, 28 (et non 8) mars 1822 (int. de la loi), Raynaud; 5 oct. 1822, Delétain; 30 mars 1823 (int. de la loi), Masson; 7 nov. 1823, Palisse; 5 juin 1841 (t. 2 1842, p. 483), Fichet.

61. — En conséquence, l'aubergiste surpris à table, dans sa cuisine, après l'heure fixée, avec plusieurs de ses parens et amis ne demeurant pas avec lui, contrevient à l'arrêté, alors même qu'après la clôture de ses portes il aurait congédié tous les gens précédemment assemblés dans sa maison. — *Cass.*, 24 fév. 1842 (t. 2 1842, p. 401), Tassin.

62. — L'infraction ne pourrait être excusée sur le motif que les parens et amis, du moins prétendus tels, réunis chez le contrevenant ne se trouvaient pas dans la salle destinée au public, mais dans une chambre particulière, faisant partie de l'appartement du contrevenant, fût-ce même sa chambre à coucher. — *Cass.*, 8 déc. 1822, L'hoste; 14 fév. 1840 (t. 2 1840, p. 763), Prévot.

63. — Jugé encore dans ce sens que l'aubergiste qui a contrevenu à un arrêté municipal par lequel il lui était défendu de garder ou recevoir personne chez lui après une certaine heure, ne peut pas être acquitté sous le prétexte que les personnes trouvées dans sa maison à une heure indue étaient des parens et des amis, auxquels il ne donnait ni à boire, ni à manger, ni à jouer. — *Cass.*, 4 avr. 1823, Arnal.

64. — Mais il faut reconnaître que le fait que *les pensionnaires* d'un aubergiste se sont trouvés chez lui après l'heure fixée pour la fermeture des lieux publics par les réglemens locaux de police ne constitue pas une contravention à ces réglemens. Les pensionnaires de l'aubergiste doivent alors être considérés comme faisant, en quelque sorte, partie de sa famille. — *Cass.*, 20 janv. 1837 (t. 1er 1837, p. 456), Lapeyre.

65. — L'aubergiste chez lequel des personnes étrangères ont été trouvées après l'heure fixée par

un arrêté municipal pour la clôture des lieux publics ne peut pas être acquitté, sous le prétexte que ces personnes avaient été reçues non par lui mais par les pensionnaires de son auberge et dans leurs chambres particulières. Les chambres occupées par des pensionnaires sont soumises à la même surveillance que l'auberge dont elles dépendent. — *Cass.*, 24 déc. 1824. Anthor.

66. — La cour de Cassation a encore reconnu que l'aubergiste qui a tenu sa maison ouverte après l'heure fixée par un arrêté du préfet pour sa clôture, ne peut pas être acquitté sous le prétexte *qu'il en avait obtenu la permission du maire*. — Les maires n'ont pas le droit de dispenser des individus de l'inexécution des lois et arrêtés de l'autorité supérieure. — *Cass.*, 18 avr. 1828, Mackler.

§ 5. — *Pénalité.*

67. — L'arrêt de réglement du 10 fév. 1724 encore en vigueur au moment de la promulgation de la loi du 24 août 1790, prononçait contre les cabaretiers contrevenans aux réglemens sur la fermeture de leurs établissemens une amende qui ne pouvait être moindre de 50 livres dans les villes, et 20 livres dans les bourgs ; contre les buveurs, une amende de 20 livres au moins dans les villes, et de 5 livres dans les bourgs, et contre les uns et les autres, en cas de récidive, la prison et une amende double. — Cette pénalité peut-elle encore être aujourd'hui applicable ?

68. — La négative ne peut faire l'objet d'aucun doute lorsqu'en fait un arrêté nouveau est intervenu de la part de l'autorité municipale ou du préfet en ce qui concerne la fermeture des cabarets et lieux publics. Car, ainsi que nous l'avons vu plus haut (nos 13 s.), les anciens arrêts et réglemens de police ne doivent recevoir aujourd'hui leur exécution que lorsqu'ils statuent sur des objets qui n'ont pas été réglés soit par le Code pén. de 1810, soit par les lois postérieures à 1789, soit par les arrêtés pris depuis cette époque dans l'exercice légal des fonctions municipales ou préfectorales.

69. — Mais alors même qu'à défaut d'arrêts nouvellement pris celui de 1724 serait encore en vigueur quant à ses prohibitions, il n'aurait plus aucune force quant aux pénalités qu'il contenait. Ces pénalités ont été abrogées par l'art. 5, tit. 11, L. 16-24 août 1790, qui n'infligeait plus aux *contraventions à la police* que les peines par lui déterminées et remplacées depuis par celles de l'art. 606, Cod. 3 brum. an IV, et en dernier lieu par celles de l'art. 471, no 15, Cod. pén. — *Cass.*, 10 avr. 1819 (int. de la loi), Gabelin.

70. — La peine prévue et portée contre les contrevenans à l'arrêté municipal sur les réglemens relatifs à la fermeture des lieux publics, fut longtemps une amende de trois journées de travail. — L. 16-24 août 1790, tit. 2, art. 5, Cod. 3 brum. an IV, art. 606.

71. — Sous le Code pénal de 1810, qui ne contenait aucune disposition spéciale sur l'infraction aux réglemens de police municipale, les dispositions des lois de 1790 et de brum. an IV demeurèrent toujours applicables.

72. — Et en conséquence, on jugeait que le limonadier qui ne s'était pas conformé aux réglemens de la police locale sur la fermeture des cafés, ne pouvait pas, en cas de récidive, être condamné à l'emprisonnement, et n'était passible que d'une amende double. — *Cass.*, 21 déc. 1827, Meunier; 11 fév. 1832, Rousson.

73. — Mais aujourd'hui, et depuis la révision des lois pénales en 1832, la contravention dont il s'agit est prévue par l'art. 471, no 15, C. pén., et punie d'une amende de 1 fr à 5 fr.; de plus, la peine d'emprisonnement doit être prononcée en cas de récidive, mais pour trois jours au plus en exécution de l'art. 474 du même code. — V. au surplus CRIMES, DÉLITS ET CONTRAVENTIONS.

74. — Quelle que soit, du reste, l'autorité dont émanent les arrêtés, maire ou préfet, ils ne peuvent donner lieu qu'à l'application des peines prévues par la loi. — Car si l'autorité administrative est investie du droit de faire des réglemens pour l'exécution des lois, elle sort du cercle de ses attributions en se permettant de transformer des contraventions en délits de police correctionnelle et de déterminer la peine que les tribunaux devront appliquer. — V. POUVOIR MUNICIPAL, RÉGLEMENT DE POLICE.

75. — De ce que l'ouverture des cafés à des heures indues n'entraîne que des peines de simple police, il en résulte que c'est au tribunal de simple police, et non au tribunal correctionnel qu'il appartient d'en connaître. — *Cass.*, 11 juin 1818, (intérêt de la loi), Cotin.

76. — Jugé, sous l'empire de la loi du 19-22 juill. 1791, que lorsqu'un arrêté de police assimile les maîtres de cafés, billards ou autres maisons de jeu qui tiendront leurs maisons ouvertes au public après les heures déterminées par les réglemens, à ceux qui donnent à jouer aux jeux de hasard, le tribunal de police correctionnelle ne peut se déclarer incompétent sous le prétexte que les prévenus traduits devant lui n'ont pas été surpris en flagrant délit. — *Cass.*, 5 brum. an XIII, Jean-Baptiste Rouen.

Sect. 2e. — *Fermeture des maisons particulières.*

77. — Les lieux publics ne sont pas les seuls dont l'autorité municipale puisse ordonner la fermeture pendant la nuit. — Elle peut prendre cette mesure même à l'égard des maisons particulières dans l'intérêt du bon ordre et de la sûreté de la voie publique.

78. — Ainsi jugé que l'arrêté par lequel un maire prescrit aux habitans de tenir les portes de leurs maisons fermées à clé pendant la nuit, est pris dans le cercle de ses attributions municipales, et que les tribunaux ne peuvent se dispenser de réprimer par des amendes les infractions qui sont faites à ce réglement. — *Cass.*, 31 mars 1815, Barry; — V. anal. *Cass.*, 19 août 1836 (t. 1er 1837, p. 502), Petit.

79. — Seulement, l'arrêté qui ordonne la fermeture des maisons particulières n'entraîne pas, comme pour les lieux publics, l'obligation de n'y admettre aucun étranger après l'heure fixée par les réglemens; il ne peut soumettre les habitans qu'à la clôture matérielle des portes de leurs maisons donnant sur la voie publique.

80. — Jugé que l'arrêté d'un maire, qui enjoint à tous les propriétaires ou locataires d'une commune, sans distinction, de fermer la porte de leur allée sur rue, au plus tard à dix heures du soir, peut (s'agissant d'une charge légale de la propriété ou de l'habitation) donner lieu, en cas d'infraction, à des poursuites dirigées indistinctement soit contre le propriétaire dont la maison est restée ouverte après l'heure fixée, soit contre un ou plusieurs des locataires qui l'habitent. — *Cass.*, 9 mars 1838 (t. 2 1838, p. 309), Hérouard.

81. — ...Et que, par suite, si un seul locataire a été assigné, le juge ne peut le renvoyer de la poursuite sur le motif que les autres n'auraient pas été cités, et qu'il ne serait pas impossible que les coupables de la contravention fussent au nombre des individus non assignés. — Même arrêt.

82. — Par la même raison, les poursuites dirigées contre le propriétaire, ne peuvent jamais être déclinées par lui, surtout quand l'arrêté le déclare expressément, personnellement responsable, sauf son recours contre les locataires, et ce, quand bien même il n'habiterait pas la maison. — *Cass.*, 2 fév. 1837 (t. 2 1837, p. 137), Fontaine.

83. — ... Sauf à lui, dans ce dernier cas, à mettre en cause le locataire par lequel la contravention aurait été réellement commise. — *Cass.*, 18 déc. 1840 (t. 1er 1841, p. 621; 27 août 1841 (t. 1er 1842, p. 717), Saupil et Lefèvre; 27 août 1842 (t. 1er 1844, p. 734), Goupil et Lefèvre.

FERMIER D'OCTROI.

1. — On nomme ainsi l'adjudicataire qui, moyennant une redevance fixe et annuelle à payer à une commune, acquiert le droit de percevoir, pour son propre compte et son profit personnel, les droits d'octroi établis par cette commune, tels qu'ils sont déterminés par son adjudication et le tarif.

2. Le fermier d'octroi n'est pas réputé commerçant, puisqu'il n'achète rien pour le revendre ou le louer, et ne loue rien pour le sous-louer. — Merlin, *Question de droit*, vo *Commerce* (acte de), § 7.

3. — Mais, comme receveur des deniers publics, il est justiciable du tribunal de commerce, pour les billets par lui souscrits, à raison de son administration, lors même que la création de ces billets remonte à une époque antérieure à son entrée en fonctions. Spécialement, il en est ainsi pour les reconnaissances souscrites par un fermier d'octroi, au profit des receveurs particuliers de l'octroi pour raison des sommes qu'ils ont versées entre ses mains à titre de nantissemens. Un pareil litige est de la compétence de l'autorité judiciaire, et non de l'autorité administrative. — *Cass.*, 12 mai 1814, Guiraud c. Godefroy. — V. OCTROI.

FERRETTE (Coutume de).

V. COUTUME DE FERRETTE.

FERRONNERIE (Fabricans de). — FERRONNIERS.

1. — Les fabricans de ferronnerie, serrurerie et clous forgés sont soumis à la patente; — droit fixe de 25 fr. pour un nombre d'ouvriers n'excédant pas dix, et 3 fr. par chaque ouvrier en sus, jusqu'au maximum de 300 fr., et droit proportionnel du vingtième de la valeur locative de la maison d'habitation et des magasins de vente complètement séparés de l'établissement, et du quarantième sur l'établissement industriel.

2. — Les ferronniers sont rangés dans la cinquième classe des patentables; — droit fixe basé sur la population, et droit proportionnel du vingtième de la valeur locative de l'habitation et des lieux servant à l'exercice de la profession. — V. PATENTE.

FÊTES ET DIMANCHES.

Tout ce qui concerne les fêtes légales, l'obligation de les observer, et leur effet sur la manière de compter les délais sera expliqué vo JOURS FÉRIÉS.

FÊTES PUBLIQUES.

1. — Les corps municipaux étant chargés par la loi du 16-24 août 1790 (tit. 11, no 3) de maintenir le bon ordre dans les endroits où se font de grands rassemblemens, tels que.......... *réjouissance et cérémonies publiques*, il en résulte que les maires (dans les départemens) et le préfet de police (à Paris) doivent prendre, à l'époque des fêtes, les mesures nécessaires pour prévenir les inconvéniens qui pourraient résulter, soit de la trop grande agglomération des citoyens sur certains points, soit de la circulation des voitures ou des piétons, soit de la disposition des boutiques et spectacles ambulans, soit de toutes les circonstances de nature à troubler le bon ordre et à compromettre la sûreté publique.

2. — On peut lire dans le *Recueil* de M. Delessert diverses ordonnances qui, du reste, ne font guère que se reproduire les unes les autres, et qui ont en vue le maintien du bon ordre dans les fêtes publiques. — V. aussi FEUX D'ARTIFICE, BALS PUBLICS.

3. — La sanction des ordonnances de police prises dans le but qui vient d'être indiqué se trouve dans l'art. 471, C. pén., no 15. — V. POUVOIR MUNICIPAL.

4. — On peut, au reste, pour ce qui concerne les cérémonies, se reporter au mot CÉRÉMONIES PUBLIQUES.

FEU. — FEUX.

1. — Le mot *feu* a plusieurs acceptions différentes. Ainsi, d'abord il est synonyme d'incendie.

2. — La loi punit de peines spéciales les individus déclarés coupables d'avoir volontairement mis le feu aux propriétés immobilières ou mobilières d'autrui. — V. INCENDIE.

3. — Lorsque l'incendie des propriétés mobilières ou immobilières a été causé par des feux allumés dans les champs à moins de cent mètres des maisons, édifices, forêts, bruyères, bois, vergers, plantations, haies, meules, tas de grains, pailles, foins, fourrages, ou tout autre dépôt de matières combustibles, ou par des feux ou des lumières portés ou laissés sans précaution suffisante, la peine prononcée par l'art. 458, C. pén., est d'une amende de 50 fr. au moins et de 500 fr. au plus. — V. INCENDIE.

4. — Au reste, le fait seul d'avoir allumé des feux à une distance prohibée constitue, même en l'absence de tout dommage, une contravention que l'art. 10 du Code rural punissait d'une amende de douze journées de travail et facultativement de la détention de police municipale, pénalité qui a été remplacée par celle édictée en l'art. 471, C. pén. — V. DÉLIT RURAL, nos 23 et suiv. — V. aussi INCENDIES (mesures contre les).

5. — Seulement, sous la loi de 1791, la distance à observer était de cinquante toises; cette prescription est maintenant de cent mètres, en conformité de l'art. 458, C. pén.

6. — C'est en ce sens qu'une ordonnance de police du 21 sept. 1818 (V. rec. de M. Delessert à sa date), rendue en exécution de l'art. 10, tit. 2, C. rur. 6 oct. 1791, et de l'art. 458, C. pén., renouvelle pour le département de la Seine les prescriptions de ces textes législatifs.

7. — L'art. 42, C. for., défend à tous adjudicataires, à leurs facteurs et à leurs ouvriers d'allumer du feu ailleurs que dans leurs loges ou ateliers, à peine d'une amende de 10 à 100 fr., sans préjudice de la réparation du dommage qui pourrait résulter de cette contravention. — En outre, aux termes de l'art. 148 du même Code, il est dé-

fendu de porter ou d'allumer du feu dans l'intérieur, et à la distance de deux cents mètres, des bois et forêts, sous peine d'une amende de 20 à 100 fr., sans préjudice, en cas d'incendie, des peines portées par le Code pénal, et de tous dommages-intérêts s'il y a lieu. — V. FORÊTS.

8. — La loi du 21-22 août 1790, relative aux peines à infliger pour les fautes et délits commis dans l'armée navale et dans les ports et arsénaux, défend, sous des peines spéciales, d'allumer ou tenir allumés des feux sans précautions, de manière à compromettre la sûreté du vaisseau. — V. à cet égard TRIBUNAUX MARITIMES.

9. — Quelquefois, on emploie le mot *feu* pour signifier ménage ou domicile. — V. AFFOUAGE, COMMUNE.

10. — On emploie également le mot *feux* au pluriel pour signifier, en matière d'adjudication, les bougies dont on se sert pendant les enchères.

11. — Telle est la définition donnée par la loi en forme d'instruction du 31 mai 1790 sur la vente des biens nationaux. Après avoir dit que les adjudications définitives seront faites à la chaleur des enchères et à l'extinction des feux, le titre 3 de cette loi ajoute que les bougies devront durer chacune au moins un demi quart d'heure. — « L'adjudication prononcée sur la dernière des enchères faites avant l'extinction d'un feu, sera seulement provisoire et ne sera définitive que lorsqu'un dernier feu aura été allumé et se sera éteint, sans que, pendant sa durée, il ait été fait aucune autre enchère. »

12. — L'art. 16, L. 3 nov. suivant, confirmait ces dispositions sauf qu'il ordonnait que les bougies seraient proportionnées de manière que chaque feu durerait environ de quatre à six minutes.

13. — L'art. 13, L. 11 brum. an VII, sur les expropriations forcées portait également que, les enchères ouvertes, il serait allumé successivement des bougies préparées de manière que chacune eût une durée d'environ cinq minutes.

14. — Toutefois cette loi n'imposait pas l'obligation de faire mention dans le jugement d'adjudication de la préparation des bougies et de leur durée. — *Cass.*, 10 pluv. an XIII, Gobert c. Joslin.

15. — Plus tard, le Code de procéd. disposa également dans son art. 707 qu'aussitôt que les enchères seraient ouvertes, il serait allumé successivement des bougies préparées de manière que chacune eût une durée d'environ une minute; et dans son art. 708, qu'aucune adjudication ne pourrait être faite qu'après l'extinction de trois bougies allumées successivement.

16. — Ces mêmes dispositions ont été depuis reproduites dans les art. 705 et 706, C. procéd., modifiés par la loi du 2 juin 1841. — V. SAISIE IMMOBILIÈRE.

17. — Enfin on se sert encore du mot *feux* en matière d'engagement théâtral. — V. THÉATRE.

FEUX (Droit de).

Droit perçu pour l'entretien des phares sur la lumière desquels les navires s'orientent pendant la nuit. — V. PHARES.

FEUX D'ARTIFICE.

1. — Nous avons déjà donné à cet égard sous le mot ARTIFICE—ARTIFICIERS, des indications auxquelles il nous suffira de renvoyer.

2. — Nous rappellerons seulement qu'aux termes d'une ordonnance de police du 30 juin 1842 (V. *Recueil* de M. Delessert, à sa date), « 1° Les artificiers chargés de tirer les feux d'artifice à l'occasion des fêtes publiques doivent faire connaître trois jours à l'avance, à Paris, au préfet de police, et dans les communes rurales, aux maires, l'emplacement des feux d'artifice qu'ils devront tirer, afin que l'on puisse s'assurer de l'exécution des obligations imposées aux artificiers concernant la confection des pièces d'artifice, désigner les distances auxquelles les barrières devront être placées pour garantir le public et prescrire toutes autres mesures qui seraient jugées nécessaires. » — Art. 5.

3. — ... 2° « Toute personne qui veut faire tirer un feu d'artifice, est tenue d'en faire la déclaration vingt-quatre heures à l'avance, à Paris, aux commissaires de police, et dans les communes rurales, aux maires: ces fonctionnaires peuvent s'y opposer si, après examen des lieux, ils reconnaissent qu'il peut en résulter du danger. » — Art. 6.

4. — ... 3° « Il est défendu de tirer des armes à feu, pétards, fusées et pièces d'artifices quelconques sur la voie publique ou dans l'intérieur des maisons. » — Art. 7. — V. au surplus, v° ARTIFICE—ARTIFICIERS.

FEUDISTE.

1. — On désigne par cette qualification les jurisconsultes versés dans l'étude des matières féodales.

2. — Ce mot vient de *feudum*, *feodum*, qui signifie *fief*; c'est qu'en effet le fief est la base de tout le régime féodal. — V. FÉODALITÉ.

3. — M. Laferrière (*Hist. du dr. franç.*, t. 1er, p. 535) remarque avec raison que les feudistes, sous l'empire de l'ancienne jurisprudence, formaient une école à part, qui est devenue l'une des branches les plus fécondes de l'école française du seizième siècle. A leur tête brillait le célèbre Dumoulin, qui, dans un traité spécial, a si complétement approfondi toute la matière des fiefs.

4. — Indépendamment de ce traité de Dumoulin, il existe d'autres ouvrages que l'on peut dire classiques sur les institutions féodales; tels sont les gloses de d'Argentré sur la coutume de Bretagne, son *Avis sur le partage des nobles*, publié en 1570, et son *Traité des appropriemens, bannies et prescriptions*; les *Institutes coutumières* d'Ant. Loysel; le discours de Loyseau *sur l'abus des justices de village* et son *Traité des seigneuries*.

5. — Parmi ceux qui ont rattaché plus particulièrement au droit des coutumes l'histoire et la théorie des matières féodales, il faut placer en premier rang: Pasquier, au seizième siècle; de Laurière, au dix-septième; Salvaing, auteur d'un *Traité de l'usage des fiefs et autres droits seigneuriaux*; Brussel, dont l'ouvrage est intitulé: *Nouvel examen de l'usage général des fiefs en France pendant les onzième, douzième, treizième et quatorzième siècles*; David Houard, auteur des *Recherches sur les coutumes anglo-normandes* et du *Dictionnaire du droit normand*; Hervé, qui a embrassé toute la théorie des matières féodales; Galland, qui a traité du *franc-alleu et de l'origine des droits seigneuriaux*; Casepeuve, savant adversaire des opinions émises par ce dernier auteur contre la liberté du franc-alleu en Languedoc.

6. — Cette liste, que l'on pourrait compléter par d'autres noms, tels que ceux de: Chantereau-Lefèvre (*Tr. des droits seigneuriaux et des matières féodales*), Dunod (*De la main-morte et des retraits*), Pocquant de Livonnière (*Tr. des fiefs*), etc., se clôt dignement par le nom du savant président Henrion de Pansey, qui, nourri à l'école de Dumoulin, a résumé d'une manière supérieure le grand ouvrage de celui-ci sur les fiefs en le conférant avec les autres feudistes, et qui, dans ses *Dissertations féodales*, a traité si habilement les points les plus obscurs de cette matière.

7. — Les efforts de nos anciens feudistes ont-ils, du moins, abouti à bien mettre en relief l'origine et le caractère véritable des droits seigneuriaux et à dissiper l'obscurité profonde qui recouvrait les conditions de l'institution féodale? Il est encore permis d'en douter. « Un grand nombre d'écrivains, dit Merlin (*Rép.*, v° *Fiefs*), ont entrepris de porter la lumière dans ce chaos, et malheureusement aucun d'eux n'a les mêmes opinions; chacun a bâti son système sur des faits et des raisonnemens qui ont été combattus par des faits et des raisonnemens capables de décourager ceux qui veulent approfondir la législation et la jurisprudence féodale. »

8. — Ce jugement est confirmé par M. Troplong, qui, s'étant livré à l'étude spéciale de quelques-uns de nos feudistes les plus renommés, par exemple, Dumoulin, Loyseau, Lebret, Henrion de Pansey, déclare n'avoir rien trouvé dans ces écrivains qui puisse satisfaire les esprits nourris des saines doctrines mises en honneur par l'école historique du dix-neuvième siècle. — *Revue de législation*, t. 1er, p. 5.

9. — L'exploration longue et approfondie que M. Championnière a dû faire des ouvrages anciens relatifs aux droits de mutation en matière de fief, pour y puiser les solutions applicables à la fiscalité nouvelle, en matière d'enregistrement, lui a fait également reconnaître la vérité de ces observations. Cet auteur, dans son remarquable ouvrage intitulé: *De la propriété des eaux courantes, du droit des riverains et de la valeur actuelle des concessions féodales*, etc., ajoute (introd., p. V) que c'est au défaut de liberté des feudistes, et non à la nature même de la matière, qu'il faut attribuer l'insuccès de leurs efforts pour reconnaître les vrais principes du droit seigneurial.

FEUILLE D'AUDIENCE.

1. — Feuille de papier timbré sur laquelle sont transcrites les minutes des jugemens et arrêts après leur prononciation.

2. — Il ne faut pas confondre le plumitif avec la feuille d'audience. Le plumitif est un registre, ou cahier particulier, sur lequel le greffier se contente de tenir note, pour mémoire, des dispositions du jugement que le plus souvent il se trouve dans l'impossibilité d'écrire en entier, à l'audience, sous la dictée du magistrat qui le prononce. La feuille d'audience est destinée à recevoir la rédaction complète et définitive du jugement. — V. JUGEMENT.

3. — Le plumitif est l'œuvre du greffier, tandis que la rédaction de la feuille d'audience est approuvée par le président. En cas de discordance entre le plumitif et la minute d'un jugement, c'est donc à la minute qu'il faut recourir pour en connaître les véritables dispositions, sans que le tribunal qui a rendu le jugement puisse ordonner que la minute sera rectifiée en ce qu'elle diffère du plumitif. — *Metz*, 12 fév. 1817, Foucart c. Misset; — Chauveau sur Carré, sous l'art. 138, C. procéd., note 1re; Favard de Langlade, *Rép.*, sect. 1re, § 4, n° 1er.

4. — La feuille d'audience doit contenir non de simples notes, mais bien le dispositif de chaque jugement, avec les motifs qui lui servent de base. — Circ. min. just. 26 sept. 1808. — V. d'ailleurs JUGEMENT.

5. — En marge de chaque feuille d'audience, il est fait mention des noms des juges et du procureur du roi qui ont assisté au jugement. — C. procéd., art. 138; décr. 30 mars 1808, art. 36.

6. — Cette mention est exigée, à peine de nullité, parce que tout jugement doit porter avec lui la preuve que toutes les formalités exigées par la loi ont été remplies. — Bioche, *ibid.*, n° 298; Chauveau sur Carré, quest. 589 *ter*. — V. *contrà* Poncet, *Des jugem.*, t. 1er, p. 228. — Mais à l'égard de la place même que doit occuper la mention, il n'y a rien de sacramentel. Tout ce que veut la loi, c'est la mention, et dès qu'elle existe, peu importe que ce soit en marge, en tête ou à la fin du jugement. — Bioche et Chauveau, *ibid.*

7. — A l'issue de chaque audience, ou dans les vingt-quatre heures, le président vérifie la feuille d'audience, et signe, ainsi que le greffier, chaque minute de jugement et les mentions faites en marge. — C. procéd., art. 138; décr. 30 mars 1808, art. 36.

8. — Lorsque c'est un commis assermenté qui a tenu la plume d'audience, c'est lui qui doit signer la feuille d'audience. — Favard de Langlade, *ibid.*

9. — Les dispositions qui précèdent sont applicables à tous les tribunaux. — Circ. min. just. 31 oct. 1809; — Louquet, *ibid*, n° 119; Carré, quest. 592; — et même aux justices de paix. — Favard de Langlade, *ibid.*; Chauveau sur Carré, quest. 592

10. — Si par l'effet d'un accident extraordinaire le président se trouvait dans l'impossibilité de signer la feuille d'audience, elle devrait l'être dans les vingt-quatre heures suivantes par le plus ancien des juges ayant assisté à l'audience. — Décr. 30 mars 1808, art. 37.

11. — Lorsque c'est le greffier qui se trouve dans l'impossibilité de signer, il suffit que le président en fasse mention en signant. — *Ibid.*

12. — Les procureurs du roi et procureurs généraux doivent se faire représenter, tous les mois, les feuilles d'audience pour s'assurer si elles ont été exactement signées. En cas de contravention, ils en dressent procès-verbal, pour être procédé ainsi qu'il appartiendra. — C. procéd., art. 140.

13. — Dans le cas où les feuilles d'une ou de plusieurs audiences n'auraient pas été signées dans les délais, il en est référé par le ministère public, à la chambre que tient le premier président de la cour royale, laquelle chambre peut, suivant les circonstances, et, sur les conclusions par écrit du procureur général, autoriser un des juges qui ont concouru à ces jugemens, à les signer. — *Ibid.*, art. 38.

14. — Les greffiers qui délivreraient expédition d'un jugement avant qu'il eût été signé, seraient poursuivis comme faussaires. — C. procéd., art. 139.

15. — Chaque feuille d'audience porte en tête les jour, mois et an où le jugement a été prononcé. — Bioche, *Dict. procéd.*, v° *Jugement*, n° 291; Souquet, *Dict. des temps légaux*, v° *Jugement*, 303e tabl., 1re col., n° 116.

16. — Les feuilles d'audience sont de papier de même format et réunies par année en forme de registre. — Décr. 30 mars 1808, art. 39. — V. JUGEMENT.

FEUILLES DE BLÉ DE TURQUIE (Marchands de).

Marchands de feuilles de blé de Turquie — Patentables de huitième classe; droit fixe, basé sur la population, et droit proportionnel du quaran

tième de la valeur locative de tous les locaux qu'ils occupent, mais seulement dans les communes de 20,000 ames et au-dessus. — V. PATENTE.

FEUILLES DE ROUTE.

Table alphabétique.

1. — Les feuilles de route servent de passeport aux militaires et à ceux qui sont employés à la suite des armées.

2. — La loi pénale, en même temps qu'elle édictait des peines contre ceux qui seraient coupables d'avoir fabriqué ou falsifié un passeport, ou fait usage d'un faux passeport (V. PASSEPORT) s'est préoccupée des falsifications qui pourraient être commises dans les feuilles de route.

3. — La falsification ou l'altération de ces actes peut avoir un double but : soit, seulement, de tromper la surveillance de l'autorité publique; soit, de soustraire au trésor public les frais de route qui sont alloués aux militaires. — Dans ce dernier cas, le faux n'est qu'un moyen de commettre un vol : c'est alors, suivant l'expression de M. Berlier, un délit complexe et qui se compose du faux qui est le moyen, et de l'escroquerie qui en est le but.

4. — L'art. 156, C. pén., variant les peines suivant le but et le caractère de la falsification ou fabrication de la feuille de route, dispose donc ainsi qu'il suit : « Quiconque fabriquera une fausse feuille de route, ou falsifiera une feuille de route originairement véritable, ou fera usage d'une feuille de route fabriquée ou falsifiée, sera puni, savoir :

5. — ... 1° « D'un emprisonnement d'un an au moins, et de cinq ans au plus, si la fausse feuille de route n'a eu pour objet que de tromper la surveillance de l'autorité publique. »

6. — ... 2° « Du bannissement, si le trésor royal a payé au porteur de la fausse feuille, des frais de route qui ne lui étaient pas dus, ou qui excèdent ceux auxquels il pouvait avoir droit, le tout néanmoins au dessous de 100 francs. »

7. — ... 3° « De la réclusion, si les sommes indûment reçues par le porteur de la feuille s'élèvent à 100 francs et au-delà. »

8. — La distinction que nous venons de signaler n'existait pas dans la législation antérieure au Code. Le faux commis dans les feuilles de route se trouvait compris dans la classe générale des faux que punisssait l'art. 41, tit. 2, sect. 2e, C. 1791. Seulement, si le but de la falsification avait été de percevoir des frais de route, le crime devenait justiciable de la cour royale de Paris, aux termes des art. 1er et 2, L. 2 flor. an XI, qui attribuait à cette cour la connaissance de tous les crimes de faux commis sur des pièces de comptabilité intéressant le trésor public. — V. FAUX.

9. — La loi n'établit aucune distinction entre les feuilles de route en ce qui concerne les caractères constitutifs de l'altération et de l'usage. — C'est ce qui résulte de la similitude complète de l'art. 153, et du § 1er de l'art 156. — De même, la deuxième disposition de l'art. 156 ne fait qu'appliquer à l'altération de la feuille de route et à l'usage de cette feuille de route altérée la peine déjà appliquée aux mêmes délits commis sur les passeports. — C'est qu'en effet, comme le font remarquer MM. Chauveau et Hélie (*Th. C. pén*, t. 4, p. 24), qu'il s'agisse de passeports ou de feuilles de route, c'est toujours le même délit tant que l'altération de la feuille de route a pour objet unique de tromper la surveillance de l'autorité. — Nous nous bornerons donc à renvoyer aux explications qui seront données sous ces divers rapports v° PASSEPORT, en faisant néanmoins remarquer, dès à présent, que le caractère criminel n'existe pour le faux prévu par l'art. 156 qu'autant qu'il y a eu altération matérielle de la feuille, intention de tromper la surveillance, possibilité d'atteindre le but à l'aide de l'altération.

10. — Ainsi que nous l'avons vu lorsque la falsification ou fabrication d'une feuille de route ou l'usage d'une feuille fabriquée ou falsifiée n'a pas eu seulement pour but de tromper la surveillance des autorités, mais de consommer un vol au préjudice du trésor, le fait revêt le caractère *de crime*.

11. — Mais le faux prévu par l'art. 156 se distingue des faux en général, en ce qu'il ne suffit pas, pour son existence, d'un *préjudice possible* : il faut encore que ce préjudice *soit réel* et qu'il y ait eu perception ou tentative légale de perception de sommes non dues.

12. — Jugé en ce sens que, pour que le faux commis dans une feuille de route devienne passible d'une peine afflictive ou infamante, il est nécessaire que la feuille de route fausse ou falsifiée ait été employée pour porter un préjudice au trésor public, et qu'il y ait eu perception ou du moins tentative légale de perception de sommes qui n'étaient pas dues. — *Cass.*, 8 nov. 1816, Grenadot; — Chauveau et Hélie, *Théorie du C. pén.*, t. 4, p. 25; Carnot, *C. pén.*, t. 1er, p. 494, n° 4; Bourguignon, *Jurisp. crim. des C.*, t. 3, p. 165.

13. — Comme on l'a vu, l'art. 156 varie la peine et l'élève du bannissement à la réclusion suivant l'étendue du préjudice. — Mais il est évident, ainsi que le font remarquer MM. Chauveau et Hélie (t. 4, p. 261), que le préjudice ne peut se composer que des sommes payées indûment par l'état, et qu'ainsi si le porteur de la fausse feuille avait réellement droit par sa qualité aux frais de route qu'il s'est fait payer par ce moyen, il n'y aurait plus de préjudice causé et le fait rentrerait dans la catégorie des simples délits prévus par le 2e § de l'art. 156. — De même aussi que si le porteur s'est borné à ajouter à son nom un faux grade à fin de recevoir une indemnité plus forte, le préjudice ne se composera que de la somme excédant celle à laquelle il avait droit.

14. — La cour de Cassation a jugé que la falsification des mandats délivrés par les intendans ou sous-intendans militaires aux sous-officiers et soldats voyageant isolément constitue, comme la falsification des feuilles de route, le crime ou délit de faux puni par l'art. 156, C. pén. — *Cass.*, 9 août 1832, Reuvé.

15. — « Deux motifs, disent MM. Chauveau et Hélie (*Théorie du C. pén.*, t. 4, p. 27), militent en faveur de cette interprétation. D'abord, il est visible qu'une analogie parfaite assimile les mandats des intendans militaires aux feuilles de route. Ces actes ont les uns et les autres la même importance, le même objet, la même valeur. Ensuite, si cette assimilation n'était pas adoptée, le faux commis dans les mandats tomberait nécessairement sous l'empire de l'art. 147 et serait, dès-lors, puni d'une peine plus grave. Or, il ne serait pas rationnel de recourir à des dispositions plus sévères lorsque la loi a cru pouvoir adoucir ces mêmes dispositions en faveur d'un cas parfaitement analogue au fait de l'espèce. »

16. — Aux termes de l'art. 157, C. pén., « les peines portées en l'art. 156 doivent être appliquées, selon les distinctions qui y sont posées, à toute personne qui se serait fait délivrer par l'officier public une feuille de route sous un nom supposé. »

17. — De là il résulte que, suivant que le but de la supposition aura été uniquement de tromper la surveillance légale ou d'exiger du trésor public des sommes qui n'étaient pas dues, elle revêtira le caractère de délit ou de crime.

18. — L'art. 157 ne s'occupant que des feuilles de route délivrées sous un *nom supposé*, et ne comprenant pas dans ses termes la supposition *de qualités*, il en résulte que la seule usurpation de qualité fausse sur la feuille de route ne donne lieu à aucune poursuite. — Chauveau et Hélie, p. 28.

19. — Toutefois, MM. Chauveau et Hélie (*loc. cit.*) font remarquer avec raison que cette impunité ne peut avoir lieu qu'autant que la prise d'une fausse qualité n'a eu pour but que de détourner la surveillance dont on peut être l'objet, mais qu'il doit en être autrement lorsque cette fausse qualité a servi de base à l'exercice d'un droit et que le but de son usurpation a été de soustraire au trésor public des frais de route plus élevés. « En effet, disent-ils, comme ces indemnités sont calculées d'après le grade du porteur de la feuille, il s'ensuit que ce grade devient alors l'une des énonciations substantielles de cette feuille, et que son altération, lorsqu'il en a été fait usage pour procurer des indemnités qui n'étaient pas dues par le trésor, constitue un faux rentrant dans les termes des troisième et quatrième paragraphes de l'art. 156. »

20. — Aussi avait-il été jugé avant le Code pénal que le soldat qui, sous le titre usurpé d'officier, se fait délivrer des feuilles de route qu'il signe comme tel, et reçoit sur ses quittances, en cette qualité, les appointemens attachés à son prétendu grade, commet le crime de faux. — *Cass.*, 21 avr. 1808, Lemasson-Ramé. — Sous le Code, cette espèce de faux est régie par les art. 156 et 157.

21. — Les art. 156 et 157 sont inapplicables au cas d'usage d'une feuille de route délivrée à un tiers; mais MM. Chauveau et Hélie (*loc. cit.*) pensent que, si le porteur d'une pareille feuille se faisait délivrer par le trésor des sommes qui ne lui fussent pas dues, il y aurait escroquerie. — V. ESCROQUERIE.

22. — Suivant l'art. 158, si l'officier public était instruit de la supposition de nom lorsqu'il a délivré la feuille, il doit être puni du bannissement, de la réclusion ou des travaux forcés à temps, suivant les trois cas posés par l'art. 156.

23. — La loi exige comme condition constitutive du crime du fonctionnaire qu'il *ait eu connaissance de la supposition de nom*. Il ne suffirait pas qu'il eût négligé de se faire attester l'identité du réclamant, l'art. 155, relatif aux passeports (V. PASSEPORT), n'ayant pas été étendu aux feuilles de route. — Carnot, *C. Pén.*, t. 1er, p. 498, n° 2; Chauveau et Hélie, *Th. du C. pén.*, t. 4, p. 30.

24. — En outre, disent MM. Chauveau et Hélie (p. 29), la culpabilité de l'officier public n'existe qu'autant qu'il a compétence pour délivrer la feuille de route; car s'il n'avait pas ce droit l'acte serait vicié dans sa base; il n'aurait aucune valeur, puisqu'il ne pourrait produire aucun effet : dès-lors, l'altération serait indifférente, aucun préjudice ne pouvant en résulter.

25. — Aux termes de l'art. 281, C. pén., les peines établies contre les individus porteurs de fausses feuilles de route sont portées au maximum lorsqu'elles sont appliquées à des vagabonds ou à des mendians. — V. VAGABONDS, MENDICITÉ.

26. — Les feuilles de route des militaires sont visées à leur passage dans les communes, par les maires, et à Paris, à l'état-major de la place.

27. — Les feuilles de route délivrées aux militaires sont exemptées du timbre aux termes de l'art. 16, n° 1er, L. 13 brum. an VII. — V. TIMBRE.

FEUILLES VERTES OU MORTES.

V. FORÊTS.

FEUILLES VOLANTES.

1. — On appelle *feuille volante* une feuille de papier isolée qui ne tient ni à un registre ni à un livre.

2. — Il est certains actes que la loi défend de rédiger sur des feuilles volantes; tels sont, par exemple, les actes de l'état civil. — V. ACTES DE L'ÉTAT CIVIL. — V. aussi ENFANT NATUREL.

3. — Il en est d'autres, au contraire, qui ne peuvent être consignés sur des registres, et qui doivent, par conséquent, être rédigés sur des feuilles volantes; telles sont les minutes des actes de notaire. — V. MINUTE.

4. — Nous ne considérons ici les feuilles volantes que comme revêtues d'écritures non signées, pouvant faire titre contre celui de qui elles émanent.

5. — En général, les écritures non signées qui se trouvent sur une feuille volante, et qui ne sont ni en marge, ni à la suite, ni au dos d'un acte signé, ne font aucune foi par elles-mêmes, mais elles peuvent servir de commencement de preuve par écrit. — V. ÉCRITURE (acte).

6. — Ainsi les écritures non signées, mises sur une feuille volante, et qui tendent à *obliger* celui de qui elles émanent, ne font pas foi contre lui, encore bien qu'elles se trouvent entre les mains de la personne envers laquelle l'obligation devrait être contractée. — Pothier, n° 725; Toullier, édit. Duvergier, t. 4, n° 357; Rolland de Villargues, *Rép.*, v° *Feuilles volantes*, n° 4.

7. — Mais une promesse de vente écrite de la main du vendeur suffit, quoique non signée, pour créer au profit de l'acheteur un commencement de preuve qui lui donne le droit de la compléter par les diverses présomptions qui se rencontrent dans la cause. — *Bordeaux*, 7 mai 1834, Michelot c. David.

8. — On doit appliquer les mêmes principes aux écritures non signées qui tendent à la libération du débiteur. — Toullier, *ibid.*

9. — Ainsi, une quittance non signée, mais entièrement écrite par le créancier, ne peut opérer la libération du débiteur, bien qu'elle soit en sa possession. Il est d'usage, en effet, que le créancier signe la quittance qu'il donne à son débiteur; si elle n'est pas signée, on peut supposer qu'elle ne lui a été confiée que comme un simple modèle, afin qu'il pût l'examiner à loisir. — Toullier et Pothier, *ibid.*; Rolland de Villargues, *ibid.*, n° 2.

10. — Mais s'il s'agissait d'une quittance toute simple pour laquelle il n'y aurait pas eu besoin

d'un modèle, si elle était datée, en un mot, s'il n'y manquait que la signature, et si, d'ailleurs, le créancier ne pouvait pas justifier la présence de la quittance, avant le paiement, entre les mains du débiteur, elle devrait faire foi, surtout si on y ajoutait le serment supplétoire du débiteur, et, dans tous les cas, elle pourrait servir de commencement de preuve par écrit qui autorise à admettre la preuve testimoniale. — Pothier, *ibid.* — V. ÉCRITURE, nos 13 et 15.

11. — MM. Rolland de Villargues (*ibid.*, no 3) et Toullier (*ibid.*), en rapportant la solution précédente, ajoutent qu'elle ne doit être admise qu'avec beaucoup de précaution de la part des juges, qui ne doivent admettre que des présomptions graves, précises et concordantes.

12. — Jugé qu'une note sur une feuille volante trouvée lors de l'inventaire après le décès du créancier, et de laquelle il résulterait que celui-ci a reçu un à-compte sur sa créance, ne saurait, lorsqu'elle n'a pas été écrite de sa main, mais de celle de l'un des débiteurs, avoir la force de preuve que l'art. 1331, C. civ., attache aux registres et papiers domestiques, alors même que mention en aurait été faite dans l'inventaire sur la demande du débiteur, et sans opposition. — *Cass.*, 9 nov. 1842 (t. 2 1843, p. 492), Valorge.

13. — ... Qu'une pareille note ne peut non plus être opposée par l'un ou l'autre des débiteurs comme commencement de preuve par écrit de sa libération; que dès-lors, si chacun des paiemens qu'elle mentionne s'élève au dessus de 150 fr., on ne saurait admettre pour en justifier l'existence des présomptions non établies par la loi. — Même arrêt. — V. PAPIERS DOMESTIQUES.

FEUTRE (Fabriques, marchans de).

1. — Les fabriques de feutres et visières vernies sont, à raison de l'odeur désagréable qu'elles produisent et des dangers qu'elles présentent, rangées dans la première classe des établissemens insalubres.

2. — Les fabriques de feutre goudronné, propre au doublage des navires, ne présentant les mêmes inconvéniens qu'à un degré moindre, font partie de la deuxième classe seulement. — V. ÉTABLISSEMENS INSALUBRES.

3. — Quant aux fabricans et marchands de feutre pour la papeterie, le doublage des navires, plateaux vernis, etc., ils sont rangés dans la sixième classe des patentables et soumis comme tels à 1° un droit fixe basé sur la population; — 2° à un droit proportionnel du vingtième de la valeur locative de l'habitation et des lieux servant à l'exercice de la profession. — V. PATENTE.

FIACRE.

1. — Tout ce qui concerne les mesures de police applicables aux fiacres est traité au mot VOITURES. — V. aussi EMBARRAS DE LA VOIE PUBLIQUE.

2. — Les loueurs de fiacres ayant plusieurs voitures sont soumis, par la loi du 25 avr. 1844, à la patente et rangés dans la cinquième classe, ce qui les rend passibles : 1° d'un droit fixe basé sur la population; 2° d'un droit proportionnel du vingtième de la valeur locative de l'habitation et des lieux servant à l'exercice de la profession.

3. — Les loueurs de fiacre qui n'ont qu'une voiture sont patentables de septième classe; — même droit fixe, sauf la différence de classe; droit proportionnel du quarantième de la valeur locative de tous les locaux qu'ils occupent, mais seulement dans les communes de 20,000 ames et au-dessus.

FIANÇAILLES.

1. — L'usage des fiançailles remonte à une très haute antiquité. Sans parler de l'exemple de Jacob et de Rachel, on sait que cet usage était observé chez les Grecs et chez les premiers habitans du Latium.

2. — Les lois romaines nous offrent un grand nombre de textes sur les fiançailles et, par exemple, le titre *De sponsalibus*.

3. — Des Romains cet usage a passé chez les nations modernes, et notamment en France, où il a été consacré par le droit civil et par le droit canonique.

4. — On distinguait les fiançailles par paroles de présent et les fiançailles par paroles de futur.

5. — On appelait fiançailles *par paroles de présent* la convention par laquelle un homme et une femme déclaraient se prendre *dès à présent* pour époux. Ces fiançailles qui, malgré l'absence de publicité et de bénédiction nuptiale, constituaient de véritables mariages, ont été proscrites tant par le concile de Trente que par l'ordonnance de Blois. — Art. 44.

6. — Les fiançailles *par parole de futur* étaient une convention par laquelle un homme et une femme se promettaient réciproquement de contracter mariage ensemble. — Elles étaient fort en usage dans notre ancien droit, et Pothier leur a consacré un chapitre dans son *Traité du contrat de mariage*.

7. — Toutes personnes qui étaient capables de se marier ensemble ou qui pouvaient décemment espérer de le devenir pouvaient valablement contracter fiançailles.

8. — Ainsi des impubères pouvaient, avec l'autorité de leurs parens ou tuteurs, contracter valablement des fiançailles, pourvu qu'ils fussent en âge de comprendre ce qu'ils faisaient.

9. — De même, un cousin et une cousine, bien que dans un degré prohibé, pouvaient contracter fiançailles, parce qu'ils pouvaient obtenir les dispenses nécessaires.

10. — Mais un homme marié ne pouvait contracter des fiançailles avec une autre femme; car, bien qu'il pût devenir capable de l'épouser après la mort de sa femme, il ne pouvait décemment désirer devenir veuf.

11. — Les fiançailles se formaient par le seul consentement. En cas de dénégation de la part de l'une des parties, le juge ne pouvait admettre d'autre preuve qu'un acte écrit rédigé en présence de quatre parens. Mais cet acte n'était point de l'essence du contrat qui était purement consensuel.

12. — L'engagement devait être réciproque. — Il pouvait, comme tous les autres contrats, être pur et simple ou à terme, ou conditionnel.

13. — Bien que les fiançailles fussent ordinairement accompagnées de la bénédiction de l'église, cette bénédiction n'était pas une condition nécessaire de leur validité; et Pothier rapporte que notamment dans le diocèse d'Orléans, la bénédiction des fiançailles n'avait lieu qu'après la publication des bans, et par conséquent longtemps après qu'elles avaient été contractées.

14. — Souvent le fiancé et la fiancée se donnaient réciproquement des arrhes. Celui des contractans qui, sans sujet légitime, refusait d'accomplir son engagement, devait rendre à l'autre les arrhes qu'il avait reçues et perdre celles qu'il avait données. Toutefois, pour que les mariages fussent entièrement libres, il avait été décidé que, si les arrhes étaient exorbitantes, la partie qui avait manqué à son engagement conservait le droit de les répéter sous la déduction de la somme à laquelle le juge fixait les dommages-intérêts. — V. un arrêt du parlement de Paris, du 20 août 1680, rapporté au tome 2 du *J. Pal.*, publié par Blondeau et Guéret (p. 177, 4e édit. in-f°).

15. — Quant aux présens que les fiancés pouvaient se faire, ils étaient toujours censés faits sous la condition *si nuptiæ sequantur*; et il y avait toujours lieu à la répétition des choses données, lorsque le mariage manquait, à moins que ce ne fût par le refus du donateur.

16. — Le principal effet des fiançailles était de produire entre les contractans une obligation réciproque de contracter mariage ensemble; cette obligation donnait naissance à une action.

17. — Quand une des parties voulait contraindre l'autre à exécuter sa promesse, elle l'assignait devant l'official qui devait prononcer sur les fiançailles, à cause de la liaison de ces promesses avec le lien du mariage qui était de la compétence exclusive du juge ecclésiastique. Si les fiançailles étaient nulles ou si l'une des parties avait des raisons légitimes pour se dispenser de les exécuter, l'official en prononçait la dissolution sans imposer aucune peine.

18. — Mais si la partie qui refusait d'exécuter sa promesse n'avait d'autre raison que le changement de sa volonté, l'official devait l'exhorter à remplir son engagement; si elle persistait dans son refus, il prononçait la dissolution des fiançailles et lui imposait une pénitence qui consistait en prières, en aumônes ou en jeûnes; il devait réserver en même temps à l'autre partie la faculté de se pourvoir devant le juge laïque pour obtenir des dommages-intérêts. Car s'il eût statué lui-même entre laïques sur la question de dommages intérêts, il y aurait eu lieu à l'appel comme d'abus.

19. — Ces dommages-intérêts dans lesquels se résolvait en définitive l'obligation contractée lors des fiançailles étaient réglés d'après le préjudice réel que l'autre fiancé avait pu souffrir et non d'après l'avantage qu'il perdait.

20. — Un second effet des fiançailles était de former dans chacune des parties un empêchement prohibitif qui les empêchait de pouvoir, pendant qu'elles subsistaient, se marier licitement à un autre.

21. — De là pour un fiancé le droit de former opposition aux bans de mariage de son fiancé avec une autre personne.

22. — ... Et même, en cas de commerce illicite avec une autre personne, d'intenter l'action en adultère. — V. ADULTÈRE, no 11.

23. — Sous le Code civil, le droit de former opposition à la célébration du mariage n'appartient pas au fiancé; l'art. 172 ne l'accorde qu'à la personne engagée par mariage avec l'une des parties contractantes. — V. MARIAGE.

24. — De même il n'y a lieu à l'action en adultère qu'autant que le commerce illicite se place après la célébration du mariage. — V ADULTÈRE, nos 10 et suiv.

25. — Un troisième effet des fiançailles était de former, même après leur dissolution, un empêchement dirimant, dit d'honnêteté publique, qui empêchait chacune des parties d'épouser les parens de l'autre partie. Mais le concile de Trente restreignit cet empêchement au premier degré en ligne collatérale, c'est-à-dire d'après la manière de compter du droit canonique, au degré de frère et sœur, et décida que cette sorte d'affinité et l'empêchement qui en résultait n'avaient point lieu quand les fiançailles étaient nulles. Les Romains voyaient aussi dans les fiançailles un empêchement semblable, au moins en ligne directe. *Inter me et sponsam patris mei nuptiæ contrahi non possunt, quanquàm noverca mea non propriè dicatur. Sponsa mea patri meo nubere non poterit, quamvis nurus non propriè dicatur.* — L. 12, §§ 1er et 2, *De ritu nuptiarum.* — Cet empêchement n'est pas reconnu par le Code civil.

26. — Les parties qui avaient contracté des fiançailles pouvaient être déchargées de leur engagement de plusieurs manières : — 1° Par leur consentement soit exprès, soit tacite : *Quæ consensu contrahuntur, contrario consensu dissolvuntur.*

27. — ... 2° Par la longue absence de l'un des fiancés, l'autre ne pouvant être soumis à une attente indéfinie.

28. — ... 3° Par la profession monastique des fiancés ou de l'un d'eux.

29. — ... 4° Lorsque le fiancé entrait dans les ordres sacrés.

30. — ... 5° Si l'un des deux fiancés contractait mariage avec un autre. — Il est bon de remarquer qu'il n'y avait que la partie à qui l'autre avait manqué de foi qui fût dégagée; celle qui y avait manqué demeurait engagée; elle pouvait être assignée en paiement de dommages-intérêts.

31. — ... 6° S'il était survenu à l'un des fiancés, depuis les fiançailles, quelque difformité ou maladie grave, ou quelque renversement de fortune qui l'empêchât de subvenir aux charges du mariage; et encore si l'une des parties avait subi une condamnation infamante ou s'était rendue coupable de fornication; ou si la fiancée avait été enlevée, même malgré elle.

32. — Enfin nous avons vu plus haut que le refus positif et persévérant d'une des parties, même en l'absence de tout motif légitime, suffisait pour faire prononcer la dissolution des fiançailles, sauf la pénitence que le juge d'église pouvait imposer, et les dommages-intérêts qui étaient du ressort du juge laïque; car on avait compris qu'il n'est rien qui puisse avoir des suites plus funestes pour la société que les mariages forcés.

33. — Aujourd'hui l'usage des fiançailles est presque oublié; et, dans tous les cas, le Code civil, par son silence sur les fiançailles, les a laissées dans la classe générale des contrats, sans leur imposer aucune condition ni leur attribuer aucun effet particulier. — V, Merlin, *Rép.*, v° *Fiançailles*,

34. — Quelques auteurs ont même pensé, mais sans motif légitime suivant nous, qu'elles sont prohibées. — V. PROMESSE DE MARIAGE.

35. — Quant à l'effet des donations faites par contrat de fiançailles à l'un des fiancés, V. DONATION PAR CONTRAT DE MARIAGE, nos 347 et suiv.

FICTIF.

1. — Ce qui n'est point réel, mais que l'on suppose par fiction.

2. — Ainsi des choses mobilières de leur nature peuvent être réputées *immeubles fictifs*; tels étaient autrefois les rentes et les offices. Telles peuvent être encore aujourd'hui les actions de la banque de France. — V. FICTION.

3. — On appelait autrefois et l'on appelle encore aujourd'hui *propres fictifs* les deniers stipulés propres dans un contrat de mariage, et que l'on a exclus de la communauté. — V. COMMUNAUTÉ, PROPRES.

4. — Enfin, dans tout compte, liquidation ou partage, on appelle *fictifs* les rapports, prélève-

mens ou reprises que l'on compense avec d'autres, et qui dès-lors ne figurent point réellement dans l'acte. — Rolland de Villargues, *Rép. du not.*, v° *Fictif*, n° 3.

FICTION.

1. — C'est l'action de considérer une chose sous un rapport qui n'est pas réel, mais que la loi a introduit ou autorisé.

2. — L'effet de la fiction est de régler les droits des citoyens, comme si la chose supposée était réelle. *Tantùm operatur fictio, in casu ficto, quantum veritas in casu vero.* — Altaserra, *De fiction. juris tract.* 1, cap. 5.

3. — La fiction diffère de la *présomption*, bien qu'on les confonde souvent ensemble. La présomption supplée au défaut de preuve, et elle en tient lieu sur un fait douteux. Au contraire, il peut n'y avoir point de doute sur la fausseté du fait que la fiction établit et qui tient lieu de la vérité. La fiction n'admet point de preuve contraire ; il en est autrement de la présomption, à moins qu'il ne s'agisse d'une de ces présomptions auxquelles la loi donne un caractère supérieur à la preuve ; telle qu'est la règle *Pater is est quem nuptiæ demonstrant.* — Duparc-Poullain, *Princ. de dr.*, chap. *Des fictions de dr.*

4. — La fiction diffère aussi de la *simulation*, laquelle en général a le caractère du mensonge et le plus souvent de la fraude. — Poullain-Duparc, *ibid.*

5. — Les fictions de droit concernent les personnes ou les choses.

6. — Parmi les fictions qui concernent les personnes on voit : la représentation, laquelle, suivant l'art. 739, C. civ., « est une fiction de la loi dont l'effet est de faire entrer les représentans dans la place, dans le degré et dans les droits du représentant. » — V. SUCCESSION.

7. — ... L'adoption qui fait regarder l'adopté comme fils de l'adoptant. — L. 16, *De adopt.* — V. ADOPTION.

8. — ... La légitimation de l'enfant naturel par mariage subséquent, qui se fonde sur une fiction de rétroactivité au moment de la conception des enfans. — V. ENFANT NATUREL.

9. — Toullier (t. 2, n°s 921 et suiv., et t. 4, n° 189) blâme l'emploi de la fiction, soit dans les dispositions de la loi, soit dans l'interprétation qu'on fait de ces mêmes dispositions. Suivant lui, la fiction étant la supposition d'un fait contraire à la vérité est indigne de la majesté du législateur ; il n'a pas besoin de feindre, il commande. Les fictions furent inventées par les préteurs romains qui, dans l'impuissance d'abroger la loi, voulaient néanmoins y déroger sous prétexte d'équité. Leur exemple fut suivi par les jurisconsultes, qui voulaient ou adoucir une loi trop dure, ou rendre leurs écrits plus méthodiques en apparence, en faisant dériver d'un même principe plusieurs décisions qui ne dérivaient pas de la même source.

10. — Parmi les principales fictions concernant des choses on remarque : l'immobilisation de choses meubles par leur nature, telles que des actions de la banque, ou des meubles qui, par leur destination, font partie de l'immeuble. — V. BANQUE DE FRANCE, BIENS.

11. — ... La mobilisation par contrat de mariage de partie des immeubles de la femme pour les faire entrer en communauté. — Merlin, *Rép.*, v° *Fiction*. — V. AMEUBLISSEMENT, COMMUNAUTÉ.

12. — ... La subrogation d'un immeuble à la place d'un autre, par la voie de l'échange ou du remploi. — V. ÉCHANGE, REMPLOI.

13. — De ce que la fiction produit son effet, comme si la chose supposée était réelle, il suit : 1° que la fiction doit imiter la nature. — L. 16, ff., *De adopt.*

14. — ... 2° Qu'il ne peut y avoir de fiction de ce qui ne peut être. — LL. 3, § 2, et 25, ff., *De hæred. vel act. vend.*

15. — Il arrive quelquefois que des principes sont considérés comme des fictions, quoiqu'ils n'en aient pas le caractère. A cet égard, on peut dire qu'il n'y a véritablement de fiction que dans le cas où la maxime ne peut pas être considérée sous un autre point de vue. — Poullain-Duparc, *Principes de dr.*, chap. *Des fictions de dr.*

16. — En effet, la vérité étant le fondement de toute justice, et le retour à la vérité le vœu de toutes les lois, les fictions ne sont point favorables par elles-mêmes.

17. — D'où la conséquence que les fictions ne doivent pas s'étendre d'une chose à une autre, d'une personne à une autre, d'un cas à un autre cas : *Fictio non extenditur de re ad rem, de personâ ad personam, de casu ad casum.* — Altaserra, *loc. cit.*; Merlin, *Rép.*, v° *Fiction*.

FIDÉICOMMIS.

Table alphabétique.

1. — C'est une disposition par laquelle un donateur ou un testateur charge son donataire, son héritier institué, ou son légataire et même son héritier *ab intestat* de restituer tout ou portion des biens à lui laissés ou donnés, à un tiers, soit au bout d'un certain temps, soit dès qu'il les aura reçus.

2. — Le fidéicommis est exprès ou tacite.

3. — Il est *exprès*, lorsqu'il résulte d'une disposition formelle du testateur.

4. — Il est *tacite*, lorsque le testateur a gratifié en apparence une personne nommée, mais avec la condition secrète que cette personne transmettra le bénéfice de la disposition à une autre personne qui n'est pas désignée ouvertement.

5. — Le fidéicommis tacite s'entend aussi du fidéicommis qui, sans être ordonné en termes exprès, résulte nécessairement de quelque autre disposition qui le suppose. — Merlin, *Rép.*, v° *Fidéicommis tacite*, n° 1. — V. conf. Zachariæ, *Dr. civ. fr.*, t. 5, p. 241.

6. — Ainsi, par exemple, si un testateur en instituant un héritier l'avait chargé de partager sa succession avec une personne désignée, il y aurait là l'équivalent d'une charge de rendre, et par suite fidéicommis tacite dans l'acception du mot que nous venons d'indiquer. — Zachariæ, *ibid.*; Rolland de Villargues, *Des substitutions*, n° 212.

7. — On distingue encore, sous un autre point de vue, les fidéi-commis en fidéi-commis universels et en fidéi-commis à titre particulier, selon qu'ils portent sur l'universalité des biens, ou seulement sur des objets singuliers. — Etienne, *Instit. de Justin.*, t. 1er, p. 472.

8. — Les fidéicommis ne furent introduits que pour parvenir à donner à des personnes que la loi déclarait incapables de recevoir par testament : tels étaient les célibataires (*cœlibes*) et les pères sans enfans (*orbi*), en vertu des célèbres lois Julia et Pappia-Poppéa, les femmes en vertu de la loi Voconia, et autres personnes que nous avons énumérées sous le mot DISPOSITION A TITRE GRATUIT. — V. *Instit. de Justin.*, § 1er, tit. *De fideic. hæred.*

9. — Dans le principe, les fidéicommis n'étaient point obligatoires, mais dépendaient entièrement de la fidélité et de l'honneur des intermédiaires que choisissait le testateur, et de là vient même le nom qu'ils ont tiré de leur nature, plutôt que des termes employés par le défunt. — *Inst. Just.*, *loc. cit.*; — Du Caurroy, *Instit. expl.*

10. — Ce ne fut que plus tard qu'Auguste, déterminé par la fréquence de ces institutions qui se multipliaient, ordonna aux consuls d'interposer leur autorité pour assurer l'accomplissement des fidéicommis : mesure qui se convertit peu à peu en une juridiction permanente, de telle sorte que l'on finit par créer un préteur particulier, appelé fidéicommissaire, chargé de dire droit sur les fidéicommis. — *Instit. Justin.*, *loc. cit.*

11. — Comme précédent de cette innovation de l'empereur Auguste, il faut du reste remarquer que, déjà du temps de l'adolescence de Cicéron, dans les conseils d'amis qui se tenaient à Rome, l'on ne désapprouvait que les fidéicommis contraires au texte des lois, lesquels néanmoins étaient considérés par les hommes probes et honnêtes comme obligatoires dans le for intérieur ; il faut aussi ajouter que le préteur flétrissait de son blâme ceux qui se refusaient à l'exécution des fidéicommis. — V. Cicéron, *De fin. bon.*, II, 1, 47 ; *In Verr.* — Etienne, p. 474.

12. — Lorsque les fidéicommis devenus obligatoires eurent été érigés à la hauteur d'une véritable institution, on songea à leur imposer des limites : c'est ainsi que l'empereur Adrien prohiba les fidéicommis faits à des prisonniers, ou à des personnes incertaines, ou à titre de peine. — V. Gaius, *Instit.*, II, §§ 284 et suiv.; *Instit. Justin*, §§ 25 et suiv.; 36, *De legatis*. — Et que, depuis le sénatus-consulte Pégasien, il ne fut plus possible, ainsi que le remarque M. Du Caurroy (*loc. cit.*, n° 774), de disposer par fidéicommis en faveur des *cœlibes* ou des *orbi*.

13. — Bientôt même on exigea pour les fidéicommis en général la même capacité que pour les legs, excepté quant aux Latins Juniens. — V. Ulpien, *Fragment.* 25, 6 et 7 ; Gaïus. *Instit.* 1er, § 25, 2, § 275. — V. DISPOSITION A TITRE GRATUIT.

14. — Toutefois il resta toujours entre les institutions d'héritier ou les legs et les fidéicommis des différences que l'on indiquera v° LEGS, en même temps que l'on y constatera l'assimilation qu'a établie Justinien entre ces deux espèces de dispositions.

15. — Dans l'origine, les fidéi-commis n'étaient mis qu'à la charge des héritiers institués : ce n'est que sous Antonin-le-Pieux qu'on ne douta plus qu'ils pussent être imposés à des héritiers *ab intestat*. Dès-lors on appliquera aussi, dans cette dernière hypothèse, les sénatus-consultes Trébellien et Pégasien. Du reste, les fidéicommis pouvaient être faits non seulement par testament ou par codicile confirmé, mais encore de toute autre manière. — V. *Instit.*, *loc. cit.*, § 10. — Etienne, p. 486 ; Du Caurroy, n° 795.

16. — L'institué chargé de remettre l'hérédité au fidéicommissaire devait nécessairement avoir fait adition. La restitution avait lieu au moyen d'une vente et d'une tradition auxquelles s'ajoutaient les stipulations *emptæ et venditæ hæreditatis* ayant pour objet d'établir entre le fidéi-commissaire et l'institué un règlement de compte relativement aux créances et aux dettes héréditaires qui, nonobstant la restitution, avaient continué de résider exclusivement sur la tête de celui-ci.

17. — Si l'héritier n'était chargé de remettre qu'une partie de l'hérédité, les choses se passaient encore de la même manière : seulement alors les stipulations, parce qu'elles n'avaient pour objet qu'une partie des dettes et des créances, prenaient le nom de stipulations *partis et pro parte*.

18. — Deux sénatus-consultes ont successivement modifié les règles que l'on vient de résumer.

19. — Le premier fut le sénatus-consulte Trébellien (de l'an 815 de Rome, 62 de Jésus-Christ) qui statua que le fidéicommissaire serait investi directement des biens héréditaires et des créances, et soumis aux obligations du défunt. — V. *Instit. Justin.*, *fideic. hæred.*

20. — Le second fut le sénatus-consulte Pégasien (rendu sous le règne de Vespasien, de 70 à 71 de Jésus-Christ) qui, pour pousser l'institué à faire adition, décréta que celui qui serait prié par un testateur de remettre toute une hérédité, pourrait en retenir le quart, mais à la charge alors de répondre, sauf son recours pour les trois quarts, de toutes les dettes héréditaires, ce qui avait pour résultat d'assimiler le fidéicommissaire au légataire partiaire.

21. — Le sénatus-consulte Pégasien n'abrogea point toutefois le sénatus-consulte Trébellien : tous deux subsistèrent chacun avec son application spéciale ; on était soumis au Trébellien lorsque l'institué n'était pas chargé de remettre plus des trois-quarts de l'hérédité, et au Pégasien lorsque le fidéicommis dépassait ces trois quarts. Dans le cas où le testateur ayant laissé moins du quart à l'institué, celui-ci refusait de faire adition, on pouvait l'y contraindre ; seulement alors l'héritier, quoiqu'il pût invoquer le sénatus-consulte Pégasien, opérait la restitution conformément au sénatus-consulte Trébellien.

22. — Les fidéicommis n'étaient assujétis à aucune forme, et tout étant subordonné à la volonté toute-puissante ici du défunt, il ne peut y avoir de difficulté que pour prouver cette volonté. A cet égard, toute latitude est laissée au fidéicommissaire ; il peut même déférer le serment, pourvu que préalablement il ait lui-même affirmé par serment être de bonne foi (*jurare de calumniâ*). — V. *Instit.*, *loc. cit.*, § 12.

23. — Justinien a réuni en un seul les deux sénatus-consultes Trébellien et Pégasien. On indiquera sous le mot QUARTE TRÉBELLIANIQUE les conséquences de cette innovation.

24. — On pouvait également, ainsi que nous l'avons déjà remarqué *suprà*, n° 7, laisser par fidéicommis des objets particuliers tels qu'un fonds, un esclave, etc., et charger de tels fidéicommis l'héritier ou même un légataire, quoiqu'on ne pût pas

mettre un legs à la charge d'un légataire. — *Instit. Justin., Pr. de sing. reb. per fideic. relict.*

25. — Un testateur pouvait laisser par fidéi-commis non seulement ses propres choses, mais encore celles de l'héritier, du légataire, du fidéi-commissaire ou de tout autre, en un mot tout ce qu'il pouvait laisser au moyen d'un legs *per damnationem*. — V. *ibid.*, § 1er; — Ulpien, *Fragment* 25, 5. — V. LEGS.

26. — On pouvait aussi donner la liberté par fidéi-commis, de telle sorte que l'héritier ou un légataire, ou un fidéicommissaire dût affranchir un esclave. Peu importait que cet esclave fût celui du testateur, ou celui de l'héritier, ou celui du légataire, ou l'esclave d'autrui. — V. *ibid.*, § 2.

27. — Au point de vue du droit français, lorsque le fidéicommissaire n'est chargé de remettre le fidéicommis que dans un certain temps, par exemple après sa mort, il existe alors une véritable substitution, et comme, dans le droit, on distingue plusieurs espèces de substitutions, l'on a appelé celle-ci substitution fidéicommissaire. — Nouveau Denisart, *Collect. de jurispr.*, v° *Fidéicommissaire*, n° 2.

28. — Mais lorsque le fidéicommis ne contient pas la charge de conserver et de rendre, et ne suppose pas le prédécès du grevé, c'est alors une disposition particulière qu'il faut se garder de confondre avec une substitution. — V. conf. Rolland de Villargues, *Rép.*, v° *Fidéicommis tacite*, n° 8.

29. — Aux termes de l'art. 896, C. civ., « les substitutions sont prohibées. — Toute substitution par laquelle le donataire, l'héritier institué ou le légataire, sera chargé de conserver et de rendre à un tiers, sera nulle, même à l'égard du donataire, de l'héritier institué ou du légataire. » Il y a néanmoins quelques exceptions à cette règle prohibitive. — V. SUBSTITUTION.

30. — Ne nous occupant ici que des fidéicommis tacites, nous ferons observer avec Merlin (*Rép.*, v° *Fidéicommis*, n° 2) que ces sortes de dispositions ne se font ordinairement que pour avantager indirectement quelque personne incapable.

31. — On a vu *suprà*, n° 13, que l'on avait fini par exiger pour les fidéicommis la même capacité que pour les legs. Plusieurs textes, notamment les lois 11 et 18, ff., *De his quæ est indign. aufer.*, défendaient les libéralités faites aux incapables par personnes interposées. Les lois romaines voulaient même que les choses données à ces incapables fussent confisquées au profit du trésor public.

32. — Ces fidéicommis tacites faits au profit d'incapables par personnes interposées étaient aussi prohibés par l'ancienne jurisprudence, tant en pays coutumier qu'en pays de droit écrit.

33. — Ils le sont également aux termes de l'art. 911, C. civ., dont le § 1er porte que « Toute disposition au profit d'un incapable sera nulle, soit qu'on la déguise sous la forme d'un contrat onéreux, *soit qu'on la fasse sous le nom de personnes interposées.* » Et ce même article, dans son § 2, considère comme personnes interposées « les père et mère, les enfans et descendans, et l'époux de la personne incapable. » — V. PERSONNES INTERPOSÉES.

34. — Mais à quels caractères doit-on reconnaître l'existence d'un fidéicommis tacite fait en fraude de la loi? — V. PERSONNE INTERPOSÉE.

35. — Il résulte des termes mêmes de l'art. 911 que, lorsque la disposition secrète est faite au profit d'une personne capable, rien ne s'oppose à sa validité. — V. LL. 36 et 38, ff., *De contrah. empt.*; LL. 4, ff., *loc. cond.*, et 6, ff., *Pro donat.* — V. aussi Toullier, t. 4, n° 472; Chabot, *Quest. transit.*, v° *Donations déguisées.* — V. au surplus Rolland de Villargues, *Rép.*, v° *Fidéicommis tacite.* — V. PERSONNE INTERPOSÉE, SUBSTITUTION.

36. — . . Pourvu toutefois, bien entendu, qu'elle soit faite sous une autre condition que celle de la survie du substitué et qu'elle ne suppose pas nécessairement le prédécès du grevé. — V. dans ce sens Zachariæ, *Dr. civ. fr.*, t. 5, p. 240.

37. — Jugé, conformément à ce qui précède, qu'une disposition testamentaire ne peut être considérée comme renfermant un fidéicommis tacite, si elle n'est pas faite en faveur d'une personne incapable. — *Bruxelles*, 28 mars 1810, Vanhoeck c. Verbeken. — V. dans le même sens *Caen*, 31 janv. 1827, Thorel c. de Launay; *Paris*, 31 juill. 1819, Bruise. — V. PERSONNE INTERPOSÉE, SUBSTITUTION.

38. — Le fidéicommis tacite fait au profit d'une personne capable est donc, en principe, valable. Il n'est du reste pas nécessaire que le grevé ait promis personnellement au disposant de faire passer la chose à l'incapable : il suffit qu'il y ait preuve de la charge imposée par le testateur. — V. Favard de Langlade, v° *Fidéicommis tacite.*

39. — « Il n'est pas juste, en effet, dit Furgole (*Tr. des Testam.*, n° 224), qu'un héritier ou légataire profite d'une libéralité dont il n'est pas l'objet et dont il n'est que le ministre, ou le moyen pour la faire passer à une autre personne. Il est encore moins juste qu'il tire un avantage de sa perfidie, et que, contre la volonté et l'intention du défunt, il conserve un bien qui n'était pas destiné pour lui. » Cette opinion a été consacrée par deux arrêts des 2 juill. et 17 août 1708, rapportés au *Journal des audiences*, t. 5, et dont Furgole retrace les espèces.

40. — Quant aux moyens d'établir la preuve du fidéicommis tacite, V. SUBSTITUTION.

41. — Remarquons seulement ici avec M. Rolland de Villargues (*loc. cit.*, n° 7) qu'en règle générale ceux qui se prévaudraient d'un pareil fidéicommis devraient s'en rapporter à la foi de celui qui aurait été nommé par le disposant, sans pouvoir demander à faire preuve de l'existence du fidéicommis.

42. — Jugé que cette disposition testamentaire licite ne peut s'établir par la preuve testimoniale. — *Paris*, 31 juill. 1819, Bruit. — V. toutefois *Cass*, 18 mars 1818, Cognac; — Furgole, *Tr. des testam.*, chap. 6, sect. 3e, n° 364; Nouveau Denisart, v° *Fraude* et v° *Fidéicommis tacite*, § 2, n° 3; Favard, *Rép.*, v° *Fidéicommis tacite*, n° 12; Toullier, t. 5, n° 77; Grenier, t. 1er, n° 136; Rolland de Villargues, *Des substitutions*, n° 295. — V. au surplus SUBSTITUTION.

FIDÉJUSSEUR.

Ce mot est synonyme de caution. — V. CAUTION et CAUTIONNEMENT.

FIDÉLITÉ.

Ce mot désignait, dans le droit féodal, le lien qui unissait le vassal au seigneur, la reconnaissance, par le vassal, qu'il relevait de tel seigneur. Ordinairement cette reconnaissance se manifestait par la prestation de foi et hommage, mais cette prestation n'avait rien de substantiel et le vassal pouvait en être dispensé par l'acte d'inféodation. — V. FIEF.

FIDUCIE.

Table alphabétique.

1. — On désigne par cette expression la disposition par laquelle un testateur charge quelqu'un, en l'instituant héritier pour la forme, d'administrer la succession et de la tenir en dépôt jusqu'au moment où il doit la remettre au véritable héritier. — Rolland de Villargues, *Rép. du not.*, v° *Fiducie*; Merlin, *Rép.*, v° *Fiduciaire (Héritier)*, n° 1.

2. — Dans un autre sens le mot *fiducie* s'entend de la disposition par laquelle un testateur institue réellement quelqu'un pour héritier en le chargeant de remettre l'hérédité à une autre personne. La disposition n'est alors qu'un fidéicommis, admis en droit romain, mais prohibé, en principe, par l'art. 896, C. civ. — V. FIDÉICOMMIS, SUBSTITUTION.

3. — Enfin le mot *fiducie* comportait encore en droit romain une autre acception. Il s'y prenait pour désigner une clause, qui accompagnait toujours la constitution du gage, telle qu'elle avait lieu primitivement, et par laquelle le créancier gagiste s'obligeait, en devenant propriétaire de l'objet engagé, à en retransférer la propriété au débiteur lors du paiement effectué par celui-ci. — V. GAGE.

4. — La constitution de gage n'était pas, au surplus, le seul contrat qui fût modifié, en droit romain, par la clause de fiducie prise dans cette dernière acception. Cette clause avait également lieu en matière d'émancipation pour amener le tiers acquéreur, après les émancipations qui avaient dissous la puissance paternelle, à remanciper encore l'enfant au père, afin que celui-ci pût l'affranchir lui-même, et acquérir ainsi vis-à-vis de l'enfant devenu *sui juris* les droits et les avantages attachés à la qualité de patron. Cette sorte d'émancipation était appelée *fiduciaire*, et correspondait à une espèce de tutelle que l'on avait également qualifiée du même nom.

5. — C'est exclusivement dans le premier sens que nous considérons ici la fiducie. Or, de la définition que nous en avons donnée, en nous plaçant à ce point de vue, il résulte que l'héritier fiduciaire n'est héritier que de nom, qu'il n'est pas saisi de la succession, que ce n'est pas sur sa tête que repose la propriété des biens du défunt, qu'il n'en est que l'administrateur. — Merlin, *loc. cit.*; Rolland de Villargues, n° 1er.

6. — Cette disposition n'était point contraire aux principes du droit romain, et à cet égard M. Rolland de Villargues (*ibid.*, *et Tr. des substit. prohibées*, n° 152) cite la loi 46, ff., *Ad sen. cons. Trebell.* Ce qu'il y a de bien certain c'est que la fiducie était connue et pratiquée dans notre ancienne jurisprudence. — V. Peregrinus, art. 3, n° 19; Ricard, *Des donat.*, ch. 17, n° 183; Furgole, *Comment. sur l'ord. de 1747*, p. 364; Thévenot, ch. 29, § 4.

7. — Mais aurait-elle été prohibée par le Code civil? La négative est avec raison enseignée par Merlin : « Aujourd'hui, dit cet auteur (*Rép.*, *loc. cit.*, n° 2), les fiducies peuvent avoir lieu, quoique l'art. 896, C. civ., en prohibant de nouveau les substitutions, déclare nulle toute disposition par laquelle le donataire, l'héritier institué ou le légataire sera chargé de conserver et de rendre à un tiers. » — V. conf. Rolland de Villargues, *ubi suprà.*

8. — Comment, en effet, pourrait-on contester la validité de ce genre de disposition, puisque la personne chargée de rendre ne doit pas être considérée comme héritière instituée ou comme légataire, qu'elle ne l'est que pour la forme, et qu'ainsi il n'y a ni double transmission, ni aucun des caractères constitutifs de la substitution proscrite par le Code civil?

9. — Mais à quel signe peut-on distinguer une fiducie d'une institution grevée de substitution fidéicommissaire?

10. — Comme le fait observer M. Rolland de Villargues (*loc. cit.*, n° 2), cette question sera toujours une question d'interprétation de volonté, abandonnée à la prudence des juges. Telle est, en effet, la règle qui se puise dans la loi 46, ff., *Ad sen. cons. Trebell.*, et la loi 43, § 3, ff., *De leg.*, 3°, et que pose Henrys (liv. 3, quest. 22), en ces termes : « Comme l'institution fiduciaire est toute conjecturale et qu'elle dépend des termes du testament, c'est aussi à la prudence des juges à voir quelle a été l'intention du testateur, et s'il a plutôt voulu instituer la mère pour les enfans et à leur considération que pour elle-même. »

11. — Tout dépend donc en cette matière de l'intention du testateur. Il faut voir si l'institution a eu pour objet unique l'avantage de ceux à qui l'institué est chargé de rendre; dans ce cas il y a toujours fiducie, quels que soient d'ailleurs l'instituant, l'institué et les appelés. — V. conf. Merlin, *loc. cit.*, n° 3. — *Contrà* Cancérius, *Divers. résol.*, part. 1re, ch. 1er.

12. — Ainsi, pour qu'une institution soit réputée fiduciaire, il n'est pas nécessaire 1° que celui auquel l'hérédité doit être rendue soit l'*enfant* du testateur. — L. 78, § 3, ff., *ad sen. cons., Trebell.*; Parlement de Bordeaux 1737 (arrêt rapporté par Salviat, *Jurisp. du parlem. de Bordeaux*, p. 289); — Merlin, *loc. cit.*; Rolland de Villargues, n° 3.

13. — ... 2° Ni que l'institué ou grevé soit *parent* du testateur. — LL. 4 et 48, § 13, ff., *eod. tit.* — Mêmes auteurs.

14. — ... 3° Ni que celui auquel l'hérédité doit être rendue soit un enfant *en bas âge*, et tel qu'il ait besoin d'un tuteur. — LL. 46, ff., *Ad sen. cons., Trebell.*, 43, § 3, *De leg.* 2°; — Merlin et Rolland de Villargues, *loc. cit.*

15. — ... 4° Ni que l'institué soit chargé de rendre l'hérédité *entière*. Il peut être autorisé à retenir un fonds. — L. 3, § 3, ff., *De usuris*; — Merlin et Rolland de Villargues, *loc. cit.*

16. — ... 5° Ni enfin que la restitution soit faite *avant la majorité*, quoique cette circonstance forme seule une présomption de fiducie. — Même loi; — Merlin et Rolland de Villargues, *loc. cit.*

17. — Salviat (*Jurisp. du parlem. de Bordeaux*, p. 288) s'est donc trompé lorsqu'il a dit : « Il y a

deux marques essentielles auxquelles, non seulement on reconnaît la fiducie, mais même sans lesquelles elle ne peut exister : la première, qu'elle soit faite par le père, ou autre ascendant, dont les enfans n'ont pas encore atteint la puberté ; la seconde, que l'héritier institué soit chargé de remettre à un ou plusieurs de ces enfans, dans un délai fixe et déterminé, qui n'aille pas plus loin que la majorité. »

18. — Jugé que la disposition par laquelle un testateur a institué un tiers pour son héritier universel, à la charge de remettre l'hérédité à son fils, lorsqu'il aura atteint un certain âge, peut être considérée comme une simple fiducie, et non comme une institution prohibée. — Grenoble, 9 janv. 1815, Broussard.

19. — Mais si le délai de la remise était porté jusqu'à la *mort* de l'institué, la disposition constituerait alors un fidéicommis conditionnel ordinaire (V. L. 4re, § 2, ff., *De condit. et dem.*), c'est-à-dire une substitution prohibée. — V. conf. *parlem. Toulouse* (rapp. par Maynard, liv. 5, ch. 85) ; — Merlin, *loc. cit.* ; Rolland de Villargues, n° 4. — V. au surplus SUBSTITUTION.

20. — Il n'y aurait même pas fiducie si l'institué avait le pouvoir d'élire entre les appelés. Ce droit d'élection devrait faire conclure que la disposition est un fidéicommis. — L. 9 fructid. an XI, art. 49 ; Parlem. *Toulouse*, 18 avr. 1737 (Dupin, *Journal du palais de Toulouse*, t. 4er, § 108) ; — Merlin, *loc. cit.* — *Contrà parlem. Toulouse*, 24 mai 1754 (rapp. par Montvallon, *Traité des success.*, ch. 3, art. 52).

21. — ... Surtout si le testateur eût conféré à l'institué, non seulement le droit d'élire entre les appelés, mais encore la détermination du temps où il devait remettre la succession à celui d'entre les appelés qu'il aurait élu.

22. — Jugé conformément à cette doctrine, qu'il y a substitution plutôt que fiducie dans la disposition par laquelle un père qui a des enfans en a chargé un de remettre l'hérédité à celui des enfans *qu'il voudrait choisir*. — *Toulouse*, 18 mai 1824, Anglas. — V. en sens contraire *Cass.*, 28 nov. 1807, enregistrement c. Barral ; *Toulouse*, 29 juin 1816, Boal et Serres c. Esquilat ; *Nîmes*, 16 déc. 1833, Dumas c. Bagès.

23. — ... Spécialement, que la disposition par laquelle, en pays de droit écrit, un mari institue sa femme pour son héritière, à la charge de remettre cette hérédité à celui de leurs enfans qu'elle voudrait choisir avant sa majorité, comme aussi à la charge de remettre avant cette même époque, et si elle le voulait choisir, mais une institution fidéicommissaire, transmissive de la propriété jusqu'à la remise du fidéicommis. — *Limoges*, 4er juill. 1827, Bringand c. Maisonniel. — Dans le même sens, *Riom*, 4 avr. 1818, Rivier c. Souteyran.

24. — Jugé de même encore, que l'institution faite par le mari en faveur de sa femme, *pour jouir à ses plaisirs et volonté*, et à la charge de remettre les biens à la fin de ses jours, ou quand bon lui semblerait, à celui de ses enfans qu'elle voudrait choisir, constitue, non point une fiducie, mais une substitution prohibée. — *Nîmes*, 17 août 1808, Molière.

25. — Il en est ainsi, bien que le testateur ait dispensé l'institué de rendre compte, et lui ait accordé la faculté de vendre en cas de besoin. — Même arrêt.

26. — Jugé également que, l'institution d'héritier faite à la charge de rendre l'hérédité, à la volonté de l'institué et sans reddition de compte, contient une véritable substitution, et non une fiducie. — *Cass.*, 18 frim. an V, Viguier c. N...

27. — ... Et que l'on peut considérer comme une simple institution fiduciaire l'institution à charge de rendre au fils du testateur, à la volonté de l'héritier, laissant à celui-ci la libre et pleine disposition dans le cas où l'enfant décéderait avant l'âge de vingt-cinq ans. — *Montpellier*, 22 avr. 1831, Pons et Dupin c. Privat.

28. — La disposition par laquelle un père institue sa femme héritière, à la charge de rendre à sa fille, avec la faculté de conserver l'usufruit sa vie durant, et en même temps institue sa fille pour le cas où sa mère, à son décès, ne lui aurait pas encore rendu la succession, renferme une substitution prohibée. — *Pau*, 40 juin 1830, Fitte c. Saint-Hilaire.

29. — Du principe que le fiduciaire n'est point réellement héritier, qu'il n'est qu'un simple *administrateur*, il suit qu'il ne gagne pas les fruits et qu'il doit les restituer avec l'hérédité même. — LL. 78, § 12, ff., *Ad sen. cons.*, Trebell., 3, § 3, ff., *De usuris* ; — Salviat, p 287 ; Merlin, *loc. cit.*, n° 2 ; Rolland de Villargues, *Rép. du not.*, n° 6, et *Des substitutions prohibées*, n° 456.

30. — Du même principe il suit aussi que l'héritier fiduciaire doit rendre compte des biens et de leur produit, à moins que le testateur ne l'en ait

RÉP. GÉN. — VII.

dispensé. — V. conf. Rolland de Villargues, n° 11. — V., au surplus, MANDAT.

31. — Toutefois le fiduciaire n'est pas traité aussi rigoureusement qu'un tuteur ; ainsi, il n'est pas responsable, comme le tuteur, des intérêts des intérêts. — Salviat, p. 287 ; Merlin, *loc. cit.* ; Rolland de Villargues, *Rép.*, n° 7, et *Des substitutions prohibées*, n° 457.

32. — D'un autre côté, il est à remarquer que, suivant le droit romain, le tuteur ne pouvait pas exiger les capitaux dus à son pupille, sans y avoir été autorisé par un décret de justice, tandis que le fiduciaire en a toujours eu le pouvoir. — *Parlem. de Bordeaux*, 24 janv. 1657 et 20 fév. 1658 (Lapeyrière, lett. 44, n° 20) ; — Merlin, *loc. cit.*

33. — De ce que l'héritier fiduciaire n'est pas saisi de la propriété des biens de la succession, il suit encore, dit Merlin (*loc. cit.*) : « que la fiducie n'est pas éteinte par le prédécès de la personne à qui il est chargé de rendre, et que, dans ce cas, l'effet s'en transmet de plein droit à l'héritier de cette personne. » — V conf. L. 46, ff., *Ad sen.-cons.*, Trebell. ; — Rolland de Villargues, *Rép.*, n° 8, et *Des substitutions prohibées*, n° 458.

34. — Celui qui institue un enfant mineur ayant son père ou sa mère, peut-il encore nommer un administrateur étranger pour gérer les biens légués, (ce qui constitue une interposition de personnes analogue à la fiducie) ? L'administration des biens de l'enfant n'appartient-elle pas, au contraire, essentiellement au père ou à la mère en vertu de la puissance paternelle ? — V. PUISSANCE PATERNELLE.

35. — La fiducie est-elle *révocable* par la personne au profit de laquelle les biens doivent être gérés ? Peut-on prétendre que ce n'est là qu'un mandat soumis aux règles ordinaires ?

36. — M. Rolland de Villargues (n° 40) constate qu'il ne paraît pas qu'on l'entendît ainsi dans le droit romain, ni dans l'ancienne jurisprudence. Et, selon nous, une telle fiducie, la solution à laquelle il convient de s'arrêter : le pouvoir de gérer s'émane pas de la personne à qui les biens doivent être restitués ; ce n'est pas d'elle que le fiduciaire a reçu sa mission, et puisqu'elle n'a point joué le rôle de mandant, elle ne peut pas en invoquer les droits. — V., au surplus, MANDAT.

FIEF.

Table alphabétique.

FIEF. — 1. — Dumoulin (*Praefat. feudor.*) définis-

sait le fief : *benevola, libera et perpetua concessio rei immobilis vel æquipollentis, cum translatione utilis dominii, proprietate retentâ, sub fidelitate et exhibitione servitiorum*, c'est-à-dire la concession gratuite, libre et perpétuelle d'une chose immobilière (ou réputée telle), avec translation du domaine utile, en retenant la propriété directe à charge de fidélité et de services.

—

Sect. 1re. — *Notions générales.*

2. — La définition que nous avons donnée du *fief* ne s'applique qu'au contrat passé entre celui qui concédait et celui qui recevait, contrat appelé en Bretagne *féage*, partout ailleurs bail à *fief* ou *inféodation*.—Merlin, *Rép.*, v° *Fief*.

3. — On donnait aussi le nom de *fief*, tant à l'héritage qui avait été pris à ce titre, et qui était possédé à cette charge, qu'au droit de seigneurie directe que s'était réservé le concédant. — Pothier, *Introd. au tit. des fiefs*, n° 1er; Merlin, *Rép.*, v° *Fief*.

4. — Quelquefois enfin le propriétaire d'un héritage en détachait une portion qu'il donnait à titre de *fief*, retenant le surplus en pleine propriété. Dans ce cas, le droit de seigneurie directe sur la partie concédée était attaché au corps d'héritage qu'il avait retenu, lequel, en conséquence, s'appelait *fief dominant*, et la partie concédée se nommait *fief servant*.—Pothier, *Introd. au tit. des fiefs*, n° 2; Merlin, *Rép.*, v° *Fief*.

5. — Le propriétaire du *fonds dominant* se nommait *seigneur*; le propriétaire du *fonds servant* se nommait *vassal* ou *homme de fief*. — On n'est point d'accord sur l'origine de ces expressions, mais il suffit d'en connaître la signification. — Henrion de Pansey, *Introd. au traité des fiefs*, p. 38.

6. — Lorsque le propriétaire avait donné à titre de fief tout son héritage, sans en réserver aucune partie, et qu'ainsi il n'y avait pas de fief dominant, son droit de seigneurie directe n'étant attaché à aucun corps d'héritage, s'appelait un *fief en l'air*. — Pothier, *Sur Orléans, introduct. au tit. des fiefs*, n° 2.

7. — Lorsque le propriétaire d'un fief servant en détachait une partie pour la donner à fief, il restait vassal à l'égard du seigneur de qui il tenait, et devenait lui-même seigneur à l'égard de celui à qui il concédait. De même, la partie qu'il conservait restait fief servant, comme auparavant, et devenait fief dominant à l'égard de la partie détachée.—Pothier, *Introd. au tit. des fiefs*, n° 2.

8. — On disait qu'un héritage était tenu en *plein-fief* d'une seigneurie, lorsqu'il en relevait immédiatement, et en *arrière-fief* lorsqu'il relevait d'un vassal de cette seigneurie. Le propriétaire de l'*arrière-fief* était appelé *arrière-vassal* vis-à-vis du seigneur de son seigneur, et ce seigneur lui-même était appelé *seigneur-suzerain* ou simplement *suzerain* vis-à-vis de l'arrière-vassal.—Pothier, *Introd. au tit. des fiefs*, n° 4; Henrion de Pansey, *Introd. au traité des fiefs*, p. 28 et 29.

9.—Lorsqu'on disait qu'un héritage *était tenu en fief* ou *relevait en fief* d'une telle seigneurie ou d'un tel seigneur, cela signifiait qu'il était chargé de la foi et hommage envers le seigneur. — Pothier, *Sur Orléans, introduction aux fiefs*, n° 3.

10.—L'origine des fiefs est un des points les plus obscurs de notre histoire. Divers systèmes ont été émis sur ce point par les historiens et les jurisconsultes. — V. FÉODALITÉ.

11. — Le contrat d'inféodation se formait de deux manières. Quelquefois un souverain ou seigneur détachait de son patrimoine un domaine qu'il concédait à un particulier pour le tenir de lui en fief et lui en faire hommage. D'autres fois le propriétaire d'un bien libre ou allodial en faisait hommage à un prince ou à un seigneur quelconque et le recevait ensuite de sa main sous la condition de le tenir de lui en fief. Dans le premier cas le fief se nommait *fief de tradition*; dans le second cas, *fief d'oblation*. — Merlin, *Rép.*, v° *Réversibilité des fiefs*.

12.—Jugé qu'en Alsace, pays allodial, tout fief dont l'origine n'est ni justifiée ni connue peut, d'après les faits et circonstances, être considéré plutôt comme fief d'oblation que comme fief de tradition. — *Cass.*, 23 fév. 1836, préfet du Bas-Rhin c. Badant et Moutier.

13 — Les feudistes n'étaient pas d'accord sur ce qui constituait l'essence du fief. Toutefois, à travers leurs dissentimens il nous semble facile de reconnaître que généralement ils faisaient consister cette essence dans *la fidélité*, c'est-à-dire dans la reconnaissance, par le vassal, qu'il relevait de tel seigneur; qu'ordinairement et à moins de convention contraire, cette reconnaissance se manifestait par la prestation de la *foi et hommage*, mais que cette prestation n'avait rien de substantiel et que le vassal pouvait en être dispensé par l'acte d'inféodation. — V. à cet égard Dumoulin, *Præfat. feudor.*, nos 114 et 115; d'Argentré, *Préface sur le titre des fiefs*; Pothier, *Introd. au titre des fiefs*, n° 5; Hervé. *Théorie des matières féodales et censuelles*, t. 1er, p. 368; le président Bouhier, *Sur la coutume de Bourgogne*, ch. 43; Henrion de Pansey, *Traité des fiefs*, p. 40 et 41; Merlin, *Rép.*, v° *Fief*, sect. 2e, § 1er. — Mais les auteurs confondaient trop souvent, dans leur langage, *la foi et hommage* avec *la fidélité*, qui étaient cependant des choses bien distinctes, et de cette confusion étaient nées les controverses.

14.—Suivant les principes du droit allemand suivis dans le pays de Porentruy, il ne pouvait y avoir de bail à fief sans une clause expresse qui obligeât le preneur au devoir de fidélité envers le concédant, quels que fussent d'ailleurs les termes de l'acte de concession. — *Cass.*, 10 fév. 1806, Hertzeis c. enregistrement.

15.—L'essence du fief ne pouvait changer, mais il n'en était pas de même de sa nature qui a varié suivant les temps.

16. — Ainsi la perpétuité n'était pas de l'essence du fief; car les premiers fiefs n'étaient que de simples bénéfices à vie, *beneficia*.—Pothier, *Introd. au tit. des fiefs*, n° 6; Hervé, *Théorie des mat. féod.*, *loc. cit.*; Merlin, *loc. cit.*

17. — Il n'était pas non plus de l'essence du fief que la propriété utile fût seule transférée au vassal et que la propriété directe restât au seigneur. La concession pouvait être faite avec transmission de la pleine propriété sans rétention de la propriété directe.—Dumoulin, *Præfat. feudor.*, nos 115 et 115. —Hervé (*Théorie des matières féodales et censuelles*, t. 1er, p. 368 et suiv.) pensait même que, depuis que les fiefs, primitivement temporaires, étaient devenus perpétuels et inamovibles, depuis qu'ils pouvaient être vendus, donnés, depuis qu'ils faisaient partie de l'hérédité du vassal, comme tout autre bien patrimonial, ils devaient être considérés comme appartenant en pleine propriété audit vassal.

18.—On divisait les fiefs en corporels et incorporels. Les corporels étaient ceux qui consistaient en héritage, terres et domaine formant le corps du fief. Les fiefs incorporels étaient ceux qui ne consistaient qu'en cens, rentes ou en offices et dignités.—Henrion de Pansey, *Introduction au traité des fiefs*, p. 31.

19.—On les divisait encore en fiefs de dignité et fiefs simples, que quelques uns nommaient fiefs royaux et non royaux, et d'autres fiefs divisibles et indivisibles. — Les fiefs de dignité étaient les terres titrées, telles que les principautés, duchés, etc. On les appelait royaux, parce que le roi pouvait seul les ériger, et que régulièrement ils ne devaient relever que de lui ou de sa couronne. On les nommait aussi indivisibles, parce qu'ils ne pouvaient être ni divisés ni partagés qu'en vertu de lettres-patentes dûment vérifiées.—Henrion de Pansey, sur Dumoulin, *Introd.*, p. 32.

20.—Les fiefs de dignité étaient anciennement appelés fiefs nobles, parce que, suivant la doctrine des anciens feudistes, ils ennoblissaient ceux qui les possédaient ou du moins qui les avaient possédés pendant un certain nombre de générations. Mais cette dénomination était devenue sans objet depuis que l'ordonnance de Blois (art. 258) avait décidé que la possession d'un fief, quel qu'il fût, ne conférerait plus la noblesse.—Henrion de Pansey, *Introd. au traité des fiefs*, p. 32.

21. — Une autre était celle des fiefs *liges* et fiefs *simples*.—Le vassal *lige* était obligé au service personnellement quand son seigneur en avait besoin, tandis que le vassal *simple* n'y était obligé qu'à raison du fief et pouvait mettre un homme à sa place. — Lefèvre, *Origine des fiefs*; Henrion de Pansey, *Introd. au traité des fiefs*, p. 32.

22. — Enfin, une quatrième division classait les fiefs en fiefs d'honneur, fiefs de profits et fiefs de dangers.—Les fiefs d'honneur étaient ceux dont les propriétaires ne devaient au seigneur que l'hommage seul, sans aucun droit utile. — Les fiefs de profits étaient ceux qui étaient grevés envers le seigneur, outre l'obligation de l'hommage, de certains droits utiles, tels que le quint, le relief, etc. — Les fiefs de dangers obligeaient l'acquéreur ou l'héritier en ligne collatérale de porter la foi avant de prendre possession du fief, à peine de commise. —Henrion de Pansey, *Introd. au traité des fiefs*, p. 33; Salvaing, *Traité des fiefs*.

23.—Vers le dixième siècle, l'habitude d'inféoder s'étant universellement répandue, il en était résulté une multitude d'espèces particulières de fiefs qu'on trouve énumérées dans les anciens feudistes. On donnait en fief des repas, des rentes, etc. L'usage les a abolis. —Henrion de Pansey, *Introd. au traité des fiefs*, p. 29.

24. — Il y avait aussi des fiefs qu'on nommait *jurables et rendables à grande et petite force*. Le dominant de pareils fiefs pouvait se servir des forteresses de ses vassaux pour y mettre garnison en cas de besoin, à la charge de les remettre au vassal quarante jours après la guerre finie : on en trouve des exemples dans les *Assises de Jérusalem*, dans Beaumanoir, dans Salvaing, et il en reste des vestiges dans la coutume de Bar-le-Duc.—Henrion de Pansey, *Introd. au traité des fiefs*, p. 31.

Sect. 2e. — *Quelles personnes pouvaient posséder des fiefs.*

25.—La faculté de posséder des fiefs avait été contestée à trois sortes de personnes : les femmes, les gens de main-morte et les roturiers.

26.—*Femmes*.—Les fiefs ayant été concédés originairement pour le service militaire, dont les femmes sont naturellement incapables, elles furent d'abord exclues du droit de les posséder. — *Consuetud. feudor.*, lib. 1, tit. 1, § 3.

27.—En France, après que les fiefs furent devenus patrimoniaux et héréditaires, les femmes furent admises à les posséder. Mais, dans les premiers temps, le seigneur pouvait les obliger de se remarier, afin qu'il trouvât, dans leurs maris, des vassaux capables de le servir à la guerre.—Merlin, *Rép.*, v° *Fief*, sect. 2e, § 3.

28. — Lorsque cette autorité des seigneurs sur leurs vassales eût été abolie, il resta néanmoins dans les lois et dans les coutumes quelques vestiges de l'ancienne inhabilité des femmes à posséder des fiefs.—Merlin, *loc. cit.*

29.—D'abord elles étaient exclues de la couronne, qui est la source de tous les fiefs. — Merlin, *loc. cit.*

30.—En second lieu, les apanages des enfans de France se réunissaient au domaine du roi, à défaut de postérité masculine, et ne passaient point aux filles.—Merlin, *loc. cit.*

31. — De plus, l'ordonnance de 1566, confirmée par l'art. 279 de l'ordonnance de Blois, voulait que, la ligne masculine venant à manquer, les duchés, les marquisats et les comtés, qui étaient les plus grands fiefs du royaume, fussent réunis à la couronne, à l'exclusion des filles héritières des précédens possesseurs, à moins toutefois qu'il n'eût été expressément dérogé à ces ordonnances par les lettres d'érection des terres.—Merlin, *loc. cit.*

32.—Enfin, il y avait plusieurs coutumes dans le royaume où les femmes étaient, à égalité de degré, exclues par les mâles de la succession des fiefs.—Merlin, *loc. cit.*

33. — *Gens de main-morte.* — Les gens de main-morte ne pouvaient posséder des fiefs qu'en fournissant au seigneur de qui ils relevaient, un homme vivant et mourant, et en lui payant un droit d'indemnité. Il fallait en outre, s'il s'agissait d'acquisitions nouvelles, qu'ils obtinssent du roi des lettres-patentes qui les autorisassent à les faire, et qu'ils payassent au trésor royal une finance appelée *droit d'amortissement*. — Merlin, *Rép.*, v° *Fief*, sect. 2e, § 3.

34. — *Roturiers*.—Quant aux roturiers, on a prétendu qu'ils étaient, dans l'origine, inhabiles à posséder des fiefs, et qu'ils n'avaient pu en posséder dans la suite qu'à la charge de payer au roi le droit de franc-fief, qui se payait tous les vingt ans et à toutes mutations.—V. notamment Pothier, *Introd. au tit. des fiefs*, n° 10.—Mais Merlin (*Rép.*, v° *Franc-fief*) réfute cette assertion et prouve que toujours les roturiers ont pu posséder des fiefs.

Sect. 3e. — *Des droits et devoirs féodaux.*

35.—On s'accordait généralement à diviser les

droits féodaux en trois classes : 1° droits féodaux essentiels ; — 2° droits féodaux naturels ou ordinaires ; — 3° droits féodaux accidentels ou extraordinaires. — Merlin, *Rép.*, v° *Fief*, sect. 2e, § 5 ; Henrion de Pansey, sur Dumoulin, *Introd.*, p. 27 et 28.

36. — La première classe comprenait seulement la fidélité qu'il ne faut pas confondre avec la prestation de foi et hommage. Nous nous sommes au reste suffisamment expliqués plus haut à cet égard.

37. — On entendait par droits féodaux naturels ou ordinaires ceux qui, sans être de l'essence du fief, y étaient cependant attachés à moins de convention contraire. C'étaient la foi et hommage, le relief, le quint, la saisie féodale, le dénombrement, le retrait féodal et la commise. — Henrion de Pansey, *loc. cit.* — Nous allons traiter successivement de chacun de ces droits.

38. — Quant aux droits féodaux extraordinaires, c'étaient ceux qui, ne dérivant ni de l'essence ni de la nature du fief, n'existaient qu'autant qu'ils avaient été établis par une convention expresse, comme les banalités, les corvées, etc. — V., sous chacun de ces mots, les règles auxquelles ils étaient soumis.

§ 1er. — *De la foi et hommage.*

39. — Dans l'origine, la prestation de la foi et hommage consistait principalement dans la promesse solennelle que le vassal faisait à son seigneur de le servir en guerre. — Quand l'obligation du service militaire eut cessé, la *foi* se borna à la promesse de porter au seigneur l'honneur qui lui était dû, et l'*hommage* était proprement la reconnaissance solennelle que faisait le vassal de la supériorité féodale que le seigneur avait sur lui, à cause de son fief, supériorité qu'il témoignait par certaines démonstrations de respect, telles qu'elles étaient prescrites par chaque coutume. — Pothier, *au titre des fiefs*, n° 18.

40. — Le seigneur à qui son vassal portait la foi devait la recevoir ; cette réception se nommait *investiture*. C'était par elle seulement que le vassal se trouvait saisi de son fief vis-à-vis de son seigneur. — Pothier, *loc. cit.*

41. — Comme nous l'avons déjà dit, l'obligation de porter la foi n'était pas de l'essence du fief, mais seulement de sa nature. En conséquence, le vassal pouvait en être dispensé par le contrat d'inféodation; mais il fallait pour cela que la dispense fût formellement stipulée ; dans le silence du contrat, la prestation de foi et hommage était censée imposée par le seigneur. — Dumoulin, *Cout. Paris*, § 3, gl. 4, n° 1er.

42. — La foi créant un lien purement personnel entre le seigneur et le vassal, devait être renouvelée toutes les fois qu'il y avait mutation, soit de vassal, soit de seigneur, et cela encore bien que le vassal eût rendu la foi pour lui et ses successeurs, ou qu'il eût fait le serment de fidélité à son seigneur pour lui et ses héritiers. — Dumoulin, *Cout. Paris*, § 3, gl. 4, n° 55 ; Pothier, *Introd. au tit. des fiefs.*

43. — Lorsque le seigneur ou le vassal, après avoir perdu la propriété de son fief, en redevenait propriétaire en vertu d'un nouveau titre, la foi devait être portée de nouveau; car la première avait été entièrement anéantie par l'aliénation. Mais, si le retour de la propriété s'opérait par la rescision de l'aliénation, cette rescision faisant disparaître tous les effets de l'aliénation, la foi première était censée avoir toujours subsisté, et dès-lors il n'était pas nécessaire de la porter de nouveau. — Pothier, *Introd. au titre des fiefs*, nos 14 et 15.

44. — Lorsqu'une femme qui avait porté la foi pour son fief se mariait, bien qu'elle demeurât propriétaire de son fief, néanmoins son mari était tenu d'en porter la foi ; car, comme elle passait sous la puissance de son mari avec tout ce qui lui appartenait, le mari était censé acquérir par le mariage, sur les biens propres de la femme, une sorte de droit domanial, non de propriété, mais d'honneur et d'autorité, à raison duquel il était censé l'homme du seigneur pour les fiefs du propre de sa femme, et, en cette qualité, tenu d'en porter la foi. — Pothier, *Introduction au tit. des fiefs*, n° 16.

45. — Le mari portant, en son nom de mari et pour lui, la foi pour les fiefs du propre de sa femme, il s'ensuivait que, si la femme ne l'avait pas portée elle-même, elle devait la porter après la mort de son mari. Mais si elle l'avait déjà portée elle-même, elle n'était pas obligée de la porter de nouveau. — Cout. de Paris, art. 39 ; Pothier, *Introd. au titre des fiefs*, n° 16. — Il en était de même en cas de mariage de la femme propriétaire du fief dominant. — Pothier, *loc. cit.*

46. — Le vassal était tenu de porter la foi en personne, et le seigneur n'était pas tenu de l'admettre à la porter par procureur, à moins qu'il ne fût dans le cas d'un juste empêchement. — Cout. de Paris, art. 67 ; — Pothier, *Introd. au tit. des fiefs*, n° 18.

47. — Mais il n'était pas nécessaire qu'il y eût pour le vassal impossibilité absolue de porter la foi en personne, il suffisait qu'il se trouvât dans des circonstances qui l'empêchassent de se transporter commodément au domicile du seigneur. — Dumoulin, *Sur Paris*, § 67, n° 2. — V. sur les différentes excuses qui dispensaient le vassal de porter la foi en personne, Constant, *Sur Poitou*, gl. 1re ; Louet et Brodeau, lett. F, ch. 28 ; Boyer, *Sur Bourges*, tit. 2, ch. 18 ; Charondas, *Sur Paris*, art. 67 ; Ferrière, *ibid.* ; Lalande, *Sur Orléans*, art. 65 ; Buridan, *Sur Reims*, art. 3 ; Couart, *Sur Chartres*, art. 1er ; Maichin, *Cout. de Saint-Jean-d'Angéli*, tit. 4, art. 18, ch. 16.

48. — Lorsque l'empêchement était perpétuel, le seigneur était obligé d'investir le fondé de pouvoir ; lors au contraire qu'il était passager, le seigneur pouvait se contenter de donner souffrance, et, l'obstacle levé, le vassal était obligé de se présenter en personne. — Cout. de Paris, art. 67 ; — Dumoulin, § 67, nos 2 et 3.

49. — Le procureur devait être une personne honnête. Si, par exemple, le vassal avait donné sa procuration à son laquais, le seigneur eût pu la refuser. — Pothier, *Introd. au tit. des fiefs*, n° 20.

50. — Le seigneur n'était obligé d'investir le procureur du vassal ou de lui donner souffrance qu'autant que celui-ci commençait par lui payer les droits utiles lorsqu'ils étaient dus. — Dumoulin, *Sur Paris*, § 67, n° 5.

51. — La procuration donnée à un tiers à l'effet de porter la foi au seigneur, en cas d'empêchement du vassal, devait être spéciale *ad hoc* ; elle devait exprimer en détail les excuses du vassal, excuses que le procureur fondé était tenu d'affirmer véritables, sans cependant être obligé d'en prouver la réalité. Mais le seigneur, en donnant l'investiture ou la souffrance, pouvait insérer dans l'acte, qu'il entendait qu'elles n'auraient d'effet qu'autant que l'excuse serait véritable ; il pouvait même déclarer dans l'acte qu'il saisissait et donnait main-levée conditionnelle du fief ; de sorte que, si l'excuse était fausse, la main-levée était censée n'avoir jamais existé, et il devait recouvrer les fruits échus depuis la saisie. Si même il était convaincu que l'excuse n'était qu'un prétexte simulé, il pouvait rejeter les offres du procureur, saisir et jouir des fruits du fief à ses risques et périls. — Dumoulin, *Sur Paris*, § 67, nos 5 et 6.

52. — Lorsqu'un fief était possédé par un corps, une communauté, la foi devait être portée, non point par tous les membres de ce corps, de cette communauté, mais par un seul pour tous. — Pothier, *Introd. au titre Des fiefs*, n° 18 ; Dumoulin, *Cout. de Paris*, § 3, gl. 4e, n° 39.

53. — Lorsqu'un fief se divisait entre plusieurs cohéritiers et qu'ils étaient tous majeurs, chacun d'eux était obligé de présenter la foi en spécifiant pour quelle part il la rendait. Lorsque quelques uns étaient mineurs, le seigneur était obligé ou de leur donner souffrance, ou de permettre que celui qui était majeur fît la foi pour la totalité du fief. — Dumoulin, *Cout. de Paris*, § 3, gl. 4, n° 26.

54. — Lorsque le fief était indivis, la plupart des auteurs pensaient que le seigneur ne pouvait néanmoins exiger que tous lui présentassent la foi ensemble et collectivement, mais qu'il était obligé de les investir à mesure qu'ils se présentaient. — Dumoulin, *Cout. de Paris*, § 3, gl. 4e, n° 28 ; *Arrêtés* de Lamoignon, tit. *Des fiefs*, art. 8 ; Livonière, *Des fiefs*, liv. 1er, ch. 6 ; Guiot, *De la foi et hommage*, ch. 3, n° 5 ; le pr. Bouhier, *Cout. de Bourgogne*, ch. 43 ; Legrand, *Cout. de Troyes*, art. 22, gl. 5e, n° 6 ; Chopin, liv. 3, *De priv. inst.*, part. 3e, ch. 10 ; Tournet, sur l'art. 35, cout. Paris ; Brodeau, sur Louet, lett. F, n° 26. — V. aussi arrêt du 7 sept. 1604, rendu en la cinquième chambre des enquêtes.

55. — Mais d'autres auteurs prétendaient que le seigneur pouvait dans ce cas les forcer tous à lui prêter un seul hommage collectivement. — D'Argentré, *Consuet. Britt.*, art. 32, Chasseneur, *In consuet. Burg.*, § 7, *in princ.*, n° 3 ; *lib. feud.*, lib. 2, tit. 77 ; Lhommeau, max. 2, art. 12 ; Charondas, *Sur Paris*, art. 1er.

56. — La foi devait être portée au seigneur ou à la personne qu'il avait commise pour la recevoir. — Pothier, *Introd.*, n° 21.

57. — Le seigneur qui chargeait un procureur de recevoir la foi en son lieu et place devait lui donner à cet effet des pouvoirs spéciaux ; la faculté de recevoir la foi n'était pas censée comprise dans une procuration générale, quelque étendue qu'elle pût avoir. — Dumoulin, *Sur Paris*, § 67, n° 6 ; Bouchenil, *Sur Poitou*, art. 114 ; Brodeau, *Sur Paris*, art. 67, n° 7.

58. — Le seigneur ne pouvait commettre, pour recevoir la foi, une personne de condition vile, un valet ou un ennemi ; il devait commettre un de ses officiers, s'il avait justice, sinon le capitaine ou concierge du château. — Brodeau, *Sur Paris*, art. 67, n° 7 ; Legrand, *Sur Troyes*, art. 40.

59. — Lorsque la dame de qui relevait le fief était sous puissance de mari, c'était à son mari ou aux préposés par son mari et non à elle que la foi devait être portée. — Pothier, *Introd. au titre Des fiefs*, n° 23.

60. — Lorsque le fief dominant était partagé entre plusieurs enfans du seigneur, le vassal n'était point obligé de porter la foi à chacun d'eux séparément ; il suffisait qu'il la fît à l'aîné, à moins que tous les cohéritiers ne voulussent se réunir pour la recevoir en commun. — Si, au lieu d'être les enfans, les cohéritiers étaient des collatéraux entre lesquels il n'y avait pas de droit d'aînesse, il suffisait au vassal de porter la foi à l'un ou à l'autre d'entre eux indistinctement. — Dumoulin, *Cout. de Paris*, § 3, gl. 4e, nos 52, 3, 4. — V. aussi Basnage, sur l'art. 108, cout. Normandie ; le pr. Bouhier, *Cout. de Bourgogne*, ch. 48 ; Duplessis, *Des fiefs*, liv. 1er, ch. 2.

61. — L'usufruitier du fief dominant n'avait pas qualité pour recevoir la foi qui devait être faite au seigneur lui-même comme marque de sa seigneurie directe. — Brodeau, *Sur Paris*, art. 2, n° 9 ; Legrand, *Sur Troyes*, art. 86, gl. 8 ; Basmaison, *De l'orig. des fiefs*, ch. 4 ; Duplessis, *Des fiefs*, liv. 5, ch. 7, sect. 1re ; Ferrière, *Sur Paris*, art. 2, gl. 1re, n° 4. — V. toutefois Dumoulin, *Sur Paris*, § 2, gl. 3e.

62. — Quant au lieu et à la forme en lesquels la foi devait être portée, voici comment s'exprimait à cet égard la nouvelle coutume de Paris, art. 69 : « Le vassal pour faire la foi et hommage et ses offres à son seigneur est tenu aller vers ledit seigneur, au lieu dont est tenu et mouvant ledit fief, et y étant, demander si le seigneur est au lieu ou s'il y a autre pour lui, ayant charge de recevoir la foi de lui et hommage et offres ; et ce faisant doit mettre un genouil en terre, tête nue, sans épée et éperons, et dire qu'il lui porte et fait la foi et hommage qu'il est tenu de faire à cause dudit fief mouvant de lui, et déclarer à quel titre ledit fief lui est avenu, le requérant qu'il lui plaise le recevoir. Et où le seigneur ne serait trouvé, ou autre ayant pouvoir pour lui, suffit faire foi et hommage et offres devant la principale porte du manoir, après avoir appelé à haute voix le seigneur par trois fois, et, s'il n'y a manoir, au lieu seigneurial dont dépend ledit fief, et en cas d'absence dudit seigneur ou de ses officiers, faut notifier lesdites offres au prochain voisin dudit lieu seigneurial, et laisser copie. » — Le pr. Bouhier (*Cout. de Bourgogne*, ch. 43) pensait que la forme adoptée par la coutume de Paris devait être générale pour tout le royaume, à l'exception néanmoins de la génuflexion, qui lui paraissait devoir être réservée au roi, comme étant trop indécente à l'égard des particuliers.

63. — On appelait *souffrance* le délai accordé au vassal pour porter la foi. — Il y en avait deux espèces : la légale, c'est-à-dire accordée par la loi, et la conventionnelle, qui procédait de la volonté des parties. — Pothier, *Introd. au tit. Des fiefs*, n° 28 ; Dumoulin, sur Paris, § 42, n° 1er.

64. — La souffrance légale consistait dans le délai de quarante jours que la coutume accordait au vassal pour porter la foi à son seigneur dans le cas où la mutation arrivait par le décès soit du seigneur, soit du vassal. — Cout. de Paris, art. 7 et 65 ; Dumoulin, § 42, n° 1er ; Pothier, *Introd. au titre Des fiefs*, nos 29 et 30.

65. — Dans le cas où la mutation était arrivée du côté du seigneur, le délai de quarante jours ne commençait à courir que du jour de la sommation faite par le nouveau seigneur à ses vassaux de venir lui porter la foi. — Cout. de Paris, art. 65 ; — Pothier, *Introd. au titre Des fiefs*, n° 30.

66. — Quant à la souffrance conventionnelle, elle était ou libre ou nécessaire. — Dumoulin, *Sur Paris*, § 65, nos 1er et 2.

67. — La souffrance conventionnelle libre était celle que le seigneur accordait bénévolement et sans y être aucunement obligé. Elle ne durait que le temps qu'il lui avait plu de fixer en l'accordant. Elle n'avait d'effet qu'à l'égard de la mutation pour laquelle elle avait été accordée ; de sorte que si le vassal qui l'avait obtenue venait à décéder avant l'expiration du délai, son héritier n'avait pour porter la foi que le délai de la souffrance légale. — Dumoulin, *Sur Paris*, § 65, nos 1er et 2.

68. — La souffrance conventionnelle nécessaire était celle que le seigneur ne pouvait refuser lorsqu'elle lui était demandée. Mais tant qu'elle ne lui était pas demandée, il pouvait exercer la saisie féodale. — Dumoulin, *Sur Paris*, § 41, n° 5.

69. — Ainsi, lorsque tous les héritiers auxquels était échu un fief étaient mineurs et en tutelle, le

seigneur était obligé de leur accorder souffrance jusqu'à ce qu'ils eussent ou du moins jusqu'à ce que l'un d'eux eût atteint l'âge nécessaire pour pouvoir faire la foi. — Cet âge était de vingt ans pour le fils et de quinze ans pour la fille. — Cout. de Paris, art. 41.

70. — Si, lorsque l'un d'eux avait atteint sa majorité, le seigneur ne consentait pas à les investir tous en la personne de leur aîné, la souffrance continuait pour les autres jusqu'à ce qu'ils fussent devenus capables de porter la foi chacun pour soi-même. — Dumoulin, *Sur Paris*, § 41, nº 2.

71. — La souffrance devait être demandée, ou par le tuteur ou par les mineurs sous son autorité. — Dumoulin, *Sur Paris*, § 41, nº 3.

72. — Plusieurs auteurs pensaient même que lorsque les mineurs n'avaient pas de tuteur, le seigneur ne pouvait saisir féodalement, encore bien que la souffrance ne lui eût pas été demandée, et que, s'il saisissait, il devait être condamné soit à la restitution des fruits seulement, s'il avait ignoré la minorité de ses vassaux, soit même à des dommages-intérêts, s'il l'avait connue. — Dumoulin, *Sur Paris*, § 41, nº 4; Brodeau, *Sur Paris*, art. 41, nº 17; Basnage, *Sur Normandie*, art. 197; Lalande, *Sur Orléans*, art. 34; Legrand, *Sur Troyes*, art. 20; Billecoq, *Principes des fiefs*, liv. 5, ch. 4; Lacombe, vº *Souffrance;* Ferrière, *Sur Paris*, art. 41, *Des fiefs*.

73. — Mais d'autres auteurs combattaient cette opinion et soutenaient que, la coutume n'accordant pas la souffrance de plein droit, il fallait nécessairement qu'elle fût demandée au seigneur, et que si elle ne l'avait pas été, quelle qu'en fût d'ailleurs la cause, la saisie des fruits pouvait être valablement faite. — V. notamment le pr. Bouhier, *Sur Bourgogne*, ch. 45, nº 95; Duplessis, *Des fiefs*, lib. 1, ch. 3; Cujas, *In feud.*, lib. 4, tit. 13; Bacquet, *Droits de justice*, ch. 14, nº 15; Bourjon, *Droit comm.*, *Des fiefs*, ch. 1er, nº 28; Le Camus, *Observ. sur l'art. 41, de Paris.*

74. — C'était au seigneur que la souffrance devait être demandée, à moins qu'il ne fût mineur ou interdit, ou que ce ne fût une femme sous puissance de mari; auxquels cas elle devait être demandée au tuteur, curateur ou mari. — Pothier, *Introd. au titre des fiefs*, nº 54.

75. — Il n'était pas nécessaire de se transporter au principal manoir pour demander la souffrance. Elle pouvait être valablement faite soit au seigneur en personne, en quelque lieu qu'il fût trouvé, soit à son domicile ordinaire. — Pothier, *Introd. au titre des fiefs*, nº 36; Duplessis, *Des fiefs*, liv. 1er, ch. 8; Bourjon, *Dr. comm.*, 1re partie *Des fiefs*, ch. 1er, nº 30.

76. — Tant que la foi n'avait point été prêtée, le fief était dit *ouvert*, c'est-à-dire vacant, comme s'il n'avait point de maître; car le seigneur ne connaissait pas pour propriétaire du fief mouvant celui qu'il n'en avait point investi. Lors au contraire que la foi avait été prêtée et que le vassal avait été investi, le fief était dit *couvert* et le seigneur, ne pouvant plus le regarder comme vacant, ne pouvait dès-lors le saisir féodalement. — Pothier, *Introd. au tit. des fiefs*, nº 38.

77. — Le seigneur n'était point obligé de demander la foi non plus que les autres droits seigneuriaux à son vassal, c'était à ce dernier à les lui offrir. — Dumoulin, *Sur Paris*, § 63.

78. — La foi devait nécessairement être présentée au principal manoir ou autre lieu dont le fief était mouvant; présentée partout ailleurs, et même à la personne du seigneur, elle était nulle, et le seigneur n'avait pas même besoin de dire qu'il la rejetait, il lui suffisait de ne pas l'accepter. — Dumoulin, *Sur Paris*, § 63.

79. — Toutefois, cette nécessité de porter la foi au lieu qui vient d'être dit recevait quelques exceptions. Ainsi, lorsque, par quelques causes étrangères au vassal, même au seigneur, l'accès du principal manoir était impossible, ou lorsque le seigneur n'avait dans l'étendue de sa seigneurie aucun manoir ni ancien ni nouveau; dans ces deux cas, le vassal pouvait valablement faire ses offres au seigneur *ad personam patroni,* soit dans le lieu de son domicile ordinaire, soit dans quelque autre lieu convenable et honnête. — Dumoulin, *Sur Paris*, § 63, nos 1er, 2 et 3.

80. — Il était encore une autre cause qui dispensait le vassal de porter la foi au manoir de son seigneur, c'était l'inimitié qui existait entre eux. Mais il ne suffisait pas pour cela de quelque léger différend, il fallait une inimitié grave, quelques auteurs disent même capitale, et dont les causes fussent bien reconnues. — Henrys, t. 2, liv. 3, quest. 1re; D'Argentré, *Sur Bretagne*, art. 332; Ragueau, *Sur Berry*, art. 19. — Henrys (*loc. cit.*), pensait que, dans ce cas, il fallait chercher quelque tempérament et choisir la maison du curé, ou consentir que l'hommage se fît en la présence d'un magistrat et officier royal et d'autres personnes.

81. — Lorsque le seigneur avait abandonné son ancien château pour en habiter un nouveau, le vassal pouvait, à son choix, faire les offres à l'ancien ou au nouveau château, pourvu toutefois que ce dernier fût dans l'étendue de la seigneurie et qu'il formât le principal domicile du seigneur. — Dumoulin, *Sur Paris*, § 63, nos 4 et 5.

82. — Lorsque le vassal présentait la foi au seigneur lui-même ou à son fondé de pouvoir *ad hoc*, quoiqu'ils refusassent de l'accepter, il n'était pas nécessaire de leur notifier une pareille présentation. Cette notification n'était nécessaire qu'autant que le vassal n'avait trouvé au principal manoir ni le seigneur, ni procureur fondé de sa part pour donner l'investiture. — Dumoulin, *Sur Paris*, § 63, nº 10.

83. — Suivant Dumoulin (*Sur Paris*, § 63, nº 13), les offres régulièrement faites n'avaient pour effet que d'empêcher la saisie féodale; le vassal, malgré ces offres, n'en était pas moins tenu de présenter de nouveau la foi au seigneur lorsqu'il était sommé de le faire. Mais cette opinion de Dumoulin n'avait point été suivie et on tenait généralement que, par l'effet des offres régulièrement faites, le vassal se trouvait acquitté de la foi envers son seigneur. — Brodeau, *Sur Paris*, art. 63; Ricard, *Sur Paris*, art. 63; Charondas, *Sur Paris*, art. 63; Bacquet, *Des Droits de justice*, chap. 14, nº 27. — V. aussi en sens conforme, Coutumes de Vermandois, art. 187; Reims, art. 110; Ribemont, art. 23; Auxerre, 44, 45 et 46; Orléans, art. 45.

84. — Des offres vagues et incertaines ne suffisaient point pour acquitter le vassal à l'égard du seigneur; ainsi le donataire d'un fief ne devait pas se contenter de faire des offres, aux termes de la coutume il devait offrir une somme d'argent fixe et déterminée; car il fallait que cette somme fût spécifiée pour que le seigneur pût la choisir. Mais il n'était pas nécessaire d'exprimer nommément le revenu d'un an et le dire de prud'homme; ainsi les offres étaient valables lorsqu'elles étaient conçues en ces termes: *J'offre la foi, la somme de dix livres une fois payée, ou les autres droits, aux termes de la coutume.* — Dumoulin, *Sur Paris*, § 63, nos 15 et 17.

85. — Le vassal était obligé d'offrir non seulement les droits dus de son chef, mais encore tous ceux échus par les précédentes ouvertures pour lesquelles il n'y avait point eu d'investiture. Il était même obligé de s'en rapporter à cet égard à la parole du seigneur (sauf à discuter ensuite), sinon le seigneur pouvait saisir féodalement. — Dumoulin, *Sur Paris*, § 63, nº 24; D'Argentré, *Sur Bretagne*, art. 71, nº 6; Basnage, *Sur Normandie*, art. 169; Loisel, liv. 4, tit. 2, régl. 19; Brodeau, *Sur Paris*, art. 1er; Ferrière, *Sur Paris*, art. 63, nº 29; Legrand, *Sur Troyes*, art. 42; Livonière, *Des fiefs*, liv. 1er, chap. 8, sect. 1re; Bourjon, *Droit commun des fiefs*, part. 1re, chap. 1er, nº 128; Le Camus, *Sur Paris*, art. 24. — V toutefois Charondas, *Sur Paris*, art. 63; Duplessis, *Des fiefs*, liv. 5, chap. 1er; Guiot, *De la foi et hommage*, chap. 5.

86. — Il n'était pas nécessaire que les offres fussent réelles; cependant elles étaient nulles si, à l'instant où le seigneur offrait de donner l'investiture, le vassal n'était pas en état de les réaliser. — Dumoulin, *sur Paris*, § 63, nº 26.

87. — Dans l'origine, quand plusieurs seigneurs étaient en procès sur la question de savoir duquel d'entre eux un fief était mouvant, le vassal, pour obtenir l'investiture, s'adressait à son suzerain, à son défaut, à l'arrière-suzerain, et ainsi de suite jusqu'au roi. Mais depuis, un usage contraire avait prévalu. Le vassal qui voulait se faire recevoir par main-souveraine s'adressait directement au roi, et prenait des lettres en chancellerie portant commission à un juge royal de lui donner l'investiture. Toutefois, ce nouvel usage n'avait pas entièrement aboli l'ancienne manière, de sorte que, quand la mouvance du fief était contestée, le vassal pouvait se faire investir par le suzerain, après avoir fait sommation aux contendans de s'y trouver. — V. à cet égard Dumoulin, *Sur Paris*, § 60, nos 10, 11 et 12; Coquille, *Quæst.*, ch. 39; d'Argentré, *sur Bretagne*, art. 112; Bacquet, *Traité des Amortissemens*, ch. 59, nº 6; Lalande, *Sur Orléans*, art. 87; Brodeau, *Sur Paris*, art. 60, nº 12; Boucheuil, *Sur Poitou*, art. 123; Duplessis, *Des fiefs*, liv. 5, ch. 6; Charondas, *Sur Paris*, art. 60; Bourjon, *Dr. comm. des fiefs*, part. 1re, ch. 1er, nº 116.

88. — Le vassal qui se faisait investir par main-souveraine était obligé de consigner en justice les droits et devoirs par lui dus à cause du fief. — Coutume de Paris, art. 60; — Duplessis, *Des fiefs*, liv. 5, ch. 6.

89. — En outre, lorsque l'un des deux seigneurs contendans avait fait saisir, le vassal était obligé de déposer l'estimation des fruits qu'il pouvait avoir perçus depuis la saisie, et même, s'il avait enfreint cette saisie, il était encore obligé de consigner l'amende qu'il avait encourue, à moins qu'on ne voulût bien se contenter d'une caution. — Dumoulin, *Sur Paris*, § 60, nº 15.

90. — La consignation devait être faite partie présente ou dûment appelée. S'il y avait procureur constitué, il suffisait d'assigner le seigneur au domicile de ce procureur. — Billecoq, *Des fiefs*, liv. 9, ch. 7.

91. — Le vassal pouvait avoir recours à la main-souveraine, lors même que les deux contendans ne possédaient que des francs-alleux pour lesquels ils ne relevaient de personne, s'ils prétendaient que le fief dont ils se disputaient la mouvance était dans la dépendance féodale de ces francs-alleux. — Dumoulin, § 60, nº 28.

92. — La réception par main-souveraine ne conférait point au vassal une investiture définitive; quand le procès se trouvait jugé entre les seigneurs contendans, le vassal était tenu de porter la foi à celui qui avait obtenu gain de cause. — Cout. de Paris, art. 60; — Duplessis, *Des fiefs*, liv. 5, ch. 6; Bourjon, *Dr. comm. des fiefs*, part. 1re, ch. 1er, nº 122; Boucheuil, *Sur Poitou*. art. 123, nº 7.

93. — Le vassal pouvait, en tout état de cause et jusqu'au jugement définitif, demander à être reçu par main-souveraine, et les parties ne pouvaient empêcher le juge de donner l'investiture, à moins que l'une des deux ne prouvât clairement, et sur-le-champ, que la mouvance lui appartenait, ou que la réclamation de son adversaire n'était que le résultat d'une collusion entre lui et le vassal. — Dumoulin, *Sur Paris*, § 60, nº 57.

94. — Lorsque le vassal prétendait relever de l'un des contendans à l'exclusion de l'autre, son investiture ne valait que contre celui qu'il avait reconnu, et ne pouvait préjudicier au droit de commise acquis à celui qu'il avait désavoué. — Dumoulin, *Sur Paris*, § 60, nº 49.

95. — Lorsque le propriétaire du fief dont la mouvance était disputée, prétendait tenir en franc-alleu; et conséquemment ne relever de personne, il ne pouvait évidemment recourir à la main-souveraine; la saisie faite par les contendans tenait donc jusqu'à la fin du procès, à moins qu'il ne se désistât de sa prétention, ou qu'il ne fît un désaveu formel. — Dumoulin, *sur Paris*, § 60, nº 49.

96. — Si, avant la fin du procès, le fief subissait une nouvelle mutation, le nouveau propriétaire ne pouvait échapper à une nouvelle saisie qu'en se faisant recevoir par main-souveraine, comme son prédécesseur. — Dumoulin, *sur Paris*, § 60, nº 58; Bacquet, *Du dr. d'amortissement*, ch. 59, nº 8; Ferrière, *Sur Paris*, art. 60, gl. 2.

§ 2. — *Du relief.*

97. — Dans l'origine, les fiefs retournaient au seigneur à la mort du vassal. — Merlin, *Rép.*, vº *Relief*. — V. aussi FÉODALITÉ.

98. — Lorsqu'ils furent devenus héréditaires, l'investiture était toutefois nécessaire pour en transférer la propriété à l'héritier. Cette investiture ne pouvait, à la vérité, être refusée; mais les seigneurs pouvaient y mettre des conditions, et ils avaient grand soin de se réserver à chaque mutation des droits de différentes espèces. — Merlin, *Rép*; vº *Relief*; Henrion de Pansey sur Dumoulin, p. 90, note.

99. — Les vexations auxquelles cette faculté donna lieu, de la part des seigneurs, firent sentir la nécessité de fixer ces droits d'une manière invariable. On les réduisit à deux principaux, le relief et le quint. — Henrion de Pansey, *loc. cit.*

100. — En Dauphiné, en Poitou, le droit de relief était appelé *plait*, du mot latin *placitum*, *placimentum*, parce que la fixation en était d'abord laissée à la discrétion des seigneurs. Dans d'autres provinces, il s'appelait *muage*, *muance*, et dans la basse latinité *matagium*, parce qu'il était dû pour la mutation des vassaux. — Henrion de Pansey sur Dumoulin, p. 90, note.

101. — Le relief consistait dans le droit, pour ce seigneur, d'opter entre le revenu du fief d'un an, en nature, ou l'équivalent de ce revenu en argent, fixé au dire de prud'homme, ou enfin une somme d'argent offerte pour une fois par le vassal. — Cout. de Paris, art. 47; — Pothier, *Introd. aux fiefs*, nº 217.

102. — L'année du relief commençait du jour des offres acceptées ou valablement faites par le vassal, et durait jusqu'à pareil jour de l'année suivante. Il ne se faisait qu'une seule cueillette d'une sorte de fruits. — Cout. de Paris, art. 49.

103. — Lorsque le fief avait été affermé de bonne foi et sans fraude, le seigneur qui en prenait le revenu pour son relief, ne pouvait expulser le fermier, mais devait se contenter de la redevance par lui due. — S'il n'y avait qu'une partie du fief qui fût affermée, le seigneur pouvait exploiter le surplus par

ses mains en rendant les labours, semences et frais. — Cout. de Paris, art. 56 et 57.

104. — Lorsque le fief ne consistait qu'en une maison seule et qu'elle était louée par le vassal, le seigneur devait se contenter du loyer. Si elle n'était pas louée, il devait prendre le loyer au dire de gens à ce connaissant. — Cout. de Paris, art. 58.

105. — Lorsque le fief était exploité en entier par le vassal et que le seigneur voulait le cultiver lui-même, il devait avoir les caves, greniers, granges, étables, pressoirs et celliers qui étaient au principal manoir servant pour cueillir et garder les fruits. Il devait avoir également une portion du logis pour se loger quand il y voulait aller pour cueillir et conserver les fruits, sans toutefois déloger son vassal, femme et enfans, et famille y demeurant. — Cout. de Paris, art. 58.

106. — Dans le cas où, au lieu de prendre le revenu en nature, le seigneur aimait mieux en recevoir l'estimation, au dire de prud'hommes, ces prud'hommes devaient être au nombre de deux, nommés, l'un par le seigneur et l'autre par le vassal. — Dumoulin, *Sur Paris*, § 47, gl. 3e, n° 1er.

107. — L'estimation devait être basée, non seulement sur le produit annuel des fruits, mais encore sur ce que les lods et ventes, et tous les autres droits pouvaient produire, année commune; et, le vassal était obligé de communiquer les livres et registres nécessaires. — Dumoulin, *Sur Paris*, § 47, gl. 3e, n° 8.

108. — Lorsque parmi les objets composant le fief il y avait des choses dont les fruits ne se perçoivent pas chaque année, comme des bois-taillis, des étangs, etc., le seigneur avait droit, non pas à la valeur totale d'une récolte, mais à une part de cette valeur proportionnée à la durée de sa jouissance. — Cout. de Paris, art. 48; — Dumoulin, *Sur Paris*, § 48, n° 4; Pothier, *Introd. aux fiefs*, n° 219.

109. — La quotité de la somme que le vassal devait offrir était laissée à son arbitrage, et ainsi il pouvait offrir ce qu'il jugeait à propos, pourvu cependant que, par leur extrême disproportion avec la valeur de la chose, ces offres ne fussent pas dérisoires. — Dumoulin, *Sur Paris*, § 47, gl. 4e.

110. — Les offres faites, si le seigneur ne déclarait pas son choix après un certain temps, le juge, à la réquisition du vassal, pouvait lui fixer un délai, lequel passé, le choix était déféré au vassal. Ce délai devait être de quarante jours. — Dumoulin, *Sur Paris*, § 47, gl. 5e; Duplessis, *Des fiefs*, liv. 4, ch. 1er; Bourjon, *Du relief*, n° 7.

111. — Le droit de relief était dû au seigneur pour toute mutation de vassal, excepté : 1° dans les cas de vente ou de bail à rente rachetable où il était dû un droit de quint; — 2° dans le cas de succession directe, soit ascendante, soit descendante, où il n'était dû au seigneur que *la bouche et les mains*, c'est-à-dire la foi et hommage; 3° dans le cas de donation en ligne directe faite en avancement d'hoirie, où il n'était pareillement dû que la foi et hommage. — Cout. de Paris, art. 3, 23 et 33; — Dumoulin, *Sur Paris*, § 33.

112. — Ainsi, l'échange n'étant pas compris dans les cas exceptés, donnait ouverture au droit de relief.

113. — Il en était de même des successions en ligne collatérale, ainsi que des donations, lorsqu'elles n'étaient pas faites en ligne directe et en avancement d'hoirie.

114. — Il y avait entre la foi et le relief cette notable différence que la première était due toutes les fois que le fief était ouvert, tandis que le relief n'était dû qu'autant qu'il y avait *changement de main*, c'est-à-dire un vassal substitué à un autre. Ainsi, pour que le seigneur pût saisir féodalement, il n'était pas nécessaire que le fief eût changé de propriétaire, il suffisait qu'il n'y eût plus de vassal, que l'ancien eût cessé de l'être, et que la foi n'eût pas été portée par son successseur. Au contraire, pour que le droit de relief fût dû, il ne suffisait pas que l'ancien vassal eût cessé de l'être, et que le fief fût devenu vacant, il fallait encore qu'il fût passé en d'autres mains, qu'il y eût un nouveau vassal. — Dumoulin, *Sur Paris*, § 33, nos 1er à 6; Pothier, *Introd. aux fiefs*, n° 178.

115. — Lors donc qu'une donation était faite, le relief n'était pas dû par le contrat de donation; il fallait, pour que le seigneur pût l'exiger, qu'il y eût changement de main, c'est-à-dire tradition réelle ou au moins feinte. — Dumoulin, *Sur Paris*, § 33, n° 6; Pothier, *Introd. aux fiefs*, n° 179.

116. — De même, lorsque le vassal mourait sans laisser d'héritiers en ligne directe, le relief n'était pas dû au seigneur, par le seul fait de l'ouverture de la succession, il n'était dû qu'autant que la succession était appréhendée, soit par les héritiers collatéraux, soit, en cas de répudiation de leur part, par le fisc. — Dumoulin, *Sur Paris*, § 33, gl. 1re, n° 5; Pothier, *Introd. aux fiefs*, n° 178.

117. — Si le fisc lui-même rejetait cette succession à cause des dettes dont elle était chargée, le fief restant ouvert, le seigneur jouissait de tous les fruits en vertu de la saisie; mais les créanciers pouvaient le forcer à donner main-levée en lui présentant la foi par le ministère d'un curateur à la chose abandonnée. Mais l'admission de ce curateur en foi donnait-elle lieu au relief? Les auteurs étaient partagés sur cette question. — Dumoulin (*Cout. de Paris*, § 33) enseignait la négative, se fondant sur ce qu'il n'y avait pas, dans ce cas, un véritable changement de main; et son sentiment était partagé par Guyot (*Du relief*, chap. 4, sect. 6e). Mais l'affirmative était soutenue par Auzanet, *Sur Paris*, art. 34; Le Camus, Ferrière et Choppin, *Sur Anjou*, liv. 2, tit. *Des rachats*, n° ult.; Bacquet, *Des droits de justice*, chap. 14, n° 24. — Entre ces deux opinions extrêmes, il y avait un parti moyen, adopté par d'autres auteurs, et qui consistait à affranchir l'établissement du curateur du paiement du relief, parce que, représentant le dernier propriétaire, il ne s'était point opéré de changement effectif, mais en même temps à obliger les créanciers de constituer homme vivant et mourant, par le décès duquel le relief serait dû, s'il arrivait avant l'adjudication des biens vacans. — V. Brodeau, *Sur Paris*, art. 34; Duplessis, *Des fiefs*, liv. 1, ch. 3; Lemaitre, *Sur Paris*, p. 24; Legrand, *Sur Troyes*, art. 28; Loiseau, *Du déguerpissement*, liv. 6, ch. 5; Livonière, *Des fiefs*, liv. 4, chap. 1er; Billecoq, *Des fiefs*, liv. 4, ch. 66.

118. — Lorsque la donation ou l'échange avaient été suivis d'une tradition réelle, et qu'ensuite les parties avaient résilié le contrat, le seigneur pouvait exiger le droit de relief, malgré cette résiliation, parce qu'alors il y avait eu changement de main. — Dumoulin, *Sur Paris*, § 33, n° 10.

119. — Mais, lorsqu'il n'y avait eu qu'une tradition feinte qui s'opérait par les clauses de constitut, de précaire et d'usufruit, bien que cette tradition produisît un véritable changement de vassal, cependant la plupart des auteurs pensaient que, tant que le seigneur n'avait formé aucune demande de ses droits, l'acte pouvait être anéanti à son préjudice, parce que la tradition feinte ne consistant que dans le consentement des parties pouvait être annulée par un consentement contraire. — V. notamment Dumoulin, *Sur Paris*, § 33, n° 10, et § 55, gl. 1re; d'Argentré, *De laud.*, § 2; Bretonnier, sur Henrys, t. 2, liv. 3, *quæst.* 29; Guipape, *Quæst.* 101, nos 7 et 8; Pothier, *Introd. aux fiefs*, n° 179.

120. — Lorsqu'après une donation suivie de tradition réelle, une rétrocession faisait revenir le fief entre les mains du donateur, comme alors il y avait eu double changement de vassal, il était dû au seigneur deux reliefs et non pas un seul. — Dumoulin, *Sur Paris*, § 33, n° 31; Pothier, *Introd. aux fiefs*, n° 180.

121. — Toutes les fois que l'aliénation était déclarée nulle, il n'était dû au seigneur aucun droit de relief. Ainsi, lorsqu'un mineur avait fait une donation, et que, devenu majeur, il l'avait fait anéantir, le seigneur ne pouvait rien exiger, ni pour la transmission de la chose au donataire, ni pour sa réversion au donateur, et si les droits résultant de cette prétendue donation lui avaient été payés, il était obligé de les restituer après l'entérinement des lettres de rescision, lors même que les droits lui avaient été offerts et payés sans qu'il les eût demandés. — Dumoulin, *Sur Paris*, § 33, nos 32 et 33; Pothier, *Introd. aux fiefs*, n° 181.

122. — Lorsque la donation était révoquée pour cause d'ingratitude, la réversion du fief au donateur ne donnait pas lieu à un nouveau relief; mais le seigneur n'était point obligé de rendre celui qu'il avait reçu à cause de la donation, et même il pouvait l'exiger, s'il ne lui avait pas été payé, parce que cette révocation n'avait pas un effet rétroactif. Il en était de même à l'égard des donations révoquées par survenance d'enfans. — Pothier, *Introd. aux fiefs*, n° 181; Dumoulin, *Sur Paris*, § 33, nos 57 et 58; Guiot, *Du relief*, ch. 15, n° 37. — V. cependant Salvaing, *Tr. des fiefs*, chap. 89.

123. — En cas de partage d'un fief entre cohéritiers ou entre associés, le relief n'était pas dû, soit que la chose fût divisée par portions égales entre les copartageans, soit qu'elle formât le lot d'un seul. — Dumoulin, *Sur Paris*, art. 33, nos 69 et suiv.

124. — Mais, dans ce dernier cas, pour qu'il en fût ainsi, il fallait que l'attribution du fief se fît par l'acte même du partage; si, après la division, les copartageans eussent cédé leurs portions à l'un d'entre eux, cette cession eût donné ouverture, soit au droit de quint, soit au relief, suivant qu'elle aurait eu le caractère d'une vente ou d'un échange. — Dumoulin, *Sur Paris*, *loc. cit.*

125. — Le partage ne donnait pas ouverture au relief dans le cas même où le fief, formant la seule

chose à partager, était abandonné en entier à l'un des copartageans, moyennant une récompense que ce dernier donnait en chose à lui appartenant, à moins toutefois que l'acte ne fût un véritable échange déguisé sous l'apparence d'un partage, auquel cas le seigneur pouvait exiger le relief. — Dumoulin, *Sur Paris*, *loc. cit.*

126. — Lorsque l'immeuble donné en récompense était lui-même un fief, comme ce fief, bien que figurant dans le partage, n'était pas lui-même l'objet du partage, le seigneur de ce fief avait droit au relief à raison de l'échange qui en était fait. — Dumoulin, *Sur Paris*, *loc. cit.*

127. — La règle qu'il n'était pas dû de relief en cas de partage s'appliquait dans le cas même où, avant le partage, tous les copropriétaires avaient porté la foi au seigneur, chacun pour leur portion indivise. — Dumoulin, *Sur Paris*, *loc. cit.*

128. — Lorsqu'un fief était échu à plusieurs héritiers collatéraux et que l'un d'eux portait la foi, et offrait le relief pour tous, le seigneur était-il obligé de l'investir pour la totalité du fief? Il y a à cet égard une distinction à faire.

129. — Si celui qui se présentait ainsi était seul en possession, ou avait seul fait acte d'héritier, le seigneur ne pouvait refuser ses offres, et même il n'eût point été reçu à prouver qu'il y avait un héritier plus proche que celui qui se présentait. — Dumoulin, *Sur Paris*, § 33, n° 89.

130. — Si, au contraire, plusieurs héritiers eussent appréhendé la succession et qu'un seul eût présenté les droits et devoirs, le seigneur eût été obligé à la vérité de le recevoir en foi et de lui donner main-levée de la saisie féodale, mais seulement pour sa portion; quant aux autres héritiers cette main-levée ne leur eût point profité, et leurs portions héréditaires seraient demeurées saisies comme auparavant. — Dumoulin, *Sur Paris*, n° 94.

131. — Lorsqu'un fief était légué à un tiers, bien qu'à la mort du défunt l'héritier se trouvât saisi de toute la succession, on ne considérait pas cependant la transmission au légataire comme constituant une double mutation, savoir : du défunt à l'héritier et de l'héritier au légataire; ce dernier était réputé le tenir immédiatement du défunt et dès-lors il n'était dû qu'un droit de relief. — Dumoulin, *Sur Paris*, § 33, n° 106.

132. — Mais le seigneur pouvait exiger deux droits de relief lorsque le legs était fait à certain jour ou sous certaines conditions et que l'héritier en avait joui dans l'intervalle du décès du testateur à l'événement de la condition; dans ce cas, en effet, la propriété avait reposé pendant un certain temps sur la tête de l'héritier, de sorte qu'il y avait eu deux mutations bien réelles. — Dumoulin, *Sur Paris*, § 33, n° 109.

133. — Toutefois, pour que l'héritier fût tenu du relief, il fallait qu'il eût joui pendant l'espace de deux ou trois ans, en sorte que le relief déduit, sa jouissance lui fût utile; s'il n'avait possédé que pendant le cours d'une année, il ne devait rien, parce que, le relief absorbant tout le produit du fief, il ne l'avait pas possédé efficacement. — Dumoulin, *Sur Paris*, § 33, n° 12.

134. — Il n'était également dû qu'un seul relief, si la condition avait été apposée en faveur du légataire, et non pas en faveur de l'héritier, si le testateur avait ordonné qu'à l'événement de la condition, le fief serait donné au légataire avec tous les fruits échus depuis l'ouverture de la succession. — Dumoulin, *Sur Paris*, *loc. cit.*

135. — Lorsque plusieurs fois pendant le cours d'une année un fief avait changé de main, il n'était dû qu'un seul droit de relief pour toutes ces mutations, pourvu qu'elles fussent arrivées par mort, ou par quelque autre cas fortuit, et non par donation, échange ou autre aliénation volontaire. — Dumoulin, *Sur Paris*, § 33, n° 113.

136. — Lors du décès du vassal, si sa femme acceptait la communauté, elle ne devait que la foi, lors même que la totalité du fief était tombée dans son lot. Quant aux héritiers collatéraux (nous ne parlons pas des héritiers directs parce que, comme nous l'avons déjà vu, ils ne devaient que la foi), si la femme acceptait, ils devaient la foi et le relief, mais seulement pour la moitié du fief; si elle renonçait à la communauté, ils devaient la foi et le relief pour le fief tout entier. — Cout. de Rheims, art. 63; — Constant et Boucheuil, *Sur Poitou*, art. 151 et 155; Henrion de Pansey, sur Dumoulin, *Des fiefs*, p. 130, note.

137. — Le relief et la foi étant deux choses bien distinctes, il en résultait que si, pendant la durée de la saisie féodale que le seigneur avait exercée pour défaut de prestation de la foi, il s'opérait plusieurs mutations de vassal, le seigneur n'était pas obligé d'accorder l'investiture au dernier acquéreur qui la lui demandait, à moins qu'on ne lui payât autant de reliefs qu'il y avait eu de mutations pen-

dant la durée de la saisie, et cela encore bien que, par l'effet de cette saisie, il eût recueilli tous les fruits du fief pendant cet intervalle.—Dumoulin, *Sur Paris*, § 33, nos 143, 144 et 145.

138.—Lorsque le vassal faisait donation de son fief, mais toutefois avec réserve de l'usufruit, en quel moment et par qui le relief devait-il être payé? Il y avait à cet égard trois avis différens.—Suivant la coutume de Bretagne, art. 60, et les commentateurs de cette coutume, le relief n'était exigible qu'après la mort du donateur usufruitier et en conséquence devait être payé par le donataire.—Suivant d'autres, le relief était exigible dès le moment de la donation et devait être payé par le donateur. —C'était l'avis de Dumoulin, *Sur Paris*, § 33, nos 154 et suiv.; du prés. Bouhier, *Sur Bourgogne*, chap. 43; de Poutanus, *Sur Blois*, art. 87.—Enfin, le troisième avis était que le relief était dû dès le moment de la donation, mais qu'il devait être payé par le donataire en l'acquit du donateur usufruitier.—Livonière, *Des fiefs*, liv. 4, chap. 2; Loiseau, *Des rentes*, liv. 1er, chap. 10; Legrand, *Sur Troyes*, art. 75, glose 3; Bourjon, *Du relief*, sect. 4, dist. 1re; Duplessis, *Des fiefs*, liv. 4, chap. 4; Ausanet et Ferrière, *Sur Paris*, art. 31.

139.—En règle générale, la femme propriétaire d'un fief, qui venait à se marier, devait le relief au seigneur direct, parce qu'alors il se faisait en quelque sorte une transmission de propriété en la personne du mari, qui devenait l'administrateur et le propriétaire des fruits de ce fief.—Henrion de Pansey, sur Dumoulin, *Des fiefs*, p. 57.

140.—Toutefois, à l'égard des fiefs échus en ligne directe, le fils aîné en faisant la foi et hommage, acquittait ses sœurs de leur premier mariage, tant pour la foi que pour le relief.—Cout. de Paris, art. 35.

141.—Lorsque parmi les héritiers il n'y avait que des filles, ou que le fils aîné, si aucun y avait, n'avait point porté la foi et hommage, il n'était cependant point dû de relief par lesdites filles à cause de leur premier mariage; seulement elles devaient, ou leurs maris pour elles, porter ladite foi, mais sans payer relief.—Cout. de Paris, art. 36.

142.—Lorsque la femme, devenue veuve, se remariait, le relief était dû pour un second mariage, ainsi que pour tous autres qu'elle pouvait contracter ultérieurement.—Cout de Paris, art. 37;—Pothier, *Introd. des fiefs*, no 215.

143.—Toutefois, lorsque, par son contrat de mariage, la femme avait stipulé, non seulement qu'elle ne serait point commune avec son mari, mais encore qu'elle aurait la jouissance et la libre administration de ses biens, le mariage ne donnait point ouverture au relief.—Ferrière, *sur Paris*, art. 37.

144.—A l'égard des fiefs échus en ligne collatérale à une femme avant son premier mariage, ils n'étaient point affranchis du relief.—Cout. de Paris, art. 38;—Henrion de Pansey, sur Dumoulin, p. 58.

145.—Lorsque pendant la durée du premier, second ou autre mariage, un fief échéait à la femme en ligne directe, il n'était dû aucun relief pour cette mutation; si ce fief échéait en ligne collatérale, cette mutation ne donnait ouverture qu'à un seul droit de relief, tant pour le mari que pour la femme.—Cout. de Paris, art. 38.

146.—Sous l'empire de la coutume de Namur, l'héritier testamentaire et même le légataire étaient tenus de relever le fief pour pouvoir le transmettre.—*Cass.*, 8 janv. 1812, de Mercy-Dargenteau et de Gavres c. de Namur-Delzée.

147.—Les priviléges accordés soit aux militaires, soit aux ambassadeurs, ne les dispensaient pas de faire le relief d'un fief à eux échu par succession testamentaire.—Même arrêt.

§ 3.—*Du quint.*

148.—Le quint denier était dû au seigneur toutes les fois qu'un fief était vendu ou baillé à rente rachetable.—Cout. de Paris, art. 23 et 33.

149.—Sous l'ancienne coutume de Paris, le quint était à la charge du vendeur, à moins qu'il n'en eût chargé l'acheteur par la clause de *franc-denier au vendeur* qui s'insérait assez souvent dans les contrats de vente.—Mais comme, à raison de cette clause, le fief était vendu au-dessous de sa valeur réelle, pour indemniser le seigneur du préjudice qu'il en éprouvait, la coutume, outre le quint, lui accordait ce qu'on appelait le requint, c'est-à-dire la cinquième partie du quint.—Lors de la réformation de la coutume, la charge du quint fut imposée à l'acheteur, et dès-lors le requint se trouva supprimé.—Pothier, *Sur Orléans, Introd. au tit. des fiefs*, no 119; Henrion de Pansey, sur Dumoulin, p. 163, note 2e.

150.—Nous avons vu ci-dessus que ce n'était pas le contrat de donation, mais la mutation, le changement de main, qui donnait lieu au relief; il en est autrement du quint, c'était le contrat de vente plutôt que la mutation qui y donnait ouverture.—Dumoulin, *Sur Paris*, § 20, gl. 3, no 12, Pothier, *Introd. des fiefs*, no 120.—V. toutefois *contrà* d'Argentré, *De laudim.*, § 2.

151.—Tant qu'il n'y avait pas encore un contrat de vente parfait, il ne pouvait y avoir ouverture au profit.—Dumoulin, *sur Paris*, § 20, gl. 5, no 23 et suiv.; Pothier, *Introd. au tit. des fiefs*, no 122.

152.—Il suivait de là que l'obligation de vendre, n'étant pas un contrat de vente, ne donnait pas ouverture au profit. Ainsi, lorsque le vassal, par son testament, avait ordonné à son héritier de vendre le fief à telle personne moyennant tel prix, le quint n'était pas dû au seigneur par le seul fait de l'acceptation de la succession du vassal, bien que cette acceptation imposât à l'héritier l'obligation de vendre; il n'était dû qu'autant que la vente était effectuée.—Dumoulin, *loc. cit.*; Pothier, *loc. cit.*

153.—Il suivait encore que, comme les contrats faits sous une condition suspensive ne sont pas parfaits tant que l'incertitude subsiste, si un contrat de vente était fait sous une pareille condition, le droit de quint n'était dû qu'après l'accomplissement de la condition, et qu'il n'était rien dû, si elle venait à défaillir.—Dumoulin, *loc. cit.*, et § 78, glose 1re, no 40; Pothier, *Introd. aux fiefs*, no 123.

154.—Lorsque la vente était faite à terme, le profit était exigible du moment du contrat, pourvu toutefois que la réalisation future de ce terme fût dès-lors certaine; car, si elle avait été incertaine, cette incertitude eût donné au terme le caractère d'une condition suspensive.—D'Argentré, *De laudim.*, § 6.

155.—Lorsque le contrat de vente était nul, il n'était dû aucun profit.—Toutefois, tant que cette nullité n'avait pas été prononcée judiciairement entre les parties, le seigneur pouvait exiger le quint, sauf restitution, si le contrat venait à être postérieurement déclaré nul.—Dumoulin, § 33, gl. 1re, nos 32 et 33; Pothier, *Introd. au tit. des fiefs*, no 124.

156.—Lorsque la tradition qui se faisait en exécution d'un contrat de vente n'en pouvait transférer la propriété à l'acheteur, ce contrat ne donnait point ouverture au droit de quint.—Dumoulin, *ibid.*, no 64; Pothier, no 125.

157.—Ainsi, la vente de la chose d'autrui, bien qu'elle fût valable en ce sens qu'elle obligeait le vendeur à la garantie, ne pouvant avoir pour effet d'opérer translation de la propriété, devait être considérée comme nulle et inefficace en matière de profits féodaux.—Dumoulin, *ibid*; Pothier, *ibid.*

158.—Toutefois, tant que l'acheteur n'avait pas été obligé de délaisser l'héritage au véritable propriétaire, il n'était pas recevable à opposer au seigneur que le vendeur ne l'était pas. Il devait donc payer provisoirement les droits, sauf à les répéter, si plus tard il était forcé de délaisser l'héritage.—Pothier, *Introd. au tit. des fiefs*, no 125.

159—Lorsque l'acheteur, pour éviter de délaisser l'héritage au propriétaire, l'avait de nouveau acheté de lui en reconnaissant son droit, il ne devait le quint que pour la seconde vente, et si le seigneur en avait reçu un pour la première, il devait le compenser jusqu'à due concurrence avec la somme qui lui était due pour la deuxième.—Pothier, *loc. cit.*

160.—Lorsque le contrat de vente avait, par son exécution, transféré à l'acheteur la propriété du fief vendu, quoiqu'il ne la lui eût pas transférée d'une manière irrévocable, il ne laissait pas d'être regardé comme efficace et de donner lieu au profit. —Pothier, *Introd. aux fiefs*, no 127.

161—Pour que l'acheteur fût affranchi de ce droit, il fallait le concours de deux conditions:—1o qu'il n'eût pas de garantie contre son vendeur, soit à cause de l'insolvabilité de ce dernier, soit parce que lui acheteur s'était chargé du risque de l'éviction;—2o qu'il n'eût pas joui assez de temps pour se dédommager du profit par la jouissance de l'héritage.—Dumoulin, *loc. cit.*; Pothier, *loc. cit.*

162.—Lorsque l'acquéreur se trouvait évincé par les créanciers hypothécaires de son vendeur, il était subrogé aux droits du seigneur pour le profit de l'adjudication, jusqu'à concurrence du profit que lui-même avait payé lors de son acquisition. Le seigneur n'avait droit au profit pour l'adjudication qu'en restituant à l'acheteur évincé ce qu'il avait reçu de lui pour la première vente.—Cout. de Paris, art. 79;—Pothier, *Introd. au tit. des fiefs*, no 127.

163.—Comme nous l'avons dit ci-dessus (no 150), aussitôt que le contrat de vente était parfait par le consentement des parties, bien qu'il n'y eût pas encore eu de tradition et par conséquent de changement de main, il y avait ouverture au profit. —Mais si, avant la tradition *réelle*, les choses étant entières, les parties se désistaient du contrat, la vente était censée, par ce désistement, anéantie et réduite *ad non actum*, et dès-lors le profit auquel elle avait donné ouverture cessait d'être dû.—Dans le cas même où le désistement avait été précédé d'une tradition feinte, il avait pour effet de mettre la vente au néant.—Dumoulin, § 78, gl. 1re, nos 32 et suiv.; Pothier, *Introd. au tit. des fiefs*, no 129; d'Argentré, *De laud.*, § 2.

164.—Si, avant la tradition réelle, le seigneur venait à réclamer ses droits, Dumoulin (§ 78, gl. 1re, no 34) pensait que par l'effet de sa réclamation ils lui étaient irrévocablement acquis, en sorte que les parties ne pouvaient plus résilier à son préjudice. —Mais cette opinion était combattue par d'Argentré (*De laud.*, § 2) et par Guyot (*Du quint.*, ch. 12, no 4).

165.—Lorsque, dans l'instant même de la tradition réelle, les parties s'étaient désistées, et que l'acheteur, avant de divertir à d'autres actes, avait remis la possession de l'héritage au vendeur, ce désistement avait le même effet que s'il eût été fait avant la tradition réelle, et il n'était dû aucun profit au seigneur; *non videtur factum quod non durat factum.*—Dumoulin, § 78, gl. 1re, no 35; Pothier, *Introd. au tit. des fiefs*, no 131.

166.—Lorsque la vente, suivie d'une tradition réelle, n'avait pas encore été consommée, de la part de l'acheteur, par le paiement entier du prix, et que, dans cet état, les parties venaient à se désister, le profit auquel cette vente avait donné lieu n'en était pas moins dû, mais il n'était pas dû un nouveau profit pour le désistement, à moins toutefois qu'il ne fût fait pour un prix ou à des conditions autres que le prix et les conditions de la vente, car alors ce contrat constituait une nouvelle vente plutôt qu'un désistement de la première.—Dumoulin, *Sur Paris*, § 33, gl. 1re, no 20; Pothier, *ibid.*, nos 131 et 132; Basnage, *Sur Normandie*, art. 169; Auzanet, *Sur Paris*, § 76, et liv. 3, ch. 11; Brodeau, lett. R, somm. 2; Bardet, t. 1er, liv. 2, ch. 96; Dolive, liv. 2, ch. 17, liv. 3, ch. 18; Taisand, *Sur Bourg*, tit. 11, art. 1er, no 13; Boniface, liv. 3, tit. 14, ch. 2.

167.—Lorsque le contrat avait été exécuté de part et d'autre par la tradition de la chose et le paiement entier du prix, la convention par laquelle l'acheteur rétrocédait la chose au vendeur, quoique pour le même prix et aux mêmes conditions, constituait une nouvelle vente et par conséquent donnait lieu à un nouveau profit.—Dumoulin, *Sur Paris*, § 33, gl. 1re, no 19; Pothier, *Introd. aux fiefs*, no 134.

168.—Lorsque l'acheteur, avant la tradition, avait revendu le fief à un second acheteur qu'il avait mis en possession aussitôt après y avoir été mis lui-même par le vendeur, la première vente n'ayant transféré au premier acheteur qu'une possession et propriété d'un moment, ne donnait pas ouverture au profit.—Dumoulin, § 78, gl. 3, nos 27 et 29; Pothier, *ibid.*, no 135.

169.—De même si, après une première vente, mais avant la tradition, le vendeur ne pouvant obtenir le paiement de son prix, avait vendu et livré à un second acheteur, la première vente, étant devenue inefficace, ne donnait pas ouverture au profit.—Dumoulin, *loc. cit.*, no 29; Pothier, *loc. cit.*

170.—Nous avons vu ci-dessus (no 153) que, lorsque la vente était faite sous condition suspensive, le seigneur n'avait droit au profit qu'après l'événement de la condition.—Lors au contraire qu'elle était faite sous condition résolutoire, elle produisait immédiatement tout son effet, et le seigneur pouvait dès-lors exiger le profit; mais, si postérieurement la condition venait à se réaliser, la résolution du contrat ayant un effet rétroactif et anéantissant la vente, même pour le passé, le seigneur était obligé de restituer ce qu'il avait perçu.—Dumoulin, *Sur Paris*, § 20, no 9.—V. toutefois Pothier, *Introd. aux fiefs*, no 143.

171.—Ainsi, lorsque les parties avaient inséré dans la vente une clause commissoire, cette clause ayant pour effet, non pas de tenir la vente en suspens jusqu'au paiement du prix, mais de la rendre résoluble à défaut de ce paiement, le profit de quint était immédiatement exigible; mais, en cas de résolution, il devait être restitué.—L. 1re, ff., *De lege commissoriâ*;—Dumoulin, *Sur Paris*, § 78, gl. 1re, no 162.—V. toutefois *contrà* d'Argentré, *De laud.*, § 5.

172.—Quant à la clause nommée *addictio in diem*, Dumoulin la considérait comme purement résolutoire, d'Argentré au contraire la regardait comme suspensive. Mais ni l'une ni l'autre de ces deux opinions ne devait être suivie d'une manière absolue. En effet, ainsi qu'il résulte de la loi 3, ff., *De in diem addictione*, cette clause est tantôt suspensive, tantôt résolutoire, suivant les termes dans lesquels elle

est conçue. C'était donc d'après ses termes qu'on devait décider, dans chaque cas particulier, si le profit ne devait être payé qu'à l'événement de la condition, ou si au contraire il devait être payé immédiatement, sauf restitution ultérieure, s'il y avait lieu. — V. l'Annotateur de Boutaric, *Tr. des droits seigneuriaux*, § 11, n° 18; Livonière, *Des fiefs*, liv. 3, ch. 4, sect. 4e.

173. — Lorsqu'un fief avait été vendu avec faculté de réméré, l'exercice de cette faculté n'étant que la résolution de la vente, et procédant d'une clause inhérente au contrat, ne donnait point ouverture au profit. — Quant à la vente elle-même qui se trouvait ainsi résolue, beaucoup d'auteurs pensaient qu'elle n'en donnait pas moins lieu au quint, attendu que la résolution dans ce cas n'avait pas un effet rétroactif et annulait seulement le contrat pour l'avenir. — V. notamment Dumoulin, *Sur Paris*, § 20; Tiraquel, *De retract. convent.*, § 6, n° 20; d'Argentré, *Sur Bretagne*, art. 64; Salvaing, ch. 89; Despeisses, *Des dr. seigneuriaux*, sect. 5e, *Des lods*, part. 5e, n° 7; Boselius et Constantius, *Sur Poitou*, art. 370; Bacquet, *Des dr. de justice*, ch. 12, n° 10; Chassen, *Tit. des censives*, § 1er; Basnage, *Sur Normandie*, art. 169. — D'autres auteurs au contraire pensaient que le quint n'était pas dû pour cette vente, et que même, s'il avait été payé, il devait être restitué. — Brodeau, sur Louet, lett. V, n° 12; Bourjon, *Dr. commun du quint*, sect. 2e, n° 10; Coquille, *Sur Nivernais*, ch. 4, *Des fiefs*, art. 33; Chopin, lib. 2, *In cons. and.*, part. 1re, ch. 2, tit. 3, n° 6; le président Boisieu, *Tr du plaid seign. en Dauphiné*, quæst. 9; Cujas, *Comment. in lib. 2, feud.*, tit. 1er; Billecoq, *Des fiefs*, liv. 4, ch. 52.

174. — Ce que nous avons dit ci-dessus que, dans le cas où la vente était faite sous condition résolutoire, l'événement de la condition obligeait le seigneur à restituer le profit, s'il l'avait déjà perçu, ne doit s'entendre que du cas où la jouissance du seigneur n'avait duré que peu de temps. Si elle avait duré plusieurs années, le seigneur n'était point obligé à cette restitution. Mais combien de temps devait avoir duré cette jouissance pour que le profit ne fût point sujet à restitution? Dumoulin limitait cette durée à un espace de trois ou cinq ans; mais d'autres auteurs l'étendaient à dix ans. — D'Argentré, *De laudim.*, § 6; Henrion de Pansey sur Dumoulin, *Des fiefs*, p. 172 et 173, notes.

175. — Lorsque après la tradition réelle la vente était rescindée pour quelque vice inhérent au contrat, par exemple pour cause, soit de minorité, soit de dol, soit de lésion énorme, ou pour un vice rédhibitoire, il n'était pas dû de profit pour ce contrat rescindé et anéanti. — Dumoulin, *Sur Paris*, § 78, gl. 1re, n° 13; Pothier, *Introd. aux fiefs*, n° 138.

176. — Si le contrat était rescindé pour le dol de l'acheteur, le seigneur qui n'avait pas encore reçu le quint, ne pouvait pas à la vérité l'exiger; mais, s'il l'avait déjà reçu, l'acheteur ne pouvait le répéter, car il eût été obligé pour cela d'alléguer son dol; or *nemo admittitur propriam allegare turpitudinem*. — Dans tous les autres cas, si le profit avait été payé, il pouvait être répété. — Dumoulin, § 33, gl. 1re, n° 55; Pothier, nos 139 et 140.

177. — Le seigneur, menacé d'une restitution du profit par l'exercice d'une action en rescision, avait le droit d'intervenir dans l'instance pour soutenir la validité du contrat; il pouvait même former opposition à un jugement par appointé ou par défaut; mais il ne pouvait appeler du jugement contradictoire qui avait prononcé la rescision, ni y former tierce-opposition, à moins qu'il ne justifiât des faits de collusion. — Dumoulin, *ibid.*, n° 34; Pothier, n° 140.

178. — Lorsqu'il n'y avait eu qu'une seule vente, il n'était dû qu'un seul profit, quoique cette vente eût donné lieu à plusieurs mutations. Ainsi, lorsque le vendeur exerçait le retrait lignager sur son acheteur, bien qu'il y eût alors deux mutations, savoir: du vendeur à l'acheteur, et de l'acheteur au retrayant, comme il n'y avait qu'une seule vente, il n'était dû qu'un seul profit. — Pothier, *Introd. aux fiefs*, n° 144.

179. — Au reste, il importait peu qu'une vente fût volontaire ou nécessaire, pour qu'elle donnât lieu au profit. — Ainsi la vente par décret y donnait ouverture. — Il en était de même de la vente faite par un héritier à une certaine personne, en exécution d'un ordre contenu dans le testament de son auteur. — Pothier, *Introd. aux. fiefs*, n° 146; Dumoulin, *Sur Paris*, § 78, gl. 1re, n° 97.

180. — Comme le contrat de vente proprement dit, les contrats équipollens à vente donnaient ouverture au profit de quint. — Pothier, *Introd. aux fiefs*, n° 147

181. — Ainsi, par exemple, le contrat appelé *datio in solutum*, par lequel le débiteur donne à son créancier un héritage en paiement d'une somme qu'il lui doit, ou pour le rachat d'une rente, équivalant à une vente, donnait ouverture au profit de quint. — L. 4, Cod., *De eviction.*; — Pothier, *Introd.*, n° 148.

182. — Il en était de même des donations rémunératoires et des donations onéreuses, lorsque les services ou les charges étaient appréciables à prix d'argent. — Pothier, *Introd. aux fiefs*, n° 149.

183. — Il en était de même encore de l'échange du fief contre des meubles, car cet échange est un acte équipollent à vente. — Mais l'échange du fief contre un autre immeuble donnait ouverture au relief et non pas au quint. — Pothier, *Introd. aux fiefs*, nos 149 et 150.

184. — Lorsque, par l'échange d'un fief contre un autre immeuble, l'acquéreur donnait en outre ou promettait soit une somme d'argent, soit quelque chose de mobilier, par forme de deniers d'entrée, le contrat se trouvait mêlé de vente à raison de ces deniers d'entrée, et donnait lieu au profit de quint de ces deniers d'entrée. — Pothier, *Introd. aux fiefs*, n° 151.

185. — L'acte par lequel un cohéritier ou copropriétaire acquérait, moyennant une somme d'argent, la part de l'un de ses cohéritiers ou copropriétaires dans un fief indivis, n'était pas réputé vente, mais partage, et dès-lors ne donnait pas lieu au profit de quint. — Pothier, *Introd.*, n° 152.

186. — Lorsqu'une femme avait renoncé à la communauté et que, pour la payer de ses reprises, le mari ou ses héritiers lui abandonnaient un conquêt, cet abandon n'était pas considéré comme une dation en paiement équipollente à vente, et ne donnait lieu à aucun profit. On considérait en effet qu'en renonçant à la communauté qui, en fait, avait existé entre le mari et la femme, elle ne renonçait point à ce qu'elle avait droit d'en prélever pour ses reprises, mais seulement à ce qui pourrait rester après ce prélèvement, et qu'ainsi, lorsqu'on lui donnait pour ses reprises un conquêt de la communauté, ce n'était pas tant une acquisition qu'elle faisait, que son droit habituel dans les biens de la communauté qui se réalisait et se déterminait à ce conquêt. — Pothier, *Introd. aux fiefs*, n° 153; Livonière, p. 191.

187. — Mais lorsque c'était un propre du mari qui était donné en paiement des reprises de la femme, c'était une véritable dation en paiement qui donnait ouverture au profit de quint. — Dumoulin, § 78, gl. 1re, n° 111.

188. — L'acte par lequel un père ou une mère qui avait promis en mariage une certaine somme à son fils, lui donnait un héritage au lieu de cette somme, ne donnait point ouverture au profit de quint, quoiqu'il semble d'abord être une dation en paiement. La raison en était que, la donation de la somme promise n'ayant pas encore été exécutée, les parties avaient pu, tandis que les choses étaient entières, s'en désister, et étaient censées s'en être désistées pour faire à la place donation de l'héritage. — Dumoulin, § 33, gl. 1re, n° 28; Pothier, *Intr. aux fiefs*, n° 154.

189. — A l'égard de la transaction intervenue sur la propriété d'un fief, soit qu'elle eût pour effet de le conserver au possesseur ou, au contraire, de le faire passer entre les mains du demandeur, elle ne donnait point ouverture au profit, à moins que le seigneur ne prouvât que cette transaction n'était au fond qu'une vente déguisée. — Pothier, *Introd. aux fiefs*, n° 158; Dumoulin, § 23, gl. 1re, nos 64 et 68.

190. — C'était la vente du fief seule qui donnait lieu au profit. Ainsi, il n'était rien dû pour la vente des fruits pendant par racine, ou d'un bois de haute-futaie, lorsque ces fruits ou ce bois étaient vendus séparément du fonds; mais lorsqu'ils étaient vendus avec le fonds, ils étaient réputés en faire partie, et dès-lors le profit était dû pour la totalité du prix, sans distinguer entre le fonds et les fruits. — D'Argentré, *De laudim.*, § 27; Pothier, *Introd.*, n° 159; Brodeau, *Sur Paris*, art. 28; Salvaing, ch. 83; Coquille, *Quæst.*, ch. 30; Cambolas, *Arrêts de Toulouse*, liv. h, ch. 10.

191. — La vente d'un droit d'usufruit ou de quelque autre droit dans l'héritage féodal, tel qu'une rente foncière, pourvu qu'elle ne fût pas inféodée, ne donnait pas lieu au profit, car les droits réels dans un héritage féodal, lorsqu'ils n'étaient pas inféodés, n'étaient pas le fief ni partie du fief. — Pothier, *Introd. aux fiefs*, n° 160.

192. — Nous avons vu ci-dessus (n° 148) que, comme la vente, le bail à rente rachetable donnait ouverture au profit de quint. C'est qu'alors en effet le principal de la rente était considéré comme le prix de l'héritage dont l'acquéreur payait l'intérêt jusqu'à ce qu'il lui plût de la racheter. Peu importait au reste que la rente fût rachetable par l'effet de la convention portée au bail ou par la loi. Dans l'un et l'autre cas, le profit était également dû. — Pothier, *Introd. aux fiefs*, n° 150.

193. — Quant au bail à rente non rachetable qui n'avait pas, comme le bail à rente rachetable, le caractère de vente, il ne donnait pas lieu au profit de quint, mais au droit de relief. — Pothier, *Introd. aux fiefs*, n° 150.

194. — Nous avons vu ci-dessus que, dans l'origine, les profits étaient imposés par le seigneur toutes les fois qu'il y avait mutation dans la propriété du fief, comme condition de l'investiture qu'il accordait au nouveau vassal. — Il suivait de là que, quand c'était le seigneur lui-même qui vendait le fief mouvant de lui, dont il était propriétaire, le profit n'était pas dû, encore bien que les profits dussent appartenir à un autre qu'à la personne du seigneur, par exemple à un usufruitier ou à un fermier du fief dominant. — Pothier, *Introd.*, n° 165.

195. — Par la même raison, lorsque c'était le seigneur lui-même qui achetait le fief mouvant de lui, il n'était point dû de profit pour cette vente à l'usufruitier ou au fermier des droits seigneuriaux de son fief dominant. — Pothier, *Introd. aux fiefs*, n° 166. — V, toutefois Dumoulin, § 78, gl. 1re, n° 113.

196. — Les secrétaires du roi, les chevaliers de l'ordre, messieurs du parlement de Paris, messieurs de la chambre des comptes de Paris, etc., et leurs veuves, tant qu'elles demeuraient en viduité, étaient exempts de payer profit lorsqu'ils vendaient ou achetaient quelque héritage dans les mouvances du roi. — Ils jouissaient de ce privilége, même dans les domaines des apanagistes et des engagistes, lorsque leur privilége était antérieur à l'érection de l'apanage ou de l'engagement. — Ils jouissaient aussi du même privilége dans les mouvances des seigneuries qui se trouvaient être en la main du roi, soit par droit de régale, soit par la saisie féodale. — Mais ils n'en jouissaient pas pour les droits d'échange qui appartenaient au roi dans les mouvances des seigneurs particuliers, ce droit étant un droit domanial de bursalité plutôt que de propriété. — Pothier, *Introd. aux fiefs*, n° 167.

197. — Ainsi que nous l'avons dit *suprà*, n° 149, le profit de quint était primitivement à la charge du vendeur; mais, lors de la réformation des coutumes, il fut mis à la charge de l'acheteur. — Cout. de Paris, art. 23; — Pothier, *Introd. aux fiefs*, n° 169; Henrion de Pansey, sur Dumoulin, *Des fiefs*, p. 163, note 2e.

198. — Le profit de quint consistait dans le cinquième du prix, et c'est de là que lui venait son nom. — Pothier, *Introd. aux fiefs*, n° 170.

199. — Le montant de ce profit devait être calculé, non seulement sur le prix principal, mais sur tout ce qui en faisait partie; ainsi les sommes stipulées pour pot-de-vin, épingles, ou sous quelque autre dénomination que ce fût, devaient, comme le prix principal, servir de base à l'évaluation. — Toutefois on n'y devait point comprendre les présens modiques faits par l'acheteur à la femme, aux enfans ou aux domestiques du vendeur. — Pothier, *Introd. aux fiefs*, n° 170; Dumoulin, *Sur Paris*, art. 78, gl. 1re, n° 136; D'Argentré, *Sur Bretagne*, art. 59, n° 2; Basnage, *Sur Normandie*, art. 173; Lemaître, *Des censives*, ch. 2; Livonière, *Des fiefs*, liv. 3, ch. 1er; Charondas, *Sur Paris*, art. 77.

200. — Lorsque les charges imposées à l'acheteur étaient appréciables en argent, elles entraient aussi, comme élément, dans la fixation du profit. — Pothier, *Introd. aux fiefs*, n° 169.

201. — Mais on ne devait pas, pour cette fixation, tenir compte des charges imposées à l'acheteur, qui étaient charges du fief, comme celle des rentes inféodées dont le fief était chargé. — Pothier, *loc. cit.*

202. — Quant aux frais ordinaires de criées dont un adjudicataire est toujours chargé, ils étaient plutôt regardés comme loyaux coûts et frais de contrat que comme faisant partie du prix, et dès-lors ils n'étaient pas comptés pour la détermination du profit. Mais il en était autrement des frais extraordinaires. — Pothier, *Introduct. aux fiefs*, n° 170.

203. — Lorsque après la vente conclue, le contrat venait à être réformé et le prix augmenté, le quint était dû à raison de cette augmentation de prix, et cela dans le cas même où l'acheteur, sans y être forcé par la crainte d'une action en rescision pour lésion, aurait payé ce supplément par pure délicatesse de conscience. — Pothier, *Introd. aux fiefs*, n° 171.

204. — Mais si, au lieu d'augmenter le prix, les parties l'avaient diminué, sous le prétexte qu'il était excessif, le quint n'en devait pas moins être payé sur le prix originaire; car l'acheteur se trouvait obligé envers le seigneur par l'effet du contrat primitif, et il ne pouvait être déchargé d'une partie de son obligation, en vertu d'une convention à laquelle le seigneur n'était pas intervenu. — Pothier, *Introd. aux fiefs*, n° 171.

205. — Lorsque, d'après le contrat, le prix ne devait être payé qu'après un certain terme, sans intérêts, le seigneur n'en pouvait pas moins exiger le paiement immédiat du profit, il n'était pas obligé d'attendre l'expiration de ce terme. — Livonière. *Des fiefs*, liv. 3, ch, 4, sect. 4e. — V. toutefois *contrà* Dumoulin, § 78, gl. 1re, nos 41 et suiv.

206. — Le seigneur ne pouvait demander le profit de quint sur un pied plus fort que le prix de vente, en alléguant que le fief n'avait pas été vendu à sa véritable valeur; car le vendeur a toujours été libre de mettre à sa chose le prix qui lui convient. Mais s'il était ajouté dans le contrat que le vendeur faisait remise à l'acheteur du surplus du juste prix, le quint devait être fixé, non pas seulement sur la somme portée au contrat qui n'était pas le véritable prix de vente, mais sur la somme entière à laquelle le fief était estimé. — Dumoulin, § 33, gl. 2e, no 54.

§ 4. — *De la saisie féodale.*

207. — Nous avons vu ci-dessus que la foi était due à chaque mutation, soit de vassal, soit de seigneur. Faute par le vassal de présenter cette foi, le seigneur pouvait saisir le fief. — Cout. de Paris, art 1er.

208. — Le défaut de prestation de la foi était la seule cause qui, par sa propre vertu, autorisât la saisie féodale. A la vérité, lorsque la foi n'avait point été faite et les droits non payés, la saisie pouvait être exercée conjointement pour l'une et l'autre cause; mais lorsque le vassal avait été reçu en foi, le seigneur n'avait plus qu'une simple action pour arriver au paiement du relief ou du quint, à moins toutefois que, par l'acte de réception, il ne se fût réservé la faculté de saisir faute de paiement dans un certain temps. — Dumoulin, *sur Paris*, § 1er, gl. 2e, no 2; Loisel, *Tit. des fiefs*, liv. 2, reg. 52; Brodeau, *sur Paris*, art. 1er, no 15; Tronçon, *Sur Paris*, art. 8; Duplessis, *Des fiefs*, liv. 5, ch. 1er; Pothier, *Tr. des fiefs*, part. 1re, ch. 2, § 2.

209. — Bien que la foi n'eût point été portée, la saisie ne pouvait cependant être pratiquée lorsque des offres avaient été dûment faites au seigneur par le vassal, tant que durait l'effet de ces offres, ou lorsque le vassal avait souffrance. — Pothier, *Introd. aux fiefs*, no 46.

210. — L'absence du vassal n'était pas suffisante pour autoriser le seigneur à saisir féodalement, encore bien que cette absence durât depuis un grand nombre d'années, et qu'on ignorât où était le vassal, si même il existait encore. — Dumoulin, *Sur Paris*, § 1er, gl. 2e, no 4.

211. — Dans l'origine, au lieu de saisir féodalement pour défaut de prestation de la foi, le seigneur confisquait irrévocablement le fief. Ce fut peu de temps après les établissemens de Saint-Louis que la saisie féodale prit la place de cette confiscation. — Henrion de Pansey sur Dumoulin, p. 303, note.

212. — Sous l'ancienne coutume de Paris, Dumoulin (§ 1er, gl. 1re) décidait que l'usufruitier du fief dominant ne pouvait exercer la saisie féodale qu'au nom du seigneur nu-propriétaire. Mais par l'art. 2 de la nouvelle coutume, ajouté lors de la réformation, l'usufruitier était autorisé à saisir en son nom, à ses risques et périls, toutefois après avoir fait sommation au seigneur de faire saisir.

213. — L'usufruitier qui exerçait la saisie devait déclarer dans l'exploit le nom du propriétaire, afin que le saisi sût à qui il devait la foi et hommage. — Cout. de Paris, art. 2; — Ferrière, sur cet article.

214. — Le fermier qui, en vertu de son bail, avait droit aux profits féodaux, ne pouvait cependant saisir féodalement en son nom; il devait le faire au nom du seigneur dont on supposait alors qu'il avait procuration en vertu de la cession de ses droits. — Boucheuil, *Sur Poitou*, art. 82; Livonière, *Tr. des fiefs*, liv. 1er, ch. 8, sect. 3e; Ferrière, *Sur Paris*, art. 2, gl. 3e; Basnage, *sur Normandie*, art. 109.

215. — Le mari pouvait saisir féodalement sur les vassaux de sa femme, non pas, à la vérité, en son propre et privé nom, mais comme mari et légitime administrateur. Il en était de même des tuteurs et curateurs. — Dumoulin, *Sur Paris*, § 2, gl. 1re, no 73.

216. — Quiconque possédait un fief en son nom, *nomine proprio*, pouvait saisir féodalement les fiefs qui en dépendaient, sans être obligé de justifier de sa propriété. Sa possession était un titre suffisant pour l'autoriser à exercer tous les droits féodaux. Cela avait lieu alors même qu'il y avait procès intenté par le véritable propriétaire contre le possesseur, jusqu'à ce que ce dernier eût été condamné à délaisser. Et le vassal, en lui portant la foi et lui payant les droits, se libérait à l'égard du véritable propriétaire, en sorte que ce dernier, rentrant dans la plénitude de ses droits, ne pouvait exiger du vassal que la foi, sans aucun droit utile. — Dumoulin, *Sur Paris*, § 2, gl. 1re, nos 74 et suiv.; Pothier, *Introd. aux fiefs*, no 49.

217. — Le prince apanagiste pouvait saisir féodalement, en son nom, les fiefs relevant de son apanage; car il en était le vrai seigneur, étant vrai propriétaire du domaine de son apanage qui était seulement reversible à la couronne par l'extinction de la postérité masculine de l'apanagiste. — Pothier, *Tr. des fiefs*, part. 1re, ch. 2, art. 2.

218. — Quant aux seigneurs engagistes, ils ne pouvaient exercer en leur nom la saisie féodale des fiefs relevant des domaines engagés; car ils n'en avaient que la jouissance; la seigneurie demeurait au roi. C'était donc au nom du roi seul, et par le procureur du roi, que la saisie devait être faite, et l'utilité de cette saisie appartenait à l'engagiste. — Pothier, *Tr. des fiefs*, part. 1re, ch. 2, art. 2.

219. — Le seigneur, bien qu'il ne fût pas lui-même investi du fief dominant, pouvait cependant, tant qu'il n'était pas saisi, saisir féodalement les fiefs relevant du sien; car tant que le seigneur dormait, il avait le libre exercice de tous les droits attachés à son fief. — Pothier, *Tr. des fiefs*, part. 1re, ch. 2, art. 2.

220. — Le suzerain qui, par suite de la saisie féodale, tenait en sa main le fief de son vassal, en devenait comme propriétaire tant que durait la saisie; dès-lors il devenait, pendant le même temps, le seigneur immédiat de ses arrière-vassaux relevant du fief saisi, et pouvait en conséquence saisir les fiefs desdits arrière-vassaux, s'ils se trouvaient ouverts. — Pothier, *Tr. des fiefs*, part. 1re, ch. 2, art. 2.

221. — Nous avons vu ci-dessus, quand nous avons traité de la foi et hommage, que le vassal avait, pour la porter, un délai de quarante jours. Dès-lors, la saisie féodale ne pouvait être faite qu'après l'expiration de ce délai. — Cout. de Paris, art. 7.

222. — Dumoulin (*Sur Paris*, § 7, nos 1er et suiv.) enseignait que ce délai de quarante jours devait être restreint à l'héritier, parce qu'il peut ignorer quelque temps la mort de son auteur, et que d'ailleurs presque toutes les coutumes accordaient à l'héritier quarante jours pour délibérer; qu'ainsi l'acquéreur ou le donataire devaient, aussitôt après avoir acquis ou reçu, remplir leur obligation envers leur seigneur; mais il ajoutait que cette règle ne devait point être appliquée avec trop de rigueur, et qu'il suffisait que le vassal, donataire ou acquéreur, se présentât sitôt qu'il le pouvait; que si on ne pouvait lui reprocher de négligence, le seigneur était obligé de lui restituer les fruits tombés dans une saisie aussi précipitée. — Les coutumes d'Orléans, de Rheims, de Troyes, de Chaumont n'admettaient même pas ce tempérament d'équité, et exigeaient que l'acquéreur présentât les droits et devoirs immédiatement après son acquisition. — Mais la plupart des auteurs rejetaient non seulement la sévérité excessive de ces dernières coutumes, mais encore la doctrine plus équitable de Dumoulin, et étendaient le délai de quarante jours à tout nouveau vassal, quelle que fût la cause qui eût fait passer le fief entre ses mains. — V. notamment Jean Desmares, *Décis.* 108; Brodeau, *Sur Paris*, art. 7; Berroyer, *Sur Berri*, tit. 4, § 13; d'Argentré, *Cout. de Bretagne*, art. 323; Bacquet, *Des droits de justice*, ch. 14, no 18; Legrand, *Sur Troyes*, art. 28; Livonière, *Des fiefs*, liv. 1er, chap. 8, sect. 2e.

223. — Lorsque le vassal décédé n'avait pas fait la foi, le seigneur, qui eût pu saisir féodalement pendant sa vie, pouvait par conséquent saisir dès le jour de son décès, sans être obligé d'attendre l'expiration du délai de quarante jours. — Dumoulin, *sur Paris*, § 7, no 40; Brodeau, *Sur Paris*, art. 7, no 11.

224. — La saisie faite avant l'expiration des quarante jours était radicalement nulle, en telle sorte que, lors même que le vassal laissait passer ce délai sans présenter la foi, le seigneur était obligé de faire une nouvelle saisie, la première étant insuffisante pour lui faire gagner les fruits. — Dumoulin, *Sur Paris*, § 7, no 15.

225. — Dans l'origine, la saisie féodale n'était soumise à aucune formalité, et le seigneur pouvait, de son autorité privée, se mettre, par lui-même, ses procureurs ou commis, en possession du fief, en faisant défense au propriétaire d'en jouir jusqu'à ce qu'il eût fait ses devoirs. — Pothier, *Tr. des fiefs*, part. 1re, ch. 2, art. 3, § 3.

226. — Ce fut seulement au seizième siècle que l'usage introduisit la nécessité, pour le seigneur saisissant, d'obtenir une ordonnance du juge. — Pothier, *Traité des fiefs*, part. 1re, ch. 2, art. 2, § 3; Brodeau, *Sur Paris*, art. 1er, no 15.

227. — Cette ordonnance devait être spéciale, et énoncer le fief qu'il s'agissait de saisir. Il n'y avait que les fiefs de la mouvance du roi qui pussent être saisis en vertu de commissions générales. — Duplessis, *des fiefs*, liv. 5, ch. 3; Coquille; *sur Nivernais*, *Des fiefs*, art. 55; Lemaître, *Des fiefs*, ch. 6; Legrand, *sur Troyes*, art. 22, gl. 2e, no 5; Pothier, *Tr. des fiefs*, part. 1re, ch. 2, art. 2, § 3.

228. — Il n'était pas nécessaire que la saisie fût précédée d'une sommation au vassal; il était suffisamment mis en demeure par l'écoulement du délai prescrit pour la prestation de la foi. — Dumoulin, *Sur Paris*, § 1er, gl. 4e; Livonière, *Des fiefs*, liv. 1er, ch. 8, sect. 4e; Dupineau, *Sur Anjou*, art. 48; d'Argentré, *Sur Bretagne*, art. 323, nos 9 et 10; Boucheuil, *Sur Poitou*, art. 82, no 9; Bourjon, *Des fiefs*, tit. 3, no 133.

229. — La saisie féodale devait être faite par le ministère d'un sergent ou huissier, qui devait à cet effet se transporter sur le fief. L'exploit de saisie devait être revêtu des formalités prescrites pour les autres exploits, il devait être recordé de deux témoins. — Pothier, *Tr. des fiefs*, part. 1re, chap. 2, art. 2, § 3; Bourjon, *Des fiefs*, ch. 1er, no 138; Guyot, *De la saisie féodale*, sect. 4e, no 8; Boucheuil, *Sur Poitou*, art. 84.

230. — L'exploit de saisie devait être notifié au vassal, sous peine de nullité de la saisie. — Cout. de Paris, art. 30; — Brodeau, sur cet article.

231. — Cette notification devait être faite, soit au vassal lui-même ou à ses fermiers, au principal manoir du fief saisi, soit lorsqu'on ne trouvait à ce manoir ni le vassal ni ses fermiers, par publication générale au prône de l'église paroissiale dudit fief saisi. — Cout. de Paris, art. 30.

232. — Cet article exigeait, en outre, l'enregistrement de la saisie au greffe de la justice du lieu. — Quelques auteurs prétendaient que cet enregistrement était nécessaire aussi bien pour le cas de notification au manoir, que pour le cas de publication au prône. — V. notamment Duplessis, *Des fiefs*, liv. 5, ch. 30; Brodeau, *Sur Paris*, art. 30, no 14. — Mais d'autres pensaient au contraire que l'enregistrement n'était exigé que dans le dernier cas, celui de publication au prône. — V. notamment Livonière, *Des fiefs*, liv. 1er, ch. 8; Lemaître, *Sur Paris*, p. 62; Boucheuil, *Sur Poitou*, art. 83; Guyot, *De la saisie féodale*, sect. 4e. — V. également, dans ce sens, un arrêt de la grand'chambre du parlement de Paris, du 11 mars 1681, rapporté dans l'ancien *Journal du Palais*, édit. in-folio de 1755, t. 2, p. 192.

233. — Les curés ayant été, par l'édit de 1695, dispensés de faire au prône ces sortes de publications, elles se faisaient depuis lors par le sergent, à la porte de l'église, à l'issue de la messe paroissiale. — Pothier, *Tr. des fiefs*, part. 1re, ch. 2. art. 2, § 3; Henrion de Pansey sur Dumoulin, *Des fiefs*, p. 329, note.

234. — Il n'y avait lieu au transport de l'huissier sur le fief qu'autant que ce fief était un immeuble réel; lorsqu'il s'agissait d'un immeuble fictif, tel qu'une rente inféodée, il devait être procédé par voie de saisie-arrêt entre les mains du débiteur de la rente, laquelle saisie-arrêt devait être ensuite notifiée au vassal. — Guyot, *De la saisie féodale*, ch. 4; Pothier, *Tr. des fiefs*, part. 1re, ch. 2, art. 2, § 3.

235. — La saisie ne pouvait avoir pour objet que ce qui relevait en fief du seigneur saisissant; ainsi, elle ne pouvait comprendre les meubles ou autres effets mobiliers appartenant au vassal, lors même qu'ils étaient dans la maison féodale. — Dumoulin, *Sur Paris*, § 1er, gl. 5e; Pothier, *Tr. des fiefs*, part. 1re, ch. 2, art. 2, § 3.

236. — De même, lorsque le vassal avait incorporé à son fief quelque objet qui ne relevait pas du seigneur, comme cet objet faisait seulement partie de la chose, mais non pas du fief, il ne pouvait être compris dans la saisie. — Dumoulin, *Sur Paris*, § 1er, glose 5e, no 15.

237. — Le seigneur qui avait saisi féodalement était réputé rentrer en la possession et propriété du fief saisi, par la résolution du droit du vassal. — Dès-lors, il avait le droit de percevoir à son profit, et en pure perte pour le vassal, tous les fruits du fief. — Cout. de Paris, art. 1er; — Pothier, *Tr. des fiefs*, part. 1re. ch. 2, art. 2.

238. — A l'égard des fruits naturels et industriels, le seigneur saisissant n'avait aucun droit à ceux qui avaient été séparés du sol antérieurement à la saisie; ils étaient irrévocablement acquis au vassal. — Dumoulin, *Sur Paris*, § 1er, gl. 5e, no 13. — Même, dans les coutumes où les fruits, quoique encore pendans, étaient censés meubles lorsqu'ils étaient parvenus à une certaine maturité, il suffisait qu'ils fussent déjà parvenus à ce degré, au moment où la saisie féodale était faite, pour qu'ils n'y fussent pas compris. — Pothier, *Tr. des fiefs*, part, 1re, chap. 2, art. 2.

239. — Si courte qu'ait été la durée de la saisie, tous les fruits que le seigneur avait perçus pendant cette durée lui appartenaient intégralement et ir-

révocablement. — Pothier, *Tr. des fiefs*, part. 1ʳᵉ, ch. 2. art. 2; Dumoulin, *Sur Paris*, § 1ᵉʳ, gl. 8ᵉ.

240. — Les fermages des biens de campagne étaient soumis à la même règle que les fruits industriels; car, dans l'ancienne jurisprudence, ils n'étaient acquis au bailleur qu'à mesure que les fruits étaient acquis au fermier. — Pothier, *ibid*.

241. — Quant aux autres fruits civils qui s'acquéraient jour par jour, le seigneur y avait droit à partir du jour de la saisie; et ainsi ceux dus pour la période alors commencée devaient être répartis entre le vassal et le seigneur au prorata du temps qu'avait duré leur jouissance respective pendant le cours de cette période. — Pothier, *ibid*.

242. — Le seigneur qui, par l'effet de la saisie, percevait les fruits du fief, était toutefois obligé de rembourser au vassal les frais de labours et semences que ce dernier avait faits avant la saisie, car ces frais sont une charge des fruits, *non intelliguntur fructus nisi deductis impensis*. — Cout. de Paris, art. 56; Dumoulin, *Sur Paris*, § 1ᵉʳ, gl. 8ᵉ, nᵒˢ 14 et suiv.; Pothier, *Tr. des fiefs*, part. 1ʳᵉ, ch. 2; Brodeau, *Sur Paris*, art. 56. — V. toutefois Loisel, liv. 4, tit. 3, R. 7; Coquille, *Instit. au dr. franç. des fiefs*; Tournet et Tronçon, *Sur Paris*, art. 56; Bouhier, *Sur Bourgogne*, art. 45.

243. — Réciproquement, lorsque, pendant la durée de la saisie, le seigneur saisissant avait fait les frais de labours et semences, et qu'il était obligé de faire main-levée avant la récolte, le vassal, qui percevait cette récolte, était obligé de l'indemniser de ses dépenses. — Duplessis, *Des fiefs*, liv. 5, ch. 4, sect. 1ʳᵉ; Ferrière, *Sur Paris*, art. 56, gl. 2ᵉ, nᵒ dernier; Brodeau, *Sur Paris*, art. 56; Guyot, *De la saisie*, sect. 7ᵉ.

244. — Outre les fruits périodiques, le seigneur avait droit à tous les produits, même purement accidentels, du fief saisi. — Ainsi, lorsque dans la mouvance dudit fief se trouvait un arrière-fief qui venait à subir une mutation, le seigneur saisissant avait droit aux produits utiles auxquels cette mutation donnait lieu. — Pothier, *ibid*.

245. — Le seigneur jouissait, par l'effet de la saisie, non seulement des droits utiles, mais encore des droits purement honorifiques attachés au fief saisi. Ainsi, il pouvait recevoir en foi les vassaux qui relevaient du fief saisi, et comme nous l'avons déjà dit, saisir féodalement leurs fiefs, faute par eux de porter la foi dans le délai voulu. — Pothier, *loc. cit.*

246. — Ainsi encore, lorsqu'il y avait des droits de justice, seigneurie de paroisse, patronage, dépendans du fief saisi féodalement, le seigneur qui le tenait en sa main devait, pendant le cours de la saisie féodale, jouir de tous les honneurs, prérogatives, et droits qui y étaient attachés. En conséquence, il avait le droit de nommer aux offices de la justice qui se trouvaient vacans pendant le cours de la saisie. — Pothier, *ibid*.

247. — V. au surplus, sur les diverses questions que pouvait soulever le droit du seigneur aux produits du fief saisi, Dumoulin, *Sur Paris*, § 1ᵉʳ, gl. 8; Pothier, *ibid*.

248. — Comme la saisie féodale n'avait qu'un effet purement momentané, et qu'elle devait cesser dès que le vassal aurait fait ses devoirs, le seigneur devait jouir en bon père de famille, afin de remettre ce fief au vassal en aussi bon état qu'il était lors de la saisie. — Cout. de Paris, art. 1ᵉʳ; — Pothier, *ibid*.

249. — Le seigneur saisissant ne pouvait déloger son vassal, lorsque ce dernier habitait sur le fief, mais il devait se servir des bâtimens, soit d'habitation, soit d'exploitation comme au cas de relief. — Duplessis, *Des fiefs*, liv. 5, ch. 4, sect. 1ʳᵉ; Guyot, *De la saisie féodale*, sect. 7ᵉ; Lemaître, *Sur Paris*; Bourjon, *Des fiefs*, ch. 1ᵉʳ, nᵒˢ 173 et suiv.

250. — De ce que, par l'effet de la saisie, le droit du vassal était considéré comme résolu, au moins momentanément, il s'ensuivait que les charges réelles dont il pouvait avoir grevé le fief étaient sans effet vis-à-vis du seigneur saisissant. — Ainsi, ce dernier n'était point obligé de reconnaître les servitudes créées par le vassal. — Dumoulin; Pothier, *loc. cit.*

251. — Il suivait du même principe que, si le vassal avait sous-inféodé une partie du fief sans que le seigneur dominant eût approuvé cette sous-inféodation, elle ne formait point à son égard un arrière-fief, qu'ainsi, il pouvait comprendre cette partie démembrée dans la saisie qu'il faisait du fief et en jouir comme il aurait fait avant la sous-inféodation. — Mais il en eût été autrement s'il eût approuvé cette sous-inféodation. — Dumoulin, *Sur Paris*, gl. 6ᵉ, nᵒˢ 3 et 4.

252. — Lorsqu'un procès s'élevait sur la justice ou la validité de la saisie, *le seigneur plaidait toujours les mains garnies*, c'est-à-dire, qu'il restait en possession et jouissance pendant la durée de ce procès, excepté toutefois dans quatre cas: 1ᵒ lorsque le vassal désavouait son seigneur, il obtenait alors main-levée provisoire et jouissait des fruits jusqu'au jugement définitif; — 2ᵒ lorsqu'il y avait combat de fief entre plusieurs seigneurs, il pouvait obtenir main-levée en se faisant recevoir par main souveraine; — 3ᵒ lorsque l'injustice et la nullité de la saisie étaient assez évidentes pour engager le juge à en prononcer sur le champ la main-levée; — 4ᵒ enfin, lorsque le seigneur était un dissipateur reconnu, le juge pouvait alors ordonner que le vassal jouirait par provision. — Dumoulin, *Sur Paris*, § 1ᵉʳ, gl. 8, nᵒˢ 1ᵉʳ et suiv.

253. — Bien que, par l'effet de la saisie féodale, le seigneur jouît des fruits du fief, il pouvait cependant, s'il le jugeait convenable, agir contre son vassal pour qu'il lui rendît la foi et lui payât les droits, ou qu'il renonçât absolument au fief. — Dumoulin, *Sur Paris*, § 1ᵉʳ, gl. 9ᵉ, nᵒˢ 4 et 5.

254. — La saisie féodale finissait au moment même où le vassal était investi par le seigneur, et tous les fruits lui appartenaient dès cette époque. — Toutefois, si le seigneur ne lui avait donné l'investiture que sous une condition résolutoire, par exemple, sous la condition qu'il paierait les droits dans tel délai, et que le délai s'écoulât sans que la condition eût été remplie, le seigneur avait le droit de saisir de nouveau et de faire les fruits siens, il avait même le droit de réclamer ceux qui avaient été perçus dans l'intervalle de la main-levée à la résolution de l'investiture. — Dumoulin, *Sur Paris*, § 1ᵉʳ, gl. 9ᵉ, nᵒˢ 6 et suiv.

255. — La saisie féodale s'éteignait d'elle-même lorsque, l'ouverture du fief étant arrivée par la mort civile du vassal, il obtenait des lettres qui le remettaient entièrement dans son premier état. — Dumoulin, *Sur Paris*, § 1ᵉʳ, gl. 9, nᵒ 41; le président Bouhier, *Sur Bourgogne*, chap. 45, nᵒ 157. — Dans ce cas, le seigneur était obligé de lui restituer les fruits perçus qui existaient encore; quant à ceux qu'il avait consommés, il ne devait, à leur égard, aucune restitution. — Le président Bouhier, *loc. cit.*; Favre, *Conject. jur.*, lib. 4, ch. 17.

§ 5. — *Du dénombrement.*

256. — Le dénombrement était une description, un état, que le vassal devait donner à son seigneur, de tous les héritages et droits qu'il tenait de lui à titre de fief. — Pothier, *Introd. aux fiefs*, nᵒ 103; Dumoulin, *Sur Paris*, § 8, nᵒ 1ᵉʳ. — Il prenait aussi le nom d'*aveu*.

257. — Cette obligation avait été imposée aux vassaux dès l'origine des fiefs, ainsi que l'attestent deux capitulaires de Charlemagne, qui en déterminent l'objet et en prescrivent la forme. — *Capit.*, liv. 2, tit. 80; liv. 3, tit. 82.

258. — Le dénombrement devait contenir: — 1ᵒ la description du principal manoir du fief avec toutes ses dépendances, et l'étendue du terrain qu'elles occupaient; — 2ᵒ le détail de tous les héritages composant le fief, leur qualité, quantité et situation; — 3ᵒ pareil détail de tous les cens et héritages qui en étaient chargés, avec la situation de ces héritages, le nom des propriétaires et le terme des paiemens; — 4ᵒ l'énumération des servitudes et des autres droits dus au vassal à cause de son fief, tels que dîmes inféodées, droits de patronage, de justice, de banalité, etc., avec l'indication de la contenance et de la situation du territoire sur lequel ils s'exerçaient, et des actes par lesquels ils avaient été reconnus; — 5ᵒ enfin, le détail des arrière-fiefs relevant de lui. — V. à cet égard Dumoulin, *Sur Paris*, § 8, nᵒ 1ᵉʳ; Harcher, *Tr. des fiefs*, sect. 3ᵉ, chap. 1ᵉʳ, § 1ᵉʳ, note; Vigier, *Sur Angoumois*, art. 24, nᵒ 21; Boucheuil, *Sur Poitou*, art. 100; Legrand, *Sur Troyes*, art. 30; d'Argentré, *Sur Bretagne*, art. 85; Guyot, *Du dénombrement*, ch. 2, nᵒ 8; Pothier, *Introd. aux fiefs*, nᵒ 104.

259. — Le dénombrement, étant destiné à être conservé perpétuellement dans les archives du seigneur, devait être dressé en forme probante et authentique, écrit sur parchemin, passé par devant notaires ou tabellions. — Cout. de Paris, art. 8; — Pothier, *Introd. aux fiefs*, ch. 4, § 2; Guyot, *Du dénombrement*, ch. 2, nᵒ 2; Livonière, *Des fiefs*, liv. 1ᵉʳ, chap. 7.

260. — Jugé que, d'après les anciens principes du droit féodal, les aveux ou dénombremens fournis par le vassal faisaient foi en justice contre son seigneur, lors même que celui-ci n'y avait point assisté, s'ils étaient scellés du sceau authentique devant notaire. — *Gass.*, 13 nov. 1839 (t. 2 1840, p. 73), Cossin c. Boisseau.

261. — La question s'était élevée de savoir si, dans le cas où le vassal tenait plusieurs fiefs relevant du même seigneur, à cause de la même seigneurie, il était obligé de donner des dénombremens séparés pour chaque fief. — Brodeau (*Sur Paris*, art. 9, nᵒ 3) pensait qu'il n'était dû qu'un seul dénombrement pour tous les fiefs. — D'autres pensaient qu'à la vérité le dénombrement pouvait être fait en un seul acte, mais qu'il devait contenir des chapitres distincts et séparés pour chaque fief, et non pas englober dans une seule et même description tous les objets composant les divers fiefs. — V. notamment Dumoulin, *Sur Artois*, art. 17; Livonière, *Des fiefs*, ch. 7. — D'autres enfin voulaient que le vassal donnât des dénombremens séparés pour chaque fief. — Ferrière, *Sur Paris*, art. 8, gl. 1ʳᵉ, nᵒ 13; Auzanet, *Sur Paris*, art. 8.

262. — Lorsque le dénombrement contenait peu de détails, il se donnait souvent par le même acte que la foi. — Dumoulin, *Sur Paris*, § 8, gl. 1ʳᵉ, nᵒ 1ᵉʳ; Pothier, *Introd. aux fiefs*, nᵒ 105.

263. — Le dénombrement était un acte d'une très grande importance, tant pour le seigneur que pour le vassal; c'était lui en effet qui leur apprenait quels étaient leurs droits respectifs, qui déterminait quelles étaient les choses que le vassal tenait en fief, quelles étaient celles qu'il possédait librement. — Dumoulin, *Sur Paris*, § 8, gl. 1ʳᵉ, nᵒ 2.

264. — Le dénombrement était dû à chaque mutation de vassal, mais il ne l'était pas aux mutations de seigneur. Ainsi un nouveau seigneur ne pouvait l'exiger du vassal qui en avait donné un à son prédécesseur. — Pothier, *Introd. aux fiefs*, nᵒ 106; Brodeau, *Sur Paris*, art. 66; Legrand, *Sur Troyes*, art. 30; Duplessis, *Des fiefs*, liv. 1ᵉʳ, chap. 5; Livonière, *Des fiefs*, p. 38.

265. — Toutefois, ce que nous disons que le seigneur qui changeait ne pouvait exiger un nouveau dénombrement ne doit pas s'entendre d'une manière absolue; il le pouvait bien quand il en avait une juste cause, mais à ses frais; et d'ailleurs il ne pouvait agir pour l'obtenir que par simple action. Au contraire, lorsqu'il y avait mutation dans le fief servant, les frais du dénombrement étaient à la charge du vassal, et s'il différait à remplir ce devoir, il pouvait y être contraint par la saisie de son fief. — Dumoulin, *Sur Paris*, § 8, gl. 1ʳᵉ, nᵒˢ 3 et 4.

266. — Lorsqu'une femme qui avait donné dénombrement se mariait, le mari, quoiqu'il fût obligé de porter la foi, ne devait pas un nouveau dénombrement; car il devenait bien, par le mariage, vassal; mais la femme propriétaire du fief servant l'étant aussi, il n'y avait pas mutation parfaite de vassal. — Pothier, *Introd. aux fiefs*, nᵒ 106.

267. — Le seigneur ne pouvait demander le dénombrement à son vassal qu'après qu'il l'avait reçu en foi; et *vice versâ* le vassal n'était pas reçu à l'offrir avant qu'il eût porté la foi; mais il pouvait l'offrir en même temps, comme nous l'avons vu ci-dessus. — Pothier, *Introd. aux fiefs*, nᵒ 105.

268. — Lorsque le vassal avait de justes causes d'ignorer les détails de son fief, par exemple, lorsqu'il revenait d'un voyage de long cours, le seigneur était tenu de lui en donner connaissance ou d'affirmer qu'il les ignorait lui-même. — Dumoulin, *sur Paris*, § 8, nᵒ 5.

269. — Le dénombrement faisait foi au profit du seigneur contre le vassal, dès qu'il avait été présenté, et quoique le seigneur ne l'eût pas reçu; il faisait foi aussi au profit du vassal contre le seigneur, mais seulement lorsque le seigneur l'avait reçu. — Pothier, *Introd. aux fiefs*, nᵒ 115.

270. — Le dénombrement présenté par le vassal, et reçu par le seigneur, faisait foi complète entre eux de tout ce qui s'y trouvait contenu. A l'égard des tiers qui n'y avaient pris aucune part, on distinguait entre ce qui, dans l'acte, était l'œuvre du notaire, et ce qui était l'œuvre des parties. Quant aux constatations authentiquement faites par le notaire, elles faisaient foi envers et contre tous, c'était la conséquence de l'authenticité; mais ce qui était l'œuvre des parties, les énonciations faites par elles et les prétentions qui s'y révélaient, tout cela était, à l'égard des tiers, *res inter alios acta*, et par conséquent ne pouvait leur être opposé. — Dumoulin, *Sur Paris*, § 8, nᵒˢ 8 et 10; le présidident Bouhier, *Sur Bourgogne*, chap. 44; Boucheuil, *Sur Poitou*, art. 7; L'Hommeau, *Maximes*, liv. 2, etc.

271. — Toutefois, il était des circonstances où un pareil acte pouvait nuire à des tiers; car il suffisait pour constituer en bonne foi celui au profit duquel il était passé, et par conséquent pour l'autoriser à prescrire et à faire les fruits siens. — Dumoulin, *Sur Paris*, § 8, nᵒ 10.

272. — La foi que le dénombrement faisait entre les parties pouvait être détruite par une preuve contraire. Cette preuve pouvait se faire par le rapport, soit du titre d'inféodation, soit des anciens dénombremens. — Pothier, *Introd. aux fiefs*, nᵒ 115.

273. — Le titre d'inféodation l'emportait sur les dénombremens, quelque nombreux qu'ils fussent, car ces actes étant par leur nature purement réco-

gnitifs et n'ayant pas pour objet de consacrer des innovations, il en résultait que les différences qui pouvaient exister entre eux et l'acte d'inféodation ne devaient être attribuées qu'à l'erreur. — Pothier, *ibid.*

274. — Toutefois, lorsque ces actes établissaient une possession centenaire et uniforme suivant laquelle le vassal n'était pas tenu de quelque droit porté par le titre d'inféodation, le seigneur n'était pas fondé à l'exiger, encore bien que sa prétention fût fondée sur le titre d'inféodation, parce qu'alors la possession centenaire attestée par les titres faisait supposer l'existence d'un titre qui s'était perdu et par lequel le vassal s'était rédimé de ce droit. — Pothier, *ibid.*

275. — Il en était de même, en sens inverse, lorsque les dénombremens établissaient en faveur du seigneur l'existence d'un droit particulier dont le titre d'inféodation ne faisait nulle mention. — Pothier, *Introd. aux fiefs*, nº 116.

276. — Lorsqu'il y avait plusieurs propriétaires par indivis du fief servant, ils ne devaient tous ensemble qu'un seul acte de dénombrement : mais cet acte devait être donné par tous, et il était censé donné par tous lorsque l'un d'eux l'avait donné au nom de ses autres copropriétaires dont il avait procuration spéciale ou qui depuis avaient ratifié. —Lorsqu'il avait été donné par l'un de ces co-propriétaires en son nom seul, les copropriétaires n'étaient pas déchargés, mais ils pouvaient employer pour dénombrement celui donné par leur copropriétaire. — Pothier, *ibid.*; Dumoulin, *Sur Paris*, § 9, glose 1re, nos 1er et 7.

277. — Lorsqu'il y avait plusieurs seigneurs dominans, le vassal ne devait qu'un seul acte de dénombrement, mais il le devait à tous les seigneurs qui pour cet effet devaient être tous nommés en l'acte de présentation.—Pothier, nº 109; Dumoulin, *Sur Paris*, § 9, glose 1re, nº 2.

278. — Le dénombrement se présentait au seigneur ou à celui qui était chargé par lui de le recevoir en son nom. On en constatait la présentation par un récépissé qu'en donnait le seigneur et qui s'écrivait ordinairement sur le *duplicata* que le vassal retenait. Lorsque le seigneur le refusait ou était absent, cette présentation devait être constatée par un notaire qui en dressait acte en présence de témoins. — Pothier, nº 111.

279. — Le vassal qui ne présentait pas son dénombrement dans le délai de quarante jours après qu'il avait été reçu en foi et hommage pouvait y être contraint par la saisie de son fief. Mais le seigneur n'acquérait pas, par l'effet de cette saisie, le droit de faire les fruits siens, il pouvait seulement mettre un commissaire sur le fief jusqu'à ce que le dénombrement eût été baillé, après quoi le commissaire devait rendre compte des fruits au vassal. — Cout. de Paris, art. 9.

280. — Lorsque le vassal avait été reçu en foi par main souveraine, si le seigneur n'avait pas approuvé la sentence de réception, le délai de quarante jours ne commençait à courir contre le vassal que du jour où il avait été sommé de présenter son dénombrement ; jusque-là en effet il avait pu croire que le seigneur ne voudrait tirer aucun parti d'une sentence qu'il rejetait. Si le seigneur avait approuvé le jugement de réception, le délai courait comme si le vassal avait été investi par le seigneur lui-même ; mais alors les quarante jours devaient se compter, non pas de la date du jugement, mais du moment où la connaissance de l'approbation du seigneur était parvenue au vassal, car c'était seulement à partir de ce moment qu'il s'était trouvé en demeure.—Dumoulin, *Sur Paris*, § 9, glose 2, nos 5 et suiv.

281. — Il n'était pas nécessaire que la saisie fût précédée de commandement, il suffisait de la dénoncer ensuite à la partie saisie. — Dumoulin, *Sur Paris*, § 9, glose 3e, nº 1er.

282. — Le seigneur qui avait pratiqué la saisie pouvait préposer à la garde du fief tel commissaire qu'il jugeait à propos ; il était dans les bons procédés de confier cette commisssion au vassal ou à quelqu'un de ses domestiques. Si le fief était considérable, on en pouvait proportionner le nombre à son étendue. — Dumoulin, *Sur Paris*, § 9, glose 4e, nos 1er et suiv.

283. — Bien que, pendant la durée de la saisie, le vassal ne cessât point d'être propriétaire des fruits, que le seigneur et les commissaires n'en fussent que dépositaires, cependant ils pouvaient les vendre s'ils dépérissaient, à la charge d'en tenir compte à la partie saisie. — Dumoulin, *Sur Paris*, § 9, glose 5e.

284. — Personne n'était obligé d'accepter les fonctions de commissaire, lors même qu'elles lui avaient été déférées par ordonnance de justice. — Toutefois, lorsqu'il y avait urgence, et que personne ne se présentait volontairement pour être commissaire, le juge pouvait en nommer un qui était obligé d'accepter. — Hors même le cas de nécessité, s'il se trouvait dans le voisinage du fief un homme qui eût les connaissances requises pour bien administrer, il ne pouvait refuser la gestion qui lui était déférée, à moins qu'il n'eût quelque légitime empêchement dont l'appréciation appartenait au juge. — Dumoulin, *Sur Paris*, § 9, glose 6e, nº 4.

285. — Lorsque plusieurs commissaires avaient été établis, pour un même fief, par une ordonnance de justice, ils étaient tous solidairement responsables de leur administration. La partie saisie était donc libre de s'adresser à celui d'entre eux qu'elle jugeait à propos, sauf à ce dernier à exercer son recours contre les autres. — Dumoulin, *Sur Paris*, § 9, glose 6e, nº 36.

286. — Suivant Dumoulin (*Sur Paris*, § 9, glose 7, nº 1er), après la main-levée de la saisie, le vassal n'avait d'action à exercer que contre le commissaire ; le seigneur n'était, à raison de la gestion de ce dernier, chargé d'aucune responsabilité. Ainsi, il ne pouvait être recherché, même à l'égard des détériorations survenues pendant la durée de la saisie. — Mais cette opinion était contredite par Brodeau (*Sur Paris*, art. 9, nº 2), Charondas (*Sur Paris*, art. 9), Duplessis (*Des fiefs*, liv. 2, chap. 4), Lemaître (*Tr. des fiefs*, chap. 5), Lalande (*Sur Orléans*, art. 78), Ferrière (*Sur Paris*, art. 9), Billecoq (*Tr. des fiefs*, liv. 7, chap. 22, sect. 3e).

287. —Dumoulin (*Comment. sur Paris*, § 9, gl. 7e, nº 2) pensait que l'établissement des commissaires était indifférent à la validité de la saisie ; que le seigneur pouvait percevoir lui-même les fruits et en rester dépositaire. —Mais d'autres auteurs soutenaient qu'il était obligé d'établir commissaire à peine de nullité. — V. notamment Brodeau, *Sur Paris*, art. 9, nº 1er; Le Camus, *Sur Paris*, art. 9 ; Billecoq, *Tr. des fiefs*, liv. 7, chap. 22, sect. 2e; Bourjon, *Des fiefs*, chap. 3, sect. 7e.

288. — Le seigneur pouvait, nonobstant la saisie, laisser jouir le vassal ; il pouvait également, quand il le jugeait à propos, interrompre sa jouissance par l'établissement d'un commissaire ; mais il devait lui notifier cet établissement, comme la saisie elle-même.—Dumoulin, *Sur Paris*, § 9, gl. 7e, nos 4 et 5.

289. — Le dénombrement présenté, si le seigneur prétendait que le vassal y avait omis quelque objet qui devait y être compris, ou au contraire qu'il y avait compris, comme le tenant en fief, quelque objet que lui, seigneur, croyait être de son domaine, il était tenu de le *blâmer*, et cela dans le délai de quarante jours après que ledit dénombrement lui avait été présenté. S'il laissait passer ce délai sans blâmer, le dénombrement était tenu pour reçu. — Cout. de Paris, art. 10.

290. — Il ne faudrait toutefois pas conclure de là que le seigneur qui gardait le silence pendant le délai prescrit était de plein droit déchu de la faculté de blâmer le dénombrement. Il pouvait toujours le faire jusqu'à ce que le vassal l'eût sommé de lui rendre son dénombrement et l'eût constitué en demeure à cet égard.—Cout. de Paris, art. 10 ; — Dumoulin, *Sur Paris*, § 10, nº 7.

291. — Le délai de quarante jours ne se comptait pas *de momento ad momentum*, il se comptait par jour. Le jour de la présentation n'était pas compris dans le délai. Le seigneur n'était pas censé commencer l'examen du dénombrement le jour même où il lui était remis. — Dumoulin, *Sur Paris*, § 10, nº 1er; Brodeau, *Sur Paris*, art. 10, nº 1er; Legrand, *Sur Troyes*, art. 30, gl. 5e; Billecoq, *Des fiefs*, liv. 7, tit. 28 ; Pontanus, *Sur Blois*, art. 107 ; Charondas, *Sur Paris*, art. 8.

292. — Pothier (*Sur Orléans*, art. 82, note 1re) pensait que le seigneur pouvait obtenir du juge un plus long délai, en le faisant décider avec le vassal. — Mais cette opinion, qui n'était admise par Brodeau (*Sur Paris*, art. 10, nº 3) qu'avec une grande réserve, était combattue par Duplessis (*Des fiefs*, liv. 2, chap. 3), et par Guyot (*Du dénombrement*, chap. 4).

293. — Si, lorsque le dénombrement était présenté au seigneur, celui-ci refusait, sans justes causes, de l'accepter, ce refus n'empêchait pas le délai de quarante jours de courir ; ce délai expiré, le vassal pouvait, après avoir présenté une seconde fois le dénombrement et l'avoir sommé de donner le blâme, le citer en justice pour voir dire que le dénombrement serait tenu pour reçu. Toutefois le seigneur pouvait, jusqu'à la sentence définitive, demander que le dénombrement fût remis, en promettant de donner son aveu ou son blâme dans un délai raisonnable, et le juge ne pouvait le lui refuser, parce que le vassal n'en pouvait souffrir aucune perte réelle, tandis que le refus pouvait être très préjudiciable au seigneur. — Dumoulin, *Sur Paris*, § 10, nº 10.

294. — Le blâme n'était soumis à aucune formalité ; il suffisait que le seigneur y désignât les objets qu'il entendait contester. — Dumoulin, *Sur Paris* § 10, nº 11.

295. — Dès que le dénombrement avait été présenté, quelque inexact qu'il pût être, quelques motifs de blâme qu'il pût contenir, la saisie ne pouvait plus être pratiquée, et si elle l'avait été antérieurement, il devait en être donné main-levée. — Dumoulin, *Sur Paris*, *loc. cit.*

296. — Lorsque le vassal négligeait de faire juger la validité des blâmes, le seigneur pouvait le traduire en justice à cet effet, et alors, bien que par le fait il fût demandeur, ce n'était point à lui à faire la preuve à l'appui de son blâme, c'était au contraire au vassal à la faire à l'appui de son dénombrement. — Dumoulin, *Sur Paris*, § 10, nº 12; Guyot, *Du dénombrement*, chap. 5, nos 19 et 20; Legrand, *Sur Troyes*, art. 30, gl. 5e; Billecoq, *Tr. des fiefs*, liv. 7, chap. 27 ; Bourjon, *Droit commun*, 1re part., *Des fiefs*, chap. 3, sect. 5e.

297. — Lorsqu'après la saisie le vassal présentait le dénombrement, cette présentation opérait la main-levée pour tous les objets compris dans la saisie, même pour ceux omis dans ledit dénombrement, et que le seigneur prétendait relever de son fief. — Dumoulin, *Sur Paris*, § 10, nº 18 ; Brodeau, *Sur Paris*, art. 9 ; Duplessis, *Des fiefs*, liv. 2, chap. 4 ; Guérin, *Sur Paris*, art. 10 ; Ferrière, *Sur Paris*, art. 9 ; Harcher, *Tr. des fiefs*, chap. 1er, sect. 3e, § 13 ; Legrand, *Sur Troyes*, art. 3 ; Guyot, *Du dénombrement*, chap. 4, nº 170. — Mais d'autres prétendaient au contraire que le dénombrement n'opérait la main-levée que pour les articles non blâmés. — V. notamment Lelet, *Sur Poitou* ; Gousset, *Sur Chaumont*, art. 19 ; Loisel, liv. 4, tit 3, R., 45 ; Billecoq, *Tr. des fiefs*, liv. 7, chap. 30 ; Lemaître, p. 72 ; Bourjon, part. 1re *Des fiefs*, chap. 3, nº 77 ; Coquille, *Sur Nivernais*, chap. 4, art. 17.

298. — Le dénombrement était reçu, ou expressément, ou tacitement. —Pothier, *Introd. aux fiefs*, nº 114.

299. — Il était reçu expressément, lorsque le seigneur, par un acte au bas, déclarait qu'il le recevait. —Pothier, *loc. cit.*

300. — Il était reçu tacitement : 1º Lorsque le seigneur était déchu de la faculté de blâmer ; 2º lorsque, les blâmes ayant été fournis, le vassal avait réformé son dénombrement ; 3º lorsqu'il avait été statué sur les blâmes par une sentence dont il n'avait pas été appelé. — Pothier, *loc. cit.*

301. —Le seigneur qui, pour n'avoir point blâmé le dénombrement dans le délai de quarante jours, était censé l'approuver, pouvait cependant se faire restituer contre cette approbation tacite, lorsqu'il se trouvait dans l'un des cas où un majeur peut faire rescinder ses engagemens, lorsque, par exemple, cette approbation avait été le résultat d'une erreur. —Dumoulin, *Sur Paris*, § 10, nº 9 ; Legrand, *Sur Troyes*, art. 30, gl. 5e ; Duplessis, *Des fiefs*, liv. 2, ch. 3 ; Coquille, *Inst. au dr. français*, ch. *Des fiefs*.

§ 6. — *Du retrait féodal.*

302. —Lorsqu'un fief était vendu ou aliéné à prix d'argent, le seigneur avait le droit de le retraire et réunir à son domaine, en remboursant à l'acquéreur le prix et les loyaux coûts de son acquisition. —Cout. de Paris, art. 20 ; —Pothier, *Tr. des fiefs*, part. 2e, ch. 2.

303. — Le retrait féodal n'était pas purement légal, mais légal et conventionnel ; le seigneur était censé se l'être réservé par une condition tacite de l'investiture. Et de là on concluait que ce retrait était plus favorable que le retrait lignager, car ce dernier n'était qu'une pure grâce accordée par la loi au lignager. — Pothier, *Tr. des fiefs*, part. 2e, ch. 2 ; Dumoulin, *Sur Paris*, § 20, *princip.*

304. —Le retrait féodal pouvait être exercé lorsque le vassal n'avait vendu qu'une partie de son fief, comme lorsqu'il l'avait vendu tout entier. — Dumoulin, *Sur Paris*, § 20, gl. 5e, nº 9.

305. — Les auteurs étaient partagés sur la question de savoir si, lorsque la vente était parfaite par le contrat, mais n'avait point encore été consommée et exécutée, au moins par une tradition feinte, et qu'ainsi la propriété du fief n'avait point encore été transféré à l'acheteur, le retrait pouvait néanmoins être exercé. —V., pour l'affirmative, Dumoulin, *Sur Paris*, § 20, gl. 3e, nº 4 ; Pithou, *Sur Troyes*, art 27 ; Pothier, *Sur Orléans*, *Introd. aux fiefs*, nº 247, et *Tr. des fiefs*, part. 2e, ch. 2 ; Ferrière, *Sur Paris*, art. 20, gl. 4e, nº 14. —Mais, pour la négative, V. Legrand, *Sur Troyes*, art. 77, nº 27 ; Faber, sur le § 1er, *Inst.*, *De empt. vend.*

306. — Le retrait féodal pouvait être exercé, encore bien que le contrat de vente portât un délai pour le paiement ; alors le délai profitait au seigneur, qui n'était obligé de payer qu'aux termes

accordés à l'acquéreur. — Dumoulin, *Sur Paris*, § 20, gl. 5e, no 9; Tiraqueau, *De retract.* 1, gl. 18e, no 32; Grimaudet, liv. 7, ch. 20; Gui-Pape, *Consil.* 181. — V. toutefois *contrà* Brodeau, *Sur Paris*, art. 136; Coquille, *Du retrait*, art. 14; Leprêtre, cent. 2, ch. 23; Auzanet, *Sur Paris*, art. 20; Bourjon, *Du retrait féodal*, no 29; Ferrière, *Sur Paris*, art. 136, gl. 2e.

507. — Le retrait féodal pouvait être exercé dans les ventes forcées comme dans les ventes volontaires. — Dumoulin, *Sur Paris*, § 20, gl. 5e, no 9. — Après de longues controverses, les idées s'étaient enfin fixées dans ce sens.

508. — Une vente faite sous condition résolutoire, n'étant pas pour cela moins parfaite, donnait lieu au retrait féodal comme la vente pure et simple; seulement, le retrayant n'acquérait le fief que sous la même condition résolutoire à laquelle la vente était subordonnée. — Dumoulin, *Sur Paris*, § 20, gl. 5e, no 9.

509. — Quant à la vente sous condition suspensive, elle ne donnait pas ouverture au retrait, tant que l'événement futur restait en suspens; mais, s'il venait à s'accomplir, le droit au retrait était censé avoir été acquis au seigneur dès le moment du contrat. — Pothier, *Tr. des fiefs*, part. 2e, ch. 2, art. 2, sect. 1re, § 1er.

510. — Enfin, le retrait féodal s'appliquait non seulement au cas de vente, mais à tous les actes équipollens à la vente. — Dumoulin, § 20, gl. 5e, no 9; Pothier, *Tr. des fiefs*, part. 2e, ch. 2, art. 2, sect. 1re.

511. — Mais le retrait ne pouvait être exercé lorsque, tandis que les choses étaient encore entières, les parties contractantes avaient, d'un commun accord, annulé le contrat. — Dumoulin, *Sur Paris*, § 20, gl. 5e, no 10. — Les choses étaient entières tant qu'il n'y avait point eu de tradition réelle, et encore bien qu'il y eût eu une tradition feinte. — Dumoulin, *loc. cit.*, no 13; Pothier, *ibid.*

512. — La vente à réméré donnait ouverture au retrait féodal, mais alors le seigneur ne reprenait le fief qu'à la charge du réméré, comme si lui-même eût acquis de son vassal aux charges et conditions portées dans le contrat. — Dumoulin, § 20, gl. 5e, no 22; Pothier, *ibid.*

513. — En général, le retrait pouvait être exercé dans tous les cas où le quint était dû. — Pothier, *ibid.* — Et toutefois, lorsque la vente était faite au lignager du vendeur, le seigneur ne pouvait exercer le retrait, bien qu'il eût droit au quint. — Pothier, *loc. cit.*; Dumoulin, § 20, gl. 5e, no 10.

514. — Le retrait pouvait être exercé lors même que le titre d'investiture contenait la clause que le vassal pourrait vendre à qui il jugerait à propos. Une telle clause n'était jamais censée apposée au préjudice du seigneur, parce que ce droit, lui étant donné par la loi et étant regardé comme une condition de l'investiture, ne pouvait lui être enlevé que par une clause qui y dérogeait expressément. — Dumoulin, § 20, gl. 5e, no 5; Pothier, *Tr. des fiefs*, part. 2, ch. 2, art. 3.

515. — Les anciens auteurs étaient partagés sur la question de savoir si le seigneur qui avait donné son consentement à la vente pouvait néanmoins exercer le retrait féodal — V., pour l'affirmative, Dumoulin, § 20, gl. 5e, nos 8 et 9; Lapeyrère, lett. V, art. 6. — Mais, pour la négative, V. Tiraqueau, *Du retrait lignager*, § 1er, gl. 9e, no 135; Boucheuil, *Sur Poitou*, art. 30, no 9.

516. — Lorsque le vendeur faisait à l'acquéreur la remise du prix de la vente, le seigneur n'en pouvait pas moins exercer le retrait, à moins 1o que la remise suivît immédiatement le contrat; 2o que le vendeur la fît par pure libéralité; 3o qu'il fût au moins probable qu'il n'avait pas réellement eu l'intention de vendre, et que le prix n'avait été fixé que pour évaluer la donation. — Dumoulin, § 20, gl. 5e, no 55.

517. — Une vente nulle ne donnait pas lieu au retrait, de quelque cause que procédât la nullité. — Dumoulin, § 20, gl. 5e, no 50.

518. — Les rentes inféodées étaient sujettes au retrait féodal toutes les fois qu'il plaisait au créancier de les vendre. — Dumoulin, § 20, gl. 5e, no 58; Chopin, *Sur Paris*, liv. 2, *Tit. du retrait*; Brodeau, *Sur Paris*, art. 129, no 12; Duplessis, *Du retrait*, ch. 7.

519. — Dumoulin (*loc. cit.*) pensait que cette règle s'appliquait même au cas où la vente était faite à celui qui était le débiteur de la rente, pourvu qu'elle fût perpétuelle; car, lorsqu'elle était rachetable, la vente l'anéantissait en telle sorte que le seigneur ne pouvait plus la faire revivre. — Mais d'autres auteurs soutenaient que, dans le cas même où la rente était perpétuelle, la vente qui en était faite au débiteur était une libération plutôt qu'une vente, et qu'ainsi le retrait féodal ne pouvait être exercé. — Arr. de M. de Lamoignon, *Tit. du retrait lignager*, art. 25; Livonière, *Des fiefs*, liv. 5, ch. 4; Guyot, *Du retrait*, ch. 6; Lacombe, vo *Retrait lignager*.

520. — En droit commun, tout seigneur féodal avait le droit d'exercer le retrait féodal. — Dumoulin, § 20, gl. 1re, no 1er; Pothier, *Traité des fiefs*, part. 2e, ch. 2, art. 3. — Toutefois, quelques coutumes, et notamment celle d'Orléans, n'accordaient ce droit qu'aux châtelains et à ceux d'une plus grande dignité. — Pothier, *loc. cit.*

521. — Quant aux seigneurs ecclésiastiques, certaines coutumes, comme celles du Berri et de Bourbonnais, leur refusaient le droit de retrait féodal. D'autres au contraire, comme celles de Touraine et de Poitou, leur accordaient ce droit sous certaines conditions. Dans les coutumes qui ne s'en expliquaient pas, Dumoulin (§ 20, gl. 1re) décidait qu'ils pouvaient exercer le retrait, mais que le seigneur de qui relevaient leurs fiefs pouvait les contraindre à vider leurs mains du fief qu'ils avaient retiré, de même qu'ils pouvaient y être contraints pour tout autre genre d'acquisition. — Tel était l'état de la jurisprudence quand l'édit de 1749 vint défendre aux gens de main-morte d'exercer à l'avenir le retrait féodal sur les fiefs dépendant de leurs bénéfices.

522. — Lorsqu'il y avait deux copropriétaires du fief dominant, l'un d'eux pouvait exercer seul le retrait pour une partie du fief proportionnée à sa part dans le fief dominant; mais l'acheteur, qui ne devait point souffrir de ce que le fief dominant, au lieu d'appartenir à un seul propriétaire, appartenait à deux, n'était point obligé de subir le retrait féodal pour partie; et dès-lors le copropriétaire qui exerçait le retrait devait offrir de retirer le tout si l'acquéreur le souhaitait. — Dumoulin, § 20, gl. 1re, no 52; Pothier, *Traité des fiefs*, part. 2e, ch. 2, art. 3, § 2; Boutaric, *Droit seigneurial*, note sur le chap. 6.

523. — L'usufruitier du fief dominant pouvait exercer le retrait, non point à la vérité en son nom et pour son propre compte, mais en sa qualité d'usufruitier et au profit du propriétaire. Dans ce cas, le fief retiré se réunissait à celui dont il relevait, et l'usufruitier n'avait sur l'un comme sur l'autre qu'un simple droit d'usufruit. Mais à la fin de l'usufruit, le propriétaire, pour pouvoir profiter du retrait, était obligé de restituer aux héritiers de l'usufruitier le prix pour lequel ce dernier l'avait exercé, sinon l'héritage retiré demeurait auxdits héritiers. — Dumoulin, § 20. gl. 1re, nos 33 et suiv.; Pothier, *Traité des fiefs*, part. 2e, ch. 2, art. 3, § 6. — V. toutefois Guyot (*Traité du retrait seigneurial*, ch. 9) et Bacquet (*Des droits de justice*, ch. 12, no 10), qui refusent à l'usufruitier la faculté d'exercer le retrait.

524. — Quelques auteurs prétendaient même que l'usufruitier ou ses héritiers pouvaient exiger non seulement la restitution du prix du fief retiré, mais en outre le quint de ce prix. — Dumoulin, § 20, gl. 1er, no 46; Livonière, *Des fiefs*, liv. 5, ch. 5, sect. 4e; Legrand, *Sur Troys*, art. 27, gl. 4e; Bourjon, *Droit commun, des fiefs*, ch. 1er, no 11; Basnage, *Sur Normandie*, art. 202. — Mais cette doctrine était combattue par d'autres auteurs. — V. notamment Ferrière, *Traité des fiefs*, ch. 3, sect. 2e, art. 3, no 13; Renusson, *Traité de la garde noble*, ch. 6, no 81; Godefroi, *Sur Normandie*, art. 202.

525. — Quoique l'usufruitier ne pût forcer le propriétaire à prendre le fief retiré, cependant il pouvait immédiatement, après le retrait, le sommer de déclarer s'il l'approuvait ou le rejetait. S'il l'approuvait, il devait aussitôt rendre au vassal le prix du fief et les droits résultant de la vente, et par là le vassal perdait l'usufruit sur le fief retiré; s'il le rejetait, il devait en investir *gratis* l'usufruitier qui en demeurait propriétaire incommutable. — Dumoulin, § 20, gl. 1re, no 35; Legrand, *Sur Troyes*, art. 27, gl. 4e, no 6; Ferrière, *Sur Paris*, art. 20, gl. 1re, no 29; Boucheuil, *Sur Poitou*, art. 32, no 42; Charondas, *Sur Paris*, art. 20; Pallu, *Sur Tours*, art. 34; Ragueau, *Sur Berri*, art 18, tit. 5; Despeisses, *Des droits seigneuriaux*, tit. 4, sect. 6e, part. 1re, nos 3 et 4.

526. — L'usufruitier ne pouvait exercer le retrait contre la volonté du propriétaire; ainsi, lorsque ce dernier avait approuvé la vente en donnant l'investiture à l'acquéreur, l'usufruitier ne pouvait priver ce dernier du bénéfice de son acquisition. — Dumoulin, § 20, gl. 1re, no 40; Pothier, *Traité des fiefs*, part. 2e, ch. 2, art. 3, § 6.

527. — Quant au fermier des droits féodaux, on convenait généralement qu'il ne pouvait exercer le retrait féodal *nec proprio, nec procuratorio nomine.* — La coutume du Maine seule lui donnait ce droit, à la charge de restituer le fief retiré au propriétaire de la seigneurie; mais ce dernier devait rembourser le fermier de ce qu'il lui en avait coûté; et faute par lui de ce faire dans l'expiration du bail, l'héritage demeurait au fermier. — Pothier, *Traité des fiefs*, part. 2e, ch. 2, art. 3, § 6.

528. — C'était une question fort controversée que celle de savoir si l'engagiste avait le droit d'exercer le retrait féodal sur les fiefs mouvans de son engagement. — V., pour l'affirmative, Chopin (*Sur Anjou*, liv. 1er, ch. 4, no 12), Henrys (t. 1er, liv. 3, quest. 16e), et un arrêt du parlement de Toulouse du 13 août 1599, rapporté par Laroche-Flavin (*Des droits seigneuriaux*, ch. 13). — Mais la négative était tenue par Bacquet (*Droits de justice*, ch. 12, no 10), Brodeau (*Sur Paris*, art. 20, no 9), Duplessis (*Des fiefs*, liv. 7, ch. 2), Lacombe (vo *Retrait, féodal*), Salvaing (*Usage des fiefs*), ch. 23, à moins toutefois que le droit d'exercer le retrait ne fût expressément contenu dans l'engagement, ou qu'il n'eût été accordé depuis par lettres-patentes dûment vérifiées.

529. — Quant à l'apanagiste, il était vrai propriétaire des domaines composant l'apanage, et par suite il avait, comme tout autre propriétaire, le droit de retrait sur les fiefs qui en relevaient. — Pothier, *Traité des fiefs*; Henrion de Pansey, sur Dumoulin, *Des fiefs*, p. 419, note. — V. aussi un arrêt du 21 août 1649, rapporté par Brodeau, *Sur Paris*, art. 20, no 8, *in fine*.

530. — La question s'était élevée de savoir si le seigneur pouvait céder la faculté d'exercer le retrait féodal. Dumoulin (§ 20, gl. 1re, nos 20 et suiv.), après avoir longtemps hésité, s'était enfin déterminé pour la négative, par la raison que, la coutume ayant accordé le retrait féodal au seigneur afin qu'il pût *unir et mettre à sa table*, c'est-à-dire réunir à son domaine le fief mouvant de lui, il ne pouvait user de ce droit qu'à cette fin. Et cette opinion de Dumoulin avait été adoptée par la plupart des anciens feudistes. — V. notamment Gui-Pape et ses annotateurs, quest. 411; Aimon, *Sur Auvergne*, art. 20. — Mais l'opinion contraire avait prévalu dans presque tous les parlemens de France. — Pothier, *Traité des fiefs*, part. 2e, ch. 2, art. 3, § 4; Henrion de Pansey, sur Dumoulin, *Des fiefs*, p. 412, note.

531. — Nous avons vu ci-dessus que, d'après l'édit de 1749, les seigneurs ecclésiastiques ne pouvaient exercer eux-mêmes le retrait féodal. Quelques auteurs enseignaient néanmoins qu'ils pouvaient le céder, parce que les raisons qui empêchaient qu'ils pussent l'exercer eux-mêmes ne s'opposaient point à ce qu'ils le cédassent. — V. notamment Bourjon, *Droit commun*, part. 2e, *Des fiefs*, no 5, et un arrêt rendu en la grande-chambre le 13 août 1762, rapporté par Denisart, vo *Retrait féodal*. — Mais d'autres pensaient au contraire que les gens de main-morte n'ayant pas eux-mêmes la faculté d'exercer le retrait, ne pouvaient par conséquent la céder à d'autres. — Pothier, *Traité des fiefs*, part. 2e, ch. 2, art. 3, § 1er.

532. — Lorsque, depuis la vente, le vendeur avait fait à l'acheteur remise totale ou partielle du prix, le retrayant n'en était pas moins obligé de restituer à cet acheteur le prix porté au contrat, à moins toutefois que cette remise n'eût eu pour objet de réduire à la juste valeur de la chose le prix que les parties auraient reconnu trop élevé; dans ce cas, la réduction eût profité au retrayant. — Dumoulin, § 20, gl. 8e, no 1er.

533. — De même lorsque, depuis la vente, les parties reconnaissant qu'il y avait eu erreur dans la fixation du prix, l'augmentaient par une convention spéciale, le retrayant était obligé de restituer à l'acquéreur le prix fixé par cette convention, et non pas celui du contrat primitif. — Dumoulin, § 20, gl. 8e, no 4.

534. — Dans le cas où, lors du retrait, l'acquéreur n'avait pas encore payé son prix, le retrayant n'était pas obligé de le lui rembourser à lui-même; il pouvait le payer au vendeur ou le consigner. — Dumoulin, § 20, gl. 8e, no 6.

535. — Les loyaux-coûts comprenaient, non seulement les frais du contrat, mais encore les frais des voyages, des proxénètes, en un mot, toutes les dépenses que l'acquéreur avait faites pour parvenir à l'acquisition, pourvu toutefois qu'elles fussent vraisemblables et autorisées par l'usage. — Dumoulin, § 20, gl. 9e, nos 1 et 2. — La plupart des commentateurs pensaient que ce qui avait été payé au proxénète pouvait être modéré par le juge. — Chopin, *Retrait lignager*, no 6; Charondas et Tournet, *Sur Paris*, art. 236.

536. — Ce qui avait été donné, soit au vendeur, soit à sa femme, à ses enfans ou domestiques, faisait partie des loyaux coûts, si c'était par convention que ces dons avaient été faits; mais si l'acheteur les avait faits par pure libéralité, le retrayant n'était point obligé de les lui restituer. — Dumoulin, § 20, gl. 9e, no 2; Pothier, *Tr. des fiefs*, part. 2e, ch. 2, art. 5, § 2.

537. — Si l'acquéreur, pendant la durée de sa possession, avait fait quelques impenses nécessaires, soit de culture, soit de réparation aux bâti-

mens, il devait en être remboursé. — Pothier, *Tr. des fiefs*, part. 2e, ch. 2, art. 5, § 2.

338. — Le prix et les loyaux coûts devaient être payés par le seigneur retrayant dans le délai de quarante jours après qu'on lui avait notifié ladite vente et exhibé les contrats. — Cout. de Paris, art. 20. — Dumoulin (§ 20, gl. 10e) voulait que ces quarante jours se comptassent depuis l'instant de la notification, *de momento ad momentum*. Mais son opinion était rejetée comme trop rigoureuse et fiscale par la plupart des auteurs. — V. notamment Brodeau, *Sur Paris*, art. 78, no 4; Charondas et Ferrière, *Sur Paris*, art. 20.

339. — Lorsque la vente était faite sous condition suspensive, le délai de quarante jours ne commençait à courir que de l'événement de la condition, quoique l'exhibition du contrat eût été faite antérieurement. — Dumoulin, § 20, gl. 10e.

340. — De même, lorsqu'il avait été stipulé par le contrat que le vendeur ne serait obligé de livrer la chose que dans un certain temps, le délai de quarante jours ne commençait qu'à l'expiration de ce terme, encore bien que l'acquéreur eût notifié son contrat auparavant, et quoique le seigneur eût pu exercer le retrait dès l'instant de la vente. — Dumoulin, § 20, gl. 10e.

341. — L'acquéreur, en notifiant au seigneur le contrat de vente, devait lui en laisser copie; l'art. 20, cout. de Paris, *in fine*, le prescrivait formellement; mais on se demandait si cette copie devait être notariée? — Dumoulin (§ 20, gl. 12e) enseignait que cela n'était point nécessaire, et que c'était au seigneur à s'en faire délivrer une à ses frais, s'il le jugeait convenable. Mais les auteurs modernes exigeaient qu'elle fût délivrée aux frais de l'acheteur. — Henrion de Pansey, sur Dumoulin, *Des fiefs*, p. 456, note. — La coutume de Paris était à peu près la seule qui exigeât qu'il fût laissé copie du contrat au seigneur. Dans les coutumes muettes, Pontanus (*In consuet. Bles.*, art. 90 et 91, § 15) enseignait que l'acquéreur n'était obligé que d'exhiber le contrat, attendu qu'on ne devait point aggraver les charges imposées par la coutume.

342. — Le seigneur pouvait exercer le retrait féodal de trois manières : — 1o il pouvait saisir féodalement, pour faute d'homme, droits et devoirs, le fief ouvert par l'effet de la vente, et lorsque ensuite l'acquéreur se présentait pour lui faire la foi, il pouvait, au lieu de le recevoir, retenir le fief en lui restituant ce qu'il lui en avait coûté pour l'acquérir. Cette manière s'appelait *viâ prehensionis*; — 2o si, avant toute saisie, l'acquéreur venait offrir la foi et demander l'investiture, le seigneur pouvait s'en défendre en lui offrant de le rembourser du prix et des loyaux coûts de son acquisition. Le retrait s'exerçait alors *viâ exceptionis*; — 3o enfin, le seigneur pouvait assigner l'acheteur en délaissement, aux offres de le rembourser; et alors le retrait s'exerçait *viâ actionis*. — Dumoulin, § 20, gl. 3e; Pothier, *Tr. des fiefs*, part. 2e, ch. 2, art. 5.

343. — Le seigneur se trouvant, par l'effet du retrait, subrogé à l'acquéreur, prenait, comme lui, le fief avec toutes les charges et hypothèques dont il était grevé; le retrait faisait même revivre les rentes, servitudes et autres charges dont ce fief était grevé au profit de l'acquéreur et que la confusion avait anéanties. — Dumoulin, § 20, gl. 5e, nos 26 et 29.

344. — Mais, comme le droit de l'acquéreur se trouvait résolu par l'effet du retrait, de telle sorte que cet acquéreur était censé n'avoir jamais été propriétaire, tous les droits et charges qu'il pouvait avoir constitués sur le fief, dans l'intervalle de l'acquisition au retrait, se trouvaient également résolus et mis au néant. Le seigneur reprenait le fief tel qu'il était sorti de la main du vendeur. — Dumoulin, § 20, gl. 5e, no 45; Tiraqueau, *Du retrait lignager*, art 1er, gl. 14e, no 2.

345. — Par application du même principe, lorsque dans l'intervalle de la vente au retrait il était arrivé quelque accroissement au fief, cet accroissement profitait au retrayant et non pas à l'acquéreur. — Tiraqueau, *De retract. convent.*, no 93; Pothier, *Sur Orléans*, *Introd. aux fiefs*, no 254, et *Du retrait*, ch. 10, § 3. — V. toutefois Dumoulin, § 20, gl. 1re, no 87.

346. — Le seigneur qui avait reçu le quint denier de l'acquéreur, était censé avoir renoncé au retrait féodal, et dès-lors il n'était plus recevable à l'exercer. — Il en était de même lorsqu'il avait *chevi*, c'est-à-dire traité et composé avec l'acquéreur sur le montant de ce droit, bien qu'il n'en eût rien touché, et lorsqu'il avait donné souffrance à cet acquéreur pour le paiement dudit droit, sans s'être réservé, en prenant ces arrangemens, le droit d'exercer le retrait dans certains temps ou à certaines conditions. — Cout. de Paris, art. 21; — Dumoulin, § 21, no 21.

347. — Le seigneur qui, après avoir reçu la notification du contrat, interpellait l'acquéreur de faire la foi ou de payer les droits, consommait son choix et ne pouvait plus dès-lors exercer le retrait; mais si, lors de cette interpellation, il n'avait pas encore reçu la notification, il n'était point déchu de son droit, encore bien qu'il eût connaissance de l'aliénation, à moins cependant que cette connaissance ne fût pleine et entière et qu'il n'eût demandé, non pas les droits en général, mais précisément et spécifiquement ceux qui résultaient du contrat. — Dumoulin, § 21, no 4; Lapeyrère, lett. R, no 120; Catelan, liv. 8, ch. 11.

348. — Dumoulin (§ 21, no 6) pensait que, lorsque le seigneur, après avoir reçu la notification du contrat, donnait souffrance à l'acquéreur seulement pour la prestation de la foi, cette condescendance n'emportait point de sa part renonciation à l'exercice du retrait, que tout son effet était de mettre l'acquéreur pendant quelque temps à l'abri de la saisie féodale. — Mais son opinion était combattue par Pothier, *Sur Orléans*, *Introd. aux fiefs*, no 269; Couart, *Sur Chartres*, art. 39; Livonière, *Des fiefs*, liv. 5, ch. 10; Duplessis, *Des fiefs*, liv. 7, ch. 5; Brodeau, *Sur Paris*, art. 21; Legrand, *Sur Troyes*, art. 27, gl. 7e.

349. — Lorsque l'usufruitier avait reçu le quint, le nu-propriétaire n'en pouvait pas moins exercer le retrait, en remboursant *de suo* à l'acquéreur ce qu'il avait payé à l'usufruitier, car ce dernier, en recevant le quint, ne faisait que prendre ce qui lui était dû. — Dumoulin, § 21, no 20. — La même décision était appliquée, par la plupart des auteurs, au fermier, à la douairière et à l'engagiste. — V. notamment Brodeau, *Sur Paris*, art. 21, no 9; Duplessis, *Des fiefs*, liv. 7, ch. 5; Boucheuil, *Sur Poitou*, art. 31, no 11; Guiot, *Retrait seigneurial*, ch. 18, no 7; Livonière, *Des fiefs*, liv. 5, ch. 5; Automne, *Sur Bordeaux*, art. 85 et 89; Lalande, *Sur Orléans*, art. 49, et Basnage, *Sur Normandie*, art. 82; Legrand, *Sur Troyes*, art. 27, gl. 4e.

350. — Lorsque le tuteur, au lieu d'exercer le retrait féodal, recevait l'acheteur en foi ou donnait souffrance, le mineur n'était plus recevable à exercer le retrait, même en se présentant dans les quarante jours; il pouvait seulement exercer son recours contre son tuteur pour le préjudice que lui avait causé l'option faite par ce dernier. — Dumoulin, § 20, gl. 2e, nos 1er et suiv.; Brodeau, *Sur Paris*, art. 21; Boucheuil, *Sur Poitou*, art. 32, no 30.

351. — Quant à la femme mariée, il y avait divergence entre les auteurs. — Dumoulin (§ 21, no 24) pensait que, lorsque le mari avait reçu le quint, elle ne pouvait exercer le retrait; mais que, lorsque les choses étaient entières, elle pouvait, avec l'autorisation de justice, retirer le fief, nonobstant l'opposition du mari, lors même que les quarante jours s'étaient écoulés depuis la notification faite à son mari. Et son avis était suivi par Brodeau (*Sur Paris*, art. 21), Duplessis (*Des fiefs*, liv. 7, ch. 2), Boucheuil (*sur Poitou*, art. 32, no 32). — Mais cette doctrine avait été rejetée par la plupart des auteurs qui pensaient que quand le mari voulait avoir le quint, la femme ne pouvait exercer le retrait. — V. notamment Ferrière, *Sur Paris*, art. 21, gl. 1re; Charondas, *Sur Paris*, art. 21; Livonière, *Des fiefs*, liv. 5, ch. 10. — V. également Charondas, Tournet, Tronçon, etc.

352. — Le seigneur ne pouvait exercer le retrait que pendant trente ans; s'il laissait passer ce délai, il était déchu de son droit, encore bien que la notification ne lui eût pas été faite. — Dumoulin, § 20, gl. 12e, no 11.

353. — Dans les pays de droit écrit, le retrait féodal était, en cas de concours, préféré au retrait lignager; dans les pays coutumiers, au contraire, c'était le retrait lignager qui l'emportait sur le retrait féodal. — Henrion de Pansey, *Sur Dumoulin*, p. 469, note; Laroche, *Des droits seigneuriaux*, ch. 13, art. 8; Durantin, *Quæst.* 84; Catelan, liv. 3, ch. 11; Boutaric, *Des fiefs*, ch. 6.

354. — Dans ces dernières coutumes, le parent lignager du vendeur pouvait exercer le retrait dans l'an et jour du retrait exercé par le seigneur; mais alors il était tenu de payer audit seigneur les droits de quint avant que ce dernier fût tenu de le recevoir en foi et hommage du fief retiré. — Cout. de Paris, art. 22 et 159.

355. — Cette préférence du retrait lignager au retrait féodal n'était pas nouvelle. — On la trouve, en effet, mentionnée aux *Consuetud. feudor.*, lib. 2, tit. 9, § 1er, et dans l'ouvrage de Beaumanoir, sur la *Coutume de Beauvoisis*, ch. 51, art. dern.

§ 7. — *De la commise.*

356. — Le seigneur avait, dans certains cas, le droit de confisquer et réunir à toujours à son domaine le fief de son vassal. Cette confiscation était appelée commise.

357. — La commise avait lieu dans deux cas; 1o pour cause de désaveu; 2o pour cause de félonie. — Dumoulin, *Sur Paris*, § 43; Pothier, *Des fiefs*, ch. 3.

358. — Le désaveu pouvait tomber sur la personne seule du seigneur, ou sur le fief dominant seul, ou enfin sur la personne du seigneur et sur le fief dominant. — Dumoulin, *Sur Paris*, § 43, no 9.

359. — La dénégation tombait sur la personne seule lorsque le vassal convenait que le fief qu'il possédait était mouvant de tel autre fief, mais qu'il niait que le fief dominant appartînt à celui qui s'en prétendait propriétaire. — Dumoulin, *Sur Paris*, § 43.

360. — Le désaveu portait sur le fief dominant seul, lorsque le vassal reconnaissait qu'il relevait de celui qui prétendait être son seigneur, mais soutenait en même temps, contrairement audit seigneur, que le fief servant, au lieu d'être dans la mouvance de tel fief dominant, était dans la mouvance de tel autre. — Dumoulin, *Sur Paris*, § 43.

361. — Le désaveu portait sur la personne et sur la chose lorsque le vassal déclarait qu'il ne relevait pas de tel seigneur, à raison d'aucun des fiefs appartenant à ce seigneur. — Domoulin, *Sur Paris*, § 43.

362. — On appelait désaveu parfait celui qui portait et sur la personne du seigneur et sur le fief dominant; celui-là seul donnait lieu à la commise. — Quant aux deux autres désaveux, ils n'entraînaient pas la même peine: le premier, parce qu'il ne contenait aucune offense pour le seigneur, le second, parce qu'il ne contenait pas l'essence du fief, qui était plutôt réelle que personnelle. — Dumoulin, *Sur Paris*, § 43; Pothier, *Des fiefs*, chap. 3, sect. 1re, art. 1er.

363. — Le désaveu parfait lui-même ne donnait lieu à la commise qu'autant qu'il avait été fait sciemment et frauduleusement. Lors, au contraire, qu'il ne l'avait fait que par ignorance ou même par légèreté, il n'y avait pas lieu à la commise. — Dumoulin, *Sur Paris*, § 43, no 5; Brodeau, *Sur Paris*, art. 43, no 10.

364. — Lorsque le désaveu n'était fait que pour une partie du fief servant, la commise n'avait lieu que pour cette partie. — Dumoulin, *Sur Paris*, § 43; Livonnière, *Des fiefs*, liv. 2, ch. 2, sect. 4e.

365. — La commise n'avait lieu qu'autant que le vassal niait la mouvance elle-même, mais non s'il se contentait de prétendre que son fief n'était point *lige*, qu'il ne devait point tel ou tel droit, etc. — Dumoulin, *Sur Paris*, art. 43, no 7.

366. — Le vassal n'encourait pas la commise lorsqu'au lieu d'un désaveu précis il se contentait de dire qu'il ignorait si son fief relevait de tel seigneur; mais alors le seigneur pouvait saisir et faire les fruits siens par faute d'homme. — Dumoulin, *Sur Paris*, § 43.

367. — Lorsque le vassal, déniant relever de la seigneurie dont son fief relevait en effet, reconnaissait le même seigneur à raison d'une seigneurie que ce seigneur ne possédait pas, bien que le désaveu ne semblât au premier abord porter que sur le fief dominant, on décidait cependant que c'était un désaveu parfait qui donnait lieu à la commise. — Dumoulin, *Sur Paris*, § 43; Pothier, *Des fiefs*, ch. 3, sect. 1re, art. 1er.

368. — Les auteurs étaient généralement d'avis que l'aveu d'un seigneur autre que le véritable, lors même qu'il était fait sciemment et en connaissance de cause, ne donnait pas lieu à la confiscation, attendu que la coutume ne la prononçait pas pour ce cas, et que les dispositions pénales ne doivent pas être étendues. — Dumoulin, § 43, no 165. — V. aussi Henrion de Pansey, sur Dumoulin, p. 558, note.

369. — Suivant Dumoulin (*Sur Paris*, § 43), il n'était pas nécessaire, pour que le désaveu entraînât la commise, qu'il eût été fait judiciairement, le désaveu extrajudiciaire suffisait. — Mais cette opinion était combattue par Billecocq (*Des fiefs*, liv. 12, ch. 3, sect. 1re), Renauldon (*Des fiefs*, liv. 2, ch. 11), Bourjon (*Dr. commun*, ch. 2 no 10).

370. — C'était une question controversée entre les feudistes que de savoir si le vassal qui avait conclu judiciairement au désaveu pouvait ensuite, en se rétractant, empêcher la commise. Il y avait à cet égard une variété d'opinions qui faisait dire à Pontanus (*Sur Blois*, art. 101): *De pœnitentiâ vassali tot capita, tot sensus.* — V. notamment Dumoulin, *Sur Paris*, art. 43, no 28; d'Argentré, *Sur Bretagne*, art. 12, gl. 2e, no 3; Billecocq, *Des fiefs*, liv. 12, ch. 3, sect. 1re; Basnage, *Sur Normandie*, art. 125; Brodeau, *Sur Paris*, art. 43, no 8; Duplessis, *Des fiefs*, liv. 6; Bœrius, *Sur Berri*, tit. 4, § 14.

371. — Tous du moins étaient d'accord sur un point, c'est que, la commise une fois prononcée, le vassal ne pouvait plus se rétracter efficacement même pendant l'instance d'appel. — Henrion de Pansey, sur Dumoulin, p. 534, notes.

372.— Après le désaveu du vassal, c'était à celui qui se prétendait seigneur à établir sa mouvance. Il ne suffisait pas pour cela de simples présomptions, il fallait des preuves positives, parce que l'ingratitude résultant d'un désaveu frauduleux était un délit et ne devait point par conséquent être présumée. — Dumoulin, *Sur Paris*, § 43, nos 29 et 30.

373. — Aux termes de l'art. 44, cout. de Paris, après que le vassal avait avoué le seigneur féodal, lesdits seigneur et vassal devaient communiquer l'un à l'autre leurs aveux, dénombrement et titre de la teneur dudit fief qu'ils avaient par-devers eux et s'en purger par serment s'ils en étaient requis; le vassal était tenu de satisfaire le premier.—Il résultait de là que le vassal était avant tout tenu d'avouer ou de désavouer, et qu'il ne pouvait demander, pour s'éclairer à cet égard, la communication préalable des titres.—Brodeau, *Sur Paris*, art. 44; Duplessis, *Des fiefs*, liv. 6; Ferrière, *Sur Paris*, art. 43; Charondas, *Sur Paris*, art. 43; Auzanet, *Sur Paris*, art. 45; Livonière, *Des fiefs*, liv. 2, ch. 2, sect. 4e.

374. —Le vassal qui avait désavoué son seigneur pouvait prescrire par trente ans contre l'action que ce seigneur avait contre lui. — Et même, lorsque après un assez long délai écoulé sans poursuites le seigneur ou le vassal étaient décédés, l'injure était censée pardonnée et la commise ne pouvait être demandée.— Dumoulin, *Sur Paris*, § 43, nos 51 et suiv.

375.—Dumoulin (*Sur Paris*, § 43, no 71) enseignait que le mineur qui avait désavoué son seigneur pouvait, après être arrivé à la majorité féodale, encourir la commise, si le seigneur prouvait que le désaveu avait été fait sciemment et frauduleusement. —Mais son sentiment, adopté par Pothier (*Sur Orléans, Introd. aux fiefs*), était rejeté par Brodeau (*Sur Paris*, art 43, gl. 1re, § 3, no 12), Charondas (*Sur Paris*, art. 43), Bourjon (*Droit commun, De la commise*, no 13), Guyot (*De la commise*, sect. 3e, no 21).

376.—Le bénéficier ecclésiastique n'ayant que la jouissance et non pas la propriété des fiefs dépendans de son bénéfice, il en résultait que le désaveu fait par ce bénéficier, de son autorité propre et sans l'autorisation de son supérieur, ne donnait au seigneur que le droit de le priver de la jouissance du fief pendant tout le temps qu'il conservait son bénéfice.—Dumoulin, *Sur Paris*, § 43, no 72; Brodeau, *Sur Paris*, art. 43, no 22; Bacquet, *Des dr. d'amort.*, ch. 58; Ferrière, *Sur Paris*, art. 43, § 3, no 10; Livonière, *Des fiefs*, liv. 2, ch. 2, sect. 3e; Duplessis, *Des fiefs*, liv. 6.

377.- La félonie consistait en une injure grave faite par le vassal à son seigneur. —Les injures qui donnaient lieu à la commise étaient les mêmes que celles qui faisaient prononcer la révocation des donations. Elles étaient au nombre de cinq : 1o si le vassal avait séduit la femme, la fille ou la sœur du seigneur (mais, à l'égard de cette dernière, dans le cas seulement où, lors de la séduction, elle demeurait dans la maison de son frère), ou bien encore s'il avait séduit sa fiancée, sa mère ou sa veuve, pourvu que l'une ou l'autre fussent restées en viduité (ce qu'il fallait cependant limiter à l'égard de la veuve, à la première année de son veuvage et au cas où le fief dominant appartenait à un héritier du défunt);—2o s'il avait eu l'audace de le frapper;—3o s'il lui avait porté un préjudice considérable dans ses biens;—4o s'il avait attenté à sa vie; —5o s'il avait refusé d'accomplir les conditions de l'inféodation.—Dumoulin, *Sur Paris*, § 43, nos 139 et suiv.

378.—Lorsque c'était seulement depuis l'insulte que l'insulteur était devenu vassal de l'insulté, il n'y avait pas lieu à la commise.—Dumoulin, § 43, no 147.

379.—Lorsqu'en commettant le fait réputé félonie, le vassal n'avait point eu l'intention d'offenser son seigneur, lorsque, par exemple, il avait ignoré que la femme qu'il avait séduite fût sa femme ou sa fille, ou que celui qu'il avait frappé fût son seigneur, il n'encourait pas la commise et ne pouvait être puni que comme coupable d'un délit commun. —Dumoulin, § 43, no 150.

380. — La commise n'anéantissait le droit du vassal que pour l'avenir; par conséquent, elle laissait subsister les aliénations qu'il avait pu consentir, l'hypothèque, l'usufruit, les rentes dont il pouvait avoir grevé le fief antérieurement. Les auteurs étaient unanimes sur ce point.—Dumoulin, *Sur Paris*, § 43, no 94; Bacquet, *Des dr. de justice*, ch. 11, nos 5 et 6, Louet, lett. C, somm. 53; la Peyrère, lett. F, no 31. — Toutefois d'Aguesseau (t. 7 de ses œuvres) soutenait l'opinion contraire qui avait été consacrée par plusieurs arrêts.

381.— Réciproquement, lorsque le seigneur se rendait coupable envers son vassal des mêmes injures qui, de la part de ce dernier, donnaient lieu à la commise, il perdait les droits qu'il avait sur lui; ces droits se trouvaient alors dévolus au seigneur suzerain, qui devenait seigneur direct. Dumoulin, § 43, no 167; Coquille, *Sur Nivernais*, art. 66; Chautereau-Lefèvre, *Des fiefs*, p. 85; Bacquet, *Des droits de justice*, ch. 11, no 9. — Ce qui s'appelait *félonie* du vassal au seigneur s'appelait *déloyauté* du seigneur au vassal.

382.—La déchéance encourue dans ce cas par le seigneur s'appliquait à tous les droits, tant honorifiques qu'utiles qui appartenaient au seigneur, soit en vertu des dispositions de la coutume, soit en vertu de quelque clause particulière de l'inféodation. — Dumoulin, § 8, gl. 4, no 11; Pothier, *sur Orléans, Introd. aux fiefs*, no 101, et *Tr. des fiefs*, part. 1re, ch. 3, art. 3. — Mais alors les droits ordinaires passaient au suzerain; quant aux droits extraordinaires, ils s'éteignaient, et dès-lors le fief en était affranchi. — Pothier, *loc. cit.*

383.— Lorsqu'au moment du désaveu, le fief se trouvait entre les mains du seigneur par l'effet de la saisie féodale, cette saisie s'anéantissait de plein droit, et le vassal reprenait provisoirement la possession et la jouissance du fief. — Cout. de Paris, art. 45. —Mais il n'avait que le droit de percevoir les fruits, et non celui de vendre ou d'hypothéquer. Il était même obligé, lorsque la commise était prononcée, de restituer les fruits qu'il avait perçus depuis le jour où il avait fait le désaveu; mais il n'était pas obligé de donner caution pour garantir cette restitution, à moins toutefois qu'il ne les dissipât, car alors le seigneur pouvait exiger une caution ou le séquestre.—Dumoulin, *Sur Paris*, § 45, nos 9 et 10.

Sect. 4e. — *Du démembrement.*

384. — Dumoulin (§ 51, gl. 1er, nos 1er et suiv.) distinguait trois espèces de démembrement. Appelant *caput* le fief dominant et *corpus* le fief servant considéré dans l'ensemble de ses parties, il exprimait ainsi la division qu'il établissait : *Dismembratio à capite, dismembratio à corpore, dismembratio à capite et à corpore simul.* — Nous allons voir en quoi consistait le démembrement dans chacun de ces trois cas.

385.— Il y avait *dismembratio à capite* lorsque le fief servant était séparé du fief dont il relevait, pour entrer dans la nouveauté d'un autre fief.—Dumoulin, § 51, gl. 1re; Pothier, *Tr. des fiefs*, part. 2e, ch. 3.

386. — Il y avait *dismembratio à corpore* lorsque le fief servant était divisé en plusieurs fiefs, sans que cependant un seul de ces fiefs partiels cessât de relever de l'ancien seigneur. — Dumoulin, *loc. cit.*; Pothier, *loc. cit.*

387. — Enfin, il y avait *dismembratio à capite et à corpore simul* lorsqu'une partie seulement du fief servant en était séparée pour former un fief distinct et séparé relevant d'un autre seigneur. — Dumoulin, *loc. cit.*; Pothier, *loc. cit.*

388. — Le démembrement se consommait et s'accomplissait irrévocablement, dans le premier cas pour tout le fief, et dans le troisième pour la portion séparée, si, aux différentes mutations du fief servant arrrivées pendant l'espace de quarante années, un autre que le véritable seigneur s'était fait reconnaître sans que le véritable seigneur se fût fait reconnaître; car il résultait de cet état de choses une quasi-possession de la directe qui, au bout de quarante années, en opérait la prescription au préjudice du véritable seigneur. Mais cette prescription ne courait pas contre le seigneur, tant qu'il était mineur.— Pothier, *Tr. des fiefs*, part. 2e, ch. 3, art. 1er. — C'est là, du reste, tout ce que nous avons à dire de ces deux espèces de démembrement.

389.—Quant à la seconde espèce, *dismembratio à corpore*, c'était celle-là qu'on désignait plus spécialement sous le nom de démembrement, c'est à celle-là seulement qu'on doit appliquer les règles et les principes dont nous allons tracer le rapide exposé. Mais d'abord, et pour prévenir toute confusion, il est nécessaire d'expliquer brièvement en quoi consistait ce démembrement.

390. — Il y avait dans un fief deux élémens distincts qu'il ne faut pas confondre, à savoir : *le corps* et *le titre*, c'est-à-dire, d'une part, les choses qui en formaient en quelque sorte la matière, d'autre part le rapport moral qui en formait l'essence, et dont les devoirs étaient le signe. Or, ce qui constituait le démembrement, ce n'était pas la division du corps, c'était la division du titre; ainsi, lorsque l'héritage féodal avait été partagé entre plusieurs, si l'unité du titre n'était pas rompue, il n'y avait pas démembrement. Rendons ceci sensible par un exemple. Supposons que le propriétaire d'un fief de cent arpens de terre en eût vendu trente arpens à un tiers, le corps du fief se trouvait alors divisé; mais si ces trente arpens avaient été vendus comme partie du fief de cent arpens, et non pas comme fief séparé; si, en conséquence, l'acquéreur, en portant la foi et payant les profits pour la portion qu'il avait acquise, avait reconnu le seigneur comme seigneur du fief entier, le titre restait un et le fief n'était pas démembré. — Dumoulin, § 51, gl. 1re, no 3; Henrion de Pansey, sur Dumoulin, *Des fiefs*, p. 474 et 475, note; Pothier, *Tr. des fiefs*, part. 2e, ch. 3, art. 1er.

391. — Le vassal pouvait librement, et sans l'approbation du seigneur, aliéner son fief entier, corps et titre; il pouvait librement aussi diviser et vendre par parties le corps du domaine, pourvu que le titre conservât son intégrité; mais il ne pouvait démembrer son fief, c'est-à-dire diviser le titre pour en former des fiefs séparés, au préjudice et sans le consentement de son seigneur. — Cout. de Paris, art. 51; — Dumoulin, § 51; Pothier, *Tr. des fiefs*, part. 2, ch. 3, art. 1er.

392. — Cette disposition n'était cependant pas universelle; quelques coutumes, comme celle d'Amiens, permettaient de démembrer le fief sans le consentement du seigneur; mais la plupart l'interdisaient, et tel était le droit commun dans celles qui ne s'en expliquaient pas. — Pothier, *Tr des fiefs*, part. 2e, ch. 3, art. 1er.

393.—Si donc plusieurs cohéritiers ou coacquéreurs d'un fief le divisaient entre eux, de manière que la division tombât, non pas seulement sur le corps du domaine, mais encore sur le titre du fief, ce partage, contenant un démembrement du fief, était nul à l'égard du seigneur, à moins qu'il ne fût revêtu de son approbation. — Dumoulin, § 51, gl. 1re, nos 2 et 5.

394. — Le propriétaire d'un fief servant pouvait le sous-inféoder en tout ou en partie sans le consentement de son seigneur; mais alors cette sous-inféodation ne liait que le vassal et celui qui avait traité avec lui; elle était sans effet vis-à-vis du seigneur qui continuait de tenir le domaine entier comme fief et non comme arrière-fief, en sorte que, s'il venait à saisir féodalement, c'était le fief lui-même qui tombait dans la saisie, et non les droits que le vassal s'était réservés en inféodant. — Dumoulin, § 51, gl. 1er.

395. — Cette règle toutefois ne s'appliquait point aux grands vassaux qui relevaient immédiatement de la couronne; ils s'étaient arrogé, dès le principe, la faculté de sous-inféoder de leur propre autorité, de telle sorte que les parties de leurs domaines qu'ils donnaient à fief ne relevaient plus immédiatement que d'eux-mêmes et devenaient arrière-fiefs par rapport au roi. — V. à cet égard Loiseau, *Des seigneuries*, ch. 6, nos 21 et suiv.

396. — Lorsqu'il arrivait que, sous les apparences d'une sous-inféodation, on cachât une véritable vente, cette fraude ne devant point préjudicier au seigneur, il pouvait exiger tous les droits résultant de la vente. — Mais lorsque la sous-inféodation était sincère, elle ne donnait lieu à aucun droit, soit qu'elle fût d'ailleurs gratuite ou à prix d'argent. — Dumoulin, § 1er, nos 16 et 28.

397. — La plupart des feudistes enseignaient que la prohibition de démembrer était réciproque entre le vassal et le seigneur, et qu'ainsi ce dernier ne pouvait faire aucun changement à la mouvance de ses vassaux, qu'il ne pouvait, par exemple, transporter à un tiers le domaine direct qu'il avait sur eux sans lui transporter pareillement le fief et même le château auquel ce domaine était attaché. — V. notamment Dumoulin, § 51; Rosenthal, ch. 9, concl. 62, no 28; Struvius, *De feudis*, ch. 13, aph. 1er, no 3; le pr. Bouhier, *Sur Bourgogne*, ch. 42; Basnage, *Sur Normandie*, art. 421; *Établissemens de saint Louis*, ch. 114. — Mais cette opinion était combattue par d'Argentré (*Sur Bretagne*, art. 329) et Guyot (*Du démembrement*, ch. 3).

Sect. 5e. — *Du jeu de fief.*

398. — On appelait *jeu de fief* la séparation du *titre* et du *corps* qui s'opérait lorsque le vassal, aliénant une partie de l'héritage féodal, retenait par devers lui la foi entière et tous les devoirs constituant la féodalité, en sorte que la partie aliénée passait au cessionnaire comme une simple roture privée de toutes les qualités féodales. — Henrion de Pansey, sur Dumoulin, p. 476, note.

399. — L'ancienne coutume de Paris (art. 41) autorisait le vassal à se jouer de la totalité du domaine de son fief pourvu qu'il en retînt le titre par devers lui. Mais Dumoulin critiquait cette faculté, qui lui semblait contraire aux véritables principes du fief : « *Si vassalus*, disait-il, *totum feudum daret ad reditum, aut totaliter et perpetuò alienaret, et nullum dominium retineret, commentitia, vana, nugatoria, elusoria et fraudulenta esset reten-*

tio fidei. » En conséquence, les réformateurs avaient restreint le pouvoir autrefois indéfini qu'avait le vassal de se jouer de son fief, de sorte que, d'après l'art. 51 de la nouvelle coutume, pour qu'il y eût jeu de fief, l'aliénation, soit par vente, bail à cens ou à rente, ou emphytéose, ne devait pas excéder les deux tiers du corps du domaine. — Henrion de Pansey, sur Dumoulin, p. 494, note; Brodeau, *Sur Paris*, art. 51.

400. — La seconde condition du jeu de fief, la seule que l'ancienne coutume exigeât, c'était que le vassal en aliénant une partie du fief conservât la foi entière, c'est-à-dire qu'il continuât de se reconnaître vassal pour la totalité du fief et de couvrir sous son hommage la partie aliénée, qu'enfin il demeurât obligé envers le dominant à toutes les charges, à tous les devoirs auxquels il était soumis avant l'aliénation. D'où il résultait que le jeu de fief n'opérait ni altération ni mutation du fief. — Brodeau, *Sur Paris*, art. 51, nº 19; d'Argentré, *Sur Bretagne*, art. 329; Pontanus, *Sur Blois*, art. 61.

401.—Au reste, le vassal pouvait se jouer de son fief, même avant d'avoir porté la foi à son seigneur et d'avoir été investi par lui, encore bien que son fief eût été saisi féodalement.— Brodeau, *Sur Paris*, art. 51, nº 30.

402. — La troisième condition nécessaire pour le jeu de fief, c'était que le vassal conservât quelque droit seigneurial et domanial sur ce qu'il aliénait. — Cette disposition, qui n'existait pas dans l'ancienne coutume de Paris, avait été insérée par les réformateurs dans le nouvel art. 51. — V., sur la nature des droits que le vassal devait se réserver, Auzanet, *Sur Paris*, art. 51, et Ferrière, sur le même article, gl. 2e.

403. — Le jeu de fief, n'apportant aucun changement aux rapports féodaux entre le seigneur et le vassal, ne donnait ouverture à aucun profit en faveur du premier. — Cout. de Paris, art. 51; Henrion de Pansey, sur Dumoulin, p. 501, note.

404. — La partie du fief aliénée par jeu de fief perdait sa nature féodale et devenait roturière à tous égards, excepté toutefois dans les rapports du seigneur et du vassal. En conséquence, elle était exempte du droit de francs-fiefs et se partageait roturièrement. —Bacquet, *Des droits de francs-fiefs*, ch. 2, nº 11, et ch. 3, nº 3; Loiseau, *Des Seigneuries*, ch. 6, nºs 28 et suiv. — V. en outre un arrêt du conseil revêtu de lettres-patentes du 21 juin 1738 qui, dans son art. 19, affranchit les héritages ainsi arroturés du droit de francs-fiefs.

405. — Lorsque le jeu de fief avait eu lieu par voie de l'accensement, la partie ainsi accensée devait être reportée par le nouveau censitaire au vassal aliénant et non point au seigneur de ce vassal, en sorte que le profit des mutations de cette portion devait à l'avenir appartenir au vassal et non pas au seigneur. — Henrion de Pansey, sur Dumoulin, p. 503, note; Duplessis, *Traité des fiefs*, liv. 9, ch. 3.

406. — Lorsque le vassal, en se jouant de son fief, ne se conformait pas exactement aux conditions prescrites par la coutume dans le territoire de laquelle ce fief était situé, lorsque, par exemple, dans la coutume de Paris, il aliénait plus des deux tiers du fief ou qu'il négligeait de se réserver la foi entière, il excédait les bornes du jeu de fief. Mais quelles étaient les conséquences de cette infraction? — Comme la coutume ne s'en était point expliquée, il y avait à cet égard divergence entre les auteurs. — V. Duplessis, *Des fiefs*, liv. 9, ch. 1er; Guyot, *Du démembrement*, t. 1er, ch. 3; Bourjon, *Du démembrement*, nº 9; Beaumanoir, *Cout. de Beauvoisis*; Charondas, *Sur Paris*, art. 52; Chopin, *Sur Anjou*, lib. 1, cap. 6, nº 13; le même, *De morib. Paris*, tit. 2, nºs 6 et 13; Brodeau, *Sur Paris*, art. 52, nº 29; Bacquet, *Du droit de francs-fiefs*, ch. 2, nº 8; Ferrière, *Sur Paris*, art. 51, gl. 1re, nº 12; Auzanet, *Sur Paris*, art. 51; Le Camus, *Sur Paris*, art. 51. — V. aussi Henrion de Pansey, sur Dumoulin, p. 509 et suiv. (note), § 3.

Sect. 6e. — *De la prescription.*

407. — Pendant long-temps la prescription a été considérée comme inadmissible en matière de fiefs. Lorsqu'il s'élevait quelque contestation sur la mouvance féodale, on recourait pour la décider à la preuve testimoniale et au combat judiciaire, sans avoir égard à la longueur de la possession. — Ce fut après l'introduction du droit romain en France et l'abolition du combat judiciaire que l'on commença d'appliquer à la matière féodale les lois concernant la prescription. Cependant la maxime ancienne que « *le seigneur et le vassal ne peuvent prescrire l'un contre l'autre* » continua de rester en vigueur, elle fut même consacrée par l'art. 7 de l'ancienne coutume de Paris; mais les exceptions qu'on y introduisit, s'étendant peu à peu, finirent par resserrer l'application de cette maxime dans les bornes les plus étroites. Ainsi lors de la réformation de la coutume, en 1580, à la rédaction primitive de l'art. 7 on substitua celle-ci, qui devint l'art. 12 : « Le seigneur féodal ne peut prescrire contre son vassal le fief sur lui saisi ou mis en sa main par faute d'homme, droits et devoirs non faits ou dénombrement non baillé, ni le vassal la foi qu'il doit à son seigneur, pour quelque temps qu'il en ait joui, encore que ce fût par cent ans et plus. Toutefois les profits des fiefs échus se prescrivent par trente ans s'il n'y a saisie ou instance pour raison d'iceux. » — V. à cet égard Henrion de Pansey, sur Dumoulin, p. 573 et suiv., note.

408. — Jugé que la maxime du droit féodal que « le seigneur et le vassal ne peuvent prescrire l'un contre l'autre » ne s'appliquait qu'à la foi et à la jouissance par suite de saisie féodale; elle n'empêchait point le seigneur de prescrire un droit d'usage dans une forêt contre son vassal à qui la concession en avait été faite. — *Poitiers*, 8 mars 1820, Delacroix et Verninc c. d'Escboisy.

409. — La question s'était élevée de savoir si dans les coutumes qui ne s'en expliquaient pas, on devait appliquer la disposition de la coutume de Paris qui déclarait la foi et hommage imprescriptible pour le vassal même par cent ans et plus. Cette question était diversement résolue par les auteurs et la jurisprudence. — V. à cet égard d'Argentré, *Sur Bretagne*, art. 56, note 2e, nº 5; Pithou, *Sur Troyes*, art. 23; Louet, lett. C, nº 21; Brodeau, *Sur Paris*, art. 12, nº 6; Legrand, *Sur Troyes*, art. 23, gl. 3e, nº 2.

410. — Un fief nouveau pouvait être établi par la prescription de trente années pourvu qu'elle n'eût été interrompue par aucune contradiction ou autre chose propre à produire cet effet. — Cette prescription s'opérait soit lorsqu'une personne avait possédé à titre de fief une chose qui jamais n'avait été concédée par inféodation ni à elle ni à ses prédécesseurs et qu'elle en avait régulièrement porté la foi et acquitté le service, soit lorsque le propriétaire d'une terre allodiale en avait par erreur porté la foi à une personne qu'il croyait en être le seigneur et que depuis lors il s'était écoulé trente ans consécutifs pendant lesquels les devoirs féodaux avaient été régulièrement accomplis. —Le pr. Bouhier, *Cout. de Bourgogne*, ch. 39; Dumoulin, *Sur Paris*, § 12, nº 6; Pontanus, *Sur Blois*, tit. 4, art. 37, § 5; Struvius, *De feudis*, ch. 8, aphor. 12.

411. — Quand le seigneur avait reçu pendant trente ans des droits moindres que ceux qui lui étaient dus d'après le titre de la concession, les aveux ou dénombremens, la quotité plus faible se trouvait substituée, en vertu de la prescription, à la quotité primitive, pourvu, toutefois, que le service en eût été fait pendant les trente ans d'une manière égale et uniforme. — Billecoq, *Des fiefs*, liv. 4, tit. 70; — Cout. de Paris, art. 124; Duplessis, *Du franc-alleu*, ch. 1er; Brodeau, *Sur Paris*, art. 124, nº 2.

412. — Lorsqu'il n'y avait point eu d'acte de contradiction, mais que seulement le vassal était resté pendant plus de trente ans sans accomplir les devoirs féodeaux, comme alors sa possession n'était que précaire, qu'il ne cessait pas d'être obligé aux services quoiqu'il ne les fît pas; enfin, qu'il ne pouvait seul et de lui-même changer la cause de sa possession, on décidait généralement que la prescription ne pouvait s'acquérir, même par cent ans et plus. — Dunod, *Prescription*, p. 331; Le Camus, *Sur Paris*, art. 12; Coquille, *Instit. des fiefs*; Lapeyrère, lett. P, nº 60; Henrys, t. 2, liv. 3, quest. 2e; Ferrière, *sur Paris*, art. 12, gl. 2e; Brodeau, lett. C., somm. 22. — Toutefois, quelques auteurs tenaient, et c'était aussi la jurisprudence du parlement de Grenoble, que la prescription, dans ce cas, s'acquérait par cent ans, soit à raison de la négligence du seigneur, soit parce qu'il était présumé avoir eu un titre. — Guipape, quest. 313; Salvaing, ch. 13; Legrand, *Sur Troyes*, art. 23, gl. 3e, nº 2.

413. — Mais un acte de vente dans lequel le vendeur avait déclaré que la terre vendue était allodiale devait-il être considéré comme intervertissant la possession? — On distinguait à cet égard entre les coutumes où la maxime *nulle terre sans seigneur* était admise, et celles où elle ne l'était pas. Dans les dernières, l'acte de vente était considéré comme suffisant pour servir de base à la prescription, mais il en était autrement dans les premières; on n'y admettait pas de franc-alleu sans titre, et par titre on entendait un titre d'affranchissement émané du seigneur et non pas une simple déclaration insérée par le vassal dans le contrat de vente. — V. à cet égard, Dumoulin, *Sur Blois*, art. 33; Pontanus, *Sur Blois*, tit. 4, art. 37, § 5; d'Argentré, *Sur Bretagne*, art. 270, nº 8; Dunod, *Prescription*, p. 333.

414. — On admettait généralement que l'héritage féodal pouvait par la prescription de trente ans changer de nature, c'est-à-dire devenir roturier. Mais, pour cela, il fallait que le caractère de la possession eût été changé par un acte de contradiction et que trente ans se fussent écoulés depuis. — Dunod, *Prescription*, p. 331; Coquille, *Sur Nivernais*, tit. 4, art. 14; Salvaing, *Usage des fiefs*, ch. 15; Henrys, t. 2, liv. 3, quest. 2; Lapeyrère, lett. P, nº 55.

415. — Lorsque le vassal avait mérité de perdre son fief, par exemple, qu'il avait encouru la peine de la commise, si le seigneur laissait écouler trente ans sans exercer son droit, la peine se trouvait prescrite, le vassal avait le droit de conserver son fief. — Dumoulin, *Sur Paris*, § 12, nº 7; Pontanus, *Sur Blois*, tit. 4, art. 37, § 5.

416. — Nous avons vu ci-dessus que l'ancienne règle suivant laquelle le seigneur ne pouvait prescrire contre son vassal avait été restreinte, par l'art. 12, Nouv. Cout. de Paris, au cas où le seigneur jouissait du fief de son vassal en vertu de la saisie féodale. D'où il suit que, dans tout autre cas, il pouvait prescrire comme un tiers qui pouvait le faire. — Brodeau, *Sur Paris*, art. 12; Dunod, *Prescriptions*, p. 332. — V. également, dans le même sens, Basnage, *Sur Normandie*, art. 116; Boucheuil, *Sur Poitou*, art. 85, nº 11.

417. — Lorsque, pendant la saisie féodale, un tiers avait possédé le fief, il pouvait le prescrire, encore bien qu'il le tînt du seigneur à titre particulier, pourvu qu'il l'eût acquis de bonne foi, sauf, dans ce cas, le recours du vassal contre son seigneur. — Dunod, *Prescriptions*, 3e édit., p. 332; Ferrière, *Sur Paris*, art. 12, gl. 1re, nºs 6 et 7; Le Camus, *Sur Paris*, art. 12. — La prescription, dans ce cas, s'accomplissait par dix ou vingt ans. — Ferrière, *loc. cit.*; Le Camus, *Sur Paris*, art. 12.

418. — Deux seigneurs voisins pouvaient prescrire, l'un contre l'autre, la directe des objets relevant de l'un d'eux; mais, comme la possession de la directe se conservait *solo animo possidendi*, sans aucun acte extérieur, il était nécessaire, pour que la prescription fût possible, que la possession eût été intervertie, et, pour cela, qu'il y eût eu quelque acte de contradiction qui fût parvenu ou eût dû vraisemblablement parvenir à la connaissance du seigneur. — Cout. de Nivernais, tit. 4, art. 15; Guyot, *De la prescript. des fiefs*, chap. 4; Coquille, *Sur Nivernais*, tit. 4, art. 15; Billecoq, *Des fiefs*, liv. 1er, chap. 14; Dunod, *Prescriptions*, 3e édit., p. 335.

419. — C'était une maxime généralement reçue que le suzerain, et particulièrement le roi, pouvaient prescrire la mouvance des arrière-fiefs relevant de leurs vassaux. Elle avait été consacrée par plusieurs arrêts. — Dunod, *Prescriptions*, 3e édit., p. 336; Charondas, *Rép.*, chap. 2; Catellan, t. 1er, liv. 3, chap. 29; Salvaing, *Des fiefs*, chap. 16; Bretonnier, sur Henrys, t. 2, liv. 3, quest. 2e; Pontanus, *Sur Blois*, art. 37, § 5. — V., sur la durée de cette prescription, Salvaing, Bretonnier et Pontanus, *loc. cit.*

Sect. 7e. — *De la succession des fiefs.*

420. — Le droit d'aînesse était inconnu sous les deux premières races. L'aîné partageait également avec ses frères dans les possessions féodales comme dans les alleux. Cet usage du reste n'était point particulier à la France, comme on le voit par le livre des fiefs : *Si quis decesserit, filiis et filiabus superstitibus, succedunt tantum filii equaliter.* — Lib. 1er, tit. 8. — Henrion de Pansey, sur Dumoulin, p. 621, note.

421. — La révolution qui fit monter les Capétiens sur le trône donnait une grande extension à la puissance des seigneurs. Pour perpétuer cette puissance, il était nécessaire que tous les domaines du père fussent réunis dans une même main; aussi l'usage s'établit peu à peu de donner toutes les possesssions féodales à l'aîné des enfans mâles. Pour dédommager les cadets, on institua en leur faveur ce qu'on appelait le *frarage* en certains endroits, le *parage* en d'autres.—Henrion de Pansey, sur Dumoulin, p. 621.

422.—Comme les tenures en frarage, relevant des aînés, ne donnaient plus ouverture à aucun droit en faveur des domaines, il s'éleva des plaintes qui, en 1210, donnèrent lieu à une ordonnance par laquelle le roi Philippe-Auguste abolissait le frarage. Mais, comme cette ordonnance n'avait pas été concertée avec les vassaux, elle n'eut pas d'abord un effet universel. Beaucoup de propriétaires de fiefs refusèrent de s'y soumettre. — Henrion de Pansey, sur Dumoulin, p. 621 et 622, note.

423.— Quoi qu'il en soit, cette ordonnance laissa subsister, au profit de l'aîné, deux avantages sur ses cadets : un préciput, et une portion avantageuse. — Henrion de Pansey, *loc. cit.* — Nous nous occuperons d'abord du préciput.

424. — Le préciput comprenait, au temps de saint Louis, le mobilier du père commun à la charge des dettes. Mais on reconnut bientôt avec raison que les meubles garnissant la maison féodale ne participaient en rien à la nature du fief, et dès-lors le préciput fut réduit au principal manoir et au jardin du château. Voici en effet comment était conçu l'art. 8 de l'ancienne coutume de Paris : « Le fils aîné prend pour son droit d'aînesse le principal manoir avec le jardin, selon sa clôture, tenu en fief, et s'il n'y a point de jardin, un arpent de terre, ou le vol d'un chapon tenu en fief, au joignant de ladite maison ». — Henrion de Pansey, sur Dumoulin, p. 622 et 623. — V. aussi, sur le vol du chapon, CHAPON (vol du).

425. — Lors de la réformation des coutumes, cet article fut remplacé par l'art. 13 de la nouvelle coutume qui en modifiait la disposition. — Ainsi, aux termes de ce nouvel art. 13, le fils aîné prenait dans la succession, par préciput, le château ou manoir principal, la basse-cour attenante ou contiguë audit manoir, encore bien que le fossé du château ou quelque chemin fût entre deux; et en outre il avait droit à un arpent de terre de l'enclos ou jardin joignant ledit manoir, si tant y en avait; si ledit enclos contenait davantage, l'aîné pouvait retenir le tout en baillant récompense aux puînés pour ce qui excédait un arpent, en terre de même fief, si tant y en avait, sinon en autres terres ou héritages de ladite succession, à la commodité des puînés, le plus que faire se pourrait au dire de prud'hommes.

426. — Par enclos on entendait ce qui était fermé de murs, fossés ou haies vives. — Cout. de Paris, art. 13.

427. — Lorsqu'il y avait des arrière-fiefs relevant du principal manoir que l'aîné avait choisi pour son préciput, la supériorité féodale et les droits qui en découlaient ne passaient point à l'aîné exclusivement, comme dépendance du manoir, mais les autres enfans devenaient coseigneurs avec lui, par conséquent ils concouraient à l'investiture et participaient aux droits seigneuriaux. — Dumoulin, § 16, nos 17 et suiv.

428. — Il en était de même de la juridiction, bien qu'elle parût spécialement attachée au manoir principal; les amendes et profits se répartissaient entre tous les enfans, proportionnellement à la part qu'ils possédaient dans le fief. — Dumoulin, *Sur Paris*, § 16, nos 24 et 26; Bacquet, *Des droits de justice*, ch. 4, no 4; Loiseau, *Des seigneuries*, ch. 4, no 25.

429. — Lorsque dans la succession d'un ascendant se trouvait un seul fief consistant seulement en un manoir, basse-cour et enclos d'un arpent, l'aîné pouvait le prendre pour son préciput; mais s'il n'y avait pas d'autres biens suffisans pour la légitime des enfans ou pour le douaire coutumier ou préfix, le supplément de cette légitime ou de ce douaire devait se prendre sur ledit fief. Mais alors le fils aîné pouvait bailler aux puînés récompense en argent, au dire de prud'hommes, de la portion qu'ils pouvaient prétendre sur ledit fief. — Cout. de Paris, art. 17.

430. — Lorsque dans aucun des fiefs de la succession ne se trouvait de maison habitable, mais seulement des terres labourables, le fils aîné pouvait prendre par préciput, au lieu du manoir principal, un arpent de terre au lieu qu'il voulait choisir. — Cout. de Paris, art. 18; — Dumoulin, § 18, no 1er.

431. — Lorsque le fief ne consistait qu'en droits incorporels, tels que la justice, des cens, un péage, il n'y avait pas lieu au préciput de l'aîné, parce que la loi ne lui accordait ce préciput que sur la maison féodale ou, à son défaut, sur les terres. — Dumoulin, § 18, no 2.

432. — Lorsque le fief ne consistait qu'en un seul arpent de terre, il appartenait tout entier à l'aîné pour son préciput. — Dumoulin, § 18, no 3; Labbé, *Sur Paris*, art. 18; Ferrière, *Sur Paris*, art. 18, no 6.

433. — Voyons maintenant en quoi consistait la portion avantageuse qui, comme nous l'avons vu plus haut, constituait le second élément du droit d'aînesse.

434. — Lorsque les père et mère ayant fiefs et héritages tenus noblement décédaient, laissant pour héritiers deux enfans seulement, le fils aîné pouvait prendre pour son droit d'aînesse, en chacune desdites successions, outre le principal manoir, l'enclos et basse-cour dont nous avons parlé ci-dessus, les deux tiers des susdits fiefs et héritages tenus noblement; le tiers restant appartenait à l'autre enfant. — Cout. de Paris, art. 15.

435. — Peu importait d'ailleurs que les héritiers fussent nobles ou roturiers, pourvu que les héritages fussent tenus noblement. — Dumoulin, *Sur Paris*, § 15, gl. 3e, no 1er. — Cette décision formait le droit commun; toutefois il était un grand nombre de provinces dans lesquelles les biens nobles des roturiers se partageaient roturièrement. Telles étaient notamment les coutumes d'Anjou, du Maine, de Troyes, Chaumont, etc. — Henrion de Pansey, sur Dumoulin, p. 649, note; Livonière, *Des fiefs*, liv. 6, ch. 12, sect. 4e.

436. — Le nom de *biens-nobles* ne s'appliquait, à proprement parler, qu'aux grands fiefs; cependant on avait coutume d'en décorer toutes les tenures féodales par opposition aux tenures censuelles et roturières. — Dumoulin, § 15, gl. 3e, nos 2 et suiv.

437. — Lors même qu'il y avait plus de deux enfans, si deux seulement venaient à la succession, le fils aîné n'en avait pas moins les deux tiers des fiefs, outre son préciput. — Dumoulin, *Sur Paris*, § 15, gl. 4e, nos 1er et suiv. — Ainsi Dumoulin pensait que, quand un troisième fils renonçait à la succession pour s'en tenir à une donation, même plus considérable que sa portion héréditaire, son existence n'empêchait pas l'aîné de prendre les deux tiers. Mais cette opinion était controversée. — V. Duplessis, *Des success.*, liv. 1er, chap. 2; Le Camus, *Sur Paris*, art. 16; Lebrun, *Des success.*, liv. 2, chap. 2, sect. 1re, no 98; Livonière, *Des fiefs*, liv. 6, chap. 12, sect. 2e; Brodeau, *Sur Paris*, art. 15, *in fine*.

438. — Lorsqu'il y avait plus de deux enfans venant à la succession, l'aîné, outre son préciput, avait droit, pour sa portion avantageuse, à la moitié des héritages tenus en fief; l'autre moitié se partageait entre les autres enfans. — Cout. de Paris, art. 16.

439. — Quoique l'aîné prît la majeure partie des fiefs, il n'était cependant tenu des dettes que jusqu'à concurrence de sa portion héréditaire, c'est-à-dire qu'autant que ses autres frères, parce que son préciput et sa portion avantageuse étaient un bénéfice de la loi, qu'il ne les prenait pas comme héritier de son père, mais comme appelé à les recueillir par une vocation spéciale. — Dumoulin, § 18, no 8.

440. — Pour que le droit d'aînesse pût être exercé, il fallait : 1o que le fief à partager fût dans la succession d'un ascendant (il y avait cependant quelques coutumes qui admettaient ce droit en ligne collatérale, comme Amiens, Poitou, Maine et Angoumois (Lebrun, *Success.*, liv. 2, tit. 2, sect. 1re, no 2); 2o que celui qui réclamait ce droit fût le fils ou descendant des fils du défunt à qui appartenait le fief; 3o qu'il fût l'aîné de tous les enfans; 4o qu'il ne fût ni adoptif, ni légitimé, mais né d'un légitime mariage; 5o enfin que le fief fût situé dans l'étendue de la coutume en vertu de laquelle le droit devait être exercé. — Dumoulin, *Sur Paris*, § 13, gl. 1re, no 2.

441. — Le droit d'aînesse n'existait pas au profit des filles. Le partage se faisait entre elles également, soit en succession directe soit en succession collatérale. — Cout. de Paris, art. 19. — Toutefois, il était quelques coutumes dans lesquelles l'aînée des filles avait une portion avantageuse dans les biens-nobles. — Henrion de Pansey, sur Dumoulin, p. 671, note.

442. — Dans la coutume de Paris elle-même, Dumoulin (§ 19) pensait que l'aînée des filles n'était exclue que des avantages utiles, mais non pas des avantages honorifiques; qu'ainsi, si elle l'exigeait, elle devait avoir la maison féodale, le fief le plus noble, en récompensant ses cohéritiers de manière que toutes les portions héréditaires fussent égales; que c'était de même entre ses mains que devait se faire le dépôt des titres et papiers de la famille, mais à la charge d'en donner communication à ses sœurs toutes les fois qu'elles le requerraient. — Ce sentiment, adopté par Brodeau (*Sur Paris*, art. 19, no 3), était combattu par Ferrière, sur le même article, no 5.

443. — Lorsque l'aîné était inhabile à succéder, il était considéré comme n'existant pas, et dès-lors l'aînesse passait au cadet. — Dumoulin, § 13, gl. 1re, no 27.

444. — Lorsque l'aîné renonçait, son droit, dans la coutume de Paris (art. 310), n'était pas dévolu au cadet, mais accroissait au profit de tous les cohéritiers. — Dans les coutumes muettes, on décidait généralement que si la renonciation était gratuite, le droit d'aînesse passait sur la tête du cadet, mais qu'il en devait être autrement lorsque la renonciation n'était pas gratuite. — Lebrun, *Des success. de fiefs*, liv. 2, chap. 2, sect. 1re, nos 48 et 49; Livonière, liv. 6, chap. 12, sect. 2e; Papon, *arrêts*, liv. 21, tit. 5, arr. 1er.

445. — Lorsque l'aîné décédait sans avoir accepté ni répudié la succession de son père, son droit d'aînesse n'était pas déféré au cadet, mais, comme, en vertu de la saisine, il avait reposé sur la tête de l'aîné, il se partageait entre ses frères comme succession collatérale. — Dumoulin, § 13, gl. 1re, nos 31 et 32.

446. — Était-il au pouvoir du père de changer, de diminuer, de détruire le droit d'aînesse? — Quant au droit en lui-même, comme il était un bienfait de la loi, le père n'y pouvait porter atteinte en aucune manière, à moins cependant qu'il n'eût reçu de son fils des mécontentemens assez graves pour donner lieu à l'exhérédation. — Dumoulin, § 13, gl. 3e, nos 7 et 12; Pothier, *Des fiefs*, chap. 9, art. 1er; Guyot, *De la success. des fiefs*, sect. 2e, no 26.

447. — Quant aux objets sur lesquels devait s'exercer le droit d'aînesse, Dumoulin enseignait (§ 13, gl. 3e, nos 13 et suiv.) que le père pouvait en disposer avec une entière liberté par actes entre-vifs, tels que vente, échange, donation, soit à des étrangers, soit même aux fils puînés. Mais cette doctrine, généralement réprouvée par les auteurs et la jurisprudence en ce qui concerne les donations aux fils puînés, était, à l'égard des donations faites aux étrangers, fortement controversée. — V. à cet égard Brodeau, *Sur Paris*, art. 13, nos 29 et 35; Ricard, *Des donat.*, part. 3e, chap. 8, sect. 6e, nos 1036 et 1038; Lebrun, *Success.*, liv. 2, chap. 2, sect. 1re, no 43; Ferrière, *Sur Paris*, art. 13, gl. 2e, no 11; Guyot, *De la success. des fiefs*, sect. 2e, no 17; Le Camus, *Sur Paris*, art. 13, no 15.

448. — Enfin le père ne pouvait disposer par testament des objets compris dans le droit d'aînesse, ni les grever d'aucune manière. — Dumoulin (§ 13, gl. 3e, no 24) pensait que toutefois il le pouvait quand l'aîné majeur y consentait; mais les autres auteurs rejetaient cette opinion, attendu que le consentement des fils, en pareil cas, ne devait pas être présumé avoir été librement donné. — Brodeau, *Sur Paris*, art. 13, no 40; Loisel, liv. 4, tit 3, art. 70; Louet, lett. E, somm. 7.

449. — En succession collatérale, les mâles excluaient les femelles de même degré. — Cout. de Paris, art. 25. — Mais, si les femmes étaient les plus proches, la proximité l'emportait sur la masculinité. — Duplessis, *Des success.*, liv. 2, chap. 2, sect. 2e.

450. — De deux neveux du défunt aucun n'excluait l'autre, encore bien que l'un fût fils d'un frère, et l'autre fils d'une sœur. — Dumoulin, § 25, nos 1er et suiv.

451. — Après avoir exposé sur cette matière les principes le plus généralement suivis, nous devons dire quelques mots des coutumes de Picardie et des Pays-Bas, et de la jurisprudence d'Alsace, qui suivaient, sur la succession des fiefs, des règles toutes spéciales.

452. — En ligne collatérale, les coutumes de Picardie et des Pays-Bas s'accordaient presque unanimement à déférer tous les fiefs à l'aîné des héritiers mâles; et, s'il n'y avait que des femelles pour héritières, à l'aînée d'entre elles. — Merlin, *Rép.*, vo *Fief*, sect. 2e, § 4, art. 2.

453. — En ligne directe, ces coutumes se divisaient en deux classes. — Les unes donnaient tous les fiefs à l'aîné ou à l'aînée, mais à la charge d'en laisser, soit le tiers, soit le quint, aux cadets ou aux cadettes, en cas qu'ils le requissent. — Les autres, lorsqu'il n'y avait qu'un fief, le donnaient à l'aîné ou à l'aînée; mais quand il y en avait plusieurs, elles n'accordaient à l'aîné d'autre avantage que celui du choix, en sorte que, après qu'il en avait choisi un, chacun des puînés en prenait un autre suivant l'ordre de son âge; et, si le nombre des fiefs excédait celui des enfans, le dernier ayant choisi, l'aîné avait encore le choix sur ceux qui restaient. — Chartes du Hainaut, ch. 90; Cout. de Cambresis, tit. 1er, art. 10.

454. — En Hainaut, l'aîné des mâles n'avait qu'un seul droit de choix dans tous les fiefs qui venaient, soit du père, soit de la mère. — Chartes du Hainaut, ch 90, art. 7. — Mais, dans la coutume de Cambresis (tit. 1er, art. 12), il avait le droit de choisir un fief dans chacune des successions de son père et de sa mère.

455. — Quant à l'Alsace, on y suivait les principes du *Livre des fiefs*. — Nous nous bornons à y renvoyer.

456. — Jugé que les édits publiés en 1797 par le roi de Sardaigne ont supprimé le droit de dévolution à la couronne des fiefs réels et propres qui avait lieu en Piémont, en cas de défaillance de la ligne investie, et n'ont pas soumis au rachat les objets compris dans des concessions féodales qui en étaient exempts dans le principe. — *Cass.*, 8 mars 1810, Domaine c. de Barrol.

Sect. 8e. — *Abolition du régime féodal.*

457. — Le régime féodal a été aboli par les décrets du 4 août 1789. — Quant aux effets de cette suppression, ils ont été réglés tant par ces décrets que par diverses lois ultérieures. — Nous allons présenter une analyse succincte de celles de leurs dispositions qui se réfèrent à notre matière.

458. — Le décret du 15-28 mars 1790, tit. 1er, déclara abolies toutes distinctions honorifiques, supériorité et puissance résultant du régime féodal,

et conséquemment la foi et hommage et tout autre service purement personnel auxquels les vassaux étaient précédemment assujétis, les reconnaissances seigneuriales par aveux et dénombrement, déclarations à terrier, etc., les saisies féodales et droits de commise, le retrait féodal et le droit de prélation féodale, tous privilèges, toute féodalité et nobilité des biens, les droits d'aînesse et de masculinité à l'égard des fiefs, et les partages inégaux à raison de la qualité des personnes.

459. — Quant aux droits de mutation tels que quint, requint, relief, qui étaient considérés comme la condition d'une concession primitive de fonds, ils furent d'abord déclarés simplement rachetables, et devaient continuer d'être payés jusqu'au rachat effectué. — Décr. 4 août 1789, art. 1er; 15-28 mars 1790, tit. 3, art. 1er.

460. — En conséquence, il fut ordonné que les redevables de ces droits en fourniraient de simples reconnaissances passées à leurs frais, par devant tels notaires qu'ils voudraient choisir, avec déclaration expresse des confins et de la contenance; et ce aux mêmes époques, en la même forme et de la même manière qu'étaient reconnus, dans les différentes provinces et lieux du royaume, les autres droits fonciers, par les personnes qui en étaient chargées. — Décr. 15-28 mars 1790, tit. 1er, n° 4.

461. — L'art. 6, tit. 3, du même décret, accordait aux propriétaires de fiefs, dont les archives et les titres auraient été brûlés ou pillés à l'occasion des troubles survenus depuis le commencement de l'année 1789, la faculté, en faisant preuve de ce fait, tant par pièces que par témoins dans les trois années de la publication dudit décret, d'établir, soit par acte, soit par preuve testimoniale d'une possession de trente ans antérieure à l'incendie ou pillage, la nature et la quotité de ceux des droits non supprimés sans indemnité qui leur appartenaient.

462. — Enfin l'art. 8, même titre, disposait que les propriétaires des fiefs qui auraient, depuis l'époque énoncée par l'art. 6, renoncé par crainte ou violence à la totalité ou à une partie de leurs droits non supprimés par le présent décret, pourraient, en se pourvoyant également dans les trois années, demander la nullité de leur renonciation, sans qu'il fût besoin de lettres de rescision; et qu'après ce terme ils n'y seraient plus reçus, même en énonçant des lettres de rescision.

463. — Le mode et les conditions du rachat furent successivement réglés par divers décrets, notamment par ceux des 3 mai, 12 et 14 nov., 18 et 23 déc. 1790, 13 avr. 1791 et 20 août 1792.

464. — Le décret du 18 juin 1792 supprima sans indemnité tous les droits féodaux qui se percevaient, sous quelque dénomination que ce fût, à cause des mutations qui s'opéraient dans la propriété ou la possession d'un fonds, à moins que lesdits droits ne fussent justifiés par le titre primitif d'inféodation, être le prix et la condition d'une concession du fonds pour lequel ils étaient perçus; auxquels cas lesdits droits continueraient d'être perçus et d'être rachetables. — Art. 1er.

465. — En conséquence, tous les rachats de droits casuels non justifiés, ainsi qu'il vient d'être dit, qui s'étaient point encore consommés par le paiement, devaient cesser d'avoir lieu, soit pour la totalité du prix, s'il était dû, soit pour ce qui en resterait dû; mais ce qui aurait été payé ne pouvait être répété. — Art. 2.

466. — Enfin le décret du 18 juill. 1793 déclara supprimés, sans indemnité, tous les droits féodaux qui avaient échappé à l'abolition prononcée par les décrets précédens. — Art. 1er.

467. — Le même décret déclara en conséquence les procès civils et criminels intentés, soit sur le fonds, soit sur les arrérages desdits droits, éteints sans répétition de frais de la part d'aucune des parties. — Art. 2.

468. — Jugé que le retrait féodal conventionnel (ou modifié par une convention) était admis dans la coutume de Paris, et ce retrait ou la bienvenue qui, d'après la convention, devait en prendre la place, a été compris dans l'abolition du régime féodal. — En conséquence, on ne peut prendre une inscription hypothécaire en vertu d'un titre qui contient la stipulation d'un retrait de cette nature. — Cass., 22 janv. 1828, Mariette et hospices de Paris c. David.

FIGURES EN CIRE (Mouleurs des).

Mouleurs de figures en cire à façon; — patentables de huitième classe; — droit fixe basé sur la population, et droit proportionnel du quarantième de la valeur locative de tous les locaux qu'ils occupent, mais seulement dans les communes de 20,000 âmes et au-dessus.

FIL, FILEURS.

1. — Dans l'intérêt des consommateurs et dans le but d'assurer la bonne et loyale confection des fils, certaines mesures ont été prescrites par le décret du 14 déc. 1810.

2. — L'art. 1er de ce décret porte : « A compter du 1er mars 1811, tous les entrepreneurs de filatures de coton, de lin, de chanvre ou de laine, d'un fil de cent mètres de longueur, et de composer l'écheveau de dix de ces écheveltes; en sorte que la longueur totale du fil formant l'écheveau soit de mille mètres. »

3. — « A compter de la même époque, ces fils seront étiquetés d'un numéro indicatif du nombre d'écheveaux nécessaire pour former le poids d'un kilogramme. » — art. 2.

4. — « Les contraventions aux dispositions de l'article précédent seront considérées comme contraventions aux réglemens de police et punies en conséquence d'une amende qui ne pourra être moindre de 5 fr. ni excéder 15 fr. La peine pourra être augmentée en cas de récidive. » — art. 3.

5. — L'art. 4 porte : « Avant l'époque fixée par l'art. 1er, le ministre de l'intérieur fera publier les instructions nécessaires pour faciliter aux fabricans la formation des écheveltes de fil de la longueur déterminée, et établir la concordance entre les numéros qui ont indiqué jusqu'à présent la finesse des fils et ceux qui doivent l'indiquer. »

6. — Les fabricans de fil de coton, chanvre et lin sont soumis à la patente; — droit fixe de 15 fr. pour un ou deux moulins, plus 10 fr. par chaque moulin en sus, jusqu'au maximum de 400 fr.; et droit proportionnel du vingtième de la valeur locative de l'habitation, des magasins de vente complétement séparés de l'établissement, et du cinquantième de l'établissement industriel.

7. — Les marchands de fils de chanvre ou de lin en détail sont patentables de quatrième classe; — droit fixe, basé sur la population, et droit proportionnel du vingtième de la valeur locative de l'habitation et des lieux servant à l'exercice de la profession.

8. — Les entrepreneurs fileurs sont patentables de sixième classe; — mêmes droits fixe, sauf la différence que le droit fixe, et proportionnel que les précédens. — V. PATENTE.

FILAGRANISTES.

Patentables de sixième classe; — droit fixe basé sur la population, et droit proportionnel de la valeur locative de l'habitation des lieux servant à l'exercice de la profession.

FILASSE DE NERFS (Fabricans de).

1. — Fabricans à façon; — patentables de huitième classe; — droit fixe et droit proportionnel du quarantième de la valeur locative de tous les locaux qu'ils occupent, mais seulement dans les communes de 20,000 âmes et au-dessus. — V. PATENTE.

2. — Fabricans de filasse de nerfs pour leur compte; — patentables de sixième classe; — droit fixe basé sur la population, et droit proportionnel du vingtième de la valeur locative de l'habitation et des lieux servant à l'exercice de la profession.

FILATURES.

1. — Les filatures de coton au-dessous de cinq cents broches (non compris les métiers préparatoires) sont assujéties à la patente; — droit fixe de 10 fr., et pour chaque centaine de broches au-dessus de 500, 1 fr. 50 cent., jusqu'au maximum de 400 fr.; et droit proportionnel du vingtième de la valeur locative de l'habitation et des magasins de vente complétement séparés de l'établissement, et du cinquantième de l'établissement industriel.

2. — Les filatures de laine, chanvre et lin au-dessous de cinq cents broches (non compris les métiers préparatoires), sont soumises à : 1° un droit fixe de 15 fr., plus 8 fr. par chaque centaine de broches au-dessus de 500, jusqu'au maximum d. 400 ; 2° aux mêmes droits proportionnels que les filatures de coton.

3. — Les filatures de cocons en grand, c'est-à-dire rentrant au moins six tours, sont, à raison de leur odeur fétide produite par la décomposition des matières animales, rangées dans la deuxième classe des étar'rissemens insalubres. — V. ÉTABLISSEMENS INSALUBRES (Nomenclature).

FILETS.

1. — On appelle filets, en matière d'eaux et forêts, certains engins servant à prendre le poisson et le gibier. — V. à cet égard CHASSE et PÊCHE.

2. — Fabricans de filets pour la pêche, la chasse, etc., patentables de sixième classe; — droit fixe basé sur la population, et droit proportionnel du vingtième de la valeur locative de l'habitation et des lieux servant à l'exercice de la profession.

3. — En matière de constructions, on entend par filets placés dans un mur la moulure qui fait saillie au bout du chaperon du mur et excède sa surface perpendiculairement. Ce sont encore les morceaux de bois qui sont enfoncés dans le mur et dont les bouts paraissent au-dehors. — Pardessus, Serv., n° 162; Rolland de Villargues, v° Filets. — V. aussi MITOYENNETÉ.

FILIATION.

1. — C'est la descendance du fils ou de la fille à l'égard du père, de la mère ou des aïeux. — Merlin, Rép., v° Filiation.

2. — La filiation est légitime ou naturelle. — V. ENFANT NATUREL, LÉGITIMITÉ.

3. — La filiation est quelquefois adultérine ou incestueuse. — V. ENFANS ADULTÉRINS et INCESTUEUX.

4. — Enfin on donne le nom de filiation adoptive aux rapports qui s'établissent par suite de l'adoption entre l'adoptant et l'adopté. — V. ADOPTION.

FILLES PUBLIQUES.

V. PROSTITUTION.

FILOSELLE (Marchands de).

V. FLEURETS.

FILOTIERS.

Filotiers, patentables de sixième classe; — droit fixe basé sur la population, et droit proportionnel du vingtième de la valeur locative de la maison d'habitation et des lieux servant à l'exercice de la profession. — V. PATENTE.

FILOUTERIE.

1. — La filouterie, au point de vue pénal, n'est autre chose qu'une variété du vol. Ce mot, comme celui de larcin, indique plus spécialement les vols exécutés en secret et par la ruse.

2. — Mais le mode d'exécution n'influe nullement sur les élémens constitutifs du délit; ces élémens sont les mêmes que ceux du vol, et dès-lors il ne peut exister de filouterie qu'autant qu'il y a soustraction frauduleuse de la chose d'autrui. — C'est là un point que la jurisprudence de la cour de Cassation a fréquemment décidé.

3. — L'état de cette jurisprudence, ainsi que les règles relatives aux filouteries et à la pénalité qui les concerne, seront exposés au mot VOL.

FILS. — FILLE.

Individus de l'un et de l'autre sexe considérés dans leurs rapports avec leurs père et mère. — V. ENFANT.

FILS DE FAMILLE.

On appelait ainsi, en pays de droit écrit, les enfans ou petits-enfans qui étaient sous la puissance de leur père ou de leur aïeul. — Merlin, Rép., v° Fils de famille. — V. PUISSANCE PATERNELLE.

FINISSEUR EN HORLOGERIE.

Finisseurs en horlogerie, patentables de septième classe; — droit fixe basé sur la population, et droit proportionnel du quarantième de la valeur locative de l'habitation et des lieux servant à l'exercice de la profession, mais dans les communes seulement de 2,000 âmes et au-dessus. — V. PATENTE.

FINS. — FINS CIVILES.

1. — En procédure, on emploie le mot fins pour exprimer l'objet d'une demande. — Quelquefois aussi il est synonyme de conclusions. — Ainsi on dit qu'une partie défend à toutes fins, pour expri-

mer qu'elle expose des moyens sur tous les chefs de ses demandes et conclusions.

2. — On se sert aussi du mot *fins civiles* pour indiquer, par opposition à la procédure criminelle, les demandes qui n'ont pour objet que des condamnations pécuniaires ou d'autres du même genre. — C'est ainsi que souvent, à la suite d'une procédure criminelle, les parties sont renvoyées à fins civiles.

V. CONCLUSIONS, RÉPARATIONS CIVILES.

FINS (Plaider à toutes).

C'est discuter à la fois les exceptions et le fond. — Devant les tribunaux d'appel on est tenu de plaider à toutes fins.

FINS DE NON-RECEVOIR.

Table alphabétique.

FINS DE NON-RECEVOIR. — 1. — On désigne par cette dénomination des moyens qui tendent à faire écarter définitivement une action sans en examiner le mérite au fond.

2. — Certaines fins de non-recevoir sont quelquefois qualifiées d'*exceptions de droit*, ou d'*exceptions péremptoires de droit*. — V. EXCEPTION, nos 34 et 40.

3. — On avait tenté d'introduire dans le Code de procédure un paragraphe intitulé : *des fins de non-recevoir* ; l'art. 185 du projet placé sous cette rubrique était ainsi conçu : « Le défendeur qui soutiendra le demandeur non-recevable en sa demande sera tenu de proposer cette exception préalablement à toutes défenses au fond. » M. Faure, dans son rapport sur le titre des exceptions, s'exprimait ainsi, à l'égard des fins de non-recevoir : « Il ne peut en être ici question ; elles appartiennent au Code civil ; ce sont celles qui tendent à détruire ou à éteindre l'action du demandeur, comme la prescription ou le paiement. » Ces caractères, ajoute Bonceane (t. 3, p. 344), vous reconnaissez les fins dont parle le Code de procédure et que l'on peut faire surgir en tout état de cause : *peremptorias exceptiones omissas in initio, antequam sententia feratur*, olim, *post perpetuum edictum declarat*. (Inst. lib. 4, tit. 13).

4. — Mais l'art. 185 du projet, ainsi que le paragraphe sous la rubrique duquel il était placé,

ont disparu de la rédaction définitive du Code de procédure. — Bioche, *ibid.*, n° 3.

5. — Les fins de non-recevoir sont de véritables défenses auxquelles les règles relatives aux exceptions de procédure ne sont pas applicables.

6. — Il y a cette différence entre les fins de non-recevoir et les exceptions que les premières libèrent et que les secondes ne libèrent pas. — Bonceane, t. 3, p. 476.

7. — Les fins de non-recevoir sont ordinairement d'un effet *perpétuel*, c'est-à-dire qu'elles rendent l'action à jamais non-recevable. Cependant, il en est qui ne produisent que des effets temporaires. LL. 2 et 3, Princ., ff., tit. *De except. rei judic.*, L. 25, tit. *De obl. et act.* — V. art. 435, C. civ.; — Duranton, thèse pour la chaire vacante à Paris, par le décès de Pigeau.

8. — Jugé que la règle d'après laquelle l'exception est perpétuelle, quoique l'action soit temporaire, ne s'applique pas au cas où le contrat a été exécuté de la part de celui qui oppose l'exception. — *Cass.*, 20 avr. 1824, Papon c. Bergeron.

9. — Les fins de non-recevoir créées par la loi ont pour effet, même dans les matières qui, comme le mariage, se rattachent à l'ordre public, de placer les parties auxquelles elles sont opposées, dans l'incapacité et l'impuissance d'intenter l'action qu'elles proposent, et lorsque ces fins de non-recevoir sont établies, le juge est dispensé d'examiner le fond. — *Cass.*, 4 juin 1845 (t. 2 1845, p. 703), Cluzet c. Drouart; — Berria-Saint-Prix, t. 4er, p. 500.

10. — La fin de non-recevoir, opposable à celui qui a formé opposition à la disposition d'un arrêt contradictoire au lieu de se pourvoir en cassation est d'ordre public, et son admission empêche l'examen des moyens du fond. — *Nîmes*, 16 mars 1841 (t. 2 1841, p. 88), Gilbert c. Pibarest.

11. — A la différence de ce qui a lieu relativement aux exceptions proprement dites, qui, en général, sont peu favorables, les fins de non-recevoir sont vues avec faveur parce qu'elles ont pour effet, quand elles sont admises, de mettre fin au procès.

12. — Elles peuvent être opposées, en tout état de cause et même en appel, tant qu'on n'y a pas formellement expressément ou tacitement. — Duparc-Poullain, t. 9, p. 85 ; Thomine-Desmazures, t. 4er, p. 11. — V. aussi nos 27 et suiv.

13. — Du reste un aveu donné par l'intimé pour plaider sur l'affaire liée entre les parties ne peut être considéré comme une renonciation aux fins de non-recevoir qu'il pouvait avoir à proposer contre l'appel. — *Trèves*, 19 mai 1813, Durckis c. Mullen.

14. — Et la partie qui, après avoir proposé des exceptions péremptoires sur sa demande, prend des conclusions subsidiaires au fond, n'est pas censée par là avoir renoncé à ses exceptions. — *Gênes*, 5 fév. 1812, Laurent Dasso c. Revello et Puccoo.

15. — Les juges ne sauraient non plus écarter une exception pour n'avoir pas été présentée avant toute défense au fond, si cette exception n'est en réalité qu'un moyen du fond, tel que la nullité d'une inscription. — *Cass.*, 4er mai 1815, Varnier c. Leroy.

16. — En effet, on ne peut être privé d'un droit général donné par la loi que par une renonciation formelle ou par des faits établissant cette renonciation. — *Cass.*, 7 avr. 1808, Octroi de Chartres c. Brissé.

17. — Mais la fin de non-recevoir dirigée contre le mode d'exercice d'un droit et non contre le droit lui-même, doit être proposée avant toute défense au fond. — *Bordeaux*, 24 août 1831, Dupuy c. Puthod.

18. — La fin de non-recevoir tirée de ce que le demandeur au pétitoire n'a pas exécuté le jugement rendu contre lui au possessoire, est couverte, quand elle n'est pas proposée avant toutes défenses au fond , et encore qu'il ait fait des réserves. — *Bourges*, art. 185, Villandi c. Patient.

19. — Jugé que les fins de non-recevoir sont, en général, couvertes par un arrêt de défaut profit-joint, rendu du consentement de toutes les parties comparantes, et sans qu'elles se soient réservé les moyens de forme qu'elles pourraient avoir à proposer. — *Besançon*, 7 nov. 1808, N...'

20. — Les fins de non-recevoir les plus fréquentes se tirent du défaut , du défaut d'autorisation, du défaut d'intérêt, de la chose jugée, de l'acquiescement ou de l'extinction de l'obligation.

21. — *Défaut de qualité.* — Le défaut de qualité du demandeur constitue une fin de non-recevoir et non simplement une exception dilatoire. — *Trèves*, 14 déc. 1811, Veingartner c. d'Esebeck.

22. — On doit donc considérer comme une exception péremptoire ou fin de non-recevoir le moyen tiré du défaut de qualité d'un tuteur. — *Bordeaux*, 13 nov. 1838 (t. 4er 1839, p. 204), Revoux de Bonchamps c. Lacassagne.

23. — La qualité acquise postérieurement à l'in-

troduction de l'instance n'a pas pour effet de régulariser la demande formée sans qualité. — Bioche, v° *Qualité*, n° 5.

24. — Ainsi la fin de non-recevoir tirée du défaut de qualité , au moment où la demande est formée, n'est pas couverte par l'aveu de la dette fait en conciliation par le débiteur. — *Cass.*, 40 (et non 19) juill. 1822, Hubert c. Druebert.

25. — ...Et il ne reste, dans ce cas, au demandeur que le droit de renouveler sa demande par action régulière. — Même arrêt.

26. — L'exception tirée de ce qu'un jugement n'aurait pas été rendu avec telle personne est aussi une fin de non-recevoir. — *Cass.*, 21 vendém. an XI, Dehrye.

27. — La fin de non-recevoir résultant du défaut de qualité peut toujours être opposée. — Pothier, *Société*, n° 172 ; Merlin , *Quest.*, t. 4er, n° 274 ; Poncet, *Des jugem.*, n° 339 ; Pigeau, *Comm.*, t. 4er, p. 423, 127 et 163.

28. — Elle est valablement présentée pour la première fois en appel. — *Cass.*, 23 janv. 1843 (t. 4er 1843, p. 526), fabrique de Vicó c. Christianacce ; *Grenoble*, 8 fév. 1838 (t. 2 1839, p. 324), Derne c. Barborier ; 8 juin 1838 (t. 2 1839, p. 324), Doncieux c. Villaud ; — Boncenne, t. 3, p. 226 et 227.

29. — Ainsi, de ce que le défendeur n'a pas contesté en première instance la qualité du demandeur, il ne s'ensuit pas qu'il l'ait reconnue tacitement. — *Bruxelles*, 22 mars 1833, Matoye c. Vanvambecke; *Orléans*, 19 mars 1819, N...; *Rennes*, 19 juin 1821, Séreat c. Questel; *Cass.*, 34 août 1831, notaires de Caen c. Hoguais ; 44 avr. 1833, Gaulon c. Bidault ; *Bordeaux*, 27 juin 1833, Boussot c. Doumeing ; *Liège*, 20 fév. 1834, N...; *Limoges*, 15 fév. 1836 (t. 4er 1837, p. 494), Dubois c. Braquillanger ; *Orléans*, 19 mars 1842 (t. 4er 1842, p. 451), comm. de Marigny. — V. cependant, *Colmar*, 28 janv. 1831 , Lienhart c. l'évêque de Strasbourg.

30. — Spécialement, l'exception tirée du défaut d'envoi en possession peut, comme se rattachant à la qualité des parties , être proposée en tout état de cause. — *Bastia*, 2 mai 1837 (t. 2 1839, p. 434), Christinacce c. fabr. de Vico.

31. — Il en est de même du défaut de qualité du tuteur. — *Bordeaux*, 13 nov. 1838. (t. 4er 1839, p. 204), Revoux de Bonchamps c. Lacassagne.

32. — A plus forte raison , bien que le défendeur n'ait conclu en première instance que d'une manière vague et générale *à ce qu'il demande fût déclarée non-recevable, en tous cas mal fondée*, sans indiquer aucune fin de non-recevoir particulière, il peut, en cause d'appel, faire prévaloir une exception péremptoire qu'il n'avait d'abord ni développée ni même indiquée spécialement. — *Bourges*, 46 janv. 1841 (t. 2 1841, p. 549), Godin c. de Pracontal.

33. — Par cela qu'on conclut, mais avec toutes réserves, sur la question du fond, il n'en résulte pas un contrat judiciaire qui rende non-recevable à faire valoir ensuite l'exception péremptoire au fond, et notamment celle résultant du défaut de qualité. — *Cass.*, 14 fév. 1835, Bourdiaux c. Louvrier; *Bruxelles*, 10 juill. 1823, Lamman c. Vandenbosche.

34. — Le défaut de qualité pris de ce qu'une personne ne justifie pas qu'elle soit propriétaire d'un terrain qu'elle réclame, peut être opposé en tout état de cause, même après des jugemens préparatoires ou interlocutoires passés en force de chose jugée. — *Amiens*, 15 juill. 1820, Nattier c. Hue de la Colombe.

35. — Mais l'exception prise du défaut de qualité de l'une des parties ne peut être proposée pour la première fois, devant la cour de Cassation. — *Cass.*, 17 avr. 1839 (t. 2 1839, p. 330), Broyard c. Lesèble.

36. — Ainsi les adversaires d'une commune ne peuvent , pour la première fois devant la cour de Cassation, opposer le défaut de qualité de la personne qui la représente dans l'instance, lorsqu'ils ne se sont pas prévalus de ce moyen avant l'arrêt définitif qui a terminé le procès d'une manière favorable à la commune. — *Cass.*, 47 déc. 1838 (t. 4er 1839, p. 345), Guyot c. Ville-lès-Aulesy.

37. — Ainsi encore, lorsqu'une fabrique a actionné en paiement le débiteur d'une rente à elle remise par l'état, avant d'avoir obtenu l'envoi en possession de cette rente, son action n'est pas viciée d'une nullité tellement absolue et d'ordre public, qu'on puisse l'invoquer devant la cour de Cassation, quand on ne s'en est pas prévalu devant la cour royale. — *Cass.*, 15 fév. 1832, Sellier c. fabrique de Nantes.

38. — De même, le moyen de cassation fondé sur ce que le mari a exercé seul une action immobilière appartenant à la femme n'est pas fondé quand ce moyen n'a été proposé ni en première instance ni en appel. — *Cass.*, 24 août 1825, Foits c. Reuchel.

39. — Jugé, au contraire, que l'exception tirée

46

du défaut de qualité d'un individu pour représenter une commune dans une instance est d'ordre public et peut être opposée, pour la première fois, devant la cour de Cassation. — *Cass.*, 21 nov. 1837 (t. 1er 1838, p. 286), Martin c. comm. de Thianges. — V. au surplus AUTORISATION DE PLAIDER, nos 240 et suiv.

40. — Il a été décidé, sous l'empire de l'ancienne législation, que l'incapacité dont se trouve frappé le juge-commissaire qui n'avait pas agi dans le mois de la réquisition, était couverte par l'assistance de la partie qui opposait cette incapacité aux opérations de ce commissaire. — *Agen*, 17 août 1810, Dubruis c. Guichené.

41. — Cette question ne peut plus se présenter aujourd'hui, l'art. 1041, C. procéd., ayant abrogé les dispositions de l'ordonnance de 1667, relatives aux délais accordés aux juges-commissaires.

42. — On peut encore, sur l'appel, opposer à la demande originaire une exception prise d'un changement de qualité survenu depuis le jugement de première instance. — *Cass.*, 24 vendém. an XII, Corbin c. Hurard.

43. — Mais quand une partie, dans le cours de l'instance, a reconnu la qualité de son adversaire, elle ne peut revenir sur cette reconnaissance, à moins qu'elle ne prouve que cette reconnaissance lui a été arrachée par la fraude. — *Bordeaux*, 25 août 1832, Menguin c. Coycault; — Bioche, vo *Exception*, no 190.

44. — Ainsi, celui qui assigne en la personne de leurs syndics les riverains associés d'un cours d'eau est non-recevable à prétendre ensuite dans le cours de l'instance que ces syndics n'ont pas qualité pour défendre à sa demande. — *Cass.*, 2 déc. 1835, Bosch c. Gauthier.

45. — De même, le silence gardé par une partie, lors d'un jugement de jonction, sur le défaut de qualité de son adversaire, la rend non-recevable à en exciper ultérieurement, lorsque d'ailleurs, d'après l'appréciation des juges du fond, la reconnaissance de cette qualité est acquise par les actes et documens du procès. — *Cass.*, 31 déc. 1834, Romain c. Mourgues.

46. — Le mari assigné, comme personnellement héritier, sur une action mobilière intentée à raison d'une succession recueillie par sa femme, ne peut exciper de cette erreur, après avoir conclu à la non-recevabilité de l'acquéreur, ou après avoir appelé un garant. — *Cass.*, 15 mars 1808, Pibaleau c. Achard-de-Labaye.

47. — La partie qui a succombé dans une exception tirée du défaut de qualité de son adversaire, et qui a ensuite posé qualités et plaidé au fond, s'est rendue non-recevable à interjeter appel du jugement qui a rejeté son exception, alors surtout qu'elle a continué de plaider sur le fond après la signification du jugement. — *Orléans*, 9 janv. 1845 (t. 1er 1845, p. 441), Deneveu c. Thevard.

48. — Lorsque le demandeur oppose au défendeur, après une défense au fond, une exception tirée de son prétendu défaut de qualité, cette exception peut être considérée non comme un moyen préjudiciel, mais comme un moyen de fond et comme implicitement écarté par le jugement qui rejette la demande principale. — *Cass.*, 2 déc. 1835, Bosh c. Gauthier.

49. — *Défaut d'autorisation.* — Le défaut d'autorisation, lorsqu'elle est exigée, constitue une fin de non-recevoir.

50. — Cette fin de non-recevoir est d'ordre public et peut être invoquée en tout état de cause, et même être suppléée d'office par les juges. — *Colmar*, 13 juin 1835, Malarmé c. Prost. — V. toutefois AUTORISATION DE FEMME MARIÉE, nos 623 et suiv. — V. aussi AUTORISATION DE PLAIDER.

51. — En conséquence, le mari peut proposer, en tout état de cause, l'exception résultant de ce qu'une action a été intentée contre lui seulement, au lieu de l'être contre sa femme autorisée pour une revendication du fonds dotal. — *Bordeaux*, 16 mars 1827, Gardet c. Monribot.

52. — La fin de non-procéder résultant contre la commune du défaut d'autorisation n'a pas besoin d'être proposée avant toute défense au fond. — *Bordeaux*, 23 juill. 1830, Marchand c. commune de Montcarret. — V. AUTORISATION DE PLAIDER, no 243.

53. — Lorsqu'un ministre du culte est poursuivi par un particulier pour diffamation commise en chaire contre lui, l'exception qu'il fonde sur ce que ce fait aurait dû être préalablement déféré au conseil d'état est d'ordre public et peut conséquemment être proposée en tout état de cause. Les juges doivent même la suppléer d'office. — *Cass.*, 18 fév. 1836, Lebris c. Gauguet.

54. — L'exception résultant de ce qu'une association religieuse non autorisée a été assignée en la personne de son prieur, qui n'avait pas qualité pour représenter cette association, est une exception d'ordre public qui peut être opposée pour la première fois en appel. — *Aix*, 27 janv. 1825, Pénitens noirs d'Arles c. Anty.

55. — Mais le défaut d'autorisation, pas plus que le défaut de qualité, ne peut être opposé pour la première fois devant la cour de Cassation. — *Cass.*, 27 avr. 1835, Landragin c. commune d'Asfeld; 30 mai 1837 (t. 1er 1837, no 567), d'Aubigny c. les hameaux de la Sole et de Jean-Guyard. — Mais V. AUTORISATION DE PLAIDER, nos 240 et suiv.

56. — *Défaut d'intérêt.* — Le défaut d'intérêt constitue aussi une fin de non-recevoir qui peut être opposée en tout état de cause et particulièrement sur l'appel, lors même qu'elle ne l'a pas été en première instance. — *Cass.*, 4 avr. 1810, Fasciaux c. conservateur des hypothèques.

57. — *Chose jugée.* — L'autorité de la chose jugée constitue encore une fin de non-recevoir qui empêche de remettre en question ce qui a été souverainement décidé par un tribunal. — V. CHOSE JUGÉE.

58. — Cette fin de non-recevoir peut, comme les précédentes, être présentée en tout état de cause. — *Rennes*, 3 août 1819, N...; *Toulouse*, 24 nov. 1823, Sansot c. Larroque; *Bordeaux*, 30 janv. 1823, Lemerat c. Imbaut; *Corse*, 2 avr. 1827, Très-Roy c. Orto. — V. CHOSE JUGÉE, no 620.

59. — Ainsi on peut présenter, même après que l'intimé a conclu au fond et a obtenu un arrêt par défaut portant confirmation du jugement, le moyen tiré de ce que le jugement dont est appel, est en dernier ressort; une telle exception est d'ordre public. — *Lyon*, 13 mai 1828, Tardy c. Montaret; *Toulouse*, 18 déc. 1835, Michel c. Montet.

60. — Lorsqu'un jugement non qualifié en dernier ressort, et dont l'objet n'excède pas ce taux, est attaqué par la voie de l'appel, la fin de non-recevoir proposée contre cet appel doit être accueillie, quoiqu'il ait été déjà rendu par la cour un arrêt de défaut profit-joint. — *Agen*, 19 nov. 1810, Vargues c. Hugon. — V. DEGRÉ DE JURIDICTION.

61. — Jugé, dans le même sens, que l'exception fondée sur ce que des arbitres avaient reçu le pouvoir de juger en dernier ressort est toujours recevable, même après la défense au fond. — *Grenoble*, 23 juin 1820, Empereur.

62. — Toutefois, l'exception de chose jugée ne saurait être opposée pour la première fois devant la cour de Cassation. — V. CHOSE JUGÉE, no 624.

63. — Et il a été jugé qu'on doit déclarer non-recevable dans son pourvoi en cassation la partie qui, après avoir dirigé ce pourvoi contre le vendeur primitif d'un immeuble et plusieurs acquéreurs successifs du même immeuble, n'a, en exécution de l'arrêt d'admission, assigné que le premier des acquéreurs, appelé en cause seulement comme garant, laissant ainsi acquérir l'autorité de la chose jugée à l'arrêt attaqué vis-à-vis du vendeur et des autres acquéreurs postérieurs. — *Cass.*, 11 juin 1833, Laure c. Affre.

64. — Les juges n'ont pas même, en général, qualité pour suppléer d'office l'exception de chose jugée. — V. CHOSE JUGÉE, nos 613 et suiv.

65. — Néanmoins elle peut être admise d'office lorsque la partie a déclaré s'en rapporter à justice et ne pas prendre de conclusions. — *Cass.*, 7 juill. 1829, Brail; *Bourges*, 2 janv. 1830, Cotin c. Thierrat.

66. — *Acquiescement.* — L'acquiescement peut être opposé en tout état de cause. — *Paris*, 21 oct. 1813, Daniel c. Bilon; — Chauveau sur Carré, quest. 739 *bis*. — *Contrà* Carré, quest. 751. — V. ACQUIESCEMENT, nos 619 et suiv.

67. — *Extinction de l'obligation.* — La réponse la plus péremptoire qui puisse être faite à une demande, c'est que l'obligation n'existe plus.

68. — Ainsi, la compensation qui a pour effet d'éteindre les dettes de la même manière que si elles avaient été réellement payées est une fin de non-recevoir opposable en tout état de cause. — V. Merlin, *Rép.*, vo *Compensation*, § 1er; Favard, *Rép.*, vo *Appel*, sect. 1re, § 4, nos 6 et 27. — V. COMPENSATION, nos 247 et suiv.

69. — Il en est de même de la prescription. — C. civ., art 1334. — V. PRESCRIPTION.

70. — La fin de non-recevoir tirée de la prescription peut être invoquée en tout état de cause, même en appel, à moins que la partie qui n'a pas opposé le moyen de prescription ne doive, par les circonstances, être présumée y avoir renoncé. — Art. 2224, C. civ.

71. — Toutefois, bien que l'exception de prescription ne soit pas, en général, couverte par des défenses au fond, cette règle cesse si, avant que le défendeur ait excipé de la prescription, un jugement en dernier ressort, statuant sur les moyens du fond, décide qu'il n'a point payé, et ne laisse indécise que la question de savoir à quelle somme il doit être condamné. — *Cass.*, 25 janv. 1808, Elie et Laschenays-Eudes c. Fontaine et Schedet. — V. PRESCRIPTION.

72. — Lorsqu'un défendeur invoque la prescription de l'action dirigée contre lui, sous réserve expresse de tous ses autres moyens de défense, les juges ne peuvent, en rejetant cette exception, statuer *de plano* sur le fond sans avoir entendu ses autres moyens. — *Bruxelles*, 31 déc. 1816, Enregistrement c. Depape.

73. — La forclusion prononcée par l'art. 756, C. procéd., est une exception péremptoire du fond qui peut, comme la prescription, être proposée en tout état de cause, même en appel, à moins qu'il ne résulte des circonstances qu'on y a renoncé. — *Grenoble*, 9 janv. 1827, Bouvard c. Blanchet. — V. ORDRE.

74. — Sous l'empire des lois romaines, l'obligé était admis à opposer, même après l'expiration de deux années, à compter du jour de l'obligation, l'exception *non numeratæ pecuniæ*. — *Cass.*, 24 août 1813, Zoppi.

75. — L'art. 173, C. procéd, relatif aux nullités d'exploit ou d'acte de procédure, ne s'applique pas à la nullité desdits actes qui ne consiste pas dans la forme, mais bien dans l'expiration du délai tracé par la loi pour que ces actes fussent accomplis. En d'autres termes, ces nullités sont de véritables fins de non-recevoir qui peuvent être présentées tant qu'on n'y a pas renoncé expressément ou tacitement. — V. PROTÊT, ENQUÊTE, SURENCHÈRE, SÉPARATION DE BIENS.

76. — Jugé également que la nullité résultant de ce qu'une action principale a été intentée contre l'état sans dépôt préalable du mémoire prescrit par l'art. 15, L. 5 nov. 1790, ne peut être couverte par le silence du préfet et par des défenses au fond signifiées à sa requête; qu'en conséquence, elle peut être opposée même en appel. — *Bordeaux*, 17 mars 1836, Préfet de la Dordogne c. Laurière; — *contrà Paris*, 2 juill. 1836, préfet d'Indre et Loire c. comm. de Cheillé.

77. — La fin de non-recevoir contre un pourvoi en cassation, tirée de l'irrégularité de l'exploit de notification de l'arrêt d'admission (par exemple si cet exploit ne contient pas l'indication du mois dans l'énonciation de la date), peut être proposée pour la première fois devant les chambres réunies par la partie qui n'a pas comparu lors de l'arrêt de la chambre civile qui a prononcé le renvoi, alors d'ailleurs qu'elle est présentée devant ces chambres avant toute défense au fond. — *Cass.*, 12 mars 1846 (t. 1er 1846, p. 720), Douanes c. Balguerie.

FISC, FISCALITÉ.

1. — Le fisc (de *fiscus*, panier d'osier, parce qu'à Rome on mettait l'argent dans de semblables paniers) est le domaine, le trésor du prince ou de l'état. — *Encycl. méthod.* (*Jurisp.*), vo *Fisc*.

2. — On entend par fiscalité l'action d'interpréter et d'expliquer les lois dans le sens des intérêts du fisc.

3. — Les auteurs anciens emploient quelquefois le mot *fisc* comme synonyme de *fief* ou *bénéfice*, parce que dans la première institution des fiefs, les princes donnaient à leurs fidèles ou sujets, certaines portions de leurs terres fiscales ou patrimoniales à titre de bénéfice, pour en jouir seulement leur vie durant; et comme ces terres n'étaient point entièrement aliénées, elles étaient toujours regardées comme étant du douaire du seigneur; aussi retenaient-elles le nom de *fisc*. — Ducange, *Gloss.*, vo *Fiscus*.

4. — Pendant la république, à Rome, il n'y avait qu'un fisc, le trésor public; mais sous les empereurs on distingua le domaine particulier ou trésor du prince de celui de l'état; le premier seul conserva le nom de fisc, le second fut appelé *ærarium*. — Le fisc était employé à l'entretien particulier du prince et à celui de sa maison; l'*ærarium* était consacré aux charges et aux besoins de l'état. — Cependant cette distinction disparut sous Antonin et Caracalla, et dès-lors le fisc du prince et l'*ærarium* se trouvèrent confondus. — *Encycl. méthod. loc. cit.*

5. — Plus tard, il n'y eut qu'un seul fisc, celui du prince, qui était, à vrai dire, le fisc de l'état, personnifié alors dans la personne de son chef.

6. — S'il avait été mal jugé contre le fisc, la restitution en entier lui était accordée contre le jugement. — Merlin, *Rép.*, vo *Fisc*.

7. — Autrefois, en France, les seigneurs féodaux et justiciers avaient un droit de fisc. — C'est en vertu de ce droit qu'ils recueillaient les successions vacantes, et que les confiscations, épaves, amendes, etc., leur appartenaient. — Guyot, *Rép.*, vo *Fisc*.

8. — Mais l'église n'avait point de fisc; aussi les officiaux ne pouvaient-ils prononcer d'amende qu'autant qu'ils en faisaient l'application à quelques œuvres pies. — Guyot, *eod. verb.*

9.—Dans le doute, les lois romaines voulaient qu'on prononçât contre le fisc.— L. 40, ff., *De jure fisci*.— Et le fisc, pour les sommes qui lui étaient dues, à titre de peine, ne venait encore qu'après les créanciers de son débiteur.— L. 17, *eod*.

10.—Il n'en est pas de même chez nous. Sous un gouvernement représentatif où le trésor public n'est pas celui du prince, mais celui de l'état, le fisc ne doit pas être moins favorisé que les simples citoyens.— Favard, *Rép.*, v° *Fisc*.

11.—Il y a même des cas où ses droits sont garantis par des priviléges.— V. CONTRIBUTIONS DIRECTES, CONTRIBUTIONS INDIRECTES, DOUANES, ENREGISTREMENT, PRIVILÉGES, TIMBRE.

FLAGRANT DÉLIT.

Table alphabétique.

FLAGRANT DÉLIT.— 1.— Est un flagrant délit, d'après les termes mêmes du Code d'inst. crim., art. 41, le délit qui se commet actuellement ou qui vient de se commettre.

2.— Le mot *flagrant délit* n'est que la traduction du *flagrans crimen*, dont parle la loi romaine au Code L. 4, *De raptu virginum*.— Dans l'origine, en France, on le désignait sous le nom de *forefactum* (Ord. 4240, et juin 4388, art. 24).— Le titre de *flagrant délit*, adopté plus tard, et qu'a conservé notre législation actuelle, caractérise mieux une figure sensible du délit dans la perpétration à peine consommée et encore *flagrante*, *brûlante*, selon l'expression latine à laquelle ce mot est emprunté.

3.— Nos lois criminelles ont soigneusement distingué la recherche et la constatation des délits, et fondé sur cette distinction fondamentale la répartition bien tranchée des pouvoirs qu'elles accordent aux fonctionnaires dont le concours doit assurer la répression des actes qu'elles punissent; au ministère public la recherche, au juge la constatation; chacun a sa mission spéciale que seul il peut remplir, chacun est, à l'égard de l'autre, renfermé dans des limites qu'il lui est interdit de franchir.

4.— « Néanmoins, cette division d'attributs s'énerve, ainsi que l'a fait remarquer avec beaucoup de raison M. Duverger (*Man. des juges d'instruction*, t. 1er, n° 44), cette distinction s'efface dans les cas de délit flagrant ou réputé tel.— Alors une exception, commandée par la nécessité, fait fléchir le principe, établit une communication réciproque d'autorité, un cumul de fonctions de deux magistrats dont la destination devait naturellement rester différente. »

5.— Ajoutons que cette extension d'autorité s'étend même aux officiers de police auxiliaires du procureur du roi, qui se trouvent également, en ces circonstances, investis d'attributions toutes spéciales.— V. *infra* n° 84 et suiv.

CHAPITRE Ier.— Cas de flagrant délit.

6.— L'ordonnance de 4670, qui autorisait l'arrestation du prévenu surpris en flagrant délit (tit. 40, art 9), était muette sur les caractères constitutifs du flagrant délit.— Aucune autre loi n'avait suppléé à ce silence, en sorte que la doctrine seule avait dû chercher à élucider cette question, d'ailleurs assez délicate.

7.— « Il y a flagrant délit, disait Jousse (*Just. crim.*, t. 2, p. 45), lorsqu'un crime vient de se commettre et que le corps du délit est exposé à la vue de tout le monde, comme lorsqu'une maison vient d'être incendiée, ou qu'un homme vient d'être tué ou blessé, ou s'il arrive une émotion populaire... tous les témoins étant encore sur les lieux.— De son côté, Rousseau de Lacombe (*Matières criminelles*, p. 824) écrivait : « Il y a flagrant délit lorsqu'un crime vient de se commettre en présence du peuple ; par exemple, lorsqu'un voleur a été saisi volant ou dérobant, on nanti de la chose volée; lorsqu'un assassin a été pris dans l'action ou a été vu une épée sanglante à la main, dans le lieu où le meurtre a été commis. »— V. encore Serpillon, *Code crim.*, t. 1er, p. 582; Desquiron, *De la preuve par témoins en inst. crim.*, p. 50.

8.— De nos jours, le Code du 3 brum. an V, et après lui le Code d'inst. crim., ont tenté de définir le flagrant délit.— En effet, l'art. 44, C. inst. crim., pose en principe que est réputé flagrant, ainsi que nous l'avons vu, le délit qui se commet actuellement ou qui vient de se commettre en un flagrant délit, ajoute : « Sont aussi réputés flagrant délit les cas où le prévenu est poursuivi par la clameur publique, ou celui où le prévenu est trouvé saisi d'effets, armes, instrumens ou papiers faisant présumer qu'il est au-

teur ou complice, pourvu que ce soit dans un temps voisin du délit. »

9. — En ce qui concerne le crime qui se commet actuellement, c'est-à-dire qui n'est pas encore consommé, alors que le magistrat peut être appelé à le constater, il est évident que c'est là le cas le plus certain de flagrant délit. Mais, en fait, il est bien rare que cette circonstance de la présence du magistrat au moment même de la perprétation du crime se présente : le crime est presque toujours commis quand la justice est appelée à le constater.

10. — Or, en dehors de cette hypothèse du crime constaté pendant sa perpétration, rien de plus difficile peut-être, malgré les termes en apparence si clairs de la loi, que de bien déterminer dans quelles circonstances existe le flagrant délit; les criminalistes ne sont pas d'accord sur ces questions, et la loi elle-même a varié.

11. — En effet, le Code du 3 brum. an IV déclarait flagrant délit « le cas où le délinquant était surpris au milieu de son crime, était poursuivi par la clameur publique, et celui où un homme était saisi d'effets, armes, instrumens ou papiers servant à faire présumer qu'il était l'auteur d'un délit. » — Ces expressions étaient, comme on le voit, beaucoup plus générales que celles employées par le Code d'inst. crim.

12. — Mais cette généralité même présentait de graves inconvéniens, surtout par le vague que laissaient subsister les dernières expressions. Aussi, frappés des conséquences fâcheuses qui pouvaient en résulter pour la liberté individuelle, les auteurs du Code d'inst. crim. crurent-ils devoir modifier la rédaction du Code de brum. an IV ; et tout en maintenant la présomption de culpabilité, de complicité qui résulte contre le détenteur, de la possession d'effets, armes, instrumens ou papiers, exigèrent-ils, pour établir le flagrant délit, que cette possession eût lieu *dans un temps voisin du délit*.

13. — Mais que doit-on entendre par ces mots : *temps voisin du délit ?* — Au conseil d'état, où ils avaient paru trop vagues, on proposa, lors de la discussion du Code d'inst. crim., de leur substituer ces autres mots : *dans les vingt-quatre heures*. Mais cet amendement fut rejeté comme trop restrictif. « La rédaction, dit M. Cambacerès, mérite d'être soignée : telle qu'elle est, elle autoriserait à s'emparer sur-le-champ d'une personne qui se trouverait saisie d'effets volés, que, cependant, elle aurait achetés de bonne foi depuis plusieurs mois. Il faudrait que ces mots : *dans le temps voisin*, ne fussent employés que pour atténuer la règle générale, et qu'ainsi, au lieu de dire : « est aussi réputé flagrant délit le cas où dans un temps voisin du délit, le prévenu est saisi d'effets, etc., » on dit : « est aussi réputé flagrant délit le cas où le prévenu est trouvé saisi d'effets..... pourvu que ce soit dans un temps voisin du délit. » — Locré, t. 25, p. 165

14. — Suivant Carnot (*Inst. crim.*, t. 1er, p. 251, no 2), le délit serait flagrant « lorsqu'il a été commis dans un temps assez rapproché pour que les choses n'aient pu changer de nature au point de compromettre des personnes qui n'auraient aucun reproche à se faire. » Mais le *premier instant passé*, les choses rentreraient dans les termes du droit commun. — V. conf. Bourguignon, *Jurisp. des Codes crim.*, t. 1er, p. 251, no 1er.

15. — Cette interprétation nous paraît trop étroite; sans aucun doute, il est à désirer que le délit puisse être constaté et poursuivi dès le *premier instant*, et c'est principalement pour favoriser cette poursuite du premier instant que la procédure du flagrant délit a été introduite par la loi; mais on ne saurait conclure de là que nécessairement le flagrant délit n'existe qu'alors que sa constatation a eu lieu dès le premier instant.

16. — M. Massabiau (*Manuel du procur. du roi*, t. 2, no 1564) pense que la loi ne s'étant pas expliquée sur la nature du flagrant délit, il semble qu'on ne puisse l'étendre au-delà de vingt-quatre heures. « Toutefois, ajoute-t-il, l'annonce d'une conspiration qui, ayant éclaté à Paris, aurait des ramifications dans les départemens, est une circonstance de nature à constituer le flagrant délit dans ces départemens, et les officiers du parquet peuvent agir en ce cas conformément à l'art. 36, C. inst. crim., aussitôt que l'avis leur en parvient, quoique le délai de vingt-quatre heures soit depuis long-temps expiré. » — V. Lett. du proc. gén. de Rennes, 16 avr. 1831.

17. — Bien que le délai de vingt-quatre heures ne puisse, ainsi que cela résulte de la discussion qui eut lieu au conseil d'état, être pris pour règle inflexible, et que ce délai semble devoir varier suivant les circonstances, c'est cependant celui qui est le plus généralement suivi dans la pratique, « parce que, disent MM. Teulet, d'Auvilliers et Sulpicy (*Codes annotés*, sur l'art. 41, C. inst. crim., no 2), il est nécessaire que le délit parvienne à la connaissance des officiers de police judiciaire. Le surlendemain nous semble bien éloigné. Plus tard, il est absolument impossible de dire que le *délit vient* de se commettre. »

18. — Toutefois, cette solution elle-même ne devrait pas être appliquée d'une manière trop absolue; ainsi, lorsque celui qui a volé un cheval a été surpris au moment où il cherchait à le vendre à vil prix, il y a flagrant délit, quoique plusieurs jours se soient déjà écoulés depuis le vol. On peut considérer la vente ou la mise en vente comme se rattachant directement au vol dont elle est la consommation. — Teulet, D'Auvilliers et Sulpicy, *ubi suprà*, no 4.

19. — « Mais, poursuivent ces auteurs (no 25), la simple possession du cheval ne constituerait plus le flagrant délit, si un officier de police judiciaire voulait s'en autoriser pour faire une perquisition au domicile du voleur plusieurs jours après le délit; car, bien que cette possession fût le résultat du vol, on ne pourrait pas dire que le prévenu avait été *trouvé* nanti de l'objet volé *dans un temps voisin du délit.* »

20. — Disons donc avec Carré (*Droit français*, t. 4) qu'au résumé la seule explication générale qu'on puisse donner ici, c'est que ce temps-là seul est voisin du délit qui est assez rapproché de l'instant où le crime a été commis, pour que l'on ait une forte présomption que les effets saisis n'ont pu passer des mains d'une autre personne dans celles du détenteur, ou du moins, si cette transmission s'est opérée, qu'elle a eu lieu dans un intervalle trop court pour faire présumer l'innocence de celui qui les détient. — V. aussi de Molènes, *Des fonct. d'offic. de police judic.*, p. 64 et 66; Duverger, no 113, *in fine*; Mangin, *De l'instr. écrite*, t. 1er, no 212.

21. — C'est parce que tout ici dépend des circonstances, qu'en ce qui concerne cette présomption de culpabilité ou complicité résultant de la possession d'effets, armes, instrumens et papiers, il convient de remarquer que, quelque rapprochée que cette possession soit de l'instant du délit, elle n'a pas pour conséquence de rendre obligatoire pour les magistrats l'exercice des droits si rigoureux pour la liberté individuelle que la loi leur a conférés dans le cas de flagrant délit. La possession de certains objets qui, dans telle hypothèse, pourraient fonder une légitime présomption de culpabilité, ne donnera lieu, dans telle autre, au contraire, à aucun soupçon. Ainsi, un inconnu couvert de haillons ou un individu déjà repris de justice est-il rencontré conduisant sans harnais un cheval de prix, il y a présomption qu'il n'a pu se procurer ce cheval qu'au moyen d'un vol : le flagrant délit existe. Au contraire, qu'un homme d'une moralité bien connue, domicilié dans le pays, où il jouit d'une certaine aisance, se trouve dans les mêmes conditions extérieures, il est évident qu'il ne peut s'élever, quant à lui, aucune présomption de criminalité, et qu'on ne le considérera pas comme étant en flagrant délit de vol.

22. — Si la notoriété publique ou la position sociale d'un individu rencontré porteur ou détenteur d'un objet suspect peuvent justifier suffisamment, dans des cas donnés, une présomption de flagrant délit, il faut bien néanmoins se garder de conclure que cette notoriété seule et l'absence de toute autre circonstance soient de nature à autoriser des poursuites rigoureuses contre l'individu qui en est l'objet.

23. — Sans doute, l'art. 41, C. inst. crim., considère avec raison comme flagrant délit le cas où un prévenu est poursuivi par la clameur publique; mais la clameur publique est chose bien différente de la notoriété, rumeur d'ordinaire confuse et incertaine qui rarement accompagne le délit, le plus plus souvent au contraire le suit, et à un intervalle quelquefois assez éloigné, qui, sans doute, peut, doit même éveiller l'attention des magistrats, mais n'offre pas, quelque précise qu'elle soit, ce caractère de certitude au moins apparente qui se rencontre dans la clameur publique. — Duverger, no 113. — V. CLAMEUR PUBLIQUE.

24. — En tous cas, il ne suffit pas, ainsi que le fait remarquer avec raison M. Mangin (*Instruct. écrite*, no 212), pour constituer un individu en flagrant délit, qu'il soit trouvé porteur d'effets, armes, etc., propres à faire présumer qu'il est l'auteur d'un délit *quelconque*; il faut que cette présomption se rapporte à un crime particulier et connu, à un crime assez récent pour que l'on doive présumer que l'auteur ou le complice de ce crime puisse seul se trouver nanti de ces effets, armes, etc.

25. — Lorsque le corps d'un homme est trouvé sans vie et que son état ou les circonstances font présumer que sa mort est le résultat d'un crime, y a-t-il lieu de considérer ce cas comme constituant un flagrant délit, bien que le texte de l'art. 41 ne se soit point expliqué sur ce point, et que la matière soit exceptionnelle?

26. — MM. Teulet, d'Auvilliers et Sulpicy (*ubi suprà*, no 4) n'hésitent pas à se prononcer pour l'affirmative : « L'actualité de la découverte du cadavre exige, disent-ils, toute la célérité des investigations de la justice, encore bien que la mort soit plus ancienne; un retard quelconque pourrait faire disparaître les traces du délit ou les pièces de conviction. Il n'y a pas ici *une sorte* de flagrant délit, mais un véritable flagrant délit. »

27. — Cette opinion n'est pas, en général, partagée par les criminalistes; ils reconnaissent toutefois que, « quoique le cas de mort violente ou de mort dont la cause est inconnue ne constitue pas toujours le flagrant délit, la présence du cadavre et la nécessité de constater au plutôt le crime commis a déterminé la loi (C. inst. crim., art. 44) à le ranger dans la même classe et à le soumettre aux mêmes règles. » — Ortolan et Ledeau, *Tr. du min. publ.*, t. 2, p. 68. — V. aussi Massabiau, t. 2, no 1565; Duverger, no 114.

28. — Quel que soit, du reste, le parti que l'on embrasse sur cette question, il est incontestable que l'action de la justice n'est nécessaire qu'autant qu'il y a lieu de penser que la mort est le résultat d'un crime; si, au contraire, il était établi tout d'abord que la mort n'est due qu'à un accident ou à un suicide, il ne s'agirait plus que d'un événement rentrant dans les attributions de la police administrative. — Jousse, t. 2, 29; Rousseaud de Lacombe, p. 80; Duverger, *loc. cit.*; Schenck, *Tr. du min. publ.*, t. 2, no 40. — V. aussi circ. min. just., 29 nov. 1824. — V. enfin AUTOPSIE, CADAVRE, EXHUMATION, INSTRUCTION CRIMINELLE.

29. — Jusqu'ici nous avons recherché les caractères du flagrant délit dans l'hypothèse d'un crime; mais cette hypothèse est-elle la seule qu'ait eu en vue le législateur, et n'a-t-il point prévu les cas de simple délit ou même de contravention? En d'autres termes, y a-t-il flagrant délit dans le sens de l'art. 41, C. inst. crim., lorsqu'il ne s'agit pas de faits qualifiés crimes, et les dispositions spéciales que consacre cet article et les suivans sont-elles applicables aux délits et aux contraventions flagrantes?

30. — Et, en effet, les caractères qui constituent le flagrant délit au cas de crime peuvent également se rencontrer, bien qu'il ne s'agisse que d'un délit ou même uniquement d'une contravention : le délit ou la contravention peuvent être constatés alors qu'ils se commettent ou viennent d'être commis; leur auteur peut être poursuivi par la clameur publique ou trouvé détenteur d'effets suspects dans un temps voisin de l'infraction commise. On conçoit que la constatation opérée en ces circonstances acquière une certitude qui rend l'action de la justice plus facile et plus sûre.

31. — Il peut même se faire que la preuve du délit ou de la contravention flagrante ne puisse être puisée que dans les circonstances même qui constituent le flagrant délit, et que ces circonstances négligées entraînent l'impunité du délit. C'est notamment ce qui a lieu en matière d'adultère. — V. ADULTÈRE, nos 146 et suiv.

32. — En ce qui concerne les simples contraventions de police, aucune difficulté ne s'élève, tout le monde convient qu'elles ne sauraient jamais constituer ce que la loi appelle un flagrant délit. — Massabiau, t. 2, no 1563.

33. — Mais il n'en est pas de même lorsqu'il s'agit de délits emportant l'application de peines correctionnelles, et c'est, au contraire, une des questions les plus délicates et les plus controversées de l'instruction criminelle que celle de savoir si en pareil cas il y a ou non lieu d'appliquer les règles exceptionnelles du flagrant délit.

34. — Aux termes de l'art. 32, C. inst. crim., qui détermine les pouvoirs du ministère public au cas de flagrant délit, il est nécessaire que le fait soit de nature à entraîner une peine afflictive et infamante. C'est également lorsque seulement le fait est de nature à entraîner une peine afflictive et infamante que les art. 40 et 106, C. inst. crim., permettent le premier au ministère public, le second à tout dépositaire de la force publique et même à toute personne de saisir l'individu surpris en état de flagrant délit ou présumé tel, suivant les prescriptions de l'art. 41.

35. — Quelque incertitude résulte, il est vrai, des termes de l'art. 36, qui parle de la nature du *crime ou du délit*. Mais il faut remarquer avec Boitard que l'art. 36 n'est que la conséquence et que la suite de l'art. 32, qui n'accorde de pouvoirs exceptionnels que quand il s'agit d'un fait de nature à entraîner une peine afflictive ou infamante. Or, si en dehors de ces faits le procureur du roi et ses auxiliaires n'ont pas qualité pour se transporter sur les lieux, y recevoir des déclarations, y dresser procès-verbal (art. 32 et suiv.), à plus forte raison n'ont-ils pas mission pour pénétrer

dans le domicile où aucun crime n'a été commis.

36. — « Quant au mot *délit*, continue le même auteur, qui se trouve dans l'art. 36, il est bien facile d'y répondre, en faisant remarquer que dans le Code d'instruction criminelle, le mot de *délit* n'avait pas le sens technique qui lui a été affecté une année plus tard dans le Code pénal. Ainsi, ce mot y désigne tantôt à la fois les crimes et les délits (art. 22 et 160); tantôt seulement le crime (art. 91, 307 et 307 et 308); tantôt enfin il désigne uniquement des faits correctionnels (art. 130). — D'un autre côté, l'expression *délit*, dit Mangin (*Inst. écrite*, n° 211), n'est employée qu'en vue de l'art. 46, qui applique ce mot au cas où un chef de maison requiert le procureur du roi de constater un crime ou un délit commis dans l'intérieur de sa maison. Mais hors ce cas de réquisition, il est certain que la loi n'entend par flagrant délit qu'un fait punissable de peines afflictives en infamantes. »

37.—C'est ainsi qu'il a été jugé dans une espèce où il s'agissait de l'application de l'art. 36, C. inst. crim., que cet article n'étant que la suite et le développement de l'art. 32 qui le précède, il fallait en conclure que le droit de saisir les papiers d'un citoyen n'est accordé au procureur du roi qu'en cas de flagrant délit, et lorsqu'il est de nature à entraîner une peine afflictive ou infamante. — *Besançon*, 18 juill. 1828, Maire c. douanes.

38. — Cette opinion est, du reste, formellement consacrée par l'ordonnance du 29 oct. 1820, relative au service de la gendarmerie et aux attributions des officiers de ce corps, officiers auxiliaires du ministère public pour la recherche des crimes et délits, dont l'art. 157, porte : « Toute infraction qui, par sa nature, est seulement punissable de peines correctionnelles ne peut constituer un flagrant délit. Les officiers de gendarmerie ne sont point autorisés à faire des instructions préliminaires pour la recherche de ces infractions. — *Le flagrant délit doit être un véritable crime, c'est-à-dire une infraction contre laquelle une peine afflictive ou infamante est prononcée.*

39. — Enfin, si l'on considère que les pouvoirs conférés dans ce cas, tant au procureur du roi et à leurs auxiliaires qu'aux juges d'instruction, sont des pouvoirs extraordinaires dont l'emploi peut avoir les conséquences les plus graves pour la liberté des citoyens dans leurs personnes et dans leurs biens, toute espèce de doute se dissipera et on n'hésitera plus à restreindre rigoureusement la procédure du flagrant délit, au seul cas où il s'agit de la poursuite d'un crime. — V., en ce sens, Carnot, *Comm. C. inst. crim.*, art. 32, n° 3, 40, n° 1er, et 41, n° 5; Legraverend, *Lég. crim.*, t. 1er, chap. 5, sect. 1re, § 2, p. 180; Duvergier sur Legraverend, *loc. cit.*; Duverger, *Man. des juges d'instr.*, t. 1er, n° 116. — V. aussi Rauter, *Tr. dr. crim.*, t. 2, n° 693, et Ortolan et Ledeau, *Min. publ. en France*, t. 2, p. 55 et 72.

40. — Aussi, quelques criminalistes, et peut-être y a-t-il ici quelque exagération, vont-ils jusqu'à regarder comme constituant un véritable abus de pouvoirs punissable, l'application des règles du flagrant délit à des actes non qualifiés crimes. — V. notamment Carnot, *Comm. C. inst. crim.*, art. 32, obs. addit., n° 1er.

41. — Cependant, il faut le reconnaître, l'usage semble être contraire à cette opinion, et avoir depuis long-temps consacré l'application des art. 32 et suiv., C. inst. crim., au cas de simple délit flagrant. « Quoique la loi, est-il dit dans une instruction bien connue adressée par le procureur du roi de la Seine (M. Jacquinot-Pampelune) à ses auxiliaires, ne semble vous charger de dresser les procès-verbaux qu'en cas *de crime et de flagrant délit*, cependant l'usage veut que vous en dressiez, hors le cas de flagrant délit, et même quand il s'agit seulement d'*un fait correctionnel.* »

42.—Et, depuis, à l'occasion d'un pourvoi formé dans une affaire où il s'agissait du délit de détention de poudre de guerre, et où le ministère public avait opéré une visite domiciliaire comme se trouvant dans un cas de flagrant délit, M. le procureur général Dupin s'exprimait ainsi : « C'est pour lui (le ministère public) un devoir d'en agir ainsi, d'après les termes de la loi, dans tous les cas de flagrant délit, lorsque le fait est de nature à entraîner une peine afflictive ou infamante. Mais il ne résulte pas de là que le ministère public doive toujours, à peine d'avoir dépassé ses pouvoirs, découvrir un crime de nature à entraîner une peine afflictive ou infamante. Il suffit que le fait qui le met en mouvement se présente avec des apparences graves.—Du reste, il pourra résulter de l'examen lui-même que le fait n'existe réellement pas ou qu'il soit innocent, ou qu'il ne constitue qu'un simple délit. — Aussi, le Code d'instruction criminelle, art. 35, 36 et 40, comprend-il textuellement les cas de crime et de délit.—Remarquez même que l'art. 41 dit : « *Le délit qui se commet actuellement.* » — Or, qui peut savoir d'avance si ce délit sera un crime et qu'elle en sera la gravité?... En somme, ce n'est point par le fait que le ministère public a découvert, mais par celui qu'il a cherché qu'il faut apprécier son droit. » — V. ce réquisitoire sous l'arrêt de *Cass.*, 1er sept. 1831, Royer.

43. — Conformément à ces conclusions, la cour décida qu'un amas d'armes et de poudres de guerre, dénoncé par la clameur publique, peut être considéré comme une préparation à la guerre civile et un moyen de la soutenir; qu'en conséquence, le procureur du roi peut se croire dans le cas de flagrant délit prévu par le Code d'instruction criminelle, et que les actes de recherches et d'instruction qu'il a faits en conséquence sont valables, bien que les faits qu'ils constatent ne constituent qu'un simple délit correctionnel. — *Cass.*, 1er sept. 1831, Royer.

44.—Remarquons toutefois que cet arrêt ne contrarie point précisément l'opinion que nous avons embrassée, puisqu'il se fonde sur ce que le fait qui avait motivé la poursuite pouvait être considéré comme une préparation à la guerre civile et un moyen de la soutenir, fait infiniment plus grave que ne saurait jamais l'être un simple délit. — La conséquence la plus certaine qu'il serait permis d'en tirer est qu'il suffit que le fait présente les caractères apparens d'un crime au moment de la clameur, pour que les poursuites du flagrant délit soient justifiées, alors même qu'il ne constituerait, après avoir été constaté, qu'un simple délit.— C'est en ce sens que l'interprète M. Hélie dans une note par lui ajoutée au n° 212, t. 1er, de l'*Instruction écrite* de Mangin.

45.—« La même solution, continue M. Hélie dans la même note (*loc. cit.*), serait applicable au cas où un individu vient de recevoir des blessures; car il est impossible d'en mesurer sur-le-champ la gravité et de caractériser un fait dont la nature dépend du résultat même de ces blessures, et de l'incapacité de travail qu'elles produiront. Mais il est nécessaire du moins qu'il y ait présomption de l'existence du crime, et que cette présomption soit basée sur les faits apparens; car le droit du ministère public est tout entier dans la pensée qu'il a dû avoir que le fait constituait un crime. »

46. — Jugé cependant par la cour de Cassation, dans une espèce où il s'agissait de l'application de l'art. 106, C. inst. crim., que tout dépositaire de la force publique, quoique non requis par un officier civil, est tenu d'agir et de prêter main-forte dans le cas d'un délit flagrant, soit que les faits de ce délit emportent peine afflictive ou infamante, soit qu'ils ne soient passibles que de peines correctionnelles.—*Cass.*, 30 mai 1823, Caumon.

47.—M. le président Barris (note 297e) dit, sur cet arrêt : « La cour a pensé que l'art. 106 du Code d'instruction se divisait par lui-même en deux parties, et que la disposition conditionnelle qui le termine, celle de la condition de la peine afflictive et infamante, ne se rapportait qu'à la seconde partie qui a pour objet les cas assimilés au flagrant délit. »

48.—Le texte de l'art. 106 ne se prête peut-être pas bien clairement à la distinction faite par la cour de Cassation, mais, en réfléchissant, on ne peut méconnaître que cette distinction ne se trouve au moins dans son esprit, et que la nature des choses même ne la rende indispensable dans la plupart des cas : comment veut-on, en effet, qu'il soit défendu ou plutôt qu'il ne soit pas permis d'intervenir dans une rixe grave ou d'en prévenir les suites fâcheuses; qu'adviendra-t-il si, dans ce cas ou dans tout autre analogue, les agens de l'autorité n'ont pas le droit de saisir les perturbateurs et de les conduire devant le magistrat compétent? Evidemment le filou n'attendra pas pour se sauver, et avec lui faire disparaître les élémens de conviction, la délivrance régulière d'un mandat d'amener. — « Quelque précise que soit la loi à cet égard, dit Boitard (*loc. cit.*, p. 92), jamais on n'obtiendra d'un officier de police, ni même d'un particulier, qu'il se contente d'observer l'auteur du délit, et qu'il se borne à demander au voleur son adresse. » — V. aussi Mangin, *Instr. écrite*, n° 220.

49. — Cet arrêt est critiqué par MM. Bourguignon (*Jurisprud. C. crim.*, sous l'art. 106) et Carnot (*Comment. C. instr. crim.*, art. 106), qui se demandent comment il est possible que l'art. 106 ait accordé aux simples agens de la force publique et même à toute personne le droit d'arrêter pour un simple délit flagrant, lorsque l'art. 40 ne l'accorde au procureur du roi qu'autant que le fait est de nature à entraîner une peine afflictive et infamante : « Mais, dit Mangin (*Instr. écrite*, n° 220), cette objection ne repose que sur la confusion que font ces auteurs entre l'arrestation dont l'objet est de conduire le prévenu devant le magistrat et le mandat d'amener qui le place sous la main de la justice.

50. — Legraverend (t. 1er, ch. 5, sect. 1re, § 4, p. 186), tout en condamnant la doctrine de cet arrêt, ajoute que, néanmoins, l'arrestation ne sera pas arbitraire, attendu que, si elle a été opérée par un dépositaire de la force publique, elle constitue une mesure nécessaire de police sans laquelle la société tout entière serait menacée, et que, si elle a été pratiquée par un simple citoyen, elle se justifie par l'exercice légitime du droit de défense, reconnu et consacré par la loi. »

51. — Nous ne saurions admettre cette théorie tout extra légale de Legraverend, et qui, s'appliquant également à une foule d'autres cas, pour ne pas dire à tous, conduirait infailliblement à l'anarchie et à l'arbitraire dans la matière la plus délicate; et d'ailleurs il ne s'agit point de savoir si l'arrestation est arbitraire, mais si le dépositaire de la force publique ou le simple citoyen sont tenus de saisir l'auteur d'un délit correctionnel flagrant. Or, l'explication de Legraverend ne résout point légalement la difficulté.

52. — « Le tort serait, selon Boitard (*ubi suprà*, p. 93), qui repousse également la doctrine de la cour de Cassation, incontestablement du côté de la loi qui, faite comme elle est, ne pourra jamais être observée, jamais être respectée en ce point. Evidemment elle devrait aller plus loin, et permettre l'arrestation provisoire toutes les fois que le fait flagrant peut entraîner un emprisonnement de quelque durée, de quelque importance. »

53.—C'est, au reste, ce que le Code d'instruction criminelle a prescrit formellement quant aux gardes champêtres, qui, aux termes de l'art. 16, emprunté au Code du 3 brum. an IV, doivent arrêter et conduire devant le juge de paix et le maire tout individu qu'ils auraient surpris en flagrant délit ou qui serait dénoncé par la clameur publique.

54. — En résumé, il résulte de tout ce que nous venons de dire sur cette question que, bien qu'une saine interprétation des dispostions du Code d'instruction criminelle sur le flagrant délit ne permette point de mettre sur la même ligne les crimes et les délits, et d'appliquer à ces derniers les prescriptions extraordinaires que réclament et justifient les cas seuls de crimes flagrans, néanmoins, l'usage, consacré en quelque sorte par certaines décisions de la cour suprême et par l'opinion de quelques criminalistes et hauts fonctionnaires, autorise à appliquer aux simples délits les règles spéciales de flagrant délit, sauf aux magistrats et à leurs auxiliaires à n'agir qu'avec la plus grande circonspection. — V. encore sur ce point Carré, *Droit français*, t. 4, p. 319 et suiv.; de Molènes, *De l'humanité dans les lois criminelles*, p. 31, et *Des fonctions d'off. de police judiciaire*, p. 70; Foucart, *Dr. public et adm.*, t. 1er, p. 86; Boitard, p. 91 et suiv.; *Thémis*, t. 8, p. 8.

55. — Mais si, malgré le texte de la loi, l'usage, justifié quelquefois par la nécessité, a étendu au cas de délit flagrant les règles posées expressément pour le crime flagrant seul, il semble du moins qu'il convient de se renfermer strictement dans le cas où le délit est flagrant ou réputé tel, et qu'en conséquence on ne peut jamais, alors que le fait incriminé ne rentre pas dans les prévisions de l'art. 41, C. pén., reconnaître, soit au ministère public ou à ses auxiliaires, soit au juge d'instruction, ces pouvoirs extraordinaires dont ils sont investis en pareil cas.

56. — Et telle est du reste la déclaration formelle contenue en l'art. 155, ord. 29 oct. 1820 : « Ils (les officiers de gendarmerie) ne peuvent faire aucun acte d'instruction préliminaire que dans le cas de flagrant délit... »

57. — Cependant l'usage paraît encore en avoir décidé différemment.— V. notamment l'instruction du procureur du roi de la Seine déjà cité.

58. — Quel parti convient-il de prendre sur cette nouvelle question, où de part et d'autre sont produits les mêmes argumens que sur la précédente? Faut-il s'en tenir au texte de la loi, faut-il approuver l'usage? Ne faut-il pas reconnaître que les argumens par lesquels on combat l'application des règles exceptionnelles du flagrant délit au délit flagrant acquièrent encore plus de force alors qu'il s'agit d'un crime et surtout d'un délit non flagrant, et qui ne peut être réputé tel? Et ne faut-il pas dire avec Boitard (p. 87), au sujet de cette nécessité sur laquelle se fonde la décision de la circulaire précitée : « La nécessité est une de ces raisons avec lesquelles on peut tout faire, tout excuser, et c'est une détestable raison; nous en avons une bien meilleure, c'est le texte formel du Code d'instruction criminelle; il ne faut pas dire avec la circulaire que la loi semble borner les fonctions de ces officiers (auxiliaires du procureur du roi); il faut dire qu'elle les borne formellement. »

59. — Ces raisons sont graves ; cependant elles n'ont pas généralement prévalu ; et la plupart des criminalistes admettent, comme le procureur du roi de la Seine dans sa circulaire, qu'alors même qu'on se trouve en dehors des cas prévus et réglés par l'art. 41, C. inst. crim., il peut encore y avoir lieu, soit de la part du ministère public ou de ses auxiliaires, soit de la part du juge d'instruction, d'user de ces attributions extraordinaires que la loi, par son texte, ne leur confère cependant qu'au cas de flagrant délit. — Cette doctrine, nous devons en convenir, est des plus contestables, et mieux vaut encore, ce nous semble, s'en tenir au texte de la loi, bien que quelques inconvéniens trop réels semblent en résulter. — V. sur ce point Duverger, *Manuel criminel des juges de paix*, no 55.

CHAPITRE II. — *Cas assimilés au flagrant délit.—Réquisition d'un chef de maison.*

60. — Outre les cas ordinaires de flagrant délit que nous venons d'énumérer, il en existe quelques autres tout exceptionnels pour lesquels la loi a cru devoir autoriser l'emploi de tout ou partie des mesures spéciales établies pour le flagrant délit véritable. — Tel est notamment le cas de réquisition d'un chef de maison.

61. — En effet, l'art. 46, C. inst. crim., est ainsi conçu : « Les attributions faites au procureur du roi pour le cas de flagrant délit auront lieu aussi toutes les fois que, s'agissant d'un crime, même non flagrant, commis dans l'intérieur d'une maison, le chef de cette maison requerra le procureur du roi de le constater. » Et l'art. 49, qui s'adresse aux auxiliaires du procureur du roi, met sur la même ligne, quant aux attributions qu'il leur confère, le cas de flagrant délit, et celui de réquisition de la part d'un chef de maison.

62. — Ici il ne peut plus y avoir et il n'y a plus en effet aucune controverse. Il résulte clairement de cet art. 46 que le procureur du roi a le droit de constater, non seulement les crimes, mais les délits, non seulement les crimes et les délits flagrans, mais encore ceux qui ont cessé de l'être. — La proposition de la commission du corps législatif de ne conférer ces pouvoirs au procureur du roi, même dans ce cas, qu'autant qu'il s'agirait d'un fait emportant peine afflictive et infamante, fut écartée. — Mangin, *Instr. écrite*, t. 1er, no 230.

63. — Trois conditions seulement sont donc nécessaires pour autoriser de la part du procureur du roi l'exercice des attributions dont il n'est investi qu'au cas de flagrant délit : — 1o que le fait ait été commis dans l'intérieur d'une maison ; — 2o qu'il soit de nature à entraîner au moins des peines correctionnelles ; — 3o enfin qu'il y ait réquisition du chef de cette maison. — V. en ce sens Carnot, *Comm. C. instr. crim.*, art. 46, no 2 ; Bourguignon, *Manuel d'instr. crim.*, t. 1er, p. 55 ; Massabiau, *Man. du procureur du roi*, no 1562 ; Rauter, *Tr. droit crim.*, t. 2, p. 338 ; Ortolan et Ledeau, *Du min. public en France*, t. 2, p. 47 ; Duverger, *Man. du juge d'instr.*, no 115.

64. — « La réquisition peut être faite en forme de plainte et rédigée par écrit ; mais cela n'est pas indispensable, la loi ne la soumettant à aucune forme ; il suffirait d'une réquisition orale, seulement elle devrait être relatée dans le procès-verbal des opérations faites par le magistrat. » — Mangin, *loc. cit.*, no 232.

65. — Par chef de maison, il faut entendre non-seulement le propriétaire, mais aussi le principal locataire et le chef de chaque appartement. C'est ce qu'explique nettement l'art. 171 de l'ordonn. du 29 oct. 1820 sur la gendarmerie, et ce qu'exprime plus succinctement encore M. Bourguignon (t. 1er, p. 155) que par chef de maison il faut entendre *chef de famille*. — Mangin, no 231.

66. — Si donc la maison où le fait s'est commis était habitée par plusieurs familles ou plusieurs locataires particuliers, chacun de ces chefs de famille ou locataires devant être considéré comme chef de maison, relativement à son appartement, qui est en réalité *sa maison*, serait fondé à requérir le ministère public. — Carnot, t. 1er, p. 251, no 4, et p. 263, no 1er ; Carré, t. 4, p. 317 ; Schenck, t. 2, p. 238 ; Duverger, *loc. cit.* ; Ortolan et Ledeau, t. 2, p. 74.

67. — Mais il n'est pas douteux que chacun de ces chefs de famille ne peut requérir le procureur du roi qu'à raison des faits qui le concernent personnellement, et non de ceux qui se seraient passés chez d'autres que lui. — Mangin, no 231.

68. — Selon Carnot (t. 1er, p. 264, no 2) et MM. Teulet, d'Auvilliers et Sulpicy (*Codes annotés*, sur l'art. 46, C. instr. crim., no 4), la réquisition d'un locataire n'autoriserait pas le procureur du roi à s'introduire dans le domicile d'un autre locataire. — Mangin ne partage pas cet avis : « Dans ce cas, dit-il (no 223), le procureur du roi a non seulement le droit de constater les faits qui ont donné lieu à la réquisition, mais encore de faire tous les actes qui lui sont attribués pour les cas de flagrant délit ; c'est ce qui résulte des termes mêmes de l'art. 46... ; il peut donc procéder à des visites domiciliaires chez les personnes qui habitent la maison, dans les cas et sous les conditions prévus en matière de flagrat délit. » — Bourguignon (*Jur. Codes crim.*, t. 1er, p. 156, no 1er), qui hésite, ajoute qu'en tous cas si le fait dénoncé n'était pas vrai, le locataire requérant serait exposé à des dommages-intérêts de la part de ceux qui auraient été troublés.

69. — Le procureur du roi pourrait même s'introduire dans une maison de l'intérieur de laquelle des réclamations ou des cris auraient été proférés pour appeler du secours par d'autres que le chef de la famille, de l'appartement ou de la maison ; mais alors il agirait non en vertu de l'art. 46, mais en vertu de l'art. 32, car il y aurait véritable flagrant délit. — Massabiau, t. 2, no 1563 ; Mangin, no 232.

70. — Il n'est pas douteux que les substituts, de même que les auxiliaires du procureur du roi, aient, dans le cas de réquisition d'un chef de maison, tous les droits qu'il a lui-même. — C. inst. crim., art. 26 et 49.

71. — Mais à l'égard du juge d'instruction, il existe une controverse sérieuse. — V. *infrà* nos 342 et suiv.

72. — Il est encore d'autres cas considérés en quelque sorte comme des flagrans délits, et dans lesquels les lois spéciales ont conféré à l'autorité administrative des droits exceptionnels et exorbitans tels que celui d'arrestation préventive dans l'intérêt de la sûreté publique.

73. — C'est ainsi qu'aux termes des lois des 28 mars 1792, art. 9, et 10 vendém. an IV, art. 6 et 7, tout voyageur qui ne présente pas de passeport peut être conduit devant le maire de la commune pour y être interrogé et mis s'il y a lieu en état d'arrestation. — V. PASSEPORT.

74. — Jugé que tous agens de la force publique ont encore, en vertu des lois des 21 sept. 1791 et 28 germ. an VI, et dans les cas déterminés par ces lois auxquelles le Code d'inst. crim. n'a pas dérogé, le droit de saisir sur la voie publique les délinquans, tels que mendians, vagabonds, gens sans aveu, et de les conduire devant l'autorité municipale. — *Paris*, 27 mars 1827, Isambert et autres.

75. — Il appartient encore à l'autorité administrative d'opérer l'arrestation des évadés des prisons et des bagnes. — V. ÉVASION.

76. — Il en est de même à l'égard des déserteurs avouant le fait de désertion reconnus à leurs vêtemens militaires (vo DÉSERTION), des militaires sans feuille de route (vo CONGÉ MILITAIRE), des jeunes soldats réfractaires (vo RECRUTEMENT).

77. — Toutefois, ces divers cas ne sont pas à proprement parler des flagrans délits, tels que les définit le Code d'instr. crim., et le pouvoir de l'autorité administrative se borne à l'arrestation ou plutôt à la *capture* des individus suspects, simple mesure de précaution qui ne tend qu'à assurer l'action de la justice régulière : cette autorité n'a donc alors aucune des attributions spéciales créées en vue du flagrant délit, et ne pourrait dès-lors ni constater les faits incriminés, ni recevoir des déclarations de témoins, ni opérer des visites ou perquisitions, ni enfin faire aucun des actes qui sont dans ce cas de la compétence des procureurs du roi.

CHAPITRE III. — *Agens et fonctionnaires chargés d'agir en cas de flagrant délit.*

78. — Les dispositions toutes spéciales de la loi en matière de flagrant délit, et les attributions extraordinaires qu'elle confère s'adressent aux agens dépositaires de la force publique, ou même aux simples particuliers, soit aux officiers de police auxiliaires du procureur du roi, soit à certains fonctionnaires de l'ordre administratif, soit enfin au juge d'instruction. — Nous nous bornerons à passer rapidement en revue chacun de ces agens, sauf à renvoyer les détails aux mots spéciaux sous lesquels ils trouvent plus naturellement leur place.

Sect. 1re. — *Des dépositaires de la force publique et simples particuliers.*

79. — Aux termes de l'art. 106, C. inst. crim., « tout dépositaire de la force publique, et même toute personne, est tenu de saisir le prévenu surpris en flagrant délit ou poursuivi, soit par la clameur publique, soit dans les cas assimilés au flagrant délit, et de le conduire devant le procureur du roi, sans qu'il soit besoin de mandat d'amener, si le crime ou délit emporte peine afflictive ou infamante. »

80. — L'art. 106 exige que l'individu arrêté soit conduit devant le procureur du roi ; « mais, dit Mangin (no 220), si l'arrestation était faite hors du chef-lieu d'arrondissement, il est évident qu'il ne faudrait pas y amener le prévenu : ce serait devant un des auxiliaires du procureur du roi qu'il faudrait le conduire. »

81. — Le droit d'arrestation conféré par cet article ne doit point être confondu avec celui prescrit par les art. 40 et 45 du même Code : Ce dernier, en effet, maintenant celui qui en est l'objet en état d'arrestation jusqu'à la décision des tribunaux et le soumettant aux chances d'une instruction criminelle, en fait un prévenu dans toute l'acception du mot et constitue une véritable poursuite ; tandis que le droit d'arrestation résultant de l'art. 106 n'ayant pour but que d'amener l'inculpé devant le magistrat, afin qu'il puisse, soit prendre un parti sur son compte, soit le reconnaître au besoin, n'est qu'une simple mesure de police qui ne saisit aucunement la justice et n'autorise point à retenir celui qu'elle atteint. — Mangin, *Instruct. écrite*, no 220.

82. — L'art. 106 ne dit point ce que doit faire le magistrat lorsqu'un individu lui est ainsi amené. Dans ce cas, « il est de la dernière évidence, selon Mangin (no 220), qu'il doit procéder d'après les règles ordinaires : si le fait qui a motivé l'arrestation est un crime, il doit retenir le prévenu et constater ce crime conformément au Code d'instruction criminelle ; si le fait n'est qu'un simple délit, il doit, après avoir interrogé le prévenu, le relâcher s'il est domicilié ; il doit le retenir s'il est en état de vagabondage, ou si étant étranger au canton et n'étant pas connu, il est dépourvu de passeport (L. 10 vendém. an IV) ; si c'est devant le procureur du roi que l'individu est conduit, ce magistrat peut, en cas de simple délit, donner à l'instant une réquisition et demander au juge d'instruction de décerner un mandat. »

83. — Nous avons vu, du reste (*suprà* no 46), que contrairement au texte littéral et au sens apparent de l'art. 106, la cour de Cassation décide qu'il doit recevoir son application même aux cas de simples délits correctionnels. — V. au surplus AGENT DE LA FORCE PUBLIQUE, nos 9 et suiv., ARRESTATION, no 3, GARDE, GENDARMERIE, LIBERTÉ INDIVIDUELLE.

Sect. 2e. — *Officiers de police auxiliaires du procureur du roi.*

84. — Il résulte des art. 48 et 54 combinés du Code d'instruction criminelle, qu'en principe les officiers de police auxiliaires du procureur du roi ont simplement pour mission de recevoir les dénonciations des crimes et délits commis dans les lieux où ils exercent leurs fonctions, et de les transmettre au procureur du roi dont ils relèvent.

85. — Mais lorsque le flagrant délit rend indispensable une action de la justice plus active et plus vigoureuse, ils ne doivent pas se borner à donner avis des événemens au procureur du roi ; il faut encore qu'ils procèdent eux-mêmes et sans délai ; car leur apparition subite sur le lieu du crime qui ne se trouve jamais éloigné d'eux peut tantôt empêcher l'entière consommation du crime, tantôt prévenir la fuite des coupables, ou l'enlèvement des pièces de conviction, tantôt assurer la réunion de preuves qui ne tarderaient point à disparaître.

86. — Aussi les art. 49 et 50, C. inst. crim., autorisent ils les juges de paix, les officiers de gendarmerie, les commissaires généraux de police, les maires, adjoints de maires et les commissaires de police, dans le cas de flagrant délit ou dans celui de réquisition de la part d'un chef de maison, à dresser les procès-verbaux, recevoir les déclarations des témoins, faire les visites et les autres actes qui sont auxdits cas de la compétence des procureurs du roi ; le tout dans les formes et suivant les règles établies pour ces derniers.

87. — Jugé par application de ce principe qu'un commissaire de police procédant à la constatation d'un flagrant délit, et en vertu des prescriptions des art. 49 et 50, C. inst. crim., a la faculté de prendre les dépositions non seulement des prévenus, mais de toutes autres personnes pouvant donner des renseignemens. — *Cass.*, 6 juin 1810, Lavator. — Et nous ajouterons que c'est non seulement une faculté pour lui, mais un devoir.

88. — ... Que les officiers de police judiciaire ont, comme le procureur du roi, lorsqu'ils procèdent en cas de flagrant délit, la faculté de se faire accompagner d'une ou de plusieurs personnes pré-

sumées par leur profession capables d'apprécier la nature et les circonstances du délit.— *Cass.*, 6 août 1836 (t. 1er 1837, p. 510), Ramonbordes.

89. — Lorsque le procureur du roi et ses auxiliaires se trouvent concurremment saisis, c'est le procureur du roi qui fait, aux termes de l'art. 51, C. inst. crim., les actes attribués à la police judiciaire : s'il a été prévenu, il peut continuer la procédure, ou autoriser l'officier qui l'a commencée à la suivre.

90.—Il résulte bien de cet article que si le procureur du roi s'apercevait que quelques uns des actes faits avant son arrivée sont incomplets ou irréguliers, il a le droit de les refuser, comme il pourrait rectifier ceux émanés de lui-même ; mais il n'aurait pas, selon Mangin (*Inst. écrite*, no 238), le droit de donner main-levée de l'arrestation ordonnée par l'un de ses auxiliaires, par la raison, dit-il, que tout ce que l'auxiliaire fait, en vertu de la délégation qu'il a reçue de la loi ou du procureur du roi, est réputé fait par ce dernier. — En émettant cette opinion, Mangin se montre conséquent avec lui-même, puisqu'il n'admet pas que le procureur du roi puisse revenir sur l'ordre d'arrestation qu'il a donné ; mais nous ne pouvons nous ranger à son avis, et nous pensons au contraire que le procureur du roi peut, si les explications du prévenu lui paraissent satisfaisantes, ordonner sa mise en liberté, soit que l'ordre d'arrestation émane de lui soit qu'il émane de ses auxiliaires.

91. — L'art. 52 permet encore au procureur du roi de les charger de partie des actes de sa compétence dans les cas où, procédant avant eux à la constatation du flagrant délit, il juge utile et nécessaire de les leur confier.

92. — En cas de concours pour la même affaire entre plusieurs officiers de police auxiliaires, c'est à celui qui a commencé l'instruction du flagrant délit qu'il appartient de la continuer ; car il n'existe aucune hiérarchie entre les auxiliaires du procureur du roi. — Bourguignon, *Jurispr. des codes crim.*, t. 1er, p. 161 ; Mangin, no 238. — Ainsi, le juge de paix, par exemple, ne pourrait se prévaloir qu'il est le premier nommé par la loi, tous les officiers de police auxiliaires étant investis *concurremment* des mêmes attributions.— Carnot, *C. inst. crim.*, t. 1er, p. 273, no 3.

93. — Que si cependant, disent MM. Teulet, d'Auvilliers et Sulpicy (sur l'art. 51, C. inst. crim., no 8), « plusieurs officiers de police auxiliaires se trouvaient saisis simultanément, nous ne verrions d'autre raison d'éviter le conflit que l'ancienneté ; mais ces fonctionnaires sont en général animés d'un trop bon esprit pour ne pas se concerter. Le maire ou le commissaire de police céderait infailliblement la place au lieutenant de gendarmerie, et celui-ci au juge de paix. »

94. — Remarquons encore qu'à la différence du procureur du roi, l'officier de police judiciaire ne peut déléguer les fonctions que la loi lui attribue au cas de flagrant délit : ses attributions sont essentiellement personnelles.

95. — Il est vrai que sous le Code du 3 brum. an V on avait décidé qu'un juge de paix avait pu déléguer à un commissaire de police le soin d'opérer une visite domiciliaire. — *Cass.*, 25 fructid. an VII, Lebrun et Lorency.

96. — Mais cet arrêt trouve son explication dans ce fait qu'alors le juge de paix était, sauf pour quelques affaires spécialement réservées au directeur du jury, le premier magistrat instructeur de tous les crimes et délits, tandis qu'aujourd'hui il n'est plus qu'un officier de police auxiliaire, ayant sans doute le droit de procéder, mais seulement en quelque sorte en sous-ordre et au cas de flagrant délit ou de délégation. — L'arrêt du 25 fructid. an VII ne saurait donc aujourd'hui avoir aucune autorité.

97. — Les dénonciations, procès-verbaux et autres actes faits par les officiers de police auxiliaires dans le cas de leur compétence doivent être renvoyés par eux sans délai au procureur du roi, qui, après avoir examiné les procédures, les transmet au juge d'instruction avec les réquisitions qu'il juge convenables. — C. inst. crim., art. 53. — L'affaire suit alors le cours ordinaire des procédures criminelles.

98. — Quant aux attributions qui appartiennent aux officiers de police auxiliaires du procureur du roi, hors des cas du flagrant délit ou de réquisition d'un chef de maison, V. OFFICIERS DE POLICE AUXILIAIRES DU PROCUREUR DU ROI. — V. aussi COMMISSAIRES DE POLICE, nos 89 et 144, GENDARMERIE, JUGE DE PAIX, MAIRES.

Sect. 3e. — *Préfets.*

99. — Bien que toute immixtion dans la poursuite des crimes et délits soit en général implicitement interdite aux agens du pouvoir administratif, tant par la charte (art. 4, 48 et 53) que par l'art. 609, C. inst. crim., il est certains cas, néanmoins, où la police administrative est appelée à prêter assistance à l'autorité judiciaire.

100. — C'est ainsi qu'aux termes de l'art. 10, C. inst. crim., « les préfets dans les départemens et le préfet de police à Paris peuvent faire personnellement ou requérir les officiers de police judiciaire, chacun en ce qui les concerne, de faire tous les actes nécessaires à l'effet de constater les crimes, délits et contraventions, et d'en livrer les auteurs aux tribunaux chargés de les punir.... »

101. — Il semble résulter de la discussion qui eut lieu dans le sein du conseil d'état, lors de la rédaction du Code d'instruction criminelle, et notamment des explications échangées entre l'empereur et Treilhard, que les préfets n'ont, en vertu de l'art. 10, que les mêmes droits que les officiers auxiliaires de police, et dans les mêmes limites, c'est-à-dire, que le droit d'instruction et même d'arrestation, mais seulement au cas de flagrant délit ou de réquisition d'un chef de maison. — V. dans ce sens Bourguignon, *Jurispr. des C. crim.*, sous l'art. 10, C. inst. crim. ; Legraverend, t. 1er, p. 166 et 167 ; Chauveau et Hélie, t. 3, p. 98 ; Morin, vo *Arrestation* ; Teulet, d'Auvilliers et Sulpicy, sur l'art. 10, no 2.

102. — Carnot, cependant, paraît décider (*Inst. crim.*, t. 1er, p. 137) que l'art. 10 doit recevoir son application même hors le cas de flagrant délit ou de réquisition d'un chef de maison, et cette opinion puise, en effet, une force qu'on ne saurait méconnaître dans les derniers mots de l'art. 10, qui, en renvoyant à l'art. 8, semble ne faire aucune distinction entre les pouvoirs conférés aux préfets de police et des départemens par l'art. 10 et ceux qui appartiennent à la police judiciaire en vert de l'art. 8.

103. — Du reste, il est évident que, malgré la similitude d'attributions, les préfets ne sont pas à proprement parler des officiers de police judiciaire, soumis comme ces derniers à la surveillance du procureur général : l'orateur du gouvernement s'en est formellement expliqué lors de la présentation du projet du Code d'instruction criminelle au corps législatif.

104. — D'où il suit que l'on a été conduit à se demander si le droit du procureur du roi de pouvoir toujours évoquer à lui l'instruction du flagrant délit poursuivi par les officiers de police auxiliaires peut être exercé par lui vis-à-vis du préfet, qui, en vertu des prescriptions de l'art. 10, C. inst. crim., a procédé à la constatation du fait incriminé.

105. — D'abord, nous pensons que si aucun acte de poursuite n'a été fait, c'est, en cas de concurrence entre le préfet et le procureur du roi, à ce dernier qu'il appartient de faire les recherches et de dresser les procès-verbaux, parce qu'il est investi d'une attribution générale dans ces matières, où l'action du préfet n'est, au contraire, qu'exceptionnelle. — Carnot, *C. inst. crim.*, t. 1er, p. 273, no 2 ; Legraverend, t. 1er, p. 165.

106. — Mais si le préfet avait commencé l'instruction, Carnot estime (*loc. cit.*, no 3) que le procureur du roi survenant n'aurait pas le droit de s'en emparer ; il lui paraît inconvenant qu'un fonctionnaire d'un ordre aussi élevé qu'un préfet soit dessaisi par le procureur du roi comme peut l'être l'officier de police auxiliaire.

107. — Mais cette opinion nous semble plus que douteuse, et tout en reconnaissant la différence notable qui existe entre un préfet et un simple officier de police auxiliaire, néanmoins nous admettons difficilement que la loi ait pu vouloir par de simples raisons de convenance intervertir les rôles et, donnant à l'exception autant de portée qu'à la règle, mettre l'administration à la place de la justice : l'intervention du préfet n'a d'autre but que d'activer et de faciliter les recherches de la justice, mais non de remplacer son action.

108. — A plus forte raison, le préfet ne pourrait-il continuer à instruire l'affaire, s'il se trouvait en concurrence avec le juge d'instruction.

109. — Si le concours n'existait qu'entre le préfet et les simples auxiliaires du procureur du roi, nous pensons que, comme au cas de concours entre officiers de police auxiliaires, le premier saisi doit garder la connaissance de l'affaire, sans qu'il y ait lieu de consulter la position hiérarchique des fonctionnaires en concurrence. — Il ne pourrait y avoir de difficulté sérieuse, selon nous, qu'autant que le préfet et un ou plusieurs auxiliaires auraient simultanément commencé chacun une information sur le même fait ; mais alors même nous ne pourrions supposer un conflit, et il nous paraît impossible que les divers fonctionnaires saisis ne s'accordent parfaitement sur celui qui devra continuer la poursuite, et que le juge de paix, par exemple, bien que le plus haut placé parmi les officiers auxiliaires, ne soit disposé à respecter l'action du préfet.

110. — Toutefois, cette opinion n'est pas généralement admise, et quelques criminalistes pensent que la solution ne peut être puisée que dans la position hiérarchique des divers concurrens : seulement on n'est point d'accord sur le fonctionnaire qui occupe hiérarchiquement le rang le plus élevé.

111. — Ainsi, Carnot (*C. inst. crim.*, t. 1er, p. 273, no 3) décide que le préfet étant le supérieur hiérarchique des maires, adjoints et commissaires de police, ceux-ci doivent lui céder le pas, tandis que le juge de paix ne relevant point du préfet devrait continuer l'information.

112. — Mais, disent MM. Teulet, d'Auvilliers et Sulpicy (*ubi suprà*, no 6), cette distinction n'est pas fondée ; comme officiers de police judiciaire, les commissaires de police, les maires et adjoints n'ont d'autres supérieurs que le procureur du roi et le procureur général. Le préfet peut les requérir et voilà tout. Ici n'est donc point la raison de décider. Nous pensons que le préfet doit l'emporter sur les officiers de police auxiliaires et même sur les juges de paix, parce qu'il est investi par la loi d'un droit personnel, tandis que les auxiliaires ne procèdent qu'au nom du procureur du roi. — V. en ce sens Legraverend, t. 1er, p. 16.

113. — Remarquons, au surplus, que l'immixtion des préfets dans la poursuite des flagrans délits étant essentiellement facultative, ils ne peuvent être distraits de leurs fonctions administratives par l'effet de commissions rogatoires que leur enverraient les procureurs du roi, dont ils sont complètement indépendans. — Carnot, *C. inst. crim.*, t. 1er, p. 274, no 1er.

Sect. 4e. — *Ministère public.*

114. — En matière de flagrant délit, la loi place les procureurs du roi au premier rang des fonctionnaires qu'elle investit d'attributions spéciales parce que c'est dans leurs mains que viennent se réunir tous les renseignemens recueillis par les agens auxiliaires placés autour d'eux et sous leur direction, et parce que des communications actives et fidèles leur apprennent rapidement les atteintes portées à la paix publique, dont ils doivent être dans leurs arrondissemens respectifs les gardiens les plus vigilants.

115. — Les attributions extraordinaires conférées par la loi au procureur du roi dans les cas de flagrant délit appartiennent également au procureur général près la cour royale. — Mangin, *Tr. act. publ.*, t. 1er, no 87.

116. — « En effet, disent MM. Teulet, d'Auvilliers et Sulpicy (sur l'art. 32, no 14), d'après l'art. 45, L. 20 avr. 1810, le procureur général *exerce l'action* de la justice criminelle dans toute l'étendue de son ressort ; le procureur du roi n'est que son substitut (art. 6) et n'exerce la *même action* que sous sa surveillance et sa direction (art. 47) ; le procureur général reçoit les plaintes et dénonciations qui lui sont adressées (C. inst. crim., art. 275) ; il charge le procureur du roi de poursuivre (art. 274) ; il peut même, quand une affaire de police correctionnelle ou municipale lui paraît présenter des caractères plus graves, la déférer à la chambre d'accusation (art. 250). La loi lui confère expressément le droit d'appeler des jugemens de police correctionnelle. Enfin, il intente directement l'action publique dans le cas des art. 479 et suiv., C. inst. crim., art. 10, L. 20 avr. 1810. »

117. — De l'ensemble de ces dispositions il résulte incontestablement que le procureur général peut exercer lui-même et dans tous les cas la plénitude de l'action publique. Ce droit implique nécessairement celui de faire des actes préliminaires et de constater le flagrant délit. — V. cependant Carnot, *C. inst. crim.*, t. 2, p. 103, no 13.

Sect. 5e. — *Juge d'instruction.*

118. — Dans les cas ordinaires, le juge d'instruction, chargé seul de la constatation des crimes et délits, ne peut agir sans la réquisition préalable du procureur du roi. Il n'en est plus ainsi en matière de flagrant délit : alors les raisons qui ont fait étendre les pouvoirs ordinaires du procureur du roi et de ses auxiliaires ont fait introduire dans ceux des juges d'instruction une espèce d'interversion par suite de laquelle ces magistrats se trouvent investis exceptionnellement des attributions réservées d'ordinaire au ministère public. — Tel est en effet l'objet de l'art. 59, C. instr. crim., dont les dispositions feront plus loin (nos 331 et suiv.) l'objet d'un examen plus détaillé.

CHAPITRE IV. — *Recherches et constatations du flagrant délit.*

119. — Les règles toutes spéciales et dérogatoires au droit commun que la loi établit au cas de flagrant délit ont pour objet la constatation prompte et sûre des faits qui le constituent, constatation essentielle à la bonne administration de la justice, puisque sans elle les preuves et indices du méfait échappant ou disparaissant aux regards, ce méfait peut rester impuni.

120. — L'instant ne saurait d'ailleurs être plus propice; car outre que le corps du délit n'a pas encore disparu, il faut remarquer que le plaignant dans l'émotion du préjudice qu'il vient de souffrir, les témoins dans l'indignation dont ils sont encore pénétrés s'expliquent avec franchise; la justice, bien qu'encore entourée de ténèbres, est moins entravée par les conseils d'une pitié mal entendue et par une foule de considérations préjudiciables à la société, et le prévenu lui-même, interrogé sur-le-champ, au milieu du trouble inséparable de son arrestation, n'a ni la faculté ni le temps de résister à l'ascendant de la vérité, de préparer une défense artificieuse ou de se concerter avec ses complices.

Sect. 1re. — *Caractères généraux et nature des attributions du ministère public en cas de flagrant délit.*

121. — L'exercice des pouvoirs conférés au procureur du roi en cas de flagrant délit n'est point seulement facultatif de la part de ce magistrat, mais constitue pour lui un devoir impérieux dont il ne lui est point loisible de s'abstenir. C'est ce qui résulte formellement des termes mêmes dont se sert le législateur, notamment dans l'art. 32, C. inst. crim. — La commission du corps législatif aurait voulu que ce fût pour lui une simple faculté (Locré, t. 25, p. 219), mais ses observations ne furent point admises, et l'art. 32 resta impératif. — Mangin, *Instruct. écrite*, t. 1er, no 213.

122. — Toutefois le procureur du roi ne peut, pour l'accomplissement de ce devoir, recevoir aucune injonction de la part des juges. — Soit donc qu'il y ait ou qu'il n'y ait pas flagrant délit, une cour royale excéderait ses pouvoirs en autorisant par exemple le procureur du roi à se transporter sur les lieux sans l'assistance du juge d'instruction. — *Cass.*, 30 sept. 1829 (intérêt de la loi), Robelin.

123. — En effet, admettre comme valable une telle autorisation, c'est supposer que la cour peut la refuser. Or en cas de flagrant délit, le procureur du roi tient de la loi seule le droit de se transporter, ou plutôt, ainsi que nous venons de le dire, la loi lui en impose l'obligation, et si au contraire le délit n'est pas flagrant, le ministère public rentre dans les termes de l'art. 47, C. instr. crim., sans que les tribunaux puissent l'investir d'une prérogative qui alors ne lui appartient plus. — Carnot, sur l'art. 32, C. instr. crim., t. 1er, p. 232, no 3.

124. — D'un autre côté, et bien que l'urgence nécessite l'action immédiate du procureur du roi, comme le droit de constater les délits appartient au juge d'instruction et que ce n'est que par exception que le procureur du roi est appelé à partager ce droit, il doit, afin que sa compétence rentre le plus promptement possible dans ses limites naturelles, donner avis de son transport au juge d'instruction sans être cependant tenu de l'attendre. — C. inst. crim., art. 32.

125. — Et si le juge d'instruction ainsi averti se rend sur les lieux où le délit vient de se commettre; il continue la procédure commencée soit par les officiers de police auxiliaires, soit par le procureur du roi, dont le devoir se borne alors à l'assister de sa présence pour fournir ses réquisitions telles que le cours de la procédure les comporte, sans préjudice d'ailleurs du droit conféré au juge d'instruction au cas de flagrant délit, et en dehors de tout avertissement préalable du ministère public, de procéder lui-même d'office, aux termes des art. 59 et 60, C. inst. crim. — V. au surplus, quant aux attributions du juge d'instruction, *infra* nos 331 et suiv.

126. — En ce qui concerne les pouvoirs attribués au procureur du roi en matière de flagrant délit, le législateur n'a pu, on le conçoit, déterminer que les phases principales du mode de procéder: les règles qu'il pose sont des indications plutôt que des prescriptions absolues; car chaque crime peut, selon le temps, le lieu et les personnes, exiger des moyens différens d'information.

127. — Le procureur du roi peut alors faire tous les actes qui seraient permis au juge d'instruction, rien de ce qui peut servir à préparer la conviction du coupable n'étant dans ce cas interdit au pro-

cureur du roi et à ses auxiliaires. — Discours de l'orateur du gouvernement; — Legraverend, t. 1er, p. 179.

128. — En résumé et nous bornant, quant à présent et sauf examen ultérieur, à indiquer les moyens d'information qu'une pratique établie sur la loi et guidée par l'expérience recommande principalement, le procureur du roi doit, après s'être transporté sans aucun retard sur les lieux, constater avec le plus grand soin le corps du délit et son état et décrire scrupuleusement l'état des lieux. — C. inst. crim., art. 32.

129. — ... Se saisir des armes, des instrumens et de tout ce qui aurait pu servir ou être destiné à commettre le crime, des objets suspects que le coupable aurait abandonnés ou oubliés, des choses qui seraient le produit du crime ou de nature à aider la manifestation de la vérité. — C. inst. crim., art. 35.

130. — ... Entendre les personnes lésées si elles n'ont pas encore porté plainte ou si elles ont de nouvelles explications à fournir. — C. inst. crim., art. 32.

131. — ... Recevoir les déclarations des personnes présentes qui pourraient donner des renseignemens. — *Ibid.*

132. — ... Appeler au procès-verbal les parens, voisins, amis, domestiques ou tous autres présumés en état de procurer des éclaircissemens sur les faits incriminés. — C. inst. crim., art. 33.

133. — ... Rechercher et entendre en leurs témoignages les gens qui dans des instans rapprochés du délit auraient rencontré ou vu rôder le prévenu dans le lieu ou aux environs du lieu de l'attentat.

134. — ... Appeler les personnes qui par leur art ou leur profession sont capables d'apprécier la nature du fait et ses circonstances, comme par exemple, en cas de mort violente, des médecins ou officiers de santé. — C. inst. crim., art. 43 et 44.

135. — ... Défendre, s'il le faut, à qui que ce soit de sortir de la maison ou de s'éloigner des lieux jusqu'après la clôture du procès-verbal, de peur que l'indiscrétion ou la connivence ne trahissent le secret des opérations judiciaires. — *Ibid.*, art. 34.

136. — .. Saisir les prévenus présens contre lesquels il existerait des indices graves, ou faire comparaître, en vertu d'un mandat d'amener, le prévenu non présent, mais connu et suffisamment désigné. — *Ibid.*, art. 40.

137. — ... Interroger les inculpés sur l'emploi de leur temps avant, pendant et après le délit, sur le délit même et ses circonstances; vérifier immédiatement leurs réponses; les confronter, s'il est utile, aux plaignans, aux témoins, à leurs coïnculpés, et, en cas de prévention d'homicide, au cadavre de la personne homicidée. — *Ibid.*, art. 35, 40.

138. — ... S'emparer, au moment même de leur arrestation, des armes, instrumens, papiers et objets qui auraient rapport au délit ou qui seraient suspects; faire perquisition dans leurs divers domiciles, dans ceux des affidés, dans les lieux où ils auraient une retraite ou un dépôt d'effets, pour se saisir également de toutes choses qui pourraient servir à conviction ou à décharge. — C. inst. crim., art. 35 et 36.

139. — ... Représenter aux inculpés tous les objets trouvés soit sur le lieu du délit, soit sur leurs personnes, soit à leur domicile et partout ailleurs; les interpeller de s'expliquer sur la possession qu'ils en auraient eue ou l'usage qu'ils en auraient fait; appeler et entendre dans leurs déclarations les personnes qui pourraient déposer de cette possession ou de cet usage, ou celles de qui le prévenu les tiendrait. — C. inst. crim., art. 36 et suiv.

140. — ... Veiller à ce qu'on ne détruise pas les pièces de conviction ou les objets suspects.

141. — ... Clore et cacheter les effets saisis s'ils sont susceptibles de l'être, sinon prendre toutes les précautions nécessaires pour en assurer la conservation d'une manière invariable. — *Ibid.*, art. 38.

142. — ... Recueillir des agens de la force publique ou de tous autres individus les aveux ou discours suspects échappés aux inculpés sur le lieu du délit, au moment de leur arrestation ou pendant leur transfèrement devant le magistrat instructeur.

143. — ... Approfondir les relations existant entre eux et les personnes avec lesquelles ils demanderaient à s'entretenir.

144. — ... Désigner le plus clairement possible les nom, prénoms, âge, profession, demeure des parties lésées, des prévenus, des témoins, des agens de la force publique et des experts, afin qu'en procédant plus tard on puisse les retrouver aisément.

145. — ... Se faire donner par les plaignans, dénonciateurs ou témoins; et consigner dans la procédure le signalement exact, détaillé de la personne et des vêtemens des prévenus non arrêtés, avec

l'indication des signes particuliers qui rendraient le signalement plus frappant, afin de faciliter les recherches et de donner de l'autorité à la reconnaissance ultérieure des prévenus par ces diverses personnes.

146. — ... Interroger de même le prévenu arrêté sur le signalement de ses complices dont il aurait parlé, ou des individus réputés tels. — C. inst. crim., art. 40.

147. — ... Enfin n'omettre aucun des indices, aucun des renseignemens relatifs à la passion ou à l'intérêt qui paraîtraient avoir déterminé le crime.

148. — Tel est le sommaire des principales opérations auxquelles le procureur du roi doit le plus souvent se livrer en flagrant délit; opérations qui veulent être conduites avec autant d'ordre que de prudence, de douceur que de fermeté, et qu'il faut consigner dans les procès-verbaux avec précision, en se servant le plus possible des expressions des plaignans, témoins et inculpés, en reproduisant toujours les termes techniques des experts. — C. inst. crim., art. 39, 42 et suiv.

149. — Enfin, le procureur du roi transmettra sans délai au juge d'instruction les procès-verbaux, actes, pièces et instrumens dressés ou saisis en conséquence des articles précédens, pour être procédé *selon les règles ordinaires*. — V. INSTRUCTION CRIMINELLE. — Et cependant le prévenu restera sous la main de justice en état de mandat d'amener. — Les pouvoirs extraordinaires du ministère public cessent dès ce moment.

150. — A ces prescriptions l'art. 60 ajoute que lorsque après la constatation du flagrant délit, le procureur du roi transmet les actes et pièces au juge d'instruction, celui-ci est tenu d'examiner sans délai la procédure, avec faculté de refaire les actes ou ceux des actes qui ne lui paraîtraient pas complets.

151. — Il ne faut pas oublier, du reste, qu'en général le procureur du roi, ou autres fonctionnaires ou magistrats, ne peuvent exercer leurs attributions que dans les limites de la circonscription territoriale pour laquelle ils sont institués, et qui est pour le commissaire de police ou le maire la commune, pour le juge de paix le canton, pour l'officier de gendarmerie le procureur du roi et le juge d'instruction l'arrondissement dans lesquels ils exercent leurs fonctions.

152. — Si donc, par exemple, les traces du flagrant délit sur lequel instruit le procureur du roi venaient à s'étendre hors du ressort du tribunal, ce magistrat ne pourrait plus agir lui-même, et devrait dans ce cas déléguer ses fonctions en envoyant une commission rogatoire à l'un des magistrats indiqués par l'art. 283, C. inst. crim. — V. COMMISSION ROGATOIRE.

153. — Cette règle souffre cependant exception dans un cas prévu par l'art. 464 du même Code: « Le procureur du roi peut continuer hors de son ressort les visites domiciliaires nécessaires chez les personnes soupçonnées d'avoir fabriqué, introduit, distribué de faux papiers royaux, de faux billets de la banque de France ou d'autres départemens, ou encore lorsqu'il s'agit de fausse monnaie ou de contrefaçon des sceaux de l'état. » — V. FAUX, FAUSSE MONNAIE.

154. — Au surplus, dans les limites de sa circonscription, « le procureur du roi exerçant son ministère dans le cas des art 32 et 46 pourra, s'il le juge utile et nécessaire, charger un officier de police auxiliaire de partie des actes de sa compétence. » — C. instr. crim., art. 52.

155. — Cette délégation doit être faite par écrit pour déterminer la nature et l'étendue de la mission confiée, comme de son côté l'officier de police auxiliaire délégué doit dresser procès-verbal de ses opérations, lequel procès-verbal est annexé à celui du procureur du roi. — Bourguignon, *Manuel d'instr. crim.*, t. 1er, p. 134.

156. — La délégation est essentiellement personnelle à l'officier de police auxiliaire délégué, et ne peut être par lui subdéléguée à un autre; ce qui, d'ailleurs, ne serait que l'application du principe que nous avons déjà indiqué que les simples officiers de police judiciaire ne peuvent jamais déléguer leurs fonctions.

157. — « Il est bien entendu, dit Mangin (no 238), que le procureur du roi ne peut déléguer ses fonctions qu'à l'un de ses auxiliaires; mais qu'il ne pourrait en charger ni un sous-officier de gendarmerie, ni un garde forestier, ni un garde champêtre. »

158. — Inutile, sans doute, d'ajouter que le procureur du roi ne peut disposer de son droit de délégation qu'avec réserve, et qu'il ne doit confier à ses auxiliaires que les actes qu'il ne pourrait faire lui-même sans nuire à la recherche de la vérité et à la constatation du délit. — Carnot, t. 1er, p. 274, no 2.

159. — Quelques explications sont nécessaires

sur les principales des mesures que nous venons d'énumérer, et que doivent prendre les magistrats dans le cas de flagrant délit, mesures dont on comprend que la jurisprudence ait eu rarement occasion de s'occuper, et que nous allons successivement passer en revue.

Sect. 2e. — *Transport sur les lieux.*

160. — Le premier devoir du ministère public, lorsque le flagrant délit parvient à sa connaissance, est de se transporter sans aucun retard sur les lieux, après avoir prévenu le juge d'instruction qu'il n'est néanmoins pas tenu d'attendre, ainsi que nous l'avons vu déjà.

161. — Et encore convient-il de remarquer que cet avis que le procureur du roi doit donner au juge d'instruction avant son départ n'est qu'une simple mesure d'ordre dont l'omission pourrait l'exposer au blâme de son supérieur hiérarchique le procureur général, mais ne saurait entraîner la nullité des opérations.

162. — Pour assurer la liberté de son exécution et faire exécuter ses ordres, le procureur du roi a le droit de requérir directement l'appui et l'intervention de la force publique. — C. inst. crim., art. 25. — V. GENDARMERIE, MINISTÈRE PUBLIC.

163. — Si le procureur du roi est absent ou empêché lorsque parvient au parquet la connaissance du flagrant délit, il est évident que ses droits et obligations sont dévolus à son substitut, ou, s'il en a plusieurs, au premier présent suivant l'ordre hiérarchique; le procureur du roi pourrait même, quoique présent, déléguer ses pouvoirs à son substitut. — Mangin, *Instr. écrite*, n° 215.

164. — Mais le procureur du roi ne pourrait se faire accompagner de son substitut qu'autant que des circonstances extraordinaires le rendraient nécessaire. — Et dans ce cas, l'indemnité due pour le transport ne pourrait être allouée au substitut que sur une autorisation du procureur général.

165. — Que décider à l'égard du greffier? — L'art. 42 ne parle pas de sa présence, et ce silence, rapproché de la disposition si formelle de l'art 62, alors qu'il s'agit de la procédure criminelle ordinaire, avait conduit à penser non pas sans doute que la présence du greffier entachait les opérations de nullité, mais qu'il n'appartenait pas au procureur du roi de requérir le greffier. Dans cette opinion, on rappelait encore la faculté que l'art. 52 accorde au ministère public de déléguer en pareil cas une partie de ses fonctions aux officiers de police auxiliaires, et l'on en concluait que la présence du greffier était complétement superflue.

166. — Mais cette opinion n'a jamais prévalu, et l'on a toujours considéré que le silence de la loi signifiait uniquement que, vu l'urgence, le procureur du roi pouvait bien se dispenser de se faire accompagner du greffier, mais qu'il est toujours le maître de requérir son assistance. — Carnot, *Inst. crim.*, t. 1er, p. 230, n° 5; Mangin, *Inst. écrite*, n° 228. — V. aussi ordonn. 29 oct. 1820, art. 158, § 3.

167. — Le décret du 18 juin 1811 consacre d'ailleurs ce droit du ministère public d'une manière explicite, en allouant, par son art. 89, une indemnité de voyage au greffier qui a accompagné le juge *ou l'officier du ministère public*. — Aussi, par une circulaire du 11 février 1824, le garde des sceaux a-t-il décidé, de l'avis du comité du contentieux du conseil d'état, que cette dépense, qu'il avait jusque-là rejetée, serait désormais admise. — De Dalmas, *Des frais de justice en matière crimin.*, p. 258; Massabiau, t. 2, n° 1569.

168. — Cette assistance du greffier est tellement nécessaire pour la rédaction du procès-verbal des opérations souvent si détaillées qui doivent être accomplies, que si le greffier ou son commis assermenté venaient à manquer, le procureur du roi pourrait même prendre pour secrétaire un écrivain quelconque, pourvu que cet écrivain eût la qualité et l'exercice des droits de citoyen français.

169. — Le citoyen ainsi appelé à remplir provisoirement les fonctions de greffier doit prêter préalablement serment entre les mains du procureur du roi, et mention en est faite au procès-verbal. — Quant à la formule de ce serment, suivant MM. Teulet, d'Auvilliers et Sulpicy (sur l'art. 32, nos 32 et 6), elle doit être celle prescrite par la loi du 31 août 1830; mais une opinion plus générale veut, avec plus de raison, qu'elle consiste simplement dans la promesse de bien et fidèlement remplir les fonctions confiées. — Carnot, *Inst. crim.*, t. 1er, p. 230, n° 5; Massabiau, t. 2, n° 1569; Mangin, *Inst. écrite*, n° 228.

170. — Pas plus qu'il ne fait mention de la présence du greffier, l'art. 32, C. inst. crim., ne dit que le procureur du roi pourra se faire accompagner d'un ou plusieurs huissiers pour l'exécution de ses ordres; mais, de même que sur la question précédente, on ne saurait rien induire de ce silence, et il faut tenir pour constant que le procureur du roi est toujours investi du droit de réquisition à l'égard des huissiers. — Circul. minist. 23 sept. 1811; — Massabiau, t. 2, n° 1570.

171. — Cependant Carnot (t. 1er, p. 234) fait remarquer avec raison que l'escorte qui accompagne le procureur du roi dans son transport étant d'ordinaire composée de gendarmes, et les gendarmes étant aptes à délivrer des citations (V. GENDARMERIE), il y a tout à la fois économie de temps et d'argent à ne recourir aux huissiers qu'autant que les circonstances ne permettent pas d'employer les gendarmes. C'est en effet ce qui a lieu le plus généralement dans la pratique.

172. — Malgré le silence de la loi sur le greffier et les huissiers, il résulte néanmoins de l'art. 42 C. inst. crim., qu'elle n'a pas entendu que le procureur du roi procédât seul dans son information. On lit en effet, dans un article reproduit de la loi du 19-22 juill. 1791, que : « Les procès-verbaux du procureur du roi, en exécution des articles précédens, seront faits et rédigés en la présence et revêtus de la signature du commissaire de police de la commune dans laquelle le crime ou le délit aura été commis, ou du maire, ou de l'adjoint du maire, ou de deux citoyens domiciliés dans la même commune. »

173. — Le texte de l'article semble, il est vrai, n'exiger cette assistance que pour la rédaction du procès-verbal; mais, évidemment, le procès-verbal devant contenir la reproduction fidèle de tout ce qui s'est passé pendant le cours des opérations, il faut nécessairement que ceux qui concourent à sa rédaction, même par leur simple présence, aient la connaissance personnelle des faits dont leur signature garantit de plus fort l'exactitude.

174. — Cette nécessité imposée au procureur du roi de se faire assister dans ses opérations d'un autre fonctionnaire, ou même de deux simples citoyens, a paru aux criminalistes une mesure fort sage, propre à assurer l'exactitude et la régularité des opérations, en même temps que leur légalité, et à donner aux procès-verbaux qui doivent en être dressés un caractère plus grave d'authenticité. — V. Legraverend, t. 1er, p. 205. — « Les procès-verbaux destinés à constater le flagrant délit sont, dit Mangin (*Instr. écrite*, n° 226), des actes trop graves, et leur influence sur la détermination des juges et la conviction des jurés est trop considérable, pour que la loi n'ait pas dû prendre des précautions pour leur imprimer un grand caractère de certitude; car, quelque confiance que l'on doive avoir dans les magistrats chargés des opérations que ces procès-verbaux constatent, on n'a pas dû oublier qu'ils sont susceptibles de se tromper : c'est pour prévenir leurs erreurs que la loi a voulu leur donner un coopérateur. » — V. procès-verbaux du conseil d'état (Locré, t. 25, p. 66).

175. — Telle est aussi l'opinion de M. Massabiau : « La présence des témoins, dit cet auteur (t. 2, n° 1568), nous semble surtout nécessaire quand il faut pénétrer dans le domicile d'un citoyen contre son gré ou en son absence, et l'autorité municipale, toute protectrice, assiste dans ce cas l'officier de police judiciaire, comme pour défendre et garantir les citoyens contre les illégalités et les abus de pouvoir qu'ils pourraient craindre, et pour attester l'identité et l'autorité de cet officier. Quelque haut placé que soit le procureur du roi parmi les magistrats chargés de la police judiciaire, il ne doit pas négliger cette précaution indiquée par la loi. »

176. — Quelques auteurs ont néanmoins élevé des doutes sur la convenance de cette prescription de l'art. 42, et sur l'utilité que procure son accomplissement; on pourrait, suivant eux, regretter qu'au moment où l'art. 11 C. d'inst. crim., s'écartant de la législation précédente, n'exige plus du commissaire de police qu'il fasse attester l'exécution régulière de ses opérations ordinaires par la signature de deux témoins sur son procès-verbal, l'art. 42 ait maintenu une obligation de cette nature, alors qu'il s'agit de la procédure du flagrant délit et du procureur du roi. « Les fonctionnaires désignés, disent MM. Teulet, d'Auvilliers et Sulpicy (sous l'art. 42, C. inst. crim., n° 1er), sont ses inférieurs, et n'ont aucun droit de contrôler ses actes, qu'ils signent le plus souvent de confiance. — Les deux citoyens ne sont astreints à aucune discrétion, et peuvent, par suite de nouvelles découvertes, se trouver les parens ou les amis du prévenu. Il eût été plus convenable de laisser le procureur du roi entièrement libre d'appeler qui lui semblerait. »

177. — Du reste, cette obligation n'est pas absolue : on pourrait craindre, en effet, que l'activité du magistrat ne fût entravée ou paralysée par l'absence ou la mauvaise volonté des fonctionnaires qui viennent d'être indiqués (Mangin, n° 226); aussi l'art. 42 ajoute-t-il immédiatement : « Pourra néanmoins le procureur du roi dresser les procès-verbaux sans assistance de témoins, lorsqu'il n'y aura pas possibilité de s'en procurer de suite. » — Dans ce cas, le procès-verbal devrait faire mention du défaut de possibilité. — Mangin, *loc. cit.*

178. — « Et même il négligerait d'en appeler, dit M. Massabiau (t. 2, n° 1567), quoiqu'il y eût possibilité d'en avoir, que l'omission de cette formalité n'entraînerait pas la nullité de ses actes... » — V. conf., *Cass.*, 30 janv. 1818, Lépine; — Legraverend, t. 1er, p. 239.

179. — Des règles particulières régissent le cas où le procureur du roi est appelé à procéder à quelque acte d'information dans les palais, châteaux, maisons royales et leurs dépendances; il doit dans ce cas se présenter au gouverneur ou à celui qui le remplace, lequel pourvoit immédiatement à ce qu'aucun empêchement ne soit donné, et fait prêter, au contraire, si besoin est, tout secours et aide nécessaires. — Ordonn., 20 août 1817, art. 2 et suiv.

180. — Quant aux formalités particulières qui doivent être observées lorsqu'il y a lieu d'opérer dans des places de guerre ou dans des établissemens dépendans de l'Université, V. PLACES DE GUERRE, UNIVERSITÉ.

Sect. 3e. — *Corps de délit. — Etat des lieux. — Déclaration à recevoir. — Défense de s'éloigner.*

181. — Arrivé sur les lieux, le procureur du roi doit procéder sans désemparer aux opérations déterminées par les art. 32 et suiv., C. inst. crim.; ces opérations peuvent varier suivant le plus ou moins de gravité du fait ou les circonstances qui l'environnent; toutefois, il en est quelques unes qui s'appliquent indistinctement à tous les cas, quelle que soit d'ailleurs la nature du fait incriminé.

182. — La constatation du corps du délit est le premier acte que doit faire le procureur du roi; c'est le plus important et celui qui souffre le moins de retard.

183. — Le corps du délit, en effet, n'est autre chose que l'ensemble des faits matériels qui attestent son existence et en déterminent le caractère et la gravité; ses élémens varient nécessairement suivant la nature du délit. Ainsi, lorsqu'une personne a été assassinée ou empoisonnée, le procureur du roi doit constater l'état du cadavre, les blessures qu'il porte, l'état et la situation des armes employées, ou la présence du poison, l'état et la situation des vases qui ont servi à l'administrer, etc. En cas de vol avec effraction, il faut constater les ruptures, dégradations, démolitions; s'il s'agit de fabrication de fausse monnaie, on doit indiquer les instrumens, métaux et pièces fabriquées qui ont été trouvés dans le lieu où le crime a été commis, etc., etc. — Mangin, *Inst. écrite*, n° 217.

184. — Dans tous les cas, le procureur du roi ne saurait apporter trop de soin à la constatation du corps de délit qui peut décider du sort de la poursuite; il ne doit rien omettre; car telle circonstance, qui paraissait d'abord insignifiante, et dont il aurait cru ne pas devoir tenir compte, peut acquérir, par suite de révélations ultérieures ou de nouvelles découvertes, une importance que nul ne pouvait prévoir dans les premiers momens.

185. — Jugé cependant que l'omission faite dans le procès-verbal des opérations de la constatation du corps du délit n'est pas une cause de nullité de la procédure criminelle, et par suite de l'arrêt de condamnation. — *Cass.*, 19 juin 1817, Jacques Hubert; 16 mars 1837 (t. 1er 1838, p. 90), Legendre.

186. — En même temps que le corps du délit le procureur du roi est appelé en vertu de l'art. 32, C. inst. crim., à constater l'état des lieux où le flagrant délit vient de s'accomplir.

187. — Nous n'avons pas besoin d'insister sur l'importance de cette opération, aussi nécessaire pour la découverte de la vérité que la constatation du corps du délit, et qui doit être accomplie avec le même soin.

188. — A la constatation du corps du délit et de l'état des lieux l'art. 32, C. inst. crim., ajoute encore comme mesure générale d'instruction, en cas de flagrant délit, les déclarations à recevoir des personnes qui auraient été présentes au moment de la perpétration du délit, ou qui auraient des renseignemens à donner.

189. — « Le procureur du roi pourra aussi, porte l'art. 33, dans le cas de l'article précédent, appeler à son procès-verbal les parens, voisins ou domestiques présumés en état de donner des éclaircissemens sur le fait; il recevra leurs déclarations, qu'ils signeront. »

190. — Ce dernier article, que l'on pourrait au

premier abord considérer comme superflu, a pour but de donner l'explication de l'art. 32 en ce qui touche les déclarations des parens, voisins et domestiques; il résout dans le sens de la jurisprudence constante de la cour de Cassation le doute qu'on avait élevé, sous l'empire du Code de brumaire, sur la question de savoir si les parens et alliés pouvaient être entendus en témoignage dans la partie de l'instruction des procès criminels qui précède le jugement. — Carnot, *Inst. crim.*, t. 1er, p. 233, no 2.

191. — Pas plus dans l'art. 33 que dans l'art. 32, la loi n'assujétit les déclarations à une prestation de serment préalable, comme elle le fait pour l'audition des témoins hors des cas de flagrant délit, — Chap. 6, sect. 2e, § 3e, C. inst. crim. — Bourguignon, *Jurisp. des Codes crimin.*, t. 1er, p. 425; *Man. d'inst. crim.*, t. 1er, p. 110; Carnot, *Inst crim.*, t. 1er, p. 231, no 3.

192. — Néanmoins l'usage contraire a prévalu, et dans la pratique les procureurs du roi font prêter aux personnes dont ils reçoivent les déclarations le serment qui doit précéder toute déposition de témoins faite dans une instruction criminelle, sauf, bien entendu, les exceptions qui dans certains cas déterminés exemptent diverses personnes du serment. — V. INSTRUCTION CRIMINELLE, COUR D'ASSISES, TRIBUNAL CORRECTIONNEL.

193. — Du reste, si le Code d'instruction criminelle n'assujétit pas les déclarations à la formalité préalable du serment, il exige, dans le but d'assurer leur sincérité et de les fortifier contre des variations ou des rétractations postérieures. la signature des déclarans sur le procès-verbal des opérations.

194. — Le procureur du roi doit veiller avec soin à l'accomplissement de cette formalité, non pas cependant que son omission ait pour résultat d'opérer une nullité, que ne prononce point la loi. — Carnot, *Inst. crimin.*, t. 1er, p, 233, no 2. — Quoique non signé par les déclarans, le procès verbal doit faire foi entière.

195. — Enfin, l'art. 33 porte encore : « Les déclarations reçues en conséquence du présent article et de l'article précédent seront signées par les parties, ou, en cas de refus, il en sera fait mention. » Ces expressions *les parties* ne peuvent pas s'entendre des déclarans, puisqu'il est déjà exprimé par le même article qu'il signeront leurs déclarations : on doit nécessairement y comprendre les prévenus qui doivent être présens ou représentés.

196. — L'efficacité des mesures prises par le procureur du roi pourrait se trouver compromise quelquefois, si parmi les personnes présentes il en était qui, s'écartant du théâtre du crime, pussent échapper ainsi à l'obligation de déclarer les faits à leur connaissance, ou tenter soit de faire disparaître les traces du corps du délit, soit de faire obstacle à la découverte d'une participation encore inconnue.

197. — La loi a par une disposition fort sage conféré au procureur du roi les pouvoirs nécessaires pour prévenir ce mal. — L'art. 34 l'autorise formellement « à défendre que qui que ce soit sorte de la maison ou s'éloigne du lieu, jusqu'à la clôture du procès-verbal. — Tout contrevenant à cette défense est, s'il peut être saisi, déposé dans la maison d'arrêt... »

198. — Quant à la peine encourue pour la contravention, elle est prononcée par le juge d'instruction, sur les conclusions du procureur du roi, après que le contrevenant a été cité et entendu, ou par défaut s'il ne comparaît pas, sans autre formalité ni délai, et sans opposition ni appel. — La peine ne peut excéder dix jours d'emprisonnement et 100 fr. d'amende. — *Ibid.*

199. — La loi s'est bornée ici à fixer le maximum des peines que peut appliquer le juge d'instruction; d'où la conséquence que le minimum n'a d'autre limite que celle fixée aux peines de simple police, par les art. 465 et 466, C. pén., c'est-à-dire un jour de prison et 1 fr. d'amende. Mais, remarque M. Massabiau (t. 2 no 1572), il doit y avoir toujours cumulation des deux peines, parce que l'art. 463, C. pén., ne reçoit point ici application. — Carnot, t. 1er, p. 235, no 3; Teulet, d'Auvilliers et Sulpicy, sur l'art. 34, no 4; Mangin, no 217.

200. — Tout officier de police judiciaire qui opère peut ordonner l'arrestation de celui qui a enfreint la défense de s'éloigner; mais, ainsi qu'on le voit, le juge d'instruction seul peut prononcer la peine. — Aucun délai n'est fixé au contrevenant pour comparaître. Mangin (no 207) pense que la peine applicable étant correctionnelle, il y aurait lieu de le faire jouir des délais ordinaires en cette matière. — Mais, en tout cas, qu'il comparaisse ou fasse défaut, nous avons vu que le jugement qui intervient est en dernier ressort.

201. — L'appel n'étant pas recevable aux termes de l'art. 34, n'a pas conséquemment d'effet suspensif quant à l'instruction. — Carnot, t. 1er, p. 236, no 4.

202. — Le recours en cassation reste ouvert à la partie condamnée, puisque l'art. 34 ne lui interdit que l'opposition ou l'appel. — Carnot, t. 1er, p. 236. no 14. — Les moyens de nullité peuvent résulter soit du défaut de citation, lorsque le condamné n'a pas été entendu, soit du défaut de conclusions du ministère public, etc.

Sect. 4e. — *Présence du prévenu.*

203. — Ainsi que nous l'avons vu (*suprà* no 195), les déclarations reçues par le procureur du roi doivent être signées par les *parties*; et par parties on ne peut entendre que les prévenus eux-mêmes, puisque l'art. 33 exige en même temps la signature des déclarans.

204. — D'où la conséquence qu'en l'absence même d'aucun texe formel sur la présence du prévenu aux opérations que nécessite le flagrant délit, il faut décider que cette présence est nécessaire.

205. — Au surplus, aucun doute n'est possible sur ce point, car l'art. 39, C. instr. crim., veut que toutes les opérations soient « faites en présence du prévenu s'il a été arrêté, et s'il ne veut ou ne peut y assister, en présence d'un fondé de pouvoirs qu'il pourra nommer... »

206. — Toutefois remarquons qu'aux termes mêmes de la loi, et quelque désirable que soit la présence du prévenu, elle reste toujours facultative pour lui, fût-il même sous la main de la justice; et s'il se refusait, par exemple, à se rendre sur le lieu du crime ou à son domicile, pour assister aux opérations de l'instruction, le procureur du roi ne pourrait que l'interpeller à ce sujet, et mentionner au procès-verbal sa réponse, mais il ne pourrait pas le contraindre par la force.

207. — Néanmoins si la présence du prévenu était jugée indispensable, soit pour des confrontations, soit pour la vérification du fait, la disposition de l'art. 39 qui n'a eu pour but que de lui faciliter l'assistance aux opérations, et non de lui donner les moyens d'entraver l'instruction, cesserait d'être applicable, et le ministère public pourrait employer des moyens de coaction pour le faire assister aux opérations.

208. — Lorsque le prévenu se fait représenter par un mandataire, le choix qu'il a fait est attesté suffisamment par une mention portée au procès-verbal des opérations. — Carnot, t. 1er, p. 246, no 5. — Mais évidemment l'attestation la plus ordinaire est, dans la pensée du législateur, une procuration.

209. — Or, en permettant au prévenu de se faire représenter par un fondé de pouvoirs, l'art. 39 n'a pas déterminé les formes de la procuration; on ne saurait donc poser comme principe que cette procuration doit être authentique. Cependant si la signature du prévenu n'était pas connue du procureur du roi, ce fonctionnaire pourrait exiger que ladite signature fût légalisée par le maire; et même, si la signature du maire était pareillement inconnue, cas très fréquent assurément, il deviendrait nécessaire qu'elle fût à son tour légalisée par le président du tribunal (Teulet, d'Auvilliers et Sulpicy, sur l'art. 39, no 3), surtout s'il s'agissait du maire d'une commune dépendant d'un autre arrondissement.

210. — A l'égard du prévenu non présent, mais contre lequel aucun mandat n'a été décerné, on ne saurait lui refuser le droit de se faire représenter par un mandataire; bien que le texte de l'article 39 ne semble s'appliquer qu'au prévenu présent et même arrêté, il est évident, d'après son esprit, que cette faculté ne doit pas être refusée au prévenu absent. — Carnot, t. 1er, p. 246, no 4.

211. — Si au contraire le prévenu absent se trouvait sous le poids d'un mandat d'amener, auquel il se serait soustrait par la fuite, alors le droit de constituer un mandataire devrait lui être refusé; c'est en ce sens qu'il faut entendre l'art. 39, lorsqu'il porte que le prévenu *arrêté* sera seul admis à se faire représenter. — Carnot, *loc. cit.*

212. — Au surplus, bien que l'observation des dispositions prescrites par l'art. 39 soit pour le prévenu de la plus haute importance et pour la justice une puissante garantie, néanmoins leur oubli n'entraîne aucune nullité; le prévenu peut seulement tirer de la violation de cette prescription tutélaire un grand avantage pour sa défense. — *Cass.*, 5 flor. an XIII, Buisson c. Joly.

Sect. 5e. — *Expertises.*

213. — La constatation du flagrant délit exige souvent des connaissances spéciales que le procureur du roi peut ne pas posséder. Les art. 43 et 44, C. inst. crim., prévoient et règlent ce cas.

214. — En se transportant sur les lieux « le procureur du roi, porte l'art. 43, se fera accompagner au besoin d'une ou de deux personnes présumées, par leur art ou leur profession, capables d'apprécier la nature et les circonstances du crime ou délit. »

215. — ... « Par exemple, dit M. Massabiau (t. 2, no 1587), de serruriers ou menuisiers, s'il s'agit de constater une effraction; d'experts écrivains, s'il s'agit de rechercher l'auteur d'une pièce d'écriture; de pharmaciens ou chimistes, s'il s'agit de reconnaître la nature, la propriété ou les effets de certaines substances. » — V. conf. Duverger, t. 2, p. 149, no 83.

216. — Aux termes de l'art. 44, « s'il s'agit de mort violente ou d'une mort dont la cause soit inconnue et suspecte, le procureur du roi se fera accompagner d'un ou de plusieurs officiers de santé qui feront leur rapport sur les causes de la mort et l'état du cadavre. » — Et il faut comprendre par là non seulement les officiers de santé proprement dits, mais toutes personnes de l'art, même de simples sages-femmes, si leur assistance paraissait plus utile.

217. — C'est ainsi que, même avant le Code d'instruction criminelle, on décidait que les procès-verbaux faits par un officier de santé non porté sur la liste officielle dressée en exécution de la loi du 19 pluv. an XI, n'étaient pas nuls pour ce motif. — *Cass.*, 6 nov. 1806, Billard. — V. EXPERTISE, nos 630 et suiv.

218. — Il est à remarquer que l'art. 43 ne donne en quelque sorte au procureur du roi qu'un simple avis; il lui laisse la faculté, selon les circonstances, de requérir l'assistance de certaines personnes ou de s'en passer. — L'art. 44, au contraire, semble imposer à ce magistrat l'obligation absolue de se faire assister d'un ou de deux officiers de santé dans tous les cas de mort violente, ou de mort dont la cause est inconnue et suspecte.

219. — Cette distinction, du reste, peut parfaitement se justifier : « L'art et la science, dit M. de Molènes (*Tr. des fonct. du proc. du roi*, t. 1er, p. 290), sont mal à propos employés là où leur secours est inutile. En matière de faux, notamment, la seule inspection des pièces et les dépositions des témoins peuvent fréquemment suffire à l'établissement de la vérité. Il faut réserver les rapports d'experts pour les cas véritablement douteux, et même en faisant usage de ce moyen, le ministère public, de même que le juge d'instruction, manquerait à son devoir s'il renonçait à faire emploi de son bon sens personnel. »

220. — Jugé cependant, soit avant, soit depuis le Code d'instruction criminelle, que l'inobservation des prescriptions de l'art. 43, et *même de celles de l'art. 44*, sur l'assistance d'un homme de l'art au cas de constatation de flagrant délit, n'entraîne point de nullité. — *Cass.*, 12 fructid. an VII, Bouzenet; 30 janv. 1818, Lépine. — V. cependant Carnot (t. 1er, p 258, no 1er), qui, argumentant de la différence de rédaction entre les deux articles, soutient que, au cas de l'art. 44, l'assistance de l'homme de l'art est obligatoire.

221. — Il importe, en tous cas, d'observer que l'expert assiste mais ne supplée pas le magistrat qui le requiert: L'expertise est, en effet, un acte d'instruction, et souvent des plus graves; le magistrat doit s'y trouver, afin de diriger les opérations et de faire toutes les réquisitions que des circonstances imprévues peuvent rendre nécessaires (de Dalmas, *Des frais en mat. crim.*, p. 50; Legraverend, t. 1er, p. 209), sauf, bien entendu, l'application des règles ordinaires sur la délégation de pouvoirs de la part du procureur du roi à l'un de ses officiers de police auxiliaire, délégation très fréquente dans la pratique, lorsqu'il s'agit d'expertise.

222. — Legraverend (*loc. cit.*) va même jusqu'à dire qu'il est nécessaire que le rapport des experts soit consigné dans le procès-verbal. Il serait sans doute désirable qu'il en fût ainsi, surtout si les experts, bien que possédant, du reste, une aptitude suffisante pour apprécier judiciairement les questions qui leur sont soumises, n'étaient point capables de dresser convenablement un procès-verbal, mais on ne saurait en faire une obligation rigoureuse; quelquefois même cela serait impossible. Aussi est-il peu habituel que le procès-verbal de l'officier de police judiciaire contienne le résultat des observations des médecins et officiers de santé qui, ayant besoin de temps et de réflexion pour rédiger leur rapport, ne peuvent le remettre immédiatement. Alors ce fonctionnaire se borne à raconter les faits, à donner l'indication de l'avis des experts s'ils en ont formulé un, et à mentionner qu'ils ont rédigé séparément leur rapport, qui sera annexé.

223. — Il est bon, du reste, que ce rapport soit autant que possible dressé par les experts eux-mêmes; ils y sont en effet plus aptes que les autres.

224. — Pour garantie de la sincérité de leurs opérations, les experts sont soumis à un serment préalable. On lit en effet, dans le § 2, art. 44 : « Les personnes appelées dans le cas du présent article et de l'article précédent prêteront devant le procureur du roi le serment de faire leur rapport et de donner leur avis en leur honneur et conscience. »

225. — Pour ce qui concerne les devoirs des experts en matière criminelle, le serment qu'ils doivent prêter et la forme de ce serment, les réquisitions dont ils peuvent être l'objet, enfin les difficultés que peut faire naître leur intervention, V. EXPERTISE, ch. 3. — V. aussi AUTOPSIE, CADAVRE, EXHUMATION, INSTRUCTION CRIMINELLE.

Sect. 6e. — *Perquisitions. — Saisies.*

226. — La découverte et la constatation des traces du flagrant délit peuvent, et ce cas est très fréquent, nécessiter des recherches souvent difficiles et toujours délicates de la part du procureur du roi, que la loi investit à cet égard d'attributions extraordinaires par les art. 36 et 37, C. inst. crim.

227. — Le droit de pénétrer dans le domicile des citoyens, ou d'opérer des visites domiciliaires, fait l'objet de l'art. 36; l'art. 37 est relatif à la saisie des pièces de conviction.

§ 1er. — *Perquisitions.*

228. — C'est une règle de notre droit public que « le domicile des citoyens est inviolable et sacré. Nul ne peut y pénétrer que dans les cas prévus par la loi. » — Constit. an III, art. 359; an VIII, art. 76. — Le flagrant délit est un de ces cas : nous avons à examiner dans quelles limites et sous quelles conditions peut avoir lieu l'introduction dans le domicile des citoyens.

229. — L'art. 36 établit en ces termes le droit du procureur du roi : « Si la nature du crime ou du délit est telle que la preuve puisse vraisemblablement être acquise par les papiers ou autres pièces et effets en la possession du prévenu, le procureur du roi se transportera de suite dans le domicile du prévenu pour y faire la perquisition des objets qu'il jugera utiles à la manifestation de la vérité. »

230. — La constitution de l'an VIII (art. 359) et le Code du 3 brum. an IV n'avaient permis les visites domiciliaires qu'à la suite et en vertu d'une ordonnance énonçant expressément l'objet de la perquisition et les personnes qui devaient y être soumises : on nommait cette ordonnance *ordonnance d'acquit*.

231. — Et l'on jugeait, sous l'empire de cette législation, que l'absence de cette ordonnance désignative de l'objet et des personnes, lorsqu'il s'agissait d'une visite domiciliaire, rendait nulles les opérations effectuées. — *Cass.*, 1er frim. an VIII, Chambord et Roblin.

232. — Postérieurement au contraire, et sous l'empire de la constitution de l'an VIII, qui ne contenait aucune disposition semblable, il fut décidé, sur les conclusions de Merlin, qu'il n'était plus nécessaire que la visite domiciliaire opérée par le ministère public eût été précédée d'une ordonnance ayant pour but d'en déterminer l'objet. — *Cass.*, 5 flor. an XIII, Buisson c. Joly. — Merlin, *Rép.*, v° *Contrefaçon*, § 15.

233. — A plus forte raison doit-on adopter la même solution depuis le Code d'instruction criminelle, qui, loin de mentionner comme préalable de la visite domiciliaire une ordonnance indicative, veut qu'il se transporte *de suite* au domicile du prévenu. — V. conf. Carnot, t. 1er, p. 240, n° 3; Bourguignon, *Man. d'inst. crim.*, t. 1er, p. 112, n° 1er.

234 — Cependant si le procureur du roi n'agissait qu'en vertu de commissions rogatoires, comme aussi et surtout s'il déléguait le soin d'opérer la visite domiciliaire à des officiers de police auxiliaires, il deviendrait indispensable que la commission rogatoire ou la délégation contînt l'indication expresse de l'objet de la perquisition et des personnes qui y sont soumises. L'omission de cette désignation pourrait faire manquer le but de l'opération et entraîner de graves abus.

235. — C'est même pour prévenir ces abus que le procureur du roi devra, autant que possible, s'abstenir de déléguer à un officier auxiliaire, surtout d'un rang subalterne, le soin d'opérer des visites domiciliaires, à moins de nécessité absolue. — « Dans tous les cas où il y a lieu de procéder à des visites domiciliaires, dit M. Massabiau (n° 1611), dont les sages considérations nous paraissent devoir mériter d'être textuellement reproduites, et surtout quand il s'agit de délits politiques, il ne faut user qu'avec prudence de ce droit redoutable, dont l'usage inconsidéré blesserait nos mœurs et porterait une grave atteinte à la sainteté du foyer domestique. Ces visites ne doivent être faites et requises que sur des renseignemens précis et exacts, et la rigueur de cette mesure ne doit jamais être aggravée par des formes acerbes de la part du fonctionnaire qui y procède. En effet, elle remplit d'amertume le cœur de celui qui la subit; quand cette amertume passe dans les paroles, il mérite encore d'être écouté avec indulgence, même quand ses paroles vont jusqu'à l'insulte. La modération est le devoir de l'homme public; il peut verbaliser et ne doit jamais répondre. Aussi est-il prudent aux magistrats de ne point déléguer cette partie délicate de leurs fonctions, ou du moins de veiller à ce que cette délégation soit faite avec discernement et accompagnée de toutes les recommandations convenables, de manière à ce qu'elle ne mette jamais en présence des passions ennemies ou des haines particulières. »

236. — La nécessité pour le procureur du roi de n'agir qu'avec la plus grande circonspection et sur des renseignemens précis et directs a donné lieu à la question de savoir si une simple dénonciation anonyme peut être regardée comme suffisante à l'effet d'autoriser une visite domiciliaire de la part du procureur du roi.

237. — « En droit, disent MM. Teulet, d'Auvilliers et Sulpicy (*ubi suprà* n° 2), l'affirmative ne peut faire l'objet d'aucun doute; mais la question est plutôt de fait que de droit. Le procureur du roi doit apprécier les charges et les indices qui lui parviennent par quelque voie que ce soit. La précision d'une dénonciation anonyme, sa concordance avec les faits révélés par les premières investigations, et enfin la masse des probabilités, peuvent parfois lui inspirer plus de confiance que la dénonciation d'un individu suspect ou sans consistance. Nous nous bornerons à dire qu'il doit, en pareille occurrence, n'user de son droit qu'avec la plus grande circonspection. »

238. — Au reste, tout ce que nous avons dit jusqu'ici relativement à la manière dont doit être opérée la visite domiciliaire, bien que plus particulièrement applicable au cas prévu par l'art. 36, c'est-à-dire de visite faite en cas de flagrant délit, n'a néanmoins rien de spécial, et peut servir de règle à l'égard de celles qu'aux termes de l'art. 88 et hors le cas de flagrant délit le juge d'instruction peut pratiquer. — V. INSTRUCTION CRIMINELLE.

239. — Mais le magistrat peut-il s'introduire à toute heure, même la nuit, dans le domicile du prévenu et de ses complices?

240. — Cette question, dont le texte seul de l'article 36 laisserait la solution facile, acquiert un certain degré de difficulté en présence des termes de l'art. 76 de la constitution de l'an VIII, ainsi conçu : « La maison de toute personne habitant le territoire français est inviolable. — Pendant la nuit, nul n'a le droit d'y entrer que dans le cas d'incendie, d'inondation ou de réclamation faite de l'intérieur de la maison. — Pendant le jour, on peut y entrer pour un objet spécial, déterminé ou par une loi, ou par un ordre émané de l'autorité publique. »

241. — En conférant le droit ou plutôt le devoir au procureur du roi de se transporter *de suite* au domicile du prévenu, le Code d'instruction criminelle a-t-il abrogé les prescriptions du § 2 de l'art. 76 de la constitution de l'an VIII sur le respect dû au domicile des citoyens pendant la nuit?

242. — Selon Carnot (*Comment. Code instr. crimin.*, art. 36), l'abrogation serait certaine. « Le procureur du roi, dit-il, ne procéderait pas de suite, ainsi que le veut la loi, si la survenance de la nuit pouvait mettre obstacle à son action : la disposition spéciale de l'art. 36 emporte donc pour le cas qu'elle prévoit une dérogation nécessaire et implicite à la disposition générale de l'art. 76 de la constitution de l'an VIII. »

243. — Mais cette opinion est vivement combattue, notamment par Legraverend (*Tr. de législ. crim.*, t. 1er, ch. 5, sect. 5e) et Bourguignon (*Jurisp. C. crim.*, t. 1er, p. 145, n° 6); suivant eux, les mots *de suite* employés dans l'art. 36, C. inst. crim., n'empêchent pas qu'il ne faille exécuter les autres lois relatives aux perquisitions et par conséquent l'art. 76 de la const. de l'an VIII : or cet art. 36, ne mentionnant même pas la nuit, n'a nullement dérogé au principe d'ordre et de liberté civile consacré par l'art. 76, et jusqu'à ce qu'une disposition législative bien formelle ait introduit une semblable dérogation, il y a lieu d'appliquer encore ce dernier article. — D'où la conséquence que si l'utilité d'une visite domiciliaire commence le jour, on peut y procéder de suite, conformément à l'art. 36; si c'est la nuit, il faut attendre le point du jour pour l'exécuter, sauf à faire investir la maison par la force armée durant le reste de la nuit si l'on craint l'évasion du prévenu ou l'enlèvement des pièces de conviction. — V. encore Boitard, p. 78; Mangin, *Instr. écrite*, n° 222; Teulet, d'Auvilliers et Sulpicy, *ubi suprà* n° 7; Massabiau, t. 2, n° 1609.

244. — C'est ainsi que l'ordonnance du 29 octobre 1820, sur le service de la gendarmerie, enjoint à l'officier de gendarmerie (art. 184) de ne jamais pénétrer pendant la nuit dans le domicile d'un citoyen hors des cas prévus par la constitution de l'an VIII. — Dans les cas non prévus par ladite constitution, il doit, aux termes de l'art. 185, se borner à faire cerner la maison et garder les issues jusqu'au jour.

245. — Et il a été décidé, dans une espèce où des gendarmes s'étaient introduits pendant la nuit dans une maison à l'effet d'y opérer l'arrestation d'un conscrit réfractaire, qu'ils devaient être considérés comme ayant agi illégalement, et en dehors des attributions que la loi leur confère. — *Riom*, 4 janv. 1817, Roussel.

246. — Toutefois, quelque sacré que doive être le domicile des citoyens, et quelque respectable que soit le principe qui en fait un asile inviolable, on ne peut se dissimuler qu'une interprétation aussi étroite peut paraître empreinte de quelque exagération, si l'on réfléchit qu'elle ne profitera trop souvent qu'à l'assassin, à l'empoisonneur, au faussaire, qui s'empresseront de faire disparaître, presque sous les yeux de la justice impuissante, les traces et les preuves de leur crime, et qui, après avoir audacieusement violé les lois, trouveraient encore le moyen de s'en faire un rempart contre la société elle-même, qui a bien aussi ses droits non moins respectables, non moins sacrés, et qui devrait, par suite d'un respect mal entendu pour l'intérêt privé, le voir préférer à l'intérêt de tous. — Nous ne serions donc point éloignés, pour notre compte, de nous rapprocher de l'opinion de Carnot, sauf à recommander aux magistrats la plus grande prudence et la plus grande circonspection dans l'exercice d'un droit aussi redoutable, et qui n'est pas, il faut le dire, parce qu'on semble s'y méprendre souvent, l'abus, mais la source d'abus qui, ici, seraient profondément regrettables.

247. — Dans tous les cas, si la visite domiciliaire commencée pendant le jour n'était pas encore terminée lorsque vient la nuit, on ne fait aucun doute qu'elle ne puisse être continuée, l'interdiction n'existant que pour l'entrée dans le domicile. — Bourguignon, *loc. cit.*; Mangin, n° 222.

248. — Il est également incontestable que la défense de pénétrer dans l'intérieur de maisons pendant la nuit souffre exception dans plusieurs cas, et notamment lorsqu'il s'agit de maisons ouvertes à tout le monde indistinctement, tels que cafés, auberges, cabarets, boutiques, etc., jusqu'à l'heure où ces maisons doivent être fermées, « et même, dit Mangin (n° 223), après cette heure si, de fait, elles sont restées ouvertes; car alors elles continuent d'être un lieu public. » — L. 19-22 juill. 1791, L. 28 germin. an VI, art. 129.

249. — Il en est de même dans les maisons où l'on donne habituellement à jouer des jeux de hasard : il suffit que deux citoyens domiciliés les aient signalées comme telles; et dans les lieux notoirement livrés à la débauche. — L. 19-22 juill. 1791, décret 14 sept. 1792. — Mangin, n° 223.

250. — ... Lorsqu'il y a réclamation faite de l'intérieur de la maison, ou dans le cas d'incendie ou d'inondation. — Art. 76 précité de la constitution de l'an VIII.

251. — ... Ou encore, selon Mangin (*loc. cit.*), lorsqu'il s'agit de faire cesser une détention arbitraire. « En effet, dit-il, le Code d'instr. crim. (art. 615 et 616), en prescrivant à tout juge de paix, tout officier du ministère public, tout juge d'instruction de se transporter d'office, ou sur l'avis qu'il en aura reçu, dans le lieu où une personne est illégalement détenue, et aussitôt, sous peine d'être poursuivi comme complice de détention arbitraire, déroge nécessairement à la règle qui défend de s'introduire de nuit dans le domicile des citoyens. »

252. — Mais que doit-on entendre par la nuit? — Lorsqu'il s'agit d'appliquer les lois pénales qui font de la nuit une circonstance aggravante, la jurisprudence est unanime pour suivre la règle posée dans l'art. 781, C. procéd. civ., qui, reproduisant l'art. 4 de la loi du 15 germin. an VI sur la contrainte par corps, appelle nuit l'espace compris entre le coucher et le lever du soleil. — Mais quand il s'agit de déterminer le temps pendant lequel les agens de l'autorité peuvent entrer dans le domicile des citoyens, on suit, dit Mangin (n° 222), la règle prescrite par l'art. 1037, C. procéd., ainsi que par les dispositions du décret du 4 août 1806 et de l'ord. du 29 oct. 1820 relative à la gendarmerie, et on considère comme nuit l'espace compris entre six heures du soir et six heures du matin, depuis l 1er oct. jusqu'au 31 mars, et depuis neuf heures du

soir jusqu'à quatre heures du matin depuis le 1er avr. jusqu'au 30 sept.

253. — Le domicile du prévenu, dans le sens de l'art. 36, est non seulement le lieu où il a son principal établissement, mais encore tous les lieux où il a une habitation, fait une résidence quelconque et a une retraite ou un dépôt d'effets. — Le procureur du roi peut donc faire perquisition dans tous ces lieux ou logemens et dans leurs dépendances. — Mangin, no 221; Bourguignon, *Jurispr. des Codes crim.*, t. 1er, p. 144, no 4.

254. — Comme aussi, alors que l'auteur du crime est inconnu, le procureur du roi peut faire perquisition chez toute personne qu'il a juste raison de penser avoir coopéré au flagrant délit, sauf, bien entendu à n'user de ce droit qu'avec la plus grande circonspection.

255. — Mais le droit conféré au procureur du roi ou à ses auxiliaires autorise-t-il ces fonctionnaires à pénétrer non seulement dans le domicile du prévenu, mais aussi dans l'intérieur des maisons autres que celle du prévenu?

256. — La négative semble résulter du texte même de la loi: l'art. 36 ne parlant que du domicile du prévenu, c'est au juge d'instruction seul que l'art. 88 réserve la faculté de faire des visites dans les autres lieux où il présume qu'il peut se trouver des pièces de conviction. — Tel est l'avis adopté par Carnot (*Instr. crim.*, t. 1er, p. 238), no 2; Boitard, (p. 82); Legraverend (t. 1er, p. 182); Bourguignon (*Jurisp. des Codes crim.*, t. 1er, p. 142, no 3).

257. — C'est également dans ce système qu'ont été rédigés les art. 162 et 163, ord. 29 oct. 1820, sur le service de la gendarmerie, lesquels sont ainsi conçus: « Art. 162. Il est expressément défendu aux officiers de gendarmerie de s'introduire dans une maison qui ne serait pas celle où le prévenu aurait son domicile, à moins que ce ne soit une auberge ou cabaret ou tout autre logis ouvert au public, où ils sont autorisés à se transporter, même pendant la nuit, jusqu'à l'heure où ces lieux doivent être fermés d'après les réglemens de police. » — « Art. 163. Dans le cas où les officiers de gendarmerie soupçonneraient qu'on pût trouver dans une maison autre que celle des prévenus des pièces ou effets qui pourraient servir à conviction ou à décharge, ils doivent en instruire aussitôt notre procureur du roi. »

258. — Mangin fait remarquer avec raison (no 224) combien est étrange cette décision qui donne au juge d'instruction aussi bien qu'au procureur du roi et à ses auxiliaires un pouvoir moins étendu dans le cas de flagrant délit, lorsque l'éclat des poursuites invite les coupables à faire disparaître les traces du crime, que dans les cas ordinaires: «Le procureur du roi, dit-il, ne peut pas toujours, en pareil cas, requérir le juge d'instruction, car le juge d'instruction n'est pas toujours sous sa main; une recherche peut être tellement urgente qu'elle n'admette pas le moindre délai; et l'étendue des arrondissemens fait qu'il pourra s'écouler un ou plusieurs jours sans que le procureur du roi et le juge d'instruction puissent intervenir: ces inconvéniens sont graves, continue-t-il; la loi est évidemment imparfaite. »

259. — Toutefois, Bourguignon (*Jurisp. des codes crim.*, t. 1er, p. 143, no 3), s'étayant de l'opinion de Legraverend (t. 1er, p. 182), établit une distinction et décide que si le procureur du roi est informé dans l'instant même où il procède, que les instrumens ou les produits du crime viennent d'être transportés dans un domicile autre que celui du prévenu, il peut s'y transporter, « car, dit-il, la circonstance du transport des pièces de conviction est caractéristique du flagrant délit. »

260. — Cette distinction est combattue par MM. Teulet, d'Auvilliers et Sulpicy (sur l'art. 36, no 5), qui, après avoir fait remarquer que c'est à tort que Bourguignon invoque l'autorité de Legraverend, qui ne décide point précisément la question, ajoutent que la circonstance du transport des pièces de conviction, bien que caractéristique du flagrant délit, ne présente pas une raison suffisante de décider dans le sens de Bourguignon, « puisque même au domicile du prévenu, le procureur du roi n'a le droit de procéder qu'en cas de flagrant délit: ce magistrat ne pourrait donc faire une perquisition chez le détenteur des effets qu'en le considérant comme complice. »

261. — Et dans la pratique on n'hésite pas à étendre la perquisition hors du domicile du prévenu lorsqu'il s'agit du domicile d'un complice; la circulaire, notamment, du procureur du roi de la Seine à ses auxiliaires leur enjoint de faire perquisition dans les divers domiciles du prévenu, dans ceux de ses *concubines et de ses affidés*.

262. — « Je reconnais bien volontiers, dit Boitard (p. 82), que bien qu'il soit en dehors de la loi, il est bien difficile de ne pas admettre que cet avis est fondé, parce que le plus souvent il y aura contre les personnes désignées dans la circulaire une présomption de complicité résultant du recel, aux termes de l'art. 62, C. pén. Or, lorsqu'il y a présomption de complicité, il est clair que les personnes sur lesquelles cette présomption pèse, les concubines ou les coaffidés sont des coprévenus qui rentrent dans l'application des art. 36 et 37. » — « Ainsi, continue-t-il, si la circulaire ne veut dire autre chose que les visites pourront être faites non seulement chez le prévenu, mais chez toutes les personnes qu'on soupçonne de complicité et d'avoir recélé, il est clair qu'on est dans les termes de la loi. Mais on serait en dehors de son texte et de sa pensée, si on se permettait de faire des visites domiciliaires chez les personnes chez lesquelles on soupçonnerait qu'il y a des objets cachés à leur insu. »

263. — Il serait, au reste, selon Mangin (no 224), difficile de ne pas apercevoir un ou plusieurs des caractères de la complicité dans la conduite d'un tiers qui se trouverait sciemment détenteur de papiers, pièces ou effets se rattachant au crime; et dès-lors une perquisition dans son domicile serait parfaitement légale. S'il s'en trouvait détenteur à son insu, il est peu vraisemblable qu'il se refusât à les livrer. — « D'ailleurs, continue cet auteur, il est incontestable que le procureur du roi a le droit de suivre les choses enlevées dans les lieux où elles ont été transportées. Ce droit, que l'art. 16, C. inst. crim., a donné aux gardes champêtres et forestiers pour les délits qu'ils sont chargés de constater, lui appartient à plus forte raison lorsqu'il s'agit d'objets enlevés à l'aide d'un crime encore flagrant. »

264. — Mais en aucun cas on ne saurait admettre que sous le prétexte d'un flagrant délit, le procureur du roi et ses auxiliaires pussent s'introduire dans le domicile d'un citoyen chez lequel ils espéreraient trouver les preuves d'un autre crime. — Carnot, t. 1er, p. 243, *Observ. addit.*

265. — Remarquons cependant que si le procureur du roi, procédant, contrairement aux principes que nous venons d'exposer, dans une maison étrangère, y recueillait des indices de culpabilité, cette irrégularité ne suffirait pas pour les faire rejeter de l'instruction. — Carnot, t. 1er, p. 239, no 2.

§ 2. — *Saisies.*

266. — S'il existe, dans le domicile du prévenu, des papiers ou effets qui puissent servir à conviction ou à décharge, le procureur du roi en dresse procès-verbal, et se saisit desdits effets ou papiers. — C. inst. crim., art. 37.

267. — L'art. 37 n'est que le corollaire de l'art. 36; il autorise la saisie des papiers et effets dont ce dernier article permet la recherche. Le magistrat doit, du reste, ainsi que l'art. 37 l'y invite formellement, instruire à décharge comme à charge. Si donc il découvre des pièces susceptibles de justifier l'inculpé ou d'amoindrir ses torts, il ne doit pas négliger de les joindre au dossier.

268. — Les règles relatives à la saisie des pièces de conviction en matière de flagrant délit ne diffèrent en rien des règles générales applicables aux instructions ordinaires. Nous nous bornerons donc à renvoyer à cet égard au mot INSTRUCTION CRIMINELLE, où ces règles sont indiquées et examinées avec détail.

269. — Disons seulement ici que le mot *papiers* s'entend de tous les titres, actes, pièces quelconques qui peuvent servir à la découverte de la vérité, s'agît-il même de lettres missives qui pourraient être saisies entre les mains des préposés des postes. — V. POSTES. — Rien, en effet, ne doit échapper ou être soustrait aux investigations de la justice. — V INSTRUCTION CRIMINELLE.

270. — L'art. 35, C. inst. crim., prescrit en outre de saisir les armes et tout ce qui paraîtra avoir servi ou avoir été destiné à commettre le crime ou le délit, ainsi que tout ce qui paraîtra en avoir été le produit; enfin, tout ce qui pourra servir à la manifestation de la vérité.

271. — Enfin le procureur du roi doit, aux termes dudit art. 35, « interpeller le prévenu de s'expliquer sur les choses saisies qui lui seront représentées: il dressera du tout un procès-verbal qui sera signé par le prévenu, ou mention sera faite de son refus. »

272. — « Les objets saisis doivent être clos et cachetés, si faire se peut; ou s'ils ne sont pas susceptibles de recevoir des caractères d'écriture, être mis dans un vase ou dans un sac, sur lequel le procureur du roi attache une bande de papier qu'il scelle de son sceau. » — Code inst. crim., art. 38.

273. — Ajoutons ici que, conformément à la disposition finale de l'art. 39, les formalités prescrites par l'art. 38 ne doivent être accomplies qu'après que les objets saisis ont été représentés au prévenu ou à son fondé de pouvoir, à l'effet de les reconnaître et de les parapher s'il y a lieu, et qu'en cas de refus il en sera fait mention au procès-verbal. Bien que la loi n'exige la mention au procès-verbal de cette exhibition qu'en cas de refus de répondre ou de les reconnaître, il est utile cependant d'y consigner, dans tous les cas, l'accomplissement de cette formalité, qui a pour but d'assurer l'identité des objets saisis.

274. — Il faut même dire que rien ne s'oppose à ce que le prévenu appose sur les objets saisis son cachet particulier, en même temps que le procureur du roi y met son sceau; aucun inconvénient ne peut résulter de cette faculté laissée au prévenu, si l'opération n'en est pas retardée. — V. ordonn. 29 oct. 1820, art. 161.

275. — Mais il ne faudrait pas prendre pour un droit ce qui, à notre avis, n'est qu'une tolérance, et dire, avec Carnot (t. 1er, p. 244, no 2), que l'apposition du sceau du prévenu est sous-entendue et résulte même de la disposition de l'art. 39. — Nous pensons au contraire que le droit du prévenu est circonscrit par cet art. 39, et ne peut être étendu par lui au-delà du simple paraphe qu'il doit être mis en demeure d'apposer sur les pièces saisies; on ne peut, dans le silence de la loi, exiger arbitrairement l'accomplissement de formalités autres que celles qui ont paru au législateur présenter des garanties suffisantes.

276. — Outre le sceau qu'ils apposent, les procureurs du roi inscrivent d'ordinaire, sur la bande de papier qui sert à clore le vase ou le sac contenant les pièces saisies, une mention qui rattache ces objets à un procès-verbal, et qui est signée par eux et par le greffier. Quoique la loi ne prescrive pas cette formalité, on comprend facilement son utilité et sa convenance. — V. Massabiau, t. 2, no 1614.

277. — « Il est bon, dit M. Massabiau (*loc. cit.*), que le sceau judiciaire dont il fait usage dans ces circonstances soit celui qui est gravé en creux, et qui fournit une empreinte en relief, et que les objets saisis soient cachetés avec de la cire. »

278. — Qu'arriverait-il si, au lieu du sceau spécial à ses fonctions, le procureur du roi ou tout officier auxiliaire de police judiciaire avait apposé sur les objets saisis son cachet particulier? — Carnot (t. 1er, p. 245, *Observ. add.*) croit qu'en pareil cas le prévenu pourrait tirer de cette circonstance telle induction qu'il croirait utile à sa défense. Quant à nous, il ne nous paraît pas qu'on puisse attacher une grande importance à cette circonstance de l'emploi du cachet particulier au lieu du sceau spécial aux fonctions, s'il est constant d'ailleurs que les objets ont été clos comme le prescrivait la loi, et que le cachet n'a pas été rompu.

279. — Il y aurait plutôt lieu pour l'accusé de se prévaloir de l'inobservation des formalités prescrites par l'art. 38, non pas que cette inobservation soit de nature ici encore à entraîner la nullité des opérations, mais elle peut autoriser des doutes sur leur sincérité; le procureur du roi ne saurait donc se conformer trop rigoureusement à la loi. — Carnot, *Inst. crim*, t. 1er, p. 244; Teulet, d'Auvilliers et Sulpicy, sur l'art. 38, nos 5 et 6.

280. — Quant aux précautions à suivre pour la conservation des pièces de conviction destinées à être placées sous les yeux des juges, V. INSTRUCTION CRIMINELLE.

Sect. 7e. — *Arrestation du prévenu.*

281. — Le droit le plus important que la loi confère aux fonctionnaires procédant à la constatation du flagrant délit est assurément celui d'arrestation du prévenu; la nature et l'étendue de ce droit font l'objet de l'article 40, C. inst. crim., ainsi conçu: « Le procureur du roi, audit cas de flagrant délit, et lorsque le fait sera de nature à entraîner peine afflictive ou infamante, fera saisir les prévenus présens contre lesquels il existerait des indices graves. Si le prévenu n'est pas présent, le procureur du roi rendra une ordonnance à l'effet de le faire comparaître; cette ordonnance s'appelle mandat d'amener. La dénonciation seule ne constitue pas une présomption suffisante pour décerner cette ordonnance contre un individu ayant domicile. Le procureur du roi interrogera sur-le-champ le prévenu amené devant lui. »

282. — Nous avons vu (*suprà* nos 34 et suiv.) que, malgré les termes non équivoques du paragraphe 1er de l'art. 40, qui restreignent le droit d'arrestation aux cas où il s'agit de faits de nature à entraîner une peine afflictive ou infamante, la jurisprudence et la pratique ont étendu ce droit au cas de simple délit.

283. — Mais en aucun cas il ne faut oublier que l'exercice du droit d'arrestation n'est pas arbitraire: la loi n'autorise cette mesure extrême

qu'autant qu'il existe *des indices graves*; elle prend même soin d'ajouter que la *dénonciation* ne peut constituer une présomption suffisante de culpabilité. — Bourguignon (*Jurisp. des Codes crim.*, t. 1er, p. 248, n° 3) conclut de là qu'à plus forte raison une simple *plainte* ne suffirait pas, la plainte devant encore inspirer moins de confiance que la dénonciation.

284. — Carnot (*Inst. crim.*, t. 1er, p. 248, n° 2) enseigne qu'il doit en être différemment du procès-verbal constatant le délit et faisant présumer la culpabilité du prévenu; ce procès-verbal doit être considéré, selon lui, comme établissant les indices graves qui peuvent autoriser l'exercice du droit d'arrestation.

285. — En théorie, ces règles d'interprétation sur ce qu'on doit comprendre par *indices graves* peuvent être fort rationnelles; mais, en fait, tout se réduit à une question d'appréciation. « La conscience du magistrat, disent MM. Teulet, d'Auvilliers et Sulpicy (sur l'art. 40, n° 5), ne se plie pas aux distinctions que font les auteurs entre la dénonciation, la plainte et le procès-verbal. Ce sont les circonstances concomitantes qui lui font accorder plus de confiance à l'un ou l'autre de ces différens actes. »

286. — Faut-il dire, avec Carnot (*Inst. crim.*, t. 1er, p. 249, n° 1er), que quelque parti que l'on prenne à cet égard, dès qu'il est constant que ces indices existent et qu'il s'agit d'une prévention de crime, le procureur du roi est tenu d'ordonner l'arrestation? Nous ne pensons point qu'il en soit ainsi; le but que s'est proposé le législateur dans l'art. 40 a été sans doute de faciliter l'action de la justice criminelle; mais c'est au magistrat auquel la loi confère le droit d'arrestation qu'il appartient, dans les limites de ses attributions, d'examiner, en présence des circonstances de l'affaire, si l'intérêt de la société exige ou non l'application de cette mesure rigoureuse.

287. — Il semble, du reste, que si les faits sont de nature à justifier l'arrestation, ce droit puisse être exercé par le ministère public de la manière la plus absolue, et quelle que fût la qualité des prévenus. — Mangin, n° 219. — Néanmoins, quelques difficultés se sont élevées à ce sujet.

288. — Et d'abord, le procureur du roi peut-il ordonner l'arrestation quand le prévenu est membre d'une des chambres législatives, pair de France ou député? — Legraverend (t. 1er, p. 185) et Bourguignon (t. 1er, p. 149, n° 2) n'hésitent pas à décider d'une manière absolue l'affirmative.

289. — En ce qui concerne le député, aucun doute ne peut s'élever; si, en effet, sa personne est inviolable pendant la durée de la session, l'art. 44 de la charte constitutionnelle excepte formellement le cas de flagrant délit; il n'est alors besoin d'aucune autorisation de la chambre pour pouvoir l'arrêter même pendant le cours de la session.

290. — Mais, à l'égard des pairs de France, on ne trouve pas les mêmes restrictions dans l'art. 29, portant, en termes généraux, qu'aucun pair ne peut être arrêté que de l'autorité de la chambre: cette différence de rédaction entre les art. 29 et 44 semble devoir conduire à des solutions différentes.

291. — Le droit d'arrestation devrait encore être reconnu d'une manière absolue, suivant Legraverend et Bourguignon (*loc. cit.*), à l'égard de tout fonctionnaire ou agent du gouvernement présumé auteur du flagrant délit; ces auteurs pensent que la nécessité de l'autorisation préalable, condition essentielle de la validité de toute poursuite dirigée contre un fonctionnaire public agent du gouvernement, ne s'applique pas au cas de flagrant délit. — Tel est aussi l'avis de M. Massabiau (t. 2, n° 1579); mais cette opinion est combattue par MM. Teulet, d'Auvilliers et Sulpicy (sur l'art. 40, n° 3).

292. — Quant aux fonctionnaires qui, d'après les articles 479 et 483, C. inst. crim., ne sont justiciables que de la cour royale, le droit d'arrestation ne peut appartenir, selon ces derniers auteurs (*loc. cit.*, n° 4), qu'au procureur général, seul chargé de leur poursuite. — Le flagrant délit n'investit le procureur du roi d'aucun pouvoir extraordinaire à leur égard; il doit se borner, conformément aux prescriptions de l'art. 484, § 2, à constater le corps du délit. — V. au surplus, pour l'examen plus complet de ces diverses difficultés, FONCTIONNAIRES PUBLICS.

293. — L'arrestation dont parle le premier paragraphe de l'art. 40 s'effectue sans le secours d'aucun mandat; elle s'entend conséquemment du fait d'appréhender au corps et de détenir les prévenus présens sur l'ordre du procureur du roi. — D'après l'art. 40, l'expression *mandat d'amener* ne paraît devoir s'appliquer qu'à l'ordre d'arrêter le prévenu absent; néanmoins, dans la pratique, l'ordre de saisir le prévenu soit absent soit présent porte communément le nom de *mandat d'amener*.

294. — Bien que l'art. 40 ne dise pas que le mandat d'amener doit être revêtu du sceau du procureur du roi, il n'en faut pas moins considérer l'accomplissement de cette formalité comme indispensable; sa nécessité résulte d'ailleurs des dispositions de l'art. 95, C. inst. crim., qui, bien que placé sous la rubrique du *juge d'instruction*, contient néanmoins des dispositions évidemment communes. Cet article veut, en effet, non pas que les mandats soient signés par le juge d'instruction et munis de son sceau, mais qu'ils soient signés par *celui* qui les aura décernés et munis de son sceau. — V. MANDATS D'EXÉCUTION.

295. — Les conséquences du mandat d'amener décerné par le procureur du roi sont d'abord de permettre l'interrogatoire du prévenu, qui doit avoir lieu suivant les règles ordinaires tracées au Code d'instruction criminelle. — V. INSTRUCTION CRIMINELLE.

296. — C'est pour ne pas prolonger un état d'incertitude, également fâcheux et pour la société et pour les prévenus, que l'art. 40, § 3, enjoint au procureur du roi d'interroger *sur-le-champ* le prévenu arrêté. Il ne faudrait pas cependant exagérer le sens de cette prescription et en conclure que le procureur du roi doit interrompre tous autres actes d'instruction pour procéder à l'interrogatoire. — Ce que la loi a voulu, c'est que l'interrogatoire du prévenu ne subît aucune remise par le fait personnel du procureur du roi et qu'il eût lieu sans aucun retard provenant de causes peu sérieuses ou étrangères à l'instruction.

297. — Mais si, par exemple, il paraissait nécessaire de recueillir préalablement des renseignemens de nature à préciser le fait et les circonstances qui l'accompagnent, ou à fournir au magistrat instructeur la matière des questions à poser au prévenu, il est évident que le magistrat devrait rechercher ces renseignemens et entendre les personnes aptes à les lui fournir avant de procéder à l'interrogatoire du prévenu.

298. — Lorsque les explications du prévenu paraissent satisfaisantes au procureur du roi, ce magistrat peut et doit même, selon Bourguignon, révoquer le mandat d'amener par lui décerné, et ordonner la mise en liberté du prévenu, dont rien ne justifie plus l'arrestation préventive.

299. — Cette opinion est vivement combattue par Carnot (t. 1er, p. 249, n° 9) et Mangin (*Instr. écrite*, n° 219), qui, se fondant sur les termes de l'art. 45, C. inst. crim., portant qu'après le renvoi au juge d'instruction des actes, pièces, procès-verbaux et instrumens dressés en conséquence des articles précédens, « le prévenu restera sous la main de la justice en état de mandat d'amener, » soutiennent qu'une fois l'arrestation ordonnée, comme elle n'a pu avoir lieu que sur des indices graves, il n'appartient pas au ministère public de revenir sur sa décision première en examinant de nouveau les faits, et qu'il ne peut pas plus déchirer son mandat qu'il ne peut déchirer son procès-verbal.

300. — Mais l'avis de ces criminalistes paraît repoussé, et, selon nous, avec raison, par la majorité des auteurs. — Contraire à tous les principes d'équité et de raison, il repose évidemment sur une interprétation erronée de l'art. 45, C. inst. crim., qui n'a certainement point pour but de refuser au procureur du roi le droit de révoquer le mandat d'amener qu'il a cru devoir décerner, mais prévoit uniquement le cas où l'interrogatoire subi par le prévenu ne l'ayant pas disculpé, le procureur du roi le renvoie devant le juge d'instruction. — Mais tant que ce dernier magistrat n'a pas été saisi, rien n'oblige le procureur du roi à recourir, soit à lui, soit à la chambre du conseil, pour révoquer un mandat d'amener qui, reconnu inutile, ne serait plus qu'une véritable vexation sans aucun but. — Legraverend, t. 1er, p. 399; Massabiau, t. 2, n° 1579; Ortolan et Ledeau, t. 2, p. 89; Teulet, d'Auvilliers et Sulpicy, sur l'art. 40, n° 10.

301. — Le rapprochement des art. 40 et 45, C. inst. crim., a donné lieu, en ce qui concerne l'arrestation du prévenu, à d'autres difficultés non moins sérieuses sur les effets du mandat d'amener.

302. — D'après une circulaire ministérielle du 29 fév. 1812, le mandat d'amener peut être décerné par le procureur du roi, non seulement pour faire conduire l'inculpé devant lui, mais encore pour le faire retenir après qu'il y a été conduit.

303. — Cette même circulaire, assimilant sur ce point le mandat d'amener au mandat de dépôt, veut même que, sur sa présentation, le gardien de la maison d'arrêt soit tenu de recevoir et de garder le prévenu, conformément aux art. 107 et 609, C. inst. crim. — V. dans ce sens Mangin, *Instr. écrite*, n° 219.

304. — Enfin, on a été jusqu'à décider que le prévenu, arrêté en exécution des dispositions de l'art. 40, C. inst. crim., pouvait toujours, par ordre du procureur du roi, être mis au secret. — V. Circul. du procureur général de Rennes, citée par M. Massabiau, t. 2, art. 1578.

305. — « Nous aimons mieux penser, continue cet auteur (*loc. cit.*), que, dans ces circonstances, le ministère public doit se borner à mettre sur-le-champ le prévenu amené devant lui à la disposition du juge d'instruction, qui est chargé par la loi de prendre à son égard les mesures convenables. »

306. — Nous n'hésitons pas à adopter cette opinion. En effet, si l'art. 45 porte que le prévenu restera sous la main de la justice en état de mandat d'amener, nulle part il n'est fait mention qu'il puisse être déposé dans la maison d'arrêt; et il existe même une circulaire ministérielle du 29 flor. an IX qui défend formellement de déposer dans une maison quelconque le prévenu en état de mandat d'amener.

307. — Jusqu'à ce qu'il soit conduit devant le juge d'instruction, ce qui, comme nous le verrons (*infrà* n°s 320 et s.), doit être fait dans un délai fort court, le prévenu doit être simplement gardé à vue, soit dans un corps de garde, soit à la maison commune, soit dans la chambre de sûreté qui se trouve dans les casernes de la gendarmerie, soit même sur le lieu du délit. — Massabiau, t. 2, n° 1580; Ortolan et Ledeau, t. 2, p. 62.

308. — Ainsi jugé qu'alors que dans une commune il n'existe pas de maison d'arrêt, un prévenu, arrêté par suite de flagrant délit, avait pu être valablement retenu dans la chambre de sûreté de la caserne de gendarmerie, jusqu'au moment de son transport devant le juge d'instruction. — *Cass.*, 28 avr. 1836, Solassol. — V. CHAMBRE DE SURETÉ, GENDARMERIE.

309. — Quant au mode de transport des prévenus arrêtés et aux mesures de sûreté à prendre pour prévenir toute évasion de leur part, il y a lieu d'appliquer ici les règles générales. — V. INSTRUCTION CRIMINELLE. — Nous nous bornerons simplement à rappeler qu'aux termes de l'art. 7 du décret du 18 juin 1811, « les prévenus et accusés peuvent toujours se faire transporter en voiture, à leurs frais, en se soumettant aux mesures de précaution que prescrira le magistrat qui aura ordonné la translation au chef d'escorte chargé de l'exécuter. »

Sect 8e. — *Procès-verbaux.*

310. — Toutes les opérations auxquelles a procédé le procureur du roi doivent être, ainsi que nous l'avons dit déjà, constatées par des procès-verbaux qui, aux termes de l'art. 42, C. inst. crim., doivent, à moins d'impossibilité constatée dans leur contexte même, être faits et rédigés en présence et revêtus de la signature du commissaire de police de la commune dans laquelle le crime ou le délit a été commis, ou du maire, ou de l'adjoint au moins, ou de deux citoyens domiciliés dans la même commune.

311. — Nous avons fait connaître les appréciations diverses qu'ont fait naître entre les auteurs la convenance et l'utilité des prescriptions de l'art. 42, et avons vu que l'assistance des personnes qui y sont énumérées semblait devoir être exigée pour les opérations mêmes du magistrat et non pas seulement pour la rédaction des procès-verbaux destinés à les constater; il nous reste à indiquer quelques formalités spéciales prescrites par le même article, dont les dispositions, du reste, n'ont pas pour effet, il faut bien le remarquer, de rendre sans application les règles de droit commun établies pour la rédaction de ces sortes d'actes en général.

312. — Ce n'est pas que l'inobservation même volontaire de la part du procureur du roi de toutes ces formalités entraîne, ainsi que nous l'avons vu également, la nullité de la procédure faite par ce magistrat, mais il est clair qu'il fera mieux de se conformer à la loi (et c'est ce qui a lieu dans l'usage), puisque les procès-verbaux, en définitive, sont destinés à former un des élémens les plus importans de l'instruction.

313. — « En effet, dit Boitard (*ubi suprà* p. 89), quant à l'autorité de ces procès-verbaux, il faut bien remarquer qu'ils ne serviront pas seulement, comme les actes de cette nature, dressés avant notre Code, par les magistrats de sûreté, de simples renseignemens; ils pourront figurer dans le cours de l'instruction, prendre place au dossier, et passer à ce titre sous les yeux de la cour royale chargée de prononcer la mise en accusation. »

314. — Aussi est-il essentiel que toutes les opérations faites par le procureur du roi soient exactement consignées au procès-verbal, non pas, nous le répétons, que l'omission de certaines mentions soit une cause nécessaire de nullité, mais parce qu'au résumé cette omission a pour résultat de

laisser dans l'incertitude des points dont la constation est toujours indispensable à la solution de certains doutes, et pourrait avoir sur l'esprit des juges et des jurés une influence décisive.

315. — Et c'est pour assurer davantage encore la sincérité des procès-verbaux que l'art. 42, § 3, exige en outre que « chaque feuillet en soit signé par le procureur du roi et par les personnes qui y ont assisté; en cas de refus ou d'impossibilité de signer de la part de celles-ci, il en doit être fait mention. »

316. — Rien ne s'oppose, du reste, et c'est là une précaution de prudence qu'il est bon de suivre pour prévenir toute substitution de pages, que la signature du procureur du roi se trouve non seulement sur chaque feuillet, mais même à chaque page, ainsi que cela est prescrit par l'art. 76, C. inst. crim., pour la rédaction du cahier d'information dressé par le juge d'instruction.

317. — Et à ce sujet il convient de remarquer que le procureur du roi, procédant à la constatation du flagrant délit, peut, lui aussi, dresser un cahier d'information, d'où la question s'est élevée de savoir si ces cahiers d'information pouvaient suppléer aux procès-verbaux prescrits par l'art. 42, C. inst. crim.

318. — En principe, les cahiers d'information sont de véritables procès-verbaux; mais comme le fait observer avec raison une circulaire du procureur général de Paris en date du 15 sept. 1835, ils sont la plupart du temps un véritable chaos. Il est donc essentiel pour faciliter l'examen des dossiers et les recherches, au moyen d'un classement méthodique, de remplacer cet usage vicieux par des instructions sur feuilles détachées, c'est-à-dire qu'il faut dresser chaque procès-verbal, recevoir chaque déposition de témoin sur une feuille séparée.

319. — Dans tous les cas, pour faciliter l'exécution de l'art. 341, C. inst. crim., qui veut que le président de la cour d'assises remette aux jurés les procès-verbaux constatant le corps du délit et qu'il en excepte les déclarations écrites des témoins, il faut nécessairement dresser deux procès-verbaux séparés. — Teulet, d'Auvilliers et Sulpicy, sur l'art. 42, n° 5. — V. INSTRUCTION CRIMINELLE.

Sect. 9°. — *Transmission au juge d'instruction.*

320. — Les opérations que nécessitaient l'urgence du flagrant délit accomplies, les procès-verbaux dressés, les pièces de conviction saisies et rassemblées, le procureur du roi doit s'empresser de transmettre le tout au juge d'instruction; dès ce moment les fonctions de la police judiciaire cessent et l'action de la justice commence; le procureur du roi n'est plus que partie poursuivante et doit se borner à requérir. — Bourguignon, *Man. d'inst. crim.*, t. 1er, p. 119, n° 1er; *Jurispr. des Codes crim.*, t. 1er, p. 154, n° 1er.

321. — « Le procureur du roi, porte l'art. 45, C. inst. crim., transmettra sans délai au juge d'instruction les procès-verbaux, actes, pièces et instrumens dressés ou saisis en conséquence des articles précédens, pour être procédé ainsi qu'il est dit au chapitre *Des juges d'instruction.* »

322. — Pour ce qui concerne les mesures particulières de précaution qui doivent être prises pour le transport des pièces de conviction et la translation des prévenus, V. INSTRUCTION CRIMINELLE. — Il n'y a rien à cet égard de particulier au flagrant délit.

323. — L'article continue : « et cependant le prévenu restera sous la main de la justice en état de mandat d'amener. » — Nous avons vu (*suprà* nos 302 et s.) le sens qu'il convient de donner à cette prescription. — Ajoutons que le procureur du roi peut, en outre, ordonner la translation immédiate auprès du juge d'instruction du prévenu s'il est détenu.

324. — Le rapprochement des art. 45 et 47 a donné lieu à une question controversée entre les criminalistes. L'art. 47, en effet, statuant pour le cas de poursuite ordinaire, veut que le procureur du roi adresse des réquisitions au juge d'instruction à l'effet d'agir; l'art. 45, au contraire, n'impose pas au procureur du roi l'obligation de joindre un réquisitoire aux pièces transmises. De cette différence de rédaction, Carnot (t. 1er, p. 155, n° 1er) conclut que le procureur du roi n'est pas tenu de joindre de réquisitoire à l'envoi des pièces relatives au flagrant délit.

325. — L'opinion de Carnot ne nous paraît pas pouvoir être acceptée, et il faut, selon nous, suppléer au silence de l'art. 45. En effet, il est nécessaire, pour que le juge d'instruction soit mis en demeure d'agir, qu'il soit saisi de la procédure par un acte quelconque; or, cet acte ne peut être qu'un réquisitoire. Le juge d'instruction qui ne serait nanti de la procédure que par la remise matérielle des pièces pourrait s'abstenir de continuer l'instruction.

326. — Nous examinerons quels droits comme aussi quelles obligations résultent pour le juge d'instruction de la réception des pièces et documens de l'affaire, et du réquisitoire du procureur du roi.

327. — Constatons seulement ici que dès ce moment tous les pouvoirs extraordinaires conférés au procureur du roi ayant pris fin, ni lui ni ses auxiliaires ne peuvent plus, sauf le cas de délégation, procéder à aucun acte d'instruction; tout acte de cette nature serait entaché d'excès de pouvoirs et de nullité. — *Cass.*, 24 brum. an VII, Roux; 12 niv. an VIII, Michel Bohrer; 7 vent. an X, Antoine Vernoy; 15 flor. an XII, Defrance. — Il est vrai que ces arrêts ont été rendus sous l'empire du Code du 3 brum. an IV; mais le principe qu'ils consacrent reçoit également son application sous le Code d'instruction criminelle actuel. — Bourguignon, *Manuel d'instr. crim.*, t. 1er, p. 64.

328. — Ce dernier auteur (*Jurisp. des C. crimin.*, t. 1er, p. 155, n° 1er) regarde même cette nullité comme si absolue, qu'elle devrait s'étendre au débat oral et au jugement, si dans les débats qui ont lieu, par exemple, devant la cour d'assises, ces actes ainsi indûment faits par le procureur du roi avaient été mis sous les yeux des jurés.

329. — Nous croyons, avec MM. Teulet, d'Auvilliers et Sulpicy (sur l'art. 45, n° 3), que cette conclusion est trop rigoureuse et que, du moment où la chambre des mises en accusation, à qui ces pièces ont été soumises, ne les a pas annulées, le vice qui les entachait s'est trouvé couvert, et par conséquent la nullité de ces actes détruite.

330. — Mais aussi, et avec les auteurs déjà cités, nous pensons qu'à la chambre d'accusation ou du conseil seules, il appartient d'effacer la nullité des actes irrégulièrement faits en les acceptant. — Ainsi, nous repoussons l'opinion de Carnot (t. 1er, p. 265, n° 6), qui prétend que le juge d'instruction donne la vie aux actes irréguliers qu'il ne refait pas.

CHAPITRE V. — *Attributions du juge d'instruction.*

331. — Le juge d'instruction, dans tous les cas réputés flagrant délit, peut faire directement, et par lui-même, tous les actes attribués au procureur du roi, en se conformant aux règles établies au chapitre *Des procureurs du roi et de leurs substituts.* » — C. instr. crim., art. 59.

332. — Les juges d'instruction sont donc investis, en matière de flagrant délit, des mêmes droits que les procureurs du roi, comme aussi ils sont soumis aux mêmes obligations. — Ainsi, lorsque le juge d'instruction se transporte sur les lieux, il doit, comme le procureur du roi, requérir la présence du commissaire de police, du maire ou de l'adjoint, et, à leur défaut, de deux citoyens domiciliés dans la commune, conformément à l'art. 42, qui leur est rendu applicable par l'art. 59.

333. — Toutefois, cette assistance, prescrite lorsque le procureur du roi et le juge d'instruction procèdent isolément, n'est plus nécessaire quand ils sont réunis et agissent ensemble : les règles ordinaires reprennent alors leur empire. — Mangin, *Instr. écrite*, n° 227; Legraverend, t. 1er, p. 24; Bourguignon, t. 1er, p. 152. — V. *contrà* Carnot, t. 1er, p. 257.

334. — De même que le procureur du roi peut, vu l'urgence, procéder sans le concours du juge d'instruction, de même, et en sens inverse, le juge d'instruction peut agir sans le procureur du roi; l'art. 59 porte, en effet : « qu'il peut requérir la présence du procureur du roi, sans aucun retard, néanmoins des opérations prescrites. »

335. — Toutefois, et comme le fait remarquer une circulaire du procureur du roi près la cour de Paris en date du 25 fév. 1811, il ne faudrait pas conclure de là que le juge d'instruction a le droit d'exclure le procureur du roi. — Ajoutons même qu'il est de son devoir de prévenir le ministère public le plus tôt possible. — Duverger, *Man. du juge d'instr.*, n° 117.

336. — Il est bien entendu encore que l'art. 59, C. inst. crim., ne donne au juge d'instruction le droit de pourvoir à l'envoi, à la notification ou à l'exécution de ses ordonnances et mandats, qu'autant que le procureur du roi n'est pas présent. Si le législateur investit le premier des pouvoirs du second dans un cas exceptionnel, ce n'est point pour intervertir les attributions, mais pour que la marche de l'information ne soit pas entravée par l'absence d'un magistrat dont le concours était nécessaire. Il est évident que le motif qui a fait établir cette dérogation au principe général n'existant plus, la dérogation doit cesser d'avoir lieu, et que chacun des deux magistrats reste dans la plénitude de ses pouvoirs. — *Cass.*, 29 avr. 1826, Guemord.

337. — La différence de rédaction qui existe entre les art. 32 et suiv., conçus en termes impératifs, et l'art. 59, rédigé au contraire en termes facultatifs, a donné lieu à la question de savoir si, au cas de flagrant délit, le juge d'instruction *est tenu* d'agir comme le procureur du roi.

338. — La négative paraît assez généralement adoptée; et pour justifier cette solution, fondée avant tout sur le texte de la loi, on fait remarquer qu'il doit en être ainsi par le double motif, d'une part, que le juge d'instruction peut se reposer sur la vigilance du procureur du roi et de ses auxiliaires, ces derniers surtout étant placés plus près des lieux du flagrant délit, et, d'autre part, qu'il eût été préjudiciable à l'intérêt public d'obliger le juge d'instruction, toutes les fois qu'un flagrant délit parvient à sa connaissance, à se distraire de travaux qui peuvent être non moins importans et non moins urgens pour se transporter sur des lieux quelquefois fort éloignés. — Bourguignon, *Man. d'instr. crim.*, t. 1er, p. 139, note A, et *Jurisp. des Codes crim.*, t. 1er, p. 165; Legraverend, t. 1er, p. 187; Boitard, p. 108 et 109; Teulet, d'Auvilliers et Sulpicy, sur l'art. 590, n° 1er.

339. — D'autres criminalistes, et avec plus de raison suivant nous, s'élèvent contre cette opinion, qu'ils regardent comme contraire à l'esprit du législateur, en ce qu'elle aurait pour résultat de restreindre les moyens de répression et d'instruction dans une matière précisément où, pour plus de certitude et de célérité, le législateur a cru devoir confondre les attributions du ministère public et du juge. — Ce qui est facultatif pour le juge d'instruction, dit-on dans ce système, c'est de requérir le procureur du roi; mais son premier devoir est de procéder sans délai, autant que faire se peut. C'est à lui que la loi a confié avant tout les soins de l'instruction criminelle, et l'attribution de quelques uns de ses pouvoirs au ministère public, au cas de flagrant délit, ne saurait avoir pour effet de le dessaisir précisément lorsque les faits sont plus graves. Si la loi permet, par l'art. 32 et suiv., au ministère public d'agir sans l'assistance du juge d'instruction, c'est à cause de l'urgence; mais cependant l'affaire n'en doit pas moins revenir le plus tôt possible au juge d'instruction. Pourquoi donc retarder le moment où celui-ci doit prendre la direction de l'instruction criminelle? — Carnot, t. 1er, p. 289, n° 2; Duverger, n° 7. — V. aussi Mangin, *Instr. écrite*, nos 213 et 214.

340. — Dans tous les cas, on est généralement d'accord que si le juge d'instruction était requis par le procureur du roi, il ne pourrait refuser sa coopération, sous le prétexte que le délit est flagrant : ici doivent recevoir leur application les règles générales sur les devoirs des juges d'instruction au cas de réquisitions de la part du ministère public. — V. Duverger, n° 117; Teulet, d'Auvilliers et Sulpicy, *ubi suprà*; Carnot, t. 1er, p. 289, n° 2.

341. — Carnot (t. 1er, p. 290, n° 7) va même jusqu'à prétendre que l'art. 59 ne distinguant pas entre les crimes et les délits, on doit reconnaître au juge d'instruction, en principe, les mêmes droits au cas de *délit* flagrant que de *crime* flagrant. — V. aussi Boitard, p. 108.

342. — La différence de rédaction de l'art. 59, qui se borne à renvoyer aux art. 32 et suiv., ne nous paraît pas autoriser l'attribution au juge d'instruction de plus de pouvoirs qu'aux procureurs du roi, et nous croyons qu'il y a lieu d'appliquer ici les règles ordinaires que nous avons exposées plus haut sur la poursuite des *délits* flagrans. — V. *suprà* nos 34 et suiv.

343. — La comparaison des termes de l'art. 59, C. instr. crim., avec ceux des art. 32 et suiv., a fait naître une autre question : Le juge d'instruction peut-il comme le procureur du roi, et au cas de réquisition d'un chef de maison, se transporter seul dans le domicile, en vertu de l'art. 46?

344. — Ici encore, la négative paraît généralement adoptée : Legraverend (t. 1er, p. 184) en donne ces deux raisons : 1° que la réquisition d'un chef de maison est un cas tout-à-fait distinct du flagrant délit, et que l'art. 59 n'a trait qu'au flagrant délit; 2° que cette différence se justifie par cette considération qu'au cas de l'art. 46 il ne s'agit que d'une mesure d'ordre public, et que c'est le ministère public qui est le surveillant né de l'ordre public. — V. dans le même sens Massabiau, t. 2, n° 1640; Bourguignon, *Man. d'instr. crim.*, t. 1er, p. 130, et *Jurisp. des Codes crim.*, t. 1er, p. 115; Delamotte-Félines, *Man. du juge d'instr.*, p. 67; Teulet, d'Auvilliers et Sulpicy, sur l'art. 59, n° 5.

345. — M Duverger (n° 116), et nous préférons son sentiment, combat cette opinion, suivant lui formellement contraire à l'esprit de la loi. « Com-

ment, dit-il, admettre qu'alors que la loi confère à de simples officiers auxiliaires un droit aussi exorbitant que celui qui résulte pour eux de l'art. 46, elle ait entendu que le juge d'instruction serait placé en dehors; si l'art. 59 n'a pas renvoyé expressément à l'art. 46, c'est que la compétence du juge d'instruction est générale. Il est tout-à-fait rationnel de décider que toutes les fois que le législateur a jugé nécessaire de créer, vu l'urgence des circonstances, une exception à l'égard du procureur du roi et de ses auxiliaires, il a voulu, par réciprocité et par identité de motifs, en créer une au profit du juge d'instruction, qui est le magistrat instructeur du droit commun. »

346. — Du reste c'est au juge d'instruction seul et non à tout autre juge qu'appartiennent les pouvoirs extraordinaires que l'art 59 lui confère.

347. — Ainsi le juge-commissaire à une faillite est sans caractère pour examiner s'il y a prévention de banqueroute frauduleuse, faire des visites domiciliaires, interroger le failli et le renvoyer en état d'arrestation devant le procureur du roi. — *Cass.*, 13 nov. 1823, Belle. — Carnot, t. 1er, p. 291, *Obs. addit.* — V. FAILLITE.

348. — Le juge d'instruction opérant seul doit, comme le procureur du roi, être accompagné du greffier du tribunal ou d'un commis-greffier, ou à leur défaut prendre un écrivain quelconque pour en tenir lieu. — V. *suprà* n° 168.

349. — Nous avons vu (*suprà* nos 320 s.) que quand c'est par les soins du procureur du roi ou de quelques uns de ses auxiliaires que la constatation du flagrant délit a eu lieu, ce magistrat doit sans délai transmettre au juge d'instruction les actes et pièces avec ses acquisitions. Dès ce moment, en effet, ses attributions extraordinaires prennent fin.

350. — Aux termes de l'art. 60, C. inst. crim., le juge d'instruction doit en ce cas « faire, sans délai, l'examen de la procédure ; — il peut refaire les actes ou ceux des actes qui ne lui paraîtraient pas complets. »

351. — Bien que la loi ne parle que des actes incomplets, il est évident qu'elle confère implicitement au juge d'instruction le droit et même le devoir de refaire ceux qui ne seraient pas réguliers. — Carnot, t. 1er, p. 291.

352. — Mais il faut qu'une grande réserve guide le juge d'instruction dans l'usage de cette dernière faculté, non seulement afin de ne pas susciter des conflits préjudiciables au bien de la justice, mais encore pour ne point multiplier les frais; car, si en s'abstenant de refaire les actes incomplets ou ceux qui lui paraissent irréguliers, le juge d'instruction se les rend propres et les couvre de sa responsabilité, d'un autre côté il faut savoir se rappeler avec discernement que le Code d'inst. crim. ne prononce la nullité d'aucun de ces actes préliminaires à l'arrêt de renvoi, et que ceux faits en dehors des conditions de régularité toujours désirables, ne vicient cependant pas la procédure suivie ultérieurement. — *Cass.*, 6 juin 1810, Lavatori; — Carnot, *loc. cit.*

353. — Comme aussi il convient de remarquer qu'aucune disposition de la loi ne permettant au juge d'instruction d'annuler les actes qui lui paraissent incomplets ou irréguliers, il ne pourrait sans excès de pouvoir en prononcer l'annulation, parce que l'annulation des actes est l'effet du droit de rendre des jugemens, et que, hors les cas expressément prévus, un tel droit n'appartient qu'aux tribunaux. — *Cass.*, 27 août 1818 (int. de la loi), Constans.

354. — Du reste rien n'oblige le juge d'instruction à refaire par lui-même les actes irréguliers et incomplets; il est libre de déléguer à cet effet, suivant les règles ordinaires, même les officiers de police judiciaire dont les actes premiers ne lui ont pas paru suffisans ou réguliers. — Même arrêt. — V. INSTRUCTION CRIMINELLE.

355. — Dans tous les cas, nous avons vu que c'était au juge d'instruction seul qu'il appartenait de prononcer l'amende encourue par ceux qui ont enfreint la défense faite par le procureur du roi ou tout autre officier de police auxiliaire, de sortir de la maison ou de s'éloigner du lieu où opère le magistrat jusqu'à la clôture de son procès-verbal; c'est ce qui résulte de l'art. 34, C. inst. crimm. — V. *suprà* nos 198 et suiv.

FLÉTRISSURE.

1. — La flétrissure en matière de justice criminelle peut s'entendre d'une manière générale des peines qui consistent principalement à appeler sur le condamné la réprobation due à l'infamie. Telles étaient dans l'ancienne législation le carcan, le pilori, le fouet, etc. L'exposition publique aurait aussi ce caractère, mais les lois criminelles désignent spécialement par ce mot la marque imprimée avec un fer chaud sur une partie quelconque du corps du condamné. — V. Merlin, *Rép.*, v° *Flétrissure.*

2. — Les Romains comptaient au nombre des peines consacrées par leurs lois celle de la marque sur le front. Cette espèce de châtiment fut remplacée, sous les empereurs, par la marque sur les mains ou sur les cuisses. — V. Code théodosien, L. 9, *De pœnis.* — Carnot, *Comment. sur le Code pénal*, t. 1er, p. 104, n° 3; Morin, *Dict. de dr. crim.*, v° *Peines*, p. 372.

3. — En France, l'empreinte qu'on appliquait autrefois sur l'épaule des criminels était celle d'une fleur-de-lys.

4. — Sous l'empire de l'ordonnance de 1670, la flétrissure était une peine *principale* à laquelle on condamnait d'une manière directe. — Carnot, t. 1er, p. 49.

5. — Elle fut l'objet d'une déclaration du 4 mars 1724 qui introduisit des dispositions nouvelles sur le mode d'exécution de cette peine. — Merlin, *loc. cit.*

6. — « Ceux ou celles qui se trouveront à l'avenir convaincus de vol, portait l'art. 1er de cette déclaration, et de l'avoir fait dans les églises, ensemble leurs complices et suppôts, ne pourront être punis de moindres peines, savoir, les hommes de celles des galères à temps ou à perpétuité, et les femmes à être *flétries d'une marque* en forme de lettre V, et enfermées à temps ou pour la vie dans des maisons de force; le tout sans préjudice de la peine de mort, s'il y échet, suivant l'exigence des cas. »

7. — Les articles suivans ajoutaient : « Ceux ou celles qui, n'ayant encore été repris de justice, se trouveront pour la première fois convaincus de vol, autre que ceux commis dans les églises, ou vol domestique, ne pourront être condamnés à moindre peine que celle du fouet et d'être flétris d'une marque en forme de lettre V, sans préjudice de plus grande peine, s'il y échet, suivant l'exigence des cas. » — Art. 2.

8. — « Ceux qui, après avoir été condamnés pour vol, ou flétris pour quelque autre crime que ce soit, seront convaincus de récidive en crime de vol, ne pourront être condamnés à moindre peine que savoir : les hommes aux galères à temps ou à perpétuité et les femmes à être de nouveau flétries d'un double V, si c'est pour récidive de vol, ou d'un simple V, si la flétrissure a été encourue pour un autre crime, et enfermées à temps ou pour leur vie dans des maisons de force; le tout, sans préjudice de la peine de mort, s'il y échet, suivant l'exigence des cas. » — Art. 3.

9. — « Ceux qui seront condamnés aux galères à temps ou à perpétuité pour quelque crime que ce puisse être, seront flétris, avant d'y être conduits, des trois lettres G. A L., pour, en cas de récidive en crime qui mérite peine afflictive, être punis de mort. — Art. 4.

10. — L'assemblée constituante considéra l'application de la marque comme une peine immorale et de plus sans utilité réelle pour la société. Elle décida en conséquence qu'elle serait supprimée.

11. — En effet, le Code pénal du 15 sept. 1791 abroge explicitement (part. 2, tit. 1er, art. 35) toutes les peines consacrées par la législation antérieure, qui ne seraient pas expressément conservées par ce Code, et il ne contient aucune disposition sur la flétrissure.

12. — Le Code des délits et des peines du 3 brum. an IV ne fit pas revivre cette peine.

13. — Mais elle fut rétablie pour des cas particuliers par la loi du 13 flor. an X, qui créa des tribunaux spéciaux auxquels elle attribua compétence pour connaître de certains crimes.

14. — L'art. 1er de cette loi portait : « Tout individu qui aura été repris de justice pour un crime qualifié tel par les lois subsistantes, et qui sera convaincu d'avoir, postérieurement à sa seconde condamnation, commis un second crime emportant peine afflictive, sera condamné aux peines portées par la loi contre ledit crime, et, en outre, à être flétri publiquement sur l'épaule gauche de la lettre T. »

15. — L'art 6 disposait que les individus condamnés pour contrefaction ou altération des effets publics, du sceau de l'état, du timbre national, du poinçon servant à marquer l'or et l'argent, des marques apposées au nom du gouvernement sur toute espèce de marchandises, et en général pour faux en écritures publiques ou privées, ou emploi fait d'une pièce qu'ils savaient être fausse, ou enfin pour fausse monnaie, seraient, dès la première fois, et outre la peine prononcée par le Code pénal (de 1791), flétris publiquement sur l'épaule gauche de la lettre F.

16. — La disposition de l'art. 1er de la loi de l'an X relative à la flétrissure en cas de récidive, ne devait recevoir son application que jusqu'à l'époque où la déportation pourrait être substituée à cette peine. — Art. 7 de la loi.

17. — Jugé par application de l'art. 1er de la loi de l'an X que, sous cette loi, la peine de la flétrissure n'était encourue que dans le cas où le coupable d'un crime avait été antérieurement repris de justice pour un fait qualifié crime par les lois existantes lors de la promulgation de ladite loi. — *Cass.*, 1er déc. 1808, Blondi.

18. — La loi du 12 mai 1806 relative aux menaces d'incendie, contenait une disposition analogue ; son art. 1er portait : « Tout individu qui sera convaincu d'avoir menacé, par écrit anonyme ou signé, d'incendier une habitation ou toute autre propriété, si la personne ne dépose une somme d'argent dans un lieu indiqué, ou ne remplit toute autre condition, et bien que les menaces n'aient pas été réalisées, sera puni de vingt-quatre ans de fer et flétri sur l'épaule gauche de la lettre S. »

19. — La compétence pour connaître du crime qualifié par cette disposition appartenait aux tribunaux spéciaux créés par la loi du 23 flor. an X, et à d'autres qu'avait organisés une loi du 18 pluv. an IX. — Art. 2 de la loi de 1806.

20. — Depuis le Code pénal de 1791 jusqu'à celui de 1810, la flétrissure n'exista donc plus comme peine générale, et elle ne fut appliquée qu'aux crimes prévus par les lois du 23 flor. an X et du 12 mai 1806 Les rédacteurs de ce dernier code crurent devoir la faire reparaître dans le droit pénal comme conséquence de condamnations à des peines d'un certain ordre.

21. — Lors de la discussion du projet de Code pénal, un membre du conseil d'état fit observer, dans la séance du 8 oct. 1808, que, quelque peu de faveur que méritassent en général les gens condamnés à la flétrissure, il était difficile de ne pas se préoccuper de la condition *future* de ceux d'entre eux qui pourraient plus tard reprendre leur place dans la société; nonobstant cette observation qui fut combattue par Treilhard, la marque fut rétablie.

22. — L'art. 20 du Code pénal de 1810 portait : « Quiconque aura été condamné à la peine des travaux forcés à perpétuité sera flétri, sur la place publique, par l'application d'une empreinte avec un fer brûlant sur l'épaule droite. Les condamnés à d'autres peines ne subiront la flétrissure que dans des cas où la loi l'aurait attachée à la peine qui leur est infligée. Cette empreinte sera des lettres T P pour les coupables condamnés aux travaux forcés à perpétuité, de la lettre T pour les coupables condamnés aux travaux forcés à temps lorsqu'ils devront être flétris. La lettre F sera ajoutée dans l'empreinte si le coupable est un faussaire. »

23. — Les cas auxquels faisait allusion cette disposition et dans lesquels des individus condamnés à la peine des travaux forcés à temps seulement, devaient néanmoins être marqués, étaient spécifiés par les art. 56, 165 et 180.

24. — L'art. 56, relatif aux peines de la récidive, voulaient que ceux qui ayant été condamnés pour crime avaient commis un second crime entraînant la peine de la réclusion, fussent condamnés à la peine des travaux forcés à temps et à la marque.

25. — D'après l'art. 165, la marque devait être infligée à tout faussaire condamné soit aux travaux forcés à temps, soit même à la réclusion.

26. — L'art. 280 portait : « Tout vagabond ou mendiant qui aura commis un crime emportant la peine des travaux forcés à temps, sera en outre marqué. »

27. — Aussi la cour de Cassation a-t-elle jugé qu'avant la loi du 28 avr. 1832, la peine de la flétrissure ne pouvait pas être appliquée à l'individu condamné aux travaux forcés à temps, lorsqu'elle n'était point encourue pour récidive de crime ou par un faussaire, un vagabond ou mendiant. — *Cass.*, 26 juin 1823, Colonna da Leca.

28. — Malgré la généralité des termes de l'ancien art. 20, Carnot (t. 1er, p. 97, n° 12, et p. 103, n° 1er) estime que le condamné à la déportation qui, après sa rentrée sur le territoire français, était condamné aux travaux forcés à perpétuité pour infraction à son ban, ne devait pas être marqué, parce que le fait qui avait motivé la seconde condamnation n'était pas un crime.

29. — On aurait, suivant le même auteur, à décider de même lorsqu'un condamné à mort subissait la peine des travaux forcés à perpétuité par l'effet d'une commutation de peine, lorsque les lettres de commutation ne portaient pas qu'il serait flétri. Dans ce cas, la flétrissure ne devait pas être appliquée, car il appartenait à l'acte de la puissance souveraine qui avait commué de déterminer le mode d'exécution de la seconde peine. — Carnot, t. 1er, p. 103, n° 2.

30. — La jurisprudence avait souvent décidé que l'art. 165 s'appliquait tout aussi bien à ceux qui avaient fait usage des pièces fausses qu'aux faussaires proprement dits dont parle cet article. — Carnot, t. 1er, p. 511, n° 1er. — V. FAUX.

51. — Dans le système du Code pénal de 1810, la flétrissure n'était donc plus une peine principale comme sous l'empire de l'ordonnance de 1670. Ce n'était plus qu'un mode d'exécution. — Carnot, t. 1er, p. 48, no 11.

52. — De ce que la marque n'était sous le régime du Code pénal de 1810 qu'un *mode d'exécution*, il résultait que l'officier du ministère public près la cour qui avait rendu l'arrêt de condamnation pouvait faire marquer l'individu condamné comme mendiant ou vagabond, bien que l'arrêt fût muet sur la flétrissure. — Carnot, t. 1er, p. 748, no 2.

53. — Ce mode de répression des crimes présentait des inconvéniens d'une extrême gravité en ce qu'il était irréparable. Lors même que le condamné aurait été victime d'une erreur judiciaire reconnue plus tard, ni l'obtention de sa grâce, ni sa réhabilitation ne pouvaient effacer la marque d'infamie imprimée sur sa personne (Carnot, t. 1er, p. 49). En outre, le condamné se trouvait ainsi jeté hors de la société et demeurait presque toujours un ennemi irréconciliable.

54. — « La marque, disait M. de Lally-Tollendal, dans la séance de la chambre des pairs du 17 avril 1819, celle de toutes les peines qui avaient dû être la première abolie, la plus atroce, peut-être, la plus dégradante pour l'humanité, la plus opposée aux remords et au repentir, la plus irréparable surtout quand la justice a eu le malheur de se tromper ; car l'innocent que le glaive a tranché la tête repose au moins dans la tombe quand le coup fatal lui a été porté ; mais l'innocent calomnié, réhabilité, qui reste marqué...; mais ce maire d'un département du nord, le plus probe des hommes, qu'à la suite de mon vertueux ami Malouet j'ai contribué à arracher du bagne des galériens lors de ma rentrée en France, ce père de sept enfans devenus autant d'orphelins, ce mari veuf d'une femme tombée morte en apprenant la condamnation de son époux ; cet homme de vertu et de douleur que de jeunes jurisconsultes du prétoire voulaient laisser en proie à tous les genres de supplices *pour l'honneur de la chose jugée*, et dont au moins nous avons fait triompher l'innocence grâce à l'intégrité courageuse du grand-juge d'alors. Concevez-vous, messieurs, quel tourment, quel vautour dévorait la vie de cet homme de bien ; toujours agité, à peine sorti de chez lui, regardant toujours dans ses poches s'il avait ses lettres de réhabilitation, dans la crainte d'un mouvement, d'un accident qui pouvait faire découvrir sur l'épaule du plus honnête des hommes le signe brûlant du crime le plus infâme. »

55. — « Il serait impossible, dit M. Taillandier qui rapporte ces paroles dans son ouvrage intitulé *Lois pénales de France et d'Angleterre*, p. 216, de peindre avec plus d'énergie les craintes naturelles qui règnent constamment au fond de l'âme de l'homme qui porte sur son bras les lettres de l'infâmie, lors même qu'il a pu prouver son innocence. »

56. — Empressons-nous d'ajouter que l'art. 10 du Code pénal de 1810 a été abrogé par la loi du 28 avr. 1832 qui a modifié le Code pénal. Cette loi, conservant le numérotage de ce Code, a placé sous le même numéro d'article une disposition nouvelle relative à la peine de la détention.

57. — La partie de l'art. 56 qui se référait à la flétrissure a été supprimée par la même loi. Dans la rédaction nouvelle qu'en a reçue l'art. 465, la peine de l'exposition publique a été substituée à celle de la marque. Enfin l'art. 180 a été abrogé.—V. **FAUX, FAUSSE MONNAIE, MENDICITÉ, VAGABONDAGE**.

58. — La législation française, en abolissant la flétrissure, a suivi l'impulsion donnée par certaines législations étrangères. Ainsi, en Russie où la marque consistait à fendre les narines au condamné, l'empereur Alexandre, en 1818, supprima par un ukase toute flétrissure par le motif qu'une pareille marque d'infamie pourrait empêcher les coupables de s'amender. — Carnot, t. 1er, p. 404, no 2.

59. — La législation anglaise n'a pas adopté la peine de la marque. — Taillandier, *Lois pénales de France et d'Angleterre*, p. 432.

FLEURS (Fabricans et marchands de). — FLEURISTES.

1. — Fabricans et marchands de fleurs artificielles, patentables de cinquième classe. Droit fixe, basé sur la population, et droit proportionnel du vingtième de la valeur locative de l'habitation et des lieux servant à l'exercice de la profession.

2. — Marchands d'apprêts et papiers pour fleurs artificielles, marchands de fleurs d'oranger ; patentables de sixième classe. Mêmes droits — fixe, sauf la différence de classe, — et proportionnel que les précédens.

3. — Quant aux fleuristes travaillant pour le

FLOTTAGE.

compte des marchands, ils font partie seulement de la septième classe et sont soumis au même droit fixe que les précédens, sauf la différence de classe, et à un droit proportionnel du quarantième de la valeur locative qu'ils occupent, mais seulement dans les communes de 20,000 âmes et au-dessus.

FLEURETS ET FILOSELLE (Marchands de).

1. — Marchands de fleurets et filoselle en gros, patentables de première classe. Droit fixe basé sur la population, et droit proportionnel du quinzième de la valeur locative de l'habitation et des lieux servant à l'exercice de la profession.

2. — Les marchands en demi-gros et en détail font partie, les premiers de la deuxième et les seconds de la quatrième classe. Même droit fixe, sauf la différence de classe ; droit proportionnel du vingtième de la valeur locative de l'habitation et des lieux servant à l'exercice de la profession. — V. **PATENTE**.

FLEUVES ET RIVIÈRES.
V. **COURS D'EAU, CHEMIN DE HALAGE, TRAVAUX DE HALAGE, USINES, VOIRIE.**

FLOTTAGE.

Table alphabétique.

FLOTTAGE. — 1. — Transport du bois par eau, lorsqu'on le fait flotter. L'invention de ce mode de transport, dont l'honneur revient à Jean Rouvet, remonte à l'année 1549.

2. — L'exploitation, le commerce et le transport des bois ont été de tout temps de la part de la puissance publique l'objet d'une sollicitude particulière qui s'est manifestée dans un grand nombre de lois, d'ordonnances ou de réglemens dont les plus importantes dispositions se retrouveront dans le cours de cet article.

FLOTTAGE, § 2.

3. — On distingue deux espèces de flottage : 1o le flottage à bois réunis en trains ou radeaux ou flottage par train ; 2o le flottage à bois isolés, autrement dit à *bûches perdues*.

4. — Le flottage a lieu par train quand des groupes de bois coupés en bouts de médiocre grandeur sont assujétis ensemble au moyen de perches et de liens, et abandonnés au cours du fleuve comme ne formant qu'un seul corps. — V. Proudhon, *Dom. publ.*, no 857.

5. — Pour le flottage à bûches perdues, on lance la bûche en rivière des bois de corde, c'est-à-dire les bûches faites de branchage ou de bois taillis, et dont la grosseur varie de 16 à 20 centimètres ; ou des bûches de *bois de moule* ou *de quartier*, c'est-à-dire du bois mesuré dont la grosseur est d'au moins 50 centimètres. Et ce bois destiné au chauffage descend ainsi au cours de l'eau jusqu'aux ports où sont construits des arrêts propres à retenir le flot, tandis qu'on le retire des eaux. — Proudhon, *Dom. pub.*, no 1497.

6. — Chaque marchand de bois fait une marque aux pièces qu'il abandonne au cours de l'eau afin qu'elles puissent être reconnues au port d'arrivée.

7. — Une ordonnance du bureau de la ville, du 16 septembre 1745, a décidé que, pour diminuer la perte des bois flottés, chaque branche du train serait à l'avenir divisée en sept mises et une coulure, au lieu de sept. — Dupin, *Code des bois et charbons*, p. 262.

8. — La dimension des bûches et le mode de mesure à employer pour les bois ont été déterminés par l'arrêté du Directoire du 3 niv. an VII.

9. — C'est aux préfets qu'il appartient de prendre certaines mesures, dans l'intérêt des riverains, soit pour fixer la longueur des bûches, soit pour déterminer l'époque de la flottaison qui n'a ordinairement lieu que du mois de novembre au mois de mars. Les arrêtés des préfets doivent être toutefois confirmés par le ministre de l'intérieur. — *Cons. d'état*, 23 fév. 1820, Bochard de Champigny.

10. — Le préfet détermine aussi les jours et heures auxquels le flottage peut avoir lieu, de manière à ne point gêner la marche des usines établies sur les cours d'eau, et de façon aussi à ce que le roulement des usines n'entrave pas d'une manière absolue le flottage.

11. — Le flottage n'ayant été accordé aux marchands de bois que dans l'intérêt de l'approvisionnement de Paris en combustible, il s'ensuit qu'il ne s'étend pas au bois de construction. — Décis. du contentieux. — Isambert, *Recueil des lois*, 1819. App., p. 502, à la note.

12. — Le dépôt des bois destinés au flottage appartient et aux adjudicataires de coupes de bois domaniaux et aux personnes qui exploitent des bois domaniaux. — Daviel, *Cours d'eau*, t. 1er, no 346.

13. — La compagnie du commerce des bois de chauffage ne peut s'occuper que du flottage en trains, du transport et de la conservation des bois. — V. **BOIS ET CHARBONS**, no 55.

14. — Les entrepreneurs de flottage sont soumis à la patente. — Droit fixe de 25 fr., et droit proportionnel du quinzième de la valeur locative de l'habitation seulement.

15. — Le flottage en train s'exerce sur les rivières et grands cours d'eau, le flottage à bûches perdues s'exerce particulièrement sur les ruisseaux.

16. — Le flottage avec train ne peut être établi sur une rivière que par une ordonnance royale. — Solon, *Rép. de jurid*, v° *Eaux*, t. 3, n° 99. — V. **COURS D'EAU**, n° 260.

17. — Quoique les rivières navigables soient à plus forte raison flottables, il est à remarquer toutefois que le flottage à bûches perdues peut y être interdit par l'autorité administrative, eu égard aux embarras qu'il pourrait causer à la navigation et au libre usage des écluses. — Proudhon, *Dom. pub.*, t. 4, p. 222.

18. — Il appartient au préfet de déclarer si une rivière est flottable pour l'exercice du flottage à bûches perdues. — Décr. 22 janv. 1808.

19. — Et une rivière commence à être navigable et flottable au point où il existe des ports. — *Cons. d'ét.*, 19 janv. 1832, Cayla. — Chevalier, *Jurisp. administr. des cours d'eau*, t. 1er, p. 295 ; Cotelle, *Cours dr. admin.*, t. 3, p. 543.

20. — Lorsqu'il s'élève des contestations sur l'état même de la rivière pour savoir si elle est ou non flottable, et à partir de quel point elle commence à l'être, les parties peuvent porter leurs réclamations devant le pouvoir contentieux. — Chauveau Adolphe, *Princ. de comp. et de jurid. admin.*, t. 2, p. 132.

21. — La distinction entre les deux espèces de flottage est importante en ce que les rivières flottables à bois réunis sont intégralement une dépendance du domaine public (V. COURS D'EAU, n°s 245 et suiv.), tandis que les rivières flottables à bûches perdues n'ont pas le même caractère.

22. — Jugé en effet qu'on doit considérer comme des dépendances du domaine public les rivières flottables à traîner des radeaux seulement, et non pas les rivières qui ne sont flottables qu'à bûches perdues. — *Cass.*, 22 août 1823, domaine c. Vitalis et Gombert. — V. sur la propriété des cours d'eau non navigables le mot COURS D'EAU, n°s 252, 315 et suiv.

23. — Et le conseil d'état avait déjà porté dans le même sens l'avis suivant, sous la date du 21 fév. 1822 : « On confond sous la dénomination de *rivières flottables* deux espèces de cours d'eau très distincts, savoir : 1º les rivières navigables sur trains ou radeaux, au bord desquelles les propriétaires riverains sont tenus de livrer le marche-pied déterminé par l'art. 630, C. civ., et dont le curage et l'entretien sont à la charge de l'état ; 2º les rivières et ruisseaux flottables à bûches perdues, sur le bord desquels les propriétaires riverains ne sont assujétis qu'à livrer passage, dans le temps du flot, aux ouvriers du commerce de bois chargés de diriger les bûches flottantes et de repêcher les bûches submergées. — Av. cons. d'état, 21 fév. 1822.

24. — Les cours d'eau flottables avec trains faisant partie du domaine public, les frais d'entretien nécessaires pour l'exercice du flottage sont à la charge de l'état. — Proudhon, *Dom. publ.*, vº *Cours d'eau*, nº 1197 ; de Gérando, *Instit. du dr. admin.*, t. 2, p. 71.

25. — Un préfet est compétent pour ordonner les mesures réclamées pour l'exercice du flottage sur une rivière qui n'avait pas été jusque-là classée parmi les rivières navigables ou flottables. — *Cons. d'état*, 20 janv. 1830, Bié ; — Cormenin, vº *Cours d'eau*, t. 1er, p. 513.

26. — Les arrêtés même qu'il prend à cet égard sont obligatoires, bien qu'ils n'aient pas encore été approuvés par l'autorité supérieure. — *Cons. d'état*, 27 fév. 1836, Maillet.

27. — Et ces arrêtés ne sont pas susceptibles d'être déférés directement au roi par la voie contentieuse. — *Cons. d'état*, 20 janv. 1830, Bié.

28. — Bien que des changemens considérables soient survenus dans l'état d'un canal, et que les tarifs primitivement arrêtés ne puissent plus être appliqués en entier depuis la loi du 15 mars 1790, cependant une indemnité est due au propriétaire de ce canal par les marchands de bois qui en ont fait usage pour faire flotter. — *Cons. d'état*, 23 oct. 1816, Aviat ; — Chevalier, *Jurisp. admin.*, vº *Cours d'eau*, t. 1er, p. 330 ; Magnitot et Delamarre, *Dict. de dr. admin.*, vº *Eau*, t. 1er, p. 166.

29. — Cette indemnité se règle d'après la comparaison de l'état ancien du canal avec son état actuel. — Même décision.

30. — C'est à l'administration de régler et de répartir entre les intéressés les dépenses d'établissement et d'entretien utiles au commerce du flottage. — *Cons. d'état*, 2 août 1826, Bernard ; 27 fév. 1835, Coulon.

31. — D'après la loi du 16 sept. 1807, il suffit que des travaux publics soient exécutés sur une rivière flottable, au profit du commerce de flottaison et de quelques riverains, pour que l'administration ait le droit de régler la disposition des travaux, le paiement des frais par les intéressés et la part contributive de chacun d'eux. — *Cons. d'ét.*, 12 mai 1819, Bardet ; — Cormenin, *Dr. admin.*, vº *Cours d'eau*, t. 1er, p. 511 ; Chevalier, *Jur. adm.*, vº *Cours d'eau*, t. 1er, p. 303.

32. — Les frais d'une vérification de lieux ordonnée sur une demande en autorisation de flottage, sont à la charge de celui qui l'a provoquée. — *Cons. d'état*, 3 déc. 1817, Dupuichaud.

33. — Le conseil de préfecture a seul qualité pour vérifier et confirmer la taxe des honoraires dûs à l'employé des ponts-et-chaussées qui a procédé à cette vérification, et pour statuer tant sur l'opposition du réclamant que sur les frais occasionés par cette contestation. — *Cons. d'état*, 3 déc. 1817, Dupuichaud.

34. — Mais lorsque l'arrêté d'un conseil de préfecture ne statue ni sur les dimensions définitives d'un pertuis de flottage, ni sur la question de savoir qui doit en supporter la dépense, l'usinier a, sous ce double rapport, la faculté de l'attaquer administrativement. — *Cons. d'état*, 20 janv. 1830, Bié.

35. — Les tribunaux étant incompétens pour statuer sur les contestations entre particuliers, relativement à des travaux faits dans des cours d'eau flottables, en exécution de décisions administratives, ne peuvent décider la question de savoir s'il y a lieu de supprimer une vanne établie avec l'autorisation de l'administration, sous la direction de ses agens et pour le service de la navigation et du flottage. — *Cons. d'état*, 18 nov. 1818, Lancelin.

36. — « La loi, dit Proudhon (*Domaine publ.*, nº 1202), n'imposant au flotteur l'obligation de payer aucun droit, si ce n'est dans le cas où il se sert des eaux qui appartiennent au domaine privé et pour simple réparation de dommage causé, le flottage doit avoir lieu gratuitement et sans indemnité, lorsque, sans dommage des propriétés voisines, il est exercé sur une eau courante dont la propriété n'est à personne et dont l'usage appartient à tout le monde. »

37. — « Il suit de là, ajoute-t-il, et son avis est adopté par M. Foucart (*Élém. de dr. publ. et admin.*, t. 2, nº 494), que le flottage doit être considéré comme étant de droit public, et qu'on peut l'exercer même sur les eaux qui sont du domaine privé, telles que celles des étangs et des fossés qui appartiennent à des particuliers. »

38. — « De plus, dit Proudhon, la faculté de flottage à bûches perdues est renfermée dans la grande liberté décrétée, sur l'usage des eaux courantes, par la disposition de l'art. 9 de la loi du 25 août 1792. »

39. — « ... Ainsi, la faculté de flotter à bûches perdues existe de plein droit sur tous les cours d'eau où il est possible de l'exercer et où l'administration ne l'aurait pas prohibée. »

40. — M. Daviel (*Cours d'eau*, t. 1er, p. 282, nº 317), au contraire, enseigne que, le flottage à bûches perdues aggravant singulièrement la condition des riverains, surtout pour l'établissement du marche-pied nécessaire pour le service des flotteurs, partout où il n'existe pas de réglemens administratifs ou conventionnels, il ne peut être pratiqué qu'en vertu d'une déclaration publique et moyennant une indemnité préalable.

41. — Il a même été jugé que la faculté de flotter à bûches perdues n'est pas de droit commun et qu'elle ne peut s'exercer qu'en vertu d'une autorisation administrative. — *Colmar*, 6 fév. 1839 (t. 2 1839, p. 83), Marchal c. Champy.

42. — ... Que le propriétaire d'une source ne peut, pas plus que tout autre, y exercer un droit de flottage à bûches perdues, du moment que les eaux de cette source sortent de son fonds pour s'écouler sur un sol dont il n'a pas la propriété. — Même arrêt.

43. — ... Et que le droit de flottage à bûches perdues ne peut s'acquérir par prescription, lors même qu'un barrage aurait été construit pour faciliter l'exercice du flottage. — Même arrêt. — V. CHEMIN DE HALAGE, nº 48.

44. — Les propriétaires intéressés sont avertis que les marchands feront jeter leur bois à bûches perdues sur les rivières et ruisseaux, par des publications que doit faire l'autorité municipale dix jours au moins avant que les bûches ne soient lancées à l'eau. Cette sage mesure a été primitivement prescrite par l'art. 6, tit. 17, ordonn. de 1672.

45. — ... Et M. Dupin (*C. des bois et charbons*, t. 1er, p. 595) rapporte une ordonnance du bureau de la ville, en date du 30 novembre 1787, qui punit d'une amende de 100 livres le fait d'avoir jeté à bûches perdues les bois destinés à être expédiés pour Paris, sans en avoir prévenu le subdélégué du bureau et fait constater par le procureur du roi que l'état des eaux et de la saison est favorable au flottage.

46. — Les besoins d'un approvisionnement continuel de combustible expliquent la faveur et les priviléges accordés au commerce du bois de chauffage, ainsi que les restrictions qui, dans l'intérêt de cette industrie, ont été apportées à certaines propriétés.

47. — Ainsi, d'une part, on lit dans l'ordonnance de 1672, chap. 17, art. 5 : « ... Et d'autant que les marchands de bois flottés ne peuvent souvent exploiter lesdits bois sans faire de nouveaux canaux et se servir des eaux des étangs, est permis auxdits marchands de bois de faire lesdits canaux et de se servir des eaux desdits étangs, en dédommageant lesdits propriétaires desdites terres et desdits étangs, au dire d'experts et gens à ce connaissant, dont les parties conviennent. »

48. — D'autre part, pour que le droit de flottage pût s'exercer en toute liberté, l'ordonnance de 1672 avait déjà fait défense aux meuniers et à leurs garçons de prendre aucuns deniers ou marchandises des marchands ou voituriers, pour l'ouverture et fermeture des pertuis, à peine de la restitution du quadruple de ce qui aura été exigé. — Chap. 1er, art 5.

§ 3. — *Dépôt des bois sur les propriétés riveraines.*

49. — D'après l'ordonnance de 1672, les marchands de bois pour l'approvisionnement de Paris peuvent se servir des terres proches des rivières navigables et flottables pour y faire les amas de leurs bois, en payant les droits d'occupation.

50. — Cette ordonnance de 1672, qui porte réglement pour l'approvisionnement de Paris, doit-elle s'appliquer à tous les cours d'eau du royaume ? — Proudhon (*Tr. du dom. publ.*, t. 4, nº 1203) résout la question par l'affirmative ; il se fonde sur ce que l'ordonnance contient les règles d'exécution du principe général posé par l'art. 52 du titre 15 de l'ordonnance de 1669, qui porte que le transport passage ou flottage des bois, tant par terre que par eau, ne pourra être empêché ou arrêté, etc.

51. — On peut ajouter aussi, dit M. Foucart (t. 2, nº 494, p. 463), les art. 11 et 17 du titre 3 de l'ordonnance du 23 juill. 1783, qui imposent aux propriétaires d'usines l'obligation de faciliter le passage du bois mis à flot.

52. — La loi du 28 juill. 1824 a fixé l'indemnité due aux riverains des cours d'eau par les flotteurs au sujet du dépôt de bois fait sur leur fonds, avant que les bois ne soient mis à flot ; mais cette loi ne s'applique qu'au flottage qui a lieu sur la Seine et ses affluens.

53. — Pour toutes les autres parties de la France, l'indemnité se règle d'après les termes du droit commun. — Proudhon, t. 4, p. 1215.

54. — Dès-lors les tribunaux doivent fixer cette indemnité d'après le tort éprouvé par le propriétaire riverain et par application des art. 1382 et suiv. C. civ.

55. — L'art. 15 du chap. 7 de l'ordon. de 1672 détermine la hauteur, la longueur des piles et l'intervalle qui doit exister entre elles ; et la loi du 28 juill. 1824 veut que l'indemnité soit payée pour les couches incomplètes à raison de la quantité de cordes qu'elles contiendraient si elles étaient à la hauteur voulue.

56. — Cette indemnité est fixée à 10 centimes par corde de bois empilée sur terre en labour, et à 15 centimes pour une corde empilée sur une terre en nature de pré.

57. — Mais l'ordonnance, et par conséquent l'obligation qu'elle impose aux riverains, ne s'applique pas aux propriétés closes. — *Cons. d'ét.*, 14 juill. 1819, de Moustier.

58. — Il est dans les attributions des préfets d'indiquer et de fixer les ports où peuvent être déposés les bois destinés à l'approvisionnement de Paris. — *Cons. d'état*, 9 juill. 1820, Devaux ; *Cass.*, 18 fév. 1846 (t. 1er 1846, p. 513), Bourbon c. Laudon.

59. — Aux termes de l'ordonnance de décembre 1672 (chap. 17, art. 14), les contestations qui s'élèvent entre les flotteurs pour l'approvisionnement de Paris et les propriétaires riverains au sujet des dépôts de bois faits par les premiers sur les terres des seconds, sont dans les attributions de l'autorité administrative. — *Cons. d'état*, 4 fév. 1824, d'Arthel c. Boutron ; — Cormenin, *Dr. admin*, vº *Cours d'eau*, t. 1er, p. 514 et 520, et vº *Voirie*, t. 2, p. 474 ; Daviel, *Cours d'eau*, nº 440.

60. — C'est à l'autorité administrative à prononcer sur la contestation élevée entre un marchand de bois et un propriétaire riverain de l'Allier à raison d'un dépôt de bois fait par le premier sur le terrain du second. — *Cons. d'état*, 9 juill. 1820, Devaux c. Lenoir ; — Cormenin, *Dr. admin.*, vº *Cours d'eau*, t. 1er, p. 514 et 532 ; Garnier, *Rég. des eaux*, nº 515 ; Chevalier, *Jurispr. admin.*, vº *Cours d'eau*, t. 1er p. 302.

61. — Décidé toutefois que c'est aux tribunaux à statuer sur l'action en dommages-intérêts formée contre des flotteurs pour avoir déposé sans autorisation des bois sur les propriétés riveraines alors d'ailleurs que l'existence et l'étendue du port assigné au dépôt des bois ne sont pas contestées. — *Cons. d'état*, 26 juin 1822, Sallé c. Save et Joachim.

62. — Lorsque le propriétaire et le locataire d'un terrain ne se sont point opposés à ce qu'il y fût déposé des bois pour l'approvisionnement de Paris, et se bornent à réclamer le prix de cette occupation sans mettre en question l'utilité, l'existence et le maintien du port, l'administration est étrangère à cette contestation et les tribunaux sont compétens. — *Cons. d'état*, 21 juin 1825, Allix.

63. — Puisque c'est à l'administration qu'il appartient de désigner les ports pour le dépôt des bois, il y a violation de l'art. 14, chap. 17, de l'ordonnance de déc. 1672, de la part d'un tribunal qui rejette la demande formée par un garde-port en paiement de ses droits de garde et de juré compteur relativement à des bois déposés sur le port auquel il est

préposé en motivant son jugement sur ce que les bois ont été déposés sur ce terrain comme faisant partie d'une propriété particulière. — *Cass.*, 18 fév. 1846 (t. 1er 1846, p. 348), Bourbon c. Lundon.

§ 4. —*Servitude de marche-pied ou chemin de halage à raison du flottage.*

64. — Le flottage constitue une sorte de navigation ; car les trains de bois peuvent être tirés par des chevaux de même que les bateaux, et les bûches perdues lancées dans les flots nécessitent, pour que les amas de bois n'interrompent pas le cours des eaux, une surveillance qui rend indispensable l'existence d'un marche-pied. Toute rivière flottable doit donc avoir un chemin de halage.—V. art. 556, 649 et 650, C. civ.—V. sur l'application que l'on fait spécialement dans l'usage, des expressions : *chemin de halage* et *marche-pied*, le mot CHEMIN DE HALAGE, no 2.

65. — Des termes de l'art. 650 et 651, C. civ., qui qualifient de servitude le marche-pied établi le long des rivières navigables ou flottables, il suit que le terrain sur lequel il est établi reste toujours la propriété du riverain.

66. — C'est par application de ce principe qu'il a été jugé que l'indemnité ne doit pas être nécessairement préalable à l'établissement du chemin de halage. — *Cons. d'état*, 18 mai 1836, Pierre ; 18 mai 1837, de Cavaignac.

67. — De même l'obligation de laisser un espace libre pour le halage des bateaux n'entraîne aucune cession de fonds ; c'est donc au conseil de préfecture qu'il appartient de fixer le montant de l'indemnité. — *Cons. d'état*, 2 janv. 1838, Lerehours ; 6 mai 1836, Pain ; 25 août 1841, de Brigode. — V. décret du 15 janv. 1813. — V. aussi CHEMIN DE HALAGE, no 61.

68. — Pour la largeur du marche-pied dû par les riverains, V. COURS D'EAU, nos 263 et suiv.

69. — La servitude de halage est due, quelle que soit la nature du terrain des propriétaires riverains. — *Cons. d'état*, 22 janv. 1813, Huart. — V. aussi la note placée sous ce décret et CHEMIN DE HALAGE.

70. — Cette disposition a encore été reproduite par l'art. 5 de l'arrêté réglementaire du 13 niv. an V. — V. CHEMIN DE HALAGE, no 43.

71. — De plus, elle a été rendue applicable à toutes les rivières navigables du royaume, soit que la navigation y fût établie à cette époque, soit que le gouvernement se soit déterminé depuis, se conformant aujourd'hui ou à l'avenir à les rendre navigables. — Décret 22 janv. 1808, no 1er.

72. — Pour ce qui concerne le flottage à bûches perdues, voici le texte de l'ordonnance : « Afin que le flottage desdits bois puisse être commodément fait, seront tenus les propriétaires des héritages étant des deux côtés desdits ruisseaux, de laisser un chemin de quatre pieds pour le passage des ouvriers préposés pour les marchands pour composer aval l'eau lesdits bois. »

73. — Cependant le décret du 22 janv. 1808, tout en contenant les mêmes dispositions que l'arrêté de nivôse, autorise en même temps l'administration à restreindre la largeur des chemins de halage, quand le service n'en doit point souffrir.

74. — De ce que le chemin de halage n'est dû que pour les besoins de la navigation il suit que les mariniers et les pêcheurs seuls ont le droit de s'en servir, encore ce ne derniers ne le peuvent-ils que pour tirer leurs bateaux. — *Pardessus, Servitudes*, no 129 ; Daviel, *Législ. des cours d'eau*, t. 1er, p. 67, no 72 ; Dufour, *Dr. admin. appl.*, t. 2, nos 1112 et 1113 ; Foucart, *Élém. de dr. publ. et admin.*, t. 2, no 502. — V. aussi la note jointe à une ordonnance du conseil d'état du 3 juin 1821 (Courtillier), et le mot CHEMIN DE HALAGE, no 71.

75. — Par la suite, le propriétaire d'un cours d'eau sur lequel s'exerce le flottage à bûches perdues, peut refuser le passage à tous autres que les flotteurs.

76.—Quant à l'entretien et à l'état de viabilité du chemin de halage, sa destination fait-il inévitablement, dit M. Dufour (*Dr. admin. appl.*, t. 2, no 1428), à la charge de l'administration. L'arrêté du 30 flor. an X n'avait fait que reconnaître cet égard la conséquence des principes, en autorisant la perception d'un droit de navigation spécialement affecté à cet entretien. Aujourd'hui il est supporté par les fonds généraux alloués à l'administration des ponts et chaussées. Les propriétaires ne sont responsables que des dégradations provenant de leur fait.

77. — Mais la largeur du chemin de halage étant présumée légalement suffisante pour les besoins de la navigation, il en résulte que si les flotteurs foulent le sol au-delà du marche-pied, il y a lieu, contre eux à une action en indemnité du préjudice

causé. — Proudhon, no 672. — V. COURS D'EAU, no 266.

78. — Si le cours d'eau cesse d'être navigable ou flottable, la servitude de halage s'éteint et les propriétaires reprennent le libre et entier exercice de leurs droits. — V. *Encyclop. du droit*, vo *Chemin de halage*, no 49-60.

79. — Suivant dans son application rigoureuse le principe qu'il a établi, Proudhon soutient que le droit de passage des ouvriers qui conduisent le flot, n'étant qu'une conséquence inhérente au droit de flottage lui-même, il en résulte qu'il n'est dû par les flotteurs aucune indemnité aux riverains. — *Dom. publ.*, nos 1205 et 1207.

§ 5. — *Indemnité pour le dommage causé par le flottage et le chômage des usines.*

80. — Pour éviter autant que possible aux riverains et aux usiniers le dommage que pourrait leur causer le flottage, nous avons vu *suprà*, no 44, que des publications doivent être faites pour annoncer la mise à l'eau des bûches.

81. — Si quelque dommage a été causé par le passage d'un flot aux pertuis, aux vannages des usines, les marchands de bois en doivent-ils réparation ? — Proudhon (nos 1221 et suiv.) soutient qu'ils ne doivent que la réparation du dommage causé par la faute des flotteurs, et non point celui que peut faire le choc du bois. Il prétend que ce dommage est le résultat d'une force majeure ; que les bois faisant corps avec l'eau qui les soutient, et le flottage étant d'ailleurs l'exercice d'un droit, une réparation n'est due, pas plus qu'il n'en est dû pour le dommage causé par la seule force des eaux.

82. — Cette opinion est combattue par M. Daviel (t. 1er, no 306) qui n'admet pas que la loi n'ait voulu donner au propriétaire qui a subi le dommage, aucune action en réparation ; parce qu'un côté elle a accordé une indemnité de chômage, et que de l'autre elle a déclaré qu'avant la mise à flot des bois, les pertuis et artifices extérieurs des établissemens, soit usines, soit écluses, seraient visités et leur état constaté par experts.

83. — Il serait incontestablement dû indemnité pour le dommage causé par les contraventions commises par les flotteurs ou ouvriers, aux lois et règlemens de l'autorité compétente.

84. — Les contraventions commises par des usiniers sur une rivière qui n'est ni navigable ni flottable sont du ressort exclusif des tribunaux ordinaires. — *Cons. d'état*, 7 avr. 1824, Rornsprobst ; 12 mars 1824, Mosselmann.

85. — Proudhon pense également que les contraventions que peuvent commettre les flotteurs aux règlemens de police et de surveillance, doivent être soumises aux tribunaux ordinaires. C'est aussi l'avis de M. Lerat de Magnitot, vo *Eau*, t. 1er, p. 466.

86.— M. de Cormenin,au contraire (t. 1er, p. 526 et 538), attribue la compétence sur ces contraventions aux conseils de préfecture. — V. CHEMIN DE HALAGE, no 90.

87. — Les conseils de préfecture sont compétens pour réprimer, sur la demande des tiers intéressés, les contraventions commises sur les rivières navigables et flottables, ordonner la suppression des ouvrages faits sans autorisation et condamner à l'amende.—*Cons. d'état*, 20 juin 1821; de Lescaille.

88.— M. de Cormenin (*ibid.*, note 1re) ajoute même qu'il n'y a pas lieu de distinguer entre les divers obstacles apportés au flottage, soit qu'ils proviennent des riverains, soit qu'ils proviennent des riverains:

89. — Le chômage imposé aux moulins et autres usines est établi, comme nous l'avons déjà dit, par des arrêtés de l'autorité administrative de manière à ne pas gêner le passage du flot. — V. CHOMAGE, no 90.

90. — Le meunier ou l'usinier, que le passage d'un flot oblige à arrêter le mouvement de son moulin, a-t-il droit à une indemnité de chômage? — Il ne semblait pas d'abord que l'on pût revenir sur la disposition de l'ordonnance de 1672, chap. 47, art. 13, qui avait accordé à l'usinier une indemnité et qui l'avait fixée à quarante sous.— V. Dupin, *Code des bois et charbons*, p. 77 et 181.

92.— La cour de Cassation avait même formellement consacré ce droit en statuant de la manière suivante : « Sur comme en vigueur la disposition de l'art. 45, tit. 87, ordonn. de 1669, reproduite par l'art. 13, chap. 47, ordonn. de 1672, qui fixe à deux livres par jour l'indemnité due au propriétaire du moulin qui chôme parce que des bois flottés se sont jetés dans les roues. — *Cass.*, 27 juill. 1808, Lelèvre de Noilly c. Gally ; — Daviel, t. 1er, no 305.

93. — Cependant il existe un décret du 6 janv. 1810, qui, par son art. 2, a décidé que les proprié-

taires de moulins seraient tenus de laisser chômer leurs moulins pendant le flottage, sans qu'il leur fût dû aucune indemnité.

94. — Toutefois il ne paraît pas que ce décret ait été long-temps exécuté, car on trouve des décisions qui lui sont contraires. Et dès le 14 juill. 1811, le conseil d'état reconnaissait dans les motifs de sa décision (aff. Fontaine) que le propriétaire de moulins pouvait avoir à se plaindre du chômage habituel de ses moulins, et être fondé à se pourvoir pour réclamer une indemnité. — *Cons. d'ét.*, 14 juill. 1811, Fontaine.

95. — Jugé encore que les tribunaux ordinaires sont incompétens pour augmenter le taux de l'indemnité due par les flotteurs pour le chômage d'un moulin. — *Bourges*, 8 avr. 1817, Feuillet c. Rousseaux.

96.— Enfin la loi du 28 juill. 1824 a formellement consacré ce droit en portant à 4 fr. par jour cette indemnité.

V. BOIS ET CHARBONS, CHEMIN DE HALAGE, CHOMAGE, COURS D'EAU, MOULINS, USINE.

FOI.

1. — Se dit de ce qui mérite confiance, de ce qui a de l'autorité.—V. ACTE AUTHENTIQUE, ACTE NOTARIÉ, ACTE SOUS SEING-PRIVÉ, ACTE DE L'ÉTAT CIVIL, ARBITRAGE, AVEU, CADASTRE, COPIE DE TITRES, DATE, PAPIERS DOMESTIQUES, TESTAMENT.

2. — Quant à la bonne et à la mauvaise foi, V. BONNE FOI, MAUVAISE FOI.

FOI ET HOMMAGE.
V. FIEF.

FOIRES ET MARCHÉS.

FOIRES ET MARCHÉS. — **1.** — Réunions publiques autorisées pour l'exposition et la vente des marchandises ou denrées de toute sorte, et qui se tiennent dans des lieux déterminés et à des jours fixés.

2. — Les foires (dont le nom vient de *forum*, place publique) diffèrent néanmoins distinguées des marchés, en ce que ceux-ci ne sont établis que pour une étendue de pays circonscrite, le plus généralement bornés à la vente des denrées, et se tiennent périodiquement à certains jours de la semaine ou du mois, tandis que les foires sont destinées à rassembler les commerçans des pays les plus éloignés, admettent généralement les marchandises de toute espèce et ne se tiennent qu'à certaines époques de l'année.

§ 1er. — *De l'établissement des foires et marchés* (n° 3).

§ 2. — *Des droits de place dans les foires et marchés* (n° 44).

§ 3. — *De la police des foires et marchés et des réglemens de l'autorité municipale* (n° 70).

§ 4. — *Des transactions faites en foire et du jugement des contestations* (n° 126).

§ 1er. — *De l'établissement des foires et marchés.*

3. — Suivant les auteurs de l'*Encyclopédie des gens du monde*, c'est au règne de Dagobert et à la Charte fameuse qui institua la foire de Saint-Denis qu'il faut reporter l'origine des foires.

4. — Avant cette époque, il y avait bien déjà des marchés considérables dans beaucoup de villes de France ; mais ils n'étaient pas annuels et périodiques, et les négocians n'exposaient pas leurs marchandises dans un endroit désigné avec de certaines immunités attachées au temps et au lieu.

5. — Sous le nom de *forum indictum*, d'où par corruption est sorti l'*indict* ou *landit*, la foire établie entre Paris et Saint-Denis fut bientôt l'entrepôt le mieux fourni de toute la France. Le temps de sa tenue était une époque de réjouissances ; et le parlement de Paris finit lui-même par prendre un jour de vacation connu sous la dénomination du *landit*, sous le prétexte d'assister à cet immense concours de population et de produits divers.

6. — Les foires de Saint-Laurent et de Saint-Germain à Paris furent également célèbres : des difficultés ayant été élevées par les religieux de Saint-Denis relativement à l'époque de l'ouverture de cette dernière foire, le parlement avait, par arrêt du 42 mars 4484, fixé cette époque au 8 janvier, lendemain de la Chandeleur.

7. — Dans les provinces, il y avait notamment la foire de Guibray à Falaise, et la foire de Beaucaire, qui subsistent encore de nos jours ; la première due, suivant l'opinion commune, à Guillaume-le-Conquérant ; la seconde à Raymond, comte de Toulouse.

8. — Le titre confirmatif le plus ancien que l'on connaisse des franchises de la foire de Beaucaire remonte à 4463 ; le neuvième privilége, consigné dans ce titre, porte : *ultem teneri et celebrari facere consueverunt et potuerunt habitatores dictæ villæ Bellicadri annis singulis, in festo beatæ Mariæ-Magdalenæ et tribus diebus immediatè sequentibus, nundinas in dictâ villâ Bellicadri, de quibuscumque mercantiis perinter quascumque personas undecumque ibidem venire volentes et liberè, sinè solutione alicujus pedagii, redhibentia vel compositi et absque detentione seu captione alicujus personæ, nisi enormitas criminis requirat punitionem delictorum corporalem.*

9. — Les foires ont beaucoup perdu de l'importance qu'elles avaient anciennement et qu'elles tenaient surtout des priviléges établis en leur faveur.

10. — Lorsque la vente, dans une commune, appartenait exclusivement à ses marchands domiciliés, une foire qui suspendait momentanément leur privilége, pour admettre les forains à la concurrence, pouvait être une concession utile aux commerçans des autres villes et agréable aux consommateurs.

11. — Il y avait alors, en effet, une grande utilité dans l'objet des foires, qui est d'appeler dans certaines communes, à des époques déterminées, la plus grande quantité possible de marchandises et le plus grand concours d'acheteurs.

12. — Mais sous une législation qui autorise tout marchand patenté à exercer dans le royaume entier, quand chacun peut venir toute l'année faire ce qu'il n'était permis autrefois qu'au temps d'une foire, ces sortes de réunions n'ont plus que l'utilité qu'elles peuvent tirer du genre de commerce spécial qui en forme l'objet ou des circonstances de localité.

13. — Aussi, l'administration supérieure, tout en ménageant d'anciennes habitudes qu'il serait injuste de contrarier, se montre-t-elle très circonspecte dans l'établissement des nouvelles foires. Sa pensée est que « si quelques unes, heureusement combinées, sont propres à favoriser du temps d'une foire un certain canton à l'autre, ce serait, au lieu de favoriser ses progrès, le changer en un colportage insignifiant. » — Circul. min. de l'intérieur, 8 nov. 4822.

14. — Le tableau des foires actuelles, autorisées par ordre du ministre de l'intérieur, a été publié dans divers recueils, et notamment dans le *Dictionnaire du commerce, de la banque et des manufactures*.

15. — Les marchés, proprement dits, ont principalement pour but l'approvisionnement des localités où ils sont établis. Les plus nombreux sont naturellement les marchés de grains et farines, de comestibles de toute sorte, etc. — V., quant aux règles particulières au commerce des diverses sortes de denrées, COMESTIBLES, GRAINS ET FARINES.

16. — Le mot *marché* signifie le lieu public où l'on vend les denrées nécessaires à la consommation des habitans. Il indique encore l'assemblée de ceux qui vendent et achètent dans ce lieu-là.

17. — Dans le langage ordinaire ainsi que dans le langage administratif, on attache au mot *marché* un sens beaucoup plus restreint qu'à celui de *foire*. Ce dernier exprime une réunion plus nombreuse, plus solennelle et plus rare. Des marchés fréquens peuvent avoir lieu dans de très petites localités, pour les simples denrées de consommation, tandis que les foires ne se tiennent ordinairement que dans les villes et bourgs populeux. — Bost, *Organisat. et attribut. des corps municipaux*, t. 4er, p. 323.

18. — Sur quelques points, les marchés ont aussi pour objet l'écoulement, à des époques périodiques, des produits propres à la contrée. C'est ainsi qu'il y a dans diverses villes des marchés aux toiles, aux cuirs, etc.

19. — Sous l'un et l'autre rapport, leur nécessité est incontestable. Il ne s'agit que de bien régler les lieux et les époques de manière à satisfaire le plus complétement possible les intérêts respectifs du producteur et du consommateur.

20. — L'instruction de l'assemblée nationale des 42-20 août 4790 chargeant les corps administratifs de proposer l'établissement ou la suppression des foires et marchés dans les endroits où elles le jugeraient convenable. — Chap. 6.

21. — Postérieurement, la Convention décréta qu'il était libre à chaque commune d'établir telles foires et marchés que bon lui semblait sans être assujéti à aucune homologation ou approbation des corps administratifs. — Décr. 44-15 août 4793.

22. — Mais elle ne tarda pas à revenir sur cette disposition. Elle se borna à décréter le maintien des anciens marchés existant avant 4789, et revenant aux anciens principes, elle défendit d'en former aucun nouveau jusqu'à ce qu'il en eût été autrement ordonné. — L. 48 vendém. an II.

23. — Plus tard il fut décidé que les jours de foire seraient réglés par les consuls (aujourd'hui par le roi) et les jours de marchés par le ministre de l'intérieur (aujourd'hui le ministre de l'agriculture et du commerce), sur l'avis du préfet, selon les intérêts du commerce et la commodité des habitans. — Arrêté du gouv. du 7 thermid. an VIII. — Tel est encore maintenant sur ce point l'état de la législation, qui se justifie par cette considération que l'institution de ces établissemens ne constituent que des opérations purement administratives. — Bost, p. 322.

24. — Le concours du gouvernement et de l'autorité souveraine a été jugé indispensable pour la création des foires ou pour tout changement qui peut être opéré dans leur tenue, par la raison que les foires n'intéressent pas seulement la commune où elles ont lieu, mais les communes environnantes ou même les départemens voisins, qui y apportent leurs denrées et viennent chercher les objets qui leur manquent, et que c'est dans l'intérêt du commerce en général qu'elles sont instituées. — Ord. royale 26 nov. 4844.

25. — Il suffit d'une décision ministérielle pour l'établissement d'un marché, qui est moins général qu'une foire. — Cormenin, v° *Halles*, t. 2, p. 267 ; Foucart, t. 4er, p. 305 ; Vuillefroy et Monnier, *Principes d'administration*, p. 177 et 207.

26. — Il n'existe d'ailleurs aucune loi qui soumette l'établissement des marchés à la nécessité d'une autorisation préalable par le réglement d'administration publique. — Cons. d'état, 4 avr. 4837, villes de Lyon et de Villefranche c. comm. de Vayse.

27. — Aucune disposition ne prescrit davantage pour l'établissement comme pour les changemens qui peuvent être faits dans les marchés, des formalités que l'observation à peine de nullité. — Cons. d'état, 44 déc. 4837, comm. de Blangy c. comm. d'Oisemont.

28. — C'est au ministre chargé du département de l'agriculture et du commerce qu'il appartient de statuer sur la création ou le changement des marchés. — Même décision.

29. — De même que sur une question relative à la réouverture d'un ancien marché. — Cons. d'état, 4 avr. 4837, villes de Lyon et de Villefranche ; — Bost, p. 323.

30. — Dans tous les cas, ni pour les foires ni pour les marchés il n'est besoin d'une loi ; il suffit d'une autorisation du pouvoir administratif. — Cons. d'état, 47 janv. 4834, comm. de Coucy-le-Château.

31. — Les conseils municipaux doivent naturellement être consultés sur toutes les mesures qui auraient pour objet l'établissement, la suppression, ou le changement des foires et marchés dans leurs localités.

32. — Il faut, en outre, que ces mesures soient préalablement soumises à l'avis du conseil d'arrondissement et du conseil général du département. — L. 40 mai 4838, art. 6 et 44.

33. — L'autorisation ou la suppression des foires et marchés sont des actes de pure administration qui ne sont pas susceptibles d'être attaqués par la voie contentieuse. — Cons. d'état, 47 janv. 4834, comm. de Coucy-le-Château ; 4 avr. 4837, villes de Lyon et de Villefranche c. comm. de Vaysu ; 44 déc. 4837, comm. de Blangy c. comm. d'Oisemont ; 23 déc. 4844, Borniche c. ville de Paris.

34. — Ainsi, notamment, une commune n'est pas recevable à se pourvoir devant le conseil d'état contre une autorisation de cette nature donnée à une autre commune, en se fondant sur la concurrence nuisible que la nouvelle foire ou le nouveau marché doit faire à celui qu'elle possède depuis un temps immémorial. — Cons. d'état, 47 janv. 4834, comm. de Coucy-le-Château.

35. — Jugé également que la décision du ministre qui refuse la réouverture d'un ancien marché, est une mesure administrative qui ne peut être déférée au conseil d'état par la voie contentieuse. — Cons. d'état, 7 juin 4836, comm. de Criquetot Lesneval c. min. du comm.

36. — Toutefois, lorsque la suppression d'un marché public donne lieu à pourvoi devant le conseil d'état, tant de la part de la ville où le marché était établi que de la part des principaux négocians, locataires de ce marché, tous les six très négocians ayant le même intérêt sont recevables à intervenir devant le conseil d'état. — Cons.

d'état, 23 déc. 1844, Borniche c. ville de Paris.

37. — Dans tous les cas, la demande en dommages-intérêts formée contre une ville et fondée sur le trouble que la suppression du même marché aurait apporté à la jouissance garantie par le décret d'établissement, n'est point de nature à être portée devant le conseil d'état. — Même décision.

§ 2. — *Des droits de place dans les foires et marchés.*

38. — Le décret du 15 mars 1790, relatif à l'abolition des droits féodaux, comprit au nombre des droits supprimés sans indemnité : les droits connus sous le nom de coutume, hallage, havage, cohue, et généralement tous ceux qui étaient perçus en nature ou en argent, à raison de l'apport ou du dépôt des grains, viandes, bestiaux, poissons et autres denrées et marchandises dans les foires et marchés, de quelque nature qu'ils fussent, ainsi que les droits qui en étaient représentatifs. — Tit. 2, art. 19.

39. — Par application de ce décret, on doit considérer comme supprimés les droits de halles et boucheries perçus autrefois par le roi, en qualité de seigneur, sur un sol qui n'était pas sa propriété. — *Cons. d'état*, 16 mars 1807, ville de Rennes c. Domaine.

40. — Aujourd'hui, le produit des droits de place dans les halles, foires et marchés, fait partie des recettes ordinaires des communes. — L. 18 juill. 1837, art. 31-6°.

41. — Leur perception, d'après des tarifs dûment approuvés, est d'ailleurs formellement autorisée par les lois annuelles de finances.

42. — Les droits de location des places dans les halles, foires et marchés, ne peuvent être perçus au profit des citoyens qui en seraient propriétaires. — *Cons. d'état*, 25 avr. 1828, Avonde c. comm. de Butat. — V. au surplus, quant à la propriété des halles dans lesquelles peuvent se tenir les marchés, v° HALLES.

43. — Mais l'autorité municipale peut, par arrêté, concéder par bail à un particulier le droit d'exploiter exclusivement une halle. — *Cons. d'état*, 18 déc. 1822, maire de Montauban. — V. encore *infrà* nos 55 et suiv.

44. — Les droits de place dans les halles et marchés devant être entièrement distincts des droits d'octroi, ne doivent être établis qu'à raison du mètre de terrain que les marchands occupent, et non à raison de la marchandise qu'ils étalent. — Circ. min. intér. 17 déc. 1807.

45. — Les tarifs des droits de place dans les halles, foires et marchés, sont délibérés par les conseils municipaux. — L. 18 juill. 1837, art. 19.

46. — Ils doivent être approuvés par le ministre de l'intérieur. — Circul. min. de l'intérieur, 17 déc. 1807; — Vincens, t. 1er, p. 38.

47. — Le ministre de l'intérieur, par cette circulaire du 17 déc. 1807, a fait remarquer que, chargé par la loi de l'administration des communes, il devait être à portée d'apprécier : 1° si elles avaient besoin d'augmenter leurs revenus; — 2° si les droits à percevoir n'étaient pas trop considérables; — 3° si leur établissement ne nuisait pas à la circulation et au commerce des denrées, ainsi qu'à l'approvisionnement des communes, et qu'à ces divers titres l'autorisation d'établir lesdits droits, ne pouvait être accordée que par lui. — Bost, t. 2, p. 409.

48. — Jugé, dans ce sens, que les tarifs à percevoir par les propriétaires dans des halles que les communes ne veulent ni acquérir ni louer, doivent être arrêtés par l'autorité administrative supérieure et non par les préfets. — *Cons. d'état*, 16 nov. 1836, comm. de Roulat c. Vicquelin et Levacher.

49. — Jugé également que l'arrêté par lequel un maire ordonne la perception d'une taxe sur la location des places dans les foires et marchés, établit un véritable droit d'octroi, et ne peut devenir obligatoire que par l'approbation du gouvernement, ou du moins par l'autorisation provisoire du ministre de l'intérieur. — *Cass.*, 15 janv. 1820, Collet, Gardien.

50. — Cependant la cour de Cassation a également jugé que le droit de place dans un marché ou une halle forme une recette ordinaire provenant de la location d'une propriété communale, laquelle, pour être établie et perçue, n'a besoin que de l'approbation du préfet, et nullement de celle du gouvernement ou du ministre de l'intérieur. — *Cass.*, 4 juin 1823, Pierre c. Dorat.

51. — La décision ministérielle qui autorise une commune à percevoir des droits de location de places sur des terrains adjacens à une halle est un acte de pure administration qui ne peut être déféré au conseil d'état par la voie contentieuse. — *Cons. d'état*, 16 nov. 1836, comm. de Boutot c. Vicquelin et Levacher.

52. — Cependant, la commune qui est intéressée au pourvoi dont le tarif a pu être l'objet, est recevable à intervenir sur ce pourvoi devant le conseil d'état. — Même décision.

53. — Il a été jugé que l'infraction à l'arrêté d'un conseil municipal homologué par le préfet, portant fixation des droits dus par les marchands pour location de leurs places sur le marché, et ordonnant que ceux qui refuseraient de payer seraient traduits au tribunal de police, entraîne l'application des peines de simple police, indépendamment du paiement des droits des places. — *Cass.*, 26 flor. an XIII, Lemettais c. Lamant.

54. — Mais postérieurement, la cour de Cassation, reconnaissant que la fixation du prix des places dans les foires et marchés est une mesure qui tient plus à l'administration des biens de la commune qu'à l'exercice du pouvoir municipal, a décidé que les infractions aux arrêtés pris à ce sujet ne constituaient pas une contravention de police et ne pouvaient donner lieu qu'à une action civile en faveur de la commune. — *Cass.*, 12 mai 1843 (t. 2 1843, p. 610), Moreau.

55. — Les administrations municipales peuvent, ainsi que nous l'avons déjà indiqué *suprà* n° 44, concéder par bail à des particuliers le droit de percevoir le produit de la location des places dans les halles, foires et marchés.

56. — Les baux passés à cet égard se font dans la même forme que ceux de tous autres biens ou revenus des communes. — V. BAIL ADMINISTRATIF, nos 57 et suiv.

57. — L'adjudicataire de la perception des droits de location des places aux foires et marchés d'une ville ne peut demander la résiliation de son contrat ou une diminution du prix de son adjudication, sous le prétexte qu'un grand nombre d'individus sont exemptés de la taxe, lorsque ces exemptions sont insérées au cahier des charges. — Il importe peu que le cahier des charges soit imprimé ou manuscrit. — *Cons. d'état*, 4 juin 1823, Mésonial c. maire de Saint-Etienne.

58. — Une remarque essentielle à faire, c'est que la mise en ferme des droits dont il s'agit ne peut altérer en rien le pouvoir de police qui appartient à l'autorité municipale sur les foires et marchés, et que ce pouvoir peut toujours s'exercer, nonobstant les arrangemens qui auraient pu être consentis par le fermier des droits.

59. — Ainsi est valable et obligatoire l'arrêté municipal qui, à raison du non accomplissement des conditions fixées pour l'occupation des places dans un marché, prescrit à un individu de quitter la place qu'il occupe dans ce marché, encore que cette place lui ait été antérieurement donnée à bail par le fermier. — *Cass.*, 27 déc. 1844 (t. 1er 1845, p. 566), Legay.

60. — ... Et le tribunal de police saisi de la poursuite dirigée à ce sujet contre le même individu, ne peut surseoir à statuer, sous le prétexte de l'appréciation qu'il y aurait à faire du bail consenti au fermier, par les tribunaux ordinaires seuls compétens pour en prononcer la résiliation. — Même arrêt.

61. — La qualité de fermiers d'une halle n'investit point non plus ceux qui en sont revêtus d'un caractère public, mais seulement du droit de percevoir pour leur compte et à titre purement privé la portion du revenu communal qu'ils ont loué à leurs risques et périls. — Dans ce cas, leur seul titre est leur bail, et ils ne peuvent exciper des réglemens de police, en tant qu'ils voudraient y puiser un droit qui ne résulterait pas de cet acte. — *Cass.*, 4 août 1840 (t. 2 1840, p. 224), Loyer c. Tiret.

62. — Spécialement, lorsqu'un réglement de police assujétit toutes les denrées et marchandises venant en ville à être *portées* et *déposées* sur les marchés désignés, alors même qu'elles ne seraient pas destinées à être vendues, les fermiers ne peuvent, pour cause d'infraction à ce réglement, intenter une action civile en réparation de dommage, si leur bail ne leur attribue le droit de plaçage que sur les marchandises *exposées en vente*. — Même arrêt.

63. — Jugé encore dans le même sens que lorsqu'un individu a contrevenu à l'arrêté par lequel un maire a défendu d'exposer des denrées en vente ailleurs que sur le lieu du marché, et a déterminé le prix de la location des places, cette dernière disposition dans laquelle le maire a agi dans l'intérêt privé de la commune n'autorise pas le fermier des droits de places à intervenir pour réclamer ses dommages-intérêts dans la poursuite exercée par le ministère public à raison du premier chef. — *Cass.*, 30 juill. 1829, Courtin c. Morin.

64. — L'adjudicataire des droits de place qui, ne se conformant pas aux clauses du procès-verbal d'adjudication passé entre lui et le maire, prélève à l'entrée de la ville les droits de location qu'il ne doit percevoir qu'aux lieux mêmes où les marchandises sont exposées, peut être actionné civilement s'il résulte de son mode de perception un dommage pour la commune; mais on ne peut voir dans son fait une contravention de police qui le rende passible d'amende. — *Cass.*, 12 mai 1843 (t. 2 1843, p. 610), Moreau.

65. — Le fermier des droits de halle qui exige plus qu'il ne lui est dû, peut-il être considéré comme concussionnaire? — V. CONCUSSION, nos 52 et suiv.

66. — En tout cas, la prohibition faite à l'adjudicataire des halles d'une ville d'exiger, *pour prix des places*, une rétribution au-dessus de celle fixée par l'acte d'adjudication, ne fait point obstacle à ce que cette rétribution soit augmentée d'un commun accord entre l'adjudicataire et les sous-locataires, lorsque l'adjudicataire s'est soumis envers eux à certaines obligations extraordinaires, dont il n'était pas chargé par son bail général. — *Cass.*, 15 fév. 1819, Locardé c. Leboucher.

67. — Ainsi, est licite la convention par laquelle un ou plusieurs halliers s'engagent à payer au fermier des droits de place, à titre d'indemnité, une somme en sus du prix fixé par l'adjudication, sous la condition que le fermier, sans y être obligé par cette adjudication, ferait placer à ses frais un nombre de reverbères suffisant pour l'éclairage complet des halles, et qu'il fournirait jour et nuit une garde armée qui ferait une exacte surveillance pour la sûreté des marchandises. — On ne peut dire en ce cas qu'il y a concussion de la part du fermier. — Même arrêt.

68. — Le bail à ferme des droits à percevoir sur les halles et marchés d'une ville, consenti par le maire ou l'adjoint de la commune, n'est point un acte administratif, quoique revêtu de l'approbation du préfet; il n'a d'autre caractère que celui d'un acte privé, soumis aux mêmes règles que les transactions ordinaires entre simples citoyens, pour tout ce qui concerne son interprétation, ses effets, son étendue, ses limites. — En conséquence, les tribunaux ont le droit de déterminer le sens ou l'interprétation d'un acte de cette nature, sans renvoyer devant l'autorité administrative. — *Cass.*, 2 janv. 1817, Lecardé.

69. — Jugé également qu'aucune loi n'attribue à l'autorité administrative la connaissance des contestations entre les fermiers des halles et les communes relativement aux baux à fermes, et qu'il ne peut y être suppléé par les conventions des parties. — *Cons. d'état*, 28 fév. 1828, ville de Gournay c. Poncent. — V. au surplus BAIL ADMINISTRATIF.

§ 3. — *De la police des foires et marchés, et des réglemens de l'autorité municipale.*

70. — Le maintien du bon ordre dans les foires et marchés est au nombre des objets de police confiés à la vigilance et à l'autorité des corps municipaux. — Décr. des 16-24 août 1790, tit. 11, art. 3, n° 3.

71. — Les foires et marchés de Paris sont placés sous la surveillance spéciale du préfet de police. — Arrêté du gouvern. du 12 messid. an VIII, art. 32. — V. PARIS (ville de).

72. — Cette surveillance s'étend sur les marchés où se rendent les bestiaux pour l'approvisionnement de Paris à Sceaux, Poissy, La Chapelle et Saint-Denis. — *Ibid.*

73. — La même autorité est accordée aux commissaires généraux de police, dans les villes où ils sont établis. — Arr. du 5 brum. an IX.

74. — Il est expressément défendu de porter aucune espèce d'armes dans les foires et marchés, sans préjudice des droits des gardes chargés du maintien de la police. — Décr. des 2 et 3 juin 1790, art. 5.

75. — Il doit toujours y avoir de la gendarmerie à portée des foires et marchés pour y maintenir le bon ordre et la tranquillité. — LL. 16 janv. 1791, tit. 8, art. 1er-15°; 28 germ. an VI, tit. 9, art. 125-19°; ordonn. royale du 29 oct. 1820, art. 129. — Sur le soir, les gendarmes doivent faire des patrouilles sur les routes et chemins qui y aboutissent pour protéger le retour des particuliers et marchands qui seraient allés à ces foires. — Ord. précitée, même art.

76. — Il appartient essentiellement à l'autorité municipale de désigner les lieux où doivent se tenir les foires et marchés, et les places que les marchands doivent occuper.

77. — Par suite, l'autorité municipale a le droit d'interdire l'exposition et la vente des denrées et

marchandises partout ailleurs que dans les lieux fixés par ses arrêtés. — *Cass.*, 3 mai 1811, Sauze c. Roure; 9 fév. 1821, Gogain; 10 oct. 1823, Gouron; 16 juill. 1824 (intérêt de la loi), Sauveur-Campi; 6 janv. 1827, Lelattre; 11 juin 1830, Aubry; 22 juin 1832, Hamel; 3 janv. 1835, Mauconduit; 18 juill. 1837 (t. 2 1839, p. 223), Maréchaux Robert et Philippon; 22 déc. 1838 (t. 2 1839, p. 559), Fuld; 25 sept. 1841 (t. 2 1842, p. 230), Bertrand; — *Cons. d'état*, 18 déc. 1822, maire de Montauban.

78. — ... Et les arrêtés pris à cet égard ne peuvent être éludés par une distinction qu'ils n'établiraient pas entre les emplacemens appartenant à des particuliers et ceux qui dépendent de la voie publique. — *Cass.*, 25 sept. 1841 (t. 2 1842, p. 230), Bertrand.

79. — Ces arrêtés doivent être exécutés tant qu'ils n'ont pas été réformés par l'autorité supérieure. — *Cass.*, 3 fév. 1821, Gogain.

80. — ... Et encore bien que le préfet aurait invité le maire à les modifier, si dans le fait ils n'ont pas été changés. — *Cass.*, 22 juin 1832, Hamel.

81. — Vainement les contrevenans prétendraient-ils être en possession de la faculté d'acheter ou de vendre leurs marchandises dans des lieux autres que ceux désignés. — *Cass.*, 6 janv. 1827, Lelattre.

82. — Jugé encore que l'arrêté par lequel le maire fixe les jours de la semaine et les lieux où il est seulement permis aux boulangers forains de vendre du pain est légal et obligatoire, et ne contrarie pas l'art. 7, L. 2-17 mars 1791, qui accorde la liberté des professions et du commerce. — *Cass.*, 3 janv. 1835, Mauconduit.

83. — Le boulanger forain qui a contrevenu à un arrêté de cette nature ne peut pas être acquitté; sous le prétexte que les pains qu'il a portés avaient été commandés par ses pratiques, et n'étaient pas destinés à être vendus publiquement. — *Cass.*, 22 juin 1832, Hamel.

84. — ... Ou sous le prétexte qu'il se bornait à livrer à ses pratiques le pain qu'il leur avait vendu par des arrangemens antérieurs. — *Cass.*, 11 juin 1830, Aubry.

85. — L'arrêté municipal qui fixe le lieu d'une ville où se tiendra le marché des volailles et des œufs défend, par cela même, de vendre ailleurs ces comestibles. — Dès lors, est en contravention celui qui vend des volailles apportées en ville, non sur la place du marché, mais dans une rue qui y conduit. — *Cass.*, 8 sept. 1837 (t. 1er 1840, p. 242), Bertrand.

86. — Du principe que l'autorité municipale peut interdire d'exposer en vente des marchandises dans d'autres lieux que ceux désignés pour la tenue des foires et marchés il suit qu'elle peut également interdire aux aubergistes, cabaretiers et autres habitans de souffrir dans leurs maisons, cours et écuries des ventes de grains, chevaux et autres marchandises ou denrées qui doivent être exposées sur le champ de foire désigné pour chaque espèce. — *Cass.*, 18 juill. 1837 (t. 2 1839, p. 223), Maréchaux.

87. — Jugé toutefois que les individus qui laissent vendre des grains dans leurs magasins ne contreviennent point personnellement au réglement de police par lequel il est défendu d'exposer des grains en vente ailleurs que sur le lieu destiné à les recevoir. — *Cass.*, 19 avr. 1834, Blaise et Lavigne.

88. — Jugé aussi que l'arrêté municipal qui défend l'exposition et la vente de grains et autres comestibles ailleurs que sur l'emplacement à ce destiné a pu être déclaré ne pas s'appliquer aux personnes qui achètent des grains dans l'intérieur de leurs maisons. — *Cass.*, 23 janv. 1841 (t. 1er 1841, p. 805), Signoret.

89. — Lorsqu'un réglement de police interdit aux marchands forains d'exposer leurs denrées ailleurs que sur le marché, le contrevenant qui n'est pas domicilié dans la ville ne peut pas être excusé sous le prétexte qu'il y a loué une chambre. — *Cass.*, 30 juill. 1829, Courtin.

90. — Jugé même que l'arrêté par lequel un maire défend aux marchands qui fréquentent les marchés et foires de la ville de vendre ailleurs que sur certaines places déterminées, est applicable au marchand forain qui débite habituellement dans une boutique dont il est locataire et située dans un endroit de la ville autre que celui fixé. — *Cass.*, 25 mars 1830, Fouquoir.

91. — L'autorité municipale ne doit jamais perdre de vue, dans ses arrêtés relatifs à la tenue des foires et marchés, que ses attributions se bornent à maintenir le bon ordre et à surveiller la fidélité du débit des marchandises. Elle ne saurait sortir de ce cercle sans porter atteinte à la liberté du commerce et de l'industrie. — Avis cons. d'état 20 juin 1836.

FOIRES ET MARCHÉS, § 3.

92. — Ainsi est illégal, comme portant atteinte à la liberté du commerce et de l'industrie, l'arrêté par lequel l'autorité municipale faisant revivre d'anciens réglemens défend aux colporteurs et marchands forains d'étaler et vendre leurs marchandises dans la ville hors des temps de foire. Elle peut seulement les astreindre à n'étaler et vendre leurs marchandises, les jours de foires ou de marchés, que dans le lieu par elle désigné, et pour les autres jours leur défendre de vendre, s'ils ne l'ont préalablement prévenue des endroits où ils ont l'intention de vendre. — *Cass.*, 22 déc. 1838 (t. 2 1839, p. 559), Fuld.

93. — N'est pas non plus obligatoire l'arrêté de police qui défend aux habitans d'une commune de s'approvisionner ailleurs que dans cette commune de la viande dont ils ont besoin pour leur subsistance personnelle. — *Cass.*, 11 août 1842 (t. 2 1842, p. 702), Jacquet.

94. — Cependant, il a été jugé que le réglement de police qui défend aux grainetiers et aux marchands en détail de fourrages d'une ville, d'acheter de ces denrées ailleurs que sur les marchés de cette ville et même hors de son enceinte, est pris dans le cercle des attributions municipales. — *Cass.*, 12 nov. 1830; Chevillon et Bellon.

95. — Lorsqu'un arrêté municipal défend ainsi de vendre et d'acheter les grains sans les avoir exposés à la halle, le garde-magasin des subsistances militaires qui achète du blé dans son magasin commet une contravention dont ses fonctions ne peuvent le disculper puisque les agens du gouvernement, pour l'exécution des ordres qui leur sont donnés, doivent se conformer aux lois et réglemens. — *Cons. d'état*, 28 juill. 1824, Bureau.

96. — L'autorité municipale n'a pas le droit de subordonner l'exposition en vente des marchandises apportées par des marchands forains et colporteurs à la formalité préalable de produire devant elle soit les passeports et patentes dont ces marchands doivent être munis, soit les factures légalisées de leurs marchandises, et de soumettre celles-ci à l'examen d'experts chargés de constater leur qualité et leur origine. — *Cass.*, 8 mai 1841 (t. 1er 1844, p. 502), Labrousse.

97. — Jugé également que l'autorité municipale n'a pas le droit d'imposer aux marchands forains l'obligation de soumettre les marchandises qu'ils veulent mettre en vente à une vérification d'experts nommés par le maire, à l'effet de constater les défectuosités et les taxes de ces marchandises, ni de leur prescrire de placer sur chacun des objets mis en vente l'indication en caractères lisibles de ces défectuosités et taxes, et du bon ou du faux teint des marchandises. — *Cass.*, 7 mai 1841 (t. 1er 1844, p. 502), Léon Salvador.

98. — Néanmoins, il a été plusieurs fois jugé que l'arrêté d'un maire portant défense à tous capitaines, maîtres de barques et autres d'exposer en vente des poissons ou des coquillages avant qu'ils aient été soumis à l'inspection de la police, et que ces vendeurs aient reçu une permission de les débiter, est pris dans le cercle des attributions municipales. — *Cass.*, 25 oct. 1827, Jacques Babin; 20 avr. 1828, Calloch; 20 juin 1828, Victorine Louiseau.

99. — Jugé d'ailleurs que l'autorité municipale peut exiger que tous ceux qui apportent des denrées dans une ville pour y être vendues les portent directement sur le marché pour qu'elles y soient soumises à l'inspection de la police et au droit du plaçage. Ainsi, par exemple, le marchand qui, contrairement à une ordonnance de police prescrivant de semblables dispositions, refuse de conduire sur le marché des volailles qu'il reçoit du dehors, ne peut être excusé et renvoyé des poursuites sous le prétexte qu'il ne vend jamais la volaille, objet exclusif de son commerce, que sur le marché où il a une place spéciale pour laquelle il paie une certaine somme au fermier de plaçage. — *Cass.*, 15 juill. 1830, Laurent.

100. — Dans la plupart des marchés, l'acheteur bourgeois a le droit d'acheter avant le commerçant revendeur, et des heures sont déterminées pour l'exercice de cette préférence. — Vincens, t. 1er, p. 39. — L'objet de cette mesure est de ne pas laisser les habitans exposés à ne pas pouvoir se procurer leurs approvisionnemens au marché ou à subir les prix auxquels les revendeurs élèveraient les denrées dont ils font trafic.

101. — Il est, en conséquence, de jurisprudence que l'autorité municipale a le droit de fixer aux revendeurs ou détaillans de comestibles ou autres denrées de consommation la défense de s'introduire dans les marchés avant une heure déterminée. — *Cass.*, 4 fév. 1826, Paganel; 19 avr. 1834, Blaize et Lavigne; 18 juill. 1840 (t. 2 1841, p. 131), Mistral; 23 avr. 1841 (t. 1er 1842, p. 444), Lemoal;

FOIRES ET MARCHÉS, § 3.

27 nov. 1841 (t. 1er 1842, p. 600), Lefront; 23 déc. 1841 (t. 1er 1842, p. 481), Quémener.

102. — Jugé notamment que l'autorité municipale peut légalement prendre un arrêté qui défend à tous revendeurs d'aller au-devant des vendeurs pour leur acheter leurs denrées avant qu'elles soient exposées au marché; de faire, par eux ou par leurs affidés, aucun achat de comestibles exposés aux marchés avant une certaine heure, et qui, dans le but de faire respecter cette double prohibition, interdit aux mêmes individus l'entrée du marché depuis midi, la veille du jour où il doit se tenir. — *Cass.*, 18 juill. 1840 (t. 2 1841, p. 131), Mistral.

103. — Jugé aussi qu'il y a légalité dans l'arrêté du maire qui défend aux détaillans d'acheter dans les lieux d'arrivage et dans les marchés avant une certaine heure, et d'aller, par terre ou par eau, au-devant des bateaux ou voitures qui portent des denrées destinées à approvisionner les marchés, soit pour les acheter, soit pour les arrher. — *Cass.*, 4 fév. 1826, Paganel; 19 avr. 1834, Blaize et Lavigne.

104. — Mais ces diverses prohibitions doivent être expresses, et ne peuvent être suppléées par les tribunaux. — *Cass.*, 23 déc. 1841 (t. 1er 1842, p. 481), Quémener.

105. — Toutefois, un avis du conseil d'état (comité de l'intérieur) du 16 mars 1831, porte que l'arrêté d'un maire qui défendrait d'aller au-devant des marchands forains pour arrher, acheter en paroles, des volailles et autres comestibles, et qui défendrait de les vendre avant d'être sur le marché, serait contraire aux principes de liberté du commerce. « La loi du 17 mars 1791, porte cet avis, dispose qu'il sera libre à toute personne de faire tel négoce qu'elle trouvera bon, sauf la patente et la soumission aux réglemens de police; dans une semblable matière, il est d'une bonne économie politique de s'en rapporter à l'intérêt des commerçans, toujours déterminé par l'intérêt des consommateurs. Agir autrement, ce serait porter une véritable atteinte aux droits qu'a tout citoyen de se transporter avec ses propriétés où bon lui semble, sauf acquit des impôts. »

106. — Lorsqu'un réglement de police défend à tout revendeur de s'introduire *dans les marchés et d'y acheter et marchander aucune denrée avant dix heures du matin*, il y a contravention punissable de la part du revendeur qui s'est introduit dans le marché à neuf heures et demie, bien qu'il n'y ait rien acheté ni marchandé. — *Cass.*, 24 juin 1831, Bourcy.

107. — De même, le revendeur qui s'est introduit dans le marché à une heure prohibée pour lui ne peut être excusé sur le motif qu'il vendait et n'achetait pas. — *Cass.*, 14 nov. 1835, Belle.

108. — Lorsqu'il est défendu aux revendeuses et regratières par un réglement de police d'acheter sur le marché avant dix heures, et d'aller attendre les personnes venant au marché, la revendeuse qui achète avant l'heure fixée, ne peut être excusée sous le prétexte qu'elle a fait cet achat dans son domicile, où le vendeur s'était rendu de son chef. — *Cass.*, 13 mai 1830, Bertin.

109. — L'individu qui a pénétré dans un marché avant l'heure à laquelle, à raison de son commerce, les réglemens lui permettent de s'y introduire, ne peut être renvoyé de la poursuite du ministère public, sous le prétexte qu'il était ce jour-là de service comme garde national, et avait droit, à ce titre de circuler dans le marché, alors qu'il n'a ni allégué ni établi qu'il eût été placé en faction et chargé de veiller au maintien de l'ordre. — *Cass.*, 6 oct. 1832, Lelièvre-Caignault.

110. — Les maires ne sont pas seulement investis du droit de déterminer par des réglemens le lieu où doivent être déposées les denrées destinées à l'approvisionnement d'un marché. Ils peuvent également fixer le lieu où ces denrées doivent être déposées lorsqu'elles n'ont pas été vendues. — En conséquence, les contraventions à ces réglemens doivent être punies conformément à l'art. 471, C. pén. — *Cass.*, 11 juin 1813, Picard.

111. — Jugé dans le même sens qu'une ordonnance du préfet de police de Paris qui prescrit aux approvisionneurs des halles et marchés le dépôt dans une resserre publique des denrées non vendues au marché du jour, pour être remises en vente au marché du lendemain, et interdit à toutes personnes de les recevoir en dépôt ou en magasin., est légale et obligatoire. — Cette ordonnance a pour objet de faciliter au préfet de police l'accomplissement des devoirs qui lui sont imposés par la loi des 16-24 août 1790, dans l'intérêt général des habitans de la ville de Paris : elle ne peut donc être critiquée comme attentatoire à l'exercice légitime du droit de propriété dans la disposition qui interdit à toute personne de rece-

voir en dépôt ou en magasin des denrées destinées à l'approvisionnement des halles et marchés.— *Cass.*, 31 mars 1838 (t. 2 1839, p. 162), Picard.

112. — Dans l'usage on reconnaît également à l'autorité municipale le droit de prendre toutes les mesures qui peuvent être nécessaires pour le bon ordre des ventes et notamment d'instituer des préposés, ou *facteurs*, par l'intermédiaire desquels ces ventes sont effectuées. — V. FACTEURS AUX HALLES ET MARCHÉS.

113. — Les maires peuvent aussi prescrire le lieu et le mode de pesage et de mesurage, et instituer des préposés officiellement chargés de procéder à ces opérations, au cas de difficultés entre le vendeur et l'acheteur. — V. POIDS PUBLICS.

114. — Il a été également jugé qu'un maire peut légalement prendre un arrêté qui, pour établir l'ordre dans les ports de la ville et faire cesser toute contestation sur le salaire des portefaix, institue une compagnie de crocheteurs chargés d'exercer exclusivement les fonctions de portefaix, sans préjudice de la faculté qu'aura toute personne de faire décharger et transporter ses marchandises et denrées, par ses grangers ou domestiques gagés à l'année. — *Cass.*, 1er mai 1823 Brun.

115. — Mais l'arrêté d'un maire, qui porte que tous les travaux relatifs aux marchands de grains et farines continueront à se faire, comme par le passé, par les portefaix attachés à ce service, ne met aucun obstacle à ce que les marchands fassent porter leurs sacs par les gens de leur famille ou leurs domestiques, si, en se reportant aux réglemens antérieurs, on ne trouve aucune disposition qui le leur interdise.—*Cass.*, 16 avr. 1819, Broyard.

116.—Le maire ne peut pas prendre des mesures qui seraient destinées à favoriser certains marchands ou certains acheteurs.—Bost, *Organisation et attribution des corps municipaux* (t. 2, p. 325).

117.—Ainsi, il ne pourrait accorder ni mettre en adjudication, au plus offrant, le droit exclusif de vendre certaines denrées dans les marchés; car on ne peut imposer aux acheteurs, des vendeurs qui ne seraient pas de leur choix, et qui n'auraient pas leur confiance. — Avis du cons. d'état, comité de l'intér., 6 juill. 1834.

118.—Tout arrêté pris par les maires pour la police des foires et marchés, dans le cercle de leurs attributions municipales, est, au surplus, obligatoire, sans pouvoir être éludé sous aucun prétexte ni méconnu par les tribunaux.

119.—Seulement, les maires ne doivent pas perdre de vue qu'il ne leur appartient pas d'établir arbitrairement des peines, et qu'ils doivent se borner à rappeler celles qui sont établies par la loi.— *Cass.*, 13 déc. 1821, Vignole. — V. au surplus POUVOIR MUNICIPAL.

120.—Lorsque, par un arrêté de police, il est ordonné qu'une halle couverte restera parfaitement libre pour servir d'asile aux vendeurs en cas de pluie, le tribunal de simple police ne peut acquitter un quincailler qui l'a obstruée, en se fondant sur ce que la prohibition n'a eu pour objet que d'exclure les marchands de comestibles. — *Cass.*, 13 juin 1828, Descutte.

121. — Lorsque sur le refus d'un entrepreneur d'enlever des bois qu'il avait laissé séjourner sur le marché d'une commune, le maire a été obligé d'en ordonner le déplacement à ses frais, le tribunal de simple police, saisi de la contravention, ne peut se dispenser de le condamner envers la caisse communale au remboursement des frais de ce déplacement, sous le prétexte qu'il s'agit d'une action purement civile, dont la connaissance est attribuée aux tribunaux ordinaires. — *Cass.*, 31 mars 1832, Boppe.

122. — Il y a excès de pouvoir dans les dispositions d'un jugement qui, non-seulement ne prononce aucune peine à raison d'une première contravention à un arrêté municipal, sur la fixation des jours de marché, mais qui, de plus, autorise le contrevenant à exposer et vendre sous la halle, même les jours prohibés par ledit arrêté.—*Cass.*, 29 frim. an VII, Godefroy.

123. — Quant à la compétence relativement au jugement des contraventions, elle est la même que pour toutes les contraventions de police en général.

124.—Jugé dans ce sens que c'est au tribunal de police, et non à l'autorité administrative qu'il appartient de connaître d'une contravention à un réglement légalement pris par le maire pour la police de la halle aux grains.—Cons. d'état, 28 juill. 1824, Bureau.

125.—Mais, lorsque les réglemens pris à ce sujet présentent de l'ambiguité, c'est à l'autorité administrative supérieure, et non aux tribunaux qu'il appartient de les interpréter.—*Cass.*, 16 juill. 1824 (Intérêt de la loi), Sauveur-Campi.

§ 4. — *Des transactions faites en foire et du jugement des contestations.*

126.—Aucune loi ne prescrit des formes particulières pour les transactions faites en foire, et n'a institué des juridictions spéciales pour statuer sur les contestations qui peuvent y prendre naissance; c'est donc, en général, aux règles ordinaires du droit civil ou commercial qu'il faut, à cet égard, se reporter.

127.—Toutefois, la rapidité des transactions dans une réunion nombreuse, qui quelquefois ne dure qu'un jour, a fait adopter, dans certaines foires, des usages particuliers et symboliques pour constater les contrats qu'on n'a pas le temps de rédiger par écrit (Vincens, t. 1er, p. 37). Les tribunaux de commerce ont égard à ces usages quand des contestations sont portées devant eux. —Goujet et Merger, *Dict. du droit comm.*, v° *Foires*, n° 9.

128.—Malgré l'abolition de toutes les anciennes juridictions, il existe même encore aujourd'hui à Beaucaire un tribunal spécial, chargé de statuer sur les contestations qui peuvent s'élever entre les commerçans pendant la tenue de la foire qui a lieu annuellement dans cette ville. Ce tribunal est appelé bureau de la foire de Beaucaire.

129.—Le bureau de la conservation paraît presque aussi ancien que la foire célèbre dont il devait guider et protéger les franchises. Un ancien registre, existant dans les archives de la ville et intitulé *Conservation de 1661 et 1662*, indique du moins que sa création était antérieure à cette époque. Son organisation ne fut, toutefois, exigée que par un arrêt du conseil d'état du 10 novembre 1671. « Sera pareillement créé annuellement, est-il dit dans cet arrêt, un bureau de la conservation des franchises de la foire; icelui bureau composé de quatre consuls et de douze conservateurs, savoir; trois de chaque rang ou échelle, lesquels seront nommés par lesdits consuls, chacun dans son rang, gens de probité connus et domiciliés dans ladite ville, pour avec lesdits consuls tenir ledit bureau pendant la foire, et délibérer sur les occurrences, assistant le secrétaire de la maison de ville, qui écrira et réservera les délibérations et expéditions s'il y échet, etc. »

130.—Aboli avec tous les anciens tribunaux en 1790, le bureau de la conservation fut, sur les représentations du commerce et des habitans de Beaucaire, formellement rétabli par un décret de l'assemblée nationale du 27 juin 1790, sanctionné par lettres-patentes du roi du 2 juillet même année, lequel décret, en prescrivant l'exécution des anciennes ordonnances relatives à la police de la foire de Beaucaire, ajoute: « Le tribunal que la commune de Beaucaire établit pour juger en première instance les contestations, continuera ses fonctions conformément, au surplus, aux décrets de l'assemblée nationale. »

131. — Le bureau de la foire de Beaucaire remplit donc, pendant tout le temps de cette foire, les fonctions de tribunal de commerce, relativement aux contestations de toute nature qu'elle peut faire naître.

132.—Après la tenue de la foire, le tribunal de commerce de Nîmes est compétent pour connaître d'une opposition formée contre un jugement de défaut rendu par le bureau de la conservation.— *Nîmes*, 7 janv. 1812, N...

133.—Une lettre de change payable en foire est échue pour la clôture de la foire, si elle ne dure qu'un jour.—C. comm., art. 133.

V. COMESTIBLES, FACTEURS AUX HALLES, GRAINS ET FARINE, HALLES, PESAGE ET MESURAGE PUBLICS, LETTRE DE CHANGE, RÉGLEMENT DE POLICE, etc.

FOL-APPEL.

1. — Se disait anciennement d'un appel interjeté sans motifs valables. Il était puni d'une amende envers le roi.

2. — Cette amende avait été introduite par François Ier. — V. l'ord. de 1539, art. 114, 115 et 116.— V. APPEL, art. 1629 et suiv.

FOLIE.

1. — La folie, dont les divers cas sont l'imbécillité, la démence et la fureur, peut se définir l'absence de raison. — V. DÉMENCE.

2. — La folie est une cause d'interdiction. — V. INTERDICTION. — V. aussi ALIÉNÉS, DIVAGATION.

3. — La folie serait aussi une cause incontestable d'annulation d'une obligation, d'un testament, ou de tout autre acte de libéralité. — C. civ., art. 902. — La rédaction de l'art. 902 n'implique même pas la nécessité d'un dérangement d'esprit aussi complet que celui que produit la folie. — V. DISPOSITION A TITRE GRATUIT.

4. — La folie constitue encore, au profit de l'agent d'une infraction, lorsqu'il en est atteint au moment de son acte, une excuse qui l'affranchit de toute pénalité. — C. pén., art. 64. — V. EXCUSE.

FOLLE-ENCHÈRE.

Table alphabétique.

Abus de jouissance, 125.
A-compte, 169. — payé, 172.
Acquittement des charges, 113, 116.
Acte d'administration, 147. — d'avoué à avoué, 101.
Action en distraction, 123. — personnelle, 48. — résolutoire, 29.
Adjudication, 106 s., 110, 116, 119, 144. — définitive, 105, 112, 120. — préparatoire, 104, 111.
Affiche, 93.
Annonces, 92, 106.
Appel, 118, 183 s., 189 s., 195, 198, 200 s.
Appréciation, 152.
Architecte, 155.
Arrêt, 201.
Audience des criées, 71.
Avis de parens, 121.
Avoué, 51, 107, 192.
Bail, 147 s.— aux enchères, 154.
Baisse de mise à prix, 121.
Biens de mineurs, 121.
Bonne foi, 151 s., 154.
Cahier des charges, 91.
Cause de folle-enchère, 18 s.
Certificat du greffier, 81 s.
Cessionnaire, 37 s.
Charges, 128.
Chose jugée, 122.
Command, 52 s.
Compensation, 162.
Compétence, 64 s.
Concours de poursuivans, 41.
Congé, 156.
Consignation, 55, 113.
Constitution de nouvel avoué, 109.
Contestation, 46.
Contrainte, 162.—par corps, 159 s.
Copropriétaire, 123.
Crainte d'éviction, 62 s.
Créancier, 22, 27 s., 33. — inscrit, 40. — poursuivant, 124.
Cumul, 23 s.
Définition, 1.
Délai, 13 s., 31, 56 s., 106, 111, 184 s., 189, 195 s., 198, 201. — de distance, 199.
Délégataire, 37.
Demande en nullité, 68.
Dénonciation, 97, 101 s., 107.
Désistement, 44 s.
Détérioration, 168.
Différence de prix, 157.
Domicile élu, 108.
Dommages-intérêts, 146.
Droit ancien, 8. — nouveau, 4 s. — transitoire, 76 s.
Droit de mutation, 126, 132 s., 136 s. — de poursuivre, 36. — du poursuivant, 27. — de transcription, 132, 134.
Effet suspensif, 186.
Femme, 161.
Fin de non-recevoir, 55.
Formalité, 75, 80, 119.
Frais accessoires, 138 s. — d'adjudication, 134. — de poursuite de folle-enchère, 140 s. — de vente, 135.
Fruits, 167.
Greffier, 190 s.
Grosse du jugement d'adjudication, 90.
Hypothèque, 128 s., 143.
Immobilisation, 148.
Incapable, 61.
Incident, 176, 194.
Indemnité, 156.
Inexécution des conditions, 2.
Inscription, 30, 51.
Insertion, 95.
Intérêts, 33, 166 s. — du prix, 144 s.
Intervention, 40, 124.
Juge commis, 71 s.
Jugement, 103, 102. — d'adjudication, 122, 193.
Licitation, 10 s., 15 s.
Locateur, 156.
Machine, 143.
Mise en cause, 3.
Moyen de nullité, 117.
Notaire commis, 69 s.
Notification, 98, 100, 103, 112, 190 s.
Novation, 31.
Nullité, 176 s., 184 s., 187, 189, 192, 196 s.
Opposition, 86, 88, 118, 203 s.
Ordonnance, 114.
Ordre, 173 s.
Ouvrier, 155.
Perte, 168.
Placard, 92, 94 s., 97 s., 100 s., 105 s.
Plus-value, 155.
Privilége, 128, 153.
Prix, 18 s.
Production à l'ordre, 35.
Publication, 90, 104, 106.
Purge, 56 s.
Recours, 114.
Référé, 88, 125.
Remboursement, 169.
Remise, 110.
Répétition, 172.
Requête, 187.
Résolution, 126 s., 129.
Responsabilité, 170 s.
Revente, 58 s.
Saisi, 107.
Saisie, 3, 60.
Saisie-exécution, 24. — immobilière, 25, 34.
Septuagénaire, 161.
Séquestre, 125.
Signification, 122, 183, 192, 200.
Sommation, 89.
Stipulation, 79 s.
Subrogation, 42 s., 130, 193.
Surenchère, 175.
Taxe, 115.
Tierce-opposition, 47.
Tiers acquéreur, 50 s. — détenteur, 49.
Vendeur, 35.
Vente aux enchères, 6. — judiciaire, 9, 17, 160. — en justice, 12. — par lots, 163, 165. — devant notaire, 89. — volontaire, 6 s.
Visa, 183, 189.
Voie d'exécution, 23 s.

FOLLE-ENCHÈRE. — 1. — On appelle *folle-enchère* l'enchère portée follement par un acquéreur qui ne remplit pas les clauses de son adjudication. On nomme aussi *folle-enchère* la procédure suivie pour arriver à la revente des immeubles dont le prix n'a pas été payé.

2. — Faute par l'adjudicataire, dit l'art. 733 C. procéd. (révisé par la loi du 2 juin 1841), d'exécu-

ter les clauses de l'adjudication, l'immeuble sera vendu à sa folle-enchère.

3. — La loi du 11 brum. an VII sur le régime hypothécaire et les expropriations forcées, avait également prévu dans les art. 22 et 24 le cas d'inexécution des engagemens des adjudicataires, et autorisé la revente à sa folle-enchère, dans les mêmes formes et délais qu'à l'égard du saisi ; elle n'obligeait point à mettre ce dernier en cause. — *Cass.*, 14 avr. 1825, Lassaveur c. Alex. — Dans, la poursuite de vente, elle ne prononçait aucune peine contre le fol-enchérisseur. Le Code de procédure avait, sous le rapport de la forme de la vente et de la responsabilité du fol-enchérisseur, complété les dispositions fort insuffisantes de la loi du 11 brum. an VII, qui reste désormais sans application comme sans intérêt.

4. — La loi du 2 juin 1841 a introduit elle-même des modifications au Code de procédure, son but principal a été de dissiper quelques doutes qui s'étaient élevés sous ce Code et de donner plus de simplicité et plus de rapidité aux formes prescrites pour la vente.

5. — Ainsi que le faisait observer M. Pascalis dans son Rapport à la chambre des députés, on a continué le système de simplification en supprimant les trois publications du cahier des charges et l'adjudication préparatoire.

SECT. 1re. — *Ventes qui peuvent donner lieu à la poursuite de folle-enchère* (no 6).

SECT. 2e. — *Pour quelles causes, par quelles personnes et contre quelles personnes peut être poursuivie la vente sur folle-enchère. — Fins de non-recevoir contre la poursuite* (no 18).

§ 1er. — *Pour quelles causes* (no 18).

§ 2. — *Par qui* (no 27).

§ 3. — *Contre qui* (no 48).

§ 4. — *Fins de non recevoir* (no 55).

SECT. 3e. — *Tribunal compétent* (no 64).

SECT. 4e. — *Formes de la vente sur folle-enchère* (no 75).

SECT. 5e. — *Effets de la vente sur folle-enchère* (no 126).

SECT. 6e. — *Demande en nullité de la poursuite de folle-enchère* (no 176).

—

Sect 1re. — *Ventes qui peuvent donner lieu à la poursuite de folle-enchère.*

6. — La revente sur folle-enchère ne s'applique qu'aux ventes qui se sont faites aux enchères publiques et avec l'intervention de la justice, et non à celles convenues de gré à gré entre les parties, encore bien que les vendeurs aient appelé les acquéreurs à concourir entre eux par la voie des enchères. Ainsi une vente faite à la chambre des notaires de Paris en allumant des feux et en dressant procès-verbal des enchères ne serait toujours qu'une vente amiable consentie par les vendeurs au plus offrant et dernier enchérisseur, et dans le cas où l'acquéreur ne satisferait pas aux conditions de la vente, ce ne serait que par voie d'exécution ou par l'action résolutoire qu'il pourrait y être contraint.

7. — La convention introduite par les parties dans une pareille vente pour assujétir l'acquéreur en cas d'inexécution aux formes de dépossession et aux peines de la folle-enchère devrait même être considérée comme non écrite, car elle entraînerait de la part de l'acquéreur une soumission à la contrainte par corps hors des cas prévus par la loi (art. 2063, C. civ.) et un mode d'expropriation faussement appliqué à un cas auquel il n'appartient pas. Elle constituerait une convention de la nature de celles que la loi du 2 juin 1841 a proscrites dans son art. 742.

8. — M. Bioche (*Dict. de procéd.*, vo *Vente sur folle-enchère*, no 10) adopte l'opinion contraire en se fondant sur ce que les parties, en stipulant la clause de folle-enchère, ne font que régler d'une manière particulière l'exercice de l'action en résolution. Du reste il reconnaît qu'en pareil cas l'adjudicataire n'est pas contraignable par corps. Mais nous pensons que cette concession qu'il est obligé de faire lui-même prouve que son système ne saurait être admis.

9. — Quelquefois au contraire le motif et le caractère de la vente à laquelle la justice a concouru, que l'adjudication se fasse aux criées du tribunal ou qu'un notaire ait été délégué par la justice pour recevoir des enchères, qu'il s'agisse d'une vente sur licitation, d'une vente de biens appartenant à des mineurs ou à une succession bénéficiaire, ou que l'adjudication intervienne à la suite d'une procédure d'expropriation, dans tous ces cas l'acquéreur mis judiciairement en possession de l'immeuble, qui ne satisfait pas aux obligations qu'il a contractées en présence de la justice, est soumis à la poursuite de vente sur folle-enchère et aux peines prononcées contre le fol-enchérisseur.

10. — Jugé par application de ce principe que les art. 737 et 744, C. procéd., relatifs à la folle-enchère et à la contrainte par corps en matière de saisie immobilière, sont applicables aux ventes sur licitation. — *Rouen*, 26 mai 1826, Villers c. Sorin ; 8 déc. 1825, Delaville c. Heudron.

11. — Peu importe que l'adjudicataire soit un des colicitans et qu'il n'ait accepté la succession que sous bénéfice d'inventaire. Il suffit qu'une vente soit ordonnée par justice pour qu'elle ait le caractère de vente judiciaire, et que les art. 715 et 737, C. procéd., sur la folle-enchère, lui soient applicables, lorsque surtout l'adjudicataire est soumis à la folle-enchère par les clauses mêmes de la vente. — *Cass.*, 12 mars 1833, Juteau c. Martel ; 17 déc. 1833, Ferrière c. Pieck ; *Paris*, 31 août 1843 (t. 2 1843, p. 699), Buffet c. Diard ; 21 mai 1816, Delacrois c. Bouchet et Challat. — V. cependant en sens opposé *Paris*, 21 avr. 1830, Folcad c. Gruinntgens ; *Bordeaux*, sous *Cass.*, 11 avr. 1837 (t. 1er 1837, p. 500), Bruneau de la Souchais c. Boudin.

12. — Jugé encore qu'il y a lieu à la revente sur folle-enchère lorsque l'immeuble a été vendu par adjudication devant le tribunal en vertu d'un jugement qui l'autorisait, et avec cette condition que l'adjudicataire, à peine d'être contraint par folle-enchère, paierait son prix d'après l'ordre dressé et sur les bordereaux délivrés par le greffier. — *Liége*, 8 mars 1820, Dochez c. Vanleknrem.

13. — Seulement et dans les ventes faites aux criées l'art. 713, C. procéd. (nouveau), donnant à l'adjudicataire un délai de vingt jours pour justifier de l'acquit des conditions de son adjudication, il en résulte que la vente sur folle-enchère ne peut être poursuivie qu'à l'expiration des vingt jours qui suivent l'adjudication, tandis que dans les adjudications auxquelles procède le notaire commis on peut par des stipulations particulières soumettre l'adjudicataire aux poursuites de la folle-enchère, faute de paiement ou de consignation, dans un délai plus ou moins long soit d'une partie de son prix, soit des frais accessoires de l'adjudication.

14. — On comprend du reste le motif des délais accordés pour celui qui se rend acquéreur aux criées du tribunal ; sa volonté est souvent impuissante pour accélérer les formalités qui sont à remplir par le greffier ; on ne pouvait lui faire porter la peine de retards qui ne lui sont par imputables. — Il convient d'accorder dans tous les cas un délai raisonnable, car l'acquéreur, quelque solvable qu'il soit, n'a pas au jour de l'adjudication réalisé les fonds nécessaires au paiement de son prix. En effet tant que l'adjudication n'est pas prononcée il y a sur le fait de sa propriété une incertitude qui ne cesse que par l'adjudication même et l'on ne saurait raisonnablement exiger qu'en vue d'une éventualité que l'ardeur des concurrens et leur nombre peuvent augmenter, les enchérisseurs déplacent des capitaux qui resteraient improductifs et sans emploi pour ceux qui ne se rendraient pas adjudicataires.

15. — La fiction légale de l'art. 883 est introduite pour faciliter les partages, elle s'applique surtout aux tiers créanciers du cohéritier ou du colicitant ; mais elle laisse subsister entre ces derniers les qualités corrélatives de vendeur et d'acheteur ; et l'on ne s'expliquerait pas pourquoi le cohéritier ou le colicitant serait affranchi de la réparation qui doit atteindre quiconque offre témérairement un prix qu'il ne peut pas payer.

16. — Au surplus ceux-là même qui pensent que le colicitant n'est pas, de plein droit, soumis à la poursuite de folle-enchère dans le cas où il n'exécute pas les clauses de l'adjudication admettent que ce mode d'exécution peut lui être imposé par une clause formelle du cahier des charges. — Bioche, no 9 ; Rolland de Villargues, *Rép. du not.*, vo *folle-enchère*, no 5.

17. — Les considérations qui font repousser l'insertion d'une semblable clause dans une vente extrà-judiciaire cessent, en effet, d'être applicables lorsque l'adjudication a lieu en justice, et qu'il s'agit seulement d'expliquer par un texte précis le doute qui pourrait s'élever sur le sens de la loi. — Merlin, *Rép.*, vo *Folle-enchère*, no 7.

Sect. 2e. — *Pour quelles causes, par quelles personnes et contre quelles personnes peut être poursuivie la vente sur folle enchère. — Fins de non recevoir contre la poursuite.*

§ 1er. — *Pour quelles causes peut être poursuivie la vente sur folle-enchère.*

18. — L'art. 737, C. procéd., portait, comme l'art. 733 actuel, que : faute par l'adjudicataire d'exécuter les clauses d'adjudication, le bien serait vendu à sa folle-enchère ; mais l'art. 715 du même code avait dit que le jugement d'adjudication sur saisie immobilière ne serait délivré à l'adjudicataire qu'autant qu'il rapporterait au greffier une quittance des frais de poursuite de vente et la preuve qu'il avait satisfait aux conditions des enchères exigibles avant la délivrance du jugement. Ce n'était que faute par ledit adjudicataire de satisfaire à ces justifications dans les vingt jours de l'adjudication qu'il autorisait à l'y contraindre par voie de folle-enchère. En rapprochant ces deux articles on s'est demandé si la poursuite de folle-enchère n'était pas uniquement permise en cas d'inexécution des premières charges qui reçoivent leur exécution dans les vingt jours de l'adjudication telles que le paiement des frais de poursuite, les droits d'enregistrement, les frais de levée de jugement et de transcription, et si l'adjudicataire par le fait du paiement de ces premières charges ne devenait pas propriétaire incommutable de telle sorte qu'il ne pût être désormais dépossédé que par la saisie immobilière ou par une action en résolution ; et dans le sens de cette dernière opinion on argumentait de l'art. 738, C. procéd., qui obligeait tout poursuivant la folle-enchère à se faire délivrer un certificat constatant que l'adjudication n'a point justifié de l'acquit des conditions exigibles de l'adjudication. On voyait dans cette disposition le complément de l'art. 715, et l'on trouvait qu'elle ne pouvait être appliquée au défaut de paiement du prix parce que le fait et la connaissance de ce paiement est étranger au greffier qui ne peut rien constater de l'exécution du jugement d'adjudication en ce qui concerne le paiement du prix.

19. — Ce système, qui a pour lui deux arrêts de la cour de Bruxelles du 14 juill. 1810 (Styckwant c. Bullens) et du 19 déc. 1823 (N...), a été repoussé par la généralité des cours royales. Il a été reconnu que l'art. 737 avait posé un principe général qui ne recevait aucune restriction des art. 715 et 738, que cet article n'avait fait que reproduire l'art. 24 de la loi du 11 brum. an VII, qui autorisait la revente sur folle-enchère non seulement pour les charges accessoires de l'adjudication, mais bien encore pour le paiement du prix ; qu'en délivrant dans l'ordre des bordereaux aux créanciers et voulant qu'ils fussent exécutoires contre l'acquéreur, l'art. 771, C. procéd., avait eu notamment en vue la poursuite sur folle-enchère, plus prompte dans ses formes, plus énergique dans ses conditions, et que si le poursuivant avait besoin du certificat de l'art. 738, pour les charges accessoires, la loi n'avait pas entendu l'exiger pour le prix, puisque le créancier est, en ce cas, porteur d'un bordereau qui constate sa créance et le défaut de paiement des adjudicataires. — Pigeau, t. 2, p. 146 ; Huet, p. 80 ; Carré, no 2516 ; Bioche et Goujet, no 12 ; Thomine, no 845.

20. — Ainsi il a été jugé que l'adjudicataire qui n'a pas payé le prix de son adjudication est passible de la folle-enchère, bien qu'il ait rempli toutes les conditions préalables de son adjudication. — *Toulouse*, 20 déc. 1827, hospices de Toulouse c. Crabié ; *Bourges*, 5 janv. 1820, Brazault c. Berchon ; *Poitiers*, 20 juin 1821, de Grailly c. Lange-Comnène ; *Lyon*, 26 nov. 1823, Nachury c. Roubier ; *Poitiers*, 4 déc. 1823, de Grailly c. Lauge-Comnène ; *Rouen*, 8 déc. 1825, Delaville c. Heudron ; 26 mai 1826 ; Villers c. Sorin ; *Riom*, 5 avr. 1824, Morin-Chosson c. Dupin et Daubusson ; *Cass.*, 12 mars 1833, Juteau c. Martel ; 9 janv. 1834, Reyet Ferrière c. Juteau ; 27 mai 1835, Ricord c. Delahès.

21. — En nous occupant plus bas des formes de la folle-enchère, nous aurons occasion de constater que la loi du 2 juin 1841 a, par un texte formel, tranché toute espèce de doute à ce sujet.

22. — Le créancier qui n'est pas payé du montant de son bordereau de collocation peut, en vertu de ce bordereau, et sans qu'il soit besoin de se faire délivrer le certificat dont parle l'art. 738, C. procéd., ni de lever le jugement d'adjudication, poursuivre sur l'acquéreur la revente par voie de folle-enchère. — *Bourges*, 5 janv. 1822, Brézault c. Berchon.

23. — La folle-enchère n'est pas une voie d'exé-

cution qui soit obligatoire pour le créancier et qu'il doive employer à l'exclusion de toutes autres.

24. — Il résulte de l'art. 713, C. procéd. (nouveau) que sans faire procéder à la revente par folle enchère, on peut poursuivre l'adjudicataire par toutes voies d'exécution autorisées par les lois, par exemple, par saisie-arrêt, saise-exécution, etc.

25. — On jugeait également, sous l'empire du Code de procédure, que le créancier pouvait à son choix prendre la voie de la folle-enchère ou celle de la saisie immobilière, comme il peut exercer contre l'adjudicataire tous les autres moyens de poursuite.— « Il sera contraint par la voie de folle-enchère, porte l'art. 713. sans préjudice des autres voies de droit. »—*Paris*, 20 mars 1810, Guyot-Mouton c. Grandin; *Riom*, 23 juin 1821, Rolland c. Moulin.

26. —Mais il en était autrement sous la loi du 11 brum. an VII, qui ne contenait aucune disposition semblable à celle de l'art. 713. — *Cass.*, 20 juill. 1808, Puy c. Clauchon; —Berriat, p. 595, note 9e; Chauveau sur Carré, t. 5, p. 625.

§ 2. — *Par qui peut être poursuivie la vente sur folle-enchère.*

27. — Tout créancier peut provoquer la vente sur folle-enchère: si le législateur n'avait entendu conférer ce droit qu'au poursuivant, il eût été inutile d'exiger la production d'un certificat du greffier, car le poursuivant sait bien si l'adjudicataire a payé les frais, puisque c'est précisément entre les mains de cet avoué sans l'intervention du greffier qu'il doit en compter le montant. —Pigeau, *Comment.*, t. 2, p. 888; Demiau-Crouzilhac, p. 461; Lepage, *quest.*, p. 500; Chauveau sur Carré, t. 5, p. 782, quest. 2426 *bis*.

28.—Lorsqu'une des clauses du jugement d'adjudication d'un immeuble porte qu'à défaut de paiement du prix aux époques indiquées, les biens seront revendus à la folle-enchère de l'adjudicataire, les créanciers du vendeur qui ont droit à une portion de ce prix peuvent, le cas échéant, poursuivre la revente sur folle-enchère comme le ferait le vendeur lui-même.— *Paris*, 12 mars 1823, Millet c. Hoche.

29. — La folle-enchère est une action résolutoire ouverte contre l'acquéreur qui ne satisfait pas aux conditions de son adjudication; elle est fondée sur ce que l'adjudicataire n'est propriétaire qu'à la condition de satisfaire aux charges de la vente, et qu'il n'a qu'un droit provisoire et résoluble tant qu'il n'a pas acquitté son prix.

30. — Le vendeur à la poursuite duquel se fait la revente sur folle-enchère n'a pas besoin d'inscription pour conserver son droit; on ne peut dès-lors lui opposer le défaut de renouvellement dans les dix ans de l'inscription d'office prise en son nom lors de la transcription du contrat primitif. — *Paris*, 20 sept. 1815. Schwartz c. Billing.

31. —L'adjudicataire sur vente volontaire peut être poursuivi par voie de folle-enchère faute de paiement de son prix, bien que des délais lui aient été accordés. Cette concession de délai n'opère pas novation. — Même arrêt.

32. — Ce n'est pas renoncer à la folle-enchère que de surseoir aux poursuites.

33. —La folle-enchère peut de même être poursuivie: 1° par le créancier inscrit de l'adjudicataire, bien qu'il ait reçu les intérêts de sa créance. — *Toulouse*, 20 déc. 1827, hospices de Toulouse c. Crabié.

34. — 2°... Par le créancier qui a fait pratiquer une saisie immobilière contre un adjudicataire qui ne remplit pas les charges de son adjudication. —*Bourges*, 18 nov. 1814, Girard c. Domaine.

35.—3°...Par le vendeur, bien qu'il ait produit à l'ordre ouvert à la requête d'un autre créancier, surtout si, en produisant à l'ordre, il s'est expressément réservé tous les droits résultant de sa qualité de vendeur.— *Bordeaux*, 15 mars 1833, Richet-Povit.

36.—Au reste, ce sera aux tribunaux à apprécier la position du demandeur en folle-enchère. Le but commun, c'est le paiement par toutes les voies légales. La folle-enchère est un des moyens les plus efficaces. Il semble donc qu'il y aurait plutôt lieu d'étendre que de restreindre le cercle des intéressés auxquels la direction de la poursuite peut être remise. —Pigeau, *Comment.*, t. 2, p. 889; Favard, t. 5, p. 86; Bioche et Goujet, v° *Saisie immobilière*, n° 691; Chauveau sur Carré, t. 5, p. 783, quest. 2426 *bis*.

37. — Tout délégataire du prix dû par l'adjudicataire peut comme le vendeur, ou les créanciers inscrits, poursuivre la revente sur folle-enchère. Ainsi ce droit appartient au cessionnaire des droits de créance d'un colicitant. — *Bordeaux*, 25 juill. 1838, Marty c. Comte.

38.—Il n'est pas, en effet, exclusivement attaché à la personne du créancier, et fait, au contraire, partie des moyens d'action et de poursuites qui sont inhérens à la créance en quelques mains qu'elle passe. —Lachaize, *Traité de l'expropriation forcée*, t. 2, p. 179, n° 455; Chauveau sur Carré, t. 5, p. 783, quest. 2426 *bis*.

39.— C'est donc à tort qu'il a été jugé que, dans le cas d'une vente judiciaire, le cessionnaire d'une portion du prix ne peut, comme le vendeur, son cédant, poursuivre la revente par folle-enchère contre l'adjudicataire qui est en retard de payer. — *Paris*, 30 juill. 1816, Aldini c. Coislin.

40.— A plus forte raison des créanciers hypothécaires peuvent intervenir dans les procès qui intéressent leurs débiteurs, relativement à l'immeuble hypothéqué, par exemple, dans une instance tendant à la revente sur folle-enchère des immeubles à eux hypothéqués, surtout lorsque ces débiteurs restent dans l'inaction ou renoncent expressément à se défendre. — *Cass.*, 10 août 1825, Dumoulier de la Brosse c. Lejeune de Lamotte.

41. — Si deux créanciers ont obtenu le même jour le certificat, ou s'ils ont fait signifier le même jour avec commandement, le bordereau de collocation, il faut par analogie appliquer l'art. 719. L'avoué porteur du titre le plus ancien, et si les titres sont de la même date, l'avoué le plus ancien doit continuer les poursuites. Si une seule des parties avait un avoué, c'est à lui que devraient être abandonnés les avantages de la poursuite, et si aucune des parties n'avait d'avoué, le créancier porteur du titre le plus ancien ou, si les titres sont de la même date, le créancier des sommes les plus élevées devrait être préféré. — Chauveau sur Carré, t. 5, p. 783, quest. 2426 *ter*. — Si plusieurs créanciers exercent successivement des poursuites séparées, le créancier qui, le premier, a commencé doit être préféré, quoi qu'en dise M. Poignon (*Commentaire*, t. 1er, p. 232, n° 181), car une procédure commencée par un créancier ne peut être arrêtée et dépassée par une procédure postérieure. — Chauveau sur Carré, t. 5, p. 783, quest. 2426 *ter*.—Le président du tribunal serait compétent pour vider l'incident élevé entre ces divers poursuivans. — Bioche, v° *Vente d'immeubles*, n° 604; Chauveau sur Carré, t. 5. p. 783, quest. 2426 *ter*.

42. — La subrogation autorisée par l'art. 722, C. procéd., est applicable à la poursuite sur folle-enchère aussi bien en cas de désistement du poursuivant qu'en cas de négligence. —*Pau*, 7 janv. 1835, caisse hypothécaire c. Lafourcade.

43. — Lorsque le créancier d'un copropriétaire de l'immeuble dont la licitation est poursuivie a demandé à être subrogé au poursuivant, et qu'il a été débouté, il est encore recevable, après l'adjudication et sur folle-enchère, à demander la subrogation aux poursuites de la revente, sans que l'on puisse dire qu'il y ait identité de demande et violation de la chose jugée. — *Cass.*, 8 juill. 1828, Bourlier Dubreuil c. Perron.

44. — Lorsque, le jour fixé pour une adjudication définitive sur folle-enchère, le poursuivant se désiste, le tribunal peut accueillir sur-le-champ la demande en subrogation qui est faite par un autre créancier, partie intervenante dans l'instance, et prononcer l'adjudication audience tenante. — Dans ce cas, le jugement d'adjudication ne contient réellement qu'une seule et même décision, et se trouve, sous ce rapport, à l'abri de la cassation.— Même arrêt.

45. — L'arrêt qui constate qu'un fol-enchérisseur n'a pas satisfait aux conditions de son adjudication, peut décider que la poursuite sur folle-enchère n'est pas éteinte par le désistement du poursuivant, et qu'il y a lieu de subroger dans la poursuite un autre créancier qui demande cette subrogation. — Même arrêt.

46. — Mais l'adjudicataire de l'immeuble dont la revente est poursuivie sur folle-enchère est recevable à contester le mérite de la subrogation à la poursuite de folle-enchère qui, au cas de désistement du poursuivant, a été obtenue par un autre créancier. — *Pau*, 7 janv. 1835, caisse hypothécaire c. Lafourcade.

47. —L'acquéreur d'un héritage vendu judiciairement avec obligation de payer les frais dans la huitaine de l'adjudication est, par la seule force de son contrat, constitué en demeure, faute d'en avoir soldé les frais dans le délai fixé. —Le créancier subrogé aux suites du bénéfice d'inventaire peut poursuivre la revente sur folle-enchère contre cet acquéreur. — L'acquéreur ne peut former tierce-opposition au jugement de subrogation, et arrêter la revente, sans justifier de l'acquit des conditions de son adjudication, ni consigner somme suffisante pour les frais de folle-enchère. — *Rennes*, 9 déc. 1820, Mahé de Berdouaré c. Quesnel.

§ 3. — *Contre qui peut être poursuivie la vente sur folle-enchère.*

48. — La poursuite de folle-enchère constitue une action en résolution; elle a, par conséquent, un caractère personnel, et ne saurait être intentée contre les tiers personnellement. — Elle doit toujours être dirigée contre l'adjudicataire.

49. — Toutefois, celui-ci ne saurait transmettre plus de droits qu'il n'en a lui-même. D'où il résulte que la folle-enchère poursuivie contre lui produit ses effets vis-à-vis des sous-acquéreurs, qui ne peuvent empêcher la revente qu'en désintéressant le vendeur primitif et ses créanciers inscrits. — *Toulouse*, 18 juin 1830, Ruffié c. Buc.

50. —Il a cependant été jugé que l'adjudicataire qui a payé la portion de son prix exigible au jour de la vente ou de la clôture de l'ordre est devenu propriétaire incommutable, en ce sens qu'il a été désormais affranchi de la poursuite de revente sur folle-enchère, pour raison des charges non exigibles au moment de l'acquisition, mais qui le sont devenues long-temps après.— Que l'adjudicataire a pu en conséquence disposer de la propriété, et que les créanciers inscrits pour des sommes qui ne sont devenues exigibles que depuis ne peuvent demander aux sous-acquéreurs rien autre chose que la représentation de leur prix. — *Paris*, 2 janv. 1816, Colleaux c. Dampierre.

51. — En tout cas, il est certain que lorsque l'adjudicataire d'un immeuble vendu sur licitation a revendu cet immeuble à un tiers qui s'est libéré de son prix par des offres validées par un jugement, l'avoué de la partie qui a poursuivi l'adjudication ne peut, lors même qu'il n'aurait point figuré dans ce jugement, poursuivre la revente sur folle-enchère, sous prétexte qu'il n'aurait point été payé de ses frais de procédure, s'il a négligé de prendre en temps utile inscription pour la conservation de son privilége. — *Paris*, 22 mai 1833, Symonet c. Chauvet.

52. — Si celui au profit de qui l'adjudication a été prononcée a fait une déclaration de command, c'est, en définitive, ce command qui a été adjudicataire et contre qui, par conséquent, doit être poursuivie la folle-enchère.

53. — Son insolvabilité n'impose pas l'obligation de comprendre l'adjudicataire dans la poursuite. — *Paris*, 12 frim. an XIV, Bazin c. Decoste.

54. — Ce n'est là, au reste, qu'une application des principes du mandat. Il est bien constant que l'adjudicataire qui s'est substitué un command est considéré comme n'ayant jamais eu entre ses mains la propriété de l'immeuble, et, dès-lors, il ne saurait à aucun titre être rendu responsable de l'inexécution des clauses de l'adjudication. Mais comme cette irresponsabilité ne tient pas à des principes d'ordre public, et qu'elle pourrait au contraire donner ouverture à la fraude, et permettre à un adjudicataire de s'enquérir des charges de l'adjudication en se substituant un insolvable, il est d'usage d'insérer dans les cahiers d'enchères une clause qui rend l'adjudicataire responsable du command qu'il a choisi.

§ 4. —*Fins de non-recevoir contre la poursuite de vente sur folle-enchère.*

55. — L'adjudicataire ne peut, en général, arrêter les poursuites de folle-enchère dirigées contre lui, que par une consignation intégrale de son prix. — *Cass.*, 12 mars 1833, Juteau c. Martel; 9 janv. 1834, Rey et Ferrière c. Juteau.

56. — Si, dans le cahier des charges il a été décidé que l'adjudicataire paierait dans un délai déterminé, à peine de revente sur folle-enchère, le prix à un tiers chargé de le distribuer entre les créanciers inscrits, l'acquéreur ne peut plus se prévaloir, pour effectuer sa libération, des formalités prescrites par la loi pour la purge des hypothèques. — *Toulouse*, 27 juill. 1818, Bousignac c. Bayssade.

57. — Lorsque le cahier des charges stipule que le prix, sous la déduction de certaines sommes, sera payé dans les six mois de l'adjudication, et que l'adjudicataire ne satisfait pas à cette clause, et ne fait pas même les diligences nécessaires pour remplir les formalités prescrites par l'art. 2183, C. civ., il y a lieu à poursuivre contre lui la revente sur folle-enchère, lors même que les biens seraient grevés d'un grand nombre d'inscriptions dont les vendeurs ou les expropriés ne rapportent pas main-levée. — *Cass.*, 25 nov. 1824, Foubert c. d'Inglemare.

58. — L'adjudicataire ne peut éviter la revente

sur folle-enchère en offrant de vendre lui-même. — *Paris*, 19 fév. 1812, Boucher c. de Castellane; *Cass.*, 12 mars 1833, Juteau c. Martel.

59. — Le vendeur qui, à défaut de paiement, poursuit la folle-enchère, ne peut s'opposer aux reventes de son acquéreur. — Mais les poursuites de folle-enchère ne peuvent être arrêtées que par le paiement effectif ou des offres satisfactoires, et les reventes volontaires ou forcées de l'acquéreur sont insuffisantes pour les empêcher. — *Cass.*, 9 janv. 1834, Rey, Ferrière, Cluzel et Martel c. Juteau.

60. — Il a même été jugé que l'adjudicataire de biens vendus sur saisie immobilière, qui refuse d'acquitter le bordereau dont un créancier est porteur à raison de sa collocation dans l'ordre, peut être poursuivi en revente sur folle-enchère des biens à lui adjugés, sans qu'il puisse être sursis aux poursuites jusqu'à la consommation de la revente à laquelle procède l'adjudicataire, sous le prétexte que ce sursis, ayant pour effet d'éviter les frais, est dans l'intérêt de toutes les parties, et qu'une condition de ladite revente portant que le nouvel acheteur devra payer son prix entre les mains des porteurs de bordereaux, il est suffisamment pourvu à la garantie de leurs créances. — *Cass.*, 6 mai 1844 (t. 2 1844, p. 31), Gendron c. Julemier et Quénau.

61. — Toutefois, si l'adjudicataire était un incapable qui eût acheté sans les autorisations prescrites par la loi, il serait fondé à l'opposer aux poursuites de folle-enchère dirigées contre lui. — Merlin, *Rép.*, vº *Enchère*, § 1er, nº 7, Bioche, nº 33.

62. — La cour de Trèves a décidé que l'adjudicataire contre lequel on poursuit la revente sur folle-enchère pour défaut d'exécution des conditions de son adjudication, ne peut pas s'opposer à cette revente, sous le prétexte que les biens n'étaient pas la propriété du saisi. — *Trèves*, 27 avr. 1809, Dar-Kenne c. Henricot.

63. — Mais cet arrêt est en opposition avec les termes de l'art. 1653, qui autorise l'acquéreur à suspendre le paiement de son prix, s'il a un juste sujet de craindre d'être troublé par une action en revendication. Or, il est certain que si tout ou partie de l'immeuble était la propriété d'un tiers et s'il y avait quant à cette partie aliénation de la chose d'autrui, ce serait avec raison que l'adjudicataire se refuserait au paiement et résisterait aux poursuites de folle-enchère, à moins qu'on ne lui donnât caution conformément à l'art. 1653 ci-dessus énoncé.

Sect. 3e. — *Tribunal compétent.*

64. — Dans le cas où la première adjudication a eu lieu à l'audience des saisies immobilières, le tribunal compétent pour la revente sur folle-enchère est, sans aucun doute, celui devant lequel a été suivie la procédure de saisie. — Arg. C. procéd., art. 709; — Bioche, nº 35.

65. — Mais quand la première vente n'a pas été forcée, des difficultés s'élèvent, et l'on se demande s'il faut s'adresser au tribunal de la situation de l'immeuble, à celui qui a ordonné la vente, ou à celui qui a reçu la première adjudication.

66. — C'est, selon nous, ce dernier qui doit être préféré. La folle-enchère est, en effet, une suite de la première vente; elle constitue une difficulté sur l'exécution du jugement d'adjudication; c'est d'ailleurs au greffe du tribunal qui prononce cette adjudication que se trouvent le cahier des charges et les renseignements qui peuvent être utiles pour statuer sur les incidents de la procédure. — V. conf. Petit, nº 170; Bioche, nº 36. — *Contrà* Chauveau quest. 2503; Paignon, t. 2, p. 7.

67. — Jugé, dans ce sens: 1º que la folle-enchère doit être portée devant le tribunal qui a rendu le jugement d'adjudication, quoiqu'il ne soit pas celui de la situation des biens. — *Cass.*, 12 mars 1833, Juteau c. Martel; *Paris*, 28 sept. 1825, Delavigne c. Manivielle et Bobée.

68. — ... 2º Qu'une demande principale à fin de nullité d'une folle-enchère et à fin de condamnation à des dommages-intérêts, est une action qui, bien que personnelle, se rattache à l'exécution du jugement d'adjudication, et doit être, à ce titre, exercée devant le tribunal qui a rendu ce jugement. — *Paris*, 7 juin 1825, Fournier c. Branland.

69. — On a jugé sous l'ancien Code de procédure que lorsqu'une licitation avait eu lieu devant un notaire commis par le tribunal, c'était devant ce notaire qu'il devait être procédé à la revente sur folle-enchère, poursuivie contre l'adjudicataire; et cela, encore bien qu'une clause du cahier des charges portât en termes formels qu'*en cas de revente sur folle-enchère, le tribunal en serait saisi.* — *Paris*, 25 juill. 1823, de La Houssaye c. Gillon et Faviens; *Bordeaux*, 25 juill. 1838 (t. 2, 1838, p. 440), Marty c. Comte.

70. — Mais l'art. 964, C. procéd. nouv., tranche cette question d'une manière opposée puisqu'il dispose que dans le cas de vente devant notaire, s'il y a lieu à folle-enchère la poursuite sera portée devant le tribunal, et le procès-verbal d'adjudication sera déposé au greffe pour servir d'enchère. Le législateur a pensé que dans ce cas la vente prenait le caractère d'une expropriation forcée. — Chauveau sur Carré, quest. 2426 *sexiès.*

71. — M. Bioche (nº 34) pense qu'on doit adopter la même solution dans le cas où l'adjudication a eu lieu à l'audience des criées, et qu'il faut nécessairement porter la folle-enchère à l'audience des saisies immobilières, parce qu'un jugement est indispensable pour prononcer la contrainte par corps et résoudre les incidens qui s'élèvent au moment de l'adjudication.

72. — Mais on peut répondre que, si telle avait été l'intention du législateur, il s'en serait expliqué dans l'art. 964 comme il l'a fait pour le cas où la vente a été renvoyée devant notaire, et que son silence indique assez son désir de maintenir la jurisprudence adoptée sous l'empire du Code de procédure.

73. — Si la vente avait eu lieu à l'audience des criées, c'est donc à l'audience des criées et non à celle des expropriations forcées que la poursuite de folle-enchère devrait être portée. — *Paris*, 16 fév. 1816, Demalard c. Aubineau; — Gagnereaux, *Encycl. des lois sur le not.*, t. 1er, p. 45, nº 38; Carré, vº *Folle-enchère*, t. 2, p. 691, note 1re; Bilhard, *Bénéfice d'inventaire*, p. 183.

74. — On décidait également avant le Code qu'on pouvait procéder devant un seul juge à l'adjudication ou revente sur folle-enchère; et qu'il n'était pas nécessaire qu'elle fût prononcée par le tribunal entier. — *Paris*, 24 pluv. an XII, Triboulet c. Montguyon.

Sect. 4e. — *Formes de la vente sur folle-enchère.*

75. — La folle-enchère est une résolution de l'adjudication par voie d'expropriation; le poursuivant ne saurait donc se dispenser de l'accomplissement des formalités prescrites par la loi dans l'intérêt de l'adjudicataire.

76. — Et, comme toute procédure est soumise à la loi en vigueur au moment où elle se poursuit, c'est à la loi nouvelle qu'il faut se conformer, encore bien que l'adjudication ait été prononcée sous l'empire d'une autre législation.

77. — Ainsi, une poursuite de folle-enchère a dû être suivie d'après les formes du Code de procéd., quoique l'adjudication ait été prononcée sous la loi du 11 brum. an VII. — *Paris*, 30 nov. 1809, Gamble c. Laporte.

78. — Toutefois, c'est par les règles écrites dans l'ancien Code de procédure (art. 734), et non par la loi du 2 juin 1841 (art. 732), que doit être appréciée la régularité de l'appel interjeté contre le jugement qui statue sur la validité d'une poursuite de folle-enchère, alors que cette poursuite se rattache à une saisie immobilière commencée avant la loi du 2 juin 1841. Peu importe, d'ailleurs, que le certificat de folle-enchère n'ait été délivré par le greffier que postérieurement à ladite loi. — *Cass.*, 3 nov. 1845 (t. 2 1845, p. 607), Desmanet c. Barloy. — La folle-enchère n'est en effet, ainsi que l'indique la rubrique du titre sous lequel sont placées les dispositions légales qui y sont relatives, qu'un incident de la vente à laquelle elle se rattache. Or, l'art. 9, L. 2 juin 1841, porte formellement que les règles tracées par l'ancien Code de procédure civile doivent rester applicables aux ventes commencées antérieurement à la publication de la loi nouvelle.

79. — Depuis la loi de 1841 on ne saurait stipuler que la revente aura lieu sur un simple commandement resté infructueux, et sans observer les formalités prescrites par la loi. — Arg. C. procéd., art. 742. — V. SAISIE IMMOBILIÈRE.

80. — Sous le Code de procédure, on jugeait que la clause par laquelle le vendeur est autorisé à procéder à la revente sans une mise en demeure préalable, peut bien dispenser le vendeur ou ses créanciers d'une sommation, puisque la stipulation met par elle-même l'adjudicataire en demeure; mais qu'elle ne peut le dispenser d'observer les formalités et les délais prescrits par la loi, et qui sont institués précisément pour que le débiteur pendant leur durée trouve les moyens de remplir ses engagements. — *Amiens*, 3 août 1816, Mandat c. Huet-Delacroix.

81. — Aux termes de l'art. 738, C. procéd. ancien, la première formalité prescrite pour la poursuite de folle-enchère était la délivrance par le greffier du tribunal d'un certificat constatant que l'adjudicataire ne justifiait pas de l'acquit des conditions de l'adjudication: or, le greffier avait bien connaissance de l'exécution donnée aux premières conditions se rattachant aux frais de poursuite, à l'enregistrement et à la levée du jugement, etc. Mais quand une fois ces conditions avaient été accomplies, et quand le jugement d'adjudication avait été délivré, le greffier n'était plus instruit des faits d'exécution ou d'inexécution des clauses relatives au paiement du prix ou aux autres conditions de l'enchère.

82. — A Paris, on avait introduit dans l'usage une procédure qui permettait, dans tous les cas, de satisfaire au texte de la loi par la délivrance d'un certificat du greffier. — Le poursuivant faisait sommation à l'adjudicataire de venir à jour fixe devant le greffier fournir les preuves de sa libération; s'il ne se présentait pas, le greffier constatait que malgré sa mise en demeure, l'adjudicataire n'avait pas justifié de sa libération, et sur ce certificat il était procédé à la folle-enchère. Si l'adjudicataire venait s'opposer à la délivrance du certificat, les parties étaient renvoyées à se pourvoir, et d'ordinaire le président du tribunal statuait en état de référé sur cet incident. — Toutefois, cette marche n'étant pas prescrite par la loi, les tribunaux avaient eu à s'expliquer sur la question de savoir si, quand le jugement d'adjudication avait été délivré, et qu'un créancier porteur d'un mandement de collocation délivré dans un ordre en poursuivait l'exécution par voie de folle-enchère, il y avait lieu à la délivrance d'un certificat et ils s'étaient prononcés pour la négative.

83. — On avait, en effet, décidé que lorsqu'il s'agit de poursuivre la revente sur folle-enchère pour défaut de paiement du prix, le poursuivant n'est pas tenu de se munir du certificat du greffier dont parlent les art. 715 et 738, et qui ne sert qu'à constater le défaut d'accomplissement des conditions exigibles, dans les vingt jours de l'adjudication. — *Bourges*, 5 janv. 1820, Brezault c. Berchon.

84. — La loi de 1841 a consacré cette distinction. L'art. 735 (nouveau) dispense du certificat lorsque la folle-enchère est poursuivie après la délivrance du jugement d'adjudication, et il autorise à apposer les placards et à insérer les annonces pour une nouvelle vente trois jours après signification du bordereau de collocation avec commandement.

85. — Cette rédaction est encore vicieuse parce qu'elle paraît supposer que la folle-enchère ne peut être poursuivie après la délivrance du jugement d'adjudication que par un créancier porteur d'un bordereau, tandis qu'il peut arriver qu'elle ait lieu à la requête du vendeur lui-même, d'un cessionnaire ou d'un créancier sans qu'il ait été précédé d'un ordre, et sans qu'il ait été délivré de mandement de collocation. Il faut donc entendre cet article en ce sens, que les poursuites pourront être commencées soit aussitôt après la délivrance du certificat, soit trois jours après la signification avec commandement du titre exécutoire contre l'adjudicataire pour le prix de son acquisition.

86. — Tous ceux qui y ont intérêt peuvent former opposition à la délivrance du certificat dont il s'agit. — C. procéd., art. 734.

87. — L'opposition est faite par exploit signifié au greffier, ou par une déclaration au greffe, soit à la suite de la minute du jugement d'adjudication, soit sur une feuille séparée que l'on annexe au jugement d'adjudication, soit enfin sur un registre tenu par le greffier. — Bioche, nº 41.

88. — Dans ce cas, la partie la plus diligente se pourvoit en référé devant le président du tribunal pour faire statuer sur la délivrance ou le refus du certificat réclamé. — C. procéd., art. 734.

89. — En matière de vente par-devant notaire, s'il n'y a pas de créanciers inscrits, il est évident que l'on ne peut procéder par voie de signification de bordereaux de collocation, il faut alors faire une sommation tendant au paiement du prix, et trois jours après cette sommation on peut poursuivre la vente sur folle-enchère. — Bioche, nº 50.

90. — Dans aucun cas, il n'est du reste nécessaire d'obtenir une grosse du jugement d'adjudication. Il n'y a pas de saisie à pratiquer; un extrait de ce jugement suffit pour constater le fait de l'adjudication, la personne de l'adjudicataire et l'étendue des engagements qu'il n'a pas remplis. — « Sur ce certificat, dit l'art. 735, et sans autre procédure et jugement, il sera apposé nouveaux placards et inséré nouvelles annonces, etc. » — Ce texte vient à l'appui de l'usage; il confirme notre opinion que la grosse du jugement n'est pas nécessaire pour autoriser et valider les poursuites.

91. — S'il s'agit de la vente d'un immeuble adjugé à l'audience, on procède sur l'ancien cahier des charges déposé au greffe. — Dans le cas où l'immeuble a été vendu par-devant notaire, on se fait délivrer une expédition du procès-verbal d'adjudication que l'on dépose au greffe pour servir d'enchère.

92. — De nouveaux placards et de nouvelles annonces sont ensuite faites par le poursuivant pour appeler les amateurs à une nouvelle adjudication.

93.—Jugé, avant la loi nouvelle, qu'il n'y avait pas nullité quand, pour se dispenser d'ordonner une nouvelle affiche, on décidait que l'affiche de revente sur folle-enchère serait, quant aux charges et conditions omises dans la seconde, suppléée par l'affiche originaire. — *Paris*, 12 frim. an XIV, Bazin c. de Coste.

94. — ... Que les placards de la revente sur folle-enchère ne devraient pas, à peine de nullité, contenir les énonciations exigées dans les placards de l'adjudication sur saisie immobilière. — *Rouen*, 14 janv. 1826, Hutrel c. Florentin.

95. — L'art. 735, C. procéd. (nouveau), veut que les placards et annonces contiennent le nom et la demeure du fol-enchérisseur, le montant de l'adjudication, une mise à prix et le jour de la nouvelle adjudication. Il renvoie pour les formalités relatives aux insertions et à l'apposition des placards au titre de la saisie immobilière. — On a pensé que les changemens survenus pendant la possession du fol-enchérisseur motivaient des modifications aux placards primitifs; on a voulu de plus qu'ils continssent toutes les indications substantielles dont l'omission aurait des inconvéniens, et comme la combinaison des différens articles du Code de procédure étend à la folle-enchère les nullités de la saisie-immobilière, nous pensons que des inexactitudes graves dans les affiches ou insertions qui constitueraient une infraction aux prescriptions de l'art. 735, devraient entraîner la nullité de cette partie de la procédure.

96. — Autrefois cette vente donnait lieu à deux publications et à deux adjudications, l'une préparatoire, l'autre définitive : la première publication ne pouvait avoir lieu que quinze jours au moins après l'apposition des placards. Ce délai devait être franc; rien n'empêchait en effet que la première publication ne fût calculée de manière à laisser au moins le délai prescrit ; mais cette règle ne s'appliquait pas aux publications suivantes. En matière de vente la périodicité est une des conditions principales d'une bonne publicité, les tiers sont frappés par l'affectation d'un même jour aux adjudications, les audiences sont d'ailleurs réglées pour que ces adjudications reviennent périodiquement à des jours déterminés. Aussi la deuxième publication qui, d'après l'art. 741 (ancien), devait avoir lieu une quinzaine après la première, se faisait néanmoins jour pour jour deux semaines après, c'est-à-dire quatorze jours seulement après la première publication, parce que c'est ainsi qu'on procède en matière de vente, et qu'on entend par la quinzaine le jour qui, dans la deuxième semaine, correspond à celui où la première publication a eu lieu.

97. — Huit jours au moins avant la première publication, le poursuivant devait dénoncer le placard à l'avoué de l'adjudicataire et à l'avoué de la partie saisie. Si le saisi n'avait pas d'avoué, la dénonciation était faite à son domicile. — Art. 740. — L'adjudicataire était suffisamment prévenu, et il pouvait, instruit du jour de la publication, connaître les époques des adjudications préparatoire et définitive.

98. — On jugeait qu'il n'était pas nécessaire de notifier au fol-enchérisseur les placards qui précédaient chacune des publications. — Il suffisait de faire cette notification huit jours au moins avant la première publication. — *Cass.*, 19 mai 1830, Parmentier c. Jacquinot.

99. — ... Qu'il n'était pas exigé, à peine de nullité, que le placard annonçant la revente sur folle-enchère fût signifié à l'avoué de l'adjudicataire huit jours avant la publication. — *Paris*, 10 avr. 1815, Dumoutier c. Denel.

100. — Toutefois, cette dernière décision ne pouvait être acceptée qu'avec réserve; les termes de l'art. 740 étaient impératifs, et l'on devait se montrer d'autant plus sévère que cette dénonciation était et est encore le seul acte de la procédure de vente qui s'adresse directement au fol-enchérisseur.

101.—La loi ne prescrivant rien quant à la forme de cette dénonciation, nous pensons que pour les parties ayant avoué en cause, elle pourrait être valablement faite, soit par exploit, soit par acte d'avoué à avoué.

102. — Jugé encore que lorsqu'un arrêt, en annulant l'adjudication définitive prononcée par suite d'une revente sur folle enchère, avait fixé le jour de la nouvelle adjudication, en ordonnant que de nouveaux placards seraient affichés et *dénoncés* dans les *termes de droit*, on devait, pour cette dénonciation, observer les délais prescrits par l'art. 740, C. procéd. civ. — *Lyon*, 26 août 1836 (t. 2 1837, p. 324), Ruby c. Marin dit Clairauson.

103.—...Qu'en matière de folle-enchère, le jugement qui fixait le jour de l'adjudication définitive, par suite d'un arrêt qui avait levé le sursis à cette adjudication, ne devait pas, à peine de nullité, être signifié à l'adjudicataire, lorsque l'arrêt levant le sursis et les placards indiquant le jour de l'adjudication lui avaient été notifiés. — *Cass.*, 29 janv. 1827, Hodiesne c. Guillemet.

104. — La seconde publication de l'enchère avait lieu une quinzaine après la première, et le même jour il pouvait être procédé à l'adjudication préparatoire. — A la quinzaine suivante ou à un jour plus éloigné fixé par le tribunal, il était procédé à une troisième publication, lors de laquelle il était passé outre à l'adjudication définitive. — Chacune des publications était précédée huit jours au moins à l'avance, de placards et d'annonces semblables à ceux déjà prescrits avant la première publication. — Il n'était passé en taxe qu'une seule impression de placards. Il était facile, en laissant des blancs pour quelques indications manuscrites relativement aux jours fixés pour les adjudications, d'éviter les frais d'une impression à chaque publication.

105.— Si par suite de difficultés, l'adjudication définitive était annulée, ou si le jour en était seulement déplacé, il y avait lieu de faire de nouveaux placards, de nouvelles annonces ainsi qu'une nouvelle dénonciation au saisi, pour laquelle on observait le délai de l'art. 740, en faisant la dénonciation huit jours au moins avant le jour de la nouvelle adjudication.

106. — Depuis la loi du 2 juin 1841 il est procédé à l'adjudication sur folle-enchère après une simple apposition de placards et une insertion d'annonces. — Seulement, l'art. 735 veut que le délai entre les nouvelles affiches et annonces et l'adjudication soit de quinze jours au moins et de trente jours au plus.

107. — Quinze jours au moins avant l'adjudication, signification doit être faite des jour et heure de cette adjudication à l'avoué de l'adjudicataire et à la partie saisie au domicile de son avoué, si elle en a, et si elle n'en a pas, à son domicile. — C. procéd., art. 476.

108. — La signification faite à la partie, au domicile par elle élu, est régulière. — Chauveau sur Carré, quest. 2429 ; Bioche, n° 66.

109. — Si l'avoué de l'adjudicataire a cessé ses fonctions, il n'est pas nécessaire d'assigner en constitution de nouvel avoué. La signification au domicile de la partie est suffisante. — *Rouen*, 19 nov. 1825, Mignot c. Pellerin; — Chauveau sur Carré, *ibid.*; Bioche, n° 65.

110. — L'adjudication, porte l'art. 737 nouveau, peut être remise pour causes graves et dûment justifiées, mais seulement sur la demande du poursuivant. — Le jugement qui prononce la remise fixera de nouveau le jour de l'adjudication qui ne pourra être éloigné de moins de quinze jours ni de plus de soixante. Ce jugement ne sera susceptible d'aucun recours. — C. procéd., art. 737 et 703 comb.

111.—Sous le code ancien, il n'était pas nécessaire, lorsque la folle-enchère venait à la suite d'une vente autre que celle par expropriation forcée, de laisser entre l'adjudication préparatoire et l'adjudication définitive le délai de deux mois. Le décret du 2 février 1811 qui s'applique aux saisies immobilières, devait *régir* la folle-enchère qui faisait suite à la saisie réelle, mais il était sans influence sur la folle-enchère qui vient à la suite de toute autre vente. — *Bordeaux*, 25 juill. 1838 (t. 2 1838, p. 440), Morty c. Comte; — Carré, p. 184, t. 3, quest. 2520 ; — Les formalités pour l'adjudication étaient celles prescrites au titre de la saisie immobilière par les art. 707, 708 et 709, C. procéd. civ.

112. — Le jugement qui fixait le jour de l'adjudication définitive ne devait pas, à peine de nullité, être notifié au fol-enchérisseur; la dénonciation des placards l'avertissait suffisamment.

113. — L'adjudicataire fol-enchérisseur peut, jusqu'au jour de l'adjudication, se soustraire aux poursuites en justifiant de l'acquit des conditions exigibles de son adjudication, et en consignant une somme réglée par le président du tribunal pour les frais de folle-enchère. — C. procéd., art. 738. — Ce droit appartient au tiers-détenteur comme à l'adjudicataire lui-même.

114. — Le réglement fait par le président constitue un acte de juridiction gracieuse. Il peut avoir lieu par une simple ordonnance mise au bas d'une requête et contre laquelle nul recours n'est admis. — Chauveau, quest. 2450 ; Bioche, n° 73.

115. — Il ne s'agit au surplus que d'une évaluation provisoire, et les parties conservent le droit de faire taxer leurs frais en la forme ordinaire.

116. — Quoi qu'il en soit, l'adjudication ne peut être arrêtée par les difficultés survenues au sujet des frais de la poursuite, et par l'appel du jugement qui a réglé ces frais, si d'ailleurs le fol-enchérisseur qui conteste le réglement, ne justifie pas de l'acquit de toutes les charges de son adjudication. — *Cass.*, 8 mai 1820, Couderc c. Montané.

117. — Les moyens de nullité doivent être proposés et jugés comme il est dit en l'art. 729, C. procéd., art. 739. — V. SAISIE IMMOBILIÈRE.

118. — Aucune opposition n'est reçue contre les jugemens par défaut en matière de folle-enchère, et les jugemens qui statuent sur les nullités peuvent seuls être attaqués par la voie d'appel dans les délais et suivant les formes prescrites par les art. 731 et 732, C. procéd. — *Ibid.*

119. — Les formalités prescrites par les art. 705, 706, 707 et 711, pour l'adjudication sur saisie immobilière, sont observées lors de l'adjudication sur folle-enchère (C. procéd., art. 739), également à peine de nullité. — Souquet, *Dict. des temps légaux*, tabl. 701, col. 5e, n° 505 ; Bioche, n° 58. — V. SAISIE IMMOBILIÈRE.

120. — Lorsque le jour de l'adjudication définitive sur folle-enchère a été fixé et publié, que trois bougies ont été allumées et se sont éteintes sans que la mise à prix de l'adjudicataire provisoire ait été couverte, le tribunal doit adjuger définitivement l'immeuble à celui-ci, sans pouvoir remettre la vente à un autre jour. — Si, dans l'hypothèse dont on vient de parler, le tribunal a ajourné l'adjudication définitive, au lieu de la prononcer, la cour saisie de l'appel de son jugement peut attribuer elle-même la propriété de l'immeuble à l'adjudicataire provisoire, sans le renvoyer devant les premiers juges pour en obtenir la délivrance. — *Bourges*, 15 fév. 1823, Mollat c. Mingnault.

121. — Jugé que l'art. 964, C. procéd., qui veut que dans les ventes de biens immeubles de mineurs, lorsque les enchères ne se sont pas élevées au prix de l'estimation, le tribunal se prononce sur le renvoi de l'adjudication et la demande d'un nouvel avis du conseil de famille, ne reçoit pas son application dans le cas de revente sur folle-enchère, alors que les intérêts du mineur, se trouvent à couvert par la responsabilité du fol-enchérisseur, lequel est tenu de la différence du prix. — *Grenoble*, 18 mars 1834, Devrelon c. Pochon et Vignon. — Mais cette décision est en opposition avec l'esprit, les principes et l'économie de toutes nos lois civiles, qui entourent le mineur de tant de garanties, protégent ses droits avec tant de sollicitude; et la cour de Grenoble, en motivant son arrêt sur ce que les intérêts du mineur étaient à l'abri, semble avoir oublié que souvent le fol-enchérisseur est complétement insolvable.

122. — Le poursuivant est, quant à la procédure de vente le représentant de tous les créanciers; les jugemens rendus pour ou contre lui, quant à la poursuite, acquièrent à l'égard de tous les créanciers l'autorité de la chose jugée, et la signification qu'il fait du jugement d'adjudication définitive profite à toutes les parties en instance, de telle sorte, que si quelqu'une d'elles n'était point intimée sur l'appel qui en est émis, ce jugement acquière à son égard l'autorité de la chose jugée. — *Riom*, 5 avr. 1824, Morin-Chosson c Dupin et Daubusson.

123. — Décidé que le copropriétaire indivis d'immeubles saisis, qui n'a pas exercé l'action en distraction avant l'adjudication définitive, ne peut plus le faire ensuite par voie d'intervention dans la poursuite de folle-enchère ; qu'il ne peut se pourvoir que par action principale. — *Colmar*, 17 juin 1807, Plicklin c. Brunn. — Mais il importe, en pareille matière, de ne pas exposer un acquéreur à une éviction imminente, et lorsqu'une prétention de cette nature se révèle, il faut la vider sans délai pour ne pas laisser planer sur l'adjudication une inquiétude toujours préjudiciable aux enchères. Aussi, la cour de Colmar est-elle revenue de la première décision qu'elle avait rendue pour admettre la revendication incidemment à de nouvelles poursuites de vente, et la loi du 2 juin 1841 autorise expressément cette action pourvu qu'elle soit intentée trois jours avant l'adjudication. — *Colmar*, 20 janv. 1831, Jean Bichler c. Barbe Wolbrett.

124. — Le créancier pousuivant la folle-enchère est intéressé à tous les incidens qu'elle peut soule-

rer ; il a donc le droit d'intervenir sur l'appel du jugement qui a statué sur un incident de folle-enchère entre le fol-enchérisseur et un second surenchérisseur. — *Lyon*, 19 juin 1840 (t. 2 1840, p. 630) Leynet c. Veynière.

125. — S'il y avait abus au préjudice des créanciers dans les actes du fol-enchérisseur, dévastation de l'immeuble adjugé, il n'est pas douteux que les créanciers ne pussent requérir la nomination d'un séquestre, commissaire ou gardien, en vertu de l'art. 1961, C. civ., pratiquer même des saisies conservatoires sur des effets mobiliers immeubles par destination ou sur des coupes de bois, et nous croyons que, dans le cas d'urgence, ces mesures pourraient être ordonnées en état de référé. Ces décisions rentrent tout-à-fait dans l'application de l'art. 806, C. procéd. civ. — *Bordeaux*, 23 juin 1840 (t. 2 1840, p. 287), Ricy c. Soubiran ; — Bilhard, *Traité des référés*, p. 105. — V. au surplus RÉFÉRÉ.

Sect. 5e. — *Effets de la vente sur folle-enchère.*

126. — L'adjudication sur la poursuite de folle-enchère opère la résolution complète de la vente faite au fol-enchérisseur, à ce point que son adjudication et celle qui la suit se confondent en une seule et ne donnent ouverture qu'à un seul droit de mutation. — *Paris*, 5 déc. 1809, Huet et Girard c. Baudouin ; *Pau*, 29 nov. 1836 (t. 1er 1837, p. 554), Chassereau.

127. — Le fol-enchérisseur, après cette éviction, ne reste plus soumis qu'au paiement de la différence qui existe entre son prix et celui de la revente ; il serait exonéré de toute responsabilité, si le prix de la vente atteignait celui dont il était débiteur.

128. — Une conséquense de ces principes, c'est que l'immeuble passe au nouvel adjudicataire franc et quitte des hypothèques, priviléges et charges de toute nature dont le fol-enchérisseur a pu le grever dans l'intervalle de sa jouissance, bien que le jugement d'adjudication ait été transcrit. — *Paris*, 5 juin 1806, N. c. Dumas, Huet et Girard de Bury ; *Cass.*, 27 nov. 1807 Paillart ; — V. conf. Lachaize, *Traité de l'expropriation forcée*, t. 2, no 471 ; Huet, *De la saisie immob.*, p. 313, no 6.

129. — Peu importe l'époque à laquelle s'opère la résolution.

130. — Cette résolution a lieu, alors même que le fol-enchérisseur a payé le prix de son acquisition, partie avec ses propres deniers, partie avec une somme empruntée, et que la poursuite de folle-enchère a été conduite à fin par le bailleur de fonds, subrogé dans les droits du vendeur qui l'avait commencée. — *Paris*, 29 mars 1822, Jeunesse c. Dumaine.

131. — L'acquéreur profite donc de la transcription qui a été faite par le fol-enchérisseur. Il n'est pas tenu de procéder à une transcription nouvelle, et s'il transcrit, le conservateur ne doit délivrer à la transcription que les hypothèques prises contre l'ancien propriétaire et non pas celles qui procèdent du chef du fol-enchérisseur.

132. — Il résulte de ce principe que l'adjudicataire, sur qui la vente par folle enchère est poursuivie, est fondé à demander au nouvel acquéreur le remboursement des droits de mutation et de transcription payés sur la première vente. — *Cass.*, 6 juin 1811, Baudoin c. Dumas ; 21 juin 1811, N. ; *Paris*, 29 nov. 1816, Chaperon c. Robert ; 27 juill. 1825, Guibert c. Dupuis.

133. — ... Lors même qu'aucune des clauses de la revente ne l'y oblige expressément. — *Paris*, 5 déc. 1809, Huet et Girard c. Baudoin.

134. — Le nouvel adjudicataire doit rembourser au premier les droits de mutation et de transcription et les autres frais faits à l'occasion de l'adjudication, le tout avec les intérêts légitimes, à moins toutefois que le cahier des charges ne déroge explicitement ou implicitement à cette obligation. — *Pau*, 29 nov. 1836 (t. 1er 1837, p. 554), B... c. Chassereau.

135. — Jugé, en conséquence, que lorsque le cahier des charges de la première adjudication imposait à l'adjudicataire l'obligation de payer les frais de la vente et le droit d'enregistrement, et que la nouvelle publication du cahier des charges ne contient pas de dérogation à cet égard, l'adjudicataire sur folle-enchère est tenu au paiement ou au remboursement de ces frais, encore que les affiches apposées pour la revente énoncent qu'ils ont été acquittés par le fol-enchérisseur. — *Paris*, 25 juin 1813, Poirot-d'Ogeron c. Fortrait.

136. — Toutefois l'adjudicataire sur folle-enchère n'est pas tenu de plus forts droits que ne le comporte le prix pour lequel il est demeuré adjudicataire. — *Paris*, 12 juill. 1813, Grandcourt c. Vivien.

137. — Si le prix de la nouvelle adjudication est inférieur à celui de la première, l'adjudicataire ne doit donc pas rembourser les droits payés sur l'excédant. — *Caen*, 3 fév. 1840 (t. 1er 1847).

138. — L'obligation du nouvel adjudicataire doit s'étendre, mais par un autre motif, au remboursement des frais accessoires à l'adjudication, qui ont été par le cahier d'enchères mis à la charge du fol-enchérisseur. En effet, la revente sur folle enchère n'est que la suite de la première vente ; elle se fait sur le jugement d'adjudication aux charges, clauses et conditions de l'adjudication du fol-enchérisseur ; aussi le nouvel adjudicataire ne peut prendre possession de l'immeuble qu'à la condition de payer les frais des premières poursuites comme il l'eût fait s'il s'était rendu adjudicataire dès l'origine. — Le fol-enchérisseur ou ses ayant-cause ont donc le droit de répéter les frais du nouvel acquéreur s'ils les ont payés.

139. — Cependant, selon M. Petit (p. 175) et M. Bioche (no 114), il convient d'excepter des frais remboursables au fol-enchérisseur ceux de déclaration de command, d'enregistrement de cet acte et d'expédition ou première grosse du jugement d'adjudication délivrée au fol-enchérisseur, ces frais n'étant d'aucune utilité pour le nouvel adjudicataire.

140. — A la charge de qui doit-on mettre les frais de la poursuite de vente *sur folle-enchère?*

141. — On a jugé que les frais de la folle-enchère doivent être supportés par le fol-enchérisseur, et que le second adjudicataire qui les a avancés est fondé à les compenser jusqu'à due concurrence avec ceux de la première adjudication dont il doit faire compte au fol-enchérisseur qui les a payés. — *Paris*, 27 juill. 1825, Guibert c. Dupuis.

142. — Il est, dit-on, équitable qu'à titre de dommages-intérêts, le fol-enchérisseur les supporte ; cela est vrai, mais la loi n'en dit rien, et il faut ajouter qu'en les mettant à la charge du nouvel adjudicataire on les fait en réalité peser sur le fol-enchérisseur ; car un adjudicataire sait tout calculer, et s'il donne à l'immeuble mis en vente une valeur de 100,000 fr., et qu'il ait à payer 5,000 fr. de frais, il ne portera les enchères qu'à 95,000 fr. Ils ajouteront donc à la différence de prix dont le fol enchérisseur sera tenu. Il peut arriver que le prix de la nouvelle adjudication dépasse ou atteigne celui de l'ancienne, et, dans ce cas, dit-on encore, le fol-enchérisseur ne supporterait pas les frais qu'il a rendus nécessaires. Cela est vrai ; mais le vendeur ou ses créanciers n'ont pas à s'en plaindre, puisqu'ils ne peuvent exiger au-delà du prix de la première vente, et l'adjudicataire lui-même ne serait pas fondé dans ses répétitions, car il a donné de moins aux enchères ce qu'il a payé pour les frais.

143. — Quoi qu'il en soit, la fiction légale d'après laquelle le fol-enchérisseur est réputé n'avoir jamais été propriétaire peut quelquefois, souffrir une exception. — Ainsi le vendeur d'un immeuble dans lequel s'exploite une usine, qui en poursuit la revente sur folle-enchère après la substitution d'une autre usine par l'acquéreur, a droit de comprendre dans cette revente les machines nouvelles substituées par le fol-enchérisseur aux anciens appareils, surtout si leur valeur est à peu près la même. — Et, dans ce cas, l'hypothèque des créanciers, originairement inscrits sur l'immeuble, s'étend aux nouvelles machines qui y ont été incorporées. — *Paris*, 28 juin 1843 (t. 2 1843, p. 175), Bouju et Collier c. Clément et Gibert.

144. — L'obligation imposée par le cahier des charges à l'adjudicataire sur folle-enchère de payer les intérêts de son prix, non seulement à partir de son entrée en jouissance, mais encore à partir de la première adjudication, n'a rien d'illicite. — *Cass.*, 18 janv. 1842 (t. 2 1843, p. 447), Rancès.

145. — ... Et lorsque le cahier des charges d'une vente sur folle-enchère impose à l'adjudicataire l'obligation de payer son prix d'après l'ordre réglé sur la première adjudication, celui-ci doit par là même les intérêts de son prix à partir de cette première adjudication, et non pas seulement à partir de son entrée en jouissance. Du moins l'arrêt qui le décide ainsi par interprétation du cahier des charges est à l'abri de la censure de la cour de Cassation. — Même arrêt.

146. — Lorsque celui qui s'était rendu adjudicataire d'un immeuble l'a revendu, si le sous-acquéreur n'a payé son prix dans les délais qui avaient été fixés par le contrat et si ce défaut de paiement a donné lieu à des poursuites en folle-enchère, l'adjudicataire fol-enchéri a le droit de demander des dommages-intérêts au sous-acquéreur, encore bien que ce dernier n'ait pas été partie dans les poursuites en folle-enchère. — Les dommages-intérêts dont le sous-acquéreur est tenu doivent comprendre non seulement les intérêts du prix de son acquisition, mais encore toute la différence de ce prix à celui de la seconde adjudication ainsi que les intérêts de cette différence. — Le droit de propriété du dernier adjudicataire remontant au jour de la première adjudication, il en résulte qu'il peut de son chef, en sus des dommages-intérêts ci-dessus, réclamer du sous-acquéreur une indemnité pour lui tenir compte des fruits qu'il a perçus pendant qu'il a conservé l'immeuble. — *Rouen*, 16 janv. 1843 (t. 2 1843, p. 277), Quillou et Picard c. Cardon.

147. — Si l'adjudication sur folle-enchère met au néant les aliénations ou les charges créées sur l'immeuble par le fol-enchérisseur, il n'en est pas de même des baux et en général des actes d'administration qu'il a pu consentir sans fraude. La bonne foi du preneur qui a cru traiter avec un propriétaire incommutable demandait une dérogation aux effets de la résolution. A l'égard des tiers, le propriétaire apparent est censé être le mandataire du propriétaire véritable pour les actes d'administration. Sous ce rapport, dit M. Troplong (*Louage*, t. 2, p. 328, no 546) « il y a solidarité entre la propriété effective et la propriété putative. »

148. — Jugé, en conséquence, que les baux consentis sans fraude par un fol-enchérisseur, doivent être exécutés par l'adjudicataire sur folle-enchère lorsque d'ailleurs ils n'excèdent pas la durée ordinaire des baux. — *Paris*, 25 janv. 1835, de Choiseul c. Buisson ; *Cass.*, 16 janv. 1827, Martin c. Couturier.

149. — ... Et même lorsque leur durée dépasserait neuf années, temps ordinaire des actes d'administration. — *Paris*, 11 mai 1839 (t. 1er 1839, p. 585), Laurent c. Elouin.

150. — ... Par exemple quand cette durée serait de quinze ans. — *Paris*, 19 mai 1835, Lambert et Hamel c. Ansart et Landrin.

151. — L'arrêt qui, sans décider qu'il y a mauvaise foi, déclare un bail fait en pareille circonstance résolu par la revente sur folle-enchère, encourt la cassation. — *Cass.*, 16 janv. 1827, Martin c. Couturier.

152. — Mais les magistrats doivent se montrer très sévères pour les actes qui seraient passés pendant le cours des poursuites de folle-enchère. Il est difficile en effet d'admettre alors la bonne foi.

153. — Jugé, en conséquence, que le bail à long terme consenti par le fol-enchérisseur, dans l'intervalle de la poursuite de folle-enchère au jugement qui prononce l'adjudication de l'immeuble sur cette poursuite, doit être déclaré sans effet. — *Paris*, 25 juin 1814, Chezjean c. Boulogne et Ricoux.

154. — Au contraire, un bail ne saurait être considéré comme fait de mauvaise foi et avec fraude quand il a été fait par adjudication publique, aux enchères, en l'étude d'un notaire, au lieu de la situation de l'immeuble et après apposition de placards et annonces dans les journaux. — *Paris*, 19 mai 1835, Lambert et Hamel c. Ansart et Landrin.

155. — Par application des principes qui précèdent, il a été décidé que la revente sur folle-enchère n'a pas pour effet de résoudre le privilége acquis aux architectes et ouvriers dans les termes de l'art. 2103, C. civ., sur la plus-value donnée à l'immeuble pour les travaux qu'ils ont faits pendant la possession du fol-enchérisseur, surtout s'il s'agit de travaux utiles et nécessaires, et dont l'achèvement rentrait dans les limites d'une sage administration. — *Cass.*, 22 juin 1837 (t. 2 1837, p. 272), Vastel c. Pézéril.

156. — Jugé, avant le Code, que lorsque l'adjudicataire d'un immeuble vendu sur expropriation forcée a donné congé au locataire en vertu d'une clause du cahier des charges qui l'autorisait à l'expulser *à ses risques et périls*, celui-ci ne peut, en cas de revente sur folle-enchère, faire peser sur l'immeuble l'indemnité que lui a accordée le jugement qui a déclaré le congé valable. — *Cass.*, 27 nov. 1806, Leriche c. Paillard.

157. — Le fol-enchérisseur est tenu de la différence entre son prix et celui de la vente sur folle-enchère sans pouvoir réclamer l'excédant s'il y en a. Cet excédant est payé aux créanciers ou, si les créanciers sont désintéressés, à la partie saisie. — C. procéd., art. 740.

158. — Cette disposition repose sur un double motif. D'une part, le fol-enchérisseur est réputé n'avoir jamais été propriétaire : ce n'est donc pas sa chose que l'on a vendue, et dès-lors il ne peut prétendre au bénéfice qu'elle procure. D'un autre côté, l'inexécution de ses engagemens élève une fin de non-recevoir contre lui.

159. — La contrainte par corps est attachée comme sanction à l'exécution de cette obligation. — C. procéd., art. 740.

160. — Quoique l'article qui la prononce soit placé au titre de la saisie immobilière, elle est applicable à toutes les ventes faites en justice, telles que celles après faillite ou sur conversion. — *Rouen*, 31 mai 1820, Terrier c. Morel; *Paris*, 23 mars 1835, Beauvais c. Deléglise.

161. — Mais ce mode rigoureux d'exécution ne pourrait atteindre un septuagénaire, ni la femme adjudicataire contre laquelle est exercée la folle-enchère. — *Lyon*, 20 juin 1822, Boulet c. Durand.

162. — Au surplus, quoique la contrainte par corps soit formellement écrite dans la loi pour le paiement de la différence due par le fol-enchérisseur, il faut cependant que le juge intervienne pour en régler l'application. Ce n'est que par un jugement que le montant de la différence est déterminé, et qu'il est enjoint aux officiers de la force publique de contraindre par corps le fol-enchérisseur.

163. — Si, dans une même poursuite de vente, divers lots ont été adjugés séparément, chacun d'eux constitue une vente distincte; en conséquence, lors de la revente sur folle-enchère, on ne pourrait établir au profit de l'acquéreur une compensation entre le déficit des uns et l'excédant des autres.

164. —Jugé en ce sens que l'art. 744, C. procéd., d'après lequel le fol-enchérisseur est tenu de payer la différence *en moins* sur la revente en folle-enchère, sans pouvoir profiter de la différence *en plus*, s'applique même au cas où les biens sont vendus en détail et par articles, de manière que le *déficit* que présente un article ne peut pas se compenser avec l'excédant d'un autre article; qu'il y a dans ce cas autant d'adjudications séparées que d'articles mis en vente, à chacun desquels s'applique l'art. 744, quoique tous soient adjugés au même individu. — *Rouen*, 31 mai 1820, Terrier c. Morel.

165. — Mais il en serait autrement si l'immeuble adjugé en bloc au fol-enchérisseur était, de son consentement, revendu par lots. Il est évident que dans ce cas chaque lot composant l'immeuble vendu dans l'origine devrait concourir à la formation du prix pour venir à la décharge du fol-enchérisseur.

166. — Le fol-enchérisseur doit les intérêts de la somme formant la différence entre la première et la deuxième adjudication, mais seulement du jour de la demande qui en est faite par le propriétaire. — *Paris*, 11 juill. 1829, d'Inglemarre c. Bachelier d'Agès. — Le titre de propriétaire étant effacé par la revente, ce n'est plus, en effet, en qualité d'acquéreur, mais comme débiteur de dommages-intérêts que le fol-enchérisseur est tenu de cette différence.

167. — Il est, en outre, tenu de restituer les fruits par lui perçus pendant sa jouissance. Il ne saurait les conserver en offrant les intérêts de son prix, car il ne peut être réputé possesseur de bonne foi, puisqu'il savait ne devoir être propriétaire qu'en payant; puisque d'ailleurs il n'a jamais été propriétaire, il est évident qu'il n'a jamais été débiteur d'aucun prix, ni conséquemment d'aucun intérêt, car l'accessoire ne peut exister sans le principal.— *Orléans*, 8 juill. 1845 (t. 2 1845, p. 492), Chevalier c. Pelletier; — Thomine, n° 850. — V. cependant en sens contraire *Paris*, 11 juill. 1829, d'Inglémarre c. Bachelier d'Agès; — Bioche, n° 119.

168. — Si, pendant la poursuite, l'immeuble périt ou diminue, la perte est pour le fol-enchérisseur. Il ne s'agit pas, en effet, d'une condition suspensive, mais d'une condition résolutoire. — Arg. C. civ., art. 1183; — Bioche, n° 118.

169. — Dans le cas où le prix de la vente sur folle-enchère excéderait celui de la première adjudication, le fol-enchérisseur aurait sans aucun doute droit de réclamer du nouvel adjudicataire le remboursement des à-compte qu'il aurait payés sur son prix. — Petit, p. 175; Bioche, n° 117.

170. — Mais il ne saurait prétendre qu'il est par cela seul déchargé de toute obligation ultérieure envers son vendeur et les créanciers inscrits. — — *Cass.*, 26 fév. 1835, Dedlet c. Jeoffroy.

171. — Il n'est dégagé qu'autant que cette seconde adjudication est elle-même sérieuse et produit un gage pécuniaire pour le vendeur et ses créanciers. Si l'adjudicataire nouveau manquait lui-même à ses engagemens et était poursuivi par voie de folle-enchère, ce serait le prix de la troisième adjudication et non celle de la seconde qui servirait à régler la différence dont le premier fol-enchérisseur serait passible, le tout sans préjudice des poursuites auxquelles le deuxième fol-enchérisseur resterait lui-même exposé. — Même arrêt.

172. — Il a encore été décidé qu'on peut stipuler valablement dans un cahier des charges que l'adjudicataire n'aura pas, dans le cas de revente par suite de folle-enchère, le droit de répéter les sommes qui auraient été payées par lui à valoir sur le prix de son adjudication. — *Cass.*, 24 fév. 1846 (t. 1er 1846, p. 488), caisse hypothécaire c. concessionnaires du canal de la Dive.

173. — La revente sur folle-enchère n'a pas pour effet d'annuler l'ordre clos et arrêté entre les divers créanciers sur le prix de la première adjudication, et ne rend pas un nouvel ordre nécessaire. — *Cass.*, 12 nov. 1821, Léger et Abbéma c. Lecerf. — Si le prix de la seconde adjudication est supérieur à celui de la première, il y a lieu à un nouvel ordre, mais seulement sur la somme formant l'excédant.

174. — Les sommes payées par le fol-enchérisseur doivent-elles être distribuées par voie d'ordre? — V. ORDRE.

175. — La nouvelle adjudication qui intervient sur la poursuite de folle-enchère peut-elle être suivie d'une surenchère? — V. SURENCHÈRE.

Sect. 6e. — *Demande en nullité de la poursuite de folle-enchère.*

176. — Sous l'empire du Code de procédure ancien, les incidens sur la poursuite de folle-enchère devaient être jugés d'après les règles tracées pour la saisie immobilière; l'art. 745 portait, en effet, que les articles, au titre *de la saisie immobilière*, relatifs aux nullités, aux délais et aux formalités de l'appel, étaient communs à la poursuite de folle-enchère.

177. — Il fallait donc distinguer, entre les difficultés qui se rattachaient à la procédure antérieure au jugement préparatoire, celles qui s'attaquaient à la procédure postérieure à l'adjudication préparatoire et antérieure à l'adjudication définitive, et celles qui frappaient le jugement d'adjudication définitive lui-même.

178. — Aux termes de l'art. 734, les moyens de nullité contre la procédure qui précédait l'adjudication préparatoire, ne pouvaient être proposés après ladite adjudication; ils devaient être jugés avant elle, et si les moyens de nullité étaient rejetés, l'adjudication préparatoire était prononcée par le même jugement.

179. — Cet article avait soulevé de graves difficultés. On se demandait, en effet, s'il s'appliquait uniquement à des questions de forme, à des nullités d'actes de procédure, ou si, au contraire, il embrassait les questions du fond, telles que celles relatives à la qualité, au titre et aux droits du poursuivant.— La jurisprudence s'était prononcée dans ce dernier sens.

180. — Ainsi l'on décidait que les moyens de nullité antérieurs à l'adjudication préparatoire sur une folle-enchère ne pouvaient être proposés après cette adjudication, lors même qu'ils résultaient, non d'un vice de forme, mais du fond du droit.— *Cass.*, 11 avr. 1837 (t. 1er 1837, p. 500), Bruneau de la Souchais c. Boudin. — V. conf. *Cass.*, 2 juill. 1816, Bachellery c. Montchenu; 29 nov. 1819, Rouede c. Esperon; 29 mars 1836, Desvignes c. Perrin; 24 mai 1831, Fagoague c. Jauretche; 23 nov. 1808, Hurault c. Regalle; 16 pluv. an XIII, Morel c. Ducherve; *Lyon*, 13 avr. 1822, N...; *Bordeaux*, 19 juin 1830, Lajartre; *Cass.*, 22 nov. 1826, Guelfucci c. Christiani; *Nîmes*, 16 juin 1830, Augeras c. Chaudauson; *Angers*, 15 janv. 1829, Grimoux c. Moreau; *Liége*, 9 déc. 1823, Dinon c. Watelet. — V. *contrà Bordeaux*, 8 juin 1830, Matignon c. Mallet; *Aix*, 20 août 1833, Bedoc c. Gounelle; — Tarrible, *Rép.* de Merlin, v° *Saisie immobilière*, § 6, art. 2, n° 10; Hautefeuille, p. 280, n° 3.

181. — ... Que la nullité de la procédure de la folle-enchère fondée sur le changement inséré dans le cahier des charges devait être proposée avant l'adjudication préparatoire. — *Paris*, 10 fév. 1832, Didier c. Collin de Plancy.

182. — ... Que l'adjudicataire sur licitation, poursuivi par voie de folle-enchère, n'était pas recevable à proposer, sur l'appel du jugement d'adjudication définitive, des moyens de nullité qu'il n'avait pas fait valoir en première instance, avant ni lors de cette adjudication. — *Cass.*, 11 déc. 1828, Moureau c. Minvielle; *Bordeaux*, 10 juin 1832, Despagnac c. Mouret.

183. — L'appel du jugement qui statuait sur les nullités antérieures à l'adjudication préparatoire, devait être interjeté dans la quinzaine de la signification de ce jugement à avoué. Il devait contenir assignation et être notifié au greffier et visé par lui. — *Bordeaux*, 10 juin 1832, Despagnac c. Mouret; *Turin*, 19 avr. 1811, Vallino-Bayeta c. Bagnolo et Vitta; *Cass.*, 21 juill. 1835, Crémieux c. Héraud.

184. — La cour de Bourges avait toutefois jugé que le délai de l'appel d'un jugement d'adjudication par suite de folle-enchère était de trois mois, à compter du jour de la signification à personne ou domicile, et non de quinzaine à compter du jour de la signification à avoué. — *Bourges*, 24 déc. 1813, Demai c. Chapelard.

185. — Mais Carré, qui cite cet arrêt, ajoute avec raison (quest. 2526): « Il y a eu erreur manifeste provenant de ce que la cour, au lieu de procéder par voie de folle-enchère à une nouvelle adjudication préparatoire, avait fait revivre la première adjudication qui ne pouvait plus avoir d'effet, puisqu'elle avait été couverte par une nouvelle enchère, et avait ainsi considéré la seconde adjudication comme un incident à la poursuite de saisie immobilière. » —V. aussi Huet, p. 314 et 315; Lachaise, *Traité de l'expropriation forcée*, t. 2, n° 470.

186. — L'appel était suspensif, et l'adjudication définitive à laquelle il était procédé au mépris d'un appel devait être annulée.

187. — Les contestations sur les procédures postérieures à l'adjudication préparatoire devaient être formulées par requête; mais comme en matière de ventes judiciaires autres que celles par expropriation forcée, le délai de deux mois entre les adjudications préparatoire et définitive n'était pas exigé pour la folle-enchère, il en résultait que les délais de l'art. 735 ne pouvaient être observés et que les contestations devaient être admises jusqu'au jour de l'adjudication définitive. — Si au contraire la folle-enchère venait à la suite d'une expropriation forcée, il fallait se conformer aux prescriptions dudit article et proposer les moyens contre la procédure postérieure à l'adjudication préparatoire vingt jours au moins avant l'adjudication définitive; enfin les juges étaient tenus de statuer dix jours au moins avant ladite adjudication. — Art. 736.

188. — Pour la folle-enchère comme pour la saisie, le fol-enchérisseur n'était recevable dans ses contestations contre les procédures postérieures à l'adjudication préparatoire que s'il donnait, conformément au décret du 2 février 1811, une caution pour le paiement des frais des incidens. — *Bourges*, 27 juill. 1822, Leuthereau c. Gaudé et Cortet; *Cass.*, 3 août 1824, Leuthereau-Beauregard c. Gaudé.

189. — L'appel du jugement qui statuait sur les nullités postérieures à l'adjudication préparatoire n'était recevable que dans la huitaine de sa prononciation; il devait être notifié au greffier et visé par lui. — Art. 736.

190. — On jugeait cependant que l'appel d'un jugement prescrivant une adjudication sur folle-enchère n'était pas nul pour n'avoir pas été notifié au greffier. — *Bordeaux*, 10 juin 1832, Despagnac c. Mouret.

191.— ... Qu'il en était de même de l'appel d'un jugement d'adjudication définitive sur revente par folle-enchère. — *Trèves*, 27 avr. 1809, Dar Kenne c. Henricot.

192. — ... Et que l'appel du jugement qui statuait sur la validité d'une poursuite de folle-enchère pouvait être valablement signifié par le fol-enchérisseur au saisissant en la personne de son avoué. — *Cass.*, 3 nov. 1845 (t. 2 1845, p. 607), Desmanet c. Barloy.

193. — L'appel du jugement d'adjudication n'était recevable quand le fol-enchérisseur n'avait interjeté appel du jugement qui n'ordonnait la revente qu'après l'adjudication. — *Grenoble*, 4 avr. 1816, Rouy c. N...

194. — Enfin, les contestations de toutes natures qui pouvaient survenir incidemment à la poursuite de folle-enchère étaient soumises aux mêmes règles que les incidens sur la poursuite de saisie immobilière.

195. —Ainsi, l'appel d'un jugement prononçant contre le créancier poursuivant une folle-enchère la subrogation aux poursuites en faveur d'un autre créancier, n'était plus recevable après la quinzaine de la signification de ce jugement à avoué. — *Bordeaux*, 10 juin 1832, Despagnac c. Mouret. — V. au surplus SAISIE IMMOBILIÈRE.

196. — Depuis la loi du 2 juin 1841, les moyens de nullité doivent être présentés comme ceux dirigés contre la procédure de saisie immobilière, postérieure à la publication du cahier des charges, c'est-à-dire, au plus tard, trois jours avant l'adjudication. — C. procéd., art. 729 et 739. — V. SAISIE IMMOBILIÈRE.

197. — ... Soit que ces moyens dérivent de la forme, soit qu'ils tiennent au fond du droit, —

Rouen, 15 juill. 1843 (1. 1er 1844, p. 106), Lescigneur c. Bazan et Doré ; — Chauveau sur Carré, quest. 2431.

198. — L'appel des jugemens qui, peuvent intervenir, soit sur les nullités, soit sur des incidens d'une autre nature, tels que des demandes en distraction ou en subrogation, est admis, mais seulement dans les dix jours, à compter de la signification à avoué, ou à compter de la signification soit au domicile réel, soit même au domicile élu, s'il n'y a point d'avoué. — C. procéd., art. 731.

199. — S'il s'agit d'une demande en distraction, ce délai est augmenté d'un jour par cinq myriamètres de distance entre le domicile du saisi et le lieu où siège le tribunal qui doit en connaître ; toutefois il ne peut être augmenté à l'égard de la partie qui demeure hors du territoire continental du royaume. — Art. 725 nouveau.

200. — L'appel est signifié au domicile de l'avoué, et s'il n'y a pas d'avoué au domicile réel ou élu de l'intimé, il est notifié au greffier du tribunal et visé par lui. — L'acte d'appel doit énoncer les griefs. On ne peut toujours proposer sur l'appel que les moyens présentés en première instance. — Art. 732.

201. — La cour royale doit statuer dans la quinzaine. — C. procéd., art. 731.

202. — La nouvelle loi, au titre *De la saisie*, distingue dans les contestations les jugemens qui statuent sur des difficultés de forme seulement, et ceux qui portent sur des contestations du fond : elle a voulu que ces derniers seuls fussent soumis à l'appel. Mais cette distinction n'a pas été maintenue dans la poursuite de folle-enchère, dont la procédure ne comporte pas de périodes différentes, et il résulte de la nouvelle loi sur les difficultés de la folle-enchère sont susceptibles d'appel. — *Moniteur* 28 avr. 1840, discours du rapporteur.

203. — L'opposition n'est pas recevable contre les jugemens rendus par défaut. — C. procéd., art. 739.

204. — On jugeait dans le même sens avant la loi nouvelle. — *Toulouse*, 3 fév. 1832, Tournan c. Laforgue ; *Paris*, 24 sept. 1809, et la note.

FONCIER (Impôt).

V. CONTRIBUTIONS DIRECTES, CADASTRE, IMPOTS.

FONCIÈRE (Rente).

V. RENTE.

FONCTIONNAIRE PUBLIC.

Table alphabétique.

— Procédure de la demande en autorisation (n° 778).

§ 7. — Pouvoirs du conseil d'état en matière d'autorisation (n° 807).

SECT. 2e. — Fonctionnaires de l'ordre judiciaire (n° 859).

§ 1er. — Crimes et délits commis en dehors des fonctions (n° 869).

§ 2.—Crimes et délits commis dans l'exercice des fonctions (n° 941).

CHAPITRE. Ier. — Fonctionnaires publics en général. — A quelles personnes appartient cette qualité.

2. — Il est difficile de déterminer avec précision ce qu'il faut entendre par fonctionnaire public. En effet, cette expression n'a pas toujours une signification identique: elle est prise dans une acception plus ou moins large, suivant les circonstances.

3.—Dans son sens le plus étendu, elle comprend tous ceux qui concourent, dans une sphère plus ou moins élevée, à l'action de l'un des trois pouvoirs. Mais, dans une acception plus restreinte et plus fréquemment employée, elle ne comprend seulement ceux à qui le pouvoir central a délégué une portion de l'autorité publique, ce qui exclut d'abord les pairs de France, les députés, puis les simples agens de la force publique qui ne commandent pas, mais au contraire se bornent à exécuter les ordres qu'ils ont reçus; enfin les simples employés qui, bien que nommés par le gouvernement et concourant à un service public, ne sont cependant dépositaires d'aucune portion de la puissance publique.

4. — Le vague, l'indétermination qui, dans le langage usuel, s'attachent au mot fonctionnaire public, se retrouvent même dans le langage de la loi. Ainsi une personne de telle qualité, qui doit être réputée fonctionnaire public dans le sens de telle loi, de tels articles de mon codes, ne doit point l'être dans le sens de telle autre loi, de tel autre article. C'est donc d'après l'esprit, d'après le but de la loi qu'il s'agit d'appliquer, qu'on doit apprécier quelle étendue doit être donnée à la dénomination de fonctionnaire public.

5. — Il serait impossible de donner ici la nomenclature complète des fonctionnaires publics, même de ceux auxquels ce titre appartient incontestablement. Nous nous contenterons d'indiquer les principaux. Ce sont notamment : les ministres, les préfets, les sous-préfets, les maires, les membres de la cour de cassation, des cours royales et des tribunaux de tous les degrés; les membres de police judiciaire; les membres de la cour de comptes, du conseil d'état et des comptes de préfecture; les membres du corps enseignant, ceux du corps diplomatique, les officiers de terre et de mer; les agens chargés de l'assiette et de la perception des impôts, etc.

6. — Les expressions fonctionnaire public et agent du gouvernement n'ont pas tout à fait le même sens. Tous les fonctionnaires publics ne sont pas agens du gouvernement. Cette dernière qualité n'appartient qu'à ceux qui se trouvent sous la dépendance immédiate d'une autorité supérieure, tellement qu'ils ne peuvent tenir une conduite opposée à celle que cette autorité leur a tracée : tels sont les préfets, les sous-préfets, les directeurs des administrations, et tous ceux qui ont reçu du gouvernement une mission, ne fût-elle que temporaire.— Chauveau et Hélie, Th. C. pén., 2e édit., t. 2, p. 577. — Mais elle ne convient pas, par exemple, aux juges, qui ne remplissent pas des fonctions d'après leur conscience.

7.—C'est surtout pour l'application de l'art. 75, constit. du 22 frim. an VIII, aux termes duquel les agens du gouvernement ne peuvent être poursuivis pour faits relatifs à leurs fonctions, sans une autorisation préalable du conseil d'état, qu'il est nécessaire de déterminer quels sont les fonctionnaires publics auxquels s'applique cette dénomination.

8.—Il ne faut pas non plus confondre les fonctionnaires publics avec les officiers publics. Ceux-ci, quoiqu'ils agissent avec un caractère public, n'exercent aucune portion de la puissance publique : tels sont les avoués, les huissiers, les commissaires-priseurs.—Chauveau et Hélie, t. 2, p. 577.

9. — Complétons ces notions élémentaires par l'indication des solutions de la jurisprudence.

10. — Les juges de paix sont des fonctionnaires publics. — Cass., 17 thermid. an X, Graas; 15 août 1810, Lemarrois.

FONCTIONNAIRE PUBLIC, ch. 1er.
FONCTIONNAIRE PUBLIC, ch. 1er.

11. — Il en est de même des maires (*Cass.*, 16 mars 1832, Grasset), et de leurs adjoints. — *Cass.*, 1er avril 1813, François-Carle.

12. — Le rapporteur d'un conseil municipal nommé régulièrement pour faire son rapport, est un fonctionnaire public dans le sens de l'art. 6, L. 25 mars 1822. — *Cass.*, 28 avr. 1826, Descoutures.

13. — Jugé que le président d'un collége électoral est fonctionnaire public dans le sens de l'art. 6, L. 25 mars 1822. — *Cass.*, 19 août 1837 (t. 2, 1837, p. 614), B... et R... — V. conf. de Grattier, *Comm. sur les lois de la presse*, t. 2, p. 64.

14. — Mais les membres d'un collége électoral ne sont ni dépositaires ni agens de l'autorité. — *Cass.*, 25 mai 1838 (t. 2 1838, p. 106), Mangin c. électeurs de Vannes.

15. — Les commissaires de police sont des fonctionnaires publics appartenant pour une partie de leurs fonctions à l'ordre administratif, et pour l'autre partie à l'ordre judiciaire. — *Cass.*, 30 juill. 1812, Marie Ranchaert; 4 juill. 1833, Lamarthonie; 13 juin 1828, Buhot-Launay; — de Grattier, *Comm. sur les lois de la presse*, t. 2, p. 54.

16. — Un percepteur des contributions est un fonctionnaire public, et il doit être poursuivi par la voie criminelle à raison des détournemens qu'il commet dans sa gestion. — *Cass.*, 22 vendém. an VIII, Trumeau ; 5 brum. an IX, Trumeau.

17. — Il en doit être ainsi lors même que le prévenu n'aurait exercé cette perception que par obligeance pour l'administration municipale et sans aucun salaire. — Solut. implicite de l'arrêt du 5 brum. an IX, Trumeau.

18. — De même, le préposé à la perception des contributions est un fonctionnaire public. En conséquence, s'il se rend coupable de faux dans l'exercice de ses fonctions, il doit subir la peine prononcée par la loi contre les fonctionnaires publics. — *Cass.*, 14 vendém. an VIII, Philippe Bouvier.

19. — Un receveur municipal est comptable public, et, par cela même fonctionnaire public dans le sens des art. 144 et 146, C. pén. — *Cass.*, 23 mars 1837, Arnaud Tuffeau.

20. — Les receveurs et percepteurs des deniers publics de toute espèce sont des fonctionnaires publics, soient qu'ils aient été institués en titre d'office, soit qu'ils aient reçu une commission à vie ou révocable, soit que leur commission ait été précédée de conventions, conditions, offres et soumissions consignées dans un contrat, soit qu'ils aient été institués par le prince, par ses ministres ou par les autorités ayant le pouvoir de nommer à ces fonctions. — *Cass.*, 21 janv. 1813, Louis Branzon.

21. — Ainsi, le régisseur intéressé d'un octroi encourt, lorsqu'il détourne ou divertit les deniers de sa recette, les peines portées par la loi contre les fonctionnaires ou comptables publics qui détournent et divertissent les deniers dont ils sont dépositaires. — Même arrêt.

22. — Les gardes champêtres doivent être considérés comme des fonctionnaires ou officiers publics dans le sens de l'art. 198, C. pén. — *Bruxelles*, 17 nov. 1818, Vanroobrouck.

23. — La cour de Cassation a jugé par deux arrêts des 19 juin 1818 (Menu) et 20 sept. 1823 (Friloi) que les gardes des particuliers devaient être assimilés aux gardes des communes. — V. aussi *Cass.*, 2 juill. 1846 (t. 1er 1847, p. 182), Roussereaux. — Cette assimilation est vivement critiquée, mais à tort, par Legraverend (t. 1er, p. 167, note 4e). — V. GARDES CHAMPÊTRES.

24. — Depuis le Code de brum. an IV, les appariteurs de police ne peuvent plus, comme sous la loi du 22 juill. 1791, être considérés comme des fonctionnaires publics. — *Cass.*, 22 fév. 1809, Lavis. — V. conf. Merlin, *Quest.*, vo *Fonctionnaires publics*.

25. — Mais l'appariteur de police chargé, en cette qualité, de la conduite d'une patrouille, remplit un service de ministère public dans le sens de l'art. 230, C. pén. — *Cass.*, 6 oct. 1831, Balme.

26. — La cour de Douai avait décidé, par arrêt du 1er mars 1831 (Cressent et Lefebvre c. Fourdinier), que les avoués et les juges suppléans sont des fonctionnaires publics, et qu'en conséquence les outrages qui leur sont adressés à raison de leurs fonctions et de leur qualité rentrent dans les prévisions de l'art. 6, L. 25 mars 1822.

27. — Mais, sur le pourvoi formé contre cet arrêt, la cour de Cassation, par arrêt du 14 avr. 1831, après avoir entendu M. le procureur général Dupin, cassa l'arrêt de la cour de Douai, et jugea : 1o Quant aux avoués, qu'ils ne sont pas fonctionnaires publics dans le sens des lois des 17 mai 1819 et 24 mars 1822, relatives aux délits de la presse ni de celles qui établissent certaines garanties en faveur des fonctionnaires publics ; — 2o à l'égard des juges suppléans, qu'ils ne sont fonctionnaires publics qu'accidentellement, lorsqu'ils exercent leurs fonctions, et qu'ainsi les diffamations ou injures dont ils se plaignent ne sont de la compétence des cours d'assises qu'autant qu'elles leur ont été adressées à raison de leurs fonctions ou de leur qualité.

28. — Jugé également qu'on ne peut considérer les avoués comme dépositaires ou agens de l'autorité publique ni comme agissant dans un caractère public, dans le sens des lois répressives de la diffamation. — *Cass.*, 9 sept. 1836, Fournier-Verneuil c. Hocmelle.

29. — Jugé que les huissiers sont compris au nombre des fonctionnaires publics, agens ou préposés du gouvernement, qui, lorsqu'ils commettent quelque acte arbitraire ou attentatoire à la liberté individuelle, encourent les peines portées par l'art. 114. C. pén. — *Cass.*, 16 juill. 1812, Bernaudat.

30. — Jugé également que l'huissier est fonctionnaire, dans le sens de l'art. 197, C. pén. — *Cass.*, 11 avr. 1835, Choy.

31. — Mais un huissier ne peut être considéré comme un fonctionnaire public dans le sens de l'art. 16, L. 17 mai 1819. — *Cass.*, 25 juin 1831, Bergé.

32. — Les notaires sont-ils des fonctionnaires publics? — D'un côté il semble que, par la nature de leurs fonctions, ils doivent plutôt être rangés dans la catégorie des officiers publics. Mais d'un autre côté nous voyons qu'ils ont été qualifiés fonctionnaires publics d'abord par la loi de 1791 (tit. 1er, sect. 2e, art. 1er), puis par la loi du 25 vent. an XI (art. 1er). — V. pour l'examen et la solution de cette question le mot NOTAIRE.

33. — Jugé que les officiers d'une compagnie de sapeurs-pompiers sont fonctionnaires dans le sens de l'art. 6, L. 25 mars 1822. — *Grenoble*, 6 mai 1834, Piot c. Vial et Berthollet.

34. — Les officiers généraux et supérieurs des armées de l'ouest ayant été autorisés à délivrer des certificats et attestations des services nécessaires pour obtenir les récompenses accordées par les lois et ordonnances ont à cet égard la qualité de fonctionnaires publics dans le sens des art. 161 et 258, C. pén. — *Cass.*, 22 oct. 1825, Massy.

35. — Les arbitres doivent-ils être considérés comme des fonctionnaires publics? — Cette question a été agitée à diverses reprises devant la cour de Cassation par suite de l'action en diffamation intentée par MM. Parquin et Ducros contre les sieurs Salmon, Richomme et de Blessebois.

36. — Et d'abord, quant aux arbitres volontaires, la cour de Cassation, par arrêt du 29 avr. 1837 (t. 1er 1837, p. 404, parties précitées), a jugé qu'ils ne tiennent leur pouvoir et leur mandat que de la délégation des parties, et que dès-lors ils agissent dans un caractère purement privé. — Et cette solution nous paraît incontestable.

37. — A l'égard des arbitres forcés, la cour de Cassation, par trois arrêts successifs rendus dans cette même affaire, les 15 juill. 1836, 29 avr. 1837 (t. 1er 1837, p. 404) et 15 mai 1838 (t. 1er 1838, p. 587), a jugé qu'ils constituaient un véritable tribunal ; qu'ils étaient assujétis aux mêmes obligations que les juges et revêtus d'un caractère public ; que dès-lors les délits de diffamation commis envers eux étaient de la compétence de la cour d'assises et non de la police correctionnelle.

38. — Mais cette distinction entre les arbitres volontaires et les arbitres forcés a été vivement combattue par M. le procureur général Dupin dans le réquisitoire qu'il prononça devant la cour de Cassation et à la suite duquel fut rendu l'arrêt précité du 15 mai 1838. De ce que la voie d'arbitrage est prescrite en matière de société de commerce, il ne s'ensuit nullement, suivant ce savant magistrat, que les arbitres nommés en ce cas agissent dans un autre caractère que les arbitres volontaires, qu'ils soient plus que ceux-ci des dépositaires de l'autorité publique. Et il se fonde à cet égard sur trois raisons. — Premièrement, suivant la lettre et l'esprit de la loi, les arbitres, quels qu'ils soient, tirent toujours leur mission, leur mandat, leur pouvoir du choix des parties, et les arbitres forcés pas plus que les arbitres volontaires ne peuvent donner la force exécutoire à leur décision. — Secondement, qu'ils soient forcés ou volontaires, les arbitres n'ont pas l'institution de la puissance publique, sans laquelle il n'y a pas de véritables juges. En effet l'art. 48 de la charte de 1830 porte : « Toute justice émane du roi ; elle s'administre en son nom par des juges qu'il *nomme* et qu'il *institue*. » — Troisièmement, aucune des garanties que les lois ont établies soit en faveur des juges contre les justiciables, soit en faveur des justiciables contre les juges ne sont applicables aux arbitres commerciaux pas plus qu'aux arbitres civils. Ainsi notamment la désignation des arbitres n'est soumise à aucune condition d'âge, de sexe, de nationalité; ils ne prêtent aucun serment, ils jugent à huis clos, ils reçoivent des honoraires, ils peuvent changer la minute de leur sentence jusqu'au dépôt qu'ils en font, etc.

39. — La même doctrine est égalemnnt soutenue par MM. Chassan (*Traité des délits de la parole*, t. 1er, p. 80 et suiv.) et de Grattier (*Comment. sur les lois de la presse*, t. 1er, p. 421), qui combattent avec force la jurisprudence de la cour de Cassation.

40. — Les ministres des cultes sont-ils des fonctionnaires publics? — Nous n'hésitons pas à résoudre cette question négativement. Les ministres des cultes sont fonctionnaires dans la société spirituelle; mais ils ne le sont pas dans la société civile. Les pouvoirs dont ils sont revêtus, ils les tiennent de l'institution canonique et non pas de la nomination du pouvoir civil; et si en vertu du concordat et de la charte, ils reçoivent un traitement, ce fait ne peut pas leur donner une qualité qu'ils ne tiennent pas de la nature de leurs fonctions. — V. en ce sens Parant, *Lois de la presse*, p. 74 et 83; de Grattier, *Comment. sur les lois de la presse*, t. 1er, p. 324 et 326 ; Chassan, *Traité des délits de la parole*, t. 1er, p. 58; Dufour, *Traité gén. de droit admin. appliqué*, t. 2, p. 52.

41. — Et il a été jugé en ce sens que les prêtres ne sont que ministres du culte et non pas fonctionnaires publics. — *Cass.*, 23 août 1793, Pautard.

42. — ... Que depuis que la loi ne considère le mariage que comme un contrat civil, le fait par un prêtre d'avoir sans publicité, la nuit, dans une maison particulière, départi la bénédiction nuptiale, pris note des mariages et remis aux conjoints cette note écrite de sa main, mais sans en tenir registre, ne constitue pas un acte public ni l'exercice de fonctions publiques. — *Cass.*, 14 fév. 1793, Marsolan.

43. — ... Qu'un prêtre desservant ne peut être considéré comme fonctionnaire public dans le sens de l'art. 11 de la loi électorale du 19 avr. 1831. — *Metz*, 2 janv. 1844 (t. 1er 1844, p. 546), Rémont c. préfet de la Moselle.

44. — M. Serrigny (*Traité du droit public*, t. 2, p. 186 et suiv.) enseigne au contraire que les ministres des cultes sont des fonctionnaires dépositaires d'une partie de l'autorité publique. Et M. Vivien (dans ses *Études administratives*, p. 48 et suiv.) paraît également considérer les ministres des cultes comme des fonctionnaires publics. — » Le pouvoir social, dit M. Serrigny, ne consiste pas seulement à juger, combattre et administrer : le sacerdoce ou le ministère religieux est l'une des plus évidentes fonctions de la société. » — Mais MM. Serrigny et Vivien nous paraissent méconnaître l'esprit de notre législation moderne ainsi que la véritable nature des fonctions sacerdotales.

45. — Du reste, M. Serrigny lui-même reconnaît que les ministres des cultes ne sont pas agens du gouvernement dans le sens de l'art. 75 de la constitution de l'an VIII : « J'admets sans difficulté, dit cet auteur, qu'ils ne doivent pas être rangés dans cette catégorie, qui ne comprend que ceux des fonctionnaires dont l'autorité vient se concentrer dans la responsabilité ministérielle. »

46. — Quant aux évêques, la question de savoir s'ils sont fonctionnaires publics semble plus douteuse. En effet, ils ont sur les curés et les desservans de leurs diocèses une sorte d'autorité réelle dont les moyens coërcitifs ne sont pas bornés aux peines spirituelles, mais vont jusqu'à infliger des peines disciplinaires, et notamment condamner à la retraite pendant un temps dans un séminaire, et à prononcer les censures, les suspenses et les interdits, pour les divers actes du ministère sacerdotal, tels que la prédication et l'administration des sacremens. « Ces interdictions, dit M. Vuillefroy (*Tr. sur l'administration du culte catholique*, vo *Juridiction*), où il cite diverses décisions ministérielles inédites, des 20 pluv. an XI, 13 mars 1820 et 12 déc. 1814), ne peuvent être prononcées que pour des faits extrêmement graves, et lorsque les causes en ont été régulièrement prouvées et jugées. L'évêque est tenu d'observer tout ce qui est de la substance des jugemens; en conséquence, il est procédé à une enquête par un commissaire nommé par l'évêque pour aller sur les lieux faire l'information, suivant les formes usitées en pareil cas et indiquées par les canons; les témoins sont entendus, tous les renseignemens nécessaires sont recueillis, le prévenu est cité et entendu; enfin, la décision doit constater les documens qui la déterminent, elle doit être motivée et exprimer les causes de l'interdiction, de manière à la justifier, s'il y a plainte ou réclamation. »

47. — Mais on peut répondre que cette juridiction disciplinaire n'est pas une institution procédant du pouvoir temporel, qu'elle puise ses élé-

mens à la source des saints canons; que, si la puissance publique a reconnu au profit des évêques par les art. 9 et 10, et au profit des métropolitains par les art. 14 et 15, L. 18 germ. an X, le droit de surveiller et de punir, elle n'a fait que constater une institution fondée et organisée par les réglemens de l'église, et qu'ainsi la surveillance, ou mieux la protection que le gouvernement exerce sur les actes émanés de cette juridiction épiscopale, ne peut autoriser à dire qu'elle constitue de la part de l'évêque une fonction publique.

48. — Sans aller plus loin dans une énumération presque impossible des diverses fonctions publiques, nous nous bornerons à dire qu'en résumé les divers services auxquels se rattachent ces fonctions sont : l'administration proprement dite, la magistrature, l'armée, la diplomatie, l'université. — V. AGENT DIPLOMATIQUE, ARMÉE, ENSEIGNEMENT ADMINISTRATIF, ORGANISATION JUDICIAIRE, UNIVERSITÉ. — V. aussi CONTRIBUTIONS DIRECTES, CONTRIBUTIONS INDIRECTES, DOUANES, ENREGISTREMENT, FORÊTS, etc.

CHAPITRE II. *Nomination des fonctionnaires publics. — Avancement. — Salaire. — cessation des fonctions.*

49. — *Nomination.* — Le roi est le chef de l'administration, le dépositaire suprême du pouvoir exécutif; c'est à lui par conséquent que devait être attribué le droit de nommer les fonctionnaires publics. — V. la Charte de 1830, art. 13 et 48.

50. — Mais comme, par cette nomination, l'état contracte des engagemens, délègue une portion de son pouvoir et accepte une solidarité au moins morale, il convenait que son choix fût soumis à certaines conditions.

51. — Ces conditions ne sont que des garanties exigées de ceux qui prétendent au titre de fonctionnaires, soit vis-à-vis de l'état dont ils deviendront les mandataires, soit vis-à-vis des particuliers sur lesquels ils exerceront la portion d'autorité qui leur aura été confiée. Il n'en est aucune qui concerne la naissance ou la condition sociale. Toutes les distinctions qui, dans l'ancien régime, existaient à cet égard entre les citoyens, ont été supprimées par la révolution française et remplacées par le principe de l'égale admissibilité de tous les Français aux emplois civils et militaires. — Charte const., art. 3.

52. — En général, aucune condition de fortune personnelle n'est imposée à ceux qui sollicitent un emploi public; mais, dans les cas mêmes pour lesquels il n'y a pas de dérogation légale, le principe ne saurait toujours être rigoureusement appliqué, à raison de la modicité de certains salaires. — Vivien, *Etudes administ.*, p. 62.

53. — Les fonctions publiques ne sont point héréditaires.

54. — Cependant les fils de fonctionnaires sont choisis de préférence dans plusieurs administrations, et notamment dans le service consulaire, pourvu toutefois qu'ils remplissent les conditions spéciales d'aptitude. — Vivien, *Etudes administ.*, p. 62.

55. — Les fonctions publiques ne sont pas non plus transmissibles à prix d'argent. Un marché de ce genre devrait être, pour qui l'aurait conclu, un titre d'exclusion. — Vivien, p. 63.

56. — Toutefois, les greffiers des cours et tribunaux ont reçu, comme les officiers ministériels, le droit de vendre leur office. Ce droit leur a été accordé par la loi de 1816. — V. GREFFIER.

57. — La première condition dont nous ayons à nous occuper ici se rapporte à l'âge des candidats. Cette condition se modifie selon la nature des emplois.

58. — Les surnuméraires et les candidats qui aspirent aux postes inférieurs pour gravir ensuite les degrés les plus élevés, doivent être encore dans la période de la vie où l'instruction s'acquiert aisément, où l'esprit se façonne sans peine à une direction spéciale; ils ne sont admis en général que de dix-huit ou vingt à vingt-cinq ou trente ans. — Vivien, p. 63.

59. — Les fonctions qui exigent de l'expérience et de la maturité d'esprit, ne s'ouvrent au contraire qu'aux hommes dont l'esprit est déjà formé par l'exercice de la pensée, l'habitude du monde et la pratique des affaires. — Vivien, *ibid.*

60. — Enfin l'état doit, en général, refuser de s'associer ceux qui ne peuvent lui promettre de longs services, autrement il est obligé ou de les congédier avant qu'une retraite leur soit acquise, ou de les conserver alors qu'ils ne peuvent plus lui prêter un concours utile, et ne sont pour lui qu'un fardeau. — Vivien, *ibid.*

61. — Nous devons nous borner ici à ces considérations générales qui dominent toute la matière. Nous n'indiquerons pas quel est l'âge requis pour chaque fonction en particulier. Les détails seront plus naturellement placés aux mots ARMÉE, ENSEIGNEMENT, ORGANISATION ADMINISTRATIVE, ORGANISATION JUDICIAIRE, UNIVERSITÉ.

62. — La qualité de Français est exigée pour la plupart des fonctions publiques. — Il y a cependant quelques exceptions à cette règle. Ainsi notamment il est arrivé quelquefois que des savans étrangers ont été appelés à des emplois dans l'enseignement public.

63. — Outre la qualité de Français, il faut, pour être admis aux fonctions publiques, avoir la complète jouissance des droits civils. Ainsi celui qui les aurait perdus, même en partie, par jugement, devrait être exclu. Il en serait de même du failli. — Vivien, p. 64.

64. — En général les femmes sont légalement incapables d'exercer les fonctions publiques. Cette règle toutefois n'est pas sans exceptions; ainsi notamment les femmes sont admises à certains emplois dans l'administration des postes, dans celle du timbre, des tabacs, dans les prisons de femmes, etc.

65. — Indépendamment des conditions générales dont nous venons de parler, il en est d'autres qui ont un rapport plus direct avec la fonction à laquelle il s'agit de nommer.

66. — Ainsi, il est des fonctions auxquelles on ne peut être nommé sans avoir passé un certain nombre d'années par l'une de ces écoles qui ont été instituées pour servir de préparations à certaines carrières. Au nombre de ces écoles nous citerons notamment l'Ecole polytechnique, l'Ecole d'état-major, l'Ecole navale, l'Ecole forestière, l'Ecole d'application, etc.

67. — Certaines fonctions ne se donnent qu'au concours. — V. CONCOURS. — Il en est d'autres pour lesquelles il est nécessaire de subir un examen préalable. Ainsi l'examen est exigé pour être auditeur au conseil d'état, élève consul, employé d'une administration centrale (à l'exception des affaires étrangères et de l'instruction publique), etc., employé des douanes, de l'enregistrement, des contributions directes et indirectes, etc.

68. — Il ne faut pas confondre le concours avec l'examen. Le premier a pour objet de constater le mérite relatif de plusieurs candidats; le second de constater la capacité absolue d'un seul candidat.

69. — Il est des fonctions pour lesquelles il est nécesssaire d'être muni de diplômes littéraires ou scientifiques qui attestent la capacité du candidat. Dans quelques cas, les diplômes sont la condition de l'admission au concours ou à l'examen; dans d'autres ils constituent seulement un titre de préférence; enfin souvent ils suppléent à toute autre constatation.

70. — Le diplôme de licencié en droit est exigé pour l'admission dans la magistrature, pour être nommé auditeur au conseil d'état, chef de bureau, sous-chef et rédacteur au ministère de la justice et des cultes, surnuméraire aux affaires étrangères, etc. — Le diplôme de bachelier ès-lettres est exigé des surnuméraires de l'enregistrement, des élèves de l'école forestière et de l'école des chartes, des employés des bureaux de l'instruction publique, des expéditionnaires de la direction des cultes, etc.

71. — Enfin il est nécessaire, pour être admis à certains emplois, d'avoir fait préalablement une sorte de stage, qui porte des noms divers. Ceux qui font ainsi l'apprentissage des fonctions qu'ils doivent occuper s'appellent élèves, auditeurs, surnuméraires, attachés, aspirans, auxiliaires.

72. — Il est des fonctions dont les titulaires ne sont nommés que sur des listes de présentation dressées, soit par les fonctionnaires supérieurs, soit par les corps que la loi désigne à cet effet. — Ainsi, dans la magistrature, les présentations doivent être faites par le premier président de la cour royale et par le procureur général. Mais la nomination peut être faite en dehors des présentations. — C'est aussi sur des présentations que se font les nominations aux emplois de l'enseignement dans les établissemens publics étrangers à l'Université. Ces présentations sont généralement confiées aux conseils supérieurs de ces établissemens : pour le Collége de France, elles émanent de l'Institut. — Vivien, p. 100.

73. — L'investiture officielle des fonctionnaires est, dans beaucoup de cas, le complément nécessaire de leur nomination. Cette investiture a pour objet de donner de l'importance à celui qui la reçoit et d'attirer sur lui l'attention et le respect.

74. — « Quelle que soit la disposition actuelle des esprits à repousser toute vaines cérémonies, dit M. Vivien (*Etudes administratives*, p. 124), l'appareil de la réception de certains fonctionnaires contribue à les rehausser. La simplicité des mœurs n'exclut pas la dignité de situation. C'est ainsi que les magistrats sont reconnus par leur compagnie en audience solennelle, les officiers par leur corps, les professeurs de quelques facultés universitaires par leurs collègues assemblés. Pourtant ces réceptions sont de pure forme et n'ajoutent rien au droit qui résulte de l'acte de nomination. Les corps ou les agens qui y procèdent n'ont point qualité pour vérifier la régularité du titre conféré, ni pour en apprécier le mérite. Les ambitions déçues, les préventions personnelles, les jalousies de corps pourraient fausser cet examen, et l'ordre des pouvoirs serait interverti si les actes des ministres responsables subissaient un tel contrôle. »

75. — *Avancement.* — La plupart des notions qui précèdent ne concernent que la promotion aux emplois inférieurs de personnes jusqu'alors étrangères au service public. Quant aux emplois supérieurs, ils ne sont le plus généralement donnés qu'à ceux qui occupent déjà les emplois inférieurs, et cela à titre d'avancement. Nous disons *le plus généralement* parce que cette règle admet de nombreuses exceptions.

76. — L'avancement s'obtient de deux manières : 1° par l'ancienneté; 2° au choix.

77. — Le second mode a sur le premier un avantage notable, c'est de concilier les droits des fonctionnaires avec les besoins de l'état, et de ne considérer la durée du service que quand elle s'unit au mérite. Malheureusement, il a l'inconvénient d'ouvrir la porte à la faveur et au privilége.

78. — Dans l'armée de terre et dans le corps de troupes de la marine, des emplois nombreux sont donnés à l'ancienneté. Toutefois, comme les sous-officiers ne sont jamais nommés à l'ancienneté, non plus que les sous-lieutenans, il en résulte que l'ancienneté ne confère des droits qu'à des hommes dont l'aptitude a déjà été constatée par un choix discrétionnaire antérieur. De plus, elle s'arrête aux grades qui entraînent une trop grande responsabilité pour ne réclamer que de l'expérience et de la pratique. Ainsi, elle ne fait que des lieutenans, des capitaines, des chefs de bataillon ou d'escadron. — V. ARMÉE.

79. — Il est certains services dans lesquels l'ancienneté attribue seule le rang ou la classe dans une fonction déjà donnée au choix. Ainsi, à la cour des comptes, la moitié des emplois de référendaires de première classe est attribuée aux plus anciens titulaires de la seconde classe.

80. — Quant au choix, il s'exerce dans les cadres de la hiérarchie, suivant le mérite des candidats, tel qu'il apparaît soit d'après leurs services antérieurs, soit d'après les autres garanties destinées à le constater. — Vivien, *Etudes admin.*, p. 93.

81. — Relativement à l'avancement, la hiérarchie se compose des grades et des classes, expressions diverses pour indiquer les degrés successifs de l'échelle. — Vivien, *loc. cit.*

82. — Le grade désigne plus spécialement un titre ou une fonction spéciale, et la classe un rang parmi ceux qui occupent la même fonction. — Vivien, *loc. cit.*

83. — L'avancement consiste soit dans la promotion à un grade supérieur, soit, le grade restant le même, dans la promotion à une classe plus élevée.

84. — Ainsi, la division en classes fournit le moyen de stimuler le zèle des fonctionnaires par des récompenses plus fréquentes.

85. — En général, il n'y a dans l'armée que des grades. Cette règle reçoit fort peu d'exceptions.

86. — Au contraire, dans les administrations centrales, dans les services financiers, les mêmes emplois sont divisés en classes souvent fort nombreuses.

87. — Le plus souvent, la classe est attachée à la résidence; quelquefois cependant elle est attachée personnellement à l'agent, quelle que soit sa résidence.

88. — Les préfets, les sous-préfets, les directeurs des régies financières, sont obligés de changer de résidence pour passer à une classe supérieure; au contraire, les ingénieurs des ponts et chaussées, les conservateurs des forêts, les contrôleurs des contributions directes, etc., peuvent avancer de classe sans quitter leur poste.

89. — Dans la plupart des services publics, il y a des fonctions de nature diverse qui suivent une hiérarchie parallèle : ainsi, dans la magistrature, il y a le parquet et la magistrature assise; dans l'université, le professorat et l'administration, etc. Lorsque les besoins du service ou les convenances personnelles exigent le passage d'une branche à l'autre, il y est pourvu à l'aide des assimilations de grades établies par des dispositions expresses ou par l'usage. — Vivien, *Etudes admin.*, p. 95.

90. — Ces assimilations n'existent pas d'un département ministériel à l'autre. Mais la latitude

laissée au choix permet, dans les services qui le comportent, de faire au dehors les emprunts commandés par l'intérêt public.

91. — En matière d'avancement, une règle admise dans plusieurs branches de l'administration, c'est qu'une nomination ne peut être faite que parmi les titulaires du grade ou de la classe immédiatement inférieure à l'emploi vacant. Les lois ou les réglemens le prescrivent ainsi dans l'armée, dans les ponts et chaussées et les mines, dans les consulats, dans l'université, dans les administrations financières, à l'administration centrale de la guerre, du moins jusqu'à l'emploi du chef de bureau. Dans les ministères des affaires étrangères, de la justice, des cultes, de la marine, une portion seulement des emplois intermédiaires de rédacteurs, de commis principaux, de sous-chefs, est réservée à l'avancement. On n'a posé aucune règle pour les emplois supérieurs. Dans les départemens de l'intérieur, du commerce, de l'instruction publique, les emplois sont accessibles à tous les fonctionnaires du département, sans distinction. Les autres ministères se sont donné une liberté illimitée. — Vivien, *Etudes administr.*, p. 95.

92. — Une règle établie dans presque toutes les administrations centrales, afin de prévenir les avancemens trop rapides, c'est qu'il faut avoir passé un temps déterminé dans un grade ou une classe pour pouvoir passer dans le grade ou la classe supérieurs. — Vivien, p. 96.

93. — Comme le choix, quelque circonscrit qu'il soit par les règles que nous venons d'indiquer, porte toujours sur un certain nombre de candidats, il est nécessaire qu'il soit éclairé, guidé par certains moyens d'appréciation.

94. — Ces moyens ne sont pas tous de même nature. Ainsi, les inspecteurs-généraux-adjoints des finances doivent avoir fait deux tournées d'inspection; les employés des contributions directes sont obligés d'exécuter certains travaux qui sont transmis à l'administration centrale, etc.

95. — L'examen n'est une condition d'avancement que pour quelques emplois dont les titulaires sont encore dans une sorte de position d'essai, par exemple, dans les administrations financières et dans les bureaux de la guerre. Il y est suppléé par les comptes-rendus périodiques qui sont demandés aux chefs intermédiaires. — Vivien, p. 96.

96. — Dans l'armée, les nominations au choix sont préparées par les tableaux d'avancement. Chaque année des inspecteurs généraux visitent les établissemens et les corps militaires, se tiennent au courant de l'état du service, de la conduite des officiers, et dressent les tableaux sur lesquels se font les promotions; nul ne peut obtenir de l'avancement s'il n'y est inscrit. — Vivien, p. 97.

97. — Des tableaux semblables sont dressés dans le service actif des douanes, qui est organisé à l'instar de l'armée. — Vivien, p. 97.

98. — Dans la magistrature, lorsqu'un emploi vient à vaquer, le premier président et le procureur-général doivent adresser au garde des sceaux chacun une liste de trois candidats. Le ministre propose au roi celui qui lui paraît devoir être préféré, mais il n'est pas tenu de se renfermer dans la liste des présentations.

99. — *Salaire.* — En France, comme en général dans tous les pays soumis au régime d'égalité, les fonctions publiques sont, en règle générale, rémunérées par un salaire.

100. — Il n'est fait exception à cette règle que pour les fonctions municipales, pour quelques fonctions consultatives, plus honorifiques que laborieuses, et pour des emplois de suppléans, qui exigent peu de soins, qui conduisent à une fonction rétribuée, et qui même donnent ordinairement droit à une rétribution pour les devoirs accidentels qu'ils imposent.

101. — C'est en général par le trésor public que sont payés les salaires. Il serait contraire à la dignité des fonctionnaires de recevoir leur rémunération des mains des particuliers qui réclament l'exercice de leur pouvoir. Un tel système pourrait d'ailleurs engendrer les plus graves abus. Aussi l'assemblée constituante a-t-elle supprimé les droits qui, sous le nom d'*épices*, étaient autrefois payés aux magistrats par les justiciables.

102. — Il était resté un dernier vestige de cet ancien usage dans les vacations que les juges de paix percevaient pour certains actes de leur ministère. La loi du 21 juin 1845 a supprimé ces vacations.

103. — Dans les cas même où la loi attribue au fonctionnaire une partie de la rétribution exigée des citoyens, ce n'est pas à lui, mais à la caisse de l'état que la somme doit être versée, et cela afin d'éviter, quant aux intérêts pécuniaires, tout contact direct entre le particulier et l'homme public. — Vivien, *Etudes administr.*, p. 175.

104. — Cependant, par exception aux règles qui viennent d'être indiquées, les conservateurs des hypothèques et les greffiers des cours et tribunaux perçoivent directement le prix des actes qui leur sont demandés; mais cette exception tient à la nature de leurs fonctions, qui constituent un officier ministériel autant qu'un fonctionnaire public, et à la responsabilité directe, personnelle et illimitée qui pèse sur eux. — Vivien, *ibid.*

105. — C'est par des raisons analogues que les chanceliers des consulats à l'étranger prélèvent directement sur les particuliers les droits qui leur sont alloués par la loi. — Vivien, *ibid.*

106. — Il y a deux sortes de salaires : le salaire fixe et le salaire éventuel.

107. — La plupart des fonctionnaires n'ont qu'un salaire fixe. Ainsi, les magistrats, les préfets et sous-préfets, les ingénieurs des ponts et chaussées et des mines, le corps diplomatique et consulaire, les officiers de terre et de mer, n'ont pas de salaire éventuel.

108. — Il est des fonctions auxquelles la loi a attaché à la fois un salaire fixe et un salaire éventuel. Ce sont, en général, celles où le mérite du fonctionnaire peut, jusqu'à un certain point, se mesurer sur le résultat qu'il obtient.

109. — Ainsi, les professeurs des facultés reçoivent une part dans le produit des inscriptions, examens et actes; dans les colléges royaux, le dixième de la pension des élèves payans et les deux tiers des frais d'études des élèves externes se partagent entre les proviseurs, censeurs et professeurs.

110. — Ainsi, encore parmi les employés des finances, ceux dont le zèle peut accroître ou assurer les recettes publiques, les receveurs généraux et particuliers, ceux de l'enregistrement, des contributions indirectes, des postes, reçoivent à ce titre des remises ou taxations proportionnelles.

111. — Enfin, pour stimuler le zèle des agens chargés de constater les contraventions, les faits de contrebande, les fraudes pratiquées au préjudice du trésor, la loi les admet au partage des amendes, saisies et confiscations.

112. — Il y a fort peu de fonctionnaires dont le salaire soit purement éventuel. Citons les chanceliers des consulats dont la rémunération est prise sur les vacations qu'ils perçoivent, et quelques emplois financiers, tels, par exemple, que les receveurs buralistes des contributions indirectes, dont le traitement consiste entièrement en remises ou taxations calculées sur le chiffre des recettes opérées.

113. — Dans les écoles militaires, dans quelques corps de l'armée, dans quelques établissemens universitaires, les traitemens s'accroissent progressivement chaque année, après un certain temps de service. — Vivien, *Etudes admin.*, p. 188.

114. — Dans les administrations centrales, le traitement de chaque classe a son *maximum* et son *minimum*; un titulaire nouveau n'a jamais que le *minimum*, et le temps seul lui procure le reste. — Vivien, p. 184.

115. — « Il serait à désirer, dit M. Vivien (*loc. cit.*), que ce système fût généralisé. Tous les fonctionnaires ne sont pas destinés à obtenir de l'avancement. Les occasions manquent souvent. Plusieurs même, suffisans pour le poste qu'ils occupent, ne peuvent s'élever plus haut. Par l'attrait d'une prime à l'ancienneté, combinée avec le dévoûment et la capacité, on retiendrait le fonctionnaire et l'on pourrait le récompenser, sans l'éloigner, comme il arrive souvent, des lieux où l'attachent ses intérêts et ses habitudes, et où il jouit de l'estime publique, pour le transporter à grands frais dans une autre résidence. »

116. — Les fonctionnaires publics civils et militaires qui ont touché deux fois leurs traitemens, appointemens ou salaires, sont destitués et condamnés à la restitution de la somme indûment perçue, et au paiement du quadruple de cette somme, par forme d'amende. — L. 26 frim. an II.

117. — Indépendamment du traitement fixe ou éventuel, il est certains avantages qui sont accordés à plusieurs classes de fonctionnaires, et qui, directement ou indirectement, améliorent leur condition.

118. — Au premier rang de ces avantages, il faut placer le logement, qui est fourni aux ministres, préfets, sous-préfets, ambassadeurs, agens diplomatiques et consulaires, dans des bâtimens appartenant à l'état ou loués par lui.

119. — Les administrateurs des colléges royaux ou communaux, les chefs des institutions de charité et d'instruction, les directeurs des prisons, tenus à une surveillance de tous les instans, doivent nécessairement demeurer dans ces établissemens.

120. — Les officiers militaires, obligés fréquemment de changer de résidence et d'ailleurs devant être toujours à la portée de la troupe, ont également droit au logement. Ceux qui ne le reçoivent pas en nature sont indemnisés en argent.

121. — Les officiers touchent de plus une indemnité représentative de l'ameublement.

122. — Certains fonctionnaires sont obligés à une représentation proportionnée à l'importance de leurs fonctions. Il leur est accordé pour cet objet, ou des allocations spéciales, ou un traitement considérable.

123. — Sous quelque forme que l'indemnité soit accordée, les fonctionnaires qui l'obtiennent doivent s'acquitter des obligations dont elle est le prix. « On ne peut leur demander, dit M. Vivien (*Etudes administratives*, p. 179) de sacrifier leur fortune personnelle, mais ils seraient blâmables d'employer à l'accroître un revenu qui est donné à la fonction plus qu'au fonctionnaire. »

124. — Dans quelques services, des indemnités accidentelles sont accordées, soit à titre de remboursement d'une dépense obligée, soit à titre de secours. Les ministres, les ambassadeurs, les archevêques et évêques ont droit à des frais de premier établissement. Il est alloué à des fonctionnaires de l'ordre inférieur des frais de déplacement ou de voyage, à des agens des services financiers, des secours en cas d'accidens graves.

125. — Une somme fixe est allouée, à titre d'abonnement, aux préfets et sous-préfets pour frais de bureaux et salaires des employés placés sous leurs ordres. Ils doivent justifier que les deux tiers au moins de cette somme ont été dépensés par eux en traitemens. — Vivien, p. 185, note 2e.

126. — *Cessation de fonctions, révocation, démission, retraite.* — Les fonctions publiques cessent nécessairement par la mort naturelle ou par la mort civile de celui qui en était investi.

127. — Elles cessent également par l'effet de la condamnation d'un fonctionnaire à une peine afflictive ou infamante; en effet, la dégradation civique est toujours la conséquence nécessaire d'une telle peine. — C. pén., art. 28. — Or, la dégradation civique consiste notamment dans la destitution et l'exclusion des condamnés de toutes fonctions, emplois ou offices publics. — C. pén., art. 34.

128. — Enfin, les tribunaux jugeant correctionnellement peuvent, dans certains cas, interdire l'exercice de certains droits civiques, civils ou de famille, et notamment du droit d'être appelé ou nommé aux fonctions de juré ou autres fonctions publiques, ou aux emplois de l'administration, ou d'*exercer* ces fonctions ou emplois. — C. pén., art. 42.

129. — Dans le cas même où les tribunaux correctionnels n'usent pas de ce droit, la condamnation d'un fonctionnaire public à une peine correctionnelle peut entraîner, comme une nécessité matérielle, ou comme une nécessité morale, sa révocation par l'autorité de laquelle il relève.

130. — A part ces causes extraordinaires de cessation des fonctions, il en est trois principales dont nous devons nous occuper successivement : ce sont la révocation, la démission, la mise à la retraite.

131. — La possession d'un emploi est un titre; dès-lors celui à qui ce titre a été conféré ne doit pas en être dépouillé sans motifs graves. Les droits des fonctionnaires, à cet égard, sont divers.

132. — Plusieurs catégories jouissent du privilége de l'inamovibilité.

133. — Il n'en est que deux qui tiennent ce privilége de la charte : les juges nommés par le roi, et les officiers militaires. Elle a été accordée aux premiers afin que la justice ne pût jamais être soupçonnée de servilité; aux seconds parce que leur profession est un devoir de citoyen, et que le choix n'en est pas toujours libre. — Vivien, *Etudes administratives*, p. 163. — V. ARMÉE, ORGANISATION JUDICIAIRE.

134. — Des décrets impériaux garantissent également contre une révocation arbitraire les membres de l'Université et les ingénieurs des ponts et chaussées et des mines; on a pensé que les longues et pénibles études qui ouvrent l'accès de ces deux carrières ne permettaient pas d'abandonner les fonctions qui en sont le prix au caprice d'une autorité purement discrétionnaire. — Vivien, *ibid.*

135. — Toutes les autres classes de fonctionnaires sont révocables et n'ont, quant à la conservation de leur emploi, d'autres garanties que la justice du ministre.

136. — Dans les services financiers et dans quelques administrations centrales le droit de révocation est subordonné à une instruction administrative. Dans la diplomatie et dans l'administration

départementale il est absolu et sans condition. Les différences, on le comprend au premier abord, tiennent à la nature des fonctions, à la relation plus ou moins étroite qui existe entre elles et l'autorité supérieure.

137. — Les fonctions publiques cessent aussi par la démission volontaire de ceux qui en sont investis.

138.—Parmi les fonctionnaires publics, les greffiers sont les seuls qui, en donnant leur démission, aient le droit de présenter leurs successeurs. — V. GREFFIER.

139. — Bien que tout fonctionnaire public ait le droit de donner sa démission, que ce soit là un acte tout-à-fait licite, cependant les fonctionnaires qui auraient, par délibération, arrêté de donner des démissions dont l'objet ou l'effet serait d'empêcher ou de suspendre, soit l'administration de la justice, soit l'accomplissement de tout service quelconque, seraient coupables de forfaiture et punis de la dégradation civique. — V. COALITION DE FONCTIONNAIRES.

140. — Jugé que l'avantage résultant de la démission d'un emploi public peut former la matière d'un engagement. Spécialement, que la constitution d'une rente souscrite au profit du titulaire d'un bureau de tabac est valable, bien qu'elle soit le prix de la démission de ce titulaire. — *Bordeaux*, 5 déc. 1845 (t. 1er 1846, p. 366), Dupron c. Constantin. — V. aussi relativement à un garde général des forêts, *Amiens*, 18 janv. 1820, Menesson c. Defrégals; à un percepteur des contributions, *Cass.*, 2 mars 1825, Corbin c. Fannié; *Grenoble*, 5 juill. 1825, Prial c. Faure. — V. cependant pour une place de chancelier de consulat, *Paris*, 18 nov. 1837 (t. 1er 1838, p. 209), Scarcey c. Duguet; et pour une place de percepteur des contributions, 8 fév. 1840 (t. 1er 1840, p. 188), Leroy c. Tonnellier.

141. — Lorsqu'un fonctionnaire a, pendant de longues années, consacré son temps et ses soins au service de l'État, il doit naturellement sentir le besoin du repos. L'intérêt public lui-même exige qu'il abandonne des fonctions auxquelles il ne peut plus apporter assez de vigueur et d'intelligence. Mais à cet égard les règles ne sont pas les mêmes pour les diverses classes de fonctionnaires.

142. — L'officier qui a donné trente ans à la patrie est considéré comme lui ayant payé sa dette, et peut, quand il lui plaît, se faire admettre à la retraite; s'il n'a pas usé de cette faveur, les lois ou les règlemens fixent une époque fatale à laquelle la retraite est de plein droit prononcée. — Vivien, *Etudes administr.*, p. 211.

143. — Dans les services civils l'administration décide seule si l'intérêt du service exige que le fonctionnaire âgé ou infirme ait un successeur. La décision est prise, d'après les circonstances, sur le rapport des chefs intermédiaires, quelquefois après une instruction approfondie. — Vivien, *loc. cit.*

144. — Les magistrats inamovibles ne peuvent être mis à la retraite que de leur consentement. Toutefois le roi peut, sur l'avis conforme des cours royales, les forcer, dans certains cas, à prendre leur retraite. — V. ORGANISATION JUDICIAIRE.

145.—La retraite ordonnée, une pension est accordée au fonctionnaire qui se trouve ainsi rendu à la vie privée. Et cela devait être. Arrivé au déclin de la vie, ce fonctionnaire ne peut plus travailler pour subvenir à ses besoins, à ceux de sa famille. Si donc l'état qu'il a servi, auquel il a consacré les années de sa jeunesse et de sa maturité, le congédiait alors sans lui donner aucun moyen d'existence, il se trouverait le plus souvent réduit à la plus affreuse misère. Or, il importe à l'honneur et à l'intérêt de l'état qu'il n'en soit point ainsi, que ses serviteurs ne soient point exposés à trouver, au bout de leur carrière, pour prix de leurs efforts et de leur zèle, le dénument et l'indigence. —V. au surplus à cet égard PENSIONS CIVILES ET MILITAIRES.

CHAPITRE III. — *Devoirs et obligations des fonctionnaires publics.*

Sect. 1re. — *Devoirs et obligations envers l'état.*

146. — Avant que le fonctionnaire entre dans l'exercice de ses fonctions la loi exige qu'il donne à l'état, qui l'a choisi, des garanties de la fidélité et de la droiture qu'il doit apporter dans l'accomplissement de ses devoirs.

147. — De ces garanties, les unes sont purement morales et ne s'adressent qu'à la conscience; les autres sont matérielles et s'adressent à l'intérêt. Les premières consistent dans la prestation d'un serment; les autres dans le dépôt d'un cautionnement.

148. — Le serment est exigé dans les emplois qui confèrent une autorité directe et une action sur le public; le cautionnement dans ceux qui donnent le maniement des deniers publics.

149. — « Tous les fonctionnaires publics dans l'ordre administratif et judiciaire, porte l'art. 1er de la loi du 31 août 1830, les officiers des armées de terre et de mer seront tenus de prêter le serment dont la teneur suit : — « Je jure fidélité au » roi des Français, obéissance à la charte consti- » tutionnelle et aux lois du royaume. » — Il ne pourra être exigé d'eux aucun autre serment, si ce n'est en vertu d'une loi. »

150. — Lorsqu'il s'accomplit un changement dans le gouvernement tous les fonctionnaires sont ordinairement appelés à donner, par un serment nouveau, leur adhésion au pouvoir qui s'élève. C'est ainsi que l'art. 2 de la loi du 31 août 1830 réputait démissionnaires tous les fonctionnaires de l'ordre administratif et de l'ordre judiciaire qui ne prêteraient pas le serment prescrit dans la quinzaine du jour de la promulgation.

151. — La démission ainsi supposée pour défaut de prestation de serment n'a pas infirmé les droits acquis à la retraite. — Discussion à la chambre des députés.

152. — Ce serment était également imposé aux membres des deux chambres, sous peine aussi d'être considérés comme démissionnaires. — A l'époque où cette loi fut rendue, la pairie était héréditaire; il fut entendu, dans la discussion, que si un pair de France encourait la déchéance pour non-prestation du serment, la pairie serait transmise de droit à son héritier.

153. — L'art. 196, C. pén., prononce une amende de 16 francs à 150 francs contre tout fonctionnaire public qui entre en exercice de ses fonctions sans avoir prêté le serment exigé par la loi. — V. au surplus SERMENT DES FONCTIONNAIRES et POLITIQUE.

154. — Le cautionnement a pour objet spécial : 1° de garantir l'état contre les malversations que pourraient commettre ses agens, et surtout les comptables et détenteurs des deniers publics; — 2° d'assurer un recours utile aux particuliers qui pourraient être lésés par les prévarications de ces mêmes agens.

155. — Il est plus ou moins considérable, suivant la nature des fonctions et l'importance des intérêts confiés à la gestion du fonctionnaire.

156.—En général, les cautionnemens consistent en numéraire et doivent être versés au trésor public. — Il en est quelques-uns cependant qui consistent en rentes sur l'état ou même en immeubles; il en est d'autres, enfin, qui ne sont pas versés au trésor, même lorsqu'ils consistent en numéraire. — V. CAUTIONNEMENT (fonctionnaires, etc.).

157. — Le versement du cautionnement est la première obligation qu'ait à remplir le fonctionnaire; l'installation et même la prestation du serment, si elle est nécessaire, ne peuvent avoir lieu qu'en justifiant de la quittance de ce cautionnement. — L. 28 avr. 1816, art. 96.

158. — Les cautionnemens portent intérêts soit au profit des fonctionnaires qui les ont déposés, soit au profit des bailleurs de fonds, s'ils ont été fournis par un tiers; ces intérêts sont payés par le trésor public, dépositaire du capital.

159. — Deux ordres de priviléges peuvent exister sur les fonds déposés à titre de cautionnement.

160. — Et d'abord les cautionnemens sont affectés, en capital et intérêts, aux condamnations qui peuvent être prononcées contre le titulaire pour faits de charge; c'est là le privilége de premier ordre.

161. — En outre, par une faveur particulière et fort bien justifiée, surtout à l'époque où fut rendue la loi qui l'ordonne ainsi, les bailleurs de fonds qui ont fourni le cautionnement jouissent d'un privilége et priment tous les créanciers autres que ceux pour fait de charge; c'est là le privilége dit de second ordre.

162. — Lorsqu'un fonctionnaire vient à cesser ses fonctions par quelque cause que ce soit, volontaire ou forcée, son cautionnement doit nécessairement être restitué soit à lui soit à ses héritiers ou ayant-cause; mais cette restitution n'est pas immédiate; elle ne peut avoir lieu qu'après l'accomplissement de certaines formalités qui ont pour objet d'avertir les tiers et de les mettre en demeure de produire leurs réclamations, s'il y a lieu.

163. — Il nous suffit de donner ici ces notions générales, la matière ayant été traitée, avec tous les développemens nécessaires, sous le mot CAUTIONNEMENT (fonctionnaires, etc.).

164. — D'après l'art. 13, L. 25 avr. 1844, « ne sont pas assujétis à la patente, les fonctionnaires et employés salariés soit par l'état soit par les administrations départementales ou communales, en ce qui concerne seulement l'exercice de leurs fonctions. »

165. — Il résulte des derniers termes de cette disposition que si le fonctionnaire ou employé exerce en dehors de ses fonctions une profession insalubre, il devra être soumis à la patente. « Ainsi, porte la circulaire ministérielle du 14 août 1844, le maître de poste qui est entrepreneur de diligences ou de relais; le débitant de tabac qui vend des articles de mercerie, quincaillerie, épicerie; l'employé d'une administration départementale ou communale, qui est en même temps libraire, papetier, arpenteur, etc., doivent être atteints par les droits de patente. »

166. — Selon M. Lainé (*Manuel des patentes*, p. 99), il ne serait pas juste que le fonctionnaire ou employé qui exerce une profession sujette à patente payât l'impôt proportionnel à raison de son loyer, qui ne peut être pris comme la mesure des bénéfices présumés de son commerce, puisqu'il est acquitté à l'aide des émolumens attachés aux fonctions qu'il exerce, aussi bien qu'à l'aide des produits de la profession imposable. Aussi cet auteur enseigne-t-il qu'en pareil cas le loyer du patenté ne saurait être frappé de l'impôt proportionnel pour son intégralité; il faudrait alors diviser la valeur locative, pour n'en soumettre que la moitié, le tiers ou le quart à l'impôt proportionnel. — Il en serait encore ainsi, d'après lui, si un mari fonctionnaire demeurait avec sa femme patentée dans les dépendances des locaux occupés par la profession de cette dernière.

167. — Le fonctionnaire doit accomplir en personne les devoirs de sa place. Il n'a pas le droit de se substituer un tiers sans caractère public. La confiance de l'état, qui l'a nommé, est attachée à sa personne, et n'est pas susceptible de délégation. — Vivien, *Etudes administratives*, p. 127.

168. — Les receveurs des finances, qui tiennent une véritable banque, qui sont obligés parfois à de longues absences, et engagés pour des sommes immenses dans leurs opérations, ont seuls le droit de prendre, pour les représenter, un fondé de pouvoirs de leurs choix; encore la nomination en est-elle soumise à l'agrément du ministre. — Vivien, *loc. cit.*

169. — A part cette exception, les fontionnaires absens ou empêchés sont, au besoin, remplacés par d'autres agens institués en vue de ces cas accidentels sous le nom de suppléans, d'agrégés, d'adjoints, ou par des collègues du même service désignés à cet effet.

170. — Les fonctions exclusives et privilégiées attribuées à des officiers publics étant instituées pour le service et la garantie des droits et des intérêts de tous, il en résulte que ceux qui en sont investis ne peuvent en modifier l'exercice et les conditions suivant leur convenance personnelle et par l'unique considération de leur propre intérêt. — *Cass.*, 15 déc. 1845 (t. 1er 1846, p. 17), Ferrière c. Imbert.

171. — Ainsi on doit réputer nulle la convention passée entre plusieurs courtiers maritimes, et ayant pour objet d'interdire contractuellement à l'un d'eux, moyennant certains avantages pécuniaires, une partie des fonctions pour lesquelles son ministère était obligatoire. — Même arrêt.

172. — Cette nullité est d'ordre public, et peut être invoquée pour la première fois devant la cour de cassation. — Même arrêt.

173. — C'est par les mêmes motifs que la cour de Montpellier a annulé le traité par lequel les huissiers d'un chef-lieu d'arrondissement étaient convenus que le service de l'audience serait fait par un seul d'entre eux, et que les actes de leur ministère seraient passés par certains dans la ville, et par d'autres dans la campagne. — *Montpellier*, 28 août 1830, Rocherable c. Gelzy et Roger.

174. — Il est nécessaire que les fonctionnaires résident dans le lieu où ils exercent leurs fonctions. Cette nécessité est évidente et n'a pas besoin d'être démontrée.

175. — Si, en principe, cette règle n'a jamais été contestée, il faut reconnaître qu'en fait elle n'est pas toujours parfaitement observée. « On voit, dit M. Vivien (*Etudes admin.*, p. 129), des fonctionnaires, improvisés par la politique, passer l'année presque entière dans les chambres, dans les loisirs d'un congé, dans les travaux d'un conseil général, et n'apparaître qu'un instant au lieu de leurs fonctions; mais il dépendra toujours de ministres fermes d'empêcher ce désordre. »

176. — L'obligation imposée au fonctionnaire de résider dans le lieu où il exerce ses fonctions n'entraîne pas comme conséquence nécessaire la translation dans ce lieu de son domicile civil.

177. — A cet égard la loi fait une distinction, suivant que les fonctions conférées sont temporaires ou révocables ou qu'elles sont au contraire à vie. Dans le premier cas le fonctionnaire conserve le domicile qu'il avait auparavant, s'il n'a pas manifesté d'intention contraire. Dans le second cas, au contraire, l'acceptation des fonctions emporte translation immédiate du domicile. — C. civ., art. 106 et 107. — V. au surplus DOMICILE.

178. — Quant aux effets de l'acceptation de fonctions publiques par rapport au domicile politique, V. également DOMICILE, nos 603 et suiv.

179. — L'assiduité et la régularité ont été de tout temps placées au nombre des qualités les plus nécessaires aux fonctionnaires publics. Et elles sont, en effet, les conditions indispensables de tout service utile. L'assiduité est constatée de diverses manières.

180. — Dans les corps judiciaires le magistrat doit, avant l'audience, inscrire son nom sur un registre appelé *registre de pointe*. La moitié du traitement est distribuée en droits de présence et par conséquent perdue pour les absens.

181. — A la cour des comptes une portion de la rémunération des conseillers référendaires est répartie entre eux proportionnellement à leurs travaux.

182. — Dans les bureaux des administrations centrales les employés doivent, avant une heure déterminée, apposer leur signature sur une liste, appelée feuille de présence.

183. — Dans les autres services la preuve de l'assiduité résulte virtuellement, soit de l'examen même des fonctions, soit de certains actes dont la rédaction ou la signature implique ou atteste la présence de l'agent.

184. — Ordinairement le temps qui doit être consacré à chaque espèce d'emploi est fixé. Ainsi, le nombre et la durée des audiences des cours et tribunaux, des leçons des professeurs, les heures que les employés doivent passer dans leur bureau sont déterminés par les lois ou réglemens.

185. — Après avoir parlé de l'obligation de résidence, ainsi que de l'assiduité et de la régularité qui sont imposées au fonctionnaire public, nous devons dire un mot des dérogations qui ont été introduites pour tempérer la rigueur de ces devoirs.

186. — Et d'abord l'intérêt du service lui-même peut exiger qu'après une période de travaux actifs il soit accordé au fonctionnaire un intervalle de repos. Il a été pourvu à cette nécessité au moyen des vacances.

187. — Les vacances sont accordées dans les services qui peuvent, sans dommage, recevoir une interruption momentanée, et qui exigent toujours l'emploi d'une intelligence libre et active. A cette catégorie appartiennent les corps de magistrature et l'enseignement. Alors les travaux ordinaires sont interrompus; seulement quelques membres, désignés à tour de rôle, demeurent chargés, dans les cours et tribunaux, de l'expédition des affaires les plus urgentes.

188. — Dans les services qui, par leur nature et leurs exigences, ne comportent pas de vacances régulières et périodiques, on concilie les nécessités de l'administration avec les convenances des fonctionnaires au moyen des congés.

189. — Ainsi, dans l'armée, les officiers reçoivent des congés de semestre pendant la saison où les exercices militaires sont interrompus.

190. — Dans l'université même, bien que des vacances viennent chaque année donner aux professeurs le repos dont ils ont besoin, des congés d'un an sont accordés à ceux que la fatigue ou le besoin de suivre des études scientifiques ou littéraires obligent à suspendre leurs fonctions.

191. — Dans les autres services, les congés sont ordinairement fort courts. Les administrateurs financiers n'en admettent point qui excèdent trois mois, et cette durée est elle-même tout-à-fait exceptionnelle.

192. — En général, quand le congé doit durer moins d'un mois ou qu'il est commandé par une force majeure, il n'entraîne aucune privation du traitement. Dans les autres cas, le traitement est réduit de moitié; il est entièrement supprimé si le congé se prolonge au-delà du terme assigné.

193. — Le fonctionnaire qui quitte son poste sans congé encourt la destitution. Dans la magistrature, malgré l'inamovibilité, celui qui, absent sans autorisation depuis plus d'un mois, ne reparaît point à la première sommation, est déclaré démissionnaire.

194. — Le fonctionnaire public doit apporter dans l'accomplissement de ses devoirs la plus scrupuleuse probité, ne chercher jamais dans ses fonctions aucun avantage privé, n'user jamais dans un intérêt propre du pouvoir qu'elles confèrent, opposer une inflexible résistance à toute influence injuste, ne faire acception de personne, donner la même attention à tous, faibles et puissans, ne consulter que le bien de l'état et la loi qui en est l'expression écrite. — Vivien, *Etudes administratives*, p. 135.

195. — Pour mettre les fonctionnaires à l'abri de tentations auxquelles ils ne pourraient ne pas résister toujours, et pour élever d'ailleurs leur probité au-dessus de tout soupçon, le législateur a cru devoir leur interdire certains actes qui ont un rapport plus ou moins direct avec leurs fonctions.

196. — Ainsi notamment le juge ne peut acheter des biens qui se vendent à l'audience de son tribunal; il est tenu de se récuser toutes les fois que des relations avec un plaideur, définies par la loi avec le plus minutieux détail, peuvent mettre en question l'impartialité de son jugement.

197. — Ainsi encore il est défendu aux consuls, préposés à la surveillance et à la protection des commerçans, leurs concitoyens, de faire eux-mêmes le commerce, directement ou indirectement, sous peine de révocation.

198. — La même défense est faite aux employés des postes et des contributions indirectes, qui pourraient faire tourner au profit d'une concurrence déloyale les secrets ou le pouvoir dont ils sont dépositaires.

199. — L'obéissance et la subordination sont aussi des conditions essentielles à la marche du service public. Mais à cet égard il est des degrés divers suivant la nature des fonctions.

200. — Le magistrat dans ses jugemens ne relève que de sa conscience. Le militaire doit, dans tous les cas, une obéissance absolue. Tels sont les deux points extrêmes entre lesquels viennent se placer les diverses autres fonctions.

201. — Dans tous les cas, le fonctionnaire qui reçoit un ordre peut toujours faire des représentations avec convenance et respect; sauf au supérieur à en apprécier la valeur et à décider souverainement; mais provisoirement il doit s'il y a lieu, exécuter l'ordre qu'il a reçu.

202. — La discrétion est aussi l'un des premiers devoirs, l'une des qualités les plus essentielles du fonctionnaire public. Nécessaire surtout pour le diplomate, le juge, le militaire, elle l'est également, quoiqu'à un degré inférieur, dans les autres branches du service public. Nous n'avons pas besoin d'insister sur des considérations dont la justesse est assez évidente d'elle-même.

Sect. 2e. — *Devoirs des fonctionnaires envers le public. — Entre eux. — Dans la vie privée.*

203. — Les fonctions publiques mettent fréquemment ceux qui les occupent en rapport direct et immédiat avec les citoyens. Voyons quelles obligations, quels devoirs dérivent de ces rapports.

204. — Les agens chargés du recouvrement de l'impôt doivent, dans l'accomplissement de cette mission, tempérer les exigences de la loi par toutes les facilités qui n'engagent pas leur responsabilité. — Vivien, *Etudes administratives*, p. 142.

205. — Ceux qui sont chargés de l'exécution des mesures qui intéressent l'ordre et la sûreté publique, doivent être fermes, mais en même temps équitables et concilians. — Vivien, *ibid.*

206. — Enfin, les employés des administrations doivent montrer à ceux qui sont obligés de recourir à eux de l'exactitude et de la politesse. « On en voit trop, dit M. Vivien (*loc. cit.*), qui tranchent du personnage, parce qu'ils ont l'honneur d'appartenir à l'état, et qui manquent d'empressement et même d'exactitude envers le public, parce qu'ils n'en dépendent point directement. Les instructions de leurs chefs, les habitudes d'une bonne éducation, devraient au moins leur donner les manières courtoises et complaisantes que l'aiguillon de la concurrence inspire aux agens des industries libres...... C'est une question qui mérite toute l'attention du gouvernement. Les citoyens ont droit d'exiger qu'on les traite avec déférence. Il en est beaucoup qui sont disposés à juger le gouvernement sur la conduite de ses agens, et plus d'une résistance n'a eu pour cause que la grossièreté de l'officier public chargé de veiller à l'exécution de la loi. »

207. — C'est à cet ordre de devoirs que se rapporte le costume officiel que certaines catégories de fonctionnaires sont obligées de porter. Le costume n'a pas, pour tous ceux à qui il est imposé, le même caractère et le même but. A l'égard des uns, il a pour objet de commander le respect au public, de l'imposer même entre eux à des hommes parmi lesquels doit régner le sentiment des convenances réciproques. C'est ainsi que les magistrats portent la robe, ordinairement même dans leurs réunions intérieures. A l'égard des autres, le costume a pour objet d'inspirer confiance aux citoyens et de leur désigner, par un signe apparent, l'agent de la force publique qui a droit de les rappeler à l'observation de la loi, et dont ils ont droit à leur tour de se plaindre et de provoquer la punition, s'il abuse de son autorité. — Vivien, p. 143. — V. au surplus COSTUME.

208. — Quant aux rapports des fonctionnaires entre eux, ils sont déterminés, dans le même service, par l'ordre hiérarchique, et à égalité de grade et de classe, par l'ancienneté. L'inférieur doit céder le pas à son supérieur, et le dernier nommé à celui qui l'a précédé dans la carrière, à moins qu'une volonté compétente n'en ait décidé autrement. — Vivien, p. 143.

209. — Les services distincts sont indépendans les uns des autres. Lorsque ceux qui les composent doivent se rencontrer ensemble, par exemple, dans les cérémonies publiques, leur situation respective est déterminée par l'ordre des préséances. — V. à cet égard CÉRÉMONIES PUBLIQUES, PRÉSÉANCE.

210. — Bien qu'en général, suivant la célèbre expression de M. Royer-Collard, la vie privée doive être murée, cependant on comprend que la solidarité morale qui lie le gouvernement à ses agens ne lui permettait pas de conserver à cet égard une entière indifférence. L'administration a le droit d'exiger de tous ceux qu'elle emploie qu'ils aient une tenue honnête et qu'ils s'abstiennent des habitudes vicieuses.

211. — Il y a même, dans beaucoup de cas, entre l'accomplissement des devoirs de la fonction, entre l'efficacité du service public et la régularité des mœurs privées, une alliance intime, une étroite dépendance. — Ainsi, le professeur dont les mœurs seraient scandaleuses ne pourrait qu'exercer sur la jeunesse qu'il serait chargé d'instruire une funeste influence; de même, le magistrat n'inspirerait ni respect ni confiance si, dans ses relations privées, il était convaincu de déloyauté et d'indélicatesse; ainsi encore on ne saurait conserver le maniement des deniers publics au comptable qui aurait compromis sa fortune par des habitudes dissipatrices, ou par l'amour du jeu, etc.

212. — Les officiers de l'armée ne peuvent se marier sans la permission du ministre de la guerre. Cette mesure se justifie d'elle-même. En effet, le mariage modifie profondément la position de ceux qui le contractent; il peut influer sur leurs moyens d'existence par les ressources qu'il leur apporte ou les charges dont il les grève, et sur leur considération par les circonstances qui les y ont conduits et la nouvelle famille qu'il leur donne. — Vivien, *Etudes administratives*, p. 146.

213. — De même, dans les contributions indirectes, les employés du service actif sont tenus, lorsqu'ils se marient, d'en informer leurs chefs. L'administration examine si l'alliance est convenable, et si l'employé peut être maintenu dans sa résidence.

214. — M. Vivien, dans ses excellentes *Etudes administratives* que nous avons déjà eu plusieurs fois l'occasion de citer et qui nous ont fourni tant de renseignemens utiles, suit le fonctionnaire public jusque sur le terrain de la politique et examine la question si grave et si controversée de savoir quels sont ses droits et ses devoirs, quelle est l'étendue et quelles sont les limites de sa liberté, soit dans les luttes de la presse auxquelles il peut prendre part, soit dans les colléges électoraux, soit enfin dans les chambres. — Comme c'est là une question politique beaucoup plus qu'une question de droit, nous nous contenterons de l'indiquer sans chercher à déterminer les principes par lesquels elle doit être résolue.

215. — Les devoirs dont nous venons de nous occuper doivent nécessairement avoir une sanction. Quand le service est en souffrance, quand les règles sont violées, il faut une répression : cette répression est confiée au pouvoir disciplinaire.

216. — Nous ne nous occuperons pas ici de la discipline judiciaire, ni de la discipline militaire, dont il a été suffisamment traité vo DISCIPLINE et DISCIPLINE MILITAIRE, ni de la discipline universitaire dont il sera traité au mot UNIVERSITÉ; nous dirons un mot seulement de la discipline administrative.

217. — Parmi les peines disciplinaires, les unes sont purement morales : elles consistent dans les avertissemens, les censures, les réprimandes. Les autres affectent l'état ou les émolumens des fonctionnaires; selon que l'emploi le comporte, le cou-

pable est privé de gratifications, exclu de l'avancement, condamné à descendre de classe ou de grade, suspendu avec perte de traitement, destitué. — Vivien, p. 159.

218. — Dans les administrations centrales et dans les services financiers et administratifs, les avertissemens ou les réprimandes sont prononcés par les chefs intermédiaires, la suspension ou la révocation par le ministre seulement, après que l'employé a été entendu. — Vivien, p. 159.

219 — Les réglemens des ministères de la guerre et du commerce veulent, en outre, avant la destitution ou la suspension, que les faits soient constatés par une commission d'enquête. — Vivien, *loc. cit.*

CHAPITRE IV. — *Crimes ou délits contre les fonctionnaires publics.*

220. — Si la loi protége les simples citoyens contre les atteintes dont leur personne ou leur honneur pourrait être l'objet, à plus forte raison devait-elle couvrir de son égide les représentans de l'autorité publique. Les attaques dirigées contre eux empruntent au caractère dont ils sont revêtus un plus haut degré de gravité, elles devaient par conséquent être punies de peines plus sévères. « Dans ce cas, disait M. Berlier dans l'exposé des motifs (Locré, t. 30, p. 254), ce n'est plus seulement un particulier, c'est l'ordre public qui est blessé, et, dans un grand intérêt, les peines peuvent changer de classe et de nature, parce que le délit en a changé lui-même, et que l'outrage dirigé contre l'homme de la loi, dans l'exercice de ses fonctions ou de son ministère, quoique conçu dans les mêmes paroles ou les mêmes gestes, est beaucoup plus grave que s'il était dirigé contre un simple citoyen. »

221. — Le principe de cette aggravation a été emprunté à la loi romaine. *Atrocem injuriam*, (porte la loi 7, § 2, ff., *De injuriis*), *aut personâ, aut tempore, aut re ipsâ fieri Labeo ait; personâ atrocior injuria fit, cui cùm magistratui fiat.* — Et Menochius (*De arbitr. quæst.*, L. 2, cas. 263) en donnait ainsi la raison : *quod injuria illata magistratui censetur illata ipsi principi.*

222. — Le même principe avait passé dans notre ancienne jurisprudence. « Les injures faites aux juges, magistrats et autres officiers de la justice dans leurs fonctions, dit Jousse (*Traité des matières criminelles*, t. 3, p. 601 et 602), sont des injures très graves : le magistrat doit être sacré et inviolable dans ses fonctions, parce qu'il représente la personne du prince; et par conséquent, c'est une espèce de crime de lèse-majesté d'attenter à sa personne. »

223. — Quant à la peine, elle était arbitraire et dès-lors les juges la proportionnaient à la gravité de l'injure. Ainsi, ils prononçaient dans les cas ordinaires le blâme, l'interdiction à perpétuité de certains lieux, l'amende honorable, le bannissement et les galères. — Muyart de Vouglans, *Lois crimin.*, p. 351.

224. — Il était des cas où la peine de mort elle-même était encourue. — V. ord. de Moulins, art. 34; édit de janv. 1572, art. 1er; ord. de Blois, art. 190; édit de janv. 1629, art. 119; ord. de 1670, tit. 16, art. 4.

225. — L'assemblée nationale conserva le principe, mais elle laissa à l'ancien régime l'excessive rigueur de ses pénalités; on pourrait même lui reprocher d'être tombée d'abord dans un excès contraire. Ainsi, la loi du 28 fév.-17 avr. 1791 prononçait seulement huit jours d'emprisonnement « contre les mauvais citoyens qui oseraient outrager ou menacer les juges et les officiers de justice dans l'exercice de leurs fonctions. »

226. — La loi du 19-22 juill. 1791, étendant à tous les fonctionnaires publics la protection que la loi du 28 fév. avait restreinte aux juges et officiers de justice, rendit en même temps cette protection plus efficace en ajoutant à la sévérité des peines : « Les outrages ou menaces par paroles ou par gestes, faits aux fonctionnaires publics dans l'exercice de leurs fonctions, porte cette loi, seront punis d'une amende qui ne pourra excéder dix fois la contribution mobilière, et d'un emprisonnement qui ne pourra excéder deux années. »

227. — Vint enfin le Code de 1791, dont l'art. 7 (2e part., tit. 1er, sect. 4), disposait que « quiconque aurait outragé un fonctionnaire public, en le frappant au moment où il exerçait se fonctions, serait puni de la peine de deux années de détention. »

228. — Mais il est à remarquer que, dans le droit romain, dans notre ancien droit, et d'après les lois mêmes que nous venons de citer, le principe de l'aggravation n'était applicable qu'autant que le fonctionnaire contre lequel l'outrage avait été dirigé se trouvait alors dans l'exercice de ses fonctions. Hors de ses fonctions il était assimilé aux autres citoyens et ne pouvait invoquer que le droit commun.

229. — Farinacius (*De delictis et pœnis*, *quæst.* 17, n° 38) avait à la vérité enseigné qu'on devait assimiler à l'offense commise envers le fonctionnaire *durante officio* celle qui était commise *post officium, sed contemplatione officii*; mais cette opinion, combattue par Menochius (*De arbitr. quæst.*, L. 2, cas. 263, n° 10), n'avait point prévalu.

230. — Jugé, conformément aux observations qui précèdent, que la loi du 19 juill. 1791, distinguant l'injure faite à un fonctionnaire public *à raison* de ses fonctions de celles qui lui étaient adressées *dans l'exercice* de ses fonctions, ne prononçait de peines que contre ces dernières, et qu'on ne pouvait étendre cette disposition pénale aux injures de la première espèce. — *Cass.*, 10 déc. 1807, Villeneuve.

231. — On comprend dès lors combien, sous l'empire de cette législation, il était important de discerner quand un fonctionnaire était ou n'était pas dans l'exercice de ses fonctions. — A cet égard il avait été jugé :

232 — ... Que l'injure commise envers un officier du ministère public par un prévenu qui venait lui demander raison d'une poursuite dont il était l'objet, était réputée faite à ce fonctionnaire dans l'exercice de ses fonctions, encore bien qu'il ne fût pas revêtu de son costume, et que l'injure lui eût été adressée dans son domicile. — *Cass.*, 28 déc. 1807, Perdriget. ; — Chassan, *Traité des délits de la parole*, p. 391.

233. — ... Mais qu'on ne pouvait considérer comme outrages faits à un juge dans l'exercice de ses fonctions, les discours qui lui étaient adressés dans des entretiens privés, ni les injures renfermées dans une lettre confidentielle. — *Bourges*, 6 mars 1807, Lag.

234. — ... Qu'on devait considérer comme faites à un fonctionnaire public dans l'exercice de ses fonctions et non à un simple particulier, les injures à un juge de paix sur les lieux contentieux, où il s'était transporté en vertu d'une ordonnance, assisté de son greffier et d'un huissier, et en présence des témoins et des parties, quand même il n'aurait pas encore déclaré la séance ouverte ni commencé ses opérations. — *Cass.*, 17 therm. an X, Graas.

235. — ... Les injures prononcées contre un maire accompagnant les classificateurs des propriétés pour les impôts, étaient punies de peines correctionnelles, et non pas des peines de simple police, le maire étant alors dans l'exercice de ses fonctions. — *Cass.*, 28 févr. 1828, Baumevielle.

236. — ... Qu'il n'était pas nécessaire, pour l'application des peines portées par la loi contre celui qui avait frappé un fonctionnaire au moment où il exerçait ses fonctions, qu'il fût reconnu que ce fonctionnaire agissait légalement dans l'ordre de ses fonctions. — *Cass.*, 21 prair. an X, N...; 14 avr. 1820, Costersole.

237. — Suivant Carnot (*Instr. crimin.*, t. 1er, p. 571), il aurait été jugé que, si un fonctionnaire public avait été outragé sur un autre territoire que celui où il exerçait ses fonctions, on ne pouvait pas dire que l'insulte eût été faite à un fonctionnaire public dans le sens de la loi. — *Cass.*, 10 déc. 1807, N... — Mais l'existence de cet arrêt est au moins douteuse. — V. les notes qui accompagnent la notice à sa date, au *Journ. du Palais*.

238. — Il avait été jugé également, sous l'empire de la même législation (et cette décision serait encore applicable aujourd'hui), que c'était au tribunal de police correctionnelle et non à celui de police simple qu'il appartenait de prononcer sur un délit d'outrages envers un maire dans l'exercice de ses fonctions. — *Cass.*, 10 therm. an X, Jean Rocolle.

239. — Lorsque la partie du Code pénal qui traite des outrages et violences envers les dépositaires de l'autorité publique fut soumise aux délibérations du conseil d'état, l'un des membres de ce conseil, M. le comte de Ségur, proposa de punir les outrages faits aux fonctionnaires publics, même hors de leurs fonctions, plus sévèrement que ceux faits aux simples particuliers. « Ce n'est pas là un privilége, disait-il, mais une disposition que nos institutions appellent; car, puisqu'elles créent des autorités, elles veulent nécessairement que ces autorités soient respectées : or, comment le respect des peuples s'attachera-t-il au magistrat, si l'on ne peut plus voir en lui qu'un homme privé, hors des instans où il exerce ses fonctions? » — V. Locré, t. 30, p. 158.

240. — Mais cette proposition, combattue par MM. Berlier et Treilhard, ne fut point adoptée. — Voici en quels termes s'exprima sur ce point M. Berlier dans l'*Exposé des motifs* (Locré, t. 30, p. 254) : « Ici s'est offert un sujet de discussion assez grave, mais dont la solution pourtant a été facile : convenait-il de punir les outrages commis, même hors de tout exercice de fonctions, de peines de différens ordres, graduées d'après la simple considération du rang plus ou moins élevé que les personnes outragées tiennent dans la société? En agitant cette question, l'on n'a pas tardé à reconnaître que l'application d'une telle idée serait impraticable; qu'en tarifant les peines selon le rang de l'offensé, cela irait à l'infini; qu'il faudrait aussi prendre en considération le rang de l'offenseur; enfin que l'on a reconnu que cela était moins utile que jamais dans un système qui, assignant à chaque classe de peines temporaires un *maximum* et un *minimum*, laissait à la justice une suffisante latitude pour varier la punition des outrages privés, d'après la considération dûe aux personnes. »

241. — On peut d'ailleurs ajouter, avec M. le comte Bérenger (séance du 8 août 1809), que, si la violence employée contre un fonctionnaire public doit être punie plus sévèrement que celle dont on use envers un particulier, ce n'est pas à cause du rang de l'offensé, c'est parce que, de sa nature, le délit est plus grave en ce qu'il arrête l'exercice de l'autorité. Se régler sur la qualité des personnes, ce serait établir des priviléges. — V. Locré, t. 30, p. 153 et 154.

242. — Le Code pénal prévoyait deux sortes de délits spéciaux pouvant être commis contre les fonctionnaires publics, savoir : 1° l'outrage par paroles, gestes ou menaces, prévus et punis par les art. 222 et suiv.; 2° les violences ou voies de fait prévues et punies par les art. 228 et suiv. — Mais les règles qu'il posait à cet égard ont été depuis modifiées plusieurs fois par le législateur.

243. — Mais si le Code pénal n'a pas été aussi loin que le désirait M. le comte de Ségur, il a été plus loin cependant que les législations antérieures; car, au lieu de borner l'aggravation de la peine au cas où l'outrage est commis contre le fonctionnaire dans l'exercice de ses fonctions, il l'a étendu au cas où il est commis contre ce fonctionnaire à raison de cet exercice. — Et le même principe a depuis été fidèlement reproduit dans toutes les lois qui sont intervenues sur cette matière.

244. — Et d'abord, les art. 16 et 19, L. 17 mai 1819, érigèrent en délit spécial les cas où l'outrage prenait le caractère d'une diffamation ou d'une simple injure.

245. — La loi du 26 mai 1819 (art. 20) disposa que nul ne serait admis à prouver la vérité des faits diffamatoires, si ce n'est dans le cas d'imputation, contre des dépositaires ou agens de l'autorité, ou contre toutes personnes ayant agi dans un caractère public, de faits relatifs à leurs fonctions. « Dans ce cas, portait cet article, les faits pourront être prouvés par-devant la cour d'assises par toutes les voies ordinaires, sauf la preuve contraire par les mêmes voies. — La preuve des faits imputés met l'auteur de l'imputation à l'abri de toute peine, sans préjudice des peines prononcées contre toute injure qui ne serait pas nécessairement dépendante des mêmes faits. »

246. — Les art. 16 et 19, L. 17 mai 1819, furent implicitement abrogés, du moins en ce qui concerne les fonctionnaires publics proprement dits, par l'art. 6, L. 25 mars 1822, qui, portant de nouvelles peines contre les outrages dont les fonctionnaires publics pourraient être l'objet, substitua le terme d'*outrage* aux mots *diffamation*, *injure*, pour qualifier les propos diffamatoires ou injurieux adressés aux fonctionnaires publics.

247. — La qualification légale du Code pénal a donc été rétablie par la loi du 25 mars 1822. Mais il ne faudrait pas induire de l'identité du mot que l'art. 222, C. pén., a été remplacé purement et simplement par l'art. 6, L. 25 mars 1822. Ces deux articles sont, au contraire, susceptibles chacun d'une application distincte. — V. à cet égard OUTRAGE.

248. — Quant à la disposition de la loi du 26 mai 1819, qui, à l'égard des fonctionnaires, autorisait la preuve des faits diffamatoires relatifs à leurs fonctions, abrogée par l'art. 18, L. 25 mars 1822, qui proscrivait, dans tous les cas, la preuve tendant à établir la réalité des faits injurieux ou diffamatoires, elle a été rétablie par l'art. 5, L. 8 oct. 1830, qui déclare abrogé l'art. 18, L. 25 mars 1822. — V. DIFFAMATION, INJURE.

249. — V., pour les violences et voies de fait qui peuvent être commises contre des fonctionnaires publics, BLESSURES ET COUPS.

250. — En ce qui touche spécialement les délits qui peuvent être commis à l'audience des cours et tribunaux contre les magistrats chargés de rendre la justice, V. DÉLIT D'AUDIENCE.

CHAPITRE V. — *Crimes ou délits commis par les fonctionnaires publics.*

251. — En déléguant aux fonctionnaires une partie de la puissance publique, le législateur a mis entre leurs mains une arme dont ils pouvaient abuser soit contre la société, soit contre les simples particuliers; il a dû prévoir ce danger et le prévenir autant que possible à l'aide d'une pénalité proportionnée à la gravité de l'abus et à l'étendue du péril.

252. — Nous allons donc voir quels sont les crimes ou délits particuliers que les fonctionnaires peuvent commettre par abus de leur pouvoir. — Au reste, ces crimes ou délits ayant été ou devant être pour la plupart traités sous les mots qui les désignent spécialement, ce que nous avons à dire ici se réduit presque à une simple énumération accompagnée de renvois aux mots sous lesquels chaque matière est ou sera traitée.

253. — Mais, avant d'entrer dans ces détails, nous devons faire une observation. Le chap. 3, liv. 3, C. pén., contient une section (la section 2e) ainsi intitulée : *De la forfaiture et des crimes et délits des fonctionnaires publics dans l'exercice de leurs fonctions.* On serait fondé à penser, d'après cela, que cette section renferme tous les délits commis par les fonctionnaires dans leurs fonctions. Il n'en est point ainsi cependant; elle n'en contient que quelques-uns. Nous ne nous bornerons donc point, dans le tableau que nous allons présenter, aux faits que le législateur a placés sous cette rubrique; mais nous prendrons dans les autres parties du Code pénal tous les faits de même nature qui s'y trouvent dispersés et que la division des matières plaçait naturellement ici.

254. — Indépendamment des crimes et délits qui sont prévus et punis par des dispositions spéciales, l'art. 198, C. pén., établit, comme nous le verrons, une aggravation de peine contre les fonctionnaires qui ont participé à des crimes ou délits qu'ils étaient chargés de surveiller ou de réprimer. — V. *infrà* nos 859 et suiv.

255. — D'après le Code pénal de 1791, la récidive d'un délit de la part d'un fonctionnaire donnait à ce délit le caractère d'un crime. Il n'en est plus de même aujourd'hui. — Carnot, *C. pén.*, p. 508.

256. — *Forfaiture.* — Tout crime commis par un fonctionnaire public dans l'exercice de ses fonctions, porte l'art. 166, C. pén., est une forfaiture.

257. — Toute forfaiture pour laquelle la loi ne prononce pas de peines plus graves est punie de la dégradation civique. — C. pén., art. 167.

258. — Les simples délits ne constituent pas les fonctionnaires en forfaiture. — C. pén., art. 168.

259. — Ces dispositions ont été de la part de MM. Chauveau et Hélie l'objet de quelques critiques. — V. à cet égard FORFAITURE.

260. — *Crimes contre la sûreté extérieure de l'état.* — L'art. 80 du Code pénal punit de mort tout fonctionnaire public, tout agent du gouvernement ou tout autre personne qui, chargée ou instruite officiellement ou à raison de son état du secret d'une négociation ou d'une expédition, l'aura livré aux agens d'une puissance étrangère ou de l'ennemi.

261. — Aux termes de l'art. 81 du même code, doit être également puni de mort tout fonctionnaire public, tout agent, tout préposé du gouvernement chargé, à raison de ses fonctions, du dépôt des plans de fortifications, arsenaux, forts ou rades, qui a livré ces plans ou l'un de ces plans à l'ennemi ou aux agens de l'ennemi. — Il doit être puni de la détention s'il a livré ces plans aux agens d'une puissance étrangère neutre ou alliée. — V. au surplus CRIMES CONTRE LA SURETÉ DE L'ÉTAT.

262. — *Crimes contre la sûreté intérieure de l'état.* — Ceux qui ont retenu, contre l'ordre du gouvernement, un commandement militaire quelconque; — Les commandans qui ont tenu leur armée ou troupe rassemblée après que le licenciement ou la séparation en ont été ordonnés, sont punis de la peine de mort. — C. pén., art. 93.

263. — Toute personne qui pouvant disposer de la force publique, en a requis ou ordonné, fait requérir ou ordonner l'action ou l'emploi contre la levée des gens de guerre légalement établie, est punie de la déportation. — Si cette réquisition ou cet ordre ont été suivis de leur effet, le coupable doit être puni de mort. — C. pén., art. 94. — V. CRIMES CONTRE LA SURETÉ DE L'ÉTAT.

264. — *Attentats à la liberté.* — Le Code pénal comprend sous cette dénomination générale divers crimes ou délits dont les caractères sont déterminés par les art. 114 à 122, et que nous avons examinés vo ATTENTAT A LA LIBERTÉ. — V. ce mot.

265. — Parmi ces crimes, il en est un cependant que nous devons examiner ici : c'est celui qui consiste dans la violation des garanties que la loi accorde à certains fonctionnaires pour les protéger contre le danger d'une arrestation anticipée. Nous nous en occuperons *infrà* nos 379 et s.

266. — *Coalition de fonctionnaires.* — Sous ce titre, le Code pénal punit de peines plus ou moins sévères, suivant les cas, le fait des fonctionnaires qui concertent des mesures contraires aux lois ou attentatoires à la sûreté intérieure de l'état, ou dirigées contre l'exécution des lois ou contre les ordres du gouvernement, ou enfin qui arrêtent, par délibération, de donner des démissions dont l'objet ou l'effet serait d'empêcher ou de suspendre soit l'administration de la justice, soit l'accomplissement d'un service quelconque. — V. COALITION DE FONCTIONNAIRES.

267. — *Empiétemens des autorités administratives et judiciaires.* — Nous avons vu vo COMPÉTENCE ADMINISTRATIVE quelles sont les attributions de l'autorité administrative et quelles sont les limites qui la séparent soit du pouvoir législatif, soit de l'autorité judiciaire. Nous avons vu que la séparation et l'indépendance réciproque de ces divers pouvoirs était essentielle au maintien du bon ordre, au respect de tous les droits, à l'accomplissement régulier des fonctions sociales. Après avoir proclamé le principe, le législateur, pour compléter son œuvre, a cru devoir lui donner la consécration d'une sanction pénale.

268. — Mais cette sanction, nous devons le faire observer tout d'abord, n'est point applicable aux excès que pourrait commettre le pouvoir législatif. « Le pouvoir législatif, disent MM. Chauveau et Hélie (*Th. du Code pén.*, 2e édit., t. 2, p. 270), par sa nature complexe et par sa souveraineté, échappe à la puissance de la loi elle-même. S'il franchit ses limites constitutionnelles, il n'y a plus de juges qui le puissent réprimer : il n'est responsable de ses actes et des maux qu'ils peuvent entraîner que devant la souveraineté nationale. »

269. — Le Code pénal s'occupe d'abord des empiétemens qui pourraient être commis sur le pouvoir législatif. « Seront coupables de forfaiture et punis de la dégradation civique, porte l'art. 127, 1o les juges, les procureurs généraux ou du roi, ou leurs substituts, les officiers de police, qui se seront immiscés dans l'exercice du pouvoir législatif, soit par des réglemens contenant des dispositions législatives, soit en arrêtant ou suspendant l'exécution d'une ou de plusieurs lois, soit en délibérant sur le point de savoir si les lois seront publiées ou exécutées..... »

270. — L'art. 30 punit également de la dégradation civique les préfets, sous-préfets, maires et autres administrateurs qui se seront immiscés dans l'exercice du pouvoir législatif, comme il est dit au no 1er de l'art. 127.

271. — Le Code, disent MM. Chauveau et Hélie (*Th. C. pén.*, 2e édit., t. 2, p. 271), ne parle pas des ministres : le même crime commis par eux, ne pourrait être considéré que comme un acte de trahison, crime difficile à constater et à poursuivre.

272. — L'art. 127, C. pén., déclare également coupables de forfaiture et punit de la dégradation civique... — « 2o les juges, les procureurs généraux ou du roi, ou leurs substituts; les officiers de police judiciaire qui auraient excédé leur pouvoir en s'immisçant dans les matières attribuées aux autorités administratives, soit en faisant des réglemens sur ces matières, soit en défendant d'exécuter les ordres émanés de l'administration, ou qui, ayant permis ou ordonné de citer des administrateurs pour raison de l'exercice de leurs fonctions, auraient persisté dans l'exécution de leurs jugemens ou ordonnances, nonobstant l'annulation qui en aurait été prononcée ou le conflit qui leur aurait été notifié. »

273. — Comme le font remarquer MM. Chauveau et Hélie (t. 2, p. 274), la dernière disposition de cet article, celle qui est relative au jugement des administrateurs et à l'exécution du jugement, nonobstant la notification d'un conflit, a été implicitement modifiée par l'ordonnance du 1er juin 1828, puisque, sous l'empire de cette ordonnance, la citation des fonctionnaires devant les tribunaux pour faits relatifs à leurs fonctions n'est plus un motif d'élever le conflit, à moins que la question que soulève le procès ne soit attribuée à l'autorité administrative par une disposition législative. « En matière de grand criminel, ajoutent les mêmes auteurs, le conflit d'attribution ne peut jamais être élevé; en matière correctionnelle, il ne peut l'être que dans le cas fort rare où le délit est de la compétence des conseils de préfecture, et dans le cas où le procès soulève une question préjudicielle dont la connaissance appartient à l'autorité administrative. L'incrimination de l'art. 127 se trouve donc nécessairement restreinte. » — V. au surplus CONFLIT, nos 140 et suiv.

274. — Dans le cas prévu par l'art. 127-2o, C. pén., les membres du corps judiciaire jouissent de la garantie du jugement de leurs pairs, en vertu des art. 483 et suiv., C. inst. crim.

275. — « Les juges qui, sur la revendication formellement faite par l'autorité administrative d'une affaire portée devant eux, ont néanmoins procédé au jugement avant la décision de l'autorité supérieure, sont punis chacun d'une amende de 16 francs au moins et de 150 francs au plus. — Les officiers du ministère public qui ont fait des réquisitions ou donné des conclusions pour ledit jugement sont punis de la même peine. » — C. pén., art. 128.

276. — Suffit-il qu'une affaire ait été revendiquée par l'autorité administrative, qu'un conflit ait été élevé, pour que les juges doivent nécessairement et dans tous les cas surseoir à statuer, pour qu'ils ne puissent passer outre sans encourir la peine prononcée par l'art. 128? N'ont-ils pas le droit d'apprécier si le conflit est régulier, s'il a été élevé dans les délais et suivant les formes prescrites par la loi? — V. à cet égard CONFLIT, nos 452 et suiv.

277. — L'art. 129, C. pén., prononce une amende de 100 fr. au moins et de 500 fr. au plus contre chacun des juges qui, après une réclamation légale des parties intéressées ou de l'autorité administrative, auront, sans autorisation du gouvernement, rendu des ordonnances ou décerné des mandats contre des agens ou préposés prévenus de crimes ou délits commis dans l'exercice de leurs fonctions. — Le même article applique la même peine aux officiers du ministère public ou de police qui auront requis lesdites ordonnances ou mandats.

278. — Cet article était en harmonie avec la jurisprudence qui s'était établie à l'époque où il fut rédigé et d'après laquelle le défaut d'autorisation préalable du gouvernement donnait lieu au conflit lorsqu'un agent du gouvernement était poursuivi soit en matière civile à raison de ses fonctions, soit en matière criminelle pour crimes ou délits relatifs à ses fonctions ou commis dans l'exercice de ses fonctions. Mais il n'en est plus ainsi aujourd'hui. Aux termes de l'art. 3 de l'ordonnance du 1er juin 1828, le défaut d'autorisation du gouvernement lorsqu'il s'agit de poursuites exercées contre ses agens ne donne plus lieu d'élever le conflit : ce défaut d'autorisation ne constitue plus qu'une exception personnelle que le prévenu est admis à faire valoir et que les juges doivent accueillir sous peine d'encourir l'amende prononcée par l'art. 129.

279. — Mais le pouvoir du magistrat n'est suspendu jusqu'à l'autorisation qu'en ce qui touche la liberté personnelle du fonctionnaire inculpé; tous les autres actes d'instruction qui ont pour objet la constatation du crime et la recherche de ses auteurs restent dans le droit commun. — Chauveau et Hélie, *Th. C. pén.*, 2e édit., t. 2, p. 277.

280. — L'art. 129, C. pén., doit-il recevoir son application même en cas de flagrant délit? En d'autres termes, les agens du gouvernement peuvent-ils être arrêtés, sans autorisation préalable, pour des faits relatifs à leurs fonctions dans les cas prévus par l'art. 106, C. instr. crim.? — V. *infrà* nos 771 et s.

281. — Après avoir déterminé la répression des empiétemens qui peuvent être commis par l'autorité judiciaire sur l'autorité administrative, le Code pénal arrive aux empiétemens qui peuvent être commis par celle-ci sur la première. « Les préfets, sous-préfets, maires et autres administrateurs, porte l'art. 130,... qui se seront ingérés de prendre des arrêtés généraux tendant à intimer des ordres ou des défenses quelconques à des cours ou tribunaux, seront punis de la dégradation civique. »

282. — « Lorsque ces administrateurs, ajoute l'art. 131, entreprendront sur les fonctions judiciaires en s'ingérant de connaître de droits et d'intérêts privés du ressort des tribunaux, et qu'après la réclamation des parties ou de l'une d'elles ils auront néanmoins décidé l'affaire avant que l'autorité supérieure ait prononcé, ils seront punis d'une amende de seize francs au moins et de cent cinquante francs au plus. »

283. — Cette disposition, qui limite la prohibition à la connaissance des droits et intérêts privés des citoyens, est aujourd'hui trop restreinte par suite de l'attribution qui a été faite aux tribunaux des contestations relatives aux droits politiques. Elle devrait être étendue à toutes les matières dont la connaissance a été attribuée à l'autorité judiciaire. — V. en ce sens Haus, *Observ. sur le projet*

de Code belge, t. 2, p. 62; Chauveau et Hélie, t. 2, p. 281.

284. — *Faux en écritures publiques ou authentiques.* — L'art. 145, C. pén., punit des travaux forcés à perpétuité tout fonctionnaire ou officier public qui dans l'exercice de ses fonctions aura commis un faux, soit par fausses signatures, soit par altération des actes, écritures ou signatures, soit par supposition de personnes, soit par des écritures faites ou intercalées sur des registres ou autres actes publics, depuis leur confection ou clôture.

285. — L'art. 146 prononce la même peine contre tout fonctionnaire ou officier public qui, en rédigeant des actes de son ministère, en aura frauduleusement dénaturé les circonstances, soit en écrivant des conventions autres que celles qui auraient été tracées ou dictées par les parties, soit en constatant comme vrais des faits faux, ou comme avoués des faits qui ne l'étaient pas. — V. au surplus FAUX.

286. — *Faux commis dans les passeports et feuilles de route.* — Les officiers publics qui délivrent sciemment un passeport à un individu sous un nom suppposé sont punis du bannissement. — C. pén., art. 155, 2e alin.

287. — Les officiers publics qui délivrent un passeport à une personne qu'ils ne connaissent pas personnellement sans avoir fait attester ses noms et qualités par deux citoyens à eux connus sont punis d'un emprisonnement d'un mois à six mois. — C. pén., art. 155, 1er alin.

288. — L'officier public qui sciemment délivre une feuille de route à une personne sous un nom supposé est puni, savoir : — Du bannissement si la fausse feuille de route n'a eu pour objet que de tromper la surveillance de l'autorité publique; — de la réclusion si le trésor royal a payé au porteur de la fausse feuille des frais de route qui ne lui étaient pas dûs ou qui excédaient ceux auxquels il pouvait avoir droit, le tout néanmoins au-dessous de cent francs; — et des travaux forcés à temps si les sommes indûment reçues par le porteur de la feuille s'élèvent à cent francs et au-delà. — C. pén., art. 156 et 158 combinés. — V. au surplus FAUX CERTIFICATS, etc.

289. — *Soustractions commises par les dépositaires publics.* — Nous avons vu, vo DÉPOSITAIRES PUBLICS, quelles sont les peines attachées à l'infidélité des dépositaires publics. Nous n'avons donc point à y revenir ici. — V. ce mot.

290. — *Concussion.* — Les caractères légaux de la concussion et les peines dont elle est frappée par le Code pénal ont été de même indiqués sous le mot CONCUSSION auquel dès-lors il doit nous suffire de renvoyer ici.

291. — *Délits des fonctionnaires qui se sont ingérés dans des affaires ou commerces incompatibles avec leur qualité.* — L'incrimination des faits compris sous cette rubrique a pour objet de prévenir l'abus que pourraient commettre les fonctionnaires en mettant leur pouvoir et l'influence qu'il leur donne au service de leur intérêt personnel.

292. — La loi romaine contenait quelques dispositions analogues, inspirées par la même pensée : *Quod à præside seu procuratore, vel quolibet alio in eâ provinciâ in quâ administrat, licet per suppositam personam, comparatum est, infirmato contractu vindicatur et æstimatio ejus fisco infertur, nam et navem in eâdem provinciâ in quâ quis administrat ædificare prohibetur.* — L. 46, § 2, ff., *De jure fisci.*

293. — De même, dans l'ancienne jurisprudence, une ordonnance de Charles VI, du 5 fév. 1388, défendait aux sénéchaux, baillis et autres juges de, par soi ou par personnes interposées, emprunter argent ou autre chose des sujets de leur sénéchaussée ou bailliage; de faire aucune acquisition d'héritages ou de biens immeubles en leur sénéchaussée, bailliage ou administration, ni des sujets d'icelles quelque part que ce fût; ordonnant que, s'ils faisaient le contraire, le contrat fût réputé nul et les possessions confisquées au profit du domaine. La même ordonnance leur défendait, durant leur administration, de se marier ou de souffrir que leurs enfans se mariassent avec « quels aucuns ou aucunes de leur sénéchaussée, bailliage ou administration. »

294. — L'ordonnance de 1670, tit. 17, art. 27, défendait également à tous juges, greffiers, huissiers, archers et autres officiers de police de se rendre adjudicataires (de meubles et effets des condamnés), sous leurs noms ou sous-noms interposés, sous quelque prétexte que ce fût, à peine d'interdiction et du double de la valeur.

295. — Les prohibitions du Code pénal ne sont pas identiques, mais, nous l'avons dit, la pensée, l'inspiration est la même.

296. — « Tout fonctionnaire, porte l'art. 175, tout officier public, tout agent du gouvernement qui, soit ouvertement, soit par actes simulés, soit par interposition de personnes, aura pris ou reçu quelque intérêt que ce soit dans les actes, adjudications, entreprises ou régies dont il a, ou avait, au temps de l'acte, en tout ou en partie, l'administration ou la surveillance, sera puni d'un emprisonnement de six mois au moins et de deux ans au plus, et sera condamné à une amende qui ne pourra excéder le quart des restitutions et des indemnités, ni être au-dessous du douzième. — Il sera de plus déclaré à jamais incapable d'exercer aucune fonction publique. — La présente disposition est applicable à tout fonctionnaire ou agent du gouvernement qui aura pris un intérêt quelconque dans une affaire dont il était chargé d'ordonnancer le paiement ou de faire la liquidation. »

297. — La peine édictée par cet article atteint-elle la simple infraction matérielle de la prohibition? ou bien n'est-elle applicable qu'autant que cette infraction a été accompagnée de fraude? Ainsi, le fonctionnaire qui s'est immiscé dans les opérations qui lui sont interdites, mais qui l'a fait loyalement, sans abuser de son pouvoir au profit de son intérêt, est-il passible des peines portées en l'art. 175? — Nous ne le pensons pas. On comprend, en effet, que le fait change complètement de nature suivant qu'il est ou qu'il n'est pas accompagné d'intention frauduleuse; or, est-il possible de supposer que le législateur ait entendu punir de la même peine des faits si profondément distincts? Ce que la loi a voulu punir, cela ressort des termes mêmes de l'exposé des motifs, c'est l'*abus de confiance*, la *turpitude*; or, ces expressions, employées par M. Berlier, impliquent nécessairement une intention frauduleuse et sont incompatibles avec l'idée d'une spéculation loyalement accomplie. Ajoutons enfin un dernier argument, tiré de l'art. 175 lui-même : L'amende, suivant cet article, doit être proportionnée aux restitutions et indemnités; or, s'il n'y avait qu'une simple infraction matérielle commise sans fraude, il n'y aurait pas de dommage et partant pas de restitutions ou indemnités; la contexture de l'art. 175 suppose donc le délit moral, l'intention frauduleuse. — Chauveau et Hélie, *Théorie C. pén.* (2e édit.), t. 2, p. 626 et suiv.

298. — Mais le fait matériel, s'il ne suffit pas seul pour entraîner l'application de la peine, a cependant un effet : c'est de mettre le fonctionnaire en état de suspicion et de l'obliger à rapporter la preuve de sa bonne foi. — Chauveau et Hélie, t. 2, p. 627.

299. — Indépendamment de l'intention frauduleuse, il résulte de l'art. 175 qu'il faut, pour constituer le délit, le concours de trois circonstances : 1o que le prévenu soit fonctionnaire, officier public ou agent du gouvernement; — 2o qu'il ait pris un intérêt quelconque dans des actes, adjudications, entreprises ou régies; — 3o enfin, que ces entreprises ou ces affaires aient été l'objet de sa surveillance au moment de la participation.

300. — Quant à la qualité de fonctionnaire, nous avons déjà vu quelles sont les personnes auxquelles elle appartient généralement.

301. — Un intérêt, quelque minime qu'il soit, dans une entreprise dont la surveillance est confiée à un fonctionnaire, suffit pour donner lieu à l'application de l'art. 175. En effet, la loi n'a point déterminé la quotité de cet intérêt : elle a laissé aux juges le soin d'apprécier l'existence de cet élément du délit. — Chauveau et Hélie, p. 631; Carnot, *C. pén*, t. 1er, p. 538, no 11.

302. — Les expressions *actes*, *adjudications*, *entreprises* ou *régies*, dont se sert l'art. 175, ne sont qu'énonciatives et non limitatives; toutefois, pour que la prohibition pût être appliquée à d'autres actes que ceux qui sont énoncés, il faudrait qu'ils eussent le même caractère. — Chauveau et Hélie, *Th. C. pén.*, 2e édit., t. 2, p. 630.

303. — Le délit existerait alors même qu'il n'aurait été dressé aucun acte. La loi n'exige pas cette condition.

304. — Quant à l'interposition de personnes, c'est d'après les faits et circonstances qu'on devrait apprécier si elle existe; l'art. 911, C. civ., serait sans application ici. — Chauveau et Hélie, *loc. cit.*

305. — Carnot (*C. pén.*, t. 1er, p. 460) enseigne que la personne interposée devrait être punie comme complice. Mais cette opinion est combattue, avec raison selon nous, par MM. Chauveau et Hélie (p. 631). « Tout le délit du fonctionnaire, disent ces auteurs, est dans l'abus de ses fonctions; le même fait commis par toute autre personne est une action parfaitement licite; c'est donc un délit personnel, et qui, de même que tous les délits qui supposent dans leur auteur une qualité spéciale, par exemple, les délits purement militaires, n'admet pas de complices. »

306. — L'agent du gouvernement chargé de surveiller l'introduction des marchandises étrangères en France qui prendrait un intérêt dans leur importation, se rendrait coupable du délit prévu par l'art. 175, C. pén. — Carnot, *C. pén.*, t. 1er, p. 538, no 12.

307. — Le maire qui, dans la gestion des intérêts de la commune, s'est procuré des bénéfices à l'aide d'actes simulés et de personnes interposées, est coupable du délit prévu par l'art. 175, C. pén., et non du crime de concussion prévu par l'art. 174, même Code. — *Douai*, 17 juin 1836, N...; — Chauveau et Hélie, t. 2, p. 632.

308. — L'appréciateur d'objets à vendre au mont-de-piété qui s'en rend adjudicataire et les revend avec bénéfice, ou qui partage avec un autre appréciateur les bénéfices des adjudications par lui faites à son profit, doit être considéré comme un agent du gouvernement prenant ou recevant un intérêt dans les actes qu'il était chargé de surveiller, et est passible des peines portées par l'art. 175, C. pén., encore bien qu'il soit responsable des évaluations par lui faites. — *Cass.*, 4 févr. 1832, Victor Ballet.

309. — De même, l'appréciateur au mont-de-piété qui, en estimant au-dessus de leur valeur les nantissemens sur lesquels il s'est fait prêter sous des noms supposés ou sous le nom d'un tiers, des sommes plus fortes que celles que les nantissemens pouvaient garantir, et qui s'est ainsi procuré un avantage ou intérêt qu'il n'eût pas obtenu en agissant régulièrement, est passible des peines portées par l'art. 175, C. pén., nonobstant la responsabilité à laquelle il est soumis à raison de son estimation. — Même arrêt. — V. aussi Chauveau et Hélie, p. 632.

310. — L'art. 175, C. pén., est-il applicable au notaire qui, au moyen d'une personne interposée, prend un intérêt dans un acte qu'il reçoit? — La cour de cassation a résolu cette question négativement par arrêt du 18 avril 1817, Roget.

311. — Mais par un autre arrêt du 28 déc. 1816 (Amyot), elle a décidé que l'art. 175 est applicable au notaire qui s'est rendu adjudicataire, par interposition de personne, d'un immeuble dont il a reçu l'adjudication en vertu d'une commission de justice.

312. — La cour de Cassation, comme on le voit, distingue, suivant que le notaire agit simplement comme notaire, rédigeant par écrit les conventions des parties, ou qu'il agit en vertu de la délégation du tribunal.

313. — Mais MM. Chauveau et Hélie (2e édit., t. 2, p. 633) combattent cette distinction. Ils soutiennent que le notaire qui procède à un inventaire ou à une vente, n'a pas la surveillance de cette opération; que ses fonctions se bornent à constater qu'elle s'est passée devant lui avec telles formes, mais qu'il n'exerce aucune autorité sur les contractans, aucune surveillance sur leur opération. « Disons-le, ajoutent-ils, ce que l'art. 175 a voulu protéger, c'est l'intérêt public contre les fraudes des agens de l'état. La surveillance dont il est parlé, c'est la surveillance administrative, surveillance qui est armée d'assez d'autorité pour pouvoir s'interposer avec avantage dans les transactions qui intéresssent l'état. C'est là surtout la pensée qui a animé le législateur et que révèle l'art. 175. — V. Carnot, sur l'art. 175, t. 1er, p. 584, no 4. — V. aussi Toullier, *Droit civil*, t. 8, no 48; Rolland de Villargues, *Rép. du not.*, vis *Acte notarié*, no 31, et *Notaire*, no 220; *Encycloped. du droit*, vo *Acte*, no 4.

314. — La circonstance que l'agent a eu l'administration ou la surveillance de l'affaire, étant un des élémens constitutifs du délit, doit nécessairement être énoncée dans le jugement. Son omission ôterait à la peine sa base légale. — Chauveau et Hélie, t. 2, p. 634.

315. — Ainsi, jugé que le fait, de la part d'un fonctionnaire public ou agent du gouvernement, de prendre ou recevoir quelque intérêt résultant de ses fonctions dans une opération de commerce, ne constitue le délit prévu et puni par l'art. 175, C. pén., qu'autant qu'il est déclaré en même temps que ce fonctionnaire ou agent avait en cette qualité l'administration ou la surveillance de ces opérations de commerce. — *Cass.*, 26 nov. 1842 (t. 2 1843, p. 529), Fabus (int. de la loi).

316. — Aux prohibitions contenues dans l'art 175 l'art. 176 en ajoute quelques autres : « Tout commandant des divisions militaires, des départemens ou des places et villes, porte cet article, tout préfet ou sous-préfet qui aura, dans l'étendue des lieux où il a droit d'exercer son autorité, fait ouvertement, ou par des actes simulés, ou par interposition de personnes, le commerce des grains, grenailles, farines, substances farineuses, vins ou boissons autres que ceux provenant de ses pro-

priétés, sera puni d'une amende de cinq cents francs au moins, de dix mille francs au plus, et de la confiscation des denrées appartenant à ce commerce. »

517. — Nous ferons sur cet article une observation analogue à celle que nous avons faite sur l'art. 475 : Nous distinguerons entre l'infraction purement matérielle de la prohibition légale et le délit moral qui suppose l'intention coupable, l'abus du pouvoir. Sans doute, dans le premier cas, le gouvernement pourra réprimander le fonctionnaire contrevenant, il pourra même lui retirer ses fonctions, mais pour que la peine prononcée par l'art 476 puisse être justement appliquée, il nous semble nécessaire qu'il y ait quelque chose de plus, il faut que le fonctionnaire ait abusé de son autorité pour monopoliser le commerce des denrées désignées par cet article, et, par suite, les faire renchérir. — Chauveau et Hélie, *Th. C. pén.*, 2e édit., t. 2, p. 685. — Cette interprétation, au surplus, se trouve confirmée par la discussion du conseil d'état et par les termes du discours au corps législatif. — Locré, t. 30, p. 80 et 285.

518. — L'art. 476 est spécial, quant aux personnes et quant aux choses, il ne pourrait être étendu par analogie. — Carnot, *C. pén.*, t. 1er, p. 538, n° 4er; Chauveau et Hélie, 2e édit., t. 2, p. 686.

519. — Ainsi, il ne pourrait être appliqué, par analogie, ni aux conseillers, ni aux maires, ni aux receveurs des finances, ni aux intendans militaires, etc. — Teulet, d'Auvilliers et Sulpicy, *Codes français annotés*, sur l'art. 476 ; — C. pén., n° 2.

520. — La loi ne prohibe pas le commerce des grains ou des boissons, elle ne comprend point tout autre commerce qui aurait pour objet des comestibles autres que ceux qui sont spécifiés dans notre article. — Carnot, *C. pén.*, t. 1er, p. 589, n° 6.

521. — La confiscation prononcée par cet article doit comprendre toutes les denrées appartenant au commerce des grains et boissons trouvés dans les magasins du coupable, et non pas seulement celles qu'il aurait achetées ou mises en vente. — Teulet, d'Auvilliers et Sulpicy, sur l'art. 476, C. pén., n° 6.

522. — Les dispositions des art. 475 et 476 sont spéciales aux fonctionnaires ; elles ne peuvent pas être étendues, comme celles de l'art. 174 (V. *supra* n° 513), à leurs commis, préposés ou subalternes; en effet, ces derniers n'exerçant en leur nom aucune autorité, aucune surveillance directe, leur immixtion ne présente pas, en général, les mêmes dangers. Cependant, comme le font observer MM. Chauveau et Hélie (p. 630), il est évident que cette omission peut, en certains cas, favoriser une partie des abus que la loi a voulu réprimer.

523. — *Corruption de fonctionnaires.* — Sous ce titre, le Code pénal comprend à la fois et le fait du fonctionnaire qui reçoit des dons, agrée des offres ou promesses pour faire ou ne pas faire un acte de ses fonctions, et le fait du particulier qui le contrait ou tente de le contraindre, le corrompt ou tente de le corrompre pour obtenir en sa faveur un acte du ministère ou de fonctionnaire. — C. pén., art. 477 et s. V. CORRUPTION DE FONCTIONNAIRES.

524. — *Abus d'autorité.* — L'abus d'autorité se divise en deux classes : 1° ceux qui sont commis contre les particuliers; 2° ceux qui sont commis contre la chose publique.

525. — Dans le premier cas, l'abus d'autorité peut être un délit spécial ; il n'est qu'une expression générique sous laquelle la loi désigne plusieurs délits distincts. — V. ABUS D'AUTORITÉ. — V. aussi DÉNI DE JUSTICE, LETTRES MISSIVES (*secret et suppression de*), MISE A PARTIE, VIOLATION DE DOMICILE.

526. — Dans le second cas, l'abus d'autorité consiste, de la part du fonctionnaire, à requérir ou ordonner l'action ou l'emploi de la force publique contre l'exécution d'une loi ou contre la perception d'une contribution légale, ou contre l'exécution soit d'une ordonnance ou mandat de justice, soit de tout autre ordre émané de l'autorité légitime. — C. pén., art. 188 et suiv. — V. ABUS D'AUTORITÉ.

527. — *Délits relatifs à la tenue des actes de l'état civil.* — Aux dispositions répressives par lesquelles le Code civil avait déjà sanctionné quelques-unes des obligations imposées aux officiers de l'état civil le code pénal en a ajouté plusieurs autres.

528. — Ainsi, aux termes de l'art. 192, les officiers de l'état civil qui auront inscrit leurs actes sur de simples feuilles volantes seront punis d'un emprisonnement d'un mois au moins et de trois mois au plus, et d'une amende de 16 à 200 francs.

529. — Cet article, qui est la sanction pénale de l'art. 52, C. civ., a remplacé l'art. 5, tit. 2, L. 20-25 sept. 1792.

530. — Il s'applique seulement aux officiers de l'état civil compris dans la loi du 19 vendém. an IV (art. 42), et non aux secrétaires des mairies et autres employés. — Avis du cons. d'état du 2 juill. 1807.

531. — D'après l'art. 193, lorsque, pour la validité d'un mariage, la loi prescrit le consentement des pères, mères ou autres personnes, et que l'officier de l'état civil ne se sera point assuré de l'existence de ce consentement, il sera puni d'une amende de 16 francs à 300 francs et d'un emprisonnement de dix-mois au moins et d'un an au plus. — V. MARIAGE.

532. — Enfin, l'art. 194 dispose que l'officier de l'état civil sera aussi puni de 16 à 300 francs d'amende lorsqu'il aura reçu, avant le temps prescrit par l'art. 228, C. civ., c'est-à-dire avant dix mois révolus depuis la dissolution du mariage précédent, l'acte de mariage d'une femme ayant déjà été mariée. — V. MARIAGE.

533. — Dans les trois articles qui précèdent, la loi ne suppose point, de la part de l'officier de l'état civil, une intention frauduleuse; ce qu'elle prévoit, ce qu'elle punit, c'est simplement l'omission, la négligence. — Cela résulte des termes même de ces articles, des termes de l'art. 195 (V. le numéro suivant), qui fait des réserves pour le cas de collusion, enfin de l'exposé des motifs. — V. Locré, t. 30.

534. — « Les peines portées aux articles précédens contre les officiers de l'état civil leur seront appliquées, lors même que la nullité de leurs actes n'aurait pas été demandée ou aurait été couverte; le tout sans préjudice des peines plus fortes prononcées en cas de collusion, et sans préjudice aussi des autres dispositions pénales du tit. 5, liv. 1er, C. civ. » — C. pén., art. 195.

535. — *Exercice de l'autorité publique illégalement anticipée ou prolongée.* — Le serment est une garantie donnée à l'état par les fonctionnaires de la fidélité qu'ils apportent dans l'accomplissement de leurs devoirs; il doit donc précéder leur entrée en exercice. Le législateur a cru devoir sanctionner cette règle par une disposition pénale.

536. — Tout fonctionnaire public, porte l'art. 196, C. pén., qui sera entré en exercice de ses fonctions sans avoir prêté le serment pourra être poursuivi et sera puni d'une amende de 16 à 200 francs.

537. — Le seul fait matériel ne suffirait pas pour rendre le fonctionnaire passible de la peine portée en l'art. 196 ; pour que cette peine puisse être appliquée, il faut qu'il y ait négligence, faute imputable à l'agent; il pourrait se faire qu'il eût été obligé par les circonstances de différer son serment; dans ce cas, il ne devrait pas être poursuivi. — C'est ce que l'art. 196 exprime par ces mots : *Pourra être poursuivi.* — Carnot, *C. pén.*, t. 1er, p. 586, n°s 3 et 4 ; Chauveau et Hélie, t. 3, p. 51. — V. aussi le procès-verbal de la séance du conseil d'état du 8 août 1809. — Locré, t. 30, p. 146.

538. — Le serment dont parle l'art. 196 doit s'entendre du serment politique exigé par la loi du avril 1830 et du serment *suppletif* spécial à certaines fonctions. — V. notamment LL. 29 août 1790 et 1er juin-29 sept. 1791, et 31 juill. 1814; L. 24 juin 1836; Cass., 23 août 1831, Rogeurd; — Chauveau et Hélie, t. 3, p. 52.

539. — L'irrégularité du serment ne saurait être assimilée au défaut de serment; en effet, la prestation d'un serment, même irrégulier, atteste au moins l'intention de se conformer à la loi. — Chauveau et Hélie, t. 3, p. 53.

540. — L'art. 196, dit Carnot (*C. pén.*, t. 1er, p. 585, n° 4er), n'est applicable qu'aux titulaires d'office; il ne s'étend pas aux simples intérimaires. Cependant l'intérimaire est fonctionnaire pendant son intérim. La dispense de prêter un nouveau serment ne le disculperait pas s'il n'en avait pas prêté le tout en la qualité qui lui a fait déléguer l'intérim.

541. — Le fonctionnaire qui, au mépris de sa révocation ou de l'expiration de ses pouvoirs, veut se perpétuer dans la fonction dont il a été dépouillé, commet un délit plus grave que celui qui a seulement négligé de prêter serment avant de procéder. Aussi la loi le frappe-t-elle de peines beaucoup plus sévères.

542. — Tout fonctionnaire public révoqué, destitué, suspendu ou interdit légalement, porte l'art. 197, qui, après en avoir eu la connaissance officielle, aura continué l'exercice de ses fonctions, ou qui, étant électif ou temporaire, les aura exercées après avoir été remplacé, sera puni d'un emprisonnement de six mois au moins et de deux ans au plus, et d'une amende de 5 fr. à 500 fr. Il sera interdit de l'exercice de toute fonction publique pour cinq ans au moins et dix ans au plus, à compter du jour où il aura subi sa peine; le tout sans préjudice de plus fortes peines portées con-

tre les officiers ou les commandans militaires par l'art. 93 du présent Code. »

543. — Il n'y a que la destitution, suspension ou interdiction *légalement prononcée*, qui puisse servir à constituer le délit prévu par l'art. 197. Le fonctionnaire ne serait point punissable, si l'autorité qui l'a révoqué, suspendu ou interdit, n'était pas compétente. — Teulet, d'Auvilliers et Sulpicy, sur l'art. 197, C. pén., n° 3.

544. — Toutefois, l'irrégularité de la destitution, l'installation irrégulière, incomplète du successeur, ne sont pas des excuses. — Mêmes auteurs, n° 4.

545. — Carnot (C. pén., t. 1er, p. 187, n° 4er) pense que la mise en accusation d'un fonctionnaire produit les mêmes effets que sa révocation. — Il est bien vrai qu'une mise en accusation doit suspendre l'exercice des fonctions; toutefois, les termes de la loi pénale ne pouvant pas être étendus par analogie, nous pensons que l'art. 197 ne serait pas applicable au fonctionnaire accusé qui ferait quelque nouvel acte de ses fonctions.

546. — La légalité de la destitution ne suffirait pas si le fonctionnaire l'avait ignorée, car le délit se constitue par l'intention de désobéir ou d'usurper un pouvoir expiré. Il est donc nécessaire, aux termes mêmes de l'art. 197, que le fonctionnaire ait eu la *connaissance officielle* de l'acte qui lui retire ses fonctions.

547. — La révocation est officiellement connue du fonctionnaire lorsque la copie de l'arrêté qui la prononce lui a été transmise, pourvu qu'il soit bien constaté qu'il l'a reçue. — Carnot, C. pén., t. 1er, p. 587.

548. — Pour prévenir toute difficulté à cet égard, il est convenable soit de la lui faire notifier par un huissier, à personne ou domicile, soit d'exiger de lui un récépissé ou une déclaration qui doit former titre contre lui.

549. — La loi ne répète pas, à l'égard du fonctionnaire électif, la nécessité d'une connaissance officielle de son remplacement. Il faut cependant que son remplacement lui soit connu et que la preuve de cette connaissance soit acquise.

550. — On pourrait, au besoin, la faire résulter de la publicité du serment prêté par le successeur. — V. Carnot, C. pén., t. 1er, p. 589, n° 6.

551. — L'intention usurpatrice est une condition nécessaire à l'existence du délit. La simple infraction du fonctionnaire qui, sans aucune pensée d'envahissement, et, soit à cause de l'absence du nouveau titulaire, soit dans l'intérêt du service, ferait quelque acte de ses fonctions après sa révocation ou son remplacement, ne réunirait pas les caractères de criminalité qui les rendent punissables. — Chauveau et Hélie, t. 3, p. 55.

552. — L'interdiction des fonctions publiques n'est pas facultative. — Carnot, C. pén., t. 1er, p. 589, n° 6.

553. — L'huissier qui continue à régler des actes de ses fonctions postérieurement à la connaissance officielle qu'il lui a été donnée de sa révocation prononcée par ordonnance royale se rend passible des peines édictées par l'art. 197, C. pén. — Cass., 14 avr. 1835, Choy.

554. — Mais le prêtre qui continue la célébration des offices, malgré l'interdiction dont il a été frappé par son évêque et dont il n'a connaissance officielle que par un simple acte administratif, n'est point passible des peines portées par l'art. 197, parce que, quoique salarié par l'état, il n'est point fonctionnaire public. — Teulet, d'Auvilliers et Sulpicy, sur l'art. 197, n° 14.

555. — *Refus d'un service dû légalement.* — Tout commandant, tout officier ou sous-officier de la force publique qui, après en avoir été légalement requis par l'autorité civile, aura refusé de faire agir la force à ceux requis à trois mois, sans préjudice des réparations civiles qui pourraient être dûes aux termes de l'art. 10 du présent Code. — C. pén., art. 234 et suiv. — V. à cet égard AGENT DE LA FORCE PUBLIQUE, n°s 52 et suiv.

556. — *Évasion de détenus.* — Dans le cas d'évasion de détenus, les fonctionnaires et agens préposés à la conduite, au transport ou à la garde des détenus sont punis de peines plus ou moins fortes, suivant que l'évasion peut être imputée à leur négligence ou à leur connivence. — C. pén., art. 237 et suiv. — V. ÉVASION.

557. — *Attentat à la pudeur.* — La qualité de fonctionnaire public est considérée par la loi comme une circonstance aggravante du crime d'attentat à la pudeur. — C. pén., art. 333. — V. ATTENTAT A LA PUDEUR.

558. — *Complicité avec les fournisseurs.* — Le Code pénal (art. 430 et suiv.), en considérant les fournisseurs pour le compte des armées de terre et de mer qui, sans y avoir été contraints par une force majeure, ont fait manquer le service dont ils sont

chargés, punit en même temps les fonctionnaires publics ou les agens, préposés ou salariés du gouvernement qui ont aidé les coupables dans la consommation de ce crime. — V. à cet égard MARCHÉS ET FOURNITURES.

359. — *Participation des fonctionnaires aux délits dont la surveillance ou la répression leur est confiée.* — Le fonctionnaire qui participe aux délits dont la surveillance ou la répression lui est confiée est plus coupable que les simples particuliers : en effet, il trompe la confiance dont il a été l'objet, et, de plus, il donne un exemple que sa position même rend plus puissant et plus dangereux. Il était donc utile et juste d'aggraver à son égard la sévérité de la peine. C'est ce que font les art. 198 et 462, C. pén.

360. — « Hors le cas où la loi, porte l'art. 198, règle spécialement les peines encourues pour crimes ou délits commis par les fonctionnaires ou officiers publics, ceux d'entre eux qui auront participé à d'autres crimes ou délits qu'ils étaient chargés de surveiller ou de réprimer seront punis comme il suit : — s'il s'agit d'un délit de police correctionnelle, ils subiront toujours le maximum de la peine attachée à l'espèce de délit ; — et s'il s'agit de crime, ils seront condamnés, savoir : à la réclusion si le crime emporte contre tout autre coupable la peine du bannissement ou de la dégradation civique ; — aux travaux forcés à temps si le crime emporte contre tout autre coupable la peine de la réclusion ou de la détention ; — et aux travaux forcés à perpétuité lorsque le crime emportera contre tout autre coupable la peine de la déportation ou celle des travaux forcés à temps. — Au delà des cas qui viennent d'être exprimés, la peine commune sera appliquée sans aggravation. »

361. — Et, l'art. 462 porte : « si les délits de police correctionnelle dont il est parlé au présent chapitre (ch. 2, tit. 2, liv. 3, crimes et délits contre les propriétés) ont été commis par des gardes-champêtres ou forestiers ou des officiers de police, à quelque titre que ce soit, la peine d'emprisonnement sera d'un mois au moins et d'un tiers au moins en sus de la peine la plus forte qui serait appliquée à un autre coupable du même délit. »

362. — Les seules observations à faire sur l'art. 462 sont qu'il n'est applicable qu'aux délits et non aux crimes, que l'aggravation ne porte que sur la peine d'emprisonnement et non sur l'amende ; que les expressions dont il se sert étant générales, sa disposition s'étend aux vols, abus de confiance, escroquerie aussi bien qu'à l'incendie involontaire, aux destructions de clôtures, destructions de récoltes, etc. ; aussi l'exposé des motifs commet-il une méprise en disant que l'aggravation de peine ne sera encourue que lorsque les officiers de police commettront ces délits que leur surveillance a pour but de prévenir, l'article n'exige réellement pas que les officiers publics qu'il désigne aient la surveillance du délit qu'ils ont commis ; enfin, qu'il punit non la participation au délit, mais la perpétration même par le fonctionnaire, et cela, que ce soit dans l'exercice ou hors de l'exercice de ses fonctions. — Chauveau et Hélie, *Th. C. pén.*, t. 8, p. 217 (1re édit.) ; Teulet d'Auvilliers et Sulpicy, *C. annotés, C. pén.*, sous l'art. 462.

363. — L'art. 198 a été l'objet de quelques critiques. Et d'abord, a-t-on dit, si la qualité personnelle du fonctionnaire rend son fait plus grave elle n'en change cependant pas la nature ; le législateur eût donc dû se borner, en matière criminelle, comme il l'a fait en matière correctionnelle, à lui appliquer le maximum de la peine, il n'eût pas dû prononcer une peine différente et d'un degré supérieur. Et ensuite, au lieu de prendre la peine supérieure dans le même ordre de pénalités, la loi par une anomalie que rien ne justifie, a substitué les peines de la réclusion, des travaux forcés à temps et des travaux forcés à perpétuité, généralement applicables aux crimes communs, aux peines du bannissement, de la dégradation civique, de la détention et de la déportation réservées aux crimes politiques. — Chauveau et Hélie, t. 3, p. 58. — V. aussi Haus, *Observ. sur le Code pénal belge*, t. 2.

364. — Des termes de l'art. 198 il résulte que l'aggravation n'est point applicable lorsque le fait est puni par une disposition spéciale aux fonctionnaires ou officiers publics. — Chauveau et Hélie, t. 8, p. 59.

365. — Il en résulte encore que l'aggravation est inapplicable lorsque l'agent n'avait pas mission pour surveiller ou réprimer le crime. — Chauveau et Hélie, t. 3, p. 60.

366. — Les gardes champêtres doivent être considérés comme des fonctionnaires ou officiers publics dans le sens de l'art. 198, C. pén. — *Bruxelles*, 17 nov. 1818, Vanroobrouck.

367. — Jugé que l'art. 198, C. pén. est applicable au fonctionnaire qui, au lieu de participer au délit qu'il était chargé de surveiller, l'a commis seul, et sans la coopération d'un autre prévenu. — *Cass.*, 2 mai 1816, Beaurecueil ; *Bruxelles*, 17 nov. 1818, Vanroobrouck. — V. conf. Carnot, *C. pén.*, sur l'art. 198, t. 1er, p. 592, n° 11 ; Bourguignon, *Jurispr. C. crim.*, t. 8, p. 200, n° 1er.

368. — Cette interprétation de l'art. 198 trouve sa confirmation dans les termes de l'exposé des motifs, qui s'exprime ainsi : « Il est difficile de ne pas considérer comme plus coupable celui qui, chargé par la loi de réprimer les crimes et délits, *ose les commettre lui-même*, et il a paru convenable d'élever la peine à son égard. » — Cependant, elle est combattue par MM. Chauveau et Hélie (*Th. C. pén.*, t. 3, p. 60) qui pensent que la loi n'a eu en vue que de punir la connivence des agens du pouvoir avec les délinquans : « Dans ce cas, le fonctionnaire, disent-ils, trahit ses devoirs, il se coalise avec les individus qu'il doit surveiller, il place son autorité au service des malfaiteurs. Dans l'autre hypothèse, au contraire, il n'agit que comme un simple particulier ; il est plus coupable, sans doute ; mais assurément il y a moins de perversité et de péril social dans un acte isolé, qui semble se voiler par son isolement même, que dans la coalition effrontée du fonctionnaire avec les malfaiteurs qu'il doit surveiller... La participation à un crime suppose nécessairement la coopération de plusieurs agens. » Enfin, la difficulté de concilier l'art. 462, C. pén., avec l'art. 198 fournit à ces auteurs un argument de plus : leur système lève, selon eux, l'antinomie : « Car, ajoutent-ils, l'art. 198 ne prévoit que les cas de complicité, tandis que l'art. 462, C. pén., punit la perpétration directe et isolée de certains délits par l'officier lui-même. »

369. — Ces objections sont loin de détruire l'interprétation donnée par l'orateur du gouvernement au mot *participé*. Nous conviendrons sans peine que le fonctionnaire qui trafique de son autorité, qui s'associe à des malfaiteurs mérite une punition plus sévère que celui qui commet isolément un délit ; mais telle n'est point la question à décider ; il aurait fallu prouver que, dans la seconde hypothèse, le délit n'est pas plus grave que s'il était l'œuvre d'un particulier, et c'est ce que personne n'oserait prétendre ; or, notre opinion sur le sens de l'art. 198 repose précisément sur ce que l'ordre social reçoit une atteinte beaucoup plus forte lorsqu'elle lui est portée par un fonctionnaire qui devait donner l'exemple d'une conduite irréprochable, et qui compromet, par conséquent, la dignité de ses fonctions, que lorsqu'elle émane d'un simple citoyen. Quant à l'antinomie signalée entre les art. 198 et 462, C. pén., ce n'est point dans les textes qu'elle existe, car le premier de ces articles porte : « *Hors les cas* où la loi règle spécialement les peines encourues par les fonctionnaires, etc., » expressions qui n'ont rien de contraire à celles du second ; elle n'existe que dans la peine, qui tantôt est fixée au *maximum*, tantôt est élevée d'un degré et tantôt d'un tiers seulement.

370. — Carnot (*Inst. crim.*, sur l'art. 9, t. 1er, p. 134, n° 9) a pensé qu'on devait appliquer l'un ou l'autre article, selon que le délit avait été commis dans l'exercice ou hors l'exercice des fonctions du prévenu. — Mais Bourguignon (*loc. cit.*) a trop bien réfuté cette erreur pour qu'il soit nécessaire d'y revenir. Loin donc d'adopter l'opinion de Carnot, nous ferons remarquer qu'en levant l'antinomie signalée, MM. Chauveau et Hélie en font surgir une autre. Il n'y a lieu, en effet, dans leur système, à une aggravation de peine contre les fonctionnaires isolément délinquans que dans les cas de *destruction, dégradation et dommages* ; il n'existe pour les autres délits aucune disposition analogue à celle de l'art. 462. Pourquoi le législateur serait-il moins sévère dans le cas où, par exemple, il s'agit d'un vol ?

371. — Le vol fait par un commissaire de police entraîne l'aggravation de peine portée en l'art. 198. C. pén., par cela seul qu'il a été commis par un homme chargé de surveiller et de réprimer les crimes et délits commis, encore bien que ce fonctionnaire ne fût pas au moment du vol dans l'exercice de ses fonctions. — *Cass.*, 2 mai 1816, Beaurecueil.

372. — Le fonctionnaire public déclaré coupable d'avoir, dans l'exercice de ses fonctions, assisté l'auteur d'un faux dans les faits qui l'ont préparé, facilité ou consommé, ne doit être considéré que comme un complice ordinaire, passible de la même peine que l'auteur principal, et ne pourrait être frappé d'une peine plus grave, à raison de sa qualité de fonctionnaire, qu'autant qu'il serait déclaré coupable d'avoir fait commettre le crime ou d'avoir assisté l'auteur dans les faits qui l'ont consommé, déclaration qui le constituerait coauteur. — *Cass.*, 23 mars 1827, Arnaud Tuffeau.

373. — Le garde champêtre qui fait dans sa commune des menaces écrites d'incendie avec ordre ou sous condition, est passible de l'aggravation de la peine portée par l'art. 198, C. pén., comme ayant commis un délit qu'il était chargé de surveiller. — *Bruxelles*, 17 nov. 1818, Vanroobrouck.

374. — L'art. 16, C. inst. crim., semble restreindre à la recherche des délits ruraux et à l'arrestation des individus pris en flagrant délit les attributions des gardes champêtres ; mais cet article doit être considéré comme indiquant seulement les fonctions qui entrent d'une manière plus spéciale dans l'ordre de leurs devoirs. — V. toutefois *Cass.*, 13 fév. 1819 ; Langrais (qui paraît restreindre la compétence des gardes champêtres et forestiers à la recherche des contraventions qui portent atteinte aux propriétés rurales et forestières). — V. GARDE CHAMPÊTRE.

375. — Le fonctionnaire public qui a participé à un délit hors de son ressort ne doit point subir l'aggravation portée par l'art. 198, C. pén.

376. — Ainsi notamment, un garde forestier qui commet un délit de chasse sur un terrain qu'il n'est pas chargé de surveiller n'est pas passible du *maximum* de la peine. — *Cass.*, 22 fév. 1840 (t. 1er 1840, p. 545), Doyen.

377. — L'art. 198 ne s'étend pas aux contraventions de police. — Carnot, *C. pén.*, t. 1er, p. 134, n° 9.

378. — Malgré cette expression impérative *toujours* employée dans le § 2 de l'art. 198, C. pén., on s'est demandé si l'art. 463 du même Code, qui permet d'abaisser les peines quand il existe des circonstances atténuantes, pouvait être appliqué dans les cas prévus par cet art. 198. La généralité des termes de cet art. 463, qui en permet l'application à tous les cas où la peine de l'emprisonnement et celle de l'amende sont prononcées par le Code pénal, et même, en cas de récidive, ne nous permet pas de penser que le législateur ait voulu faire pour le cas de l'art. 198 une exception qui ne se justifierait peut-être pas d'une manière satisfaisante, et que, d'ailleurs, il n'eût pas manqué d'exprimer ou du moins de rappeler dans l'art. 463. — V. CIRCONSTANCES ATTÉNUANTES, nos 178 et suiv.

CHAPITRE VI. — *Poursuite et mise en jugement des fonctionnaires publics.*

379. — Les garanties particulières dont le législateur a cru devoir entourer la poursuite et la mise en jugement des fonctionnaires publics diffèrent totalement suivant qu'il s'agit de fonctionnaires de l'ordre administratif ou de fonctionnaires de l'ordre judiciaire. — Nous nous occuperons successivement des uns et des autres.

Sect. 1re. — *Fonctionnaires de l'ordre administratif.*

§ 1er. — *Notions préliminaires.*

380. — La première et peut-être la plus importante de toutes les garanties données par le pouvoir administratif à ses agens consiste dans l'interdiction de les poursuivre tant que les poursuites n'ont pas été autorisées par l'autorité supérieure.

381. — Cette nécessité de l'autorisation préalable n'est qu'une conséquence toute naturelle du principe de la séparation des pouvoirs, principe fondamental de notre droit public.

382. — « Tout le monde, dit Mangin (*Tr. de l'act. publ.*, t. 2, n° 241), comprendra que l'autorité administrative pourrait être opprimée par l'autorité judiciaire ; que les attributions de la première seraient exposées à être envahies par la seconde ; que des pouvoirs que la constitution a voulu séparer seraient bientôt confondus, si les administrateurs pouvaient, malgré le gouvernement, être traduits en justice. »

383. — Et comme le fait remarquer encore M. de Cormenin (*Dr. admin.*, t. 2, p. 344, édit. de 1822), « si la charte constitutionnelle a cru devoir garantir, contre des poursuites intempestives et souvent mal fondées, les membres du pouvoir législatif ; si les lois civiles ont cru devoir accorder une protection analogue aux membres des tribunaux, les administrateurs peuvent encore moins rester sans garantie, eux qui sont perpétuellement amovibles, et qui, chargés de l'exécution des lois, se trouvent sans cesse en contact avec les intérêts particuliers dont ils doivent souvent briser les résistances injustes et contraires à l'intérêt général. » — V. conf. Dufour, *Tr. du dr. admin.*, t. 2, n° 2227.

384. — L'ancienne législation ne contient aucune interdiction ou prescription sur la poursuite dont les fonctionnaires publics pouvaient être l'objet de la part de ceux qui se prétendaient injustement lésés par leurs actes.

385. — Les particuliers jouissaient du droit de citer directement devant l'autorité les agens du pouvoir, comme ils auraient pu citer toute autre personne.

386. — C'est ce que du moins l'ordonnance de 1629 (art. 209) avait décidé en ce qui concernait les violences exercées par les commandans militaires et ce qui, plus tard, fut étendu aux malversations commises par les intendans des provinces, créés postérieurement.

387. — Toutefois, et comme pour contrebalancer ce droit conféré ainsi au parlement, le roi pouvait, chaque fois qu'il le jugeait à propos, évoquer l'affaire à son conseil, et par ces évocations de propre mouvement, dont la forme fut réglée par l'art. 11 des lettres-patentes du 22 oct. 1648, il décidait s'il statuerait lui-même, ou si l'affaire resterait soumise aux tribunaux. — Mangin, *loc. cit.*

388. — En même temps qu'elle posait le principe de la séparation des pouvoirs, l'assemblée constituante, pour assurer leur indépendance réciproque, reconnut qu'il était nécessaire de donner aux fonctionnaires une garantie contre les poursuites dont ils pourraient être l'objet.

389. — Et d'abord, l'art. 61, décr. 14 sept. 1789, constitutif des municipalités nouvelles, voulait que « tout citoyen actif pût signer et présenter contre les officiers municipaux la dénonciation des délits d'administration dont il prétendait qu'ils se seraient rendus coupables; mais avant de porter cette dénonciation devant les tribunaux, il était tenu de la soumettre à l'administration ou au directoire de département, lequel, après avoir pris l'avis de l'administration de district ou de son directoire, devait renvoyer la dénonciation, s'il y avait lieu, devant les juges qui devaient en connaître. »

390. — Généralisant ce principe, le décret du 16-24 août 1790 (art. 13), après avoir établi formellement l'indépendance des pouvoirs judiciaire et administratif, ajoute : « Les juges ne pourront, à peine de forfaiture, troubler, de quelque manière que ce soit, les opérations des corps administratifs, ni citer devant eux les administrateurs pour raison de leurs fonctions. »

391. — Plus tard, le décret du 7-14 oct. 1790 déclare d'une manière plus explicite encore « qu'aucun administrateur ne peut être traduit devant les tribunaux pour raison de ses fonctions publiques, à moins qu'il n'y ait été renvoyé par l'autorité supérieure, conformément aux lois. »

392. — Vint enfin la constitution du 22 frim. an VIII, qui contient un titre spécial (le tit. 6) sur la responsabilité des fonctionnaires publics.

393. — Des sept articles qui composent ce titre, six ont cessé d'être applicables, par suite des changemens survenus dans nos institutions politiques et dans nos lois; un seul doit fixer notre attention, c'est l'art. 75, par lequel se trouve consacrée la garantie accordée aux agens du gouvernement, et à laquelle l'usage a donné le nom de *Garantie constitutionnelle.*

394. — « Les agens du gouvernement, porte ledit article, autres que les ministres, ne peuvent être poursuivis pour des faits relatifs à leurs fonctions, qu'en vertu d'une décision du conseil d'état. En ce cas, la poursuite a lieu devant les tribunaux ordinaires. »

395. — A l'exception de quelques actes du pouvoir législatif et du pouvoir administratif que nous ferons connaître (*infrà* nos 408 s.), et qui, tout en édictant, à l'égard de certains agens, quelques prescriptions toutes spéciales, n'ont rien changé au principe si nettement posé par la constitution de l'an VIII, aucune loi n'est intervenue depuis sur la responsabilité des fonctionnaires publics.

396. — Le code pénal (liv. 2, ch. 2, sect. 3e, art. 127 et suiv.) est même venu apporter une sanction nouvelle au principe consacré par l'art. 75 de la constitution de l'an VIII, en frappant d'une peine spéciale les juges et les officiers du ministère public qui, sans autorisation du gouvernement, auraient rendu des ordonnances ou décerné des mandats contre des agens ou préposés du gouvernement prévenus de crimes ou délits commis dans l'exercice de leurs fonctions.

397. — Cependant, et depuis la fondation du régime constitutionnel, la légalité de l'art. 75 de la constitution de l'an VIII a été plusieurs fois contestée.

398. — Sous l'empire de la charte de 1814, M. Henrion de Pansey (*Traité du pouvoir municipal*) écrivait : « La disposition de l'art. 75 de la constitution de l'an VIII étant organique, et la prérogative qu'elle confère au conseil d'état faisant partie de ses attributions constitutionnelles, l'article, le conseil et la constitution ont dû éprouver le même sort. » — V. conf. Toullier, *Droit civil*, t. 1er, n° 225.

399. — Mais cette opinion avait été rejetée formellement par la cour de Cassation, laquelle avait déclaré, au contraire, que la disposition de l'art. 75 de la constitution de l'an VIII devait toujours être considérée comme en vigueur, attendu qu'elle est exclusivement relative à l'ordre administratif, et ne se réfère nullement à l'ordre politique. — *Cass.*, 30 nov. 1821, Laurent c. Rhedon. — V. conf. Legraverend, p. 481; Bourguignon, *Manuel*, n° 14, et *Jurisp. des codes crimin.* sur l'art. 91, C. inst. crim., n° 4.

400. — La charte de 1830, en déclarant, par son art. 70, que toutes les lois et ordonnances demeuraient immédiatement annulées et abrogées en ce qu'elles avaient de contraire à la présente charte, n'a pas plus que celle de 1814 eu pour résultat de détruire l'effet de l'art. 75 de la constitution de l'an VIII.

401. — Il est vrai que l'art. 69 mentionne comme d'urgence une loi réglementaire sur la responsabilité des ministres et les autres agens du pouvoir; mais on ne saurait pas davantage conclure de là l'abrogation du principe posé par la constitution de l'an VIII.

402. — Dans deux circonstances, au contraire, le pouvoir législatif ayant eu depuis 1830 occasion de s'occuper de la responsabilité ministérielle, a reconnu la constitutionnalité de l'art. 75 de la constitution de l'an VIII.

403. — Ainsi, lors de la révision opérée en 1832 de nos lois pénales, les chambres se prononcèrent pour le maintien des dispositions précitées du Code pénal de 1810, qui sanctionnent formellement le principe établi par l'art. 75 de la constitution de l'an VIII.

404. — La légalité de cet article a été plus solennellement encore reconnue en 1835, lorsque les chambres se livrèrent à la discussion du projet de loi qui leur fut soumis en conformité du vœu exprimé dans l'art. 69 de la charte de 1830, sur la responsabilité des ministres et agens du pouvoir.

405. — Cette solution, admise sans contestation par les tribunaux comme par l'administration, est du reste aujourd'hui généralement professée et ne peut plus être l'objet d'aucun doute sérieux. — Dufour, n° 2231; Mangin, n° 642; Serrigny, *Théorie de droit admin.*; Rauter, *Cours de droit criminel*, t. 2, n° 659; Mangin, nos 242 et suiv.; Lesellyer, *Traité des actions publiques et privées*, t. 3, n° 801.

§ 2. — *Autorité chargée de statuer sur la mise en jugement des agens du gouvernement.*

406. — En principe général, c'est au conseil d'état seul qu'il appartient d'autoriser les poursuites contre les agens du gouvernement. L'art. 75 de la constitution du 22 frim. an VIII est formel sur ce point.

407. — Cependant quelques dérogations ont été apportées à cette règle. On a pensé qu'il n'était pas toujours nécessaire de recourir au conseil d'état, et que, dans certaines circonstances, l'autorisation du supérieur hiérarchique de l'agent inculpé devait suffire.

408. — Et d'abord trois arrêtés du gouvernement consulaire du 9 pluv. an X autorisent le directeur général de l'enregistrement et des domaines, l'administration de la loterie (aujourd'hui supprimée) et le directeur général des postes à traduire devant les tribunaux, pour faits relatifs à leurs fonctions, les agens inférieurs de leurs administrations. — V. ENREGISTREMENT, LOTERIE, POSTES.

409. — Un autre arrêté du 10 flor. an X reconnaît au préfet le pouvoir de traduire devant les tribunaux pour faits relatifs à leurs fonctions, et sans avoir recours au conseil d'état, les percepteurs des contributions directes, sauf à prendre préalablement l'avis du sous-préfet. — *Cons. d'état*, 2 juin 1819, Laroche-Labigoterie. — V. PERCEPTEURS.

410. — Jugé en conséquence que sont nulles les poursuites exercées contre un percepteur des contributions en vertu d'une simple autorisation du sous-préfet et qu'il n'appartenait qu'au préfet de délivrer. — *Cass.*, 14 niv. an XII, Larade; — Merlin, *Rép.*, v° *Garantie des fonctionnaires*, n° 5.

411. — Par arrêté du 28 pluv. an XI, l'administration générale des forêts est autorisée à traduire devant les tribunaux, sans recourir à la décision du conseil d'état, les agens qui lui sont subordonnés, droit renouvelé et étendu depuis aux agens forestiers par les art. 17 et 39 de l'ordonnance d'exécution du Code forestier.

412. — Le directeur général des forêts, après avoir pris l'avis du conseil d'administration, peut dénoncer aux tribunaux les gardes généraux et les préposés forestiers, ou autoriser leur mise en jugement pour faits relatifs à leurs fonctions. — Ces pouvoirs appartiennent également au ministre des finances. — Les conservateurs ne peuvent être poursuivis devant les tribunaux qu'en vertu d'une autorisation du conseil d'état. — Ordonn. 1er août 1827, sur le Code forestier, art. 39. — V. FORÊTS.

413. — Par arrêté du 10 (et non 18) therm. an XI, le même droit fut accordé à l'administration générale des monnaies. — V. MONNAIES.

414. — Le droit d'autoriser les poursuites contre les préposés de l'octroi était réservé au préfet par un arrêté du 29 therm. an XI. — Ce droit fut renouvelé par le décret du 17 mai 1809. — Mais il n'a plus d'objet depuis que les préposés de l'octroi peuvent être poursuivis sans autorisation. — V. *infrà*, n° 422.

415. — Un autre arrêté du même jour conférait au directeur général des douanes le droit d'autoriser les poursuites contre les agens inférieurs de son administration.

416. — « Or, dit M. Dujardin-Sailly (*Code des douanes*, p. 5), le directeur général a été dépouillé une première fois du droit de délivrer les autorisations par l'ordonn. 29 juin 1814, art. 9, qui en a investi le conseil d'état. Cet arrêté aurait été remis en vigueur par l'ord. du 23 août 1815, qui a rapporté celle du 29 juin 1814, si la loi du 28 avr. 1816, art. 55, portant que, dans le cas de forfaiture, il ne serait pas besoin de l'autorisation du gouvernement, n'avait ôté au directeur général le droit de la délivrer en le réservant au gouvernement. La loi du 21 avr. 1818, art. 38, fait tomber ce raisonnement, puisqu'il n'est établi que sur la vigueur de l'art. 55, L. 28 avr. 1816. — Cet art. 38, L. 21 avr. 1818, déclara abrogés tous les articles de la loi de 1816 qui ne sont pas rappelés dans les quatre articles qui le précèdent; d'où la conséquence que l'art. 55, L. 28 avr. 1816, non rappelé, est abrogé; que dès-lors la réserve faite au gouvernement du droit d'autoriser la poursuite est non avenue, et que ce droit revient, en vertu de l'arrêté de therm. an XI, au directeur général de l'administration des douanes. »

417. — Ce raisonnement, quelque rigoureux qu'il paraisse, n'est cependant pas admissible. L'art. 55, L. 1816, en parlant de l'autorisation du gouvernement, n'a fait que se référer à l'art. 75 de la constitution de l'an VIII, sans s'occuper de la disposition réglementaire; l'abrogation de cet article n'a donc pas sur la question l'importance qu'on a voulu lui donner.

418. — Le directeur des contributions indirectes avait reçu du décret du 28 messid. an XIII le droit d'autoriser directement la mise en jugement des préposés qui lui sont subordonnés. — Mais nous verrons que cette autorisation n'est plus aujourd'hui nécessaire. — V. *infrà* n° 422.

419. — Enfin, par décret du 28 fév. 1806, un droit de la même nature fut concédé à l'administration des poudres et salpêtres. — V. POUDRES ET SALPÊTRES.

420. — Les arrêtés et décrets divers que nous venons de rapporter n'ayant été rendus que par application du principe posé par l'art. 75, constit. de l'an VIII, la solution que nous avons donnée sur la légalité de cet article, depuis la promulgation de la charte constitutionnelle, doit s'appliquer également ici. — V. *suprà* nos 397 et suiv.

421. — Ces arrêtés et décrets sont donc en principe restés en vigueur depuis l'établissement du gouvernement constitutionnel; toutefois les lois de finances du 28 avr. 1816 ont apporté sur ce point des modifications fort graves.

422. — Ainsi, la nécessité de l'autorisation préalable a été supprimée lorsqu'il s'agit de poursuites : 1° contre les agens des contributions indirectes et de l'octroi. — L. 28 avr. 1816, art. 244.

423. — ... 2° Contre les préposés des douanes, mais seulement dans le cas où ils sont prévenus de forfaiture pour avoir fait eux-mêmes la contrebande, ou de s'être laissé corrompre pour la favoriser. — L. 28 avr. 1816, sur les douanes, tit. 5, art. 55.

424. — Enfin, aux termes de la loi du 17 juill. 1819, toutes contributions directes ou indirectes assises et perçues illégalement exposent les fonctionnaires qui les ont ordonnées, réparties ou perçues, à une action directe, qui n'est pas soumise à l'autorisation préalable. — V. *Cons. d'état*, 9 juill. 1820, Franceschi c. Cipriani.

425. — Du reste, et dans tous les cas où le droit de statuer sur la demande en autorisation est ré-

servé au chef d'administration), il convient de remarquer que si l'autorisation de poursuivre, demandée soit par le procureur général, soit par les parties civiles, est refusée par les directeurs d'administration, il y a lieu de se pourvoir devant le conseil d'état, qui reprend les pouvoirs qu'il tenait de l'art. 75, const. an VIII, et dont les divers décrets et arrêtés ci-dessus rappelés l'avaient dessaisi.

426. — Spécialement le conseil d'état peut, au refus de l'administration, statuer et autoriser la poursuite contre un garde forestier. — *Cons. d'état*, 6 déc. 1820, Dulac ; 19 déc. 1821, Fischer.

427. — C'est encore ce qui a été jugé par la cour de Cassation dans une espèce où il s'agissait d'une autorisation refusée par un préfet. — *Cass.*, 24 juin 1819, Cochenet c. Legendre. — V. conf. Legraverend, t. 1er, p. 493 ; Lesellyer, nº 828.

§ 3. — *Personnes qui ne peuvent être mises en jugement sans autorisation.*

428. — La garantie constitutionnelle n'est pas, aux termes de l'art. 75 de la const. de l'an VIII, applicable à toute personne ayant un caractère public, mais seulement aux agens du gouvernement.

429. — Ainsi évidemment il ne peut s'agir ici des membres des assemblées législatives, qui, bien que revêtus d'un caractère public éminent, ne peuvent assurément être considérés comme agens du gouvernement.

430. — On sait du reste qu'il existe dans la charte constitutionnelle des dispositions spéciales qui ont pour objet de déterminer les garanties toutes spéciales accordées aux membres des deux chambres, relativement aux poursuites dont ils peuvent être l'objet.

431. — Ainsi aucun pair ne peut être arrêté que de l'autorité de la chambre, et jugé que par elle en matière criminelle. — Charte constit., art. 29. — V. CHAMBRE DES PAIRS.

432. — Aucune contrainte par corps ne peut être exercée contre un membre de la chambre des députés durant les sessions et durant les six semaines qui les auront précédées ou suivies. — Charte constit., art. 43. — Aucun membre ne peut encore, pendant la durée de la session, être poursuivi ni arrêté en matière criminelle, sauf le cas de flagrant délit, qu'après que la chambre a admis la poursuite. — Charte constit., art. 44. — V. CHAMBRE DES DÉPUTÉS.

433. — Remarquons encore que la constitution de l'an VIII excepte formellement de l'application de l'art. 75 les ministres, — non pas qu'elle ait pour but d'ôter à ces fonctionnaires, assurément les premiers de tous, toute garantie contre les poursuites dont ils peuvent être l'objet ; mais le caractère dont ils sont revêtus est si élevé, l'importance des fonctions qui leur sont confiées est telle, qu'il a paru convenable de soumettre les poursuites dont ils peuvent être l'objet, à raison des actes par eux commis dans leurs fonctions, à des règles toutes spéciales.

434. — C'est ainsi que la constitution de l'an VIII réservait, par son art. 73, au tribunat seul le droit de dénoncer le ministre prévaricateur au corps législatif, qui, statuant sur cette dénonciation, renvoyait le ministre inculpé des fins de la poursuite, ou au contraire le traduisait devant une juridiction spéciale, qui portait le nom de haute cour.

435. — Aujourd'hui, il n'y a que la chambre des députés qui ait le droit d'accuser les ministres et de les traduire devant la chambre des pairs, qui seule a celui de les juger. — Charte constit., art. 47.

436. — Peu importe, assurément, qu'il s'agisse d'un ministre encore en fonctions ou d'un ancien ministre ; c'est, en effet, contre d'anciens ministres que la chambre des députés a usé après la révolution de 1830 du droit d'accusation que la Charte de 1814 lui réservait.

437. — Déjà, au surplus, et dans des circonstances moins graves, il ne s'agissait plus de la violation de la constitution, mais d'un abus d'autorité dont un particulier se plaignait d'avoir été victime de la part d'un ancien ministre, le conseil d'état, considérant qu'il n'était point compétent pour statuer sur les autorisations de poursuites à l'égard d'un ministre ou d'un ex-ministre, avait rejeté la requête du plaignant. — *Cons. d'ét.*, 25 juin 1817, Pffaf c. duc de Rovigo.

438. — Quant aux difficultés relatives à la responsabilité ministérielle, sur laquelle la Charte de 1830 a, comme nous l'avons déjà fait remarquer, déclaré d'urgence une loi réglementaire qui n'est pas encore intervenue, V. MINISTRE.

439. — A part les ministres, les agens du gouvernement sont donc tous placés sous la garantie constitutionnelle, l'art. 75 de la constitution de l'an VIII ne faisant sur ce point aucune autre exception.

440. — Mais que faut-il entendre par ce mot *agens du gouvernement*, et quels caractères faut-il rencontrer dans la personne objet des poursuites, pour décider si la garantie constitutionnelle doit ou non lui être appliquée ?

441. — Par un premier arrêt en date du 26 (et non 25) déc. 1807 (Zolezzi), la cour de Cassation avait décidé que l'expression *agens du gouvernement*, dans le sens de l'art. 75 de la constitution de l'an VIII, ne pouvait s'entendre que des fonctionnaires publics qui sont tellement sous la dépendance du gouvernement qu'ils ne peuvent avoir, dans leurs fonctions habituelles et journalières, d'autre opinion que la sienne, ni tenir une conduite opposée à celle qu'il leur trace, soit par lui-même, soit par ses agens inférieurs.

442. — Mais cette définition était défectueuse, et il est évident qu'appliquée en fait, elle aurait eu pour résultat de faire refuser le bénéfice de la garantie constitutionnelle à diverses classes de fonctionnaires qui certainement sont placés sous sa protection.

443. — Nous pensons donc qu'il vaut mieux, avec deux arrêts plus récens de la cour de Cassation, dire que, par les agens du gouvernement dont parle l'art. 75 de la constitution de l'an VIII, il faut comprendre ceux qui, dépositaires d'une partie de son autorité, agissent directement en son nom et font partie de la puissance publique. — *Cass.*, 23 juin 1831, Royer ; 3 mai 1838 (t. 2 1838, p. 203), Clémenceau.

444. — « La loi, dit Legraverend (t. 1er, ch. 1er, sect. 1re, § 1er, p. 483), comprend, sous la dénomination d'agens du gouvernement, tous les fonctionnaires de l'ordre administratif qui exercent habituellement et journellement une portion d'autorité sur les citoyens, et qui dans l'exercice de leurs fonctions agissent moins en leur nom qu'au nom de l'autorité supérieure. »

445. — Il résulte de là que cette dénomination ne peut s'appliquer aux employés des bureaux, lesquels, commis en sous-ordre, n'ont aucun caractère public. — Carnot, sur l'art. 91, C. inst. crim., t. 1er, p. 391, nº 38 ; Legraverend, note 1re, § 2, p. 489 ; Merlin, *Rép.*, vº *Garantie des fonctionnaires publics*, nº 3 ; Dufour, nº 2246 ; Cormenin, t. 2, p. 344 ; Lesellyer, nº 835 ; Mangin, nº 250.

446. — Ainsi jugé qu'un employé en chef des bureaux de la préfecture de la Seine n'est pas un agent du gouvernement et ne peut dès-lors invoquer la garantie constitutionnelle. — *Cass.*, 7 janv. 1843 (à sa date, au t. 3 1844 [supplém.]), Hourdequin.

447. — Au contraire, selon Legraverend (t. 1er, ch. 15, sect. 1re, § 1er, p. 486), « outre les fonctionnaires administratifs qui se trouvent désignés sous la dénomination générale d'*agens du gouvernement*, cette qualité s'applique aussi aux personnes qui sont chargées momentanément d'une mission dont l'objet est général ou spécial, et si un individu investi par le prince ou par ses ministres d'une fonction ou d'une commission extraordinaire et temporaire se rendait en cette qualité coupable de quelque fait qui pût donner lieu à des poursuites, il jouirait de la même garantie que les fonctionnaires ordinaires, et ne pourrait être mis en jugement sans une autorisation préalable. » — V. aussi Mangin, nº 249 ; Lesellyer, nº 802.

448. — Il serait assez difficile, impossible même de donner une nomenclature complète des personnes revêtues d'un caractère public auxquelles le titre d'agent du gouvernement doit être reconnu dans le sens de l'art. 75 de la constitution de l'an VIII. Mais les tribunaux ordinaires et le conseil d'état ayant eu de fréquentes occasions de se prononcer sur ce point, nous ne pouvons mieux faire que de résumer leurs décisions et de présenter ici le tableau de leur jurisprudence, en observant, pour la facilité des recherches, l'ordre alphabétique des fonctions.

449. — *Agens diplomatiques.* — Les agens diplomatiques français, ambassadeurs, plénipotentiaires ou autres, sont protégés par l'art. 75 de la constitution de l'an VIII, quant aux poursuites qui peuvent être intentées contre eux à l'occasion d'actes se rattachant à leurs fonctions. — V. AGENT DIPLOMATIQUE, nº 237. — Quant aux consuls, V. *infrà*, nº 494.

450. — *Agens municipaux.* — Les agens particuliers préposés dans une commune pour la police municipale ne sont pas des agens du gouvernement, et par suite n'ont pas droit à la garantie constitutionnelle établie par l'art. 75 de la constitution de l'an VIII.

451. — Ainsi jugé : 1º à l'égard des agens de l'établissement du dispensaire d'Alger. — *Cass.*, 11 mai 1839 (t. 1er 1840, p. 121), Vallière et Tabet.

452. — ... 2º A l'égard des *sergens de ville*. — *Paris*, 18 juill. 1835, Lamarque c. N... — V. conf. Morin, *Dict. de droit crim.*, vº *Agens de police*. — V. SERGENT DE VILLE.

453. — Mais il en est différemment des agens municipaux qui procèdent en vertu d'ordres administratifs ; ils ont droit en ce cas à la même garantie que les fonctionnaires par l'ordre desquels ils agissent. — *Bruxelles*, 24 juill. 1833, N...

454. — *Assemblées électorales (membres des).* — Aux termes de l'art. 8, tit. 1er, L. 25 fructid. an III, les président et scrutateurs d'une assemblée primaire ne pouvaient être traduits devant les tribunaux criminels pour les actes par eux commis dans ces assemblées qu'après l'autorisation du corps législatif. — *Cass.*, 21 brum. an VIII (int. de la loi), juge de paix d'Oyonnax.

455. — La cour de Cassation avait jugé que le membre d'une assemblée communale qui se prétendait injurié par un autre membre de la même assemblée ne pouvait le traduire devant le tribunal de police correctionnelle sans avoir obtenu l'autorisation préalable du pouvoir administratif. — *Cass.*, 17 fructid. an IX, Vital-Poudio c. Dastonet.

456. — ... Que celui qui se prétendait injurié par la démarche faite par des directeurs du scrutin auprès d'un sous-préfet pour lui demander avis sur la manière dont ils devaient procéder à la remise et à la réception des bulletins devait également obtenir avant tout l'autorisation de poursuivre. — *Cass.*, 17 fructid. an IX, Mevolhon.

457. — ... Que le tribunal de police était incompétent pour connaître sans l'autorisation du conseil d'état d'une injure prétendue commise par un scrutateur d'une assemblée communale. — *Cass.*, 11 niv. an X (intérêt de la loi), Soyet.

458. — ... Qu'un directeur de scrutin ne pouvait être traduit en justice sans autorisation du gouvernement à raison d'injures proférées contre des citoyens qui se rendaient chez lui pour voter. — *Cass.*, 3 niv. an XI (intérêt de la loi), Armet.

459. — ... Que celui qui était inculpé d'avoir, en qualité de président d'une section cantonale, et comme membre nécessaire de l'assemblée réunie pour le recensement des votes, proféré des injures contre un électeur ne pouvait être poursuivi sans renvoi préalable de la part de l'autorité administrative. — *Cass.*, 9 fév. 1809, Goubaud c. Péroux.

460. — Mais depuis, et revenant sur sa jurisprudence, la cour de Cassation a décidé que les membres des colléges électoraux ne sont pas des agens du gouvernement, qu'ils peuvent être poursuivis sans autorisation préalable, à raison des délits commis par eux dans l'exercice de leurs attributions. — *Cass.*, 15 oct. 1812, Favorelli.

461. — Cette dernière solution ne nous paraît pas susceptible de contradiction, surtout depuis la nouvelle législation électorale. Le corps électoral n'est pas un corps constitué ; les membres qui le composent ne peuvent donc jouir des droits et prérogatives que la loi attache aux membres des corps constitués. — V. ÉLECTIONS LÉGISLATIVES, nº 1470.

462. — Mais que décider à l'égard des membres du bureau de l'assemblée électorale, et principalement du président de ce même bureau ? Doit-on le considérer comme couvert par la garantie constitutionnelle de la constitution de l'an VIII ? — Il faut, ce nous semble, distinguer.

463. — Le maire, lorsqu'il préside une assemblée électorale, en vertu des prescriptions de l'art. 44, L. 21 mars 1831, ne sort point de ses attributions de maire, puisque c'est à cette qualité que la présidence est attachée par la loi ; et, dès-lors, il ne peut être poursuivi sans une autorisation du conseil d'état à raison des délits qui lui seraient imputés dans l'exercice de ses fonctions.

464. — C'est donc à tort, suivant nous, que la cour de Bastia a décidé que le maire qui préside le collége électoral, dans ce cas, n'a pas droit à la garantie constitutionnelle. — *Bastia*, 30 oct. 1840 (t. 3 1844, à sa date).

465. — Quant à ce qui concerne la présidence provisoire du collége électoral réuni pour la nomination d'un député, présidence conférée aux présidens et juges des tribunaux civils, il y aurait lieu d'appliquer les règles que nous exposerons plus tard (V. *infrà* nºs 941 s.) sur la poursuite des membres de l'autorité judiciaire, mais jamais, à l'application de l'art. 75 de la constitution de l'an VIII.

466. — Enfin, le président choisi par les électeurs n'est nullement un fonctionnaire public ni un agent du gouvernement, et il n'y aurait pas lieu non plus de recourir au conseil d'état pour être

autorisé à le poursuivre ; mais le tribunal devrait éviter, dans l'appréciation des faits, toute immixtion dans le pouvoir de police et dans les attributions administratives dont ce président est investi par la loi.

467. — *Cantonniers*. — Les cantonniers, chefs ou brigadiers de cantonniers, peuvent être mis en jugement sans autorisation préalable. — Lesellyer, nº 838.

468. — *Commissaires de police*. — Il faut distinguer dans les commissaires de police deux caractères entièrement distincts, celui d'officier de police judiciaire et celui d'agent du gouvernement.

469. — Comme officiers de police judiciaire, ils ont droit à la garantie que le Code d'instruction criminelle a établie en faveur de ces officiers. — V. *infrà* nos 941 et s.

470. — Comme agens du gouvernement et pour les actes faits en cette qualité, ils sont protégés par la garantie constitutionnelle de la constitution de l'an VIII. — *Grenoble*, 17 avr. 1832, Bastide; — *Cons. d'état*, 9 avr. 1817, Touret; 30 juill. 1817, Lucotte; 18 nov. 1818, Derochemont; même jour, Armand; 12 déc. 1818, Augier.

471. — Cette distinction fort rationnelle en principe, et qui en fait est souvent fort délicate à établir, a été au surplus nettement posée il y a quelques années par le conseil d'état et par la cour de Toulouse, à l'occasion de l'affaire bien connue des troubles de Toulouse. — *Cons. d'état*, 24 août 1841, Lenormant, ex-commissaire central de police de la ville de Toulouse. — *Toulouse*, 4 août 1841 (t. 1er 1842, p. 143), même partie. — V. COMMISSAIRE DE POLICE.

472. — L'adjoint au maire remplissant les fonctions de commissaire de police, qui n'est intervenu dans une rixe et n'a frappé l'un des jeunes gens attroupés que pour faire cesser des disputes et des rixes qui pouvaient devenir encore plus sérieuses, ne peut être mis en jugement, à raison de ces faits, sans une autorisation préalable du gouvernement. — *Cass.*, 21 mai 1807, Huet et Arreau ; 22 juin 1810 (int. de la loi), Payart.

473. — *Comptables des deniers publics*. — « Les comptables des deniers publics, dit M. Lesellyer (nº 826), sont incontestablement agens du gouvernement et comme tels ils jouissent de la garantie établie par la constitution de l'an VIII. D'ailleurs un avis du conseil d'état, en date du 16 mars 1807, a décidé que les comptables destitués ne jouissaient pas de cette garantie. Il a décidé par là même que les comptables en jouissaient, en règle générale. »

474. — *Conseil d'état (membres du)*. — Aux termes de la constitution de l'an VIII, art. 70, les membres du conseil d'état étaient, quant aux poursuites dont ils pouvaient être l'objet, placés sur la même ligne que les membres du corps législatif, c'est-à-dire qu'ils ne pouvaient être poursuivis sans l'autorisation du conseil, même pour leurs délits personnels, étrangers à leurs fonctions.

475. — Cette assimilation complète qui était ainsi faite des membres du conseil d'état à ceux du pouvoir législatif était alors parfaitement justifiée, en présence d'une constitution qui investissait le conseil d'état des plus hautes attributions, et en faisait en quelque sorte un pouvoir supérieur au pouvoir législatif lui-même.

476. — Aujourd'hui que les attributions du conseil d'état sont si amoindries, cette assimilation ne serait plus rationnelle, et les membres du conseil d'état doivent être, à raison de leurs délits personnels placés, dans le droit commun. — Rauter, t. 2, p. 288, note 3e, nº 659; Carnot sur l'art. 121, C. pénal, nº 2. — *Contrà* Lesellyer, nº 595. — V. encore Mangin, nº 245.

477. — Toutefois ils sont incontestablement agens du gouvernement ; à ce titre, et dans les mêmes limites que les autres agens du gouvernement, c'est-à-dire en ce qui concerne les actes relatifs à leurs fonctions, ils sont placés sous la garantie constitutionnelle. — V. conf. Mangin, nº 344 ; Lesellyer, nº 850 ; Legraverend, t. 1er, p. 482.

478. — Et il doit en être ainsi, sans distinguer si le membre du conseil d'état a commis l'acte incriminé comme membre actif de l'administration, ou au contraire comme juge en matière de contentieux administratif. — V. à cet égard *infrà*, nos 655 et s., ce que nous disons au sujet des conseillers de préfecture.

479. — La garantie constitutionnelle accordée aux conseillers d'état s'étend du reste évidemment aux autres membres de ce conseil, ainsi aux maîtres des requêtes. — Mangin, t. 2, nº 246; Legraverend, t. 1er, p. 510 ; Lesellyer, nos 795 et 851.

480. — ...Comme aussi il n'y a aucune distinction à faire entre les membres du conseil d'état en service ordinaire et ceux en service extraordinaire ou même simplement honoraires. — Mêmes auteurs.

481. — *Conseils généraux de département et conseils d'arrondissement (membres des)*. — Nommés par des électeurs, étrangers à l'administration active, les membres de ces conseils ne peuvent être évidemment considérés comme agens du gouvernement, en tant qu'ils se renferment dans leurs attributions ordinaires.

482. — Il en est différemment, sans contredit, alors qu'en vertu des lois organiques qui régissent leur institution, les membres de ces conseils se trouvent appelés à prendre part à l'administration du département et de l'arrondissement, pour suppléer temporairement les fonctionnaires manquans, absens, ou empêchés. — V. CONSEIL D'ARRONDISSEMENT, CONSEIL GÉNÉRAL DE DÉPARTEMENT.

483. — *Conseils municipaux (membres des)*. — En ce qui concerne les membres des administrations municipales des communes, il faut bien se garder de confondre les conseillers municipaux, tels qu'ils ont été établis par la constitution du 22 pluv. an VIII, avec les officiers municipaux qui existaient avant cette époque, et en vertu des lois antérieures.

484. — Les *officiers municipaux* étaient de véritables agens du pouvoir administratif, dépositaires de l'autorité publique ; à ce titre, ils avaient droit à la garantie qui protége les actes des fonctionnaires publics.

485. — Jugé, en conséquence, que, sous l'empire des lois du 14 déc. 1789 et 14 oct. 1790, les tribunaux ne pouvaient connaître *de plano* de l'action en dommages-intérêts et en rétablissement d'une grille qu'on prétendait avoir été enlevée par un individu agissant comme membre du comité civil. — *Cass.*, 25 germ. an VII (int. de la loi.), Falques.

486. — Et c'est avec raison qu'en 1818 le conseil d'état a encore statué sur une autorisation de poursuivre à l'égard d'anciens officiers municipaux d'une commune, pour achat de grains fait en 1793. — *Cons. d'état*, 8 juill. 1818, Fort et Sarda.

487. — Mais, depuis la loi du 22 pluv. an VIII, qui a rendu aux communes leurs officiers municipaux distincts des conseillers, on doit décider autrement. — Plusieurs décrets du conseil d'état avaient décidé, il est vrai, dans l'origine, que les membres des conseils municipaux ne pouvaient être traduits devant les tribunaux pour faits relatifs à leurs fonctions sans autorisation. — Du moins M. de Cormenin (*ubi suprà*, p. 346) cite, comme ayant décidé ainsi, trois décrets inédits en date des 7 oct. 1807, 7 mars 1808, 7 fév. 1813.

488. — Quoi qu'il en soit, depuis il a été décidé qu'aucune autorisation n'est nécessaire à l'effet de poursuivre les membres des conseils municipaux. — *Cons. d'état*, 2 déc. 1822 (et non 1823), conseil municipal de Cassagnoles; 29 janv. 1823, Luimig et Jung; 21 mai 1823, Thiébaut et Martin.

489. — Telle est aussi la jurisprudence constante de la cour de Cassation et des cours royales, d'après laquelle les membres des conseils municipaux ne sont pas des agens du gouvernement, et peuvent être traduits en justice sans l'autorisation du gouvernement. — *Cass.*, 23 mai 1822, Balmain c. Bertrand; 6 mai 1826, Bourgeois; *Agen*, 25 mars 1835, Montant c. conseil municipal de Saint-Jean-le-Comtat.

490. — Rien de plus rationnel que cette décision. Les conseillers municipaux ne sont pas fonctionnaires publics dans le sens que la loi attache à ce mot ; ils ne sont que les représentans de la cité, que les administrateurs de ses biens, les gardiens des droits et des intérêts communs. — Henrion de Pansey, *Pouvoir municipal*, liv. 1er, ch. 1er, § 4. — Au surplus, aucun doute ne paraît plus possible depuis que les membres des conseils municipaux sont devenus électifs, le pouvoir administratif n'ayant plus aucune part à leur élection. — Lesellyer, nº 811.

491. — Mais lorsqu'un membre du conseil municipal est appelé à suppléer le maire ou l'adjoint, il peut et dans les mêmes cas où elle serait accordée à ces fonctionnaires se prévaloir de la garantie constitutionnelle à laquelle ont droit ces derniers.

492. — La cour royale de Pau, créant une distinction tout arbitraire, avait jugé que si un conseiller municipal a procédé non comme représentant du maire, mais en vertu d'une délégation de celui-ci, ce conseiller peut être poursuivi sans autorisation comme ayant agi en vertu d'une délégation nulle. — *Cass.*, 22 déc. 1835, Vendres c. Lavigne.

493. — Mais son arrêt a été avec raison cassé par la cour suprême, qui a décidé que les maires ayant conservé, sous l'empire de la loi du 21 mars 1831, le droit de déléguer, en cas d'absence ou d'empêchement de leurs adjoints, un des conseillers municipaux pour remplir une partie de leurs

fonctions, le conseiller ainsi délégué est protégé comme le maire par l'art. 75 de la constitution de l'an VIII. — *Cass.*, 31 juill. 1839 (t. 2 1839, p. 63), mêmes parties.

494. — *Consul*. — Pour poursuivre un consul à raison d'un fait commis dans ses fonctions, l'autorisation préalable du conseil d'état est nécessaire. — *Cons. d'état*, 18 nov. 1818, Wolf. — V. CONSUL, nos 146 et suiv. — V. encore la lettre du commissaire du gouvernement près le conseil des prises au ministère de la justice, en date du 19 flor. an VIII.

495. — *Contributions directes (Préposés des)*. — Un percepteur des contributions directes ne peut être poursuivi, traduit devant les tribunaux ni mis en jugement pour faits relatifs à ses fonctions sans autorisation du gouvernement. — *Cass.*, 12 frim. an XI, Joly; 8 germin. an XII, Gendre. — *Cons. d'état*, 23 oct. 1816, Jacques c. Aubertin.

496. — Il résulte d'un arrêt de la cour de Cassation qu'on doit considérer comme ayant agi dans l'exercice de ses fonctions le percepteur des contributions qui, ayant rencontré chez le receveur général où il allait faire son versement un particulier contre lequel il avait décerné une contrainte, se porte envers lui à des violences à l'occasion de cette contrainte. — *Cass.*, 6 mars 1806, Tribert c. Gossies.

497. — Le titre de receveur particulier des contributions nommé directement par le gouvernement n'a pu écarter l'application de l'arrêté du 10 flor. an X, qui charge les préfets d'autoriser les poursuites contre les percepteurs des contributions directes pour faits relatifs à leurs fonctions. — Même arrêt.

498. — L'autorisation préalable est encore nécessaire alors qu'il s'agit de poursuites contre un receveur général. — *Cass.*, 21 mai 1807 (et non 1807), Huet et Arreau.

499. — Toutefois nous avons déjà vu (*suprà* nos 424) qu'en vertu de la loi de finances du 17 juill. 1819, les agens des contributions directes sont soumis au droit commun au cas, et c'est le plus fréquent, où la poursuite aurait pour cause des perceptions illégales.

500. — Mais pour tous les autres faits de gestion, la nécessité de l'autorisation préalable existe encore, ainsi spécialement s'il s'agit de concussions. — *Cons. d'état*, 31 oct. 1821, Émeric ; 16 janv. 1822, Legendre c. Cochenet; 13 nov. 1822, Poulriez.

501. — ...Sans qu'il y ait lieu à distinguer le cas où le fait de concussion ne s'appliquerait qu'au détournement de fonds communaux. — *Cons. d'état*, 20 nov. 1815, Sauty.

502. — Seul, le préfet, en vertu de l'arrêté du 10 flor. an X, pourrait poursuivre le percepteur pour tous faits relatifs à ses fonctions, sans la nécessité de l'autorisation préalable.

503. — Seraient nulles les poursuites exercées contre un percepteur en vertu d'une simple autorisation qu'il n'appartenait qu'au préfet de délivrer. — *Cass.*, 14 niv. an XII, Laiude ; — Merlin, *Rép.*, vº *Garantie des fonctionnaires*, nº 5.

504. — A l'égard des porteurs de contraintes, un arrêté du 16 thermid. an VIII avait fait penser pendant quelque temps qu'ils devaient être assimilés aux agens du gouvernement ; mais cette fausse interprétation de l'arrêté a été rectifiée par un décret du 5 sept. 1810, non inséré au bulletin, et qui déclare formellement que les porteurs de contraintes ne peuvent être considérés comme agens du gouvernement. — Legraverend, t. 1er, p. 492, nº 6 ; Mangin, nº 250. — V. encore Lesellyer, nº 819.

505. — *Contributions indirectes (préposés des)*. — Avant la loi du 28 avr. 1816, l'autorisation préalable était nécessaire à l'effet de poursuivre les agens des contributions indirectes à raison d'actes commis dans leurs fonctions. — *Cass.*, 12 déc. 1806, Cremer ; 25 fév. 1808, Frétisson c. Reverdy ; 12 juin 1806, Rolland c. Genotte.

506. — Depuis la loi du 28 avr. 1816, cette autorisation n'est plus nécessaire, et les agens des contributions indirectes sont placés dans le droit commun. — *Cass.*, 21 nov. 1823 (intérêt de la loi), Dumoulin ; — *Cons. d'état*, 30 sept. 1820, Rattier.

507. — Cette dispense est absolue et s'applique même aux poursuites dirigées contre le directeur général. — *Cons. d'état*, 20 janv. 1819, Besson.

508. — *Culte (ministres du)*. — Les ministres du culte ne sont pas des fonctionnaires publics ; ils ne sont dépositaires d'aucune portion de l'autorité publique ; de nombreux arrêts ont consacré ce principe incontestable. — V. notamment *Cass.*, 3 juin 1831, Royer ; 9 sept. 1831, Arragon ; 3 sept. 1831, Gobou ; 25 sept. 1831, Rougerie ; 10 sept. 1836 (t. 1er 1837, p. 539), Bonnet ; *Montpellier*, 12 juill. 1841 (t. 1er 1842, p. 239), M...

509. — Quant à la question de savoir si, nonobstant cette absence du caractère de fonctionnaire public, les ministres du culte peuvent être poursuivis sans l'autorisation du conseil d'état, et dans quelles limites, V. APPEL COMME D'ABUS, nos 164 et suiv.; CULTE, nos 358 et suiv.

510. — *Douanes (préposés des).* — Les préposés des douanes ne peuvent être poursuivis pour actes relatifs à leurs fonctions sans l'autorisation de l'administration supérieure. — *Cass.*, 19 pluv. an XII, Wiperfurt; 1er vent. an XII, Bertholdy; 27 fructid. an XII (intérêt de loi), Vauseteau; 21 mars 1807, Devisme; 11 sept. 1807 (intérêt de la loi), Hamonière; 21 avr. 1821, Buscholtz.

511. —...S'agit-il même de voies de fait. — *Cons. d'état*, 23 avr. 1818, Hellé; 27 oct. 1819, Leduc; 23 fév. 1820, Deretenat; 9 juill. 1820, Urbani; 18 juill. 1821, Fournier; 29 janv. 1823, Deham.

512. — L'autorisation est encore nécessaire pour poursuivre le préposé des douanes, encore bien que la contravention consistât dans l'infraction à des réglemens sanitaires. — *Cons. d'état*, 23 avr. 1818, Tuncéran.

513. — ... Ou dans la violation du territoire étranger. — *Cons. d'état*, 16 juill. 1817, Chaudron.

514. — Jugé, au surplus, que lorsque les faits qui sont l'objet d'une plainte portée contre un préposé des douanes s'identifient avec un procès-verbal qu'il a dressé en sa qualité, aucune suite ne peut être donnée à la plainte sans une autorisation du gouvernement. — *Cass.*, 16 mai 1806, Gassiot c. Hoffmann. — Pour le cas où les préposés des douanes peuvent être poursuivis sans autorisation, V. *suprà* no 423.

515. — *Enregistrement (Employés de l').* — Les receveurs et les vérificateurs de l'enregistrement sont des agens du gouvernement; ils ne peuvent être mis en jugement, à raison des faits relatifs à leurs fonctions, sans une autorisation. — *Cass.*, 19 fructid. an XII, Cade; 17 août 1811, Thouard. — V. arrêté 9 pluv. an X. — V. encore Merlin, *Rép.*, vo *Garantie des fonctionnaires publics*, no 4.

516. — Spécialement, lorsqu'un préposé de la régie de l'enregistrement soutient un procès à raison de ses fonctions, s'il produit un mémoire injurieux et diffamatoire contre la partie adverse, celle-ci ne peut en demander la suppression, ainsi que des dommages-intérêts, sans avoir préalablement obtenu du conseil d'état l'autorisation de poursuivre. — *Cass.*, 14 juin 1826, Moussillac c. Douglé.

517. — *Fabriques d'église (Membres des conseils des).* — Les membres des conseils de fabrique ne sont pas des agens du gouvernement; en conséquence, ils peuvent être poursuivis à raison de faits accomplis dans l'exercice de leurs fonctions, sans autorisation préalable du conseil d'état. — *Cass.*, 3 mai 1838 (t. 2 1838, p. 203), Clémenceau; *Limoges*, 17 août 1838 (t. 1er 1839, p. 19), mêmes parties.

518. — Jugé, du reste, que l'enlèvement des chaises placées dans la nef d'une église, opéré par un membre de la fabrique par suite d'une délibération du conseil, est un acte d'administration qui ne peut entrer dans les attributions des tribunaux, et qui ne constitue pas à l'égard du propriétaire une voie de fait dont il puisse se plaindre en simple police. — *Cass.*, 9 déc. 1808, Blaise Dupin c. Houlon. — V. aussi Merlin, *Rép.*, vo *Chaise*; Lebesnier, *Législation des fabriques*, vo *Conseil de fabrique*; Cormenin, vo *Conseil de fabrique*. — V. FABRIQUE D'ÉGLISE.

519. — *Gardes champêtres.* — L'autorisation royale n'est pas nécessaire pour poursuivre un garde champêtre prévenu de délit dans l'exercice de ses fonctions. — *Cons. d'état*, 4 août 1819, Gingibre, 18 juin 1823, Jouvène.

520. — Si le même individu remplit à la fois les doubles fonctions de garde forestier et de garde-champêtre, il faut distinguer : si les faits reprochés se rattachent à sa qualité de garde forestier, il y a lieu à autorisation; il n'en est pas besoin s'il a agi en qualité de garde champêtre. — Mêmes ordonnances. — V., au surplus, *infrà* nos 523 et s.

521. — Telle est la jurisprudence constante de la cour de Cassation. — *Cass.*, 19 août 1808, N...; 2 août 1809, Gavière; 4 juin 1812, Périgney. — V. conf. Mangin, t. 2, p. 29, no 250; — *contrà* Legraverend, t. 1er p. 484; Lesellyer, no 816.

522. — Les gardes champêtres sont, en effet, les agens de la commune et non du gouvernement : ils exercent, il est vrai, en outre, les fonctions d'officiers de police judiciaire; mais la loi leur a accordé à cet égard le privilége d'un mode solennel de poursuites. — V. GARDE CHAMPÊTRE.

523. — *Gardes forestiers.* — Les gardes forestiers sont placés sous la protection de la garantie constitutionnelle, en tant qu'il s'agit de poursuites dirigées à l'occasion d'actes commis dans l'exercice de leurs fonctions. — *Cass.*, 3 nov. 1808, Delfosse; 7 déc. 1809, Rousseau; 11 sept. 1812, Gauthier; 4 oct. 1823, Grosperrin; 8 fév. 1838 (t. 2 1838, p. 93), Vignes; — Mangin, t. 2, p. 49 et 50, no 258; Petit, *Du droit de chasse*, t. 1er, p. 412; de Grattier, *Comment. des lois sur la presse*, t. 1er, p. 325, note.

524. — Spécialement, un garde général des eaux et forêts et ses adjoints ne peuvent être traduits devant un tribunal civil, à raison des excès par eux commis envers un individu, au moment où ils l'ont surpris en délit de pêche, si la poursuite n'a été préalablement autorisée par le gouvernement. — *Nîmes*, 1er fév. 1811, Rampon c. Malachaume.

525. — Telle est aussi la jurisprudence formelle du conseil d'état, qui, par de nombreuses ordonnances, a statué sur des demandes à fin de poursuites dirigées contre des gardes forestiers. — *Cons. d'état*, 11 déc. 1814, Steimer; 24 mars 1819, Montis; 20 oct. 1819, Houvel; 23 janv. 1820, Bourgeat; 18 mars 1823, Terivier.

526. —...Notamment, au cas de concussion. — *Cons. d'état*, 9 sept. 1818, Degout; 12 mai 1819, Mollard; même jour, Tabert; même jour, Roiché; 29 déc. 1819, Boyer; même jour, Vian; même jour, Evril; même jour, Chatelet; 19 mars 1820; Girard; même jour, Perrin; 22 fév. 1821, Guibert; 16 janv. 1822, Boreux; même jour, Constant; 8 mai 1822, Salvagnac; même jour, Musard; 29 mai 1822, Caucé.

527. — ... Ou de transaction sur un délit forestier. — *Cons. d'état*, 16 janv. 1822, Giraud.

528. —... Ou de faux dans leurs procès-verbaux. — *Cons. d'état*, 27 mai 1816, Delafage c. Delage; 26 fév. 1817, Dutrouy; 12 mai 1819, Candet; même jour, Bermoud; 7 juill. 1819, Ratol; 25 juin 1820, Bagantel; 1er nov. 1820, Privat.

529. — ... Ou de faux témoignage devant la justice. — *Cons. d'état*, 11 déc. 1816, Lambert; 9 sept. 1818, Bolot.

530. — ... Ou de voies de fait contre les délinquans. — *Cons. d'état*, 12 déc. 1818, Brunet; 20 janv. 1819, Dagès; 12 mai 1819, Collin; 25 avr. 1820, Oheleyer; 19 déc. 1821, Fischer; 5 nov. 1823, Jacquin.

531. — Spécialement, il y a lieu de recourir à l'autorisation préalable à l'effet de poursuivre le garde forestier qui, contrairement aux prescriptions de la loi, a désarmé un chasseur et s'est livré à son égard à de mauvais traitemens. — *Cons. d'état*, 23 janv. 1820, Gilibert.

532. — Il en est ainsi quand même les voies de fait auraient occasionné des blessures. — *Cons. d'état*, 28 sept. 1816, Murat; 14 mai 1817, Damieu Massoux.

533. — ... Et que ces blessures auraient occasion la mort, même avec intention criminelle. — *Cons. d'état*, 5 sept. 1821, Garnier; 19 déc. 1821, Foy.

534. — Peu importe aussi que le garde forestier fût auteur principal ou seulement complice. — *Cons. d'état*, 23 août 1820, Beck.

535. — Nous avons vu au surplus (*suprà* no 411) qu'il n'est pas toujours nécessaire de recourir au conseil d'état, et que l'administration forestière peut valablement, et dans certaines limites, autoriser la mise en jugement de ses agens. — *Cons. d'état*, 31 août 1814, Barré.

536. — Les gardes forestiers du domaine de la couronne doivent être assimilés aux gardes de l'état en ce qui concerne la nécessité de l'autorisation préalable. — *Cons. d'état*, 9 déc. 1821, Foy; 16 avr. 1823, Dumond.

537. — Il en est de même des gardes des forêts qui dépendent de l'apanage d'un prince. — *Cons. d'état*, 27 fév. 1822, l'Herbier. — V. *contrà* Curasson, t. 2, p. 143.

538. — Mais il est certain que le privilége n'est pas applicable aux agens et gardes des bois possédés en majorat. — Curasson, t. 2, p. 152.

539 — A plus forte raison, les gardes des particuliers sont ils placés dans le droit commun et n'ont ils pas droit à la garantie constitutionnelle. — *Cons. d'état*, 22 juill. 1818, Brunel.

540. — *Garde nationale.* — Les officiers de la garde nationale ne peuvent être considérés comme agens du gouvernement, et ne peuvent, par conséquent, prétendre au privilége de la garantie constitutionnelle. — *Cass.*, 5 mars 1835, Ramon. — V. GARDE NATIONALE.

541. — *Gardes pêches.* — Ils sont, comme les gardes forestiers, protégés par la garantie constitutionnelle. — *Cons. d'état*, 23 avr. 1818, Daujou, 21 mai 1823, Saint-Brice.

542. — *Gendarmerie.* — Les gendarmes ne sont pas agens du gouvernement, et peuvent en conséquence être mis en jugement sans l'autorisation préalable du conseil d'état. — *Cass.*, 21 août 1812, N... — Les gendarmes ne disposent d'aucune portion de l'autorité : ils sont placés sous la surveillance continue de leurs chefs, et n'agissent que comme force publique, en quelque sorte matérielle. Quant aux officiers de gendarmerie, ils sont officiers de police judiciaire, et, comme tels, soumis à une forme particulière de procédure tracée par les art. 483 et suiv., C. inst. crim. C'est une raison de plus pour décider qu'il est inutile de recourir au conseil d'état à l'effet de poursuivre de simples gendarmes. — Carnot, sur l'art. 91, C. inst. crim., t. 1er, p. 390, no 37; Legraverend, p. 491, § 4; Lesellyer, no 823.

543. — Ce n'est, du reste, qu'après des fluctuations nombreuses que le conseil d'état aurait enfin, par une ordonnance inédite du 24 avr. 1837, rapportée par M. de Cormenin (t. 2, p. 151, no 4, note 1re), reconnu que les gendarmes ne peuvent être placés sous l'application de l'art. 75 de la constitution de l'an VIII. — V. GENDARMERIE.

544. — *Gouverneur colonial.* — En rejetant la demande à fin de poursuites dirigée contre un ancien gouverneur colonial, le conseil d'état a implicitement reconnu la nécessité dans ce cas de l'autorisation préalable. — *Cons. d'état*, 14 août 1823, Laussat.

545. — *Greffiers des tribunaux.* — Ils ne sont point des agens du gouvernement, et peuvent par conséquent être poursuivis sans l'autorisation du conseil d'état pour faits relatifs à leurs fonctions. — *Cass.*, 26 déc. 1807, Zolezzi. — Quant à la question de savoir s'ils ont droit à la garantie accordée aux juges par la loi du 27 vent. an VIII et le Code d'instruction criminelle, V. *infrà* nos 882 et s.

546. — *Louveterie (lieutenans de).* — Les lieutenans de louveterie n'étant ni agens du gouvernement, ni dépositaires d'aucune portion de la puissance publique, peuvent être poursuivis à raison de leurs fonctions sans l'autorisation préalable prescrite par l'art. 75 de la constitution de l'an VIII. — *Cass.*, 21 janv. 1837 (t. 1er 1837, p. 617), Dupré de Saint-Maur c. Liepe-Audois.

547. — *Maires et adjoints.* — C'est principalement dans les cas de poursuites à exercer contre les maires et adjoints qu'il importe de distinguer avec soin s'ils sont ou non protégés par la garantie constitutionnelle.

548. — Il est d'abord essentiel d'examiner si le maire a agi seul ou si, prenant part à une séance du conseil municipal, il n'a eu d'autre rôle que celui de tout autre conseiller, c'est-à-dire d'émettre un vote sur les délibérations à prendre.

549. — Dans ce dernier cas, son caractère ne différant en rien de celui des conseillers municipaux, la règle qui veut que les membres du conseil municipal ne soient pas protégés par la garantie constitutionnelle (V. *suprà* nos 483 et s.) lui demeure applicable.

550. — Mais la solution n'est pas aussi simple quant aux actes qui sont personnels aux maires et se rattachent à leurs fonctions.

551. — Les attributions des maires sont en effet multiples : aux fonctions administratives, qui composent leur première et principale attribution, ils joignent encore celles d'officier de l'état civil, d'officier de police auxiliaire du procureur du roi, d'officier du ministère public pour le tribunal de simple police, et même de juge de police dans les communes qui ne sont pas chef-lieu de canton.

552. — Or, si le maire a agi comme officier de police judiciaire, l'art. 75 de la const. de l'an VIII demeure inapplicable, et le maire peut être poursuivi directement, sauf l'application des règles spéciales de compétence tracées au Code d'instruction criminelle. — *Cass.*, 8 (et non 28) fév. 1821, Thirion; — *Cons. d'état*, 12 mai 1820, Richard; 22 fév. 1821, Fonbonne et Chol; 13 nov. 1822, Brosins; 6 août 1840, Gaby; 22 mars 1844, Marc Thomas.

553. — Spécialement, un adjoint au maire prévenu d'avoir ordonné une arrestation arbitraire peut, s'il a procédé en qualité d'officier de police judiciaire, être poursuivi sur la citation directe du procureur général, aux termes des art. 479 et 483 du Code d'inst. crim. — *Cons. d'état*, 8 janv. 1817, Chazelles c. maire de comm. de Raulhac.

554. — Il en est de même pour la mise en jugement d'un maire prévenu d'avoir ordonné une violation de domicile. — *Paris*, 2 mai 1836, Peyrelongue.

555. — En ce qui concerne les poursuites dont peut être l'objet un maire en agissant en matière de police, soit qu'il siége comme juge, soit qu'il poursuive comme ministère public, on ne saurait douter que la décision doive être la même, c'est-à-dire qu'on se trouve en dehors de l'application de l'art. 75 de la const. de l'an VIII. — V. au surplus Cormenin, t. 2, p. 344, note 2. — V. encore Legraverend, t. 1er, p. 484; Mangin, no 251; Lesellyer, no 804.

556. — Il est également certain que quand les

maires et adjoints agissent en qualité d'officiers de l'état civil, ils peuvent, à raison des délits commis dans l'exercice de ces fonctions, être poursuivis sans l'autorisation préalable.

557. — La raison de cette décision est que les maires et adjoints n'ont nullement à délibérer, comme officiers de l'état civil, et qu'ils sont considérés comme simples rédacteurs de formules. — V. décret 4 pluv. an XII ; — Legraverend, *Législ. crimin.*, t. 1er, ch. 15, p. 484 ; Mangin, *Action publ.*, t. 2, p. 251 ; Cormenin, *loc. cit.* ; Bourguignon, *Inst. crim.*, t. 3, p. 43 ; Lesellyer, no 805.

558. — C'est au surplus en ce sens que se sont constamment prononcées la cour de Cassation et les cours royales, chaque fois que la question leur a été soumise. — *Cass.*, 11 juin 1807, Faure ; *Besançon*, 3 (et non 9) juin 1808, Clerc c. Biget et Richardot ; 3 juin 1811, mêmes parties ; *Cass.*, 23 fév. 1809, Vialle.

559. — Jugé spécialement qu'un maire peut être poursuivi sans autorisation préalable, à raison d'un mariage célébré sans observer les formalités prescrites par la loi. — *Turin*, 6 avr. 1830, Barelli.

560. — ... S'agît-il même d'un faux commis dans l'acte civil. — *Cass.*, 3 sept. 1817, Moussard.

561. — ...Ou même de destruction ou de soustraction des registres. — *Cass.*, 9 mars 1845 (et non 1815), Maire de la Vacquerie.

562. — La jurisprudence du conseil d'état est sur ce point non moins formelle que celle des tribunaux. — *Cons. d'état*, 2 juin 1819, Bernardi ; 31 janv. 1838, Geck ; 22 mars 1841, Marc Thomas ; 23 juin 1841, Ortoli ; 30 nov. 1841, Bourdier.

563. — Ainsi jugé dans un cas spécial où l'on reprochait au maire des perceptions de rétributions illégales pour la rédaction d'actes de l'état civil et pour publications de mariage. — *Cons. d'état*, 15 juin 1841, Demard.

564. — Il suit de là que si l'autorisation est demandée pour poursuivre un maire, à la fois comme maire et comme officier de l'état civil, il n'y a lieu par le conseil de statuer que sur la première demande. — *Cons. d'état*, 2 juin 1819, Bernardi ; 15 juin 1841, Demard.

565. — Remarquons, toutefois, que d'après une circulaire du ministre de la justice, en date du 10 sept. 1806, toutes les fois que les officiers du ministère public découvrent des irrégularités, négligences ou contraventions qui leur paraissent susceptibles d'être dénoncées aux tribunaux, et punies en conformité des dispositions du Code civil, ils doivent en donner avis au ministre de la justice, qui leur indique ce qu'ils ont à faire. — V. au surplus la circulaire du ministre du 22 brum. an XIV, et l'avis du conseil d'état du 28 juin 1806. — V. ACTES DE L'ÉTAT CIVIL.

566. — Ce n'est donc qu'en tant qu'administrateur et à raison des actes par lui faits en cette qualité que le maire ne peut être poursuivi sans autorisation préalable du conseil d'état.

567. — Mais ici encore une distinction est nécessaire. — Le maire est administrateur, soit comme représentant de sa commune et agissant dans l'intérêt d'une propriété communale, soit comme dépositaire de l'autorité publique, et comme chargé de pourvoir à la sûreté et à la salubrité publiques.

568. — ... Or c'est une question controversée que celle de savoir si la garantie constitutionnelle protége le maire lorsqu'il a agi comme représentant de la commune et dans l'intérêt d'une propriété communale.

569. — La négative, enseignée par le président Barris, est vivement appuyée par Henrion de Pansey (*Du pouvoir municipal*, p. 63).

570. — Toutefois, même dans ce système, l'autorisation devrait être accordée par le préfet, conformément au décret du 14 déc. 1789, art. 61, si l'acte du maire était de nature à blesser les intérêts communaux : dans le cas au contraire où cet acte ne lèse que des intérêts privés, aucune autorisation n'est nécessaire.

571. — Et c'est ce qui a été jugé par arrêt de cassation dans une espèce où il s'agissait d'arbres arrachés et d'autres dévastations commises sur une propriété particulière en vertu des ordres de l'autorité municipale. — *Cass.*, 23 (et non 25) mai 1822, Balmain c. Bertrand.

572. — Mais cette difficulté n'est que subsidiaire et suppose résolue dans le sens de la négative la question beaucoup plus délicate de savoir si le maire peut être poursuivi sans autorisation préalable, alors qu'il n'a agi que dans un intérêt purement communal.

573. — La jurisprudence de la cour de Cassation offre sur ce point une variation très remarquable, et les cours royales ne se sont pas moins trouvées partagées d'opinion.

574. — Deux arrêts de la cour de Cassation (sect. civ.) décident, sans distinguer, que le maire agissant comme représentant de la commune a droit à la garantie constitutionnelle. — *Cass.*, 23 oct. 1809, commune de Saint-Vallois c. Rollet ; 8 déc. 1817, Delivre c. adjoint du Mas (intérêt de la loi). — V. conf. Favard de Langlade, vo *Mise en jugement*, § 3, no 5 ; Merlin, *Quest. de droit*, vo *Agens du gouvernement*.

575. — La section criminelle au contraire admet la distinction proposée par le président Barris. — *Cass.*, 23 mai 1826, Bourgeois.

576. — La cour de Bourges a décidé également que les soins donnés par un maire à la construction d'un chemin vicinal ne le constituant pas agent du gouvernement, mais seulement mandataire de la commune, le particulier lésé par les travaux exécutés pouvait poursuivre le maire sans l'autorisation préalable du conseil d'état. — *Bourges*, 5 fév. 1827, Rolland d'Arbousse c. Morlé.

577. — Mais la section criminelle, abandonnant sa première jurisprudence, a adopté, par un arrêt longuement motivé, l'opinion consacrée par la chambre civile : à savoir, que dans tous les cas où le maire agit comme administrateur, l'autorisation du conseil d'état devient nécessaire. — *Cass.*, 15 déc. 1827, Fontenilliat c. Lueslin.

578. — Quant au conseil d'état, de nombreuses ordonnances qu'il est impossible de rapporter ici ont consacré de tout temps le principe de l'autorisation préalable dans tous les cas où le maire avait agi comme administrateur.

579. — Néanmoins, une ordonnance du 6 nov. 1822 a décidé que les habitans d'une commune n'avaient pas besoin de l'autorisation préalable du conseil d'état pour poursuivre un maire en raison de la négociation faite par lui d'une créance appartenant à la commune, lorsqu'il était constaté que c'était en qualité de mandataire, non de la commune, mais d'un certain nombre d'habitans que le maire avait concouru à la négociation. — *Cons. d'état*, 6 nov. 1822, commune d'Orbey.

580. — A l'occasion de la divergence de jurisprudence de la cour de Cassation, Mangin (no 251) présente les observations suivantes : « En y réfléchissant bien, on pensera sans doute que si ce dernier arrêt (celui du 15 déc. 1827) n'est pas plus conforme aux principes qui devraient régir le pouvoir municipal, il est du moins le plus en harmonie avec la législation telle qu'elle existe aujourd'hui. Le système adopté par les deux précédens arrêts de la chambre criminelle supposait dans le pouvoir municipal une indépendance que la loi ne lui reconnaît pas, et dans les communes un pouvoir de s'administrer elles-mêmes ou par des mandataires de leur choix, ce qui leur est refusé. Dans la réalité, c'est le gouvernement qui administre les communes, et les maires ne sont véritablement que ses délégués. Je ne dis pas qu'il est bien que les choses soient ainsi, je dis seulement qu'elles sont telles, et que dans cet état de législation, tant que les communes ne seront pas émancipées, les maires sont réellement des agens du gouvernement, ayant le droit de réclamer les garanties établies par l'art. 75 de la constitution de l'an VIII. »

581. — Les observations de Mangin sont fort graves ; toutefois, il ne faut pas oublier que depuis l'arrêt de 1827 une législation nouvelle est intervenue sur l'organisation municipale, et que si, même depuis la loi de 1831, le maire et toujours resté à la nomination de l'administration supérieure, du moins cette administration se trouve renfermée quant au choix qu'elle peut faire dans certaines limites, le maire et l'adjoint ne pouvant être pris que parmi ceux que l'élection des citoyens a appelés à faire partie du conseil municipal.

582. — Faut-il de ce changement dans la législation conclure que les motifs qui, aux yeux de Mangin, justifient la doctrine du dernier arrêt de la cour de Cassation, ont cessé d'être applicables et qu'il y a lieu de revenir à la jurisprudence première de la section criminelle ?

583. — La cour de Pau ne l'a pas pensé ainsi, et elle a décidé, depuis la loi de 1831, que les maires doivent être considérés comme agens du gouvernement, aussi bien lorsqu'ils agissent dans l'intérêt de leurs communes que lorsqu'ils procèdent dans l'intérêt général ; que dès-lors ils ne peuvent être poursuivis, dans l'un et l'autre cas, qu'après l'autorisation du conseil d'état. — *Pau*, 28 août 1835, Elissagaray c. Hirigoyen.

584. — Mais tel ne paraît pas avoir été l'avis nouveau de la cour de Cassation (chambre des requêtes), qui consacre la différence à faire entre le cas où le maire doit être considéré comme agent du gouvernement et celui où il n'est que le mandataire de la commune et le représentant de ses intérêts particuliers. — *Cass.*, 2 août 1836, Lasserre c. Saint-Orens ; même jour (t. 1er 1837, p. 167), Lasserre c. Saint-Orens.

585. — Jugé spécialement qu'on peut, sans avoir préalablement obtenu l'autorisation du conseil d'état, actionner un maire devant les tribunaux civils en restitution des outils et instrumens aratoires qu'il a saisis par suite d'un procès-verbal dressé par lui contre un habitant trouvé enlevant de la terre sur un fonds appartenant à la commune. — *Cass.*, 2 août 1836, Lasserre c. Saint-Orens.

586. — ... Que le possesseur présumé propriétaire d'un objet mobilier, déposé par ordre du maire dans un lieu déterminé comme appartenant à la commune, peut revendiquer l'objet devant les tribunaux civils, sans être obligé de recourir à une autorisation préalable pour ester vis-à-vis du maire. — *Cass.*, 2 août 1836 (t. 1er 1837, p. 67), Lasserre c. Saint-Orens.

587. — Jugé encore dans le même sens, et par la chambre civile, que le maire qui, par suite d'une voie de fait commise par lui dans l'intérêt de la commune, a été cité en son nom personnel, et ne s'est pas fait autoriser en justice comme représentant de la commune, peut être condamné personnellement aux dépens, sans qu'il soit besoin d'obtenir l'autorisation préalable du conseil d'état. — *Cass.*, 31 août 1836 (t. 1er 1837, p. 59), Bailly c. Perrin.

588. — ... Que l'art. 75 de la constitution de l'an VIII n'est pas applicable à la poursuite dirigée contre un maire, à raison de sa gestion des affaires de la commune. — *Paris*, 7 mai 1833, Thibault c. la ville de Brie.

589. — ... Que ne peut être rangée encore dans la catégorie des actions pour lesquelles l'autorisation préalable est nécessaire l'action dont l'objet est d'obtenir main-levée d'une opposition formée par un maire à la délivrance des marchandises d'un négociant pour frais de magasinage dus à la commune. — *Rouen*, 17 nov. 1836, Partazon c. maire du Havre.

590. — Jugé enfin, et d'une manière générale, qu'un maire peut être poursuivi en justice sans l'autorisation du conseil d'état exigée par l'art. 75, constitut. 22 frim. an VIII, pour des faits dont il est l'auteur comme représentant de sa commune et dans l'intérêt d'une propriété communale ; que cette autorisation n'est nécessaire que lorsqu'il agit en qualité de dépositaire de la force publique, et comme exécutant des ordres de l'autorité supérieure ou des lois d'intérêt général. — *Toulouse*, 8 fév. 1840 (t. 1er 1840, p. 509), Cheverry c. Calmès.

591. — Du reste et quelque parti que l'on prenne sur la question que nous venons d'examiner, c'est un point incontesté qu'alors que le maire agit comme administrateur et pour l'exécution des lois et réglemens, il est protégé par la garantie constitutionnelle résultant de l'art. 75 de la constitution de l'an VIII.

592. — La jurisprudence des cours royales et de la cour de Cassation est sur ce point en complet accord avec celle du conseil d'état, et la doctrine partage aussi unanimement cet avis.

593. — Ainsi décidé que l'autorisation préalable du conseil d'état est nécessaire pour poursuivre un maire à raison d'un faux qui lui est imputé. — *Cons. d'état*, 3 fév. 1819, Bouschet ; 28 juill. 1819, Lacrouzière c. Lambert ; 25 avr. 1820, Dulaisse ; 23 août 1820, Vicenti ; 30 mai 1821, Mazerolles ; 18 nov. 1822, Durand ; 30 déc. 1822, Talpin ; 12 fév. 1823, Brousseloux.

594. — ... Peu importe que le faux n'eût pas été commis par lui-même et qu'il n'en fût que le complice. — *Cons. d'état*, 19 mars 1820, Guérard ; 30 mai 1821, Mullf ; 3 juill. 1822, Ramel.

595. — Il en est ainsi spécialement dans le cas où ce faux aurait pour objet une répartition inégale des contributions. — *Cons. d'état*, 12 mai 1819, de Fontenay.

596. — ... Ou des altérations sur la matrice des contributions directes. — *Cons. d'état*, 6 sept. 1820, Ambrosini.

597. — ... Ou la diminution arbitraire de la cote de ses contributions et de celle de ses parens et amis au préjudice de plusieurs de ses administrés. — *Cons. d'état*, 12 juin 1822, Levani.

598. — Spécialement encore l'autorisation est nécessaire pour exercer contre un maire une action en réparation du préjudice causé par les fausses énonciations d'un extrait par lui délivré de la matrice des contributions lors même qu'il a cessé ses fonctions avant les poursuites. — *Metz*, 30 nov. 1834, Valmont c. Marien. — V. conf. *Cons. d'état*, 7 août 1819, Tourtel.

599. — Ne peut être poursuivi sans l'autorisation du conseil d'état un maire prévenu d'avoir délivré un passeport sous un faux nom à fin de soustraire un jeune conscrit à la loi du recrute-

ment. — *Cons. d'état*, 7 mai 1833, Méry. — V. anal. *Cons. d'état*, 12 juin 1822, Delaignes.

600. — ... Ou un faux certificat tendant à faire prononcer en faveur d'un jeune soldat l'exemption du service militaire. — *Cass.*, 17 juill. 1837 (t. 1er 1838, p. 221), Monnéja.

601. — ... Ou un faux certificat de libération du service militaire. — *Cons. d'état*, 1er nov. 1820, Breton; 4 sept. 1822, maire de la comm. de Saint-Pardoup.

602. — L'autorisation préalable est encore nécessaire pour poursuivre un maire à raison de faits de concussion. — *Cons. d'état*, 23 déc. 1815, Rochefort; 3 déc. 1817, Beck; 7 juill. 1819, Champion; 28 janv. 1820, Laroche; 25 avr. 1820, Auger; 19 mars 1822, Desportes; 12 juin 1822, Durazzo; 5 nov. 1823, Febvre.

603. — Notamment s'il a perçu diverses sommes pour la délivrance de passeports ou autres actes de ses fonctions administratives. — *Cons. d'état*, 15 juin 1841, Demard.

604. — Telle est encore la position du maire qui a tenté de soustraire, à prix d'argent, à la loi de la conscription des individus domiciliés dans sa commune. — *Cass.*, 22 juill. 1808 (intérêt de la loi), Clauss; — Carnot, sur l'art. 91, C. inst. crim., t. 1er, p. 389, no 34, et p. 392, no 39. — Il en serait différemment s'il s'agissait de conscrits étrangers à la commune. — *Ibid.*

605. — Il en est de même de l'accusation de détournement de fonds appartenant soit à l'état soit à la commune, ou même du simple refus de rendre compte du cas de concussion. — *Cons. d'état*, 13 fév. 1816, Guerric; 21 mai 1817, Gorff; 21 oct. 1818, Rolandez; 27 oct. 1819, Lagrange.

606. — C'est conformément à ce même principe qu'antérieurement à la constitution de l'an VIII et sous l'empire de la loi du 14 oct. 1790, on jugeait que s'il s'agissait d'une demande formée contre le maire, pour avoir paiement de blé séquestré par lui, au nom de la municipalité, en vertu de l'arrêté de l'assemblée électorale qui remplissait les fonctions administratives, il fallait qu'il y eût renvoi préalable de l'autorité supérieure. — *Cass.*, 4 germin. an IX, Liottier c. Pellet.

607. — Le maire ne peut être poursuivi pour injures ou excès commis dans l'exercice de ses fonctions sans autorisation préalable. — *Cons. d'état*, 3 juin 1820, Frétard; 16 août 1820, Gaumondie.

608. — Notamment s'il s'agit d'injures par lui adressées au percepteur des contributions, en lui réclamant le compte des deniers de la commune. — *Caen*, 3 mars 1842 (t. 1er 1843, p. 157), Léger c. D... — *Ibid.*

609. — ... S'il s'agit d'outrages envers un officier ministériel et les agens de la force publique dans l'exercice de leurs fonctions. — *Cons. d'état*, 28 juill. 1819, Wesspriser.

610. — ... S'il est prévenu d'outrage et de diffamation envers un tiers pour avoir, en séance extraordinaire du conseil municipal, formulé dans des termes injurieux pour ce tiers la proposition par laquelle il provoquait une délibération qui ensuite a été, avec la proposition, rendue publique par voie d'affiches et sur son ordre. — *Colmar*, 3 mars 1843 (t. 1er 1844, p. 382), X...

611. — ... S'il a signé une délibération renfermant des injures graves contre des fonctionnaires publics. — *Cons. d'état*, 12 fév. 1833, Brail.

612. — L'autorisation du conseil d'état est encore nécessaire, quand même les faits reprochés constitueraient des actes plus graves, et que le maire serait inculpé de violences et de voies de fait. — *Cons. d'état*, 23 déc. 1815, Copeau; 2 juin 1819, Pinard; 20 juill. 1819, Guignolot; 16 janv. 1822, Mirand.

613. — Il en est ainsi, sans distinction du cas où la violence a été exercée contre des particuliers de celui où elle aurait eu lieu à l'égard d'autres fonctionnaires ou de dépositaires de la force publique. — Mêmes ordonnances.

614. — L'autorisation s'étend même au cas où cette violence aurait dégénéré en rébellion véritable et où le maire aurait même provoqué la résistance de ses administrés. — *Cons. d'état*, 31 oct. 1815, Chamois; 23 déc. 1815, Cabanes; 28 fév. 1818, Ponsargues; 2 juin 1819, Guiprès; 9 juill. 1820, Gruziani; 6 sept. 1820, Guelfucci.

615. — Un tribunal de police correctionnelle ne peut prononcer sur une plainte portée par le maire d'une commune contre son adjoint pour réparation d'injures et de voies de fait à lui imputées dans l'exercice de ses fonctions avant que l'administration n'ait autorisé la mise en jugement de l'adjoint. — *Cons. d'état*, 27 déc. 1820, Serret c. Auzoss.

616. — L'autorisation du conseil d'état est encore nécessaire s'il s'agit de la mise en jugement d'un maire et d'un adjoint s'accusant réciproquement de voies de fait l'un envers l'autre, de diffamation et de calomnie dans l'exercice de leurs fonctions. — *Cons. d'état*, 17 nov. 1819, Héruil et Crèze.

617. — Tout abus d'autorité de la part du maire, dès qu'il est commis dans l'exercice de ses fonctions, ne peut donner lieu à aucune action en réparation sans autorisation préalable, quelque arbitraires qu'aient été ces actes. — *Cons. d'état*, 3 déc. 1817, Marin; 8 sept. 1819, Guillemain c. maire d'Origny; 29 mai 1822, Bedout; 18 nov. 1822, Carrière.

618. — Telles seraient spécialement les accusations de violation de domicile. — *Cons. d'état*, 10 fév. 1816, Langle; 17 juin 1818, Broquier.

619. — ... Ou de détention arbitraire ou illégale. — *Cons. d'état*, 20 nov. 1815, Geraert; 23 déc. 1815, Buhot c. Lescornet; 3 déc. 1817, Marin; 20 oct. 1819, Leforestier; 17 nov. 1819, Reverrat; 29 déc. 1819, Fruitier; 23 janv. 1820, Lecorde c. Douelle; 19 mars 1820, Zinot; 24 oct. 1821, Bascou.

620. — ... Ou d'atteintes à la propriété privée. — *Cons. d'état*, 25 fév. 1818, Poirier; 31 mars 1819, Saint-Martin; même jour, Lespoujot c. Poirier; 17 nov. 1818, Ribes.

621. — Ainsi il nécessaire de recourir à l'autorisation préalable du conseil d'état pour exercer une action en complainte contre un maire à raison d'actes opérés par ses ordres. — *Cass.*, 8 déc. 1817 (intér. de la loi), Delivre c. adjoint du Mas. — V. Anal. *Cass.*, 29 pluv. an XI (intér. de la loi), Toussaint et Salzard.

622. — ... Ou lorsque, en sa qualité de maire de la commune, il commet une anticipation sur la propriété d'un particulier, en faisant trancher et culbuter des terres et abattre des arbres le long du chemin. — *Cass.*, 30 août 1833, Dercheux.

623. — Les maires, lorsqu'ils exercent les attributions qui leur sont conférées par la loi en matière de petite voirie, agissent comme délégués de l'administration. Ils ne sauraient donc être poursuivis à raison des actes qu'ils ont commis à l'occasion de l'exercice de ces attributions, sans une autorisation du gouvernement. — Tel serait le cas dans lequel un maire aurait ordonné l'arrestation d'ouvriers qui, nonobstant l'absence ou le refus d'alignement notifié au propriétaire, se seraient livrés à des constructions. — *Cass.*, 17 août 1837 (t. 1er 1838, p. 551), Gazeau.

624. — Le maire qui, dans l'intérêt de la salubrité publique, a ordonné, relativement à un cours d'eau, des mesures dont l'exécution a entraîné le chômage d'une usine non autorisée, ne peut être poursuivi par action civile en dommages-intérêts sans autorisation préalable du conseil d'état. — *Bastia*, 8 fév. 1841 (t. 2 1841, p. 148), Borghi c. Canessa.

625. — L'autorisation est encore nécessaire si l'atteinte avait été portée illégalement par le maire non à une propriété privée, mais à la propriété publique, soit qu'elle appartînt à l'état, soit qu'elle fût seulement bien communal.

626. — Spécialement, l'autorisation du conseil d'état est nécessaire à l'effet de poursuivre un maire prévenu d'avoir, sans autorisation, fait couper et distribuer aux habitans de sa commune une grande quantité d'arbres provenant de bois communaux. — *Cons. d'état*, 20 mars 1819, Robert. — V. conf. *Cons. d'état*, 23 janv. 1810, Mougin.

627. — ... Ou s'il a abusé de son pouvoir en donnant l'ordre d'abattre et d'enlever un arbre d'une forêt communale. — *Cass.*, 11 mars 1837 (t. 1er 1837, p. 395), Motter.

628. — Le refus du maire de remplir les obligations que la loi lui impose peut encore donner lieu à des poursuites de la part des administrés lésés par cette abstention, qui constitue véritablement une base de pouvoir négatif; mais comme ce refus a lieu dans l'exercice des fonctions du maire, l'autorisation préalable est nécessaire.

629. — Ainsi jugé dans une espèce où il s'agissait d'un maire qui a refusé de délivrer l'extrait du rôle de la contribution foncière nécessaire pour saisir des immeubles situés dans sa commune. — *Cass.*, 26 avr. 1830, Triponé c. Comebise. — V. conf. Bioche, *Dict. de procéd.*, vo *Vente sur saisie immobilière*, no 127.

630. — Tel est encore le cas où le maire aurait permis de faire payer par qui il appartiendra le prix de la nourriture de garnisaires auxquels il a délivré un billet de logement, par suite du refus qu'en avaient fait d'autres citoyens chez lesquels ils étaient envoyés. — *Cass.*, 14 mess. an IX, Chaussier c. Séguin.

631. — ... Et celui, où ayant conduit dans un cabaret des garnisaires qu'il était chargé d'établir chez les parens des conscrits réfractaires, il aurait promis au cabaretier de payer la dépense faite chez lui par ces garnisaires. — *Cass.*, 3 mess. an IX (int. de la loi), Gilles Masson c. Pascal Maville. — Alors l'autorisation préalable *serait nécessaire* pour exercer contre lui une action personnelle.

632. — Remarquons, au surplus, en terminant, que dans toutes les espèces que nous venons de passer en revue, nous trouvons la consécration invariable de ce principe général, que l'autorisation préalable n'est nécessaire qu'autant que les actes qui donnent lieu à la poursuite ont été commis par les maires ou adjoints dans l'exercice de leurs fonctions.

633. — *Maisons centrales (directeurs des).* — L'art. 75 de la constitution de l'an VIII protége les directeurs des maisons centrales. — *Cass.*, 13 nov. 1846 (t. 1er 1847), Dupille.

634. — ... S'agit-il même d'une simple contravention, telle que celle qui consisterait dans le refus fait par ce directeur de faire opérer la vidange des latrines de la maison centrale, lesquelles exhalaient une odeur insalubre. — Même arrêt. — V. PRISONS.

635. — *Octroi (préposés de l').* — Avant la loi du 28 avril 1816, qui leur a retiré, comme à tous les employés des contributions indirectes, le bénéfice de la garantie constitutionnelle (V. *suprà*, no 422), toute poursuite dirigée contre les préposés de l'octroi était soumise à la formalité de l'autorisation préalable.

636. — Avant la loi du 28 avr. 1816, un préposé en chef de l'octroi et receveur des droits réunis ne pouvait être poursuivi sans une autorisation du gouvernement, à raison des injures qu'il avait proférées contre un agent de police pendant la visite faite par les préposés de la régie sur une voiture chargée de vin. — *Cass.*, 12 déc. 1806. — V. encore *Cons. d'état*, 10 fév. 1816, Orsy c. Tullot.

637. — Toutefois la garantie constitutionnelle ne devait s'appliquer qu'aux préposés véritables, c'est-à-dire régulièrement commissionnés.

638. — Et l'on jugeait en conséquence que les préposés d'un régisseur de l'octroi n'étant pas agens du gouvernement pouvaient être poursuivis sans autorisation préalable. — *Cass.*, 8 déc. 1808, Golbrun.

639. — Depuis la loi du 28 avr. 1816 (art. 244), l'autorisation préalable n'est plus exigée. — *Cass.*, 25 août 1827, Marcel; 29 mars 1836, Lissandre c. Bax. — V. *suprà* nos 503 et suiv.

640. — *Officiers ministériels.* — Les officiers ministériels (avoués, commissaires-priseurs, huissiers, notaires, etc.) ne sont point des fonctionnaires publics et des agens de l'administration générale de l'état; ils ne peuvent donc réclamer le bénéfice de l'art. 75, constit. de l'an VIII. — *Cass.*, 26 déc. 1807, Zolezzi; 14 avr. 1819, Fourdinier c. Cressent.

641. — *Officiers de paix.* — Une ordonnance du conseil d'état, en autorisant une poursuite criminelle dirigée contre un officier de paix de la ville de Paris, a consacré par cela même la nécessité de l'autorisation préalable dans ce cas. — *Cons. d'état*, 25 déc. 1815, Bouglé c. Mercier. — Sauf à appliquer ici les distinctions que nous avons posées en parlant des commissaires de police. — V. *suprà* no 468.

642. — *Poids et mesures (vérificateurs des).* — Un arrêt de la cour de Cassation avait jugé qu'un vérificateur des poids et mesures est agent du gouvernement, et ne peut être poursuivi sans une autorisation du gouvernement, à raison des faits relatifs à ses fonctions. — *Cass.*, 9 fév. 1810, Bougerard c. Despujole.

643. — Néanmoins, postérieurement, un avis du conseil d'état, en date du 29 sept. 1812, approuvé le 15 janv. 1813, avait statué que les vérificateurs de poids et mesures n'étaient que de simples employés de sous-préfecture à qui la garantie de la constitution de l'an VIII n'était pas applicable.

644. — Mais depuis que la loi du 4 juill. 1837, art. 7, a voulu que ces employés fussent nommés par le ministre, au lieu d'être désignés par les préfets et sous-préfets, et leur a imposé la prestation d'un serment avant d'entrer en fonctions, en même temps qu'elle a ajouté une force plus grande à leurs procès-verbaux, le conseil d'état, sur l'avis conforme des ministres de la justice et du commerce, a consacré la nécessité de l'autorisation préalable à l'égard des vérificateurs des poids et mesures. — *Cons. d'état*, 23 juill. 1841, Bonnet; — Lesellyer, no 816. — V. POIDS ET MESURES.

645. — *Postes (administration des).* — Les agens de la poste aux lettres et spécialement les administrateurs généraux sont des agens du gouvernement, et ne peuvent, en conséquence, être mis en jugement sans autorisation, à raison des contraventions faites par les courriers de malles-postes, aux réglemens sur le chargement des voitures. — *Cass.*, 21 août 1828, administ. génér. des postes.

646. — Jugé encore que l'autorisation préalable

est nécessaire à l'effet de poursuivre un directeur de postes aux lettres prévenu de remise de lettres à un autre que le destinataire. — *Cons. d'état*, 19 sept. 1818, Demauglan c. Cherilly.

647. — ... Ou d'apposition sur des lettres de faux timbres, de fausses taxes et surtaxes. — *Cons. d'état*, 1er nov. 1820, Pilet. — V. POSTES.

648. — *Poudres et salpêtres (agens du service des)*. — Nous avons vu précédemment que la nécessité de l'autorisation préalable, en ce qui concerne les agens du service des poudres et salpêtres, résulte du décret du 26 fév. 1806, qui a permis aux administrateurs généraux des poudres et salpêtres d'autoriser la mise en jugement de leurs subordonnés.

649. — Mangin (no 250) prétend que des lois de 1816 qui ont placé les préposés de l'octroi et ceux des contributions indirectes dans le droit commun, il résulte que les préposés aux salpêtres y sont également placés; et la raison qu'il en donne, c'est que les employés des contributions indirectes ont été, par décrets des 21 août 1812 et 16 mars 1813, chargés simultanément de la constatation des contraventions aux réglemens sur la vente et la circulation des poudres et salpêtres.

650. — Mais, comme le fait remarquer M. Lesellyer (no 834), de ce que les agens des contributions directes peuvent, comme ceux des poudres et salpêtres, constater les mêmes contraventions, il ne s'ensuit pas que le législateur ait entendu retirer à ces derniers le bénéfice de l'autorisation préalable. — V. POUDRES ET SALPÊTRES.

651. — *Préfets et sous-préfets, conseillers de préfecture.* — La même garantie qui protége les maires et adjoints doit protéger les préfets et sous-préfets dans l'exercice des fonctions que la loi leur confie. — *Cons. d'état*, 11 déc. 1816, Ripert c. Bruand; 16 juill. 1817, Dupré Saint-Maur; 27 août 1817, Burcier c. Regners; 23 juin 1819, de Pardailhan; 4 août 1819, Lemelerel, de la Gaichois; 9 juill. 1820, Février c. Balencie. — V. PRÉFET, SOUS-PRÉFET.

652. — Un sous-préfet, en faisant exécuter un arrêté d'un préfet, relatif à une prise d'eau pour cause d'utilité publique, ne peut pas être, sans autorisation, poursuivi personnellement pour ce fait, soit par action civile, soit par action criminelle, sans l'autorisation du conseil d'état. — *Rennes*, 30 mai 1835, Hamon c. sous-préfet de Vitré.

653. — Le conseil d'état a appliqué cette solution même dans un cas où il s'agissait d'une tentative d'homicide imputée à un sous-préfet sur la personne d'un maire. — *Cons. d'état*, 16 août 1820, Tavernier.

654. — Un secrétaire général de préfecture est dans la classe des agens publics qui ne peuvent être poursuivis sans une autorisation du gouvernement à raison des faits commis dans leurs fonctions. — *Cass.*, 21 mai 1807 (et non 1806), Buet et Anems.

655. — Il est incontestable qu'il faut en dire autant des conseillers de préfecture alors qu'ils se trouvent appelés à prendre une part active dans l'administration départementale comme suppléant le préfet ou le secrétaire général.

656. — Nous pensons qu'il en doit être de même lorsque les membres du conseil de préfecture siégent comme juges administratifs; et non seulement nous adoptons cette opinion pour les conseillers de préfecture, mais encore pour tous les juges administratifs en général. « Le roi, dit M. Dufour (no 2245), a conservé l'exercice direct de la justice en matière administrative... La juridiction administrative se confond avec l'administration. Que le roi ou ses subordonnés et ses délégués procèdent par voie de décisions ou par voie d'injonctions, d'interdictions ou d'appréciations, dès l'instant que ces mesures se produisent et s'exécutent dans la sphère du pouvoir administratif, le roi ne fait toujours qu'administrer et gouverner; et ceux qui agissent en son nom et comme ses représentans et ses organes sont incontestablement les agens du gouvernement. » — « La loi elle-même, continue-t-il, vient à l'appui de cette doctrine. Puisqu'elle s'est abstenue de parler des fonctionnaires chargés de faire office de juges en matière administrative, lorsqu'il s'est agi de créer des garanties spéciales pour tous les membres de l'ordre judiciaire, il faut bien supposer qu'elle a pensé que ces fonctionnaires avaient droit à la garantie générale instituée par la loi du 22 frim. an VIII. »

657. — *Redevances diverses (fermiers et receveurs).* — Les receveurs de droit de passe aux barrières établies sur les routes ne sont point agens du gouvernement et peuvent être poursuivis sans autorisation préalable. — *Cass.*, 26 vendém. an XIII, Rambert c. Girautel.

658. — Il faut en dire autant des fermiers de ces mêmes droits. — *Cons. d'état*, 11 déc. 1814, Patrigeon c. Devaux.

659. — ... Et des garde-ports commissionnés par l'administration de la navigation intérieure. — *Cass.*, 1er juill. 1808 (int. de la loi), Blanchard.

660. — ... Spécialement encore des garde-ports commissionnés sur la haute Yonne lorsqu'ils procèdent à l'expédition des bois et au mesurage préalable des décastères qui doivent être empilés. — *Bourges*, 24 mars 1840 (t. 2 1841, p. 719), Charbonnier c. Tenaille-Lesvy.

661. — *Secours publics (administration des).* — Les membres des administrations des secours publics ne peuvent être poursuivis à raison d'actes relatifs à leurs fonctions sans l'autorisation du conseil d'état. — *Cons. d'état*, 14 juill. 1812, bureau de bienfaisance de Paris; — Cormenin, t. 2, p. 341, vo *Mises en jugement*, § 4; Chevalier, vo *Bureau de bienfaisance*, t. 1er, p. 175.

662. — Jugé spécialement en ce sens que les fonctions des commissaires administrateurs des hospices civils sont de la même nature que celles des administrateurs municipaux, et qu'ils ne peuvent donc pas, plus que ceux-ci, être actionnés en justice sans autorisation préalable. — *Cass.*, 29 prair. an X, Emiliani c. hospice de Bielle. — V. conf. Legraverend, t. 1er, p. 493; Lesellyer, no 821.

663. — Toutefois il convient de remarquer que sur une question de diffamation commise contre les les membres d'une commission administrative, la cour de Cassation a décidé que ces personnes ne sont que les gérans des intérêts privés d'un établissement municipal; mais que cette attribution spéciale ne les constitue pas *dépositaires ou agens de l'autorité publique dans le sens des lois de* 1819 *et* 1829, *sur la législation de la presse.* — *Cass.*, 27 nov. 1840 (t. 1er 1841, p. 438), Clément c. Parmentelot.

664. — *Secrétaires des mairies.* — Les secrétaires des municipalités créées par la constitution de l'an III avaient incontestablement un caractère public; mais ils perdirent ce caractère à partir de la constitution de l'an VIII.

665. — Néanmoins, et comme depuis cette époque ils avaient autorité dans certaines communes à délivrer des actes de l'état civil, un avis du conseil d'état du 6 juin 1807, approuvé le 2 juillet suivant, déclara valable tout ce qu'ils avaient fait jusque-là pour ne point jeter de perturbation dans la société et prescrivit des mesures de nature à faire cesser ces abus. Le doute sur le caractère des secrétaires des mairies ne peut donc plus exister. — Merlin, *Rép.*, vo *Garantie des fonctionnaires*, no 3; de Cormenin, *loc. cit.*, p. 347; Mangin, no 250; Lesellyer, no 814.

666. — C'est donc uniquement pour mémoire que nous rappellerons que dans l'intervalle de temps qui sépara la promulgation de la constitution de l'an VIII de l'avis du conseil d'état précité, il fut jugé que les secrétaires greffiers des municipalités, devant être considérés comme agens du gouvernement, ne pouvaient être poursuivis à raison des délits commis dans leurs fonctions sur une simple autorisation du sous-préfet, à qui le pouvoir d'accorder une pareille autorisation n'avait pas été délégué. — *Cass.*, 9 niv. an XII, Amiel.

667. — *Service militaire (officers et agens divers).* — Les fonctions purement militaires ne peuvent faire considérer celui qui en est revêtu comme protégé par la garantie constitutionnelle. — *Cass.*, 6 mars 1807, Delauzière; — Dufour, no 2243; Rauter, t. 2, p. 691, no 659; Lesellyer, no 822.

668. — Les agens militaires ne sont pas considérés comme agens du gouvernement et peuvent être poursuivis sans autorisation du conseil d'état, à raison des délits par eux commis dans l'exercice de leurs fonctions. — *Cass.*, 12 sept. 1807, N...

669. — Tel est par exemple un capitaine de recrutement prévenu d'avoir délivré de faux certificats en matière de recrutement. — Même arrêt. — V. aussi *suprà* nos 542 s. quant aux gendarmes.

670. — Mais au contraire il a été jugé qu'un commandant militaire dans une contrée en état de siége ne peut pas être traduit en justice, à raison des perceptions illégales qu'il aurait faites, si la poursuite n'a été préalablement autorisée par le conseil d'état. — *Poitiers*, 16 août 1833, Drouet d'Erlon c. habitans de la Vendée: *Cass.*, 17 fév. 1836, mêmes parties. — Ici en effet le commandant militaire se trouvait investi de fonctions toutes spéciales et non militaires. — V. ARMÉE.

671. — Les agens des subsistances militaires peuvent être poursuivis, à raison des contraventions aux lois sur les poids et mesures, sans autorisation du ministre de la guerre. — *Cass.*, 19 oct. 1836 (t. 1er 1837, p. 509), Tamain.

672. — Il en est différemment des intendans et sous-intendans militaires. — Arg. *Cass.*, 30 nov. 1821, Laurent c. Rhedon; — Morin, *Dict. de droit crimin.*, vo *Agens du gouvernement*.

673. — *Service militaire (officiers et agens).* — Lorsqu'un fait imputé à un commandant de bâtiment de la marine royale ne rentre pas dans la classe des actes où il exerce, comme délégué du gouvernement, un pouvoir de police et de surveillance ayant pour but direct l'intérêt et la sûreté de l'état, mais dans celle des actes qui, dépendant des fonctions ordinaires d'un capitaine de navire, appartiennent également aux capitaines des bâtimens de commerce, les actions dirigées contre lui à raison de ce fait et du dommage qui a pu en résulter ne sont pas soumises à l'autorisation préalable du conseil d'état. — *Aix*, 9 déc. 1836; sous *Cass.*, 2 juill. 1838 (t. 2 1838, p. 332), Bernard c. Chieusse.

674. — Les capitaines de lazaret ne peuvent, comme agens du gouvernement, être poursuivis pour des faits relatifs à leurs fonctions, qu'après autorisation du conseil d'état. — *Aix*, 9 déc. 1825, Mélinos c. David. — V. LAZARET.

675. — Un chef de l'administration de la marine est un fonctionnaire public qui ne peut pas être poursuivi pour des faits relatifs à ses fonctions sans une autorisation du gouvernement. — *Cass.*, 30 nov. 1821, Laurent c. Rhedon.

676. — *Travaux publics (entrepreneurs de).* — Nous n'avons point à examiner ici les questions si délicates qui s'élèvent sur la compétence en matière de travaux publics. Notons seulement que, quelle que soit l'autorité appelée à statuer sur les poursuites dirigées contre un entrepreneur de travaux publics, celui-ci ne peut se prévaloir de la garantie constitutionnelle résultant de l'art. 75 de la constitution de l'an VIII.

677. — C'est ainsi qu'un entrepreneur de travaux militaires ne peut être assimilé à un fonctionnaire public, agent ou préposé du gouvernement qui n'aurait fait qu'exécuter les ordres de son supérieur hiérarchique; il ne peut donc invoquer l'exception consacrée par les art. 114 et 190, C. pén., laquelle ne peut être appliquée qu'au cas particulier prévu par ces articles. — *Cass.*, 25 juin 1836 (t. 1er 1837, p. 14), Labarre.

678. — Quant aux individus qui sont chargés comme membres d'une société ou individuellement de fournitures et entreprises pour le compte des armées de terre et de mer, les délits qu'ils commettent dans l'accomplissement de leurs engagemens sont prévus et réglés par les art. 430 et suiv., C. pén.

679. — Or, aux termes de l'art. 433, ils ne peuvent être poursuivis que sur la dénonciation du gouvernement. Mais la loi n'ayant parlé nulle part de l'autorisation préalable du conseil d'état, les tribunaux sont valablement saisis par la seule dénonciation du ministre. — Lesellyer, no 825; Legraverend, t. 1er, p. 494.

680. — Jugé qu'un fournisseur n'est pas recevable à demander l'autorisation de poursuivre devant les tribunaux un administrateur qui l'a exclu d'un marché de fournitures. — *Cons. d'état*, 18 juill. 1821, Laurent c. Rhedon. — V. MARCHÉ ET FOURNITURES.

§ 4. — *Faits à raison desquels l'autorisation est nécessaire.*

681. — La disposition de l'art. 75 de la constitution de l'an VIII a été établie en effet non dans l'intérêt personnel et particulier des fonctionnaires, mais dans un but d'ordre public et d'intérêt général; elle existe en faveur de la fonction plutôt que du fonctionnaire.

682. — De là il suit que le fonctionnaire n'a droit à se prévaloir du bénéfice de la garantie constitutionnelle qu'autant que le fait qui lui est reproché se rattache à l'exercice des fonctions que la loi lui attribue. — Mangin, no 258; Lesellyer, no 850; Rauter, t. 2, no 659.

683. — Et c'est en effet dans les cas seulement où il s'agissait d'actes se rattachant aux fonctions que nous avons vu la jurisprudence des tribunaux et celles du conseil d'état reconnaître comme légale l'application de l'art. 75, constitut. an VIII.

684. — Sans doute, sur certains chefs de poursuites il a pu y avoir divergence entre les autorités administrative et judiciaire; l'une a pu considérer comme rentrant dans l'exercice de ses fonctions un fait que l'autre au contraire tenait comme leur étant étranger; mais ces divergences sont, on le conçoit, complétement indifférentes quant à la question de principe, qui n'en reçoit aucune altération.

685. — Et l'on ne saurait douter que, pour les faits étrangers à leurs fonctions, les agens du gouvernement ne rentrent dans le droit commun, et ne puissent être poursuivis sans autorisation préalable. — *Cons. d'état*, 11 déc. 1814, Renould; 9 juill. 1820, Henry; 24 oct. 1821, Williaux; 6 nov. 1822, Martineau; 19 fév. 1823, Girard; 27 août 1823, Bourrienne.

686. — Spécialement, l'autorisation du gouvernement n'est pas nécessaire pour la mise en jugement d'un maire, à raison des escroqueries auxquelles il a participé envers des parens de conscrits domiciliés dans d'autres communes que la sienne. — *Cass.*, 11 sept. 1807, Deshayes; 15 janv. 1808, Hugot.

687. — A plus forte raison, si ce n'est pas en qualité de maire qu'il a commis l'escroquerie qu'on lui impute, et si on le poursuit sans se fonder sur cette qualité. — *Bordeaux*, 22 fév. 1838 (t. 2 1838, p. 651), Monnereau.

688. — Un maire, poursuivi comme ayant reçu une somme pour dispenser un individu du service de la garde nationale mobilisée, peut être actionné sans autorisation préalable du conseil d'état. — *Cass.*, 31 mai 1820, Delafaye c. Goulard.

689. — L'action en restitution d'un dépôt contre un particulier qui exerce des fonctions administratives est de sa nature judiciaire et peut être poursuivie sans autorisation préalable, bien que le dépôt soit allégué avoir eu lieu à l'occasion de l'exercice des fonctions administratives. — *Cons. d'état*, 10 fév. 1816, Viguier.

690. — L'autorisation de mise en jugement n'est pas nécessaire à la poursuite d'une action dirigée par des huissiers contre un maire qui les aurait outragés dans l'exercice de leurs fonctions, lorsqu'il est établi que le maire n'exerçait pas les siennes lors des faits qui lui sont imputés. — *Cons. d'état*, 1er nov. 1820, Métereaux c. de Bezamces.

691. — Le maire qui, à l'occasion d'une question de propriété élevée entre sa commune et l'un des habitans, a reçu communication amiable d'un titre appartenant à ce dernier, peut être poursuivi sans autorisation préalable et condamné personnellement à la remise du titre, dont la rétention arbitraire ne peut être considérée comme un fait administratif, se rattachant à ses fonctions. — *Bordeaux*, 23 nov. 1831, Timbeux c. Teychoueyres.

692. — Il en serait ainsi alors même que, par une délibération à laquelle d'ailleurs le propriétaire du titre serait resté étranger, le conseil municipal, considérant le maire comme ayant agi en qualité de fonctionnaire, aurait mal à propos mis à la charge de la commune les frais faits en première instance sur la demande en remise de l'acte dont s'agit. — Même arrêt.

693. — Lorsqu'un maire est inculpé de deux délits, dont l'un a été commis en sa qualité de maire et dont l'autre est étranger à ses fonctions, l'autorisation du conseil d'état n'étant nécessaire que pour la poursuite du premier de ces délits, il n'y a pas lieu de surseoir au jugement du second, jusqu'à ce que cette autorisation soit rapportée. — *Cass.*, 1er juin 1832, Guillemain.

694. — L'autorisation du conseil d'état n'est pas nécessaire pour poursuivre un garde champêtre et forestier, à raison de faits relatifs à ses fonctions de garde champêtre. — *Cons. d'état*, 4 août 1819, Guigibre.

695. — Toutefois, si la division entre les inculpations relatives aux fonctions de garde champêtre et à celles de garde forestier n'est pas clairement établie, l'autorisation préalable devient nécessaire, et jusqu'à la décision de l'administration le juge ordinaire doit surseoir. — Même ordonnance.

696. — La cour de Bastia a rendu, il y a quelques années, une décision analogue dans une question où il s'agissait d'un acte reproché à un maire. — *Bastia*, 8 fév. 1841 (t. 2 1841, p. 148), Boryli c. Canessa.

697. — C'est encore par application du principe qu'il n'y a lieu à autorisation préalable qu'autant que le fait commis se rattache à l'exercice des fonctions qu'il a été jugé que cette autorisation n'est pas nécessaire pour poursuivre le garde forestier prévenu, par exemple, d'un délit de chasse sur un terrain ensemencé et hors du bois confié à sa garde. — *Cass.*, 16 avr. 1825, Rampail. — V. encore *Cons. d'état*, 15 mars 1822, Perrollut.

698. — Jugé encore que le délit de chasse imputé à un agent forestier, et qu'il aurait commis en surveillant une coupe de bois, ne peut constituer un délit commis dans l'exercice de ses fonctions, et dès-lors exiger l'autorisation préalable. — *Cass.*, 19 fév 1823, Gérard.

699. — ... Que la nécessité d'une autorisation pour la mise en jugement des gardes forestiers ne s'applique pas à la responsabilité qu'ils encourent pour simple négligence, aux termes de l'art. 6 du Code forestier. — *Cass.*, 30 juill. 1829, Joyeux; 4 mai 1832, Clerget; 20 juin 1834, Prêtre; 4 juill. 1834, Leroux; 7 août 1834, Géant. — V. au surplus FORÊTS.

700. — Mais du moment où il est constant que le fait objet des poursuites se rattache aux fonctions, l'autorisation doit toujours être demandée, que la poursuite soit dirigée par la voie criminelle ou par la voie civile.

701. — Sur ce point, la jurisprudence du conseil d'état a toujours été constante, et jamais ce conseil n'a décliné sa compétence par le motif que l'action intentée ne l'était qu'à fins civiles.

702. — La jurisprudence des tribunaux n'offre pas la même unité, et l'on peut citer notamment un arrêt de la cour de Pau qui a décidé que la nécessité de l'autorisation préalable n'était exigée qu'alors qu'il s'agissait de poursuites résultant d'actes coupables, d'abus de pouvoir ou autres délits attribués à ces fonctionnaires et non à des actions purement *civiles*. — *Pau*, 14 juill. 1831, ponts et chaussées c. Jahan.

703. — Et la cour de Paris s'est également prononcée en ce sens dans une espèce où il s'agissait d'un maire. — *Paris*, 7 mai 1833, Thibaut c. ville de Brie.

704. — Quant à la cour de Cassation, de même que le conseil d'état, elle ne paraît faire aucune distinction entre la nature de la poursuite, pourvu que le fait se rattache aux fonctions.

705. — Jugé en effet qu'un garde forestier ne peut être poursuivi sans autorisation préalable à fins civiles par le prévenu acquitté, demandeur en réparation. — *Cass.*, 10 janv. 1827, Andrieu. — V. encore anal. *Nîmes*, 1er fév. 1811, Rampon c. Malachaune.

706. — Au surplus, et depuis les arrêts précités des cours de Pau et de Paris, trois autres cours royales sont encore venues donner par leurs arrêts une adhésion complète à la jurisprudence de la cour de Cassation et du conseil d'état. — V. *Metz*, 30 nov. 1834, Valmont c. Murien; *Rennes*, 30 mai 1835, Hamere c. sous-préfet de Vitré; *Colmar*, 13 juin 1835, Mallarmé c. Prost.

707. — La cour de Pau elle-même est revenue sur sa jurisprudence en décidant que l'autorisation est toujours nécessaire, quelle que soit la nature de l'action intentée. — *Pau*, 28 août 1835, Elissagaray c. Hirigoyen.

708. — Il est vrai que, postérieurement encore, statuant sur une poursuite dirigée contre un directeur de poste aux lettres, la même cour ne paraît pas avoir exigé de la part du demandeur la justification de l'autorisation préalable. — *Pau*, 18 janv. 1838 (t. 2 1840, p. 45), Nadabre c. les postes.

709. — Mais, depuis, la cour de Cassation a de nouveau implicitement consacré la nécessité de l'autorisation préalable dans une instance civile. — *Cass.*, 31 juill. 1839 (t. 2 1839, p. 68), Lavigne c. Verdié. — V. encore *Bastia*, 8 fév. 1841 (t. 2 1841, p. 148), Borghi c. Canessa.

710. — C'est cette dernière opinion qui nous paraît seule pouvoir être admise. Le texte de l'art. 75 de la constitution de l'an VIII ne distingue pas, en effet, entre les différentes natures d'actions; et la garantie serait d'ailleurs illusoire s'il était permis de faire cette distinction. — V. encore Leselsyer, no 872, Mangin, no 269.

711. — Du principe que c'est à la fonction plutôt qu'au fonctionnaire qu'est due la garantie constitutionnelle, il suit encore évidemment qu'il n'y a pas lieu à statuer sur les demandes en autorisation de poursuivre un ancien fonctionnaire, lorsque les faits reprochés sont postérieurs à la cessation de ces fonctions. — *Cons. d'état*, 18 juill. 1821, Lenthreau.

712. — Mais c'est une question controversée que celle de savoir si cette garantie doit protéger les fonctionnaires ou agens qui ont cessé d'être revêtus des fonctions qu'ils exerçaient, à raison des actes par eux commis pendant qu'ils exerçaient leurs fonctions et à raison de ces mêmes fonctions.

713. — A l'égard des comptables destitués, il existe un avis du conseil d'état, en date du 16 mars 1807, décidant : « Qu'ils ne peuvent pas être admis à se prévaloir de la prérogative constitutionnelle d'après laquelle les agens publics ne peuvent être mis en jugement qu'en vertu d'une décision du conseil d'état. »

714. — Dès que cette révocation de comptable est certaine, aucune autorisation n'est donc plus nécessaire : aussi a-t-il été jugé que l'autorisation du conseil d'état n'est plus imposée comme condition préalable de la poursuite, alors que la destitution a été annoncée par lettres du ministre des finances. — *Cass.*, 17 oct. 1840 (t. 1er 1844, p. 329), Durand.

715. — L'avis du 16 mars 1807, régulièrement approuvé, doit être considéré comme ayant force légale; mais convient-il de le restreindre au cas spécialement déterminé par son texte? faut-il au contraire l'étendre à d'autres fonctionnaires, ou même au comptable simplement démissionnaire?

716. — Divers arrêts de la cour de Cassation ont décidé que les motifs de l'avis précité rendent sa disposition applicable à tous les préposés, quelle que fût la nature de leurs fonctions et la cause de la cessation de ces fonctions, s'agît-il même d'une démission entièrement volontaire. — *Metz*, 13 mars 1818, maire de N...; *Cass.*, 28 sept. 1821, Busscbolff; 5 juin 1823, Rassel; 23 mars 1827, Tuffeau; — V. encore Legraverend, t. 1er, ch. 15, sect. 1re, § 10.

717. — Il nous est impossible d'admettre une semblable doctrine, que combat, du reste, la majorité des auteurs; et nous ne voyons pas de motifs suffisans pour s'écarter de cette règle fondamentale de notre droit criminel, que toutes les fois que la qualité du prévenu détermine spécialement la juridiction à laquelle il appartient, c'est d'après la qualité qu'il avait lors de la perpétration du délit que doit être réglée la compétence, soit qu'il ait perdu cette qualité, soit qu'il en ait acquis une autre lors de la poursuite ou du jugement.

718. — Et d'ailleurs, comme le fait remarquer Mangin (*De l'action publique*, t. 2, p. 45, no 257), « ce n'est point à l'individu, ce n'est pas même à la fonction qui lui est confiée, que la garantie est accordée; c'est à l'*acte* qui motive la poursuite; et les considérations d'ordre public qui ont dicté l'art. 75, const. an VIII, la réclament d'une manière tout aussi impérieuse quand l'agent est démissionnaire ou révoqué que quand il reste en fonctions; il s'agit toujours d'empêcher les tribunaux de s'immiscer dans des matières dont la connaissance leur est interdite. » — V. conf. Merlin, *Rép.*, vo *Garantie des fonctionnaires*, no 9; Favard, *Rép.*, vo *Mise en jugement*, § 3, no 17; Cormenin, *Des mises en jugement*, no 5, p. 432; Mangin, no 257; Rauter, no 659.

719. — Selon les mêmes auteurs, l'avis du conseil d'état du 16 mars 1807 ne devrait pas être restreint dans son application, même à l'égard des comptables destitués, au cas spécial qui y avait donné lieu, c'est-à-dire au cas de poursuite à exercer contre un comptable par le *ministre du trésor public*; autrement dit, par le chef d'une administration contre son subordonné.

720. — Cette dernière solution, fort rationnelle assurément, peut néanmoins être repoussée par cette considération que l'avis du conseil d'état ne distingue aucunement entre les comptables destitués. Mais dans ce cas même, il devrait, selon nous, rester étranger à tous fonctionnaires autres que les comptables, et même aux comptables démissionnaires.

721. — Le conseil d'état, en accordant ou refusant fréquemment l'autorisation de poursuivre d'anciens fonctionnaires publics, a par cela même consacré virtuellement la nécessité d'une autorisation préalable. — V. notamment *Cons. d'état*, 24 oct. 1821, comm. de Boussau c. Tourignon; même jour, Basari; 14 nov. 1821, Mazerolles; même jour, Dufournastreaux; même jour, Allier.

722. — Jugé même que l'autorisation préalable du conseil d'état est nécessaire pour poursuivre à fins civiles les héritiers d'un ancien fonctionnaire (un maire) destitué. — *Cons. d'état*, 29 janv. 1823, comm. de Bloisy-le-Haut c. Jouny.

723. — Au surplus, des arrêts plus récens semblent indiquer un retour des cours de Cassation et de Metz à une autre jurisprudence. L'arrêt de la cour de Cassation ne décide, il est vrai, la question que d'une manière implicite. — *Cass.*, 6 fév. 1836, Debosque.

724. — Mais la cour de Metz a décidé d'une manière formelle que la démission ou la révocation d'un ancien agent ne changerait en rien l'origine et la nature de l'acte incriminé, et que l'autorisation préalable demeure toujours nécessaire. — *Metz*, 30 nov. 1834, Valmort c. Marié.

725. — C'est encore dans ce sens que s'est prononcée depuis la cour de Bastia. — *Bastia*, 8 fév. 1841 (t. 2 1841, p. 148), Borghi c. Canessa. — V. aussi *Poitiers*, 25 janv. 1831 (et non 1821), Chaudreau.

§ 5. — *Caractère et étendue de l'autorisation.*

726. — Il résulte de ce que nous avons vu jusqu'ici que du moment où, dans une poursuite dirigée devant les tribunaux, qu'elle soit criminelle ou à fins civiles, se rencontre cette double circonstance que la poursuite s'adresse à un agent du gouvernement et a pour objet un acte de ses fonctions, l'autorisation préalable devient nécessaire.

727. — Si, comme nous l'avons vu, il n'y a aucune raison de distinguer entre l'action civile et l'action criminelle, de même aussi on ne saurait s'arrêter à cette considération que la poursuite dirigée contre l'agent du gouvernement n'a pas été intentée directement et principalement, et que l'intervention du fonctionnaire ne se trouve qu'incidente à une affaire première et principale.

728. — Ainsi, lorsqu'un maire intervient dans un procès, le tribunal ne peut, sans une autorisation préalable du conseil d'état, le condamner à des dommages-intérêts pour un fait relatif à ses fonc-

tions. — *Cass.*, 13 nov. 1809 (int. de la loi), Godard c. veuve Ponsan.

729. — Spécialement, lorsqu'un maire intervient et prend fait et cause pour des ouvriers prévenus qui n'ont agi que par ses ordres, le tribunal de police viole l'art. 75, const. an VIII, et la loi du 16 fructid. an III, par le rejet, avant toute autorisation préalable, de l'intervention et de l'exception du maire agissant comme agent du gouvernement, chef de la police et en matière d'administration. — *Cass.*, 29 pluv. an XI (int. de la loi), Toussaint.

730. — Cette formalité est d'ordre public : elle est imposée comme condition préalable, et rien ne saurait suppléer à son inobservation dans les cas où elle doit être remplie.

731. — Elle doit porter sur tous les faits incriminés ; ainsi, lorsqu'à l'égard d'un fonctionnaire des poursuites ont déjà été autorisées, en ce qui concerne certains faits reprochés, si, devant le tribunal régulièrement saisi, de nouvelles allégations sont produites sur de nouveaux faits, il est nécessaire de se pourvoir de nouveau devant le conseil d'état à l'effet d'obtenir, quant à ces nouveaux chefs de poursuite, l'autorisation préalable. — *Cons. d'état*, 14 nov. 1821, Magerolles ; — Mangin, no 262 ; Lesellyer, no 866. — V. *contrà* Legraverend, p. 482.

732. — Toutefois, il faut bien comprendre que l'autorisation nouvelle n'est nécessaire qu'autant qu'il s'agit de charges nouvelles, et que ces charges résultent de faits se rattachant aux fonctions.

733. — Jugé en effet et avec raison que lorsqu'un maire est poursuivi pour abus de ses fonctions, l'écrit qu'il publie pour sa défense peut donner lieu à une nouvelle poursuite sans qu'il soit besoin d'une autorisation du conseil d'état. — *Cass.*, 12 mars 1823, Chorpain c. Balmain ; — Lesellyer, no 859.

734. — Si l'autorisation doit porter sur tous les faits, à plus forte raison est-il indispensable qu'elle désigne les personnes qui doivent être l'objet des poursuites.

735. — Ainsi jugé que l'autorisation générale de poursuivre les auteurs, fauteurs, complices et adhérens du faux commis par un receveur général n'emporte pas l'autorisation de poursuivre ceux qui seraient agens du gouvernement, surtout s'ils n'ont été connus que postérieurement. — *Cass.*, 21 mai 1807 (et non 1806), Hueux et Arreau.

736. — Mais le même arrêt a ajouté que l'autorisation de poursuivre les auteurs, fauteurs ou adhérens d'un délit est suffisante, si elle porte : *fussent-ils agens du gouvernement*. Elle n'a pas besoin alors d'être spéciale et nominative.

737. — D'où il faudrait conclure, si l'on admettait la doctrine de cet arrêt, qu'il suffirait que l'autorisation fût spéciale et qu'elle n'a pas besoin d'être nominative ; c'est donc par erreur qu'un recueil judiciaire aurait avancé que, d'après cet arrêt, l'autorisation doit être spéciale et nominative.

738. — En tous cas, nous ne saurions approuver la doctrine de cet arrêt qui aujourd'hui nous semble peu en harmonie avec nos lois constitutionnelles. L'autorisation, supposant un examen préalable des élémens de la poursuite, serait pour les fonctionnaires la plus vaine de toutes les garanties si elle n'était personnelle et nominative. — V. encore Mangin, no 266 ; Lesellyer, no 867.

739. — Du principe que l'autorisation préalable est d'ordre public, il suit encore que non seulement elle est imposée aux particuliers, mais que l'action du ministère public elle-même se trouve subordonnée à cette formalité préalable.

740. — Il en est de même de l'action qui peut être dirigée par une administration publique contre un de ses agens. — C'est ainsi notamment que l'administration forestière doit, ainsi que les particuliers, demander l'autorisation de poursuivre. — *Cass.*, 11 mars 1837 (t. 1er 1837, p. 395), Forêts c. Mottes.

741. — En tout état de cause, l'exception résultant du défaut d'autorisation peut être proposée, et doit toujours être admise par les tribunaux. — *Pau*, 15 déc. 1832, Mérillon c. Gorses ; *Metz*, 30 nov. 1824, Valmont c. Marier ; *Colmar*, 13 juin 1835, Mallarmé c. Prost ; *Cass.*, 11 mars 1837 (t. 1er 1837, p. 395), Mallarmé c. Motter ; — Mangin, no 267 ; Lesellyer, no 870.

742. — Il ne peut, en conséquence, résulter aucune fin de non-recevoir de ce que le prévenu n'aurait fait porter directement son pourvoi que sur le jugement définitif et non sur le jugement qui a rejeté son déclinatoire. — *Cass.*, 9 fév. 1809, Goubaux ; — Legraverend, *Législ. crimin.*, t. 2, p. 439, note 2e.

743. — Les tribunaux sont même tenus de surseoir d'office au jugement de l'affaire, chaque fois qu'il leur paraît que la poursuite est du nombre de celles qui doivent être autorisées.

744. — En conséquence, on jugeait avant la constitution de l'an VIII, et cette décision serait encore applicable aujourd'hui, que la procédure commen-

cée sans ce renvoi préalable serait nulle pour excès de pouvoirs. — *Cass.*, 17 niv. an VII, Battistini ; — Lesellyer, no 868.

745. — ...Qu'un tribunal de police correctionnelle ne pouvait prononcer des peines contre un administrateur, à raison de ses fonctions, sans qu'il ait été renvoyé devant lui par l'autorité supérieure. — *Cass.*, 17 vent. an VII, Leboucher.

746. — L'autorisation du conseil d'état, qui doit précéder la poursuite exercée contre un agent du gouvernement, est tellement de rigueur que le tribunal ne peut même pas prononcer l'acquittement du prévenu avant la production de cette autorisation. — *Cass.*, 30 août 1833, Dercheux.

747. — Si cependant il y a eu acquittement du prévenu, la décision ne peut être cassée que dans l'intérêt de la loi. — *Cass.*, 6 juin 1811 (intérêt de la loi), Liouse ; — Lesellyer, no 871 ; Merlin, *Rép.*, vo *Bis in idem*, no 13 ; Mangin, no 267 ; Legraverend, t. 1er, p. 482, note 4e.

748. — Néanmoins, et quelque rigoureux que soit pour les tribunaux le devoir de surseoir à toutes poursuites dirigées contre un fonctionnaire tant que ces poursuites n'ont pas été autorisées, le défaut d'autorisation ne donne pas lieu au préfet d'élever le conflit d'attributions.

749. — Telle a été la jurisprudence du conseil d'état dès l'origine. — *Cons. d'état*, 17 juill. 1808, comm. de Saint-Martin ; 10 déc. 1817, Surth c. Wagner ; 6 nov. 1817, Croye c. Augereaud ; 3 déc. 1823, Bry ; 24 mars 1824, Paris c. Etienne ; 12 janv. 1825, Matha ; 26 déc. 1827, Jacquet c. Thirion.

750. — Une seule ordonnance rendue en sens contraire avait confirmé l'arrêté de conflit pris contre le jugement d'un tribunal qui s'était déclaré compétent pour connaître des poursuites dirigées contre un maire avant que ces poursuites eussent été autorisées. — *Cons. d'état*, 27 déc. 1820, Serres c. Augers.

751. — Aujourd'hui aucun doute n'est plus possible, l'ordonnance du 1er juin 1828, sur les conflits, portant expressément, par son art. 3, que le défaut d'autorisation ne peut donner lieu au conflit. — V. CONFLIT, nos 164 et suiv. ; — Lesellyer, no 870.

752. — Le défaut d'autorisation constitue donc seulement une exception qui doit être proposée devant l'autorité judiciaire, et que celle-ci, si elle ne la relève pas d'office, est tenue d'accueillir lorsqu'elle lui est présentée. — *Cons. d'état*, 12 avr. 1829, ville de Strasbourg.

753. — Il est donc vrai de dire qu'il n'appartient qu'à l'autorité judiciaire de décider si une autorisation du conseil d'état est nécessaire pour une poursuite à exercer contre un fonctionnaire public. — *Cass.*, 12 mars 1829, Charpin c. Bulmain.

754. — ... Que lorsqu'un fonctionnaire public est inculpé d'un délit, il y a présomption, jusqu'à preuve contraire, que ce n'est pas dans l'exercice de ses fonctions qu'il l'a commis ; qu'en conséquence, tant que cette preuve n'est pas rapportée, il peut être poursuivi et condamné sans autorisation préalable. — *Cass.*, 12 mars 1813, Mignot ; — Lesellyer, no 857.

755. — ... Que lorsqu'un maire est inculpé de deux délits, dont l'un a été commis en sa qualité de maire et dont l'autre est étranger à ses fonctions, l'autorisation du conseil n'étant nécessaire que pour la poursuite du premier de ces délits, il n'y a pas lieu de surseoir au jugement du second jusqu'à ce que l'autorisation soit rapportée. — *Cass.*, 1er juin 1832, Forêts c. Guillemain.

756. — ... Qu'alors qu'il paraît au tribunal, saisi de l'affaire, que dans les chefs de la poursuite, les uns sont relatifs aux fonctions, les autres leur demeurent étrangers, il peut et même il doit, distinguant entre ces divers chefs, en même temps qu'il surseoit au jugement des seconds, retenir les premiers, et continuer leur examen, à moins que les circonstances du fait ne lui paraissent de nature à motiver un sursis jusqu'au moment où l'affaire pourra revenir engagée sur tous les points. — *Cons. d'état*, 2 juin 1819, Bernardi ; 15 juin 1841, Demart.

757. — ... Et que dans le cas que nous venons d'indiquer, si le conseil d'état se trouvait à tort saisi d'une demande générale d'autorisation, il devrait se borner à statuer seulement sur les chefs relatifs aux fonctions, et se déclarer incompétent pour le reste. — Mêmes ordonnances.

758. — Mais il n'en reste pas moins vrai que c'est pour les tribunaux une obligation rigoureuse de surseoir au jugement de l'affaire principale jusqu'à l'obtention de cette autorisation, dès qu'il leur apparaît qu'il s'agit d'un fait pour lequel l'autorisation préalable est nécessaire. — V. les arrêts précités nos 743 et suiv.

759. — Dans ce sens, il est exact de dire que ce n'est pas à l'autorité judiciaire, mais à l'autorité administrative qu'il appartient d'apprécier dans

une instance si l'individu actionné a droit ou non à la garantie. — *Cass.*, 5 août 1823, Raousset de Boulbon c. Morel.

760. — Une chambre des mises en accusation ne peut décider la question de savoir s'il y a ou non charges suffisantes pour prononcer la mise en accusation d'un agent du gouvernement prévenu de délits commis dans l'exercice de ses fonctions, qu'après que l'autorisation de le poursuivre a été accordée par le conseil d'état. — *Cass.*, 8 mai 1824, Kouch.

761. — Toutefois, nous devons remarquer ici que les deux arrêts que nous venons de citer ont été généralement regardés par les arrêtistes et les auteurs comme voulant établir l'incompétence absolue de l'autorité judiciaire, quant à tout examen de l'affaire avant l'autorisation préalable obtenue. — Cette doctrine, si elle était telle, nous paraîtrait peu en harmonie avec celle consacrée par le conseil d'état, et nous l'admettrions difficilement, surtout depuis l'ordonnance précitée du 1er juin 1828, sur les conflits.

762. — Mais tel n'est pas, ce nous semble, le sens de ces arrêts ; la cour de Cassation n'a pas voulu dire que les tribunaux, en pareille circonstance, devraient nécessairement surseoir sans se livrer à aucun examen des faits ; mais, seulement, que si des charges existant contre un fonctionnaire, le tribunal estime que les faits incriminés se rattachent à ses fonctions, il est dans son devoir de surseoir au jugement de l'affaire jusqu'à la justification de l'autorisation préalable.

763. — Ce qui prouve, au surplus, que la doctrine de ces arrêts n'est pas en contradiction avec les principes établis par l'ordonnance sur les conflits, c'est que, depuis cette ordonnance, les considérans qu'ils contiennent se sont trouvés reproduits dans d'autres décisions, et que même il en est un qui cite dans ses motifs l'arrêt du 5 août 1823, à l'appui de la solution qu'il donne, et d'après laquelle, lorsque la qualité d'un fonctionnaire est contestée (dans l'espèce, il s'agissait d'actes reprochés à un maire), c'est au conseil d'état seul qu'il appartient d'examiner en quelle qualité le fonctionnaire a commis l'acte reproché, et quelle est la nature de ces actes. — *Bastia*, 8 fév. 1841 (t. 2 1841, p. 148), Borghi c. Canessa. — V. encore *Pau*, 15 déc. 1832, Mérillon c. Gorres.

764. — Du reste, l'exception tirée du défaut d'autorisation préalable ne fait que suspendre l'action sans en entraîner la déchéance. — *Rennes*, 30 mai 1835, Hamon c. sous-préfet de Vitré.

765. — En conséquence, le fonctionnaire ne peut pas demander sa mise hors de cause, mais le tribunal doit impartir au demandeur un délai pour former sa demande à fin d'autorisation de poursuivre. — Même arrêt.

766. — Par le même motif, le tribunal qui déclare que le fonctionnaire public ne peut être mis quant à présent en jugement, attendu l'absence d'autorisation du conseil d'état, doit également surseoir à statuer relativement aux dépens. — *Cass.*, 11 mars 1837 (t. 1er 1837, p. 395), Forêts c. Motter.

767. — Mais la nécessité où se trouve le tribunal de surseoir au jugement de l'affaire, dans le cas où l'autorisation préalable est nécessaire, pourrait avoir des conséquences fâcheuses pour la bonne administration de la justice, surtout dans les matières criminelles, où la promptitude dans l'instruction est toujours si nécessaire.

768. — Aussi un décret impérial a-t-il décidé avec raison que la nécessité de l'autorisation préalable ne fait point obstacle à ce que les magistrats chargés de la poursuite des délits informent et recueillent tous les renseignemens relatifs aux délits commis par les agens du gouvernement dans l'exercice de leurs fonctions ; mais il ne peut être, en ce cas, décerné aucun mandat, ni subi aucun interrogatoire juridique, sans l'autorisation préalable du gouvernement. — Décr. 9 août 1806, art. 8 ; — Merlin, *Rép.*, vo *Agens du gouvernement*. — V. encore *Cons. d'ét.*, 9 juin 1820, Ricard c. maire du Houlme.

769. — Jugé, en conséquence, que l'arrêté par lequel un préfet refuse d'autoriser des poursuites contre un agent du gouvernement pouvant être réformé sur un recours au conseil d'état, ne met point non plus obstacle aux informations provisoires sur les délits que cet agent est inculpé d'avoir commis dans l'exercice de ses fonctions. — *Cass.*, 24 juin 1819, Cochenet c. Legendre ; — Mangin, *Traité de l'action publique*, t. 2, p. 55, no 262 ; Chauveau et Hélie, *Théorie du Code pén.*, t. 3, p. 136 ; Lesellyer, no 875.

770. — Il est même nécessaire, ainsi que nous le verrons plus bas (*infrà* nos 801 s.) que des informations judiciaires précèdent la demande en autorisation. — *Cons. d'ét.*, 2 févr. (et non janv.) 1821, Meynard c. Dalbizzi.

771. — Mais les pouvoirs exceptionnels que la loi confère, soit au ministère public, soit au juge d'instruction, au cas de flagrant délit, peuvent-ils être exercés à l'égard du fonctionnaire public coupable de flagrant délit ?

772. — L'affirmative est généralement professée; et à l'appui de ce système on argumente de l'art. 121, C. pén. L'ordre ou le mandat de saisir ou arrêter les ministres et autres grands fonctionnaires publics peuvent être donnés ou signés dans les cas de flagrant délit et de clameur publique, sans les autorisations prescrites en règle générale par les lois de l'état; on en conclut *à fortiori* qu'il doit en être de même lorsqu'il s'agit de fonctionnaires d'un rang inférieur et souvent très subalterne.

773. — On fait en outre remarquer que la charte constitutionnelle accorde aux membres de la chambre des pairs une exception toute spéciale qu'elle n'accorde pas aux députés, puisqu'à l'égard de ces derniers, l'art. 44 reconnaît expressément le droit d'arrestation en cas de flagrant délit; or, ajoute-t-on, si le député peut être arrêté au cas de flagrant délit, à combien plus forte raison doit-il en être ainsi à l'égard des agens du gouvernement. Telle est l'opinion adoptée par Legraverend, p. 487 et 488; Bourguignon, *Jurisp. des Codes crimin.*, sur les art. 40 et 121, C. inst. crim.; Mangin, nº 263; le Sellyer, nº 864.

774. — Cette solution est vivement controversée. Sans doute, dit-on, l'art. 121 autorise au cas de flagrant délit l'arrestation des personnes qu'il désigne; mais il n'a trait qu'aux actes étrangers aux fonctions de ces personnes; leurs actes de fonctionnaires sont régis par l'art 129, C. pén. Or, dans cet art. 129 ne se trouve aucune mention du droit d'arrestation pour le cas de flagrant délit, et certes quand l'art. 75 de la constitution de l'an VIII a défendu la mise en jugement des agens du gouvernement, sans autorisation préalable, pour des faits relatifs à leurs fonctions, à plus forte raison a-t-elle interdit leur arrestation.

775. — Quant à la charte constitutionnelle, les principes qu'elle contient sur le droit d'arrestation qui peut être exercé à l'égard des membres du pouvoir législatif appartiennent à une matière et à un ordre d'idées tout-à-fait étrangers à ceux qui nous occupent.

776. — A quoi on peut encore ajouter que le décret du 9 août 1806 précité permet bien aux magistrats d'informer et de recueillir les renseignemens, mais qu'il porte expressément et sans distinguer entre les délits flagrans et non flagrans, qu'aucun mandat ne peut être décerné ni aucun interrogatoire juridique subi sans que l'autorisation ait été obtenue. — V. dans ce sens Chauveau et Hélie, *Théorie du Code pénal*, t. 3, p. 158 et 159; Teulet, d'Auvilliers et Sulpicy, *Codes annotés*, sur l'art. 40, C. inst. crimin., nº 3.

777. — En tous cas, ceux même qui soutiennent que le flagrant délit a pour effet de priver le fonctionnaire du bénéfice de la garantie constitutionnelle reconnaissent que le droit de l'autorité judiciaire ne saurait consister que dans l'arrestation de la personne, et que la mise en jugement ne pourrait être régulière qu'autant qu'il a été rendu à cet égard une décision dans la forme légale. — Legraverend et Lesellyer, *loc. cit.* — V. FLAGRANT DÉLIT.

§ 6. — *Procédure de la demande en autorisation.*

778. — C'est, ainsi que nous l'avons déjà dit et, sauf dans quelques cas exceptionnels spécialement déterminés, le conseil d'état qui est appelé à statuer sur les demandes en mise en jugement des fonctionnaires publics.

779. — La marche à suivre lorsque l'autorisation doit être demandée aux administrations supérieures desquelles relèvent les agens poursuivis ne peut évidemment différer de celle que l'on doit observer pour toutes les réclamations dirigées contre ces mêmes administrations.

780. — D'ailleurs, il ne faut pas oublier que le recours soit contre la décision de ces administrations, soit contre leur refus de statuer, est toujours ouvert devant le conseil d'état, qui, au résumé, reste toujours le juge suprême en matière d'autorisation de poursuites.

781. — Les demandes en autorisation de poursuivre des fonctionnaires publics sont soumises à des formalités particulières qu'il importe de préciser.

782. — Ainsi d'abord il est de principe que la demande en autorisation de poursuivre un fonctionnaire public relativement à des faits qui se rattachent à ses fonctions ne peut point être introduite par la voie contentieuse. — *Cons. d'état*, 18 janv. 1818, Campagne; 13 mars 1822, Delaistre; 12 fév. 1823, Fabry c. Soult; 21 janv. 1829, Brière; 10 fév. 1835, Regnault.

783. — Les attributions du conseil d'état en cette matière ne sont point, en effet, de nature contentieuse; il prononce, non comme juge administratif, mais en vertu d'un droit supérieur de haute administration qui lui est propre; il autorise la mise en jugement au même titre qu'il règle les conflits.

784. — C'est en raison du caractère tout spécial des demandes à fin de poursuites contre les fonctionnaires que, sous l'empire, la connaissance de ces demandes avait été conférée à la section de législation de ce conseil et même à celle de l'intérieur.

785. — Il est vrai que depuis, et par suite du changement d'organisation du conseil d'état, la connaissance des mises en jugement avait été attribuée au comité du contentieux. — Ord. royales 29 juin 1814 et 20 sept. 1815.

786. — Mais même, sous l'empire de ces ordonnances, la jurisprudence du conseil d'état n'hésita jamais à consacrer le caractère tout spécial des demandes à fins de poursuites et l'impossibilité de leur appliquer les règles relatives aux affaires contentieuses; et bien qu'aujourd'hui l'examen des demandes à fin de poursuite ne soit plus confié au comité du contentieux, néanmoins les règles établies par cette jurisprudence demeurent toujours applicables.

787. — Ainsi décidé qu'un particulier n'a pas qualité pour intervenir devant le conseil d'état et y prendre des conclusions sur la demande en autorisation d'une poursuite criminelle, lorsqu'il n'a point formé préalablement de plainte régulière et qu'il ne s'est point constitué partie civile. — *Cons. d'état*, 12 fév. 1823, Fabry c. Soult.

788. — ... Que la décision qui refuse la mise en jugement d'un agent administratif n'est pas susceptible de tierce-opposition de la part de la partie civile qui avait porté plainte. — *Cons. d'état*, 21 oct. 1831, Bellenger.

789. — ... Surtout si c'est en vue et par suite de la plainte qu'a été rendue la décision du conseil. — *Cons. d'état*, 26 fév. 1817, Lacoux de Marivaux.

790. — L'ordonnance du 2 mai 1831, qui établit la publicité et le débat oral en matière contentieuse, avait déclaré ce mode d'instruction inapplicable aux demandes en autorisation de poursuivre. — V. CONSEIL D'ÉTAT, nº 422.

791. — Aujourd'hui, et depuis l'ordonnance du 18 sept. 1839, art. 17, aucun doute ne demeure possible sur la nature de la demande à fins de poursuites dirigées contre les fonctionnaires de l'ordre administratif. — L'affaire, portée au comité de législation, s'y décide en la forme administrative, c'est-à-dire sans publicité ni débat oral. Les parties ou leurs avocats n'ont pour faire valoir leurs moyens que la ressource des mémoires et observations écrites, dont le dépôt s'opère au secrétariat du conseil. — Dufour, nº 2263.

792. — Toutefois, l'instruction et l'examen de la demande à fins de poursuites mettant en présence des intérêts privés, et supposant d'un côté une plainte, de l'autre une réponse de la part de celui qui en est l'objet, cette demande se distingue sous ce rapport des actes d'administration pure, et rentre dans cette nature d'affaires quasi-contentieuses désignées généralement par les auteurs sous le nom d'affaires mixtes. — V. COMPÉTENCE ADMINISTRATIVE, nos 284 et suiv.; CONSEIL D'ÉTAT, nos 367 et suiv.

793. — Les formes à suivre varient encore suivant que la demande est formée par un particulier ou par l'autorité judiciaire, et suivant aussi que la demande est à fins civiles ou à fins criminelles.

794. — En ce qui concerne les demandes à fins de poursuites qui émanent de l'autorité judiciaire, « elles sont, dit M. Dufour (nº 2262), formées par les procureurs-généraux d'après les renseignemens fournis par une instruction préparatoire, et transmises au conseil d'état par l'intermédiaire du ministre de la justice, qui en donne en même temps avis au ministre du département de l'agent inculpé. » — Décr. 9 août 1806, art 2.

795. — Quant à la demande à fins civiles seulement formée par un particulier qui se prétend lésé, elle est transmise au conseil d'état par l'intermédiaire du préfet ou du procureur du roi, et du ministre de la justice; en fait même, il arrive journellement qu'elle est directement envoyée au secrétariat du conseil d'état.

796. — Sur le vu de la demande, le comité de législation est saisi; son premier soin est de la communiquer au ministre du département duquel relève le fonctionnaire ou l'agent inculpé, et ce ministre fait prendre et recueillir les renseignemens qui sont nécessaires pour éclairer sa religion et justifier la décision du conseil.

797. — Lorsque l'autorisation est à fins criminelles, il convient de distinguer si la poursuite est du nombre de celles que les parties intéressées ont le droit d'engager elles-mêmes par voie de citation directe, ou de celles où ces parties ne peuvent paraître que comme parties jointes, suivant les règles tracées au Code d'instruction criminelle.

798. — Dans ce dernier cas, les plaignans ne pouvant provoquer par eux-mêmes l'action publique, qui demeure complétement libre, leur seul et unique droit consiste donc à pouvoir se joindre comme parties civiles à la demande en autorisation que de son côté le ministère public a pu former devant le conseil d'état.

799. — C'est en ce sens qu'il a pu être décidé qu'une demande en autorisation de poursuivre d'anciens agens administratifs pour des faits relatifs à leurs fonctions ne peut être portée au conseil d'état non seulement par la voie contentieuse directement, mais encore sans l'intermédiaire du ministère public. — *Cons. d'état*, 12 fév. 1823, Fabry c. Soult.

800. — Lorsqu'il s'agit au contraire de faits dont la connaissance appartient aux tribunaux de simple police et à ceux de police correctionnelle, il n'est pas besoin de l'action préalable du ministère public; la partie intéressée peut directement saisir le conseil d'état.

801. — Mais, dans ce cas, il est nécessaire qu'elle justifie préalablement d'une action portée devant les tribunaux ordinaires; autrement elle serait déclarée non recevable. « Le conseil d'état, dit M. Dufour (nº 2236), a vu, dans le droit réservé aux magistrats par le décret du 9 août 1806 de procéder à une instruction provisoire, un moyen de se ménager les plus précieux renseignemens, et il a fait aux réclamans une obligation de provoquer avant de venir à lui un commencement d'information. »

802. — Aussi est-il de jurisprudence invariable qu'on n'est pas recevable à demander au conseil d'état l'autorisation de poursuivre un fonctionnaire public devant les tribunaux, lorsqu'il n'y a ni plainte ni information juridique préalable. — *Cons. d'état*, 9 juill. 1820, Ricard c. maire du Houlme; 2 fév. 1821, Meynard c. d'Albizzi; 12 mai 1824, Redon; 29 août 1821, Anglès; 25 mai 1841, Rochol; 1er mars 1842, Michaud c. Salles; 16 déc. 1842, Malepeyre c. Labie.

803. — « On comprend d'après cela, ajoute M. Dufour (*loc. cit.*), que ce n'est point directement, ni même par l'intermédiaire du préfet, qu'il convient d'adresser les demandes en autorisation de poursuivre devant le juge criminel. Il est bien plus rationnel que le procureur du roi soit chargé de les transmettre au procureur-général, qui lui-même les fait parvenir au ministre de la justice. Le décret du 9 août 1806 veut d'ailleurs que le garde-des-sceaux prévienne le ministre du département de l'agent inculpé que la demande, accompagnée de ses observations, est remise au conseil d'état. »

§ 7. — *Pouvoir du conseil d'état en matière d'autorisation.*

804. — Les décisions que rend le conseil d'état sur les demandes en autorisation qui lui sont soumises sont fondées tantôt sur des fins de non-recevoir, tantôt sur l'examen de l'affaire en elle-même.

805. — Lorsque le conseil d'état écarte la demande à fin de mise en jugement par une fin de non-recevoir tirée soit de l'absence des qualités exigées dans la personne poursuivie, soit de l'inobservation des formalités prescrites, il motive ses ordonnances.

806. — Mais de ce que le conseil d'état exerce en cette matière ses hautes fonctions administratives, et non celles de juges du contentieux, il suit évidemment qu'il n'est pas tenu de motiver les ordonnances qu'il rend à l'effet d'accorder ou de refuser l'autorisation demandée, lorsqu'il statue sur le fond même de l'affaire.

807. — Nous avons vu que le conseil d'état rejette constamment les demandes en autorisation de poursuite lorsqu'elles ont été formées devant lui par la voie contentieuse (V. *suprà* nº 782), ou lorsque, introduites à fins criminelles, elles n'ont pas été précédées d'une plainte préalable devant les tribunaux ordinaires. — V. *suprà* nº 801.

808. — Une autre circonstance a encore pour objet de rendre tout examen de la demande inutile : c'est le désistement de la partie plaignante, désistement qui a pour effet d'annuler la plainte primitivement portée.

809. — Le droit de se désister ne saurait être contesté, et, dans ces dernières années, le conseil d'état l'a reconnu dans une espèce où il s'agissait d'un désistement intervenu sur une poursuite civile par suite d'une transaction entre le plaignant et le fonctionnaire. — *Cons. d'état*, 30 mars 1842, Fleury c. Odemmit.

810. — Il est vrai que s'il s'agit d'une poursuite criminelle le simple désistement de la partie privée n'aurait pas pour effet de dessaisir le conseil

d'état, puisque l'action publique est toujours indépendante de l'action privée.

811. — Mais si, après le désistement de la partie civile, le procureur général est d'avis qu'il n'y a pas lieu à suivre, le conseil déclare n'avoir lieu à statuer. — *Cons. d'état*, 5 sept. 1821, Marlin.

812. — Il n'y a pas lieu non plus d'autoriser la mise en jugement lorsqu'il s'agit de faits que l'administration seule serait intéressée à poursuivre, et qu'elle n'est pas d'avis de cette poursuite. — *Cons. d'état*, 20 nov. 1816, Boulay; 8 sept. 1819, Rouache.

813. — L'autorité de la chose jugée forme encore une fin de-non-recevoir qui a pour objet de rendre nulle la demande d'autorisation à fins de poursuites.

814. — Ainsi les faits et moyens articulés dans une plainte ont à l'égard du plaignant l'autorité de la chose jugée, et ne peuvent être accueillis lorsqu'ils ont déjà été présentés par lui dans une instance terminée. — *Cons. d'état*, 23 déc. 1815, Bahot, Kersers c. Lesarnet.

815. — Celui qui se plaint de détention arbitraire de la part d'un agent administratif peut ne pas obtenir l'autorisation demandée, si cette détention arbitraire a été prise en considération et lui a mérité à lui-même une atténuation des peines qu'il avait encourues. — *Cons. d'état*, 23 déc. 1815, Bahot, Kersers c. Lesarnet.

816. — On n'est pas recevable à demander au conseil d'état l'autorisation de poursuivre un fonctionnaire administratif à raison d'un fait pour lequel ce fonctionnaire a fait déclarer le plaignant calomniateur et l'a fait condamner comme tel à des réparations civiles. — *Cons. d'état*, 2 fév. 1821, Botte c. Bour.

817. — Il n'y a pas lieu d'autoriser la poursuite lorsqu'il s'agit de faits couverts par une amnistie, quoique ces faits aient constitué un abus de pouvoirs. — *Cons. d'état*, 14 août 1816, Bessières; 14 juill. 1819, de Villeneuve.

818. — Enfin, le rejet de la demande à fin de poursuites pourrait encore résulter de ce qu'elle serait dirigée contre un fonctionnaire ou agent à raison d'actes de juridiction, qui ne peuvent donner lieu à aucune action.

819. — C'est ainsi qu'il a été jugé qu'il n'y a pas lieu de permettre la mise en jugement d'un préfet qui a refusé d'autoriser un particulier à donner quelques représentations dramatiques. — *Cons. d'état*, 12 fév. 1823, Saint-Chamans.

820. — La loi n'a, au surplus, tracé et ne pouvait tracer aucune règle *à priori* sur les cas où il y a lieu d'accorder ou de refuser l'autorisation à fins de poursuites. Elle a laissé au conseil d'état le soin d'apprécier la gravité et la nature des faits allégués, et de décider souverainement, en présence des circonstances, de la recevabilité ou de la non-recevabilité de la demande.

821. — Ce n'est donc que de l'ensemble des nombreuses décisions rendues par le conseil d'état, sur les demandes à fin de poursuites, qu'il est possible d'induire certaines règles qui paraissent diriger en cette matière le conseil d'état.

822. — Ainsi, le conseil d'état a toujours décidé qu'il n'y a pas lieu d'autoriser la mise en jugement d'un fonctionnaire ou agent du gouvernement, alors qu'il est constant que le fonctionnaire ou agent n'a agi qu'en vertu d'autorisation reçue ou d'ordres supérieurs, qu'il a fidèlement exécutés. — *Cons. d'état*, 11 déc. 1816, Ripen c. Bruand; 9 avr. 1817, Thouret; 3 déc. 1817, Guinaud; 25 fév. 1818, Poirier; 12 déc. 1818, Diétrich; 4 mars 1819, Bressol-la-Chaume; 1er sept. 1819, Fleuret; 8 sept. 1819, maire de Buziguières; 3 juin 1820, maire de Saint-Pons; 9 juill. 1820, Crusel c. comm. de Ligmeu.

823. — ...Ou, ce qui revient au même, quand l'acte a reçu l'approbation du supérieur hiérarchique, approbation qui a eu pour effet de couvrir son irrégularité. — *Cons. d'état*, 23 juin 1819, de Pardailhan; 22 fév. 1821, Lambert c. de Puymaurin; 22 fév. 1821, Josse c. Jéhanne.

824. — C'est ce qui a été notamment décidé à l'occasion d'une demande en poursuites dirigée contre les plus hauts fonctionnaires de l'ancien royaume d'Italie, et notamment le vice-roi, le conseil d'état ayant reconnu qu'il n'avait agi que par les ordres du souverain d'alors. — *Cons. d'état*, 25 juin 1817, de Cousso.

825. — Doit être également rejetée la demande de poursuites formée contre un général et un préfet ayant ordonné la mise en état de siége d'une ville, et la traduction d'un certain nombre de citoyens devant le conseil de guerre, ces actes ayant été approuvés par le gouvernement. — *Cons. d'état*, 17 nov. 1819, Donnadieu et Montlivaut.

826. — ...Contre un maire à raison de la perception de taxes votées par le conseil municipal et approuvées par l'autorité supérieure. — *Cons. d'état*, 20 août 1821, Marini.

827. — ... Contre des agens voyers à raison d'envahissement de terrain et d'abatage d'arbres sur une propriété privée, lorsqu'en cela ils n'ont fait qu'exécuter les ordres de l'administration supérieure pour l'élargissement d'un chemin vicinal. — *Cons. d'état*, 15 juin 1841, Velhier c. Cadet.

828. — En pareil cas, il faut avant tout recourir à qui de droit pour obtenir l'annulation de l'acte administratif; car ce n'est qu'après cette annulation qu'il est possible de déterminer quel est l'administrateur répréhensible qui doit être mis en jugement. — *Cons. d'état*, 25 fév. 1818, Poirier; 25 mai 1841, Rochot.

829. — On ne pourrait, du reste, demander par action incidente à la demande en autorisation la nullité de l'acte administratif; il faudrait se pourvoir par voie principale. — *Cons. d'état*, 22 fév. 1824, Lambert c. Puymaurin.

830. — La mise en jugement devrait être refusée alors même que l'ordre transmis au fonctionnaire ou à l'agent aurait été illégalement donné, et par une autorité incompétente, s'il a été forcé par les circonstances d'obtempérer à ces ordres.

831. — Ainsi décidé spécialement à l'égard d'un maire qui, pendant l'occupation militaire de sa commune, avait agi en vertu d'ordres du commandant de la force armée. — *Cons. d'état*, 8 sept. 1819, Guillemain c. maire d'Irigny. — V. anal. *Cons. d'état*, 11 déc. 1816, maire de Belplan.

832. — Le conseil d'état a pris encore en considération dans certains cas, pour refuser l'autorisation, l'urgence des circonstances.

833. — Il a notamment décidé qu'il n'y a pas lieu d'autoriser la mise en jugement d'un maire qui, pendant une invasion, a fait couper des bois de la couronne sans aucune formalité, attendu le besoin pressant de ressources. — *Cons. d'état*, 13 janv. 1816, Bertaux; 6 mars 1816, Pannentel; 27 mai 1816, Hazard.

834. — On a tenu même pour excusable, dans les mêmes circonstances, des arrestations arbitraires opérées par un maire. — *Cons. d'état*, 6 mars 1816, Schiffmann.

835. — Il n'y a pas lieu encore d'autoriser la mise en jugement pour une arrestation ordonnée sans motifs légaux, mais dans l'intérêt évident de la personne arrêtée, et pour la soustraire à de graves dangers. — *Cons. d'état*, 10 fév. 1816, Comte.

836. — Jugé même par la cour de Cassation que l'action correctionnelle intentée contre des agens de l'autorité publique ne peut être admise sans autorisation, lorsque les faits sur lesquels elle se fonde ont été commis pour arriver à la découverte de la fraude et à l'arrestation des contrevenans. — *Cass.*, 19 mars 1836, Lissandre c. Bax.

837. — Cependant, quelque absolu que soit le pouvoir du conseil d'état, il a ses limites. — C'est ainsi que lorsqu'un agent du gouvernement présente des excuses, le conseil d'état ordonne la mise en jugement, laissant aux tribunaux à prononcer sur les excuses. — *Cons. d'état*, 10 fév. 1816, Mettavaul.

838. — Mais il ne faut pas confondre l'excuse avec l'absence de criminalité; par exemple, on ne saurait douter que la nécessité de la légitime défense de la part du fonctionnaire ou de l'agent poursuivi soit exclusive de toute autorisation de poursuites.

839. — Il est vrai que deux ordonnances du conseil d'état avaient d'abord déclaré qu'aux tribunaux seuls il appartenait de statuer sur l'exception de la légitime défense présentée par l'agent poursuivi. — *Cons. d'état*, 1er fév. 1816, Géraud; 18 mars 1816, Cabaret.

840. — Mais depuis, le conseil d'état a constamment apprécié par lui-même le cas de légitime défense, et n'a pas autorisé la poursuite contre l'agent qui pouvait l'invoquer pour sa décharge. — *Cons. d'état*, 18 avr. 1816, Lemoine; 23 oct. 1816, Barbaroux; 11 déc. 1816, Bohner c. Bontel; 10 déc. 1817, Gurlin; 12 déc. 1818, Maillot; 3 juin 1820, Jacquin; 22 fév. 1822, Ancel; 13 mars 1832, Cordier de Crouste.

841. — Les torts respectifs peuvent encore motiver le refus d'autorisation. — *Cons. d'ét.*, 23 déc. 1815, Copeaux; 20 nov. 1816, Escarguel c. Marlin; 25 févr. 1818, Ponsargues.

842. — L'ignorance ou la fausse interprétation des ordres reçus a été encore regardée plusieurs fois par le conseil d'état comme suffisant pour faire rejeter la demande en autorisation. — *Cons. d'état*, 18 mars 1818, Leboil c. Herland; 17 juin 1818, Dulue c. maire de Gardies.

843. — Spécialement, il n'y a pas lieu d'autoriser les poursuites contre un garde forestier accusé de concussion à raison de ce qu'il aurait reçu des délinquans une somme de 3 fr. à l'effet de supprimer un procès-verbal de saisie, si tel est l'usage du pays, et que le garde ait agi de bonne foi. — *Cons. d'état*, 20 nov. 1816, Babry.

844. — L'erreur, l'inadvertance, la négligence même suffisent encore pour faire rejeter la demande en autorisation de poursuites, toutes les fois que la bonne foi est certaine. — *Cons. d'état*, 23 oct. 1816, Jacques c. Albertin; 26 févr. 1817, Bazoret; 16 juill. 1817, Chaudron; 14 janv. 1818, Léguillette; 29 mai 1822, Vachies; 7 août 1834, Géant.

845. — ... S'agit-il même d'un faux matériel dans un acte ou procès-verbal. — *Cons. d'état*, 27 mai 1816, Delafaye c. Delloye; 26 févr. 1817, Dutrouy; 8 sept. 1819, Mahalin.

846. — ... Ou de blessures faites. — *Cons. d'état*, 28 sept. 1816, Mourat.

847. — Il n'y a pas lieu d'autoriser la mise en jugement d'un sous-préfet pour crime de concussion à raison d'une perception de droits indûment faite lorsque cette perception a été avouée, et qu'il résulte de la procédure qu'elle a été faite par erreur et de bonne foi. — *Cons. d'état*, 16 juill. 1817, Dupré Saint Maur.

848. — ... A plus forte raison en est-il ainsi de simples irrégularités qui ne constituent pas un dommage réel. — *Cons. d'état*, 2 févr. 1821, Botte c. Bour.

849. — Au surplus, le conseil d'état rejette toujours les demandes en autorisation, lorsque les faits ne sont pas suffisamment caractérisés. — *Cons. d'état*, 23 avr. 1818, Danjou; 8 juill. 1818, Prodal; 20 oct. 1819, Agnel; même jour, Hellé; 14 août 1822, Laussat.

850. — ... Ou quand, à l'appui de la demande, il n'existe que des allégations insuffisantes pour établir de sérieuses présomptions de culpabilité contre l'agent. — *Cons. d'état*, 13 févr. 1816, Garrigue; 21 août 1816, Theureau; 23 oct. 1816, Mollevant; 14 mai 1817, Damier c. Missous; 16 janv. 1822, Legendre c. Cochenet.

851. — Il prend également en considération pour rejeter la demande en autorisation la confiance due aux dénonciations ou dépositions qui appuient la demande. — *Cons. d'état*, 20 nov. 1815, Fontaines; 20 nov. 1816, habitans de Salles c. Vendomois Fontaine.

852. — Il arrive même que, dans une demande d'autorisation de poursuites à fins civiles et à fins criminelles, le conseil d'état, soit d'après la nature des faits, soit d'après l'avis même de la partie publique, refuse l'autorisation pour les poursuites criminelles, et l'accorde pour les fins civiles seulement. — *Cons. d'état*, 30 mai 1821, Sizaire.

853. — Lorsqu'il paraît que les faits incriminés devaient être suffisamment réprimés et punis par une peine disciplinaire, le conseil d'état déclare fréquemment qu'il n'y a pas lieu d'autoriser la mise en jugement. — *Cons. d'état*, 20 nov. 1814, Maréchal; 14 juin 1817, Chambourdon c. de La Mesnardière; 18 mars 1818, Lebail c. Gerland; 8 août 1821, Martin; 5 sept. 1821, Morand; — Foucart, t. 3, no 452.

854. — Du reste, quand il ne fait pas ces distinctions, il accorde ou refuse purement et simplement l'autorisation, c'est-à-dire, s'il l'accorde, qu'elle embrasse la poursuite criminelle et les réparations civiles qui en peuvent être la conséquence. — Cormenin, *Droit administ.*, t. 2, p. 352 et suiv.

855. — Le refus fait par le conseil d'état d'autoriser une poursuite contre un fonctionnaire ou agent du gouvernement a-t-il pour effet non seulement de mettre ce dernier à l'abri de toute poursuite, mais encore de lui permettre d'invoquer contre celui qui avait déposé la plainte l'application de l'art. 373, Code pén., aux termes duquel « quiconque a fait par écrit une dénonciation calomnieuse contre un ou plusieurs individus ou officiers de justice ou de police administrative ou judiciaire doit être puni d'un emprisonnement d'un mois à un an et d'une amende de 100 fr. à 3,000 fr.? »

856. — Au premier abord, il semble que l'affirmative doive être adoptée, soit par cette considération que si le conseil d'état a rejeté la demande à fins de poursuites, c'est que cette demande était dénuée de fondemens, et, par conséquent, calomnieuse pour celui qui en est l'objet, soit surtout parce que le refus d'autorisation par le conseil d'état, ayant pour effet de dessaisir complètement les juges ordinaires, le fonctionnaire ou l'agent se trouverait dans l'impossibilité d'obtenir la réparation prévue par l'article du Code pénal précité.

857. — Mais M. Dufour repousse (no 2270), et avec raison, cette doctrine et fait remarquer qu'il est inexact de dire que le conseil d'état, en rejetant la demande à fins de poursuites, a fait un acte de juridiction, tandis qu'il n'a exercé qu'un acte de haute administration, dont l'attribution lui a été conférée par la constitution de l'an VIII, plutôt dans l'intérêt de la fonction que pour le fonctionnaire lui-même; et ce qui prouve d'ailleurs que l'ordonnance rendue par le conseil d'état, en refusant l'autorisation, n'est pas un acte de juridiction, c'est qu'elle n'est pas motivée.

858. — « Je ne me dissimule pas, continue le même auteur, que les fonctionnaires seront exposés à se voir privés du droit de poursuivre les calomniateurs; mais c'est la condition du privilége déjà si exorbitant dont ils jouissent; ils sont couverts par la garantie; c'est là leur protection contre la calomnie; elle doit leur suffire Et qu'arriverait-il s'il leur était donné de provoquer une information et un jugement sur la vérité et la fausseté des faits qui leur sont imputés? Ne serait-ce pas les laisser maîtres d'appeler l'examen et le contrôle des tribunaux sur les actes de l'administration? Ne serait-ce pas abandonner à leur sagesse les mesures que les lois sur la garantie ont précisément eu pour objet de réserver au gouvernement.? »

Sect. 2e. — *Fonctionnaires de l'ordre judiciaire.*

859. — Le législateur a cru devoir, pour le jugement des crimes et délits imputés aux fonctionnaires de l'ordre judiciaire, déroger aux règles de compétence et de procédure établies pour le jugement des crimes et délits commis par les particuliers.

860. — L'institution de ces règles spéciales repose sur deux motifs principaux : le premier, c'est de garantir les magistrats des procédures vexatoires auxquelles ils pourraient être exposés par suite des fonctions qu'ils remplissent; le second, c'est d'empêcher que l'influence qu'ils peuvent tirer de leur qualité leur procure une impunité scandaleuse.—V. les motifs de l'arrêt de cassation, 20 mai 1826, Roux.

861. — Les juges jouissaient seuls, sous l'ancien régime, de l'espèce de garantie accordée aujourd'hui aux divers agens de l'administration, c'est-à-dire qu'ils ne pouvaient être pris à partie sans une permission expresse de la cour souveraine à laquelle ils ressortissaient ou dont ils étaient membres. — Legraverend, *Législ. crim.*, t. 1er, p. 495; Jousse, *Comm. de l'ord. de* 1667, sur le tit. 25, art. 4.

862. — Les constitutions de 1791 et de l'an III ne s'occupèrent que de la mise en jugement des fonctionnaires de l'ordre administratif, et n'accordèrent aucune garantie particulière aux membres de l'ordre judiciaire. Celle de l'an VIII, art. 74, disposa que les juges seraient poursuivis devant les tribunaux auxquels celui de cassation les renverrait après avoir annulé leurs actes. La loi du 27 vent. même année, qui organisa l'ordre judiciaire, détermina les formalités à suivre pour la poursuite des juges prévenus de délits, et chargea le tribunal de cassation de prononcer sur l'admission ou le rejet de l'accusation.

863.—Toutes ces lois ont été remplacées par le chap. 3, tit. 4, liv. 2, C. inst. crim., et par les lois (ci-après indiquées) qui ont été publiées pour faciliter et assurer l'exécution des dispositions de ce Code.

864. — Du reste, le Code d'instruction criminelle ne déroge pas au droit de surveillance que le sénatus-consulte du 14 therm. an X accorde, soit à la cour de Cassation sur les cours d'appel, soit aux cours d'appel sur les tribunaux de première instance, etc.

865. — La charte constitutionnelle n'a pas modifié les dispositions du Code d'instruction criminelle sur la poursuite des crimes ou délits commis par des magistrats ou officiers de justice. — *Cass.*, 12 fév. 1819, Sombret c. Bichomme.

866.— A la différence des fonctionnaires de l'ordre administratif, qui peuvent être poursuivis comme tout autre individu, sans autorisation préalable, pour les actes étrangers à leurs fonctions, les fonctionnaires de l'ordre judiciaire sont soumis à des règles spéciales de compétence et de procédure, soit que les faits soient relatifs, soit qu'ils soient étrangers à leurs fonctions. La raison de cette différence est sensible : si le gouvernement est très intéressé à ne pas permettre que ses agens soient livrés aux tribunaux sans son autorisation, pour des actes qu'il peut avoir lui-même ordonnés par des raisons supérieures, il n'a aucun intérêt à entraver la répression des délits qu'ils peuvent avoir commis hors du cercle de leurs attributions, et comme simples citoyens. Quant aux juges, les règles particulières établies à leur égard sont sans rapport avec les actes du gouvernement; elles ont été introduites dans l'intérêt général de la magistrature et dans celui des juges inculpés; elles ont pour objet d'empêcher que des préventions favorables ou défavorables ne dirigent les recherches et les actes de procédure dont les juges inculpés peuvent être l'objet. Or, ces raisons subsistent, soit que les faits imputés au juge se rattachent à ses fonctions ou y soient étrangers. — Legraverend, t. 1er, p. 497.

867. — Mais les règles établies par le Code d'instruction criminelle diffèrent suivant que les crimes ou délits à raison desquels les magistrats sont poursuivis sont étrangers à leurs fonctions ou au contraire relatifs à ces mêmes fonctions.

868. — Ces règles sont d'ordre public et peuvent être proposées pour la première fois en appel, soit qu'il s'agisse de délits commis dans l'exercice des fonctions (*Cass.*, 7 fév. 1834, Fordinoi), ou de délits étrangers à ces fonctions. — *Toulouse*, 5 mai 1829, Bertrand c. Monredon.

§ 1er. — *Crimes et délits commis en dehors des fonctions.*

869. — Nous devons faire observer d'abord que le Code d'instruction criminelle ne parle que de la poursuite des crimes et délits, et qu'il n'a fait aucune exception relativement aux contraventions de simple police, à raison desquelles les officiers de l'ordre judiciaire doivent être poursuivis, comme les autres citoyens, devant le tribunal de simple police. — V. Bourguignon, *Man. d'instr. crim.*, t. 2, p. 7, no 1er, et *Jurisp. C. crim.*, t. 2, p. 411, no 1er; Carnot, *Instr. crim.*, t. 3, p. 359, no 4.

870. — Il a été jugé cependant que les *délits emportant une peine correctionnelle*, qui se trouvent dans les art. 479 et 483, C. inst. crim., n'ont été employés que pour les distinguer des délits emportant une peine afflictive ou infamante; que, dès-lors, ils embrassent les faits qualifiés seulement de contraventions, aussi bien que ceux qui constituent des délits proprement dits.—*Cass.*, 9 avr. 1842 (t. 2 1842, p. 452), Bernard.—Mais cette opinion ne nous paraît pas devoir être suivie.

871. — « Lorsqu'un juge de paix, un membre du tribunal correctionnel ou de première instance, ou un officier chargé du ministère public près l'un de ces tribunaux, porte l'art. 479, C. inst. crim., sera prévenu d'avoir commis, hors de ses fonctions, un délit emportant une peine correctionnelle, le procureur général près la cour royale le fera citer devant cette cour, qui prononcera sans qu'il puisse y avoir appel. »

872. — Les dispositions de l'art. 479 ont été étendues aux grands officiers de la Légion-d'honneur, aux généraux commandant une division ou un département, aux archevêques et évêques, présidens de consistoires, membres de la cour de cassation, de la cour des comptes, des cours royales, et aux préfets, par l'art. 10, L. 20 avr. 1810.

873. — Les mêmes dispositions sont également applicables aux membres de l'université et aux étudians, lorsque les procureurs généraux jugent à propos de le requérir et les cours royales de l'ordonner. — Décr. 15 nov. 1811, art. 160.

874. — Les suppléans des juges de paix sont, comme les juges de paix eux-mêmes, justiciables de la cour royale à raison des délits par eux commis, hors de l'exercice de leurs fonctions. — *Cass.*, 29 nov. 1821, Massiani; 4 juin 1830, Dufour; 14 janv. 1832, Chaudreau; *Toulouse*, 5 mai 1829 et 21 août 1829, Bertrand c. Monredot; *Caen*, 11 fév. 1830, Vinnebeaux; *Bastia*, 14 avr. 1831, Leca; 2 mars 1844 (t. 2 1844, p. 28), Delavallée c. Lanne; — Legraverend, t. 1er, p. 598. — V. *contrà Pau*, 26 fév. 1830, Dufour. — C'est cet arrêt qui a été cassé par l'arrêt du 4 juin 1830 précité.

875. — De même, les juges suppléans près les tribunaux de première instance ont, comme les autres juges, le titre permanent de magistrats, et ne sont justiciables, comme eux, que de la cour royale, à raison des délits commis hors de leurs fonctions. — *Cass.*, 20 mai 1826, Roux. — V. conf. Merlin, *Rép.*, vo *Suppléant*, § 5. — Cette proposition, dit cet auteur, n'aurait jamais dû être mise en question.

876. — L'art. 479 n'est point applicable aux juges de police, c'est-à-dire aux maires, ni aux membres des tribunaux de commerce, ni aux autres officiers de police judiciaire, qui restent soumis au droit commun.—Bourguignon, *Manuel d'inst. crim.*, t. 2, p. 7, no 1er, et *Jurisp. C. crim.*. t. 2, p. 411, no 1er; Legraverend, t. 1er, p. 499.

877. — Ainsi jugé que les officiers de police judiciaire ne sont immédiatement justiciables de la cour royale qu'à raison des délits par eux commis dans l'exercice de leurs fonctions. — *Cass.*, 6 janv. 1827, Pierre Lacaze.

878. — ... Que le bénéfice accordé aux maires, en vertu de l'art. 483, C. inst. crim., d'être soumis, en leur qualité d'officiers de police judiciaire, à la juridiction immédiate de la cour royale, ne s'étend pas aux délits que ces fonctionnaires ont commis en leur qualité d'administrateurs municipaux. — *Nancy*, 16 nov. 1842 (t. 1er 1843, p. 268), Lepetit c. Florentin.

879. — ... Que les délits commis par les maires, alors qu'ils ne sont point dans l'exercice de leurs fonctions d'officiers de police judiciaire, qu'ils ne portent aucun insigne et ne dressent aucun procès-verbal constatant un délit ou une contravention, ne sont point de la compétence de la chambre civile de la cour royale. — *Cass.*, 24 fév. 1831, Dumoulin.

880. — Jugé également que, bien que les capitaines de lazaret soient officiers de police judiciaire, ils ne peuvent être traduits devant la chambre civile de la cour royale, lorsque les délits par eux commis ne l'ont point été dans des circonstances où ils avaient à constater des délits, et où par conséquent ils agissaient en cette qualité.— *Aix*, 9 déc. 1835, Melinos.

881. — Les prud'hommes ne peuvent pas être considérés comme de véritables juges, quoiqu'un décret leur en ait conféré le titre, et ne sont pas compris dans les dispositions des art. 479 et 483.— Legraverend, t. 1er, p. 499.

882. — Jugé que les greffiers des tribunaux ne sont pas compris dans les dispositions des art. 479 et 483. — *Cass.*, 26 déc. 1807, Zolezzi; 4 juill. 1846 (t. 2 1846, p. 350), Gautier; *Orléans*, 10 août 1846 (t. 2 1846, p. 350), mêmes parties.

883.— ... Qu'en conséquence, les tribunaux correctionnels sont compétens pour connaître des délits commis par ces fonctionnaires hors de l'exercice de leurs fonctions, et notamment des délits de chasse. — Mêmes arrêts.

884. — L'opinion contraire est enseignée par Legraverend (t. 1er, p. 498), Bourguignon (*Jurispr. C. crim.*, t. 2, p. 412) et Carnot (*Instr. crim.*, t. 3, p. 364, no 4). Ces auteurs pensent que l'art. 479 ayant parlé des membres des tribunaux et non pas simplement des juges, comme la loi du 27 vent. an VIII, art. 81, il y a lieu à une décision contraire. —Mais les greffiers ne sont point magistrats (V. avis Cons. d'état, 21 mai 1831), et c'est à ce titre seul qu'ils pourraient invoquer l'article ci-dessus; il n'existe point identité de motifs.

885. — A plus forte raison, les commis-greffiers assermentés près les tribunaux ne doivent-ils pas être compris dans la disposition des art. 479 et 483. — *Poitiers*, 28 avr. 1842 (t. 2 1842, p. 644), B... — V. conf. Legraverend, t. 1er, p. 498.

886.— Carnot (*Instr. crim.*, t. 1er p. 392) prétend que cette jurisprudence ne serait pas applicable aux greffiers de la cour de Cassation, de la cour des comptes et des cours royales; mais la loi du 20 avr. 1810, art. 10, se sert des mêmes expressions que le Code d'instruction criminelle, *membres des cours*, etc., et par conséquent n'autorise aucunement cette distinction.

887. — Lorsque, par sa nature, le délit correctionnel imputé à un magistrat rentre dans les attributions de la cour d'assises, c'est à cette cour et non à la première chambre civile de la cour royale qu'il appartient d'en connaître. La loi du 8 oct. 1830 a dérogé, sous ce rapport, aux art. 479 et suiv., C. inst. crim. — *Douai*, 1er mars 1831, Cressant et Lefebvre c Fourdinier; *Cass.*, 14 avr. 1831, mêmes parties; 2 janv. 1834, Gazard.

888. — C'est sur le titre de la poursuite que se détermine la compétence des tribunaux correctionnels et de police, et non sur l'appréciation des faits à raison desquels la poursuite est exercée. — Spécialement, lorsqu'un suppléant de juge de paix, poursuivi devant un tribunal correctionnel pour un délit commis hors de l'exercice de ses fonctions, demande à être renvoyé devant la cour royale, conformément à l'art. 479, C. procéd. civ., le tribunal et, sur l'appel, la cour royale ne peuvent retenir la cause et statuer sur le fond sous prétexte que les faits ne constitueraient qu'une simple contravention. — *Cass.*, 2 mars 1844 (t. 2 1844, p. 23), de la Vallée c. Lanne.

889. — L'art. 479 ne déroge pas aux principes généraux de compétence qui attribuent juridiction au juge du lieu du délit. Ainsi, un magistrat qui a commis un délit hors du ressort de la cour dont il dépend peut être poursuivi devant la cour du lieu du délit. — V. le réquisitoire en tête de l'arrêt de la cour de Cassation du 4 août 1827 (P.). — V. aussi Carnot, *Instr. crim.*, t. 3, p. 368, no 4.

890. — Lorsqu'il est reconnu que le tribunal correctionnel, saisi par un arrêt de renvoi pour cause de suspicion légitime, est incompétent, à raison de ce que les prévenus sont des magistrats, l'affaire n'est point dévolue à la cour royale à laquelle le tribunal ressortissait, mais bien à celle du domicile des inculpés et du lieu du délit contre laquelle il n'a été assigné aucun motif de suspicion. — *Cass.*, 5 mai 1832, Evrard.

891. — Il peut se faire qu'un délit ait été commis par un particulier qui, depuis, est devenu magistrat; ou bien qu'il ait été commis, en dehors de ses fonctions, par un magistrat qui depuis a cessé de l'être; pour savoir, dans ces cas, quelle est l'autorité compétente pour prononcer, faut-il s'attacher à la qualité qu'avait l'inculpé au moment de la perpétration du délit, ou à celle qu'il a lorsque les poursuites sont commencées?

892. — D'une part, il a été jugé que la poursuite exercée contre les fonctionnaires mentionnés aux art. 479 et 483, à raison des délits par eux commis dans *ou hors* l'exercice de leurs fonctions, est régie par les dispositions du présent chapitre, encore bien que le fonctionnaire inculpé ait cessé ses fonctions avant la poursuite, soit qu'il ait été révoqué, soit qu'il ait donné sa démission. — *Cass.*, 14 janv. 1832, Chaudreau; *Metz*, 30 janv. 1824, Séjournet; *Orléans*, 19 déc. 1842 (t. 1er 1843, p. 21), Rhein. — V. *contrà Poitiers*, 25 janv. 1831, Chaudreau.

893. — ... Et cette décision paraît, en effet, en harmonie avec ce principe que, quand la qualité du prévenu est attributive de juridiction, la compétence doit être réglée d'après la qualité qu'il avait lors de la perpétration du crime ou du délit. — *Cass.*, 7 mai 1824, Pernot et Klinger; 18 juin 1824, Renaudin.

894. — C'est ainsi qu'il a été jugé notamment que le pair de France qui n'a pas prêté serment dans le délai fixé par l'art. 3, L. 31 août 1830, et qui a ainsi encouru la déchéance, est justiciable de la cour des pairs pour les délits par lui commis avant l'accomplissement du délai fixé par cette loi. — *Cour des pairs*, 24 nov. 1830, de Kergorlay.

895. — D'autre part, il a été décidé que les poursuites exercées contre un des magistrats désignés dans l'art. 479 doivent être suivies conformément aux dispositions de cet article, encore bien que lesdites poursuites se rapportent à des faits antérieurs à sa nomination. — *Cass.*, 21 oct. 1825, N. — ... Et que la procédure ait déjà été commencée dans la forme ordinaire. — *Cass.*, 15 nov. 1833, Guérineau. — Parant, *Lois de la presse*, p. 256.

896. — Au premier abord, ces arrêts semblent partis de principes différens, puisque les uns prennent pour règle la qualité au moment de la perpétration du délit, tandis que les autres se déterminent par la qualité au moment seulement où commencent les poursuites. — Mais, en y regardant de plus près, on reconnaît que la même pensée les a inspirés, et que, dans l'esprit de la loi, les anciens magistrats comme les nouveaux ont droit à la garantie, privilége véritable, que des raisons d'intérêt public, mais non leur intérêt particulier, ont dû attacher à la qualité dont ils étaient ou ont été revêtus. — Dans cet ordre d'idées, les faits incriminés qui, aux yeux de la loi pénale, ne s'effacent que par le jugement, s'absorbent en quelque sorte dans la qualité et en deviennent dès-lors inséparables. — Ils doivent donc être également protégés par elle soit qu'elle existât déjà quand ils ont été commis, soit qu'elle n'ait pris naissance que depuis leur perpétration, tant qu'un jugement ne les a pas fait disparaître.

897. — Le simple particulier prévenu d'avoir commis un délit conjointement avec un officier de police judiciaire est justiciable, comme lui, de la cour royale. — *Metz*, 28 janv. 1826, Deck. — V. conf. Carnot, *Instr. crim.*, t. 3, p. 363, no 3; Bourguignon, *Jurisp. C. crim.*, t. 2, p. 413.

898. — Spécialement lorsqu'un délit commis par de simples particuliers se trouve connexe à un délit commis par un commissaire de police dans l'exercice de ses fonctions, la cour royale est seule compétente pour statuer sur le tout. — *Bruxelles*, 20 mars 1832, B... et C...

899. — Il n'appartient qu'au procureur général de faire citer devant la cour royale un magistrat ou un officier de police judiciaire prévenu d'avoir commis un délit dans l'exercice ou hors de l'exercice de ses fonctions. Ce droit ne peut pas être exercé par la partie lésée. L'art. 479 a dérogé à l'art. 182. — *Cass.*, 4 oct. 1811, Leroy; 26 juin 1812, Londre; 17 sept. 1819, Farise; 24 sept. 1819, Jacquet; 15 juin 1832, Delzeuzes c. Pons; 6 oct. 1837 (t. 1er 1838, p. 237), Monlaur; *Toulouse*, 5 mai 1829, Bertrand c. Monredon; 21 août 1829, Bertrand; *Poitiers*, 23 mars 1833, Rousseau; *Rennes*, 6 janv. 1834, Leport c. Frogeray; *Bruxelles*, 14 janv. 1832, L... c. N...; *Rouen*, 23 août 1843 (t. 2 1844, p. 441), Dupuy c. Tabouelle. — V. conf. Legraverend, t. 1er, p. 500; Bourguignon, *Manuel d'instr. crim.*, t. 2, p. 7, no 2; *Jurispr. C. crim.*, t. 2, p. 412.

900. — Mais la partie civile peut intervenir, si elle le juge convenable, lorsque le procureur général a cru devoir donner la citation; cela ne peut pas lui être interdit et ne présente d'ailleurs aucun danger. — Legraverend, t. 1er, p. 501.

901. — Contrairement aux arrêts et aux auteurs qui viennent d'être cités, Carnot (*Inst. crim.*, t. 3, p. 363, p. 5) soutient que l'art. 479 n'a pas dérogé à l'art. 182, et qu'ainsi la partie civile a le droit de citation directe. « Pour n'accorder le droit de citer qu'au procureur général, il faudrait supposer, dit cet auteur, qu'il lui est loisible d'introduire l'action ou de laisser le délit impuni. Si rien ne peut mettre obstacle aux poursuites, il importe peu que la cour soit saisie à la requête du procureur général ou de la partie lésée... Dès que l'on ne peut refuser à la partie civile le droit d'intervenir dans la cause, on ne voit pas quel pourrait être le motif de lui refuser l'exercice de l'action directe, dans son intérêt. »

902. — Legraverend (*loc. cit.*) pense, au contraire, que l'exception consacrée par les art. 479 et 483 a pour objet d'entourer les juges d'une plus grande considération, de leur donner une garantie et d'empêcher qu'ils ne soient traduits en justice sans motifs valables. « Pour atteindre ce but, on a dû, dit-il, déroger au droit commun. S'il arrivait que le procureur général, cédant à des considérations personnelles, négligeât de poursuivre quand il y aurait lieu, la partie lésée pourrait s'adresser au premier président qui, en vertu de l'art. 11, L. 20 avr. 1810, et de l'art. 62, décr. 6 juill. suivant, convoquerait les chambres pour enjoindre au procureur général de poursuivre... Il y aurait, d'ailleurs, une foule d'inconvéniens à admettre la partie civile à citer directement un juge devant la cour royale : un particulier peut se tromper sur la qualification du fait et considérer comme un délit une action qui ne constitue qu'une contravention de police, ou qui n'est susceptible d'être poursuivie que par la voie civile. Le juge cité sera-t-il obligé d'abandonner ses fonctions et de se transporter quelquefois fort loin de sa résidence pour répondre sur une prévention mal fondée ou absurde? Cela ne peut se supposer. »

903. — La cour royale ne peut être saisie d'une poursuite contre un suppléant du juge de paix, pour un délit commis hors de l'exercice de ses fonctions, que par une citation donnée à la requête du procureur général, et non par un renvoi fait aux termes de l'art. 130, C. inst. crim. — *Poitiers*, 25 janv. 1831, Chaudreau.

904. — D'après l'art. 4, décr. 6 juill. 1810, c'est à la chambre civile, présidée par le premier président, que doivent être cités les magistrats et les officiers compris dans les art. 479 et 483.

905. — Carnot (*Inst. crim.*, t. 3, p. 364, no 3) pense aussi que le refus du procureur général d'exercer une poursuite ne priverait pas la partie lésée de la faculté de suivre son action devant le tribunal civil. Les projets de loi sur la garantie des agens du pouvoir présentés à diverses époques par le gouvernement, en exécution de l'art. 69 de la Charte de 1830, mettaient l'action civile sur la même ligne que l'action publique. Il y a lacune dans la législation actuelle.

906. — « S'il s'agit d'un crime emportant peine afflictive ou infamante, le procureur général près la cour royale et le premier président de cette cour désigneront, le premier, le magistrat qui exercera les fonctions d'officier de police judiciaire; le second, le magistrat qui exercera les fonctions de juge d'instruction. » — C. inst. crim., art 480.

907. — L'art. 480 n'est pas applicable aux grands officiers de la Légion-d'Honneur, aux archevêques et évêques, aux préfets, aux membres de la cour de Cassation et aux autres fonctionnaires énumérés en l'art. 10, L. 20 avr. 1810. Cette loi n'a établi une exception en leur faveur qu'à l'égard des délits de police correctionnelle, et ne leur a rendu commun que l'art. 479. — V. en ce sens Legraverend, t 1er, p. 514.

908. — Ces fonctionnaires doivent donc, lorsqu'ils sont prévenus de crimes emportant peine afflictive ou infamante, être poursuivis selon les règles du droit commun. Seulement, lorsque la procédure a été complétée, la chambre des mises en accusation, si elle trouve qu'il y ait lieu au renvoi devant la cour d'assises, doit nécessairement renvoyer, ainsi que le prescrit l'art. 18, L. 20 avr. 1810, devant la cour d'assises du lieu où réside la cour royale, quand même l'instruction aurait été faite par un tribunal d'un autre département du ressort de la cour. — V. Legraverend, t. 1er, p. 514.

909. — Cependant, si des membres de la cour de Cassation ou de la cour des comptes étaient prévenus de crimes, il semblerait convenable que la cour royale usât alors, à raison de la qualité éminente des prévenus, du droit d'évocation que la loi lui confère, afin de ne pas laisser la direction de l'instruction à des magistrats d'un ordre inférieur. — Legraverend, t. 1er, p. 514.

910. — L'art. 480 doit être appliqué même aux fonctionnaires poursuivis dans le ressort d'une cour royale étrangère à leur domicile et au lieu où ils exercent leurs fonctions. — Bourguignon, *Jurisp.*, *C. crim.*, t. 2, p. 417, no 3.

911. — Quoique le procureur général doive naturellement porter son choix sur un officier du ministère public, il pourrait désigner un juge ou un autre magistrat, puisque la loi ne lui impose aucune limite. — Legraverend, t. 1er, p. 502.

912. — Le premier président n'est point astreint à désigner un magistrat investi des fonctions de juge d'instruction. Son choix est libre parmi les autres magistrats, parmi ceux du moins qui ont la qualité de juges. — Legraverend, *ibid.*; Carnot, *Inst. crim.*, t. 3, p. 366, no 5.

913. — Le procureur général et le premier président pourraient même, selon Legraverend (t. 1er, p. 504) et Carnot (*C. inst. crim.*, t. 3, p. 365, no 4), choisir des magistrats autres que ceux du lieu du délit ou de la résidence du prévenu, et dans tout autre tribunal du ressort.

914. — Mais, ajoute Carnot (*C. inst. crim.*, t. 3, p. 367, obs. addit.), le choix ne pourrait porter sur des magistrats étrangers au ressort de la cour royale.

915. — Le premier président et le procureur général doivent, dans le cas dont il s'agit, choisir les deux magistrats délégués dans le même tribunal. Il est en effet nécessaire que ces deux magistrats puissent agir de concert dans le cercle de leurs attributions respectives. — Legraverend, t. 1er, p. 502.

916. — Carnot (*C. inst. crim.*, t. 3, p. 366, no 6) pense que le président de la cour peut désigner aussi le tribunal qui statuera en première instance; mais cette opinion est inadmissible.

917. — Au lieu de déléguer deux magistrats, le premier président et le procureur général peuvent remplir eux-mêmes respectivement les fonctions dont il s'agit. En effet, le pouvoir de déléguer suppose, en général, le pouvoir d'agir soi-même; or, rien ne s'oppose à ce que ce principe reçoive ici son application : la loi n'a fait aucune exception. — Legraverend, t. 1er, p. 503.

918. — Jugé que, dans la poursuite exercée contre l'un des magistrats désignés en l'art. 479, C. inst. crim., pour un crime commis hors de ses fonctions, le juge d'instruction désigné par le président de la cour royale doit faire son rapport devant la chambre du conseil, et cette chambre statuer sur la prévention. Cette désignation ne doit pas être confondue avec la délégation de fonctions autorisée par l'art. 484, même Code. — *Cass.*, 14 nov. 1835, Roger; 23 sept. 1836 (t. 1er 1837, p. 565), Doreau. — V. conf. Legraverend, t. 1er, p. 502; Bourguignon, *Jurisp. C. crim.*, t. 2, p. 416, no 1er.

919. — Lorsqu'un officier de justice a eu pour complice un particulier, il peut se faire qu'avant que la prévention atteignît l'officier de justice, la cour eût déjà évoqué l'affaire et confié l'instruction à l'un des conseillers; dans ce cas, le procureur général et le premier président n'en conservent pas moins leur droit de délégation; mais il convient qu'alors le premier président délègue le conseiller déjà chargé d'instruire à l'égard du particulier. Cependant il n'y est point obligé et il se pourrait qu'il eût de graves raisons pour ne pas le faire. Si, dans ce cas, le premier président, au lieu de déléguer un conseiller à la cour, déléguait un juge du tribunal de première instance, ce serait à la cour, et non point au tribunal de première instance que devrait être fait le rapport, car l'évocation, que la délégation légale du premier président n'a pu anéantir, ne permet pas au tribunal de s'occuper de l'affaire. — Legraverend, t. 1er, p. 508.

920. — Mais si la cour, après s'être fait apporter les pièces, au lieu d'évoquer l'affaire, en avait renvoyé l'instruction au tribunal déjà saisi, ou qui devait l'être dans l'ordre naturel, le juge délégué par le premier président pour informer contre l'officier de justice inculpé devrait nécessairement faire son rapport au tribunal *dont il fait partie*, et ce tribunal devrait donner une décision, quand même le juge délégué ne serait ni le juge d'instruction ni un juge quelconque du tribunal chargé de la procédure relative aux autres prévenus, sauf à la chambre des mises en accusation, lorsque les décisions des deux tribunaux lui seraient soumises, si elles étaient de nature à être examinées par elle, à statuer par un même arrêt sur les deux procédures relatives à des délits connexes. — Legraverend, *ibid.*

921. — Si c'est un membre de cour royale, ou un officier exerçant près d'elle le ministère public, qui soit prévenu d'avoir commis un délit ou un crime hors de ses fonctions, l'officier qui aura reçu les dénonciations ou les plaintes sera tenu d'en envoyer de suite les copies au ministre de la justice, sans aucun retard de l'instruction, qui sera continuée comme il est précédemment réglé, et il adressera pareillement au ministre une copie des pièces. — C. inst. crim., art. 481.

922. — Le ministre de la justice transmettra les pièces à la cour de Cassation, qui renverra l'affaire, s'il y a lieu, soit à un tribunal de police correctionnelle, soit à un juge d'instruction, pris l'un et l'autre hors du ressort de la cour à laquelle appartient le membre inculpé. — S'il s'agit de prononcer la mise en accusation, le renvoi sera fait à une autre cour royale. — C. inst. crim., art. 482.

923. — Nous avons déjà vu qu'aux termes de l'art. 10, L. 21 avr. 1810, lorsque de grands officiers de la légion-d'honneur, des généraux commandant une division ou un département, des archevêques, des évêques, des présidens de consistoire, des membres de la cour de Cassation, de la cour des comptes, *et des cours royales*, et des préfets, sont prévenus de délits de police correctionnelle, les cours royales en doivent connaître de la manière prescrite par l'art. 479, C. inst. crim.

924. — D'un autre côté, l'art. 18 de la même loi porte que la connaissance des faits emportant peine afflictive ou infamante dont seraient accusées les personnes mentionnées en l'art. 10 est attribuée à la cour d'assises *du lieu où réside la cour royale*

925. — Or, on s'est demandé si, en ce qui concerne les membres des cours royales, ces deux articles avaient dérogé aux art. 481 et 482, C. inst. crim.

926. — Legraverend (t. 1er, p. 510 et suiv.) enseigne l'affirmative. Selon cet auteur, depuis la loi du 20 avr. 1810, la cour de Cassation n'a plus de fonctions à remplir, de renvoi à ordonner, comme le prescrivait l'art. 482. S'il s'agit d'un délit correctionnel, il doit être procédé conformément à l'art. 479; s'il s'agit d'un crime, l'art. 18, L. 20 avr. 1810, n'ayant tracé aucune forme spéciale, il doit être procédé dans les formes ordinaires devant la cour d'assises du lieu où siége la cour royale. A la vérité, la loi de 1810 n'a pas rapporté les art. 481 et 482, C. inst. crim.; mais il n'était nullement nécessaire qu'elles les rapportât en termes exprès, puisqu'elle y dérogeait. « Il serait étrange, fait observer cet auteur, que l'intervention de la cour de Cassation fût nécessaire lorsqu'il s'agit de membres des cours royales, tandis qu'elle ne l'est pas lorsqu'il s'agit de ses propres membres ou des membres de la cour des comptes. »

927. — Merlin (*Rép.*, v° *Juge*, n° 14) et Bourguignon (*Jurisp. C. crim.*, t. 2, p. 418 et suiv.), au contraire, enseignent que les art. 481 et 482, C. instr. crim., ont continué d'être en vigueur même depuis la loi du 20 avr. 1810, et qu'il n'y a été dérogé qu'en un seul point, par l'art. 10 de cette loi, qui veut que les délits des membres des cours royales soient jugés non point par un tribunal correctionnel, mais par une cour royale; qu'ainsi la cour de Cassation, saisie comme il est dit aux art. 481 et 482, doit renvoyer, en cas de simple délit, devant une cour royale autre que celle à laquelle appartient le magistrat inculpé, et, en cas de crime, devant la cour d'assises du lieu où siége une cour royale également autre que celle dont l'inculpé fait partie. Les art. 10 et 18 de la loi du 10 avr. 1810 ne contiennent rien dont on puisse induire une dérogation plus étendue que celle dont nous venons de parler, relativement aux délits correctionnels. — V. dans le même sens Carnot, *Inst. crim.*, t. 3, p. 369.

928. — C'est en ce sens qu'il a été jugé que l'attribution faite à la cour de Cassation du droit de juger s'il doit être donné suite aux plaintes portées contre les membres des cours royales n'a été ni détruite ni modifiée par l'art. 10, L. 20 avr. 1810. — *Cass.*, 2 mai 1818, Rochon de Vallette; 26 avr. 1821, Giacobbi.

929. — ... Que l'art. 10, L. 20 avr. 1810, n'a dérogé à l'art. 482, C. inst. crim., qu'en ce que, lorsqu'il y a lieu à suivre contre un membre de cour royale, la cour de Cassation doit renvoyer l'affaire devant une cour royale, et non devant un tribunal correctionnel. — *Cass.*, 2 mai 1818, Rochon de Vallette; 26 avr. 1821, Giacobbi.

930. — Jugé également que les art. 481 et 482 n'ont point été abrogés par l'art. 10, L. 20 avr. 1810; la nécessité d'une autorisation préalable de la cour de Cassation n'ayant rien d'inconciliable avec la règle de compétence établie par l'art. 10. — *Cass.*, 21 janv. 1841 (t. 2 1842, p. 19), de G...

931. — ... Que la loi du 20 avr. 1810 n'a pas abrogé la disposition qui veut que le juge d'instruction fasse une information préparatoire, à l'effet de recueillir des renseignemens sur le crime ou le délit, quoique l'autorisation n'ait pas encore été accordée. — *Cass.*, 26 avr. 1821, Giacobbi; 2 mai 1818, Rochon de Vallette.

932. — L'instruction qui doit se continuer, aux termes de l'art. 481, ne peut avoir pour objet que l'audition des témoins et la constatation des faits; aucun mandat ne saurait être décerné contre l'inculpé, sauf le cas de flagrant délit. — Carnot, *Inst. crim.*, t. 3, p. 368, n° 3; Bourguignon, *Jurisp. C. crim.*, t. 2, p. 127, n° 3. — V. toutefois *contrà* Legraverend (t. 1er, p. 509), qui raisonne ici dans l'hypothèse où les art. 481 et 482 seraient encore en vigueur, ce qui, comme nous l'avons vu, est contraire à son opinion.

933. — Selon ce dernier auteur (t. 1er, p. 509 et suiv.), l'instruction doit être continuée par un magistrat désigné conformément à l'art. 480 jusqu'à ce que la cour de Cassation ait prononcé conformément à l'art. 482. — Merlin (*Rép.*, v° *Juge*, n° 14) au contraire pense que c'est l'officier qui a reçu la dénonciation ou la plainte qui doit continuer l'instruction. — Bourguignon (*Jurisprud. C. crim.*, t. 2, p. 417, n° 1er) adopte ce dernier avis, pourvu que l'officier qui a reçu la plainte soit compétent.

934. — Selon Legraverend (t. 1er, p. 510), ces expressions de l'art. 482 « ..... à la cour de Cassation, qui renverra l'affaire *s'il y a lieu...* » ne veulent pas dire que la cour de Cassation puisse apprécier la valeur et la gravité des charges, et déclare, si elle le juge convenable, qu'il n'y a lieu à suivre; la faculté qui lui est donnée par cette manière de s'exprimer s'applique à l'alternative du renvoi à faire devant un juge d'instruction ou devant une cour, suivant l'état de la procédure. »

935. — Mais si le fait imputé au magistral inculpé ne caractérise point un crime et n'est prévu par aucune loi pénale, ou si la loi, par quelque motif que ce soit, s'oppose à ce qu'on le poursuive, Legraverend (*loc. cit.*) reconnaît que la cour de Cassation n'a point à renvoyer l'affaire devant un juge d'instruction ou une cour royale, et qu'elle doit déclarer sur-le-champ que, n'y ayant lieu à aucune poursuite, il n'y a pas lieu à renvoi.

936. — Cette distinction nous semble peu fondée. La cour de Cassation nous paraît remplir ici un rôle analogue à celui que remplit le conseil d'état à l'égard des agens du gouvernement, et ainsi nous pensons que, soit qu'elle trouve les indices insuffisans, soit que les faits ne constituent ni crime ni délit, elle peut déclarer qu'il n'y a lieu à suivre. — V. en ce sens Carnot, *Instr. crim.*, t. 3, p. 368.

937. — Jugé en ce sens que la cour de Cassation est investie d'un pouvoir suffisant pour déclarer qu'il n'y a pas lieu à suivre sur une plainte portée contre un procureur impérial au criminel, inculpé d'avoir commis un délit hors de l'exercice de ses fonctions. — *Cass.*, 8 déc. 1812, N...

938. — Un juge de cour royale prévenu d'un délit commis hors de l'exercice de ses fonctions doit être renvoyé devant une cour royale et non devant un tribunal correctionnel, bien qu'il ait pour complice un particulier soumis à la juridiction ordinaire. — *Cass.*, 13 oct. 1842 (t. 1er 1843, p. 374), Cahier.

939. — Pour que la cour de Cassation puisse statuer sur la plainte portée contre un membre de cour royale, il faut que les pièces lui aient été transmises par le ministre de la justice. — *Cass.*, 2 mai 1818, Rochon de Valette.

940. — La forme de procéder tracée par l'art. 482 à l'égard d'un juge de cour royale prévenu d'un crime doit être suivie, lorsque le crime a été commis hors du ressort de la cour à laquelle il appartient, comme s'il l'avait été dans ce ressort. — *Cass.*, 2 juin 1814, N... — V. conf. Merlin, *Rép.*, v° *Juge*, n° 14.

§ 2. — *Crimes et délits commis dans l'exercice des fonctions.*

941. — Les crimes et délits commis par les fonctionnaires de l'ordre judiciaire, dans l'exercice de leurs fonctions, peuvent l'avoir été, soit par des membres des tribunaux de première instance, de police correctionnelle et de commerce, ou par des juges de paix et de police, ou par des officiers de police judiciaire, individuellement, soit par des membres de la cour de Cassation, ou de la cour des comptes, ou des cours royales, soit enfin par des tribunaux entiers de commerce, correctionnels et de première instance, ou par des membres isolés des cours royales.

942. — *Membres des tribunaux de première instance, de police correctionnelle et de commerce, juges de paix et de police, et officiers de police judiciaire considérés individuellement.* — Lorsqu'un juge de paix ou de police, ou un juge faisant partie d'un tribunal de commerce, un officier de police judiciaire, un membre de tribunal correctionnel ou de première instance, ou un officier chargé du ministère public près l'un de ces juges ou tribunaux, sera prévenu d'avoir commis, dans l'exercice de ses fonctions, un délit emportant une peine correctionnelle, ce délit sera poursuivi et jugé comme il est dit à l'art. 479. — C. inst. crim., art 483.

943. — Il est indifférent que l'affaire dans laquelle le magistrat se trouve inculpé soit une affaire civile ou une affaire criminelle; il suffit que la prévention ait pour objet un délit commis dans l'exercice de ses fonctions pour attribuer juridiction à la cour royale. — Carnot, *Instr. crim.*, t. 3, p. 373, n° 1er.

944. — C'est à la cour royale et non au tribunal de police correctionnelle qu'il appartient de connaître des actes de violence commis par un adjoint procédant en remplacement et par délégation du maire à une ronde de police pour la fermeture des cabarets et la constatation des contraventions. — *Colmar*, 17 mars 1829, Marcillat.

945. — Les gardes forestiers étant officiers de police judiciaire sont, à raison des délits qu'ils commettent dans l'exercice de leurs fonctions, justiciables non du tribunal correctionnel, mais de la chambre civile de la cour royale. — *Cass.*, 9 avr. 1842 (t. 2 1842, p. 452), Bernard; 30 janv. 1845 (t. 1er 1845, p. 636), Jeannin; 5 mars 1846 (t. 2 1846, p. 72), Devaux.

946. — Le garde forestier qui commet un délit forestier dans l'étendue de sa garde est légalement réputé l'avoir commis dans l'exercice de ses fonctions. — En conséquence, il ne peut être poursuivi que dans la forme prescrite par les art. 479 et 483. — *Cass.*, 19 juill. 1822, Valentin Monney; 12 mars 1830, Renard; — Mangin, *Act. publ.*, t. 2, p. 51, n° 239.

947. — Le garde forestier inculpé d'avoir commis un crime dans l'étendue du territoire soumis à sa surveillance, et, par conséquent, dans ses fonctions d'officier de police judiciaire, ne peut être poursuivi que dans la forme prescrite par les art. 483 et 484, C. inst. crim. — *Paris*, 13 mai 1836, Bienaimé.

948. — Le fait par un brigadier forestier d'avoir pris intérêt par interposition de personne, dans une adjudication d'herbages des bois confiés à sa surveillance, ne constituant un délit qu'en raison de sa qualité d'officier de police judiciaire, doit être déféré à la cour royale, en vertu de l'art. 479, C. inst. crim., et non au tribunal correctionnel. — *Cass.*, 10 sept. 1840 (t. 1er 1841, p. 50), Ramel.

949. — Il n'y a lieu à procéder dans la forme établie par l'art. 484 contre un garde forestier prévenu d'attentat à la pudeur avec violence, qu'autant qu'il l'a commis dans l'exercice de ses fonctions. — *Cass.*, 6 juill. 1826, Servans.

950. — Les gardes champêtres et forestiers des particuliers sont, comme ceux des communes et de l'état, des officiers de police judiciaire, et ne peuvent être poursuivis que devant la cour royale, à raison des délits correctionnels par eux commis dans l'exercice de leurs fonctions. — *Cass.*, 16 fév. 1821, Loubet-Capera; 9 mars 1838 (t. 1er 1840, p. 285), Herbelot; *Orléans*, 20 nov. 1840 (t. 1er 1841, p. 33), Vidot; 6 mars 1843 (t. 1er 1843, p. 641), Guillot.

951. — Le garde particulier qui a chassé sans permis de port d'armes, pendant qu'il accompagnait les amis de son maître dans une partie de chasse, sur le territoire confié à sa garde, est réputé avoir commis un délit dans l'exercice de ses fonctions. — *Cass.*, 9 mars 1838 (t. 1er 1840, p. 255), Herbelot.

952. — Les gardes-pêche sont officiers de police judiciaire dans le sens de l'art. 483, C. inst. crim., et comme tels justiciables de la cour royale à raison des délits par eux commis dans l'exercice de leurs fonctions. — *Cass.*, 6 janv. 1827, Pierre Lacaze.

953. — La responsabilité établie par l'art 6, C. forest., contre les gardes qui ont négligé de constater les délits commis dans les bois confiés à leur surveillance ne les rend pas justiciables de la cour royale. Cette juridiction exceptionnelle n'a lieu qu'à raison des délits commis par eux-mêmes; c'est donc devant le tribunal correctionnel qu'ils doivent être poursuivis. — *Cass.*, 30 juill. 1829, Joyeux; 4 mai 1832, Clerget; 7 août 1834, Forêts c. Geant. — V. conf. Mangin, *Procès-verbaux*, p. 257, n° 135. — V. FORÊTS.

954. — C'est devant le tribunal de police correctionnelle, et non devant la cour royale, que doit être poursuivi un garde-pêche, à raison d'un délit de chasse qui est étranger à ses fonctions. — *Cass.*, 6 janv. 1827, Pierre Lacaze.

955. — « Lorsque les fonctionnaires de la qualité exprimée en l'art. 483 seront prévenus d'avoir commis un crime emportant la peine de forfaiture ou autre plus grave, les fonctions ordinairement dévolues au juge d'instruction et au procureur du roi seront immédiatement remplies par le premier président et le procureur général près la cour royale, chacun en ce qui le concerne, ou par tels autres officiers qu'ils auront respectivement et spécialement désignés à cet effet. Jusqu'à cette délégation, et dans le cas où il existerait un corps de délit, il pourra être constaté par tout officier de police judiciaire; et pour le surplus de la procédure, on suivra les dispositions générales du présent Code. » — C. inst. crim., art. 484.

956. — Cet article déroge à l'art. 80, L. 27 vent. an VIII, qui attribuait juridiction à la cour de Cassation. — Carnot, *Inst. crim.*, t. 1er, p. 490.

957. — Il y a, entre la *délégation* prescrite en règle générale par l'art. 480, et celle qui peut être

faite aux termes de l'art. 484, une différence notable. Dans le premier cas, la délégation confère au magistrat délégué le pouvoir absolu d'instruire, de rendre compte de la procédure, de requérir ce qui est jugé convenable, et de faire statuer par le tribunal de première instance, sur le rapport qui lui est fait en chambre du conseil, sauf l'opposition, s'il y a lieu, de la part de l'officier par le procureur général; les pièces ne sont point alors transmises au premier président et au procureur général pour qu'il y soit statué directement par la cour royale. Dans le second cas, au contraire, les magistrats délégués ne font que remplacer le premier président et le procureur général; c'est en leur nom qu'ils agissent, et les procédures doivent, en conséquence, leur être envoyées, sans rapport préalable, au tribunal de première instance, pour qu'il en soit rendu compte par eux respectivement à la chambre d'accusation, comme s'ils en avaient fait personnellement tous les actes, et qu'il y soit statué immédiatement par les cours royales. — Legraverend, t. 1er, p. 516 et 517.

958. — Ainsi, jugé que lorsque l'instruction a été faite, en conformité de l'art. 484, par un juge délégué, il n'y a pas lieu par ce magistrat de faire un rapport de l'affaire à la chambre du conseil de première instance, car la cour royale en est déjà saisie, et l'affaire ne peut pas rétrogader. Le juge délégué doit d'ailleurs se renfermer dans sa mission. — *Cass*, 9 mai 1822, Grisard et Mounier. — V. conf. Merlin, lettre rapportée par Carnot, *Inst. crim.*, t. 3, p. 377, note 1re; Bourguignon, *Jurisp. C. crim.*, t. 2, p. 431, n° 1er; Legraverend, t. 1er, p. 517.

959. — L'instruction ordonnée contre les magistrats des tribunaux de première instance par l'art. 484 C. inst. crim. et dans laquelle les fonctions ordinairement dévolues au juge d'instruction et au procureur du roi sont immédiatement remplies par le premier président et le procureur général de la cour royale, ne doit avoir lieu que dans le cas où le fonctionnaire est prévenu d'un crime emportant la peine de la forfaiture ou autre plus grave; s'il s'agit d'un délit emportant une peine correctionnelle, la chambre civile de la cour royale doit être directement saisie par citation directe donnée à la requête du procureur général. — *Cass.*, 6 oct. 1837 (t. 1er 1838, p. 237), Monlaur.

960. — Toutes les règles relatives aux complices des juges inculpés pour des faits étrangers à leurs fonctions sont applicables aux complices des juges prévenus de crimes dans leurs fonctions. — Legraverend, t. 1er, p. 519.

961. — Ainsi jugé que les complices d'un garde forestier qui a commis un délit dans l'exercice de ses fonctions sont soumis aux mêmes formes, bien qu'ils soient simples particuliers. — *Cass.*, 30 janv. 1845 (t. 1er 1845, p. 556), Jeannin.

962. — Si déjà l'instruction a été commencée contre les complices dans la forme ordinaire, le tribunal de première instance dans l'arrondissement duquel s'instruit la procédure ne doit pas statuer sur la prévention dont ils sont l'objet; mais le premier président doit, indépendamment des actes d'instruction faits par lui-même ou en son nom, prendre connaissance de la procédure instruite contre les complices et en rendre compte à la chambre des mises en accusation, qui y statue immédiatement, et cela en vertu de la règle générale qui veut que tous les complices soient traduits devant les tribunaux et jugés dans la même forme. — Legraverend, t. 1er, p. 519.

963. — Le juge d'instruction est incompétent pour décerner les mandats d'amener, d'arrêt ou de dépôt; il ne peut que constater le corps du délit; tous les autres actes doivent être faits par le premier président. — *Cass.* 18 avr. 1816, Arthaud.

964. — Les pouvoirs du premier président sont plus étendus que ceux des juges d'instruction en matière ordinaire; il peut déléguer tels officiers de police judiciaire que bon lui semble. — *Cass.*, 27 août 1818, Constans.

965. — Lorsque le premier président délègue pour faire la procédure un juge d'instruction qui, ignorant la qualité du prévenu ou autrement, l'aurait déjà commencée, il confirme et maintient par cela même les opérations du juge d'instruction. Il n'y aurait lieu de recommencer les actes déjà faits que si le premier président jugeait à propos de le prescrire. — Legraverend, t. 1er, p. 520.

966. — Le premier président peut bien refaire les actes du magistrat par lui délégué, mais il ne peut pas les annuler; ce droit n'appartient qu'à la chambre d'accusation. — *Cass.*, 27 août 1818, Constans.

967. — Lorsque, en vertu de l'art. 484, le premier président a délégué ses fonctions, et qu'il n'a fait personnellement aucun acte d'instruction, il peut se dispenser d'assister à la séance dans laquelle la chambre d'accusation a entendu le procureur général et prononcé sur la mise en accusation. — *Cass.*, 17 août 1839 (t. 1er 1838, p. 551), Gazeau.

968. — Le premier président qui aurait rempli les fonctions de juge instructeur pourrait néanmoins conserver la présidence de la chambre qui entend son rapport. — Legraverend, t. 1er, p. 517.

969. — La forme prescrite par les art. 483 et 484 n'étant établie que pour le cas où le crime ou délit a été commis par le fonctionnaire dans l'exercice de ses fonctions, il doit être fait mention de cette circonstance, à peine de nullité. — *Cass.*, 6 juill. 1826, Servance.

970. — *Membres de la cour de Cassation, de la cour des Comptes et des cours royales.* — Le code d'instruction criminelle ne s'était point occupé de la mise en jugement des membres de la cour de Cassation et de la cour des Comptes à raison des crimes ou délits qu'ils pourraient commettre, soit dans l'exercice, soit hors l'exercice de leurs fonctions. Cette lacune a été comblée par les art. 10 et 18 de la loi du 23 avril 1810, dont les dispositions, que nous avons fait connaître (*suprà* n°s 872 et s.), sont applicables indistinctement, soit qu'il s'agisse de faits relatifs ou de faits étrangers aux fonctions.

971. — Quant aux membres des cours royales, le Code d'instruction criminelle ne parle pas des délits correctionnels qu'ils peuvent commettre dans l'exercice de leurs fonctions; ces délits sont donc régis purement et simplement par l'art. 10 de la loi du 20 avril 1810.

972. — Mais, quant aux crimes qui peuvent être commis par les membres des cours royales, comme les art. 485 et suiv., C. inst. crim., leur sont applicables, il s'agit de savoir s'il a été dérogé à ces dispositions par l'art. 18 de la loi du 23 avr. 1810.

973. — Sur ce point encore, Legraverend (t. 1er, p. 521 et 522) enseigne l'affirmative. On ne peut supposer, suivant cet auteur, que la loi du 20 avr. 1810, en s'occupant des préventions de crime qui s'élèveraient contre des fonctionnaires revêtus de dignités éminentes et contre des membres de cours supérieures aux cours royales dans l'ordre de la hiérarchie et des préséances, ait voulu, tout en désignant les membres des cours royales, conserver pour eux une forme qu'elle n'a point établie pour les autres.

974. — Mais Bourguignon (*Jurisp. C. crim.*, t. 2, p. 439) répond que les raisons ne sont pas les mêmes, et qu'à l'égard des membres des cours royales, le législateur a été dominé par une pensée; qu'il n'a pas voulu que ces magistrats fussent jugés par leur propre compagnie. En conséquence, Bourguignon enseigne que la loi du 23 avr. 1810 n'a point entendu déroger aux dispositions des art. 485 et suiv., C. inst. crim.

975. — Tout en admettant la justesse de ces raisons et en tenant pour vraie l'opinion de Bourguignon, il faut reconnaître cependant que le législateur n'a pas été parfaitement conséquent avec lui-même, puisqu'en gardant le silence sur les *délits* que les membres des cours royales pourraient commettre dans l'exercice de leurs fonctions, il a laissé ces délits sous le coup de l'application pure et simple de l'art. 10, L. 20 avr. 1810.

976. — *Tribunaux entiers de commerce, correctionnels et de première instance; membres isolés des cours royales.* — D'après le Code du 3 brum. an IV, les actes donnant lieu à la forfaiture étaient dénoncés à la cour de Cassation par le gouvernement ou par les parties intéressées. Après avoir annulé les actes, la cour de Cassation en dénonçait les auteurs au corps législatif, qui rendait un décret d'accusation et renvoyait la cause devant un tribunal criminel. Cette procédure, modifiée déjà par la loi du 27 vent. an VIII, est aujourd'hui remplacée par les dispositions des art. 485 et suiv., C. inst. crim.

977. — « Lorsque le crime commis dans l'exercice des fonctions et emportant la peine de forfaiture ou autre plus grave, porte l'art. 485, C. inst. crim., sera imputé soit à un tribunal entier de commerce, correctionnel ou de première instance, soit individuellement à un ou plusieurs membres des cours royales, et aux procureurs généraux et substituts près ces cours, il sera procédé comme il suit. »

978. — « Le crime sera dénoncé au ministre de la justice, qui donnera, s'il y a lieu, ordre au procureur général près la cour de Cassation de le poursuivre sur la dénonciation. » — C. inst. crim., art. 486, al. 1er.

979. — Ainsi, le ministre de la justice est le premier appréciateur de la dénonciation. Il ne la transmet à la cour de Cassation que lorsqu'il existe des indices suffisans de culpabilité. — Carnot, *Inst. crim.*, t. 3, p. 280, n° 2.

980. — La dénonciation au ministre de la justice peut être faite non seulement par les magistrats, ce qui est le cas le plus ordinaire, mais même par les parties intéressées. — Legraverend, t. 1er, p. 523.

981. — Du reste, les parties lésées peuvent, toutefois sous certaines conditions, s'adresser directement à la cour de Cassation, ainsi qu'on va le voir.

982. — « Le crime pourra aussi être dénoncé directement à la cour de Cassation par les personnes qui se prétendront lésées, mais seulement lorsqu'elles demanderont à prendre le tribunal ou le juge à partie, ou lorsque la dénonciation sera incidente à une affaire pendante à la cour de Cassation. » — C. inst. crim., art. 486, al. 2.

983. — Le président Barris a rendu compte, dans sa 257e note, d'une espèce qui s'est présentée. Un accusé s'était inscrit en faux contre une mention du procès-verbal des débats. Cette inscription était une dénonciation du crime de faux contre le président de la cour d'assises et le greffier. Communication fut donnée au procureur-général. Sur sa réquisition, une instruction fut faite sur les lieux. La section criminelle crut devoir apprécier les charges résultant de cette instruction avant de saisir la section civile, de même que la chambre du conseil se livra en première instance à un premier examen. Le jugement fut rendu, conformément à l'art. 499, par un nombre impair de juges et en la chambre du conseil. Après avoir rejeté la dénonciation, la cour rentra en audience publique, et prononça au fond sur le pourvoi. Le président Barris dit que la marche suivie dans cette affaire pourrait servir de régulateur. — Bourguignon, *Jurisp. C. crim.*, t. 2, p. 440.

984. — « Si le procureur général près la cour de Cassation ne trouve pas dans les pièces à lui transmises par le ministre de la justice, ou produites par les parties, tous les renseignemens qu'il jugera nécessaires, il sera, sur son réquisitoire, désigné par le premier président de cette cour un de ses membres pour l'audition des témoins et tous autres actes d'instruction qu'il peut y avoir lieu de faire dans la ville où siége la cour de Cassation. — C. inst. crim., art. 487.

985. — Carnot (*Inst. crim.*, t. 3, p. 381, n° 1er) dit que le procureur général serait tenu de faire son réquisitoire, à fin d'information, lors même qu'il croirait innocent le magistrat inculpé, sauf à requérir ultérieurement son renvoi. Les règles de la hiérarchie des pouvoirs veulent qu'il en soit ainsi, lorsque le procureur général a reçu du ministre des ordres exprès; mais l'action publique est indépendante du caprice des parties. L'art. 486 leur a bien conféré le droit de dénoncer les magistrats, mais non celui de les transformer en inculpés.

986. — Si le procureur général ne trouve pas dans les pièces produites tous les renseignemens qu'il juge nécessaires, il doit faire sa réquisition tendant à ce que l'instruction soit continuée. — Carnot, *loc. cit.*, n° 2.

987. — Le premier président pourrait, au lieu de désigner un juge, se charger lui-même de l'instruction.

988. — Le magistrat désigné par le premier président de la cour de Cassation doit entendre personnellement les témoins et faire tous les actes de l'instruction dans le lieu où siége cette cour. — Carnot, *Inst. crim.*, t. 3, p. 381, n° 3.

989. — Cependant, juge désigné pour faire l'instruction et non pas délégué, il pourrait incontestablement, d'après le droit commun, déléguer un autre juge soit de la cour royale, soit de première instance, pour faire certains actes d'instruction.

990. — Mais il ne le pourrait hors du lieu où siége la cour de Cassation, car ce droit est réservé, par l'art. 488, au premier président.

991. — « Lorsqu'il y aura des témoins à entendre ou des actes d'instruction à faire hors de la ville où siége la cour de Cassation, le premier président de cette cour fera, à ce sujet, toutes délégations nécessaires à un juge d'instruction, même d'un département ou d'un arrondissement autres que ceux du tribunal ou du juge prévenu. » — C. inst. crim., art. 488.

992. — Le premier président peut faire porter indifféremment son choix sur tel juge d'instruction qu'il croit devoir désigner; mais le juge délégué ne peut en remplir les fonctions que dans son arrondissement. — Carnot, *Inst. crim.*, t. 3, p. 382.

993. — Bourguignon (*Manuel d'inst. crim.*, t. 2, p. 18, note *a*) infère de l'art. 488 que le premier président peut, à plus forte raison, adresser des délégations à un juge d'instruction du département, ou même de l'arrondissement du tribunal où siége le magistrat dénoncé.

994. — « Après avoir entendu les témoins et terminé l'instruction qui lui aura été déléguée, le juge d'instruction mentionné en l'article précédent renverra les procès-verbaux et les autres actes, clos et cachetés, au premier président de la cour de Cassation. » — C. inst. crim., art. 489.

995. — Les actes de l'information faite sur délé-

gation doivent être transmis en minute. — Décr. 18 juin 1811, art. 59.

996. — « Sur le vu, soit des pièces qui auront été transmises par le ministre de la justice ou produites par les parties, soit des renseignemens ultérieurs qu'il se sera procurés, le premier président décernera, s'il y a lieu, le mandat de dépôt. — Ce mandat désignera la maison d'arrêt dans laquelle le prévenu devra être déposé. » — C. inst crim., art. 490.

997. — Il résulte de cet article que le premier président est seul autorisé à décerner le mandat de dépôt, et que ce droit n'appartient ni au juge commis conformément à l'art. 487, ni aux juges délégués en exécution de l'art. 488.

998. — Le premier président n'est pas obligé d'attendre le résultat de l'instruction pour décerner le mandat de dépôt; il peut employer cette voie de rigueur sur le simple vu des pièces communiquées par le procureur général ou par les parties.

999. — L'art. 490 n'exige pas que le mandat de dépôt ait été préalablement requis par le procureur général. — Carnot, *Inst. crim.*, t. 3, p. 383, t. 1er.

1000.—Le premier président, autorisé à délivrer le mandat de dépôt, peut, à plus forte raison, décerner le mandat d'amener. — Carnot, *Inst. crim.*, t. 3, p. 383, no 2.

1001. — Il a semblé à Carnot (*Inst. crim.*, t. 3, p. 388, no 2) que le premier président ne pouvait pas décerner le mandat d'arrêt, parce que l'art. 498 ne donne ce droit qu'aux présidens des sections de la cour de Cassation. Mais il est impossible d'admettre une pareille distinction. Les principes sont les mêmes; il faut, dans l'un et l'autre cas, assurer à la justice son libre cours. Rien dans la loi ne décèle l'intention de refuser au premier président un droit semblable à celui qu'elle accorde aux simples présidens, et qui, d'ailleurs, diffère peu de celui qu'on lui reconnait.

1002. — Si le premier président n'a pas désigné la maison d'arrêt, comme le prescrit l'art. 490, le prévenu doit être déposé dans la maison d'arrêt du lieu où il est trouvé. — Carnot, *Inst. crim.*, t. 3, p. 383.

1003. — « Le premier président de la cour de Cassation ordonnera de suite la communication de la procédure au procureur général, qui, dans les cinq jours suivans, adressera à la section des requêtes son réquisitoire contenant la dénonciation du prévenu. » — C. inst. crim., art. 491.

1004. — Le délai de cinq jours accordé au procureur général n'est pas de rigueur, et n'a pour objet que d'avertir ce magistrat qu'il doit s'occuper sans retard des affaires de cette nature. — Carnot, t. 3, p. 384, no 3.

1005. — « Soit que la dénonciation portée à la section des requêtes ait été, ou non, précédée d'un mandat de dépôt, cette section y statuera toutes affaires cessantes. — Si elle la rejette, elle ordonnera la mise en liberté du prévenu. — Si elle l'admet, elle renverra le tribunal ou le juge prévenu devant les juges de la section civile, qui prononceront sur la mise en accusation. » — C. inst. crim., art 492.

1006. — La section des requêtes n'a aucune instruction à faire, aucun mandat à décerner; elle ne prononce que sur le vu des pièces de l'instruction soumise à son examen. — Carnot, *Inst. crim.*, t. 3, p. 385, no 4.

1007. — Le prévenu a la faculté de fournir des mémoires justificatifs. — Carnot, *Inst. crim.*, t. 3, p. 385, no 4.

1008. — Si le fait imputé au prévenu ne paraît à la section des requêtes constituer qu'un délit ou une contravention, elle doit procéder comme la chambre du conseil, en se conformant aux règles de compétence spécialement établies en cette matière. — Carnot, *Inst. crim.*, t. 3, p. 384, no 1er.

1009. — C'est à la section qui prononce sur la mise en accusation à décerner l'ordonnance de prise de corps (art. 500). — Carnot, t. 3, p. 385, no 3.

1010. — « La dénonciation incidente à une affaite pendante à la cour de Cassation sera portée devant la section saisie de l'affaire; et si elle est admise, elle sera renvoyée de la section criminelle ou de celle des requêtes à la section civile, et de la section civile à celle des requêtes. » — C. inst. crim., art. 493.

1011. — La dénonciation incidente est recevable, sans qu'il soit besoin que le dénonciateur prenne à partie le tribunal ou le fonctionnaire dénoncé. C'est seulement dans le cas de dénonciation principale que l'art. 486 exige le concours de la prise à partie. — Carnot, *Inst. crim.*, t. 3, p. 385, sur l'art. 493, no 2.

1012. — L'esprit de la loi est que la section qui admet une dénonciation incidente en renvoie l'examen à une autre section de la cour, pour être prononcé sur la mise en accusation. L'art. 493 a posé les règles de ce renvoi.

1013. — Il n'y a pas de renvoi à faire lorsque la section saisie de l'affaire reconnait que le fait imputé au prévenu n'est pas de nature à emporter la peine de forfaiture ou une autre plus grave. — Carnot, *Inst. crim.*, t. 3, p. 385, no 1er.

1014. — « Lorsque, dans l'examen d'une demande en prise à partie ou de toute autre affaire, et sans qu'il y ait de dénonciation directe ni incidente, l'une des sections de la cour de Cassation apercevra quelque délit de nature à faire poursuivre criminellement un tribunal ou un juge de la qualité exprimée en l'art. 479, elle pourra d'office ordonner le renvoi conformément à l'article précédent. » — C. inst. crim., art. 494.

1015. — Bourguignon (*Man. d'inst. crim.*, t. 2, p. 10, note *a*) dit qu'il s'est glissé dans l'art. 494 une faute d'impression; qu'au lieu de l'art. 479, il doit y avoir 485, par la raison qu'il résulte de l'ensemble des dispositions précédentes que les magistrats désignés en l'art. 485 sont les seuls sur la prévention et l'accusation desquels la cour de Cassation soit chargée de statuer. Carnot (*Inst. crim.*, t. 3, p. 386, no 3) a critiqué cette observation; mais Bourguignon a, dans sa *Jurisprud. du C. crim.*, (t. 2, p. 443), complétement réfuté les objections de Carnot.

1016. — Si un procureur du roi avait, sans intention répréhensible, fait arrêter un individu condamné en police correctionnelle, nonobstant son pourvoi en cassation, qui a un effet suspensif, ce ne serait point le cas de le dénoncer pour être poursuivi à raison de cet excès de pouvoir. — *Cass.*, 14 juill. 1827, Jacques de Saint-Nicolas.

1017. — « Lorsque l'examen d'une affaire portée devant les sections réunies donnera lieu au renvoi d'office exprimé dans l'article qui précède, ce renvoi sera fait à la section civile. » — C. inst. crim., art. 495.

1018. — Le législateur n'a pas voulu que le renvoi fût fait à la section criminelle, parce qu'elle pourrait être appelée à statuer ultérieurement sur le recours en cassation contre l'arrêt définitif. — Carnot, *Inst. crim.*, t. 3, p. 387.

1019. — « Dans tous les cas, la section à laquelle sera fait le renvoi sur dénonciation ou d'office, prononcera sur la mise en accusation. — Son président remplira les fonctions que la loi attribue aux juges d'instruction. » — C. inst. crim., art. 496.

1020. — Le président de la section à laquelle le renvoi a été ordonné peut faire par lui-même ou par délégation tous les actes d'instruction qu'il juge utiles ou convenables. — Carnot, t. 3, p. 387.

1021. — Carnot (*Inst. crim.*, t. 3, p. 387) dit qu'il y a une différence remarquable entre les fonctions attribuées au président de la section par cet article et celles du premier président, qui n'est autorisé à faire personnellement aucun acte d'instruction lorsqu'il procède en cette qualité (art 487). Le législateur ne s'est certainement point proposé d'interdire au premier président la faculté d'instruire lui-même; mais il a pensé qu'en raison de sa haute position ce magistrat ne devait pas être chargé de l'instruction, et c'est pour cela qu'il l'a autorisé à désigner un juge. Rien ne s'opposerait donc à ce que, au lieu de désigner un juge, le premier président se désignât lui-même, s'il le jugeait à propos.

1022. — « Ce président pourra déléguer l'audition des témoins et l'interrogatoire des prévenus à un autre juge d'instruction, pris même hors de l'arrondissement et du département où se trouvera le prévenu. » — C. inst. crim., art. 497.

1023. — Si les témoins ne résidaient point dans l'arrondissement du juge d'instruction délégué, ce magistrat les ferait appeler devant lui, ou pourrait sous-déléguer le juge d'instruction de leur arrondissement. — Carnot, t. 3, p. 388.

1024. — Mais si le président à la cour de Cassation avait choisi un juge d'instruction hors du ressort de l'inculpé, ce magistrat enfreindrait bien certainement les intentions de son commettant en sous-déléguant le juge du lieu.

1025. — « Le mandat d'arrêt que délivrera le président désignera la maison d'arrêt dans laquelle le prévenu devra être conduit. » — C. inst. crim., art. 498.

1026. — Si le mandat d'arrêt ne désignait pas la maison d'arrêt où le prévenu serait déposé, il devrait l'être dans celle du lieu de son arrestation. — Carnot, *Inst. crim.*, t. 3, p. 389, no 2.

1027. — « La section de la cour de Cassation saisie de l'affaire délibérera sur la mise en accusation, en séance non publique; les juges devront être en nombre impair. — Si la majorité des juges trouve que la mise accusation ne doit pas avoir lieu, la dénonciation sera rejetée par un arrêt, et le procureur général fera mettre le prévenu en liberté. — C. inst. crim., art. 499.

1028. — Il est incontestable que le président qui a fait l'instruction doit concourir à la délibération et que sa voix doit être comptée, quoiqu'il en fût autrement d'après l'art. 80, L. 27 vent an VIII. Aucune disposition du Code d'instruction criminelle, seule loi de la matière, ne lui interdit ce droit. L'art. 127 fait entrer le juge d'instruction dans la chambre du conseil, et l'art. 257 ne l'exclut que de la cour d'assises. — Carnot, *Inst. crim.*, t. 3, p. 389, no 3.

1029. — La cour ne devrait pas ordonner la mise en liberté du prévenu, s'il restait sous l'inculpation d'un délit correctionnel emportant peine d'emprisonnement. — Carnot, *Inst. crim.*, t. 3, p. 390, no 3.

1030. — « Si la majorité des juges est pour la mise en accusation, cette mise en accusation sera prononcée par un arrêt qui portera en même temps ordonnance de prise de corps. — En exécution de cet arrêt, l'accusé sera transféré dans la maison de justice de la cour d'assises qui sera désignée par celle de Cassation dans l'arrêt même. » — C. inst. crim., art. 500.

1031. — L'ordonnance de prise de corps doit être rédigée dans la forme tracée par l'art. 134, C. inst. crim., qui est la règle du droit commun. — Ainsi, elle doit contenir le nom du prévenu, son signalement, son domicile, s'ils sont connus, l'exposé du fait et la nature du délit.

1032. — Le renvoi doit toujours être fait à la cour d'assises du lieu où siége la cour royale. — L. 20 avr. 1810, art. 18; — Bourguignon, *Man. d'inst. crim.*, t. 3, p. 390.

1033. — « L'instruction ainsi faite devant la cour de Cassation ne pourra être attaquée quant à la forme. — Elle sera commune aux complices du tribunal ou du juge poursuivi, lors même qu'ils n'exerceraient point de fonctions judiciaires. » — C. inst. crim., art. 501.

1034. — Si les complices n'étaient découverts ou poursuivis que postérieurement au jugement du fait principal, il faudrait suivre les règles ordinaires de compétence. C'est à tort que Carnot (*Inst. crim.*, t. 3, p. 391, no 1er) suppose qu'ils se trouveraient compris dans l'arrêt de renvoi. L'attribution du jugement des auteurs du délit, faite par l'arrêt de la cour de Cassation, ne préjuge rien à l'égard des complices.

1035. — « Seront, au surplus, observées les autres dispositions du présent Code (d'instruction criminelle) qui ne sont pas contraires aux formes de procéder prescrites par le présent chapitre (ch. 3 du tit. 4, al. 2). » — C. inst. crim., art. 502.

1036. — Si l'accusé, n'étant pas présent, n'avait pu être saisi ou s'était évadé, il faudrait, en exécution de l'art. 502, instruire sur la contumace, conformément aux art. 465 et suiv. — V. CONTUMACE.

1037. — « Lorsqu'il se trouvera dans la section criminelle saisie du recours en cassation dirigé contre l'arrêt de la cour d'assises à laquelle l'affaire aura été renvoyée, des juges qui auront concouru à la mise en accusation dans l'une des autres sections, ils s'abstiendront. — Et néanmoins, dans le cas d'un second recours qui donnera lieu à la réunion des sections, tous les juges pourront en connaître. » — C. inst. crim., art. 503.

1038. — Plus des deux tiers des membres de la cour de Cassation devant être présens aux audiences des sections réunies, il y aurait impossibilité de remplir ce vœu de la loi, si les juges de la section qui a prononcé la mise en accusation se trouvaient par cela seul frappés d'incapacité pour statuer sur le second recours du condamné. — Carnot, *Inst. crim.*, t. 3, p. 593.

FOND. — FORME.

1. — Ce mot, en matière d'affaire, de procès, de doctrine, signifie ce qu'il y a de plus essentiel, de plus considérable.

2. — Le fond, en parlant d'un procès, est opposé à la forme; c'est ce qui fait le vrai sujet de la contestation.

3. — On dit communément que *la forme emporte le fond*; cela ne signifie pas qu'on préfère la forme au fond, mais seulement que, sans la forme, le fond ne se trouve point justifié. — Hua, *Thémis.*, t. 4, p. 270; Rolland de Villargues, vo *Forme*, *Formalité*, no 5.

4. — On dit aussi, *conclure au fond*, pour distinguer les conclusions qui tendent à faire décider définitivement la contestation de celles qui ont seulement pour objet de faire ordonner quelque mesure préparatoire ou de proposer quelque exception préjudicielle.

5. — Les juges ne doivent statuer sur les moyens du fond qu'après avoir prononcé sur toutes les ex-

ceptions dilatoires et autres prises de la forme, qui leur sont proposées. — V. EXCEPTION.

6. — Le mot *forme* s'entend généralement de la disposition que doivent avoir les actes, de l'arrangement des clauses, termes, conditions et formalités.

7. — On confond souvent les mots *forme* et *formalité*; mais le premier est plus général; il embrasse tout ce qui sert à constituer l'acte, tandis que le second ne s'entend que de certaines conditions que l'on doit remplir pour sa validité. — *Encycl. méthod.*, v° *Forme*. — V. d'ailleurs FORMALITÉS.

8. — Les formes, a dit Portalis, veillent à l'exécution des lois et assurent la marche de la justice. Il y en a toujours trop si on consulte ceux qu'elles gênent, et il n'y en a jamais assez si on interroge ceux qu'elles protègent.

9. — « La plupart des gens du monde, dit Boncenne (*Th. de la procéd. civ.*, introd., p. 4), se récrient contre l'axiome *le fond emporte le fond*, contre les nullités, les déchéances qu'ils signalent comme autant d'écueils où vient se perdre la justice. M. de Voltaire écrivait à un magistrat qu'il serait pas mal de trouver un jour *quelque biais pour que le fond l'emportât sur la forme*. Le mot était joli, si l'on veut; mais avec quelques réflexions sur la marche des affaires et sur l'esprit du même, on verra *que ce biais* ne serait autre chose qu'un pouvoir arbitraire, et une funeste précipitation de jugement. »

10. — En terme de pratique, on emploie quelquefois le mot *forme* par opposition à celui de *fond*; alors la forme se prend pour la procédure, le fond est ce qui en fait l'objet.

11. — On appelle *forme authentique* celle qui fait pleine foi en justice. Les actes sont revêtus de cette forme lorsqu'ils sont expédiés et signés par une personne publique, comme les jugemens qui sont signés du greffier, les expéditions des contrats signés de deux notaires ou d'un notaire et deux témoins. — *Encycl. méthod., loc. cit.*

12. — La *forme probante* est celle qui procure à l'acte la prérogative de faire foi par lui-même.

13. — La *forme judiciaire* est l'ordre et le style que l'on observe dans la procédure ou instruction et dans les jugemens. — *Encycl. méthod., loc. cit.*

14. — Mettre un acte en forme c'est lui revêtir de la formule exécutoire. — V. EXÉCUTION DES ACTES ET DES JUGEMENS, n°s 233 et suiv.; FORMULE EXÉCUTOIRE.

FONDATION.

Table alphabétique.

FONDATION. — 1. — Le mot fondation désigne *lato sensu* toute libéralité faite entre entre-vifs ou par disposition de dernière volonté en faveur d'un établissement ou d'un service public. Dans un sens plus restreint ce mot est employé pour désigner la donation ou le legs d'un immeuble, d'une somme d'argent ou d'une rente faite à la condition d'affecter tout ou partie du produit à la célébration de services ou prières religieuses, prières appelées ordinairement *obits*.

—

Sect. 1re. — *Historique et législation.*

2. — L'ancienne législation se montrait très favorable aux fondations religieuses dont l'institution a toujours été reconnue par l'église, consacrée et réglée par les conciles.

3. — Elles ont suivi immédiatement l'établissement des paroisses, des hospices, des écoles chrétiennes, des curés. À peine créées, ces institutions ont reçu des dons abondans à la charge de remplir les conditions imposées par les bienfaiteurs. L'histoire ecclésiastique de toutes les nations chrétiennes, et en particulier celle de l'église gallicane, est remplie du récit de ce genre de fondation, et les archives des établissemens catholiques, depuis les églises métropolitaines, jusqu'aux églises des plus humbles villages; depuis l'université de Paris jusqu'aux écoles de la dernière paroisse, en contenaient autrefois une multitude innombrable. — M. Affre, *Tr. de l'administration temporelle des paroisses*, p. 529.

4. — Les fondations pouvaient consister soit dans une somme d'argent une fois donnée, ou dans un immeuble, soit dans des prestations annuelles; ces prestations étaient réputées imprescriptibles. Dans tous les cas, les arrérages ne se prescrivaient que par vingt-neuf ans.

5. — Cependant et quelle que fût la faveur accordée aux fondations, elles ne pouvaient être valables qu'autant qu'elles avaient été autorisées par l'évêque, et la réduction pouvait même être prononcée alors que leur valeur trop élevée constituait un dépouillement abusif des droits des héritiers du fondateur.

6. — On distinguait alors deux classes de fondations : les unes consistaient simplement dans le service religieux ou *obit*, lequel avait lieu dans les églises paroissiales ; pour les autres au contraire, le fondateur avait, et sous certaines conditions, établi par sa volonté un titre ecclésiastique pour l'exécution de la fondation.

7. — L'institution des fondations fut l'objet de nombreuses dispositions législatives pendant la période révolutionnaire jusqu'à l'époque du concordat.

8. — Une première atteinte fut portée aux fondations par la constitution civile du clergé, laquelle, distinguant entre les fondations simples et celles avec constitution spéciale d'un titre ecclésiastique, établit que dans la suppression des bénéfices et fondations de pleine collation laïcale, excepté les chapelles actuellement desservies dans l'enceinte des maisons particulières, par un chapelain ou desservant, à la seule disposition du propriétaire. » — L. 12 juill.-24 août 1790, tit. 1er, art. 23. — Ce qui devait avoir lieu nonobstant toute clause, même de réversion, stipulée dans les actes de fondation. — *Ibid.*, art. 28.

9. — L'art. 25 de la même loi ajouta : « Les fondations de messes et autres services acquittés présentement dans les églises paroissiales , par les curés et les prêtres qui y sont attachés , sans être pourvus de leurs places en titre perpétuel de bénéfices , continueront provisoirement à être acquittés et payés comme par le passé ; sans néanmoins que, dans les églises où il est établi des sociétés de prêtres non pourvus de titres perpétuels de bénéfice, et connus sous les divers noms de filleuls, agrégés, familiers, communalistes, mi-partistes, chapelains ou autres, ceux d'entreeux qui viendront à mourir ne se retirer, puissent être remplacés. »

10. — Bientôt après, le décret des 10-18 fév. 1791 prescrivit en ces termes la vente des immeubles affectés à l'acquit des fondations : « Art. 1er « Les immeubles réels affectés à l'acquit des fondations des messes et autres services établis dans les églises paroissiales et succursales, [seront vendus, dès à présent, dans la même forme et aux mêmes conditions que les biens nationaux. »

11. — Art. 2. « Pour tenir lieu aux curés et aux prêtres attachés auxdites églises, sans avoir été pourvus de leurs places à titre perpétuel de bénéfices, et qui administraient lesdits biens, de la jouis-

sance qui leur en avait été laissée provisoirement pour l'acquit desdites fondations, il leur sera payé jusqu'à ce qu'il en soit autrement ordonné, sur le trésor public, par les receveurs de district, l'intérêt à 4 °/0 sans retenue du produit net de la vente desdits biens »

12. — Art. 3. « Quant auxdites églises, où lesdits biens étaient administrés par les religieux, il sera provisoirement payé auxdites fabriques , sur le trésor public , par le receveur de district, l'intérêt à 4 °/0 , sans retenue du produit net de la vente, à la charge de l'employer comme l'eût été le revenu desdits biens , savoir , aux dépenses du culte et à l'acquit des fondations. »

13. — Art. 4. — Toutes ventes d'immeubles réels desdites fondations faites jusqu'à présent dans les formes prescrites pour la vente des biens nationaux, sont validées par le présent décret, à charge de l'intérêt à 4 °/0 , payable sur le trésor public, ainsi qu'il a été dit ci-dessus.

14. — Toutefois ce décret ne concernait que les fondations qui devaient s'acquitter dans les églises paroissiales et restait étranger aux fondations qui avaient été faites en faveur des communautés religieuses : ces dernières fondations furent l'objet d'un décret ultérieur en date du 26 sept. - 16 oct. 1791 , dont les dispositions doivent être reproduites.

15. — Art. 1er. — « Les biens dépendans de fondations faites en faveur d'ordres , de corps et de corporations qui n'existent plus dans la constitution française, soit que lesdites fondations eussent pour objet lesdits ordres, corps ou corporations en commun ou les individus qui pourraient en faire partie , considérés comme membres desdits ordres , corps ou corporations , font partie des biens nationaux, et sont, comme tels, à la disposition de la nation. »

16. — Art. 2. « Les biens dépendant desdites fondations seront, en conséquence, administrés et vendus comme les autres biens nationaux, nonobstant toutes clauses, même de réversion, qui seraient portées aux actes de fondation. »

17. — « L'assemblée réserve à la législature d'établir les règles d'après lesquelles il sera statué sur les demandes particulières qui pourraient être formées en conséquence des clauses écrites dans les actes de fondation. »

18. — Art. 4. « Et néanmoins, les individus qui jouiraient de quelques parties desdites fondations, uniquement à titre de secours pour subvenir à leurs besoins, continueront à en jouir personnellement, aux termes desdites fondations. Les fondations faites dans les paroisses seront au surplus exécutées en conformité des précédens décrets. »

19. — La confiscation, ainsi prononcée au profit de l'état, des biens provenant des fondations faites en faveur des communautés religieuses, fut étendue par le décret du 13 brum. an II aux fondations des décrets précités de 1790 et de 1791 avaient respectées.

20. — Nous avons déjà parlé des dispositions de ce décret v° FABRIQUES D'ÉGLISE. Il importe toutefois de rappeler ici que ce décret, l'actif affecté à l'acquit des fondations fut déclaré propriété nationale comme tout autre actif des fabriques, et soumis aux mêmes règles. — Une disposition spéciale chargeait la régie des droits d'enregistrement de la rentrée de tout ce qui restait à trouver dans cet actif.

21. — Or, il arriva que les débiteurs des rentes affectées aux fondations, s'appuyant sur la non-exécution des charges imposées, c'est-à-dire pour le défaut d'acquittement des services religieux se refusaient à payer les redevances rendues, et, en effet, plusieurs jugemens accueillirent leurs prétentions rejetèrent les demandes dirigées par l'administration.

22. — Mais la cour de Cassation réformant ces décisions jugea constamment que le débiteur d'une rente constituée au profit d'une fabrique à la charge d'une fondation ne pouvait même alors se dispenser de la payer, sous le prétexte que la fondation pour laquelle la rente était constituée n'était plus desservie. — *Cass.*, 24 brun. an IX, Enregist. c. James; 13 prair. an IX, mêmes parties; 4 niv. an X, Enregist. c. Patrice Chapus; même jour (et non 4 niv. an XI), Enregist. c. Tartanson; 24 pluv. an X, Enregist. c. Bévy; 12 prair. an X, Enregist. c. Lubet.— V. encore Nîmes, 22 mai 1828, Hospice d'Avignon c. de Suffren.— V. aussi FABRIQUE D'ÉGLISE.—Merlin, *Rép.*, v° *Fondation*, n° 5, et *Quest.*, *eod. verbo*.

23. — Le rétablissement officiel du culte catholique devait, comme conséquence nécessaire, faire rétablir l'institution des fondations ; et on lit, en effet, dans l'art. 15 du concordat : « Le gouvernement prendra les mesures nécessaires pour que

les catholiques français puissent, s'ils le veulent, faire en faveur des églises des fondations. » — V. CONCORDAT, CULTE, n° 375. — V. encore CLERGÉ, n° 12.

24. — Mais avant de voir comment cette prescription du concordat fut appliquée quant aux fondations nouvelles, nous examinerons quel sort fut réservé aux fondations anciennes supprimées par les lois révolutionnaires.

Sect. 2e. — *Fondations anciennes.*

25. — Ainsi que nous l'avons vu, un grand nombre des biens affectés spécialement au service des fondations, avaient été vendus comme biens nationaux : les fondations qu'ils représentaient se sont trouvées, par suite, définitivement éteintes.

26. — Quant aux biens non aliénés et qui étaient restés la propriété de l'état, une première décision du 28 frim. an XII en transféra la propriété aux fabriques.

27. — Mais il importe de remarquer que les fabriques en devinrent propriétaires au même titre que l'état, c'est-à-dire sans conditions, et sans que les débiteurs eussent le droit d'exiger que le gouvernement fît exécuter les services fondés. — Décis. min. 1er avr. 1807.

28. — Ce ne fut que postérieurement et par le décret du 22 fructid. an XIII que fut réglé ce qui concerne l'acquit des services religieux. — Ce décret porte : « Les biens et revenus rendus aux fabriques, soit qu'ils soient ou non chargés de fondations pour messes, obits ou autres services religieux, seront administrés et perçus par les administrateurs desdites fabriques, nommés conformément à l'arrêté du 6 thermid. an II, ils paieront aux curés, desservans ou vicaires, selon le réglement du diocèse, les messes, obits et autres services auxquels lesdites fondations donnent lieu. » — Il faut remarquer, du reste, que ce dernier acte oblige sans doute les fabriques, mais ne confère aucun droit aux débiteurs. — Décis. min. 1er avr. 1807. — V. encore *Nîmes*, 22 mai 1828, hospices d'Avignon c. de Suffren.

29. — Plusieurs décisions ministérielles ont établi comme conséquence de ce principe : 1° que la rente doit être acquittée, telle qu'elle est due d'après le titre de la fondation et sans considération que le tarif des services religieux étant abaissé, la rente se trouve supérieure au prix de ces mêmes services. — Décis min. 28 mars 1808.

30. — ... 2° Que les rentes de cette nature devant être servies sans retenue aucune, comme grevées de charges, et la retenue pouvant en diminuer le prix sans diminuer ces charges, elles n'ont pas subi la diminution d'un cinquième comme les rentes ordinaires. — Décis. min. 27 juill. 1807 ; 21 déc. 1807.

31. — Jugé que l'émigré amnistié auquel une fabrique d'église réclame une rente provenant d'une ancienne fondation restituée, ne peut opposer la compensation au moyen de créances qui lui étaient dues par l'état au moment de son émigration et de la main-mise sur les biens ecclésiastiques, s'il n'a pas, conformément à l'art. 3, L. 3 flor. an XI (V. ÉMIGRÉ), et avant la restitution faite à la fabrique, produit les justifications prescrites par cet arrêté. — *Cons. d'état*, 20 juin 1812, Fabrique de Saint-Paul-de-Liége c. Bastin.

32. — ... Et que, dans ce cas, les rentes anciennement dues à l'émigré étant d'ailleurs éteintes, conformément à l'art. 17 du sénatus-consulte du 6 flor. an X, il n'en reste pas moins débiteur de la fabrique. — *Ibid.*

33. — Quelques biens et rentes d'anciennes fondations furent aussi affectés à titre de dotation aux établissemens de bienfaisance par la loi du 4 vent. an IX.

34. — A l'égard de ces biens, le décret du 19 juin 1806 statua, ainsi qu'il suit, par son art. 1er : « Les administrations des hospices et bureaux de bienfaisance qui, en vertu de la loi du 4 vent. an IX et des arrêts y relatifs, auront été mis en possession de quelques biens et rentes chargés précédemment de fondations pour quelques services religieux, paieront régulièrement la rétribution de ces services religieux, conformément au décret du 22 fructid. an XII, aux fabriques des églises auxquelles ces fondations doivent retourner. »

35. — Et l'art. 3 ajouta que « les fabriques veilleraient à l'exécution des fondations, et en compteraient le prix aux prêtres qui les auraient acquittées aux termes de notre décret du 22 fructid. an XIII. »

36. — Une décision ministérielle du 21 juill. 1807 a posé en principe que l'obligation pour les établissemens de bienfaisance de servir à la fabrique la rétribution des services religieux que représentaient les biens dont ils sont demeurés en possession n'existe que dans le cas où l'établissement de bienfaisance en aurait été investi gratuitement et en exécution de la loi du 14 vent. an IX, ainsi que l'ordonne le décret du 19 juin 1806 ; et qu'au contraire si ces biens ou rentes ont été abandonnés à l'hospice en remplacement de quelques-uns de ses biens vendus au profit du domaine, on ne peut demander le paiement des fondations dont ils sont chargés, parce qu'en les touchant on diminuerait d'autant le remplacement qu'en a voulu faire l'hospice.

37. — Il résulte, en tous cas, de ce qui précède que jusqu'au décret de 1806 les biens et rentes de fondations transmises aux hospices et établissemens de bienfaisance par la loi du 14 vent. an IX, avaient été libres de toutes charges. — *Nîmes*, 22 mai 1828, hospices d'Avignon c. de Suffren.

38. — L'exécution des fondations anciennes rétablies est régie par les principes relatifs aux fondations nouvelles, et les anciens titulaires de fondations ne peuvent plus prétendre à en acquitter les charges de préférence à tout autre ecclésiastique.

39. — En effet, porte un avis du conseil d'état du 21 frim. an XIV : « Le gouvernement, en rétablissant les fondations dont les biens et rentes subsistent encore, n'a entendu rétablir que la condition principale, celle d'acquitter les charges en prières ou services religieux que le fondateur a prescrites, et non les conditions accessoires, et surtout celles de l'attribution exclusive à tel ou tel prêtre d'exécuter ce service religieux. Si l'on admettait cette attribution exclusive, ce serait faire revivre les bénéfices simples, ce qui serait contraire à l'esprit de la loi du 8 germin. an X. »

40. — Le service des fondations est payé au prêtre qui les acquitte selon le réglement et le tarif des fondations du diocèse ; le prêtre qui acquitte une ancienne fondation n'a plus droit comme autrefois de jouir du revenu entier ; cette question est ainsi résolue par le décret du 22 fructid. an XIII. — Avis cons. d'état 21 frim. an XIV.

Sect. 3e. — *Fondations nouvelles.*

41. — *Constitution.* — La constitution des fondations nouvelles est soumise aux règles générales sur les dons et legs faits en faveur des établissemens ecclésiastiques que nous avons exposées précédemment, V. ÉTABLISSEMENS PUBLICS ET RELIGIEUX. — V. encore BIENS ECCLÉSIASTIQUES, n° 7, ÉVÊQUE, FABRIQUES D'ÉGLISE, DISPOSITIONS A TITRE GRATUIT, DONATION ENTRE-VIFS.

42. — L'acceptation en est faite par la fabrique.

43. — Mais ainsi que le fait remarquer M. Vuillefroy (v° *Fondation*, p. 398), les cas où il y a fondation, et par conséquent lieu à acceptation de la part des fabriques, ne sont pas toujours faciles à saisir.

44. — Sans doute lorsqu'il s'agit d'une fondation véritable, c'est-à-dire *permanente*, et de services religieux qui doivent être acquittés et répétés annuellement, « une fondation de cette nature n'est point une simple charge de la succession dont l'exécution doit être abandonnée à la conscience des héritiers ; mais elle constitue un legs au profit de la fabrique, legs qui ne peut être accepté qu'avec l'autorisation du gouvernement ; la doctrine contraire fournirait des moyens trop faciles d'éluder la nécessité de l'autorisation du gouvernement, puisqu'il suffirait aux fondateurs de charger tel ou tel individu d'exécuter des dispositions dont le but ne peut être atteint qu'avec cette autorisation. » — Avis cons. d'état 17 oct. 1838. — Une pareille fondation présente donc tous les caractères d'une fondation qui doit être acceptée par la fabrique.

45. — Mais si, au contraire, la fondation n'a pour objet que des services religieux *une fois célébrés*, la question de la nécessité d'acceptation devient plus difficile ; néanmoins deux avis du conseil d'état, en date des 29 mai 1838 et 12 déc. 1839, ont posé la distinction suivante :

46. — ... Ou la disposition dont s'agit n'a eu pour but que d'imposer au légataire l'obligation d'un ou plusieurs services religieux, avec ou sans désignation d'église ; et dans ce cas on ne saurait voir une véritable fondation, mais seulement une charge de l'hérédité, d'où il suit qu'il n'y a pas lieu à acceptation directe de la part de la fabrique.

47. — ... Ou au contraire, et sans désignation de légataire, une disposition a été faite par un testateur de tout ou partie de ses biens avec charge d'accomplissement de services religieux ; et alors il y a là une véritable fondation dont l'acceptation devient nécessaire.

48. — « Du reste, toutes les fondations de services religieux ne sont pas faites dans une forme tellement simple, qu'elles puissent être l'objet d'une règle générale. L'administration doit se réserver d'apprécier la question d'une manière spéciale sur les différentes espèces qui pourraient faire naître des doutes sur la nature de la disposition. — Mêmes avis. — Vuillefroy, *loc. cit.*

49. — Il entre également dans les attributions du gouvernement de veiller à ce que, par un abus coupable, les fondations n'aient pas pour résultat de priver une famille et les héritiers des biens qui leur reviennent légitimement.

50. — Cependant et pour tout concilier « lorsque l'état d'indigence des héritiers naturels d'un testateur qui a fait un legs à un établissement ecclésiastique, à charge de services religieux, paraît devoir en motiver le rejet, comme l'intention bien formelle du testateur a été d'obtenir des prières pour le repos de son âme, il est convenable, tout en refusant l'acceptation pour l'intégralité du legs, de l'autoriser au moins jusqu'à concurrence de la somme nécessaire pour l'acquit des services religieux. » — Avis cons. d'état 8 avril 1835.

51. — Lorsqu'une fondation, d'ailleurs légitime, renferme des clauses injustes, déshonnêtes ou impossibles, ces clauses sont supprimées de droit, mais la fondation n'en existe pas moins. — L'abbé André, *Dict. de dr. canon*, v° *Fondation*, § 2, p. 118.

52. — Mais si la fondation contenait comme conditions essentielles des clauses contraires aux règles canoniques, telles, par exemple, que la désignation formelle de la part du donateur d'un lieu interdit à l'exercice du culte, ou d'un ou plusieurs prêtres frappés de censure, elle ne devrait pas être autorisée et serait considérée comme nulle. — Affre, p. 540.

53. — Il peut arriver que les charges d'une fondation nouvelle dépassent les produits de la fondation elle-même au moment où elle est constituée, ce qui la rendrait onéreuse pour la fabrique. Dans ce cas, le gouvernement doit-il refuser d'autoriser l'acceptation ? peut-il au contraire admettre, ce qui a lieu pour les fondations déjà acceptées (V. *infrà* nos 89 et suiv.), c'est-à-dire la faculté pour l'évêque d'en opérer la réduction ?

54. — M. Vuillefroy (p. 399) dit que pendant longtemps cette question fut résolue par l'administration dans le sens du refus d'autorisation. « L'acceptation d'un legs, pensait-on, donne à toutes les dispositions de ce legs un caractère complet et irrévocable pour le légataire qui, par le seul fait de son acceptation, contracte l'obligation de remplir exactement toutes les conditions imposées par le fondateur. A la vérité, relativement aux anciennes fondations de services religieux, on a reconnu que dans le cas où, par la suite et par des événemens ne provenant pas de l'établissement légataire, le revenu éprouverait une réduction, l'autorité ecclésiastique pourrait alors réduire à la proportion de ce revenu les services auxquels il devait être employé. Cela n'a rien de contraire au principe général de droit, d'après lequel la chose périt pour celui qui possède, puisqu'alors c'est la fondation religieuse que l'on peut considérer comme étant véritablement propriétaire ; mais quelle que puisse être l'opinion des canonistes relativement à l'étendue du droit qu'auraient les évêques de prononcer sur les réductions de services religieux, le droit civil s'oppose à ce qu'ils puissent exercer ce droit au moment où l'établissement ecclésiastique, recueillant la valeur entière du legs, ne peut se soustraire à l'entier accomplissement des clauses qui en sont la condition ; autrement, suivant les art. 954 et 1096, C. civ., les héritiers naturels conserveraient, pendant trente ans, la faculté de faire prononcer par les tribunaux la révocation du legs lui-même. » — Avis cons. d'état 30 mai 1832.

55. — « Mais, ajoute M. Vuillefroy (*loc. cit.*), si ces principes sont vrais, ils sont trop absolus. S'il est évident que le legs qui n'a pas eu pour but l'intérêt de l'établissement légataire, mais uniquement un service religieux, un annuaire de plusieurs messes, par exemple, qui seraient célébrées pour le repos de l'ame du fondateur lui-même, ne serait-ce pas mieux se conformer à ses propres intentions d'autoriser à réduire le nombre des messes dans la proportion du tarif, plutôt que de forcer l'établissement à refuser la fondation et à priver complètement le testament de tous ses effets ? La loi ne veut-elle pas qu'avant tout, les dispositions testamentaires soient interprétées de manière à donner toute force possible à l'intention évidente du testateur ? »

56. — Au surplus, ajoute le même auteur, le comité de législation du conseil d'état paraît avoir été frappé de ces considérations, car récemment il a été d'avis d'autoriser l'acceptation de plusieurs fondations dont les charges dépassaient les produits, en indiquant que l'art. 29 du décr. de 1809 donne aux évêques le droit de réduire les charges exorbitantes des fondations (avis du 22 juill. 1840).

En résumé, la seule règle à suivre en cette matière est nécessairement d'apprécier, sous chaque affaire, les intentions du testateur, et le meilleur moyen de leur donner effet sans surcharger les fabriques.

57. — S'il s'agissait d'une fondation emportant avec elle un établissement, celui-ci devrait être autorisé spécialement, soit par le même acte qui autorise la donation, soit par un acte séparé. Ainsi, si on donne pour une école qui n'existe pas, il faut autoriser l'école et le don ou legs qui lui est fait. — Affre, p. 530 (note).

58. — *Surveillance de l'exécution de la fondation.* — Les obligations des fabriques relativement au service des fondations religieuses tant anciennes que nouvelles, sont réglées par le décret du 30 déc. 1809. — A cet effet, l'art. 26 dispose que « les marguilliers sont chargés de veiller à ce que toutes les fondations soient fidèlement acquittées et exécutées suivant l'intention des fondateurs, sans que les sommes puissent être employées à d'autres charges. »

59. — Le même article ajoute « qu'un extrait du sommier des titres contenant les fondations qui doivent être desservies pendant le cours d'un trimestre doit être affiché dans la sacristie, au commencement de chaque trimestre avec les noms du fondateur et de l'ecclésiastique qui doit acquitter la fondation. »

60. — « ... Et, en outre, qu'il doit être rendu compte à la fin de chaque trimestre par le curé ou desservant au bureau des marguilliers, des fondations acquittées pendant le cours du trimestre. »

61. — Tels sont les principes généraux de la loi, si en fait elles ne sont pas littéralement suivies en ce sens que, par exemple, le tableau des fondations n'est pas toujours affiché dans la sacristie, du moins il est certain que les fabriques veillent toujours avec soin à ce que les fondations soient régulièrement acquittées.

62. — De plus, les lois canoniques imposent aux curés et vicaires, alors que la fondation doit s'acquitter dans leur église, et quand même ils n'en seraient pas chargés eux-mêmes, de veiller à son exécution, et en cas de négligence d'en informer l'évêque. — Affre, *ubi suprà*, p. 542.

63. — Conformément aux anciens usages et statuts des diocèses, on doit à l'égard des fondations établies dans une église paroissiale annoncer au prône de chaque dimanche les fondations qui doivent être acquittées dans la semaine.

64. — Aux termes des lois civiles et canoniques, les évêques sont appelés de leur côté à surveiller l'acquit des fondations dans les églises de leurs diocèses; leur attention doit porter sur ce point dans le cours de leur visite pastorale.

65. — Et à ce sujet M. Affre (p. 541) ajoute que, conformément à un ancien usage, il serait peut-être utile que chaque prêtre, une fois le service de la fondation acquitté, mentionnât ce fait par sa signature sur l'extrait du sommier dont parle le décret de 1809, ce qui permettrait une vérification plus facile à l'évêque ou à ses grands vicaires.

66. — En outre, ajoute le même auteur, les évêques qui poussent plus loin la vigilance pourraient faire tenir au secrétariat de leur évêché un registre exact des fondations établies dans leurs diocèses : ce qui rendrait encore leur contrôle bien plus facile.

67. — Enfin, les héritiers du fondateur ont eux aussi action pour contraindre à l'exécution de la fondation, sans toutefois pour cela qu'ils puissent se dispenser d'exécuter l'obligation qui leur est imposée par le motif de la non-exécution de la fondation.

68. — *Mode d'exécution de la fondation.* — Les fondations doivent être exécutées au lieu et de la manière prescrite par le fondateur.

69. — Telle est la disposition invariable de l'ancienne législation et des anciens arrêts conformes en cela au droit romain, aux lois des conciles, aux statuts des diocèses. — V. à cet égard les autorités citées par M. Affre, p. 532, et les conciles de Trente (sess. 25, cap. 5); de Sens de 1528, et de Milan (*part.* 2, tit. *De iis qui ad sacrif. miss. pertinent*).

70. — Et c'est, ajoute M. Affre, parce que la fondation était regardée comme formant un véritable contrat que les ordonnances du royaume, rapportées dans Gohard, t. 1er, p. 81, dans Ferrières (*du dr. de patronage*, ch. 9 et 10), ne reconnaissent ni au pape ni aux évêques le pouvoir de changer les clauses des fondations, sauf le cas d'impossibilité de les exécuter ou de conditions contraires aux lois de l'église ou de l'Etat. L'art. 25 des libertés de l'église gallicane contient la même défense. Ce qui était défendu à l'autorité ecclésiastique l'était également à l'autorité royale : les auteurs qui lui étaient les plus favorables en convenaient. *Licet rex sit hæres fundatoris, non tamen potest immutare naturam beneficii, neque conditiones fundationi annexas*, dit Rusée, *Reg.*, *priv.* 49, no 3; Durand de Maillanne, vo *Fondation*, t. 3, p. 538.

71. — Cependant, quoique, en principe, les conditions de la fondation doivent être littéralement exécutées, M. Affre (p. 531) pense que l'évêque serait en droit de supprimer telle cérémonie qui, autrefois sans inconvénient, serait de nature à paraître aujourd'hui ridicule ou à offrir quelque autre inconvénient.

72. — De ce que les intentions des fondateurs doivent être respectées, M. Affre (p. 533) conclut qu'on ne doit pas changer l'église et l'autel désignés dans la fondation; et il rapporte que le quatrième concile de Milan précité prescrit de célébrer une deuxième fois les messes qui ne l'auraient pas été dans le lieu indiqué par le fondateur.

73. — Si le fondateur n'avait pas désigné de lieu particulier pour l'acquit de la fondation, ce serait à l'évêque qu'il appartiendrait de décider sur ce point, en se conformant, autant que possible, à l'intention présumée du testateur. — D'ordinaire, en pareil cas, on affectera à l'acquit de la fondation l'église paroissiale du défunt, sur laquelle il vivait habituellement et où il est mort.

74. — Si l'église où doit s'acquitter la fondation venait à être supprimée, la fondation ne devrait pas être réputée pour cela éteinte; mais les charges et les droits y relatifs passeraient à la fabrique de l'église qui serait déterminée à cet effet par l'évêque, et qui, le plus ordinairement, serait celle à laquelle seraient reportés le titre et la juridiction de l'église supprimée.

75. — Ce cas s'est présenté, il y a quelques années, devant le tribunal civil de la Seine, à l'occasion d'une fondation établie en faveur de l'église, alors légalement établie, du Mont-Valérien, près Paris, et qui avait été supprimée par ordonnance royale, vers la fin de l'année 1830; en présence du testament, le tribunal décida, par jugement du 18 mai 1839, que l'archevêque de Paris avait pu valablement, après la suppression de l'église du Mont-Valérien, décider que la fondation serait désormais acquittée dans une autre église qu'il avait désignée. — V. ce jugement dans l'ouvrage précité de M. Affre, p. 535.

76. — Toutefois, il faut remarquer que le tribunal s'est fondé sur cette considération qu'il n'apparaissait pas que l'intention du testateur eût été de fixer d'une manière exclusive et absolue l'exécution de la fondation dans l'église indiquée, car, dans ce dernier cas, la fondation n'aurait pu être maintenue.

77. — M. Affre (p. 594) ajoute que ce droit pour l'évêque de changer le lieu destiné à l'acquit de la fondation n'existe pas seulement pour le cas précité, mais qu'il doit s'entendre d'une manière large et comme devant s'étendre à tous les cas où cette translation est justifiée par les circonstances.

78. — En ce qui a trait au service religieux, le décret de 1806 porte que « le curé ou desservant se conformera aux réglemens de l'évêque pour tout ce qui concerne le service divin, les prières et les instructions, et l'acquittement des charges pieuses imposées par les bienfaiteurs. » — Décr. 30 déc. 1809, art. 29.

79. — L'art. 31 du même décret ajoute que « les annuels auxquels les fondations ont attaché des honoraires, et généralement tous les annuels emportant une rétribution quelconque, seront donnés, de préférence, aux vicaires, et ne peuvent être acquittés qu'à leur défaut par les prêtres habitués ou autres ecclésiastiques. — *Ibid.*, art. 31.

80. — Or « le droit de nommer parmi les prêtres habitués dans les églises où sont établies des fondations, le sujet qui en acquittera les charges, appartient à l'évêque. — Avis. cons. d'état, 21 frim. an XIV.

81. — Toutefois, l'art. 31 déjà cité du décret de 1809 indique lui-même que le mode d'exécution qu'il prescrit n'a lieu qu'autant qu'il n'en a pas été ordonné autrement par le fondateur.

82. — En effet, de même que le fondateur peut désigner tel lieu qu'il lui plaît pour l'acquit de la fondation, de même aussi il peut en charger tels ou tels prêtres qu'il lui convient de désigner, et ce choix est parfaitement valable en principe, sauf, bien entendu, la question d'approbation.

83. — Si, par une impossibilité légale ou canonique, le prêtre ou les prêtres désignés ne pouvaient acquitter la fondation, celle-ci ne serait point pour cela nulle, et elle resterait confiée au curé ou vicaire s'il s'agit d'une église paroissiale, au prêtre désigné par l'évêque dans tout autre cas; car il faut, avant tout, que la fondation soit exécutée.

84. — C'est ce que le tribunal civil de la Seine, par le jugement du 18 mai 1839 précité (V. *suprà* no 75) et dans la même affaire, a décidé d'une manière formelle, en s'appuyant, du reste, toujours sur cette considération qu'il n'apparaissait pas, dans la constitution de la fondation, que la désignation des prêtres chargés de l'acquitter eût été faite d'une manière exclusive.

85. — *Revenus de la fondation.* — Si les revenus de la fondation excèdent les charges, l'excédant appartient à la fabrique; ce n'est point là contrevenir à l'art. 26 du décret de 1809; il n'y a point emploi des sommes à d'autres objets, puisque les charges sont acquittées. — Décis. minist. 26 déc. 1811.

86. — Mais le prêtre qui acquitte la fondation peut-il prétendre à l'honoraire entier que le titre original modifié (V. *infrà* no 88) lui accorde? N'a-t-il, au contraire, droit qu'au prix fixé par le réglement ou tarif des oblations?

87. — M. Affre (p. 540) se prononce dans le premier sens; il pense qu'il y a abus grave de la part des fabriques qui prétendent réduire le prêtre au tarif ordinaire des oblations, et que cela est contraire au respect dû aux dispositions du donateur.

88. — Mais cette opinion ne saurait être adoptée en présence du décret du 22 fruct. an XIII, art. 1er, qui veut que le service des fondations soit payé au prêtre, selon le tarif des oblations. Un avis du conseil d'état, du 21 frim. an XIV, a même étendu ce principe aux anciennes fondations rétablies.

89. — *Réduction des fondations.* — Quelque rigoureuses que soient les obligations de la fabrique, quant à l'exécution des fondations, néanmoins il ne convient pas que, si par un événement postérieur les charges deviennent supérieures aux revenus de la fondation, les obligations subsistent avec la même étendue.

90. — Jamais il n'appartient aux curés ou aux fabriques d'opérer la réduction de la fondation; ils peuvent seulement la provoquer. Si autrefois les chefs d'ordre étaient investis de ce pouvoir en ce qui concerne les fondations établies dans les églises des communautés, c'est que ces dignitaires ecclésiastiques exerçaient sur ces établissemens religieux une autorité spéciale qui excluait celle de l'évêque. Aujourd'hui, où tout est soumis à la juridiction spirituelle, c'est à l'évêque seul que ce droit est réservé.

91. — En effet, le décret de 1809 reconnaît à l'évêque le droit d'opérer sur la fondation une réduction proportionnelle, *conformément aux lois canoniques.* — Rolland de Villargues, *Rép. du Notar.*, vo *Fabrique*, no 63. — Le décret ne mentionne pas, du reste, l'obligation autrefois imposée à l'évêque par le concile de Trente, mais depuis long-temps tombée en désuétude, de ne statuer qu'après avoir consulté le synode diocésain. — D'Héricourt, *Lois ecclés.*, 3e part., ch. 7, no 35; Jousse, *Comment.* sur l'art. 16 de l'édit de 1695.

92. — Le décret de 1809 ne trace au surplus aucune forme sur la marche à suivre en pareille circonstance; néanmoins, il y a lieu de poser comme règle de principe que la gravité de la décision à rendre impose à l'évêque l'obligation de ne statuer qu'en parfaite connaissance de cause. — V. sur ce point Affre, p. 547 et suiv.

93. — Du reste, il faut bien remarquer qu'il ne s'agit que de réductions proportionnelles; car si de tout temps les conciles ont consacré ce droit de l'évêque d'opérer les réductions des fondations, à cause de la disproportion des libéralités qui ont pour objet d'en assurer l'exécution, jamais ils n'ont autorisé une suppression complète. Ainsi, le concile de Trente impose formellement qu'il soit toujours fait mémoire des défunts qui ont laissé ces legs pies pour le salut de leur ame. — V. toutefois *infrà* no 103.

94. — Suivant Benoît XIV (quest. 54), la réduction doit avoir lieu proportionnellement sur les diverses obligations qui peuvent résulter de la fondation, si elles sont de nature différente.

95. — Et le même pontife (quest. 53) décide que si l'insuffisance des revenus provient du fait des marguilliers, la réduction ne peut avoir lieu, et qu'en conséquence c'est à eux de justifier que la fondation dont ils veulent faire réduire le service n'est pas appauvrie par leur fait. — Cette décision doit être suivie.

96. — Il en serait de même si l'emploi du capital ou du revenu de la fondation avait eu lieu pour le compte de la fabrique ou de l'établissement chargé de l'acquit de la fondation.

97. — Comme aussi, il est tenu pour constant qu'alors que le donateur avait, par ses dernières volontés, manifesté l'intention qu'en cas d'insuffisance, par suite d'événemens imprévus, il y fût supplée par des libéralités nouvelles; dans ce cas, la fabrique ne doit point provoquer la réduction

mais s'adresser aux héritiers pour obtenir le supplément devenu nécessaire. — L'abbé André, *ubi suprà*, § 2, n° 8.

98. — Ajoutons, toutefois, que ce droit ne pourrait être exercé que suivant les formes prescrites par la constitution des fondations, et qu'en conséquence si le gouvernement refusait autorisation, il y aurait lieu de provoquer la réduction. — V. d'ailleurs, sur tous ces points, l'abbé André, *ubi suprà*.

99. — *Cessation du service de la fondation.* — Du moment où la fondation est autorisée et régulièrement établie, le fondateur et ses héritiers sont toujours tenus de l'acquitter, sans pouvoir jamais s'en dispenser, à moins de perte totale des immeubles spécialement hypothéqués ou désignés pour l'acquittement de la fondation, sauf alors à l'établissement chargé de l'acquit de la fondation à provoquer la réduction, si ce n'est même la cessation complète.

100. — Quant au défaut d'exécution de la fondation, sans aucun doute, ainsi que nous l'avons déjà dit (V. *suprà* nos 21 s.), il autorise le fondateur ou ses ayant-droit à exercer une action pour contraindre à l'exécution (sauf, bien entendu, l'application des règles relatives à la réduction); mais il n'autorise pas le refus d'acquitter le prix. C'est, au surplus, ce que, sous la législation transitoire, la jurisprudence avait décidé en faveur de l'administration de l'enregistrement, chargée du recouvrement des rentes provenant des fondations alors supprimées. — Ces décisions doivent être regardées aujourd'hui comme applicables en ce qui concerne la question qui nous occupe.

101. — Toutefois si la fondation avait eu lieu en faveur d'une église ou d'une corporation religieuse dont la suppression viendrait à être prononcée ou que cette désignation eût été dans l'intention du donateur une condition exclusive, il nous paraît que dans ce cas aucune fondation ne pouvant plus être acquittée, l'obligation des héritiers demeurerait éteinte. — S'il en a été autrement sous l'empire des lois révolutionnaires, c'est que des dispositions législatives avaient attribué à l'état les biens de toute nature des établissemens ecclésiastiques.

102. — En fait, du reste, ce cas demeure fort rare, et d'ailleurs les tribunaux, comme l'a fait le tribunal civil de la Seine en 1839, se montrent toujours disposés à maintenir les fondations attaquées.

103. — « Il n'y a, dit M. Affre (p. 544), qu'une seule cause légitime pour justifier la cessation absolue du service d'une fondation, c'est la perte entière des biens destinés à la servir. S'il n'y en a qu'une partie de perdue, il faut réduire et non détruire les charges, c'est-à-dire les messes, prières et autres œuvres pies. S'il y a suspension du paiement de la rente ou de la perception des revenus, il peut y avoir une raison suffisant de différer l'acquittement des œuvres fondées, pourvu que cette suspension ne vienne pas du fait et de la faute des personnes chargées de les acquitter ou de la fabrique chargée d'administrer l'église. » En tout cas il nous paraît utile de rappeler ici la disposition du concile de Trente (V. *suprà* n° 93), qui veut que, nonobstant tout événement postérieur, il soit toujours fait mémoire des fondateurs.

104. — Mais jamais l'établissement chargé de l'acquit de la fondation ne pourrait prescrire contre l'obligation qui lui est imposée et se trouver dispensé d'acquitter le service de la fondation par une cessation de ce service, quelque prolongée qu'ait été l'interruption. Nous croyons que c'est ici le cas d'appliquer la maxime : « On ne prescrit pas contre son titre. » Le but de la prescription est uniquement de faire cesser l'incertitude sur les droits de propriété entre deux ou plusieurs prétendans à ces mêmes droits, mais non d'affranchir un établissement, une fabrique, par exemple, des charges qu'elle doit personnellement remplir après les avoir solennellement acceptées. Telle est la doctrine invariable des anciens canonistes et des parlemens; ils professent que les titres des fondations sont imprescriptibles, que la non exécution est un abus qui ne peut se couvrir par aucun laps de temps. » — Affre, p. 546.

105. — *Fondations en faveur d'établissemens publics autorisés autres que les églises paroissiales.* — Les fondations avec charges de services religieux peuvent avoir lieu non plus en faveur d'une fabrique, mais d'un établissement public ayant un autre caractère, tel, par exemple, qu'un hospice ou une communauté religieuse autorisée.

106. — L'acceptation a lieu suivant les formes ordinaires, et les aumôniers, chapelains des hospices ou desservans sont tenus d'exécuter les fondations pieuses dont se trouvent grevés les legs et donations faits à l'établissement. — Circul. 27 fructid. an XI; 8 fév. 1823.

107. — Mais il peut se faire que l'établissement donataire avec charges de services religieux n'ait point de chapelle; il peut même arriver que la fondation soit imposée comme charge de donation ou legs à une commune. En pareil cas, cette fondation ne pouvant être acquittée que par des services religieux célébrés dans la paroisse, est-il nécessaire que la fabrique de cette même paroisse intervienne dans l'acceptation ?

108. — En 1838 la question fut soumise au conseil d'état par le ministre des cultes. Or, « le conseil a considéré que dans les dispositions de cette nature les testateurs n'ont point eu en vue de faire une donation gratuite aux fabriques; que le bénéfice qui résulte pour elles de l'exécution de la fondation ne représente que le prix de services religieux ; il en a conclu que ces établissemens ne pouvaient être considérés comme légataires même indirects, et qu'il n'y avait pas lieu dès-lors d'admettre leur intervention dans l'acceptation des libéralités dont s'agit. Toutefois, considérant que l'obligation de faire célébrer les services religieux peut ne pas être exprimée sous la forme simple que présentait la question générale, et que le caractère réel d'une fondation indirecte dépend beaucoup des termes dans lesquels elle est conçue, le conseil a pensé, en même temps, que l'administration devait se réserver d'apprécier la question d'une manière spéciale sur les diverses espèces qui pourraient faire naître des doutes relativement à la nature des dispositions. » — Circul. min. 15 juill. 1838.

109. — « Mais il a établi en toute hypothèse qu'en cas d'inexécution des fondations religieuses de la part des établissemens auxquels elles ont été imposées, les fabriques, lors même qu'elles ne sont pas intervenues dans l'acceptation des legs, peuvent toujours, indépendamment des autres voies qui leur sont ouvertes, obtenir l'exécution de ces services en s'adressant aux autorités qui arrêtent les budgets de ces établissemens. » — Même circul.

110. — « Les termes de ces avis éclaireront les évêques et préfets sur la manière de procéder à l'instruction des affaires concernant les libéralités faites au profit d'établissemens non ecclésiastiques avec conditions de services religieux. Ils apprécieront si la nature de ces charges et les avantages qui peuvent en résulter pour les fabriques sont susceptibles ou non d'appeler l'intervention de celles-ci. Dans ce cas ils provoqueront leur délibération suivant les formes ordinaires. » — Même circul.

111. — « Quoi qu'il en soit, ils devront toujours donner avis aux fabriques des autorisations qui seront accordées aux établissemens pour l'acceptation de semblables libéralités. — Enfin ils auront soin en réglant le budget de ces établissemens de s'assurer que les frais nécessaires à l'acquit des fondations religieuses y sont compris. » — Même circul.

112. — Enfin le ministre termine en ces termes : « Je vous prie de veiller avec soin à ce que l'avis du Conseil d'état soit suivi ponctuellement. Le respect qui est dû aux dernières volontés des mourans et aux sentimens religieux qu'elles expriment, fait un devoir à l'administration d'assurer leur accomplissement autant qu'il dépend d'elle. Il y a intérêt pour les établissemens de bienfaisance eux-mêmes, comme pour la morale publique. »

113. — *Compétence.* — En matière de fondation, il y a lieu, comme à l'égard de tous autres biens des fabriques, de reconnaître la compétence de l'autorité judiciaire sur les questions de droit commun qui restent étrangères aux actes de l'administration.

114. — Ainsi c'est à elle qu'il appartient de statuer sur les contestations qui peuvent survenir entre le domaine et les particuliers sur la propriété d'une rente de fondation pieuse. — *Cons. d'état*, 11 (et non 21) déc. 1813, domaine c. Rora.

115. — Le fait même qu'en vertu de la loi du 14 ventôse an IX, la fondation aurait été transférée à un hospice, n'empêche pas que les tribunaux civils puissent être saisis de l'appréciation du titre constitutif de la fondation. — *Cons. d'état*, 18 juill. 1809, Lahaye c. bureau de bienfaisance de Looz.

116. — L'arrêté du conseil de préfecture qui aurait validé le transfert d'une rente provenant de fondation en de pareilles circonstances, n'aurait nullement préjugé la question de validité de la fondation elle-même. — *Cons. d'état*, 22 janv. 1813, Soyecorul c. domaine.

117. — S'il s'élève des difficultés relativement à la prescription des arrérages dus par les débiteurs de la fondation, c'est encore la juridiction ordinaire qui doit statuer. — Avis cons. d'état 26 fév. 1809.

118. — Mais les tribunaux ordinaires sont incompétens pour connaître de l'exécution d'un service religieux apposé comme condition au paiement d'une rente. — *Cass.*, 8 fév. 1837 (t. 2 1837, p. 106), Cornudet c. hospice d'Ardes.

119. — Ainsi, lorsqu'une rente constituée primitivement au profit d'une église, à charge de services religieux, a été transférée par l'état à un hospice, le débiteur de la rente doit se pourvoir devant l'autorité administrative pour obtenir l'accomplissement de la condition. — *Cass.*, 23 (et non 24) mai 1832, Postel c. hospice de Conches.

120. — Spécialement, lorsqu'en vertu de l'arrêté d'un administrateur général du Piémont, un conseil de préfecture a prononcé l'affranchissement d'une fondation religieuse, et que l'arrêté ultérieur d'un nouvel administrateur, rapportant l'arrêté du premier, renvoie toutes les questions d'affranchissement à l'autorité judiciaire, néanmoins l'acte d'affranchissement émané du conseil de préfecture ne peut être attaqué devant les tribunaux, surtout s'il survient un décret qui attribue les questions de la même nature à un conseil extraordinaire, sauf recours devant le conseil d'état. — *Cass.*, 21 oct. 1811, Marc Ségre c. N...

121. — C'est encore à l'autorité administrative et non à l'autorité judiciaire, comme s'agissant de l'exécution de la fondation, que doit s'adresser le préfet qui demande le paiement des messes et services religieux que doivent faire remplir les fabriques en raison des fondations pieuses qui grèvent leurs biens. — *Cons. d'état*, 22 juin 1810, fabr. de Heddesheim.

122. — Jugé encore que c'est au conseil de préfecture qu'il appartient de décider si une somme affectée à une fondation pieuse dans l'église d'une communauté supprimée appartient à l'état ou à la fabrique de la paroisse dans la circonscription de laquelle se trouvait le couvent. — *Cons. d'état*, 30 juin 1813 (et non 1812), fabr. Notre-Dame-de-Coblentz. — Il s'agit en effet ici de l'appréciation d'un acte administratif.

V. en outre BANCS ET CHAISES DANS LES ÉGLISES, CHAPELLE, FABRIQUES D'ÉGLISES.

FONDÉ DE POUVOIRS.

Synonyme de mandataire. — V. MANDAT.

FONDERIES, FONDEURS.

1. — Entrepreneurs de fonderie de cuivre; patentables soumis : 1° à un droit fixe de 300 fr. pour ceux qui ont plusieurs laminoirs, de 200 fr. pour ceux qui n'ont qu'un laminoir ou plusieurs martinets, de 100 fr. pour ceux qui se bornent à convertir le cuivre rouge en cuivre jaune; — 2° à un droit proportionnel du vingtième de la valeur locative de l'habitation, des magasins de vente complètement séparés de l'établissement, et du quarantième de l'établissement industriel.

2. — Les entrepreneurs de fonderie de cuivre et bronze sont imposés : 1° à un droit fixe de 200 fr. lorsqu'ils fondent des objets de grande dimension, tels que cylindres ou rouleaux d'impression pour les manufactures ou grandes pièces de mécanique, etc.; de 100 fr. lorsqu'ils ne fondent que des objets d'art ou d'ornementation, ou des pièces de mécanique de petite dimension; de 50 fr. lorsqu'ils ne fondent que des objets d'un usage commun et de petite dimension, comme robinets, clochettes, anneaux, etc.; — 2° et aux mêmes droits proportionnels que les précédens.

3. — Les entrepreneurs de fonderie en fer de seconde fusion sont soumis : 1° à un droit fixe de 200 fr. lorsqu'ils fabriquent des objets de grande dimension, tels que cylindres, grilles, colonnes, pilastres, bornes et grandes pièces de mécanique ; de 100 fr. lorsqu'ils ne fabriquent que des objets de petite dimension pour l'ornementation, ou de petites pièces de mécanique; — 2° et aux mêmes droits proportionnels que les précédens.

4. — Fondeurs d'or et d'argent; fondeurs en fer, en bronze ou en cuivre, avec des creusets ordinaires ; fondeurs d'étain, de plomb, ou fonte de chasse : patentables, les premiers de troisième, les seconds de cinquième et les derniers de sixième classe; droit fixe basé sur la population ; droit proportionnel du vingtième de la valeur locative de l'habitation et des lieux servant à l'exercice de la profession. — V. PATENTE.

5. — Les fonderies de métaux au fourneau à la Wilkinson produisent de la fumée et une vapeur nuisibles, et sont rangées dès-lors dans la deuxième classe des établissemens insalubres.

6. — Il en est de même des établissemens des fondeurs en grand au fourneau à réverbère, qui produisent une fumée dangereuse, surtout dans

les fourneaux où l'on traite le plomb, le zinc, le cuivre, etc.

7. — Quant aux fondeurs au creuset, leur établissement fait seulement partie de la troisième classe, à cause du peu de fumée qui s'en dégage.

8. — Pour les fonderies de suif, V. suif. — V. aussi ÉTABLISSEMENS INSALUBRES (nomenclature).

FONDS.

1. — Le mot *fonds*, dans son acception première, désigne un terrain sur lequel ne s'élève aucune construction, et ce terrain est, d'une manière plus précise, nommé *fonds de terre*. — C. civ., art. 518.

2. — Ce mot *fonds* est aussi employé pour désigner abstractivement le sol, par opposition aux bâtimens ou autres objets qui garnissent sa surface, et qu'on appelle alors *superficie*.

3. — Au mot *fonds* se rattache aussi l'idée de la propriété du sol, du droit d'en disposer, d'y pratiquer des fouilles qui pénètrent jusqu'au tréfonds, tandis que l'usufruit est circonscrit dans des limites qui ne permettent pas à celui qui l'exerce d'altérer la substance du fonds. — V. USUFRUIT.

4. — Cependant, dans l'art. 2060, C. civ., le mot *fonds* est aussi employé, et, dans ce cas, il ne désigne pas uniquement une terre non bâtie, car la réintégrande d'un immeuble édifié devrait être assurée par le même moyen de contrainte que la réintégrande d'un champ.

5. — C'est dans le même sens qui embrasse les diverses espèces d'immeubles par leur nature qu'on dit, relativement aux servitudes ou services fonciers, le *fonds dominant*, c'est-à-dire celui au profit duquel la servitude est établie, et le *fonds servant*, c'est-à-dire celui qui est assujéti à la charge, au profit d'un autre héritage. — V. SERVITUDE.

6. — C'est aussi dans ce sens générique et complexe, en y comprenant les bâtimens comme les fonds de terre que l'on dit : le *fonds dotal*.

7. — L'expression *fonds dotal*, prise dans son extension originaire et historique, désigne un immeuble frappé de dotalité. C'étaient, en effet, les immeubles dotaux situés en Italie que la loi *Julia, De fundo dotali*, défendait au mari d'aliéner sans le consentement de sa femme, et d'hypothéquer, même avec le consentement de celle-ci ; c'étaient encore aux immeubles dotaux, en quelque lieu qu'ils fussent sitiés, que la loterie., § 18, Cod. *De rei uxoria*, étendait la prohibition absolue d'aliénation.

8. — La même prohibition fut adoptée par l'ancienne jurisprudence française. — V. les autorités citées v° DOT, n° 263.

9. — A ne considérer que la lettre de la loi, il semble que c'est en l'appliquant à un immeuble seulement que l'art. 1560, C. civ., emploie cette expression *fonds dotal*, et que, dès-lors, l'immeuble dotal est seul frappé d'inaliénabilité.

10. — Cependant, on peut voir au mot DOT (n° 497 et suiv.) que l'opinion la jurisprudence tend à faire prévaloir, ne restreint plus au fonds dotal, c'est-à-dire à l'immeuble dotal seulement, la prohibition d'aliéner qu'elle applique également à la dot mobilière.

11. — C'est peut-être par une extension de l'idée de propriété attachée au mot *fonds* que les capitaux sont aussi désignés par le mot *fonds*.

12. — Par *fonds perdu* on entend un principal mobilier ou immobilier aliéné moyennant des rentes viagères, c'est-à-dire qui s'éteignent par la mort des personnes au profit desquelles elles sont constituées, ou dit d'un immeuble ou d'une somme d'argent aliénés moyennant une rente viagère, qu'ils ont été donnés à *fonds perdu*. — V. RENTE.

13. — Par *fonds publics*, on désigne les diverses valeurs émises par le gouvernement français ou par les gouvernemens étrangers, et dont la négociation s'opère à la bourse. — V. EFFETS PUBLICS.

FONDS DE COMMERCE.

Table alphabétique.

FONDS DE COMMERCE. — 1. — Dans son acception la plus étendue, cette expression comprend la généralité des valeurs qui composent un établissement commercial ou qui en dépendent.

2. — Ainsi, dans un sens général, il faut entendre par fonds de commerce : 1° l'achalandage des pratiques qui fréquentent ce fonds ; — 2° les marchandises, ustensiles et effets mobiliers nécessaires à son exploitation ; — 3° les droits, créances et recouvremens qui en dépendent ; — 4° enfin tous les droits utiles qui peuvent se rattacher à l'exercice de l'industrie, objet de l'établissement.

3. — Un fonds de commerce est donc une universalité comme le droit d'hérédité. Ainsi, quand on a légué en tout ou en partie un fonds de commerce, le légataire qui l'accepte se trouve soumis à toutes les dettes commerciales ; il représente aussi, non seulement les marchandises, mais tout ce qui compose le commerce du testateur, même ses créances actives. — Rolland de Villargues, v° *Fonds de commerce*, n°s 11 à 14.

4. — Jugé dans ce sens que tous les droits, créances dépendant d'un fonds de commerce, sont réputés accessoires de ce fonds. — *Paris*, 12 avr. 1833, Hennet c. Labiche.

5. — Toutefois, dans l'usage, on distingue généralement deux choses dans un fonds de commerce, savoir : 1° l'*achalandage* ou les pratiques ; — 2° le *matériel* de l'établissement, c'est-à-dire les ustensiles et les marchandises. — Rolland de Villargues, *ubi suprà*, n° 6 ; Goujet et Merger, *Dict. de droit comm.*, v° *Fonds de commerce*, n° 14.

6. — Dans l'usage, également, celui qui vend un fonds de commerce reste, à moins de convention contraire, chargé des dettes contractées par lui dans l'exploitation de ce fonds, pour son alimentation, l'entretien du négoce ; par réciprocité, il conserve le droit aux recouvremens.

7. — L'achalandage est, en définitive, ce que l'on considère le plus usuellement comme constituant l'élément principal d'un fonds de commerce. Le matériel et les marchandises d'un fonds de commerce ne sont en quelque sorte qu'un accessoire qui peut, suivant les circonstances, en être détaché.

8. — C'est ainsi qu'il est admis que les créanciers peuvent faire vendre le fonds de commerce appartenant à leur débiteur, même lorsqu'il n'y a plus de matériel ou qu'il ne reste plus que l'achalandage. — Rolland de Villargues, n° 17?

9. — Toutefois, à défaut de stipulation contraire et réciproque, la vente d'un fonds de commerce comprend tout à la fois la clientèle, l'achalandage, le droit au bail et les marchandises garnissant les magasins où s'exploite le commerce. — Goujet et Merger, n° 15.

10. — En tous cas à l'achalandage il faut rattacher nécessairement, comme faisant partie intégrante du fonds, tous les droits qui peuvent servir à en assurer la conservation, et en sont l'accessoire obligé.

11. — C'est ainsi qu'il est de règle que la vente d'un fonds de commerce emporte pour l'acheteur, à moins de stipulation expressément contraire, le droit de faire usage des enseignes et attributs du vendeur et de se dire son successeur. — *Cass.*, 14 janv. 1845, (t. 1er 1845, p. 530), Champeaux c. Hublin. — V. au surplus ENSEIGNE.

12. — Par la même raison, celui qui a vendu un fonds de commerce ne peut former un établissement semblable dans un lieu voisin, de manière à

troubler la possession de son acquéreur. — *Paris*, 19 nov. 1824, Auger c. Dumont.

13. — Il a été jugé néanmoins que l'acquéreur d'une usine ne peut, en l'absence de toute prohibition, soit expresse, soit tacite, résultant de l'acte de vente, s'opposer à l'établissement par son vendeur d'une usine de même nature sur les terrains qui appartient à celui-ci dans la même commune. — *Cass.*, 17 juill. 1844 (t. 2 1844, p. 245), Maître-Cléry c. Cailletet.

14. — ... Et que le préjudice causé à l'acquéreur par un pareil établissement, alors qu'il est légalement autorisé, n'étant que la conséquence de l'industrie licite et du droit de propriété, ne saurait lui-même donner ouverture contre le vendeur à une action en dommages-intérêts. — Même arrêt.

15. — Mais jugé que celui qui a vendu un fonds de café composé d'objets mobiliers et de marchandises, ne peut, sous peine de dommages-intérêts, établir un nouveau café dans le voisinage, alors même que la vente de l'achalandage et de la clientèle n'aurait pas été expressée. — Si d'ailleurs cette vente résulte de l'intention qui a présidé à l'acte, et notamment de cette circonstance que le mobilier a été payé au-delà de sa valeur réelle, et qu'ainsi cette plus-value était le prix de l'achalandage. — *Grenoble*, 10 mars 1836 (t. 2 1837, p. 481), Coche c. May.

16. — Jugé encore, dans ce sens, que la vente d'un fonds de commerce ainsi que de la clientèle et de l'achalandage qui y sont attachés, et lors de laquelle le vendeur s'est interdit de continuer le même genre de commerce, entraîne la cession de la raison sociale, et impose au vendeur l'obligation de ne s'immiscer en aucune façon dans un établissement de même nature exploité par son fils. — *Grenoble*, 17 juin 1844 (t. 2 1844, p. 515), Tignet et Tampier.

17. — Jugé même que le fils de celui qui a vendu un fonds de commerce ne peut établir un commerce de même espèce sans introduire dans la nouvelle raison sociale des différences de nature à prévenir une confusion entre les produits de la maison nouvelle et ceux de l'ancienne. — Même arrêt.

18. — Les mêmes règles doivent être appliquées au cas où un établissement commercial est donné à loyer. Ainsi celui qui donne à loyer un établissement industriel avec son achalandage s'interdit, même en l'absence de toute clause prohibitive, le droit de créer dans le voisinage un commerce de même nature ; l'inexécution de cet engagement tacite donne lieu à des dommages-intérêts. — *Montpellier*, 30 juill. 1844 (t. 1er 1845, p. 74), Fabre c. Lenoir.

19. — Comme nous l'avons déjà dit, il est aussi généralement admis qu'à défaut de stipulation expresse, la vente d'un fonds de commerce comprend le droit au bail des lieux où ce fonds est exploité. — Goujet et Merger, n° 15.

20. — Jugé du moins qu'il on doit être ainsi lorsque la durée de la jouissance et son importance ne sont pas démesurées avec ce qui est l'objet du traité. — *Rouen*, 9 juin 1828, Baratte c. Leverdier.

21. — En pareille matière, les tribunaux doivent, au surplus, prendre l'équité pour guide, et s'efforcer de déjouer les calculs de la mauvaise foi, en défendant au vendeur tout acte qui pourrait avoir pour résultat de détourner à son profit une portion des choses qui ont été cédées à l'acquéreur ou des avantages sur lesquels il a dû compter. — Goujet et Merger, *ubi suprà*, n° 22.

22. — Le commerçant qui occupe une boutique prise à bail par lui avec la condition de continuer dans les lieux loués l'exploitation d'un commerce déterminé, et qui a, à notre avis, dans l'obligation absolue de faire valoir le fonds par lui-même, sans pouvoir le transmettre. Mais nous considérerions comme valable la clause qui imposerait à un négociant acheteur d'un fonds de commerce l'obligation de l'exploiter personnellement durant un laps de temps déterminé.

23. — Il a été jugé en tout cas, cette condition ne va point jusqu'à interdire à l'acheteur l'exercice simultané d'autres lieux, de ce fonds de commerce. — *Nancy*, 26 fév. 1846 (t. 2 1846, p. 394), Janot c. Théry.

24. — Ainsi, le locataire d'une boutique destinée à un commerce de détail, avec défense de sous-louer, peut, sans contrevenir à son bail, établir un commerce de gros dans une autre rue, et établir là lui-même dans ce nouvel établissement, alors qu'il continue sérieusement, par l'intermédiaire d'un commis, l'exploitation de son commerce de détail. — Même arrêt.

25. — V. au surplus quant aux droits du propriétaire relativement à l'achalandage des lieux.

qui lui appartiennent, ACHALANDAGE, BAIL.

26. — Un fonds de commerce est nécessairement par sa nature dans la classe des meubles, sans distinction entre les diverses valeurs dont il peut se composer. Cela est évident d'abord quant aux marchandises et au matériel qu'il peut comprendre. Quant à l'achalandage et au droit au bail, ce sont des valeurs incorporelles qui doivent être également réputées *meubles* par la nature de la chose qu'ils ont pour objet. — Duranton, t. 4, p. 164; Rolland de Villargues, v° *Fonds de commerce*, n°s 6, 7 et 8; Goujet et Merger, n°s 8 et 9.

27. — De ce qu'un fonds de commerce est *meuble* (C. civ., art. 528, 529), il suit que celui qui est possédé par le mari ou par la femme pendant le mariage ou qui a été par eux acquis depuis, entre, à moins de clause contraire, dans l'actif de la communauté. — C. civ., art. 1401. — V. au surplus COMMUNAUTÉ.

28. — Quant au point de savoir si le fonds de commerce apporté en dot par une femme devient la propriété du mari, V. DOT.

29. — En général, un fonds de commerce doit être considéré en droit comme un corps universel qui continue de subsister dans le renouvellement successif des marchandises qui le composent. — Proudhon, *De l'usufruit*, t. 2, n°s 1010 et suiv.

30. — En conséquence l'usufruitier d'un pareil fonds n'est tenu de restituer les objets qui le constituent que dans l'état où ils se trouvent et non détériorés par sa faute. — *Cass.*, 13 déc. 1842 (t. 1er 1843, p. 184), Jean c. Lecaplain.

31. — Néanmoins ces principes ne peuvent être appliqués qu'aux choses non fongibles de leur nature. L'usufruit établi, par exemple, sur un fonds de commerce de gravures et de planches de gravures est, par la nature même des objets sur lesquels il porte, soumis à des règles particulières. — *Paris*, 27 mars 1841 (t. 1er 1841, p. 691), Jean c. Lecaplain.

32. — Jugé qu'un pareil fonds, bien qu'il se compose d'objets fongibles et de choses non fongibles, doit être considéré dans son ensemble, lorsqu'il s'agit d'en déterminer la valeur relativement à la jouissance; qu'ainsi considéré, il constitue un *tout indivisible* dans lequel domine le caractère des objets fongibles, et qu'en conséquence il est juste de considérer l'usufruitier comme débiteur de la valeur estimative. — Même arrêt.

33. — Jugé aussi que lorsque la veuve usufruitière continue l'exploitation d'un fonds de commerce que gérait son mari, elle doit en être réputée seule et réelle propriétaire. Le fonds de commerce est à ses risques et périls, et elle ne doit compte au nu-propriétaire que de la valeur estimative de ce fonds. — *Rouen*, 5 juill. 1824, Defrêches; *Grenoble*, 18 déc. 1832, Amilhot.

34. — Jugé d'ailleurs que l'usufruitier d'un fonds de commerce peut le vendre et n'est tenu à la fin de son usufruit que d'en rendre la valeur au propriétaire. — *Cass.*, 9 messid. an XI, Pyon c. Fourrier.

35. — Mais lorsque l'usufruitier d'un fonds de commerce s'est engagé à le conserver et à le rendre en nature, ses créanciers ne sont pas fondés à prétendre réduire le droit du propriétaire de ce fonds à une simple action en restitution du prix. — *Cass.*, 10 avr. 1814, Laverge. — V. au surplus USUFRUIT.

36. — Les ventes de fonds de commerce peuvent être faites par actes notariés ou sous seing-privé; elles peuvent être faites même verbalement, mais la preuve du contrat est soumise en ce cas aux règles générales relatives à la preuve des obligations.

37. — Relativement au point de savoir par quels officiers ministériels ils doivent être vendus, lorsque la vente s'en fait aux enchères, V. VENTES PUBLIQUES DE MEUBLES.

38. — Bien qu'aucune loi ne prescrive cette formalité, les acquéreurs de fonds de commerce pour prouver leur bonne foi et rendre leur libération plus certaine sont dans l'usage de faire annoncer les actes d'achat de fonds de commerce passés à l'amiable dans les journaux; ils mettent ainsi en demeure ceux qui pourraient critiquer les actes ou les créanciers qui auraient des oppositions à former entre les mains de l'acquéreur. — Goujet et Merger, n° 29.

39. — L'achat d'un fonds de commerce constitue-t-il un acte de commerce? — Jugé que celui qui achète avec l'achalandage d'une maison garnie et d'un café les meubles de cette maison garnie, ainsi que les liquides et autres marchandises nécessaires à l'exploitation de ce café, fait un acte de commerce qui le soumet à la juridiction commerciale et à la contrainte par corps. — *Rouen*, 13 sept. 1844 (t. 1er 1844, p. 509), Fercy c. Letellier. — V. au surplus ACTE DE COMMERCE.

40. — Jugé que la femme mineure émancipée par mariage, qui achète solidairement avec son mari un fonds de commerce, n'est pas suffisamment autorisée par celui-ci à souscrire tous les engagemens relatifs à cette acquisition; son engagement n'est valable qu'avec l'autorisation du conseil de famille. — *Paris*, 15 fév. 1838 (t. 1er 1838, p. 519), Liévin. — Cette solution repose sur ce principe que la femme mineure ne peut faire le commerce sans la double autorisation de son mari et du conseil de famille.

41. — C'était autrefois une question fort controversée que celle de savoir si le vendeur non payé d'un fonds de commerce peut le revendiquer en cas de faillite de l'acheteur. Aujourd'hui, et sous l'empire de la loi du 28 mai 1838, sur les faillites, la question ne peut plus faire difficulté; car, aux termes du nouvel art. 550, C. comm., le privilége et le droit de revendication au profit du vendeur non payé d'effets mobiliers, ne sont point admis en cas de faillite; et d'après les art. 576 et 577 du même Code, les marchandises vendues au failli ne peuvent être retenues ou revendiquées par le vendeur, en cas de non-paiement, que lorsque la livraison n'a pas encore été faite. — Lors donc que l'acquéreur d'un fonds de commerce en a pris possession le vendeur ayant perdu tout droit privatif sur le fonds, il ne peut plus le revendiquer ou exercer un privilége sur le prix au préjudice des autres créanciers de l'acquéreur dont ce fonds est devenu le gage commun. Mais lorsque la livraison n'en a pas encore été opérée, nous pensons que le vendeur, dans le cas de faillite de l'acheteur, peut, s'il n'a pas été payé, retenir la chose vendue, et faire résoudre la vente qui ne peut plus s'exécuter; à moins toutefois que les syndics de la faillite n'en exigeassent la livraison en payant le prix convenu entre le vendeur et le failli. — C. comm., art. 578 nouv.; *Moniteur*, 24 fév. 1835, p. 407, coll. 3e, *in fine*. — V. aussi *Cass.*, 3 janv. 1838 (t. 1er 1838, p. 125), Chevalier c. Dugny.

V. ACHALANDAGE, ACTE DE COMMERCE, BAIL, CHOSES, COMMUNAUTÉ, CONDITION, DOT, ENSEIGNE, FAILLITE, LOUAGE, PATENTE, USUFRUIT, VENTE.

FONDS DE NON-VALEURS.

1. — On appelle ainsi une portion réservée sur le total des contributions directes pour suppléer aux déficits qu'entraînent les portions d'impôt qui ne peuvent être recouvrées.

2. — La pensée de cette réserve remonte à la législation antérieure à 1789. Tous les ans, dans la répartition générale de l'impôt, on diminuait les paroisses affligées de quelque fléau passager; et alors la diminution était prise sur un fonds qu'on appelait *moins imposé*.

3. — Par les décrets des 23 nov., 1er déc. 1790 et 13 janv.-18 fév. 1791, l'assemblée nationale arrêta également en principe la création d'un fonds de non-valeurs qui fut fixé par le décret des 17 mars-10 avr. 1791 à 6 millions pour la contribution mobilière (art. 1er), et à un sou pour la livre, formant un fonds de 12 millions pour la contribution foncière. — Art. 4.

4. — Aux termes du même décret, sur le fonds de non-valeurs de 6 millions afférent à la contribution mobilière, 3 millions étaient laissés à la disposition de la législature, et 3 millions mis à la disposition des administrations de département; sur les 12 millions affectés à la contribution foncière, 8 millions restaient à la disposition de la législature, et 4 millions à la disposition des administrations de département.

5. — Successivement maintenu par toutes les lois de finances postérieures et étendu à toutes les espèces de contributions directes, le fonds de non-valeurs est actuellement fixé : pour la contribution foncière et la contribution personnelle et mobilière à 1 centime pour franc du montant des impositions; pour les contributions des portes et fenêtres à 3 cent.; et pour la contribution des patentes, à 5 cent. — Lois annuelles des finances.

6. — La loi sur les patentes du 25 avr. 1844 a confirmé cet état de choses, en ce qui concerne cette matière particulière d'impôt, en disposant (art. 32) : « Il est ajouté au principal de la contribution des patentes 5 cent. pour franc dont le produit est destiné à couvrir les décharges, réductions, remises et modérations, ainsi que les frais d'impression et d'expéditions des formules des patentes. »

7. — Dans la pensée du législateur de 1791, la destination du fonds de non-valeurs était alors : 1° de couvrir le déficit résultant chaque année des décharges et réductions accordées pour cause de cotes indûment ouvertes ou de surtaxes; — 2° de faire face aux remises et modérations accordées à ceux que des accidens survenus pendant l'année mettaient hors d'état d'acquitter la contribution.

8. — Une modification assez importante a été faite à cet état de choses par l'arrêté du gouvernement du 24 flor. an VIII, du moins en ce qui concerne la contribution foncière et la contribution personnelle et mobilière. Aux termes de cet arrêté, en effet, les ordonnances de décharge ou réductions sont réimposées aux rôles de l'année suivante, au profit de ceux qui les ont obtenues, sans imputation sur les fonds de non-valeurs.

9. — Il résulte donc de là que le fonds de non-valeurs de la contribution foncière et de la contribution personnelle et mobilière est exclusivement destiné à couvrir le déficit résultant des cotes irrécouvrables ou à secourir les propriétaires ou contribuables qui, par des événemens extraordinaires postérieurs à la confection des rôles, sont réduits à l'impuissance de payer tout ou partie de leurs contributions foncière ou mobilière.

10. — Bien que l'arrêté du 24 flor. an VIII n'ait pas étendu cette distinction à la contribution des portes et fenêtres qui, alors étant un impôt de quotité, était régi par d'autres principes, il est évident qu'aujourd'hui que cet impôt est devenu impôt de répartition, les mêmes règles doivent lui être appliquées; c'est-à-dire que le montant des décharges et réductions doit être également réimposé sur les communes dans les rôles de l'année suivante, et que le fonds de non valeurs affecté à cette sorte de contribution doit être entièrement attribué aux remises et modérations.

11. — Mais, ainsi qu'on l'a vu, il en est autrement à l'égard de la contribution des patentes qui est restée impôt de quotité et dont le non-recouvrement, par suites de décharges ou réductions, retomberait dès-lors en pure perte à la charge du trésor, si le fonds de non-valeurs qui y correspond était exclusivement affecté aux remises et modérations.

12. — Une autre modification a été apportée dans le mode de soulagement accordé aux contribuables sur le fonds de non-valeurs.

13. — Dans le principe, ce soulagement consistait non seulement en remises ou modérations d'impôt, mais, en outre, en secours effectifs ou deniers payés aux contribuables.

14. — La loi de finances de 1819 a fait pour la première fois, à cet égard, une distinction qui, depuis, a continué d'être observée. Dans toutes les lois annuelles de finance il y a maintenant sur la contribution foncière et sur la contribution personnelle et mobilière un centime additionnel formellement affecté aux secours à accorder à raison de grêle, inondations, etc., ce centime est à la disposition du ministre de l'intérieur. — Le centime, positivement affecté au fonds de non-valeurs, ne comprend donc plus, avec les non-valeurs résultant des recouvremens impossibles que leurs remises et modérations accordées sur les deux sortes de contributions dont il s'agit.

15. — Aux termes d'une ordonnance du 28 juill. 1819, dont les dispositions ont été depuis annuellement renouvelées, ce dernier centime est mis pour un tiers à la disposition des préfets; les deux autres tiers restent, aux termes de la loi, à la disposition du ministre des finances, qui les distribue entre les divers départemens, en raison de leurs pertes et de leurs besoins, mais sans pouvoir, non plus que les préfets, en employer le montant à une autre destination qu'à couvrir les remises, modérations et non-valeurs.

16. — On suit les mêmes règles à l'égard des trois centimes ajoutés à la contribution des portes et fenêtres pour le fonds de non-valeurs; c'est-à-dire, que le produit de ces trois centimes est mis pour un tiers à la disposition des préfets dans chaque département. Les deux autres tiers restent à la disposition du ministre des finances pour être par lui distribués entre les divers départemens, en raison de leurs pertes et de leurs besoins, concurremment avec le fonds commun des contributions foncière, personnelle et mobilière. — Ord. 14 août 1844; 23 mars 1846.

17. — A l'égard du produit des cinq centimes affectés au fonds de non-valeurs de la contribution des patentes, il est réparti par les préfets, sous l'autorité du ministre des finances, selon les réductions, décharges ou non-valeurs qui sont jugées devoir y être imputées dans chaque localité.

18. — Nous avons exposé (v° CONTRIBUTIONS DIRECTES) comment s'instruisent les demandes en remises et modérations, dont le montant doit être imputé sur le fonds de non-valeurs. Il nous reste seulement à indiquer ici de quelle manière se fait la distribution de ce fonds.

19. — La portion du fonds de non-valeurs mise à la disposition du préfet est spécialement affec-

tée à faire face aux remises d'impôt qui ne peuvent éprouver de retards, et qui sont accordées à raison de pertes occasionnées par incendies ou autres accidens graves. En cas d'insuffisance, il est accordé, sur les deux tiers réservés au gouvernement, un supplément de crédit. — Gervaise, *Des contributions directes*, 2e édit., p. 261.

20. — Les modérations pour pertes partielles de récoltes et revenus sont ajournées jusqu'à la fin de l'année; il faut, en effet, que l'année soit révolue pour que le total des pertes puisse être établi. C'est alors que le gouvernement distribue entre les départemens le fonds commun provenant des deux tiers des centimes qui lui sont réservés. — *Ibid.*

21. — Le préfet procède alors sur un projet de répartition qui lui est proposé par le directeur des contributions, à la distribution, tant de ce qui reste disponible sur le tiers mis à sa disposition, que de la somme allouée sur les deux tiers.

22. — Le préfet prononce seul et sous sa responsabilité, sauf recours au ministre des finances.

23. — Comme la matière est administrative, et que par la force des choses le préfet ne rencontre jamais de droits acquis, les arrêtés qu'il rend en cette matière ne sont pas attaquables par la voie contentieuse. — Trolley, *Dr. admin.*, t. 3, n° 1536. — V. au surplus CONTRIBUTIONS DIRECTES.

24. — Seulement, le préfet doit rendre compte au conseil général de l'emploi des fonds de non-valeurs qui ont été mis à sa disposition; ce compte est communiqué à chaque conseil d'arrondissement pour ce qui le concerne. — L. 10 mai 1838, art. 24 et 43.

25. — Le montant des cotes irrécouvrables, c'est-à-dire de celles qui, quoique bien établies, n'ont pu être recouvrées par les percepteurs, s'établit, au moyen des états fournis par ces comptables, dans les premiers mois de l'année qui suit celle du rôle; la somme nécessaire pour faire face à ces non-valeurs est prélevée par le gouvernement sur les deux tiers des centimes dont la distribution lui est réservée. — Gervaise, *ubi. suprà.*

26. — L'excédant qui resterait libre sur un exercice du fonds de non-valeur affecté à la contribution des patentes doit être versé dans les caisses municipales avec le produit des huit centimes qui sont intégralement attribués aux communes sur la même contribution. — L. 2 vent. an XIII; lois annuelles de finances.

27. — Nonobstant cette réserve en faveur des communes, la distribution du fonds de non-valeurs de la contribution des patentes n'en reste pas moins un acte administratif qui échappe à tout recours contentieux de la part des communes. C'est ainsi qu'il a été jugé qu'une commune est sans qualité pour attaquer devant le conseil d'état les décisions par lesquelles le ministre des finances règle l'application des centimes prélevés sur le montant des rôles des patentes et qui sont attribués par la loi aux décharges, réductions et non-valeurs. — *Cons. d'état*, 29 juin 1844, ville de Châtellerault.

V. CONTRIBUTIONS DIRECTES, PATENTES, PERCEPTEUR.

FONGIBLES (Choses).

V. CHOSES FONGIBLES.

FONTAINE.

1. — Dans son acception la plus large, on entend par le mot *fontaine* une eau vive qui sort de terre. — Rolland de Villargues, *Rép. du not.*, v° *Fontaine.* — Et alors il est synonyme de *source*.

2. — Mais le plus communément on donne ce nom soit au lieu, à l'endroit de la terre d'où jaillit une source, soit aux réservoirs destinés à recueillir les eaux de source ou même celles de pluie. — V. EAU, n° 12.

3. — C'est en ce sens encore qu'on appelle fontaine un ouvrage d'architecture construit pour diriger l'écoulement de l'eau courante et en régulariser l'emploi. — Rolland de Villargues, *loc. cit.*

4. — Enfin on comprend sous la même dénomination les appareils garnis ou non de filtres dans lesquels on recueille l'eau nécessaire aux besoins journaliers de chaque maison ou de chaque ménage.

5. — Des questions graves et nombreuses naissent soit des droits appartenant au propriétaire d'un fonds duquel dépend une source ou fontaine naturelle, soit de la position de ce propriétaire vis-à-vis des propriétaires des fonds sur lesquels s'écoulent les eaux provenant de sa source, soit enfin des rapports de ces derniers entre eux. — V. à cet égard SERVITUDE. — V. aussi SOURCE.

6. — Une fontaine à laquelle aucun particulier n'établit son droit doit être considérée comme un bien vacant dans le sens de la loi du 10 juin 1793, et dès-lors elle est présumée être la propriété de la commune sur le territoire de laquelle elle se trouve. — *Pau*, 14 mars 1831, commune de la Hitte c. Tapie; — Perrin, *C. des construc.*, n° 1677. — V. SOURCE.

7. — La surveillance et la police des eaux des fontaines publiques rentrent dans les attributions de l'autorité administrative. — Les maires sont chargés de prendre à cet égard les mesures que l'ordre et la salubrité publics leur paraissent rendre nécessaires : leurs arrêtés sont donc obligatoires, et les infractions doivent être réprimées par les tribunaux de police.

8. — Les fontaines publiques de la ville de Paris ont été l'objet de quelques mesures législatives et de police qu'il importe de connaître.

9. — D'autres dispositions de police réglementent également l'état de porteur d'eau. — V. à cet égard PORTEURS D'EAU.

10. — Le 2 fév. 1812 a été rendu un décret impérial ainsi conçu :

11. — « A compter du 1er mars prochain, l'eau sera fournie gratuitement à toutes les fontaines de notre bonne ville de Paris. » — Art. 1er.

12. — « Il est défendu à tous agens, économes ou employés d'établissemens publics, jouissant des fournitures d'eau, à quelque titre que ce soit, de vendre l'eau provenant desdites fournitures, à peine de tous dommages-intérêts envers la ville de Paris, et d'une amende de 1,000 francs. » — Art. 2.

13. — « A l'avenir, il ne sera accordé d'autorisation d'établir sur le bord de la rivière des fontaines, pompes à bras ou autres machines destinées à monter l'eau pour la vendre et distribuer au public, que par décrets rendus en notre conseil sur le rapport de notre ministre de l'intérieur. » — Art. 3.

14. — « Les particuliers ou compagnies propriétaires de semblables établissemens cesseront leur exploitation dans trois mois, et rendront les places nettes s'ils n'ont été autorisés dans ce délai, comme il est dit à l'article précédent, sauf à l'administration à traiter avec eux du matériel de leurs établissemens dans le cas où l'on croirait utile de les conserver. » — Art. 4.

15. — « Il sera nommé par nous, sous huitaine, sur la proposition de notre ministre de l'intérieur, une commission de trois membres de notre conseil, à laquelle seront, en outre, appelés nos conseillers d'état, préfets du département et de police, et le maître des requêtes chargé des travaux des ponts et chaussées de Paris. Cette commission sera chargée d'examiner la comptabilité et la direction des eaux de Paris, et de nous faire un rapport sur les moyens 1° de diminuer les dépenses; 2° de procurer le plus tôt possible l'établissement de fontaines dans les quartiers et rues dans lesquels il y en a un trop petit nombre, ou qui en manquent. » — Art. 5.

16. — Une ordonnance de police, du 28 juillet 1819, concernant les porteurs d'eau, interdit à ceux qui ont des tonneaux de puiser de l'eau ailleurs qu'aux fontaines dépendantes de l'établissement des pompes à feu. Cette ordonnance leur défend, en conséquence, de puiser aux fontaines publiques à peine d'amende. — Art. 8. — Son art. 9 dispose que les particuliers puiseront aux fontaines publiques avant les porteurs d'eau à bretelles.

17. — Le 30 mars 1837 a été rendue une ordonnance sur la police des fontaines et bornes-fontaines et des porteurs d'eau. — V. Delessert, *Ordonn. de police* (t. 3, p. 176).

18. — Le titre 1er de cette ordonnance, relatif aux fontaines et bornes-fontaines, est ainsi conçu :

19. — Art. 1er. « Les stationnemens de voitures et de chevaux, les dépôts de baquets, vases et objets semblables, sont formellement interdits aux abords des fontaines et des bornes-fontaines. »

20. — Art. 2. « Il est défendu de laver du linge, des légumes ou tout autre objet dans les bassins et aux abords des fontaines publiques et des bornes-fontaines, et d'y abreuver les chevaux ou autres animaux. »

21. — Art. 3 « Il est défendu d'apposer des placards sur les fontaines publiques, ainsi que sur les bornes-fontaines; tout dépôt d'immondices ou d'ordures aux abords desdites fontaines et bornes-fontaines est interdit. »

22. — Art. 4. « Tout individu qui aura dégradé des fontaines ou bornes-fontaines, de quelque manière que ce soit, ou qui aura fait usage, pour les ouvrir, de fausses clés, sera poursuivi conformément aux dispositions du Code pénal. »

23. — Art. 5. « Il est défendu de détourner l'eau des bornes-fontaines ou d'en arrêter le cours, par quelque moyen que ce soit. Il est aussi défendu d'en prendre pour la vendre ou pour l'employer à des usages industriels. Le puisage pour les besoins personnels ou domestiques est seul permis. »

24. — L'art. 23 de l'ordonnance reproduit la défense aux porteurs d'eau à bretelles de puiser de l'eau aux fontaines publiques avant les particuliers.

25. — Aux termes de l'art. 24, il est défendu aux porteurs d'eau, soit à tonneaux, soit à bretelles de puiser aux bornes-fontaines ainsi que dans les bassins des fontaines publiques.

26. — Les contraventions à l'ordonnance sont constatées par des procès-verbaux ou rapports qui doivent être transmis au préfet de police pour être déférés aux tribunaux compétens. — Art. 25.

27. — Les fermiers des fontaines publiques sont rangés dans la même classe, et sont passibles des mêmes droits, sauf le droit proportionnel qui ne porte que sur la valeur locative de l'habitation.

28. — Quant aux sondeurs et foreurs de puits artésiens, ils sont soumis 1° à un droit fixe de 50 francs; 2° à un droit proportionnel du vingtième de la valeur locative sur la maison d'habitation et les magasins de vente complétement séparés de l'établissement, et du vingt-cinquième sur l'établissement industriel. — V. PATENTE.

FONTAINES (Fabricans et marchans de).

1. — Fabricans et marchands de fontaines à filtres : patentables de sixième classe; droit fixe basé sur la population; — et droit proportionnel du vingtième de la valeur locative de l'habitation et des lieux servant à l'exercice de la profession.

2. — Les marchands de fontaines en grès, à sable, font partie de la septième classe. — Même droit fixe que les précédens, sauf la différence de classe, et droit proportionnel du quarantième de la valeur locative de tous les locaux qu'ils occupent, mais seulement dans les communes de 20,000 ames et au-dessus.

FONTE OUVRAGÉE (Marchands de).

Marchands de fonte ouvragée, patentables de quatrième classe, droit fixe basé sur la population, et droit proportionnel du vingtième de la valeur locative de l'habitation et des lieux servant à l'exercice de la profession. — V. PATENTE.

FOR. — FOR EXTÉRIEUR, INTÉRIEUR.

1. — Le terme *for* est synonyme de juridiction, de tribunal de justice.

2. — On entend par *for extérieur* l'autorité de la justice humaine s'exerçant sur les personnes et sur les biens avec plus ou moins d'étendue, selon la qualité de ceux à qui l'exercice en est confié. — Merlin, *Rép.*, v° *For.*

3. — Le for extérieur est opposé au for intérieur.

4. — Le *for intérieur* est le tribunal de la conscience qui nous enseigne intérieurement ce que nous devons faire et ne pas faire. — Rolland de Villargues, *Rép. du notar.*, v° *For.* — V. OBLIGATION.

5. — Quelquefois aussi, par for intérieur, on entend le for pénitentiel ou le tribunal de la pénitence. — V. aussi APPEL COMME D'ABUS.

FORAIN.

1. — Ce mot désigne un individu dont le domicile est situé dans une ville ou commune autre que le lieu où il se trouve momentanément. Dans cette acception, on donne pour étymologie à ce mot l'adverbe latin *foràs*, dehors.

2. — C'est en ce sens que l'art. 822, C. procéd., et l'art. 76 du tarif en matière civile, parlent du débiteur forain, c'est-à-dire du débiteur qui habite dans une commune autre que celle de son créancier.

3. — Il y avait autrefois au châtelet de Paris un tribunal nommé *chambre foraine*, qui, à l'exclusion des juges-consuls, connaissait de toutes les affaires relatives au commerce des habitans de Paris, du paiement des lettres et billets de change, des billets payables au porteur, et généralement de toutes les affaires de négoce, dans lesquelles un ou plusieurs habitans de Paris étaient intéressés.

4. — Cette chambre tirait son origine d'une charte accordée aux bourgeois de Paris en 1134, par Louis-le-Gros et son fils Louis-le-Jeune, qui avait été sacré et associé au trône. Cette charte autorisait les bourgeois de Paris à arrêter les effets de leurs débiteurs forains trouvés à Paris.

5. — Ce privilége, accordé aussi à d'autres villes que pour cette raison on appelait *villes d'arrêt*, avait été consacré par l'art. 192 de l'ancienne coutume de Paris, et il était devenu la matière des art. 173 et 174 de la nouvelle. Ce droit, particulier à certaines localités, a été étendu à toute la France par l'art. 822, C. procéd., et il est rentré dans les matières de la juridiction ordinaire. — V. SAISIE FORAINE.

6. — Le mot *forain* s'emploie aussi dans la même acception pour désigner ceux qui résident momentanément dans une commune autre que celle où ils ont leur domicile, et doivent concourir avec les habitans de cette commune pour jouir des prérogatives ou supporter les charges municipales. — V. AFFOUAGE, CHEMINS VICINAUX, COMMUNES.

7. — Le mot *forain* s'applique usuellement à des marchands qui n'habitent pas dans le lieu où ils viennent faire trafic.

8. — La dénomination de *marchand forain* peut très bien tirer son origine étymologique de celle du mot *forain* indiqué *suprà* n° 1er; mais elle peut provenir aussi du lieu où s'exerce habituellement leur genre de commerce, qui, ayant pour siège la place publique, se transporte facilement de foire en foire, *de foro in forum*. — V. MARCHANDS FORAINS.

FORBAN.

Nom que l'on donne aux bâtimens et aux hommes qui font le métier de voler sur les mers. — V. PIRATE, PRISES MARITIMES.

FORÇAT.

1. — Condamné aux travaux forcés, détenu au bagne, où il doit subir sa peine. — V. BAGNE.

2. — La dénomination de forçat a remplacé celle de galérien, employée autrefois pour désigner les condamnés aux travaux forcés, parce qu'ils subissaient leurs peines en ramant à bord des galères royales. — V. GALÈRE, GALÉRIEN.

3. — Les forçats détenus dans les bagnes y sont soumis aux travaux les plus rudes. — V. BAGNE.

4. — Pour tout ce qui a trait à l'évasion des forcats, V. ÉVASION, n°s 57 et suiv.

5. — A raison des crimes et délits qu'ils commettent aux bagnes, les forçats sont justiciables des tribunaux maritimes. — V. TRIBUNAUX MARITIMES.

6. — Enfin les forçats dont la peine est expirée sont soumis à la surveillance de la haute police, et la résidence dans certaines localités leur est interdite. — V. SURVEILLANCE.

FORCE.

1. — Ce mot a plusieurs acceptions. — Considéré comme synonyme de *violence*, c'est toute voie de fait qui se commet d'autorité privée sur une personne ou sur une chose. — V. VIOLENCE.

2. — La force, tant que dure son action, peut contraindre l'homme physiquement, mais non pas l'obliger moralement. — Toullier, t. 11, n° 2. — V. OBLIGATION, VIOLENCE.

FORCE (Maison de).

V. MAISON DE FORCE, PRISON.

FORCE EXÉCUTOIRE.

1. — On entend par là le caractère d'un acte qui oblige tout fonctionnaire, tout agent de la force publique, légalement requis, à prêter les mains à l'exécution de l'acte. — V. EXÉCUTION DES ACTES ET JUGEMENS.

2. — La preuve de la force exécutoire d'un acte consiste le plus souvent dans la formule exécutoire dont cet acte est revêtu. — V. FORMULE EXÉCUTOIRE.

FORCE MAJEURE.

Table alphabétique.

FORCE MAJEURE.—1.—Se dit de toute force à laquelle on ne peut résister, soit de fait, soit de droit.—Nouveau Denisart, v° *Force majeure*, n° 1er; Rolland de Villargues, *Rép. du Not*, eod. verb.

2.— Définition que l'on peut, avec Balde (sur la loi *quod fortuit*. Cod. *De pign. act.*, n° 4) développer en ces termes : *Accidens quod per custodiam, curam, vel diligentiam mentis humanæ non potest vitari ab eo qui patitur.*

3. — ... Pourvu toutefois que l'on ajoute, pour prévenir toute confusion entre la force majeure et le cas fortuit proprement dit, qu'il y a entre ces deux événemens cette différence que la force majeure implique le fait de l'homme, tandis que le cas fortuit ne se réfère qu'aux événemens provenant d'un pur hasard. — Nouveau Denisart, *loc. cit.*, n° 2. — V. CAS FORTUIT, n° 2.

4. — Ceci désormais sous-entendu, l'on peut, du reste, caractériser plus brièvement la force majeure, en disant, avec M. Troplong (*Du louage*, n° 245 *in fine*), que c'est ce que n'a pu empêcher la vigilance du bon père de famille. — V. L. 31, ff., *De act. empt.*

5. — Dès-lors, l'on ne devrait pas citer comme des événemens de force majeure une inondation, un orage, un tremblement de terre, etc., qui sont des cas fortuits, mais bien, par exemple, les invasions de l'ennemi, les ravages de la guerre, le fait du prince, la violence exercée par un plus puissant. — V. L. 24, *in fin.*, ff., *De reg. jur.*

6. — Ainsi, l'on a considéré comme cas de force majeure, l'invasion des ennemis et les événemens de guerre. — *Cass.*, 24 nov. 1814, Gouly c. Charruel.

7. — L'impossibilité des communications occasionnée par la guerre. — *Cass.*, 5 août 1817, Cavagnari c. Von-Halle.

8. — Toutefois, l'état de guerre ne peut constituer la force majeure que pour le temps qu'il dure. —*Cass.*, 25 janv. 1821, Delubarietta c. Quesnel.

9. — Mais l'épidémie appelée grippe ne constitue pas un cas de force majeure. — *Cons. d'état*, 27 mai 1889, compagnie Lafitte.

10. — On a considéré encore comme cas de force majeure la défense formelle de la part du maire d'une ville de faire paraître sur la scène un acteur désigné. — *Toulouse*, 28 nov. 1829, L... c. M...

11. — ... La décision du ministre de l'intérieur qui interdit la représentation d'une pièce de théâtre. — *Paris*, 29 déc. 1835, Jouslin de la Salle c. Alexandre Dumas.

12. — En matière de droit commercial maritime, les principaux événemens de force majeure qui arrêtent, par exemple, le voyage d'un navire sont : l'arrêt par ordre de puissance, l'interdiction du commerce, la prise, la perte ou l'innavigabilité du navire. — V. CAPITAINE DE NAVIRE, n°s 287 et suiv.

13. — Les événemens de force majeure et les cas fortuits proprement dits se ressemblent en ce que tous sont indépendans de la volonté de l'homme. — V. LL. 2, § 7, ff., *De adm. rer. ad civil.*; 15 § 2, ff., *loc. cond.* — V. aussi Medicis, quest. 12, n° 4. — Aussi, communément, les confond-on sous la dénomination générique des cas fortuits (V. ce mot, n° 2), sauf alors à diviser ceux-ci en deux classes, comme l'a fait M. Troplong (*Du louage*, n° 205), suivant qu'ils proviennent de la nature ou des faits de l'homme.

14. — Cette conclusion se conçoit d'autant plus facilement que, dans les deux cas, le résultat produit est le même. Ainsi, en règle générale, le débiteur n'est responsable ni des uns ni des autres. A cet égard, les principes établis pour les cas fortuits (V. ce mot) sont de tous points applicables aux événemens de force majeure, et servent ainsi de complément nécessaire à des notions qu'il serait à exposer ici successivement.

15. — La force majeure est l'effet d'une volonté légitime ou illégitime. — Nouveau Denisart, *loc. cit.*

16. — Elle est l'effet d'une volonté légitime, lorsqu'elle est exercée justement par celui qui a

droit d'employer la force : le souverain et ses officiers. — Nouveau Denisart, *ibid.*

17. — Elle est l'effet d'une volonté illégitime, lorsqu'elle est exercée par celui qui n'a pas droit d'employer la force ; et alors le même fait se trouve tout à la fois et force majeure illégitime, mais relativement à différentes personnes. — Nouveau Denisart, *ibid.*

18. — Quand le débiteur allègue des événemens de force majeure, dont il prétend faire résulter sa libération, doit-il nécessairement tenu d'en fournir la preuve. — C. civ., art. 1302 et 1315. — V. PREUVE.

19. — Au surplus, les juges du fond sont appréciateurs souverains des faits constitutifs de la force majeure, sans que leur décision puisse donner, à cet égard, ouverture à cassation. — *Cass.* 5 août 1817, Cavagnari c. Von-Hai; 25 janv. 1821, de Labarietta c. Quesnel; 3 déc. 1834, Sannejouand c. Vallée.

20. — Notre législation présente un certain nombre de cas où elle dispose d'une manière formelle en ce qui concerne les effets de la force majeure. — Voici les principaux de ces cas :

21.— ... Il n'y a lieu à aucuns dommages-intérêts lorsque par suite d'une force majeure, le débiteur a été empêché de donner ou de faire ce à quoi il était obligé, ou a fait ce qui lui était interdit. — C. civ., art. 1148. — V. DOMMAGES-INTÉRÊTS, n°s 96 et suiv.

22.— ... La prohibition d'admettre la preuve testimoniale à l'égard des sommes ou valeurs excédant 150 fr., reçoit exception entre autres cas, dans celui où le créancier a perdu le titre qui lui servait de preuve littérale, par suite d'un cas fortuit, imprévu et résultant d'une force majeure. — C. civ., art. 1348, n° 4. — V. PREUVE TESTIMONIALE.

23.— ... Lorsqu'il a été fait un état de lieux entre le bailleur et le preneur, celui-ci doit rendre la chose telle qu'il l'a reçue, excepté ce qui a péri ou a été dégradé par vétusté ou force majeure. — C. civ., art. 1730. — V. BAIL.

24. — ... En cas d'incendie de la chose louée, le preneur répond de l'incendie, à moins qu'il ne prouve que cet incendie est arrivé, entre autres cas, par celui de force majeure. — C. civ., art. 1733. — V. BAIL.

25. — ... Dans les baux à loyer, aucune réparation réputée locative n'est à la charge des locataires, quand celle-ci est occasionnée par force majeure, aussi bien que par vétusté. — C. civ., art. 1755. — V. BAIL.

26.— ... Le dépositaire n'est tenu en aucun cas des accidens de force majeure, à moins qu'il n'ait été mis en demeure de restituer la chose déposée. — C. civ., art. 1929. — V. DÉPÔT.

27. — ... Les aubergistes et hôteliers ne sont pas responsables des vols faits avec force armée ou autre force majeure. — C. civ., art. 1954. — V. HÔTELIER.

28.— ... En cas de force majeure légalement constatée, le commissionnaire de transports cesse d'être garant : 1° de l'arrivée des marchandises et effets dans le délai fixé; 2° de leur perte ou de leurs avaries. — C. comm., art. 97 et 98. — V. COMMISSIONNAIRE DE TRANSPORTS.

29.— ... Les voituriers sont responsables de la perte et des avaries des choses qu'ils sont chargés de transporter, à moins qu'ils ne prouvent que la perte ou les avaries proviennent de force majeure ou de cas fortuit. — C. civ., art. 1784; C. comm., art. 103 et suiv. — V. VOITURIER.

30.— ... La responsabilité du capitaine relativement aux marchandises chargées sur son navire ne cesse que par la preuve d'obstacles de force majeure. — C. comm., art. 230. — V. CAPITAINE DE NAVIRE.

31.— Indépendamment de ces dispositions formelles, notre législation présente un certain nombre de textes , qui ne parlent que du cas fortuit, mais qui, par identité de raisons, doivent également s'entendre des cas de force majeure.

32.— Ainsi, la perte de la chose survenue par cas fortuit, est, tout aussi bien que par cas fortuit, un événement qui atteint soit les droits réels, soit les créances ou obligations dont cette chose fait l'objet. — C. civ., art. 1302. — V. PERTE DE LA CHOSE.

33. — Il faut toutefois que la chose objet de l'obligation soit un corps certain et déterminé, car si c'était une chose fongible , il ne pourrait pas être question de l'extinction de l'obligation par suite d'un cas de force majeure, puisque *genera non pereunt*. — V. CHOSE FONGIBLE, OBLIGATION.

34. — Ainsi encore sont éteintes par la perte de l'objet survenu par force majeure aussi bien que par cas fortuit : 1° l'obligation qui incombe au successible donataire d'effectuer le rapport de l'immeuble donné. — C. civ., art. 855. — V. RAPPORT A SUCCESSION.

35. — ... 2° L'obligation de l'héritier envers le légataire quant à la délivrance de la chose léguée. — C. civ., art. 1042. — V. LEGS.

36. — ... 3° Celle du vendeur envers l'acheteur quant à la délivrance de la chose vendue.—C. civ., art. 1624. — V. OBLIGATION, VENTE.

37. — ... 4° Celle de l'emprunteur quant à la restitution de l'objet prêté. — C. civ., art. 1881 et suiv. — V. PRÊT A USAGE.

38. — ... 5° Du créancier gagiste, en ce qui concerne la restitution de la chose constituée en gage. — C. civ., art. 2080. — V. GAGE.

39. — ... 6° Celle qui incombe au preneur de restituer à la fin du bail la chose qu'il l'a reçue. — C. civ. , art. 1732. — V. BAIL.

40. — Remarquons aussi, toujours dans le même ordre d'idées, que si pendant la durée du bail la chose louée est détruite en totalité par cas fortuit le bail est résilié de plein droit.— C. civ., art. 1722. — V. BAIL, nos 952 et suiv.

41. — Celte règle à suivre pour le cas de perte totale de la chose due, survenue par événement de orce majeure, s'applique sans difficulté au cas de perte partielle. En principe, le débiteur n'est pas plus responsable de celle-ci que de celle-là.

42. — Ainsi , par exemple, les art. 1428 *in fine*, 1562 et 1566, C. civ. , en décidant le mari , administrateur des biens de la femme, n'est tenu que des dépérissemens, détériorations ou dégradations survenues par sa faute ou sa négligence, décident implicitement qu'il n'en est pas responsable si la cause de la diminution de valeur a été un événement de force majeure. — V. COMMUNAUTÉ, DOT.

43. — Pareille décision est applicable au vendeur relativement aux détériorations survenues à la chose vendue dans l'intervalle entre la vente et la délivrance.—C. civ. , art. 1614, et 1624.— V. VENTE.

44. — ... A l'usufruitier (C. civ. , art. 601 et 618), au successible donataire (art. 863), au commodataire (art. 1884), au dépositaire (art. 1933), au créancier gagiste (art. 2080), sur qui l'on voudrait faire peser la même obligation relativement aux détériorations survenues à la chose dont ils doivent effectuer la restitution ou le rapport. — V. DÉPÔT, GAGE, PRÊT A USAGE, RAPPORT A SUCCESSION, USUFRUIT.

45. — Si, pendant la durée du bail, la chose louée est détruite en partie par force majeure, le preneur peut, suivant les circonstances, demander ou une diminution de son prix ou la résiliation-même du bail. — Arg. C. civ. , art. 1722. — V. BAIL, nos 956 et suiv,

46. — La force majeure est aussi une cause de rupture du louage de services. — V. LOUAGE D'INDUSTRIE.

47. — La force majeure résultant de l'invasion de l'ennemi et des événemens de guerre peut relever les porteurs des effets de commerce de la déchéance encourue à défaut de protêt à l'échéance et de dénonciation aux tireurs et endosseurs dans les délais. — Avis cons. d'état, 27 janv. 1814. — V. PROTÊT.

48. — La force majeure peut également interrompre le délai pour se pourvoir en cassation. — V. CASSATION (mat. civ.).

49. — ... Le délai de la péremption. — V. PÉREMPTION.

50. — ... Celui de surenchère. — V. SURENCHÈRE.

51. — Un accident ne peut être considéré comme force majeure, à l'effet d'empêcher toute condamnation aux dommages-intérêts, qu'autant qu'il n'a été occasionné par aucune faute. — Zachariæ, *Droit civil français*, t. 2, p. 322.

52. — Toutes les fois, en effet, que le débiteur aurait pu, en donnant à l'accomplissement de l'obligation les soins qu'il devait y apporter, prévenir la force majeure, ou du moins en neutraliser les résultats, l'exécution régulière de cette obligation, comme l'ont observer les annotateurs de M. Zachariæ (*loc. cit.*, note 28e), se trouve entravée moins par la force majeure que par une faute dont le débiteur doit nécessairement répondre.

53. — C'est par application des mêmes principes qu'il y a lieu d'étendre aux cas de force majeure diverses dispositions dont le texte ne fait mention que des cas fortuits.

54. — ... Par exemple, l'art. 1807, C. civ. qui statue que le cheptelier « n'est tenu du cas fortuit que lorsqu'il a été précédé de quelque faute de sa part sans laquelle le cas ne serait pas arrivée. » — V. BAIL A CHEPTEL.

55. — ... L'art. 1881, aux termes duquel l'emprunteur, s'il emploie la chose à un autre usage ou pour un temps plus long qu'il ne le devait, est tenu « de la perte arrivée même par cas fortuit. » — V. PRÊT A USAGE.

56. — ... L'art. 1882, qui porte que « si la chose

prêtée périt par cas fortuit dont l'emprunteur aurait pu la garantir en employant la sienne propre, ou si. ne pouvant conserver que l'une des deux, il a préféré la sienne, il est tenu de la perte de l'autre. » — V. PRÊT A USAGE.

57. — Lorsque l'exécution régulière de l'obligation est empêchée par le fait d'une personne ou d'une chose dont le débiteur doit répondre, ce n'est plus un événement de force majeure qui puisse avoir pour effet de faire cesser contre ce débiteur l'action en dommages-intérêts; il n'y a d'événement de force majeure qu'en apparence : dans la réalité, il y a faute de la part du débiteur, qui doit dès-lors être tenu. — Zachariæ, *loc. cit.*, p. 322, notes 26e et 27e. — V. QUASI-DÉLIT, RESPONSABILITÉ.

58. — Les pertes résultant d'un fait de guerre ne peuvent donner lieu à aucune indemnité de la part du gouvernement. — Cons. d'état, 10 août 1825, Deschesnes ; 10 mars 1825, Rousseau.

59. — Aux yeux de la loi pénale, il n'y a ni crime ni délit lorsque le prévenu, dans la perpétration du fait, a été contraint par une force à laquelle il n'a pu résister. — C. pén., art. 64.

60. — Jugé spécialement, par application de ce principe, que l'empêchement provenant de force majeure fait exception à la culpabilité, même en matière de contravention de police.— Cass., 8 août 1840 (t. 1er 1841, p. 726), Lefèvre et Desfossez. — V. conf. Cass., 7 juill. 1827; 20 juill. 1838 (t. 1er 1840, p. 305), Bonafé et Laborie.

V. aussi APPEL, ASSURANCES MARITIMES, ASSURANCES TERRESTRES, ATTROUPEMENT, BACS ET BATEAUX, BOISSONS, BREVET D'INVENTION, CONDITION, COUR D'ASSISES, DÉLAI, DONATION ENTRE-VIFS, ENQUÊTE, ENREGISTREMENT, ÉQUIPAGE, EXCUSE, PRÉSOMPTIONS, SAISIE IMMOBILIÈRE.

FORCE OBLIGATOIRE.

1. — Se dit: 1° des lois, coutumes et usages dont on peut demander l'application par les tribunaux. — V. COUTUMES, LOI, USAGE.

2. — 2° Des actes, engagemens ou obligations dont on peut demander en justice l'exécution. — V. ACTE, EXÉCUTION DES ACTES ET JUGEMENS, OBLIGATION.

FORCE PUBLIQUE.

V. AGENS DE LA FORCE PUBLIQUE.

FORCES (Fabricant de).

1. — Fabricans de forces pour leur compte, patentables de cinquième classe; droit fixe, basé sur la population; droit proportionnel du vingtième de la valeur locative de l'habitation et des lieux servant à l'exercice de la profession.

2. — Les fabricans à façon sont soumis à la septième classe seulement et soumis au même droit fixe, sauf la différence de classe, et à un droit proportionnel du quarantième de la valeur locative de tous les locaux qu'ils occupent, mais seulement communes de 20,000 âmes et au-dessus.

FORCEMENT DE RECETTES.

C'est l'action de mettre à la charge d'un receveur ou d'un comptable un droit qu'il aurait du percevoir, ou une somme qu'il a négligé de recouvrer.— V. COMPTE, CONTRIBUTIONS DIRECTES, CONTRIBUTIONS INDIRECTES, ENREGISTREMENT.

FORCLUSION.

1. — On nommait forclusion un jugement rendu à la production d'une seule partie dans une affaire appointée en droit ou à mettre, et par lequel l'autre partie était exclue de produire avant le jugement, Denisart, vo *Forclusion*.

2. — La forclusion était donc autrefois une espèce de jugement par défaut qui différait des autres défauts en ce qu'il n'était pas susceptible d'opposition, et qu'il ne pouvait être attaqué par l'appel, s'il y avait lieu, ou par la requête civile ou la cassation s'il s'était un jugement souverain. — Denisart, vo *Forclusion*.

3. — Il y avait donc cette différence entre *défaut* et *forclusion*, que le défaut contre le défendeur se conçoit contre le demandeur ne pouvaient s'obtenir qu'avant la contestation, et qu'au contraire la forclusion s'acquérait après et indistinctement contre l'un ou l'autre des défaillans.

4. — Aujourd'hui, la forclusion est encore l'exclusion au préjudice d'une partie, du droit de faire signifier d'une production hors du délai que la loi lui avait imparti pour son accomplissement.

5. — Mais à la différence de ce qui avait lieu sous l'ordonnance de 1667, la forclusion n'a plus besoin

d'être prononcée par un jugement , et elle s'accomplit de plein droit et par la seule force de la loi.

6. — On trouve des exemples de forclusion qui confirment les principes que nous venons de rappeler dans les art. 660 , 664 et 756 , C. procéd. — V. DISTRIBUTION PAR CONTRIBUTION ET ORDRE.

7. — Les caractères primitifs de la forclusion qui résultait d'un jugement rendu sur la poursuite de la partie la plus diligente, précisent très nettement quel était le sens de cette maxime : *Nul ne se forclot soi-même*; car on conçoit qu'il n'était pas possible de supposer qu'une partie fit prononcer un jugement qui lui aurait fait perdre son droit.

8. — Cette maxime conservée dans le langage de la pratique, signifie aujourd'hui que lorsqu'un délai doit commencer à avoir à signification, il ne court qu'au profit de la partie qui l'a faite et non contre elle.— Berriat-Saint-Prix, *Cours de procéd.*, p. 146 ; Merlin , *Quest. de dr.*, vo *Appel*, § 8.

FORÊTS.

Table alphabétique.

FORÊTS. — **1.** — On désigne sous ce nom de vastes étendues de terres couvertes de bois.

CHAPITRE Ier. — *Historique et principes généraux.*

2. — Autrefois, on entendait par le mot *forêt* non seulement les bois, mais aussi les rivières; cela venait sans doute de ce que les bords des fleuves et des rivières étant couverts de bois, les eaux étaient considérées comme faisant partie des forêts. — Merlin, *Rép.*, vo *Forêt*, no 1er.

3. — Le mot *forêt* est aussi employé pour désigner les pêches dans les chartes par lesquelles Charles-le-Chauve accorda à l'abbaye de Saint-Denis la seigneurie de Cannoche avec la *forêt de pêche* de la Seine, et à l'abbaye de Saint-Benigne de Dijon la *forêt des poissons* de la rivière d'Aiches. — Merlin, *ibid.*

4. — Aujourd'hui, le mot *forêts* ne désigne plus que les terrains boisés, mais sans qu'on doive se préoccuper de l'étendue de ceux-ci lorsqu'il s'agit d'appliquer les lois et réglemens concernant cette matière.

5. — En effet, les mots *bois* et *forêts* sont synonymes, bien que, dans l'usage, on désigne plus spécialement par le mot *bois* un terrain couvert d'arbres ayant une étendue peu considérable, et par le mot *forêt* un vaste espace boisé. — V. BOIS, nos 2 et s.

6. — La loi n'autorise aucune distinction entre les diverses essences d'arbres; ainsi, les terrains uniquement plantés de châtaigniers sont compris dans l'expression générique *bois*. — *Cass.*, 13 déc. 1811, Gasparini.

7. — Les forêts sont une des principales sources de la richesse des états; elles sont indispensables à la consommation journalière et à l'industrie; leur plantation sert à utiliser des terrains impropres à toute autre production, et elles sont de la plus grande importance pour la défense de l'état; aussi ont-elles été placées de tout temps au nombre des biens les plus précieux, et la conservation en a toujours été confiée à des magistrats spéciaux.

8. — On lit dans la Bible que lorsque Néhémias eut obtenu d'Artaxercès Longue-Main la permission d'aller rebâtir Jérusalem, il se fit donner des lettres pour Asaph, garde des forêts du roi, afin d'en obtenir le bois nécessaire à la reconstruction de la ville. — Merlin, *Rép.*, vo *Bois*, no 1er.

9. — Il n'est pas, d'après Aristote, d'état bien ordonné sans des gardiens pour les forêts, *sylvarum custodes*.

10. — A Rome, dès les premiers temps de la ville, on voit, d'après Suétone, Aucus Martius, quatrième roi, réunir les forêts au domaine public.

11. — Parmi les lois que les décemvirs donnèrent à Rome, il en est qui traitent *de glande, arboribus et pecorum pastu*. La garde des forêts était souvent confiée aux consuls; on l'appelait *provincia ad sylvam et colles*.

12. — Dans les premiers siècles de notre monarchie, la grande quantité des forêts qui couvraient le sol fit que le gouvernement, au lieu de veiller à leur conservation, en favorisa le défrichement; mais cette faculté dégénérant en abus, on voit, au treizième siècle, les rois rendre des édits par lesquels ils confient à des officiers des eaux et forêts le soin de surveiller les bois et de régir la chasse et la pêche.

13. — Une ordonnance de Philippe-le-Bel, de 1302, sur l'administration des forêts, prescrit que, pour les bénéfices, depuis l'ouverture de la régale jusqu'à ce qu'elle soit fermée, et pour les fiefs saisis, pendant qu'ils sont sous la main du roi, l'aménagement établi dans ces bois continuera d'être observé, et qu'aucune coupe ne s'y fera par anticipation. — Merlin, *Rép.*, vo *Bois*, no 3.

14. — Des lettres de Louis-le-Hutin, du 22 juill. 1315, connues sous le nom de la *Chartre aux Normands*, portent que les droits de tiers et danger ne seront pas levés sur le mort bois, dont il rappelle les neuf espèces : saule, marsaule, épine, puisne, seur, aulne, genêt, genièvre et ronces, qui sont les mêmes que ceux exprimés dans l'art. 5, tit. 23, ord. 1669. — Merlin, *ibid.*

15. — Une ordonnance de Philippe-le-Long, du 18 juill. 1318, exige que les ventes de bois soient faites aux enchères, sous peine de nullité. Un réglement du même prince fut donné en 1319, pour l'administration de ses forêts et de ses étangs de Champagne, et fut suivi d'une ordonnance du 2 juin pour les forêts en général. — Merlin, *ibid.*

16. — Cette ordonnance défend notamment l'entrée des bois taillis aux bestiaux jusqu'à ce que le bois soit défensable, attendu, dit l'ordonnance, qu'une bête qui ne vaudra pas 60 sous ou 4 livres peut y faire dommage de 100 livres ou au plus en une seule année. — Merlin, *Rép.*, vo *Bois*, no 5.

17. — Les pillages qui avaient désolé la France avant Charles V, et même pendant les premières années du règne de ce prince, avaient presque amené la destruction des forêts; aussi, ce prince établit plusieurs membres de son conseil *généraux réformateurs sur le fait des eaux et forêts*, et, d'après le rapport que lui firent ces officiers, il donna, en 1376, une ordonnance contenant un réglement général des forêts qui renfermait de nombreuses dispositions nouvelles. Cette ordonnance a servi de base à d'autres rendues plus tard sur cette matière, notamment à l'ordonnance de 1515, qui contient la plupart des articles de celle de 1376, insérés presque dans leur intégrité. — Merlin, *Rép.*, vo *Bois*, no 8.

18. — Indépendamment de l'ordonnance de 1515, François Ier en rendit une autre en janvier 1518, par laquelle il défendit notamment aucun établissement dans les forêts de tuiliers, forgerons, potiers, verriers, cercliers, tourneurs, sabotiers, et prescrit de ne laisser extraire aucune terre de mine du bois et faire des cendres. Cette ordonnance rappelle les défenses précédemment faites de mettre ou tenir des bestiaux dans les forêts à peine d'amende et de confiscation. C'est la première de nos lois qui ait déterminé des peines pécuniaires fixes et certaines pour les différens délits en matière de coupes de bois, et elle entre à cet égard dans les plus grands détails. — Merlin, *Rép.*, vo *Bois*, no 14.

19. — Les réglemens rendus sous François Ier, pour la police des bois ne concernaient que ceux dépendans du domaine; mais, sous Charles IX, la législation commença à embrasser la totalité des forêts du royaume. Un édit de ce prince, du mois de septembre 1563, défendit à tous particuliers de faire couper les taillis avant l'âge de dix ans, à peine de confiscation des bois et d'amende arbitraire. Il était, en outre, enjoint de laisser le nombre de baliveaux prescrit par les ordonnances précédentes. On voit, par le préambule de l'édit, qu'antérieurement l'usage était de couper le bois à l'âge de six à sept ans. — Merlin, *Rép.*, vo *Bois*, no 23.

20. — Avant Charles IX, aucune règle n'avait été établie non plus dans les coupes de bois et forêts dépendans du domaine. Ce prince, par lettres-patentes du 24 janv. 1573, ordonna qu'à l'avenir tous ses bois et forêts en haute futaie ou taillis seraient réduits en coupes ordinaires. A cet effet, il prescrivit l'arpentage de ces forêts et enjoignit de dresser procès-verbal de l'essence et qualité des bois, des droits d'usage et autres charges qui les grevaient. — Merlin, *Rép.*, vo *Bois*, no 24.

21. — Le désordre qui sous Henri III régna dans les diverses parties de l'administration s'étendit aux eaux et forêts; aussi un édit fut, en janv. 1577, rendu à Rouen par Henri IV, lequel ordonnait aux commissaires désignés à cet effet de faire sans retard une visite générale des forêts pour en constater l'état et les charges. L'édit ajoutait que, d'après le procès-verbal des commissaires, il serait arrêté un réglement des ventes et coupes ordinaires à faire dans chaque forêt. Il fut en outre prescrit de surseoir à toute coupe extraordinaire. Les usages et chauffages précédemment concédés à titre gratuit depuis le règne de François Ier furent tous abolis. Ceux remontant avant cette époque furent réglés d'après la possibilité des forêts et la teneur des titres. — Merlin, *Rép.*, vo *Bois*, no 25.

22. — Tel était l'état de la législation lorsque Colbert entreprit de rétablir dans l'administration des forêts l'ordre si gravement compromis sous Louis XIII et durant la minorité de Louis XIV. Colbert donna d'autant plus d'attention à cette matière, qu'il ne pouvait atteindre ses vues concernant la création d'une marine qu'en veillant à la conservation des ressources que pouvaient offrir à cet égard les forêts royales. En conséquence, par arrêt du mois d'oct. 1661, le roi ordonna que toutes les forêts du domaine resteraient fermées, et qu'il serait procédé à la réformation générale des eaux et forêts du royaume. — Merlin, *Rép.*, vo *Bois*, no 26.

23. — On choisit des commissaires parmi les hommes les plus capables de reconnaître les abus existant dans l'administration. Ils furent envoyés dans toutes les provinces pour reconnaître l'état des forêts. On conféra tous leurs avis avec toutes les ordonnances précédentes concernant la matière, et il fut formé du tout un corps de lois qui emprunta aux anciennes ordonnances leurs dispositions les plus sages et y apporta les modifications dont l'expérience avait démontré la nécessité.

24. — Ce corps de lois, promulgué au mois d'août 1669 sous le nom d'*Ordonnance des eaux et forêts*, a principalement eu en vue les bois du domaine de la couronne, sans négliger toutefois ce qu'exigeait la conservation des bois des gens de main-morte et de ceux appartenant à des particuliers, ces bois intéressant le service de l'état, soit quant aux constructions de terre et de mer, soit quant à la consommation ordinaire. Cette ordonnance, par la sagesse des principes qu'elle a consacrés pour la police et la conservation des bois, est digne du grand ministre qui la fit rendre.

25. — Elle avait lié ensemble l'administration et la juridiction; les dispositions de police, de répression et de conservation avaient pour base l'existence des maîtrises, à la fois instrumens administratifs et tribunaux judiciaires.

26. — Cette ordonnance est restée obligatoire en Belgique pour tous les points auxquels il n'a pas été dérogé par des lois postérieures. — *Bruxelles*, 8 sept. 1835, d'Aremberg c. Mecus.

27. — En France, les dispositions de cette ordonnance, en ce qui concernait l'organisation administrative et la juridiction contentieuse, furent abolies lorsque disparut l'ancien régime. Incompatibles avec le nouvel ordre de choses, qui abolit les juridictions spéciales, elles furent remplacées par les lois du 7 sept. 1790; du 15-29 sept. 1791; du 16 nivôse an IX; par les arrêtés du 6 pluv. et du 15 germinal suivans.

28. — Ainsi, la loi du 25 déc. 1790 supprima la juridiction des eaux et forêts, et renvoya devant les tribunaux ordinaires toutes les actions introduites en matière forestière. Dès-lors, l'organisation se trouva incomplète, et l'action répressive sans force et sans lien.

29. — La loi du 15-29 sept. 1791 établit quelques règles générales sur le régime des bois de l'état; quelques dispositions incomplètes et timides sur ceux des communes et des établissemens publics; elle créa une administration nouvelle, et détermina le mode des poursuites à exercer pour les délits forestiers.

30. — Le dernier article de cette loi annonçait qu'il serait fait incessamment une loi sur les *aménagemens et sur la fixation des règles de l'administration*; que jusque-là l'ordonnance de 1669 et les autres réglemens en vigueur continueraient d'être exécutés sur tous les points auxquels il n'était point dérogé. Cette loi annoncée ne fut jamais faite, et il n'est intervenu jusqu'en 1827, époque où fut promulgué le code forestier, que des réglemens particuliers sur des objets spéciaux.

31. — Ainsi notamment : sur la poursuite et la répression des délits forestiers, on peut voir la loi du 23 therm. an IV, celle du 28 flor. an X, en ce qui concerne l'affirmation des procès-verbaux; celle du 22 mars 1806, le décret du 1er avr. 1808 et l'arrêté du directoire exécutif du 4 niv. an V; sur l'organisation de l'administration forestière, les lois des 16 therm. an IV, 16 niv. an IX; le décret du 20 messid. an III, qui établit des gardes champêtres dans toutes les communes rurales, et l'arrêté des consuls du 19 vent. an X, spécial à l'administration des bois communaux; sur l'établissement, l'étendue et le mode d'exercice des droits d'usage dans les forêts nationales, la loi du 28 vent. an XI, celle du 14 vent. an XII, le décret du 17 niv. an XIII, celui du 15 av. 1811, l'arrêté du directoire exécutif du 5 vend. an VI, et l'avis du

conseil d'état du 11 therm. an XII ; sur le régime des bois appartenant à des particuliers, à des communes ou à des établissemens publics, la loi du 9 flor. an XI, les décrets du 28 août 1792, du 10 et du 30 juin 1793, du 26 niv. et 28 vent. an II; l'avis du conseil d'état du 12 avr. 1808 et celui du 26 du même mois ; — sur les bois réservés pour des services publics, les décrets du 27 juill. et 4 oct. 1793, 29 flor. an XIII ; l'arrêté des consuls du 28 flor. an XI, et l'ordonnance du 28 août 1816, celle du 22 sept. 1819, qui modifia la précédente en ce qui touche les bois des particuliers ; — sur les biens affectés à la dotation des majorats, le décret du 4 mai 1809 et les avis du conseil d'état du 8 juill. et du 5 août suivans ; — sur les adjudications de bois soumis au régime forestier, les arrêtés du direct. exécutif des 5 therm. an V et 1er fruct. an VII, les ordonn. des 7 oct. 1814, 16 juill. 1815, et celle du 6 mars 1816, qui attribue aux tribunaux la connaissance des contestations sur l'adjudication des bois domaniaux et sur le paiement du prix de ces adjudications. Un décret du 19 juill. 1810 a déclaré l'ordonnance de 1669 applicable aux cas d'enlèvement des feuilles mortes. Un arrêt du direct. exécutif du 25 pluv. an VI a prescrit des mesures pour prévenir les incendies dans les forêts. Il a été statué sur le sort des maisons d'habitation et ateliers existant déjà dans le voisinage des forêts par un avis du conseil d'état du 25 vendém.-22 brum. an IV.

32. — On était donc entre les restes incohérens d'une législation ancienne, dont la base avait été renversée, et les commencemens, les essais d'une législation nouvelle restée à son ébauche et qui attendait son complément. Le Code forestier a reproduit, modifié ou abrogé ces dispositions.

33. — Le projet de ce Code fut préparé par une commission spéciale dès 1823, et fut ensuite soumis aux chambres, aux cours et à un conseil. Ce projet fut présenté aux chambres sous le ministère de M. Martignac qui, comme commissaire du roi, a fait l'exposé des motifs. Adopté dans la session de 1826, le projet fut sanctionné le 21 mai 1827 et promulgué le 21 juill. suivant. — V. CODE FORESTIER.

34. — Ce Code ne comprend pas de dispositions réglementaires, ainsi qu'en renfermaient l'ordonn. de 1669 et la loi du 29 sept. 1791. Ces dispositions ont été comprises dans une ordonn. rendue pour l'exécution du Code forestier le 1er août 1827.

35. — Quelques modifications ont, depuis 1827, été apportées aux lois forestières. Une ordonnance a été rendue, le 10 mai 1831, sur l'instruction administrative et la décision des affaires relatives au régime forestier. La loi du 4 mai 1837 a aussi modifié quelques articles du Code. Une ordonn. du 2 mai 1837 a, en outre, changé la disposition de l'art. 86 de l'ordonnance d'exécution. Il a été aussi rendu, indépendamment de plusieurs ordonnances spéciales dont nous aurons occasion de parler, une loi promulguée le 15 juill. 1840, et qui règle l'exploitation des forêts domaniales de la Corse. Enfin, il se prépare en ce moment une loi destinée à remplacer le tit. 15 du Code de 1827, relatif aux défrichemens et reboisemens. — V. ces mots.

36. — Les forêts de l'état étant une des ressources de la nation, le pouvoir législatif a le droit d'en disposer, quand les besoins du pays l'exigent. C'est ainsi que la loi du 25 mars 1831 a autorisé la vente des bois de l'état jusqu'à concurrence de quatre millions de revenu net.

37. — La loi du 25 mars 1817, art. 143, a autorisé la caisse d'amortissement à vendre 150,000 hectares des bois de l'état, en se conformant aux formalités établies pour l'aliénation des propriétés publiques. Elle n'a pas indiqué l'autorité qui doit statuer sur les contestations auxquelles les ventes peuvent donner lieu ; on en doit conclure qu'elle les a laissées dans le droit commun, et qu'il n'appartient qu'aux tribunaux de statuer à leur égard. Il en doit surtout être ainsi à l'égard des tiers. — V. Cormenin, *Dr. admin.*, vo *Bois*, t. 1er, p. 279; Chevalier, *Jurispr. admin.*, vo *Bois et forêts*, t. 1er, p. 59

38. — L'art. 143 de la loi des finances du 25 mars 1817, qui affecte les forêts de l'état à la caisse d'amortissement, n'a point pour effet de placer ces forêts dans le commerce et de les rendre prescriptibles, puisqu'elles ne peuvent être aliénées qu'en vertu d'une loi. — *Riom*, 6 avr. 1838 (t. 2 1838, p. 284), Thibaut.

39. — Les ventes de bois faites par la caisse d'amortissement en vertu de la loi du 25 mars 1817 doivent être régies, relativement aux tiers, d'après les principes du droit commun. — Dès lors, si on excipe de titres anciens pour réclamer des droits d'usage, c'est aux tribunaux qu'il appartient de prononcer. — *Cons. d'état*, 30 nov. 1825, Teissier c. Verny.

40. — Décidé, de même, qu'en prescrivant de se conformer, dans la vente de bois affectés à la dotation de la caisse d'amortissement, aux formalités établies pour l'aliénation des propriétés publiques, la loi du 25 mars 1817 n'a pas dérogé au droit commun sur le jugement des questions de propriété entre le domaine ou ses ayant-cause, et les tiers revendiquant la propriété de tout ou partie des biens vendus; que, dès-lors, il y a lieu de surseoir à prononcer sur les effets de la vente administrative jusqu'à la décision des tribunaux sur la question de propriété. — *Cons. d'état*, 17 déc. 1828, Fortier c. comm. de Ruestenhard.

41. — Les conseils de préfecture sont compétens pour connaître des contestations élevées sur les adjudications des biens appartenant à la caisse d'amortissement. — Lorsque, sans contester les limites du bois par lui acquis, l'adjudicataire demande une diminution de prix, à raison d'un nombre considérable d'arbres qui auraient été écrits et estimés et qui ne se trouveraient pas dans le bois, cette demande doit être rejetée si les clauses de l'adjudication excluent tout recours en indemnité ou réduction de prix, quelle que puisse être la différence en plus ou en moins dans la mesure, consistance et valeur. — Si subsidiairement il demande une indemnité, il ne peut pas le faire par la voie contentieuse. — *Cons. d'état*, 26 fév. 1823, Perraud.

42. — Lorsque le cahier des charges d'une vente de bois de l'état porte que les bois sont vendus sans garantie de mesure, consistance et valeur, et qu'il ne pourra être exercé respectivement aucun recours ou indemnité, réduction ou augmentation du prix de vente, quelle que puisse être la différence dans la mesure, consistance et valeur, il n'y a pas lieu d'annuler la réclamation d'un acquéreur, fondée sur ce qu'une même quantité d'hectares aurait été comprise deux fois dans la vente. — *Cons. d'état*, 28 avr. 1824, Saglio et Humann. — V. Chevalier, *Jurispr. admin.*, vo *Bois et forêts*, t. 1er, p. 68.

43. — Les objets donnés pour limites par les procès-verbaux descriptif et d'adjudication de bois de l'état ne font pas partie de la vente. — *Cons. d'état*, 21 juill. 1824, Roux Clerc-Lasalle; 16 janv. 1822, Levasseur c. Tébaut.

44. — Lorsque les actes qui ont préparé et consommé la vente d'un bois de l'état sont insuffisans pour reconnaître les limites de la propriété vendue, il y a lieu de renvoyer les parties devant les tribunaux. — Toutefois, si la déclaration préalable de la chose vendue est incomplétement faite par le conseil de préfecture, le conseil d'état la complète. — *Cons. d'état*, 31 mars 1835, Pons.

45. — La lettre par laquelle le ministre des finances prononce que les adjudicataires d'une partie de bois domaniaux doivent payer un excédant de mesure n'est qu'une simple instruction adressée au préfet, et ne fait point obstacle à ce que la question soit portée devant les tribunaux. — *Cons. d'état*, 24 déc. 1818, Bridame.

46. — La déchéance, avec amende et restitution de fruits, prononcée de plein droit, par la loi du 15 flor. an X, contre l'acquéreur des bois de l'état, qui n'a pas payé son prix, est une voie facultative pour l'administration et lui laisse le droit de forcer, par les autres moyens, l'adjudicataire à l'exécution de l'obligation principale. — *Cons. d'état*, 16 janv. 1822, Thébaut.

47. — Les bois aliénés par l'état doivent être imposés à partir de l'année qui suit l'aliénation, et les acquéreurs doivent payer à l'administration des domaines, en sus du prix, une somme égale au montant de l'imposition pour l'année de leur entrée en jouissance. — Mais ils ne peuvent être tenus envers l'administration au-delà de cette année. — *Cons. d'état*, 10 fév. 1830, Hospices d'Arras.

48. — Les ventes de bois futaies et taillis faites avant la notification des conventions arrêtées entre la France et les puissances alliées, le 2 avr. 1814, n'ont été maintenues qu'autant qu'elles ont été faites par l'autorité des commandans ou intendans desdites puissances. — *Cass.*, 19 mai 1815, Limbourg.

49. — Les puissances alliées n'ont pu, pendant leur occupation du territoire français, en 1814, annuler des adjudications de bois consommées antérieurement. — Les ventes faites par leurs agens et non consommées par l'exploitation et l'enlèvement des bois sont nulles. — *Cons. d'état*, 23 oct. 1816, Jean; — Chevalier, *Jurispr. admin.*, vo *Bois*, t. 1er p. 64.

50. — Un adjudicataire de coupes de bois dont les puissances alliées ont, par fait de guerre, saisi les bois non en forêts, mais dans ses chantiers, et à qui une indemnité a été en conséquence allouée par la commission départementale, n'est pas fondé à réclamer par la voie contentieuse une nouvelle indemnité, à raison des poursuites antérieurement exercées contre lui par le domaine pour le paiement de ses traites. — *Cons. d'état*, 22 fév. 1826, Lebray.

51. — Le Code forestier (art. 218) a abrogé, pour l'avenir, toutes lois, ordonnances, édits et déclarations, arrêts du conseil, arrêtés et décrets, et tous réglemens intervenus, à quelque époque que ce soit, sur les matières réglées par ce Code, en tout ce qui concerne les forêts. — Mais les droits acquis antérieurement doivent être jugés, en cas de contestation, d'après ces lois, ordonnances, édits et déclarations, arrêts du conseil, arrêtés, décrets et réglemens.

52. — L'art 218, C. forest., n'abroge donc que pour l'avenir l'ancienne législation sur les matières réglées par ce Code. — Ainsi, dans une adjudication de coupe de bois antérieure à la promulgation du nouveau Code, toutes les contestations relatives aux ventes de bois, coupes, délivrances et recolemens attribués par l'ordonnance de 1669 aux maîtrises des eaux et forêts doivent être soumises aux tribunaux et non au conseil de préfecture — *Cons. d'état*, 28 fév. 1831, Gerdebot. — V. Cormenin, *Dr. admin.*, vo *Bois*, t. 1er, p. 277.

53. — Les lois relatives à la conservation des forêts sont applicables, dès le jour de leur promulgation, à tous les particuliers qui ont des droits à prétendre dans les bois soumis au régime forestier, et quant à l'exercice de ces droits. — *Cass.*, 2 juin 1836, Poulharies.

54. — Une ordonnance royale du 24 déc. 1830 autorise la coupe dans les forêts de l'état des bois destinés à la confection des ouvrages nécessaires pour la mise en état de défense des places fortes situées sur la frontière depuis la Manche jusqu'à la Méditerranée, en suivant la ligne du nord et de l'est, et sur la frontière des Pyrénées. Il n'en serait autrement que si, à raison des distances à parcourir jusqu'aux lieux de destination et des frais de transport qui en résulteraient, l'état trouvait avantage à se procurer des bois par la voie du commerce.

55. — D'après le compte rendu pour l'année 1837 par le ministre des finances, la contenance des forêts, au 1er janvier de cette année, était de 8,521,100 hectares possédés: savoir :

Par le domaine de l'état....	1,098,724	hect.
Par les communes et les établissemens publics.......	1,803,206	»
Par les particuliers.........	5,619,110	»
Total égal........	8,521,100	hect.

A en juger par le rapport de M. le comte Roy à la chambre des pairs, qui, d'après les documens officiels, attribuait aux forêts particulières une étendue de 3,237,517 hectares, le chiffre fixé pour ces forêts par le ministre des finances doit paraître exagéré, si l'on songe surtout aux nombreux défrichemens effectués depuis 1827. Quoi qu'il en soit, l'étendue du sol forestier a peu varié depuis 1830. — V., au surplus, DÉFRICHEMENT.

56. — Le département le plus boisé est celui de la Nièvre ; celui qui l'est le moins est le département de la Seine. Le département des Vosges renferme la plus grande étendue de bois domaniaux ; celui de la Haute-Vienne n'en contient que trois hectares, et les départemens de la Seine, de la Manche, de la Mayenne, du Rhône de la Loire, du Gers, des Côtes-du-Nord, de la Charente-Inférieure, du Lot, de Lot-et-Garonne, des Basses-Alpes, des Bouches-du-Rhône et de la Dordogne n'en possèdent point. — Meaume, p. 108. — MM. Macarel et Boulatignier ajoutent le département de l'Aveyron à ceux qui ne renferment point de bois domaniaux, mais ils omettent dans le nombre le département de Lot-et-Garonne. — On ne considère pas comme bois domaniaux ceux que possède actuellement la couronne.

57. — Les forêts domaniales sont au nombre de 1,473, estimées par approximation à 726,993,456 fr., non compris les forêts de la Corse pour lesquelles il n'existe aucune base d'évaluation de la valeur vénale. On ne comprend pas non plus dans cette estimation 8 petits bois affectés au haras de Pompadour, et formant ensemble 85 hectares. — Quant au revenu, il résulte du compte général présenté par le ministre des finances que les adjudications de coupes à effectuer dans les bois de l'état ont, en 1836, fait entrer dans les caisses du trésor une somme de 26,256,281 fr. — Mais, d'après M. Meaume (p. 110, à la note), la valeur des forêts de l'état peut être évaluée à 1 milliard, et leur revenu à 30,090,000 fr. au moins, ce qui offrirait un revenu de 3 %.

58. — MM. Macarel et Boulatignier (*De la fortune publique*) indiquent que sur les 1,473 forêts de l'état 12 sont indivises entre lui et des communes ou autres propriétaires ; 236 sont grevées de droits d'usage, ce qui diminue considérablement leur valeur; 17 sont affectées à des établissemens industriels ; 17 autres sont possédées par des communes à titre d'accensement perpétuel, ou par suite d'une espèce de cantonnement qui leur en accorde la jouissance exclusive, mais elles en supportent toutes les charges ; enfin, dans 7 forêts, le taillis est accensé à des communes, l'état ne jouit que de la futaie,

59. — Chaque année le ministre des finances doit faire distribuer aux chambres l'état de l'emploi du crédit porté au budget de l'année précédente pour travaux d'entretien et d'amélioration des forêts. — L. 16 juill. 1840, art. 7.

60. — Lorsqu'un chemin vicinal est habituellement ou temporairement dégradé par des exploitations de forêts, les entrepreneurs ou propriétaires peuvent être contraints à des subventions pour la réparation de ce chemin. — L. 21 mai 1836, art. 14.

61. — Une ordonnance du 22 nov. 1826, promulguée le 28 sept. 1835, porte que les fonds provenant des coupes extraordinaires adjugées dans les quarts de réserve des bois appartenant aux communes, hospices, bureaux de bienfaisance, séminaires, fabriques et autres établissemens ecclésiastiques, et dont, aux termes des ordonnances royales des 5 sept. 1821 et 31 mars 1825, le montant était placé en partie au trésor royal, et en partie à la caisse des dépôts et consignations, seront à l'avenir recouvrés en totalité par les receveurs généraux des finances, à titre de placement en compte courant au trésor royal, pour être tenus, avec les intérêts qui en proviennent, à la disposition des communes et établissemens ci-dessus rappelés, sur la simple autorisation des préfets.

CHAPITRE II. — *Du régime forestier.*

62. — Les premiers soins des rédacteurs du Code forestier ont été de tracer une profonde ligne de démarcation entre les bois qui doivent être soumis d'une manière plus ou moins absolue au régime forestier, et ceux qui, appartenant à des particuliers, ne sont assujétis qu'à certaines réserves. — Exposés des motifs à la chambre des députés.

63. — Aussi, l'art. 1er de ce Code porte-t-il : « Sont soumis au régime forestier, et seront administrés conformément aux dispositions de la présente loi : 1° les bois et forêts qui font partie du domaine de l'état ; 2° ceux qui font partie du domaine de la couronne ; 3° ceux qui sont possédés à titre d'apanage et de majorats reversibles à l'état ; 4° les bois et forêts des communes et des sections de communes ; 5° ceux des établissemens publics ; 6° les bois et forêts dans lesquels l'état, la couronne, les communes et les établissemens publics ont des droits de propriété indivis avec des particuliers.

64. — Cet article n'est que le résumé des principes consacrés par la législation antérieure. — Ord. 1669, tit. 1er et 2, tit. 23, art. 1er, tit. 24 et 25 ; L. 15-29 sept. 1791, tit. 1er, art. 1er à 5, tit. 10, 11, 12 et 13 ; arrêté des consuls 19 vent. an X, art 1er ; avis cons. d'état 18 juill.-5 août 1809.

65. — On entend par *régime forestier* l'ensemble des règles spécialement établies pour l'administration des bois et forêts appartenant à l'état ou soumis à sa tutelle. Ce régime ne comprend donc pas les bois des particuliers. — Meaume, *Comm. du C. forest.*, sur l'art. 1er, n° 1er, t. 1er, p. 98.

66. — Le régime forestier est un régime d'exception qui a pour effet de placer en dehors du droit commun les bois qui lui sont soumis. Il leur impose, en effet, un aménagement particulier et apporte de nombreuses restrictions au droit de propriété, soit en faisant peser sur les héritages voisins des servitudes spéciales au profit de ces bois, soit en soumettant un grand nombre des contestations qui peuvent s'élever relativement à eux, à des juridictions exceptionnelles, dans l'ordre judiciaire comme dans l'ordre administratif. — Meaume, t. 1er, p. 106, n° 12.

67. — Dans le projet du Code forestier, l'art. 1er commençait par les mots *seront régis par l'administration forestière* ; on y a substitué les expressions *sont soumis au régime forestier*, afin de mettre les termes de la loi en rapport avec le droit, appartenant à la couronne, aux princes apanagistes et aux personnes pourvues de majorats reversibles à l'état, de choisir les agens chargés de conserver et de surveiller les bois et forêts sur lesquels s'étend leur usufruit. On a ainsi conservé à ces détenteurs le droit de choisir leurs agens et préposés, tout en maintenant une administration générale et uniforme. — Meaume, t. 1er, p. 98, n° 2.

68. — L'art. 1er ne parlant que des bois et forêts faisant partie du *domaine de l'état*, il en résulte que les bois appartenant au *domaine public* ne sont pas soumis au régime forestier. Par suite, les délits de coupe et autres, commis sur les arbres des places, chemins et routes, sur ceux des remparts, forteresses et francs-bords des canaux, ne sont pas des délits forestiers proprement dits, et doivent être punis d'après les art. 444 et suiv., C. pén. — Meaume, t. 1er, p. 99, n° 4.

69. — Ainsi jugé que les art. 445 et 455, C. pén., ne sont applicables qu'au cas où les arbres abattus ou mutilés sont plantés, soit sur des fonds ruraux autres que les bois et forêts, soit sur les autres lieux désignés par l'art. 448 dudit Code. — *Cass.*, 14 mai 1813, Hyacinthe Negro ; — conf. *Cass.*, 9 mai 1812, Thuandet ; — Mangin, *De l'act. publique*, t. 2, p. 135, n° 301.

70. — Les biens vacans et sans maître ne relevant pas du domaine public, les bois dépendant d'une succession vacante accroîtraient le domaine de l'état et seraient soumis, en conséquence, au régime forestier. — Meaume, *ibid.*, *ad. not.*

71. — Les bois faisant partie des domaines engagés sont également, suivant Pailliet (*Note sur l'art 1er, C. forest.*), soumis à ce régime. Mais cette opinion est repoussée par M. Meaume (t. 1er, p. 100, n° 5). Suivant cet auteur, les domaines engagés ne font plus véritablement partie du domaine de l'état, mais sont des propriétés particulières grevées d'une créance au profit du gouvernement, évaluée au quart de leur valeur, et, à l'égard des futaies, de la valeur entière de la futaie. D'ailleurs, ajoute-t-il, le silence gardé par le Code forestier dans l'art. 89, à l'égard des domaines engagés, ne doit laisser aucun doute sur la question.

72. — Le domaine de la couronne n'étant qu'une dépendance de celui de l'état, et l'usufruit seul en appartenant au roi, les bois qui en font partie sont astreints au régime forestier, à raison précisément de ce que l'état reste nu propriétaire. Aussi, d'après l'art. 12, L. 2 mars 1832, fixant la dotation immobilière du roi Louis-Philippe, les forêts qui dépendent du domaine de la couronne sont assujéties à un aménagement régulier ; et une loi est nécessaire pour qu'il en soit fait une coupe extraordinaire quelconque. Mais, comme nous l'avons dit, les bois du domaine privé du roi ne sont pas soumis au régime forestier. — Meaume, t. 1er, p. 102, n° 6.

73. — La commission de la chambre des députés voulait substituer dans le § 2 de l'art. 1er le mot *dotation* au mot *domaine*. Mais, sur l'observation de M. Descordes, cette substitution ne fut pas adoptée. « On entend, disait-il, par *domaine de la couronne*, la portion du domaine public qui fait partie de la liste civile, et dont les revenus se versent au trésor de la couronne elle-même. Par domaine public, au contraire, on entend les biens qui appartiennent à l'état, et dont les revenus se versent au trésor. Il n'y a pas lieu à créer une distinction qui n'existerait que dans les mots. »

74. — Le texte primitif du projet ne parlait ni des bois possédés à titre d'apanage, ni de ceux possédés à titre de majorats reversibles à l'état. — Les bois de la première espèce ont été compris dans l'art. 1er, sur les observations de la cour de Cassation. La commission de la chambre des députés y a joint les bois possédés à titre de majorats reversibles à l'état, à cause de l'analogie de ces deux genres de possession. Qu'est-ce, en effet, qu'un majorat, disait le rapporteur de la commission ? C'est, comme l'apanage, une distraction du domaine public destinée à y faire retour dans les cas prévus par les lois et réglemens.

75. — A l'époque où fut promulgué le Code forestier, il n'existait en France qu'un seul apanage, celui du duc d'Orléans, lequel a fait retour au domaine de l'état, lorsqu'en août 1830, le chef de cette maison est devenu roi des Français. Les bois compris dans cet apanage font, aux termes de l'art. 4, L. 2 mars 1832, partie de la dotation immobilière de la couronne. Comme aucun apanage ne peut être constitué à l'avenir qu'en vertu d'une loi, les art. 1er et 89, C. forest., sont, quant à ce qui regarde les apanages, actuellement inapplicables. — Meaume, p. 102, n° 7.

76. — Sont aussi soumis au régime forestier les bois taillis ou futaies appartenant aux communes et aux établissemens publics, et reconnus susceptibles d'aménagement ou d'une exploitation régulière par l'autorité administrative, sur la proposition de l'administration forestière, et l'avis des conseils municipaux ou des administrations des établissemens publics. — C. forest., art. 90.

77. — La raison qui a fait soumettre les bois communaux susceptibles d'aménagement ou d'une exploitation régulière au régime forestier, c'est que l'état, comme tuteur des communes, a l'administration des biens de celles-ci. Il en est de même pour les établissemens publics et les hospices.

78. — Le législateur a voulu, en outre, agir et dans l'intérêt de ces communes et établissemens et dans celui de la richesse forestière, en général. — *Cons. d'état*, 30 nov. 1836, comm. de Magnien.

79. — Toutefois, les bois des communes ne doivent être considérés comme soumis au régime forestier qu'après l'accomplissement des formalités prescrites par l'art. 90, C. forest. Il ne peut, en conséquence, y avoir lieu jusque-là à des poursuites correctionnelles contre les individus qui ont laissé paître des bestiaux dans ces bois. — *Cass.*, 23 sept. 1837 (t. 1er 1840, p. 122), Hémond.

80. — Ainsi, n'est pas soumis au régime forestier le bois communal à l'égard duquel les formalités prescrites par l'art. 90, C. forest., n'ont pas été remplies, encore bien que l'administration forestière l'ait gouverné pendant un temps plus ou moins long comme s'il y eût été soumis ; en conséquence, la dépaissance des bestiaux dans ce bois ne constitue ni délit ni contravention. — *Bordeaux*, 26 fév. 1840 (t. 1er 1843, p. 552), Sémédart.

81. — Jugé toutefois que les taillis et futaies des communes qui se trouvaient soumis au régime forestier, d'après les dispositions de l'ordonnance de 1669, ont continué d'y être soumis depuis le Code forestier, quoique les formalités qu'il prescrit à cet égard n'aient pas été remplies, et qu'en conséquence l'administration a qualité pour poursuivre la répression des délits qui sont commis dans ces bois. — *Cass.*, 14 mai 1830, Lannelongue.

82. — On doit donc reconnaître que les bois des communes sont soumis au même régime que les bois nationaux ; aussi l'administration, la garde et la surveillance en sont confiées aux mêmes agens. — — *Cons. d'état*, 14 août 1822, comm. de la Bresse.

83. — Les habitans d'une commune qui ont, sans délivrance ni autorisation de l'administration forestière, coupé du bois de chauffage dans un bois appartenant à cette commune, ne peuvent pas être acquittés, sous le prétexte d'une ancienne possession, ni d'un acte de partage qui n'a pas la couleur d'un acte apparent, ni de l'exécution donnée à cet acte à l'insu de l'administration forestière. — *Cass.*, 9 oct. 1824, Fongerousse.

84. — Une partie de bois concédée à bail emphytéotique par le gouvernement, et sur laquelle il s'est réservé des arbres de différente nature, doit être considérée comme soumise au régime forestier. — *Cass.*, 4 déc. 1806, André Genta.

85. — Les landes contiguës à une forêt de l'état font partie du sol forestier, et sont par conséquent soumises à la surveillance des agens forestiers. — *Cass.*, 15 mai 1830, Tanvet.

86. — Il serait difficile, en effet, de croire que le législateur eût voulu obliger l'état à avoir tout à la fois des gardes champêtres pour les landes et des gardes forestiers pour les bois, surtout lorsque la contiguïté commande de réunir la surveillance dans les mains des mêmes agens, sous peine de l'entraver et souvent même de la rendre illusoire.

87. — De même, des terrains appartenant au domaine et contigus à une forêt domaniale ou enclavés dans son enceinte sont réputés faire partie de la forêt, et soumis par conséquent au régime forestier. — Dès lors les faits de dépaissance sur ces terrains donnent lieu, comme délits, à l'application des art. 159 et 199, C. forest., alors même que ces terrains auraient été accidentellement employés à un autre genre de culture, qu'ils auraient, par exemple, été plantés en pommes de terre par un garde à qui ils auraient été abandonnés. — *Cass.*, 31 janv. 1846 (t. 2 1846, p. 48), Pachez.

88. — Les bois dépendant des cures sont soumis au régime forestier ; aussi les curés n'en sont qu'usufruitiers et ne peuvent dès-lors y introduire des chèvres. — *Cass.*, 4 avr. 1811 (dans ses motifs), Pagni et Biagini.

89. — Sont également soumis au régime forestier les pins maritimes dont les dunes de Gascogne ont été peuplées aux frais de l'état. Une ordonnance du 31 janv. 1839 a déterminé les règles à suivre pour l'aménagement et l'exploitation de la partie des dunes déjà soumise au régime forestier, et des portions des mêmes dunes qui seront ultérieurement remises à l'administration forestière par les ponts et chaussées.

90. — Les particuliers exercent sur les bois tous les droits résultant de la propriété, sauf les restrictions spécifiées par le Code forestier, art. 2.

91. — Le législateur a, par cet article, abrogé d'une manière définitive les entraves nombreuses que les lois anciennes apportaient à l'exercice du droit de propriété sur les bois et forêts. Ainsi, l'ordonnance de 1669, reproduisant la disposition de l'édit de 1563, défendait aux particuliers de couper leurs taillis avant l'âge de dix ans. Elle fixait, en outre, par l'art. 1er, tit. 16, la réserve à seize baliveaux par arpent dans les bois des particuliers. — M. Roy, rapport à la chambre des pairs.

92. — A peu d'exceptions près, la propriété forestière a été replacée, par le Code de 1827, sous l'empire du droit commun. Les deux seules restrictions importantes qu'il ait laissé subsister ne sont que temporaires. La première, relative à l'exercice du droit de martelage de la marine, qui consistait à choisir dans les ventes les arbres propres aux constructions navales, et qui avait été consacrée par l'ordonnance de 1669, a cessé d'être en vigueur en 1837, le Code forestier n'ayant accordé le droit de martelage de la marine que pour les dix années postérieures à sa promulgation. La seconde interdiction

temporaire est celle apportée à la liberté des défrichemens.—V. ce mot.

93.—Le droit de marteler des arbres pour le service de la marine dans les bois des particuliers ayant cessé au 1er août 1837, et le département de la marine ayant pu s'approvisionner depuis en bois de chêne pour les constructions navales sans le recours du martelage, en laissant aux adjudicataires des fournitures le soin de rechercher eux-mêmes les arbres nécessaires à leurs exploitations, tant dans les bois soumis au régime forestier que dans ceux des particuliers, l'administration a reconnu que ce mode pouvait être continué sans inconvénient pendant la paix.

94.—Il résulte de là que le service de la surveillance des fournitures de bois de marine, institué par ordonnance du 7 sept. 1832, devenait inutile. Aussi, une ordonnance du 14 déc. 1838 l'a supprimé à dater du 1er janv. 1839. Elle a décidé que les agens attachés à ce service, en attendant qu'ils pussent être admis à faire valoir leurs droits à une pension de retraite, seraient mis en non-activité; et elle en a fixé le traitement, pour les maîtres charpentiers entretenus restant attachés à ce service au 1er janvier 1839, aux trois cinquièmes de leur solde d'activité nette de toute allocation supplémentaire. Le secrétaire du service a reçu, de son côté, pour solde de non activité, la moitié du traitement que lui avait alloué l'ordonnance du 7 sept. 1832.

95.—Le principe du libre exercice de la propriété privée tel que l'établit l'art. 2, C. forest., avait déjà été reconnu par un décret du 16 frim. an XIV, rapporté par M. Dupin (*Lois forestières*, p. 313), et la chambre des députés a rejeté un amendement présenté lors de la discussion du Code forestier pour empêcher les particuliers d'user et d'abuser de leurs bois.

96. — Jugé, conformément à cette règle établie par l'art. 2, que celui qui a introduit des chèvres dans un bois non défensable appartenant à un particulier n'est passible d'aucune peine, si cette introduction a eu lieu avec le consentement du propriétaire. — *Cass.*, 26 juill. 1811, Georget, et 18 oct. 1811, Bandille et Yoni; — conf. Merlin, *Rép.*, vo *Pâturage*, § 1er, nos 12 et 13; Baudrillart, *Tr. général des eaux et forêts*, p. 736.

CHAPITRE III. — *De l'administration forestière.*

Sect. 1re. — *Historique et principes généraux.*

97. — Tous les peuples ont chargé une administration spéciale de veiller à la conservation des bois. — A Rome, le soin de surveiller la richesse forestière de la république fut souvent confié aux magistrats. Jules César fut ainsi investi, au commencement de son consulat, du gouvernement général des bois.

98. — Plus tard, on créa des gouverneurs particuliers dans chaque province pour la conservation des bois, et des lois furent rendues sur cette matière. Ces gouverneurs avaient sous leurs ordres des forestiers ou receveurs établis pour percevoir les revenus que la république retirait des forêts, et des préposés à la conservation des bois nécessaires aux particuliers. — Merlin, *Rép.*, vo *Bois*, no 1er.

99. — Chez nous, nous l'avons vu plus haut, l'abus des défrichemens engagea nos rois, dès le treizième siècle, à confier la garde des forêts à des officiers spéciaux.

100. — Les premiers fonctionnaires qui furent chargés en France d'administrer les forêts avaient pour unique fonction la conservation des chasses. Une ordonnance de Philippe-le-Hardi, de 1230, leur donna en outre mission pour délivrer aux usagers les bois nécessaires à leur usage, dans les lieux les plus propres pour l'aménagement des forêts. — Merlin, *Rép.*, vo *Bois*, no 1er.

101. — Philippe-le-Bel adressa, au mois d'août 1291, une ordonnance aux *maîtres des eaux et forêts* qui donne lieu de présumer que ces officiers furent établis par ce prince. — Merlin, *ibid.*

102. — Philippe de Valois rendit, le 29 mai 1346, une ordonnance réglant et réformant l'administration des eaux et forêts. Elle établissait dix maîtres des eaux et forêts et désignait les départemens dans lesquels ils devaient exercer leurs fonctions. Elle supprimait, en outre, tous les autres maîtres ainsi que les gruyers. — Merlin, *Rép.*, vo *Bois*, no 7.

103. — Ces maîtres devaient faire de fréquentes visites, et leurs gages étaient fixés à 10 sous par jour et 100 livres par an, et leurs journées et vacations, lorsqu'ils allaient pour le fait des eaux et forêts, à 40 sous tournois par jour. Ils ne devaient prendre aucun autre droit ni profit, ni recevoir robes ou pensions de quelque personne que ce fût, ni se charger d'aucune ferme. — Il était défendu aux verdiers, châtelains ou maîtres-sergens de faire aucune vente que du commandement des maîtres, et il leur était enjoint de rendre compte à ces derniers de leur administration deux fois l'année. Ils ne pouvaient connaître des délits que jusqu'à 60 sous; les maîtres connaissaient de l'appel de leurs sentences, et l'on devait appeler devant le roi seul des sentences des maîtres. Les maîtres devaient, deux fois par an, faire passer les revenus des forêts aux baillis, sénéchaux et receveurs pour qu'ils pussent les comprendre dans leurs comptes.—*Ibid.*

104. — D'après l'ordonnance de 1376, les verdiers, gruyers, gardes ou maîtres-sergens devaient visiter, tous les quinze jours au moins, tous les gardes de la forêt dont la surveillance leur était confiée; examiner l'état et la conduite des sergens (gardes forestiers), reconnaître les délits commis et en dresser sans retard leur rapport aux maîtres des eaux et forêts. Ces différens officiers devaient fournir chacun une caution de 500 livres tournois. Ils exerçaient une juridiction ambulatoire, et devaient tenir celle-ci dans des lieux publics et notables, où les parties pussent trouver facilement les conseils nécessaires. Il leur était défendu de prendre connaissance de toute matière ne concernant pas les eaux et forêts. — Merlin, *Rép.*, vo *Bois*, no 8.

105. — Le besoin de prendre des mesures efficaces pour la conservation du sol forestier se manifestant de plus en plus, l'administration des forêts fut confiée plus tard à un seul *souverain général, maître inquisiteur, dispositeur, et réformateur des eaux et forêts*. Ce fonctionnaire était choisi parmi les plus importans personnages. Sainctyon rapporte des lettres-pattentes données en 1384, par lesquelles Charles VI plaçait à la tête de l'administration forestière Charles, sire de Châtillon. D'après Sainctyon, le sire de Châtillon eut pour successeur Guillaume, comte de Tancarville. Mais Rousseau, dans son *Recueil des édits et ordonnances, arrêts et réglemens des eaux et forêts*, prétend que le comte de Tancarville fut le premier pourvu de l'office de souverain-maître et réformateur des eaux et forêts, vers l'année 1362, et que le sire de Châtillon lui succéda. Sainctyon cite les dates des provisions de tous ceux qui furent successivement revêtus de cette charge jusqu'en 1575, où fut introduit un nouvel ordre dans l'administration forestière. — Merlin, *Rép.*, vo *Bois*, no 9.

106.—Le nombre des grands-maîtres a successivement été augmenté depuis la création de cette charge, et les autres officiers des eaux et forêts ont été aussi multipliés, sans que les abus aient diminué. Le désordre était au plus haut degré lorsque, par l'ordonnance d'août 1669, Louis XIV fixa d'une manière précise les attributions des officiers des eaux et forêts.—Curasson, *Code forest.*, t. 1er, p. 107.

107.—L'administration forestière fut dirigée par dix-sept grands-maîtres ayant chacune sous leur dépendance plusieurs maîtrises et grueries particulières. Ces fonctionnaires avaient, indépendamment des pouvoirs administratifs les plus étendus, une juridiction contentieuse. Ils jugeaient aussi, en premier ressort, les cas qui se trouvaient à décider lors de leurs visites, et siégeaient, avec voix délibérative, dans les tribunaux supérieurs en matière d'eaux et forêts.—Curasson, p. 108.

108.—Les officiers des maîtrises joignaient également le pouvoir judiciaire aux attributions administratives. Ils prononçaient, comme juges de première instance, tant au civil qu'au criminel, sur tous les différends concernant les eaux et forêts. Ils avaient une juridiction spéciale non seulement pour réprimer les délits, mais aussi pour décider les questions de propriété forestière. — Ord. 1669, tit. 1er et 4; — Curasson, *loc. cit.*

109.—Les contestations étaient portées en appel devant des *tables de marbre*, remplacées, en 1704, par une chambre créée dans plusieurs parlemens sous la dénomination de *chambre souveraine des eaux et forêts*. — Curasson, *loc. cit.*

110. — La révolution ayant amené la chute des anciens corps judiciaires, la loi du 24 août 1790 chargea les tribunaux de district de la connaissance de toutes les affaires civiles et leur attribua conséquemment le droit de prononcer sur les contestations forestières. La loi du 25 déc. 1790 leur conféra la répression des délits forestiers.

111.—Celle du 29 sept. 1791 avait établi des conservateurs et agens qui devaient remplacer les anciens maîtres; mais cette loi n'ayant pas reçu d'exécution, quant au personnel, les anciens officiers des eaux et forêts continuèrent d'exercer leurs fonctions administratives jusqu'à l'époque où la loi du 16 flor. an IX conféra la surveillance des bois de l'état à une administration générale ayant sous ses ordres des conservateurs, des inspecteurs, des sous-inspecteurs, des gardes généraux, des gardes particuliers et des arpenteurs.

112.—La loi du 16 niv. an VI n'avait fait que régler le maximum des traitemens de l'administration forestière; dès-lors, elle ne mettait pas obstacle à l'exécution d'un réglement qui en prononçait la réduction.—Les employés d'une administration ne sont pas, au surplus, recevables à attaquer le réglement qui ordonne la réduction de leurs traitemens.—*Cons. d'état*, 1er nov. 1820, Fleury.

113. — Un arrêté du gouvernement, du 19 vent. an X, étendit la surveillance de cette administration forestière sur les bois des communes et des établissemens publics.

114. — Sans rappeler ici les différens réglemens intervenus sur cette matière, ajoutons seulement que cette administration a été l'objet de diverses modifications. Elle fut tantôt réunie à la direction des domaines, tantôt séparée de celle-ci, jusqu'à ce qu'elle fût définitivement organisée par les ordonnances des 11 oct. 1820, 26 août et 1er déc. 1824, qui l'ont constituée telle qu'elle est actuellement. — Curasson, t. 1er, p. 109.

115. — Le Code forestier ne dit rien quant à l'organisation de l'administration forestière. Il ne s'occupe des agens et préposés forestiers qu'en ce qui concerne les garanties que ceux-ci doivent offrir et les conditions de leur capacité. Quant à ce qui est de l'administration matérielle et personnelle, elle est fixée par l'ordonnance d'exécution du 1er août 1827. — Curasson, p. 109.

116. — La police de la chasse dans les bois de l'état est attribuée à l'administration forestière. — D'après l'ordonn. 14 sept. 1830, c'est à l'administration forestière qu'est attribué le soin de veiller dans ces forêts à la police de la chasse, dont le droit, au surplus, est affermé depuis le 1er sept. 1836. — L. 24 avr. 1832, art. 5. — Sur la poursuite des délits de chasse ou de pêche commis dans les bois soumis à la surveillance de l'administration, V. *infrà*.

Sect. 2e. — *Organisation de l'administration forestière.*

§ 1er. — *Direction générale et administration centrale.*

117.—L'administration forestière, qui forme une des attributions du ministre des finances, a à sa tête une direction générale. La direction générale était composée, aux termes de l'art. 2, ordonnance d'exécution, d'un directeur général et de trois administrateurs nommés par le roi, sur la proposition du ministre des finances.

118. — Les administrateurs ont été remplacés, par l'ordonnance du 5 janv. 1831, par des sous-directeurs dont le nombre a été porté à quatre par une ordonnance royale du 7 sept. 1837. D'après ces ordonnances, les sous-directeurs étaient nommés par le ministre des finances.

119. — Mais l'ordonnance du 17 déc. 1844, portant organisation du ministère des finances, a rendu (art. 78, 79 et 83) aux sous-directeurs leur titre d'administrateurs, tout en maintenant leur nombre à quatre.

120. — Placés chacun à la tête d'une division, ces administrateurs forment avec le directeur général, et sous sa présidence, le conseil d'administration. — En cas d'empêchement, le directeur général délègue la présidence à l'un des administrateurs. — Ordonn. 17 déc. 1844, art. 26; ordonn. d'exécution, art. 6.

121. — Si le directeur général est absent, le ministre des finances désigne celui des administrateurs qui doit en remplir les fonctions. — Ordonn. d'exécution, art. 3.

122. — Les attributions du directeur et du conseil d'administration sont déterminées par le ministre des finances. — Ordonn. 25 janv. 1831, art. 2.

123. — Le directeur général dirige et surveille sous les ordres du ministre des finances toutes les opérations relatives au service. — Il correspond avec les diverses autorités; il a seul le droit de recevoir et d'ouvrir la correspondance; il donne et signe tous les ordres généraux de service; il travaille avec le ministre et lui rend compte de tous les résultats de son administration. — Ordonn. d'exécution, art. 4.

124. — Les administrateurs, avons-nous dit, sont placés chacun à la tête d'une division composée de deux bureaux. Ils peuvent être chargés de missions temporaires dans les départemens, avec l'approbation du ministre des finances. — Ordonn. d'exécution, art. 5; ordonn. 17 déc. 1844, art. 78.

125. — Le directeur général et les administrateurs sont nommés par le roi, sur la proposition du ministre des finances. — Ordonn. 17 déc. 1844, art. 88.

126. — Le directeur général soumet au ministre

des finances, après délibération préalable du conseil d'administration : 1° le budget général de l'administration forestière ; — 2° la création et suppression d'emplois supérieurs ; — 3° la destitution, révocation ou mise en jugement des agens forestiers du grade d'inspecteur et au-dessus ; — 4° la liquidation de paiemens ; — 5° les changemens dans la circonscription des arrondissemens forestiers (inspections et sous-inspections) ; — 6° les projets d'aménagement, de partages et d'échanges de bois, de cantonnement ou de rachat de droit d'usage ; — 7° les coupes extraordinaires ; — 8° (paragraphe abrogé par ord. du 10 mars 1831) ; — 9° les cahiers des charges pour les adjudications des coupes ordinaires ; — 10° les remboursemens pour moins de mesure (lorsqu'ils excèdent la somme de 500 francs), ord. 10 mars 1831 ; — 11° les remises ou modérations d'amendes ; — 12° (paragraphe abrogé par ord. du 10 mars 1831) ; — 13° les constructions à proximité des forêts ; — 14° les pourvois au conseil d'état ; — 15° les dispositions de service donnant lieu à une dépense au-dessus de 500 francs ; — 16° les oppositions à des défrichemens ; — 17° les instructions générales et questions douteuses sur l'exécution des lois et ordonnances. — Ord. d'exéc., art. 7 ; ord. 15 déc. 1844, art. 85.

127. — Dans toutes les affaires autres que celles que nous venons d'énumérer, le directeur général statue, sauf le recours des parties devant le ministre des finances. Il doit toutefois prendre l'avis du conseil d'administration sur les destitutions, révocations ou mises en jugement des agens au-dessous du grade d'inspecteur et des préposés de l'administration forestière, sur toutes les affaires contentieuses ainsi que sur toutes les dépenses au-dessous de 500 francs. — Ord. d'exéc., art. 8.

128. — Le directeur général autorise directement les coupes ordinaires de chaque année ; la coupe des arbres endommagés, ébranchés, morts ou dépérissans ; le remboursement des moins de mesure, lorsqu'ils n'excèdent pas la somme de 500 francs ; les extractions de minerai ou de matériaux dans les forêts ; la concession des terrains vagues à charge de remplacement, lorsque la contenance des terrains ne dépasse pas 5 hectares et la durée de la concession six années. — V. ord. 4 déc. 1844. — Les autres concessions sont soumises aux dispositions des art. 106 et 107, ord. 1er août 1827. — Ord. 10 mars 1831.

129. — Il statue seul sur les demandes en remise ou en modération de dommages-intérêts, tandis que nous venons de voir qu'il doit soumettre au ministre des finances les demandes en remise ou en modération d'amendes. — Meaume, t. 3, p. 4 et 7, notes.

130. — La manière dont doit être formée toute demande en remise d'amendes ou en cessation de poursuites est déterminée par les circulaires des 30 juill. 1823 et 24 oct. 1839. Elles sont rapportées par M. Meaume (t. 3, p. 4, note 3e).

131. — L'art. 9 de l'ord. d'exécution portait qu'un vérificateur général des arpentages serait attaché à la direction générale des forêts ; mais bien que cet article ne soit pas formellement abrogé, on peut considérer comme supprimé l'emploi dont il s'agit, l'ordonnance de réorganisation du 17 déc. 1844 n'en faisant aucune mention. Cet emploi a été converti en celui de chef de bureau depuis qu'une disposition de la loi des finances de 1841 a réuni son traitement à ceux des employés de l'administration centrale.

132. — L'administration centrale se compose d'un bureau central et du personnel et de quatre divisions. — Ord. 17 déc. 1844, art. 78.

133. — Le ministre des finances nomme, sur la proposition du directeur général, les chefs de bureau de toutes classes de l'administration centrale, les inspecteurs et les élèves de l'école forestière (V. ÉCOLE FORESTIÈRE). — Ord. 17 déc. 1844.

134. — Les titulaires de tous les emplois inférieurs à ceux qui viennent d'être désignés sont nommés par le directeur général en vertu de la délégation du ministre des finances. — Ord. 17 déc. 1844, art. 85.

135. — Les conservateurs des forêts peuvent être appelés à l'administration centrale comme administrateurs, les inspecteurs comme chefs de bureau, les sous-inspecteurs de première classe comme sous-chefs, ceux de seconde classe comme commis principaux, les gardes généraux comme commis-rédacteurs. Les traitemens alloués à ces derniers varient suivant la classe à laquelle ils appartiennent. — Ord. 17 déc. 1844, art. 80.

136. — Les employés de l'administration centrale peuvent être placés dans le service extérieur, savoir : les chefs de bureau, en qualité de conservateurs ; les sous-chefs, en qualité d'inspecteurs ; les commis principaux, comme sous-inspecteurs, et les commis rédacteurs comme gardes généraux. — Ord. 17 déc. 1844, art. 81.

137. — Aucun employé de l'administration centrale ne peut être placé dans le service extérieur avec un grade supérieur à celui de garde général adjoint, s'il n'a été précédemment attaché au service actif pendant quatre ans au moins. — Cette disposition n'est pas toutefois applicable aux employés qui faisaient partie de l'administration centrale, lors de la publication de l'ordonnance. — Ord 17 déc. 1844, art. 82.

§ 2. — *Service forestier dans les départemens.*

138. — La France est divisée, sous le rapport forestier, en conservations forestières. Fixé à vingt par l'art. 10 de l'ord. d'exécution, le nombre des conservations a été porté à quarante par ord. du 17 juill. 1832, puis réduit à trente-deux par celle du 9 juill. 1838.

139. — Une ord. du 8 avr. 1839 a modifié celle du 9 juill. 1838 en ce qui concerne la composition des vingtième, vingt-septième et trentième conservations forestières. Le tableau de la division territoriale en trente-deux conservations, indiquant les chefs-lieux et les départemens qui composent chacune de celles-ci, est joint à cette ordonnance.

140. — La direction générale a sous ses ordres dans les départemens : 1° des agens sous les dénominations de conservateurs, d'inspecteurs, de sous-inspecteurs, de gardes généraux et de gardes généraux adjoints ; — 2° des arpenteurs ; — 3° des gardes. — Ord. d'exéc. art. 11 ; ord. 25 juill. 1844.

141. — Chacun des agens dénommés en l'art. 11, § 1er, ord. d'exécution, fait, suivant l'ordre hiérarchique, les opérations, vérifications et tournées qui lui sont prescrites, en exécution du Code forestier et de cette ord. ; surveille le service des agens et gardes qui lui sont subordonnés ; leur transmet les ordres et instructions qu'il reçoit de ses supérieurs. Il peut faire suppléer, en cas d'empêchement, les agens et gardes employés sous ses ordres, à la charge d'en rendre compte, sans délai, à son supérieur immédiat. — Ordonn. d'exéc., art. 14.

142. — Les conservateurs correspondent directement avec la direction générale et avec les autorités supérieures des départemens. Les autres agens correspondent avec le chef de service sous les ordres duquel ils sont placés immédiatement et lui rendent compte de leurs opérations. — Ord. d'exécution, art. 15. — V. aussi ord. 10 mars 1831, art. 2, pour la correspondance des préfets avec les agens forestiers, relativement à l'administration des bois des communes et des établissemens publics.

143. — Pour la correspondance en franchise des agens forestiers entre eux, V. ord. du 14 déc. 1825, qui a été complétée par un arrêté ministériel du 12 juill. 1837. — V. au surplus FRANCHISE ET CONTRESEING.

144. — Quant aux dispositions de l'art. 15 de l'ord. d'exéc., elles ont été l'objet d'une délibération prise le 16 janv. 1829 par le conseil d'administration des forêts, laquelle est rapportée par M. Meaume, t. 3, p. 15 et suiv.

145. — Les préfets peuvent, en ce qui concerne l'administration des bois des communes et des établissemens publics, et pour tous les objets urgens, s'adresser directement à l'agent local, chef de service, pour les renseignemens dont ils ont besoin. Ces renseignemens, toutefois, leur sont transmis par l'intermédiaire du conservateur. — Cette marche doit être observée principalement à l'égard des demandes en autorisation de coupes extraordinaires. — Lorsque ces demandes sont instruites, les préfets les adressent, avec toutes les pièces, à l'administration des forêts, qui en rend compte au ministre des finances. — Elles ne sont communiquées au ministre de l'intérieur que dans le cas où l'administration forestière donnerait un avis contraire à celui du préfet. — Ord. 10 mars 1831, art. 2.

146. — Les agens forestiers sont tenus d'avoir des sommiers et registres dont la direction générale détermine le nombre et la destination, et sur lesquels ils doivent inscrire régulièrement, par ordre de date, les ordonnances et ordres de service qui leur sont transmis, leurs diverses opérations, leurs procès-verbaux et les déclarations qui leur sont remises. — Ils font coter et parapher ces registres par le préfet ou le sous-préfet du lieu de leur résidence, et signent chaque enregistrement en faisant mention, en marge de chaque pièce ou procès-verbal, de l'inscription à laquelle elle a donné lieu sur les registres, avec indication du folio. — Les inspecteurs, sous-inspecteurs et gardes généraux, tiennent, en outre, un registre spécial sur lequel ils annotent sommairement, par ordre de réception, les procès-verbaux qui leur sont remis par les gardes, et indiquent en regard le résultat des poursuites et la date des jugemens auxquels ces procès-verbaux ont donné lieu. — Ord. d'exéc., art. 16.

147. — Les agens forestiers sont responsables des titres, plans et autres actes dont ils se trouvent dépositaires en vertu de leurs fonctions. — A chaque mutation d'emploi il en est dressé, ainsi que des registres et sommiers, un inventaire en double, qui constitue le nouvel agent responsable, en opérant la décharge de son prédécesseur. — Ord. d'exéc., art. 17.

148. — Une circulaire du 5 août 1839 (*Régl. forestier* de Baudrillart, t. 6, p. 165) impose aux agens forestiers l'obligation d'avoir un cheval. Il ne peut être dérogé à cette obligation que dans les localités où l'usage d'un cheval serait inutile. Le directeur général peut alors, sur la proposition du conservateur, excepter de cette règle les agens exerçant leurs fonctions dans ces localités.

149. — L'uniforme des divers agens forestiers est réglé par l'art. 18, ordonn. d'exéc.

150. — *Conservateurs.* — L'ordonnance du 14 sept. 1839 a divisé en quatre classes les conservateurs des forêts. Elle a décidé de plus que le nombre des conservateurs de chaque classe serait déterminé par le ministre des finances.

151. — Une ordonnance du 25 janv. 1845 a réduit à trois le nombre des classes des conservateurs des forêts. Mais l'ordonnance du 12 févr. 1846 a porté ces classes à six en augmentant le traitement des titulaires.

152. — Le traitement de chaque classe pour les conservateurs est attaché aux personnes et non aux résidences. — Ord. 12 août 1839.

153. — Une ordonnance du 4 déc. 1844 a délégué aux conservateurs des forêts les attributions suivantes. Ils autorisent : 1° la vente par forme de menus marchés, dans les forêts domaniales et communales, des bois incendiés et abroutis, lorsque les produits présumés n'excèdent pas 500 fr., et l'exploitation des mêmes bois, par entreprise ou par économie, dans les forêts domaniales, lorsque les frais de l'exploitation n'excèdent pas 200 fr. ; — 2° l'élagage sur les routes et lisières des bois soumis au régime forestier ; — 3° les prorogations de délais de coupe et de vidange, lorsque ces délais n'excèdent pas quinze jours pour la coupe et deux mois pour la vidange ; — 4° la délivrance aux adjudicataires de chemins de vidange autres que ceux désignés dans le procès-verbal d'adjudication ; — 5° la concession des terrains vagues à charge de repeuplement, lorsque la durée de la concession n'excède pas quatre années, et la contenance des terrains 25 ares pour les gardes et 5 hectares pour tous autres concessionnaires ; — 6° la délivrance des harts, rouettes, souches, épines et plants. — Art. 1er.

154. — Dans les bois et forêts régis par l'administration forestière, l'extraction de productions quelconques du sol forestier ne peut avoir lieu qu'en vertu d'une autorisation formelle, délivrée par le conservateur des forêts, s'il s'agit des bois de l'état ; et s'il s'agit de ceux des communes et des établissemens publics, par les maires ou administrateurs des communes ou établissemens propriétaires, sauf l'approbation du conservateur des forêts, qui, dans tous les cas, règle les conditions et le mode d'extraction. Quant au prix, il est fixé, pour les bois de l'état, par le conservateur des forêts ; et pour les bois des communes et des établissemens publics, par le préfet, sur les propositions des maires et administrateurs. — Ord. 4 déc. 1844, art. 2.

155. — Le roi nomme, sur la proposition du ministre des finances, aux emplois de conservateurs. — Ord. d'exéc., art. 12 ; ord. 17 déc. 1844, art. 83.

156. — *Inspecteurs et sous-inspecteurs.* — Les conservations sont divisées en inspections et sous-inspections dont le nombre et les circonscriptions sont fixés par le ministre des finances. — Ordonn. d'exéc., art. 10.

157. — Le nombre et la circonscription des inspections et sous-inspections ont souvent varié. L'organisation la plus récente résulte d'un arrêté ministériel du 27 juill. 1844, rapporté par M. Meaume (t. 3, p. 10, notes). Un sous-inspecteur, d'après cet arrêté, est attaché à chaque inspection et chargé du cantonnement le plus voisin du chef-lieu de l'inspection. En cas d'empêchement, il remplace l'inspecteur.

158. — Un inspecteur des forêts n'est point partie capable pour représenter l'état dans une contestation relative à une question de propriété, ni pour acquiescer, au nom de l'administration, à l'exécution d'un arrêté de conseil de préfecture rendu sur cette contestation. — *Cons. d'état*, 15 juin 1825, Guyot.

159. — Les inspecteurs sont nommés par le ministre des finances, sur la proposition du directeur général qui nomme les sous-inspecteurs et tous les autres employés. — Ord. d'exéc., art. 12 ; ord. 17 déc. 1844, art. 85.

160. — Il existe sur les attributions des sous-inspecteurs et des gardes généraux adjoints (vérificateurs) une circulaire du 27 mars 1845, qu'on trouvera dans M Meaume (t. 3, p. 40, note).

161. — Les nominations à tous les grades supérieurs à celui de garde général sont toujours faites parmi les agens du grade immédiatement inférieur qui ont au moins deux ans d'exercice dans ce grade. — Ord. d'exéc., art 12.

162. — *Gardes généraux.* — Les gardes généraux sont au nombre des employés supérieurs. Ceux-ci, à la différence des simples gardes, ont un caractère public qui n'est restreint par aucune limite territoriale.

163. — Conséquemment, l'art. 16, C. inst. crim., qui limite à un certain territoire les attributions des gardes forestiers, n'est pas applicable aux préposés supérieurs de l'administration, au nombre desquels il faut ranger les gardes généraux. — *Cass.*, 19 fév. 1825, Giboulet.

164. — Nul ne peut être promu au grade de garde général, si préalablement il n'a fait partie de l'école forestière (V. ce mot), ou s'il n'a exercé, pendant deux ans au moins, les fonctions de garde général adjoint. — Ord. d'exéc., art. 13 ; ord. 25 juill. 1844.

165. — *Gardes généraux adjoints, gardes à cheval.* — Il existait autrefois, aux termes de l'ordonnance d'exécution, des gardes à cheval hiérarchiquement placés au-dessus des gardes à pied ; mais d'après l'ordonnance du 25 juill. 1844, il ne doit plus être créé à l'avenir de fonctionnaires de ce nom.

166. — L'ordonnance crée à leurs places des gardes généraux adjoints qui doivent être choisis parmi les gardes à cheval en fonctions lors de la publication de l'ordonnance, ou parmi les brigadiers ayant deux ans au moins d'exercice dans leur grade. — Art. 3.

167. — Les gardes généraux adjoints ne peuvent être promus au grade de garde général s'ils n'ont au moins deux ans d'exercice dans leur grade. — Art. 4.

168. — Les gardes généraux adjoints sont chargés de la surveillance d'une brigade ; mais ils ont la qualité d'agent et ils peuvent prendre part aux opérations de balivage, de martelage et de récolement ; s'ils justifient des connaissances nécessaires pour le mesurage des coupes, on peut aussi les faire concourir aux opérations de cette nature. — Circ. 27 mars 1845.

169. — Les gardes à cheval qui n'ont pas été nommés gardes généraux adjoints conservent leurs titres et leurs fonctions. — Ord. 25 juill. 1844, art. 5.

170. — *Arpenteurs.* — Les arpenteurs nommés et commissionnés par le directeur général des forêts font, sous les ordres des agens forestiers chefs de service, l'arpentage des coupes ordinaires et extraordinaires, et toutes les opérations de géométrie nécessaires pour les délimitations, aménagemens, partages, échanges et cantonnemens. — Ord. d'exécution, art. 19.

171. — Les attributions des arpenteurs ont été depuis quelques années de beaucoup réduites par les mesures prises par l'administration, notamment par l'institution du service des travaux d'art. Dans un grand nombre de conservations, les agens ont été chargés des travaux et de quelques unes des opérations que les arpenteurs exécutaient auparavant. Avant peu les agens pourront accomplir les diverses opérations auxquelles procédaient les arpenteurs. Le rôle de ceux-ci se réduira à peu près alors aux délimitations, lorsque les préfets les auront nommés pour assister les agens. Il pourrait fort bien se faire dès-lors qu'avant peu d'années les arpenteurs fussent supprimés de droit, comme ils le sont déjà de fait dans les lieux où a été organisé le service des travaux d'art. — Meaume, t. 3, p. 20, notes.

172. — Les rétributions des arpenteurs pour l'arpentage des coupes sont fixées par le ministre des finances. Pour les autres opérations dont ils peuvent être chargés, leur salaire est réglé, de gré à gré, entre eux et la direction générale. — Ord. d'exécution, art. 20.

173. — Ils constatent les délits qu'ils reconnaissent dans le cours de leurs opérations, les déplacemens de bornes et toutes dégradations ou altérations de limites, et ils remettent aux agens forestiers les procès-verbaux qu'ils en ont dressés. — Ord. d'exéc., art. 22.

174. — Ils ont aussi qualité pour constater les délits de dépaissance qu'ils reconnaissent dans leurs tournées. — *Cass.*, 6 nov. 1807, comm. de Hiraville.

175. — Les termes de l'art. 22 de l'ordonnance pourraient faire supposer, mais ce serait à tort, que les arpenteurs ne pourraient avoir le droit de constater des délits que dans le cas où ils se livreraient à des opérations de leur art. Evidemment, ceci arrivera le plus souvent, mais ils pourraient, comme les agens et préposés, constater des délits dans quelque situation qu'ils se trouvassent, pourvu qu'ils agissent dans les limites de la circonscription territoriale déterminée par l'art. 160, C. forest. — Meaume, t. 3, p. 22, note (où il cite un arrêt inédit de *Grenoble*, du 5 fév. 1835, confirmant cette opinion).

176. — Une lettre du directeur général du 23 janv. 1828 (*Régl. forest.*, t. 4, p. 36) a décidé que les arpenteurs n'étaient pas des agens. — V. cependant une décision ministérielle du 2 mars 1832 (*Régl. forest.*, t. 4, p. 456). — Au reste, les procès-verbaux des arpenteurs ne sont pas dispensés de l'affirmation. — Meaume, t. 2, n° 1180 ; t. 3, p. 22, note.

177. — Les arpenteurs sont tenus de représenter à toute réquisition, aux agens forestiers chefs de service, les minutes et expéditions des procès-verbaux, plans et actes quelconques relatifs à leurs travaux. — En cas de cessation de fonctions, les arpenteurs ou leurs héritiers remettent ces actes à l'agent forestier chef de service, dans le délai de quinze jours. — Ord. d'exéc., art. 23.

178. — L'uniforme de ces employés est fixé par l'art. 21, ord. d'exécution.

179. — *Ingénieurs forestiers.* — Les travaux d'art à effectuer dans les forêts de l'état exigeaient la création d'agens spéciaux ayant l'instruction et les connaissances nécessaires pour en garantir la bonne exécution. C'est pour donner satisfaction à ce besoin qu'a été rendue l'ordonnance du 12 fév. 1840, portant création d'ingénieurs forestiers.

180. — Ces ingénieurs font partie des agens de l'administration des forêts, ils remplacent les arpenteurs forestiers. Leur nombre et leur traitement sont fixés par des arrêtés du ministre des finances. — Ord. 12 fév. 1840, art. 1er.

181. — Ils sont divisés en ingénieurs ordinaires et ingénieurs vérificateurs. Les premiers se partagent en trois classes. — Art. 2.

182. — Le directeur général des forêts détermine, après délibération du conseil d'administration, la résidence et la circonscription du service des ingénieurs forestiers. — Art. 4.

183. — Ces ingénieurs sont chargés des opérations de géométrie à faire dans les bois de l'état, des communes et des établissemens publics ; de la rédaction des devis, de la surveillance et réception des travaux de construction ; entretien et réparation des routes, ponts, maisons de garde, scieries, clôtures, et généralement de tous les travaux de leur art qui ont pour objet l'aménagement, l'amélioration et la conservation des forêts. — Art. 3.

184. — Les ingénieurs ordinaires sont spécialement chargés de l'arpentage des coupes annuelles dans les bois de l'état, des communes et des établissemens publics. Les ingénieurs vérificateurs, de leur côté, ont pour mission spéciale de procéder au réarpentage de toutes les coupes vendues dans les mêmes bois, et des coupes délivrées en nature qui sont désignées par les conservateurs. — Art. 5.

185. — Dans les circonstances où les besoins du service l'exigent, les agens forestiers peuvent remplir les fonctions d'ingénieurs et ceux-ci les fonctions d'agens forestiers. — Même article.

186. — Les ingénieurs vérificateurs sont sous les ordres directs des conservateurs et les ingénieurs ordinaires sous les ordres de l'inspecteur et autres agens chefs de service. — Art. 6.

187. — Depuis le 1er janv. 1843, les ingénieurs ordinaires sont pris parmi les élèves de l'école forestière et les employés ayant au moins deux ans de stage dans le service actif, et qui remplissent les conditions d'instruction déterminées. — Art. 7.

188. — L'avancement des ingénieurs ne peut avoir lieu qu'après quatre ans d'exercice dans le grade inférieur. — Art. 8.

189. — Les ingénieurs commissionnés après le 1er janv. 1843 et les agens forestiers peuvent après deux ans d'exercice dans un grade être admis à passer d'une branche de service dans l'autre, au grade correspondant. Les ingénieurs ordinaires de deuxième et de troisième classe ne peuvent être promus à la première classe qu'après quatre ans de service comme ingénieurs. Les ingénieurs ordinaires de deuxième et de troisième classe sont assimilés aux gardes généraux, les ingénieurs ordinaires de première classe aux sous-inspecteurs, les ingénieurs vérificateurs aux inspecteurs. Les nominations aux emplois d'ingénieur ordinaire et d'ingénieur vérificateur ont lieu dans la même forme que celle des agens forestiers auxquels ils sont assimilés. — Art. 9.

190. — Les ingénieurs commissionnés avant le 1er janv. 1843, et qui n'auraient pas été pris parmi les agens forestiers en exercice, peuvent être nommés : les ingénieurs ordinaires de deuxième et de troisième classe, gardes généraux après six ans de service ; les ingénieurs ordinaires de première classe, sous-inspecteurs après huit ans de service ; les ingénieurs vérificateurs, inspecteurs après dix ans de service. — Art. 10.

191. — Les ingénieurs ne peuvent avoir, parmi les agens forestiers exerçant dans la circonscription de service qui leur est assignée, aucun paren au degré prohibé par l'art. 33, ord. 1er août 1827. — Art. 11.

192. — L'art. 12, ord. 12 fév. 1840, détermine l'uniforme des ingénieurs, et l'art. 13 leur déclare applicables les dispositions des art. 3, 4, 5, 7, 10, 12, 21, 29, 44, 47, 48, 49, 52, 160, 164, 166 et 207, C. forestier ; 15, 36 et 45, L. 15 avr. 1829, et les dispositions, en ce qu'elles n'ont rien de contraire à l'ord. du 12 fév. 1840, des art. 15, 16, 17, 19, 22, 23, 31, 32, 34, 37, 38, 39, 59, 75, 76, 77, 97, 129, 173, 181 et 183, ord. 1er août 1827.

193. — *Gardes.* — Les gardes sont chargés de faire des visites journalières dans les bois soumis au régime forestier et de dresser procès-verbal des délits et contraventions qui y auraient été commis. — Ord. d'exéc., art. 24. — Nous examinerons au mot GARDE FORESTIER ce qui concerne ces fonctionnaires.

194. — La direction générale détermine le nombre et la résidence des gardes généraux, des gardes généraux adjoints, des arpenteurs et des gardes, ainsi que les arrondissemens et les triages dans lesquels ils doivent exercer leurs fonctions. — Ord. d'exéc., art. 10.

195. — Le corps de la garde forestière non seulement est chargé de la surveillance des bois, mais fait en outre partie de la force publique et peut être employé, ainsi que la gendarmerie et concurremment avec elle, à tous les services de police et de justice dans l'étendue de l'arrondissement où chaque garde exerce ses fonctions. — Curasson, t. 1er, p. 112.

196. — L'ord. du 27 août 1831 a décidé, en outre, que les agens et gardes royaux et communaux des forêts pourraient être affectés au service militaire, en cas d'invasion du territoire, pendant le temps que les opérations militaires auraient lieu dans le département où ils sont employés et dans ceux qui lui sont limithrophes. Cette ordonnance a fixé en pareil cas les règles de leur organisation.

§ 3. — *Dispositions communes aux agens et préposés.*

197. — Nous avons dit au mot AGENT FORESTIER qu'on désignait par cette dénomination les conservateurs, inspecteurs, sous-inspecteurs et gardes généraux. Les *préposés* sont donc les gardes à cheval, les brigadiers et les simples gardes. — M. Meaume (t. 1er, p. 117, n° 20) range aussi parmi les agens les arpenteurs chargés d'une certaine partie du service forestier. — Mais V. AGENT FORESTIER, n° 7.

198. — « Nul ne peut exercer un emploi forestier s'il n'est âgé de vingt-cinq ans accomplis ; néanmoins, les élèves sortant de l'école forestière peuvent obtenir des dispenses d'âge. » — C. forest., art. 3. — V. ÉCOLE FORESTIÈRE.

199. — Le projet de loi fixait l'âge à *vingt-un* ans ; mais sur la proposition de la commission de la chambre des députés, l'âge a été porté à vingt-cinq ans, par cette considération qu'exprimait M. Favard de Langlade dans son rapport, que la plupart des fonctions publiques ne peuvent être exercées que par des citoyens ayant complété leur vingt-cinquième année.

200. — Mais M. Dupin (*C. forest.*, p. 6) émet une opinion contraire qu'il formule en ces termes : « Les vieillards de la chambre ont mis par *amendement* vingt-cinq ans. En reculant trop l'âge des fonctions publiques, il devient plus difficile d'avoir des hommes capables et expérimentés. Mais le système actuel est d'éloigner autant que possible l'époque où l'on peut entrer dans les fonctions publiques, témoin l'âge de quarante ans exigé pour être député ; bel âge assurément pour faire son apprentissage dans les affaires d'état ! et trente ans pour être simplement électeur ! tandis qu'on peut être évêque à vingt-cinq ans ! »

201. — L'âge de vingt-cinq ans était déjà exigé avant la publication du Code pour pouvoir exercer un emploi forestier. Ainsi, un arrêt de Cassation du 19 juin 1807 (Ilvie) a décidé qu'en fixant l'âge de majorité à vingt-un ans, le Code civil n'a pas dérogé aux lois qui exigent l'âge de vingt-cinq ans pour l'aptitude à remplir certaines fonctions publiques, et particulièrement celles de garde forestier. — Dufour, *Dr. admin. appl.*, t. 1er, n° 437 ; Gagneraux, *C. forestier, conféré avec la législation et la jurisprudence*, art. 3, n° 4.

202. — Les termes de l'art. 3 sont absolus. En con-

séquence, tous fonctionnaires nommés avant vingt-cinq ans et qui ne sortiraient pas de l'école forestière devraient être considérés comme de simples particuliers dépourvus de tout caractère légal, et les procès-verbaux qu'ils pourraient dresser seraient sans valeur et incapables de faire foi en justice. — Meaume, t. 1er, no 15; Bourguignon, *Man. du C. d'inst. crim.*, t. 1er, p. 162, no 16.

205.— « Les emplois de l'administration forestière sont incompatibles avec toutes autres fonctions, soit administratives, soit judiciaires.» — C. forest., art. 4.

204.—Cette disposition n'est que la reproduction des art. 5 et 8, tit. 2, ord. 1669, et de l'art. 13, tit. 3, L. 29 sept. 1791. Toutefois, les lois anciennes admettaient certaines exceptions que le Code a voulu effacer par la généralité de ses termes, ainsi que cela résulte de la discussion à la chambre des députés. « Rien, disait le rapporteur de la commission, M. Favard de Langlade, ne doit distraire les agens des forêts de la surveillance active et continue que leur impose le devoir de leur place. »

205.— C'est par application de cette règle que le directeur général des forêts a, par une circulaire du 7 juin 1844, décidé que toutes les autorisations accordées à des préposés domaniaux pour la surveillance des propriétés particulières étaient révoquées.

206. — Les fonctions d'arpenteur forestier ont également été déclarées incompatibles avec toutes autres fonctions soit administratives, soit judiciaires. — Délibér. du cons. d'admin. des forêts du 24 fév. 1829, rapportée t. 4, p. 193 des Réglem. forestiers.

207. — Deux circulaires des 28 mars 1837 et 20 janv. 1844 ont défendu, en outre, aux agens forestiers d'accepter, sans l'approbation de l'administration, toute mission pouvant détourner de leurs fonctions, même celles qui leur seraient confiées comme experts par les tribunaux.

208. — La prohibition établie par l'art. 4, C. forest., s'étend même aux fonctions temporaires non salariées, comme celles de membres des conseils municipaux, d'arrondissement et des conseils généraux de département. En effet, un député, M. Méchin, ayant demandé que les conseillers généraux et ceux d'arrondissement ne fussent pas compris dans l'exclusion, attendu qu'un conservateur avait été pendant douze ans un des membres les plus distingués d'un conseil général, la proposition fut repoussée. — Gagneraux, *C. forest. conféré avec la législat. et la jurisp.*, sur l'art. 4, no 2.

209. — Au surplus, cette prohibition, basée sur la nécessité de maintenir la séparation des pouvoirs, a été renouvelée par la loi du 21 mars 1831, sur l'organisation municipale, qui exclut des fonctions de maire et adjoints les agens et employés des administrations financières *et des forêts*, ainsi que par la loi du 22 juin 1833, sur les conseils généraux de département et les conseils d'arrondissement, dont l'art. 5 déclare que *les agens forestiers en fonctions dans le département* ne peuvent être nommés membres de ces conseils, et dont l'art. 23 étend l'incompatibilité aux conseillers d'arrondissement.

210. — Il ne faudrait cependant pas conclure de ces expressions de l'art. 5 qu'on pourrait nommer un agent forestier membre d'un conseil général d'un département autre que celui où il exerce ses fonctions. La disposition de la loi de 1833 confirme, mais sans y déroger, le principe posé par le Code forestier. On ne peut, en effet, cumuler un emploi du service actif avec une autre fonction, quelle qu'en soit la nature. — Meaume, *Comment. du C. forest.*, p. 114.

211. — Mais l'incompatibilité établie par l'art 4 ne s'étend pas aux emplois de l'administration centrale et à ceux des écoles. Elle ne s'applique qu'aux agens tenus de prêter le serment exigé par l'art. 5, C. forest. C'est ce qui résulte de la combinaison de cet acticle avec l'art. 4, et du procès-verbal des conférences de la commission chargée de rédiger le Code, dont les membres ont tous reconnu que l'art. 4 n'exclut pas du conseil d'état le directeur général et les administrateurs généraux.—Meaume, C. forest., *loc. cit.*; Curasson, t. 1er, p. 118.

212. — Les fonctions de notaire ayant été déclarées, par l'art. 7, L. 25 vent. an XI, incompatibles seulement avec l'emploi de préposés à la recette des contributions directes et indirectes, on en avait conclu qu'elles pouvaient se cumuler avec celles d'agent forestier. Il est vrai que, sous l'empire de la loi de 1791, l'administration financière n'en jugeait pas ainsi, et une circulaire du 30 pluv. an XI défendit cet abus, qui évidemment ne pourrait plus exister depuis la promulgation du Code forestier. — Meaume, t. 1er, p. 115, no 17; Curasson, t. 1er, p. 118.

213. — D'après l'art. 3, tit. 24, L. 24 vendém. an III, l'agent forestier nommé à d'autres fonctions, ou le fonctionnaire appelé à un emploi forestier, doit opter dans les dix jours qui suivent celui où sa nomination lui a été notifiée. A défaut de déclaration d'option dans ce délai, sa destitution doit être prononcée. — Meaume, t. 1er, p. 115, no 18.

FORÊTS, ch. 3, sect. 2e.

214. — La violation de ces dispositions prohibitives n'affecterait en rien le caractère public du fonctionnaire forestier qui s'en serait rendu coupable; mais le cumul d'un emploi forestier avec une fonction publique incompatible aurait pour effet d'entacher de nullité les procès-verbaux dressés avant la cessation du cumul. « Il ne s'agit pas ici, dit à cet égard Mangin (*Tr. des procès-verbaux*, no 126), de simples convenances, dont l'administration forestière est constituée juge par l'art. 31 de l'ordonnance d'exécution; il s'agit d'une incompatibilité formellement prononcée par la loi, et l'on ne peut admettre qu'elle reconnaisse le caractère d'employé à celui qu'elle a défendu d'en investir, ou qu'elle le maintienne à celui qui, en étant revêtu, accepte des fonctions incompatibles. Les actes qu'il fait dans cette position sont donc nuls..» — V. conf. Meaume, t. 1er, p. 116, no 19.

215. — « Il est interdit aux agens et gardes, sous peine de révocation, de faire le commerce de bois, d'exercer aucune industrie où le bois est employé comme matière principale, de tenir auberge ou de vendre des boissons en détail. » — Ord. 1er avr. 1827, art. 31. — V. aussi Code forestier, art. 21.— M. Bourdeau avait demandé à la chambre des députés d'introduire une disposition analogue dans le Code même. Mais le commissaire du roi M. Martignac, avait, tout en déclarant que la loi ne pouvait entrer dans des détails de cette nature, ajouté que de pareilles spéculations devaient être punies par l'administration dès qu'elles étaient connues. — Gagneraux, art. 3, no 1er; Dupin, *C. forest.*, p. 7.

216. —« Nul ne peut exercer un emploi forestier dans l'étendue de la conservation où il fait ses approvisionnemens de bois comme propriétaire ou fermier de forges, fourneaux, verreries et autres usines à feu ou de scieries et autres établissemens destinés au travail des bois. » — Ord. 1er août 1827, art. 32.

217. — « Les agens et préposés de l'administration forestière ne peuvent entrer en fonctions qu'après avoir prêté serment devant le tribunal de première instance de leur résidence, et avoir fait enregistrer leur commission et l'acte de prestation de leur serment au greffe des tribunaux dans le ressort desquels ils doivent exercer leurs fonctions. — Dans le cas d'un changement de résidence qui les place dans un autre ressort en la même qualité, il n'y a pas lieu à une nouvelle prestation de serment. » — C. forest., art. 5.

218. — C'est au ministère public à requérir l'admission au serment des fonctionnaires forestiers après que la régularité de leurs commissions a été vérifiée. Il n'est pas besoin de l'intervention d'un avoué, même pour faire admettre au serment un simple garde particulier. — *Cass.*, 20 sept. 1823, Frilet; 15 juill. 1836 (t. 1er 1839, p. 575), Sohier; — Meaume, p. 117, no 21; Gagneraux, art. 5, no 9.

219. — L'entrée en fonctions avant la prestation du serment entacherait les actes du fonctionnaire non assermenté d'une nullité absolue. Elle serait un exercice anticipé de l'autorité publique, punissable d'après l'art. 196, C. pén., d'une amende de 16 à 150 fr.—Meaume, *loc. cit.*; Gagneraux, art. 5, no 3.

220. — Antérieurement à la prestation du serment, les commissions des fonctionnaires forestiers doivent être soumises au timbre de dimension, en vertu des dispositions générales de la loi du 13 brum. an VII, sur le timbre. — Arrêté ministériel du 17 fév. 1831, transmis par circulaire de l'administration des forêts du 31 mars suivant.

221. — Les commissions sont remises, avant l'audience, au procureur du roi de l'arrondissement dans l'étendue duquel les fonctionnaires possèdent les résidences déterminées par leurs commissions. Si les emplois conférés par celles-ci embrassent une étendue de territoire située en dehors de l'arrondissement où siége le tribunal chargé de recevoir le serment, les commissions, revêtues de l'acte de prestation, doivent être enregistrées au greffe des autres tribunaux dans le ressort desquels les titulaires doivent exercer leurs fonctions. Les greffiers constatent sur les commissions l'accomplissement de cette formalité.—Meaume, t. 1er, p. 118, no 22.

222. — Aux termes d'une circulaire du 7 oct. 1828, les conservateurs doivent faire connaître à l'administration la date précise de la prestation de serment, de l'enregistrement de la commission ou de l'installation de chaque agent ou garde. Une circulaire plus récente, du 8 août 1842, prescrit une formule particulière pour le procès-verbal d'installation des gardes. Cette formule est rapportée, ainsi que la circulaire, au t. 6, p. 625, *Des régl. forest.*

FORÊTS, ch. 3, sect. 2e.

223. — L'art. 68, § 3, no 3, L. 22 frim. an 7, assujétit au droit fixe de 3 fr. les actes de prestation de serment des *gardes forestiers*, désignation qui comprend les brigadiers, les gardes à cheval et les simples gardes, et aussi, suivant M. Gagneraux (art. 5, no 5), les gardes généraux, la loi, suivant lui, ne distinguant pas entre les diverses espèces de *gardes*. Mais M. Meaume (t. 1er, p. 118, note 3e) fait remarquer que les gardes généraux sont improprement appelés gardes, et qu'ils appartiennent à la classe des *agens*. Or, les actes de prestation de serment de tous les *agens*, à quelque classe qu'ils appartiennent, ainsi que ceux des arpenteurs, sont soumis au droit de 15 fr. par le § 6, no 4, du même art. 68. Une circulaire de l'administration des forêts du 15 oct. 1816, no 584, le décide au surplus en ce sens.

224. — Le garde forestier qui, conformément à la loi du 15 sept. 1791 et à l'art. 5, C. forest., a prêté serment devant le tribunal de première instance, n'est pas astreint par la loi du 31 août 1830 à le prêter de nouveau devant ce tribunal, il suffit qu'il l'ait prêté devant le maire de sa commune.—*Nancy*, 28 mai 1833, Martin.

225.—Le fonctionnaire qui change de résidence, tout en conservant le même grade, doit faire constater par le greffier sur la feuille d'audience, à la date courante, son nom, la nature de ses fonctions, la date de la prestation de son serment, avec l'indication du tribunal qui l'a reçu, et cette nouvelle formalité est annotée par le greffier, sur la nouvelle commission, sans autres frais que ceux du timbre employé pour cette constatation. — Instr. de l'adm. de l'enreg., no 438; — Gagneraux, art. 5, no 6. — Si, dans ce cas, le fonctionnaire avait prêté un serment surabondant, l'acte qui en serait dressé ne serait passible que du droit fixe d'enregistrement de 1 fr., d'après l'art. 68, § 1er, L. 22 frim. an VII, pour le salaire de la formalité. — Meaume, p. 119.

226. — Lorsque la loi exige l'enregistrement au greffe de la commission et de l'acte de prestation de serment, et que le greffier mentionne cette formalité sur la commission, sans que l'enregistrement ait été réellement effectué au greffe, les actes du fonctionnaire forestier ne peuvent être invalidés pour cela, la négligence du greffier ne pouvant enlever aux procès-verbaux la foi qui leur est due. — Arg. *Cass.* du 1er avr. 1808, droits réunis c. Delisle; — Meaume, t. 1er, p. 119, *in fine*.

227. — L'obligation de prêter serment est placée par l'art. 5 sur la même ligne que celle de faire enregistrer la commission au greffe des tribunaux autres que celui où le serment a été reçu, dans le cas où l'emploi doit être exercé dans le ressort de plusieurs arrondissemens. En effet, l'article porte que les *agens et préposés* ne peuvent entrer en fonctions avant l'accomplissement de cette double formalité. Il résulte de là que les procès-verbaux faits avant l'enregistrement au greffe sont aussi nuls que s'ils avaient eu lieu avant la prestation de serment.—Meaume, t. 1er, p. 120, no 28. — On peut citer, à l'appui de cette opinion, un arrêt de Cassation du 28 fév. 1829 (contributions indirectes c. Lecouteux), rendu en matière de contributions indirectes, les employés de cette administration étant, quant à leur serment, soumis, par l'art. 20, Décr. 1er germin. an XIII, aux mêmes formalités que les agens et préposés forestiers. On peut également invoquer un arrêt de la cour royale d'Amiens du 7 avr. 1838 (t. 1er 1843, p. 590, Cardenier), rendu contre un garde-pêche, l'art. 7, L. 15 avr. 1829, sur la pêche fluviale, étant conçu dans les mêmes termes que l'art. 5, C. forest.

228. — L'art. 160, C. forest., en déclarant que les gardes, c'est-à-dire les préposés, ne peuvent constater par procès-verbaux les délits et contraventions que dans l'arrondissement du tribunal près duquel ils sont assermentés, tendrait à faire croire que les gardes, lorsqu'ils changent d'arrondissement, doivent prêter un nouveau serment, ce qui est contraire à la disposition du § 2 de l'art. 5, qui affranchit les fonctionnaires forestiers, en cas de changement de résidence, d'une seconde prestation de serment. Mais si l'on recherche l'esprit de la loi, il est facile de se convaincre que la contradiction n'existe que dans les mots. L'art. 160 n'a pas entendu, en effet, abroger l'art. 5. Il serait absurde même de conclure de ses termes que le garde chargé de surveiller un bois qui s'étend sur le territoire de plusieurs arrondissemens doit prêter serment dans les divers tribunaux de ces arrondissemens. Il suffit qu'il fasse enregistrer sa commission et l'acte de prestation de son serment au greffe des tribunaux autres que celui qui l'a reçu. C'est ainsi qu'il est censé être assermenté près

de ces tribunaux. Il doit agir de même lorsqu'il change d'arrondissement; il doit alors faire enregistrer au greffe de celui où il est envoyé sa commission et l'acte constatant sa prestation de serment. Il ne pourrait se dispenser d'accomplir cette formalité, car autrement il ne pourrait plus être censé assermenté, et ses procès-verbaux seraient nuls comme contraires à l'art. 160. — Meaume, t. 1er, p. 121, no 24.

229. — L'art. 160 ne s'occcupant que des gardes ou préposés quant à la prestation de serment, on ne saurait en tirer aucune conséquence relativement aux agens. Le serment est donc réputé inutile à leur égard en cas de changement de résidence. Dès avant le Code forestier, la jurisprudence s'était déjà prononcée sous ce rapport. L'enregistrement de la commission était même déclaré tout aussi inutile que le serment.

230. — Ainsi, il avait été jugé que le procès-verbal dressé par un garde général des forêts dûment commissionné et assermenté ne peut pas être annulé, sous le prétexte qu'après avoir passé d'un arrondissement dans un autre pour y exercer les mêmes fonctions, il n'a pas fait enregistrer sa commission au greffe de sa nouvelle résidence. —*Cass.*, 19 fév. 1825, Siboulet fils.—Un autre arrêt de Cassation du 11 du même mois (Chaulin) avait décidé de même, dans une affaire concernant un employé des contributions indirectes.

231. — Mais cette doctrine est combattue par M. Meaume (p. 125). L'enregistrement au greffe, fait remarquer cet auteur, a en effet pour but de mettre celui contre lequel un procès-verbal est rédigé ou le tribunal saisi de la poursuite en mesure de connaître si le fonctionnaire qui a verbalisé avait qualité à cet effet. « Sans doute, ajoute-t-il, le législateur de 1827 n'a pas pensé que l'enregistrement de la commission fût aussi inutile que le serment, puisqu'il ressort du § 1er de l'art. 5, que l'enregistrement est destiné à tenir lieu, dans les greffes des tribunaux, de l'acte de prestation de serment; d'où l'on peut conclure que, lorsque le second paragraphe dispense du serment dans un cas particulier, il ne dispense pas de la formalité destinée à le remplacer. Le fonctionnaire qui change de résidence ne peut plus être considéré comme *entrant* dans les fonctions qu'il a déjà exercées dans un autre arrondissement, et c'est précisément parce qu'il n'y a rien de changé dans son caractère d'homme public que la loi ne lui impose pas l'obligation d'un nouveau serment; mais il faut bien remarquer qu'il se trouve alors dans une position absolument semblable à celle d'un agent dont la commission embrasse le territoire de plusieurs arrondissemens, et qui, étant déjà *entré en fonctions* dans le ressort du tribunal près duquel il a prêté serment, ferait cependant des actes nuls s'il les rédigeait dans les arrondissemens des tribunaux au greffe desquels il n'aurait pas rempli les formalités de l'enregistrement. »

232. — A l'appui de cette opinion, M. Meaume invoque l'arrêt de Cassation du 28 fév. 1829 et celui d'Amiens du 7 avr. 1838, cités plus haut (no 227). Son avis est partagé par Mangin (*Tr. des proc.-verb.*, no 125); mais la doctrine contraire est professée par MM. Coin-Delisle et Frédérich (sur l'art. 5). « Il peut se trouver, disent ces auteurs, telle circonstance ou un agent ou préposé, appelé à l'improviste pour en remplacer un autre, trouverait un délit à constater avant que d'avoir eu le temps de se rendre au nouveau greffe, et il faut que les délits soient réprimés. Enfin, on peut argumenter de ce qui se passait sous la loi du 16 niv. an IX, avant que l'art. 16, C. inst. crim., ne vînt la modifier. Cette loi ne permettait non plus l'entrée en exercice qu'après serment et enregistrement; elle se taisait sur la nécessité de rénovation de serment comme la loi actuelle se tait sur la nécessité de rénovation d'enregistrement, et la cour de Cassation a jugé que, dans l'état de cette législation, les procès-verbaux faits par les préposés qui avaient changé de résidence étaient valables sans nouveau serment (*Cass.*, 11 mars 1808, Pierre Breton; 15 avr. 1808, Ivouneau). — En effet, frapper de nullité sous cette loi des procès-verbaux à défaut d'un serment que la loi ne prescrivait pas textuellement, ou déclarer nuls, sous le nouveau Code, des actes, à défaut d'un enregistrement que la loi n'exige pas explicitement, paraît également ajouter à la loi et créer une nullité. »

233. — Sous le Code d'instruction criminelle et avant le Code forestier, les gardes n'avaient caractère pour exercer leurs fonctions que dans le territoire pour lequel ils avaient été assermentés. — *Cass*, 6 août 1812, Drevet; — Merlin, *Rép.*, vo *Serment*, § 1er, art. 1er, no 4; Favard, *Rép.*, vo *Gardes forestiers royaux*, no 10; de Vaulx et Fœlix, *C. forestier*, p. 346, no 7.

234. — En cas d'annulation du procès-verbal, on pourrait toujours recourir à la preuve testimoniale autorisée par l'art. 175, C. forest. — Meaume, p. 124.

235. — Les agens forestiers ne peuvent avoir sous leurs ordres leurs parens ou alliés en ligne directe ni leurs frères, ou beaux-frères, oncles ou neveux. — Ord. d'exéc., art. 33.

236. — Les agens et les gardes, ainsi que les arpenteurs, doivent toujours être revêtus de leur uniforme ou des marques distinctives de leur grade dans l'exercice de leurs fonctions. — Ord. d'exéc., art. 34.

237. — Il importe beaucoup pour les agens et préposés d'être revêtus de leurs insignes. Le port de ceux-ci, en faisant connaître la qualité publique dont ces employés sont revêtus, prévient souvent les injures et violences. Le défaut de marques distinctives ne mettrait cependant pas à l'abri des peines prononcées contre le délit de rébellion ceux qui auraient une connaissance personnelle de la qualité de l'agent ou du préposé. — Meaume, t. 3, p. 58, note. — V. COSTUME.

238. — Les agens et gardes ne peuvent, sous aucun prétexte, rien exiger, ni recevoir des communes, des établissemens publics et des particuliers pour les opérations faites à raison de leurs fonctions. — Ord. d'exéc., art. 35.

239. — En général, il est défendu aux agens et préposés de percevoir ou de manier des fonds publics. — Meaume, t. 3, p. 58, note.

240. — Lorsque ces fonctionnaires ont été nommés pour opérer, comme experts, dans l'intérêt des particuliers, ils doivent, pour accepter cette mission, y être autorisés par l'administration. — Circul. 28 mars 1837 et 20 janv. 1841 (*Réglem. forest. de* Baudrillart, t. 5, p. 472, et *Ann. forest.*, p. 17).

241. — Une décision du ministre des finances a déclaré illégale, comme contraire à l'art. 35 de l'ord., la perception que les agens du département des Vosges étaient autorisés à faire d'une somme de 5 cent. par chaque bille ou tronce qui devait être marquée avant d'être conduite sur le chantier des scieries autorisées conformément à l'art. 155, C. forest.

242. — Les agens et préposés ne peuvent être destitués que par l'autorité même à qui appartient le droit de les nommer. — Toutefois, le directeur général peut, dans le cas d'urgence, suspendre de leurs fonctions et remplacer provisoirement les agens qui ne sont pas nommés par lui; mais il doit en rendre compte immédiatement au ministre des finances. — Les conservateurs peuvent, dans le cas même, suspendre provisoirement de leurs fonctions les gardes généraux et les préposés sous leurs ordres, mais à charge d'en rendre compte immédiatement au directeur général. — Ord. d'exéc., art. 38.

243. — Il résulte de cette disposition que le directeur général peut suspendre provisoirement les agens nommés par le ministre, et que le conservateur peut également provisoirement suspendre les agens et préposés nommés par le directeur général. Et comme, d'après l'art. 85, ord. 17 déc. 1844, le directeur général nomme les sous-inspecteurs, il en faut conclure que les conservateurs peuvent provisoirement les suspendre de leurs fonctions. On en doit dire autant des gardes généraux adjoints créés par l'ord. du 25 juill. 1844. — Meaume, t. 3, p. 61, note.

244. — Le directeur général, après avoir pris l'avis du conseil d'administration, peut dénoncer aux tribunaux les gardes généraux et les préposés forestiers, ou autoriser leur mise en jugement, pour faits relatifs à leurs fonctions. — Le ministre des finances peut de même dénoncer aux tribunaux les inspecteurs des forêts, et autoriser leur mise en jugement. — Les conservateurs ne peuvent être poursuivis devant les tribunaux qu'en vertu d'une autorisation du conseil d'état. — Ord. d'exéc., art. 39. — V. aussi arrêté 28 pluv. an XI.

245. — Aux termes de cette disposition, c'était au ministre des finances qu'il appartenait de dénoncer les sous-inspecteurs ou d'autoriser leur mise en jugement; mais en combinant les art. 38 et 39 de l'ord. d'exécution avec l'art. 85 de l'ord. du 18 déc. 1844, on doit nécessairement conclure que la mise en jugement de ces fonctionnaires peut être autorisée par le directeur général. — Meaume, t. 3, p. 61, note.

§ 4. — *Marteaux employés par l'administration forestière.*

246. — Le législateur a imposé aux agens et préposés forestiers l'obligation de se servir de marteaux, soit pour procéder aux opérations de balivage et de martelage, soit pour désigner les arbres de délit et les chablis. — C. forest., art. 7.

247. — Bien que dans le langage forestier la dénomination de *chablis* s'applique d'une manière spéciale aux arbres qui sont rompus à la souche, et que la qualification de *volis* indique plus particulièrement la partie gisante d'un arbre rompu par la moitié ou aux deux tiers, cependant le Code forestier a compris sous l'expression générale de chablis les arbres qui ont été rompus par le vent, qu'ils l'aient été à la souche ou seulement à une hauteur déterminée. En conséquence, le volis doit être considéré comme une espèce particulière de chablis. — *Colmar*, 14 janv. 1846 (t. 2 1846, p. 635), Bachmann.

248. — En enjoignant aux fonctionnaires forestiers de se pourvoir de marteaux, le législateur a voulu faciliter : 1o la reconnaissance de la propriété de l'état sur les bois qui en sont frappés, 2o le contrôle des supérieurs sur les inférieurs. L'empreinte du marteau est aussi pour les gardes un moyen de justifier de leur exactitude à accomplir leurs devoirs. — Lorsque les arpenteurs sont employés au mesurage des coupes, les marteaux dont ils sont pourvus leur servent le plus souvent à marquer l'enceinte des coupes. — V. Meaume, t. 3, p. 60, note.

249. — La délivrance aux marchands d'un marteau pour marquer les bois de leurs ventes était prescrite par l'ord. de Charles V, de 1376. Ils devaient faire serment de ne l'employer qu'à cet usage, et le rapporter, le terme de la coupe et vidange expiré, pour être brisé, de manière à ce qu'il ne fût plus possible de s'en servir. — Merlin, *Rép.*, vo *Bois*, no 8.

250. — « L'empreinte de tous les marteaux dont les agens et gardes forestiers font usage est déposée aux greffes des tribunaux, savoir : celle des marteaux particuliers dont les agens et gardiens sont pourvus, aux greffes des tribunaux de première instance dans le ressort desquels ils exercent leurs fonctions; celle du marteau royal uniforme, aux greffes des tribunaux de première instance et des cours royales. » — C. forest., art. 7.

251. — Comme on le voit, l'administration forestière se sert de deux espèces de marteaux : le marteau *royal* et le marteau *particulier* aux fonctionnaires forestiers.

252. — Le marteau royal est uniforme pour toute la France. Il est en acier fin trempé et de forme ronde. Chacun des gouvernemens qui se sont succédé en France a, suivant sa forme et les insignes par lui adoptés, modifié l'empreinte de ce marteau. Ainsi il avait pour empreinte le faisceau surmonté du bonnet phrygien, sous la république; l'aigle, sous l'empire, et la fleur de lys, avec le numéro de la conservation, sous la restauration. Aujourd'hui, il porte pour la France, en lettres gothiques, afin d'éviter la contrefaçon, les caractères A. F. (administration forestière), et pour l'Algérie, A. S. F. (Algérie, service forestier.).

253. — Le marteau royal est déposé chez l'agent chef de service de chaque inspection, et renfermé dans un étui fermant à deux clés, dont l'une reste entre les mains de cet agent, et l'autre entre les mains de l'agent immédiatement inférieur. — L'agent dépositaire du marteau est chargé d'en entretenir l'étui et la monture en bon état, et demeure responsable de son dépôt dans l'étui et de la remise de la deuxième clé à l'agent à qui elle doit être confiée. — La direction générale détermine, sous l'approbation du ministre des finances, les mesures propres à prévenir les abus dans l'emploi de ce marteau. — Ord. d'exéc., art. 36.

254. — Une circulaire du 18 mars 1844, citée par M. Meaume (t. 3, p. 59, note), prescrit de faire parvenir, par l'intermédiaire du conservateur, le 1er déc. de chaque année au plus tard, les marteaux royaux à réparer ou à remplacer.

255. — La prescription du § 4 de l'art. 36, ord. d'exéc., a été mise à exécution par une circul. du 22 avr. 1829, également rapportée par M. Meaume (*loc. cit.*). — En outre, une lettre du directeur général du 15 juill. 1829 défend qu'il soit procédé aux martelages par un seul agent, et prescrit de ne jamais laisser entre les mains du même agent les clés de l'étui d'un marteau. Cette lettre est rapportée aux *Régl. forest. de* Baudrillart, t. 4, p. 275.

256. — Quant au marteau particulier, chaque agent ou préposé est tenu d'en avoir un dont la direction générale détermine, sous l'approbation du ministre des finances, la forme, l'empreinte et l'emploi. — Ord. d'exécution, art. 37. — Le marteau particulier affecte une forme différente selon le grade du fonctionnaire qui doit en faire usage. Il existe ainsi six espèces de marteaux particuliers destinés chacun particulièrement à l'usage des conservateurs, inspecteurs, sous-inspecteurs, arpenteurs, gardes généraux et gardes à cheval ou à pied.

257. — Ces différens marteaux servent, avons-nous vu, tant pour la marque des bois de délit et

des chablis que pour les opérations de balivage et de martelage. — On entend par *marque* l'application de l'empreinte du marteau sur un arbre pour le désigner. — Nous avons dit au mot BALIVAGE ce qu'il fallait entendre par cette expression. — Le mot *martelage* s'emploie pour désigner l'opération qui consiste dans le choix et l'indication des arbres ou sujets d'une ou plusieurs révolutions, et appelés *modernes* ou *anciens*.

258. — On distingue deux sortes de martelages : celui en *réserve*, qui s'applique aux arbres à laisser lors de l'exploitation de la coupe ; celui en *délivrance*, par lequel on désigne les arbres à abattre. Le premier s'emploie dans les exploitations par contenance, le second dans les coupes jardinatoires. — On entend par *jardinage* ou *furetage* le fait d'enlever çà et là les arbres les plus vieux, les bois dépérissans, viciés ou secs, et d'autres en bon état de croissance, mais qui sont réclamés par le commerce ou la consommation locale. Ce mode d'exploitation est, du reste, généralement abandonné aujourd'hui ; mais l'usage a subsisté de désigner, en jurisprudence, par coupes *jardinatoires* ou *jardinées* celles dans lesquelles on a pratiqué le martelage en délivrance. — Meaume, t. 1er, p. 133, no 34.

259. — Par *balivage* et *martelage* l'art. 7 entend tout à la fois le choix et la désignation des réserves de toute catégorie dans les coupes. — Meaume, *ibid.*

260. — Le balivage peut, dans le cas prévu par l'art. 79 de l'ordonnance réglementaire, se faire au moyen de griffes, mais le martelage suppose toujours l'emploi du marteau royal. — Meaume, *loc. cit.*

261. — Le motif qui a fait prescrire par le législateur le dépôt aux greffes indiqués par l'art. 7 des divers marteaux forestiers est tiré de la nécessité qu'il y a de fournir aux magistrats un moyen de comparer immédiatement avec le timbre de ces marteaux des empreintes arguées de fausseté. On a également voulu que les particuliers pussent s'assurer eux-mêmes de la sincérité des empreintes apposées sur les arbres de réserve. Aussi ne pourrait-on employer efficacement un marteau dont l'empreinte n'aurait pas été déposée. — Meaume, p. 134, no 35 ; Dupin, *Code forest.*, p. 10.

262. — Les actes constatant ce dépôt ne sont passibles d'aucun droit de timbre et d'enregistrement, ainsi qu'il résulte d'une décision ministérielle du 29 juin 1830, transmise par circulaire du 28 juill. suivant, et qui se trouve rapportée dans *les réglemens forestiers* de Baudrillart et Herbin de Halle, t. 4, p. 397.

263. — D'après l'art. 140, C. pén., quiconque contrefait ou falsifie les marteaux de l'état servant aux marques forestières, ou qui fait usage des marteaux falsifiés ou contrefaits, est puni des travaux forcés à temps, dont le maximum est toujours appliqué dans ce cas.

264. — Il a été jugé que la contrefaçon des marteaux particuliers de l'administration des forêts ou l'usage de ces marteaux contrefaits doit être, comme la contrefaçon du marteau royal uniforme, punie de la peine des travaux forcés à temps prononcée par l'art. 140, C. pén., et non pas seulement de la peine de la réclusion prononcée par l'art. 142 contre la contrefaçon de la marque d'une autorité quelconque. — *Cass.*, 16 mars 1844 (t. 2 1844, p. 108), Brochier ; — Meaume, t. 3, p. 366.

265. — La peine de la réclusion est, en général, prononcée par l'art. 141, C. pén., contre ceux qui, s'étant indûment procuré les vrais marteaux, en auraient fait une application ou usage préjudiciables aux droits ou intérêts de l'état.

266. — Pour qu'il y ait falsification ou contrefaçon dans le sens de l'art. 140, C. pén., il suffit que l'empreinte, quelque grossièrement qu'elle soit fabriquée, ait été, suivant M. Meaume (no 36), apposée sur un arbre au moyen de tout instrument autre qu'un marteau, par exemple un compas. Il y a, par suite, contrefaçon du marteau de l'état, de quelque manière qu'aient été apposées des marques ou figures de ce marteau, avec intention de les faire passer pour son empreinte.

267. — Cette doctrine, qui a été consacrée par un arrêt de la cour de Cassation rendu sur les conclusions conformes de Merlin, et qui est adoptée par Bourguignon (*Jurispr. des Codes crim.* sur l'art. 140), nous a paru, ainsi qu'à MM. Chauveau et Hélie, susceptible d'être critiquée. — V. CONTREFAÇON DES SCEAUX, TIMBRES, MARTEAUX, etc., no 18.

268. — Toutefois, M. Meaume cite encore (p. 136, à la note), à l'appui de la doctrine consacrée par l'arrêt de Cassation, trois arrêts inédits de la chambre d'accusation de la cour royale de Nancy, rendus les 3 fév. 1838, 16 nov. 1842 et 28 janv. 1843, (aff. Pottier, Trichot et Maire), lesquels ont décidé que la contrefaçon de l'empreinte du marteau de l'état, opérée soit avec une gouge, soit à l'aide d'un compas, constituait le crime prévu par l'art. 140, C. pén.

269. — La cour de Cassation a, depuis son arrêt précité, jugé encore que le fait d'apposer une fausse marque forestière à l'aide de quelque instrument que ce soit constitue, s'il y a eu intention de la faire passer pour la marque de l'état, le crime de falsification de la marque forestière, quelle que soit du reste l'exactitude de l'imitation. — *Cass.*, 27 (et non 5) déc. 1844 (t. 1er 1847, p. 276), Rabault.

270. — On peut penser, bien que l'art. 140, C. pén., ne parle que des *marteaux* de l'état, que cette dénomination comprend les autres instrumens destinés à remplacer ces marteaux, dans le cas où la faiblesse des arbres ne permet pas de s'en servir, comme sont les griffes dont l'usage est autorisé par l'art. 79 de l'ord. d'exécution. C'est ce que décident les arrêts précités de Nancy, (aff. Trichot et Maire). Cependant, cette cour considère la contrefaçon du griffage comme tombant sous l'application de l'art. 142, C. pén. Les griffes n'ont pas, en effet, le caractère d'uniformité qui distingue le marteau royal, et on doit les considérer, dès-lors, comme les *marques d'une autorité* dont l'art. 142 punit la contrefaçon de la réclusion. — Meaume, p. 135.

271. — Le délit qui consiste à détacher des empreintes véritables et à les incruster avec les fragmens de bois qui les portent, sur des arbres ne devant recevoir aucune empreinte, ce qui est une fraude souvent difficile à constater, constitue, lorsque ce délit est commis sur des arbres marqués pour croître en réserve, la destruction d'un acte original de l'autorité publique, fait que l'art. 439, C. pén., a pour but de réprimer, ainsi que l'a jugé un arrêt de Colmar du 21 fév. 1822, rapporté avec celui de Cassation du 4 mai 1822, Schwanger. — Meaume, p. 137, no 37.

272. — Si les arbres ne sont pas marqués *en réserve* mais le sont *en délivrance*, la solution devient moins facile. En effet, la cour de Cassation a, en pareil cas, décidé une première fois, le 4 mai 1822 (Schwanger), que l'incrustation du fragment de bois portant l'empreinte sur un autre arbre constituait le crime prévu par l'art. 439, C. pén. Mais, par un second arrêt du 4 janv. 1834 (Wolff), elle reconnait à ce même fait le caractère du crime prévu par l'art. 141, C. pén. — Gagneraux, art. 7, no 5.

273. — M. Meaume (p. 141) se range à la décision intervenue en 1822, tout en faisant remarquer que la question, importante en théorie, perd beaucoup de son intérêt quand l'on considère que la peine à prononcer sera toujours celle de la réclusion.

274. — La discussion pourrait seulement s'établir entre le système qui attribue au fait de substitution des empreintes le caractère d'un délit correctionnel, système consacré par l'arrêt de Colmar, sur lequel est intervenu l'arrêt de Cassation du 4 mai 1822, et la doctrine de cette dernière cour, qui, dans cet arrêt comme dans celui du 4 janv. 1834, a reconnu dans ce fait les élémens constitutifs d'un crime. L'opinion de la cour de Colmar, adoptée par MM. Chauveau et Hélie. (*Th. du C. pén.*, t. 8, p. 148 et 149), est combattue par M. Meaume (p. 141). « Et quand au délit d'abattage de réserve, dit ce dernier auteur, délit qui, dans les coupes exploitées par contenance, opère nécessairement la destruction de l'empreinte, vient se joindre une manœuvre frauduleuse ; quand cette manœuvre a pour but de dissimuler ce délit en appliquant à un arbre non réservé le titre original de la propriété de l'état détruit sur l'arbre réservé, il est impossible de penser que cette manœuvre ne soit pas nécessairement *criminelle* dans le sens propre et légal du mot. Dès-lors il importera peu que la destruction ait porté sur une marque en réserve ou sur une marque en délivrance, si dans l'un ou l'autre cas le fait de cette destruction a été le moyen employé pour arriver au but qui se révèle également par le transport de l'empreinte, c'est-à-dire la substitution d'un arbre réservé à celui qui ne l'était pas. »

275. — Il y aurait encore lieu à l'application de l'art. 439, C. pén., dans le cas où l'empreinte du marteau de l'adjudicataire aurait été substituée frauduleusement à celle du marteau de l'état dans le but de la remplacer. — *Cass.*, 14 août 1812, Louis Cassel (dans ses motifs) ; — Carnot, *Comment. C. pén.*, t. 2, p. 468 ; Meaume, t. 1er, p. 142, no 38.

276. — Si la contrefaçon avait porté sur le marteau d'un agent, arpenteur ou préposé, ou sur les empreintes de ces marteaux, la peine à appliquer serait celle de l'art. 142, § 2, C. pén. — Meaume, p. 143, no 39.

277. — Les art. 141 et 143 punissent l'usage criminel des marteaux légaux. Si l'adjudicataire d'une coupe qui se serait procuré le marteau de l'état substituait des réserves moins belles à celles légalement marquées qu'il abattrait ainsi, l'art. 141 serait applicable. — L'art. 143 pourrait être appliqué à un adjudicataire qui frapperait avec des marteaux particuliers aux agens ou préposés des souches d'arbres coupés en délit, afin de faire croire que le délit a déjà été reconnu et constaté par les gardes. — Meaume, p. 143, no 40.

278. — Au surplus, la règle commune aux deux cas pour déterminer la culpabilité est que l'on se soit indûment procuré le marteau véritable, et qu'on en ait fait une application ou usage préjudiciable aux intérêts de l'état. Il faut donc, pour constituer la criminalité de l'acte au point de vue de la législation forestière, qu'il y ait eu tout à la fois indue possession et préjudice causé à l'état. « Ainsi, dit M. Meaume (*loc. cit.*), on ne pourrait prononcer la peine de la réclusion contre un adjudicataire qui se serait procuré indûment le marteau de l'état et en aurait marqué, après l'adjudication, un certain nombre d'arbres de sa coupe dans le but de tromper ses associés et de se réserver à lui seul le produit intégral de l'exploitation des arbres ainsi marqués. » Mais cette conduite pourrait être l'objet d'une répression en tant qu'elle constituerait un délit privé.

279. — Dans le cas où l'empreinte du marteau royal a accidentellement, ainsi que le constate le procès-verbal, disparu d'arbres abandonnés à l'adjudicataire d'une coupe jardinatoire, il n'y a pas lieu à prononcer des dommages-intérêts. — *Cass.*, 24 janv. 1846 (t. 1er 1847, p. 277), Lamy.

280. — L'adjudicataire dans les forêts de l'état est responsable de l'usage et par conséquent de l'abus de son marteau, que cet usage ou abus ait été fait par lui ou par ses préposés. — Spécialement, l'adjudicataire est responsable de l'abus du marteau commis par le garde-vente (qui est son agent légal et reconnu), alors même qu'il n'aurait pas personnellement et intentionnellement participé à cet abus. — *Cass.*, 1er août 1844 (t. 2 1844, p. 320), Nemors.

§ 5. — *Responsabilité des fonctionnaires forestiers.*

281. — La responsabilité des fonctionnaires appartenant à l'administration forestière, antérieurement au Code de 1827, était réglée par les art. 1er à 7 de la loi du 15-29 sept. 1791, tit. 14.

282. — D'après cette loi, les gardes étaient responsables de toutes négligences ou contraventions dans l'exercice de leurs fonctions ainsi que de leurs malversations. S'ils n'avaient pas dûment constaté les délits, les indemnités et amendes encourues par les délinquans étaient à leur charge. Les inspecteurs étaient, de leur côté, tenus de répondre non seulement de leurs faits, mais aussi des négligences, contraventions et malversations des gardes qu'ils n'auraient pas constatées. Quant aux conservateurs, ils étaient responsables des négligences, contraventions et malversations des inspecteurs qu'ils n'auraient pas constatées, absolument comme ceux-ci étaient tenus de répondre des mêmes actes commis par les gardes.

283. — La loi des 15-29 sept. 1791 déclarait en outre solidaires entre l'inférieur et son supérieur immédiat les condamnations prononcées par les tribunaux. Mais le Code forestier a aboli cette solidarité, reconnue du reste illusoire depuis longtemps. Les agens de l'administration sont donc responsables de leurs faits personnels seulement.

284. — « Les gardes, porte en effet l'art. 6, C. forest., sont responsables des délits, dégâts, abus et abroutissemens qui ont lieu dans leurs triages et passibles des amendes et indemnités encourues par les délinquans lorsqu'ils n'ont pas dûment constaté les délits. »

285. — Cet article ne parle que des *gardes* ; mais ses dispositions comprennent tous les *préposés*, quel que soit leur grade et l'étendue du sol forestier qu'ils doivent surveiller. Dans le cas où un même triage est soumis à la surveillance de plusieurs gardes, la responsabilité du délit qui n'a pas été constaté pèse sur eux tous : ils sont solidaires envers l'administration des effets de leur commune négligence. — Meaume, t. 1er, p. 125, no 26. — V. cependant Baudrillart, *C. forest.*, t. 2, p. 11 ; Curasson, t. 1er, p. 120.

286. — Pour se soustraire à la responsabilité prononcée contre eux, il faut que les agens forestiers constatent *dûment*, c'est-à-dire par des procès-verbaux réguliers et probans, les délits de toute nature commis dans leurs triages. Ainsi une nullité qui proviendrait de négligence, ou d'ignorance grossière, ne ferait pas cesser la responsabilité. Mais si l'annulation du procès-verbal était prononcée *subtilitate juris*, par exemple, parce que l'acte d'affirmation ne constaterait pas suffisamment que l'officier public chargé de le recevoir n'a pas donné lecture au garde de son procès-verbal dans le cas prévu par le § 2 de l'art. 165, C. forest., le garde

cesserait de se trouver responsable. — Dupin, *Code forest.*, p. 7; Meaume, t. 1er, p. 126, no 27.

287. — Il suffit, pour que la responsabilité du garde soit à couvert, qu'il y ait constatation du délit, sans qu'il soit encore besoin que le procès-verbal contienne la désignation nominative des délinquans, alors surtout qu'on n'a pu, malgré les recherches faites, découvrir ces derniers. — Meaume, *loc. cit.*; Mangin, *Tr. des procès-verbaux*, p. 251, no 128; Dupin, *Code forest.*, p. 7.

288. — Jugé que la responsabilité imposée aux gardes forestiers par l'art. 6, C. forest., pour défaut de constatation des délits commis dans leurs triages ne peut être suspendue que par des cas de force majeure, dont ils doivent donner instantanément avis à leurs supérieurs. Mais les juges ne sauraient légalement décharger un garde de cette responsabilité sur le motif d'une maladie dont avis n'aurait pas été donné aux supérieurs conformément à la loi. — *Cass.*, 23 août 1845 (t. 2 1845, p. 669), Robert; — Meaume, t. 3, p. 364.

289. — On voit, par les termes de l'art. 6, que la responsabilité comprend les amendes et, en outre, les *indemnités* encourues par les délinquans. Il faut entendre par ce dernier mot les restitutions et les dommages-intérêts, en un mot les diverses réparations civiles auxquelles un délit aurait pu donner ouverture, s'il eût été régulièrement constaté. — Meaume, *loc. cit.*

290. — Quant à l'époque où commence la responsabilité, elle court du moment où le délit a été consommé, et c'est à l'administration à examiner si le temps qui s'est écoulé entre la perpétration du délit et celui où il a été découvert par un autre que le garde, a été assez court pour que ce garde doive être excusable. M. Dupin (*Code forest.*, p. 7) paraît disposé à accorder au garde un délai de cinq jours par analogie de l'art. 45, C. forest. Cette responsabilité ne saurait, d'un autre côté, se prolonger au-delà du temps après lequel le délinquant pourrait invoquer la prescription. Le délai serait ici d'une ou de trois années à partir de l'époque du délit, attendu que l'absence d'un procès-verbal est nécessairement supposée, et que les art. 637, 638 et 640, C. inst. crim., sont alors seuls applicables. — Meaume, t. 1er, p. 127, no 27; Mangin, *De l'action publique*, t. 2, p. 178.

291. — L'arrêté réglementaire du 23 mars 1821, art. 127, indique comment est constatée la négligence des gardes : « si le garde général, y est-il dit, reconnait dans ses visites qu'il existe dans les triages des gardes des délits non constatés, il en dressera un procès-verbal qu'il transmettra à l'inspecteur ou au sous-inspecteur. »

292. — D'après une délibération du conseil administratif des domaines du 28 août 1819 (art. 6511 du *Journal de l'Eure*), un préposé forestier, mis en jugement en vertu de l'autorisation accordée par ordonnance royale, ne doit pas perdre son traitement pendant la durée de son arrestation, mais seulement en cas de condamnation. — V. aussi Gagneraux, art. 6, no 17.

293. — Une décision du ministre des finances du 4 nov. 1818 porte que : « les employés supérieurs des forêts ne peuvent, d'office, imposer aux gardes forestiers une retenue sur leur traitement, à titre de réparation des dommages causés par la négligence de ces gardes. Deux voies sont ouvertes aux employés supérieurs pour faire punir les gardes : ils peuvent, selon le degré de culpabilité des gardes, se borner à rendre compte des faits, ou proposer de mettre les gardes en jugement, à la requête du directeur général. Dans le premier cas, il est pourvu, s'il y a lieu, au remplacement des gardes sans autre mesure de rigueur. Dans le second cas, le directeur général, usant de la faculté que lui accorde l'arrêté du 28 pluv. an XI, autorise, s'il lui paraît convenable, la mise en jugement des gardes inculpés, pour que ceux-ci soient condamnés au paiement des dommages encourus, et c'est en vertu de la condamnation qui intervient que peut s'exercer la retenue sur le traitement des gardes jusqu'à concurrence des sommes fixées par le jugement. — Gagneraux, art. 6, no 18.

294. — La partie de cette décision qui a trait à la nécessité d'une autorisation préalable, n'est plus en harmonie avec la jurisprudence de la cour suprême. Il est maintenant établi que les gardes poursuivis pour n'avoir pas constaté le délit, ne peuvent se prévaloir des termes de l'art. 39 de l'ordonnance d'exécution. — Meaume, p. 128, à la note.

295. — Le défaut de constatation est considéré par la loi non comme un délit ou une contravention, mais seulement comme une simple négligence. — Curasson, t. 1er, p. 121. — La loi ne prononce, en conséquence, aucune peine contre les gardes qui n'ont pas constaté les délits; elle les rend seulement responsables en vertu du principe posé par l'art. 1383, C. civ., qui permet de poursuivre en réparation du dommage causé celui par la négligence duquel il est arrivé. Seulement, comme d'après l'art. 171, C. forest., les tribunaux correctionnels sont seuls compétens pour connaître des actions et poursuites exercées au nom de l'administration des forêts et à la requête de ses agens, il en résulte que c'est à ces tribunaux qu'il appartient de prononcer sur la réparation civile que l'administration prétend exercer contre ses employés. — Meaume, t. 1er, p. 128, no 29.

296. — Il suit aussi de là que les préposés ne pourraient, en pareil cas, se prévaloir du privilége de juridiction accordé à tout officier de police judiciaire, prévenu d'un délit commis dans l'exercice de ses fonctions, privilége résultant de la combinaison des art. 9, 479 et 484, C. instr. crim., et du décr. 6 juill. 1810. — Meaume, p. 128, no 30; Mangin, *Des Procès-verbaux*, p. 257, no 134.

297. — Ce principe est au surplus constant, d'après la jurisprudence de la cour de Cassation. — V. à cet égard *Cass.*, 30 juill. 1829, Joyeux; 4 mai 1832, Clerget; 7 août 1834, Géant. — V. conf. *Metz*, 29 juin 1836, Benedict; *Grenoble*, 17 fév. 1835, Valin (Arrêts inédits cités par Meaume, t. 3, p. 365).

298. — Les préposés ne pourraient non plus se prévaloir de la garantie administrative accordée par l'art. 39 de l'ordonnance d'exécution, et qui consiste dans la nécessité d'obtenir l'autorisation du directeur général de l'administration des forêts, préalablement à toute poursuite dirigée contre eux pour faits relatifs à leurs fonctions. M. Meaume (p. 129, no 31) observe à cet égard que les poursuites pour défaut de constatation étant intentées au nom du directeur général, en vertu des pouvoirs délégués aux agens par l'art. 159, C. forest., l'autorisation est complétement inutile, puisqu'elle résulte implicitement de l'existence même de la poursuite.

299. — La cour de Cassation a consacré ce système par arrêt du 20 juin 1834 (Prêtré), 4 juill. 1834 (Leroux), 7 août 1834 (Géant). La jurisprudence a été adoptée sur ce point par un arrêt de la cour de *Nancy* du 30 déc. 1834, cité par M. Meaume (p. 131, à la note).

300. — Le conseil d'état a aussi décidé que lorsque l'administration forestière autorise la continuation des poursuites contre un garde forestier, il n'a pas à s'occuper de la demande de mise en jugement relative à ce garde. — *Cons. d'état*, 23 juill. 1823, Favre.

301. — Dans le cas cependant où l'action en responsabilité serait intentée par le ministère public, en vertu des art. 182, C. inst. crim., et 159, C. forest., il serait nécessaire d'obtenir l'autorisation de l'administration avant de poursuivre un garde pour manque de constatation du délit. La présomption d'autorisation ne résulterait pas ici, en effet, du fait même de la poursuite. — Meaume, p. 132, no 32.

302. — En effet, M. Gagneraux (*C. forest.*, art. 6, no 1er) rappelle que lors de la discussion à la chambre des députés, un député, M. de Cuny, avait proposé de déclarer que les gardes forestiers et gardes à cheval pourraient, comme tous autres particuliers, être poursuivis sans autorisation préalable, mais que l'amendement a été rejeté; d'où M. Gagneraux conclut que l'on ne peut poursuivre les gardes forestiers pour faits relatifs à leurs fonctions qu'en vertu d'une autorisation donnée conformément à l'art. 75 de l'acte constitutionnel du 22 frim. an VIII.

303. — C'est du reste ce qu'a reconnu la cour suprême en décidant que les gardes forestiers étant des agens du gouvernement, ils ne peuvent être mis en jugement sans autorisation préalable, à raison de délits par eux commis dans l'exercice de leurs fonctions. — *Cass.*, 3 nov. 1808, Delfosse; 24 déc. 1824, Bouvry. — Cette doctrine est aussi enseignée par Curasson (t. 1er, p. 122 et suiv.), et Gagneraux (art. 6, no 6).

304. — Pareillement, le garde forestier prévenu de contraventions forestières commises dans l'exercice de ses fonctions est justiciable, en sa qualité d'officier de police judiciaire, de la chambre civile de la cour royale et non du tribunal de police correctionnelle, alors même que les faits à lui imputés ne seraient que de simples *contraventions* non punissables de peines correctionnelles. — *Cass.*, 9 avr. 1842 (t. 2 1842, p. 452), Bernard. — Dans cette espèce, l'action était intentée contre un garde par le ministère public, en vertu de l'art. 6, C. forest.

305. — Le conseil d'état, de son côté, autorise la mise en jugement des agens de l'administration forestière dont les délits sont de nature à devoir être examinés. — *Cons. d'état*, 11 déc. 1814, Steimer et Guillemette.

306. — Mais pour les faits étrangers à leurs fonctions, les agens de l'administration rentrent dans le droit commun, et ils peuvent être poursuivis sans autorisation préalable. — *Cons. d'état*, 11 déc. 1814, Renould; — Curasson, t. 1er, p. 126; Gagneraux, art. 6, no 9. — V. FONCTIONNAIRES.

307. — Ainsi le délit de chasse imputé à un agent forestier, et qu'il aurait commis en surveillant une coupe de bois, ne peut constituer un délit commis dans l'exercice des fonctions de cet agent, et dès lors il n'est pas besoin d'une autorisation préalable pour le poursuivre à raison de ce fait. — *Cons. d'état*, 19 fév. 1823, Gérard. — V. cependant Gagneraux, art. 6, no 11.

CHAPITRE IV. — *Des bois et forêts qui font partie du domaine de l'état.*

308. — Les bois qui font partie du domaine de l'état sont soumis à la plénitude du régime forestier. — Martignac, exposé des motifs, chambre des députés. — Ils proviennent d'acquisitions et d'échanges faits par l'état des bois du clergé, des forêts *du roi*, avant 1789. Ces bois et forêts forment la dotation de la caisse d'amortissement. — L. des finances du 25 mars 1817, art. 143.

309. — Cet article, complété par l'ordonn. du 10 déc. suivant, en a réservé une partie, destinée à former un revenu net de quatre millions, pour la dotation des établissemens ecclésiastiques. Affectée plus tard au paiement de la dette flottante, cette portion du domaine de l'état a pu être partiellement vendue depuis la loi du 25 mars 1831, qui autorise la création de deux cent millions d'obligations du trésor et l'aliénation des bois de l'état jusqu'à concurrence de 4 millions de revenu net.

Sect. 1re. — *De la délimitation et du bornage.*

310. — La séparation entre les bois et forêts de l'état et les propriétés riveraines peut être requise, soit par l'administration forestière, soit par les propriétaires riverains. — C. forest., art. 8.

311. — Nous avons vu au mot BORNAGE, nos 28 et suiv., en quoi cette opération du bornage diffère de la *délimitation* qui avec le bornage sert à fixer la *séparation* entre deux ou plusieurs héritages.

312. — Il n'est pas toujours nécessaire, pour fixer la séparation entre les bois de l'état et les propriétés riveraines, de recourir au bornage. Celui-ci devient inutile lorsqu'on consent de part et d'autre à adopter comme ligne délimitative, soit un mur, une haie ou un fossé existant déjà. L'administration des forêts recommande à ses agens de ne pas recourir au bornage lorsque le procès-verbal de délimitation constate que des limites naturelles ou des signes quelconques suffisamment établis ou apparens indiquent la ligne de séparation (note du modèle de soumission pour les aménagemens, en 1839, rapportée aux *Réglemens forestiers* de Baudrillart et Herbin de Halle, t. 6, p. 144).

313. — C'est ainsi que nous avons vu au mot BORNAGE, nos 31 et 32, que des *termes* (ou croix sur des rochers), dans un pays de bois et de montagnes, doivent être présumés avoir le caractère légal de bornes.

314. — Un procès-verbal de délimitation dressé par un expert, régulièrement nommé et commissionné, est interruptif de la prescription. — *Riom*, 6 avr. 1838 (t. 2 1838, p. 284), Thibaut c. préfet de l'Allier. — *Contrà* Curasson, t. 1er, p. 140; Duranton, t. 21, no 158. — V. au surplus PRESCRIPTION.

315. — « Le mot administration (employé par l'art. 8) est un terme générique qui comprend les agens supérieurs aussi bien que l'administration centrale (déc. minist. du 14 sept. 1828). Par conséquent le droit attribué à l'administration forestière, par l'art. 8, C. forest., de requérir la délimitation d'une forêt s'applique aux agens supérieurs de l'administration; mais, sous le rapport de la dépense, ces agens ne pouvant provoquer aucune opération sans y être autorisés, c'est toujours la direction générale qui donne l'autorisation d'y procéder. — Meaume, t. 1er, p. 151, à la note.

316. — La nécessité de borner les forêts de l'état, dans l'intérêt de leur bonne administration, a été reconnue de tout temps. Les ordonnances de 1545 (sous François Ier) et de 1597 (sous Henri IV) enjoignaient aux officiers des forêts de « faire borner de hautes et apparentes bornes les circuits et rains des forêts... et ordonnaient... par peintres être faites cartes et figures desdites forêts. » — L'ordonnance de 1669 (tit. 27, art. 4) disposait ainsi de son côté : « Tous les riverains possédant bois joignant nos forêts et buissons seront tenus de les séparer des nôtres par des fossés ayant quatre pieds de largeur et cinq de profondeur, qu'ils entretiendront en cet état, à peine de réunion. »

317. — Cette dernière disposition fut rarement appliquée, à raison de son excessive sévérité. Un arrêté du directoire du 19 pluv. an VI prescrivit ce-

pendant d'appliquer sans modification aucune aux bois nationaux provenant des biens des émigrés l'ordonnance de 1669. Mais la disposition qui obligeait à creuser des fossés à peine de réunion était depuis long-temps considérée comme lettre morte par l'administration forestière lorsque le Code forestier vint replacer les forêts de l'état sous l'empire du droit commun en matière de bornage.

318. — Toutes les précautions sont prises, disait M. de Martignac dans l'exposé des motifs, pour assurer les droits et les intérêts de chacun ; mais si ces précautions paraissent insuffisantes aux particuliers, tout rentre sous l'empire du droit commun, et c'est devant les tribunaux que leurs prétentions seront portées.

319. — Ajoutons que, malgré les diverses décisions législatives qui ont ordonné le bornage des forêts, ce travail est encore loin d'être terminé. C'est pour arriver à ce résultat si désirable que l'administration, par une circulaire du 12 juill. 1828 (*Régl. forest.*, t. 4, p. 93), a prescrit aux conservateurs de former l'état, par conservations, des forêts qui exigent une délimitation générale.

320. — La délimitation des forêts est d'autant plus utile que de nombreuses usurpations sont commises sur leurs rives. D'après les documens communiqués aux chambres lors de la session de 1836, les terrains usurpés sur le sol forestier formaient une superficie de onze mille neuf cents hectares environ, composée de seize mille neuf cent quarante-trois parcelles, dont la valeur approximative s'élevait à 1,990,206 fr., et qui se trouvaient réparties entre dix mille quatre cent quarante-sept détenteurs. — Macarel et Boulatignier, *De la fortune publique*, t. 1er, p. 164.

321. — La longue possession des usurpateurs, la crainte de jeter le trouble dans la classe nombreuse qui a fait de ces biens l'objet d'arrangemens divers et de partages de famille, la multitude de procès qu'il aurait fallu soutenir pour faire rentrer l'état dans la propriété de ces terrains, les frais qu'ils auraient occasionnés, ont déterminé le gouvernement à présenter aux chambres un projet qui a été converti en loi le 20 mai 1836.

322. — D'après l'art. 1er de cette loi, « le gouvernement est autorisé à concéder aux détenteurs, sur estimation contradictoire, et aux conditions réglées par lui, les terrains dont l'état n'est pas en possession, et qu'il est fondé à revendiquer, comme ayant été usurpés *sur les rives des forêts domaniales*, antérieurement à la publication de cette loi. Les enclaves sont formellement exceptées de cette disposition. »

323. — La faculté que cet article accordait au gouvernement de traiter de gré à gré avec les détenteurs, de transiger au besoin avec eux, en un mot, d'aliéner autrement qu'aux enchères publiques ne l'a été que pour dix ans. — Art. 2.

324. — Une ordonnance royale a été rendue le 14 déc. 1837 pour l'exécution de la loi du 20 mai 1836. Les soumissions d'acquérir doivent, d'après cette ordonnance, être adressées au préfet du département.

325. — La chambre des députés, dans la séance du 8 avr. 1847, a adopté un projet de loi qui, par son art. 1er, proroge de dix ans la faculté de concession et de transaction accordée au gouvernement par les art. 1er et 2, L. 20 mai 1836. Enfin, ce projet dispose qu'à l'avenir la faculté de concession à l'égard des terrains provenant du sol forestier ne pourront dépasser cinq hectares, à moins qu'ils ne soient détenus par des communautés d'habitans.

326. — L'action en séparation est intentée, soit par l'état, soit par les propriétaires riverains, dans les formes ordinaires. Toutefois, il est sursis à statuer sur les actions partielles, si l'administration forestière offre d'y faire droit dans le délai de six mois, en procédant à la délimitation générale de la forêt. — Art. 9.

327. — C'est au préfet que doivent être adressées toutes demandes (soit amiables, soit judiciaires) en délimitation et bornage entre les forêts de l'état et les propriétés riveraines. — Ordonn. d'exécut., art. 57.

328. — « Dans le cas où, les parties étant d'accord pour opérer la délimitation et le bornage, il y a lieu à nommer des experts, le préfet, après avoir pris l'avis du conservateur des forêts et du directeur des domaines, nomme un agent forestier pour opérer comme expert dans l'intérêt de l'état. » — Ordonn. d'exécut., art. 58.

329. — Les autres formalités à remplir sont retracées par M. Meaume (t. 3, p. 99 et suiv.).

330. — Le droit de demander le bornage ne saurait appartenir au fermier ou à l'usager. Mais nous avons vu (vo BORNAGE, nos 53 et suiv.) que l'usufruitier peut l'intenter. Toutefois, le bornage fait avec lui n'est que provisoire, et le propriétaire peut en demander un nouveau à la fin de l'usufruit. On peut consulter sur ce point Carré, *Lois de la comp.*, no 232 ; Fournel, *Traité du voisinage*, t. 1er, p. 222 ; Foucher, *Comment. sur la loi du 25 mai 1838*, no 281.

331. — M. Meaume (t. 1er, p. 157, no 52) fait remarquer, à cette occasion, que le bornage fait avec l'usufruitier n'ayant qu'un caractère provisoire, et étant uniquement exécuté dans l'intérêt de l'usufruitier, les frais en devraient être mis à la charge de ce dernier, l'état ne pouvant être forcé de concourir aux frais d'une opération qui ne le lie à aucun titre. « Au surplus, ajoute cet auteur, pour couper court à toute difficulté sur ce point, les représentans de l'état ou des communes, lorsqu'ils seront actionnés par l'usufruitier, devront toujours se hâter de mettre en cause le nu-propriétaire, et de rendre, par ce moyen, l'opération définitive et irrévocable. »

332. — Mais si l'action en délimitation et bornage était exercée par l'état, il n'y aurait pas besoin d'appeler l'usufruitier en cause, le nu-propriétaire, qui a les mêmes droits que les propriétaires précaires, représentant suffisamment ceux-ci, qui peuvent, du reste, intervenir soit à l'opération, soit dans l'action judiciairement intentée. — Meaume, t. 1er, p. 158, no 53. — V. Cependant Proudhon, *Usufruit*, no 1244.

333. — Si l'immeuble contigu au sol forestier avait été vendu avec pacte de rachat, l'action en délimitation et bornage devrait être intentée pour et contre l'acquéreur, la séparation étant un acte conservatoire et d'administration qui, s'il a été sérieux et sincère, doit être respecté comme les baux que cet acquéreur aurait consentis sans fraude. — Meaume, p. 159, no 54.

334. — Les formes ordinaires suivant lesquelles doivent être intentées les actions en séparation sont celles usitées pour le jugement des affaires domaniales. Les demandes sont, en conséquence, portées directement et sans préliminaire de conciliation devant les tribunaux civils. Le préliminaire de conciliation est remplacé par la remise au préfet d'un mémoire, ainsi que le prescrit l'art 15 de la loi du 5 nov. 1790. — Meaume, t. 1er, p. 159, no 55 ; t. 3, p. 103.

335. — La délimitation est partielle ou générale : partielle, lorsqu'elle n'a lieu qu'avec quelques uns des propriétaires riverains ; générale, quand on procède au bornage de la forêt, ou de toutes les parties de son périmètre susceptibles d'abornement. On doit donc considérer comme une délimitation générale l'opération par laquelle on finit de borner une forêt, en partie limitée déjà. — Meaume, t. 1er, p. 160, no 56.

336. — Si la forêt était, au contraire, enclavée dans un terrain appartenant à un même propriétaire, il ne pourrait y avoir lieu qu'à une délimitation partielle, l'état ne pouvant, en ce cas, avoir affaire qu'à un seul contradicteur, et les formalités à remplir pour les délimitations générales supposant forcément qu'elles doivent concerner un assez grand nombre de riverains. — Meaume, *loc. cit.*

337. — Les délimitations générales, lorsque le nombre des riverains est considérable, présentent un avantage marqué. Les opérations exécutées avec ensemble offrent plus de régularité ; les frais sont moins élevés et l'administration peut se procurer par là des plans exacts des forêts. On doit supposer, en conséquence, que ce sont ces raisons qui ont amené la commission de la chambre des députés à proposer par amendement d'ajouter à l'art. 9 la disposition qui est devenue son deuxième paragraphe. On voit aussi, par le rapport fait à la chambre par M. Favard de Langlade, qu'on a voulu empêcher que des instances particulières pussent entraver la marche d'une grande opération souvent propre à les prévenir.

338. — Le droit de faire surseoir à toute délimitation partielle de la forêt, à la condition de s'engager à faire procéder, dans le délai de six mois, à la délimitation générale, n'engage pas l'administration à faire activer celle-ci dans les six mois. Il est besoin seulement que l'opération soit commencée dans ce délai, et on doit considérer qu'elle l'est du moment où l'arrêté du projet prescrit par l'art. 10 a été signifié. Si cette formalité n'avait pas eu lieu, les demandeurs en délimitations partielles pourraient donner suite à leurs actions. — Meaume, *loc. cit.*

339. — C'est aux tribunaux civils qu'il appartient de connaître des contestations relatives aux délimitations générales. Ces contestations ne sauraient, en aucun cas, être portées devant les juges de paix. — Meaume, t. 1er, p. 161, no 57.

340. — Mais, d'après Curasson (*De la comp. des juges de paix*, t. 2, p. 466), la loi du 25 mai 1838, reprend son empire en cas de délimitations partielles. Toutefois, cette opinion est combattue par M. Meaume (*loc. cit.*) comme en opposition avec l'esprit des lois des 5 nov. 1790 et 25 mai 1838.

341. — Lorsqu'il y a lieu d'opérer la délimitation générale et le bornage d'une forêt de l'état, cette opération est annoncée deux mois d'avance par un arrêté du préfet, qui est publié et affiché dans les communes limitrophes, et signifié au domicile des propriétaires riverains ou à celui de leurs fermiers, gardes ou agens. — Après ce délai, les agens de l'administration forestière procèdent à la édlimitation, en présence ou en l'absence des propriétaires riverains. — C. forest., art. 10.

342. — « Lorsque, en exécution de cet article, il s'agit d'effectuer la délimitation générale d'une forêt, le préfet nomme les agens forestiers et les arpenteurs qui doivent procéder dans l'intérêt de l'état, et indique le jour fixé pour le commencement des opérations et le point de départ. » — Ord. d'exéc., art. 59.

343. — Une lettre adressée par le directeur général à un conservateur, le 23 janv. 1828, et que rapporte intégralement M. Meaume (t. 3, p. 107), contient d'utiles renseignemens, qu'on peut consulter avec fruit, sur les délimitations. Cet auteur cite, en outre (p. 109), relativement à la rédaction des arrêtés préfectoraux, divers documens émanés soit du ministère des finances, soit de l'administration forestière.

344. — « Les maires des communes où doit être affiché l'arrêté destiné à annoncer les opérations relatives à la délimitation générale sont tenus d'adresser au préfet des certificats constatant que cet arrêté a été publié et affiché dans ces communes. — Ord. d'exéc., art. 60.

345. — Les riverains peuvent se faire représenter à l'opération du bornage : ils peuvent aussi nommer un expert pour agir concurremment avec celui de l'état, en ce qui concerne leurs propriétés particulières. Les vacations de cet expert devraient entrer dans la masse des frais, à moins que l'administration n'en exclue celles de l'expert du gouvernement. — Curasson, t. 1er, p. 151 et 169.

346. — Si les experts des riverains se trouvaient en désaccord avec ceux du gouvernement, il n'y aurait pas lieu de nommer un tiers, la contestation qui s'élève alors devant être soumise aux tribunaux. — Curasson, *loc. cit.*

347. — Il n'est pas nécessaire, d'après une décision ministérielle du 23 sept. 1830, que l'arrêté du préfet mentionne les noms, prénoms et demeures des riverains. Cette mention n'est, en effet, prescrite par aucune disposition législative, et elle pourrait présenter des inconvéniens qui sont évités en insérant seulement ces indications dans la signification des arrêtés.

348. — Mais l'arrêté doit porter que, si les riverains ne se présentent pas au jour et lieu indiqués, il sera procédé à la délimitation en leur absence. On évitera par là d'être forcé de recourir à de nouvelles significations, en cas de remise de l'opération, même à un jour éloigné. — Arg. de l'art. 1034, C. procéd. — Meaume, t. 1er, p. 164, no 59.

349. — L'arrêté préfectoral n'a d'existence légale vis-à-vis des riverains que du jour où ils sont réputés l'avoir connu. Il ne suffit donc pas que deux mois se soient écoulés entre le jour où l'arrêté a été pris et celui fixé pour les opérations ; il faut de plus qu'il existe au moins un délai de deux mois entre le jour de la signification de l'arrêté et celui indiqué pour le commencement des opérations. — Meaume, p. 164, no 60.

350. — Le délai de deux mois est un délai franc : on ne doit donc y comprendre ni le jour de la signification, ni celui de l'échéance. Cela résulte surabondamment de l'exposé des motifs, du rapport de la commission et de la discussion à la chambre des députés. — Meaume, p. 164, no 61 ; Frédérich et Coin-Delisle, t. 1er, p. 197 ; Garnier-Dubourgneuf, p. 9.

351. — Le délai fixé par l'art. 10 ne saurait toutefois être prolongé à raison des distances. L'esprit de la loi forestière met ici obstacle à l'application du droit commun. En se servant des termes *deux mois d'avance*, le législateur a indiqué par là un délai fixe et qui ne saurait varier. En convoquant les riverains, on a évidemment en vue une opération d'ensemble qui éloigne toute idée d'un délai prolongé à raison des distances. C'est pour arriver à ce but que la loi autorise la signification de l'arrêté au domicile des fermiers, gardes ou agens. Un délai de deux mois est, au surplus, suffisant pour tous les cas d'éloignement. — V. Meaume, p. 165, no 62, et les autres autorités citées au numéro précédent.

352. — Dans la rédaction du projet, il n'était pas parlé de la signification *au domicile des propriétaires riverains ou à celui de leurs fermiers, gardes ou agens*. Ce projet portait : « Lorsqu'il y aura lieu d'opérer la délimitation générale et le bornage d'une

forêt de l'état, cette opération sera annoncée par un arrêté du préfet, publié et affiché dans les communes limitrophes, *un mois d'avance, pour tenir lieu de signification à domicile.* » Sur les observations de la chambre des députés, le délai d'un mois fut regardé comme trop court, et on trouva dangereux d'admettre en principe que la publication et l'affiche de l'arrêté du préfet devaient tenir lieu de signification à domicile.

353.— En accordant à l'administration la faculté exceptionnelle de faire signifier l'arrêté du préfet au domicile des fermiers, gardes ou agens, le législateur a été entraîné par le besoin de procéder avec ensemble, ce qui n'aurait pu avoir lieu, s'il eût nécessairement fallu faire la signification au propriétaire, domicilié souvent à une distance fort considérable, et dont la résidence est quelquefois inconnue de l'administration. La loi déroge donc ici au droit commun en attribuant aux riverains un domicile élu chez leurs fermiers, gardes ou agens. — Meaume, p. 166, n° 64.

354.—Ajoutons cependant que dans le cas même où l'arrêté est signifié au domicile de ces derniers, le propriétaire n'en est pas moins seul appelé à l'opération. La signification de cet arrêté au domicile de ces mandataires légaux et forcés ne leur attribue pas le droit de pouvoir suppléer le propriétaire lors de l'opération. Si ce dernier entendait être représenté en pareil cas par l'un de ses fermiers, gardes ou agens, il devrait lui donner un pouvoir spécial à ce sujet. — Meaume, *loc. cit.*; Curasson, t. 1er, p. 159.

355.— Les *agens* du propriétaire, aux termes de l'art. 10, sont les gérans habituels de la propriété riveraine, ceux qui en touchent les revenus en vendent les produits pour le compte du propriétaire. On ne saurait entendre par cette expression l'individu qui ferait pour le propriétaire quelques affaires seulement, un domestique trouvé accidentellement dans une maison de campagne que n'habiterait pas habituellement le propriétaire. C'est donc aux tribunaux qu'il appartiendra de décider si l'immixtion d'un habitant dans la gestion de l'immeuble riverain est telle qu'on doive le réputer l'agent du propriétaire.—Meaume, p. 166, n° 65.

356. — La remise des délimitations forestières sous l'empire du droit commun, hors toutefois les cas prévus par la loi, lesquels doivent être restreints plutôt qu'étendus, entraîne cette conséquence qu'on peut valablement assigner dans la commune limitrophe, en parlant à sa personne, le propriétaire, lorsqu'on l'y trouve, encore qu'il n'y soit pas domicilié. — Meaume, p. 167, n° 66.

357. — Suivant MM. Coin-Delisle et Frédérich, si le propriétaire a son domicile civil dans la commune, c'est à ce domicile que la signification doit être faite. En effet, disent-ils, malgré la ressemblance de ce cas avec celui d'un domicile élu, il y a cette différence que la personne chez qui le domicile est élu a été spécialement choisie par la partie pour recevoir les significations, tandis que les représentans que l'art. 10 donne au propriétaire sont forcés et seulement indiqués pour éviter le déplacement ou la correspondance.

358.—M. Meaume (p. 167, n° 66) combat cette distinction comme n'étant pas écrite dans la loi. Il résulterait, enseigne-t-il, de l'adoption de cette solution que l'administration serait obligée d'être comme à l'affût de toutes les déclarations de domicile ou de tous les changemens de résidence qui pourraient être effectués par les riverains pour savoir si elle peut ou non faire des significations valables au domicile des gardes, fermiers ou agens. Cette réponse de M. Meaume ne nous paraît pas concluante, et il nous semble que la délimitation et le bornage sont des opérations assez importantes pour que les représentans de l'administration forestière s'adressent au propriétaire riverain lui-même si son domicile est dans la commune. Il s'agit, en définitive, d'une opération qui peut n'être pas sans influence sur la propriété, et qui ne se renouvellera pas, au surplus, assez fréquemment pour qu'il y ait à redouter pour l'administration forestière les inconvéniens indiqués par M. Meaume.

359.—Si le même propriétaire a plusieurs fermiers, dont les uns cultivent des terres qui ne touchent pas à la forêt, tandis que les autres cultivent des parcelles y attenantes, c'est à l'un de ces derniers que l'arrêté du préfet doit être signifié; car eux seuls ont intérêt à garantir l'exactitude de l'opération.—Meaume, *loc. cit.*; Coin-Delisle et Frédérich, t. 1er, p. 198.

360. — Il résulte aussi du principe qu'on a replacé les délimitations forestières sous l'empire du droit commun, que les formalités prescrites pour la confection des exploits par l'art. 68, C. procéd., doivent être appliquées à la signification de l'arrêté préfectoral. La nécessité d'appliquer ces formalités vient, au reste, de ce qu'on doit les considérer comme essentielles et constitutives de l'acte. C'est, en effet, de leur accomplissement que dépend la présomption légale que la personne à laquelle s'adresse l'exploit en a eu connaissance. — Meaume, p. 168; Coin-Delisle et Frédérich, t. 1er, p. 199.

361. — Ces derniers auteurs ajoutent que « si les significations peuvent être valablement faites au domicile des divers représentans indiqués par l'article 10, elles ne le seraient pas également hors de leur domicile, même en parlant à leurs personnes, car elles ne sont pas la partie; la loi, par une fiction dans l'intérêt de l'administration, a créé pour ce cas exceptionnel une sorte de domicile territorial, et cette fiction ne peut être étendue. »

362. — D'après M. Meaume (*loc. cit.*), on ne saurait admettre cette opinion, du moment où l'on reconnaît que l'art. 68, C. procéd., doit être appliqué ici. Cet article ne distingue nullement. Et puisque la signification peut être faite au propriétaire en personne, bien que l'art. 10 ne parle que de son domicile, on ne voit pas la raison de distinguer en ce qui concerne les représentans du propriétaire. C'est au garde, fermier ou agent, que la copie doit être remise, et non à la maison qu'il habite. Si la copie est remise au domicile du fermier ou agent, c'est pour qu'elle parvienne à l'agent qui devra la transmettre au propriétaire. Or, la copie parviendra bien plus sûrement au fermier à qui elle est destinée quand elle sera remise à sa personne par l'huissier lui-même. — Si la maison du garde est fermée, la copie devra être remise à un voisin ou au maire de la commune.

363.—Aux termes d'une décision ministérielle du 27 nov. 1830, transmise par circulaire du 12 oct. suivant, la signification de l'arrêté de convocation doit être faite au nom du directeur général.

364. — Le tarif des frais de la signification, laquelle est opérée par les gardes, conformément à l'art. 173, C. forest., a été réglé par une décision ministérielle, 7 mars 1834, conformément au décret du 18 juin 1811, et en vertu de l'art. 173, C. forest. — Meaume, p. 169, n° 67.

365. — Les arrêtés imprimés en forme d'affiches sont exempts de toute formalité; les actes qui, au contraire, sont signifiés dans la procédure relative à la délimitation sont assujétis au timbre et à l'enregistrement; mais cette formalité est accomplie en débet. —V. Meaume, p. 169, n° 67, où il cite en note divers arrêtés ministériels qui l'ont ainsi décidé.

366. — D'après la loi du 22 frim. an VII (art. 20, 29 et 34), l'enregistrement doit avoir lieu dans les quatre jours de la signification.

367. —Une décision ministérielle du 7 août 1834 et une circulaire de l'administration des domaines du 31 déc. suivant portent que les significations faites aux propriétaires riverains des forêts de l'état sont passibles d'autant de droits d'enregistrement qu'il y a de propriétaires riverains dénommés dans le même exploit.—Meaume, *loc. cit.*

368. — Le procès-verbal de la délimitation est immédiatement déposé au secrétariat de la préfecture, et par extrait au secrétariat de la sous-préfecture, en ce qui concerne chaque arrondissement. Il en est donné avis par un arrêté du préfet, publié et affiché dans les communes limitrophes. Les intéressés peuvent en prendre connaissance et former leur opposition dans le délai d'une année, à dater du jour où l'arrêté aura été publié. Dans le même délai, le gouvernement déclare s'il approuve ou s'il refuse d'homologuer ce procès-verbal en tout ou en partie. Sa déclaration est rendue publique de la même manière que le procès-verbal de délimitation. — Art. 11.

369. — Le procès-verbal de délimitation est rédigé par les experts suivant l'ordre dans lequel l'opération a été faite. Il est divisé en autant d'articles qu'il y a de propriétaires riverains, et chacun de ces articles est clos séparément et signé par les parties intéressées. — Si les propriétaires riverains ne peuvent pas signer ou refusent de le faire, si même ils ne se présentent ni en personne, ni par un fondé de pouvoir, il en est fait mention. — En cas de difficultés sur la fixation des limites, les réquisitions, dires et observations contradictoires sont consignés au procès-verbal. Toutes les fois que, par un motif quelconque, les lignes de pourtour d'une forêt doivent être rectifiées de manière à déterminer l'abandon d'une portion du sol forestier, le procès-verbal doit énoncer les motifs de cette rectification, quand même il n'y aurait à ce sujet aucune contestation entre les experts.— Ord. d'exécution, art. 64.

370.—Quoique l'ordonnance paraisse exiger seulement que le procès-verbal soit divisé en autant d'articles qu'il y a de propriétaires riverains, il est indispensable qu'il y ait dans cet acte autant d'articles que de parcelles, lors même que plusieurs de celles-ci appartiendraient à un seul propriétaire. Le procès-verbal ne pourrait réunir dans un même article plusieurs parcelles appartenant au même propriétaire qu'autant qu'elles seraient contigues. En cas de non-contiguïté, il faudrait autant d'articles que de parcelles. En effet, puisque le procès-verbal doit être rédigé dans l'ordre où l'opération a été faite, il suit nécessairement qu'il faut suivre l'ordre dans lequel les parcelles se trouvent sur le terrain. — Meaume, t. 3, p. 113.

371. — Les experts ne peuvent être choisis par les préfets que parmi les agens et arpenteurs forestiers. Ils ont seuls qualité pour procéder à la délimitation. Ces agens et arpenteurs sont plus que des experts; ce sont de véritables officiers publics qui reçoivent et constatent des conventions pouvant acquérir un caractère définitif par le silence du gouvernement et des riverains. Leur procès-verbal est donc un acte authentique. — Meaume, t. 1er, p. 171, n° 68.

372. — C'est aux experts réunis, ou au moins à l'un d'eux, à faire le dépôt du procès-verbal, de préférence à l'agent forestier délégué par le préfet. —Lett. de la direct. génér. 3 mars 1830; circ. 18 juin 1832 (*Réglem. forest.*, t. 4, p. 347 et 568).

373. — Les extraits des procès-verbaux à déposer aux sous-préfectures sont signés par les préfets, mais ils doivent être faits par les arpenteurs. —Circ. 13 sept. 1830, rapportée dans les *Réglemens forestiers*, t. 4, p. 418. — On peut consulter, sur la rédaction des procès-verbaux de délimitation, une circulaire du 30 sept. 1843 (*Ann. forest.*, p. 349).

374. — Les formalités prescrites par l'art. 11, C. forest., et qui doivent être nécessairement observées en cas de délimitation générale, sont inutiles lorsqu'il s'agit de délimitations partielles. Il n'est donc pas besoin, dans ce dernier cas, de faire connaître le dépôt du procès-verbal constatant ces sortes d'opérations de la manière indiquée par l'art. 11, C. forest., et l'on peut procéder au bornage du moment où le procès-verbal de délimitation a reçu l'approbation de toutes les parties.— V. Meaume, p. 173, n° 70, qui rapporte en ce sens une décision ministérielle du 14 oct. 1840.

375. — On ne doit pas comprendre dans le délai d'une année, accordé aux intéressés pour former leur opposition, le jour de la publication de l'arrêté. Mais on doit y renfermer le jour de la signification de l'opposition, sans quoi celle-ci ne se trouverait pas formée dans l'année, ainsi que le prescrit la loi. Si donc l'arrêté est publié le 1er janv. d'une année, l'opposition doit être signifiée, à peine de déchéance, le 1er janvier de l'année suivante.— Meaume, p. 173, n° 71.

376. — Comme c'est une déchéance et non une prescription qu'établit l'art. 11, il s'ensuit que la minorité, comme toute autre incapacité légale, ne saurait relever de cette déchéance ceux qu'elle aurait atteints et permettre aux incapables de former opposition après le délai.— Arg. de l'art. 444, C. procéd.;—Meaume, *loc. cit.*; Coin-Delisle et Frédérich, t. 1er, p. 200.

377. — Il n'y a que les riverains absens lors de l'opération ou ceux qui l'ont contredite qui puissent former opposition au procès-verbal. Ceux qui ont accepté la fixation de la ligne séparative proposée par les agens ne pourraient jouir du même droit. Leurs déclarations constatées d'une manière authentique par le procès-verbal ont rendu leur acceptation définitive. Les riverains ne pourraient retirer le consentement qu'ils auraient pu donner, sous le motif que le contrat n'est pas synallagmatique, et que le gouvernement peut, pendant un an, rendre leur engagement sans effet, en refusant son homologation. Ils ne pouvaient ignorer que ce droit était réservé par la loi au gouvernement. En conséquence, la publication du procès-verbal devient inutile lorsque tous les propriétaires riverains ont accepté la délimitation.—Meaume, p. 174, n° 72.

378. — « Dans le délai fixé par l'art. 11, C. forest., le ministre des finances rend compte au roi des motifs qui peuvent déterminer l'approbation ou le refus d'homologation du procès-verbal de délimitation, et il y est statué par le roi sur ce rapport.— A cet effet, aussitôt que le procès-verbal a été déposé au secrétariat de la préfecture, le préfet en fait faire une copie entière qu'il adresse sans délai au ministre des finances.»—Ord. d'exéc., art. 62.— Une décision ministérielle du 22 nov. 1828 a dispensé les préfets de faire faire la copie entière.

379. — Les procès-verbaux des délimitations partielles doivent, suivant M. Meaume (p. 174, n° 72), être soumis à l'homologation royale. Son opinion est confirmée par une lettre du directeur général des forêts, du 29 mai 1828, approuvée par le ministre des finances. — V. *Régl. forest.*, t. 4, p. 81.— Toutefois, une décision de ce ministre, du 14 oct. 1840, porte que la sanction royale, indispensable quand il s'agit de bois appartenant à une commune

ou à des établissemens publics, quel que soit le caractère de la délimitation, n'est pas nécessaire pour le procès-verbal d'une délimitation partielle, s'il s'agit d'un bois de l'état.

380. — Le silence du gouvernement pendant l'année qui suit la publication de l'arrêté rend le procès-verbal des agens forestiers définitif, en ce qui concerne les parcelles dont la délimitation n'est pas litigieuse. — Meaume, p. 174, nº 73.

381. — Il ne doit être perçu qu'un seul droit fixe d'enregistrement (2 francs) sur le procès-verbal de délimitation, quel que soit le nombre des propriétaires riverains. Il a été ainsi décidé par un jugement du tribual de *Laon*, du 11 déc. 1834, approuvé par délibération de la régie du 27 janv. 1835 (*Régl. forest*, t. 5, p. 133), — *Régl. forest.*, t. 5, p. 519; — Meaume, p. 175, nº 74.

382. — « Les intéressés peuvent requérir des extraits dûment certifiés du procès-verbal de délimitation, en ce qui concerne leurs propriétés. — Les frais d'expédition de ces extraits sont à la charge des requérans, et réglés à raison de 75 centimes par rôle d'écriture, conformément à l'art. 37, L. 25 juin 1794 (7 messid. an II). » — Ord. d'exéc., art. 62.

383. — « Les réclamations que les propriétaires peuvent former soit pendant les opérations, soit dans le délai d'un an, doivent être adressées au préfet du département, qui les communique au conservateur des forêts et au directeur des domaines pour avoir leurs observations. » — Ord. d'exéc., art. 64.

384. — « Les maires justifient, dans la forme prescrite par l'art. 60, de la publication de l'arrêté pris par le préfet pour faire connaître la résolution royale relativement au procès-verbal de délimitation. Il en est de même pour l'arrêté par lequel le préfet appelle les riverains au bornage, conformément à l'art. 12, C. forest. — Ord. d'exéc., art. 6.

385. — Cet article est ainsi conçu : « Si, à l'expiration de ce délai, il n'a été élevé aucune réclamation par les propriétaires riverains contre le procès-verbal de délimitation, et si le gouvernement n'a pas déclaré son refus d'homologuer, l'opération est définitive. — Les agens de l'administration forestière procèdent, dans le mois suivant, au bornage, en présence des parties intéressées, ou elles sont dûment appelées par un arrêté du préfet, ainsi qu'il est prescrit par l'art. 10. »

386. — Lorsque le délai fixé par l'art. 11 est expiré, la délimitation devient définitive, même relativement aux riverains qui n'y ont pas paru. Le silence de ces derniers emporte, d'après la loi forestière, un consentement tacite. La délimitation peut même devenir définitive avant l'expiration de l'année, si la fixation de la ligne séparative, acceptée par les riverains, est sanctionnée par une ordonnance d'homologation. On peut alors procéder au bornage; mais cette opération doit avoir lieu en présence des riverains. — Meaume, p. 176, nº 75.

387. — C'est pour cela que l'art. 12 ordonne de convoquer les parties intéressées sur le terrain par un nouvel arrêté du préfet. — Meaume, p. 177, nº 76.

388. — Un délai de deux mois devant être observé entre la signification de l'arrêté de convocation et le jour fixé par cet arrêté pour le commencement des opérations du bornage, M. Meaume fait remarquer (p. 177, nº 76) qu'il est impossible d'y procéder dans le mois, comme semble l'indiquer le deuxième paragraphe de l'art. 12. « On doit donc, dit-il, entendre cette disposition en ce sens que l'arrêté de convocation doit être rendu dans le mois, et que les formalités de publication doivent être accomplies dans le même délai. » Cette indication, du reste, est uniquement faite pour ordre, et l'on pourrait valablement procéder au bornage, quand même l'annonce n'en aurait pas été faite dans le délai prescrit. — Meaume, *ibid.*

389. — Les agens chargés d'effectuer le bornage doivent, quoique la loi ne le dise pas, dresser procès-verbal de leur opération. — Meaume, p. 177, nº 17.

390. — D'après une note extraite du modèle de soumission pour les aménagemens, année 1839 (V. *Régl. forest.*, de Baudrillart, t. 6, p. 144), le procès-verbal de bornage doit être rédigé d'une manière très succincte; il doit exprimer seulement, après le préambule ordinaire, la nature des signes de bornage et leurs dimensions exactes. Il est inutile de mentionner dans cet acte l'application faite sur le terrain, des mesures rapportées au procès-verbal de délimitation, pour retrouver l'emplacement des piquets plantés lors de cette opération, et qui, depuis, auraient été enlevés ou déplacés.

391. — Du moment où il a été procédé à l'opération, conformément au procès-verbal de délimitation, elle devient définitive par le seul consentement des riverains ou même leur consentement tacite, en cas de non-comparution. S'il n'y avait pas conformité entre les deux opérations, il pourrait y avoir lieu de rectifier le bornage. Mais l'homologation royale n'est pas ici nécessaire. — Meaume, p. 177, nº 77.

392. — On pourrait se dispenser de procéder au bornage, par exemple, si de part et d'autre on acceptait des bornes naturelles ou artificielles, ou tous autres signes quelconques existant lors de la délimitation. Le procès-verbal, constatant cette fixation de la ligne séparative, rendrait inutile un bornage ultérieur. — Meaume, p. 178, nº 78.

393. — Les anciens plans ou cartes topographiques dressés en présence des parties intéressées, qui en tout temps en ont reconnu l'exactitude, peuvent être considérés comme déterminant d'une manière définitive la contenance et la délimitation d'une forêt soumise à un droit d'usage. — *Cass.*, 7 avr. 1840 (t. 2 1840, p. 553), Louis c. préfet de la Moselle.

394. — En cas de contestations élevées, soit pendant les opérations, soit par suite d'oppositions formées par les riverains en vertu de l'art. 11, elles sont portées par les parties intéressées devant les tribunaux compétens, et il est sursis à l'abornement jusque après leur décision. — Il y a également lieu au recours devant les tribunaux de la part des propriétaires riverains, si, dans le cas prévu par l'art. 12, les agens forestiers se refusent à procéder au bornage. — Art. 13.

395. — Les tribunaux compétens pour statuer sur les difficultés que peut soulever le bornage sont les tribunaux civils, qui, comme nous l'avons déjà vu, connaissent seuls des contestations relatives aux délimitations.

396. — Toutefois, si les parcelles et bornes faisaient partie d'immeubles vendus nationalement, ce serait aux conseils de préfecture à connaître des difficultés qui pourraient s'élever, attendu qu'il faudrait, en ce cas, interpréter le procès-verbal d'adjudication. — L. 28 pluv. an VIII, art. 4. — Ces conseils détermineraient l'étendue de la vente, tout en réservant aux tribunaux ordinaires à statuer définitivement sur le bornage. Au surplus, cette hypothèse se présentera rarement, car les biens nationaux ont été généralement vendus sans garantie de mesure et sans désignation de confins. — Meaume, p. 179, nº 79; Curasson, t. 1er, p. 154.

397. — En général l'action en bornage qui, comme action mixte, peut être portée devant le juge du domicile du défendeur, l'est devant celui de la situation. Mais comment procéder si les immeubles litigieux sont situés dans le ressort de divers tribunaux? — Carré (*Compét.*, t. 3, p. 364 et 403) enseigne que l'action doit être soumise au tribunal dans le ressort duquel est située la partie de la forêt la plus productive de revenus. Mais nous pensons, avec Curasson (t. 1er, p. 154) et M. Meaume (t. 1er, p. 179, nº 80), qu'il doit y avoir autant de procès distincts qu'il y a de contestations particulières. Il n'existe, en effet, aucun rapport entre les difficultés qui naissent à l'occasion de propriétés tout-à-fait distinctes. L'affaire doit donc encore ici être portée devant le juge de la situation, si le demandeur le choisit, car on ne saurait distraire celui-ci de son juge naturel. On peut trouver en faveur de cette décision un argument dans la disposition de l'art. 11, prescrivant le dépôt par extrait du procès-verbal de délimitation au secrétariat de la sous-préfecture, en ce qui concerne chaque arrondissement.

398. — Dans le cas où les riverains négligent de déférer aux tribunaux les contestations qu'ils élèvent relativement au procès-verbal ou par voie d'opposition signifiée dans l'année, les représentans de l'état doivent agir directement en observant les règles prescrites pour l'introduction des instances domaniales. Un avis du conseil d'état en date du 16 fév. 1831, rapporté par M. Meaume (t. 1er, p. 180, nº 81), à la note, trace la marche à suivre en pareille circonstance.

399. — Si le gouvernement refuse d'homologuer le procès-verbal de délimitation, les riverains, qu'ils aient approuvé celui-ci ou non, sont replacés dans l'état où ils se trouvaient avant l'opération. Ils peuvent, en conséquence, demander aux tribunaux, s'ils le jugent convenable, d'ordonner la délimitation de la forêt relativement à leur propriété. — Meaume, p. 180, nº 82; Curasson, t. 1er, p. 155.

400. — Le jugement qui ordonne en faveur de l'état ou des particuliers la reprise de possession d'une partie de terrain n'a pas pour effet de rendre restituables les fruits produits par cette parcelle avant l'introduction de l'action. Il n'en serait autrement que s'il y avait eu mauvaise foi de la part de l'anticipateur. En ce cas, celui-ci devrait les fruits du jour de l'anticipation, sans préjudice des dommages-intérêts. Si donc un riverain a laissé comprendre sans opposition des arbres poussés sur son terrain dans la vente d'une coupe faite par l'état, il ne peut réclamer plus tard la valeur de ces arbres. Il a à se reprocher de n'avoir pas demandé une délimitation qui eût constaté son droit de propriété sur les arbres lui appartenant réellement. — Meaume, p. 181, nº 83.

401. — Lorsque la séparation ou délimitation est effectuée par un simple bornage, elle est faite à frais communs. Lorsqu'elle est effectuée par des fossés de clôture, ceux-ci sont exécutés aux frais de la partie requérante, et pris en entier sur son terrain. — Art. 14.

402. — Cet article comprenait primitivement un troisième paragraphe consacrant, au profit de l'administration, le droit de s'opposer au mode de clôture par fossés, dans le cas où le fossé exécuté dégraderait les arbres de la forêt. La commission proposa la suppression de ce paragraphe. Un membre en soutint vivement le maintien dans l'intérêt de la conservation des forêts. Mais il fut supprimé, sur cette observation du rapporteur, que l'état et les propriétaires devaient être placés sur la même ligne, et qu'à tous deux il restait le recours aux tribunaux pour le cas où l'un d'eux, en creusant son fossé, porterait atteinte à la propriété de l'autre.

403. — Comme on le voit, l'art. 14 reconnaît deux modes de bornage. Le premier consiste dans la plantation de bornes ou dans l'établissement de fossés placés de distance en distance sur la ligne de séparation, et qu'on nomme *fossés d'angles*. Ce mode constitue le simple bornage à frais communs (V. circul. 18 sept. 1829, rapportée dans le *Régl. forest.* de Baudrillart, t. 4, p. 304). — Le second mode de bornage a lieu par l'établissement, sur le terrain de la partie requérante et à ses frais, d'un fossé continu, d'une haie vive ou d'un mur entretenu par celui qui l'a fait établir. — La distinction entre ces deux bornages est importante pour la répartition des frais occasionnés par le bornage. — Meaume, p. 182, nº 84.

404. — D'après l'art. 66, ordonn. d'exécution, les frais de délimitation et de bornage sont établis par articles séparés pour chaque propriétaire riverain, et supportés en commun entre l'administration et lui. — L'état en est dressé par le conservateur des forêts et visé par le préfet. Il est remis au receveur des domaines, qui poursuit, par voie de contrainte le paiement des sommes à la charge des riverains, sauf l'opposition, sur laquelle il est statué par les tribunaux conformément aux lois.

405. — Les frais à supporter en commun comprennent ceux concernant la délimitation aussi bien que ceux du bornage. Toutefois, si la délimitation, au lieu d'être amiable, avait été ordonnée par justice, les frais de délimitation cesseraient d'être communs, et le jugement rendu devrait fixer, en ce cas, ceux que l'état aurait à supporter. On devrait alors observer les règles fixées par le droit commun. — Meaume, p. 183, nº 85.

406. — Le mode de bornage dont les frais sont à supporter en commun varie suivant les localités. Par *simple bornage*, l'art. 14, C. forest., a voulu exprimer celui qui se trouve le moins coûteux, suivant les localités. Ainsi, on se servira, suivant le pays, de bornes en pierre ou de poteaux en bois, ou l'on creusera des fossés d'angles. Si donc une partie ne voulait pas se contenter du mode le moins coûteux, elle devrait faire exécuter à ses frais le bornage qui lui conviendrait, et prendre sur son terrain tout le sol occupé par les bornes. — Meaume, t. 3, p. 123.

407. — La contrainte dont parle le second paragraphe de l'art. 66 de l'ordonnance ne peut avoir force exécutoire, puisqu'elle n'est sanctionnée par aucun texte législatif. On ne peut la considérer comme un titre en vertu duquel on puisse pratiquer de plein droit le commandement et la saisie, puisque, dans le cas d'opposition, il doit, aux termes de cet article, être statué par les tribunaux. Les poursuites à exercer par le receveur des domaines (ou le receveur municipal, s'il s'agit d'un bois communal) sont donc celles qui ressortent du droit commun, et que peut exercer tout créancier vis-à-vis de son débiteur, quand il n'a ni jugement ni titre exécutoire. — Déc. min. fin. 30 août 1824 et 23 mars 1836; — Meaume, t. 3, p. 126.

408. — Une circulaire du 20 mai 1841, rapportée par M. Meaume (t. 3, p. 125), et un arrêté du directeur de la comptabilité générale des finances, ont établi le mode de paiement des frais de délimitation et de bornage. Cet arrêté, rendu à la date du 26 avr. 1821, est aussi rapporté par M. Meaume (t. 3, p. 126). Cet auteur cite, en outre, sur ce point une circulaire du 30 juill. 1821.

409. — Le propriétaire riverain peut, d'après Curasson (t. 1er, p. 169), se soustraire dans certains cas aux frais de délimitation. Ainsi, le possesseur d'une friche ou d'un champ sans valeur placé sur les limites de la forêt peut bien, suivan

lui, être forcé de participer aux frais du bornage, mais il ne saurait être tenu de ceux de délimitation, car il lui importe peu que la borne soit placée à quelques mètres de plus ou de moins. Il en est encore de même, dit-il, si la limite est clairement déterminée par un mur, ou par les vestiges d'un ancien fossé; pourquoi forcer alors, dans ce cas, de coopérer à des frais pour faire reconnaître l'évidence?

410. — En conséquence, cet auteur enseigne que « dans ce cas et autres semblables, le riverain qui adresserait au préfet un mémoire indiquant positivement sa ligne, ou qui s'en remettrait à celle que fixeraient les agens forestiers, protestant de ne pas paraître et de ne contribuer à aucuns autres frais que ceux du bornage, ne pourrait être contraint de supporter une partie quelconque de ceux de la délimitation administrative; et si, en effet, dit-il, l'administration forestière adopte la ligne qui lui est présentée par le riverain, ou s'il n'y a pas moyen de la contester, alors il sera reconnu qu'il n'y avait rien à discuter avec lui, et il suffira de l'appeler à la plantation des bornes. Dans le cas, au contraire, où la proposition du riverain serait rejetée par l'administration, à quoi peut aboutir, en ce qui le concerne, une opération administrative exécutée à grands frais, et qui ne peut avoir pour résultat qu'une action judiciaire en cas de contestation? A plus forte raison devrait-il en être ainsi dans le cas où le riverain consentirait d'avance à la ligne qu'il plaira à l'administration de fixer. »

411. — Ce système, fondé en équité, est cependant repoussé par M. Meaume (p. 184, nº 86) comme contraire à l'esprit de la loi et au texte formel des art. 14, C. forest., et 66, ordonnance d'exécution, qui ne reconnaissent aucune exception au principe général du partage des frais. « Sans doute, dit ce dernier auteur, il peut être fâcheux pour le riverain qu'une propriété improductive devienne une occasion de dépenses; c'est cependant ce qui arrive tous les jours, et ce que Curasson reconnaît lui-même en convenant que, dans tous les cas, les frais de bornage doivent être partagés. Comment donc supposer qu'il en puisse être différemment des dépenses nécessaires pour rendre cette opération praticable? Un copropriétaire qui demanderait le partage en nature d'un terrain improductif serait-il donc exposé à supporter seul les frais du partage? Cette conséquence est inadmissible; le moyen proposé semble donc plus efficace, et d'ailleurs la modicité des frais de délimitation tombant à la charge des riverains ne permet pas de croire qu'il puisse être jamais employé. »

412. — Les communes et établissemens publics qui requièrent des délimitations ou des bornages partiels ou généraux, paient directement et intégralement aux ayant-droits, autres que les agens forestiers, les frais de ces opérations, et recouvrent ensuite, sur les propriétaires riverains, le montant des frais tombant à la charge de chacun d'eux. — Ord. 23 mars 1845, art. 1er.

413. — Lorsque les délimitations ou les bornages de bois communaux ou établissemens publics ont été requis par les riverains, il est procédé conformément aux dispositions de l'art. 133, ord. réglem. 1er août 1827. — Même ordonn., art. 2.

414. — Dans l'un et l'autre cas, les frais de la coopération des agens du service des travaux d'art, réglés d'après un tarif arrêté par le ministre des finances, sont versés par les receveurs des communes ou des établissemens publics dans les caisses des domaines, à titre de remboursement d'avances et comme produits accessoires des forêts. Les frais alloués pour le concours des agens chargés d'opérer comme experts dans l'intérêt des communes ou des établissemens publics, ainsi que les frais du recouvrement des sommes mises à la charge des riverains, sont supportés en entier par lesdits établissemens ou communes. — Même ordonn., art. 3.

415. — Lorsque le bornage a lieu au moyen de fossés continus, le propriétaire qui y procède à ses frais doit laisser au-delà du fossé, du côté de son voisin, une portion de terrain dont la dénomination et la largeur varient suivant les localités. — Meaume, p. 185, nº 88. — V. aussi FOSSÉ.

416. — La présomption légale de propriété d'un espace intermédiaire, résultant de l'usage, ne pourrait être invoquée par le riverain *possédant bois*, qui aurait creusé un fossé, conformément aux dispositions de l'ordonn. de 1669. Ce propriétaire n'était pas tenu, en effet, de laisser un espace intermédiaire, car, d'après Jousse, ce fossé devait être entièrement pris sur le terrain du riverain, et la terre rejetée du côté du bois. — Meaume, p. 188, nº 88.

417. — Si le fossé était établi d'après les instructions de l'administration forestière actuelle, c'est-à-dire de chaque côté de la ligne de fond, considérée comme ligne de séparation, le fossé étant mitoyen, on a dû régler la terre par égales parties de chaque côté. Et dans ce cas, comme dans celui qui précède, le riverain ne peut évidemment invoquer aucune présomption de droit en ce qui concerne un espace intermédiaire. — Mais, si la terre avait été entièrement rejetée du côté du voisin, et que, d'après l'usage du pays, un espace fût laissé du côté de la forêt royale, même dans l'établissement de pareils fossés, on pourrait attribuer cet espace au riverain. On devra donc s'en référer toujours à l'usage et aux circonstances. — Meaume, *loc. cit.*

418. — Curasson (*Notes sur Proudhon*, *Droits d'usage*, nº 459) se demande ce que doivent devenir les fossés de séparation établis sous l'ordonn. de 1669 entre une forêt domaniale et le bois d'un particulier. L'état ou l'adjudicataire, en cas de vente de la forêt, conserve-t-il le fossé ainsi établi, et le propriétaire voisin demeure-t-il obligé de tenir ce fossé en état, ainsi que le prescrivait la loi ancienne? — L'art. 218, C. forest., en abrogeant pour l'avenir toutes les lois antérieures, a néanmoins conservé les droits acquis; il en résulte que la confection d'un fossé étant une servitude établie pour l'avantage de la forêt, sous l'empire de la loi ancienne, cette servitude doit subsister. Quant à la question de savoir si le propriétaire du bois limitrophe doit demeurer obligé désormais à tenir le fossé en état, Curasson pense que le riverain doit être exempt de toutes charges à l'avenir. Son opinion est adoptée par M. Meaume (p. 190, nº 89).

419. — D'après Jousse (*Comment. sur l'art. 4, tit.* 27, *ord.* 1669), l'espace occupé par le fossé devait être entièrement pris sur le terrain du particulier, et la terre rejetée du côté du bois du roi, d'où venait l'obligation de l'entretenir. Cette doctrine est combattue par Proudhon, comme ajoutant à la loi une disposition qu'elle ne porte pas. Cet auteur enseigne que le fossé creusé sous l'empire de l'ordonn. de 1669 doit être également pris sur le fonds de l'état et sur celui du propriétaire, et que les terres doivent être rejetées des deux côtés. Il invoque, à cette occasion, une instruction du ministre des finances du 19 sept. 1811, dont l'art. 16 dispose que les fossés dont il s'agit devaient être établis par moitié de chaque côté de la ligne de fond. « Il suit de là, dit-il, que les ronces et épines ou autres bois qui peuvent croître, depuis la ligne du fond dans le fossé ou sur ses bords, du côté du particulier, doivent lui appartenir, comme étant le produit de son terrain; et que, par la même raison, les plantes qui peuvent naître de l'autre côté doivent appartenir à l'état. »

420. — Il résulte de là, ajoute Curasson (note), que dans le cas où le fossé abandonné par l'administration ne servirait plus de limites, le propriétaire riverain ne pourrait disposer que de la moitié de son emplacement. » Mais le riverain ne jouirait de ce droit que si le fossé avait été abandonné par l'administration. Autrement, en détruisant ou comblant une partie d'un fossé servant encore de limites, le riverain commettrait le délit puni par l'art. 456, C. pén.. — V. en ce sens Décis. minist., 22 mai 1829, rapportée *Régl. forest.* de Baudrillart, t. 4, p. 249.

421. — D'après une circulaire de l'administration forestière, en date du 21 septembre 1838, les dimensions suivantes doivent être données *tant aux fossés neufs qu'à ceux à curer* : — 1º fossé de périmètre : 2 mètres d'ouverture, 1 mètre de profondeur perpendiculaire et 20 centimètres de largeur en fond; — 2º fossé de route : 1 mètre 50 centimètres d'ouverture, 80 centimètres de profondeur perpendiculaire et 15 centimètres de largeur en fond; — 3º petit fossé d'assainissement : 1 mètre d'ouverture, 60 centimètres de profondeur perpendiculaire et 12 centimètres de largeur en fond; — 4º rigoles ou saignées : 66 centimètres d'ouverture, 40 centimètres de profondeur perpendiculaire et 8 centimètres de largeur en fond.

422. — Cette circulaire ne peut soulever, dans son exécution, aucune difficulté, lorsqu'il y a lieu d'établir un *fossé neuf de périmètre*; mais il en est différemment *de ceux à curer*. L'art. 4 (tit. 27, ord. 1669) ayant, en effet, fixé à 4 pieds la largeur des fossés, on ne peut élargir au détriment de la propriété voisine ceux qui ont été ainsi établis, et pour exécuter la circulaire précitée, on devra prendre du côté de la forêt l'excédant de largeur. Il en résultera que le fossé ne sera plus alors, comme le prescrivait l'instruction du 19 sept. 1811, établi de chaque côté de la ligne de fond. Pour prévenir, en pareil cas, toute prétention ultérieure de la part des riverains, si le fossé était supprimé, il serait bon de faire constater, contradictoirement avec eux, que l'agrandissement a eu lieu aux dépens de la forêt seule. Comme, d'autre part, l'agrandissement du fossé pourrait préjudicier aux arbres de lisière, et que l'administration n'a pu vouloir poser une règle absolue, on devra surseoir à l'exécution de la circulaire, dans certains cas, jusqu'à ce qu'on abatte les arbres atteints par l'élargissement des fossés. Ainsi, dans beaucoup de localités, l'administration a fait rétablir les anciens fossés, en leur donnant les dimensions fixées par la circulaire de 1838, mais seulement après la vidange des coupes dont l'exploitation devait amener l'abattage des arbres de lisière. — Meaume, p. 191, nº 91.

Sect. 2e. — *De l'aménagement.*

423. — L'aménagement des bois est la plus importante partie de leur administration. Dans l'acception actuelle de ce mot, c'est l'art de diviser une forêt en coupes successives et de régler l'étendue ou l'âge des coupes annuelles, dans le plus grand intérêt de la conservation de la forêt, de la consommation en général, dans celui enfin du propriétaire, et, s'il s'agit des forêts de l'état, dans le plus grand intérêt de la société. — Roy, *Rapp. à la chamb. des pairs.*

424. — L'âge déterminé pour les coupes par un bon aménagement est celui auquel le bois, considéré d'après la destination assignée à ses produits, a atteint son plus haut développement; mais on comprend que cette appréciation est nécessairement subordonnée aux circonstances qui varient suivant les lieux, le sol et l'essence des arbres, et que la loi n'a pu, à cet égard, donner des règles immuables. — Dufour, *Droit adm. appliqué*, t. 1er, p. 377.

425. — On remarque sur cette matière une différence importante entre les dispositions de l'ordonn. de 1669 et celles du Code forest. L'ordonn. de 1669, émanée d'un souverain qui réunissait dans ses mains le pouvoir exécutif et le pouvoir législatif, réglait, en même temps qu'elle le posait, le principe de l'aménagement. Le Code forestier a laissé en dehors du domaine de la loi tout ce qui prend le caractère de dispositions réglementaires et d'exécution.

426. — De là l'art. 15, qui porte : « Tous les bois et forêts du domaine de l'état sont assujétis à un aménagement réglé par des ordonnances royales. »

427. — De ce que l'aménagement des bois et forêts de l'état ne peut être réglé que par une ordonnance royale, il résulte que les tribunaux excèdent leurs pouvoirs si, pour apprécier les dommages-intérêts auxquels un usager a droit à raison du défaut de délivrance, ils prennent pour base un aménagement qu'ils déterminent eux-mêmes. — *Cass.*, 30 janv. 1843 (t. 1er 1843, p. 582), Aldebert.

428. — Il résulte aussi du principe que la fixation des aménagemens appartient exclusivement au pouvoir exécutif que les tribunaux doivent respecter les aménagemens exécutés dans les forêts de l'état sans pouvoir les modifier, quand bien même ils mettraient obstacle à l'exercice des droits, des usagers ou des affectataires. — Meaume, t. 1er, p. 192, nº 92.

429. — D'après l'art. 62 de l'ord. d'exécution, il doit être procédé à l'aménagement des forêts dont les coupes ne sont pas fixées régulièrement ou conformément à la nature du sol et des essences. — Le ministre des finances présente au roi, au mois de janvier de chaque année, l'état des aménagemens effectués durant l'année révolue.

430. — « Les aménagemens sont réglés principalement dans l'intérêt des produits en matière et de l'éducation des forêts. — En conséquence, l'administration recherche les forêts et parties des forêts qui peuvent être réservées pour croître en futaies, et elle en propose l'aménagement, en indiquant celles où le mode d'exploitation par éclaircie peut être le plus avantageusement employé. » — Ord. d'exéc., art. 68.

431. — L'ordonnance d'exécution porte, art. 69, que « dans toutes les forêts à aménager à l'avenir, l'âge de la coupe des taillis devra être fixé à vingt-cinq ans au moins, et qu'il n'y aura d'exception à cette règle que pour les forêts dont les essences dominantes sont le châtaignier et les bois blancs, ou qui sont situées sur des terrains de la dernière qualité. »

432. — « L'art. 70 de cette même ordonnance exige, de son côté, lors de l'exploitation des taillis, la réserve de cinquante baliveaux de l'âge de la coupe par hectare. En cas d'impossibilité, les causes en doivent être énoncées aux procès-verbaux de balivage. — Les balivages modernes et anciens ne peuvent être abattus qu'autant qu'ils sont dépérissans ou hors d'état de prospérer jusqu'à nouvelle révolution. »

433. — Quant au mode à suivre pour l'exécution du deuxième paragraphe de cet article, il résulte d'une circulaire du 7 mars 1828, rapportée par M. Meaume

(t. 3, p. 131, note), que les agens forestiers peuvent comprendre immédiatement dans les coupes ordinaires les baliveaux viciés et dépérissans qui se trouvent sur les coupes arrivées en tour d'exploitation. On n'a point voulu reproduire la disposition de l'art. 12, tit. 15, ord. 1669, qui voulait qu'un baliveau ancien ou moderne ne fût abattu qu'en vertu d'une ordonnance du roi, attendu que depuis long-temps cette disposition, en ce qui concerne les bois de l'état, était tombée en désuétude. Quant aux bois des communes et des établissemens publics, il n'y avait pas plus de motifs pour maintenir la disposition de l'ordonnance de 1669.

434. — Il ne peut être fait dans les bois de l'état aucune coupe extraordinaire quelconque, ni aucune coupe de quarts en réserve ou de massifs réservés par l'aménagement pour croître en futaie, sans une ordonnance spéciale du roi, à peine de nullité des ventes, sauf le recours des adjudicataires, s'il y a lieu, contre les fonctionnaires ou agens qui auraient ordonné ou autorisé ces coupes. Cette ordonnance est insérée au *Bulletin des Lois*, art. 16.

435. — Cette disposition repose sur le principe qui avait dicté, dans les lois antérieures, des prescriptions analogues. Il ne pouvait jadis être fait aucune vente de futaies non aménagées, qu'en vertu de lettres patentes enregistrées aux parlemens et aux chambres des comptes.

436. — Ces formalités avaient pour objet d'empêcher les abus, de prévenir les surprises et de provoquer les observations et les remontrances sur des points d'administration qui se liaient à de grands intérêts publics. L'insertion des ordonnances au *Bulletin des Lois* est une disposition ajoutée dans la discussion. Casimir Périer voulait que ces ordonnances fussent soumises aux chambres dans la session suivante.

437. — L'adoption de l'amendement qui exige l'insertion au *Bulletin des Lois*, a eu lieu dans le but de mettre les chambres en état de surveiller l'usage que pourrait faire le gouvernement de la faculté qui lui est réservée. Cette disposition ayant été inscrite dans la loi dans un but politique, MM. Coin-Delisle et Frédérich en concluent que la vente faite en vertu d'une ordonnance royale ne serait pas invalidée par le défaut d'insertion au *Bulletin des Lois*. Suivant eux, les enchérisseurs n'ont à s'assurer que de l'existence de l'ordonnance spéciale, à l'absence de laquelle est attachée la peine de nullité.

438. — Nous croyons que cette opinion est très controversable. Quel que soit le but politique qui ait présidé à la rédaction de l'amendement, la chambre n'a pu vouloir, en l'adoptant, fournir au gouvernement le moyen d'en éluder l'exécution. On conçoit, en effet, que si l'on devait tenir pour valables les ventes faites en vertu d'ordonnances d'exécution non insérées au *Bulletin des Lois*, il s'ensuivrait que le gouvernement pourrait toujours se dispenser d'observer une prescription qu'aucune pénalité ne sanctionnerait. Or, évidemment, le législateur n'a pu l'entendre ainsi ; il n'a sans doute pas voulu dicter une règle inutile. — Meaume, p. 194, n° 93.

439. — Au surplus, d'après un avis du conseil d'état du 5 janv. 1837 (Cormenin, t. 1er, p. 275), il ne suffirait pas toujours d'une ordonnance royale pour autoriser une coupe extraordinaire ; dans certains cas, l'autorisation ne pourrait résulter que d'une loi.

440. — Sont considérées comme coupes extraordires celles qui intervertissent l'ordre établi par l'aménagement ou par l'usage dans les forêts non encore aménagées, toutes les coupes par anticipation, et celles des bois ou portions de bois mis en réserve pour croître en futaie, et dont le terme d'exploitation n'aurait pas été fixé par l'ordonnance d'aménagement. — Ordonn. 1er août 1827, art. 71.

441. — Les coupes préparatoires, des éclaircies de bois dans un état trop serré, par exemple, doivent être regardées, lorsqu'elles ne sont pas arrivées à leur tour d'exploitation d'après l'aménagement, comme coupes extraordinaires. — Meaume, t. 3, p. 133 et la note.

442. — Il en est encore ainsi en cas de coupe d'arbres endommagés, ébranchés, morts ou dépérissans, lorsque cette coupe sort, à raison de son importance, de l'ordre établi par l'aménagement, ou peut en déranger les combinaisons. — Meaume, *loc. cit.*

443. — « Pour les forêts d'arbres résineux, où les coupes se font en jardinant, l'ordonnance d'aménagement détermine l'âge ou la grosseur que les arbres doivent atteindre avant que la coupe puisse en être ordonnée. » — Ord. d'exéc., art. 72.

444. — L'ordonnance qui prescrit le mode d'exploitation est un acte de simple administration dont la partie ne peut demander la réformation par la voie contentieuse. Ce principe, déjà consacré par une ordonnance du conseil d'état du 14 août 1822 (comm. de la Bresse), a été expressément reconnu lors de la discussion à la chambre des députés. — Dufour, *Droit administratif appliqué*, t. 1er, p. 380.

445. — L'aménagement qui, sous l'ancien droit, avait pour objet de fixer les parties de bois dans lesquelles les usagers exerçaient leurs droits, est une mesure qui n'existe plus.

446. — Le *cantonnement* est le seul moyen légal offert aujourd'hui au propriétaire pour faire réduire la part des usagers sur les biens soumis à l'usage. — *Bourges*, 3 juill. 1828, Bonneau.

447. — En ce qui concerne les bois de la couronne, ils sont soumis à un aménagement régulier : il ne peut y être fait aucune coupe extraordinaire quelconque, ni aucune coupe de quartiers en réserve, ou de massifs réservés pour croître en réserve, qu'en vertu d'une loi. — L. 2 mars 1832, art. 12.

448. — Quant aux bois possédés par indivis par l'état, les communes, les établissemens publics et les particuliers, V. *infrà*.

449. — Les agens des travaux d'art peuvent être chargés des opérations d'aménagement des bois appartenant à des communes ou à des établissemens publics. Les dispositions de l'art. 3, § 1er, ord. 23 mars 1845, sont applicables aux frais relatifs à ces opérations. — Ord. 2 déc. 1845. — V. *suprà* n° 414.

450. — N'excède point les limites de ses pouvoirs le ministre qui statue sur la question de savoir si les frais d'aménagement des bois d'une commune doivent être mis à la charge de cette dernière, comme formant une opération extraordinaire et accidentelle de l'administration forestière. — *Cons. d'état*, 23 juill. 1841, comm. de Corcondray.

451. — Les aménagemens des bois communaux et des établissemens publics sont des travaux d'art et d'amélioration qui ne s'exécutent qu'une fois pour chaque forêt, sans être susceptibles de se renouveler ; en conséquence, les frais desdits aménagemens ne font point partie des dépenses mises au compte du gouvernement par l'art. 106, C. forest. — Même ord.

Sect. 3e. — *Des adjudications de coupes dans les bois de l'état.*

§ 1er. — *Opérations préliminaires.*

452. — Les coupes dont l'aménagement permet l'exploitation doivent être adjugées. Mais il est besoin de faire précéder la mise en vente de diverses opérations consistant dans l'arpentage, la levée du plan, le martelage, balivage et estimation, et enfin dans la rédaction du cahier des charges. La direction générale des forêts délibère chaque année sur les conditions générales du cahier des charges, qui sont ensuite approuvées par le ministre des finances. L'agent, chef de service, propose les clauses particulières applicables aux localités, et le conservateur les arrête. Les clauses et conditions, tant générales que particulières, sont toutes de rigueur, et ne peuvent jamais être réputées comminatoires. — Ord. d'exécution, art. 82.

453. — On ne saurait imposer aux adjudicataires que les conditions générales ou spéciales stipulées par le cahier des charges, et régulièrement approuvées. Toutes clauses verbales sont interdites, et donnent lieu à des mesures très sévères contre les agens qui, chargés d'assister aux ventes, laissent admettre de pareilles stipulations. — Circul. 10 sept. 1836.

454. — On doit, en général, éviter de grever les coupes de clauses particulières dont la multiplicité peut effrayer les marchands et nuire au succès des ventes. Il importe de les restreindre à celles que rendent strictement nécessaires les besoins de la localité et l'état des coupes ou le mode d'exploitation qui leur est appliqué. — Circul. 2 mai 1838 ; — *Réglem. forest.*, t. 6, p. 33.

455. — Quant aux clauses générales du cahier des charges, elles entraînent souvent de sérieuses difficultés, et les agens forestiers ont continuellement besoin d'en faire l'application. On peut consulter, à cet égard, le cahier des charges qui a servi pour la vente des coupes de l'année 1845, et qui est textuellement reproduit par M. Meaume (t. 3, p. 148 et suiv.).

456. — Nous avons déjà dit que les coupes de bois se divisent en coupes ordinaires, c'est-à-dire qui sont déterminées par l'aménagement, et en coupes extraordinaires, c'est-à-dire qui ne sont pas déterminées par l'aménagement. — Chaque année, les conservateurs adressent au directeur général les états des coupes ordinaires à asseoir, conformément aux aménagemens, ou selon les usages actuellement observés dans les forêts qui ne sont pas encore aménagées. Ces coupes sont approuvées par le directeur général après délibération du conseil d'administration. Les conservateurs adressent pareillement au directeur général, pour chaque coupe extraordinaire à autoriser par ordonnance, un procès-verbal énonçant les motifs de la coupe proposée, l'état, l'âge, la consistance et la nature des bois qui la composent, le nombre d'arbres de réserve qu'elle comporte, et les travaux à exécuter dans l'intérêt du sol forestier. — Ord. d'exécut., art. 73 ; ord. 10 mars 1831.

457. — La valeur d'une coupe ou d'un lot ne doit jamais dépasser 10,000 fr. De plus, il convient de chercher à avoir un certain nombre de lots d'environ 2 à 3,000 fr., afin de favoriser le commerce des petits marchands de bois. — Circ. 23 déc. 1839.

458. — L'administration des forêts peut faire dans les bois de l'état, en Corse, des adjudications à longs termes, dont la durée ne peut excéder toutefois vingt années. Ces adjudications ont lieu avec publicité et concurrence, et suivant les formes ordinaires. — L. 16 juill. 1840, art. 1er et 2.

459. — A l'expiration de la jouissance, tous les travaux de route ou de canalisation et tous les ouvrages d'art faits dans l'intérêt du transport des bois restent à l'état sans indemnité. — Art. 3.

460. — L'administration peut aussi, à l'expiration de la jouissance, reprendre, aux taux de l'estimation, les scieries construites à la distance de deux kilomètres des forêts. — Art. 5.

461. — Cette disposition, qui n'est pas applicable aux scieries faisant partie d'un autre établissement industriel (même article), se justifie par cette considération que les scieries, établissemens peu coûteux et peu importans par eux-mêmes, sont souvent l'instrument obligé des exploitations ; que souvent il n'existe dans une forêt entière qu'une seule chute d'eau propre à l'alimentation d'une scierie, et que la possession par un tiers de ce moteur unique pourrait créer en sa faveur un monopole préjudiciable aux intérêts de l'état. Ce serait de plus un moyen de dénaturer rapidement les bois coupés en délit. — Duvergier, *Collect. des lois*, note sur la loi du 16 juill. 1840.

462. — Dans le cas où l'administration juge à propos d'imposer aux adjudicataires à longs termes la confection de routes, l'ouverture de voies flottables, ou d'autres travaux utiles à l'exploitation ou au transport des bois, les cahiers des charges contiennent l'indication de ces travaux. — Art. 4.

463. — Lorsque les coupes ordinaires et extraordinaires dans les bois de l'état ont été autorisées, les conservateurs désignent ou font désigner par les experts forestiers les arbres d'assiette, et font procéder aux arpentages. — Ord. d'exécut., art. 74.

464. — On nomme *arbre d'assiette* celui duquel doit partir l'arpenteur pour asseoir la coupe.

465. — L'assiette des coupes étant une opération purement administrative, il en résulte que les droits de timbre et d'enregistrement ne sont exigibles que pour les procès-verbaux d'arpentage qui font titre et s'identifient avec l'adjudication. — Circ. du dir. gén. de l'enreg., 4 août 1809 ; — Gagneraux, *Code forest.*, t. 2, p. 472.

466. — « Les arpenteurs ne peuvent, sous peine de révocation et sans préjudice de toutes poursuites en dommages-intérêts, donner aux laies et tranchées qu'ils ouvrent pour le mesurage des coupes plus d'un mètre de largeur. — Les bois qui en proviennent font partie de l'adjudication de chaque coupe, ou sont vendus suivant la forme des menus marchés. » — Ord. d'exécution, art. 75.

467. — « Les coupes sont délimitées par des *pieds corniers* et *parois*. — V. ARBRES, nos 34 et 35. — Lorsqu'il ne se trouve pas d'arbres sur les angles pour servir de pieds corniers, les arpenteurs y suppléent par des piquets, et empruntent au dehors ou au dedans de la coupe les plus apparens et les plus propres à servir de témoins. — L'arpenteur est tenu de faire usage au moins de l'un des pieds corniers de la précédente vente. — Tous les arbres de limites sont marqués au pied, et le plus près de terre qu'il est possible, du marteau de l'arpenteur, savoir : les pieds corniers sur deux faces, l'une dans la direction de la ligne qui est à droite, et l'autre dans celle de la ligne qui est à gauche ; et les parois sur une seule face, du côté et en regard de la coupe. — L'arpenteur fait au-dessus de chaque empreinte de son marteau, dans la même direction, et à la hauteur d'un mètre, une entaille destinée à recevoir l'empreinte du marteau royal. » — Même ordonn., art. 76.

468. — On a vu au mot ARBRE (n° 35) qu'il y a deux sortes de pieds corniers : les *pieds corniers* proprement dits, qui sont placés dans les angles

sortans, et les *tournans* qui sont situés dans les angles rentrans; quant aux *parois*, ce sont les arbres situés dans la longueur de la ligne, soit entre deux pieds corniers ou deux tournans, soit entre un pied cornier et un tournant.

469.—« Les arpenteurs dressent des plans et procès-verbaux d'arpentage des coupes qu'ils ont mesurées, et ils y indiquent toutes les circonstances nécessaires pour servir à la reconnaissance des limites de ces coupes lors du récolement. — Ils en envoient immédiatement deux expéditions à l'inspecteur ou à l'agent qui en remplit les fonctions dans l'arrondissement. » — Même ordonn., art. 77.

470. — Les procès-verbaux d'arpentage, ainsi que ceux de martelage et de balivage peuvent être rédigés sur papier non timbré, et ne sont point assujétis à l'enregistrement dans un délai fixe; ces procès-verbaux sont timbrés et enregistrés en débet. — *Déc. min. fin.* 19 germin. an XIII et 4 juill. 1836; — Meaume, t. 3, p. 144, note 3e; Gagneraux, *C. forest.*, t. 2, p. 473.

471.—Les procès-verbaux de balivage et de martelage doivent, autant que possible, être rédigés sur les lieux, avant la séparation des agens. Mais les agens doivent, dans tous les cas, pour dégager leur responsabilité, dresser chaque jour les actes constatant les opérations faites dans la journée.— Circ. 20 mars 1823;—Meaume, t. 3, note 2e.

472.— Le balivage et le martelage se font par deux agens au moins; le garde du triage doit y assister, et il est fait au procès-verbal mention de sa présence.— Ord. d'exéc., art. 78.

473. — Lors des opérations de balivage et de martelage, le marteau royal est transporté dans un étui fermé sur le lieu des opérations, et il est replacé dans cet étui aussitôt qu'elles sont terminées. Pendant le cours des opérations, les agens ne doivent jamais perdre de vue les porteurs de marteaux.— Instr. 23 mars 1821, art. 10, et circ. 20 mars 1823.

474. — « Quinze jours avant l'époque fixée pour l'adjudication, l'agent forestier chef de service fait déposer au secrétariat de l'autorité administrative qui doit présider à la vente : 1° les procès-verbaux d'arpentage, de balivage et de martelage des coupes; — 2° une expédition du cahier des charges générales et des clauses particulières et locales. — Le fonctionnaire qui doit présider à la vente appose son visa au bas de ces pièces pour en constater le dépôt. » — Ord. d'exéc., art. 83.

475. — Il doit être dressé pour l'estimation des coupes deux procès-verbaux séparés, l'un pour leur évaluation matérielle et l'autre pour leur estimation vénale. Une circ. 9 mai 1840, rapportée par M. Meaume (t. 3, p. 144, note 4), indique comment il doit être procédé pour l'estimation en matière et pour celle en argent. — Pour l'estimation du bois de charbonnette, la circulaire du 3 juin 1844 (rapportée au t. 2, p. 113 des *Annales forest.*), indique la marche à suivre.

§ 2. — *Adjudications. — Déclarations de command — Cautions et associés.*

476. — Les coupes des bois de l'état étant une branche importante des revenus publics, il est du plus grand intérêt de les mettre à l'abri de la fraude, de la connivence et même de l'erreur. — Exposé des motifs, chambre des députés;—Magnitot et Delamare, v° *Bois*, t. 1er, p. 108.

477.—Aussi l'art. 17, C. forest., porte qu'aucune vente ordinaire ou extraordinaire ne peut avoir lieu dans les bois de l'état que par voie d'adjudication publique, laquelle doit être annoncée, au moins quinze jours d'avance, par des affiches apposées dans le chef-lieu du département, dans le lieu de la vente, dans la commune de la situation des bois, et dans les communes environnantes.

478. — A la chambre des députés, M. Devaux proposa de substituer aux mots : *communes environnantes*, ceux-ci : *les deux marchés les plus voisins*. Mais cet amendement fut rejeté sans discussion.

479.—Les termes si absolus de l'art. 7, C. forest., ont été restreints par des ordonnances postérieures, quant aux cas où cet article serait applicable. Ainsi, par ordonnance du 23 juin 1830, la disposition de cet article relative à l'affiche au chef-lieu de département n'est pas applicable aux adjudications mentionnées dans les art. 102 et 103 de l'ordonnance d'exécution.

480. — Un membre de la cour de Cassation, à l'époque où le projet de loi fut soumis à l'examen de cette haute cour, demanda qu'on commençât par désigner les officiers qui seraient chargés de faire les ventes : « Sans cela, disait-il, il faudra recourir à une multitude de lois, décrets et arrêtés. » —V. L. 29 sept. 1791, tit. 8, art. 4; 21 fruct. an III, art. 19; Arr. direct. exéc. 5 thermid. an V; L. 28 pluv. an IX, art. 9.— On répondit à cette observation qu'il était plus convenable de laisser au gouvernement le soin de désigner les officiers et de s'en rapporter à lui. On passa outre à l'examen du projet.

481. — Aux termes de l'art. 86 de l'ordonnance d'exécution, « les adjudications des coupes ordinaires et extraordinaires doivent avoir lieu par devant les préfets et sous-préfets, dans les chefs-lieux d'arrondissement. — Toutefois, les préfets, sur la proposition des conservateurs, peuvent permettre que les coupes dont l'évaluation n'excède pas 500 francs soient adjugées au chef-lieu d'une des communes voisines des bois et sous la présidence du maire. — Les adjudications se font, dans tous les cas, en présence des agens forestiers et des receveurs chargés du recouvrement des produits.» — Dufour, *Droit administratif appliqué*, t. 1er, p. 466.

482. — Les bois chablis et ceux coupés en délit provenant des forêts domaniales, quelle qu'en soit la valeur, ainsi que les coupes exploitées par économie, pour être vendues en détail et par lots, peuvent, par exception aux dispositions de l'art. 86, ord. 1er août 1827, être adjugés aux chefs-lieux de canton ou dans les communes voisines de ces forêts. — Ord. 20 mai 1837.

483. — Une ordonnance du 15 sept. 1838 a rendu celle du 20 mai 1837 applicable aux bois communaux, mais seulement en ce qui concerne la vente des chablis.

484. — L'ordonnance du 15 oct. 1834 modifie également l'art. 86, ord. 1er août 1827, en autorisant le ministre des finances à permettre, sur la proposition des préfets et de l'administration des forêts, que des coupes ou portions de coupes affouagères, communales, de la valeur de 500 francs et au-dessus, soient mises en adjudication dans la commune propriétaire, sous la présidence du maire, mais toujours avec l'intervention des agens forestiers, et suivant les clauses et conditions qui sont indiquées.

485. — Les motifs qui ont fait admettre cette modification pour la vente des coupes ordinaires communales pouvant être également invoqués en faveur des coupes extraordinaires, l'ordonnance du 15 oct. 1834 a été rendue applicable, par celle du 10 juin 1840, aux coupes extraordinaires communales, dont les produits ont été préalablement exploités et façonnés sous la direction d'un entrepreneur responsable.

486. — Lorsque, faute d'offres suffisantes, l'adjudication des coupes communales ordinaires ou extraordinaires, d'une valeur supérieure à 500 fr., est tentée sans succès au chef-lieu d'arrondissement, le préfet, sur la proposition du conservateur, peut autoriser l'exploitation de ces coupes par économie et la vente, en bloc ou par lots, des produits façonnés au chef-lieu d'une des communes voisines de la situation des bois. — Ord. 24 août 1840, art. 1er.

487. — En cas de dissentiment entre le préfet et le conservateur, il en est référé au ministre des finances, qui statue après avoir pris l'avis de l'administration des forêts. — Même ordonn., art. 2.

488. — Une ordonnance du 2 fév. 1844 avait attribué aux préfets le pouvoir de permettre, sur la proposition des conservateurs, que les coupes ordinaires et extraordinaires, quelle qu'en pût être la valeur, et qui appartenaient à des communes ou à des établissemens publics, fussent adjugées en bloc ou par lots, sur pied ou façonnées, dans la commune propriétaire, ou dans l'une des communes voisines de la situation des bois, lorsque l'adjudication de ces coupes avait été tentée sans succès au chef-lieu d'arrondissemnnt. — Mais cette ordonnance a été rapportée par une autre du 14 sept. suivant.

489. — « Quant aux bois à couper par éclaircie, le directeur général peut ordonner qu'ils soient exploités et façonnés pour le compte de l'état, et l'entreprise en est adjugée au rabais. — Les bois façonnés sont vendus par lots dans la forme ordinaire des adjudications aux enchères, et à la charge par ceux qui s'en rendent adjudicataires de payer le prix de l'abattage et de la façon desdits bois. » Ord. d'exéc., art. 88.

490. — « Lorsque, faute d'offres suffisantes, les adjudications ne peuvent avoir lieu, elles sont remises, séance tenante, au jour qu'indique le président, sur la proposition de l'agent forestier. — Le directeur général peut, au surplus, autoriser le renvoi de l'adjudication à l'année suivante, et même ordonner, s'il y a lieu, et avec l'approbation du ministre des finances, que l'exploitation des coupes pour le compte de l'état et la vente des bois soient effectuées de la manière qui est autorisée par l'art. 88 de l'ordonnance pour les exploitations par éclaircie.»— Même ordonn., art. 89.

491. — Le motif qui a fait décider que la vente des bois de l'état devait avoir lieu par adjudication publique conserve toute sa force en ce qui concerne les forêts de la couronne, celles des communes et des établissemens publics. Mais l'adjudication publique n'est pas exigée pour les bois qui dépendent d'apanages ou de majorats réversibles. — Meaume, t. 1er, p. 195, n° 94.

492. — Il a été jugé, conformément à ce principe, que l'adjudication des bois façonnés provenant d'abattages dans les domaines de la liste civile ne doit être faite ni par les commissaires-priseurs ni par les notaires, mais elle doit avoir lieu par devant les préfets, sous-préfets ou maires, et en présence des agens forestiers. — *Paris*, 28 juin 1833, notaires c. commissaires-priseurs de Versailles.

493. — Lorsque le titre constitutif d'une affectation forestière au profit d'une scierie a réservé au propriétaire l'emploi périodique de cette scierie pour un certain nombre de jours, ainsi que la faculté d'affermer cet emploi ou son produit et de s'en désister en faveur d'autrui, mais, dans ce cas, avec droit de préférence ou préemption au profit de l'usager, l'arrêt qui décide que ce droit de préférence peut être exercé, lors même que la vente de ces jours d'exploitation ou de leur produit a lieu par voie d'adjudication aux enchères publiques, conformément à l'art. 17, C. forest., ne viole aucune loi et échappe à la censure de la cour de Cassation. — *Cass.*, 16 mars 1842 (t. 1er 1842, p. 688), préfet de la Meurthe c. Rooss.

494. — En pareil cas, c'est-à-dire lorsque l'obligation de vendre par voie d'adjudication publique se trouve modifiée par un titre privé, les tribunaux ont le droit, pour régler l'exercice du droit de préférence et sans nuire à la concurrence des enchères, d'ordonner l'insertion, dans chaque cahier des charges rédigé par l'administration, d'une clause portant réserve de ce droit de préférence. Mais les propriétaires de l'usine doivent alors déclarer s'ils ont l'intention d'en user, et cela dans l'heure qui suit l'adjudication. — Meaume, p. 196, n° 95.

495. — Toute vente faite autrement que par adjudication publique est considérée comme vente clandestine, et déclarée nulle. Les fonctionnaires et agens qui ont ordonné ou effectué la vente sont condamnés solidairement à une amende de 3,000 f. au moins et de 6,000 fr. au plus, et l'acquéreur est puni d'une amende égale à la valeur des bois vendus. — C. forest., art. 18.

496. — On voit que les limites de l'amende encourue par les fonctionnaires sont fixées entre 3 et 6,000 fr., tandis que l'amende encourue par l'adjudicataire est proportionnée à la valeur des bois vendus. Cette disposition a été vivement critiquée par MM. Devaux, Sébastiani et de Farcy, et M. Devaux a demandé que la pénalité fût la même quand le délit était le même.

497. — Mais l'amendement présenté dans ce but fut rejeté sur les observations de M. de Martignac. « La différence, disait cet orateur, qui existe entre la peine prononcée contre l'acquéreur et celle prononcée contre le fonctionnaire s'explique tout naturellement. Il faut d'abord remarquer qu'il ne peut être question ici que de ventes d'un médiocre intérêt; car les ventes considérables ne peuvent être faites clandestinement. L'agent forestier qui fait une vente clandestinement a manqué à son devoir, a commis un délit punissable, et la loi le condamne à une amende de 3,000 au moins et de 6,000 fr. au plus. Si la vente est minime, comme cela arrivera le plus souvent, et que vous assimiliez l'acquéreur au fonctionnaire quant à l'application de l'amende, il n'y aurait plus de proportion entre l'objet vendu et la peine qui lui serait appliquée. Il est donc nécessaire qu'en ce qui touche l'acquéreur la peine soit relative, c'est-à-dire d'une amende égale à la valeur des bois vendus. » — Gagneraux, *C. forest.*, art. 18, n° 1er.

498. — La disposition qui rend l'acquéreur passible d'une amende est entièrement nouvelle. L'ord. de 1669, tit. 15, art. 2 et 3, ne frappait que les fonctionnaires et les agens de l'administration. — Devaux et Fœlix, *Comment. C. forest.*, sur l'art. 18.

499. — Il est évident que les personnes associées à l'adjudicataire dans le but de participer à une vente clandestine devraient être punies comme ses complices. Si toutefois l'association était postérieure à la vente, les associés pourraient prouver qu'ils ne connaissaient pas la provenance des bois vendus. L'acquéreur est, en effet, puni nécessairement, attendu qu'il ne pouvait ignorer la défense faite par la loi d'acheter autrement que par voie d'adjudication publique les bois soumis au régime forestier, et qu'il a néanmoins traité clandestinement avec le fonctionnaire chargé de procéder à la vente. Les associés ont pu, au contraire, être trom-

pés par l'acquéreur, lequel n'a aucun caractère public, et ils ne sauraient alors être considérés comme ses complices nécessaires. — Meaume, p. 198, n° 97; Garnier-Dubourgneuf et Chanoine, p. 14 et 15.

500. — Il faudrait décider de même relativement au cessionnaire de l'adjudicataire s'il avait traité de bonne foi et ignoré que les bois cédés étaient soumis au régime forestier. Mais si l'acte de cession, en subrogeant le cessionnaire dans les droits de l'acquéreur, lui avait aussi fait connaître la manière dont les bois avaient été vendus, la peine prononcée par l'art. 18 devrait certainement lui être appliquée. Il serait, en effet, alors aux lieu et place de l'acquéreur clandestin et passible dès-lors de la même pénalité. Ici encore on devrait conséquemment aussi prononcer la nullité de la vente. — Mêmes autorités.

501. — Est de même annulée, quoique faite par adjudication publique, toute vente qui n'a point été précédée des publications et affiches prescrites par l'art. 17, ou qui a été effectuée dans d'autres lieux ou à un autre jour que ceux qui ont été indiqués par les affiches ou les procès-verbaux de remise de vente. Les fonctionnaires ou agens qui contreviendraient à ces dispositions sont condamnés solidairement à une amende de 1,000 à 3,000 fr., et une amende pareille est prononcée contre les adjudicataires en cas de complicité. — C. forest., art. 19.

502. — Sur l'observation d'un membre de la Chambre des pairs que la loi eût dû prononcer la nullité de la vente faite *à une autre heure* que celle indiquée par les affiches, le commissaire du roi fit observer que l'ordonnance de 1669 était muette sur ce point, ce qui n'était pas une réponse concluante, et il ajouta que l'observation étant juste, elle ne manquerait pas d'être prise en considération dans la rédaction de l'ordonnance.

503. — En effet, l'art. 84 prescrit la mention dans les affiches de l'heure à laquelle aura lieu l'adjudication. Cet article est ainsi conçu : « Les affiches indiquent le lieu, le jour et l'heure où il doit être procédé aux ventes, les fonctionnaires qui doivent les présider, la situation, la nature et la contenance des coupes, et le nombre, la classe et l'essence des arbres marqués en réserve. — Elles sont rédigées par l'agent supérieur de l'arrondissement forestier, approuvées par le conservateur et apposées, sous l'autorisation du préfet, à la diligence de l'agent forestier, lequel est tenu de rapporter les certificats d'apposition que les maires délivrent aux gardes ou autres qui les ont placardées. — Les préfets et sous-préfets emploient au surplus les autres moyens de publication qui sont à leur disposition. — Il est fait mention, dans les procès-verbaux d'adjudication, des mesures prises pour donner aux ventes toute la publicité possible. »

504. — Toutefois, comme l'indication de l'heure ne se trouve pas dans la loi, et que le Code, qui n'a pas prononcé la nullité de la vente pour cette infraction, n'a pas non plus conféré au gouvernement le droit de combler par ordonnance les lacunes que peut présenter sa pénalité, il faut reconnaître que l'inobservation de l'heure n'a pas de sanction contre les fonctionnaires. L'adjudication elle-même ne pourrait être déclarée nulle, la nullité d'un acte étant une véritable peine, mais il en serait différemment dans le cas où l'omission de l'heure serait le résultat d'un concert frauduleux entre les fonctionnaires et les adjudicataires. — Dufour, *Dr. admin. appliqué*, t. 1er, n° 465; Meaume, p. 199, n° 99; Duvergier, *Collect. des lois*, notes sur l'art. 19.

505. — Curasson (p. 174, notes) pense aussi que la vente faite à une heure différente de celle indiquée ne pourrait donner lieu qu'à des poursuites en dommages-intérêts contres les fonctionnaires, et que l'adjudicataire n'en serait responsable qu'en cas de fraude et de collusion.

506. — La peine prononcée contre l'adjudicataire par l'art. 18 diffère de celle édictée par l'art. 19, parce que, dans ce second cas, la complicité de l'adjudicataire n'est plus nécessaire et forcée comme dans le premier. Les tribunaux peuvent donc apprécier les élémens constitutifs de cette complicité, sans pouvoir toutefois modérer la peine. Les mots *en cas de complicité*, par lesquels finit l'article, ne laissent aucun doute sur cette interprétation. — Meaume, p. 200, n° 100; Curasson, t. 1er, p. 174.

507. — Rien ne s'oppose à ce que les adjudications de coupes aient lieu un dimanche ou un jour férié. Une ordonnance du conseil d'état du 4 nov. 1836 a décidé de plus que la vente ainsi faite était valable, bien qu'une clause insérée au cahier des charges permît de proroger d'un jour les délais fixés pour certains actes, dans le cas où ils doivent expirer un jour de fête légale. La loi ne déclarant pas le procès-verbal nul en pareil cas, on ne saurait suppléer une nullité qui est de droit étroit. — Meaume, p. 200, n° 101.

508. — « Il est fait, dans les affiches et dans les actes de vente des coupes extraordinaires, mention des ordonnances spéciales qui les ont autorisées. — Ord. d'exéc., art. 85. »

509. — En général, tous ceux à qui la loi ne l'interdit pas peuvent se rendre adjudicataires. (C. civ., art. 1594.) La loi a cru cependant devoir apporter certaines limitations à ce principe par les art. 1596, C. civ., et 713, C. procéd. Ces incapacités trouvent des dispositions analogues dans la législation forestière.

510. — Ne peuvent, dit l'art. 21, C. forest., prendre part aux ventes, ni par eux-mêmes, ni par personnes interposées, directement ou indirectement, soit comme parties principales, soit comme associés ou cautions : 1° les agens et gardes forestiers et les forestiers de la marine dans toute l'étendue du royaume, les fonctionnaires chargés de présider ou de concourir aux ventes et les receveurs du produit des coupes dans toute l'étendue du territoire où ils exercent leurs fonctions; — En cas de contravention, ils sont punis d'une amende qui ne peut excéder le quart ni être moindre du douzième du montant de l'adjudication, et ils sont en outre passibles de l'emprisonnement et de l'interdiction qui sont prononcés par l'art. 175, C. pén.; — 2° Les parens et alliés en ligne directe, les frères et beaux-frères, oncles et neveux des agens et gardes forestiers et des agens forestiers de la marine dans toute l'étendue du territoire pour lequel ces agens ou gardes sont commissionnés; — En cas de contravention, ils sont punis d'une amende égale à celle qui est prononcée par le paragraphe précédent; — 3° Les conseillers de préfecture, les juges, officiers du ministère public et greffiers des tribunaux de première instance, dans tout l'arrondissement de leur ressort; — En cas de contravention, ils sont passibles de tous dommages-intérêts, s'il y a lieu. — Toute adjudication qui serait faite en contravention aux dispositions du présent article doit être déclarée nulle.

511. — L'ordonnance de Philippe de Valois du 29 mai 1346 excluait déjà des ventes les parens des maîtres des eaux et forêts, les gentilshommes, les officiers du roi, les avocats et les ecclésiastiques.

512. — L'ordonnance de 1669 étendait jusqu'aux cousins-germains l'incapacité que le n° 2 de l'art. 21 restreint aux neveux, qu'un député, M. Reboul, a tenté inutilement de faire affranchir, ainsi que les oncles, de la prohibition. Les incapacités prononcées par cet article ont été combattues à la chambre des pairs comme trop étendues. La discussion les a fait maintenir.

513. — Les incapacités prononcées par le législateur sont fondées sur ce qu'un fonctionnaire doit uniquement chercher à bien remplir l'emploi que le gouvernement lui a confié sans chercher à profiter de sa position pour en tirer avantage. Aussi lui interdit-on des actes permis à toute autre personne, dans la crainte qu'il ne se trouve placé entre son devoir et son intérêt. — Meaume, t. 1er, p. 207, n° 107; Dufour, *Droit administr. appliqué*, n° 464.

514. — Il est incontestable au reste que l'art. 21 prononce une incapacité qui doit cesser avec les fonctions qui l'ont motivée.

515. — L'art. 21 établit trois classes d'incapables. La première frappe les agens forestiers, la seconde leurs parens ou alliés, la troisième les magistrats et greffiers composant les tribunaux qui peuvent être appelés à connaître des délits forestiers.

516. — Toute personne faisant partie de l'une de ces classes peut être condamnée à des dommages-intérêts en cas de contravention à l'art. 21. Ces dommages-intérêts seraient, aux termes de l'art. 1382, C. civ., basés principalement sur l'annulation de la vente, conséquence de leur participation. Il est bien entendu que la nullité ne porterait que sur l'adjudication des lots à la vente desquels aurait pris part la personne frappée d'incapacité. — Meaume, p. 208, n° 109.

517. — Il résulte d'une lettre du directeur général des forêts du 12 fév. 1829 (rapportée art. 4, p. 190, des *Réglemens forestiers* de Baudrillart), qui indique les motifs de l'exclusion des incapables de la troisième classe, que les juges de paix ne sont pas compris dans la prohibition.

518. — L'incapacité résultant de la parenté ou de l'affinité concerne seulement les parens et alliés des agens et gardes forestiers, et ne s'applique conséquemment pas aux parens et alliés des fonctionnaires chargés de présider et de concourir aux ventes ni aux receveurs du produit des coupes. Il est de principe en effet que les incapacités ne se suppléent pas. — Meaume, p. 208, n° 110.

519. — On doit reconnaître également que les peines prononcées contre les agens et gardes pourraient en certains cas atteindre leurs parens et alliés. Une présomption légale de fraude est en effet établie à l'égard des fonctionnaires forestiers qui participent à une adjudication. C'est là le motif qui leur fait appliquer, indépendamment de l'amende encourue, l'emprisonnement et l'interdiction édictés par l'art. 175, C. pén. Mais comme cette présomption n'existe point à l'égard des parens ou alliés incapables, ceux-ci n'encourent qu'une simple amende non pour s'être associés à une fraude, mais pour n'avoir tenu aucun compte d'une prohibition légale. Si cependant il était prouvé que ces incapables ont agi avec une intention frauduleuse, ont prêté sciemment leur concours à l'agent ou au garde, ils devraient alors être considérés comme complices et encourir la peine prononcée contre l'auteur principal. — Meaume, *eod. loc.*

520. — Le Code ne parlant que des alliés en ligne directe et n'écartant les parens collatéraux que jusqu'au degré d'oncle et de neveu, la prohibition de prendre part aux adjudications ne peut être appliquée aux oncles et neveux par alliance non plus qu'aux cousins-germains des gardes et agens. En effet, Baudrillart (*Commentaire de l'art. 21, C. forest.*) rappelle qu'une cour royale avait demandé que l'on étendît la prohibition aux oncles, neveux et nièces par alliance, mais que cette demande ne fut pas accueillie. — V. aussi Meaume, p. 209, n° 111.

521. — Le décès, même sans postérité, de la personne qui produisait l'alliance, ne faisait pas cesser l'incapacité. Ce point, à peu près constant en matière civile, est, d'après M. Meaume (p. 210, n° 112), applicable en matière forestière.

522. — S'il y a toujours défense absolue pour les agens forestiers de prendre part, directement ou indirectement, aux adjudications de coupes dans toute la France, cependant cette disposition est tempérée par l'art. 32 de l'ordonnance d'exécution, qui permet aux agens et gardes, propriétaires ou fermiers de forges, verreries et autres usines à feu, ou de scieries et autres établissemens destinés au travail des bois, de faire leurs approvisionnemens dans une autre conservation que celle où ils exercent leurs fonctions. Mais ces agens manqueraient à leurs devoirs si, au lieu d'employer les acquisitions ainsi faites à faire marcher leurs usines, ils faisaient le commerce de bois même acheté de seconde main. — Meaume, p. 211, n° 113.

523. — On ne pourrait considérer comme prenant part indirectement à l'adjudication l'incapable quelconque, désigné par l'art. 21, qui achèterait les bois nécessaires à ses besoins et à ceux de sa maison, dans le lieu même de la vente, et bien qu'ils provinssent de l'adjudication. Mais l'art. 21 serait inapplicable en pareil cas, ainsi que M. de Martignac le disait à la chambre des pairs en répondant à M. d'Argout; toutefois il reprendrait toute sa force, s'il y avait eu fraude, si le bois délivré par l'adjudicataire était le prix d'une complaisance coupable, ou si l'adjudication avait eu lieu dans l'intérêt de l'incapable ou par personnes interposées.

524. — L'interposition de personne dont parle l'art. 21 est une interposition de fait dont il faudrait rapporter la preuve. Elle résulterait, par exemple, d'un acte écrit par lequel une personne capable de se rendre adjudicataire aurait pris l'engagement d'acheter et d'exploiter la coupe pour le compte d'un incapable. Quelques auteurs ont nommé interposition de droit l'adjudication faite au parent ou allié d'un agent. Cette adjudication étant défendue par l'art. 21, l'interposition de personne n'a pas besoin d'être prouvée. Par cela seul qu'elle existe, l'adjudication est ici légalement présumée frauduleuse. — Meaume, p. 211, n° 114.

525. — Il ressort de la discussion qui a eu lieu entre M. de Martignac et M. d'Argout à la chambre des pairs sur la signification du mot *associé*, employé par l'art. 21, qu'un incapable, propriétaire d'actions dans une société anonyme ou en commandite, ne peut être regardé comme ayant indirectement participé à l'adjudication, qu'autant qu'il serait démontré qu'il a frauduleusement agi. On doit, hors ce dernier cas, considérer comme prenant part à l'adjudication les seuls gérans de la société.

526. — Quoique le cautionnement soit fourni après l'adjudication et par acte séparé, il entraînerait néanmoins, s'il émanait d'un incapable, l'application des peines prononcées par la loi et la nullité de l'adjudication, bien que l'interposition de personne ne fût pas positivement démontrée. C'est là, du reste, un cas qui ne doit se présenter que bien rarement. On ne peut guère supposer, en effet, qu'un receveur accepte jamais le cautionnement d'un incapable. — Meaume, p. 212, n° 116.

527. — Indépendamment des incapacités énon-

cées par l'art. 21, l'art. 6 du cahier des charges repousse les insolvables des adjudications, ainsi que nous l'avons vu. Le droit de statuer sur cette incapacité appartient au fonctionnaire chargé de présider aux opérations de l'adjudication.

528. — Ce fonctionnaire peut aussi se refuser à prononcer l'adjudication au profit d'un incapable. Mais si, d'une façon ou d'une autre, l'adjudication venait à être consommée, ce fonctionnaire, préfet ou autre, n'aurait pas qualité pour en prononcer l'annulation. Le pourrait-il comme magistat de l'ordre administratif? — Une décision ministérielle du 6 mai 1830, rapportée par M. Meaume (p. 213, no 119), l'a décidé affirmativement. Toutefois, cet auteur combat cette solution comme contraire aux principes sur la séparation des pouvoirs. « Il y a, d'ailleurs, ajoute-t-il, une raison péremptoire pour repousser la compétence du préfet dans le cas de l'art. 21 ; c'est que ce magistrat, étant rangé parmi les personnes incapables, il pourrait être appelé à prononcer contre lui-même l'annulation d'une vente à laquelle il aurait participé, ce qui est absurde. Il faut remarquer ensuite que les délits prévus par l'art. 21 sont de la compétence des tribunaux correctionnels. Or, ces tribunaux sont compétens pour prononcer l'annulation, comme conséquence du délit qui leur était déféré, même en l'absence de toute intervention de la part de l'administration forestière. On ne peut donc soumettre aux tribunaux administratifs une décision qui peut être souverainement jugée par les tribunaux ordinaires. »

529. — Il n'appartient pas aux tribunaux correctionnels de statuer à l'égard des incapables de la troisième classe, contre lesquels l'art. 21 prononce seulement des dommages-intérêts. — Meaume, p. 215, no 119, *in fine*.

530. — Toute association secrète ou manœuvre entre les marchands de bois ou autres, tendant à nuire aux enchères, à les troubler ou à obtenir les bois à plus bas prix, donne lieu à l'application des peines portées par l'art. 412, C. pén., indépendamment de tous les dommages-intérêts; et si l'adjudication a été faite au profit de l'association secrète ou des auteurs desdites manœuvres, elle est déclarée nulle. — C. forest., art. 22.

531. — L'art. 412, C. pén., prononce pour ce cas une amende de 100 à 5,000 fr., et un emprisonnement de quinze jours à trois mois.

532. — En défendant toute association secrète ou manœuvre tendant à nuire aux enchères, la loi n'a voulu prohiber que les manœuvres frauduleuses qu'emploieraient des monopoleurs qui s'associeraient pour accaparer les adjudications, en usant de dons ou promesses pour écarter la concurrence. Le législateur n'a pas entendu déroger, en ce qui concerne l'adjudication des bois, aux règles du droit commun sur les sociétés en participation. Ainsi, on devrait considérer comme licite la convention par laquelle plusieurs individus ayant besoin d'une même chose s'engageraient, pour ne pas enchérir les uns sur les autres, à l'acheter tous ensemble, ou par l'un d'eux, ou par une personne tierce. — Curasson, t. 1er, p. 133 et suiv.; Meaume, p. 221, no 125.

533. — Lors de la discussion à la chambre des députés, un membre (M. Devaux), fit même observer qu'il était très favorable aux adjudications d'admettre les comptes en participation, parce que cela favorise la réunion de plusieurs enchérisseurs qui ne pourraient individuellement se rendre adjudicataires d'une coupe. Et comme ce député manifestait la crainte de voir écarter ces enchérisseurs par la disposition de la loi, M. de Martignac expliqua que les mots *associations secrètes* devaient se traduire par ceux de *manœuvres frauduleuses tendant à nuire aux enchères* (chambre des députés, séance du 22 mars 1827). — Gagneraux, *C. forestier*, art. 22, no 1er.

534. — L'art. 22 n'est au surplus que la répétition des lois antérieures. La prescription la plus rigoureuse à cet égard est celle de l'art. 23, tit. 15, ord. 1669, conçu dans des termes bien plus étendus que ceux de l'art. du Code forestier. On peut encore consulter à cet égard l'art. 2 de la loi du 17 juill. 1791, relativement à la vente des biens nationaux; l'art. 27, tit. 2, de la loi du 22 juill. 1791, reproduit par l'art. 412, C. pén.; l'art. 10 de l'ord. du 7 oct. 1814, et l'art. 7 de celle du 10 déc. 1817.

535. — Il a été jugé que quand il intervient un traité entre des entrepreneurs de fournitures de traverses de bois pour un chemin de fer et des fournisseurs de bois de la marine, par lequel les premiers s'engagent à livrer à ceux-ci tous les bois à leur convenance dans les coupes à enchérir par eux, et à n'intéresser aucun tiers dans leurs opérations, tandis que, de leur côté, les derniers s'interdisent toute acquisition directe ou indirecte de bois dans les localités où les cotraitans entendraient opérer, un pareil traité est nul comme ayant pour objet de créer un monopole, et pour effet de détruire la liberté du commerce en écartant la concurrence. — *Colmar*, 14 août 1840 (t. 1er 1847, p. 564), Auvray c. Kœchlin. — V. conf. Meaume, t. 1er, no 122, p. 218.

536. — Aucune société ne peut être reconnue par l'administration qu'autant qu'elle a été, suivant le cahier des charges, clairement établie avant l'adjudication. — *Cons. d'état*, 28 nov. 1809, Goupil c. Cannel.

537. — L'association formée dans le but d'exploiter une forêt par l'abattage des arbres et la mise en vente du bois constitue, de la part d'acquéreurs étrangers à la propriété du sol, une société commerciale, dont les contestations doivent être soumises à des arbitres forcés. — *Bastia*, 4 avr. 1843 (t. 1er 1844, p. 572), Bodoy c. Vico.

538. — Les rédacteurs du premier projet du Code avaient pensé qu'il convenait de faire régler par la loi les conditions suivant lesquelles on admettrait les sociétés à concourir aux adjudications. Ils avaient, en conséquence, fait suivre l'art. 22 d'une disposition ainsi conçue : « Les adjudicataires ne pourront avoir chacun plus de trois associés; ils seront tenus de les faire connaître, dans les cinq jours après l'adjudication, au secrétariat de la sous-préfecture, où ils déposeront une expédition de l'acte d'association; le tout sous peine de 1,000 fr. d'amende. »

539. — Cette disposition, qui était empruntée à l'art. 24, tit. 15, ord. 1669, n'a pas été adoptée. « On a pensé, dit M. Meaume, p. 222, no 126, que, dans le cas où il paraîtrait nécessaire de limiter le nombre des associés, cette restriction pouvait faire l'objet d'une clause du cahier des charges. Une semblable disposition est, en effet, purement réglementaire et d'administration, et n'est pas du domaine de la loi; elle rentre manifestement dans les attributions de l'autorité chargée de déterminer les conditions de la vente. Cette autorité doit être juge de l'opportunité d'une semblable clause, qui peut, selon les circonstances, être plus nuisible que favorable à l'accroissement des revenus forestiers. — V. conf. Baudrillart, notes sur l'art. 22, C. forest.

540. — Curasson (t. 1er, p. 182 et 183) enseigne au contraire que la suppression de cette disposition peut faire naître des doutes sur la question de savoir si la défense portée par le cahier des charges, ne s'appuyant sur aucune disposition du Code forestier, et étant contraire au principe de la liberté d'industrie, ne doit pas être regardée comme non avenue. Mais, répond M. Meaume, *loc. cit.*, « comment l'état vendeur n'aurait-il pas le droit de stipuler à son profit toutes les conditions qui ne sont pas contraires aux lois et aux bonnes mœurs? Comment interdirait-on à un particulier d'imposer à celui avec lequel il traite l'obligation de limiter le nombre de ses associés? L'administration ne contraint personne à acheter les coupes des bois soumis au régime forestier. C'est aux acquéreurs à examiner si les conditions proposées sont acceptables. » Cet auteur ajoute que si l'administration a, depuis quelques années, rayé cette clause de ses cahiers de charges, cela prouve seulement que la fixation du nombre des associés avait pu préjudicier, en certain cas, au succès des adjudications, mais qu'elle n'en conserve pas moins le droit de la rétablir quand elle le croit utile. — V. aussi *Cass.*, 22 avr. 1837 (t. 1er 1837, p. 558), Thiriet; *Nancy*, 12 fév. 1840 (t. 1er 1847, p. 138), Collot.

541. — La poursuite du délit d'association secrète appartient au ministère public seul pour l'application de la peine. C'est là, en effet, un délit prévu déjà par la loi commune et commis d'ailleurs en dehors des forêts. Or, aux termes de l'art. 159, C. forest., l'administration et ses agens n'ont droit de poursuivre que la réparation des délits et contraventions commis dans les bois et forêts soumis au régime forestier. Mais comme le délit d'association secrète entraîne la nullité de l'adjudication, l'administration forestière peut conclure devant les tribunaux correctionnels à la réparation civile du dommage que cause à l'état l'annulation de la vente. — Meaume, p. 216, no 121.

542. — L'art. 22, C. forest., en renvoyant pour la peine à l'art. 412, C. pén., a implicitement autorisé les tribunaux à reconnaître, dans ce cas, l'existence de circonstances atténuantes, et ce nonobstant l'art. 203, C. forest., qui ne doit s'entendre que des infractions dont la peine est textuellement écrite dans le Code forestier. — *Nancy*, 12 fév. 1840 (t. 1er 1847, p. 138), Collot; — Conf. Meaume, p. 220, no 124.

543. — Le délit est caractérisé et la peine doit être prononcée bien que les manœuvres frauduleuses n'aient pas réussi, et que les associés n'aient pas été déclarés adjudicataires. La loi condamne en effet toute manœuvre *tendant* à nuire aux enchères. — *Cass.*, 19 nov. 1841 (t. 1er 1842, p. 216), Viconte et Beudon; 12 mars 1841 (t. 2 1841, p. 360), Rigault; — Meaume, p. 219, no 123. — V. ENTRAVE A LA LIBERTÉ DES ENCHÈRES.

544. — *Déclaration de command.* — On peut dans une adjudication enchérir pour un autre, mais à condition de faire la déclaration de command dans le délai prescrit par la loi. Autrement, ce ne serait qu'une cession qui n'amènerait pas la décharge du premier adjudicataire. — Curasson, t. 1er, p. 184, no 2.

545. — Cette cession serait soumise au droit proportionnel d'enregistrement, tandis que la déclaration de command légalement acceptée n'entraînerait aucun droit de mutation pour l'enchérisseur, dans le cas même où le command serait insolvable. — V. Décisions ministérielles des 18 pluviose an X et 12 therm. an XII, et l'art. 3 du cahier des charges, portant que : « La déclaration de command et l'acceptation, étant insérées dans le même procès-verbal, ne donneront lieu à aucun droit particulier. »

546. — D'après la loi du 16 oct. 1791, un délai de six mois était accordé pour faire la déclaration de command en cas d'adjudication d'un bien national. Quant aux ventes ordinaires, la loi du 22 frim. an VII exige que l'adjudicataire signifie dans les vingt-quatre heures la déclaration de command. De son côté, l'art. 709, C. procéd., accorde trois jours à l'avoué enchérisseur pour les adjudications faites par autorité de justice. Mais, en matière forestière, aucune déclaration de command n'est admise si elle n'est faite immédiatement après l'adjudication et séance tenante. — C. forest., art. 23.

547. — Le command déclaré ne peut lui-même en élire un autre. — Avis cons. d'état, 30 janv. 1809. — Bien qu'aux termes du même avis du conseil d'état, il ne puisse être élu pour command qu'un seul individu, on peut cependant déclarer command au profit d'une aggrégation d'individus telle qu'une compagnie de commerçans, une commune, un établissement public. — Décr. 12 mai 1809.

548. — L'acceptation du command déclaré après l'adjudidation d'une coupe de bois est nécessaire pour lier l'adjudicataire envers l'administration. — *Cass.*, 26 oct. 1810, Heuseler.

549. — Selon M. Gagneraux (*C. forest.*, art. 23, no 2), la déclaration de command doit être notifiée au receveur de l'enregistrement ou enregistrée dans le délai de vingt-quatre heures de l'adjudication. — L. 28 avr. 1816, art. 44, no 3.

550. — Mais si la déclaration de command était insérée dans l'acte même d'adjudication avant la signature de l'adjudicataire, elle n'aurait pas besoin d'être notifiée dans les vingt-quatre heures, et ne donnerait lieu à la perception d'aucun droit particulier d'enregistrement. — Délib. de l'enreg. 26 juin 1816; — Gagneraux, *C. forest.*, art. 23, no 4.

551. — De ce que la déclaration de command doit être faite immédiatement après l'adjudication et pendant la séance, il en résulte que le président de la vente a seul qualité pour prononcer sur son admissibilité. En effet, il est évident que le président doit avoir qualité pour apprécier souverainement la solvabilité de la personne inconnue que la déclaration, si elle est admise, a pour effet de substituer à l'adjudicataire, aussi bien qu'il a le droit d'apprécier la solvabilité de ce dernier. — Meaume, p. 223, no 127.

552. — Aucun délai n'étant fixé par la loi au command pour accepter la déclaration faite à son profit (V. ENREGISTREMENT, no 3585), le cahier des charges porte, art. 7, que « si le command a les qualités nécessaires pour être admis, et si l'adjudicataire présente son mandat immédiatement, l'acceptation du command n'est pas nécessaire; mais que si ce dernier n'a pas donné de mandat, il sera tenu d'accepter par le procès-verbal même d'adjudication, et toujours séance tenante. »

553. — La preuve qu'un individu a accepté la déclaration de command faite en sa faveur par l'adjudicataire d'une coupe de bois n'est pas suffisamment établie par la réunion de ces circonstances qu'il a engagé les cautions à signer, payé le décime pour franc, souscrit des traites en paiement du prix et fait exploiter la coupe. — *Cass.*, 26 oct. 1810, Heuseler.

554. — *Cautions.* — L'adjudicataire doit fournir des cautions : le soin de fixer leur nombre ainsi que le délai de la présentation est abandonné par la loi à l'administration. — Curasson, t. 1er, p. 185.

555. — Aussi le cahier des charges porte-t-il, art. 9 : « chaque adjudicataire est tenu de donner, dans les cinq jours qui suivent celui de l'adjudication, une caution et un certificateur de caution reconnus solvables, lesquels s'obligent solidairement avec l'adjudicataire, et par corps, à toutes les char-

ges et conditions de l'adjudication et au paiement des dommages, restitutions et amendes que pourra encourir l'adjudicataire. »

556. — « Les cautions ou certificateurs de cautions sont reçus du consentement du receveur général du département ou de son fondé de pouvoir, et en présence du receveur des domaines, pour les coupes de bois domaniaux et les coupes extraordinaires des bois des communes et établissemens publics, et du consentement des maires et des receveurs de ces communes, et des administrateurs et receveurs des établissemens publics pour les coupes ordinaires. Les actes en sont passés au secrétariat du lieu de la vente et à la suite du procès-verbal d'adjudication. » — Cahier des charges, art. 10.

557. — D'après MM. Coin-Delisle et Frédérich, les incapables dont parle l'art. 21 peuvent être certificateurs de cautions, attendu que la certification de caution ou le sous-cautionnement n'a pas pour but de donner à l'administration une garantie de la solvabilité de l'adjudicataire, mais de la caution. Cette opinion est repoussée par M. Meaume (p. 212, n° 117) comme s'appuyant sur un motif inexact. L'art. 9 du cahier des charges stipule, en effet, la solidarité entre l'adjudicataire, la caution et le certificateur. L'art. 28, C. forest., leur est également applicable. Il n'est donc pas possible d'établir de différence entre les garans. Le cautionnement solidaire a pour effet d'imposer aux uns et aux autres les mêmes obligations, d'où résulte que les certificateurs ne peuvent pas plus que les cautions prendre part aux adjudications.

558. — Lorsque l'adjudicataire ne fournissait pas caution dans le délai prescrit, l'adjudication était mise, par l'ord. de 1669, à la charge du précédent enchérisseur. Celui-ci pouvait, de son côté, renoncer à la vente, et alors tous les précédens enchérisseurs étaient substitués les uns aux autres dans l'ordre de leurs enchères, jusqu'à ce que la vente eût été acceptée par l'un d'eux, et les enchérisseurs précédens étaient tenus, en ce cas, de payer leur folle-enchère.

559. — Mais le désistement ou la déchéance de l'adjudication devait, pour faire remonter la vente au précédent enchérisseur, et ainsi de suite, être notifié dans un délai prescrit. — *Cass.*, 6 août 1817, Beaudouin.

560. — Les dispositions de l'ord. de 1669 ayant été reconnues contraires aux principes, et pouvant, dans leur exécution, prêter à des abus, n'ont pas été reproduites par la loi nouvelle. L'enchérisseur dont la mise a été couverte est dégagé d'une obligation purement conditionnelle. Le dernier enchérisseur ou command est irrévocablement lié par le contrat, et s'il ne donne pas, dans le délai prescrit, les sûretés exigées, il est procédé à une nouvelle adjudication.

561. — Faute par l'adjudicataire, dit en effet l'art. 24, de fournir, dans le délai prescrit, les cautions exigées par le cahier des charges il est déclaré déchu de l'adjudication par un arrêté du préfet, et il est procédé, dans les formes ci-dessus prescrites, à une nouvelle adjudication de la coupe, à sa folle-enchère.

562. — L'adjucataire déchu est tenu par corps de la différence entre son prix et celui de la revente, sans pouvoir réclamer l'excédant s'il y en a. — Même article.

563. — « Outre le paiement de la différence en moins, et même en cas d'excédant, l'adjudicataire déchu est tenu de payer les frais de la première adjudication, à raison de 1 1/2 o/o sur le prix principal. » — Cahier des charges, art. 10.

564. — Il n'est pas besoin de jugement pour exercer la contrainte par corps à laquelle l'adjudicataire déchu est tenu pour le paiement de la différence entre son prix et celui de la revente. — L'art. 28, C. forest., accorde, en effet, force d'exécution parée au procès-verbal, même pour l'emploi de la contrainte par corps, quand elle est exercée pour le paiement du prix ou de ses accessoires. Or, comme ici les poursuites ont lieu en vertu de cet acte, et pour obtenir le paiement d'une partie du prix, tout jugement est conséquemment inutile. — V. Meaume, p. 225, n° 131, où il cite, à la note, une décision ministérielle rendue en ce sens, le 28 juin 1828, et insérée au t. 4, p. 83, *Des régl. forest.*, de Baudrillart.

565. — Le Code forest. de 1827 autorisait la surenchère. Cette disposition a été abrogée par la loi du 4 mai 1837, qui a remplacé l'art. 25 par le suivant : « Toute adjudication sera définitive du moment où elle sera prononcée, sans que, dans aucun cas, il puisse y avoir lieu à surenchère. »

566. — Déjà, en vertu de l'ordonnance du 23 juin 1830, cet art. 25 avait cessé d'être applicable aux adjudications mentionnées aux art. 102 et 103 de l'ordonnance d'exécution.

567. — Le législateur a été amené à supprimer la faculté de surenchérir à raison du dommage qu'en éprouvait l'administration. Il arrivait, en effet, que, lors de l'adjudication, les marchands de bois pouvaient s'entendre, et que, dans le cas même où ils ne s'accordaient pas immédiatement, les plus habiles, sachant qu'ils pourraient surenchérir plus tard, évitaient de prendre part à la vente. Alors, le concert devenait plus facile : ou c'était l'adjudicataire qui se trouvait amené à donner une somme à ses concurrens pour éviter leur surenchère, ou c'étaient ces derniers qui se faisaient céder le marché de l'adjudicataire en lui payant le prix de son silence. — Dufour, *Droit adm. appliqué*, n° 467; Meaume, p. 226, n° 132.

568. — L'administration avait déjà voulu remédier au mal par l'ordonnance du 26 nov. 1836, qui, nous l'avons vu, permettait l'adjudication au rabais ou sur soumissions cachetées; mais comme l'ordonnance ne pouvait modifier la loi, le droit de surenchère, si favorable aux associations secrètes, continuait de subsister. Le gouvernement, pour extirper entièrement le mal, proposa, et les chambres adoptèrent, la loi du 4 mai 1837, qui abolit le droit de surenchère tout en laissant à l'administration la faculté de choisir le mode d'adjudication le plus convenable. — Meaume, *ibid.*

569. — Jugé, avant les modifications faites au Code forest., que l'adjudicataire de coupe de bois de l'état peut revendre cette coupe dès le jour même de l'adjudication, et que son droit, même à l'époque où il était résoluble par la voie de la surenchère jusqu'au lendemain de l'adjudication, n'en était pas moins cessible et transmissible. — *Grenoble*, 2 juill. 1830, Ferlay c. Mathieu.

570. — La loi du 4 mai 1837 a aboli, indépendamment de l'art. 25, l'art. 26, C. forest., qui était ainsi conçu : « Toutes contestations, au sujet de la validité des surenchères, seront portées devant les conseils de préfecture. »

571. — Elle l'a remplacé par la disposition suivante : « Les divers modes d'adjudication seront déterminés par une ordonnance royale : ces adjudications auront toujours lieu avec publicité et libre concurrence. »

572. — C'est en vertu de la loi du 4 mai 1837 et de l'ord. du 26 nov. 1836 que l'administration, depuis plusieurs années, indique dans ses cahiers des charges les trois modes suivans d'adjudication : 1° adjudication au rabais ; 2° adjudication aux enchères et à l'extinction des feux ; 3° adjudication sur soumissions cachetées. L'art. 2 du cahier des charges ordonne de tenter d'abord l'adjudication au rabais. — Meaume, p. 227, n° 133. — L'art. 87 de l'ord. du 1er août 1827 n'autorisait, avant ces modifications, comme moyen d'effectuer l'adjudication, que les enchères par extinction de feux.

573. — « Le procès-verbal d'adjudication est signé sur-le-champ par tous les fonctionnaires présens et par l'adjudicataire ou son fondé de pouvoirs ; et dans le cas d'absence de ces derniers, ou s'ils ne veulent ou ne peuvent signer, il en est fait mention au procès-verbal. » — Ord. du 1er août 1827, art. 91.

574. — On doit regarder comme seul adjudicataire celui qui a signé le procès-verbal d'adjudication d'une coupe de bois appartenant à l'état. — *Cons. d'état*, 28 nov. 1809, Goupil c. Caunel.

575. — Un procès-verbal d'adjudication fait foi jusqu'à inscription de faux, et aucune preuve ne peut être admise contre et outre son contenu. — *Cons. d'état*, 17 juill. 1822, Arnould Sevart.

576. — La clause insérée avant la vente, à la marge de la minute d'un procès-verbal d'adjudication, quoiqu'elle ne soit ni signée ni paraphée d'aucune des parties, est néanmoins obligatoire pour l'adjudicataire lorsqu'elle se trouve aussi dans le cahier des charges. — *Cons. d'état*, 16 janv. 1822, Thébaut.

§ 3. — *Compétence en matière d'adjudication de coupes de bois.*

577. — La compétence en matière d'adjudication de coupes est tantôt administrative et tantôt judiciaire.

578. — Ainsi, toutes les contestations qui peuvent s'élever pendant les opérations d'adjudication, soit sur la validité desdites opérations, soit sur la solvabilité de ceux qui ont fait des offres avec leurs cautions, sont décidées immédiatement par le fonctionnaire qui préside la séance d'adjudication. — C. forest., art. 20, modifié par la loi du 4 mai 1837.

579. — L'ancien art. 20, C. forest., parlait seulement des contestations sur la validité des *enchères*; mais comme, par la loi du 4 mai 1837 (V. *suprà* n° 572), des modes d'adjudication autres que celui des enchères ont été admis, cet article ne se trouvait plus en harmonie avec le système nouveau, il fallait donc employer un terme générique qui pût s'appliquer à tous les modes, et c'est là ce que fait le nouvel article, en disant *sur la validité desdites opérations*. Cette modification, nécessaire pour mettre en harmonie toutes les dispositions de la loi, a été introduite par la commission de la chambre des députés. — Duvergier, *Coll. des lois*, note sur la loi du 4 mai 1837.

580. — La rapidité avec laquelle il est procédé aux opérations auxquelles se réfère l'art. 20, et avec laquelle les adjudications doivent être prononcées, exigeait que toute contestation sur ce sujet pût être décidée incontinent pour ne pas arrêter la marche des opérations, et cette décision immédiate ne pouvait être attribuée qu'au fonctionnaire qui préside la vente. — Gagneraux, *C forest.*, art. 20, n° 1er. — Ajoutons, avec M. Dufour (*Dr. admin. appliq.*, n° 471), que la nature des difficultés qui sont susceptibles de s'élever, se réduisant le plus souvent à de simples questions de fait, seront toujours plus justement et plus convenablement résolues par le fonctionnaire devant lequel l'opération est faite que par aucune autre autorité.

581. — Lors de la discussion du Code forestier à la chambre des pairs, un membre avait demandé qu'on rétablît dans la loi le recours à l'autorité supérieure qu'admettait le premier projet du Code, et qui en avait été retranché. Mais M. de Martignac fit observer qu'il était indispensable de s'en remettre à la prudence et à l'intégrité du fonctionnaire établi pour présider la vente, attendu qu'en matière d'adjudication tout était urgent ; que rien ne pouvait rester en suspens ; que tout devait être prompt et définitif, la vente une fois consommée étant irrévocable. — La vérité incontestable de ces motifs détermina le rejet de la proposition.

582. — L'art. 24 du Code attribue aussi au préfet le droit de prononcer la déchéance de l'adjudicataire, dans le cas où il ne fournirait pas dans le délai prescrit les cautions exigées par le cahier des charges. — V. *suprà* n° 561.

583. — Les attributions ainsi conférées au préfet se justifient en ce qu'il n'y a là rien de sujet à contestation, en ce que c'est seulement un fait qu'il s'agit de constater; enfin, en ce qu'il y a nécessité de procéder immédiatement et sans retard à une nouvelle adjudication de la coupe à la folle-enchère de l'adjudicataire déchu. — Dufour, n° 472.

584. — Se basant sur ce qu'on ne peut dans ce cas invoquer les mêmes raisons d'urgence que dans celui qui précède, Curasson (t. 1er, p. 195) croit que l'adjudicataire pourrait réclamer contre les arrêtés du préfet devant l'autorité supérieure. Il voit même dans ces décisions de véritables jugemens contre lesquels peut former opposition la partie qui n'aurait pas été défendue, et dont elle peut appeler devant le conseil d'état, dans le délai de trois mois à partir de la signification de l'arrêté, lorsque la décision a été contradictoirement rendue. Mais il ajoute toutefois qu'il est difficile que le recours contre une décision qui ne doit porter que sur la déclaration d'un fait puisse jamais être fondé.

585. — Mais il résulte incontestablement de la discussion qui a eu lieu à la chambre des pairs que les décisions des préfets, sous-préfets, maires, présidens des adjudications, sont sans appel ; néanmoins, quant aux déchéances prononcées par le préfet, le recours au conseil d'état ne nous paraît pas pouvoir être refusé contre une décision très simple sans doute puisqu'elle se borne à constater l'absence de caution, mais qui, portant atteinte à un droit acquis à celui qui a été déclaré adjudicataire, nous semble, dès-lors, rentrer dans le contentieux administratif.

586. — La compétence de l'administration étant tout exceptionnelle, c'est aux tribunaux qu'appartient exclusivement la connaissance de toutes les contestations que la loi n'a pas spécialement attribuées à l'autorité administrative. — Curasson, p. 195.

587. — En effet, depuis la suppression des grandes maîtrises des eaux et forêts, les tribunaux civils ont été seuls appelés à prononcer sur les contestations relatives à la coupe et la vente des bois. — *Cons. d'état*, 12 avr. 1811, Luet c. Lemire ; 6 mars 1816, Bernard ; 11 déc. 1814, Baudoin c. Cornisset-Després ; 17 nov. 1819, Champin c. Champard ; 28 fév. 1828, Guisse ; *Cass.*, 24 juin 1837 (t. 1er 1838, p. 566), Girod ; 6 juill. 1837 (*ibid.*, p. 566), Bonjour ; — Cormenin, *Dr. admin.*, v° *Bois*, t. 1er, p. 280 et 282 ; Chevalier, *Jurispr. admin.*, v° *Bois et forêts*, t. 1er, p. 60 ; Magnitot et Delamarre, v° *Bois*, t. 1er, p. 124 ; Meaume, p. 215, n° 119, *in fine*.

588. — De même, toutes les contestations qui peuvent s'élever soit sur les adjudications de bois domaniaux ou communaux, soit sur le paiement du prix, l'étendue et les effets de ces adjudications,

sont de la compétence des tribunaux.—*Cons. d'état*, 18 nov 1818, Thiéry; 24 déc. 1818, Bridame; 7 avr. 1819, Brocard;—Chevalier, *Jurispr. admin.*, vo *Bois et forêts*, t. 1er, p. 60.

589 — Dès-lors, un préfet n'a pu, sans excès de pouvoir, décider qu'un fournisseur des bois de la marine ne pouvait pas exiger d'un particulier la livraison des bois marqués du marteau de la marine royale, pour ne l'avoir pas prise dans les délais de l'adjudication. — *Cons. d'état*, 17 nov. 1819, Champin c. Champard.

590. — Avant le Code forestier, les tribunaux ordinaires étaient également seuls compétens pour connaître des contestations élevées, soit sur l'adjudication des coupes de bois domaniaux, soit sur le prix des adjudications. — Ord. 6 mars 1816, 12 avr. 1811, 17 avr. 1813, 11 déc. 1814, 18 nov. 1818, 24 déc. 1818, 7 avr. 1819, 6 mars 1816; — Cormenin, *Dr. admin.*, vo *Bois*.

591. — Il en était de même des questions relatives à l'interprétation du cahier des charges. — *Cass.*, 10 janv. 1806, Aubé.

592. — Ainsi, c'est devant eux que devait être portée la contestation relative à l'exécution des clauses d'une adjudication de coupe de bois faite par l'administration. — *Cons. d'état*, 10 août 1813, Pelard de Champ-Robert.

593. — En conséquence, lorsque, dans une exploitation de plusieurs années, d'après un martelage et un balivage qui en devaient être faits postérieurement, en vertu des clauses d'un contrat renfermant des conventions et des charges réciproques, il s'élève des contestations sur le mode ou sur l'étendue de la jouissance qu'a pu exercer l'adjudicataire, et sur les droits qu'il prétend faire dériver de son bail, les délits dont il est inculpé dépendent essentiellement de la question de savoir si les faits qui lui sont reprochés étaient légitimes d'après les clauses du bail. Dès lors, le tribunal correctionnel doit renvoyer devant le tribunal civil cette question préjudicielle, qui a pour objet l'interprétation d'un contrat et la fixation des obligations et des droits qui en résultent. — *Cass.*, 2 messid. an XIII, Parent-Lagarenne.

594. — Les contestations relatives à l'adjudication d'une coupe de bois domaniaux faite en 1814, par une puissance étrangère, au profit d'un particulier, sont, de même, de la compétence des tribunaux.— *Cons. d'état*, 18 nov. 1818, Thiéry.

595. — Ils sont également seuls compétens pour statuer sur la question de savoir si le tiercement fait sur l'adjudication de la coupe d'un bois domanial est régulier et valable. — *Cons. d'état*, 19 août 1813, Angevin c. Gallot; — Chevalier, *Jurispr. admin.*, vo *Bois*, t. 1er, p. 60.

596. — Mais il ne leur appartient pas de déterminer les avantages, les inconvéniens ou les abus résultant d'une coupe dans un bois national. — *Cass.*, 13 déc. 1810, Borghi.

597.—Depuis le Code forestier, on devrait encore décider de même dans ces différens cas. M. Meaume (p. 204, no 108) enseigne, en effet, que le législateur, en n'indiquant pas quels tribunaux sont compétens pour connaître des difficultés soulevées par l'interprétation des clauses du procès-verbal d'adjudication, a voulu confirmer la jurisprudence antérieure du conseil d'état, qui s'était toujours prononcé pour la compétence des tribunaux civils. — Baudrillart (*Dict. des eaux et forêts*, vo *Adjudication*) professe la même opinion, qu'il induit de ce que l'art. 2, tit. 1er, ord. 1669, attribuait ces sortes de contestations aux maîtrises, dont la juridiction a été remplacée par celle des tribunaux de première instance. — Ce point est encore consacré par une décision ministérielle du 14 avr. 1828 (*Régl. forest.*, t. 4, p. 49) et une lettre de l'administration des forêts du 31 juin 1818. — *Régl. forest.*, t 2, p. 760.

598. — C'est aussi aux tribunaux qu'il appartient de décider quand la personne au nom de laquelle une adjudication a été faite doit être considérée comme interposée. — Curasson, t. 1er, p. 176.

599. — Mais si la contestation portait uniquement sur la validité des formes de la vente, la connaissance en appartiendrait aux conseils de préfecture. — Mangin, *De l'action publique*, t. 1er, p. 393; Meaume, p. 205, no 106, no 6; p. 215, no 119.

600. — Ces conseils seraient encore compétens si la difficulté portait sur l'existence et la réalité d'un fait dont la constatation résulte, soit des actes administratifs antérieurs à la vente, soit du procès-verbal même d'adjudication. — Meaume, *loc. cit.*

601.—Ainsi, lorsque l'adjudicataire d'une coupe de bois, prévenu d'avoir abattu des arbres réservés, soutient que des tilleuls qui sont restés debout ont été compris au procès-verbal d'adjudication comme faisant partie de la réserve sous la désignation de baliveaux modernes, cette défense, qui rentre dans l'interprétation de l'acte d'adjudication, présente une véritable question préjudicielle étrangère aux attributions de la police correctionnelle.—*Cass.*, 28 mars 1806, Dupuis c. Hautefeuille.

602.—C'est également à raison de ce principe que la cour de Cassation a décidé que les conseils de préfecture doivent connaître de la question de savoir si les adjudicataires peuvent s'associer au nombre limité fixé par le cahier des charges lorsque cet acte indique un minimum d'associés.— *Cass.* (dans ses motifs), 22 avr. 1837 (t. 1er 1838, p. 558), Thiriet. — V. conf. Meaume, t. 1er, no 186, p. 205.

603.—Jugé aussi que les tribunaux ne peuvent ordonner une enquête ayant pour but l'examen et la vérification de faits constatés par des procès-verbaux d'assiette, de balivage et de martelage.— *Cass.*, 18 août 1836 (t. 1er 1837, p. 531), Vieu.

604. — Toutes les fois qu'en n'accomplissant pas les règles fixées pour les adjudications, il a été commis un délit ou une contravention passible d'une peine quelconque, l'affaire doit être déférée aux tribunaux correctionnels. Il leur appartient aussi dans ce cas de prononcer la nullité établie par la loi et qui se trouve jointe à une autre pénalité.—Curasson, p. 196.

605. — On a contesté cependant aux tribunaux correctionnels le droit de prononcer la nullité de l'adjudication, et, par suite, d'accorder des dommages-intérêts. Ce droit, prétendait-on, n'appartient qu'aux tribunaux administratifs. C'est ce qu'avait reconnu la cour de Colmar, par arrêt du 22 fév. 1837. Mais cet arrêt a été cassé par celui du 22 avr. même année, qui a jugé que les tribunaux correctionnels, saisis de la connaissance du délit d'association secrète et de manœuvres ayant pour but d'écarter des enchères de coupes de bois, les amateurs doivent, outre les peines déterminées par la loi, prononcer la nullité de l'adjudication, alors qu'elle a eu lieu au profit de ceux qui se sont rendus coupables de ce délit. Il n'est pas besoin que le ministère public conclue expressément à cette annulation : il suffit qu'il demande l'application des dispositions de la loi en vertu desquelles elle doit être prononcée. — *Cass.*, 22 avr. 1837 (t. 1er 1837, p. 558), Thiriet.

606.—La cour de Nancy s'est rangée à la doctrine de la cour de Cassation, en décidant que la nullité de l'adjudication qui a eu lieu au profit d'une association secrète et frauduleuse fait partie de la peine dont sont passibles ceux qui contreviennent à l'art. 22, C. forest.; que dès-lors, c'est aux tribunaux chargés de la répression du délit et non à l'autorité administrative qu'il appartient de prononcer cette nullité; et qu'il en doit être ainsi, bien que le ministère public n'ait pris aucune réquisition relativement à cette annulation, son silence ne pouvant enlever aux tribunaux le droit d'appliquer une pénalité que la loi prononce en termes impératifs. — *Nancy*, 12 fév. 1840 (t. 1er 1847, p. 138), Collot.

607. — Le conseil d'état a déclaré, de son côté, que dans le cas où le voisin d'un adjudicataire de coupe de bois national se plaint que celui-ci a dépassé les limites de son adjudication, le conseil de préfecture est compétent pour déterminer ces limites, mais que c'est aux tribunaux seuls qu'il appartient de statuer sur les dommages-intérêts. — *Cons. d'état*, 3 mai 1810, Ravier c. Lapierre.

608. — Dans tous les cas, comme dans celui qu'a prévu le § 3, art. 21, C. forest., où la loi déclare l'adjudication nulle avec dommages-intérêts, sans appliquer de peine, c'est aux tribunaux civils qu'il appartient de connaître de l'affaire. La compétence des tribunaux correctionnels est, en effet, limitée aux cas où il y a délit, et ce n'est qu'accessoirement et en prononçant une peine qu'ils peuvent statuer sur la nullité et les dommages-intérêts. — Curasson, t. 1er, p. 197.

609.—C'est ainsi qu'il a été jugé que, quand une coupe d'arbres dans une forêt, par suite d'une adjudication précédée d'un martelage et d'un balivage, présente par elle-même le caractère d'un délit indépendant de toute contestation civile et dont le jugement ne dépend que de la preuve matérielle du fait, le tribunal correctionnel est seul compétent pour en connaître. — *Cass.*, 12 messid. an XIII, Parent-Lagarenne; — Curasson, t. 1er, p. 197.

610. — Toutefois, comme les tribunaux correctionnels peuvent et doivent juger les faits qui leur sont soumis accessoirement à un délit de leur compétence, lorsque ces faits peuvent être appréciés par des expertises ou autres moyens étrangers à une interprétation d'actes ou de conventions, il en résulte que, quand un adjudicataire inculpé d'avoir fait couper des arbres dépendant d'une lisière réservée, se borne à soutenir que les arbres qu'il a abattus ne faisaient point partie de cette lisière, le tribunal correctionnel a le droit de faire vérifier par des experts le fait allégué, qui ne donne lieu à l'interprétation d'aucun acte, et qui ne présente point une question préjudicielle.—*Cass.*, 3 nov. 1810, Reculard; —Curasson, t. 1er, p. 198.

611.—Un préfet ne peut, sans excès de pouvoir, ordonner l'adjudication de la coupe d'un bois d'une commune, nonobstant la réclamation d'un particulier qui s'en prétend propriétaire. Les tribunaux civils, saisis de la question de propriété, peuvent ordonner pendant le litige toutes les mesures de conservation et d'administration pour le bois et pour les fonds provenus de la vente. — *Cons. d'état*, 1er sept. 1807, Magnan c. comm. de Saint-Christ.

612. — Lorsqu'un adjudicataire de coupes de bois, tombé en faillite, se trouve débiteur envers l'état, non des traites de coupes de bois qui ont été acquittées, mais de traites particulières trouvées dans la caisse du receveur général en débet, c'est aux tribunaux qu'il appartient de prononcer sur les effets que doit avoir, relativement au trésor, la vente des meubles saisis par lui sur le failli. — La décision du ministre qui ordonne de rapporter à la masse le montant des traites particulières encaissées par le trésor n'y fait point obstacle. — *Cons. d'état*, 2 juill. 1828, Mesmer et Vassal.

613. — En effet, en matière d'adjudication de bois, les décisions du ministre des finances ne sont que de simples instructions données aux agens de l'administration et ne font point obstacle à ce que les parties se pourvoient devant l'autorité judiciaire. — *Cons. d'état*, 28 fév. 1828, Guisse.

614. — Ainsi, les décisions ministérielles qui déclarent un adjudicataire non libéré par le paiement qu'il a fait ne peuvent être regardées que comme de simples instructions adressées aux préposés de l'administration, et ne font pas obstacle à ce que les tribunaux prononcent sur la contestation. — *Cons. d'état*, 21 août 1816, Noguès.

§ 4. — *Effets de l'adjudication des coupes.*

615. — L'adjudication d'une coupe de bois, alors même qu'elle a des futaies pour objet, est une vente purement mobilière, à laquelle ne sauraient conséquemment s'appliquer les principes qui concernent la vente des immeubles. — Curasson, t. 1er, p. 187, § 3. —V. ENREGISTREMENT, VENTE.

616. — La vente d'une coupe de bois est un contrat synallagmatique imposant des obligations réciproques au vendeur et à l'acheteur, auquel on doit appliquer, dans le silence des lois forestières, les règles fixées par le Code civil, lequel est, à défaut de lois spéciales, le droit commun destiné à régir toute transaction commerciale. — Curasson, t. 1er, p. 188.

617. — Le gouvernement doit, comme vendeur, délivrer la coupe adjugée et en garantir la contenance indiquée par le procès-verbal d'adjudication. — *Ibid.*

618. — Cette garantie est de droit, bien que le Code forestier ne reproduise pas la disposition de l'art. 8, tit. 16, ord. 1669. De là vient que l'art. 3, ord. régiem. 1er août 1827, met au nombre des objets que le directeur général doit soumettre au ministre des finances les remboursemens pour moins de mesure, lorsqu'ils excèdent la somme de 500 fr. (Ord. 10 mars 1831). De son côté, l'art. 39 du cahier des charges, prévoyant le cas d'augmentation ou de diminution de prix, porte qu'il n'y aura lieu à aucune répétition lorsque le plus ou moins de mesure n'excédera pas le centième de la contenance de la coupe. — Curasson, *loc. cit.*

619. — On lit dans une ordonnance du 23 oct. 1816, art. 4, que « lorsque le défaut de paiement de la traite par le souscripteur proviendra d'une différence *en moins* dans la mesure, ainsi qu'il est prévu par l'art. 7, décr. 11 therm. an XII, ou *de toute autre cause qui se serait opposée à l'exploitation des bois adjugés*, le remboursement de la traite ne devra pas être poursuivi par le receveur général contre le souscripteur, et ce comptable en sera couvert sur les fonds du trésor. »

620. — Curasson (t. 1er, p. 188) conclut de ce que le nouveau Code n'a rien de contraire à cette disposition, fondée sur les principes du droit commun, qu'elle doit continuer à être exécutée.

621. — La prescription annale établie par l'art. 1622, C. civ., n'est pas applicable à l'action intentée par l'administration forestière en supplément de prix pour surenchère dans une coupe de bois par elle vendue. — *Cass.*, 3 nov. 1812, Theysson.

622. — Les obligations de l'adjudicataire sont de remplir les conditions que lui impose le cahier des charges.

623.—Ce sont les clauses seules de ce cahier des charges qui déterminent les obligations de l'adjudicataire. En conséquence, lorsque, d'après un précédent cahier des charges, une première portion de bois a été vendue à la condition d'une cer-

taine prime sur le paiement du prix, l'adjudicataire d'une nouvelle portion ne peut prétendre droit à cette prime, si elle n'est nullement allouée par le cahier des charges, et cela, lors même que ce serait sur sa demande de se rendre adjudicataire que l'administration se serait décidée à faire une nouvelle adjudication des bois non vendus, et que, de plus, lors de l'adjudication, il aurait fait insérer dans l'acte des réserves expresses relativement à l'allocation de cette prime.

624. — Lorsque, d'après le cahier des charges pour la vente des forêts de l'état, les acquéreurs n'ont aucun droit au prix des coupes adjugées avant le jour de la vente, c'est dans les caisses de l'état, et non dans les mains des acquéreurs, que doit être versé le prix des travaux qui avaient été mis à la charge des adjudicataires des coupes. — *Cons. d'état*, 26 déc. 1837, Cailleau.

625. — Le paiement du prix et de ses accessoires est la principale obligation de l'adjudicataire.

626. — « Quant aux frais à payer comptant par l'adjudicataire, ils sont réglés par le préfet sur la proposition du conservateur, et l'état en est affiché dans le lieu des séances avant l'ouverture et pendant toute la durée de la séance d'adjudication. » — Ord. d'exéc., art. 90.

627. — Le prix principal des coupes de bois appartenant à l'état, aux communes et établissemens publics est payable en traites qui doivent être remises aux receveurs généraux, exclusivement chargés d'en faire le recouvrement. Les receveurs des domaines, qui autrefois faisaient cette recette, continuent d'assister aux ventes et perçoivent le décime pour franc. — Instr. direct. gén. de l'enreg., 6 juin et 30 août 1817.

628. — L'administration pouvant fixer le mode de paiement du prix principal, l'art. 25 du nouveau cahier des charges porte qu'il sera payable en quatre termes égaux, et que chaque adjudicataire fournira à cet effet quatre traites souscrites à l'ordre et au domicile des receveurs du produit des coupes.

629. — Comme ces traites n'ont pour but que de faciliter les paiemens, il s'ensuit qu'elles n'entraînent pas novation. L'adjudicataire ne se trouve libéré qu'en cas d'encaissement, et il ne pourrait, à défaut de poursuites, opposer la prescription de cinq ans établie par l'art. 189, C. comm. — *Cass.*, 19 août 1811 (dans ses motifs), Duval; — Curasson, t. 1er, p. 192.

630. — Un arrêté du gouvernement du 27 frim. an XI prononçait une amende du vingtième de la traite ou de la somme non acquittée à l'échéance contre les adjudicataires en retard. Cette disposition, qui bien qu'illégale avait acquis force de loi, s'est trouvée abrogée par l'art. 218, C. forestier. Toutefois le rédacteur du cahier des charges a cru pouvoir la faire revivre en décidant, par l'art. 28, que « les receveurs sont autorisés à exiger des adjudicataires des coupes une indemnité du vingtième des sommes non acquittées à leur échéance. » Mais Curasson combat cette clause comme illégale. Il se fonde sur la L. 13, § 26, ff., *De actionibus empti*, dont l'art. 1153, C. civ., a renouvelé la disposition et qui est ainsi conçue : « *Si convenerit ut, ad diem pretio non soluto, venditori duplum præstaretur, in fraudem constitutionum videri adjutum quod usuram legitimam excedit.* »

631. — On jugeait au reste, sous l'arrêté du 27 frim. an XI, que l'amende d'un vingtième déterminée par cet arrêté contre les débiteurs de l'état en retard de payer, n'était pas exclusive des intérêts qui généralement sont encourus par le défaut de paiement. — *Cass.*, 26 juill. 1825, Carel.

632. — On doit, en matière d'adjudication des coupes, appliquer la disposition de l'art. 1602, C. civ., portant que tout pacte obscur ou ambigu s'interprète contre le vendeur, en combinant cette disposition avec celles des art. 1156 et suiv., même Code. — Curasson, t. 1er, p. 194.

633. — L'acte d'adjudication passé devant un administrateur public dans l'ordre de ses fonctions est un titre authentique faisant foi jusqu'à inscription de faux. — Curasson, t. 1er, p. 189.

634. — Il résulte du principe que « le procès-verbal d'adjudication a les effets d'un acte authentique » et de celui que « le président en matière d'adjudication peut statuer sur les difficultés qui s'élèvent pendant ou à l'occasion des opérations », que l'état peut poursuivre l'exécution de la vente contre l'individu qui, après avoir prononcé les mots « *Je prends*, » déclarerait s'être trompé et refuserait de signer le procès-verbal. — Circul. min. fin. 12 sept. 1833, rapportée par M. Meaume, p. 203, no 104, note.

635. — On doit conclure du même principe que la preuve testimoniale ne peut être admise contre les énonciations d'un procès-verbal d'adjudication constatant que deux ou plusieurs personnes ont prononcé en même temps les mots « *Je prends.* » — Avis cons. d'état, 17 juill. 1822.

636. — Il en faut également tirer la conséquence qu'un particulier ne peut être reçu par les conseils de préfecture à prouver qu'il a prononcé en même temps que l'adjudicataire ces mots « *Je prends.* » Ces conseils peuvent encore moins annuler, d'après une pareille preuve, le procès-verbal d'adjudication. — Avis cons. d'état, 22 janv. 1824; — Meaume, p. 203, no 104-3o.

637. — Tout procès-verbal d'adjudication emporte exécution parée et contrainte par corps contre les adjudicataires, leurs associés et cautions, tant pour le paiement du prix principal de l'adjudication que pour accessoires et frais. Les cautions sont en outre contraignables, solidairement et par les mêmes voies, au paiement des dommages, restitutions et amendes qu'aurait encourus l'adjudicataire. — C. forest., art. 28. — L'ord. de 1669 (tit. 15, art. 27 et 29) prononçait également la contrainte par corps contre les adjudicataires et la solidarité des cautions, sans parler de la contrainte par corps contre ces derniers.

638. — La contrainte par corps, dans le cas même où elle est autorisée par la loi, ne pouvant, aux termes de l'art. 2067, C. civ., être appliquée qu'en vertu d'un jugement, on en a conclu qu'elle ne pourrait être exercée contre les adjudicataires en retard de paiement qu'autant qu'elle aurait été ordonnée par un jugement préalable. Les dérogations, a-t-on dit, ne se suppléent pas, surtout en matière aussi rigoureuse. Le principe conservateur de la liberté civile inscrit dans l'art. 2067, C. civ., doit donc recevoir ici son application. — Coin-Delisle et Frédérich, *C. forest.*, sur l'art. 27; Garnier-Dubourgneuf et Chanoine, *Comm. sur l'art.* 28; Duvergier, *Collect. des lois*, an 1827, *ibid.*

639. — Cette opinion ne paraît cependant pas à M. Meaume (t. 1er, p. 232, no 137) devoir être adoptée en présence de l'énergie de ces termes de l'art. 28, *emporte exécution parée et contrainte par corps.* Suivant lui, le Code civil, loi générale, ne régit pas les matières spéciales. « D'ailleurs, ajoute-t-il, il ne s'agit pas d'un droit éventuel qu'aurait l'état de demander aux tribunaux l'exercice de la contrainte par corps; il s'agit d'un droit acquis, résultant directement du procès-verbal même d'adjudication et de l'authenticité particulière que la loi confère à cet acte administratif. La loi ne dit pas que les adjudicataires *seront* contraints, ce qui pourrait peut-être impliquer l'idée de la nécessité d'un jugement préalable; elle dispose que l'acte lui-même, le procès-verbal d'adjudication *emporte* contrainte par corps, c'est-à-dire que cet acte produit tous les effets d'un véritable jugement, et l'on ne voit pas quelle force l'intervention de l'autorité judiciaire pourrait ajouter à un acte auquel la loi attribue la puissance *d'emporter contrainte par corps.* » — M. Meaume cite à l'appui de son opinion une circulaire ministérielle du 30 nov. 1833; il argumente des art. 52 et 55, C. pén., relatifs à la contrainte par corps et à la solidarité, pour les condamnations pécuniaires en matière criminelle et correctionnelle. « La jurisprudence, dit-il, a constamment décidé que la solidarité et la contrainte par corps devaient être exécutées, bien qu'elles ne fussent pas formellement prononcées par le jugement. Pourquoi en serait-il autrement à l'égard des procès-verbaux d'adjudication ? »

640. — On devrait suivre, pour l'exécution des jugemens correctionnels rendus contre les adjudicataires, les dispositions des art. 211 à 214, C. forest., qui indiquent la manière d'exercer la contrainte par corps. Cette conséquence est reconnue par la circulaire du ministre des finances du 30 nov. 1833. — Meaume, p. 235, no 138.

641. — L'adjudicataire qui céderait tout ou partie de ses droits à un tiers n'en resterait pas moins soumis à toutes les conséquences du procès-verbal. En effet, cette cession est, quant à l'état, *res inter alios acta.* — Meaume, p. 234, no 139.

642. — Jugé, d'après ce principe, que les adjudicataires des coupes de bois dans les forêts de l'état demeurent, jusqu'au moment de leur décharge, seuls possesseurs, vis-à-vis de l'administration forestière, des bois adjugés, tant que ces bois se trouvent dans le lieu de l'exploitation; qu'ils restent aussi seuls obligés envers elle pour toutes les opérations de l'exploitation et les engagemens qui en résultent, sans qu'il leur soit permis de mettre vis-à-vis de l'administration une autre personne à leur place. — *Cass.*, 14 juin 1836 (t. 1er 1837, p. 158), Promsy.

643. — En conséquence, la cession qu'ils auraient pu faire de leurs coupes à des tiers avant de payer leur prix n'empêche pas l'administration d'exercer sur les bois le privilége établi par l'art. 2102, no 4, C. civ., en faveur du vendeur d'effets mobilier non payés; on ne peut pas objecter que, vis-à-vis d'elle, les bois soient, par l'effet de cette cession, sortis des mains de l'adjudicataire. — Même arrêt.

644. — Le procès-verbal d'adjudication n'a pas besoin d'être revêtu de la formule exécutoire ni du visa du président du tribunal, cet acte ayant par lui-même toute la force exécutoire d'un jugement ou d'un acte notarié. Toutefois, les receveurs ne doivent pas prendre inscription hypothécaire, le procès-verbal ne conférant pas hypothèque, ainsi que le décide formellement la circulaire ministérielle du 30 nov. 1833. — Meaume, p. 234, no 140; Curasson, t. 2, p. 209 et 210. — Mais M. Foucart (*Dr. admin.*, t. 2, p. 209 et 210), traitant cette question d'une manière générale à l'occasion des marchés avec l'état, s'est prononcé pour la validité de l'hypothèque.

645. — Bien que le contrat de cautionnement ne se forme qu'après la vente, le procès-verbal d'adjudication n'en est pas moins exécutoire *de plano* contre les cautions de l'adjudicataire. Les cautions sont aussi contraignables aux dommages-intérêts et amendes encourues par l'adjucataire solidairement, et par les mêmes voies que celles indiquées pour l'acquittement du prix principal et de ses accessoires. Il n'est donc pas besoin, lorsqu'un jugement est rendu contre un adjudicataire, d'appeler les cautions en déclaration de jugement commun, pas plus qu'il ne serait nécessaire de les faire condamner à payer le prix de la vente. Comment refuser, en effet, à un jugement la force d'exécution parée attribuée à un simple procès-verbal administratif ? La caution ne pourrait se soustraire à l'exécution de ce jugement qu'en prouvant la nullité du cautionnement. — Meaume, p. 235, no 141; Coin-Delisle et Frédérich, p. 242. — Le premier de ces auteurs cite à l'appui de cette opinion le texte d'un jugement rendu par le tribunal de Grenoble, le 12 juin 1840.

646. — Mais Curasson (t. 1er, p. 203 à 209), tout en reconnaissant que le jugement rendu contre l'adjudicataire a l'autorité de la chose jugée contre la caution, et que celle-ci ne pourrait faire valoir que ses exceptions personnelles, pense cependant qu'il est nécessaire de déclarer le jugement commun entre l'adjudicataire et la caution. Faisant valoir à l'appui de son opinion l'autorité des anciens jurisconsultes, principalement de Voet et de Dumoulin, il conclut qu'on ne peut régulièrement poursuivre contre la caution un jugement rendu contre l'adjudicataire seul.

647. — Au surplus, l'administration des domaines a pour pratique d'assigner les cautions en déclaration de jugement commun.

648. — Jugé, toutefois, dans le sens de la première opinion, qu'en matière de délit forestier, le jugement prononcé contre l'adjudicataire peut être déclaré commun avec la caution, bien qu'elle n'y ait point été partie, et être exécuté contre elle si elle n'a aucune exception personnelle à opposer. — *Cass.*, 4 août 1842 (t. 2 1842, p. 249), Raymond.

649. — En déclarant les cautions contraignables solidairement et par corps au paiement des dommages-intérêts et amendes encourus par l'adjudicataire, l'art. 28 a-t-il voulu étendre cette responsabilité non seulement aux délits commis par l'adjudicataire lui-même, mais aussi à ceux dont la loi le déclare responsable? — Ce qui ferait croire que la disposition de l'art. 28 n'est pas générale, c'est que l'art. 46, en déclarant les adjudicataires responsables des délits commis par leurs agens, a eu soin de faire peser la même responsabilité sur les cautions. Quant aux délits commis par des personnes étrangères à l'exploitation, et dont l'adjudicataire doit également répondre si son garde-vente ne les a pas constatés par procès-verbal, l'art. 45 ne dit rien des cautions. On en doit conclure que les cautions ne sont pas responsables de ces délits, et qu'elles ne sont tenues que de ceux commis par l'adjudicataire ou par ses subordonnés. Mais, si les délits prévus par l'art. 45 n'étaient reconnus qu'après l'exploitation et lors du récolement, comme ils sont alors réputés provenir du fait de l'adjudicataire, on devrait appliquer l'art. 28, et les cautions ne pourraient guère éviter la responsabilité. — Curasson, t. 1er, p. 204.

650. — Jugé cependant que la caution peut être déclarée solidairement contraignable, alors même que l'adjudicaire n'aurait été condamné que comme civilement responsable des faits de son ouvrier. — *Cass.*, 4 août 1842 (t. 2 1842, p. 249), Raymond.

651. — Quoi qu'il en soit, les principes du droit civil qui régissent le cautionnement ne sont pas applicables en matière forestière. — *Colmar*, 24 août 1839 (t. 2 1840, p. 265), Meyer.

652. — En conséquence, la caution est tenue du paiement des amendes encourues par l'adjudicataire, quoique ce dernier soit décédé avant la poursuite, et que l'amende soit irrécupérable, à raison de ce décès, à l'encontre de ses héritiers, et

que, dès lors, la caution n'ait pas de recours à exercer contre eux. — Même arrêt.

653. — De même, les réparations pécuniaires encourues pour déficit dans les arbres de réserve peuvent être poursuivies par la voie de police correctionnelle contre la caution de l'adjudicataire, même après le décès de ce dernier. — *Cass.*, 5 avr. 1811, Savenich; — Merlin, *Rép.*, v° *Délit forestier*, § 15, n° 4; Legraverend, t. 1er, chap. 1er, § 2, p. 67, et chap. 5, § 6, p. 227; Carnot, sur l'art. 1er, C. inst. crim., t. 1er, p. 17, n° 31.

654. — La citation délivrée aux adjudicataires de coupes de bois, à raison des délits commis dans leurs ventes ou à l'ouïe de la cognée, entretient l'action contre leurs cautions et garants solidaires pour tout le temps qu'elle aurait duré contre eux-mêmes. — Même arrêt; — Mangin, *Traité de l'action publique*, t. 2, p. 193, note 1re.

655. — La caution n'a pas qualité pour former tierce-opposition à un jugement rendu contre l'adjudicataire. — *Grenoble*, 14 juill. 1838 (t. 1er 1847, p. 97), Joseph Brun; — Curasson, t. 1er, p. 205; Meaume, p. 238, n° 142.

656. — Les adjudicataires ayant été exceptés de l'amnistie du 8 nov. 1830, cette exception s'étend à leurs cautions et garants solidaires. — *Cass.*, 13 avr. 1833, Jeannot.

657. — Un jugement rendu sur une contestation relative à une adjudication de bois de l'état n'est pas nul parce que l'administration des eaux et forêts ou l'un des adjudicataires n'a pas fait notifier à l'autre adjudicataire avec lequel il est en procès le rapport ou procès-verbal dressé par le garde général. — *Caen*, 7 août 1828, James c. Bazire.

658. — Il n'y a pas nullité parce que ce jugement a été rendu en la chambre du conseil et sans qu'il ait été fait notification au défendeur du jugement qui fixe le jour du rapport. — Même arrêt.

659. — Pour faciliter les poursuites et significations que peut nécessiter l'exécution, le législateur a imposé aux adjudicataires l'obligation d'élire domicile dans le lieu où l'adjudication a été faite, à défaut de quoi tous actes postérieurs leur sont valablement signifiés au secrétariat de la sous-préfecture. — C. forest., art. 27, modifié par la loi du 4 mai 1837.

660. — Cet article est tiré de l'art. 26, tit. 15, ord. 1669, portant obligation d'élire domicile « tant pour la validité des actes qui doivent suivre l'adjudication que pour l'exécution des enchères, révocations et adjudications, tiercement et demi-tiercement, et de tous autres actes qu'il serait nécessaire de faire. » Ces derniers mots sembleraient, comme le premier membre de la phrase, restreindre l'effet de l'élection de domicile aux seuls intérêts civils.

661. — Le ministre des finances a décidé, dans ce sens, le 26 avr. 1820 (Baudrillart, *Réglem. forest.*, t. 2, p. 846), que le domicile élu dans le procès-verbal n'est relatif qu'à l'exécution des clauses civiles de cet acte; et que quand il y a lieu d'exercer des poursuites par suite d'un délit forestier, les actes doivent être signifiés au domicile réel de l'adjudicataire. Mais, même sous l'empire de l'ord. 1669, la jurisprudence a repoussé cette solution.

662. — Jugé, en effet, que l'élection de domicile imposée par l'art. 26, tit. 15, ord. 1669, à l'adjudicataire d'une coupe de bois, avait pour objet non seulement les contestations purement civiles qui pouvaient naître du contrat, mais encore la poursuite des délits commis par lui ou dont il était responsable. — *Cass.*, 5 juill. 1828, Rolet.

663. — En conséquence, l'adjudicataire en retard d'opérer la vidange de sa coupe était valablement cité, à raison de cette contravention, par exploit signifié à la préfecture où l'adjudication a été faite, à défaut d'élection de domicile de sa part. — Même arrêt.

664. — Il avait aussi été jugé en ce sens, avant le Code forestier, que l'adjudicataire qui n'avait pas fait élection de domicile au moment de l'adjudication était valablement appelé au récolement par une citation déposée au secrétariat de la sous-préfecture. — *Cass.*, 7 juin 1821, Buisson.

665. — Sous l'empire du Code forestier, dont l'art. 27 est si formel, si absolu, il n'y a pas, à plus forte raison, de distinction à faire.

666. — Ainsi, jugé de même depuis le Code forestier, que les dispositions de l'art. 27 de ce Code, relatives à l'élection de domicile, sont générales et s'appliquent à toutes les assignations, quel qu'en soit l'objet, qui peuvent être données, à la requête de l'administration des forêts, à ses adjudicataires, par suite de leur adjudication et des faits qui s'y rattachent. — *Colmar*, 10 août 1843 (t. 1er 1844, p. 623), N... — V. conf. *Cass.*, 26 et 28 sept. 1833, Baillet; Fourcault; 22 juill. 1837 (t. 1er 1838, p. 557), Lacombe; 29 juin 1844 (t. 2 1844, p. 618), Schmith.

667. — Il en est ainsi alors même que l'administration des forêts aurait, dans ce cas, fait signifier un premier acte au domicile réel; elle n'en conserve pas moins le droit de signifier les actes au secrétariat de la sous-préfecture. — *Cass.*, 22 juill. 1837 (t. 1er 1838, p. 557), Lacombe.

668. — Pareillement décidé que l'arrêt qui juge qu'à défaut d'élection de domicile un adjudicataire n'a pas été valablement assigné au secrétariat de de la sous-préfecture, parce qu'il s'agissait d'un délit et non d'un intérêt civil, fait une fausse application de l'art. 182, C. inst. crim., et viole l'art. 27, C. forest. — *Cass.*, 5 avr. 1834, Bourguerel.

Sect. 4e. — *Des exploitations.*

669. — Indépendamment des précautions qui précèdent, et dont l'objet est d'obtenir pour l'adjudication des coupes des produits égaux à la valeur des bois adjugés, il fallait en prendre d'autres pour s'assurer, dans l'intérêt de la conservation des bois, que les exploitations seraient régulièrement faites, qu'elles ne s'étendraient pas au-delà des coupes adjugées, et qu'elles ne seraient pas un prétexte ou un moyen pour commettre avec facilité des abus ou des délits. — Tel est l'objet que le législateur s'est proposé dans les art. 29 et suiv., C. forest.

§ 1er. — *Des outre-passes au-delà des limites de la coupe.*

670. — Le législateur a dû tout d'abord, en s'occupant des exploitations, défendre que la coupe ne fût faite dans un autre ordre que celui de l'aménagement. Une exploitation qui aurait lieu d'après un autre mode entraînerait, en effet, les plus fâcheux inconvéniens. Il ne peut être dérogé à ce principe que dans le cas où une coupe extraordinaire devrait être autorisée par l'administration.

671. — Aussi, l'art. 29 porte qu'après l'adjudication il ne peut être fait aucun changement à l'assiette des coupes, et qu'il ne doit y être ajouté aucun arbre ou portion de bois, sous quelque prétexte que ce soit, à peine, contre l'adjudicataire, d'une amende égale au triple de la valeur des bois non compris dans l'adjudication, et sans préjudice de la restitution de ces mêmes bois ou de leur valeur. L'article ajoute : « Si les bois sont de meilleure nature ou qualité, ou plus âgés que ceux de la vente, l'adjucataire est tenu de payer l'amende comme pour bois coupé en délit, et une somme double à titre de dommages-intérêts. — Les agens forestiers qui permettraient ou toléreraient ces additions ou changemens seraient punis de pareille amende, sauf l'application, s'il y avait lieu, de l'art. 207 de la présente loi. »

672. — L'art. 29, ainsi que la plus grande partie de ceux qui suivent, sont la reproduction des dispositions de l'ordonnance de 1669, tit. 15 et 16.

673. — Avant le Code forestier, les malversations, outre-passes, et abus de jouissance commis par des adjudicataires de bois dans leurs coupes étaient régis par l'ordonnance de 1669 et non par la loi du 28 sept.-6 oct. 1791. — *Cass.*, 6 juill. 1809, Luckemback.

674. — L'assiette des coupes est déterminée d'une manière invariable par le procès-verbal d'arpentage.

675. — « Tout changement dans l'assiette, disait Jousse (*Comm. sur l'art.* 10, tit. 4, ord. 1669), tout abatis de bois qui se fait au-delà des pieds corniers et autres servant de bornes aux ventes constitue le délit *d'outre-passe.* »

676. — Le délit d'outre-passe peut avoir lieu de deux manières. Il peut se commettre soit en substituant à tout ou partie de la coupe vendue une coupe non assise d'une contenance égale ou supérieure, soit en jardinant hors des limites de la vente.

677. — La peine appliquée à ce délit est plus sévère que celle qui frappe un délit ordinaire. La raison en est qu'il constitue un abus du droit conféré à son auteur de s'introduire dans les forêts.

678. — M. Meaume (t. 1er, p. 241 à la note) cite cependant un arrêt inédit rendu par la cour royale de Metz, le 24 juin 1840, qui ne condamne qu'à l'amende simple, édictée par l'art. 192, un adjudicataire qui avait abattu deux arbres hors des limites de la vente, et qui alléguait pour excuse que ces arbres, touchant à la coupe, avaient été abattus par erreur. Mais M. Meaume considère cette décision comme contraire à la lettre du Code. — V. aussi *Cass.*, 6 août 1807, H...

679. — On ne doit pas confondre le délit d'outre-passe avec celui de coupe d'arbres réservés, prévu et puni par les art. 33 et 34, C. forest. — Meaume, t. 1er, p. 241.

680. — C'est ainsi qu'il a été jugé dès avant le Code de 1827, que l'adjudicataire d'une certaine quantité d'arbres qui en abat d'autres en contravention n'est pas passible de la peine portée au cahier des charges pour les faits d'outre-passe ou entreprise au-delà des pieds corniers, laquelle ne se réfère qu'au cas d'outre-passe au-delà des limites d'une coupe d'une étendue déterminée; que c'est la loi générale qui doit être appliquée à ce cas. — *Cass.*, 1er fév. 1822, Darius-Dari.

681. — On ne saurait non plus assimiler le déplacement de piquets servant de limites à une vente, à un enlèvement de pieds corniers, délit que punit l'art. 34. Un pareil fait se confond avec celui d'outre-passe et n'entraîne l'application d'aucune peine particulière. — Meaume, p. 245, n° 143.

682. — La coupe d'un arbre de limite marqué de l'empreinte du marteau de l'état constitue également le délit d'abattage de réserve et non celui d'outre-passe. — Meaume, p. 241, n° 143, *in fine*.

683. — C'est ce qu'avait reconnu la cour suprême avant le Code forest. en jugeant que l'adjudicataire d'une vente de bois divisée en deux lots ne peut, sans commettre le délit d'abattage, couper l'arbre faisant la séparation des deux lots et marqué du marteau du gouvernement. — *Cass.*, 20 janv. 1815, Cartière.

684. — L'adjudicataire d'une coupe de bois, à raison d'une somme fixe pour chaque stère à provenir de cette coupe, commet un véritable vol, et non un simple délit rural ou forestier, en s'appropriant par fraude et par des manœuvres illicites une quantité de bois plus considérable que celle qu'il paie. — *Cass.*, 5 fév. 1808, Hassicur.

685. — Pareillement, l'adjudicataire d'une coupe de bois de haute futaie national ou communal qui trouve un déficit sur le nombre des arbres compris dans son adjudication commet un délit en se permettant de remplacer ceux qui lui manquent par d'autres arbres pris hors des limites de sa coupe, sans en avoir obtenu l'autorisation de l'administration forestière. — *Cass.*, 21 juill. 1809, Joseph Gorez.

686. — L'autorisation donnée à cet adjudicataire par un fonctionnaire incompétent ne peut le constituer en bonne foi, ni excuser son délit. — Même arrêt. — C'est là du reste un principe constant.

687. — Malgré les termes absolus de cet art. 29, on doit décider que s'il était établi que l'adjudicataire ne peut trouver dans la coupe qui lui a été vendue une quantité suffisante de harts, il pourrait lui en être accordé sur l'autorisation de l'agent forestier chef de service.

688. — Le prix de ces harts est fixé, pour les bois domaniaux ou indivis, dans le procès-verbal de comptage qui en est dressé. — Il est fixé par le préfet pour les bois des communes ou des établissemens publics. — D'après la loi du 25 juin 1841, les adjudicataires des coupes communales, d'établissemens publics et indivises versent, en outre, le vingtième en sus de ce prix dans les caisses du Trésor. (Cahier des charges, art. 31.) — Meaume, p. 240, note.

689. — Une décision ministérielle du 4 juill. 1825 et une circulaire de l'administration des forêts du 19 du même mois enjoignent aux agens forestiers de requérir les formalités du timbre et de l'enregistrement pour les procès-verbaux de délivrance de harts, rouettes et perches; mais ces formalités ont lieu en débet, sauf au receveur à exprimer que le recouvrement des droits sera effectué en même temps que celui du prix des bois délivrés. — Meaume, *loc. cit.*; Baudrillart, *Réglemens forestiers*, t. 3, p. 375.

690. — L'art. 29 ne dit pas que si les bois coupés en délit sont de meilleure nature ou qualité, ou plus âgés que ceux de la vente, il devra y avoir lieu, indépendamment de l'amende, à restitution, comme quand les bois coupés sont d'une valeur inférieure ou égale à celle des bois adjugés. Mais on ne saurait douter que la restitution dût être prononcée en vertu de la disposition générale de l'art. 198, C. forest. — Meaume, p. 241, n° 144.

691. — C'est, du reste, ainsi qu'on le décidait sous l'ord. de 1669. — *Cass.*, 6 août 1807, N...

692. — Lorsque les bois abattus sont d'une valeur égale ou inférieure à ceux vendus, l'amende est fixée, d'après l'art. 29, en raison de leur valeur. Les procès-verbaux évaluent toujours cette valeur. Mais comme leurs énonciations ne font pas foi, sous ce rapport, jusqu'à inscription de faux, c'est aux tribunaux qu'il appartient d'apprécier souverainement la valeur des bois coupés. Autrement, l'administration resterait maîtresse de fixer arbitrairement l'amende, ce qui est inadmissible. — Meaume, p. 242, n° 145.

693. — Dans le cas où les parties ne s'accorderaient pas sur la valeur des bois coupés en déficit, le tribunal pourrait employer, afin de s'éclairer, tous les moyens de preuve en son pouvoir, une expertise, une descente des lieux, etc. — Meaume, *loc. cit.*

694. — Toutefois les tribunaux ne sont pas tenus en ce cas de prononcer forcément des dommages-intérêts. Le § 1er, art. 29, ne contenant aucune disposition à cet égard, les juges restent maîtres, aux termes de l'art. 198, C. forest., d'adjuger des dommages-intérêts, suivant les circonstances. — Meaume, *loc. cit.*

695. — Jugé en effet que quand le procès-verbal dressé contre un adjudicataire ne mentionne pas que les arbres par lui abattus en délit fussent de meilleure nature ou qualité, ou plus âgés que ceux de sa coupe, le tribunal ne viole aucune loi en ne le condamnant point à des dommages-intérêts. — *Cass.*, 6 mars 1834, Bernard.

696. — Dans le cas prévu par le § 2, art. 29, les dommages-intérêts ne sont plus facultatifs, mais de rigueur. Aussi, l'on doit supposer que la cour de Cassation a entendu se référer à cette disposition spéciale, lorsque, par arrêt du 23 juill. 1842 (t. 3 1844 (supp. à sa date) Poulhariès), elle a décidé d'une manière générale que la peine édictée par l'art. 29, C. forest., entraînait toujours avec elle des dommages-intérêts. — Meaume, *loc. cit.*

697. — Si l'adjudicataire commettait le délit d'outre-passe pendant la nuit ou à l'aide d'une scie, on devrait, aux termes de l'art. 201, C. forest., élever au double les amendes prononcées par l'art. 29. Ainsi l'amende, qui dans les deux cas est ici égale au triple de la valeur des bois non compris dans l'adjudication, devrait être doublée; car c'est une amende simple dans le sens de l'art. 202. — Meaume, p. 243, n° 146.

698. — Jugé en ce sens que l'adjudicataire d'une coupe de bois qui a tout à la fois abattu des arbres non compris dans son adjudication et fait usage de la scie, doit être condamné non seulement à l'amende triple de la valeur du bois, en vertu de l'art. 29, C. forest., mais encore au double de cette amende, par application de l'art. 201, même Code. — *Cass.*, 26 déc. 1833, Allard; — V. aussi *Montpellier*, 3 mars 1834, (arrêt cité par M. Meaume, p. 243, note 2).

699. — L'adjudicataire ne pourrait s'excuser par le motif que les agens forestiers auraient permis ou toléré les changemens ou additions apportés à la vente. La preuve de ce fait aurait seulement pour résultat de faire peser sur les agens la même amende que celle encourue par l'adjudicataire, sans préjudice de l'application des peines prononcées pour malversations, concussions ou abus de pouvoir des fonctionnaires publics. — Meaume, p. 243, n° 147.

700. — De même, sous l'ordonn. de 1669, l'amende du quadruple du prix était encourue par tout adjudicataire qui changeait sa vente, quel qu'en fût le prétexte, bien qu'il y eût été autorisé par un agent forestier, et alors même qu'il n'eût causé aucun tort au gouvernement. — *Cass.*, 26 fév. 1807, Grimpel et Jacquemart.

701. — L'autorisation donnée à l'adjudicataire par un fonctionnaire incompétent ne peut le constituer de bonne foi ni excuser son délit. — *Cass.*, 21 juill. 1809, Gorez.

702. — Pareillement, la délivrance faite par les agens forestiers aux adjudicataires d'arbres ou portions de bois non compris dans leurs adjudications ne met pas ces derniers à l'abri des peines prononcées par la loi. — *Cass.*, 26 fév. 1807, Grimpel et Jacquemart.

703. — Dès qu'il s'agit d'arbres coupés sans droit, les faits d'abattage forment un délit de la compétence du tribunal correctionnel, et ce n'est pas le cas d'une simple action civile. — Même arrêt.

704. — L'adjudicataire qui prétendrait avoir été induit en erreur par la permission que lui aurait illégalement donnée l'agent forestier d'outre-passer sa coupe ne pourrait demander la mise en cause de ce dernier et exercer contre lui une action en garantie. En matière criminelle, la garantie n'existe pas. C'est ce qui a été établi dans un réquisitoire remarquable prononcé par Merlin à l'occasion d'une affaire forestière. Sa doctrine a été consacrée par l'arrêt qui vient d'être cité.

705. — Cet arrêt déclare que si les malversations ont eu lieu avec l'autorisation des agens forestiers, l'adjudicataire est non-recevable à demander la mise en cause de ces agens, sur la poursuite de l'administration, et à exercer contre eux une action en garantie, surtout si à raison de ces faits ils ont déjà été poursuivis au grand criminel et acquittés. — V. conf. Meaume, p. 244, n° 148, où il rapporte un arrêt inédit de la cour de Nancy du 9 avr. 1825 qui décide dans le même sens. On trouve encore, dans le *Bull. des ann. forest.* (art. 106, p. 232), un arrêt de Rouen du 14 mai 1840 qui confirme ce point.

706. — Une coupe d'arbres faite dans un bois communal à une époque prohibée ne pourrait non plus être excusée, sous le prétexte que le prévenu en avait obtenu la permission du fermier de la forêt. — *Cass.*, 29 mai 1807, Olivezé.

707. — Les juges n'auraient pas non plus qualité pour admettre comme excuse la bonne foi de l'adjudicataire ou l'erreur commise par les ouvriers. Les tribunaux sont forcés par le fait matériel de l'infraction d'appliquer la peine. L'administration a seule le droit d'apprécier les circonstances tirées du défaut de dommage causé à l'état, ou de l'erreur dans laquelle seraient involontairement tombés les prévenus, afin d'accorder les remises ou adoucissemens de peine que l'équité peut commander. — Meaume, t. 1er, p. 244, n° 149.

708. — Quelques auteurs cependant ont pensé que le changement dans l'assiette des coupes doit, pour donner lieu aux peines de l'art. 29, avoir été *fait sciemment*, et que s'il n'est que le résultat de l'erreur, l'adjudicataire est simplement tenu de payer la valeur des arbres enlevés en dehors des limites de ces coupes. — Baudrillart, sur l'art. 29; Curasson, p. 198; Garnier-Dubourgneuf et Chanoine, *Comm.*, sur l'art. 29. — Mais cette opinion est contraire aux dispositions des art. 65 et 203, C. forest. Elle est combattue par M. Dufour, *Dr. dminist. appliqué*, t. 1er, p. 393, et par M. Meaume, *loc. cit.*

709. — Elle est de plus en opposition avec la jurisprudence de la cour suprême. — *Cass.*, 21 juill. 1809, Gorez; 23 juin 1827, Borget; 1er mai 1829, Dezirat. — V. conf. *Metz*, 24 juin 1840, arrêt inédit cité par M. Meaume, p. 245, note 2e.

710. — Cet auteur rapporte cependant (*eod. loc.*) un arrêt inédit rendu par la cour de Montpellier, 18 mars 1830, qui a, dit-il, admis avec raison l'exception de bonne foi invoquée dans une circonstance toute particulière. Dans l'espèce, l'adjudicataire avait exploité la coupe à lui adjugée *dans les limites qui lui avaient été indiquées par le procès-verbal d'adjudication et tracées dans le plan annexé audit procès-verbal.* La cour a reconnu et devait reconnaître que l'adjudicataire avait agi de bonne foi et ne pouvait, conséquemment, être déclaré responsable de l'erreur dans la fixation des limites, commise par le géomètre arpenteur de l'administration, et consacrée par le procès-verbal d'adjudication et le plan qui y était annexé.

§ 2. — *Abattage d'arbres de réserve.*

711. — Non seulement, l'adjudicataire ne peut sous aucun prétexte abattre des arbres situés en dehors des limites fixées à sa coupe, mais il lui est aussi ordonné, dans l'intérêt du repeuplement des bois, de respecter les arbres que l'administration a désignés pour rester sur pied.

712. — L'adjudicataire, porte l'art. 33, C. forest., est tenu de respecter tous les arbres marqués ou désignés pour demeurer en réserve, quelle que soit leur qualification, lors même que le nombre en excéderait celui qui est porté au procès-verbal de martelage, et sans que l'on puisse admettre, en compensation d'arbres coupés en contravention, d'autres arbres non réservés que l'adjudicataire aurait laissés sur pied.

713. — « Les pieds corniers, les parois et les arbres à réserver dans les coupes sont marqués du marteau royal, savoir : les arbres de limites à la hauteur d'un mètre, et les arbres anciens, les modernes et les baliveaux de l'âge du taillis à la hauteur et de la manière qui sont déterminées par les instructions de l'administration. — Les baliveaux de l'âge du taillis peuvent être désignés par un simple griffage ou toute autre marque autorisée par l'administration, lorsque ces arbres sont trop faibles pour recevoir l'empreinte du marteau royal. — Il est fait mention, dans les affiches et dans le procès-verbal d'adjudication, du mode de martelage ou de désignation des arbres de réserve. » — Ord. d'exéc., art. 79.

714. — L'administration, chargée par l'art. 79 de l'ord. d'exécution de déterminer la manière de marquer les arbres à réserver, a conservé le mode de martelage indiqué par une décision ministérielle du 10 août 1822 et une circul. du 26 nov. 1823. D'après ces instructions, les arbres, autres que ceux de limites, doivent être marqués savoir : les *baliveaux de l'âge*, à la patte, le plus près de terre possible; les *modernes*, de deux marques, à la racine autant que faire se peut, sur deux blanchis rapprochés l'un de l'autre; les *anciens* d'une seule marque à la racine. — Gagneraux, *C. forest.*, art. 33, n° 2.

715. — Ces mêmes instructions recommandent pour l'exactitude et la régularité des martelages et la faculté des récolemens d'appliquer les marques, dans chaque coupe, d'un seul côté, au nord. — Gagneraux, *loc. cit.*

716. — Le griffage et le martelage indiqués par le § 1er de l'art. 79, ne s'appliquent qu'aux coupes exploitées par *contenance* ou *à tire et aire*. C'est ce qu'on nomme le martelage en réserve. — Le martelage *en délivrance* s'applique aux coupes dites *jardinatoires*. L'un et l'autre de ces martelages sont observés dans les coupes de bois feuillers, qui s'exploitent par éclaircies. Mais le martelage en délivrance ayant été reconnu entraîner de graves abus, on doit considérer la marque en réserve comme la règle. Aussi, aux termes d'une circulaire du 8 sept. 1836 (*Règl. forest.*, t. 5, p. 404), les agens sont tenus d'indiquer, dans les rapports ayant pour but de faire autoriser des coupes par éclaircies, le mode de martelage à appliquer. Ils doivent aussi en donner les motifs afin que l'administration choisisse en connaissance de cause. — Meaume, t. 3, p. 143, note.

717. — Il a été jugé, dans un cas où le martelage avait eu lieu en délivrance, que de ce que les arbres compris dans une adjudication ont été marqués, il ne résulte point que ceux qui n'ont pas été marqués doivent être considérés comme arbres de réserve. Si donc l'adjudicataire en abat un plus grand nombre, il n'encourt point l'aggravation de peine attachée à la coupe d'arbres de réserve et n'est passible que des peines ordinaires. — *Cass.*, 23 prair. an X, Lallemand c. Ménessen.

718. — L'administration a fait imprimer des calepins différens pour les coupes de taillis sous futaie, pour celles de futaie et pour les récolemens. L'usage exclusif de ces cahiers, qui doivent être tenus soigneusement, est obligatoire. — Circul. 9 mai 1840; — Meaume, *loc. cit.*

719. — Dans le cas où il s'agirait d'une coupe de bois résineux ou de futaies par extraction, il est enjoint aux agens d'indiquer sur leurs calepins le nombre des arbres de chaque essence à couper. Ils doivent, en outre, aussitôt le balivage et le martelage terminés, vérifier réciproquement leurs calepins afin de s'assurer de l'exactitude des dénombremens. — Circul. du 20 mars 1828; — Meaume, *loc. cit.*

720. — « Les procès-verbaux de balivage et de martelage indiquent le nombre et les espèces d'arbres qui ont été marqués en réserve, avec distinction en baliveaux de l'âge, modernes et anciens, pieds corniers et parois. — Ces procès-verbaux, revêtus de la signature de tous les agens qui ont concouru à l'opération, sont adressés, dans le délai de huit jours, au conservateur. — L'estimation des coupes est faite par un procès-verbal séparé qui est adressé au conservateur dans le même délai. — Ord. d'exéc., art. 81.

721. — Le délai de huit jours fixé par le § 2 de l'art. 81 de l'ordonnance, n'est pas de rigueur. C'est une mesure réglementaire qui, d'après une lettre du directeur général du 14 fév. 1829, comporte les modifications légères que peuvent exiger les circonstances. — *Règl. forest.*, t. 4, p. 191.

722. — L'art. 28 du cahier des charges ajoute à ces mots de l'art. 33, C. forest., *lors même que le nombre en excéderait celui qui est porté au procès-verbal de martelage et d'adjudication.* On a voulu empêcher par là que l'adjudicataire ne pût arguer de la différence qui pourrait se trouver entre le nombre d'arbres de réserve indiqué par le procès-verbal de martelage et celui d'adjudication. — Meaume, t. 1er, p. 256, note 3e.

723. — Au surplus, c'est le procès-verbal de martelage qui fait foi du nombre des arbres réservés. Les déclarations qu'il contient à cet égard ne peuvent être détruites par les énonciations du procès-verbal d'adjudication. — Spécialement, lorsque le procès-verbal de martelage constate la réserve, dans une coupe de bois, de 347 chênes, et que cette réserve est portée seulement à 247 dans le procès-verbal d'adjudication, c'est le premier de ces procès-verbaux qui doit prévaloir, et l'adjudicataire de la coupe doit être condamné à l'amende, à la restitution et aux dommages-intérêts, à raison des arbres manquant sur le chiffre de 347. — *Cass.*, 28 fév. 1846 (t. 1er 1846, p. 729), Bruneau.

724. — M. Meaume (t. 1er, p. 256, note 3e) rapporte aussi un arrêt inédit de la cour de Metz du 30 déc. 1835 (Flocon), qui décide que quelque graves que fussent les présomptions portant à croire qu'il y avait eu erreur par le fait de l'administration dans le procès-verbal de martelage, il n'en fallait pas moins tenir le délit pour constant et, dès-lors, condamner l'adjudicataire à l'amende et à la restitution fixées par la loi.

725. — Lors de la discussion du Code forestier, à la chambre des députés, M. Devaux avait proposé d'ajouter, après les mots de l'art. 33, *l'adjudicataire sera tenu*, ceux-ci : *provisoirement et jusqu'à justification.* « S'il se trouvait, disait-il, plus de bois marqués que le procès-verbal n'en constate, l'adjudicataire, qui a contracté sur la foi des énonciations portées au procès-verbal, aurait donc été trompé et devrait perdre tous les arbres qui auraient été marqués au-delà du nombre déterminé ?

En vain dirait-on qu'il pourra s'en assurer d'avance; la diligence même la plus active peut être trompée sur ce point. D'ailleurs, pourquoi détruire la confiance que les adjudicataires doivent avoir dans les procès-verbaux? » — Cet amendement ne fut pas approuvé, et l'article fut adopté sans discussion.

726.—L'art. 33, C. forest., repose sur le principe consacré par les législations antérieures et par une jurisprudence constante, que l'empreinte du marteau royal apposée à un arbre lui assure une inviolabilité absolue que l'administration seule peut lever. Cette empreinte le retranche légalement de la vente et le revêt d'un signe qui ne peut être ni altéré ni détruit sans donner lieu aux peines prononcées par le Code pénal, indépendamment de celles édictées par l'art. 34, C. forest.

727. — C'est d'après ce principe qu'il a été jugé que l'empreinte du marteau du gouvernement forme une déclaration authentique de la réserve des arbres qui en sont frappés. — *Cass.*, 16 août 1811, Gossent; 5 mai 1815, habit. de Gevrey; — Meaume, t. 1er, p. 256, no 165.

728.—Il avait aussi été décidé, antérieurement au Code, d'une manière conforme à la disposition de l'art. 33, qui défend de compenser les arbres coupés en contravention avec d'autres non réservés laissés sur pied.—*Cass*, 7 avr. 1808, Parcheminy; V. aussi *Nancy*, 1er sept. 1824 et 23 déc. 1826, arrêts inédits cités par M. Meaume, p. 257, no 166, où il ajoute que cette cour a eu plusieurs fois, depuis la publication du Code forestier, occasion de réformer des jugemens qui avaient méconnu cette disposition de l'art. 33. Il cite ainsi les arrêts des 8 et 29 mars 1831, 19 juin 1832, 4 déc. 1835 et 9 sept. 1836.

729. — La prohibition de compenser les arbres coupés en contravention avec d'autres arbres non réservés que l'adjudicataire aurait laissés sur pied est générale et s'applique aux dommages-intérêts, aussi bien qu'à l'amende et à la restitution. On ne pourrait prétendre que les arbres laissés sur pied ont plus de valeur que les réserves abattues, et qu'en tous cas l'amende et la restitution sont suffisantes pour réparer le préjudice causé. En admettant la possibilité d'une compensation, on autoriserait les adjudicataires à changer l'ordre d'aménagement, ce qui est inadmissible. Les arbres laissés sur pied doivent donc toujours être abattus sur la demande de l'administration forestière, s'ils n'ont été réservés. De là vient que l'art. 40 porte des peines fort sévères contre l'adjudicataire qui n'a pas abattu les arbres dans le délai fixé par le cahier des charges. — Meaume, t. 1er, p. 257, no 166; Dufour, *Dr. admin. appliqué*, no 475.

730. — De plus, si malgré les condamnations prononcées par l'art. 40, l'adjudicataire n'avait pas, dans le délai fixé par le cahier des charges, terminé l'abattage des arbres, ce qui est un ouvrage que le procès-verbal d'adjudication met à sa charge, l'administration pourrait faire procéder, à ses frais, à la coupe des arbres dont s'agit, et elle se rembourserait de ses dépenses, suivant le mode indiqué par l'art. 41, C. forest. Il résulte donc, du droit qu'a l'administration de faire abattre et jeter hors de la forêt, aux frais des adjudicataires, les arbres restés sur pied, qu'il est impossible d'admettre que ces arbres puissent jamais entrer en compensation avec les dommages-intérêts dus pour les réserves. —Meaume (*ibid.*), qui cite à l'appui de son opinion *Dijon*, 21 janv. et 11 fév. 1835; *Nancy*, 4 déc. 1835.

731. — Il a été cependant décidé que la disposition de l'art. 33, C. forest., qui défend aux tribunaux de compenser, avec l'amende encourue par l'adjudicataire qui a abattu des arbres réservés, la valeur des arbres non réservés qu'il aurait laissés sur pied, ne fait point obstacle à ce que cette circonstance soit prise en considération lorsqu'il s'agit uniquement d'apprécier le dommage causé par l'abattage des arbres réservés, et par conséquent à la compensation de ce dommage avec la valeur des arbres non réservés laissés sur pied. — *Nancy*, 29 janv. 1840 (t. 1er 1846, p. 506), Gimé.

732. — Dans le cas où l'administration n'a pas frappé du marteau royal les arbres qui doivent rester en réserve, l'adjudicataire peut, à défaut de marque spéciale, choisir dans le nombre ceux qui lui ont été vendus; mais s'il les abat tous, il commet le délit prévu par l'art. 33, C. forest. — *Cass.*, 18 juin 1842 (t. 2 1842, p. 649), Promsy-Poisson.

733.— Les arbres à réserver auxquels leur faible dimension ne permet pas d'appliquer l'empreinte du marteau de l'état sont désignés par un griffage ou toute autre marque autorisée par l'administration. Mais on ne doit pas conclure de cet usage que le griffage est un mode de désignation spécial aux arbres d'une faible dimension. On pourrait s'en servir pour marquer même des arbres capables, à raison de leur dimension, de recevoir l'empreinte du marteau royal.

734. — Aussi a-t-il été jugé que l'adjudicataire d'une coupe de bois doit respecter les arbres réservés, désignés par un simple griffage, bien qu'ils aient la grosseur déterminée pour recevoir l'empreinte du marteau royal; et qu'en cas de contravention, tout adjudicataire est passible de dommages-intérêts. — *Nancy*, 21 déc. 1842 (t. 1er 1847, p. 128), Prudhomme.—Conf. Meaume (p. 259, no 167), qui cite à la note un autre arrêt inédit de la cour de Nancy (7 juin 1843, aff. Simonnet), qui a de nouveau consacré cette doctrine.

735. — L'art. 33, C. forest., en enjoignant à l'adjudicataire d'une coupe de bois de respecter tous les arbres marqués ou désignés pour rester en réserve n'exige pas que la désignation soit nécessairement constatée par un signe matériel; l'obligation de respecter ces arbres peut résulter des circonstances dans lesquelles l'adjudication a eu lieu.—*Metz*, 15 juill. 1840 (t. 1er 1847, p. 127), Kilian.

736. — ... Ou des termes du procès-verbal, si par exemple l'adjudicataire était tenu par le cahier des charges de respecter les arbres d'une certaine essence et d'une dimension déterminée. — Meaume, p. 260, no 168.

737. — Toutefois, si la désignation des arbres à réserver résultait non du procès-verbal d'adjudication, mais d'actes administratifs dont l'adjudicataire n'aurait pas reçu connaissance, on ne pourrait imputer à celui-ci d'avoir enfreint des actes qu'il ignorait, et s'il était poursuivi, il devrait être renvoyé de l'action. — Meaume, p. 261, no 169.

738. — Mais l'adjudicataire n'en serait pas moins débiteur envers l'état, soit des arbres, soit de leur prix, puisque l'état se trouverait privé, sinon par un délit, au moins par le fait de l'adjudicataire, d'une chose qui lui appartenait. — Meaume, *loc. cit.*

739. — Lorsque l'adjudicataire d'une coupe dans un bois soumis au régime forestier a fait abattre des arbres marqués du marteau de la marine, le tribunal ne peut se dispenser de lui appliquer les peines spécialement attachées à ce délit et ne prononcer que celles qu'il eût encourues s'il eût abattu de simples arbres de réserve ordinaire sous le prétexte qu'il n'a pas eu une connaissance officielle du martelage. — *Cass.*, 31 déc. 1824, Colombart.

740. — L'adjudicataire d'une coupe de bois est responsable de tous les arbres portés au procès-verbal de martelage et marqués du marteau de l'état dont le procès-verbal de récolement constate l'absence, encore bien qu'il ne résulte d'aucun procès-verbal que des arbres réservés aient été coupés ou arrachés. — *Cass.*, 12 mai 1832, Ratiéville.

741. — Il ne peut être renvoyé de la poursuite de l'administration sous le prétexte que les arbres coupés étaient des rejets poussés de la même souche que d'autres arbres régulièrement marqués. — *Cass.*, 27 avr. 1833, Boulangeot; 6 oct. 1832 (dans ses motifs), Lassoubre.

742. — De même, deux arbres nourris par des souches adhérentes ou par la même souche ne peuvent être abattus l'un et l'autre par l'adjudicataire si l'une des souches seulement ou la partie de souche commune correspondante à l'un des troncs a seule été frappée de l'empreinte du marteau royal. — *Cass.*, 29 août 1839 (t. suppl. 3e-1844, à sa date), Deutsch.

743. — L'adjudicataire qui exploite des arbres réservés ne peut être non plus renvoyé des poursuites sous prétexte que l'abattage en a eu lieu par erreur. Il devait en cas d'incertitude faire faire par les gardes forestiers, avant de les couper, les reconnaissances nécessaires. — *Metz*, 15 juill. 1840 (t. 1er 1847, p. 127), Kilian.

744. — Il ne pourrait non plus s'excuser en prétendant qu'il avait été dans la nécessité d'abattre ces arbres pour pouvoir exploiter ceux qui lui avaient été vendus. — *Cass.*, 19 sept. 1832, Sabiani; — Meaume, p. 263, no 171.

745. — Il devrait en effet, en cas de difficultés sur l'impossibilité d'exploitation, se pourvoir devant le tribunal civil; car il s'agirait alors de l'exécution des clauses de l'adjudication. Les tribunaux auraient alors à accorder des dommages-intérêts d'après les circonstances; mais ils ne pourraient jamais ordonner d'abattre les arbres réservés. — Meaume, p. 268, 171.

746. — Il ne faut pas conclure de l'obligation imposée à l'adjudicataire de respecter les réserves, si étendue que soit cette obligation, que le dommage causé aux arbres réservés par le fait de l'exploitation entraîne une peine contre l'adjudicataire. L'art. 29 du cahier des charges a prévu ce cas : « Si la réparation du préjudice causé en pareil cas entraînait des difficultés, celles-ci devraient être portées devant les tribunaux; car il s'agirait, en ce cas, de l'exécution d'une clause du contrat d'adjudication. » — Meaume, p. 270, no 172.

747. — Aussi a-t-il été jugé que les arbres dégradés ou abattus malgré les précautions convenables, dans une forêt communale ou de particulier, par la chute d'arbres voisins que le propriétaire du bois dont ils font partie coupe ou fait couper par un adjudicataire, ne peuvent pas donner lieu à une poursuite correctionnelle, mais à une simple action civile. — *Cass.*, 12 avr. 1822, Bertin.

748. — L'art. 28 du cahier des charges prévoit, de son côté, le cas où des baliveaux ou autres arbres réservés seraient cassés ou renversés par les vents ou par des accidens de force majeure indépendans de l'exploitation. L'adjudicataire devrait en avertir sur-le-champ l'agent forestier chef de service, pour qu'il en fût marqué d'autres en réserve s'il y avait lieu. Des arbres abattus ne peuvent être donnés à l'adjudicataire en compensation de ceux marqués en remplacement. Il est fait estimation contradictoire des arbres nouvellement marqués en réserve pour rendre indemne l'adjudicataire.

749. — Si celui-ci négligeait la recommandation faite par le cahier des charge d'avertir sur-le-champ les agens forestiers de l'accident survenu pendant l'exploitation, il serait responsable des réserves cassées ou renversées. La mention qui en serait faite dans un acte non daté ni signé, ni inscrit sur le livre-journal du garde du triage, ne déchargeait pas l'adjudicataire de cette responsabilité. — *Nancy*, 28 juill. 1824, arrêt inédit cité par M. Meaume, p. 272, note 1re.

750. — L'adjudicataire d'une coupe de bois nationaux qui ne représente pas les baliveaux réservés est non-recevable à alléguer pour excuse la force majeure, et spécialement la guerre des chouans, comme ayant été la cause de leur destruction, s'il n'a donné aucun avis de l'accident au sergent à garde. — *Cass.*, 21 germ. an VII, Brunet.

751.— Jugé qu'il n'a pu être déchargé de l'amende sur le motif que le nombre de baliveaux réservés existant, lesdits arbres faisaient partie du lot qui lui avait été adjugé, lorsque les arbres qu'il a abattus étaient marqués du marteau national. — *Cass.*, 6 germ. an X, Burin.

752. — ... Lors même qu'il existe dans sa vente plus d'arbres marqués qu'il ne serait tenu, d'après le procès-verbal du martelage, d'en représenter lors du récolement. — *Metz*, 23 mai 1818, Schverer. — Merlin, *Répert.*, vo *Délit forest.*, § 4.

753. — L'adjudicataire ne pourrait non plus invoquer comme excuse qu'il a laissé sur place les arbres abattus et n'en a tiré aucun profit. — *Cass.*, 19 sept. 1832, Sabiani. — Conf. Meaume, *loc. cit.*.

754. — ... Ou qu'il y a eu erreur de la part de ses ouvriers, et que l'administration n'a éprouvé aucun dommage. — *Cass.*, 23 juin 1827, Borget.

755. — ... Ou qu'il a été autorisé par un fonctionnaire incompétent. — *Cass.*, 21 juill. 1809, Joseph Sorez.

756. — ... Ou qu'il a laissé dans la vente des arbres d'une autre espèce compris dans son adjudication, et que d'ailleurs un ouragan ayant abattu ou brisé plusieurs des arbres à lui adjugés, il lui était dû une indemnité. — *Cass.*, 7 avr. 1808, Parcheminy; — Meaume, *loc. cit.*

757. — ... Ou qu'il aurait été de bonne foi. — *Cass.*, 1er mai 1829, Dezirat; et 29 août 1839 (t. 3 1844 suppl. à sa date), Reynaud; *Douai*, 18 fév. 1842 (t. 1er 1847, p. 265), N... — Meaume, *loc. cit.*; Dufour, *Dr. admin. appliqué*, no 475.

758. — En matière forestière, les tribunaux ne peuvent, en aucun cas, s'affranchir de l'obligation qui leur est imposée de prononcer les peines portées par la loi contre le fait matériel de la contravention, ni par conséquent admettre comme excuse l'exception de bonne foi. — *Cass.*, 2 mai 1833, habitans d'Escragnollet.

759. — En pareille matière l'autorité administrative supérieure a seule le droit d'apprécier des exceptions tirées d'une erreur involontaire et d'accorder les remises ou les réductions de peines que les circonstances et l'équité peuvent faire admettre. — Même arrêt.

760. — L'adjudicataire d'une vente de bois divisée en deux lots ne peut, sans commettre un délit, couper l'arbre faisant la séparation des deux lots et marqué du marteau du gouvernement. — *Cass.*, 20 janv. 1815, Carlière. — Conf. Meaume, p. 270, no 171; — Gagneraux, *C. forest.*, art. 33, no 1er.

761. — Lorsqu'un déficit est constaté dans une coupe, celui qui s'en est rendu adjudicataire ne peut être déchargé de sa responsabilité, s'il s'est borné à en avertir le garde avant de commencer son exploitation, le garde n'ayant point caractère pour constater seul le déficit. — En d'autres termes, à défaut de procès-verbal de souchetage, et une fois son exploitation commencée, l'adjudicataire n'est plus recevable à prouver qu'un arbre de réserve manquait auparavant dans sa vente. — *Cass.*, 26 juill. 1840, Hieronimus.

762. — L'orsque l'adjudicataire d'une coupe de

bois soutient que les arbres qu'on lui reproche d'avoir abattus l'ont été en vertu d'une délibération du conseil municipal de la commune, propriétaire du bois en exploitation, c'est à l'autorité administrative qu'il appartient de connaître de la validité de cette délibération ; c'est une exception préjudicielle, et le tribunal correctionnel excède ses pouvoirs en passant outre et en jugeant le fond. — *Cass.*, 8 frim. an XIV, Cappée; 9 niv. an XIV, Tournay.

763. — De même, si l'adjudicataire soutient que d'autres arbres restés debout ont été compris au procès-verbal d'adjudication comme faisant partie de la réserve sous la désignation de baliveaux modernes, cette défense, qui rentre dans l'interprétation de l'acte d'adjudication, présente une véritable question préjudicielle étrangère aux attributions de la police correctionnelle. — *Cass.*, 28 mars 1806, Hauteleuille.

764. — Dans les coupes qui s'exploitent en jardinant ou par pieds d'arbres, le marteau royal est appliqué aux arbres à abattre, et la marque est faite au corps et à la racine. — Ord. d'exécut., art. 80.

765. — Ainsi, dans ces coupes, l'obligation de l'adjudicataire est inverse, mais identique. Ce sont les seuls arbres marqués en délivrance qu'il faut abattre (*Cass.*, 27 avr. 1833, Boullangeot); et s'il coupait un sujet qui ne portât pas l'empreinte du marteau de l'état, il y aurait présomption que l'arbre exploité ne faisait pas partie de l'adjudication. — Meaume, t. 1er, no 170, p. 263.

766. — Aussi a-t-il été jugé que l'absence de l'empreinte du marteau royal sur la souche d'un arbre abattu dans une coupe est une preuve suffisante de l'existence du délit prévu par l'art. 33, C. forest. — *Cass.*, 21 fév. et 21 mars 1840 (t. 1er 1841, p. 16), Jund et Helmlich.

767. — Pareillement, l'adjudicataire d'une coupe jardinatoire qui a abattu des arbres ne portant pas l'empreinte du marteau de l'état ne doit pas être considéré comme ayant simplement contrevenu aux clauses et conditions du cahier des charges de son adjudication, ainsi qu'il est dit en l'art. 37, C. forest., mais comme ayant commis le délit prévu et puni par les art. 33 et 34 du même Code. — *Cass.*, 12 nov. 1841 (t. 1er 1842, p. 588), Hanselmann. — Conf. Meaume, p. 263, no 170.

768. — De même, l'existence constatée dans une coupe de bois d'un certain nombre de souches de hêtres non marquées, lesquelles sont écuissées et éclatées, ne constitue pas à l'égard de l'adjudicataire un simple vice d'exploitation aux termes de l'art. 37, C. forest., mais bien le délit d'abattage prévu par les art. 33 et 34, même Code. — *Cass.*, 19 déc. 1842 (t. 1er 1843, p. 169), Walter.

769. — En effet, il y a même délit de la part d'un adjudicataire, soit à abattre dans une coupe à tire et aire des arbres frappés de l'empreinte du marteau royal, soit à abattre dans une coupe jardinatoire des arbres qui ne portent pas ladite empreinte; en conséquence, le tribunal ne peut, dans ce dernier cas, le renvoyer des poursuites, sous le prétexte qu'il n'a pas abattu des arbres marqués ou réservés. — *Cass.*, 17 mai 1834, Viellard.

770. — Mais l'adjudicataire d'une certaine quantité d'arbres, qui en abat d'autres en contravention, n'est pas passible de la peine portée au cahier des charges pour les faits d'outre-passe ou entreprise au-delà des pieds corniers, laquelle ne se réfère qu'au cas d'outre-passe au-delà des limites d'une coupe d'une étendue déterminée. C'est la loi générale qui doit être appliquée. — *Cass.*, 1er fév. 1822, Darius-Dari.

771. — L'obligation imposée à l'adjudicataire d'une coupe de bois qui s'exploite en jardinant, de n'abattre que les arbres portant l'empreinte du marteau, est absolue. — *Nancy*, 24 fév. 1841 (t. 1er 1847, p. 141), Bourra.

772. — L'adjudicataire qui aurait abattu un arbre non marqué en délivrance, ne pourrait être admis, dès-lors, à justifier par témoins que l'empreinte du marteau de l'état existait avant l'abattage et qu'elle n'a disparu que par l'effet de la malveillance ou d'un accident. — Même arrêt. — V. conf. Meaume, p. 263, no 170, qui cite comme conformes les arrêts inédits de *Nancy*, 7 déc. 1832 et 20 oct. 1824; de *Colmar*, 8 janv. 1835; de *Metz*, 26 août 1840, et de *Nancy*, 28 déc. 1842.

773. — La cour de Cassation a aussi décidé dans ce sens que, lorsqu'un procès-verbal de récolement constate qu'un arbre sur la souche duquel ne s'est pas retrouvée l'empreinte du marteau de l'état, a été abattu dans une coupe jardinatoire, l'adjudicataire ne peut être admis à prouver par témoins que cette empreinte avait existé sur la souche de l'arbre abattu. — *Cass.*, 12 juin 1840 (t. 1er 1847, p. 140), Gerninger.

774. — Pareillement, lorsqu'un procès-verbal non attaqué constate que, dans une coupe jardinatoire, la souche d'un arbre coupé ne portait aucune empreinte du marteau royal, l'adjudicataire n'est point admissible à prouver par témoins que, lors de l'abattage, cet arbre portait une telle empreinte. En pareil cas, l'adjudicataire n'a d'autre moyen, pour échapper à la responsabilité qu'il encourt, que de faire dresser le rapport prescrit par l'art. 45, C. forest. — *Cass.*, 29 juin 1843 (t. 1er 1844, p. 219), Choulet.

775. — Jugé cependant que l'entrepreneur de l'exploitation d'une coupe peut être admis à prouver par témoins que l'empreinte du marteau de délivrance existait originairement sur des arbres, et que c'est par suite d'un accident ou d'un acte de malveillance qu'elle a disparu, quoique le procès-verbal de récolement de la coupe constate l'absence d'empreinte sur ces mêmes arbres. Ce n'est pas là porter atteinte à la foi due au procès-verbal. — *Nancy*, 9 janv. 1839 (t. 2 1841, p. 129), Gerninger; *Besançon*, 14 avr. 1842 (t. 1er 1847, p. 141), Choulet, 21 nov. 1842 (t. 1er 1847, p. 141), Genre-Touquet.

776. — L'arrêt de Besançon, du 21 nov. 1842, a toutefois reconnu que la preuve testimoniale ne pourrait être admise, en pareil cas, qu'autant que les faits articulés par l'adjudicataire seraient précis et concluans.

777. — Le cahier des charges, indépendamment des dispositions de l'art. 33, C. forest., déclare, art. 1er et 40, que les arbres qui s'exploitent, soit séparément du taillis, soit en jardinant et par éclaircies, sont adjugés en bloc et *sans garantie de nombre*, et qu'à l'égard des coupes exploitées à tire et à aire, l'état garantit seulement la contenance portée au procès-verbal d'arpentage. Curasson (t. 1er, p. 211 et suiv.) trouve ces dispositions peu équitables. Par là, dit-il, la vente n'a rien de précis, et si grave que soit l'erreur, on ne manquera pas d'opposer à l'adjudicataire qu'il est privé de toute garantie; car telle est la loi du contrat.

778. — Mais M. Meaume (p. 272, no 193) considère ces reproches contre la rigueur du cahier des charges comme devant tomber devant cette considération que l'adjudicataire doit savoir ce qu'il achète, que son intérêt l'oblige moins à consulter les actes écrits que le nombre réel des arbres à exploiter. En effet, les marchands de bois font leurs estimations sur le terrain et non d'après les procès-verbaux. Le rejet de l'amendement de M. Devaux vient à l'appui de l'opinion de M. Meaume, conforme d'ailleurs à l'opinion de Baudrillart, *Code forest., Comment. sur l'art.* 33.

779. — La cour royale d'Orléans avait décidé, toutefois, que quand la coupe d'un bois dépendant du domaine de l'état comprend un plus grand nombre d'arbres marqués que ceux qui ont été expressément réservés par le cahier des charges, l'adjudicataire qui a respecté ces arbres, en vertu de l'art. 33, C. forest., a droit à une indemnité proportionnelle à la quantité d'arbres qu'il n'a pas abattus, et dont il a ainsi été privé. — *Orléans*, 28 nov. 1840 (t. 1er 1842, p. 746), préfet du Loir-et-Cher c. Chauveau.

780. — Cette cour se fondait, entre autres motifs, sur ce que l'adjudicataire pouvait invoquer, dans cette circonstance, les principes ordinaires de la garantie, reconnus, disait-elle, applicables aux adjudications de coupes, par un arrêt de Cassation du 16 août 1811 (Gossent), portant que l'adjudicataire ne peut se permettre de couper les arbres marqués sous le prétexte qu'ils représentent le nombre d'arbres compris dans son adjudication, sauf son recours en dommages-intérêts contre l'administration forestière.

781. — Mais cet arrêt de la cour d'Orléans, en opposition avec les termes de l'art. 28 du cahier des charges, combattu par M. Meaume (*loc. cit.*), a été annulé sur le pourvoi formé devant la cour de Cassation. Cette cour a jugé, en effet, le 12 août 1844 (t. 2 1844, p. 311), que l'obligation, imposée aux adjudicataires par l'art. 33, C. forest., de respecter les arbres marqués en réserve, alors même que leur nombre excéderait celui porté au procès-verbal de martelage, ferme, par voie de conséquence, à ces adjudicataires, tout droit à une indemnité à raison de cet excédant, alors même que l'adjudication aurait eu lieu sur la foi d'une déclaration erronée du nombre d'arbres réservés, mais avec déclaration qu'il ne pourrait être délivré à l'adjudicataire aucun des arbres réservés, même excédant le nombre porté aux procès-verbaux. — De ce qu'il n'existe, en effet, à l'égard de ces arbres, aucune vente ni obligation de livrer, il résulte qu'il ne saurait y avoir lieu à garantie pour défaut de livraison.

782. — Il faut, du reste, remarquer que la question ne peut plus maintenant se reproduire, le cahier des charges contenant, depuis 1843, cette mention expresse : « L'excédant ne pourra donner lieu à aucune indemnité en faveur de l'adjudicataire. » — Circul. 22 sept. 1843, rapp. no 537; *Bull. des ann. forest*, p. 347.

783. — « L'adjudicataire, dit Curasson (*loc. cit.*), pourrait seulement prétendre que la clause de non-garantie, qui n'est stipulée que dans l'intérêt du gouvernement ou de la commune propriétaire, ne met pas l'agent forestier à l'abri des dommages-intérêts que les art. 1382 et 1383, C. civ., prononcent en cas de faute ou de simple négligence. »

784. — Mais M. Meaume (p. 274 no 174) fait observer que la stipulation de non-garantie est destinée, au contraire, à mettre à l'abri de toute responsabilité d'une erreur prévue et reconnue possible ceux-là même qui sont exposés à la commettre. Autrement les agens forestiers deviendraient justiciables des tribunaux civils pour des actes relatifs à leurs fonctions, ce qui est contraire aux règles sur la séparation des pouvoirs. On doit appliquer ici le principe qui fait remonter jusqu'à l'administration supérieure, censée avoir exécuté par elle-même le fait de l'agent, la responsabilité de tout acte administratif. « Au surplus, ajoute M. Meaume, le conseil donné par M. Curasson aux adjudicataires n'a pas encore été suivi par eux; et si une semblable prétention pouvait jamais se produire, elle serait très certainement écartée par l'autorité administrative supérieure, à laquelle elle devrait être soumise, conformément aux art. 75, L. de frim., an VIII, et 39, ord. d'exécution. »

785. — Lorsqu'il est constaté par un procès-verbal régulier que des arbres marqués du marteau du gouvernement dans une vente ont été abattus, l'administration forestière a le droit de poursuivre immédiatement l'adjudicataire et n'est pas obligée d'attendre l'époque du récolement définitif. — *Cass.*, 23 fév. 1815, Florentin.

786. — Par suite, le tribunal ne peut surseoir au jugement, sous le prétexte qu'il y a lieu à interprétation du contrat, à l'effet de savoir si les arbres abattus font partie de l'adjudication. — *Cass.*, 16 août 1811, Gossent.

787. — L'ord. de 1669 punissait d'une amende de 50 fr. la coupe d'un arbre de réserve, sans égard à la dimension et sans distinction entre les délinquans, adjudicataires, ou simples particuliers.

788. — Sous l'empire de cette ordonnance et de la loi du 27 vent. an VIII, art. 88, un tribunal ne pouvait se borner à condamner l'adjudicataire qui avait abattu des baliveaux réservés à en payer la valeur à dire d'experts. — *Cass.*, 19 déc. 1806, Buneau.

789. — Aujourd'hui, aux termes de l'art. 34, C. forest., les amendes encourues par les adjudicataires, en vertu de l'art. 33, pour abattage ou déficit d'arbres réservés, sont du tiers en sus de celles qui sont déterminées par l'art. 192, toutes les fois que l'essence et la circonférence des arbres peuvent être constatées. — Si, à raison de l'enlèvement des arbres et de leurs souches, ou de toute autre circonstance, il y a impossibilité de constater l'essence et la dimension des arbres, l'amende ne peut être moindre de 50 fr. ni excéder 200 fr. — Dans tous les cas, il y a lieu à la restitution des arbres, ou, s'ils ne peuvent être représentés, de leur valeur, qui est estimée à une somme égale à l'amende encourue, sans préjudice des dommages-intérêts.

790. — L'art. 34 contient la sanction pénale du délit d'abattage de réserves prévu par l'art 33. La pénalité, comme on le voit, varie suivant les circonstances. Si les souches de réserves peuvent être reconnues, l'amende s'élève en proportion de la circonférence des arbres et de leur essence; mais si cette essence et cette dimension ne peuvent être constatées, l'amende ne peut être moindre de 50 fr. ni excéder 200 fr. *par chaque pied d'arbre.*

791. — Nous disons, *par chaque pied d'arbre* : bien que ces mots ne se trouvent pas dans l'art. 34, il résulte, en effet, de la discussion qui a eu lieu à la chambre des députés que l'amende doit être ainsi calculée. M. de Cuny avait proposé un amendement dans ce sens, mais il le retira sur l'observation que l'article était suffisamment clair par lui-même. — Meaume, p. 276, no 175, note; Duvergier, *Coll. des lois*, note sur l'art. 34, C. forest.

792. — C'est, au surplus, ce qu'a décidé la cour de Cassation, le 4 août 1838 (t. 2 1839, p. 334) [Bernard], en jugeant que l'amende encourue par un adjudicataire pour abattage ou déficit d'arbres réservés, lorsqu'il y a impossibilité de constater l'essence et la circonférence, est de 50 à 200 fr. par chaque arbre abattu ou manquant, et non de la somme une fois payée, quel que soit le nombre d'arbres. — V. conf. *Nîmes*, 30 nov. 1837 (inédit cité par M. Meaume, p. 277, note), Gautier; *Montpellier*, 28 janv. 1839 (t. 1er 1847, p. 266), Beaumel; *Cass.*, 20 mars 1830, Henry; *Nîmes*, 3 mai 1838 (t. 2 1838, p. 161), Bonnefoi.

793. — Pour que l'amende proportionnelle dont

parle le paragraphe 1er de l'article puisse être prononcée, il faut qu'il y ait eu constatation *et de l'essence et de la circonférence*. Si la constatation n'avait pu être faite que de l'un de ces deux élémens, le paragraphe 2 devrait alors être appliqué. Mais il ne faut pas conclure de là que la loi a limité à l'enlèvement des souches l'impossibilité de constater l'essence et la dimension des réserves abattues en délit. Ainsi, il arrive le plus souvent que le procès-verbal porte que la confusion résultant forcément de l'exploitation n'a pas permis au rédacteur de distinguer au milieu de toutes les souches de la coupe celles qui appartenaient aux arbres de réserve. Il est suffisamment démontré par là que la constatation a été impossible, et on ne saurait en conclure qu'on doive recourir alors aux évaluations arbitraires de l'art. 193. — Meaume, p. 279, nº 177.

794. — Ainsi jugé que la constatation n'est pas possible lorsque les racines de ces arbres ont été confondues avec celles des arbres qui appartiennent aux adjudicataires, et que le procès-verbal signalant le délit arbitre approximativement la grosseur, en déclarant toutefois que cette arbitration ne peut tenir lieu d'une constatation légale. — *Cass.*, 23 mars 1837 (t. 2 1840, p. 110) Lormier et Gendarme.

795. — ... Et que, quand l'adjudicataire d'une coupe de bois a abattu des arbres dont la grosseur ne peut être déterminée, il y a lieu de lui appliquer le second paragraphe de l'art. 34, C. forest. — *Cass.*, 27 fév. 1840 (t. 2 1840, p. 587), Bernard; 23 mars 1837 (t. 2 1840, p. 110), Lormier.

796. — ... Sans que cette amende puisse être arbitrée par le tribunal, comme dans le cas de l'art. 192, même Code. — *Cass.*, 3 août 1838 (t. 1er 1840, p. 421), Cabrol; — conf. *Nancy*, 22 déc. 1829; *Metz*, 30 déc. 1835, Flocon; *Montpellier*, 17 déc. 1838, Rourcirollis; *Besançon*, 19 juill. 1841, Jeannay dit Le Georges (inédits cités par M. Meaume, p. 279, note 2e).

797. — Mais, dans ce cas, le procès-verbal doit énoncer les circonstances qui ne permettent pas d'indiquer l'essence et la grosseur des arbres abattus; et si ces énonciations ne se trouvent pas au procès-verbal, les tribunaux doivent arbitrer l'essence et la grosseur d'après les documens du procès. — *Cass.*, 15 nov. 1833, Charpentier; — conf. *Dijon*, 11 fév. 1835, Leblanc-Maître; 19 mai 1830, et 4 déc. 1833 (inédits cités par M. Meaume, p. 280, note).

798. — Il suit de là que quand le rédacteur du procès-verbal ne peut constater l'essence et la dimension des arbres, il doit indiquer seulement cette circonstance et en faire connaître les motifs, et non évaluer arbitrairement lui-même la dimension et déterminer l'essence. — Un pareil mode de procéder serait sans valeur pour servir de base à l'amende. — Meaume, p. 281, nº 177.

799. — Quoique superflue, cette évaluation serait une nouvelle preuve de l'impossibilité de constater légalement la grosseur des arbres réservés. Elle n'atténuerait conséquemment pas l'effet de la déclaration que le rédacteur du procès-verbal s'est trouvé empêché de découvrir l'essence et la dimension des arbres qui devaient être respectés. — Meaume, *loc. cit.*

800. — Cependant, deux arrêts inédits, cités par M. Meaume : l'un de Dijon du 13 mai 1835 (Troisgros), l'autre de Colmar du 24 août 1836 (Wurtel), ont décidé qu'on pouvait évaluer approximativement la dimension des réserves, et adjuger, en ce cas, les amendes réglées par les art. 34 et 192, C. forest. — Mais ces décisions sont en complet désaccord avec la jurisprudence de la cour suprême, qui interdit toute évaluation approximative, lorsque le procès-verbal constate qu'on ne peut exactement mesurer la circonférence des arbres en déficit.

801. — Si le rédacteur du procès-verbal a négligé d'y énoncer l'impossibilité où il s'est trouvé de constater l'essence et la dimension des réserves, l'administration pourrait le faire entendre comme témoin pour prouver qu'il lui a été réellement impossible de faire cette constatation; sa déposition suppléerait ainsi à l'insuffisance du procès-verbal. — Arg. 175, C. forest.; — Meaume, p. 282, nº 178.

802. — De même, si le procès-verbal de récolement n'avait pas indiqué la dimension des réserves en déficit, et avait gardé le silence sur l'impossibilité où se seraient trouvés les agens de la relater, il peut être suppléé à l'insuffisance du procès-verbal à cet égard par les preuves de droit. — *Cass.*, 7 mai 1841 (t. 1er 1847, p. 265), Prost.

803. — Mais si l'administration ne demande pas à prouver par les voies de droit qu'il a été impossible de constater l'essence et la dimension des réserves, les juges ne sont pas tenus d'ordonner la preuve d'office, et ils peuvent, dès-lors, selon la règle générale posée dans l'art. 193, fixer l'amende d'après les documens du procès. — Même arrêt; — conf. Meaume, nº 178, p. 283.

804. — L'administration pouvant suppléer par la preuve testimoniale à l'insuffisance du procès-verbal, il semble juste de permettre au prévenu d'établir, de son côté, qu'on pouvait constater l'essence et la dimension des arbres en déficit, lorsque l'impossibilité est déclarée par un procès-verbal faisant foi jusqu'à inscription de faux. Cette décision paraît, du reste, résulter des arrêts de Cassation précités des 23 mars et 16 juin 1837 (*V. suprà* nº 794), dans lesquels on lit « que, d'ailleurs, le prévenu n'a rien allégué contre l'impossibilité de parvenir à cette constatation; » d'où doit résulter que si le prévenu avait demandé à alléguer une preuve contre l'impossibilité déclarée, il y eût été admis. Cette conséquence, manifeste dans la pensée du rédacteur de ces arrêts, est, de plus, conforme à l'esprit de la loi. — Meaume, p. 284, nº 179.

805. — La cour royale de Besançon a, du reste, décidé que, dans le cas où le procès-verbal de récolement n'établit aucun fait dont on puisse induire l'impossibilité de fixer la dimension des réserves manquantes, il y a lieu, avant de prononcer l'amende, d'ordonner qu'il soit procédé à une nouvelle opération, afin de constater la circonférence de ces réserves et d'énoncer, si cette constatation est impossible, les faits et circonstances démontrant cette impossibilité. — *Besançon*, 2 mars 1840 (t. 1er 1847, p. 328), Aimé — V. conf. *Nancy*, 29 déc. 1830, arrêt cité par M. Meaume, p. 285, note 2e.

806. — Lorsque l'essence et la dimension des arbres de réserve abattus ou enlevés dans le lot d'un adjudicataire ont été déterminées par un procès-verbal dressé en vertu d'un jugement du tribunal, les juges peuvent se dispenser d'appliquer le § 2, art. 34, C. forest., et ne prononcer que les amendes déterminées à raison de la nature et de la grosseur de ces arbres. — *Cass.*, 17 mai 1834, Vannerot.

807. — Dans les coupes jardinatoires, le délit de coupe de réserves résulte du défaut de représentation de l'empreinte du marteau de délivrance. Ce défaut de représentation ne peut donc être considéré comme une infraction aux clauses du cahier des charges relatives au mode d'abattage des arbres, et il n'y a conséquemment pas lieu d'appliquer l'art. 37, C. forest. — Meaume, t. 1er, nº 176, p. 278.

808. — Il importe de remarquer cependant que, si le procès-verbal ne constatait pas, en fait, l'absence de coupe de réserves, comme il aurait pu y avoir lieu à des substitutions préjudiciables, on devrait rigoureusement appliquer le principe que le défaut de représentation de la marque est une présomption légale d'abattage d'arbres. — Meaume, p. 279, nº 176.

809. — Sous l'empire de l'ordonnance, les arbres de réserves coupés en délit et trouvés en nature restaient à la disposition du gouvernement, comme n'ayant cessé ni pu cesser de lui appartenir. Les adjudicataires étaient passibles, en outre, d'une amende et d'une condamnation à pareille somme par restitution.

810. — Sous le Code forestier, il ne faut pas confondre les restitutions avec les dommages-intérêts. Toutes les fois que les bois ont été frauduleusement enlevés, les tribunaux sont obligés de condamner les délinquans à les restituer en nature ou à en payer la valeur. — V. art. 198. — Ils peuvent aussi allouer des dommages-intérêts; mais la mise à la disposition du gouvernement des bois saisis est une véritable restitution en nature et ne doit jamais concourir avec la restitution en argent, parce qu'elle formerait un double emploi.

811. — Cependant il a été jugé qu'il n'y a rien de contraire à la loi dans le chef d'un jugement qui, indépendamment de la condamnation à l'amende et à pareille somme de restitutions, dommages et intérêts, laisse à la disposition du gouvernement les bois saisis comme provenant du délit. — *Cass.*, 26 fév. 1807, Grimprel et Jacquemart; — Merlin, *Rép.*, vº *Délit forestier*, § 19.

812. — Le jugement qui renvoie de la poursuite correctionnelle dirigée par l'administration forestière l'adjudicataire de bois appartenant à une commune, prévenu d'abattage d'arbres réservés, attendu l'irrégularité du procès-verbal du martelage contenant les réserves, ne met pas obstacle à ce que la commune se pourvoie par action civile contre cet adjudicataire en restitution des arbres abattus ou de leur valeur. Le jugement correctionnel ne crée pas contre l'action civile l'exception de la chose jugée. — *Cass.*, 6 fév. 1837 (t. 2 1837 p. 262), Gendarme c. commune de Monthermé.

813. — Sous l'ordonnance de 1669, la restitution prononcée à l'occasion d'un délit forestier avait le caractère de peine, et devait concourir avec l'amende pour déterminer la compétence. Ainsi, l'amende ne pouvant être moindre de trois journées de travail, d'après la loi du 23 thermid. an IV, et la restitution devant être égale à l'amende, un tribunal correctionnel ne pouvait se déclarer incompétent et renvoyer la cause en simple police. — *Cass.*, 2 janv. 1806, Doré; — Merlin, *Rép.*, vº *Délit forestier*, § 15.

814. — Aujourd'hui il appartient généralement aux tribunaux de fixer le chiffre de la restitution. Mais ici, quelle que soit l'amende appliquée, la valeur des arbres en déficit doit toujours être estimée à une somme égale à l'amende encourue, sans préjudice des dommages-intérêts. — Meaume, p. 286, où il cite à la note, comme conformes, un arrêt de *Nancy*, 6 janv. 1841 et un de *Montpellier*, 17 sept. 1838. V. aussi *Montpellier*, 28 janv. 1839 (t. 1er 1847, p. 266), Beaumel.

815. — La cour de Metz a aussi consacré ce principe en décidant qu'en cas de déficit d'arbres réservés, si la restitution ne peut en avoir lieu en nature, la valeur doit toujours être estimée, quel que soit le chiffre de l'amende encourue, à une somme égale à celle-ci, sans préjudice des dommages-intérêts. — *Metz*, 9 fév. 1842 (t. 1er 1847, p. 139), Marcus

816. — ... Et cela, quand bien même l'adjudicataire aurait laissé sur pied d'autres arbres non réservés, semblables à ceux abattus, et en plus grand nombre. — *Cass.*, 7 mai 1841 (t. 1er 1847, p. 265), Prost.

817. — Cette amende, qui est fixée au tiers en sus de celle déterminée par l'art. 192, C. forest., doit être considérée pour la fixation des dommages-intérêts comme une amende simple, c'est-à-dire dont la quotité est indépendante des circonstances de la récidive, de la nuit et de l'usage de la scie. — *Cass.*, 17 mai 1834, Vannerot.

818. — Conséquemment, les dommages-intérêts auxquels doit être condamné vis-à-vis de l'administration forestière l'adjudicataire d'une coupe de bois convaincu d'abattage d'arbres réservés ne peuvent être moindres de l'amende tiercée prononcée par l'art. 34, C. forest. — *Cass.*, 11 juill. 1838 (t. 2 1839, p. 259), Lallemand. — V. aussi *Nancy*, 26 sept. 1838 et 6 janv. 1841 (inédits cités par M. Meaume, t. 1er, p. 202, nº 182.)

819. — Le minimum fixé par la loi, en pareil cas, peut être augmenté lorsque le préjudice est très grave. — *Cass*, 23 juill. 1842 (t. 2 1843, p. 99), Greuzard; *Dijon*, 9 nov. 1842 (t. 1er 1847, p. 237), mêmes parties.

820. — En effet, l'amende applicable lorsqu'il s'agit de l'enlèvement d'un simple baliveau de l'âge de la coupe ne peut être avec justice également prononcée lorsque c'est un arbre ancien qui a été enlevé : on doit nécessairement, en ce cas, bien que la dimension des réserves n'ait pu être constatée, fixer une amende supérieure au minimum déterminé par le § 2, art. 34. — *Metz*, 9 fév. 1842 (t. 1er 1847, p. 139), Marcus.

821. — Lorsque la contestation sur un délit forestier a pour objet de savoir si l'amende doit être déterminée à raison d'une somme fixe par arbre en déficit ou calculée au pied de tour, le jugement qui ordonne le mesurage des arbres, afin de pouvoir régler l'amende d'après leur dimension, est interlocutoire, et non préparatoire; en conséquence, l'appel en est recevable avant le jugement définitif. — *Cass.*, 2 août 1810, Marx Bœhmer; — Bourguignon, *Jurisp. des C. crim.* sur l'art. 199, C. crim., t. 1er, p. 443.

822. — La condamnation aux dommages-intérêts, outre l'amende et la restitution, est obligatoire et doit toujours être prononcée en cas d'abattage par un adjudicataire d'arbres réservés dans sa coupe. — *Cass.*, 20 mars 1830, Henri; *Metz*, 9 fév. 1842, (t. 1er 1847, p. 139), Marcus; *Cass.*, 23 juill. 1842 (t. 2 1843, p. 99), Greuzard; 23 nov. 1844 (t. 2 1845, p. 217), Cholley; 23 août 1845 (t. 2 1845, p. 668), Gabuet; et 24 janv. 1846 (t. 1er 1847, p. 277), Lamy. — V. aussi *Poitiers*, 24 janv. 1846 (t. 1er 1846, p. 734), Rabault.

823. — Les mots *sans préjudice de dommages-intérêts*, placés à la fin de l'article, ne seraient autrement qu'une superfétation, puisque l'art. 198 porte que tout enlèvement de bois donne lieu, suivant *les circonstances*, à des dommages-intérêts. On a donc voulu autre chose qu'appliquer aux délits commis par les adjudicataires les dispositions de l'art. 198, c'est-à-dire excepter précisément ces délits de la règle générale et enlever aux tribunaux l'appréciation des dommages-intérêts. — Meaume, p. 289, nº 181, qui cite comme conformes *Dijon*, 19 mai 1830, Miot; 11 fév. 1836, Leblanc, et 21 janv. 1835, Bernard (inédits), mais qui cite aussi comme contraires *Nancy*, 21 sept. 1831, 25 juill. 1834, 9 sept. 1836 et 26 janv. 1838 (inédits).

824. — Toutefois la cour de Nancy avait rendu, dès le 21 déc. 1833, un arrêt portant que « quelque sévère que soit la condamnation encourue par l'adjudicataire pour déficit d'arbres réservés, eu égard

à sa bonne foi, et à l'exiguïté du préjudice causé, n'en sont pas moins obligés, pour obéir à une loi formelle, de prononcer des dommages-intérêts égaux à la demande. » Dans l'espèce, celle-ci était de 2,550 fr. Cette cour est revenue à la doctrine de la cour suprême depuis l'arrêt de Cassation du 23 juill. 1842. — V. en effet *Nancy*, 21 déc. 1842 (t. 1er 1847, p. 182), Coutant ; même jour (*ibid*, p. 228), Prud'homme.

825. — Les tribunaux ne devraient, toutefois, prononcer des dommages-intérêts que si l'administration y avait conclu. — Meaume, p. 291.

826. — Une coupe d'arbres réservés, effectuée par un adjudicataire, ne rentre pas dans la classe des délits forestiers ordinaires par cela seul qu'elle a été faite après le récolement ; l'adjudicataire n'en est pas moins soumis à l'aggravation de peine attachée par la loi à sa qualité. — *Cass.*, 26 fév. 1807, Grimprel et Jacquemart.

827. — L'adjudicataire qui a abattu des baliveaux non destinés pour la marine doit être condamné à une amende proportionnée au nombre des baliveaux en déficit, et non aux peines portées par l'ordonnance du 28 août 1816, qui n'était relative qu'aux bois destinés pour la marine. — *Cass.*, 23 juin 1827, Redonnel.

828. — L'art. 33, C. forest., exigeant de l'adjudicataire qu'il respecte tous les arbres de réserve, quelle que soit leur qualification, et l'art. 192 ne reconnaissant comme arbres que ceux dont la circonférence, mesurée à un mètre du sol, est au moins égale à deux décimètres, on doit en conclure que l'art 34 n'est pas applicable lorsque les réserves abattues n'ont pas cette dimension. — Meaume, t. 1er, p. 293, no 183, t. 3, p. 170.

829. — C'est, au surplus, ce qui résulte d'un arrêt de la cour royale de Grenoble (Allard), dans lequel on lit ce qui suit : « Attendu qu'on ne peut considérer comme arbres des plantes qui ont moins de deux décimètres de tour ; qu'en combinant les expressions dont le législateur s'est servi dans les art. 192 et 194, C. forest., on voit bien qu'il n'a considéré comme arbres que les plantes qui avaient une circonférence de deux décimètres au moins, mesurées à un mètre du sol, etc. » Cet arrêt, du 12 juin 1839, est rapporté à la note de celui rendu par la même cour, le 17 avr. 1839 (t. 1er 1847, p. 138), Larrivé.

830. — Le délit de coupe de réserve ayant moins de deux décimètres est donc un délit ordinaire puni par l'art. 194, C. forest. — *Grenoble*, 17 avr. 1839 (t. 1er 1847, p. 138), Larrivé. — Conf. Meaume, *loc. cit.* — C'est là une espèce qui doit, au surplus, se présenter fort rarement.

831. — Mais M. Meaume (t. 3, p. 171) ne pense pas, contrairement à la doctrine adoptée par la cour de Grenoble, dans l'affaire Allard (*suprà* no 829), que la juridiction correctionnelle soit ici compétente pour apprécier l'importance du préjudice causé. Il n'y a pas, en effet, suivant lui, délit de la part de l'adjudicataire qui, ayant observé toute les précautions indiquées par le cahier des charges pour l'abattage des arbres, brise néanmoins des réserves. Celui-ci n'est passible que d'une simple action en dommages-intérêts qui, par sa nature, est essentiellement civile. « Cela est si vrai, ajoute-t-il, que le paiement de l'indemnité stipulée pour bris de réserves ne peut être poursuivi que devant les tribunaux civils. Il est évident qu'il doit en être de même dans le cas de dommage causé à des réserves de moins de deux décimètres. Les tribunaux correctionnels ne peuvent connaître de ce dommage parce qu'il n'est la conséquence d'aucun délit. »

832. — Mais il n'en serait plus ainsi si les réserves n'avaient été brisées que parce que l'adjudicataire aurait négligé de prendre les précautions qu'indiquait pour l'abattage le cahier des charges ; par exemple, l'ébranchage préalable. En pareil cas, il y aurait lieu d'appliquer l'art. 37, et l'on pourrait demander aux tribunaux correctionnels la réparation du dommage causé aux réserves, quelle que fût leur grosseur. — Les dommages-intérêts ne pourraient alors être inférieurs au maximum fixé par l'art. 202, C. for., c'est-à-dire à l'amende simple. — Meaume, t. 3, p. 171.

§ 3. — *Permis d'exploiter.*

833. — Les adjudicataires ne peuvent commencer l'exploitation de leurs coupes avant d'avoir obtenu, par écrit, de l'agent forestier local, le permis d'exploiter, à peine d'être poursuivis comme délinquans pour les bois qu'ils auraient coupés. — C. forest., art. 30.

834. — On doit entendre ici par agent forestier local, a dit M. le directeur général, lors de la discussion de l'art. 30 à la chambre des députés, un inspecteur, un sous-inspecteur, un garde général. « On confond souvent, disait-il, la dénomination d'*agent* avec celle de *garde*, qui n'est pourtant pas la même chose ; les procès-verbaux des agens forestiers ne sont pas affirmés, tandis que ceux des gardes doivent l'être. » — Les art. 11 et 31 de l'ord. ont reproduit cette distinction. — Gagneraux, C. forest., art. 30, no 1er ; Dufour, *Droit adm. appliqué*, no 478. — V. AGENT FORESTIER.

835. — Le permis d'exploiter est délivré par l'agent forestier local chef de service, aussitôt que l'adjudicataire lui a présenté les pièces justificatives exigées à cet effet par le cahier des charges. — Ord. d'exécution, art. 92.

836. — Le directeur général a, par circulaire du 4 août 1832, informé les agens forestiers que deux décisions du ministre des finances des 8 mai et 29 nov. 1831 avaient mis à la charge d'un agent forestier le paiement du prix principal d'une coupe que l'adjudicataire n'avait pu acquitter, à raison de son insolvabilité. Cet acte de sévérité était motivé sur ce que l'agent n'avait pas observé les dispositions de l'art. 24 (aujourd'hui 21) du cahier des charges, lequel est conforme à l'art. 92 de l'ord. d'exécution. Ce fonctionnaire avait délivré le permis d'exploiter sans exiger de l'adjudicataire les différentes justifications que prescrit cet article. — V. *Régl. forest.* de Baudrillart, t. 4, p. 578.

837. — La remise du permis d'exploiter opère la délivrance des ventes des coupes de bois appartenant à l'état. L'adjudicataire qui prendrait possession avant d'avoir obtenu la permission de commencer l'exploitation ou qui abattrait un arbre dans la coupe commettrait un délit puni par la loi. — Meaume, p. 246, no 150.

838. — Dans la discussion engagée à la chambre des pairs sur cet article, dans la séance du 17 mai 1827, M. le comte d'Argout fit observer que le cahier des charges doit indiquer l'époque à laquelle l'exploitation doit commencer. « Pourquoi donc, a-t-il ajouté, astreindre l'adjudicataire à demander un permis d'exploiter, lorsque son droit résulte de l'adjudication même qui lui a été faite ; ne peut-il pas résulter pour lui un grand préjudice du refus qui lui serait fait d'accorder le permis ? »

839. — Le ministre d'état commissaire du roi, M. de Martignac, rappela qu'aux termes de l'art. 24, l'adjudicataire est appelé à fournir dans un délai déterminé la caution exigée par le cahier des charges ; qu'il faut donc avant tout qu'il justifie de l'accomplissement de cette condition et des autres obligations que le cahier des charges aurait imposées comme préalables à la mise en exploitation, et que ce n'est qu'après cette justification faite qu'il doit lui être permis d'exploiter, et que c'est pour cela qu'est établie la formalité prescrite par l'art. 30, qui, du reste, est conforme à l'ord. de 1669.

840. — Le fermier d'un bois appartenant à un établissement public et soumis comme tel au régime forestier doit, avant d'exploiter, en obtenir le permis, tout aussi bien que l'adjudicataire de ces bois. Le contraire avait été décidé par le tribunal de Reims, par le motif que le fermier ne tenait pas son droit de l'administration forestière, mais bien de son bail, qui ne lui donnait pas la qualité d'adjudicataire dans le sens du Code forestier, et ne lui imposait aucun mode particulier de délivrance. — Mais la cour de Cassation a rejeté ce système et décidé que les bois soumis au régime forestier ne peuvent être exploités, soit par le propriétaire lui-même, soit par le fermier de celui-ci, que conformément aux règles tracées par le Code forestier. — *Paris*, 2 juin 1838 (t. 2 1838, p. 269), les forêts c. Paris. — Conf. *Cass.*, 17 mai 1816, Amans Lavabre ; — Meaume, p. 247, no 151.

841. — De plus, le fermier d'un bois appartenant à l'état est responsable civilement de l'exploitation faite sans la permission de l'administration forestière par celui à qui il a vendu la coupe, comme si l'exploitation avait été faite par son commis. — *Cass.*, 8 nov. 1811, Accoramboni.

842. — Le permis d'exploiter doit nécessairement être donné par écrit ; une autorisation verbale serait sans valeur.

843. — Aussi l'adjudicataire d'une coupe de bois qui a commencé son exploitation sans avoir obtenu par écrit le permis d'exploiter ne peut pas être renvoyé des poursuites de l'administration sous le prétexte de sa bonne foi. — *Cass.*, 17 mai 1833, Laplanche. — V. conf. Meaume, p. 247, no 152.

844. — La représentation d'un permis écrit est tellement indispensable que le paiement du prix et la reconnaissance implicite de la qualité de l'adjudicataire résultant d'un procès-verbal de récolement fait contradictoirement avec lui ne sauraient le dispenser de cette obligation, même dans le cas où l'administration ne lui reprocherait aucun vice d'exploitation. — Meaume, p. 153, no 248.

845. — Aussi a-t-il été jugé qu'une action intentée à raison d'un délit forestier n'est point anéantie par cela seul que durant l'instance l'administration aurait procédé contradictoirement avec le prévenu, et sans lui adresser de reproches, à une opération ayant pour but de reconnaître l'accomplissement d'autres devoirs qu'il avait à remplir. — *Cass.*, 14 avr. 1837 (t. 1er 1838, p. 323), Walle.

846. — Spécialement, l'adjudicataire qui a commencé l'exploitation de sa coupe avant d'avoir obtenu le permis d'exploiter ne saurait prétendre que l'action de l'administration à raison de ce délit est éteinte par cela qu'elle lui aurait fait sommation d'assister au réarpentage de cette coupe et qu'elle ne lui aurait adressé aucun reproche par suite de ce réarpentage. — Même arrêt.

847. — Un membre de la chambre des pairs, M. le duc de Praslin, ayant demandé, lors de la discussion, quelle marche devrait suivre l'adjudicataire et quels dédommagemens il pourrait réclamer si le permis lui était refusé malgré l'accomplissement de toutes les conditions imposées, le directeur général des forêts, commissaire du roi, répondit que « dans ce cas comme dans tous les cas semblables, l'adjudicataire aurait le droit de se pourvoir devant l'autorité supérieure, sans préjudice de l'action en dommages-intérêts, s'il y avait lieu d'en demander, par les voies judiciaires. » L'observation n'a pas eu d'autre suite.

848. — Il résulte de là qu'en cas de silence et de refus de l'administration supérieure sur la plainte formée par l'adjudicataire, comme il s'agirait alors de contestations relatives à l'exécution du cahier des charges, les tribunaux civils pourraient seuls en être saisis. L'adjudicataire devrait par suite diriger son action contre l'état représenté par le préfet du département. — Meaume, p. 249, no 155.

849. — Au surplus, comme le fait remarquer Curasson (t. 1er, p. 200), la question est sans importance, car on ne peut guère présumer que l'adjudicataire qui a rempli ses obligations puisse rencontrer un refus injuste chez un officier de l'administration forestière.

850. — L'administration pouvant être contrainte par l'adjudicataire à lui délivrer, lorsqu'il a rempli ses obligations, son permis d'exploiter, elle doit de son côté avoir le droit de le forcer à prendre ce permis. L'art. 20 des clauses générales exige qu'il le retire au plus tard dans le délai d'un mois à partir du jour de l'adjudication, « à défaut de quoi, il est tenu de payer à l'état pour les coupes de bois domaniaux, aux communes et établissemens publics pour les coupes de bois leur appartenant, à titre de dommages-intérêts, une somme équivalente au quarantième du prix principal de son adjudication. Pareille somme est due par chaque quinzaine de retard. »

851. — Une décision du ministre des finances du 3 déc. 1825 déclare le permis d'exploiter exempt du timbre et de l'enregistrement comme acte de police intérieure. — Instr. génér., no 1187, § 11. — Gagneraux, *Code forest.*, art. 30, no 3.

§ 4. — *Mode d'exploitation.*

852. — Le Code forestier n'a pas, comme l'ordonnance de 1669 (tit. 15, art. 42 et suiv.), déterminé le mode d'exploitation des coupes. Ce mode pouvant, suivant les circonstances et les localités, varier d'une manière infinie, il n'était pas possible de poser une règle générale et permanente. La manière de procéder en pareil cas est fixée par le cahier des charges, dont les clauses sont sanctionnées par l'art. 37, C. forest.

853. — Cet article est ainsi conçu : « Toute contravention aux clauses ou conditions du cahier des charges, relativement au mode d'abatage des arbres et au nettoiement des coupes, est punie d'une amende qui ne peut être moindre de 50 fr. ni excéder 500 fr., sans préjudice des dommages-intérêts.

854. — Il a été jugé, sous l'empire de l'ordonnance de 1669, que le cahier des charges, dressé par l'administration des forêts et approuvé par le préfet, avait la force d'un véritable réglement de police, qu'il n'était pas permis d'enfreindre sans se rendre coupable d'un délit. — *Cass.*, 29 mars 1806, Henri.

855. — Ainsi que le fait remarquer M. Dupin (*Lois forest.*, p. 778), il résulte de cet arrêt qu'un cahier des charges n'est pas seulement une *convention* qu'accepte l'ajudicataire, mais une *loi* qu'on lui impose.

856. — Comme jusqu'en 1825 on ne trouve aucun monument judiciaire contraire à l'arrêt de 1806, il faut en conclure que c'est sous l'impression de ces principes qu'a été rédigé l'art. 37. C'est là, au surplus, une conséquence qui ressort de l'examen des travaux préparatoires du Code forestier. Ainsi, plusieurs cours avaient demandé qu'on appliquât à l'adjudicataire qui, autorisé à écorcer, aurait dé-

pouillé totalement ou partiellement les racines, ou n'aurait pas abattu les bois dans le jour de leur écorcement, la peine édictée par l'art. 37. Mais, dit Baudrillart (p. 71, sur l'art. 37), « il a paru que cette énonciation n'était point nécessaire, parce que l'article comprend dans sa généralité *toute infraction au cahier des charges sur le mode d'exploitation.* »

857. — On doit conclure de ce qui précède, ainsi que nous le faisions observer en commençant, que le législateur s'est contenté d'écrire la peine dans la loi, laissant à l'administration le soin de spécifier le délit par le cahier des charges. En cela il a agi avec raison ; le mode d'exploitation varie, en effet, infiniment suivant l'essence des arbres, la nature et l'état du sol forestier. Il était donc convenable de laisser l'administration maîtresse de déterminer celui qu'on pouvait, suivant les circonstances, permettre ou interdire. — Meaume, p. 300, no 192.

858. — La cour de Metz a conséquemment violé l'esprit de la loi lorsque, par son arrêt du 27 août 1841 (t. 1er 1847, p. 239, Bernard Heim), elle a refusé d'appliquer l'art. 37 à des infractions aux clauses du cahier des charges qui avaient été imposées à l'adjudicataire relativement au mode d'exploitation.

859. — La loi ne déterminant que le genre du délit, les magistrats doivent nécessairement pour en préciser l'espèce recourir au cahier des charges. — Curasson, t. 1er, p. 217, no 8.

860. — Les clauses du cahier des charges auxquelles l'art. 37 sert de sanction sont de plusieurs sortes. Ce sont :

861. — ... 1o L'obligation imposée par l'art. 23 de ce cahier ordonnant d'exploiter les bois, à moins de clauses contraires, à *tire et aire*, et à la cognée, le plus près de terre que faire se peut, de manière que l'eau ne puisse séjourner sur les souches, mais en laissant les racines entières. — Ce mode d'exploitation ne s'applique qu'aux taillis, des clauses spéciales déterminant la manière d'exploiter les futaies. — Cahier des charges, art. 25.

862. — De là résulte que le fait d'exploiter, en furetant et jardinant, en choisissant les essences et les emplacemens, tombe sous le coup de l'art. 37.

863. — Aussi a-t-il été jugé que, l'adjudicataire d'une coupe de bois auquel son contrat d'acquisition impose le devoir d'exploiter *à tire* et *à aire*, c'est-à-dire de couper les bois de suite, sans intervalle, en allant toujours en avant et sans en laisser aucun en arrière, et qui a *fureté et jardiné*, c'est-à-dire a coupé les bois par essence en abattant d'abord tous ceux qui appartiennent à la même espèce et laissant les autres sur pied, doit être réputé coupable de la contravention prévue et punie par l'art. 37, C. forest. — Le prévenu ne peut être admis à alléguer qu'il ignorait la signification des mots *à tire et aire* portés dans son contrat. — *Cass.*, 6 juill. 1837 (t. 1er 1838, p. 556), Bonjour ; 18 fév. 1836, Grand. — Ce dernier arrêt décide, en outre, qu'il n'est pas nécessaire qu'il soit résulté quelque dommage de cette contravention.

864. — Il suit également de là que l'arrachis est un délit, le cahier des charges prescrivant de *couper* les bois et de laisser les racines entières. — *Cass.*, 30 oct. 1807 (dans ses motifs), Petit et Pichon ; 25 juin 1825, Morand ; — Meaume, p. 301, no 193.

865. — Les mots *à tire et aire* ont été empruntés par l'art. 26 du cahier des charges à l'ord. 1669, tit. 25, art. 11. Les coupes à tire et aire ont pour objet de prévenir les abus auxquels peuvent donner lieu les coupes en jardinant, et de ménager les souches des espèces abattues qui périraient par la dent du bétail ou faute d'air. — Baudrillart, *Dict. gén. des eaux et forêts*, vo *Tire et aire*. — L'exploitation *à tire et aire* et l'exploitation en *furetant et jardinant* sont les deux modes opposés d'exploitation.

866. — ... 2o La clause renfermée dans l'art. 35 du cahier des charges ainsi conçu : « Les laies séparatives des coupes sont entretenues et les étocs recepés par les adjudicataires, qui, à mesure de l'exploitation, doivent faire enlever les bois qui tombent sur ces laies, afin qu'elles soient toujours libres. »

867. — ... 3o La clause fixant le délai dans lequel la coupe doit être nettoyée. Cette clause ressort des art. 24 et 33 du cahier des charges, dont le premier veut que les coupes soient nettoyées, savoir, en ce qui concerne le ravalement des anciens étocs et l'enlèvement des épines, ronces et autres arbustes nuisibles, avant le terme fixé pour l'abattage ; en ce qui concerne le façonnage des ramiers, avant le 1er juin de l'année qui suit l'adjudication. A l'égard des ramiers provenant des bois écorcés, en vertu du procès-verbal d'adjudication, ce dernier délai est prorogé jusqu'au 1er juill. suivant. — L'art. 33 ajoute que l'abattage doit être entièrement terminé le 15 avr. de l'année qui suit l'adjudication. — Les bois que l'acte d'adjudication permet d'écorcer doivent être coupés avant le 15 mai de la seconde année après l'adjudication. — La vidange doit être terminée avant le 15 avr. (même année). — Si des circonstances locales nécessitent d'autres termes que ceux fixés par les art. 24 et 33, il en est fait une clause spéciale de l'adjudication. — Meaume, *loc. cit.*

868. — On voit par l'art. 24 du cahier des charges, et il a été jugé que le nettoiement d'une coupe de bois, imposé à l'adjudicataire, consiste non seulement dans la destruction des épines, ronces et arbustes nuisibles, mais encore dans le relèvement et la façon des ramiers. — *Cass.*, 20 nov. 1834, Détrié ; 12 fév. 1830 et 15 juin 1833, Prouille ; *Douai*, 18 fév. 1842 (t. 1er 1847, p. 265, N...). — V. conf. Meaume, *loc. cit.*

869. — Ainsi, l'adjudicataire qui, après l'expiration du délai à lui imparti par le cahier des charges pour le nettoiement de la coupe, a laissé sur le parterre de cette coupe une assez grande quantité de ramiers, doit être condamné aux peines portées par l'art. 37, C. forest., qui comprend dans le nettoiement des coupes l'enlèvement des ramiers, aussi bien que des épines, ronces et autres arbustes nuisibles. — *Cass.*, 12 fév. 1830 et 15 juin 1833, Prouille. — V. conf. *Cass.*, 20 nov. 1834, Détrié ; arr. inédits de *Besançon*, 19 nov. 1832, Guin-le-Vieux ; *Dijon*, 20 nov. 1833 ; 11 fév. 1835 ; *Nancy*, 13 janv., 14 juill. et 22 déc. 1829 ; 29 juin 1830 ; 31 août 1831 ; 17 juill. 1832 ; 26 déc. 1834, cités par Meaume, *loc. cit.*

870. — En effet, le nettoiement d'une coupe comprend toutes les opérations nécessaires pour rendre le parterre de la forêt complétement libre. — *Grenoble*, 3 fév. 1841 (t. 1er 1847, p. 238), Payerne.

871. — L'opinion que l'art. 37 sanctionne la clause du cahier des charges fixant le delai du nettoiement des coupes n'est pas généralement admise. Elle est rejetée par Curasson (t. 1er, p. 175, § 3) ; Dupin (*Lois forestières*) ; et Baudrillart (*Comm.*, sur l'art. 37). — « La simple *négligence* à exécuter le nettoiement, dit cet auteur, est prévue par l'art. 41 tandis que l'art. 37 punit la mauvaise exécution de ce nettoiement. »

872. — Mais ce système, on vient de le voir, est repoussé par la jurisprudence. Il importe, en effet, que le parterre des coupes soit rendu libre aussitôt que le permettent les travaux de l'exploitation afin que les repousses ne soient pas étouffées ni gênées dans leur croissance par les amas de bois abattus, de branches et arbustes nuisibles.

873. — Il a été jugé, par suite du même principe, que la faculté accordée par l'art. 41, C. forest. à l'administration des forêts de faire exécuter, aux frais des adjudicataires, les travaux de nettoiement d'une coupe que ces derniers ont négligé de faire dans les délais déterminés par le cahier des charges, n'exclut pas la condamnation à l'amende prononcée par l'art. 37, même code. — *Grenoble*, 3 fév. 1841 (t. 1er 1847, p. 238), Payerne ; *Dijon*, 14 nov. 1833, Lagnier, arrêt rapporté à la note du précédent.

874. — La cour de Douai (26 août 1833, Prouille), par suite d'un renvoi prononcé par la cour de Cassation, a décidé, au contraire, que ce retard ne rendait l'adjudicataire passible que des remboursemens des frais pour les travaux ordonnés conformément à l'art. 41, C. forest.

875. — Mais l'art. 41 ajoute à l'art. 37, loin de déroger à ses dispositions. Ainsi, indépendamment de l'amende prononcée contre l'adjudicataire qui contrevient aux clauses du cahier des charges relatives au nettoiement des coupes, la loi accorde à l'administration le moyen de faire effectuer les travaux aux frais de l'adjudicataire. Donc, le système de la cour de Douai manque entièrement le but que le législateur s'est proposé. Les détails que contient l'art. 41 n'ont d'autre objet que d'expliquer les travaux qui constituent le nettoiement dont l'art. 37 parle d'une manière générale.

876. — ... 4o Toutes les clauses spéciales prescrivant des modes particuliers d'exploitation entraînent contre l'adjudicataire, en cas d'inobservation, les peines prononcées par l'art. 37. Ainsi, l'adjudicataire d'une coupe vendue avec permission d'écorcer sur pied à la condition de pratiquer une entaille annulaire au pied des chênes, serait, en cas d'inobservation, passible des peines prononcées par l'art. 37. — Meaume, p. 306.

877. — Il en serait de même pour l'adjudicataire qui, malgré les prescriptions du cahier des charges, aurait négligé d'ébrancher les arbres au dessus d'une certaine dimension, avant de les abattre. — V. Meaume, p. 307, qui cite comme conf. deux arrêts inédits de Nancy, 27 janv. 1841, et de *Besançon*, 29 nov. 1841, comm. de Fuans.

878. — On devrait encore décider dans le même sens, en cas d'inobservation de la clause prescrivant d'arracher des épines dans un délai déterminé. Ainsi l'a décidé un arrêt de Nancy du 11 déc. 1835, cité par M. Meaume, *loc. cit.*

879. — Il arrive quelquefois que des clauses spéciales exigent de l'adjudicataire qu'il n'emploie d'autres liens ou harts que ceux que lui délivreront les agens forestiers. Dès-lors, l'emploi de liens provenant d'une origine différente, bien que légitime, entraîne l'application de l'art. 37. — *Colmar*, 27 déc. 1838 (t. 1er 1847, p. 240), Bopp ; — Meaume, *loc. cit.*

880. — L'adjudicataire d'une coupe de sapins qui a contrevenu à une clause du cahier des charges, par laquelle il lui était interdit de faire transporter sur la scierie dont il jouit aucun bois, sans qu'il ait été marqué sur le lieu même de l'abattage ne peut pas être dispensé des peines portées par la loi, sous le prétexte qu'il a agi involontairement et qu'il n'a causé aucun dommage. — *Cass.*, 20 juin 1823, Noël.

881. — Nous avons dit que dans les coupes jardinatoires le délit d'abattage de réserves résultait du défaut de représentation de l'empreinte du marteau de délivrance. Ce ne serait pas alors le cas d'appliquer l'art. 37 ; car le défaut de représentation de l'empreinte ne saurait être regardé comme portant atteinte aux clauses du cahier des charges sur le mode d'abattage des arbres. — Meaume, p. 278, no 176.

882. — La manière dont les arbres doivent être abattus consiste, en effet, aux termes du cahier des charges, ainsi que nous l'avons dit, à abattre les arbres à la cognée, à ravaler les souches, à couper les arbres en talus, à laisser les racines intactes. Ces précautions, commandées pour faciliter la reproduction des bois, constituent véritablement le mode d'abattage, et c'est uniquement à l'inobservation de ces conditions que la pénalité de l'art. 37 est applicable. Si le cahier des charges, en ce qui touche les coupes jardinatoires, impose aux adjudicataires l'obligation de représenter l'empreinte du marteau sur les souches des arbres exploités, il n'y a rien dans cette exigence qui ait pour objet l'intérêt de la reproduction du bois : elle est prescrite dans le seul but de rendre possible la vérification de ces sortes de coupes. Cette condition n'est donc pas relative au mode d'abattage des arbres dans le sens que comportent les termes de l'art. 37. Les infractions à cette clause du cahier des charges ne sauraient, par suite, rentrer dans les prévisions dudit article. — Observations de l'administration, à l'appui d'un pourvoi, citées par M. Meaume, p. 278, no 3.

883. — Cependant, il a été jugé que l'infraction commise par les adjudicataires de coupes de bois, exploitées en jardinant, aux dispositions du cahier des charges qui leur imposent l'obligation de représenter l'empreinte du marteau royal sur les étocs des arbres exploités, rentre dans les dispositions de l'art. 37, C. forest. — *Cass.*, 15 mars 1833, Roll.

884. — ... Et qu'ils ne peuvent pas être renvoyés sous le prétexte que le nombre d'arbres enlevés est le même que celui des arbres marqués en délivrance, et qu'il n'est pas établi que l'empreinte du marteau royal ait été coupée ou enlevée par suite d'un mode vicieux d'abattage. — *Cass.*, 18 juin 1830, Jacques Becq.

885. — Mais la cour de Cassation est revenue, depuis ces deux arrêts, sur la doctrine qu'ils consacrent. Elle a abandonné une jurisprudence vers laquelle l'avaient entraînée les conclusions de l'administration elle-même — V. *Cass.*, 12 juin 1840 (t. 1er 1847, p. 140), Gerninger ; 12 nov. 1841 (t. 1er 1842, p. 588), Hauselmann ; 19 oct. 1842 (t. 1er 1843, p. 169), Walter. — La cour de Metz qui, sur le renvoi de l'affaire jugée le 12 juin 1840 par la cour suprême, avait adopté la jurisprudence de cette cour, l'a depuis abandonnée ; mais l'un de ses arrêts a été cassé par celui précité du 19 oct. 1842, et un autre, rendu le 13 avr. 1842 (Schilling), a été déféré à la censure de la cour de Cassation.

886. — L'adjudicataire qui aurait abattu des arbres de réserve ne pourrait être condamné aux peines édictées par l'art. 37, C. forest., en même temps qu'à l'amende prononcée par l'art. 34. Ce serait demander deux peines pour le même délit et violer le principe *non bis in idem*. — *Colmar*, 24 août 1839 (t. 2 1840, p. 265), Alexis Mayer ; — Meaume, p. 308.

887. — La cour de Metz a aussi décidé qu'on ne saurait appliquer l'art. 37 au fait d'avoir façonné à la hache des arbres que le cahier des charges ordonnait de façonner à la scie. Elle a déclaré, par argumentation de ce que l'art. 37 ne punit que les contraventions aux conditions du cahier des charges relatives au mode d'abattage des arbres et au nettoiement des coupes, que l'adjudicataire n'était pas punissable en pareil cas, le mode de débiter les arbres ne rentrant pas dans le mode de leur abat-

lage. — *Metz*, 27 août 1841 (t. 1er 1847, p. 239), Bernard Heim.

888. — Mais nous pensons avec M. Meaume (t. 1er p. 308) que la cour de Metz s'est à tort refusée à appliquer l'art. 37. Elle se fonde surtout sur ce que le fait de débiter ou façonner les arbres est tout autre que celui de les abattre. Cependant, dans le cas même où l'on pourrait admettre cette distinction, faudrait-il en conclure que l'art. 37 est inapplicable? Ce serait établir une conséquence que repousse une jurisprudence constante. — En effet, l'arrêt de Metz est non seulement en opposition avec celui de Colmar du 27 déc. 1838, Bopp (V. *suprà* no 879), mais il l'est encore avec les arrêts précités, qui ont généralement admis que le façonnage fait partie du nettoiement, et que les contraventions au mode établi par le cahier des charges, relativement à celui-ci, sont punies par l'art. 37.

889. — On peut adresser les mêmes critiques à un arrêt de la cour de Colmar du 21 janv. 1841 (t. 1er 1842, p. 572, Runtz), qui décide que l'inobservation de la clause du cahier des charges qui défend aux adjudicataires de lots de bois façonné d'enlever le bois à eux adjugé sans s'être préalablement munis d'un permis de l'administration forestière, n'emporte aucune pénalité; et que l'art. 37, C. forest., est inapplicable dans cette circonstance.

890. — L'adjudicataire qui aurait violé les clauses générales ou particulières, en ce qui concerne l'abattage des arbres et le nettoiement des coupes, ne pourrait s'excuser par le motif que le mode d'exploitation employé par lui est d'usage dans le pays. Il ne pourrait non plus, en aucun cas, arguer de sa bonne foi pour se soustraire à l'application de l'art. 37. — Meaume, p. 309, no 194.

891. — Il est, en effet, constant qu'en matière forestière, les contraventions ne peuvent pas être excusées par des considérations de bonne foi et d'équité. — *Rouen*, 21 déc. 1843 (t. 2 1844, p. 427), Roussel c. Bonvallet; *Cass.*, 29 mai 1835, Ozais.

892. — Il suffit que le procès-verbal constate l'inexécution des clauses du cahier des charges pour que l'amende soit prononcée; il n'est pas besoin qu'il énonce, en outre, la présence de l'adjudicataire. — Meaume, p. 310, no 195.

893. — Un arrêt de Nancy, du 26 déc. 1838, cité par M. Meaume (*loc. cit.*), décide qu'il n'est pas non plus nécessaire que le délit ait été constaté de nouveau par le procès-verbal de récolement.

894. — Il intervient entre l'état et l'adjudicataire autant de contrats séparés qu'il y a de coupes vendues par lots distincts; d'où il résulte qu'on doit prononcer autant d'amendes qu'il y a de lots sur lesquels les contraventions ont été commises; c'est ce qu'a décidé la cour de Douai le 26 fév. 1842 (t. 1er 1847, p. 236), N... — V. conf. Meaume, p. 310, no 196.

895. — Mais, bien que, dans la rigueur du droit, on dût payer autant d'amendes qu'il a été dressé de procès-verbaux, il est d'usage de n'en requérir qu'une seule par coupe, sans tenir compte du nombre des contraventions. — Meaume, p. 311.

896. — Toutefois, le principe que l'adjudicataire doit payer autant d'amendes qu'il y a eu de procès-verbaux dressés constatant des contraventions distinctes a été reconnu par la cour de Cassation (dans ses motifs), le 28 juin 1845 (t. 1er 1846, p. 326), Volle.

897. — La condamnation aux dommages-intérêts, dans le cas de l'art. 37, est entièrement facultative. C'est, en effet, ce qui résulte de la discussion à la chambre des députés. M. Favard de Langlade, rapporteur de la commission, sur la proposition de laquelle ont été ajoutés les mots *sans préjudice des dommages-intérêts*, disait : « Nous avons remarqué que l'art. 37, qui prononce des amendes pour contraventions aux clauses et conditions du cahier des charges, ne parle pas des dommages-intérêts qui *peuvent être dus dans certains cas*. Cette mention, insérée dans l'art. 198, a paru devoir l'être aussi dans l'art. 37. »

898. — La cour royale de Nancy a jugé, conformément à ce principe, que la condamnation aux dommages-intérêts, dans le cas prévu par l'art. 37, C. forest., est purement facultative, et ne doit être prononcée que s'il y a eu préjudice causé. — *Nancy*, 21 déc. 1842 (t. 1er 1847, p. 182), Contant.

899. — Jugé dans le même sens que l'adjudicataire ne peut indépendamment de l'amende, être condamné à des dommages-intérêts pour retard apporté à l'accomplissement des clauses et conditions de son adjudication, qu'autant que ce retard a causé un préjudice. — *Douai*, 26 fév. 1842 (t. 1er 1847, p. 236), N...

900. — M. Meaume, qui adopte complétement cette doctrine (p. 312, no 197), cite, en outre, à la note (comme conf.), d'autres arrêts rendus par la cour de Nancy, les 18 janv. et 14 juill. 1829, et 26 déc. 1835; par la cour de Besançon, les 19 nov. 1832 et 5 juill. 1841. — V. aussi *Douai*, 18 fév. 1842 (t. 1er 1847, p. 265), N...; *Metz*, 19 nov. 1842 (t. 1er 1847, p. 236), Christophe Etienne.

901. — La cour de Nîmes a toutefois décidé, le 8 juin 1843 (t. 2 1843, p. 199, Fabrigoule), que, dans le cas de l'art. 37, la condamnation aux dommages-intérêts est obligatoire et non facultative. — Mais cette décision est vivement critiquée par M. Meaume (t. 3, p. 371, no 197).

902. — L'art. 32 du cahier des charges défend aux adjudicataires de conduire dans les ventes, sans être muselés, les animaux de trait ou de bât employés à l'exploitation de la coupe.

903. — Mais, en cas de contravention, quelle est la peine à appliquer? — Suivant Curasson (t. 1er, p. 223), si les animaux non muselés ne causent aucun dégât, il ne peut y avoir ni délit, ni contravention, ni dommages-intérêts. La raison en est, dit-il, que l'introduction des attelages nécessaires à l'exploitation et à la vidange étant indispensable, on ne connaît aucune disposition législative qui défende d'y employer des bestiaux sans être muselés. Il en est, ajoute-t-il, de cette clause du cahier des charges comme de plusieurs autres sur lesquelles il a été observé que la loi n'offrait aucun moyen pour en seconder l'exécution.

904. — Mais M. Meaume (p. 315, no 198) combat cette doctrine comme aussi inexacte en fait que peu fondée en droit. Il se fonde sur la jurisprudence constante de la cour de Cassation, qui a invariablement décidé qu'il y a délit punissable dans l'inexécution de la condition, délit dont il est dû, conséquemment, réparation, qu'il provienne du fait de l'adjudicataire ou de celui des ouvriers employés à l'exploitation. — *Cass.*, 20 août 1829, Claude Bavoux; 8 janv. 1830, Joseph Droux; 26 mars 1830, Mallère; 16 mai 1834, Gullien; 21 août 1835, Carnet.

905. — Cette jurisprudence de la cour suprême ne fait que confirmer celle qu'elle avait adoptée antérieurement. — *Cass.*, 26 déc. 1806, Piquart et Marchot; 3 déc. 1819, Jean Pincé; même jour, Sylvain Rolle; 7 janv. 1820, Sébastien Vogel; 31 déc. 1824, François Piévrat; 19 fév. 1825, Burlereaux.

906. — La cour de Nancy a aussi consacré ce principe en décidant que l'introduction des bestiaux dans une coupe pour en opérer l'exploitation et la vidange, lorsqu'elle a été permise par l'administration forestière, ne peut constituer un fait licite et affranchi de toute répression, qu'autant qu'elle a lieu suivant le mode prescrit par le cahier des charges. — *Nancy*, 22 mai 1839 t. 2 1839, p. 606) [dans ses motifs], Bruant et Moriot). — M. Meaume (*loc. cit.*, note) dit que la jurisprudence de cette cour, qui d'abord avait été contraire, s'est conformée depuis dans dix-huit arrêts à celle de la cour de Cassation. Cet auteur cite encore dans ce sens un arrêt inédit de *Metz*, 13 août 1836, Pierrard.

907. — La cour de Dijon, de son côté, décide constamment que l'introduction de bestiaux non muselés n'est un délit que s'il est légalement constaté par le procès-verbal qu'il y a eu pâturage. — *Dijon*, 26 mai 1830, Mallère et Jacquot; 10 nov. 1830, Tridon; 22 mars 1833, Moille; 14 oct. 1836, Fernel. — Arrêts inédits cités par M. Meaume (*loc. cit*).

908. — Ainsi, à l'exception de la cour de Dijon toutefois, les cours royales, comme la cour de Cassation, reconnaissent qu'il y a délit dans l'espèce; mais ces cours ne s'accordent pas quand il s'agit de déclarer quelle peine doit être appliquée.

909. — Un arrêt de Cassation (31 mars 1832, Adolphe Bopp) a considéré (dans ses motifs) l'introduction dans la coupe de bestiaux non muselés comme constituant une infraction aux clauses du cahier des charges relatives au nettoiement, et comme tombant par suite sous le coup de l'art. 37, C. forestier.

910. — Mais M. Meaume (p. 319) fait justement remarquer que la cour suprême a ici confondu le nettoiement et la vidange. L'art. 37 ne parle nullement de cette dernière; ce n'est donc pas lui qui peut être appliqué ici. — V. conf. *Dijon* (arrêt inédit), 20 janv. 1830, Col. — Suivant M. Meaume, il faut distinguer deux cas: « Si les bestiaux non muselés, dit-il, n'étaient pas attelés à des voitures, il y a dès lors présomption légale du délit de pâturage, fait prévu et puni par l'art. 199, C. forest; si, dans la seconde hypothèse, l'absence de muselière avait été constatée lorsque les animaux traînaient une voiture, ce fait caractériserait le délit d'introduction de *bestiaux attelés*, prévu et puni par l'art. 147, même Code. Cette distinction, dans l'application de la peine, incontestable lorsqu'il s'agit de délinquans ordinaires, doit nécessairement être appliquée aux adjudicataires, lorsque l'inaccomplissement de la condition sous laquelle ils étaient autorisés à introduire des bestiaux dans les coupes doit faire considérer cette autorisation comme non avenue. »

911. — L'opinion de cet auteur est confirmée par un arrêt de Besançon portant que, lorsque l'adjudicataire a été trouvé dans la coupe avec une ou plusieurs voitures attelées de bestiaux non muselés, il n'y a pas lieu de le condamner pour délit de pâturage conformément à l'art. 199, C. forest., mais qu'on doit lui appliquer l'art 147, même Code. — *Besançon*, 6 juill. 1841 (t. 1er 1847, p. 235), Guyard et Magenet. — V. conf. *Metz*, 9 déc. 1835, Laurent. — Cet arrêt est rapporté à la note du premier.

912. — Mais la cour suprême applique sans distinction l'art. 199.

913. — Elle a jugé ainsi que l'introduction seule, dans une coupe, d'animaux employés à l'exploitation entraîne, s'ils ne sont muselés, l'application de l'art. 199, C. forest.; qu'on alléguerait en vain qu'aucun dommage n'a été causé, par la raison que les animaux introduits, des chevaux, par exemple, avaient un mors dans la bouche qui les empêchait de brouter. — *Cass.*, 1er oct. 1846 (t. 1er 1847, p. 331), Saudet.

914. — Une ordonnance du 9 fév. 1824 avait autorisé le pâturage des chevaux employés à la vidange des coupes dans les forêts de l'état de quelques départemens. Mais cette ordonnance ayant été considérée par les tribunaux comme abrogée par le Code forestier, il en résultait qu'elle était sans force pour garantir les droits de l'état, en cas de contestation de la part des adjudicataires, qui refusaient d'acquitter les amendes ou frais dont ils étaient passibles aux termes de cette ordonnance, et elle fut rapportée par ordonnance du 12 mai 1834. Cette dernière porte que les tolérances qui seraient accordées à l'avenir pour le pâturage des chevaux ne pourraient l'être qu'en vertu des clauses spéciales du cahier des charges, et sous la garantie, en cas de délits, des peines prononcées par le Code forestier.

915. — Un arrêt inédit de Metz du 15 janv. 1835 (Pierquin), rapporté par M. Meaume (p. 318, note 1re), a reconnu que, quant à la manière dont les bestiaux doivent être muselés, il suffit, dans le silence du cahier des charges, de les mettre dans l'impossibilité de causer aucun dégât.

916. — L'ordonnance d'amnistie du 8 nov. 1830 n'était pas applicable à l'adjudicataire d'une coupe de bois convaincu d'avoir, contrairement aux clauses de son cahier des charges, opéré la vidange de deux lots de sa coupe à l'aide de voitures. — *Cass.*, 31 mars 1832, Adolphe Bopp.

917. — Les délits prévus par l'art. 37 peuvent être constatés par le récolement, qui est la manière la plus simple et la plus sûre pour connaître les vices de l'exploitation. Comme cependant l'art. 44 permet de donner suite au procès-verbal dressé contre l'adjudicataire, dans le cours de l'exploitation et de la vidange, sans attendre l'époque du récolement, on peut se demander si le procès-verbal dressé par un garde pendant l'exploitation fait foi jusqu'à inscription de faux quant aux contraventions qu'il reconnait. Le rapport des vices d'exploitation ne reposant souvent que sur l'opinion du rédacteur de ce rapport, l'adjudicataire pourrait, si on lui refusait de prouver le contraire, se trouver journellement victime de l'impéritie ou de la fausse manière de voir d'un garde. Aussi, Curasson (t. 1er, p. 220) enseigne-t-il que, dans plusieurs cas de ce genre, le juge pourrait surseoir à prononcer jusqu'au récolement, comme paraît l'indiquer l'art. 44, ou ordonner une reconnaissance préalable.

918. — Chaque adjudicataire est tenu d'avoir un facteur ou garde-vente, qui est agréé par l'agent forestier local et assermenté devant le juge de paix. — Ce garde-vente est autorisé à dresser des procès-verbaux, tant dans la vente qu'à l'ouïe de la cognée. Ses procès-verbaux sont soumis aux mêmes formalités que ceux des gardes forestiers, et font foi jusqu'à preuve contraire. — L'espace appelé l'*ouïe de la cognée* est fixé à la distance de deux cent cinquante mètres, à partir des limites de la coupe. — C. forest., art. 31. — V. *infrà* nos 934 et suiv.

919. — Le premier projet du Code portait que les procès-verbaux dressés par le garde-vente ne pourraient décharger l'adjudicataire que s'ils indiquaient les délinquans et étaient revêtus de toutes les formalités prescrites.

920. — Il résulte du retranchement de cette disposition que le rapport d'un garde-vente, bien que ne désignant pas le délinquant, mettrait l'adjudicataire à l'abri de toute responsabilité. Il serait souvent impossible, en effet, de désigner le délinquant. L'adjudicataire est donc suffisamment déchargé par l'indication que ferait le garde-vente des causes qui ne lui ont pas permis de reconnaître le délinquant. — Curasson, t. 1er, p. 202.

921. — Il ne serait tenu des délits commis dans la vente et à l'ouïe de la cognée par des étrangers,

que dans le cas où les délits n'auraient pas été constatés. C'est seulement alors que ces délits sont présumés avoir été commis par lui ou ses agens.

922. — Mais l'adjudicataire se trouverait-il déchargé de toute responsabilité si le procès-verbal du garde-vente était nul en la forme? Il a été décidé par la cour de Cassation, le 22 juin 1815 (Dupont), que l'adjudicataire ne peut être déchargé de la responsabilité des délits commis à l'ouïe de la cognée, qu'autant qu'il les a fait constater par des procès-verbaux dressés dans une forme régulière et probante au fond. Ainsi, il ne peut être déchargé de cette responsabilité si les procès-verbaux qu'il représente n'ont pas été affirmés dans les vingt-quatre heures, ou ne constatent pas l'identité des bois coupés en délit et de ceux enlevés par les délinquans.

923. — On doit considérer cependant que cette décision a perdu une grande partie de son autorité par suite du refus fait par le législateur de l'ériger en loi. De plus, le procès-verbal, malgré l'inaccomplissement de quelques formalités, n'en prouve pas moins que le délit est le fait d'un étranger. Mais on peut objecter qu'un procès-verbal entaché de vice doit être considéré comme non avenu, et que l'adjudicataire doit être déclaré responsable, sinon comme auteur présumé du délit, du moins comme garant de la négligence ou de l'impéritie de son garde-vente, et parce que le mandat que lui confie la loi de surveiller la coupe n'a pas été efficacement rempli. Aussi c'est aux magistrats qu'il appartient d'examiner, d'après les circonstances, si on doit rendre l'adjudicataire responsable d'un délit qu'aurait mal constaté le garde-vente.

924. — Le facteur où garde-vente de l'adjudicataire tient un registre sur papier timbré, coté et paraphé par l'agent forestier; il y inscrit, jour par jour, et sans lacune, la mesure et la quantité des bois qu'il a débités et vendus, ainsi que les noms des personnes auxquelles il les a livrés. — Ord. d'exécution, art. 94.

925. — Il résulte d'une lettre du directeur général du 6 mars 1839, rapportée par M. Meaume (t. 3, p. 182, note 1re), que l'art. 4, L. 20 juill. 1837, qui a supprimé le droit de timbre spécial établi sur les livres de commerce, n'est pas applicable aux registres des facteurs ou garde-vente qui doivent continuer à être tenus sur papier timbré.

926. — Dès qu'un facteur a été agréé par l'agent forestier local et assermenté devant le juge de paix, l'administration ne peut contraindre l'adjudicataire à le changer, bien qu'il laisse sciemment commettre des délits sans en prévenir les agens ou en rapporter procès-verbal, et qu'il se refuse à accompagner les agens pour reconnaître ces délits. L'administration ne peut, en effet, ajouter aux dispositions du Code; et comme l'adjudicataire ne cesse pas d'être responsable des délits commis dans sa vente et dans le rayon de l'ouïe de la cognée, les inconvéniens qui peuvent résulter du refus de l'adjudicataire de changer son facteur ne peuvent être à craindre pour l'administration, surtout si, dans ce cas, les gardes forestiers surveillent avec plus de vigilance la coupe en exploitation, et ont soin de dresser exactement des procès-verbaux des délits qu'ils peuvent reconnaître. — Lettr. direct. gén., 21 mai 1829.

927. — Une circulaire du 11 avr. 1842 déclare que le seul moyen de suppléer à la lacune de la loi est d'avertir les garde-vente qu'ils cesseront d'être agréés par les agens, pour les coupes de l'exercice suivant, s'ils ne satisfont pas à toutes les obligations qui leur sont imposées.

928. — Dans le cas où l'agent forestier local refuserait d'agréer le facteur présenté par l'adjudicataire, celui-ci pourrait en appeler aux supérieurs de cet agent. Il aurait même la faculté, si ceux-ci ne faisaient pas droit à sa demande, de recourir par voie contentieuse devant le ministre des finances, dont la décision pourrait être déférée au conseil d'état. Comme il s'agit ici d'un acte administratif, cette marche devrait seule être suivie, et les tribunaux ne pourraient être chargés de prononcer sur le refus ou l'acceptation d'un facteur appelé à concourir avec les gardes à la surveillance de la propriété forestière. — Meaume, t. 1er, p. 250, n° 158.

929. — Le juge de paix ne devrait admettre un garde-vente à prêter serment qu'autant qu'il justifierait avoir été agréé par l'agent forestier local. Les procès-verbaux que rédigerait un garde-vente non assermenté seraient radicalement nuls. — Meaume, t. 1er, p. 251, n° 159.

930. — Les procès-verbaux de prestation de serment doivent être enregistrés; mais, d'après une circulaire du directeur général de l'enregistrement du 12 sept. 1810, ces actes ne sont passibles que du droit fixe de 1 fr.

931. — La loi n'a pas spécialement interdit aux associés des adjudicataires d'être leurs garde-vente; mais la foi due aux procès-verbaux peut être détruite par la récusation, lorsqu'ils ont été dressés par un garde qui avait un intérêt personnel à rejeter sur autrui la responsabilité du délit. — *Cass.*, 5 déc. 1834, Pezem.

932 — La délivrance du permis d'exploiter, avant que l'adjudicataire ait établi un garde-vente, n'a pas pour effet de le décharger de la responsabilité des délits commis dans sa vente. — *Cass.*, 24 déc. 1813, Bohland. — V. conf. Meaume, t. 1er, p. 251, n° 160, qui rapporte, à la note, un arrêt inédit de Grenoble, du 28 janv. 1836, qui décide dans le même sens.

933. — L'adjudicataire qui, avant la délivrance du permis d'exploiter, n'a point fait procéder à la reconnaissance des délits antérieurement commis dans sa vente ou à l'ouïe de la cognée, est responsable de tous ceux qui sont ultérieurement constatés (*Cass.*, 8 mai 1835, Lempereur), quelle que soit leur perpétration (*Cass.*, 15 nov. 1833, Houbre), et sans que l'administration soit tenue de prouver que le délit est postérieur à la délivrance du permis d'exploiter. — *Cass.*, 31 mai 1833, Lac.

934. — L'espace appelé ouïe de la cognée était aussi appelé *réponse* sous l'empire de l'ord. de 1669, parce que l'adjudicataire répondait des délits qui s'y commettaient. — Jousse, *Comment.* sur l'art. 5, tit. 7, ord. 1669.

935. — L'ouïe de la cognée se détermine dans une coupe jardinatoire, où les limites ne sont pas toujours indiquées, pour chaque arbre marqué en délivrance, par un cercle de 250 mètres de rayon, ayant pour centre le pied de chaque arbre à abattre. — Meaume, t. 1er, p. 252, n. 161.

936. — Jugé qu'en cas de vente de chablis, le rayon dans lequel s'étend la responsabilité de l'adjudicataire se détermine en le calculant à partir de chacun des arbres vendus. — *Cass.*, 17 juin 1842 (t. 2 1842, p. 445), Poisson-Quenardel.

937. — Tout adjudicataire est tenu, sous peine de 100 fr. d'amende, de déposer chez l'agent forestier local et au greffe du tribunal de l'arrondissement l'empreinte du marteau destiné à marquer les arbres et bois de sa vente. L'adjudicataire et ses associés ne peuvent avoir plus d'un marteau pour la même vente, ni en marquer d'autres bois que ceux qui proviennent de cette vente, sous peine de 500 fr. d'amende. — C. forest., art. 32. — V. *infrà* nos 949, 950 et 952.

938. — L'art. 95, § 1er, de l'ord. d'exécution, a complété cette disposition en portant que tout adjudicataire de coupes dans lesquelles il y a des arbres à abattre, est tenu d'avoir un marteau dont la forme est déterminée par l'administration, et d'en marquer les arbres et bois de charpente qui sortent de la vente. — Ord. d'exécut., art. 95, § 1er.

939. — De ce que l'art. 95 de l'ordonnance d'exécution du Code forestier exige seulement que les bois soient frappés de l'empreinte du marteau légal quand ils sortent de la vente, il ne suit pas qu'il autorise les adjudicataires de coupes de bois à marquer leurs bois avant l'instant de leur sortie autrement qu'à l'aide du marteau dont l'art. 32 leur prescrit l'usage exclusif. — *Cass.*, 24 juin 1837 (t. 1er 1838, p. 566), Girod.

940. — Si donc des bois trouvés sur le sol de la vente ont été frappés de l'empreinte de différens marteaux autres que le marteau légal, il y a lieu de prononcer contre l'adjudicataire les peines portées à l'art. 32. — Même arrêt.

941. — Cette jurisprudence qui ne permettait pas aux acheteurs de l'adjudicataire de marquer les bois achetés par eux de l'empreinte d'un nouveau marteau avait amené de la part des marchands de bois de justes réclamations. L'administration s'est empressée d'y faire droit en insérant dans les cahiers des charges, depuis 1841, une autorisation pour l'adjudicataire de permettre à toute personne à qui il vend des bois de sa coupe, de les marquer d'un marteau spécial, afin de les faire reconnaître des individus que l'acheteur a chargés de les enlever. L'empreinte de ce marteau doit toutefois être apposée à côté de celle du marteau de l'adjudicataire, autrement l'application de la seconde empreinte serait considérée comme un délit. — Meaume, t. 1er, p. 254, n° 163.

942. — Le dépôt de l'empreinte du marteau que doit se procurer tout adjudicataire doit être effectué au greffe du tribunal et chez l'agent forestier local dans le délai de dix jours, à dater de la délivrance du permis d'exploiter, sous les peines portées par l'art. 32, C. forest., il est donné acte de ce dépôt à l'adjudicataire par l'agent forestier. — Ord. d'exéc., art. 95, § 2.

943. — Ce délai de dix jours fixé par une ordonnance réglementaire, ne pourrait, en cas d'inobservation, entraîner l'application d'une peine. Mais l'amende de 100 francs pourrait être prononcée contre l'adjudicataire qui, sans avoir déposé les empreintes, aurait, dans les dix jours de la délivrance du permis d'exploiter, coupé des arbres destinés à recevoir l'empreinte de son marteau. — Meaume, t. 1er, p. 254, n° 164.

944. — D'après un avis de l'enregistrement du 12 mai 1830, les greffiers et agens forestiers peuvent, sans contravention aux lois sur le timbre, rédiger l'acte de dépôt de l'empreinte du fer ou d'un marteau sur la même feuille de papier timbré où cette empreinte est apposée. — Baudrillard, *Régl. forest.*, t. 4, p. 373.

945. — En exigeant que les adjudicataires possèdent un marteau, qu'ils doivent représenter à l'agent local avant la délivrance du permis d'exploiter, le législateur a voulu faciliter l'action de la police forestière. C'est un moyen donné aux agens et préposés pour reconnaître la provenance des arbres et bois de charpente sortis de la vente. — Meaume, t. 1er, p. 253, n° 162.

946. — Il ne faut pas, toutefois, perdre de vue que les bois de chauffage ne sont pas marqués de ce marteau et que, quant aux autres bois, l'absence de marques n'établit pas un délit, le Code ne portant aucune peine contre l'inobservation de cette formalité. — Meaume, *loc. cit.*

947. — Baudrillart (sur l'art. 32) explique cette absence de pénalité, en ce sens que l'amende prononcée pour le défaut du dépôt de l'empreinte entraîne, comme le faisait l'art. 37, tit. 15, ord. de 1669, l'obligation pour l'adjudicataire de marquer ses bois de charpente. Il est certain, dit cet auteur, que sans cela l'article est tout-à-fait illusoire.

948. — Mais cette opinion est repoussée par Curasson (t. 1er, p. 209); MM. Meaume (p. 253, note), Garnier-Dubourneuf et Chanoine (sur l'art. 32). « L'obligation, disent ces derniers auteurs, de marquer de son marteau les bois de charpente qui sortiront de sa vente, résulte, pour l'adjudicataire, de l'art. 95, § 1er de l'ordonnance d'exécution et non de l'art. 32, C. procéd. Or, le § 1er de cet art. 95 ne renferme qu'une simple disposition réglementaire dont la violation n'est et ne peut être suivie d'aucune peine. Si le législateur eût attaché plus d'importance à cette disposition, il n'eût pas manqué de la faire passer dans le Code. »

949. — L'ordonnance de 1669, tit. 15, art. 37, punissait comme faussaire tout adjudicataire qui marquait de son marteau d'autres arbres que ceux de sa vente. Cette disposition n'est plus applicable. — Merlin, *Rép.*, v° *Marteau*, n° 2.

950. — Il est interdit aux adjudicataires de coupes de bois, lorsqu'ils exploitent en société, d'avoir plus d'un marteau pour la même vente. Ce marteau doit être exclusivement celui dont l'empreinte a été déposée chez l'agent forestier local et au greffe du tribunal de l'arrondissement. — *Cass.*, 24 juin 1837 (t. 1er 1838, p. 566), Girod; 8 avr. 1839 (t. 2 1839, p. 317), même partie.

951. — Lorsque le vendeur d'une coupe de bois a fait effacer les empreintes et s'est approprié les arbres non exploités par les acquéreurs, ceux-ci doivent, en l'absence de tout autre moyen de preuve, être crus sur leur déclaration, relativement à la quantité d'arbres restant à exploiter. — *Riom*, 16 janv. 1817, Desrois.

952. — L'adjudicataire d'une coupe de bois ne peut être contraint, pendant le cours de l'exploitation, de justifier du dépôt de son marteau, lorsqu'il en est requis par les agens forestiers : il suffit qu'il l'ait déposé dans les lieux indiqués par la loi. — *Metz*, 22 déc. 1841 (t. 1er 1847, p. 128), Aubé; — Meaume, t. 1er, p. 254, n° 164.

953. — Les adjudicataires ne peuvent effectuer aucune coupe ni enlèvement de bois avant le lever ni après le coucher du soleil, à peine de 100 fr. d'amende. — C. forest., art. 35.

954. — Cet article ne diffère de l'ord. de 1669 d'où il est tiré, qu'en ce qu'il ne défend pas le travail les jours de fête.

955. — L'adjudicataire d'une coupe de bois dont le voiturier a été trouvé, avant le lever du soleil, dans la coupe, avec deux voitures qu'il chargeait, ne peut être acquitté, sous le prétexte que l'art. 35, C. forest., interdit et punit la coupe et l'enlèvement du bois pendant la nuit, mais non l'action de le charger. — *Cass.*, 26 mars 1830; Maltère.

956. — Cette décision découle nécessairement de l'esprit de l'art. 35; car le motif qui a fait défendre d'effectuer une coupe ou d'enlever du bois pendant la nuit, doit s'opposer également à ce qu'on charge les voitures pendant ce temps. L'art. 35, en effet, a voulu empêcher l'introduction des ouvriers pendant un temps où la facilité de commettre impunément les délits est plus grande. — Curasson, p. 295, n° 184.

957. — Il doit être également interdit de débiter pendant la nuit un arbre déjà coupé par le pied.

En effet, ainsi que le faisait observer le procureur du roi d'Evreux, lors du pourvoi sur lequel est intervenu l'arrêt de Cassation du 8 août 1840 (t. 3 1844, à sa date, suppl.); — « Décider que *débiter* ce n'est pas *couper*, ce serait restreindre le sens de ce dernier mot à celui de couper par le pied, faire tomber, et ce n'est pas là le sens nécessaire de ce mot. Dans l'art. 35, le mot *couper* doit s'interpréter par celui *d'enlever* qui le suit immédiatement. Couper et enlever des bois sont des expressions qui comprennent tous les travaux auxquels l'adjudicataire doit se livrer pour parvenir à l'entière exploitation de la coupe, parce que ce sont là les deux termes extrêmes, le premier acte étant d'abattre les arbres et le dernier de les enlever du sol forestier. *Débiter* un arbre, c'est donc faire une des opérations comprises dans l'expression générique *couper*; c'est d'un autre côté préparer son enlèvement, car les arbres ne peuvent être emportés dans l'état où ils se trouvent au moment où l'on vient de les abattre. » — La cour de Cassation, à qui était déféré le jugement du tribunal d'Evreux, n'a pas eu à connaître de la question, le procès-verbal étant entaché d'un vice de rédaction. Cet acte, en effet, ne précisait pas l'heure où les ouvriers avaient été trouvés débitant l'arbre, cause du litige. Il y avait ainsi incertitude sur la circonstance constitutive du délit, et c'était dès-lors aux tribunaux à apprécier si le fait constaté devait tomber sous le coup de l'art. 35.

958. — Il est interdit aux adjudicataires, à moins que le procès-verbal d'adjudication n'en contienne l'autorisation expresse, de peler ou d'écorcer sur pied aucun des bois de leurs ventes, sous peine de 50 à 500 fr. d'amende; et il y a lieu à la saisie des écorces et bois écorcés, comme garantie des dommages-intérêts, dont le montant ne peut être inférieur à la valeur des arbres indûment pelés ou écorcés. — C. forest., art. 36.

959. — L'ord. de 1669, tit. 27, art. 22 et 28, contenait les mêmes dispositions, et, de plus, prononçait la confiscation pure et simple des écorces et des bois écorcés ou pelés.

960. — Le motif qui a fait défendre, à moins d'autorisation spéciale, l'écorcement sur pied des bois compris dans la vente est tiré de ce que cet écorcement ayant lieu en temps de sève, force d'ajourner le moment où la coupe devra être nettoyée.

961. — L'autorisation d'écorcer n'est guère accordée qu'à la condition que l'adjudicataire pratiquera au pied de chaque arbre avant de l'écorcer une entaille annulaire. On veut empêcher par là le déchirement de l'écorce de se prolonger jusqu'à la souche qui doit servir au repeuplement du bois. — Meaume, t. 1er, p. 297, no 186.

962. — Le droit d'écorcer les souches n'emporte pas celui de les écuisser et de les éclater. — *Cass.*, 23 mars 1811, Sahler; — Meaume, *loc. cit.*

963. — La prohibition d'écorcer ne concernant que les arbres *sur pied*, il s'ensuit que l'adjudicataire peut à son gré écorcer les arbres de sa coupe lorsqu'ils sont abattus; mais il ne jouit pas alors de la prorogation du délai de nettoiement qu'accorde le cahier des charges aux adjudicataires qui ont acheté avec permission d'écorcer. — Circul. 16 sept. 1828, rapportée par Meaume, *loc. cit.*, note 2e.

964. — L'autorisation d'écorcer sur pied doit donc résulter nécessairement d'une clause spéciale du cahier des charges. Il ne suffirait pas que l'adjudicataire y eût été, verbalement ou par écrit, autorisé par les agens forestiers. — Meaume, p. 298, no 187.

965. — On ne pourrait non plus par suite se fonder sur des usages locaux pour en induire l'autorisation d'écorcer. — Meaume, *loc. cit.*

966. — Il résulte d'une décision ministérielle du 4 mars 1818, rapportée au t. 2, p. 747, des *Réglemens forestiers* de Baudrillart, qu'il en était ainsi sous l'empire de l'art. 28, tit. 27, ord. 1669.

967. — L'art. 36, ainsi que l'art. 40, contient une dérogation au principe consacré par l'art. 202 que « dans tous les cas où il y a lieu, en matière forestière, d'adjuger des dommages-intérêts, ils devront être égaux à l'amende simple prononcée par le jugement. » La limite inférieure des dommages-intérêts est ici fixée d'après la valeur des arbres indûment pelés ou écorcés. Si une contestation s'élevait sur la valeur de ces arbres, le tribunal pourrait ordonner une expertise. — Meaume, p. 298, no 188.

968. — Un arrêt de la cour de Cassation du 28 juill. 1842 (t. 3 1844, à sa date, suppl.) a étendu au délit prévu par l'art. 36 le principe qu'on doit toujours prononcer des dommages-intérêts en matière d'adjudication.

969. — Les gardes peuvent procéder eux-mêmes à la saisie des bois et écorces. Ce n'est pas en effet une saisie-exécution (acte que l'art. 173, C. forest., défend aux gardes) qui est ici pratiquée, mais un acte purement conservatoire, suite nécessaire de leur procès-verbal. — Meaume, p. 298, no 190.

970. — Les agens peuvent aussi pratiquer cette saisie. On ne saurait objecter que le Code a soigneusement distingué les attributions des gardes de celles des agens et que les art. 161, 167 et 178 parlent uniquement des gardes. En effet l'art. 164 autorise d'une manière expresse les gardes et les agens à requérir la force publique pour la recherche et la *saisie* des bois coupés en délit. Ce droit, au surplus, a été reconnu aux agens par un arrêt inédit de la cour de Besançon du 19 déc. 1838 (Munier). — Meaume, p. 298, no 191.

971. — Une décision ministérielle du 18 mars 1837, rapportée dans les *Réglemens forestiers de Baudrillart* (t. 5, p. 462), déclare que les communes peuvent sans inconvéniens être autorisées à faire écorcer sur pied.

972. — Mais les exploitans d'une coupe affouagère ne peuvent écorcer sur pied, sans autorisation, aucun des bois à eux délivrés. — *Cass.*, 15 août 1837 (t. 2 1840, p. 565), Gazaret.

973. — Les agens indiquent, par écrit, aux adjudicataires les lieux où il peut être établi des fosses ou fourneaux pour charbon, des loges ou des ateliers; il n'en peut être placé ailleurs, sous peine, contre l'adjudicataire, d'une amende de 50 fr. pour chaque fosse ou fourneau, loge ou atelier établi en contravention à cette disposition. — *C. forest.*, art. 38.

974. — On avait proposé de réserver à l'adjudicataire son recours au conseil de préfecture. Cet amendement fut rejeté. — Chauveau, *C. forest.*, p. 354.

975. — Aussi, si l'adjudicataire croit avoir à se plaindre de l'indication faite par l'agent forestier, il n'a de recours que vers les agens supérieurs de l'administration. — Duvergier, 1827, p. 297.

976. — M. Meaume (p. 323, no 199) se prononce dans le même sens. Mais il ajoute : « Il faut remarquer que la décision de l'administration est souveraine en ce sens seulement qu'à elle seule appartient le droit de désigner les lieux où le feu pourra être allumé; mais que, si les agens refusaient de faire une désignation quelconque, il s'agirait alors d'une appréciation des clauses du cahier des charges, ce qui rentre dans la compétence des tribunaux ordinaires. »

977. — L'indication par écrit nécessaire, d'après l'art. 38, C. forest., pour établir dans une coupe des fosses, fourneaux, loges ou ateliers, ne peut être suppléée par aucune circonstance, ni par la bonne foi du prévenu. — *Cass.*, 24 mai 1834, Siégrist. — V. conf. Meaume, p. 324, no 200, où il cite un arrêt inédit du 17 fév. 1836 (Dourlez), par lequel la cour de Dijon a prononcé dans le même sens.

978. — Jugé encore que l'adjudicataire d'une coupe de bois qui a, sans autorisation préalable, construit un fourneau à potasse dans la forêt, ne peut être renvoyé des poursuites exercées contre lui, sous le prétexte qu'ayant montré au conservateur des forêts l'endroit où il voulait construire le four, le silence de ce fonctionnaire avait pu être pris comme une indication suffisante. — *Cass.*, 16 mars 1833, Bertorelli.

979. — Les agens forestiers ne sont pas tenus de désigner à l'avance, et sans que la demande leur en ait été adressée, les emplacemens sur lesquels les adjudicataires peuvent établir des fosses à charbon et des loges. Dès-lors, le silence de ces agens, lorsqu'ils n'ont pas été provoqués, ne saurait servir d'excuse aux adjudicataires qui auraient établi des fosses ou des loges sans avoir obtenu par écrit l'indication des emplacemens. — *Cass.*, 16 juill. 1846 (t. 1er 1847, p. 279), Coquillat.

980. — Jugé, avant le Code forestier, que la qualité d'adjudicataire d'une coupe de bois de l'état ne permet pas d'établir un atelier de bois dans la distance prohibée par les dispositions générales de la loi et par l'acte d'adjudication. — *Cass.*, 1er juill. 1825, Taffine; 22 juin. 1826, Pons.

981. — A plus forte raison celui qui, sans être adjudicataire de la coupe, a établi un fourneau à charbon dans une forêt appartenant à autrui, ne peut pas être acquitté, lors même qu'il n'aurait occasionné aucun dommage. — *Cass.*, 5 avr. 1816, Bertin.

982. — Une circulaire du 11 sept 1827 porte que l'indication des emplacemens pour l'établissement des fosses à charbon se fait au moyen de la copie du procès-verbal qui doit être dressé à cet effet.

983. — Il est défendu à tous adjudicataires, leurs facteurs et ouvriers, d'allumer du feu ailleurs que dans leurs loges ou ateliers, à peine d'une amende de 10 à 100 fr., sans préjudice de la réparation du dommage qui pourrait résulter de cette contravention. — Art. 42.

984. — Cet article est motivé sur ce que le feu, allumé ailleurs que dans les endroits désignés, peut causer un double dommage, soit en amenant un incendie, soit en altérant les souches par le seul fait de l'établissement d'un fourneau ou d'une fosse à charbon.

985. — Lorsque l'adjudicataire a mis le feu à des arbres sans avoir reçu de l'administration l'indication des lieux où il devait brûler ces arbres, et que le feu s'est communiqué à la forêt, le cas fortuit qui aurait amené l'incendie n'étant que le résultat d'une contravention, ne peut dispenser les juges de prononcer la peine et de statuer sur les dommages-intérêts. — *Cass.*, 16 mars 1833, Bertorelli.

986. — Ainsi, l'adjudicataire qui n'aurait pas obtenu l'autorisation d'établir des ateliers à feu, serait responsable des incendies qui éclateraient dans la forêt. Le cas fortuit qui aurait pu occasionner celles-ci provenant d'une infraction commise par l'adjudicataire, celui-ci devrait la réparation du dommage, outre l'amende prononcée par l'art. 42. — Meaume, no 218.

987. — Si l'adjudicataire avait été autorisé, en vertu de l'art. 38, il n'en serait pas moins responsable de l'incendie qu'occasionnerait le feu allumé, sans précautions suffisantes, dans les lieux désignés. Il n'y aurait, en ce cas, aucune amende forestière à prononcer contre l'adjudicataire, mais il serait passible de celle édictée par l'art. 458, C. pén. De plus, le propriétaire de la forêt pourrait être indemnisé, suivant les règles du droit commun, du dommage causé par ce délit. — Meaume, no 218, p. 338.

988. — Cet auteur cite, *loc. cit.*, note, un arrêt inédit de Nancy, du 9 déc. 1828, portant que, dans le cas où un individu a fait construire, sans autorisation, dans l'intérieur d'une coupe, des fosses à charbon dans lesquelles il a fait ensuite allumer du feu, *malgré un précédent rapport qui constatait cette construction illicite*, on devait prononcer cumulativement et l'amende portée en l'art. 38 et celle prononcée par l'art. 42.

989. — Les adjudicataires ne peuvent déposer dans leurs ventes d'autres bois que ceux qui en proviennent, sous peine d'une amende de 100 à 1,000 fr. — Art. 43.

990. — On a voulu par là empêcher les vols que les adjudicataires ou leurs ouvriers pourraient commettre dans les coupes avoisinant celles qu'ils exploitent. Comme il était fort difficile de constater ce genre de délit, par suite de la confusion qu'il entraîne, le législateur a cru que le fait d'un dépôt étranger serait plus facile à établir que la constatation précise de la quantité de bois volé. Il a, par suite, laissé aux tribunaux une grande latitude pour l'application de la peine à infliger au délit, lequel pourrait fort bien ne pas provenir d'une soustraction frauduleuse. — Meaume, no 219.

991. — La traite des bois se fait par les chemins désignés au cahier des charges, sous peine, contre ceux qui en pratiquent de nouveaux, d'une amende dont le minimum est de 50 fr., et le maximum de 200 fr., outre les dommages-intérêts. — C. forest., art. 39.

992. — Cet article ayant pour but de réprimer la traite des bois opérée par d'autres chemins que ceux indiqués par le cahier des charges, il s'ensuit que lorsque l'adjudicataire ou ses agens sont trouvés transportant les bois par un lieu autre que le chemin spécialement désigné, il y a lieu d'appliquer l'art. 39, C. forest, et non l'art. 147, applicable seulement aux particuliers trouvés hors des chemins. — *Cass.*, 3 nov. 1832, Rovel; — Meaume, p. 325, no 201. — V. cependant *Dijon*, 10 juill. 1833, arrêt inédit cité par M. Meaume, note.

993. — Il résulte de l'arrêt de cassation précité que l'art. 39 est applicable dans le cas même où les voituriers, sans tracer de nouveaux chemins, feraient la traite des bois à travers la coupe et sans suivre aucune route. Baudrillart (sur l'art. 39) enseigne cependant qu'on devrait, en pareil cas, appliquer l'art. 147. Il se fonde sur un arrêt de cassation du 18 déc. 1829 (Caillet), dont un considérant semble, en effet, favorable à cette doctrine. Son opinion est partagée par M. Garnier-Dubourgneuf, sur l'art. 39.

994. — Mais ce système, repoussé par M Meaume (p. 325, no 202) est en contradiction non seulement avec l'arrêt de cassation du 3 nov. 1832, mais avec ceux rendus par la même cour les 5 déc. 1833 (Prevaux), et 14 juin 1844 (t. 1er 1847, p. 276), Schall et Wenger; 16 mai 184 (t. 3 1844, à sa date, suppl.). — M. Meaume (note) cite comme conformes les arrêts inédits de *Nancy*, 28 déc. 1832 et 28 déc. 1842 (Racy); de *Dijon*, 8 juill. 1840 (Roudans-Dechassine); et, comme contraire, *Nancy*, 28 déc. 1832. — L'arrêt de cassation du 16 mai 1840 a cela de remarquable que les voituriers auteurs du délit n'étaient pas ceux de l'adjudicataire.

995. — L'adjudicataire ne peut pas être excusé

sous le prétexte que les chemins désignés étaient impraticables, nonobstant l'art. 41, tit. 2, L. 28 sept.-6 oct. 1791, qui est inapplicable en matière forestière. —*Cass.*, 5 déc. 1833, Prevaux.

996. — Il doit, en pareil cas, demander à l'administration de lui désigner de nouveaux chemins. —Meaume, *loc. cit.*

997. — Mais si le cahier des charges ne contenait aucune désignation de chemins, on devrait alors appliquer l'art. 147, l'art. 39 ne punissant que la traite effectuée par des chemins autres que ceux désignés au cahier des charges. — *Cass.* (motifs), 18 déc. 1829, Caillet. — V. Meaume (p. 328, no 203), qui cite un arrêt inédit de *Besançon*, du 4 fév. 1830, qui, statuant sur le renvoi fait par la cour de Cassation, a adopté la doctrine de cette cour.

998. — Jugé même que lorsqu'aucun chemin de vidange n'a été désigné dans l'acte de vente d'une coupe de bois de particuliers, l'adjudicataire a le droit de passer sur tous les chemins existans dans l'intérieur de la forêt. —*Cass.*, 17 nov. 1843 (t. 1er 1847, p. 275), Dercheu et Dubois c. Lemire.

999. — Au surplus, d'après les cahiers des charges des années 1844, et suivantes, art. 33, § 5, et d'après une circulaire du ministre des finances, no 550, cette question ne peut plus désormais se présenter quant aux bois soumis au régime forestier.

1000.— Lorsqu'il est établi par un procès-verbal régulièrement dressé par deux gardes que le prévenu a été trouvé conduisant une voiture à travers les coupes de bois et faisant fausse route, le tribunal ne peut, sans violer la foi due à ce procès-verbal jusqu'à inscription de faux, admettre le prévenu à prouver par témoins qu'il suivait un chemin pratiqué. — *Cass.*, 18 déc. 1829, Jean-Baptiste Caillet; — Meaume, t. 1er, no 204, p. 329.

1001.—La coupe des bois et la vidange des ventes sont faites dans les délais fixés par le cahier des charges, à moins que les adjudicataires n'aient obtenu de l'administration forestière une prorogation de délai, à peine d'une amende de 50 à 500 fr., et, en outre, de dommages-intérêts, dont le montant ne peut être inférieur à la valeur estimative des bois restés sur pied ou gisans sur les coupes. — Il y a lieu à la saisie de ces bois, à titre de garantie pour les dommages-intérêts. — C. forest., art. 40.

1002. — L'art. 40 diffère de l'ord. de 1669, tit. 15, art. 40, 41 et 47 : — 1o en ce qu'il laisse au cahier des charges le soin de fixer la fin de la coupe et le temps de la vidange, que l'ordonnance fixait au 15 avr.; — 2o en ce qu'il prescrit seulement la *saisie* des bois à titre de garantie des dommages-intérêts, quand l'ordonnance prononçait la confiscation. Un membre de la chambre des députés proposa de revenir, sur ce point, à l'ordonnance; son amendement fut rejeté; — 3o en ce qu'il prononce une amende fixe, où l'ordonnance prononçait une amende arbitraire.

1003. — La demande à fin de prorogation des délais fixés par l'art. 33 du cahier des charges pour la coupe des bois et la vidange des ventes faites en cas de circonstances imprévues, doit être adressée à l'administration forestière. La décision qui intervient est entièrement administrative, et il n'appartient pas aux tribunaux d'accorder des délais. — Meaume, p. 330, no 206; Curasson, t. 1er, p. 222.

1004.— C'est conformément à ces principes qu'il a été jugé que les tribunaux ne peuvent accorder aux adjudicataires aucune prorogation de délai pour exécuter leurs coupes ou vidanges. — *Cass.*, 7 juin 1821, Buisson — ... Qu'à l'administration seule appartient ce droit. — *Cass.*, 29 juin 1821, comm. des Granges; 18 oct. 1817, Charpy; 9 fév. 1811, Jacob.

1005. — On avait demandé pour les agens forestiers, lors de la discussion du Code forestier, l'autorisation d'accorder des prorogations de délai. Mais cette faculté, que leur déniait déjà l'ord. de 1669, tit. 4, art. 40 et 41, leur a été refusée comme pouvant donner lieu à des abus. — Baudrillart, *Comment* sur l'art. 40.

1006. — D'après l'art. 96 de l'ordonnance d'exécution, les prorogations de délai de coupe ou de vidange ne pouvaient être accordées que par la direction générale des forêts. L'ord. roy. 4 déc. 1844, art. 1er, § 4, attribue ce droit aux conservateurs, lorsque les délais ne doivent pas excéder quinze jours pour la coupe et deux mois pour la vidange.

1007. — Les délais ne peuvent être accordés qu'autant que l'adjudicataire se soumet d'avance à payer une indemnité calculée d'après *le prix de la feuille* et le dommage résultant du retard de la coupe et de la vidange. — Ordonn. d'exécution, art. 96.

1008. —D'après la lettre du directeur général du 25 sept. 1829, l'indemnité se règle sur ce qui reste à exploiter après le terme fixé par le cahier des charges, et d'après le dommage que la reproduction doit en éprouver. Le montant de l'adjudication doit être pris en considération, puisqu'il fait connaître le montant de la valeur des bois, et, par une suite nécessaire, le plus ou moins de valeur du dommage. C'est cette valeur qu'on désigne sous le nom de *prix de feuille*; mais il n'en résulte pas qu'on doive, pour un délai de quelques jours, exiger une indemnité qui soit toujours égale au prix d'*une feuille*. C'est le dommage qu'il faut principalement avoir en vue.

1009. — Les formes à suivre pour la demande en prorogation du délai dans lequel les arbres doivent être abattus et la vidange effectuée, sont indiquées par l'art. 34 du cahier des charges, qui détermine aussi les obligations qui doivent être imposées à l'adjudicataire, au cas où l'administration accueillerait sa demande. On peut aussi consulter sur ce point les circulaires des 5 juill. 1821 et 8 déc. 1825, ainsi que la lettre du directeur général des forêts du 25 sept. 1829, documens rapportés dans les *Réglem. forest.* de Baudrillart, t. 2, p. 935; t. 3, p. 394, et t. 4, p. 308.

1010. — L'administration a pour habitude de ne jamais refuser les demandes suffisamment justifiées. Mais il résulte de l'arrêt du 24 déc. 1841 (t. 2 1842, p. 7), Dumont (dans ses motifs), et plus explicitement de celui du 18 juin 1813 (Leclerc), que le fait seul de la demande ne crée aucun droit en faveur de l'adjudicataire. Il ne peut se soustraire aux peines que la loi prononce contre lui qu'en excipant d'une autorisation positive de l'administration. — Meaume, p. 331, no 208; Curasson, t. 1er, p. 221.

1011. — Jugé que lorsque le délai pour l'exploitation et la vidange de la coupe est expiré, sans que l'adjudicataire ait demandé une prolongation ni obtenu sa décharge définitive, il ne peut pas être renvoyé des poursuites exercées contre lui pour des arbres abattus dans sa coupe, sous le prétexte qu'il en était propriétaire en vertu de son adjudication. — *Cass.*, 1er juill. 1825, Blayac.

1012.— ... Ou qu'il a agi en vertu d'une autorisation de l'inspecteur forestier, et qu'il veut l'appeler en garantie. — *Cass.*, 24 mai 1811, Lemire. — Conf. *Nancy*, 6 nov. 1839, Fleurart, arrêt inédit cité par M. Meaume, p. 331, note 3.

1013.— ... Ou qu'il a demandé régulièrement une prorogation de délai, et que le rejet de sa demande ne lui a été notifié que postérieurement au procès-verbal de contravention. — *Cass.*, 18 juin 1813, Leclerc.

1014. — Il ne peut non plus se dispenser, à peine de dommages-intérêts, d'abattre les arbres dans le délai fixé par le cahier des charges, sous prétexte soit d'un ancien usage, soit d'une demande en prorogation de délai. — *Cass.*, 24 déc. 1841 (t. 2 1842, p. 7), Dumont.

1015. — Suivant M. Meaume (t. 1er, p. 206), il ne saurait appartenir aux tribunaux d'apprécier les excuses que l'adjudicataire tirerait soit de sa bonne foi, soit d'anciens usages locaux, soit même de la force majeure.

1016. — Cependant, un arrêt inédit de Nancy, du 27 janv. 1837 (cité par M. Meaume, no 206, note) a décidé que dans le cas où après avoir enlevé dans le délai fixé par le cahier des charges les bois provenant de son exploitation, et les avoir fait déposer sur un terrain situé hors de l'enceinte de la forêt, l'adjudicataire serait, par suite d'une inondation, forcé d'en faire transporter de nouveau une partie sur le parterre de la coupe, on ne saurait voir un délit dans ce transport, bien qu'il fût effectué après l'époque fixée par la vidange.

1017 —D'après M. Gagneraux (t. 1er, p. 175, § 3), lorsque l'adjudicataire d'une coupe a laissé passer le délai fixé pour l'exploitation, il ne commet pas un délit, une contravention; on peut seulement lui reprocher une négligence dont on doit poursuivre la réparation devant les tribunaux civils. Il cite comme l'ayant décidé ainsi, une décision du min. des fin. du 5 avr. 1820.

1018. — Jugé que c'est au tribunal de police correctionnelle, et non au tribunal civil, qu'il appartient de connaître des infractions punies par la confiscation des objets qui ont servi à les commettre. Ainsi, même sous l'ordonn. de 1669, le tribunal de police correctionnelle était compétent pour connaître de la poursuite exercée contre l'adjudicataire d'une coupe de bois qui n'en avait pas effectué la vidange dans le délai prescrit.— *Cass.*, 21 fév. 1828, Victor James.

1019. — Le Code forestier ne peut pas donner naissance à la même question; il prononce dans son art. 40 une amende de 50 à 500 fr., qui est bien évidemment une peine de la compétence des tribunaux correctionnels; et d'ailleurs il a remplacé la confiscation par une simple saisie des bois, à titre de garantie pour les dommages-intérêts.

1020. — L'art. 47, tit. 15, ordonn. 1669, qui ordonnait la confiscation des bois n'ayant pas été reproduit par le Code forest., il en résulte que l'acquéreur reste propriétaire de ces bois. L'adjudicataire, bien qu'en contravention, peut par suite couper et enlever les bois qui sont sa propriété. — Curasson, t. 1er, p. 222; Meaume, t. 1er, no 214, p. 334.

1021. — Néanmoins, l'exploitation ne saurait être arbitrairement perpétuée par l'adjudicataire propriétaire des bois en payant les dommages-intérêts. Le tribunal chargé de connaître du délit devrait donc lui fixer un délai passé lequel il serait passible de nouveaux dommages-intérêts à liquider en exécution, à la forme de la loi, et suivant le taux ordinaire. — Curasson, *loc. cit.*

1022. — « Cette doctrine, dit M. Meaume (no 214, p. 335), est incontestable, et la marche proposée pourrait être suivie dans certaines circonstances; cependant, il en existe une autre beaucoup plus expéditive, et qui est toute tracée par l'art. 41. Les travaux d'abattage des arbres et ceux de vidange des coupes étant, en effet, à la charge des adjudicataires, on pourrait faire couper les arbres sur pied et les faire conduire, ainsi que ceux déjà coupés, soit dans le chantier de l'adjudicataire, soit sur un terrain vague où ils ne préjudicieraient pas au repeuplement de la forêt; et, si l'on ne pouvait faire prendre livraison des bois par l'adjudicataire, on pourrait demander à la justice l'autorisation de les vendre pour son compte et de déposer à la caisse des consignations les sommes provenant de la vente, après déduction, bien entendu, des divers frais qu'aurait faits l'administration. »

1023. — La question élevée ici à l'égard des bois gisans ou sur pied dans les coupes, en cas de contravention à l'art. 40, pourrait également se présenter quant aux arbres pelés ou écorcés contrairement aux dispositions contenues dans l'art. 36. — Curasson, t. 1er, p. 222.

1024.— Jugé, avant le Code forestier, que la confiscation étant une peine dont le produit devait être versé dans le trésor public, un particulier était sans intérêt et sans qualité pour la demander en justice. — *Cass.*, 10 janv. 1811, Boucher.

1025. — Ainsi, sous l'ordonnance de 1669, le propriétaire d'une forêt était non-recevable à poursuivre la confiscation des bois restés sur pied ou gisans dans la coupe après le temps fixé pour la vidange. — Même arrêt.

1026. — Jugé en outre, sous l'empire de cette ordonnance; que lorsque l'adjudicataire d'une coupe de bois n'avait pas rempli ses obligations dans le délai fixé, les tribunaux ne pouvaient lui faire la remise de la confiscation des bois par lui encourue. — *Cass.*, 29 juin 1821, comm. de Granges.

1027. — Les dispositions de l'art. 40 sont générales et absolues; elles embrassent toutes les adjudications de coupe, quel qu'en ait été le but, notamment celle qui aurait eu pour objet l'extirpation de souches sur un terrain devant servir à l'élargissement d'un chemin vicinal. — *Cass.*, 22 juill. 1837 (t. 1er 1838, p. 557), Lacombe; — Meaume, p. 331, no 210; — Conf. *Metz*, 12 nov. 1840 (arrêt inédit rendu sur le renvoi); *Dijon*, 24 fév. et 11 mai 1836. — Ces arrêts inédits sont cités par M. Meaume (p. 332, note 1re).

1028. — Toutefois, l'acquéreur qui ne s'est rendu adjudicataire que du façonnage des ramiers d'une coupe affouagère n'est passible, dans le cas où il n'a pas vidé la coupe dans les délais fixés par le cahier des charges, que des peines portées par l'art. 39, C. forest., et non de celles portées par l'art. 40, même Code. — *Metz*, 19 nov 1842 (t. 1er 1847, p. 236), Christophe Etienne. — V. conf. Meaume, no 210.

1029. — Les peines prononcées par les art. 40 et 82 ne sont pas non plus applicables aux habitans d'une commune qui n'ont abattu qu'une partie des arbres à eux délivrés pour l'affouage de l'année dans un bois communal. — *Cass.*, 25 mars 1835, Davaniens.

1030. — Les peines sont encourues encore bien que les bois aient été extraits de la coupe proprement dite dans les délais fixés par le cahier des charges, s'ils n'ont, en outre, été enlevés du sol forestier. — *Colmar*, 13 déc. 1838 (t. 1er 1847, p. 265), Cald; — Meaume, no 215, p. 335.

1031. — Les loges construites dans les ventes par les adjudicataires des coupes de bois, étant composées des bois vendus, doivent être enlevées comme les autres bois avant le délai fixé pour la vidange, sous les peines portées par la loi. — *Cass.*, 21 fév. 1828, James.

1032. — Les contraventions mentionnées en l'art. 40 doivent entraîner des dommages-intérêts. —*Nancy*, 7 juin 1843 (t. 1er 1847, p. 328), Alba; *Metz*,

22 sept. 1835, Schmitt, rapporté à la note de celui de Nancy. — M. Meaume, *C. forest.*, no 211, p. 333. — V. *contrà Besançon*, 22 nov. 1830, rapporté également à la note de celui de Nancy. — Cette dernière cour avait, avant l'arrêt de 1843, décidé comme la cour de Besançon, par arrêt du 26 déc. 1835, Joye. — Cet arrêt est cité par M. Meaume, *loc. cit.*, note 2e.

1033. — Un autre arrêt de Nancy (17 nov. 1837), également rapporté par M. Meaume (*loc. cit.*, note 1re), a décidé qu'il y avait lieu de prononcer des dommages-intérêts, lors même que les bois auraient été convertis en charbon.

1034. — Mais si des contestations s'élevaient entre l'administration et l'adjudicataire sur la valeur estimative, le tribunal pourrait, pour faire déterminer celle-ci, ordonner une expertise. — Meaume, *loc. cit.*

1035. — Toutefois, l'adjudicataire qui, sans contredire l'évaluation faite par le procès-verbal, disposerait des bois, ne pourrait critiquer celle-ci et demander, après plusieurs mois, qu'il fût procédé à une estimation nouvelle. — V. Meaume, no 211, p. 334, où il cite (note 1re) comme l'ayant décidé ainsi un arrêt inédit de Nancy, du 6 nov. 1839, Fleurant.

1036. — C'est pour prévenir de pareilles difficultés et empêcher que le gage de l'indemnité à exiger de l'adjudicataire ne disparaisse que l'art. 40 porte (*in fine*), comme l'art. 36, qu'il y aura lieu de saisir les bois restés sur la coupe, à titre de garantie pour les dommages-intérêts. On doit maintenir cette saisie jusqu'à ce que les sommes dont elle garantit le paiement soient acquittées. — Meaume, no 212, p. 334.

1037. — Les gardes forestiers ont aussi bien que les agens mission pour opérer la saisie des bois restés dans la vente. — V. Meaume, no 213, p. 334.

1038. — A défaut par les adjudicataires d'exécuter dans les délais fixés par le cahier des charges les travaux que ce cahier leur impose, tant pour relever et faire façonner les ramiers, et pour nettoyer les coupes des épines, ronces et arbustes nuisibles, selon le mode prescrit à cet effet, que pour les réparations des chemins de vidange, fossés, repiquement de places à charbon et autres à leur charge, ces travaux sont exécutés à leurs frais, à la diligence des agens forestiers et sur l'autorisation du préfet, qui arrête ensuite le mémoire des frais et le rend exécutoire contre les adjudicataires pour le paiement. — C. forest., art. 41.

1039. — L'art. 41 fait cesser une difficulté qui embarrassait souvent les gardes lorsqu'il s'agissait de pourvoir à l'accomplissement des conditions du cahier des charges prescrivant aux adjudicataires l'exécution des travaux dont parle cet article. Le défaut d'exécution de ces travaux n'étant qu'une transgression du contrat et non un délit, les agens forestiers qui n'ont pas mission pour intenter devant les tribunaux les actions civiles concernant les forêts de l'état et des communes ne savaient trop quelle marche suivre en pareil cas. Maintenant la solvabilité des adjudicataires et de leurs cautions assure le paiement des travaux que font exécuter les agens forestiers. Comme il pourrait néanmoins se faire le plus souvent que les manouvriers employés à ces travaux ne pussent attendre le résultat des poursuites par voie de contrainte afin d'obtenir leur salaire journalier, le gouvernement devrait, en pareil cas, pour compléter sur ce point l'exécution du Code, pourvoir aux avances. — Curasson, t. 1er, p. 244.

1040. — Du reste, rien ne s'oppose à ce que dans l'état actuel des choses les travaux soient mis en adjudication aux frais de l'acquéreur. — Curasson, *loc. cit.*; Meaume, no 217, p. 337.

1041. — On devrait toutefois, avant de procéder à l'exécution des travaux aux frais de l'adjudicataire, mettre celui-ci en demeure. — Baudrillart, *Comm. sur l'art. 41*.

1042. — Les dispositions de l'art. 1139 s'appliquent, en effet, ici. La sommation de mise en demeure ne pourrait être remplacée par une clause générale du cahier des charges portant que l'adjudicataire sera en demeure, quant aux conditions qui lui sont imposées, sans qu'il soit besoin d'acte, et par la seule échéance des termes. — Curasson, t. 1er, p. 225.

1043. — Voici, au surplus, quelles sont les règles que doit suivre l'administration forestière, lorsqu'il s'agit d'appliquer l'art. 41. L'agent forestier local doit d'abord s'assurer de la solvabilité de l'adjudicataire. — Circ. 11 sept. 1827, rapportée *Régl. forest.*, t. 3, p. 573.

1044. — Cette certitude acquise, cet agent fait signifier à l'adjudicataire par un garde sommation d'effectuer les travaux dans un certain délai (C. civ., art. 1139). Nous venons de voir, en effet, que la stipulation dans le cahier des charges d'une clause comminatoire ne dispenserait pas de cette sommation.

1045. — Lorsque l'agent forestier a accompli ces préliminaires, il adresse au préfet un mémoire auquel il joint l'original de la sommation. Le préfet prend alors un arrêté pour autoriser les travaux, et ceux-ci exécutés, l'agent fait parvenir au préfet l'état de dépense pour le rendre exécutoire. Cet état est ensuite signifié par l'agent à l'adjudicataire; et, en cas de refus ou de retard de paiement, il est procédé à l'exécution d'après les formes ordinaires. — Meaume, t. 1er, no 216.

1046. — Si, dans le cours de l'exploitation ou de la vidange, il était dressé des procès-verbaux de délits ou vices d'exploitation, il pourrait y être donné suite sans attendre l'époque du récolement. — Néanmoins, en cas d'insuffisance d'un premier procès-verbal, sur lequel il ne serait pas intervenu de jugement, les agens forestiers pourraient, lors du récolement, constater par un nouveau procès-verbal les délits et contraventions — Art. 44.

1047. — En général, les délits commis pendant l'exploitation se constatent le plus souvent à l'époque du récolement. Toutefois, il ne serait pas besoin d'attendre cette époque pour donner suite aux procès-verbaux que leur surveillance mettrait les agens et les gardes dans l'obligation de dresser. Cette disposition de l'art. 44 est générale et concerne tous les délits que pourraient commettre les adjudicataires. — Meaume, no 220.

1048. — Il n'est pas besoin toutefois d'observer, pour la constatation de ces délits, les formes prescrites pour les procès-verbaux de récolement.

1049. — Ainsi, la loi n'exige pas que ces procès-verbaux soient rédigés en présence de l'adjudicataire. — *Cass.*, 24 déc. 1813, Bolhand; 13 janv. 1814, Palmes; 26 fév. 1807, Grimprel et Jacquemart.

1050. — ... Ni par des agens et non par des préposés. — Mêmes arrêts. — Meaume, p. 340, no 220.

1051. — L'art. 44 est applicable à l'abattage par l'adjudicataire d'arbres non compris dans la vente. — *Cass.*, 18 juin 1842 (t. 2 1842, p. 649), Promsy-Poisson. — Conf. Meaume, no 223.

1052. — Si l'adjudicataire était poursuivi tout à la fois pour faux martelage, et pour déficit de réserves, les tribunaux pourraient apprécier souverainement la question de savoir s'il doit être sursis aux poursuites correctionnelles jusqu'après la décision de la cour d'assises. — Meaume, no 224; — *Cass.*, 6 juill. 1838 (t. 3 1844, à sa date, suppl.).

1053. — De ce que les actions relatives à des délits commis dans deux coupes de bois ont été suivies concurremment et jugées par le même arrêt il ne résulte pas que le pourvoi en cassation formé par l'un des prévenus profite à l'autre, s'ils tiennent leurs droits d'une adjudication séparée et si, conséquemment, leurs intérêts ne sont pas liés. — *Cass.*, 26 fév. 1807, Henri.

1054. Le motif qui a fait accorder à l'administration forestière le droit de faire constater de nouveau le délit lors du récolement, est tiré de ce que les délits commis pendant l'exploitation sont généralement graves, et qu'étant le plus souvent constatés par le garde du triage, il convenait de ne pas subordonner le sort de la poursuite à la validité d'un procès-verbal qui peut être frappé de nullité ou atteint par la prescription. Si donc l'insuffisance du procès-verbal laisse quelques doutes aux agens sur le succès de l'action dont la loi leur confie l'exercice, ils peuvent s'abstenir de toutes poursuites, suspendre même celles commencées et attendre le récolement pour constater les délits et contraventions par un nouveau procès-verbal. — Meaume, no 221, p. 340.

1055. — L'irrégularité ou l'insuffisance du premier procès-verbal ne pourrait, en pareil cas, être invoquée par l'adjudicataire. Les tribunaux ne pourraient non plus y avoir aucun égard, et il devrait être statué sur le second, à moins qu'un jugement définitif, intervenu sur le premier procès-verbal, n'eût rendu la nouvelle poursuite inutile. — Meaume, *loc. cit.*

1056. — Jugé, en conséquence, que les procès-verbaux dressés avant le récolement des coupes, et les jugemens de condamnation qui en ont été la suite, ne font pas obstacle à de nouvelles poursuites en vertu de procès-verbaux dressés depuis le récolement. — *Cass.*, 21 mai 1836, Janisson; — Meaume, t. 1er, no 222.

1057. — L'adjudicataire pourrait demander devant les tribunaux correctionnels qu'il ne fût statué sur le délit commis pendant l'exploitation qu'après le récolement. Mais le tribunal aurait à apprécier si la demande est bien fondée. L'art. 44 n'oblige pas, en effet, les juges à statuer définitivement sur les délits d'exploitation. Il peut être utile pour estimer le tort causé à la forêt et y proportionner les dommages-intérêts, d'attendre le récolement lorsqu'il peut fournir des élémens venant corroborer le procès-verbal. — V. Meaume (no 222), où il cite comme conf. les arrêts de Besançon 16 et 27 mai 1834, et de Grenoble, 15 déc. 1836.

§ 5. — *Responsabilité de l'adjudicataire.*

1058. — Les adjudicataires, à dater du permis d'exploiter, et jusqu'à ce qu'ils aient obtenu leur décharge, sont responsables de tout délit forestier commis dans leurs ventes à l'ouïe de la cognée, si leurs facteurs ou garde-ventes n'en font leurs rapports, lesquels doivent être remis à l'agent forestier dans le délai de cinq jours. — C. forest., art. 45. — Cet article important est la reproduction des dispositions de l'ordonnance de 1669, tit. 15, art. 39 et 51; tit. 16, art. 10.

1059. — Les adjudicataires et leurs cautions sont responsables et contraignables par corps au paiement des amendes et restitutions encourues pour délits et contraventions commis, soit dans la vente, soit à l'ouïe de la cognée, par les facteurs, garde-ventes, ouvriers, bûcherons, voituriers, et tous autres employés par les adjudicataires. — C. for., art. 46.

1060. — Les adjudicataires, depuis le moment où ils ont reçu le permis d'exploiter jusqu'à celui où ils obtiennent leur décharge, prennent un droit temporaire de possession sur une partie de la forêt, qui les oblige à veiller à ce qu'aucune atteinte ne soit portée aux produits de celle-ci, d'autant mieux que les gardes ne peuvent guère alors constater les délits, les ouvriers employés à l'exploitation leur étant souvent inconnus. Tel est le motif qui a dicté les dispositions contenues dans les art. 45 et 46. — Meaume, t. 1er, no 225, p. 350.

1061. — Si le délit a été commis par une personne étrangère à l'exploitation, la responsabilité est *conditionnelle*. En d'autres termes, elle n'est encourue que si le facteur n'a pas mis l'administration en état de poursuivre elle-même le délinquant. La responsabilité est au contraire *absolue*, si le délit a été commis par les facteurs, garde-ventes, ouvriers, bûcherons, voituriers, et tous autres employés par l'adjudicataire. Celui-ci ne peut alors être déchargé sous aucun motif. — Meaume, t. 1er, no 226.

1062. — En recevant le permis d'exploiter, l'adjudicataire est présumé avoir vérifié qu'il n'existait aucun délit dans la vente ni à l'ouïe de la cognée. Il y a donc présomption légale qu'aucun délit de cette sorte n'existait, et dès-lors l'adjudicataire étant censé avoir commis ceux qui viennent à être découverts après la délivrance, il ne pourrait établir par aucun genre de preuve que le délit avait précédé la prise de possession. — Meaume, t. 1er, no 227.

1063. — La responsabilité de l'adjudicataire le fait nécessairement réputer l'auteur des délits commis dans sa coupe. — *Cass.*, 17 avr. 1807, Vincent.

1064. — L'adjudicataire pourrait cependant se soustraire à la responsabilité qui pèse sur lui, en demandant, aux termes de l'art. 93, ord. d'exéc., qu'il fût procédé à l'opération du souchetage, opération à laquelle les agens ne peuvent se refuser. — Meaume, *loc. cit.*; Curasson, t. 1er, p. 201.

1065. — D'après cet art. 93 de l'ordonnance, l'adjudicataire peut, dans le mois qui suit l'adjudication pour tout délai, et avant que le permis d'exploiter soit délivré, exiger qu'il soit procédé, contradictoirement avec lui ou son fondé de pouvoirs, à l'opération du souchetage et à la reconnaissance des délits qui auraient été commis dans la vente ou à l'ouïe de la cognée. — Cette opération est exécutée, dans l'intérêt de l'état et sans frais, par un agent forestier, accompagné du garde du triage. Le procès-verbal qui en est dressé doit constater le nombre des souches qui ont été trouvées, leur essence et leur grosseur. Il est signé par l'adjudicataire ou son fondé de pouvoirs, ainsi que par l'agent et le garde forestier présent. Les souches sont marquées du marteau de l'agent forestier.

1066. — On ne doit pas conclure de la prescription de l'art. 93 de l'ordonnance que le martelage soit requis dans le mois qui suit l'adjudication pour tout délai; que, passé celui-ci, l'adjudicataire n'aura plus de moyen de se décharger de la responsabilité des délits commis avant son entrée dans la coupe. La responsabilité ne se base ici que sur une simple présomption; aussi la justice doit-elle recourir à tous les moyens que suggère la prudence pour arriver à la manifestation de la vérité. Si donc l'adjudicataire qui n'aurait pas requis le souchetage dans le délai que l'ordonnance indique demandait (avant le permis d'exploiter, bien entendu) qu'on y procédât à ses frais, on ne pourrait guère résister à une demande aussi juste. Celle-ci s'appuierait, du reste, sur les termes de l'art. 45 du Code, qui, en ne faisant courir la responsabilité de l'adjudicataire qu'à dater du permis d'exploiter, le décharge conséquemment de

tous les délits antérieurs qui pourraient être constatés. — Curasson, t. 1er, p. 201, note.

1067. — Il a été reconnu, en effet, que jusqu'à la délivrance du permis d'exploiter, l'adjudicataire de coupes de bois a le droit de réclamer toutes les vérifications nécessaires pour reconnaître et constater contradictoirement dans sa coupe les erreurs de compte d'arbres, dont, à défaut de cette vérification, il serait plus tard responsable. — *Cons. d'état*, 14 fév. 1838, Adam.

1068. — Cette décision, contraire à la doctrine que l'administration avait établie, a fait introduire dans le cahier des charges (art. 19) une clause, aux termes de laquelle l'adjudicataire peut réclamer, avant la délivrance du permis d'exploiter, une vérification à l'effet de constater un déficit dans le nombre des arbres de réserve indiqué au procès-verbal de balivage et martelage. S'il ne le fait pas, il ne peut former de réclamation, et, en cas de déficit, il doit s'accuser lui-même de sa négligence à remplir une formalité dont l'accomplissement l'aurait à cet égard garanti de toute condamnation. — Meaume, t. 1er, no 228, p. 353.

1069. — Si l'adjudicataire n'avait pas profité de la faculté de demander le souchetage avant l'obtention du permis d'exploiter, il ne saurait réclamer qu'on l'admît à prouver que le délit était antérieur à sa prise de possession, une pareille preuve pouvant rendre illusoire toute action en responsabilité. — Meaume, t. 1er, no 227.

1070. — Ainsi, il a été jugé qu'à défaut de procès-verbal de souchetage, et une fois son exploitation commencée, l'adjudicataire n'est plus recevable à prouver qu'un arbre de réserve manquait auparavant dans sa vente. — *Cass.*, 26 juill. 1810, Hiéronimus.

1071. — ... Que l'adjudicataire d'une coupe de bois qui n'a pas fait procéder à un souchetage est responsable de tous les délits reconnus dans sa vente, à partir du permis d'exploiter, à quelque époque qu'ils aient été commis. — *Douai*, 31 mai 1834, Lempereur; *Cass.*, 8 mai 1835, Lempereur, 13 nov. 1833, Houbre.

1072. — ... Que s'il a reçu sans réclamation le permis d'exploiter, il est présumé avoir reconnu qu'il n'existait alors aucun délit dans sa vente ni à l'ouïe de la cognée et est devenu par là responsable de tous les délits qui pourraient être ultérieurement constatés, sans que l'administration forestière soit obligée de prouver que ces délits sont postérieurs à la délivrance du permis d'exploiter. — *Cass.*, 31 mai 1833, Lac.

1073. — Il ne peut être admis à prouver par témoins que ces délits ont eu lieu avant la délivrance qui lui a été faite du permis d'exploiter. — *Cass.*, 18 mai 1838 (t. 1er 1840, p. 226), Piednoir et Chevalier.

1074. — Si cependant il était démontré qu'il y a eu erreur dans le martelage ou que les délits sont antérieurs à la délivrance du permis, l'adjudicataire pourrait s'adresser, par voie gracieuse, au directeur général qui statue, sauf recours au ministre des finances, mais sans que jamais la contestation puisse donner lieu au contentieux administratif, l'admission de la réclamation étant entièrement discrétionnaire et d'équité. — Décis. minist., 22 juill. 1826 (*Réglem. forest.*, t. 3, p. 439); Meaume, t. 1er, no 227, p. 352.

1075. — Lorsque des arbres réservés ont été abattus dans une forêt par un ouvrier dont l'adjudicataire doit répondre, c'est comme si l'adjudicataire avait commis lui-même le délit, et le tribunal ne peut se dispenser de lui faire l'application de l'art. 34, C. forest., qui prononce une amende d'un tiers en sus de l'amende ordinaire. — *Cass.*, 11 juin 1829, Goujon.

1076. — Il ne saurait y avoir de difficulté dans l'application aux cautions des adjudicataires des principes relatifs à la responsabilité, lorsqu'il s'agit des délits prévus par l'art. 46. Il n'en est pas de même quant aux délits commis par des étrangers, c'est-à-dire de ceux dont parle l'art. 45. Suivant Curasson (*C. forest.*, t. 1er, p. 204), la caution n'est pas ici responsable, l'art. 45 ne le déclarant pas. Mais cette opinion est réfutée par M. Meaume (t. 1er, no 229), et elle est contraire à un arrêt de la cour de Cassation du 16 nov. 1833, Duclos.

1077. — La caution serait responsable lors même que l'adjudicataire serait mort ou tombé en faillite avant toute poursuite, avant même que le délit découvert lors du récolement eût été constaté. — *Cass.*, 3 avr. 1811, Lavenich; *Colmar*, 24 août 1839 (t. 2 1840, p. 263), Mayer; *Dijon*, 14 déc. 1836, Maître-Lambert (inédit, cité par M. Meaume, t. 1er, no 230).

1078. — La caution d'un adjudicataire décédé ou failli avant d'avoir exécuté les travaux mis à sa charge peut, par la même raison, être tenue de l'achèvement de ces travaux. Par suite, on peut délivrer contre les cautions les arrêtés que doivent prendre les préfets dans le cas de l'art. 41. Ces arrêtés seraient, en tous cas, exécutoires contre les cautions, bien que pris contre l'adjudicataire. — M. Meaume, *loc cit.*

1079. — L'interdiction prononcée depuis l'adjudication ne ferait pas cesser la responsabilité de l'adjudicataire et de sa caution. Mais l'action devrait alors être dirigée contre le tuteur de l'interdit. — *Besançon*, 23 nov. 1840 (inédit rapporté par Meaume, no 232).

1080. — D'après M. Meaume (t. 1er, no 231), la responsabilité mise à la charge de l'adjudicataire et des cautions s'étend à toutes les réparations résultant des délits, aux amendes conséquemment comme aux restitutions et dommages-intérêts. — *Cass.*, 9 germin. an X, Leyndruht; 20 sept. 1832, Tabourin; 16 nov. 1833, Duclos; 8 mai 1835, Lempereur; 28 avr. 1836, Lempereur; 15 juill. 1842; *Douai*, 26 fév. 1842 (t. 1er 1847, p. 236), N...; — M. Meaume cite encore comme conformes les arrêts inédits de *Nancy*, 24 déc. 1823, 4 mars 1840; de *Metz*, 8 avr. 1835.

1081. — Dans l'affaire à propos de laquelle sont intervenus les arrêts de Cassation des 8 mai 1835 et 28 avr. 1836, la cour de Douai avait décidé le 31 mai 1834 (Lempereur) que la responsabilité de l'adjudicataire est purement civile et ne s'étend qu'aux restitutions et aux dommages-intérêts. Son arrêt fut cassé le 8 mai 1835.

1082. — Nous croyons cependant que la cour de Douai était dans les vrais principes en maintenant les règles du droit commun sur la responsabilité, quand le législateur n'a pas dérogé d'une manière expresse. Le silence qu'il garde dans l'art. 45, rapproché de la disposition expresse de l'art. 46, établit entre les deux cas une différence de décision.

1083. — Une autre raison encore nous porte à nous ranger à l'opinion de la cour de Douai. Les amendes sont de véritables peines; elles ne peuvent donc retomber sur d'autres que les auteurs du délit. L'adjudicataire est responsable des amendes encourues par ses agens, soit parce que les délits sont réputés son propre fait, soit parce qu'il a la faculté d'en récupérer le montant sur leurs gages et appointemens. Dans le cas de l'art. 45, au contraire, la loi se borne à punir sa négligence en l'obligeant à réparer le dommage commis par des délinquans inconnus.

1084. — L'adjudicataire poursuivi pour un délit qui n'a été commis ni par lui ni par ses employés, mais dont la loi le déclare responsable, ne pourrait prétendre qu'on ne saurait le condamner, en sa qualité d'adjudicataire, à une peine plus forte que celle qui frappe l'auteur inconnu du délit. Ainsi, s'il était poursuivi pour déficit de réserves, on devrait lui appliquer les art. 33 et 34 C. forest., bien que la peine prononcée par ces articles dépasse d'un tiers celle qui atteindrait la personne étrangère à l'adjudication, s'il l'avait régulièrement signalée comme auteur du délit. Il doit s'imputer, en ce cas, un défaut de vigilance qui élève contre lui une présomption légale de culpabilité en quelque sorte personnelle. — *Cass.*, 15 juill. 1842 (t. 3 1844, suppl., à sa date), Poulharies; — Meaume, no 231, t. 1er, p. 358.

1085. — Jugé que l'adjudicataire d'une coupe cité personnellement en police correctionnelle pour déficit d'arbres réservés comparaît comme délinquant, et non comme responsable des faits d'autrui; qu'en conséquence, il peut invoquer le principe de la non-cumulation des peines. — *Poitiers*, 27 janv. 1846 (t. 1er 1846, p. 734), Rabault.

1086. — On a toutefois jugé que l'adjudicataire d'un bois particulier ne peut être poursuivi directement comme passible d'amende à raison de l'abattage et de l'enlèvement d'arbres réservés qu'autant que le délit lui est personnellement imputable. Sa responsabilité n'est en effet que purement civile à raison du fait de ses préposés. Il n'en est pas d'un pareil adjudicataire comme de l'adjudicataire de coupes de bois de l'état. — *Cass.*, 8 déc. 1843 (t. 2 1844, p. 75), Thué c. Thibaud.

1087. — La responsabilité établie par les art. 45 et 46 est absolue; elle comprend toutes les ventes de bois dans les forêts, sans distinguer entre les produits adjugés et les modes d'exploitation imposés par le cahier des charges. — Meaume, t. 1er, p. 233.

1088. — Il en résulte que la responsabilité existe à la charge de l'adjudicataire d'une certaine quantité d'arbres à prendre en jardinant dans une forêt, comme à la charge de celui dont l'adjudication embrasse une certaine quantité de bois formant une assiette séparée et fixe. — Curasson, t. 1er, p. 200.

1089. — Ainsi, l'adjudicataire de *chablis* dans une forêt est, comme l'adjudicataire d'une coupe de bois, responsable des délits et contraventions commis dans la vente et à l'ouïe de la cognée. — *Cass.*, 17 juin 1842 (t. 2 1842, p. 445), Poisson-Quenardel.

1090. — En cas de coupe jardinatoire, l'étendue de la vente comprend toute la partie de la forêt exploitée en jardinant, plus la zône de l'ouïe de la cognée qui, lorsque les limites de la coupe n'ont pas été indiquées, embrasse, comme nous l'avons dit déjà, une circonférence de deux cent cinquante mètres, à partir du pied de chaque arbre à abattre.

1091. — La délivrance du permis d'exploiter avant que l'adjudicataire ait établi un garde-vente, n'a pas pour effet de le décharger de la responsabilité des délits commis dans sa vente. — *Cass.*, 24 déc. 1813, Bohland.

1092. — La responsabilité de l'adjudicataire ne cesse que par la décharge légale donnée par le préfet, après un récolement régulier, ou par l'accomplissement des formalités que prescrit l'art. 47, C. forest. — Meaume, t. 1er, no 234.

1093. — Il ne peut être déchargé de cette responsabilité sous le prétexte qu'avant le récolement, mais après l'époque où il avait le droit de le demander, l'administration aurait introduit des ouvriers dans la coupe pour y faire un semis et des repiquemens. — *Cass.*, 20 août 1819, Stanisier.

1094. — ...Ou que l'administration forestière a elle-même introduit dans la vente d'autres adjudicataires pour la coupe des vieilles écorces. — *Cass.*, 2 nov. 1810, Noël; — Conf. *Besançon*, 24 nov. 1830; *Montpellier*, 15 déc. 1835; et *contrà Nancy*, 19 janv. 1830 (inédits cités par M. Meaume, no 234, note).

1095. — ... Ou qu'un agent forestier ayant constaté l'existence de ce délit, le procès-verbal de l'adjudicataire aurait été sans objet. — *Cass.*, 14 mai 1829, Peschet; — conf. Meaume, t. 1er, no 236.

1096. — L'adjudicataire est responsable des délits commis dans un bois voisin, à l'ouïe de la cognée, encore bien que sa coupe soit séparée de ce bois par des terres ou des vignes appartenant à des particuliers. — *Cass.*, 25 juill. 1828, Pilotelle de Rigny. — Meaume, t. 1er, no 235.

1097. — L'adjudicataire d'une coupe de bois est responsable des délits commis dans sa vente et à l'ouïe de la cognée, encore bien que son facteur en ait dressé procès-verbal, s'il n'en a point fait la remise aux préposés de l'administration dans le délai prescrit. Il ne suffirait pas qu'il eût fait connaître les délinquans dans le cours de l'instruction. — *Cass.*, 23 janv. 1807, Lequeux; — conf. Meaume, t. 1er, no 236; Merlin, *Rép.*, vo *Délit forestier*, § 10, no 3. — Cette décision conserve toute son autorité sous le Code forestier.

1098. — Il ne suffirait pas non plus que le délit eût été simplement signalé et reconnu par un garde forestier sur les indications du maire de la commune. — *Cass.*, 24 juin 1837 (t. 1er 1838, p. 566), Girod; — conf. Meaume, t. 1er, p. 236.

1099. — Pareillement, pour que l'adjudicataire soit déchargé de la responsabilité des délits forestiers commis dans sa vente ou à l'ouïe de la cognée il ne suffit pas que le rapport prescrit par l'art. 45, C. forest., énonce le fait matériel du délit; il faut encore qu'il fasse connaître le nom du délinquant ou indique du moins les diligences faites par l'adjudicataire pour parvenir à la connaissance de ce nom. — *Cass.*, 9 mars 1838 (t. 2 1838, p. 302), Sauzel. — conf. Curasson, t. 1er, p. 202; Baudrillart, p. 80; Garnier-Dubourgneuf et Chanoine, p. 365; Meaume, t. 1er, no 238, qui cite dans ce sens *Besançon*, 21 août 1832; 20 fév. 1838; *Nancy*, 17 juin 1840; *Dijon*, 10 fév. 1841, arrêts inédits.

1100. — L'adjudicataire n'est déchargé de la responsabilité prononcée contre lui par l'art. 45, C. forest. qu'autant 1o que son garde-vente a dressé procès-verbal de ces délits avant toute constatation de la part de l'administration forestière; — 2o qu'il a fait les diligences nécessaires pour en découvrir les auteurs. — *Orléans*, 8 déc. 1845 (t. 1er 1846, p. 76), Richer-Judon. — La première partie de cette décision est peut-être un peu rigoureuse, car l'art. 45, C. forest. n'exige pas que les procès-verbaux des garde-ventes soient rédigées avant toute constatation de la part des agens de l'administration; et cependant, s'il suffit à l'adjudicataire de faire dresser un procès-verbal après qu'il a été averti par celui du garde forestier qu'un délit a été commis dans sa vente; il pourra donc se dispenser de toute surveillance et obtenir ainsi une décharge qui, dans l'intention du législateur, ne doit être que le prix de la vigilance. La seconde est conforme à l'opinion de Baudrillart: — « Il est certain, dit cet auteur, que pour qu'un procès-verbal de garde-vente puisse opérer la décharge de l'adjudicataire, il faut que cet acte établisse aux yeux de la justice que le rédacteur a fait tout ce qui dépendait de lui pour connaître les délinquans. S'il en était autrement, la responsabilité de l'adjudicataire serait illusoire, et elle ne doit pas l'être plus aujourd'hui qu'elle ne l'était sous l'empire de l'ord. de 1669, dont on a maintenu la disposition. » — V. aussi Meaume, t. 3, p. 375.

1101. —Mais pour mettre l'adjudicataire à l'abri de toute responsabilité, il suffit que son garde-vente ait constaté le délit dans le délai prescrit, et que le procès-verbal indique les délinquans ou mentionne les diligences faites pour les découvrir. — *Cass.*, 17 août 1833, Lorrain.

1102. — Il faut de plus que les procès-verbaux qu'il représente aient été affirmés dans les vingt-quatre heures, et constatent l'identité des bois coupés en délit et de ceux enlevés par les délinquans. —*Cass.*, 22 juin 1815, Dupont; —conf. Meaume, t. 1er, no 246.

1103. — Un arrêt inédit de Grenoble (27 fév. 1835, aff. Bron, cité par M. Meaume, no 238, p. 379, note) décide que l'entrepreneur cesse d'être responsable s'il a fait tous ses efforts pour empêcher le délit; s'il n'a cédé qu'à une force majeure, l'emportement et la violence de plusieurs hommes qu'il a signalés de suite à l'autorité, par un procès-verbal, bien que, malgré toutes ses diligences, il n'ait pu découvrir les noms des délinquans.

1104. — L'adjudicataire est responsable jusqu'au congé de cour (c'est-à-dire la décharge de l'adjudicataire), ou jusqu'à la mise en demeure de l'administration, de faire procéder au récolement, et ne peut pas être déchargé de la responsabilité d'une outrepasse, sous le prétexte que le récolement et le réarpentage n'ont été faits que plus de six semaines après la vidange de la coupe, ni que le délit pouvait être l'ouvrage de tout autre. — *Cass.*, 25 janv. 1828, Bonnel; 9 oct. 1807, Desprès. — Il en était de même sous la loi du 15-29 sept. 1791. — *Cass.*, 5 janv. 1810, comm. Schwartzenbach, no 3.

1105. — Si l'adjudicataire ne faisait pas de signification, il resterait responsable pendant trente ans, suivant la règle du droit commun et l'ancienne jurisprudence.— Duvergier, *Collect. des lois*, année 1827, p. 299; Carnot, sur l'art. 182, C. inst. crim., t. 2, p. 26, no 9; Merlin, *Rép.*, vo *Récolement de bois*.

1106. — Il importe peu qu'aux termes de l'art. 185, C. forest., l'action en réparation du délit soit prescrite. — *Cass.*, 4 déc. 1834, Diétrich.

1107. — Lorsque, la veille du jour fixé pour le récolement, l'administration fait notifier aux adjudicataires qu'un cas de force majeure empêche qu'il soit procédé à cette opération et la remet à une autre époque qu'elle détermine, ceux-ci restent responsables jusqu'à cette nouvelle époque s'ils n'ont élevé aucune réclamation, et bien que le cas de force majeure allégué n'ait pas été constaté contradictoirement avec eux.—*Cass.*, 14 janv. 1836, Vien.

1108. — La foi due aux procès-verbaux peut être détruite par la récusation, lorsqu'ils ont été dressés par un garde qui avait un intérêt personnel de rejeter sur autrui la responsabilité du délit.—*Cass.*, 5 déc. 1834, Pézeux; 11 avr. et 16 mai 1840; 4 fév. 1841 (t. 8 1844, à leur date),

1109. — Le délai de cinq jours accordé par l'art. 45, C. forest., aux facteurs ou garde-vente de l'adjudicataire d'une coupe de bois, pour la remise à l'agent de l'administration des procès-verbaux constatant les délits commis dans cette coupe, court du jour où le délit a été commis, et non du jour de la rédaction des procès-verbaux.— *Nancy*, 26 déc. 1838 (t. 2, 1841, p. 681), Marlier; *Cass.*, 14 août 1840, (t. 1er 1841, p. 727), Toussaint; — Meaume, t. 1er, no 237, où il cite comme conforme un arrêt inédit de Besançon du 12 juin 1835.

1110. — La commune qui fait exploiter pour son compte une coupe dans un bois communal, n'est pas responsable des délits commis à l'ouïe de la cognée, comme le serait un adjudicataire.— *Cass.*, 27 nov. 1818, comm. de Doulaire.

1111. — Mais l'entrepreneur d'une coupe affouagère est responsable de tous les délits commis dans l'exploitation de la coupe. — *Cass.*, 12 août 1837 (t. 2 1840, p. 565), Gazaret.

1112. — Toutefois, la responsabilité ne s'applique pas à un simple bûcheron chargé seulement de façonner les bois délivrés par l'administration forestière aux communes propriétaires de ces bois. — *Cass.*, 8 oct. 1813, Schumann.

1113. — Il a été et il est souvent proclamé des amnisties pour les délits forestiers. La jurisprudence a constamment décidé que ces amnisties ne sont pas applicables aux abus et malversations commis par les adjudicataires dans leurs coupes.— Pour l'amnistie du 25 mars 1810, V. avis cons. d'état, 26 juin 1810; *Cass.*, 28 nov. 1810, Vernot; 23 mars 1811, Sahler. — Pour l'amnistie du 28 mai 1825, V. *Cass.*, 12 sept. 1828, Soubrevic; — pour celle du 3 nov. 1827, *Cass.*, 14 mai 1829, Peschet; — pour celle du 8 nov. 1830, *Cass.*, 22 déc. 1831, Sibend; 19 sept. 1832, Lacroix; — pour celle du 30 mai 1837, *Cass.*, 27 janv. 1838, Martin; 27 fév. et 21 mars 1840, Jund et Heimlich.

1114. — Ainsi jugé que l'amnistie du 30 mai 1837 ne s'applique pas aux délits forestiers commis par un adjudicataire. — *Cass.*, 29 août 1839 (t. 3 1844, à sa date), Deutsch. — V. conf. AMNISTIE, nos 194 et suiv.

1115. — De même, une amnistie ne peut couvrir des délits commis dans une coupe et non constatés par l'adjudicataire, qui est légalement présumé les avoir commis lui-même. — *Cass.*, 7 avr. 1827, Courrent.

1116. — Peu importe qu'ils aient été commis par ses préposés et qu'il n'en soit que responsable. — *Cass.*, 31 mars 1832, Lareu. —Ils sont toujours considérés comme le résultat d'une collusion coupable.— *Cass.*, 27 janv. 1828, Martin.

1117. — Mais l'amnistie accordée par le décret du 25 mars 1810 n'était pas applicable aux délits imputés à un bûcheron préposé à la garde d'une coupe de bois, et qui dérivaient des obligations à lui imposées, tant par la loi que par le cahier des charges.— *Cass.*, 14 déc. 1810, Didier Bonhot.

1118. — Une ordonnance d'amnistie n'est pas applicable non plus à un délit forestier, résultant d'un fait qui avait eu lieu avant sa promulgation, mais qui s'est continué postérieurement. — *Cass.*, 20 oct. 1832, Benoît Bessière.

1119. — Ces amnisties ne s'étendent pas au défaut de vidange dans le délai fixé par le cahier des charges, ou prorogé par l'administration.— *Cass.*, 4 août 1837, Mion.

1120. — ... Aux coupes en délit dont l'adjudicataire est responsable aux termes des art. 45 et 46, C. forest. — *Cass.*, 30 nov. 1831, Fourcade.

1121. — ... Ni aux délits commis dans les environs de la vente, s'ils n'ont pas été constatés. — *Cass.*, 14 mai 1829, Peschet.

1122. — Ainsi, le fermier d'un domaine national qui, sans délivrance préalable et par anticipation d'une année, coupe tout ou partie d'un bois taillis compris dans ce domaine, commet, non un simple délit forestier, mais un délit qui a pour effet la violation d'un contrat; en conséquence, l'amnistie accordée par le décret du 25 mars 1810 ne lui était pas applicable. — *Cass.*, 13 déc. 1810, Borghi.

1123. — Un adjudicataire peut exercer une action en garantie civile contre les auteurs des délits commis dans sa vente, et dont il est responsable pour ne les avoir pas fait constater, encore bien qu'une amnistie ait été accordée aux délinquans forestiers autres que les adjudicataires, si cette amnistie a réservé tous les droits des parties civiles. — *Cass.*, 23 mars 1811, Sahler, et la note au bas de l'arrêt.

Sect. 5e. — *Des réarpentages et récolements.*

1124. — Le réarpentage et le récolement suivent nécessairement toute exploitation des coupes qui ont été adjugées. Le réarpentage a pour objet de constater définitivement l'étendue de la coupe; le récolement de constater si cette coupe a été faite conformément à la loi et au cahier des charges. Ainsi, ces opérations servent de contrôle à l'exploitation. — Dufour, *Droit admin. appliqué*, t. 1er, p. 401.

1125. — La loi parle de réarpentage ou deuxième arpentage des coupes, bien que nulle part encore on n'ait parlé d'arpentage. Mais on doit supposer, ou qu'il a été procédé à cette première opération pour dresser le cahier des charges, ou que l'adjudicataire y a fait procéder contradictoirement avec l'administration, avant de commencer l'exploitation de sa coupe.

1126. — Il est procédé au réarpentage et au récolement de chaque vente dans les trois mois qui suivent le jour de l'expiration des délais accordés pour la vidange des coupes.—Ces trois mois écoulés, les adjudicataires peuvent mettre en demeure l'administration par acte extrajudiciaire signifié à l'agent forestier local; et si, dans le mois après la signification de cet acte, l'administration n'a pas procédé au réarpentage et au récolement, l'adjudicataire demeure libéré. — C. forest., art. 47, ord. d'exécution, art. 11. — Le réarpentage doit précéder le récolement.— Duvergier, *Coll. des lois*, art. 1827, p. 299.

1127. — La sommation dont parle l'art. 47, C. forest. doit, à peine de déchéance, être adressée par l'adjudicataire à l'administration forestière, lorsqu'il veut mettre celle-ci en demeure de procéder au récolement. — *Cass.*, 19 juin 1840 (t. 2 1840, p. 455), Dufès.

1128. — Il ne peut y être suppléé ni par un acte différent émané de l'administration, ni par le jugement qui ordonne le récolement, sans fixer de délai, alors d'ailleurs qu'il n'a pas été signifié. — Même arrêt.

1129. — De simples sommations verbales constatées par des témoignages ne suffisent pas pour constituer l'administration forestière en demeure de faire procéder au récolement d'une coupe de bois après la vidange.— *Cass.*, 6 juill. 1809, Henricy.

1130. — Ainsi, la sommation faite à un garde ordinaire et à un garde à cheval de visiter une coupe de bois après la vidange n'est pas légale, en ce que ces agens subalternes n'ont pas caractère pour déférer à des réquisitions qui ne peuvent être adressées qu'aux officiers supérieurs de l'arrondissement. — Même arrêt.

1131. — Cette solution est conforme à l'art. 47, C. forest., puisque les gardes ordinaires et les gardes à cheval ne sont pas agens de l'administration dans le sens de l'art. 11, ordonn. du 1er août 1827.

1132. — L'adjudicataire qui n'a pas mis l'administration forestière en demeure de faire procéder au récolement, demeure responsable des délits commis dans sa vente ou à l'ouïe de la cognée, et ne peut pas être déchargé de cette responsabilité, sous le prétexte qu'il a plusieurs fois invité les agens de l'administration à faire procéder au récolement. — *Cass.*, 23 juin 1827, Estrade; — Conf. Meaume, t. 1er, no 239.

1133. — Il n'est pas déchargé de sa responsabilité par la seule expiration du délai dans lequel le récolement aurait dû être fait. — *Cass.*, 28 juill., 1809 et 7 sept. 1810, Heuseler.

1134. — L'expiration du délai fixé par le cahier des charges pour le récolement d'une coupe de bois ne suffit pas non plus pour mettre l'administration forestière en demeure d'y faire procéder.— *Cass.*, 7 sept. 1810, Heuseler.

1135. — La mise en demeure de l'administration n'est pas suffisamment justifiée par la copie d'une lettre que l'adjudicataire prétend avoir écrite à un sous-inspecteur, ni par un certificat de cet agent. — Même arrêt.

1136. — L'adjudicataire serait responsable des délits commis dans la coupe, tant que la prescription n'en serait pas acquise, si la sommation signifiée à sa requête était nulle, tout acte nul étant sans effet.—Meaume, *C. forest.*, t. 1er, no 240.

1137. — Un procès-verbal de récolement n'est pas nul pour avoir été fait après l'expiration des délais fixés par la loi.— *Cass.*, 25 août 1808, Weber; 5 janv. 1810, comm. Schwartzenbach. — V. PROCÈS-VERBAL.

1138. — En matière forestière, les mois doivent être réglés par le calendrier grégorien, et les délais qui ne comprennent qu'un nombre déterminé de jours doivent être francs, c'est-à-dire qu'on n'y doit compter aucun des deux jours termes.— Curasson, t. 1er, p. 281.

1139. — Sous la loi des 15-29 sept. 1791, le récolement était nul, lorsqu'il y avait été procédé par le même agent forestier qui avait fait le martelage et le balivage. — *Cass.*, 25 juill. 1812, Remy.

1140. — Aux termes de l'art. 97, de l'ordonn. d'exécut., il doit aussi être procédé au réarpentage par un arpenteur *autre* que celui qui a fait le premier mesurage, mais en présence de celui-ci ou lui dûment appelé.

1141. — L'infraction à cette disposition n'est pas de nature à opérer nullité, lorsque l'adjudicataire a assisté à l'opération sans réclamer; mais s'il n'y a pas assisté, ou si, y ayant assisté, il a protesté, il peut ensuite demander un nouvel arpentage. — V. Merlin, *Rép.* vo *Récolement de bois*.

1142. — Depuis 1843, et surtout depuis l'organisation du service des travaux d'art, les réarpentages sont faits par les agens forestiers. Mais les prescriptions de l'art. 97 doivent continuer à être observées, et l'agent chargé du réarpentage ne doit pas être le même que celui qui a fait le premier mesurage. L'administration a, comme l'adjudicataire, intérêt à ce que le contrôle soit sérieux. — Meaume, t. 3, p. 184, note.

1143. — Les citations pour réarpentage et récolement ne doivent être données par les gardes des triages qu'autant que la résidence de ces gardes le permet. — Circul. 24 janv. 1830, rapportée par M. Meaume, t. 3, p. 185, note.

1144. — L'opération du récolement est faite par deux agens au moins et le garde du triage y est appelé.— Les agens forestiers en dressent un procès-verbal qui est signé tant par eux que par l'adjudicataire ou son fondé de pouvoir. — Ord. d'exécution, art. 98.

1145. — Toutefois, bien que l'ordonnance d'exécution exige le concours de deux agens forestiers pour les procès-verbaux de récolement, elle n'attache pas la peine de nullité à l'inobservation de cette formalité. — En conséquence, sont valables les procès-verbaux dressés par un seul agent. — *Cons. d'état*, 17 mai 1833, Ferras.

1146. — Diverses circulaires rapportées par M. Meaume (t. 3, p. 185, note) indiquent les règles à suivre pour la rédaction des procès-verbaux de récolement. Les agens ne peuvent notamment, sous

aucun prétexte et sans compromettre leur responsabilité, se dispenser de rédiger chaque jour les procès-verbaux des opérations faites pendant la journée. — Circ. 20 mars 1823.

1147. — Une décision du ministre des finances du 12 juill. 1822, citée par M. Meaume (t. 3, p. 376), porte que les procès-verbaux de récolement doivent être soumis à la formalité du timbre et de l'enregistrement dans les deux mois de leur date, et au bureau de la résidence de l'agent qui a rédigé lesdits procès-verbaux.

1148. — Mais il a été jugé que les procès-verbaux de récolement ne peuvent être considérés que comme des actes de l'administration publique, et ne doivent être revêtus de la formalité de l'enregistrement que lorsque l'une des parties veut en faire usage. — *Cass.*, 8 avr. 1808, Martin. — V. *contrà* Masson-Delongpré, *Code annoté de l'enreg.*, nos 506 et suiv., 1890 et suiv.

1149. — Les adjudicataires doivent, avant le jour fixé pour le récolement, faire ceindre d'un lien apparent tous les arbres sur pied. Ils sont tenus, sous les peines portées par la loi, de représenter, lors du récolement, tous les bois et arbres réservés, et de plus l'empreinte du marteau royal sur les étocs des arbres qui s'exploitent, soit séparément du taillis, soit en jardinant ou par éclaircie. — Cahier des charges, art. 39.

1150. — De ce que le cahier des charges aurait fixé un délai pour le réarpentage et que cette opération n'aurait été faite qu'après l'expiration du délai, l'adjudicataire peut être contraint, néanmoins au paiement d'une surmesure. — Décr. 20 juill. 1807.

1151. — S'il résulte des procès-verbaux de réarpentage des coupes un excédant de mesures, les adjudicataires s'obligent à en payer le montant en proportion du prix entier de l'hectare, ensemble le décime pour franc de ce prix, et 1 1/2 % s'il s'agit des coupes de bois de l'état, et le décime seulement s'il s'agit des coupes de bois des communes et des établissemens publics. — S'il y a eu moins de mesure, ils en sont remboursés dans la même proportion, après leur décharge définitive. — Il n'y a lieu à aucune répétition lorsque le plus ou moins de mesure n'excède pas le centième de la contenance de la coupe. Dans aucun cas, il n'est fait compensation de moins de mesure avec les excédans. — Cahier des charges, art. 39.

1152. — Soit qu'il y ait surmesure ou moins de mesure, il n'est fait aucune répétition à raison des droits d'enregistrement. — Même article.

1153. — S'il y a une surmesure à réclamer de l'adjudicataire, pour les bois domaniaux, les frais d'expédition du procès-verbal d'adjudication sont à la charge de l'administration des forêts; pour les bois communaux d'établissemens publics et indivis, les adjudicataires s'obligent à payer ladite expédition. — Néanmoins, cette pièce n'est exigible que dans le cas où à défaut de paiement de leur part; il est nécessaire de diriger des poursuites contre eux. — Même article.

1154. — Les adjudicataires adressent à l'agent forestier chef de service, et sur papier timbré, leurs demandes en remboursement pour moins de mesure, avec leurs traites acquittées et la décharge d'exploitation. — Même article.

1155. — L'adjudicataire d'une coupe de bois ne peut se refuser au paiement d'une surmesure sur le motif qu'il n'a pas été appelé au réarpentage, non plus que l'arpenteur qui avait fait le premier arpentage, lorsque le directeur des domaines et le conservateur des forêts offrent de procéder contradictoirement avec lui à un nouveau réarpentage. Il ne peut exciper non plus du défaut de réarpentage dans les délais fixés par le cahier des charges, lorsque ce cahier ne contient aucune déchéance à cet égard. — *Cons. d'état*, 20 juill. 1807, Backer.

1156. — L'adjudicataire qui, ayant été présent au récolement de sa coupe, dressé par un inspecteur et un garde général, a refusé de signer le procès-verbal, sous le prétexte qu'il n'avait aucune connaissance d'un déficit constaté, au lieu de faire ses observations et de signaler aux agens forestiers leur prétendue erreur, n'est pas recevable à demander plus tard une vérification par experts, qui violerait la foi due à ce procès-verbal jusqu'à inscription de faux. — *Cass.*, 14 déc. 1810, Cocquempot; 14 mars 1811, Hannoye.

1157. — Les récolemens peuvent être faits par les inspecteurs ou sous-inspecteurs délégués par les conservateurs comme par ces derniers eux-mêmes, si cette mesure est utile au service. — *Cass.*, 29 avr. 1808, Françon.

1158. — Un garde général des forêts peut même régulièrement assister au récolement d'une coupe de bois, en vertu de la délégation du sous-inspecteur, dans un département où il n'existe pas d'inspecteur. — *Cass.*, 9 juill. 1813, Retterath. — V. art. 11 et 98, combinés de l'ordonnance d'exécution.

1159. — Il n'y a aucune connexité, même apparente, entre un délit constaté dans une coupe de bois avant le récolement, et les autres délits qui ont pu être constatés ultérieurement par le procès-verbal de récolement. — *Cass.*, 23 fév. 1815, Florentin.

1160. — Lorsque le cahier des charges porte que la vidange des bois au-dessous de vingt-cinq ans sera terminée à une certaine époque, et celle des bois plus âgés à une autre époque, le consentement de l'administration à procéder, sur la demande des adjudicataires, au récolement de bois que les procès-verbaux d'assiette, de balivage et d'arpentage énoncent être âgés de vingt-cinq ans, n'implique pas reconnaissance de sa part que lesdits bois n'ont point cet âge. — *Cass.*, 14 janv. 1836, Vien.

1161. — Les art. 1er et 2, ord. 1669, ne s'appliquent qu'aux forêts du domaine, et les récolemens qu'ils prescrivent ne concernent que les adjudicataires à qui des coupes en sont vendues. — *Cass.*, 17 mars 1806, Cucherat.

1162. — Aussi, dans les adjudications de coupes de bois appartenant aux particuliers, les parties ne sont point astreintes aux formalités prescrites par l'ordonnance pour les récolemens. Le propriétaire peut donner à l'adjudicataire une décharge écrite, et la décharge peut même être suppléée par des faits équivalens. — *Cass.*, 28 août 1824 et 2 sept. 1825, d'Aremberg

1163. — Par exemple, le propriétaire qui s'est mis en possession de la vente, sans réclamation préalable, qui a innové sur le lieu, tellement que le récolement ne soit plus possible, est réputé avoir donné décharge à l'adjudicataire. — Mêmes arrêts.

1164. — L'adjudicataire ou son concessionnaire est tenu d'assister au récolement; et il lui est, à cet effet, signifié, au moins dix jours d'avance, un acte contenant l'indication des jours où se feront le réarpentage et le récolement; faute par lui de se trouver sur les lieux ou de s'y faire représenter, les procès-verbaux de réarpentage et de récolement sont réputés contradictoires. — C. forest., art. 48.

1165. — Le défaut de concours des adjudicataires au procès-verbal de récolement n'est point une cause de nullité de ce procès-verbal, sauf à eux à le contredire et même à le soumettre à l'épreuve d'une nouvelle vérification, comme ne contenant pas une preuve irréfragable à leur égard. — *Cass.*, 25 août 1808, Weber.

1166. — Mais cette décision rendue avant le Code forestier ne saurait être admise aujourd'hui qu'autant que les adjudicataires auraient été régulièrement mis en demeure, ainsi que le prescrit l'art. 48.

1167. — Si les agens n'avaient pu, par un motif quelconque, procéder au réarpentage et récolement au jour indiqué, il ne serait pas besoin de faire une nouvelle signification à l'adjudicataire. Toutefois, le procès-verbal devrait constater, en pareil cas, le transport des agens sur les lieux, et le motif qui n'aurait pas permis de procéder à l'opération. Il devrait de plus indiquer un nouveau jour. — Meaume, t. 1er, no 241.

1168 — Cet auteur cite (*loc. cit.*, à la note), en faisant remarquer qu'il ne faudrait pas trop en étendre les conséquences, un arrêt inédit de Montpellier du 14 déc. 1835 (Roques), qui aurait jugé implicitement que l'accomplissement des formalités dont il vient d'être parlé n'est pas indispensable, lorsque la citation porte qu'il serait procédé au jour indiqué et les jours suivans.

1169. — Par un autre arrêt inédit du 28 nov. 1836 (Vien), cette cour a aussi décidé que le récolement doit être réputé contradictoire, lors même que l'adjudicataire n'y a pas assisté, s'il n'a pu y être procédé au jour indiqué par la citation, par suite d'un événement de force majeure (la chute de la neige). L'adjudicataire est pendant tout ce temps responsable, quand bien même il aurait sommé l'administration de procéder au récolement. — Meaume, *loc. cit.*

1170. — Décidé dans le même sens qu'un procès-verbal de récolement est contradictoire, quoique fait en l'absence des adjudicataires de la coupe, s'ils y ont été régulièrement appelés, et si l'un d'eux a assisté au commencement des opérations. — *Cass.*, 14 mars 1811, Hannoye.

1171. — Les adjudicataires ne peuvent, en ce cas, sans le secours de l'inscription de faux, être admis à prouver par témoins que les arbres de réserve qui, d'après le procès-verbal de récolement, auraient été abattus, existent encore sur pied. Le jugement qui ordonne une pareille preuve juge d'une manière définitive, et peut conséquemment être attaqué par la voie de l'appel avant le jugement du fond. — Même arrêt.

1172. — Les citations qui, aux termes d'une circulaire du 26 mars 1838 (*Réglem. forest.*, t. 6, p. 28), doivent être rédigées en minute par les agens forestiers chefs de service, sont signifiées par les gardes à l'adjudicataire soit à son domicile réel ou élu, soit au secrétariat de la préfecture où la vente a eu lieu (C. forest., art. 27 modifié par la loi du 4 mai 1837). — Meaume, t. 1er, no 242.

1173. — Une circulaire du 19 déc. 1837, rapportée au t. 5, p. 581, des *Réglem. forest.*, décide qu'aucune rétribution ne doit être accordée aux gardes pour la partie du service relative aux récolemens.

1174. — Les citations doivent indiquer le jour où commencera le réarpentage et celui où aura lieu le récolement. — Circul. du 25 fév. 1817 (*Réglem. forest.*, t. 2, p. 705).

1175. — La cour de Cassation, lors de l'examen du projet du Code forestier, demandait que les citations continssent aussi l'indication de l'heure. Cette addition n'ayant pas été insérée dans la loi, M. Meaume pense (no 242), contrairement à l'opinion de MM. Coin-Delisle et Frédérich, que le défaut d'une pareille indication n'annulerait pas la citation. Il convient, au surplus, que les agens indiquent l'heure des opérations; ce sera d'abord un moyen d'éviter toute difficulté, et de plus ce sera une facilité convenable laissée à l'adjudicataire avec lequel ils doivent contradictoirement procéder.

1176. — Les adjudicataires ont le droit d'appeler un arpenteur de leur choix pour assister aux opérations du réarpentage : à défaut par eux d'user de ce droit, les procès-verbaux de réarpentage n'en sont pas moins réputés contradictoires. — C. forest., art. 49, conforme à l'ordonn. de 1669, tit. 16, art. 3.

1177. — Dans le délai d'un mois après la clôture des opérations, l'administration et l'adjudicataire peuvent requérir l'annulation du procès-verbal pour défaut de forme ou pour fausse énonciation. Ils doivent se pourvoir, à cet effet, devant le conseil de préfecture, qui statue. En cas d'annulation du procès-verbal, l'administration peut dans le mois qui suit y faire suppléer par un nouveau procès-verbal. — Art. 50.

1178. — Dans ce cas, l'action est soumise à la prescription établie pour les actions en réparation de délits forestiers et s'éteint par le défaut de poursuites pendant trois mois. — Baudrillart, t. 2, p. 267-270.

1179. — Les conseils de préfecture sont compétens, à l'exclusion des tribunaux, pour connaître, soit en la forme, soit au fond, de la validité des procès-verbaux de récolement des coupes de bois soumis au régime forestier. — *Cass.*, 26 sept. 1833, Chéous

1180. — Ces procès-verbaux se trouvent ainsi placés en dehors de la règle commune, qui défend le contrôle de toute juridiction civile, criminelle ou administrative sur le fond des rapports émanés des agens. — Meaume, t. 1er, no 243.

1181. — L'expiration du délai d'un mois après la clôture des opérations couvre entièrement les nullités. Aussi toute réclamation contre les procès-verbaux de récolement des coupes doit être faite dans ce délai, sous peine d'être déclarée non-recevable. — *Cass.*, 26 sept. 1833, Chéous. — V. conf. Meaume, t. 1er, no 243, qui cite dans ce sens les arrêts inédits de *Nancy* des 9 sept. 1836 et 6 janv. 1841; de *Dijon*. des 3 janv. 1838 et 24 avr. 1839; de *Metz* du 28 nov. 1836.

1182. — La déchéance ne pourrait toutefois être prononcée contre l'adjudicataire qu'en cas d'entier accomplissement des formalités que prescrit l'art. 48 pour rendre les récolemens contradictoires. — Meaume, t. 1er, no 244.

1183. — Aussi l'adjudicataire d'une coupe de bois qui n'a pas été régulièrement appelé au récolement peut, en cas de poursuites dirigées contre lui, opposer son défaut de connaissance de l'opération exécutée en son absence, et les tribunaux doivent surseoir à statuer jusqu'après vérification, nouvelle. — *Besançon*, 2 mars 1840 (t. 1er 1847, p. 328), Aimé; *Grenoble*, 5 juill. 1834, Griat (arrêt rapporté à la note du premier).

1184. — Mais le défaut ou la nullité de la sommation d'assister au récolement pourrait être couverte par la signification du procès-verbal de récolement ultérieurement faite à l'adjudicataire, et, dans ce cas, si l'adjudicataire voulait se pourvoir contre ce procès-verbal, il devrait en requérir l'annulation devant le conseil de préfecture, dans le délai d'un mois à partir non plus de la clôture des opérations, mais du jour de la signification. — *Grenoble*, 20 fév. 1840 (t. 1er 1847, p. 329), Perret; 5 juill. 1834, cité au no précédent. — Meaume, t. 1er, no 244, p. 387; Curasson, t. 1er, p. 234.

1185. — Un procès-verbal de récolement n'est pas nul pour avoir été fait après l'expiration du délai déterminé par la loi, depuis la vidange des coupes,

mais, ainsi que nous l'avons vu, les adjudicataires sont responsables jusqu'à ce qu'ils aient obtenu leur décharge définitive. — *Cass.*, 25 avr. 1808, Weber.

1186. — Le procès-verbal devrait être tenu pour contradictoire dans le cas où l'adjudicataire aurait assisté au récolement, bien qu'il n'eût pas été sommé préalablement, si les agens avaient constaté sa présence à l'opération en lui faisant signer le procès-verbal, par exemple. — Meaume, t. 1er, no 244, p. 388.

1187. — On devrait encore décider ainsi si l'adjudicataire avait assisté à l'opération, bien qu'irrégulièrement cité. On ne saurait en effet appliquer aux matières forestières le principe de procédure civile qui permet à la partie indûment assignée de demander la nullité d'un exploit dont elle représente la copie. — Curasson, t. 1er, p. 239; Meaume, *loc. cit.*

1188. — Toutefois, d'après Curasson, si la citation était signifiée par une personne sans caractère à cet effet, l'adjudicataire pourrait invoquer cette nullité en tout état de cause. Mais cette distinction est avec raison repoussée par M. Meaume, et en effet l'adjudicataire, en se présentant au commencement de l'opération, indique suffisamment qu'il a été informé en temps opportun et qu'il est prêt à défendre ses droits.

1189. — M. Meaume critique également (*eod. loc.*) l'opinion qu'émet Curasson (t. 1er, p. 234) en prétendant que l'adjudicataire qui ne se serait pas présenté au récolement, bien que régulièrement cité, ne pourrait attaquer cet acte que dans le délai d'un mois à partir du jour où l'administration lui a notifié la clôture du procès-verbal. La loi ne prescrit nulle part en effet cette notification. En outre, l'art. 50, en portant qu'on doit se pourvoir dans le mois qui suit la clôture des opérations, ne distingue pas entre le cas où celles-ci ont eu lieu contradictoirement de celui où on y a procédé en l'absence de l'adjudicataire.

1190. — La partie qui se pourvoit devant le conseil de préfecture n'est pas obligée non plus sous peine de déchéance, de signifier ce pourvoi à son adversaire dans le mois qui suit la clôture du procès-verbal de récolement. Il n'est pas nécessaire de suivre devant les tribunaux administratifs la manière de procéder devant les tribunaux civils. — Meaume, t. 1er, no 24. — V. cependant Curasson, t. 1er, p. 234 *in fine.*

1191. — Bien que les procès-verbaux de récolement ne soient pas assujétis aux diverses formalités prescrites, sous peine de nullité, pour les procès-verbaux ordinaires, il faut leur appliquer cependant le principe qui exige l'annulation de tout acte dans lequel on a négligé d'observer une formalité essentielle et constitutive. Un procès-verbal de récolement serait conséquemment nul s'il n'était pas signé par les agens ou si, dressé en l'absence de l'adjudicataire, il n'était pas daté, ou si encore on avait procédé à l'opération un jour autre que celui indiqué par la citation sans qu'on ait informé l'adjudicataire de ce changement de jour. — Meaume, no 246, p. 391.

1192. — La citation serait aussi entachée de nullité si elle n'indiquait pas le jour de sa remise ou si elle avait été signifiée non par un garde, mais par un individu sans caractère légal. Il faudrait encore décider ainsi si la citation n'indiquait pas la personne à qui la copie a été laissée, etc. Mais ces différentes nullités pourraient, ainsi que nous l'avons vu, se couvrir par la présence de l'adjudicataire. — Meaume, *loc. cit.*; Curasson, t. 1er p. 228 et 230.

1193. — La formalité prescrite par l'art. 97 de l'ordonnance qui exige que le réarpentage soit fait par un arpenteur autre que celui qui a fait le premier mesurage, mais en présence de celui-ci ou lui dûment appelé, est aussi une formalité substantielle, attendu qu'un agent ne peut se vérifier lui-même et qu'il importe cependant qu'il assiste à l'opération. — Curasson, t. 1er, p. 229.

1194. — Ajoutons que ces nullités sont les seules admissibles, et qu'on ne pourrait dès-lors annuler un procès-verbal de récolement que l'adjudicataire n'aurait pas signé. La loi ne prévoit pas en effet cette nullité, qui n'est du reste ni essentielle ni constitutive. — Meaume, *loc. cit.* — V. cependant Curasson, p. 229. — V. aussi *Cons. d'état*, 17 mai 1833, Ferrat.

1195. — L'art. 170, C. forest., ordonnant, à peine de nullité, d'enregistrer dans les quatre jours les procès-verbaux ordinaires, il n'en faut pas conclure que les procès-verbaux de récolement soient annulables faute d'enregistrement dans ce délai. L'art. 70, L. 22 frim. an VII, dispense de l'enregistrement les actes administratifs, et les procès-verbaux de récolement font évidemment partie de ces actes. Ces procès-verbaux n'auraient besoin d'être enregistrés que s'ils servaient de base à une action correctionnelle. En pareil cas, le délai dans lequel cette formalité devrait être accomplie est celui fixé pour la prescription de l'action elle-même. — V. Meaume, no 246, p. 392, où il cite comme le décidant ainsi deux décisions ministérielles des 19 germin. an XIII et 31 janv. 1827, une circul. du 25 fév. 1835, et les arrêts de *Colmar*, 15 janv. 1835; *Pau*, 21 nov. 1835; *Grenoble*, 6 juin 1834; *Dijon*, 24 avr. 1839. — V. conf. Merlin, *Question de droit*, vo *Procès-verbal*; Favard de Langlade, *ibid.*; Carnot, sur l'art 18, C. inst. crim — V. *contrà Nancy*, 13 août 1830.

1196. — La cour de Cassation a aussi consacré cette doctrine en décidant que l'obligation imposée par l'art. 170, C. forest., de faire enregistrer, sous peine de nullité, dans les quatre jours qui suivent celui de leur affirmation, les procès-verbaux dressés en matière forestière ne s'applique pas aux procès-verbaux de récolement. — *Cass.*, 26 nov. 1840 (t. 1er 1847, p. 329), Lallemand.

1197. — C'est aussi ce qu'a reconnu le conseil d'état en décidant que l'art. 170, C. forest., qui fixe un délai pour l'enregistrement des procès-verbaux de contravention, ne s'applique point aux procès-verbaux de récolement. — *Cons. d'état*, 17 mai 1833, Ferras. — Conf. Chevalier, *Jur. adm.*, vo *Bois et forêts*, t. 1er, p. 65. — L'art. 170 se trouve, en effet, sous le titre qui traite des poursuites en réparation de délits et contraventions, et les procès-verbaux de récolement ne constatent ni délits ni contraventions.

1198. — Lorsque le prévenu d'un délit forestier excipe, mais tardivement, devant le tribunal de répression, de la nullité pour vice de forme du procès-verbal de récolement, le tribunal doit statuer immédiatement sur les contraventions légalement constatées, et ne peut renvoyer les parties à se pourvoir, sur l'exception, devant qui de droit. — *Colmar*, 4 fév. 1841 (t. 1er 1842, p. 527), Moritz.

1199. — L'art. 50 permet d'attaquer devant le conseil de préfecture le procès-verbal de récolement, non seulement pour vice de forme, mais aussi pour fausses énonciations; d'où la conséquence qu'on peut le critiquer au fond, quand même la forme serait régulière. — Meaume, t. 1er, no 247, p. 397; Curasson, t. 1er, p. 235.

1200. — Ainsi, d'après l'art. 50, le procès-verbal, quoique contradictoire, pourra être attaqué par l'administration ou l'adjudicataire pour cause de fausses énonciations, c'est-à-dire d'erreurs dans la contenance ou dans le nombre des arbres de réserve dont il constaterait l'existence ou le déficit. — Curasson, p. 236. — Par *fausses énonciations*, on doit, en effet, entendre *énonciations inexactes*, celles dont l'exactitude doit être appréciée par les conseils de préfecture pouvant exister sans intention frauduleuse. — Meaume, p. 398, note.

1201. — La loi nouvelle abroge ainsi l'ancienne jurisprudence qui voulait que le procès-verbal dressé en présence, et même en l'absence de l'adjudicataire sommé de paraître, fît foi jusqu'à inscription de faux du déficit des arbres de réserve et autres vices d'exploitation qu'il constatait. — Curasson, *loc. cit.*

1202. — Mais la compétence de la juridiction administrative ne saurait aller jusqu'à dépouiller des procès-verbaux rédigés par des *agens* du droit attribué à ceux des simples *préposés* de faire preuve jusqu'à inscription de faux. Le législateur a voulu conserver aux procès-verbaux de récolement leur caractère probant jusqu'à inscription de faux, à l'égard des faits matériels qu'ils constatent. Malgré donc les termes de l'art. 50, ils feront foi, jusqu'à inscription de faux, qu'ils ont été commencés tel jour et à telle heure; que l'adjudicataire était ou n'était pas présent; qu'il a demandé à faire telle observation, etc. Mais il en serait autrement quant aux faits se rattachant directement à l'opération même du récolement, et qui peuvent amener des erreurs involontaires, comme le coupage des réserves. Le procès-verbal doit justement alors être soumis au contrôle de l'autorité administrative. Cette distinction, établie par M. Meaume (t. 1er, no 247), est aussi adoptée par Curasson (t. 1er, p. 236).

1203. — L'adjudicataire qui n'aurait pas déféré au conseil de préfecture le jugement des prétendues fausses énonciations ne pourrait plus s'inscrire en faux sur ce chef devant les tribunaux correctionnels. Il y a, en effet, chose jugée, la vérité des faits étant reconnue par le silence de l'adjudicataire ou la décision motivée du conseil. Il n'y aurait lieu de s'inscrire en faux qu'à l'égard des énonciations que les tribunaux administratifs n'avaient pas qualité pour connaître, ou relativement à celles que les conseils de préfecture auraient pu souverainement apprécier, mais dont la fausseté volontaire et frauduleuse n'aurait été reconnue qu'après la décision de ces conseils ou l'expiration du délai, cité par M. Meaume, pendant lequel ils auraient dû être saisis. — Meaume, t. 1er, no 247, p. 398.

1204. — Les conseils de préfecture pourront, en présence des allégations contradictoires de l'adjudicataire et de l'administration, ordonner, pour éclairer leur religion, soit une descente et visite des lieux, soit une reconnaissance par experts, soit tout autre moyen de vérification pouvant servir à motiver leur décision. — Curasson, t. 1er, p. 236; Meaume, t. 1er, no 248, p. 399; Serrigny, *Organis. et comp. adm.*, t. 2, nos 758 et 910; Dubois de Niermont, *Des cons. de préfect.*, p. 151 et 152.

1205. — Le ministre des finances avait cependant pensé que le conseil de préfecture ne pourrait puiser des élémens de décision en dehors du procès-verbal de récolement et des pièces justificatives, et avait déféré au conseil d'état un arrêté prescrivant une expertise. Mais ce conseil a décidé contrairement à l'opinion du ministre, que lorsque le procès-verbal de récolement contient des énonciations fausses, l'adjudicataire peut se borner à demander une expertise pour vérifier l'exactitude ou la fausseté de ces énonciations; et cette expertise doit être ordonnée par le conseil de préfecture. — *Cons. d'état*, 6 août 1840, Papinot.

1206. — Cette doctrine résulte aussi, implicitement, de l'ordonnance du 18 mai 1837 (Ferras), qui porte que lorsqu'il résulte de l'instruction, et notamment de la visite et reconnaissance des lieux, que les énonciations contenues au procès-verbal de récolement d'une coupe de bois sont exactes, c'est avec raison que le conseil de préfecture a rejeté l'opposition formée à ce procès-verbal pour fausses énonciations.

1207. — Il résulte aussi de l'ordonnance du 6 août 1840 (Papinot) que, s'il y a contestation sur le fond, le conseil de préfecture doit juger la question qui lui est déférée sans pouvoir ordonner un nouveau récolement. Mais si le procès-verbal est annulé pour vice de forme, l'administration peut, d'après l'art. 50, remplacer par un autre procès-verbal celui dont la nullité a été prononcée, et ce dans le mois qui suit la notification de la décision du conseil. Ce nouveau procès-verbal devrait évidemment être soumis aux mêmes formalités que celles prescrites pour le premier, qui devrait être regardé comme n'ayant jamais existé. De nouveaux vices de forme pourraient, conséquemment, amener une nouvelle annulation de la part du conseil. C'est donc à tort que l'administration a déclaré, dans la circul. du 11 sept. 1827, accompagnant l'envoi du cahier des charges pour l'exercice de 1828, sans motiver cette décision, qu'en cas d'annulation on ne pourrait plus recourir devant le conseil de préfecture, en ce qui concerne le nouveau procès-verbal. — Meaume, t. 1er, no 249, p. 400; Curasson, t. 1er, p. 236 et suiv.; Baudrillart, *Comment.* sur l'art. 50.

1208. — Jugé avant le Code que, lorsqu'après un premier jugement prononçant la nullité d'un procès-verbal de récolement, l'administration forestière en a fait faire un nouveau, il y a lieu de statuer sur le fond de la plainte en appréciant le nouveau récolement. L'état des choses étant changé, le premier jugement n'établit pas l'autorité de la chose jugée, et le tribunal excède ses pouvoirs en refusant, sous ce prétexte, de connaître de la plainte. — *Cass.*, 4 avr. 1806, Laborde.

1209. ... Et que, quand après ce premier procès-verbal, le tribunal, sur la demande de l'adjudicataire, a ordonné une nouvelle vérification, et que le second procès-verbal, dressé en présence de l'adjudicataire, constate un déficit plus grand que celui qu'on avait d'abord reconnu, le tribunal doit condamner l'adjudicataire en conformité du second procès-verbal, et non en vertu du premier. — *Cass.*, 31 déc. 1824, Lauterne.

1210. — De la combinaison des art. 48 et 50, C. forest., résulte nécessairement que ce dernier article est applicable aux procès-verbaux de réarpentage comme à ceux de récolement. — Même arrêt.

1211. — A l'expiration des délais fixés par l'art. 50, et si l'administration n'a élevé aucune contestation, le préfet délivre à l'adjudicataire la décharge d'exploitation. — C. forest., art. 51.

1212. — Le préfet ne doit toutefois délivrer cette décharge à l'adjudicataire qu'après avoir pris l'avis du conservateur. — Ord. d'exécution, art. 99.

1213. — De son côté, le conservateur ne doit donner son consentement que sur le vu des procès-verbaux de récolement constatant que l'adjudicataire a rempli ses obligations. — Inst. du 23 mars 1821, rapportée par M. Meaume, t. 3, p. 186, note.

1214. — L'art. 7, tit. 16, ord. 1669, désignait la décharge d'exploitation sous le nom de *congé de cour.*

1215. — L'adjudicataire est responsable jusqu'à ce qu'il ait obtenu le congé de cour.

1216. — Le congé de cour pouvant être indéfiniment différé par les agens de l'administration, le délai par eux apporté ne peut prolonger la durée de l'action pour les délits déjà reconnus par des procès-verbaux. — *Cass.*, 17 avr. 1807, Vincent.

1217. — L'acte de décharge de l'exploitation doit énoncer le paiement des surmesures et celui du montant des sommes résultant des condamnations ou décisions intervenues au sujet des délits ou vices d'exploitation. — Circul. 5 mars 1829, rapportée par M. Meaume, *loc. cit.*

1218. — Si le préfet refusait à l'adjudicataire sa décharge, alors qu'il la réclame, celui-ci pourrait assigner ce magistrat devant les tribunaux pour voir dire que le jugement à intervenir tiendra lieu de décharge. L'adjudicataire ne pourrait toutefois agir ainsi que si nulle contestation n'avait été soulevée par l'administration dans les délais que détermine l'art. 50. — Meaume, t. 1er, no 251, p. 401.

1219. — Les contestations dont entend parler l'art. 51 ne sont pas uniquement celles à déférer aux conseils de préfecture. Ce terme comprend en outre les difficultés que peut amener, devant les autres juridictions, l'exécution du cahier des charges, ainsi que les délits ou vices d'exploitation. — — Meaume, t. 1er, no 252, p. 401.

1220. — Les divers délais accordés par les art. 47, 48, 50 et 51, C. forest., soit à l'adjudicataire, soit à l'administration, doivent être francs et ne comprendre ni le terme *à quo* ni le terme *ad quem*. — Curasson, t. 1er, p. 292.

1221. — Les arpenteurs sont passibles de tous dommages-intérêts par suite des erreurs qu'ils ont commises, lorsqu'il en résulte une différence d'un vingtième de l'étendue de la coupe. — Sans préjudice de l'application, s'il y a lieu, des dispositions de l'art. 207. — Art. 52.

1222. — Une circulaire du 1er avr. 1843 (rapportée *Bull. des ann. forest.*, année 1843, p. 256), décide que désormais le réarpentage des coupes domaniales et communales sera exécuté par tous les agens forestiers, jusqu'au grade de sous-inspecteur inclusivement.

1223. — Le réarpentage doit avoir lieu contradictoirement avec celui qui a fait l'arpentage. Si plus tard l'administration croyait devoir confier les arpentages aux agens forestiers, ce changement dans le personnel ne devrait évidemment apporter aucune modification à la responsabilité que l'art. 52 fait peser sur ceux qui procèdent à des opérations. — Meaume, t. 1er, no 254, p. 403.

1224. — La pénalité de l'art. 52 n'existe qu'au profit de l'administration, mais non à l'égard de l'adjudicataire, qui reste, en ce qui concerne le recours à exercer contre l'arpenteur, sous l'empire du droit commun, fixé par les art. 1382 et 1383, C. civ. — *Cass.*, 31 août 1841 (t. 1er 1843, p. 137), Husson. — Conf. Meaume, t. 1er, no 255, p. 483. — *Contrà* décision du direct. des forêts du 4 juin 1835, rapportée *Régl. forest.*, t. 5, p. 176.

1225. — L'administration des domaines a seule qualité pour intenter les poursuites dans le cas de l'art. 52, après autorisation spéciale toutefois donnée par une décision ministérielle. L'administration ne pourrait se dispenser d'user de toute la rigueur du droit qui lui est accordé par l'article précité qu'après avoir rendu compte au ministre des faits qui motivent cette exception. — Avis Cons. d'état, 22 juin 1831, approuvé par décision ministérielle du 23 juill. suiv., et rapporté par M. Meaume, t. 1er, no 256, note.

Sect. 6e. — *Des adjudications de glandée, panage et paisson.*

1226. — On entend, en général, par *glandée* le droit de récolter du gland et autres fruits dans les forêts et, plus spécialement le droit d'introduire des porcs dans les bois pour manger les glands. — C'est sous ce dernier point de vue qu'on considère ici les adjudications de glandée.

1227. — Le *panage* est la faculté de mener paître dans les bois les bestiaux qui mangent le gland et la faîne, fruit du hêtre.

1228. — La *paisson* est le droit de pâture des porcs, appliqué exclusivement aux faînes.

1229. — Les formalités prescrites par la sect. 3e du présent titre pour les adjudications des coupes de bois seront observées pour les adjudications de glandée, panage et paisson. — Toutefois, dans les cas prévus par les art. 18 et 19, l'amende infligée aux fonctionnaires et agens est de 100 fr. au moins et de 1,000 fr. au plus, et celle qui a été encourue par l'acquéreur est égale au montant du prix de la vente. — C. forest., art. 53; Ord. d'exécution, art. 104.

1230. — Les lois des 12 et 28 fructid. an II qui, par dérogation à l'ordonnance de 1669, ont accordé aux particuliers la faculté de jouir des glands dans les forêts nationales, et ont fait défense aux autorités d'en passer aucune adjudication, ont conservé leur vigueur jusqu'à la promulgation du Code forestier. — *Cass.*, 7 nov. 1823, Siriot; 2 mars 1825, Petit. — Merlin, *Rép.*, vo *Glandée*, no 9.

1231. — Les adjudicataires ne peuvent introduire dans les forêts un plus grand nombre de porcs que celui qui est déterminé par l'adjudication, sous peine d'une amende double de celle qui est prononcée par l'art. 199. — C. forest., art. 54. — Cet article n'a pas maintenu la confiscation prononcée par l'ord. de 1669, tit. 18, art. 3 et 4.

1232. — Les adjudicataires sont tenus de faire marquer les porcs d'un fer chaud, sous peine d'une amende de 3 fr. par chaque porc qui ne serait point marqué. — Ils doivent déposer l'empreinte de cette marque au greffe du tribunal, et le fer servant à la marque au bureau de l'agent forestier local, sous peine de 50 fr. d'amende. — C. forest., art. 55.

1233. — Si les porcs sont trouvés hors des cantons désignés par l'acte d'adjudication, ou des chemins indiqués pour s'y rendre, il y a lieu, contre l'adjudicataire, aux peines prononcées par l'art. 199. En cas de récidive, outre l'amende encourue par l'adjudicataire, le pâtre doit être condamné à un emprisonnement de cinq à quinze jours. — Art. 56.

1234. — Il est défendu aux adjudicataires d'abattre, de ramasser ou d'emporter les glands, faînes ou autres fruits, semences ou productions des forêts, sous peine d'une amende double de celle qui est prononcée par l'art. 144. — Art. 57.

1235. — L'ord. de 1669, tit. 27, art. 27, et tit. 32, art. 12, avait établi la même prohibition relativement à toutes personnes. L'art. 57, C. forest., a renouvelé la défense à l'égard des adjudicataires, et l'art. 144 à l'égard de tous autres individus.

1236. — Les lois des 12 et 28 fructid. an II n'avaient dérogé à l'ordonnance de juillet qu'en ce qui concerne les bois de l'état. Il n'était pas permis d'enlever les glands dans une forêt appartenant à une commune. — Favard de Langlade, vo *Glandée, in fine*.

1237. — Le conservateur fait reconnaître, chaque année, par les agens forestiers locaux, les cantons des bois et forêts ou des adjudications de glandée, panage et paisson peuvent avoir lieu sans nuire au repeuplement et à la conservation des forêts. Il autorise en conséquence ces adjudications. — Ord. d'exécut., art. 100.

1238. — Cet article est conforme à la règle qui exige la vente de tous les produits principaux et accessoires du sol forestier, et défend à tout individu de s'approprier, sans y être autorisé, aucun de ces produits intérieurs ou superficiels. — Meaume, t. 3, p. 187.

1239. — Lorsqu'on avait vainement tenté ou reconnu impossible de vendre quelques produits accessoires, comme glands et faînes, le ministre des finances autorisait l'administration à délivrer ces produits, surtout aux indigens, et moyennant certaines conditions déterminées pour chaque localité. On trouve dans le *Recueil des réglemens forestiers*, t. 6, p. 314, une décision de cette nature rendue pour l'année 1840 par le ministre des finances. Depuis, ce même ministre a rendu, le 24 avr. 1844, une nouvelle décision accordant à l'administration l'autorisation de permettre des extractions de souches, bruyères, morelles et autres menus produits, s'ils ne peuvent être vendus, en imposant aux concessionnaires l'obligation de fournir des graines ou des journées de travail. — Ces concessions ne peuvent avoir lieu dans les bois communaux qu'avec l'assentiment préalable de l'autorité municipale, conformément à l'art. 69 de l'ordonance. — Meaume, t. 3, p. 187.

1240. — Lorsque l'adjudication peut avoir lieu, les agens chefs de service adressent au conservateur l'état des cantons ou des ajudications de glandée peuvent avoir lieu sans inconvénient. Ils doivent joindre à cet état des procès-verbaux de reconnaissance des cantons où l'on peut autoriser le panage. — Instr. 23 mars 1821, art. 102 et 103.

Sect. 7e. — *Des ventes de châblis, de bois de délit et des autres menus marchés.*

1241. — Le Code forestier n'a pas, comme l'ord. de 1669, tit. 17, indiqué le mode de procéder à la vente des châblis, et aux menus marchés. Ce sont là, en effet, des objets réglementaires qui doivent être fixés par ordonnance royale.

1242. — Il a par suite été statué à cet égard par les art. 101 et suiv. de l'ordon. d'exécution. L'art. 101 «enjoint aux gardes de constater le nombre, l'essence et la grosseur des arbres abattus ou rompus par les vents, les orages ou tous autres accidens. Ils en dressent des procès-verbaux qu'ils remettent à leur chef immédiat dans les dix jours de la rédaction. — La reconnaissance de ces chablis est faite sans délai par un agent forestier qui les marque de son marteau.» — V. aussi l'art. 26 de cette ordonnance d'exécution.

1243. — Le Code forestier comprend, sous la dénomination générale de *chablis*, sans distinction tout arbre rompu par le vent soit à la souche, soit à hauteur, encore bien que dans le langage forestier rigoureux l'expression de chablis soit consacrée pour les arbres rompus à la souche, et que les arbres rompus à hauteur soient appelés *volis*. — *Colmar*, 14 janv. 1846 (t. 2 1846, p. 635), Bacherunn.

1244. — Les procès-verbaux constatant des chablis sont considérés comme des actes administratifs, et ne sont conséquemment pas soumis à la formalité de l'enregistrement. — Décis. min. 26 juin 1822.

1245. — D'après l'art. 101, instr. 23 mars 1821, l'inspecteur fixe les délais de vidange des chablis et des arbres de délit, dans les conditions de la vente, et les réduit au temps strictement nécessaire pour leur enlèvement, sauf, s'il le juge convenable, à désigner des lieux de dépôt sur les bords des routes ou aux rives des forêts.

1246. — Les conservateurs autorisent et font effectuer les adjudications des chablis, ainsi que celles des bois provenant de délit, de recépages, d'élagages ou d'essartemens, et qui n'ont pas été vendus sur pied, et généralement tous autres marchés. — Ord. d'exécution, art. 102.

1247. — Le ministre des finances a pris de nombreux arrêtés en ce qui concerne la classification et la disposition des produits accessoires qui sont vendus par forme de menus marchés. M. Meaume (t. 3, p. 188) rapporte, en suivant l'ordre chronologique, les décisions relatives aux bois domaniaux (t. 3, p. 249) et celles qui concernent les bois communaux.

1248. — Les arbres sur pied, quoique endommagés, ébranchés, morts ou dépérissans, ne pouvaient, d'après l'art. 103 de l'ordonnance d'exécution, être abattus ou vendus, même comme menus marchés sans l'autorisation spéciale du ministre des finances. Cette disposition a été modifiée par l'ord. 4 déc. 1844, art. 1er, § 1er, qui attribue aux conservateurs le droit d'autoriser la vente par forme de menus marchés, dans les forêts domaniales et communales, des bois incendiés et abroutis, lorsque les produits présumés n'excèdent pas 500 fr.

1249. — Les conservateurs peuvent aussi permettre l'abattage des bois dans les forêts domaniales et communales, toutes les fois que les études des agens voyers, ayant pour objet de préparer l'établissement de chemins vicinaux et la rectification ou l'élargissement de ceux existans, rendent cette mesure indispensable. — Décis. min. 5 juill. 1837, citée par M. Meaume, t. 3, p. 194, note.

1250. — Ces fonctionnaires ont les mêmes pouvoirs relativement à l'étude des *travaux publics*. — Décis. min. 11 août 1843. — Ils doivent faire procéder, par adjudication au rabais, à l'abattage des bois qui doivent tomber dans les laies à ouvrir pour la reconnaissance des bois à cadastrer. — Circ. 7 sept. 1830. — Meaume, *loc. cit.*

1251. — Les diverses adjudications dont nous venons de parler sont effectuées avec les mêmes formalités que les adjudications des coupes ordinaires de bois. — Ord. d'exéc., art. 104.

1252. — L'ordonnance du 23 juin 1830 a modifié cette disposition relativement aux bois domaniaux. Elle porte qu'on ne doit pas appliquer aux adjudications mentionnées dans les art. 102 et 103 de l'ord. 1er août 1827 la disposition de l'art. 17, C. forest., qui ordonne l'affiche des ventes des coupes ordinaires au chef-lieu du département; celle de l'art. 25 de la même loi relative aux surenchères (qui du reste ont été abolies par la loi du 4 mai 1837); la disposition de l'art. 83 de l'ordonnance réglementaire qui prescrit le dépôt au secrétariat du lieu de la vente, d'une expédition du cahier des charges, et celle du deuxième paragraphe de l'art. 84 qui exige que les affiches soient approuvées par le conservateur des forêts et apposées sous l'autorisation du préfet.

1253. — Toutefois les formalités prescrites pour les adjudications des coupes ordinaires de bois doivent être observées lorsque l'évaluation des objets mis en vente excède la somme de 500 fr.

Sect. 8e. — *Concession à charge de remplacemens.*

1254. — Lorsque, au lieu d'opérer par adjudication à prix d'argent ou par économie des semis ou plantations dans les forêts, l'administration juge convenable d'en concéder temporairement les vides et clairières à charge de repeuplement, les agens forestiers procèdent d'abord à la reconnaissance des lieux, et le procès-verbal qu'ils en dres-

sent constate le nombre, l'essence et les dimensions des arbres existant sur les terrains à concéder. — Le conservateur transmet à la direction générale ce procès-verbal avec ses observations et un projet de cahier des charges spécial pour chaque concession, par lequel les concessionnaires doivent particulièrement être assujétis aux dispositions des art. 34, 41, 42, 44 et 46, C. forest.—Ord. d'exéc., art. 105.

1255. —Celui qui s'est obligé à défricher un canton de forêt et à l'ensemencer de graines de pins au bout d'un certain délai durant lequel il lui a été permis d'y faire telles cultures qu'il jugerait convenables n'est pas autorisé par là à y conduire des moutons, au mépris des réglemens conservateurs des forêts. — *Cass.*, 21 sept. 1820, Patry.

1256. — Le directeur général des forêts devait, aux termes de l'art. 106 de l'ordonnance d'exécution, soumettre au ministre des finances les projets de concessions, avec toutes les pièces à l'appui. Mais cette disposition a été modifiée par l'ord. du 4 déc. 1844, art. 1er, § 5, d'après laquelle les conservateurs autorisent la concession de terrains vagues à charge de repeuplement lorsque la durée de la concession n'excède pas quatre années et la contenance des terrains vingt-cinq ares pour les gardes et cinq hectares pour tous autres concessionnaires.

1257. — Les concessions à charge de repeuplement ne peuvent être effectuées que par voie d'adjudication publique, avec les mêmes formalités que les adjudications des coupes de bois. — Ord. d'exéc., art. 107.

1258. — La réception des travaux, la reconnaissance des lieux et le récolement sont effectués ainsi qu'il est prescrit par les art. 98 et 99 de l'ord. d'exécution, pour le récolement des coupes de bois. — Ord. d'exéc., art. 108.

1259. — Le ministre des finances a décidé, les 17 août et 18 sept. 1829, qu'en cas de contestations entre l'état et le concessionnaire, les conseils de préfecture n'auraient pas qualité pour en connaître. Mais rien ne s'opposerait à ce qu'on insérât dans le cahier des charges la clause 17 du cahier des charges imposées aux entrepreneurs de travaux à exécuter dans les forêts de l'état. Cette clause porte que toutes les difficultés qui peuvent s'élever entre l'administration et l'entrepreneur sur le sens et l'exécution des clauses et conditions de l'entreprise seront portées devant le ministre des finances, sauf recours au conseil d'état.—Meaume, t. 3, p. 196, note 2e.

1260. — Mais les tribunaux civils seraient seuls compétens pour connaître des contestations qui s'élèveraient à propos du repeuplement d'un bois de commune ou d'établissement public.—Meaume, *loc. cit.*

1261. — Une décision du ministre des finances du 15 déc. 1828 (rapportée au t. 4 des *Régl. forest.*, p. 154), déclare que si des concessionnaires de terrains dans les bois communaux négligent d'exécuter les travaux qui forment le prix de leur jouissance, et que si les communes propriétaires ne prennent aucune mesure pour les y contraindre, il y a lieu de faire délibérer les conseils municipaux sur la question de savoir s'ils entendent, ou non, exercer des poursuites contre les concessionnaires.

Sect. 9e. — *Affectations et droits d'usage.*

1262. — Les bois soumis au régime forestier peuvent être frappés de certaines servitudes spéciales, connues sous les noms d'affectations et de droit d'usage. Nous avons traité au mot AFFECTATION de tout ce qui concerne cette matière (V. aussi MARINE et RUIN), et nous renvoyons au mot USAGE FORESTIER pour l'examen de cette partie importante de notre législation forestière.

CHAPITRE V. — *Bois et forêts qui font partie du domaine de la couronne.*

1263. — Les bois de la couronne sont assujétis aux mêmes règles que les bois de l'état ; mais leur administration appartient uniquement au ministre de la maison du roi, et les agens et gardes institués par ce ministre y exercent les droits et les fonctions qui appartiennent aux agens de l'administration forestière dans les bois de l'état.—V. ord. 1669, tit. 15, art. 1er, et tit. 3, art. 10 ; L. 29 sept. 1791, tit. 1er, art. 1er et 2 ; tit. 7, art. 9 ; déc. 6 nov. 1813, et L. 8 nov. 1814, art. 9 et suiv. ; ord. d'exéc., art. 124, C. forest., art. 86 et 87. — Exposé des motifs à la chambre des députés ; — Chauveau, *C. forest.* p. 16 ; Curasson, t. 1er, p. 301.

1264. — La couronne est considérée comme usufruitière. Le ministre de la maison du roi ne peut régir les bois de la couronne qu'en se soumettant aux obligations imposées aux usufruitiers, et si, *par abus*, il se faisait des coupes extraordinaires, le produit devrait rentrer dans les caisses de l'état. — Martignac, Discuss. à la chambre des députés ; Chauveau, *C. forest.*, p. 457.

1265. — En général, toutes les dispositions du Code forestier sur les bois et forêts des domaines de l'état sont applicables aux bois et forêts qui font partie du domaine de la couronne, sauf, en ce qui touche l'administration, les exceptions qui résultent de l'art. 86, même Code, et 16 et suiv. de la loi du 8 nov. 1814. — C. forest., art. 88.

1266. — Ainsi, les dispositions du Code forestier relatives à la délimitation, au bornage, à l'aménagement, la défense de faire une coupe extraordinaire sans une ordonnance spéciale insérée au *Bulletin des lois*, les règles concernant les affectations et l'exercice des droits d'usage, s'appliquent aux bois de la couronne comme à ceux de l'état. Mais ce qui ne se rattache qu'à l'administration, notamment les règles tracées pour les adjudications, ne sont pas applicables aux bois de la couronne. L'intendant général de la liste civile ordonne à cet égard les mesures qu'il croit devoir prescrire.—Curasson, t. 1er, p. 301.

1267. — L'administration étant exclusivement confiée à cet intendant général, il s'ensuit que les règles tracées par le Code forestier et l'ordonnance réglementaire relativement à l'administration forestière sont également inapplicables aux bois de la couronne. — Curasson, t. 1er, p. 302.

1268. —C'est aux agens et gardes des forêts de la couronne et non à l'administration forestière qu'appartient la poursuite en réparation des délits commis dans ces forêts. — C. forest., art. 87 et 159.

CHAPITRE VI. — *Bois et forêts possédés à titre d'apanage ou de majorats réversibles à l'état.*

1269.—Les bois possédés *à titre d'apanage* ou de *majorat* sont soumis au régime forestier, mais seulement en ce qui touche la propriété du sol, l'aménagement des bois, la délimitation et le bornage. — C. forest., art. 89 ; ord. d'exéc., art. 125 ; — Curasson, t. 1er, p. 310.

1270. — La prohibition de grever le sol d'aucun droit d'usage leur est aussi applicable. — Martignac, Exposé des motifs ; Chauveau, *C. forest.*, p. 16.

1271. — L'administration forestière y fait faire les visites et opérations qu'elle juge nécessaires pour s'assurer que l'exploitation est conforme à l'aménagement et que les autres dispositions du titre 5 sont exécutées.—C. forest., art. 89, ord. 1669, tit. 1er, art. 2 ; L. 29 sept. 1792, tit. 1er, art. 1er ; 24 mars 1806, art. 3.

1272.— Les visites que l'art 89, C. forest., prescrit à l'administration de faire faire dans ces bois et forêts, ont pour objet de vérifier s'ils sont régis et administrés conformément aux dispositions de ce Code, aux titres constitutifs des apanages ou majorats, et aux états ou procès-verbaux qui ont été ou peuvent être dressés en exécution de ces titres. — Ces visites ne sont faites que par des agens forestiers désignés par le conservateur local ou par le directeur général des forêts. Elles ont lieu au moins une fois par an. — Les agens dressent des procès-verbaux du résultat de leurs visites, et remettent ces procès-verbaux au conservateur, qui les transmet sans délai, avec ses observations, au directeur général des forêts. — Ord. d'exécution, art. 127.

1273.—Le projet ne parlait pas des bois possédés par des particuliers à titre de majorats reversibles à l'état ; ces mots ont été ajoutés sur l'avis de la commission de la chambre des députés, et dans la discussion qui s'est alors engagée, la légalité de ces majorats a été reconnue.—Gagneraux, *C. forest.*, art. 89, no 1er.—La conséquence nécessaire de l'adoption de cet amendement était d'amener la même adjonction à l'intitulé du présent titre et au texte de l'article unique qui le compose.

1274. — Dans un bois, tenu à titre d'engagement perpétuellement révocable, du domaine de la couronne, l'engagiste ne peut faire d'élagage ni de coupe sans autorisation de l'administration forestière. — *Cass.*, 2 vent. an XIII, Douxchamp.

1275. — Les princes apanagistes et les titulaires des majorats ont-ils le droit de nommer les agens et gardes des forêts dépendant des apanages et des majorats, à la charge même par les agens de n'entrer en fonctions qu'après avoir reçu l'institution de l'administration ?

1276. — La commission de la chambre des députés avait proposé un amendement tendant à assimiler aux agens et gardes de l'administration forestière, tant pour la poursuite des délits et contraventions que pour l'exercice de leurs fonctions, les gardes et agens préposés par les apanagistes et les détenteurs de majorats. Cet amendement devint l'occasion d'une vive discussion dans laquelle le ministre des finances soutint que la disposition proposée était inutile, parce que les choses se pratiquaient ainsi que le portait l'amendement. Cet amendement a été rejeté ; mais il n'en faut pas conclure que le droit qu'il voulait consacrer soit acquis aux apanagistes et titulaires de majorats. — Chauveau, *C. forest.*, p. 462 et suiv.

1277. — Les agens et gardes forestiers des bois possédés à titre d'apanage ou de majorat, loin d'être assimilés à ceux de l'état, n'ont d'autre qualité que ceux des bois des particuliers, et les procès-verbaux qu'ils peuvent dresser ne font foi que jusqu'à preuve contraire.. — Curasson, t. 1er, p. 312.

1278. — Sur les pouvoirs des gardes des particuliers, et sur les poursuites dont ils peuvent être l'objet, V. FONCTIONNAIRES PUBLICS.

1279. — Suivant Curasson (t. 1er, p. 312) et Baudrillart (sur l'art. 89), les délits commis dans les bois dépendant d'apanages ou de majorats ne doivent pas, malgré la généralité des termes de l'art. 159, C. forest., être poursuivis par l'administration forestière, mais bien par les gardes et agens chargés de la surveillance de ces bois.

1280. — Les possesseurs des bois possédés à titre d'apanages ou de majorats reversibles ont droit d'intervenir comme parties intéressées dans tous débats et actions relativement à la propriété. — Ord. d'exécut., art. 126.

CHAPITRE VII. — *Bois des communes et des établissemens publics.*

1281.—Les bois taillis et futaies appartenant aux communes et aux établissemens publics, et qui ont été reconnus susceptibles d'aménagement ou d'une exploitation régulière par l'autorité administrative, sur la proposition de l'administration forestière, et d'après l'avis des conseils municipaux ou des administrateurs des établissemens publics, sont, nous l'avons vu, soumis au régime forestier.—C. forest., art. 90, § 1er.

1282. — En soumettant les bois des communes et ceux des établissemens publics au régime forestier, le législateur a voulu empêcher qu'une génération d'habitans, pour retirer de la jouissance des bois communaux le plus d'avantages possible, ne portât atteinte à l'avenir de la forêt. C'est pour prévenir ces abus et assurer aux générations futures un produit constant et soutenu que le soin de diriger la culture et la surveillance des bois des communes et des établissemens publics a été confié à l'administration forestière. Il fallait aussi, à raison de la substitution indéfinie qui grève ces bois, en confier l'administration tant aux fonctionnaires de l'ordre administratif, chargés d'exercer la tutelle de l'état sur les communes, qu'aux agens spéciaux qui ont pour mission de régir les bois domaniaux. La loi a dû combiner toutefois l'action de ces divers fonctionnaires avec celle des représentans naturels des communes et établissemens publics. — Curasson, t. 1er, p. 356 ; Meaume, t. 2, no 699.—V. aussi le rapport présenté à la chambre des députés par M. Favard de Langlade, et à la chambre des pairs par M. Roy.

1283. —En appelant les agens forestiers à intervenir dans l'administration des bois appartenant à des personnes morales, le Code de 1827 n'a fait, du reste, que renouveler les dispositions de l'ancien droit forestier. On trouve, en effet, le germe de cette intervention dans les réglemens de 1563, 1593, 1587, 1588 et 1597, dont les principes ont été renouvelés ou modifiés par l'ord. de 1669, tit. 24 et 25. Une instruction de l'Assemblée constituante, à la date du 12-20 août 1790, chap. 4, a rappelé à l'exécution de ces réglemens. Cette assemblée, par la loi du 15-29 sept. 1791, organisa l'administration forestière sur des bases nouvelles et lui confia le soin de diriger l'exploitation des bois communaux. Un arrêté du 19 vent. an X déclara plus tard que ces bois seraient soumis au régime de ceux de la nation, et que les mêmes agens seraient chargés de l'administration et de la surveillance des forêts de l'état, des communes et des établissemens publics. —Meaume, t. 2, no 700.

1284.— Sous l'empire de cette législation, on décidait que tous les bois, sans exception, étaient soumis au régime forestier ; on y comprenait même les arbres épars sur les chemins vicinaux, les promenades et les places publiques, remparts et fossés, cimetières et autres propriétés communales. La généralité des termes de l'art. 1er, C. forest., pourrait faire croire qu'il en est encore ainsi. Mais la rédaction de l'art. 90 ne permet pas cette supposition, puisqu'il déclare que les seuls bois soumis au régime forestier sont les taillis et les futaies reconnus susceptibles d'aménagement ou d'une exploitation régulière. Or, comme c'est à l'autorité

administrative qu'il appartient de déclarer si les terrains boisés, appartenant aux communes et établissemens publics, sont ou non susceptibles d'aménagement ou d'une exploitation régulière, il ne peut y avoir de doute sur la décision à prendre en pareil cas. Une décision du ministre des finances du 5 nov. 1827 (*Réglem. forest.*, t. 4, p. 6.) porte, au surplus, que les arbres épars, dont il a été parlé plus haut, ne sont pas soumis au régime forestier, aux termes de l'art. 90 du nouveau Code.— Meaume, t. 2, nº 701.

1285. — Mais quelle est l'autorité administrative dont la loi entend parler ? —D'après M. Dupin (sur l'art. 90), le législateur a voulu par ces expressions désigner les préfets. M. Meaume (t. 2, nº 702) fait remarquer que, d'après la discussion qui a eu lieu à la chambre des députés, les mots *autorité administrative* désignent ici le roi, chef suprême de l'administration et du pouvoir exécutif. La reconnaissance des bois communaux susceptibles d'aménagement et d'une exploitation régulière doit donc, selon cet auteur, avoir lieu par ordonnance royale. —Meaume, t. 2, nº 702; Curasson, t. 1er, p. 365.

1286. — Il faut reconnaître que la discussion à la chambre des députés n'a pas eu pour objet de trancher bien nettement la difficulté qui divise M. Dupin et Curasson et Meaume. Ce qui peut sembler le plus précis, ce sont ces paroles de M. Favard de Langlade, rapporteur : « Je dois déclarer que le mot *administration* a été entendu par la commission dans le sens d'autorité administrative, ou, si vous voulez, d'administration publique. « Aussi le mot *administration* du projet a-t-il été remplacé par les mots *autorité administrative*, afin qu'il ne puisse pas y avoir d'équivoque et que l'on sache bien que c'est à l'autorité administrative et non à l'autorité forestière qu'il appartient de reconnaître que les bois taillis ou futaies sont susceptibles d'aménagement ou d'une exploitation régulière. De plus, le directeur général des forêts a déclaré que jamais dans le Code forestier le mot *administration* seul ne signifiait l'administration forestière, mais bien le *gouvernement*. »

1287. — L'opinion de MM. Curasson et Meaume trouve, au surplus, un appui dans l'art. 128 de l'ordonnance d'exécution, d'après lequel l'administration forestière devait dresser incessamment un état des bois appartenant à des communes ou établissemens publics, et qui devaient être soumis au régime forestier, aux termes des art. 1er et 90 du Code, comme étant susceptibles d'aménagement ou d'une exploitation régulière. — Si une contestation s'élevait à ce sujet de la part des communes ou établissemens propriétaires, la vérification de l'état des bois devait être faite par les agens forestiers, contradictoirement avec les maires ou administrateurs. — Le procès-verbal de cette vérification devait être envoyé par le conservateur au préfet, qui faisait délibérer les administrateurs des établissemens propriétaires et transmettait le tout, avec son avis, au ministre des finances, sur le rapport duquel il était statué par ordonnance royale.

1288. — Malgré les termes si précis de l'art. 128, l'inaction des communes ne permit pas de dresser aussi promptement que le réclamait le paragraphe premier l'état général des bois communaux soumis au régime forestier. Mais ce travail est aujourd'hui entièrement achevé, et il ne peut plus s'élever d'incertitude sur ce point. — Meaume, t. 3, p. 231.

1289. — Si les communes n'élevaient aucune contestation relativement à l'état que doit dresser l'administration forestière, en exécution de l'art. 128 de l'ordonnance, l'intervention de l'autorité royale ne serait pas nécessaire ; il suffirait que le ministre des finances donnât son approbation à la proposition de l'administration forestière. — Meaume, t. 2, nº 702 ; — circul. 12 juin 1833 ; — *Réglem. forest.*, t. 1er, p. 632.

1290. — Il résulte de ce qui précède que le terrain communal placé sous le régime forestier par un agent inférieur de l'autorité administrative, qui n'aurait pas consulté le conseil municipal ou qui aurait agi malgré la contestation élevée par ce conseil, ne s'y trouverait pas soumis, la reconnaissance faite par cet agent (préfet ou autre) étant contraire à la loi. Un bois communal ne peut, en effet, être soumis au régime forestier qu'autant que les formalités prescrites par le Code ont été accomplies. — Meaume, t. 2, nº 703.

1291. — Une circulaire de l'administration forestière du 12 juin 1833, rapportée par Meaume (t. 3, p. 231), déclare au surplus d'une manière formelle qu'en ce qui concerne l'intervention des préfets dans la soumission des bois communaux au régime forestier, ces fonctionnaires, quels que soient les actes faits dans certains départemens, n'ont dû être que de simples organes de transmission, et n'ont jamais eu qualité pour soumettre au régime forestier les bois des communes et des établissemens publics.

1292. — L'administration forestière, n'ayant d'action qu'à l'égard des bois soumis au régime forestier, n'aurait pas qualité pour poursuivre la répression des délits et contraventions commis dans les bois communaux que des fonctionnaires incompétens auraient placés sous ce régime. — Meaume, t. 2, nº 703.

1293. — Il ne lui appartiendrait pas non plus de poursuivre les délits et contraventions relatifs aux terrains communaux, peuplés d'arbres et buissons, tels que les prés-bois, ces terrains n'étant pas soumis au régime forestier, et, par suite, les peines prononcées par le Code forestier seraient ici applicables. — Curasson, t. 1er, p. 369.

1294. — L'administration forestière ne pourrait également exercer de poursuites à l'égard des faits de dépaissance commis dans des bois récemment soumis au régime forestier, avec accomplissement même des formalités prescrites, si la décision administrative établissant le régime forestier n'avait pas été notifiée au maire de la commune propriétaire. — V. Meaume (t. 2, nº 704), qui cite comme conformes deux arrêts de Besançon des 26 nov. 1839 (Claudel) et 29 nov. 1841 (Lormont).

1295. — S'il est constant que les bois qui n'ont jamais été placés sous le régime forestier n'y sont valablement compris qu'autant que les formalités prescrites ont été accomplies, on ne saurait décider de même pour les bois qui s'y trouvaient soumis avant la promulgation du Code. Cette solution, que paraît contredire l'arrêt de cassation du 23 sept. 1837 (t. 1er 1840, p. 122, Hémond), est conforme à l'arrêt d'Aix du 20 mars 1829 (Marie Giraud), à celui de Cassation du 14 mai 1830 (Launelongue) et à celui de Nîmes du 14 mai 1840 (t. 2 1840, p. 8, Rocher). Adopter une doctrine contraire, ce serait vouloir abandonner sans contrôle au pouvoir municipal la plus grande partie des bois communaux pendant le temps qui a pu s'écouler entre la promulgation du Code et l'accomplissement des formalités que prescrit son art. 90. Cette conséquence, qui ne saurait être admise, ne peut puiser son origine dans l'arrêt de 1837, la cour ayant prononcé, dans l'espèce, relativement à des terrains qui n'étaient pas soumis au régime forestier, tandis que, dans l'espèce de 1830, il s'agissait de bois placés sous ce régime avant la promulgation du Code. La contradiction entre les arrêts de Casssation n'est donc qu'apparente. — Meaume, t. 2, nº 705.

1296. — On peut en dire autant de deux arrêts, l'un inédit de la cour de Grenoble du 19 mai 1836 (Chapan), rapporté par Meaume (t. 2, nº 705, notes, p. 9 et 10), l'autre de la cour de Bordeaux du 26 fév. 1840 (t. 1er 1843, p. 553, Sémédart). Dans l'espèce de chacun de ces arrêts, les bois que l'administration forestière prétendait soumis au régime forestier en étaient affranchis *de fait* depuis plusieurs années, et l'on avait négligé d'accomplir les formalités prescrites par l'art. 90.

1297. — Il est toutefois un délit forestier, mais c'est le seul, dans la poursuite duquel il importe peu que le bois soit ou non soumis au régime forestier, c'est le délit de défrichement, ce délit existant dans les bois au-dessus de quatre hectares, quelle que soit la qualité du propriétaire. — Meaume, t. 2, nº 705, p. 10.

1298. — Il faut, au surplus reconnaître qu'une contestation du genre de celle qui nous occupent ne peut guère actuellement se présenter à l'égard des forêts communales anciennement soumises au régime forestier, celles-ci ayant dû être toutes comprises dans l'état général dressé en exécution de l'art. 128 de l'ordonnance. Mais la question peut encore se présenter lorsqu'il s'agit de bois qui n'ont jamais été soumis à ce régime, ou en ont été distraits. — Meaume, t. 2, nº 706.

1299. — Ainsi, quand il s'agit de terrains boisés dont la propriété est contestée entre des communes et des particuliers, et pour la soumission desquels au régime forestier l'administration a dû surseoir, la question de savoir si ces terrains sont ou non placés sous ce régime doit se résoudre par le fait de leur possession. Si donc la propriété est revendiquée par la commune contre un particulier qui se trouve en possession, on doit évidemment attendre la solution du procès avant de soumettre cette propriété au régime forestier. Mais si la forêt, étant possédée par la commune, avait toutoujours été administrée par les agens forestiers, il faudrait alors considérer la forêt comme soumise de droit au régime forestier. La tutelle administrative ne peut préjudicier aux droits du particulier dans le cas où la forêt lui serait définitivement adjugée. — Meaume, t. 2, nº 706.

1300. — « Il est, porte l'art. 90, §§ 2 et 3, procédé pour les bois des communes et des établissemens publics dans les mêmes formes que pour les bois de l'état à tout changement qui pourrait être demandé, soit de l'aménagement, soit du mode d'exploitation. — En conséquence, toutes les dispositions concernant la délimitation et le bornage, l'aménagement, les adjudications des coupes, les exploitations, les réarpentages et récolemens, les adjudications de glandée, panage et paisson, dans les bois de l'état, leur sont applicables, sauf les modifications et exceptions portées dans la présente section. »

1301. — Toutes les dispositions de l'ord. réglem. du 1er août 1827, relatives aux aménagemens, assiettes, arpentages, balivages, martelages, adjudications des coupes, exploitations, réarpentages et récolemens, adjudications de glandée, panage et paisson, ventes de chablis, bois de délit et autres menus marchés dans les bois domaniaux, sont aussi applicables aux bois des communes et des établissemens publics, sauf également certaines modifications indiquées par le Code forestier et l'ordonnance réglementaire. — Ord. réglem. du 1er août 1827, art. 134.

1302. — Ainsi, l'ordonnance réglementaire déclare par son art. 134 que ses art. 68 et 88 ne s'appliquent pas aux bois communaux. Le premier de ces deux articles porte que l'aménagement est réglé dans l'intérêt des produits en matière et de l'éducation des futaies, et le second, que les bois de l'état peuvent être exploités par éclaircie et par entreprise au rabais, sauf à vendre ensuite aux enchères les bois façonnés. On a excepté ces deux articles du nombre de ceux dont les dispositions sont communes aux bois de l'état et à ceux des communes et des établissemens publics : l'art. 68, parce qu'on ne doit mettre en réserve que le quart seulement des bois communaux, et aménager les trois autres quarts en coupes annuelles, dans l'intérêt des habitans ; l'art. 88, parce que l'exploitation par éclaircie et la vente des bois façonnés ne peuvent se concilier avec la destination ordinaire des coupes.

1303. — A l'exception de ces deux articles, tous les autres qui se trouvent contenus dans les sect. 2, 3, 4, 5 et 6 du tit. 2 de l'ordonnance d'exécution, sont applicables aux bois communaux. Au nombre de ces articles figure conséquemment l'art. 104 de l'ordonnance qui ne s'occupe que de la vente des produits accessoires. Or, comme ces produits dans les coupes communales peuvent non seulement être vendus, mais encore distribués en nature entre les habitans, l'art. 5 de la loi des finances du 25 juin 1841, destiné à remplacer l'art. 106, C. forest., (modifié par la loi de finances du 19 juill. 1845), a réglé tout à cet égard.

1304. — Quand les produits accessoires doivent être vendus, on observe les formalités prescrites par l'art. 104 de l'ordonnance réglementaire, modifié par l'ord. du 23 juin 1830. — On suit pour cette vente les formes spéciales établies pour les ventes des bois communaux et d'établissemens publics par l'art. 139 de l'ordonnance réglementaire, et par l'ord royale du 3 oct. 1841. — Meaume, t. 3, p. 246.

1305. — Cette dernière ordonnance est ainsi conçue : « Les dispositions de l'art. 104 de l'ordonnance reglementaire sont modifiées en ce sens que, lorsque l'estimation des produits accessoires des forêts appartenant aux communes et aux établissemens publics n'excède pas 100 fr., les agens forestiers peuvent se faire remplacer à la séance d'adjudication par un des préposés sous leurs ordres. » — V. aussi lettre du dir. gén. du 14 fév. 1842, rapportée par Meaume (t. 3, p. 248).

1306. — Quant à l'art. 139 de l'ordonnance, il porte : « Il ne peut être fait dans les bois des communes et des établissemens publics aucune adjudication de glandée, panage ou paisson, qu'en vertu d'autorisation spéciale du préfet, qui doit consulter à ce sujet les communes ou les établissemens propriétaires, et prendre l'avis de l'agent forestier local. »

1307. — Lorsqu'il y a lieu d'opérer la délimitation des bois des communes et des établissemens publics, il est procédé de la manière prescrite par l'ordonnance réglementaire pour la délimitation et le bornage des forêts de l'état, sauf les modifications qui suivent. — Ord. réglem., art. 129.

1308. — Ainsi, dans les cas prévus par les art. 58 et 59 de l'ordonnance, le préfet, avant de nommer les agens forestiers chargés d'opérer comme experts dans l'intérêt des communes ou établissemens propriétaires, prend l'avis des conservateurs des forêts et celui des maires et administrateurs. — Ord. réglem., art. 130. — La mise à exécution de cet article et de celui qui précède a donné lieu, quant à la délimitation partielle des bois communaux, à des difficultés qui ont été tranchées par l'administration, de concert avec le ministre, dans les termes indiqués par la circulaire du 2 juill. 1828, rapportée par Meaume) t. 3, p. 233).

1509. — Le maire de la commune ou l'un des administrateurs de l'établissement propriétaire a droit d'assister à toutes les opérations, conjointement avec l'agent forestier nommé par le préfet. Ses dires, observations et oppositions sont exactement consignés au procès-verbal. — Le conseil municipal ou les administrateurs sont appelés à délibérer sur les résultats du procès-verbal, avant qu'il soit soumis à l'homologation royale. — Ord. d'exécution, art. 131.

1510. — Lorsqu'il s'élève des contestations ou des oppositions, les communes ou établissemens propriétaires sont autorisés à intenter action ou à défendre, s'il y a lieu ; et les actions sont suivies par les maires ou administrateurs, dans la forme ordinaire. — Ord. réglem., art. 132. — V., sur la manière dont s'exercent les actions communales, COMMUNE, nos 502 et suiv.

1511. — Une question de propriété agitée entre une commune et les agens de l'administration forestière, relativement à la possession d'une forêt, est du ressort des tribunaux civils. — Cons. d'état, 7 mai 1808, comm. de Cazavet ; 7 fév. 1809, comm. de Biesler.

1512. — Lorsqu'en statuant entre un particulier et une commune sur la propriété d'un bois, un jugement ne renferme aucune disposition qui adjuge à ce particulier la restitution des fruits dont le produit est déposé à la caisse d'amortissement, le ministre de l'intérieur est fondé à lui refuser cette restitution. — Toutefois, cette décision ne fait point obstacle à ce que le réclamant se pourvoie devant les tribunaux en interprétation du jugement. — Cons. d'état, 27 déc. 1820, Millard de Martigny c. comm. de Preme ; — Cormenin, vo Bois, t. 1er, p. 279 ; Chevalier, jur. adm., vo Bois et Forêts, t. 1er, p. 59.

1513. — Un hospice qui revendique la propriété de forêts dont une commune est en possession reconnue et avouée n'est pas fondé à exiger que ces forêts soient séquestrées pendant la litispendance, la surveillance de l'administration forestière, sous laquelle ces forêts, considérées comme communales, sont placées de droit, suffisant pour la conservation des droits de toutes les parties. — Colmar, 17 déc. 1812, hospices de Strasbourg.

1514. — Les communes et établissemens publics qui requièrent des délimitations (ou des bornages partiels ou généraux paient directement et intégralement aux ayant- droit, autres que les agens forestiers, les frais de ces opérations, et recouvrent ensuite sur les propriétaires riverains le montant de la partie de ces frais tombant à la charge de chacun d'eux. — Ord. 28 mars 1845, art. 1er.

1515. — Lorsque les délimitations ou les bornages de bois communaux ou d'établissemens publics sont requis par les riverains, il est procédé conformément aux dispositions de l'art. 1er. — Ord. 28 mars 1845, art. 2.

1516. — Cet art. 133 est ainsi conçu : « L'état des frais de délimitation et de bornage, dressé par le conservateur et visé par le préfet, est remis au receveur de la commune ou de l'établissement propriétaire, qui perçoit le versant des sommes mises à la charge des riverains, et, en cas de refus, en poursuit le paiement par toutes les voies de droit, au profit et pour le compte de ceux à qui ces frais sont dus.

1517. — Dans l'un et l'autre des cas prévus par les art. 1er et 2 de l'ord. du 28 mars 1845, les frais de la coopération des agens du service des travaux d'art sont versés par les receveurs des communes ou des établissemens publics dans les caisses des domaines, à titre de remboursement d'avances, et comme produits accessoires des forêts. — Les frais alloués pour le concours des agens chargés d'opérer comme experts, dans l'intérêt des communes ou des établissemens publics, ainsi que les frais du recouvrement des sommes mises à la charge des riverains, sont supportés en entier par lesdits établissemens et communes. — Ord. 28 mars 1845, art. 3.

1518. — Le ministre des finances a pris, le 24 mars 1845, en exécution de cette ordonnance, un arrêté qui fixe la rétribution des agens du service des travaux d'art appelés à concourir aux délimitations ou bornages des bois des communes et des établissemens publics, à raison, quel que soit le grade des agens, de 6 fr. par chaque journée employée au cabinet, et de 11 fr. pour chaque journée employée sur le terrain (art. 1er). — L'indemnité des agens chargés d'opérer comme experts dans l'intérêt des communes et établissemens publics est fixée à 5 fr. par journée employée sur le terrain (art. 2).

1519. — Les rétributions allouées par les art. 1er et 2 de l'arrêté doivent toujours être versées à la caisse des domaines comme produits accessoires des forêts, car elles représentent ou le traitement moyen des agens ou les frais de déplacement qui

leur sont généralement alloués. Toutefois, l'administration se réserve, après examen du travail, d'accorder sur son budget une indemnité aux agens qui auraient opéré hors de leur circonscription, ou qui auraient eu à supporter des dépenses extraordinaires. — Lettre direct. gén. 6 oct. 1845.

1520. — Les ordonnances d'aménagement ne sont rendues qu'après que les conseils municipaux ou administrateurs des établissemens propriétaires ont été consultés sur les propositions d'aménagement, et que les préfets ont donné leur avis. — Ord. d'exécut., art. 135.

1521. — Une ordonnance royale du 2 déc. 1845 contient des dispositions additionnelles à l'art. 135, ord. réglem. Elle déclare que les agens du service des travaux d'art peuvent être chargés des opérations d'aménagement dans les bois appartenant à des communes ou à des établissemens publics, et que les dispositions de l'art. 1er, ord. 28 mars 1845, sont applicables aux frais relatifs à ces opérations.

1522. — Le ministre des finances a pris, à la suite de cette ordonnance, le 6 déc. 1845, un arrêté portant que les dispositions de l'art. 1er, art. 24 mars 1845, relatif à l'exécution des travaux de délimitation et de bornage dans les bois des communes et des établissemens publics, sont applicables aux travaux d'aménagement de ces mêmes bois.

1523. — Les frais d'aménagement sont à la charge des communes et ne sont pas compris dans les frais auxquels s'applique la contribution additionnelle imposée par l'art. 106, C. forest. — Lettre direct. gén. 22 sept. 1829 ; Réglem. forest., t. 4, p. 307.

1524. — Les agens doivent profiter des demandes de coupes extraordinaires pour proposer des aménagemens reconnus nécessaires dans les bois communaux. — Circul. 13 nov. 1839 ; Réglem. forest., t. 4, p. 420.

1525. — Les formalités prescrites par l'art. 135, ord. réglem., sont observées lorsqu'il s'agit de faire effectuer des travaux extraordinaires, tels que recépages, repeuplement, clôtures, routes, constructions de loges pour les gardes et autres travaux d'amélioration. — Si les communes ou établissemens propriétaires n'élèvent aucune objection contre les travaux projetés, ces travaux peuvent être autorisés par le préfet sur la proposition du conservateur. Dans le cas contraire, il est statué par ordonnance royale rendue sur le rapport du ministre des finances. — Ord. réglem., art. 136.

1526. — L'exécution de l'art. 436, ord. réglem., a donné lieu à de nombreuses décisions résumées au t. 4, p. 432, Réglem. forest., et par Meaume (t. 3, p. 354), mais dont l'intérêt n'est pas assez général, et dont l'application n'est pas assez fréquente pour les rapporter ici.

1527. — Baudrillart (Comment. de l'art. 436 de l'ord.) prétend que, si dans le cas où les communes et établissemens publics n'élèvent aucune opposition, une ordonnance royale n'est pas nécessaire pour autoriser les travaux dont parle cet article, il faut du moins soumettre les arrêtés préfectoraux à la sanction ministérielle. « L'article, dit cet auteur, ne peut avoir ni pour objet, ni pour effet, d'abroger les lois fondamentales de l'organisation des autorités administratives. » Mais cette doctrine est combattue par Curasson (t. 1er, p. 876).

1528. — Lorsqu'un aménagement ou des travaux d'amélioration sont prescrits par ordonnance royale, une commune ne peut se soustraire à l'exécution de cette ordonnance. Il appartient à l'administration forestière et au préfet du département de prendre les mesures pour l'y contraindre. — Décis. min. int. 19 janvier 1836 ; Réglem. forest., t. 4er, p. 340.

1529. — La question de savoir si un bois est ou non susceptible d'aménagement ou d'exploitation régulière ne présente rien de contentieux. Ainsi que le faisait remarquer M. de Martignac à la chambre des députés, dans la séance du 28 mars 1827, il ne s'agit ici que d'un détail de tutelle administrative. — Meaume, t. 2, no 707 ; Curasson, C. forest., t. 1er, p. 366 ; Baudrillart, p. 68.

1530. — La question relative aux changemens à introduire dans l'aménagement ou le mode d'exploitation d'un bois communal soumis déjà au régime forestier devrait recevoir la même solution. — Cons. d'état, 13 août 1840, min. fin. c. comm. d'Echallon ; — Meaume, loc. cit.

1531. — L'ordonnance qui prescrit un mode d'exploitation des bois d'une commune est un acte de simple administration et ne peut, dès lors, être juridiquement réformée, s'il y a lieu, par la voie contentieuse. — Cons. d'état, 14 août 1822, comm. de la Bresse.

1532. — Mais s'il s'agissait de convertir en bois un terrain non planté, comme il peut naître une question litigieuse, qu'il s'agit d'un acte beaucoup plus important, il faudrait alors, disait M. de Martignac (loc. cit.), appeler l'administration conten-

tieuse à statuer. Cette distinction, qu'a consacrée le conseil d'état, le 1er juill. 1840, à présidé à la rédaction du § 4, art. 90, C. forest. — Curasson, t. 1er, p. 366 et suiv.

1533. — Ce paragraphe est ainsi conçu : « Lorsqu'il s'agit de la conversion en bois et de l'aménagement de terrains en pâturage, la proposition de l'administration forestière est communiquée au maire ou aux administrateurs des établissemens publics. Le conseil municipal ou les administrateurs sont appelés à en délibérer ; en cas de contestation, il est statué par le conseil de préfecture, sauf le pourvoi au conseil d'état.» — C. forest., art. 90, § 4.

1534. — Les règles que doivent, dans leur décision, suivre les juges du contentieux administratif ne peuvent ici être précisées; elles varient essentiellement, en effet, suivant les circonstances et les diverses considérations d'intérêt local. — Meaume, t. 2, no 707, p. 12.

1535. — La rédaction de la phrase qui commence le paragraphe 4 de l'art. 90, ainsi que le faisait observer Baudrillart, manque de clarté. « Il eût été, suivant lui, mieux de dire : lorsqu'il s'agira de convertir en bois des terrains qui seraient en nature de pâturage et de les soumettre à un aménagement, etc. La commission était préoccupée, par l'auteur, de l'idée des prés-bois qui existent dans le département du Doubs, et qui avaient été l'objet des observations de M. Chifflet, premier président de la cour royale de Besançon, l'un de ses membres ; mais il n'en résulte pas moins que la disposition s'applique à tous les terrains dont l'administration forestière proposerait la plantation, en par suite la réunion au sol forestier. » Tel est, en effet, le sens de la loi.—Meaume, t. 2, no 708.

1536. — Le Code forestier n'ayant tracé aucune règle pour la marche à suivre lorsque la conversion en bois de terrains actuellement en pâturage est demandée par la commune même, on doit se conformer en ce cas aux prescriptions du décret du 9 frim. an XIII, dont l'art. 2 est ainsi conçu : « Le mode de jouissance des biens communaux ne peut être changé que par un décret, rendu sur la demande des conseils municipaux, après que le sous-préfet de l'arrondissement et le préfet ont donné leur avis. » Ainsi, la proposition du conseil municipal qui prend l'initiative est communiquée au préfet, sur l'avis duquel il est statué par une ordonnance royale rendue après avis du conseil d'état.— Meaume, t. 2, no 744.

1537. —Les ordonnances royales rendues en exécution des paragraphes 1er et 4 de l'art. 90 se bornant le plus souvent à désigner par leur nom général ou celui de la commune propriétaire les bois qu'elles soumettent au régime forestier, il s'ensuit que les cantons dans lesquels peuvent être subdivisés ces bois et qui portent un nom particulier rentrent dans la disposition générale. Dans tous les cas, comme l'interprétation des actes émanés de l'autorité administrative fait appartient à elle seule, les tribunaux n'auraient pas qualité pour prononcer sur la question de savoir si l'un des cantons fait ou non partie de la forêt placée par ordonnance sous le régime forestier. — Meaume, t. 2, no 712.

1538. —L'effet de la soumission des bois communaux au régime forestier est d'empêcher qu'aucune aliénation ne puisse en avoir lieu, autrement qu'en vertu d'ordonnances royales. On ne saurait appliquer à ces bois l'art. 46, L. 18 juill. 1837, qui permet aux préfets de rendre exécutoires, en vertu d'arrêtés pris en conseil de préfecture, les délibérations des conseils municipaux ayant pour objet des ventes d'immeubles d'une valeur n'excédant pas 3,000 fr. pour les communes dont le revenu est au-dessous de 100,000 fr., et 20,000 fr. pour les autres communes. C'est ce qu'a formellement reconnu un avis du conseil d'état du 22 août 1839, rapporté par Meaume, t. 2, no 713, note.

1539. —Les communes et établissemens publics ne peuvent non plus faire aucun défrichement de leurs bois sans une autorisation expresse et spéciale du gouvernement. — C. forest., art. 91.—C'est ce que déclare absolue et indéterminée. — V. DÉFRICHEMENT, nos 40 et suiv.

1540.—Les motifs qui ont fait soumettre les bois communaux au régime forestier les ont fait déclarer impartageables entre les habitans des communes.—La propriété des bois communaux, porte l'art. 92, C. forest., ne peut jamais donner lieu au partage entre les habitans.—Mais lorsque deux ou plusieurs communes possèdent un bois par indivis, chacune conserve le droit d'en provoquer le partage. »

1541. — Lors de la discussion de l'art. 92 à la chambre des députés, un membre (M. Gauthier) demanda la suppression du mot jamais placé dans le premier paragraphe, et proposa de terminer celui-ci par ces mots : qu'en vertu d'une ordonnance du

roi. C'était, on le voit, attribuer au pouvoir exécutif le droit d'autoriser le partage des bois communaux, en d'autres termes, de dépouiller les générations futures au profit de la génération actuelle.

1342. — Le commissaire du roi, M. de Martignac, rappela les vrais principes en combattant l'amendement de M. Gauthier. « La disposition établie par l'art. 92, disait-il, tient à la nature même des propriétés auxquelles elle se rattache. Les propriétés communales appartiennent aux habitans des communes et non à la génération actuelle. Les générations en sont successivement usufruitières, c'est une substitution perpétuelle qui doit durer autant que la commune. Par conséquent, aucune des générations qui passent n'a le droit de dénaturer son titre et de se constituer propriétaire de son autorité privée. Voilà pourquoi le projet de loi déclare que la propriété des bois communaux ne pourra jamais donner lieu à partage entre les habitans. L'art. 91 prévoit le cas où il pourra être utile à la commune de changer la nature ou le mode d'exploitation; et cet article indique de quelle manière on pourrait provoquer un défrichement et substituer un autre genre d'exploitation à celui qui serait préjudiciable à la commune. Mais, quant au principe en lui-même, il est absolu. Les habitans des communes sont dans l'impuissance de faire le partage des biens communaux : je ne crois même pas que la loi puisse faire une pareille concession. » Ces principes prévalurent, et l'amendement de M. Gauthier fut rejeté. On peut aussi consulter sur ce point le rapport du comte Roy à la chambre des pairs.

1343. — Au surplus, ces principes, bien que méconnus souvent par le droit intermédiaire, en ce qui concerne les communaux proprement dits, ont presque toujours été appliqués aux bois des communes, avant comme pendant la révolution. Ainsi, la loi du 14 août 1792, qui permettait de partager les terrains communaux, déclarait excepter les bois de ce partage. La loi du 10 juin 1793 (sect. 1re, art. 4) établissait la même défense, tout en attribuant aux habitans des communes la faculté de partager tous les autres terrains communaux. — Nous avons, du reste, traité au mot *commune* de tout ce qui est relatif au partage des biens communaux. Nous renvoyons à ce que nous avons dit à cet égard quant aux dispositions qui peuvent concerner le partage des forêts communales.

1344. — Lorsque plusieurs communes ont possédé jadis des bois et forêts par indivis entre elles, l'une d'elles ne peut prétendre qu'ils lui appartiennent exclusivement qu'autant qu'elle présente un acte de partage régulièrement fait. Des actes obscurs, des présomptions ne pourraient établir la division. — Cette commune ne serait pas reçue non plus à se fonder sur ce qu'elle a eu la possession exclusive pendant le temps nécessaire pour prescrire, une pareille possession ayant eu lieu à titre de communiste. — *Lyon*, 30 avr. 1845 (t. 1er 1846, p. 200), comm. de Géron et Belleydoux c. comm. d'Echallon.

1345. — Dans le cas où la part de chacune des communes qui possèdent des forêts par indivis n'est pas fixée par d'anciens titres, et qu'il n'y a pas eu par l'une d'elles possession exclusive d'une partie déterminée dans lesdites forêts, les droits de ces communes doivent être réglés non par portions égales, mais d'après le nombre des feux respectifs de chacune d'elles. — Même arrêt.

1346. — L'art. 93, C. forest., veut qu'un quart des bois appartenant aux communes et aux établissemens publics soit toujours mis en réserve lorsque ces communes ou établissemens possèdent au moins dix hectares de bois réunis ou divisés. — « Cette disposition, ajoute le § 2 de l'article, n'est pas applicable aux bois peuplés totalement en arbres résineux. »

1347. — L'établissement des quarts en réserve qui offre de si précieux avantages pour la conservation des grands bois remonte à une époque assez reculée. Il fut prescrit pour la première fois par l'ordonnance de 1573. — Cette disposition fut reproduite par l'art. 2, tit. 25, ord. de 1669, portant que le quart des communes sera réservé pour croître en futaie, dans les meilleurs fonds et lieux plus commodes... » — Quant à la disposition qui affranchit les communes dont les bois sont peu importans de l'obligation d'entretenir des quarts en réserve, elle a été empruntée au réglement général des forêts, fait pour le duché de Lorraine, par le duc Léopold, en 1707. — V. au surplus USAGE. — Meaume, t. 2, n° 735.

1348. — Un amendement fut présenté à la chambre des députés, lors de la discussion de l'art. 93, pour demander la suppression de son deuxième paragraphe. La disparition des quarts en réserve dans les forêts peuplées d'essences résineuses peut souvent nuire, disait-on, à la régénération de la forêt, et tendrait à ruiner les forêts communales dans lesquelles les quarts de réserve ont été pratiqués.

1349. — Mais M. Dudon demanda que le second paragraphe fût maintenu, en observant que l'esprit de la loi n'exigeait pas la destruction des quarts en réserve qui pouvaient exister dans les bois peuplés d'arbres résineux. Ce que demande l'article, disait-il, c'est de ne pas imposer le quart en réserve aux communes dans les bois résineux desquels il n'avait pas encore été pratiqué. Les forêts peuplées d'arbres résineux s'exploitent d'une manière bien différente des autres : il ne faut pas que le gouvernement puisse venir changer le mode de jouissance des communes dans ces sortes de forêts. — La demande en suppression ayant été mise aux voix, fut rejetée, et l'article adopté tel que la commission l'avait présenté.

1350. — Hors le cas de dépérissement des quarts en réserve, l'autorisation de les couper n'est accordée que pour cause de nécessité bien constatée, et à défaut d'autres moyens d'y pourvoir. — Les demandes de cette nature, appuyées de l'avis du préfet, ne sont soumises à l'approbation royale par le ministre des finances qu'après avoir été par lui communiquées au ministre de l'intérieur. — Ord. régl., art. 140.

1351. — L'exécution de cet art. 140 a donné lieu à plusieurs solutions purement administratives. — V. circulaire du 29 déc. 1829, un arrêté ministériel du 4 fév. 1837, et deux décisions des 9 fév. 1843 et 5 mars 1844. — Meaume, t. 3, p. 259.

1352. — Dans les coupes de bois des communes et des établissemens publics, la réserve est de quarante baliveaux au moins et de cinquante au plus par hectare. — Lors de la coupe des quarts en réserve, le nombre des arbres à conserver est de soixante au moins et de cent au plus par hectare. — Ord. d'exécut., art. 137.

1353. — Les baliveaux anciens et modernes qui se trouvent sur les coupes communales arrivées en tour d'exploitation peuvent, lorsqu'ils sont reconnus dépérissans ou hors d'état de prospérer jusqu'à nouvelle révolution, être portés sur les états d'assiette, sans qu'il soit besoin d'une autorisation spéciale. — Circul. du 7 mars 1828, citée par Meaume, t. 3, p. 257, note.

1354. — La surveillance des bois des communes et des établissemens publics est exercée par des gardes particuliers dont le nombre est déterminé par le maire et les administrateurs des établissemens, sauf l'approbation du préfet, sur l'avis de l'administration forestière (art. 94). — V. GARDE FORESTIER.

1355. — Les ventes des coupes tant ordinaires qu'extraordinaires sont faites à la diligence des agens forestiers dans les mêmes formes que pour les bois de l'état, et en présence du maire ou d'un adjoint pour les bois des communes, et d'un des administrateurs pour ceux des établissemens publics, sans toutefois que l'absence des maires ou administrateurs, dûment appelés, entraîne la nullité des opérations. — C. forest., art. 100, § 1er.

1356. — Les coupes extraordinaires sont ici, indépendamment de celles énumérées par l'art. 71, ord. d'exécut., celles qui seraient assises sur le quart en réserve. — Meaume, t. 2, n° 737.

1357. — L'art. 90, § 3, C. forest., ayant renvoyé aux règles tracées par ce Code pour les adjudications, exploitations, etc., des bois de l'état, il en résulte que les formalités relatives à la vente de ces bois sont applicables aux bois des communes et des établissemens publics, et l'art. 100, loin d'y déroger, ne fait que les confirmer en indiquant comment les maires ou administrateurs doivent prendre part aux opérations. — Meaume, t. 2, n° 738.

1358. — Aussi une coupe d'arbres faite dans un bois communal à une époque prohibée ne peut être excusée sous le prétexte que le prévenu avait obtenu la permission du fermier de la forêt. — *Cass.*, 29 mai 1807, Olivezé.

1359. — La commune qui fait exploiter à son compte une coupe dans un bois communal n'est pas responsable des délits commis à l'ouïe de la cognée, comme le serait un adjudicataire. — *Cass.*, 27 nov. 1818, comm. de Doulaire.

1360. — Les dispositions des art. 90, § 3, et 100, C. forest., forment une dérogation à la règle générale posée par l'art. 17, L. 18 juill. 1837, qui laisse aux communes la faculté de disposer librement des produits de leurs biens. La loi de 1837, bien que postérieure au Code forestier, n'a pas entendu porter atteinte aux dispositions de ce Code relatives à la vente des bois communaux. Elle dispose, en effet, art. 17, que les conseils municipaux règlent la jouissance des biens communaux *autres que les bois*.

1361. — La vente des bois des communes doit donc être faite par les préfets à la diligence des agens forestiers. Lorsque le maire y procède, c'est toujours comme délégué du préfet, et en se conformant au cahier des charges dressé par l'administration forestière. M. Devaux avait, lors de la discussion à la chambre des députés, proposé de faire intervenir les conseils municipaux dans la rédaction du cahier des charges; mais cet amendement, soutenu par M. de Kergarion, fut rejeté à la séance du 29 mars 1827. — Meaume, t. 2, n° 739.

1362. — Un autre membre, M. Breton, avait proposé de rédiger la disposition de l'article relative à la présence des maires ou des administrateurs aux adjudications dans les termes suivans : « Sans toutefois que l'absence des maires ou administrateurs entraîne la nullité des opérations, lorsqu'ils auront été appelés par un avis dûment signifié, au moins quinze jours avant l'adjudication. » En n'employant que les mots *dûment appelés*, on n'assigne, disait l'auteur de l'amendement, aucun délai, et l'on ne fixe pas la forme des avis; c'est cette double formalité sur laquelle j'appelle la chambre à statuer.

1363. — Le rapporteur combattit cette addition comme inutile. « D'abord, disait-il, les mots *dûment appelés* sont ceux qui sont usités pour constater la nécessité d'avertir les personnes qui ont intérêt à l'opération. Mais ce n'est pas tout; la chambre peut voir que le projet exige que la publication soit faite quinze jours à l'avance. Les intéressés auront donc une double connaissance de l'adjudication; d'abord par l'affiche, ensuite par l'avis qui leur sera donné. Faire l'addition qu'on demande ne serait que prononcer une répétition. » — M. de Martignac ajouta à ces explications que les mots *dûment appelés* avaient été présentés par la cour de Cassation elle-même, et l'amendement fut rejeté.

1364. — MM. Baudrillart (sur l'art. 100) et Meaume (t. 2, n° 740, p. 44) pensent qu'il résulte de cette discussion que les mots *dûment appelés* n'obligent pas l'administration forestière à faire signifier la vente par acte extrajudiciaire aux maires des communes ou aux administrateurs des établissemens publics. Le second de ces auteurs ajoute qu'il ne croit pas, comme le font MM. Coin-Delisle et Frédérich, qu'une vente consommée sans l'accomplissement de cette formalité puisse être, par ce motif, frappée de nullité. — « Le rejet de l'amendement de M. Breton, dit-il, est très-significatif. Deux systèmes se trouvaient en présence : dans l'un, on demandait la *signification* dans un certain délai; dans l'autre, on soutenait que l'affiche et les avis qui pouvaient être donnés officiellement par l'administration forestière étaient une notification suffisante. C'est ce dernier système, développé par MM. Favard de Langlade et de Martignac, qui a prévalu; comment peut-on dire, dès-lors, qu'une signification extrajudiciaire puisse jamais être nécessaire? »

1365. — Nous ne croyons pas non plus qu'il soit indispensable d'appeler les maires ou administrateurs par une signification extrajudiciaire. Mais ces expressions *dûment appelés* nous paraissent impliquer la nécessité d'une mise en demeure, qui, nous le concédons, pourra être faite par un avis transmis, par exemple, en la forme administrative, au représentant de la commune ou de l'établissement public, mais il faudra nécessairement une mise en demeure dont l'omission nous paraît devoir vicier la vente.

1366. — Les indemnités que les adjudicataires des bois des communes et des établissemens publics doivent payer, pour prorogation de délai de coupe ou de vidange, sont versées dans les caisses des receveurs des communes ou établissemens propriétaires. — Ord. d'exécut., art. 138.

1367. — Les formalités prescrites par le Code et l'ordonnance d'exécution ne sont pas applicables aux ventes d'écorces, copeaux et autres résidus des coupes affouagères dont le produit est distribué en nature aux habitans. Les maires et administrateurs peuvent procéder à ces ventes, sans le concours des agens forestiers. Cette décision, donnée le 28 août 1829 par le ministre des finances (*Réglem. forest.*, t. 4, p. 297), doit être observée toutes les fois qu'il s'agit des résidus d'une coupe délivrée en nature; mais si l'on doit vendre une coupe sur pied, ne fût-elle que d'un seul arbre, les agens forestiers doivent intervenir. — Meaume, t. 2, n° 741.

1368. — C'est avec le concours de ces agens que tous les bois autres que ceux provenant des résidus d'une coupe délivrée en nature, que les chablis, bois de délit, bois d'élagage ou d'essartement doivent être vendus, conformément aux art. 102 et suiv., ord. d'exécut., modifiés par les ordonnances des 23 juin et 3 oct. 1841. — Meaume, *loc. cit.*

1369. — Toute vente ou coupe effectuée par l'ordre des maires des communes ou des administrateurs des établissemens publics en contravention

au § 1er, art. 100, donne lieu contre eux à une amende qui ne peut être au-dessous de 300 fr., ni excéder 6,000 fr., sans préjudice des dommages-intérêts qui peuvent être dus aux communes ou établissemens propriétaires. — Les ventes ainsi effectuées sont déclarées nulles. — Art. 100, § 2 et 3.

1370. — L'infraction au § 1er peut être commise par les maires ou administrateurs, soit en ce qu'ils y auraient procédé eux-mêmes sans le concours des agens forestiers, soit enfin en ce qu'ils n'auraient pas accompli tout ou partie des formalités prescrites par les art. 17, 18 et 19, C. forest., pour arriver à une publicité et à une concurrence suffisante.

1371. — Aussi doit-on rejeter l'opinion de Baudrillart, sur l'art. 100, qui enseigne qu'il s'agit uniquement dans le cas de cet article d'une vente qu'aurait ordonnée un maire ou un administrateur sans l'autorisation du gouvernement. « Il est bien entendu, ajoute-t-il, que si à cette contravention se réunissaient encore les cas prévus par les art. 18 et 19 du Code, on appliquerait les peines prononcées par ces articles. »

1372. — Mais M. Meaume adopte l'opinion émise par Curasson (t. 1er, p. 378), que la question du cumul des peines ne peut jamais être sérieusement agitée dans cette circonstance. « L'art. 100, dit-il, a évidemment voulu modifier en faveur des maires et des administrateurs des établissemens publics la pénalité des art. 18 et 19, C. forest.» Remarquons d'ailleurs qu'il est impossible que le délit prévu par cet article ne rentre pas nécessairement dans l'un ou l'autre des délits punis par les art. 18 et 19, et que dès-lors on ne peut douter qu'il n'y ait ici une modification évidente aux dispositions générales rappelées par le § 3 de l'art. 90.

1373. — Si l'art. 100 détermine la pénalité qui doit atteindre les maires ou les administrateurs, il n'en prononce aucune contre les adjudicataires. MM. Coin-Delisle et Frédérich en concluent (t. 1er, p. 387 et 388) que si les adjudicataires ont pris possession, s'ils ont effectué des coupes, ils encourent les peines portées par les art. 192 et suiv., C. forest.; mais que si aucune prise de possession n'a eu lieu après l'adjudication faite, aucune poursuite ne peut être exercée contre les adjudicataires.

1374. — M. Meaume repousse cette doctrine (t. 2, no 743) comme contraire à l'esprit de la loi et reposant d'ailleurs sur l'oubli d'une disposition formelle de l'art. 90, C. forest. Il fait observer que le but évident de l'art. 100 a été de permettre aux juges d'adoucir, selon les circonstances, en faveur des maires et administrateurs, la pénalité rigoureuse des art. 18 et 19, C. forest. L'application de l'art. 18 ou de l'art. 19 entraînerait la condamnation à une amende qui, dans le premier cas, ne pourrait être moindre de 3,000 fr., et, dans le second, de 1,000 fr.; tandis que l'art. 100 laisse aux tribunaux le pouvoir de ne condamner qu'à une amende de 300 fr. seulement. Mais si l'on comprend que la loi a voulu traiter avec indulgence un maire qui a, dans l'intérêt de sa commune, négligé l'observation de quelques formalités, on ne saurait concevoir un pareil motif relativement à l'adjudicataire. La position de l'adjudicataire d'une coupe à effectuer dans un bois de commune ou d'hospice est la même que celle de l'adjudicataire d'une coupe à faire dans un bois de l'état. Il n'y a donc nul motif d'adoucir la pénalité, et voilà pourquoi l'art. 100 se tait sur ce point. L'adjudicataire est sous le coup des dispositions générales du § 3 de l'art. 90, qui lui rendent applicables les peines portées par les art. 18 et 19. Il est donc inutile d'examiner si la vente clandestine ou irrégulière a été suivie ou non d'une prise de possession de la part de l'adjudicataire. — V. conf. Curasson, t. 1er, p. 378 et 379.

1375. — On peut remarquer, il est vrai, que la peine prononcée contre le complice différera de celle encourue par l'auteur principal ; mais il ne faut pas oublier qu'il s'agit ici d'une matière spéciale, et que l'art. 18 fournit aussi un exemple de cette anomalie. — Meaume, *loc. cit.*, p. 47.

1376. — La peine de l'art. 100 ne frappe pas seulement les coupes de bois sur pied. Elle atteint aussi les ventes de chablis ou autres menus marchés. Il serait impossible, en effet, de décider autrement, en présence des termes qui commencent le § 2 : *toute vente ou coupe*. — Meaume, t. 2, no 744 ; Coin-Delisle et Frédérich, t. 1er, p. 387 ; Curasson, t. 1er, p. 379.

1377. — Le premier de ces auteurs rapporte cependant un arrêt inédit de Besançon, du 14 juill. 1830, qui décide qu'on ne peut appliquer la pénalité de l'art. 108 à un maire prévenu d'avoir vendu quelques chablis. « Mais il faut remarquer, dit M. Meaume, que, dans cette espèce, les bois vendus provenaient d'une coupe affouagère dont le produit était destiné à être partagé en nature entre les habitans, et que dès-lors, conformément à ce que nous avons dit *suprà*, il n'y avait pas lieu de poursuivre le maire ; c'est sans doute par ce motif que l'arrêt de la cour de Besançon n'a pas été déféré à la censure de la cour suprême. » — V. cependant Migneret, *de l'Affouage*, 2e édit., p. 33, *ad not.*

1378. — La poursuite dirigée contre les maires, en vertu de l'art. 100, C. forest., ne peut avoir lieu qu'après autorisation donnée par le conseil d'état. — Const. du 22 frim. an VIII, art. 75 ; — Meaume, t. 2, nos 745 et 746.

1379. — La nullité de la vente édictée par le § 3 de l'art. 100 peut être prononcée par les tribunaux correctionnels. Elle pourrait l'être sur la poursuite du ministère public, sans qu'il fût besoin de l'intervention de l'administration forestière. — Meaume, t. 2, no 747.

1380. — Les incapacités et défenses prononcées par l'art. 21 sont applicables aux maires, adjoints et receveurs des communes, ainsi qu'aux administrateurs et receveurs des établissemens publics, pour les ventes des bois des communes et établissemens dont l'administration leur est confiée. — En cas de contravention, ils sont passibles des peines prononcées par le § 1er de l'art. 100, sans préjudice des dommages-intérêts, s'il y a lieu ; et les ventes sont déclarées nulles. — C. forest., art. 101.

1381. — L'incapacité prononcée par cet article ne s'étend pas, comme pour les fonctionnaires dont parle l'art. 21, aux parens des administrateurs et receveurs des communes et des établissemens publics. Ces parens ne peuvent, en effet, exercer d'influence sur des adjudications auxquelles ils ne participent que d'une manière entièrement passive et par leur simple présence. — Curasson, t. 1er, p. 380.

1382. — « Lors des adjudications des coupes ordinaires et extraordinaires des bois des établissemens publics, il est fait réserve en faveur de ces établissemens, et suivant les formes que prescrit l'autorité administrative, de la quantité de bois, tant de chauffage que de construction, nécessaire pour leur propre usage. — Les bois ainsi délivrés ne peuvent être employés qu'à la destination pour laquelle ils ont été réservés, et ne peuvent être vendus ni échangés sans l'autorisation du préfet. Les administrateurs qui auraient consenti de pareilles ventes ou échanges seraient passibles d'une amende égale à la valeur de ces bois, et de la restitution, au profit de l'établissement public, de ces mêmes bois ou de leur valeur. Les ventes ou échanges sont en outre déclarés nuls. » — C. forest., art. 102.

1383. — Ainsi, d'après le § 1er de cet article, on doit d'abord satisfaire les besoins de l'établissement public propriétaire de bois, et vendre l'excédant seul par voie d'adjudication publique. La même raison prescrivait de décider d'une manière conforme relativement aux établissemens consacrés à un service communal, tels que la maison de ville, les écoles, etc. Cette conséquence, méconnue d'abord par le ministre des finances, a été adoptée par lui le 27 mars 1830. Sa décision a été transmise aux conservateurs par une circulaire du 24 avril 1830, rapportée par M. Meaume, t. 2, p. 209, note.

1384. — Suivant Baudrillart (sur l'art. 102), il existerait une contradiction entre le 2e § de l'art. 102, défendant aux administrateurs de vendre ou d'échanger les bois qui leur sont délivrés, et l'art. 112, qui relève les communes et les *établissemens publics* de l'interdiction de vendre les bois d'affouage et de construction, interdiction prononcée par les art. 83 et 84, C. forest. Mais comme le fait remarquer M. Meaume (t. 2, no 749), la contradiction n'existe pas. « Il fallait bien, dit cet auteur, que l'art. 112 relevât les établissemens publics de l'interdiction prononcée par les art. 83 et 84, car cette interdiction est absolue. On a voulu substituer à cette prohibition l'interdiction relative de l'art. 102, qui refuse aux administrateurs le droit de vendre *sans l'autorisation du préfet*. Les deux dispositions sont donc en harmonie parfaite, et rien ne peut s'opposer à ce qu'elles reçoivent leur exécution. »

1385. — Les administrateurs des établissemens publics donnent, chaque année, un état des quantités de bois, tant de chauffage que de construction, dont ces établissemens ont besoin. Cet état est visé par le sous-préfet et transmis par lui à l'agent forestier local. Les quantités de bois ainsi déterminées sont mises en charge lors de la vente des coupes, et délivrées à l'établissement par l'adjudicataire aux époques qui sont fixées par le cahier des charges. — Ord. régl., art. 142.

1386. — Les communes qui ne sont pas dans l'usage d'employer la totalité des bois de leurs coupes à leur propre consommation font aussi connaître à l'agent forestier local la quantité de bois qui leur est nécessaire, tant pour chauffage que pour constructions et réparations, et il en est fait délivrance; soit par l'adjudicataire de la coupe, soit au moyen d'une réserve sur cette coupe; le tout conformément à leur demande et aux clauses du cahier des charges de l'adjudication. — Ord. d'exécution, art. 141.

1387. — Le produit des coupes de bois appartenant à des communes peut profiter aux habitans de trois manières différentes. — D'abord, les coupes peuvent être vendues en totalité. En pareil cas, les règles d'exploitation à suivre sont celles qui ont été tracées pour les bois domaniaux, et le produit de l'adjudication entre dans la caisse communale. — En second lieu, une partie de la coupe seulement peut être vendue, et ici encore le produit de cette vente partielle entre dans la caisse de la commune. L'autre partie est distribuée en nature aux habitans. La manière dont on doit, en pareil cas, procéder à l'exploitation est déterminée par l'art. 141 de l'ordonnance réglementaire. — Enfin, et c'est le cas le plus fréquent, on peut distribuer aux habitans la totalité de la coupe. On dit alors que la coupe est partagée en nature pour l'*affouage* des habitans. Nous renvoyons au mot AFFOUAGE pour tout ce qui concerne cette partie du droit forestier. — V. aussi USAGE.

1388. — Le mode de remboursement des frais dus à l'état pour la régie des bois communaux, confiée à l'administration forestière, était réglé par l'art. 106, C. de 1827, ainsi conçu : « Pour indemniser le gouvernement des frais d'administration des bois des communes ou établissemens publics, il est ajouté annuellement à la contribution foncière établie sur ces bois une somme équivalente à ces frais. Le montant de cette somme est réglé chaque année par la loi de finances; elle est répartie au marc le franc de ladite contribution, et perçue de la même manière. » — L. 29 sept. 1791, tit. 12, art. 19; 29 flor. an III, art. 1er et 3; ord. 27 déc. 1814 et 6 sept. 1815.

1389. — Mais la loi du 25 juin 1841 a substitué à cet article la disposition suivante : « Pour indemniser l'état des frais d'administration des bois des communes et des établissemens publics, il est payé au profit du trésor sur les produits, tant principaux qu'accessoires de ces bois, cinq centimes par franc en sus du prix principal de leur adjudication ou cession. » — L. 25 juin 1841, art. 5, § 1er.

1390. — Quant aux produits délivrés en nature, il est perçu par le trésor le vingtième de leur valeur, laquelle est fixée définitivement par le préfet, sur les propositions des agens forestiers et les observations des administrateurs. — Même article, § 2.

1391. — Cette dérogation à l'art. 106, C. forest., est un retour à la loi de 1791, qui, plaçant les bois communaux sous le même régime que les forêts domaniales, avait attribué au trésor, pour le couvrir des frais de leur administration, un décime par franc sur le produit des coupes vendues. Des lois postérieures y avaient ajouté des droits de vacation pour les coupes réglées en nature. Le changement essentiel apporté à ce système par le Code forestier, et qui faisait peser sur certains départemens une taxe fort longue aux dépenses dont elle devait indemniser le trésor, avait provoqué des plaintes auxquelles avait voulu faire droit la loi du 20 juill. 1837, qui, par son art. 2, avait dérogé au Code forestier en statuant que l'on imposerait sur chaque département non plus un contingent proportionnel, mais le montant des dépenses effectuées par l'administration des bois.

1392. — Ce second système suscita tout autant de réclamations que le premier. Elles sont venues des localités où le sol forestier est le moins productif, et dont quelques unes voyaient le revenu de leurs bois entièrement absorbé par les frais d'administration. On crut donc devoir revenir au vrai principe de l'impôt, en l'établissant proportionnellement au revenu et sur le revenu même, toutes les fois qu'on peut l'apprécier et l'atteindre. Or, le revenu des bois est ouvertement représenté par le prix des ventes et par la valeur des délivrances annuelles aux affouagistes. On a donc rétabli le prélèvement proportionnel sur ce produit, comme sous le régime de la loi de 1791, mais en le réduisant du vingtième au lieu d'un décime par franc. Cette disposition fut néanmoins vivement critiquée lors de la discussion à la chambre des députés, où l'on soutint notamment que ce n'était point dans une loi de finances qu'il convenait d'établir des modifications au Code forestier. Mais la demande en maintien de la législation qu'on voulait détruire fut repoussée par la chambre.

1393. — Le nouveau système, qui a voulu consacrer une sorte de transaction entre les communes de l'Est et celles du Midi, n'a pas cependant satisfait toutes les parties. Les communes du Nord et de l'Est ont déjà élevé de nombreuses plaintes, et il

pourrait arriver qu'on tentât encore une nouvelle combinaison, afin de concilier tous les intérêts.

1394.—La loi des finances du 19 juill. 1845 a déjà modifié celle du 25 juin 1841, en déclarant qu'à l'avenir le vingtième de la valeur ne sera plus prélevé, au profit du trésor, sur les produits accessoires des bois communaux et d'établissemens publics.

1395.—La loi de 1845 porte, en effet, art. 6 : « Les prélèvemens sur les ventes ou délivrances en nature des produits des communes et des établissemens publics, prescrits par l'art. 5, L. 25 juin 1841, continueront à porter sur les produits principaux. Ils cesseront d'être appliqués aux produits accessoires.—Quant aux produits délivrés en nature, la valeur en est fixée définitivement par le ministre des finances, sur les propositions des agens forestiers, les observations des conseils municipaux et des administrateurs, et l'avis des préfets.—Les délais dans lesquels ces observations et avis doivent être produits, sous peine qu'il soit passé outre, seront déterminés par une ordonnance royale. »

1396.— En exécution du dernier paragraphe de cet article, une ordonnance royale du 5 fév. 1846, prescrit (art. 1er) aux conservateurs d'adresser aux préfets avant le 1er septembre de chaque année les états estimatifs des produits à délivrer en nature dans les bois des communes et des établissemens publics.

1397.—Avant le 10 du même mois, ces états doivent être transmis par les préfets aux maires des communes et aux présidens des commissions administratives des établissemens publics propriétaires de bois.—Ord. 5 fév. 1846, art. 2.

1398.—Les observations des conseils municipaux et des commissions administratives, sur les propositions des conservateurs des forêts, doivent être adressées, au plus tard, le 30 du même mois aux préfets, avec les pièces à l'appui.—Art. 3.

1399.—Les préfets transmettent toutes les pièces au ministre des finances, avec leur avis, le 30 oct. suivant.—Art. 4.

1400.—Moyennant les perceptions ordonnées par l'art. 109, C. forest., toutes les opérations de conservation et de régie dans les bois des communes et des établissemens publics seront faites par les agens et préposés de l'administration forestière, sans aucuns frais.—Les poursuites dans l'intérêt des communes et des établissemens publics, pour délits ou contraventions commis dans leurs bois, et la perception des restitutions et dommages-intérêts prononcés en leur faveur sont effectuées sans frais par les agens du gouvernement, en même temps que celles qui ont pour objet le recouvrement des amendes dans l'intérêt de l'état.—En conséquence, il n'y a lieu à exiger des communes et établissemens publics ni aucun droit de vacation, d'arpentage, de réarpentage, de décime, de prélèvement quelconque pour les agens et préposés de l'administration forestière, ni le remboursement soit des frais des instances dans lesquelles l'administration succomberait, soit de ceux qui tomberaient en non-valeurs par l'insolvabilité des condamnés.—C. forest., art. 107, ord. d'exécution, art. 35.

1401.—Cet article et le précédent avaient été déclarés exécutoires à partir du 1er janv. 1829 seulement.—L. 6 juin 1827.

1402.—Toutes les opérations de conservation et de régie des bois communaux devant, aux termes de l'art. 107, C. forest., être faites sans aucuns frais, les préfets ne doivent allouer aucune rétribution aux agens forestiers pour la délivrance des coupes affouagères.—Décis. min. fin. 30 juin 1829 (*Régl. forest.*, t. 1er, p. 269).

1403.—Les frais de délimitation des bois des communes et des établissemens publics constituent des dépenses extraordinaires à la charge particulière de ces communes et établissemens, auxquels ne s'applique pas la contribution additionnelle due par les communes en exécution de l'art. 106, C. forest.—Circul. de l'admin. forest. du 1er oct. 1839, donnant connaissance d'un avis du conseil d'état, lequel est rapporté par M. Meaume, t. 2, p. 222, note.

1404.—De même les aménagemens des bois communaux et des établissemens publics sont des travaux d'art et d'amélioration qui ne s'exécutent qu'une fois pour chaque forêt, sans être susceptibles de se renouveler. En conséquence, les frais desdits aménagemens ne font point partie des dépenses mises au compte du gouvernement par l'art. 106, C. forest.—*Cons. d'état*, 23 juill. 1841, Comm. de Corcondray;—Meaume, t. 2, p. 223.

1405.—Le ministre des finances n'excède point les limites de ses pouvoirs, en statuant sur la question de savoir si les frais d'aménagement des bois d'une commune doivent être mis à la charge de cette dernière comme formant une opération extraordinaire et accidentelle de l'administration forestière.—*Cons. d'état*, 23 juill. 1841, Comm. de Corcondray.

1406.—Les coupes ordinaires et extraordinaires sont principalement affectées au paiement des frais de garde, de la contribution foncière et des sommes qui reviennent au trésor en exécution de l'art. 106. Si les coupes sont délivrées en nature par l'affouage, et que les communes n'aient pas d'autres ressources, il est distrait une portion suffisante des coupes, pour être vendue aux enchères avant toute distribution, et le prix en être employé au paiement desdites charges.—C. forest., art. 109.—L. 11 frim. an VII, art. 4, no 6; ord. d'exéc., art. 144.

1407.—Le paragraphe premier de l'art. 109 décide que les coupes ordinaires et extraordinaires sont *principalement* affectées au paiement des frais : 1o d'administration ;—2o de garde ;—3o de la contribution foncière, dépenses que l'art. 30, L. 18 juill. 1837, place au nombre des dépenses obligatoires pour la commune. Cette affectation constitue au profit du trésor un privilége dans le sens de l'art. 2095, C. civ.—Meaume, t. 2, no 865, p. 226.

1408.—L'état n'a pas besoin, lorsque les coupes sont vendues, de se prévaloir de son privilége quant aux frais d'administration, le vingtième du prix de l'adjudication auquel ces frais sont évalués devant lui être payé par les adjudicataires, aux termes de la loi du 25 juin 1841, qui a remplacé l'art. 106, C. forest. Il n'y a donc lieu de recourir au mode d'acquittement indiqué par l'art. 109, même Code, que quand les coupes sont délivrées en nature.—Meaume, *loc. cit.*

1409.—Le paragraphe 2 de l'art. 109 contient, relativement à ces dernières coupes, une disposition particulière qu'on a rarement lieu d'appliquer depuis que la loi du 17 août 1828 autorise la perception des taxes d'affouage, là où il y a utilité ou habitude d'en établir.—V., au surplus sur ces taxes, Meaume, t. 2, nos 866 et suiv.—V. aussi AFFOUAGE, nos 43 et suiv.

1410.—Le ministre des finances peut permettre que des coupes et portions de coupes affouagères d'une valeur supérieure à 500 fr. soient mises en adjudication dans la commune propriétaire des bois, mais toujours avec l'intervention des agens forestiers et aux clauses et conditions qui seront indiquées.—Ord. 15 oct. 1834.

1411.—Les dispositions de l'art. 104, Ord. régl. 1er août 1827, ont été modifiées par l'ord. 3 oct. 1841, en ce sens que lorsque l'estimation des produits accessoires des forêts appartenant aux communes ou aux établissemens publics n'excède pas 100 fr., les agens forestiers peuvent se faire remplacer, à la séance d'adjudication, par un des préposés sous leurs ordres.

1412.—Les habitans des communes et les administrateurs ou employés des établissemens publics ne peuvent introduire ou faire introduire dans les bois appartenant à ces communes ou établissemens des chèvres, brebis ou moutons, sous les peines portées par l'art. 199 contre ceux qui auraient introduit ou permis d'introduire ces animaux, et par l'art. 78 contre les pâtres ou gardiens.—C. forest., art. 110.—V., au surplus, PATURAGE et USAGE.

1413.—La faculté qu'a le gouvernement d'affranchir les forêts de l'état de tous droits d'usage en bois est applicable, sous les mêmes conditions, aux communes et établissemens publics pour les bois qui leur appartiennent.—C. forest., art. 111.

1414.—De plus, toutes les dispositions concernant l'exercice des droits d'usage dans les forêts de l'état s'appliquent à la jouissance des communes et des établissemens publics dans leurs propres bois, ainsi qu'aux droits d'usage dont ces mêmes bois pourraient être grevés, sauf certaines modifications.—C. forest., art. 112.—V. USAGE.

CHAPITRE VIII. — *Bois et forêts indivis qui sont soumis au régime forestier.*

1415.—Les bois indivis entre des particuliers d'une part, l'état, la couronne, les communes et les établissemens publics d'autre part, forment la dernière classe des bois qui sont soumis au régime forestier. Il fallait nécessairement qu'un mode de régie uniforme fût établi pour ces sortes de bois. Il était impossible d'assujétir l'état, la couronne, les communes à la volonté du particulier copropriétaire, et de laisser toujours entre eux une cause incessante de discussion.

1416.—Ce principe une fois admis, il a paru naturel d'adopter, pour leur intérêt commun, le mode déjà réglé pour les possesseurs de l'une des parties. Le copropriétaire ne peut s'en plaindre, puisqu'aux termes de l'art. 815, C. civ., il est toujours libre de faire cesser l'indivision en provoquant le partage.—Exposé des motifs à la chambre des députés;—Devaulx et Fœlix, *C. forest.*, t. 1er, p. 27.

1417.—De là l'art. 113, C. forest., qui est ainsi conçu : « Toutes les dispositions de la présente loi relatives à la conservation et à la régie des bois qui font partie du domaine de l'état, ainsi qu'à la poursuite des délits et contraventions commis dans ces bois, sont applicables aux bois indivis mentionnés à l'art. 1er, § 6 de la présente loi, sauf les modifications portées par le titre 6 pour les bois des communes et des établissemens publics.

1418.—L'article du projet de loi portait que ces bois seraient soumis au régime forestier *sans aucune restriction*. Mais la commission fit remarquer que les règles du régime forestier des bois de l'état devaient être modifiées par celles relatives aux bois des communes et des établissemens publics, quand ils étaient possédés en indivision avec des particuliers, parce qu'alors l'état y étant étranger, ne pouvait avoir plus de droit sur des bois ainsi possédés par indivis entre une commune et un particulier, que s'ils appartenaient à la commune seule. C'est l'origine de l'amendement qui a formé la dernière partie de l'art. 113.

1419.—En exécution des art. 1er et 113, C. forestier, toutes les dispositions de l'ordonnance réglementaire du 1er août 1827, relatives aux forêts de l'état, sont applicables aux bois dans lesquels l'état a des droits de propriété indivis, soit avec des communes ou des établissemens publics, soit avec des particuliers.—Ord. régl., art. 147, § 1er.

1420.—Ces dispositions sont également applicables aux bois indivis entre le domaine de la couronne et les particuliers, sauf les modifications dont il a été parlé à la section sixième.—Même article, § 2.

1421.—Quant aux bois indivis entre des communes ou des établissemens publics et des particuliers, ils sont régis conformément aux dispositions de la section 7e.—Même article, § 3.

1422.—Le partage que le copropriétaire, profitant de la faculté que lui accorde l'art. 815, C. civ., pourrait provoquer, devrait être opéré par voie administrative, si les parties s'accordaient sur les bases de l'opération. Dans le cas contraire, ou dans celui qui soulèverait des difficultés quant à l'exécution, il devrait être statué par les tribunaux.—Curasson, t. 1er, p. 512.

1423.—Les délits commis dans les forêts indivises avec l'état doivent être punis de la même manière que ceux commis dans toute autre forêt appartenant exclusivement à l'état.—*Cass.*, 18 juill. 1811, Hubert Schmitz.

1424.—Aucune coupe ordinaire ou extraordinaire, exploitation ou vente, ne peut être faite par les possesseurs copropriétaires, sous peine d'une amende égale à la valeur de la totalité des bois abattus ou vendus : toutes ventes ainsi faites sont déclarées nulles.—C. forest., art. 114; ord. 1669, tit. 26, art. 4; ord. 28 août 1816, art. 7 et 8; L. 29 sept. 1791, tit. 1er, art. 6; avis comité des finances, 10 janv. 1817.

1425.—Indépendamment de l'amende prononcée par cet article contre les possesseurs copropriétaires vendeurs, il peut, en cas de fraude ou de collusion, y avoir condamnation contre les adjudicataires à la restitution des bois ou de leur valeur.—Rogron, *C. forest.*, p. 178.

1426.—La restitution devrait encore avoir lieu, bien qu'il n'y eût ni fraude ni collusion, la vente étant toujours déclarée nulle, et ce qui est nul ne pouvant produire effet. On peut, du reste, considérer comme ayant frauduleusement agi le copropriétaire qui, malgré la défense de la loi, vend une chose qui ne lui appartient pas exclusivement.—Rogron, *loc. cit.*

1427.—Les frais de délimitation, d'arpentage et de garde sont supportés par le domaine et les copropriétaires, chacun dans la proportion de ses droits.—L'administration forestière nomme les gardes, règle leur salaire et a seule le droit de les révoquer.—C. forest., art. 115; ord. 1669, tit. 23, art. 22; décr. 20 juill. 1808.

1428.—Les copropriétaires ont, dans les restitutions et dommages-intérêts, la même part que dans le produit des ventes, chacun dans la proportion de ses droits.—C. forest., art. 116; ord. 1669, tit. 23, art. 12.

1429.—L'art. 106 portait qu'il serait payé par les adjudicataires des coupes *un décime par franc* en sus du prix principal d'adjudication, pour indemniser le gouvernement des frais d'administration, et cette expression se retrouvait dans l'art. 116.—Supprimée dans le premier article par la commission de la chambre des députés, elle a dû disparaître de l'art. 116.

1430.—Jugé, avant le Code forestier, que la question de savoir si le copropriétaire d'un bois indi-

vis avec l'état a droit à la moitié du décime par franc payé par les adjudicataires des coupes, était une question de propriété susceptible d'appel ; que par conséquent, on ne pouvait se pourvoir directement en cassation contre un jugement qui statuait sur une pareille contestation. — *Cass.*, 16 mars 1825, Monier.

1431. — Lorsqu'il y a lieu d'effectuer des travaux extraordinaires pour l'amélioration des bois indivis, le conservateur communique aux copropriétaires les propositions et projets de travaux. — Ord. d'exéc., art. 148.

1432. — L'art. 149, de l'ordonnance d'exécution enjoignait à l'administration des forêts de soumettre sans délai au ministre des finances le relevé de tous les bois indivis entre l'état et d'autres propriétaires, en indiquant ceux dont le partage pouvait être effectué sans inconvénient.

1433. — Le ministre des finances avait, d'après le paragraphe deuxième de cet article, à décider si le partage devait être provoqué. L'action était alors intentée et suivie conformément au droit commun et dans les formes ordinaires. — Si les parties avaient à nommer des experts, ceux-ci l'étaient, dans l'intérêt de l'état, par le préfet, sur la proposition du directeur des domaines, qui devait se concerter à ce sujet avec le conservateur; pour désigner un agent forestier dans l'intérêt des communes, par le maire, sauf l'approbation du conseil municipal; dans l'intérêt des établissemens publics, par les administrateurs de ces établissemens.

CHAPITRE IX. — *Des bois des particuliers.*

1434. — La loi, en intervenant dans la propriété privée, n'a dû le faire qu'avec les plus grands ménagemens. Elle s'est écartée des principes de l'ordonnance de 1669, qui avait apporté des entraves nombreuses et sévères à l'exercice du droit privé de propriété sur les forêts particulières.

1435. — Ainsi, sous cette ordonnance, il était enjoint aux propriétaires de régler la coupe de leurs bois taillis au moins à dix années, d'y réserver seize baliveaux par arpent, et dix dans les futaies, pour n'en disposer qu'à l'âge de quarante ans pour les taillis et de cent ans pour les futaies. Les coupes devaient y être faites à la cognée et à fleur de terre, comme pour les bois de l'état. — Ord. 1669, tit. 26, art 1er.

1436. — Il était ordonné aux propriétaires de bois joignant les forêts du domaine de déclarer aux greffes des maîtrises royales la quantité du bois qu'ils voulaient vendre chaque année (même ord., art. 4), et à ceux qui possédaient des bois de haute futaie à la distance de dix lieues de la mer et de deux lieues des rivières navigables de ne les vendre ou faire exploiter sans en avoir donné avis au contrôleur général des finances. — *Eod. loc.*, art. 3.

1437. — Les officiers des maîtrises étaient autorisés à faire des visites et inspections dans les bois des particuliers pour y faire observer l'ordonnance et réprimer les contraventions.

1438. — Sous l'ordonnance de 1669, les grands-maîtres des eaux et forêts, et les lieutenans des maîtrises commis par eux, lorsqu'ils procédaient en matière de *réformation* et de *visitation* des forêts, avaient compétence et juridiction pour statuer sur les questions de propriété des bois qui leur étaient soumises par les particuliers, *sur titres représentés*; et, dans ce cas, les sentences par eux rendues pouvaient passer en force de chose jugée quant à la *validité* des titres dont elles avaient fait l'application, s'il y avait eu acquiescement des intéressés à ces sentences, ou même si elles n'avaient point été attaquées. — *Cass.*, 20 fév. 1839 (t. 1er 1839, p. 359) commune de Culles c. Dubessy de Contenson.

1439. — La loi du 29 sept. 1791 affranchit entièrement les bois des particuliers de toutes ces entraves, ainsi que de celles qui résultaient des lois et réglemens qui avaient suivi l'ordonnance, et elle établit une liberté indéfinie, qui subit plus tard diverses restrictions pour ce qui concernait le défrichement, le martelage de la marine, les bois de l'artillerie, etc. — V. AFFECTATION.

1440. — L'art. 28 de cette loi de 1791 concernait exclusivement les dégâts commis dans les bois taillis des particuliers ou des communautés; et l'ord. de 1669 demeurait applicable aux délits commis dans les futaies. — L'art. 24, même loi, ne concernait nullement les forêts. — *Bruxelles*, 8 sept. 1835, duc d'Aremberg c. Meeus; 29 fruct. an XI, Terrassier; — Merlin, *Quest.*, vo *Délit forest.*, § 5.

1441. — Les dispositions du Code forestier laissent également aux particuliers la libre administration et l'entière disposition de leurs bois, sauf deux restrictions importantes, le martelage et le défrichement, dont la durée est limitée. — Rapp. à chambre des pairs. — Devaulx et Fœlix, *C. forest.*, t. 1er, p. 281.

1442. — Le droit de martelage a même disparu depuis 1837 et la seule interdiction qui pèse encore sur les bois des particuliers est celle qui concerne la faculté de défricher. — V. DÉFRICHEMENT.

1443. — L'intérêt des forêts a fait cependant imposer aux particuliers, quant à leurs bois, quelques restrictions et sacrifices. Ainsi le législateur a étendu aux bois des particuliers les règles du régime forestier concernant la police et la conservation des forêts, celles relatives aux peines qui frappent les délits et contraventions qu'on peut y commettre, ainsi que celles qui déterminent le mode de poursuites de ces délits et contraventions, et la matière d'exécuter les jugemens auxquels ils peuvent donner lieu.

1444. — Mais il faut bien remarquer qu'il n'y a que les dispositions du régime forestier positivement énoncées dans le titre 8 du C. forest. qui s'appliquent aux bois des particuliers, de telle sorte que tout le reste demeure soumis au droit commun. Ainsi ce titre n'étendant pas aux bois des particuliers les dispositions du Code qui régissent la délimitation, le bornage, l'aménagement, les adjudications, les exploitations, les récolemens, la défense de bâtir à certaine distance, il faut en conclure que toutes ces mesures, du moins avec les formes que prescrit le Code forestier, ne s'appliquent pas aux bois des particuliers. Les coupes de ces bois ne sont également assujéties à aucune règle spéciale. Les propriétaires les font quand et comme il leur convient, et les vendent comme ils le jugent à propos, conformément aux principes du droit civil, etc. — Rogron, *C. forest. expliqué*, p. 180.

1445. — Ils ont le droit d'avoir des gardes particuliers, sauf à les faire agréer par le sous-préfet de l'arrondissement, avec faculté de recours au préfet, en cas de refus. Ces gardes ne peuvent entrer en fonctions qu'après avoir prêté serment devant le tribunal de première instance. — C. forest., art. 117; ord d'exécution, art. 150; L. 9 flor. an XI; ord. 28 août 1816, art. 8. — V. GARDE FORESTIER.

1446. — Dans la discussion qui, à la chambre des députés, s'engagea sur cet article, un député, M. Duhamel, avait demandé que les gardes fussent non pas agréés, mais simplement reconnus par l'administration forestière, qui, d'après le projet, était pour cette reconnaissance représenté par l'agent forestier local. M. Favard de Langlade, rapporteur, fit remarquer que si l'on substituait le mot *reconnaître* au mot *agréer*, le garde n'aurait qu'une salutation à faire, et que l'administration n'aurait aucun contrôle à exercer sur le choix d'hommes qui devaient remplir les fonctions importantes d'officiers de police judiciaire. L'amendement de M. Duhamel fut écarté, mais sur la proposition de M. Sébastiani, à l'intervention de l'agent forestier local on substitua celle du sous-préfet.

1447. — Il n'est pas nécessaire que les gardes des particuliers soient agréés par le conseil municipal. L'art. 40 du Code du 27 brum. an IV exigeait, il est vrai, l'approbation de l'administration munipale; mais par l'art. 9, L. 28 pluv. an VIII, les sous-préfets ont été appelés à remplir les fonctions de l'administration municipale.

1448. — Les gardes forestiers des particuliers étant assimilés aux gardes champêtres des communes doivent comme ceux-ci avoir l'âge de vingt-cinq ans. — L. 28 sept. 1791, tit. 1er, sect. 7e, art, 5; — Meaume, t. 2, no 889.

1449. — Les particuliers jouissent de la même manière que le gouvernement et sous les conditions déterminées par l'art. 63, de la faculté d'affranchir leurs forêts de tous droits d'usage en bois. — C. forest., art. 118; L. 17-27 sept. 1790; 28 août 1792; décr. 21 janv. 1813. — V. USAGE.

1450. — Les droits de pâturage, parcours, panage et glandée dans les bois des particuliers ne peuvent être exercés que dans les parties de bois déclarées défensables par l'administration forestière et suivant l'état et la possibilité des forêts, reconnus et constatés par la même administration. — Les chemins par lesquels les bestiaux doivent passer pour aller au pâturage et pour en revenir seront désignés par le propriétaire. — Art. 119, L. 28 fruct. an II; décr. 17 niv. an XIII; avis cons. d'état, 18 brum. an XIV; déc. 16 frim. suiv.; — ord. d'exécution, art. 35 et 151. — V. PATURAGE, USAGE.

1451. — Cet article s'applique à tous les droits dont l'exercice préjudicie à la pousse des bois, comme celui d'enlever les feuilles pour faire de la litière, Discuss. à la ch. des pairs. — Chauveau, *C. for.*, p. 518; — M. Meaume (t. 2, no 904) rappelle ces paroles de M. Roy, rapporteur de la chambre des pairs : « La disposition de l'art. 119 doit s'appliquer à tous les droits dont l'exercice préjudicierait à la pousse des bois. »

CHAPITRE X. — *Affectations spéciales de bois à des services publics.*

1452. — Nous avons vu plus haut que le Code forestier avait grevé l'exercice du droit de propriété sur les bois des particuliers de deux prohibitions, l'une relative au martelage, l'autre à la défense de défricher. C'est de la première restriction qu'il s'agit dans la section actuelle. Elle comprend le droit qu'a le gouvernement de réserver dans de certaines proportions les arbres nécessaires soit pour le service de la marine, soit pour l'exécution des travaux du Rhin. Ce droit fait l'objet des deux sections qui vont suivre.

1453. — Une ordonnance royale du 22 déc. 1830 règle une affectation spéciale des forêts de l'état aux bois nécessaires pour la mise en état de défense des places fortes.

Sect. 1re. — *Des bois destinés au service de la marine.*

1454. — Les constructions navales exigent l'emploi d'une grande quantité d'arbres de choix et de dimensions considérables. Le gouvernement avait cherché à l'assurer par tous les moyens possibles. Le droit que le Code forestier avait consacré au profit de l'état existait dans la législation antérieure.

1455. — La première disposition législative qui ait affecté les bois de l'état au service de la marine, est une ordonnance de François Ier, du mois de mars 1515. Le système de cette loi fut ensuite changé ou modifié par l'ord. de 1669.

1456. — Exercé sur les bois de l'état, le droit de martelage ne soulevait aucune difficulté ; il n'en était pas de même quand on voulait l'appliquer aux bois des communes, des établissemens publics et surtout des particuliers. En Angleterre, cette entrave au droit de la propriété privée n'existe pas; c'est un des plus puissans argumens qu'on ait employés, lors de la discussion contre le maintien du droit de martelage.

1457. — On invoquait aussi la loi du 29 sept. 1791, qui affranchit les bois des particuliers de cette servitude onéreuse. Cette exemption toutefois n'avait pas été de longue durée; car la loi du 9 flor. an II était revenue au système de l'ord. de 1669 et du réglement du 26 déc. 1786, qui, en confirmant le droit de martelage au profit de l'état, en avait régularisé l'exercice.

1458. — C'est dans ces circonstances qu'a été voté l'art. 122. C. for., qui porte : dans tous les bois soumis au régime forestier, lorsque des coupes devront y avoir lieu, le département de la marine pourra faire choisir et marteler par ses agens les arbres propres aux constructions navales parmi ceux qui n'auront pas été marqués en réserve par les agens forestiers. — Ord. du 28 août 1816, et réglement du même jour; ord. 22 sept. 1819.

1459. — Les affectations auxquelles avaient droit l'administration des poudres et le service du train d'artillerie se sont trouvées supprimées par le silence que le Code gardait à leur égard. — Décr. 15 sept. 1809, art. 5; — Devaulx et Fœlix, *C. for.*, t. 2, p. 493. — V. aussi AFFECTATION.

1460. — La commission de la chambre des députés, convaincue qu'un aménagement bien entendu des bois soumis au régime forestier, peut affranchir ceux des particuliers de l'entrave si gênante du martelage, avait proposé de n'admettre cette servitude que comme charge temporaire, dont elle avait limité la durée à dix ans, et non comme un principe immuable. C'est ainsi qu'a été rédigé l'art. 124 : Pendant dix ans, y est-il dit, à compter de la promulgation de la présente loi, le département de la marine exercera le droit de choix et de martelage sur les bois des particuliers, futaies, arbres de réserve, avenues, lisières et arbres épars. Ce droit ne pourra être exercé que sur des arbres en essence de chêne, qui seront destinés à être coupés, et dont la circonférence, mesurée à un mètre du sol, sera de quinze décimètres au moins. Les arbres qui existeront dans les lieux clos attenant aux habitations, et qui ne sont point aménagés en coupes réglées, ne seront point assujétis au martelage. Il suit de là que le droit de martelage n'existe plus sur les bois des particuliers depuis le 31 juill. 1827.

1461. — Les agens forestiers ont, en outre, rarement fait usage depuis cette époque du droit de martelage dans les bois soumis au régime forestier. On peut consulter à cet égard le discours prononcé par M. Tupinier, commissaire de la marine, lors de la discussion du budget de ce département pour 1844, et dans lequel il réclamait une modification aux art. 123, 127, 128 et 129, C. forest.

1462. — Ainsi, une ordonnance du 14 déc. 1838 a-t-elle supprimé le service de la surveillance des

fournitures de bois, et suspendu indéfiniment l'exercice du droit de martelage. Cette ordonnance, motivée sur ce que le département de la marine a pu s'approvisionner depuis plusieurs années en bois de chêne pour les constructions navales, sans le secours de martelage, en laissant aux adjudicataires des fournitures le soin de rechercher eux-mêmes les arbres nécessaires à leurs exploitations, *tant dans les bois soumis au régime forestier que dans les bois des particuliers*, et sur ce que ce mode paraît pouvoir être continué sans inconvénient pendant la paix.

1463. — L'échéance du terme indiqué dans l'art. 24, C. forest., ayant amené la suppression du droit de martelage dans les bois des particuliers, et l'ordonnance de 1838 ayant indéfiniment suspendu ce droit partout ailleurs, les dispositions de l'art. 1er de la sect. 10e sont à peu près sans importance. — Nous reproduirons cependant les dispositions du Code forestier et de l'ordonnance royale sur le martelage, pour le cas où le département de la marine croirait devoir rétablir plus tard ce droit sur les bois soumis au régime forestier.

1464. — Une circulaire du 4 juill. 1839 (*Régl. forest.*, t. 6, p. 153) prescrit aux conservateurs, nonobstant la suppression du service de la surveillance des fournitures de bois de marine, de transmettre directement au ministre de la marine les états des arbres de chêne de quinze décimètres et au-dessus, dont il est parlé dans l'art. 152 de l'ordonnance réglementaire.

1465. — Cet article est ainsi conçu : « Dans les bois dont la régie est confiée à l'administration forestière, aussitôt après la désignation et l'assiette des coupes ordinaires ou extraordinaires, le conservateur en adressera l'état au directeur ou au sous-directeur de la marine. — Dès que le balivage et le martelage des coupes auront été effectués, les agens forestiers, chefs de service dans chaque inspection, en donneront avis aux ingénieurs, maîtres ou contre-maîtres de la marine, qui procéderont immédiatement à la recherche et au martelage des bois propres au service de la marine royale. — Outre l'expédition des procès-verbaux de martelage que les agens de la marine doivent, aux termes de l'art. 126, C. forest., faire viser par le maire et déposer à la mairie de la commune où le martelage aura lieu, ils en remettront immédiatement une seconde expédition aux agens forestiers chefs de service. — Le résultat des opérations des agens de la marine sera toujours porté sur les affiches des ventes, et tout martelage effectué ou signifié aux agens forestiers, après l'apposition des affiches, sera considéré comme nul. »

1466. — Il n'y avait pas lieu à distinguer, sous l'empire de l'art. 124, C. forest., entre les clos attenans aux habitations de maîtres et ceux attenans aux habitations de colons. — Rejet d'un amendement de M. de Montbel, qui proposait de faire cette distinction. — Chauveau, *C. forest.*, p. 532 ; Gagneraux, *C. forest.*, art. 124, no 1er.

1467. — La loi du 9 flor. an XI et le décr. du 15 avr. 1811 n'exceptaient que les arbres compris dans des lieux clos et attenans à des habitations. — *Cass.*, 22 fév. 1822, Guillaume Marie.

1468. — Sous la loi du 9 flor. an XI, qui avait soumis de nouveau au régime de l'administration forestière les bois des particuliers que la loi du 15-29 sept. 1791 en avait affranchis, les tribunaux ne pouvaient appliquer les amendes prononcées par l'ordonnance de 1669 contre ceux qui faisaient abattre leurs bois de haute futaie sans déclaration préalable au conservateur. — *Cass.*, 8 fév. 1809, Etienne Brivardy.

1469. — Sous la même loi, l'obligation imposée aux propriétaires d'arbres futaies épars ou en plein bois, de faire déclaration de leur intention d'abattre ces arbres, s'appliquait aux bois de haute futaie assis au-delà de dix lieues de la mer et de deux lieues des rivières navigables, comme à ceux existant en deçà de cette distance. — *Cass.*, 8 oct. 1812, Etienne Penazzo.

1470. — Le propriétaire qui vendait des arbres de futaie propres pour le service de la marine, sans déclaration préalable à l'administration forestière, ne pouvait être disculpé du délit commis par ce défaut de déclaration, sous le prétexte que, postérieurement à la vente, il s'était opposé *verbalement* à l'abattage des arbres. — *Cass.*, 23 janv. 1813, Ferrea.

1471. — L'obligation d'une déclaration imposée au propriétaire s'appliquait également au fermier. Ainsi, ce dernier était personnellement passible de l'amende s'il avait négligé de faire sa déclaration, alors même que son bail lui donnait le droit d'abattre les abres nécessaires à l'exploitation. — *Cass.*, 17 mai 1816, Amans Lavabre.

1472. — Il en était de même de l'usager dans les bois de l'état, quand même il était autorisé en général à couper des arbres. — *Cass.*, 27 vendém. an XIII, Antoni ; — Merlin, *Rép.*, vo *Déclaration de coupes de bois.*

1473. — Le décret du 15 avr. 1811, relatif à la déclaration et au martelage des arbres nécessaires au service de la marine, a conservé la force et l'autorité de la loi, sous la charte constitutionnelle, jusqu'à ce qu'il ait été abrogé par la puissance législative. — *Cass.*, 12 déc. 1823, Anquetil.

1474. — Jugé, sous l'empire de ce décret, que le propriétaire qui avait disposé des arbres marqués pour le service de la marine ne pouvait pas être acquitté, sur le motif qu'il s'était écoulé plus de six mois depuis le certificat d'abattage, délivré par le maire du lieu, s'il n'en avait donné aucun avis au contre-maître de la marine ou à l'officier local du génie maritime. Le délai ne courait qu'à l'époque où l'une et l'autre de ces obligations avaient été remplies par le propriétaire. — *Cass.*, 30 juill. 1813, Beslay.

1475. — Les propriétaires des forêts dans lesquelles il avait été choisi des arbres pour la marine avaient, comme les adjudicataires des bois domaniaux, droit à la prime accordée pour le bois courbant. — *Montpellier*, 12 fév. 1830, de Roquefeuil c. Millet.

1476. — Lorsqu'il était établi par un procès-verbal régulier que le prévenu avait abattu sur sa propriété un arbre ayant plus de quinze décimètres de tour, au préjudice du droit de choix et de martelage qui appartenait au département de la marine, le tribunal ne pouvait prononcer son acquittement, sous le prétexte que cet arbre n'était bon que pour le feu, ni qu'il paraissait que ce même arbre était dans un lieu fermé joignant l'habitation du prévenu. — *Cass.*, 24 déc. 1829, Pierre Buzy. — L'erreur n'est pas non plus une excuse. — *Cass.*, 22 fév. 1822, Guillaume Marie.

1477. — Jugé aussi, avant le Code, que l'adjudicataire qui s'est permis de faire abattre des arbres marqués pour le service de la marine avant l'adjudication ne peut être excusé, sous le prétexte que le procès-verbal d'adjudication n'exprime aucune réserve dans sa coupe, et énonce au contraire que les arbres réservés sont situés dans un autre canton. — *Cass.*, 22 janv. 1808, Guay.

1478. — ...Que l'ouvrier charpentier qui, employé dans une forêt par un fournisseur de la marine, s'est permis d'exploiter des arbres qui ne pouvaient avoir aucun rapport aux constructions navales, ne peut être acquitté sous le prétexte qu'il agissait dans l'unique vue de les rendre utiles et sans aucune intention de se les approprier. — *Cass.*, 6 fév. 1807, Tortarolo.

1479. — Quant aux arbres épars devant être abattus sur les propriétés des communes et des établissemens publics, non soumis au régime forestier, l'art. 154, ord. réglem. 1er août 1827, enjoignait aux maires et administrateurs d'en faire la déclaration telle que la prescrivaient les art. 124 et 125, C. forest.

1480. — L'exercice du droit de martelage constituait-il entre les parties un contrat, une obligation réciproque ? De ce que le ministre de la marine l'avait exercé, en résultait-il qu'il avait droit d'obliger le propriétaire à couper ces arbres ? Non. Le propriétaire avait fait sa déclaration dans la supposition de sa volonté d'abattre. Si cette volonté changeait, le département de la marine n'avait nullement le droit d'obliger le propriétaire à faire sa coupe ; ce propriétaire restait entièrement libre de sa volonté.

1481. — Mais s'il n'y avait pas d'obligation de la part du propriétaire, il n'y en avait pas non plus de la part de la marine : il n'y avait qu'un simple avertissement, qu'une marque, qui voulait dire que quand l'arbre serait abattu, la marine aurait le droit de l'examiner pour voir s'il était propre à son service. — M Martignac, discuss. sur l'art. 128.

1482. — Les arbres ainsi marqués étaient compris dans les adjudications et livrés par les adjudicataires à la marine, aux conditions indiquées ci-après. — C. forest., art. 123 ; arrêtés 29 vendém. et 28 flor. an II.

1483. — Tous les propriétaires étaient tenus, sauf l'exception énoncée en l'art. 124, et hors le cas de besoins personnels pour réparations et constructions, de faire, six mois d'avance, à la sous-préfecture, la déclaration des arbres qu'ils avaient l'intention d'abattre, et des lieux où ils étaient situés. — Le défaut de déclaration était puni d'une amende de 18 fr. par mètre de tour pour chaque arbre susceptible d'être déclaré. — C. forest., art. 125 ; ord. 1669, tit. 26, art. 3 ; L. 9 flor. an II, art. 9 ; décr. 15 avr. 1811, art. 1er, 2 et 4.

1484. — Il a été entendu, lors de la discussion de cet article à la chambre des députés, que les cas d'urgence étaient compris dans les mots *besoins personnels* ; qu'on pouvait y comprendre, notamment, le cas où un arbre mourait sur pied, ou était abattu par le vent. — Chauveau, *C. forest.*, p. 535.

1485. — Les déclarations prescrites par l'art. 125, C. forest., devaient indiquer l'arrondissement, le canton et la commune de la situation des bois, les noms et demeure des propriétaires, le nom du bois et sa contenance, la situation et l'étendue du terrain sur lequel se trouvaient les arbres, le nombre et les espèces d'arbres qu'on se proposait d'abattre, et leur grosseur approximative. — Elles étaient faites et déposées à la sous-préfecture, en double minute, dont l'une, visée par le sous-préfet, était remise au déclarant. — Les sous-préfets qui avaient reçu les déclarations, les faisaient enregistrer, les transmettaient immédiatement au directeur du service forestier de la marine, et en donnaient avis à l'agent forestier local. — Ord., art. 154.

1486. — Dès que les déclarations leur étaient parvenues, les agens de la marine procédaient à la reconnaissance et au martelage des arbres propres aux constructions navales, et se conformaient exactement aux dispositions de l'art. 126 pour les procès-verbaux qu'ils devaient dresser de cette opération. — Ord., art. 155.

1487. — Les particuliers pouvaient disposer librement des arbres déclarés, si la marine ne les avait pas fait marquer pour son service, dans les six mois à compter du jour de l'enregistrement de la déclaration à la sous-préfecture. — Les agens de la marine étaient tenus, à peine de nullité de leur opération, de dresser des procès-verbaux de martelage des arbres dans les bois de l'état, des communes, des établissemens publics et des particuliers, de faire viser ces procès-verbaux par le maire dans la huitaine, et d'en déposer immédiatement une expédition à la mairie de la commune où le martelage avait eu lieu. — Aussitôt après ce dépôt, les adjudicataires, communes, établissemens ou propriétaires pouvaient disposer des bois qui n'avaient pas été marqués. — C. forest., art. 126.

1488. — La première partie de cet article, si favorable aux propriétaires, n'existait pas dans la législation antérieure. La seconde partie contenait une amélioration des dispositions du décret du 15 avr. 1811. Elle avait été ajoutée par la commission de la chambre des députés.

1489. — Les adjudicataires des bois soumis au régime forestier, les maires des communes, ainsi que les administrateurs des établissemens publics pour les exploitations faites sans adjudication, et les particuliers, traitaient de gré à gré du prix de leurs bois avec la marine. — En cas de contestation, le prix était réglé par experts nommés contradictoirement, et, s'il y avait partage entre les experts, il en était nommé un d'office par le président du tribunal de première instance, à la requête de la partie la plus diligente ; les frais de l'expertise étaient supportés en commun. — C. forestier, art. 127.

1490. — S'il s'élevait des contestations entre un adjudicataire des coupes de bois de l'état et un fournisseur de la marine, relativement à la livraison des arbres marqués, la connaissance en appartenait aux tribunaux. — *Cons. d'état*, 17 nov. 1819, Champin c. Chambord.

1491. — Les adjudicataires des bois soumis au régime forestier, les maires des communes, ainsi que les administrateurs des établissemens publics pour les exploitations faites sans adjudication, et les particuliers, pouvaient disposer librement des arbres marqués pour la marine, si, dans les trois mois après qu'ils en avaient fait notifier à la sous-préfecture l'abattage, la marine n'avait pas pris livraison de la totalité des arbres marqués appartenant au même propriétaire, et n'en avait pas acquitté le prix. — C. forest., art. 128 ; circ. 30 vend. an IV, no 289 ; avis cons. d'état 18 sept. 1807 ; décr. 15 avr. 1811, art. 7, 8 et 9.

1492. — Ils devaient fournir la preuve que le délai légal s'était écoulé entre l'abattage des arbres marqués et l'enlèvement qu'ils en avaient fait. Avant le Code forestier, la notification de la fin de la coupe était obligatoire. — *Cass.*, 27 nov. 1806, Lambert et d'Haudouin-d'OEuilly ; — Merlin, *Rép.*, vo *Bois*, § 2, no 3.

1493. — La marine pouvait-elle être obligée de prendre livraison des arbres marqués, après qu'ils avaient été abattus ? — La négative résulte du rejet d'un amendement proposé par M. Hyde de Neuville sur l'art. 128, rejet fondé sur la définition même du droit de martelage. — Gagneraux, *C. forest.*, art. 128, no 1er.

1494. — L'administration de la marine pouvait annuler le martelage jusqu'au moment de l'abattage, mais elle n'avait plus le droit de ne prendre livraison que d'une part des arbres marqués et abattus ; il fallait qu'elle prît la totalité. — C. forest., art. 129.

1495. — Lorsque les propriétaires de bois n'avaient pas fait abattre les arbres déclarés, dans le délai d'un an, à dater du jour de la déclaration, elle était considérée comme non avenue, et ils étaient tenus d'en faire une nouvelle. — C. forest., art. 130, conforme à l'art. 14, décr. 15 avr. 1811; réglem. 28 août 1816, art. 50.

1496. — Ceux qui, dans les cas de besoins personnels pour réparations ou constructions, voulaient faire abattre des arbres sujets à déclaration, ne pouvaient procéder à l'abattage qu'après avoir fait préalablement constater ces besoins par le maire de la commune. — Tout propriétaire convaincu d'avoir, sans motifs valables, donné, en tout ou en partie, à ses arbres une destination autre que celle qui avait été énoncée dans le procès-verbal constatant ses besoins personnels, était passible de l'amende portée par l'art. 125 pour défaut de déclaration. — C. forest., art. 131; L. 9 flor. an II, art. 9; circ. 1er mars 1811; décr. 15 avr. 1811, art. 15.

1497. — Dans les cas prévus par l'art. 131, C. forest., le maire, sur la réquisition du propriétaire des arbres sujets à déclaration pour le service de la marine, constatait, par un procès-verbal, le nombre d'arbres dont ce propriétaire avait réellement besoin pour constructions ou réparations, l'âge et les dimensions de ces arbres. — Ce procès-verbal était déposé à la sous-préfecture et transmis aux agens de la marine, de la manière prescrite par l'art. 154 de l'ordonnance réglementaire pour les déclarations de volonté d'abattre. — Ord. réglem., art. 159.

1498. — Était punissable toute coupe d'arbres sujets à la déclaration, lorsque l'urgence n'avait pas été constatée préalablement dans les formes prescrites par la loi. — *Cass.*, 17 mai 1816, Amans Lavabre.

1499. — Le gouvernement déterminait les formalités à remplir, tant pour les déclarations de volonté d'abattre que pour constater, soit les besoins, dans le cas prévu par l'article précédent, soit les martelages et les abattages. Ces formalités étaient remplies sans frais. — C. forest., art. 132; décr. 6 nov. 1813. — L'art. 132, C. forest., se réfère à l'ordonnance d'exécution. — V. art. 154 à 159.

1500. — Les arbres qui avaient été marqués pour le service de la marine dans les bois soumis au régime forestier, comme sur toute propriété privée, ne pouvaient être distraits de leur destination sous peine d'une amende de 45 francs par mètre de tour de chaque arbre, sauf néanmoins les cas prévus par les art. 126 et 128. Les arbres marqués pour le service de la marine ne pouvaient être écarris avant la livraison ni détériorés par ses agens avec des haches, scies, sondes ou autres instrumens, à peine de la même amende. — C. forest., art. 133. — Avis Cons. d'état 12-18 sept. 1807; ord. 28 août 1816, art. 4; 22 sept. 1819.

1501. — L'art. 133 avait apporté une innovation à la législation ancienne en défendant aux agens de la marine d'écarrir et de détériorer les arbres au préjudice du propriétaire.

1502. — Les arbres marqués pour la marine devaient être abattus du 1er oct. au 1er avril. — La notification de l'abattage de ces arbres était faite à la sous-préfecture et transmise aux agens de la marine de la manière prescrite par l'art. 154 de l'ord. réglementaire. — Ord. réglem., art. 156.

1503. — Dès que la notification de l'abattage leur était parvenue, les agens de la marine faisaient la visite des arbres abattus et en dressaient un procès-verbal dont ils déposaient une copie à la mairie de la commune où les bois étaient situés. — Ord. réglem., art. 157.

1504. — Les arbres marqués pour le service de la marine dans les bois soumis au régime forestier, comme sur toute propriété privée, étaient livrés en grume et en forêt; mais les adjudicataires ou les propriétaires pouvaient traiter de gré à gré avec les agens de la marine relativement au mode de livraison des bois, à leur écarissage et à leur transport sur les ports flottables ou autres lieux de dépôt. — Ord. régl., art. 158.

1505. — Il y avait délit de la part d'un adjudicataire qui exploitait à son profit des arbres marqués pour la marine et que son cahier des charges l'obligeait à écarrir pour la marine elle-même et à faire voiturer à ses frais au plus prochain port d'une rivière navigable. — *Cass.*, 6 germin. an X, Menesson et Fart.

1506. — L'art. 134, C. forest., portait : « Les délits et contraventions concernant le service de la marine seront constatés, dans tous les bois, par procès-verbaux soit des agens et gardes forestiers, soit des maîtres, contre-maîtres et aides-contre-maîtres assermentés de la marine. En conséquence les procès-verbaux de ces maîtres, contre-maîtres et aides-contre-maîtres feront foi en justice comme ceux des gardes forestiers, pourvu qu'ils soient dressés et affirmés dans les mêmes formes et dans les mêmes délais. — C. forest., art. 134.

1507. — Les procès-verbaux que les agens de la marine étaient autorisés par cet article à dresser pour constater les délits et les contraventions concernant le service de la marine devaient être remis par eux, dans le délai prescrit par les art. 15 et 18, C. instr. crim., aux agens forestiers chargés de la poursuite devant les tribunaux. — Ord. réglem., art. 160.

1508. — Les dispositions concernant le martelage n'étaient applicables qu'aux localités où le droit d'exercer celui-ci était jugé indispensable pour le service de la marine et pouvait être utilement exercé par elle. — Le gouvernement faisait dresser et publier l'état des départemens, arrondissemens et cantons qui n'étaient pas soumis à l'exercice de ce droit. — La même publicité était donnée au rétablissement de cet exercice dans les localités exceptées, lorsque le gouvernement jugeait ce rétablissement nécessaire. — C. forest., art. 135.

1509. — L'art. 161, ord. réglem., prescrivait au ministre de la marine de présenter incessamment à l'approbation royale l'état des départemens, arrondissemens et cantons qui ne seraient pas soumis à l'exercice du droit de martelage pour les constructions navales. Cet état, approuvé par le roi, devait être inséré au *Bulletin des lois*.

1510. — En exécution de cette prescription, une ordonnance royale a été promulguée le 27 fév. 1833, laquelle contenait l'état des départemens qui n'étaient pas soumis au martelage. — La connaissance de ce document est inutile dans l'état actuel de la législation.

1511. — Le § 2 de l'art. 161, ord. réglem., ajoutait que les mêmes formalités seraient observées lorsqu'il y aurait lieu d'assujétir de nouveau à l'exercice du droit de sauvetage l'un des départemens, arrondissemens ou cantons qui en auraient été affranchis. Les ordonnances royales rendues à ce sujet devaient toujours être publiées avant le 1er mars pour l'ordinaire suivant.

Sect. 2e. — *Ponts et chaussées. — Travaux du Rhin.*

1512. — Le cours du Rhin, inégal, irrégulier, impétueux, menace sans cesse les propriétés voisines du danger de ses débordemens. Pour les préserver d'une destruction imminente, on est forcé de contenir ce fleuve par des obstacles qu'il brise et renverse souvent, et que chaque fois il faut renouveler. La possibilité et la crainte étant permanentes, il faut que les moyens de salut le soient aussi, et que le remède, pour être efficace, soit aussi prompt que le mal. — Favard de Langlade, Rapp. à la chambre des députés.

1513. — Tel est le but de l'art. 136, C. forest., qui est ainsi conçu : « Dans tous les cas où les travaux d'endiguage ou de fascinage sur le Rhin exigeront une prompte fourniture de bois ou oseraies, le préfet, en constatant l'urgence, pourra en requérir la délivrance, d'abord dans les bois de l'état; en cas d'insuffisance de ces bois, dans ceux des communes et des établissemens publics, et subsidiairement enfin dans ceux des particuliers : le tout à la distance de cinq kilomètres des bords du fleuve.

1514. — Cette matière avait été réglée, antérieurement au Code, par les décrets des 16 messid. an XIII, 27 oct. 1808, 15 avr. 1811 et 6 nov. 1813. Ce dernier décret affectait aux travaux du Rhin les bois taillis ou autres situés dans les îles, sur les rives et à une distance de quinze kilomètres du cours du fleuve.

1515. — On entend par urgence les invasions du fleuve sur un ou plusieurs points, et les accidens imprévus qui menaceraient d'envahissement subit le territoire. — Discuss. chamb. des députés; — Chauveau, *Code forest.*, p. 547; Gagneraux, art. 136, n° 2.

1516. — L'art. 136 limite l'exercice de la dérogation qu'il apporte au droit de propriété au territoire menacé. Sur les observations des députés du Haut et du Bas-Rhin, le rayon de quinze kilomètres fixé par le projet a été changé en une distance de cinq kilomètres, tant en amont qu'en aval du point attaqué ou menacé.

1517. — Chaque année, avant le 1er août, le conservateur fournit aux préfets du Haut et du Bas-Rhin un tableau des coupes des bois de l'état, des communes et des établissemens publics, qui doivent avoir lieu dans ces départemens, sur les rives et à la distance de cinq kilomètres du fleuve. Ce tableau, divisé en deux parties, dont l'une comprend les bois de l'état et l'autre ceux des communes et des établissemens publics, indique la situation de chaque coupe et les ressources qu'elle peut produire pour les travaux d'endiguage et de fascinage. — Ord. réglem., art. 162.

1518. — Tous particuliers propriétaires de bois taillis ou autres dans les îles, sur les rives, et à une distance de cinq kilomètres des bords du fleuve, sont tenus de faire, trois mois d'avance, à la sous-préfecture, une déclaration des coupes qu'ils se proposent d'exploiter. Si dans le délai de trois mois les bois ne sont pas requis, le propriétaire peut en disposer librement. — C. forest., art. 137.

1519. — En exigeant des propriétaires, la déclaration des coupes qu'ils entendent faire, les rédacteurs du Code ont voulu que l'administration ne fût pas privée impunément des ressources dont elle peut avoir besoin. — Rapp. chamb. des députés; — Chauveau, p. 73.

1520. — Les déclarations prescrites aux propriétaires par l'art. 137, C. for., sont faites dans les formes et de la manière déterminées par l'art. 154, ord. réglem, pour le service de la marine. Elles sont transmises immédiatement au préfet par les sous-préfets. — Ord. réglem., art. 163.

1521. — D'après le projet, la déclaration devait être faite devant l'agent forestier local auquel la loi, telle qu'elle a été votée, substitue l'autorité du sous-préfet.

1522. — Tout propriétaire qui, hors les cas d'urgence, effectuerait la coupe de ces bois sans avoir fait la déclaration prescrite par l'art. 137, C. forest., serait condamné à une amende de 1 franc par are de bois ainsi exploité. L'amende serait de 4 francs par are contre tout propriétaire qui, après que la réquisition de ces bois lui aurait été notifiée, les détournerait de la destination pour laquelle ils auraient été requis. — C. forest., art. 138. — Avant le Code forestier, l'amende était réglée par stères ou fagots.

1523. — Dans le cas d'urgence prévu par l'art. 138, C. forest., le propriétaire qui, pour des besoins personnels, serait obligé de faire couper sans délai des bois soumis à la déclaration, doit faire constater l'urgence de la manière prescrite par l'art. 159, ord. réglem. — Le procès-verbal est transmis au préfet par le sous-préfet. — Ord. réglem., art. 167.

1524. — Dans les bois soumis au régime forestier, l'exploitation des bois requis est faite par les entrepreneurs des travaux des ponts et chaussées, d'après les indications et sous la surveillance des agens forestiers; ces entrepreneurs seront dans ce cas, soumis aux mêmes obligations et à la même responsabilité que les adjudicataires des coupes des bois de l'état. — C. forest., art. 139.

1525. — Dans les bois des particuliers, l'exploitation des bois requis est faite également, et sous la même responsabilité, par les entrepreneurs des travaux, si mieux n'aime le propriétaire faire exploiter lui-même, ce qu'il doit déclarer aussitôt que la réquisition lui a été notifiée. A défaut par le propriétaire d'effectuer l'exploitation dans le délai fixé par la réquisition, il y est procédé à ses frais, sur l'autorisation du préfet. — C. forest., art. 140.

1526. — La déclaration à laquelle est tenu, en vertu de l'art. 140, C. forest., le propriétaire qui préfère exploiter lui-même les bois requis est faite à la sous-préfecture, et dans les formes prescrites, pour les déclarations de volonté d'abattre, par l'art. 145, ord. réglem. — Le sous-préfet en donne avis immédiatement au préfet et à l'ingénieur des ponts et chaussées chargé de l'exécution des travaux. — Ord. réglem., art. 166.

1527. — Il restait à régler le mode d'expertise et le paiement des bois requis; c'est ce qu'a fait l'art. 141, qui porte : « Le prix des bois et oseraies requis en exécution de l'art. 136 sera payé par les entrepreneurs des travaux à l'état et aux communes ou établissemens publics, comme aux particuliers, dans le délai de trois mois après l'abattage constaté, et d'après le même mode d'expertise déterminé par l'art. 127 de la présente loi pour les arbres marqués par la marine. Les communes et les particuliers seront indemnisés, de gré à gré ou à dire d'experts, du tort qui pourrait être résulté pour eux des coupes exécutées hors des saisons convenables.

1528. — Le dernier paragraphe de l'art. 141 a été ajouté par la commission et a donné lieu à quelques explications sur l'interprétation de l'article; on pensait que l'administration n'avait le droit de prendre des fascines que dans les bois des propriétaires qui font des coupes; le dernier paragraphe a paru détruire cette restriction et autoriser l'administration à couper, en cas d'urgence, dans les bois mêmes des propriétaires qui n'ont pas fait de déclaration. Y avait-il équivoque ? M. Humann demanda qu'elle fût levée, et on lui répondit qu'il n'y avait pas à hésiter sur l'interprétation à donner à

FORÊTS, ch. 10, sect. 2e.

cet article; que les bois placés dans le rayon soumis à la servitude pourront toujours être requis; que vouloir le contraire serait rendre illusoire le droit de réserve accordé à l'administration.

1529. — Il peut arriver que l'urgence des travaux exige des coupes à des époques où cela nuit à la végétation; il y avait justice à indemniser les propriétaires du tort qu'ils éprouvaient. — C'est l'objet du § 2e, art. 141.

1530. — Le préfet, sur le rapport des ingénieurs des ponts-et-chaussées constatant l'urgence, prend un arrêté pour désigner, à proximité du lieu où le danger se manifeste, les propriétés où doivent être coupés les bois nécessaires pour les travaux; il adresse cet arrêté à l'agent forestier supérieur de l'arrondissement et à l'ingénieur en chef des ponts et chaussées. — Org. réglem., art. 164.

1531. — L'agent forestier supérieur dont parle l'art. 164 est l'agent forestier local et non le conservateur. — Lettre du directeur général du 6 fév. 1828 (*Réglem. forest.*, t. 1er, p. 43).

1532. — Lorsque la réquisition porte sur des bois régis par l'administration forestière, les agens forestiers locaux procèdent sur-le-champ et dans les formes ordinaires à la désignation du canton où la coupe doit être faite, et aux opérations de balivage et de martelage. — Lorsque les bois sur lesquels frappe la réquisition appartiennent à des particuliers, l'agent forestier en fait faire par un garde la signification au propriétaire. — Ord. réglem., art. 165.

1533. — Pour l'exécution des dispositions de l'art. 141, C. forest., l'abattage des bois requis, est constaté dans les bois régis par l'administration forestière, par un procès-verbal d'un agent forestier et, dans les autres bois, par un procès-verbal dressé par le maire de la commune. — Lorsqu'il y a lieu de nommer des experts pour la fixation des indemnités, l'expert, dans l'intérêt de l'administration des ponts-et-chaussées, est nommé par le préfet. — Les ingénieurs des ponts-et-chaussées ne doivent délivrer aux entrepreneurs le certificat à fin de paiement pour solde qu'autant qu'ils justifient avoir entièrement payé les sommes mises à leur charge pour le prix des bois requis et livrés. — Ord. réglem., art. 168.

1534. — Le gouvernement détermine les formalités qui doivent être observées pour la réquisition des bois, les déclarations et notifications, en conséquence de ce qui est prescrit par les articles précédens. — C. forest., art. 142.

1535. — Les contraventions et délits en cette matière sont constatés par procès-verbaux des agens et gardes forestiers, des conducteurs des ponts-et-chaussées et des officiers de police assermentés, qui doivent observer à cet égard les formalités et délais prescrits pour les procès-verbaux dressés par les gardes de l'administration forestière. — C. forest., art. 143.

1536. — M. Rogron (*C. forest.*, p. 212) pense que les procès-verbaux des conducteurs des ponts-et-chaussées et des officiers de police ne doivent pas faire foi jusqu'à inscription de faux. Il argumente du silence de l'art. 143, C. forest., et des termes de l'art. 154, C. inst. crim.

1537. — Il résulte aussi, dit cet auteur (p. 213), de la non-insertion dans l'article du mot *assermentés* que la cour de Cassation avait, dans ses observations, proposé de placer après les mots: *conducteurs des ponts-et-chaussées*, qu'il n'est pas nécessaire que ces agens aient prêté serment en justice; l'affirmation suffit.

§ 1er. — *Dispositions applicables à tous les bois et forêts en général.*

1538. — L'art. 144, C. forest., est fondé sur les principes de l'ordonnance de 1669 (tit. 3, art. 18; tit. 27, art. 12, et tit. 32, art. 12), il a résumé, sur plusieurs questions, l'état de l'ancienne jurisprudence. Cet article est ainsi conçu: « Toute extraction ou enlèvement non autorisé de pierre, sable, minerai, terre ou gazon, tourbe, bruyères, genêts, herbages, feuilles vertes ou mortes, engrais existant sur le sol des forêts, glands, faînes, et autres fruits ou semences des bois et forêts, donnera lieu à des amendes qui seront fixées ainsi qu'il suit: par charretée ou tombereau, de 10 à 30 fr. pour chaque bête attelée; par chaque charge de bête de somme, de 5 à 15 fr.; par chaque charge d'homme, de 2 à 6 fr.

1539. — Cet article ne fait que généraliser une partie des dispositions de l'art. 12, tit. 27, ord. de 1669. Car ce dernier article punissait l'enlèvement des sables, terres, marnes ou argiles. Pour les herbages, glands et faînes, il fallait se reporter à l'art. 12, tit. 32, qui défendait d'amasser ou d'enlever ces productions. — Meaume, t. 2, no 963, à la note.

1540. — Cet art. 144 doit être conféré avec l'art. 169, ord. 1er août 1827, modifié par l'art. 2 de celle du 4 déc. 1844.

1541. — Aux termes de l'art. 169 de l'ordonnance du 1er août 1827, l'extraction de productions quelconques du sol forestier ne pouvait avoir lieu dans les bois et forêts régis par l'administration forestière qu'en vertu d'une autorisation formelle délivrée par le directeur général des forêts s'il s'agissait des bois de l'état, et s'il s'agissait de ceux des communes ou des établissemens publics, par les maires ou administrateurs des communes ou établissemens propriétaires, sauf l'approbation du directeur général des forêts, qui dans tous les cas devait régler les conditions et le mode d'extraction. Quant au prix, il devait être fixé pour les bois de l'état par le directeur général des forêts, et pour les bois des communes et des établissemens publics par le préfet, sur les propositions des maires et administrateurs.

1542. — L'art. 2 de l'ordonnance du 4 déc. 1844 reproduit cette disposition, mais en conférant aux conservateurs des forêts les fonctions qu'elle déléguait au directeur général.

1543. — Le législateur fait, dans l'art. 144, une énumération des produits les plus importans dont il défend l'enlèvement ou l'extraction, mais il ne faudrait pas considérer ce texte comme limitatif; sa disposition est simplement énonciative.

1544. — C'est en appliquant de la même manière l'ordonnance de 1669 qu'il a été jugé sous l'empire de cette ordonnance que les auteurs de coupe et enlèvement de genièvre et liserons dans les bois soumis à la surveillance de l'administration forestière, ne peuvent pas être acquittés, sous le prétexte que les genièvres et les liserons ne font pas partie des arbres que la loi soumet à cette administration. — *Cass.*, 14 août 1812, Menicani. — Cette solution devait encore être suivie actuellement.

1545. — La même décision a été prise avant le Code, relativement à un enlèvement de mousses, par un arrêt inédit de la cour royale de Nancy du 9 sept. 1826 cité par M. Meaume (t. 2, no 965) à la note, et depuis le Code forestier par un arrêt inédit de la cour royale de Dijon du 27 nov. 1833 (cité *eod. loc.*)

1546. — Les expressions *et autres fruits ou semences des bois et forêts* qu'emploie l'art. 144 comprennent par exemple la gomme, les champignons, la mousse, les ronces, le gui, les truffes, les morilles et autres productions semblables.

1547. — On retrouve le même esprit dans l'art. 169 précité de l'ordonnance d'exécution du Code forestier, Cet article défend en effet d'enlever sans permission administrative les *productions quelconques du sol* des forêts soumises au Code forestier.

1548. — L'ordonnance de 1669, tit. 32, art. 12, qui défendait d'enlever certaines productions des forêts, ne parlait pas des feuilles mortes que l'art. 144, C. forest. prend soin de mentionner. — Un décret du 19 juill. 1810, motivé sur ce que l'ordonnance n'était pas limitative, avait déclaré cet art. 12, tit. 32, applicable aux cas seulement de feuilles mortes.

1549. — Cette application de l'ordonnance à ce cas était reconnue du reste par une jurisprudence constante. — V. *Cass.*, 16 avr. 1807, Henri Faul; 22 mai 1807, Schœffer; 3 sept. 1807, Farthenay et Chrèche; 1er oct. 1807, Savaron; 2 mars 1809, Grontaux; 31 janv. 1811, Henri Faul; 15 oct. 1824, de Rohan c. Etienne Tatet. — V. Augier, *Encyclop. des juges de paix*, vo *Feuilles mortes*; Merlin, *Rép.*, vo *Feuilles mortes*.

1550. — L'art. 12, tit. 32, ord. 1669, était inapplicable aux délinquans qui, ne se bornant pas à enlever dans une forêt des productions superficielles, enlèvent en même temps la terre dans laquelle pénètrent les racines de ces productions. Ce délit était prévu par l'art. 12, tit. 27, même ordonnance. — *Cass.*, 11 déc. 1812, Lullan. — Aujourd'hui, les deux faits relevés par cet arrêt constituent un seul et même délit.

1551. — Les prescriptions de l'ordonnance avaient été modifiées quant aux forêts nationales par la loi du 12 fructid. an II, dont l'art. 1er portait: « Il est permis à tous particuliers d'aller ramasser les glands, les faînes et autres fruits sauvages dans les forêts et bois qui appartiennent à la nation, en observant d'ailleurs les lois concernant leur conservation. »

1552. — La loi du 12 fructid. an II est restée en vigueur jusqu'au Code forestier, dont l'art. 144 a abrogé implicitement les dispositions. — *Cass.*, 7 nov. 1823, Sériat; 2 mars 1825, Enreg. c. Petit; 21 août 1827, Eckert.

1553. — Jugé que le fait d'avoir anticipé sur une forêt impériale, d'y avoir enlevé sans permission plusieurs voitures de terre, d'avoir coupé plusieurs racines d'un chêne et d'un hêtre, et d'avoir en outre arraché totalement plusieurs cépées de coudre, constituait le délit prévu par les art. 11 et 12, tit. 27, ord. 1669, et non celui prévu par l'art. 18, tit. 3, même ordonnance, qui n'était applicable qu'aux officiers qui souffraient des arrachis de plants. — *Cass.*, 20 fév. 1812, Taisson.

1554. — Le délit qui consistait dans le fait d'enlever des souches mortes était prévu par l'art. 3 du tit. 32 de l'ordonnance. — *Cass.*, 4 oct. 1806, Moulin; — Merlin, *Rép.*, vo *Délit forestier*.

1555. — L'individu qui obtient la permission d'extraire du sable doit reboucher les trous; et s'il excède les bornes de la permission qu'il a obtenue il encourt les peines portées par l'art. 144, C. forest. — Baudrillart, t. 1er, p. 538.

1556. — L'art. 144 contient une disposition générale qui s'applique aux bois ou forêts des particuliers comme à ceux qui sont soumis au régime forestier.

1557. — On devrait même étendre cette application aux délits de la nature de ceux prévus par cet article qui seraient commis sur des terrains *non encore boisés*, mais cependant surveillés par l'administration forestière, ou parce qu'ils seraient voisins d'une forêt nationale, ou qu'ils y auraient été incorporés. — Meaume, t. 2, no 964.

1558. — Il est de principe, en effet, que la soumission au régime forestier emporte la présomption légale que le terrain ainsi placé sous la garde de l'administration fait ou doit faire un jour partie intégrante de la forêt. — Meaume, *loc. cit.*

1559. — On s'est demandé si le fait d'avoir réuni et mis en tas des produits superficiels, tels que faînes, glands, feuilles mortes, etc., pour préparer l'enlèvement de ces produits constitue par lui-même un délit auquel doive s'appliquer l'art. 144.

1560. — La raison de douter vient de ce que cet article ne punit que l'enlèvement et l'extraction des produits qu'il énumère, et de ce que le mot *extraction* ne paraît pas s'appliquer à ceux qui ne sont pas intérieurs, mais seulement superficiels, de telle sorte que pour ces produits l'enlèvement consommé serait seul punissable.

1561. — Il paraît résulter cependant de l'esprit de l'art. 144 que le législateur a entendu punir la simple *tentative* d'enlèvement des produits superficiels. La loi manifeste clairement la volonté de déroger aux principes généraux qui considèrent les tentatives de délits comme non punissables lorsqu'elle punit le seul fait de *l'extraction* des produits intérieurs, bien que cette extraction ne soit qu'une tentative d'enlèvement, et il serait difficile de comprendre pourquoi l'art. 144 aurait consacré un système différent lorsqu'il ne s'agit que de produits simplement superficiels.

1562. — Telle est l'opinion adoptée par M. Chauveau (t. 2, no 966), qui croit même qu'on doit voir un fait *d'extraction* dans la mise en tas de produits superficiels pour en préparer l'enlèvement.

1563. — MM. Coin-Delisle et Fréderich (*Comm. de l'art.* 144, t. 2, p. 50 et 51), qui enseignent la même doctrine, considèrent comme un délit la coupe non autorisée de bruyères, genêts, herbages, etc., non suivie d'enlèvement. « Ainsi, disent-ils, il y aurait délit de même nature dans l'action d'abattre les fruits, les arbres fruitiers; les art. 57, 85, 112 et 120, qui défendent aux adjudicataires, aux usagers et aux habitans des communes d'abattre des glands, faînes et autres fruits, sous peine d'une amende double de celle qui est prononcée par l'art. 144, prouvent que l'art. 144 comprend sous une expression générique l'abattage des fruits, comme la fouille des minéraux. Le délit d'enlèvement a lieu surtout à l'égard des productions gisantes sur le sol, les feuilles et les fruits tombés. »

1564. — La cour de Cassation a jugé, conformément à cette doctrine, qu'il suffit, pour constituer le délit d'enlèvement de feuilles mortes, que le prévenu ait été surpris au moment où, après en avoir ramassé deux charges, il se disposait, de son propre aveu, à les charger sur un mulet pour les emporter. La loi n'exige pas que l'enlèvement ait été consommé. — *Cass.*, 28 juin 1811, Gourrin.

1565. — Le fait d'avoir détaché du sol forestier des bruyères, genêts ou herbages qui y croissent, constitue le délit prévu par l'art. 144, C. forest., quoique l'enlèvement n'en ait pas été consommé. — *Cass.*, 19 sept. 1832, Forêts c. Longa-Bourg.

1566. — Jugé de même par la cour de Metz que celui qui a été surpris amassant des faînes ou des glands dans une forêt est passible de la même peine que s'il les eût enlevés. — *Metz*, 29 mai 1820, Pinck.

1567. — Sous l'ord. de 1669, on jugeait de même que le prévenu surpris dans une forêt nationale avant qu'il eût enlevé une quantité de sable déjà

chargée sur sa voiture, ne pouvait pas être acquitté sur le fondement que ce sable n'avait pas été enlevé, et que, d'ailleurs, les habitans étaient dans l'usage de s'en fournir au lieu indiqué par le procès-verbal. — *Cass.*, 22 prair. an VII, Vidal.

1568. — Mais on ne saurait punir comme tentatives d'enlèvement punissables, des actes qui ne se rattacheraient pas à une *extraction*, opération qui pour les produits superficiels consiste le plus ordinairement dans l'action de les arracher, ramasser ou mettre en tas. — Meaume, t. 2, no 967.

1569. — Ainsi, la simple tentative de coupe d'herbes ou de bruyères dans les forêts n'est point placée par le Code forestier au nombre des faits punissables. — *Orléans*, 21 fév. 1829, Fouquiau.

1570. — Tous les faits d'extraction ne seraient même pas indistinctement des délits dans le sens de l'art. 144. L'extraction n'est un délit qu'autant qu'elle constitue une tentative d'enlèvement. C'est ainsi qu'un individu qui creuserait un fossé dans une forêt sans l'autorisation du propriétaire, ne pourrait être l'objet d'une action correctionnelle en vertu de l'art. 144. On pourrait seulement lui réclamer des dommages-intérêts par la voie civile. — Meaume, t. 2, no 968.

1571. — Si le ministère public dirige des poursuites en vertu de l'art. 144, ces poursuites devraient être suspendues si l'inculpé rapportait le consentement du propriétaire de la forêt dans laquelle se seraient passés les faits reprochés, car cet article entend punir seulement l'extraction ou l'enlèvement non autorisé. — Meaume, *loc. cit*, no 969.

1572.—Mais l'autorisation devant régulièrement être obtenue avant l'extraction ou l'enlèvement, il ne saurait y avoir lieu à surseoir pour permettre au prévenu de s'en procurer une après l'accomplissement des faits.

1573. — Jugé ainsi que lorsqu'il est établi que le prévenu a fait extraire des pierres dans une carrière dépendant d'une forêt royale, sans y avoir été préalablement autorisé, le tribunal excède ses pouvoirs en prononçant un sursis pour lui donner le temps de se procurer une autorisation. — *Cass.*, 19 nov. 1829, Debonnai ;—Meaume, *loc. cit.*, p. 970.

1574. — Le prévenu ne serait pas dispensé de justifier d'une autorisation par cette circonstance que la coupe ou l'enlèvement d'herbes aurait eu lieu sur un terrain essarté. — Meaume, *loc. cit.*

1575. — Décidé que le curé qui a fait couper des fagots dans un bois de futaie ou de taillis appartenant à la fabrique, sans une autorisation de l'administration forestière, ne peut pas être renvoyé de la poursuite sous le prétexte qu'il n'est pas constaté que ces fagots aient été formés de la coupe desdites futaies et desdits taillis, et qu'ils n'avaient été composés que de broussailles et de genièvres. — *Cass.*, 22 avr. 1813, Rovaldi.

1576.—Lorsque des ouvriers ont fait des travaux d'extraction dans des bois communaux par les ordres du maire, ce fonctionnaire, étant incompétent pour ordonner de semblables travaux, est le véritable auteur du délit, et c'est contre lui que les poursuites doivent être dirigées ; mais il faut remarquer seulement que dans cette hypothèse, le maire ayant agi dans un intérêt communal, doit être considéré comme un agent du gouvernement, et qu'il ne peut être poursuivi qu'en vertu de l'autorisation du conseil d'état, conformément à l'art. 75, constit. frim. an VIII. — Meaume, *loc. cit.*, no 972.

1577. — Dans certaines localités, dit M. Meaume (*loc. cit.*, no 973), et notamment dans le département des Landes, on désigne sous le nom de *soutrage* l'action d'enlever des genêts, bruyères, gazons, feuilles mortes et autres menus produits des forêts, destinés à l'engrais des terres cultivées. L'autorisation de pratiquer le soutrage a été souvent accordée par des ordonnances royales, mais à la condition que l'enlèvement des menus produits que comporte cette opération n'aurait lieu qu'avec toutes les précautions nécessaires pour ne pas nuire au repeuplement de la forêt.

1578. — Jugé que le droit accordé par une ordonnance royale aux habitans d'une commune de prendre dans une forêt du soutrage et des gazons pour l'amendement des terres cultivées n'emporte pas celui d'enlever de la terre végétale de ladite forêt. — *Cass.*, 24 fév. 1837 (t. 1er 1838, p. 85), Larrède.

1579. — Lorsqu'un bois communal a été soumis au régime forestier, sous la réserve d'autoriser le soutrage dans les vides, c'est à l'administration forestière seule qu'il appartient de donner cette autorisation et d'indiquer les lieux où elle doit l'appliquer. En conséquence, celui qui s'est permis de faire du soutrage sans l'autorisation de l'administration ne peut pas être acquitté sous le prétexte que le maire a indiqué les lieux. — *Cass.*, 14 mars 1834, Mauvoisin.

1580. — Lorsqu'il s'agit d'extraction de mines, minières, carrières ou tourbes, les exploitans sont tenus de se conformer aux dispositions de la loi du 21 avr. 1810.

1581. — Des peines assez rigoureuses sont prononcées tant par cette loi (art. 57, 59, 60, 68, 84, 93 et 96) que par le décret du 3 janv. 1813 (art. 1er, 2 et 31) et par celui du 22 mars 1813 (art. 1er, 30 et 31), contre ceux qui se livrent, *sans autorisation*, à l'extraction de minerai dans tous les terrains en général.

1582.—MM. Coin-Delisle et Frédérich (*Comment. C. forest.*, t. 2, p. 59) pensent que ces dispositions sont abrogées, à l'égard des bois, par l'art. 218, C. forest., et remplacées par l'art. 144 de ce Code.

1583.—Nous croyons, au contraire, avec M. Meaume (no 976), que l'application de la loi et des deux décrets sur les mines peut se concilier avec celle du Code forestier, car les obligations imposées par ces deux législations aux exploitans sont d'un ordre différent ; les lois sur les mines ont en vue l'utilité publique en général qui dicte leurs prescriptions, tandis que le Code forestier a voulu seulement donner des garanties au droit de propriété.

1584. — Lorsqu'une concession de mines a été faite par un acte de la puissance publique, à la charge par le concessionnaire d'indemniser le propriétaire de la forêt dans laquelle la mine est située, le concessionnaire qui a en effet soldé préalablement l'indemnité n'a pas besoin de l'autorisation du propriétaire pour commencer les travaux.

1585. — Il semble même qu'il en doit être ainsi dans le cas où la concession ayant été délivrée avant la loi du 21 avr. 1810, le concessionnaire n'a été astreint au paiement d'aucune indemnité à l'égard du propriétaire du sol. — Meaume, *loc. cit.*, no 977.

1586. — Il n'est besoin de demander aucune autorisation au propriétaire quand il s'agit d'enlèvement ou d'extractions pratiquées par les ordres de l'administration des ponts et chaussées et des mines pour la confection de travaux d'utilité publique. — C. forest., art. 145.

1587.—L'extraction par un entrepreneur de travaux publics des pierres d'une forêt à lui désignées par son devis peut être faite sans l'autorisation du propriétaire de la forêt : cette extraction ne peut être considérée, à la charge de l'entrepreneur ou de ses ouvriers, comme un délit, et ne donne lieu qu'à une action en dommages-intérêts devant le conseil de préfecture. — *Cass.*, 16 avr. 1836, Liste civ. c. Godard.

1588. — Si des droits d'usage étaient prétendus sur des produits autres que ceux qu'énumèrent les art. 65 à 69 et 79, C. forest., ces droits ne pourraient être exercés sans l'autorisation du propriétaire, sous les peines portées en l'art. 144, même Code. Il est de principe, en effet, qu'on ne peut exercer de droit d'usage sans délivrance, et l'obligation d'en obtenir une, dans les cas dont les articles précités ne s'occupent pas, ne peut être sanctionnée que par la disposition de l'art. 144.—Meaume, *loc. cit.*, no 978.

1589. — Aussi une circulaire du 20 juill. 1811 a-t-elle obligé les usagers aux feuilles mortes à obtenir la désignation d'un emplacement sur lequel leur droit pouvait s'exercer. — Curasson, *C. forest.*, t. 2, p. 393 ; Baudrillart, *Comment. sur l'art.* 144.

1590.—Décidé par le même principe que le droit d'usage consistant à enlever des gazons dans une forêt communale ne peut légalement être exercé que dans le temps et sur les lieux préalablement déterminés par l'administration forestière. A défaut de cette délivrance, l'enlèvement de gazons par un usager est un délit. — *Cass.*, 24 janv. 1812, Jean Frings. — Cette décision, antérieure au Code forestier, devrait encore être suivie sous son empire.

1591. — Un enlèvement de souches déjà extraites légitimement ne constituerait pas un délit forestier puni par l'art. 144. On devrait voir dans ce fait un vol de bois dans une vente, délit prévu par l'art. 388, no 2, C. pén.

1592. — On exagérerait la portée de l'art. 144, si l'on voulait appliquer les peines qu'il prévoit au simple enlèvement fait dans un intérêt d'étude ou de curiosité, d'une ou deux pierres gisantes, de quelques bruyères, genêts, etc., ou dans la cueillette de quelques fruits sauvages. Il n'y a aucun délit dans de pareils actes. — Curasson, *C. forest.*, t. 2, p. 392 ; Coin-Delisle et Frédérich, t. 2, p. 60.

1593. — Pour la rédaction de leurs procès-verbaux, les agens de l'administration doivent avoir égard aux gradations de peines établies par l'art. 144, et constater soigneusement la *nature* des productions enlevées et leur quantité évaluée par charge d'homme, de bête de somme ou de voiture, avec mention, dans ce dernier cas, du nombre de bêtes arrêtées.

1594. — Si la quantité de marne, tourbe ou autre production était assez grande pour représenter une voiture, les gardes, en dressant procès-verbal, en pourraient faire une évaluation en plusieurs charges de bêtes de somme ou en un plus grand nombre de charges d'homme.

1595. — C'est ce qu'exprime une instruction du 20 sept. 1839, citée par M. Meaume (*loc. cit.*, no 981), laquelle porte : « L'évaluation par charge d'homme n'a lieu que dans le cas d'insuffisance de matière pour former une charge de bête de somme ; elle n'a lieu, par charge de bête de somme, qu'en cas d'insuffisance pour former une charge de voiture. »

1596. — Mais si le mode d'enlèvement était nettement caractérisé par un fait extérieur, par exemple, s'il y avait une voiture attelée de deux chevaux ou plusieurs bêtes de somme, le garde devrait rapporter simplement ce dont il aurait été témoin, sans recourir aux évaluations prescrites par la circulaire.

1597. — Les genêts, bruyères ou autres plantes semblables, doivent être aussi estimées par quantités. Il serait irrégulier de les évaluer par fagots.

1598. — En ne considérant que le mode d'enlèvement pour la détermination de la peine, l'art. 144 n'a pas eu égard au préjudice causé ; car il n'a pas eu égard à la valeur des objets enlevés. Mais le juge peut proportionner la peine au délit en usant de la latitude qu'a laissée cet article en fixant un *maximum* et un *minimum*. — Curasson, t. 2, p. 393.

1599. — Il n'est pas douteux que le tribunal saisi de la connaissance du délit ne puisse allouer des dommages-intérêts au propriétaire de la forêt. Ces dommages-intérêts pourront être considérables s'il s'agit, par exemple, de glands ou faînes enlevés dans des coupes destinées à se repeupler par l'ensemencement naturel.

1600. — Mais, en aucun cas, l'amende ne peut dépasser le taux fixé par l'art. 144, selon le mode d'enlèvement. — Curasson et Meaume, *loc. cit.*

1601. — On a élevé la question de savoir si l'art. 144 a entendu déterminer la peine en considérant *uniquement* le mode d'enlèvement et en faisant abstraction dès-lors du nombre des délinquans ; ce qui constituerait une dérogation aux règles de droit commun en matière criminelle.

1602. — La cour de Cassation a jugé pendant long-temps qu'il devait être prononcé autant d'amendes distinctes qu'il y avait d'individus reconnus coupables conformément aux principes généraux.

1603. — Elle a décidé notamment qu'en matière forestière il doit être prononcé autant d'amendes qu'il y a de personnes surprises coupant ou arrachant des herbes en délit, comme il en doit être prononcé autant qu'il y a de bêtes de somme destinées à être chargées, quoique les herbes coupées ou enlevées ne forment que la valeur d'un faix ou d'une charge. — *Cass.*, 7 janv. 1814, René Lorima.

1604. — ...Et qu'il doit être prononcé autant d'amendes individuelles qu'il y a de personnes surprises amassant des glands en délit, ou arrachant des herbes. — *Cass.*, 18 oct. 1822, Thiébaut ; 7 janv. 1814, Corieux.

1605. — Le 21 oct. 1824 la même cour a jugé qu'il devait être prononcé autant d'amendes qu'il y avait de personnes contre trois individus qui avaient coupé en délit de l'herbe dans une forêt, quand bien même la quantité d'herbe coupée n'aurait formé au moment de la découverte du délit que la charge de deux personnes. — *Cass.*, 21 oct. 1824, Farnet.

1606. — Mais cette jurisprudence a été réformée, et la cour suprême a jugé depuis que l'amende prononcée par l'art. 144, C. forest., pour l'extraction ou enlèvement de pierres, sables, genêts, etc., existant sur le sol des forêts, ayant été déterminée suivant le mode d'enlèvement, et non à raison du nombre des personnes, il s'ensuit qu'une seule amende de 10 à 30 francs doit être prononcée contre deux individus surpris au moment où ils chargeraient ensemble une voiture attelée d'un mulet. — *Cass.*, 24 avr. 1828, Houdin. — MM. Chauveau et Hélie (*Th. C. pén.*, t. 1er, p. 262) partagent cette opinion. —V. aussi Meaume (*loc. cit.*, no 985), qui approuve cette dernière doctrine comme faisant une juste application de l'art 144. C'est aussi notre opinion.

1607. — Pour que l'amende puisse être appliquée d'après un mode particulier d'enlèvement, il faut qu'il y ait eu, en effet, enlèvement non pas seulement tenté, mais consommé d'après ce mode.

1608. — Aussi a-t-il été jugé avec raison qu'on ne peut condamner à l'amende fixée pour enlèvement de la charge d'une bête de somme, l'individu qui a été trouvé avec une bête de somme dans une forêt au moment où il venait de couper des herbes en quantité suffisante pour former une charge d'homme. Que la tentative d'un pareil délit ne peut

être considérée comme le délit lui-même. — *Cass.*, 21 oct. 1824, Farnet.

1609 — Lorsque plusieurs délinquans sont surpris, au même moment, ramassant ou enlevant chacun une charge à dos de produits superficiels, doivent-ils être condamnés solidairement ? — M. Meaume (*loc. cit.*, no 987) estime qu'il faut distinguer. — Si l'enlèvement, dit-il, a eu lieu simultanément par des individus étrangers les uns aux autres et qu'aucun lien de parenté ou d'intérêt n'unissait pour la consommation du délit, il est évident que chacun d'eux profitant seul du délit, aucune condamnation solidaire ne peut être prononcée contre ces délinquans. Si, au contraire, l'enlèvement a eu lieu par les membres d'une même famille, ou bien d'après les ordres et dans l'intérêt du maître par ses domestiques, ou enfin par des individus qui doivent profiter en commun des produits de cet enlèvement frauduleux, la connexité est évidente, et dès-lors la solidarité doit être prononcée.

1610. — Les art. 147 et 199, C. forest., punissent d'après certaines distinctions l'abandon d'animaux et de voitures dans les bois. On ne pourrait appliquer simultanément et pour la même affaire leurs pénalités et celles de l'art. 144; car les amendes prononcées par ce dernier article sont calculées à raison de la présence supposée des voitures ou des bêtes de somme. — Meaume, *loc. cit.*, no 988.

1611. — Il pourrait y avoir lieu néanmoins à une double amende si le fait de l'introduction des bestiaux avait été constaté avant que les moyens de transport eussent été chargés des produits enlevés frauduleusement.

1612. — C'est dans ce sens qu'il a été jugé que celui qui est convaincu tout à la fois d'avoir introduit des bestiaux dans une forêt et d'y avoir coupé et amassé des herbages est passible d'une amende distincte pour chacun de ces délits, et non d'une seule amende pour les deux — *Cass.*, 14 oct. 1826, Prevost.

1613. — « Il n'est pas dérogé, porte l'art. 145, C. forest., aux droits conférés à l'administration des ponts-et-chaussées d'indiquer les lieux où doivent être faites les extractions de matériaux pour les travaux publics; néanmoins les entrepreneurs seront tenus envers l'état, les communes et établissemens publics comme envers les particuliers, de payer toutes les indemnités de droit, et d'observer toutes les formes prescrites par les lois et réglemens en cette matière.

1614. — Les droits de l'administration des ponts-et-chaussées et les entrepreneurs de travaux publics qu'elle se substitue sont déterminés par une législation spéciale, qui comprend un arrêt du conseil du roi du 4 sept. 1755 confirmatif des arrêts précédens des 3 oct. 1667, 3 déc. 1672 et 22 juin 1706, aux termes desquels les entrepreneurs de travaux publics peuvent prendre la pierre, le grès, le sable et autres matériaux pour l'exécution des ouvrages dans tous les lieux indiqués par les devis; 2o la loi du 16 sept. 1807; 3o la loi du 21 avr. 1810 sur les mines. — V. PONTS-ET-CHAUSSÉES, TRAVAUX-PUBLICS.

1615. — Notons en passant que le droit d'extraction des matériaux s'arrête devant les propriétés forestières ou autres qui sont formées de murs ou autres clôtures équivalentes suivant l'usage du pays. — Meaume, t. 2, no 990.

1616. — Lorsque des fouilles ou des extractions sont faites dans une forêt appartenant à un particulier, on doit appliquer les règles générales relatives aux travaux publics.

1617. — Quant aux bois soumis au régime forestier, les rapports de l'administration des ponts-et-chaussées ou de leurs cessionnaires avec des représentans de l'administration des forêts sont réglés par les art. 169 et 173 de l'ordonnance d'exécution. — Meaume, *loc. cit.*, no 991.

1618. — Nous avons donné *suprà* le texte de l'art. 169. Lorsque les extractions de matériaux auront pour objet des travaux publics, les ingénieurs des ponts-et-chaussées, avant de dresser le cahier des charges des travaux, désigneront à l'agent forestier supérieur de l'arrondissement les lieux où ces extractions devront être faites. Les agens forestiers, de concert avec les ingénieurs ou conducteurs des ponts-et-chaussées, procéderont à la reconnaissance des lieux, détermineront les limites du terrain où l'extraction pourra être effectuée, le nombre, l'espèce et les dimensions des arbres dont elle pourra nécessiter l'abattage, et désigneront les chemins à suivre pour le transport des matériaux. En cas de contestation sur ces divers objets, il sera statué par le préfet. — Art. 170.

1619. — Dans le cas où les fouilles auraient eu lieu par des ouvriers employés directement par les ingénieurs des ponts-et-chaussées sans que les formalités prescrites par l'ordonnance réglementaire aient été accomplies, M. Meaume (t. 2, no 991) ne pense pas que ces ingénieurs puissent être poursuivis parce que l'art. 145 leur reconnaît positivement le droit d'indiquer le lieu où doivent être faites les extractions, et que, bien que l'art. 170 de l'ordonnance admette l'intervention du préfet en cas de contestation, cet article ne peut jamais légitimer les poursuites qui seraient dirigées contre les ingénieurs.

1620. — Les diverses clauses et conditions qui devront, en conséquence de l'exécution de l'art. 170, être imposées aux entrepreneurs tant pour le mode d'extraction que pour le rétablissement des lieux en bon état, seront rédigées par les agens forestiers, et remis par eux au préfet, qui les fera insérer au cahier des charges des travaux. — Art. 171.

1621. — L'évaluation des indemnités dues à raison de l'occupation ou de la fouille des terrains, et des dégâts causés par l'extraction, sera faite conformément aux art. 55 et 56, L. 16 sept. 1807. L'agent forestier supérieur de l'arrondissement remplira les fonctions d'expert dans l'intérêt de l'état, et des experts dans l'intérêt des communes ou des établissemens seront nommés par les maires ou les administrateurs. — Art. 172.

1622. — Les agens forestiers et les ingénieurs et conducteurs des ponts et chaussées sont expressément chargés de veiller à ce que les entrepreneurs n'emploient pas les matériaux provenant des extractions à d'autres travaux que ceux pour lesquels elles auront été autorisées. — Art. 173.

1623. — Le même droit de surveillance, selon M. Meaume, appartiendrait au propriétaire des bois, et, puisque ces matériaux n'ont été extraits qu'à la condition d'être employés à des travaux d'utilité publique, il y aurait de la part de l'entrepreneur que ne protégerait plus l'art. 145, puisqu'il se serait mis hors du cas qu'il prévoit, un délit punissable. C'est au surplus ce qui résulte de l'arrêt du conseil de septembre 1755 et de l'art. 173, ordonnance d'exécution, aux termes duquel les agens doivent, comme nous venons de le voir, exercer contre les contrevenans toutes poursuites de droit. — Meaume, t. 2, no 993.

1624. — Si un entrepreneur de travaux publics sortait des limites assignées par son devis et pratiquait des fouilles sur des terrains qui n'y seraient pas désignés, il pourrait être poursuivi comme un délinquant ordinaire en vertu de l'art. 144. — Meaume, t. 2, no 994.

1625. — Lorsque l'entrepreneur est l'objet de poursuites de la part de l'administration forestière comme ayant fait indûment des fouilles dans un bois soumis au régime forestier, c'est le tribunal correctionnel qui est compétent pour connaître de l'action (C. forest., art. 159 et 171), et non pas le conseil de préfecture; car cette dernière juridiction n'est pas en cette matière comme en matière de voirie un tribunal de répression.

1626. — Si l'entrepreneur prétendait n'avoir fait qu'user de son droit à raison des termes de son devis, et qu'il y eût lieu d'interpréter cet acte, le tribunal devrait surseoir et renvoyer devant les tribunaux administratifs, comme toutes les fois qu'il s'agit de déterminer le sens et les effets d'un acte administratif (V. ACTE ADMINISTRATIF), et la poursuite ne reprendrait son cours qu'après que l'exception préjudicielle aurait été vidée. — *Nancy*, 21 fév. 1844 (t. 3 1844, suppl. à sa date).

1627. — Conformément à ces principes, la cour de Cassation a jugé que l'extraction, par un entrepreneur de travaux publics, des pierres d'une forêt à lui désignée par son devis peut être faite sans l'autorisation du propriétaire de la forêt. — *Cass.*, 16 avr. 1836, Godard.

1628. — ... Que cette extraction ne peut être considérée, à la charge de l'entrepreneur ou de ses ouvriers, comme constituant un délit et ne donner lieu qu'à une action en dommages-intérêts devant le conseil de préfecture. — Même arrêt.

1629. — Il en est ainsi alors même que les formalités que les art. 170 et 171, ord. 1er août 1827, prescrivent pour la conservation des forêts, comme devant avoir lieu avant l'adjudication, n'auraient été remplies qu'après. — Même arrêt.

1630. — La compétence exclusive des conseils de préfecture, établie d'une manière générale pour le cas où l'extraction a été faite dans les localités expressément désignées aux cahiers des charges ou aux devis annexés, cesse lorsque les extractions ont eu lieu sur d'autres terrains que ceux indiqués à l'entrepreneur. En conséquence, toute extraction faite hors des limites fixées par le procès-verbal de reconnaissance des lieux constitue un délit dont la répression peut, ainsi que la réparation du dommage qui en est résulté, être poursuivie devant les juges ordinaires, alors même que ce procès-verbal, au lieu de précéder l'adjudication, lui serait postérieure. — Même arrêt. — V. aussi 16 avr. 1836, Guy c. Martin dit Larivière; — *Cass.*, 3 août 1837 (t. 1er 1838, p. 560), Grevin.

1631. — L'exception de l'art. 145 au principe de l'art. 144 comprend non-seulement les actes d'extraction, d'enlèvement faits conformément au devis, mais tous les délits qui seraient la conséquence nécessaire de ces actes comme, par exemple, l'abattage des arbres ou le transport des matériaux extraits à travers la forêt. — *Dijon*, 5 déc. 1832, Delavaux (arrêt inédit rapporté par M. Meaume, t. 2, no 999). — V. aussi *Cass.*, 3 août 1837 (t. 1er 1838, p. 560), Grevin.

1632. — De même, l'entrepreneur qui abat un plus grand nombre d'arbres que celui porté dans son marché, ou qui passe par d'autres chemins que ceux désignés par les devis, serait passible des peines portées par les art. 147, 192 et 194, C. forest.

1633. — Le conseil d'état a décidé qui si un entrepreneur ou un concessionnaire de travaux publics effectue des transports de matériaux à travers une forêt, sans avoir accompli les formalités indiquées par l'art. 170 de l'ordonnance d'exécution, relativement à la désignation des chemins d'extraction, cet entrepreneur peut être poursuivi en vertu de l'art. 147, C. forest. — *Cons. d'état*, 6 mars 1840, chemin de fer d'Alais à Beaucaire.

1634. — La bonne foi de l'entrepreneur ne peut être une excuse ayant pour effet de l'affranchir de toute peine. Lors même qu'il aurait été induit en erreur par son devis, il doit être condamné si les limites dans lesquelles l'extraction aurait pu avoir lieu n'ont pas été observées. — Meaume, t. 2, no 1000. — *Grenoble*, 17 avr. 1839, Bonneyay (arrêt inédit rapporté par M. Meaume, t. 2, p. 428).

1635. — La compétence générale des conseils de préfecture en matière de travaux publics est maintenue par l'art. 175 de l'ordonnance d'exécution du 1er août 1827, aux termes duquel les réclamations qui peuvent s'élever relativement à l'exécution des travaux d'extraction et à l'exécution des indemnités seront soumises à ces conseils, conformément à l'art. 4 de la loi du 28 pluv. an VIII.

§ 2. — *Circulation dans les forêts hors des routes et chemins ordinaires.*

1636. — Quiconque sera trouvé dans les bois et forêts, hors des routes et chemins ordinaires, avec serpettes, cognées, haches, scies et autres instrumens de même nature, sera condamné à une amende de 10 fr. et à la confiscation desdits instrumens. — C. forest, art. 146.

1637. — L'infraction prévue par l'art. 146 est une véritable contravention de police; car il suffit qu'un homme soit trouvé dans les bois, hors des chemins ordinaires, avec des instrumens propres à couper du bois pour que l'amende prononcée par cet article soit encourue par lui, lors même qu'il ne serait pas certain que son intention fût mauvaise. — Meaume, t. 2, no 1001.

1638. — Dans ses observations sur le projet du Code forestier, une cour royale avait demandé que la loi ne reconnût de contravention qu'autant que l'homme armé d'une serpe, d'une hache, etc., n'eût pu justifier d'un motif légitime; mais cette observation n'a pas été accueillie. — Meaume, *loc. cit.*

1639. — Baudrillart, sur cet article, et MM. Garnier-Dubourgneuf et Chanoine (p. 176) approuvent la rédaction qu'il a reçue, parce qu'on ne peut supposer, selon ces auteurs, qu'un homme qui se trouve dans un bois, hors des chemins, avec un instrument propre à commettre des délits, n'ait pas de mauvaises intentions.

1640. — Curasson (t. 2, p. 396) regarde au contraire la disposition de cet article comme trop rigoureuse. Elle est plus sévère, en effet, que l'art. 34 du tit. 27 de l'ordonnance des eaux et forêts, auquel elle a été empruntée. L'ordonnance portait : « Les usagers et autres personnes trouvées *de nuit* dans les forêts, hors des routes et grands chemins, avec serpes, haches, scies ou cognées, seront emprisonnés et condamnés pour la première fois en six livres d'amende, vingt livres pour la seconde et pour la troisième bannis de la forêt. »

1641 — Curasson (*loc. cit.*) et M. Dupin (*C. forest.* sur l'art. 146) pensent que l'administration doit faire observer à ses agens et préposés que la mesure préventive portée dans l'art. 146 doit être entendue sainement, et que, pour poursuivre une contravention de ce genre, il faut que le trajet de plein jour d'une forêt avec instrumens tranchans soit dénué de motifs légitimes.

1642. — Les mots *de nuit* n'ont pas été reproduits dans le Code forestier, d'où il faut conclure que l'art. 146 punit le fait qu'il énonce quand il aurait eu lieu en plein jour. Si, sous le Code forestier, l'introduction avec instrumens tranchans a eu lieu

la nuit, l'amende devrait être double, conformément à l'art. 201, C. forest.

1643. — On a jugé, sous l'empire de l'ordonnance (et on devrait juger de même sous le Code), que celui qui était ainsi trouvé de nuit dans une forêt avec des instrumens tranchans devait être puni quand même il n'aurait pas fait usage de ces instrumens. — *Cass.*, 29 mai 1813, Chaussois.

1644. — Si l'introduction avec instrumens propres à couper le bois a eu lieu dans une forêt soumise au régime forestier, la poursuite doit avoir lieu devant le tribunal correctionnel. — C. forest., art. 171. — Si le fait a eu lieu dans la forêt d'un particulier, l'amende à prononcer étant au-dessous de 15 fr., le juge de simple police est seul compétent. — C. forest., art. 190 et 191.

1645. — L'art. 34, tit. 27 de l'ordonnance, punissait l'introduction avec instrumens tranchans hors des routes et *grands chemins* : le Code forestier se sert des expressions *chemins ordinaires*. Cette différence de rédaction indiquerait, de la part des rédacteurs de ce Code, l'intention d'adoucir la rigueur de l'ordonnance, qui semblait exclure les sentiers et les petits chemins de communication.— Meaume, t. 2, nº 1002.

1646. — Les *chemins ordinaires* sont ceux qui servent habituellement aux communications entre deux ou plusieurs communes. L'art. 147 se sert aussi de ces expressions en leur donnant le même sens que l'art. 146.

1647. — La cour de Cassation a jugé que les anciens chemins qui ont été établis pour la vidange des coupes d'une forêt, et non pour l'usage du public, ne peuvent être mis dans la classe des routes et chemins ordinaires dont parle l'art. 147, C. forest., et le passage avec des voitures dans ces chemins constitue la contravention punie par ledit article.— *Cass.*, 29 avr. 1830, Houppier.

1648.— On a prétendu que la pénalité de l'art. 146 devait être appliquée cumulativement avec celle des art. 192, et 194 relatifs au fait d'avoir coupé des arbres ou des fagots, de telle sorte que l'homme surpris dans une forêt coupant du bois devrait être puni : 1º d'une amende de 10 fr. pour s'être introduit dans la forêt avec des ustensiles propres à couper du bois ; — 2º d'une autre amende de 2 fr. pour s'être servi de ces ustensiles s'il a fait un fagot, et d'une autre amende plus forte selon l'importance de ce qui a été coupé.

1649. — La cour de Cassation a condamné cette doctrine en décidant que la disposition de l'art. 146, C. forest., ne peut pas être appliquée à celui qui a été surpris au moment où il coupait du bois avec une serpe pour en faire un fagot, et que c'est l'article 194, même Code, qui doit seul être appliqué. — *Cass.*, 21 nov. 1828, Pierre et Goujol. — V. aussi 24 sept. 1829, Valence. — Meaume, t. 2, nº 1003.

1650. — Jugé encore que l'art. 146, C. forest., qui punit d'une amende de 10 fr. la présomption de délit ou d'intention frauduleuse qui résulte du seul fait d'avoir été trouvé dans un bois, hors des routes et chemins ordinaires, avec serpes, scies, haches et autres instrumens de même nature, cesse d'être applicable dès qu'il y a un délit commis et constaté ; et que ce dernier délit est seul punissable, soit qu'il entraîne une peine supérieure ou inférieure à l'amende prononcée par l'art. 146. — *Cass*, 22 déc. 1837 (t. 1er 1840, p. 257), Laurent.

1651. — On ne saurait qu'approuver ces décisions. Ainsi que le font remarquer Curasson (t. 2, p. 398) et M. Meaume (t. 2, nº 1003), ces art. 192 et 194, C. forest., prononçant des amendes pour la coupe des arbres, supposent nécessairement qu'on s'est servi d'instrumens tranchans, et que, par conséquent, pour faire cette coupe, on s'est introduit avec ces instrumens dans l'intérieur de la forêt. — V. aussi en ce sens Lesellyer, *Tr. de dr. crim.*, t. 1er, nº 263.

1652. — M. Dupin (*Comment. sur le Code forest.*, art. 146) critique vivement la disposition de cet article en le mettant en regard de l'art. 194 : « Dix francs d'amende, dit-il, pour traverser une forêt avec une serpe, et pour user de la serpe en coupant un fagot il n'en coûtera que deux francs ! » (art 194.) — De sorte qu'il y aurait économie pour l'homme surpris avec une serpe à se mettre immédiatement à faire un fagot.—Cette décision est aussi présentée par MM. Garnier, Dubourgneuf et Chanoine, *Comment. sur l'art.* 146, p. 177.

1653. — Il peut y avoir, en effet, une anomalie sous ce rapport entre les deux arrêtés dans l'hypothèse indiquée par cet auteur. Nous croyons cependant, avec M. Meaume (t. 2, nº 1004), que si un homme surpris par un garde avant d'avoir fait usage de la serpe qu'il tiendrait à la main, se mettait à couper un fagot, dans la seule intention d'échapper à la peine de l'art. 146, cet individu commettrait une seconde infraction, puisque la première était consommée avant qu'il eût commencé à commettre la seconde ; que dès lors les deux délits étant successifs, il y aurait lieu d'appliquer à la fois l'art. 146 et l'art. 194.

1654. — L'espèce prévue par M. Dupin diffère, en effet, de celle qui était soumise à la cour de Cassation, lors de son arrêt du 31 novembre 1828, et dans laquelle le procès-verbal du garde n'avait constaté qu'un fait isolé, la coupe d'un fagot.

1655. — Il faut remarquer, d'ailleurs, que l'amende de dix francs, prononcée par l'art. 146, est en quelque sorte fixée *à forfait*, et que si le délit de coupe de fagots est puni d'une simple amende de deux francs seulement, la coupe des arbres est réprimée par une amende qui varie suivant leur essence et leur grosseur, amende qui dépasse quelquefois cent francs. — Baudrillart, sur l'art. 146.

1656. — Quant à la question de savoir s'il pourrait y avoir lieu à cumuler les peines en matière forestière, ou si au contraire on doit appliquer à cette matière le principe de non-cumul écrit dans l'art. 365, C. inst. crim. — V. CUMUL DES PEINES.

1657. — L'art. 156 dit *et autres instrumens de même nature*. L'énumération de cet article n'est donc pas limitative. La possession d'une serpette, par exemple, pourrait caractériser la contravention dont il est ici question. — Meaume, nº 1005.

1658. — Mais il a été jugé avec raison que l'individu trouvé porteur d'une faucille dans une forêt, hors des routes et chemins ordinaires, n'est passible d'aucune peine : cet instrument propre seulement à couper des blés et des herbes ne rentre pas dans la catégorie de ceux spécifiés dans l'art. 146. — *Orléans*, 21 fév. 1829, Fouquiau ; *Cass.*, 2 janv. 1830, même affaire ; — Meaume, nº 1006.

1659. — Les charrettes et voitures ne sont pas comprises parmi les instrumens dont parle l'art. 156. — Merlin, *Rép.*, vº *Délit forestier*, § 6. — Il en était autrement sous l'empire de l'ord. de 1669, tit. 32, art. 9 ; — *Cass.*, 31 juill. 1806, Bourel.

1660. — Il n'y aurait d'exception au principe de l'art 146 que si le passage avec des instrumens tranchans était nécessité par l'exploitation. Et, par exemple, s'il s'agit d'un ouvrier de l'adjudicataire d'une coupe qui, pour se rendre à la coupe en exploitation, serait obligé de traverser la forêt hors des routes et chemins ordinaires.

1661.— Jugé que le fait par un usager de s'introduire dans une coupe affouagère avec des instrumens tranchans, sans autorisation et même contre la défense expresse de l'entrepreneur, constitue le délit prévu et puni par l'art. 146, C. forest., alors même que l'introduction n'a eu lieu de la part de cet usager que pour façonner et enlever les bois qui lui avaient été délivrés.— *Cass.*, 21 fév. 1839 (t. 1er 1839, p. 384), Gabriel.

1662.— MM. Garnier-Dubourgneuf et Chanoine (sur l'art. 146) estiment que l'ouvrier qui a travaillé à une coupe doit laisser ses outils à la loge ou à l'atelier, s'il ne veut pas suivre, pour s'en retourner, les chemins ordinaires.—M. Meaume (t. 2, nº 1007, à la note) fait observer, avec raison, que cette doctrine, qui ne peut se justifier lorsque la coupe touche à un chemin de communication, serait inapplicable si la coupe ne joignait pas un chemin ordinaire.

1663. — Ceux dont les voitures, bestiaux, animaux de charge ou de monture, seront trouvés dans les forêts, hors des routes et chemins ordinaires, seront condamnés, savoir : par chaque voiture, à une amende de 10 fr. pour les bois de dix ans et au-dessus, et de 20 fr. pour les bois au-dessous de cet âge ; par chaque tête ou espèce de bestiaux non attelés, aux amendes fixées pour délit de pâturage par l'art. 199.— Le tout sans préjudice des dommages-intérêts. — C. forest., art. 147 ; ord. 1669, tit. 32, art. 10 et 11.

1664.— L'art. 147 prévoit deux infractions bien distinctes : la première existe lorsque des voitures sont introduites dans une forêt, attelée ou non d'animaux broutans ; l'amende est alors déterminée par chaque voiture suivant l'âge des bois, abstraction faite de l'espèce et du nombre des animaux employés au transport. Cette amende est fixée par l'art. 147.

1665.— La seconde infraction existe lorsque des animaux broutans sont trouvés, sans être attelés, dans une forêt ; ce seul fait donne lieu à l'application d'une amende qui est déterminée suivant l'espèce et le nombre des animaux. Cette amende est fixée par l'art. 199, auquel renvoie l'art. 147.

1666 — Une brouette est considérée comme une voiture, dans le sens de l'art. 147, C. forest.—*Cass.*, 19 déc. 1828, Marie Truche.

1667.— Si la charrette ou brouette était chargée de bois ou de produits intérieurs ou superficiels des forêts enlevés frauduleusement, il y aurait lieu d'appliquer non plus l'art. 147, mais l'art. 192 ou l'art. 194, selon la nature du chargement. — Meaume, t. 2, nº 1009.

1668. — Quant une charrette attelée introduite dans l'intérieur d'une forêt y est trouvée dételée, on doit prononcer une double amende : 1º en vertu de l'art. 147, pour la charrette ; — 2º en vertu de l'art. 199, suivant le nombre des animaux dételés ; car, abstraction faite de l'introduction de la voiture, il y a alors présomption légale du délit de pâturage. — Coin-Delisle et Frédérich, t. 2, p. 64 ; Meaume, t. 2, nº 1010.

1669. — Et si, après avoir introduit des bêtes de somme ou des voitures, le délinquant avait commencé l'extraction de produits intérieurs ou superficiels des forêts, on devrait appliquer les amendes prononcées par les art. 144, 192 et 194, selon les cas.—Meaume, *loc. cit.*

1670.— On décidait, sous l'ordonnance de 1669, que celui qui avait été trouvé traversant avec une charrette attelée de deux chevaux un jeune taillis dans lequel huit plants de chêne et trois de bouleau avaient été arrachés ne pouvait être acquitté, sous le prétexte que la loi qui punissait cette introduction n'était applicable qu'au dégât commis par le pâturage. — *Cass.*, 26 déc. 1806, François Gillet ; 19 fév. 1825, Burlereaux ; 14 oct. 1826, Marie Prévost. — V. aussi 15 fév. 1811, Pinard. — Cette jurisprudence trouve sa confirmation dans l'art. 147, C. forest.

1671. — Les ânes sont compris dans les termes de l'art. 147, comme les autres animaux broutans. — Cet article n'est, en effet, qu'énonciatif quant à la désignation des animaux dont il prohibe l'introduction dans les forêts hors des chemins ordinaires. Les bêtes asines sont d'ailleurs comprises dans ces mots *bestiaux, animaux de charges* ou *de monture*. — Meaume, t. 2, nº 1014.

1672. — Il n'y a aucune distinction à faire, quant à l'application de l'art. 147, entre les propriétaires des voitures ou animaux et leurs conducteurs. Le délinquant doit être puni quel qu'il soit.—Meaume, t. 2, nº 1015.

1673. — Quant au sens des mots *routes et chemins ordinaires* qu'emploie l'art. 147 V. *suprà* (nº 1645 et suiv.), nos observations sur l'art. 146 dans lequel se trouvent les mêmes expressions.

1674. — Aux termes de l'art. 202 du Code forestier, lorsque les tribunaux ont reconnu l'existence d'un dommage, ils ne peuvent allouer des dommages-intérêts inférieurs au taux de l'amende simple.

1675. — L'art. 147 est inapplicable lorsque le dégât commis dans la forêt n'a pas pour cause l'introduction de voitures.— Coin-Delisle et Frédérich, t. 2, p. 64.

1676. — L'âge des coupes sombres ou de réensemencement dans lesquelles la recroissance du taillis est l'objet principal de l'exploitation doit se compter par le nombre des années de croissance de ce taillis et non par celui des baliveaux plus ou moins nombreux qui le garnissent. En conséquence lorsqu'il s'est écoulé plus d'un an, mais moins de dix, depuis que la coupe a été faite, l'amende encourue est de vingt francs par chaque voiture trouvée dans le taillis, hors des chemins ordinaires, encore bien que les baliveaux y soient âgés de plus de dix ans ; par suite la juridiction correctionnelle est seule compétente pour connaître du délit. — *Cass.*, 30 sept. 1842 (t. 1er 1843, p. 169), Liste civile c. Gémonel.

1677. — Quant aux adjudicataires de coupes à exploiter dans les bois de l'état qui, sans tracer un nouveau chemin, auraient opéré la traite de leurs bois à travers la coupe et sans suivre aucune route, ce n'est pas la disposition de l'art. 147 qu'il conviendrait de leur appliquer, mais celle de l'art. 39, C. forest.

1678. — L'art. 147 est étranger à ce cas, surtout depuis que les chemins par lesquels ces adjudicataires doivent opérer la vidange sont désignés soit par le procès-verbal d'adjudication, soit par l'affiche en cahier. — Meaume, t. 2, nº 1017. — V. la circulaire du directeur général des forêts du 26 juill. 1844, citée par cet auteur (*loc. cit.*) à la note.

1679.— Mais si les adjudicataires de bois soumis au régime forestier ne sont pas passibles des pénalités de l'art. 147, il en est autrement pour les adjudicataires de coupes à prendre dans les bois des particuliers. — Meaume, t. 2, nº 1018.

1680. — Il a été jugé par la cour de Nîmes que les voitures employées par la compagnie d'un chemin de fer au transport des matériaux nécessaires à la confection du chemin ne peuvent traverser un bois soumis au régime de l'administration forestière qu'en suivant les chemins qui ont été préalablement tracés à cet effet par les agens forestiers, de concert avec les ingénieurs ou les conducteurs des travaux. — *Nîmes*, 28 nov. 1839 (t. 1er 1840, p. 332), chemin de fer d'Alais.

1681. — ...Que dès-lors, le fait par un voiturier, employé par la compagnie concessionnaire d'un

chemin de fer, d'avoir traversé une forêt sans que le chemin ait été préalablement indiqué et tracé, constitue un délit qui est du ressort exclusif des tribunaux correctionnels, et que les tribunaux saisis de la poursuite de ce délit doivent le réprimer, sans qu'il y ait lieu de prononcer un sursis, et de renvoyer devant l'autorité administrative, pour l'interprétation du cahier des charges, la compagnie concessionnaire qui prétend avoir le droit de passer par la forêt sans avoir préalablement obtenu des agens forestiers le tracé du chemin.—Même arrêt.

1682. — Il est un cas où le principe de l'art. 147 doit recevoir une modification, c'est celui où il y a force majeure. L'art. 41 du titre 2 du Code rural du 28 sept. 1791 est ainsi conçu : « Tout voyageur qui déclôra un champ pour se faire un passage dans sa route paiera le dommage fait au propriétaire, et de plus une amende de la valeur de trois journées de travail, à moins que le juge de paix du canton ne décide que le chemin public était impraticable, et alors les dommages et les frais de clôture seront à la charge de la communauté. »

1683. — On avait prétendu que cette disposition de la loi du 28 sept. 1791 ne concernait que les chemins établis dans les campagnes et non ceux qui étaient pratiqués dans les forêts. Mais cette application restrictive de cette loi a été repoussée par la jurisprudence.

1684. — C'est ainsi que la cour de Cassation a décidé que le Code forestier n'a pas dérogé au principe de droit commun établi par l'art. 41, tit. 2, L. 28 sept.-6 oct. 1791, portant que les voyageurs et voituriers ont le droit de passer sur les propriétés riveraines lorsque le chemin ordinaire est impraticable. — *Cass.*, 16 août 1828, Charpentier; 21 nov. 1835, Canot; *Grenoble*, 9 mai 1834, Canot. — V. *Paris*, 19 janv. 1839 (t. 1er 1839, p. 190), Gaynot et Bernot.—C'est à tort que le contraire a été jugé par la cour de Metz, le 28 juin 1824, Martin Champagne.

1685. — La preuve de l'impraticabilité du chemin incomberait au voiturier (*Cass.*, 13 fév. 1834, Canot); et si la praticabilité était établie d'une manière précise par le procès-verbal d'un agent forestier, la preuve contraire ne serait pas admissible et le procès-verbal ferait foi jusqu'à inscription de faux. — Meaume, t. 2, nº 1020.

1686. — Jugé qu'en matière forestière les excuses tirées de la force majeure ne peuvent pas être admises ni prouvées par témoins quand elles sont en contradiction avec les faits constatés par les procès-verbaux. — *Cass.*, 6 août 1834, Tarby.

1687. — ... Et que dès-lors, lorsqu'il est établi par un procès-verbal régulier que le prévenu a été trouvé faisant fausse route dans une forêt, et qu'il a prié le garde de le pardonner, le tribunal ne peut l'acquitter sous le prétexte que, d'après les déclarations des témoins entendus, il avait été forcé de dévier pour éviter le choc de deux voitures qui l'auraient écrasé. — Même arrêt.

1688. — Il faut remarquer que si le Code rural de 1791 exige que l'impraticabilité du chemin soit déclarée par le juge de paix, c'est parce que sous l'empire de ce Code c'était devant ce magistrat que les poursuites en violation de clôture devaient être portées; mais en matière forestière, c'est au tribunal correctionnel à faire cette constatation et cette déclaration lorsque l'affaire est portée devant lui en vertu de l'art. 147.

1689. — La règle établie par le Code rural ne concerne que les chemins *publics*. Elle ne s'appliquerait pas à un chemin de vidange ou autre qui serait établi pour le service intérieur de la forêt. — Meaume, t. 2, nº 1022.

1690. — Aussi, a-t-il été décidé que le délit forestier résultant de ce qu'un voiturier à qui l'on avait indiqué un chemin dans une forêt pour enlever des pierres d'une carrière s'est écarté de ce chemin, ne peut être excusé sous prétexte que ce chemin était impraticable; le délinquant aurait dû, dans ce cas, se pourvoir devant l'administration forestière pour en obtenir un autre. — *Cass.*, 23 mai 1833, Roty. — V. aussi *Cass.*, 29 avr. 1830, Houppier.

1691. — Quant aux adjudicataires légalement autorisés à se servir de ces chemins, ils sont tenus de les entretenir en exécution du cahier des charges; ils ne peuvent dès-lors être reçus à arguer de leur impraticabilité. — Meaume, t. 2, nº 1022.

1692. — Si l'homme qui aurait introduit des voitures ou des bestiaux était en outre porteur d'instrumens tranchans, il y aurait lieu de faire application simultanément des art. 146 et 147. — Meaume, t. 2, nº 1023; Baudrillart, p. 280.

1693. — On s'est demandé si l'art. 147 avait abrogé l'art. 475, nº 10, C. pén., en ce qui concerne les bois. — V. *infrà* nos observations sur l'art. 208, C. forest.

§ 3. — *Feu allumé dans l'intérieur ou à une distance déterminée des forêts.*

1694. — Il est défendu de porter ou allumer du feu dans l'intérieur et à la distance de 200 mètres des bois et forêts, sous peine d'une amende de 20 à 100 fr.; sans préjudice, en cas d'incendie, des peines portées par le Code pénal, et de tous dommages-intérêts, s'il y a lieu. — C. forest., art. 148; ord. 1669, tit. 32, art. 27.

1695. — L'art. 148, C. forest., diffère essentiellement de la disposition de l'art. 458, C. pén. Ce dernier article en punissant d'une amende de 50 fr. à 500 fr. l'incendie causé par des feux allumés à moins de 100 mètres des bois ou forêts, suppose nécessairement un dommage consommé. L'art. 148, C. forest., est au contraire purement préventif. — Meaume, t. 2, nº 1025.

1696. — Par l'art. 148, le législateur n'a fait que donner force de loi à la jurisprudence qui s'était introduite sous l'empire de l'ordonnance de 1669 (V. art. 18, tit. 3; et 32, tit. 27), et qui appliquait les amendes prononcées par l'ordonnance pour le cas d'incendie, même lorsqu'il n'y avait aucun préjudice causé, et que la forêt n'avait pas couru de danger. — *Cass.*, 5 avr. 1816, François Bertin; 25 août 1809, Droussart.

1697. — M. Meaume (t. 2, nº 1026, à la note), pense qu'en cas d'incendie, la peine de l'art. 148, C. forest., devrait être cumulée avec celle de l'art. 458, C. pén. Nous croyons au contraire, avec MM. Coin-Delisle et Frédérich (t. 2, p. 68), que dans cette hypothèse le Code pénal doit seul être appliqué au délinquant.

1698. — Mais si le feu avait été allumé à plus de 100 mètres et à moins de 200, il n'y aurait lieu d'appliquer que l'art. 148, C. forest.

1699. — Si le feu avait été allumé à plus de 200 mètres, on ne pourrait avoir recours à aucune de ces deux dispositions, et un incendie allumé par imprudence dans de pareilles circonstances ne pourrait être qu'une cause de dommages-intérêts. — Meaume, t. 2, nº 1026.

1700. — On ne pourrait emprunter une pénalité aux art. 192 et 194, C. forest., qui sont étrangers au cas d'incendie. Les délits dont s'occupent ces articles n'existent que lorsqu'on a voulu s'approprier la chose d'autrui en coupant ou enlevant des arbres d'une forêt. — Meaume, t. 2, nº 1027.

1701. — Décidé dans ce sens que l'individu qui, par un feu imprudemment allumé à 150 mètres d'une forêt, y a causé l'incendie de dix-sept arbres, doit être condamné aux peines portées par l'art. 148, C. forest., quelle que soit la grosseur des arbres, et non à celles de l'art. 194, même Code, sous le prétexte qu'il ne résulte pas suffisamment du procès-verbal que les arbres incendiés eussent deux décimètres de tour. — *Cass.*, 25 mars 1830, Renucci.

1702. — Le propriétaire d'une forêt aurait le droit d'y allumer du feu pourvu que ce ne fût pas à une distance de moins de 200 mètres d'une forêt voisine (Curasson, t. 2, p. 404; — Meaume, t. 2, nº 1028; — décision du direct. gén. des forêts du 19 sept. 1829). Par suite l'individu poursuivi pour avoir allumé du feu à une distance prohibée pourrait, en prouvant qu'il a la propriété des bois environnans, se faire exonérer de l'action publique intentée contre lui. MM. Coin-Delisle et Frédérich ne partagent cependant pas cet avis; ils se fondent sur la généralité des termes de l'art. 148.

1703. — Au surplus l'exception préjudicielle de propriété du terrain sur lequel le feu a été allumé ne pourrait mettre le prévenu à l'abri de la pénalité. C'est ce qu'a jugé un arrêt inédit de la cour royale de Grenoble, rapporté par M. Meaume (t. 2, p. 461, note 2e).

1704. — Il résulterait de la comparaison des art. 38, 42 et 148, C. forest., que le législateur aurait rendu la position des bois domaniaux et communaux meilleure que celle des bois soumis au régime forestier, car les art. 38 et 42 permettent de faire du feu dans les premiers, sans condition de distance, tandis qu'on ne peut en faire dans les seconds qu'à plus de 200 mètres d'autres bois ou forêts. — Meaume, t. 2, nº 1029.

1705. Mais l'administration forestière n'a jamais voulu interpréter rigoureusement l'art. 148, en ce qui concerne les bois de l'état et des communes, lorsque des fosses à charbon avaient été établies dans l'intérieur des forêts particulières, et à moins de 200 mètres d'un bois soumis au régime forestier.

1706. — MM. Meaume (t. 2, nº 1029), et Coin-Delisle et Frédérich (t. 2, p. 66), citent une lettre du directeur général des forêts du 19 sept. 1829, qui reconnaît que la défense de porter ou d'allumer du feu ne peut avoir pour objet d'empêcher les particuliers propriétaires de bois de faire du feu dans les ateliers qui s'y trouvent.

1707. — L'administration des forêts a même souvent autorisé à allumer certains feux à proximité des forêts domaniales, malgré les défenses de l'art. 148. Elle a presque toujours, malgré l'interdiction résultant de l'art. 148 C. forest., et que nous avons constatée au mot ÉCOBUAGE, toléré l'écobuage, opération qui consiste à brûler le gazon ou l'herbe qui recouvre le sol pour le mettre à nu, même lorsqu'il a été pratiqué sans observer la distance prescrite. — V. décr. minist. du 29 mai 1830, 22 mars 1834, 21 juill. 1834, et surtout l'arrêté du ministre des finances du 14 juillet 1841; — Meaume, t. 2, nº 1030.

1708. — L'arrêté du 14 juill. 1841 précité est ainsi conçu : art. 1er. « Les écobuages de terrains situés à proximité de bois soumis au régime forestier seront autorisés par le préfet, sur la proposition conforme du conservateur et aux conditions qui auront été arrêtées entre eux d'après l'avis des agens locaux. » Art. 2. « En cas de dissentiment entre le préfet et le conservateur, soit sur la convenance de l'autorisation, soit sur les conditions à imposer au pétitionnaire, dans l'intérêt du sol forestier, il sera statué par nous sur la proposition de l'administration des forêts.

1709. — On conçoit que la tolérance de l'écobuage pourrait cesser le jour où l'administration forestière jugerait convenable de revenir à une stricte exécution de la loi.

1710. — Aussi peut-on citer quelques exemples de poursuites exercées par l'administration des forêts pour fait d'écobuage. — *Cass.*, 30 juin 1827, Monnier.

1711. — Les adjudicataires des coupes de bois dans les forêts appartenant à des particuliers, jouissent à l'égard de l'écobuage de la même tolérance que les propriétaires eux-mêmes de la part de l'administration forestière.

1712. — Les propriétaires de forêts peuvent du reste interdire aux adjudicataires de leurs coupes d'y allumer du feu; ou s'ils croient devoir donner cette autorisation, ils sont libres de la restreindre et de la limiter comme bon leur semble.

1713. — Si ces adjudicataires violaient les conditions qui leur auraient été imposées, ils seraient censés n'avoir reçu aucune autorisation du propriétaire, et la pénalité de l'art. 148 devrait leur être appliquée. — Meaume, t. 2, nº 1032.

1714. — Mais on ne pourrait exercer de poursuites contre des adjudicataires qu'en vertu de cet article, et non en vertu des art. 38 et 42, qui ne concernent que les adjudicataires de coupes à exploiter dans les bois domaniaux et communaux. — Meaume, t. 2, nº 1030; Coin-Delisle et Frédérich, t. 2. p. 67. — Curasson (t. 2, p. 404 et 405), enseigne le contraire.

1715. — Le ministère public pourrait même exercer des poursuites contre un adjudicataire de coupes dans un bois particulier qui y ferait du feu; mais le propriétaire pourrait rendre ces poursuites sans objet en donnant son consentement. — Meaume, t. 2, nº 1033.

1716. — Si le feu avait été allumé la nuit, l'amende devrait être doublée en vertu de la règle générale écrite dans l'art. 201, C. forest. Mais si l'action publique avait pour fondement la disposition de l'art. 458, C. pén., il est évident qu'il n'y aurait jamais lieu de doubler l'amende, puisque l'art. 201, C. forest., ne peut s'appliquer qu'aux délits définis par ce dernier Code. — *Metz*, 13 nov. 1833, Messin (arrêt inédit cité par M. Meaume, nº 1034, à la note.)

1717. — Les usagers ne pourraient allumer du feu ni faire des cendres sans le consentement tant du propriétaire de la forêt que des propriétaires des bois situés dans un rayon de 200 mètres, à moins qu'ils n'y fussent autorisés par des titres postérieurs au décret du 18 brum. an XIV, et au Code forest. — Meaume, t. 2, nº 1034.

1718. — Tous usagers qui, en cas d'incendie, refuseront de porter des secours dans les bois soumis à leur droit d'usage, seront traduits en police correctionnelle, privés de ce droit pendant un an au moins et cinq ans au plus, et condamnés en outre aux peines portées en l'art. 475, C. pén. — C. forest., art. 149.

1719. — La disposition de l'art. 149 trouve son origine dans un arrêt du directoire du 25 pluv. an VI, qui privait, pour l'avenir, de tout droit de pâturage dans la forêt d'Orléans les habitans des communes riveraines qui, sur la réquisition des gardes forestiers, se seraient refusés à porter des secours.

1720. — L'ancienne jurisprudence permettait aussi de priver les usagers de leurs droits lorsqu'ils en avaient abusé. — Arrêts du cons. du 29 juin 1728, 28 août 1731, 25 avr. et 13 juin 1741.

1721. — Le Code forest. a mis fin à cette jurisprudence en n'autorisant qu'une privation tempo-

raire du droit de l'usager dans le cas prévu par l'art. 149. — Meaume, t. 2, nº 1036, note 2e.

1722. — En appliquant aux usagers du bois le principe que le décret du 25 pluv. an VI ne consacrait que pour les usagers au pâturage, l'art. 149 l'a étendu à tous les usagers des forêts du royaume.

1723. — L'art. 149 ne punit que le *refus* de porter des secours. S'il y avait seulement *négligence* de la part des usagers, on rentrerait dans les termes de l'art. 475, nº 12, C. pén.; et les usagers, justiciables alors du tribunal de simple police, ne pourraient être privés temporairement de leur droit. — Meaume, t. 2, nº 1037; Coin-Delisle et Frédérich, t. 2, p. 70.

§ 4. — *Elagage des lisières des bois et forêts.*

1724. — Les propriétaires riverains des bois et forêts ne peuvent se prévaloir de l'art. 672, C. civ., pour l'élagage des lisières desdits bois et forêts si les arbres de lisière ont plus de trente ans. — Tout élagage qui serait exécuté sans l'autorisation des propriétaires des bois et forêts, donnera lieu à l'application des peines portées par l'art. 196. — C. forest., art. 150.

1725. — Le § 1er de l'art. 150 n'est qu'une disposition exceptionnelle et purement transitoire. Il n'est qu'une transaction entre l'opinion de ceux des membres de la chambre des députés qui réclamaient l'application pure et simple de l'art. 672, C. civ., en matière forestière, et celle des députés qui demandaient au contraire qu'on créât une disposition exceptionnelle. Le véritable but de ce paragraphe est uniquement de soustraire à la nécessité de l'élagage les arbres de lisière qui avaient plus de trente ans à l'époque de la promulgation du Code forest. — Meaume, t. 2, nº 1038; Baudrillart, sur l'art. 150; Dupin, *id.*; Coin-Delisle et Frédérich, *id.*; Curasson, t. 2, p. 407.

1726. — L'art. 176 de l'ordonnance d'exécution lève tous les doutes à cet égard en disant dans son § 1er : « Quand les arbres de lisière qui ont actuellement plus de trente ans auront été abattus, les arbres qui les remplaceront devront être élagués, conformément à l'art. 572, C. civ., lorsque l'élagage en sera requis par les riverains. »

1727. — L'art. 150, § 1er, ne s'occupe, du reste, que des branches des arbres de lisière qui avaient plus de trente ans en 1827, de manière que les mêmes arbres ont pu se trouver placés sous un régime exceptionnel, quant à leurs branches, par cet article, et soumis en même temps au droit communiquant à leurs racines, qui ont pu être coupées par les propriétaires voisins des forêts sur le terrain desquels ces racines s'avançaient. — Curasson sur Proudhon, t. 2, p. 307, et *C. forest.*, t. 2, p. 411.

1728. — Quant aux arbres de lisière qui ne sont pas protégés par la première disposition de l'art. 150, le propriétaire peut en couper les racines, si elles s'étendent de son côté; mais l'article lui interdit d'élaguer lui-même les branches qui seraient dans le même cas. « La raison de cette différence, dit M. Meaume (t. 10, nº 1040), est facile à saisir; dans le premier cas, le propriétaire fait acte de maître sur son propre fonds; dans le second cas, il est obligé de s'introduire sur le fonds de son voisin. C'est donc à juste titre que le § 2 de l'art. 150 a érigé en délit le fait du propriétaire qui se serait rendu justice à lui-même en élaguant les arbres de lisière dont les branches s'avanceraient sur son terrain. »

1729. — Le riverain qui exige l'élagage ne peut contraindre le propriétaire de l'arbre à faire cette opération à une époque où elle serait nuisible à l'arbre. — Pardessus, *Servitudes*, nº 196; Curasson, *Tr. des actions possessoires*, p. 558. — V. ÉLAGAGE, SERVITUDE.

1730. — Les actions en élagage des arbres de lisière sont de la compétence des juges de paix (L. 25 mai 1838, art. 5). S'il s'agissait d'une forêt domaniale, l'action serait dirigée contre l'état; si la forêt était communale, c'est contre la commune qu'elle devrait être intentée dans les formes prescrites par la loi du 18 juill. 1837.

1731. — Si le défendeur prétendait que l'arbre avait trente ans lors de la promulgation du Code forestier, ou s'il invoquait une prescription, le juge de paix devrait renvoyer devant les juges civils. — Curasson, *Tr. des actions possessoires*, p. 559 et 562.

1732. — Le juge de paix n'étant compétent que pour statuer sur l'action en élagage, il devrait renvoyer de même devant les tribunaux ordinaires si l'on portait devant lui une demande tendant à contraindre le propriétaire de la forêt à reculer les arbres de lisière jusqu'à la limite fixée par l'art. 671, C. civ. — Meaume, t. 2, nº 1040.

1733. — Si le propriétaire de la forêt prétendait que l'arbre avait plus de trente ans en 1827, ce serait indubitablement à lui à prouver ce fait. — Curasson sur Proudhon, t. 1er, p. 366.

1734. — Nous croyons avec M. Meaume (t. 1er, nº 1042) que les dispositions des art. 671 et 672, C. civ., s'appliquent non seulement aux arbres plantés par l'homme, mais à ceux qui proviennent d'un semis naturel, comme ceux des forêts, et que dès-lors on peut invoquer ces articles contre les propriétaires de forêts pour tous les arbres qui n'avaient pas plus de trente ans en 1827. — V. sur cette question Curasson, sur l'art. 150, C. forest.; *Tr. des actions possessoires*, p. 506, et *Compét.*, t. 2, p. 470; Marcadé, *Dr. civ.*, 2e édit., t. 2, p. 660; Vazeille, *Prescription*, t. 1er, p. 130.

1735. — L'art. 176 de l'ordonnance d'exécution fortifie cette opinion en soumettant les réserves de bois à la distance prescrite par l'art. 671, sans distinguer entre les réserves naturelles et les réserves artificielles.

1736. — Jugé que les dispositions du Code civil, relatives à la distance à observer pour la plantation des arbres à haute tige, sont applicables aux forêts. — *Rennes*, 19 juin 1838 (t. 2 1842, p. 143), Lajarthe-Saint-Amand c. Rion.

1737. — Les arbres autres que ceux qui avaient trente ans en 1827 étant laissés dans le droit commun par l'art. 150, § 1er, il en résulte que la possession d'arbres de lisière à une distance moindre que celle prescrite par l'art. 671 peut faire acquérir une servitude lorsque cette possession existe pendant trente ans. — Meaume, t. 2, nº 1043.

1738. — La prescription n'a dans ce cas d'autre effet que de libérer le fond sur lequel existe la forêt de la servitude légale créée par la disposition de l'art. 671, C. civ. — Proudhon, *Traité de l'usage* (2e édit.), p. 371 et 372; Curasson, *Traité des actions possessoires*, p. 517; Duranton, t. 5, p. 391.

1739. — Il faut remarquer néanmoins que la prescription ne pouvant s'appliquer qu'aux choses que la possession a eues pour objet, le propriétaire de la forêt, qui par la possession trentenaire a acquis le droit de conserver un arbre existant à une distance du voisin moindre que celle prescrite par l'art. 671, ne saurait avoir par cela seul le droit de remplacer cet arbre lorsqu'il a disparu. — Curasson, *Traité des actions possessoires*, p. 518, nº 12; Meaume, t. 2 nº 1044; Carou, *Traité des actions possessoires*, nº 155; Duranton, t. 5, nº 391.

1740. — C'est conformément à ce dernier principe que l'art. 176 précité de l'ordonnance d'exécution veut que les plantations ou réserves destinées à remplacer les arbres de lisière existant en 1827 fussent effectuées en arrière de la ligne de délimitation des forêts à la distance prescrite par l'art. 671, C. civ.

1741. — Aussi a-t-il été jugé que le droit acquis par la prescription trentenaire de conserver des arbres à haute tige, plantés à une distance du fonds voisin moindre que la distance légale, ne donne pas le droit de les remplacer par d'autres lorsqu'ils viennent à périr, et qu'en conséquence, le voisin peut faire supprimer ceux plantés depuis moins de trente ans en remplacement des anciens. — *Rennes*, 19 juin 1838 (t. 2 1842, p. 143), Lajarthe-Saint-Amand c. Rion.

1742. — Toutes les questions que peut soulever l'application de l'art. 670 aux forêts sont, du reste, dominées par le principe que les forêts sont soumises purement et simplement aux règles du droit commun, sauf les dérogations que peut y apporter l'art. 150, C. forest. Ces questions seront traitées d'une manière générale sous le mot SERVITUDE.

1743. — Si la forêt était séparée du champ voisin par un mur, une palissade, ou autre obstacle de nature à intercepter la vue, la prescription ne commencerait à courir que du moment où l'arbre planté ou poussé trop près de la ligne séparative aurait pu être vu par le voisin. — Meaume, t. 2, nº 1045.

1744. — On a agité la question de savoir si l'action en élagage est prescriptible ou non. Cette question appartient au droit commun par sa généralité. Appliquée au droit forestier, elle se complique cependant d'interprétations différentes de l'esprit de l'art. 150, C. forest.

1745. — MM. Proudhon (*Traité du dom. privé*, t. 2, nº 581), Pardessus (*Des servitudes*, nº 196), Curasson (*Traité de la compét. des juges de paix*, t. 1er, p. 395, et *Traité des actions possessoires*, p. 560 et 561), et plusieurs autres auteurs estiment que l'action en élagage des arbres est imprescriptible, et que, dès-lors, le voisin peut toujours exiger l'élagage des arbres dont les branches s'étendraient sur son fonds depuis plus de trente ans. Cette opinion repose sur cette considération que la possession qui servirait de fondement à la prescription n'aurait pas de point de départ, parce qu'il est impossible de dire d'une manière précise à partir de quelle époque les branches ont commencé à s'avancer sur le fonds voisin. Ses défenseurs prétendent aussi qu'une pareille possession ne peut être regardée comme continue, parce que pendant les trente ans les arbres ont pu être élagués.

1746. — On invoque à l'appui du même système l'opinion émise dans la discussion de l'art. 150, C. forest., par M. Labbey de Pompières, qui s'appuya de l'autorité de Proudhon pour soutenir que l'action en élagage ne peut être prescrite par le propriétaire de l'arbre.

1747. — Au contraire, MM. Troplong (*Tr. de la prescription*, t. 1er, nº 147), Delvincourt (sur l'art. 672, C. civ.), et Neveu-Derotrie (*L. rurales françaises*, p. 26) pensent que le propriétaire de l'arbre peut posséder les branches qui s'avancent sur le voisin avec toutes les circonstances qui, d'après les principes du droit, sont nécessaires pour faire acquérir la prescription; que dès-lors on ne saurait lui en refuser le bénéfice lorsque sa possession a lieu pendant trente ans avec ce caractère. — V. aussi Dupin sur l'art. 250, C. forest.

1748. — Nous croyons avec M. Meaume (t. 2, nos 1047 et 1048) que c'est la doctrine professée par M. Troplong qui doit être suivie. Sans doute le propriétaire de l'arbre éprouvera souvent des difficultés pour prouver qu'il possède depuis trente ans les branches ou les parties de branches que le voisin veut enlever par l'élagage et aussi pour justifier de la continuité de la possession; mais lorsqu'il parvient à administrer cette preuve, on ne saurait lui contester les avantages de la prescription.

1749. — Et si telle est la solution que doit recevoir cette question en droit commun, il n'y a dans le Code forestier aucune disposition qui doive modifier cette solution lorsqu'il s'agit de l'application de ce Code. L'art. 150 ne déroge au droit commun, quant à l'élagage, que pour les arbres qui avaient trente ans en 1827, et l'opinion émise par M. Labbey de Pompières dans la discussion de cet article ne peut être considérée comme décisive. Il faut remarquer du reste qu'un amendement proposé par ce député pour modifier le projet de l'art. 150 a été rejeté par la chambre. — V. du reste PRESCRIPTION.

1750. — Il arrive quelquefois que les riverains des forêts se font une clôture avec le bois même de la forêt, à l'aide de ce qu'on appelle une *plessée*, c'est-à-dire en pliant et couchant quelques brins de taillis pour s'en faire un rempart, ayant soin, d'année en année, de plesser toujours des brins éloignés en les passant derrière ceux qui sont plus proches, de manière à se donner ceux-ci. Par ce moyen et au bout d'un certain temps, quoique le bois ait fourni seul la matière de la clôture, les riverains qui ont fabriqué cette clôture prétendent d'abord à la mitoyenneté de la ligne, puis vont même jusqu'à demander une lisière, appelant ainsi tout ce qu'ils se sont attribué en plessant. — M. Dupin (sur l'art. 150) pense avec raison qu'une pareille prétention ne peut être fondée et qu'une clôture faite avec le bois même et à ses dépens appartient nécessairement au propriétaire du bois et ne saurait conférer au propriétaire voisin qui l'a établie aucun droit de ligne, de lisière ou autre semblable.

Sect. 2e. — *Dispositions spéciales applicables seulement aux bois et forêts soumis au régime forestier.*

§ 1er. *Fours à chaux ou à plâtre, briqueteries et tuileries dans le voisinage des forêts.*

1751. — Aucun four à chaux ou à plâtre, soit temporaire, soit permanent, aucune briqueterie et tuilerie, ne peuvent être établis dans l'intérieur et à moins d'un kilomètre des forêts sans l'autorisation du gouvernement, à peine d'une amende de 100 à 500 fr., et de démolition des établissemens. — C. forest., art. 151. — Ord. 1669, tit. 3, art. 18, tit. 27. art. 19, 21, 22, 23; ord. d'exécution, art. 177-179.

1752. — La sect. 2e, tit. 10, C. forest., comprenant les art. 151 à 158, ne s'occupe que des bois et forêts soumis au régime forestier. Elle diffère donc, quant à son objet, de la première section que nous venons d'analyser.

1753. — Les charges dont les art 151 à 158, C. forest, grèvent les terrains riverains des forêts soumises au régime forestier au profit de ces forêts sont de véritables servitudes légales dans le sens de l'art. 649 du C. civ. — Meaume t. 2, nº 1052.

1754. — L'art. 151 est emprunté de l'art. 12, tit. 27 de l'ord. de 1669. Cette dernière disposition était ainsi conçue : « Défendons à toutes personnes de faire de la chaux à *cent perches* (2200 pieds) de distance des forêts, sans notre permis-

sion expresse, et aux officiers de le souffrir, etc. »

1755 — L'art. 151 n'a pas seulement pour objet de garantir les forêts des dangers qui résulteraient du voisinage des fours à chaux ou à plâtre, briqueteries ou tuileries. Le législateur avait déjà pourvu à cet intérêt dans l'art. 148, C. forest. L'art. 151 a surtout pour but d'empêcher que certains propriétaires des établissemens que cet article prohibe ne soient portés à commettre des délits dont la constatation et par suite la répression seraient impossibles, puisque les objets qui en seraient le produit seraient immédiatement renfermés dans les fours et briqueteries.

1756. — Les formes administratives dans lesquelles sont délivrées les autorisations dont parle l'art. 151 sont déterminées par l'art. 177 de l'ordonnance d'exécution qui porte : « Les établissemens et constructions mentionnés dans les art. 151, 152, 153, 154 et 155, C. forest., ne pourront être autorisés que par nos ordonnances spéciales. Lorsqu'il s'agira des fours à chaux ou à plâtre, des briqueteries et des tuileries dont il est fait mention en l'art. 151 de ce Code, il sera d'abord statué par nous sur la demande d'autorisation, sans préjudice des droits des tiers et des oppositions qui pourraient s'élever. Il sera ensuite procédé suivant les formes prescrites par le décret du 15 oct. 1810 et par nos ordonnances du 14 janv. 1815 et 29 juill. 1818. »

1757. — Selon M. Meaume (t. 2, nº 1054), l'autorisation administrative doit précéder le fait de la construction des établissemens dont il s'agit dans l'art. 151. Aussi, ajoute ce commentateur, dans le cas où des poursuites seraient dirigées contre la personne désignée au procès-verbal dressé par un agent forestier, le tribunal devant lequel l'affaire serait portée ne pourrait surseoir pour donner au prévenu les moyens de se procurer une autorisation ou pour en produire une dont la date serait postérieure au procès-verbal. — V. *infrà* nº 1781.

1758. — Nous reconnaissons avec M. Meaume que le délit une fois constaté doit être frappé de la pénalité portée par la loi, et que le tribunal correctionnel commettrait un excès de pouvoir en provoquant un sursis ou en accordant un délai dont le prévenu profiterait pour obtenir l'autorisation du gouvernement. Mais nous ne sommes pas d'accord avec lui sur le fait qui peut constituer le délit. Nous pensons que la construction pourrait être commencée avant l'obtention de l'autorisation, et que si cette construction n'était pas continuée jusqu'à un degré tel qu'on ne pût s'empêcher d'y reconnaître une des usines dont s'occupe l'art. 151, il n'y aurait pas délit punissable.

1759. — L'art. 151 diffère, ainsi qu'on a vu, de l'ord. 1669, art. 12, tit. 27, en ce qu'il fixe une distance d'un kilomètre (3078 pieds), tandis que l'ordonnance se contentait d'une distance de cent perches (2200 pieds). Mais les prescriptions du Code forestier à cet égard ne peuvent s'appliquer qu'aux usines à établir et non à celles qui existaient déjà dans la zône comprise entre la distance déterminée par l'ordonnance et celle fixée par ce Code.

1760. — On ne pourrait dès-lors exiger la démolition des usines existant lors de la promulgation du Code forestier qu'autant que ces usines auraient été construites au mépris des règles prescrites par l'ordonnance. — Curasson, *C. forest.*, t. 2, p. 7; Meaume, t. 2, nº 1055. — Ces établissemens, en les supposant conformes à l'ordonnance, jouiraient même des droits de réparation et de reconstruction mentionnés dans l'art. 153, C. forest.

1761. — Il a été jugé que lorsque le prévenu d'une contravention forestière, résultant de ce qu'il aurait une usine à une distance d'une forêt communale, prohibée par le Code forestier, allègue et sa possession antérieure à ce Code et un commencement de preuve par écrit tendant à établir sa propriété, il y a lieu de renvoyer devant les tribunaux civils, sur la question de propriété. — *Cass.*, 13 mars 1829, Darbaz.

1762. — Il existe des fours à chaux qui sont complétement creusés dans la terre et pour une seule cuite. Ces fours, qui sont dépourvus de toute construction en maçonnerie, sont ordinairement désignés sous le nom de *fours volans*. On s'est demandé s'ils étaient compris dans les établissemens dont s'occupe l'art. 151.

1763. — C'est à propos de fours de cette espèce que la cour de Cassation a décidé que la contravention résultant du fait d'avoir établi un four à chaux temporaire, à moins d'un kilomètre d'un bois, ne peut être excusée, sous le prétexte que ce four à chaux était séparé du bois par des terres nues et des propriétés particulières, que ce bois n'était qu'un mauvais taillis, et que la loi ne concerne que les fours permanens. — *Cass.*, 1er mai 1830, Gaudivet.

1764. — Bien que cette décision lui fût favorable dans le cas où elle aurait voulu s'en prévaloir, l'administration forestière n'a pas considéré l'art. 151 comme applicable aux fours à chaux volans, et elle a provoqué une décision ministérielle en date du 13 juill. 1841, qui tolère ces fours dans le voisinage des forêts, pourvu qu'ils consistent seulement dans des fosses pratiquées en terre pour la cuisson de la chaux, et que ces fosses soient entièrement dépourvues de constructions.

1765. — Cette décision permet même l'établissement de ces fours volans à moins de 200 mètres des bois soumis au régime forestier, malgré les termes de l'art. 148, mais pourvu que le préfet ait donné son autorisation. — V. dans Meaume (t. 2, nº 1057, à la note) le texte de cette décision et une circulaire conforme du directeur général des forêts.

1766. — Il est à remarquer que le délit, lorsqu'il existe, résulte bien moins du fait d'avoir construit un four à chaux près des forêts, que de celui d'avoir fait du feu dans ce four. Aussi peu importerait pour l'appréciation du délit que le four eût été construit par le prévenu ou par toute autre personne.

1767. — Et s'il était constaté matériellement qu'il y a eu cuisson dans un pareil four, le prévenu ne pourrait invoquer sa bonne foi. Il ne pourrait même être admis à prouver qu'un agent forestier l'aurait autorisé à faire une cuisson, puisqu'une semblable autorisation ne peut émaner que de l'autorité royale. — Meaume, t. 2, nº 1059 ; — *Besançon*, 13 mars 1832, Drouard (inédit cité par M. Meaume, t. 2, nº 1059).

1768. — On ne pourrait étendre la disposition de l'art. 151 à des établissemens qui ne figureraient pas dans l'énumération qu'il contient. Le projet de cet article comprenait aussi les forges, fourneaux, verreries et autres usines à feu. Mais on a cru devoir retrancher de son texte les divers établissemens que nous venons de nommer.

1769. — Baudrillart (sur l'art. 151) exprime l'opinion que les usines dont il vient d'être question sont régies par l'art. 148, et que c'est pour ce motif qu'on n'a pas voulu les mentionner dans l'art. 151. MM. Curasson, Meaume, Coin-Delisle et Frédérich (sur le même art. 151) combattent avec raison cette opinion en faisant observer que l'art. 148 n'a voulu punir que le fait d'avoir allumé du feu *dans les champs* à une distance prohibée.

§ 2. — *Maison, ferme, loge, baraque ou hangar dans le voisinage des forêts.*

1770. — Il ne peut être établi sans l'autorisation du gouvernement, sous quelque prétexte que ce soit, aucune maison sur perches, loge, baraque ou hangar, dans l'enceinte et à moins d'un kilomètre des bois et forêts sous peine de 50 fr. d'amende et de la démolition dans le mois, à dater du jour du jugement qui l'aura ordonnée. — C. forest., art 152 ; ord. 1669, tit. 27. art, 17 et 18 ; avis cons. d'état, 22 brum. an XIV.

1771. — L'art. 152 est emprunté de l'art. 17, tit. 27, ord. 1669, lequel était ainsi conçu : « Toutes maisons bâties sur perches dans l'enceinte, et à demi-lieue des forêts *par des vagabonds et inutils* seront incessamment démolies, et leur sera fait défense d'en bâtir à l'avenir dans la distance de *deux lieues* de nos bois et forêts sous peine de punition corporelle. »

1772. — Un avis du conseil d'état du 25 vendém. an XIV, approuvé par l'empereur le 22 brum. suivant, avait réduit à deux kilomètres le rayon prohibitif indiqué par l'ordonnance de 1669.

1773. — Jugé que, d'après l'avis du conseil d'état du 22 frim. an XIV, toutes les maisons bâties sur perches dans le voisinage des forêts, à la distance prohibée, devaient être démolies, soit qu'elles appartinssent à des vagabonds et gens inutiles, soit qu'elles appartinssent à des particuliers qui en étaient devenus propriétaires ; que cet avis du conseil d'état n'autorisait la conservation que des maisons non bâties sur perches. — *Cass.*, 23 janv. 1813. Poulain.

1774. — La cour de Paris a décidé que sous l'empire de l'ordonnance de 1669 et de l'avis du conseil d'état du 22 frim. an XIV il n'y avait pas lieu d'ordonner la destruction d'une *maison* qui, n'étant pas *bâtie sur perches*, ne pouvait être qualifiée *baraque*, qui d'ailleurs n'était pas de construction nouvelle, et qui n'avait reçu depuis la dernière disposition réglementaire que des améliorations, par forme de simples réparations. — *Paris*, 15 oct. 1825, Vigneron.

1775. — De même, la construction qui n'était pas comprise dans la même enceinte ne pouvait être considérée que comme une maison nouvellement bâtie contrairement à la loi. — *Cass.*, 18 août 1809, Blard ; — Merlin, *Rép.*, vº *Forêts*, nº 3.

1776. — Mais si un hangar dépendait d'une ancienne maison ou ferme dont l'art. 153, C. forest. (V. *infrà* nºs 1782 et 1800), a permis la conservation, l'art. 152 ne lui serait pas applicable.

1777. — Décidé par la cour de Colmar que le propriétaire d'une maison ou ferme existante avant la publication du Code forestier, à une distance moindre que celle fixée par l'art. 153 de ce Code, peut y ajouter sans autorisation un hangar ou bâtiment de service non destiné à l'habitation. — *Colmar*, 28 janv. 1841 (t. 1er 1842, p. 573), Syren.

1778. — Il importe peu sous le Code forestier que la nouvelle construction soit une dépendance, un accessoire d'une ancienne habitation ; il suffit qu'elle soit dans la distance prohibée pour qu'elle doive être démolie. — La disposition de l'art. 152, C. forest., qui ordonne la démolition de toutes maisons sur perches, loges, baraques et hangars, construits, depuis la promulgation du Code, à la distance prohibée, est générale et absolue ; et l'exception portée § 3, art. 153, en faveur des augmentations faites aux maisons et fermes situées dans le rayon prohibé, étant spéciale à ce genre de construction, ne saurait être étendue aux constructions légères dont parle l'art. 152. — *Cass.*, 13 déc. 1834, Billard.

1779. — C'est d'après les circonstances qu'on doit apprécier ce qu'il faut entendre par loge ou baraque. On a quelquefois fait rentrer dans cette dénomination des maisons qui à la rigueur auraient pu être habitées lorsque le propriétaire était signalé comme délinquant d'habitude. — *Nancy*, 24 janv. 1844 (t. 3 1844, supplém. à sa date), Remi Erard ; — Meaume, t. 2, nº 1063.

1780. — La défense d'élever sans autorisation, à une distance moindre d'un kilomètre des bois et forêts des maisons sur perches, des loges, etc., s'applique même au cas où ces constructions tiennent à des villages ou hameaux. — *Cass.*, 13 nov. 1828, Antoine Cottin.

1781. — L'autorisation du gouvernement doit être expresse et précéder les constructions ; par conséquent, un tribunal ne peut fixer un délai pendant lequel celui qui a construit une baraque se pourvoie devant l'autorité administrative pour en obtenir le maintien. — *Montpellier*, 31 juill. 1837, Cathala (arrêt inédit cité par M. Meaume, t. 2, nº 1066). V. aussi *suprà* nº 1757. — Et remarquez qu'il n'y aurait lieu ici à la distinction que nous faisions plus haut, puisque la prohibition d'élever une certaine nature de construction étant absolue, il ne pourrait y avoir dans le commencement d'édification aucune ambiguité et que les premiers actes de l'édification d'un hangar sont aussi bien prohibés par l'art. 152, C. forest., que son achèvement.

1782. — *Maisons ou fermes.* — Aucune construction de maisons ou fermes ne pourra être effectuée, sans l'autorisation du gouvernement à la distance de 500 mètres des bois et forêts soumis au régime forestier, sous peine de démolition. — Il sera statué dans le délai de six mois sur les demandes en autorisation ; passé ce délai, la construction pourra être effectuée. — Il n'y aura point lieu à ordonner la démolition des maisons ou fermes actuellement existantes. Ces maisons ou fermes pourront être réparées, reconstruites et augmentées sans autorisation. — Sont exceptés des dispositions du paragraphe premier du présent article les bois et forêts appartenant aux communes, et qui sont d'une contenance au-dessus de deux cent cinquante hectares. — C. forest., art. 153 ; — ord. 11 juin 1817 ; ord. d'exécution, art. 177 et 178.

1783. — L'art. 18, tit. 27, ord. 1669, faisait défense à toutes personnes de faire construire à l'avenir aucuns châteaux, fermes et maisons dans l'enclos, aux rives et à demi-lieue des forêts royales, sous peine d'amende et de confiscation du fonds et des bâtimens.

1784. — L'avis cité ci-dessus du conseil d'état du 25 vendém. an XIV, approuvé par l'empereur le 22 brum. suivant, avait interprété le texte de l'ordonnance que son extrême rigueur avait fait tomber en désuétude.

1785. — Le Code forestier, art. 153, restreint le rayon fixé par l'ordonnance, et il permet au gouvernement de lever l'interdiction de construire lorsqu'il le juge convenable.

1786. — L'autorisation est expresse lorsqu'elle résulte d'une ordonnance royale. Elle est tacite lorsque six mois se sont écoulés depuis le déclaration faite par le propriétaire sans qu'il ait été statué. — Meaume, t. 2, nº 1069

1787. — D'après l'art. 178, ord. d'exécution, les demandes à fin d'autorisation pour construction de maisons ou fermes en exécution des §§ 1er et 2 de l'art. 153, C. forest. doivent être remises à l'agent forestier supérieur de l'arrondissement, en double minute, dont l'une, revêtue du visa de cet agent, est rendue au déclarant.

1788. — La loi exige qu'il soit statué dans les six mois de la déclaration du propriétaire, mais elle ne dit pas que la décision rendue devra lui être signifiée dans ce délai; aussi cette dernière condition n'est pas indispensable pour la validité de la décision.

1789. — Mais, si après l'expiration des six mois le propriétaire avait commencé des travaux et qu'on lui signifiât ensuite une décision par laquelle l'autorisation de construire lui serait refusée, il semble que ce propriétaire pourrait réclamer une indemnité pour la réparation du préjudice que lui fait éprouver la négligence des agens forestiers. — Meaume, t. 2, nº 1070; Coin-Delisle et Frederich, t. 1er, p. 89.

1790. — M. Meaume (*loc. cit.*) estime même que dans ce cas le propriétaire pourrait agir contre le domaine en la personne du préfet, l'état devant être responsable du fait de ses agens.

1791. — Le mot *augmentées* a été ajouté au troisième paragraphe de l'art. 153 sur la proposition de M. Hyde de Neuville. A la chambre des pairs, M le marquis de Pance a exprimé la crainte qu'on n'abusât de ce mot pour créer des constructions nouvelles. M de Martignac a répondu : « Sans doute il peut résulter quelques abus de cette permission; mais il a paru à la chambre des députés qu'il serait trop rigoureux de prohiber toute augmentation légitime et de bonne foi pour prévenir une fraude qu'il ne fallait pas supposer. C'est à l'administration qu'il appartiendra de veiller à ce que l'exercice de cette faculté ne devienne pas une cause d'abus et de préjudice pour les forêts de l'état. »

1792. — MM. Meaume (t. 2, nº 1074, à la note), Coin-Delisle et Frédérich (*loc. cit.*) font observer que l'exception contenue dans le troisième paragraphe de l'art. 153 s'étend non seulement aux constructions existantes lors de la promulgation du Code forestier, mais à toutes celles dont s'occupe l'article. Le rapporteur, M. Favard de Langlade, a déclaré que telle avait été l'intention de la commission, et c'est en ce sens que l'amendement proposé par la commission a été présenté à la chambre et adopté par elle dans la séance du 6 avr. 1827. Cependant on pourrait tirer une induction en sens contraire du discours de M. Hyde de Neuville et de l'exposé des motifs fait par M. de Martignac à la chambre des pairs.

1793. — Par le seul fait de l'expiration des six mois sans qu'il ait été statué, la servitude légale dont était grevé le terrain sur lequel le propriétaire voulait bâtir cessait d'exister, de telle sorte que la défense de construire qui interviendrait après ce délai ne serait pas valable. C'est ce qui résulte du texte de l'art. 153. — Meaume, t 2, nº 1071. — V. en sens contraire Coin-Delisle et Frédérich, t. 2, p. 89.

1794. — Il résulte du même principe que si des poursuites étaient exercées par l'administration forestière avant l'expiration des six mois, il suffirait pour que le prévenu dût être acquitté qu'au moment du jugement ou de l'arrêt, six mois se fussent écoulés depuis la date du visa prescrit par l'art. 178 de l'ordonnance d'exécution. — Meaume, *loc. cit.*

1795. — En délivrant les autorisations de construire dans le rayon prohibitif, l'administration supérieure a presque toujours le soin d'imposer certaines conditions ou restrictions pour se ménager les moyens d'exiger, s'il y avait lieu, la démolition des maisons dont le voisinage pourrait devenir une cause de danger pour les forêts. Si cette précaution n'avait pas été prise, l'autorisation ne pourrait être retirée, quels que fussent les griefs qu'on imputerait au propriétaire qui aurait construit. — Meaume, t. 2, nº 1072.

1796. — L'administration a publié le 27 fév. 1822 une circulaire dans laquelle elle donne des instructions aux agens forestiers sur la manière dont ils doivent procéder lorsqu'une construction non autorisée commence à s'élever dans le rayon prohibé. — V. le nº 51 de cette circul. — Dans ce cas, l'agent forestier local doit prévenir le propriétaire en dressant immédiatement un procès-verbal et en le lui signifiant sans délai avec sommation de discontinuer les travaux.

1797. — Il faut remarquer que quand même le procès-verbal dont il vient d'être parlé n'aurait pas été dressé, l'administration n'aurait pas moins le droit de provoquer la démolition de la construction après son achèvement Elle ne perdrait ce droit qu'avec la prescription trentenaire par laquelle le propriétaire acquerrait la liberté de son fonds. — Meaume, t. 2, nº 1073.

1798. — On décidait avant le Code forestier que la construction qui n'était pas une dépendance d'une ancienne habitation et qui n'était pas comprise dans la même enceinte ne pouvait être considérée que comme une maison nouvellement bâtie contrairement à la loi. — *Cass.*, 18 août 1809, Biard; 22 sept. 1820, Nicolas Demange; *Metz*, 8 janv. 1822, même affaire.

1799. — Mais l'interdiction de construire des maisons dans un certain rayon des bois soumis au régime forestier ne s'appliquait pas au simple exhaussement d'un bâtiment déjà existant dans la distance prohibée. — *Cass.*, 13 avr. 1824, Duchert. — Cette décision serait encore applicable.

1800. — Les propriétaires des maisons ou fermes, dont parle le § 3, ont donc toute liberté pour reconstruire sur le même emplacement et même pour agrandir les bâtimens existans. On peut ainsi ajouter un hangar ou une grange aux bâtimens d'une ferme. — Curasson, t. 2, p. 16; Coin-Delisle et Frédérich, t. 2, p. 95; — *Colmar*, 28 janv. 1841 (t. 1er 1842, p. 572), Syren.

1801. — Jugé cependant, par application de l'art. 153, que la démolition des maisons construites dans le voisinage des forêts de l'état, au mépris des prohibitions de la loi, doit être ordonnée lorsque, devenues inhabitables par un événement quelconque, tel qu'un incendie, elles sont reconstruites pour servir d'asile à des délinquans d'habitude. — *Cass.*, 13 août 1825, Dupuis.

1802. — Le § dernier de l'art. 153 a son origine dans le décret précité du 22 brum. an XIV. Si plusieurs bois communaux dont chacun aurait une contenance moindre de 250 hectares occupaient cependant par leur ensemble cette superficie, les constructions qui en seraient distantes de moins de 500 mètres n'en seraient pas moins protégées par ce paragraphe. — Meaume, t. 2, nº 1075.

1803. — Il en serait autrement si deux ou plusieurs communes possédaient plusieurs portions de bois *contiguës* et d'un seul tenant supérieur à 250 hectares. — Curasson, *Code forest.*, t. 2, p. 15.

1804. — Les procès-verbaux constatant l'existence de constructions dans la zône prohibée font foi jusqu'à inscription de faux de la distance qu'ils indiquent entre la construction et la forêt, lorsque cette distance est tellement rapprochée qu'il ne peut y avoir de doute sur l'existence du délit. Mais, au contraire, si la construction étant indiquée par le procès-verbal comme existant sur une partie de terrain assez rapprochée de la limite de la zône pour que le rédacteur du procès-verbal ait pu se tromper sur la distance, l'autorité compétente peut ordonner toutes mesures nécessaires pour faire vérifier la distance. — Meaume, t. 2, p. 1076.

1805. — L'art. 153 ne s'occupe que des *maisons* ou *fermes* pour la construction desquelles il exige une autorisation ou dont il permet la conservation, lorsqu'elles sont anciennes. Il est incontestable que dans ces maisons ou fermes autorisées ou consenties le propriétaire peut allumer du feu, nonobstant la disposition de l'art. 146. Mais on s'est demandé si les prohibitions de ce dernier article ne s'appliqueraient pas aux terrains même de la ferme et aux constructions légères qui ne font pas partie des bâtimens proprement dits.

1806. — La cour de Cassation a décidé que l'exception établie par l'art. 153, C. forest., à la défense de porter ou allumer du feu dans l'intérieur et à la distance de 200 mètres des bois et forêts, n'est pas applicable à un mur destiné à recevoir une chaudière pour les lessives des habitans de la commune. — *Cass.*, 25 juin 1835, Brosy.

1807. — ...Et par un autre arrêt, que si l'existence de maisons ou fermes situées à moins de 200 mètres des bois et forêts comporte pour les habitans le droit d'y allumer du feu, cette exception est nécessairement restreinte aux maisons et fermes proprement dites, et ne saurait être étendue à leurs dépendances extérieures, spécialement à une pièce de terre dans laquelle une fosse a été pratiquée pour faire sécher du chanvre. — *Cass.*, 11 avr. 1845 (t. 2 1845, p. 83), Baumgarten.

1808. — L'autorisation prescrite par l'art. 153 doit nécessairement précéder la construction; aussi lorsque des poursuites sont intentées conformément à cet article, le tribunal ne peut accorder au propriétaire qui a bâti, un délai pour se procurer une autorisation. — Meaume, t. 2, nº 1078, qui cite un arrêt inédit de la cour royale de Montpellier du 4 fév. 1839 (Cros).

§ 3. — *Ateliers, chantiers ou magasins de bois. — Scieries.*

1809. — « Nul individu habitant les maisons ou fermes actuellement existantes dans le rayon ci-dessus fixé, ou dont la construction y aura été autorisée, ne pourra établir dans lesdites maisons ou fermes aucun atelier à façonner le bois, aucun chantier ou magasin pour faire le commerce de bois, sans la permission spéciale du gouvernement, sous peine de 50 fr. d'amende et de confiscation des bois. — Lorsque les individus qui auront obtenu cette permission auront subi une condamnation pour délits forestiers, le gouvernement pourra leur retirer ladite permission. » — Telles sont les dispositions de l'art. 154, C. forest., empruntées aux art. 23 et 30, tit. 27, ord. 1669.

1810. — L'art. 23, tit. 27, ord. 1669, interdisait aux cercliers, tourneurs, sabotiers et autres de pareille profession de tenir ateliers dans la distance de demi-lieue des forêts, à peine de confiscation de leurs marchandises et de 100 livres d'amende

1811. — Cette défense avait été renouvelée par l'avis du conseil d'état du 25 vendém. an XIV, en ce qui touchait les loges ou baraques dans lesquelles sont le plus ordinairement établis les ateliers à façonner le bois.

1812 — Sous l'empire de l'ordonnance et de l'avis du 22 brum. an XIV, la cour de Cassation a décidé que l'habitant d'un village situé au centre d'une forêt royale qui a construit dans la distance prohibée une loge en bois et sur perches, propre à fabriquer des sabots, et qui l'a garnie des outils de la profession de sabotier, doit être condamné à la démolir, encore bien qu'elle soit placée dans sa cour, près de sa maison d'habitation, dans un village d'existence ancienne, et que sa construction soit antérieure à l'an XIV. — *Cass.*, 17 août 1822, Malesset.

1813. — L'art. 30 du même tit. 27 de l'ordonnance, portait : « Ceux qui habitent les maisons situées dans nos forêts et sur leurs rives ne pourront y faire commerce, ni tenir ateliers de bois, ni en faire plus grand amas que ce qui est nécessaire pour leur chauffage, à peine de confiscation, d'amende arbitraire et de démolition de leurs maisons. »

1814. — L'art. 154, C. forest., ne fait guère que fondre ces deux articles. Toutefois on voit que l'ordonnance proscrivait tout approvisionnement de bois supérieur aux besoins de chauffage du propriétaire. L'art. 154 ne va pas jusque-là. Il n'interdit que les dépôts de bois dont on fait commerce : un propriétaire pourrait donc faire du bois de sa propriété, faire tel approvisionnement qu'il lui plairait, et même vendre une partie de cet approvisionnement, ce qui ne constituerait pas un acte de commerce.

1815. — MM. Coin-Delisle et Frédérich pensent même qu'un riverain non propriétaire de forêts pourrait faire des amas de bois dans le rayon prohibé, pourvu que ce ne fût pas pour le revendre. « Si le riverain était forcé, disent-ils, soit par la gêne de ses affaires, soit par la crainte de voir le bois se détériorer, ou même s'il était porté à revendre une partie dans l'espoir d'un bénéfice *qu'il n'avait pas en vue d'abord*, fondé sur le renchérissement considérable de cette denrée, il ne serait passible d'aucune peine. » — V. aussi Pardessus, *Dr. comm.*, t. 1er, p. 13; Meaume, t. 3, nº 1080, à la note.

1816. — Les permissions données par l'autorité d'établir dans le rayon prohibé des ateliers à façonner le bois sont toutes personnelles; ce n'est pas un droit affecté à l'immeuble. La loi ne dit pas *tout propriétaire*, mais *tout individu*. Si donc celui qui a obtenu la permission vient à quitter l'immeuble, son successeur est obligé de se munir d'une nouvelle permission. — Meaume, t. 2, nº 1081; Coin-Delisle et Frédérich, t. 2, p. 96.

1817. — Bien que l'art. 154 parle dans son § 2 d'une condamnation pour *délits forestiers*, il paraît certain qu'il n'est pas nécessaire que le permissionnaire ait commis *plusieurs* délits forestiers pour que le gouvernement ait le droit de retirer la permission. Telle n'a pu être l'intention du législateur qui parle d'UNE condamnation pour délits forestiers, ce qui forcerait à supposer, si l'on admettait l'interprétation de MM. Frédérich et Coin-Delisle, qu'il faut pluralité de délits et unité de poursuites et de condamnation. — Curasson, t. 2, p. 19; *contrà* Coin-Delisle et Frédérich, t. 2, p. 97.

1818. — Mais si le concessionnaire n'était condamné que comme civilement responsable d'un délit forestier, l'autorisation ne pourrait lui être retirée. Le retrait ne peut avoir lieu qu'autant qu'il serait condamné comme auteur du délit, lors même qu'il n'aurait pas commis ce délit lui-même, comme dans le cas des art. 147 et 199. — Meaume, t. 2, nº 1082.

1819. — L'autorisation de construire un atelier à façonner le bois doit précéder l'établissement de l'atelier.

1820. — Il a été décidé, avec raison, que lorsqu'il résulte d'un procès-verbal régulier qu'il a été trouvé chez un sabotier demeurant dans le voisinage d'une forêt, à la distance prohibée, dix paires de sabots à demi ouvragés, ainsi qu'un chouquet,

une hache et une tille, et que sa fille a déclaré qu'il y a travaillé la veille, le tribunal ne peut prononcer un acquittement sans violer la foi due au procès-verbal. — *Cass.*, 9 avr. 1813, Sally. — V. PROCÈS-VERBAL.

1821. — On doit considérer comme atelier tout terrain *clos* situé à une distance prohibée des forêts, et dans lequel le bois est façonné par un ou plusieurs ouvriers. Il résulte de l'arrêt du 9 avr. 1813, cité au numéro précédent, qu'il n'est pas nécessaire que les gardes y aient trouvé des ouvriers occupés à travailler. — Meaume, t. 2, no 1084.

1822. — Les dispositions de l'ordonnance de 1669, tit. 27, art. 23, étaient générales et s'appliquaient à tout individu sans distinction, à un adjudicataire nôtamment. —*Cass.*, 1er juill. 1825, Raffine; 22 juin 1826, Pons.

1823. — Sous l'empire du Code forestier les adjudicataires de coupes n'auraient pas davantage le droit de transporter le produit des coupes dans des maisons ou ateliers fermés, ou même dans des chantiers établis à l'air libre, mais dans un terrain clos.

1824. — Mais si les chantiers ou ateliers étaient construits par les adjudicataires sur un terrain *non clos*, il n'y aurait pas de délit. De pareils ateliers n'auraient, en effet, rien de dangereux pour la forêt, parce qu'ils pourraient toujours être surveillés par les agens forestiers. — Meaume, t. 2, no 1086.

1825. — Si un atelier à façonner le bois existait depuis plus de trente ans dans une zône prohibée, le propriétaire acquerrait, par prescription, le droit de le conserver; mais il faudrait qu'il prouvât que, pendant les trente ans, l'emplacement a servi d'atelier à façonner le bois, et rarement une pareille preuve pourra être faite d'une manière complète et non interrompue. — Meaume, t. 2, no 1087.

1826. — En effet, l'art. 154, C. forest., ne fait pas, comme l'art. 153, une exception en faveur des constructions d'une existence ancienne. Le législateur n'a pas voulu, en effet, qu'un bâtiment susceptible d'une tout autre destination fût démoli par cela seul qu'une contravention y aurait été commise.

1827. — *Scieries.* — Les scieries ont toujours été regardées comme dangereuses pour les forêts qu'elles avoisinent. Un arrêt du conseil du 28 janv. 1750, rapporté dans les *Réglemens forestiers* (t. 1er, p. 337) prononçait une amende de 3,000 liv., la démolition et la confiscation des matériaux d'une usine établie à proximité d'une forêt. — V. aussi l'arrêt du 22 mars 1788, et les art. 18 et 43, tit. 27, ord. 1669. — Meaume, t. 2, no 1083 et à la note.

1828. — Lors de la discussion du Code forestier plusieurs conservateurs avaient demandé qu'on ne fixât pas de zône prohibitive pour les scieries, et que l'établissement non autorisé de ces usines fût interdit à quelque distance des forêts qu'elles fussent placées; mais cette mesure a paru trop rigoureuse; la distance de deux kilomètres a paru satisfaisante pour garantir les produits forestiers.

1829. — L'art. 155 ne s'applique qu'aux scieries *isolées*. Quant à celles qui feraient partie d'une population agglomérée, elles sont protégées par l'art. 156, C. forest.

1830. — Sous l'ordonnance de 1669 on avait prétendu que l'autorité administrative avait le droit d'ordonner la démolition des usines établies dans le rayon prohibitif. Le même système avait été proposé sous l'empire du Code de brumaire an IV. Les tribunaux ordinaires auraient seuls compétence pour ordonner cette démolition sous le Code forestier.

1831. — Lorsque le décret qui autorise l'aliénation d'un terrain communal ne contient aucune disposition sur l'emploi à faire de ce terrain, si l'acquéreur y établit sans autorisation une scierie, c'est aux tribunaux de décider si cette construction contrevient à l'ordonnance de 1669, et s'il y a lieu de prononcer une peine.—*Cons. d'état*, 23 juill. 1823, Comte.

1832. — L'étendue du rayon prohibitif s'établit en calculant la distance à vol d'oiseau et non en tenant compte des détours qu'il faut faire en suivant les chemins ordinaires. Cette observation s'applique aux art. 151, 152 et 153, comme à celui dont nous nous occupons.— *Besançon*, 18 juin 1832, Gi roult (inédit cité par M. Meaume, t. 2, no 1090).

1833. — Les termes de l'art. 155 ne s'appliquent qu'aux scieries dont la construction serait postérieure à la promulgation du Code forest. Quant à celles qui existaient à cette époque dans le rayon prohibé, désigné par ce Code, il faut remarquer que l'art. 179 de l'ordonnance d'exécution oblige les propriétaires qui avaient obtenu des concessions sous l'empire de l'ordonnance à déposer leurs titres aux conservateurs des forêts pour que la validité en soit examinée. On devra donc faire démolir toutes celles de ces scieries qui n'auraient pas été régulièrement établies en respectant celles qui auraient été construites conformément à l'ordonnance de 1669.

1834. — C'est en tenant compte de cette distinction qu'il a été jugé que la prohibition prononcée par l'art. 155, C. forest., s'applique non seulement aux scieries qui pourraient s'établir ultérieurement, mais encore à celles qui existaient avant sa promulgation. — *Cass.*, 3 juill. 1835, Coin.

1835.—Les scieries antérieures au Code forest. devraient même être conservées, quand même le propriétaire ne justifierait d'aucune autorisation s'il avait acquis la prescription par trente ans.—Meaume, t. 2, no 1091.

1836. — La preuve de la possession trentenaire ne pourrait alors être administrée que devant les tribunaux civils. — *Cass.*, 12 mars 1809, Chabanis. — C'est là en effet la décision d'une question préjudicielle qui ne peut être résolue par les tribunaux de répression.

1837. — Le propriétaire d'une scierie établie à moins de deux kilomètres de distance des forêts, qui a obtenu l'autorisation de la mettre en activité pour un certain temps, à la charge de la démolir ensuite, ne peut, à l'expiration du délai, se refuser à l'accomplissement de cette condition. — *Cass.*, 3 juill. 1035, Coin.

1838. — Le propriétaire qui a ainsi prescrit peut faire les réparations qui deviendraient nécessaires. C'est ce que l'administration forestière elle-même paraît avoir reconnu.

1839. — Mais ce propriétaire ne peut avoir que les droits résultant de la possession; aussi lorsque la construction aura péri, ne pourra-t-il la reconstruire. C'est le cas d'appliquer la maxime : *Tantùm prœscriptum quantùm possessum.*—*Cass.*, 5 fév. 1841, Parriset (à sa date, suppl. t. 3e 1844);—Meaume, t. 2, no 1092.

1840.— Il faut rappeler ici, comme nous l'avons fait pour les articles précédens, que l'autorisation d'établir les ateliers, dont parle l'art. 155, doit précéder leur construction.

1841. — La cour de Cassation a jugé avec raison que les réparations à faire à une usine placée à moins de deux kilomètres des forêts n'assujétissent point le propriétaire à demander une autorisation. — *Cass.*, 24 sept. 1880, Gilly.

1842. — Sont exceptées des dispositions des trois articles précédens les maisons et usines qui font partie de villes, villages ou hameaux formant une population agglomérée, bien qu'elles se trouvent dans les distances ci-dessus fixées des bois et forêts. — C. forest., art. 156; ord. d'exécut., art. 179. — C'est une disposition nouvelle dans la législation forestière.

1843. — Il résulte des termes de l'art. 156 que les fours, tuileries, baraques, etc., dont s'occupent les art. 151 et 152, ne sont pas compris dans l'exception qu'il établit.

1844. — Dans la discussion de l'art. 156 on a élevé des doutes sur le sens des mots *population agglomérée* qui y figurent. L'art. 153, disait M. de Mortemart, prohibe toute construction dans un rayon de 500 mètres à partir des forêts; mais l'art. 156 exempte de cette prohibition les maisons qui seraient destinées à faire partie d'un hameau, d'un village ou d'une ville; or, comment distinguer d'une manière précise, dans les campagnes où les maisons des villages sont souvent éparses et assez éloignées les unes des autres, si une maison nouvellement construite doit être considérée comme faisant partie du village, ou comme maison isolée? Peut-être eût-il été à désirer que la rédaction des deux articles fût plus précise à cet égard.

1845. — M. de Martignac, commissaire du roi, a répondu : « On demande comment s'établira la distinction entre les maisons isolées et celles qui font partie d'un village ou d'un hameau; et à cet égard, il était difficile de trouver des expressions plus précises que celles dont la loi s'est servie. Il est bien peu de cas où l'on ne puisse discerner, sans controverse possible, si la maison nouvellement construite fait ou non, partie d'une agglomération de maisons qualifiées de village ou de hameau; mais enfin, si quelque difficulté sur ce point venait à s'élever, elle serait nécessairement soumise aux tribunaux qui jugeraient d'après les circonstances. »

1846. — L'administration forestière a toujours entendu de la manière la plus large l'exception portée par l'art. 156.— V. circul., 30 nov. 1827, qui va jusqu'à considérer comme une population agglomérée la simple réunion de deux maisons. — V. aussi dans Meaume (t. 2, no 1096) une lettre inédite du directeur-général des forêts du 3 juin 1829, qui applique l'expression de population agglomérée à une population d'une certaine importance dont les habitans forment un tout plus ou moins séparé et sont disposés dans un certain ordre, de manière que chaque habitant puisse exercer à son insu et sans le vouloir une sorte de surveillance de tous les instans sur les actions de ses voisins. — V. en outre, sur le sens à donner aux mots population agglomérée, *Besançon*, 22 mars 1842, Michel; *Metz*, 22 août 1838, Lauer; *Grenoble*, 5 mars 1835, Moulin (arrêts inédits rapportés par M. Meaume, t. 2, no 1097).

1847.—La cour de Cassation a décidé que le jugement ou l'arrêt qui juge que le hameau dont fait partie une scierie forme une population agglomérée, est à l'abri de la censure de la cour de Cassation, comme ayant apprécié souverainement un point de fait. — *Cass.*, 22 fév. 1834, Jacquay.

1848. — Les usines, hangars et autres établissemens autorisés en vertu des art. 151, 152, 154 et 155, sont soumis aux agens et gardes forestiers, qui peuvent y faire toutes perquisitions sans l'assistance d'un officier public, pourvu qu'ils se présentent au nombre de deux au moins, ou que l'agent forestier soit accompagné de deux témoins domiciliés dans la commune. — C. forest., art. 157. — Le projet ne parlait que d'un témoin; c'est par suite d'un amendement de la commission que l'art. 157 en exige deux au moins.

1849. — Avant que l'art. 157 fût venu donner une consécration législative à cette doctrine, on tenait déjà pour certain avant le Code forestier que les gardes n'avaient pas besoin de l'assistance d'un officier public pour s'introduire dans les loges ou autres établissemens temporaires construits dans l'intérieur des forêts. C'est ce qu'expliquait une circulaire de l'administration du 1er juin 1819, no 394, contenant envoi d'une lettre du grand-juge ministre de la justice. — Meaume, t. 2, no 1098 et à la note

1850. — Le motif de l'art. 157 est facile à saisir. Si les gardes témoins du recel du produit d'un délit forestier dans l'un des établissemens dont parlent les art. 151, 152, 154 et 155 avaient été contraints avant d'y pénétrer de requérir l'assistance d'un officier public, il eût été facile aux délinquans, pendant le temps qu'aurait demandé cette opération, de dénaturer les bois enlevés frauduleusement soit en les coupant et les jetant dans un four, soit au moyen d'une scierie. Il fallait donc pour ces établissemens faire une exception au principe de l'art. 161, C. forest., qui exige que les visites domiciliaires faites par les gardes soient opérées en présence d'un officier public.

1851. — Mais les gardes ne pourraient entrer dans une maison d'habitation qu'avec l'assistance d'un officier public; et il en serait de même dans le cas où une maison d'habitation serait contiguë à l'un des établissemens qui doivent être ouverts à toute réquisition d'un seul garde assisté de deux témoins, ou de deux gardes ensemble. — Coin-Delisle et Frédérich, *C. forest.*, t. 2, p. 101; Garnier-Dubourgneuf et Chanoine, p. 188.

1852. — L'art. 157 s'applique aux établissemens autorisés en vertu des art. 151, 152, 153 et 154. Les établissemens qui n'ont pas besoin d'autorisation pour exister dans une zône prohibée, comme par exemple ceux qui font partie d'une population agglomérée ou ceux dont les propriétaires ont acquis la prescription, sont donc étrangers à la disposition de cet art. 157; ils sont soumis aux prescriptions de l'art. 161, qui exige l'intervention d'un officier public.

1853. — Décidé que les scieries dont l'établissement peut avoir lieu, sans autorisation, dans le voisinage des forêts, soit parce qu'elles en sont situées à plus de deux kilomètres, soit parce qu'elles font partie de villes, villages ou hameaux formant une population agglomérée, ne sont pas soumises aux dispositions des art. 157 et 158, C. forest. — *Cass.*, 22 fév. 1834, Jacquay.

1854. — MM. Coin-Delisle et Frédérich (t. 2, p. 100) estiment que, quelle que soit la généralité des termes de l'art. 157, il n'a pas été dans la pensée du législateur de permettre aux gardes de pénétrer la nuit dans les établissemens dont il s'occupe. Ils fondent leur opinion sur la loi des 19-22 juill. 1791 et sur l'art. 76 de la constitution du 22 frim an VIII, aux termes duquel la maison de chaque citoyen est, pendant la nuit, un asile inviolable.

1855.—Nous croyons, au contraire, avec M. Meaume (t. 2, no 1101) que ces dispositions ne sauraient s'appliquer qu'aux maisons d'habitation, et qu'on ne peut considérer comme le domicile d'un citoyen l'un des établissemens mentionnés dans les articles auxquels se réfère l'art 157; que dès-lors les gardes peuvent y pénétrer, même la nuit, s'il y a nécessité. — Il en serait peut-être autrement à l'égard des scieries, parce que souvent des ouvriers

ou même les possesseurs de ces établissemens y passent la nuit.

1856. — Aucun arbre, bille ou tronce, ne peut être reçu dans les scieries dont il est fait mention en l'art. 155, sans avoir été préalablement reconnu par le garde forestier du canton et marqué de son marteau, ce qui devra avoir lieu dans les cinq jours de la déclaration qui en aura été faite, sous peine, contre les exploitans desdites scieries, d'une amende de 50 à 300 fr. En cas de récidive, l'amende sera double, et la suppression de l'usine pourra être ordonnée par le tribunal.—C. forest., art. 158; — ord. d'exécut., art. 180.

1857. — L'art. 158 ne s'occupe que des scieries dont il est question dans l'art. 155. Il n'entend donc pas disposer à l'égard de celle de ces usines qui, faisant partie d'une population agglomérées, ont protégées par l'art. 156. Il résulte de ce rapprochement qu'il n'est question dans cet art. 158 que des scieries *isolées* établies à moins de deux kilomètres des forêts en vertu d'une autorisation du gouvernement. — *Cass.*, 22 fév. 1834, Jacquay.

1858. — Il est de jurisprudence que le propriétaire d'une scierie distante de moins de deux kilomètres des forêts, dans laquelle ont été trouvés des billes ou troncs qui ne portaient pas l'empreinte du marteau du garde du canton, ne peut être renvoyé des poursuites sur le motif que cette scierie existait avant la publication du Code forestier. — *Cass.*, 3 juill. 1835, Coin; 20 oct. 1835, Charrier.

1859. — On ne saurait qu'approuver ces décisions. Il est de principe, en effet, que le droit qui appartient à un propriétaire de conserver un établissement à proximité des forêts, ne l'affranchit pas de l'obligation de se soumettre aux mesures de police prescrites par le Code forestier. Or, la disposition de l'art. 158 n'est qu'un réglement de police qui, sans détruire le fond du droit, ne fait que déterminer le mode de son exercice. — Meaume, t. 2, no 1105.

1860. — Baudrillart donne dans son dictionnaire (vo *Tronce*) la véritable signification de ce mot: « On emploie, dit-il, dans la ci-devant Lorraine les dénominations de tronce, panne, chevron, perche, demi-perche, pour désigner la grosseur relative des arbres résineux, pins et sapins qu'on délivre aux usagers, aux fermiers des scieries et des verreries, etc. »

1861. — Il ne s'agit pas dans l'art. 158 du garde qui résiderait au chef-lieu du canton dont la forêt ferait partie, mais bien du garde du *canton de bois* le plus voisin de cette scierie. Le mot *canton* est synonyme de *triage*, et il a été emprunté à un arrêt du conseil du 25 juin 1781, dans lequel on lit: « Fait sa majesté très expresses inhibitions et défenses aux propriétaires et locataires desdites scieries de sortir des forêts aucuns troncs avant de les avoir fait reconnaître par les gardes du canton. »

1862. — L'art. 180, ord. d'exécut., détermine comment le garde doit reconnaître et marquer les bois qui entrent dans la scierie. Cet article porte: « Les possesseurs des scieries dont il est question en l'art 155, C. forest., seront tenus, chaque fois qu'ils voudront faire transporter dans ces scieries ou dans les bâtimens et enclos qui en dépendent, des arbres, billes ou tronces, d'en remettre à l'agent forestier local une déclaration détaillée, en indiquant de quelles propriétés ces bois proviennent. Ces déclarations énonceront le nombre et le lieu de dépôt des bois; elles seront faites en double minute, dont une sera visée et remise au déclarant par l'agent forestier, qui en tiendra un registre spécial. Les arbres, billes ou tronces seront marqués, sans frais, par le garde forestier du canton, ou par un des agens forestiers locaux, dans le délai de cinq jours de la déclaration. »

1863. — La cour de Cassation a décidé que lorsque des bois, même non abattus en fraude, ont été introduits dans une scierie, sans déclaration préalable aux agens forestiers à fin de les reconnaître et de les marquer, la contravention ne saurait être couverte par la réquisition postérieurement faite aux agens de venir procéder à l'accomplissement des formalités. Les bois introduits dans le chantier ou enclos sont, au regard de l'infraction, considérés comme introduits dans l'usine même. — *Cass.*, 13 mars 1829, Derbez.

1864. — La reconnaissance et la marque doivent avoir lieu dans les cinq jours. Cette rédaction indique qu'il ne s'agit pas d'un délai franc; ainsi, le propriétaire qui a fait sa déclaration le 1er avril pourrait, sans contravention, enlever ses bois le 7 du même bois, puisque la marque aurait dû être apposée le 6 au plus tard. — Meaume, t. 2, no 1106.

1865. — Lorsque les arbres n'ont pas été marqués dans les cinq jours, le propriétaire peut prétendre que les bois non marqués qui se trouvent dans la scierie sont les mêmes que ceux dont on a omis d'opérer la marque. Mais on pourrait prouver le contraire contre lui.

1866. — Pour prévenir toute fraude de la part du propriétaire M. Meaume (t. 2, no 1107) conseille de marquer tous les arbres qui se trouveraient sur le chantier de la scierie et de dresser procès-verbal de cette opération. Si le propriétaire refusait de signer ce procès-verbal on pourrait le lui faire notifier par le ministère d'un garde.

1867. — On a prétendu que l'art. 158 défendant seulement d'introduire du bois non marqué *dans les scieries* il n'y avait pas délit lorsqu'on avait placé du bois sur le chantier de la scierie. Cette interprétation est évidemment contraire à l'esprit de l'article. — *Cass.*, 13 mars 1829, Derbez.

1868. — Il faut remarquer que l'art. 158, en parlant de récidive, ne peut entendre parler que de la récidive par défaut de déclaration. Le mot n'a donc pas ici le même sens que dans l'art. 200 qui considère comme un récidiviste celui qui a commis un délit forestier dans les douze mois d'une condamnation prononcée pour un autre délit forestier. Aussi le tribunal pourrait-il ordonner la fermeture de la scierie quand même le premier défaut de déclaration des bois remonterait à plus d'une année. Il paraît juste, en effet, disent MM. Coin-Delisle et Frédérich (sur l'art. 158), que celui dont l'établissement dans un lieu où les délits sont faciles à commettre n'a été autorisé que sur sa réputation de probité, ne puisse se prévaloir d'un délai aussi court pour échapper à une double amende.

1869. — M. Meaume (t. 2, no 1110), pense que le tribunal ne pourrait ordonner la suppression d'une scierie si le propriétaire avait acquis par prescription le droit de la conserver.

1870. — Si dans l'acte par lequel une scierie aurait été autorisée, l'autorité s'était réservé le droit de la supprimer lorsqu'elle le jugerait convenable, l'art. 158 ne recevrait plus d'application, car dans ce cas il ne serait pas nécessaire de recourir aux tribunaux pour faire fermer l'usine.

1871. — La cour de Cassation a jugé avant le Code forestier que l'introduction dans une scierie de bois non marqué ne pouvait être excusée par la bonne foi du prévenu. — *Cass.*, 20 juin 1823, Noël. — Cette décision devrait être suivie sous l'empire de l'art. 158, qui n'est qu'une disposition de police.

CHAPITRE XII. — *Des poursuites en réparation des délits et contraventions.*

Sect. 1re. — *Poursuites exercées au nom de l'administration forestière.*

§ 1er. — *Attributions de l'administration forestière et de ses agens pour la poursuite des délits et contraventions.*

1872. — L'art. 159, C. forest., est ainsi conçu: — « L'administration forestière est chargée, tant dans l'intérêt de l'état que dans celui des autres propriétaires de bois et forêts soumis au régime forestier, des poursuites en réparation de tous délits et contraventions commis dans ces bois et forêts, sauf l'exception mentionnée en l'art. 87. — Elle est également chargée de la poursuite en réparation des délits et contraventions spécifiés aux art. 134, 143 et 219. — Les actions et poursuites seront exercées par les agens forestiers au nom de l'administration forestière, sans préjudice du droit qui appartient au ministère public. »

1873. — En matière forestière, l'indemnité que peut réclamer la partie qui a souffert d'un délit forestier comprend, non seulement le préjudice actuel, mais aussi le préjudice futur. Aux termes de l'art. 202, les dommages-intérêts ne peuvent jamais être inférieurs à l'amende simple prononcée par le jugement.

1874. — A part quelques exceptions contenues dans le Code forest., les infractions à la loi donnent naissance, comme les délits ou contraventions en matière ordinaire, à l'action publique qui appartient à la société, et à l'action civile qui compète à celui qui a éprouvé un préjudice par l'effet de l'infraction.

1875. — Il arrive quelquefois en matière forestière que l'action en réparation du dommage causé par le délit peut être portée devant le tribunal de répression, indépendamment de toute action publique. — V. *infrà* no 1927.

1876. — Pour la répression du délit prévu par le Code forest., la poursuite appartient simultanément au procureur du roi et à l'administration forestière

1877. — La poursuite peut, en outre, comprendre l'action privée comme l'action publique. — Meaume, t. 2, no 1115; Garnier-Dubourgneuf et Chanoine, sur l'art. 159, p. 191; Baudrillart, sur le même art.; Curasson (t. 2, p. 79 et suiv.), ne reconnaît pas ce principe.

1878. — Jugé que le ministère public peut exercer l'action de l'administration forestière pour tout ce qui est relatif aux bois soumis au régime forestier, que dès-lors son appel s'étend aux restitutions et dommages-intérêts aussi bien qu'aux amendes. — *Cass.*, 20 mars 1830, Henry.

1879. — De même, l'action de l'administration forestière, en réparation des délits forestiers comprend l'application des peines aussi bien que la condamnation aux dommages-intérêts. — *Cass.*, 8 mai 1835, Genestier.

1880. — La cour suprême a aussi décidé qu'en matière de délits forestiers, l'appel interjeté par le ministère public au nom de l'administration forestière à supposer son irrégularité en ce qui concerne la partie publique, n'en profite pas moins à l'administration qui a le droit de le soutenir. — *Cass.*, 27 janv. 1847 (t. 1er 1838, p. 17), Bonneval et Mathieu.

1881. — Une cour de justice criminelle ne peut refuser de prononcer la restitution requise par le procureur général par suite de l'appel de l'administration forestière, sous le prétexte qu'il ne s'est pas rendu appelant du jugement de première instance qui ne l'a point ordonnée. — *Cass.*, 28 janv. 1808, Bezard.

1882. — Bien que l'art. 159 ne parle que des délits commis *dans* les bois et forêts soumis au régime forestier, il est hors de doute que l'administration forestière peut poursuivre la répression de certains délits commis hors du sol de la forêt. — V. *infrà* art 171.

1883. — Les infractions à la loi forestière qui n'ont que le caractère de contraventions de police sont, comme les délits forestiers, de la compétence des tribunaux forestiers.

1884. — M. Lesellyer (*Tr. de dr. crim.*, t 1er, no 384) conteste cependant à l'administration forestière le droit d'exercer l'action publique. Il se fonde principalement sur ce que les fonctions du ministère public appartiennent exclusivement aux magistrats qui en sont investis, et sur ce que, selon lui, les textes du Code d'instruction criminelle et du Code forestier, qui donnent un droit d'action aux agens forestiers, peuvent s'entendre seulement d'un droit d'obtenir des condamnations non aux peines, mais seulement aux réparations civiles dues à l'administration forestière.

1885. — Cette doctrine paraît inconciliable avec le texte si explicite des art. 159, C. forest., et 182, C. inst. crim. D'ailleurs, de ce que les agens forestiers ne peuvent provoquer une condamnation pénale sans que le ministère public donne ses conclusions à l'audience, il ne résulte pas que ces agens n'ont pas le droit de saisir directement le tribunal correctionnel. Il faut remarquer de plus qu'il y a dans le Code forestier des infractions qui ne donnent lieu à aucune condamnation civile, et dont cependant l'administration forestière peut poursuivre la répression, en vertu de l'art. 182, C. inst. crim (V. art. 32, 35, 38, 43, 83, 146, etc.), ce qui rend le système de M. Lesellyer inadmissible. La doctrine qui attribue l'action publique à l'administration forestière est, du reste, enseignée par Mangin (*Action publique*, nos 50 et 51); Boitard (*Leçons sur le Code d'inst. crim.*, p. 331 et 332); Meaume (t. 2, no 1116); Rauter (*Cours de droit crim.*, no 661, note 3e); Coin-Delisle et Frédérich (*C. forest.*, t. 2, p. 107); Curasson (*C. forest.*, t. 2, p. 78); Henrion de Pansey (*Biens communaux*, 3e édit., p. 448).

1886. — Mais l'action publique n'appartient aux agens forestiers qu'autant que l'infraction à punir a été qualifiée par le Code forestier. C'est ce qui résulte de la comparaison de divers textes de ce Code (V. art. 22, 148, 149). Lorsqu'il s'agit d'une infraction prévue soit par le Code pénal, soit par une législation particulière, c'est au ministère public seul qu'appartient la poursuite. — Meaume, t. 2, no 1118. — Telle est, du moins, la règle générale.

1887. — Aussi, la cour de Cassation a-t-elle jugé que l'administration forestière est sans qualité pour poursuivre devant les tribunaux ceux qui, sans autorisation, ont établi des fourneaux et usines exploités à l'aide de feu, ces faits étant prévus par la loi du 21 avr. 1810 sur les mines. — *Cass.*, 16 août 1838 (t. 2 1838, p. 384), Muel.

1888. — Cependant, la jurisprudence n'a jamais refusé à l'administration forestière le droit de poursuivre la réparation des délits de chasse commis dans les bois et forêts. Il s'agit, en effet, dans ce cas, d'un délit commis *dans l'intérieur des forêts*, ce qui rentre directement dans les termes de l'art. 151. La cour de Cassation a décidé cette question dans ce sens par de nombreux arrêts avant la loi du 3 mai 1844. — *Cass.*, 21 prair an XI, N...; 28 janv. 1808, Arnichaud; 29 fév. 1828, Arnoux; 20 sept. 1828, Syriaque-Sossac; 27 sept. 1828, Denis;

5 nov. 1829, Jupinet, 23 mai 1835, Delalande; 6 mars 1840 (t. 2 1840, p. 570), Zumel; 22 fév. 1844 (t. 1er 1845, p. 436), Gauthier-Poirier; 16 août 1844 (*id.*), Delois; 26 avr. 1845 (t. 1er 1845, p. 742), Lagarenne; — Berriat Saint-Prix, *Législ. de la chasse*, p. 230 et 231; Petit, *Tr. du droit de chasse*, t. 3, p. 249; Gillon et Villepin, *Nouv. Code des chasses*, p. 336.

1889. — La loi du 3 mai 1844 ne contenant aucune disposition nouvelle sur la poursuite des délits de chasse commis dans les bois n'a par cela même dû amener aucun changement dans cette jurisprudence.

1890. — Aussi la cour suprême a-t-elle décidé sous l'empire de cette loi que l'administration forestière a qualité pour poursuivre tous délits et contraventions commis dans les bois et forêts et qui sont de nature à porter atteinte aux produits ou à la jouissance du sol forestier, ou qui, pouvant nuire au régime et à la surveillance des forêts, sont assimilés, quant aux règles de la poursuite et de la compétence, aux délits forestiers. — Elle a ainsi qualité pour poursuivre directement la répression des délits de chasse commis dans les bois et forêts soumis au régime forestier, les art. 22 et 26 de la loi du 3 mai 1844 sur la chasse n'ayant ni abrogé ni modifié à cet égard la législation antérieure. — *Cass.*, 9 janv. 1846 (t. 2 1846, p. 32), Glisières. — V. arrêt conf. de la cour de Paris du 2 avr. 1846. Même aff. sous *Cass.* (t. 2 1846, p. 32). — Perrève, *Traité des délits de chasse*, p. 246; Chardon, *Dr. de chasse*, p. 430. — V. aussi CHASSE, nos 596, 629 et suiv.

1891. — Il est également reconnu que l'administration forestière a le droit de constater et de poursuivre les délits de chasse commis dans les forêts de l'état, alors même que le droit de chasse en aurait été affermé conformément à la loi du 21 avril 1832. — *Cass.*, 8 mai 1841 (t. 2 1846, p. 31), Delagrenée. — V. conf. arrêts précités (no 1888) des 20 et 27 sept. 1828, 5 nov. 1829.

1892. — Mais les faits de chasse qu'il appartient à l'administration forestière de poursuivre sont seulement ceux qui portent atteinte à la propriété forestière. — V. *Cass.*, 29 fév. 1828, Arnoux. — La loi du 3 mai 1844, art. 22, pourrait être considérée comme ayant changé cette règle; mais il paraît résulter de la discussion de cette loi que ses auteurs n'ont pas eu cette pensée.

1893. — Il faut remarquer du reste qu'aux termes de cet art. 22 les procès-verbaux des agens forestiers en matière de délits de chasse ne font foi que jusqu'à preuve contraire, tandis que lorsque ces agens constatent des délits prévus par le Code forestier, leurs procès-verbaux font foi jusqu'à inscription de faux. — V. Duvergier, *Coll. des lois*, année 1844, p. 160, note 1re.

1894. — Quand un délit de comblement de fossés ou de déplacement de bornes (V. C. pén., art. 456), est commis dans une forêt, c'est à l'administration forestière qu'il appartient d'exercer l'action publique. Le texte de l'art. 159, Code for., s'applique en effet à ce cas, bien que ces infractions ne soient pas régies par ce Code. — *Dijon*, 13 fév. 1833, Bony, arrêt inédit rapporté par M. Meaume, t. 2, no 1126.

1895. — L'art. 159 autorise les agens forestiers à exercer des poursuites pour les délits commis dans les bois soumis au régime forestier.

1896. — Donc l'administration forestière a qualité pour poursuivre la condamnation, non seulement à l'amende, mais même aux dommages-intérêts, à raison d'un délit commis dans les bois d'une commune, sans qu'il soit besoin du concours ni de l'intervention de cette commune. — *Metz*, 3 janv. 1824. N...; *Cass.*, 2 sept. 1830, Projean; *Cass. belge*, 2 juin 1835, Lambot.

1897. — Dans tous les cas, le prévenu est non-recevable à se plaindre du défaut d'intervention de la part de la commune. — Mêmes arrêts.

1898. — Mais les agens forestiers sont sans qualité pour agir lorsqu'il s'agit de réprimer des délits commis dans des bois appartenant à des particuliers. — *Dijon*, 17 fév. 1830, Pacot; — arrêt inédit rapporté par M. Meaume, t. 2, no 1121; — Curassson, *C. forest.*, t. 3, p. 77.

1899. — Aussi, est-ce à tort qu'il a été jugé que l'administration forestière a qualité à l'effet de poursuivre en police correctionnelle la réparation des dégâts commis dans les bois d'un particulier qui les a dénoncés à ses agens. — *Cass.*, 3 sept. 1808, Aubert.

1900. — Les agens forestiers peuvent tous exercer des poursuites pour la répression des délits qu'ils sont chargés de constater.

1901. — Ainsi la poursuite des malversations commises par un adjudicataire dans sa coupe est régulièrement exercée par un sous-inspecteur forestier, à la requête de l'administration forestière. La loi n'attribue pas exclusivement cette poursuite au conservateur. — *Cass.*, 13 août 1807, Taurignan; 22 nov. 1811, Miailhe.

1902. — De même la poursuite d'un délit forestier est régulièrement exercée par un garde général remplissant par intérim les fonctions de sous-inspecteur. — *Cass.*, 9 mai 1806, Parel.

1903. — Et la poursuite d'un délit forestier est régulièrement dirigée sur la provocation de l'administration par un préposé d'un rang inférieur substitué par elle au conservateur qui se trouve impliqué dans l'affaire. — *Cass.*, 26 fév. 1807, Grimprel.

1904. — Mais les actions exercées par les agens forestiers doivent être intentées au nom du chef de l'administration forestière. Elles ne peuvent l'être au nom de l'administration considérée comme être collectif et encore moins au nom de chaque agent isolément. Si l'art. 159 parle de l'*administration forestière*, c'est qu'il n'a pas voulu entraver le droit qu'a le pouvoir administratif de modifier la composition de cette administration et la qualification que doit recevoir son chef.

1905. — Jugé ainsi que les actions relatives aux délits forestiers peuvent être valablement exercées par le directeur général de l'administration forestière en son nom. — *Cass.*, 21 mars 1840 (t. 2 1840, p. 526), Brunet.

1906. — ... Et que la citation délivrée à la requête d'un inspecteur forestier est nulle. — *Cass.*, 29 oct. 1824, Farel.

1907. — La poursuite serait certainement nulle si elle s'exerçait au nom d'un agent qui ne serait plus titulaire de son emploi. — Meaume, t. 2, no 1123.

1908. — L'art. 159, C. forest., en disposant que les actions et poursuites seront exercées par les agens forestiers, au nom de l'administration forestière, leur confère nécessairement le droit d'appeler des jugemens contraires aux intérêts de cette administration. — *Cass.*, 26 fév. 1807, Grimprel; — Merlin, *Quest. de droit*, vo *Appel*, § 4, no 2.

1909. — Ainsi, les préposés de l'administration forestière n'ont pas besoin d'une autorisation particulière de cette administration pour pouvoir appeler des jugemens rendus sur leurs poursuites en police correctionnelle. — *Cass.*, 18 juin 1807, N...; 7 sept. 1810, Heuseler.

1910. — Le versement des amendes et dommages-intérêts par un délinquant, sur les poursuites du receveur de l'enregistrement, et à l'insu de l'administration, ne peut être opposé à celle-ci comme un acquiescement de sa part. — *Cass.*, 22 oct. 1829, Jaubert.

1911. — Les bois possédés par les princes apanagistes et par les particuliers pourvus de majorats réversibles étant soumis au régime forestier, les agens forestiers peuvent poursuivre les délits qui y sont commis. — Coin-Delisle et Frédérich, t. 2, p. 105. — C'est à tort que Curasson (t. 1er, p. 313) enseigne le contraire.

1912. — Et les agens forestiers peuvent rechercher et constater ces délits. Mais leur intervention n'est que facultative, et c'est avant tout aux détenteurs de ces biens à exercer l'action. — Baudrillart, sur l'art. 89; Garnier-Dubourgneuf et Chanoine, sur l'art. 159; Meaume, t. 2, no 1124.

1913. — L'action publique qui appartient aux agens forestiers, dit M. Meaume (t. 2, no 1125) concurremment avec les officiers du parquet, pour la répression des atteintes portées à la propriété forestière, peut s'éteindre de quatre manières différentes : 1o par la chose jugée; 2o par le décès du prévenu; 3o par l'amnistie; 4o par la prescription.

1914. — Le Code forestier ne contient aucune disposition spéciale sur les effets de la chose jugée en matière forestière. Il y a donc lieu de se reporter à cet égard aux principes du droit commun. — V. CHOSE JUGÉE.

1915. — L'annulation pour vice de forme d'un procès-verbal dressé par un garde forestier ne saurait entraîner l'extinction des poursuites par l'effet de la chose jugée; car une pareille décision est étrangère à toute appréciation du fond. C'est ce qui a été jugé en matière de délit de chasse. — *Cass.*, 11 août 1831, Beffroy et Gelu. — V. aussi *Cass.*, 23 juill. 1836, Lecoulteux c. Bouelle. — Carnot, t. 1er, p. 30, no 39; Berriat Saint-Prix, *Législ. de la chasse*, p. 214.

1916. — Les peines prononcées par le Code forestier atteignent les complices du prévenu ou ceux qui ont accepté la responsabilité de ses actes comme le prévenu lui-même. Ainsi le décès d'un adjudicataire de coupe dans les bois de l'état n'éteint pas l'action publique contre les cautions qui peuvent toujours être condamnées personnellement. — *Cass.*, 5 avril 1811, Savenich.

1917. — Bien qu'en principe l'action publique soit éteinte par le décès du prévenu et ne puisse être exercée contre ses héritiers, le Code forestier contient plusieurs dispositions incompatibles avec cette règle. — V. *suprà* nos 1751 et s.

1918. — La confiscation des instrumens du délit ne peut être prononcée non plus contre les héritiers du délinquant, à moins que le délit ne réside en quelque sorte dans ces objets eux-mêmes, comme dans le cas des art. 108, 146 et 154, C. forest. — Mangin, *action publique*, t. 2, p. 90.

1919. — En matière forestière, l'amende a un caractère mixte; elle est à la fois une peine et une réparation pécuniaire; aussi, peut-elle être poursuivie contre les héritiers du condamné. — Trolley, *Cours de droit administratif*, t. 2, no 810.

1920. — L'amnistie a pour effet d'arrêter la poursuite des délits forestiers lorsqu'elle intervient avant toute condamnation. Lorsqu'elle est postérieure à la condamnation, elle a pour effet d'effacer à la fois le délit et le jugement qui a été rendu. — V. AMNISTIE.

1921. — L'amnistie peut être générale, partielle, ou particulière, absolue ou conditionnelle. Des ordonnances d'amnistie ont été rendues en matière forestière les 25 mars 1810, 11 juill. 1814, 20 oct. 1820, 28 mai 1825, 3 nov. 1827, 14 et 23 mars 1830, et 19 nov. 1830, 7 et 23 déc. 1830, 13 avr. 1831, 8 avr. 1833, 30 mai et 3 juin 1837. — Meaume, t. 2, no 1128.

1922. — Jugé en matière forestière que l'application d'un décret d'amnistie peut être étendue ou restreinte suivant la volonté du souverain qui l'a rendue. Qu'ainsi, le décret qui ordonne la mise en jugement d'un maire comme prévenu de complicité dans les dévastations d'une forêt, décide implicitement que ce délit n'est pas compris dans une amnistie antérieure aux poursuites. — *Cass.*, 8 mars 1811, Labatut.

1923. — Les ordonnances d'amnistie en matière forestière font réserve des droits des tiers. Cette réserve ne serait pas indispensable; car il est certain que l'amnistie n'a d'effet que sur l'action publique et qu'elle laisse l'action civile entière. — Meaume, *loc. cit.*

1924. — A moins d'une stipulation spéciale, les amnisties en matière forestière ne couvrent que les délits forestiers proprement dits et les actions civiles qui en sont la conséquence; elles ne s'étendent pas aux délits et réparations qui résultent de la violation d'un contrat. — Meaume, t. 2, *loc. cit.* — V. AMNISTIE, nos 194 et suiv.

1925. — L'administration forestière doit poursuivre, malgré l'amnistie, la condamnation aux réparations dues aux communes et aux établissemens publics. La remise de semblables réparations ne pourrait être faite que par les maires ou administrateurs.

1926. — Lorsqu'il s'agit d'un délit commis dans le bois d'un simple particulier, le tribunal correctionnel n'est compétent pour connaître de l'action civile qu'autant qu'il a été saisi, avant l'amnistie, de l'action privée et de l'action publique. Dans le cas contraire, le tribunal civil paraît être seul compétent.

1927. — Quand, au contraire, le délit a été commis dans un bois soumis au régime forestier, les tribunaux correctionnels sont seuls compétens pour connaître de l'action civile; car l'administration forestière, qui exerce cette action, ne plaide que devant ces tribunaux. — Meaume, t. 2, *loc. cit.*

1928. — Sur les délits que couvre l'amnistie, V. AMNISTIE, no 158 et suiv.

1929. — Certains fonctionnaires sont l'objet des dispositions de l'art. 75 de la loi du 22 frim. an VIII, qui ne permet pas qu'ils soient poursuivis sans l'autorisation préalable du conseil d'état. — V. FONCTIONNAIRE PUBLIC.

1930. — Un ingénieur chargé de faire des abatages dans des forêts devrait obtenir la garantie donnée aux fonctionnaires par la loi de l'an VIII. — Meaume, t. 2, no 1130.

1931. — Mais il n'en serait pas de même d'un simple agent-voyer, nommé dans un intérêt purement local. — *Cass.*, 29 mars 1845, Tocquaine (t. 2 1845, p. 99).

1932. — L'autorisation du conseil d'état est nécessaire pour qu'on puisse poursuivre un maire à raison des délits forestiers qu'il aurait commis personnellement et comme représentant de la commune. Dans les autres cas où une action est dirigée contre les maires en matière de forêts, ils peuvent être poursuivis directement.

1933. — Il arrive quelquefois qu'il y a lieu d'exercer des poursuites contre des magistrats lorsqu'il s'agit des constructions à distance prohibée, ou de défrichemens, ou de délits de chasse. Les agens forestiers doivent alors se borner à adresser au procureur-général les procès-verbaux qui constatent les infractions à la loi forestière.

1934. — L'administration forestière peut se désister à l'audience du tribunal correctionnel de l'action dont elle a saisi ce tribunal. L'art. 183 lui

confère explicitement ce droit en cas d'appel, et l'on ne saurait dès-lors le lui refuser en première instance. Sous ce rapport, cette administration diffère du ministère public qui ne peut par un désistement dessaisir le tribunal. — C. inst. crim., art. 190 et 191.

1935. — Mais une action abandonnée par les agens forestiers peut être reprise par le ministère public. — Meaume, t. 2, no 1131.

1936. — Quelquefois l'administration forestière se contente de choisir parmi un certain nombre de délinquans insolvables quelques prévenus qui sont condamnés pour l'exemple. — V. à cet égard les instructions des 2 nov. 1829 ; 26 juill. 1831 ; 12 avr. et 16 mai 1834.

1937. — A la différence du ministère public qui ne peut jamais être tenu de dommages-intérêts à raison des poursuites qui émanent de lui, l'administration des forêts serait responsable pécuniairement des actions qui seraient intentées témérairement par ses agens. Mais si l'administration s'était contentée d'exercer l'action publique sans demander de réparations civiles, il semble qu'elle devrait être assimilée complétement au ministère public et, dès-lors, à l'abri de tous dommages-intérêts.

1938. — L'administration des forêts qui succombe doit supporter non seulement les dépens faits par elle, mais aussi ceux qui ont été faits par le prévenu. Mais elle n'est pas tenue de payer les honoraires ou frais de défense payés par lui à son avoué ou à son avocat. — *Cass.*, 12 avr. 1831, Patry ; 29 oct. 1824, Joseph Blanc ; 2 avr. 1836, Hubert.

§ 2. — *Attributions et devoirs des agens et préposés de l'administration forestière pour la constatation des délits et contraventions.*

1939. — Les agens, arpenteurs et gardes forestiers recherchent et constatent par procès-verbaux les délits et contraventions, savoir : les agens et arpenteurs, dans toute l'étendue du territoire pour lequel ils sont commissionnés ; et les gardes, dans l'arrondissement du tribunal près duquel ils sont assermentés. — C. forest., art. 160 ; ord. 1669, tit. 10, art. 6 et 9 ; L. 29 sept. 1791, tit. 9, art. 3, 4 ; L. 22 mars 1806 ; Décr. 15 avr. 1811, art. 13 ; C. inst. crimin., art. 16 et suiv.

1940. — L'art. 160 se réfère à l'art. 5, C. forest., qui astreint les agens et arpenteurs à obtenir une commission, et les gardes à prêter serment.

1941. — L'application de l'art. 160 conduit à cette conséquence bizarre que les agens tels que les inspecteurs, sous-inspecteurs ou gardes généraux ne peuvent exercer leurs fonctions que dans l'étendue désignée par leur commission, lors même que cette étendue ne représenterait pas l'arrondissement du tribunal, tandis que les simples gardes peuvent toujours dresser procès-verbal sur tout le territoire de l'arrondissement.

1942. — La loi du 22 mars 1806 n'a pas été abrogée dans toutes ses dispositions par le Code d'instruction criminelle. Les inspecteurs et sous-inspecteurs des forêts, ainsi que toutes les personnes dénommées dans l'art. 1er de ladite loi, peuvent encore constater les délits forestiers. — Merlin, *Rép.*, vo *Délit forest.*, § 16, no 2.

1943. — La qualité des arpenteurs forestiers pour dresser procès-verbal des délits forestiers qu'ils reconnaissent dans leurs tournées avait déjà été reconnue par un arrêt de Cassation du 6 nov. 1807 (commune de Nixuville).

1944. — Jugé qu'il n'est pas nécessaire, pour la constatation d'un délit forestier, que les gardes l'aient vu commettre ; qu'il suffit qu'ils en aient suivi les traces et constaté l'existence, même hors du lieu où il a été commis. — *Cass.*, 20 juin 1806, Vaugeury.

1945. — Ce n'est point aux gardes ou agens à juger si le délit qui existe matériellement est de nature ou non à entraîner une peine contre son auteur. Ils ne pourraient prendre l'initiative à cet égard sans s'immiscer dans les fonctions judiciaires, alors qu'ils ne sont institués que pour préparer les décisions des magistrats. — Carnot, *Sur l'art.* 16, *C. inst. crim.*, no 42.

1946. — Les gardes sont autorisés à saisir les bestiaux trouvés en délit, et les instrumens, voitures et attelages des délinquans, et à les mettre en séquestre. Ils suivront les objets enlevés par les délinquans jusque dans les lieux où ils auront été transportés, et les mettront également en séquestre. — Ils ne pourront néanmoins s'introduire dans les maisons, bâtimens, cours adjacentes et enclos, si ce n'est en présence, soit du juge de paix ou de son suppléant, soit du maire du lieu ou de son adjoint, soit du commissaire de police. — C. forest., art. 161 ; — ord. 1669, tit. 32, art. 9 et 10 ; L. 29 sept. 1791, tit. 4, art. 5, 6, 8, 9 ; — C. inst. crim., art. 16 ; — ord. d'exécut., 182. — V. PROCÈS-VERBAL.

1947. — L'art. 161 trouve son origine dans plusieurs lois différentes, notamment dans celles des 19-22 juill. 1791, 15-29 sept. 1791, tit. 4, art. 6, 8 et 9. Il faut compléter son texte à l'aide de plusieurs autres dispositions. — V. l'arr. gouv. 4 niv. an V, l'art. 76 de la constit., frim. an VIII, et l'art. 16, C. inst. crim.

1948. — L'ordonnance de 1669 (tit. 27, art. 27 ; tit. 32, art. 9 et 10) prononçait, pour presque tous les délits, la confiscation, non seulement des instrumens qui avaient servi à les commettre, mais encore des choses qui en avaient été l'objet. En cas de délit de pâturage, les bestiaux saisis devaient être confisqués. — Tit. 4, art. 6 de l'ordonnance.

1949. — Dans le cas prévu par l'art. 161, les gardes ont la *faculté* de saisir les bestiaux. Ils doivent, au contraire, saisir les instrumens du délit, tels que les ustensiles propres à couper les produits forestiers. Mais, dans aucun cas, la saisie n'a besoin d'être effectuée, et le garde peut, s'il le juge convenable, laisser les instrumens du délit entre les mains du délinquant, en se contentant de lui déclarer saisie. — Coin-Delisle et Frédérich, sur l'art. 161 ; Meaume, t. 2, no 1137.

1950. — Les gardes doivent mettre en séquestre les objets enlevés par les délinquans. La disposition de l'art. 161 est à cet égard impérative ; mais comme cette mesure est toute dans l'intérêt de l'administration, il n'y aurait pas nullité du procès-verbal d'un garde qui aurait omis d'y énoncer qu'il a mis ces objets en séquestre. — Meaume, *loc. cit.*

1951. — Le séquestre dont s'occupe l'art. 161 n'est à proprement parler ni conventionnel ni judiciaire. Il s'établit en vertu de la loi, et on pourrait l'appeler *séquestre légal*. Toutes les règles tracées par les art. 1955 à 1963, C. civ., s'appliquent du reste au séquestre forestier. — V. SÉQUESTRE.

1952. — Le choix du séquestre appartient au garde qui l'établit et qui pour cette désignation n'est pas obligé de se renfermer dans les limites de la commune ou du triage où s'opère la saisie.

1953. — Toutes les fois qu'on ne prouve pas qu'il y a eu concert frauduleux entre le garde et le séquestre, le premier n'est pas responsable des faits et gestes du second. — Meaume, t. 2, no 1139.

1954. — Le séquestre forestier serait contraignable par corps pour la représentation des objets saisis ; mais on ne pourrait, en cas de détournement par lui des objets saisis, lui appliquer l'art. 400, C. pénal.

1955. — L'acceptation du séquestre est toute volontaire. Si le garde après en avoir cherché ne pouvait en trouver, nous croyons avec M. Meaume (t. 2, no 1140), et contrairement à l'avis de MM. Coin-Delisle et Frédérich (sur l'art. 162), qu'il pourrait se constituer lui-même séquestre.

1956. — Le procès-verbal du garde par lequel le séquestre est établi n'est soumis, quant à ce, à aucune formalité particulière ; mais la signature du séquestre est indispensable pour constater qu'il a accepté ces fonctions et que le contrat s'est formé ; il doit aussi lui être délivré copie du procès-verbal. Cependant le défaut de mention de la remise de cette copie ne paraît pas devoir entraîner la nullité du procès-verbal.

1957. — Pour plus de régularité le rédacteur du procès-verbal devrait remplir la formalité tracée par l'art. 599 du C. procéd., ainsi que l'administration forestière elle-même l'a conseillé par deux circulaires en date des 23 juin 1834 et 20 sept. 1839.

1958. — La cour de Cassation a jugé qu'un procès-verbal de délit forestier n'est pas nul à défaut de désignation par espèce du nombre des bestiaux trouvés en délit, si, ces bestiaux ayant été saisis, il a été possible d'en faire la distinction pendant le cours du procès. — *Cass.*, 28 nov. 1806, commune de Saint-Thomas-Saint-Nazaire.

1959. — La constitution du séquestre peut avoir lieu par acte séparé, postérieur à la saisie. — Meaume, t. 2, 1142.

1960. — Les gardes ne pourraient tuer les animaux saisis quand même le propriétaire serait inconnu.

1961. — Les gardes forestiers pourraient saisir les bestiaux des usagers qui seraient trouvés sans clochettes, ou à garde séparée, ou sans marques, dans les cantons défensables. Il y a, en effet, délit dans ces divers cas. — V. USAGE (droit d'). — Meaume, t. 2, no 1144 ; Coin-Delisle et Frédérick, sur l'art. 161.

1962. — Selon Curasson (t. 2, p. 56), la saisie et la mise en séquestre de bestiaux qui seraient suivies de l'acquittement de leur propriétaire mis en prévention, pourraient donner lieu à des dommages-intérêts contre l'administration forestière.

1963. — Le deuxième paragraphe de l'art. 161 qui permet aux gardes de faire des perquisitions domiciliaires est emprunté à l'art. 16, C. inst. crim. Les gardes sont, en effet, des officiers de police judiciaire.

1964. — Quoique ce paragraphe ne s'explique pas quant aux agens forestiers, il n'est pas douteux qu'ils n'aient aussi le droit de faire des visites domiciliaires ; l'art. 164 leur donne, du reste, celui de requérir la force publique pour la recherche des bois coupés en délit. — Coin-Delisle et Frédérich, sur l'art. 161, t. 2, p. 120.

1965. — Il résulte de l'art. 162 que le garde n'a pas besoin d'avoir vu commettre un délit pour le constater ; il lui suffit de constater, après l'évènement, l'identité des bois saisis avec ceux coupés en délit ; c'est ce qui se fait au moyen d'une opération qui, selon les différens pays, s'appelle *rapatronage*, *retocage*, *souchetage* ou *resouchement*.

1966. — Si les agens forestiers étaient contraints de faire une perquisition hors du territoire qui leur est assigné par leur commission ou par leur prestation de serment, ils devraient se faire assister par les membres de l'administration forestière du lieu où ils ne peuvent valablement opérer. — Teulet, d'Auvilliers et Sulpicy, sur l'art. 16, C. inst. crim. ; Carnot, *Inst. crim.*, t. 1er, p. 155, no 2, et p. 156, no 7.

1967. — Les gardes peuvent s'adresser directement au suppléant du juge de paix ou à l'adjoint du maire, sans constater l'empêchement du titulaire ; c'est une exception aux principes généraux motivée par la nécessité d'éviter toute perte de temps.

1968. — Mais si les agens ou gardes requéraient un conseiller municipal en cas d'empêchement du maire et des adjoints, cet empêchement devrait être constaté ; car l'art. 161 ne prévoit pas ce cas. — L. 21 mars 1831, art. 5.

1969. — Il est hors de doute que lorsque le maître de la maison dans laquelle les gardes forestiers veulent faire une perquisition conformément à l'art. 161 consent à ce que l'opération ait lieu sans l'assistance des fonctionnaires qu'indique cet article, le procès-verbal est régulier, malgré leur absence.

1970. — Il suffirait même du silence gardé à cet égard par le chef de famille lors de la perquisition, pour que l'opération ainsi faite fût régulière. — *Cass.*, 3 nov. 1829, Daignet et Boilletot ; 1er fév. 1822, Armand Iraque ; 22 janv. 1829, Martin Boissy (Int. de la loi) ; 15 mai 1833, Jorin. — Merlin, *Quest. de droit*, vo *Procès-verbal*, § 10 ; Coin-Delisle et Frédérich (t. 2, p. 118).

1971. — Le fonctionnaire qui n'aurait pas égard à l'opposition du chef de famille, et qui, malgré cette opposition, persisterait à s'introduire seul dans la maison, se rendrait coupable d'abus d'autorité. — Carnot, *C. instr. crim.*, sur l'art. 16 de ce code ; Coin-Delisle et Frédérich, t. 2, p. 120 ; Meaume, t. 2, no 1149. — Et le procès-verbal ainsi dressé ne pourrait produire aucun effet.

1972. — Le garde pourrait même alors être poursuivi pour violation de domicile, conformément à l'art. 184 du C. pén. — M. Meaume (t. 2, *loc. cit.*) pense que, dans ce cas et même quand il y aurait eu une condamnation prononcée contre le garde pour violation de domicile, on pourrait l'entendre comme témoin et baser sur son témoignage une condamnation contre le délinquant forestier.

1973. — Mais il faut remarquer que l'art. 184 du C. pén. ne considère comme violation de domicile que l'envahissement du domicile *contre le gré* du chef de famille. S'il n'y avait pas eu résistance ou si le garde était entré en l'absence du chef de famille, le délit de violation de domicile n'existerait pas.

1974. — La cour de Cassation a décidé que la circonstance que l'officier municipal qui a assisté des gardes forestiers dans une visite domiciliaire n'était pas celui du lieu, ne peut nuire à l'opération des gardes qui y ont procédé sans réclamation. Qu'en conséquence, aucune preuve ne peut être admise pour détruire l'effet du procès-verbal, tant qu'il n'est pas attaqué par les voies légales. — *Cass.*, 21 mars 1807, Franzen.

1975. — Ce serait, du reste, au prévenu qui aurait refusé l'entrée de sa maison de prouver l'incompétence du fonctionnaire dont le garde se serait fait assister. — Meaume, t. 2, no 1150.

1976. — S'il y a lieu de requérir un serrurier pour l'ouverture des portes, ce n'est pas au garde qu'il appartient de faire cette réquisition, mais bien au fonctionnaire dont il se fait assister. — Berriat St-Prix, *Man. de pol. judic.*, nos 117 et 200.

1977. — Le procès-verbal d'un garde forestier constatant une visite domiciliaire chez un délinquant, ne peut être annulé, parce que le maire qui a assisté le garde dans cette visite est parent ou allié du propriétaire de la forêt où le délit a été commis. — *Cass.*, 27 sept. 1828, Vieil c. Louis Heulin. —

En effet, les incompatibilités ne peuvent se suppléer.

1978. — L'inviolabilité du domicile des citoyens pendant la nuit est garantie par l'art. 76 de la Constitution de frimaire an VIII. Les visites domiciliaires ne peuvent donc avoir lieu, savoir : du 1er oct. au 31 mars, de six heures du matin à six heures du soir, et du 1er avr. au 1er sept., de quatre heures du matin à neuf heures du soir. — Arg. C. procéd., art. 1037.

1979. — Mais une perquisition faite pendant le jour pourrait être continuée et terminée la nuit. — Meaume, t. 2, nº 1152.

1980. — L'art. 164, C. forest. donne aux gardes le droit de faire la recherche des bois coupés en délit, vendus ou achetés en fraude. Il résulte de la combinaison de cet article avec l'art. 161 que celui qui serait trouvé en possession de ces bois serait par là même présumé complice du délit ; mais cette présomption pourrait être détruite par une preuve contraire.

1981. — La preuve de l'ignorance où était le prévenu de l'origine des bois ne serait cependant pas admissible si elle tendait à contrarier une énonciation du procès-verbal faisant preuve jusqu'à inscription de faux. — Meaume, t. 2, nº 1152.

1982. — Les fonctionnaires dénommés en l'art. 161, C. forest., ne peuvent se refuser à accompagner sur-le-champ les gardes, lorsqu'ils en sont requis par eux pour assister à des perquisitions. — Ils sont tenus, en outre, de signer le procès-verbal du séquestre ou de la perquisition faite en leur présence, sauf au garde, en cas de refus de leur part, à en faire mention au procès-verbal. — C. forest., art. 162; arr. 4 niv. an V, art. 2 et 3.

1983. — Les gardes pourraient procéder, même à une visite domiciliaire, en constatant le refus du fonctionnaire qu'ils auraient requis de les accompagner. — Mangin, *Traité des procès-verbaux*, nº 20.

1984. — Le fonctionnaire qui serait ainsi requis ne pourrait se refuser à prêter son assistance au garde par le motif que la visite domiciliaire serait inutile. Car c'est au garde seul à apprécier l'opportunité de l'opération. — Meaume, t. 2, nº 1155.

1985. — Un arrêté du directoire du 4 niv. an V, porte que l'officier municipal qui refuserait son concours à un garde forestier, doit être suspendu par l'administration centrale du département, pour être ensuite statué par le directoire exécutif sur sa traduction devant les tribunaux. — M. Meaume (t. 2, *loc. cit.*) estime que cet arrêté est abrogé par l'art. 218, C. forest.

1986. — Aux termes d'une décision ministérielle du 28 août 1823, il n'est dû aucune rétribution aux commissaires de police ou autres fonctionnaires pour leur assistance aux visites domiciliaires.

1987. — Bien que le § 2 de l'art. 162 exige que le refus par le fonctionnaire de signer le procès-verbal soit mentionné par le garde sur le procès-verbal même, l'absence de cette formalité n'emporterait pas nullité de l'acte. — Baudrillart, sur l'art. 162; Garnier-Dubourgneuf et Chanoine, *ibid.*

1988. — Les gardes arrêteront et conduiront devant le juge de paix ou devant le maire tout inconnu qu'ils auront surpris en flagrant délit. — C. forest., art. 163. — Cet article diffère du Code d'inst. crim., art. 16, en ce que le dernier permet l'arrestation de tout individu, même connu, qui serait pris en flagrant délit, ou dénoncé par la clameur publique, *mais seulement dans le cas où le délit emporte la peine de l'emprisonnement.*

1989. — M. Meaume (t. 2, nº 1158) fait observer, avec raison, qu'il résulte de la comparaison de ces deux textes : 1º que tout *individu*, inconnu ou non, peut être arrêté par les gardes lorsqu'il est surpris en flagrant délit, si l'infraction entraîne la peine d'emprisonnement ; — 2º que tout *inconnu* qui aura commis un délit, quelque minime que soit la peine encourue, peut être arrêté dans les mêmes circonstances.

1990. — Les gardes doivent seulement *conduire* le délinquant devant le juge de paix ou devant le maire. C'est au magistrat à décider si l'arrestation doit être prolongée.

1991. — L'arrestation n'a pour but que de constater l'identité du délinquant ou de s'assurer de sa personne. Aussi, le garde qui opère l'arrestation ne peut ni contraindre le délinquant à assister à une vérification ni le conduire dans un endroit où le bois est déposé. — Meaume, t. 2, nº 1159.

1992. — Bien que la loi parle du maire ou du juge de paix, son vœu est que le délinquant soit conduit devant le magistrat le plus voisin. On ne pourrait donc forcer le délinquant à traverser plusieurs communes pour le conduire au chef-lieu de canton où réside le juge de paix. — Meaume, *loc. cit.*; Berriat Saint-Prix, *Législ. de la chasse*, p. 123.

1993. — Les gardes forestiers ont encore le droit d'arrestation provisoire en matière de chasse, de pêche, de colportage de tabac. — V. CHASSE, PÊCHE, TABAC.

1994. — Les agens et les gardes forestiers de l'administration des forêts ont le droit de requérir directement la force publique pour la répression des délits et contraventions en matière forestière, ainsi que pour la recherche et la saisie des bois coupés en délit, vendus ou achetés en fraude. — C. forest., art. 164.

1995. — La loi du 9 flor. an XI déclare que les gardes forestiers peuvent être employés comme les gendarmes et concurremment avec eux. Les gardes sont des agens de la force publique. — *Cass.*, 19 juin 1818, Philibert Menu ; 8 avr. 1826, Joseph Corcinas ; 23 août 1832, Jacques Moreau ; 16 déc. 1841 (t. 1er 1842, p. 604), Petit Jean et Godard.

1996. — Les gardes n'avaient pas, avant le Code forestier, le droit de requérir directement la force publique. — L. 28 germin. an VI, art. 133 ; C. inst. crim., art. 16, §§ 2, 4 et 5, et art. 25 ; ord. 29 oct. 1820, art. 58, 188 et 189. — Ils devaient donc, lorsque l'assistance de cette force publique leur était nécessaire, s'adresser au maire ou à l'adjoint. — Carnot, *C. inst. crim.*, art. 16, nos 6 et 7.

1997. — La réquisition est adressée au commandant de la force publique, elle est datée et signée. — Meaume, t. 2, nº 1166.

1998. — Les *agens* forestiers ne paraissent pas faire partie de la force publique, comme les gardes. M. Meaume (t. 2, nº 1167) pense que c'est pour ce motif que le Code forestier et la loi du 9 flor. an XI ne donnent pas aux agens le droit de requérir la force publique, droit que le Code forestier confère aux gardes.

1999. — Les gardes écriront eux-mêmes leurs procès-verbaux : ils les signeront et les affirmeront au plus tard le lendemain de la clôture desdits procès-verbaux, pardevant le juge de paix du canton ou l'un de ses suppléans, ou pardevant le maire ou l'adjoint, soit de la commune de leur résidence, soit de celle où le délit a été commis ou constaté ; le tout sous peine de nullité. Toutefois, si, par suite d'un empêchement quelconque, le procès-verbal est seulement signé par le garde, mais non écrit en entier de sa main, l'officier public qui en recevra l'affirmation devra lui en donner préalablement lecture, et faire ensuite mention de cette formalité ; le tout sous peine de nullité du procès-verbal. — C. forest., art. 165 ; ord. de 1669, tit. 9, art. 5 ; tit. 10, art. 8 et 9 ; L. 29 sept 1791, tit. 4, art. 3, 4, 7, 8 ; 28 flor. an X, art. 11.

2000. — Il est généralement reconnu que lorsqu'une loi ne prononce pas la nullité pour l'omission de certaines formalités prescrites pour les procès-verbaux, cette omission n'entraîne pas la nullité de l'acte, à moins qu'il ne s'agisse de formalités essentielles et constitutives du procès-verbal. — V. PROCÈS-VERBAL.

2001. — Lorsqu'un procès-verbal dressé par un garde forestier est nul comme irrégulier, il ne saurait être validé par le silence gardé par le prévenu sur les moyens de nullité. — *Cass.*, 25 oct. 1824, Bastein.

2002. — L'art. 165 indique trois formalités comme substantielles : 1º l'écriture ; — 2º la signature ; — 3º l'affirmation. Il faut ajouter la date du procès-verbal, qui est aussi substantielle. Observons toutefois que la date du procès-verbal peut résulter d'énonciations qui seraient contenues dans le libellé de l'acte.

2003. — Puisque l'une des formalités principales des procès-verbaux des gardes forestiers est d'avoir été écrits et signés par le garde, il était tout simple que l'ordonnance du 15 nov. 1832 obligeât les gardes à savoir lire et écrire.

2004. — On a jugé, par une saine application de l'art. 165, que le procès-verbal d'un garde forestier ne peut être annulé comme n'ayant été écrit ni par lui ni par un officier public, si l'officier public qui a reçu l'affirmation en a donné lecture au garde. — *Cass.*, 12 fév. 1829, Casan ; 18 juin 1829, Cazassus-Huguet.

2005. — Il n'est pas nécessaire que le procès-verbal mentionne la cause qui empêche le garde de l'écrire lui-même. — *Cass.*, 1er août 1828, Guilleminot ; 8 juin 1829 (2 arrêts), Lessaud et Baillat.

2006. — Le procès-verbal pourrait donc être écrit par le maire du lieu du délit, sous la dictée du garde. — *Cass.*, 3 avr. 1830, Barthélemy.

2007. — Mais lorsque l'acte n'a pas été rédigé par le garde, la mention par le fonctionnaire qui reçoit l'affirmation que lecture en a été donnée au garde est indispensable. — *Nancy*, 28 mai 1833, Martin.

2008. — La lecture doit évidemment précéder l'affirmation à faire par le garde.

2009. — Si la lecture était faite au garde par une autre personne que par l'officier public qui reçoit l'affirmation, le procès-verbal serait nul. — *Cass.*, 17 juin 1830, Martin.

2010. — Il suffit que l'ensemble de l'acte d'affirmation indique que la lecture a été faite avant l'affirmation pour que le vœu de la loi soit rempli. — *Cass.*, 27 déc. 1828, André.

2011. — Il a été jugé avec raison qu'un tribunal ne peut annuler le procès-verbal d'un garde forestier à cause de la parenté ou de l'alliance existant entre lui et le prévenu. — *Cass.*, 7 nov. 1817, Delpech ; 18 oct. 1822, Beauchet. — Les dispositions qui défendent d'entendre en témoignage les parens ou alliés ne sauraient, en effet, s'appliquer aux officiers de police judiciaire. — Mangin, *Tr. des procès-verbaux*, nº 10 ; Meaume, t. 2, 1177.

2012. — Les procès-verbaux que les agens forestiers, les gardes généraux et les gardes à cheval dressent, soit isolément, soit avec le concours d'un garde, ne seront point soumis à l'affirmation. — C. forest., art. 166 ; L. 29 sept. 1791, tit. 9, art. 15 ; ord. d'exécution, art. 2. — V. PROCÈS-VERBAL.

2013. — On doit comprendre dans l'expression d'agens tous les grades, depuis celui de conservateur jusqu'à celui de garde général adjoint. — Meaume, t. 2, nº 1179.

2014. — Nous avons dit déjà que les gardes à cheval ont été supprimés par une ordonnance royale du 25 juill. 1844, et remplacés par des gardes généraux adjoints choisis parmi les gardes à cheval en exercice, et que cependant, aux termes de l'art. 5 de l'ordonnance, les gardes à cheval qui ne sont pas nommés gardes généraux adjoints conservent leurs titres et leurs fonctions.

2015. — Les arpenteurs paraissent astreints à l'obligation d'affirmer les procès-verbaux qu'ils dressent. Ils ne sont pas compris en effet dans l'exception portée dans l'art. 166. — Baudrillart, sur cet article ; Meaume, t. 2, nº 1180.

2016. — Les employés plus élevés en grade que les simples gardes ne sont pas tenus d'écrire eux-mêmes leurs procès-verbaux. L'art. 165 ne les nomme pas et on ne peut créer d'obligations par analogie. L'écriture du procès-verbal par son rédacteur n'est d'ailleurs pas une formalité substantielle. — Meaume, t. 2, nº 1181. — V. cependant Coin-Delisle et Frédérich, sur l'art. 166 ; Mangin, *loc. cit.*

2017. — Lorsqu'un agent concourt à un procès-verbal avec plusieurs brigadiers ou simples gardes, il rédige lui-même le procès-verbal, qui alors est dispensé de l'affirmation. — Meaume, t. 2, nº 1182.

2018. — Dans les cas où le procès-verbal portera saisie, il en sera fait aussitôt après l'affirmation une expédition qui sera déposée, dans les vingt-quatre heures, au greffe de la justice de paix, pour qu'il en puisse être donné communication à ceux qui réclameraient les objets saisis. — C. forest., art. 167 ; L. 29 sept. 1791, tit. 4, art. 9 ; ord. d'exécution, art. 183.

2019. — Lorsque le procès-verbal n'est pas sujet à l'affirmation, il y a de même un délai de vingt-quatre heures pour le dépôt de l'expédition au greffe, mais ce délai court alors du moment de la clôture. — Baudrillart, sur l'art. 167 ; Coin-Delisle et Frédérich, *id.* — L'inobservation du délai n'entraînerait pas la nullité du procès-verbal. — Coin-Delisle et Frédérich, *loc. cit.*; Meaume, t. 2, nº 1183.

2020. — Il est régulier, toutefois, de constater l'heure de la clôture du procès-verbal, s'il ne doit pas être affirmé, et celle de l'affirmation s'il en est fait une.

2021. — Les juges de paix pourront donner main-levée provisoire des objets saisis, à la charge du paiement des frais de séquestre, et moyennant une bonne et valable caution. — En cas de contestation sur la solvabilité de la caution, il sera statué par le juge de paix. — C. forest., art. 168 ; L. 29 sept 1791, tit. 9, art. 3 ; ord. d'exécution, art. 184.

2022. — L'art. 168 trouve son origine dans la loi de 1791, qui contenait la disposition suivante : « Les juges de paix pourront donner main-levée provisoire des bestiaux, instrumens, voitures et attelages séquestrés par les gardes dans leur territoire, en exigeant bonne et suffisante caution jusqu'à concurrence de la valeur des objets saisis, et en faisant satisfaire aux frais du séquestre. » — Meaume, t. 2, nº 1185.

2023. — Le projet du Code forestier portait que la caution serait agréée par le receveur des domaines. Cette disposition a été remplacée par le § 2 de l'art. 168.

2024. — La contestation que prévoit l'art. 168 doit être portée devant le juge de paix dans le canton duquel se trouvent les objets séquestrés. — Coin-Delisle et Frédérich, sur l'art. 168.

2025. — Le juge de paix est appréciateur souverain de la question de savoir s'il doit ou non accorder la main-levée provisoire, et aussi du prix auquel doivent être évalués les objets saisis. Il n'y a pas lieu de distinguer entre le premier et le dernier ressort.

2026. — Si les bestiaux saisis ne sont pas réclamés dans les cinq jours qui suivront le séquestre, ou s'il n'est pas fourni bonne et valable caution, le juge de paix en ordonnera la vente à l'enchère au marché le plus voisin. Il y sera procédé à la diligence du receveur des domaines, qui la fera publier vingt-quatre heures d'avance. — Les frais de séquestre et de vente seront taxés par le juge de paix et prélevés sur le produit de la vente ; le surplus restera déposé entre les mains du receveur des domaines jusqu'à ce qu'il ait été statué en dernier ressort sur le procès-verbal. — Si la réclamation n'a lieu qu'après la vente des bestiaux saisis, le propriétaire n'aura droit qu'à la restitution du produit net de la vente, tous frais déduits, dans le cas où cette restitution serait ordonnée par le jugement. — C. forest., art. 169. — L. 29 sept. 1791, tit. 9, art. 4.

2027. — Les procès-verbaux seront, sous peine de nullité, enregistrés dans les quatre jours qui suivront celui de l'affirmation ou celui de la clôture du procès-verbal, s'il n'est pas sujet à l'affirmation. — L'enregistrement s'en fera en débet lorsque les délits ou contraventions intéresseront l'état, le domaine de la couronne ou les communes et les établissemens publics. — C. forest., art. 170.

2028. — Le décret du 5 déc. 1790, 3e classe, sect. 2e, no 1er, portait une disposition analogue à celle de l'art. 170, C. forest. Cet état de choses fut modifié successivement par les décrets du 2 vent. et 27 pluv. an II, et par l'art. 73 de la loi du 22 frim. an VII.

2029. — Les procès verbaux dressés en matière forestière ne sont pas tous soumis à la formalité de l'enregistrement. Ceux qui sont des actes d'administration publique, comme les procès-verbaux d'assiette, de balivage et de martelage, etc., en sont dispensés. — V. l'art. 70, § 3, no 2 L. 22 frim. an VII. — C'est par erreur que MM. Devaulx et Fœlix (*Comm. du C. forest.*, t. 2, p. 559) enseignent le contraire. — Meaume, t. 2, no 1190.

2030. — Les quatre jours donnés par l'art. 170 ne sont pas francs. Ainsi un procès-verbal clos ou affirmé le 10 pourra être enregistré le 14, mais il ne pourrait l'être le 15. — Merlin, *Rép.*, vo *Délai*, sect. 1re, § 3 ; Mangin, *Traité des procès-verbaux*, no 28 ; Meaume, t. 2 no 1191 ; Souquet, *Dict. des temps légaux*, introd. gén. et 154e tableau. — Mais si le dernier jour était un jour férié il ne serait pas compté et l'on pourrait faire enregistrer le lendemain. — V. L. 22 frim. an VII, art. 25.

2031. — Il est de jurisprudence que les procès-verbaux peuvent être enregistrés à tel bureau que le rédacteur entend choisir. — V. PROCÈS-VERBAUX.

2032. — M. Meaume (t. 2, no 1197) estime que l'art. 34, tit. 6, L. 22 frim. an VII, modifié par l'art. 10 L. 16 juin 1824, s'applique aux agens et aux gardes forestiers, et que dès-lors ils sont passibles de l'amende de 18 francs par chaque procès-verbal non enregistré dans les quatre jours. — Il ajoute que les gardes ou agens contre lesquels le domaine donnerait une contrainte jouiraient dans ce cas de la garantie administrative.

§ 3. — *Compétence en matière de délits forestiers.*

2033. — Toutes les actions et poursuites exercées au nom de l'administration générale des forêts, et à la requête de ses agens, en réparation de délits ou contraventions en matière forestière, sont portées devant les tribunaux correctionnels, lesquels sont seuls compétens pour en connaître. — C. forest. art. 171 ; L. 29 sept. 1791, tit. 9, art. 1er, 2, 5 et 6 ; L. 22 mars 1806 ; C. inst. crim., art. 182 et 190.

2034. — La compétence attribuée aux tribunaux correctionnels par l'art 171 a pour effet de leur déférer la connaissance d'infractions qui, étant réprimées par un emprisonnement de cinq jours ou au dessous ou par une amende de 15 francs ou au dessous, appartiendraient en droit commun à la compétence des tribunaux de police.

2035. — Aussi a-t-il été décidé, par application de l'art. 171, que les tribunaux de police correctionnelle sont seuls compétens pour connaître des délits forestiers, quelque modique que soit la peine à prononcer. — *Cass.*, 4 déc. 1812, Fullerot.

2036. — Mais lorsque la poursuite a lieu non pas à la requête d'un agent forestier, mais à celle du ministère public ou d'un particulier les tribunaux de simple police doivent en connaître pourvu toutefois que l'infraction, par sa nature, doive être jugée par leur juridiction. — Meaume, t. 2, no 1199.

2037. — De même, les *contraventions forestières* commises dans les bois des particuliers doivent même être portées devant le juge de paix, lorsqu'elles ne sont pas poursuivies par un agent forestier.

2038. — On a fait ainsi attribution aux tribunaux correctionnels de toutes les affaires poursuivies par les agens forestiers, parce qu'on a pensé que ces agens devraient plaider devant un trop grand nombre de tribunaux s'ils étaient forcés de saisir les tribunaux de police dans certains cas. C'est ce que prouve la discussion qui a précédé le vote de cet article. — Meaume, t. 2, no 1199.

2039. — Il n'y a donc aucune distinction à faire à raison de la nature de l'action intentée par les agens forestiers, et les actions civiles en dommages-intérêts ou en responsabilité doivent être portées, comme l'action publique, devant la juridiction correctionnelle. Ce principe n'a pas été formellement et directement consacré par la jurisprudence, mais plusieurs décisions paraissent cependant le supposer.

2040. — C'est ainsi que la cour suprême a décidé que les tribunaux correctionnels sont seuls compétens pour décider si une ordonnance portant amnistie de tous délits forestiers est applicable à des individus qui en réclament le bénéfice et statuer sur les actions en restitution de frais avancés par l'état et en dommages-intérêts se rattachant aux délits amnistiés. — *Cass.*, 26 oct. 1821, Ernst le Milieu. — V. aussi *Cass.*, 19 sept. 1832, Lacroix.

2041. — L'amnistie accordée par l'ordonnance du 19 mars 1830 à tout délit forestier ou de pêche n'a point eu pour effet de rendre les tribunaux correctionnels incompétens pour connaître de l'action civile des parties lésées. — *Bourges*, 14 juill. 1831, Souvigny.

2042. — La déclaration faite après coup par le rédacteur d'un procès-verbal, en matière forestière, ne peut changer ni atténuer le caractère du délit qui forme le titre de la prévention. Ainsi, le tribunal de simple police saisi d'un délit forestier qui, d'après le procès-verbal, serait de la compétence du tribunal correctionnel, ne peut pas en retenir la connaissance, sous le prétexte que, d'après l'aveu du garde rédacteur, il n'y aurait lieu qu'à matière de simple police. — *Cass.*, 26 pluv. an X, Giroz.

2043. — Il faut même aller plus loin et reconnaître que l'action civile doit, après le décès du prévenu, être exercée contre ses héritiers devant le tribunal correctionnel. Les mots *en réparation de délits* qu'emploie l'art. 171 s'entend aussi bien des réparations civiles que des réparations pénales. C'est une exception aux règles du droit commun, qui veulent que la juridiction correctionnelle soit dessaisie par le décès du prévenu.

2044. — Par une conséquence des mêmes principes, MM. Curasson (t. 2, p. 29) et Chauveau (t. 2, no 1200) pensent que les actions en restitution des bois de construction délivrés à un usager, et que celui-ci n'a pas employés dans le délai de deux ans (art. 84), ainsi que les actions en démolition d'usines ou de maisons construites dans le rayon prohibé (art. 153) et autres semblables, doivent être portées devant les tribunaux correctionnels, bien qu'il n'y ait à proprement parler dans ces faits ni délits ni contraventions. — MM. Coin-Delisle et Frédérich (t. 2, p. 145) ne partagent pas cette opinion.

2045. — Aux termes de l'art. 187, C. forest., les dispositions du Code d'instruction criminelle sur la poursuite et le jugement des délits s'appliquent en matière forestière toutes les fois que le Code forestier ne s'est pas expliqué à cet égard. Les art. 23, 63 et 182, C. inst. crim., doivent dès-lors trouver leur application lorsqu'il s'agit du jugement des délits forestiers. Il en résulte que les tribunaux correctionnels compétens pour connaître de ces délits sont : 1o celui du lieu où ils ont été commis ; — 2o celui de la résidence du prévenu ; — 3o celui où il a être retrouvé. — Baudrillart, sur l'art. 171 ; Coin-Delisle et Frédérich, *ibid.*

2046. — L'incompétence du tribunal pourrait être alors proposée pour la première fois en appel.

2047. — Une décision ministérielle du 14 mars 1830 a déterminé de quelle manière se poursuivraient les infractions commises dans les forêts que possèdent certaines communes de l'Alsace dans le grand-duché de Bade. Ces infractions doivent être constatées par les gardes et jugées par les tribunaux du lieu de la situation de la forêt. — Meaume, t. 2, no 1202.

2048. — L'art. 171 ne déroge pas aux principes qui s'opposent à ce que certains fonctionnaires soient traduits devant les tribunaux ordinaires. Ces fonctionnaires jouissent du privilége de juridiction créé en leur faveur par l'art. 483, C. inst. crim. — Meaume, t. 2, no 1203.

2049. — Le conseil d'état décidait, avant le Code forestier, que les conseils de préfecture n'étaient pas compétens pour statuer sur les contraventions commises aux dispositions de l'ordonnance de 1669, sur les eaux et forêts, lesquelles devaient être poursuivies devant les tribunaux. — *Cons. d'état*, 15 août 1821, Soutra et Maignet.

§ 4. — *Citations et significations par les préposés et agens de l'administration forestière.*

2050. — L'acte de citation doit, à peine de nullité, contenir la copie du procès-verbal et de l'acte d'affirmation. — C. forest., art. 172 ; L. 29 sept. 1791, tit. 9, art. 9.

2051. — L'art. 172 se lie intimement avec les art. 183 et 184, C. instr. crim. Nous avons déjà vu que les règles générales écrites dans ce Code sont applicables en matière forestière lorsque le Code forestier n'a pas disposé autrement. — V. art. 187, C. forest. — Ces trois articles sont ainsi conçus :

2052. — « Le tribunal sera saisi en matière correctionnelle de la connaissance des délits de sa compétence, soit par le renvoi qui lui en sera fait d'après les art. 130 et 160 ci-dessus, soit par la citation donnée directement au prévenu et aux personnes civilement responsables du délit par la partie civile, et à l'égard des délits forestiers, par le conservateur, inspecteur ou sous-inspecteurs forestier, ou par les gardes généraux, et dans tous les cas par le procureur du roi. » — Art. 182.

2053. — « La partie civile fera, par l'acte de citation, élection de domicile dans la ville où siége le tribunal ; la citation énoncera les faits et tiendra lieu de plainte. » — Art. 183.

2054. — « Il y aura au moins un délai de trois jours, outre un jour par trois myriamètres, entre la citation et le jugement, à peine de nullité de la condamnation qui serait prononcée par défaut contre la personne citée. Néanmoins, cette nullité ne pourra être proposée qu'à la première audience, et avant toute exception ou défense. » — Art. 184.

2055. — Il a été décidé en matière forestière que, encore bien que les formalités établies pour les exploits par le Code de procédure ne soient pas applicables en matière correctionnelle, la citation dont la copie a été remise à un voisin qui n'a pas signé l'original, étant insuffisante pour prouver que cette copie est parvenue en temps utile, doit être déclarée nulle. — *Cass.*, 15 janv. 1830, Millelire. — Il y avait en effet, dans cette espèce, omission d'une formalité substantielle. — Meaume, t. 2, no 1206.

2056. — Les principes qui régissent les citations délivrées en matière correctionnelle ordinaire s'appliquent également aux citations qui sont signifiées conformément à l'art. 172, C. forest. — Meaume, *loc. cit.* — V. EXPLOIT.

2057. — Mais les formalités prescrites pour les exploits en matière civile par les art. 68 et 69 du C. procéd. civ. ne peuvent être exigées à peine de nullité pour les citations en matière forestière.

2058. — Jugé ainsi que les dispositions du Code de procédure sont inapplicables aux actes relatifs à la poursuite des délits forestiers devant les tribunaux correctionnels. — *Cass.*, 5 mai 1809, Berzano.

2059. — ... Et qu'en supposant que les dispositions du Code de procédure fussent applicables aux citations en matière forestière, il faudrait aussi leur appliquer la disposition qui veut qu'une nullité soit couverte, lorsqu'elle n'a pas été proposée *in limine litis*. — Même arrêt.

2060. — La citation serait valable si la personne à laquelle le garde s'est adressé a déclaré être le parent ou le serviteur du prévenu et si par suite la copie de la citation a été remise à cette personne, quand même il serait prouvé plus tard que cette allégation est fausse.

2061. — On peut dire que pour la validité d'une citation en matière forestière il faut surtout considérer si l'exploit est ou non entaché d'une irrégularité altérant sa substance, c'est-à-dire s'il réunit ou ne réunit pas les formalités sans lesquelles le but que la loi assigne à la citation ne pourrait être atteint.

2062. — Il résulte de l'art. 184, C. inst. crim., qu'une citation ne peut être déclarée nulle, lorsqu'il y a eu défense au fond de la part du prévenu. La nullité est alors couverte.

2063. — L'art. 183, C. inst. crim., veut que la partie civile élise domicile dans la ville où siége le tribunal. Si l'agent forestier poursuivant ne résidait pas dans la ville où siége le tribunal qui doit connaître des poursuites, il pourrait faire cette élection de domicile soit chez son collègue résidant dans cette ville, soit au parquet du procureur du roi. Mais l'élection de domicile n'est pas prescrite à peine de nullité.

2064. — Les faits seraient suffisamment énoncés dans le sens de l'art. 184, C. inst crim., par cela

seul que l'agent forestier donnerait par le même acte copie du procès-verbal. — Meaume, t. 2, nº 1214.

2065. — Le tribunal peut toujours donner aux faits une qualification toute différente de celle qui a été adoptée par l'agent dans la citation. L'agent peut, du reste, ne faire aucune qualification; car la loi n'en exige pas.

2066. — Mais les faits doivent cependant rester les mêmes. Ainsi, on ne pourrait condamner comme délinquant un individu qui n'aurait été cité que comme témoin. Les principes généraux s'appliquent ici comme en matière correctionnelle ordinaire.

2067. — Chacun des prévenus doit recevoir une copie de la citation, quand même il habiterait la même maison où le garde doit remplir toutes les formalités, après lesquelles les prévenus sont *réputés* les avoir reçues. Cette formalité est substantielle.

2068. — La citation pourrait être valablement signifiée un jour férié. — Meaume, t. 2, nº 1215.

2069. — La cour de Cassation, par deux arrêts du 26 mai 1832 (Hernier et Stéphanie François) avait jugé que la nullité résultant de ce qu'il n'a pas été donné copie au prévenu, tant de l'acte d'affirmation que du procès-verbal d'un délit forestier, étant substantielle, ne se couvre pas par la comparution du prévenu, ni par des défenses au fond, et peut être proposée même en appel pour la première fois.

2070. — Mais elle est revenue sur cette solution, en décidant que cette nullité doit être proposée avant toute défense au fond et qu'elle ne peut, par conséquent, être invoquée pour la première fois en appel. — *Cass.*, 5 mars 1836 (t. 2 1837, p. 362), Vierrard c. Buffet; 12 avr. 1839 (t. 2 1839, p. 668), Bugelat.

2071. — Nous n'hésitons pas à nous ranger à cette dernière opinion. En effet, si le défaut d'affirmation du procès-verbal opère une nullité d'ordre public, il n'en est pas de même du défaut de mention de cette formalité soit dans l'original, soit dans la copie de la citation; le prévenu seul a le droit de relever l'omission, parce que lui seul y a intérêt. Il peut consentir à être jugé sur une citation nulle comme sur sa comparution volontaire. S'il se contente d'une communication amiable du procès-verbal et de l'affirmation, personne n'a le droit de s'en plaindre, et l'ordre public n'en est point blessé. On ne peut donc refuser d'accueillir la fin de non-recevoir résultant de l'abandon qu'il a fait implicitement de ce moyen en présentant des défenses au fond.

2072. — Le ministère public poursuivant un délit forestier commis dans le bois d'un particulier doit, de même que l'administration forestière ou que la partie civile, donner copie du procès-verbal et de l'acte d'affirmation en tête de l'exploit de citation, à peine de nullité. — *Cass.*, 4 déc. 1828, Joseph Perret.

2073. — Il doit être délivré au prévenu copie entière et exacte du procès-verbal rédigé contre lui et de l'acte d'affirmation. — Meaume, t. 2, nº 1221.

2074. — Il a même été jugé que la copie du procès-verbal doit, à peine de nullité, contenir la mention de la signature des gardes qui l'ont signé. — *Cass.*, 6 mai 1830, J.-B. Nicolaï.

2075. — Toutefois, cette décision peut paraître rigoureuse, en ce qu'il est bien difficile que le défaut de mention des signatures ait empêché le prévenu de préparer sa défense. Nous ferons, d'ailleurs, remarquer que cette nullité n'est pas formellement prononcée par la loi, et, comme elle n'a rien de substantiel, nous ne pensons pas qu'on puisse la suppléer.

2076. — L'obligation, en matière forestière, de donner, avec la citation, copie du procès-verbal de contravention et de l'acte d'affirmation, n'est pas suppléée par la mention que cette citation est faite pour voir statuer sur le procès-verbal déjà signifié avec une précédente assignation annulée comme donnée devant un juge incompétent. — Cette première assignation peut bien servir à interrompre la prescription, mais ne saurait, malgré sa propre régularité, relever la citation qui l'a suivie des omissions de forme dont elle est entachée. — *Nancy*, 6 nov. 1845 (t. 2 1846, p. 585), Godet.

2077. — Bien que copie entière doive être donnée du procès-verbal et de l'acte d'affirmation, le prévenu ne pourrait cependant se faire un moyen de nullité d'une omission de certaines mentions de ces pièces, si cette omission ne lui a causé aucun préjudice.

2078. — Le défaut de mention, dans la citation, de l'enregistrement des procès-verbaux n'est point une cause de nullité. — *Cass.*, 7 mai 1835, Vieillard.

2079. — Le vœu de la loi est suffisamment rempli toutes les fois que la copie du procès-verbal est donnée au prévenu en même temps que celle de la citation. Ces deux copies pourraient être indépendantes l'une de l'autre et délivrées par actes séparés. — Meaume, t. 2, nº 1225.

2080. — A plus forte raison doit-on considérer comme indifférente la place qu'occupe la copie du procès-verbal dans la citation délivrée par le garde.

2081. — Les copies du procès-verbal et de l'acte d'affirmation n'ont besoin ni d'être certifiées sincères et véritables ni d'être revêtues d'une signature séparée. — *Cass.*, 6 mars 1834, Sarrat; — Meaume, t. 2, nº 1227.

2082. — Lorsqu'il a été dressé deux procès-verbaux pour délit forestier, la citation est régulière quoiqu'elle ne contienne copie que du second, s'il contient la mention du fait constaté par le premier. — *Cass.*, 1er mai 1830, Antoine Fauget.

2083. — Les agens forestiers peuvent ne dresser aucun procès-verbal pour la constatation d'un délit forestier, ou renoncer à se prévaloir d'un procès-verbal qui paraîtrait peu probant. Dans ce cas il suffirait de citer le prévenu sans lui délivrer aucune copie d'acte.

2084. — Avant, comme depuis le Code forestier, la citation a dû contenir, à peine de nullité, copie du procès-verbal. Le mot *sera*, employé dans l'art. 9, tit. 9, L. 15-29 sept. 1791, indique assez que la disposition est impérative, et que rien par conséquent ne saurait suppléer à cette formalité. L'art. 183, C. inst. crim., qui veut que la citation contienne les faits sur lesquels les prévenus sont poursuivis, n'a point dérogé à la disposition de la loi de 1791. — *Cass.*, 27 nov. 1818, Bedos; 17 mars-22 juill. 1824, Habit. de Monclar, Badeau; 26 mai 1832, Hernier.

2085. — Avant le Code forestier, lorsque tous les faits contenus dans un procès-verbal avaient été littéralement copiés dans la citation; lorsque ce procès-verbal, ainsi que son affirmation, y avait été énoncé, et, enfin, lorsque lecture en avait été faite à l'audience au prévenu, la procédure ne pouvait pas être annulée sous le prétexte du défaut de notification du procès-verbal au prévenu. — *Cass.*, 16 vent. an IX, Vacquer. — Cette solution ne saurait être suivie sous le Code forestier qui exige, à peine de nullité, que la citation contienne copie du procès-verbal et de l'acte d'affirmation.

2086. — Décidé avec raison que l'obligation de donner, à peine de nullité, avec la citation, copie du procès verbal et de l'acte d'affirmation, n'est imposée que pour la citation introductive de l'instance, et non pour celles qui pourraient être délivrées postérieurement. — *Cass.*, 24 sept. 1835, Joye.

2087. — L'obligation imposée par l'art. 172, C. forest., d'insérer copie du procès-verbal dans l'acte de citation délivré au prévenu s'applique seulement à la copie de cette citation et non à l'original. — *Cass.*, 8 mars 1833, Sassoubre.

2088. — La cour de Nîmes a décidé que l'art. 172 C. forest., qui en matière forestière exige, à peine de nullité, que l'acte de citation contienne une copie du procès-verbal et de l'acte d'affirmation, est absolu et applicable aussi bien aux citations données par les particuliers qu'à celles émanées de l'administration des forêts. — *Nîmes*, 16 déc. 1841, (t. 2 1842, p. 473), Perrier.

2089. — Il n'est pas nécessaire, à peine de nullité, qu'une citation, en matière forestière, contienne l'énonciation du domicile du garde qui l'a signifiée. — *Cass.*, 5 mai 1809, Berzano.

2090. — Le prévenu peut se faire un moyen de nullité de ce que la copie qui lui a été remise de la citation et du procès-verbal ne renfermerait pas tous les élémens constitutifs de la validité du procès-verbal, ou ne lui aurait pas fourni la preuve qu'ils y sont réunis. — *Cass.*, 8 mars 1833, Sassoubre.

2091. — L'art. 173, C. forest., est ainsi conçu: « Les gardes de l'administration forestière pourront, dans les actions et poursuites exercées en son nom, faire toutes citations et significations d'exploits, sans pouvoir procéder aux saisies-exécutions. — — Leurs rétributions pour les actes de ce genre seront taxées comme les actes faits par les huissiers des juges de paix. — V. L. 29 fructid. an III; décr. 1er avr. 1808; 11 juin 1811 et 7 avr. 1813.

2092 — Sous l'empire de l'ord. de 1669, c'était aussi aux gardes forestiers qu'il appartenait de faire les exploits relatifs à la poursuite des délits, en matière forestière. Aucune loi postérieure n'avait modifié cet état de choses jusqu'au Code forestier. — *Cass.*, 6 niv. an XIV, N...; — Gagneraux, *Cod. forest.* t. 1er, p. 360; Merlin, *Rép.*, vº *Gardes des bois*, sect. 1re, § 3, nº 7.

2093. — L'art. 26 de l'ordonnance d'exécution oblige les gardes à transcrire régulièrement leurs procès-verbaux par ordre de date sur leur registre d'ordre. Ils doivent inscrire en marge du procès-verbal le folio du registre où il se trouvera inscrit. Le même registre doit contenir la mention de toutes les significations ou citations dont ils auront été chargés.

2094. — Les agens forestiers doivent dresser pour le ressort de chaque tribunal de police correctionnelle, et au commencement de chaque trimestre, un mémoire en triple expédition des citations et significations faites par les gardes pendant le trimestre précédent. — Art. 186 de l'ord. d'exc.

2095. — L'art. 173 n'entend pas exclure les huissiers du droit de signifier les citations en matière forestière. Il établit seulement une concurrence entre eux et les gardes.

2096. — Le mot *gardes* ne comprend que les *préposés*. Il ne s'applique pas aux *agens*; ces derniers peuvent cependant opérer des saisies. — Ils peuvent aussi saisir conservatoirement conformément aux art. 36 et 40, C. forest.

2097. — Les gardes des forêts de la couronne ont aussi compétence pour délivrer des exploits. Mais on ne pourrait étendre cette faculté aux gardes des princes apanagés ni à ceux des particuliers pourvus de majorats réversibles à l'état. — Coin-Delisle et Frédérich, t. 2, p. 149.

2098. — Il est nécessaire que les exploits signifiés par les gardes indiquent le lieu où ils sont délivrés pour qu'on puisse vérifier si le garde n'est pas sorti des limites de sa compétence. — Coin-Delisle et Frédérich, t. 2, p. 147.

2099. — Le pouvoir des gardes ne s'étend qu'aux poursuites et actions exercées par l'administration. Il en était autrement avant le Code forestier. L'ordonnance de 1669, tit. 10, art. 4 et 15, et un avis du conseil d'état du 16 mai 1807 autorisaient les gardes à instrumenter lorsque les poursuites étaient dirigées par le ministère public. — *Cass.*, 26 juill. 1822, Clément.

2100. — Les gardes ne peuvent délivrer aucun exploit en matière civile dans les actions domaniales poursuivies à la requête des préfets. Ils signifient cependant régulièrement les sommations aux parties pouvant les mettre en demeure d'assister à une délimitation. Cette opération n'est en effet qu'un acte d'administration. — Meaume, t. 2, nº 1235.

2101. — Avant le Code forestier l'ordonnance de 1669 et surtout l'avis du conseil d'état du 16 mai 1807 refusaient aussi aux gardes le droit de procéder aux saisies-exécutions.

2102. — Les gardes sont assimilés aux huissiers quant aux formalités qui doivent accompagner leurs significations. Ainsi ils doivent signifier des copies lisibles, porter leurs actes eux-mêmes et veiller à ce qu'ils soient enregistrés dans les quatre jours de leur date. — Carnot, sur l'art. 17, C. inst. crim.

§ 5. — *Instruction à l'audience.*

2103. — Les agens forestiers ont le droit d'exposer l'affaire devant le tribunal, et sont entendus à l'appui de leurs conclusions. — C. forest., art. 174. — Conformément aux principes généraux du droit criminel, le prévenu conserve le droit d'être entendu le dernier. — Observations de la cour de Cassation sur l'art. 174. — Chauveau, *C. forest.*, p. 588.

2104. — L'art. 174 trouve nécessairement son complément dans l'art. 190, C. inst. crim.

2105. — Le projet du Code forestier donnait aux gardes le droit d'être entendus à l'audience *toutes les fois qu'ils le demandaient*. Cette disposition a paru exorbitante et elle a été supprimée.

2106. — Les agens forestiers ont le droit d'*exposer* l'affaire. Dans le cours des débats, ils peuvent poser des questions au prévenu, après avoir demandé la parole au président. — Meaume, t. 1er, nº 1241.

2107. — L'ordre de l'audience, tel qu'il est réglé par l'art. 190, C. inst. crim., doit être suivi dans les affaires forestières comme dans les autres affaires correctionnelles. Cet ordre pourrait cependant être interverti sans qu'il en résultât de nullité.

2108. — Sur l'appel, l'agent forestier a, comme en première instance, le droit d'exposer l'affaire après le rapport, et d'être entendu, lorsqu'il le demande, avant le résumé et les conclusions du ministère public.

2109. — Le tribunal doit avant tout appliquer aux faits les peines prévues par la loi; ainsi les conclusions prises par l'agent forestier étaient erronées, il y aurait lieu de les rectifier d'office.

2110. — Les conclusions prises par l'agent forestier seraient tardives si le ministère public avait déjà donné les siennes lorsque l'agent forestier se

présente pour conclure. M. Meaume (t. 2, nº 1245) estime toutefois que des conclusions simplement rectificatives pourraient être accueillies par le tribunal, même après l'audition du ministère public.

2111. — Le tribunal peut être saisi par une ordonnance de la chambre du conseil comme en matière ordinaire. Il ne pourrait alors être dessaisi de la connaissance des faits articulés dans la plainte que par une ordonnance de non-lieu.

§ 6. — *Preuve des délits et contraventions en cas d'absence ou d'insuffisance des procès-verbaux.*

2112. — Les délits ou contraventions en matière forestière seront prouvés soit par procès-verbaux, soit par témoins à défaut de procès-verbaux ou en cas d'insuffisance de ces actes. — C. forest., art. 175; ord. 1669, tit. 10, art. 8; C. instr. crim., art. 154 et suiv. et 189.

2113. — L'art. 175 applique aux matières forestières le principe général écrit dans l'art. 154, C. inst. crim., et d'après lequel les contraventions sont prouvées par témoins à défaut de procès-verbaux.

2114. — Quand un procès-verbal est argué de nullité, l'agent forestier doit donc prendre des conclusions subsidiaires tendant à l'admission de la preuve testimoniale.

2115. — La preuve testimoniale pourrait même être proposée pour la première fois en appel. — Meaume, t. 2, nº 1250. — Et elle serait admissible lors même qu'il n'y aurait eu aucun procès-verbal dressé. — *Cass.*, 21 juin 1821, Maleux; *Metz*, 2 juill. 1821, Sartrover.

2116. — Le tribunal ne pourrait refuser l'admission de cette preuve lorsqu'elle est demandée; mais il ne serait pas tenu de l'ordonner d'office.

2117. — Il est évident que si les faits dont on demanderait à faire la preuve par témoins étaient en contradiction avec les énonciations du procès-verbal, le tribunal devrait repousser la demande tendant à faire entendre des témoins. — *Cass.*, 24 oct., Branchard; 7 nov. 1806, Sebille; 14 nov., Hervieux, et 20 nov. 1806, Guersant.

2118. — Jugé que le prévenu d'un délit forestier est recevable à prouver par témoins l'existence d'une association entre le garde-vente qui a verbalisé et l'adjudicataire de la coupe où le délit a été commis. — *Cass.*, 5 déc. 1834, Pezeux.

2119. — Le tribunal saisi d'un délit forestier ne peut, en cas de nullité du procès-verbal, acquitter le prévenu lorsque le délit est prouvé tant par son aveu que par le résultat d'une enquête. — *Cass.*, 28 nov. 1806, comm. Saint-Thomas.

2120. — Les agens forestiers pourraient faire citer des témoins pour le jour auquel l'affaire sera appelée pour la première fois. Mais si les citations étaient reconnues inutiles par le tribunal, elles devraient tomber à la charge de l'administration.

2121. — Le tribunal devrait ordonner une remise si, après la discussion sur le procès-verbal, l'agent forestier offrait de faire entendre des témoins. Mais les juges ne seraient pas obligés d'en prononcer plusieurs successivement. — Meaume, t. 2, nº 1253. — Le tribunal pourrait même ne pas recourir à la preuve testimoniale s'il était, par d'autres moyens, suffisamment éclairé sur ces faits. — Mangin, *Action publique*, nº 3.

2122. — Aucune loi n'interdit aux rédacteurs de procès-verbaux faisant foi jusqu'à inscription de faux d'être entendus comme témoins sur les faits qui ne sont pas suffisamment désignés dans ces procès-verbaux, sauf au tribunal à avoir tel égard que de raison à leurs dépositions. — *Cass*, 21 juill. 1820, Menneret.

2123. — Le témoignage des gardes n'aurait pas plus d'autorité que les affirmations des autres témoins, et il pourrait être combattu par la preuve contraire.

2124. — Si quelque circonstance aggravante du délit avait été omise dans le procès-verbal, l'agent forestier pourrait prendre des conclusions additionnelles pour requérir une peine plus forte.

2125. — En est-il des cas où le procès-verbal est nul comme de celui où il est simplement insuffisant? La raison de douter pourrait être tirée de ce que la cour de Cassation, dans ses observations sur l'art. 175, avait proposé de faire précéder le mot *insuffisance* des mots *nullité ou*, observation qui n'a pas passé dans l'article. Mais on peut répondre que cette addition a été jugée inutile; qu'un procès-verbal nul est évidemment insuffisant; et d'ailleurs, si on peut admettre la preuve testimoniale en l'absence de tout procès-verbal, comment la rejetterait-on parce que le procès-verbal serait irrégulier? — V. en ce sens *Cass.*, 30 déc. 1811, Martel; 3 fév. 1820, Blanc; *Metz*, 14 avr. 1821, N... — Merlin, *Rép.*, vº *Procès-verbal*, § 6, nº 15; Carnot, sur l'art. 154, *C. inst. crim.*, t. 1er, p. 653.

2126. — Dans tous les cas, le tribunal ne peut admettre la preuve testimoniale outre et contre le contenu au procès-verbal dressé par un garde forestier, alors surtout que le montant des amendes et restitutions auxquelles doit donner lieu le délit, n'excède pas 100 francs, et que ce procès-verbal n'est pas attaqué par la voie de l'inscription en faux. — *Cass.*, 23 mai 1806, Meyer.

2127. — Lorsqu'un récolement est fait contradictoirement entre l'administration et un adjudicataire de coupes dans les bois de l'état, les demandes qui seraient formées par l'un ou par l'autre pour faire déclarer la nullité du procès-verbal de récolement ne peuvent être portées que devant le conseil de préfecture. — M. Meaume (t. 2, nº 1257) fait observer avec raison qu'il en serait autrement dans le cas où le procès-verbal serait seulement critiqué comme *insuffisant*. Le tribunal, n'étant pas alors saisi de la question de validité de l'acte, mais seulement du point de savoir s'il y a lieu d'ordonner un supplément de preuve, pourrait statuer dans ces termes et admettre la preuve par témoin s'il y a lieu.

2128. — Les procès-verbaux revêtus de toutes les formalités prescrites par les art. 165 et 170, et qui sont dressés et signés par deux agens ou gardes forestiers font preuve, jusqu'à inscription de faux, des faits matériels relatifs aux délits et contravention qu'ils constatent, quelles que soient les condamnations auxquelles ces délits et contraventions peuvent donner lieu. — Il n'est, en conséquence, admis aucune preuve outre ou contre le contenu de ces procès-verbaux, à moins qu'il n'existe une cause légale de récusation contre l'un des signataires. — C. forest., art. 176; ord. 1669, tit. 10, art. 88; L. 29 sept. 1791, tit. 9 art. 13 et 14. — V. PROCÈS-VERBAL.

2129. — Les procès-verbaux signés par deux agens ou préposés, quel que soit leur rang dans la hiérarchie administrative, font foi jusqu'à inscription de faux. Il ne suffit pas, dit Mangin (*Tr. des procès-verbaux*, nº 171), qu'un second agent ou garde *signe* le procès-verbal, afin de corroborer les déclarations d'un autre agent ou garde qui aurait seul reconnu les faits constatés par le procès-verbal. Il faut de plus que le second agent ou garde dresse le procès-verbal conjointement avec le premier, c'est-à-dire qu'il critique avec lui l'existence des faits pour les avoir reconnus.

2130. — L'art. 176 crée sous ce rapport un droit nouveau. Sous l'empire de la loi de 1791, il suffisait que l'un des gardes se bornât à signer le procès-verbal ou à déposer en justice, sous la foi du serment, de la vérité de son contenu. Telle était la jurisprudence.

2131. — Il existe donc une présomption légale de vérité en faveur des procès-verbaux qui font foi jusqu'à inscription de faux. — V. l'art. 154, C. inst. crim.

2132. — Tous les moyens de preuve autres que l'enquête qu'on voudrait employer contre le procès-verbal devraient être également proscrits. — Meaume, t. 2, nº 1259.

2133. — Le garde rédacteur du procès-verbal ne pourrait non plus, par ses allégations, détruire les énonciations qu'il aurait insérées dans l'acte et la foi qui leur est due. — Meaume, *loc. cit.*

2134. — L'art. 176 exprime clairement que ce n'est que pour la constatation des faits matériels que le procès-verbal de l'agent fait foi jusqu'à inscription de faux. Si le rédacteur du procès-verbal se livrait à des appréciations, à des inductions tirées de ces faits, il n'y aurait là qu'une opinion personnelle consignée dans l'acte, et ces énonciations pourraient être combattues par les moyens de preuve ordinaires. — V. le rapport de M. Favard de Langlade à la chambre des députés, à l'occasion de l'addition du mot *matériel* ajouté par la commission au projet de l'art. 176.

2135. — On devrait considérer comme constatant des faits matériels les énonciations qui indiqueraient la présence des gardes à l'opération, les aveux faits par les prévenus, l'emploi de la scie par le délinquant, et généralement ce que l'agent forestier relate comme l'ayant entendu ou comme en ayant été témoin oculaire. — Meaume, t. 2, nº 1260.

2136. — Lorsqu'un procès-verbal constate que des bestiaux ont été trouvés hors des pâturages et chemins ordinaires, le tribunal de répression ne peut ordonner un interlocutoire, et, par exemple, la comparution des gardes rédacteurs du procès-verbal, sous le prétexte d'expliquer les faits constatés par ce procès-verbal. — *Cass.*, 25 juill. 1846 (t. 2 1846, p. 253), Jourdain.

2137. — Pour que la constatation du garde ait, du reste, toute l'autorité qui doit lui appartenir, il faut supposer qu'il n'a pas pu se tromper sur les faits; les énonciations relatives à l'âge du bois, par exemple, ou à l'époque précise d'un défrichement peuvent être combattues par la preuve contraire. — Meaume, t. 2, nº 1260.

2138. — Lorsqu'il s'agit de constater une coupe de bois en délit, le garde énonce un fait *matériel* dans le sens de l'art. 176, lorsqu'il indique qu'il a reconnu l'identité des bois coupés avec ceux trouvés dans la possession du prévenu au moyen d'un rapprochement entre chaque arbre ou morceau de bois avec sa souche.

2139. — Mais si l'auteur du procès-verbal se contente d'énoncer l'identité des bois sans indiquer comment il est parvenu à la reconnaître, ce fait pourrait être contesté par les voies ordinaires. — Meaume, t. 2, nº 1261.

2140. — Il a été décidé que lorsqu'il est établi par un procès-verbal régulier que des arbres coupés dans une forêt ont été reconnus à la fraîcheur de la coupe, à la qualité et à la dimension des bois, au domicile du prévenu, le tribunal ne peut pas le renvoyer des poursuites, sous le prétexte qu'il n'y a pas preuve suffisante que les arbres trouvés chez lui aient été par lui coupés. — *Cass.*, 15 avr. 1838, Tassy.

2141. — Lorsqu'il résulte d'un procès-verbal régulier que quatorze baliveaux ont été coupés et enlevés dans une forêt; que cinq de ces baliveaux ont été reconnus en la possession du prévenu, avec dix-neuf billons de la même essence; que le prévenu a refusé d'assister au réapatronage, et qu'il a déclaré qu'il comptait ne payer que sa cote-part, ces faits établissent suffisamment qu'il a commis le délit seul ou de complicité, et le rendent passible, dans l'un et l'autre cas, de l'amende encourue par la coupe des quatorze baliveaux. — *Cass.*, 23 oct. 1812, Guillaume.

2142. — On ne peut, sans recourir à l'inscription de faux, être admis à prouver par témoins l'alibi des gardes forestiers qui ont dressé un procès-verbal. — *Cass*, 10 avr. 1807, N...

2143. — Lorsqu'il est établi par un procès-verbal régulier que les gardes conduits par les traces d'une voiture ont trouvé au domicile du prévenu un arbre récemment écarri de même espèce, grosseur et longueur que celui qu'ils ont reconnu avoir été enlevé dans une forêt communale, et également composé de deux cuisses inégales, le tribunal ne peut, sans violer la foi qui est due à ce procès-verbal jusqu'à inscription de faux, acquitter le prévenu, sous le prétexte de l'insuffisance des preuves. — *Cass.*, 20 fév. 1812, Chozard; — Merlin, *Rép.*, vº *Procès-verbal*, § 6.

2144. — Lorsque le réassouchement de chacun des baliveaux coupés dans une forêt est nécessaire pour constater la culpabilité du prévenu, relativement à tous ces baliveaux, il suffit que l'identité de l'un d'eux ait été constatée par son réassouchement, pour que le tribunal ne puisse se dispenser de prononcer la peine relative à ce baliveau. — *Cass.*, 4 mai 1820, Louis Machard.

2145. — Lorsqu'il résulte d'un procès-verbal régulier que les gardes ont vu le prévenu coupant du bois dans une forêt avec un outil tranchant, et lorsque ce prévenu a avoué en justice avoir pris le bois coupé par d'autres individus qui se sont enfuis, le tribunal ne peut prononcer son acquittement, sous le prétexte que le procès-verbal suffisant pour établir la matérialité du délit ne pouvait suffire pour établir la culpabilité du prévenu. — *Cass.*, 30 juin 1827, Labat.

2146. — Les aveux que ferait le délinquant au garde et qui seraient recueillis par ce dernier constitueraient des faits matériels pour lesquels le procès-verbal ferait foi jusqu'à inscription de faux. « Les faits matériels d'un crime, dit Mangin (*Traité des procès-verbaux*, p. 89), ne gisent pas seulement dans les traces qu'il a pu laisser; ils consistent aussi dans les faits qui s'y rattachent et qui sont propres à en faire connaître l'auteur ... On craint que des agens n'attribuent à un prévenu des déclarations qu'il n'a pas faites; on peut craindre également qu'ils ne lui imputent des faits qu'il n'a pas commis, et si la loi ne s'est pas arrêtée à cette dernière appréhension, comment supposer qu'elle s'est arrêtée à l'autre? »

2147. — Les procès-verbaux des agens forestiers font foi de l'existence de l'aveu des prévenus, mais non de leur véracité. En cas de nullité du procès-verbal les juges devaient apprécier quelle foi est due aux aveux qui y seraient consignés comme à ceux que le prévenu ferait à l'audience. « Les magistrats peuvent assurément mal juger, dit Mangin (*Traité des procès-verbaux*, nº 40), en acquittant un prévenu malgré son aveu, lorsque le procès-verbal qu'on lui oppose est nul; mais ils ne violent aucune loi; dès que le procès-verbal disparaît et qu'avec lui s'évanouit la preuve légale du délit, ils sont les appréciateurs souverains de toutes les autres preuves qu'on a voulu y subtistuer. »

2148.—Les procès-verbaux des agens de l'administration forestière ne feraient pas foi jusqu'à inscription de faux des actes de rébellion, voies de fait ou injures qu'ils mentionneraient. Ces procès-verbaux n'ont cette autorité que pour la constatation des infractions qui portent atteinte à la propriété forestière. — Meaume, t. 2, nº 1264.

2149.— Les procès-verbaux dont il s'agit font foi non seulement des faits matériels relatifs à des délits accomplis, mais encore des constatations opérées dans le but de prévenir les délits.

2150. — Les gardes n'ont mission de constater que les infractions, c'est-à-dire les faits qui motivent des poursuites contre les délinquans : aussi, les constatations de circonstances qui viendraient, au contraire, à la décharge des délinquans ne paraissent-elles pas devoir faire foi jusqu'à inscription de faux. Tel est l'avis de M. Meaume (t. 2, nº 1206).

2151.—La cour de Cassation a jugé qu'un tribunal ne peut annuler le procès-verbal d'un garde forestier, sous le prétexte de la parenté ou de l'alliance existant entre lui et le prévenu, et que les dispositions qui défendent d'entendre en témoignage les parens ou alliés à un certain degré, n'ont aucune application aux gardes qui, en leur qualité d'officiers de police judiciaire, remplissent des devoirs imposés par la loi.—*Cass.*, 18 oct. 1822, Beauchet.

2152. — Mais si le procès-verbal n'est pas nul dans ce cas *ipso facto*, la parenté a toujours pour effet de permettre au tribunal d'admettre toute preuve contraire.—Meaume, t. 2, nº 1168.

2153.— L'interdiction ou la privation des droits civiques du garde serait un motif de récusation. — Curasson, t. 2, p. 64 et 65.

2154.—Il faut remarquer que la loi n'a pas voulu prohiber par l'art. 176 la preuve de tous les faits justificatifs qui ne seraient pas contraires au procès-verbal. — Coin-Delisle et Frédérich, sur l'art. 176.

§ 7. — *Moyens à opposer aux procès-verbaux. — Incriptions de faux.*

2155. — Les procès-verbaux revêtus de toutes les formalités prescrites, mais qui ne seront dressés et signés que par un seul agent ou garde, feront de même preuve suffisante jusqu'à inscription de faux, mais seulement lorsque le délit ou la contravention n'entraînera pas une condamnatiou de plus de 100 fr., tant pour amende que pour dommages-intérêts. — Lorsqu'un de ces procès-verbaux constatera à la fois contre divers individus des délits ou contraventions distincts et séparés, il n'en fera pas moins foi, aux termes du présent article, pour chaque délit ou contravention qui n'entraînerait pas une condamnation de plus de 100 fr., tant pour amende que pour dommages-intérêts, quelle que soit la quotité à laquelle pourraient s'élever toutes les condamnations réunies.—C. forest., art. 177; L. 29 sept. 1791, tit. 9, art. 13 et 14.

2156. — Mais, pour déterminer si le procès-verbal dressé par un seul garde forestier entraîne une condamnation à plus de 100 fr., et s'il fait foi jusqu'à inscription de faux ou seulement jusqu'à preuve contraire, on ne doit point compter la valeur des objets confisqués. — *Cass.*, 1er avr. 1826, Bouley; — Mangin, *Tr. des procès-verbaux*, p. 295, nº 170; Rogron, *C. forest. expliqué*, p. 271; Meaume, t. 2, nº 1272.

2157.—L'art. 177 ne prévoit pas le cas où la peine réservée au délit serait celle de l'emprisonnement. Comme cette peine est plus grave que celle de l'amende, on doit décider que dans ce cas le procès-verbal ne fait foi jusqu'à inscription de faux qu'autant qu'il est signé par deux gardes.

2158. — C'est le chiffre de la condamnation possible et non celui de la somme *demandée* qui doit être pris en considération pour la foi due au procès-verbal. Du moins telle est la règle pour les amendes qui doivent être calculées en prenant leur *maximum*.

2159.—Quant aux dommages-intérêts, MM. Meaume (t. 2, nº 1273), Coin-Delisle et Frédérich (sur l'art. 179) estiment qu'on doit se baser sur le chiffre de la demande. En effet, ils sont indéterminés de leur nature, et il est nécessaire que la foi due au procès-verbal soit connue avant le jugement de condamnation. — Il faut donc considérer la somme demandée par l'administration.

2160. —Pour éviter les contestations qui pourraient s'élever sur la constatation des infractions aux art. 151 et suiv., C. forest., pour constructions et établissemens prohibés à une certaine distance des forêts, une circulaire de l'administration forestière du 20 sept. 1839 (nº 454, *Réglemens forestiers*, t. 6, p. 186) a recommandé que les procès-verbaux portant reconnaissance de ces délits fussent signés par deux gardes au moins.

2161. — Si l'un des deux gardes était remplacé par un maire ou autre fonctionnaire qui ne serait ni agent, ni préposé, ni arpenteur, le procès-verbal ne ferait pas foi jusqu'à inscription de faux.

2162.—MM. Coin-Delisle et Frédérich font observer, sur le deuxième paragraphe de l'art. 177 que lorsqu'il s'agit d'un délit commis de complicité, la solidarité, sans augmenter la quotité de la condamnation personnelle à chacun des prévenus, ferait peser sur tous la responsabilité des amendes et dommages-intérêts auxquels pourraient être condamnés les coprévenus.

2163. — La culpabilité d'un délit forestier résultant d'un procès-verbal régulièrement dressé par un garde forestier, ne peut être détruite par le certificat d'un maire, alors même que ce certificat énoncerait des faits de force majeure, surtout si ces faits sont repoussés par les termes mêmes du procès-verbal. —*Cass.*, 31 mai 1833, et 6 août 1834, Tarby.

2164.—Les procès-verbaux qui, d'après les dispositions qui précèdent, ne font point foi et preuve suffisante jusqu'à inscription de faux, peuvent être corroborés et combattus par toutes les preuves légales, conformément à l'art. 154, C. inst. crim.—C. forest., art. 178.

2165. — De simples allégations contre un procès-verbal ne faisant pas foi par lui-même jusqu'à inscription de faux seraient impuissantes pour détruire ses énonciations. Le prévenu doit offrir explicitement d'administrer la preuve contraire, et le tribunal n'est pas obligé d'admettre cette preuve. — Meaume, t. 2, nº 1280; Devaux et Fœlix, *Code forestier*, t. 2, p. 586.

2166. — Jugé avant le Code forestier que la cour de justice criminelle qui ne trouvait pas dans le procès-verbal dressé par un seul garde sur un délit forestier passible d'une amende, et qui n'était point soutenu par d'autres preuves, les motifs d'une conviction suffisante, pouvait acquitter le prévenu sans violer aucune loi. — *Cass.*, 29 oct. 1808, Martin Thiry.

2167.—Le prévenu qui voudra s'inscrire en faux contre le procès-verbal sera tenu d'en faire, par écrit ou en personne, ou par un fondé de pouvoir spécial par acte notarié, la déclaration au greffe du tribunal, avant l'audience indiquée par la citation. — Cette déclaration sera reçue par le greffier du tribunal : elle sera signée par le prévenu ou son fondé de pouvoirs, et dans le cas où il ne saurait ou ne pourrait signer, il en sera fait mention expresse. — Au jour indiqué pour l'audience, le tribunal donnera acte de la déclaration, et fixera un délai de trois jours au moins et de huit jours au plus, pendant lequel le prévenu sera tenu de faire au greffe le dépôt des moyens de faux, et des noms, qualités et demeures des témoins qu'il voudra faire entendre. — A l'expiration de ce délai, et sans qu'il soit besoin d'une citation nouvelle, le tribunal admettra les moyens de faux, s'ils sont de nature à détruire l'effet du procès-verbal, et il sera procédé sur le faux, conformément aux lois. — Dans le cas contraire, faute par le prévenu d'avoir rempli toutes les formalités ci-dessus prescrites, le tribunal déclarera qu'il n'y a lieu à admettre les moyens de faux, et ordonnera qu'il soit passé outre au jugement. — C. forest., art. 179; L. 9 flor. an VII, tit. 4, art. 12; C. inst. crim., art. 448 et suiv.

2168. —Pour apprécier en quoi peut consister le faux prévu par l'art. 179, il faut se reporter aux principes généraux auxquels cet article n'apporte aucune dérogation. — V. FAUX.

2169. — Il ne s'agit ici que d'inscriptions de faux dirigées contre les procès-verbaux dressés par les agens forestiers, abstraction faite de toute poursuite criminelle dirigée contre les rédacteurs des procès-verbaux. La procédure indiquée par l'art. 179 est beaucoup plus rapide que celle tracée par le Code de procédure civile. — V. FAUX INCIDENT.

2170. — Le premier jugement rendu par le tribunal donne acte de l'inscription; c'est un jugement préparatoire. Puis, le tribunal doit examiner si l'inscription est régulière ou non, et l'admettre ou la rejeter par un second jugement.

2171. — Mais les juges ne sont pas *obligés* de prononcer sur l'admissibilité des moyens de faux à l'expiration des délais fixés par l'art. 179, § 3.

2172.—Bien que, d'après l'art. 179, § 3, C. forest., le tribunal saisi d'une inscription de faux contre un procès-verbal constatant un délit forestier doive admettre, à l'expiration du délai qu'il a indiqué, les moyens allégués, s'ils sont de nature à détruire l'effet du procès-verbal, il peut cependant ne pas prononcer ce jour-là si le délinquant ni l'administration des forêts ne se sont pas présentés. — *Cass.*, 26 avr. 1845 (t. 2 1845, p. 181), Romeuf.

2173. — Lorsque le tribunal admet les moyens de faux, il doit par cela même ordonner qu'il sera sursis au jugement sur les poursuites dirigées par l'agent forestier.

2174. — Lorsque l'action publique résultant du faux est éteinte par le décès du rédacteur du procès-verbal, le tribunal doit procéder conformément aux art. 459 et 460, C. inst. crim. La procédure qui se déroule, devant lui est un *faux incident*, et il y a lieu d'appliquer à cette procédure les dispositions des art. 231 et suiv., C. procéd. civ. — Coin-Delisle et Frédérich, sur l'art. 176.

2175. — La même observation s'applique au cas où les poursuites criminelles seraient paralysées parce que le conseil d'état aurait refusé l'autorisation qu'exige l'art. 75, constit. 22 frim. an VIII. Les juges n'ayant à s'occuper que de la question de validité ou de nullité du procès-verbal argué de faux, sont compétens pour statuer sur cette question, par application du principe que le juge de l'action est aussi celui de l'exception. C'est ce qu'a jugé la cour de Cassation (11 déc. 1835, Courrège.)

2176. — Il y aurait encore lieu de procéder de cette manière si les gardes poursuivis devant la cour d'assises avaient été acquittés et qu'il ne résultât pas des débats que la pièce fût matériellement fausse (Mangin, *Tr. des procès-verbaux*, p. 136 et 137), ou s'il résultait des débats que la pièce n'est pas fausse. — Meaume, t. 2, nº 1287.

2177.—M. Meaume (t. 2, nº 1288) pense que l'amende de 300 fr. prononcée par l'art. 246, C. procéd. civ., contre celui qui succombe dans une demande de faux incident ne devrait pas être appliquée au prévenu qui, en matière forestière, argue le procès-verbal de faux; que, dans tous les cas, les agens forestiers n'auraient pas qualité pour demander l'application d'une peine qui n'est pas prononcée par le Code forestier.

2178.— Le prévenu contre lequel aura été rendu un jugement par défaut sera encore admissible à faire sa déclaration d'inscription de faux pendant le délai qui lui est accordé par la loi pour se présenter à l'audience sur l'opposition par lui formée. — C. forest. art. 180; L. 29 sept. 1791, tit. 9, art. 10; C. instr. crim., art. 151 et 187.

2179. — En matière forestière, le prévenu condamné par défaut ne peut s'inscrire en faux contre le procès-verbal constatant la contravention qui lui est reprochée, après sa comparution devant le tribunal. — *Cass.*, 17 fév. 1837 (t. 1er 1837, p. 360), Foustier.

2180.—La déclaration d'inscription de faux contre un procès-verbal constatant un délit commis dans les forêts de l'état est tardive et nulle, si elle est intervenue postérieurement à l'audience indiquée par la citation. — Même arrêt.

2181.— Le prévenu d'un délit forestier qui a comparu à l'audience sans avoir préalablement fait au greffe sa déclaration de vouloir s'inscrire en faux contre le procès-verbal, ne peut être admis à le faire plus tard, sous prétexte qu'à cette audience il n'aurait été prononcé qu'une remise de cause. — *Cass.*, 18 mars 1836, Desquiron Saint-Agnan.

2182.—Peu importe que, lors de cette comparution, aucun jugement n'ait été prononcé et que la remise ait été ordonnée. — *Cass.*, 12 janv. 1838 (t. 1er 1838, p. 630), Terrot.

2183.—Lorsqu'un procès-verbal sera rédigé contre plusieurs prévenus, et qu'un ou quelques uns d'entre eux seulement s'inscriront en faux, le procès-verbal continuera de faire foi à l'égard des autres, à moins que le fait sur lequel portera l'inscription de faux ne soit indivisible et commun aux autres prévenus. — C. forest., art. 181; — Legraverend, *Législ. crim.*, t. 1er, p. 600.

§ 8. — *Questions préjudicielles.*

2184. — En thèse générale, le juge du délit est juge de l'exception proposée contre l'action dont ce délit est l'objet, quoique d'ailleurs les questions auxquelles se réduit cette exception soient hors de sa compétence. — V. Merlin, *Rép.*, vº *Parricide*, nº 3. — Cette règle souffre cependant plusieurs exceptions énoncées textuellement par la loi; les matières forestières en offrent un exemple. — Devaux et Fœlix, *Code forest.*, t. 2, p. 601.

2185. — Le Code forestier prévoit le cas où des poursuites seraient dirigées contre des individus qui prétendraient n'avoir fait qu'user d'un droit de propriété ou d'usage; dans ce cas, on a voulu que les poursuites correctionnelles fussent suspendues jusqu'à ce que les tribunaux compétens eussent statué sur l'existence du droit allégué. — M. Martignac (Exposé des motifs); Chauveau, *Code forest.*, p. 28.

2186. — Aussi, l'art. 182, C. forest., puisé dans la jurisprudence établie par la Cour de Cassation, sur l'application de l'art. 12, tit. 9, L. 29 sept. 1791, porte-t-il : « Si, dans une instance en réparation de délit ou contravention, le prévenu excipe d'un

droit de propriété ou autre droit réel, le tribunal saisi de la plainte statuera sur l'incident, en se conformant aux règles suivantes : — L'exception préjudicielle ne sera admise qu'autant qu'elle sera fondée, soit sur un titre apparent, soit sur des faits de possession équivalens, personnels au prévenu, et par lui articulés avec précision, et si le titre produit ou les faits articulés sont de nature, dans le cas où ils seraient reconnus par l'autorité compétente, à ôter au fait qui sert de base aux poursuites tout caractère de délit ou de contravention. — Dans le cas de renvoi à fins civiles, le jugement fixera un bref délai dans lequel la partie qui aura élevé la question préjudicielle devra saisir les juges compétens de la connaissance du litige et justifier de ses diligences ; sinon il sera passé outre. Toutefois, en cas de condamnation, il sera sursis à l'exécution du jugement, sous le rapport de l'emprisonnement, s'il était prononcé, et le montant des amendes, restitutions et dommages-intérêts sera versé à la caisse des dépôts et consignations, pour être remis à qui il sera ordonné par le tribunal qui statuera sur le fond du droit. » — Merlin, *Rép.*, vº *Délit forestier*, § 17 et 18, et vº *Question préjudicielle* ; Legraverend, *Législation criminelle*, t. 1er, p. 57.

2187. — Le texte de l'art. 182 est d'une grande importance en ce que son applicabilité n'est pas circonscrite aux matières forestières. Il a été souvent invoqué comme devant régler la procédure, lorsque des questions préjudicielles sont proposées dans des matières toutes différentes. En effet, cet article est la seule disposition légale qui existe sur la matière.

2188. — L'art. 182, C. forest., a été rédigé conformément à une note du président Barris, approuvée le 5 nov. 1813 par la cour de Cassation. — V. le texte de cette note, qui contient aussi des principes étrangers à la matière forestière, rapporté intégralement sous l'arrêt du 2 déc. 1813 (Ignace Courbé).

2189. — En supposant qu'on peut avoir sur l'immeuble où le délit a été commis un simple droit réel, tel qu'un droit d'usufruit ou d'usage, l'art. 182 ne fait que maintenir le principe formulé dans l'art. 12, tit. 9, L. 15-29 sept. 1791.

2190. — Lorsque celui qui est inculpé d'avoir fait paître ou d'avoir introduit des troupeaux dans un bois ou dans une forêt non déclarés défensables, ou d'avoir enlevé des terres et herbages, excipe d'un droit de propriété ou d'usage, non comme lui étant personnel, mais comme appartenant à la commune qu'il habite, la commune doit intervenir par son maire pour soutenir les prétentions du prévenu. Toutefois, ce n'est pas là une question préjudicielle ; car, la commune étant passible, pour ces délits, des peines portées contre ceux qui les commettent, l'exception ne fait pas disparaître le délit, et il n'y a pas lieu à surseoir pour renvoyer à fins civiles. — *Cass.*, 9 juill. 1807, Trétiral ; 12 juill. 1816, Blanc ; 22 juill. 1819, Andrieux ; 16 août 1822, Basterrèche ; 20 mars 1823, de Rohan ; 22 avr., 10 sept. 1824, Rivière, Mornant ; 22 juin 1826, de Bouillac ; 3 août 1827, Lacuquerin ; 23 janv., 10 déc. 1829, comm. de Marmagne, Bousquet ; 16 janv. 1836, Delaguiche.

2191. — En matière de délit forestier, le tribunal de répression devant lequel le prévenu élève une exception préjudicielle de propriété n'est pas seulement chargé de constater la présentation du titre apparent ou l'articulation des faits équivalens, mais encore d'examiner si ce titre ou ces faits seraient de nature, en cas de renvoi à la juridiction civile, à faire disparaître le délit poursuivi. — Ainsi, lorsqu'un individu prévenu d'avoir fait enlever d'une forêt, malgré la défense du propriétaire, des pierres brutes et informes, de toutes grosseurs, excipe de la cession que quelques usagers lui auraient faite du droit d'extraire des pierres, le tribunal correctionnel peut refuser de renvoyer à la juridiction civile, par le motif qu'il résulte des principes en matière d'usage, et des actes du procès, que les droits d'usage invoqués n'étaient point cessibles, et que d'ailleurs ils ne s'appliquaient qu'à des pierres de meule confectionnées. — *Cass.*, 25 juill. 1844 (t. 2 1844, p. 620), Bonvallet c. Roussel.

2192. — Il est constant que toutes les fois qu'il s'agit de la poursuite d'un délit qui, par sa nature, porte atteinte au droit de propriété, ce délit doit être réprimé, quel que soit le propriétaire qui soit lésé par l'infraction. — Mangin, *Tr. de l'action publique*, nº 214 ; Curasson, *C. forest.*, t. 2, p. 95 et 96 ; Lesellyer, *Tr. du droit crim.*, nº 1471 ; Carnot, *Inst. crim.*, t. 1er, nº 20.

2193. — Jugé que la question préjudicielle de propriété ne peut être élevée que par ceux qui ont ou qui prétendent avoir le droit de l'engager comme propriétaires. — *Cass.*, 30 oct. 1807, N...

2194. — Mangin (*loc. cit.*) et M. Meaume (t. 2, nº 1294) pensent que le prévenu n'a aucun intérêt à prétendre que celui par qui les réparations civiles sont réclamées n'est pas propriétaire du terrain sur lequel le délit a été commis. La restitution des objets soustraits doit toujours être ordonnée aux termes de l'art. 198, même quand le propriétaire ne la demande pas ou n'est pas en cause. Cet article ne distingue pas entre la restitution en *nature* et celle en *argent*, ce qui comprend les dommages-intérêts. — V. en sens contraire Lesellyer, nº 1472.

2195. — Jugé que pour que l'exception d'un droit de propriété ou de tout autre droit réel puisse être admise comme constituant une exception préjudicielle de nature à donner lieu au renvoi à fins civiles, il faut que le droit réel dont excipe le prévenu lui soit personnel. — Ainsi, l'individu qui a été poursuivi devant un tribunal correctionnel pour avoir extrait des pierres dans un bois soumis à des droits d'usage au profit des habitans de la commune, ne peut faire valoir comme exception préjudicielle la cession qui lui aurait été faite par quelques uns des habitans de la faculté d'extraire ces pierres, faculté comprise dans leurs droits d'usage, si ces droits, exclusivement attachés à leur personne, n'ont pu être cédés. — *Rouen*, 21 déc. 1843 (t. 2 1844, p. 427), Roussel c. Bonvallet.

2196. — Cependant la jurisprudence a fait souffrir à ce principe quelques restrictions.

2197. — Lorsque le prévenu excipe d'un droit qu'il exercerait comme habitant et contribuable d'une commune à qui ce droit appartiendrait, il pourrait demander un délai pour provoquer l'intervention de la commune. Si même la commune refusait de soutenir le droit allégué et n'intervenait pas, le prévenu pourrait proposer personnellement l'exception préjudicielle. L'art. 49, L. 18 juill. 1837, contient une disposition expresse à cet égard.

2198. — Lorsqu'un prévenu de délit forestier prétend avoir agi d'après les ordres du propriétaire de la forêt qui n'est point en cause, le tribunal ne peut surseoir à statuer sur cette exception, jusqu'à ce qu'il ait acquis une connaissance légale du vrai propriétaire. — *Cass.*, 24 oct. 1817, Soubielle ; — Mangin, *Tr. de l'act. publ.*, t. 1er, p. 527, nº 217. — « Mais, ajoute cet auteur, le prévenu (qui excipe du droit du propriétaire) peut l'appeler dans la cause. Le tiers peut même y intervenir volontairement et élever utilement la question préjudicielle. Mais il faut que les titres ou faits en possession lui soient personnels. — *Cass.*, 13 nov. 1835, Robin.

2199. — Il est hors de doute que le tribunal ne serait obligé de surseoir à raison d'une exception préjudicielle soulevée par le prévenu que si cette exception paraissait sérieuse et vraisemblable. C'est ce qu'indique le texte même de l'art. 182. — Mangin, nº 218.

2200. — Si les tribunaux répressifs des délits forestiers doivent ordonner le renvoi à fins civiles toutes les fois que le prévenu oppose une exception de propriété appuyée sur des titres apparens ou des faits de possession équivalens, il en est autrement quand les titres produits par le prévenu lui sont eux-mêmes contraires. Tel est le cas où le titre invoqué par un prévenu du délit d'abattage illégal, au lieu d'établir les droits que celui-ci prétend à la propriété d'un cantonnement, ne constituerait au plus qu'un acte d'aménagement, de sorte qu'il n'ôterait point au fait incriminé le caractère de délit. — *Cass.*, 5 juill. 1844 (t. 2 1844, p. 618), Delamotte.

2201. — La possession *animo domini* établit, de même que la propriété, une exception préjudicielle qui oblige les tribunaux correctionnels à surseoir au jugement des délits forestiers à l'occasion desquels elle est élevée. — *Cass.*, 2 oct. 1807, Reveillé.

2202. — La possession qui, aux termes de l'art. 182, peut suffire pour justifier une exception préjudicielle, doit être constante et irrécusable, comme par exemple l'exploitation d'un terrain ; mais la possession ne saurait résulter d'une coupe d'herbes, de ronces ou d'un autre fait accidentel. — Meaume, t. 2, nº 1295.

2203. — Lorsque des individus traduits en police correctionnelle pour usurpation sur le sol d'une forêt, excipent qu'ils sont en possession, depuis plus d'un an et un jour, de l'usage d'un ruisseau dont ils ont détourné les eaux pour l'irrigation de leurs prairies, ce qui n'est pas contesté par l'administration forestière, cette défense élève une question préjudicielle de propriété, qui nécessite le renvoi devant les juges civils pour être statué sur la contestation, dans un délai déterminé. En conséquence, le tribunal qui, nonobstant cette exception, juge au fond qu'il n'y a ni délit ni contravention, excède sa compétence. — *Cass.*, 7 janv. 1832, Banerot ; — Mangin, *De l'act. publ.*, t. 1er, p. 495.

2204. — En dehors de la question de défensabilité, lorsque le prévenu dont les bestiaux ont été trouvés dans une forêt excipe de son droit de pâturage, le tribunal correctionnel doit seulement surseoir et renvoyer procéder à fins civiles ; mais il ne peut, sans excès de pouvoir, statuer lui-même sur le mérite des titres et sur les faits de possession invoqués à l'appui de l'exception. — *Cass.*, 16 vendém. an II, comm. de Mante-Saint-Etienne ; 5 avr. 1834, Magne.

2205. — Lorsque, sur une action correctionnelle pour délit résultant du passage dans un bois taillis avec voiture et bœufs, le prévenu prétend qu'il a droit de passage dans cette forêt, le tribunal doit apprécier le mérite de l'exception, et, s'il la reconnaît admissible, renvoyer les parties à fins civiles, et surseoir à statuer jusqu'à la décision à intervenir dans cette exception ; il ne peut, avant que cette exception ait été jugée, relaxer le prévenu des poursuites dirigées contre lui. — *Cass.*, 11 nov. 1836 (t. 1er 1837, p. 235), Collard c. Fournier et Parisot.

2206. — Lorsque l'adjudicataire d'une coupe de bois a fait enlever des arbres avant qu'ils fussent marqués, conformément au cahier des charges, l'exception qu'il prétend tirer de ce que ces arbres font réellement partie de son adjudication ne suffisant pas pour effacer le délit, le tribunal correctionnel ne peut se dessaisir de l'affaire, sous le prétexte d'une question préjudicielle. — *Cass.*, 2 mess. an XII, Parent-Lagarenne ; 15 avr. 1808, Dupuy ; *Bruxelles*, 27 mai 1817, Timmermans ; *Cass.*, 8 janv. 1830, Pimpé.

2207. — Il est même reconnu en principe que toutes les fois qu'il s'agit d'un délit qui consiste pour l'adjudicataire dans une infraction aux clauses de son cahier des charges, le tribunal, par cela seul qu'il connaît du délit, peut déterminer le sens des diverses clauses du cahier de charges sans renvoyer le prévenu à fins civiles. — Meaume, t. 2, nº 1205.

2208. — La question de savoir si l'adjudicataire d'une coupe de bois a, ou non, outrepassé les limites qui lui étaient assignées ne constitue point une question préjudicielle. Une cour de justice criminelle viole les règles de compétence en la renvoyant au tribunal civil au lieu d'ordonner la vérification du fait. — *Cass.*, 25 janv. 1810, Laurent Arnoud et Laréal.

2209. — Toutefois, si les tribunaux correctionnels n'ont pas caractère pour statuer sur les droits résultant des contrats ou des conventions, néanmoins ils peuvent et doivent juger les faits qui leur sont soumis accessoirement à un délit de leur compétence, lorsque ces faits peuvent être appréciés par des expertises ou autres moyens étrangers à une interprétation d'actes ou de conventions. — *Cass.*, 3 nov. 1810, Reculard.

2210. — Ainsi, lorsqu'un adjudicataire inculpé d'avoir fait couper des arbres dépendant d'une lisière réservée, se borne à soutenir que les arbres qu'il a abattus ne faisaient point partie de cette lisière, le tribunal correctionnel a le droit de faire vérifier par des experts le fait allégué qui ne donne lieu à l'interprétation d'aucun acte, et qui ne présente point une question préjudicielle. — Merlin, *Rép.*, vº *Délit forestier*, § 18 ; Carnot, sur l'art. 2, C. inst. crim., t. 1er, p. 76.

2211. — Mais lorsque dans une exploitation de plusieurs années, d'après un martelage et un balivage qui en devraient être faits postérieurement en vertu des clauses d'un contrat renfermant des conventions et des charges réciproques, il s'élève des contestations sur le mode ou sur l'étendue de la jouissance qu'a pu exercer l'adjudicataire et sur les droits qu'il prétend faire dériver de son bail, les délits dont il est inculpé dépendent essentiellement de la question de savoir si les faits qui lui sont reprochés étaient légitimes d'après les clauses du bail. Dès-lors, le tribunal correctionnel doit renvoyer devant le tribunal civil cette question préjudicielle, qui a pour objet l'interprétation d'un contrat et la fixation des obligations et des droits qui en résultent. — *Cass.*, 2 mess. an XIII, Parent-Lagarenne ; — Merlin, *Rép.*, vº *Adjudicataire*, § 6.

2212. — Lorsque l'exception porte uniquement sur une question de possession ou de jouissance, et particulièrement lorsqu'elle se rattache à un bail, elle ne forme une question préjudicielle que dans le cas où elle se confond avec la question de propriété. Hors ce cas, il n'y a pas lieu à sursis. — *Cass.*, 2 août 1821, Bécherot.

2213. — Si le prévenu prétendait être propriétaire, non du sol sur lequel le délit prétendu a été commis, mais seulement des objets qu'il a enlevés il n'y aurait pas là une exception préjudicielle. — Meaume, t. 2, nº 1296 ; Curasson, t. 2, p. 97 et 98.

2214. — Mais il en serait autrement si la poursuite était dirigée contre le fermier par un autre que par le propriétaire. Il y aurait lieu alors à renvoi à fins civiles. — Curasson et Meaume, *loc. cit.*

2215. — Lorsqu'un prévenu de délit forestier allègue vaguement un droit de propriété, sans colorer sa prétention par la production d'un titre apparent ou par des faits de possession suffisans pour faire présumer la propriété, sa défense ne présente pas les véritables caractères d'une question préjudicielle.—*Cass.*, 23 avr. 1824, Maisonnave; —Mangin, *De l'action publique*, t. 1er, p. 528, no 218. —V QUESTION PRÉJUDICIELLE.

2216. — L'opposition formée par le riverain au procès-verbal de délimitation ne le dispenserait pas de se conformer aux dispositions de l'art. 102, en cas de délit forestier commis par lui sur la portion contestée. En effet, le seul fait de cette opposition ne lie pas l'instance civile, et cependant le but du législateur est qu'il soit statué dans un délai déterminé sur la question. — Meaume, t. 2, no 1297.

2217. — L'exception préjudicielle de propriété consacrée par l'art. 182 du Code forestier a reçu en jurisprudence, soit dès avant, soit depuis la promulgation du Code, de nombreuses applications. Les diverses décisions qui vont suivre serviront à préciser la portée et le sens de cette disposition dont le principe, comme nous l'avons déjà dit, remonte à la loi du 29 sept. 1791, tit. 9, art. 12.

2218.—L'exception de propriété, en matière forestière, ne peut être considérée comme préjudicielle qu'autant qu'elle ferait disparaître toute idée de délit. — *Cass.*, 7 avr. 1809, Basselnheim; 9 sept. 1826, Furet.

2219. — Les tribunaux correctionnels saisis de la connaissance d'un délit forestier ne sont pas compétens pour instruire et prononcer sur une question de propriété qui s'élève incidemment à la poursuite. — *Cass.*, 12 brum. an XII, Senger; 30 août 1808, Biglione; 23 août 1822, Pavy.

2220. — Mais lorsque le titre sur lequel un prévenu de délit forestier fondait une exception de propriété, est reconnu et déclaré nul, cette nullité doit entraîner la condamnation aux peines portées par la loi.— *Cass.*, 23 messid. an II, Brière.

2221.—Particulièrement, sous la loi des 30 mars et 8 avr. 1792, qui déclarait nulles les transmissions de propriété faites par des émigrés, la vente qu'un émigré avait consentie par acte sous seing-privé n'ayant point date certaine avant la promulgation de cette loi, ne pouvait servir d'excuse à un délinquant ni motiver son renvoi des poursuites.— Même arrêt.

2222.—La question de propriété peut être proposée pour la première fois en appel; et la cour doit surseoir à statuer jusqu'à la décision de l'autorité compétente. — *Cass.*, 10 avr. 1807, Scarone.

2223. — Une action civile dirigée par le prévenu sur une question préjudicielle soulevée pour se soustraire à une condamnation correctionnelle n'en constitue pas moins une instance nouvelle qui, comme telle, doit être précédée d'un mémoire au préfet, d'après la loi du 5 nov. 1790, art. 15. — Ainsi, à défaut de présentation de ce mémoire, l'administration peut, en tout état de cause, faire déclarer non-recevable l'action dirigée contre elle, et ce lors même qu'avant cette action elle aurait actionné le demandeur en police correctionnelle.— *Poitiers*, 27 juill. 1832, Chesneau.

2224. — Lorsqu'un sursis a été accordé sur l'exception de propriété opposée par la partie prévenue d'un délit forestier dans le bois d'une commune, cette partie, qui est tenue de saisir les juges civils, ne doit pas être frappée de déchéance comme n'ayant pas fait les diligences nécessaires dans le délai accordé, si, avant l'expiration de ce délai, elle a présenté un mémoire tendant à faire autoriser cette commune à ester en jugement. — *Cass.*, 3 nov. 1842 (t. 1er 1843, p. 459), Bondes.

2225. — Mais le prévenu d'un délit forestier renvoyé par le tribunal correctionnel devant le tribunal civil pour faire juger une question préjudicielle qu'il a soulevée, est dispensé, avant de la faire résoudre, de remettre un mémoire au préfet — *Nîmes*, 29 mars 1833, Cabanès.

2226. — Celui à qui une forêt nationale vendue administrativement a été rétrocédée par l'adjudicataire, et qui, dans la bonne foi que lui donnait son titre, a fait abattre des arbres dans cette forêt, ne peut, si l'adjudication vient à être annulée par l'autorité administrative, être poursuivi à raison de ce fait ni correctionnellement ni criminellement : il ne peut y avoir à ce sujet, entre son cédant et lui, qu'une question de propriété, de la compétence des tribunaux ordinaires. — *Cass.*, 15 therm. an VII, Nicolas Thill.

2227. — Le fait, par un particulier, d'avoir introduit des chèvres dans son bois, avant qu'il soit défensable, ne constitue pas un délit d'ordre public. — En conséquence, lorsque celui qui est inculpé d'avoir introduit des chèvres dans un bois communal non défensable, excipe de la propriété du bois, il en résulte une question préjudicielle qui subordonne le jugement à celui à intervenir sur la propriété. — *Cass.*, 8 oct. 1811, Bandille et Jont.

2228. — Lorsque le maire d'une commune intervient sur la poursuite exercée contre quelques uns de ses habitans pour un fait de pâturage, et élève la question préjudicielle de propriété, le tribunal ne peut rejeter son intervention, sous le prétexte que la délibération du conseil municipal qui autorise son intervention n'a pas reçu l'approbation du préfet, à moins de lui avoir donné un délai suffisant pour obtenir cette autorisation. — *Cass.*, 9 mars 1821, Laporte.

2229.—Lorsqu'un individu prévenu d'avoir pris du bois mort dans une forêt excipe de ce qu'il en avait le droit, le tribunal correctionnel ne peut surseoir à statuer jusqu'à ce que les juges compétens aient apprécié ce droit, alors qu'il n'a pas même été allégué que la délivrance du bois ait été faite par les agens de l'administration forestière.— *Cass.*, 6 juin, 18 déc. 1840 (t. 2 1841, p. 457), Igon, Jarry.

2230.—Il faut, en effet, que le prévenu produise, à l'appui de son exception, un titre de propriété ou allègue des faits de possession équivalant à un titre. — *Cass.*, 7 flor. an XII, Guesnaud; 2 juin, 23 juill. 1836, Maibec, Labory.

2231.—De même, la possession immémoriale de couper de la bruyère dans le bois d'un particulier ne suffisant pas pour autoriser l'enlèvement d'une grande quantité de feuilles mortes, le tribunal ne peut, sur la simple allégation faite par le prévenu d'un prétendu droit d'usage appartenant à la commune, et même sur l'intervention du maire, renvoyer les parties à fins civiles.— *Cass.*, 15 oct. 1824, de Rohan.

2232. — Jugé cependant que sous l'ord. de 1669, lorsque des prévenus d'un délit de pacage excipaient d'une possession immémoriale du droit de faire pacager leurs bestiaux dans le bois du plaignant, le tribunal ne pouvait pas rejeter leur exception, sous le prétexte qu'ils ne produisaient aucun titre et qu'ils ne s'étaient pas conformés au tit. 19 de l'ord. de 1669.— *Cass.*, 26 vent. an IX, Leclerc.

2233. — Le jugement correctionnel qui déclare que, d'après leur titre, des communes ont le droit de couper des arbres dans la forêt du plaignant, soit pour leurs usages particuliers, soit pour ouvrer et vendre, et qui induit de là qu'elles ont une *participation à la propriété* de cette forêt, ne juge point par cette qualification une question de propriété de la compétence du tribunal civil. — *Cass.*, 28 juill. 1820, Perrin c. Claverie.

2234. — La coupe et l'enlèvement d'une certaine quantité d'arbres par un usager dans la forêt d'un particulier, sans délivrance accordée par le propriétaire ou réglée en justice, constitue un délit dont la poursuite ne peut pas être suspendue par l'existence d'un procès engagé au civil sur le fond du droit d'usage.— *Cass.*, 9 mai 1822, Sirey c. hab. de Combres.

2235.—Mais, lorsque celui qui est inculpé d'avoir abattu des arbres dans un bois de l'état soutient que ces arbres étaient sur son terrain, le tribunal correctionnel est incompétent pour ordonner préparatoirement une visite à l'effet de reconnaître si les arbres abattus étaient situés dans le bois de l'état ou sur le terrain du prévenu. — *Bourges*, 6 janv. 1825, Delalande.

2236. — Ainsi, lorsque celui qui s'est permis de recombler un fossé ouvert dans une forêt royale prétend y avoir un droit de passage, cette allégation, qui ne le dispensait pas de s'adresser préalablement à l'autorité compétente, ne présente pas le caractère d'une question préjudicielle. — *Cass.*, 27 nov. 1823, Rich. — De même, encore, celui qui a fait couper, sans en avoir obtenu la délivrance de l'administration forestière, des bois croissant sur une garrigue communale, ne peut être acquitté sous le prétexte que ce bois sert habituellement aux habitans pour leur chauffage, et qu'en sa qualité de propriétaire, et de plus fort contribuable, il doit jouir des mêmes droits que les autres habitans. — *Cass.*, 3 nov. 1810, Guiraud.

2237. — Dès qu'un bois concédé à titre révocable est rentré sous le régime forestier, aucune coupe, aucun élagage ne peuvent y être faits sans l'autorisation de l'administration. L'exception tirée d'une prétendue possession acquise durant la concession ne constituerait pas une question préjudicielle; et le tribunal ne pourrait surseoir qu'autant qu'il y aurait contestation sur la révocabilité du titre. — *Cass.*, 2 vent. an XIII, Douxchamp; 2 sept. 1808, Knauff.

2238.—Lorsque, sur la poursuite dirigée contre deux individus pour délit forestier, un des deux individus déclare prendre fait et cause pour l'autre, et oppose une exception préjudicielle, le tribunal correctionnel ne peut, en sursoyant à statuer à l'égard du prévenu qui a proposé l'exception, renvoyer d'instance l'autre prévenu avant qu'il n'ait été prononcé sur cette exception et, par suite, sur la contravention dénoncée. — *Cass.*, 1er sept. 1832, Dermeval.

2239.—Lorsque, par arrêté du conseil municipal d'une commune, revêtu de l'approbation du préfet, il a été distrait une portion de biens communaux pour être attribuée au curé à titre de supplément de salaire, si un prévenu de pâturage sur ce terrain prétend qu'il n'a pu être privé du droit qu'il tient de sa qualité d'habitant, le tribunal, en se permettant de surseoir aux poursuites jusqu'au jugement de cette exception, s'immisce dans la connaissance d'un acte administratif, en suspend l'exécution et commet un excès de pouvoir. — *Cass.*, 27 fév. 1818, Daunas.

2240. — C'est par le prévenu que doit être opposée l'exception résultant de ce que la commune à laquelle il appartient a le droit d'usage qui a donné lieu aux poursuites dirigées contre lui. — *Cass.*, 9 juin 1837 (t. 2 1837, p. 158), comm. de Réal-et-Odello.

2241. — Une commune ne peut en conséquence faire valoir devant la cour de Cassation l'exception préjudicielle de propriété contre une décision que le prévenu n'a pas attaquée, et qui a, à son égard, l'autorité de la chose jugée, cette exception ne pouvant plus avoir d'influence sur une contestation définitivement jugée. — Cette décision d'ailleurs, qui statue sur un fait particulier, ne peut préjudicier aux droits de propriété ou d'usage de la commune.—Même arrêt.

2242.—Le droit de passer avec ses bestiaux par un petit chemin dans un bois ne justifie pas le fait d'avoir été surpris gardant une vache dans ce bois et ne peut conséquemment être la matière d'une question préjudicielle. — *Cass.*, 28 niv. an XII, Weyts.

2243. — Lorsque l'administration forestière s'est pourvue au conseil d'état contre la décision du conseil de préfecture qui a déclaré certains cantons défensables, et que les usagers, nonobstant l'effet suspensif du pourvoi, ont conduit leurs bestiaux dans ces cantons, ils sont non-recevables à prétendre que le litige constitue en leur faveur l'exception préjudicielle prévue par l'art. 182, C. forest., et à demander en conséquence qu'il soit sursis à statuer sur la contravention jusqu'à la décision du conseil d'état. — *Cass.*, 5 juill. 1834, comm. de Marchiennes.

2244. — Jugé qu'on ne peut regarder comme un délit une coupe d'arbres faite par le possesseur, nonobstant la litispendance sur la question de propriété, lors même que par le résultat du procès la propriété serait adjugée à son adversaire. — *Cass.*, 9 oct. 1806, Bouret c. Deschaks. — V. Merlin, *Rép.*, vo *Délit forestier*, § 1er, no 2; Carnot, sur l'art. 3, C. inst. crim., t. 1er, p. 75, no 20.

2245. — Le jugement qui surseoit à statuer aux poursuites exercées à raison d'un délit forestier commis dans une partie de bois n'a point l'autorité de la chose jugée relativement à un autre délit commis postérieurement dans une autre partie du même bois, et n'oblige point le tribunal saisi du second délit à surseoir également aux poursuites. — *Cass.*, 31 oct. 1816, Bérard.

2246. — Lorsqu'un individu poursuivi correctionnellement pour avoir usurpé le chemin d'exploitation d'un bois prétend qu'il est propriétaire du terrain, l'examen de cette question préjudicielle doit être renvoyé non au conseil de préfecture, mais au tribunal civil. — *Cons. d'état*, 11 avr. 1810, Monflette.

2247. — L'art. 182, C. forest. a consacré un principe applicable à toutes les matières et, par exemple, quand l'individu poursuivi pour anticipation sur un chemin public élève une question préjudicielle de propriété.—*Cass.*, 15 sept. 1826, Gauthey; 17 oct. 1834, Baillat.

2248. — Mais dans ce cas le tribunal excède ses pouvoirs en ordonnant que le ministère public produira la preuve que le terrain en litige est une dépendance du chemin public, au lieu de renvoyer le prévenu à fins civiles. — *Cass.*, 17 oct. 1834, Baillat.

2249. — L'art. 182, C. forest., relatif aux poursuites exercées au nom de l'administration forestière, et qui veut que, dans le cas où l'exception de propriété du terrain sur lequel le délit aurait été commis est opposé par le prévenu, le tribunal, en ordonnant le renvoi à fins civiles, fixe un bref délai dans lequel le prévenu devra saisir les juges compétens de la connaissance du litige, et justifier de ses diligences, ne peut être invoqué par les particuliers qu'autant qu'il s'agit de délits ou contra-

ventions commis dans leurs *bois* ou *forêts*.—*Cass.*, 12 août 1837 (t. 2 1837, p. 478), Rivals c. Beauquesne et Tailhan.

2250. — Il n'y a donc pas lieu, par le tribunal qui ordonne dans ce cas le renvoi à fins civiles, de fixer le délai dans lequel l'action devra être formée et jugée, lorsqu'il s'agit d'un délit affectant seulement des intérêts privés, lors, par exemple, que le prévenu est signalé comme ayant coupé et enlevé des arbres sur une pièce en nature de vignes appartenant à un particulier. — Dans ce cas, le tribunal correctionnel ne saurait non plus imposer la charge de la preuve à l'une des parties.—Même arrêt.

§ 9. — *Recours contre les jugemens en matière forestière.*

2251. — Les agens de l'administration des forêts peuvent, en son nom, interjeter appel des jugemens et se pourvoir contre les arrêts et jugemens en dernier ressort ; mais ils ne peuvent se désister de leurs appels sans autorisation spéciale. — C. forestier, art. 183, L. 29 sept. 1791, tit. 9, art. 17 à 20 ; ord. d'exéc., art. 11 ; C. inst. crim., art. 202.

2252. — Le droit attribué à l'administration des forêts et à ses agens de se pourvoir contre les jugemens et arrêts par appel ou par recours en cassation est indépendant de la même faculté qui est accordée par la loi au ministère public, lequel peut toujours en user, même lorsque l'administration ou ses agens auraient acquiescé aux jugemens et arrêts. — C. forest., art. 184 ; L. 29 sept. 1791, tit. 9, art. 20 ; C. inst. crim., art. 202, 216.

2253. — Le droit d'appeler des jugemens rendus en matière correctionnelle et la forme dans laquelle ces appels doivent être interjetés et soutenus, sont régis en droit commun par les art. 199 à 216, C. inst. crim. Ces articles doivent servir de règle également pour les appels interjetés par l'administration des forêts, sauf les observations qui suivent.

2254. — Les agens de l'administration forestière sont de droit censés autorisés par elle à interjeter appel de tous les jugemens contraires à ses intérêts. Ainsi, le défaut d'autorisation spéciale de l'administration n'est pas une fin de non-recevoir contre l'appel dirigé par un agent ayant d'ailleurs qualité. — *Cass.*, 26 fév., 18 juin 1807, Grimprel, N...

2255. — Ainsi, toutes les fois qu'un préposé appelle d'un jugement correctionnel rendu sur les poursuites de l'administration forestière, il est réputé agir au nom de cette administration, sans avoir besoin de l'exprimer formellement. — *Cass.*, 31 janv. 1824, Nérac.

2256. — Décidé, avant le Code, que les gardes généraux des forêts et autres agens supérieurs avaient seuls qualité pour interjeter appel des jugemens rendus sur les poursuites de l'administration. — *Cass.*, 31 janv. 1824, Nérac.

2257. — Jugé encore qu'un garde général des forêts avait qualité pour appeler d'un jugement correctionnel rendu sur sa poursuite au nom de l'administration. — *Cass.*, 20 mars 1812, Venant. — Aujourd'hui l'art. 11, ord. d'exécut. 1er août 1827, en déterminant quels sont les employés qui doivent recevoir la dénomination d'agens, a mis un terme aux difficultés de cette nature.

2258. — Un inspecteur forestier peut appeler d'un jugement de police correctionnelle, sans se pourvoir d'une autorisation de l'administration.— *Metz*, 10 déc. 1821, comm. de Ham.

2259. — La loi des 15-29 sept. 1791, ni aucune autre, n'ont assujéti les inspecteurs des forêts à apporter des autorisations pour suivre sur les appels qu'ils auraient régulièrement interjetés. — *Cass.*, 13 mai 1809, Léopold Laurent.

2260. — Dans tous les cas, doit être cassé l'arrêt qui rejette, pour défaut d'autorisation spéciale, l'appel interjeté par un inspecteur forestier, lorsqu'il est établi que cette autorisation existait et que l'insuffisance de l'instruction a seule été la cause qu'elle n'a pas été produite. — *Cass.*, 13 mai 1809, Léopold Laurent.

2261. — Un simple garde à cheval n'a pas la qualité d'agent forestier et n'est pas recevable à interjeter appel au nom de l'administration d'un jugement de police correctionnelle. — *Cass.*, 11 juin 1829, Capion ; 2 sept. 1830, Pierre.

2262. — ...A moins que ce garde à cheval agisse comme remplissant par intérim les fonctions d'agent forestier, ou qu'il ait été spécialement autorisé à cet effet par l'agent supérieur chargé du service en chef dans le département. — *Cass.*, 31 janv. 1824, Nérac.

2263. — L'énonciation faite par un garde à cheval, dans un acte d'appel et dans d'autres actes du procès, qu'il remplit les fonctions de garde général, ne peut lui donner une qualité qu'il n'a pas, s'il ne justifie point qu'il ait été dûment autorisé à la prendre. — *Cass.*, 2 sept. 1830, Pierre.

2264. — L'administration forestière a le droit d'appeler aussi bien du chef relatif aux condamnations pénales que de celui relatif aux réparations civiles. L'art. 202, C. inst. crim., qui lui reconnaît la faculté d'appeler, ne fait aucune distinction entre ces deux cas. — Meaume, t. 2, n° 1301.

2265. — Il a été jugé que l'administration forestière peut appeler, sans le concours du ministère public, du jugement par lequel un tribunal de police correctionnelle s'est déclaré incompétent, sur le motif que le fait constituait un crime. Le droit d'appeler accordé à cette administration est indéfini, à la différence de celui des parties civiles qui ne peut porter que sur leurs intérêts civils.—*Cass.*, 31 janv. 1817, habit. de Villers-les-Pots.

2266. — Les conservateurs ont été longtemps tenus de transmettre les pièces à l'administration pour obtenir son autorisation préalable avant de saisir les tribunaux supérieurs des appels interjetés par les agens. Mais par une circulaire en date du 27 sept. 1845, l'administration, déterminée par ce motif que la jurisprudence est fixée sur un grand nombre de questions, a cru pouvoir se dessaisir du contrôle qu'elle exerçait sur les appels. — Meaume, *loc. cit.*

2267. — La cour de Cassation a reconnu en principe que l'administration des bois et forêts de la couronne a, comme le ministère public, le droit de requérir les condamnations d'amendes encourues pour des délits commis dans les bois et forêts de la couronne et leurs dépendances.—*Cass.*, 5 nov. 1829, Jupinet.

2268. — Le ministère public peut exercer l'action de l'administration forestière pour tout ce qui est relatif aux bois soumis au régime forestier ; dès-lors, son appel s'étend aux restitutions et dommages, aussi bien qu'aux amendes. — *Cass.*, 20 mars 1830, Henry.

2269. — Si l'administration a été partie au procès, son silence ne peut pas faire déclarer le ministère public non recevable dans son appel d'un jugement correctionnel qui lui paraît contraire aux lois et à l'intérêt public. — *Cass.*, 9 mai 1807, Vailet.

2270. — La cour de Cassation a décidé aussi que l'appel interjeté par le ministère public au nom de l'administration forestière, à supposer son irrégularité en ce qui concerne la partie publique, n'en profite pas moins à l'administration, qui a le droit de le soutenir. — *Cass.*, 27 janv. 1837 (t. 1er 1838, p. 17), Bonneval.

2271. — Il y a donc une sorte de réciprocité entre le droit d'appel du ministère public et celui de l'administration. Cette réciprocité n'est cependant pas complète en ce que l'administration ne peut appeler qu'autant qu'elle a été en cause, tandis que le ministère public qui est nécessairement partie au procès pour donner ses conclusions peut toujours interjeter appel.

2272. — Aussi a-t-il été jugé que l'administration forestière est non recevable à interjeter appel d'un jugement de police correctionnelle rendu sur la poursuite du ministère public, et dans lequel elle n'a pas été partie. — *Cass.*, 7 fév. 1806, Denelle.

2273. — L'administration forestière peut appeler des jugemens rendus correctionnellement, même lorsque le fait incriminé ne constitue qu'une contravention de simple police. La disposition du § 2 de l'art. 192, C. inst. crim., qui déclare rendus en dernier ressort les jugemens que prononcent les tribunaux correctionnels sur les infractions de cette nature *omisso medio* se s'applique pas aux contraventions qui sont réglées par des lois spéciales.

2274. — Quant aux jugemens d'instruction dits préparatoires, les appels de l'administration sont soumis au droit commun. C'est d'après les circonstances qu'on doit décider si un jugement rendu en matière forestière est préparatoire ou interlocutoire selon qu'il préjuge ou non le fond. Lorsque le jugement est interlocutoire, l'appel ne peut en être formé qu'avant le jugement définitif. — Meaume, t. 2, n° 1302.—V. JUGEMENT.

2275. — L'appel de l'administration a pour effet de tout remettre en question ; sous ce rapport elle est assimilée au ministère public. — Meaume, t. 2, n° 1304.

2276. — La cour de Grenoble a jugé en ce sens que l'appel de l'administration forestière, comme celui du ministère public, profite au condamné et l'autorise à conclure à son acquittement, quoiqu'il ne soit plus dans les délais de l'appel. — *Grenoble*, 25 nov. 1836, Mollard.

2277. — L'administration forestière pourrait rectifier devant les juges de l'appel des conclusions mal posées en première instance ; mais elle n'aurait pas le droit de changer l'incrimination de cette sorte que le fait soumis à la cour royale fût différent de celui qui a été déféré aux premiers juges.

2278. — On pourrait aussi demander en appel des accessoires dont il n'avait pas été question en première instance, comme des dommages-intérêts pour réparation d'un préjudice éprouvé depuis le premier jugement.

2279. — Mais, pour les faits antérieurs au premier jugement, l'administration forestière ne peut, en appel, conclure à des dommages-intérêts plus élevés qu'en première instance. — *Nancy*, 17 avr. 1839 (t. 2 1839, p. 606), Tridon.

2280. — Sur l'appel, l'administration pourrait demander à fournir à l'appui de la prévention des preuves dont elle n'aurait pas parlé en première instance. — V. Code inst. crim., art. 211. — Mais la cour ne serait pas obligée d'admettre les moyens de preuve proposés, à moins qu'il ne s'agît de l'audition d'un garde qui n'aurait pas été entendu en première instance, ou qu'on voudrait faire entendre sur un fait nouveau dont la preuve devrait entraîner la condamnation du délinquant. — Meaume, t. 2, n° 1305.

2281. — Lorsqu'à la même audience il a été rendu deux jugemens entre les mêmes parties, et que l'administration n'a appelé que d'un seul, l'appel est présumé porter sur le jugement que l'administration avait le plus d'intérêt à attaquer. — *Nîmes*, 20 juin 1833, Hugues (inédit, rapporté par M. Meaume, t. 2, n° 1306).

2282. — La seule différence qui existe entre le ministère public et l'administration quant aux appels, consiste en ce que le ministère public ne peut jamais se désister, tandis qu'aux termes de l'art. 183 l'administration forestière a cette faculté. La circulaire précitée du 27 sept. 1845 ne modifie en rien l'application de cet article sous ce rapport.

2283. — Pour que le désistement de l'administration soit valable, il faut une décision spéciale du directeur général. Une simple déclaration d'un garde serait insuffisante. Lorsqu'il n'a été donné aucune suite à l'appel, on pourrait se contenter de le laisser périmer. — Meaume, t. 2, n° 1307.

2284. — Les agens forestiers ne peuvent, sans une autorisation spéciale de leur administration, se désister d'un appel qu'ils ont interjeté. — En l'absence de cette autorisation, la notification du jugement dont est appel, faite par les agens forestiers postérieurement à cet appel, et avec sommation d'exécuter ledit jugement, ne saurait constituer un valable désistement d'appel. — *Montpellier*, 1er déc. 1845 (t. 2 1846, p. 491), Jambe.

2285. — Jugé, avant le Code forestier, que, d'après l'art. 19, tit. 9, L. 29 sept. 1791, aucun préposé de l'administration des forêts, et à plus forte raison un agent étranger à cette administration, ne pouvait, sans autorisation formelle, se désister des poursuites intentées en son nom, ni acquiescer à un jugement qu'elle aurait eu le droit d'attaquer. — *Cass.*, 31 déc. 1824, Colombart.

2286. — ... Qu'ainsi, le versement fait par un délinquant, même sur la poursuite du receveur de l'enregistrement, à l'insu et sans la participation de l'administration des forêts, de l'amende et des accessoires auxquels il a été condamné, ne peut pas être opposé à cette administration comme un acquiescement de sa part à un jugement dont elle avait appelé, et la faire déclarer non-recevable dans son appel. — *Cass.*, 4 juin, 31 déc. 1824, Bezancenis, Colombart ; 22 oct. 1829, Jaubert.

2287. — La cour de Metz a jugé le contraire, mais à tort (26 fév. 1830, Weber). — L'administration des domaines n'est pas en cause dans la poursuite des délits forestiers ; ses agens sont sans qualité pour acquiescer à des jugemens dans lesquels ils n'ont pas été parties. Si le système de la cour de Metz prévalait, les acquiescemens seraient le plus souvent le résultat de l'erreur et de la surprise.

2288. — L'administration ne peut être déclarée déchue d'un appel régulièrement formé, sous le prétexte qu'elle ne l'a pas fait notifier aux prévenus, en exécution de l'art. 205, C. inst. crim. — *Cass.*, 29 juin 1815, Revechat.

2289. — L'administration forestière a le droit d'attaquer par la voie du pourvoi en cassation les jugemens rendus contre elle en dernier ressort ou par des juridictions souveraines. Les formes et les délais du pourvoi sont déterminés par les règles du droit commun. — Meaume, t. 2, n° 1309.

2290. — L'administration forestière est dans l'usage de notifier les pourvois en cassation par elle formés. — Circul. des 13 août 1828 et 4 avr. 1833.

§ 10. — *Prescription en matière forestière.*

2291. — Les actions en réparation de délits et contraventions en matière forestière se prescrivent par trois mois à compter du jour où les délits et

FORÊTS, ch. 12, sect. 1re. FORÊTS, ch. 12, sect. 1re.

contraventions ont été constatés, lorsque les prévenus sont désignés dans les procès-verbaux. Dans le cas contraire, le délai de la prescription est de six mois à compter du même jour, sans préjudice, à l'égard des adjudicataires et entrepreneurs des coupes, des dispositions contenues aux art. 45, 47, 50, 51 et 82 de la présente loi.— C. forest., art. 185; L. 29 sept. 1791, tit. 9, art. 8; 28 sept.-6 oct. 1791, tit. 1er, notes, sect. 7e, art, 8.

2292. — L'art. 185, C. forest., ne règle la prescription de l'action que dans un cas spécial, celui où l'infraction à la loi forestière a été constatée par un procès-verbal. Pour les autres cas il faut donc se référer aux règles ordinaires du droit criminel. — C. inst. crim., art. 637, 638 et 640.

2293. — La loi du 15-29 sept. 1791, tit. 9, art. 8, contenait des dispositions analogues à celle de l'art. 185; mais le délai qu'elle fixait pour la prescription était d'un an lorsque les prévenus n'étaient pas désignés au procès-verbal.

2294. — Le Code du 3 brum. an IV, en établissant des règles générales pour la prescription des délits, n'avait point dérogé aux règles particulières antérieurement établies pour la prescription des délits forestiers.—*Cass.*, 14 germ. an XIII, habit. de Saint-Pierre d'Albigoy; 2 janv. 1806, Marquet; 26 fév. 1807, Henri.

2295. — La prescription d'un vol d'arbres commis sur un terrain qui n'est ni en plantation d'arbres, ni en taillis, ni en futaie, est régie par les dispositions du Code d'instruction criminelle, et non par celles des lois forestières. — *Cass.*, 8 juin 1820, Dupuy. — En effet, dans ce cas, le délit n'a pas été commis dans un bois soumis au régime forestier.

2296. — Il avait été décidé avant le Code forestier que l'enlèvement de jeunes tiges de chênes coupées dans un bois présente le caractère d'un délit forestier qui se prescrit par trois mois, conformément à la loi des 15-29 sept. 1791. — *Cass.*, 22 fév. 1821, Espinasse.

2297. — Le délai de trois mois établi pour la prescription des délits forestiers doit être réglé de quantième à quantième, suivant le calendrier grégorien, et non par tel nombre de jours. Ainsi, la poursuite peut encore être utilement exercée, le 17 août, pour un délit constaté le 18 mai précédent.— *Cass.*, 27 déc. 1811, Carlo Conti. — Legraverend (t. 1er, p. 68) combat cette solution; Baudrillart (p. 801) rapporte un arrêt de Cassation du 28 mai 1819, qui aurait reconnu que si le délit a été constaté le 1er fév., et que l'assignation n'ait été donnée que le 1er mai suivant, la prescription peut être opposée. Mais la jurisprudence est fixée dans le premier sens. — Merlin, *Rép.*, vo *Mois*, no 1er. — Quant à la manière de compter les délais, V. du reste PRESCRIPTION.

2298. — En matière criminelle, la prescription court à partir du jour où le délit a été commis. Il n'en est pas de même en ce qui touche les délits forestiers, pour lesquels l'art. 185 fait courir la prescription du jour où ils ont été constatés par un procès-verbal. — *Cass.*, 23 mai 1811, Kils; 19 mars 1818, Villard; 23 juin 1827, Ferrier; 20 oct. 1832, Bessière; *Bruxelles*, 25 oct. 1824, Sabiaux; — Mangin, *De l'act. publ.*, t. 2, p. 172.

2299. — On ne peut donc prétendre la faire courir du jour où l'administration a eu connaissance du délit. — Et la preuve que le délit a été commis un an (aujourd'hui trois mois ou six mois) avant la constatation, est inadmissible.— *Cass.*, 23 mars 1811, Kils; 23 juin 1827, Ferrier; — Carnot, sur l'art. 49, C. inst. crim., t. 1er, p. 187, et sur l'art 643 même Code, t. 3, p. 646.

2300. — Lorsqu'un délit forestier a été constaté par deux procès-verbaux, dont le second a été fait sur la réquisition du prévenu, c'est à partir du dernier et non du premier que la prescription commence à courir. — *Cass.*, 9 juin 1808, Humbert Brondel; — Merlin, *Rép.*, vo *Délit forestier*, § 13, no 6.

2301. — Mais c'est à tort qu'il a été décidé par la cour de Caen que lorsqu'un premier procès-verbal dressé sur un délit forestier a été suivi d'assignation dans les trois mois de sa date, et qu'un second procès-verbal dressé sur le même délit a été suivi d'une seconde assignation postérieure de plus de trois mois au premier procès-verbal, la première assignation est réputée abandonnée, et par conséquent la prescription se trouve acquise au prévenu. — *Caen*, 24 juin 1824, Anquetil.

2302. — La prescription court à dater d'un procès-verbal constatant des malversations dans une coupe, quoique la poursuite ne soit exercée qu'en vertu d'un second procès-verbal postérieur. — *Cass.*, 23 mars 1811, Kils.

2303. — Il en est de même, quoique le second procès-verbal de récolement soit qualifié fait en réformation. — Même arrêt.

2304. — La prescription se règle par l'époque de la constatation et non par celle de la remise du procès-verbal au procureur du roi pour informer sur le délit. — Baudrillart, p. 19.

2305. — Il n'y a pas d'exception pour les procès-verbaux contenant des réserves de la part des rédacteurs, ayant pour objet de consulter leurs supérieurs sur la marche ultérieure à suivre. — *Cass.*, 23 mars 1811, Kils.

2306. — Lorsque des poursuites à fin de répression de délits forestiers ont été exercées dans les trois mois qui ont suivi la constatation de ces délits, la prescription établie par l'art. 185, C. forest., n'est pas applicable, alors même que ces poursuites auraient été discontinuées pendant plus de trois mois. — Mais l'action de l'administration forestière est éteinte par la prescription de l'instance lorsque plus de trois années se sont écoulées depuis le dernier acte d'instruction. — *Cass.*, 16 août 1844 (t. 2 1844, p. 483), Derrien.

2307. — Lorsqu'il n'y a pas de procès-verbal les règles du droit commun reprennent leur empire. La cour de Cassation a décidé notamment que si l'action civile du propriétaire, *ex contractu*, contre les adjudicataires d'une coupe de bois, dure trente ans, la poursuite correctionnelle résultant de délits *non constatés* ne peut s'intenter au-delà du terme de trois ans fixé par l'art. 638, C. inst. crim., pour la prescription de tous les délits qui ne sont pas soumis à une prescription particulière (C. forest., art. 185); et que lorsqu'il s'est écoulé plus de trois ans entre la vidange des coupes et la citation en justice, l'action du propriétaire contre l'adjudicataire pour déficit d'arbres est éteinte par la prescription. — *Cass.*, 5 juin 1830, princes d'Aremberg c. Milbiet.

2308. — Il faut remarquer que le § 2 de l'art. 185 n'a d'autre but que de rappeler à l'observation des formes spéciales établies pour la constatation et la poursuite des délits d'exploitation.— Meaume, t. 2, no 1317. — V. cependant Curasson, t. 2, p. 446; Mangin, *Action publ.*, t. 2, p. 299; Lesellyer, *Droit crim.*, no 2353.

2309. — Le délit de dépaissance commis dans un bois communal est soumis à la prescription de trois mois établie pour les matières forestières, et non à celle d'un mois déterminée par la loi rurale du 6 oct. 1791. — *Cass.*, 31 janv. 1824, Thiébaut.

2310. — La prescription courrait donc, à l'égard d'un délit non poursuivi contre l'adjudicataire, dans les trois mois de la rédaction du procès-verbal, bien que la décharge n'ait pas été obtenue, à moins cependant que l'administration n'eût fait prononcer un sursis pour faire constater de nouveau le délit à l'époque du récolement. — Coin-Delisle et Frédérich, t. 2, p. 187.

2311. — L'art. 185 n'a dérogé en rien au droit commun pour le cas où la prescription recommencerait à courir au profit du prévenu après la signification qui lui serait faite d'un acte interruptif de prescription. — C. instr. crim., art. 637, 638 et 640.

2312. — Lorsque, en matière de délit forestier, le délinquant prétend être propriétaire de la forêt où le délit a été commis et que le tribunal renvoie les parties devant la juridiction civile pour y être statué sur la question préjudicielle, l'action régulièrement intentée ne se prescrit que par trois ans à partir du dernier acte de poursuite. — *Montpellier*, 1er déc. 1845 (t. 1er 1846, p. 133), Bonafous.

2313. — Aussi est-il de jurisprudence qu'en matière forestière une citation régulière donnée au prévenu dans un délai utile interrompt la prescription pendant trois ans, conformément aux dispositions du Code instr. crim. et non pendant un simple intervalle de trois mois. — *Cass.*, 1er mars 1832, Larrère: *Metz*, 17 nov. 1821, Jordan; *Cass.*, 6 fév. 1824, Drouin; 6 fév. 1830, Donnet; 8 mai 1830, Grauss.

2314. — Mais s'il s'agit non de délits, mais de *contraventions forestières*, c'est le cas d'appliquer l'art. 640, C. instr. crim., aux termes duquel les contraventions doivent être jugées dans l'année qui suit le jour du délit. — Meaume, t. 2, no 1319.

2315. — La citation donnée à l'un des délinquans interrompt la prescription à l'égard de tous, par application de l'art. 2249, C. civ., dont l'art. 637, C. instr. crim., est la reproduction. — Carnot, sur l'art. 643, C. inst. crim, no 16.

2316. — L'action dirigée contre le cessionnaire d'un adjudicataire de bois interrompt la prescription à l'égard de cet adjudicataire. — Baudrillart, p. 234.

2317. — Les dispositions concernant l'interruption de la prescription ne sont pas subordonnées à la compétence des tribunaux. Ainsi la prescription serait interrompue par la citation donnée devant un juge incompétent, même *ratione materiæ*. — Bourguignon, sur l'art. 638, instr. crim., no 3.

2318. — Il faudrait décider de même lorsque la citation a été donnée à un délai moindre de trois jours et qu'en conséquence le jugement intervenu par défaut serait annulé conformément à l'art. 184, C. instr. crim. — Devaulx et Fœlix, C. forest., t. 2, p. 680. — La nullité ne porte que sur le jugement et ne saurait être étendue à la citation, qui forme un acte de poursuite suffisant pour interrompre la prescription.— Bourguignon, *loc. cit.*

2319. — Il en est de même de l'action criminelle introduite à la requête du délinquant contre le garde forestier. Une exception peut bien faire tomber une demande; mais elle ne peut en créer une. — Carnot, sur l'art. 643, C. instr. crim., no 7.

2320. — Les réserves de se pourvoir contre le délinquant n'ont aucun effet si elles n'ont pas été suivies dans les trois mois, alors même que le délit n'aurait été constaté que depuis les réserves faites. *Cass.*, 23 mars 1811, Kils.

2321. — Peu importe que l'administration ou le procureur du roi aient rendu plainte. S'il n'a été fait aucune instruction, la plainte n'a pas pour effet d'interrompre la prescription. — Carnot, sur l'art. 18, C. inst. crim., no 42, et sur l'art. 643, même Code, no 8.

2322. — En matière forestière une citation irrégulière donnée dans les trois mois n'interrompt pas la prescription à l'égard du prévenu, et si elle n'a pas été réitérée dans les trois mois le prévenu doit être renvoyé comme s'il n'y avait pas eu de citation. *Cass.*, 12 flor. an XIII, N...; — Merlin, vo *Délit forest.*, § 13, no 3; Legraverend, t. 1er, p. 88, no 1er; Carnot, sur l'art. 643, C. inst. crim., no 12.

2323. — Mais la citation notifiée à un prévenu, en matière forestière, a pour effet d'interrompre la prescription, quoiqu'elle contienne une erreur sur l'indication de la loi pénale, et que cette erreur n'ait été rectifiée par de nouvelles conclusions qu'après l'expiration du temps requis pour la prescription.—*Cass.*, 5 déc. 1833, Louis Moisson;—Mangin, *De l'act. pub.*, t. 2, p. 216, no 357.—Encore bien que l'audience n'ait pas eu lieu dans les dix jours qui ont suivi la citation.—*Cass.*, 29 avr. 1808, Françon.

2324. — Lorsque la copie délivrée au prévenu n'énonce pas le quantième du mois, il est fondé à se prévaloir de cette omission pour soutenir, nonobstant la régularité de l'original, que la prescription était acquise au moment où il a reçu la citation. — *Metz*, 4 juin 1821, Lamper.

2325. — La prescription d'un délit forestier est interrompue par un mandat d'amener décerné contre le prévenu par suite d'une procédure instruite tant contre lui que contre des agens forestiers inculpés d'avoir autorisé ses malversations. — *Cass.*, 26 fév. 1807, Grimprel.

2326. — Il n'est pas nécessaire du reste que les actes de poursuite ou d'instruction aient été dirigés directement contre le prévenu. Il suffit que ces actes aient été faits par un magistrat compétent pour que la prescription soit interrompue. — Meaume, t. 2, no 1319.

2327. — Un délit forestier ne peut pas être déclaré prescrit lorsque la citation délivrée après l'expiration des trois mois a été précédée d'une autre citation régulière et signifiée en temps utile; mais sur laquelle le prévenu n'a point comparu. — *Cass.*, 30 avr. 1807, Teyssèdre.

2328. — Lorsque l'administration des eaux et forêts n'a pas donné suite en temps utile au procès-verbal constatant un commencement de construction dans le rayon prohibé, la contravention se trouve prescrite, et l'entière confection des travaux se confond avec les travaux constatés originairement, de telle sorte que de nouvelles poursuites ne peuvent avoir lieu. — *Cass.*, 22 déc. 1837 (t. 1er 1840, p. 147), Poussines.

2329. — Jugé avant le Code forest. que les dispositions du Code d'inst. crim., sur la prescription, n'avaient pas dérogé à celles de l'ord. de 1669, sur la matière des eaux et forêts. —*Bruxelles*, 25 oct. 1824, Subiaux. — Qu'ainsi l'art. 638, C. inst. crim., suivant lequel la prescription s'opère par une discontinuation de poursuites pendant trois ans, n'était même pas applicable aux matières forestières quand il n'y avait pas eu d'audience à l'échéance de l'assignation, base de la poursuite. —*Cass.*, 5 juill. 1816, Baillon.

2330. — L'art. 8 de la seconde loi de 1791, rappelé ci-dessus, et après lui l'art. 185, C. forest., embrassent par la généralité de leurs termes tous les délits forestiers. Ainsi les délits commis par les adjudicataires des bois de l'état et leurs malversations sont sujets à la prescription ordinaire. — *Cass.*, 17 avr. 1807, Vincent;—Merlin, *Répert.*, vo *Délit forest.*, § 13, no 5.

2331. — Il n'y a pas lieu de distinguer la nature des délits, ni les agens qui les ont constatés, ni

ceux qui doivent en faire la poursuite. — *Cass.*, 24 mars 1809, Petit.

2532. — Le congé de cour pouvant être indéfiniment différé par l'administration, le retard par elle apporté ne peut prolonger la durée de l'action pour les délits déjà constatés. — Même, arrêt.

2533. — En matière forestière, les prévenus sont recevables à exciper pour la première fois de la prescription en cour de Cassation, et, à plus forte raison, en appel. — *Cass.*, 26 fév. 1807, Henri.

2534. — Les juges doivent suppléer d'office le moyen résultant de la prescription, lorsque le prévenu ne l'allègue pas. — Merlin, *Rép.*, v° *Délit forestier*, § 13, n° 4; Legraverend, *Législ. crim.*, t. 1er, p. 87; Carnot, sur l'art. 648, C. inst. crim., n° 5; Favard, *Répertoire*, v° *Délit forestier*, § 1er, n° 8.

2535. — Les dispositions de l'art. 187 ne sont point applicables aux contraventions, délits et malversations commis par des agens, préposés ou gardes de l'administration forestière dans l'exercice de leurs fonctions; les délais de prescription à l'égard de ces préposés et de leurs complices seront les mêmes que ceux déterminés par le Code d'inst. crim. — C. forest., art. 186; ord. d'exécut., art. 41; C. inst. crim., art. 637 et 638. — Il en est de même des délits commis par les gardes des autres bois et forêts. — Devaulx et Fœlix, C. forest., t. 2, p. 635.

2536. — Les gardes particuliers, de même que les fonctionnaires de l'administration des forêts ne peuvent invoquer que la prescription de trois ans s'il s'agit d'un délit, ou d'un an s'il s'agit d'une contravention. Le droit commun doit leur être appliqué, conformément à l'art. 188. — Curasson, t. 2, p. 447; Meaume, t. 2, n° 1328.

Sect. 2°. — *Poursuites exercées au nom et dans l'intérêt des particuliers.*

2537. — D'après l'art. 188, C. forest., les procès-verbaux dressés par les gardes des bois et forêts des particuliers font foi jusqu'à preuve contraire. — C. inst. crim., art. 154; — Bourguignon, sur l'art. 16, même Code, n° 2, et sur l'art. 154, n° 2. — Sous la loi du 9 flor. an XI, les procès-verbaux dressés par les gardes des particuliers faisaient foi jusqu'à inscription de faux.

2538. — La commission de la chambre des députés avait songé à rétablir cette assimilation abolie par la législation postérieure, mais elle avait renoncé à cette idée par les raisons développées dans le rapport de M. Favard de Langlade. — Chauveau, C. forest., p. 78. — Un député avait aussi proposé dans ce sens un amendement qui ne fut pas même mis aux voix.

2539. — Les dispositions contenues aux art. 161, 162, 163, 165, 167, 168, 169, 190, § 1er, 172, 175, 182, 183 et 187 ci-dessus, sont applicables aux poursuites exercées au nom et dans l'intérêt des particuliers, pour délits et contraventions commis dans les bois et forêts qui leur appartiennent. — Toutefois, dans les cas prévus par l'art. 169, lorsqu'il y aura lieu à effectuer la vente des bestiaux saisis, le produit net de la vente sera versé à la caisse des dépôts et consignations. — C. forest., art. 189; ord. 1669, tit. 26, art. 5; tit. 27, art. 28; L. 29 sept. 1791, tit. 1er art. 6; C. inst. crim. art. 8.

2540. — L'administration forestière n'a pas le droit exclusif de diriger des poursuites pour la répression des délits commis dans les bois des particuliers. On ne saurait refuser la même prérogative au ministère public, qui l'a reçu de l'art. 182, C. inst. crim., que le Code forest. n'a pas modifié sous ce rapport. — Meaume, t. 2, n° 1338.

2541. — Le ministère public ne pourrait poursuivre cependant les infractions que commettraient les adjudicataires de coupes dans les bois des particuliers. En effet, ces infractions ne sont pas qualifiées délits par la loi forestière, et les art. 44 et 46, C. forest. ne s'appliquent pas à ce cas.

2542. — Lors de la discussion de l'art. 189 à la chambre des pairs, M. de Praslin demanda pourquoi l'art. 164 n'était pas compris, dans la nomenclature de ceux que l'art. 189 rend communs aux bois des particuliers, ce qui semblait indiquer que les gardes des particuliers n'auraient pas le droit de requérir la force publique. M. de Martignac répondit que l'indication de l'art. 164 était inutile et que les gardes des particuliers avaient nécessairement le droit dont il était question, puisqu'ils étaient officiers de police judiciaire. — Meaume, t. 2, n° 1340

2543. — Il résulte de là entre les gardes des bois soumis au régime forestier et les gardes des bois particuliers cette différence que les premiers peuvent requérir directement la force publique, tandis que les seconds doivent pour cette réquisition

passer par l'intermédiaire du maire ou de l'adjoint. — Meaume, n° 1340.

2544. — Il n'est rien changé aux dispositions du Code d'instruction criminelle relativement à la compétence des tribunaux pour statuer sur les délits et contraventions commis dans les bois et forêts qui appartiennent aux particuliers. — C. forest., art. 190; C. inst. crim., art. 20, 137, 139 et 179; — C. pén., art. 466.

2545. — L'art. 190 du Code forestier n'est que la confirmation de l'art. 139, C. inst. crim., aux termes duquel les juges de paix connaissent exclusivement des *contraventions forestières* poursuivies à la requête des particuliers; tous les *délits forestiers* sont au contraire de la compétence des tribunaux correctionnels.

2546. — Jugé que les contraventions forestières commises au préjudice des particuliers, et qui ne donnent lieu qu'à une amende de 15 fr. et au-dessous, ou à cinq jours d'emprisonnement et au-dessous, appartiennent à la juridiction des tribunaux de simple police, et peuvent être poursuivies soit à la requête des particuliers, soit à la requête du ministère public. — *Cass.*, 25 janv. 1888 (L. 1er 1888, p. 609), Poupinot.

2547. — Toutefois, si une contravention forestière avait été à tort qualifiée délit par la citation notifiée à la requête soit du ministère public, soit d'une partie civile, et à raison de cette fausse qualification déférée au tribunal correctionnel, ce tribunal serait compétent pour juger si la contravention publie ou la partie civile n'avaient pas requis le renvoi (C. inst. crim. 192). Le droit de requérir ce renvoi ne peut jamais appartenir au prévenu. — Meaume, n° 1342

2548. — Les particuliers ont le droit de poursuivre, en leur nom et dans leur intérêt, les délits et contraventions commis dans leurs bois. Leur action ne saurait être repoussée sur le motif que l'indemnité qui leur serait due ne peut être qu'une conséquence de la peine, et qu'ils sont non-recevables en l'absence de réquisitoire de la part du ministère public. — *Cass.*, 5 mai 1837 (t. 2 1840, p. 162), de Muy c. Taxil.

2549. — Les procès-verbaux dressés par les gardes des bois des particuliers doivent être, dans le délai d'un mois, remis au procureur du roi ou au juge de paix, suivant leur compétence respective. — C. forest., 191.

2550. — Ce délai d'un mois est un simple délai d'ordre dont l'inobservation n'entraîne aucune déchéance, puisque, d'après l'art. 185, C. forest., l'action à raison d'un délit forestier peut être intentée pendant trois ou six mois. Cette action ne peut être prescrite par le défaut de remise du procès-verbal dans le délai d'un mois. — Meaume, n° 1343

2551. — Si aucun procès-verbal n'avait été dressé, le délai de la prescription serait d'un an à dater du jour où la contravention aurait été commise. — C. inst. crim., art. 640; — Meaume, n° 1343.

CHAPITRE XIII. — *Répression des délits forestiers.*

2552. — Le Code forestier, en établissant les peines qui frappent les délits commis dans les bois et forêts en général, a apporté de grandes modifications à l'ancien droit. Il a ainsi, contrairement à la législation précédente, établi des peines égales pour tous les délits et contraventions commis dans les bois et forêts, sans distinguer entre les propriétaires, état, communes ou particuliers.

2553. — Le législateur de 1827 a également adouci d'une manière notable la pénalité qui atteignait autrefois les délinquans. Il s'est ainsi entièrement écarté de l'ordonnance de 1669, qui, dans des cas nombreux, prononçait des *châtimens corporels* et des peines arbitraires. Les dispositions adoucies des lois postérieures à 1669 ont été modérées elles-mêmes par des abus qui résultaient des modérations et remises accordées aux individus condamnés à des amendes évidemment hors de proportion avec les délits qu'elles devaient punir. — M. Martignac, *Exposé des motifs à la chambre des députés.*

2554. — Les lois et ordonnances qui ont précédé, sur cette matière, le Code forestier, sont : ord. de François 1er de 1518; d'Henri III, 1588; ord. 1669, tit. 32, art. 16 et tit. 16, art. 1; édit de mai 1726, art. 51; L. 28 sept., 6 oct. 1791, t. 20 mess. an III; — la loi du 29 flor. an IV, art. 609; L. 23 therm. an IV; décret, 15 avr. 1811, art. 3.

2555. — Sous l'empire de l'art. 36, L. 28 sept., 6 oct. 1791, le tribunal de simple police était incompétent pour connaître d'une prévention de maraudage de bois à dos d'homme. — *Cass.*, 27 mai 1808 (int. de la loi).

2556. — La coupe de jeunes arbres sur pied, dans

une forêt, ne peut être assimilée à un simple maraudage; si la loi du 6 oct. 1791 avait, par quelques dispositions, dérogé à l'ordonnance des eaux et forêts, ces dispositions devaient être restreintes aux délits ruraux et forestiers qui ont été l'objet spécial de cette nouvelle loi, et ne pouvaient être étendues à des arbres coupés en délit, quelque faible qu'en fût la dimension. — *Cass.*, 28 oct. 1824, Dupont.

2557. — On ne pouvait pas, quelque faible que fût leur dimension, les assimiler aux fagots ou fouées. — *Cass.*, 2 janv. 1806, Lelournel; 31 mars 1809, N...; 13 avr. 1810, Rigaud; 14 déc. 1816, Doisnel; 16 oct. 1822, Dommange; 29 oct. 1824, Marande; — Merlin, v° *Amende*, § 1er n° 6; Carnot, sur l'art. 43, C. inst. crim., t. 1er, p. 484, n° 9.

2558. — La loi du 29 mess. an III n'avait pour but que de rétablir entre les peines, en matière forestière, et l'importance des délits une juste proportion que la progression ascendante du prix des bois avait fait disparaître. Ainsi, elle autorisait bien les juges à prononcer des amendes ou restitutions plus fortes que celles fixées par l'ord. de 1669, mais non à en prononcer de moindres. — *Cass.*, 13 brum. an II (int. de la loi), Boisnard, Renaudet.

2559. — Les peines portées par l'ord. de 1669 et l'art. cons. de 1748, en matière de délits forestiers, ont continué d'être applicables sous le Code du 3 brum. an IV. — *Cass.*, 6 germ. an X, Menesson.

2560. — Avant le Code forest., la loi du 23 therm. an IV, dont la disposition est générale et absolue, s'appliquait à tout délit forestier, comme aux délits ruraux, et un tribunal de police ne pouvait pas prononcer la peine du triple forestier une peine moindre de trois journées de travail. — *Cass.*, 26 vent. an VII, Charles Henry; 13 vent. an VIII, Decaster; 24 avr. 1807, Vernier; 27 mai 1808 (int. de la loi).

2561. — Les délits et contraventions commis en matière forestière, bien que portant atteinte aux droits de propriété, ne sont cependant pas frappés d'une pénalité aussi rigoureuse que celle qui frappe les autres vols, aux termes du Code pénal. La loi de 1827 les rend seulement passibles d'amende et de peines particulières, qui varient suivant l'importance du dommage. — Curasson, C. forest., t. 2, p. 446.

2562. — Ces délits et contraventions sont de deux sortes : ceux qui ont pour objet les coupes et enlèvemens de bois, la mutilation des arbres, etc., et ceux qui se rattachent au pâturage. Nous allons successivement traiter de ces natures de délits. Il nous examinerons dans la troisième section, les pénalités qui frappent ces deux sortes de délits ou quelles sont les condamnations en matière forestière.

2563. — L'art. 192 a spécialement pour but de réprimer la coupe ou l'enlèvement des arbres dont la circonférence mesurée à un mètre du sol égale ou surpasse deux décimètres. Pour les arbres d'une moindre dimension, l'amende est fixée par l'art. 194.

Sect. 1re. — *Délits et contraventions ayant pour objets des coupes et enlèvemens de bois et des mutilations d'arbres.*

2564. — Les délits et contraventions qui ont pour objet la coupe et l'enlèvement des bois sont spécifiés dans les art. 192, 193, 194, 195, 196 et 197, C. forest. Ces articles, et l'art. 199 sont ceux que les tribunaux ont le plus souvent à appliquer en matière forestière.

2565. — L'art. 192 est ainsi conçu : La coupe ou l'enlèvement d'arbre ayant deux décimètres de tour ou au-dessus donne lieu à des amendes qui sont déterminées dans les proportions suivantes, d'après l'essence et la circonférence de ces arbres. — Les arbres sont divisés en deux classes. — La première comprend les chênes, hêtres, charmes, ormes, frênes, érables, platanes, pins, sapins, mélèzes, chataigniers, noyers, aliziers, cormiers, merisiers et autres arbres fruitiers. — La seconde se compose des aulnes, tilleuls, bouleaux, trembles, peupliers, saules, et de toutes les espèces non comprises dans la première classe. — Si les arbres de la première classe ont deux décimètres de tour, l'amende est de deux décimètres; et s'ils sont au-dessus, elle s'accroît progressivement de 10 cent. par chacun des deux décimètres, et s'accroît ensuite progressivement de 10 cent. pour chacun des autres décimètres; l'amende est de 50 cent. par chacun des deux décimètres, et s'accroît ensuite progressivement de 5 cent. pour chacun des autres décimètres — Le tout conformément au tableau annexé à la présente loi. La circonférence est mesurée à un mètre du sol.

2566. — La commission de la chambre des députés avait proposé de ne pas faire de distinction sur l'essence des arbres, et de les considérer tous

comme ayant la même nature, parce que leur valeur varie suivant les pays et les localités. Elle a aussi amendé le projet en disant que les arbres seraient mesurés à un mètre du sol, et non à cinq décimètres, parce qu'à cette dernière hauteur les arbres offrent des excroissances et des aspérités qui ne se retrouvent pas plus haut. Le premier amendement a été rejeté, et le second adopté.

2367. — Avec l'art. 192 a été voté le tableau suivant, contenant le tarif des amendes à prononcer par arbre, suivant son essence et sa grosseur.

ARBRES DE PREMIÈRE CLASSE.			ARBRES DE SECONDE CLASSE.		
Circonférence.	Amende par décimètre	Amende par arbre.	Circonférence.	Amende par décimètre	Amende par arbre.
déc.	fr. c.	fr. c.	déc.	fr. c.	fr. c.
1	» »	» »	1	» »	» »
2	1 00	2 00	2	0 50	1 00
3	1 10	3 30	3	0 55	1 65
4	1 20	4 80	4	0 60	2 40
5	1 30	6 50	5	0 65	3 25
6	1 40	8 40	6	0 70	4 20
7	1 50	10 50	7	0 75	5 25
8	1 60	12 80	8	0 80	6 40
9	1 70	15 30	9	0 85	7 65
10	1 80	18 00	10	0 90	9 00
11	1 90	20 90	11	0 95	10 45
12	2 00	24 00	12	1 00	12 00
13	2 10	27 30	13	1 05	13 65
14	2 20	30 80	14	1 10	15 40
15	2 30	34 50	15	1 15	17 25
16	2 40	38 40	16	1 20	19 20
17	2 50	42 50	17	1 25	21 25
18	2 68	46 80	18	1 30	23 40
19	2 70	51 30	19	1 35	25 65
20	2 80	56 00	20	1 40	28 00
21	2 90	60 90	21	1 45	30 45
22	3 00	66 00	22	1 50	33 00
23	3 10	71 30	23	1 55	35 65
24	3 20	76 80	24	1 60	38 40
25	3 30	82 50	25	1 65	41 25
26	3 40	88 40	26	1 70	44 20
27	3 50	94 50	27	1 75	47 25
28	3 60	100 80	28	1 80	50 40
29	3 70	107 30	29	1 85	53 65
30	3 80	114 00	30	1 90	57 50
31	3 90	120 90	31	1 95	60 45
32	4 00	128 00	32	2 00	64 00

2368. — L'art. 192, comme l'art. 194, punit de la même peine la coupe *ou* l'enlèvement des bois. Par suite, l'individu trouvé porteur de bois coupé en délit est présumé de droit l'avoir coupé lui-même. — Meaume, t. 2, n° 1345.

2369. — Ainsi, celui qui enlève dans une forêt un arbre précédemment coupé en délit, est passible de la même peine que s'il l'eût abattu sur pied — *Cass.*, 7 mai 1829, Pierre Castellin; 24 sept. 1829, Valence.

2370. — Il est, par ce seul fait, réputé complice du délit et puni de la même manière que le délinquant. — *Cass.*, 30 juin 1827, Lafat.

2371. — Ce principe avait déjà été consacré, antérieurement au Code forestier, par un arrêt du 21 avr. 1808 (Meissonnier), portant que celui qui est trouvé dans une forêt avec des bois de délit et qui ne fait aucune réponse légale aux interpellations du garde, est réputé l'auteur de la coupe en délit. — *Cass.*, 20 juin 1806, Vauquery; — Merlin, *Rép.*, v° *Délit forestier*, § 1er, n° 3.

2372. — Le délinquant demanderait vainement à prouver que la coupe a eu lieu par le fait d'un autre. — Meaume, *loc. cit.*

2373. — Mais le détenteur de bois coupés en délit dans une forêt n'est passible d'aucune peine, lorsqu'il rapporte la preuve qu'il les a achetés ou reçus en échange de plusieurs individus qui les lui ont apportés pour les ferrer. — *Cass.*, 15 mai 1829, Humbert.

2374. — La Cour de Grenoble, par arrêt inédit du 5 juill. 1834 (Rambaud), a jugé que l'enlèvement des queues de sapin doit être puni par l'art. 192, comme l'enlèvement de l'arbre lui-même, attendu que la loi n'établit aucune distinction entre telle ou telle partie de l'arbre coupé en délit, et qu'il n'appartient pas aux tribunaux de créer une distinction qui n'existe pas dans la loi, et qui serait contraire au sens commun. — En effet, dit M. Meaume (n° 1345, note), si l'on considérait seulement comme délit l'enlèvement d'un ou de deux premiers billots, il faudrait alors admettre que le prévenu qui laisserait le premier billot pourrait impunément enlever le reste de l'arbre.

2375. — L'art. 192 ne s'appliquerait pas, toutefois, à l'enlèvement de bois dans une vente ou coupe affouagère. Ce fait est puni par l'art. 388, C. pén. — *Cass.*, 28 fév. 1812, Oulis; 7 mars 1828, Lecourtier; — Meaume, t. 2, n° 1345; Coin-Delisle et Frédérich, t. 2, p. 202; Baudrillart, p. 403; Garnier-Dubourgneuf et Chanoine, p. 234; Bourguignon, *Jurisp. des Codes crim.*, t. 3, p. 406.

2376. — Ainsi l'enlèvement de bois coupé et façonné, commis dans une vente, n'est pas un délit forestier, mais un véritable vol. — *Cass.*, 25 vent. an XII, Guerens. — Sans qu'il y ait lieu de distinguer si ce bois a été ou non marqué du marteau de la marine. — *Cass.*, 16 germ. an VII, Cheneau.

2377. — Mais le vol d'un arbre dans un bois appartenant à l'état ne constitue qu'un délit forestier, quoiqu'il ait été commis à l'aide de violences plus ou moins graves. — *Bruxelles*, 28 mars 1831, Laureys.

2378. — La loi donne elle-même la qualification de vol à l'enlèvement de bois qui a lieu dans une vente. — C. pén., art. 388.

2379. — Un arrêt inédit de Nancy du 16 août 1831 a décidé que l'adjudicataire du taillis d'une laie qui façonnerait et confondrait avec les bois achetés par lui ceux qui ne lui auraient pas été vendus, commettrait le délit prévu et puni par les art. 192 et 198, C. forest., encore bien qu'il n'eût pas coupé lui-même les arbres dont il a disposé. — Meaume, t. 2, n° 1345, p. 900.

2380. — Il suffit qu'une forêt ou partie de forêt n'ait pas été déclarée défensable par l'administration forestière, pour que l'usager qui s'est permis d'y couper du bois soit passible des amendes prononcées par la loi. — *Cass.*, 4 sept. 1829, de Rohan.

2381. — Avant le Code forestier, comme depuis sa promulgation, on ne doit faire aucune distinction. — Ainsi, l'individu qui, en vertu d'une permission de couper un arbre de mauvaise essence dans une forêt nationale, se permet d'en couper un de bonne essence, n'est pas censé agir en vertu de la permission à lui accordée. La coupe de cet arbre constitue un délit forestier et non une affaire administrative. — *Cass.*, 29 frim. an VII, Gaudier.

2382. — Les malversations commises par des adjudicataires de coupes dans les bois des particuliers, et consistant dans l'abattage et l'enlèvement frauduleux d'arbres réservés sont des délits forestiers passibles des peines prononcées par le tit. 12, C. forest., pour tous les bois et forêts en général, contre tous individus coupables des délits communs y énoncés. — *Cass.*, 14 mai 1831, de Choiseul.

2383. — Les amendes édictées par le Code forestier ont tout le caractère des peines. Le législateur a cru cependant devoir proportionner ces amendes à l'importance présumée du préjudice causé. Il a, par suite, partagé les arbres en deux classes : la première comprend certains bois durs dont l'art. 192 détermine les essences; la seconde se compose de tous les autres bois non compris dans la nomenclature de la première classe. — Meaume, t. 2, n° 1346.

2384. — Ainsi, le houx, le fusain, le cornouiller et autres essences dont ne parle pas l'art. 192, sont compris dans la seconde classe. — Meaume, *loc. cit.*

2385. — La cour de Pau a décidé, par suite, le 5 mars 1830 (Lagoin), qu'un tribunal ne peut refuser de reconnaître un délit dans la coupe et l'enlèvement de plusieurs pièces de houx dans une forêt, sous le prétexte que le houx n'appartient pas à la classe des arbres, et qu'étant plus nuisible qu'utile aux forêts, on ne doit pas présumer que le législateur ait voulu en défendre la coupe.

2386. — Mais certains arbustes, tels que les genêts et bruyères, ne sont pas considérés comme bois, et rentrent dans la nomenclature de l'art. 144. — Meaume, t. 2, n° 1346.

2387. — La rédaction de l'art. 192 renferme une obscurité qui pourrait rendre difficile la manière de calculer les amendes. Mais le tarif annexé à la loi, et qui n'est qu'un calcul établi d'après les bases posées par l'art. 192, ne permet aucune incertitude. Ce calcul ne parle que des arbres ayant au plus trente-deux décimètres; car la coupe ou l'enlèvement d'arbres d'une dimension supérieure se présente rarement. Si cependant il était besoin de déterminer l'amende pour la coupe d'un arbre ayant plus de trente-deux décimètres de circonférence à un mètre du sol, on ne devrait pas s'en tenir au dernier chiffre donné par le tarif, mais bien calculer l'amende d'après les bases que détermine la loi. — Meaume, t. 2, n° 1346.

2388. — Le Code, comme le tarif, ne parle, pour calculer l'amende, que des nombres entiers de décimètres. L'un et l'autre ne tiennent aucun compte des fractions. — Meaume, t. 2, n° 1347; Coin-Delisle et Frédérich, t. 2, p. 205.

2389. — On ne doit point compter les fractions de décimètres dans le calcul des amendes prononcées par application de l'art. 192, C. forest. — *Cass.*, 10 juill. 1829, Sébastien Aubert.

2390. — On ne pourrait conséquemment plus suivre aujourd'hui la décision rendue par la cour de Cassation, et portant que dans le cas où la loi détermine les amendes d'après la grosseur des arbres qui font l'objet du délit, on doit, pour en fixer le montant, compter les fractions de mètres. — *Cass.*, 2 fév. 1816, Noizet.

2391. — Il n'est pas permis de compléter le décimètre sur un arbre par addition de la fraction qu'offrirait celui-ci avec celle négligée sur un autre. — Mêmes auteurs.

2392. — Si l'on ne peut, pour calculer l'amende, tenir lieu des fractions de décimètres, on ne peut non plus fractionner l'amende, telle qu'elle se trouve fixée par la loi. — Meaume, t. 2, n° 1347. — La cour de Nancy a cependant condamné, par arrêt inédit du 24 déc. 1845 (Adam), un prévenu, en trente-trois amendes de deux francs, plus une amende de 66 cent.; mais sa décision a été déférée à la censure de la cour suprême.

2393. — L'art. 192 exige bien que le mesurage soit fait à un mètre du sol, mais il ne demande pas que l'accomplissement de cette disposition soit mentionné au procès-verbal. En conséquence, si celui-ci est muet à cet égard, il y a présomption, jusqu'à preuve contraire, que la loi a été observée. — V. Meaume, t. 2, n° 1348, où il cite comme conf., *Dijon*, 19 mai 1836, Miot (arrêt inédit), et comme contr., *Grenoble*, 12 juin 1839, Allard. — Curasson (t. 2, p. 417) pense, de son côté, que le procès-verbal doit mentionner que la circonférence a été mesurée à un mètre du sol.

2394. — Dans tous les cas, l'énonciation du procès-verbal que l'arbre coupé en délit a été mesuré à un mètre du sol, fait foi jusqu'à inscription de faux; car c'est là un fait matériel. — V. Meaume, *loc. cit.*, où il cite comme conf. *Nancy*, 8 mars 1833.

2395. — L'art. 192 contient une dérogation au principe de droit criminel qui veut que les auteurs et complices du même délit encourent la peine prononcée pour celui-ci. La raison en est que la loi, proportionnant la peine à l'importance du préjudice, ne s'occupe nullement du nombre des personnes qui ont causé celui-ci, mais seulement du nombre et des dimensions des arbres coupés ou enlevés. Par suite, l'amende se détermine d'après le tarif ci-dessus établi, c'est-à-dire par arbre, et non eu égard au nombre de personnes qui ont participé à la coupe ou à l'enlèvement. — V. Meaume (t. 2, n° 1349), où il cite comme conf. *Montpellier*, 24 août 1840, Telun (arrêt inédit).

2396. — La question de savoir si les délinquans trouvés coupant des arbres dans le même canton de forêt doivent être condamnés solidairement doit se résoudre d'après les circonstances établissant les relations de ces divers individus entre eux, soit comme co-auteurs, soit comme complices. — Meaume, t. 2, n° 1349.

2397. — « Ainsi, il ne suffira pas, dit cet auteur (*loc. cit.*), que deux ou plusieurs personnes aient été vues coupant du bois à une certaine distance les unes des autres pour qu'elles soient réputées coauteurs ou complices, surtout si chacune d'elles coupait pour son compte et faisait un tas séparé. Il faudra qu'on prouve le lien de complicité qui unissait entre eux ces délinquans, et c'est seulement dans ce cas qu'on pourra mettre à la charge de l'un d'eux la totalité des condamnations encourues pour la coupe de tous les arbres. »

2398. — La cour de Nancy, par arrêt inédit du 4 déc. 1845 (Lallemand), a ainsi jugé qu'il n'y avait pas complicité de la part de plusieurs individus qui avaient coupé, dans le même canton de forêt, quatre-vingt-quinze brins supérieurs à 2 décimètres, et, que dès-lors, les juges pourraient apprécier la part de chacun dans le délit, sans prononcer la solidarité. — Cet arrêt est cité par M. Meaume (t. 2, p. 903, n° 1349), note, où il cite également comme contraire un arrêt de la même cour du 6 juin 1834.

2399. — Si les juges étaient incertains sur le fait de complicité, ils auraient le droit d'ordonner l'audition des gardes qui auraient dressé le procès-verbal. — V. Meaume, t. 2, n° 1349, où il invoque à l'appui de sa doctrine un arrêt inédit de Nancy, du 4 déc. 1845, Adam.

2400. — Dans le cas où le procès-verbal porte que la dimension des arbres coupés ou enlevés est de

deux décimètres ou plus, les tribunaux n'ont pas qualité pour réduire l'amende fixée par l'art. 192, ni considérer comme charges à dos la quantité de bois détaillé par le procès-verbal. — *Cass.*, 4 août 1836, Barès (dans ses motifs); — Meaume, t. 2, n° 1350.

2401. — Mais il faudrait décider autrement si le procès-verbal n'indiquait pas la dimension des arbres. Le tribunal pourrait alors, si l'agent forestier ne formait aucune demande en preuve supplémentaire, évaluer en charges à dos la quantité de bois enlevé.—*Cass.*, 10 mars 1837 (t. 1er 1838, p. 89), Schveyer (dans ses motifs); Meaume, *loc. cit.*

2402. — L'individu qui coupe un arbre mitoyen entre une forêt communale et celle d'un particulier commet un délit forestier. — *Colmar*, 13 déc. 1838 (t. 2 1846, p. 598, note), Reck ;— Meaume, t. 2, n° 1351 ; — *contrà Besançon*, 9 janv. 1837, Xavier Edme, arrêt inédit cité par M. Meaume (*loc. cit.*).

2403. — Jugé cependant, dans le sens de l'arrêt de Besançon, que l'abattage, par le propriétaire d'un bois dont il exploite la coupe, d'arbres de lisière existant entre son bois et celui d'un autre particulier ne tombe pas sous l'application de l'art. 114, C. forest., lequel ne se rapporte qu'au cas de bois indivis entre un particulier et l'état. — Il ne tombe pas non plus, alors que l'exploitation de cette lisière prétendue commune a eu lieu publiquement, sous l'application de l'art. 192 du même Code, lequel ne serait applicable qu'au cas d'un enlèvement frauduleux. — En conséquence le tribunal correctionnel est incompétent pour statuer sur la plainte du propriétaire qui se prétend lésé. — *Bourges*, 30 janv. 1846 (t. 2 1846, p. 598), Gabuet et de Chalais c. Girerd.

2404. — L'ajudicataire qui aurait abattu des arbres marqués en réserve dans la coupe d'un bois appartenant à un particulier serait passible non des peines portées par l'art. 34, C. forest., mais de celles édictées par l'art. 192, même Code.— Meaume, t. 2, nos 1339 et 1352.

2405. — Si les arbres auxquels s'applique le tarif établi par l'art. 192 ont été enlevés et façonnés, le tour en est mesuré sur la souche, et si la souche a été également enlevée, le tour est calculé dans la proportion d'un cinquième en sus de la dimension totale des quatre faces de l'arbre écarri. — Lorsque l'arbre et la souche ont disparu, l'amende est calculée suivant la grosseur de l'arbre, arbitrée par le tribunal d'après les documens du procès. — C. forest., art. 193; ord. 1669, tit. 32, art. 1er et 8.

2406. — En combinant l'art. 193 avec celui qui précède, on voit qu'il peut se présenter quatre hypothèses lorsqu'il s'agit de déterminer la dimension des arbres.

2407. — 1° L'arbre coupé a été laissé sur place, où l'on peut le retrouver. En pareil cas on mesure l'arbre à un mètre du sol, et l'on applique le tarif fixé par l'art. 192. — Meaume, t. 2, n° 1353.

2408. — 2° L'arbre a été enlevé et façonné. La circonférence est alors mesurée sur la souche, aux termes de l'art. 193.

2409. — 3° La souche a disparu ; mais l'arbre a été retrouvé écarri. D'après l'art. 193, la circonférence se calcule en pareil cas en prenant la dimension totale des quatre faces de l'arbre écarri et en y ajoutant un cinquième. Ici la circonférence ne se mesure pas à un mètre du sol, mais à l'endroit où l'arbre a été détaché de la souche, rien n'indiquant que cet arbre ait été coupé au niveau de la terre. Si, la souche ayant disparu, l'arbre était retrouvé non écarri, on devrait évidemment le mesurer au gros bout sans addition du cinquième. — Meaume, t. 2, n° 1353.

2410. — 4° L'arbre et la souche ont également disparu. Le tribunal doit alors arbitrer la grosseur de l'arbre suivant les circonstances et d'après les documens du procès. — Meaume, *loc. cit.*; Curasson, t. 2, p. 418.

2411.—Dans cette dernière hypothèse, les tribunaux ne pourraient, sans déni de justice, se refuser à prononcer une peine quelconque par le motif qu'ils ne sont pas suffisamment éclairés. Ils devraient, au moins, appliquer l'amende fixée par le tarif pour les arbres de la plus petite dimension, c'est-à-dire ayant deux décimètres de tour. Ajoutons que du reste le cas d'une incertitude entière doit fort rarement se présenter. — Meaume, *loc. cit.*

2412. — On ne saurait douter que dans le cas où l'arbre n'ayant pas été retrouvé, il a fallu mesurer la circonférence autrement qu'à un mètre du sol, on devrait cependant calculer l'amende d'après la grosseur de cet arbre à un mètre du sol, si le délinquant venait à le représenter postérieurement à la rédaction du procès-verbal, et s'il n'y avait aucun doute sur son identité.—Meaume, t. 2, n° 1354.

FORÊTS, ch. 13. sect. 1re.

2413. — Mais le prévenu ne peut contester la fixation portée au procès-verbal sans représenter l'arbre coupé et enlevé. — *Cass.*, 12 juin 1812, Reggi.

2414. — Il aurait le droit cependant de faire entendre des témoins pour établir la véritable circonférence de l'arbre.— *Cass.*, 12 sept. 1829, Reyne ; — Meaume, t. 2, n° 1354.

2415.— Il est bien entendu que la circonférence ne doit être mesurée sur la souche qu'autant qu'il y aurait impossibilité de la mesurer d'une autre manière. La cour de Grenoble a décidé, par suite, par arrêt inédit du 3 mai 1832 (Chourot), que si les gardes ont pu mesurer les arbres de délit à un mètre du sol, et qu'il soit dit au procès-verbal que le mesurage a eu lieu sur la souche, il y a faculté pour les tribunaux de fixer la circonférence à un nombre de décimètres inférieur à celui indiqué par le procès-verbal. — Meaume, t. 2, n° 1354.

2416. — Mais il faudrait décider autrement si le procès-verbal constatait que les gardes se sont trouvés dans l'impuissance de mesurer l'arbre à un mètre du sol. Une pareille déclaration devrait faire foi jusqu'à inscription de faux, et il n'appartiendrait pas alors aux tribunaux d'arbitrer la grosseur de l'arbre.—*Cass.*, 14 janv. 1830, Bonnefoy ; *Nancy*, 7 déc. 1833, rapporté par M. Meaume, *loc. cit.*

2417. De même, lorsque les arbres coupés en délit ayant été enlevés et façonnés, le tour en a été mesuré sur la souche conformément à l'art. 193, C. forest., le tribunal ne peut refuser d'appliquer le tarif au délit, sous le prétexte que le tour de ces arbres n'a pas été mesuré à un mètre du sol. — *Cass.*, 18 juill. 1834, Cagnet.

2418.— Le tribunal ne peut non plus se dispenser d'appliquer les peines portées par la loi au délit de coupe et enlèvement d'arbres dans une forêt, sous le prétexte que l'essence et la dimension n'en sont pas connues, alors que l'essence en a été constatée par le rapport d'un inspecteur forestier et qu'il a, quant à la dimension, la faculté de l'arbitrer lui-même.— *Cass.*, 14 mai 1831, de Choiseul.

2419. — L'art. 193, C. forest., n'est relatif qu'aux arbres auxquels s'applique le tarif établi par l'art. 192, et ce tarif ne s'applique point aux arbres-chênes qui ont plus de quinze décimètres de tour à un mètre du sol, et sur lesquels le département de la marine a le droit de choisir. — *Cass.*, 12 sept. 1829, Reyne.

2420. — L'amende pour coupe ou enlèvement de bois qui n'ont pas deux décimètres de tour est pour chaque charretée de 10 fr. par bête attelée, de 5 fr. par chaque charge de bête de somme, et 2 fr. par fagot, fouée ou charge d'homme. — S'il s'agit d'arbres semés ou plantés dans les forêts depuis moins de cinq ans, la peine est d'une amende de 5 fr. par chaque arbre, quelle qu'en soit la grosseur, et, en outre, d'un emprisonnement de six à quinze jours. — C. forest., art. 194.

2421. — Un arrêt inédit de la cour de Dijon a décidé que le mot *paquet* était synonyme des expressions fagot, fouée ou charge d'homme, dont se sert l'art. 194. Cet arrêt est cité par M. Meaume (t. 2, n° 1356, note).

2422.—Aucun article du Code forestier ne donna lieu à plus de discussions devant les tribunaux que l'art. 194. Il n'en est guère non plus dont l'application présente autant de difficultés. Cet article a pour but de punir la coupe ou l'enlèvement du bois ayant moins de deux décimètres, mesuré à un mètre du sol. Comme l'art. 192, il n'établit aucune distinction entre la coupe et l'enlèvement; il frappe l'un et l'autre de la même pénalité. — Meaume, t. 2, n° 1355.

2423. — L'art. 194 punissant la coupe comme l'enlèvement, et fixant cependant l'amende par charretée, etc., on se demande comment on arrivera à apprécier cette amende lorsque le bois, au lieu d'avoir été chargé, est resté sur place. « Il nous semble, dit Curasson (t. 2, p. 419), que, dans ce cas, le garde doit apprécier combien le bois coupé pourrait composer de voitures, de charges de bête ou d'homme. L'article ne peut pas avoir d'autre sens, et c'est le seul moyen d'en assurer l'exécution, lorsque le délit se réduit à la simple coupe. »

2424. — La cour de Nancy, par arrêt du 9 janv. 1835, rapporté par M. Meaume (t. 2, n° 1355), a jugé que le fait d'avoir ramassé et réuni en fagots plusieurs brins de bois coupés d'après les ordres de l'administration, dans une forêt de l'état, constituait l'enlèvement prévu par les art. 194 et 198, C. forest., et non une simple tentative de ce délit, bien que le prévenu eût été, par une circonstance quelconque, empêché d'emporter sa charge hors de la forêt.

2425. — Si le bois coupé ou enlevé ne l'avait pas été en quantité suffisante pour former même un fagot, faudrait-il renvoyer le délinquant sans amende ? — Evidemment non, car autrement la

FORÊTS, ch. 13, sect. 1re.

coupe d'une petite quantité de bois resterait impunie, et cela ne peut être admis. — Curasson, t. 2, p. 419.

2426. — Le Code forestier, en fixant l'amende par voiture, charge de bête de somme, fagot, fouée ou charge d'homme, a voulu évidemment proportionner l'amende, non seulement à l'importance présumée du préjudice causé, mais aussi y faire entrer comme élément le mode d'enlèvement que peut avoir employé le délinquant. On ne doit donc s'occuper que de ce mode d'enlèvement pour déterminer la peine, sans tenir compte du nombre des individus qui y ont pris part. Si grand que soit celui-ci, il n'y aura qu'une seule amende dont tous les délinquans seront solidaires. C'est là une dérogation apportée au droit commun par le Code forestier. — Meaume, t. 2, n° 1356.

2427. — Il est un cas cependant où chacun des délinquans doit être puni séparément pour le même délit, c'est celui où la loi prononce un emprisonnement, comme dans le § 2, art. 194. La nature de la peine ne permet plus ici de diviser la condamnation entre les délinquans. — Meaume, t. 2, n° 1356.

2428. — S'il est facile d'appliquer l'art. 194, C. forest., lorsque le mode d'enlèvement résulte des circonstances dans lesquelles le délit a été commis, et que le prévenu a été vu enlevant, il en est autrement soit que le procès-verbal soit muet en ce qui concerne le mode d'enlèvement, soit que le garde rédacteur n'ait pu constater celui-ci. Dans ce cas, ainsi que l'enseigne M. Meaume (t. 2, n° 1357), plusieurs circonstances peuvent se présenter.

2429.—Ainsi, il peut arriver premièrement qu'un individu soit trouvé seul coupant du bois dans la forêt et ayant déjà lié plusieurs fagots. Dans ce cas, on doit prononcer contre le délinquant autant d'amendes qu'il y a de fagots ; on ignore, en effet, le mode d'enlèvement qu'il veut employer, et l'on doit présumer alors que son intention est de les sortir de la forêt de la manière la plus facile, et qu'il entend emporter ces fagots un à un. Cette doctrine, établie par M. Meaume (t. 2, n° 1357), est confirmée par un arrêt inédit de Besançon, du 13 mars 1832 (Duboux), rapporté par cet auteur (*loc. cit.*, note). Par cet arrêt, la cour a réformé un jugement du tribunal supérieur de Vesoul, qui avait déclaré que l'on devait évaluer par charretées une certaine quantité de charges de bois sec trouvées sur le parterre de la forêt, attendu qu'il y avait présomption que le délinquant entendait se servir d'une charrette pour le transport.—V. conf. *Cass.*, 20 fév. 1829 (dans ses motifs), Bouillot ;— Meaume, t. 2, n° 1357.

2430. — Un arrêt inédit de Nancy, du 13 janv. 1840 (Rambou), cité par le même auteur (*loc. cit.*), a également jugé que lorsqu'un garde a trouvé dans une forêt un individu qui venait de confectionner un certain nombre de fagots avec du bois coupé en délit, il ne peut appartenir au tribunal de réduire ces fagots à charge d'homme que si le prévenu en a été trouvé porteur.

2431. — Si les fagots déjà liés étaient réunis en un seul, cette réunion devrait faire présumer que le délinquant a voulu les emporter en une seule fois, et il y aurait lieu de prononcer l'amende arbitrée pour une charge d'homme. Il ne saurait guère, en effet, y avoir de doute sur le mode d'enlèvement dont le délinquant prétend ici faire emploi. — Meaume, t. 2, nos 1357 et 1358.

2432. — Le délinquant peut, en second lieu, dans le cas de l'art. 194, avoir coupé une certaine quantité de bois, mais ne l'avoir pas encore réunie en fagots. Les tribunaux devront, en ce cas, décider d'après les circonstances. Ainsi, ils devront présumer que l'intention du délinquant a été de se servir du mode de transport qui lui aurait présenté le plus de garanties de sécurité ; et si une voiture se trouve sur le lieu du délit, ils évalueront la peine comme si l'enlèvement devait se faire par charretées.

2433.— Cette opinion, professée par M. Meaume, (t. 2, n° 1357) est en désaccord avec celle soutenue par MM. Coin-Delisle et Frédérich, qui, pour ce cas, se contentent de décider que si les charrettes ou les bêtes de somme ne sont pas encore chargées lors de la rédaction du procès-verbal, il doit être arbitré par le garde quelle est la quantité de bois coupée et le nombre de charges qu'elle peut donner. Ces auteurs se fondent sur ce que la loi punit le délit suivant son importance, et non la tentative. « Mais, dit M. Meaume, telle n'est pas la question : il est évident que la loi a érigé ici en délit la simple tentative. Du moment que l'enlèvement a été commencé, le délit existe. Or, ce fait d'enlèvement peut être complexe ; rien ne s'oppose donc à ce qu'il se compose du fait d'avoir ramassé le bois et d'avoir amené une voiture sur les lieux, bien que

cette voiture ne fût pas chargée. D'ailleurs, si l'on suivait la doctrine de MM. Coin-Delisle et Frédérich, ce serait le délinquant qui en souffrirait; car il serait alors passible de deux amendes en vertu des art. 147 et 194. »

2434. — Il peut arriver en troisième lieu qu'une certaine quantité de fagots encore liés soit trouvée au domicile du délinquant. — La présomption est alors que les fagots ont été apportés tels qu'ils se trouvent. — *Cass.*, 20 mars 1828 et 29 janv. 1829, Guiraud (dans leurs motifs). — V. Meaume, t. 2, *loc. cit.*, où il cite en outre, comme conformes, deux arrêts inédits de Nancy des 17 juin 1840 (Pierron) et 4 déc. 1845 (Chaudron).

2435. — La cour de Nancy a jugé toutefois par un autre arrêt inédit du 17 juin 1840 (Richard), que les tribunaux peuvent réduire en charge d'homme le bois évalué par le garde en fagots, lorsque le procès-verbal ne dit rien de la manière dont le prévenu a arrangé le bois, ni du nombre et de la grosseur des bois coupés en délit. — Cet arrêt est également cité par M. Meaume (*eod. loc*).

2436. — Dans tous les cas, lorsque le procès-verbal dressé contre un délinquant pour enlèvement de fagots coupés en délit dans une forêt n'indique pas de quelle manière le transport a été effectué, il appartient aux tribunaux d'apprécier, d'après les circonstances, si l'enlèvement a été fait à dos d'homme ou au moyen d'une charrette, et d'appliquer la peine prononcée contre le mode d'enlèvement ainsi constaté. — Spécialement, l'enlèvement a pu être déclaré avoir eu lieu par charrette lorsque le nombre des fagots et la distance à franchir étaient assez considérables pour faire supposer que l'on avait dû employer ce mode de transport. — *Cass.*, 4 et 30 avr. 1846 (t. 2 1846, p. 66), Champion, Lacroix, Chapuis, Pradier et Peyronnet. — V. anal. *Cass.*, 10 mars 1837 (t. 1er 1838, p. 89), Schweyer.

2437. — Enfin il peut arriver que le bois trouvé au domicile soit délié. Il peut se faire en ce cas que des traces de liens soient retrouvées, et il faut décider alors comme dans l'hypothèse dont nous venons de nous occuper. Mais s'il n'existe aucun indice qui puisse faire connaître de quelle manière le bois de délit a été enlevé, on doit présumer que le prévenu s'est servi du mode le plus facile. — Meaume, t. 2, no 1357.

2438. — Il est bien entendu cependant que le délinquant pourrait toujours établir, par les preuves de droit, qu'il a employé tel ou tel mode de transport, notamment qu'il s'est servi de voiture. — Meaume, *loc. cit.*

2439. — Lorsqu'un rapport dressé par les agens forestiers énonce que des arbres coupés avaient un circuit de vingt centimètres, qu'ils composaient une charge d'homme, et que le dommage est évalué à 5 fr., l'amende doit être prononcée pour enlèvement d'arbres faisant une charge d'homme, et non pour enlèvement d'arbres de deux décimètres et au dessus. — *Cass.*, 10 mars 1837 (t. 1er 1838, p. 89), Schweyer.

2440. — La cour de Nancy a jugé, par arrêt du 1er fév. 1834 (Pichenet), que la coupe ou l'enlèvement en délit de plusieurs fagots ne donne lieu qu'à une seule amende de 2 fr., lorsqu'ils n'excèdent pas ensemble une charge d'homme.

2441. — Un autre arrêt de la cour de Nancy, conforme au précédent, a été cassé, comme celui-ci, par la cour de Cassation, le 18 juill. 1834 (Pichenet). Le système de la cour de Nancy paraît le plus équitable; mais il est moins conforme au texte de la loi.

2442. — En effet, cette cour raisonne comme si, dans l'art. 194, C. forest., l'évaluation par charge d'homme avait été prise pour règle générale, et comme si les enlèvemens de bois par fagots ou par fouées n'avaient été considérés que comme de simples accessoires, qu'il convenait néanmoins de classer dans la règle générale. C'est là qu'est l'erreur : cette règle générale n'existe pas; la cour de Nancy est obligée de la créer. La loi, en prononçant 2 fr. d'amende par fagot, fouée ou charge d'homme, n'exprime pas assez positivement lequel de ces trois modes devra l'emporter sur les autres; mais, en bonne logique, loin de donner arbitrairement la préférence au dernier, on est fondé à dire que ce n'est qu'à défaut des deux premiers qu'il est permis de recourir au troisième.

2443. — La jurisprudence de la cour de Cassation n'a jamais varié sur ce point; elle a décidé que l'art. 194, C. forest., doit être entendu en ce sens que les tribunaux sont tenus d'appliquer autant d'amendes qu'il y a de fagots, lors même qu'il en faudrait plusieurs pour composer une charge d'homme. — *Cass.*, 20 mars 1828, et 29 janv. 1829, Guiraud ; 20 fév. 1829, Bouillot ; 15 mars 1832, Brigeot; 18 juill. 1834, Pichenet.

2444. — On oppose à cette jurisprudence que la quotité de l'amende doit être proportionnée à la quantité de bois enlevé ; qu'il importe fort peu que la charge d'un homme soit divisée en quatre fagots ou n'en forme qu'un seul, et que le système de la cour de Cassation fait dépendre du mode de ligature employé par le délinquant la gravité de la peine. Il nous semble que ces objections sont contraires à l'esprit qui a présidé à la rédaction du Code forestier. Le législateur n'a certes pas voulu laisser aux tribunaux la faculté d'arbitrer le nombre de fagots nécessaire pour former une charge d'homme. S'il l'eût fait, chaque tribunal la déterminerait à sa manière, et il s'ensuivrait que l'enlèvement de la même quantité de bois serait puni dans certains tribunaux d'une peine plus grave que dans d'autres. L'arrêt du 15 mars 1832 a fort bien fait remarquer que la loi n'autorise point les tribunaux à réduire les fagots en charge d'homme, ni à changer les évaluations portées aux procès-verbaux. La cour de Nancy se débat contre cette objection plutôt qu'elle ne la réfute : pour sortir du rôle peut-être un peu mécanique auquel les tribunaux sont réduits en cette matière, où les rapports des gardes font foi jusqu'à inscription de faux, elle veut compliquer les procès quand le législateur s'est efforcé de les simplifier ; elle oublie enfin que le Code forestier est une loi bien plus fiscale que pénale.

2445. — M. Meaume fait toutefois observer que la cour suprême a plusieurs fois reconnu le principe que l'amende doit se déterminer uniquement par le mode de transport.

2446. — Il invoque à l'appui l'arrêt précité de Cassation du 4 avr. 1846 (Champion), et celui du 11 avr. 1845 (t. 2 1845, p. 145), Plique, portant que lorsqu'un procès-verbal constate que des bois coupés en délit ont dû avoir été enlevés à l'aide d'une voiture dont la trace a été suivie jusqu'au domicile du délinquant, chez lequel les bois ont été retrouvés liés en fagots, les juges ont pu, par appréciation des énonciations du procès-verbal, appliquer l'amende encourue pour enlèvement par voiture et non celle encourue pour enlèvement par fagot ou par charge d'homme. — V. conf. deux arrêts inédits de Dijon des 6 août 1834, Burat-Bourgeois, et 8 déc. 1841, Maître-Henry, cités par M. Meaume, t. 2, no 1358, note.

2447. — Il faut ajouter, au surplus, que la cour de Metz saisie du renvoi par suite de la cassation de l'arrêt du 1er fév. 1834, a refusé d'adopter les motifs de la cour suprême, et a décidé dans le sens de la doctrine professée par la cour de Nancy. Cet arrêt de Metz, rendu à la date du 21 oct. 1834, est rapporté par M. Meaume (t. 2, no 1358, note).

2448. — L'administration forestière avait d'abord formé un nouveau pourvoi contre cette dernière décision; mais il paraît, suivant M. Meaume (*loc. cit.*), qu'après mûre délibération, elle a jugé que la jurisprudence des cours de Nancy et de Metz devait être préférée, car elle s'est désistée de son pourvoi. Depuis 1834, la cour de Cassation n'a plus eu à prononcer sur cette question.

2449. — Lorsque le mode de soustraction de bois enlevés d'une forêt ne rentre pas exactement dans l'un des modes spécifiés dans l'art. 194, C. forest., le devoir des tribunaux est de reporter le moyen employé dans celle des catégories énoncées dans cet article avec laquelle il a le plus de similitude. En conséquence, lorsque la soustraction a eu lieu à l'aide d'un traîneau tiré par un homme, sorte de véhicule qui n'est pas porté sur des roues et ne peut être assimilé à la charrette dont parle l'art. 194, cette soustraction doit être comprise dans la catégorie des enlèvemens par charge d'homme. — *Cass.*, 1er août 1844 (t. 2 1844, p. 484), Perret. — Conf. Meaume, t. 2, no 1359.

2450. — Dans le cas où plusieurs délinquans sont trouvés coupant des arbres de plus ou de moins de deux décimètres de tour, dans le même canton de la forêt, les tribunaux devront se baser sur les circonstances pour déclarer s'ils sont ou non solidaires. — V. Meaume, t. 2, no 1360, où il cite, en note, à l'appui de son opinion un arrêt inédit de Dijon, 5 août 1835, Corbret.

2451. — La bonne foi du prévenu ne peut, dans le cas de l'art. 194, ainsi que cela a du reste généralement lieu en matière forestière, être pour les tribunaux une cause de se dispenser d'appliquer la peine. — *Rouen*, 21 déc. 1843 (t. 2 1844, p. 427), Roussel c. Bonvallet ; — Meaume, t. 2, no 1361. — M. Meaume (t. 3, p. 434) cite cependant un arrêt inédit de Besançon du 9 janv. 1837 (Xavier-Edme), qui a décidé que des propriétaires riverains d'une forêt avaient pu invoquer leur bonne foi comme excuse du délit d'abattage d'arbres limitrophes. Cet arrêt fut déféré à la cour suprême; mais celle-ci ne peut prononcer sur l'affaire, car elle jugea, le 16 juin 1837 (Xavier Edme), que le fait imputé aux prévenus était compris dans l'ordonnance d'amnistie du 30 mars 1835. — Sans cette circonstance, il est vraisemblable, dit M. Meaume, que l'arrêt de Besançon eût été cassé.

2452. — Le même principe a fait décider que celui qui, en enlevant de la fougère dans un bois, a coupé de jeunes rejets de chêne qui s'y trouvaient mêlés, est coupable du délit prévu par l'art. 194, C. for., sans qu'il soit besoin de s'occuper du droit qu'il prétend avoir de couper cette fougère. — *Cass.*, 7 juill. 1836, Chuhando.

2453. — On jugeait, avant le Code forestier, et il faudrait juger encore aujourd'hui, qu'il n'est pas nécessaire, pour l'application de la peine au délit d'ébranchage que la dimension des arbres ébranchés soit constatée par les procès-verbaux. — *Cass.*, 27 oct. 1815, Bellefonds.

2454. — Si l'humanité du gouvernement tolère l'enlèvement des branches ou des chicots de bois abattus par les vents, lorsque cet enlèvement est fait à bras ou à hotte, il n'en peut jamais résulter le droit d'enlever ces branches ou chicots avec des charrettes — *Cass.*, 2 oct. 1807, Honoré Cornier; — Merlin, *Rép.*, vo *Chablis*, no 3.

2455. — Les juges ne peuvent, en mettant une différence entre le bois enlevé par charretée et celui enlevé par chariot, et en créant une distinction qui n'est pas dans la loi, diminuer de moitié l'amende encourue par un délinquant. — *Metz*, 2 juill. 1821, Georges Forter.

2456. — Lorsque le procès-verbal constate seulement que les prévenus ont cassé des brins de saule et de tremble secs, de deux décimètres de tour sans mentionner que cette mesure a été prise à un mètre du sol, il y a lieu de leur appliquer l'art. 194, et non l'art. 192, C. forest. — *Cass.*, 18 déc. 1829, Minel.

2457. — Mais si la circonférence constatée au procès-verbal était de quinze ou vingt décimètres, au lieu de deux, les juges ne pourraient évidemment pas appliquer l'art. 194 ; car, quelle que fût la hauteur à laquelle la mesure eût été prise, l'arbre serait nécessairement d'une grosseur supérieure à celle déterminée par ledit article ; dans ce cas, les juges pourraient, sans violer la foi due au procès-verbal, s'entourer de tels autres documens qu'il appartiendrait pour régler le montant de l'amende à prononcer d'après le tarif de l'art. 192, C. forest.

2458. — Le fait d'avoir coupé dans le bois d'un particulier des branches composant une charge ou un fagot n'étant puni que d'une amende de deux francs (C. forest., art. 194) qui doit être doublée à raison de la récidive, il s'ensuit que le juge de police est compétent pour prononcer les peines de cette récidive. — *Cass.*, 22 déc. 1837 (t. 1er 1840, p. 257), Laurent.

2459. — Le § 2, art. 194, excepte de l'appréciation fixée par le premier paragraphe le cas où il s'agit de coupe ou d'enlèvement d'arbres provenant de semis ou qui auraient été plantés dans les forêts depuis moins de cinq ans. La peine se fixe alors, non plus d'après le mode d'enlèvement, mais sur le nombre de brins, quelle qu'en puisse être la grosseur.

2460. — M. Meaume pense, ainsi que MM. Coin-Delisle et Frédérich, qu'on doit entendre par ces derniers mots même les arbres ayant plus de deux décimètres de tour. C'est là, au surplus, une circonstance qui se réalisera bien rarement, le § 2 de l'art. 194 cessant d'être applicable lorsque l'arbre est semé ou planté depuis plus de cinq ans; au surplus, la disposition du Code forestier est ici bien moins rigoureuse que celle prononcée par les art. 444 et 448, C. pén., pour le même délit commis ailleurs que dans les forêts.

2461. — D'après Baudrillart (*C. forest.*, p. 405), ces derniers articles sont seuls applicables lorsqu'il s'agit d'arbres plantés en ligne sur les routes, chemins ou carrefours dans les forêts.

2462. — Mais suivant M. Meaume (t. 2, no 1364), dont l'opinion est en cela conforme à celle de MM. Coin-Delisle et Frédérich, la doctrine de Baudrillart ne peut être adoptée qu'en modifiant ce qu'elle a de trop général; cette doctrine est exacte, en effet, quant aux arbres plantés sur le bord des routes faisant partie du domaine public ou municipal, et qui traversent une forêt ; ces arbres font alors partie de la route. Mais il n'en est plus ainsi quand les arbres ont été plantés en ligne dans les laies et tranchées pratiquées dans les forêts pour faciliter l'exploitation ou le passage des meutes et des chasseurs.

2463. — L'emprisonnement qui, dans le cas du § 2e de l'art. 194, atteint le délinquant, n'est jamais applicable au cas prévu par le § 1er. C'est ce qui résulte des paroles prononcées par M. de Martignac à la chambre des pairs (séance du 19 mai 1827). « L'objet du § 1er, disait cet orateur, est de punir les délits commis dans un bois déjà parvenu à un degré de croissance où le délit ne compromet plus

l'existence de l'arbre, mais seulement le produit de la pousse; tandis que le second paragraphe est destiné à réprimer un délit beaucoup plus grand, parce qu'il ne tend à rien moins qu'à détruire l'arbre lui-même. »

2464. — Le § 2 de l'art. 194 diffère de l'art. 195 en ce que la première disposition a pour but de punir la coupe où l'enlèvement des arbres ayant moins de cinq ans, plantés ou semés de main d'homme dans les forêts, tandis que l'art. 195 punit le fait d'avoir arraché des arbres venus naturellement ou artificiellement dans les forêts, sans qu'on ait à se préoccuper de leur âge. — Meaume, t. 2, nº 1365.

2465. — Cet art. 195 est rédigé dans les termes suivans: « Quiconque arrache des plants dans les bois et forêts est puni d'une amende qui ne peut être moindre de 10 francs ni excéder 300 francs; et si le délit a été commis dans un semis ou plantation exécutés de main d'homme, il est prononcé en outre un emprisonnement de quinze jours à un mois. — Ord. 1669, tit. 3, art 18; tit. 27, art. 11; tit. 32, art. 3 et 13; L. 19 juill. 1791, tit. 2, art. 31.

2466. — L'ordonnance de 1669 punissait le délit prévu par l'art. 195 beaucoup plus sévèrement que ne le fait le Code forestier. Ce délit est commis le plus souvent avec l'intention de replanter dans un autre terrain les arbres arrachés. Ces actes sont le plus souvent des fruitiers qu'enlèvent des maraudeurs afin d'en commercer. Mais, quel que soit le but des délinquans, la loi ne se préoccupe nullement de leur intention; elle ne considère que le fait matériel du délit.—Curasson, t. 2, p. 419; Meaume, t. 2, p. 1365.

2467. — L'art. 4, tit. 32, ord. 1669, frappait également de peines graves et spéciales la coupe de baliveaux, arbres de lisière et autres arbres de réserve. Elle punissait l'arrachement ou déplacement d'un pied cornier d'une amende de 200 livres. Dans ce dernier cas, ne devrait-on pas aujourd'hui appliquer l'art. 456, C. pén., qui punit d'un emprisonnement proportionnel à la gravité des circonstances, sans pouvoir excéder une année, quiconque déplace ou supprime des bornes ou pieds-corniers, ou autres arbres plantés ou reconnus pour établir des limites entre différens héritages? — Bien que l'affirmative paraisse résulter de l'art. 208, C. forest., on doit décider que l'art. 456, C. pén., est étranger aux pieds-corniers des forêts, et ne s'entend que des arbres servant de limites entre les biens ruraux. — Curasson, t. 2, p. 420; Merlin, *Rép. add.*, vº *Délit forestier*, § 2.

2468. — L'art. 13, L. 16 janv. 1824, qui ordonne l'application de l'art. 401, C. pén., aux vols et tentatives de vols de récoltes et autres productions utiles à la terre, lorsqu'ils ont été commis avec panniers, sacs ou voitures, etc., avait modifié la législation antérieure, suivant laquelle ces vols se trouvaient en partie compris dans l'art. 34, L. 28 sept.-6 oct. 1791. — Bourguignon, sur l'art. 381, C. pén., nº 4. — Aujourd'hui, la loi de 1824 ne saurait être applicable aux faits énoncés aux art. 144 et 195, C. forest.; ils sont régis par cette législation spéciale. — Devaulx et Fœlix, *C. forest.*, t. 2, p. 660.

2469. — Il n'en est pas des peines prononcées par l'art. 195, C. forest., comme des amendes prononcées par l'article précédent; ici, il n'y a qu'une seule amende prononcée en bloc, indépendamment du nombre et de la dimension des plantes arrachées.

2470. — Il résulte de l'art. 195 que la loi a laissé aux juges une latitude assez grande pour qu'ils pussent proportionner la peine au délit. Ils ne pourraient cependant se refuser à prononcer l'emprisonnement, dans le cas où le délit a eu lieu dans un semis ou une plantation, et la durée de l'emprisonnement ne pourrait alors être moindre de quinze jours. — Meaume, t. 2, nº 1365; Curasson, t. 2, p. 419.

2471. — Un arrêt inédit de Nancy, du 28 janv. 1841 (Jacquemin), [cité par M. Meaume, *loc. cit.*], décide que le fait d'avoir arraché avec une pioche. dans une forêt domaniale, un baliveau de vingt-cinq centimètres de circonférence, pour en former une charge à dos, constitue le délit d'extraction de plant puni par l'art. 195, et non celui de coupe ou d'enlèvement d'arbre prévu par l'art. 192.

2472. — Sous l'ordonnance de 1669, celui qui avait commis un arrachis de bois chênes verts dans une forêt communale à lui adjugée était passible de l'amende de 500 fr. portée en l'art. 11, tit. 17, dite ordonnance, et cette amende ne pouvait pas être réduite à 20 fr., sous le prétexte que le procès-verbal ne donnait pas la mesure des chênes arrachés, tandis que la loi prononçait une amende fixe indépendante de la dimension des arbres ou plants arrachés. — *Cass.*, 25 juin 1825, Morand. — Il en est évidemment de même sous l'empire du Code forestier, à l'exception du chiffre de l'amende.

2473. — Une question qui a été souvent débattue est celle qui tend à savoir quelle peine doit frapper le fait d'avoir arraché des souches mortes ou vives. On a, à cet égard, proposé la distinction suivante: ou la souche est encore verte, et peut produire des rejets, et alors on doit la considérer comme *plant*, dans le sens de l'art. 195; ou la souche est morte, et ce n'est plus qu'un produit inerte du sol forestier comme la pierre et la tourbe, et c'est alors l'art. 144, C. forest., dont il doit être fait application.

2474. — M. Meaume (t. 2, nº 1366) repousse cette distinction comme inadmissible. « Si, dit-il, on décide qu'une souche est un *plant*, il n'y a aucune différence à faire entre une souche morte et une souche vive, pas plus qu'il n'y en a entre un arbre vivant et un arbre mort. La cour de Cassation a pensé que le fait d'extraction de souches mortes rentre dans le cas prévu par l'art. 192. — *Cass.*, 7 mars 1845 (t. 2, 1845, p. 33), Voyaume. — Nous ne croyons pas que cette solution soit appelée à faire jurisprudence. Il n'y a aucune analogie entre le fait de *couper* un arbre et celui d'*arracher* sa souche. La généralité de l'art. 195 n'admet pas d'exception; cette disposition doit s'appliquer à tous les arbres qui ont été plantés, quel que soit l'état dans lequel ils se trouvent au moment où on les arrache. Cet article laisse, d'ailleurs, une très grande latitude aux juges, et il est bien plus rationnel de prononcer une amende de 10 fr. pour quatre ou cinq souches mortes enlevées de la forêt, qu'une amende de 4 ou 500 francs qui serait applicable dans le cas de l'art. 192, si les arbres auxquels ces souches appartenaient avaient atteint une dimension considérable. » — M. Meaume cite comme conformes à son opinion les arrêts inédits de Montpellier des 17 juill. 1839 (Teulon), et 24 août 1840 (Mas).

2475. — Ceux qui, dans les bois et forêts, ont éhoupé, écorcé ou mutilé des arbres, ou qui en ont coupé les principales branches, sont punis comme s'ils les avaient abattus par le pied. — C. forest., art. 196; ord. 1669, tit. 32, art. 2.

2476. — Cet article est le complément indispensable de ceux qui le précèdent. On pourrait, s'il n'existait pas, soutenir que la loi n'ayant pas prévu la tentative de coupe, il n'y a lieu de prononcer aucune peine contre celui qui n'a fait que porter quelques coups de cognée sur ces arbres. Mais l'art. 196 a érigé cette tentative en délit, et frappé de la même peine la mutilation et l'abattage consommé. — Meaume, t. 2, nº 1367.

2477. — La cour suprême a reconnu, par suite, que le fait d'avoir enlevé d'un arbre quelques morceaux de bois, à l'aide d'une hache, constitue le délit de mutilation prévu par l'art. 196, C. forest. — *Cass.*, 25 janv. 1830, Bougé.

2478. — L'art. 196 considère aussi comme délit le fait d'avoir éhoupé, écorcé un arbre ou coupé ses principales branches. Quant à l'écorcement, la loi n'atteint pas ceux qui n'ont fait sur l'écorce que de simples entailles, *joci causâ*, et sans intention de nuire. Il serait trop rigoureux, en effet, de punir, comme si l'arbre avait été abattu par le pied, celui qui n'aurait fait que graver un nom ou une date. — Meaume, t. 2, nº 1368.

2479. — Si ce fait avait pour résultat néanmoins de préjudicier à l'arbre, il devrait être poursuivi. Mais la poursuite serait sans fondement dans le cas où l'enlèvement partiel et peu considérable de l'écorce ne pourrait occasionner aucun dommage. — Meaume, *loc. cit.*

2480. — La loi n'entend frapper en effet que le fait dommageable joint à l'intention de nuire. Ce qu'a reconnu la cour suprême par arrêt du 12 avr. 1822 (Bertin).

2481. — Cet arrêt porte que les arbres dégradés ou abattus, malgré les précautions convenables, dans une forêt communale ou de particulier, par la chute d'arbres voisins que le propriétaire du bois dont ils font partie coupe ou fait couper par un adjudicataire, ne peuvent pas donner lieu à une poursuite correctionnelle, mais à une simple action civile. — V. conf. Curasson, t. 2, p. 421. — V. aussi *Bourges*, 30 janv. 1846 (t. 2. 1846, p. 598), Chalais c. Girerd.

2482. — Cette doctrine serait encore applicable sous l'empire du Code. Dans le cas même où il s'agirait de l'exploitation d'une coupe d'un bois soumis au régime forestier, il n'y aurait délit qu'autant qu'on aurait négligé de prendre les précautions indiquées par le cahier des charges. Dans ces circonstances, tout se résout en dommages-intérêts. — Meaume, t. 2, nº 1369.

2483. — Cet auteur cite toutefois (*loc. cit.*, note), un arrêt inédit de Besançon du 22 août 1842 (Michaud), qui a considéré comme un délit forestier puni par l'art. 196, le fait d'avoir endommagé des arbres par la chute d'autres arbres. Mais il importe d'observer que cet arrêt n'est pas motivé en droit.

2484. — La cour suprême a reconnu, de son côté, que l'art. 196, C. forest., qui punit ceux qui écorcent et mutilent les arbres, est applicable aux adjudicataires qui ont cassé, renversé et arraché des plants en faisant la vidange des coupes, aussi bien dans les bois des particuliers que dans ceux soumis au régime forestier. — *Cass.*, 5 juin 1841 (t. 2 1841, p. 647), Dercheux

2485. — Celui qui a écorcé des arbres dans une forêt doit être condamné à une amende calculée à raison du nombre non seulement des arbres auprès desquels il a été surpris, mais encore de ceux dont les écorces ont été reconnues à son domicile. — *Cass.*, 18 mai 1808, Bailly.

2486. — Le principe qui a fait punir la mutilation des arbres commandait de frapper aussi la coupe des principales branches, c'est-à-dire de celles qui sont nécessaires à l'existence et à la belle venue de l'arbre, et non de celles dont l'enlèvement ne peut amener qu'un dommage réparable par la restitution de l'objet enlevé ou de sa valeur. — Meaume, t. 2, nº 1370.

2487. — Bien que l'art. 196 ne déclare positivement punissables que ceux qui coupent les *principales branches*, il n'est cependant pas nécessaire pour que l'article puisse être appliqué, que toutes les branches principales d'un arbre aient été coupées; il suffit qu'il y en ait eu une seule d'abattue. La coupe d'une seule branche peut, en effet, amener la mort de l'arbre. — V. Meaume, t. 2, nº 1370, où il cite comme conf. huit arrêts inédits de Nancy du 8 mars 1828.

2488. — Le procès-verbal qui constate l'enlèvement de branches ne fait foi qu'elles sont principales que si le garde rédacteur a détaillé avec soin les motifs qui ne lui permettaient pas de douter que les branches étaient *principales*, c'est-à-dire nécessaires à l'existence ou à la prospérité de l'arbre. Car la qualification légale des faits, en pareil cas, se confond et s'identifie avec le fait même constaté par les gardes. — Meaume, t. 2, nº 1370; — *Rouen*, 18 avr. 1845 (t. 1er 1847).

2489. — Si le procès-verbal constatant qu'une branche principale a été coupée n'en indique pas la dimension, ou ne contient aucun renseignement qui puisse en faire connaître l'importance ou l'utilité, on doit alors ordonner l'audition du garde, afin de compléter par sa déposition ce que son rapport présente d'insuffisant. — Meaume, *loc. cit.*, note.

2490. — Jugé, avant le Code forestier, que le Code pénal n'avait point abrogé les dispositions de l'ord. de 1669, ni celles de la loi du 20 messid. an III, relatives aux délits forestiers consistant à abattre des arbres, à les mutiler ou les écorcer de manière à les faire périr. — *Cass.*, 9 mai 1812, Thuandet.

2491. — ...Qu'ainsi, les art. 445, 446 et 455, C. pén., ne pouvaient être appliqués que lorsque les arbres abattus ou mutilés étaient plantés soit sur des fonds ruraux, autres que les bois et forêts, soit sur des places ou autres lieux désignés par l'art. 448 dudit Code. — Même arrêt, et *Cass.*, 14 mai 1813, Négro; — Mangin, *De l'action publique*, t. 2, p. 135, nº 301. — Ces solutions ne sont plus admissibles depuis l'abrogation, par l'art. 218, C. forest., des lois et réglemens antérieurs à ce Code.

2492. — Le fait d'avoir coupé et enlevé des branches vertes de saules plantés sur une pièce de terre appartenant à autrui constitue le délit rural prévu et puni par l'art. 36, tit. 2, L. 28 sept. 1791, qui n'a pas été abrogé, sous ce rapport, par les lois subséquentes. C'est au tribunal de police correctionnelle, et non au tribunal de simple police, qu'appartient la connaissance de ce délit. — *Cass.*, 22 fév. 1839 (t. 1er 1839, p. 348), Berdat.

2493. — L'art. 196 s'applique aux adjudicataires de coupes dans les bois des particuliers qui auraient écorcé, éhoupé ou mutilé soit des arbres de réserve, soit des arbres situés dans des cantons non adjugés, ou s'ils en avaient coupé les principales branches. — *Cass.*, 5 juin 1841 (t. 2 1845, p. 647), Dercheux et Dubois c. Fouagt et Lavaquier; — Meaume, t. 2, nº 1372.

2494. — Mais ces adjudicataires ne tomberaient sous le coup d'aucune loi pénale si, contrairement à leurs conventions avec le propriétaire, ils écorçaient sur pied des arbres à eux adjugés. Il y aurait lieu seulement de les condamner à des dommages-intérêts. L'art. 36, C. forest., ne s'applique pas, en effet, aux bois des particuliers. — Meaume, *loc. cit.*

2495. — Lorsqu'il s'agit de dégradations et d'arbres coupés dans des bois particuliers, au mépris d'un bail, la reconnaissance du dommage doit avoir lieu aussitôt la coupe consommée. — *Cass.*, 17 mars 1806, Cucherat.

2496. — L'ébranchage fait dans un bois communal est un délit, s'il n'est autorisé par l'administration forestière, bien qu'il y ait eu autorisation du maire et désignation du garde forestier local. — *Cass.*, 27 oct. 1815, Bellefonds.

2497. — Le maître qui donne l'ordre à son domestique d'ébrancher des arbres appartenant à autrui encourt la peine de police correctionnelle, à raison de sa culpabilité personnelle résultant de cet ordre. Il peut, en ce cas, être poursuivi directement et sans que le domestique soit mis en cause. — *Cass.*, 11 juin 1808, Aubert; — Carnot, sur l'art. 60, C. pén., t. 1er, p. 236, no 1er.

2498. — L'art. 2, tit. 17, ord. 1669, punissait, comme la coupe ou l'enlèvement de bois sur pied, le fait non seulement d'avoir enlevé des chablis ou bois de délit, mais encore celui de les avoir coupés par *tronces* et ébranchés.

2499. — Baudrillart fait connaître que le projet du Code forestier communiqué aux autorités rappelait la disposition de l'ordonnance de 1669, mais que la commission de révision a fait disparaître cette partie de l'article en projet, le fait d'avoir débité en *tronces* ou ébranché des chablis ne pouvant être puni aussi sévèrement que l'enlèvement de ces bois. Il suit de là, ainsi que l'observe M. Meaume (t. 2, no 1373), que le seul fait d'une simple tentative d'enlèvement consistant dans l'ébranchage des chablis ou bois de délit, ou bien leur séparation en tronces, ne constituerait pas le délit prévu par l'art. 197, mais pourrait cependant, suivant les circonstances, donner lieu à des dommages-intérêts.

2500. — Cet article est ainsi rédigé : « Quiconque enlève des chablis et bois de délit est condamné aux mêmes amendes et restitutions que s'il les avait abattus sur pied. » — L. 29 sept. 1791, tit. 12, art. 15.

2501. — Si cependant l'enlèvement, bien que non consommé, avait été déjà préparé de telle façon qu'on pût le considérer comme consommé, si les bois avaient été façonnés ou *dénaturés*, on devrait appliquer l'art. 197. — Meaume, t. 2, no 1373.

2502. — Ainsi, le fait d'avoir façonné dans une forêt un arbre déjà coupé, et ce, dans le but de le faire servir à son usage, constitue le délit de chablis prévu par l'art. 197, C. forest., bien qu'il n'ait pas encore été enlevé. — *Nancy*, 15 fév. 1833, Christophe.

2503. — De même, celui qui a été trouvé dans une forêt ébauchant une pièce de bois coupée en délit est passible des mêmes peines que s'il en eût consommé l'enlèvement, encore bien que ce ne soit point lui qui ait abattu l'arbre. — *Cass.*, 24 sept. 1829, Valence.

2504. — Mais si le prévenu avait uniquement détaché d'un arbre abattu des branches ayant moins de deux décimètres de grosseur, il y aurait lieu de lui appliquer seulement l'art. 194. — Meaume, t. 2, no 1373.

2505. — La cour de Nancy (arrêt du 12 avr. 1830, rapporté par M. Meaume, *loc. cit.*, note), a décidé qu'on ne devait pas appliquer l'art. 197 à l'individu qui a seulement enlevé la cime d'un arbre chablis, alors surtout que le procès-verbal n'indique ni la grosseur de cette cime, ni la circonférence de l'arbre dont elle faisait partie : qu'en pareil cas, l'amende se calcule conformément à l'art. 194. — Conf. Coin-Delisle et Frédérich, sur l'art. 197.

2506 — Le Code forestier ne parlant que des chablis (*strages arborum tempestatibus eversarum*), ne s'en applique pas moins aux *volis*, ou arbres dont la tige a été cassée par les vents, et dont la partie inférieure, connue sous le nom de *quille, chandelier* ou *tronc*, reste debout et tient à la terre par ses racines. Le législateur n'avait pas à s'occuper des volis puisque ce sont des arbres dans le sens de l'art. 192, et que leur coupe ou leur enlèvement donne lieu aux peines prononcées par cet article. — V. Meaume, t. 2, no 1374, qui cite comme conf. Nancy, 27 août 1833, et 15 fév. 1833, Christophe (dans ses motifs); — conf. *Colmar*, 14 janv. 1846 (t. 2 1846, p. 635), Bachmann.

2507. — L'art. 197 ne parlant que des véritables chablis ou arbres de haute futaie abattus, renversés, brisés ou arrachés par le vent, ou tombés en vieillesse ou de pourriture, paraît abandonner aux pauvres le bois sec, mort ou pourri. Mais le droit d'amasser le bois sec ne donne pas celui de le couper. — Dupin, *Lois forest.*, p. 777.

2508. — Ceci doit être étendue aux bois des communes pour les habitans de ces communes. — Proudhon, no 3434.

2509. — Les chablis et bois de délit, dans les forêts commmunales, doivent être vendus au profit des communes; mais ils ne peuvent accroître leur affouage qu'autant qu'ils se trouvent compris dans les coupes affouagères. — Baudrillart, t. 2, p. 856.

2510. — La défense faite même aux usagers par les lois forestières, de toucher sous aucun prétexte aux chablis n'est pas de principe tellement rigoureux que les chablis ne puissent en aucun cas ni par aucun titre, être assujétis à un droit d'usage à exercer dans les formes voulues par la loi. — *Cass.*, 8 août 1832, comm. de Champagnole.

2511. — Le bois de délit est celui sur lequel a été précédemment commis un délit quelconque, soit en l'abattant, soit en l'écorçant. Les art. 192 et 197 n'exigent pas que l'enlèvement provienne du fait de celui qui a abattu l'arbre. — Meaume, t. 2, no 1375.

2512. — Il suit de là que si un arbre a été abattu ou charmé un jour par un individu, et ensuite enlevé par une autre personne, ces deux faits peuvent donner lieu à des amendes distinctes. — Meaume, *loc. cit.*

2513. — En effet, comme nous avons eu occasion de le dire, celui qui enlève dans une forêt le bois provenant d'un arbre déjà abattu est passible des mêmes peines que s'il l'eût abattu lui-même. — *Cass.*, 24 sept. 1829 Valence; 7 mai 1899, Castellin.

2514. — L'usager qui a été trouvé coupant sur pied un arbre *charmé*, c'est-à-dire dont l'écorce avait été enlevée tout autour d'une partie du tronc pour le faire sécher et périr, doit être condamné aux peines portées par les art. 192 et 197, C. forest., alors qu'il était évident à ses yeux que cet arbre n'était devenu sec que par suite d'un délit. — *Cass.*, 25 mars 1830, Taffine.

2515. — L'art. 197 ne punissant le délinquant que des *mêmes amendes et restitutions* dont il serait passible s'il avait abattu l'arbre par le pied, l'emprisonnement ne peut jamais être appliqué dans ce cas, même lorsque le délit entraînerait l'emprisonnement si le bois était encore sur pied. — Meaume, t. 2, no 1376.

2516. — L'art. 177 ne serait pas applicable au cas où le bois enlevé proviendrait d'une coupe faite par le propriétaire ou l'adjudicataire. Le bois étant alors considéré comme une récolte abattue, confiée à la foi publique, on devrait, aux termes de l'art. 388, § 2, C. pén., punir le délinquant de la réclusion. — *Cass.*, 1er mars 1816, Bernard Laguène; — Curasson, t. 2, p. 421.

Sect. 2e. — *Délits de paturage.*

2517. — Les délits de pâturage sont spécifiés dans un seul article, l'art. 199, C. forest., lequel a remplacé, en en adoucissant beaucoup la pénalité, l'art. 12, tit. 32, ord. 1669. Ainsi, il a d'une part pris l'âge du bois en considération pour déterminer la peine, et de l'autre gradué les amendes proportionnellement au préjudice que peut occasionner pour la forêt le pâturage de chaque espèce de bétail. Il a, dans ce dernier cas, choisi un moyen terme entre la rigueur de l'ordonnance de 1669 et l'art. 38, tit. 2, L. 6 oct. 1791, qui prononçait des amendes beaucoup trop faibles pour les dégâts commis dans les bois taillis des *communes* et des *particuliers*. — Curasson, t. 2, p. 422; Meaume, t. 2, no 1384.

2518. — L'art. 199 est rédigé dans ces termes : « Les propriétaires d'animaux trouvés de jour en délit dans les bois de dix ans et au-dessus seront condamnés à une amende de 1 fr. pour un cochon, 2 fr. pour une bête à laine, 3 fr. pour un cheval ou autre bête de somme, 4 fr. pour une chèvre, 5 fr. pour un bœuf, une vache ou un veau. — L'amende sera double, si les bois ont moins de dix ans; sans préjudice, s'il y a lieu, des dommages-intérêts. » — Ord. 1669, tit. 32, art. 124; 28 sept.-6 oct. 1791, tit. 2, art. 36 à 38; — avis cons. d'état, 18 brum.-16 frim. an XIV.

2519. — Les dispositions de l'art. 199 forment le complément de celles comprises dans les art. 70, 78, 110, 120 et 147 même Code, lesquels établissent les divers cas où les bestiaux sont trouvés en délit dans les bois. L'art. 199 établit les règles générales sur la peine applicable au délit. La pénalité qu'il prononce est double en cas de récidive, ou si le délit a eu lieu nuitamment.

2520. — La confiscation des bestiaux prononcée par l'ordonnance de 1669 se trouve abolie par la nouvelle loi; de même encore la restitution cesse d'être égale à l'amende. — Le Code forestier a emprunté à la loi de 1791 la distinction entre les bois de dix ans et ceux au-dessous de cet âge.

2521. — Le décr. du 30 frim. an XIII a abrogé l'arrêt du conseil de 1760 qui, pour la ci-devant principauté de Château-Regnaud, avait réduit les peines en matière de délits forestiers. — *Cass.*, 26 déc. 1806, Piquart.

2522. — Sous l'ordonnance de 1669 et d'après l'avis du conseil d'état du 18 brum. an XIV, l'arrêt du parlement de Besançon, du 18 avr. 1751, qui autorisait le pâturage des porcs dans les bois de six à sept ans, était sans autorité, même dans la ci-devant province de Besançon. — *Cass.*, 1er avr. 1808, Poujol.

2523. — Avant le Code forestier, quoique les porcs ne fussent pas compris dans la nomenclature faite par l'art. 10, tit. 32, ord. 1669, les tribunaux n'en devaient pas moins prononcer une amende, en prenant pour base la règle proportionnelle donnée par l'ordonnance. — *Bourges*, 27 juill. 1821, Guinochet.

2524. — Il en était de même du pâturage des chèvres dans un bois communal uniquement peuplé de pins. Ce pâturage constituait un délit forestier et non un délit rural. — *Cass.*, 20 fév. 1812, Biancheri. — Cette question ne présente plus d'intérêt depuis que les deux dispositions, parmi lesquelles un choix était à faire, se trouvent confondues dans celle de l'art. 199, C. forest.

2525. — Avant le Code forest., le délit de dépaissance dans une forêt impériale n'était prévu ni par la loi de 28 sept.-6 oct. 1791, ni par aucune loi spéciale, et devait être puni conformément à l'ordonnance de 1669. — *Cass.*, 14 mars 1812, Blasé; — Merlin, *Rép.*, vo *Pâturage*, § 1er, no 22.

2526. — Jugé aussi que l'art. 38, tit. 2, L. 28 sept.-6 oct. 1791, qui ne parle que des dégâts commis par les bestiaux dans les taillis, n'avait point dérogé, sous ce rapport, à l'ordonnance de 1669. Ainsi, celui qui avait introduit des bestiaux dans le bois taillis d'un particulier ne pouvait pas être acquitté, sous le prétexte que ces bestiaux n'y avaient commis aucun dégât. — *Cass.*, 26 brum. an XII, Guillot.

2527. — La simple introduction des bestiaux dans un bois taillis appartenant à autrui constituait un fait punissable, encore bien qu'aucun dégât n'eût été commis. — *Cass.*, 31 déc. 1824, Mongel; 1er thermid. an XII, Taffoneau; 26 déc. 1806, Piquart; 10 avr. 1812, Simonin; 7 janv. 1820, Piet; 19 fév. 1825, Burlereaux; — Merlin, *Rép.*, vis *Pâturage*, § 2, no 2; *Amende*, § 1er.

2528. — Il n'y avait donc pas lieu, lorsque les bêtes à laine avaient été surprises dans un bois, d'examiner s'il en était ou s'il n'en était pas résulté de dommage. — *Cass.*, 21 mars 1817, Loureau. — Il est bien rare du reste que l'introduction des bêtes à laine dans une forêt ne soit pas préjudiciable à celle-ci, la dent de ces animaux étant des plus malfaisantes.

2529. — Peu importait donc que le procès-verbal fût muet ou non sur ce dernier point. — *Cass.*, 21 vendém. an XII, Guillot; 21 mars 1817, Loureau.

2530. — L'introduction des bestiaux constituait seule un délit, lors même que la coupe devait être essartée. — *Metz*, 15 déc. 1817, N...

2531. — Celui qui avait conduit sans droit les animaux trouvés à l'abandon ne pouvait pas être acquitté sous le prétexte que ces animaux n'avaient pas été trouvés en délit ou hors des lieux de route et chemin désignés. — *Cass.*, 1er thermid. an XII, Taffoneau.

2532. — Ainsi, celui qui avait été trouvé traversant avec une charrette attelée de chevaux un jeune taillis dans lequel huit plants de chêne et trois de bouleau avaient été arrachés, ne pouvait pas être acquitté, sous le prétexte que la loi qui punissait cette introduction n'était applicable qu'au dégât commis par le pâturage. — *Cass.*, 26 déc. 1806, Gillet; — Merlin, *Rép.*, vo *Délit forestier*, § 9.

2533. — Cette jurisprudence est encore applicable sous le Code forestier. Aussi a-t-il été jugé que l'introduction des animaux dans les bois constitue à elle seule un délit, sans qu'il soit nécessaire que le procès-verbal indique qu'elle a été suivie d'un délit de pâturage. — *Nancy*, 22 mars 1839 (t. 2 1839, p. 606), Bruant; 22 janv. 1845 (t. 1er 1845, p. 699), Haché; — Coin-Delisle et Frédérich, *Comment. sur le C. forest.*, art. 199, t. 2, p. 217; et t. 1er, p. 334; Devaulx et Fœlix, *C. forest. annoté*, t. 2, p. 667, no 5. — La rédaction de l'art. 10, tit. 22, ord. 1669, était semblable à celle de l'art. 199. C. forest., et recevait la même interprétation. — Merlin, *Rép.*, vo *Délit forestier*, § 9; Meaume, t. 2, no 1385; Garnier, Dubourgneuf et Chanoine, sur l'art. 199.

2534. — Le fait seul d'un pacage dans un bois, par des bêtes à cornes suppose donc nécessairement un dommage fait au bois et donne lieu à des dommages-intérêts outre l'amende. — *Orléans*, 19 avr. 1828, N...

2535. — Le principe qui fait réputer délit de pâturage la simple introduction d'animaux broutant dans une forêt ne pourrait être étendu aux oies, dindons et poules, non plus qu'aux autres animaux que ne désigne pas l'art. 199. Il n'y aurait lieu, en ce dernier cas, qu'à une action en dommages-intérêts. — Baudrillart, *Dict.*, vo *Bestiaux*, no 15; Coin-Delisle et Frédérich, t. 2, p. 217; Meaume, t. 2, no 1385, note.

2536. — Mais l'art. 10, tit. 32, ord. 1669, qui punissait l'introduction des bestiaux dans les bois et

forêts, comprenait nécessairement sous cette dénomination les bêtes asines.—*Cass.*, 14 oct. 1826, Min. pub. c. Bourgeois.

2537.—Ainsi, sous l'ordonnance de 1669, comme sous le Code forestier, le pâturage des ânes et bourriques dans les bois et forêts était puni de 3 fr. d'amende par chaque bête surprise en délit.—*Bruxelles*, 3 avr. 1817, N...

2538.—Quoique l'art. 199 soit limitatif, on ne saurait prétendre cependant que les poulains ne doivent pas être considérés comme des chevaux. C'est ce qu'a décidé la cour de Metz en réformant plusieurs jugemens du tribunal civil de Charleville, qui avaient décidé dans un sens contraire.—M. Meaume (*eod. loc.*) cite notamment deux arrêts inédits du 18 nov. 1833, Lubin et Fusellier.

2539.—L'art. 199 porte que la poursuite doit être dirigée contre le propriétaire des animaux trouvés en délit de pâturage. En effet, c'est toujours lui qui profite du délit, bien qu'il ne l'ait pas commis. Il importait du reste d'intenter l'action contre un répondant sérieux, car les pâtres sont en général des gens insolvables.—Meaume, t. 2, no 1386; Curasson, t. 2, p. 422 et 440; Coin-Delisle et Frédérich, t. 2, p. 217.

2540.—De ce que les poursuites sont généralement dirigées contre le propriétaire, on ne doit pas conclure que le pâtre ou berger, auteur principal du délit, doive rester à l'abri de toute poursuite; si le Code forestier se tait sur ce point, c'est qu'il est de principe qu'on peut toujours poursuivre l'auteur de tout délit.—Meaume, t. 2, no 1386.—V. conf. *Nancy*, 18 déc. 1845 (t. 2 1846, p. 276), Jean-Pierre (dans ses motifs).

2541.—Il suit de là qu'on peut à volonté diriger l'action publique et l'action civile soit contre le propriétaire des bestiaux, soit contre le pâtre. On peut même les poursuivre, non seulement l'un ou l'autre, mais aussi l'un et l'autre. On ne devra toutefois, dans le dernier cas, prononcer qu'une amende par tête de bétail, quel que soit le nombre des délinquans qu'on poursuivra. Nous avons, en effet, déjà vu qu'il est de principe, en matière forestière, de ne prononcer qu'une seule peine pour un même délit, abstraction faite du nombre des auteurs ou complices.—Meaume, t. 2, no 1386.

2542.—Il a été jugé d'après ce principe qu'en matière de délit commis par des animaux dans un bois, les poursuites correctionnelles peuvent être indifféremment dirigées contre le propriétaire de ces animaux (lequel est directement passible de l'amende), ou contre le pâtre (véritable auteur du délit).—*Cass.*, 13 juin et 11 sept. 1840 (t. 1er 1841, p. 92), Mérault et Ligier; 21 août 1835, Carnet; 3 nov. 1832, Peyron; *Nancy*, 18 déc. 1845 (t. 2 1846, p. 276), Jean-Pierre; *Nîmes*, 6 fév. 1835 (arrêt inédit rapporté par M. Meaume, t. 2, p. 951, note).

2543.—Il a été jugé cependant que l'art. 199 prescrivant de poursuivre le propriétaire, on ne peut jamais mettre le gardien en cause.—*Dijon*, 26 août 1831, Pitoiset; *Metz*, 18 oct. 1835, Daniel Helff (arrêts inédits rapportés par M. Meaume, *loc. cit*).

2544.—La possibilité seulement de cette mise en cause paraît être admise par un arrêt inédit de Montpellier du 29 avr. 1833 (Mazeng), rapporté aussi par M. Meaume (t. 2, no 1386, p. 938, note), lequel décide que le propriétaire du troupeau peut être cité personnellement sans qu'il soit nécessaire de mettre en cause le gardien.

2545.—MM. Garnier-Dubourgneuf et Chanoine (sur l'art. 199) enseignent qu'on ne devrait condamner à l'amende les propriétaires des bestiaux que s'ils avaient été trouvés gardant eux-mêmes ceux-ci.—Un arrêt de Nancy du 9 nov. 1833, cité par M. Meaume (t. 2, no 1386, p. 936, note) a, décidé dans ce même sens qu'un propriétaire dont les animaux ont été trouvés en dépaissance dans une forêt sous la garde de ses domestiques, ne peut être condamné à l'amende édictée par l'art. 199, mais seulement aux réparations civiles lorsque rien n'indique qu'il ait donné l'ordre à ses domestiques de commettre le délit.—Mais cette doctrine, contraire aux arrêts de la même cour du 28 déc. 1825 et 18 déc. 1845, est généralement repoussée par la jurisprudence.

2546.—En effet, la cour suprême a décidé que les propriétaires devaient être condamnés à l'amende, non seulement lorsque leurs bestiaux ont été trouvés sous leur garde ou sans garde, mais encore lorsqu'ils l'ont été sous la conduite d'un pâtre.—*Cass.*, 3 nov. 1832, Peyron; 30 avr. 1836 (t. 1er 1836, p. 197), Marconney; 11 sept. 1840 (t. 1er 1841, p. 74), Ligier et Savary; *Nancy*, 18 déc. 1845 (t. 2 1846, p. 276), Jean-Pierre.

2547.—Ainsi l'individu cité comme civilement responsable des faits de son domestique chargé de la conduite de bestiaux trouvés en délit, qui, lors de sa comparution devant le tribunal, déclare qu'il est le propriétaire de ces bestiaux, prend par cela même le fait et cause de son domestique, et se soumet aux conséquences de l'action intentée contre celui-ci.—*Cass.*, 4 août 1836 (t. 1er 1837, p. 474), Martin.

2548.—Le propriétaire d'un troupeau trouvé en délit doit, s'il est présent au procès, être condamné à l'amende sur les réquisitions du ministère public, quand bien même il n'aurait été appelé en cause que par la partie civile, et seulement comme civilement responsable des faits de son berger.—*Nîmes*, 17 juin 1841 (t. 1er 1842, p. 220), Vidal.

2549.—Lorsque la poursuite est dirigée tout à la fois contre le propriétaire et le berger, on doit les condamner solidairement aux amendes encourues pour le délit de pâturage. Car, dit M. Meaume (t. 2, no 1386), « la responsabilité qui pèse sur le propriétaire n'est pas seulement une responsabilité *civile*, puisqu'il peut être poursuivi directement en paiement de l'amende. Le propriétaire est donc ici dans la même position qu'un adjudicataire de coupes à l'égard des ouvriers de l'exploitation; il répond tout à la fois des réparations civiles et de l'amende. Les condamnations à prononcer dans ce cas doivent donc être solidaires. »—V. conf. *Nancy*, 28 déc. 1825, Sorins; *Metz*, 24 avr. 1834, Poinsignon; *Dijon*, 18 déc. 1833 (arrêts cités par M. Meaume, t. 2, no 1386), Donard; *Nancy*, 18 déc. 1846 (dans ses motifs) [t. 2 1846, p. 276], Jean-Pierre.—V. *contrà* *Nîmes*, 21 juin 1832 (cité par M. Meaume, *eod. loc.*), Lafond.

2550.—M. Meaume cite aussi (no 1836, note) un arrêt de Nancy du 8 mars 1833, qui a jugé que lorsqu'il est constaté par le procès-verbal que six bœufs ont été trouvés en délit dans la forêt sans que le garde ait pu reconnaître à qui ils appartenaient, la demande en main-levée provisoire de la saisie de ces animaux formée devant le juge de paix sans indication du nombre des bœufs appartenant à chacun des prévenus, a pour effet de les soumettre, quant à l'application de la peine, à une espèce de solidarité qui rend la répartition inutile. Le tribunal ne serait pas en ce cas fondé à prétendre que l'insuffisance du procès-verbal n'est couverte qu'en partie par la demande en main-levée, et qu'on doit, dans le doute, présumer que chaque prévenu n'est propriétaire que d'un des animaux saisis.

2551.—Lorsque le délit de pâturage a été commis dans un bois communal, on doit prononcer contre le pâtre une amende en vertu des art. 78 et 110, indépendamment de celle que l'art. 199 prononce contre le propriétaire des chèvres et des moutons.—Meaume, t. 2, p. 940, no 1386.

2552.—Il y aurait lieu, toutefois, à ne prononcer que les amendes portées par l'art. 199, si le propriétaire avait été trouvé gardant lui-même ses troupeaux.—V. Meaume, *eod. loc.*, qui cite comme conf. *Nancy*, 28 déc. 1825, Sorins.

2553.—La cour de Cassation a même étendu cette exception au fils du propriétaire surpris gardant les troupeaux de son père. Cet arrêt, rendu le 2 mai 1845 (t. 1er 1847), rejette le pourvoi formé contre un jugement qui avait renvoyé le fils considéré comme pâtre et condamné le père seul aux amendes prévues par l'art. 199.—M. Meaume pense que cet arrêt n'est vraisemblablement pas appelé à faire jurisprudence.

2554.—L'opinion émise par cet auteur paraît s'appuyer du reste sur un arrêt de la cour de Cassation elle-même. Cette cour a, en effet, décidé que la défense faite aux pâtres de conduire leurs troupeaux dans un bois communal s'applique non seulement à ceux qui sont préposés à la garde des troupeaux d'une commune, mais à tous les pâtres et gardiens conduisant les troupeaux même d'un seul habitant.—*Cass.*, 5 mai 1837 (t. 2 1840, p. 314), Borderie.

2555.—...Qu'ainsi il n'y a pas lieu de distinguer entre le pâtre salarié et celui qui ne l'est pas, dans le cas, par exemple, où le fils conduirait le troupeau de son père.—*Cass.*, 5 mai 1837 (t. 2 1840, p. 314), Borderie.

2556.—Dès qu'un canton de bois soumis à des droits d'usage n'a pas été spécialement déclaré défensable pour l'année, le pâturage y est interdit aux usagers qui ne peuvent y introduire leurs bestiaux sans se rendre coupables de la contravention punie par l'art. 199, C. forest.—*Cass.*, 16 avr. 1835, Brivadis; 16 janv. 1836, de la Suiche c. Haudini.

2557.—De même, l'usager dont le pâtre a introduit des bestiaux dans une forêt qui n'avait pas été déclarée défensable, est passible des peines portées par l'art. 199, C. forest., et non de celles de l'art. 76, même Code, qui ne concerne que le pâtre commun choisi par l'autorité municipale pour garder le troupeau commun.—*Cass.*, 8 mai 1830, Renaud.

2558.—Jugé que, dans le cas de l'art. 76, C. for., c'est-à-dire lorsque les bestiaux d'un usager sont trouvés hors des cantons déclarés défensables ou désignés pour le pacage, ou hors des chemins désignés pour s'y rendre, le propriétaire de ces bestiaux est passible des peines portées par ce Code, bien qu'ils fussent sous la garde du pâtre de la commune.—*Cass.*, 30 avr. 1836, Maconet.—V. en sens contraire, *Colmar*, 6 avr. 1837 (t. 1er 1838, p. 197), Marconney.

2559.—Il y a une différence essentielle entre deux délits dont l'un a été commis dans un bois soumis au droit d'usage, mais non déclaré défensable, et l'autre dans un bois où la commune n'avait aucun droit. Le premier est présumé être le fait personnel du pâtre qui a dépassé la limite qu'on lui avait assignée; le second ne peut provenir que du fait de la commune qui a envoyé son pâtre dans un bois où elle n'avait aucun droit, ou qui est coupable de négligence pour l'y avoir laissé aller. La surveillance qui lui était facile dans ce dernier cas ne l'était pas également dans le premier.

2560.—Ainsi, la commune dont le troupeau a été trouvé sous la garde du pâtre commun dans une forêt où elle n'a aucun droit d'usage doit être condamnée, comme propriétaire de ce troupeau, en vertu de l'art. 199, C. forest., et non par application de l'art. 76.—*Cass.*, 18 sept. 1835, Cordier.

2561.—Ajoutons que lorsque le troupeau d'une commune a été trouvé en délit de pâturage, il y a lieu de prononcer contre le pâtre l'amende portée par l'art. 76, C. forest., et contre le maire de la commune par l'art. 199, même Code.—*Colmar*, 14 janv. 1846 (t. 2 1846, p. 635), Trapp et maire de la comm. de Lautenrach;—Curasson, t. 2, p. 423.

2562.—Il est un cas où le propriétaire des bestiaux trouvés en délit cesse d'être passible des amendes prononcées par l'art. 199, celui où ces bestiaux ont été donnés à cheptel. Les fermiers, pendant toute la durée de celui-ci, exerçant sur le troupeau tous les droits de propriété, doivent donc être considérés seuls comme propriétaires dans le sens de l'art. 199.—*Grenoble*, 20 juin 1833, Poysson; *Montpellier*, 6 déc. 1841 (t. 3 1844, où est rapporté en note l'arrêt de Grenoble), Blattes;—Meaume, t. 2, no 1387.—V. *contrà* *Nîmes*, 2 mars 1837, Broche (cet arrêt est aussi rapporté en note de celui de Montpellier).

2563.—L'âge du bois a été pris en considération par l'art. 199, comme par la loi de 1791, lorsqu'il s'est agi de fixer le chiffre de l'amende. Cet article double, en effet, l'amende, lorsque le bois a moins de dix ans. Le principe du Code forestier, qui proportionne l'amende au préjudice commandait de le décider ainsi. On comprend d'ailleurs que le dommage causé par l'introduction de bestiaux dans un jeune taillis est autrement considérable que celui qu'amènerait leur introduction dans un taillis de plus de dix ans.—*Nancy*, 29 janv. 1840 (t. 1er 1843, p. 553), Henri et Robert.

2564.—On doit conclure de là que l'introduction de bestiaux dans une coupe où il n'existe encore aucun rejet, et à une époque où la sève n'agit pas encore sur le bois qu'elle est destinée à reproduire, ne doit donner lieu qu'à une amende simple.—*Nancy*, 29 janv. 1840 (t. 1er 1843, p. 554), Chenin (dans ses motifs);—Meaume, t. 2, no 1388, p. 942.

2565.—Il est évident que les procès-verbaux des agens ou gardes ne font pas foi jusqu'à inscription de faux, quant à l'âge du bois. Aussi a-t-il été reconnu par un arrêt de Nancy du 13 déc. 1831, rapporté par M. Meaume (t. 2, no 1391), et dont cet auteur adopte la doctrine, qu'on ne peut refuser au prévenu de prouver que le taillis où ses troupeaux ont été surpris pacageant a dix ans et plus, bien qu'il soit dit au procès-verbal que le bois n'avait que huit ans de croissance.

2566.—Si aucune circonstance n'était de nature à indiquer l'âge du taillis, on devrait présumer qu'il était âgé de plus de dix ans, et dès lors il n'y aurait lieu de prononcer contre le délinquant qu'une amende simple.—*Nancy*, 22 mai 1839, Bruand (dans ses motifs) [t. 2 1839, p. 606];—Meaume (t. 2, no 1390).

2567.—Le fait seul de pâturage, dans le cas de l'art. 199, C. forest., n'entraîne pas nécessairement la condamnation aux dommages-intérêts. Les juges ont la faculté d'apprécier, d'après les circonstances particulières de la cause, s'il est résulté quelque préjudice du fait de pâturage, et s'il doit être prononcé, outre l'amende, une condamnation en dommages-intérêts.—*Nancy*, 17 avr. 1839 (t. 2 1839, p. 606), Tridon.—V. aussi *Nancy*, 29 janv. 1840 (t. 1er 1843, p. 553), Robert et Henri.

2568.—C'est là un principe à peu près constant; il est bien évident que quand le procès-verbal constate que le garde a, par exemple, trouvé des bestiaux broutant dans un jeune taillis, que des pousses ont été ainsi dévorées, il doit être né-

cessairement prononcé des dommages-intérêts; car il y a là préjudice certain, et il doit forcément y avoir réparation. Mais, hors ce cas de certitude, si le procès-verbal garde le silence sur le fait d'abroutissement, il appartient nécessairement aux tribunaux, malgré ce que les termes de l'art. 199 paraissent avoir de formel et de général, d'accorder ou de refuser des dommages-intérêts. Ce point est, du reste, constant en doctrine.—Meaume, t. 2, nº 1389; Curasson, t. 2, p. 438; Gagneraux, t. 1er, p. 408; Coin-Delisle et Frédérich, t. 2, art. 199.

2569. — Au surplus, le fait seul d'un pacage dans un bois par des bêtes à corne suppose nécessairement un dommage fait au bois, et donne lieu à des dommages-intérêts outre l'amende. — *Orléans*, 16 août 1828, Marois.

2570. — La dent des chèvres étant on ne peut plus malfaisante pour les arbres broutés par ces animaux (V. CHÈVRE), il en résulte, par suite du principe que nous venons de développer, que celui qui a fait paître des chèvres dans une forêt ne peut être renvoyé de la poursuite de l'administration, sous le prétexte que des chèvres sont nécessaires pour la conduite d'un troupeau. — *Cass.*, 16 mars 1833, Daumas. — Il faut en dire autant quant aux bêtes à laine. — *Cass.*, 21 mars 1817, Lerneau. — V. BÊTES A LAINE.

2571. — Mais l'administration forestière n'a pas le droit de poursuivre l'individu inculpé d'avoir fait paître des brebis dans le bois d'un particulier. — *Cass.*, 18 oct. 1811, Bandille.

2572. — Le fait d'avoir mené des bestiaux dans un plant récent d'essence forestière exécuté de main d'homme est punissable par l'art. 479, nº 10, C. pén., et non par l'art. 199, C. forest. — *Bourges*, 22 fév. 1839 (t. 2 1839, p. 96), Chabannes; *Paris*, 13 juin 1845 (t. 1er 1847), Picard.

2573. — Mais l'introduction de bestiaux dans un vide d'une forêt, en nature de pré, constitue la contravention réprimée par l'art. 199, C. forest., bien que ce vide ne soit pas enclavé et ait été amodié pour plusieurs années, et déjà fauché. — *Cass.*, 16 mars 1833, Miquet.

2574. — On doit aussi considérer comme délits forestiers passibles des peines forestières les délits de pâturage commis dans des cantons dépeuplés, faisant partie des coupes ordinaires des bois où ils sont enclavés. — *Cass.*, 26 avr. 1816, comm. de Soissons.

2575. — Pareillement, le pâturage commis sur un terrain entouré d'un bois communal non déclaré défensable entraîne la même peine que s'il avait été commis dans le bois même. — *Cass.*, 13 déc. 1811, Archieri.

2576. — De même, le fait de dépaissance dans une lande semée en sapins constitue le délit prévu et puni par l'art. 199, C. forest., et non la contravention prévue par le nº 10 de l'art. 479, C. pén., lequel n'est applicable qu'alors qu'il s'agit d'arbres plantés en pépinière et dans un autre but que celui du reboisement. — *Cass.*, 31 janv. 1846 (t. 1er 1846, p. 739), Beruot c. Cornulier. — V. aussi *Cass.*, 20 fév. 1812, Biancheri; 18 juin 1823, Léron.

2577. — Il faut, en effet, ainsi que le remarque M. Meaume (t. 2, nº 1391), distinguer si le délit a été commis sur un terrain soumis ou non au régime forestier. Au premier cas, on ne peut hésiter sur l'application de l'art. 199. Mais l'art. 479, nº 10, C. pén., serait seul applicable, si le délit avait eu lieu sur un terrain d'une étendue peu considérable, qui ne se trouverait pas en nature de forêt, et serait en grande partie garni d'arbres provenant d'un semis artificiel. — V. conf. *Metz*, 18 oct. 1835 (arrêt inédit cité par M. Meaume, *loc. cit.*).

2578. — On doit regarder comme dépendances de la forêt et soumis par suite au régime forestier les laies, chemins et tranchées qui ne font pas partie du domaine public ou municipal. Aussi, la cour de Nancy a jugé, le 18 oct. 1828, qu'on doit considérer comme faisant partie de la forêt les tranchées qui s'y trouvent pratiquées, et qu'il y a lieu, dès-lors, d'appliquer les peines édictées par l'art. 199 à celui qui y mène paître des bestiaux, avant qu'elles aient été déclarées défensables. — Meaume, t. 2, nº 1391.

2579. — La force majeure constatée est, en cas de délit de pâturage, comme en toute matière, une excuse légitime. Aussi n'y a-t-il lieu à aucune pénalité lorsque le gardien d'un troupeau prouve qu'il s'est trouvé dans l'impuissance d'empêcher son troupeau de pénéter dans un bois. — *Grenoble*, 7 mars 1833; 2 juill. 1835, arrêts inédits rapportés par M. Meaume (t. 2, nº 1393, note) et dont cet auteur adopte la doctrine.

2580. — La cour de Dijon a jugé, par arrêt du 19 août 1840 (Mathurion), que dans le cas où tous les puits du village étant à sec, les bestiaux de la commune ont été conduits à un abreuvoir placé dans une forêt, il y a là un fait de force majeure qui ne

FORÊTS, ch. 13, sect. 2e.

permet pas d'appliquer l'art. 199 aux propriétaires de ces bestiaux. Mais M. Meaume (*loc. cit.*, note), pense que cet arrêt constitue un véritable empiétement de l'autorité judiciaire sur les attributions de l'autorité administrative, et que, dans l'espèce, il appartenait à l'administration seule de décider s'il y avait lieu d'autoriser le passage des bestiaux à travers la forêt pour se rendre à l'abreuvoir.

2581. — Au surplus, le droit qu'ont les habitans d'une commune de conduire leurs bestiaux aux fontaines situées dans les bois d'un particulier ne leur donne pas celui d'entrer dans les coupes et de les traverser. Ils doivent suivre les chemins tracés ou s'en faire désigner, s'il n'en existe pas de suffisans. — *Cass.*, 20 mars 1830, de Beauffremont.

2582. — L'infraction à ces règles constitue une contravention prévue par l'art. 10, tit. 32, ord. 1669, et l'arrêt qui refuse de faire aux contrevenans l'application des peines portées par cet article doit être annulé. — Même arrêt.

2583. — Si la force majeure est une excuse valable, le prévenu ne pourrait pas plus ici qu'en toute autre matière forestière invoquer sa bonne foi. — V. Meaume (t. 2, nº 1394), qui rapporte comme conf. un arrêt inédit de Grenoble du 26 mars 1835, Vivier.

2584. — L'art. 199, C. forest., est général et absolu; il est applicable aux adjudicataires de coupes de bois, quoiqu'il ne se trouve pas rangé dans la section du Code forestier relative aux exploitations. — *Cass.*, 20 avr. 1829, Ravoux; 8 janv., 26 mars 1830, Droux et Maltère; 15 mars 1833, Moille; 16 mai 1834, Gallien; 21 août 1835, Cornet; *Nancy*, 22 mai 1839 (t. 2 1839, p. 606), Bruand; — Meaume, t. 2, nº 1392.

2585. — Ainsi, l'adjudicataire qui contrevient à l'obligation que lui imposait le cahier des charges de n'introduire dans la coupe exploitée par lui que des animaux muselés est passible des peines portées par l'art. 199. — Mêmes décisions.

2586. — L'introduction seule, dans la coupe, d'animaux même attelés à une charrette entraîne, s'ils ne sont muselés, l'application de l'art. 199. — *Cass.*, 1er oct. 1846 (t. 1er 1847, p. 331), Laudet.

2587. — Ces principes sont formellement reconnus par l'arrêt suivant, portant que l'art. 199, C. forest., qui a pour but de prévenir le délit d'abroutissement, ne peut rencontrer d'obstacle dans la circonstance que les animaux seraient attelés : il suffit qu'ils soient sans muselières. — L'art. 147 tend, au contraire, à réprimer le délit de charroi, et s'applique non aux adjudicataires, mais aux individus n'ayant aucun droit à exercer dans les forêts, et qui sont trouvés hors des chemins ordinaires avec voitures ou bêtes de somme muselées ou non muselées. — *Nancy*, 22 janv. 1845 (t. 1er 1845, p. 699), Hache. — V. encore *Nancy*, 18 déc. 1845 (t. 2 1846, p. 276), Jean-Pierre.

2588. — Par suite, l'adjudicataire d'une coupe de bois qui, contrairement à l'obligation imposée par le cahier des charges, est trouvé dans les chemins de vidange tracés au milieu d'un bois âgé de moins de dix ans avec une voiture attelée de chevaux non muselés, est passible des peines prononcées par l'art. 199, C. forest., et non de celles portées par l'art. 147 du même Code. — *Nancy*, 22 janv. 1845 (t. 1er 1845, p. 699), Hache.

2589. — De même, la prohibition d'introduire certains animaux dans les bois étant générale et absolue, le voiturier qui, contrairement au cahier des charges, emploie pour la vidange d'une coupe de bois des chevaux non muselés, est passible des peines prononcées par l'art. 199, C. forest. — *Orléans*, 9 déc. 1845 (t. 1er 1846, p. 69), Bourillon.

2590. — On alléguerait en vain qu'aucun dommage n'a été causé par la raison que les chevaux introduits avaient un mors dans la bouche qui les empêchait de brouter. — *Cass.*, 1er oct. 1846 (t. 1er 1847, p. 331), Laudet.

2591. — Si le délit d'introduction d'animaux non muselés a été commis par un domestique, le maître est personnellement passible de l'amende, indépendamment de la responsabilité civile à raison des condamnations prononcées contre le domestique auteur du délit. — *Nancy*, 18 déc. 1845 (t. 2 1846, p. 276), Jean-Pierre. — La cour de Nancy, dont nous recueillons l'arrêt, a varié souvent dans ses décisions sur la question de savoir quel article devra être appliqué au délit d'abroutissement; elle avait d'abord jugé comme la cour de Cassation, par un arrêt du 29 août 1829; et par un autre du 17 avr. 1839 (t. 2 1839, p. 606), Tridon c. Florentin, puis par un arrêt du 4 mars 1840 (t. 1er 1843, p. 467, Notry), elle a décidé que, dans le cas où un adjudicataire a introduit une voiture dans la coupe sans observer les mesures prescrites par le cahier des charges, ce n'est pas l'art. 199, C. forest., mais bien l'art. 147 du même Code, qui doit être appliqué au délit résultant de cette introduction. Enfin, par un arrêt du 22 janv. 1845 (t. 1er 1845, p. 699, Hache), en tout conforme à celui que nous recueillons, elle est revenue à sa première jurisprudence, et, expliquant sa pensée sur l'application de l'art. 147, elle s'est exprimée en ces termes : « L'art. 147, au contraire, tend à réprimer le délit de charroi, et s'applique non aux adjudicataires, mais aux individus n'ayant aucun droit à exercer dans les forêts, et qui sont trouvés hors des chemins ordinaires avec voitures ou bêtes de somme muselées ou non muselées. » — V. *suprà* nºs 2587 et s.

FORÊTS, ch. 13, sect. 2e.

2592. — L'amende double prononcée par le second paragraphe de l'art. 199, C. forest., est une amende simple, c'est-à-dire spéciale au délit de pâturage dans les bois au-dessous de l'âge de dix ans. — *Orléans*, 9 déc. 1845 (t. 1er 1846, p. 71), Guérin.

2593. — Dans le cas où le délit de pâturage concourt avec un autre délit, l'amende doit être appliquée pour l'un et l'autre, et les peines se cumulent. — Meaume, t. 2, nº 1398.

Sect. 3e. — *Des condamnations en matière forestière.*

2594. — Les délits forestiers, comme tous les délits en général, donnent lieu à deux sortes de réparations : aux peines portées par le Code forestier dans l'intérêt public, et aux restitutions et dommages-intérêts dans l'intérêt des propriétaires. — Nous parlerons dans un premier paragraphe des réparations civiles, et nous traiterons ensuite des peines proprement dites.

§ 1er. — *Réparations civiles.*

2595. — Les réparations civiles en matière forestière sont de deux sortes : les restitutions et les dommages-intérêts. L'art. 8, tit. 32, ord. 1669, confondait ces deux genres de réparations, en décidant que *les restitutions, dommages et intérêts seraient adjugés à raison de tous délits, au moins à pareille somme que portera l'amende.*

2596. — Quoique cette disposition fût insérée à la suite de plusieurs autres qui ne concernaient que la coupe des bois, et ne fût pas répétée à l'occasion des délits de pâturage ou d'enlèvement de productions quelconques, il était cependant de jurisprudence constante que tout délit forestier, quelle que fût sa nature, donnait lieu à des restitutions et dommages-intérêts.

2597. — Il était en effet jugé, sous l'empire de l'ordonnance de 1669, que cette ordonnance ayant posé en principe général que les restitutions, dommages et intérêts seraient adjugés à raison de tous délits forestiers, il était inutile que cette même disposition fût répétée dans les autres articles de l'ordonnance, et qu'ainsi il pouvait en être accordé à raison du délit commis par des bestiaux comme pour un enlèvement de bois. — *Cass.*, 18 vent. an VIII, Philibert Aubert; 19 nov. 1807, Souvaux; 11 fév. 1808, Jacob; 15 avr. 1808, Beortéau; 8 oct. 1808, Drouard; 7 avr. 1809, Jalu; 13 nov. 1812 et 14 août 1813, Kammayer; 23 oct. 1817, Salmon; 28 fév. 1823, Goguillon; 31 déc. 1824, Pébarat; — Merlin, *Rép.*, vº *Restitutions pour délits forestiers*, § 1er.

2598. — De même, un tribunal ne pouvait refuser d'ordonner la restitution, en matière forestière, sous le prétexte que la loi ne la prononçait pas dans le cas où l'amende était fixée au pied du tour. — *Cass.*, 22 thermid. an XII, Hermant; — Merlin, *Quest.*, vº *Restitutions pour délits forestiers.*

2599. — Il eût été à désirer, dit Curasson (t. 2, p. 434), que le nouveau Code se fût conformé à l'ordonnance, et n'eût pas distingué entre la restitution et les dommages-intérêts. « En effet, tout délit donne lieu à une double action : l'action publique qui concerne l'application des peines, et l'action civile qui consiste dans la réparation du dommage. L'action civile n'a donc pour objet proprement dit que des dommages-intérêts qui se confondent avec la restitution. En ce qui concerne les délits forestiers, si les bois coupés sont restitués en nature, le dommage diminue par là même; dans le cas contraire, les dommages-intérêts doivent être plus considérables. Cependant les rédacteurs du nouveau Code ont cru devoir distinguer en deux chefs la restitution et les dommages-intérêts. »

2600. — Cette distinction résulte de l'art. 198, § 1er, C. forest., portant que « dans les cas d'enlèvement frauduleux de bois et d'autres productions du sol des forêts, il y aura toujours lieu, outre les amendes, à la restitution des objets enlevés ou de leur valeur, et, de plus, selon les circonstances, à des dommages-intérêts. » — C. forest., art. 198; ord. 1669, tit. 32, art. 8; L. 20 messid. an III, art. 10.

2601. — *Restitutions.* — L'art. 198 n'autorise les restitutions que dans les cas d'enlèvement fraudu-

leux ; c'est une distinction qui n'existait pas dans l'ord. 1669, tit. 32, art. 8.

2602. — Mais alors cette restitution doit toujours être ordonnée, soit en nature, soit en argent. Les juges ne pourraient pas plus la refuser que la remise d'un objet volé entre les mains de son propriétaire. Peu importe donc que cette restitution ait été ou non demandée. — Meaume, t. 2, no 1378.

2603. — Aussi a-t-il été jugé que la condamnation à la restitution, en matière forestière, doit être prononcée d'office par les tribunaux, lors même qu'elle n'aurait été requise ni par l'administration forestière, ni par le ministère public. — *Cass.*, 28 janv. 1808, Bezard. — Cette décision, antérieure au Code, serait encore applicable aujourd'hui. — V. *Cass.*, 4 août 1836, Barès.

2604. — La restitution doit être ordonnée bien que le propriétaire ne soit pas en cause. — *Cass.*, 24 mai 1832, Vaufry

2605. — M. Meaume (*loc. cit.*, note) pense qu'il faut cependant distinguer dans ce dernier cas : « La restitution *en nature* des bois coupés ou enlevés doit, dit-il, toujours être ordonnée, même en l'absence de toute demande de la part du propriétaire; mais la restitution *en argent* ne peut être ordonnée que sur une demande formelle de la partie lésée. Il y a plus, les tribunaux ne pourraient, sans statuer *ultrà petita*, accorder, à titre de restitution, une somme plus considérable que celle qui aurait été demandée par le propriétaire de la forêt. »

2606. — S'il s'agissait d'un bois soumis au régime forestier, les tribunaux pourraient choisir à cet égard entre les conclusions de l'administration et celles du ministère public. — Meaume, *eod. loc.*

2607. — L'art. 198 est souvent invoqué pour obvier à l'insuffisance des sanctions pénales de la loi. La cour suprême a maintes fois reconnu que les dispositions de cet article sont aussi impératives qu'absolues, et embrassent tous les enlèvemens de bois quels qu'ils soient. Mais, ainsi que le fait remarquer M. Meaume (t. 2, no 1379), si l'application de l'art. 198 peut, jusqu'à un certain point, satisfaire le propriétaire lésé, il n'en est pas de même à l'égard de la vindicte publique que le législateur a laissée sans satisfaction dans un certain nombre de circonstances.

2608. — Ainsi, comment punir le fait d'avoir coupé ou enlevé un seul brin d'arbre ayant moins de deux décimètres de circonférence ? Les cours de Besançon et de Metz, la première par arrêt du 14 déc. 1836 (David et Reverchon), la seconde par décision du 3 mai 1837 (Berger), ont décidé qu'en pareil cas, on devait appliquer l'art. 194, et que l'art. 198 ne devait recevoir son application, dans l'espèce, que comme accessoire de la disposition de l'art. 194, indicative d'une peine d'amende ; qu'il ne pouvait ainsi être appliqué seul à un délit forestier et lorsqu'il n'y avait pas d'amende prononcée ; qu'il suppose, en effet, nécessairement la condamnation à cette amende, puisque la restitution et les dommages-intérêts, s'il y a lieu, ne doivent être prononcés que outre l'amende, c'est-à-dire accessoirement et comme conséquence du délit commis.

2609. — Mais la cour de Cassation décide, au contraire, que le fait d'avoir coupé dans une forêt une seule branche n'ayant pas deux décimètres de tour, quoique non punissable, rentre cependant dans la compétence des tribunaux correctionnels, qui doivent ordonner la restitution des objets enlevés, condamner le prévenu à des dommages-intérêts, et déclarer confisqués les instrumens employés pour couper cette branche. — *Cass.*, 30 sept. 1836 (t. 1er 1837, p. 241), David.

2610. — Dans le cas où le bois n'a pas été enlevé, si le délinquant est surpris le coupant ou venant de le couper, M. Meaume (art. 22, no 1380), pense qu'on doit alors appliquer l'art. 146, l'individu ayant été trouvé porteur d'un instrument propre à couper le bois.

2611. — Une autre question qui se présente, à raison de l'insuffisance de la législation forestière par rapport à l'action publique, est celle de savoir comment on doit punir l'enlèvement des bois ayant plus de deux décimètres, mais n'étant que des fragmens d'un arbre dont on ne peut constater les dimensions. Cette question se présente assez fréquemment pour enlèvement de copeaux ou fragmens de bois ramassés dans une coupe. En général, les objets enlevés s'évaluent par charge d'homme, et l'on applique l'art. 194. Mais, suivant M. Meaume (t. 2, no 1381), c'est là une jurisprudence vicieuse, l'article précité ne punissant les enlèvemens de bois ainsi faits que si chacun des fragmens formant une charge d'homme a moins de deux décimètres. Mais alors faut-il faire application de l'art. 192, mesurer chaque morceau, et prononcer autant d'amendes qu'il y a de morceaux ayant plus de deux décimètres ? Faut-il évaluer, au contraire, d'après les documens du procès, la grosseur des arbres dont on suppose que les fragmens ont été détachés ? Ceci semblerait plus logique, si l'on admettait qu'il pût y avoir lieu d'appliquer les art. 192 et 193. Mais il importe d'observer que ces articles ne frappent que la coupe ou l'enlèvement d'arbres, et non point de fragmens à peu près sans valeur, fragmens dont on ignore la provenance, et dont l'enlèvement n'occasionne qu'un dommage réparable par leur restitution. Ne faut-il pas conclure alors que le cas qui nous occupe n'a nullement été prévu par la loi forestière, et qu'il n'y aurait d'autre disposition à invoquer que celle de l'art. 198 prescrivant la restitution ? Du reste, comme l'enlèvement de copeaux a lieu, surtout dans les coupes en exploitation, il n'y a pas à se plaindre de ce que l'action publique ne peut être intentée. L'adjudicataire seul, et non le propriétaire, à moins que celui-ci n'exploite pour son compte, éprouve un préjudice. En tout cas, il n'y a pas là délit forestier, mais bien vol de bois dans le sens de l'art. 388, C. pén., combiné avec l'art. 463, même Code. — Meaume, t. 2, no 1381.

2612. — Lorsqu'il y a eu coupe ou enlèvement de branches ayant plus de deux décimètres, et aussi de bois ou branches d'une grosseur inférieure à ce taux, on doit arbitrer le tout comme charge d'homme, et appliquer l'art. 194. Un arrêt de Nancy du 30 juin 1829 a même fait application de cet article dans le cas où les charges se composaient entièrement de bois ayant plus de deux décimètres de tour. Mais M. Meaume fait observer (t. 2, no 1382), en rapportant cet arrêt, que cette interprétation est inadmissible, l'art. 194 n'ayant en vue que de punir la coupe ou l'enlèvement de brins ayant moins de deux décimètres de grosseur. Faut-il en conclure qu'à moins de considérer comme principales toutes les branches ayant une circonférence de plus de deux décimètres, ce qui ne peut être admis, on doit décider qu'il y a lacune dans la loi ? En aucune façon : on doit reconnaître ici comme dans la première hypothèse que les art. 192, 194 et 196 étant inapplicables, le fait rentre sous les dispositions générales de l'art. 198.

2613. — Lorsqu'il est établi que le prévenu a coupé et enlevé un certain nombre d'arbres, essence de hêtres, portant chacun deux décimètres de tour, le tribunal ne peut prononcer une amende moindre de 2 fr. par arbre, avec pareille somme de dommages-intérêts, ni se dispenser d'ordonner la restitution des arbres ou de leur valeur. — *Cass.*, 4 août 1836, Barès; 30 sept. 1836 (t. 1er 1837, p. 241), David.

2614. — Il doit être prononcé une restitution égale à l'amende pour tout enlèvement de sable ou de terre du sol des forêts, comme pour tout enlèvement de bois. — *Cass.*, 24 fév. 1809, Lammesch; Merlin, *Quest.*, *loc. cit.* — Cette solution est applicable sous le Code forestier, bien que le sable puisse être considéré comme faisant partie du sol plutôt que comme une production de ce sol,

2615. — Dans tous les cas où les ventes et adjudications sont déclarées nulles pour cause de fraude ou collusion, l'acquéreur ou adjudicataire, indépendamment des amendes et dommages-intérêts prononcés contre lui, est condamné à restituer les bois déjà exploités, ou à en payer la valeur sur le pied du prix d'adjudication ou de vente. — C. forest., art. 205 ; ord. 1669, tit. 15, art. 22 et 23 ; tit. 32, art. 18 ; arrêté dir. exécut., 8 thermid. an IV, art. 3.

2616. — *Dommages-intérêts.* — L'art. 51, C. pén., porte que quand il y a lieu à restitution, on doit toujours condamner en outre le coupable à des indemnités. Mais cette disposition ne saurait être invoquée en matière de délits forestiers.

2617. — En effet il appartient aux tribunaux en pareille matière de prononcer ou de refuser des dommages-intérêts, suivant les circonstances. — *Cass.*, 20 mars 1830, Henry.

2618. — Si donc les tribunaux ne peuvent se dispenser d'ordonner la restitution, ils ne doivent y ajouter des dommages-intérêts que *suivant les circonstances* (art. 198), c'est-à-dire lorsqu'ils pensent qu'il y a eu préjudice. Ceci résulte encore des termes de l'art. 202, C. forestier. Il n'y a conséquemment lieu à prononcer des dommages-intérêts qu'autant qu'ils sont réclamés par le propriétaire. — Meaume, t. 2, no 1378.

2619. — Les tribunaux ayant un pouvoir discrétionnaire, lorsqu'il s'agit de prononcer des dommages-intérêts, il en résulte qu'en cas de refus par eux d'en allouer, leur décision ne pourrait donner ouverture à cassation. — *Cass.*, 16 avr. 1836, Edme Bernard ; — Meaume, t. 2, no 1378.

2620. — Mais si en règle générale la condamnation en dommages-intérêts en matière de délits forestiers n'est pas obligatoire, mais seulement facultative pour les tribunaux, ce principe souffre néanmoins exception toutes les fois que la cause présente des circonstances qui font nécessairement présumer l'existence du dommage. Ainsi le délit de pâturage commis dans un taillis de *deux ans* faisant nécessairement supposer l'existence d'un dommage, le tribunal ne peut, sous prétexte qu'il n'a pas été constaté par le procès-verbal, refuser de condamner le prévenu à des dommages-intérêts. — *Nancy*, 29 janv. 1840 (t. 1er 1843, p. 553), Henry. — V. conf. *Nancy*, 17 avr. 1839 (t. 2 1839, p. 606), Tridon.

2621. — Il n'en est plus de même si le délit de dépaissance a eu lieu dans un taillis de douze ans : un bois de cet âge *doit toujours être présumé défensable*, et dès-lors, il y a lieu de croire, dans le silence du procès-verbal à cet égard, qu'il n'est résulté aucun préjudice du fait imputé au prévenu. — *Nancy*, 29 janv. 1840 (t. 1er 1843, p. 554), Robert.

1622. — La fraude et le préjudice résultant, aux termes de l'art. 34, C. forest., du fait seul de l'abattage ou déficit d'arbres réservés, la condamnation aux dommages-intérêts est par cela même suffisamment justifiée, sans qu'il soit nécessaire de la motiver spécialement. — *Cass.*, 20 mars 1830, Henry ; *Bourges*, 16 mai 1839 (t. 3 1844, à sa date), Visielle ; *Cass.*, 23 août 1845 (t. 2 1845, p. 668), Gabuet.

2623. — En général, lorsqu'un délit forestier est de nature à causer un tort certain à l'état de la forêt dans l'avenir, indépendamment du tort présent qu'il lui occasionne, la condamnation aux dommages-intérêts, outre l'amende et la restitution, n'est pas purement facultative, mais obligatoire pour le juge. — La condamnation aux dépens n'est purement facultative qu'autant que le délit n'affecte que le produit actuel de la forêt. — *Cass.*, 23 août 1845 (t. 2 1845, p. 668), Gabuet. — V. aussi *Poitiers*, 24 janv. 1846 (t. 1er 1846, p. 734), Rabault.

2624. — Le fait d'avoir cueilli quelques fraises dans un bois ne constitue pas un délit forestier, alors qu'il n'en est résulté aucun dommage pour les arbres et plantes excrus dans ce bois (Rés. dans la 1re espèce). — Mais il en est autrement lorsque ce fait (d'ordinaire sans importance appréciable) prend, par son extension et ses développemens, à à raison des moyens employés pour cette récolte et du grand nombre des personnes qui y participent en parcourant le bois en tous sens, un caractère dommageable pour les plantes excrues dans ce bois. (Rés. dans la 2e espèce). — *Besançon*, 26 déc. 1843 et 10 juin 1845 (t. 2 1846, p. 474), Tyrode c. Maugain ; et Tyrode c. Faivre.

2625. — Le tribunal de Lons-le-Saulnier a jugé, le 21 juill. 1841 (*Réglem. forest.*, t. 2, p. 458), que le silence du garde rapporteur sur le préjudice causé n'est pas un motif suffisant pour dispenser les tribunaux d'allouer des dommages-intérêts.

2626. — Les tribunaux correctionnels sont compétens pour connaître d'une demande en dommages-intérêts formée par le propriétaire d'une forêt, quoique aucune action n'eût été intentée, à raison des mêmes faits, dans l'intérêt de la vindicte publique. — *Cass.*, 5 mai 1837 (dans ses motifs) [t. 2 1840, p. 162], de Muy c. Taxil.

2627. — Les dispositions de l'art. 198, C. forest., sur les dommages-intérêts, sont complétées par l'art. 202, qui porte que « dans tous les cas où il y aura lieu à adjuger des dommages-intérêts, ils ne pourront être inférieurs à l'amende simple prononcée par le jugement. » — Ord. 1669, tit. 32, art. 8 et 10 ; tit. 18, art. 4.

2628. — Avant le Code forestier, les dégâts commis dans les bois ne pouvaient être estimés que de gré à gré ou à dire d'experts. — *Cass.*, 20 prair. an XI, Joseph Croze.

2629. — En fixant comme *minimum* des dommages-intérêts l'amende simple prononcée par le jugement, le législateur a voulu éviter autant que possible les contestations qui pourraient s'élever entre les propriétaires de bois et le délinquant, quant à la fixation du chiffre de ces dommages-intérêts. Il n'a fait, du reste, que reproduire à cet égard les dispositions de l'ord. de 1669 et d'un édit de 1716.

2630. — Il suit de là que les tribunaux ne peuvent refuser d'allouer des dommages-intérêts lorsqu'ils reconnaissent qu'il y a eu préjudice causé. — *Nancy*, 21 déc. 1833 (cité par M. Meaume) ; *Dijon*, 19 sept. 1838 (t. 3 1844, à sa date), Marie ; — Meaume, t. 2, no 1414.

2631. — L'agent forestier qui, en première instance, aurait demandé des dommages-intérêts inférieurs à l'amende simple pourrait, en appel, rectifier ses conclusions. La cour pourrait même faire la rectification d'office. — V. Meaume, t. 2, no 1305, qui cite comme conf. *Nancy*, 9 déc. 1828, et comme *contrà Nancy*, 17 avr. 1839.

2632. — Les tribunaux d'appel ne peuvent même se dispenser d'accorder des dommages-intérêts au moins égaux à l'amende simple qu'ils prononcent, quand même ces dommages-intérêts auraient été

fixés par erreur, en première instance, à un taux moindre que l'amende encourue par les délinquans. — *Cass.*, 17 mai 1834, Siégrist.

2633. — La rectification des conclusions de l'administration forestière ne constitue pas une demande nouvelle. — *Pau*, 24 déc. 1839, Larazet.

2634. — Les dommages-intérêts prononcés en cas d'abattage de baliveaux doivent être au moins égaux au chiffre de la restitution, à moins que le délinquant ne justifie des circonstances qui pourraient l'en faire exempter. — *Bourges*, 16 mai 1839, Vistelle.

2635. — Mais si les juges, en cas de dommage, sont tenus de toujours prononcer des dommages-intérêts qu'ils ne peuvent jamais fixer à une somme inférieure à l'amende simple, ils ont toute latitude pour déterminer le *maximum* de l'indemnité. Aussi arrive-t-il fréquemment que les tribunaux allouent des dommages-intérêts inférieurs au minimum fixé par la loi, lors même que le délit a été commis à l'égard de très beaux arbres ou de jeunes pieds d'une belle venue qu'on aurait coupés en assez grand nombre pour faire des cercles, des harts, des liens, des manches d'ustensiles aratoires ou d'outils, etc. — Meaume, t. 2, no 1414.

2636. — La seule difficulté que puissent faire naître les termes de l'art 202 consiste dans la détermination du sens qu'il faut attacher aux mots *amende simple prononcée par le jugement*. Le législateur de 1827 a employé ces termes par opposition aux mots *amende doublée*, dont se servent les art. 200 et 201, C. forest. D'où la conséquence qu'on doit entendre par amende simple celle qui se trouve dégagée de toute circonstance de récidive, de nuit ou d'emploi de la scie, seules circonstances que le Code reconnaisse comme aggravantes, car toutes trois s'appliquent à tous les délits en général. — Meaume, t. 2, no 1415.

2637. — Si la peine avait été augmentée par le législateur dans un cas spécial, afin de la proportionner au délit, ou à raison d'une circontance particulière à celui-ci, on devrait néanmoins considérer comme amende simple l'amende ainsi augmentée. C'est elle seule, en effet, qui s'applique au délit ainsi caractérisé, abstraction faite des circonstances de récidive, de nuit ou d'emploi de scie. — Meaume, *loc. cit.*

2638. — On doit donc considérer comme amende simple celle qui, dans le cas prévu par l'art. 84, se forme au moyen du tarif fixé par l'art. 192, augmenté d'un tiers. — Meaume, *loc. cit.*

2639. — Pareillement, l'amende prononcée par l'art. 199, C. forest., pour délit de dépaissance, bien que doublée quand le bois est âgé de moins de dix ans, ne doit être considérée pour la fixation des dommages-intérêts que comme amende simple. — *Cass.*, 17 fév. 1832 et 2 août 1834, Lallemand; 1er fév. 1834, Wenger; 19 avr. 1833, Truchy; *Nîmes*, 2 mars 1837 (t. 3 1844, à la date), Martin; *Besançon*, 18 déc. 1838 (*ibid.*), Grosjean; *Bourges*, 17 juin 1841 (*ibid.*); *Orléans*, 9 déc. 1845 (t. 1er 1846, p. 71), Guérin. — M. Meaume (t. 2, no 1415, p. 965, et la note) cite encore comme conformes les arrêts inédits de *Metz*, 24 fév. 1834, Poinsignon; *Grenoble*, 28 déc. 1837, Arnaud Odru. — V. *contrà Orléans*, 5 mai 1829.

2640. — Lorsque le même procès-verbal constate plusieurs délits, on ne doit calculer les dommages-intérêts que d'après l'amende à prononcer pour le délit qui a causé un préjudice. Ces dommages ne peuvent être égaux aux amendes réunies portées contre les divers délits. — Meaume, t. 2, no 1416.

2641. — Par suite, lorsqu'un procès-verbal constate que le prévenu a été surpris dans un bois falsant de l'herbe et gardant des bestiaux, le tribunal ne doit tenir aucun compte de l'amende portée contre le premier délit pour déterminer les dommages-intérêts dont le délinquant est passible à raison du second délit. — *Nancy*, 15 mars 1833, cité par M. Meaume, *eod. loc.*

2642. — On ne peut, non plus, pour fixer les dommages-intérêts dus au propriétaire d'une forêt non défensable, dans laquelle des bestiaux ont été introduits, prendre en considération la quotité des amendes qui pourraient être encourues par des individus qui ne sont pas en cause, mais que le propriétaire se réserve de poursuivre. Il n'y a lieu de s'occuper que du préjudice causé directement par le gardien des bestiaux; et les dommages-intérêts prononcés contre lui peuvent être supérieurs à l'amende qui lui est infligée. — *Rennes*, 29 mai 1839 (t. 2 1839, p. 504), propriétaire de la forêt du Brésilien c. comm. de Paimpont et Lervé-Saulnier.

2643. — Un droit de pignoration établi dans un acte de 1572, soit qu'on le considère comme ayant eu pour objet de régler les peines pour délit forestier, ou bien de régler l'indemnité due pour préjudice causé dans les forêts, a été aboli par le Code forestier comme disposition de pénalité, dans l'un et l'autre cas. En conséquence, l'une des parties dans l'acte est mal fondée dans sa demande tendant à n'être tenue, pour le cas d'introduction de bestiaux dans la forêt, que du droit de pignoration, tel qu'il avait été fixé anciennement. — *Pau*, 3 déc. 1836 (t. 2 1837, p. 295), Lengoust c. comm. de Barcus.

2644. — Les restitutions et dommages-intérêts appartiennent au propriétaire : les amendes et confiscations appartiennent à l'état. — C. forest., art. 204, ord. 1669, tit. 24, art. 11; tit. 25, art. 21; tit. 32, art. 17, et le *Commentaire* de Jousse; L. 29 sept. 1791, tit. 12, art. 18; C. inst. crim., art. 165 et 197.

2645. — La vente d'une forêt par la nation n'empêche point la poursuite des délits commis antérieurement, ni la condamnation des délinquans à l'amende. Toutefois l'acquéreur ne peut réclamer des dommages-intérêts. — *Cass.*, 15 fructid. an II, Papillon.

§ 2. — *Pénalité.*

2646. — Les peines prononcées par le Code forestier de 1827 contre les délinquans forestiers ont, nous l'avons dit au commencement de cette section, un caractère beaucoup plus doux que celles établies par l'ancienne législation. Les peines se réduisent généralement aujourd'hui à des amendes : l'emprisonnement n'est prononcé que pour des cas assez rares, et les confiscations, portées à l'excès par l'ancien droit, se bornent à la saisie des instrumens qui ont servi à tenter ou à consommer le délit.

2647. — En matière forestière, c'est à l'autorité judiciaire qu'il appartient exclusivement de juger les délits et d'appliquer les peines. — Ce droit n'appartient point à l'autorité administrative, bien qu'elle soit chargée de surveiller les opérations de l'administration forestière et de veiller à la conservation des forêts. — *Cons. d'état*, 23 prair. an XII, Janin et Fournier.

2648. — L'action que le ministère public a le droit d'exercer concurremment avec l'administration des forêts, à raison des délits forestiers, comprend non seulement l'application de la peine, mais encore la condamnation aux dommages-intérêts et aux restitutions. — *Cass.*, 8 mai 1835, Riff.

2649. — De même, l'action de l'administration forestière, en réparation des délits forestiers, comprend l'application des peines aussi bien que la condamnation aux dommages-intérêts. — *Cass.*, 8 mai 1835, Genestier.

2650. — Mais les tribunaux peuvent appliquer aux délits forestiers dont ils sont saisis la peine prononcée par la loi et requise par le ministère public, quoique l'agent forestier poursuivant en ait réclamé une autre. — *Cass.*, 22 mars 1810, Eichholzer.

2651. — Le principe de la non cumulation des peines n'est pas applicable en matière de délit forestier : c'est ce que nous avons déjà dit, et ce qui résulte encore de l'arrêt de *Cass.*, 26 déc. 1845 (t. 1er 1846, p. 758), Gely, Meusillon et Belot. — V. cependant *Poitiers*, 24 janv. 1846 (t. 1er 1846, p. 734), Rabault.

2652. — Il n'y a pas lieu d'affranchir le fils de la peine qu'il a encourue par le motif que le père, pour épargner à celui-ci les résultats de la contrainte par corps, serait dans la nécessité d'acquitter le montant des condamnations. — *Cass.*, 5 mai 1837 (t. 2 1840, p. 314), Borderie.

2653. — Tout délit ou contravention, en matière forestière, donne lieu à une amende. Celle-ci se détermine quelquefois d'après l'importance du dommage. Mais lorsque le délit est positif, elle est fixée d'une manière invariable. Il existe, toutefois, certains cas où la loi établit un *minimum* et un *maximum*, entre lesquels toute latitude est laissée aux tribunaux. — Curasson, t. 2, no 425.

2654. — Le taux des amendes dont est frappé chaque délit forestier est déterminé par les articles du Code relatifs à ce délit.

2655. — Il importe d'observer, toutefois, que le prévenu de plusieurs délits doit être condamné à l'amende fixée par chacun des délits dont il est reconnu coupable; la règle fixée par l'art. 365, portant qu'en cas de conviction de plusieurs délits la peine la plus forte doit être seule appliquée, ne saurait ici recevoir son application. — Curasson, t. 2, p. 426.

2656. — Aussi a-t-il été jugé que celui qui est convaincu tout à la fois d'avoir introduit des bestiaux dans une forêt et d'y avoir coupé et amassé des herbages, est passible d'une amende distincte pour chacun de ces délits, et non d'une seule amende pour les deux. — *Cass.*, 14 oct. 1826, Marie Prevost. — V., quant aux dommages-intérêts, *suprà* nos 2640 et s.

2657. — Les tribunaux ne peuvent, sans empiéter sur la prérogative du souverain, modérer les amendes prononcées par la loi pour délits forestiers. — V. *infrà* nos 2718 et s. — *Cass.*, 18 mai 1809, Meuret et Duthu.

2658. — Le produit en principal des amendes prononcées en matière de contravention pour délits forestiers et de pêche appartient pour deux tiers au trésor, et pour un tiers aux gardes et agens de l'administration des forêts : le mode de répartition de ce dernier tiers est réglé par ordonnance royale. — L. 14 juill. 1838, art. 5.

2659. — *Emprisonnement.* — Le Code forestier ne condamne à ce genre de peine que dans des cas excessivement restreints.

2660. — Il ne l'inflige qu'aux pâtres en cas de récidive des délits ou contraventions punis par les art. 72, 76 et 78, C. forest., et pour les délits prévus par les art. 194, § 2, et 195. Il faut ajouter que quelques dispositions du Code renvoient, en ce qui concerne l'emprisonnement, à l'application du Code pénal.

2661. — Ainsi que le fait observer Curasson (t. 2, p. 427), la conservation des forêts eût peut-être exigé que la peine d'emprisonnement fût moins rare, la plupart des délinquans forestiers étant insolvables, et les condamnations pécuniaires conséquemment illusoires. « Il est vrai, ajoute cet auteur, que d'après l'art 212 la condamnation aux amendes, réparations civiles et frais, emporte la contrainte par corps.

2662. — *Confiscation.* — L'ord. de 1669 portait à l'excès le système des confiscations. Elle l'étendait jusqu'aux *voitures et harnais.* « Mais on a pensé, dit Baudrillart, qu'il était trop rigoureux de prononcer la confiscation des chevaux et attelages. » — Aussi le Code forestier ne prononce cette peine qu'à l'égard des instrumens propres à couper le bois (Exposé des motifs).

2663. — Les scies, haches, serpes, cognées et autres instrumens de même nature dont les délinquans et leurs complices sont trouvés munis, porte l'art. 198, § 2, C. forest., doivent être confisqués. — V. aussi C. forest., art. 81, 146 et 154.

2664. — La confiscation est une peine qui porte sur la chose et non sur le prévenu. Substituer à la confiscation une peine pécuniaire, ce serait créer une peine personnelle, une nouvelle amende sous une forme déguisée. Si le décret du 4 mai 1812 et la loi du 15 avr. 1829 ont autorisé les tribunaux à prononcer une contrainte pécuniaire, en matière de chasse et de pêche, pour le cas où les délinquans ne déposeraient pas au greffe les instrumens du délit, le Code forestier n'autorise rien de semblable.

2665. — La confiscation est ici, au surplus, moins une peine qu'une précaution prise pour tous les délits et contraventions, afin d'ôter les moyens de les renouveler.

2666. — Aussi la cour de Cassation a consacré les vrais principes en matière de confiscation, dans un arrêt récent (11 juin 1840 [t. 1er 1841, p. 621], N...), en décidant que lorsque les instrumens ayant servi à commettre un délit forestier n'ont pas été saisis, le tribunal ne peut condamner le prévenu au paiement d'une somme pour tenir lieu de ces instrumens. — Conf. Chauveau et Faustin Hélie, *Théorie C. pén.*, t. 1er, p. 267; *contrà* Meaume, t. 2, no 1383; Curasson, t. 2, p. 428.

2667. — La doctrine contraire à l'arrêt de cassation du 11 juin 1840 prévalait en général devant les tribunaux antérieurement à celui-ci. Elle avait même été consacrée par la cour de Cassation elle-même, laquelle avait jugé que les tribunaux peuvent, lorsque les objets dont ils prononcent la confiscation ne sont pas représentés, condamner le prévenu à les représenter, sous la contrainte d'une somme déterminée. — *Cass.*, 22 fév. 1822, Guillaume Marie.

2668. — C'est dans le même sens qu'il avait été décidé que le prévenu d'un délit forestier contre lequel la confiscation des haches, scies et instrumens est prononcée, doit être condamné à rapporter ces objets au greffe dans un délai déterminé, lorsqu'ils n'ont pas été saisis, sinon à en payer la valeur suivant l'estimation faite par le jugement. — *Cass.*, 22 fév. 1822, Guillaume; *Metz*, 22 nov. 1835 Schaaff; — conf. *Nancy*, 9 déc. 1828; *Metz*, 27 janv., 9 et 25 fév., 9 et 16 mars, 27 avr. et 17 août 1836, arrêts inédits cités par M. Meaume, t. 2, no 1383. On trouve aussi au t. 6, p. 458 des *Régl. forest.*, un jugement rendu le 21 juill. 1841 par le tribunal de Lons-le-Saulnier, dans le sens de cette jurisprudence.

2669. — Mais les cours de Metz et de Nancy ont, depuis 1840, modifié leur jurisprudence pour se conformer à l'arrêt de cassation du 11 juin de cette année. — *Metz*, 23 juill. 1841 (t. 3 1844, à sa date),

Schmitt; *Nancy*, 24 déc. 1845 (t. 1er 1847), Schœffer. — La cour de Metz a, en outre, rendu, le 30 juill. 1841 (Akerman), deux arrêts réformant deux jugemens du tribunal de Metz qui avaient refusé de prononcer la confiscation. Mais elle n'a condamné le délinquant au paiement d'aucune somme pour le contraindre à rapporter au greffe les instrumens de délit.

2670. — C'est au tribunal de police correctionnelle, et non au tribunal civil, qu'il appartient de connaître des infractions punies par la confiscation des objets qui ont servi à les commettre. Ainsi, même sous l'ordonnance de 1669, le tribunal de police correctionnelle était compétent pour statuer sur la confiscation faite en vertu de cette ordonnance des loges que l'adjudicataire n'avait pas fait enlever dans les délais prescrits pour la vidange. — *Cass.*, 21 fév. 1828, Victor James; 19 janv. 1811, Boucher.

2671. — La confiscation des bois indûment abattus et partagés par les usagers individuellement n'est prononcée par l'art. 51, C. forest., que contre les contrevenans, et non contre le maire et l'entrepreneur de la coupe qui ne seraient ni les auteurs ni les complices du délit. Dès lors le jugement qui décide qu'il n'y a lieu à statuer, les délinquans n'étant ni nommés dans le procès-verbal ni appelés en cause, ne viole aucune loi. — *Cass.*, 24 sept. 1830, Finance et Bonnard.

2672. — Les juges ne peuvent, en matière forestière, cumuler la restitution pécuniaire avec la confiscation du bois saisi comme coupé en délit. — *Cass.*, 15 frim. an XIV, Dhubert.

2673. — Les confiscations, comme les amendes, appartiennent à l'état. — C. forest., art. 204.

§ 3. — *Aggravation de peine.*

2674. — Dans le cas de récidive, la peine est toujours doublée. — Il y a récidive lorsque, dans les douze mois précédens, il a été rendu contre le délinquant ou contrevenant un premier jugement pour délit ou contravention en matière forestière. — C. forest., art. 200; ord. 1669, tit. 32, art. 6 et 10; C. pén., art. 483.

2675. — L'art. 200 a eu pour but de supprimer ou de réduire les peines exagérées que prononçait l'ordonnance de 1669. Il a notamment modifié cette ordonnance en ce qu'il ne distingue pas s'il y a eu plusieurs récidives. Quel que soit donc le nombre de celles-ci, on ne doit prononcer que le doublement de la peine. — Meaume, t. 2, no 1399; Garnier-Dubourneuf et Chanoine, sur l'art. 200.

2676. — Il n'est pas besoin que le tribunal appelé à connaître sur la récidive soit le même que celui qui a rendu le premier jugement. — Meaume, *loc. cit.*; Coin-Delisle et Frédérich, t. 2, p. 220.

2677. — La récidive, telle que la définit l'art. 200, est une circonstance aggravante qui s'applique à tous les délits forestiers. Cette règle comporte cependant quelques exceptions. En effet, la récidive entraîne une pénalité spéciale et non plus le doublement de la peine, dans les cas prévus par les art. 56, 72, 76, 78 et 158, C. forest. Mais ce sont les seules exceptions apportées aux dispositions de l'art. 200. — Meaume, t. 2, no 1399.

2678. — Le délai pour fixer la récidive en matière forestière se compte à partir de l'époque du premier jugement jusqu'à celle du second délit, et non jusqu'au jour du jugement qui intervient sur ce second fait. — *Cass.*, 17 juin 1830, Morin-Blanc.

2679. — Par jugement, on doit entendre dans le cas de l'art. 200 un jugement définitif de condamnation et non pas seulement un jugement préparatoire ou interlocutoire. Mais il importe peu que le jugement ait été rendu contradictoirement ou par défaut, du moment où il a acquis force de chose jugée. Dans le cas où le jugement a été frappé d'opposition ou d'appel, le délai ne court que du jour où il a été statué sur cette opposition ou sur cet appel, sans qu'il soit besoin de se préoccuper si le nouveau jugement a été ou non suivi d'exécution. Ainsi la remise totale ou partielle de la peine n'empêcherait pas que le jugement dont l'exécution a été ainsi modifiée ne servît à établir la récidive. — Meaume, t. 2, no 1400; Gagneraux, *C. forest.*, t. 1er, p. 410.

2680. — Mais il en serait différemment si la peine prononcée avait été remise par suite d'une amnistie, celle-ci effaçant et la poursuite et la condamnation. — Mêmes auteurs. — V. AMNISTIE.

2681. — Le tribunal correctionnel saisi de la connaissance d'un délit forestier commis dans les bois d'une commune, et rentrant dans les dispositions de l'ordonnance d'amnistie du 9 nov. 1830, doit, en appliquant cette amnistie, statuer sur les dommages-intérêts et les dépens réservés par ladite ordonnance; il ne peut, en conséquence, renvoyer les prévenus sans dépens, en se bornant à réserver les droits et actions de la commune. — *Cass.*, 19 sept. 1832, Lacroix.

2682. — La preuve de la récidive doit être fournie par la partie poursuivante, en produisant un extrait du jugement rendu dans les douze mois qui ont précédé la seconde infraction. — Meaume, t. 2, no 1401.

2683. — Cependant, un tribunal ne pourrait se dispenser de condamner comme récidivistes, bien que la production de l'extrait du premier jugement ne fût pas faite, le délinquant que ce tribunal aurait lui-même condamné dans l'année. Il peut alors, en effet, se faire représenter les minutes du jugement existant dans son greffe. — *Metz*, 17 juill. 1839 (t. 3 1844 à sa date), Wolf; — Meaume, t. 2, no 1401.

2684. — Si l'administration forestière avait omis en première instance de demander l'application de l'art. 200, elle pourrait toujours, comme nous avons eu occasion de l'établir *suprà* nos 2531 et s., relativement aux dommages-intérêts et à la peine, rectifier et augmenter ses conclusions en appel. — Meaume, *loc. cit.*

2685. — En effet, les tribunaux doivent prononcer les peines de la récidive, quand même elles ne seraient pas demandées. Du moment où la récidive est constatée, l'agent forestier ne peut même renoncer à l'application de l'art. 200. Si les conclusions de cet agent sont erronées ou incomplètes, les juges sont tenus de les compléter ou de les rectifier, car ils ne peuvent, en matière pénale, se dispenser de se conformer à la loi. — Meaume, t. 2, no 1402.

2686. — Le désistement seul de l'administration forestière devrait amener le tribunal à se dessaisir, sauf au ministère public à reprendre de son chef les conclusions abandonnées par l'administration. — Meaume, *loc. cit.*

2687. — M. Meaume (t. 2, no 1401) cite un arrêt de Nancy du 8 mars 1828, qui a jugé que la mention suivante : *le prévenu se trouve en état de récidive*, insérée dans un jugement de condamnation, remplit suffisamment le vœu de l'art. 200, C. forest., encore bien qu'elle ne soit pas accompagnée d'indications faisant connaître la nature et la date de la condamnation précédente.

2688. — Celui qui, sans être en récidive, a commis un délit forestier, de concert avec d'autres individus qui étaient en récidive, n'est point pour cela passible personnellement des peines de la récidive, mais il est solidairement tenu des amendes doubles encourues par ses codélinquans. — *Grenoble*, 12 juin 1834, Charrat-Badon; — Meaume, t. 2, no 1403.

2689. — La peine de la récidive doit être prononcée contre le propriétaire des bestiaux trouvés en délit de pâturage. On ne saurait, en effet, distinguer entre les délits que le propriétaire commet lui-même ou ceux qui sont le fait du gardien des troupeaux. — Meaume, t. 2, no 1404, où il rapporte un arrêt inédit rendu en ce sens par la cour de Nîmes, le 6 fév. 1835, Martin et Chauvet.

2690. — Les adjudicataires des coupes de bois sont, comme les délinquans ordinaires, passibles des peines de la récidive, lorsqu'une condamnation a été prononcée contre eux dans les douze mois précédens. Peu importerait qu'ils n'eussent été condamnés que comme responsables des délits, faute de les avoir fait constater par leurs garde-vente. — *Nancy*, 8 nov. et 23 déc. 1828; 5 déc. 1835, et 10 mars 1837; — *contrà Nancy*, 1er mars 1833. — Ces arrêts sont cités par M. Meaume, qui adopte la doctrine des premiers (t. 2, no 1405).

2691. — Mais si l'adjudicataire était poursuivi faute d'avoir représenté, lors du récolement, les empreintes du marteau royal sur les souches des arbres marqués en délivrance, il y a présomption, sauf la preuve contraire, que l'abatage d'arbres réservés a eu lieu, non à une époque contemporaine du récolement, mais avant le terme fixé par le cahier des charges pour la coupe des arbres délivrés. — *Nancy*, 24 fév. 1841 (t. 1er 1847, p. 141), Bourra; — Meaume, t. 2, no 1405.

2692. — Le juge de paix devant qui est poursuivi, conformément à l'art. 190, C. forest., un délit commis dans un bois de particulier, ne reste compétent pour en connaître qu'autant que l'amende doublée, à raison de l'état de récidive du prévenu, ne dépasse pas le taux fixé pour la compétence du tribunal de simple police. — *Cass.*, 4 juill. 1844 (t. 3 suppl. 1844); — Meaume, t. 2, no 1406.

2693. — Mais que faut-il entendre par *amende doublée*, lorsqu'il s'agit de délits frappés de peines pouvant varier entre un *minimum* et un *maximum*? Suivant MM. Garnier-Dubourneuf et Chanoine, qui se fondent à cet égard sur un arrêt de cassation du 30 déc. 1813 (Meyer), on doit, pour fixer l'amende, prendre une base uniforme; le *maximum*, si l'on veut éviter des résultats contraires à la raison et à la justice, comme aux termes mêmes de la loi. « En effet, disent ces auteurs, si l'on admettait un système contraire, rien n'empêcherait que l'individu qui, pour avoir arraché des plants (art. 195), aurait payé 100 fr. d'amende, ne fût plus, lors de la récidive, condamné qu'à 20 fr., somme double du *minimum*. Or la loi n'a sûrement pas laissé aux tribunaux la faculté de rendre des décisions aussi singulières. »

2694. — Mais cette opinion est combattue par M. Meaume (t. 2, no 1407), comme contraire à l'esprit qui a présidé à la rédaction de l'art. 200, C. forest. Le premier projet portait, en effet, que « dans les cas de récidive, telle qu'elle est définie par l'art. 483, C. pén., si la loi prononce des peines fixes, elles seront doublées; *si les peines qu'elle prononce sont susceptibles d'être graduées, le maximum sera toujours appliqué.* » — « On voit, ajoute M. Meaume, que la solution que nous critiquons avait été d'abord adoptée, et qu'elle a été supprimée comme trop rigoureuse. Ce changement de rédaction, qui n'a pas pu avoir d'autre motif, ne permet donc pas de suivre l'opinion de MM. Garnier et Chanoine. N'y aurait-il pas, d'ailleurs, injustice flagrante à obliger les tribunaux de condamner à une amende de 600 fr. un homme qui aurait arraché deux ou trois bois de semence d'une valeur de quelques centimes, si cet homme avait été précédemment condamné pour un semblable délit, ou même pour la coupe d'un fagot?... » MM. Baudrillart (sur l'art. 200), Coin-Delisle et Frédérich (t. 2 p. 219) enseignent également que la loi a abandonné aux tribunaux la faculté de prendre, pour obtenir le doublement de l'amende, telle base qu'ils jugeront convenable, depuis le *minimum* jusques y compris le *maximum*.

2695. — Les peines sont également doublées lorsque les délits ou contraventions ont été commis dans la nuit, ou que les délinquans ont fait usage de la scie pour couper les arbres sur pied. — C. forest., art. 201, ord. 1669, tit. 32, art. 5.

2696. — La circonstance de nuit et l'emploi de la scie sont placés, on le voit, sur la même ligne que la récidive. Elles forment avec celle-ci les trois circonstances aggravantes qui seules s'appliquent aux délits forestiers en général. On ne saurait tenir pour telles, en effet, les augmentations de peine prononcées quelquefois par la loi, en cas d'un délit spécial, d'une contravention commise dans de certaines circonstances. — Meaume, t. 2, no 1408.

2697. — Il a été jugé antérieurement au Code que le délit forestier commis le 9 du mois de décembre, à six heures du soir, doit être puni d'une amende double, comme commis de nuit. — *Cass.*, 28 mai 1812, Petillat.

2698. — On doit incontestablement décider de même aujourd'hui; mais il n'y a aucun argument à tirer de cet arrêt, parce qu'il a été rendu sous l'ord. 1669, qui avait défini la *nuit* en punissant d'une amende double les délits commis *avant le lever ou après le coucher du soleil*, tandis que le Code forestier laisse aux juges la faculté de déterminer l'heure à laquelle commence et finit la *nuit*, dont il ne donne aucune définition.

2699. — Aujourd'hui les délits forestiers commis de nuit s'entendent toujours de ceux qui ont eu lieu depuis le coucher du soleil jusqu'à son lever. Ainsi, le délit commis le 24 février à six heures du matin est un délit de nuit. — *Cass.*, 22 janv. 1829, Jullemier; — Meaume, t. 2, no 1409; Coin-Delisle et Frédérich, t. 2, p. 228; Garnier-Dubourneuf et Chanoine, p. 241. — V. encore *Nancy*, 17 juill. 1832, 15 mars 1833, 4 janv. 1844, cités par M. Meaume (*eod. loc.*, note); *Metz*, 25 fév 1836, Thiry; *Grenoble*, 8 avr. 1840 (t. 3 1844), Arnaud. — L'arrêt de Metz est rapporté en note de ce dernier.

2700. — Mais dans le cas où le procès-verbal du garde forestier ne constate pas d'une manière formelle l'heure à laquelle le délit a eu lieu, on doit interpréter en faveur du délinquant la question de savoir si le soleil était levé ou non. — *Grenoble*, 8 avr 1840 (t. 3 1844), Arnaud; — Meaume, t. 2, no 1409.

2701. — Le législateur a été amené à doubler la peine lorsque le délit a lieu à l'aide d'une scie, parce que cet instrument, faisant peu de bruit, il devient plus difficile de saisir le délinquant. L'emploi de la scie est, en outre, très préjudiciable, en ce qu'il empêche généralement les souches de donner des rejets. — Meaume, t. 2, no 1410.

2702. — La condamation à l'amende double prononcée par l'art. 201, C. forest., contre le délinquant qui a coupé avec une scie des arbres sur pied, se réfère non seulement à la coupe de l'arbre lui-même, mais à celle de ses branches principales ou non, sciées pour en former des fouées ou des fagots. — Meaume, t. 2, no 1410.

2703. — Le délit pouvant être constaté contre un individu, bien que le garde n'ait pas pris le dé-

linquant sur le fait, l'amende peut être doublée, lors même que le délinquant n'aurait pas été trouvé au moment où il sciait l'arbre Le doublement de l'amende doit donc être prononcé contre celui dans le domicile duquel est retrouvé l'arbre coupé à l'aide de la scie. — *Cass.*, 10 déc. 1829, Julien Robert; 16 janv. 1830, Jolibois; — M. Meaume (t. 2, n° 1411), cite encore comme conf. *Nancy*, 16 fév.-16 mars 1830; 7 déc. 1833 et 26 juin 1835.

2704 — Les adjudicataires, avons-nous vu plus haut, sont punis, en cas de récidive, comme les délinquans ordinaires. Ils le sont pareillement lorsque le délit est accompagné des circonstances aggravantes prévues par l'art. 201. — Meaume, t. 2, n° 1412, où il cite comme ayant décidé dans ce sens *Nancy*, 1er mars 1833.

2705. — La cour de Cassation, par arrêt du 26 déc. 1838 (Allard) a décidé, en outre, que l'adjudicataire d'une coupe de bois qui, par lui-même ou par ses ouvriers, a tout à la fois abattu des arbres non compris dans sa vente et fait usage de la scie, doit être condamné non seulement à une amende triple de la valeur du bois, en vertu de l'art. 29, C. forest., mais encore au double de cette amende, par application de l'art. 201, C. forest. — V. conf. Meaume, t. 2, n° 1412.

2706. — Il peut se faire que le délit n'ait pas été accompagné d'une seule circonstance aggravante, mais de plusieurs. Il peut aussi avoir été commis de nuit ou à l'aide de la scie par un individu en état de récidive. Ces trois circonstances peuvent même avoir accompagné la perprétation du délit. Il naît de là différentes hypothèses, d'après lesquelles le chiffre de l'amende doit varier.

2707. — Ainsi, dans le cas où le délit a été commis par un récidiviste, soit la nuit, ou soit à l'aide de la scie, l'amende simple doit être répétée autant de fois qu'il y a de circonstances aggravantes constatées par le procès-verbal. En conséquence, lorsqu'un prévenu en état de récidive a coupé, à l'aide de la scie, une charge d'homme, l'amende ordinaire de 2 fr. doit être portée à 6 fr. — *Besançon*, 22 janv. 1840 (t. 3 1844 à sa date), Malfroy.

2708. — Un arrêt de Nancy du 15 fév. 1833, rapporté en note du précédent, a cependant jugé qu'en pareil cas la loi, ayant spécialisé la circonstance de la récidive, a voulu punir plus sévèrement le délinquant d'habitude que n'a pas corrigé une peine antérieure, et qu'il faut, en cas de concours de plusieurs circonstances aggravantes, doubler l'amende déjà doublée et non pas seulement doubler l'amende simple. L'amende devrait donc être quadruplée si au fait de la récidive se joignait celui de l'usage de la scie. Mais cette distinction est repoussée par MM. Meaume (t. 2, n° 1413, p. 958); Baudrillart (sur l'art. 199); Coin-Delisle et Frédérich (*ibid.*); Garnier-Dubourgneuf et Chanoine (*ibid*). Ces auteurs pensent, comme la cour de Besançon, que l'amende doit seulement être répétée en raison du nombre des circonstances aggravantes. Au surplus, M. Meaume cite un arrêt de Nancy du 17 mars 1837, par lequel cette cour est revenue sur sa décision de 1833, laquelle était déjà en contradiction avec un arrêt antérieurement rendu par elle le 29 juin 1830.

2709. — Si le délit avait été commis tout à la fois pendant la nuit et à l'aide d'une scie par un récidiviste, on devrait donc, non prononcer une amende sextuple, ainsi qu'on devrait le faire si on suivait la décision de Nancy du 15 fév. 1833, mais bien quadruplée. En effet, l'amende doit être doublée seulement s'il n'y a eu qu'une seule circonstance aggravante; elle doit être triplée avec deux et quadruplée avec trois; mais la progression doit s'arrêter là. — Mêmes auteurs.

2710. — Dans une espèce où le délit avait été commis de nuit et à l'aide de la scie, mais par un prévenu qui ne se trouvait pas en état de récidive, la cour de Besançon a fait une distinction entre la peine qui doit frapper la récidive et celle que doivent entraîner les autres circonstances aggravantes prévues par l'art. 201. Elle a ainsi décidé que si l'amende doit être triplée en cas de concours des deux circonstances de récidive et de nuit, elle doit être seulement doublée lorsque les deux circonstances de nuit et d'emploi de la scie, prévues toutes deux par l'art. 201, se trouvent réunies. — *Besançon*, 6 fév. 1838 (t. 3 1844 à sa date), H...

2711. — Cette décision, contre laquelle l'administration avait d'abord formé un pourvoi dont elle s'est ensuite désistée, semble à M. Meaume (t. 2, n° 1413, p. 959) contraire à la loi, et il pense qu'elle eût été cassée. On doit, suivant lui, pour obéir au vœu de la loi, tenir compte de la multiplicité des circonstances aggravantes. « Il est évident, dit-il, que chacune d'elles ajoute à la gravité du délit; ce serait, d'ailleurs, comme le font très bien observer MM. Coin-Delisle et Frédérich (art. 201), autoriser les délinquans d'habitude à employer et la nuit pour cacher leurs délits et la scie pour être moins facilement entendus »

2712. — Il avait été jugé, avant le Code forestier, conformément à cette doctrine, que l'usage de la scie pour couper en délit des arbres sur pied donne lieu au doublement de l'amende encourue, sans qu'il soit besoin qu'à cette circonstance aggravante vienne se joindre celle de la nuit. — *Cass.*, 7 fév. 1824, Ferry.

2713. — Indépendamment des hypothèses que nous venons d'examiner, il peut arriver qu'un délit de pâturage ait été commis la nuit dans un taillis âgé de moins de dix ans par un prévenu en état de récidive. Un arrêt de la cour d'Orléans du 5 mai 1829 (Noret) a considéré comme aggravante, dans le sens des art. 200 et 201, la circonstance que le bois où le délit avait eu lieu était âgé de moins de dix ans. Elle avait, en conséquence, jugé que l'amende encourue par les propriétaires de bestiaux trouvés en délit de pâturage dans les bois devait être doublée à raison de chacune des circonstances aggravantes, en ce sens que le doublement devait porter sur l'amende ordinaire, et non sur une amende déjà doublée, en cas de plusieurs circonstances aggravantes.

2714. — Mais cet arrêt se fonde sur une erreur. Aussi est-il généralement décidé que lorsque le délit de dépaissance a été commis la nuit, dans un bois de moins de dix ans, l'amende doublée une première fois, à cause de l'âge du bois, est considérée comme une amende simple, et doit être doublée une seconde fois, à raison de la circonstance de la nuit. — *Orléans*, 7 janv. 1828, Pothin; *Cass.*, 19 avr. 1833, Truchy, et Emeloy; 1er fév. 1834, Wenger.

2715. — Par suite, l'amende pour délit de dépaissance commis la nuit, dans un bois âgé de moins de dix ans, est du quadruple de l'amende ordinaire. — *Cass.*, 1er fév. 1834, Forêts c. Wenger.

2716. — L'amende simple, aux termes du § 1er, de l'art. 199, étant de 5 fr., l'amende sera donc de 20 fr. dans ce dernier cas. Elle devrait être élevée à 30 fr., si à la circonstance de nuit s'ajoutait le cas de récidive. — Meaume, t. 2, n° 1413, p. 960.

2717. — L'abattage d'un tremble de un mètre trois centimètres de pourtour, dans une forêt appartenant à un particulier, constitue une contravention qui rentre dans les attributions du tribunal correctionnel, lorsque, le délinquant ayant fait usage de la scie, l'amende doit être doublée conformément à l'art. 201, C. forest. — *Cass.*, 30 avr. 1830, Baratte.

§ 4. — *Remise et modération des peines, excuses.*

2718. — Il a toujours été de principe, en matière forestière, que les juges ne peuvent sous aucun prétexte, ni par des considérations particulières, modérer les peines établies par la loi pour délits forestiers. — Ord. 1669, tit. 32, art. 14, 15; circ. 8 frim. an X, n° 51; avis cons. d'état, 18 brum.; 16 frim. an XIV, n° 1er; *Cass.*, 12, 18 brum an XI, Verdun, Boisnard; 24 oct. 1806, Moulin; 6 fév. 1807, Tartarolo; 26 fév. 1807, Henri; 18 mai 1809, Meuret; 13 fév. 1811, Gasparini; 5 mai 1815, Habit. de Gevrey; 11 juill. 1817, Ducerveau; — Merlin, *Rép.* v° *Délit forest.*, § 2, n° 2, et *Quest.*, v° *Amende*, § 1er.

2719. — L'intentention du législateur a été par là d'interdire aux tribunaux tout arbitraire dans l'application des peines déterminées par la loi pour la répression des délits forestiers. Des considérations puisées dans des circonstances locales et particulières aux délinquans ne sauraient donc suffire pour autoriser une dérogation à l'ordonnance. — *Cass.*, 4 mai 1820, Galvin.

2720. — La question n'est susceptible aujourd'hui d'aucune difficulté, car l'art. 203, C. forest., porte en termes exprès que les tribunaux ne pourront appliquer aux matières réglées par le présent Code les dispositions de l'art. 463 du Code pénal.

2721. — Ils ne peuvent donc ni modérer les amendes. — *Cass.*, 21 fév. 1828, Claude Aubœuf.

2722. — ... Ni déclarer qu'il existe des circonstances atténuantes. — *Cass.*, 5 mars 1840 (t. 1er 1841, p. 105), Pellet

2723. — L'erreur, la bonne foi des prévenus ni des considérations d'équité ne peuvent autoriser les juges à acquitter les délinquans ou à modérer la peine qu'ils ont encourue. C'est là un point que nous avons eu déjà plusieurs fois l'occasion de constater. — *Cass.*, 2 mai 1833, Habit. d'Esgragnolles, 7 sept. 1833, Gaumier; 8 mars 1834, Vignon; 29 mai 1835, Azais; 5 sept. 1835, Albouy c Douls; 27 janv. 1838 (t. 1er 1840, p. 187, Martin; 29 août 1839 (t. 3 1844, à sa date), Regnaud. — Un seul arrêt, *Aix*, 7 janv. 1835, Vigneron, a décidé le contraire. — V. encore *Cass.*, 23 juin 1827, Berget; 1er mai 1829, Désirat; 10 août 1833, Milbiet; 17 mai 1833, Laplanche; 12 juin 1834, Pinier; 6 sept. 1845, *Régl. forest.*; *Rouen*, 21 déc. 1843 (t. 2 1844, p. 427), Rousiel c. Bonvallet; *Metz*, 5 juin 1833; *Grenoble*, 12 juin 1834; 26 mars et 2 juill. 1835; 17 avr. 1839; *Douai*, 18 fév. 1842; *Grenoble*, 26 mars 1835. — Ces derniers arrêts sont cités par Meaume, t. 2, n° 1418, note. — V. Curasson, t. 3. p. 480.

2724. — Ainsi, celui qui a fait paître des bestiaux dans une partie de bois non défensable ne peut pas être renvoyé des poursuites sous le prétexte qu'il n'y avait aucune marque indicative que le terrain eût été mis en défense. — *Cass.*, 20 mai 1808, Susans; 30 oct. 1806, Dubois.

2725. — Sous la loi des 30 mars-8 avr. 1792, qui déclarait nulles les transmissions de propriétés faites par les émigrés, la vente qu'un émigré avait consentie par acte sous seing-privé n'ayant point date certaine avant la promulgation ne pouvait servir d'excuse à un délinquant forestier, ni motiver un renvoi des poursuites. — *Cass.*, 23 messid. an II, Brière.

2726. — Un délit forestier, pas plus qu'un autre délit, ne saurait être excusé sous le prétexte de l'obéissance qu'un fils doit à son père, et qui ne lui permettrait pas de discuter les ordres qu'il en reçoit. — *Cass.*, 5 mai 1837 (t. 2 1840, p. 314), Borderie.

2727. — Le délit forestier résultant de ce qu'un voiturier à qui l'on avait indiqué un chemin dans une forêt pour enlever des pierres d'une carrière s'est écarté de ce chemin ne peut être excusé sous prétexte que ce chemin était impraticable : le délinquant aurait dû, dans ce cas, se pourvoir devant l'administration forestière pour en obtenir un autre. — *Cass.*, 23 mai 1833, Roty.

2728. — Jugé également que les usagers qui ont vendu les portions affouagères à eux délivrées ne peuvent être excusés sur le motif qu'un arrêté du maire ayant autorisé ces ventes, ils ne se sont point rendus coupables d'un délit en déférant de bonne foi à un acte administratif dont ils n'étaient pas juges. — *Metz*, 5 juin 1833, C...

2729. — Celui qui a conduit des bêtes à laine dans un bois ne peut pas être acquitté sous le prétexte qu'un arrêté administratif qui a permis cette dépaissance imprime à la conduite du prévenu un caractère de bonne foi. — *Cass.*, 22 mai 1821, Imbert.

2730. — Le législateur a été amené à consacrer, par l'art. 203, C. forest., l'importante dérogation que celui-ci apporte au droit commun, parce qu'en matière forestière un principe constant veut qu'on se préoccupe plutôt du fait matériel du délit ou de la contravention que de l'intention de celui qui s'en est rendu coupable. La question intentionnelle disparaissant, les juges n'ont conséquemment pas à rechercher si le prévenu a été ou non de bonne foi. — Meaume, t. 2, n° 1418.

2731. — Ils excèdent leurs pouvoirs lorsqu'ils entrent dans l'examen des circonstances qui pourraient motiver l'indulgence de l'administration. — *Cass.*, 27 fév. et 21 mars 1840 (t. 1er 1841, p. 16), Jund et Leimlich; 13 déc. 1810, Borghi.

2732. — Jugé avant le Code forestier que le tribunal qui n'était saisi par l'appel du procureur impérial que de la question de savoir si une restitution devait être prononcée, excédait ses attributions en se permettant de décharger de l'amende les prévenus qui ne se plaignaient pas de la condamnation et qui même faisaient défaut sur l'appel. — *Cass.*, 13 déc. 1811, Archieri.

2733. — L'administration supérieure a seule le droit d'apprécier les circonstances atténuantes et de faire remise ou réduction des amendes encourues. — *Cass.*, 5 mai 1815, habitans de Gevrey; 1er mai 1829, Dézirat; 23 juin 1827, Borget; 2 mai 1833, habitans d'Esgragnolles; 7 sept. 1833, Gaumier; 12 juin 1834, Pinier; 27 fév. et 21 mars 1840 (t. 1er 1841, p. 16), Jund, Heimlich.

2734. — Le principe consacré par l'art. 203, C. forest., s'applique aux adjudicataires comme à tout autre délinquant.

2735. — Les tribunaux ne peuvent donc accorder aux adjudicataires en retard aucune prorogation de délai pour coupes et vidanges, ni modérer les peines applicables aux délits par eux commis. — *Cass.*, 4 août 1827, Mion et Bouchard.

2736. — Pareillement, l'adjudicataire qui a coupé dans l'intérieur de sa vente un arbre réservé ne peut être renvoyé des poursuites sous le prétexte que l'arbre coupé était entaillé, ce qui lui a fait croire qu'il était marqué. — *Cass.*, 1er mai 1829, Dézirat.

2737. — Un tribunal ne peut être lié par une transaction passée entre un ci-devant seigneur et les habitans d'une commune portant faculté pour les juges de modérer les amendes prononcées au

profit de ce seigneur. — *Cass.*, 26 déc. 1806, Lambert.

2738. — Si le prévenu ne peut, en matière forestière, invoquer sa bonne foi comme excuse, il en est autrement en cas de force majeure : le délinquant qui a commis le délit sous l'empire d'une force à laquelle il n'a pu résister et qu'il lui a été impossible de prévoir ou d'éviter ne peut être frappé d'aucune condamnation. — Meaume, t. 2, no 1419. — C'est l'excuse que pourrait par exemple invoquer le pâtre d'un troupeau qui prouverait qu'il a été dans l'impossibilité absolue d'empêcher les bestiaux de pénétrer dans un bois.

§ 5. — *Responsabilité en matière de délit forestier.*

2739. — Il est de principe général qu'en matière criminelle, correctionnelle ou de police, la responsabilité civile ne peut, à moins d'une disposition expresse, être étendue aux peines et amendes que la loi prononce contre les auteurs ou complices du délit. — Et il a été jugé spécialement qu'aucune loi n'a soumis les personnes civilement responsables d'un délit rural aux peines encourues par ceux qui s'en sont rendus coupables. — *Cass.*, 11 sept. 1818, Laroyenne ; 25 fév. 1820, Jacques Vieux ; — Carnot, sur l'art. 80, C. inst. crim., t. 1er, p. 363, no 9 ; Cheauveau et Hélie, *Théor. C. pén.*, t. 1er, p. 251.

2740. — A cette règle générale il n'y a d'exception que pour les cas où une loi spéciale en a autrement ordonné. C'est ce qui a lieu en matière forestière. En effet, l'art. 206 porte : « Les maris, pères, mères et tuteurs, et en général tous maîtres et commettans, seront civilement responsables des délits et contraventions commis par leurs femmes, enfans mineurs et pupilles demeurant avec eux et non mariés ; ouvriers, voituriers et autres subordonnés ; sauf tout recours de droit. — Cette responsabilité sera réglée conformément au paragraphe dernier de l'art. 1384, C. civ., et s'étendra aux restitutions, dommages-intérêts et frais, sans pouvoir toutefois donner lieu à la contrainte par corps, si ce n'est dans le cas prévu par l'art. 46. » — Ord. 1669, tit. 32, art. 7 et 10 ; tit. 19, art. 13 ; L. 28 sept.-6 oct. 1791, tit. 2, art. 7 et 8.

2741. — Sous l'empire de l'ordonnance de 1669, le père était responsable du délit de sa fille, trouvée gardant des bestiaux dans un bois non déclaré défensable, lorsqu'elle demeurait avec lui, et qu'il ne prouvait pas qu'elle était au service d'un maître étranger. — *Cass.*, 17 avr. 1812, Paillet ; — Merlin, *Rép.*, vo *Procès-verbal*, § 6, no 11.

2742. — De ce que l'ordonnance de 1669 ne contient aucune disposition sur la responsabilité civile des pères et mères, il résulte bien qu'ils ne sont point passibles des amendes encourues par leurs enfans, mais il n'en faut point conclure qu'ils soient dispensés de la responsabilité civile des restitutions et dommages-intérêts qui sont la conséquence des délits de leurs enfans. — *Cass.*, 5 nov. 1829, Jupinet.

2743. — Le projet du Code forestier étendait aux amendes la responsabilité civile établie par l'art. 206. — Mais ce mot a été rayé sur la proposition de la commission, à la chambre des députés, comme contraire aux principes du Code civil. — Rapport de M. Favard de Langlade, dans M. Chauveau, *C. forest.*, p. 81. — Cet amendement de la commission fut inutilement combattu par M. de Martignac, commissaire du roi (*Moniteur* du 10 avr. 1827, no 100, p. 570).

2744. — Il suit de là que la responsabilité de l'art. 206 ne s'étend, en général, qu'aux condamnations purement civiles, et non à celles qui ont le caractère de peine. Ce principe comporte cependant quelques exceptions. Ainsi les adjudicataires et entrepreneurs de coupes encourent une responsabilité qui s'étend même aux amendes. — C. forest., art. 28 et 46.

2745. — D'un autre coté, les art. 157 et 199, même Code, permettant de poursuivre comme auteurs principaux les propriétaires des voitures ou des bestiaux trouvés en délit, il en résulte *à fortiori* la faculté pour le propriétaire de la forêt de les poursuivre comme responsables des amendes encourues par leurs voituriers ou leurs bergers. — *Nancy*, 18 déc. 1845 (t. 2 1846, p. 276), Jean-Pierre (dans ses motifs) ; — Meaume, t. 2, no 1421.

2746. — Les propriétaires d'animaux trouvés en délit dans un bois non soumis à l'usage d'une commune sont seuls responsables de ce délit, alors même que ces animaux étaient sous la garde du pâtre banal de la commune. — En conséquence, c'est contre les propriétaires des animaux, et non contre la commune, que doit être dirigée l'action en réparation du délit. — *Orléans*, 22 juin 1846 (t. 2 1846, p. 172), comm. de Chamboy.

2747. — Les communes étant déclarées par l'art. 72, C. forest., responsables des délits commis par les pâtres communaux, cette responsabilité s'étend-elle aux amendes ? Lors de la discussion de l'art. 72 à la chambre des députés, une vive discussion s'engagea entre la commission, soutenant qu'en thèse générale la responsabilité ne devait pas s'étendre aux amendes, et le commissaire du gouvernement, qui défendait le système contraire. Mais la question ne fut pas résolue à l'égard de cet article. On convint de maintenir dans cet article le vague du mot *condamnations*, et l'on décida que ce qui serait adopté relativement à l'art. 206, qui renferme le principe général relatif à la responsabilité, le serait pour l'art. 72, qui n'est que l'application de ce principe à un cas particulier. Or, la suppression du mot *amende* ayant, malgré l'opposition de M. de Martignac, été adoptée par la chambre, on en doit conclure que la responsabilité de l'art. 72 ne s'étend pas aux amendes. — V. *suprà* no 2743.

2748. — Jugé avant le Code que les communes sont responsables des amendes encourues par le pâtre du troupeau communal, sauf à être fait administrativement, et conformément à la loi du 11 frim. an VII, une répartition ultérieure desdites amendes entre les propriétaires des bestiaux trouvés en délit. — *Cass.*, 22 fév. 1811, comm. de Rollingen.

2749. — ... Que le propriétaire de bestiaux trouvés pâturant sous la garde de son fils, dans un bois de l'état, doit être déclaré responsable, non seulement du dommage occasionné par ses bestiaux, mais encore de l'amende encourue par son fils. — *Cass.*, 6 avr.-21 sept. 1820, Fabre, Mascou ; 23 août 1822, Aubagnac. — V. cependant *Cass.*, 25 fév. 1820, Sibillat ; 8 août 1823, Postel.

2750. — Mais l'art. 206 ne parle que des enfans *mineurs*. Ainsi le père n'est pas responsable des faits de maraudage de bois commis dans une forêt par son enfant *majeur*, non préposé par lui à cet effet, quoique demeurant avec lui. — *Cass.*, 23 juin 1826, Duchesne ; — Rolland de Villargues, *Rép. du not.*, vo *Voituriers*, no 29.

2751. — L'art. 206, C. forest., comme l'art. 74, C. pén., renvoie à l'art. 1384, C. civ., mais d'une manière bien différente. L'art. 74, C. pén., se réfère à tous les principes de la loi civile en matière de responsabilité, tandis que l'art. 206, C. forest., place sur la même ligne toutes les personnes également responsables, leur impose les mêmes obligations. Cet article ne distingue pas, comme l'art. 1384, C. civ., entre la responsabilité des père et mère et celle des maîtres et commettans. Elle rend par suite commun à toutes les personnes responsables le droit que le dernier paragraphe de l'art. 1384 réserve aux père et mère seuls de prouver qu'ils n'ont pu empêcher le fait donnant lieu à leur responsabilité. En ne renvoyant qu'au dernier paragraphe de cet article, le législateur forestier a évidemment entendu que les paragraphes précédens ne s'appliqueraient pas en matière forestière. Cette intention ressort encore mieux du premier projet du Code. — Meaume, t. 2, no 1422.

2452. — Aussi a-t-il été jugé que, de ce que l'art. 206, C. forest., en rendant les maîtres et commettans responsables des délits commis par leurs domestiques, même en dehors de l'exercice de leurs fonctions, les soumet à une responsabilité aussi étendue que celle qui pèse, aux termes de l'art. 1384, C. civ., sur les pères, mères, instituteurs et artisans, il résulte que ces maîtres et commettans doivent jouir comme ceux-ci du droit de prouver qu'il n'a pas été en leur pouvoir d'empêcher le fait qui donne lieu à la responsabilité. — *Cass.*, 9 janv. 1845 (t. 1er 1846, p. 382), Demoury.

2753. — Lorsqu'un individu encore mineur a été trouvé coupant du bois avec six autres individus qui se sont enfuis et sont restés inconnus, on ne doit condamner le délinquant mineur qu'au septième de l'amende encourue pour le bois coupé, s'il n'existe toutefois aucune preuve de complicité. La responsabilité du père ne s'étend par suite que jusqu'à ce septième. — Meaume, t. 2, no 1423, où il cite comme l'ayant ainsi jugé les arrêts inédits de Nancy, 25 déc. 1826, Gérard, et de Montpellier, 28 déc. 1835, Sicard et Robert.

2754. — La responsabilité du dommage causé par un enfant mineur pèse non sur son père, mais sur son maître, lorsque le délit a été commis pendant que l'enfant travaillait chez ce dernier. — *Metz*, 13 nov. 1833, Lelaurent (cet arrêt est rapporté par M. Meaume, *loc. cit.*, note). — V. conf. Duranton, t. 13, no 718 ; Delvincourt, t. 3, p. 385. — V. cependant Toullier, t. 11, no 268.

2755. — La responsabilité du père s'étend même aux délits commis par son enfant à une heure où le père le croyait à l'école. — Meaume, t. 2, no 1423, p. 972, où il cite comme l'ayant décidé ainsi Nancy, 17 juill. 1832. — V. *Contrà* Gagneraux, t. 1er, p. 418.

2756. — La cour de Nancy, par arrêt inédit du 8 mars 1828, a jugé aussi que la femme dont le mari est absent et qui est poursuivie, en vertu de l'art. 206, comme responsable d'un délit commis par son enfant, peut, bien que n'y étant pas autorisée, défendre à l'action dirigée contre elle. — Meaume, *loc. cit.*

2757. — Un autre arrêt de Nancy du 28 mai 1828 (Meaume, *loc. cit.*) a jugé que lorsque le père, condamné comme responsable en première instance, n'a pas été compris dans la déclaration d'appel, on doit considérer comme non avenue l'assignation qui lui a été signifiée en appel, bien qu'il y eût présomption qu'un oubli involontaire a seul occasionné le défaut de déclaration, relativement au père.

2558. — Lorsque le maître est traduit seul et directement en police correctionnelle pour avoir donné l'ordre à ses domestiques de commettre un délit (forestier, par exemple), il ne peut pas être question devant le tribunal de la responsabilité civile que fait encourir au maître le délit de son subordonné. — Il encourt une peine à raison de l'ordre par lui donné. — *Cass.*, 11 juin 1808, Aubort ; — Merlin, *Rép.*, vo *Délits forestiers*, § 8 ; Meaume, t. 2, no 1423, p. 973.

2759. — De même, le maître dont le domestique a écorcé des arbres dans une forêt communale ne peut pas être affranchi de la responsabilité civile de ce délit, sur le motif que le domestique n'étant préposé qu'à la garde des bestiaux, le délit n'a pas été commis par lui dans les fonctions auxquelles son maître l'avait employé. — *Cass.*, 13 janv. 1814, Terrillon ; — Meaume, t. 2, no 1423, p. 973.

2760. — Un arrêt de Nancy du 17 nov. 1837, contre lequel l'administration forestière avait d'abord dirigé un pourvoi dont elle s'est ensuite désistée, a jugé que, dans le cas où le propriétaire d'une forêt a vendu à plusieurs particuliers une coupe que ceux-ci ont exploitée pour leur compte, on ne peut, en l'absence de toute preuve de culpabilité contre le propriétaire et ses adjudicataires, poursuivre contre lui la répression des délits commis pendant la durée de l'exploitation dans l'intérieur et sur la ligne séparative d'une forêt domaniale voisine de la sienne. On ne saurait prétendre qu'il doit encourir la responsabilité de ces délits, aux termes de l'art. 206, par la raison que le bois de l'état avoisinant le sien, il y a présomption, dans le silence des procès-verbaux sur les auteurs des délits, que ces délits sont le fait soit du propriétaire, soit de ses adjudicataires. — Meaume, *loc. cit.*

2761. — On ne peut condamner les individus que la loi déclare responsables qu'autant que les délinquans dont ils répondent ont été mis en cause. Ils ne doivent pas être relaxés cependant ; mais le tribunal correctionnel surseoit en pareil cas à prononcer sur la responsabilité, et fixe un délai pour appeler en cause les auteurs du délit. — *Cass.*, 24 déc. 1830, Lebugle ; 9 juin 1832, Desvignes ; 31 janv. 1833, Eudin ; 5 juill. 1833, Held ; 25 nov. 1835 (t. 1er 1837, p. 601), de Beck ; — Meaume t. 2, no 1424, où il rapporte, en note, un arrêt inédit de Montpellier, du 5 avr. 1830 (Barthès), qui a cependant décidé le contraire. — On peut consulter aussi sur cette question Lesellyer, *Dr. crim.*, t. 2, no 725. — V. RESPONSABILITÉ.

2762. — La règle que les personnes responsables doivent être condamnées en même temps que les délinquans souffre exception dans le cas des art. 147 et 199, le propriétaire des voitures et bestiaux cité comme civilement responsable pouvant être condamné comme auteur du délit. — Meaume, t. 2, no 1324, p. 974.

2763. — Il n'y a pas nullité lorsqu'un individu a été condamné comme civilement responsable à une amende qu'il a encourue comme auteur de la contravention. — *Cass.*, 26 déc. 1846 (t. 1er 1846, p. 758), Belot.

2764. — La règle qui veut qu'on mette simultanément en cause l'auteur du délit et celui qui en répond cesserait d'être applicable si l'auteur du délit était décédé soit avant les poursuites, soit avant le jugement de condamnation. — Meaume, *loc. cit.*

2765. — Il est certains délits d'exploitation qui doivent être même poursuivis contre l'adjudicataire seul, et non contre ses ouvriers ; ce sont ceux qui proviennent non d'une infraction à la loi, mais d'une contravention aux clauses du cahier des charges, dont les ouvriers ne sont pas censés connaître les conditions.

2766. — Ainsi, les ouvriers qui auraient abattu des arbres sans obéir aux clauses de ce cahier des charges, ou qui auraient soit coupé du bois, soit effectué la vidange des coupes après le délai fixé par ce cahier, ne pourraient être poursuivis comme auteurs principaux de ces délits. L'administration ne peut ici poursuivre que les adjudicataires. — Meaume, t. 2, no 1426.

2767. — Cette doctrine ne peut être généralisée cependant d'une manière absolue. On ne saurait dire qu'on ne peut poursuivre contre les ouvriers aucun des délits prévus par la sect. 4e, tit. 3, C. for. Autrement les adjudicataires seraient souvent désarmés, soit quant aux délits d'outre-passe (art. 29) commis par leurs ouvriers à l'ouïe de la cognée, soit contre leurs cessionnaires ou acquéreurs qui n'auraient pas effectué la traite des bois par les chemins indiqués au cahier des charges (art. 39); les tribunaux ne pourraient non plus refuser de condamner des ouvriers qui auraient allumé du feu dans des coupes, en opposition aux prescriptions de l'art. 42 qui considère ces ouvriers comme pouvant avoir directement commis ce délit. — Meaume, t. 2, no 1426, note, où il cite, comme l'ayant ainsi jugé, *Nancy*, 9 déc. 1828.

2768. — Cette même cour a jugé, dit-il, par un arrêt du même jour, que l'amende prononcée par l'art. 38 pour construction illicite de fosse à charbon ne peut atteindre que l'adjudicataire et non ses ouvriers. Mais elle a rendu un arrêt en sens contraire le 9 fév. 1830.

2769. — La cour de Metz, par arrêts inédits des 26 fév. et 12 août 1840, a décidé que le délit de coupes de réserves ne pouvait être poursuivi que contre les adjudicataires et non contre leurs ouvriers. — Meaume, *loc. cit.*

2770. — Les personnes civilement responsables peuvent être condamnées aux frais, bien que le tribunal ne prononce contre elles aucune autre condamnation. On peut, en effet, avoir à répondre d'un délit ne donnant lieu à aucune réparation civile. — *Cass.*, 19 mars 1836, Jyvard. — Meaume, t. 2, no 1425; Chauveau et Hélie, *Théorie C. pén.*, t. 2, p. 299 et 300; Le Sellyer, *Dr. crim.*, t. 2, no 726. — V. au surplus RESPONSABILITÉ.

2771. — En matière forestière, le mineur de seize ans, acquitté comme ayant agi sans discernement, n'est passible d'aucune peine, sauf à condamner aux dommages-intérêts et aux frais les personnes civilement responsables. — *Cass.*, 8 janv. 1846 (t. 1er 1847, p. 331), Bouvier; même jour, Belot.

2772. — Les dispositions du Code forest. sur la responsabilité des entrepreneurs des coupes de bois dues à des usagers sont applicables aux individus chargés de l'exploitation d'une coupe conférée par suite d'une affectation. — *Cass.*, 26 juin 1836 (t. 1er 1837, p. 191), Reimm.

2773. — En général, les possesseurs d'affectations doivent être soumis aux règles établies pour les adjudicataires, et notamment à la responsabilité établie par l'art. 45, C. forest., bien que leur titre de concession soit antérieur à ce Code. — *Cass.*, 2 juin 1836, Poulharies-Salvaire.

§ 6. — *Peines contre les fonctionnaires et agens forestiers.*

2774. — Le Code forestier prononce, dans certains cas spéciaux, des peines particulières, soit contre des fonctionnaires en général, soit contre des agens ou préposés de l'administration forestière. Ces cas sont déterminés par les art. 18, 19, 21, 25, 29, 52, 53, 81, 98, 100, 101, 102 et 110, C. forest.

2775. — Si, indépendamment de ces peines spéciales, le Code pénal en prononçait d'autres pour certains faits de malversation, de concussion ou d'abus de pouvoir, ces dernières devraient se cumuler avec les premières. On ne saurait, pas plus ici qu'en toute autre matière forestière, appliquer le principe de la non-cumulation de peines établi par l'art. 365, C. inst. crim. — Meaume, t. 2, no 1427; Coin-Delisle et Frédérich, t. 2, p. 236.

2776. — L'art. 207, C. forest., porte en effet que les peines que la présente loi prononce, dans certains cas spéciaux, contre des fonctionnaires ou contre des agens et préposés de l'administration forestière, sont indépendantes des poursuites et peines dont ces fonctionnaires, agens ou préposés seraient passibles d'ailleurs pour malversation, concussion ou abus de pouvoir. — Il en est de même quant aux poursuites qui pourraient être dirigées, aux termes des art. 179 et 180, C. pén., contre tous délinquans et contrevenans pour fait de tentative de corruption envers des fonctionnaires publics et des agens et préposés de l'administration forestière. — Const. 22 frim. an VIII, art. 75; L. 22 mars; décr. 9 août 1806. — V. FONCTIONNAIRES PUBLICS.

2777. — Jugé, avant le Code, que la loi ne fait aucune différence, dans la punition des délits forestiers, entre ceux qui peuvent être commis par de simples particuliers et ceux dont les agens mêmes de l'administration peuvent se rendre coupables; et en admettant que la conduite plus répréhensible de ceux-ci puisse entraîner la censure de leurs supérieurs et même leur destitution, il n'appartient qu'à l'administration de prendre elle-même ces mesures de police intérieure. — *Cass.*, 12 janv. 1809, N...; — Gagneraux, sur l'art. 107, C. forest., § 1er; Fœlix et Devaulx, *ibid.*; Favard, vo *Gardes forestiers royaux*, no 6; Merlin, *Rép.*, vo *Vol*, sect. 2e, § 3, art. 4.

2778. — Cette décision serait-elle encore applicable aujourd'hui? L'art. 207, C. forest., déclare les agens et préposés forestiers passibles des peines prononcées par la loi commune pour malversation, concussion ou abus de pouvoir; les malversations des officiers de police sont punies par l'art 198 et l'art. 462, C. pén. Ce dernier article, qui augmente la peine d'un tiers lorsque le délit a été commis par le fonctionnaire lui-même, est inapplicable en matière forestière; car ses termes le restreignent positivement aux délits dont il fait mention.

2779. — En est-il de même de l'art. 198, qui inflige aux fonctionnaires le *maximum* de la peine prononcée contre le délit lorsqu'ils ont participé à sa perpétration? Cet article est-il applicable ou non au délit commis par un garde forestier? D'après ses termes, l'art. 198 ne paraît punir que la complicité du fonctionnaire. Il en faudrait donc conclure que le *maximum* qu'il prononce ne s'applique qu'en cas de connivence, et dire, comme l'arrêt de 1809, que, la peine attachée aux délits forestiers reste la même, qu'ils aient été commis par un simple particulier ou par un agent forestier.

2780. — Mais M. Meaume (t. 2, no 1428) repousse cette doctrine comme étant en opposition avec l'esprit de la loi. Si la lettre de l'art. 198, C. pén., paraît exiger que le fonctionnaire ait été complice du délit, puisqu'il emploie le mot *participé*, c'est là, suivant lui, une expression inexacte qui se trouve rectifiée par l'exposé des motifs. On y lit, en effet : « Il est difficile de ne pas considérer comme plus coupable celui qui, chargé par la loi de réprimer les crimes et délits, ose les commettre *lui-même*, et il a paru convenable d'élever la peine à son égard. Si donc il s'agit d'un délit de police correctionnelle, le fonctionnaire *qui l'aura commis* subira toujours le *maximum* de la peine attachée à l'espèce de ce délit. » Cette explication donnée par les auteurs de la loi ne permet donc pas d'établir une différence entre les fonctionnaires auteurs des délits et les fonctionnaires complices de ces mêmes délits. Le maximum de l'art. 198 doit être également appliqué. — V. conf. Curasson, t. 2, p. 433; Bourguignon, *C. crim.*, t. 3, p. 200; Carnot, *C. pén.*, t. 1er, p. 592. — V. cependant Chauveau et Hélie, t. 4, p. 268.

2781. — Jugé dans ce sens que le garde forestier qui enlève et s'approprie des arbres de la forêt confiée à sa garde ne commet point le crime prévu par l'art. 386, C. pén., mais un simple délit de police correctionnelle, soumis à l'aggravation de peine portée par l'art. 198, même code. — *Cass.*, 24 juin 1813, Senac.

2782. — Mais le garde forestier qui commet un délit de chasse sur un terrain qu'il n'est pas chargé de surveiller n'est pas passible du maximum prononcé par l'art. 198, C. procéd. — *Cass.*, 22 fév. 1840 (t. 1er 1840, p. 545), Doyen.

2783. — Le fait imputé à un garde général d'avoir reçu, à titre de présent, des bois qu'il savait avoir été abattus en délit par ceux qui les lui donnaient, et d'avoir accepté des cadeaux de plumes d'oies de particuliers qui faisaient paître leurs oies dans la forêt confiée à un garde, constitue un crime de la compétence de la cour d'assises, et non un simple délit correctionnel. — *Cass*, 16 janv. 1812, Camus.

2784. — Mais le fait de la part d'un garde général, d'avoir marqué des arbres dans une forêt placée sous sa surveillance, pour en faire son profit, n'est point qualifié crime par la loi. — Même arrêt.

2785. — Le préposé qui aurait commis, dans l'exercice de ses fonctions, un délit de la nature de ceux qu'il doit surveiller, serait justiciable, comme officier de police judiciaire, de la cour royale (art. 479 et 483, C. inst. crim.). Mais si le délit avait été commis par un agent forestier, il devrait être jugé par le tribunal correctionnel, les agens n'étant pas officiers de police judiciaire. — *Cass.*, 10 sept. 1840 (t. 1er 1841, p. 50), Ramel; — Meaume, t. 2, no 1428.

2786. — La loi du 22 mars 1806 autorise le directeur général, les administrateurs et les conservateurs des forêts à faire l'office de juges d'instruction, lorsque, parmi les prévenus ou complices de délits forestiers, il se trouve un ou plusieurs agens ou préposés appartenant à l'administration forestière. Bien qu'on ne puisse regarder cette loi comme ayant été abrogée, il n'est pas à notre connaissance qu'elle ait jamais été appliquée. — Meaume, t. 2, no 1429.

CHAPITRE XIV. — *De l'exécution des jugemens.*

2787. — Le Code forestier ayant établi une distinction entre la poursuite des délits commis dans les forêts soumises au régime forestier et la poursuite des délits commis dans les bois des particuliers, a dû établir la même distinction pour l'exécution des jugemens.

2788. — Les difficultés qui pourraient s'élever sur l'exécution des jugemens sont de la compétence des tribunaux civils, les juges correctionnels étant des juges d'exception. — Curasson, t. 2, p. 85.

2789. — L'instruction de l'instance doit alors avoir lieu, non suivant les formes réglées par le Code de procédure, mais suivant les formes prescrites par l'art. 17, L. 27 vent. an IX, c'est-à-dire sur simples mémoires sans plaidoiries. — Meaume, t. 2, p. 349.

2790. — Jugé, en effet, que les instances suivies par la régie de l'enregistrement pour le recouvrement des amendes prononcées à la requête de l'administration forestière, doivent être, comme les autres instances de la régie, instruites et jugées sur simples mémoires respectivement signifiés et sans plaidoiries. — *Cass.*, 11 mars 1828, Vathaire-Billy.

Sect. 1re. — *De l'exécution des jugemens rendus à la requête de l'administration forestière ou du ministère public.*

2791. — Les jugemens rendus à la requête de l'administration forestière ou sur la poursuite du ministère public sont signifiés par simple extrait qui contient les noms des parties et le dispositif du jugement. Cette signification fait courir les délais de l'opposition et de l'appel des jugemens par défaut. — C. forest., art. 209; L. 29 sept. 1791, tit. 9, art. 10, à 16 à 24; circ. 5 thermid. an XII et 7 janv. 1812.

2792. — L'art. 209, C. forest., renferme une dérogation au droit commun. La signification de tout jugement doit, en effet, pour arriver à l'exécution de celui-ci, en contenir la copie intégrale, les motifs, le dispositif, les qualités et la formule exécutoire; mais on a pensé que ce principe ne devait pas recevoir son application en matière forestière, et que, dans l'intérêt d'une expédition plus rapide des affaires, comme aussi pour épargner des frais aux condamnés, il fallait permettre de signifier les jugemens par simple extrait. — Meaume, t. 2, no 1439.

2793. — Suivant Baudrillart (sur l'art. 209), le dispositif du jugement à insérer dans l'extrait doit être tel que le prescrit l'art. 195, C. inst. crim. Une pareille opinion est trop absolue; car il faudrait, pour s'y conformer, que l'extrait contînt textuellement les motifs et le texte des articles de loi dont il serait fait application. Or, ne serait-ce pas aller contre l'esprit même de l'article? — M. Meaume (t. 2, no 1440) dit qu'il suffit que l'extrait rappelle, outre les noms des parties, le montant des différentes condamnations prononcées par le jugement, et la simple indication des articles sur lesquels la décision s'appuie.

2794. — Nous pensons avec ce dernier auteur que l'indication des textes de loi sur lesquels repose la condamnation est suffisante: mais il nous paraît indispensable que l'on trouve dans cet extrait les motifs de la décision contre laquelle le prévenu est mis en demeure de former appel ou opposition.

2795. — Décidé que le jugement qui déclare des prévenus auteurs et complices de dévastations commises dans une forêt exprime suffisamment les faits dont ils sont reconnus coupables. — *Cass.*, 18 germin. an II, Rattellier.

2796. — Les derniers termes de l'art. 209 ne parlent que des jugemens par défaut. La signification serait-elle nécessaire pour faire courir le délai d'appel pour les jugemens contradictoires? Un député avait proposé un amendement dans ce sens, mais il ne fut pas appuyé; nous pensons que la signification est inutile, parce que cette formalité n'est pas nécessaire pour les jugemens de police correctionnelle rendus contradictoirement.

2797. — M. Meaume enseigne toutefois (t. 2, no 1441) que les jugemens contradictoires devraient être signifiés en extrait, comme les jugemens par défaut, par les receveurs des domaines, en tête du commandement prescrit par l'art. 211, C. forest. — V. conf. décis. min., 4 oct. 1828 (rapportée par M. Meaume, t. 3, p. 343).

2798. — C'est aux receveurs des domaines qu'il appartient de faire exécuter les jugemens. Les agens forestiers sont uniquement chargés d'intenter et de poursuivre les actions en réparation des

délits forestiers. Ils n'ont pas à s'occuper de l'exécution. La loi les charge bien de signifier les jugemens par défaut, mais c'est à la seule fin de faire courir contre les condamnés les délais de l'opposition et de l'appel.—Meaume, t. 2, nº 1441.

2799. — Dans le cas où un jugement correctionnel est contradictoire, le délai de l'appel court contre le prévenu à dater du jour où le jugement a été rendu. Le délai de l'opposition et celui de l'appel ne courent au contraire, en cas de jugement par défaut, que du jour où celui-ci a été signifié. C'est donc avec raison que le § 2, art. 207, comme le fait observer M. Meaume (t. 2, nº 1442) déclare que la signification des jugemens par défaut fait courir leurs délais d'appels.

2800. — Les extraits de ces derniers jugemens devaient, aux termes du § 1er, art. 188, ord. réglem., être remis par les greffiers des cours et tribunaux aux agens forestiers, dans les trois jours après celui où les jugemens avaient été prononcés. Mais cette disposition a été modifiée par l'ordonnance royale du 19 oct. 1841, qui fixe à dix jours le délai que l'ordonnance de 1827 bornait à trois seulement.

2801. — L'agent forestier supérieur de l'arrondissement fait immédiatement signifier les extraits aux condamnés, et remet aux receveurs des domaines un état indiquant les noms des condamnés, la date de la signification des jugemens et le montant des condamnations en amendes, dommages-intérêts et frais — Quinze jours après la signification du jugement, l'agent forestier remet les originaux des exploits de signification au receveur des domaines, qui procède alors contre les condamnés conformément aux dispositions de l'art. 211, C. forest. — Si, durant ce délai, le condamné interjette appel ou forme opposition, l'agent forestier en donne avis au receveur.— Ord. d'exécut., art. 188, §§ 2, 3 et 4.

2802. — M. Meaume rapporte (t. 3, p. 346) une décision minstérielle en six articles, rendue le 4 oct. 1828, relativement aux extraits que les greffiers doivent remettre aux agens forestiers et aux receveurs. Ces extraits sont délivrés sur papier non timbré; mais ils sont visés pour valoir timbre en débet, au droit de 1 fr 25 c. lorsqu'il en est fait usage. Cet auteur cite en outre (t. 3, p. 347) un extrait du journal de l'enregistrement traitant la question de savoir si les extraits délivrés par les greffiers pour le recouvrement des amendes prononcées pour les délits forestiers sont sujets au timbre. La question est décidée négativement. — On trouve aussi dans M. Meaume (p. 343, t. 3) des instructions données par circulaire du 25 oct. 1828 aux agens forestiers, relativement aux états qu'ils ont à fournir aux receveurs des domaines. Quelques dispositions de cette circulaire ont été modifiées depuis par une autre du 30 nov. 1836 (insérée au t. 5, p. 411 des *Réglem. forest.*). D'après cette dernière circulaire, les états des jugemens par défaut, rendus en matière forestière, et les significations de ces jugemens doivent être transmis par les agens forestiers au receveur des domaines de l'arrondissement communal, qui doit en faire le renvoi aux receveurs du domicile des condamnés.

2803. — La signification du jugement par défaut ne doit pas être enregistrée *gratis*, quoique le montant des condamnations ne dépasse pas 100 francs.—Délib. de l'enreg. du 19 mars 1832 (*Réglem. forest.*, t. 4, p. 548).

2804. — Mais en cas de signification d'un jugement *contradictoire avec commandement de payer*, comme il y a là un véritable acte de poursuite, on doit, conformément à l'art. 6, L. 16 juin 1824, l'enregistrer *gratis*. — Délib. de l'enreg. du 12 mai 1830 (*Réglem. forest.*, t. 4, p. 868).

2805. — L'administration chargée de la conservation des forêts, de leur police et de la poursuite des délits et contraventions, n'est point appelée par son organisation à percevoir des deniers publics.— Exposé des motifs à la chambre des députés.—Aussi l'art. 210, C. forest., porte-t-il : «Le recouvrement de toutes les amendes forestières est confié aux receveurs de l'enregistrement et des domaines. — Ces receveurs sont également chargés du recouvrement des restitutions, frais et dommages-intérêts résultant des jugemens rendus pour délits et contraventions dans les bois soumis au régime forestier.»—L. 29 sept. 1791, tit. 9, art. 23 et 24; décr. 2 fév. 1811; déc. min. 24 nov. 1817; ord. 11 oct. 1820, art. 9; — Dupin, *Lois forest.*, p. 752.

2806. — Les jugemens portant condamnation à des amendes, restitutions, dommages-intérêts et frais, sont exécutoires par voie de la contrainte par corps, et l'exécution peut en être poursuivie cinq jours après un simple commandement fait aux condamnés. En conséquence, et sur la demande du receveur de l'enregistrement et des domaines, le procureur du roi adresse les réquisitions nécessaires aux agens de la force publique chargé de l'exécution des mandemens de justice.— C. forest., art. 211; ord. 1669, tit. 32, art. 18; circ. 12 germin. an XIII; — Jousse, *Comment.* sur cet article.

2807. — Cet article n'est que la conséquence de l'art. 52, C. pén., qui permet de poursuivre l'exécution des condamnations correctionnelles par la voie de la contrainte par corps. La condamnation à la contrainte par corps n'est pas, en matière forestière, falcultative pour les tribunaux ; ils sont obligés de la prononcer, d'après les termes impératifs de l'art. 211. Il y aurait lieu par suite de poursuivre par cette voie l'exécution des jugemens correctionnels, dans le cas même où les magistrats ne l'auraient pas formellement prononcée.— *Cass.*, 2 janv. 1807, Michel Lautier; 14 juill. 1827, de Saint-Nicolas; *Bordeaux*, 15 nov. 1828, Lacquiese c. Delbos;— Chauveau et Faustin-Hélie, t. 1er, p. 375; Meaume, t. 2 nº 1443; Baudrillart, art. 211 et 212.— *Contrà Paris*, 11 janv. 1816;—Coin-Delisle et Frédérich, t. 2, p. 241, qui s'appuient sur ce que l'art. 212 ne parle que de la contrainte par corps *prononcée*.

2808.— Le commandement dont parle l'art. 211, et qui doit contenir l'extrait du jugement de condamnation, ne peut être signifié que si ce jugement a obtenu force de chose jugée. — Meaume, t. 2, nº 1444.

2809. — Lorsque les jugemens sont contradictoires, et qu'il n'a été fait par les condamnés aucune déclaration d'appel, les greffiers en remettent l'extrait directement aux receveurs des domaines, dix jours après celui où le jugement a été prononcé, et les receveurs procèdent contre les condamnés, conformément aux dispositions de l'art. 211, C. forest.— L'extrait des arrêts ou jugemens rendus sur appel est remis directement aux receveurs des domaines par les greffiers, quatre jours après celui où le jugement a été prononcé, si le condamné ne s'est point pourvu en cassation. — Ord. d'exéc., art. 189.

2810.— Les actes de poursuites exercées par les receveurs des domaines ne peuvent être visés pour timbre. L'avance du timbre est ici peu considérable, et l'ordre de la comptabilité exige qu'on n'autorise les visa pour timbre en débet que quand il est impossible que ceux qui sont tenus d'avancer les droits fassent cette avance. — Cette décision du *Journal de l'enregistrement* est rapportée par M. Meaume, t. 3, p. 348.

2811. — Les individus contre lesquels la contrainte par corps a été prononcée pour raison des amendes et autres condamnations et réparations pécuniaires doivent subir l'effet de cette contrainte jusqu'à ce qu'ils aient payé le montant desdites condamnations, ou fourni une caution admise par le receveur des domaines, ou, en cas de contestation de sa part, déclarée bonne et valable par le tribunal de l'arrondissement. — C. forest., art. 212; ord. 1669 *loc. cit.*; décl. 24 nov. 1670, art. 5 et 6; édit de mai 1716, art. 44.

2812.—Les dispositions de cet article ne doivent recevoir leur effet que dans le cas où les condamnés n'ont pas accompli les formalités qu'indique la loi pour faire reconnaître leur insolvabilité. Il y a présomption que le condamné est solvable, tant que n'ont pas été remplies les formalités déterminées par les art. 213, C. forest., et 420, C. inst. crim. — Meaume, t. 2, nº 1445.

2813. — En matière forestière, la contrainte par corps peut être exercée contre tout condamné, quels que soient son âge et son sexe. Le Code forestier est une loi spéciale qui n'admet aucune des exceptions consacrées par la loi générale en faveur de certaines personnes. On ne peut s'y soustraire qu'en acquittant le montant des condamnations ou en fournissant caution, conformément à l'art. 213, C. for. — Meaume, t. 2, nº 1446.

2814. — Mais si la caution n'a pas, à l'époque fixée, payé le montant des condamnations, on ne peut reprendre contre le condamné l'exercice de la contrainte par corps. L'acceptation d'une caution amiable ou judiciaire est, en effet, quant à la contrainte par corps, placée sur la même ligne que le paiement par l'art. 212. — Meaume, t. 2, nº 1447; Coin-Delisle et Frédérich, sur l'art. 212.

2815.—M. Meaume rapporte (t. 3, p. 345) une instruction en neuf articles, rédigée par l'administration des domaines, le 8 déc. 1829, quant à l'exercice de la contrainte par corps contre les condamnés pour délits forestiers. Il y est notamment recommandé de n'exercer la contrainte par corps qu'autant qu'elle peut être utile pour le recouvrement des condamnations, ou qu'elle a pour objet de ne pas laisser impunis des délinquans d'habitude.—On peut aussi voir une circulaire du 9 janv. 1830, nº 233.

2816.—Il existe, en outre, sur l'emploi de la contrainte par corps contre les délinquans insolvables, différentes décisions administratives que rapporte M. Meaume (t. 3, p. 352 et suiv.) Ce sont : une décision ministérielle du 16 mars 1829, une autre du 2 nov. 1829, une ordonnance royale du 25 fév. 1832, portant que la capture des délinquans forestiers insolvables ne donne droit aux gendarmes qui l'ont opérée qu'à la taxe fixée par le nº 1er de l'art. 6, décr. 7 janv. 1813. Les frais de capture des délinquans solvables ont donné lieu, de leur côté, à une décision du garde-des-sceaux, du 31 janv. 1833, également citée par M. Meaume, t. 3. p. 356.

2817. — La régie de l'enregistrement a décidé, le 1er nov. 1835, que lorsqu'un condamné pour délit forestier, porté sur l'état des condamnés insolvables dont le conservateur des forêts demande l'incarcération, se présente sur le commandement qui lui est fait et offre une caution pour le paiement de l'amende en sollicitant un délai, le directeur de l'enregistrement peut autoriser le receveur à suspendre la demande d'emprisonnement. En effet l'emprisonnement ne doit avoir lieu, aux termes de l'instruction du 7 mai 1824, que lorsque le délinquant refuse de payer : « Si donc, disent les rédacteurs du *Journal de l'enregistr.*, le délinquant offre des garanties suffisantes pour assurer le paiement des condamnations, nous pensons que le directeur peut faire suspendre les poursuites; mais en même temps il est convenable qu'il en prévienne le conservateur des forêts. »

2818. — A la fin de chaque trimestre, les directeurs des domaines remettent au directeur général de l'enregistrement et des domaines un état indiquant les recouvremens effectués en exécution des jugemens correctionnels en matière forestière et les condamnations pécuniaires tombées en non-valeur par suite de l'insolvabilité des condamnés. — Ord. réglem., art. 190.

2819. — Cet article a donné lieu à une décision du ministre des finances du 7 avr. 1834, rapportée par M. Meaume (t. 3, p. 357, note) et qui dispense pour l'avenir les receveurs et directeurs des domaines de la formation de l'état trimestriel de la situation du recouvrement des amendes et frais de justice en matière forestière. Cette décision est basée sur ce que les règles à suivre pour la comptabilité des droits et produits constatés à la charge des redevables de l'état, et dont font partie les amendes et frais en matière forestière, mettent la direction de la comptabilité générale des finances à portée de faire connaître exactement et sans de nouveaux travaux la situation du recouvrement de ces amendes et frais. On a donc pensé qu'il était possible par suite de dispenser les receveurs et les directeurs des domaines de la formation des états prescrits par l'art. 190 de l'ordonnance.

2820. — Les condamnés qui justifieraient de leur insolvabilité, suivant le mode prescrit par l'art. 420, C. instr. crim., sont mis en liberté après avoir subi quinze jours de détention lorsque l'amende et les autres condamnations pécuniaires n'excèdent pas 15 francs.— La détention ne cesse qu'au bout d'un mois lorsque ces condamnations s'élèvent ensemble de 15 à 50 francs. — Elle ne dure que deux mois, quelle que soit la quotité desdites condamnations. — En cas de récidive, la durée de la détention est double de ce qu'elle eût été sans cette circonstance. — C. forest., art. 213. — Cet article a créé un moyen de punir les délinquans qui échappent par leur insolvabilité au paiement des condamnations.

2821. — Ainsi lorsque les condamnés sont insolvables et qu'ils en justifient, l'amende prononcée contre eux se change en un véritable emprisonnement, dont la durée varie suivant l'importance des condamnations. Cette conséquence, qui ressort du texte de la loi, a été formellement reconnue par M. de Martignac, dans l'exposé des motifs, et par M. Favard de Langlade, dans le rapport présenté au nom de la commission de la chambre des députés. — Meaume, t. 2, nº 1448.

2822. — Il faut conclure de là que l'emprisonnement subi par le condamné le libère de sa dette envers l'état. Si donc le délinquant devenait solvable après avoir subi l'emprisonnement, on ne pourrait cependant le contraindre au paiement des condamnations qu'il avait encourues. Ceci résulte de ce passage de l'exposé des motifs : « En cas d'insolvabilité justifiée, l'amende se résoudra en un emprisonnement fixé dans de justes proportions. » — Meaume, t. 2, nº 1449; Coin-Delisle et Frédérich, t. 2, p. 245. — V. *contrà* Gagneraux, t. 1er, p. 429. — Cette solution ressort en outre de l'instruction de l'administration des domaines du 8 déc. 1829, art. 6, rapportée par M. Meaume, t. 3, p. 345.

2823. — Le Code forestier étant une loi spéciale, et la loi générale devant céder à celle-ci, si contraires que soient ses dispositions au droit commun (*Cass.*, 13 mars 1844 [dans ses motifs], t. 1er 1844, p. 448), Mendibourne), il suit que l'art. 39,

L. 17 avr. 1832, qui exige que le jugement de condamnation fixe la durée de la contrainte par corps, ne s'applique pas en matière forestière.—V. Meaume, t. 2, no 1450, qui cite à la note, comme l'ayant ainsi jugé, deux arrêts inédits, l'un, rendu par la cour de Metz le 20 janv. 1836, Fabry; l'autre par la cour de Montpellier, 6 juin 1836, Mouly.

2824. — Les condamnés qui, à raison de leur insolvabilité, invoquent l'application de l'art. 213, C. forest., présentent leur requête, accompagnée des pièces justificatives prescrites par l'art. 420, C. inst. crim., aux procureurs du roi, qui ordonnent, s'il y a lieu, que les condamnés soient mis en liberté à l'expiration des délais fixés par l'art. 213, C. forest., et en donnent avis aux receveurs des domaines. — Ord. d'exéc., art. 191.

2825. — L'exécution de cet article a donné lieu à une lettre du ministre des finances du 17 nov. 1835, qui appelle l'attention des préfets sur la facilité avec laquelle les maires délivrent des certificats d'insolvabilité aux individus condamnés pour délits forestiers. Il les engage à prémunir les maires contre cette tendance à accueillir les demandes de pareils certificats, et à les engager à s'assurer préalablement si les condamnés ne sont imposés ni à la contribution foncière, ni à la patente. Cette lettre est rapportée par M. Meaume, t. 3, p. 358.

2826.—Dans tous les cas, la détention employée comme moyen de contrainte est indépendante de la peine d'emprisonnement prononcée contre les condamnés pour tous les cas où la loi l'inflige. — C. forest., art. 214.

2827. — Les frais de justice en matière correctionnelle, et par suite en matière forestière, ne se prescrivent que par trente ans.— *Cass.*, 23 janv. 1828, Boulard; — *Contrà* Dissert. du *journal de l'Enregistrement*, rapportée au t. 4, p. 9, des *Régl. forest.*

2828. — Une décision ministérielle du 26 mars 1828 (*Régl. forest.*, t. 4, p. 65) porte que les frais des inscriptions hypothécaires, prises pour le recouvrement des amendes et frais prononcés pour délits forestiers, ne sont pas à la charge de l'administration forestière.

Sect. 2e. — *Exécution des jugemens rendus dans l'intérêt des particuliers.*

2829. — Les jugemens contenant des condamnations en faveur des particuliers, pour réparation des délits ou contraventions commis dans leurs bois, sont, à leur diligence, signifiés et exécutés suivant les mêmes formes et voies de contrainte que les jugemens rendus à la requête de l'administration forestière. — Le recouvrement des amendes prononcées par les mêmes jugemens est opéré par les receveurs de l'enregistrement et des domaines. — C. forest., art. 215; ord. 1669, tit. 32, art. 18; ord. 11 oct. 1820. — Cette disposition est une application des règles générales sur l'exécution des jugemens. — Devaux et Fœlix, *C. forest.*, t. 2, p. 691.

2830. — Les art. 215 et suiv., C. forest., établissent, relativement aux condamnations prononcées sur les poursuites dirigées à la requête des particuliers, une dérogation au droit commun semblable à celle posée dans les art. 209 à 214. On peut ici encore signifier les jugemens sur simple extrait, et ceux-ci deviennent exécutoires même par corps, après un simple commandement, sans que les particuliers aient à remplir les formalités indiquées par l'art. 780, C. procéd. — Meaume, t. 2, no 1451.

2831. — Lorsque les délinquans, en matière forestière, ont été condamnés dans l'intérêt des particuliers, la signification des jugemens et les poursuites ne doivent pas avoir lieu à la diligence des préposés du domaine, mais à celle des particuliers. — Délib. de l'enreg. 8 janv. 1830 (*Règlem. forest.*, t. 4, p. 336).

2832. — A défaut de poursuite par la partie civile qui a obtenu un jugement par défaut, afin de faire acquérir à celui-ci force de chose jugée, le receveur de l'enregistrement peut néanmoins faire signifier ce jugement, et poursuivre, lorsqu'il est devenu irrévocable, le recouvrement des amendes prononcées au profit du trésor. — Meaume, t. 2, no 1452. — On peut consulter sur cette question une dissertation du *Journal de l'enregistrement*, insérée au t. 5, p. 151, des *Réglem. forest.*

2833. — L'exécution par corps des jugemens rendus au profit des particuliers peut avoir lieu sans l'intervention des gardes du commerce, sur la réquisition du ministère public, et par les agens de la force publique ou autres fonctionnaires chargés d'exécuter les décisions judiciaires. — *Paris*, 22 mai 1845 (t. 1er 1845, p. 48), Pequignot; — Chauveau et Hélie, t. 1er, p. 382; Baudrillart, sur l'art. 215; Meaume, t. 2, no 1453; *Contrà* Coin-Delisle et Frédérich, t. 2, p. 246 et 247.

2834. — Les propriétaires sont tenus de pourvoir à la consignation d'alimens prescrite par le Code de procédure civile, lorsque la détention a lieu à leur requête et dans leur intérêt. — C. forest., art. 216, L. 15 germ. an VI, art. 14; C. procéd. civ., art. 789.

2835. — Cette disposition a été critiquée à la chambre des pairs par M. le duc de Praslin, qui demandait pourquoi l'état n'était pas soumis à la même obligation ? Il fut répondu que l'état nourrissant les détenus n'avait pas besoin de faire de consignation.

2836. — La mise en liberté des condamnés détenus à la requête et dans l'intérêt des particuliers ne peut être accordée en vertu des art. 212 et 213, qu'autant que la validité des cautions ou l'insolvabilité des condamnés a été, en cas de contestation de la part desdits propriétaires, jugée contradictoirement entre eux. — C. forest., art. 217.

CHAPITRE XV. — *Dispositions générales.*

2837. — Le Code forestier abroge généralement toutes les dispositions législatives rendues en matière forestière. L'abrogation des dispositions antérieures était une nécessité, puisqu'on faisait un *Code forestier*; sans cela ce n'eût été qu'une loi de plus ajoutée aux dispositions déjà existantes. — Exposé des motifs.

2838. — Cette abrogation résulte de l'art. 218, qui porte : « Sont et demeurent abrogés pour l'avenir toutes lois, ordonnances, édits et déclarations, arrêts du conseil, arrêtés et décrets, et tous réglemens intervenus, à quelque époque que ce soit, sur les matières réglées par le présent Code, en tout ce qui concerne les forêts. Mais les droits acquis antérieurement au présent Code seront jugés, en cas de contestation, d'après les lois, ordonnances, édits et déclarations, arrêts du conseil, arrêtés, décrets et réglemens ci-dessus mentionnés. »

2839. — Le passé seul et les droits anciens ont été laissés sous l'empire des lois anciennes. Ainsi, un procès-verbal qui constate une contravention à l'occasion d'une coupe de bois, antérieure à la promulgation du Code forestier, n'a pu être annulé par l'autorité administrative. — *Cons. d'état*, 28 fév. 1831, Gerdebat.

2840. — Cette abrogation est absolue. Il pourrait se faire, dit l'exposé des motifs, que quelque omission eût été commise, et que quelque disposition négligée fût par la suite reconnue nécessaire; mais, d'une part, on renvoie aux Codes ordinaires, pour tous les cas non prévus; de l'autre, il vaut mieux se réserver de provoquer plus tard les mesures supplémentaires dont l'expérience constaterait l'utilité que de laisser subsister le chaos de la législation antérieure.

2841. — Bien que l'art. 218 ne parle que des lois concernant *les forêts*, il s'applique aux dispositions sur *les bois*. — Discuss. chamb. des dép.; — Chauveau, *Code forestier*, p. 633. — V. au reste BOIS, nos 2 et suiv.

2842. — La disposition de l'art. 25 (tit. 2, ord. 1669), qui établit que les amendes encourues pour délits forestiers dans les bois de l'état, ne se prescrivent que par dix ans, n'avait pas été abrogée par l'art. 643, C. inst. crim. (Favard de Langlade, *Rép.*, vo *Prescription*, sect. 5, § 3); dès lors, c'est cette prescription qui jusqu'au Code forestier a dû continuer à subsister; mais cette prescription a-t-elle survécu au Code forestier ? La négative n'est pas douteuse, en présence des termes formels de l'art. 218. — Legraverend, t. 1er, p. 773; Devaux et Fœlix, *Code forestier*, t. 2, p. 693.

2843. — Mais il a été admis au principe de l'abrogation absolue quelques exceptions. Ainsi les frais de justice dont la condamnation est prononcée au profit de l'état n'étant pas considérés comme une peine, ne se prescrivent que par trente ans, conformément à la loi du 5 sept. 1807. — V. *suprà* no 2827. — Legraverend, t. 1er, p. 774.

2844. — Les lois pour la police et la conservation des forêts sont d'ordre public, et l'art. 218, C. forest., en maintenant les droits antérieurement acquis, ne concerne que les droits eux-mêmes, et non le mode de les exercer. Ce mode devrait donc être soumis aux prohibitions du Code forestier, alors même que les lois antérieures n'auraient pas consacré les mêmes prohibitions. — *Cass.*, 25 mars 1837 (t. 1er 1838, p. 90), habitans de Colonne; 9 janv. 1842 (t. 1er 1843, p. 199), commune de Huesseau.

2845. — Ainsi, les dispositions du Code forestier, relatives au mode d'exploitation des bois et à la responsabilité des exploitans sont applicables à des usagers investis avant la publication de ce Code du droit d'exploiter individuellement. Vainement on objecterait que, suivant l'art. 218, C. forest., les droits acquis antérieurement à la promulgation du Code forestier doivent être jugés, en cas de contestation, par les lois en vigueur au temps où ces droits ont été établis. Cette disposition ne concerne pas le nouveau mode d'usage prescrit depuis dans l'intérêt de la conservation des forêts. — *Cass.*, 5 juill. 1844 (t. 2 1844, p. 618), Delamotte c. Forêts.

2846. — Lorsque le concessionnaire d'affectations de coupes de bois dans une forêt de l'état se pourvoit devant les tribunaux, conformément à l'art. 58, C. forest., pour faire déclarer son titre irrévocable, il doit, si ce titre a été passé sous l'empire de l'ord. de 1669, porter sa demande devant le tribunal dans l'arrondissement duquel la forêt est située, et non devant le tribunal du domicile du défendeur. — *Cass.*, 29 avr. 1833, préfet de l'Aude c. Rivals Gingla.

2847. — Jugé que l'art. 218, C. forest., n'a point dérogé au principe de droit commun établi par l'art. 41, tit. 2, L. 28 sept.-6 oct. 1791, portant que les voyageurs et voituriers ont droit de passer sur les propriétés riveraines, lorsque le chemin ordinaire est impraticable. — *Cass.*, 16 août 1828, Charpentier.

2848. — De même, l'art. 117, ordonn. 1er août 1827, pour la mise à exécution du Code forestier, n'est point en opposition avec l'art. 3, décr. 22 juill. 1806, qui déclare le pourvoi au conseil d'état non suspensif, lorsqu'il n'en est pas autrement ordonné. — *Cass.*, 5 juill. 1834, comm. de Marchiennes.

2849. — La loi du 21 mai 1827 (art. 58), qui laisse aux concessionnaires de coupes de bois ou délivrances dans les forêts de l'état, la faculté de continuer leur jouissance jusqu'au 1er sept. 1837, ou de se pourvoir devant les tribunaux s'ils prétendent avoir, d'après leurs titres, des droits irrévocables, s'applique aux instances existant à l'époque de sa promulgation. Dès-lors, doit être considérée comme non avenue l'ordonnance royale qui fait obstacle à l'exercice de l'une ou de l'autre de ces facultés. — *Cons. d'état*, 27 sept. 1827, de Dietrich.

2850. — Il y a lieu à l'application des dispositions du Code pénal dans tous les cas non spécifiés par la présente loi. — C. forest., art. 208.

2851. — Le Code pénal est, en effet, la loi générale, et le Code forestier, loi toute spéciale, ne doit y déroger que pour les cas qu'il prévoit et détermine. Mais alors le Code pénal doit céder à la loi spéciale, et là où celle-ci présente une disposition, elle doit être seule appliquée, quelque contraire qu'elle puisse être au droit commun.

2852. — Le Code forestier étant muet quant à la solidarité, l'art. 55 doit donc être invoqué dans le cas qu'il a pour objet de régler. Tous ceux qui sont condamnés pour un délit forestier sont donc tenus solidairement des amendes, des restitutions, des dommages-intérêts et des frais. La solidarité est de droit, et n'a pas besoin d'être formellement prononcée. — *Cass.*, 26 août 1813, Gerrenbeck; — Carnot et Bourguignon, sur l'art. 55, C. pén.; Meaume, t. 2, no 1431; Chauveau et Hélie, t. 1er, p. 264.

2853. — Un arrêt inédit de Nancy du 27 déc. 1826 (Gérard, cité par M. Meaume, t. 2, no 1431, p. 982, note) a jugé que la solidarité résultant de la responsabilité que la loi impose aux pères et mères, en matière de délits forestiers, n'a pas besoin d'être exprimée par le jugement. Elle est encourue par le seul fait de la condamnation.

2854. — L'art. 55, C. pén., ne prononçant la solidarité qu'entre les personnes qui ont pris part au délit comme auteurs ou complices, on ne pourrait prononcer la solidarité à l'égard des individus compris dans un même procès-verbal ou dans les mêmes poursuites. Il faudrait de plus qu'ils eussent été condamnés ensemble, pour le même délit. — Meaume, t. 2, no 1431, où il rapporte un arrêt conf. *Metz*, 5 juin 1833. — V. au surplus SOLIDARITÉ.

2855. — Mais, suivant cet auteur, cette règle devrait recevoir exception à l'égard des cautions et de leurs certificateurs.

2856. — La solidarité s'applique aux amendes comme aux réparations civiles et aux frais. Les personnes civilement responsables ne peuvent être cependant solidairement condamnées qu'en ce qui concerne les réparations civiles.

2857. — La question de solidarité se lie le plus fréquemment à celle de savoir si l'on doit considérer les individus poursuivis pour un même délit comme coauteurs ou complices. La complicité, en matière criminelle, est définie et punie par les art. 59, 60 et 62, C. pén., si les délinquans sont reconnus coauteurs ou complices la solidarité est de droit. Les tribunaux ont souvent à examiner en matière forestière, si les individus poursuivis doivent être tenus pour tels; comme nous avons eu plusieurs fois occasion de le voir, on doit reconnaître que tout dépendra des circonstances. Les tribunaux pourront condamner les délinquans, tantôt comme complices, et par conséquent solidaires, tantôt

comme ayant agi séparément. — Meaume, t. 2, n° 1432.

2858. — Les règles sur la complicité en matière ordinaire sont applicables aux délits forestiers. La seule réception et le recèlement de bois coupés en fraude constituent la prévention de complité du récéleur avec l'auteur du délit. — *Cass.*, 28 juill. 1809, Bohnem.

2859. — Celui qui reçoit chez lui des bois coupés ou de l'écorce enlevée en délit est réputé, de droit, auteur ou complice du délit, lorsqu'il n'a point prévenu les agens de l'administration et de la police, et il doit être condamné aux peines portées par la loi, sauf son recours s'il y a lieu. — *Cass.*, 6 sept. 1811, Prieur.

2860. — Ceux qui, soit en achetant des gardes, connaissant leur qualité, soit en enlevant de leur consentement des bois dans les laies et tranchées, favorisent l'exécution des délits que commettent ces gardes, sont leurs complices. — *Cass.*, 9 fév. 1811, Goyard.

2861.—Un arrêt inédit de Nancy du 7 janv. 1824, cité par M. Meaume (*loc. cit.*, note) a jugé qu'un mari prévenu d'avoir coupé du bois en délit avec sa femme, devait être considéré comme co-auteur et non comme civilement responsable de ce fait. L'intérêt commun des époux les fait réputer complices.

2862.— M. Meaume (*eod. loc.*) fait observer qu'en pareil cas les agens forestiers demandent souvent, et les tribunaux prononcent séparément contre le mari et la femme, l'amende attachée au délit, et contre le mari la responsabilité civile du délit commis par la femme. « Cette manière de procéder, dit-il, est vicieuse, il est évident que le mari et la femme doivent être solidaires pour le tout. »

2863. —Bien qu'il y ait délit de la part de l'usager des bois de l'état qui vend des bois de chauffage à lui délivrés pour son usage, l'acquéreur de ces mêmes bois ne peut être réputé complice de ce délit, le silence du Code forestier rendant inapplicables à cette matière les règles de la complicité. — *Cass.*, 6 mai 1837 (t. 1er 1838, p. 143), Dion.

2864. — M. Dupin (*Comment.* sur l'art. 206) professe que lorsqu'un délit forestier a été commis par des enfans mariés, mais vivant en communauté avec leurs père et mère et leurs frères et sœurs, on doit faire peser la responsabilité civile sur toute la communauté si le délit lui a profité, en d'autres termes, si le bois coupé en délit était destiné à son usage pour chauffage, réparation de la demeure commune, etc.

2865.—Mais M. Meaume (t. 2, n° 1432) estime, ainsi que MM. Coin-Delisle et Frédérich (t. 2, p. 230), qu'en pareil cas ce n'est pas la responsabilité civile qui doit atteindre les membres de la communauté, et qu'on doit faire la distinction suivante : si les membres de la communauté, autres que les auteurs des délits, ont su que les bois coupés provenaient d'enlèvemens frauduleux, on doit les considérer non comme responsables, mais comme complices, et les condamner conséquemment solidairement avec les auteurs des délits, tant aux amendes qu'aux réparations civiles encourues pour ces délits.

2866.— Conformément à l'art. 66, C. pén., l'individu prévenu d'un délit forestier ne peut être condamné à l'amende s'il a agi sans discernement. — *Cass.*, 26 déc. 1845 (t. 1er 1846, p. 758), Forêts c. Belot; 3 janv. 1846 (t. 1er 1847, p. 331), Bouvier.

2867.— De même, l'art. 69, même Code, portant que la peine à prononcer contre le mineur de seize ans qui a agi avec discernement ne peut s'élever au-dessus de la moitié de celle à laquelle il aurait pu être condamné s'il avait eu seize ans, est applicable à tous les faits qualifiés crimes ou délits par la législation pénale, spécialement aux délits forestiers. — *Cass.*, 21 mai 1846 (t. 2 1846, p. 443), Forêts c. Minet; — Meaume, t. 2, n° 1433; Carnot, *Comment.* sur l'art. 69, t. 1er, p. 267, § 6; Chauveau et Hélie, t. 2, p. 187. — V. aussi v° DISCERNEMENT, nos 56 et suiv. — V. cependant Petit, *Tr. de la chasse*, t. 2, p. 129; Garnier-Dubourgneuf et Chanoine, sur l'art. 203, C. forest; Legraverend, t. 2, p. 391.

2868 — Telles sont les dispositions générales du Code pénal, auxquelles renvoie l'art. 218, C. forest. Il y a, en outre, certains faits punissables, qui peuvent avoir lieu dans les forêts, et à l'égard desquels le Code forestier se montre muet. Ce sont les faits prévus par les art. 140, 141, 175, 388, 400, 401, 408, 412, 434, 441, 444 à 448, 456, 458, 475, n° 12, C. pénal.

2869. — Ainsi, nous avons vu que l'enlèvement des bois dans une coupe affouagère tomberait sous le coup de l'art. 388, C. pén. Il a été jugé cependant que les habitans d'une commune qui, sans intention frauduleuse, enlèveraient dans une coupe affouagère du bois destiné à être vendu au profit de la commune, et cela afin de l'employer pour les besoins de celle-ci, commettraient seulement le délit d'enlèvement de bois dans le sens des art. 192 et 194, C. forest., et non un vol de bois dans une vente, délit puni par l'art. 388, C. pén. — *Metz*, 28 juin et 18 juill. 1838 (t. 3 1844, à leur date), Martin et Muselet.

2870.—Pareillement, il n'y a pas lieu à appliquer la loi forestière, mais bien l'art. 444, C. pén., aux individus poursuivis pour avoir coupé et dévasté sur une étendue considérable (trois hectares) un bois appartenant à un particulier. — *Montpellier*, 6 juin 1842 (t. 3 1844, à sa date), Maurère.

2871. — L'art. 475, n° 10, C. pén., punit d'une amende de 6 à 10 fr. ceux qui font ou laissent passer des bestiaux, animaux de trait, de charge ou de monture... dans un bois taillis appartenant à autrui. Cette disposition forme évidemment un double emploi avec celle de l'art. 147, C. forest. Mais la sanction pénale de ces deux articles n'étant pas la même, lequel des deux faut-il appliquer? Evidemment l'art. 147. En effet, l'art. 208, C. forest., abroge toutes les dispositions du Code pénal spécifiées par la loi forestière, et celles de l'art. 147 sont incontestablement de ce nombre. Il faut donc considérer comme non écrite, en ce qui concerne les bois, la disposition de l'art. 475, n° 10, C. pén., et si, lors de la révision de ce Code en 1832, cette disposition n'a pas disparu, c'est par suite d'une évidente omission. — Meaume, t. 2 n° 1437; Coin-Delisle et Frédérich, t. 2, p. 65; Gagneraux, t. p. 323.

2872. — Sous le titre de *Dispositions transitoires*, le Code forestier avait placé les règles relatives aux défrichemens des bois des particuliers. Il portait que pendant vingt ans, à dater de sa promulgation, aucun particulier ne pourrait arracher ni défricher ses bois qu'autant que l'administration n'y formerait pas opposition. Le terme fixé par le Code étant sur le point d'expirer, un projet de loi sur cette matière est en ce moment soumis aux chambres. — V. au surplus DÉFRICHEMENT, où nous avons examiné tout ce qui concerne cette matière.

2873. — Nous ajouterons seulement que, lorsqu'il est constaté que des ouvriers ont été trouvés arrachant dans un bois appartenant à un particulier des souches vives garnies de brins, et qu'aucune poursuite n'a été dirigée contre eux par le propriétaire, on doit présumer que ces ouvriers ont agi par les ordres de ce dernier, et le condamner par suite aux peines portées par la loi pour défrichement illicite. — *Cass.*, 11 avr. 1846 (t. 1er 1847, p. 384), Baronnet.

2874. — ... Qu'un propriétaire ne peut être poursuivi à raison d'un fait de défrichement exécuté par son fermier, à son insu et contre gré. — *Grenoble*, 27 mars 1846 (t. 2 1846, p. 589), Berger.

2875. — ... Qu'il y a lieu d'appliquer, même à l'action en réparation du délit de défrichement, la prescription de trois mois établie pour les actions en réparation des délits forestiers en général, lorsque le délit a été constaté par un procès-verbal désignant le prevenu; que la prescription spéciale de deux ans, établie par l'art. 224, C. forest., pour les délits de défrichement, n'a lieu que dans le cas où il n'a point été rédigé de procès-verbal constatant le délit. — *Grenoble*, 13 fév. 1846 (t. 2 1846, p. 588), Guerrier.

FORETS (Fabricans de).

Fabricans de forets; — patentables de septième classe; — droit fixe basé sur la population; et droit proportionnel du quarantième de la valeur locative de tous les locaux qu'ils occupent, mais seulement dans les communes de 20,000 ames et au-dessus.

FORFAIT.

1. — Se dit, dans son acception propre, d'un marché par lequel une personne s'oblige à faire une chose pour un certain prix, à perte ou à gain. — Nouveau Denisart, v° *Forfait*; Rolland de Villargues, *Rép. du not.*, *eod. verb.*

2. — Le prix de ce marché étant conclu *à perte ou à gain*, c'est-à-dire en bloc et sans calculer les détails, doit donc rester invariable, quelle que soit la perte qui en résulte pour l'une des parties.

3.—...D'où il suit que cette espèce de convention a évidemment un caractère aléatoire qui doit influer sur ses effets, et notamment prévenir, en principe, toute demande en rescision pour cause de lésion. — V. CONTRAT ALÉATOIRE.

4. — Spécialement, « lorsqu'un architecte ou un entrepreneur s'est chargé de la construction à forfait d'un bâtiment, d'après un plan arrêté et convenu avec le propriétaire du sol, il ne peut demander aucune augmentation de prix, ni sous le prétexte de l'augmentation de la main d'œuvre ou des matériaux, ni sous celui de changemens ou d'augmentations faites sur ce plan, si ces changemens ou augmentations n'ont pas été autorisés par écrit, et le prix convenu avec le propriétaire. » — C. civ., art. 1793. — V. LOUAGE D'INDUSTRIE.

5. — Ajoutons qu'en pareille matière, le maître peut résilier par sa seule volonté le marché à forfait, quoique l'ouvrage soit déjà commencé, en dédommageant l'entrepreneur de toutes ses dépenses, de tous ses travaux, et de tout ce qu'il aurait pu gagner dans cette entreprise. — C. civ., art. 1794.

6. — Les marchés en bloc ont toujours été autorisés parmi nous, particulièrement par rapport aux entreprises de bâtimens.

7.—Aux termes de l'art. 1799, C. civ. — « Les maçons, charpentiers, serruriers et autres ouvriers qui font directement des marchés à prix fait, sont astreints aux règles prescrites dans la présente section (sect. 3e, tit. 8, liv. 3); ils sont entrepreneurs dans la partie qu'ils traitent. » — V. LOUAGE D'INDUSTRIE.

8. — Ainsi, par des lettres patentes du 20 mai 1782, portant homologation des nouveaux statuts des maçons, et enregistrées au parlement le 3 sept. suivant, le roi déclarait — « qu'il n'entend défendre les entreprises en bloc et la clef à la main; lesquelles, ajoutait-il, ne pourront être faites que par des maîtres maçons ou maîtres charpentiers. Pourront néanmoins lesdits maîtres maçons ou charpentiers prendre pour associés, et donner pour caution desdites entreprises, toutes sortes de personnes indistinctement. » — Nouveau Denisart, v° *Forfait*, n° 4.

9. — Le forfait ou marché en bloc paraît aussi avoir été en usage chez les Romains. C'est de cette espèce de convention dont parle la loi *Qui officii*, § 2, ff., *De contrahendâ emptione*. — Nouveau Denisart, *loc. cit.*, n° 3.

10. — Le mot *Forfait* s'entend, au surplus, à la fois de la convention elle-même et de la condition à laquelle elle est soumise. On dit, dans le premier sens, le forfait peut être résilié pour cause de dol; dans le second, vente à forfait, affrétement à forfait. — Goujet et Merger, *Dict. de dr. comm.*, v° *Forfait*.

11. — Les besoins de la vie civile et le mouvement des intérêts font naître entre les particuliers une foule de conventions qui sont de véritables forfaits.

12. — Ainsi, par exemple, cette qualification est applicable à la convention par laquelle plusieurs parties déterminent d'avance, moyennant une somme fixe et pour un temps limité, le montant éventuel ou variable de droits, de fournitures ou de services qui devraient être acquittés successivement, convention que l'on appelle communément *abonnement*. — V. ABONNEMENT.

13. — La convention que l'on passait autrefois avec le seigneur, pour réduire à un taux fixe les prestations ou redevances féodales, ou pour s'en racheter moyennant un cens annuel, était aussi un forfait. — V. ABONNEMENT.

14. — Cette même qualification convient également à la convention qui intervient, en matière de contributions indirectes, entre l'administration et les redevables, et par laquelle on fixe à une somme déterminée, et pour un temps limité, le montant de certains droits proportionnels et éventuels qui sont à la charge de ces derniers. — V. ABONNEMENT.

15.— ... A la clause désignée du nom de clause pénale, par laquelle deux parties contractantes, pour éviter les frais, lenteurs et embarras d'une appréciation ou liquidation faite par le juge, fixent d'avance la somme qui sera due, pour tous dommages-intérêts, en cas d'inexécution de l'obligation. — C. civ., art. 1226. — V. OBLIGATION.

16. — ... A la convention par laquelle un capitaine de navire s'est chargé, moyennant une somme fixée, de transporter des passagers et de les nourrir pendant le voyage, convention de nature manifestement aléatoire et dont il résulte que le capitaine est censé avoir assumé sur lui à cet égard tous les événemens, même de force majeure, qui peuvent accroître les dépenses ordinaires. — *Poitiers*, 30 avr. 1828, Lemeur et Taillard c. Vive.

17. — ... A l'accord passé entre la supérieure et les père et mère d'une jeune fille qui veut faire profession dans cette communauté, par lequel les père et mère s'engagent à payer une somme déterminée à titre d'aumône dotale et la supérieure à fournir à tous les besoins de la jeune fille, accord que la cour d'Agen, par arrêt du 22 mars 1836 (communauté de la visitation de Saint-Céré c. Bressac) a considéré avec raison comme consti-

tuant d'ailleurs un contrat synallagmatique et aléatoire.

18. — ... A la disposition légale qui statue que « dans les obligations qui se bornent au paiement d'une certaine somme, les dommages-intérêts résultant du retard dans l'exécution ne consistent jamais que dans la condamnation aux dommages-intérêts fixés par la loi, sauf les règles particulières au commerce et au cautionnement. — C. civ., art. 1153, § 1er.

19. — Il y a une espèce de forfait dans l'indemnité d'un mois de leurs gages accordée aux matelots loués au voyage ou au mois, en cas de rupture du voyage par le fait des propriétaires, capitaine ou affréteur. — C. comm., art. 252. — V. ÉQUIPAGE (gens d'), n° 232.

20. — On emploie enfin quelquefois le mot forfait pour désigner le traité que l'on fait à l'occasion d'un droit éventuel, moyennant aussi un prix fixe, quelles que soient les chances. — C. comm., art. 570; — Rolland de Villargues, v° Forfait.

21. — Une vente est faite à forfait lorsque l'acheteur prend sur lui les risques qui peuvent faire que la chose ne lui soit pas livrée, comme s'il s'agit de produits futurs, ou ne lui soit pas avec la qualité convenue, comme si l'acheteur renonce à la garantie des vices rédhibitoires. — Rolland de Villargues, ibid. — V. VENTE.

V. aussi COMPTE DE TUTELLE, FAILLITE.

FORFAIT DE COMMUNAUTÉ.

1. — A lieu lorsqu'il est stipulé que l'un des époux ou ses héritiers ne pourront prétendre qu'une certaine somme pour tout droit de communauté. — C. civ., art 1520.

2. — Cette clause oblige l'autre époux ou ses héritiers à payer la somme convenue, soit que la communauté soit bonne ou mauvaise, suffisante ou non pour acquitter la somme. — Même article. — V. COMMUNAUTÉ, n°s 1712 et suiv.

FORFAITURE.

Table alphabétique.

FORFAITURE. — 1. — Prévarication commise par un fonctionnaire public dans l'exercice de ses fonctions.

2. — D'après son étymologie, l'expression forfaiture (foris factura) signifierait toute action commise contre les règles. — Ducange ; v° Foris factura; Achille Morin, Dict. de droit crim., v° Forfaiture.

3. — Dans l'ancien droit, le caractère déterminant de la forfaiture était d'entraîner la destitution du fonctionnaire qui s'en était rendu coupable. — Guyot, Rép., v° Forfaiture.

4. — On appelait aussi du même nom, en matière de fief, la félonie du vassal envers son seigneur. — V. FÉLONIE, FIEF.

5. — Le Code pénal des 26 sept.-6 oct. 1791, en punissant sévèrement des fonctionnaires publics dans l'exercice des pouvoirs à eux

confiés, n'employait plus la qualification de forfaiture.

6. — Le Code du 3 brum. an IV portait : « Il y a forfaiture de la part des juges lorsque, dans les cas déterminés et précités par la loi seulement, ils commettent quelque délit ou crime dans l'exercice de leurs fonctions. » — Art. 644.

7. — Le même Code ajoutait : « La peine de la forfaiture consiste dans la déclaration du tribunal, que celui qui en est convaincu est incapable de remplir aucune fonction ou emploi public, et d'exercer aucun droit de citoyen pendant vingt ans.» — Art. 642. — « Cette peine est indépendante de celles qui sont établies par les lois pénales : elle se prononce cumulativement avec celles portées contre les différents délits ou crimes; elle se prononce seule lorsqu'il n'y en a pas d'autres décernées par la loi. » — Art. 643.

8. — Cette dernière disposition était applicable, d'après l'art. 644 du même Code, 1° aux juges des tribunaux civils de département qui n'auraient pas convoqué les assemblées primaires dans le cas où la constitution les chargeait spécialement de cette mission.

9. — 2° Aux juges qui auraient prononcé ou signé un jugement sur la recherche et l'accusation d'un citoyen étant ou ayant été membre du corps législatif, à raison de ce qu'il aurait dit ou écrit dans l'exercice de ses fonctions.

10. — 3° Aux juges de paix, ou autres qui, hors les cas prévus par la constitution, auraient donné l'ordre de saisir ou d'arrêter un membre du corps législatif.

11. — 4° A tout juge qui se serait immiscé dans l'exercice du pouvoir législatif, en faisant des réglements, ou qui se serait permis d'arrêter ou de suspendre l'exécution de la loi dans l'étendue de sa juridiction.

12. — 5° A tout officier de police qui n'aurait point exprimé formellement les motifs d'arrestation dans un mandat d'arrêt, et cité la loi qui l'autorisait à le décerner.

13. — 6° A tout officier de police sur l'ordre duquel un citoyen aurait été retenu en charte privée, sans avoir été conduit dans la maison d'arrêt, de justice ou de détention.

14. — 7° A tout juge civil ou criminel, tout juge de paix, qui, moyennant argent, présent ou promesse, aurait trafiqué de son opinion ou de l'exercice du pouvoir à lui confié.

15. — 8° Aux accusateurs publics (plus tard, les procureurs généraux des cours de justice criminelle), dans le cas établi par l'art. 279 du même Code, c'est-à-dire dans le cas où ils auraient porté aux cours de justice criminelle des accusations non préalablement admises par les premiers jurés, sauf les cas spéciaux.

16. — 9° Aux présidens des tribunaux criminels, dans le cas de l'art. 295, c'est-à-dire dans le cas où ils n'auraient pas renvoyé, même d'office, devant la haute cour de justice, les affaires qui lui étaient réservées.

17. — Le Code pénal de 1810, que n'a pas modifié à cet égard la loi de 1832, a réuni dans la même section la forfaiture et les crimes et délits des fonctionnaires publics dans l'exercice de leurs fonctions. — C. pén., liv. 3, ch.2, sect. 2°.

18. — Aux termes de l'art. 166 de ce Code, tout crime commis par un fonctionnaire public dans l'exercice de ses fonctions, est une forfaiture.

19. — Toute forfaiture pour laquelle la loi ne prononce pas de peines plus graves est punie de la dégradation civique. — C. pén., art. 167.

20. — Les simples délits ne constituent pas la forfaiture. — C. pén., art. 168.

21. — On voit par ces diverses dispositions que le système du Code pénal de 1810, relativement à la forfaiture, se distingue de celui du Code de brumaire an IV, en ce qu'il étend à tous les fonctionnaires indistinctement une peine qui alors était restreinte aux juges.

22. — Mais, d'un autre côté, on doit remarquer aussi que le Code de l'an IV embrassait, sous le nom de forfaiture, tous les crimes et les délits commis par les magistrats, tandis que, le Code de 1810, les crimes seuls entraînent forfaiture.

23. — MM. Chauveau et Hélie (Théor. C. pén., t. 4, p. 70) critiquent les art. 166, 167 et 168 du Code pénal, comme complétement inutiles, et en ce que, disent-ils, leur suppression n'altérerait aucune des incriminations, aucune des pénalités qui forment l'objet du Code pénal.

24. — « Le Code de 1810, dont nous venons de parler, n'a en effet omis, dans aucun cas, d'attacher une peine à chacun des cas de forfaiture qu'il a prévus.

25. — Chacun des crimes commis par les fonctionnaires dans l'exercice de leurs fonctions a été l'objet d'une incrimination spéciale.

26. — Le législateur a de plus pris soin de prononcer formellement pour chacun de ces crimes, en outre de la peine principale, la peine de la dégradation civique, qui d'après l'art. 167 serait surtout le cachet de la forfaiture.

27. — « On est donc fondé à conclure, disent en résumé MM. Chauveau et Hélie, qu'il eût été plus conforme à un système général de rédaction qui a banni du Code pénal des incriminations parasites et de stériles définitions de répudier la définition et la qualification des art. 166, 167 et 168, inutile héritage du Code de brumaire, qui n'ajoutent aucune force à l'énergie des dispositions répressives de la loi et ne peuvent produire d'autre effet que d'en obscurcir la pensée. »

28. — Quoi qu'il en soit et en dehors des crimes qui par leur nature même entraînent la forfaiture, le Code pénal actuel prévoit et punit en termes exprès différens des spéciaux de forfaiture qui se rapprochent de ceux énoncés par le Code de l'an IV. Ces crimes sont déclarés formellement coupables de ce crime :

29. — ... Tous officiers de police judiciaire, tous procureurs généraux du roi, leurs substituts, tous juges qui auraient provoqué, donné ou signé un jugement, une ordonnance ou un mandat tendant à la poursuite personnelle ou accusation, soit d'un membre de la chambre des pairs ou de la chambre des députés sans les autorisations prescrites par les lois de l'état, ou, hors le cas de flagrant délit ou de clameur publique, auraient ordonné ou signé l'ordre ou le mandat de saisir ou arrêter un ou plusieurs membres de la chambre des pairs ou de la chambre des députés. — C. pén., art. 121.

30. — Les fonctionnaires publics qui auraient par délibération arrêté de donner des démissions dont l'objet ou l'effet serait d'empêcher ou de suspendre soit l'administration de la justice, soit l'accomplissement d'un service quelconque. — C. pén., art. 126. — V. COALITION DE FONCTIONNAIRES.

31. — Les juges, les procureurs généraux du roi ou leurs substituts, les officiers de police qui se seraient immiscés dans l'exercice du pouvoir législatif soit par des réglemens contenant des dispositions législatives, soit en faisant des réglemens sur ces matières, soit en défendant d'exécuter les ordres émanés de l'administration, ou qui, ayant permis ou ordonné de citer des administrateurs pour raison de l'exercice de leurs fonctions, auraient persisté dans l'exécution de leurs jugemens ou ordonnances nonobstant l'annulation qui en aurait été prononcée ou le conflit qui leur aurait été notifié. — Ibid.-2°.

32. — Les juges, les procureurs généraux ou du roi ou leurs substituts, les officiers de police judiciaire qui auraient excédé leur pouvoir en s'immisçant dans les matières attribuées aux autorités administratives soit en faisant des réglemens sur ces matières, soit en délibérant sur le point de savoir si les lois seront publiées ou exécutées. — C. pén., art. 127-1°.

33. — Tout juge ou administrateur qui se serait décidé par faveur pour une partie ou par inimitié contre elle. — C. pén., art. 183.

34. — D'après la définition de l'art. 166, il faut ajouter à ces spéciaux de forfaiture tous les crimes commis par les fonctionnaires publics dans l'exercice de leurs fonctions; par conséquent :

35. — Les soustractions commises par les dépositaires publics. — C. pén., art. 169 et suiv. — V. DÉPOSITAIRE PUBLIC.

36. — Les concussions commises par les fonctionnaires et officiers publics. — Art. 174 et suiv. — V. CONCUSSION.

37. — ... La corruption des fonctionnaires publics. — Art. 177 et suiv. — V. CORRUPTION DES FONCTIONNAIRES PUBLICS.

38. — ... Les abus d'autorité contre la chose publique. — Art. 188 et suiv. — V. ABUS D'AUTORITÉ.

39. — ... Enfin, la participation des fonctionnaires ou officiers publics aux crimes dont la surveillance leur est spécialement attribuée. — Art. 408. — V. FONCTIONNAIRES PUBLICS.

40. — Suivant quelques criminalistes, il ne faut entendre par fonctionnaires publics, relativement à la forfaiture, que les officiers publics ayant délégation d'une portion de l'autorité publique, c'est-à-dire d'un commandement ou de la faculté de requérir la force publique, par opposition aux magistrats de l'ordre administratif et judiciaire. — Carnot, sur l'art. 166, C. pén.; Rauter, Droit crim., t. 1er, p. 479, n° 346.

41. — Les officiers ministériels, bien qu'investis par leur nomination d'un caractère public, n'étant pas à bien dire des fonctionnaires publics, ne seraient pas passibles de l'action en forfaiture. — Ibid.

42. — Cette doctrine est exacte si l'on en borne l'application aux cas spéciaux de forfaiture que

nous avons énumérés tout à l'heure, nᵒˢ 29 et suiv. La précision des dispositions pénales applicables à ces divers cas ne laisse aucun doute à cet égard.

43. — Mais lorsque les officiers publics se rendent coupables, dans l'exercice de leurs fonctions, de l'un des crimes indiqués comme entraînant forfaiture, tels que la soustraction des sommes qu'ils auraient reçues comme dépositaires publics, ou de faits de concussion ou de corruption, il est évident qu'il faut, relativement à ces crimes, les considérer comme *fonctionnaires publics* (V. au surplus DÉPOSITAIRE PUBLIC, CONCUSSION, CORRUPTION); et que dès-lors, il faut, avec la peine propre à ces crimes, leur appliquer celle de la forfaiture, par application de l'art. 166, C. pén. C'est, du reste, ce qu'admettent sans difficulté MM. Chauveau et Hélie (*ubi suprà*).

44. — Les arbitres sont-ils passibles de l'action en forfaiture? — Non, suivant M. le procureur général Dupin, et cela sans aucune distinction entre les arbitres volontaires et les arbitres forcés (Réquis. dans l'aff. Parquin, t. 1ᵉʳ 1838, p. 595). Mais par son arrêt solennel du 15 mai 1838 (même aff., t. 1ᵉʳ 1838, p. 587), la cour de Cassation, ayant reconnu aux arbitres forcés un caractère public qui les assimile aux juges ordinaires, il faut, au moins à leur égard, considérer l'action en forfaiture comme admissible, de même que l'action en corruption ou en prise à partie. — V. CORRUPTION DE FONCTIONNAIRES, nᵒˢ 66 et suiv.; PRISE À PARTIE.

45. — On a vu, d'après la définition de l'art. 166, C. pén., qu'une des conditions nécessaires de la forfaiture est que le fait ait été commis par le fonctionnaire dans l'exercice de ses fonctions: en effet, le crime ne prend un caractère particulier que parce qu'il constitue un abus des fonctions elles-mêmes. Il résulte de là que si l'acte incriminé n'était pas un acte de ces fonctions, quelque coupable qu'il fût d'ailleurs en lui-même, on ne saurait y voir le crime de forfaiture.

46. — La forfaiture ne peut d'ailleurs exister qu'autant que le fait duquel, elle peut résulter a été commis par le fonctionnaire dans une intention coupable. — Ainsi, ne suffit pas qu'un fonctionnaire ait abusé de ses fonctions pour être constitué en forfaiture, savoir : — il est nécessaire que le but qu'il se proposait en commettant cet abus soit criminel.— Chauveau et Hélie, *th. du C. pén.*, t. 4, p. 73.

47. — Jugé dans ce sens qu'il n'y a pas lieu de dénoncer à la chambre des requêtes de la cour de Cassation, pour crime de forfaiture, le procureur du roi qui, sans intention répréhensible, mais par une fausse interprétation de l'art. 421, C. inst. crim., a fait arrêter illégalement un condamné qui avait formé un pourvoi en Cassation dont l'effet est suspensif. — Cass., 44 juill. 1827, Jacques de Saint-Nicolas.

48. — Le point de savoir si un fonctionnaire de l'ordre administratif est ou non coupable de forfaiture étant essentiellement subordonné à l'appréciation de la conduite de ce fonctionnaire par l'autorité administrative dont relève la poursuite, il s'ensuit naturellement qu'aucune poursuite en forfaiture ne peut être dirigée contre les fonctionnaires de cette classe sans l'autorisation du conseil d'état.— V. au surplus FONCTIONNAIRES PUBLICS.

49. — Quant au mode particulier de poursuite des fonctionnaires de l'ordre judiciaire qui se sont rendus coupables de forfaiture, mode de poursuite qui est réglé par les art. 484 et suiv., C. inst. crim., et qui est commun à tous les crimes que ces fonctionnaires peuvent commettre, V. INSTRUCTION CRIMINELLE, FONCTIONNAIRE PUBLIC.

FORGES ET HAUTS - FOUR- NEAUX.

Table alphabétique.

FORGES ET HAUTS-FOURNEAUX. — 4. — On comprend sous cette double dénomination les ateliers ou usines consacrés au travail du fer.

2. — Ces ateliers et usines se divisent en trois classes, savoir : — 4ᵒ les petites forges ou forges ordinaires; — 2ᵉ les forges des grosses œuvres; — 3ᵉ les hauts-fourneaux proprement dits.

3. — Les petites forges ou forges ordinaires sont celles où l'on façonne à bras d'hommes différentes pièces de fer ou d'acier dont on fait usage dans le commerce.

4. — Les forges de grosses œuvres sont celles où l'on fait usage de moyens mécaniques pour mouvoir soit les marteaux, soit les masses soumises au travail.

5. — On appelle *hauts-fourneaux* les fonderies et usines dans lesquelles les substances minérales sont traitées pour en extraire les métaux et les sels.

6. — Les forges de la première classe , c'est-à-dire les *forges ordinaires*, ne sont soumises à d'autres conditions d'existence que celle d'être construites à la distance des habitations prescrite par les réglemens et usages particuliers ; ou, en cas de construction contre un mur, mitoyen ou non, d'être accompagnées des ouvrages prescrits par ces mêmes réglemens et usages pour éviter de nuire au voisin. — C. civ., art. 674.

7. — Le règlement du conseil d'Artois, 17 mars 1780, et auquel l'art. 674, C. civ., semble se référer, voulait : — 4ᵒ que toutes les forges fussent construites en murs de briques ou de pierres, et séparées par des pignons de tous bâtimens voisins ; — 2ᵉ que le foyer fût en briques, maçonné au mortier, ainsi que les cheminées, qui devaient être élevées de trois pieds au-dessus du toit, lequel devait être en tuiles ou pannes.

8. — La coutume de Paris disposait sur le même objet : « Art. 490. Qui veut faire , four ou fourneau contre un mur mitoyen , doit laisser un demi-pied (46 centimètres) de vide et intervalle entre-deux du mur et forge, et doit être ledit mur d'un pied (32 centimètres) d'épaisseur. »

9. — Quoi qu'il en soit, il appartient essentiellement aux maires, en vertu du droit de police que leur attribue la loi du 46-24 août 1790, de prendre relativement à ces ateliers les réglemens de sûreté que l'intérêt des localités peut exiger, sauf l'approbation de l'autorité supérieure.

40. — Mais serait nulle l'autorisation accordée par un maire à un particulier de construire une forge sur un emplacement où il aurait été défendu à tous d'en établir d'après les termes d'un arrêté rendu antérieurement par le maire. — La raison de cette autorité municipale ne peut déroger par des dispositions particulières aux dispositions réglementaires par elle prises dans l'intérêt général.—Cass., 45 déc. 4836 (t. 2 4837, p. 383). Pros.

41. — Les forges de grosses œuvres , où l'on fait usage de moyens mécaniques pour mouvoir soit les marteaux, soit les masses soumises au travail produisent beaucoup de fumée et peuvent occasionner des incendies. — Pour cette double raison, elles ont été rangées par l'ordonnance réglementaire du 5 nov. 4826 dans la deuxième classe des établissemens insalubres.—V. ÉTABLISSEMENS INSALUBRES.

42. — Les hauts-fourneaux, présentant à un plus haut degré encore les mêmes inconvéniens et les mêmes dangers, sont rangés dans la première classe des établissemens insalubres. — V. ÉTABLISSEMENS INSALUBRES.

43. — La législation sur les mines, à l'exploita-

tion desquelles se rattachent étroitement les hauts-fourneaux, a d'ailleurs subordonné leur création et leur existence à diverses conditions qui forment l'objet de dispositions particulières.

44. — Déjà, sous l'ancien droit, on avait cru devoir s'en occuper d'une manière toute spéciale. On peut consulter à cet égard l'édit de 4669 et l'ordonnance de 4680.

45. — La loi sur les mines du 42 juill. 4791, tit. 2, art. 2, vint préciser davantage les obligations et les droits des maîtres de forges. Cette loi déclara, entre autres dispositions, qu'il ne pourrait être à l'avenir établi aucune usine pour la fonte des minerais qu'ensuite d'une permission accordée par le corps législatif, sur l'avis du département dans l'étendue duquel l'établissement serait projeté.

46. — La loi du 24 avr. 4810, en renouvelant plus tard l'ensemble des dispositions relatives aux mines, comprit également les forges et hauts-fourneaux au nombre des objets qu'elle s'était proposé de réglementer.

47. — « Les fourneaux à fondre les minerais de fer et autres substances métalliques, porte l'art. 73 de cette loi, les forges et martinets pour ouvrer le fer et le cuivre, les usines servant de patouillets et bocards, celles pour le traitement des substances salines et pyriteuses, dans lesquelles on consomme des combustibles, ne peuvent être établis que sur une permission accordée par un règlement d'administration publique. »

48. — La nécessité d'obtenir cette permission s'applique non seulement aux particuliers qui veulent établir des forges , mais même aux propriétaires de mines qui veulent exploiter les produits de leur sol. C'est ce qui résulte de la disposition générale de l'art. 5 , même loi du 24 avr. 4810, d'après laquelle les mines ne peuvent être exploitées qu'en vertu d'un acte de concession délibéré en conseil d'état. — Toulouse, 9 mars 4837 (t. 2 4837, p. 552), Esquirol.

49. — Si la forge a été mise en mouvement sans que l'autorisation ait été accordée, bien qu'elle ait été demandée et que l'administration ait gardé le silence au rapport du retard dans ses investigations, il y a contravention punissable aux termes des art. 75, 93, 496 de ladite loi. — Même arrêt.

20. — Toutefois, dans ce cas, il n'y a pas lieu à ordonner la démolition de la forge construite au mépris de la loi, c'est le cas seulement d'appliquer l'amende portée par l'art. 96. — Même arrêt.

21. — La demande de permission doit être adressée au préfet, enregistrée le jour de la remise sur un registre spécial à ce destiné et affichée pendant quatre mois, dans le chef-lieu du département, dans celui de l'arrondissement, dans la commune où est situé l'établissement projeté, dans la lieu du domicile du demandeur. — Le préfet, dans le délai d'un mois, donne son avis, tant sur la demande que sur les oppositions et les demandes en préférence qui seraient survenues; l'administration des mines donne le sien sur la quotité du minerai à traiter; l'administration des forêts sur l'établissement des bouches en ce qui concerne les bois, et l'administration des ponts et chaussées sur ce qui concerne les cours d'eau navigables ou flottables.—L., 21 avr. 4810. art. 74.

22. — Au surplus, pour les dispositions particulières relatives aux forêts, V. FORÊTS.

23. — L'ingénieur des mines appelé à donner son avis, expose dans son rapport la nature et le gisement du minerai qu'on se propose de traiter; il entre dans les détails de tous les moyens d'activité ou des localités peuvent présenter ; il décrit l'utilité ou le danger de l'entreprise, et fait connaître si elle peut être nuisible ou non à des entreprises déjà établies, etc. Enfin l'ingénieur fait connaître son avis sur les oppositions, sur la préférence à accorder, s'il y a concurrence sur la demande, et sur la quotité de la taxe à laquelle les permissions sont assujéties. — L. 4840, tit. 7, sect. 4ᵉ, art. 75.

24. — En cas de concurrence entre plusieurs demandeurs, celui qui a faculté égale d'ailleurs, réunirait dans sa propriété territoriale ou qui aurait à sa disposition les minerais et les combustibles à employer, mériterait la préférence.—Instr. du min. de l'intér. du 3 août 4810.

25. — Les choses essentiellement nécessaires pour l'activité des usines sont 4ᵒ l'existence en qualité et en quantité suffisante du minerai à traiter; 2ᵒ la possibilité de se procurer les combustibles qui peuvent être appliqués à l'opération qu'on veut entreprendre; 3ᵒ l'emploi d'un cours d'eau, presque toujours indispensable ou utile.—Instr. du min. de l'intér. du 3 août 4840.

26. — Les impétrans de permissions pour les usines sont soumis à une taxe une fois payée, laquelle ne peut être au-dessous de 50 fr. ni excéder 300 fr. — L. 24 avr. 4810, art. 75.

27. — Les permissions sont données à la charge d'en faire usage dans un délai déterminé; elles ont une durée indéfinie, à moins qu'elles ne contiennent une limitation. — L. 21 avr. 1810, art. 76.

28. — Le haut intérêt qui s'attache à la fabrication des fers a fait établir en faveur des maîtres de forges des priviléges assez importans. Ainsi ils ont le droit de rechercher le minerai même hors de leurs propriétés; celui de se faire délivrer par les propriétaires de mines les produits nécessaires pour alimenter leurs usines; enfin la faculté d'exploiter eux-mêmes le minerai sur les fonds d'autrui, à défaut du propriétaire du sol.

29. — L'acte portant permission d'établir des usines à traiter le fer autorise donc les impétrans à faire des fouilles même hors de leurs propriétés et à exploiter les minerais par eux découverts ou ceux antérieurement connus, à la charge de se conformer aux dispositions relatives à l'exploitation des mines. — L. 21 avr. 1810, art. 79.

30. — Les impétrans sont aussi autorisés à établir des patouillets, lavoirs et chemins de charroi sur les terrains qui ne leur appartiennent pas, sauf aussi les mêmes restrictions que celles imposées à l'exploitation des mines en général, le tout à charge d'indemnité envers les propriétaires du sol et en les prévenant un mois d'avance. — L. 21 avr. 1810, art. 80.

31. — Mais il est important d'observer que l'acte de permission d'établir une usine à traiter le fer n'emporte pas, *ipso facto*, pour les impétrans, la faculté d'établir des lavoirs. L'établissement de ces lavoirs ne peut avoir lieu sans une autorisation particulière de l'autorité administrative, et cette autorisation n'est accordée qu'autant qu'il ne doit en résulter aucun inconvénient pour les riverains inférieurs du cours d'eau sur lequel le lavoir doit être établi. — *Cass.*, 20 juin 1828, Devillers Bodson.

32. — La décision qui refuse à un propriétaire de forges l'autorisation d'établir des lavoirs ou patouillets est d'ailleurs un acte administratif qui n'est pas susceptible d'être attaqué par la voie contentieuse. — *Cons. d'état.*, 16 fév. 1826, Terrier Santans.

33. — Nous avons dit, *suprà* n° 28, que les maîtres de forges avaient le droit de se faire délivrer par les propriétaires de mines le minerai qui leur était nécessaire. Il résulte donc de là que le propriétaire du fonds sur lequel il y a du minerai de fer d'alluvion est tenu d'exploiter en quantité suffisante pour fournir, autant que faire se peut, aux besoins des usines établies dans le voisinage avec autorisation légale. — L. 21 avr. 1810, art. 59.

34. — ... Et cette disposition générale de la loi de 1810 a implicitement abrogé l'art. 9 de l'ordonnance de 1680, qui accordait un privilége pour l'extraction du minerai au propriétaire du sol lorsqu'il était en même temps propriétaire d'usines. En conséquence, aujourd'hui le propriétaire d'un fonds recélant le minerai ne peut se soustraire à l'obligation d'en fournir aux usines, par le motif qu'il est en même temps propriétaire d'un fourneau établi sur ce fonds. — *Bourges*, 14 mars 1837 (t. 2 1837, p. 44), Ferrand et de Vergennes c. Boignes.

35. — Si le propriétaire n'exploite pas, les maîtres de forge ont la faculté d'exploiter à sa place, à la charge 1° d'en prévenir le propriétaire, qui, dans un mois à partir de la notification, pourra déclarer qu'il entend exploiter lui-même; 2° d'obtenir du préfet la permission, sur l'avis de l'ingénieur des mines, après avoir entendu le propriétaire. — L. 21 avr. 1810, art. 60.

36. — Si, après l'expiration du délai d'un mois, le propriétaire ne déclare pas qu'il entend exploiter, il est censé renoncer à l'exploitation; le maître de forges peut, après la permission obtenue, faire les fouilles immédiatement dans les terres incultes et en jachères, et après la récolte dans toutes les autres terres. — L. 21 avr. 1810, art. 61.

37. — Lorsque le propriétaire n'exploite pas en quantité suffisante ou suspend ses travaux d'extraction pendant plus d'un mois sans cause légitime, les maîtres de forges peuvent se pourvoir auprès du préfet pour obtenir la permission d'exploiter à sa place. — Si les maîtres de forges laissent écouler un mois sans avoir fait usage de cette permission, elle est regardée comme non avenue, et le propriétaire du terrain rentre dans tous ses droits. — L. 21 avr. 1810, art. 62.

38. — Quand un maître de forges cesse d'exploiter un terrain, il est tenu de le rendre propre à la culture ou d'indemniser le propriétaire. — L. 21 avr. 1810, art. 63.

39. — En cas de concurrence entre plusieurs maîtres de forges pour l'exploitation dans un même fonds, le préfet détermine, sur l'avis de l'ingénieur des mines, les proportions dans lesquelles chacun d'eux peut exploiter, sauf le recours au conseil d'état. — Le préfet règle de même les proportions dans lesquelles chaque maître de forges a droit à l'achat du minerai, s'il est exploité par le propriétaire. — L. 21 avr. 1810, art. 64.

40. — Lorsque les propriétaires font l'extraction du minerai pour le vendre aux maîtres de forges, le prix en est réglé entre eux de gré à gré ou par des experts choisis ou nommés d'office, qui doivent avoir égard à la situation des lieux, aux frais d'extraction et aux dégâts qu'elle aura occasionnés. — L. 21 avr. 1810, art. 65.

41. — Lorsque les maîtres de forges ont fait exploiter le minerai, il est dû au propriétaire du fonds et avant l'enlèvement du minerai, une indemnité qui est aussi réglée par experts; lesquels doivent avoir égard à la situation des lieux, aux dommages causés, à la valeur du minerai, distraction faite des frais d'exploitation. — L. 21 avr. 1810, art. 66.

42. — La suppression d'une usine, sa transformation en usine d'un autre genre, les changemens dans l'espèce ou le nombre des feux, les changemens à l'état du cours d'eau, le transport d'une fabrique d'une localité dans une autre, sont des choses qui intéressent l'ordre public sous plusieurs aspects importans, et qui peuvent aussi nuire à l'intérêt des particuliers. — Lois forest. 1629; instr. du min. de l'int. du 3 août 1810.

43. — Aussi, ces changemens ne doivent-ils avoir lieu qu'avec l'approbation préalable du gouvernement, donnée dans la même forme que la permission. — Instr. préc. du min. de l'int. du 3 août 1810.

44. — Et, comme la permission n'est donnée qu'à la charge d'en faire usage dans un délai déterminé (V. *suprà*, n° 27), et par conséquent de tenir l'usine en activité, celle qui resterait inactive, sans cause légitime, au delà du temps ordinaire de sa fixation, ne pourrait être remise en feu qu'en vertu d'une nouvelle permission. — Si l'on ne suivait pas cette marche, il arriverait que les matières premières qui alimentaient l'usine ayant été réparties, pendant le temps de son inaction, sur d'autres points de consommation, la remise en activité pourrait être une cause de ruine pour des établissemens formés postérieurement avec autorisation et d'après la considération même de la cessation du premier. — *Ibid.*

45. — Un propriétaire d'usine qui ferait des changemens sans autorisation préalable serait d'ailleurs passible de tous les dommages soufferts par des tiers, sans qu'il fût admis à prétendre que ces mêmes dommages résultaient de l'état antérieur. — *Ibid.*

46. — L'action en indemnité dirigée contre des maîtres de forges, pour dommages causés aux riverains inférieurs par l'établissement de leurs lavoirs sur un cours d'eau, ne peut être portée devant les tribunaux civils qu'après que l'autorité administrative a prononcé sur le placement du lavoir ou patouillet. — *Bruxelles*, 25 nov. 1811, Dubronquet c. Pepin et Durœulx.

47. — Et l'incompétence du tribunal qui, avant cette décision administrative préalable, aurait statué sur le fond de la contestation, est proposable en tout état de cause, même en appel. — Même arrêt.

48. — Les règles de compétence, quant aux autres contestations auxquelles la mise en activité des hauts-fourneaux peut donner lieu, et au jugement des contraventions, sont, du reste, les mêmes qu'en matière de mines. — V. MINES.

49. — L'édit du 27 déc. 1729, qui statue spécialement pour le cas où, le fourneau d'une forge étant en feu, les ouvriers attachés au service de cette forge l'abandonnent pour aller s'établir ailleurs, et qui prononce contre eux une amende de 300 fr., n'a été abrogé ni par l'édit de 1749, ni par la loi du 22 germ. an XI (relative aux manufactures, fabriques et ateliers), ni par aucune loi postérieure. — *Bourges*, 21 déc. 1837 (t. 2 1838, p. 57), Mathéran c. Thurangin.

50. — ... Et les tribunaux correctionnels sont compétens pour connaître de la répression de cette infraction. — Même arrêt.

51. — Mais il en est autrement de la disposition de l'arrêt du conseil, qui punissait d'une amende de 500 fr. le maître de forge qui reçoit un ouvrier sans congé du maître dont il a abandonné la forge. Cette disposition, abrogée par la loi du 22 germ. an XI, n'est plus en vigueur.

52. — La surveillance du service des forges qui fournissent les fers et les aciers nécessaires aux approvisionnemens de l'artillerie est confiée à des officiers et à des employés du corps royal de l'artillerie. — Un colonel, sous le titre d'inspecteur des forges, centralise à Paris le service de ces établissemens. Un officier supérieur dirige le service des forges situées dans chaque arrondissement; il a le titre de sous-inspecteur. — Réglem. du 14 juin 1823; — Magnitot et Delamarre, v° *Forges et fourneaux*, t. 1er, p. 614.

53. — Les ustensiles nécessaires à l'exploitation des forges sont formellement placés au nombre des immeubles par destination. — C. civ., art. 524. — V. IMMEUBLES PAR DESTINATION.

54. — Les maîtres de forges ou hauts-fourneaux sont rangés par la loi du 25 avril 1844 parmi les patentables, et soumis comme tels à un droit fixe et à un droit proportionnel.

55. — Le droit fixe est de 500 fr., lorsqu'ils ont au moins trois hauts-fourneaux au coke, ou plusieurs hauts-fourneaux au coke avec fonderies, forges et laminoirs: — de 400 fr., soit pour deux hauts-fourneaux au coke; soit un haut-fourneau au coke avec forges et laminoirs; soit trois hauts-fourneaux au bois et plus; soit un établissement ou un ensemble d'établissemens réunissant à plus de quatre feux d'affinerie, ou quatre fours à pudler une fabrication de tôle, ou deux autres systèmes au moins de sous-fabrication de métaux, soit fonderie, tréfilerie, ferblanterie, métiers à clous, à pointes; soit enfin plus de deux hauts-fourneaux au bois avec une ou plusieurs forges; — de 300 fr. pour un haut-fourneau au coke avec une fonderie, ou un haut-fourneau au bois avec plusieurs forges; ou deux hauts-fourneaux bois au avec une seule forge; — de 250 fr. pour un haut-fourneau au coke, ou deux hauts-fourneaux au bois; ou un haut-fourneau au bois avec une fonderie; — de 200 fr. pour un haut-fourneau au bois avec une forge; ou une ou plusieurs forges avec laminoirs, tréfilerie et tout autre système de sous-fabrication métallurgique; — de 150 fr. pour un haut-fourneau au bois; — de 100 fr. pour une forge à trois marteaux et plus; ou trois forges à la catalane et plus; ou une forge où l'action des marteaux est remplacée par celle d'un laminoir cingleur; — de 50 fr. pour une forge à deux marteaux; ou deux forges à la catalane; — enfin, de 25 fr. pour une forge à un seul marteau ou une forge dite catalane.

56. — Ces droits sont, aux termes de la loi (tableau *C*, 3e partie), réduits de moitié pour les forges dites catalanes, et pour les forges à un ou plusieurs marteaux, lorsqu'elles sont forcées, par manque ou par crue d'eau, de chômer pendant une partie de l'année équivalente au moins à quatre mois.

57. — Le droit proportionnel est du vingtième de la valeur locative de 1° l'habitation; 2° des magasins de vente complétement séparés de l'établissement, et du quarantième de l'établissement industriel.

V. ÉTABLISSEMENS INSALUBRES, LAVOIRS, MINES, PATENTES, PATOUILLETS, USINES.

FORGERONS.

Forgerons de petites pièces (canons, platines), patentables de cinquième classe. Droit fixe basé sur la population, et droit proportionnel du vingtième de la valeur locative de l'habitation et des lieux servant à l'exercice de la profession. — V. PATENTE.

FORMAIRES POUR LA FABRICATION DU PAPIER.

1. — Formaires pour la fabrication du papier, pour leur compte, patentables de sixième classe; droit fixe, basé sur la population, et droit proportionnel du vingtième de la valeur locative de l'habitation et des lieux servant à l'exercice de la profession.

2. — Formaires pour la fabrication du papier, à façon, patentables de huitième classe; même droit fixe, sauf la différence de classe; droit proportionnel du quarantième de la valeur locative de tous les locaux qu'ils occupent, mais seulement dans les communes de 20,000 ames et au-dessus. — V. PATENTE.

FORMALITÉS, FORMES.

1. — Ce sont les différentes règles établies par la loi pour la rédaction des actes, et dont l'accomplissement sert à les rendre valables, à en assurer ou procurer l'exécution.

2. — Cependant, il y a entre ces deux mots cette différence que les formes comprennent tout ce qui sert à constituer l'acte, au lieu que les formalités proprement dites ne s'entendent que de certaines conditions que l'on doit remplir pour la validité de l'acte. Dans l'usage, néanmoins, on confond presque toujours ces deux mots.

3. — Nous avons traité ailleurs de la nécessité des formes en général, et des lois qui doivent régir ces formes. — V. ACTE.

4. — On distingue plusieurs sortes de formalités: 1° les formalités *habilitantes*; — 2° les formalités

antécédentes, concomitantes et subséquentes ; — 3° les formalités *intrinsèques et extrinsèques* ; — enfin, les formalités *d'exécution*.

5. — Les formalités *habilitantes* sont celles qui rendent capables de faire certains actes les personnes qui en sont incapables par état. Telles sont, pour la femme, l'autorisation maritale; pour le mineur, l'autorisation du tuteur ou du conseil de famille ; pour un établissement public, l'autorisation du gouvernement, etc. — Boullenois, *Tr. des statuts*, t. 1er, p. 472, et t. 2, p. 467; Merlin, *Rép.*, v° *Formalités*, et *Loi* § 6, n° 7; Rolland de Villargues, v° *Formalités*, nos 17 et 18.

6. — Les formalités *antécédentes* sont celles qui doivent précéder l'acte; les *concomitantes*, celles qui doivent l'accompagner; les *subséquentes*, celles qui doivent le suivre. On peut citer, pour exemple des premières, les publications de bans, les formalités qui doivent précéder la vente des biens des mineurs ou par expropriation forcée; pour exemple des secondes, la présence des témoins à l'acte, ainsi que les autres formalités requises par la loi du notariat; enfin, pour exemple des dernières, la transcription des actes de ventes, l'inscription des hypothèques, etc. — Toullier, n° 504; Rolland de Villargues, nos 19, 20, 21 et 22.

7. — Les formalités *intrinsèques* ou *viscérales* sont celles qui forment l'acte en lui-même, qui lui donnent l'existence et sans lesquelles il ne peut exister. — V., pour exemple, C. civ., art. 146 et 1108. — Les formalités *extrinsèques* ou *probantes* sont celles qui ne sont requises que pour constater soit l'accomplissement des formalités habilitantes, précédentes ou intrinsèques, soit ce qui a été fait par suite du concours des unes et des autres. — Mêmes auteurs.

8. — Parmi ces diverses formalités, les unes sont appelées *substantielles*, parce qu'elles constituent l'acte et lui donnent son existence; et d'autres *accidentelles*, parce qu'elles sont purement secondaires, et que leur omission ne saurait détruire la substance de l'acte. Les auteurs ont essayé de tracer des règles et distinctions pour reconnaître les cas où une formalité devra être considérée comme *substantielle*, ou simplement comme *accidentelle* ou secondaire. Nous nous bornerons à les énoncer.

9. — 1° La formalité est substantielle quand elle est fondée sur l'équité naturelle; accidentelle, si elle est fondée sur une disposition arbitraire; — 2° la formalité est substantielle, quand on ne peut y renoncer; elle est accidentelle quand on peut y renoncer; — 3° les formalités d'un acte d'institution nouvelle, que les parties n'avaient point auparavant le pouvoir de faire, sont censées substantielles, et non celles qui sont ajoutées à un acte d'institution ancienne; — 4° les formalités qui doivent précéder l'acte sont quelquefois considérées comme une condition nécessaire à l'acte, par exemple, celles qui précèdent la vente des biens des mineurs; leur omission dans ce cas opère la nullité de l'acte: quant aux formalités subséquentes, l'on pose pour règles que leur omission n'empêche pas la validité de l'acte, et que sa validité ne peut dépendre d'une formalité qui ne doit venir qu'après sa perfection. Il faut que le législateur ait exprimé formellement ou équivalemment son intention pour la nullité; — 5° enfin, si plusieurs formalités ont été prescrites à la fois et qu'une seule ait été omise, il faut, selon les uns, que l'omission soit importante, et non pas simplement légère, c'est au juge à apprécier; d'autres appliquent la règle à tous les cas où il s'agit d'une formalité substantielle, supposant que par cette exception l'on évitera l'arbitraire du magistrat.

10. — Observons, au surplus, que les distinctions précitées ont été jugées par les auteurs qui les ont reproduites comme un moyen peu sûr pour reconnaître quand une formalité est substantielle ou simplement accidentelle. — Toullier, 7, nos 499 et suiv.; Thémis, t. 2, p. 499 et suiv.; Rolland de Villargues, nos 26 et suiv.

11. — Enfin, il y a les formalités *d'exécution*, qui ne sont requises que pour qu'un acte, parfait en en soi, puisse être exécuté. Tels sont, dans les contrats et dans les jugemens, l'enregistrement, la mise en grosse, la formule exécutoire; telle est encore, à l'égard des tiers, la transcription des donations entre-vifs et des substitutions. — Boullenois, t. 1er, p. 40, 517 et 523, et t. 2, p. 467; Merlin, *ibid.*; Rolland de Villargues, nos 32 et 33.

12. — En général, il n'est pas nécessaire d'accomplir simultanément les diverses formalités des actes; elles peuvent s'accomplir successivement, et en différens temps, à moins que la loi exige qu'il en soit autrement, par exemple, dans le cas de l'acte de suscription du testament mystique. — C. civ., art. 976; Rolland de Villargues, n° 34, 35 et 36.

13. — Lorsqu'une formalité prescrite par la loi n'a pas été constatée dans la forme légale, il y a présomption qu'elle a été omise. — *Cass.*, 18 mars 1845 (t. 2 1845, p. 527), Duchêne; 2 mai 1845 (t. 2 1845, p. 528), Folly.

14. — Cependant, il est des formalités dont l'accomplissement est présumé de droit, lorsqu'il n'y a pas de preuve du contraire, par exemple, dans les testamens publics, la mention que la lecture en a été faite par le notaire. — Merlin, *Rép.*, v° *Formalités*, n° 11; *Dict. du notar.*, v° *Formalités*, n° 2; — Rolland de Villargues, *ibid.*, n° 37.

15. — A cet égard, la règle est que les formalités dont la mention n'est pas expressément prescrite dans les actes sont censées avoir été remplies, tant que le contraire n'est pas prouvé : *sciendum est generaliter quod si quis scripserit fidejussisse, videri omnia solenniter acta*. — L. 30, ff., *De verb. oblig.*; — Furgole, *Testam.*, ch. 2, sect. 3e, n° 86; Merlin, v° *Testament*, sect. 2e, § 3, art. 3, n° 7 *bis*.

16. — Il est, au contraire, des formalités dont l'accomplissement ne se présume pas, et doit être constaté non par des documens étrangers à l'acte, par la preuve testimoniale, par exemple, mais par l'acte même. — Merlin, *Rép.*, v° *Formalités*, n° 11, et *Quest. de dr.*, v° *Acte respect.*, § 3, quest. 7; *Dict. du notar.*, *ibid.*; Rolland de Villargues, nos 39 et suiv.

17. — Ainsi, lorsque la loi ordonne que l'observation d'une formalité sera constatée par écrit, elle exclut par cela même la preuve par témoins de son accomplissement. Spécialement, l'apposition d'affiches prescrite en matière de licitation de biens indivis avec des mineurs ne peut être prouvée par témoins; elle ne peut l'être que par le procès-verbal requis en pareil cas. — *Cass.*, 7 déc. 1840, Bloque c. Losserand.

18. — Tout acte dans lequel les formalités prescrites par la loi n'ont pas été observées est nul, à moins que l'application de ce principe n'ait été expressément restreinte par la loi elle-même. — *Cass.*, 2 déc. 1824, Bélicard.

19. — Les formalités qui tiennent à la substance des actes, et dont la stricte exécution intéresse essentiellement l'ordre public, sont de rigueur et doivent, même dans le silence de la loi, être observées à peine de nullité. — *Cass.*, 22 avr. 1807, Coune c. Lahaye.

20. — Dans les actes authentiques anciens, il y a présomption que les formalités prescrites ont été observées. — V. ACTE ANCIEN.

FORMARIAGE.

1. — Dans les temps féodaux, les serfs ne pouvaient, sans le consentement de leur seigneur, se marier avec une personne de condition franche, ou même avec une personne de même condition, mais établie dans une autre seigneurie. — Pour obtenir cette autorisation, ils payaient un certain droit au seigneur. — On donnait le nom de *formariage* (*de foris maritagium*) et à l'union ainsi contractée par le serf et au droit qu'il payait pour obtenir l'autorisation. — Guyot, *Rép.*, v° *Formariage*; Sapey, *Les étrangers en France*, p. 61 et suiv.; Loysel, *Instit. cout.*, n° 100.

2. — Les aubains, qui, dans l'origine, étaient soumis au servage (V. AUBAIN.), ne pouvaient, par conséquent, non plus que les autres serfs, se marier hors de leur condition, ou hors de la seigneurie dans laquelle ils étaient établis, sans obtenir l'approbation de leur seigneur et payer le droit de formariage. — Sapey, *Les étrangers en France*, p. 63; Demangeat, *Hist. de la condit. des étrangers*, p. 103.

3. — La même prohibition s'appliquait aux bâtards. — Guyot, *Rép.*, v° *Formariage*; Sapey, *loc. cit.*; Demangeat, *loc. cit.* — V. BATARD, n° 11.

4. — Ce droit tirerait son origine, selon M. Serrigny (*Tr. du dr. publ. des Français*, t. 1er, p. 206), de la loi salique (*L. salic.*, XXVII, 6). — V. aussi Bouhier, *Obs. sur la cout. de Bourg*, ch. 67, n° 16, et Loysel, *Instit. cout.*, n° 43.

5. — Des seigneurs, le droit d'autoriser le formariage et de percevoir la redevance passa au roi. On lit, en effet, un extrait des registres de la chambre des comptes cité par Bacquet : « Les bâtards, épaves, aubains, manumis ne peuvent se marier à personne autre que de leur condition, sans le congé du roi, sous peine de soixante sols parisis d'amende. » — Sapey, *Les étrangers en France*, p. 63.

6. — Le taux du droit de formariage variait selon les usages locaux. — Dans certaines localités, il était de la moitié des biens, dans d'autres du tiers. — Demangeat, *Hist. de la condit. des étrangers*, p. 104; Sapey, *Les étrangers en France*, p. 64.

7. — Le droit de formariage, rigoureusement exigé dans le principe, tomba peu à peu en désuétude. Ainsi, l'art. 16 de la coutume de Châlons porte: « Bastards et aubains se peuvent marier sans encourir les peines de formariage. »

8. — Toutefois, ce droit resta écrit dans la législation longtemps encore après qu'il avait cessé en fait d'être exigé. Pour ne point laisser périr en droit ce qu'ils ne voulaient faire considérer que comme une grâce, les rois avaient soin, dans leurs ordonnances, de faire leurs réserves, et pour cela, de rappeler comme étant encore en vigueur des droits dont ils ne se prévalaient jamais dans l'application. — Sapey, *Les étrangers en France*, p. 68.

9. — C'est ainsi que nous voyons, jusqu'à la fin du dix-septième siècle, en 1697, les droits de chevage et de formariage invoqués dans une ordonnance de Louis XIV, qui imposait aux étrangers certaines taxes. — Demangeat, *Hist. de la condit. civ. des étrangers*, p. 107; Sapey, *Les étrangers en France*, p. 69. — V. AUBAINE (droit d'), ÉTRANGER.

FORME.

1. — C'est tout ce qui sert à constituer un acte.

2. — En terme de pratique, on se sert du mot *forme* par opposition à celui de *fond*. La forme se prend alors pour la procédure, et le fond pour ce qui en est l'objet. — V. FOND-FORME.

3. — On dit aussi ordinairement que la *forme emporte le fond*, c'est-à-dire que les moyens de forme prévalent sur ceux du fond.

4. — Par *forme probante*, on entend la forme authentique qui donne aux actes la prérogative de faire foi par eux-mêmes. — V. ACTE AUTHENTIQUE.

5. — Les *formes* sont presque toujours confondues dans l'usage avec les *formalités*, quoiqu'il y ait cependant entre elles quelque différence. — V. FORMALITÉS.

FORMES A SUCRE (Fabricant de).

Les fabricans de formes à sucre sont soumis à la patente; droit fixe de 25 francs pour cinq ouvriers et au-dessous, et de trois francs pour chaque ouvrier en sus, jusqu'au maximum de 100 francs, et droit proportionnel du vingtième de la valeur locative de l'habitation et des magasins de vente complètement séparés de l'établissement, et du vingt-cinquième de l'établissement industriel.

FORMEL.

Ce qui est exprès, ce qui est écrit ou résulte d'un acte. — V. TERMES (expressions). — V. aussi GARANTIE.

FORMIERS.

Formiers, patentables de septième classe; droit fixe basé sur la population, et droit proportionnel du quarantième de la valeur locative de tous les locaux qu'ils occupent, mais seulement dans les communes de 20,000 âmes et au-dessus.

FORMULE.

1. — En droit, ce mot, dans sa véritable acception, signifie un modèle d'acte contenant la substance et les principaux termes dans lesquels un acte doit être conçu pour être conforme aux lois d'un pays.

2. — Il ne faut pas confondre la formule avec la formalité. La formule n'est que la forme, le modèle de l'acte : la formalité, au contraire, en est la matière, l'objet, la chose essentielle, indispensable, la démarche même qui nécessite l'emploi de la formule. La formalité est indiquée, exigée par la loi; la formule est l'œuvre de celui qui accomplit la volonté de la loi; elle est l'exécution de la formalité, et peut, par conséquent, être très variable. — *Encycl. des gens du monde*, v° *Formule*, *in fine*.

3. — Il ne suffit pas toujours de posséder les principes d'une science, il faut encore savoir en faire l'application. Souvent la pratique doit venir en aide à la théorie; de là, l'utilité des formules. — Rolland de Villargues, v° *Formule*, n° 2.

4. — A Rome, pour rendre les actions certaines et solennelles, il y avait des *formules des actions*. (L. 2, § 6, ff., *De orig. jur.*), mais ces formules furent supprimées, parce qu'elles donnaient lieu à des incertitudes et à des difficultés. — L. 1, *Cod. de formulis*. — V. ACTION (dr. rom.).

5. — Dans notre ancien droit français, Louis XIV ordonna, par une déclaration du 19 mars 1673, que, pour rendre la procédure uniforme dans toutes les cours et juridictions, il serait donné des formules imprimées pour les actes de toute espèce, et qu'il serait arrêté un tarif des droits qui seraient

perçus pour chaque nature d'acte. — Guyot, *Rép.*, v° *Formule*.

6. — Pour l'exécution de cette déclaration, il était indispensable de compiler et former des recueils de modèles, de les arrêter en conseil et de les envoyer ensuite dans les différentes cours. — Guyot, *ibid.*

7. — Aussi fut-il ordonné, par une déclaration du 2 juill. suivant, qu'en attendant les formules on délivrerait, dans les bureaux établis pour la distribution de la formule, le papier et le parchemin nécessaires pour tous les actes publics, lesquels papier et parchemin seraient marqués, en tête, d'une seule fleur de lis et timbrés de la qualité et substance des actes, avec mention du droit porté par le tarif. — Guyot, *ibid.*

8. — Un autre édit du mois d'août 1694 a fixé et déterminé l'établissement des papiers et parchemins timbrés; il est à remarquer que c'est de là que le nom de *formules* avait été donné aux papiers et aux parchemins timbrés, quoique l'introduction de l'usage des formules soit demeurée sans exécution. — V. TIMBRE.

9. — Au surplus, en laissant de côté, dit M. Rolland de Villargues (*ib.*, n° 4), ces efforts faits par le législateur lui-même pour créer des formules, la curiosité peut rechercher dans Mabillon, Maffey et autres auteurs de traités diplomatiques, les différentes formules qui étaient employées dans les actes anciens. Nous avons un ouvrage non moins curieux, intitulé: *Formulare instrumentorum, nec non ars notariatus* (Parisiis, Franc. Regnault, 1509). On y trouve les formules latines de tous les actes possibles, dans les provinces surtout où on en a long-temps gardé le style, et où l'on en conserve encore des restes. — V. aussi Pradoux Duprat, *Théorique de l'art des notaires*, p. 407.

10. — Aujourd'hui aucune espèce de formule n'est obligatoire. — V. ACTION (*dr. franç.*). — Il y a cependant exception en ce qui concerne le serment que doivent prêter les jurés et les témoins (V. COUR D'ASSISES, TÉMOINS), et ceux qui sont appelés à remplir des fonctions publiques ou à exercer certains actes politiques. — V. SERMENT DES FONCTIONNAIRES, ET POLITIQUE.

11. — En ce qui concerne la rédaction des actes, on contestait même déjà autrefois la nécessité de s'astreindre aux formules. « Les docteurs, dit Ferrière (*Parf. not.*), décident que les notaires peuvent changer les termes du style ordinaire, quand le changement des termes ne répugne point au droit commun, et ne diminue en rien l'intention des parties. »

12. — Sans contester la justesse de cette observation, nous croyons qu'il est toujours plus prudent de s'en tenir aux bonnes formules. — En effet, les formules inspirent de la confiance aux parties, parce qu'elles les ont vues employées dans d'autres actes sans donner lieu à aucune contestation. — Lherbette, *Thémis*, t. 1er, p. 137.

13. — Elles préviennent les difficultés, parce que, quand on sait de quelle manière les tribunaux interprètent une rédaction, on n'a garde d'élever une contestation dont on prévoit la solution à son préjudice. — Lherbette, *ibid.*

14. — Elles servent aussi à fixer la jurisprudence en offrant aux magistrats les moyens d'apprécier d'une manière certaine le sens des mots employés constamment par les officiers publics. — Lherbette, *ibid.*

15. — D'un autre côté, les formules préviennent les oublis : les clauses à insérer dans un acte sont souvent si nombreuses, que l'esprit ne pourrait les trouver toutes au moment de la rédaction, sans le secours des formules. — Lherbette, *ibid.*, p. 138.

16. — Elles ont encore pour avantage de simplifier le travail; un notaire ou tout autre officier public ou ministériel qui reçoit un acte ne pourrait souvent suffire à sa tâche s'il était obligé de rédiger lui-même tous ces actes, ou si chaque clerc pouvait les rédiger à sa guise. Avec les formules, au contraire, le clerc rédige l'acte, et le notaire n'a plus qu'une simple vérification à faire. — Lherbette, *ibid.*

17. — Enfin, les formules facilitent la recherche des diverses clauses d'un acte, l'usage indiquant la place qui leur est assignée. — Lherbette, *ibid.*, p. 139.

18. — Lorsque l'on fait imprimer des formules, on doit se servir de papier timbré de la débite ordinaire; les notaires, huissiers, greffiers, avoués et arbitres ne pouvant, pour la rédaction de leurs actes ou des expéditions, employer d'autre papier que celui débité par la régie. — Arg. L. 13 brum. an VII, art. 18; Rolland de Villargues, *ibid.*, n° 10. — V. TIMBRE.

V. aussi ACTES DE L'ÉTAT CIVIL, CONNAISSEMENT, CONSEIL DE PRÉFECTURE, CONTRIBUTIONS DIRECTES, DOT.

FORMULE (Médecine et pharmacie).

1. — En médecine, la formule est un écrit contenant la désignation des diverses substances qui doivent composer un médicament, leur dose, leur mode de préparation et de mixtion, enfin la manière dont ce médicament doit être administré.

2. — On donne le nom de *Formulaire* au recueil de ces prescriptions.

3. — En attribuant aux pharmaciens le droit exclusif de composer et de vendre des médicamens, la loi a dû exiger des garanties, prendre des précautions. Ainsi, ils ne peuvent livrer que des médicamens composés conformément, soit à la prescription d'un médecin, soit aux formulaires officiellement publiés. — Trébuchet, *Jurisp. de la médecine*, p. 375.

4. — Le *Codex medicamentarius*, publié en vertu de l'ordonnance du 8 août 1816, sert aujourd'hui de règle aux pharmaciens. — V. CODEX.

5. — Ce Codex, outre la liste des médicamens simples employés en médecine, présente deux classes de formules dont il explique l'usage : ce sont les formules *officinales* et les formules *magistrales*.

6. — Les *formules officinales* concernent les médicamens préparés à l'avance que les pharmaciens doivent avoir dans leurs officines. Et, en fait de remèdes préparés à l'avance, les pharmaciens ne peuvent tenir que ceux qui sont décrits dans le Codex. — Trébuchet, *ib.*, p. 376. — Tout autre remède est réputé secret. — V. au surplus REMÈDES SECRETS.

7. — Ainsi, ils ne doivent jamais exécuter la prescription d'un médecin que pour le cas spécial pour lequel elle est faite, à moins que cette prescription ne soit elle-même conforme aux règles des formules officinales.

8. — Les *formules magistrales* sont les formules personnelles à chaque médecin, qui les rédige suivant l'exigence des maladies qu'il traite.

9. — On lit dans l'Encyclopédie des gens du monde (v° *Formule, Formulaire*) que l'art de formuler a varié suivant les époques et l'état des connaissances; qu'autrefois c'était à qui entasserait le plus grand nombre possible de substances; mais que, plus tard, reconnaissant que dans ces amas de substances diverses, il s'opère des réactions et des décompositions qui réduisent leurs propriétés à celles des élémens les plus énergiques, on sentit la nécessité de simplifier, et qu'alors, au lieu de combiner ensemble des matériaux hétérogènes, on chercha à isoler, dans chaque médicament, le principe essentiellement actif, afin de l'administrer séparément.

10. — Le Codex de 1816 présente quelques modèles des prescriptions que peuvent faire les médecins, d'après l'exigence des maladies; mais on comprend qu'ils doivent avoir la plus grande latitude à cet égard. — Trébuchet, *ib.*

11. — Les médecins peuvent prescrire une recette officinale; mais, alors, ils ne doivent pas s'écarter de la formule décrite au Codex, à moins qu'ils ne veuillent l'ordonner comme formule magistrale, et, dans ce cas, le pharmacien la prépare de nouveau pour le cas particulier auquel elle s'applique; mais il ne peut en confectionner à l'avance, car il est défendu de convertir en une formule officinale une formule magistrale. — Trébuchet, *ib.*, p. 376.

12. — « Au surplus, lit-on dans l'*Encyclopédie* (*verb. cit.*), un médecin ne doit rien prescrire dont il ne puisse rendre compte; il doit s'abstenir de médicamens inutiles, n'employer que ceux dont il connaît bien la consistance et les affinités chimiques, et qui sont à la fois les plus efficaces et les moins chers; éviter, autant que possible, ceux qui sont désagréables; enfin, choisir la forme la plus convenable et à la matière du médicament et à l'indication qu'il se propose de remplir. »

13. — Quant à l'exécution matérielle de la formule, les médecins ont adopté un ordre et des caractères particuliers. On commence par le nom du médicament; on indique ensuite les diverses substances qui doivent le composer, en ayant soin d'écrire chacune d'elles distinctement et à la ligne, avec indication précise des quantités, pour éviter toute erreur; puis on termine par les recommandations particulières. — *Encyclopédie*, *ibid.*

V. au surplus MÉDECINE, CHIRURGIE ET PHARMACIE, REMÈDES SECRETS.

FORMULE EXÉCUTOIRE.

1. — On appelle ainsi l'intitulé au nom du roi et le mandement aux officiers de justice de prêter main-forte, en vertu desquels un acte peut être mis à exécution.

2. — Les agens de l'autorité ne doivent obéissance qu'au chef du pouvoir exécutif; il est donc naturel qu'aucune exécution ne puisse être poursuivie qu'en vertu d'un acte revêtu de la formule exécutoire.

3. — On a indiqué, sous le mot EXÉCUTION DES ACTES ET JUGEMENS, quels actes sont susceptibles d'être revêtus de cette formule.

4. — Ce sont, en général, les actes notariés (V. EXÉCUTION DES ACTES ET JUGEMENS, nos 196 et suiv.), les actes administratifs. — V. *ibid.*, nos 211 et suiv. — Toutefois, certains actes administratifs sont exécutoires de plein droit, sans apposition de la formule. — V. ACTE ADMINISTRATIF, n° 78, et EXÉCUTION DES ACTES ET JUGEMENS, nos 213 et suiv.), les jugemens et actes judiciaires.

5. — Autrefois, il n'y avait pas de formule légalement établie pour les jugemens; des visa ou pareatis étaient nécessaires pour poursuivre l'exécution d'une décision judiciaire hors du ressort du tribunal qui l'avait rendue.

6. — La formule apposée aux actes notariés différait de celle mise aux décisions judiciaires.

7. — Aujourd'hui, une formule unique est adoptée pour tous les actes susceptibles d'exécution parée, et cette formule rend les actes qui en sont revêtus exécutoires dans toute la France. — C. civ., art. 547.

8. — Elle est ainsi conçue : « Louis-Philippe Ier, roi des Français, à tous présens et à venir, salut. » (*Vient la teneur du jugement ou de l'acte.*) « Mandons et ordonnons à tous huissiers, sur ce requis, de mettre ces présentes à exécution; à nos procureurs généraux et à nos procureurs près les tribunaux de première instance d'y tenir la main; à tous commandans et officiers de la force publique d'y prêter main-forte lorsqu'ils en seront légalement requis. » — Ord. 16 août 1830.

9. — Avant d'être ainsi fixée, elle a subi de nombreuses modifications qu'explique, du reste, la différence des gouvernemens qui se sont succédé.

10. — En effet, pour ne remonter qu'à l'établissement du système représentatif en France, sous l'empire de la constitution du 3 sept. 1791 (tit. 3, chap. 5, art 24), la formule exécutoire des jugemens est ainsi conçue : « Nous (*le nom du roi*), par la grace de Dieu et par la loi constitutionnelle de l'état, roi des Français, à tous présens et à venir salut. Le tribunal de ... a rendu le jugement suivant : » (*Copier ici la teneur du jugement.*) « Mandons et ordonnons à tous huissiers, sur ce requis, de mettre ledit jugement à exécution; à nos commissaires auprès des tribunaux d'y tenir la main, et à tous commandans et officiers de la force publique de prêter main-forte lorsqu'ils en seront légalement requis. En foi de quoi le présent jugement a été signé par le président du tribunal et par le greffier. »

11. — A l'égard des expéditions exécutoires des actes notariés, elles sont revêtues de la formule suivante : » (*Le nom du roi*) par la grace de Dieu et la loi constitutionnelle de l'état, roi des Français, salut. Savoir faisons que pardevant, etc. Mandons que les présentes soient mises à exécution par qui il appartiendra. » — Décr. 29 sept. 1791, tit. 1er, sect. 2e, art. 14.

12. — Plus tard, Louis XVI est suspendu, et les expéditions exécutoires des jugemens sont revêtues de la formule suivante : « Au nom de la nation, il est ordonné à tous huissiers, sur ce requis, de mettre ledit jugement à exécution; à tous commandans et officiers de la force publique de prêter main-forte lorsqu'ils en seront légalement requis, et aux commissaires du pouvoir exécutif près les tribunaux d'y tenir la main. En foi de quoi, etc. » — Décr. 15 août 1792.

13. — Les jugemens des tribunaux et les actes des notaires sont également précédés de la formule : *Au nom de la nation.* — *Ibid.*

14. — La même formule est suivie par le conseil, par chaque ministre en particulier et par tous les agens du pouvoir exécutif, pour tous les actes, ordres, commissions ou brevets qui doivent être expédiés au nom de la puissance exécutive. — *Ibid.*, art. 11.

15. — Vient ensuite la loi du 25 vent. an XI, qui prescrit, par son art. 25, que les grosses des actes des notaires, délivrées en forme exécutoire, soient intitulées et terminées dans les mêmes termes que les jugemens des tribunaux.

16. — Sous le consulat, les grosses en forme exécutoire des actes passés devant les notaires sont intitulées ainsi qu'il suit : « Au nom du peuple français, Bonaparte, premier consul de la république, à tous ceux qui ces présentes verront, salut : faisons savoir que pardevant (*tel*), notaire à ....., furent présens..... » Les mêmes grosses sont terminées ainsi : « Mandons et ordonnons, etc. » — Arrêté 15 prair. an XI, art. 1er et 2.

17. — Survient le gouvernement impérial, et les expéditions exécutoires des jugemens sont rédigées ainsi qu'il suit : « N. (*le prénom de l'empereur*), par la grâce de Dieu et les constitutions de la république, empereur des Français, à tous présens et à venir, salut. La cour de... ou le tribunal de..., a rendu le jugement suivant (*ici copier l'arrêt ou le jugement*). Mandons et ordonnons à tous huissiers, sur ce requis, de mettre ledit jugement à exécution ; à tous nos procureurs généraux et à nos procureurs près les tribunaux de première instance d'y tenir la main ; à tous nos commandans et officiers de la force publique de prêter main-forte, lorsqu'ils en seront légalement requis.» — Sénat.-cons. 28 flor. an XII, art. 144.

18. — Consulté sur la question de savoir si la formule exécutoire des contrats délivrés avant le sénatus-consulte du 28 flor. an XII devait être rectifiée, le conseil est d'avis que ces contrats peuvent être mis à exécution sous la formule exécutoire dont ils ont été revêtus au moment de leur confection, sans qu'il soit besoin d'y ajouter aucune nouvelle formule. — Avis cons. d'état, 4e jour compl. an XIII. — V. EXÉCUTION DES ACTES ET JUGEMENS, no 248.

19. — A la chute de l'empire, le gouvernement provisoire ordonne que les arrêts, les jugemens, les actes des notaires et tous ceux qu'il avait fallu , depuis plusieurs années, rendre ou faire au nom du gouvernement alors subsistant et maintenant détruit, seront, jusqu'à l'arrivée et l'installation de sa majesté, le roi Louis XVIII, intitulés au nom du gouvernement provisoire. — Arrêté, 7 avr. 1814.

20. — Napoléon reprend bientôt les rênes de l'état et tombe de nouveau; alors la commission de gouvernement décide que les arrêts et jugemens des cours et tribunaux , ainsi que les actes des notaires, seront provisoirement intitulés : *Au nom du peuple français.* — Arrêté 26 juin 1815.

21. — Au retour des Bourbons , il ne peut plus être mis à exécution, aucun arrêt ou jugement qui ne soit revêtu de la formule royale, à peine de nullité. — Ord. 30 août 1815, art. 4er.

23.—« Art. 2. Les porteurs de grosses et expéditions des actes ou jugemens délivrés pendant notre absence au nom du pouvoir illégitime seront tenus de s'en procurer de nouvelles. Ils auront cependant la liberté de se servir de celles qu'ils possèdent, en les présentant préalablement à un greffier de nos cours et tribunaux , pour les arrêts ou jugemens, ou à un notaire royal pour les actes publics , aux fins d'en faire rectifier la formule. »

24. — « Art. 3. Le greffier ou le notaire bâtonnera la formule existant , soit au commencement de l'acte, soit à la fin, et y substituera, par interligne ou à la marge, la formule royale : il datera et signera cette rectification, qui sera faite sans frais. »

25. — Jugé que la formule exécutoire ajoutée sur les grosses, en vertu de l'ordonnance du 30 août 1815, peut être considérée comme valable, quoiqu'elle n'ait été signée ni datée par le fonctionnaire public qui l'a apposée, et qui, d'ailleurs, avait qualité à cet effet. — Corse, 22 mai 1823 , Christiani c. Guelfucci.

26.—En 1830, le duc d'Orléans est nommé lieutenant-général du royaume, et le 3 août 1830 paraît une ordonnance qui prescrit que la formule exécutoire des jugemens et arrêts sera ainsi conçue : « Louis-Philippe d'Orléans , duc d'Orléans, lieutenant-général du royaume, à tous présens et à venir salut. La cour ou le tribunal de... a rendu, etc. (*ici copier l'arrêt ou le jugement*). Mandons et ordonnons, etc.»

27.—Enfin, quelques jours après, le lieutenant-général du royaume est appelé au trône , et une ordonnance du 16 août 1830 arrête la formule exécutoire dans les termes qui sont encore en vigueur aujourd'hui. — V. *suprà* no 8.
V. ACTE ADMINISTRATIF , ACTE EXÉCUTOIRE , EXÉCUTION DES ACTES ET JUGEMENS.

FORNICATION.
V. ATTENTAT AUX MOEURS, nos 4 et suivans.

FORT.
V. STIPULATION POUR AUTRUI.

FORT (Fortifications).
1. — Espèce de poste militaire.
2. — Les forts sont le plus souvent des ouvrages

détachés que l'on place à quelques distance de la forteresse principale ou de la place entourée de fortifications.

3. — Il y a encore des forts détachés en avant des places maritimes pour préserver du bombardement les vaisseaux et l'arsenal. — V. PLACES DE GUERRE, POSTES MILITAIRES.
V. aussi DOMAINE PUBLIC.

FORT-DENIER.
V. DENIER (fort).

FORTAGE (Droit de).
1. — Ce mot (qui vient de *Fortagium*, tarrière) désignait un droit appartenant au seigneur de prendre des pierres par excavation souterraine dans le terrain d'autrui en respectant la surface.

2. — On a ensuite appelé droit de fortage ou furtage la redevance payée au seigneur pour obtenir la concession de l'exploitation des grès ou pierres qui servait à faire des pavés. — Magnitot et Delamarre, *Dr. publ. admin.*, vo *Fortage* ; Tarbé de Vauxclaire, *Dict. des travaux publics*, vo *Fortage*.

3. — Lors de l'abolition de la féodalité , le fortage , considéré soit comme droit seigneurial , soit comme redevance due au seigneur , a été anéanti, mais le nom de fortage a été conservé au forage horizontal des carrières sous le terrain d'autrui.

4. — Ainsi aujourd'hui le droit de fortage est le droit d'extraction souterraine de pierres sur le fonds d'autrui.

5. — Ce droit ne se borne pas à l'extraction. Il comprend encore la jouissance souterraine des voûtes, le droit de passage pour continuer l'extraction sous les propriétés voisines, celui de disposer des vides pour placer les déblais, pour établir des chemins de pierres, etc.

6. — Si le fortage, c'est-à-dire l'extraction des pierres sous la propriété d'autrui, a été concédé au propriétaire d'une carrière et exploité par lui, pour l'avantage et l'utilité de la carrière, on doit voir dans le fortage un accessoire de la carrière à laquelle il est incorporé en quelque sorte, un droit réel, une charge imposée à l'héritage voisin pour l'avantage de la carrière et dès-lors on doit le considérer comme une servitude réelle, immeuble par l'objet auquel elle s'applique, et susceptible d'être hypothéquée avec lui.

7. — Mais si le fortage est stipulé au profit d'une personne qui est seulement locataire de la carrière, on comprend que le fortage n'est plus l'accessoire d'un immeuble et qu'il constitue en ce cas un droit purement mobilier.

8. — M. Tarbé de Vauxclairs (*Dict. des travaux publics*, vo *Fortage*) et après lui MM. Magnitot et Delamarre (*Dict. de dr. admin.*, vo *Fortage*) disent que malgré l'abolition des anciennes redevances seigneuriales, le droit de fortage se paie encore aujourd'hui à la liste civile pour les pavés extraits dans les forêts qui lui appartiennent.

9. — Cet usage, assez difficile à justifier, dit M. Tarbé de Vauxclairs, *loc. cit.*, a continué de subsister en vertu d'ordonnances royales contre-signées par le ministre de la maison du roi et sur lesquelles le directeur général des ponts-et-chaussées avait été consulté.

10. — Le prix du fortage dont il s'agit ne peut être aujourd'hui un objet considéré que comme un règlement d'indemnité par voie d'abonnement respectivement consenti, autrement la liste civile ne pourrait répéter d'indemnité qu'en vertu des lois réglementaires de voirie sur le fait des carrières et surtout des dispositions du Code forestier et du tit. 9, ord. 4er août 1827.

FORTERESSE.
1. — Terme générique sous lequel on comprend les *places de guerre* et les *postes militaires*.— V. ces mots.

2. — Cependant l'art. 540 C. civ., a pris ce mot dans un sens plus restreint, en disant que les portes, murs, fossés, remparts des *places de guerre* et des *forteresses* font partie du domaine public.

FORTIFICATIONS.
1. — On appelle ainsi des ouvrages pratiqués pour mettre une ville à l'abri de l'invasion de l'ennemi. Tels sont les remparts, les bastions, etc.

2. — La loi du 30 mars 1831 détermine les règles à suivre pour l'expropriation *en cas d'urgence*, des propriétés privées nécessaires aux travaux des fortifications. — V. EXPROPRIATION POUR UTILITÉ PUBLIQUE.

3. — La même loi trace également les règles à suivre en cas d'urgence pour l'acceptation des mêmes propriétés pour les travaux des fortifications. — Comme il y a des règles communes pour l'expropriation et pour l'occupation temporaire, nous avons analysé sous le premier mot tout ce qui concerne l'occupation temporaire. — V. donc EXPROPRIATION POUR UTILITÉ PUBLIQUE.

4. — Les fortifications sont élevées le plus souvent pour la défense des places de guerre et des postes militaires. Cependant elles peuvent l'être pour la défense de villes qui ne sont pas places de guerre.

5. — C'est ainsi que la loi du 3 avr. 1841 a affecté une somme de 140 millions aux travaux de fortifications de Paris (art. 4er), mais en déclarant que la ville de Paris ne pourrait être classée parmi les places de guerre du royaume qu'en vertu d'une loi spéciale. — Art. 7. — V. PLACES DE GUERRE.

6. — Tous les terrains de fortifications des places de guerre ou postes militaires et tous les autres objets dépendant des fortifications sont propriétés nationales. — L. 8 juill. 1791, tit. 4er, art. 13.— V. DOMAINE PUBLIC.

7. — Les fortifications des places qui ne sont plus places de guerre appartiennent à l'état, si elles n'ont été valablement aliénées ou si la propriété n'en a pas été prescrite contre lui.— C. civ., art. 541. — V. DOMAINES DE L'ÉTAT.

8. — Les lois qui ont pour but la conservation des domaines nationaux, des eaux et forêts, édifices et établissemens publics, sont applicables à la conservation des fortifications et de leurs dépendances. — L. 29 mars 1806, art. 4er. — V. GARDE DU GÉNIE.

FORTUIT (Cas).
V. CAS FORTUIT.

FORTUNE DE MER.
1. — On entend par là tous les accidens en général qui peuvent arriver sur mer, soit au navire, soit à la cargaison.

2. — Comme fortunes de mer l'article 350, C. comm., cite la tempête, le naufrage, l'échouement, l'abordage fortuit, les changemens forcés de route, de voyage ou de vaisseaux, le jet, le feu, la prise, le pillage, l'arrêt par ordre de puissance, la déclaration de guerre, et les représailles; mais cet article n'est point limitatif.

3. — Les pertes et dommages qui arrivent aux objets assurés par toutes les fortunes de mer, sont aux risques des assureurs.—C comm., art. 350.—V. ASSURANCES MARITIMES.
V. aussi AVARIES, FRÊT, FRÊT A LA GROSSE.

FOSSÉ.

Table alphabétique.

FOSSÉ. — 1. — On entend par fossé une tranchée faite en terre, le long ou au travers des héritages, soit pour les séparer entre eux ou pour les clore, soit pour faciliter l'écoulement des eaux.

2. — Les fossés qui se rencontrent le plus fréquemment sont ceux qui ont été pratiqués pour séparer ou pour clore des héritages. — C'est de ces fossés que s'occupent les art. 666 et s. du Code civil.

3. — Aux termes de l'art. 666, « tous fossés entre deux héritages sont présumés mitoyens s'il n'y a titre ou marque du contraire. »

4. — « Il y a marque de non mitoyenneté lorsque la levée ou le rejet de la terre se trouve d'un côté seulement du fossé. » — Art. 667.

5. — Et « le fossé est censé appartenir exclusivement à celui du côté duquel le rejet se trouve. » — Art. 668.

6. — Un fossé de clôture doit, en général, avoir 1 mètre 33 centimètres (4 pieds) au moins de large, sur 66 centimètres (2 pieds) de profondeur. Son talus doit être proportionné à sa profondeur et à la nature du terrain. — L. du 26 oct. 1790, tit. 1er, art. 4. — Lepage, t. 1er, 1re partie, ch. 3, sect. 2e, art. 5; Perrin, nº 1600.

7. — Les fossés séparatifs des héritages dont s'occupe le Code civil sont présumés pris sur chacun des héritages qu'ils divisent, aussi les riverains en ont-ils la propriété indivise. — Pardessus, t. 1er, p. 411, nº 183.

8. — Il faut remarquer néanmoins qu'il en est du fossé comme du mur mitoyen. Chacun des riverains est propriétaire exclusivement de la partie comprise entre son fonds, et la ligne séparative tracée au milieu du fossé. — Duranton, t. 5, nº 361.

9. — Ainsi, lorsque des fossés sont creusés pour tenir lieu de bornes et pour servir de séparation entre des héritages, c'est le milieu du fossé qui doit être considéré comme le véritable point de démarcation. — Pardessus, t. 1er, p. 303.

10. — L'expression *fossé entre deux*, par cela seul qu'elle n'attribue pas à un seul la propriété exclusive d'un fossé, indique que le fossé est mitoyen entre les propriétaires dont il sépare les héritages. — *Bordeaux*, 31 janv. 1835, Chibalon c. Bazanac.

11. — Le copropriétaire d'un fossé mitoyen ne peut, sans le consentement de l'autre propriétaire, combler la moitié du fossé qui borde son héritage. — *Angers*, 1er juin 1836, Joullain c. Guyard.

12. — Lorsque des arbres croissent dans un fossé, ils en suivent la condition. Si le fossé est mitoyen, les arbres sont mitoyens, s'il appartient à un seul des riverains, les arbres lui appartiennent aussi, sauf au voisin à réclamer si les distances légales n'ont pas été observées. — Pardessus, t. 1er, nº 186.

13. — L'entretien du fossé mitoyen est nécessairement à la charge commune des deux riverains. — C. civ., art. 669.

14. — Dans le cas où cependant par son fait, le copropriétaire d'un fossé mitoyen a rendu des réparations nécessaires, elles sont à son compte personnel. — Pothier, *Contrat de société*, nº 226, Perrin, nº 1621.

15. — Un des voisins ne peut contraindre l'autre à faire un fossé pour la séparation de leurs héritages. Celui qui veut en creuser un doit donc en prendre toute la largeur sur son terrain et même laisser du côté de l'héritage voisin un espace suffisant (par exemple 33 centimètres), pour empêcher l'éboulement des terres. — Desgodets, sur l'art. 213, coutume de Paris; Toullier, *Droit civil*, t. 3, p. 155, nº 227.

16. — C'est sur ce principe qu'est fondée la présomption de propriété exclusive du fossé au profit de celui du côté duquel les terres ont été jetées. Ce propriétaire n'ayant pas le droit de forcer le voisin à se clore par un fossé, ne pouvait, par cela même, le contraindre à recevoir les terres provenant du creusement du fossé. — Pardessus, t. 1er, nº 183; Poullain-Duparc, *Principes de Droit franç*, liv. 4, ch. 7, nº 10.

17. — Et par une autre conséquence du même principe on doit penser que les terres eussent été jetées des deux côtés, si le fossé avait été établi sur les deux terrains.

18. — L'ordonnance de 1669, tit. 27, art. 4, donnait au gouvernement le droit de contraindre les particuliers riverains des bois de l'état à faire des fossés à leurs frais et sur leur propre terrain.

19. — Cette disposition de l'ordonnance a été abrogée par l'art. 14 du Code forestier, d'après lequel ces fossés sont creusés aux frais de la partie requérante et pris sur son terrain.

20. — La propriété exclusive du fossé au profit de l'un des voisins peut résulter : — 1º de titres; — 2º de la prescription acquise; — 3º de l'existence de la levée de terre d'un seul côté du fossé, lorsque les conséquences de ce fait ne sont pas détruites, soit par un titre contraire, soit par une prescription accomplie au profit de l'autre propriétaire.

21. — La non-mitoyenneté serait établie par titre, non seulement si elle était stipulée par une clause expresse d'un acte de vente, de cession, d'échange, etc. : mais encore si elle résultait d'une délimitation précise du terrain faite lors de la passation de l'acte. — Duranton, *Droit Franç.*, t. 5, p. 390, nº 348.

22. — Des bornes qui seraient placées près d'un des bords du fossé ne seraient pas seulement une *marque* de non mitoyenneté, comme le dit l'art. 666, mais devraient être considérées comme un titre prouvant ce fait. Dans ce cas, le fossé devrait être reconnu appartenir au propriétaire opposé à celui sur le fonds duquel sont placées les bornes. — Duranton, t. 5, nº 349; Solon, *Traité des servitudes*, p. 184 et 187; Perrin, nº 1617; Rolland de Villargues, *Rép. du notariat*, vº *Fossé*, nº 8.

23. — Mais l'existence de ces bornes ne pourrait produire une pareille conséquence qu'autant qu'elles ne seraient pas démenties par un titre; celui qui voudrait les méconnaître pourrait aussi prouver qu'elles ont été placées frauduleusement. — Duranton, *loc. cit.*

24. — S'il existait un rejet de terre du côté où sont placées les bornes, la présomption qui s'attacherait à l'existence des bornes serait plus forte que celle résultant de la levée de terre en sens contraire, et le fossé serait considéré comme appartenant exclusivement à l'autre propriétaire. — Duranton, t. 5, nº 351.

25. — Un ancien mur empiétant sur la presque totalité du fossé en litige peut, ainsi que le serait une borne, être regardé comme un titre de mitoyenneté en faveur du propriétaire de ce mur. — *Douai*, 15 fév. 1836, Dubois c. Hamery.

26. — La propriété d'un fossé peut s'acquérir par prescription. Si la prescription était accomplie, elle prévaudrait incontestablement contre les indications fournies par les titres ou par un placement de bornes. — Duranton, t. 5. nº 352.

27. — La présomption de propriété résultant de la position de la levée de terre était exprimée par la maxime *qui a douve a fossé*. — Pardessus, t. 1er, p. 412, nº 183; Coquille, *Cout. du Nivernais*, ch. 15, art. 1er; Loisel, Inst. cout., liv. 2, tit. 3, art. 7.

28. — Le fossé appartient à celui sur lequel est le rejet, dit Loysel (*Institut. coutumières*, édition de M. Laboullaye, t. 1er, p. 291, nº 289) : car qui douve a, si a fossé. »

29. — Telles étaient les dispositions des coutumes du Perche, art. 137, d'Orléans, art. 252, de Blois, art. 10, de Berry, tit. 11, art. 14, de Montfort, art. 83, de Mantes, art. 105, du Boulonnais, tit. 30, art. 168, 169, etc. — V. aussi sur cette règle La Thaumassière, sur l'article cité de la coutume de Berry; Coquille, *Institution*, p. 68, de l'édition de 1675, et quest. 298; Hertium, *in parœmiis juris germanici*, *lib. 1er*, *cap.* 33, et Lhommeau, p. 3, max. 435.

30. — On ne pourrait admettre d'autres signes ou marques de non-mitoyenneté que ceux que le code civil reconnaît, et les tribunaux n'auraient pas le droit de voir des signes de ce genre en dehors des prévisions de la loi et en se fondant sur des usages ou autres circonstances. En effet, les art. 666, 667 et 668, sont calqués pour leur rédaction sur les art. 653 et 664 relatifs au mur mitoyen, ce qui doit les faire interpréter dans le même sens que ces derniers articles.

31. — Peu importerait donc que l'un des héritages séparés par un fossé fût clos tandis que l'autre ne le serait pas. La mitoyenneté n'en serait pas moins présumée, si la levée de terre n'était pas placée d'un seul côté. — Pardessus, *loc. cit*; Duparc-Poullain, *Principes du dr. franç.*, liv. 4, chap. 7, nº 17; Perrin, nº 1619; — *Contrà* Delvincourt, sur l'art. 666.

32. — Décidé, toutefois, que lorsqu'une cour a déclaré, en fait, que les terres d'un fossé ont été jetées également des deux côtés, elle peut, pour attribuer la propriété du fossé à l'un des riverains, se fonder sur cette règle, que les fossés existant entre des terres labourables et des bois font partie de ces derniers pour la défense desquels ils sont présumés avoir été établis. — *Cass.*, 20 mars 1828, Dassonvillez c. Pérant.

33. — ...Et que, dans une contestation relative à la propriété des fossés qui séparent une forêt des terres labourables, les juges peuvent, à défaut de titres et d'actes de possession de nature à faire acquérir la propriété, prendre les motifs de leur jugement dans les usages locaux adoptés pour l'exécution de l'ordonnance de 1669. — Même arrêt. — Mais il faut remarquer que dans cette affaire il s'agissait de l'application des dispositions de l'ordonnance de 1669.

34. — La possession annale d'un fossé ne détruit pas la présomption légale de mitoyenneté. — *Douai*, 15 fév. 1836, Dubois c. Hamez.

35. — Un jugement qui maintient un particulier dans la possession d'un pied de terrain au-delà d'un fossé et qui déclare par conséquent que ce fossé est tout entier sur le terrain de ce particulier, ne peut former un titre au pétitoire, et ne suffit pas pour détruire la présomption légale de la mitoyenneté du fossé. — *Bourges*, 26 mai 1825, Charlot c. Lerasle.

36. — Mais si l'un des voisins avait fait sur le fossé et sur ses berges, des actes de possession exclusive, patents, réitérés pendant trente ans, il pourrait acquérir ainsi la prescription.

37. — Dans certaines contrées de la France, quand une haie était reconnue appartenir exclusivement à l'un des voisins, le fossé qui la joignait extérieurement était censé lui appartenir. On supposait, en effet, que ce voisin avait voulu garantir sa haie au moyen du fossé; aussi, disait-on, et dit-on encore aujourd'hui dans ces pays : « Le fossé appartient à la haie. » — Duranton, t. 5, nº 354.

38. — Cette présomption de propriété paraît ne plus pouvoir subsister sous l'empire du Code civil, qui pose en principe, au contraire, que les fossés sont mitoyens, sauf titre ou marque opposée tirée de la place qu'occupe le rejet.

39. — Il faut remarquer, d'ailleurs, que d'après l'art. 671 on ne peut établir de haie vive qu'à un demi-mètre de distance du fonds voisin.

40. — Mais le Code civil ne pouvant avoir d'effet rétroactif, la maxime *le fossé appartient à la haie*, devrait recevoir son application aux fossés qui auraient été pratiqués avant ce Code. Ce serait à celui qui alléguerait qu'un fossé a cette ancienneté à prouver ce fait. — Duranton, t. 5, p. 355.

41. — L'art. 670, C. civ., attribue la propriété exclusive de la haie séparant deux héritages au maître du fonds, qui seul est en état de clôture. Cette disposition ne pourrait être étendue aux fossés séparatifs, parce qu'ils n'ont pas nécessairement pour destination, comme les haies, d'enclore les terres autour desquelles ils sont pratiqués. — Pardessus, t. 1er, nº 183.

42. — On ne pourrait voir une preuve de propriété exclusive du fossé au profit de l'un des riverains dans ce fait qu'il aurait seul fait faire le curage : ce riverain aurait seulement le droit de se faire rembourser par l'autre la moitié des frais du curage. — Pardessus, *loco cit.*; Duranton, t. 5, nº 358.

43. — Si l'un des riverains faisait curer le fossé et rejeter de son côté les terres provenant du curage, l'autre devrait voir dans ce fait une usurpation du fossé dans le sens de l'art. 3, C. procéd. En effet, celui qui fait le curage de cette manière crée à son profit une présomption de propriété qu'il importe à l'autre de détruire.

44. — Aussi le voisin qui serait propriétaire du fossé en totalité ou pour moitié devrait-il, selon M. Duranton (t. 5, nº 356), agir par voie de complainte contre celui qui fait ainsi le curage à peine de perdre la possession du fossé.

45. — Décidé que des remblais par un propriétaire pour faciliter le passage sur un fossé qui sépare sa propriété d'une autre ne constitue de sa part que l'exercice d'une servitude de passage; que dès-lors, une pareille servitude ne pouvant s'acquérir sans titre, il ne peut se pourvoir par action en complainte à raison du trouble apporté à sa jouissance par le voisin qui se prétend propriétaire du fossé. — *Cass.*, 6 mars 1846 (t. 1er 1846, p. 566), Aclocque c. Lacase; *Nîmes*, 1er juill. 1845 (t. 1er 1847, p. 207), Gondareau c. Plantevin. — Il est, en effet, constant en jurisprudence que, les servitudes discontinues ne pouvant s'acquérir par prescription, leur possession ne saurait devenir la base d'une action possessoire. — Henrion de Pansey, *Comp. des juges de paix*, p. 372 et 416; Toullier, t. 3, nº 715. — V. en outre Duplessis, *Tr. des act.*; Rousseaud-Delacombe, vº *Complainte*. — V. SERVITUDES.

46. — Il suffirait à celui qui prendrait la voie de l'action possessoire pour empêcher la présomption de propriété de s'établir de prouver qu'une année ne s'est pas écoulée depuis que le curage a eu lieu, et que par conséquent il n'y a pas ce temps que la levée existe du côté du voisin. — Duranton, t. 5, n° 357.

47. — Il a été décidé que la demande formée au pétitoire pour se faire reconnaître propriétaire d'un fossé ne fait pas obstacle à l'action possessoire postérieurement intentée par le défendeur au pétitoire pour raison d'un trouble qui a précédé l'action pétitoire. — *Cass.*, 8 avr. 1823, Lallier c. Lesage.

48. — On doit considérer comme demande en réintégrande celle qui a pour objet la réclamation de dommages-intérêts pour voies de fait commises dans l'année, et consistant en une destruction de clôture et un comblement de fossés. —*Cass.*, 16 mars 1841 (t. 1er 1841, p. 469), Mulot et Augour c. de Toustain.

49. — Jugé que lorsque les dispositions d'un jugement sont équivoques, elles doivent être entendues dans le sens que comporte le litige et le pouvoir du juge ; que spécialement lorsqu'un juge de paix a ordonné, par suite d'une action possessoire, de rétablir un fossé dans son ancien état, on doit, à moins d'expressions contraires bien précises, supposer qu'il s'est renfermé dans sa juridiction. — *Cass.*, 14 fév. 1814, Choiseul-Praslin c. Marjot.

50. — Les fossés faisant partie de biens communaux sont susceptibles d'être possédés par un particulier et de donner lieu à l'action possessoire. — *Cass.*, 1er avr. 1806, Dessaguet c. comm. de Saint-Paul-sur-Lisle.

51. — Lorsque, sur une action possessoire intentée par un voisin contre l'autre à raison d'un fossé, les parties ont été appointées en preuve, et qu'il résulte des enquêtes respectives qu'elles ont, cumulativement et sans trouble, exercé des actes de possession sur le fossé contesté, le juge peut les maintenir toutes deux dans cette possession sans être obligé d'ordonner le séquestre de l'objet litigieux. — *Cass.*, 28 avr. 1815, Dumoulin c. Lefèbvre.

52. — Celui qui est troublé dans la possession d'un fossé peut aussi employer les voies criminelles contre l'usurpation. — L. 24 août 1790, tit. 3, art. 10; — Perrin, n° 1628.

53. — Lorsqu'un fossé a pour destination de clore une propriété, tout individu autre que le propriétaire qui y porterait atteinte tomberait sous l'application de la loi pénale. Le comblement du fossé serait considéré comme une destruction de clôture et puni des peines correctionnelles prévues par l'art. 456, C. pén. Des infractions moins graves constitueraient de simples dégradations de clôture réprimées par l'art. 17, tit. 2, C. rural du 28 sept.-6 oct. 1791; — Perrin, n° 1627. — V. DESTRUCTION DE CLÔTURES.

54. — Le copropriétaire d'un fossé établi pour séparer deux héritages contigus peut se décharger de l'entretien en abandonnant ses droits, comme s'il s'agissait d'un mur mitoyen. Il est de principe, en effet, que le communiste peut se soustraire à l'entretien de la chose commune en renonçant à la copropriété. — Pothier, *Cont. de société*, n° 229; Pardessus, *loco cit.*, t. 1er, n° 184; Duranton, t. 5, n° 360.

55. — L'abandon que l'un des voisins veut faire à l'autre d'un fossé mitoyen doit être notifié par le cédant. Celui auquel le fossé est ainsi abandonné peut même exiger que le cédant fasse dresser un acte authentique à ses frais. — Pardessus, t. 1er, n° 185.

56. — L'abandon de la mitoyenneté met celui qui devient propriétaire exclusif du fossé dans l'obligation de le faire curer, à tel point que, s'il le laissait combler, celui qui a renoncé à la mitoyenneté pourrait demander la révocation de l'acte; car il n'est présumé l'avoir consenti que pour avoir les avantages d'une séparation, et sous la condition que le fossé serait entretenu en bon état. — Pardessus, t. 1er, n° 185; Duranton, t. 5, n° 360.

57. — Il faut remarquer que le voisin qui a fait l'abandon ne pourrait ensuite contraindre l'autre à lui revendre la mitoyenneté du fossé. La vente forcée de la mitoyenneté n'a lieu que pour les murs. — Pardessus, t. 1er, n° 185; Delvincourt, *Code civil*, t. 1er, note, p. 563; Toullier, t. 3, n° 227; Perrin, n° 1611.

58. — M. Pardessus (t. 1er, n° 185) est d'avis que le copropriétaire d'un fossé mitoyen ne peut en exiger le partage par le motif que le fossé étant l'œuvre des deux voisins ne peut être détruit que de leur consentement mutuel.

59. — Nous croyons au contraire avec M. Duranton (t. 5, n° 361) qu'on doit appliquer à ce cas les principes généraux qui veulent que nul ne soit tenu de rester dans l'indivision. En effet, la société et, dans certains cas, la simple communauté sont le résultat de la volonté de tous les intéressés, et cependant chacun d'eux a le droit de demander le partage. — V. aussi en ce sens Desgodets, sur l'art. 213, cout. Paris, n° 5; Fournel, v° *Fossé*, t. 2, p. 111; Lepage, t. 1er, p. 116.

60. — Lorsqu'un fossé qui touche à la ligne séparative de deux héritages appartient exclusivement à l'un des voisins, et qu'il y a lieu de faire un bornage entre les deux propriétés, les bornes doivent être placées de manière à comprendre le fossé dans le fonds de celui auquel il appartient. — Pardessus, t. 1er, p. 303.

61. — Dans une vente, le fossé donné pour confrontation d'un fonds n'est pas compris dans la vente ou la mesure de ce fonds. — Fournel, v° *Fossé*; Perrin, n° 1608.

62. — Les art. 667 et 668 ont pour but de déterminer la propriété des fossés qui n'ont pas encore été supprimés. S'il s'agissait d'un fossé comblé depuis long-temps, celui qui possède de son côté une élévation de terre à laquelle les apparences ou quelques souvenirs attacheraient la qualité de douve, n'aurait pas le droit de contraindre son voisin à lui délaisser l'emplacement nécessaire pour creuser un fossé. — Pardessus, *loc. cit.*

63. — Ainsi jugé que le propriétaire d'un talus qui borde un fonds voisin n'a pas le droit de creuser un fossé sur ce fonds, sous le prétexte qu'il ne peut y avoir de talus ou de rejet de terre sans fossé, et que, d'après l'art. 608, C. civ., le fossé appartient à celui du côté duquel le rejet se trouve lorsqu'il ne prouve pas autrement l'existence antérieure du fossé, ni son droit pour l'établir. — *Cass.*, 16 mars 1831, Chaton-Desmorandais c. Vurin.

64. — Dans quelques pays, l'usage est que le propriétaire d'un fossé, d'une haie, laisse au-delà un espace vague qui ne cesse pas de lui appartenir et qui prend quelquefois le nom de *franc-bord*. Cet espace que l'on appelle aussi *berge* est généralement de trente-trois centimètres (un pied).

65. — Les usages locaux doivent être suivis quant à la détermination de la distance qui peut être nécessaire entre un fossé et l'héritage voisin, ou pour décider si un espace quelconque de terrain au-delà du fossé est réputé appartenir au maître de ce fossé. — Pardessus, t. 1er, n° 186.

66. — Décidé que celui auquel appartient un fossé creusé sur la limite de deux héritages doit, jusqu'à preuve contraire, être présumé propriétaire, au-delà du bord extérieur d'un pied de terrain. — *Dijon*, 22 juill. 1836, Sigault c. Liénard. — V. *L. ult.*, ff., *Finium regundorum*; — Solon, *Servitudes réelles*, nos 192 et 267.

67. — Cette présomption résulte de l'obligation imposée à celui qui ouvre un fossé, d'après un usage généralement suivi en France, et notamment dans l'ancienne Bourgogne, de laisser un pied entre la ligne séparative des deux héritages et le bord du fossé. — Même arrêt.

68. — Et la circonstance que le fossé aurait été creusé à une époque où les deux héritages appartenaient au même propriétaire n'empêche pas le propriétaire actuel du fossé de se prévaloir de cette présomption. — Même arrêt.

69. — En Normandie, où il est d'usage que le propriétaire d'un fossé laisse deux pieds au-delà du creux pour la berge ou répare du fossé, la présomption est, s'il n'y a titre ou preuves contraires, que le propriétaire du fossé est aussi le propriétaire de la répare. — *Caen*, 14 juill. 1825, Gouley c. Fanier.

70. — La berge ou répare d'un fossé est prescriptible isolément comme toute autre partie du fonds. On prétendrait à tort que cette répare étant l'accessoire du fossé, elle ne peut être prescrite, indépendamment du fossé. — Même arrêt.

71. — Le même arrêt a jugé que cette prescription ne résulterait pas suffisamment de ce que le voisin aurait toujours fait dépouiller par ses bestiaux l'herbe qui croît sur cette berge, ou qu'il aurait tous les ans coupé les ronces, petits jets, broussailles qui poussent vers elle; qu'elle ne résulterait pas même du fait d'avoir émondé tous les ans les arbres crûs sur la berge, au lieu de les avoir fait couper pour inobservation de la distance prescrite par le règlement; qu'une pareille possession n'entraînerait la prescription que de la propriété des arbres.

72. — MM. Solon (n° 195) et Perrin (n° 1604) pensent au contraire que le propriétaire exclusif du fossé qui ne s'opposerait pas légalement à l'acte le plus minime que le voisin contigu se permettrait de faire sur la berge et sur ses produits, pourrait, si la jouissance de ce voisin avait duré trente ans, perdre la propriété de la berge et voir déclarer le fossé mitoyen. Nous serions disposés à nous ranger à cette opinion.

73. — S'il croît du bois sur la berge du fossé, du côté du voisin, le propriétaire du fossé est libre de le couper, à la charge néanmoins de rester debout dans son fossé en faisant cette coupe et de de se servir que d'une serpette bûcheresse. C'est ce qu'on appelle *bûcher à la volée de la serpe*. — Fournel, v° *Fossé*; Pailliet, sur l'art. 668.

74. — En général, cet espace de terre est détruit au bout d'un certain temps, soit parce que le voisin s'en est emparé, soit par l'effet de l'entretien et du curage du fossé. Il semble par ce motif que le propriétaire du fonds situé au-delà du fossé n'est pas admissible, après un certain laps de temps, à attaquer son voisin par le motif qu'en creusant le fossé, ce dernier n'aurait pas laissé l'espace déterminé par l'usage. — Pardessus, t. 1er, n° 186.

75. — Le copropriétaire d'un fossé qui aurait abandonné sa part au voisin pour se décharger de l'entretien pourrait encore moins reprocher à celui-ci qu'il n'y a pas au-delà du fossé la distance nécessaire.

76. — Est à l'abri de la cassation l'arrêt qui décide que, d'après l'usage général des lieux, les deux berges ou bords d'un fossé ne sont pas présumés de plein droit appartenir au propriétaire du fossé. — *Cass.*, 22 fév. 1827, Delacroix c. Dufay.

77. — A moins de convention contraire et écrite, les berges et les haies qui se trouvent le long d'un fossé sont à la disposition exclusive du voisin qu'elles touchent immédiatement. — Solon, n° 191; Perrin, n° 1624.

78. — Outre les fossés séparatifs des héritages dont s'occupe le Code civil, il en est d'autres dont la destination est de servir à l'écoulement des eaux pluviales ou de celles qui proviendraient de marais qu'on veut dessécher.

79. — Les fossés de cette espèce sont toujours présumés mitoyens jusqu'à preuve ou marque du contraire. — Fournel, *Tr. du voisinage*, t. 2, p. 107 et suiv.; Perrin, n° 1588; Desgodets, sur l'art. 213 de la cout. de Paris; Pardessus, n° 182; Rolland de Villargues, n° 3.

80. — L'un des propriétaires riverains ne peut supprimer un fossé de cette espèce sans le consentement de l'autre. Chacun d'eux est tenu de contribuer à son curage et entretien, sauf à se partager la vase produite par le curage pour l'engrais des deux héritages. — Rolland de Villargues, n° 4.

81. — Et l'un des copropriétaires d'un pareil fossé ne peut se libérer des frais du curage et entretien en abandonnant à l'autre sa part dans cette propriété. — Rolland de Villargues, n° 5. — C'est une exception aux principes généraux. — Pardessus, t. 1er, n° 184; Perrin, nos 1588 et 1595.

82. — L'existence de ces fossés est, en effet, aussi nécessaire que le lit des cours d'eau, et la police locale pourrait même, dans certains cas, contraindre les riverains à en créer ou à curer ceux qui existeraient, et empêcher que leur direction fût changée. — Pardessus, t. 1er, p. 410, n° 182.

83. — Aussi lorsque le curage d'un fossé a été ordonné par un arrêté, le contrevenant à cet arrêté doit-il être condamné par le tribunal de police? Il ne pourrait être relaxé, sous peine de cassation du jugement, sous le prétexte que la salubrité publique ne serait pas compromise par l'état de ce fossé. — Perrin, n° 1587.

84. — Les propriétaires des fossés à eau ne peuvent empêcher le passage des bois jetés à bûches perdues dans la rivière ou le canal voisin. — Perrin, n° 1589.

85. — Décidé que le propriétaire du fonds supérieur peut retenir les eaux d'un fossé d'irrigation au moyen de travaux apparens pratiqués par lui sur son fonds, encore que le propriétaire du fonds inférieur ait la jouissance de ce fossé de temps immémorial, même d'une manière conforme à des règlemens d'administration publique. — *Cass.*, 20 mars 1827, Lehoult c. de Beauffres; — Perrin, n° 1590. — Les servitudes discontinues ne peuvent en effet s'acquérir par prescription. — V. SERVITUDES.

86. — Jugé que les eaux pluviales peuvent être l'objet d'une servitude de conduite d'eau (*aquæductus*), surtout lorsqu'elles servent à l'irrigation de deux fonds contigus au moyen de simples rigoles ou fossés placés sur l'un d'eux par le même propriétaire, à l'époque où ces deux terrains lui appartenaient, et qu'il n'y a pas en cela destination du père de famille. — *Colmar*, 16 mai 1831, Gigandez c. Gressot.

87. — L'existence d'un fossé ouvert par le propriétaire riverain sur le bief d'un moulin constitue non pas seulement un acte de tolérance de la part du propriétaire du bief, mais une servitude continue et apparente, susceptible de s'acquérir par prescription, et dont la possession peut dès-

lors être prouvée par témoins.—*Cass*, 13 juin 1827, Chotard c. Criteau.

88. — Lorsque le genre de culture d'un terrain nécessite de fréquentes irrigations, dit M. Perrin (nº 1593), le propriétaire de ce terrain est tenu de faire au bout des fossés propres à empêcher que le superflu des eaux n'arrive sur le voisin et ne lui nuise. Dans ce cas, l'écoulement étant occasionné par la main de l'homme, il n'y a pas de servitude naturelle. Mais on peut, pour favoriser la culture, faciliter l'écoulement des eaux sur le fonds inférieur au moyen de fossés ou rigoles.

89. — Desgodets, sur l'art. 217, cout. Paris, nºs 5, 6 et 7, estime que celui qui veut établir un fossé d'écoulement près d'un mur, mitoyen ou non, est tenu de laisser au moins deux mètres de distance entre le parement extérieur du mur et la berge du fossé.

90.—M. Perrin (nº 1594) pense avec raison qu'à cet égard les usages locaux doivent être suivis, et que, dans tous les cas, le propriétaire du fossé est responsable des préjudices que pourrait éprouver le voisin.

91. — Les copropriétaires d'un fossé à eau se partagent les produits en poisson ou autres, conformément au titre ou, s'il n'en existe pas, conformément à l'usage du lieu. Aucun d'eux ne peut, du reste, employer de moyens capables de détruire le poisson.— Perrin, nº 1596.

92. — Le propriétaire ou copropriétaire d'un pareil fossé n'a pas la faculté d'y mettre, quand il veut, du chanvre ou du lin rouir. — Perrin, nº 1597.

93. —Les fossés murés ou non murés qui reçoivent des eaux croupies, fumiers ou autres immondices ne peuvent être établis qu'à une distance de deux mètres de la propriété bâtie ou non bâtie du voisin. — Perrin, nº 1609. — V. FUMIER.

94. — Il existe enfin de petits fossés à sec que font deux voisins en commun pour empêcher qu'il ne s'établisse un passage à travers leurs héritages. —Fournel, *Traité du voisinage*, t. 2, p. 107 et suiv.; Rolland de Villargues, *loc. cit.*, nº 22.

95. — Aucun des propriétaires riverains n'est tenu de respecter un fossé de cette espèce, et chacun d'eux peut combler la moitié qui lui appartient et la mettre en culture. — Rolland de Villargues, nº 23.

96. —Les contestations de propriété, de curage, d'élargissement, etc., qui s'élèvent à l'occasion des fossés, sont de la compétence des tribunaux d'arrondissement. —Perrin, nº 1626.

97. — Néanmoins, aux termes de l'art. 5, nº 1er, L. 25 mai 1838, les juges de paix connaissent sans appel jusqu'à la valeur de cent francs, et à charge d'appel à quelque valeur que la demande puisse s'élever, des actions relatives au curage des fossés, lorsque les droits de propriété ou de servitude ne sont pas contestés.

98. — Aux termes de l'art. 540, C. civ., les fossés des places de guerre et des forteresses sont une dépendance du domaine public.

99. — Il faut remarquer, à cet égard, qu'il n'y a de places de guerre que celles qui ont été portées sur les états annexés à la loi du 10 juill. 1791, ou celles qui y ont été ajoutées par un classement postérieur, et que même à l'égard des places classées, le ministre de la guerre peut déclarer quelles portions de leurs anciennes dépendances cessent d'en faire partie et rentrent dans la simple classe des propriétés privées appartenant à l'état. — Pardessus, *Des servitudes*, t. 1er, p. 80.

100. — Les fossés dépendant d'anciennes places de guerre ou d'anciens postes militaires qui n'auraient pas été compris dans les états dressés ou prévus par cette loi, ne sont que des propriétés privées nationales, s'ils n'ont pas encore été aliénés.—M. Pardessus (*loc. cit.*) estime que les particuliers pourraient les acquérir même par prescription au préjudice de l'état.

101. — Et il en serait de même des fossés dépendant de places de guerre portées sur les états, s'ils étaient déclarés inutiles au service et mis à la disposition de l'administration des domaines.— Pardessus, *loc. cit.*

102. — Décidé que celui qui depuis longtemps est en possession de faire écouler les eaux de son usine par un égoût qui traverse une rue et les conduit dans un fossé qui faisait autrefois partie des fortifications de la ville, ne peut se plaindre du comblement du fossé, ordonné pour cause de salubrité publique, sous prétexte que par sa longue possession il aurait acquis une servitude sur la rue et sur le fossé. — *Cass.*, 13 fév. 1828, Herht c. ville de Strasbourg.

103. —Quant aux fossés pratiqués sur les routes ou sur les chemins vicinaux, V. ROUTES et CHEMINS VICINAUX.

FOSSÉS D'AISANCE.

1. — Déjà, d'après l'art. 13, tit. 1er, L. 8 juill. 1791, les fossés dépendant des places de guerre ou postes militaires avaient été déclarés propriétés nationales.

2. — Cette disposition a été renouvelée par l'art. 540, C. civ., qui porte : « Les fossés des places de guerre et des forteresses font partie du domaine public. » — V. DOMAINE PUBLIC.

3. — Il ne peut être creusé de fossés dans une certaine étendue autour des places de guerre ou des postes militaires sans que leur alignement et leur position aient été concertés avec l'autorité militaire. — L. 8 juill. 1791, tit. 1er, art. 29. — V. PLACES DE GUERRE, SERVITUDES MILITAIRES.

FOSSES D'AISANCE.

Table alphabétique.

Abandon de copropriété, 16. — de mitoyenneté, 16.
Aqueduc, 29.
Asphyxie, 65.
Autorisation, 62.
Carrière abandonnée, 29.
Changement, 24.
Comblement, 17, 47 s., 62, 64.
Construction (conditions), 26 s. — neuve, 28 s.
Contenu, 9.
Contravention, 60 s.
Coutume, 5.
Déclaration, 62.
Dépôt dans les rues, 71.
Destination du père de famille, 22.
Dispense de contremur et de précautions, 12.
Distance, 4 s.
Dommage, 6, 9.
Droit actuel, 3 s. — ancien, 7 s.
Egouts, 29.
Entrepreneur, 68 s.
Etranglement, 53.
Filtration des lieux, 55.
Fond des fosses, 34.
Fosse ancienne, 45. — commune, 13 s., 24. — à compartimens, 48. — creusée sous la maison voisine, 18, 20. — à étranglement, 48. — mobile, 62. — mobile inodore, 59, 68.
Fossés mobiles (entrepreneurs), 68.
Hauteur, 36.
Indivision, 15.
Inobservation des réglemens, 7.
Licitation, 25.
Locataires, 70.
Maire, 71.
Mesures de salubrité, 63.
Obligation d'avoir des fosses d'aisance, 1, 58 s.
Opposition aux prescriptions de l'administration, 60 s.
Ouverture d'extraction, 35, 38 s., 50.
Paris (ville de), 26 s.
Partage, 25.
Patente, 69.
Place des fosses, 35.
Pouvoir municipal, 70 s.
Prescription, 19 s.
Propriétaire urbain, 3.
Propriété commune, 15.
Puisard. 29.
Puits, 29.
Reconstruction, 7, 13 s., 28, 48 s., 62. — (charges), 26. — (conditions), 27.
Réglement, 4.
Réparation, 9 s., 13 s., 28, 50 s., 62.
Servitude, 21.
Suppression, 17.
Tampon mobile, 41, 43, 51.
Tuyau de chute, 42, 44, 54. — d'évent, 43 s., 49.
Usage, 4, 66.
Ventouse, 23.
Vidange, 70 s. — (privilége exclusif), 72.
Visite préalable, 66.
Voisins, 70.
Voisinage des caves, 30 s., 46. — de deux fosses d'aisance, 8 s. — d'un puits, 11.
Voûte, 32, 37, 51.

FOSSES D'AISANCE. — 1. — L'art. 193 de la coutume de Paris imposait à tous propriétaires de maisons l'obligation d'avoir des *latrines* et *privés* en leurs maisons. — Les fosses d'aisance devaient être *suffisantes*, c'est-à-dire proportionnées au nombre des personnes qui en avaient l'usage, sans qu'on dût être dans la nécessité de les vider trop souvent.

2. — Les coutumes du Bourbonnais, d'Orléans et du Nivernais contenaient des dispositions semblables.

3. — Lepage (*Lois des bâtimens*, t. 1er, p. 136) estime que l'obligation d'avoir des fosses d'aisance existe encore actuellement pour les propriétaires urbains par le motif qu'il est dans l'esprit du Code civil de maintenir les anciens réglemens de police auxquels il n'a pas expressément dérogé.

4. — L'art. 674, C. civ., ne permet de creuser une fosse d'aisance près d'un mur mitoyen ou non qu'en observant la distance prescrite par les réglemens et usages relatifs à cet objet ou en faisant les ouvrages prescrits par ces réglemens ou usages pour éviter de nuire au voisin.

5. — Aux termes de l'art. 191 de la coutume de Paris, encore applicable dans cette ville, « Qui veut faire aisances, privés ou puits contre un mur mitoyen, il doit faire contremur d'un pied d'épaisseur, et où il y a de chacun côté puits d'un côté et aisance de l'autre, suffit qu'il y ait quatre pieds de maçonnerie d'épaisseur entre deux comprenant les épaisseurs des murs d'une part et d'autre. » — V. Ferrière, sur cette coutume, t. 2, p. 1595.

6. — Lors même qu'on aurait construit la fosse d'aisance en observant les prescriptions des réglemens, on n'en serait pas moins tenu de réparer le dommage que le voisinage de la fosse ferait éprouver au propriétaire voisin par infiltration ou autrement. — Lepage, *Loi des bâtimens*, t. 1er, p. 136.

7. — Si ces prescriptions avaient été négligées, le voisin aurait le droit d'exiger la reconstruction de la fosse avant même qu'aucun accident ne se fût manifesté. — Lepage, t. 1er, p. 125; Perrin, *C. des constructions*, nº 360.

8. — L'art. 191 de la coutume de Paris veut qu'une épaisseur de trois pieds de maçonnerie sépare deux puits qui n'appartiennent pas au même propriétaire. Cette coutume est muette sur le cas où deux fosses d'aisance seraient placées l'une près de l'autre sur deux héritages contigus. — Lepage (t. 1er, p. 138) estime qu'il faut aussi trois pieds de maçonnerie entre les deux fosses. —V. aussi Desgodets et Goupy, sur cet article.

9. — Il pourrait arriver que deux fosses existant l'une d'un côté du mur séparatif, l'autre de l'autre côté, ce mur se trouvât endommagé par l'action des matières contenues dans les fosses, sans qu'on pût savoir précisément dans quelle proportion chacun des propriétaires doit contribuer à la réparation. — Lepage (t. 1er, p. 139) fait observer avec raison que si un seul des contre-murs qui doivent exister de chaque côté était corrompu, tandis que l'autre serait parfaitement sain, le propriétaire de la fosse dont le contre-mur serait mauvais devrait le reconstruire et en outre faire la réparation du mur séparatif. Si les deux contre-murs étaient également détériorés, la réparation du mur devrait se faire à frais communs.

10. — S'il était possible de constater d'une manière certaine que l'une des deux fosses a détérioré le mur plus que l'autre, on pourrait tenir compte de cette circonstance pour la répartition des frais. — Lepage, *loc. cit.*

11. — Selon Goupy sur Desgodets (*Cout. Paris*, art. 191), si la fosse étant déjà existante, mais sans distance ni contre-mur d'épaisseur suffisante, le voisin veut faire établir un puits près de cette fosse, c'est à lui non seulement de donner à son contre-mur toute l'épaisseur voulue, mais encore de pourvoir au défaut de celui de la fosse. — Cette opinion nous paraît évidemment erronée. En effet, le propriétaire de la fosse ne pouvait s'écarter licitement des obligations imposées par les règles et usages locaux qu'il ne pouvait prétexter ignorer, obligations prescrites en vue non seulement de l'état actuel des lieux voisins, mais de l'état à venir et tel qu'il peut être modifié par les propriétaires de fonds contigus. — V. en ce sens Solon, *Servitudes*, nº 252; Perrin, nº 350.

12. — La convention par laquelle un des voisins permettrait à l'autre de construire une fosse d'aisance sans le contre-mur et les autres précautions ordonnées par les réglemens, coutumes, usages ou lois serait même, selon MM. Delvincourt (t. 1er, p. 560, nº 7, note), Pardessus (*Servitudes*, nº 231) et Perrin (nº 356), absolument nulle.

13. — Lorsqu'il faut réparer ou reconstruire une fosse d'aisance commune à deux maisons, les frais doivent être répartis entre les deux propriétaires conformément aux titres, ou, à défaut de titres, conformément aux usages constans.

14. — Il pourrait ne pas exister d'usage constant. — Pothier (*Contrat de sociétés*, nº 128) enseigne comme un point certain que lorsqu'une fosse d'aisance est commune à deux maisons d'inégale valeur, les frais de vidange n'en doivent pas moins être supportés par moitié par les deux propriétaires à cause des difficultés que présenterait la fixation d'une autre proportion. Par la même considération, c'est aussi par moitié que se partageraient les frais de réparation ou reconstruction de la fosse. — V. dans le même sens Desgodets, art. 218, nº 14.

15. — Il faut remarquer, cependant, qu'aux termes de l'art. 664, C. civ., lorsque les différens étages d'une maison appartiennent à des propriétaires distincts, c'est au moyen d'une ventilation entre les étages que se fixe la part proportionnelle de chacun dans les frais de réparation ou de reconstruction des murs, etc. : d'où l'on peut conclure que c'est en procédant de la même manière qu'on devra déterminer entre eux la répartition des frais de réparation ou de reconstruction d'une fosse commune à tous les étages. — V. ÉTAGES, nos 25 et suiv.

16. — La jurisprudence ayant consacré le droit d'abandonner la mitoyenneté dans les termes de l'art. 656, même dans les lieux où la clôture est forcée, il semble qu'on peut également abandonner la mitoyenneté d'une fosse d'aisance dans une

ville où les réglemens de police obligent les propriétaires à en construire. — Rolland de Villargues, *Rép. du not.*, vo *Abandon de mitoyenneté*, no 2; Fournel, *Du voisinage*, p. 6. — Mais celui qui voudrait abandonner sa copropriété devrait, selon M. Perrin (no 371), faire préalablement vider la fosse à frais communs et donner ensuite et à ses frais au copropriétaire un acte en forme constatant l'abandon. — V. cependant en sens contraire Toussaint, *C. de la propriété*, nos 442 et suiv.

17. — Le propriétaire qui veut supprimer ou combler une fosse d'aisances doit, avant tout, selon Desgodets (art. 18, Cout. Paris, no 15), la faire vider et curer, puis en faire enlever les terres et matériaux infectés. — V. aussi Fournel, vo *Fosse d'aisance*; Lepage, t. 1er, p. 145.

18. — Il peut arriver qu'une maison ait pour dépendance une fosse d'aisance creusée sous une autre maison. Il n'y a pas, dans ce cas, une servitude au profit de la première maison sur la seconde. Le propriétaire de la première a un véritable droit de propriété sur la fosse d'aisance qui fait partie de son héritage par incorporation. — Toullier, *Droit civil*, t. 3, p. 327, no 469 *bis*; Pardessus, *Servit.*, no 7; Duranton, t. 5, no 148.

19. — La propriété d'une fosse d'aisance peut être acquise même par la prescription trentenaire.

20. — Ainsi jugé que le droit de faire usage d'une fosse d'aisance établie sous la maison voisine au moyen de tuyaux inédifiés dans le mur mitoyen, est un droit de propriété qui peut s'acquérir par prescription et non pas une servitude qui doive être fondée sur un titre suivant l'art. 186, Cout. Paris. — *Cass.*, 22 oct. 1811, Chenel c. Bosquillon. — V. aussi Dumoulin, *Cout. de Blois*, art. 230; Coquille, *Cout. du Nivernais*, chap. 10, art. 2; Mornac, *Ad leg. 9 de servitut*; Chopin, *De moribus parisiens.*, *lib.* 1, tit. 4, no 2; Brodeau, sur Louet, lett. S, sect. 1re, no 5; Bourjon, *Dr. comm de la France*, sect. 3e, nos 14 et suiv; Lalaure, *Servit.*, no 170.

21. — Lorsque des latrines soumises à une servitude ont été remplacées par d'autres construites dans un autre emplacement, le droit de servitude se trouve conservé par l'usage de ces nouvelles latrines. — *Caen*, 12 avr. 1836, sous *Cass.*, 28 mars 1837 (t. 2 1837, p. 12), Soulatre c. Hamon.

22. — L'acquéreur de l'une de deux maisons construites par le même propriétaire lequel a fait pratiquer dans le mur mitoyen le tuyau d'une fosse d'aisance destinée au service de la maison vendue, peut se prévaloir de cette disposition comme d'une destination du père de famille. — *Paris*, 30 fév. 1810, Guedon c. Fontaine.

23. — Lorsque l'on donne de l'air à une fosse d'aisance par des ventouses, il n'est pas permis d'ouvrir ces ventouses chez le voisin, que le mur séparatif soit ou non mitoyen, et dans le cas même où la ventouse serait ouverte chez le propriétaire de la fosse et assez près du voisin pour qu'il en soit évidemment incommodé, celui-ci peut exiger un changement de direction de ventouses pour détourner la mauvaise odeur. — Rolland de Villargues, vo *Construction*, no 111; Lepage, t. 1er, p. 141; Perrin, no 358.

24. — Lorsqu'une fosse d'aisance appartient en commun à plusieurs personnes, elles sont présumées, à moins de preuve contraire, y avoir des droits égaux; et, dans tous les cas, l'un des communistes ne peut faire de changement sans le consentement de tous les autres ou l'autorisation de justice. — Pothier, *Société*, nos 228 et suiv.; Pardessus, no 192.

25. — Le partage ou la licitation d'une semblable fosse ne pourrait non plus être opéré sans le consentement de tous les cointéressés; il ne pourrait être ordonné qu'autant que la fosse aurait cessé de remplir sa destination. — Pardessus, no 148; Desgodets, art. 205, nos 12 et suiv.; Perrin, no 366.

26. — A Paris et dans le ressort de la préfecture de police la construction ou la reconstruction des fosses d'aisance et leurs réparations doivent se faire conformément à ce que l'autorité compétente a prescrit à cet égard.

27. — Un décret du 10 mars 1809 avait été rendu sur cet objet. Ce décret publié en vertu d'une ordonnance de police du 5 avr. suivant, a été remplacé par une ordonnance du roi du 24 sept. 1819 qui l'a abrogé.

28. — Cette ordonnance est divisée en trois sections. La première comprenant les seize premiers articles, est relative aux constructions neuves; la seconde comprenant les art. 17 à 22, traite des reconstructions des fosses d'aisance; la troisième et dernière s'occupe de leurs réparations. L'ordonnance est ainsi conçue :

29. — *Section 1re*. — A l'avenir, dans aucun des bâtimens publics ou particuliers de notre bonne ville de Paris et de leurs dépendances, on ne pourra employer pour fosses d'aisance des puits, puisards, égouts, aqueducs ou carrières abandonnées, sans y faire les constructions prescrites par le présent réglement. — Art. 1er.

30. — Lorsque les fosses seront placées sous le sol des caves, ces caves devront avoir une communication immédiate avec l'air extérieur. — Art. 2.

31. — Les caves sous lesquelles sont construites les fosses d'aisance devront être assez spacieuses pour contenir quatre travailleurs et leurs ustensiles, et avoir au moins deux mètres de hauteur sous la voûte. — Art. 3.

32. — Les murs, la voûte et le fond des fosses seront entièrement construits en pierres meulières maçonnées avec du mortier de chaux maigre et de sable de rivière bien lavé. Les parois des fosses seront enduites de pareil mortier lissé à la truelle. On ne pourra donner moins de trente à trente-cinq centimètres d'épaisseur aux voûtes, et moins de quarante-cinq ou cinquante centimètres aux massifs et aux murs. — Art. 14.

33. — Il est défendu d'établir des compartimens ou divisions dans les fosses, d'y construire des piliers et d'y faire des chaînes ou des arcs de pierres apparentes. — Art. 5.

34. — Le fond des fosses sera fait en forme de cuvette concave. Tous les angles intérieurs seront effacés par des arrondissemens de vingt-cinq centimètres de rayon. — Art. 6.

35. — Autant que les localités le permettront, les fosses d'aisance seront construites sur un plan circulaire, elliptique ou rectangulaire. On ne permettra pas la construction de fosses à angles rentrant, hors le seul cas où la surface de la fosse serait au moins de quatre mètres carrés de chaque côté de l'angle; et alors il serait pratiqué, de l'un et de l'autre côté, une ouverture d'extraction. — Art 7.

36. — Les fosses, quelle que soit leur capacité, ne pourront avoir moins de deux mètres de hauteur sous clef. — Art. 8.

37. — Les fosses seront ouvertes par une voûte en plein cintre, ou qui n'en différera que d'un tiers de rayon. — Art. 9.

38. — L'ouverture d'extraction des matières sera placée au milieu de la voûte, autant que les localités le permettront. La cheminée de cette ouverture ne devra pas excéder un mètre cinquante centimètres de hauteur, à moins que les localités n'exigent impérieusement une plus grande hauteur. — Art. 10.

39. — L'ouverture d'extraction, correspondant à une cheminée d'un mètre cinquante centimètres au plus de hauteur, ne pourra avoir moins d'un mètre en longueur sur soixante-cinq centimètres en largeur. Lorsque cette ouverture correspondra à une cheminée excédant un mètre cinquante centimètres de hauteur, les dimensions ci-dessus spécifiées seront augmentées, de manière que l'une de ces dimensions soit égale aux deux tiers de la hauteur de la cheminée. — Art. 11.

40. — Il sera placé, en outre, à la voûte, dans la partie la plus éloignée du tuyau de chute et de l'ouverture d'extraction, si elle n'est pas dans le milieu, un tampon mobile, dont le diamètre ne pourra être moindre de cinquante centimètres. Ce tampon sera en pierre, encastré dans un chassis en pierre, et garni, dans son milieu, d'un anneau en fer. — Art. 12.

41. — Néanmoins, ce tampon ne sera pas exigible pour les fosses dont la vidange se fera au niveau du rez-de-chaussée, et qui auront, sur ce même sol, des cabinets d'aisance avec trémie ou siége sans bonde, et pour celles qui auront une superficie moindre de six mètres dans le fond et dont l'ouverture d'extraction sera dans le milieu. — Art. 13.

42. — Le tuyau de chute sera toujours vertical. Son diamètre intérieur ne pourra avoir moins de vingt-cinq centimètres, s'il est en terre cuite, et de vingt centimètres s'il est en fonte. — Art. 14.

43. — Il sera établi, parallèlement au tuyau de chute, un tuyau d'évent, lequel sera conduit jusqu'à la hauteur des souches des cheminées de la maison ou de celles des maisons contiguës, si elles sont plus élevées. Le diamètre de ce tuyau d'évent sera de vingt-cinq centimètres au moins; s'il passe cette dimension, il dispensera du tampon mobile. — Art. 15.

44. — L'orifice intérieur du tuyau de chute et d'évent ne pourra être descendu au-dessous des points les plus élevés de l'intrados de la voûte. — Art. 16.

45. — *Section 2e*. — Les fosses actuellement pratiquées dans des puits, puisards, égouts anciens, aqueducs ou carrières abandonnées, seront comblées ou reconstruites à la première vidange. — Art. 17.

46. — Les fosses situées dans le sol des caves qui n'auraient pas communication immédiate avec l'air extérieur, seront comblées à la première vidange si l'on ne peut pas établir cette communication. — Art. 18.

47. — Les fosses actuellement existantes, dont l'ouverture d'extraction, dans les deux cas déterminés par l'art. 11, n'aurait pas et ne pourrait avoir les dimensions prescrites par le même article, celles dont la vidange ne peut avoir lieu que par des soupiraux ou des tuyaux, seront comblées à la première vidange. — Art. 19.

48. — Les fosses à compartimens ou étranglemens seront comblées ou reconstruites à la première vidange, si l'on ne peut pas faire disparaître ces étranglemens ou compartimens, et qu'ils soient reconnus dangereux. — Art. 20.

49. — Toutes les fosses des maisons existantes qui seront reconstruites le seront suivant le mode prescrit par la première section du présent réglement. Néanmoins le tuyau d'évent ne pourra être exigé que s'il y a lieu à reconstruire un des murs en élévation au-dessus de ceux de la fosse, ou si ce tuyau peut se placer intérieurement ou extérieurement, sans altérer la décoration des maisons. — Art. 21.

50. — Dans toutes les fosses existantes et lors de la première vidange, l'ouverture d'extraction sera agrandie, si elle n'a pas les dimensions prescrites par l'art. 11 de la présente ordonnance. — Art. 22.

51. — *Section 3e*. — Dans toutes les fosses dont la voûte aura besoin de réparation, il sera établi un tampon mobile, à moins qu'elles ne se trouvent dans les cas d'exception prévus par l'art. 13. — Art. 23.

52. — Les piliers isolés établis dans les fosses seront supprimés à la première vidange, ou l'intervalle entre les piliers et les murs sera rempli en maçonnerie, toutes les fois que le passage entre ces piliers et les murs aura moins de soixante-dix centimètres de largeur. — Art. 24.

53. — Les étranglemens existans dans les fosses et qui ne laisseraient pas un passage de soixante-dix centimètres au moins de largeur, seront élargis à la première vidange, autant qu'il sera possible. — Art. 25.

54. — Lorsque le tuyau de chute ne communiquera avec la fosse que par un couloir ayant moins d'un mètre de largeur, le fond de ce couloir sera établi en glacis jusqu'au fond de la fosse, sous une inclinaison de quarante-cinq degrés au moins. — Art. 26.

55. — Toute fosse qui laisserait filtrer des eaux par les murs ou par le fond sera réparée. — Art. 27.

56. — Les réparations consistant à faire des rejointemens, à élargir l'ouverture d'extraction; placer un tampon mobile, rétablir les tuyaux de chute ou d'évent, reprendre la voûte et les murs, boucher ou élargir les étranglemens, refaire le fond des fosses, supprimer les piliers, pourront être faites suivant les procédés employés à la construction première de la fosse. — Art. 28.

57. — Les réparations consistant dans la reconstruction entière d'un mur, de la voûte, ou du massif du fond des fosses d'aisance ne pourront être faites que suivant le mode indiqué ci-dessus pour les constructions neuves. Il en sera de même pour l'enduit général, s'il y a lieu à en revêtir les fosses. — Art. 29.

58. — Les propriétaires de maisons dont les fosses auront été supprimées en vertu de la présente ordonnance, seront tenus d'en faire construire de nouvelles, conformément aux dispositions prescrites par les articles de la première section. — Art. 30.

59. — Ne seront pas astreints aux constructions ci-dessus déterminées, les propriétaires qui, en supprimant leurs anciennes fosses, y substitueront les appareils connus sous le nom de fosses mobiles inodores, ou tous les autres appareils que l'administration publique aurait reconnus, par la suite, pouvoir être employés concurremment avec ceux-ci. — Art. 31.

60. — En cas de contravention aux dispositions de la présente ordonnance, ou d'opposition de la part du propriétaire aux mesures prescrites par l'administration, il sera procédé, dans les formes voulues, devant le tribunal de police ou le tribunal civil, suivant la nature de l'affaire. — Art. 332.

61. — L'ordonnance du 24 sept. 1819 a été complétée par une ordonnance de police du 23 oct. de la même année.

62. — Cette dernière ordonnance veut que les réparations, reconstructions ou suppressions de fosses ne puissent avoir lieu qu'après une déclaration à la préfecture de police, laquelle doit être faite (avec annexe de plans) par le propriétaire ou

par l'entrepreneur chargé de l'exécution de ces ouvrages (art. 2); qu'une déclaration semblable ait lieu, soit lorsqu'on fait établir des fosses mobiles inodores ou autres appareils (art. 3), soit lorsque l'on veut combler une fosse ou la convertir en cave (art. 4), lorsqu'on comble une fosse (art. 4) et que les travaux ne puissent être faits qu'après autorisation (art. 5).

63. — Les art. 6, 7, 8, 9 prescrivent, dans l'intérêt de la salubrité publique, les diverses précautions de l'observation desquelles les propriétaires et entrepreneurs sont déclarés responsables. — Art. 10.

64. — Aux termes des art. 11 et 12, toute fosse, avant d'être comblée, doit être vidée et curée à fond, et toute fosse destinée à être convertie en cave doit être curée avec soin, les joints être grattés à vif, et les parties en mauvais état être réparées.

65. — Si un ouvrier est frappé d'asphyxie en travaillant dans une fosse, les travaux doivent être suspendus à l'instant, et déclaration en être faite à la préfecture de police. Les travaux ne peuvent être repris qu'avec les précautions et mesures indiquées par l'autorité. — Art. 13.

66. — Il ne peut être fait usage d'une fosse d'aisance nouvellement construite ou réparée, qu'après la visite de l'architecte commissaire de la petite voirie, qui délivrera son certificat, constatant que les dispositions prescrites par l'autorité ont été exécutées. — Art. 15.

67. — Tout propriétaire, porte l'art. 16, qui aura supprimé une ou plusieurs fosses d'aisance, pour établir des appareils quelconques en tenant lieu, et qui, par la suite, renoncerait à l'usage desdits appareils, sera tenu de rendre à leur première destination les fosses supprimées, ou d'en faire construire de nouvelles, en se conformant à l'ordonnance du 24 sept. 1819.

68. — Une ordonnance de police, du 5 juin 1834, contient quelques dispositions relatives aux fosses mobiles. — Nous nous occuperons plus spécialement des dispositions de cette ordonnance sous le mot VIDANGE. Constatons néanmoins 1° qu'il ne peut être établi dans Paris, en remplacement des fosses d'aisance en maçonnerie, ou pour en tenir lieu, que des appareils approuvés par l'autorité compétente (art. 28); 2° que nul ne peut exercer à Paris la profession d'entrepreneur de fosses mobiles sans une permission du préfet de police. — Art. 30.

69. — Les entrepreneurs de fosses mobiles inodores sont patentables de quatrième classe, et imposés 1° à un droit fixe basé sur la population; 2° à un droit proportionnel du vingtième de la valeur locative de l'habitation et des locaux servant à l'exercice de la profession. — V. PATENTE.

70. — Quant au curement des fosses d'aisance et aux droits et obligations qui en résultent, soit pour les voisins, soit pour les propriétaires eux-mêmes et les locataires, soit enfin pour l'autorité municipale chargée de veiller à la salubrité publique, V. VIDANGE.

71. — Les maires, en effet, étant chargés par la loi du 16-24 août 1790, tit. 2, art. 3, de veiller à la salubrité et propreté des rues, places et autres lieux, peuvent prendre toutes les mesures tendant, soit à réglementer la vidange des fosses d'aisance, soit à empêcher les dépôts de matières de nature à gêner la circulation ou à infecter l'air.

72. — En ce qui concerne la question de savoir si l'autorité municipale peut conférer à des individus ou entrepreneurs déterminés le droit exclusif de faire la vidange des fosses d'aisance dans la commune, V. POUVOIR MUNICIPAL.

FOUDRES (Fabricant de).

1. — C'est le nom qu'on donne dans certaines parties de la France aux tonneaux dans lesquels sont recueillis les vins et autres liquides.

2. — Sur le point de savoir si les foudres sont meubles ou immeubles, V. BIENS, nos 104 et s.

3. — Les fabricans de foudres, barriques, cuves et tonneaux sont patentables de septième classe, droit proportionnel du quarantième de la valeur locative de tous les locaux qu'ils occupent, mais seulement dans les communes de 20,000 ames et au-dessus. — V. PATENTES.

FOUÉE.

Fagots composés de menus bois. — V. FORÊTS.

FOUET (Peine du).

1. — La peine du fouet est très ancienne; elle était infligée chez les Juifs, les Grecs et les Romains. — V. *Encyc. méthod.* (jurisprudence), vo *Fouet*.

2. — Chez les Romains, on distinguait entre la bastonnade et la flagellation (*fustes et verbera*). La première était infligée aux hommes libres. Le fouet proprement dit, au contraire, était réservé aux esclaves, et cette punition était regardée comme plus douloureuse que la bastonnade. — V. *Encyc. méthod.* (jurisprud.), vo *Fouet*.

3. — A Rome, la bastonnade n'était point infamante par elle-même; mais elle le devenait si la cause pour laquelle elle était infligée emportait infâmie. *Ictus fustium infamiam non importat, sed causa propter quam id pati meruit, si ea fuit, quæ infamiam damnato irrogat.* — L. 22, ff., *De his qui not. infamiâ.*

4. — Dans notre ancienne jurisprudence, la peine du fouet était de deux espèces. La première s'infligeait sur les places publiques ou les carrefours, par la main de l'exécuteur de la haute justice, l'autre dans l'intérieur de la prison par les mains du questionnaire, s'il y en avait un, ou du geôlier. Dans ce dernier cas, elle était appelée *fouet sous la custode*.

5. — Dans l'ordre des peines, celle du fouet était regardée comme plus légère que les galères à temps, mais plus rigoureuse que l'amende honorable et le bannissement à temps. — Ord. de 1670, art. 25.

6. — Le criminel pouvait être banni sans être condamné au fouet et à la marque ou flétrissure; mais le fouet et la marque étaient toujours suivis ou du bannissement ou des galères, d'après la gravité du délit. — Nouv. Denisart, vo *Fouet*.

7. — La peine du fouet s'exécutait dans le principe à l'aide de baguettes ou de fouets faits de cuirs ou de plombeaux, ou enfin de scorpions (lanières garnies de pointes de fer comme la queue d'un scorpion). Plus tard, on ne se servit plus que de verges, dont on frappait plusieurs coups et à différentes reprises.

8. — La peine du fouet était appliquée aux femmes comme aux hommes; seulement, d'après d'anciennes ordonnances, c'était une femme qui devait fustiger les femmes condamnées à cette peine; c'est ce que prescrivait notamment l'ordonnance de 1264, rendue par Saint-Louis contre les blasphémateurs; mais cette prescription ne tarda pas à tomber en désuétude. — V. *Encyc. du droit, eod. verb.*

9. — Tout individu condamné pour crime à une amende ou autre peine pécuniaire, devait être fouetté, s'il ne pouvait la payer, *qui non habebat in ære luebat in cute*; mais s'il avait de quoi payer, il n'était point en son option d'être fouetté. « Il n'est pas fouetté qui veut; car qui peut payer en argent ne paie en son corps, » disait une maxime de droit coutumier, rapportée par Loysel, *Instit. coutumières*, maxime 836 (édit. publiée par M. Laboullaye, t. 2, p. 211).

10. — La condamnation à la peine du fouet ne pouvait être prononcée que par juges royaux et hauts-justiciers. Les officiaux et les moyens justiciers n'avaient point ce pouvoir. — *Parlement de Paris*, 6 fév. 1562; — Fevret, *Tr. de l'abus*, liv. 8, ch. 4, no 10, édit. de 1778.

11. — Les juges d'église ne pouvant infliger aucune peine afflictive, il semble qu'ils étaient aussi incompétens pour condamner au fouet.

12. — Toutefois, dans les temps où l'église ordonnait des peines publiques, le pénitent était souvent fouetté jusqu'aux pieds des autels. — V. *Encyc., méthod.*, vo *Fouet*.

13. — Les abbés avaient aussi reçu de certains canons la permission de faire fouetter leurs moines par voie de correction. Mais cette punition ne ressemblait en rien, quant à ses effets, à la peine du fouet, prononcée par les tribunaux ordinaires. Ce n'était point un supplice exécuté publiquement, mais simplement une punition infligée par un supérieur, et qui s'exécutait *inter privatos parietes*. — V. Guyot, vo *Fouet*.

14. — On peut, au reste, consulter sur la peine du fouet en matière ecclésiastique les détails donnés par M. l'abbé André (*Dict. de dr. canon*, vo *Fouet*). — « Cette peine, dit cet auteur, a cessé d'être en usage dans les officialités depuis près de deux siècles. »

15. — La peine du fouet, sous la custode, différait sous bien des rapports de la peine du fouet ordinaire. C'était une simple correction qui se donnait dans la prison (*sub custodiâ*), et qui n'était prononcée, en général, que contre les enfans n'ayant pas encore atteint l'âge de puberté. — Néanmoins, l'ordonnance des eaux et forêts, tit. 30, art. 12, et la déclaration du roi du 13 nov. 1714, prononcent, pour certains cas qu'elles prévoient, la peine du fouet contre d'autres que des enfans. — V. nouveau Denisart, vo *Fouet*.

16. — La peine du fouet n'existe plus aujourd'hui : abolie par le Code pénal du 25 sept. 1791, part. 1re, tit. 1er, art. 35, elle n'a point été rétablie par le Code pénal de 1810 ni par la loi du 28 avr. 1832.

17. — « Quoique ces peines, dit M. Rossi (*Tr. de dr. pén.*, t. 3, p. 166), en parlant des peines corporelles autres que la peine capitale et la peine du fouet en particulier, soient encore défendues avec zèle et par des hommes éminens, dans un pays civilisé, elles ne sont pas moins toutes d'une tendance plus ou moins immorale; on l'a remarqué avec raison; elles ravalent l'être raisonnable au rang d'un animal; elles mettent l'homme d'une manière immédiate et grossière à la merci d'un autre homme; elles bannissent le condamné de toute société honnête; elles l'empêchent de gagner sa vie par le travail; elles le placent en état de guerre avec la société, *elles en font un candidat pour l'échafaud*. Heureux encore le pays où tels sont les effets de ces punitions! car là où l'homme que le bourreau vient de fouetter n'en est pas moins le bien-venu dans la classe spéciale à laquelle il appartient, là où le condamné n'a pour ainsi dire qu'à se secouer pour effacer l'impression des coups qu'il a reçus, là existe un peuple asservi, abruti, arrêté dans sa marche vers une meilleure civilisation. — Ces peines sont un des signes caractéristiques et peut-être aussi une triste nécessité des peuples barbares. »

18. — Et le même auteur, résumant énergiquement ses observations, repousse la peine du fouet comme n'étant ni réparable, ni rémissible, ni instructive, ni réformatrice, ni rassurante et comme n'ayant d'autre mérite que celui d'être exemplaire.

19. — Toutefois, dans nos colonies, la peine du fouet, existant en vertu de nos lois criminelles anciennes et appliquée aux esclaves, notamment par l'art. 16 de l'édit de mars 1685, dit *Code noir*, a été maintenue au nombre des peines afflictives par le Code pénal, qui y est aujourd'hui en vigueur; elle a même été autorisée récemment comme mesure disciplinaire par l'art. 4, ordonn. 4 juin 1846, qui règle le régime disciplinaire des ateliers aux colonies. — V. sur ce point ESCLAVAGE, nos 205 et suiv., 226 et 229.

20. — La peine du fouet a été conservée par les lois anglaises. — Le juge l'ajoute ordinairement à la peine de l'emprisonnement pour vol, et il ordonne qu'il sera administré ou en public ou dans l'intérieur de la prison. Le patient souffre des tourmens inouïs, et le nombre des coups qu'on lui applique est ordinairement de quarante à quatre-vingt. — Taillandier, *Lois pénales de France et d'Angleterre*, p. 133.

21. — « De nombreuses réclamations, dit le même auteur, s'élèvent contre ce châtiment. Déjà on en a obtenu l'abolition pour les femmes, et sans doute on sentira la nécessité de le faire disparaître entièrement, comme répugnant aux saines idées de la législation criminelle. »

FOUETS, CRAVACHES (Fabricans ou marchands de).

Patentables, quand ils travaillent pour leur compte, de septième classe, et quand ils travaillent à façon, de huitième classe. Droit fixe basé sur la population, et droit proportionnel du quarantième de la valeur locative de tous les locaux qu'ils occupent, mais seulement dans les communes de 20,000 ames et au-dessus.

FOUILLES.

1. — Des dispositions particulières prises dans un intérêt général règlent ce qui a rapport au droit de faire des fouilles, soit sur des propriétés particulières, soit sur la voie publique, soit dans des terrains avoisinant la voie publique ou des propriétés particulières.

2. — Nous avons déjà donné à cet égard certaines explications. — Vo EXCAVATION. — V. aussi pour d'autres détails les mots : CARRIÈRES, EAUX MINÉRALES ET THERMALES, EXPROPRIATION POUR UTILITÉ PUBLIQUE, FOURNEAUX (HAUTS), FORÊTS, MINES, PROPRIÉTÉ, TRAVAUX PUBLICS, VOIE PUBLIQUE.

FOULEURS.

Fouleurs de bas et autres articles de bonneterie; fouleurs de feutres pour les chapeliers. — Patentables de sixième classe; droit fixe basé sur la population et droit proportionnel du vingtième de la valeur locative de l'habitation et des lieux servant à l'exercice de la profession.

FOULONNIER.

Patentable de cinquième classe; droit fixe basé sur la population et droit proportionnel du vingtième de la valeur locative de l'habitation et des lieux servant à l'exercice de la profession.

FOUR. — FOURNEAU.

Table alphabétique.

1. — FOUR, FOURNEAU. — Aux termes de l'art. 674, C. civ., « celui qui veut construire un four ou fourneau près d'un mur mitoyen ou non est obligé de laisser la distance prescrite par les règlemens et usages particuliers sur ces objets, ou à faire les ouvrages prescrits par les mêmes réglemens et usages pour éviter de nuire au voisin. »

2. — Les règles qui doivent être suivies pour la construction des fours et fourneaux ont été prévues en partie par la coutume de Paris. Celles qui n'y sont pas écrites résultent d'un usage constant. Aussi n'a-t-il été besoin de rendre aucune ordonnance de police sur cet objet depuis le Code civil.

3. — L'art. 190 de la coutume de Paris portait : « Qui veut faire forge, four ou fourneau contre un mur mitoyen doit laisser demi-pied de vide et l'intervalle entre deux du mur du four ou forge,et doit être ledit mur d'un pied d'épaisseur. — Destram sur Desgodets, art. 190. — On appelle ce vide le *tour du chat.* — Toussaint, *Code de la propriété*, n° 976 ; Perrin, *Code des constructions*, n° 327.

4. — A Clermont et à Nevers le contre-mur doit avoir un demi-pied d'épaisseur ; à Blois on exige un demi-pied et un empan ; à Calais et à Reims le contre-mur doit avoir un pied. Il doit avoir un pied et demi à Sédan, à Troyes, à Cambrai ; deux pieds à Châlons et dans l'ancien pays de Bar. — Lepage, t. 1er, p. 154 ; Rolland de Villargues, *Rép. du not.*, v° *Construction*, n° 119.

5. — La coutume de Lorraine se contentait de prescrire que le contre-mur fût établi de manière que le voisin ne pût recevoir aucun dommage du four. — Lepage, t. 1er, p. 155.

6. — Le contre-mur doit s'étendre dans toute la largeur et la hauteur du four, et l'espace vide qui le sépare du mur ne doit être fermé ni par les extrémités ni par le haut, afin que l'air, passant librement, garantisse les atteintes de la chaleur. — Lepage, t. 1er, p. 455 ; Perrin, n° 327 ; Toussaint, n° 976.

7. — Les fours qui sont soumis à ces règles de construction sont non seulement ceux des boulangers, des pâtissiers, des traiteurs et des cuisines ; mais encore tous ceux qui servent à une fabrication ou exploitation industrielle pour quelque objet que ce soit et quelle que soit leur forme.

8. — On doit comprendre parmi ces fours ceux qui sont construits pour cuire la porcelaine, pour la poterie de terre et ceux des manufactures en général.

9. — Et il faut observer que ces derniers fours étant plus ardens que ceux des boulangers et des pâtissiers, l'espace vide qui est laissé entre le contremur et le mur doit être plus considérable,

c'est-à-dire au moins d'un pied. — Lepage, *loc. cit.* ; Perrin, n° 328.

10. — « Aux fours des potiers de terre et autres semblables, dit à cet égard Desgodets, sur l'art. 190 de la coutume de Paris, six pouces de vide ne suffisent pas, et il doit y avoir un pied de vide entre le mur du four et le mur mitoyen, pour empêcher la dégradation que la chaleur pourrait causer, et ce vide doit être aussi dans toute la hauteur et la largeur du four, et être tout ouvert, tant par les côtés que par le dessus.

11. — Les âtres des fours ne peuvent être établis sur une partie de plancher qui contient du bois. Il faut alors pratiquer une enchevêtrure comme pour les âtres de cheminées. — Lepage, t. 1er, p. 157 ; Perrin, n° 329.

12. — Les tuyaux des fours, notamment des fours à porcelaine ou à poterie de terre, doivent être isolés de manière qu'il y ait un espace vide entre chaque tuyau et le mur près duquel il s'élève. — Lepage, *loc. cit.* ; Desgodets, sur l'art. 190, *Cout. Paris*, n° 191.

13. — Ils doivent être construits soit en briques, soit en fonte ou en cuivre. — Pardessus, *Des servitudes*, t. 1er, n° 199 ; Toussaint, n° 976 ; Perrin, n° 330.

14. — Lors même que le mur près duquel un four serait construit appartiendrait exclusivement à la personne qui ferait établir ce four, cette personne ne serait pas dispensée de prendre pour la construction les mesures convenables pour que le voisin ne fût pas exposé au danger d'un incendie. — Lepage, *loc. cit.* ; Perrin, n° 321 ; Pardessus n° 200 et 301 ; Delvincourt, sur l'art. 674, C. civ., note.

15. — Il a été décidé avec raison que lorsqu'un four n'a pas été construit d'après les règles de l'art, et que ce vice de construction cause un dommage au voisin, les juges peuvent ordonner la démolition du four. — Cass., 23 janv. 1829, Corréas c. Coulet. — V. Toullier, *Dr. civ.*, t. 2, n° 145.

16. — Autrefois il arrivait souvent que les propriétaires de maisons ou les habitans d'une commune ou d'un hameau s'engageaient à faire cuire le pain dans des fours appartenant à des tiers qui se chargeaient d'entretenir ces fours. Cette convention, appelée *banalité*, a été abolie par la loi du 28 mars 1790, art. 24, mais seulement en ce qui paraissait tenir au régime féodal. — V. BANALITÉ.

17. — M. Pardessus (*Des servitudes*, t. 1er, n° 11) estime que les particuliers auraient encore maintenant la faculté de consentir de semblables conventions en leur privé nom.

18. — Sous le nom de fourneaux il faut comprendre tous les feux qui servent aux arts et métiers, quels que soient leur forme, leur usage et leur dénomination, ce qui comprend les fourneaux des pâtissiers, des brasseurs, des teinturiers, des affineurs, des fondeurs, des chapeliers, etc. — Lepage, *loc. cit.* ; Destrem, sur Desgodets, p. 71, à la note.

19. — Le fourneau potager d'une cuisine devrait avoir un contre-mur, s'il ne mur près duquel il existait n'était pas de bonne construction. La meilleure précaution à prendre serait de construire le contre-mur en briques posées sur leur plat. — Lepage, *loc. cit.* ; Desgodets, n° 480 ; Goupy, sur Desgodets, n° 481.

20. — Si on avait besoin de gagner de la place, et que le fourneau fût adossé devant une cloison ou un pan de bois, on pourrait couper la cloison ou le pan de bois dans une hauteur et une longueur suffisantes, et remplir ensuite le vide en bonne maçonnerie, de moellons ou de briques mises sur leur plat. Seulement, si la cloison ou le pan de bois étaient mitoyens, ce travail ne pourrait se faire qu'avec le consentement écrit du voisin ou avec une autorisation de justice. — Lepage, *loc. cit.* ; Perrin, n° 332.

21. — Mais on ne pourrait procéder de la manière qui vient d'être indiquée que s'il s'agissait d'un fourneau de cuisine ordinaire. Pour ceux des rôtisseurs, restaurateurs et autres où le feu est très ardent et presque continuel, on ne peut se dispenser de construire un contre-mur isolé du mur ou pan de bois voisin. — Lepage, *loc. cit* ; Perrin, n° 333.

22. — La convention par laquelle l'un des voisins permettrait à l'autre de construire un four ou un fourneau à grand feu sans distance ni contre-mur serait nulle comme illicite. — *Parlem. Paris*, 5 sept. 1780 ; — Pardessus, n° 281 ; Perrin, n° 385.

23. — Si un four ou fourneau avait été construit contrairement aux règles de l'art, mais cependant en vertu de l'autorisation de l'autorité de la ville, la démolition du four pourrait être ordonnée si l'arrêté du maire était annulé par le préfet ; mais jusqu'à cette annulation l'arrêté devrait être exécuté. — Perrin, n° 338.

24. — La fumée d'un fourneau de cuisine est une

charge de voisinage qu'on est tenu de souffrir s'il y a nécessité d'une part, pourvu, d'un autre côté, qu'il n'en résulte pas un préjudice notoire pour le voisin. — Perrin, n° 339.

25. — On pourrait avoir le droit d'établir un four ou un fourneau sur la propriété d'autrui à titre de servitude conventionnelle, mais il faudrait que la stipulation ne présentât pas de doute; par exemple, le droit d'avoir, sur l'héritage voisin, un fourneau à cuire des vases ne serait considéré comme servitude qu'autant que ces vases seraient uniquement destinés à recueillir les fruits d'un fonds déterminé. Si, au contraire, on les fabriquait pour les vendre, la convention tiendrait plutôt du louage ou de l'usufruit, et si la durée n'en était pas fixée par les parties elle le serait par les tribunaux. — Perrin, n° 340.

26. — Lorsqu'on a fait usage depuis un temps immémorial du four ou du fourneau de son voisin, il ne saurait résulter de cet usage prolongé une faculté qu'on aurait acquise de recueillir les fruits d'un fonds déterminé. C'est un acte de tolérance de la part du propriétaire ; et de la part de celui qui a usé du droit, c'est un acte de pure faculté qui ne peut l'obliger à continuer. — Perrin, n° 341 ; Merlin, *Rép.*, v° *Droit de faculté*.

27. — Il en serait autrement, cependant, s'il y avait quelque acte ou quelques faits desquels on pût induire l'obligation réciproque des deux parties, l'une d'user du droit, et l'autre de le souffrir. — Merlin et Perrin, *loc. cit.*

28. — L'art. 7, tit. 2, Code rural du 28 sept. 6 oct. 1791, charge les officiers municipaux de faire au moins une fois par an la visite des fours de toutes maisons ou bâtimens éloignés de moins de cent toises d'autres habitations. Les visites doivent être annoncées préalablement et huit jours d'avance. Après la visite, les officiers municipaux peuvent ordonner la réparation ou la démolition des fours dont l'état de délabrement pourrait occasionner un incendie ou d'autres accidens.

29. — Les difficultés qui naissent du voisinage des fours et fourneaux ou de leur construction sont de la compétence des tribunaux ordinaires. Les contraventions aux arrêtés ou réglemens sont punies des peines de police prévues par l'art. 471, § 15 Code pén.

30. — Les fours à cuire les cailloux destinés à la fabrication des émaux sont rangés, à cause de la fumée abondante qu'ils dégagent, dans la deuxième classe des établissemens insalubres. — V: ÉTABLISSEMENS INSALUBRES (nomenclature).

31. — Quant aux fours à chaux ou à plâtre; V. CHAUX, PLATRES. — V. aussi ÉTABLISSEMENS INSALUBRES (nomenclature).

32. — Les fourniers sont ceux qui tiennent des fours publics. Ils sont patentables de septième classe et soumis à un droit fixe basé sur la population et à un droit proportionnel du quarantième de la valeur locative de tous les locaux qu'ils occupent, mais seulement dans les communes de 20,000 ames et au-dessus.

33. — Les fournalistes sont des constructeurs de fourneaux de terre ou de métier pour la monnaie. Ils sont rangés par la loi du 25 avril 1844 parmi les patentables de sixième classe et passibles d'un droit fixe basé sur la population et d'un droit proportionnel du vingtième de la valeur des locaux qu'ils occupent.

34. — Les fabricans et marchands de fourneaux potagers sont soumis aux mêmes droits que les fournalistes. — V. PATENTE.

35. — Quant aux hauts-fourneaux destinés à la fonte des minerais, V. FORGES ET HAUTS-FOURNEAUX. — V. aussi MINES.

FOURNISSEURS (Marchands).

Patentables de sixième classe ; droit fixe basé sur la population et droit proportionnel du vingtième de la valeur locative de l'habitation et des lieux servant à l'exercice de la profession.

FOURCHES PATIBULAIRES.

1. — On donne ce nom à des piliers ou colonnes de pierres qui soutiennent des pièces de bois auxquelles on attache les criminels condamnés à être pendus et étranglés, soit par la sentence qui fasse à l'endroit même où sont les fourches patibulaires, soit qu'elle ait été faite ailleurs. — On donne aussi à ces fourches le nom de *la justice*, pour dire qu'elles sont le signe extérieur de la haute justice. — Guyot, *Rép.*, v° *Fourches patibulaires.*

2. — L'établissement des fourches patibulaires avait pour but d'ajouter à la peine des suppliciés, en exposant leur corps au jouet des vents, aux attaques des animaux sauvages et surtout en les privant de sépulture, peine plus grave encore que la

celle de la mort, puisque, dans les idées païennes, elle pouvait affecter la vie future.—L. 1, Cod., *De his qui parentes vel liberos occidunt.* — V. aussi Bouchel, t. 2, p. 96.

3. — L'origine des fourches patibulaires remonte aux premiers temps de la république romaine. C'étaient alors de simples fourches auxquelles on attachait celui qui devait mourir sous les verges. Plus tard on accrocha les corps des suppliciés sur une pièce de bois; puis on adapta cette pièce de bois sur des piliers (*Encyclop. méthod.* [jurisprud.], v° *Fourches patibulaires*).— En France, le nombre de ces piliers indiquait, selon les règles de notre droit féodal, la qualité du seigneur, excepté en Provence où tous les hauts justiciers pouvaient mettre autant de piliers qu'ils voulaient. Les simples seigneurs hauts-justiciers avaient le droit de faire construire des fourches à deux piliers, les châtelains à trois, les seigneurs barons et vicomtes à quatre, et les seigneurs comtes et ducs à six. — Brillon, *Dict. des arrêts*, v° *Fourches patibulaires*.

4. — Les seigneurs hauts-justiciers seuls pouvaient avoir des fourches patibulaires; cependant, selon l'ancienne coutume de Senlis, les moyens justiciers avaient fourches patibulaires à deux piliers liés au-dedans, mais ce droit leur avait été ôté par la nouvelle coutume. — Brillon, *loc. cit.*

5. — Ce droit exorbitant devait être et fut en effet restreint dans ses limites les plus rigoureuses lorsque le pouvoir royal eut définitivement pris le dessus sur les résistances seigneuriales.— Ceux des seigneurs qui en possédaient ne purent les faire rétablir, lorsqu'elles avaient été détruites, sans obtenir dans l'an et jour des lettres-patentes du roi adressées au bailli royal; la même formalité était nécessaire pour en ériger de nouvelles. — Bacquet, *Tr. du droit de justice.*

6. — Les femmes condamnées à mort devaient, d'après un arrêt de règlement du parlement de Paris du 30 mars 1783, être exemptes de l'exposition aux fourches.—Guyot, *Rép.*, v° *Fourches patibulaires.* — Cependant M. Boucher d'Argis rapporte que les officiers de justice de Rouen avaient l'habitude d'y envoyer les corps de tous les suppliciés sans distinction de sexe.—*Encyclop. du droit* (jurisprud.), v° *Fourches patibulaires.*

7. — Le Code pénal du 25 sept.-6 oct. 1791 a mis fin à l'existence des fourches patibulaires tant en abolissant le supplice de la potence (part. 2e, tit. 1er, art. 35), qu'en ordonnant que les cadavres des suppliciés seraient inhumés comme ceux des personnes mortes naturellement. — Merlin, *Rép.*, v° *Fourches patibulaires.*

FOURNEAUX (Hauts-).

V. FORGES ET HAUTS-FOURNEAUX.

FOURNEAUX-POTAGERS (Fabricans et marchans de).

Fabricans et marchands de fourneaux potagers; patentables de sixième classe. — Droit fixe basé sur la population et droit proportionnel du vingtième de la valeur locative de l'habitation et des lieux servant à l'exercice de la profession.

FOURNIR ET FAIRE VALOIR.

Clause par laquelle celui qui cède une créance ou un droit incorporel sur un tiers, s'engage envers le cessionnaire à faire valoir l'objet cédé, c'est-à-dire, se porte garant, non seulement de l'existence de la créance, mais encore de la solvabilité présente et future du débiteur cédé. — V. TRANSPORT, CESSION.

FOURNISSEMENT.

C'est, dans un partage, l'action d'abandonner une chose à une partie, ou bien de déclarer cette partie propriétaire, soit d'un objet rapporté par elle, soit d'une somme dont elle est débitrice envers la succession. — Plus généralement on se sert du mot *abandonnement*. — V. LIQUIDATION, PARTAGE.

FOURNISSEUR.

1. — C'est, dans un sens général, celui qui fournit au consommateur les objets dont celui-ci a besoin.

2. — Les fournisseurs ont l'action en paiement contre le consommateur non seulement à raison des objets qu'ils lui ont remis personnellement et directement, mais encore à raison de ceux qu'ils ont livrés à toute personne susceptible d'être considérée comme le mandataire du consommateur, tels que, par exemple, sa femme, son commis, son domestique. — V. MANDAT. — V. du reste, relativement aux fournitures faites à une femme ou à un mineur, AUTORISATION DE FEMME MARIÉE, COMMUNAUTÉ, TUTELLE.

3. — Lorsque les livraisons qu'ils font en détail et à crédit sont constatées au moyen de tailles, ces tailles font foi entre eux et les personnes auxquelles ils ont livré. — C. civ., art. 1333. — V. TAILLES. Quant à la preuve qui peut résulter de leurs livres et registres, V. LIVRES DE COMMERCE, OBLIGATION, PREUVE.

4. — Les fournisseurs ont, pour le paiement de leurs fournitures, un privilége qui est réglé par l'art. 2101 (n° 5), C. civ., lorsqu'il s'applique aux fournitures de subsistances faites au débiteur ou à sa famille, pendant les six derniers mois, par les marchands en détail, tels que boulangers, bouchers et autres, et, pendant la dernière année, par les maîtres de pension et marchands en gros, et qui est réglé par l'art. 2102 (n° 4), C. civ., pour le vendeur d'effets mobiliers non payés qui sont encore en la possession du débiteur. — V. sur le droit de préférence et sur l'ordre dans lequel il s'exerce, ainsi que sur le droit de revendication qui, sous, certaines conditions, appartient au vendeur, PRIVILÉGE.

5. — Un privilége est aussi concédé par l'art. 2102 (n° 5) à l'aubergiste, pour ses fournitures, sur les effets du voyageur qui ont été transportés dans son auberge. — V. au surplus PRIVILÉGE.

6. — L'action en paiement des fournisseurs est, selon la nature des fournitures, soumise à des prescriptions de diverses durées. — C. civ., art. 2271 et 2272. — V. PRESCRIPTION.

7. — Quant aux fournisseurs qui traitent avec le gouvernement des fournitures qui lui sont nécessaires, leurs droits et leurs obligations sont, ainsi que les délits qu'ils peuvent commettre dans leur service, soumis à des règles communes à tous les entrepreneurs de services publics. Ces règles sont développées au mot MARCHÉS ET FOURNITURES. — V. encore ACTE DE COMMERÇANT, COMMERÇANT, INDUSTRIE, LOUAGE.

FOURNISSEURS.

1. — Fournisseurs généraux d'objets concernant l'habillement, l'armement, la remonte, le harnachement et l'équipement des troupes, etc. — Fournisseurs généraux de subsistances aux armées.—Fournisseurs généraux de bois et lumière aux troupes. — Patentables soumis à un droit fixe de 1,000 francs.

2. — Fournisseurs des mêmes objets par division militaire. — Droit fixe de 150 francs.

3. — Fournisseurs de fourrages aux troupes dans les garnisons. — Droit fixe de 100 francs.

4. — Fournisseurs de vivres et fourrages dans un gîte d'étape. — Fournisseurs de bois et lumière aux troupes dans les garnisons. — Droit fixe de 25 francs.

5. — Fournisseur général dans les prisons et dépôts de mendicité. — Droit fixe de 150 francs à forfait et par tête de détenu, pour une population de *trois cents* détenus et au-dessous; 25 francs par cent détenus en sus jusqu'au maximum de 500 francs.

6. — Le droit proportionnel pour tous ces patentables est du quinzième de la valeur locative de l'habitation seulement. — V. PATENTES, MARCHÉS ET FOURNITURES.

FOURRAGES.

1. — On désigne sous ce nom toutes les plantes cultivées dont la tige est propre à la nourriture des animaux ou à leur servir de litière.

2. — La vente des fourrages et les mesures de précaution à prendre à l'égard des lieux où ils sont renfermés rentrent évidemment dans les attributions de l'autorité municipale, qui peut, à cet effet, prendre les arrêtés qu'elle juge nécessaires.

3. — C'est ainsi, notamment, qu'à Paris le commerce des fourrages a été l'objet de diverses ordonnances du préfet de police en date du 28 mess. an X, 12 janv. 1816, 25 mars 1828, 30 oct. 1829, 6 fév. 1830 et 29 sept. 1834.

4. — Nous n'avons point à nous occuper ici de ces ordonnances en ce qui concerne la vente des fourrages, laquelle ne peut avoir lieu de la part des grainiers ou autres marchands de fourrage que dans les lieux déterminés par l'autorité. — V. HALLES et MARCHÉS, PARIS (ville de).

5. — Mais il importe de signaler les dispositions relatives à l'établissement des magasins de détaillans de fourrages, et aux précautions à prendre pour en éloigner tous accidens : l'utilité de ces mesures doit paraître incontestable, si l'on réfléchit aux dangers d'incendie que peuvent présenter les dépôts de fourrages dans l'enceinte des villes.

6. — A cet égard, l'ordonnance spéciale du préfet de police de Paris, du 25 mars 1828, réunissant et complétant les dispositions éparses dans les arrêtés antérieurs, présente un ensemble de prescriptions intéressantes à rapporter, comme pouvant servir de modèles aux réglemens municipaux que peuvent faire les maires, sauf les modifications résultant nécessairement des localités.

7. — « A l'avenir, dit cette ordonnance, il ne pourra être formé dans Paris, et dans le ressort de la préfecture de police, aucun nouveau magasin de détaillant de fourrages, sans une permission spéciale qui ne sera délivrée qu'après visite et examen des lieux. »— Art. 1er.

8. — » Si les lieux ne présentent aucun danger d'incendie, la permission sera accordée : si au contraire les localités ne sont pas convenables, et si elles ne peuvent être rendues telles au moyen de dispositions ultérieures, la permission sera refusée. — Les conditions de la permission seront réglées suivant les localités. »— Art. 2.

9. — « Les magasins de détaillans de fourrages actuellement existans sont maintenus, sauf à prendre les mesures de sûreté indispensables. — En cas de mutation, cession, déplacement ou fin de baux courans, ils ne pourront continuer qu'en vertu d'une permission. » — Art. 3.

10. — » Il est défendu d'entrer dans les magasins de fourrages avec du feu ou des lumières non renfermées dans des lanternes closes.» — Art. 5.

11. — » Il est défendu de former des magasins de fourrages dans les boutiques ou dans les soupentes pratiquées dans lesdites boutiques. Ceux qui existeraient en ce moment sont maintenus, sauf à prendre les mesures de sûreté indispensables.» — Art. 6.—V. en outre le mot ÉTABLE, n° 14 et suiv.

12. — Aux termes de l'art. 449, C. pén. : « Quiconque aura coupé des grains et des fourrages appartenant à autrui sera puni d'un emprisonnement qui ne sera pas au-dessous de six jours ni au-dessus de deux mois.» — Si le fait a été commis la nuit ou en haine d'un fonctionnaire public et à raison de ses fonctions, le coupable doit subir le maximum de la peine. — V. à cet égard DESTRUCTION ET DÉVASTATION DE RÉCOLTES, ARBRES ET PLANS, nos 44 et suiv.

13. — Les fourrages étant compris évidemment sous la dénomination générale du mot *récoltes*, les dispositions de l'art. 388, C. pén., relativement au vol dont les récoltes peuvent être l'objet, leur demeurent applicables. — V. VOL.

14. — Marchands de fourrages par bateaux, charrettes ou voitures; débitans à la botte ou en petite partie au poids; patentables, les premiers de cinquième classe, et les seconds, de sixième; — droit fixe basé sur la population et droit proportionnel du vingtième de la valeur locative de l'habitation et des lieux servant à l'exercice de la profession.— V. PATENTE.

FOURRÉ.

Massif de bois tout jeunes dont les tiges sont encore garnies de leurs branches dès la base.

FOURRÉ (Matière d'or et d'argent).

1. — On donne ce nom à l'introduction dans les ouvrages ou lingots d'or et d'argent, de fer, cuivre, plomb ou tout autre matière.— L. 19 brum. an VI, art. 65.

2. — On considère comme matière étrangère, aux termes de l'article précité, toute matière vile ou précieuse, mais à bas titre, qui a été introduite *sans que sa présence y fût nécessaire pour les besoins de la fabrication.*—Fontainne, *Code des orfèvres, bijoutiers, horlogers*, etc., sur l'art. 65, L. 19 brum. an VI, n° 2.

3. — Il ne faut pas confondre, en effet, la soudure, qui n'est que l'emploi des matières étrangères nécessaires dans certains cas pour les besoins de la fabrication, avec le fourré, qui est cette introduction faite dans un but de spéculation personnelle de la part du fabricant, qui arrive ainsi à tromper l'acheteur sur la valeur de l'objet vendu.

4. — C'est donc une question délicate que de savoir si la soudure est ou n'est pas excessive, et, si étant jugée telle, elle doit être considérée, quoique

faite de bonne foi, comme constituant le délit du fourré, prévu et puni par les lois.

5. — « Il existe, dit M. Fontainne (*loc. cit.*, nº 9), certains bijoux pour la confection desquels on est obligé d'introduire à l'intérieur de la feuille d'or des morceaux de cuivre ou de fer, que l'on dissout au moyen d'un acide, lorsque l'ouvrage est terminé. Supposons que la dissolution ait été mal faite, et qu'il soit resté dans le projet des parcelles plus ou moins nombreuses de cuivre ou de fer, y aura-t-il fourrure ? — Non, à moins que la régie ne prouve que la présence du fer ou du cuivre dans l'ouvrage est le résultat de la fraude plutôt que de la malfaçon.

6. — Il faut en dire autant de l'emploi de la gomme ou de toute autre matière, telle que l'étain, lorsqu'il est constant que cette substance est utile dans une certaine proportion pour donner de la solidité à l'objet confectionné. — *Cass.*, 30 juin 1843 (t. 2 1848, p. 623), Contr. indir. c. Fossin.

7. — Jusqu'en 1838 on avait toléré l'usage de l'émail pour contre-émailler certaines pièces de bijouterie ; une circulaire du 3 mai 1838 a défendu de recevoir à l'essai les bijoux contre-émaillés en quelque faible quantité que ce soit, l'art n'exigeant plus cet emploi de l'émail, qui aujourd'hui constituerait le fourré.

8. — Quant à la nature du délit du fourré, aux poursuites dont il est l'objet et aux peines qu'il peut faire encourir à ses auteurs, V. MATIÈRES D'OR ET D'ARGENT.

FOURREAUX POUR SABRES, ETC. (Fabricans de).

Fabricans de fourreaux pour sabres, épées, baïonnettes, et à façon; patentables de septième classe quand ils travaillent pour leur compte, et de huitième quand ils travaillent à façon; droit fixe basé sur la population, et droit proportionnel du quarantième de la valeur locative de tous les locaux qu'ils occupent, mais seulement dans les communes de 20,000 ames et au-dessus. — V. PATENTE.

FOURREURS.

Patentables de quatrième classe; — droit fixe basé sur la population, et droit proportionnel du vingtième de la valeur locative de l'habitation et des lieux servant à l'exercice de la profession. — V. PELLETERIES. — V. aussi PATENTE.

FOURRIÈRE.

1. — Se dit du lieu désigné par l'autorité municipale en vertu de l'art. 12, tit. 2, L. 6 déc. 1791, pour déposer par forme de séquestre les bestiaux et autres objets trouvés en délit sur la voie publique, jusqu'à ce qu'il en soit ordonné ou jusqu'à réclamation.

2. — La loi accorde à celui qui souffre du dommage causé par les animaux le droit de les saisir sous l'obligation de les faire conduire dans les vingt-quatre heures au lieu du dépôt désigné par la municipalité. — C'est ce qu'on appelle mettre les bestiaux en fourrière. — V. à cet égard ANIMAUX, nºs 84 et suiv.

3. — Les auteurs de *l'Encyclop. du droit*, vº *Animaux*, nº 14, émettent l'opinion que si le saisissant avait mis en séquestre les animaux sans se faire préalablement désigner le lieu par la municipalité, la saisie ne serait pas valable, en ce que les expressions de la loi sont impérieuses, et que les conditions qu'elle prescrit doivent être remplies avec d'autant plus de ponctualité qu'il s'agit d'un droit tout à fait exceptionnel. « Le propriétaire qui saisit, disent-ils, doit donc se faire désigner le lieu du dépôt sous peine de déchéance ».

4. — Nous avons également expliqué (vº EPIZOOTIE nº 97 et suiv.) dans quels cas et comment les animaux soupçonnés d'être atteints de maladies contagieuses doivent être mis en fourrière et quel est l'effet de cette mesure.

5. — En même temps qu'elle fait la désignation du lieu affecté à la fourrière, l'autorité municipale doit prendre les mesures nécessaires pour la nourriture et l'entretien des animaux saisis pendant le temps que durera leur séquestre, comme pour la garde et la conservation de tous les objets déposés.

6. — S'il n'y a point de lieu de dépôt indiqué par l'autorité municipale, les animaux saisis sur l'ordre de l'autorité judiciaire sont placés dans le lieu désigné par cette dernière autorité, et c'est à elle qu'il appartient de taxer les frais de fourrière. — Décis. minis. just. 13 août 1813.

7. — Le gardien de la fourrière désigné soit par l'autorité municipale, soit par l'autorité judiciaire est contraignable par corps pour la représentation des animaux dont il a été constitué dépositaire. — C. civ., art. 2060, nº 4.

8. — Aux termes du décret du 18 juin 1811, « les animaux... pour quelque cause qu'ils aient été saisis, ne peuvent rester en fourrière... plus de huit jours. — Après ce délai, la main-levée provisoire peut en être accordée. — S'ils ne doivent ou ne peuvent être restitués, ils sont mis en vente, et les frais de fourrière sont prélevés sur le produit de la vente par privilége et de préférence à tous autres. » — Décr. 18 juill. 1811, art. 39.

9. — Quel que soit le prix de vente, alors qu'elle a été ordonnée dans le délai prescrit par le décret de 1811, l'administration des domaines doit payer intégralement les frais de fourrière.

10. — Toutefois, le délai de huit jours fixé par le décret de 1811 peut être étendu ou abrégé suivant les circonstances. — Si les besoins d'une instruction criminelle exigent que les animaux saisis restent plus long-temps en fourrière, les frais qui résultent de cette circonstance doivent être considérés comme dépense extraordinaire qui, aux termes de l'art. 136 du même décret, ne peut être faite qu'avec l'autorisation motivée du procureur général, sous la responsabilité de ce magistrat et à la charge par lui d'en informer sur-le-champ le ministre. — Décis. minist. 22 mars 1832, 15 oct. 1832, 18 fév. 1833. — De Dalmas, *Des frais de justice en mat. crim.*, p. 82.

11. — Mais s'il n'y a pas de motifs pour retenir les animaux mis en fourrière, il est inutile d'attendre le délai de huit jours pour les restituer à leur propriétaire qui, après avoir acquitté les frais de fourrière, offrirait une caution solvable pour répondre de leur valeur. — De Dalmas, *ibid.*, p. 83.

12. — Les frais de fourrière devant être prélevés sur le produit de la vente par privilége et préférence à tous autres, il s'ensuit qu'ils doivent passer même avant ceux qui ont été faits pour parvenir à cette vente, et quand le produit de celle-ci n'est pas suffisant pour couvrir ces derniers frais, ils doivent être acquittés comme frais de justice. » — Décis. minist. 5 mai 1821. — De Dalmas, *ibid.*, p. 84.

13. — L'art. 40 du décret du 18 juin 1811 ajoute : « La main-levée provisoire des animaux saisis et des objets périssables mis en séquestre sera ordonnée par le juge de paix ou par le juge d'instruction moyennant caution et le paiement des frais de fourrière et de séquestre. — Si lesdits objets doivent être vendus, la vente sera ordonnée par les mêmes magistrats. — Cette vente sera faite à l'enchère au marché le plus voisin, à la diligence de l'administration de l'enregistrement. — Le jour de la vente sera indiqué par affiches, vingt-quatre heures à l'avance, à moins que la modicité de l'objet ne détermine le magistrat à en ordonner la vente sans formalités, ce qu'il exprimera dans son ordonnance. — Le produit de la vente sera versé dans la caisse de l'administration de l'enregistrement, pour en être disposé ainsi qu'il sera ordonné par le jugement définitif.

14. — Ce versement doit se faire aujourd'hui dans la caisse des dépôts et consignations en vertu de l'art. 2, nº 14, de l'ord. royale du 3 juill. 1816. — De Dalmas, *ibid.*, p. 84.

15. — Aux termes de l'art. 2 de l'ord. royale du 23 mai 1830, à l'égard des objets non périssables, la vente n'en peut avoir lieu que de six mois en six mois et de manière à ce qu'il soit fait seulement deux ventes par année.

16. — Ces principes généraux posés, nous croyons utile de donner quelques explications particulières relativement à la fourrière de la préfecture de police, dont le réglement mérite d'être rapporté, comme contenant des détails d'une utilité pratique journalière, et comme de nature à servir de modèle, sauf les modifications exigées par la différence des lieux, aux réglemens que les autorités locales peuvent prendre relativement aux fourrières municipales.

17. — De nombreux arrêtés du préfet de police ont été rendus à l'occasion de la fourrière de la ville de Paris, qui, dans l'origine, ne constituait pas un établissement appartenant à la ville. — (V. notamment arrêté du préfet de police du 4 fév. 1807).

18. — Postérieurement un arrêté du 17 mars 1818 établit la fourrière de la ville dans le local où elle est toujours restée depuis ; mais les prescriptions diverses que contenait cet arrêté, ainsi que ceux postérieurs des 25 mars 1831, 14 mai 1832, 20 déc. 1832, ont été toutes réunies et coordonnées par un dernier arrêté du 20 fév. 1839, lequel est maintenant seul en vigueur et règle de la manière la plus complète tout ce qui a trait à la fourrière de la préfecture de police.

19. — Cet arrêté, qui contient trente articles, est divisé en cinq titres biens distincts, dont nous allons résumer les dispositions utiles à connaître.

20. — La fourrière de la préfecture de police est spécialement et exclusivement destinée aux animaux, voitures et autres objets saisis ou abandonnés sur la voie publique dans le ressort de la préfecture de police. — Arrêté 20 fév. 1839, art. 1er et 2.

21. — Le service de la fourrière est dirigé et surveillé par un inspecteur contrôleur (long-temps ces fonctions ont été dévolues au commissaire de police du quartier) ; sous les ordres et la responsabilité de l'inspecteur contrôleur sont placés un gardien et un palefrenier, lequel est chargé en outre des fonctions de garçon de bureau de la fourrière. — *Ibid.*, art, 3, 5, 14.

22. — Un traitement est alloué au gardien, à la charge duquel sont le traitement du palefrenier, la fourniture des instrumens de pansage pour les chevaux, et de tous les ustensiles nécessaires au service des écuries. — *Ibid.*, art. 4.

23. — Nul ne peut entrer pour reconnaître des animaux ou objets déposés à la fourrière sans l'autorisation de l'inspecteur contrôleur, et sans être accompagné par ce chef de service ou par le gardien. — *Ibid.*, art. 6.

24. — Il est tenu à la fourrière un registre sur lequel sont inscrits jour par jour et par ordre numérique, les animaux, voitures et autres objets entrés à la fourrière. — Ce registre contient la date des ordres d'envoi et de sortie, la désignation des fonctionnaires ou agens ayant signé ces ordres, le signalement exact des animaux ou objets déposés, la date et l'heure de leur entrée et de leur sortie réelle de la fourrière, les noms et domiciles des individus auxquels ces animaux et objets appartiendront ou auront été saisis, les sommes reçues par le gardien pour la conduite, la nourriture ou la garde des animaux et objets, enfin tous autres renseignemens qui seront jugés nécessaires. — *Ibid.*, art. 8.

25. — Dans aucune circonstance et sous quelque prétexte que ce soit, il n'est payé d'indemnité aux inspecteurs ou agens ayant conduit à la fourrière un animal quelconque, une voiture ou tout autre objet. — Dans le cas où ces inspecteurs ou agens se trouveraient dans l'obligation de faire amener à la fourrière les animaux, les voitures ou autres objets, qu'ils auraient saisis ou trouvés en contravention, l'homme de peine ou le commissionnaire employé à cet effet reçoit une rétribution de 1 fr. 50 cent., laquelle lui est remboursée lors du paiement de son mémoire. — *Ibid.*, art. 28.

26. — Dans les vingt-quatre heures de leur dépôt à la fourrière, les animaux doivent être visités par l'inspecteur contrôleur assisté d'un des experts vétérinaires attachés à la préfecture de police. — *Ibid.*, art. 8.

27. — En outre, chaque jour l'inspecteur doit adresser au préfet de police son rapport de visite indiquant : 1º le nombre et l'espèce des animaux déposés ; — 2º leur valeur approximative; — 3º leur signalement ; — 4º la description des harnais, voitures est autres objets ; — 5º les jours et heures de la mise en fourrière ; — 6º le fonctionnaire ou agent ayant signé l'ordre d'envoi à la fourrière.

28. — Les animaux atteints ou soupçonnés d'être atteints de maladies contagieuses doivent être conduits, aussitôt après leur arrivée, à la fourrière, dans les locaux à ce affectés. — *Ibid.*, art. 10.

29. — La ration des animaux déposés à la fourrière, et la distribution qui doit leur en être faite, sont déterminées par les art. 15 et 16 ; les animaux indiqués dans ces articles sont les chevaux, mulets, ânes, bœufs et vaches, chèvres, moutons, porcs, chiens, singes. — *Ibid.*, art. 15 et 16.

30. — Les fourrages doivent toujours être en première qualité. — *Ibid.*, art. 15. — A cet effet chaque trimestre l'inspecteur contrôleur, assisté de l'inspecteur général des halles et marchés, constate la qualité des fourrages, et adresse son rapport au préfet de police. — *Ibid.*, art. 11.

31. — L'article 17 contient quelques dispositions particulières relatives aux soins à donner aux chevaux et mulets. — *Ibid.*, art. 17. — L'art. 18 veut que tous les animaux autres que les chevaux, mulets, ânes, vaches, moutons, chèvres et porcs soient déposés dans un endroit séparé, où ils doivent être attachés solidement au moyen d'une chaîne et de manière à ce qu'ils ne puissent s'enfuir ou causer aucun désordre. — *Ibid.*, art 18.

32. — Les voitures, harnais et autres objets déposés à la fourrière doivent être placés de manière à ne pouvoir se détériorer. — *Ibid.*, art. 19.

33. — Les animaux, voitures et autres objets déposés ne peuvent être rendus que par un ordre de sortie délivré soit par le fonctionnaire qui les a envoyés en fourrière, soit en vertu d'un ordre

émané de la préfecture de police. — *Ibid.*, art. 12.

34. — Cependant, en cas d'urgence ou après l'heure de la fermeture des bureaux de la préfecture, l'inspecteur contrôleur peut remettre les animaux et objets, mais sous sa propre responsabilité, et à la charge d'en rendre compte dans le plus court délai à la préfecture. — *Ibid.*

35. — Le gardien de la fourrière est également autorisé, sous sa responsabilité personnelle, à rendre les animaux et objets déposés, mais seulement en cas d'absence de l'inspecteur contrôleur et sur le vu d'un ordre signé de lui. — Dans ce cas, le gardien doit faire régulariser l'opération aussitôt l'arrivée de l'inspecteur contrôleur, qui en rend compte au préfet. — *Ibid.*

36. — Les frais de garde et de nourriture doivent être préalablement acquittés par les propriétaires des animaux ou objets rendus. — *Ibid.*, art. 12.

37. — Chaque année un arrêté spécial détermine le tarif des frais de nourriture ou de garde des animaux, voitures et autres objets déposés à la fourrière. — *Ibid.*, art. 27.

38. — Toutes les fois qu'il a été procédé à la vente d'animaux déposés à la fourrière, l'inspecteur contrôleur doit transmettre sans délai, vérifiés et certifiés par lui, les mémoires des sommes dues au gardien, tant par la préfecture de police que par l'autorité judiciaire ou la direction de l'enregistrement et des domaines pour la nourriture de ces animaux. — *Ibid.*, art. 13.

39. — Le gardien doit inscrire sur les ordres de sortie qu'il remet immédiatement à l'inspecteur contrôleur les sommes que conformément au tarif il a reçues des propriétaires des animaux, voitures ou autres objets déposés à la fourrière pour frais de garde et de nourriture. — Tous les trois mois, l'inspecteur contrôleur transmet ces ordres au préfet.

40. — Le gardien de la fourrière n'a droit à aucune indemnité pour la garde des voitures ou autres objets déposés à la fourrière, et qui sont retirés par l'autorité administrative ou judiciaire pour être vendus. — Il en est de même pour les objets appartenant à l'administration et pour ceux dont la conservation est ordonnée pour cause d'utilité publique. — *Ibid.*, art. 21.

41. — Des prescriptions particulières sont portées en outre dans l'arrêté de 20 fév. 1839 relativement à la vente des animaux et objets déposés à la fourrière.

42. — L'arrêté, après avoir cité le décret du 18 juin 1811, art. 39 et 40, et l'ord. royale du 23 mai 1830, art. 1er, § 6, et art. 2, ordonne qu'après huit jours de dépôt au plus, s'il s'agit d'objets périssables, et six mois, s'il s'agit d'objets non périssables, remise des objets déposés à la fourrière et susceptibles d'être vendus soit faite à l'administration des domaines. — *Ibid.*, art. 22 et 23.

43. — Enfin, après avoir déterminé par ses art. 23 et 24 les diverses formalités à remplir suivant qu'il s'agit d'objets périssables ou non, l'arrêté statue que la remise des objets périssables ou non ne peut être faite au receveur des domaines chargé de la vente que sur un inventaire double, signé tant par l'inspecteur contrôleur que par l'inspecteur des domaines, indiquant la nature, la qualité et la quantité des objets, le nom du propriétaire s'il est connu, le nom du déposant, et tous les autres renseignemens qui peuvent être jugés utiles. — *Ibid.*, art. 26.

FRACTION.

1. — Partie d'une chose et notamment d'une somme.

2. — En matière d'enregistrement, quand une fraction de somme ne produit pas un centime de droit, le centime est perçu au profit de l'état. — L. 22 frim. an VII, art. 5.

3. — Au surplus, sur les fractions de sommes pour la perception du droit proportionnel d'enregistrement, V. ENREGISTREMENT, et pour le droit de timbre des billets et effets de commerce, V. TIMBRE.

4. — Relativement aux fractions de billets de banque, V. BANQUE DE FRANCE, n° 94.

FRAI.

V. PÊCHE.

FRAIS ET DÉPENS (Matière administrative).

1. — Toutes les questions relatives à cette matière ont été traitées aux mots CONSEIL D'ÉTAT et CONSEIL DE PRÉFECTURE; nous nous bornons donc à rappeler que les règles posées dans les art. 130 et 131, C. procéd. civ., sont applicables devant les tribunaux administratifs.

2. — Ainsi, la partie qui succombe doit être condamnée aux dépens, et les dépens peuvent être compensés lorsque les parties succombent respectivement.

3. — Nous avons vu toutefois qu'il y a exception à ce principe en ce qui concerne les administrations publiques qui procèdent devant le conseil d'état ou le conseil de préfecture par voie contentieuse. — V. CONSEIL D'ÉTAT, n° 713, et CONSEIL DE PRÉFECTURE, n° 489. — V. néanmoins Solon (*Rép. des juridictions*, t. 2, p. 450 et suiv.), qui critique cette jurisprudence du conseil d'état comme illégale, injuste et contraire aux intérêts du trésor.

4. — Quant à la liquidation et à la taxe des dépens, V. CONSEIL D'ÉTAT, nos 718 et suiv.

FRAIS ET DÉPENS (Matière civile).

Table alphabétique.

Absence, 177.
Absent, 87.
Acquiescement, 43, 120 s., 285, 289, 509, 530 s.
Acte, 424. — conservatoire, 504. — sous seing-privé, 395 s.
Action en paiement des frais, 344 s., 540 s., 551 s., 555 s., 571 s. — principale, 29. — solidaire, 544 s.
Administrateur, 174, 180 s., 185 s., 204, 206, 212.
Affaire sommaire, 7.
Affirmation, 320 s., 332 s.
Agréé, 554.
Alimens, 279.
Amende, 10.
Appel, 32, 43, 51 s., 68, 156 s., 264, 274 s., 321 s., 360, 451, 480, 497 s., 528, 593.
Arbitrage, 23 s., 56, 452.
Ascendant, 144 s.
Assignation, 576 s.
Associés, 278 s.
Audience, 521.
Autorisation, 216. — maritale, 92.
Avenir, 510 s., 514 s., 521.
Avocat, 319 s., 377, 572 s.
Avoué, 186, 188 s., 212 s., 271 s., 287, 344 s., 367 s., 471, 488 s., 533 s., 555 s., 578. — démissionnaire, 547 s.
Belle-mère, 237.
Bien dotal, 289.
Bonne foi, 79, 81.
Bornage, 94.
Caisse des consignations, 204.
Cassation, 38.
Caution, 8.
Cessionnaire, 205.
Chambre des avoués, 524. — du conseil, 518 s., 526. — des vacations, 523.
Chefs accessoires, 70 s.
Chose jugée, 265.
Commandement, 506.
Communication de pièces, 267.
Communiste, 183.
Compensation, 17 s., 91, 150, 218, 220 s., 226, 231, 234 s., 238, 246 s., 251 s., 259 s., 337, 341. — proportionnelle, 219, 223, 229 s., 305 s., 465. — simple, 219, 227 s., 230, 304 s., 466.
Compétence, 515 s., 545 s., 550 s., 555 s., 568 s.
Conclusions, 27 s., 211, 292, 404, 513.
Condamnation, 15 s., 20 s., 43, 47 s., 51 s., 60 s., 65 s., 68 s., 84 s., 88 s., 106, 120 s., 145, 415, 464. — motivée, 207, 295. — d'office, 27 s. — partielle, 218, 224, 233, 269 s., 274 s., 308 s.
Conseil de famille, 245.
Consignation, 350 s.
Constitution de nouvel avoué, 501.
Consultation, 377 s.
Copropriétaire, 183.
Cousin, 244.
Cousin-germain, 242.
Créancier intervenant, 107.
Curateur, 173, 176, 180, 186, 206, 212.
Déboursés, 371, 374, 570, 572 s.
Délai de distance, 502.
Délit, 291.
Délivrance de legs, 78 s.
Demande d'alimens, 237. — vexatoire, 143.
Dénonciation, 533.
Dépens réservés, 45 s., 50, 54, 56, 429.
Désaveu, 533.
Désistement, 126 s., 302, 311 s.
Distraction, 233, 297 s., 303 s., 333 s., 338 s., 350 s., 366 s.
Division des dépens, 296.
Dol, 125, 142, 280.
Domaine de l'état, 163. — privé du roi, 171.
Dommages-intérêts, 19, 37, 39, 137 s., 143 s., 288 s.
Dotation de la couronne, 171.
Douanes, 164, 172.
Double droit, 388 s., 399, 406 s.
Droit simple, 399, 406. — de timbre, 409 s.
Droits d'enregistrement, 385 s., 393 s., 426 s. — réunis, 164, 172.
Effet, 340 s. — de la distraction, 348 s. — suspensif, 516.
Emolumens, 371.
Emploi, 458.
Enregistrement du pouvoir, 412 s.
Envoyé en possession, 87, 177.
Erreur, 239.
Erreur commune, 258.
Etendue de la condamnation, 371, 376 s., 383 s., 394 s., 400 s., 406, 408, 412, 418, 422 s., 432 s.
Exception, 52 s.
Excès de pouvoir, 185 s., 190.
Exécuteur testamentaire, 178, 180.
Exécution, 458. — de dépens, 440. — provisoire, 367 s.
Exécutoire, 357 s., 441, 460, 463 s., 471 s., 477, 488 s., 505, 535 s.
Expédition, 424 s.
Expropriation, 54 s.
Fausse qualité, 201.
Faute, 185, 346 s.
Faux frais, 376 s., 382.
Femme, 93.
Fin de non-recevoir, 45, 48, 254, 487, 578 s.
Frais de l'absence, 87. — du défaut, 60 s. — frustratoires, 108 s., 189 s., 202, 205, 262 s., 360 s., 383 s., 416 s., 456, 543 s. — de mise à exécution, 420 s., 539. — d'ordre, 88 s. — successifs, 83 s., 107. — de voyage, 414 s.
Gage, 9.
Gain du procès, 38 s., 69 s., 73.
Garantie, 95 s.
Gendre, 237.
Gérant de société, 182.
Greffier, 459, 461 s.
Grosse de l'exécutoire, 473 s., 535 s.
Héritier, 77 s., 80 s., 82, 86, 283. — bénéficiaire, 173, 180, 186, 202 s.
Historique, 6 s.
Honoraires, 377 s., 567 s.
Huissier, 186, 188 s., 212, 313 s., 552 s., 570.
Hypothèque, 351 s., 505. — légale, 353.
Inaction, 347 s.
Incident, 45, 47, 49, 52, 265 s., 339.
Incompétence, 51, 53, 110 s., 260 s., 516.
Inscription de faux, 73.
Insolvabilité, 346 s.
Intérêts, 356 s., 565 s.
Intervenant, 106.
Intervention, 103 s., 360 s.
Jour férié, 494.
Juge, 208, 210.
Juge de paix, 209.
Juge taxateur, 452, 455 s.
Jugement par défaut, 31, 57 s., 228, 263. — interlocutoire, 45. — sur l'opposition, 526 s., 534. — préparatoire, 45.
Justice ecclésiastique, 11. — de paix, 444 s. — séculière, 10.
Légataire, 78 s. — universel, 82.
Lettre missive, 408 s.
Levée du jugement, 418 s.
Liquidation de dépens, 434 s., 444 s.
Liste civile, 171.
Loi interprétative, 66.
Maire, 161, 168 s., 192 s.
Mandat, 369.
Mandataire, 554.
Mari, 214 s., 289.
Masse de dépens, 233, 270 s., 275, 306 s., 467 s.
Matière civile, 22, 301. — commerciale, 22. — correctionnelle, 302. — criminelle, 301 s., 331, 374, 516. — ordinaire, 483 s., 487, 493. — sommaire, 436 s., 481, 484, 493.
Mémoire de frais, 453 s., 576 s.
Mineur, 123.
Ministère public, 160 s.
Minute, 460 s.
Mise en cause, 105, 212 s.
Motifs, 33. — différens, 65.
Neveu, 243.
Notaire, 853 s.
Nupropriétaire, 184.
Nullité de testament, 82.
Obligation indivisible, 279, 284. — solidaire, 279, 282 s., 544.
Offres nulles, 350. — réelles, 120, 128 s., 350 s., 537.
Omission, 29 s.
Oncle, 241.
Opposition, 31. — à l'exécutoire, 478 s., 481 s., 486 s., 490 s., 507 s., 510 s., 516 s., 530 s. — à mariage, 144 s.
Ordre, 444.
Paiement des frais, 532, 535 suiv.
Parens et alliés, 17, 236, 238 s., 246.
Partage des frais, 83.
Péremption, 592.
Perte du procès, 41 s., 65 s., 71 s., 74 s.
Petite-nièce, 241.
Police d'assurance, 24.
Pourvoi en cassation, 30, 146 s., 150 s., 158, 217, 239, 361 s., 481, 483, 516, 534.
Pouvoir, 585 s., 591. — discrétionnaire, 34 s., 44, 51, 63, 79, 84 s., 91, 235 s., 251, 253.
Préfet, 165 s., 191.
Préliminaire de conciliation, 416 s., 557.
Prescription, 581 s.
Président, 461 s., 517.
Présomption, 393.
Prête-nom, 189.
Prise à partie, 208.
Privilége, 83, 370.
Procédure, 4.
Procès, 3.
Production tardive, 89, 268.
Quittance, 410 s.
Reconnaissance, 560 s.
Récusation, 210.
Reddition de compte, 270.
Référé, 25 s., 422.
Réfusion de dépens, 57 s.
Registre, 578, 520 s. — de l'avoué, 385 s.
Remise de cause, 50. — des pièces, 536, 578 s.
Renonciation tacite, 77.
Renvoi à l'audience, 519 s.
Répétition, 562 s.
Représentant, 179.
Requête, 329. — civile, 32, 380 s.
Réserves, 509, 530 s.
Restitution de dépens, 369.
Retrait légitime, 205.
Saisie-arrêt, 842 s.
Séparation de biens, 353 s. — de corps, 47, 91.
Serment, 589. — supplétif, 67.
Signification, 473 s. — de l'exécutoire, 475 s., 485, 490, 495, 500 s., 503 s., 506, 508 s. — du jugement, 418 s.
Simple acte, 511.
Société, 56.
Solidarité, 276 s.
Subrogation, 345 s., 352 s.
Surenchère, 354 s.
Sursis, 49.
Syndics, 199 s.
Tante, 243.
Tarif, 372 s., 483.
Taxe, 357 s., 434 s., 451 s., 479, 461, 484, 486 s., 533, 558 s., 565 s.
Tierce-opposition, 265, 362 suiv.
Timbre du pouvoir, 411 s.
Torts respectifs, 44, 247, 249 s., 255 s., 260 s.
Transaction, 309 s., 363 s.
Transport, 548 s.
Tribunal de commerce, 442 s.
Tuteur, 173, 175, 180, 186, 194 s., 206, 212.
Usufruitier, 184.
Vacances, 496, 523.
Vente, 397 s.
Vérification d'écriture, 80 s. 273.

FRAIS ET DÉPENS. — (Matière civile). — 1. — On appelle dépens l'ensemble des frais faits pour la poursuite et l'instruction d'un procès.

2. — Le nom de dépens s'applique plus particu-

lièrement aux affaires civiles; celui de frais aux causes criminelles.

3. — Il n'y a de dépens qu'autant qu'il y a procès.

4. — Quant au coût d'un acte particulier, tels qu'un contrat notarié, un exploit isolé que signifie un huissier, ou même d'une procédure non litigieuse, telle qu'une purge légale, on le désigne généralement sous le nom de *frais*.

5. — Dans tous ces cas, le notaire, l'huissier, l'avoué, réclament à leur client les frais qui leur sont dus.

—

CHAPITRE Ier. — *Historique.*

6. — On ne trouve dans le *Digeste* aucune disposition relative aux dépens. Le Code théodosien, les *Institutes* et les *Novelles* de Justinien, ont seuls traité cette matière : « *Omnes judices sciant victum in expensarum causâ victori esse condemnandum.* » C., L. 13, § 6, *De judiciis*, et L. 5 : *De fructibus et litium expensis*.—C'est aussi le principe de notre législation. Quant aux frais de contumace, ils étaient toujours à la charge de celui qui y avait donné lieu, eût-il gagné au fond. — Merlin, *Rép.*, vo *Dépens*, no 1er, p. 410.

7. — Dans les affaires sommaires, ajoute Merlin, on ne requérait pas de dépens, et l'on n'en pouvait jamais prétendre qu'ils ne fussent adjugés par le juge, lequel les taxait équitablement; mais il dépendait du prince de les diminuer.

8. —D'après la Novelle 112, le demandeur devait donner caution au défendeur de lui payer la dixième partie de sa demande, par forme de dépens, s'il perdait son procès. — Merlin, *loc. cit.*

9. — Pendant longtemps, en France, il n'y eut pas de condamnation de dépens; mais, afin de réprimer la passion des procès, on obligeait chacun des litigateurs à déposer en gage la valeur du dixième des choses contestées. Après le jugement, le vainqueur retirait son gage, et le fisc prenait celui du vaincu à titre d'amende. — Boncenne, t. 2, p. 536. — C'était la disposition de la Novelle 112, ressuscitée au profit du trésor public. — V. aussi l'ordonnance rendue pour la réformation des mœurs dans le Languedoc, en décembre 1254, chap. 29; *Anciennes lois de la monarchie*, Isambert, Jourdan et Decrusi, t. 1er, p. 272.

10. — La partie qui succombait dans les justices séculières était assez punie par des amendes envers le seigneur et ses pairs, ou par l'événement du combat, quand l'affaire se vidait en champ clos. « L'on ne rend pas les dépens par la coustume de cour laie, mais en la cour de chrestienté, les rend cil qui enchiet de quelque cause que ce soit. » — Beaumanoir, chap. 33, p. 171 ; Boncenne, t. 2, p. 537.

11. — Seules, en effet, les cours ecclésiastiques avaient conservé, en France, les traditions du droit romain, et en appliquaient les principes en matière de dépens. — Boncenne, t. 2, p. 536.

12. — Dans le treizième siècle, saint Louis, en abolissant le duel judiciaire, et en organisant la justice, obligea les parties à recourir à des conseils, à instruire leurs causes, et à faire des frais. Aussi, les usages de Paris, d'Orléans, de Touraine et d'Anjou admirent-ils plusieurs cas « où cil qui perdait son procès devait rendre à l'autre ses dépens et son coût. » — Boncenne, t. 2, p. 537.

13. — En 1324, sous Charles-le-Bel, il fut enjoint aux juges de condamner aux dépens la partie qui succombait.

14. — Aux termes de l'ordonnance de 1667, art. 1er, tit. 31, toute partie, soit principale, soit intervenante, qui succombait, même aux renvois, déclinatoires, évocations ou réglement de juges, était condamnable aux dépens indéfiniment, nonobstant la proximité ou autres qualités des parties, sans que, sous prétexte d'équité, partage d'avis, ou quelque autre cause que ce fût, elle pût en être déchargée. Il était défendu aux parlemens, cours souveraines et autres juges, de prononcer par hors de cour sans dépens. L'ordonnance voulait encore que les dépens fussent au profit de la partie qui avait gain de cause définitivement, quand même ils n'auraient pas été adjugés, sans qu'ils pussent être modérés, liquidés, ni réservés. Mais les juges pouvaient cependant les compenser.

15. — Le Code de procédure a consacré le principe que celui qui succombe doit être condamné aux dépens (art. 130). — V. *infrà* no 21.

16. — Toutefois, on comprend que, dans l'intérêt de la morale publique, le législateur ait dû se départir, en certains cas, de la sévérité de ce principe éminemment salutaire.

17. — Ainsi, il a permis de compenser les dépens, en tout ou en partie, entre conjoints, ascendans, descendans, frères et sœurs ou alliés au même degré.

18. — Les juges peuvent encore compenser les dépens en tout ou en partie, si les parties succombent respectivement sur quelques chefs (art. 131). — V. inf.

19. — Enfin, les dépens peuvent être adjugés à titre de dommages-intérêts. — Art. 137, C. procéd. civ.

CHAPITRE II. — *Condamnation aux dépens.*

20. — La condamnation aux dépens peut, selon les circonstances, être prononcée contre une partie, soit pour la totalité (V. inf. art. 1er), soit seulement pour une portion déterminée (V. inf. art. 2).—Enfin, les juges peuvent compenser les dépens, c'est-à-dire laisser à la charge de chaque partie les frais faits par elle. — V. inf. art. 2.

Sect. 1re. — *Condamnation à la totalité des dépens.*

§ 1er. — *Cas dans lesquels la condamnation doit être prononcée.*

21. — En thèse générale, toute partie qui succombe doit être condamnée aux dépens. — C. procéd., art. 130. — C'est là un principe d'équité, la réparation d'un préjudice bien plus qu'un châtiment infligé au plaideur téméraire. — Boitard, t. 1er, no 359; Boncenne, t. 2, p. 535 ; Chauveau sur Carré, quest. 92 et 553 ; — *contrà* Merlin, vo *Dépens*, no 1er.

22. — Il est applicable en matière civile comme en matière commerciale, devant les justices de paix comme devant les tribunaux de première instance, les cours d'appel et la cour de Cassation.

23. — ... En matière d'arbitrage, comme en toute autre matière, quoique le compromis soit muet sur ce point. — *Grenoble*, 15 déc. 1835, Luréal c. Chotard.

24. — La clause insérée dans une police d'assurance, et par laquelle il est convenu que les frais d'arbitrage seront supportés par moitié par chacune des parties contractantes, n'empêche pas que les frais d'incidens soulevés par l'une des parties dans le cours de l'arbitrage ne soient mis exclusivement à sa charge. — *Cass.*, 24 fév. 1835, comp. Phénix c. Voiron et Béal.

25. — Le juge du référé est-il compétent pour adjuger les dépens? La cour de Douai a décidé l'affirmative, 18 juin 1845 (t. 2, 1845, p. 253), Berchon c. Remy. — Mais on peut répondre que les mesures ordonnées par le président en référé sont toujours provisoires, et qu'en réalité aucune partie ne succombe devant lui. Si la condamnation aux dépens était prononcée, il faudrait que ce fût définitivement ; or, comment l'exécuterait-on? Faudrait-il faire taxer les dépens par le président? lever un exécutoire? Enfin, qui connaîtrait de l'opposition à cet exécutoire? — V. dans ce sens *Rome*, 3 oct. 1809, Sorbolonghi c. Vicari ; *Bourges*, 30 août 1831, Pinet c. Lautre; 24 juill. 1832, Bénédit c. Pot; 12 avr. 1843 (t. 1er, 1846, p. 417), Durand c. Labalestrier. — Bilhard, *Des référés*, no 325; Bioche, vo *Référé*, no 801.

26. — Mais si c'est le tribunal qui statue en état de référé par suite du renvoi fait à l'audience par le président, les mêmes motifs de décider n'existent plus, il y a, en effet, un véritable jugement, et la condamnation aux dépens doit être prononcée. — V. RÉFÉRÉ.

27. — On a vu que sous l'empire de l'ordonnance, la condamnation aux dépens contre une partie était de droit par le seul fait de la perte de son procès. Il n'était donc pas besoin de la prononcer ; mais il en est autrement aujourd'hui. La question s'est élevée aussi de savoir si les juges pouvaient et même devaient prononcer d'office la condamnation aux dépens en absence de conclusions formelles. L'affirmative est enseignée par Carré, t. 1er, quest. 555 ; Bornier, t. 1er, p. 267; Lepage, p. 139; *Praticien français*, t. 1er, p. 396; Delaporte, t. 1er, p. 145 ; Demiau, p. 117 ; Favard, t. 3, p. 161 ; Thomine, t. 1er, p. 253. — Mais elle est combattue par Boncenne, t. 2, p. 560; Boitard, t. 1er, p. 524; Chauveau sur Carré, *quest.* 555 tarif 1, no 193; Victor Augier, vo *Dépens*, no 9.

28. — Il faut, selon nous, adopter l'opinion de ces derniers auteurs. Les dépens ne sont pas une peine, ils constituent la réparation du préjudice que cause à la partie qui gagne l'injuste résistance de son adversaire. Or, il n'y a que les peines légales que les juges puissent appliquer d'office, toute réparation au point de vue de l'intérêt privé doit faire l'objet de conclusions.

29. — M. Chauveau (*ubi suprà*) enseigne, au surplus, que la partie qui a omis de conclure à la condamnation de son adversaire aux dépens est recevable à les lui réclamer par action principale, que l'affaire soit ou non en premier ou dernier ressort. Aucune conclusion ne repousse, en effet, cette action, et ce ne serait pas le cas d'appliquer la maxime *non bis in idem*.

30. — Sur cette même question, Carré (quest. 456) et M. Thomine (t. 1er, no 254) indiquent le pourvoi en cassation comme la seule voie à prendre; mais ce n'est là qu'une conséquence de la fausse doctrine qu'il doit être statué d'office par les juges sur la question des dépens.

31. — Si le jugement est par défaut, nul doute cependant que l'opposition de la partie défaillante ne permette au demandeur de réparer son omission.

32. — Dans le cas, au contraire, où le jugement, bien qu'il ait été pris des conclusions sur ce chef, ne statue pas sur les dépens, il y a lieu à appel si la cause excède le taux du premier ressort, et à requête civile si le jugement est en dernier ressort. — Art. 480, § 3, C. procéd. — *Cass.*, 4 mai 1825, Carayon c. Bineau.

33. — La disposition du jugement qui prononce sur les dépens n'a pas besoin d'être motivée. Ils sont une conséquence de la condamnation principale. — *Cass.*, 26 janv. 1826, Jacquot c. Collet; 7 nov. 1827, Coum c. Euzen. — V. cependant *infrà*.

34. — La loi n'a pas déterminé les circonstances qui constituent la perte ou le gain d'un procès. C'est là un point de fait exclusivement abandonné à la sagesse des juges. Aussi, est-il plus facile de trouver dans la jurisprudence des exemples que des principes.

35. — Il est constant que les juges ont un pouvoir discrétionnaire, et que leur décision est à l'abri de la cassation. — *Cass.*, 2 août 1836, Weckersen c. Magnier ; 11 janv. 1841 (t. 2 1843, p. 146), Rœlt ; 12 août 1841 (t. 2 1841, p. 596), Lancey c. Dutacq ; 25 janv. 1843 (t. 1er 1843, p. 513), Magnin c. Cavelan, et les divers arrêts ci-après.

36. — Ainsi, une partie ne pourrait se faire un moyen de cassation de ce qu'elle aurait été condamnée aux dépens vis-à-vis d'une autre partie qui, dans le procès, lui était étrangère, alors surtout qu'il appert que la condamnation n'a été ainsi prononcée directement contre elle que pour éviter un circuit d'actions récursoires dont le résultat eût, en définitive, été à sa charge. — *Cass.*, 8 nov. 1830, Collin c. Sœhné.

37. — Encore bien que les déclarations d'un individu mis en cause pour s'expliquer sur certains faits aient été reconnues fausses, les juges ont pu refuser de le condamner même aux dépens à titre de dommages-intérêts envers le demandeur, si ces déclarations ont été sans influence sur le fond du procès. — *Cass.*, 21 janv. 1846 (t. 2 1846, p. 185), Dubois de Lamotte c. Hervé et Boutlier.

38. — Mais il y aurait violation de la loi si une partie qui aurait gagné son procès était condamnée aux frais envers la partie qui aurait succombé. — *Cass.*, 25 avr. 1837 (t. 2 1837, p. 429), Laurent c. Perrault.

39. — Toutefois un notaire déclaré non responsable de la nullité d'un acte et non passible des dommages-intérêts envers les parties, par la raison que la faute qui lui est imputée n'est pas une faute lourde, peut être condamné aux dé-

pens à titre de dommages-intérêts. — *Lyon*, 18 janv. 1832, Blenet c. Guilermel; *Cass.*, 27 nov. 1837 (t. 2 1837, p. 489, mêmes parties); *Caen*, 15 janv. 1823, Levêque c. Noyer. — Cette exception est fondée sur l'art. 1382.

40. — Jugé, par la raison inverse, que le conservateur des hypothèques qui a refusé à tort d'opérer une radiation ne doit pas néanmoins être condamné aux dépens de l'instance lorsqu'il a agi de bonne foi et dans le seul but de mettre sa responsabilité à couvert. — *Douai*, 8 juin 1841 (t. 1er 1842, p. 78), Gruson-David c. Dangicourt.

41. — Le défendeur qui soutient la demande non recevable, ou en tout cas mal fondée, conteste par cela même le fond du droit, et doit, s'il succombe dans sa défense, être condamné aux dépens. — *Bordeaux*, 6 août 1844 (t. 1er 1845, p. 180), Flisch c. Desjardins.

42. — Il en est de même dans le cas où il se borne à déclarer qu'il s'en réfère à justice. Lorsqu'une personne assignée s'en rapporte à justice, dit Jousse (sur l'art. 1er du tit. 31 de l'ordonnance), elle n'en doit pas moins les dépens si l'action procède contre elle; car elle doit, si elle est débitrice, faire des offres sur la demande qui lui est formée. — Carré et Chauveau, quest. 550; Delaporte, t. 1er, p. 138; Pigeau, t. 1er, p. 309; Favard, t. 3, p. 160; Chauveau, *Tarif*, t. 1er, p. 189, no 16. — V. conf. *Aix*, 8 janv. 1841 (t. 2 1841, p. 294), de Gasquet c. Bernard; 12 juill. 1810, Hirtz c. Spinner; *Amiens*, 12 janv. 1821, Lépine c. Trone.

43. — A plus forte raison l'intimé qui, en appel, conclut à la confirmation du jugement, doit être condamné aux dépens s'il succombe, quoiqu'en première instance il s'en soit rapporté à justice. — *Cass.*, 24 déc. 1834, Bret c. Ricard.

44. — Toutefois lorsque deux parties succombent, les juges peuvent n'en condamner qu'une aux dépens, surtout si l'autre s'en est rapportée à justice. — Même arrêt.

45. — Un jugement interlocutoire ou tout autre jugement qui intervient sur une exception ou sur un incident doit-il toujours statuer sur les dépens? — Il faut, d'après la plupart des commentateurs, distinguer si le jugement tranche définitivement un point du procès, tel, par exemple, que celui qui est rendu sur un moyen de nullité soulevé contre la procédure, ou tiré du défaut de qualité d'un demandeur, ou encore celui qui accorde ou refuse une provision, ou bien si le jugement n'ordonne qu'une simple mesure d'instruction, telle que la comparution des parties, l'apport d'un registre, une enquête, une expertise. Dans le premier cas, la partie qui succombe peut et même doit être condamnée aux dépens; dans le second, au contraire, les dépens doivent être réservés. — Pigeau, *Procéd. civ.*, L. 1, p. 3, tit. 5, art. 1er, no 1er; Berriat, nos 157, no 2; Favard, t. 3, p. 160, no 3; Boncenne, t. 2, p. 541.

46. — Cependant Carré (no 554) et Lepage (p. 137) enseignent, mais à tort selon nous, que dans tous les cas les dépens doivent être réservés. Il est également impossible d'admettre avec M. Chauveau (*ibid.*) que le jugement qui se borne à ordonner une simple mesure préparatoire doive statuer sur la question des dépens.

47. — Quant à la jurisprudence, elle a jugé, contrairement à l'opinion de Carré et Lepage, que le mari poursuivi en séparation de corps, qui conteste à tort la demande en provision formée par sa femme, peut être immédiatement condamné aux dépens de l'incident. — *Colmar*, 31 mai 1811, Meyer. V. cependant *Paris*, 4 déc. 1810, Jouanne.

48. — Même solution dans le cas de rejet d'une fin de non-recevoir. — *Rennes*, 30 juill. 1817, Salarion c. Sebert; 18 juin 1819, Rodelles; *Cass.*, 2 août 1831, ville de Paris c. Barthier.

49. — Jugé même que la partie qui succombe sur une demande incidente en sursis doit être condamnée aux dépens de cet incident. — *Cass.*, 7 mai 1823, Coquoin c. Devillière.

50. — Mais une simple remise de cause n'est point un incident sur lequel le juge soit obligé de prononcer une condamnation particulière de dépens. — *Cass.*, 29 déc. 1834, Pescheur c. Robbe.

51. — Il importe de remarquer que la cour de Cassation (16 avr. 1832, Barbier c. Vernot), a décidé que la partie qui réussit en appel sur un moyen d'incompétence peut être condamnée en tous les dépens, même de première instance, si elle succombe sur l'évocation du fond.

52. — On comprend, au surplus, que la question qui vient d'être agitée, ne peut s'élever qu'à l'occasion des frais de première instance. Si donc il est interjeté appel du jugement qui prescrit une mesure d'instruction, ou qui statue sur un incident ou une exception, les juges d'appel doivent condamner aux dépens la partie qui succombe.

53. — Il serait encore évidemment impossible de réserver les dépens dans le cas où l'exception aurait pour effet de dessaisir le juge, telle qu'une exception d'incompétence.

54. — Les dépens ne doivent être réservés que dans des cas fort rares. Ainsi, en matière d'expropriation, lorsqu'en raison de la contestation élevée sur la qualité du réclamant et conséquemment sur le fond du droit à l'indemnité, le jury ne peut adjuger qu'une indemnité hypothétique, éventuelle et soumise au jugement à intervenir sur le litige, c'est avec raison que le magistrat directeur réserve les dépens en disposant qu'il y devra être statué en même temps que sur le fond du droit. — *Cass.*, 1er mars 1843 (t. 1er 1843, p. 510), Labbé c. préf. de la Seine.

55. — Pour tout ce qui concerne la condamnation aux dépens en matière d'expropriation pour cause d'utilité publique, V. EXPROPRIATION POUR UTILITÉ PUBLIQUE.

56. — Mais l'arrêt qui annule un acte de société peut réserver les dépens pour y être statué par les arbitres lors du réglement des comptes. — *Cass.*, 30 janv. 1839 (t. 1er 1839, p. 354), Ramel c. Salvagré.

57. — Sous l'ordonnance de 1667 la partie condamnée par défaut devait offrir les dépens de sa contumace en signifiant son opposition. — Cette offre était appelée *réfusion des dépens*. — Toutefois l'opposant recouvrait la somme offerte si en définitive il obtenait gain de cause. — Cet usage est abrogé aujourd'hui en matière civile. — Merlin, vo *Opposition*, no 3; Carré et Chauveau, no 671; Favard, t. 4, p. 40; Boncenne, t. 3, p. 128.

58. — Jugé, en effet, que le Code de procédure a aboli l'usage de la réfusion des dépens. — *Orléans*, 30 juill. 1819, N.; *Rome*, 17 janv. 1811, Pietro c. d'Ercolani; *Limoges*, 19 fév. 1812, N...

59. — Mais la réfusion des dépens doit avoir lieu dans une instance introduite avant le Code de procédure quoique l'opposition ait eu lieu depuis sa mise en activité. — *Limoges*, 19 fév. 1812, N...

60. — Selon Berriat (p. 451) et Thomine (t. 1er, p. 304), le défaillant doit supporter toujours les frais occasionnés par son défaut, quand même il gagne son procès sur l'opposition. — V. conf. *Rouen*, 9 janv. 1806, Laforet c. Imminck; *Rennes*, 26 avr. 1814, Lepennec c. N.; *Grenoble*, 2 fév. 1818, Deleon c. Bigallet; *Limoges*, 4 juill. 1821, Thonnet c. Botte.

61. — M. Chauveau (sur Carré, quest. 671, et *Tarif*, t. 1er, p. 233) combat cette doctrine en invoquant la disposition précise de l'art. 130. — V. conf. *Rome*, 17 janv. 1811, Di Pietro c. d'Ercolani; *Paris*, 13 mars 1823, Garnery c. Touquet.

62. — Jugé aussi que la commune qui s'est trouvée condamnée par défaut sur qualités posées, et qui par là s'est placée dans la nécessité d'attaquer par requête civile la condamnation rendue contre elle, doit supporter les frais de défaut et de requête civile, si son adversaire ne conteste pas cette requête. — *Besançon*, 12 mars 1808, comm. de Demangeville c. préfet de la Haute-Saône.

63. — Nous pensons avec MM. Carré (quest. 671), Bioche (no 120), Coin-Delisle (*Encycl. des juges de paix*, t. 3, p. 225), Victor Pons (*Tarifs app.*, no 15, p. 52), Favard (t. 4, p. 40), que la condamnation, en pareil cas, est abandonnée à la discrétion du juge, mais que les frais du premier jugement ne doivent retomber sur le défaillant qu'autant qu'il a eu en vue de nuire à son adversaire. *Malitiis non est indulgendum.* — V. conf. *Caen*, 4 juill. 1826, Poline c. Brunat.

64. — S'il est vrai que le champ des interprétations soit vaste en cette matière, il convient du moins d'écouter les conseils de l'équité et de tenir compte de l'importance des contestations, ainsi que de la bonne foi des parties.

65. — Incontestablement, la partie qui succombe doit être condamnée aux dépens, quand même les juges adopteraient des motifs autres que ceux énoncés dans les conclusions de son adversaire. — *Cass.*, 25 août 1837 (t. 2 1837, p. 429), Laurent c. Perrault.

66. — ...Jugé même qu'il importerait peu que la demande fût rejetée par suite de la promulgation d'une loi interprétative faite depuis l'ouverture de l'instance. — *Cass.*, 22 brum. an X, Laborde c. Carrère.

67. — ...Ou que l'adversaire ne gagnât son procès qu'au moyen du serment supplétif. — Carré et Chauveau, quest. 551; Chauveau, *Tarif*, t. 1er, no 202; Bioche, vo *Dépens*, no 57.

68. — Il ne saurait être douteux non plus que l'on ne puisse condamner l'appelant aux dépens, lorsque son appel, bien que motivé sur un moyen de forme fondé en soi, est cependant resté sans effet quant au fond. — *Nîmes*, 3 janv. 1820, Perrier c. Roche; *Cass.*, 17 juin 1817, comm. d'Haplincourt c. Bresson.

69. — De même, les juges ne peuvent, en prononçant la nullité d'un jugement, condamner aux dépens la partie qui a opposé la nullité accueillie, encore bien que cette partie succombe sur quelques autres chefs de ses demandes. — *Cass.*, 26 avr. 1832, Barbier c. Vernet.

70. — En règle générale, une partie qui gagne au principal et ne succombe que sur quelques chefs accessoires, ne doit pas être condamné en tous les dépens. — *Rennes*, 21 juill. 1813, Guégan c. Trauront.

71. — Au contraire, celle qui succombe sur le chef principal peut être condamnée en tous les dépens, tout en gagnant sur quelques chefs accessoires, par exemple, lorsqu'elle obtient la réduction de la demande. — *Cass.*, 5 nov. 1834, Goubert c. mont-de-piété de Strasbourg; 20 déc. 1836, Desrives c. Junca; 14 mai 1838 (t. 2 1838, p. 293), Beaulieu c. Thomas; 10 avr. 1839 (t. 2 1839, p. 551), de Bichancourt c. de Channy; 11 oct. 1839 (t. 2 1839, p. 507), Detruchat c. Desfourneaux.

72. — Par conséquent, quand une cour royale statue par un même arrêt sur les appels réunis de deux jugemens distincts, la partie qui succombe sur celui des deux appels qui seul pouvait lui porter profit peut être condamnée en tous les dépens, encore bien que l'un des jugemens ait été réformé. — *Cass.*, 5 juill. 1842 (t. 2 1842, p. 99), de Fonclare c. congrégation de la présentation de Castres.

73. — Et même, le souscripteur d'un billet qui, sur les poursuites dirigées contre lui par le tiers porteur, s'inscrit en faux et prouve que l'énonciation de la somme due est fausse en partie à raison d'une addition faite après coup, a pu, sans qu'il y ait violation du principe établi par l'art. 130, C. procéd. civ., être condamné même aux dépens de la procédure de faux, alors qu'il est établi que c'est lui qui, par son imprudence, a rendu possible le faux qui a été commis. — *Cass.*, 21 fév. 1843 (t. 1er 1843, p. 618), Delermoy c. Pagat et Paradis.

74. — La condamnation doit être prononcée dès qu'une partie est irrévocablement déboutée de ses prétentions, par exemple, de ses prétentions à un droit de propriété, quoique la décision d'un chef subsidiaire, tel qu'une question d'usage, demeure indécise, par suite d'un pourvoi au conseil d'état. — *Cass.*, 19 août 1834, de Coisard c. de Lantage.

75. — ...Ou que pour l'exécution du jugement, et spécialement pour opérer un bornage, les parties aient été renvoyées devant un expert. — *Cass.*, 17 mai 1831, comm. de Saint-Julien c. Romanet.

76. — La cour royale de Paris (28 juin 1833, notaires c. commissaires-priseurs de Versailles) a condamné en tous les dépens tant de première instance que d'appel des commissaires-priseurs qui avaient obtenu un jugement déclarant que la vente des bois de la liste civile devait être faite par leur ministère, et non par celui des notaires; sur l'appel des notaires, la liste civile était intervenue pour se joindre à eux, mais toutes les parties avaient été déboutées de leurs prétentions par le motif que la vente appartenait aux agens forestiers. — Il est difficile de comprendre, dit M. Chauveau (*Commentaire sur le tarif*, t. 1er, p. 206, no 56) comment la cour royale de Paris, qui a débouté toutes les parties de leurs demandes, a pu cependant condamner les commissaires-priseurs en tous les dépens. Il est vrai que les commissaires-priseurs ont perdu leur procès; mais il est également constant que les appelans et l'intervenant n'ont pas gagné le leur. Dans cette hypothèse, que fallait-il faire? — L'art. 130, C. procéd., dispose que toute partie qui succombe doit être condamnée aux dépens : or, dans l'espèce, ce ne sont pas seulement les commissaires-priseurs qui ont succombé, mais les notaires, mais la liste civile; il était donc juste d'ordonner que chacune des parties supportât ses dépens. »

77. — Le successible qui a renoncé à la succession de son auteur après l'expiration des trois mois et quarante jours, pour faire inventaire et délibérer est passible des dépens faits contre lui jusqu'à la notification de sa renonciation. — *Lyon*, 21 mai 1831, Pacros c. Bernay; *Bordeaux*, 6 août 1838, Bouillon c. de Fouyac; *Colmar*, 21 déc. 1830, Aron c. Grossel; *Poitiers*, 7 janv. 1831, Pallu Duparc c. Letondat.

78. — Le principe de l'art. 1016, C. civ., que la demande en délivrance d'un legs est à la charge de la succession, n'est plus applicable au cas où le légataire a soulevé de mauvaises difficultés. — *Cass.*, 28 fév. 1826, Lamirault c. Desplands; 4 fév. 1829, Leblé c. Janville; *Bruxelles*, 15 juin 1815, Pifry c. bureau de bienfaisance de Tournay.

79. — Cependant, il est des circonstances favorables où les frais de l'instance ne doivent pas

être mis à la charge du légataire, bien qu'il réclame plus que ce qui lui a été légué. C'est là une question d'appréciation.— *Bordeaux*, 9 mars 1830, Monluc c. Lapeyronie.

80. — L'héritier qui, usant du droit que lui confère l'art. 1323, C. civ., déclare ne pas reconnaître l'écriture ou la signature du testament attribué à son auteur, est passible des frais occasionnés par la vérification, si la vérité de l'écriture ou de la signature est prouvée. — *Cass.*, 6 juill. 1826, Destriaux c. Galland; *Nîmes*, 21 fév. 1826, Chaussy c. Rieux; *Poitiers*, 5 fév. 1834, Ageron c. Lemonnier; *Cass.*, 11 mai 1829, Delseyries. — V. aussi *Cass.*, 7 juill. 1839 (t. 2 1839, p. 397), Bourgeade c. Chavastelon; — Carré et Chauveau, quest. 800; Favard, t. 5, p. 917; Rolland de Villargues, vº *Reconnaissance d'écriture*, nº 26; Bioche, vº *Vérification d'écriture*. — V. *contrà Bastia*, 16 fév. 1824, Matée c. Canelli; *Riom*, 28 fév. 1824, Delseyries; — Lepage, p. 174; Delaporte, t. 1er, p. 196.

81. — ...Et cela quand même il serait de bonne foi. — *Cass.*, 11 mai 1829, Delseyries.

82. — En est-il de même du légataire universel qui succombe en soutenant la validité du testament? — Oui, évidemment, puisque les dépens sont, pour l'héritier, la juste indemnité des frais que lui a occasionnés la résistance mal fondée du légataire. — Carré et Chauveau, quest. 549. — V. *contrà Nancy*, 15 fructid. an XIII, N...

83. — En général, les frais de partage, ceux préliminaires de scellés, d'inventaire, d'expertise, de même que les frais de vente, ne sont pas compensés entre les parties, mais bien prélevés sur la masse et supportés entre les copartageans, *pro modo emolumenti*. — *Nancy*, 15 janv. 1828, Manon c. Martin; *Cass.*, 11 déc. 1834, Arnaud c. Tamisier.

84. — Cependant, l'arrêt qui décide en fait, et eu égard aux circonstances, que ces frais doivent être à la charge de la partie dont les injustes prétentions y ont donné lieu est à l'abri de la cassation. — *Cass.*, 7 nov. 1838 (t. 1er 1839, p. 7), Roussel c. Courtois; — Chabot, t. 3, p. 167; Delvincourt, t. 2, p. 351, note 4e.

85. — Il a même été décidé que les héritiers naturels, dans une instance avec les légataires, peuvent être condamnés aux frais de l'inventaire dressé après le décès du testateur, s'il est déclaré que ces frais ont été occasionnés par eux, encore bien qu'en l'absence de toute contestation il y eût eu nécessité de procéder à cet inventaire, attendu la minorité d'un des légataires. — *Cass.*, 17 janv. 1832, Delacroix c. Chouland.

86. — Il est juste encore que l'héritier qui, poursuivi en paiement d'une dette de la succession, refuse de l'acquitter, même pour sa part, supporte seul les frais qu'a occasionnés la poursuite. — *Besançon*, 8 janv. 1845 (t. 1er 1846, p. 418), Jonas Vurpillot c. Louis Vurpillot,

87. — En cas de retour de l'absent, les frais relatifs au jugement de déclaration d'absence et à l'envoi en possession provisoire sont-ils à la charge de l'héritier qui a obtenu cet envoi? — Non, selon M. Chauveau (*Tarif*, t. 2, p. 344), car c'est là un dépôt. Cependant les frais faits pour constater l'état des immeubles sont à sa charge.

88. — En matière d'ordre, les frais de constatation ne doivent pas être prélevés sur la somme à distribuer, mais être mis à la charge du créancier qui succombe, si le débiteur est étranger à la contestation. — *Agen*, 12 janv. 1825, Daubons c. Soucaret; — Thomine, t. 2, nos 883 et 887; Bioche, vº *Ordre*. — V. ORDRE.

89. — S'il est vrai que l'arrêt qui, dans un ordre, a rejeté la production d'une partie faute de justification d'un titre, puisse être rétracté lorsque, plus tard, elle rapporte cette justification, ce n'est pas, du moins, quant aux dépens. — *Caen*, 8 mai 1827, Luet c. Brioult.

90. — Mais les dépens peuvent être mis en totalité à la charge du débiteur d'une somme à distribuer qui, en se refusant au paiement de tout ou partie de cette somme, occasionne des constatations particulières entre les créanciers qui y prétendent droit. — *Cass.*, 24 juill. 1828, Dallemagne c. Cheynel.

91. — En matière de séparation de corps, l'époux qui succombe doit être condamné aux dépens; cependant, les juges peuvent les compenser, mais ils ne peuvent les mettre intégralement à la charge de la communauté. — *Paris*, 7 fév. 1806, Louaut c. Labarre; 8 nov. 1827, Guérin c. Baudin; — Chauveau, *Tarif*, t. 2, p. 365; Carré et Chauveau, quest. 548; Pigeau, t. 1er, p. 544. — *Contrà Bruxelles*, 5 juill. 1809, D... — V. aussi *Paris*, 11 mai 1815, Lemani c. Louveaux. — V. SÉPARATION DE CORPS.

92. — Jugé que le mari qui fait défaut sur l'assignation à lui donnée pour autoriser sa femme à ester en justice n'est passible d'aucune condamnation de dépens, car l'autorisation fût-elle accordée, on ne peut dire qu'il succombe; son silence est souvent une mesure de prudence. — *Bruxelles*, 23 mars 1833, Caigny c. Rux.

93. — Quant à l'exécution de la condamnation aux dépens prononcée contre la femme et le mari, V. AUTORISATION DE FEMME MARIÉE, nos 578 et suiv.

94. — Le bornage se fait à frais communs, aux termes de l'art. 646, C. civ.; cependant, le propriétaire qui élève des contestations mal fondées doit supporter seul les frais qu'il a occasionnés. — *Besançon*, 31 juill. 1828, Vernerey c. comm. de Passefontaine.

95. — En matière de garantie, la condamnation aux dépens est prononcée, suivant les circonstances, soit contre le demandeur principal, soit contre l'appelé en garantie.

96. — Le garant mis hors de cause ne doit pas ses dépens, à moins qu'il n'ait appuyé la défense du garanti et ne se soit joint à lui. — *Cass.*, 13 août 1819, Levavasseur c. Fumetz; 30 juill. 1834, Rassy c. Jeard; — Carré et Chauveau, quest. 783; Chauveau, *Tarif*, t. 1er, p. 243, nº 57; Bioche, nº 72.

97. — La partie qui l'a appelé en cause doit donc alors payer les dépens du garant; cependant, dans le cas de rejet d'une demande en garantie formée par des locataires contre un bailleur, à raison d'un trouble apporté par un tiers à leur jouissance, les dépens ont pu ne pas être mis à la charge des locataires, si le tiers mis en cause par le bailleur a été condamné à indemniser celui-ci et les locataires. — *Cass.*, 11 déc. 1827, ville d'Aix c. Dufour.

98. — Merlin (*Rép.*, vº *Dépens*, nº 8) décide que le garant qui succombe doit les dépens au garanti, mais seulement du jour où la demande originaire lui a été dénoncée. Cette doctrine a été repoussée, à juste titre par un arrêt de *Cass.*, 5 mars 1827, préfet du Bas-Rhin c. Kœcher.

99. — Au surplus, les juges ont toujours, à cet égard, un pouvoir discrétionnaire; ainsi, dans le cas où la mise en cause du garant n'a eu lieu que tardivement en appel, ils peuvent ne pas mettre à sa charge les dépens de première instance. — Arg. *Trèves*, 16 juill. 1810, Thenerkauff c. Brellinger; — Bioche, nº 73.

100. — Réciproquement, le vendeur condamné sur la demande en garantie de l'acheteur évincé ne doit pas, nécessairement, supporter tous les frais faits sur l'instance principale et sur l'instance en garantie. — *Cass.*, 8 nov. 1820, Petit c. Pourradier. — V. aussi *Nîmes*, 12 mars 1833, Felisse c. Moreau; — Delvincourt, t. 3, notes, p. 148; Duvergier, *Vente*, t. 1er, nº 364; Troplong, *Vente*, t. 1er, p. 500.

101. — En résumé, si la procédure qui précède la mise en cause est utile au garant, d'après le système de défense qu'il oppose au demandeur principal, dit M. Duvergier (*ibid.*), il n'y a pas de motifs pour le dispenser d'en payer les frais; d'un autre côté, si, même depuis la mise en cause, l'acquéreur resté dans l'instance a, par des contestations mal fondées ou par des procédures irrégulières, donné lieu à des frais inutiles, il doit seul les supporter. A plus forte raison, il est responsable de tous les dépens, s'il a persisté à vouloir plaider après que le vendeur a déclaré qu'il n'a pas de moyens pour repousser la demande principale.

102. — Quant au tiers qui succombe, il est tout à la fois passible des dépens faits par le défenseur et de ceux faits par les parties appelées en garantie et en arrière-garantie. — *Cass.*, 26 juill. 1832, Lassaux c. Templier; 25 juill. 1832, Fould c. Ardoin.

103. — D'ordinaire, les frais d'intervention sont mis à la charge de la partie qui succombe, sans être cumulés avec les dépens du principal. — Chauveau, *Tarif*, t. 1er, p. 342; Bioche, vº *Dépens*, nº 69.

104. — Cependant, celui qui a contesté tant contre son adversaire que contre un intervenant peut être condamné aux dépens, même envers l'intervenant. — *Cass.*, 7 oct. 1827, Durieux c. Damien.

105. — Le saisissant qui, considérant à tort comme une demande en distraction la demande en partage de l'immeuble saisi, met en cause le premier créancier inscrit, peut, après avoir gagné son procès en appel, être condamné aux dépens, envers ce créancier mis hors de cause par la cour, bien que celui-ci ait été appelé dans l'instance d'appel, non par lui, mais par le demandeur en partage. — *Cass.*, 22 août 1837 (t. 2 1837, p. 411), Bazzun c. Vergès.

106. — Jugé que des créanciers inscrits qui, ayant été mis en cause par leur débiteur sur une demande en résolution de vente, n'ont pas demandé leur mise hors de cause, et se sont, au contraire, joints à lui pour repousser la demande, doivent, s'ils succombent, être condamnés aux dépens conjointement avec le débiteur. — *Orléans*, 14 août 1845 (t. 2 1845, p. 348), Mandreville c. Pays.

107. — Le créancier qui intervient dans les opérations d'une succession, scellés, inventaire, vente ou partage, ou dans une instance en séparation de biens, y assiste à ses frais.

108. — Il est encore de principe que les frais nuls ou frustratoires sont à la charge de la partie qui les a faits, sauf son recours contre l'officier ministériel. — C. procéd. civ., art. 71 et 1031.

109. — Mais ne peuvent être considérés comme frustratoires les frais faits par le porteur d'un titre paré qui, au lieu d'agir par voie d'exécution, procède contre son débiteur par voie d'action, lorsqu'il y a été amené par suite des exceptions que soulevait le débiteur. — *Cass.*, 13 déc. 1831, Desson c. Jeoffroy.

110. — En cas d'incompétence, le demandeur doit payer tous les frais de première instance, puisqu'il les a mal à propos nécessités, l'incompétence existât-elle *ratione materiæ*, et ne fût-elle soulevée que par le demandeur lui-même. — Carré et Chauveau, quest. 722.

111. — Un tribunal ne peut donc, en se déclarant incompétent, condamner le défendeur aux dépens, sous prétexte que c'est par son fait que l'instance a été mal et incompétemment engagée. — *Bourges*, 18 juin 1841 (t. 1er 1842, p. 660), Legrand c. Bruandet et Gromot.

112. — Peu importe que l'exception ait été soulevée seulement en appel par le défendeur. — *Contrà Metz*, 19 avr. 1828, Legendre c. Pelleport. — Cet arrêt a condamné le défendeur à une partie des dépens; mais le retard que le défendeur apporte à proposer une exception d'incompétence *ratione materiæ* ne doit pas lui nuire, puisque la loi lui accorde la faculté d'en faire usage en tout état de cause.

113. — Cependant, une condamnation aux dépens de première instance a été maintenue en appel contre le défendeur, bien qu'il obtînt la réformation du jugement, par ce motif que devant les premiers juges, au lieu de demander son renvoi, il avait déclaré faire défaut, après avoir élevé une contestation dont il s'était désisté en appel. — *Rennes*, 20 déc. 1812, Trappe c. Boucard.

114. — On peut dire que, dans ce cas la condamnation aux dépens a eu lieu plutôt par application de l'art. 1382, C. civ., que par application de l'art. 130, C. procéd. civ.

115. — Si l'incompétence à raison de la matière n'est soulevée que par l'appel du demandeur, c'est-à-dire après le jugement du fond, il semble juste que l'intimé qui, sur le vu de l'assignation, n'a pas renoncé au bénéfice de ce jugement, supporte les frais de l'instance d'appel.

116. — ... A moins cependant que le jugement ne fût rendu au profit d'un incapable; ce cas serait abandonné au pouvoir discrétionnaire du juge.

117. — ...Encore faut-il que le moyen soit indiqué dans l'exploit d'appel, sinon il en devrait être en appel comme en première instance.

118. — C'est toujours, au surplus, une question abandonnée aux juges. Ainsi, la cour de Rennes (14 déc. 1810, Lefevre c. Bretel) a compensé les dépens en pareille circonstance, par le motif que le demandeur en soumettant à un tribunal de commerce une demande en validité de saisie, et le défendeur, en consentant à ce que le tribunal en prît connaissance, l'avaient induit en erreur en lui attribuant une compétence que la loi lui refusait, et qu'ils avaient commis une faute commune.

119. — La cour suprême (3 août 1835, contrib. ind. c. Dussault) a, au contraire, condamné aux dépens du pourvoi, l'administration des contributions indirectes qui, après avoir saisi la justice de paix, s'était pourvue contre son jugement et en avait obtenu la cassation.

120. — Il faut, pour éviter une condamnation aux dépens, acquiescer à la demande, et encore l'acquiescement qui ne contient pas l'offre de payer les frais antérieurs, n'empêche pas la partie d'être condamnée à la totalité des dépens. — *Metz*, 9 déc. 1819, Reinert c. Dalstein; — Carré et Chauveau, quest. 550; Pigeau, *Comm.*, t. 1er, p. 309; Merlin, *Rép.*, vº *Dépens*, art. 1er; Berriat, p. 156; Chauveau, *Tarif*, t. 1er, p. 206, nº 56.

121. — Lorsqu'une partie, en appel, a acquiescé à l'un des deux chefs sur lesquels elle avait été condamnée, et qu'elle a obtenu gain de cause sur l'autre chef, son adversaire, bien qu'il ait gagné sur l'un des chefs de demande, a pu être condamné en tous les dépens. — *Cass.*, 1er déc. 1836, comm. de Curlu c. hab. de Vaux.

122.—L'acquiescement doit être fourni à temps. Il serait tardif s'il n'était donné, malgré une mise en demeure préalable, qu'à l'audience seulement et au moment du jugement. — *Cass.*, 9 avr. 1834, préf. du Cher c. Vermeil.

123.—Il peut arriver quelquefois que l'acquiescement, même avec offres de payer les frais, n'arrête pas le cours des frais; c'est ce qui a lieu, par exemple, quand il y a en cause des parties intervenantes, qui n'ont pu acquiescer, telles que des mineurs, et auxquelles il est nécessaire de faire la signification d'un jugement ou d'un arrêt; on comprend que cette signification soit à la charge de la partie, malgré l'acquiescement, et qu'elle n'ait pas même de recours à cet égard contre les intervenans.—*Metz*, 12 mai 1821, Ronnet c. Legardeur.

124. — Au surplus, lorsque de plusieurs défendeurs assignés sur la même demande, les uns ont acquiescé à cette demande ou ont déclaré s'en rapporter à justice, et d'autres l'ont contestée, ces derniers ne peuvent, au cas où ils succombent, être condamnés aux dépens vis-à-vis des défendeurs qui ont acquiescé et avec lesquels ils n'ont eu aucune contestation. —*Cass.*, 15 avr. 1833, Lacroix c. comm. de Rouffach.

125. — Quelquefois aussi il est possible à une partie de revenir sur son acquiescement au jugement. Alors la question de dépens est entière. Ainsi, dans une espèce où, par suite d'un concert frauduleux, une condamnation avait été prononcée au profit d'un prétendu créancier contre un prétendu débiteur, celui-ci a pu intervenir sur l'appel d'un tiers, et obtenir tous les dépens tant d'appel que de première instance, bien qu'il eût été condamné à payer ces derniers par le jugement.—*Cass.*, 13 nov. 1833, Baudot c. Moreau.

126.—Le désistement d'une procédure emporte soumission de payer les frais. — C. procéd. civ., art. 403.

127.—Il doit être signé par la partie, à peine de nullité. Un intimé a donc pu être condamné, malgré le désistement, aux dépens relatifs à un chef auquel son avoué avait renoncé, sans pouvoir spécial, après l'appel de son adversaire, si, d'ailleurs, le jugement a été réformé sur ce chef.—*Bordeaux*, 9 déc. 1831, Dupin c. Roux. — V. DÉSISTEMENT.

128.—S'agit-il d'une somme d'argent, le débiteur, pour éviter une condamnation, doit faire aux créanciers des offres réelles, et, en cas de refus, en déposer le montant à la caisse des consignations.

129.—A partir des offres, le créancier doit supporter les frais de l'instance en validité, si les offres sont jugées suffisantes.

130.—Son acceptation ultérieure ne le rendrait pas moins passible de ces frais.—*Orléans*, 29 mars 1817, Jouasnéaé c. Dumaisnil.

131.—Le créancier dont la demande est exagérée, par exemple, celui qui ayant réclamé une somme de 37,000 fr., n'a obtenu que 14,000 fr., peut être condamné aux dépens, même lorsque les offres sont à peu de chose près suffisantes. — *Cass.*, 18 mars 1829, Bullomde c. préf. de la Seine. —V., au surplus, OFFRES RÉELLES.

132.—Ne doit donc pas payer les dépens la partie qui est simplement condamnée à payer le montant de ses offres. — *Cass.*, 1er févr. 1832, Enreg. c. Gendron.

133.—Jusqu'aux offres, les frais d'instance ou de poursuite sont à la charge du débiteur.

134.—Jugé cependant qu'ils peuvent être mis à la charge du créancier, si la demande est exagérée : tout dépend des circonstances.—*Cass.*, 28 nov. 1833, Metra c. Berthoin.

135.— En l'absence d'offres, le débiteur doit tous les dépens, la demande du créancier serait-elle réduite.—*Rennes*, 19 nov. 1818, Noguès c. Coissarel ; *Bordeaux*, 4 av. 1845 (t. 2 1845, p. 301), Balguerie c. Libéral.

136.—Mais si, sur l'appel par lui interjeté, il obtient une nouvelle réduction, les dépens d'appel doivent être à la charge de l'intimé qui succombe. —Même arrêt.

137.—Il a été jugé que les dépens d'un défendeur à une action réelle qui ne fait connaître régulièrement qu'il a cessé d'être propriétaire qu'après que l'instance se trouvait liée avec lui, sans offrir les dépens faits juqu'à ce moment, ne peuvent être mis à la charge du demandeur. — *Colmar*, 6 fév. 1889 (t. 2 1839, p. 63), Maréchal c. Michel.

138. — Cette solution ne paraît pas à l'abri de toute critique, et il semble qu'on pourrait opposer avec avantage au demandeur que c'est à lui de savoir positivement contre quelle partie il doit agir. Cependant il faut reconnaître que lorsque la bonne foi du demandeur a été abusée par certaines circonstances, dont la manifestation antérieure dépendait du défendeur, les dépens doivent être mis à la charge de ce dernier. Telle était la disposition de la loi romaine. — ff., *De heredit. petitione.*

139. — Par dépens, on entend uniquement les frais de l'instance. Par conséquent, la partie qui a obtenu gain de cause au possessoire ne peut, alors même qu'elle succombe au pétitoire, être condamnée à des dommages-intérêts pour tenir lieu à son adversaire des dépens de justice de paix. Ce serait, d'ailleurs, revenir sur la chose jugée. — *Bourges*, 27 mars 1840 (t. 2 1842, p. 114), Grandfond c. ville de Bourges.

140.—Au contraire, rien ne s'oppose, lorsque la mise hors de cause de plusieurs parties est ordonnée, à ce que celles qui succombent soient condamnées aux dépens envers toutes les parties, alors surtout que la condamnation est prononcée à titre de dommages-intérêts.—*Cass.*, 5 déc. 1838 (t. 2 1839, p. 617), Bourdonnais.

141.—Encore bien qu'il reste un point en litige, une condamnation en tous les dépens peut être prononcée si elle l'est à titre de dommages-intérêts.— *Cass.*, 15 juin 1830, Sénéchal c. Allaire.

142. —Jugé encore que l'acheteur dont le titre est annulé pour cause de fraude peut être condamné en tous les dépens, même envers son vendeur qui succombe avec lui.— *Cass.*, 2 août 1836, Weckersen c. Magnier-Granprez.

143. — Des dommages-intérêts peuvent même être alloués, indépendamment des dépens, lorsque l'action est reconnue vexatoire.—*Cass.*, 11 janv. 1837 (t. 1er 1837, p. 497), Héber c. Délaissement ; — Pigeau, *Comm.*, t. 1er, p. 325; Boncenne, t. 2, p. 540; Boitard, t. 1er, p. 568; Carré et Chauveau, quest. 586-8°.

144. — Les ascendans, quand il s'agit d'opposition à mariage ne peuvent être condamnés à aucuns dommages-intérêts. — C. civ., art. 179.

145.—Mais ils sont valablement condamnés aux dépens envers les descendans. — *Rennes*, 10 sept. 1813; *Paris*, 19 sept. 1815, Vengny; *Rennes*, 24 nov. 1817, Memel; —Duranton, t. 2, n° 217; Chauveau, *Tarif*, t. 1er, p. 202, n° 45; Bioche, n° 75. —V. *contrà Amiens*, 15 fév. 1805, Catel; *Caen*, 10 déc. 1810, Jouenne.

146.—La cour suprême ne statue que sur les dépens faits devant elle, ces dépens sont dus définitivement par la partie qui succombe sur le pourvoi. —Régl. 1738 ; — *Cass.*, 31 août 1826, Cardon c. Delisle. — V. CASSATION, n°s 1879 et suiv.

147.—La cour royale saisie sur renvoi après cassation ne peut comprendre dans les frais dont elle prononce la condamnation, et dans leur liquidation, ceux faits devant la cour de Cassation sur le premier pourvoi.— *Cass.*, 6 août 1842 (t. 2 1843, p. 335), Lepré c. Guillemé.

148.—Les frais d'un jugement cassé comme ne contenant ni le point de fait ni le point de droit doivent être supportés, ainsi que ceux de cassation de ce jugement, par la partie qui l'a signifié, et au préjudice de laquelle il a été cassé, quoique cette partie ait reconnu en cassation les moyens du demandeur. —*Bruxelles*, 23 juin 1830, Plateau c. Enregistrement.

149.—Cependant, les frais du pourvoi ne peuvent être mis à la charge du défendeur dans le cas où un arrêt, qui *d'office* a ordonné la suppression d'un nom patronymique vient à être cassé.—*Cass.*, 6 avr. 1830, Crouy Chanel.—V. CASSATION, n° 1897.

150.—Y a-t-il lieu à compensation?

151.—Quant aux *dépens du fond*, ils suivent le sort de la contestation et sont alloués en définitive par l'arrêt ou le jugement qui termine le procès; la cour de Cassation n'en connaît pas.

152. — En général, la cour de Cassation en cassant un arrêt ou un jugement ordonne la restitution des dépens du fond s'ils ont été payés; toutefois, cette prescription est surabondante : la restitution est une conséquence légale et forcée de la cassation.—Chauveau, *Tarif*, t. 1er, p. 39.—V. CASSATION, n° 1950.

153.—La restitution est faite uniquement par la partie et non par l'avoué qui avait obtenu la distraction des dépens, par le motif qu'il a reçu ce qui lui était dû.—V. CASSATION, n° 1951.

154.—Il y a lieu à cassation (*in parte quâ*) de la disposition de l'arrêt de la cour de Rennes qui met à la charge de la partie qui succombe les dépens faits devant la cour royale dont l'arrêt a été cassé sur sa demande. — *Cass.*, 28 déc. 1845 (t. 1er 1846, p. 182), Potheau c. Caillaut; 23 déc. 1845 (t. 1er 1846, p. 338), Desoignes c. Marbottin.

155.—Voyez sur les autres questions que peut présenter cette matière, V. CASSATION, n°s 1879 et suiv.

156.—Peut-on appeler du jugement qui ne prononce qu'une condamnation de dépens?—V. DEGRÉ DE JURIDICTION, n°s 377 et suiv.

157.—Lorsque sur l'appel général et indéfini

d'un jugement qui condamne l'appelant à une quotité fixe de dépens, il n'existe aucun appel distinct sur ce dernier chef, et que seulement l'appelant et l'intimé ont respectivement conclu à la condamnation en la totalité des dépens, un tel appel saisit de nouveau la cour de la question générale relative à ce même chef, de telle sorte que, sans violer l'autorité de la chose jugée, elle peut condamner l'appelant en la totalité des dépens.—*Cass.*, 1er juill. 1828, Porcher.

158.—Quant au pourvoi en Cassation, il est possible en matière de dépens comme en toute autre matière, mais le pourvoi ne peut être admis qu'en cas de violation flagrante du principe posé dans l'art. 130 (V. *suprà* n° 21); sinon, les juges ayant un pouvoir discrétionnaire, leurs décisions échappent à la censure de la cour suprême.

§ 2. — *Personnes contre lesquelles la condamnation ne peut pas être prononcée.*

159.—On a vu plus haut que, en principe, toute partie qui succombe doit être condamnée aux dépens. Mais cette règle n'est pas absolue.

160.—Ainsi, le ministère public, au civil comme au criminel, qu'il agisse comme partie jointe ou comme partie principale, ne peut être condamné aux dépens.—Décr. 18 janv. 1811, art. 117 et suiv.; *Cass.*, 4 avr. 1835, Morel; 3 juill. 1838 (t. 2 1838, p. 159), Montlouis et Gouyer; 25 avr. 1844 (t. 2 1845, p. 574), Millet; —Carré et Chauveau, quest. 552; Favard, t. 3, p. 160; Thomine, t. 1er, p. 254; Boncenne, t. 2, p. 556; Boitard, t. 1er, p. 521; Bioche, v° *Dépens*, n° 76. — V. MINISTÈRE PUBLIC.

161. —Le maire qui remplit les fonctions de ministère public n'est pas non plus condamnable aux dépens. — *Cass.*, 29 janv. 1813, Lejeune.

162. — La partie adverse du ministère public supporte donc ses frais, bien qu'elle gagne son procès; l'état est chargé de ceux du ministère public; mais si la partie succombe, elle est condamnée à payer les frais du ministère public. — Boitard et Boncenne expriment à ce sujet le vœu bien naturel que la réciprocité soit désormais admise.

163. — Mais on rentre dans le droit commun lorsque le ministère public ne représente plus l'intérêt social, mais agit dans l'intérêt du domaine de l'état. — Mêmes auteurs.

164.—Quant aux receveurs ou administrateurs, soit de la régie des droits réunis, soit des douanes, soit enfin d'une autre partie quelconque des revenus de l'état, il n'est pas douteux qu'on ne doive suivre à leur égard la règle tracée par l'art. 130. Mais les administrateurs de l'enregistrement et des domaines ne peuvent, lors même qu'ils succombent après une instruction contradictoire, être condamnés qu'aux frais du papier timbré des significations et des droits d'enregistrement. — Art. 22, L. 19 déc. 1790, et art. 65, L. 22 frim. an VII ; — Carré et Chauveau, quest. 553, note.

165. — Pour être condamnée aux dépens, il faut nécessairement que la partie ait figuré au procès. Ainsi, une condamnation personnelle ne peut être prononcée contre : 1° le préfet lorsqu'il plaide non comme partie, mais comme fonctionnaire de l'ordre administratif agissant dans l'intérêt général et pour l'exécution des lois, par exemple en matière d'élection législative.—V. ÉLECTIONS LÉGISLATIVES.

166. — ... Peu importe qu'il ait montré de l'animosité. — *Cass.*, 15 janv. 1838 (t. 1er 1838, p. 122), préfet de l'Eure c. Fondière.

167. —Même solution en matière de recrutement. — *Cass.*, 10 nov. 1845 (t. 2 1845, p. 596), préfet des Landes c. Parlarieu.—V. RECRUTEMENT.

168. — ... 2° Le maire, quand il agit en qualité de fonctionnaire public, comme en matière d'élections municipales. — V. ÉLECTION MUNICIPALE, n° 5.

169. — Le maire qui a chargé un avoué de représenter sa commune dans une instance judiciaire n'est pas personnellement partie au procès, et ne peut donc être condamné à payer à cet avoué les frais qu'il a avancés. — *Cass.*, 17 juin 1838 (t. 2 1838, p. 364), Boisson c. Roux. — V., au surplus, AUTORISATION DE PLAIDER, n°s 100 et 101. — Mais la commune qui succombe dans une instance est passible des dépens de son adversaire.

170. — Ne peuvent également être condamnés aux dépens en leur nom particulier.

171. — 1° L'administrateur représentant le domaine privé du roi, la liste civile et la dotation de la commune.

172. — ... 2° Les receveurs ou administrateurs des douanes ou des droits réunis, ou enfin d'une autre partie des revenus de l'état.

173. — ... 3° Les tuteurs, curateurs ou héritiers bénéficiaires. — *Rennes*, 19 mars 1814, Pillet c. Richer.

174. — ... 4° Enfin tous autres administrateurs. — Arg. art. 132, C. civ.; — Bioche, n° 127.

175. — Spécialement, la condamnation ne peut atteindre le tuteur qui a soutenu un procès pour faire maintenir sa nomination attaquée comme nulle.

176. — ... Le curateur à une succession vacante qui en plaidant a suivi l'avis de l'avocat qui lui a été donné pour conseil. — *Rennes*, 11 août 1813, de Keyrivon c. Guittau.

177. — ... Ou l'envoyé en possession des biens d'un absent, quand il n'agit qu'en cette qualité. — *Toulouse*, 8 juin 1831, Dernis c. Talayra.

178. — ... Ou bien encore l'exécuteur testamentaire qui s'oppose au mode adopté pour l'exécution du testament, lorsque son opposition n'est d'ailleurs pas sans motifs. — *Bourges*, 28 flor. an XIII, Tardif c. Guérin.

179. — Il est vrai que ces personnes figurent dans l'instance, mais ce n'est que comme représentans d'autres personnes ou d'êtres moraux. — Les dépens ne sont donc adjugés contre elles qu'en leur qualité de représentans.

180. — De même, on ne pourrait conclure contre eux au paiement d'une dette qui leur serait personnelle, au cours des instances introduites contre leurs administrés. — *Bordeaux*, 19 janv. 1827, Cornuaud c. Augan.

181. — Tout administrateur a le droit de répéter les dépens auxquels il a été condamné en sa qualité, en les portant dans son compte de gestion. — V. art. 797, 799 et 804, C. civ.

182. — Le gérant ou l'administrateur d'une société a l'action *pro socio*. — V. SOCIÉTÉ.

183. — Quant au communiste ou au propriétaire qui a intenté ou soutenu seul un procès concernant la chose commune, en cas d'insuccès, il supporte seul les dépens. — Arg. art. 1375, C. civ.; — Merlin, v° *Dépens*, n° 13; Proudhon, *Usufruit*, n°s 1730 et suiv.; Bioche, n° 134.

184. — La solution doit être la même à l'égard du nu-propriétaire et de l'usufruitier, dans le cas où l'un d'eux seulement a soutenu un procès concernant le domaine entier. — Arg. art. 613, 1630 et 1640, C. civ.; — Proudhon, *Usufruit*, n°s 1740 et suiv.; Bioche et Goujet, n° 135.

185. — Le recours des administrateurs n'existe qu'autant qu'ils n'ont pas excédé les bornes de leur ministère ou compromis les intérêts de leurs mandans par des poursuites ou des dépenses de mauvais aloi.

186. — L'art. 132, C. proc., porte, en effet, que les avoués et huissiers qui auront excédé les bornes de leur ministère, les tuteurs, curateurs, héritiers bénéficiaires ou autres administrateurs qui auront compromis les intérêts de leur administration, pourront être condamnés aux dépens en leur nom et, sauf répétition, même aux dommages-intérêts, s'il y a lieu.

187. — La sagesse de cet article est de toute évidence, et, par ses dispositions, il supplée à une grave omission commise dans l'ordonnance de 1667, qui gardait à cet égard un silence absolu. — Carré, sur l'art. 132.

188. — En ce qui concerne les officiers ministériels, Carré (quest. 562) a confondu comme semblables ou analogues les dispositions des art. 132 et 1031, C. proc. civ. — Cependant chacun de ces articles s'occupe d'espèces différentes. Le dernier décide que les officiers ministériels n'ont pas de recours contre leurs cliens pour les actes déclarés nuls ou frustratoires; tandis que le premier s'occupe de la condamnation des officiers ministériels ou de certains administrateurs, non seulement au paiement des frais de leurs cliens ou de leurs mandans, mais même de leur partie adverse. — Chauveau sur Carré, *ibid.*; Boitard, p. 582.

189. — A l'égard des officiers ministériels, il a été décidé notamment que l'avoué qui occupe pour un prête-nom peut être personnellement condamné aux dépens. — *Cass.*, 22 mai 1832, Millart c. Barré.

190. — ... Et que celui qui, sans autorisation de la partie, forme devant le président opposition au permis que ce magistrat a donné de citer à bref délai, après avoir introduit devant le tribunal une pareille opposition qui a été rejetée, est responsable des frais. — *Rennes*, 13 janv. 1831, Narrot c. Motessuy. — V. au surplus les nombreuses solutions rapportées v° AVOUÉ, n°s 362 et suiv.

191. — L'art. 132 a été appliqué 1° à un préfet qui avait intenté, au nom d'une commune, malgré le refus du conseil municipal, un pourvoi en cassation. — *Cass.*, 28 janv. 1843 (t. 2 1843, p. 294), comm. de Pléchatel c. Blerge.

192. — ... 2° A un maire qui, cité personnellement en justice, ne s'était pas fait autoriser à représenter la commune. — *Cass.*, 21 août 1836 (t. 1er 1837, p. 59), Bailly c. Perrin.

FRAIS ET DÉPENS (Mat. civ.), ch. 2.

193. — Il ne peut être douteux non plus que le maire qui succombe dans une instance par lui introduite en cette qualité, il est vrai, mais qui ne se rattache pas à des objets faisant partie du domaine de la commune ou du bureau de bienfaisance, ne doive être personnellement condamné aux dépens. — *Colmar*, 10 janv. 1839 (t. 1er 1840, p. 567), Stipende Boll c. Eguisheim.

194. — ... 3° A un tuteur qui, sans autorisation, du conseil de famille, avait interjeté un appel. — *Riom*, 3 avr. 1806, Bonnet c. Tantillon.

195. — Même solution contre un tuteur qui, sans autorisation, avait intenté une action immobilière. — *Nancy*, 21 nov. 1831, Bernard c. Savielle.

196. — ... Défendu à un procès insoutenable. — *Turin*, 25 juin 1810, Borelli c. Miroglio.

197. — ... Refusé de donner à son pupille une éducation convenable. — *Turin*, 9 déc. 1808, Bussi c. Chianca. — V. aussi COMPTE DE TUTELLE, n°s 89 et suiv.

198. — A été également condamné un tuteur qui, ayant négligé de faire la déclaration exigée par l'art. 793, C. civ., avait induit la justice en erreur sur l'acceptation d'une succession échue à des mineurs. — *Angers*, 11 août 1809, Davier.

199. — ... 4° A des syndics qui avaient intenté une action insoutenable. — *Cass.*, 27 juin 1821, Dumont c. Poullan; 25 mars 1823, Delaporte c. Tannel.

200. — Mais un syndic qui succombe dans une action intentée par lui dans le seul intérêt de la masse ne peut être condamné aux dépens si d'ailleurs il n'y a pas mauvaise foi de sa part. — *Bordeaux*, 16 nov. 1841 (t. 1er 1842, p. 335), Chauvet c. Laporte.

201. — ... 5° A des individus qui s'étant faussement attribué la qualité de syndics avaient introduit une instance en cette qualité. — *Cass.*, 19 août 1807, Lebos c. Rathelot.

202. — ... 6° A un héritier bénéficiaire en cas de procédure frustratoire. — *Bruxelles*, 16 nov. 1831, L. C. N.

203. — L'héritier bénéficiaire doit énoncer sa qualité s'il veut éviter une condamnation personnelle. Toutefois dans une espèce où l'héritier bénéficiaire avait agi en même temps comme créancier de la succession, les dépens n'ont pas été mis à sa charge quoiqu'en appel il eût négligé de rappeler ces qualités. — *Bourges*, 24 août 1820, Née-Devaux c. Ouvrée.

204. — ... 7° A des directeurs ou préposés de la caisse des dépôts et consignations qui sans fondement avaient élevé des difficultés pour le retrait de sommes consignées. — *Bordeaux*, 6 sept. 1831, receveur général de la Gironde c. Carayon-Latour.

205. — 8° A un cessionnaire de droits successifs et litigieux qui pour éviter le retrait avait exercé des poursuites au nom du cédant et fait des frais frustratoires. — *Cass.*, 15 janv. 1840 (t. 2 1843, p. 227), Rougarel c. Dupoday.

206. — La condamnation aux dépens ne valant en général contre les tuteurs, curateurs et autres administrateurs que dans la qualité sous laquelle ils ont esté en justice, il est nécessaire, si l'on veut les frapper personnellement, d'énoncer que la condamnation est personnelle en employant les mots *condamne personnellement* ou *sans qu'il puisse répéter.....*

207. — Cette condamnation doit être motivée à peine de nullité. Il s'agit en effet d'un blâme, et ce n'est plus la conséquence du jugement comme dans les cas ordinaires. — *Cass.*, 2 fév. 1831, Diverneresse c. Fargeix; — Carré-Chauveau, *ibid.*

208. — Le juge ne peut être condamné aux dépens qu'autant qu'il a été pris à partie et qu'il a succombé sur cette action. — *Cass.*, 7 juin 1810 (int. de la loi); — Carré-Chauveau, n° 547; Thomine, t. 1er, p. 254. — V. PRISE A PARTIE.

209. — Jugé également avant le Code qu'un juge de paix ne peut être condamné aux dépens d'un jugement qu'il a rendu et qui est annulé par les juges d'appel. — *Cass.*, 29 flor. an II, min. pub.

210. — Dans le cas d'une récusation, s'il refusait de se départir, il ne devrait pas être regardé comme partie au procès; et la récusation serait-elle admise, aucune condamnation ne pourrait l'atteindre. — *Cass.*, 13 nov. 1809, Héreau c. Alix; — Carré-Chauveau, *ibid.*; Favard, t. 3, p. 160, n° 15; Merlin, v° *Récusation*, § 2, art. 3; Pigeau, t. 1er, p. 542; Berriat, t. 1er, p. 332; Chauveau, *Tarif*, t. 1er, p. 275, n° 24; Favard, v^is *Jugement*, t. 3, p. 601, n° 15, et *Récusation*, n° 767. — V. RÉCUSATION.

211. — La condamnation personnelle des administrateurs doit être requise par la partie. — Boncenne, t. 2, p. 562; Bioche, n° 152. — *Contrà* Pigeau, *Comment.*, t. 1er, p. 313; Carré-Chauveau, n° 563; Favard, t. 3, p. 161; Thomine,

FRAIS ET DÉPENS (Mat. civ.), ch. 2.

t. 1er, p. 256; Boitard, t. 1er, p. 534. — Prononcer d'office une pareille condamnation, ce serait en effet presque toujours condamner une partie par défaut.

212. — Il est surtout équitable d'appeler en cause l'officier ministériel ou l'administrateur contre qui l'on réclame la condamnation aux dépens. — V. ENQUÊTE.

213. — Cependant il a été jugé qu'il n'est pas indispensable en pareille circonstance qu'un avoué soit entendu dans sa défense particulière ou appelé à se défendre. — *Cass.*, 22 mai 1822, Millart c. Barré.

214. — Le mari peut-il être condamné aux dépens dans les procès qui intéressent sa femme? — Pigeau (liv. 2, p. 3; t. 5, ch. 5; art. 1er, n° 3, *in fine*) pense que si le mari a plaidé pour les intérêts de sa femme, soit seul, soit conjointement avec elle, ou l'a autorisée à plaider et que la prétention de sa femme soit rejetée, tous les deux doivent être condamnés aux dépens. — Carré au contraire (quest. 548) enseigne qu'il n'y a pas lieu de le condamner aux dépens toutes les fois qu'il n'a été appelé en cause que pour autoriser sa femme et qu'il n'assiste au procès qu'à cet effet sans plaider pour elle au fond. — Ces deux opinions nous semblent trop générales. Il faut admettre, selon nous, que l'autorisation donnée par le mari pour plaider le soumettra au paiement des dépens s'il s'agit de biens dotaux; mais il n'en sera pas de même si la contestation regarde les biens paraphernaux de la femme ou les biens dotaux quand elle est séparée de biens. — Chauveau sur Carré, quest. 549; Rousseaud de Lacombe, v° *Dot*, sect. 3e; Merlin, v° *Autorisation maritale*, sect. 7e *bis*, n° 2; Favard, t. 3, p. 160, n° 15; Proudhon, t. 4, n° 1780; Toullier, t. 2, p. 31.

215. — Si le mari a refusé son autorisation, les dépens ne peuvent jamais l'atteindre, car alors il ne saurait être considéré comme partie, encore même qu'il n'a point déduit les motifs de son refus. — *Bruxelles*, 23 mars 1833, Caigny c. Rux. — Carré et Chauveau, *loc. cit.*; mêmes auteurs. — *Contrà Besançon*, 28 avr. 1806, Pelletier c. Dauphin. — V. au surplus AUTORISATION DE FEMME MARIÉE, n°s 567 et suiv.

216. — En tout cas, le mari qui a agi conjointement avec sa femme dans un procès sans indiquer qu'il y était uniquement pour l'autoriser, peut être justement condamné aux dépens. — *Nîmes*, 6 juill. 1840 (t. 2 1841, p. 85), Gaussorgues c. Cay-Vidal.

217. — Un mari peut se pourvoir contre une condamnation de dépens prononcée sur une contestation relative aux biens propres de sa femme. — *Cass.*, 2 pluv. an XII, Reusse.

Sect. 2e. — *Condamnation à une partie des dépens. — Compensation des dépens.*

218. — *Divers modes de répartition des dépens.* — On a vu dans l'article précédent dans quels cas une partie doit être condamnée à la totalité des dépens. Mais quelquefois les juges ont la faculté de condamner les parties à une certaine quotité des dépens ou de laisser à la charge de chacune d'elles les frais qu'elle a faits personnellement. C'est ce qu'on appelle compenser les dépens.

219. — Toutefois il ne faut pas confondre la *compensation simple* avec la condamnation à une quote déterminée de tous les dépens, nommée aussi *compensation proportionnelle*.

220. — Par la compensation simple, chaque partie paie ses frais en totalité ou en partie.

221. — Dans ce cas, il n'intervient pas, à proprement parler, de condamnation. — Carré-Chauveau, *ibid.*; Boncenne, t. 2, p. 538; Boitard, t. 2, p. 156; Lepage, p. 136; Favard, t. 3, p. 160, n° 16.

222. — Une condamnation est au contraire indispensable quand une des parties doit supporter, outre les frais faits par elle, une partie de ceux faits par son adversaire.

223. — Il en est de même lorsque le juge ordonne qu'il sera fait masse de tous les dépens, et que le montant de cette masse sera reporté entre les parties dans des proportions qu'il indique.

224. — Les tribunaux peuvent encore, sans prononcer de compensation, mettre à la charge de l'une des parties un acte spécial, une portion quelconque de la procédure. — Chauveau sur Carré, quest. 557; Pigeau et Favard, *ubi suprà*.

225. — Enfin, il arrive fréquemment que des chefs distincts de demande occasionnent des procédures distinctes, chaque procédure est alors mise à la charge de la partie qui l'a provoquée à tort, ou qui a succombé dans l'incident. C'est ce que l'on voit en appel quand l'intimé principal est condamné à l'amende et aux dépens d'un appel

FRAIS ET DÉPENS (Mat. civ.). ch. 2.

incident, bien que le jugement soit confirmé. — Bioche et Goujet, *ubi suprà*.

226. — La compensation en matière de dépens diffère de celle du Code civil, en ce qu'elle a lieu : 1° pour dettes non liquides; 2° en bloc et non jusqu'à concurrence de la plus faible des deux créances; 3° en vertu de la décision du juge, et non de plein droit. — Bioche, n° 178.

227. — En cas de compensation simple, les frais d'expertise, de procès-verbal de descente sur les lieux, d'enquête et autres semblables, demeurent à la charge de la partie qui en a fait l'avance. — Carré-Chauveau, n° 560; Lepage, p. 140; Pigeau, t. 1er, p. 521; Jousse, *Comment.*, t. 2, p. 227; *Praticien*, t. 1er, p. 399.

228. — Chacune des parties reste, en effet, passible des frais qu'elle a payés. — En conséquence, lorsque dans une instance une partie a obtenu plusieurs arrêts par défaut et qu'elle a fait l'avance des dépens, s'il intervient ensuite un arrêt définitif qui compense tous les dépens, sans contenir de disposition spéciale pour les frais contumaciaux, ces frais se trouvent compris dans la compensation générale. — *Grenoble*, 5 juill. 1823, Thévenon c. Gras.

229. — Si la compensation est proportionnelle, la partie qui a fait ces avances peut les répéter contre l'autre au prorata de la condamnation. — Mêmes auteurs.

230. — Dans le premier cas, la partie qui lève le jugement en supporte le coût, tandis que dans le second, il est levé à frais communs.— Delaporte, t. 1er, p. 241 ; Carré-Chauveau, n° 561.

231. — Toutefois, lorsque le jugement doit servir de titre à une partie, le coût en est à la charge de la partie qui succombe. — *Bordeaux*, 19 juill. 1831, Viard c. Delmestre. — Dans cette affaire, le jugement de première instance avait partagé les dépens et mis les frais de levée du jugement à la charge de celle des parties qui y donnerait lieu, mais la cour a réformé par le motif ci-dessus.

232. — Le chef du jugement qui compense les dépens n'a pas besoin d'être motivé.— *Cass.*, 12 mai 1841 (t. 2 1841, p. 343), Deport c. Desmarest.

233. — Lorsqu'il y a compensation proportionnelle, les deux parties sont débitrices l'une envers l'autre de la quotité des dépens à laquelle elles sont condamnées, et si la distraction des dépens n'a pas été prononcée au profit des avoués, il s'opère entre elles une compensation jusqu'à due concurrence, dès que la masse est fixée.—C'est la compensation légale dans sa véritable acception. — *Quid* dans le cas où il y a eu distraction? — V. *infrà*.

234.— *Cas dans lesquels la compensation peut être prononcée.* — Aux termes de l'art. 131, C. procéd., les dépens peuvent être compensés en tout ou en partie dans deux cas distincts, savoir : 1° à raison des liens qui existent entre les parties, toutes les fois que le procès s'agite entre conjoints, ascendans, descendans, frères, sœurs, alliés au même degré ;—2° à cause du résultat de la contestation, lorsque les parties succombent respectivement sur quelques chefs.

235. — Dans l'une et l'autre hypothèse, la compensation soit en totalité soit en partie est facultative. — Chauveau, *ibid.* — Les juges ont en pareille matière un pouvoir discrétionnaire.— *Cass.*, 6 juin 1820, Douceur ; 12 août 1824, Laplanche c. Varsavaux ; 2 juill. 1834, Duvalliard c. Demiannay, 19 août 1834, comm. de Coisard c. de Lantage, sous *Cass. belge*, 13 mai 1835, Gofflot c. Castugne ; *Cass.*, 17 déc. 1839 (t. 1er 1840, p 607), Merville c. Queste; 12 mai 1841 (t. 2 1841, p. 343), Deport c. Demarest; 12 août 1841 (*ibid.*, p. 569), Lancey c. Dutacq ; 26 janv. 1842 (t. 1er 1844, p. 287), Dumel c. Paris ; 14 mai 1844 (t. 2 1844, p. 65), ass. gén. c. François.

256. — Ils ne sont donc pas tenus de compenser les dépens même entre les parties parentes. — *Paris*, 5 niv. an XIII, Godefroy c. Lemire; *Rennes*, 24 nov. 1817, Memel.

237. — Spécialement, ce n'est pas le cas de les compenser lorsque les frais d'une instance entre un gendre et une belle-mère se trouvent être presque aussi considérables que la somme allouée à celle-ci à titre d'alimens, par suite de la résistance du gendre. — *Rennes*, 24 avr. 1818, François c. Leroux.

238. — Réciproquement la compensation entre parens est valablement ordonnée quoique l'une des parties succombe sur tous les points de la contestation.

239. — Mais le recours en cassation serait admissible si les dépens avaient été compensés, attendu la qualité des parties, bien qu'elles ne fussent pas alliées ou parentes au degré déterminé.— Chauveau, *Tarif*, t. 1er, p. 205 ; Carré-Chauveau, quest. 558.

240. — Les termes de l'art. 131 sont limitatifs.— *Rennes*, 14 juill. 1813, Espivent c. N... ; — Chauveau, *Tarif*, t. 1er, p. 205 ; Bioche, n° 179 ; Carré-Chauveau, quest. 558 ; Pigeau, *Comment.*, t. 2, p. 590; Demiau, p. 587. — *Contrà* Lepage, p. 581 ; *Praticien français*, t. 5, p. 161.

241. — Par conséquent, les dépens ne peuvent être compensés : 1° entre oncles et petites-nièces. — *Grenoble*, 25 juill. 1827, Long c. Ruelle.

242. — ...2° Entre cousins-germains. — *Aix*, 1er mars 1817, Garachon c. Taneron.

243. — ...3° Entre tante et neveu. — *Bordeaux*, 13 août 1840 (t. 2 1840, p. 736), de Brivarac c. de Laliman.

244. — Jugé, cependant, qu'il y a lieu à compenser les dépens entre cousins. — *Toulouse*, 31 mars 1838 (t. 1er 1839, p. 464), Azéma c. Garrigue.

245. — ...Ou dans le cas de difficultés relatives à une délibération de conseil de famille. — *Rennes*, 31 août 1818, N...

246. — Hors le cas de parenté, la compensation n'est de droit qu'autant que les parties succombent respectivement. — *Bordeaux*, 15 janv. 1835, Leydet c. Besrède ; *Rennes*, 14 juill. 1813, Espivent c. N...

247. — ...A moins, toutefois, que les parties n'aient des torts respectifs. — *Cass.*, 18 mai 1808, Enreg. c. Lelecau ; *Paris*, 7 janv. 1809; Becœur c. Ferrand.

248. — Ce serait, en effet, mal interpréter l'art. 131 que de croire qu'il autorise uniquement la compensation lorsque le litige se compose de plusieurs chefs de demande. Bien qu'il n'y ait qu'un seul chef de demande, si l'une des parties exige plus qu'il ne lui est dû, si l'autre offre moins qu'elle ne doit, il est évident que toutes deux ont tort et que, dans l'économie de la loi, cette hypothèse rend la compensation possible. — *Cass.*, 18 mai 1808, Enreg. c. Lebau ; — Favard, t. 3, p. 161, n° 16 ; Thomine, t. 1er, p. 255 ; Carré et Chauveau, quest. 558.

249. — Il suffit qu'une partie obtienne une portion de sa demande pour que les dépens soient compensés. — *Bordeaux*, 14 janv. 1830, Leborgne.

250. — ... Peu importe qu'elle ne réussisse que sur une demande reconventionnelle. — *Cass.*, 25 janv. 1827, Rouvière c. Gublin.

251. — Lorsque plusieurs chefs de demande des parties ont été admis et d'autres rejetés, l'arrêt qui ordonne, à raison de ce, une répartition des dépens dans la mesure qui lui paraît la plus juste, ne donne point ouverture à cassation. — *Cass.*, 11 août 1846 (t. 2 1846, p. 453), Gestat c. Bompois.

252. — Si l'irrégularité de conclusions prises de part et d'autre a été la cause du mal jugé en première instance, elle doit entraîner entre les parties, en appel, la compensation de tous les dépens. — *Bordeaux*, 7 août 1844 (t. 1er 1846, p. 571), Daumont c. Saunier et Dutaste.

253. — La compensation est, du reste, une mesure de convenance et d'équité qui varie, évidemment, suivant les circonstances ; elle pourrait donc être ordonnée : 1° quand même l'intimé aurait abandonné en cour d'appel quatre des six chefs du jugement attaqué, pourvu qu'il succombe sur un des chefs restant à juger. — *Cass.*, 14 août 1807, Gazan c. Vidal.

254. — ...2° Dans le cas où l'intimé obtiendrait la confirmation du jugement de première instance, s'il succombait sur une fin de non-recevoir opposée à son adversaire (*Rennes*, 18 janv. 1819, Rodellec c. N...), pourvu, toutefois, que la présentation de la fin de non-recevoir eût augmenté les frais. — *Rennes*, 30 juill. 1817, Saluin c. Sebert.

255. — ...3° Lorsque plusieurs instances ont été jointes du consentement de toutes les parties. Aussi une cour royale a-t-elle le droit de compenser les dépens relatifs à l'une des instances d'appel dans laquelle l'appelant a constamment succombé, pourvu qu'il triomphe dans l'autre. — *Cass.*, 20 nov. 1839 (t. 1er 1840, p. 355), comm. de Beignon c. fabr. de Beignon.

256. — Quand deux parties ont concouru à la violation de la loi qui entraîne l'annulation du jugement attaqué, la cour de Cassation elle-même peut prononcer entre elles la compensation des dépens.— *Cass.*, 5 mars 1823, Contrib. indir. c. Pellerin.

257. — Il y a également lieu de compenser les dépens si les parties ont, de concert, demandé le règlement de juges ou si la partie défenderesse y a acquiescé. — *Cass.*, 1er oct. 1825, de Brivasac c. Barincou.

258. — De même, lorsque la marche irrégulière suivie par le demandeur a été le résultat d'une erreur commune, il y a encore lieu de compenser les dépens. — *Aix*, 27 janv. 1825, Pénit. noirs d'Arles c. Anty.

259. — Même solution dans une espèce où plusieurs jugemens avaient été annulés par suite d'une cause étrangère à toutes les parties. — *Colmar*, 25 août 1829, Haffen c. Hoffmann.

260. — Jugé qu'on peut proposer en cour royale l'exception résultant de ce qu'une affaire commerciale a été portée devant les tribunaux civils ; mais que les parties ayant à s'imputer respectivement les frais du procès, il y a lieu d'en ordonner la compensation. — *Colmar*, 23 déc. 1824, Monnin c. Walsch. — On ne peut qu'applaudir, dit M. Chauveau (t. 29, p. 236), à la décision équitable qu'a rendue la cour de Colmar dans cette circonstance.

261.— En matière d'arbitrage, il y a encore lieu de compenser les dépens entre les parties, lorsque celle qui oppose l'incompétence du tribunal saisi par son adversaire de l'opposition à l'ordonnance d'*exequatur*, est précisément celle qui a fait le dépôt de la sentence au greffe de ce tribunal, et sollicité du président l'ordonnance attaquée.—*Metz*, 1er août 1834, Bona c. Robert.

262.—Lorsqu'une des parties a fait en première instance des contestations qui ont donné lieu à des frais frustratoires, la cour royale, tout en lui adjugeant les conclusions de son acte d'appel, et en infirmant au fond le jugement attaqué, peut compenser les dépens de première instance et mettre ceux d'appel à la charge des intimés. — *Rennes*, 9 mars 1820, Bourgneuf c. Lecornec et Foucault.

263.— De même, la compensation a été ordonnée contre une partie, bien qu'elle ait obtenu gain de cause, par le motif que, ne se présentant pas devant les juges, elle avait occasionné une grande partie des frais de l'instance. — *Limoges*, 27 août 1816, Masiat c. Goudou.

264.—Mais les dépens compensés en première instance ne doivent pas l'être nécessairement en appel, lorsque l'appelant est totalement débouté de son appel.—*Bordeaux*, 2 juill. 1829, Mestrezat c. Cabos.

265. — Nous avons vu qu'aucune condamnation ne pouvait intervenir contre les parties qui ne figurent pas au procès. — C'est donc à bon droit que la cour de Cassation (20 janv. 1830, Bardin c. Santerre) a décidé, qu'en l'absence d'appel de la part d'aucune des parties contre lesquelles la compensation a été ordonnée, une cour n'a pu, sur la tierce-opposition d'un tiers, mettre les dépens de l'une de ces parties à la charge de l'autre.

266. — La partie qui rend nécessaires des frais quelconques, ou qui succombe dans un incident, doit payer les dépens qu'elle a occasionnés. — V. toutefois ce qui a été dit à propos des pièces de partage, bornage, etc.

267.—Les dépens ainsi nécessités par le défaut de communication de pièces sont à la charge de la partie qui devait la communication. — *Aix*, 27 mai 1808, Gay c. Jouffrey.

268.—Peut encore être condamnée à une portion des dépens la partie qui produit tardivement, en appel, des pièces décisives.— *Paris*, 9 flor. an XI, Habert c. Ters ; *Aix*, 27 mai 1808, Gay c. Jouffrey ; *Caen*, 11 déc. 1845 (t. 1er 1846, p. 467), Sabire-Labasserie c. comte de Buessent.

269. — ... Celle qui ne propose ses véritables moyens de défense que sur l'appel et pendant les plaidoiries, quoiqu'elle ait réussi en première instance.— *Caen*, 3 mai 1826, Cosnard c. Delavoine et Durosier.

270. — ... Le rendant compte, en cas de mauvaises contestations, bien qu'en principe les frais de compte soient à la charge de l'oyant.— *Cass.*, 1er août 1832, Lestugeur c. Delalande. — V. COMPTE DE TUTELLE, nos 89 et suiv.

271. — ...L'avoué qui, dans une contestation avec une partie, refuse de s'expliquer en conciliation et par un défaut aggrave la position de son adversaire.—*Caen*, 1er févr. 1828, O... c. Dollet.

272.—Nul doute encore que la partie qui, par son refus d'accéder à la sommation de recevoir des actes authentiques, supplée, d'ailleurs, suffisamment aux titres adirés par le fait d'un tiers, ne soit tenue des dépens postérieurs à la sommation, — ceux précédens étant à la charge du tiers. — *Aix*, 28 mars 1832, Relat c. trés. publ.

273.—Jugé encore que les frais d'une instance en vérification d'écritures, rendus plus considérables qu'ils n'auraient dû être par la faute des constituans, doivent être mis à leur charge, quoique leurs prétentions soient accueillies. — *Agen*, 4 janv. 1814, Lezeret c. Henrat.

274.—Quant à la partie qui exécuterait un jugement rendu en premier ressort, malgré l'appel interjeté par son adversaire, elle devrait supporter dans tous les cas les frais de cette exécution, à moins que le jugement ne fût exécutoire par pro-

vision.—*Paris*, 24 fév. 1825, Horville c. Georges.— V. aussi EXÉCUTION PROVISOIRE.

275. — Au surplus, comme on l'a déjà dit, la réformation d'un ou de plusieurs chefs d'un jugement n'empêcherait pas de condamner l'appelant aux dépens sur les autres chefs qui demeuraient décidés contre lui. — *Nîmes*, 8 janv. 8120, Basile c. Dugard.

Sect. 3ᵉ. — *Solidarité de la condamnation.*

276.—En règle générale, la condamnation aux dépens est personnelle et divisible.

277.—La solidarité ne résultant que de la loi ou des conventions des parties, les juges ne peuvent la suppléer dans aucun cas. — *Cass.*, 21 mess. an IV, Lecomte c. Roger; 15 mai 1811, Vignau c. Papillon; 20 juill. 1814, de Combray c. Acquet; 30 déc. 1828, Bourigues c. Laens; *Paris*, 13 flor. an XII, Montglas c. Chardin; *Rennes*, 20 janv. 1813, Dacosta c. James; 12 juill. 1813, N...; *Agen*, 18 fév. 1824, Thore c. Gesse; *Colmar*, 27 mai 1833, Lazarus c. Schlumberger; 1er août 1829, Nawist; — Merlin, vº *Dépens*, t. 3, p. 552; Pigeau, *Comment.*, t. 1er, p. 308; Favard, t. 3, p. 159; Thomine, t. 1er, p. 253; Boncenne, t. 2, p. 541; Boitard, t. 1er, p. 522; Carré et Chauveau, quest. 552; Bioche, nº 85; Chauveau, *Tarif*, t. 1er, p. 197; Berriat, p. 158; Duranton, t. 11, p. 192. — *Contrà Rouen*, 17 mars 1808, Basile c. Dugard.

278. — Spécialement, des associés qui succombent dans un arbitrage forcé ne peuvent être condamnés solidairement aux dépens vis-à-vis de celui qui obtient gain de cause.—*Toulouse*, 22 janv. 1835, Saint-Clair c. Claverie.

279.—La solidarité, quant aux dépens, ne peut encore être prononcée dans le cas où il s'agit d'une demande d'alimens, car si cette dette est de sa nature indivisible, elle n'est pas solidaire.—*Rouen*, 14 juill. 1827, Grenier.

280. — ... Ni même dans celui où une obligation est annulée pour cause de dol ou de fraude. — *Cass.*, 30 déc. 1828, Bouzigues c. Laens; 25 août 1831, Hivet c. Durand; 19 juin 1839 (t. 1er 1839, p. 661), Bousseau c. Guesdon.

281. — Toutefois, malgré l'illégalité d'une condamnation solidaire, un tribunal d'appel ne peut, d'office, réformer le jugement qui la prononce. — *Agen*, 19 mai 1823, Touron c. Lacombe.

282. — La règle que la condamnation est personnelle et divisible en matière de dépens souffre cependant une première exception, dans le cas où la condamnation principale est solidaire. — *Cass.*, 11 juill. 1825, Oursel c. Gosson; *Colmar*, 19 juin 1841 (t..., p. 508, Christian c. Durand).—V. aussi *Cass.*, 20 juill. 1815, Cambray c. Acquet; 1er déc. 1819, Lafond c. Thévenin; *Colmar*, 27 mai 1833, Lazarus c. Schlumberger; — Chauveau sur Carré, quest. 553; Thomine, t. 1er, p. 253; Bioche, nº 9. — *Contrà Rennes*, 30 août 1811, Gohand c. Lébert; — Boncenne, t. 2, p. 542; Boclair, t. 1er, p. 523; Berriat, p. 158; Carré, quest. 553; Pigeau, *Comm.*, t. 1er, p. 308 et 309.

283. — Quant aux héritiers d'un débiteur solidaire, la dette principale se divisant entre eux, la condamnation aux dépens ne peut être solidaire. — *Cass.*, 27 nov. 1839 (t. 1er 1840, p. 151), Broutin c. Massot; 20 juin 1820, Lefort c. Vallet.

284. — Selon M. Bioche, *ubi suprà*, la condamnation doit encore être prononcée solidairement lorsque l'obligation est indivisible.—V. en ce sens *Cass.*, 11 janv. 1825, Oursel c. Gosson. — Le motif qui a décidé la cour est que l'obligation indivisible est nécessairement solidaire. Or, c'est là une pétition de principe, une hérésie en droit que la cour de Rouen a justement condamnée dans son arrêt précité du 14 juill. 1827.

285. — Du principe que la solidarité de la dette s'étend aux dépens faits pour en obtenir le paiement, il résulte qu'alors même que l'un des codébiteurs solidaires aurait acquiescé au jugement de première instance, il est encore tenu des dépens faits sur l'appel interjeté par son codébiteur seul, et même malgré lui.—*Bourges*, 25 mars 1829, Souverain et Bilbaut c. Javon.

286. — En matière criminelle, les frais, de même que les amendes, les restitutions et dommages-intérêts sont dus solidairement. — Art. 55, C. procéd.; art. 156, décr. 18 juin 1811.— V. FRAIS ET DÉPENS (Matière criminelle).

287. — On verra *infrà* que l'avoué peut réclamer solidairement contre ses cliens le paiement des frais qu'il a avancés pour eux.

288. — La seconde exception s'applique au cas où les dépens sont adjugés à titre de dommages-intérêts. — *Cass.*, 6 juin 1811, Delannoy c. Didier; 25 août 1831, Hivet c. Durand; 17 janv. 1832, Delacroix c. Chouland; 22 avr. 1835, Cerf c. Lott; 3 déc. 1836 (t. 1er 1838, p. 87); 12 fév. 1839 (t. 1er 1839, p. 661, Rousseau c. Guesolan; — Denniannay; Chauveau sur Carré, *ibid.*; Boncenne, t. 2, p. 545; Merlin, vº *Dépens*, nº 17; Bioche, nº 93; Toullier, t. 8, nº 389.

289. — Spécialement, l'arrêt qui, sur la demande des héritiers de la femme, annule la vente d'un bien dotal pour défaut de remploi, peut condamner solidairement aux dépens l'acquéreur et le mari, sur ce motif qu'ils ont des torts réciproques à se reprocher.— *Cass.*, 27 avr. 1842 (t. 2 1842, p. 236, Chéramy c. Chédeville.

290. — Les parties qui ont interjeté un appel vexatoire peuvent être condamnées solidairement aux dépens envers l'intéressé à titre de dommages-intérêts. — *Caen*, 25 nov. 1842 (t. 1er 1847, p. 11), Marre c. Coudray.

291. — D'après M. Bioche (nº 93), la condamnation aux dépens doit être encore solidaire lorsqu'elle est prononcée comme complément de la réparation civile d'un délit. Cet auteur cite à l'appui de son opinion un arrêt de cassation du 6 sept. 1813 (Debur). Or, dans l'espèce, des dommages-intérêts ayant été alloués solidairement contre deux parties, il est impossible de considérer les dépens comme alloués à titre de dommages-intérêts; mais la condamnation solidaire était de droit, puisque la condamnation principale était solidaire.

292. — Lors même que la solidarité peut être prononcée d'après les principes posés ci-dessus, il faut nécessairement, pour qu'elle soit accordée, qu'elle soit réclamée par des conclusions expresses. — *Rennes*, 30 août 1811, Golraud c. Lebert.

293. — Il y a lieu à la division des dépens, quoique la condamnation principale ait été prononcée solidairement, si la solidarité, quant à ces dépens, n'a pas été formellement requise et accordée. — — *Cass.*, 19 avr. 1841 (t. 2 1841, p. 178), Loisel c. Pluchard.

294. — Jugé même que les dépens faits sur l'appel d'un jugement qui a prononcé une condamnation solidaire aux dépens ne sont dus solidairement, malgré la confirmation de ce jugement, qu'autant que l'arrêt l'a ainsi ordonné. — *Paris*, 13 thermid. an XIII, Giraud c. Bourdaye; — *Cass.*, 19 avr. 1841 (t. 2 1841, p. 178, Loisel c. Pluchard.

295. — La condamnation solidaire doit-elle être motivée? — L'affirmative ne nous paraît pas douteuse; car il n'en est plus en ce cas comme en celui où la condamnation aux dépens n'est que la conséquence de la décision du fond.

296. — Entre les parties condamnées, les dépens se divisent toujours, la condamnation fût-elle solidairement prononcée au profit de l'adversaire. Mais cette division a-t-elle lieu *pro numero succumbentium*, ou bien eu égard à l'intérêt de chacun des plaideurs condamnés? Selon Merlin (vº *Dépens*, § 7; Favard, t. 3, p. 159, Thomine, t. 1er, p. 253; Boncenne, t. 1er, p. 541; Carré, *quest.* 553) la division s'opère par tête.—V. en ce sens *Rennes*, 7 mai 1818, Weisbrod c. divers. — *Contrà* Berriat, p. 158.—Chauveau sur Carré (quest. 553) distingue deux cas. « Si les frais qui ont été faits, dit-il, l'eussent été également par chacune des parties dans son intérêt isolé, il nous paraît juste de diviser par tête: le plus ou moins d'intérêt devient indifférent; mais si une portion de la procédure a été faite exclusivement pour l'une ou par l'une des parties, elle doit être exclusivement à sa charge. » Nous adoptons cette opinion, qui nous paraît éminemment équitable. — V. conf. *Douai*, 13 mai 1840 (t. 2 1840, p. 866), Emilie Daniaux c. Joire; — Bioche, nº 98. — V. aussi *suprà* ce qui a été dit à l'égard des frais de partage.

CHAPITRE III. — *Distraction des dépens.*

297. — On appelle *distraction des dépens* le droit accordé à l'avoué d'une partie de toucher directement le montant de ses déboursés et honoraires sur les dépens auxquels la partie adverse a été condamnée.

298. — En d'autres termes, la distraction des dépens est la substitution de l'avoué de la partie gagnante dans le bénéfice de la condamnation aux dépens.

299. — « Les avoués, porte l'art. 133, C. procéd., pourront demander la distraction des dépens à leur profit, en affirmant, lors de la prononciation du jugement, qu'ils ont fait la plus grande partie des avances. La distraction ne pourra être prononcée que par le jugement qui portera condamnation des dépens. »

300. — Cette disposition est de toute équité. On doit aux officiers qui exercent l'honorable profession d'avoué, dit fort bien Carré sur l'art. 133, cette justice que, confians dans la bonté de leur cause, il leur arrive fréquemment de se charger d'un procès sans exiger l'avance des fonds nécessaires pour subvenir aux frais du procès. — V. d'ailleurs Pothier, *Mandat*, nº 135.

301. — La distraction peut être prononcée même en matière correctionnelle et criminelle.— *Cass.*, 30 déc. 1813, Reynier c. Michel.

302. — ... Spécialement, quand il s'agit d'un désistement. — *Limoges*, 10 janv. 1835, Durat Delasalle c. Delignac.

303. — Mais la distraction n'est prononcée qu'autant qu'il intervient une condamnation de dépens.

304. — Si donc les dépens sont purement et simplement compensés, la distraction est impossible, puisque chaque partie supporte les dépens personnels. — Boucher d'Argis, p. 129.

305. — Il en est autrement quand la compensation est proportionnelle. Ainsi, supposons que le jugement compense les dépens jusqu'à concurrence d'un quart entre les parties et condamne Paul aux trois quarts des dépens dont distraction à l'avoué, l'avoué pourra exiger de Paul les trois quarts des dépens avancés par lui.

306. — Si le tribunal ordonne qu'il soit fait masse des dépens, comment s'exécutera la distraction? — Elle ne produit aucun résultat dans le cas où chaque partie n'a fait d'avances que jusqu'à concurrence de la portion de frais mise à sa charge; elle ne produit d'effet que pour la différence, s'il en existe. — Pothier, *Mandat*, p. 137; Boucher d'Argis, p. 129; Demiau, p. 120.—En vain, objecte-t-on que la créance de dépens est censée n'avoir jamais résidé qu'en la personne de l'avoué, et non dans celle de la partie à qui ont été adjugés les dépens. — Les parties sont, il est vrai, condamnées aux dépens, mais dans certaines proportions. — Peu importe que les avances aient été faites par l'avoué. Il ne peut, en définitive, avoir plus de droit que la partie. Autrement, on arriverait à cette conséquence absurde que toujours, et sans égard pour la répartition ordonnée en justice, ni pour le chiffre auquel atteindrait son mémoire, chaque avoué serait en droit d'exiger de la partie adverse la totalité de ses frais; sauf aux parties subrogées dans les droits des avoués à exécuter ensuite le jugement. Dans ce système supposons, par exemple, une masse ordonnée entre Paul et Jean, dont trois quarts à la charge du premier, et un quart à celle du second; les frais de l'avoué de Paul s'elèvent à 1,000 fr., ce qui peut arriver s'il y a eu expertise et qu'il ait payé les experts, tandis que Jean n'a que 80 fr. de frais. — L'avoué de Paul n'en exigera pas moins de Jean le remboursement de 1,000 fr. Or, entre les parties, la masse faite, et la compensation s'opérant, la dette de Jean ou de Paul se monterait seulement à 290 fr. — V. *contrà* Bioche, nº 202; Carré et Chauveau, quest. 568; Chauveau, *Tarif*, t. 1er, p. 214.

307. — Le système soutenu par les auteurs a été adopté par la cour royale de Paris le 30 août 1841. — L'avoué distractionnaire avait, précisément dans l'espèce, déboursé pour honoraires d'experts et enregistrement d'arrêts plus de 2,000 f. — V. au surplus *infrà* comment s'exécute la condamnation en pareil cas, lorsque les parties ne font pas la répartition des dépens.

308. — Chacune des parties peut avoir été condamnée aux dépens d'un chef distinct, par exemple, d'un incident, d'une exception ou d'un interlocutoire. — En ce cas, la compensation ne peut plus avoir lieu, et la distraction profite aux avoués. — V. *contrà* Boucher d'Argis, *ibid*.

309. — La distraction échappe à l'avoué lorsque les parties transigent avant le jugement. Il importerait peu que la résistance de l'une d'elles fût manifestement condamnable.

310. — Le seul droit qu'ait l'avoué, en pareille circonstance, c'est de conserver les pièces de sa partie jusqu'au paiement.

311. — M. Boucher d'Argis (p. 125 et 126) pense que lorsqu'il y a désistement d'une demande ou d'un appel, l'avoué de la partie adverse ne peut obtenir la distraction des dépens si le désistement est accepté. — M. Rivoire (vº *Dépens*, nº 9) accorde, en ce cas, le droit au président de prononcer la distraction par l'ordonnance qui rend la taxe exécutoire.— V. conf. *Limoges*, 10 janv. 1835, Durat Delasalle c. Delignac. — Enfin, d'autres arrêts ont jugé que l'avoué de la partie défenderesse avait toujours le droit d'obtenir pour son client acte du désistement avec condamnation aux dépens, et pour lui distraction personnelle des dépens. — *Caen*, 22 juill. 1840 (t. 2 1844, p. 653), Laubon. — V. DÉSISTEMENT, nºs 114 et suiv.

312. — L'opinion de Rivière nous paraît préférable. L'art. 403, en disposant que le désistement emportait consentement de payer les frais, a voulu empêcher qu'on ne prît un jugement.—

V. DÉSISTEMENT, n° 118. — La loi renferme une condamnation virtuelle. Les frais sont dus à celui qui les a avancés. La distraction est favorable. C'est ainsi qu'en matière de distribution et d'ordre, la distraction est demandée dans la requête de production et prononcée par le juge-commissaire.

313. — Pigeau (t. 1er, p. 316, n° 1er) étend aux huissiers la faculté accordée aux avoués par l'art. 133, C. procéd., civ., de demander la distraction des dépens pour les frais dont ils ont fait l'avance et qui sont compris dans la condamnation aux dépens; mais cette doctrine, qui présenterait de nombreux inconvéniens dans la pratique, est formellement repoussée par le texte de la loi.—Chauveau, t. 1er, p. 216; Rivière, v° *Dépens*, n° 15.

314. — La demande en distraction doit-elle être formée avant le jugement, à peine de nullité? Oui, selon Pigeau, t. 1er, p. 618; Boitard, p. 339 et 342, et Favard, t. 3, p. 162, n° 18.—Carré (quest. 564) se range à cet avis en pensant, toutefois, que l'affirmation pourrait être postérieure au jugement. — Dans plusieurs tribunaux l'usage est cependant de ne requérir la distraction qu'après la prononciation du jugement. Il est vrai que la loi dit que la distraction sera ordonnée par le jugement; mais le tribunal statue sans désemparer et ajoute à son jugement la disposition relative au chef de la distraction. Il n'intervient donc en réalité qu'un seul et même jugement, ce qui satisfait au vœu de la loi. — *Limoges*, 27 août 1823, Conquet c. Beaune;—Chauveau sur Carré, quest. 564; Boncenne, t. 2, p. 566; Thomine, t. 1er, p. 257; Bioche, n° 208.

315. — Quoi qu'il en soit, le lendemain du jugement il ne serait plus temps de requérir la distraction puisque le juge serait dessaisi. — D'ailleurs, le droit de distraction a quelque chose d'exorbitant, en ce qu'il opère, nonobstant les compensations que le condamné serait fondé à opposer à son débiteur, et il ne saurait exister qu'en vertu de la fiction que la créance de l'avoué n'a jamais appartenu au client. — Carré et Chauveau, *ibid.*; Pigeau, Boitard, Thomine, Boncenne, Bioche, *ubi suprà*.

316.— La cour de Paris (14 juill. 1812, Heloin c. Forbin Janson) a néanmoins jugé que la distraction pouvait encore être prononcée après le jugement. Il s'agissait, il est vrai, de frais avancés depuis l'arrêt, et pour lesquels, par suite d'une compensation de dépens ordonnée entre les parties, il était impossible que la distraction eût lieu, mais l'arrêt ne renferme pas moins une violation de l'art. 133.

317. — C'est également à tort que la cour dé Bordeaux (4 mai 1829, Goudineau c. Laville) a admis un avoué à demander, le lendemain de l'arrêt, la distraction dont son avocat avait fait pour lui la réserve.

318. — En ce cas, il eût été plus simple et plus régulier, dit M. Chauveau sur Carré (quest. 564) que, sur l'observation de cet avocat, la cour ordonnât sur-le-champ la distraction, sauf à recevoir postérieurement l'affirmation.

319.—La distraction peut, en effet, être demandée par l'avocat plaidant au profit de l'avoué, ou par un confrère. — V. AVOUÉ, nos 512 et suiv.

320. — ... Sauf à l'avoué à supporter les frais de l'affirmation tardive. — V. AVOUÉ, n° 516.

321. — En appel, la cour peut même ordonner la distraction au profit de l'avoué de première instance, à la charge par lui de faire l'affirmation devant le tribunal près lequel il exerce. — *Cass.*, 14 fév. 1827, Vimeux c. Beuvrier; *Pau*, 2 mai 1836, Ravi c. Lacroix; *Limoges*, 10 janv. 1835, Durat Delasalle c. Delignac.

322. — La demande en distraction est faite indifféremment, soit par des conclusions écrites, soit verbalement. A Paris, elle est habituellement présentée dans les conclusions posées à l'audience lors de la sortie du rôle. — *Ibid.*

323.— Il suffit, aux termes de l'art. 133, que l'avoué affirme qu'il a fait la plus grande partie des avances. Peu importe qu'il ait reçu quelque à-compte de son client.

324. — Cette affirmation consiste dans une simple déclaration verbale, et n'est pas soumise au serment. — Carré et Chauveau, quest. 566; Chauveau, *Tarif*, art. 21, p. 210; Delaporte, t. 1er, p. 142; Favard, v° *Jugement*, p. 162; Boncenne, t. 2, p. 567; Thomine, t. 1er, p. 257; Boitard, t. 1er, p. 543; Rivoire, v° *Dépens*, n° 6. — *Contrà Rome*, 22 janv. 1811, Bredda. — V. aussi Toullier, t. 10, p. 571.

325. — Cette formalité, dit M. Boucher d'Argis (p. 125), est depuis long-temps tombée en désuétude; elle est même impossible à remplir en cas d'infirmation de jugement, car l'avoué qui a occupé devant la cour royale n'a bien certainement pas fait l'avance ou le remboursement des frais de première instance, et cependant l'exécutoire qui lui est délivré comprend tout à la fois ces derniers frais et ceux de l'instance d'appel. Nous ignorons si devant la cour royale d'Orléans, où siége cet estimable auteur, l'usage est tel, mais il est loin d'être général. En tout cas, cet usage serait contraire à la loi. Rien ne s'oppose, au surplus, à ce que la cour royale prononce la distraction au profit de l'avoué de première instance.

326. — Si d'ailleurs l'avoué d'appel a remboursé les dépens à l'avoué de première instance, il a droit à la distraction à son profit personnel. — *Amiens*, 5 juin 1820, Bobée c. Dufour; *Lyon*, 1er avr. 1830, Bonjour c. Reynaud; *Cass.*, 8 juill. 1828, Gauthier c. Secondat; — Rivière, v° *Dépens*, n° 8; Bioche, n° 205; Chauveau sur Carré, quest. 564 *bis*.

327. — Une difficulté sérieuse ne peut s'élever que dans le cas où l'appel est déclaré non recevable ou nul pour vice de forme. Il est évident alors, dit M. Chauveau (*ibid.*), que la cour ne doit statuer que sur les dépens de l'incident; elle n'aurait pas le droit de prononcer la distraction des dépens dont elle n'aurait pas pu connaître; si elle le faisait, elle violerait les dispositions de l'art. 133, qui veut que la distraction ne puisse être prononcée que par le jugement qui en porte condamnation. Cette réflexion est juste. La cour ne pourrait même, pour justifier la distraction de ces dépens, s'occuper du point de savoir si la condamnation de première instance deviendra définitive, par suite du rejet de l'appel en la forme, parce que l'appelant ne serait plus dans les délais, ce chef ne lui étant pas soumis.

328. — L'affirmation ne doit pas nécessairement être faite au moment du jugement. Le tribunal peut la remettre à une audience postérieure. — Bioche, n° 216.—*Cass.*, 14 fév. 1827; 2 janv. 1828, Secondé c. Picard; *Bordeaux*, 9 mai 1829, Goudineau c. Laville; *Riom*, 15 mars 1828, Dupic c. Descorailles; *Bordeaux*, 20 juin 1832, Martin c. Machemin.—V. *suprà* n° 318.

329. — Elle peut également, sans aucun doute, le précéder; par exemple, être contenue dans une requête signifiée dans le cours de l'instance. — *Cass.*, 2 janv. 1828, Secondé c. Picard.

330.—Il a même été jugé que l'affirmation n'est pas de rigueur, l'art. 133 ne prononçant pas la preuve de nullité dans le cas où elle n'aurait pas lieu. — *Cass.*, 6 nov. 1828, Verriez c. Fauvel; — Chauveau sur Carré, quest. 565, Bioche, n° 218.—*Contrà Cass.*, 30 avr. 1811, Enjalvin c. Glouteau; — Carré, *quest.* 565; Merlin, v° *Distraction*, t. 3, p. 781; Favard, t. 3, p. 162; Thomine, t. 1er, p. 257; Berriat, t. 1er, p. 72.

331. — Il en est de même en matière criminelle. —*Cass.*, 30 déc. 1813, Reynier c. Michel.

332. — En tout cas, la mention de l'affirmation dans le jugement n'est pas rigoureusement exigée.—*Cass.*, 2 janv. 1828, Secondé c. Picard; 8 juill. 1828, Bourlier c. Dubreuil.

333. — La partie dont l'avoué a obtenu, sans affirmation, la distraction des dépens, n'est pas recevable à critiquer le jugement sur ce chef. — *Cass.*, 30 déc. 1813, Reynier c. Michel.

334. — ... Surtout quand il n'en résulte aucun dommage pour elle.—*Cass.*, 2 janv. 1828, Séjourné c. Picard.

335.—L'affirmation de l'avoué ne suffit pas pour qu'on lui adjuge les dépens. Son client et la partie adverse, le tribunal d'office, peuvent exiger de lui la représentation du registre qu'il tient en conformité de l'art. 151 du tarif. —Carré et Chauveau, n° 567; Pigeau, t. 1er, p. 519; Favard, t. 3, p. 162, n° 19; Chauveau, *Tarif*, t. 1er, p. 210, n° 66.—V. cependant l'arrêt de Poitiers, rapporté *infrà* n° 342.

336. — Jugé même qu'il importe peu que la distraction ait été prononcée à son profit, et que cette représentation doit être faite à toute réquisition.— *Limoges*, 27 août 1823, Conquet c. Beaune; *Cass.*, 8 janv. 1842 (t. 2 1842, p. 348), Langlois c. Herrier.

337.—Spécialement, l'art. 151 du tarif est applicable au cas où l'avoué poursuit la partie adverse en vertu de la distraction de dépens prononcée à son profit, alors d'ailleurs que cette partie a un intérêt légitime à en demander l'application. Cet intérêt résulte suffisamment de ce que cette partie, étant créancière de son adversaire, peut lui opposer la compensation pour tous les à-comptes qui auraient été payés directement par lui à l'avoué. La représentation du registre tenu *légalement* n'est pas suppléée par l'attestation officieuse donnée par le magistrat du tribunal chargé de la vérification, constatant que celui qui a été produit (irrégulièrement tenu) ne renferme aucune trace des paiemens allégués. — *Cass.*, 8 juin 1842, Langlois c. Herrier.

338.—La distraction s'étend aux frais faits après l'affirmation, tels que le coût de la levée du jugement et de la signification à avoué et à domicile des inscriptions.—*Bruxelles* (et non *Paris*), 17 août 1812, Crette c. Stéculorum; —Berriat, p. 73; Chauveau, *Tarif*, t. 1er, p. 216; Bioche, n° 224.

339.—...Et même ceux d'un incident élevé par suite d'une opposition à l'exécutoire, bien que la distraction n'en ait pas été prononcée par le jugement qui a statué sur l'incident, surtout si depuis, à l'audience, et par serment, l'avoué affirme les avoir avancés.— *Montpellier*, 2 mai 1823, Delasalle c. Pellet; *Metz*, 12 déc. 1810, Boucheron c. Cunin; Chauveau, Bioche, *ibid.*; Rivoire, v° *Dépens*, nos 4 et 14.

340. — La distraction des dépens au profit de l'avoué entraîne des conséquences importantes, tant vis-à-vis de la partie qui a obtenu la condamnation des dépens qu'à l'égard de celle qui a succombé et dont l'avoué se trouve constitué créancier direct.

341.—Ainsi, le gagnant ne peut céder sa créance de frais au préjudice de son avoué, ni compenser ce qu'il doit maintenant ou ce qu'il pourra devoir dans l'avenir à son adversaire. — *Cass.*, 11 déc. 1834, Arnould c. Tamisier.

342. — Les créanciers du gagnant ne peuvent former une saisie-arrêt au préjudice de l'avoué entre les mains du perdant. — *Metz*, 12 déc. 1810, Boucheron c. Dorr; *Amiens*, 5 mai 1820, Bobée c. Dufour; *Poitiers*, 20 mai 1846 (t. 2 1846, p. 604, Devars c. Gouron-Boisvert; — Roger, *Saisie-arrêt*, n° 338.—V. AVOUÉ, n° 525.

343. — Jugé même que la saisie-arrêt ne pourrait porter sur la portion de dépens avancée par le client de l'avoué.—Mêmes arrêts.—Mais cette solution n'est ni équitable, ni conforme aux principes. — V. *suprà*, n° 335, ce qui a été dit relativement à la communication du registre de l'avoué. L'intérêt de l'avoué n'est pas compromis en pareil cas, car s'il touche la totalité des dépens de la partie condamnée, ce n'est qu'à la charge d'en rendre une partie à son client.

344. — Quoi qu'il en soit, en obtenant la distraction, l'avoué ne perd pas le droit d'exercer des poursuites contre son client qui demeure son obligé direct. — Art. 133.— En effet, la distraction n'est pour lui qu'une sûreté de plus. — *Paris*, 8 thermid. an VIII, Champion c. Debombers; *Cass.*, 13 juin 1837 (t. 1er 1837, p. 556, Seguin c. Drouin; — Pigeau, *Comm.*, t. 1er, p. 346; Favard, t. 3, p. 162; Thomine, t. 1er, p. 257; Boncenne, t. 2, p. 571; Boitard, t. 1er, p. 543; Carré et Chauveau, quest. 569; Bioche, n° 230; Chauveau, *Tarif*, t. 1er, p. 215.—*Contrà Amiens*, 1er mars 1825, N... c. Dutriaux.

345.— Cette partie serait donc mal fondée à opposer aux poursuites dirigées contre elle le bénéfice de l'art. 2037, C. civ., accordé à la caution lorsque la subrogation dans les droits, hypothèques et priviléges du créancier, n'est plus possible par le fait de celui-ci.—*Cass.*, 13 juin 1837 (t. 1er 1837, p. 556), Seguin c. Drouin; — Chauveau et Carré, quest. 560; Favard, t. 3, p. 162, n° 19; Thomine, t. 1er, p. 258; Boncenne, t. 2, p. 571.

346.—... Sauf toutefois, par application de l'art. 1382, le cas où l'insolvabilité de la partie condamnée ne serait notoirement survenue qu'à une époque postérieure à celle où l'avoué pouvait utilement exercer ses droits. En ce cas, il y aurait négligence, faute lourde, mais tout dépendrait des circonstances.—Carré et Chauveau, quest. 569; mêmes auteurs.

347. — En cas d'inaction de son avoué, le gagnant peut-il poursuivre l'adversaire en paiement des dépens? Il est certain, comme l'enseignent MM. Chauveau sur Carré (n° 569 *bis*), Pigeau (*Comm.*, t. 1er, p. 318) et Bioche (n° 228), que cette partie est sans qualité pour recevoir au lieu et place de l'avoué, quand bien même l'exécutoire n'aurait pas été signifié, ni aucune poursuite commencée.—V. cependant *contrà Cass.*, 25 mai 1807, Paris c. Ladeux; — et Merlin, v° *Distraction de dépens*, t. 3, p. 781, n° 5. — Mais, sans toucher les frais, ne lui est-il pas possible de faire des diligences contre le débiteur, et de l'exécuter même, en vertu du jugement, en mettant en demeure l'avoué de recevoir? Ces auteurs ne disent rien de contraire.

348. — Celui qui a été condamné aux dépens ne peut payer directement les frais au gagnant au préjudice de l'avoué qui a obtenu la distinction. — Boucher d'Argis, *ut suprà*; Carré et Chauveau, quest. 569 *bis*; Pigeau, *Procéd. civ.*, t. 1er, p. 3, t. 5, chap. 5, art. 3, n° 6; Favard, t. 1er p. 161, n° 18 Boncenne, t. 2, p. 571; Boitard, t. 1er, p. 537. — V. AVOUÉ, n° 524.

349. — ... Ni opposer en compensation à celui-ci la somme dont il est créancier envers son adversaire. — *Limoges*, 20 mai 1844 (t. 2 1846, p. 604), F. c. Meymac.— V. AVOUÉ, n° 522.

350. — Il arrive souvent que des offres réelles soient validées avant le dépôt à la caisse des consignations. En ce cas, dit M. Bioche (nº 225), les tribunaux ne doivent accorder la distraction à l'avoué du débiteur qu'à la condition de la réalisation des offres, s'ils ne préfèrent autoriser seulement l'officier ministériel à prélever ses frais sur le montant des sommes déposées. Autrement, le créancier reste exposé aux poursuites de l'avoué du débiteur, tandis que celui-ci peut disparaître avant d'avoir satisfait au jugement. Cet inconvénient s'est présenté devant le tribunal de la Seine. Le débiteur n'avait pas consigné ses offres, et cependant son avoué exécutait le créancier pour ses frais.

351. — La distraction donne le droit à l'avoué de prendre inscription sur les biens de la partie condamnée ; c'est là une hypothèque judiciaire; mais l'inscription n'est prise qu'en vertu du jugement, et non de l'exécutoire. — C. civ., art. 2117, 2123; —Demiau, art. 133 ; Bioche, nº 234.

352. — ... Et comme la distraction est un démembrement de la créance de la partie qui obtient gain de cause, l'avoué jouit de tous les droits qui y sont attachés. — *Cass.*, 30 janv. 1839 (t. 1er 1839, p. 291), Toutain c. Menton.

353. — Spécialement, l'avoué qui a obtenu distraction des frais d'une instance en séparation de biens, dans l'intérêt de la femme, est subrogé pour le paiement de ces frais aux droits résultant de l'hypothèque légale de cette dernière. — Même arrêt.

354. — ... En conséquence, il a qualité pour surenchérir sur une vente d'immeubles du mari, bien qu'il ne soit par personnellement inscrit. — Même arrêt.

355. — Mais l'avoué du mari qui a obtenu la distraction contre la femme n'a pas plus de droits que le mari n'en aurait lui-même. Il ne pourrait donc exercer des poursuites, tant que dure la communauté sur les biens personnels de celle ci. — *Paris*, 5 mars 1840 (t. 1er 1840, p. 375), Cuvillier c. P...

356. — Les frais judiciaires produisent des intérêts au profit de la partie qui en a obtenu la condamnation, mais à dater seulement du jour de la demande qui en est faite. — *Bordeaux*, 10 avr. 1845 (t. 1er 1845, p. 766), Bonnefons c. Gaudieu; *Grenoble*, 16 nov. 1826, Vignon c. Dumas; — Bioche, vº *Intérêts judiciaires*, nº 9. — *Contrà Toulouse*, 22 janv. 1829, Boué c. Sérand. — V. au surplus, vº INTÉRÊTS.

357. — La taxe est poursuivie et l'exécutoire délivré au nom de l'avoué. — Art. 133. — V. *infrà*, nº 471.

358. — Toutes les voies d'exécution ordinaires sont ouvertes à l'avoué, en vertu de l'exécutoire. — Demiau, art. 133.

359. — L'exécutoire ne vaut toutefois que contre la partie condamnée. Vis-à-vis du client, l'avoué ne peut agir que par voie d'action.

360. — La condamnation aux dépens n'étant que l'accessoire de la condamnation principale, tombe de plein droit avec cette dernière. En conséquence, il est inutile et frustratoire d'appeler dans l'instance d'appel l'avoué qui a obtenu la distraction desdits dépens. — *Orléans*, 9 janv. 1845 (t. 1er 1845, p. 441), Deneveu c. Thevard. — V. AVOUÉ, nºs 529 et suiv. — L'avoué ne pourrait pas non plus intervenir de son chef.

361. — Même solution dans le cas d'un pourvoi en cassation. — *Cass.*, 6 janv. 1841 (t. 1er 1844, p. 510), Paillet c. Dubarret.

362. — Par conséquent encore, la tierce-opposition de l'avoué à l'arrêt qui le priverait du bénéfice de la distraction serait non-recevable. — *Lyon*, 2 juin 1831, Gérard.

363. — L'avoué est également non-recevable à attaquer, par la voie de l'intervention, une transaction arrêtée de bonne foi, entre les parties, en appel, et par laquelle les dépens sont respectivement compensés. — Même arrêt.

364. — Il en est autrement si la transaction est frauduleuse. — Même arrêt. — Chauveau, quest. 670 *ter*.

365. — L'appel du jugement étant suspensif, la distraction ne peut être mise à exécution pendant l'instance d'appel. — V. AVOUÉ, nº 528.

366. — En matière civile, l'exécution provisoire ne peut être ordonnée pour les dépens. — V. EXÉCUTION PROVISOIRE. — Quant à ceux faits en matière commerciale et en justice de paix, V. *ibidem*.

367. — Lorsque le jugement qui a accordé distraction des dépens vient à être cassé ou infirmé, l'avoué n'est pas tenu de les restituer, il a reçu en effet ce qui lui était légitimement dû. Les auteurs et la jurisprudence sont d'accord sur ce point. — V. AVOUÉ, nº 526.

368. — La question de restitution ne s'agite donc qu'entre parties. Il en était ainsi sous l'ancienne jurisprudence. — *Paris*, 5 juill. 1768 ; *Rennes* 17 nov. 1793 ; — Denisart, vº *Dépens*, nº 58.

369. — Jugé qu'il en est encore de même si l'avoué a touché les dépens de la partie condamnée, quoique la distraction n'ait pas été prononcée, parce qu'alors il est réputé avoir agi comme mandataire de son client. — *Florence*, 18 avr. 1812, Andreini c. Ingressi.

370. — L'avoué qui n'a pas demandé la distraction aurait-il en formant opposition entre les mains du condamné avant la compensation ou le transport qui se serait fait de la part de son client, un privilége sur les dépens, contre les autres créanciers de celui-ci ? L'affirmative résulte de l'art. 2102, § 3, C. civ., qui déclare privilégiés tous les frais faits pour la *conservation* de la chose. — Pigeau, t. 1er, p. 519 ; Carré-Chauveau, quest. 570; Glandaz, *Encycl. du droit*, vº *Avoué*, nº 83 ; Bioche, nº 245.

CHAPITRE IV. — *Étendue de la condamnation aux dépens ; ce qu'elle comprend.*

371. — La condamnation pure et simple aux dépens comprend 1º les déboursés, c'est-à-dire les frais de timbre, de greffe, d'enregistrement des actes judiciaires ; — 2º les droits et honoraires alloués aux officiers ministériels chargés de la rédaction et de la notification des actes. — Bioche, vº *Dépens*, nº 1er. — V. TARIF.

372. — Les émolumens des officiers ministériels sont réglés d'après un tarif qui a force de loi. — V. TARIF.

373. — Ce tarif règle, en outre, la marche de la procédure et détermine le nombre, l'étendue et les conditions des divers actes que nécessite l'instruction d'un procès.

374. — Pour que la partie puisse récupérer contre son adversaire les émolumens de son avoué, il faut que le ministère de l'avoué soit obligatoire, autrement elle n'a droit qu'au paiement de ses déboursés. Il en est ainsi 1º en matière criminelle. — *Limoges*, 10 janv. 1835, Dural-Delasalle c. Delignac ; *Cass.*, 12 avr. 1821, Forest c. Paly; 29 oct. 1824, Forest c. Blanc ; — Chauveau, *Tarif*, t. 1er, p. 193 ; Carnot, t. 2, p. 765 ; Dalmas, *Frais criminels*, p. 15. — V. AVOUÉ, nºs 286 et suiv.

375. — ... 2º Dans les causes qui concernent la régie des contributions indirectes, la régie du timbre et de l'enregistrement, la régie des douanes, V. AVOUÉ, nºs 158 et suiv.

376. — Ne sont pas compris dans les dépens : les faux frais. — Berriat., p. 157, nº 1er ; Carré *De la taxe*, nº 172 ; Merlin, *Rép.*, t. 3, p. 552, t. 5, p. 72, 720 ; *Praticien français*, t. 1er, p. 397 ; Demiau, p. 372; Delaporte, t. 1er, p. 138; Favard, t. 2, p. 53 ; Bioche, nº 4.

377. — ... Spécialement les honoraires de consultation d'avocat. — *Grenoble*, 18, déc. 1811, N.

378. — La cour de Cassation (17 fév. 1840 [t. 1er 1840, p. 731], (int. de la loi) s'est prononcée dans le même sens en cassant un arrêt de *Toulouse* du 1er août 1838 (t. 1er 1839, p. 140, préf. de la Haute-Garonne c. comm. de Lasserre), dans une affaire qui intéressait cette commune.

379. — D'un autre côté la cour de *Grenoble*, 29 janv. 1841 (t. 1er 1842, p. 71, de Bérenger c. comm. de Sassenage), tout en admettant le principe ci-dessus, a décidé que cette allocation est due lorsque la consultation n'a été prise, avant l'autorisation, que par suite d'une injonction de l'autorité administrative, parce qu'alors les honoraires sont taxables par analogie d'après l'art. 140 du tarif, mais il est difficile d'admettre cette distinction.

380. — Au contraire, ces honoraires sont dus, sans aucune difficulté, en matière de requête civile parce que la loi prescrit une consultation. — Art. 495 C. procéd. civ. ; art. 140, Tarif; art. 52, L. 18 juill. 1837.

381. — ... Ceux d'agréé, ou de mandataire devant les tribunaux de commerce ou de paix. — V. AGRÉÉ, nº 65, JUSTICE DE PAIX.

382. — Au surplus, le juge du fait peut, par interprétation de la convention, décider que l'obligation de payer, en cas de perte, les frais d'un procès soutenu par l'une des parties dans l'intérêt de l'autre, renfermait celle d'indemniser aussi cette première partie, en cas de succès, de la portion de frais qui, n'étant pas entrée en taxe, n'a pu être réclamée contre celui qui a été condamné aux dépens. — *Cass.*, 10 juin 1845 (t. 2 1845, p. 726), Liotard c. Cay-Vidal.

383. — ... 2º Les frais frustratoires, tels que les dupliques et tripliques. La condamnation aux dépens ne s'entend, en effet, que des frais faits conformément à la loi.

384. — En conséquence, la partie condamnée peut se refuser à payer les dépens faits par plusieurs avoués des créanciers qui auraient dû se faire représenter par un seul. — *Grenoble*, 11 juill. 1823, Guilliet c. Flandin.

385. — Le montant intégral de la quittance des droits perçus lors de l'enregistrement de jugement ou de tous autres actes judiciaires doit être alloué dans les dépens adjugés, et cela quand même le receveur se serait trompé dans sa perception. — Boucher d'Argis, p. 133 ; Rivoire, vº *Dépens*, nº 2; Chauveau, *Tarif*, t. 2, p. 58; Bioche, nº 3.

386 — ... Sauf à la partie condamnée à se pourvoir contre la régie à ses risques et périls. — *Metz*, 26 avril 1816, Verseveaux c. Recouvreur.

387. — Si cependant, la partie gagnante avait elle-même succombé dans une fin de non-recevoir, un chef de demande, ou un appel incident, et avait été condamnée aux dépens de cette partie du procès, il faudrait distraire ses droits d'enregistrement du jugement et laisser à sa charge les droits particuliers perçus à cette occasion. — Boucher d'Argis, p. 133.

388. — On doit également laisser à la charge de cette partie le double droit par elle encouru faute d'enregistrement d'un acte ou d'un jugement dans les délais légaux. — L. 22 frim. an VII, art. 20 ; — Boucher d'Argis, p. 133.

389. — Celui qui obtient un jugement favorable est donc chargé de le soumettre à l'enregistrement, et d'acquitter les droits préalablement; il répond de sa négligence. — *Cass.*, 24 août 1808, Perrochant c. Enreg.; 10 mars 1812, Enreg. c. Gavarel; 30 août 1833, Cécile c. Gallani; 25 mai 1840 (t. 2 1840, p. 419), ville du Havre c. Nepveu; — Boucher d'Argis, p. 133 et 134 ; Trouillet, *Dict. de l'enregistrement*. vº *Débiteur*, nº 12. — V. *contrà* Rivoire, vº *Enregistrement*, nº 5.

390. — A *fortiori*, en est-il ainsi lorsque la partie qui a obtenu le jugement n'a pas conclu à la restitution du double droit ? — *Cass.*, 25 mai 1840. — V. le numéro qui précède.

391. — On a prétendu, disent les auteurs du *Dictionnaire des droits d'enregistrement*, vº *Acte judiciaire*, § 11, nº 8, et *Jugement*, nº 87), que cette solution ne concerne que les jugemens rendus par défaut. Le ministre a décidé, en thèse générale, le 16 juin 1807, que, dès qu'un jugement, quel qu'il soit, est sujet à l'enregistrement sur la minute, c'est celui qui doit la faire revêtir de cette formalité qui est tenu d'acquitter les droits, et que la peine lui est personnelle. — V. aussi inst. de la Régie, 29 juin 1808, art. 386, nº 2.

392. — Cependant, si la perception du double droit était le résultat non pas d'un oubli de la partie gagnante, mais de sa pénurie, et qu'elle eût eu le soin de prévenir l'adversaire qu'elle se trouvait dans l'impossibilité d'acquitter les droits dans un délai utile, ne serait-il pas juste de l'affranchir du double droit ? M. Bioche (nº 28) se prononce avec raison pour l'affirmative.

393. — De ce principe, que la partie gagnante est chargée de l'enregistrement préalable du jugement, il suit que celle qui, par exemple, produit en justice une sentence arbitrale qui la déclare créancière, doit, en l'absence d'une preuve contraire, être présumée avoir avancé le montant de l'enregistrement et que cet enregistrement doit entrer dans les frais. — *Bordeaux*, 23 avr. 1836, Gardonne c. Collie.

394. — Nulle difficulté ne peut s'élever, par conséquent, quand il ne s'agit que de l'enregistrement des actes de la procédure même; mais doit-on comprendre dans les frais le coût de l'enregistrement des titres sous seings-privés qui ont servi à la demande ou à la défense? La question est très controversée.

395. — En premier lieu, il est bien évident que si la pièce soumise à la formalité de l'enregistrement n'a pas trait à la cause, ce déboursé demeure à la charge de la partie qui a produit la pièce; il ne peut s'élever de difficulté que pour les actes indispensables au gain du procès.

396. — En ce cas, il faut distinguer : s'agit-il d'un acte qui, d'après les art. 22 et 38, L. 22 frim., soit sujet à l'enregistrement dans un délai déterminé, on doit décider que cet acte étant soumis par lui-même à la formalité, indépendamment de toute contestation, le droit simple, et à *fortiori*, le double droit sont à la charge de la partie à laquelle la loi imposait l'obligation de l'enregistrement préalable. — Boucher d'Argis, p. 134.

397. — Ainsi, l'acquéreur doit supporter seul les droits de mutation de son contrat, encore bien que ce soit son vendeur qui méchamment ait dénoncé la vente au receveur. — *Cass.*, 30 juin 1813, Mœvus c. Vieil.

398. — Il en est, toutefois, autrement dans le cas de vente de la chose d'autrui. — *Cass.*, 10 juin 1827, Arnaud c. Cavalier.

399. — S'agit-il, au contraire, d'un acte pour lequel, suivant l'art. 23 de la même loi, il n'y ait pas de délai de rigueur, et dont l'enregistrement ne soit exigé qu'autant qu'il en est fait un usage public, une distinction est encore nécessaire entre le droit simple et le double droit. — Boucher d'Argis, p. 134.

400. — Par rapport au fisc, le paiement du droit est toujours préalable. — V. ENREGISTREMENT. — Mais par rapport aux parties, dit M. Boucher d'Argis (*Ibid.*), l'art 31, L. 22 frim., dispose qu'à défaut de stipulation contraire, les droits des actes civils et judiciaires, emportant libération ou translation de propriété ou d'usufruit de meubles ou d'immeubles, sont supportés par les débiteurs ou nouveaux possesseurs, et ceux de tous les autres actes par les parties auxquelles les actes profitent. Il faut donc rechercher quelle est la nature de l'acte, et quelle est celle des parties que la loi constitue débitrice de ces droits. En l'absence de toute convention, c'est cette partie qui doit les rembourser à l'autre, sans qu'il soit besoin de rechercher quel est celui du demandeur ou du défendeur qui, par sa mauvaise contestation, a nécessité l'enregistrement de l'acte. La formalité de l'enregistrement est un impôt bien plus encore qu'une mesure de précaution dictée dans l'intérêt des particuliers. — V. conf. Bioche, nº 10.

401. — Jugé, par application de ces principes, que l'enregistrement d'un contrat d'union était à la charge de la faillite, bien qu'il eût été occasionné par la mauvaise contestation d'un créancier signataire. — *Paris*, 19 déc. 1811, cité sous *Amiens*, 18 août 1838 (t. 2 1838, p. 236), Derchen et Dubois c. Lemire.

402. — L'opinion contraire se fonde sur l'art. 1382, notamment pour soutenir que les droits d'enregistrement sont à la charge de la partie qui succombe. — V. conf. *Amiens*, 18 août 1838 (t. 2 1838, p. 236), Derchen c. Lemire; *Grenoble*, 30 août 1838 (t. 1er 1839, p. 413), Ancillon c. Travelle; 3 janv. 1845 (t. 1er 1846, p. 441), Grossot c. Jeannin; *Cass.*, 6 avr. 1840 (t. 1er 1840, p. 715), Derchen c. Lemire; 9 fév. 1832, Blondin c. Amiot; *Caen*, 6 janv. 1841 (t. 2 1841, p. 179), Peshaye c. Lécluse; — Chauveau, *Tarif*, t. 1er, p. 76, Rolland de Villargues, vº *Dépens*, nº 8.

403. — Est valable, au surplus, la convention que les droits d'enregistrement seront à la charge de celle des parties qui y donnera lieu. Cette clause est d'un usage fréquent. — *Cass.*, 13 mars 1839 (t. 1er 1839, p. 357), Boisseau c. Pellerin; — Boucher d'Argis, p. 145.

404. — En tout cas, des conclusions particulières doivent être prises par la partie qui entend obtenir le remboursement de cette sorte de frais. — Bioche, nº 12.

405. — Le tribunal doit pareillement statuer par un chef particulier. — Bioche, nº 13.

406. — Ainsi, lorsqu'en enregistrant un arrêt qui, ne prononçant que sur la compétence de la cour saisie, a condamné l'une des parties en tous les dépens, *en ce non compris les qualités, coût, enregistrement et signification de l'arrêt*, le receveur a perçu le droit proportionnel et le double droit sur un titre énoncé dans l'un des considérans, ces droit et double droit ne sont pas nécessairement compris dans la condamnation prononcée, et il peut, sans qu'il y ait violation de la chose jugée, être décidé, sur l'opposition à la taxe, que l'arrêt n'a entendu rien statuer à cet égard. — *Cass.*, 28 déc. 1840, Rousseau c. Ozanne.

407. — S'agit-il du double droit, en vertu de l'art. 57, tit. 7, L. 28 avr. 1811, qui dispose que lorsqu'après une sommation extrajudiciaire, ou une demande tendant à obtenir un paiement, une livraison, ou l'exécution de toute autre convention dont le titre n'aurait pas été indiqué dans lesdits exploits ou qu'on aura simplement énoncé comme verbale, on produira au cours d'une instance des écrits, billets, marchés, factures acceptées, lettres ou autres titres émanés du défendeur qui n'auraient pas été enregistrés avant ladite demande ou sommation, le double droit sera dû, il doit être supporté par celui du demandeur ou du défendeur qui a produit l'acte à l'appui de sa défense. — Boucher d'Argis, p. 137; Rivoire, vº *Enregistrement*, nº 24; Bioche, nº 23. — *Contrà Amiens*, 18 août 1838 (t. 2 1838, p. 236) Derchen c. Lemire.

408. — Quant à l'enregistrement des lettres missives, il est à la charge des parties qui les produisent, à moins qu'elles n'aient été maintenues comme pièces du procès. — *Toulouse*, 1er août 1838 (t. 1er 1839, p. 140), préfet de la Haute-Garonne c. commune de Lassire.

409. — Les droits de timbre sont dus évidemment par la partie qui est tenue des droits d'enregistrement.

410. — Ainsi jugé spécialement pour les droits de timbre des quittances. — *Cass.*, 11 fructid. an IX, Enreg. c. Poussaux; 28 août 1809, Enreg. c. Rattier; — Merlin, vº *Timbre*. — V. cependant *Amiens*, 18 août 1838 (t. 2 1838, p. 236), Derchen c. Dubois.

411. — Le timbre du pouvoir donné à l'avoué quand son ministère est obligatoire doit entrer en taxe.

412. — Jugé également que devant les tribunaux de commerce, le timbre et l'enregistrement du pouvoir de l'agréé ou du mandataire sont à la charge de la partie qui succombe. — *Cass.*, 5 nov. 1833, N...; même jour, Buffet c. Devinck. — V. AGRÉÉ, nº 66; — Nouguier, t. 1er, p. 127. — *Contrà* Bioche, nº 15, vº *Agréé*.

413. — En justice de paix, MM. Thomine (t. 1er, p. 136), Sudraud-Desisles (p. 26, nº 66, et p. 37, nº 108), et Victor Fons (*Tarif*, appendice nº 1er) n'allouent pas le timbre ni l'enregistrement du pouvoir. — Nous trouvons cette décision trop sévère, au moins en ce qui concerne les parties qui ne sont pas domiciliées dans le canton, ou celles que retient un empêchement sérieux. Le tarif est muet sur cette question. Elle dépend donc entièrement du juge. On peut par analogie invoquer ce qui a lieu devant la justice consulaire.

414. — Cette distinction est d'autant plus équitable, que l'art. 146 du tarif qui dans les instances pendantes devant les tribunaux ordinaires accorde une indemnité aux parties pour frais de voyage, séjour et retour, à raison de 3 francs par chaque myriamètre entre leur domicile réel et le tribunal où le procès est pendant, n'est pas applicable en justice de paix. — Sudraud-Desisles, p. 35 nº 68; Rivoire, vº *Descente des lieux*, nº 5, p. 160; Chauveau, *Tarif*, t. 1er p. 109; Coin-Delisle, *Encyclop. des juges de paix*, t. 3, p. 238; Victor Fons, *Tarif*, appendice, nº 5.

415. — Cependant, selon M. Coin-Delisle (*ubi suprà*), il faut appliquer cette disposition avec les tempéramens que commande l'équité. Si donc le demandeur avait intenté méchamment une action, les frais de voyage pourraient être alloués à titre de dommages-intérêts.

416. — Les frais d'une procédure en conciliation, dans le cas où il y a dispense, doivent-ils passer en taxe? Si la dispense est évidente, les frais sont frustratoires et restent à la charge de la partie ou de l'officier ministériel qui a dirigé la procédure (Chauveau, *Tarif*, t. 1er, p. 41); mais lorsqu'il y a difficulté sérieuse sur le point de savoir si la cause est ou non soumise au préliminaire de conciliation, il serait bien rigoureux de ne pas en allouer les frais. — Berriat, p. 188.

417. — Au surplus, un acte n'est pas nécessairement frustratoire par cela seul qu'il n'est pas indiqué au tarif.

418. — Les dépens comprennent comme accessoires les frais de levée du jugement et de signification à partie et à avoué. — *Metz*, 12 mai 1821, Ronnet c. Legardeur; *Bordeaux*, 19 juill. 1831, Viard c. Delmestre.

419. — Par conséquent, quand un arrêt rendu entre plusieurs parties condamne l'une à un tiers des dépens et plusieurs autres ayant même intérêt aux deux tiers, cette division des frais ne doit pas s'arrêter aux dépens faits jusqu'à l'obtention de l'arrêt, elle s'étend à tous les dépens jusqu'à la signification à partie inclusivement. — La signification du jugement à avoué ne saurait être considérée comme faisant partie de frais d'exécution à supporter individuellement par chaque partie. — *Rouen*, 12 nov. 1831, Maine c. Dulemple.

420. — Quant aux frais de mise à exécution, ils ne sont pas compris dans la dénomination de dépens de l'instance, mais ils n'en sont pas moins supportés par la partie condamnée, car ils sont l'accessoire ou la suite de la condamnation.

421. — On entend par frais d'exécution, ceux de commandemens, de saisies, de ventes, d'emprisonnement, etc. — *Bruxelles*, 25 juin 1831, Nul... c. Cop...

422. — Sont compris dans les dépens de l'instance ceux faits sur un référé, quand bien même la partie qui succombe définitivement aurait obtenu provisoirement l'adjudication de ses conclusions. — *Cass.*, 12 août 1841 (t. 2 1841, p. 569), Lancey c. Dulacq.

423. — Il en est de même des frais d'expédition d'un acte dont la production a été ordonnée par un jugement préparatoire, alors même que cet acte a été provoqué, non par la partie, mais par son adversaire. — *Cass.*, 8 janv. 1837 (t. 2 1837, p. 106), Cornudel c. hosp. d'Ardes.

424. — Mais la levée des actes produits spontanément par une partie reste en général à sa charge. — Bioche, nº 8.

425. — En principe, les juges ne peuvent condamner une partie qu'aux dépens de l'instance

426. — Ainsi, lorsqu'un jugement a prononcé la résolution d'un marché et a condamné une des parties aux dépens, cette partie n'est pas tenue au paiement des droits d'enregistrement que son adversaire a payés en vertu d'un autre jugement rendu contre lui sans qu'il ait appelé cette partie pour se défendre contre les prétentions de la régie. — *Cass.*, 29 janv. 1839, Perrier c. Granger-Veyron.

427. — Le tribunal qui, sur une demande en paiement d'un prêt verbal, a enjoint au demandeur de produire les titres qu'il pouvait avoir à l'appui de sa demande, et qui, malgré cette production, a refusé de prononcer contre le défendeur une condamnation par défaut en se fondant sur ce que la demande formulée dans l'exploit introductif d'instance n'était pas suffisamment justifiée, et en réservant expressément au demandeur le droit d'introduire une nouvelle instance en vertu des titres, ne peut ordonner que dans les dépens mis à la charge de ce demandeur entreront les frais de timbre, d'enregistrement et d'amende, auxquels la production des billets a donné lieu. — En pareil cas, comme il n'existait aucune contestation relative aux titres produits, et qu'il ne pouvait y avoir de défendeur au pourvoi sur le chef de condamnation de dépens, il n'y a lieu par la cour de Cassation ni de renvoyer les parties devant un autre tribunal pour statuer de nouveau sur une instance qui n'a pas existé entre elles, ni par là à prononcer aucune condamnation aux dépens contre le défendeur. — *Cass.*, 26 nov. 1845 (t. 2 1845, p. 671), Welz c. N.

428. — Mais lorsqu'un arrêt annule un testament comme n'ayant pas été fait par un homme sain d'esprit, il peut comprendre dans les dépens auxquels est condamné le légataire institué les frais faits devant le tribunal de première instance sur une demande en inscription de faux qui n'avait d'autre but que de faire prononcer, par d'autres motifs, la nullité du testament attaqué, et à laquelle il n'a pas été donné suite, parce que l'annulation du testament par la cour royale l'a rendu sans objet. — *Cass.*, 26 fév. 1838 (t. 1er 1838, p. 272), Sainte-Colombe c. Bagnères.

429. — Un arrêt de cassation (8 déc. 1836 [t. 1er 1837, p. 126], Colasson c. Papon) décide que lorsqu'en statuant sur une demande possessoire le juge de paix a renvoyé les parties à se pourvoir au fond, par le motif qu'aucune d'elles n'administrait la preuve d'une possession d'an et jour, toutes choses demeurant en état et dépens réservés, celle des parties qui succombe sur le pétitoire doit être condamnée à la totalité des dépens, y compris ceux du possessoire, alors même qu'elle n'a été que défenderesse. — La sentence de justice de paix ayant acquis force de chose jugée, la doctrine de l'arrêt est incontestablement irréprochable, mais nous ne croyons pas que le juge de paix ait pu réserver les dépens en pareil cas. La preuve de la possession incombait au demandeur. Ne pouvant la faire il devait supporter tous les frais de l'instance.

430. — Les dépens relatifs à la connexité comprennent tous les actes et devoirs de procédure faits dans l'intérêt du litige commun, c'est-à-dire tous les dépens exposés dans ce but depuis et à partir de l'existence de la connexité, jusques et y compris la signification aux divers avoués en cause de l'arrêt qui met fin au procès, terme au-delà duquel ne peut s'étendre l'effet de l'arrêt de jonction. — *Douai*, 13 mai 1840 (t. 2 1840, p. 266), Dannlaux c. Joire.

431. — L'arrêt qui, sur un incident pour parvenir à l'exécution d'un arrêt précédent, comprend dans la condamnation aux dépens de cet incident le coût d'actes extrajudiciaires et de procès-verbaux constatant l'exécution poursuivie, use du droit qui appartient à la cour royale d'expliquer, d'après les circonstances de la cause, l'art. 130, C. procéd. civ., d'après lequel la partie qui succombe doit être condamnée aux dépens. — *Cass.*, 2 juill. 1839, Levavasseur c. de Radepont.

432. — La condamnation aux dépens prononcée par une cour d'appel s'étend aux frais de première instance comme à ceux d'appel. — *Limoges*, 8 mars 1812, N... c. N...; — Chauveau, *Tarif*, t. 1er, p. 551; Berriat, p. 154; Bioche, nº 50.

433. — Réciproquement, la partie déchargée par un arrêt de toutes les condamnations prononcées contre elle est déchargée même des dépens. — *Rennes*, 1er avr. 1814, Allaire c. Ponyol. — V. au surplus pour le coût des différens actes qui peuvent passer en taxe, TARIF.

CHAPITRE V. — *Liquidation, taxe et exécutoire de dépens.*

434. — Les dépens ne peuvent être exigés que

d'après la taxe qui en est faite conformément au tarif. — V. TARIF.

435. — Le mode de taxe varie suivant la nature de l'affaire.

436. — En matière sommaire, les dépens sont liquidés par le jugement même qui les adjuge. — C. procéd., art. 543.

437. — L'avoué qui a obtenu la condamnation remet, dans le jour, au greffier tenant la plume à l'audience l'état des dépens adjugés, et la liquidation en est insérée dans le jugement. — Décr. 16 fév. 1807, art. 7.

438. — La liquidation en est donc faite par le tribunal.

439. — Dans la pratique, ce n'est que très rarement que l'insertion de la liquidation est faite dans le jour du jugement. Le chiffre est laissé en blanc et rempli soit avant soit même après l'enregistrement de la minute, sur la taxe que fait le juge taxateur, et qui devient la taxe du tribunal par son insertion.

440. — Si, cependant, la liquidation n'a pas été faite par le jugement même, on peut lever un exécutoire, car l'art. 543 ne prononce pas de nullité pour le cas où cette formalité ne serait pas observée. La cour de Cassation l'a décidé ainsi par plusieurs arrêts. — *Cass.*, 2 mai 1810, Bouquelot c. Dessous; 27 avr. 1825, Albarel c. Guillard; 21 août 1828, Plantaret c. Raynal; 20 juin 1826, Brocard c. Charlier; 7 janv. 1829, Vignon c. Boucherle; — Bioche, vº *Exécutoire de dépens*, nº 3; Carré-Chauveau, nº 1890; — Merlin, vº *Dépens*, § 2; Chauveau, *Comm. du tarif*, t. 2, nº 2. — V. aussi *Cass.*, 9 fév. 1813, ci-dessous.

441. — La partie condamnée peut seulement se refuser à payer le coût de l'exécutoire. — *Cass.*, 9 fév. 1813, Pescheur c. Lannay; 20 juin 1826, Brocard c. Charlier; 7 janv. 1829, Vignon c. Boucherle; 7 mai 1839 (t. 1er 1839, p. 655), comm. de Flamanville c. comm. de Sionville; — Bioche, nº 4; Chauveau, t. 2, p. 55, nº 5. — *Contrà* Rivoire, p. 137, nº 18.

442. — Toutefois il a été décidé, contrairement à cette jurisprudence, qu'en matière sommaire et spécialement en matière de commerce, la liquidation des dépens qui n'a pas été faite dans le jugement rendu par le tribunal ne peut être réglée et rendue exécutoire par le président seul. — *Cass.*, 17 janv. 1842 (t. 1er 1842, p. 622), Chausse c. Benoît.

443. — D'après cet arrêt, ce serait le tribunal entier qui devrait, par un acte séparé, faire la liquidation omise au jugement. — Chauveau, *Comm. tarif*, t. 2, p. 508.

444. — La liquidation des dépens doit encore se faire par le jugement, dans certaines contestations élevées en matière d'ordre. — C. procéd. civ., art. 761, 766. — V. ORDRE.

445. — En justice de paix, les dépens sont toujours liquidés par le jugement qui les adjuge, la liquidation en appartient au juge de paix lorsqu'il ne l'a pas faite. C'est ce que déclare d'une manière implicite l'art. 26, C. procéd. civ., qui autorise le juge du pétitoire à fixer, pour cette liquidation, un délai après lequel l'action au pétitoire sera reçue. — Victor Augier, *Encyclop. des juges de paix*, t. 3, p. 178; Victor Fons, nº 24.

446. — Il en est de même devant les tribunaux de commerce.

447. — Aux termes de l'art. 544, C. proc. civ., la liquidation des dépens, dans les autres matières, devait être déterminée par des réglemens d'administration publique.

448. — Le second décret du 16 fév. 1807 a, en effet, pourvu à la liquidation des dépens, en matière ordinaire.

449. — Néanmoins la taxe des frais et dépens antérieurs à la publication du Code de procéd. n'a pu régulièrement être faite que d'après les formes prescrites par l'ord. de 1667. — *Paris*, 10 fév. 1807, Mollet c. Buchey.

450. — Aujourd'hui les dépens sont liquidés par un des membres du tribunal ou de la cour qui a concouru au jugement ou à l'arrêt, et compris dans un exécutoire qui est délivré par le greffier.

451. — Jugé cependant qu'en cas d'appel les frais de première instance doivent être taxés par la cour, lors même que la décision des premiers juges est confirmée purement et simplement. — *Paris*, sous *Cass.*, 10 juill. 1819, Lefebvre Sainte-Marie c. Wendel; 10 juill. 1819, Bonnard c. Wendel et Berancon; 30 août 1838 (t. 1er 1839, p. 423), Ancillon c. Navelle. — V. aussi *Bruxelles*, 18 avr. 1822, Cuenelaere c. Devreeze. — Mais ces décisions sont critiquées par MM. Hautefeuille (p. 266), et Chauveau (*Tarif*, t. 2, p. 59).

452. — Lorsqu'une sentence arbitrale, intervenue sur procès, condamne l'une des parties aux dépens faits devant le tribunal, l'un des juges du tribunal est compétent pour taxer ces dépens. — Cette question ne touche point à la validité de la sentence arbitrale. — *Bordeaux*, 22 mai 1832, Chabrelie.

453. — Pour parvenir à la taxe, l'avoué rédige un mémoire de frais divisé en deux colonnes: la première comprenant les déboursés; la deuxième ses émolumens. — V. décret 1807.

454. — Ce mémoire ou état est remis au greffier, avec les pièces justificatives. — Art. 3 du décret.

455. — Le juge taxateur taxe chaque article en marge de l'état, somme le total au bas, le signe, après avoir mis le taxé sur chaque pièce du dossier qu'il paraphe, et l'état demeure annexé aux qualités du jugement. — Art. 2 et 3 du décret.

456. — Le juge taxateur ne peut exprimer les motifs de l'admission ou du rejet des articles, ni mentionner que des frais sont rejetés comme frustatoires. — *Douai*, 14 mars 1838 (t. 1er 1839, p. 407), Loitthé c. Théry.

457. — Il ne saurait, non plus, comprendre dans la taxe une somme fixée arbitrairement pour une partie des frais de l'instance, quand les pièces ne sont pas à l'appui du mémoire. — *Rennes*, 26 avr. 1827, Huchet c. Dufrédot. — Il s'agissait, dans l'espèce, d'une procédure commencée plus de cent ans avant l'arrêt qui l'a terminée.

458. — La taxe ne modifie pas la condamnation aux dépens. — Ainsi le juge taxateur ne pourrait, de son chef, autoriser l'emploi des dépens en frais de mise à exécution d'une créance, si le jugement n'ordonnait pas cet emploi. — *Paris*, 11 fructid. an XIII, Michel c. Burgralf.

459. — Le greffier doit également signer l'état, mais l'art. 5 du décret ne prononce pas de nullité pour l'omission de cette formalité. — Bioche, vº *Taxe*, nº 12

460. — *Exécutoire.* — En vertu de cette taxe, la minute de l'exécutoire, c'est-à-dire du mandement de payer le montant des frais liquidés, est rédigée sur une feuille de papier timbré qui reste annexé aux qualités du jugement..

461. — La question de savoir si la minute en doit être signée par le président et par le greffier du tribunal ou de la cour royale qui délivre l'exécutoire fait doute. Suivant les uns, la signature du greffier est suffisante. — *Rome*, 1er mars 1811, Tosphigosi c. di Pietro; *Bourges*, 9 janv. 1832, Gérard de Villesaison c. Rossi; — Rivoire, vº *Dépens*, nº 27). — Selon les autres, au contraire, les deux signatures sont nécessaires. — *Rome*, 11 juin 1811, Barberini; — Chauveau, *Tarif*, t. 2, p. 64, nº 29; Boucher d'Argis, p. 362; arg. Pigeau, t. 2, p. 357.

462. — Dans tous les cas, il est prudent de remplir cette double formalité. — Bioche, vº *Greffier*, nº 45.

463. — La délivrance de l'exécutoire présente quelquefois des difficultés assez graves, à raison des restrictions qui peuvent avoir été apportées à la condamnation aux dépens. — V. *suprà* nºs 218 s.

464. — Quand le jugement condamne purement et simplement l'une des parties en tous ses dépens, nulle difficulté: la taxe se poursuit et l'exécutoire se délivre contre cette partie.

465. — Lorsque le jugement ne condamne une partie qu'à une quote-part des dépens, sans ordonner qu'il sera fait masse, la partie condamnée supporte d'abord ses propres frais et, en outre, la portion à laquelle elle a été condamnée envers l'autre partie dans les frais faits par celle-ci; en conséquence, cette dernière ne peut obtenir l'exécutoire que jusqu'à concurrence de cette portion, le surplus étant à sa charge. — V. *suprà* nºs 222, 303, 305.

466. — Si, au contraire, le jugement compense purement et simplement les dépens, il n'y a pas lieu à délivrer d'exécutoire. — V. *suprà* nºs 220, 304 s.

467. — Enfin quand le jugement ordonne qu'il sera fait masse des dépens et condamne chaque partie à une portion déterminée comme la demie, le tiers, le quart de la masse, s'il est reconnu, par le résultat de la taxe, que la somme de frais avancée par chaque partie est égale à la portion mise à sa charge, la compensation s'opère de plein droit, ainsi qu'il a été dit (*suprà* nºs 223, 306 s.), nonobstant la distraction; et les parties se trouvant respectivement quittes, il n'y a pas encore lieu à délivrer un exécutoire. Il en serait autrement si l'on adoptait l'opinion qui n'admet pas la compensation en pareil cas.

468. — Si la somme de frais avancés par l'une des parties est plus forte que la quote-part à laquelle elle a été condamnée, elle a droit de répéter de l'autre l'excédant de cette portion.

469. — M. Boucher d'Argis, à qui sont empruntées les solutions ci-dessus ajoute (p. 362): « Il résulte de tout ceci que le taxateur ne peut faire délivrer d'exécutoire qu'autant que, par la réunion de tous les dossiers de première instance et d'appel, les avoués l'ont mis à même de vérifier quelle est celle des parties qui est débitrice de l'autre, parce qu'autrement il s'exposerait à décerner un exécutoire contre une partie qui ne doit rien, ou qui ne doit qu'une partie des dépens taxés. Si quelques-uns refusent de soumettre leurs dossiers à la taxe, les autres doivent alors s'adresser à leurs cliens, qui, après les avoir désintéressés, débattront leurs comptes avec leurs adversaires comme ils le jugeront convenable. »

470. — Cette doctrine ne tend à rien moins qu'à paralyser et anéantir entre les mains de l'avoué le bénéfice de la distraction qu'il a obtenue. Il ne dépend pas de lui que la masse soit faite. Quelle action a-t-il, en effet, pour obliger, soit la partie adverse, soit son confrère, à produire leur mémoire? Souvent cette partie se sera empressée de désintéresser son avoué et de retirer ses pièces, précisément pour empêcher la masse. Le recours de l'officier ministériel contre son propre client peut n'être qu'illusoire. Il faut donc décider qu'en pareil cas un exécutoire comprenant la totalité de ses dépens sera délivré à l'avoué, sauf à la partie adverse à lui opposer la compensation jusqu'à due concurrence. Elle ne serait pas fondée à se plaindre des poursuites dirigées contre elle, puisque, dans tous les cas, elle devrait une certaine somme. D'ailleurs l'exécutoire est préalablement signifié à la partie en la personne de son avoué, et il lui accorde trois jours pour y former opposition; elle est donc prévenue, mise en demeure.

471. — L'exécutoire se délivre au nom de l'avoué qui a obtenu la distraction des dépens, ou, si la distraction n'a pas été faite à son profit, au nom de la partie elle-même. — Arg. art. 133, C. procéd. civ.

472. — Il contient l'expédition de la taxe et de l'ordonnance du juge, et est revêtu de la formule exécutoire.

473. — L'exécutoire n'est d'ailleurs expédié qu'après que le jugement a été signifié; sans quoi la partie condamnée aux dépens serait sous le coup de poursuites avant d'avoir eu légalement connaissance de sa condamnation.

474. — Autrefois ce n'était qu'après l'expiration des délais d'appel ou d'opposition que l'exécutoire pouvait être remis à l'avoué. — *Parlem. Grenoble*, 15 mars 1701. — Denisart, vº *Déclaration de dépens.*

475. — La grosse de l'exécutoire est signifiée par un simple acte à l'avoué de la partie condamnée.

476. — Il n'est pas nécessaire de signifier en même temps le jugement qui prononce la condamnation aux dépens. — *Cass.*, 27 déc. 1820, Brepson,

477. — Un exécutoire peut, en effet, servir de base à des poursuites. — *Paris*, 21 déc. 1809, Guertin c. Clauchard.

478. — Par conséquent, une partie ne peut former opposition au commandement auquel un exécutoire de dépens obtenu par l'avoué qui a occupé pour elle a servi de base, sans attaquer cet exécutoire même. — Même arrêt.

479. — *Voies de recours contre la taxe.* — La partie qui veut réclamer contre la taxe doit se pourvoir par la voie de l'opposition. — Décr. 16 fév. 1807, art. 6.

480. — L'appel est non recevable quelle que soit la somme à laquelle se montent les dépens.

481. — En matière sommaire, un arrêt qui contient une liquidation excessive des dépens doit être attaqué par la voie de l'opposition, et non par le recours en cassation. — *Cass.*, 25 avr. 1827, Pradal c. Daudé.

482. — Cette solution est encore applicable lorsque le jugement comprend dans la condamnation d'une partie aux dépens les frais déjà mis à la charge d'une autre partie, par une décision passée en force de chose jugée. — *Cass.*, 23 nov. 1841 (t. 1er, 1842, p. 518), commune de Laroque Bonavant.

483. — Mais si un arrêt a ordonné à tort la taxe des dépens comme en matière ordinaire, c'est par le recours en cassation, et non par opposition que cette disposition doit être attaquée. — *Cass.*, 14 août 1833, Bruyn; — *Nîmes*, 16 mars 1841 (t. 2 1841, p. 88), Gibert c. Pibarest.

484. — Néanmoins, s'il n'a été ni conclu ni plaidé sur ce chef, la disposition du jugement est réputée par défaut, encore bien que le jugement soit contradictoire. — *Lyon*, 8 mars 1830, Bruger c. Laisseller.

485. — Les significations d'arrêt d'avoué à avoué ne sont pas soumises aux formalités exigées pour les exploits. Dans tous les cas, l'irrégularité qui résulterait de l'inobservation de ces formalité ne pourrait être la base d'une opposition à la taxa-

tion de cette signification. — *Grenoble*, 30 août 1838 (t. 1er 1839, p. 423), Ancillon c. Navelle.

486. — Jugé que l'ordonnance rendue par le président de la cour royale, contradictoirement entre les parties ou leurs avoués, pour la taxe des dépens, après le désistement de l'appel interjeté par l'une d'elles, n'est pas susceptible d'opposition. — *Aix*, 11 avr. 1832, Fabrique la Major c. Gazino; et *Lyon*, 1er avr. 1830, Bonjour c. Reynaud. — V. *contrà* Chauveau, *ut suprà*; — M. Carré (*la Taxe en mat. civ.*, p. 166) propose, entre les art. 403, C. procéd., et 6, décr. 16 fév. 1807, la conciliation suivante : « Il faut bien se fixer, dit ce magistrat, sur le caractère de l'ordonnance du président. Cette ordonnance n'est pas une ordonnance rendue sur la taxe elle-même, ce n'est qu'un simple exécutoire, *une simple* ordonnance mise au bas de la taxe (art. 403, C. procéd.), *une ordonnance afin de rendre la taxe des frais exécutoire* (art. 70 du tarif). Mais la taxe elle-même peut être faite comme dans tout autre cas, soit par le président lui-même, soit par le juge qu'il aura commis; et qu'on le remarque bien, ce n'est pas à cette taxe que la partie est sommée d'être présente, c'est à l'ordonnance du président *qui rend la taxe exécutoire* (art. 70 du tarif). Or, la taxe une fois arrêtée, soit par le président, soit par un juge, le président n'a aucune mission, ni pouvoir pour réformer sa propre taxe, et encore moins celle faite par un juge. Dans l'espèce du désistement, aucun jugement n'est intervenu, n'a prononcé la condamnation aux dépens, et sans la sommation indiquée, c'est par la signification seule de l'exécutoire que la partie qui doit supporter les dépens serait informée et du montant de ces frais et de l'existence de l'exécutoire, qui peut la soumettre à des poursuites rigoureuses. Tel est donc le seul but de la présence des parties; mais cette présence même ne les rend pas non recevables à former opposition à la taxe dans la forme indiquée dans le décret de 1807. »

487. — La cour de Paris (4 mai 1825, Osmond c. Poterin) a jugé que dans le cas où deux parties ont obtenu réciproquement l'une contre l'autre une condamnation de dépens, celle qui a fait taxer ses dépens comme en matière ordinaire, est ensuite non-recevable à demander la réformation de l'exécutoire contre elle obtenu par l'autre partie, sur le motif que la cause était sommaire, lors même qu'elle consentirait pour son propre compte à ce que l'exécutoire à elle délivré comme en matière ordinaire fût réduit aux seuls dépens alloués en matière sommaire. — Cette doctrine est à juste titre condamnée par deux arrêts de Cassation, 14 janv. 1828, Gueraudet c. Bouillet; 12 avr. 1831, Ducamoy c. Dupont. — V. aussi *Amiens*, 12 juin 1841 (t. 2, 1844, p. 462), comp. d'assur. c. Bontemps.

488. — La partie qui veut former opposition à un exécutoire de dépens doit diriger sa demande contre sa partie adverse, et non contre l'avoué, encore bien que la distraction ait été prononcée au profit de ce dernier. — *Bordeaux*, 29 août 1828, Doens c. Salles.

489. — On a vu, en effet, que l'avoué en obtenant distraction des dépens, ne devient pas partie au procès.

490.—L'opposition doit être formée dans les trois jours de la signification de l'exécutoire à l'avoué. — Décr. 16 fév. 1807, art. 6.

491.—... A moins qu'il ne s'agisse d'une difficulté particulière à l'exécutoire délivré par le greffier. Spécialement, lorsque plusieurs parties ont été condamnées aux dépens, et que le greffier a délivré exécutoire pour la totalité des frais contre une seule d'entre elles, celle-ci peut encore former opposition après les trois jours de la signification, si elle se borne à prétendre, en n'attaquant point le chiffre de la taxe, qu'elle n'est point tenue solidairement, et qu'elle ne doit que sa quote-part. — *Cass.*, 21 nov. 1833, Foubert c. Denis.

492. — Le délai d'opposition est de rigueur.— *Amiens*, 13 janv. 1826, Choquet c. Dufour; *Rouen*, 18 janv. 1822, Cossonnier c. Contandur; — *Cass.*, 16 déc. 1822, Frebault c. Rousseau; *Grenoble*, 28 mai 1823, N...; *Bordeaux*, 5 août 1829, Eyriaud c. de Boulazac.

493.—... En matière sommaire comme en matière ordinaire.—*Cass.*, 28 mars 1810, Jonas Jones c. Fenwick. — Bioche, n. 14; Carré et Chauveau, quest. 1891; Chauveau, *Tarif*, t. 2, p. 72, no 39.—En ce cas, bien entendu, le délai court du jour de la signification du jugement à avoué ou à partie.

494.—... Peu importe que le dernier jour soit férié.—*Caen*, 20 juill. 1840 (t. 2, 1841, p. 527), Claude c. Guérin;—Chauveau, t. 2, p. 72, no 39; Bioche, no 19.

FRAIS ET DÉPENS (Mat. civ.), ch. 5.

495.—Le jour de la signification ne compte pas. —Fons, p. 356, no 4; Bioche, no 15.

496.—Un arrêt de la cour de Grenoble (1er mars 1816, Gueret c. Goech) a jugé que le délai de l'opposition était suspendu pendant les vacances. — M. Bioche (vo *Vacances*, no 14) critique avec raison cette décision. — V. cependant *contrà* Chauveau, *Tarif*, t. 2, p. 74.

497.—L'appel du jugement ne ferait pas revivre le droit de former opposition à l'exécution, si le délai était une fois expiré. — *Bruxelles*, 4 mars 1829, Hannecart c. fab. de Saint-Julien; —Hautefeuille. p. 266; Chauveau, *Tarif*, t. 2, p. 58, no 22.

498.— Jugé par la même raison que, lorsqu'il n'y a point eu d'opposition à la taxe des dépens, la cour ne peut statuer sur le trop d'étendue reproché à un écrit de défenses et aux qualités d'un jugement.—*Rennes*, 18 déc. 1820, Leblanc c. Thiard.

499. — L'opposition peut être formée, avant la signification, pour éviter des frais. Dans la pratique, en effet, la taxe se communique souvent à l'amiable.—*Besançon*, 7 janv. 1815, Bardey, c. Renaud; — Bioche, no 20.

500. — La signification à domicile, c'est-à-dire à la partie elle-même, ne ferait pas courir le délai de l'opposition. — *Grenoble*, 5 juill. 1823, Thevenon c. Gras; — Bioche, vo *Exécutoire*, no 16; Chauveau, t. 2, p. 72, no 40; Rivoire, p. 145, no 34; Fons, p. 356, no 5.

501. — ... A moins que l'avoué n'eût cessé ses fonctions.— Argum. art. 148, C. procéd. civ.;—Bioche, no 16.

502.—Mais en ce cas l'art. 1033, C. procéd. civ., devrait recevoir son application. Et le délai serait augmenté à raison de la distance.— Bioche, 17; Rivoire, no 34.

503. — Pendant les délais de l'opposition, tous actes d'exécution et de poursuites sont suspendus. — Argum. art. 155, C. proc. civ.; — Bioche, n. 21.

504.—...Mais non pas les actes conservatoires, par exemple, l'inscription de l'hypothèque judiciaire.

505.—L'exécutoire ne donne pas hypothèque, il est vrai; mais le jugement de condamnation entraîne hypothèque, non seulement pour les condamnations principales, mais pour les condamnations aux dépens, dont l'exécutoire détermine le chiffre.

506. — Mais la signification de l'exécutoire de dépens n'est pas viciée par le commandement de payer fait dans le délai utile pour y former opposition.— *Bourges*, 9 janv. 1832, Girard de Villesaison c. Rossi.

507. — La partie qui a obtenu l'exécutoire, comme celle contre qui il a été délivré, a le droit de former opposition à la taxe. La taxe peut être, en effet, insuffisante ou excessive, et l'art. 6 du décret est conçu en termes généraux. — *Ajaccio*, 12 sept. 1811, Pasqualini c. Lambruschini; —Favard, t. 2, p. 55, Chauveau, t. 2, p. 75. no 45; Carré et Chauveau, note 3e, sous l'art. 544; Rivoire, *Dépens*, no 38; Bioche, no 23.

508. — Le délai court donc contre les deux parties, du jour de la signification de l'exécutoire.

509. — Toutefois, la signification faite par la partie qui a obtenu l'exécutoire vaudrait acquiescement à la taxe, si l'acte de signification ne contenait des réserves expresses.—Bioche, no 25.

510. — Pour l'une et l'autre partie, les délais et les formalités sont les mêmes; si la partie qui a obtenu l'exécutoire veut attaquer la taxe, en signifiant l'exécutoire, elle déclare y former opposition et donne avenir pour comparaître. — Boucher d'Argis, no 4, vo *Dépens*; Bioche, no 24.

511. — L'opposition se signifie par un simple acte contenant avenir; toutefois, elle pourrait être formée par exploit à partie. — *Metz*, 11 août 1815, Noiret c. Conflant; —Victor Fons, p. 356; Rivoire, no 35; Bioche, no 29.

512. — Une simple opposition sans avenir dans les trois jours serait nulle. — *Bourges*, 19 juill. 1821, Gabillaud c. Gazonneau.

513.—Il n'est pas nécessaire qu'elle contienne les moyens sur lesquels on l'appuie. — *Bruxelles*, 18 déc. 1833, N...

514. — Mais il y aurait nullité si l'exploit ne contenait pas avenir, — *Bourges*, 19 juill. 1821, Gabillaud c. Gazonneau.

515. — Une cour royale ne cesse pas d'être compétente pour statuer sur l'opposition à un exécutoire qu'elle a délivré, lorsque l'opposant offrant une créance en compensation, demande à faire juger en première instance le mérite de cette créance. — *Metz*, 13 fév. 1818, Coche c. Thomassin.

516. — Jugé encore qu'en matière criminelle, correctionnelle et de police, de ce que le recours en cassation a un effet suspensif il ne résulte pas que si, avant le pourvoi, la partie civile fait des poursuites pour le recouvrement des dépens à elle adjugés, la cour qui a rendu l'arrêt attaqué puisse se déclarer incompétente pour connaître de l'opposition formée aux exécutoires par elle délivrés, et en renvoyer la connaissance à la cour de Cassation, qui ne connaît jamais du fond des affaires. — *Cass.*, 2 avr. 1812, Dr. réun. c. Vanhamme. — V. Merlin, *ubi suprà*, et Carnot, *C. inst. crim.*, t. 2, p. 173, no 15.

517. — L'opposition à la taxe constitue un litige dont le jugement ne peut être soumis qu'au tribunal; en conséquence, le président du tribunal est incompétent pour statuer seul sur l'opposition à l'exécutoire qu'il a délivré. — *Cass.*, 17 janv. 1842 (t. 1er 1842, p. 622), Chausse c. Benoît.

518. — Le tribunal ou la cour statue, en général, en la chambre du conseil.

519. — Les chambres du conseil sont compétentes pour statuer sur une opposition à un exécutoire de dépens, lors même que cette opposition soulève des questions de droit qu'il y a lieu de trancher. — *Cass.*, 28 déc. 1840 (t. 1er 1841, p. 225), Rousseau c. Ozanne; 14 fév. 1838 (t. 1er 1838, p. 540), Bouhours c. Lemartinel.

520. — Cependant, le renvoi à l'audience est facultatif. — Mêmes arrêts.

521. — La citation donnée directement pour venir plaider à l'audience, et non en la chambre du conseil, n'est même pas nulle, surtout lorsqu'il s'agit moins d'une simple taxe de dépens que de décider si la partie qui a succombé est réellement passible de dépens.—*Toulouse*, 19 juin 1832, préfet de la Haute-Garonne c. Tauriac et Roques.

522. — L'opposition à un exécutoire de dépens par celui qui le conteste, comme lui étant étranger, doit évidemment être portée à l'audience. — *Bourges*, 9 janv. 1832, Girard de Villesaison c. Rossi.

523. — La chambre des vacations n'est compétente que relativement aux affaires qui requièrent célérité, et dans ce nombre ne se trouve pas comprise l'opposition formée à une ordonnance de taxe qui règle un état de frais relatifs à une affaire non sommaire précédemment jugée. — *Douai*, 18 sept. 1840 (t. 2, 1840, p. 582), comp. charbonnière de Douchy c. N...

524. — La chambre des avoués n'a pas qualité pour intervenir dans une instance sur l'opposition formée par un avoué à la taxe des dépens dans une affaire où il a occupé. — *Limoges*, 7 décembre 1843 (t. 1, 1844, p. 743), S...; V. conformes, *Nancy*, 25 juill. 1833, Didelot c. Dieu; *Paris*, 9 fév. 1833, Méro c. Pottier; — Bioche, no 30. — V. cependant *Colmar*, 30 janv. 1827, commissaires priseurs de Strasbourg c. Weugler, et *Paris*, 25 août 1834, notaires d'Epernay. — V. AVOUÉ, no 664 et suiv.

525. — Le tribunal statue sommairement. — Art. 6 du décret.

526. — Le jugement est prononcé en la chambre du conseil.—*Cass.*, 2 fév. 1826, Martin c. Adeline; à moins que la discussion n'ait eu lieu à l'audience.

527. — L'exécutoire est levé, en la forme ordinaire, après signification des qualités.

528.—L'appel contre le jugement qui statue sur l'opposition, n'est recevable qu'autant qu'il y a appel de quelques dispositions sur le fond. — Art. 6 du décret. — Au surplus, V. DEGRÉ DE JURIDICTION, nos 383 et suiv.

529. — ... Même quant aux dispositions qui répartissent les frais entre les parties condamnées. — *Paris*, 26 avril 1833, Boulard c. Guidon.

530. — La partie qui forme opposition à la taxe, et qui est dans l'intention d'interjeter appel sur le fond, doit avoir soin de faire des réserves d'appel, sans quoi son opposition pourrait, selon les circonstances, être interprétée comme un acquiescement à la décision du fond. — Bioche, no 37.

531. — Jugé cependant que l'opposition à la taxe des dépens portée dans un exécutoire, ne forme pas un acquiescement qui rende la partie opposante non recevable à interjeter appel du jugement qui a donné lieu à cet exécutoire.—*Liége*, 3 juill. 1812, Defooz c. Gathon.—V., au surplus, vis APPEL, no 1388 et suiv.; ACQUIESCEMENT, nos 214 et suiv.

532. — Il en est de même du paiement des frais, si la partie condamnée s'est formellement réservé, dans la quittance, le droit d'appeler, et en cas de succès de répéter les sommes dues.—*Colmar*, 26 mai 1845 (t. 2, 1845, p. 686), Jourdain c. Barruzzi. —V. APPEL, nos 1394 et suiv.; ACQUIESCEMENT, nos 335 et suiv.

533. — La taxe, poursuivie par un avoué sous la réserve du désaveu de son client contre un autre avoué, n'emporte pas non plus renonciation à l'action en désaveu. — *Paris*, 27 mars 1816, Boulard.

534. — Le recours en cassation est ouvert contre le jugement qui statue sur l'opposition à la taxe. — *Cass.*, 12 mai 1812, Devaux c. N...; *Liége*, 28 nov. 1829, contributions directes c. Kusters; — Chauveau, *Tarif*, t. 1, p. 117, n° 48; Berriat, p. 161; Bioche, n° 38; Carré-Chauveau, note sous l'art. 544; Favard, v^is *Dépens*, p. 54, et v° *Extraordinaire*, p. 882; Merlin, *Quest.*, v° *Cass.*, § 42.

535. — En payant les dépens, la partie condamnée est en droit d'exiger la remise de l'exécutoire. — *Nancy*, 24 nov. 1825, Porrel c. Mondon.

536. — ... Mais non pas la remise des pièces de la procédure. — *Paris*, 26 janv. 1835, Fommentin c. Josset; *Limoges*, 6 fév. 1837 (t. 1er 1839, p. 217), comm. du Grand-Duc c. Lavaud; *Agen*, 20 janv. 1845 (t. 1er 1846, p. 344), Passeraux c. enregistr. *Cass.*, 5 nov. 1845 (t. 1er 1846, p. 178), Villette c. Mouillefarine. — Chauveau, *Tarif*, t. 1er, p. 72; Bioche, v° *Dépens*, n° 164.

537. — Elle doit incontestablement offrir les frais sur l'opposition à l'exécutoire.

538. — L'exécutoire n'est sujet qu'à un droit fixe d'un franc pour l'enregistrement. — Décis. grand juge, 16 déc. 1809.

539. — Jusqu'à présent nous ne nous sommes occupés que des frais de l'instance proprement dite; mais quelques difficultés se sont élevées à propos de la marche à suivre pour obtenir le paiement des frais non liquidés et des frais de mise à exécution : « Pendant un grand nombre d'années, dit M. Debelleyme (ord. t. 2, p. 139), on a pensé que la condamnation au paiement de ces frais était comprise dans le jugement, et qu'ainsi il suffisait de les faire taxer par le juge, sans jugement ni exécutoire, et de reprendre les poursuites. Il faut ajouter que cette taxe était soumise au droit d'opposition. On admettait même que le président, résumant en référé les pouvoirs du tribunal, pouvait statuer sur l'opposition à la taxe. Assez récemment quelques personnes ont pensé qu'il fallait assigner au principal et que les juges de la chambre du conseil étaient incompétens. Plusieurs chambres du conseil ont déclaré leur incompétence, le tribunal de la Seine s'est déclaré incompétent au principal, et des juges de paix saisis de ces demandes en condamnation ont aussi déclaré leur incompétence. Le tribunal de la Seine a cherché à résoudre cette difficulté par plusieurs délibérations et récemment par celle du 18 juin 1842. A cet effet, le tribunal a sollicité un réglement d'administration publique, promis par l'art. 544, C. procéd. civ., sur ce chef, qui n'est pas réglé par le décret du 16 fév. 1807; mais en attendant ce réglement il a reconnu que la bonne administration de la justice devait le faire revenir à l'ancien usage, c'est-à-dire à la taxe, susceptible d'opposition, mais sans qu'il soit besoin de prendre exécutoire. »

CHAPITRE VI. — *Action en paiement des frais. — Compétence du tribunal.*

540. — On a vu dans le chapitre précédent comment la partie qui a obtenu gain de cause ou son avoué peuvent faire liquider les dépens et en poursuivre le recouvrement contre la partie qui a été condamnée à les acquitter.

541. — Mais l'avoué de la partie qui a succombé ne peut procéder de cette manière : il faut pour être remboursé de ses frais qu'il forme une demande contre son client. La loi lui accorde à cet effet une action directe. — V. AVOUÉ, n°s 537 et suiv.

542. — L'avoué de la partie qui a triomphé peut également, ainsi qu'on l'a dit (*suprà* n° 344), agir par action directe contre la partie pour laquelle il a occupé quand bien même il a obtenu à son profit la distraction des dépens.

543. — Il n'a pas toutefois d'action pour le recouvrement des frais frustratoires. — V. AVOUÉ, n° 597.

544. — Lorsqu'un avoué a été constitué par plusieurs parties dans un intérêt commun, chacune d'elles est en général tenue solidairement des dépens envers lui. — *Paris*, 9 nov. 1843 (t. 1er 1844, p. 56), Dangin c. Journiac; 28 déc. 1826, Richomme c. Renoult. — V. au surplus les arrêts rapportés v° *Avoué*, n° 551; Pothier, *Traité du mandat*, n° 82; Merlin, *Rép.* v° *Notaire*, § 6. — V. aussi sur l'étendue de ce droit AVOUÉ, n°s 542 et suiv.

545. — La demande en paiement de frais doit être portée au tribunal ou à la cour devant lesquels ils ont été faits. — C. procéd., art. 60. — V. AVOUÉ, n° 576.

546. — ... Quand bien même il y aurait de la part du client une reconnaissance par écrit de sa dette. — V. *ibid.*, n° 578.

547. — ... Peu importe que l'avoué ait cessé ses fonctions. — V. *ibid.*, n° 599.

548. — ... Ou qu'il ait cédé ses droits à un tiers. — *Cass.*, 3 juill. 1844 (t. 2 1844, p. 223), Roustain c. Lhermitte.

549. — Une partie serait donc fondée à décliner le tribunal de son domicile réel si elle était assignée en demande de frais faits dans un autre tribunal. — V. conf. Carré, n° 279.

550. — Les difficultés qui s'élèvent sur l'exécution d'un arrêt de cour royale qui a ordonné le paiement des frais et droits dus à un avoué postulant près cette cour ne peuvent pas être portées devant un tribunal de première instance. — *Toulouse*, 16 mars 1824, M... c. Carol.

551. — Toutefois, la demande formée par un tiers contre le débiteur en remboursement de frais payés pour lui, à des officiers ministériels, n'est pas de la compétence du tribunal où les frais ont été faits, comme dans le cas où les officiers ministériels agissent directement. Une pareille demande doit, suivant son importance, être portée devant le tribunal de paix ou de première instance du défendeur, conformément aux règles tracées par l'art. 59, C. procéd. civ. — *Paris*, 5 déc. 1840 (t. 1er 1841, p. 275), Loison c. Sanson.

552. — De même l'huissier qui forme contre l'avoué qui a occupé en première instance pour l'appelant une demande en paiement du coût de l'exploit d'appel, fondée sur ce qu'il a agi par ordre de cet avoué, doit porter sa demande devant le tribunal du domicile du défendeur, son action n'étant pas de celles prévues par l'art. 60, C. proc. — *Bourges*, 5 juin 1844 (t. 2 1845, p. 175), Lalande c. Belleveaux.

553. — Il est de jurisprudence constante aujourd'hui que l'art. 60, C. procéd. civ., concerne les notaires aussi bien que les huissiers et les avoués. — V. NOTAIRE, HUISSIER. — V. aussi Boncenne, t. 2, p. 253; Rivoire, v° *Dépens*, n° 47.

554. — Quant aux agréés, ils n'ont contre leur client que l'action du mandataire contre le mandant, telle qu'elle résulte de la loi. L'action est donc de la compétence des tribunaux civils. — V. AGRÉÉS, n°s 68, 69 et 70.

555. — La disposition de l'art. 60 n'est, au surplus, applicable qu'au cas où il s'agit de frais du ministère de l'avoué, ou de frais à propos desquels son ministère est obligatoire, tels par exemple que ceux d'une instance judiciaire, de notification d'un contrat d'acquisition à des créanciers inscrits, ou d'une purge. Si l'avoué n'a agi que comme simple mandataire, en dehors de ses attributions, par exemple en représentant une partie devant un tribunal de paix ou de commerce, l'action en paiement de ses honoraires appartiendra aux juges du domicile du défendeur. Il faut même en décider autant dans le cas où des honoraires sont dus à l'avoué à raison d'une instance criminelle. Ne serait-il pas bizarre que le tribunal correctionnel ou la cour d'assises fussent appelés à décider une question d'honoraires?

556. — Il importe cependant de remarquer que les tribunaux ont toujours interprété dans le sens le plus large la compétence particulière qui leur est accordée par l'art. 60. — V. à cet égard AVOUÉ, n°s 582 et suiv.

557. — Ces sortes de demandes sont dispensées du préliminaire de conciliation. — C. procéd. civ., art. 49. — V. AVOUÉ, n° 589.

558. — Les frais doivent-ils être préalablement taxés? L'art. 9, décr. 16 fév. 1807, ne prescrit pas la taxe, mais elle a lieu dans l'usage.

559. — La partie est toujours fondée à la réclamer.

560. — La reconnaissance qu'elle aurait faite du chiffre des frais ne lui serait pas opposable.

561. — L'énonciation portée dans la quittance que le paiement est fait sans garantie ni restitution, et que les pièces ont été remises, ne dispense même pas l'avoué de représenter la procédure, pour qu'il soit statué sur la taxe de ses frais. — *Paris*, 9 mai 1810, Barbier c. D... et Russeau.

562. — En cas de paiement amiable, la partie est fondée à répéter contre l'avoué le montant des retranchemens opérés par la taxe faite ultérieurement, à moins qu'il n'ait été convenu que cet excédant serait attribué à l'avoué à titre d'honoraires. — V. AVOUÉ, n° 594 et suiv.

563. — Un jugement qui condamne une partie à payer une somme à son avoué, pour frais par lui faits, est présumé rendu sauf la taxe, et cesse d'être exécutoire, si la taxe est demandée. — *Paris*, 23 mai 1808, Dulard c. Desnos.

564. — Quand les magistrats prononcent par défaut contre une partie, ils doivent exiger préalablement la taxe. — Boucher-d'Argis, p. 177.

565. — Mais lorsqu'une partie a obtenu gain de cause sur les dépens, et que ces dépens lui ont été payés conformément à la taxe qui en a été faite, son avoué a le droit d'en répéter contre elle le montant contenu dans la première taxe. — La partie gagnante ne peut faire taxer de nouveau son avoué. — L'avoué peut répéter non seulement le montant de la taxe primitive, mais encore les intérêts qui ont couru contre le condamné par suite d'un commandement, et qui ont été payés à la partie gagnante. — *Nîmes*, 23 fév. 1832, Gibert c. Domaine. — V. au surplus ce qui a été dit *suprà* n° 365, quant aux intérêts judiciaires.

566. — Dans l'espèce précédente, le paiement des frais avait eu lieu entre les mains de la partie. Elle était donc sans intérêt à réclamer la taxe. Si les frais eussent été simplement liquidés par le jugement ou par un exécutoire, il semblerait difficile de soutenir que la taxe eût été définitive.

567. — Comme mandataire *ad lites*, l'avoué ne peut rien réclamer au-delà de ce qui lui est alloué par le tarif. Mais, comme mandataire *ad negotia*, il a droit à un salaire. — V. AVOUÉ, n°s 554 et suiv. et 558 et suiv.

568. — Si, à raison d'une instance, des honoraires sont dus à un avoué, indépendamment de ses frais, la demande d'honoraires est jointe à la demande en paiement de frais. Elle constitue, en effet, un accessoire à cette dernière.

569. — Ainsi, lorsqu'une cour reconnaît que des frais extraordinaires, réclamés par un avoué, sont connexes à une demande de frais taxables, elle est compétente pour statuer sur le tout. — *Cass.*, 10 août 1831, comm. de la Neuville-au-Pont c. Armand.

570. — Le tribunal, compétent pour connaître de la demande d'un huissier relative aux exploits qu'il a signifiés pour le défendeur, l'est également quant aux avances faites par l'huissier pour l'expédition du titre. — *Bourges*, 18 déc. 1824, Martin.

571. — En pareil cas, lorsque les frais ont été payés par la partie, et qu'il ne s'agit plus que de la question d'honoraires, la compétence du tribunal est encore régie par l'art. 60. Décider autrement, ce serait compromettre les intérêts et du client et ceux de l'avoué : la raison qui fait attribuer la compétence au tribunal devant lequel les frais ont été faits est la même.

572. — Il est admis que l'avoué qui a payé les honoraires de l'avocat est fondé à en réclamer le remboursement à son client. — V. AVOUÉ, n° 570.

573. — Quel est le tribunal compétent pour statuer sur ce chef particulier? Selon M. Boucher d'Argis (p. 177), c'est celui du défendeur. « Ainsi, dit cet auteur, l'avoué de première instance peut bien joindre à la demande en paiement de ses frais et honoraires celle en restitution des honoraires de l'avocat, mais sous la double condition qu'à raison de son domicile, le client sera justiciable du tribunal devant lequel l'avoué aura occupé, et que cette seconde demande aura subi l'épreuve de la conciliation.

574. — Quant à l'avoué de la cour royale, sa demande ne peut en aucun cas être portée *de plano* devant la cour, parce qu'à moins d'une disposition exceptionnelle de la loi, il n'est pas au pouvoir des parties de s'affranchir du premier degré de juridiction. — Boucher d'Argis, *ibid.* — V. Conf. *Orléans*, 16 fév. 1843 (t. 1er 1843, p. 542), Periera c. Lhuillier.

575. — Mais cette doctrine nous paraît susceptible de critique. La demande en remboursement des honoraires de l'avocat est, en effet, un accessoire de la demande en paiement des frais faits par l'avoué dans l'instance où il occupait, et, comme telle, elle doit suivre le même sort. — *Pau*, 7 juin 1828, Petit c. Lalanne; *Montpellier*, 12 mars 1832, Chamayon c. Thuilau. — V. AVOUÉ, n°s 583 et suiv.

576. — L'assignation en paiement de frais doit contenir copie du montant des frais, mais sans que l'inobservation de cette formalité entraîne la nullité de la procédure. — *Amiens*, 11 mars 1826, Cotteng c. Corioze; 29 juin 1826, Lenfant c. Dequeux; *Lyon*, 17 juill. 1826, Claret c. Charézieux; *Bordeaux*, 28 nov. 1840 (t. 1er 1841, p. 336), Roques c. Linières, Lascombe, Lebègue; 15 déc. 1840 (*ibid.*), Dupré c. Petit; — Boucher d'Argis, p. 176; Chauveau, t. 2, p. 88; Rivoire, v° *Dépens*, n° 49.

577. — Les frais de signification tardive du mémoire sont seulement à la charge de l'avoué. — Art. 65, C. procéd. civ. — Mêmes auteurs.

578. — La demande des avoués contre leurs cliens peut être repoussée par trois fins de non-recevoir : 1° remise des pièces au client; 2° non représentation du registre prescrit par le réglement; 3° prescription.

579. — La remise des pièces de la procédure à la partie fait preuve de sa libération. — V. AVOUÉ, n°s 600 et suiv.

580. — Le défaut de représentation ou la tenue irrégulière du registre particulier, sur lequel les avoués doivent inscrire par ordre de date et sans aucun blanc toutes les sommes qu'ils reçoivent,

constitue une fin de non-recevoir contre la demande en paiement de frais.—V. avoué, nos 336 et suiv., et 604 et suiv.

581. — Le Code civil, par son silence, donne aux notaires la durée ordinaire des actions, c'est-à-dire trente ans pour réclamer ce qui leur est dû. Il en est de même à l'égard des avoués. — V. agréé, no 74, et notaire. — Les huissiers ont un an à partir de la date de chaque exploit et non de la fin de la procédure qui leur est confiée. — Art. 2272. — V. huissier. — Les avoués ne peuvent, dans le cours d'une instance, réclamer des droits dus depuis cinq ans; et après leur révocation ou le jugement définitif rendu par le tribunal de leur siège, toute action leur est interdite après un laps de deux ans. — Art. 2273. — V. avoué, no 613.

582. — A quelle époque commence à courir la prescription? — V. avoué, nos 613 et suiv., et prescription.

583. — La prescription court, quoique l'avoué ait continué son ministère, à moins qu'il n'y ait eu compte arrêté, cédule, ou obligation, ou citation en justice non périmée. — C. civ., art. 2274. — V. avoué, nos 619 et suiv.

584. — Dans l'ancien ressort du parlement de Paris, la prescription était interrompue par les lettres missives des parties dans lesquelles elles se reconnaissaient débitrices. — Paris, 5 fév. 1807, Macquet c. Noguet. — Il en est de même aujourd'hui.

585. — Jugé que le pouvoir donné pour procéder à la taxe des frais demandés par un avoué fait présumer de la part du mandant une renonciation tacite à la prescription acquise contre cette demande. — Paris, 21 juin 1809, Carmentrand c. Minier.

586. — La prescription de l'art. 2274 ne court qu'au profit des clients de l'avoué, et non au profit de l'adversaire condamné aux dépens. — V. avoué, no 624.

587. — Elle ne frappe que les frais proprement dits. — V. avoué, nos 625 et suiv.

588. — Mais elle s'applique à tous les déboursés que font les avoués dans le cours des procédures où ils occupent, et, par exemple, aux avances pour droits d'enregistrement, droits et frais de greffe et résidu. — Cass., 16 déc. 1811 (t. 2 1846, p. 752), Envolras c. Eyraud.

589. — L'avoué peut déférer le serment à la partie ou à ses héritiers ou fait du paiement, lorsque la prescription lui est opposée. — V. avoué, nos 630 et 634.

590.—V. aussi supra, no 347, ce qui a été dit dans le cas où l'avoué qui a obtenu la distraction a négligé d'exécuter le débiteur.

591. — La partie peut opposer à l'avoué le défaut de pouvoir. — V. avoué, nos 882 et suiv.

592. — ... Ou sa faute. Ainsi, la prescription d'une instance serait un motif de lui refuser le paiement de ses frais, à la condition, bien entendu, que la péremption provienne de son fait.— Pigeau, Comment., t. 2, p. 380; Chauveau, Tarif, t. 2, p. 92; Bioche, no 232.

593. — Le jugement qui statue sur les dépens est susceptible d'appel comme tout autre jugement, si l'importance de la demande est supérieure à 1.500 fr. — V. degré de juridiction, nos 382 et 393.

FRAIS ET DÉPENS (Matière criminelle.)

Table alphabétique.

Absolution, 115 s., 418 s., 425 s., 433 s., 188, 237 s., 343, 362.
Accusé, 98.
Acquittement, 103 s., 109 s., 145, 152, 154 s., 236, 238 s., 322 s., 362. — partiel, 150.
Acte conservatoire, 442. — illégal, 407. — nul, 272 s., 277 s., 298 s.
Actes de l'état civil, 489 s., 492.
Action civile, 181, 244, 313 s., 334, 345 s., 360 s., 363, 441, 449. — publique, 231 s.
Adjoint, 272.
Administration, 205, 226.—des contributions indirectes, 49, 79. — de l'enregistrement, 46, 465, 481.

488 s. — publique, 48, 79, 194, 204, 227 s., 235.
Adultère, 462.
Agent, 272.
Alimens, 462.
Alliés, 357.
Amende, 223, 382, 385 s.
Appel, 131 s., 134 s., 139 s., 164, 222 s., 235.— incident, 134 s.—à maximà, 430, 438.
Apprenti, 497.
Arrêt, 429 s., 437 s.
Artisan, 497 s.
Ascendant, 357.
Avance des frais, 44 s., 75s.
Avocat, 493.
Avoué, 301 s., 307.
Banqueroute frauduleuse, 214 s. — simple, 214, 217, 219 s.
Brevet, 414.

Caisse coloniale, 168, 333.
Caution, 371 s., 402 s., 437.
Cautionnement, 432.
Chasseur, 110.
Chef des dépens, 173, 175.
Chirurgien, 9.
Chose jugée, 438 s., 443 s., 447 s.
Citation des témoins, 286 s.
Coaccusé, 109, 447 s., 308, 322 s., 343.
Commandement, 456.
Commettant, 492.
Commissaire de police, 267.
Commune, 48, 194, 204 s., 231 s.
Commutation de peine, 478.
Compensation, 437. — de dépens, 159, 162 s., 176 s., 474.
Compétence, 94, 401, 424 s., 474.
Complicité, 324 s., 324 s., 331 s., 334 s.
Comptabilité, 88.
Concordat, 218.
Condamnation, 105, 319 s. — aux dépens, 97 s., 400, 404, 425, 179 s., 182 s., 206 s., 210 s., 231 s., 237 s., 248, 262, 314 s., 384 s. — 397. — partielle, 150, 300. — à une peine, 411 s., 127 s., 151 s., 183, 202, 359.
Consignation, 37, 40, 77 s.
Contrainte par corps, 26 s., 349 s., 353, 364, 368 s., 371 s., 389 s., 404 s., 417 s., 441, 454 s.
Contravention, 344 s.
Contributions indirectes, 495.
Contumace, 225, 452.
Contumax, 442 s.
Copie des enquêtes, 295 s. — de pièces, 304. — des procès-verbaux, 295 s.
Cour d'assises, 154 s.
Créancier, 380.
Crime, 412.
Décès de l'accusé, 250.—du condamné, 443 s., 446, 449.
Délai, 71. — du pourvoi, 439, 443 s.
Délits, 112, 180, 315.
Démence, 492.
Dénonciateur, 249, 255, 246.
Dénonciation calomnieuse, 349.
Dépens, 369 s., 382, 384 s., 395.
Déplacement des minutes, 493. — des papiers du greffe, 498. — des registres, 493.
Dépositaires de pièces, 371 s.
Député, 358.
Descendant, 357.
Désistement, 108, 228, 242, 244 s., 307.
Directeur des postes, 50.
Discernement, 123 s., 187 s., 343.
Distraction des dépens, 301 s.
Division des dépens, 321, 331 s., 344 s., 344.
Domestique, 492.
Dommages-intérêts, 454 s., 184 s., 238 s., 307, 314 s., 334, 360 s., 363, 382, 422, 449, 465.
Douanes, 196, 234.
Durée de la contrainte, 354, 372 s., 389 s., 392 s., 399, 401, 417 s., 457, 460.
Effet suspensif, 439 s.
Élargissement, 402 s., 457 s., 463.
Emolumens, 304.
Enregistrement, 75, 288.
Entrepreneur de messagerie, 493.
Époux, 482 s.
Esclave, 333.
État, 425 s., 51, 260, 362, 370, 417 s., 427 s., 476 s.

des frais, 61 s., 67, 412 s.
Étendue de la condamnation, 282 s., 297 s.
Exécution des arrêts criminels, 281 s. — des jugemens, 474.
Exécutoire, 6, 62, 65, 72, 76, 80 s., 87 s., 94 s., 263, 443 s., 424 s., 429 s., 456 s.
Exempt, 40.
Expert, 9.
Expulsion, 264.
Extrait, 429 s., 456.
Faits identiques, 330.—différens, 324 s., 342. — divers, 300. — prescrits, 420.
Femme, 357.
Fin de la contrainte, 391.—de non-recevoir, 257.
Fixation de la contrainte, 399.
Fonctionnaire public, 260, 264, 270 s., 277 s., 338, 490.
Frais à la charge de l'état, 292 s. — de contumace, 442 s., 453.—d'exécution, 96.—d'exécution des arrêts criminels, 292. — extraordinaires, 60. — frustratoires, 148, 285, 291. — de mise à exécution, 383. — non urgens, 41, 52, 64 s. — particuliers du prévenu, 269 s. — urgens, 52 s., 61. — de voyage, 292.
Frère, 357.
Garde champêtre, 272 s.
Grâce, 479.
Grand criminel, 99, 205, 209 s., 250, 260, 295 s., 441.
Gravité de la peine, 111.
Greffier, 13 s., 89 s., 416, 499.
Guiane, 333.
Héritier, 449 s., 464.
Historique, 3 s., 9 s., 45 s., 49 s., 23 s., 29 s., 33 s., 59, 43.
Homme libre, 333.
Honoraires, 303, 305 s.
Huissier, 89, 304, 483.
Immeubles, 468, 472 s.
Inculpé, 98 s.
Indemnité, 225, 227 s. — des frais, 292. — des témoins, 286 s.
Indigence, 492.
Indigent, 492.
Inscription, 482 s.
Insolvabilité, 391, 400, 4 s., 483 s.
Instituteur, 497 s.
Interdiction, 481 s., 485 s.
Interprète, 9, 485.
Juge, 73.
Jugement, 108, 410, 429 s., 445 s. — de condamnation, 167 s., 175, 260, 259. — de fonds, 108, 259. — d'exécution, 432 s.
Justification incomplète, 406.
Législation, 43.—ancienne, 169 s., 317, 241, 407.
Liberté provisoire, 432.
Libraire, 414.
Liquidation, 27, 384, 395, 408, 410 s. — des dépens, 403 s., 412 s.
Magistrat instructeur, 280, 445.
Maire, 252, 266, 272.
Maison de correction, 125 s.
Maître, 492.
Mandat provisoire, 57.
Mandement, 93.
Maréchaussée, 40.
Mari, 357.
Matière disciplinaire, 352.
Médecin, 9, 486.
Meubles, 468 s.
Militaires en activité, 358.
Mineur de seize ans, 123 s., 187 s., 343.
Ministère public, 73, 189,

265 s., 428, 432 s., 450, 481, 490.
Notaire, 491.
Nullité, 178 s., 263.
Officier de gendarmerie, 272. — de paix, 272.
Offres réelles, 363.
Omission, 401.
Opposition, 94, 424 s.
Ordonnance, 93.
Ordonnancement, 41.
Pair de France, 358.
Partie civile, 23, 30 s., 33 s., 37, 39 s., 72, 76 s., 84, 87 s., 93, 151 s., 188 s., 204 s., 206 s., 211 s., 243, 251 s., 256 s., 260 s., 316, 345, 347 s., 360 s., 388 s., 392 s., 449 s., 441, 445, 448 s., 455, 462 s., 467 s., 476 s. — presunte, 73.
Peine capitale, 390.
Père et mère, 187 s., 190 s., 198, 482 s.
Permis de chasse, 110.
Personnes civilement responsables, 178 s., 340, 345, 364, 447. — contraignables, 355.
Petit criminel, 99, 205, 209 s., 250, 291, 409, 450.
Plaignant, 249, 252, 254 s., 346.
Poursuites, 427 s., 440 s., 449, 454. — collectives, 447 s. — criminelles, 481. — d'office, 491.
Pourvoi, 173, 439 s., 447 s., 227 s.
Pouvoir discrétionnaire, 147, 420 s., 307.
Préfet, 491.
Préposé, 492.
Prescription, 452, 475 s.
Président, 41, 444.
Prévenu, 98 s.
Prise à partie, 274.
Privilège, 25, 465 s., 470 s., 482 s.
Procès-verbal, 264, 288 s. — faux, 275.
Propriétaire d'objets volés, 264.

253.
Quasi-délit, 480, 315.
Rapport, 284.
Réassignation des témoins, 439 s.
Receveur, 47, 61. — des domaniés, 12. — d'enregistrement, 263, 427 s., 432.
Recouvrement, 7, 14, 27 s., 38. — des dépens, 427 s., 435 s., 449, 451 s., 465 s., 475 s., 477. — des frais, 218, 483.
Régime féodal, 4.
Remboursement, 16 s., 19 s. — d'une autre session, 421.
Réquisitoire, 93.
Responsabilité, 73 s., 272 s., 277 s. — civile, 499.
Restitution, 73 s.
Sage-femme, 9.
Saisie-arrêt, 460.
Scellés, 441.
Septuagénaire, 356, 381 s., 398, 459.
Sœur, 357.
Solidarité, 20, 308 s., 346 s., 332, 341 s., 345 s., 355 s.
Sursis, 440.
Surveillance de la haute police, 418.
Tarif, 8 s., 16 s., 20, 35 s. — civil, 421. — criminel, 420 s., 423, 435.
Taxe, 6, 8, 29, 47, 54 s., 62, 65, 68, 71, 73, 88, 91, 406, 422 s., 423, 435, 441.
Témoin, 47, 56, 91, 871 s., 488.—à décharge, 287.
Timbre, 59, 69 s., 288.
Traite des noirs, 168.
Transaction, 241.
Trésor public, 12, 15, 467 s., 175, 218, 465 s.
Tribunal d'appel, 426. — civil, 424 s., 474. — correctionnel, 156 s. — criminel, 425, 474. — de simple police, 456 s.
Visa, 62, 66.
Visite, 284.

frais et dépens (Matière criminelle). — 1. — On entend par frais et dépens en matière criminelle, ou frais de justice criminelle, toutes les dépenses de quelque nature qu'elles soient, et par quelque personne qu'elles soient faites, qui ont pour objet la recherche, la constatation, la poursuite et la répression des crimes, des délits et des contraventions.

2. — Ces frais sont tantôt à la charge de l'état, tantôt à celle des parties civiles, ou enfin des condamnés et des parties civilement responsables.

§ 2. — *Personnes chargées du recouvrement des dépens dus à l'état* (n° 427).

§ 3. — *Exécution contre le condamné ou ses héritiers. — Prescription. — Amnistie. — Grace et commutations* (n° 436).

SECT. 6e. — *Frais de poursuites assimilées aux poursuites criminelles* (n° 480).

—

Sect. 1re. — *Historique.*

3. — La poursuite et la répression des crimes et des délits ont, de tout temps et presque dès l'origine des sociétés, nécessité des frais dont le paiement a dû être l'objet de quelques dispositions de lois écrites, ou tout au moins de quelques coutumes généralement observées comme lois.

4. — Sans remonter au delà des premiers temps de notre droit national, et sans nous arrêter même aux divers réglemens qui, sous la féodalité, contenaient sur ce point certaines dispositions obscures et insuffisantes, applicables, d'ailleurs, dans une étroite circonscription, on trouve qu'à partir de l'ordonnance de 1539 et surtout de celle de 1670, les magistrats qui avaient ordonné des actes de poursuites étaient tenus d'en taxer les frais; que leur taxe était soumise au contrôle de magistrats supérieurs; que dans les procès où il y avait partie civile en cause, cette partie avançait les frais, sauf le cas d'insolvabilité; que dans les poursuites d'office les avances étaient faites sur les revenus des domaines royaux ou ceux des seigneurs hauts-justiciers; enfin, qu'il était de jurisprudence dans tous les parlemens du royaume, sauf ceux de Douai et de Nancy, que quand il n'y avait pas de partie civile en cause, les frais étaient en définitive supportés par l'état ou les seigneurs, et jamais par l'accusé. — Jousse, *Just. crim.*, t. 2, p. 803, n° 2; p. 814, n° 27; p. 838, n° 77; Rousseaud de Lacombe, *Mat. crim.*, p. 300 et 322; Muyart de Vouglans, *Lois crim.*, p. 87 s.

5. — Quelques difficultés relatives à l'exécution de cette dernière prescription de l'ordonnance de 1670 (art. 17, tit. 35) furent tranchées par deux arrêts du conseil des 26 oct. et 25 nov. 1683.

6. — Un arrêt du 4 octobre 1672 et une déclaration du 12 juillet 1727 réglèrent ce qui concernait la taxe de certains actes de poursuite et la délivrance des exécutoires, et assurèrent ainsi l'exécution de l'art. 18, tit. 25, de l'ordonnance de 1670.

7. — Un arrêt du 24 nov. 1733, postérieur à la publication de l'ordonnance criminelle, soumit au conseil lui-même la vérification des exécutoires, et régla le mode de recouvrement.

8. — L'arrêt du 26 oct. 1683 avait le premier établi un tarif uniforme, pour une partie des frais de justice, dont la taxe, jusque là arbitraire, donnait lieu à de grands abus, à savoir pour les indemnités dues aux magistrats et officiers de justice.

9. — Un arrêt du 29 juin 1742 étendit le tarif aux indemnités dues aux témoins, médecins, chirurgiens, sages-femmes, experts et interprètes.

10. — Enfin, un autre arrêt, du 1er juin 1775, établit aussi un tarif pour les indemnités et salaires des exempts, brigadiers, sous-brigadiers et cavaliers de la maréchaussée.

11. — La révolution de 1789 ayant d'abord renversé, pour le reconstruire sur de nouvelles bases, tout l'édifice de l'ordre judiciaire ancien, et supprimé les justices seigneuriales, il s'éleva de graves difficultés pour le paiement des frais de justice criminelle.

12. — La loi du 27 sept. 1790 mit à la charge du trésor public tous les frais des poursuites criminelles faites d'office depuis la publication des lettres-patentes du 5 novembre 1789, et chargea les receveurs des domaines d'acquitter ces frais, sur les exécutoires que décerneraient les juges, après vérification faite par les directoires de département, dans la même forme que le faisaient antérieurement les commissaires départis.

13. — Sous l'empire de cette loi, le jugement qui condamnait un accusé aux dépens du procès était nul. — *Cass.*, 23 frim. an IV (Int. de la loi), Mesnard et Joubert; et 17 brum. an VII, Maizières.

14. — Une instruction fut adressée aux directoires de département, pour l'exécution de cette loi; mais l'anarchie qui régna depuis, pendant plusieurs années, dans diverses parties de l'administration, et la confusion des pouvoirs, auxquels la préoccupation causée par la guerre étrangère et les désordres intérieurs empêchaient d'apporter remède, ne permirent pas de tenir la main à l'observation des prescriptions que contenait cette instruction.

15. — Peu de temps après la promulgation du Code de l'an IV, qui régla la compétence des divers tribunaux et détermina les formes de la procédure criminelle, une loi, en date du 9 fév. 1796, fixa les traitemens des greffiers et de leurs commis, en laissant à leur charge certains actes de l'instruction criminelle qui jusque là avaient été payés par le trésor public.

16. — Une loi du 19 janv. 1797 (30 niv. an V) abrogea en partie cette dernière disposition, et régla la taxe de ces actes, et le mode de remboursement pour les greffiers qui continueraient d'en faire l'avance.

17. — Enfin, un arrêté du 21 juin 1798 (6 messid. an VI) rappella et réunit toutes les règles relatives à la fixation et à la vérification des frais de justice.

18. — Cet arrêté, du 6 messid. an VI, qui a mis en outre à la charge des parties plaignantes les frais de poursuite, en cas d'acquittement des prévenus, a dû être appliqué dans un département réuni à la France dès qu'il y a été publié. — *Cass.*, 9 mess. an IX, Liévin-Causse.

19. — La loi du 18 germ. an VII, qui éprouva, dans le conseil des anciens, la plus vive opposition, établit un système tout nouveau. Elle posa en principe, par son art. 1er, que tout jugement d'un tribunal criminel, correctionnel ou de simple police, portant condamnation à une peine quelconque, devait prononcer en même temps, au profit de la république, le remboursement des frais auxquels la poursuite et la punition des crimes et délits auraient donné lieu.

20. — L'art. 2 portait que lorsqu'il y aurait plusieurs accusés, auteurs ou complices d'un même fait, la condamnation au remboursement des frais serait prononcée solidairement contre eux.

21. — Le système moderne, fondé sur ce principe si naturel et si équitable que tout coupable envers la société doit l'indemniser du préjudice qu'il lui a causé, a été adopté dans toutes les législations postérieures. C'est à tort qu'on l'a accusé d'être moins libéral que celui du grand roi. Il ne faut pas, en effet, oublier que la confiscation et les amendes arbitraires, exorbitantes indemnisaient largement la royauté et les seigneurs des frais d'administration de la justice.

22. — C'eût été contrevenir à la loi du 18 germin. an VII que de refuser de prononcer au profit de l'état le remboursement des frais faits depuis la promulgation de cette loi, sous le prétexte que la procédure aurait été commencée antérieurement. *Cass.*, 5 brum. an IX, N. — V. aussi 4 messid. an VII, Crechmeur; 16 messid. an VIII, Venantgaerden.

23. — Malgré le principe introduit par cette loi, l'état restait encore chargé d'une grande partie des frais, par suite de l'insolvabilité de la plupart des condamnés. Un décret du 5 pluv. an XIII réduisit les salaires et les frais de transport des huissiers, et laissa à la charge des prévenus et des accusés les frais de citation et de taxe des témoins appelés à leur requête. Le nombre des copies et des procès-verbaux délivrés gratuitement aux accusés fut réduit, et les parties civiles furent personnellement tenues des frais de poursuite, d'instruction des jugemens, avec cette distinction, qu'en matière de grand criminel, la partie publique en ferait les avances et serait seule chargée des frais d'exécution, tandis qu'en matière correctionnelle, ce serait la partie civile, sauf, dans les deux cas, son recours contre la partie condamnée.

24. — Un décret du 24 fév. 1806 détermina le délai dans lequel les états de frais devaient être réglés par le ministre de la justice, et prescrivit des moyens de contrôle pour les copies d'actes de procédure à délivrer par les greffiers.

25. — Le 5 sept. 1807, une loi encore en vigueur régla l'ordre selon lequel s'exercerait le privilége du trésor sur les biens des condamnés pour le recouvrement des frais de justice.

26. — La question s'étant élevée de savoir si depuis la loi du 18 germin. an VII le remboursement des frais pouvait être poursuivi par la contrainte par corps, un décret du 20 sept. 1809 se prononça pour l'affirmative en ce qui concernait les matières correctionnelles. L'art. 52 du Code pénal de 1810 a rendu cette disposition générale.

27. — Le Code d'inst. crim., successivement promulgué, dans ses différens titres, pendant les deux derniers mois de 1808, répéta dans les art. 162, 194 et 368 le principe que la partie qui succombait devant un tribunal criminel devait être condamnée aux frais, même envers la partie publique; les art. 162, 176 et 194 ordonnèrent, en outre, que les frais seraient liquidés par les jugemens de condamnation en matière de simple police et de police correctionnelle.

28. — Le Code pénal de 1810, après avoir établi, dans son art. 52, que l'exécution des condamnations aux frais pourrait être poursuivie par la voie de la contrainte par corps, détermina, dans l'art. 53, la durée de l'emprisonnement du condamné détenu pour cette cause, disposition modifiée depuis par la loi du 17 avr. 1832, et posa dans l'art. 55 le principe que tous les individus condamnés pour un même crime ou pour un même délit seraient tenus solidairement des frais.

29. — Après la réorganisation de l'ordre judiciaire et la mise à exécution du Code d'inst. crim. et du Code pén., on sentit la nécessité de coordonner les dispositions des lois et décrets que la nouvelle législation n'avait pas abrogés, en ce qu'ils concernaient la taxe, la vérification, l'acquittement et le recouvrement des frais de juridiction criminelle. Le décret du 18 juin 1811 pourvut à ce soin.

30. — Ce décret portait, en outre, que les parties civiles, qu'elles succombassent ou non, seraient personnellement tenues des frais vis-à-vis l'état, sauf recours contre les prévenus condamnés et les personnes civilement responsables.

31. — C'était une innovation, c'était même une abrogation de la loi pénale, dont le décret devait uniquement régler et assurer l'exécution. Cependant, ce décret impérial passa comme tant d'autres inaperçu ou inattaqué, bien qu'inconstitutionnel et contraire aux principes immuables de l'équité. Ce ne fut qu'après la chute de l'Empire, et lorsque le gouvernement du pays parut rentrer dans la voie constitutionnelle, que des protestations s'élevèrent. — Carnot, *C. inst. crim.*, t. 2, p. 761; *ibid.*, *C. pén.*, t. 1er, p. 155, nos 13, 14 et 15; Suppl. au *Comment. C. inst. crim.* 1834, p. 165, Bainæus, *Frais de justice*, p. 387; Chauveau et Hélie *Théorie C. pén.*, t. 1er, p. 289.

32. — Carnot allait jusqu'à penser, malgré la généralité des termes de l'art. 157 du décret, qu'à part l'inconstitutionnalité de cette disposition, elle ne pouvait être appliquée par analogie aux matières de simple police, et que la partie civile ne pouvait être condamnée au remboursement des frais avancés par l'état, pour la répression d'une contravention, si ce n'est lorsqu'elle succombait par suite de l'acquittement de l'inculpé. — *Comment. du C. d'inst. crim.*, t. 2, p. 758, n° 19.

33. — Mais en vain plusieurs tribunaux signalèrent-ils l'inconstitutionnalité de la mesure. La cour de Cassation la sanctionna par une jurisprudence constante. — *Cass.*, 27 mai 1819, Lecabec; 7 juill. 1820, Drouard frères; 13 mai 1813, Quayratz; 29 janv. 1829, Guiraud; 31 juill. 1829, Symphorien Schmitt; 12 nov. 1829, Rossé.

34. — Au surplus, le résultat fut contraire au but que s'était proposé le législateur de l'Empire, car les charges de l'état, loin de diminuer, augmentèrent, parce que les parquets durent multiplier les poursuites d'office.

35. — Quoi qu'il en soit, le décret de 1811 apporta d'incontestables améliorations dans le réglement des frais, les réduisit notablement et il forma encore le tarif le plus complet et le plus méthodique de tous ceux qui règlent aujourd'hui la taxe et la liquidation des frais judiciaires.

36. — Quelques abus subsistaient, néanmoins, que fit disparaître le décret du 7 avr. 1813.

37. — Une ordonnance du 22 mai 1816 régla les obligations des parties civiles et celles des greffiers, quant à la consignation préalable prescrite par le décret du 18 juin 1811.

38. — Une autre, du 3 nov. 1819, statua sur la comptabilité relative au recouvrement des frais de justice que l'administration de l'enregistrement était chargée de poursuivre contre les condamnés.

39. — La loi du 28 avr. 1832 fit disparaître l'arbitraire introduit par le décret de 1811. L'art. 368, C. inst. crim., fut modifié, et la partie civile, quand elle obtient gain de cause, n'est plus tenue des dépens envers l'état, dans les affaires soumises au jury. — V. *infrà* relativement aux autres affaires criminelles.

40. — Une ordonnance du 28 juin 1832, rendue pour l'exécution de la loi nouvelle, a prescrit la tenue de registres pour la constatation des consignations imposées aux parties par l'art. 160; décr. 18 juin 1811, et indiqué les pièces à fournir pour obtenir la restitution des sommes consignées.

41. — Une autre ordonnance du 28 nov. 1838 a substitué aux préfets, pour l'ordonnancement des frais de justice réputés non-urgens par le décret de 1811, les présidens des cours et tribunaux et les autres magistrats taxateurs, et modifia à l'égard du paiement que l'administration de l'enregistrement devait faire de ces frais, ainsi que

des frais urgens, la comptabilité établie par les ordonnances et les décrets antérieurs.

42. — Enfin, la loi du 28 mai 1838 a déterminé de quelle manière les frais de poursuite en matière de banqueroute simple ou frauduleuse sont supportés, soit par le trésor, soit par la masse des créanciers, soit par le créancier poursuivant. — C. comm., art. 587 et suiv.

43.—Toute la législation en vigueur sur les frais de justice criminelle se trouve donc concentrée dans la loi du 5 sept. 1807, qui règle le privilége du trésor pour ces frais, dans les art. 162, 176, 194, 368 et 478, C. inst. crimin., dans les art. 52, 53 et 55, C. pén.; dans les décr. 18 juin 1811, et du 7 avr. 1813, et dans les ordonn. du 22 mai 1816, du 3 nov. 1819, du 28 juin 1832, et du 28 nov. 1838, et dans le tit. 5, L. 17 avr. 1832, sur la contrainte par corps, et du 28 mai 1838.

Sect. 2e. — ***Mode d'avance et de paiement des frais d'instruction et de poursuite.***

44. — Avant d'examiner à la charge de quelles parties doivent être mis les dépens des procès criminels, il importe de se rendre compte du mode prescrit pour l'avance et le paiement préalable des frais.

45. — La justice est une dette sociale. L'état est donc en général chargé de l'avance des frais.

46. — L'administration de l'enregistrement, dit l'art. 1er, décr. 18 juin 1811, « continuera de faire l'avance des frais de justice en matière criminelle pour les actes qui seront ordonnés d'office ou à la requête du ministère public; sauf à poursuivre, ainsi que de droit, le remboursement de ceux desdits frais qui ne sont pas à la charge de l'état. »

47. — Un arrêté du gouvernement du 2 frim. an VI oblige les receveurs de l'enregistrement, sous peine de destitution, à acquitter les taxes des témoins, au moment même de la présentation qui en est faite à leur bureau, sans distinction d'heures ou de jour. Ces décisions combinées du ministre de la justice et du ministre des finances réduisent cette obligation à l'intervalle compris entre une heure après le lever du soleil et une heure avant le coucher du soleil.

48. — Les frais faits à la requête ou dans l'intérêt des administrations, des communes, des établissemens publics, sont avancés pour leur compte et sans remboursement, par la régie de l'enregistrement devant qui les parties premières sont renvoyées à recevoir paiement. — Art. 158, même décret; instr. 30 sept. 1826, p. 19, 131 et suiv.; instr. gén. de la régie de l'enregistrement, no 1195, du 18 août 1826; — de Dalmas, p. 396-426; Trouillet, *Dr. de l'enregist.*, vo *Frais de justice*.

49. — L'administration des contributions indirectes fait elle-même l'avance des frais qui la concernent; d'où il suit que dans ces procédures, les témoins et autres personnes taxées doivent être renvoyées par le juge taxateur, qui le mentionne dans la taxe, devant le receveur de la régie des contributions indirectes, et non devant celui de la régie de l'enregistrement pour recevoir leur paiement. — Instr. 30 sept. 1826, no 10; — Duverger, *Manuel des juges d'inst.*, t. 3, no 550, p. 332.

50. — De même, les frais de justice en matière de transport illicite des lettres doivent être avancés par les directeurs des postes, à qui les huissiers et les greffiers doivent en demander directement le paiement sur des états spéciaux. — Décis. du min. des fin., 17 mai 1828; circul. du min. de la just. 8 oct. 1842; — Duverger, *ibid.*

51. — Dans les affaires qui peuvent donner lieu à des peines afflictives ou infamantes, les frais sont toujours avancés par la régie de l'enregistrement au compte du ministre de la justice. — Instr. 30 sept. 1826, p. 19; — même auteur.

52. — On distingue les frais urgens des frais non urgens.

53. — Sont réputés frais urgens : 1o les indemnités des témoins et des jurés; — 2o toutes dépenses relatives à des fournitures ou à des opérations pour lesquelles les parties prenantes ne sont pas habituellement employées; — 3o les frais d'extradition des prévenus accusés ou condamnés. — Art. 134 du décret.

54. — Les frais urgens sont acquittés sur simple taxe et mandat du juge mis au bas des réquisitions, copie de convocation ou de citation, états ou mémoires des parties. — Art. 133 du décret; ordonn. 28 nov. 1838, art. 1er et 4.

55. — Les formalités de la taxe sont remplies, sans frais, par les présideus, les juges d'instruction et les juges de paix, chacun en ce qui le concerne.

56. — Lorsque le procureur du roi ou les officiers de police, auxiliaires du procureur du roi, instruisent eux-mêmes pour constater un délit flagrant, dans les cas prévus par les art. 32 et suiv., 49 et suiv., C. inst. crim., ils peuvent délivrer aux témoins qu'ils entendent ou aux experts qu'ils requièrent, des taxes qui sont acquittées comme frais urgens. — Décis. min. de la just., août 1813.

57. — Lorsqu'un témoin se trouve hors d'état de fournir aux frais de son déplacement, il lui est délivré par le président de la cour ou du tribunal du lieu de sa résidence, et, à son défaut, par le juge de paix, un mandat provisoire à compte de ce qui pourra lui revenir pour son indemnité. Le receveur de l'enregistrement qui acquitte le mandat fait mention de l'à-compte, en marge ou au bas de la copie de la citation. — Art. 135 du décret.

58. — Les taxes des témoins ne doivent jamais être mises sur des feuilles isolées ou détachées de la copie de citation. — Décis. min. de just. 13 nov. 1818 et 30 août 1819.

59. — Les états ou mémoires qui ne s'élèvent pas à plus de 10 fr., ne sont pas sujets à la formalité du timbre. — Art. 146, décr. 18 juin 1811.

60. — Dans le cas où l'instruction d'une procédure criminelle exige des dépenses extraordinaires et non prévues par le décret, elles ne peuvent être faites qu'avec l'assentiment motivé des procureurs généraux, sous leur responsabilité personnelle, et à la charge par eux d'en informer sans délai le chancelier. — Art. 136.

61. — Au commencement de chaque mois, les receveurs de l'enregistrement réunissent en un seul état, dressé en double expédition, tous les frais urgens qu'ils ont acquittés sur simples taxes ou mandats du juge, pendant le mois précédent. — Art. 4 de l'ordonn.

62. — Cet état n'est pas soumis à la formalité de la taxe et de l'exécutoire (art. 4 *ibid.*), non plus qu'au visa des préfets (art. 1er).

63. — Une des expéditions de cet état est adressée, à l'expiration de chaque mois, au directeur de l'enregistrement dans chaque département, avec les taxes à l'appui. La seconde expédition est envoyée, soit aux procureurs généraux, soit aux procureurs du roi, pour être transmise au ministre de la justice. — Art. 4.

64. — Les frais non urgens sont ceux dont le paiement doit être réclamé, soit par les greffiers, soit par les huissiers attachés aux tribunaux où se font les instructions, soit par les experts, interprètes, traducteurs, entrepreneurs de transport ou fournisseurs qu'emploient ordinairement les tribunaux.

65. — Ces frais sont payés sur les états ou mémoires des parties prenantes revêtus de la taxe et de l'exécutoire du juge, après réquisition signée du ministère public. — Art. 1er, 2 et 3, ordonn. du 28 nov. 1838.

66. — Les états ou mémoires dont il s'agit ne sont plus soumis au visa des préfets. — Art. 1er de l'ordonn.

67. — Il en est fait deux expéditions, l'une sur papier timbré, l'autre sur papier libre. Chacune de ces expéditions est revêtue de la taxe et de l'exécutoire du juge. La première est remise au receveur de l'enregistrement avec les pièces au soutien des articles susceptibles d'être ainsi justifiés. La seconde est remise au ministre de la justice, avec le bordereau mensuel que doivent remettre les procureurs généraux et les procureurs du roi et comprenant tous les doubles des états et mémoires de frais taxés et mandatés dans leur ressort pendant le mois précédent. Ce bordereau et les pièces à l'appui sont adressés au ministre de la justice dans la première quinzaine de chaque mois. — Art. 2 et 6, ordonn. du 28 nov. 1838.

68. — Les frais sont taxés article par article. Ils sont payables aussitôt qu'ils sont revêtus de l'ordonnance du juge taxateur. — Art. 4 de l'ordonn. — Cette ordonnance est toujours décernée sur le réquisitoire du ministère public, qui doit préalablement procéder à la vérification des mémoires. La taxe de chaque article doit rappeler la disposition législative ou réglementaire sur laquelle elle est fondée. — Art. 3.

69. — Le prix du timbre, tant du mémoire que des pièces à l'appui, est à la charge de la partie prenante. — Art. 2, *ibid.*

70. — Les états ou mémoires qui ne s'élèvent pas à plus de 10 francs ne sont toutefois pas soumis à la formalité du timbre. — Art. 146 du décret.

71. — Les mémoires qui ne sont pas présentés à la taxe du juge dans le délai d'une année à partir de l'époque à laquelle les frais ont été faits, ou dont le paiement n'a pas été réclamé dans les six mois de leur date, ne peuvent, conformément à l'art. 149 du décret du 18 juin 1811, être acquittés qu'autant qu'il est justifié que les retards ne sont pas imputables à la partie dénommée dans l'exécutoire. Cette justification n'est admise que par le ministre de la justice, après l'avis du procureur général, s'il y a lieu. — Art. 5 de l'ordonn.

72. — Dans les exécutoires décernés sur les caisses de l'administration de l'enregistrement, il doit être fait mention qu'il n'y a pas de partie civile en cause, ou que la partie civile a justifié de son indigence. — Art. 161 du décret, 18 juin 1811.

73. — Les juges qui ont décerné des mandats ou exécutoires, et les officiers du ministère public qui y ont apposé leur signature sont responsables de tous abus et de toute exagération dans les taxes solidairement avec les parties prenantes, et sauf leur recours contre elles. — Art. 141, décret 18 juin 1811.

74. — A cet effet, il est dressé des rôles de restitution que le ministre de la justice rend exécutoires contre eux, lors de la vérification à laquelle il est procédé en exécution des art. 169, 171, 172, 178 du décret du 18 juin 1811; 4 et 6 de l'ordonn. du 28 nov. 1838.

75. — Les procès-verbaux, actes et jugemens en matière criminelle, lorsqu'il n'y a pas de partie civile, sont enregistrés gratis sans recours contre les parties condamnées. — Art. 1er, ordonn. du 26 mai 1816.

76. — Quant à la partie civile, l'art. 159 du decret du 1er juin 1811 porte que toutes les fois qu'il y aura partie civile en cause, et qu'elle n'aura pas justifié de son indigence, dans la forme prescrite par l'art. 420, C. ins. crim., les exécutoires pour les frais d'instruction, d'expédition, de signification des jugemens, pourront être donnés directement contre elle.

77. — L'art. 160 ajoute qu'en matière de police simple ou de police correctionnelle, la partie civile qui n'aura pas justifié de son indigence sera tenue, avant toutes poursuites, de déposer au greffe ou entre les mains du receveur de l'enregistrement la somme présumée nécessaire pour les frais de procédure, et il ne sera exigé aucune rétribution pour la garde de ce dépôt, à peine de concussion. — V. ACTION CIVILE, nos 221 et suiv.

78. — La consignation n'a donc jamais lieu qu'en matière de simple police ou correctionnelle. — V. § 3, art., 368, C. inst. crim. — *Metz*, 1er août 1829, Mosquinot c. Hirtz. — Inst. gén. 30 sept. 1826 sur le tarif criminel, no 132, *in fine*; — Massabiau, no 1456.

79. — L'art. 4 de l'ordonnance du 22 mai 1816 dispense toutefois de la consignation préalable les administrations publiques agissant dans l'intérêt de l'état, d'une commune ou d'un établissement public, à l'exception de la régie des contributions indirectes.

80. — Mais de ce que la consignation n'est pas exigée en matière de grand criminel, s'ensuit-il que l'art. 159 précité, qui permet aux juges de délivrer exécutoire contre la partie civile non indigente, soit abrogé? — La cour royale de Paris (25 août 1840 t. 2 1840, p. 423, de Saint-Cricq c. Caillau Carment) a jugé qu'en pareille matière, les frais devaient toujours être avancés par la partie publique. Le 19 déc. 1835 (Touaillon c. Palloet) elle s'était prononcée dans un sens contraire.

81. — M. de Dalmas (*Frais de justice en matière criminelle*, p. 426) s'exprime ainsi : « Cette disposition n'est pas et n'a pas dû être conçue en termes impératifs, parce qu'elle se rapporte plus particulièrement aux poursuites qui peuvent donner lieu à l'application des peines afflictives ou infamantes, et que ces poursuites sont trop graves pour qu'elles puissent être arrêtées ou suspendues par le fait des parties civiles, mais comme l'exercice de la faculté qui est ici accordée aux magistrats, est un moyen de diminuer les frais dont le trésor doit faire l'avance, il faut en user le plus souvent possible, c'est-à-dire, toutes les fois qu'on n'y voit pas de graves inconvéniens. — Circulaire de M. le garde des sceaux du 3 mai 1825; — Conf. Duverger, no 371, p. 357 et 388; Sudraud Desisles, p. 23.

82. — La circulaire du ministre de la justice, en date du 3 mai 1825, charge les procureurs du roi de prescrire que les consignations ci-dessus indiquées se fassent exclusivement au greffe du tribunal devant lequel s'intentent les poursuites, et l'ordonnance royale du 28 juin 1832, admettant cette décision, trace des règles précises pour la comptabilité que les greffiers doivent tenir à cet égard.

83. — La nécessité de la consignation préalable cesse lorsque le plaignant saisit directement la justice, au lieu d'intervenir sur une poursuite d'office. — V. les arrêts rapportés, vo ACTION CIVILE, nos 225 et 226, et notamment *Cass.*, 11 juill. 1828,

Rose Piron; 4 mai 1833, Tardif; et le réquisitoire de M. le procureur général Dupin; *Metz*, 12 nov. 1834, Mouffert.

84. — Il a même été jugé que la consignation ne peut être requise qu'autant que la partie civile se constitue avant toutes poursuites du ministère public. — *Cass.*, 12 août 1831, Rochette; *Bruxelles*, 28 déc. 1822, J. c. Lantremange.

85. — Le montant de la somme à consigner est fixé par le ministère public, ou, en cas de désaccord, par le tribunal. — V. ACTION CIVILE, nos 231 et 232.

86. — Après l'épuisement de la première consignation, on peut en exiger une seconde.

87. — Quand il y a consignation, toutes les taxes, tous les exécutoires pour le paiement des frais, doivent être décernés directement contre la partie civile, et payés en son nom, par le greffier, sur les sommes déposées. — Duverger, no 571, p. 387; Massabiau, no 1461.

88. — Ainsi, les témoins, les experts et autres parties qui ont à réclamer des frais réputés urgens doivent être payés par le greffier, pour le compte de la partie civile, et les taxes doivent en faire mention expresse. — Duverger, no 571, p. 387.

89. — A l'égard des greffiers, des huissiers et de tous ceux qui sont payés ordinairement sur des états ou mémoires, les expéditions, les extraits, les opérations et les actes de toute espèce qu'ils font dans ces sortes d'affaires, doivent être portés dans des mémoires particuliers, payables comme il vient d'être dit, et non dans des mémoires ordinaires dont ils se font payer sur les fonds généraux du ministère de la justice. — Duvergier, *ibid.*

90. — En tous cas, les greffiers et les huissiers ne peuvent réclamer directement des parties le paiement des droits qui leur sont attribués. — Art. 155 du décret.

91. — Cette prescription ne s'étend pas aux frais de citation de témoins à décharge appelés à la requête du prévenu ou de l'accusé (art. 321, C. inst. crim.), ni à la notification de la liste des témoins; car ce sont des frais personnels à la partie. — Art. 34 du décret.

92. — Quoique l'art. 34, décr. 18 juin 1811, ne semble imposer qu'aux *accusés* l'obligation de payer les indemnités dues aux témoins qu'ils ont eux-mêmes appelés, les individus qui ne sont prévenus que d'un simple délit ont la même obligation : l'art. 34 du décret a pour base l'art. 2, L. 25 janv. 1805, qui s'applique aux salaires des témoins cités soit à la requête des accusés, soit à la requête des présidens. — Dalmas, *frais de justice*, p. 77.

93. — Pour prévenir toute méprise, il est nécessaire que les réquisitoires du ministère public, les mandemens et les ordonnances du juge d'instruction, qui prescrivent quelques actes d'instruction, fassent expressément mention qu'il n'y a pas de partie civile.

94. — Jugé que l'opposition à un exécutoire délivré par le juge d'instruction contre une partie civile doit être portée devant le tribunal civil. — *Paris*, 19 déc. 1835, Touaillon c. Paillotet.

95. — Mais ce système qui bouleverse l'ordre des juridictions a été repoussé avec raison par la chambre des mises en accusation de la même cour. — *Paris*, 5 janv. 1836, N.; V. aussi *Cass.*, 23 déc. 1831, Chaillou, et 10 août 1829, Bonnet.

96. — Les frais d'exécution des arrêts criminels sont réglés par un arrêté du ministre de la justice du 3 oct. 1811; ils sont payés sur les mandats des préfets (art. 18, arr. 31 juill. 1832), et les mémoires relatifs à ces frais n'ont besoin, dans aucune cas, pour être payés, d'être revêtus de l'exécutoire d'un juge. — Dalmas, *Frais de justice*, p. 311 et 319.

Sect. 3e. — *Condamnation aux dépens.*

97. — Les dépens peuvent, selon les circonstances, être mis à la charge des inculpés, prévenus ou accusés, des personnes civilement responsables, des parties civiles, ou de l'état et des fonctionnaires qui agissent en son nom.

§ 1er. — *Inculpés, prévenus, accusés*

98. — Aux termes des art. 162, 176, 194, 211 et 368, C. inst. crim., la partie qui succombe dans un procès criminel doit supporter les dépens.

99. — Ces dispositions sont applicables devant les tribunaux qui ont pour objet la répression des délits ou des crimes aussi bien que devant les tribunaux de simple police.

100. — Elles ont été, comme on l'a déjà vu, l'objet de vives critiques reproduites encore de nos jours. — V. Carnot, *C. pén.*, t. 1er, p. 154, nos 10 et suiv.

101. — Cependant elles consacrent à nos yeux un principe de la plus grande équité. Si la justice est une dette de l'état, l'état doit, en effet, l'acquitter, en instituant et en salariant avec ses deniers les magistrats chargés de rechercher et de poursuivre les délits; mais, le but une fois atteint, la société vengée, il est naturel que les dépens demeurent en définitive à la charge du coupable. — Conf. Chauveau et Hélie, *Théorie du C. pén.*, t. 1er, p. 284.

102. — Aussi le principe de la législation française a-t-il passé dans presque toutes les législations étrangères.

103. — Sous l'empire de la loi du 18 germ. an VII, la condamnation aux dépens a été prononcée même pour des délits dont la poursuite avait eu lieu avant la promulgation de cette loi. — *Cass.*, 4 messid. an VII, Crechmeur; 16 thermid. an VIII, Van-Antgaerden; 5 brum. an IX, N...

104. — L'accusé ou le prévenu n'encourt, du reste, une condamnation aux frais que dans le cas d'une condamnation principale à une peine. La condamnation aux frais n'est prononcée qu'accessoirement à un jugement qui applique une peine quelconque. — Chauveau et Hélie, t. 1er, p. 295.

105. — En cas d'acquittement du prévenu ou de l'accusé, il est donc impossible de mettre à sa charge les dépens. — *Cass.*, 18 germ. an X (int. de la loi), Ruffel; 18 thermid. an X, Elie Fauce; 17 vent. an XII (int. de la loi), Desbordes; 14 déc. 1809 (int. de la loi), Delangle; 23 nov. 1821 (int. de la loi), Dusserieux; 1er sept. 1827 (int. de la loi), Ponorceau; 15 mars 1828 (int. de la loi), Lafontaine; 14 nov. 1832, Laclaverie; 29 nov. 1844 (t. 2, 1845, p. 41), Gaignard; *Nîmes*, 16 déc. 1819, Louis Richard c. Prade; *Metz*, 9 fév. 1824, Tremeux; *Paris*, 29 nov. 1832, sœur Séraphine.

106. — Serait illégale la condamnation du prévenu ou de l'accusé acquitté, sous le prétexte que sa justification n'est pas complète. — *Cass.*, 18 germ. an X, Ruffel.

107. — ... Ou que les frais ont été occasionnés par des actes illégaux. — *Cass.*, 17 juill. an XII, Desbordes-Saint-Luc.

108. — Par suite de ce principe, lorsqu'un mari se désiste de la plainte en adultère portée contre sa femme, les juges ne peuvent, en ordonnant la cessation des poursuites, condamner la femme aux frais envers le trésor. Le contraire a cependant été jugé par la cour royale de Montpellier (25 mai 1835, C...); mais c'est là une pétition de principe.

109. — Pareillement, l'accusé acquitté ne peut être condamné aux frais de la procédure, solidairement avec ses coaccusés condamnés. — *Cass.*, 29 déc. 1836, Sauve; 9 mai 1834, Barattié.

110. — D'après la jurisprudence de plusieurs cours royales, le chasseur qui a donné lieu à une poursuite, pour n'avoir pas justifié de son permis de chasse au moment où il a été surpris en chasse, doit être condamné aux frais, quoique acquitté; mais cette doctrine a été repoussée à juste titre par d'autres cours. — V. CHASSE, nos 148 et suiv. — *Colmar*, 13 nov. 1844 (t. 2, 1845, p. 259), Meyer.

111. — La gravité de la peine ne sert pas de base à la condamnation aux dépens. Ainsi, le prévenu d'un délit correctionnel doit être condamné aux dépens, lors même que la peine infligée n'est qu'une peine de simple police. — *Cass.*, 25 avr. 1833, Andrieu; — Chauveau et Hélie, t. 1er, p. 300.

112. — La même solution s'applique aux poursuites pour crimes qui n'ont eu pour résultat que la constatation de simples délits.

113. — La condamnation aux frais doit être prononcée, même dans le cas où, conformément à l'art. 100 C. pén., un individu est renvoyé sous la surveillance spéciale de la haute police, sans être reconnu coupable d'aucun délit, ni condamné à aucune peine. — Legraverend, t. 1er, p. 647.

114. — Il a été jugé que les tribunaux correctionnels peuvent, à défaut de sanction pénale, prononcer, sur la poursuite d'office du ministère public, contre un individu qui exerce la profession de libraire, la défense d'exercer à l'avenir cette profession sans être pourvu d'un brevet; il y a lieu de condamner aux dépens le contrevenant, encore bien qu'il ne lui soit fait application d'aucune peine. — *Rouen*, 6 mai 1841 (t. 1er, 1841, p. 614), Houdaille; 1er et 9 juill. 1841 (t. 1er, 1843, p. 355), Gaudry-Ollard c. Rousseau; *Paris*, 30 sept. 1842 (t. 1er, 1843, p. 719), Dufay; — Chassan, *Délits de la parole*, t. 1er, p. 468; Parant, p. 37; Rauter, t. 1er, p. 555; de Grattier, t. 1er, no 22, p. 57. — Mais la cour de Cassation a condamné justement cette doctrine par son arrêt du 7 nov. 1844 (t. 1er, 1845, p. 362), Rozier. — V. LIBRAIRE.

115. — Que ce soit par voie d'acquittement, d'absolution ou de renvoi que le prévenu ou l'accusé gagne sa cause, il ne peut être condamné au remboursement des frais avancés par le trésor public. — Carnot, *Comm. C. pén.*, t. 1er, p. 64; Chauveau et Hélie, *ibid*, p. 296; Legraverend, t. 1er, p. 92; Mangin, t. 2, no 297.

116. — Toutefois, la jurisprudence de la cour de Cassation a varié sur cette importante question. Après avoir embrassé l'opinion de Carnot, elle a tout à coup jugé que l'accusé ou le prévenu absous devait toujours supporter les dépens. — *Cass.*, 14 mai 1824, Vibert; 7 janv. 1830, Jenhlen; 2 sept. 1830, Grivot; 9 déc. 1830, Puireux; 30 juil. 1831, Béranger. — V. conf. *Paris*, 17 mars 1843 (t. 1er 1843, p. 600), Petit.

117. — La cour a ensuite reconnu, en pareil cas, aux juges un pouvoir discrétionnaire, par ses arrêts du 16 déc. 1831, Vinet; 16 déc. 1831, Castier, et 22 déc. 1831, Alexandre.

118. — Enfin, un dernier arrêt du 24 fév. 1840 (t. 2, 1841, p. 109, Sauley), a jugé que la condamnation aux dépens était de droit.

119. — Quant à nous, le principe posé dans l'art. 368 nous paraît absolu. La condamnation aux dépens est l'accessoire d'une condamnation à une peine. Or, l'accusé absous ne succombe pas, c'est l'action publique qui succombe. En décidant, par une sorte de transaction, que les juges avaient un pouvoir discrétionnaire, et qu'ils pouvaient, en conséquence, adjuger les dépens à titre de dommages-intérêts, la cour suprême a inexactement assimilé les frais aux dommages-intérêts. — Les frais sont la conséquence de la poursuite, et non pas la conséquence du fait poursuivi.

120. — Il résulte de ce système que, lorsque le fait reconnu constant par le jury se trouve prescrit, l'accusé n'est pas passible des frais de la procédure. — V. dans ce sens, *Limoges*, 24 fév. 1839 (t. 1er 1839, p. 578), Puybras dit Laguré, *Paris*, 5 oct. 1831, Louis-Alexandre. — *Contrà Cass.*, 21 août 1845 (t. 2 1845, p. 668), Lamarche; 22 avr. 1830, Richeville.

121. — Nous admettons cependant que l'accusé qui, par sa faute, a nécessité le renvoi de son affaire à une autre session, supporte les frais occasionnés par le retard, lors même qu'il est acquitté ou absous en définitif. — *Cass.*, 6 juill. 1815, Besaucelle; — Carnot, *Inst. crim.*, t. 2, p. 454, no 3.

122. — Le prévenu, acquitté à raison de son état de démence au moment où l'acte qu'on lui reproche a eu lieu, ne saurait, selon nous, être condamné aux frais. — *Cass.*, 29 avr. 1837 (t. 1er 1838, p. 553) Dannaygon; 26 déc. 1842 (t. 1er 1844, p. 12), Ferre. — *Contrà Cass.*, 2 juin 1831, Beauvais.

123. — *Quid* à l'égard de l'enfant âgé de moins de seize ans, déclaré coupable, mais acquitté comme ayant agi sans discernement? — La cour suprême exige la condamnation aux dépens. — *Cass.*, 25 fév. 1808, Weber; 6 août 1813, Barend Masselinck; 26 août 1813, Klein; 19 mai 1815, Jean Petuand; 27 mars 1823, c. Cotton; 17 juill. 1823, François c. Cotton; 30 av. François 1825, Moller; 13 janv. 1827, Mahéon; 12 fév. 1829, Rabeau; 5 janv. 1832, Antoine Delabaye; 13 avr. 1832, Félix Delanoue; 20 oct. 1830, Delanoue; 27 juin 1835, Gaudeix et Bouilland; 22 sept. 1836 (t. 2 1837, p. 50), Olhagaray; 26 mai 1838 (t. 2 1840, p. 326), Caron; 18 fév. 1841 (t. 1er 1842, p. 896). Guinguenaud; 8 av. 1841 (t. 1er 1842, p. 396), Lebrand et Fagoux; 7 mars et 7 avr. 1845 (t. 2 1845, p. 432 et 532), Amyot et Dantier; 4 oct. 1845 (t. 1er 1846, p. 536), Guillemin. — Conf. *Bordeaux*, 5 mai 1841 (t. 2 1841, p. 291), Guinguenaud; — conf. Merlin, vo *Excuse*, no 4; Bourguignon, *Jurisp. du Code crim.*, no 4, sur l'art. 66; Lesellyer, *Tr. des act. publ. et priv.*, t. 1er, no 106.

124. — Jugé cependant que l'enfant n'encourt pas les dépens lorsque le jugement constate à la fois que l'enfant a agi sans discernement et n'a fait que céder à l'influence irrésistible de l'auteur principal. — *Cass.*, 27 janv. 1838 (t. 1er 1840, p. 205), Gaudicheau.

125. — Carnot (*C. pén.*, t. 1er, p. 200, et *C. inst. crim.*, t. 2, p. 755, no 13) admet cette jurisprudence pour le cas où l'enfant est envoyé dans une maison de correction; mais il se prononce dans le sens contraire lorsqu'il est remis à ses parens.

126. — Legraverend (t. 1er, p. 647, et t. 2, p. 261, n. 4), MM. Chauveau et Hélie (t. 1er, p. 298) condamnent absolument la doctrine de la cour de Cassation; car, disent ces derniers auteurs, la déclaration que l'enfant a agi sans discernement équivaut à un plein et entier acquittement. Elle exempte de la peine et efface le crime. Quant à la détention dans une maison de correction, ce n'est pas là une peine, ainsi que la cour l'a elle-même reconnu.

127. — La déclaration que le fait est constant ne suffit pas. Il faut encore que le prévenu ou l'ac-

cusé soit déclaré coupable et condamné à la peine portée par la loi.—Carnot, *Inst. crim.*, t. 1er, p. 689, n° 3, et *ibid*, p. 754, n° 12; Merlin, *Quest.*, v° *Complice*, p. 55, n° 2.

128.—Mais un tribunal ne peut, à peine de nullité de son jugement, refuser de condamner aux dépens le prévenu qu'il déclare convaincu.—*Cass.*, 4 mess. an VII, Crèchemeur; 9 mess. an VIII, Cerexhé; 16 therm. an VIII, Penaulgauden; 5 brum. an IX, N...

129.—... Même en se fondant sur l'indigence de la partie condamnée et sur sa promesse de ne plus récidiver.—*Cass.*, 31 juill. 1830, Soullier.

130.—Les règles ci-dessus s'étendent aux divers cas d'appel à *minimâ* ou à *maximâ*.

131.—Si donc l'appel à *minimâ* formé par le ministère public seul est rejeté, le prévenu n'est pas passible des frais, car il obtient gain de cause dans cette seconde poursuite.—*Cass.*, 22 nov. 1828, Mouret; 19 fév. 1829, Joseph Janvier; —Chauveau et Hélie, t. 1er, p. 301; Carnot, t. 2, p. 75, n° 6; Legraverend, t. 1er, p. 636. — La cour suprême avait long-temps jugé dans un sens contraire.—*Cass.*, 21 mai 1813, Angioli; 31 déc. 1813, Vancion; 4 sept. 1824, Meuret; 24 sept. 1824, Sevestre.

132.—Mais le condamné qui, sur l'appel, conclut à son acquittement, doit être condamné aux frais de cette instance, bien qu'il obtienne une diminution de peine. — *Cass.*, 15 oct. 1830, Louis; 3 sept. 1831, Bondetti; *Bruxelles*, 21 juin 1827, V...

133.—Cette décision, bien que sévère en apparence, est conforme aux principes. Le prévenu qui n'a pas acquiescé au jugement du premier tribunal et qui, par son appel, a renouvelé l'instance, succombe en définitive s'il n'est pas exonéré de toute peine. La réduction qu'il obtient en appel vient souvent de ce qu'on lui tient compte de la détention préventive qu'il a subie dans l'intervalle entre les deux jugemens, ou, plus encore, de ce que les juges d'appel n'ont pas, comme les juges de première instance, tous les débats présens et la connaissance des personnes et des localités, lorsqu'ils prononcent leur jugement sur des notes sommaires plus ou moins complètes. Il faudrait, pour que l'appelant pût prétendre qu'il ne doit pas être condamné aux frais faits sur l'appel, que son appel eût expressément porté ou sur la fausse application du texte de la loi pénale, ou sur l'énormité de la peine que lui ont infligée les premiers juges.

134.—Même solution dans le cas où le prévenu appelant parvient uniquement à faire réduire à une peine de simple police la condamnation correctionnelle dont il avait été frappé. — *Cass.*, 22 août 1828, Clin; 25 avr. 1833, Andrieu.

135. — On suppose dans l'espèce ci-dessus que l'appelant a conclu à son renvoi pur et simple. — Mais, si en première instance, il avait plaidé que le fait incriminé ne constituait qu'une contravention, et que, condamné pour un délit, son appel ne portât que sur la qualification, il ne succomberait pas, en appel, dans le cas d'une infirmation qui ne lui appliquerait qu'une peine de simple police. Les frais d'appel ne seraient donc pas à sa charge.

136.—Les frais d'appel d'un jugement correctionnel, dans le cas où le prévenu a interjeté appel incident, sont à sa charge, encore bien que le jugement ait été confirmé à l'encontre du ministère public.—*Cass.*, 2 fév. 1827, Leborec.

137. — Il est vrai qu'en pareil cas le ministère public succombe sur l'appel principal; mais, en matière criminelle, la compensation des dépens n'est pas admise.

138.—Au contraire, le prévenu qui n'a pas interjeté appel ne peut pas être condamné aux frais de l'appel interjeté dans son intérêt par le ministère public, pour le faire décharger d'une condamnation onéreuse. — *Cass.*, 24 mai 1832, Vausry.

139. — Quelques tribunaux, observent MM. Chauveau et Hélie (t. 1er, p. 300), sont dans l'usage, lorsque, statuant sur l'appel d'un prévenu, ils ordonnent la réassignation des témoins entendus en première instance, de mettre les frais de la citation à la charge de ce prévenu. Mais c'est là un abus que la cour de Cassation a condamné par son arrêt du 30 nov. 1832, Laurent Tissus.

140. — Les tribunaux d'appel ont effectivement le droit d'accorder ou de refuser l'audition des témoins à décharge; mais la condition imposée au prévenu de supporter les frais est arbitraire et entrave la défense.

141. — Toutefois, un prévenu auquel a été appliquée une peine plus forte en appel a pu être condamné aux frais de citation et de comparution de témoins cités à la requête du ministère public, bien que les juges d'appel aient jugé inutile leur audition, sur ce motif qu'elle ne leur était pas nécessaire pour apprécier les faits incriminés. — *Cass.*, 3 sept. 1831, Bondetty.

142. — L'art 478, C. inst. crim., dispose que le contumax qui, après s'être présenté, est renvoyé de l'accusation, doit toujours être condamné aux frais occasionnés par le défaut. — *Cass.*, 30 août 1821, Capparelli; 26 août 1824, Barra; 15 déc. 1827, Cailland; 22 avr. 1830, Bècheville.

143. — Mais le contumax ne doit pas les frais jugés frustratoires. — *Cass.*, 26 germin. an IX, Astier.

144. — Enfin, l'art. 187 du même Code met pareillement à la charge du prévenu condamné par défaut, mais qui est renvoyé sur l'opposition, les frais d'expédition, de signification du jugement par défaut et ceux de l'opposition.

145. — Néanmoins, les frais du jugement par défaut ne devraient pas, évidemment, être mis à la charge du prévenu s'il avait été rendu sur une citation donnée à trop bref délai, ou qui n'aurait pas été remise à la personne ou au véritable domicile du prévenu. — Carnot, *C. inst. crim.*, t. 2, p. 46, n° 2.

146. — La cour de Cassation (2 déc. 1830, Grosset) a étendu la disposition de l'art. 478 au contumax qui se représente ou est arrêté avant même qu'il ait été procédé au jugement, mais après les dix jours qui lui sont accordés par l'art. 465, C. inst. crim.

147. — Lorsque des poursuites ont été exercées collectivement contre plusieurs individus à raison d'un même fait, celui qui succombe supporte tous les dépens. — *Cass.*, 26 janv. 1826, Jacquot c. Collet.

148. — Cette solution est juste, mais elle a besoin d'être expliquée pour être sagement appliquée. En pareil cas, la condamnation ne comprend que les actes de poursuite qui regardent spécialement la partie condamnée. On ne saurait, en effet, la rendre responsable des frais de poursuite personnels aux autres parties mises hors de cause, par exemple des frais d'information faite à l'occasion d'un alibi invoqué par son coprévenu ou des frais faits à l'occasion d'un délit connexe qui lui est étranger. Il est vrai que l'art, 194, C. inst. crim., ne fait pas de distinction; mais une disposition subversive de tous les principes de l'équité aurait besoin d'être formellement écrite dans la loi pour être admise. — Carnot, *Inst. crim.*, p. 692, n° 3; Sulpicy, *Codes annotés*, art. 194, n° 17.

149. — La cour de Cassation a consacré ce système par un arrêt du 30 avr. 1825, Elisabeth Molter.

150. — D'un autre côté, lorsqu'un individu accusé de plusieurs crimes se rattachant à une cause commune est acquitté sur les uns et condamné sur les autres, il est passible de tous les frais. — *Cass.*, 27 janv. 1838 (t. 1er 1840, p. 209), Costet.

151. — Il ne s'est agi, jusqu'ici, que de la question des frais de l'accusé vis-à-vis de l'état, et *vice versâ*; mais la présence d'une partie civile amène d'autres solutions.

152. — Nulle difficulté lorsque l'accusé ou le prévenu est déclaré coupable ou acquitté. Dans le premier cas, l'accusé ou le prévenu doivent les dépens; dans l'autre, les dépens sont à la charge de la partie civile.

153. — D'après ce qui a été déjà dit, il faut reconnaître que la partie civile succombe lorsque le prévenu ou l'accusé est renvoyé absous.

154. — Mais, en cas d'acquittement ou d'absolution, les art. 358 et 366, C. inst. crim., accordent aux cours d'assises une compétence exceptionnelle à l'effet de statuer sur les dommages-intérêts prétendus par la partie civile ou par l'accusé. Si donc la partie civile obtient des dommages-intérêts contre l'accusé, c'est ce dernier qui succombe, et non la partie civile. — Chauveau et Hélie, t. 1er, p. 303.

155. — En conséquence, un mari a pu être condamné aux dépens, bien qu'acquitté sur une accusation de vol, s'il est constant pour la cour qu'il a profité du vol dont sa femme a été seule déclarée coupable. — *Cass.*, 22 janv. 1830, Letellier.

156. — Les tribunaux de police correctionnelle ou de simple police se trouvent dessaisis par le jugement qui prononce l'acquittement. Aucune condamnation en dommages-intérêts et par conséquent aux dépens ne peut intervenir contre le prévenu.

157. — Il n'existe aucune dissidence entre la cour suprême et les cours royales sur cette question. Ainsi, il a été constamment jugé qu'un individu traduit devant un de ces tribunaux ne peut, lorsque le jugement ne le déclare convaincu ni d'une contravention ni d'un délit, et l'exempte de toute peine, être néanmoins condamné aux dépens, soit envers la partie publique, soit même envers la partie civile. — *Cass.*, 7 frim. an VII, Pichon; 19 niv. an VII, Houlard; 18 germin. an X, Ruffes; 14 déc. 1809 (intérêt de la loi), Delangle; *Nîmes*, 16 déc. 1819, Louis-Richard c. Prades; *Cass.*, 23 nov. 1821, Dussérieux; *Metz*, 9 fév. 1824, Trémery; même jour, Delhat; *Cass.*, 1er sept. 1827, Pouvreau; 15 mars 1828 (intérêt de la loi), Lafontaine; 16 nov. 1832, Laclaverie.

158. — Il peut arriver qu'une peine soit prononcée contre l'accusé ou le prévenu sans que des dommages-intérêts soient alloués à la partie civile. La partie condamnée n'en doit pas moins être regardée comme ayant succombé.—Chauveau et Hélie, p. 304.

159. — Les dépens faits sur le chef des dommages-intérêts pourraient alors cependant être compensés, suivant les circonstances.

160. — Dans une espèce où l'accusé, après avoir été acquitté, avait échoué dans sa demande en dommages-intérêts contre la partie civile, la cour de Cassation a jugé que les dépens de cet accusé avaient pu ne pas être mis à la charge de la partie civile par ce motif qu'en la renvoyant de l'action en dommages-intérêts, la cour d'assises avait reconnu que ses poursuites avaient eu un motif légitime.—*Cass.*, 29 avr. 1817, Jean-Louis Paris c. Chrétien.

161. — L'accusé ne saurait se faire un moyen de nullité de ce qu'aucuns dépens n'auraient été mis expressément à la charge de la partie civile, quoique celle-ci eût été déclarée non-recevable dans sa demande en dommages-intérêts, si toutefois cet accusé n'avait été condamné qu'aux dépens vis-à-vis de l'état; car cette condamnation ne comprend pas les frais faits par la partie civile. — *Cass.*, 23 fév. 1843 (t. 2 1843, p. 677), Pieri.

162. — Entre l'état et les prévenus accusés ou les parties civiles, la compensation des dépens est impossible. Serait nul le jugement qui la prononcerait. — *Cass.*, 21 oct. 1825, Felgurolles; 26 août 1826, Balleroy.

163. — Il en est tout autrement lorsque les tribunaux statuent sur les réparations civiles entre les parties. — Legraverend, t. 1er, p. 692.

164. — Spécialement, lorsque sur l'appel de deux coprévenus l'un se présente et l'autre fait défaut, le jugement qui a réformé la condamnation à l'égard du comparant seulement a pu partager entre lui et la partie civile les frais de première instance et d'appel faits par le ministère public ou avec le ministère public. —*Cass.*, 14 août 1829, Dartois c. Degrave.

165. — Nous venons d'indiquer dans quelles circonstances les prévenus doivent être condamnés aux dépens. Mais pour que les dépens puissent être réclamés contre eux il faut, même dans les cas prévus par la loi, qu'un chef du jugement le décide expressément.

166. — La condamnation aux dépens n'est pas de droit. Une disposition spéciale est indispensable, et le jugement ou l'arrêt qui ne contiendrait aucune disposition sur ce point serait nul.—*Cass.*, 31 juill. 1830, Soullier; 15 oct. 1830, Louis.—V. aussi 26 nov. 1829, Lallemant.

167. — Toutefois, quand l'action publique est écartée, les dépens sont bien à la charge de l'état; mais aucune condamnation ne doit intervenir contre lui. Les art. 162, 176, 194, 211 et 368 ne parlent, en effet, que des prévenus, des accusés, de la partie civile. L'état supporte donc virtuellement les frais d'une poursuite par cela seul qu'ils ne sont pas mis à la charge des parties.

168. — Spécialement, un tribunal excède ses pouvoirs en condamnant l'état ou la caisse coloniale aux frais d'une poursuite exercée par le ministère public en matière de traite des noirs. — *Cass.*, 19 fév. 1829, Klerson.

169. — Il en était ainsi sous l'empire de la loi du 18 germin. an VII. — *Cass.*, 8 therm an VII, Josse, Jacquet, Thibault; 27 frim. an VIII, Courtois-Lorinzy.

170. — Jugé que sous la constitution de l'an IV les jugemens criminels portant condamnation aux dépens devaient énoncer, à peine de nullité, la loi autorisant cette condamnation. — *Cass.*, 1er therm. an VII, Robin. — *Contrà Cass.*, 21 prair. an VII, Chassegnay; 19 vent. an IX, Schoeretters; 20 brum. an XI, Laver; 18 mars 1808, Divato.

171. — Sous l'empire de la législation actuelle, cette mention n'est pas nécessaire. — *Cass.*, 12 sept. 1812, Cassagne; 25 avr. 1816, Deroncy; 21 sept. 1820, Crawfurt.

172. — A plus forte raison, la condamnation aux dépens étant la conséquence nécessaire de la condamation principale, suffit-il, pour remplir le vœu de l'art. 163, C. inst. crim., que l'art. 162, même code, ait été mentionné et non transcrit dans le jugement. — *Cass.*, 3 juill. 1835, Villalbac.

173. — L'omission de statuer sur les conclusions du ministère public tendantes à ce que le prévenu soit condamné aux dépens est une cause de nullité. Mais le jugement n'est annulable qu'en

tant qu'il a omis de statuer sur ce chef de conclusions. — *Cass.*, 26 nov. 1829, Lallemant.

174. — Lorsque le ministère public a omis de requérir et que la cour d'assises a omis de prononcer contre l'accusé acquitté la condamnation aux frais occasionnés par la contumace, cette omission, bien qu'elle constitue une violation de l'art. 478. C. inst. crim., n'entraîne pas la nullité de l'ordonnance d'acquittement; il y a lieu seulement d'ordonner le renvoi devant une autre cour d'assises pour faire l'application dudit art. 478.—*Cass.*, 15 sept. 1837 (t. 1er 1840, p. 135), Desmarquoy.

175. — S'il n'y avait pas (en temps utile) pourvoi contre le jugement ou l'arrêt qui aurait omis de statuer sur les dépens, l'état ne pourrait les récupérer; car il n'est pas permis de suppléer au silence du juge. — Legraverend, t. 1er, chap. 19, p. 668.

176. — Il y aurait également violation de la loi si le jugement ne condamnait le prévenu convaincu qu'à une partie des dépens, à la moitié par exemple. — *Cass.*, 15 juin 1821, Luzinchi; 24 oct. 1823, Piquot; 3 oct. 1826, Corré; — Carnot, t. 2, p. 764 no 2, et 74 no 3.

177. — La condamnation doit comprendre tous les dépens, sans en excepter ceux antérieurs à la citation. — *Cass.*, 15 déc. 1827 (int. de la loi), Cailland.

§ 2. — *Personnes civilement responsables.*

178. — La loi impose, dans certains cas, à des individus personnellement étrangers à la perpétration d'un fait dommageable la responsabilité du dommage. — C. civ., art. 1384; — Toullier, t. 11, no 290.

179. — La condamnation au paiement des frais n'est pas une peine. Elle ne flétrit donc pas la personne civilement responsable.

180. — Le principe de l'art. 1384 est absolu et s'étend aux délits comme aux quasi-délits.

181. — Il n'y a même pas lieu à distinguer entre les frais nécessités par la poursuite criminelle et ceux occasionnés par la demande en indemnité.

182. — Les art. 73 et 74, C. pén., et l'art. 156, décr. 18 juin 1811, prescrivent impérativement de condamner solidairement aux dépens les personnes civilement responsables et les prévenus ou les accusés qui succombent.

183. — Ainsi, il n'y a lieu à condamner les personnes civilement responsables, qu'autant que les accusés ou les prévenus succombent soit vis-à-vis du ministère public, soit vis-à-vis de la partie civile.

184. — En présence d'un texte aussi positif que celui des articles précités, on ne comprend pas que deux arrêts aient refusé d'admettre la responsabilité civile pour les frais, lorsqu'il n'y avait pas de condamnation principale à des dommages-intérêts contre la personne civilement responsable. — *Cass.*, 15 juin 1832, Roger; *Amiens*, 29 fév. 1836, Bellay Lemain. — V. aussi Carnot, t. 2, p. 28, no 11. — Ce serait détacher du délit la responsabilité civile, comme devant faire l'objet d'une demande principale, distincte; ce serait chercher ailleurs que dans les frais occasionnés par le délit un dommage que ces frais constituent eux-mêmes, indépendamment de toute autre lésion. Cette jurisprudence ne doit donc pas être suivie.

185. — La cour suprême a abandonné, au surplus, cette doctrine.— *Cass.*, 14 juill. 1814, Nicolas Rolland; 8 mars 1821, Courtier; 28 fév. 1823, Goguillon; 18 avr. 1828, Maes; 25 nov. 1828, Bonfils. — Du même jour, deux arrêts identiques, Cabouret et Leroux; 31 janv. 1833, Eudin; 19 mars 1836, Izoard; 11 juin 1837 (t. 1er 1837, p. 419), Goderis.

186. — Il importe donc peu que le délit n'ait causé aucun préjudice. — *Cass.*, 19 mars 1836, Izoard.

187. — Toullier (t. 11, nos 263 et 281) enseigne que la responsabilité des père et mère doit être prononcée en ce qui concerne les frais, même lorsque l'enfant est en bas âge et incapable de discernement, si sa faute a eu pour cause même indirecte une faute des parens, quelle que légère qu'elle fût.

188. — Nul doute que cette doctrine ne soit vraie, quand il s'agit d'une instance civile; mais au criminel, nous avons émis l'opinion que le prévenu absous ne doit pas supporter les frais de poursuite, sauf le cas où devant une cour d'assises la partie civile obtient, malgré l'absolution, des dommages-intérêts. Nous devons en conclure qu'en pareil cas le sort de la personne civilement responsable est le même que celui de l'accusé.

189. — Le ministère public a incontestablement qualité pour requérir la condamnation des personnes civilement responsables. — *Cass.*, 28 nov. 1828, Bonfils, Tabouret, Leroux.

190. — Sont responsables civilement : 1o le père, et la mère après le décès du mari, du dommage causé par leurs enfans mineurs habitant avec eux. — C. civ., art. 1384

191. — ... A moins qu'ils ne prouvent qu'ils n'ont pu empêcher le délit. — *Cass.*, 4 fév. 1830, André Naudebault; 28 nov. 1828, Bonfils.

192. — ... 2o Les maîtres et les commettans, du dommage causé par leurs domestiques et préposés dans les fonctions auxquelles ils les ont employés. — Art. 1384.

193. — Cette disposition s'applique notamment aux entrepreneurs de messageries.

194. — ... Aux administrations publiques; à une commune, par exemple. — *Cass.*, 19 avr. 1836, de Méfrigny c. Frémyet; *Toulouse*, 1er juin 1827, Boué c. comm. de Saint-Girons.

195. — ... A l'administration des contributions indirectes. — *Cass.*, 30 janv. 1833, contr. indir. c. Paul.

196. — ... A l'administration des douanes. — *Douai*, 18 déc. 1839 (t. 2 1840, p. 682), douanes c. Benssens.

197. — ... 3o Les inspecteurs et les artisans, du dommage causé par leurs domestiques et apprentis pendant le temps qu'ils sont sous leur surveillance.

198. — Mais la responsabilité ci-dessus, cesse lorsque les instituteurs et artisans prouvent qu'ils n'ont pu empêcher le fait qui donne lieu à la responsabilité civile. — Art. 1384.

199. — Pour les développemens de ces principes, V. au surplus RESPONSABILITÉ CIVILE.

200. — Tout ce que nous avons dit relativement à la compensation des dépens et à la nécessité d'une condamnation spéciale est applicable aux personnes civilement responsables.

§ 3. — *Parties civiles.*

201. — On appelle partie civile la personne qui, ayant été lésée par un délit, intervient dans un procès criminel suivi par le ministère public, soit d'office, soit sur une plainte préalable, ou qui saisit directement en son propre nom le tribunal correctionnel ou le tribunal de simple police, et réclame la réparation du dommage qui lui a été causé.

202. — La partie civile ne requiert pas l'application d'une peine, mais la réparation du préjudice qu'elle a souffert. Elle ente un procès civil sur un procès criminel. — V. ACTION PUBLIQUE, nos 79 et suiv.

203. — On conçoit dès-lors que le rôle de partie civile puisse appartenir aussi bien aux personnes morales qu'aux individus.

204. — Aussi voyons-nous que le décret de 1811 (art. 158) déclare que les communes, les établissemens publics, les régies ou administrations publiques, sont assimilés *aux parties civiles* et traités comme telles dans tous les procès suivis dans leur intérêt, soit à leur requête, soit d'office par le ministère public. — Favard, t. 2, p. 56, no 9. — V. à cet égard ACTION CIVILE, nos 381 et suiv.

205. — La portée de cet article a été restreinte aux contraventions et aux délits, et il a été décidé par deux circulaires ministérielles des 16 juill. 1814 et 29 déc. 1821, que les communes et régies ne sont pas considérées comme parties civiles dans les procès de grand criminel poursuivis à leur occasion, parce que le ministère public agit bien moins dans leur intérêt que dans celui de la société entière. — Favard, t. 2, p. 56, no 9.

206. — Il est juste que celui qui intente comme partie civile un procès en supporte les frais s'il succombe dans sa demande. — C. inst. crim., art. 194, 368.

207. — Il en est de même lorsque la partie civile ne s'est constituée que sur la poursuite du ministère public.

208. — L'équité de ce principe est évidente vis-à-vis de l'accusé ou du prévenu, mais vis-à-vis de l'état, c'est une question qui soulève des doutes sérieux et qui mérite l'examen du législateur. En effet, l'action publique est indépendante de l'action civile. Ce n'est pas le cri d'un citoyen lésé dans sa fortune ou dans son honneur qui commande la poursuite, mais bien l'intérêt social. Souvent l'intervention n'a lieu que lorsque le ministère public a saisi la justice criminelle. Quel est donc le tort de la partie civile en pareil cas? Qu'elle intervienne ou non, la justice du pays n'en aura pas moins son cours, et la justice est une dette de l'état.

209. — On sait déjà que l'art. 157 du décret de 1811, qui mettait dans tous les cas à la charge de la partie civile les frais de l'état, sans recours contre la partie condamnée en cas de gain du procès, a été abrogé, du moins en ce qui concerne les affaires soumises au jury, par la loi du 28 avr. 1832. — C. inst. crim., art. 368.

210. — La discussion qui précéda, dans la chambre des pairs, l'adoption de l'art. 368 modifié, et le rapport de M. de Bastard, ont laissé une grande obscurité sur l'étendue de cette règle nouvelle.

211. — MM. Chauveau (*C. pén. progressif*, p. 53) et Chauveau et Hélie (*Théor. du Code pén.*, t. 5, p. 289), de Dalmas (*Frais de justice*, p. 388) estiment que le bénéfice de l'art. 368 est applicable à la partie civile, même en matière correctionnelle ou de simple police, et à l'appui de leur opinion ils invoquent l'art. 160 du décret de 1811.

212. — Mais il résulte, selon nous, de la rédaction exclusive de l'art. 368, et du rapprochement des deuxième et troisième paragraphes de cet article, que sa disposition n'est applicable qu'aux affaires soumises au jury : *Dura lex, sed lex.* — Le silence gardé par les chambres, quant aux matières correctionnelles et de simple police, confirme cette opinion. — Enfin, le paragraphe final du nouvel art. 368 n'est pas inconciliable avec le système que nous soutenons, comme le prétendent MM. Chauveau et Hélie. Il existe en effet des affaires correctionnelles qui doivent être soumises au jury, aux termes de la loi du 8 oct. 1830; et une affaire, correctionnelle à son début, dans laquelle la partie civile aurait d'abord consigné, peut changer de nature par suite de l'instruction ou des premiers débats et être renvoyée devant le jury.

213. — La jurisprudence de la cour suprême, postérieure à 1832, est conforme à notre doctrine. — *Cass.*, 7 déc. 1837 (t. 1er 1840, p. 116), Andrieu; 26 déc. 1839 (t. 1er 1840, p. 438), comm. de Pourin Saint-Rémy. — V. ACTION CIVILE, no 279.

214. — Dans un intérêt général et surtout dans l'intérêt du commerce, une exception a cependant été apportée au principe des art. 368, C. inst. crim., et 157 du décret, en matière de banqueroute. Il faut distinguer le cas de la banqueroute frauduleuse et celui de la banqueroute simple.

215. — Dans le premier, les frais de poursuites provoquées par les syndics ne peuvent jamais être mis à la charge de la masse. — *Paris*, 25 août 1840 (t. 2 1840, p. 423), Saint-Cricq c. Caillou Carment.

216. — Il en est autrement si quelques créanciers seulement se portent parties civiles. — Même article. — L'art. 368 reprend son cours.

217. — S'agit-il d'une banqueroute frauduleuse, les frais de poursuite intentés par le ministère public ne peuvent en aucun cas être mis à la charge de la masse. — C. comm., art. 587.

218. — ... Et même en cas de concordat le recours du trésor contre le failli pour ses frais ne s'exerce qu'après l'expiration des termes fixés par le traité. — Même article.

219. — Si la poursuite a été intentée par le syndic au nom des créanciers, et qu'il y ait acquittement, la masse supporte les frais. — C. comm., art. 588.

220. — S'il y a condamnation, c'est au contraire le trésor qui les supporte, sauf son recours contre le failli, conformément à l'art. 287.

221. — Même disposition dans le cas où la poursuite est intentée par un créancier. Seulement la partie civile supporte les dépens et non la masse, lorsqu'il y a acquittement. — C. comm., art. 590.

222. — En cas d'appel du ministère public, la partie mise en cause encourt les dépens si le jugement est infirmé.—*Toulouse*, 10 mars 1834, Lafue c. d'Auras.

223. — Jugé même que la partie civile appelante vis-à-vis de quelques prévenus seulement, doit les frais des citations signifiées par le ministère public à des prévenus non intimés par la partie civile, lorsque l'erreur du parquet résulte des désignations inexactes de l'acte d'appel. — *Cass.*, 28 août 1823, Goupil les Palières.

224. — La partie civile qui succombe dans son recours en cassation, soit en matière criminelle, soit en matière correctionnelle ou de simple police est condamnée aux frais envers la partie acquittée absoute ou renvoyée.— C. inst. crim., art. 436.

225. — Elle est, en outre, condamnée 1o à une indemnité de 150 fr. envers cette partie; 2o à une amende de 150 ou 75 fr. seulement, selon que l'arrêt ou le jugement a été rendu par contumace ou par défaut. — Art. 436. — V. CASSATION (mat. crim.), nos 997 et suiv.

226. — Quant aux administrations ou régies de l'état et les agens publics qui succombent, leur condamnation ne s'étend qu'aux frais et à l'indemnité. — Même art.

227. — La règle de l'art. 436 est absolue. Il suffit donc que le pourvoi d'une administration ne soit

pas admis pour que l'indemnité de 150 fr. soit due. — *Cass.*, 23 mai 1833, Forets c. Goris de Saint-Victor.

228. — Le même arrêt décide cependant que l'administration qui se désiste de son pourvoi, si elle échappe au paiement de l'indemnité, est tenue de rembourser les frais légitimement faits par la partie adverse. — V. dans le même sens *Cass.*, 16 août 1811, Forets c. N...; 4 sept 1812, douanes c. Meyer. — *Contrà Cass.*, 31 déc. 1824, Mariette c. Lebourgeois.

229. — Legraverend (t. 2, chap. 5, p. 460) s'exprime ainsi sur cette question : « Puisque l'indemnité est due par la partie civile lorsqu'elle succombe dans son recours, je ne doute pas que la cour de Cassation, qui se trouve dans le cas de rendre un arrêt pour donner acte de ce désistement, ne doive condamner la partie civile à l'indemnité et aux frais envers le prévenu ou l'accusé, en même temps qu'à l'amende envers l'état. C'est un aveu tacite de la partie civile que son pourvoi était mal fondé. Elle succombe évidemment puisqu'elle renonce à ses poursuites; mais comme l'indemnité doit être prononcée pour être acquise, si le désistement de la partie civile avait eu lieu avant que la cour de Cassation n'eût été saisie, il ne pourrait pas y avoir de question. »

230. — Carnot (t. 3, p. 182, no 5), en rapportant l'arrêt du 16 août 1811, fait observer que la partie avait constitué avoué dans l'espèce; mais qu'il en est de même quand elle n'a pas d'avoué, puisque le pourvoi peut lui avoir occasionné des démarches et des frais. Cette opinion se concilie fort bien avec celle de Legraverend.

231. — Quelques auteurs pensent que la règle exceptionnelle posée par l'art. 158 du décret de 1811, en soumettant les communes et les établissemens publics, même au paiement des frais dans les *procès poursuivis d'office* dans leur intérêt, ne doit pas être limitée au cas où ces administrations, ayant un intérêt matériel ou pécuniaire dans le procès, y ont été présentes ou tout au moins appelées. Selon eux, l'art. 158 est absolu. — Chauveau et Hélie, *Théor. Code pénal*, t. 1er, p. 305; Dalmas, p. 400.

232. — Mais la cour de Cassation n'a pas adopté ce système. D'après sa jurisprudence, il n'y a lieu à une condamnation de dépens qu'autant que les administrations ont agi dans un intérêt purement pécuniaire, et non pas lorsqu'elles n'ont porté plainte que dans l'intérêt de la vindicte publique. — *Cass.*, 17 sept., 1825, Marie; 28 juill. 1827, Gillet.

233. — Spécialement, l'administration des douanes ne peut être tenue des dépens d'une poursuite exercée d'office contre un de ses préposés prévenu d'avoir, dans l'exercice de ses fonctions, blessé un délinquant, poursuite à laquelle elle n'a pris aucune part, si ce n'est pour autoriser la mise en jugement de ce préposé. D'ailleurs, il suffit qu'une administration ne soit point partie présente ou appelée dans la cause pour qu'elle ne puisse pas être condamnée au frais d'une poursuite exercée d'office contre un de ses préposés. — *Cass.*, 19 mars 1830, douanes c. Baumann.

234. — Il importe, suivant nous, de rechercher si l'administration serait recevable à intervenir dans la poursuite exercée d'office par le ministère public. Car si elle n'était pas admissible à prendre la qualité de partie civile, on ne pourrait évidemment, par une pure fiction, lui imposer les charges attachées à cette qualité. Or, dans l'espèce de l'arrêt du 19 mars 1830, son intérêt était trop éloigné pour qu'elle fût admise à intervenir. Au contraire, l'administration aurait eu un intérêt des plus positifs, par exemple, dans le cas d'une poursuite pour outrages à ses agens. En résumé, l'art. 63, C. inst. crim., qui exige que celui qui prend la qualité de partie civile ait été lésé par le fait poursuivi, s'applique aux administrations publiques comme aux particuliers. La responsabilité que l'art. 157 du 18 juin 1811 leur impose n'est qu'une fiction, et jamais, en droit, il n'est permis de pousser une fiction au-delà de ce que pourrait être une réalité. — *Cass.*, 20 juin 1828, Fauvelle.

235. — Mais si la poursuite les intéresse pécuniairement, les administrations peuvent même être condamnées aux frais des appels relevés par le ministère public. — *Cass.*, 16 avr. 1836, Edme Bernard.

236. — Quand la partie civile succombe-t-elle? — C'est évidemment lorsque l'accusé ou le prévenu est mis en liberté en vertu d'un arrêt ou d'une ordonnance de non-lieu, ou d'un jugement ou d'un arrêt d'acquittement. — *Cass.*, 19 avr. 1817, Paris; 23 août 1833, Pierre Demas.

237. — ... Ou lorsque l'accusé ou le prévenu est renvoyé absous.

238. — Cependant, la partie civile peut obtenir en cour d'assises des dommages-intérêts, malgré l'absolution et même l'acquittement de l'accusé. En ce cas, elle ne succombe pas.

239. — Il en est autrement en police correctionnelle et en simple police.

240. — L'accusé ou le prévenu peut être coupable sans que l'action en dommages-intérêts soit fondée. En ce cas, la partie civile succombe-t-elle ? — Non. — Toutefois les dépens relatifs aux réparations civiles pourraient être compensés, mais seulement sur le chef de l'intervention des dommages-intérêts.

241. — La transaction intervenue entre la partie civile et le prévenu ou l'accusé n'affranchit pas la partie civile de la responsabilité des frais de poursuite correctionnelle faits à la requête du ministère public. — *Cass.*, 5 fév. 1813, Marty. — V. ACTION CIVILE, nos 280 et suiv.

242. — Sauf le cas de désistement, la partie civile qui succombe est tenue de la totalité des frais faits par le ministère public. — C. inst. crim., art. 66.

243. — ... Quand bien même elle n'aurait fait sa déclaration qu'après l'instruction. — *Cass.*, 9 fév. 1809, Garaud et Cavalier; — Carnot, *ibid.*, t. 2, p. 759, no 22.

244. — Le désistement, pour être valable, doit être donné dans les vingt-quatre heures. — Art. 66.

245. — Le délai de vingt-quatre heures se compte d'heure à heure, lorsque l'heure de la réception de la déclaration est consignée dans le procès-verbal; le délai se trouverait donc expiré le lendemain après midi, si la déclaration avait été reçue avant midi; mais lorsque le procès-verbal est muet, on ne peut, sans priver le plaignant d'une partie du délai, se dispenser de lui accorder toute la journée du lendemain. — V. ACTION PUBLIQUE, nos 352 et suiv.

246. — Le désistement, au surplus, ne dispense la partie civile que des frais faits postérieurement à la notification. — Art. 66. — Carnot, t. 1er, p. 32.

247. — Après le jugement, le désistement ne serait pas valable. — C. inst. crim., art. 67.

248. — Dans le silence de l'art. 66, c'est le cas d'appliquer le principe posé dans l'art. 403, C. procéd. civ., quant à l'obligation pour la partie civile qui se désiste de payer les frais. — Carnot, *ibid.*, t. 1er, p. 317.

249. — Mais cette règle ne concerne que le plaignant qui s'est constitué partie civile, et non un simple plaignant, qui ne peut être traité avec moins de faveur que le dénonciateur. — *Cass.*, 3 juin 1808, Véron; — Carnot, *ibid.*, p. 318.

250. — Du principe qu'en matière de grand criminel l'état est toujours chargé des avances, et que la partie civile n'est responsable des frais qu'autant qu'elle a succombé, il suit que lorsque l'accusé décède avant d'avoir été jugé, la partie civile ne peut être poursuivie en remboursement des frais, tandis qu'elle en est toujours tenue au petit criminel. — Carnot, *Inst. crim.*, t. 2, nos 18 et 23, p. 758 et 760.

251. — La qualité de partie civile ne peut être attribuée à une partie qu'autant qu'il y a de sa part une déclaration expresse et conforme à la loi. — *Cass.*, 2 mai 1840 (t. 2 1840, p. 540), Wenten; *Ass. de la Corse*, 14 mai 1838 (t. 1er 1840, p. 758), Poggi; — Carnot, *Inst. crim.*, t. 1er, p. 688, no 1er.

252. — Ne doit donc pas être condamné aux dépens le maire qui s'est borné à rendre plainte des outrages dont il a été l'objet, sans se porter partie civile. — *Cass.*, 6 vent. an XI, maire du Lyon-d'Angers; 14 fructid. an XI, Honoré Fons.

253. — ... Le propriétaire d'objets volés, au profit duquel la restitution de ces objets est ordonnée, en vertu du deuxième alinéa de l'art. 368, s'il n'a pas pris la qualité de partie civile. — Bourguignon, *Jurisp.*, t. 2, p. 213, no 3.

254. — ... L'individu à la requête duquel a été dressé le procès-verbal qui sert de base aux poursuites. — *Cass.*, 11 nov. 1824 (intérêt de la loi), Labrousse.

255. — Une plainte, une dénonciation ne peut rendre passible des dépens le plaignant ou le dénonciateur. — Carnot, *Inst. crim.*, t. 1er, p. 688.

256. — Il est encore de principe qu'une partie ne peut être condamnée aux dépens que lorsqu'elle figure dans l'instance. Est nul, par conséquent, le jugement qui condamne aux frais, même à titre de dommages-intérêts, une partie sans qu'elle ait été entendue ni légalement appelée. — *Cass.*, 7 vendém. an VII, Bousfon; 9 germin. an VII, Hugues c. Bayle; 28 juin 1828, François Fauvelle; 14 août 1830, Chavanne et Benoit.

257. — Mais la partie civile dont l'action est déclarée non recevable, par exemple, faute de rapporter l'autorisation préalable, dans le cas de poursuite en diffamation d'un prêtre dans l'exercice du culte, doit supporter les dépens. — *Cass.*, 26 juill. 1838 (t. 2 1838, p. 169, Guillaume c. le curé Guien.

258. — ... Même solution lorsqu'une partie demande acte au tribunal de l'accusation qu'elle entend porter contre une autre, et qu'elle ne prouve pas les faits par elle allégués. — *Cass.*, 18 mars 1808, Devoto. — V. d'ailleurs ACTION CIVILE, nos 103 et suiv.

259. — V. *suprà* ce qui a été dit relativement à la compensation des dépens et à la nécessité d'une condamnation spéciale.

§ 4. — *De l'état et des fonctionnaires qui agissent en son nom.*

260. — Au grand criminel, l'état supporte les frais lorsque l'action publique échoue, à moins qu'il n'y ait partie civile en cause.

261. — En matière correctionnelle ou de simple police, le principe est le même; seulement l'état ne supporte jamais les dépens lorsqu'il y a une partie civile, peu importe que le prévenu ou l'accusé gagne ou succombe.

262. — Toutefois le jugement ou l'arrêt qui renvoie de la poursuite le prévenu ou l'accusé ne doit prononcer aucune condamnation de dépens contre l'état.

263. — Est donc nul l'exécutoire délivré par le président d'un tribunal correctionnel contre le receveur de l'enregistrement pour le paiement des frais adjugés à un prévenu acquitté des poursuites du ministère public. — L'annulation du jugement et de l'exécutoire prononcée par la cour de Cassation sur un réquisitoire présenté d'après l'ordre du ministre de la justice a lieu, non dans le simple intérêt de la loi, mais purement et simplement sans aucun renvoi. — *Cass.*, 7 mai 1825, Henry; 11 mars 1825, Decroix; 12 nov. 1824, Labrousse.

264. — Les fonctionnaires publics qui agissent au nom de l'état pour la recherche, la constatation, la poursuite et la répression des délits ne sont pas parties dans les procès criminels.

265. — En conséquence le procureur du roi qui succombe ne peut être personnellement condamné aux dépens. — *Cass.*, 28 mars 1793 (intérêt de la loi), Relandin; 15 juin 1793 (int. de la loi), 8 frim. an III, trib. de Tarascon; 27 fructid. an IV, Fulgnières c. Sainte-Croix; 6 brum. an VII, N...; 7 frim. an VII, N...; 28 frim. an VII (int. de la loi), Mager-Henri; 5 niv. an VII (int. de la loi). Bouillé et Théveneau; 23 germin. an VII, N...; 17 flor. an VII (int. de la loi), Zilermann; 18 flor. an VII, Hervet-Bailleul; 8 thermid. an VII, Parmentier; 12 fructid. an VII, N...; 21 pluv. an VIII, N...; 6 niv. an IX, Tixier; 6 prair. an IX (int. de la loi); 18 messid. an IX (int. de la loi), Rivat; 29 thermid. an IX (int. de la loi), Rial fils; 18 fruct. an IX, P...; 17 vendém. an X (int. de la loi); 28 vendém. an X, Perrin; 25 flor. an X, N...; 3 thermid. an X, Vancaillie; 5 thermid. an X, N...; 25 frim. an XI (int. de la loi), Ulmann; 9 niv. an XI, N...; 1er flor. an XI (int. de la loi), Dantheuil et Bocquet; 20 vendém. an XII (int. de la loi), Decock; 19 prair. an XII, Pierre Berring; 19 prair. an XII (int. de la loi), Carel; 3 frim. an XIII (int. de la loi), Brulé; 9 frim. an XIII, Larrive; 17 vent. an XIII, Campe; 15 messid. an XIII (int. de la loi), maire de Boolbzeim; 3 janv. 1806, N...; 29 mars 1806, de Gennes; 29 août 1806, Vinderogel; 8 janv. 1807 (int. de la loi), Villarlay; 21 août 1807 (int. de la loi), Clapier; 17 déc. 1807 (int. de la loi), Quénonelle; 21 janv. 1808 (int. de la loi), Jéhue; 3 juin 1808, Véron; 10 nov. 1808, Bonnefond et Guépey; 19 janv. 1809, Gérard de Rivière; 9 fév. 1809 (int. de la loi), Garaud; 22 juin 1809, Timmermans; 7 juill. 1809, N...; 13 sept. 1811 (int. de la loi), Nolet; 22 nov. 1811, N...; 5 sept. 1812, Vanderleden; 27 juin 1812, Vander-Sanden; 12 mars 1813 (int. de la loi), René Volet; 4 oct. 1813 (int. de la loi), Kolkmann; 22 oct. 1813, Bergoux; 4 nov. 1813, Kolkmann; 24 déc. 1813 (int. de la loi), habitans de Leerharc; 30 juin 1814, Vander-Weith; 31 mars 1815, Barry; 27 sept. 1816, Carrier; 23 mai 1817, Bazinerie; 19 mars 1818, Bélat; 15 juill. 1820, Soutoul; 19 janv. 1821, Somanos; 10 mai 1821, Gaillard; 11 oct. 1821 (int. de la loi), Ménessier; 26 oct. 1821 (int. de la loi), Pauly; 31 mai 1822 (int. de la loi), Collinet; 6 sept. 1822, Duvergey; du même jour, autre arrêt identique; 11 avr. 1823 (int. de la loi), Jacquier; 11 nov. 1824, (int. de la loi), Labrousse; 11 mars 1825, Decroix; 30 juill. 1825, Bérinard; 17 sept. 1825, armateurs de *la Marie-Madeleine*; 16 déc. 1826, Falio-Celli; 28 avr. 1827, Dumée; 24 fév. 1827, Delaunay; 28 avr. 1828 (int. de la loi), Dejean; 26 avr. 1828, Védel; 12 juin 1828 (int. de la loi), Blanvin; 24 avr.

1829 (int. de la loi), Geay; 28 juin 1832, Gabourd; 23 août 1833 (int. de la loi), Demas; 19 juill. 1833, Bréard; 4 avr. 1835, Morel; 23 avr. 1835, Lespinasse; 25 avr. 1844 (t. 2 1845, p. 574), Millet; 6 mars 1845 (t. 2 1845, p. 574), Corlay; 1er août 1845 (t. 2 1845, p. 676, Bohard; *Toulouse*, 18 juin 1841 (t. 2 1841, p. 470), Souquet. — Chauveau, *Dict. général de procéd.*, vo *Ministère public*, nos 39 et 40; Legraverend, t. 2, p. 334, no 5.

266. — Même solution dans le cas où un maire remplit les fonctions de ministère public. — *Cass.*, 15 messid. an XII (int. de la loi), Boothzeim.

267. — ... Ou un commissaire de police. — *Cass.*, 5 sept. 1812 (intérêt de la loi), Vanderleden; 5 août 1843 (t. 2 1843, p. 622), Machureau.

268. — L'annulation de la disposition d'un jugement qui condamne le ministère public aux dépens n'a pas lieu dans le seul intérêt de la loi; mais purement et simplement lorsqu'elle est prononcée sur un réquisitoire présenté par le procureur général près la cour de Cassation, d'après l'ordre du ministre de la justice. — *Cass.*, 30 juill. 1825, Bernard; 7 mai 1825, Henry.

269. — Les frais particuliers faits par le prévenu ou par l'accusé pour sa justification ne sont donc jamais mis à la charge de l'état, ce qui ne veut pas dire que l'instruction ne doive pas comprendre les preuves favorables à la défense du prévenu ou de l'accusé; car c'est au contraire un devoir pour elle de faire entendre des témoins à décharge; mais il s'agit ici des témoins cités directement par la défense.

270. — A plus forte raison ces frais ne peuvent pas être mis à la charge personnelle des fonctionnaires publics qui ont mission soit de constater, soit de poursuivre les délits au nom de l'état.

271. — Mais si le prévenu ou l'accusé établit qu'il n'a été dénoncé ou poursuivi que par esprit de vexation, ou que l'instruction a été conduite à dessein, de telle sorte que son innocence n'apparût pas avant la mise en prévention, il peut, au moyen de la prise à partie, récupérer contre ces fonctionnaires les frais de la justification et des dommages-intérêts. — C. inst. crim., art. 112, 271, 358. — V. PRISE A PARTIE.

272. — C'est par application du principe que « les fonctionnaires publics chargés de la recherche et de la poursuite des délits ne sont pas responsables des frais » que la cour de Cassation a constamment jugé que lorsque des procès-verbaux ou d'autres actes de poursuite émanant des maires ou de leurs adjoints, des commissaires de police, des officiers de paix, des gardes champêtres, des officiers de gendarmerie et autres officiers sont annulés, les rédacteurs de ces procès-verbaux ou de ces actes ne peuvent être condamnés en aucuns frais. — *Cass.*, 6 vent. an XI, maire du Lyon-d'Angers c. habit. de la comm.; 25 germin. an XI (intérêt de la loi), Mesnard-Larèche et Lapaire-Belloire; 9 fév. 1809 (int. de la loi), Garaud et Cavalier; 4 oct. 1811, Leroy; 26 juin 1812 (int. de la loi), Barbier; 26 juin 1812 (int. de la loi), Londre; 20 août 1812 (int. de la loi), Jacob; 19 juin 1816, Jouffroy c. maire de Champlives; 17 sept. 1819 (int. de la loi), Farise; 24 sept. 1819, Jacques; *Metz*, 2 juill. 1821, forêts c. Sartrovet; *Cass.*, 8 mars 1822 (int. de la loi), Millet; 14 juin 1822 (int. de la loi), Bracy; 10 juin 1824 (int. de la loi), Dedenon.

273. — Ainsi un tribunal de simple police excède ses pouvoirs en condamnant aux frais le garde champêtre rédacteur d'un procès-verbal sur lequel il prononce un acquittement. — *Cass.*, 29 fév. 1828, Pagès.

274. — ... Peu importe que le fait constaté ne soit pas punissable. — *Cass.*, 26 juin 1812 (intérêt de la loi), Londre.

275. — ... Que le procès-verbal soit reconnu faux ou contenant des faits inexacts. — *Cass.*, 4 oct. 1811 (intérêt de la loi), Leroy.

276. — ... Qu'il y ait eu négligence de la part du garde. — *Cass.*, 20 août 1812 (int. de la loi), Jacob.

277. — ... Ou méchanceté. — *Cass.*, 10 juin 1824 (int. de la loi), Dedenon.

278. — Il est également indifférent que le rédacteur du procès-verbal ne l'ait signé que par complaisance. — *Cass.*, 24 sept. 1819, Jacques.

279. — Dans ces divers cas, en effet, le garde aurait commis un délit ou un crime pour lequel il pourrait être puni; mais le tribunal n'était pas saisi de cette accusation.

280. — Lorsqu'une instruction criminelle est annulée, la cour suprême ou les cours royales peuvent cependant quelquefois, s'il y a faute très grave de la part d'un officier ou d'un magistrat instructeur, mettre à sa charge les frais de la procédure à recommencer. — C. inst. crim., art. 415.

281. — Cette disposition n'est pas applicable quand la nullité de la procédure provient du fait d'un tribunal entier. — Carnot, *C. inst. crim.*, t. 3, p. 155, no 5.

Sect. 4e. — *Etendue de la condamnation. — Solidarité. — Contrainte par corps.*

§ 1er. — *Etendue de la condamnation.*

282. — On entend par dépens tous les frais que l'art. 2, décr. du 18 juin 1811, énumère sous la dénomination de frais de justice criminelle, sans distinction des frais d'instruction et de poursuite en matière de police correctionnelle et de simple police.

283. — Ce sont : — 1o les frais de translation des prévenus ou accusés, de transport de procédures et des objets pouvant servir à conviction ou à décharge, *et même des condamnés conduits devant les tribunaux pour y être entendus comme témoins ou pour y subir un nouveau jugement* (de Dalmas, *Frais de justice*, p. 4); — 2o les frais d'extradition des prévenus, accusés ou condamnés; — 3o les honoraires et vacations des médecins, chirurgiens, sages-femmes, experts et interprètes; — 4o les indemnités qui peuvent être accordées aux témoins; — 5o les frais de garde de scellés, et ceux de mise en fourrière; — 6o les droits d'expédition et autres alloués aux greffiers, *à l'exception des frais des copies qui doivent être délivrées gratuitement aux accusés, conformément à l'art.* 305, *C. instr. crim.* (Dalmas, *Frais de justice*, p. 6); — 7o les salaires des huissiers [mêmes étrangers, pour citation à des témoins étrangers] (décis. du min. de la justice 10 sept. 1822); — 8o l'indemnité accordée aux officiers de justice, dans les cas de transport sur le lieu du crime ou du délit; — 9o les frais de voyage et de séjour auxquels l'instruction des procédures peut donner lieu; — 10o les ports des paquets pour l'instruction criminelle, si le transport ne pouvait en être effectué par l'administration des postes (De Dalmas, *Frais de justice*, p. 9); — 11o les frais d'impression des arrêts et jugemens de condamnation, quand cette impression a été ordonnée par les jugemens eux-mêmes, en vertu d'une disposition formelle de la loi; — 12o les frais d'expédition et de signification des jugemens et arrêts de condamnation; — 13o les frais de mise à exécution des jugemens et arrêts de condamnation, à l'exception des dépenses que nécessite l'exécution des arrêts rendus au grand criminel. — L. 5 pluv. an XIII; décr. du 18 juin 1811, art. 162.

284. — Dès-lors, le tribunal qui condamne un prévenu comme coupable de coups et blessures ne peut refuser de comprendre dans les dépens les frais des rapports, visites et procès-verbaux des officiers de santé qui ont constaté l'état des blessures, en exécution de l'ordonnance du juge d'instruction. — *Cass.*, 14 oct. 1826, Nicolas Gatellier; — de Dalmas, *Des frais de justice en matière criminelle*, etc., p. 5, sur le no 3, art. 2, décr. 18 juin 1811. — Cette décision s'applique également à tous les frais d'expertise.

285. — De même, le tribunal de simple police qui, en condamnant un prévenu aux dépens, ordonne que les frais de la citation donnée à la requête du ministère public seront rejetés de la taxe comme frustratoires, sous le prétexte que l'huissier ne s'est pas conformé à l'usage d'inviter les prévenus à comparaître volontairement, commet un excès de pouvoir. — *Cass.*, 27 août 1825, Joseph Nol.

286. — La condamnation aux dépens comprend encore : — 1o le coût des citations et l'indemnité allouée aux témoins appelés pour corroborer un procès-verbal ne faisant pas foi jusqu'à preuve contraire; peu importe même que ces témoins n'aient déposé que d'une manière insignifiante. — *Cass.*, 30 mai 1833, Schott. — Il serait trop difficile, en effet, de reconnaître, en pareil cas, si le silence du témoin sur le fait de la prévention est le résultat de son ignorance ou de sa réticence. Puis l'accusation doit avoir certaine latitude.

287. — Il importe de remarquer, toutefois, que les frais de citation et de déposition des témoins cités par le prévenu ne sont pas remboursés par l'état en cas d'acquittement. C'est la conséquence du principe qu'aucune condamnation aux dépens ne peut être prononcée contre l'état; mais il en est autrement lorsque l'on met la partie civile en cause. Réciproquement, dans le cas où le prévenu ou l'accusé succombe, les frais de témoins de la partie civile sont à sa charge.

288. — ... 2o Les droits de visa pour timbre et enregistrement des rapports et procès-verbaux des agens ou officiers de police, l'inculpé aurait-il fait l'aveu de la contravention et rendu inutile, ces procès-verbaux. — *Cass.*, 16 avr. 1842 (t. 2 1842, p. 211), Hamelin.

289. — ... 3o Le coût des procès-verbaux des gardes champêtres. — *Cass.*, 24 juin 1842 (t. 2 1842, p. 461), Bourge.

290. — ... 4o Celui des procès-verbaux des inspecteurs de la salubrité publique. — *Cass.*, 22 juin 1842 (t. 2, 1842, p. 588), Rieux c. enregist.

291. — Mais les frais frustratoires, tels que les assignations à des témoins inutiles, les expertises dont la nécessité n'est pas démontrée, les frais d'une double procédure, lorsque la première a été annulée pour omission ou vice de forme, ne sont pas à la charge de la partie condamnée. — *Cass.*, 26 germ. an IX, Choisy; 6 avr. 1833, Deluchi.

292. — Sont déclarés, dans tous les cas, à la charge de l'état et sans recours contre les condamnés : — 1o les frais de voyage des membres des cours royales et des conseillers auditeurs qui sont délégués aux cours d'assises ou spéciales; — 2o l'indemnité des jurés pour leur déplacement. — Art. 162, décr. 18 juin 1811.

293. — On ne peut pas non plus faire supporter aux parties les indemnités de déplacement accordées aux gardes nationaux requis, en exécution de l'art. 127, § 1er, L. 22 mars 1831, pour la conduite des accusés ou des condamnés. Ces frais ne sont même pas payés sur les fonds généraux de la justice. — De Dalmas, *Frais de justice*, p. 226.

294. — Les frais d'exécution restent sans recours à la charge de l'état en matière de grand criminel, tandis qu'en matière de petit criminel ils doivent au contraire être remboursés par la partie condamnée aux dépens. — Art. 162, décr. 18 juin 1811, et art. 4, L. 5 pluv. an XIII; — Carnot, *C. instr. crim.*, t. 2, p. 757, no 18.

295. — En matière de grand criminel, l'art. 305, C. d'instr. crim., prescrit de délivrer gratuitement aux accusés, en quelque nombre qu'ils puissent être, une seule copie des procès-verbaux constatant le délit et des déclarations écrites des témoins. Les autres copies sont à leur charge, mais il ne s'agit dans cet article que des accusés soumis aux mêmes débats et jugés ensemble. Sinon, chaque accusé a droit à une copie. — *Cass.*, 15 juin 1827, François Faye; 6 juill. 1827, Gilmaire. — V. COPIE DE PIÈCES EN MATIÈRE CRIMINELLE, nos 56 et suiv.

296. — Cette prescription n'est applicable qu'en matière de grand criminel. Une instruction générale du ministre de la justice du 30 déc. 1826, et une circulaire du 13 nov. 1827 règlent tout ce qui concerne la délivrance gratuite de ces extraits.

297. — En définitive, la condamnation ne comprend que les frais nécessaires pour régulariser la poursuite, et non ceux dont l'inutilité est reconnue évidente. Si le jugement n'en a pas fait la distinction, il y a lieu de les extraire de la liquidation. — Carnot, t. 1er, p. 692, no 3; t. 2, p. 753, no 9.

298. — Il en est de même des frais d'actes ou de jugemens dont la nullité a été prononcée, par exemple, des frais d'expédition et de signification d'un jugement par défaut mis à néant par suite de la nullité de la citation. — *Cass.*, 15 oct. 1834, Forêts c. Méjat.

299. — Jugé cependant que lorsque la contravention est constatée par l'instruction, le prévenu peut, nonobstant la nullité du procès-verbal de saisie, être condamné aux frais de poursuites. — *Cass.*, 2 déc. 1824, Bélicard. — Même jour, arrêt identique, Ardin.

300. — Si l'accusé est prévenu de plusieurs crimes, et que néanmoins il ne soit déclaré coupable que d'un ou de quelques-uns de ces crimes, la condamnation aux frais ne comprend que les frais d'instruction et de poursuite relatifs aux chefs sur lesquels il a succombé, pourvu toutefois que les instructions soient distinctes, et qu'il soit possible de faire l'estimation de chacun de ces frais.

301. — En matière criminelle comme en matière civile, la distraction des dépens peut être demandée par les avoués. — V. FRAIS ET DÉPENS (matière civile).

302. — L'avoué de la partie qui a obtenu gain de cause ne peut, du reste, réclamer de la partie adverse que le remboursement de ses avances, et les émolumens fixés par le tarif. — V. AVOUÉ, no 535.

303. — Quant aux honoraires et aux frais d'assistance des avoués, ils demeurent à la charge de la partie qui a requis cette assistance, le ministère des avoués n'étant pas obligatoire en matière criminelle. — *Cass.*, 12 avr. 1821, Forets c. Patry; 29 oct. 1824, Forets c. Joseph Blanc; 17 fév. 1826, Fredly; 7 avr. 1837 (t. 1er 1837, p. 398), Roque. — Il est vrai que les deux derniers arrêts décident uniquement que le ministère des avoués n'est pas obligatoire en justice criminelle; mais ce principe étant posé, la so-

lution ci-dessus en découle inévitablement. — V., au surplus, conf. *Cass.*, 8 juin 1827, Cont. ind. c. chemin; 2 avr. 1836, Forêts c. Hubert; 31 janv. 1833, Cont. ind. c. Brun; *Paris*, 17 janv. 1839 (t. 1er 1839, p. 95), Cont. ind. c. Hannet; *Bourges*, 16 janv. 1841 (t. 1er 1842, p. 216), Durand c. Simon; — Legraverend, t. 1er, p. 692; Carnot, t. 2, p. 765, no 7; Merlin, *Rép.*, vo *Répertoire*, p. 552, no 3 *bis*; Chauveau, *Tarif*, t. 1er, p. 85. — V. enfin AVOUÉ, nos 533 et suiv. — *Contrà Orléans*, 5 mai 1829, duc d'Orléans c. Morel; — Favard, *Rép.*, vo *Avoué*, no 6, et vo *Dépens*, no 10.

304. — Jugé dans une contestation engagée entre un avoué et un huissier que l'avoué a le droit de certifier les actes qui se rattachent à une instance correctionnelle, dans laquelle il a postulé; que même lorsqu'il s'est écoulé plus d'un an depuis l'obtention du jugement, il a également le droit, si la partie ne lui a pas retiré ses pouvoirs, de certifier les actes relatifs à l'exécution de ce jugement, et d'en percevoir les droits, à l'exclusion de l'huissier. — *Limoges*, 9 avr. 1846 (t. 1er 1846, p. 278), Fromant c. Saulnier. — V., au surplus, COPIE DE PIÈCES EN MATIÈRE CIVILE, nos 44 et suiv.

305. — Il en est de même des honoraires des avocats des parties, même de ceux nommés d'office. — *Liége*, 28 nov. 1829, Cont. direct. c. Kusters.

306. — Il est vrai que l'art. 3 du décret ne fait mention que des conseils ou défenseurs des accusés, sans parler de ceux des parties civiles. — Mais il en est pas moins applicable à ces derniers.

307. — Les tribunaux ont seulement le droit, dans l'évaluation des dommages-intérêts, de prendre en considération les sommes que la partie a été obligée de payer à ses conseils.

§ 2. — *Solidarité.*

308. — Tous les individus condamnés pour un même crime ou un même délit sont tenus solidairement des frais. — C. pén., art. 55.

309. — Chacun de ceux qui concourent à un délit en assument en effet la responsabilité. La solidarité peut d'ailleurs être considérée comme une aggravation de la peine et un moyen de prévenir les délits.

310. — L'article précité ne parle que des frais en matière de crime ou de délit; mais l'art. 156, décr. 18 juin 1811, porte que la condamnation sera prononcée dans toutes les procédures, solidairement contre tous les auteurs et complices du même fait, et contre les personnes civilement responsables.

311. — On a conclu, avec raison, de ces expressions du décret, que la solidarité devait avoir lieu dans tous les cas, et même pour les contraventions de simple police. — Conf. *Cass.*, 7 juill. 1827 (intér. de la loi), Gruyer; 7 janv. 1830 (int. de la loi), B.... — V. aussi *Cass.*, 23 déc. 1818, Rigaud c. Menager.

312. — Cette doctrine n'est cependant pas admise par les auteurs de la *Théorie du Code pénal* (t. 1er, p. 306), par Carnot (t. 1er, p. 192), ni par Merlin (*Quest.*, vo *Solidarité*, § 10, p. 599).

313. — Tous les auteurs, et notamment Carnot (t. 1er, p. 192, no 1er), sont d'accord pour enseigner que la solidarité doit être prononcée par les tribunaux civils comme par les tribunaux de répression; mais cet auteur ajoute que ce n'est que dans les cas prévus par l'art. 55, C. pén., c'est-à-dire dans le cas où la demande en réparation civile a pour cause un crime ou un délit; cette doctrine ne nous paraît pas admissible.

314. — D'une part, la cour de Cassation (6 sept. 1813, Pasteur c. Desbiet) a décidé dans une espèce où il s'agissait d'une demande en réparation civile, pour coups et blessures, que la condamnation solidaire aux dommages-intérêts et aux dépens ne doit être regardée, quant aux dépens, que comme le supplément et le complément de la réparation civile du délit qui donne lieu à l'action; et qu'en ce sens, elle n'est contraire ni à l'art. 1202, C. civ., ni à aucune autre loi.

315. — D'autre part, il a été jugé par de nombreux arrêts que l'art. 1202, C. civ., ne réglait que la solidarité conventionnelle, et non les obligations formées sans convention. — Ainsi, la jurisprudence admet en matière civile la solidarité pour les dommages-intérêts, quand ils sont alloués à raison d'un délit ou d'un quasi délit. — V. DOMMAGES-INTÉRÊTS, nos 170, 171 s.

316. — Il résulte donc de cet ensemble de doctrines qu'en ce cas et vis-à-vis de la partie civile la solidarité existe indépendamment de l'art. 55, C. pén. — Toutefois, cet article n'est pas une surabondance, si l'on admet, avec la cour royale de Paris (2 fév. 1843 [t. 1er 1843], Roux c. Chavignier), qu'il n'y a pas lieu de distinguer les faits personnels à l'auteur principal et ceux personnels au complice, de telle sorte que la solidarité doive s'étendre à tous les dommages-intérêts dus aux parties lésées. — V. Rauter, t. 1er p. 181.

317. — La loi du 18 germ. an VII (art. 1-2-3) voulait que la condamnation aux dépens fût prononcée solidairement contre toutes les personnes condamnées pour le même crime ou délit; et le jugement ou l'arrêt qui omettait de prononcer cette condamnation en faveur du trésor, lorsque le ministère public agissait directement, devait être cassé. — *Cass.*, 27 frim. an VIII, Courtois.

318. — « On a discuté long-temps, dit Carnot (t. 1er, p. 192, no 3), sur le point de savoir si la solidarité qui est prononcée par l'art. 55 constitue une solidarité de droit, de sorte que les condamnés pour un même crime ou délit pussent être contraints solidairement au paiement des adjudications prononcées contre chacun d'eux individuellement, lorsqu'elles ne l'auraient pas été par cette voie. Un premier arrêt du 6 mars 1812 (Catherine c. Planchy) avait laissé la question indécise; mais elle fut résolue pour l'affirmative par un nouvel arrêt du 26 août 1813, Garrenbeck. — V. conf. *Cass.*, 30 déc. 1841 (t. 1er 1842, p. 526), Demarest; — Merlin, vo *Solidarité*, § 10, no 3; Chauveau et Hélie, t. 1er, p. 263.

319. — Toutefois, ce n'est pas sans quelques scrupules que nous admettons cette opinion, qui ne nous semble pas exempte d'inconvéniens. Si la solidarité existe, ce n'est qu'à de certaines conditions, par exemple, que les parties soient condamnées à propos d'un même fait. Or, qui décidera que les conditions sont remplies? — La solidarité ne s'étend pas à tous les frais dans le cas où, sur une accusation comportant plusieurs chefs, une partie ne succombe que sur l'un d'eux, tandis que ses coprévenus sont condamnés sur tous les autres, il est bon de faire cette distinction. Enfin, il est encore admis que la solidarité existe, bien que les auteurs ou complices soient jugés séparément. En ce cas, est-il possible d'admettre la soldarité en l'absence d'une décision contradictoire? Cependant les termes de l'art. 55 sont formels.

320. — Nul doute, au surplus, que la solidarité ne soit de droit qu'autant que les parties ont été condamnées aux frais. Décider autrement, ce serait se mettre en opposition avec la cour suprême elle-même, qui exige une disposition spéciale quant au chef des dépens.

321. — La cour de Cassation (7 juill. 1827, Lagrange c. Gruyer) a cassé un arrêt qui avait condamné aux frais, par égales portions entre eux, mais sans solidarité au profit de l'état, les auteurs ou complices d'une contravention; mais il s'agissait d'une contravention, et la solidarité ne résultait plus de l'art. 55, mais bien de l'art. 156 du décret dont les termes ne se prêtent pas à l'interprétation ci-dessus.

322. — Une des conséquences du principe de l'art. 55 est que le lien de la solidarité n'existe qu'autant que les prévenus ont été condamnés pour le même fait.

323. — *A fortiori* est-il impossible de condamner solidairement aux frais avec ceux des prévenus déclarés coupables et condamnés, leur coprévenu acquitté. — *Cass.*, 26 janv. 1826, Jacquot; 21 avr. 1826, Beaufils.

324. — Ainsi, il ne suffit pas, pour que la solidarité puisse être invoquée, que les prévenus aient été condamnés pour différens faits compris dans la même plainte, ou le même acte d'accusation, en vertu d'un arrêt de jonction, pour cause de connexité, il faut qu'ils aient concouru au même délit. — *Cass.*, 1er nov. an XIII, Périllat c. Castel; 3 fév. 1814, Jean Geshodes; 24 nov. 1820, Gillette Lopin; 13 sept. 1834, Samson; — Carnot, *C. pén.*, t. 1er, p. 193, no 8; Merlin, *Rép.*, t. 5, p. 309, et vo *Solidarité*, § 10, note 2e; Chauveau et Hélie, t. 1er, p. 262.

325. — Spécialement, un accusé ne peut pas être condamné aux frais de poursuites occasionnés par un crime imputé à son coaccusé, dont il n'est pas le complice. — *Cass.*, 30 avr. 1825, Elisabeth Moller.

326. — Lorsque plusieurs habitans d'une ville ont contrevenu à un réglement de police qui les obligeait à nettoyer le devant de leurs portes, il n'existe entre les diverses contraventions aucune liaison qui puisse rendre les contrevenans responsables les uns des autres. — *Cass.*, 22 avr. 1813, hab. de Saintes.

327. — On ne peut encore considérer des coups réciproques comme constituant un seul et même délit. — *Bruxelles*, 25 nov. 1831, N...

328. — Il y a encore délit semblable, et non même délit, lorsque plusieurs individus débitent séparément un ouvrage contrefait. — *Paris*, 2 mars 1843 (t. 1er 1843, p. 445), Bulla c. Meslier.

329. — Enfin, il n'y a pas lieu de condamner solidairement aux frais deux gérans de journaux condamnés par le même arrêt, lorsque la condamnation a été prononcée à raison de publications distinctes faites par chacun d'eux dans son journal. — *Cass.*, 7 juin 1844 (t. 1er 1845, p. 75), journal *la Nation*.

330. — Toutefois, la solidarité peut être prononcée lorsqu'il s'agit de faits identiques commis dans un même but, par exemple, contre des créanciers condamnés aux peines portées par l'art. 597, C. comm., pour avoir stipulé, même par des traités séparés, des avantages particuliers avec un failli. — *Cass.*, 23 avr. 1841 (t. 1er 1842, p. 382), Delestre c. Letellier.

331. — Le jugement qui condamnerait aux frais, par égales portions, les auteurs ou complices d'un même délit violerait les dispositions de la loi. — *Cass.*, 7 juill. 1827 (intér. de la loi), Gruyer; 7 janv. 1830 (intér. de la loi), B...

332. — Lorsqu'il n'y a pas lieu à condamnation solidaire contre les coprévenus jugés dans un même procès, il appartient aux juges du fait d'apprécier souverainement la quotité de frais à laquelle chaque prévenu a donné lieu, et d'arbitrer la portion que chacun d'eux doit supporter; cette appréciation ne constitue pas une erreur de droit et ne peut point donner ouverture à cassation. — *Cass.*, 13 juin 1845 (t. 1er 1847, p. 7), Moreau.

333. — Jugé que lorsqu'un crime a été commis à la Guiane française par des hommes libres et des esclaves, bien que l'art. 11, ord. 20 juill. 1828, mette à la charge de la caisse coloniale les frais faits contre les esclaves en matière criminelle, les hommes libres n'en doivent pas moins être condamnés solidairement aux frais, par application de l'art. 55, C. pén. — *Cass.*, 12 juin 1834 (intérêt de la loi), Gratien.

334. — Le complice est solidairement tenu des réparations de la partie civile non seulement à raison des faits qui lui sont personnels, mais encore à raison de ceux de l'auteur principal du délit. En un mot, le fait de complicité est le principe duquel découle l'obligation de restituer et d'indemniser. — *Paris*, 2 fév. 1843 (t. 1er 1843, p. 249), Roux c. Chavignier.

335. — Au surplus, il importe peu: 1° que les prévenus d'un même fait ne se soient pas concertés pour le commettre. — *Cass.*, 8 oct. 1813, Puccis; 2 mars 1814, même partie; — Carnot, t. 1er, p. 160; Merlin, *Quest.*, vo *Solidarité*, § 10; Legraverend, t. 1er, chap. 19, p. 646.

336. — MM. Chauveau et Hélie (t. 1er, p. 264) pensent que, dans ce cas, la complicité n'existe pas. Ce sont, disent-ils, des actes isolés qui ont concouru accidentellement à un même fait, et, dès-lors, il est douteux que la loi ait voulu lier par une commune responsabilité des prévenus qui sont étrangers les uns aux autres. — Cette critique est mal fondée. D'abord, il suffit, pour constituer la complicité, que celui qui est inculpé ait aidé ou assisté avec connaissance l'auteur du délit dans les faits qui ont constitué ce délit. En second lieu, l'art. 55, C. pén., ne subordonne pas la solidarité à la condition d'un concert préalable.

337. — ...2° Que l'un des prévenus ait été condamné à une peine plus forte que l'autre. — Mêmes arrêts, et *Cass.*, 3 nov. 1827, Faillette.

338. — La cour de Cassation a même jugé que la solidarité était légalement prononcée au profit de la partie civile contre plusieurs individus compris dans une même poursuite collective, quoiqu'ils eussent été condamnés les uns pour crimes et les autres seulement pour délits, s'il était établi qu'ils eussent agi de concert. — *Cass.*, 3 déc. 1836 (t. 1er 1838, p. 37), Demiannay.

339. — ...3° Que les auteurs du même délit soient jugés séparément. L'art. 55, C. pén., n'exige pas, en effet, que la condamnation soit prononcée par le même jugement; il suffit qu'elle le soit pour le même crime ou le même délit. Tout n'est donc pas consommé par le premier jugement à l'égard du premier condamné, puisqu'il reste à régler la solidarité; l'exception de la chose jugée n'est donc pas opposable. — Carnot, t. 1er, p. 193. — V. *contrà* Chauveau et Hélie, t. 1er, p. 307. — V. décis. du garde des sceaux, 29 août 1826, rapp. par M. de Dalmas, p. 377.

340. — Dans ce cas, pourrait-on prétendre que la solidarité a lieu de plein droit? — Non, par la raison que, pour être lié par un jugement, il faut y avoir été partie. La condamnation doit donc être prononcée contradictoirement.

341. — Sous la loi du 18 germin. an VII, lorsqu'une accusation embrassait plusieurs chefs et portait contre plusieurs individus, la condamnation solidaire devait bien être prononcée contre ceux qui étaient condamnés pour le même fait; mais cette condamnation n'était relative qu'à la

portion des frais occasionnés par la poursuite de ce fait particulier. — *Cass.*, 1er niv. an XIII, Perillat c. Castel.

342. — Il en est de même sous le Code pénal. — *Cass.*, 22 avr. 1813, habit. de Saintes ; — Carnot, t. 1er, p. 193, no 8 ; Merlin, *Rép.*, t. 5, p. 309.

343. — Jugé que l'accusé déclaré coupable, mais acquitté comme ayant agi sans discernement, doit être condamné solidairement aux frais avec le co. accusé majeur également déclaré coupable. — *Cass.*, 18 fév. et 8 avr. 1841 (t. 1er 1842, p. 396), Ginguenaud, et Lebraux et Fayoux. — Mais nous n'admettons pas cette décision; selon nous, le mineur, en pareil cas, ne doit pas les dépens.

344. — A l'égard des condamnés entre eux, la solidarité n'a pas d'effet; la condamnation se divise. — *Lyon*, 5 janv. 1821, Mermier c. Laracine.

345. — Selon Carnot (t. 1er, p. 192, no 4), la solidarité n'ayant lieu qu'en matière pénale, les tribunaux de répression ne peuvent pas l'attacher aux condamnations qu'ils prononcent contre les parties civiles, au profit du prévenu renvoyé des poursuites ; c'est là une conséquence du principe admis par cet auteur que la solidarité résulte uniquement de l'art. 55, C. pén. S'il y a eu, de la part des parties civiles, action commune, nous croyons que la solidarité peut être prononcée contre elles pour les dommages-intérêts et les frais.

346. —... Même solution à l'égard des plaignans et des dénonciateurs.

347. — Quant au trésor., il n'a pas d'action solidaire pour le paiement des frais contre deux individus étrangers l'un à l'autre qui se portent partie civile. En effet, l'art. 55 n'est applicable qu'aux individus condamnés pour un crime ou un délit. — Carnot, t. 1er, p. 159, no 5.

348. — *Secùs* dans le cas où il surviendrait contre les parties civiles une condamnation pour dénonciation calomnieuse.

§ 3. — *Contrainte par corps*,

349. — Le Code d'instruction crim. n'ayant pas indiqué plus que la loi du 18 germin. an VII la voie de la contrainte par corps pour l'exécution des condamnations aux frais, plusieurs tribunaux criminels se refusaient à la prononcer. La cour de Cassation blâmait cette jurisprudence, et le décret du 29 sept. 1809 trancha la question dans le sens de cette cour. — *Cass.*, 11 frim. an XII, Darlemont; 19 vent. an XII, mêmes parties; 2 janv. 1807, Lautier.

350. — Depuis, les art. 52 et 469 du Code pénal ont formellement consacré le principe du décret.

351. — L'art. 211, C. forest., contient aussi une disposition spéciale sur cette matière, de même que l'art. 174, décr. 18 juin 1811. — V. au surplus CONTRAINTE PAR CORPS, nos 542 et suiv.

352. — En matière disciplinaire il n'y a pas lieu d'ajouter la contrainte par corps à la condamnation aux dépens : les art. 52, C. pén., et 194, C. inst. crim., ne sont point applicables aux condamnations de cette espèce. — *Douai*, 15 juin 1835, Bocq. — Le pourvoi contre cet arrêt a été rejeté par arrêt du 16 juin 1836.

353. — Tout jugement criminel entraîne de plein droit la contrainte par corps, encore bien qu'il ne la prononce pas. — V. CONTRAINTE PAR CORPS, no 544.

354. — Toutefois, la loi du 17 avr. 1832 a exigé que le jugement fixât la durée de la contrainte dans certains cas ; de là de nombreuses difficultés. — V. CONTRAINTE PAR CORPS, nos 545 et suiv.

355. — La contrainte par corps a lieu, en matière criminelle, contre toutes personnes, sans distinction d'âge ni de sexe. — *Cass.*, 27 juin 1835, Gaudeix.

356. — Cependant, la loi accorde certaines faveurs aux septuagénaires. — L. 17 avr. 1832, art. 40. — V. CONTRAINTE PAR CORPS, nos 549 et suiv.

357. — Il n'y a d'exception que dans quelques cas particuliers. Ainsi, la contrainte par corps n'est jamais prononcée contre le débiteur au profit 1o de son mari ou de la femme ; 2o de ses ascendans, descendans, frères et sœurs ou alliés au même degré. — L. 17 avr. 1832, art. 41 et 19.

358. — Il faut encore appliquer toutes les règles posées pour les matières civiles à l'égard des pairs de France, des députés, des militaires en activité de service, ou autres agens du gouvernement. — V, CONTRAINTE PAR CORPS, nos 83 et suiv.

359. — *Prévenus.* — Pour que la contrainte par corps soit de droit en matière de dépens criminels, il faut que l'accusé ou le prévenu ait succombé.

360. — L'accusé ou le prévenu étant condamné, il n'y a pas à distinguer le cas où des dommages-intérêts ont été alloués à la partie lésée par le jugement ou l'arrêt même de condamnation, de celui où ils lui ont été alloués postérieurement par les tribunaux civils. L'art. 52 est toujours applicable. — V. CONTRAINTE PAR CORPS, no 568.

361. — Même dans le cas où l'action civile aurait été portée devant les tribunaux avant l'action criminelle, l'art. 52 serait encore applicable, si la condamnation du prévenu ou de l'accusé intervenait avant le jugement civil. — V. CONTRAINTE PAR CORPS, no 569.

362. — Jusqu'ici, il ne s'est agi que du cas où l'accusé ou le prévenu est condamné; mais on a vu que l'acquittement ou l'absolution ne fait pas obstacle à l'action de la partie lésée. Il peut donc arriver que cette partie obtienne des dommages-intérêts contre l'accusé ou le prévenu acquitté ou absous, soit en saisissant la cour d'assises en vertu de la compétence exceptionnelle qui lui est attribuée, soit en portant la demande devant les juges civils. Mais, en ce cas, la cour d'assises elle-même juge comme tribunal civil, et l'art. 52 n'est plus applicable. Si la contrainte par corps est prononcée pour le recouvrement des dommages-intérêts, c'est en vertu de l'art. 126, C. procéd. civ. Or, il est de jurisprudence constante que la contrainte par corps ne peut être prononcée pour les dépens, même quand ils sont adjugés à titre de dommages-intérêts. — V. CONTRAINTE PAR CORPS, nos 570, 566, 219 et suiv.

363. — Toutefois, lorsque des dommages-intérêts ont été alloués en matière civile, et que la contrainte par corps a été prononcée, le débiteur est tenu, même par corps, mais indirectement, des dépens, en ce sens que pour obtenir son élargissement il est obligé d'offrir les frais liquidés, ceux d'emprisonnement et la restitution des alimens consignés. — C. procéd. civ., art. 800, — V. CONTRAINTE PAR CORPS, no 222.

364. — *Personnes civilement responsables.* — L'art. 52, C. pén., n'a eu en vue que les coupables, et non les personnes civilement responsables. — V. CONTRAINTE PAR CORPS, nos 574 et suiv.

365. — La contrainte par corps n'atteint donc les personnes qu'autant qu'il existe une disposition spéciale de la loi.

366. — C'est ainsi que l'art. 174 du décret de 1811 porte que le recouvrement des frais de justice qui ne sont pas à la charge de l'état sera poursuivi par toutes les voies de droit, et même par la contrainte par corps.

367. — Les art. 46 et 206, C. forest., prononcent également la contrainte par corps contre les personnes civilement responsables et les cautions pour le recouvrement des frais.

368. — *Partie civile.* — Les condamnations contre la partie civile n'ont jamais qu'un caractère civil. — V. CONTRAINTE PAR CORPS, nos 578 et suiv.

369. — La contrainte par corps, quant au chef des dépens, ne peut donc être prononcée contre elle au profit des prévenus ou accusés acquittés, même lorsqu'ils obtiennent des dommages-intérêts. — *Poitiers*, 18 mars 1842 (t. 2 1842, p. 42), Nicolas c. Depoix ; — Carnot, *C. pén.*, t. 1er, 151, § 12.

370. — Vis-à-vis de l'état, il en est autrement. L'art. 174 du décret du 18 juin 1811 prononce en effet la contrainte contre la partie civile pour le recouvrement des frais dus à l'état. — V. CONTRAINTE PAR CORPS, no 583.

371. — *Témoins, cautions et dépositaires de pièces.* — La contrainte par corps peut encore être prononcée, quant aux dépens : 1o contre les cautions fournies par un prévenu lors de sa mise en liberté provisoire (C. inst. crim., art. 120); — 2o contre les témoins non comparans (*id.*, art. 80, 157, 304); — 3o contre les dépositaires publics et particuliers de pièces arguées de faux ou pouvant servir de pièces de comparaison (C. inst. crim., art. 452 et suiv.) — V. CONTRAINTE PAR CORPS, nos 587 et suiv.

372. — *Durée de la contrainte au profit de l'état.* — Si la condamnation est inférieure à 300 fr., le jugement ne doit pas déterminer la durée de la contrainte par corps. — V. CONTRAINTE PAR CORPS, nos 597, 598, 599, 600, 601. — *Cass.*, 3 août 1838 (t. 2 1846, p. 118), Lemeneur.

373. — Cette durée est en ce cas d'un an, d'après la jurisprudence constante de la cour de Cassation. — *Cass.*, 2 oct. 1835, Letard; 31 déc. 1835, Vincent; 8 juill. 1836 (t. 1 1837, p. 560), Bastianelli; 29 juin 1837 (t. 1er 1838, p. 27), Guyomaud ; *Douai*, 17 mars 1835, Ruffin. — V. conf. Parant, *Réquis.*, sous *Cass.*, 24 janv. 1835, Ducala.

374. — Selon MM. Chauveau et Hélie (t. 1er, p. 371), la durée de la contrainte devrait être de six mois à cinq ans, parce que le législateur n'aurait pas distingué entre les condamnations rendues dans un intérêt privé ou dans l'intérêt de l'état. — V. L. 17 avril 1832, art. 39.

375. — M. Coin-Delisle (sur l'art. 40, L. 17 avr. 1832, no 1er) avait d'abord pensé que l'état devait profiter de la durée de cinq ans, à moins d'insolvabilité constatée; mais il a abandonné cette opinion dans ses additions (*ibid*) pour admettre que la durée de l'emprisonnement est illimitée.

376. — La cour de Cassation avait partagé cette opinion dans l'origine ; elle jugeait que, dans aucun cas, les condamnés pour une somme inférieure à 300 fr. ne pouvaient obtenir leur élargissement, quelle que fût la durée de leur emprisonnement, à moins de justifier de leur insolvabilité. C'est aussi l'avis de M. le garde des sceaux dans une circulaire du 14 août 1835. — V. *Cass.*, 24 janv. 1835, Ducala et Cadrès ; — CONTRAINTE PAR CORPS, no 250. — Mais elle a abandonné cette doctrine, *Cass.*, 8 juill. 1836 (t. 1er 1837, p. 560), Bastianelli.

377. — Un arrêt de la cour de Paris avait, au contraire, jugé que le silence de la loi devait s'interpréter en faveur du condamné, et que la contrainte devait cesser après six mois, comme dans le cas de condamnation inférieure à 300 fr. au profit de particuliers. — *Paris*, 9 juin 1836, Vieillard c. Ribault.

378. — Au dessus de 300 fr., la durée de la contrainte par corps est déterminée par le jugement même de condamnation dans les limites d'un an à dix ans. — L. 17 avr. 1832, art. 7 et 40. — V. CONTRAINTE PAR CORPS, nos 611, 612, 613.

379. — La cour d'assises qui condamne un individu aux frais, s'élevant à 300 fr. et au-delà, doit prononcer la contrainte par corps pendant un an au moins, et non pour six mois. — *Cass.*, 1er oct. 1835, Virgitti; 17 oct. 1836, Courtrel.

380. — Est nul l'arrêt de cour d'assises qui n'a point fixé la durée de la contrainte par corps, lorsque l'amende et les frais auxquels l'accusé a été condamné s'élèvent à plus de 300 fr. — *Cass.*, 12 janv. 1837 (t. 1er 1837, p. 350), Pouyagut ; 2 mars 1835, Gauthier, Biot et Chapoteau

381. — Néanmoins, si le débiteur a commencé sa soixante-dixième année avant le jugement, les juges peuvent réduire le minimum à six mois, et ils ne peuvent dépasser un maximum de cinq ans. — Art. 40.

382. — Par ce mot *condamnation* on entend toutes les condamnations prononcées contre la partie condamnée, soit à titre d'amende, de dommages-intérêts, soit à titre de dépens. — *Cass.*, 28 déc. 1837 (t. 2 1837, p. 486), Tuloup.

383. — D'après MM. Chauveau et Hélie (t. 1er, p. 376), les frais de mise à exécution du jugement entrent dans le total des frais; mais il ne faut pas oublier que les frais d'exécution en matière de grand criminel restent toujours à la charge de l'état.

384. — Lorsque la contrainte n'a pour objet que les dépens, il est indispensable qu'ils soient liquidés dans le jugement même, sans quoi la fixation de la durée de la contrainte manquerait de base légale.

385. — Pour fixer la durée de la contrainte par corps à l'égard de plusieurs condamnés contre lesquels la solidarité a été prononcée, il faut joindre aux frais le montant de toutes les amendes. — *Cass.*, 12 oct. 1837 (t. 2 1843, p. 248), Pasquez; 3 mai 1838 (t. 2 1843, p. 248), Auger; 17 juin 1838 (t. 2 1843, p. 249), Koperberg.

386. — Lorsque deux accusés ont été condamnés solidairement à 100 fr. d'amende chacun et aux frais du procès, s'il est certain que ces frais, quoique non liquidés, dépasseront nécessairement la somme de 300 fr., dont chacun sera tenu pour la totalité, les juges doivent fixer la durée de la contrainte par corps. — *Cass.*; 10 janv. 1839 (t. 2 1843, p. 246), Debilleheust ; 15 juin 1837 (t. 2 1843, p. 246), Ronsier ; 27 juin 1837 (t. 2 1843, p. 215), Boaimère.

387. — Lorsque deux coaccusés ont été condamnés chacun en une amende et aux frais, la solidarité a lieu de plein droit pour ces condamnations. Dès-lors, la cour d'assises ne peut se dispenser de fixer la durée de la contrainte par corps si les deux amendes et les frais réunis s'élèvent au-dessus de 300 fr., encore bien que la part de chacun soit inférieure à cette somme. — *Cass.*, 30 déc. 1841 (t. 1er 1842, p. 526), Demaret.

388. — La question a été jugée dans le même sens par des arrêts qui avaient expressément prononcé la solidarité ; mais aux termes de l'art. 55, C. pén., la solidarité n'a pas besoin d'être prononcée, et par conséquent ces arrêts peuvent être considérés comme identiques au précédent, la prononciation de la solidarité étant indifférente. — V. *Cass.*, 20 mars 1835, Chapoteau et Berteau ; 2 avr. 1835, Caillebotin ; 14 mai 1835, Bozé et Doré; même jour, Nogent ; 28 sep. 1837 (t. 2 1837, p. 486), Tuloup et Pinaget.

389. — La loi n'impose pas aux tribunaux l'obligation de fixer la durée de la contrainte par corps d'une manière distincte pour chacune des condamnations pécuniaires que prononce un jugement. — *Cass.*, 4 nov. 1842 (t. 1er 1843, p. 168), Bisselle.

390. — Quand l'accusé est condamné à la peine capitale ou à une peine perpétuelle, il est de jurisprudence constante que les tribunaux doivent s'abstenir de prononcer la contrainte par corps et d'en fixer la durée. — V. CONTRAINTE PAR CORPS, no 619.

391. — Dans le cas où la condamnation est supérieure à 300 fr., la contrainte finit à l'expiration du délai fixé par le jugement ou l'arrêt, mais elle ne peut cesser auparavant, même par l'insolvabilité du débiteur. — *Cass.*, 24 janv. 1835, Ducala; 14 mai 1836, Lachassagne.

392. — *Durée de la contrainte au profit des particuliers.* — La durée de cette contrainte varie, comme celle ordonnée au profit de l'état, selon que la dette est inférieure ou supérieure à 300 fr.

393. — Mais, à la différence de la contrainte ordonnée au profit de l'état, elle doit toujours être fixée par le jugement de condamnation.

394. — Les limites dans lesquelles elle peut s'exercer sont de six mois à cinq ans, lorsque la dette est au-dessous de 300 fr., et d'un an à dix ans quand elle dépasse ce chiffre. — Art. 39 et 40, L. 17 avr. 1832.

395. — La liquidation des dépens doit donc être faite, dans tous les cas, dans le jugement ou l'arrêt, afin de pouvoir déterminer la durée de la contrainte.

396. — L'arrêt ou le jugement qui contrevient aux dispositions précédentes doit être cassé. — *Cass.*, 30 juin 1836, François Chouet; 3 juin 1843 (t. 2 1843, p. 617), Daullée.

397. — Jugé même, que lorsque la partie civile qui s'est désistée, obtient son recours contre l'accusé, à raison des frais avancés par l'état, le jugement qui prononce cette condamnation récursoire doit, à peine de nullité, fixer la durée de la contrainte. — *Cass.*, 18 juill. 1845 (t. 1er 1846, p. 48), Prunier c. Carrère. — Cependant, on pourrait soutenir qu'en pareil cas la partie civile est subrogée aux droits de l'état.

398. — Les dispositions de l'art. 40, relatives aux condamnés qui ont atteint avant le jugement ou qui atteignent pendant la durée de la contrainte leur soixante-dixième année, sont applicables en ce cas.

399. — M. Coin-Delisle (Additions sur les art. 39 et 40, L. 17 avr. 1832, no 1er) pense que si le jugement ne détermine pas la durée de la contrainte, et s'il est passé en force de chose jugée par suite de l'expiration des délais d'appel ou de pourvoi en cassation, le minimum fixé par la loi est seul applicable au condamné. — V. conf. *Paris*, 9 juin 1836, Viellard c. Ribauld.

400. — Au-dessous de 300 fr., l'insolvabilité du débiteur l'autorise à demander son élargissement dans les termes de l'art. 35.

401. — Des principes ci-dessus il résulte : 1o que la durée de la contrainte ne doit, dans aucun cas, être fixée d'une manière hypothétique ou conditionnelle; — 2o que si le jugement a omis de la déterminer, on peut lui demander de réparer cette omission; — 3o qu'un autre tribunal serait incompétent à cet égard. — V. CONTRAINTE PAR CORPS, nos 631, 632, 633, 634, 635.

402. — Le débiteur incarcéré a le droit d'obtenir son élargissement lorsqu'il fournit une caution, soit qu'il ait été écroué à la requête d'un particulier ou de l'état. — L. 17 avr. 1832, art. 34. — V. CONTRAINTE PAR CORPS, nos 638 et 640.

403. — Il y a toutefois cette différence entre l'état et les particuliers, que ceux-ci ne sont tenus de consentir l'élargissement moyennant caution qu'autant que la dette est inférieure à 100 francs, tandis que l'état est obligé de le souffrir, quelque élevée que soit sa créance, V. CONTRAINTE PAR CORPS, no 640.

404. — Quant aux formalités de la réception de la caution et de l'élargissement, V. CONTRAINTE PAR CORPS, nos 638, 639, 640 et suiv.

Sect. 5e. — *Liquidation. — Recouvrement des dépens.*

§ 1er. — *Liquidation des dépens.*

405. — On a déjà vu que les frais de poursuite et d'instruction sont avancés tantôt par l'état, tantôt par la partie civile, ou même par les prévenus ou les accusés.

406. — Dans tous les cas, ces frais doivent être

taxés de façon à constituer une créance liquide au profit de qui de droit.

407. — Sous la loi du 18 germ. an VII, le recouvrement des frais avancés par le trésor se faisait après liquidation de ces frais par le président du tribunal et en vertu de l'exécutoire qu'il délivrait. — Art. 1er et 8.

408. — Aujourd'hui les jugemens et arrêts de condamnation, d'absolution, ou d'acquittement doivent liquider les dépens auxquels sont condamnés le prévenu, l'accusé ou la partie civile. — Tarif, 18 juin 1811, art. 163.

409. — Les art. 162 et 194, Cod. inst. crim., prescrivent cette liquidation dans le jugement même, aux tribunaux de simple police et de police correctionnelle.

410. — Cette disposition ne doit pas être entendue en ce sens qu'il faille que la liquidation des frais se fasse au moment même de la prononciation du jugement de condamnation, ce qui serait souvent impraticable, mais seulement que le montant de la liquidation soit porté sur la minute du jugement avant la signature. — Arg. *Cass.*, 2 mai 1810, Bouquerat, Dellous-Lalande; — Chauveau, *Comm. du tarif*, t. 2, p. 55, no 2; Merlin, *Quest. de droit*, vo *Taxe des dépens*, § 2. — V. FRAIS ET DÉPENS EN MATIÈRE CIVILE.

411. — Il en doit être de même en cour d'assises.

412. — L'art. 163 du décr. du 18 juin 1811 porte qu'il sera dressé, pour chaque affaire criminelle, correctionnelle, ou de simple police, un état de liquidation des frais.

413. — Cet article ajoute que lorsque la liquidation n'aura pu être insérée, soit dans l'ordonnance de mise en liberté, soit dans l'arrêt ou le jugement de condamnation, d'absolution ou d'acquittement, le juge compétent décernera exécutoire contre qui de droit, au bas dudit état de liquidation.

414. — Le juge compétent est le président du tribunal criminel. — L. 18 germ. an XI, art. 3.

415. — Pour faciliter cette liquidation, les officiers de police judiciaire, les juges d'instruction et les présidens doivent, aussitôt qu'ils ont terminé leurs fonctions relativement à chaque affaire, joindre aux pièces l'état signé d'eux des frais et déboursés dont la liquidation a lieu, lorsqu'il intervient une condamnation. — *Ibid*, art. 4.

416. — L'état de liquidation est rédigé par le greffier de manière à ce que la vérification des taxes soit rendue facile. Il n'a droit à aucune rétribution pour la rédaction de cet état. — Décr. min. just. 9 avr. 1825.

417. — Toutefois, il importe d'observer qu'en toute matière, grand ou petit criminel, la durée de la contrainte par corps doit être fixée au profit de l'état par le jugement de condamnation lorsque les frais s'élèvent à plus de 300 fr. Le chef du jugement qui fixe la durée de la contrainte par corps pour le paiement des frais doit, en conséquence, à peine de nullité, contenir la liquidation de ces frais, faute de quoi il serait impossible d'apprécier si la fixation de la contrainte a été faite en conformité de la loi du 17 avr. 1832; en un mot, cette fixation manquerait de base légale. — *Cass.*, 17 déc. 1836 (t. 1er 1837, p. 71), Chasson; 29 déc. 1836 (*ibid.*, p. 8), Bamède.

418. — L'absence de l'énonciation du montant total des frais ne permet de procéder à la fixation de la durée éventuelle de la contrainte par corps que lorsque ces frais ont été taxés et liquidés d'une manière définitive et irrévocable, d'où il suit que, tant que cette taxe n'a pas été faite, la cour suprême, tout en cassant le chef de l'arrêt quant à la fixation de la durée de la contrainte par corps, ne doit pas renvoyer l'affaire devant un autre tribunal. — Mêmes arrêts.

419. — En ce qui concerne la partie civile, la durée de la contrainte par corps, prononcée à son profit, devant être fixée dans tous les cas (V. *suprà*, no 397), la liquidation des dépens doit toujours être faite dans le jugement.

420. — Les frais de la partie civile doivent être taxés d'après le tarif criminel.

421. — Ainsi, en matière correctionnelle, la partie qui a payé son huissier d'après le tarif civil ne peut faire comprendre, dans la taxe des dépens qui lui sont adjugés, que ce qui était dû à l'huissier d'après le tarif criminel. — *Bourges*, 16 janv. 1841 (t. 1er 1832, p. 213), Durand c. Simon. — V. cependant Chauveau, *Comment. du tarif*, Introd. p. 90; Favard, *Rép.*, vo *Dépens*, no 10.

422. — Le décret du 18 juill. 1811, sur la taxe des frais, est inapplicable, lorsqu'une somme est allouée, non aux avoués pour frais de poursuites, mais à la partie civile elle-même, pour l'indemniser des pertes que les poursuites lui ont occasionnées. — *Cass.*, 4 oct. 1816, Fiquet c. Adélaïde Tomy.

423. — Pour les questions de taxe, V. TARIF (mat. crimin.).

424. — L'opposition à la contrainte décernée pour le paiement des frais est de la compétence des tribunaux civils de première instance. — Avis Cons. d'état, 1er juin 1807.

425. — Les tribunaux de répression ne peuvent jamais connaître des difficultés qui s'élèvent sur l'exécution des condamnations. — V. conf. *Cass.*, 5 déc. 1806 (intérêt de la loi), Pierre Fournel; 2 janv. 1807, Lautier; — Legraverend, t. 1er, p. 299; Merlin, *Rép.*, vo *Frais de procédure criminelle*, no 4, et *ibid.*, vo *Arrestation*, § 6; Carnot, *Inst. crim.*, t. 1er, p. 61, nos 25 et 26.

426. — Les tribunaux correctionnels d'appel ne sont pas plus compétens que les tribunaux correctionnels de première instance en pareil cas. — — *Cass.*, 23 juin 1820, Ravenel c. Navarre.

§ 2. — *Personnes chargées du recouvrement des dépens dus à l'état.*

427. — Les poursuites pour le recouvrement des frais dont la condamnation a été prononcée au profit de l'état, et dont l'administration de l'enregistrement a fait l'avance, sont exercées par les préposés de cette administration et pour son compte. — L. 18 germin. an VII, art. 3; Décr. 18 juin 1811, art. 174; ord. 3 nov. 1819.

428. — Les poursuites sont dirigées au nom du procureur du roi s'il s'agit de jugemens de simple police ou de police correctionnelle, et au nom du procureur général s'il s'agit d'arrêts de cours royales (C. inst. crim., art. 165 à 376) ou de cours d'assises.

429. — Pour fournir aux préposés de l'enregistrement le moyen d'exécuter à cet égard les jugemens et arrêts de condamnation aux frais, le greffier doit leur remettre, dans les quatre jours de la prononciation, un extrait de l'ordonnance, jugement ou arrêt, en ce qui concerne le chef des dépens, ou une copie de l'état de liquidation rendue exécutoire. — Décr. 18 juin 1811, art. 164; circ. min. just. 14 mai 1813.

430. — Quand le recouvrement des frais se poursuit sur un état de liquidation rendu exécutoire, une copie de cet exécutoire suffit. La délivrance d'un extrait du jugement serait frustratoire. — Décr. 18 juin 1811, art. 164; décis. min. just. 10 mai 1815; — Dalmas, *Frais de justice*, p. 137.

431. — L'extrait qui sert au ministère public pour l'exécution des autres condamnations doit, autant que possible, servir aux préposés de l'administration, pour le recouvrement des dépens. Toutefois, la remise n'en doit avoir lieu qu'autant que le ministère public a consommé tous les actes de son ministère. Sinon l'administration peut lever un second extrait dont le fond n'est pas imputé sur les fonds généraux des frais de justice. — Décr. 18 juin 1811, art. 62; ord. 3 nov. 1819; — Dalmas, p. 105, no 125.

432. — Le procureur du roi et la partie civile peuvent, pour assurer le privilége du trésor public pour les frais de poursuite, et sans attendre le jugement définitif, prendre inscription hypothécaire sur les immeubles servant de cautionnement aux prévenus qui obtiennent leur liberté provisoire, et l'inscription prise à la requête de l'un ou de l'autre profite à tous les deux. — C. inst. crim., art. 121.

433. — Le procureur du roi doit également prendre une inscription sur les biens des condamnés, pour le recouvrement de ces frais, lorsque la condamnation en a été prononcée au profit du trésor.

434. — Ces frais d'inscription sont avancés par l'administration de l'enregistrement, sauf recours. — Art. 124 du décret.

435. — De même, les frais de recouvrement des dépens dus à l'état sont taxés, conformément au tarif criminel, par le soin des présidens de tribunaux. L'administration de l'enregistrement en fait l'avance, et ces frais la regardent. Ils ne sont jamais prélevés sur les fonds généraux des frais de justice criminelle. — Décr. 18 juin 1811, art. 126; ord. 3 nov. 1819; circul. min. just. 7 déc. 1819.

§ 3. — *Exécution contre le condamné ou ses héritiers. — Prescription, amnistie, grâce et commutation.*

436. — Le recouvrement des dépens est poursuivi contre la partie condamnée, en vertu de l'arrêt ou jugement ou de l'exécutoire qui en contient la liquidation.

437. — Ces actes conservent à l'état ou à la partie qui les a obtenus le droit de procéder. Ils ser-

vent de base à toute exécution autorisée par la loi sur la personne et les biens du débiteur. — L. 17 avr. 1832. art. 33.

438. — Toutefois, le jugement ou l'arrêt qui prononce la condamnation aux dépens ne peut être mis à exécution qu'autant qu'il est devenu définitif. — Décision du garde des sceaux, 13 mai 1823; — de Dalmas, p. 380.

439. — En matière criminelle, non seulement le pourvoi est suspensif, mais le délai pour le pourvoi arrête lui-même l'exécution du jugement de l'arrêt attaqué. — C. inst. crim, art. 373. — V. CASSATION (mat. crim.), nos 879 et suiv.

440. — Un tribunal peut donc, en se renfermant dans ses attributions, et sans violer aucune loi, ordonner le sursis au recouvrement d'amende et de frais de justice prononcés par un jugement contre lequel le condamné s'est pourvu en cassation. — *Cass.*, 27 mars 1811, Enreg. c. Pellinger.

441. — La cour suprême a posé comme règle que l'effet suspensif de pourvoi a lieu, en matière criminelle, à l'égard des condamnations civiles comme à l'égard des condamnations pénales (*ibid.* nos 918 et suiv.) Ainsi, la contrainte par corps ne pourrait être mise à exécution avant le jugement du pourvoi.

442. — Les actes conservatoires sont seuls permis. — *Ibid.*, no 921.

443. — Un condamné par la voie criminelle peut être décédé dans le délai que la loi lui accorde pour déclarer son recours, mais avant de l'avoir formé. — L'arrêt, en pareil cas, n'est pas irrévocable et ne peut pas le devenir. — Carnot, *ibid.*, no 27.

444. — Il a même été jugé que le décès du condamné, avant que la cour de Cassation ait statué sur son pourvoi, fait tomber le jugement de plein droit. — *Cass.*, 16 janv. 1811, Enreg. c. Ponton; 21 juill. 1834, Enreg. c. Vincent; 3 mars 1836, Fournier; 27 août 1807, N..; — Chauveau et Hélie, t. 1er, p. 307; — *Contrà Cass.*, 5 déc. 1806, Enreg. c. Fournel; 16 janv. 1811, c. Ponton; 10 janv. 1814, Sicard; 18 mai 1815, Therèse Baudry.

445. — Cette doctrine, qui n'est pas évidemment applicable au cas où il y a partie civile en cause intéressée à suivre sur le pourvoi, est critiquée par Rauter, *Droit crim.*, t. 2, p. 402, no 748 *bis*; Carnot, *Instr. crim.*, t. 1er, p. 60, no 24; Merlin, *Rép.* vo *Frais des procès criminels*, no 4; Legraverend, t. 1er, p. 67; — Avis Cons. d'état, 23 fructid. an XIII; Délib. de la régie de l'enregistrement, 1er fév. 1838. — V. aussi CASSATION (mat. crim.), nos 984 et suiv.

446. — Elle nous paraît, d'ailleurs, difficilement admissible à l'égard des frais. — V. CASSATION (mat. crim.), no 985.

447. — Quoi qu'il en soit, il est hors de doute que la mort de la personne civilement responsable n'empêche pas la cour de statuer sur son pourvoi contradictoirement avec ses héritiers. — *Cass.*, 29 janv. 1827, Pestel c. Gagin.

448. — Même solution dans le cas de décès de la partie civile.

449. — Lorsque l'accusé est décédé, dit Carnot (*Instr. crim.*, t. 1er, p. 59, no 20), avant que sa condamnation ait été prononcée par un jugement en dernier ressort, on a constamment tenu que les frais de poursuites ne peuvent pas être réclamés contre ses héritiers, sauf à la partie civile à exercer son action en dommages-intérêts contre eux, et à y faire entrer, sous forme d'indemnité, les frais faits à sa requête.

450. — En matière correctionnelle et de police, les frais de poursuites faits à la diligence du ministère public ne pourraient pas non plus être réclamés contre les héritiers du prévenu décédé, s'il n'était intervenu contre lui un jugement de condamnation ayant acquis le caractère de la chose jugée, mais ceux faits par la partie civile devraient lui être adjugés comme accessoires des condamnations principales qu'elle obtiendrait contre eux. — Carnot, *ibid.*, no 21.

451. — S'il est intervenu un jugement ou un arrêt irrévocable contre l'accusé ou le prévenu, le trésor public peut évidemment exiger de ses héritiers le remboursement des frais.

452. — Dans le cas où la condamnation étant par contumace, l'accusé décède avant la prescription de la peine, les héritiers de l'accusé ne sont pas tenus des frais faits par le ministère public, sauf l'action en indemnité de la partie civile. — V. CONTUMACE, no 115.

453. — En ce cas, les héritiers devraient toutefois les frais de contumace.

454. — Les arrêts, jugemens et exécutoires au profit de l'état ne peuvent être exécutés par la voie de la contrainte par corps que cinq jours après le commandement qui est fait aux condamnés, à la requête du receveur de l'enregistrement et des domaines. — L., 17 avr. 1832, art. 33. — V. EMPRISONNEMENT, no 30.

455. — La disposition ci-dessus est applicable à la partie civile qui veut mettre à exécution la contrainte. — Art. 38; — Coin-Delisle, p. 115, no 1.

456. — Dans le cas où le jugement de condamnation n'a pas été précédemment signifié au débiteur, le commandement porte en tête extrait de ce jugement, lequel contient le nom des parties et le dispositif. — Vo *ibid*, nos 31 et suiv.

457. — Les individus contre lesquels la contrainte par corps a été mise à exécution subissent l'effet de cette contrainte jusqu'à ce qu'ils aient payé le montant des condamnations ou fourni une caution admise par le receveur des domaines, ou, en cas de contestation de sa part, déclarée bonne et valable par le tribunal civil de l'arrondissement. — V. EMPRISONNEMENT, nos 432 et suiv.

458. — Les condamnés qui justifient de leur insolvabilité, suivant le mode prescrit par l'art. 420, C. inst. crim., sont mis en liberté après avoir subi quinze jours de contrainte, lorsque l'amende et les autres condamnations pécuniaires n'excèdent pas 15 fr.; un mois lorsqu'elles s'élèvent de 15 à 50 fr.; deux mois lorsque l'amende et les autres condamnations s'élèvent de 50 à 100 fr., et quatre mois lorsqu'elles excèdent 100 fr. — V. CONTRAINTE PAR CORPS, nos 607 et suiv.

459. — Dans le cas où la condamnation s'élève à 300 fr., lorsque le débiteur atteint sa 70e année pendant la durée de la contrainte, sa détention est de plein droit réduite à la moitié du temps qu'elle aurait encore à courir aux termes du jugement. — V. *ibid*, *suprà* no 398.

460. — En limitant ainsi la durée de la contrainte par corps, la loi n'affranchit pas les condamnés du paiement des frais. Ainsi des saisies-arrêts peuvent être pratiquées contre eux. — *Cass.*, 11 mars 1812, Enreg. c. Cazals.

461. — Dans tous les cas, la contrainte par corps exercée pour les frais est indépendante des peines prononcées contre les condamnés. — Art. 37.

462. — La partie civile est tenue toutefois de pourvoir à la consignation d'alimens dans les formes prescrites par l'art. 28. — V. EMPRISONNEMENT.

463. — Le débiteur élargi faute d'alimens pouvait, avant la loi de 1832, être incarcéré de nouveau pour la même dette. — Carnot, C. pén., art. 52, no 4. — Selon M. Coin-Delisle, *Contrainte par corps*, p. 116, no 3, on doit aujourd'hui donner une autre solution, bien que l'art. 41 ne mentionne pas l'art. 31.

464. — La contrainte par corps ne peut évidemment être employée contre les héritiers du condamné. — Carnot, *Inst. crim.*, t. 1er, p. 61, no 28. — Cet auteur indique un arrêt de Cassation du 18 mars 1809, qui ne se trouve dans aucun recueil.

465. — L'administration, agissant dans l'intérêt du trésor, peut invoquer le privilége que réserve l'art. 2098, C. civ., et que règle la loi du 5 sept. 1807.

466. — Quoique la loi du 5 sept. 1807 ne semble s'occuper que du privilége accordé au trésor public sur les biens des condamnés, elle n'en est pas moins applicable aux parties civiles contre lesquelles le recouvrement des frais peut être poursuivi. — Carnot, t. 2, *Inst. crim.*, p. 760, no 24, vo *Privilége*.

467. — La partie civile peut-elle invoquer ce privilége pour le recouvrement des frais dont elle a été tenue de faire l'avance, ou qu'elle a dû payer après un jugement de condamnation, sauf recours contre le condamné? — V. PRIVILÉGE.

468. — L'art. 5 (L. 18 germ. an XI) était ainsi conçu : « Les indemnités accordées à ceux qui auront souffert un dommage résultant d'un délit seront prises sur les biens des condamnés avant les frais adjugés à la république. » — Merlin (*Rép.*, vo *Frais des procès criminels*, no 1er) et M. Duranton (t. 19, no 237) enseignent que cet article a été implicitement abrogé par la disposition de la loi du 5 pluv. an XIII, qui voulait qu'en toute affaire criminelle, les parties civiles fussent personnellement tenues des frais vis-à-vis de l'état. — Aussi, l'art. 54, C. pén., ne donne-t-il qu'aux restitutions et aux dommages et intérêts (sans parler des frais) la préférence sur l'amende et la confiscation. — Mais la loi du 27 avril 1832 a modifié à son tour cette disposition, en abrogeant l'art. 368, Code inst. crimin. et l'art. 157, décr. 1811, du moins en ce qui concerne les affaires soumises au jury. Dans ces affaires, la partie civile n'a-t-elle pas droit au privilége de la loi du 18 germinal an VII? — V. PRIVILÉGE.

469. — Le privilége de l'administration s'exerce sur les meubles et les immeubles du condamné.

470. — Sur les meubles, il est primé, toutefois, 1o par les sommes dues pour la défense personnelle du condamné. En cas de contestation sur le chiffre de ces frais, de la part de l'administration, le tribunal qui a prononcé la condamnation est seul compétent pour en connaître. — L. 5 sept. 1807, art. 2. — V. PRIVILÉGE.

471. — ...2o Par les priviléges désignés aux art. 2101 et 2102, C. civ. — V. PRIVILÉGE.

472. — Sur les biens immeubles du condamné, le privilége n'existe qu'à la charge de s'inscrire dans les deux mois de la prononciation du jugement de condamnation. — Art. 3, même loi. — Ce délai passé sans que l'inscription ait été prise, les droits du trésor ne consistent plus qu'en une simple hypothèque, n'ayant rang que du jour de l'inscription. — V. PRIVILÉGE.

473. — Il ne s'exerce qu'après les autres priviléges et droits suivans : 1o les priviléges désignés en l'art. 2101, C. civ., dans le cas prévu par l'art. 2105, c'est-à-dire à défaut de mobilier; 2o les priviléges désignés en l'art. 2103, pourvu que les conditions prescrites pour leur conservation aient été remplies; 3o les hypothèques légales existantes indépendamment de l'inscription, pourvu toutefois qu'elles soient antérieures au mandat d'arrêt ou au jugement de condamnation; 4o les autres hypothèques, avant le privilége du trésor public, et résultant d'actes qui aient une date certaine antérieure soit au mandat d'arrêt, soit au jugement de condamnation; 5o les sommes dues pour la défense du condamné, ainsi qu'il est dit ci-dessus, art. 4, même loi. — V. PRIVILÉGE.

474. — En aucun cas, les tribunaux criminels ne peuvent connaître, quant aux intérêts civils, de l'exécution de leurs jugemens. — V. EXÉCUTION DE JUGEMENS CRIMINELS.

475. — De ce principe que les frais ne sont pas une peine ni un accessoire de la peine, mais qu'ils sont au contraire une dette civile, il résulte que la prescription de la peine n'entraîne pas celle des frais. — *Cass.*, 23 janv. 1828, Enr. c. Boulard. — Décis. min. just. et fin., 28 août — 6 sept. 1816, et instr. de la régie, p. 748 et 1249, § 13; — Rauter, *Dr. crim.*, t. 2, p. 402, no 748 *bis*, et t. 1er, p. 287, no 179.

476. — Toutefois, un arrêt de Liége, du 17 janv. 1822 (Enregistrement c. N...), a refusé d'admettre cette règle à l'égard de frais dus à l'état. Selon cette cour, l'art. 642, C. inst. crim., ne serait applicable qu'aux condamnations prononcées au profit de la partie civile.

477. — L'amnistie a pour effet, non-seulement de faire tomber l'action pénale, mais encore de rendre le délit comme non avenu. Le condamné est donc libéré des dépens vis-à-vis de l'état; mais non de ceux dus personnellement à la partie civile. — V. AMNISTIE, nos 213 et suiv.

478. — La commutation de peine, au contraire, ne détruit pas la condamnation aux dépens. — V. GRACE ET COMMUTATION.

479. — *Quid*, de la grâce complète. — V. GRACE ET COMMUTATION.

Sect. 6e. — *Frais de poursuites assimilées aux poursuites criminelles.*

480. — Certaines poursuites spéciales, quoique n'ayant pas pour objet la découverte et la répression de délits, sont assimilées aux poursuites criminelles et les frais qu'elles occasionnent sont régis pas les règles posées dans les sections précédentes.

481. — Ainsi, les frais auxquels donnent lieu les interdictions que le ministère public poursuit d'office, dans les cas prévus par l'art. 491. C. civ., sont assimilés aux frais de justice en matière criminelle, et ils sont avancés par l'administration de l'enregistrement. — Décr. 18 juin 1811, art. 117. — V. INTERDICTION.

482. — Si l'interdit est solvable, les frais de la poursuite d'office sont à sa charge, et le recouvrement en est poursuivi sur ses biens, et en cas d'insuffisance sur ceux de ses père et mère, époux et épouse, par l'administration de l'enregistrement, avec privilége et préférence. Ce privilége est réglé par la loi du 5 sept. 1807, art. 19 du décr.

483. — Si l'interdit est insolvable ainsi que ses parens, il n'est passé en taxe que les salaires des huissiers et les indemnités dues aux témoins non parens ni alliés des interdits. — art. 120 du décr.

484. — Cette réduction n'a lieu qu'autant que l'insolvabilité est constatée. Sinon la taxe des frais est faite conformément au tarif. — De Dalmas, p. 327.

485. — Le salaire de l'interprète employé pour l'interrogatoire de l'individu dont le ministère public poursuit d'office l'interdiction est acquitté sur les frais généraux de justice criminelle. — Décis. min. just. 29 juin 1822.

486. — Il en est de même des médecins dont la visite et l'avis ont été jugés nécessaires. — Décis. min. just. 5 mars 1825. — De Dalmas, p. 324.

487. — Du reste le remboursement des frais de poursuite d'office ne peut être exigé de l'individu ni de sa famille, lorsque l'interdiction n'a pas été prononcée. — Inst. gén., 30 sept. 1826.

488. — L'administration de l'enregistrement doit, en général, avancer les frais de poursuites d'office en matière d'interdiction, sans distinction entre le cas de solvabilité ou d'insolvabilité de l'interdit ou de ses parens, sauf recours contre eux. — Instr. gén., 30 sept. 1826.

489. — Sont également assimilés aux frais de justice criminelle : 1° les frais des états et procédures faits sur la poursuite d'office du ministère public dans les cas prévus par le Code civil, et notamment par les art. 50, 53, 81, 184, 491, et 492, et par l'avis du conseil d'état du 12 brum. an XI, relativement à la tenue et à la rectification des actes de l'état civil. — Art. 421 et 422 du décret. — V. ACTES DE L'ÉTAT CIVIL.

490. — Les frais faits sur la poursuite d'office du ministère public, lorsqu'il s'agit de contraventions aux prescriptions de la loi sur la tenue des registres de l'état civil sont à la charge des officiers de l'état civil.

491. — 2° Les frais que nécessitent les poursuites d'office du ministère public, en exécution de la loi du 25 vent. an XI, sur le notariat, et généralement les frais faits dans tous les cas où le ministère public agit dans l'intérêt de la loi et pour assurer son exécution. — Art. 122 du décret. — V. NOTAIRE.

492. — 3° Les frais faits par le ministère public pour obtenir d'office la rectification des actes de l'état-civil, lorsque cette rectification intéresse des individus dans un état d'indigence constatée. — V. ACTES DE L'ÉTAT CIVIL, nos 318 et suiv.

493. — 4° Les frais de déplacement et de transport des registres, minutes et autres papiers d'un greffe. — Art. 429 du décret.

494. — Les art. 430 et 431 règlent le mode de paiement de ces frais.

FRAIS DE DERNIÈRE MALADIE.

V. FAILLITE, PRIVILÉGE, USUFRUIT LÉGAL.

FRAIS FRUSTRATOIRES OU NULS.

Table alphabétique.

FRAIS FRUSTRATOIRES (de *frustrà*, en vain)— 1. Se dit d'un acte ou même d'une instance qui ne sont ni prescrits ni autorisés par la loi et qui n'offrent aucune utilité.

2. — Il ne faut pas confondre les frais nuls avec les frais frustratoires.

3. — On appelle frais nuls les actes parfaitement licites, mais à propos desquels certaines formalités prescrites par la loi n'ont pas été observées.

4. — Des frais ne peuvent être considérés et tenus pour nuls ou frustratoires que lorsqu'ils ont été déclarés tels par les tribunaux. — Poitiers, 2 fév. 1825, Bernard c. Demastre ; — Chauveau sur Carré, quest. 3335e bis, § 3.

5. — Le juge taxateur n'a pas qualité pour déclarer que des frais sont nuls ou frustratoires. — V. FRAIS ET DÉPENS (Mat. civ.).

6. — *Diverses espèces d'actes frustratoires.* — Il y a plusieurs manières de faire des frais frustratoires. M. Boucher d'Argis (*Nouv. dict. raisonné de la taxe*, p. 178) cite divers cas de frais frustratoires, par exemple : 1° Lorsqu'on appelle dans une instance un tiers qui n'a aucune espèce d'intérêt à la contestation, ainsi : la caution offerte sur la contestation élevée contre la solvabilité des experts ou des témoins, sur la validité des reproches élevés contre eux, un dépositaire sur la question de propriété de dépôt ; le tiers saisi sur la demande en validité d'opposition formée contre la partie saisie ; le conservateur des hypothèques sur la demande en main-levée de l'inscription formée contre le créancier ; le notaire sur la demande en compulsoire, etc.

7. — 2° Lorsque l'on forme par actions séparées, sauf à les faire joindre plus tard, des demandes qui n'étant que la défense à l'action principale pouvaient et devaient être formées par des conclusions reconventionnelles, ainsi : lorsque, sur une demande en validité d'opposition ou de saisie, ou à fin d'exécution d'une obligation, on introduit une instance séparée pour demander la nullité du titre qui sert de fondement aux poursuites, au lieu de conclure reconventionnellement à la main levée, en se fondant sur la nullité du titre, ou bien, lorsque sur une demande en paiement d'une somme déterminée, on assigne le demandeur en paiement d'une autre somme, au lieu d'opposer reconventionnellement l'exception de compensation, sauf le cas où cette somme ne serait pas liquide.

8. — 3° Lorsque l'on forme par action principale des demandes que la loi pour éviter les frais de deux procès, commande de former par requête incidente. — V. art. 443, 475, 845, 856, C. procéd. civ.

9. — 4° Lorsque, dans une procédure, même légale, on fait des actes que ne commandait pas l'espèce particulière de la cause, ainsi : lorsqu'on signifie dans une cause sommaire une requête au lieu d'un simple acte de conclusions.

10. — Peuvent, d'après ce principe, être déclarés frustratoires des frais résultant des copies de pièces données en tête d'un exploit d'ajournement lorsque l'intérêt du procès est minime, et que l'on peut se borner à notifier un extrait de ces pièces ; il en est de même des frais de levée et de signification d'un jugement obtenu contre des débiteurs, alors que l'on était prévenu de déférer aux condamnations prononcées contre eux, que d'ailleurs ses clients l'avaient engagé à suspendre toute exécution de commandemens devenus inutiles par les bonnes dispositions bien connues des débiteurs ; et la rédaction des qualités où se trouvent des répétitions de noms et de détails inutiles. — Cass., 26 déc. 1837 (t. 1er 1838, p. 482), Calland c. Delannay.

11. — Ainsi il a encore été jugé que des qualités de jugemens devenues définitives entre les parties, quant aux points de fait et de droit, après règlement par expiration du délai de l'opposition, peuvent être réduites par le juge taxateur, si elles sont trop étendues. — Même arrêt.

12. — Lorsque l'on fait occasionnellement dans les qualités d'un jugement des motifs de conclusions prises par les parties devenues, comme frais frustratoires, être mis à la charge de l'avoué qui a dressé ces qualités. — Nancy, 16 août 1831, Blocq c. Bataille.

13. — Si le demandeur signifie des copies trop courtes ou incomplètes, les suppléments de copies ou les nouvelles copies qu'il est tenu de signifier plus tard n'entrent pas en taxe. — Art. 60, Tarif. — Mais ce ne sont pas là des frais frustratoires. Au contraire, si les copies sont trop multipliées ou trop longues, le juge doit retrancher de la taxe comme écritures frustratoires tout ce qui est inutile. — V. COPIE DE PIÈCES (Mat. civ.), nos 9 et suiv.

14. — Sont considérés comme frais frustratoires les frais de signification des plaidoyers imprimés. — Quand une partie dans l'intérêt de la cause croit devoir faire imprimer des plaidoyers, soit par extrait, soit en entier, elle doit en distribuer un exemplaire à la partie adverse et non le lui signifier. — Bordeaux, 29 avr. 1828, B. c. Gaumont.

15. — Les frais d'une demande en compulsoire, lorsque le titre dont la copie est représentée est étranger à l'objet litigieux. — Rennes, 27 juill. 1809, N...; — Carré, quest. 2579e; Demiau, p. 525.

16. — 5° Lorsque l'on fait, par actes séparés, ce que l'on aurait dû faire par le même acte. Mais M. Boucher d'Argis nous semble aller beaucoup trop loin, quand il pose ce principe qu'une constitution d'avoué, une sommation de communiquer, un avenir. doivent être signifiés par le même acte. Cette pratique serait dangereuse et presque toujours impossible.

17. — Au surplus, un acte n'est pas frustratoire par cela seul qu'il n'est pas prévu par le tarif ou par le Code.

18. — Certaines procédures non prévues par le législateur doivent, en effet, entrer en taxe, tels par exemple : l'assignation en jugement commun, la mise en cause des propriétaires non contigus dans une action en bornage. — Bioche, vo Frais frustratoires, no 8.

19. — ... 6° Lorsque l'on signifie les requêtes de défenses à des parties contre lesquelles on ne prend aucunes conclusions.

20. — ... 7° Lorsque l'on fait signifier le même acte tout à la fois au domicile réel et au domicile élu, bien que les parties aient déclaré dans un acte extra-judiciaire qu'elles entendaient recevoir au domicile par elles élu toutes les significations à faire dans le cours du procès. — Rouen, 11 fév. 1839 (t. 1er 1841, p. 292, Roy c. Thierry.

21. — Ou lorsqu'on fait autant de significations qu'il y a de parties en cause quand ces parties se sont réunies pour n'faire qu'un seul domicile et ont déclaré qu'elles voulaient que la signification leur fût faite à leur seule copie. — Même arrêt ; — Cass., 2 fév. 1826, Martine. Adeline ; Bordeaux, 29 août 1828, Donès c. Salics.

22. — A moins que l'une des parties ne soit n'ait changé d'état. — Bordeaux, supra no 21.

23. — Seraient encore frustratoires les frais d'un avoué qui serait ostensiblement un sous le nom d'un de plusieurs confrères autant de procédures séparées qu'il y a de parties défenderesses, bien que ces parties n'eussent qu'un seul et même intérêt. — Boucher d'Argis, no 179.

24. — C'est une question assez délicate que celle de savoir quand un avoué est tenu d'occuper collectivement pour plusieurs de la même, quand il peut diviser sa procédure et établir autant de dossiers qu'il a de cliens. Pour la résoudre, il faut distinguer : ou les parties n'ont qu'un seul et même intérêt et ne prennent que les mêmes conclusions, par exemple lorsqu'un avoué est chargé d'occuper pour plusieurs cohéritiers ou cobligés solidaires, pour les syndics d'une faillite ou dans être opposés, leurs intérêts sont entièrement distincts, par exemple lorsque l'avoué occupe pour plusieurs tiers saisis ou lorsqu'il produit dans un ordre ou une contribution pour plusieurs créanciers ayant des intérêts différens. Dans le premier cas, l'avoué ne peut diviser sa procédure ; dans le second, il peut au contraire la diviser. — Amiens, 24 avril 1825, Choquet c. Terrie ; Nancy, 6 janv. 1843 (t. 2 1843, p. 78), Hadolles c. Col. — Boucher d'Argis, no 178, note a.

25. — En tous cas, sont inutiles et sans objet les significations de conclusions faites par plusieurs copies à un avoué représentant plusieurs parties ayant le même intérêt. Il en est autrement des significations de jugement. — 27 juill. 1842 (t. 2 1842, p. 624), Rang c. Gaillard.

26. — Jugé que les actes notifiés postérieurement aux conclusions du ministère public doivent être rejetés de la taxe comme frustratoires. — Rennes, 6 janv. 1844 (t. 1er 1844, p. 409), Crespel-Delatouche c. domaine privé.

27. — Est également frustratoire l'action dirigée, pour la saisie seulement, sur les immeubles d'une femme, au nom du mari, pendant que la communauté existe encore. — Paris, 1er août 1820, Mursande c. Mornot ; — Pothier, Traité du mandat, nos 131 et 132 ; Carré, quest. 8101.

28. — ... 2° La poursuite dirigée contre un tiers détenteur après notification du délaissement. — Grenier, no 329.

29. — Mais n'est pas frustratoire l'action en paiement d'une somme formée en vertu d'une reconnaissance, alors que, depuis déjà porteur d'un jugement qui a reconnu la dette, si le jugement est frappé de prescription. — Bordeaux, 24 août 1821, Dupuy c. Puthod.

30. — Au surplus la loi ne définissant pas le mot frustratoires laisse par cela même aux lumières et à la conscience des juges le soin d'en déterminer la portée et l'application. — Cass., 19 août 1825, Vasi c. Luc-Tripier.

31. — Dès-lors un arrêt a pu déclarer tels et par suite mettre à la charge de l'avoué les frais

résultant dans une instance en partage de l'établissement d'autant de dossiers qu'il y avait de souches copartageantes, par ce motif qu'un seul dossier aurait suffi pour tous les cliens de cet avoué. — Même arrêt.

52. — *Actes nuls.* — Nous n'examinerons pas ici les causes de nullité des divers actes de procédure. Ces causes sont indiquées notamment v° APPEL, CASSATION, EXPLOIT, ENQUÊTE, JUGEMENT, tc.

53. — Nous rappellerons toutefois qu'en principe, pour que la responsabilité de l'officier ministériel soit engagée, il faut que la nullité ou le vice de l'acte ou de la procédure provienne bien de son fait.

54. — En conséquence si les nullités résultent des fausses désignations que, sur des renseignemens inexats du client, l'huissier a insérées dans l'exploit, sa responsabilité est à couvert.

55. — Il en est autrement lorsqu'il y a au contraire omission d'une des formalités prescrites par la loi soit dans la rédaction, soit dans la teneur de l'exploit. — V. HUISSIER.

56. — Jugé, par exemple, que l'huissier qui a commis dans la copie notifiée de la liste des jurés des erreurs assez graves pour entraîner la nullité de cette notification est condamné par la cour de Cassation aux frais de la procédure à recommencer. — *Cass.*, 18 juin 1823, Valoteau; 26 déc. 1823, Bracq; — V. HUISSIER.

57. — *Conséquences des actes frustratoires.* — L'art. 1031, C. procéd. civ., dispose que les procédures et les actes nuls ou frustratoires et les actes qui auront donné lieu à une amende, seront à la charge des officiers ministériels qui les auront faits, lesquels, suivant les circonstances, seront en outre passibles de dommages-intérêts envers la partie et pourront même être suspendus de leurs fonctions.

58. — Cet article offre aux plaideurs une garantie que ne leur procurerait pas toujours la ressource extrême du désaveu.

59. — L'art. 71, C. procéd. civ., dispose encore que si un acte est déclaré nul par le fait de l'huissier, ce dernier pourra être condamné aux frais de l'exploit et de la procédure annulée, sans préjudice des dommages-intérêts de la partie, suivant les circonstances.

40. — Quels sont les officiers de justice que la loi indique par la dénomination générique *officiers ministériels?* Ce sont les avoués, les huissiers, les greffiers. — *Carré, Compétence*, t. 2, p. 800; Souquel, *Dict. des temps légaux*, v° *Greffier*, 243e tableau, n° 4. de collect., n° 6.

41. — A l'avoué appartient la responsabilité de ce qui tient à la procédure, à l'huissier la responsabilité de ce qui concerne taxativement l'exploit ou l'exécution des jugemens. — Chauveau, quest. 3395 bis, § 4. — V. au surplus AVOUÉ ET HUISSIER, n°s 868 et suiv.

42. — L'huissier n'est pas tenu des frais occasionnés par un acte inutile à la cause; car son ministère est forcé, et son officier n'est pas le maître de refuser de faire un exploit, une signification. — Chauveau, quest. 377 bis.

43. — Au surplus, l'avoué et l'huissier sont responsables du fait de leurs clercs. — V. AVOUÉ, n°s 375 et 876, et HUISSIER.

44. — La première disposition ci-dessus citée des art. 1031 et 71, procéd. civ., est absolue. — Carré et Chauveau, quest. 3395 bis, §§ 4 et 37; Boncenne, t. 2, p. 241; Boitard, t. 1er, p. 807. — V. aussi Pigeau, *Comment.*, t. 1er, p. 200.

45. — Cependant, l'équité permet certains tempéramens; ainsi, il a été jugé qu'il n'y a lieu de condamner aux dépens d'une procédure ou d'un acte nuls un officier ministériel : 1° Lorsque la jurisprudence et les auteurs sont partagés sur la question de nullité. — Toulouse, 10 juin 1825, Becane c. V...;

46. — ...2° Lorsque la partie a assumé sur elle la responsabilité de l'acte ou de la procédure annulés. — Montpellier, 24 juin 1826, Debosoque c. Pech-Marty.

47. — ...3° Lorsque l'acte annulé a été réclamé par la partie elle-même. — *Caen*, 27 mars 1813, Dupont c. Asselin.

48. — Ces décisions ont été rendues à l'occasion de frais d'actes nuls; mais elles pourraient s'appliquer également aux frais frustratoires.

49. — En ce qui concerne les dommages-intérêts, les art. 1031 et 71 se servent d'expressions facultatives. — Chauveau sur Carré, *ibid.*

50. — La raison en est facile à comprendre, ajoute M. Chauveau; ce n'est pas la négligence, l'impéritie, le dol même qu'il faut considérer en ce cas; c'est uniquement le préjudice causé à la partie plaignante. — *Rennes*, 9 déc. 1817, Desbrouck c. Vrignaud; 24 juill. 1810, Souffrez c. L...; *Cass.*,

18 avr. 1827, Cautèle c. Larigaudère. — V. AVOUÉ, n°s 877 et suiv., et HUISSIER.

51. — Le préjudice doit dériver immédiatement de l'acte même, et être certain et appréciable. — Chauveau sur Carré, quest. 3696.

52. — L'officier ministériel est responsable non seulement envers sa partie, mais encore envers les personnes que celle-ci a subrogées à ses droits. — *Cass.*, 9 mars 1831 (t. 1er 1837, p. 180), Legrip c. Slattier.

53. — La partie adverse est même recevable à l'actionner directement, afin de dommages-intérêts. — Chauveau sur Carré, quest. 3898.

54. — Une cour a le droit, en réformant un jugement qui déclare des frais non frustratoires, de condamner l'avoué qui est en cause à des peines disciplinaires sans que celui-ci soit fondé à se plaindre du défaut des deux degrés de juridiction. — *Cass.*, 19 août 1835, Vast c. Luc Tripier. — V. aussi *Cass.*, 7 mars 1831, Vast. c. Bocquet.

55. — Mais il y a excès de pouvoir lorsque les juges, sous le prétexte que les frais d'une vente sont trop considérables, condamnent l'avoué par le ministère duquel ils ont été faits à rembourser le prix des objets vendus. — *Bourges*, 15 fév. 1815, Godillot c. Bonquerot.

56. — Les frais de poursuites déclarés nuls ou frustratoires ne peuvent être répétés par l'officier ministériel qui les a faits contre les cliens qui l'avaient chargé de diriger les poursuites, à titre de remboursement d'avances faites en exécution de son mandat. — *Cass.*, 26 déc. 1837 (t. 1er 1838, p. 483), Cullaud c. Delaunay. — V. AVOUÉ, n°s 597, 598, et HUISSIER.

57. — Jugé que, dans le cas des art. 1031 et 71, C. procéd., l'avoué et l'huissier peuvent être condamnés aux dépens sans qu'il soit nécessaire de les appeler pour se défendre. — *Rennes*, 11 avr. 1835, Thierré c. Doceul. — V. conf. Carré, quest. 3396.

58. — ...Sauf à l'officier ministériel à se pourvoir, par la voie de la tierce-opposition, contre le jugement. — Même arrêt.

59. — M. Chauveau (quest. 3396) pense, au contraire, que lorsqu'une partie est seule en cause, c'est contre elle que doit être prononcée l'annulation, sauf son recours contre qui de droit, recours qu'elle peut exercer immédiatement, et avant que le jugement n'intervienne, si elle se trouve en première instance, et par action récursoire si elle plaide en appel ou en cassation. — *Cass.*, 7 août 1822, Galland; 20 fév. 1823, Drault; 25 nov. 1823, L...

60. — Quant à la condamnation de l'officier ministériel à des dommages-intérêts, il est incontestable que l'officier ministériel doit être mis en cause. — Carré sur Chauveau. — *Ibid.*

61. — La partie à la requête de laquelle se font des exploits ou actes de procédure est responsable, sauf son recours, des fautes que commet l'officier ministériel qu'elle a faits. — *Bruxelles*, 2 juin 1806, N... c. Marie Bourgogne; *Colmar*, 20 août 1808, Schwins c. Helos; — Chauveau sur Carré, quest. 3397.

FRAIS FUNÉRAIRES.
V. FAILLITE, PRIVILÉGE, USUFRUIT LÉGAL.

FRAIS DE GARDE.
V. DÉPÔT, GARDIEN, SAISIE EXÉCUTOIRE, SCELLÉS.

FRAIS DE JUSTICE.
V. FAILLITE, FRAIS ET DÉPENS, PRIVILÉGE.

FRAIS DE MISE A EXÉCUTION.
Ce sont les frais faits pour l'exécution des actes ou des jugemens. — V. EXÉCUTION DES ACTES ET JUGEMENS, n° 672; FRAIS ET DÉPENS (matière civile), FRAIS ET DÉPENS (matière criminelle).

FRAIS PRÉJUDICIAUX.
(*Præ judicium*). 1. — On appelait ainsi, dans l'ancien droit, les frais de défaut que l'on devait acquitter avant d'être admis à se pourvoir contre les jugemens par défaut.

2. — Sous l'empire des anciennes ordonnances, les défaillans n'étaient pas admis à revenir par opposition à un jugement qui les avait condamnés faute de comparoir, s'ils ne se soumettaient à payer, sans espoir de répétition, les frais

de ce jugement. — Jousse sur l'art. 3, tit. 35, ord. de 4667. — V. aussi JUGEMENT PAR DÉFAUT.

3. — Cela s'appelait *refonder les dépens et frais préjudiciaux*, c'était, disait-on, la peine de la contumace, parce que la *morosité* du défendeur ayant donné lieu au défaut, il ne pouvait faire refrancher le droit acquis au demandeur qu'à la condition de supporter les dépens *frustrés*. — V. Rodier, p. 73 et 74; Boncenne, t. 3, p. 428 et 429.

4. — La législation moderne n'a pas admis une pareille disposition.

5. — Toutefois, rien ne s'oppose à ce que les juges, en matière civile, tout en admettant l'opposition et en donnant gain de cause à l'opposant, ne mettent à sa charge les frais occasionnés par le défaut. — V. JUGEMENT PAR DÉFAUT et FRAIS ET DÉPENS (matière civ.).

6. — En matière criminelle même, les frais de contumace sont toujours à la charge de l'accusé. — V. CONTUMACE, art. 478 C. instr. crim.; FRAIS ET DÉPENS, (matière criminelle).

7. — En matière correctionnelle, l'art. 187 C. instr. crim. met encore à la charge de la partie défaillante les frais de l'expédition, de la signification du jugement par défaut, et de l'opposition. — V. EXPERTISE.

8. — L'art. 230 du C. de proc. c., tit. 14, du faux incident civil, dispose que faute par le défendeur de remettre la pièce arguée de faux au greffe et dresser l'acte de dépôt conformément à l'art. 219, le demandeur pourra demander qu'il lui soit permis de faire remettre ladite pièce au greffe, à ses frais, ce dont il sera remboursé par le défendeur comme de frais préjudiciaux sur exécutoire. — V. FAUX INCIDENT CIVIL.

9. — Ce mot de *frais préjudicaux* ne se retrouve peut-être plus dans l'art. 220 C. procéd. civ., encore n'a-t-il pas la signification d'autrefois.

10. — On peut considérer comme frais préjudiciaux les frais qu'une partie est obligée de payer à un expert qui requiert exécutoire avant la décision de l'affaire. — V. EXPERTISE.

11. — ...De même que les frais de témoin d'une enquête. — V. ENQUÊTE.

12. — ...Et ceux de descente sur les lieux. — V. DESCENTE SUR LES LIEUX, n° 64.

FRANC.
C'est l'unité du système monétaire. V. MONNAIE.

FRANC-ALLEU.

Table alphabétique.

FRANC-ALLEU.— 1.— On entendait par cette expression, ou simplement par le mot *alleu*, un immeuble qui ne relevait d'aucun seigneur, ni en fief, ni en censive, et qui était exempt de tout lien féodal.—Nouveau Denisart, *Collect. de jurisp.*, v° *Franc-Alleu*. — V. conf. Henrion de Pansey, *Analyse du traité des fiefs* de Dumoulin, p. 686.

2.— Dans une acception plus absolue, le franc-alleu était, à proprement parler, un héritage complètement indépendant, et, en ce sens, il n'y avait de franc-alleu que les véritables souverainetés, ainsi que l'a remarqué Dumoulin, sur la coutume de Paris, § 1er, gl. 1re.—Merlin, *Rép.*, v° *Franc-Alleu*.—Ce n'est point dans cette acception que nous prenons ici le franc-alleu.

3.— Le mot *alleu* n'a été en usage que sous le régime seigneurial pleinement constitué. Plus anciennement l'on se servait de l'expression *alod*, *alode* ou *allodium* (racine, *loos*, lot, *lozzun*, lotir), laquelle signifiait la part ou portion allouée dans un partage. Les terres concédées à titre de part dans la conquête étaient exemptes du cens, comme possession de militaires et ensuite parce que l'affranchissement du cens était la condition propre de toute concession de terres fiscales. — V. Championnière, *De la propriété des eaux courantes*, etc., nos 1635.— V. aussi Guizot, *Essai sur l'hist. de France*; Lehuérou], *Institutions mérovingiennes*, p. 355.

4.— L'origine et le sens primitif du mot *alleu* ont, du reste, donné lieu à des conjectures qu'expose longuement Merlin (*Rép.*, v° *Alleu*), mais qu'il serait inutile de reproduire. De toutes ces conjectures, celle émise par Caseneuve (*Tr. du franc-alleu*, liv. 1er, chap. 9; *Origines françaises*, v° *Alleu*), est à peu près conforme à l'explication à laquelle nous avons cru devoir nous arrêter.— V. aussi Dominicy, *De prærog. allod.*, cap. 5, art. 12.

5.— Les textes de nos principales coutumes confirment et expliquent la définition que nous avons donnée du franc-alleu : « Franc-alleu, porte l'art. 255, de la coutume d'Orléans, est héritage tellement franc qu'il n'est tenu d'aucun seigneur foncier, et ne doit saisine ni dessaisine, ni autre servitude que ce soit. » — La coutume de Normandie, art. 102 : » Les terres de franc-alleu sont celles qui ne reconnaissent supérieur en féodalité, et ne sont sujettes à payer aucuns droits seigneuriaux. » — Meaux, art. 190 : Franc-alleu est de telle nature qu'il ne doit service, censive, relief, hommage, ni quelque redevance que ce soit.»— Enfin, la coutume de Melun, art. 105 : « Franc-alleu ne doit vest ni devest, censive, ni foi, ni hommage. »

6.—Dans ces articles, la franchise de l'alleu est considérée sous deux rapports : sous celui du lien féodal, ce qu'exprime l'affranchissement de la foi, de l'hommage, du relief, de la féodalité; sous celui de redevances justicières, que désignent les mots vest, devest, censive, servitude, droits seigneuriaux.— Championnière, n° 164.

7.— Pour qu'un héritage fût tenu en franc-alleu, il suffisait, du reste, qu'il ne fût dans la mouvance d'aucun seigneur, qu'il ne fût chargé d'aucun droit de cens, de directe, et que celui qui le possédait en eût tout à la fois la propriété utile et domaniale. Une hypothèque, une simple rente, même perpétuelle, dont il pouvait être grevé, ne détruisait pas l'allodialité, qui consistait seulement à ne pas reconnaître de seigneur. C'est ce qu'a remarqué Dumoulin, sur la coutume de Paris, § 68, n° 2. — V. conf. Pothier, sur l'art. 255, coutume d'Orléans, notes 2 et 5; Henrion de Pansey, *loc. cit.*; Merlin, *Rép.*, v° *Franc-Alleu*, § 1er.

8.— Toutefois, il est certain, comme le remarque Hévin (*Quest. féodales*, p. 228) : « Qu'encore que les alleux ne fussent pas tenus en fiefs ni sujets à la foi et hommage, ils étaient pourtant sujets à la justice et juridiction du seigneur dans laquelle ils étaient retirés; c'est la doctrine de tous les auteurs. —Galland, *Tr. du franc-alleu*, chap. 1er; Brodeau sur Paris, art. 68; coutumes d'Orléans, du Maine et d'Anjou; Dumoulin, § 1er, gl. 5e, n° 53, etc. » — V. aussi Merlin, *loc. cit.*, § 2; Henrion de Pansey, *ubi suprà*, p. 686.

9.— Quelle était en Hainaut avant l'abolition du régime féodal la condition des propriétaires de francs-alleux, par rapport au droit d'exploiter les mines de charbon existant sous leurs terrains? — V. MINES.

10.— On distinguait, sous le régime seigneurial, deux classes d'alleux : l'alleu noble et l'alleu roturier.

11.—Dumoulin (sur la coutume de Paris, gl. 1re, n° 3) définissait le premier en ces termes : « *Allaudium nobile est cui cohæret jurisdictio, vel a quo dependent feuda vel censualia prædia.* »

12.—Ainsi, une justice ou des fiefs, ou des censives attachés à un franc-alleu, lui donnaient la qualité de noble; sans l'une de ces pérogatives, ce n'était qu'un simple héritage qui n'avait rien de commun avec les tenures féodales.—Henrion de Pansey, *loc. cit.* — V. conf. nouveau Denisart, § 2, nos 1 et suiv.; Championnière, n° 165; Merlin, *loc. cit.*, § 2.

13.— Il paraît même résulter du texte des art. 29, cout. de Vitry, et 52, cout. de Troyes que, sous l'empire de ces coutumes, pour qu'un alleu fût réputé noble, il ne suffisait pas qu'une justice moyenne ou basse y eût été attachée, mais qu'il fallait l'annexion d'une *haute justice*. — Nouveau Denisart, *loc. cit.*, n° 5.

14.— Comme le fait justement observer Merlin (*loc. cit.*), il y avait cette différence entre les censives et fiefs dépendant du franc-alleu noble, et la justice haute, moyenne et basse qui y était annexée, à savoir que les censives et les fiefs étaient allodiaux à l'égard de celui qui possédait le franc-alleu, et que la justice, quoiqu'elle fût unie et annexée au franc-alleu, n'en faisait pas partie, et n'était point allodiale, mais dépendait et était tenue du roi ou d'un seigneur supérieur qui avait droit de ressort.— V. conf. nouveau Denisart, *ubi suprà*, n° 3; Henrion de Pansey, *loc. cit.*

15.—Pour jouir de la nobilité, il n'était pas nécessaire que le possesseur de l'alleu eût actuellement des fiefs et des censives dépendant de son domaine; mais il fallait au moins qu'il eût le pouvoir de s'en procurer par des inféodations et des accensemens. — Nouveau Denisart, *loc. cit.*, § 2, n° 1er.

16.— Au surplus, le franc-alleu, qui n'avait point de justice, quoique noble parce qu'il avait fief ou censive, était sujet à la juridiction du lieu de la situation, attendu que le franc-alleu n'avait rien de commun avec la juridiction.—Merlin, *loc. cit.*, § 2.

17.— Mais les possesseurs d'un franc-alleu noble n'étaient point sujets à la convocation du ban et de l'arrière-ban, à raison de leur possession.— Arr. du parlement de Dijon, 18 fév. 1577, rapporté par le président Bouhier, chap. 49, n° 30.— Nouveau Denisart, *loc. cit.*, § 1er, n° 1er.

18.—Le seigneur suzerain conservant toujours son domaine direct sur l'arrière-fief, et son vassal immédiat ne pouvant l'en priver malgré lui, il paraît incontestable que le possesseur d'un fief qui avait sous lui un arrière-fief, n'aurait pas été en droit de le convertir en alleu noble sans le consentement de son seigneur dominant.—V. Merlin, *loc. cit.*

19.— Le franc-alleu roturier était celui qui ne comportait ni justice ni fief. « *Allaudium paganicum*, dit Dumoulin (*loc. cit.*), *est nudum prædium allaudiale, cui neque jurisdictio inest, neque ab eo movetur feudum, vel census.* » — V. conf. Henrion de Pansey, *loc. cit.*; Merlin, *ibid.*

20.— Les francs-alleux roturiers ne pouvaient être accensés, et ne comportaient que les baux emphytéotiques. Toutefois, dans plusieurs provinces de droit écrit, on s'était persuadé qu'il n'était pas nécessaire de posséder un domaine noble pour l'accenser. — V., pour les détails, nouveau Denisart, *loc. cit.*, § 3, nos 1 et suiv.

21.— Brodeau (sur l'art. 68 de la nouvelle coutume de Paris) a prétendu que cette distinction entre l'alleu noble et l'alleu roturier était inconnue dans la coutume de Paris avant 1510, époque de la première rédaction de cette coutume. Mais il faudrait admettre, pour que cette opinion fût fondée, que, lors de la rédaction de la coutume de Paris, il se serait opéré tout-à-coup un changement radical dans les droits attachés à la propriété des alleux; or, cela est complètement invraisemblable. — V. pour les détails Nouveau-Denisart, *loc. cit.*, § 1er, n° 5, et v° FIEF, § 6 (t. 8, p. 597).

22.— D'autres coutumes que celle de Paris établissaient aussi la distinction entre le franc-alleu noble et le franc-alleu roturier; telles étaient, par exemple, les coutumes de Troyes (art. 52) et de Vitry (art. 19), rédigées toutes en 1509. Les auteurs du *Nouveau-Denisart* (v° *Franc-alleu*, § 1er, n° 5), rapportent les termes mêmes de ces coutumes, et font avec raison remonter la distinction précitée des francs-alleux à des temps beaucoup plus anciens que ceux de la première rédaction de la coutume de Paris.

23.— Suivant M. Championnière (*De la propriété des eaux courantes*, etc., n° 165), cette distinction a existé dès l'époque de la constitution primitive des alleux.

24.— Sous les deux premières races, les alleux nobles étaient ceux dans lesquels la concession avait compris les droits de justice; ils étaient nobles encore lorsque le propriétaire, militaire de profession, avait constitué des terres en séniorat, et les avait données soit en fief, soit en censive; quant à la qualification de noble, elle ne leur fut appliquée que lorsque la noblesse se fut constituée. — Championnière, n° 165.

25.— L'alleu roturier a eu plusieurs origines; la première a consisté dans l'affranchissement particulier accordé soit par le roi, soit par un seigneur justicier, soit par un seigneur féodal, de toute redevance ou obligation dérivant de la justice ou du fief; c'étaient les alleux de concession dont Beaumanoir a tracé les règles au chapitre 45 de ses coutumes de Beauvoisis. — Championnière, n° 166.

26.— La seconde origine de l'alleu roturier se rattachait au partage des terres qui eut lieu entre les Romains et les Barbares, et par suite duquel les premiers, pour s'affranchir du droit dérivant de l'*hospitalitas*, avaient abandonné aux vainqueurs une portion de leurs propriétés territoriales; moyennant cette attribution, la portion conservée par les Romains, dans laquelle on reconnaît l'alleu roturier, avait été, en effet, dégrevée du tribut foncier et des obligations du *census publicus*, tout en demeurant d'ailleurs soumises au service militaire, aux règles générales de la police, aux jugemens ordinaires et aux amendes qui en étaient la suite. — V. pour les détails Championnière, nos 167 et 169.

27.— Les feudistes ont enfin remarqué que les provinces jouissant du *jus italicum* étaient affranchies du cens, et que le maintien de la loi romaine ayant été presque partout la condition de l'établissement des barbares, les provinces jouissant du *jus italicum* ont dû être des terres d'alleux, et, en effet, en général, elles ont eu ce caractère. — V. Henrion de Pansey, *Dissertations féodales*, v° *Alleu*, § 16; Benedicty, décis. 5, n° 500; Dominicy, *De prærogativis allodiorum*, cap. 2, nos 3 et suiv.; Salvaing, *De l'usage des fiefs*, chap. 52. — V. aussi Giraud, *Sur la propriété foncière*, p. 302, et Championnière, *loc. cit.*, n° 168.

28.— Les terres de franc-alleu n'en ayant pas moins continué d'être soumises à la domination du seigneur justicier, l'on vit bientôt les possesseurs des petits alleux, poussés à bout par les abus et les excès de cette domination, chercher un refuge dans l'association féodale. L'assujétissement féodal ne fut pourtant que la ressource extrême de l'alleutier; il se soumit à des conditions moins dures là où il put obtenir l'appui dont il avait besoin à un prix moins élevé que l'abandon du domaine direct de ses possessions et son engagement dans la vassalité. — Championnière, nos 169 et suiv.

29.— La question de savoir si le franc-alleu formait le droit commun, en sorte qu'on dût regarder comme allodiales toutes les coutumes qui n'avaient point de dispositions formelles sur ce point, a été l'objet de vives controverses dans l'ancienne jurisprudence.

30.— Un grand nombre de jurisconsultes soutenaient que, de droit commun, tous les héritages devaient être présumés censuels ou féodaux jusqu'à preuve du contraire.— V. dans ce sens Faber, sur la *L. cunctos populos*, et sur la L. 1re, *Cod. de jure emphiteutico*; Boërius, *Décis. du parlem. de Bordeaux*, décis. 229, 231 et 263; Maynard, liv. 4, chap. 35; Graverol, sur Larocheflavin, *Tr. des dr. seign.*, chap. 1er, art. 1er; Despeisses, *Tr. des dr. seigneur.*, tit. 2, n° 2; Socin, conseil 86, liv. 1er; Bacquet, *Tr. des francs-fiefs*, chap. 2, nos 23 et suiv.; Coquille, sur la coutume du Nivernais, chap. 7, art. 1er; Basnage, sur l'art. 101, Cout. de Normandie; Boucheul, sur l'art. 52, Cout. de Poitou, n° 26; Pocquet de Livonnière, sur l'art. 190, Cout. d'Anjou, v° *Franc-alleu*; Louet, lettre *C*, § 21; Auzanet, sur l'art. 124, coutume de Paris; Duplessis, *Tr. du franc-alleu*, chap. 2; Lalande, sur l'art. 255, coutume d'Orléans; Argou, *Inst. du dr. franç.*, liv. 2, chap. 3. — V. pour les détails Merlin, *loc. cit.*, § 3.

31.— Le président de Lamoignon disait également que « ès pays de coutumes, le franc-alleu

n'a point lieu s'il n'y a titre ou reconnaissance, ou autre acte fait avec le seigneur. » — V. ses *Arrêtés*, chap. *Du franc-alleu.*

32. — Quant aux auteurs qui tenaient pour l'allodialité, c'est-à-dire qui pensaient qu'elle formait le droit commun, et que, par conséquent, il peut y avoir des francs-alleux sans titre, ils étaient aussi en grand nombre ; on les trouve réunis dans le *Traité du franc-alleu* de Caseneuve, et leur sentiment paraît avoir été adopté par Henrion de Pansey (*Tr. des fiefs*, tit. 15, p. 688 et suiv.).

33. — Les pays dans lesquels cette dernière doctrine avait prévalu s'appelaient allodiaux. Il n'y avait pas en France de coutume plus énergique pour le franc-alleu que celle de Troyes, dont l'art. 51 portait : « Tout héritage est franc et réputé franc-alleu, qui ne le montre être serf et redevable d'aucune charge, posé qu'il soit assis en justice d'autrui, et qu'il n'en ait titre. »

34. — En présence d'un texte aussi précis, la jurisprudence ne pouvait hésiter à déclarer les héritages de la coutume de Troyes francs et allodiaux de leur nature, et c'est, en effet, ce qui a été jugé par plusieurs arrêts anciens, et notamment par des arrêts du conseil des 6 sept. 1658, 8 janv. 1689, et 6 fév. 1694. — V. pour les détails Merlin, *loc. cit.*, § 4.

35. — Les coutumes de Chaumont en Bassigny (art. 62), de Châlons (art. 123 ; — V. aussi art. 200), d'Auxerre (art. 23), de Nivernais (art. 1er, tit. 7), consacraient également le principe de l'allodialité ; le texte de la coutume d'Auxerre, notamment, est bien formel. Cependant Galland (*Traité contre le franc-alleu*, p. 11) a essayé de le rendre problématique ; mais sur ce point, comme en ce qui concerne la coutume de Nivernais et aussi la Provence, cet auteur a été solidement réfuté par Caseneuve (*Traité du franc-alleu*, p. 181 et 272). — V. pour les détails Merlin (*loc. cit.*, §§ 3, 8, 9, 11 et 15).

36. — On tenait encore pour maxime certaine que, dans les provinces de Lyonnais, Forez et Beaujolais, aussi bien que dans le Mâconnais, tous les héritages étaient réputés de franc-alleu. — V. Merlin, *loc. cit.*, § 15.

37. — Jugé que la coutume d'Auvergne était purement allodiale, ainsi que cela résulte de la combinaison de plusieurs de ses articles et de la jurisprudence constante du pays ; que, par conséquent, toutes les redevances dues sur les biens situés dans le ressort de cette coutume, qui était soumise à la maxime : « *Nul seigneur sans titre*, étaient de leur nature purement foncières, à moins que le contraire ne fût positivement stipulé par acte valable. — *Cass.*, 24 vendém. an XIII (motifs), Jacoux et Mouly c. de Lasalle. — V. aussi Merlin, *Quest. de droit*, v° *Terrage*, § 1er.

38. — La coutume de Vitry (art. 19 et 20) n'établissait pas textuellement le franc-alleu comme étant de droit général, et le doute que ses termes faisaient naître a formé la matière d'un très grand procès porté, en 1748, en la grand'chambre du parlement de Paris ; depuis cette époque, il est intervenu deux arrêts des 28 août 1767 et 28 août 1769 qui ont prononcé contre l'allodialité ; mais il a été rendu en faveur du franc-alleu un plus grand nombre d'anciens arrêts, en date des 18 janv. 1601 ; 20 nov. 1604 ; 26 juill. 1608 ; 12 janv. 1613 ; 12 avr. 1614, 14 mai 1618, 15 mai 1619, 19 janv. 1629, 22 août 1620, 1er août 1716, 22 déc. 1718, 20 juill. 1728, 19 août 1727, 7 mai 1785, 8 janv. 1733, 7 sept. 1784, 2 août 1785. — V. pour les détails Merlin, *loc. cit.*, § 7.

39. — Pendant longtemps, l'on avait considéré, conformément à l'opinion émise par La Thomassière dans son *Traité du franc-alleu*, la coutume de Berry comme allodiale, et c'était dans ce sens que se prononçaient les tribunaux de la province ; mais, en dernier lieu, comme il n'y avait dans la coutume du Berry aucune disposition qui établît directement le franc-alleu, le grand conseil, par arrêt du 8 mars 1740, rapporté par Rousseau de Lacombe, dans ses *Arrêts notables*, et le parlement de Paris, par arrêts des 14 juill. 1744 et 27 avr. 1784, avaient consacré l'opinion contraire et jugé cette coutume assujétie à la règle : *Nulle terre sans seigneur.* — V. Merlin, *loc. cit.*, § 10. — V. aussi Henrion de Pansey, *Dissertations féodales*, t. 1er, p. 77.

40. — L'affranchissement du cens pouvant, dans les provinces de Lorraine et Barrois et du Bourbonnais, s'acquérir par prescription, il n'en avait pas fallu davantage pour que l'on considérât comme allodiales les coutumes de ces provinces ; car, suivant les feudistes, c'était un principe certain que la prescriptibilité du cens contre le seigneur devait être regardée comme un signe incontestable, un caractère non équivoque de l'allodialité. — V. Paige, sur l'art. 52, coutume de Bar-le-Duc ; Pothier, *Commentaires sur l'art.* 392, coutume du Bourbonnais ; Auroux des Pommiers, sur le même article ; Duplessis, sur la coutume de Paris, *Traité du franc-alleu*, liv. 2, chap. 2 ; Guyot, *Traité des fiefs*, t. 4, p. 278 ; La Thomassière, *Traité du franc-alleu*, chap. 20 ; Louet et Brodeau, lettre C, § 21.

41. — En ce qui concerne spécialement l'allodialité de la coutume du Bourbonnais, il faut ajouter qu'elle avait en sa faveur la jurisprudence constante du parlement de Paris, et par exemple des arrêts en date des 7 mai 1668, 6 sept. 1713 (rapporté par Auroux dans ses additions sur l'art. 22, Cout. du Bourbonnais), 15 juill. 1747, auxquels se joint un arrêt du conseil du roi du 8 août 1693. — V. Merlin, *loc. cit.*, § 12.

42. — La coutume de Paris portait, art. 124 : « Le droit de cens ne se prescrit par le détenteur de l'héritage contre le seigneur censier, encore qu'il y ait cent ans, quand il y a titre ancien ou reconnaissance faite dudit cens ; mais se peut la quotité du cens et arrérages prescrire par trente ans entre majeurs âgés et privilégiés. »

43. — « A bien entendre la coutume de Paris, dit Salvaing (*De l'usage des fiefs*, chap. 52), les héritages y ont conservé leur liberté naturelle, telle qu'elle était avant l'introduction des fiefs et des censives, en ce qu'il est dit, art. 124, que le cens est imprescriptible, même par cent ans, quand il y a titre ancien ou reconnaissance dudit cens ; d'où il résulte nécessairement, par la raison des contraires, qu'à moins que le seigneur ne soit fondé en titre ou reconnaissance, le possesseur se peut utilement prévaloir de sa possession, non pas pour prescrire, car cela supposerait que son fonds aurait été autrefois sujet, mais pour faire présumer qu'il a conservé sa liberté naturelle. » — V. dans le même sens Caseneuve, *Tr. du Franc-alleu*, p. 176 ; V. aussi Louet, lettre C, § 21 ; de Laurière, sur l'art. 124 de la Cout. de Paris.

44. — Le président Bouhier (dans ses *Observations sur la coutume de Bourgogne*) rendait témoignage du franc-alleu de Bourgogne en ces termes : « Pour les pays, tels que ceux qui sont dans le ressort de notre parlement, où tous les héritages sont présumés de franc-alleu, si on ne prouve le contraire, il suffit au propriétaire de la seigneurie qu'on prétend un alleu noble, d'être en longue possession de son allodialité : car elle forme en sa faveur une présomption légale qui rejette la preuve contraire sur celui qui lui dispute cette qualité. C'est l'avis de Chassanée en deux endroits ; et quoique, sur le premier, Dumoulin, en son apostille, ait paru d'un sentiment contraire, son raisonnement fait juger qu'il n'en parlait que par rapport aux pays où on a pour maxime : *nulle terre sans seigneur*. Mais autre chose est dans les coutumes de Franc-Alleu, où l'allodialité est une qualité naturelle à l'héritage, comme disent tous nos auteurs. »

45. — Un arrêt du conseil d'état du roi, du 4 juill. 1693, avait, au surplus, déclaré que le franc-alleu roturier était naturel, non seulement dans le duché de Bourgogne, mais encore dans les pays de Bresse, Bugey, Valromey et Gex. — V. pour les détails Merlin, *loc. cit.*, § 14.

46. — La liberté naturelle et primitive de toutes les terres indistinctement dans le Dauphiné, conservée à cette province dans l'acte de transport que le dernier des anciens dauphins fit de ses états au roi de France en 1349, confirmée par des déclarations de Charles V du 17 mars 1367, et de Henri II du 15 janv. 1555, reconnue par les articles que la noblesse de France, assemblée aux états de Blois, présenta au roi le 30 janv. 1577, et enfin expressément réservée par le parlement de Grenoble lors de la vérification de l'art. 383 de l'édit de janv. 1629, avait été consacrée par un édit d'octobre 1658 et par un arrêt solennel du parlement de Grenoble du 16 déc. 1749. — V. au surplus Salvaing, *De l'usage des fiefs*, chap. 55, et pour les détails Merlin, *loc. cit.*, § 26.

47. — On a contesté l'allodialité du Languedoc : mais pour l'établissement du franc-alleu il suffisait de constater que cette province avait suivi dans l'origine la loi romaine, et que cette prérogative lui avait été conservée, notamment par des lettres-patentes de Charles VIII et de Louis XII. Cependant, malgré ces autorités, l'on avait tenté d'introduire en Languedoc la maxime *nulle terre sans seigneur*, et il en était résulté un procès qui avait été jugé par un arrêt du conseil d'état du roi, du 21 mai 1667.

48. — Cet arrêt statuait : — A l'égard du franc-alleu roturier, qu'il serait admis dans la province du Languedoc ; ce faisant, que les possesseurs et détenteurs des terres roturières et taillables les posséderaient allodialement, sans être obligés de justifier ledit franc-alleu par aucuns titres. — A l'égard du franc-alleu noble, que tous ceux qui prétendraient tenir et posséder aucuns fiefs, terres et seigneuries en franc-alleu, seraient tenus de le justifier par bons et valables titres, sans qu'ils pussent alléguer aucune prescription et longue jouissance par quelque laps de temps que ce fût. — V. aussi Edit du mois d'août 1681 ; Arrêt du conseil de 1688. — — V. au surplus pour les détails Merlin, *loc. cit.*, § 20.

49. — De cette circonstance que le Comminge avait fait réellement partie du Languedoc l'on concluait que ce pays était allodial, et qu'il n'était pas soumis à la règle *nulle terre sans seigneur*, puisque cette règle supposait une concession universelle des terres, et qu'il n'existait aucune preuve, aucune trace de cette concession depuis 1463. — V. Merlin, *loc. cit.*, § 27.

50. — Les ordonnances de 1483, 1484, 1488, rapportées par Cambolas, dans son *Tr. du Franc-alleu*, ne parlant que de la province de Languedoc, et non du comté de Toulouse avec ses dépendances ; et d'autre part l'arrêt d'enregistrement de l'art. 383 de l'ordonnance de 1629 n'exceptant que la province de Languedoc de la règle de cet article, qui veut que toutes les terres soient censées relever du roi, si on ne prouve qu'elles ne relèvent d'autres seigneurs, ou si on ne rapporte les actes d'affranchissement, l'on en a conclu que le franc-alleu, dont jouissait la province de Languedoc, n'avait pas lieu pour les terres situées dans le comté de Toulouse.

51. — Merlin (*loc. cit.*, § 22) constate que les habitans du comté de Foix prétendaient être en pays de franc-alleu ; mais il ne cite aucun texte législatif ou judiciaire qui ait statué sur cette prétention.

52. — La question d'allodialité dans la Guienne avait été tranchée par plusieurs arrêts. Un premier arrêt du parlement de Bordeaux du 16 mars 1571 avait décidé en termes formels que tout seigneur avait droit de directe universelle dans les limites de sa seigneurie, que le cens était imprescriptible, que les tenanciers étaient obligés de représenter les reconnaissances constatant sur quel pied il avait été payé, et que, faute de reconnaissance ancienne, le cens devait être rétabli pour l'avenir à raison de ce qui se payait pour les héritages limitrophes, ou dans les seigneuries les plus prochaines, eu égard à la bonté du sol et à la fertilité des terres. A l'appui de ces principes, dont un arrêt du même parlement du 21 mars 1617 avait paru s'écarter, il était intervenu deux arrêts du conseil du roi des 4 et 14 mai 1624, confirmés eux-mêmes plus tard par les art. 383 de l'ordonnance de 1629, 7 et 10 du réglement du 18 déc. 1670, et par d'autres arrêts du conseil des 1er août 1682 et 4 juin 1737.

53. — Ainsi, une maxime bien certaine était qu'on ne pouvait prétendre de franc-alleu naturel et sans titre en Guienne, et que la circonstance que ce pays était régi par le droit écrit n'avait aucune importance à cet égard. Un arrêt du conseil du 17 juin 1669 avait même jugé que les parties de l'ancienne sénéchaussée de Toulouse qui avaient été réunies à la Guienne ne jouissaient pas de l'allodialité commune à toute la province du Languedoc. — V. pour les détails Merlin, *loc. cit.*, §§ 13 et 14.

54. — L'allodialité du Roussillon lui était assurée par les coutumes féodales de la Catalogne, rédigées dans le treizième siècle par Pierre Albert, chanoine de la cathédrale de Barcelone, et insérées au quinzième siècle dans le grand code de Catalogne. Les droits, usages et priviléges du Roussillon, et, par conséquent, celui de posséder en alleu, avaient été confirmés par Louis XIV en 1660 et 1662, après la réunion de cette province à la France en vertu du traité des Pyrénées. — Merlin, *loc. cit.*, § 28.

55. — Les francs-alleux, dans la coutume du Cambrésis, étaient connus sous le nom de *fiefs cottiers*, et les devoirs de loi s'en passaient devant les officiers qu'on appelle *hommes cottiers*. Dans la coutume de la châtellenie de Lille, les francs-alleux étaient réputés meubles ; c'est ce que décidait l'art. 11, chap. 7 de cette coutume. — Merlin, *loc. cit.*, § 21.

56. — Quant à l'allodialité dans les villes de Tournai, d'Ahnn (comté de la Marche) et de Saint-Quentin, V. Merlin, *loc. cit.*, §§ 16 s.

57. — Louis XIV, par un édit de 1692, en imposant une taxe sur les propriétaires d'héritages allodiaux, avait excepté formellement ceux qui possédaient des terres en franc-alleu roturier « dans les pays, soit de droit écrit ou coutumier, dans lesquels le *franc-alleu se trouverait établi par la coutume et par la jurisprudence.* » — Merlin, *Rép.*, v° *Franc-alleu*, § 12.

58. — Dans les provinces censuelles le seigneur n'avait rien à prouver, parce que l'assiette de l'hémin. just, 5 mars 1825. — de Dalmas, p. 324.

ritage dans l'enceinte de sa seigneurie faisait son titre. — Merlin, *Rép.*, v° *Franc-alleu*, § 29. — C'était, au contraire, à ceux qui prétendaient à la franchise de l'héritage qu'incombait l'obligation de rapporter un titre : toutefois Henrion de Pansey (*Tr. des fiefs*, tit. 15, p. 688 s.) ne pense pas qu'il fût nécessaire de rapporter le titre constitutif de la franchise, mais qu'il suffisait de produire un simple titre déclaratif, pourvu que ce titre fût émané *ab habente potestatem*.

59. — A la différence de ce que nous venons d'établir pour les provinces censuelles, le seigneur dans les pays de franc-alleu était tenu de rapporter des titres pour prouver sa directe, c'est-à-dire de produire le bail d'inféodation, ou, à défaut de ce bail, deux reconnaissances, ou une reconnaissance avec des adminicules. — Merlin, *loc. cit.* § 29.

60. — ...A moins toutefois que le tenancier eût lui même passé reconnaissance en faveur du seigneur, ou qu'il fût héritier, cessionnaire, légataire ou donataire, ou ayant-cause *ex causâ lucrativâ*, de celui qui avait reconnu; auquel cas une seule reconnaissance suffisait au seigneur pour établir son droit. — V. dans ce sens un arrêt rapporté par Larocheflavin, *Des droits seigneuriaux*, chap. 1er, art. 2 et 6; *de Combolus*, liv. 4, chap. 45.

61. — Le seigneur n'était pas tenu de rapporter ses titres, lorsqu'il prouvait que la terre avait été inféodée par ses prédécesseurs, avec désignation des limites; il lui suffisait alors de montrer que l'héritage était renfermé dans son territoire pour l'obliger, sans autre titre, à lui passer reconnaissance et payer les droits seigneuriaux. — V. conf. Maynard, liv. 4, ch. 85; Larocheflavin, *loc. cit.*

62. — Si le seigneur avait perdu ses titres par suite d'un événement de force majeure, il devait prouver cette perte, ainsi que le contenu au titre (V. conf. l'arrêt cité *suprà* n° 60, d'après Larocheflavin); toutefois, par faveur pour la liberté des héritages, il ne paraît pas que la seule preuve testimoniale fût admise en pareille matière. — V. dans ce sens Catellan, liv. 7, ch. 2; Danty, *De la preuve testimoniale*, ch. 14, n° 1er. — V. aussi Ferrière, sur la question 582, de Guy-Pape, et pour les détails Merlin, *loc. cit.*, § 29. — V. au surplus PREUVE.

63. — Suivant Henrion de Pansey (*Tr. des fiefs*, tit. 15, p. 689 et suiv.), lorsqu'un vassal avait possédé librement pendant cent ans, ou pendant un temps immémorial, un héritage tenu en fief, il acquérait la libération de la mouvance, non pas précisément en vertu de la prescription, mais à cause de l'injustice qu'il y aurait eu à le dépouiller après une aussi longue possession. La prescription proprement dite n'avait lieu que s'il s'agissait d'une censive. Mais dans les deux cas il fallait, au moins dans les coutumes qui n'admettaient pas le franc-alleu sans titre, une possession de cent ans.

64. — Quant à la différence entre les pays allodiaux et les pays non allodiaux, par rapport à la nature présumée des rentes foncières dues des ci-devant seigneurs, V. RENTE FONCIÈRE.

65. — Les lois abolitives de la féodalité, que l'on a analysées (v^is FÉODALITÉ et FIEF n'ont rien modifié dans la propriété du franc-alleu. Comme le fait observer M. Championnière (*loc. cit.*, n° 409), cette possession, en effet, était libre de toute sujétion féodale, et dès-lors ne pouvait pas en être libérée.

66. — « Les lois révolutionnaires, continue le même auteur (*ibid.*), ne lui ont profité qu'en ce qu'elles ont fait disparaître les dernières conditions d'assujétissement à la justice, auxquelles, suivant les localités, il pouvait être soumis. Elles ont également fait évanouir les systèmes d'inféodation supposée par les domanistes et fondés sur la chimère fiscale de la direction universelle, et, par suite, tous les droits quelconques que le domaine avait pu s'attribuer, en vertu de ce principe, sur les terres allodiales. C'est ce qu'exprimait au surplus le décret du 25 août 1792, en disant, art. 1er : *Tous les effets qui peuvent avoir été produits par la maxime* NULLE TERRE SANS SEIGNEUR, *par les statuts, coutumes et règles, soit générales, soit particulières, qui tiennent à la féodalité, demeurent comme non avenus.* »

67. — D'un autre côté, l'art. 2, LL. 19-27 sept. 1790 porte que : « Dans les pays et les lieux où les biens allodiaux sont régis, soit en succession, soit en disposition, soit en toute autre matière, par des lois ou statuts particuliers, les lois ou statuts régissent pareillement les biens ci-devant féodaux ou censuels; savoir, pour les successions, à compter de la publication du décret du 15 mars dernier, et, pour toute matière, à compter de la publication des lettres-patentes du 3 nov. 1789 » — Merlin, *Rép., loc. cit.*, § 31.

68. — Ainsi, en même temps que la loi révolutionnaire consolidait la propriété des alleux, elle changeait la nature d'une autre classe de biens, des fiefs qui, suivant l'expression de Merlin déjà citée et commentée (v° FÉODALITÉ), sont devenus de véritables alleux. » — V. au surplus FÉODALITÉ, FIEF.

69. — Dans les successions ouvertes depuis la publication des lois qui ont aboli le régime féodal, les veuves ont pu réclamer leur douaire coutumier dans les coutumes qui, après avoir, par une disposition indépendante de toute qualité féodale ou censuelle des biens, déclaré qu'il était dû un douaire à la veuve, le fixaient, par des dispositions subséquentes, à l'usufruit de la moitié des fiefs et à celui du tiers des censives.

70. — Alors le douaire a dû être fixé au tiers et non à la moitié des biens ci-devant féodaux. — *Cass.*, 9 vent. an XI, Bourdon; — Merlin, *Quest. de droit*, v° *Franc-Alleu*.

71. — De ce que les censives ont été converties en franc-alleux, il suit nécessairement que dans les coutumes, où, quoique propres à l'un des époux, elles entraient dans la communauté comme les meubles, elles ont cessé d'y entrer à compter du jour de la publication de ces lois. — Merlin, *Rép.*, v° *Franc-alleu*, § 32.

72. — Mais quel a été l'effet des lois qui ont converti les censives en alleux par rapport aux acquisitions faites pendant le mariage, des biens ci-devant censuels, dans les coutumes qui excluaient de la communauté les biens allodiaux acquis pendant le mariage, soit par le mari seul, soit conjointement avec sa femme? — V. LOI.

73. — Jugé que la femme mariée sous l'empire des chartes du Hainaut, et avant la suppression du régime féodal et censuel, n'a point droit, lors de la dissolution de la communauté, à la propriété de la moitié des biens ci devant main-fermes acquis par son mari durant le mariage, mais après la publication des lois abolitives de la féodalité. — *Bruxelles*, 7 mars 1814, Vion.

FRANC D'AVARIES.

1. — Clause en matière d'assurances maritimes, d'après laquelle les assureurs sont dispensés de garantir les avaries qui peuvent survenir aux objets assurés.

2. — La clause *franc d'avaries* affranchit les assureurs de toutes les avaries, soit communes, soit particulières excepté dans les cas qui donnent ouverture au délaissement. — C. comm., art. 409. — V. ASSURANCE MARITIME, AVARIES.

FRANCS-BORDS.

1. — On donne le nom de francs-bords au terrain existant entre un cours d'eau ou un canal et le chemin de halage et qui constitue la berge. — Rolland de Villargues, *Rép. du notar.*, v° *Francs-bords*. — V. CANAUX, COURS D'EAU.

2. — On désigne aussi de cette manière un espace de terre vague qui est laissé de chaque côté d'un fossé ou d'une haie. — V. FOSSÉ, HAIE.

FRANC DE COULAGE.

1. — Clause par laquelle il est convenu dans les polices d'assurances maritimes que les assureurs ne seront garans d'aucun coulage de quelque nature qu'il soit.

2. — Une pareille clause comprend non seulement le coulage ordinaire provenant du vice propre de la chose, mais encore celui qui provient d'un événement de mer ou de force majeure. — V. ASSURANCE MARITIME, n° 250 et suiv.

FRANC-FIEF.

1. — On appelait ainsi une taxe ou finance qu'on exigeait des roturiers, à cause des fiefs et autres biens nobles qu'ils possédaient. — Merlin, *Rép* v° *Franc-fief*; — V. conf. nouveau Denisart, v° *Franc-fief*, § 1, n° 1.

2. — Dans l'expression *franc-fief*, le mot *franc* retrace l'effet originaire qui, comme nous le verrons bientôt, était d'autoriser quelqu'un à posséder un fief *franchement*, c'est-à-dire sans être tenu de ses charges naturelles. — Nouveau Denisart, *loc. cit.*

3. — On a assigné communément deux motifs à cette taxe : 1° l'incapacité naturelle aux roturiers pour porter les armes; 2° leur inaptitude à posséder des fiefs. Mais, comme le remarque Merlin (*loc. cit.*, § 1er), le premier motif n'était fondé sur rien, et le second se trouvait démenti par les faits, puisque, ainsi qu'on l'a vu v° FIEF, il y avait différentes circonstances dans lesquelles les roturiers pouvaient posséder des fiefs.

4. — Pour mieux établir l'origine du droit de franc-fief, Merlin (*ibid.*) remonte aux principes de la matière féodale. A l'époque des croisades, non seulement les aliénations de fiefs s'étaient multipliées pour subvenir aux dépenses de ces expéditions, mais encore les acquéreurs avaient cherché à éteindre, à prix d'argent, les charges du fief servant, et notamment celle du service militaire, ainsi que toutes les obligations féodales relatives au même service. Or, en éteignant les charges du fief servant, ces compositions diminuaient par contre-coup la valeur du fief dominant, et, par une conséquence nécessaire, portaient leur influence sur le suzerain, et préjudiciaient de même à tous les fiefs supérieurs, en remontant, par une progression graduelle, jusqu'au domaine de la couronne, dernier terme de la féodalité. — Merlin, *loc. cit.*

5. — Aussi, pour sauvegarder les droits des seigneurs dominans, avait-on décidé (V. Beaumanoir, *Cout. de Beauvoisis*, chap. 45) que ces seigneurs devaient gagner l'hommage et les services des héritages et des fiefs dont leur vassal avait, sans leur agrément, vendu la libération à des roturiers. Ce qui s'observait de cette manière entre le vassal et le seigneur, s'observait ensuite entre ce même seigneur et le seigneur supérieur dont il était le vassal, et entre les autres seigneurs supérieurs, en remontant de degré en degré. Et comme, par suite de la maxime que le roi est *souverain fieffeux de son royaume* (V. FÉODALITÉ), tous les fiefs relevaient médiatement ou immédiatement du souverain, on ne pouvait en *abréger* aucun sans sa permission, que l'hommage et les services des terres affranchies ne lui fussent dévolus, sauf à lui à donner ou à vendre aux possesseurs la permission de conserver les fiefs ainsi *abrégés*. Telle a été l'origine du droit de franc-fief, qui en réalité n'était, comme on voit, *que le prix de la permission accordée par le roi à des roturiers, à l'effet de posséder des fiefs abrégés*. — V. pour les détails Merlin, *loc. cit.*; — V. dans le même sens, nouveau Denisart, *loc. cit.*, n°s 2 et suiv.

6. — Ce n'était donc pas à la qualité de roturier que se trouvait attachée, du moins primitivement, l'obligation de payer cette taxe, mais à l'abrégement, à la détérioration du fief. C'est ce qui résulte bien clairement des termes d'une ordonnance rendue par Philippe-le-Hardi, en 1275, laquelle dispensait même de la taxe 1° lorsqu'il se trouvait trois seigneurs entre le roi et le roturier possédant le fief abrégé; 2° lorsque ce fief était dans la mouvance de l'un des grands barons de la couronne.

7. — Ces grands barons furent bientôt dépouillés de ce privilége, et, dès l'année 1372, la couronne fut ressaisie du droit exclusif de percevoir seule la taxe du franc-fief. Mais, dès 1320, l'on avait perdu de vue l'objet, l'origine et le motif de cette taxe, tels que nous les avons fait connaître. Philippe-le-Long, oubliant qu'elle n'était autre chose que la juste indemnité due à la couronne pour l'abrégement des fiefs, avait imposé indistinctement tous les roturiers, en observant seulement quelques différences entre ceux qui remplissaient tous les devoirs de la féodalité et ceux qui avaient obtenu l'abonnement. — V. pour les détails Merlin *loc. cit.*; et nouveau Denisart, *loc. cit.*, n°s 5 et suiv.

8. — La perception des droits de franc-fief avait fait naître la question de savoir si les héritages devaient être présumés nobles ou roturiers. La présomption était toujours pour la roture; c'est du moins ce qu'avaient jugé deux arrêts du conseil des 15 nov. 1724 et 7 sept. 1778.

9. — Depuis la déclaration de 1692, le droit de franc-fief était dû à chaque mutation, et, en outre, tous les vingt ans. Anciennement, il n'y avait rien de fixe sur la quotité du droit, mais, en dernier lieu, il consistait dans une année de revenu. Quant aux temps d'exaction, aux termes d'un arrêt du conseil, du 7 sept. 1783, les préposés au recouvrement étaient autorisés à faire les significations avant l'an et jour de l'acquisition, mais ils ne pouvaient faire aucune poursuite avant cette époque, V. pour les détails, Nouveau Denisart, *loc. cit.*, § 2, n°s 1 et suiv.

10. — Ce n'étaient pas seulement les terres et les maisons tenues en fiefs, et possédées par les roturiers, qui étaient sujettes au droit de franc-fief. Les dîmes inféodées, les rentes et les redevances seigneuriales en grains ou en argent, les droits seigneuriaux de foires et de marchés, de fouage, de champart, de fours et pressoirs bannaux, les sergenteries fieffées, les droits seigneuriaux de parc, pacage, pâturage et chauffage sur les domaines et forêts du roi, et généralement

tous droits et bien nobles, et toutes rentes féodales ou inféodées y étaient déclarés sujets par la déclaration de 1700 et l'édit de 1708. — V. nouveau Denisart, § 3, nos 1 et suiv.

11. — L'abolition du droit de franc-fief, qui résultait déjà de celle du régime féodal (V. FÉODALITÉ), a été prononcée par une loi spéciale décrétée le 28 sept. 1789, qui a même abrogé les droits de franc-fief ouverts, et ordonné la cessation de toute recherche et poursuite pour cet objet.

FRANC ET QUITTE.
V. COMMUNAUTÉ.

FRANC-TILLAC.
V. TILLAC.

FRANÇAIS.

Table alphabétique.

FRANÇAIS.— 1. — On donne ce nom à tous les individus qui font partie de la nation française et dont l'état a la capacité sont régis sont en France, soit en pays étranger, par les lois françaises.— C. civ., art. 3, alin. 3e.

2. — Le mot *Français* comprend non seulement les hommes, mais aussi les femmes.— Merlin, *Rép.*, vo *Français*, § 2, no 12 ; Guichard, *Tr. des droits civils*, édit. de 1824, no 48 ; Coin-Delisle, *De la jouissance et privation des droits civils*, comment. sur l'art. 8, no 3 ; Magnin, *Tr. des minorités*, t. 1er, no 11 ; Demolombe, *Cours C. civ.*, no 138.

3. — ... Et les mineurs et les interdits.— Coin-Delisle, *ibid.*

Sect. 1re. — *Français par droit de naissance.*

4. — Sous l'ancien droit, tout individu né en France, même de parens étrangers qui n'y étaient que passagers, était réputé Français. Cela était conforme au système général de la féodalité d'après lequel l'homme suivait le sol auquel il était pour ainsi dire incorporé. Le lieu de la naissance seul faisait donc alors le Français. — Bacquet, vo *Aubaine*, chap. 89 ; d'Aguesseau, *Œuvres complètes*, édit. in-4e, t. 3, p. 130 ; Domat, *Dr. public*, liv. 1er, tit. 6, sect. 4e, no 5 ; Pothier, *Tr. des personnes*, 1re part., lit. 2, sect. 4re; Coin-Delisle, comment. sur l'art. 9 et 10, C. civ., no 2 ; Valette, sur Proudhon, *Tr. sur l'état des personnes*, édit. de 1842, t. 1er, p. 141, 421 et suiv.— V. aussi *Cass.*, 3 thermid. an XI, Walsherrant.

5. — Cependant du temps de Pothier, on n'entendait déjà plus cette règle d'une manière aussi absolue, et déjà on considérait comme Français les enfans nés en pays étranger de parens français. — Pothier, *loc. cit.*; Demolombe, *Cours de C. civ.*, no 446; Serrigny, *Tr. du droit public des Français*, t. 1er, p. 136 ; Coin-Delisle, *loc. cit.*: — V. aussi l'arrêt cité au numéro qui précède.

6. — Depuis le Code civil, le principe territorial a fait place au principe personnel : ce n'est plus par le lieu de la naissance que se détermine la nationalité, mais uniquement par l'origine et le rapport de filiation. — Rodière, article sur la jurisprudence de la cour de cassation, *Revue de la législation*, par Wolowski, t. 1er, p. 305 ; Valette, *ubi suprà*, p. 122, et p. 199 (note *a*); Demolombe, no 446.

7. — Ainsi, aujourd'hui, la naissance en France ne confère la qualité de Français qu'à ceux qui sont nés de parens français.— C. civ., art. 9.

8. — Réciproquement, quoique né dans les contrées les plus lointaines, l'enfant d'un Français qui est resté lui, se rattache à la nation à laquelle appartient son père, et c'est la même état que lui. — Bordeaux, 14 mai 1814 (1er 1842, p. 329), préfet de la Gironde c. Moti; — Treilhard, *Exposé des motifs* ; Gary, *Discuss. au corps législ.*, séance du 17 vent. an XI ; Guichard, no 49 ; Legat, *Code des étrangers*, édit. de 1832, p. 20 ; Coin-Delisle, *loc. cit.*, no 4 ; Proudhon, p. 449 ; Zachariæ, *Comment. de droit civil français*, t. 1er, no 77.

9. — L'erreur qu'il aurait pu commettre de bonne foi en prenant dans son contrat de mariage la qualité d'étranger, et en prêtant serment à une qualité qu'il n'a pas de naissance, et le soustraire aux obligations qui en résultent. — Même arrêt.

10. — Jugé aussi que le fils né en France d'un étranger devenu Français ne peut perdre la qualité de Français, qu'il tient de sa naissance, par la seule

force d'une fausse déclaration où, pour échapper à la loi du recrutement, il a soutenu l'extranéité de son père et la sienne propre. — *Lyon*, 26 nov. 1841 (t. 2 1842, p. 185), Hutter c. préfet de la Loire.

11. — Le Code civil diffère en ce point de la législation d'Angleterre, qui fait dépendre encore la naturalité du fait seul de la naissance. Ainsi tout enfant né sur le sol anglais d'un étranger est considéré comme Anglais de naissance et en a tous les priviléges. — Blackstone, *Comment. sur les lois anglaises*, liv. 1er, chap. 10.

12. — Cette différence entre les deux législations pourra offrir quelquefois cette bizarre conséquence qu'un enfant sera en même temps Anglais et Français, ce qui arrivera quand il naîtra sur le sol anglais d'un Français qui aura conservé cette qualité.

13. — Quand l'enfant né en pays étranger d'un Français revendiquera l'exercice des droits résultant de sa naissance, ce sera à lui à prouver, en cas de contestation, son origine.— Coin-Delisle, sur les art. 9 et 10, no 4.

14. — La règle introduite par le Code civil pour déterminer la nationalité s'applique sans difficulté dans le cas de légitime mariage, car il est de principe que les enfans légitimes suivent en tout la condition de leur père : « *Cùm legitimæ nuptiæ factæ sint, patrem liberi sequuntur* (L. 19, ff., *De statu hominum*). » — Toullier, t. 1er, no 259; Coin-Delisle, no 9; Pothier, *Des personnes*, tit. 2, sect. 2e; Demolombe, no 148; Serrigny, t. 1er, p. 137; Marcadé, *Elém. dr. civ. français*, sous l'art. 8, no 2.

15. — Mais lorsqu'il s'agit d'un enfant né hors mariage, la solution n'est plus aussi facile.

16. — Sous la loi romaine, l'enfant né hors le mariage suivait la condition de sa mère : « *Lex naturæ hæc est, ut qui nascitur sine legitimo matrimonio, matrem sequatur* (L. 24, *D. eod titulo*). »

17. — Ce principe avait été adopté aussi par l'ancienne jurisprudence. — Pothier, *loc. cit.*

18. — Il a également aujourd'hui conservé toute sa force dans le cas où le père est inconnu. Ainsi l'enfant naturel qui n'est pas reconnu naît Français, même en pays étranger, si la mère est Française. — Toullier, no 260; Duranton, t. 1er, no 122; Proudhon, p. 120; Coin-Delisle, *ubi suprà*; Magnin, *Traité des minorités*, t. 1er, no 12; Marcadé, sous l'art. 8, no 2; Demolombe, no 149; Serrigny, p. 138.

19. — Si l'enfant a été reconnu par son père, il suivra sa condition, et dès-lors il sera Français si le père est Français, étranger si le père est étranger. — C. civ., art. 10. — Demolombe, no 149; Marcadé, sous l'art. 8, no 2.

20. — Mais que faut-il décider lorsqu'il y a eu reconnaissance légale du père et de la mère? Deux cas peuvent se présenter : ou le père est Français et la mère étrangère, ou celle-ci est Française et le père étranger.

21. — Dans le premier cas, la reconnaissance doit rendre Français l'enfant naturel reconnu, même quand il serait né en pays étranger. Car, comme l'enfant légitime, il suit la condition de son père. Cette solution résulte d'ailleurs de la généralité des termes du § 1er de l'art. 10, C. civ. Cet article porte, en effet, que « *tout enfant né* d'un Français en pays étranger est Français. » Elle résulte aussi de la discussion qui eut lieu au conseil d'état sur cet article.— V. séance du 6 therm. an IX.

— C'est, au surplus, cette doctrine qui a été professée par la plupart des juriconsultes qui ont écrit sur la matière.— Delaporte, *Pand. franç.*, sur l'art. 10, no 61; Delvincourt, t. 1er, note 4e, p. 15; Toullier, no 259; Légat, p. 8 et suiv.; Proudhon, *loc. cit.*, et son annotateur M. Valette, note *b*; Guichard, no 50; Coin-Delisle, no 10; Zachariæ, p. 154; Demolombe, no 149; Serrigny, p. 138; Marcadé, sous l'art. 8, no 2.

22. — M. Duranton (t. 1er, no 125) enseigne une doctrine contraire. Mais, comme le fait très bien remarquer M. Coin-Delisle (*eod loc.*), ses connaissances étendues en droit romain ont exercé sur cet auteur une sorte de violence, et lui ont fait abandonner à regret l'opinion commune. M. Duranton ne peut en effet s'empêcher de reconnaître que sa décision pourrait être modifiée par les circonstances du fait.

23. — M. Richelot accorderait à l'enfant le choix entre la nationalité du père et de la mère, suivant son intérêt. — *Principes de dr. civ.*, t. 1er, no 66.

24. — Dans le cas, au contraire, où le père est étranger et la mère Française, quelques auteurs ont pensé que l'enfant naturel, Français par sa mère, ne pouvait être dépouillé de cette qualité par la reconnaissance de son père. Car, disent-ils, notre législation ne veut pas qu'une goutte de sang français se détourne au profit des nations étrangères. — Duranton, no 124; Coin-Delisle, no 11.

25. — Cette raison pourrait peut-être trouver sa justification au point de vue national, patriotique. Mais au point de vue de la loi, il nous paraît devoir en être autrement. La règle qui veut que l'enfant naturel reconnu suive, comme l'enfant légitime, la condition de son père doit en effet être une. Et d'ailleurs, ne serait-il pas bizarre que l'enfant naturel reconnu, qui entre sous la puissance de son père, porte son nom, prend part à la succession, fût d'une autre nation que celui dont il perpétue la famille? Cet enfant doit donc, quoique né en France, être considéré comme ayant toujours eu la qualité d'étranger. C'est ainsi, au reste, que l'ont pensé MM. Delvincourt, t. 1er, note 4e, sur la p. 15; Légat, p. 8; Valette, sur Proudhon, p. 122; Magnin, *ubi suprà*.

26. — La cour de Cassation a elle-même consacré cette dernière doctrine. Elle a en effet jugé que la reconnaissance faite en pays étranger, par un étranger, d'un enfant naturel né en France d'une mère Française, enlevait à cet enfant la qualité de Français que lui conférait d'abord son acte de naissance, alors qu'il avait accepté cette reconnaissance en acceptant la succession de son père et en prenant son nom. — *Cass.*, 15 juill. 1840 (t. 2 1840, p. 488), Corréa de Serra c. de Biville.

27. — A plus forte raison, dans le cas de légitimation par mariage subséquent, l'enfant suivrait-il la condition de son père? Ce ne serait plus alors, il est vrai, comme enfant naturel, mais comme assimilé en tout à ceux qui sont nés du mariage (argument de l'art. 333, C. civ.). Ainsi, il serait aussi, suivant la condition de son père, Français ou étranger. — Coin-Delisle, no 11.

28. — Quant aux enfans adultérins ou incestueux, s'il n'y a pas de reconnaissance volontaire possible à leur égard, cette reconnaissance peut au moins résulter quelquefois de jugemens ou d'arrêts. Alors nous pensons que, dans les cas rares de reconnaissance forcée, il doit leur être fait application, relativement à leur nationalité, des principes qui régissent les enfans naturels ordinaires. — V en ce sens Guichard, nos 51 et suiv.; Coin-Delisle, *ibid.*

29. — On s'est demandé quel moment, dans ces divers cas, on devrait considérer pour déterminer la nationalité de l'enfant? Celui de la conception ou celui de la naissance, si dans l'intervalle de l'un à l'autre le père ou la mère a changé de nationalité?

30. — Dans une première opinion fondée sur le texte même de la loi (art. 9, tout enfant *né* d'un étranger; — art. 10, tout enfant *né* d'un Français), on ne devrait jamais s'attacher qu'au moment même de la naissance. Dans le sein de sa mère, l'enfant, dit-on, n'est point encore une personne, ne compte pas dans la société humaine, n'est et ne peut être membre d'aucune nation; quant à la fiction d'après laquelle l'enfant conçu doit être considéré comme déjà né, elle doit, par cela même qu'elle est une fiction, être restreinte aux cas spécialement prévus, et ne peut par suite recevoir ici d'application. — V. notamment M. Serrigny, t. 1er, p. 140 et suiv.

31. — Une seconde opinion, suivant les règles tracées par d'anciens principes, *in his qui jure contracto matrimonio nascuntur, conceptionis tempus spectatur; in his autem qui non legitimè concipiuntur, editionis* (Ulpien, *Reg.*, tit. 5, § 10), distingue le cas où l'enfant suit la condition de son père de celui où il suit celle de sa mère : dans le premier, sa nationalité est déterminée par celle du père au moment de la conception; dans le second, par celle de la mère au moment de la naissance.

32. — Dans cette opinion, à laquelle se rattache M. Demolombe (no 151), en la combinant toutefois avec la règle *infans conceptus pro nato habetur quoties de ejus commodis agitur* (L. 7, ff., *De stat. homin.*) qui lui paraît pouvoir modifier parfois les conséquences (V. aussi Marcadé sous l'art. 8, no 2), il faudrait adopter les solutions suivantes :

33. — 1o Si l'enfant était déjà conçu au moment où ses père et mère français et légitimement mariés se sont fait naturaliser en pays étranger, l'enfant naîtra français. — Pothier, *Des personnes*, tit. 1er, art. 4. — V. aussi art. 725, 726, 906 et 912, C. civ.

34.—... 2o L'enfant naturel reconnu par son père aurait la nationalité qu'avait celui-ci au moment de la conception et non au moment de l'accouchement, encore moins à celui de la reconnaissance; et il en serait ainsi alors même que le père naturel qui aurait reconnu l'enfant pendant la grossesse de la mère serait mort avant l'accouchement. — Marcadé, sous l'art. 8, no 2.

35. — « Il faut avouer, dit M Demolombe (no 151), que le moment de la conception paraît être difficile à constater; mais c'est là une objection commune à tous les cas, assez fréquens, où il est pourtant nécessaire de le connaître. Les magistrats apprécieront les faits et pourront appliquer, par analogie, la disposition de l'art. 312, C. civ. »

36. — L'enfant né de père et mère inconnus, l'enfant trouvé serait étranger, selon M. Richelot (t. 1er, no 66). « Des étrangers, dit-il, peuvent lui avoir donné le jour, il ne saurait donc prétendre qu'au bénéfice de l'art. 9, C. civ. » Mais il nous semble qu'il peut invoquer également le fait de sa naissance sur le sol français; dans le doute, la présomption doit être pour la nationalité française : et c'est en effet ce qui a toujours eu lieu en France et ce qui avait motivé la disposition d'un décret du 4 juill. 1793, aux termes duquel les enfans trouvés devaient porter le titre d'enfans naturels de la patrie. — Marcadé, *Elém. dr. civ. franç.*, t. 1er, sous l'art. 8, no 2; Merlin, *Rép.*, vo *Français*, § 1er, no 1er; Guichard, no 48; Coin-Delisle, no 7; Demolombe, t. 1er, no 154; Serrigny, p. 138.

37. — Selon Proudhon (p. 197 et suiv.) et M. Valette, son annotateur (p. 200, note *a*), on devrait encore considérer comme Français de naissance tout enfant né en France d'un étranger, depuis que ce dernier s'y est établi, sans autorisation, à perpétuelle demeure, sans esprit de retour, quoiqu'il ne se soit pas fait naturaliser. A l'objection que l'art. 9, C civ., dispose que l'enfant né en France d'un étranger ne peut être considéré comme Français qu'autant que dans l'année de sa majorité il a déclaré vouloir le devenir, ils répondent que cet article doit être restreint au cas où le père appartient encore à une autre nation, et où, par conséquent, l'enfant peut être censé vouloir conserver la patrie de son père; mais quand ce dernier n'a plus de patrie, une présomption semblable ne peut s'appliquer; le fils ne saurait non plus rester étranger à tous les peuples. — V. encore en ce sens Rodière, *Revue de législat.*, t. 1er, p 305 et suiv.

38. — Jugé que l'individu né en Corse d'un père qui est lui-même né dans ce pays, et qui y a toujours joui de ses droits civils et politiques, ne peut être écarté de la liste des électeurs communaux sous prétexte que les auteurs de son père étaient étrangers et pour défaut de naturalisation, alors que lui-même personnellement est établi en Corse, s'y est marié, y a fondé son commerce, a toujours été considéré comme Français et a satisfait à toutes les obligations que cette qualité impose, notamment à la loi sur le recrutement de l'armée.—*Cass.*, 30 mai 1834, maire de Corte c. Flich.

39. — « Mais, dit M. Demolombe (t. 1er, no 152), il ne suffit pas pour devenir Français, ou, en d'autres termes, pour cesser d'être étranger en France, d'avoir perdu la nationalité étrangère; il faut, de plus, avoir acquis la nationalité française, laquelle ne s'acquiert que par l'accomplissement des conditions que la loi détermine à cet effet. » — Les parens étant donc toujours étrangers, leur enfant né en France ne pourrait invoquer que le bénéfice de l'art. 9. — Delvincourt, t. 1er, p. 14, no 7; Coin-Delisle, sur l'art. 13, no 11.

40. — Jugé que le fils d'un étranger domicilié et jouissant des droits civils en France, ne peut être Français avant sa majorité, et, comme tel, soumis au service militaire si son père n'a été nationalisé Français par une ordonnance royale. — *Cass.*, 19 mars 1828, préfet de l'Yonne c. Weber.

41. — Jugé que, dans tous les cas, l'arrêt qui se fonde pour attribuer aux enfans nés, depuis le Code civil, d'un individu né en France, en 1781, de parens étrangers mariés en France, et ayant toujours, depuis, résidé en France, la qualité d'étrangers, sur des extraits d'actes de l'état civil qu'il déclare établir leur filiation avec une famille étrangère, et sur des circonstances graves et précises venant à l'appui de ces actes (lesquels ne sont pas produits d'ailleurs devant la Cour de cassation), échapperait à toute censure.—*Cass.*, 17 juill. 1843 (t. 2 1843, p. 586), préfet des Ardennes c. Sieur.

42. — Les enfans nés de l'étranger admis seulement, aux termes de l'art. 13, C. civ., à établir son domicile en France et à y jouir des droits civils peuvent-ils être réputés Français d'origine? — M. Delvincourt (t. 1er, p. 189, note 1re) se prononce pour l'affirmative, sans toutefois donner de raisons. Cette opinion ne nous paraît pas devoir être suivie. Car il est incontestable, et M. Delvincourt (*eod. loc.*) le reconnaît lui-même, que l'étranger qui a été autorisé à résider en France ne cesse pas d'être étranger. Les lois personnelles de son pays lui sont donc toujours applicables. — V. motifs d'un arrêt de Paris du 13 juin 1814, Styles c. Busqueta.— Or, comment le père aurait-il pu conférer à ses enfans une qualité qu'il n'avait pas? C'est donc encore ici le cas de dire que l'enfant suit la condition de son père. — V., en ce sens, Legat, p. 7; Duranton, no 221; Magnin, no 8; Demolombe, no 153.

43. — Dans le système des auteurs qui pensent que l'art. 9, C. civ., imprime au fils de l'étranger né en France la qualité de Français, mais sous la con-

Français et de la fixation de son domicile en France dans les délais prescrits par la loi, on peut aussi considérer cet individu comme Français-né, quand il a rempli la condition ci-dessus.

44. — Enfin, on peut également regarder comme Français de naissance les enfans nés soit sur le territoire actuel de la France, soit dans un pays réuni à la France, mais qui en a été séparé par les traités de 1814 d'individus originaires ou habitans de ce pays, encore bien que ces derniers n'aient pas rempli les conditions exigées par la loi du 14 oct. 1814 pour conserver la qualité de Français dont ils avaient joui pendant la réunion, si d'ailleurs leurs enfans ont continué depuis la séparation de résider en France.

Sect. 2e. — *Enfans d'étrangers nés en France ou de Français ayant perdu cette qualité.*

45. — Le Code civil n'ayant plus égard au lieu de la naissance, comme nous l'avons dit plus haut, nº 5, pour déterminer la nationalité, il s'ensuit que celui qui naît en France d'un étranger est étranger. Cependant le Code civil lui fait un titre du hasard de sa naissance, des circonstances heureuses dans lesquelles il a reçu le jour. — Treilhard, Exposé des motifs ; Gary, Disc. au corps législ.

46. — « Tout individu né en France d'un étranger, porte l'art. 9, pourra, dans l'année qui suivra l'époque de sa majorité, réclamer la qualité de *Français* ; pourvu que, dans le cas où il résiderait en France, il déclare que son intention est d'y fixer son domicile, et que, dans le cas où il résiderait en pays étranger, il fasse sa soumission de fixer en France son domicile, et qu'il s'y établisse dans l'année, à compter de l'acte de soumission. »

47. — « L'art. 9, dit M. Demolombe (nº 162), est fondé sur deux motifs : 1º sur cet attachement instinctif que la nature a mis dans le cœur de l'homme pour les lieux où il a reçu le jour. La loi veut seulement s'assurer que cet attachement pour la patrie natale est réel ; et voilà pourquoi elle exige que l'étranger, pour profiter de cette faveur, en donne effectivement la preuve et la garantie par son établissement en France ; 2º sur ce que, le plus souvent, l'enfant né en France d'un étranger y sera resté plus ou moins long-temps, y aura été élevé peut-être, en aura appris la langue, les mœurs, les habitudes, et qu'il sera, dès-lors, convenable et juste de lui rendre plus facile le moyen de la naturalisation. »

48. — La circonstance que le père de l'enfant aurait son domicile en France n'empêchant pas le père d'être étranger, le fils n'en demeure pas moins dans la nécessité, pour devenir Français, de remplir les formalités prescrites par l'art. 9. — Valette sur Proudhon, p. 111.

49. — Le Code ne s'explique pas sur l'autorité à laquelle devront être adressées ces réclamations et soumissions. Cela pourtant était important à dire, car une erreur pourrait peut-être entraîner une déchéance. Toutefois, il nous semble qu'on peut suppléer au silence de la loi en se reportant au but et à la nature de ces déclarations et soumissions. Selon nous, elles équivalent à de véritables actes de l'état civil. Par conséquent, ce n'est pas au garde des sceaux qu'elles doivent être adressées ; mais elles doivent avoir lieu à la mairie de la résidence actuelle de ceux qui les font, et l'analogie exige qu'on les porte sur les registres des naissances. Ce mode de procéder est plus en harmonie avec la brièveté du délai fixé par l'art. 9. Et si ces réclamations et soumissions soulèvent des contestations, c'est devant les tribunaux civils qu'elles seront portées. Ces réclamations et soumissions devront donc, dans la forme, être revêtues de toutes les formalités exigées pour les actes de l'état civil. Si les réclamans demeurent à l'étranger, elles seront valablement faites devant l'ambassadeur ou le consul. — V., sur ce point, Delaporte, *Pand. franc*, sur l'art. 9, nº 59 ; Coin-Delisle, sur les art. 9 et 10, nº 12 ; Magnin, *Traité des minorités*, t. 1er, nº 3, *in fine* ; Demolombe, nº 162 ; Toullier, t. 1er, p. 103 ; Richelot, t. 1er, nº 69, note 20 ; Serrigny, t. 1er, p. 145.

50. — M. Legat (p. 110) va même jusqu'à reconnaître le droit de faire ces déclarations et soumissions devant l'ambassadeur, aux enfans qui seraient nés en pays étranger, mais dans l'hôtel de l'ambassade, parce qu'alors, dit-il, en réalité, ils sont nés en France. — Toutefois, cette opinion nous paraît étendre outre mesure la fiction de l'exterritorialité.

51. — On a agité aussi la question de savoir si la majorité dont parle l'art. 9, C. civ., devait s'entendre de la majorité telle qu'elle est réglée par les lois françaises, ou de celle qui est fixée par les lois du pays de l'étranger.

FRANÇAIS, ch. 1er sect. 2e.

52. — Delaporte (sur l'art. 9, nº 58), Delvincourt (t. 1er, note 1re sur la page 15) et MM. Legat (p. 13), Duranton (nº 129), M. Coin-Delisle (nº 13) et Magnin (nº 4) ont pensé qu'il s'agissait en cet article de la majorité française. En conséquence, dans ce système, l'enfant né en France d'un étranger ne pourrait valablement faire sa réclamation avant l'âge de vingt-un ans, quand même la majorité serait acquise plus tôt dans la patrie de ses parens. — V. aussi Serrigny, *Tr. de dr. publ.*, t. 1er, p. 145 ; Richelot, t. 1er, nº 69.

53. — Mais M. Valette (sur Proudhon, p. 180, note) professe l'opinion contraire. Il se fonde sur ce qu'il est de principe qu'en général l'état des étrangers se règle par la loi étrangère et sur ce que, s'il en était autrement, l'étranger qui dans son pays serait encore mineur après vingt-un ans se trouverait réduit à l'impuissance de profiter du bénéfice de l'art. 9. — V., dans le même sens, Demolombe, nº 165 ; Marcadé, sous l'art. 9, nº 2 ; Duvergier, sur Toullier, t. 1er, nº 261, note à la suite d'une autre note de Toullier.

54. — Cette dernière opinion, quelque sérieuses que soient les raisons qui l'appuient, soulève néanmoins de graves objections ; en effet, d'abord la faveur que la loi accorde à l'enfant né en France d'un étranger, et l'urgence qu'il y a peut-être pour lui à avoir définitivement la qualité de Français, pourraient justifier une exception au principe invoqué par M. Valette. En outre, il n'est nullement probable que les rédacteurs du Code aient voulu, en conférant un droit français, le régler d'après une majorité fixée par une loi étrangère. Car il doit suffire, évidemment, que le consentement à la conservation du titre de Français, pour être libre, soit donné à l'âge où la loi française elle-même, de l'application de laquelle il s'agit, reconnaît la plénitude de la raison. De cette manière, l'inconvénient que redoute M. Valette ne saurait d'ailleurs être à craindre. — Enfin, on ne voit pas pourquoi on adopterait ici une solution autre que celle consacrée par la constitution de l'an VIII, dont l'art. 2, plus explicite que l'art. 9, admettait les étrangers âgés de vingt-un ans accomplis à se faire naturaliser en France, quel que fût le temps de la minorité dans leur pays.

55. — Si l'enfant né en France d'un étranger laisse passer l'année qui suit sa majorité sans former la réclamation et la déclaration prescrites par l'art. 9, il doit être déchu de la faculté que lui accorde cet article de réclamer la qualité de Français. C'est ce qui est enseigné par Toullier, nº 261 ; Guichard, nº 68, et Coin-Delisle, nº 18 ; Serrigny, t. 1er, p. 145.

56. — Cependant, il est à remarquer que Toullier ne parle que de la déclaration ou de la soumission et se tait sur la réclamation. Or, il est évident que la réclamation doit être légalement faite dans l'année de la majorité. Car à quoi servirait la déclaration de fixer son domicile en France si l'enfant ne réclamait en même temps la qualité de Français. La réclamation devrait même, à la rigueur, précéder la déclaration. — V. Richelot, t. 1er, nº 69.

57. — Lorsque l'enfant né en France d'un étranger est déchu de l'option que lui accorde l'art. 9, il ne peut être admis à la qualité de Français qu'en remplissant, comme tout étranger, les formalités prescrites pour la naturalisation. — Toullier et Coin-Delisle, *eod. loc.* ; Richelot, *loc. cit.* ; Serrigny, t. 1er, p. 145.

58. — De ce que la réclamation de la qualité de Français, dans le cas dont il s'agit, ne peut être efficace qu'autant qu'elle est faite conformément à l'art. 9, il en résulte encore que si l'enfant décède mineur ou dans l'année qui suit l'époque de sa majorité, mais avant d'avoir fait cette réclamation, il sera mort étranger. — Toullier, *eod. loc.* ; Guichard, nº 66.

59. — Ses héritiers ne pourraient pas même réclamer, dans cette même année, pour le faire considérer comme Français. Car la faculté de faire cette réclamation est purement personnelle à l'enfant. — Guichard, nº 67.

60. — On s'est demandé si, lorsque, devenu majeur, cet enfant a accompli les conditions imposées par l'art. 9, ledit accomplissement a un effet rétroactif au jour de la naissance. — Cette question est controversée.

61. — Disons d'abord que la loi du 14 juill. 1819, en accordant aux étrangers le droit de succéder en France, de disposer et de recevoir de la même manière que les Français, a fait perdre à cette question beaucoup de son importance : toutefois, comme elle peut encore se présenter notamment pour des droits ouverts antérieurement, ou dans le cas où un individu né en France d'un étranger, âgé de vingt et un ans, domicilié en France, mais n'ayant pas encore fait sa réclamation, qu'il n'effectuerait que quelques jours plus tard, figurerait comme té-

FRANÇAIS, ch. 1er, sect. 2e.

moin dans un testament (Coin-Delisle, nº 15), il est utile de l'examiner.

62. — Toullier (nº 261) s'est prononcé en faveur de la rétroactivité. Il s'est fondé sur ce que le mot *réclamer* employé dans l'art. 9 indiquait la conservation d'une qualité donnée par la naissance sous une condition suspensive, et sur ce que l'art. 20, C. civ., ne prohibait la rétroactivité que dans les cas prévus par les art. 10, 18 et 19 du même Code. — V., dans le même sens, Legat, p. 12 et suiv. ; Coin-Delisle, nºs 3 et 15 ; Toullier, *Théorie du Code civil*, t. 1er, p. 125, et Zachariæ, p. 154.

63. — Merlin (*Répert.*, vº *Français*, § 1er, nº 1er, et vº *Légitimité*, sect. 4e, § 3, *in fin.*), enseigne aussi cette doctrine : « L'enfant né en France d'un étranger, dit-il, au mot *légitimité*, a un droit tout particulier à la protection des juges nationaux, car il n'est pas seulement habile à devenir Français, il est déjà *un Français commencé.* »

64. — La doctrine contraire est enseignée par MM. Delvincourt (t. 1er, note 8e sur la page 15) ; Demolombe (nº 163) ; Duranton (nº 199) ; Richelot (t. 1er, nº 69) ; Serrigny (t. 1er, p. 145) ; Marcadé (sous l'art. 9, nº 1er) ; Duvergier sur Toullier (t. 1er, nº 261, note à la suite d'une autre note de Toullier), qui la trouvent plus conforme à l'esprit des art. 9, 10 et 20 du Code civil. Selon eux, le mot *réclamer* est souvent employé par la loi et les jurisconsultes comme synonyme de demander, et il n'est pas exact de dire que l'art. 20 soit restrictif, puisqu'il ne comprend même pas le cas où le Français qui a perdu sa qualité en prenant du service militaire chez l'étranger vient à la recouvrer ultérieurement, quand il est certain qu'il la recouvre *sans effet rétroactif*. De plus, si on recherche la qualité de l'enfant né en France d'un étranger, on voit qu'il est étranger. « Quant au fils de l'étranger qui reçoit accidentellement le jour en France, disait M. Treilhard (séance du corps législatif du 14 vent. an XI), on ne peut pas dire qu'il ne naît pas étranger.. » Si donc cet enfant naît étranger, l'accomplissement des formalités prescrites par l'art. 9 peut seulement lui faire acquérir la qualité de Français, mais non lui conserver une qualité qu'il n'avait pas, qu'il ne pouvait même pas avoir conditionnellement. Car, s'il en eût été ainsi, les droits attachés à cette qualité et ouverts pendant la minorité de l'enfant auraient été nécessairement en suspens jusqu'à l'époque de sa majorité. Comment, disent-ils, concevoir que le législateur eût voulu laisser ainsi en suspens pendant un temps qui pouvait être très long, la propriété des biens composant une succession ? Sous l'ancienne jurisprudence, cette suspension avait lieu au profit des individus qui, ayant cessé d'être Français, recouvraient plus tard cette qualité. « Or, ajoute M. Duranton (*loc. cit.*), c'est pour détruire les abus que cette suspension entraînait qu'a été rédigé l'art. 20. Mais si cet article ne comprend pas l'enfant né en France d'un étranger, c'est parce qu'on a érigé en règle dans l'art. 9 que cet enfant ne pouvait devenir Français qu'à sa majorité. D'ailleurs, la loi, qui a traité plus favorablement l'enfant né à l'étranger d'un Français qui a perdu cette qualité, puisqu'il peut *toujours* recouvrer la qualité de Français, offrirait l'exemple d'une étrange contradiction, si l'enfant né en France d'un étranger pouvait, préférablement au premier, répéter tous les droits ouverts depuis sa naissance. »

65. — Ainsi, suivant cette doctrine, qui nous paraît plus conforme à l'esprit véritable de la loi, l'art. 9 ne ferait que conférer à l'enfant la qualité de Français, et si, par exemple, après avoir atteint sa majorité, il laissait écouler plusieurs mois sans faire de réclamation, c'est uniquement du jour où elle aurait été formée qu'il serait devenu Français.

66. — Toutefois l'enfant étranger serait soumis aux obligations imposées par la loi du recrutement aux Français de naissance, immédiatement après avoir été admis à jouir du bénéfice de l'art. 9, C. civ. — V. L. 21 mars 1832, art. 2.

67. — Nous avons supposé jusqu'ici que l'enfant né en France d'un étranger était né en légitime mariage. Toutefois, l'enfant qui serait né en France d'une mère étrangère, mais d'un père inconnu, devrait jouir des mêmes prérogatives. — Toullier, nº 262 ; Duranton, nº 123 ; Coin-Delisle, nº 9. — L'art. 9 ne fait en effet aucune distinction entre l'enfant légitime et l'enfant naturel. — Demolombe, *C. de Code civil*, t. 1er, nº 162 ; Richelot, t. 1er, nº 69.

68. — Dans le cas où l'enfant serait né d'une mère française, mais aurait été reconnu par un père étranger, il pourrait également acquérir la qualité de Français, en remplissant les formalités prescrites par l'art. 9. — *Cass.*, 15 juill. 1840 (t. 2 1840, p. 488), Correa de Serra c. de Riville.

69. — Et s'il est né depuis la publication du Code

civil, son état doit être régi par cette loi, encore bien qu'il eût été conçu auparavant. — Même arrêt.

70. — Mais on ne pourrait, selon M. Marcadé (sous l'art. 9, nº 3), faire rentrer sous l'application de l'art. 9, et faire jouir du bénéfice qu'il accorde l'enfant né d'un étranger en pays étranger, alors même qu'il prouverait avoir été conçu en France. — Dans ce cas, « l'article porte, dit-il, tout individu *né* en France, et comme il s'agit d'une disposition exceptionnelle et dérogeant aux principes, on ne doit pas l'étendre au-delà de ses termes; ici le texte, pas plus que l'esprit de la loi ne permettent d'appliquer la maxime *infans conceptus*, etc. »

71. — L'enfant né en pays étranger d'un Français qui a perdu cette qualité est aussi étranger. C'est la disposition formelle de l'art. 4, décr. 26 août 1811.

72. — Mais la loi le traite encore plus favorablement que l'enfant né en France d'un étranger. Ainsi, aux termes de l'art. 10, § 2, C. civ., il pourra *toujours*, à la différence de l'enfant né en France d'un étranger qui n'a que l'année qui suit sa majorité pour agir, recouvrer la qualité de Français, en remplissant les conditions exigées par l'art. 9.

73. — Cette différence entre l'enfant né en pays étranger d'un Français qui a perdu cette qualité, et l'enfant né en France d'un étranger est fondée sur la faveur due à l'origine du sang français, sur cette affection naturelle, sur cet amour ineffable que conservent à la France tous ceux dans les veines desquels coule le sang français, et sur l'équité, qui ne permet pas que l'enfant souffre de la faute de son père quand il demande à la réparer. — Treilhard, Exposé des motifs, Gary, Disc. au corps législ.

74. — La disposition de l'art. 10 est conforme à ce qui s'observait autrefois. Sous l'ancien droit, en effet, l'enfant né en pays étranger d'un Français qui avait cessé de l'être pouvait, à quelque époque que ce fût, recouvrer cette qualité en venant habiter la France et en obtenant des lettres de déclaration de naturalité. Il paraît même que ces lettres n'étaient pas d'absolue nécessité, mais de simple précaution.

75. — Toutefois, les conséquences produites par l'obtention de ces lettres n'étaient pas les mêmes que celles du recouvrement effectué en vertu de l'art. 10. Ainsi, cette obtention avait un effet rétroactif : l'enfant était rétabli dans tous les droits qu'aurait eus son père, par une espèce de *jus postliminii*. — Bacquet, *Aubain*, ch. 40, nº 26 ; d'Aguesseau, t. 3, p. 138, 32e plaidoyer ; Coin-Delisle, nº 5. — Au contraire, le Code civil dispose formellement qu'en recouvrant la qualité de Français, il ne pourra s'en prévaloir que pour l'avenir et pour l'exercice des droits échus depuis sa soumission. — Art. 20.

76. — Le mot *toujours* que contient l'art. 10 a fait naître la question de savoir si l'enfant de l'ex-Français avait le droit d'agir, même avant l'âge de vingt-un ans, pour recouvrer la qualité de Français.

77. — Delvincourt (t. 1er, note 6e, sur la page 15) et Guichard (nos 69 et 70) enseignent qu'elle peut être faite même pendant la minorité de l'enfant, par son tuteur, ou par l'enfant lui-même, s'il est émancipé, mais avec l'assistance de son curateur.

78. — Mais Toullier (nº 263) professe, avec plus de raison, selon nous, un sentiment contraire, parce que, dit-il, avant cette époque, l'enfant n'a pas de volonté légale qui lui soit propre. C'est aussi l'opinion de MM. Legat (p. 16) et Coin-Delisle (nº 13). Selon ce dernier auteur, le mot *toujours* signifie seulement qu'à partir de l'époque où l'enfant a atteint sa majorité, la loi ne lui fixe plus, comme au fils de l'étranger, de délai fatal dans lequel il doive faire sa déclaration. — V. aussi Demolombe, nº 166.

79. — Si l'enfant né en pays étranger d'un père qui aurait perdu sa qualité de Français venait à décéder sans avoir réclamé, il mourrait étranger, comme l'enfant né en France d'un étranger. Le mot *pourra*, employé par l'art. 10, C. civ., indique clairement qu'il ne s'agit ici que d'un simple droit facultatif, et non d'un droit absolu. — Guichard, nº 71.

80. — M. Legat (p. 14) pense que le § 2, art 10, ne peut être invoqué par l'enfant né en pays étranger d'un père qui, au lieu de tenir de sa naissance la qualité de Français qu'il a perdue, l'avait, au contraire, acquise par sa naturalisation en France. — V., dans le même sens, Richelot, nº 68, note 19e. — Mais le § 2, art. 10, est conçu en termes généraux : il ne fait aucune distinction. Et, en second lieu, l'enfant est innocent de l'inconstance de son père. Si l'on admettait l'opinion de M. Legat, ce serait faire rejaillir sur cet enfant un fait qui ne lui est nullement imputable.

81. — Le fils du mort civilement pourrait, selon M. Richelot (t. 1er, nº 68, note 19e), invoquer l'art. 10 en sa faveur, car aucune distinction ne l'exclut. « D'ailleurs, dit cet auteur, les fautes sont personnelles. Le crime de son père ne saurait donc nuire à l'enfant sous ce rapport, et l'empêcher de recouvrer la qualité de Français, en supposant que la mort civile l'eût fait perdre. » — V. MORT CIVILE.

82. — Si le Français qui a perdu cette qualité venait à la recouvrer depuis la naissance de son fils en pays étranger, celui-ci n'en continuerait pas moins d'être soumis, pour devenir Français, à l'observation des formalités prescrites par l'art. 10, § 2; car le changement d'état de son père depuis sa naissance ne peut pas plus lui profiter qu'il ne peut lui nuire. — Legat, p. 17.

83. — Les déclarations ou soumissions faites dans les formes prescrites par la loi suffisent à elles seules pour attribuer la qualité de Français et la jouissance des droits qui y sont attachés aux individus dont s'occupent les art. 9 et 10, § 2. Il n'est pas nécessaire qu'ils obtiennent des lettres de déclaration de naturalité. — Coin-Delisle, nº 14. — V. aussi Richelot (t. 1er, nº 68, note 18 ; Serrigny, *Tr. de dr. publ.*, p. 145. — V. cependant Guichard, nº 72.

84. — Tout individu né en France d'un étranger est Français par cela seul qu'il a rempli les conditions prescrites par l'art. 2 de la Constitution du 22 frim. an VIII et par l'art. 9, C. civ., sans qu'il ait besoin de demander et d'obtenir des lettres de déclaration et de naturalité; il suffit qu'il ait déclaré dans l'année de sa majorité sa volonté d'être Français, qu'il ait fait sa soumission de fixer son domicile en France, et qu'il s'y soit réellement établi dans l'année. Dès-lors il a, s'il réunit d'ailleurs les qualités exigées par les art. 11 et 13, L. 21 mars 1831, capacité pour concourir à l'élection municipale de sa commune. — *Cass.*, 19 août 1844 (t. 2 1844, p. 238), maire de Saint-Florent c. Malfati.

85. — L'art. 9, C. civ., suivant lequel tout individu né en France d'un étranger peut, dans l'année qui suit sa majorité, réclamer la qualité de Français, à la condition, s'il réside en France, de déclarer qu'il entend y fixer son domicile, dispose d'une manière absolue, et les formalités qu'il indique pour s'assurer ainsi la naturalisation ne peuvent être remplacées par des équipollens. Ainsi, en l'absence de la déclaration de domicile exigée par la loi, les juges ne peuvent considérer la naturalisation comme acquise, et, par suite, reconnaître l'existence de la capacité électorale, par cela seul que celui qui l'invoque aurait, avant sa majorité, et dans l'année qui l'a suivie, servi dans la marine française, et qu'il aurait, de fait, son habitation en France, où il a contracté mariage et s'est fait inscrire sur la liste des électeurs municipaux et sur les contrôles de la garde nationale. — *Cass.*, 8 juill. 1846 (t. 2 1846, p. 357), Paravicini c. préfet d'Ille-et-Vilaine.

86. — Les individus nés en France de parens étrangers ne peuvent acquérir la qualité de Français qu'en souscrivant préalablement la déclaration prescrite par l'art. 9, C. civ.; mais cette qualité ne leur est pas acquise par cela seul qu'ils auraient toujours résidé en France, qu'ils s'y seraient mariés et qu'ils auraient satisfait à la loi sur le recrutement. En conséquence, et à défaut de la déclaration dont il s'agit, ils ne peuvent être inscrits sur les listes électorales. — *Grenoble*, 19 nov. 1845 (t. 1er 1846, p. 613), Duc-Martin c. préfet de l'Isère.

87. — Dans les art. 9 et 10, les rédacteurs du Code civil se sont préoccupés uniquement du fait de la naissance. L'époque de la conception doit-elle donc être tout-à-fait indifférente?

88. — L'affirmative est évidente quand les parens sont Français, puisque partout l'enfant naîtra Français.

89. — Il en est encore ainsi quand les parens sont étrangers; car si au fait de la naissance d'un étranger en France est attaché le bienfait conditionnel de la naturalité, ce n'est qu'une exception qui ne peut être étendue d'un cas à un autre. Celui qui n'a été que conçu en France ne présente pas, au surplus, les mêmes garanties d'affection pour notre patrie que celui qui y est né et y a été élevé. — Duranton, nº 130; Legat, p. 7; Coin-Delisle, nº 7. — V. aussi Demolombe, nº 164; Serrigny, *Tr. de dr. publ.*, t. 1er, p. 145 et 148. — V. cependant Richelot, t. 1er, nº 69, note 21e.

90. — Mais on admet généralement l'opinion contraire quand l'enfant a pour père un Français déchu de cette qualité. Alors on doit considérer plutôt l'époque de la conception que celle de la naissance. La faute du père ne saurait, dit-on, priver l'enfant d'un état auquel la loi attachait déjà des effets. — Art. 725 et 906, C. civ. — C'est donc le cas de dire : *Infans conceptus pro nato habetur, quotiès de commodis agitur.* — Legat, p. 18; Duranton, nº 128; Coin-Delisle, nº 8; Magnin, *Tr. des Minorités*, t. 1er, nº 9; Richelot, t. 1er, nº 69, p. 115, note 21e. — V. encore Marcadé, sous l'art. 10, nº 1er.

91. — C'est par application de ce principe qu'il a été jugé que l'enfant né après l'émigration de ses père et mère était Français, si sa conception remontait à une époque antérieure à leur émigration. — *Caen*, 3 fév. 1813, Montalembert c. Saint-Jean de Grossen; — Richelot, t. 1er, nº 68, nº 19.

92. — Dans ce système, pour déterminer l'époque de la conception, il faut suivre la présomption établie par l'art. 312, C. civ. — Ainsi, si la perte des droits du père est postérieure au trois-centième jour qui aura précédé la naissance de l'enfant, celui-ci naîtra Français. — Legat, *ubi suprà*; Duranton et Coin-Delisle, *ibid.* — Ce dernier auteur ajoute avec raison que, dans le mystère qui cache le moment de la conception, on devra se décider en faveur de la naturalité, comme en faveur de la légitimité.

93. — Le Code n'a pas prévu le cas où l'enfant d'un Français qui aurait perdu cette qualité naîtrait en France. Quel serait l'état de cet enfant?

94. — M. Legat (p. 15) pense qu'il n'est point étranger : il le range dans la classe des Français par naissance. M. Duranton (nº 127) l'assimile à l'enfant né en pays étranger. Enfin, M. Coin-Delisle (nº 16) le place dans la classe des enfans nés en France de parens étrangers.

95. — Nous ne pouvons admettre l'opinion de M. Legat; il nous semble, en effet, impossible de considérer cet enfant comme Français de naissance; car il est né d'un père qui n'avait plus cette qualité, et duquel il a reçu par sa naissance même une qualité étrangère. Qu'importe qu'il soit né en France, puisque aujourd'hui le lieu de la naissance ne détermine plus la nationalité. Des deux autres opinions, celle de M. Duranton nous paraît préférable. Pourquoi, en effet, le législateur a-t-il accordé à l'enfant né en pays étranger d'un Français la faculté de pouvoir *toujours* réclamer la qualité de Français? C'est parce que *dans les veines de cet enfant coule le sang français.* — Or, peut-on supposer que ce motif perdrait de sa force, parce que cet enfant naîtrait sur le sol français? Evidemment non. — M. Demolombe partage ce sentiment : « les mots *en pays étranger*, dit-il (nº 166), que tout le monde déclare inutiles dans la première partie de l'art. 10, s'y retrouvent encore avec la même inutilité dans la seconde partie. » — V. aussi Richelot, *Princ. du dr. civ.*, t. 1er, nº 68; Serrigny, t. 1er, p. 148; Marcadé, sous l'art. 10, nº 2.

Sect. 3e. — *Manière dont les étrangers peuvent acquérir la qualité de Français.*

96. — La législation relative à l'obtention de la qualité de Français a subi depuis 1790 quelques variations; et un certain nombre de personnes ne pouvant aujourd'hui invoquer la qualité de Français que parce qu'elles rentrent dans les prévisions ou ont rempli les prescriptions de telle des dispositions législatives qui se sont succédé, nous en rappellerons succinctement les dispositions principales.

97. — L'art. 22 de la loi du 9-15 déc. 1790 portait : « Toutes personnes qui, nées en pays étranger, descendant, en quelque degré que ce soit, d'un Français ou d'une Française expatriés pour cause de religion, *sont déclarés naturels français*, et jouiront des droits attachés à cette qualité, si elles reviennent en France, y fixent leur domicile et prêtent le serment civique. » — V. aussi Constit. 3-14 sept. 1791, tit. 2, art. 2.

98. — M. Serrigny pense (*Tr. du dr. publ. des Franç.*, t. 1er, p. 150) qu'aucun délai n'ayant été imparti par cette loi pour le retour et la fixation du domicile en France des personnes qu'elle désigne, ces personnes peuvent toujours profiter de cette disposition et venir réclamer en France et exercer tous les droits attachés à la qualité de citoyen français, même celui de siéger dans les chambres. — *Cass.*, 13 juin 1811, Benard et Fumée c. Gaugain.

99. — Aux termes de la loi du 30 avr.-2 mai 1790, « tous ceux qui, nés hors du royaume, de parens étrangers, sont établis en France, sont réputés Français et admis, en prêtant serment civique, à l'exercice des droits de citoyen actif, après cinq ans de domicile continu dans le royaume, s'ils ont, en outre, ou acquis des immeubles, ou épousé une Française, ou formé un établissement de commerce, ou reçu dans quelque ville des lettres de bourgeoisie. »

100. — « Cette loi, dit M. Serrigny (t. 1er, p. 151) peut servir à déterminer la nationalité, soit des individus encore existans qui se trouveraient compris dans ses termes, soit de leurs enfans dont la

dition suspensive de la réclamation de son état de qualité serait contestée. » — L. 30 avr.-2 mai 1790.

101. — Cette disposition a été renouvelée par l'art. 3, tit. 2, constit. 3-14 sept. 1791, ainsi conçu : « ceux qui, nés hors du royaume de parens étrangers, résident en France, deviennent citoyens français après cinq ans de domicile continu dans le royaume, s'ils y ont en outre acquis des immeubles ou épousé une Française, ou formé un établissement d'agriculture ou de commerce, et *s'ils ont prêté le serment civique.* »

102.—Ces derniers mots de l'art. 3, constit. 1791, ne se trouvant pas dans la loi du 30 avr.-2 mai 1790, on s'est demandé si sous l'empire de cette dernière loi un étranger ne pouvait devenir Français qu'autant qu'il avait prêté le serment civique. — Mais la jurisprudence, se fondant sur ce que la loi de 1790 distinguait entre la qualité de Français et celle de citoyen français et n'exigeait le serment civique que pour la qualité de citoyen, a consacré la négative. — *Cass.*, 27 avr. 1819, d'Alsace c. de Caraman; *Riom*, 7 avr. 1835, Onslow; — *Cass.*, 28 avr. 1836, Onslow; *Douai*, 19 mai 1835, préfet du Nord c. Disant; *Paris*, 18 mars 1823, Wagner c. préfet de la Seine.— Serrigny, t. 1er, p. 151. — V. cependant *Nîmes*, 22 déc. 1825, Entricforster; *Montpellier*, 22 juin 1826, Loth.

103. — D'après la constitution du 24 juin 1793, art. 4 : « Tout étranger âgé de vingt-un ans accomplis qui domicilié en France depuis une année y vivait de son travail ou y avait acquis une propriété, ou épousé une Française, ou adopté un enfant, ou nourri un vieillard, était admis à l'exercice des droits de citoyen français. » — V. *Lyon*, 10 nov. 1827, Casati; même jour et même cour, Jay. — V. cependant *Orléans*, 25 juin 1830, Rau. — Serrigny, t. 1er, p. 152.

104. — Jugé que l'étranger qui est venu se fixer en France en 1793, qui y a formé un établissement commercial, qui y a exercé sa profession, et y a résidé jusqu'à sa mort, a acquis la qualité de citoyen français que n'ont pu lui enlever les lois postérieures. Ses enfans, nés en France, sont Français comme lui. — *Ass. de la Seine*, 1er août 1838 (t. 2 1838, p. 52), Ducimetière-Monod et Brunton.

105. — Puis vint la constitution du 5 fructid. an III, dont l'art. 10 portait : « L'étranger devient citoyen français lorsqu'après avoir atteint l'âge de vingt-un ans accomplis, et avoir déclaré l'intention de se fixer en France, il y a résidé pendant sept années consécutives, pourvu qu'il y paie une contribution directe, et qu'en outre il y possède une propriété foncière, ou un établissement d'agriculture ou de commerce, ou qu'il ait épousé une Française. »

106. — Enfin l'art. 3, constit. 22 frim. an VIII, était ainsi conçu : « Un étranger devient citoyen français lorsqu'après avoir atteint l'âge de vingt-un ans accomplis, et avoir déclaré son intention de se fixer en France, il y a résidé pendant dix années consécutives. »

107. — Tous ceux, dit M. Serrigny (t. 1er, p. 153), qui ont acquis la qualité de Français par l'un des moyens énoncés dans ces lois intermédiaires, l'ont conservée s'ils sont encore existans ou s'ils l'ont transmise par la naissance à leurs descendans.

108. — Aujourd'hui, les étrangers peuvent acquérir la qualité de Français : 1° par la naturalisation, — 2° par le mariage d'une étrangère avec un Français; — 3° par la réunion d'un territoire étranger à la France.

§ 1er. — *Naturalisation en France.*

109. — Les conditions ordinaires de naturalisation en France sont déterminées par la loi du 22 frim. an VIII, dont l'art. 3 porte : « Un étranger devient citoyen français, lorsqu'après avoir atteint l'âge de vingt-un ans accomplis et avoir déclaré l'intention de se fixer en France, il y a résidé pendant dix années consécutives. »

110. — Le délai de dix années prescrit par l'article dont nous venons de rapporter les termes, ne commence à courir, aux termes d'un avis du conseil d'état du 18 prair. an XI, que du jour où l'autorisation de résider en France a été accordée par le roi; et un décret du 17 mars 1809 porte que la naturalisation n'a lieu même après les dix années de residence qu'autant qu'elle a été conférée par le roi.

111. — Deux exceptions ont été apportées à la nécessité du séjour de dix années en France : — la première, par les sénatus-consultes du 26 vendém. an XI et du 19 fév. 1808, qui permettent au gouvernement d'admettre à jouir des droits de citoyen français, *après un an de domicile*, les étrangers qui rendront ou qui auraient rendu des services importans à l'état, ou qui apporteront dans son sein des talens, des inventions ou une industrie utiles, ou qui formeront de grands établissemens. — La seconde, par une ordonnance du 4 juin 1814, aux termes de laquelle « aucun étranger ne pourra siéger désormais ni dans la chambre des pairs ni dans celle des députés, à moins que, par d'importans services rendus à l'état, il n'ait obtenu des lettres de naturalisation vérifiées par les deux chambres. »

112. — Enfin, une loi du 14 oct. 1814 établit une troisième exception à la loi du 22 frim. an VIII en dispensant d'une partie des conditions qu'elle prescrit les habitans des départemens qui avaient été réunis à la France en 1791.

113. — Pour l'examen de ces dernières dispositions et des difficultés qu'elles font naître, V. NATURALISATION.

§ 2. — *Mariage d'une étrangère avec un Français.*

114. — « L'étrangère, porte l'art. 12, C. civ., qui aura épousé un Français suivra la condition de son mari. » — Elle devient donc Française par le seul fait de son mariage.

115. — « Le législateur, dit M. Demolombe (t. 1er, n° 168), a pensé avec raison que la femme qui, par le mariage, confond sa destinée avec celle de son mari, veut également s'associer à sa nationalité; cette communauté de patrie entre époux est, sous tous les rapports, logique et désirable. »

116. — Il en est ainsi alors même que la femme serait encore mineure, si le mariage a été valablement célébré avec l'assistance des personnes dont le consentement était nécessaire. — Legat, p. 53; Richelot, n° 70.

117. — C'est au moment même de la célébration du mariage que la femme étrangère est investie de la qualité de Française. Cette qualité et celle d'épouse d'un Français se fixent en effet sur elle simultanément, et l'instant où elle acquiert ces deux qualités est indivisible. — V. à cet égard les motifs de l'arrêt de Cassation du 18 fév. 1819, Sarrazin; — Merlin, *Rép.*, v° *Mariage*, sect. 6, § 2, quest. 4e, sur l'art 184, C. civ.; Legat, *Code des étrangers*, p. 400; Bourguignon, *Jurisp. des Codes crim.*, sur l'art. 7, C. inst. crim., t. 1er, p. 73; Coin-Delisle, sur les art. 8, C. civ., n° 9 et 12, n° 1. — V. cependant Legraverend, t. 1er, chap. 1er, sect. 6, § 2, p. 97.

118. — Et quand même le mariage serait nul, comme il ne pourrait être anéanti qu'en vertu d'un jugement, il n'imprimerait pas moins la qualité de Française à la femme étrangère, tant qu'il subsisterait. — Merlin et Coin-Delisle, *ibid.*

119. — Ainsi, un second mariage contracté avant la dissolution du premier par un Français en pays étranger et avec une étrangère conférerait à cette femme la qualité de Française et la rendrait apte à porter devant les magistrats français une plainte qui les autoriserait à poursuivre le crime de bigamie dont son mari se serait rendu coupable. — *Cass.*, 18 fév. 1819, Sarrazin. — V. aussi en ce sens Guichard.

120. — Mais, lorsque la nullité du mariage a été prononcée, les conséquences de cette nullité sont différentes, suivant que la femme étrangère a été de bonne ou mauvaise foi. Au premier cas, le mariage produit à son égard les effets civils (art. 201, C. civ.); ainsi, elle demeure française. Dans le second, au contraire, elle doit être considérée comme ne l'ayant jamais été. — Merlin, *ibid*; Coin-Delisle, sur l'art. 12, n° 2.

121. — A plus forte raison, quand le mariage est valide et non attaqué, la dissolution du mariage ne la fait pas retomber dans l'état d'étrangère, même quand elle résiderait à l'étranger, si elle ne perd pas l'esprit de retour en France (art. 17), ou si elle n'épouse pas un étranger (art. 19). Elle est devenue femme française et n'en peut perdre la qualité que de la manière fixée par les lois. — Legat, p. 400 et suiv.; Coin-Delisle, n° 3; Zachariæ, p. 158.—V. Cependant Serrigny, t. 1er, p. 149.

122.—Spécialement, l'étrangère qui a épousé un Belge ne perd pas la qualité de Belge que son mariage lui a fait acquérir, par cela seul qu'après le décès de son mari elle est retournée dans son pays, où elle a continué à résider, sans que, d'ailleurs, il soit constant qu'elle s'y soit établie sans esprit de retour. —*Bruxelles*, 21 fév. 1828, D... c. V...

123. — Mais l'étrangère dont le mari se fait naturaliser en France ne devient pas Française, comme l'étrangère qui épouse un Français. Car elle n'a pas renoncé à sa patrie; elle n'a pas dû penser que son mari abdiquerait lui-même cette patrie. Pour devenir Française, il faut qu'elle sollicite et obtienne elle-même sa naturalisation. —Legat, p. 402; Richelot, n° 71; Marcadé, sous l'art. 12, n° 1er.— V. cependant Toullier, t. 1er, p. 114.

124. — Les lettres de naturalisation à l'étranger, obtenues par le mari français postérieurement au mariage, ne feraient pas même perdre à la femme originairement étrangère, qui n'y aurait point été partie, la qualité de Française à elle acquise par le mariage contracté, même en pays étranger. — *Paris*, 7 août 1840 (t. 2 1840, p. 747), Domecq c. Maison; — Duvergier sur Toullier, t. 1er, n° 268-4°, note *a*.

§ 3. — *Réunion et séparation de territoire.*

125. — Il est une manière pour les étrangers de devenir Français, dont le Code ne fait pas et ne pouvait pas faire mention : c'est la réunion de leur territoire à la France. — Cette matière, en effet, appartient essentiellement au droit public, au droit politique.—« On sent, dit M. Serrigny (t. 1er, p. 167), que la solution des questions de ce genre ne peut pas dépendre d'une disposition écrite *à priori* dans la législation ou d'une règle de droit fixe, à moins qu'on ne dise que l'incorporation ne peut jamais résulter pour nous que d'une déclaration formelle et positive écrite dans une loi proprement dite, ce qui ne me paraît pas admissible : sans doute la loi est l'acte le plus clair et le plus éminent de la volonté nationale; mais cette volonté peut se manifester par une occupation successive et prolongée et par une série d'actes émanés du gouvernement et des chambres qui n'auraient point le caractère d'une déclaration formelle et précise écrite dans une loi. »

126. — Cette réunion peut avoir lieu de deux manières : ou par une loi du peuple conquérant, ou par un traité entre les deux puissances contendantes; en d'autres termes, par conquête ou par cession. — Coin-Delisle, sur l'art. 8, n° 9. — V. aussi Pothier, *Des personnes*, 1re part., tit. 2, sect. 1re; Demolombe, n° 157.

127. — L'invasion seule ne pourrait changer l'état d'un peuple. — Demolombe, n° 157.

128. — Dès l'instant de cette réunion, les habitans du territoire réuni sont investis de plein droit de la qualité de Français, et capables de tous les droits civils : ils n'ont pas besoin de déclarer qu'ils veulent faire partie de la nation française. — Pothier, *eod. loc.*; Toullier, t. 1er, n° 264; Duranton, t. 1er, n° 133; Rodière, *Revue de législ.*, t. 1er, p. 306 et suiv.; Coin-Delisle, *ubi suprà*.

129 — La réunion d'un pays à un autre ne frappe que sur le territoire et les indigènes du pays, et nullement sur les non indigènes ou étrangers y résidant au moment de la réunion. — *Colmar*, 13 fév. 1818, Mannsbendel c. Altenberger; *Bruxelles*, 30 mai 1831, N...; — Demolombe, n° 157. — V. Cependant Pothier, *ubi suprà*.

130. — Spécialement, les Français domiciliés en Belgique à l'époque de l'occupation de ce pays par les troupes alliées en 1814, et qui y ont conservé leur domicile, ne sont pas devenus sujets du roi des Pays-Bas, soit par l'effet de la conquête, soit en vertu des traités de paix de 1814 et 1815; et ils ont conservé la qualité de Français. —*Bruxelles*, 3 janv. 1822, Vandenhove.

131. — Du reste, des lois spéciales ou des conventions diplomatiques déterminent d'ordinaire la condition des provinces réunies, conquises ou cédées. — Demolombe, n° 157.

132. — Ce principe est applicable à tous les pays soumis à la domination française, tels que nos possessions de l'Inde et de l'Afrique. — V. notamment l'art. 25, L. 24 avril 1833, portant que les établissemens *français* dans les Indes orientales et en Afrique... — Richelot, n° 72, note 23; Serrigny, t. 1er, p. 164.

133. — Les habitans du pays réuni n'ont que la qualité de Français; ils n'acquièrent, dit M. Richelot (n° 72), le titre de citoyen qu'aux conditions établies pour les étrangers, eussent-ils toutes les qualités qui, en France, confèrent de plein droit ce titre. — V. L. 14-17 oct. 1814.

134. — La séparation ultérieure des deux pays enlève-t-elle aux habitans du pays réuni la qualité de Français? M. Coin-Delisle (*ubi suprà*) distingue le cas où la réunion a eu lieu par une loi du peuple conquérant, de celui où elle s'est opérée en vertu d'un traité. Dans le premier cas, selon lui, la restitution du pays à son ancien souverain efface la qualité de Français; et il cite comme exemple d'habitans de pays réunis retombés dans leur état d'étrangers les individus originaires des pays séparés de la France par le traité du 30 mai 1814. Dans le second, au contraire, les habitans du pays qui avait été réuni par un traité, et qui est aujourd'hui séparé (comme les naturels des portions de territoire détachées par le traité du 20 nov. 1815), s'ils ont établi leur domicile dans une autre partie du royaume, ont conservé de droit la

qualité de Français dans sa plénitude, nonobstant la séparation. — V. cependant Pothier, *loc. cit.*

135.—Quoi qu'il en soit, la loi du 14 oct. 1814 a tracé indistinctement pour les habitans de tous les départemens réunis au territoire de la France depuis 1791, qui, en vertu de cette réunion, se sont établis sur le territoire actuel de la France, et pour les individus nés et encore domiciliés dans les départemens qui, après avoir fait partie de la France, en ont été séparés, le moyen qu'ils auraient à employer pour conserver ou acquérir la qualité de Français et de citoyen français.

136. — Ainsi, à l'égard des habitans des pays réunis qui avaient fixé leur domicile en France, s'ils y avaient déjà résidé sans interruption depuis dix années et depuis l'âge de vingt-un ans, la loi du 14 octobre les a dispensés de l'obligation généralement imposée aux étrangers par la constitution du 22 frim. an VIII de faire, dix ans d'avance, leur déclaration de se fixer en France, et a exigé d'eux seulement, pour qu'ils pussent continuer à jouir des droits civils et politiques, qu'ils déclarassent dans les trois mois, à partir de la publication de la présente loi, qu'ils persistaient dans la volonté de se fixer en France, et obtinssent des lettres de *déclaration de naturalité* (art. 1er).

137. — Quant à ceux qui n'avaient pas encore les dix années de résidence réelle dans l'intérieur de la France au moment de la publication, l'art. 2 de la même loi porte qu'ils pouvaient acquérir les mêmes droits de citoyen français le jour où leurs dix ans de résidence seraient révolus, à charge par eux de faire, dans le même délai, la déclaration susdite.

138. — Il avait été omis dans cet article de parler de l'obtention des lettres de *déclaration de naturalité.* Mais il a été jugé que ceux qui complétaient le stage de dix ans sous l'empire de la loi du 14 octobre, n'étaient pas moins soumis à obtenir ces lettres. — *Rouen*, 18 août 1824, Lombard c. Préfet de l'Eure; *Cass.*, 27 juin 1831, Berthollet c. Préfet du Cher. — V. aussi dans le même sens les observations de M. Malleville, rapportées dans notre collection à la note qui accompagne l'arrêt de cass. du 27 juin, et Coin-Delisle, sur l'art. 8, n° 21.

139. — L'arrêt de cassation du 27 juin 1831 a décidé aussi que ces individus ne pouvaient être portés sur les listes électorales, si, avant la clôture de ces listes, ils n'avaient pas justifié de l'obtention des lettres de déclaration de naturalité. M. Coin-Delisle (*ubi suprà*) en donne pour raison que ces lettres sont l'unique moyen de notifier aux tiers l'accomplissement des conditions.

140. — La volonté du législateur paraît, en effet, avoir été que les habitans des pays réunis ne pussent jouir des droits de citoyens français que *du moment* qu'ils auraient obtenu des lettres de déclaration de naturalité, et que la déclaration de persister dans l'intention de se fixer en France ne fût pas suffisante pour conférer de suite la faculté d'exercer lesdits droits; c'est ce qui résulte des termes mêmes de la loi du 14 oct. 1814. En effet, après avoir dit dans le § 2 de l'art. 1er de cette loi que les habitans des pays réunis devaient obtenir des lettres de déclaration de naturalité, le législateur ajoute *qu'ils pourront jouir*, DÈS CE MOMENT, *des droits de citoyens français.* Dès ce moment! Donc auparavant ils étaient incapables des mêmes droits. — V. en ce sens l'arrêt de cassation du 27 juin 1831, déjà cité.

141. — Il en doit être ainsi quand même ils auraient rempli des fonctions publiques qui ne pouvaient appartenir qu'à des citoyens. A ce cas ne s'applique pas la maxime *error communis facit jus.* — *Rouen*, 18 août 1824, Lombard c. préfet de l'Eure.

142. — Cependant les lettres de déclaration de naturalité une fois obtenues, leur effet doit rétroagir au jour où les formalités prescrites par la loi du 14 oct. ont été accomplies; car les lettres de déclaration de naturalité, à la différence des lettres de naturalisation, conservent et ne confèrent pas la qualité de Français ou de citoyens, de sorte que si après l'accomplissement des formalités et avant l'obtention des lettres de déclaration de naturalité, l'habitant d'un pays réuni faisait quelque acte qui impliquât la qualité de Français ou de citoyen, cet acte devrait se trouver validé par l'obtention de ces lettres. — V. sur ce point et dans le même sens *Cass.*, 4 mai 1836, Barré c. Veyra-Molina; — Coin-Delisle, n° 21.

143. — Enfin si les individus *nés et encore domiciliés*, au moment de la publication de la loi du 14 oct., dans les départemens qui après avoir fait partie de la France en avaient été séparés par les derniers traités voulaient devenir citoyens français, ils devaient, aux termes de l'art. 3 de cette loi, remplir les conditions imposées à tout étranger par la constitution du 22 frim. an VIII et obtenir des lettres de déclaration de naturalité. Ils auraient pu jouir en France des droits civils seulement, en se faisant autoriser à y établir leur domicile. — C. civ., art. 13.

144. — Toutefois l'obtention des lettres de *déclaration de naturalité* exigées par la loi du 14 oct. 1814 n'a pu conférer aux habitans des départemens autrefois réunis à la France que les droits de citoyens français non compris dans l'art. 1er de l'ord. du 4 juin 1814, ces derniers ne pouvant être accordés qu'en vertu de lettres de naturalisation vérifiées dans les deux chambres.

145. — Si l'étranger d'origine devenu momentanément Français par la réunion de son pays à la France n'a pas rempli après la séparation de ce pays d'avec la France, opérée en 1814 ou 1815, les formalités prescrites par la loi du 14 oct. 1814, il a perdu la qualité que lui avait conférée la réunion. La jurisprudence est constante sur ce point. — *Cass.*, 14 avr. 1818, Vanherke; 23 avr. 1828, Bilhas c. Michel; 26 fév. 1838 (t. 1er 1838, p. 360), comm. d'Aviothe c. Lalouette.

146. — De simples inductions ou présomptions, fût-ce même une résidence constante de l'individu originaire du pays aujourd'hui séparé, sur le territoire actuel de la France, ne sauraient suppléer à l'accomplissement des formalités requises par la loi du 14 oct. — V. les arrêts précités de *Cass.*, 23 avr. 1828 et 26 fév 1838. — V. cependant Rodière, *Revue de législ.*, t. 1er, p. 306 et suiv.

147. — Mais jugé que si l'étranger d'origine dont le pays avait été réuni à la France avait acquis avant cette réunion la qualité de citoyen français en remplissant les conditions exigées par les lois antérieures à 1814, avait constamment joui de cette qualité et ne l'avait perdue par aucun fait déterminé par la loi, il devrait être reconnu citoyen français et comme tel admis à la jouissance des droits électoraux, encore bien qu'il n'eût pas rempli après la séparation de son pays d'origine d'avec la France les conditions imposées par la loi du 14 oct. 1814. — *Montpellier*, 12 nov. 1827, Sallin c. préfet de l'Aude.

148. — Le Belge qui après la séparation des Pays-Bas de la France a continué à remplir dans ce dernier royaume des fonctions publiques sans l'autorisation du roi des Pays-Bas a acquis celle de Français. — *Bruxelles*, 22 nov. 1827, D... c. G...

149. — Il a été jugé également que l'autorisation d'établir son domicile en France (C. civ., art. 13) résultait implicitement mais nécessairement des dispositions de la loi du 14 oct. 1814 pour les individus qu'elle concerne, et qu'en conséquence lorsque ces individus n'avaient pas cessé de résider en France après la séparation résultant des traités, ils pouvaient être considérés comme *habitans domiciliés* et par suite avoir droit aux prérogatives attachées à cette qualité, notamment à la jouissance des droits d'affouage. — *Cass.*, 26 fév. 1838 (t. 1er 1838, p. 360), comm. d'Aviothe c. Lalouette.

150. — Quant à l'émigré qui aurait perdu sa qualité de Français en se faisant recevoir dans le cours de son émigration *grand bourgeois d'Hambourg*, il a recouvré de plein droit cette qualité par la réunion de la ville d'Hambourg à l'empire français en 1809 et l'a conservée nonobstant la distraction ultérieure de cette ville du territoire français lorsque d'ailleurs il a déclaré que son intention était de fixer son domicile en France; par suite il est admissible à prendre part, selon son rang, dans l'indemnité accordée aux émigrés par la loi du 27 avr. 1825. — *Paris*, 14 mars 1829, Murat.

151. — Nous avons maintenant à nous occuper de l'effet de la séparation, quant à l'état des enfans mineurs des individus devenus momentanément français par la réunion, nés soit sur le territoire actuel de la France, soit sur celui qui en a été séparé, et qui ont depuis conservé leur domicile en France.

152. — Aucune difficulté ne s'élève, lorsque le père a rempli, dans le délai prescrit par la loi du 14 oct. 1814, les formalités qu'elle impose: ses enfans sont, comme lui, restés français. — Coin-Delisle, sur les art. 9 et 10, n° 17.

153. — Il en est autrement s'il n'a pas accompli ces conditions. L'opinion qui attribue, dans ce cas, aux enfans la qualité qui a été donnée à leur père, c'est-à-dire celle d'étrangers, se fonde sur ce qu'il est de principe que l'enfant suit la condition de son père dans sa nationalité. La qualité de l'un, dit on, dérive de celle de l'autre; la nationalité du père changeant, celle du fils doit subir le même changement. D'ailleurs, ajoute-t-on, tout ce qui, comme l'état des personnes et la nationalité, a un trait successif et continue à s'exercer dans le temps à venir, demeure toujours sous l'empire des événemens et des lois futures, et est surtout entièrement soumis à la condition temporaire et résoluble de la cause qui l'a produit. Or, c'est comme fils d'un habitant de pays réuni à la France que les enfans dont il s'agit ont acquis la nationalité française. Comment auraient-ils pu la conserver, quand le fait de la réunion auquel ils devaient cette nationalité a été lui-même détruit, et remplacé par un fait contraire tout-à-fait indépendant de la volonté du père. Et dans cette opinion, on ne tient même aucun compte de la résidence continue du père sur le sol français. C'est en ce sens que la jurisprudence paraît s'être le plus généralement prononcée. — *Cass.*, 19 mars 1828, Préfet de l'Yonne c. Weber; 16 juillet 1834, Préfet de Seine-et-Marne c. Pirard; 1er août 1836 (t. 2 1837, p. 6), [int. de la loi], Hubert; *Lyon*, 2 août 1827, Pacout; *Douai*, 16 nov. 1829, Marlier c. Préfet du Nord; *Grenoble*, 18 fév. 1831, Savoie c. Préfet de l'Isère; *Ass. de la Seine*, 2 fév. 1835, Lavigne. — V. aussi Coin-Delisle, *ubi suprà*; Demolombe, n° 178.

154. — L'individu né dans un pays réuni à la France, et qui se trouvait en état de minorité à l'époque où la réunion a cessé, ne peut revendiquer la qualité de français si son père, dont il suivait la condition à titre de mineur, n'a pas rempli les conditions imposées par la loi du 14 oct. 1814 pour rester français, et si lui-même il n'a rempli dans l'année de sa majorité celles prescrites par l'art. 9, C. civ. — *Cass.*, 9 juill 1844 (t. 2 1844, p. 353), Depraz-Deplaut c. Préf. de l'Eure.

155. — Le fils né en France d'un père belge, lorsque la Belgique était française, est redevenu étranger, ainsi que son père, par suite de la séparation de la Belgique et de la France. Dès-lors, il ne doit pas figurer sur les contrôles de la garde nationale, si ni lui ni son père ne se sont fait naturaliser français, ou s'il n'a pas été admis à jouir des droits civils. — *Cons. d'état*, 11 fév. 1842, Paul Dewint.

156. — Toutefois, l'opinion contraire a été consacrée par un arrêt de la cour de Douai du 28 mars 1831, Delcourt c. Préf. du Nord. — V. dans le même sens Legat, p. 11, art. 409 et s.

157. — L'enfant né en France d'un père qui est devenu français par la réunion de son pays à la France, et décédé avant la séparation ultérieure des deux pays, est demeuré, dès le moment même de ce décès, en possession de sa nationalité, et n'a pas eu dès-lors besoin, pour conserver la qualité de français après cette séparation, de remplir les formalités prescrites par la loi du 14 oct. 1814. — *Cass.*, 13 janv. 1845 (t. 1er 1845, p. 437), Marchal.

158. — On n'est pas non plus d'accord sur le point de savoir quel moyen avait l'enfant pour conserver, après la séparation, la qualité de Français. Il résulte d'un assez grand nombre d'arrêts que s'il n'avait pas cessé, depuis la séparation, de résider en France, il aurait pu lui-même remplir les formalités prescrites par la loi du 14 oct., la volonté ou la négligence de son père n'ayant pu le priver de cette faculté. — *Cass.*, 16 juill. 1834, Préf. de Seine-et-Marne c. Pirard; 4 mai 1836, Barré c. Veyra-Molina; *Douai*, 16 nov. 1829, Marlier c. Préf. du Nord.

159. — Et s'il était mineur en 1814, l'arrêt de cassation précité, du 4 mai 1836, a décidé qu'on ne pourrait lui imputer de n'avoir pas rempli ces formalités dans le délai de trois mois de la publication de la loi du 14 oct., et qu'il n'était pas même tenu de les remplir dans les trois mois à partir de sa majorité, la loi de 1814 ni aucune autre ne fixant pas de délai fatal au mineur, devenu majeur, pour faire sa déclaration et obtenir des lettres de déclaration de naturalité.

160. — M. Coin-Delisle, sur les art. 9 et 10 (n° 17), pense, au contraire, que l'enfant mineur en 1814 ne pouvait acquérir la qualité de français qu'en remplissant, dans l'année de sa majorité, les conditions exigées par l'art. 9, C. civ. — V. aussi, en ce sens, *Grenoble*, 18 fév. 1831, Savoie c. Préf. de l'Isère.

161. — Enfin, Rodière enseigne (*Revue de la législ.*, t. 1er, p. 307), que si le père, qui, n'a pas satisfait aux prescriptions de la loi du 14 oct., a néanmoins continué à habiter la France et y a établi son domicile, ses enfans nés depuis la réunion doivent être réputés Français. Mais cette doctrine présente un inconvénient, c'est de laisser au pouvoir discrétionnaire, et conséquemment arbitraire des tribunaux le soin d'apprécier si l'intention du père a été d'établir en France seulement une simple résidence, ou d'y fixer son domicile. En matière de nationalité, les règles ne sont jamais trop positives.

162. — Quant à la femme française qui a épousé pendant la réunion un étranger d'origine devenu momentanément Français, le principe qu'elle suit la condition de son mari conserve son empire même après la séparation ultérieure des deux territoires. En conséquence, lorsque par l'effet des traités, le pays de son mari et ce dernier lui-même sont redevenus étrangers, elle a aussi perdu sa qualité de Française et de justiciable des tribunaux de France. — *Cass.*, 14 avr. 1818, Vanherke.

Sect. 4e. — Perte de la qualité de Français.

165. — La qualité de Français se perd : 1° par la naturalisation acquise en pays étranger ; — 2° par l'acceptation non autorisée de fonctions publiques conférées par un gouvernement étranger ; — 3° par tout établissement fait en pays étranger sans esprit de retour (C. civ., art. 19) ; — 4° par le mariage d'une Française avec un étranger (C. civ., art. 19) ; — 5° par l'acceptation de service militaire à l'étranger, ou l'affiliation à une corporation militaire étrangère. — C. civ., art. 21.

164. — La qualité de Français se perd encore par la réunion du territoire français au territoire étranger. — V. sur ce point supra, nos 135 et suiv.

165. — La constitution du 22 frim. an VIII (art. 4) et l'art. 17, C. civ., dans sa première rédaction, indiquaient une autre cause de perte de la qualité de Français : c'était l'affiliation à une corporation militaire étrangère qui exigeait des distinctions de naissance. Mais cette disposition ne peut plus être invoquée aujourd'hui ; et l'art. 5 abrogée par la loi du 3 sept. 1807. — Cass., 17 nov. 1818, Templé c. Templé de Prémont ; — Toullier, t. 1er, no 268, note 2e ; Zachariæ, Comm. du dr. civ. franç., t. 1er, p. 327, note 3e.

166. — L'art. 15 de la constitution de l'an III, qui voulait que tout citoyen qui aurait résidé sept années loin du territoire de la république, sans mission ou autorisation données au nom de la nation, fût réputé étranger, a été également abrogé par la constitution de l'an VIII. Cet article ne s'appliquait pas, d'ailleurs, au cas d'absence antérieure à la promulgation de la constitution de l'an III.— V. en ce sens l'arrêt de la cour de Montpellier du 26 fév. 1829, Cremadels, rapporté sur l'arrêt de Cassation du 13 avr. 1830 (V. à cette date).

167. — Cet arrêt de cassation du 13 avr. 1830 (Cremadels) a jugé aussi que les dispositions de l'édit de 1669 et de l'ord. de 1685, qui réputaient étranger tout Français sorti du royaume pour aller s'établir dans un pays étranger sans la permission du roi en pays étranger, étaient purement comminatoires ; que, dès-lors, le Français qui se trouvait dans ce cas n'était pas réputé privé de sa qualité, tant qu'un acte de l'autorité publique ne la lui avait pas fait perdre.

168. — Aucune condamnation à des peines, telles graves et infamantes qu'elles soient, même à la mort civile, ne fait perdre la qualité de Français ; l'effet de semblables condamnations se borne à la suspension ou à la privation de l'exercice des droits qui résultent de cette qualité. — V. à cet égard CITOYEN FRANÇAIS, MORT CIVILE.

169. — Quant aux effets de la perte de la qualité de Français. V. CITOYEN FRANÇAIS, DROITS CIVILS, DROITS POLITIQUES.

§ 1er. — Naturalisation acquise en pays étranger.

170. — Aux termes de l'art. 17, C. civ., la qualité de Français se perd : — 1° — par la naturalisation acquise en pays étranger.

171. — Cette disposition du Code civil n'est pas nouvelle : déjà la perte de la qualité de Français, dans ce cas, avait été prononcée par la constitution de 1791 (art. 6), par celle de 1793 (art. 5), et par les art. 12 de la constitution de 1795 (an III), et 4 de celle de l'an VIII.

172. — Néanmoins, lorsque le projet du tit. 1er, C. civ., fut présenté au conseil d'état, cette disposition donna lieu à une discussion. On fit observer que souvent des motifs d'intérêt et de commerce obligeaient les Français à se faire naturaliser en pays étranger ; que les Français, après avoir fait fortune, revenaient ordinairement en France, et faisaient profiter leur patrie d'origine de leurs richesses ; que, dès-lors, il était injuste de leur enlever momentanément leur qualité de Français. Mais on répondit qu'admettre cette opinion, c'était toujours faire prévaloir une simple probabilité sur la certitude qui résultait de la naturalisation, et que les lois ne pouvaient se prêter à de semblables fraudes. — Malleville, Analyse raisonn. de la discus. du C. civ. au cons. d'état, t. 1er, p. 34 ; Vavette, Observ. sur Proudhon ; Tr. sur l'état des pers., t. 1er, p. 195, note a.

175. — Tous les auteurs qui ont écrit sur la matière ont admis cette disposition de l'art. 17, C. civ., sans difficulté et sans aucune observation, en se fondant sur le motif donné par l'orateur du gouvernement, M. Treilhard (Exp. des motifs) ; que nul ne doit appartenir à deux patries. — V. Toullier, t. 1er, no 268 ; Guichard, no 307 ; Duranton, no 171 ; Proudhon, ubi supra, p. 195 ; Coin-Delisle, Comment. sur l'art. 17, no 5 ; Demolombe, no 179.

174. — Ainsi, dans le système du Code civil, les Français qui se font naturaliser en pays étranger pour des motifs d'intérêt et de commerce, et ceux pour lesquels il n'y a de cause à l'abandon de leur patrie que dans leur unique volonté, sont placés sur la même ligne : les effets de la naturalisation sont les mêmes pour les uns et les autres.

175. — La perte de la qualité de Français serait encourue, même quand le Français qui se fait naturaliser en pays étranger, conserverait positivement l'esprit de retour. — Cass., 17 juill. 1826 ; Descandé c. Guesdier.

176. — Du reste, il est indispensable que le Français ait eu la volonté d'acquérir la nationalité étrangère ; et il ne suffirait point, dit M. Demolombe (no 179), que cette nationalité lui fût conférée par la loi étrangère comme conséquence d'un fait qui, d'après la loi française et l'intention personnelle du Français, ne devait point avoir de résultat.

177. — Jugé que la qualité de Français ne se perd que par des causes qui supposent de la part du Français une renonciation volontaire à sa patrie. Cette renonciation peut être expresse ou tacite ; et dans ce dernier cas elle ne peut résulter que des faits spécifiés par la loi, indiquant dans le Français la volonté d'adopter une nouvelle patrie et d'abdiquer sa patrie d'origine.— Paris, 11 mars 1846 (t. 1er 1846, p. 534) ; Clouet c. ministre des finances.

178. — Toutefois, un Français ne pourrait déclarer qu'il renonce à cette qualité, dans le but de s'affranchir des charges qui en dérivent, s'il ne quittait pas la France. Cette déclaration devrait être écartée comme frauduleuse.— Richelot, no 93, note 2e.

179. — Les dispositions du Code civil sur la naturalisation en pays étranger ont été cependant modifiées. Ainsi, le décret du 26 août 1811, ne considérant plus seulement la naturalisation en pays étranger sous le rapport de la qualité de Français ou du droit de Français et des droits y attachés, mais l'envisageant aussi relativement au droit politique et à l'ordre général de l'état, a exigé qu'aucun Français ne pût être naturalisé en pays étranger sans l'autorisation du gouvernement (art. 1er), et conséquemment établi une distinction, quant aux effets de la naturalisation, entre les Français naturalisés avec autorisation et ceux naturalisés sans autorisation.

180. — Un autre décret du 6 avr. 1809 avait aussi précédemment modifié les dispositions du Code civil à l'égard des Français qui avaient porté les armes contre la France, et de ceux qui, se trouvant chez une puissance avec laquelle nous entrions en guerre, ne quittaient point son territoire, ou qui, étant rappelés par nous, ne déféraient pas à cet ordre. Nous reviendrons sur les dispositions de ce décret, qui n'a été en son tour modifié que par celui du 26 août 1811.

181. — Voyons maintenant comment devait s'opérer la naturalisation sous l'empire de ce dernier décret, et quels étaient ses effets dans les cas qu'il prévoit.

182. — D'abord, quant aux Français qui se font naturaliser en pays étranger avec l'autorisation du gouvernement, ils doivent, aux termes de l'art. 2, décr. 26 août 1811, obtenir à cet effet des lettres-patentes, qui sont signées par le souverain, insérées au Bulletin des lois, enregistrées en la cour royale dans le ressort de leur domicile. Ainsi naturalisés en pays étranger, ils jouissent (art. 3) du droit de posséder, de transmettre des propriétés et de succéder ; droit que le Code civil refusait aux Français devenus étrangers, puisqu'il les assimilait à des étrangers ordinaires. Le décret de 1811 a donc innové ici dans le sens de l'indulgence. Suivant l'art. 4, les enfans des Français naturalisé en pays étranger avec autorisation, nés depuis dans ce pays, sont étrangers, mais peuvent recouvrer la qualité de Français en remplissant les formalités prescrites par les art. 9 et 10 et 6, C. civ. ; ils peuvent aussi recueillir les successions et exercer tous les droits ouverts pendant leur minorité et dans les dix ans qui suivent leur majorité accomplie. Les Français ainsi naturalisés ne pourront cependant porter les armes contre la France sans être soumis aux art. 75 et suiv., C. pén.— Art. 5.

183. — Cette énumération des droits réservés à ces Français naturalisés en pays étranger avec autorisation est la meilleure preuve qu'ils perdaient également, nonobstant l'autorisation, leur qualité.— Duranton, no 176 ; Legat, p. 24 ; 22 et 37 ; Guichard, no 308.

184. — Lorsque des Français se font, au contraire, naturaliser en pays étranger sans autorisation, le décret du 26 août 1811 (art. 6) prononce contre eux la perte de leurs biens, lesquels sont confisqués, les prive en outre du droit de succéder, et fait passer toutes les successions qui viendront à leur échoir à l'héritier régnicole appelé immédiatement après lui. L'art. 7 du même décret ajoute

qu'il sera constaté devant la cour royale du dernier domicile du prévenu, à la diligence du procureur général ou sur la requête de la partie civile intéressée, que les individus s'étant fait naturaliser en pays étranger sans autorisation, ont perdu leurs droits civils en France ; et que, en conséquence, la succession ouverte à leur profit est adjugée à qui de droit. S'ils avaient reçu distinctement, ou par transmission, des titres institués par le sénatus-consulte du 14 août 1806, ils en sont déchus (art. 8). Ces titres et les biens y attachés sont alors dévolus à la personne restée Française, et réglés selon les lois, saufs droits de la femme, qui sont réglés comme en cas de viduité (art. 9). Ils n'ont plus le droit de porter la décoration d'aucun ordre français, et leurs noms sont biffés des registres et états (art. 10). Ils ne peuvent même pas rentrer en France après l'expatriation constatée par arrêt, sous peine d'être, pour la première fois, arrêtés et conduits au-delà des frontières, et, en cas de récidive, condamnés à une détention d'un an à dix ans (art. 11). S'ils portaient les armes contre la France, l'art. 75, C. pén., leur serait aussi applicable (art. 12).

185. — Le décret de 1811 s'appliquait même rétroactivement. Il comprenait les Français naturalisés en pays étranger avant sa publication. Il était cependant accordé à ces derniers un délai plus ou moins long, suivant qu'ils étaient dans telle ou telle contrée pour obtenir l'autorisation du gouvernement (art. 14 et 16). Ce délai a été successivement prorogé par les décrets des 24 juill. 1812 et 13 août 1813.

186. — Les Français naturalisés en pays étranger sans autorisation peuvent se faire relever des déchéances par eux encourues et s'affranchir des peines prononcées par l'art. 11, en obtenant des lettres de relief, qui sont accordées par le souverain en conseil privé, comme les lettres de grace (art. 12 et 13). Sur ce point, le décret de 1811 a encore modifié le Code civil dans le sens de l'indulgence.

187. — Mais à la différence des lettres de grace, qui font simplement remise de la peine, sous la réserve des droits acquis à des tiers, les lettres de relief ont pour effet de rétablir les Français qui les ont obtenues dans les successions recueillies par d'autres à leur défaut. Ceux qui ont recueilli ces successions ont dû savoir, qu'ils ne les recueillaient que sous la condition résolutoire dont l'effet est réglé par l'art. 12 du décret de 1811.— Duranton, nos 197 et 198.

188. — Un avis du conseil d'état du 12 mai 1812, approuvé le 22, a décidé que le décret du 26 août 1811 n'était pas applicable aux femmes. Un autre avis du conseil d'état du 21 janv. 1812 avait déjà résolu diverses questions nées de l'application du décret du 26 août 1811.

189. — On s'est demandé si les Français naturalisés en pays étranger sans autorisation pouvaient être considérés comme morts civilement. MM. Delvincourt (t. 1er, note 4re et 2e sur la page 49), Foucart (L. 4er, p. 195) et Duranton (no 182 in fine) se sont décidés pour l'affirmative. Delvincourt s'est fondé notamment sur ce que l'art. 9 du décret déclare que les droits de la femme sont réglés comme en cas de viduité.— Mais on peut répondre d'abord que cet article n'est relatif qu'à la matière toute exceptionnelle des majorats ; et ensuite que le décret se bornant à prononcer la confiscation des biens et la privation des droits civils, on ne doit point aggraver la rigueur de ces peines par voie d'interprétation. Ce qui achève de démontrer l'erreur dans laquelle sont tombés les auteurs qui précèdent, c'est que le mariage des Français dont il s'agit n'est pas dissous et que leur succession n'est pas ouverte au profit de leurs héritiers. — V., dans le sens de cette dernière opinion, Merlin, Rép., vo Français, 5e édit., t. 7, p. 18 ; Coin-Delisle, no 9 ; Valette, Observat. sur Proudhon, p. 487 ; Demolombe, no 488 ; et M. Duranton lui-même (t. 1er, no 497), dans sa dernière édition, est revenu à cette opinion.

190. — La peine de la confiscation ayant été ellemême depuis expressément abrogée par la charte de 1814 (art. 66) et par celle de 1830 (art. 57), les Français naturalisés en pays étranger sans autorisation n'ont plus été privés de la jouissance des droits civils en France, et ont conservé la propriété de leurs biens. — Merlin, loc. cit., p. 40 ; Demolombe, no 188 ; Duvergier sur Toullier, t. 1er no 274, note b. — V. cependant Paris, 19 mars 1834, Caminondo c. Bordes.

191. — La rigueur excessive du décret de 1811 et de celui de 1809 a fait agiter la question de savoir si ces décrets eux-mêmes existaient encore. M. Guichard (no 309) a pensé qu'ils devaient être considérés aujourd'hui comme sans vigueur, parce qu'ils étaient incompétemment émanés de l'ancien chef de l'état, et comme tombés en désuétude. On

peut invoquer notamment en faveur de cette opinion deux arrêts du conseil d'état, du 19 juin 1819, qui déclarent non avenus les jugemens et ordonnances rendus en exécution des décrets de 1809 et de 1811. — V. aussi Richelot, no 98, et Marcadé, sous l'art. 21, no 3. — Cependant elle a été contredite par un grand nombre d'auteurs : et ce n'est pas sans quelque raison. En effet, d'abord, il n'est point exact de dire que le décret de 1811 ait cessé d'être exécuté. Le *Bulletin des lois* renferme depuis 1815 quelques ordonnances individuelles qui attestent, au contraire, que l'administration a continué d'accorder, en vertu de ce décret, des autorisations. De plus, une ordonnance du 10 avr. 1823 a, depuis, considéré ces décrets comme encore en vigueur. — V. art. 4. — D'un autre côté, il n'y a point eu recours au sénat contre ces décrets dans les dix jours de leur promulgation, pour cause d'inconstitutionnalité, comme l'exigeait la constitution ; d'où il suit qu'ils sont devenus inattaquables et ont acquis force de loi. Il ne peut dès-lors y être dérogé, comme à tous les autres décrets impériaux, que formellement et légalement. C'est la jurisprudence de la cour de Cassation. — V. notamment *Cass.*, 27 mai 1819, Lecabec, et 19 nov., même année, Jean Belloir. — Si, d'ailleurs, ces décrets devaient être considérés comme anéantis, que de fâcheuses lacunes leur suppression ne laisserait-elle pas dans notre législation !Il y a donc lieu de les appliquer encore aujourd'hui. — C'est l'opinion de MM. Merlin, *ubi suprà* ; Legat, p. 35 ; Delvincourt, t. 1er, p. 24, note 1re ; Duranton, nos 178 et 179 ; Coin-Delisle, no 8 ; Zachariæ, p. 329. — V. aussi Demolombe, no 187 ; Taulier, t. 1er, p. 120, art. 1er ; Duvergier sur Toullier, t. 1er, no 271, note *b*.

192. — La jurisprudence a également décidé que ces deux décrets n'avaient été abrogés par aucune charte ni loi postérieure, et que, conséquemment, ils étaient encore obligatoires. — V. *Pau*, 19 mars 1834, Caminondo c. Bordes ; — *Toulouse*, 18 juin 1841 (t. 2 1841, p. 470), Fouquet.

193. — Une opinion mitoyenne a été émise par un des plus savans professeurs de l'école de droit de Paris. Elle consisterait à reconnaître l'existence actuelle des décrets de 1809 et de 1811, sauf en ce qui concerne les dispositions de ces décrets portant *peine de mort*. On considérerait cette peine comme virtuellement annulée par le sénatus-consulte du 3 avr. 1814. Ce sénatus-consulte, en effet, en prononçant la déchéance de Napoléon, a motivé cette déchéance, entre autres griefs, sur l'émission de décrets inconstitutionnels emportant peine de mort. Cette expression s'entendrait aussi bien de la mort civile que de la mort naturelle. — V. Demante, *Revue française et étrangère*, t. 8, p. 417. — C'est aussi à cette opinion que paraît se ranger M. Valette, *ubi suprà*.

194. — Les dispositions des art. 6 et 7 du décret de 1811 qui privent les Français naturalisés en pays étranger sans autorisation du droit de succéder et de la jouissance des droits civils en France, n'ont-elles pas au moins été abolies par la loi du 14 juill. 1819 ? Merlin (*eod. loc.*, p. 19) s'est prononcé pour l'affirmative. Il s'est fondé sur ce que cette loi du 14 juill. ne se borne pas à abroger l'art. 726 du Code civil, mais qu'elle habilite *tous les étrangers* à succéder, à disposer et à recevoir de la même manière que les Français, dans toute l'étendue du royaume (art. 1er), *sans excepter* les Français devenus étrangers par la naturalisation non autorisée. — V. dans le même sens Valette, *loc. cit.*, p. 188 ; Duvergier sur Toullier, t. 1er, no 271, note *b* ; Guichard, no 323, *in fin.*, et Legat, p. 37 et 423.

195. — Jugé en ce sens que le décret du 26 août 1811, qui prononce la perte de droits civils contre le Français naturalisé en pays étranger sans autorisation, a été abrogé par la loi du 14 juill. 1819, en telle sorte que le Français devenu étranger par sa naturalisation, a eu, depuis cette loi, comme tout autre étranger, la capacité de disposer de ses biens situés en France. — *Paris*, 1er fév. 1836, Imbert et Prioux c. Dubois de Chemant.

196. — Mais cette doctrine est combattue par MM. Delvincourt (t. 1er, note 3 sur la p. 19) ; Demolombe (no 188), Demante (*Revue franç. et étrang.*, t. 1er, p. 443), Duranton (no 180) et Coin-Delisle (no 8). Ces auteurs s'appuient sur ce que les lois générales ne peuvent pas déroger aux lois spéciales. Si, ajoutent-ils, on ne doit pas distinguer quand la loi ne distingue pas, il faut au moins restreindre cette loi à son objet véritable. Or, l'objet de la loi du 14 juill. 1819 a été uniquement d'appeler aux successions en France les étrangers que les traités politiques n'y admettaient pas. Si le Français qui s'est fait naturaliser en pays étranger sans autorisation, est devenu étranger, il n'est pas cependant devenu aubain (*alibi natus*). Jamais il ne pourra être considéré comme un étranger proprement dit. La loi du 14 juill. 1819 n'est donc pas faite pour lui. En outre, la privation du droit de succéder et des droits civils en France est une peine que lui inflige le décret de 1811, peine qu'une loi positive et formelle peut seule anéantir. — Cette dernière opinion nous paraît la plus rationnelle : car le Français dont il s'agit, loin de mériter la faveur que la loi de 1819 accorde aux étrangers proprement dits, a tout fait au contraire pour encourir la sévérité des lois. Il a, au surplus, lui-même le moyen de se soustraire à la peine prononcée contre lui, en obtenant, aux termes de l'art. 12 du même décret, des lettres de relief. — V. aussi Richelot, no 98.

197. — C'est cette dernière doctrine que la cour royale de Pau a consacrée par un arrêt du 19 mars 1834 (Caminondo c. Bordes). Cet arrêt a jugé, en effet, qu'un Français naturalisé en Espagne sans autorisation était privé de la faculté de disposer de ses biens par testament ; que le testament qu'il aurait fait ne pouvait avoir d'exécution sur les biens qu'il aurait laissés en France, ces biens devant être dévolus à ses héritiers comme s'il fût mort *ab intestat*.

198. — Quoi qu'il en soit, pour que la naturalisation en pays étranger puisse produire ses effets, il faut qu'elle soit *acquise* (C. civ., art. 17) ; d'où il suit que tant que la demande est seulement pendante, que la naturalisation n'est pas parfaite suivant les lois du pays qu'habite le Français, celui-ci conserve tous ses droits civils en France et est encore capable d'acquérir et de transmettre. — Guichard, no 305 ; Coin-Delisle, no 11 ; Demolombe, no 179 ; Marcadé sous l'art. 17, no 1er. — V. aussi le mot DENIZATION.

199. — Aujourd'hui que la confiscation des biens n'existe plus, c'est la justice civile seule, en cas de contestation, qui doit statuer sur le fait de savoir si la naturalisation en pays étranger a été acquise, et a fait perdre la qualité de Français, et par conséquent la jouissance des droits civils en France. — Coin-Delisle, no 8.

200. — Mais la sentence qui intervient à cet égard ne faisant que constater un fait antérieur, les effets de la naturalisation ont donc dû s'opérer dès avant même cette sentence. Ainsi les actes qui ont eu lieu dans l'intervalle de la naturalisation acquise à la sentence sont nuls. — Coin-Delisle, no 9.

201. — On peut aussi faire constater la naturalisation d'un Français en pays étranger même après sa mort, pour empêcher, par exemple, l'exécution en France du testament qu'il aurait fait dans l'intervalle ci-dessus. — V. le même auteur, no 10.

§ 2. — *Acceptation non autorisée de fonctions publiques conférées par un gouvernement étranger.*

202. — « La qualité de Français se perd encore, aux termes de l'art. 17 C. civ.... — 2o Par l'acceptation non autorisée par le roi, de fonctions publiques conférées par un gouvernement étranger. »

203. — Le Français qui accepte des *fonctions publiques* à l'étranger contracte naturellement avec le gouvernement de ce pays des engagemens incompatibles avec ses propres devoirs envers sa patrie, avec la fidélité et la subordination qu'il doit à son propre gouvernement : tel est le motif pour lequel la loi a attaché à cette acceptation la même déchéance de la qualité de Français qu'à la naturalisation acquise.

204. — Mais la loi a pensé aussi qu'un peuple allié pouvait quelquefois réclamer l'assistance de Français remarquables par leurs talens, soit dans la diplomatie, soit dans la législation, assistance que notre intérêt même ne permettrait pas de refuser. C'est pourquoi elle a accordé au roi la faculté d'autoriser l'exercice de fonctions publiques par un Français en pays étranger. — Treilhard, Exposé des motifs.

205. — Dans ce cas, le Français conserve sa qualité et les enfans qui lui naissent à l'étranger sont français comme lui. — Legat, p. 26 ; Coin-Delisle, sur l'art. 17, no 12.

206. — Cette autorisation s'accorde par lettres-patentes délivrées dans les formes prescrites pour l'autorisation de se faire naturaliser. — Décr. du 26 août 1811, art. 19.

207. — Les Français qui avaient, antérieurement au décret de 1811, accepté des fonctions publiques en pays étranger sans l'autorisation du gouvernement (décr. de 1811, art. 26), et même ceux qui y avaient pris du service avec la permission du gouvernement (avis cons. d'état 14-21 janv. 1812, 1re quest.), étaient tenus de se munir de ces lettres-patentes.

208. — Remarquons avec M. Marcadé (sur l'art. 17, no 2), qu'il faut pour que le § 2 de l'art. 17 reçoive son application, que les fonctions aient été acceptées ; il ne suffirait pas qu'elles eussent été sollicitées ou offertes.

209. — Quelles sont les fonctions publiques qui font perdre la qualité de Français à celui qui les accepte en pays étranger sans autorisation du roi ?

210. — Si nous remontons au décret du 6 avr. 1809, nous voyons qu'il prononçait la mort civile et la confiscation des biens contre les Français qui exerceraient des fonctions *politiques*, *administratives* ou *judiciaires* chez l'étranger, et qui n'obéiraient pas au décret de rappel en cas de déclaration de guerre. Ces sortes de fonctions sont nécessairement comprises dans le § 2 de l'art. 21, C. civ. Mais elles ne doivent pas être les seules. Car le décret de 1809 ajoutait à cet article une peine, à raison même de laquelle l'énumération qu'il fait a dû être restreinte.

211. — Le conseil d'état consulté lui-même sur la question de savoir quels sont les différens services qu'un Français ne peut accepter à l'étranger sans en avoir obtenu l'autorisation par lettres-patentes, en d'autres termes, si le décret du 26 août 1811 comprend non seulement le service militaire et les fonctions diplomatiques, administratives et judiciaires, mais encore le service d'honneur dans la maison du prince ; — si les secrétaires généraux sont des fonctionnaires administratifs ; — si le décret comprend même le travail des commis de bureaux qui ne sont point à la nomination du gouvernement ; — a répondu : « Qu'aucun service, soit près de la personne, soit près d'un des membres de la famille d'un prince étranger, de même qu'aucune fonction dans une administration publique étrangère ne pourraient être acceptés par un Français sans une autorisation du gouvernement. » — Avis cons. d'état, 14-21 janv. 1812, 5e quest.

212. — On ne peut pas non plus considérer cet avis du conseil d'état comme limitatif. Il n'a pu en effet répondre qu'aux questions qui avaient été posées. Quelle sera donc enfin la règle à suivre en cette matière ? Pour la déterminer, il ne faut pas oublier qu'il s'agit ici d'une loi rigoureuse. Or, l'art. 17, C. civ., exige deux conditions, auxquelles il faut impérieusement se soumettre, à savoir que les fonctions soient *publiques*, c'est-à-dire d'ordre public, et *conférées par le* gouvernement étranger. L'absence de l'une ou de l'autre de ces deux conditions doit faire maintenir le Français dans sa qualité. — V. en ce sens Coin-Delisle, sur l'art. 17, no 14. — V. aussi Guichard, no 311.

213. — Cela étant, que faut-il décider d'abord, à l'égard du Français nommé par un gouvernement étranger, professeur dans un collége ou autre établissement d'instruction publique ? M. Legat (p. 27), pense qu'il doit être privé de sa qualité. Cependant il nous paraît impossible de considérer le professeur comme remplissant une fonction publique proprement dite. Il est en dehors de tout action du gouvernement : Ce n'en est point un agent. L'enseignement est uniquement le patrimoine du talent et ne doit appartenir à aucun gouvernement. Celui-ci a bien, il est vrai, le droit de fixer au professeur les matières de son enseignement. Mais il ne le fait, en aucun cas, participer à la puissance publique. Le traitement qu'il lui donne ne saurait non plus imprimer à cette fonction un caractère public dans le sens de l'art. 17, C. civ., qui n'a pas eu en vue ce qui tient aux intérêts généraux de l'humanité. C'est cette dernière opinion que professent MM. Coin-Delisle, *ubi suprà*, et Demolombe, no 180.

214. — Jugé que l'acceptation des fonctions de professeur dans un athénée étranger, qui sont conférées par l'autorité municipale d'une ville, et qui ne soumettent à aucun serment, ne fait pas perdre la qualité de Français, ni, par suite, les droits électoraux. — *Douai*, 12 nov. 1844 (t. 2 1846, p. 169), Williate c. Mogner.

215. — Quant à la profession d'avocat, ces auteurs s'accordent à dire que son exercice devant les tribunaux étrangers, sans autorisation du roi, ne fait pas encourir la perte de la qualité de Français. La profession d'avocat est en effet toute libérale, entièrement libre et indépendante. Le diplôme est moins une investiture qu'une preuve de capacité. — *Montpellier*, 12 juill. 1826, de Travy c. de Salsas ; — Guichard, no 311 ; Legat, p. 27 ; Coin-Delisle, *loc. cit.* ; Demolombe, no 180.

216. — Les médecins et chirurgiens qui exercent leur profession en pays étranger ne peuvent être également considérés comme remplissant des fonctions publiques. Toutefois, MM. Guichard et Legat (*ubi suprà*) leur font perdre leur qualité de Français, s'ils sont attachés aux hospices étrangers. — Merlin, *Rép.*, vo *Français*, § 4. — Cette opinion nous paraît, comme à M. Coin-Delisle (*eod. loc.*), trop sévère. Le fait d'appartenir à un hospice et même de recevoir un traitement du gouvernement étranger ne les lie aucunement à ce gouvernement. Il n'y a encore dans leur position

rien de public, comme l'entend la loi. Cependant, s'ils étaient employés dans les armées, nous pensons qu'il en devrait être différemment, parce qu'alors l'exercice de leur profession se rattacherait à une institution qui exclut toute idée de simple service rendu à l'humanité. —V. aussi Demolombe, nº 180.

217. — Une ordonnance du 28 vendém. an IX portait que l'acceptation du titre de commissaire des relations commerciales d'une puissance étrangère ne prive pas du titre de Français. Sous l'empire du Code civil, la solution doit être la même. Ceux qui sont investis de ce titre ne sont, en effet, chargés de veiller qu'aux intérêts commerciaux des puissances étrangères dont ils sont les mandataires. Il importe même qu'il y ait de ces agens : ils contribuent à étendre les relations des négocians étrangers avec la France. Ce titre n'oblige pas d'ailleurs de résider en pays étranger.— Legat, p. 29.

218.—Une question non moins délicate que les précédentes est celle de savoir si l'exercice des fonctions ecclésiastiques en pays étranger, sans autorisation du roi, fait perdre la qualité de Français. L'affirmative est enseignée par MM. Merlin (*Rép.*, vº *Français*, § 1er, nº 3) et Legat (p. 30). Cependant les fonctions ecclésiastiques ne peuvent être assimilées à des fonctions publiques. Ces dernières doivent être envisagées, dans le sens de l'art. 17, C. civ., au temporel seulement. Or, les fonctions ecclésiastiques sont au contraire uniquement religieuses et communes à tous les fidèles. La nature de ces fonctions ne peut pas être changée par le serment que le Français aurait prêté, ni par le traitement qu'il recevrait du gouvernement étranger. Ce serment et ce traitement doivent être interprétés d'autant plus favorablement qu'ils ne sont pas incompatibles avec l'esprit de retour. MM. Guichard et Coin-Delisle (*ubi suprà*) ont soutenu cette dernière opinion, qui a été aussi adoptée par la cour de Cassation.—V. arrêt du 17 nov. 1818, Tempié de Prémont.—V. aussi M. Demolombe (nº 180), auquel néanmoins il paraîtrait plus sûr de demander, en pareil cas, l'autorisation du roi.

219. — Ainsi, il a été jugé que l'acceptation en pays étranger, et sans l'autorisation du gouvernement français, de fonctions qui se rattachent exclusivement au culte et qui n'exigent ni vœux, ni séparation du siècle, ne faisait pas perdre la qualité de Français. — *Cass.*, 15 nov. 1836 (t. 1er 1837, p. 115), préf. du Pas-de-Calais c. d'Asbeck.

220. — Spécialement, la femme qui a accepté le titre de chanoinesse d'un chapitre en pays étranger, sans l'autorisation du gouvernement français, a conservé sa qualité de Française, et dès-lors a pu recueillir ou transmettre à ses héritiers l'indemnité à elle due à raison de ses biens confisqués par suite de son émigration. — Même arrêt.

221. — Mais nul ecclésiastique français ne peut, sans perdre sa qualité, poursuivre ni accepter la collation d'un évêché *in partibus*, faite par le pape, s'il n'y a été autorisé par le gouvernement (décr. 7 janv. 1808, art. 1er), et bien que nommé avec cette autorisation, il ne peut recevoir la consécration avant que ses bulles aient été examinées en conseil d'état et que le roi en ait permis la publication. — Art. 2.

222. — La qualité de Français se perd aussi par l'acceptation de titres honorifiques à l'étranger, notamment par l'acceptation des titres d'assesseur et de conseiller aulique à la cour de Russie, et par la prestation de serment faite en conséquence. — *Cass.*, 14 mai 1834, Despine c. Demidoff.

223. — Il a été jugé aussi que l'émigré qui, durant son émigration, s'était fait recevoir grand-bourgeois d'Hambourg, avait, par là, acquis une naturalisation en pays étranger et perdu la qualité de Français.—*Paris*, 14 mars 1829, Murat.

224. — Enfin, le Français qui étant, même avec la permission spéciale du gouvernement français, au service d'une puissance étrangère, accepte de cette puissance un titre héréditaire, est également, par cette acceptation seule, censé naturalisé en pays étranger.—Avis cons. d'état, 14-21 janv. 1812, 3e et 4e quest.—V. aussi Coin-Delisle, nº 14, *in fine*.

225. — L'acceptation non autorisée de pensions offertes par un gouvernement étranger, suffisante pour faire perdre la qualité de citoyen, n'entraînerait cependant point la perte de la qualité de Français.—V. CITOYEN FRANÇAIS, nos 48 et s.

226. — Nous verrons *infrà* (nos 260 et s.) quelles sont les conditions auxquelles sont soumis les Français qui acceptent à l'étranger, *avec* ou *sans* autorisation, des fonctions publiques, et quels sont les effets de l'inobservation de ces conditions. Ces conditions et ces effets sont pour la plupart les mêmes que dans le cas de perte de la qualité de Français par la prise de service militaire à l'étranger.

§ 3.—*Etablissement fait en pays étranger, sans esprit de retour.*

227. — L'art. 17, C. civ., attache enfin la perte de la qualité de Français à « ... 3º tout établissement fait en pays étranger sans esprit de retour. »

228. — Le même art. (*in fine*) excepte formellement de cette disposition les *établissemens de commerce* qui, suivant ses termes, « ne peuvent jamais être regardés comme ayant été faits sans esprit de retour ». Cette exception a pour but de faciliter et de multiplier les entreprises commerciales, et est fondée en même temps sur la fidélité que le Français est supposé conserver à sa patrie. — Gary, *Discuss. au corps législatif*.

229. — Il est assez difficile de bien préciser ce que le législateur a entendu par *établissement fait en pays étranger, sans esprit de retour*. Les magistrats, qui sont ici des jurés plutôt que des juges, devront se décider d'après les circonstances, en se montrant cependant sévères dans l'appréciation de ces circonstances. — Guichard, nº 312; Legat, p. 31; Coin-Delisle, nos 17 et 18; Duranton, t. 1er, nº 185; Richelot, t. 1er, nº 95, note 7e.

230. — « Le Français, dit M. Demolombe (t. 1er, nº 181) a vendu toutes ses propriétés en France; il en a acheté en pays étranger; il s'y est marié; il a rompu tous ses liens, toutes ses relations avec sa patrie; il a changé de religion; ... tels sont les faits *principaux* qui seront pris en considération; on aura aussi égard à son âge, au temps plus ou moins long écoulé depuis son établissement en pays étranger. »

231. En tous cas, il est de principe, en cette matière, que l'esprit de retour doit être toujours présumé. — *Rennes*, 1er juin 1832, Duboistaillié c. Berthois; —Pothier, *Tr. des personnes*, 1re part., tit. 2, sect. 4e; Merlin, *Rép.*, vº *Français*, § 1er, nº 3, *in fin.*; Guichard, *ubi suprà*; Legat, p. 32; Coin-Delisle, nº 18; Demolombe, nº 181; Richelot, t. 1er, nº 95; Marcadé, sous l'art. 17, nº 2.

232. — ... Quelque résidence d'ailleurs que le Français fasse à l'étranger, et bien qu'il soit né sur le sol étranger. — *Cass.*, 13 juin 1811, Benard et Fumée c. Gaugain.

233. — Ainsi, les enfans d'un religionnaire sorti de France en 1751, établi à Londres comme négociant, et y étant décédé en 1808, ont pu, quoique nés et établis dans le commerce à Londres, hériter en France en 1808, encore que ni le père ni les enfans ne fussent point rentrés en France, et n'eussent pas même fait la soumission d'y rentrer, aux termes soit des lois de 1790 sur les religionnaires fugitifs, soit de l'art. 10, C. civ., sur les enfans de Français proscrits. — Même arrêt.

234. — De cette règle qu'on doit toujours supposer l'esprit de retour, il suit évidemment que ce n'est pas à celui que l'on prétend avoir perdu la qualité de Français par un établissement fait en pays étranger, sans esprit de retour, qu'incombe l'obligation de prouver qu'il avait conservé cet esprit. C'est au contraire à celui qui conteste sa qualité à rassembler les présomptions qui peuvent en établir la perte.—*Poitiers*, 26 juin 1829, de Tenessu c. Dorguène; — Duranton, nº 185; Legat, p. 32; Coin-Delisle, nº 17.

235. — Cette perte ne pourrait résulter, notamment, ni du seul fait du mariage d'un Français en pays étranger, la femme ne faisant pas changer de condition au mari, ni des seules déclarations de vouloir passer sa vie en pays étranger, contenues dans des lettres missives, parce que la volonté ainsi manifestée est considérée comme incertaine. — Pothier, *ubi suprà*; Delaporte, *Pand. franç.*, sur l'art. 17, nº 85; Coin-Delisle, nº 18.

236. — ... Ni du changement de religion, parce que toutes les religions sont également tolérées en France. — Coin-Delisle, *ibid.*

237. — Nous avons vu (*suprà*) que l'art. 15 de la Constitution de l'an III, d'après lequel tout citoyen qui avait résidé sept années hors du territoire de la république, sans mission ou autorisation, était réputé étranger a été abrogé par la Constitution de l'an VIII.

238. — La résidence en pays étranger, quelque longue qu'elle fût, ni même le domicile qu'on y aurait formé, ne pourraient donc aujourd'hui faire supposer l'abandon de l'esprit de retour. — Locré, *Esprit du Code civ.*, t. 1er, p. 253.

239. — Il en serait ainsi quand même cette résidence ou ce domicile auraient été suivis du décès en pays étranger. — *Cass.*, 13 juin 1811, Benard et Fumée c. Gaugain.

240. — Mais l'exercice de fonctions à vie en pays étranger pourrait être regardé comme un établissement dans ce pays sans esprit de retour. — *Bruxelles*, 22 nov. 1827, D... c. G...

241. — On pourrait peut-être encore considérer comme ayant renoncé à cet esprit le Français non commerçant qui aurait emmené en pays étranger sa femme et ses enfans, qui y aurait acheté des biens immeubles et aurait vendu ses biens de France, et qui aurait établi ses enfans dans ce pays étranger. — Pothier, *ubi suprà;* Coin-Delisle, nº 17.

242. — ... Et celui qui aurait obtenu en Angleterre le bénéfice de la dénization, s'y serait marié avec une Anglaise, et y aurait acheté des propriétés immobilières qu'il exploiterait lui-même depuis plusieurs années.— Legat, p. 31.

243. — On s'est demandé si l'exception introduite par l'art. 17 en faveur des établissemens de commerce devait avoir pour résultat d'empêcher de prouver que le Français qui a fondé un semblable établissement a perdu l'esprit de retour.

244. — Les termes absolus de l'art. 17 pourraient, en effet, être entendus en ce sens qu'une preuve contraire à la présomption de la loi doit être rejetée. — La loi, ainsi comprise, n'aurait pas voulu autre chose, sinon encourager les Français qui voudraient fonder au loin des établissemens de commerce pour venir ensuite faire profiter la France du fruit de leurs travaux. — Dès-lors, tous les faits accessoires seraient dominés et justifiés par le fait principal de l'établissement commercial : s'il en était autrement, il semble qu'il n'y aurait plus de différence entre les établissemens commerciaux et les autres, puisqu'à l'égard de ceux-ci la présomption est également qu'ils n'ont pas été faits sans esprit de retour.

245. — Mais l'opinion contraire est plus généralement admise : et nous pensons, avec les auteurs qui la professent, qu'il résulte seulement de l'art. 17 que l'établissement de commerce seul et par lui-même ne suffit pas pour faire présumer la perte de l'esprit de retour; mais si d'autres circonstances pouvaient amener, réunies à celle de cet établissement, la preuve que le Français a perdu l'esprit de retour, l'art. 17 ne saurait autoriser le rejet de cette preuve. — Coin-Delisle, sous l'art. 17, nº 17; Demolombe, nº 182; Richelot, t. 1er, p. 144; Marcadé, sous l'art. 17, nº 2.

246. — Jugé en ce sens que la naturalisation en pays étranger étant incompatible avec la conservation de la qualité de Français, le Français qui aurait fondé en pays étranger un établissement de commerce, s'il s'y était fait en outre naturaliser, n'en aurait pas moins perdu par ce seul fait sa qualité, quand même des circonstances de sa vie indiqueraient qu'il a eu l'intention de revenir en France. — *Cass.*, 17 juill. 1826, Descande c. Guestier; — Pothier, *eod. loc.*; Coin-Delisle, nº 18. — V. cependant Delaporte, sur l'art. 17, nº 84.

247. — Mais il a été jugé que la formation par un étranger d'un établissement en Belgique, sans esprit de retour, ne suffisait pas pour lui faire acquérir la qualité de Belge, ni pour lui faire perdre celle qu'il possédait; — que la circonstance que cet établissement avait été formé dans une commune réunie à la Belgique, avant la réunion, ne permettait pas de supposer qu'il aurait été fait sans esprit de retour, encore qu'il eût été continu depuis la réunion; — enfin que le fait que cet étranger aurait établi une auberge dans une autre ville du pays, ne pourrait encore faire supposer l'absence d'esprit de retour. — *Bruxelles*, 30 mai 1831, N....

§ 4. — *Mariage d'une Française avec un étranger.*

248. — La femme, en principe, étant soumise à son mari, portant son nom et devant même, d'après l'art. 214, C. civ., habiter avec celui-ci partout où il lui plairait de résider, il est tout naturel qu'alors que, Française, elle épouse un étranger, elle devienne, comme ce dernier, soumise à l'extranéité, de même qu'elle acquiert la qualité de Française, lorsque, étant étrangère, elle épouse un Français.

249. — Aussi, l'art. 19, C. civ., porte-t-il « qu'une femme française qui épousera un étranger suivra la condition de son mari. » — C'est-à-dire qu'elle deviendra étrangère comme lui, ou plutôt, ainsi que le font observer avec juste raison MM. Demolombe (t. 1er, nº 183) et Marcadé (sous l'art. 19, nº 1er) qu'elle perdra la qualité de Française; car notre loi ne saurait lui conférer la nationalité étrangère, si la loi du pays étranger s'y opposait.

250. — En effet, il ne paraît pas que, d'après les lois anglaises, la femme étrangère qui épouse un Anglais devienne Anglaise, pas plus que l'Anglaise qui épouserait un étranger cesserait d'être Anglaise.—Il résulterait de cette loi combinée avec les art. 12 et 19 de notre Code civil que l'Anglaise qui a épousé un Français restant Anglaise et devenant Française a deux patries, tandis que la Fran-

çaise qui épouse un Anglais cessant d'être Française sans devenir Anglaise n'en aurait plus du tout. — V. Marcadé, sous l'art. 19, nº 1ᵉʳ.

251. — La femme française qui épouse un étranger ne peut se plaindre d'avoir perdu ainsi sa qualité; car c'est elle-même qui, volontairement, préfère une affection individuelle à celle de son pays.

252. — Elle ne le pourrait même pas dans le cas où elle aurait été mineure lors du mariage: la raison en est que *habilis ad nuptias, habilis ad matrimonii consequentias*. — Legat, p. 53; Duranton, nº 188; Coin-Delisle, *Comment.*, sur l'art. 19, nº 1ᵉʳ; Demolombe, nº 183.

253. — Peu importe aussi que les époux habitent en France: cela n'empêcherait pas qu'on ne considérât la femme comme étrangère. — Coin-Delisle, *ubi suprà*.

254. — Cette qualité lui est imprimée *dès l'instant* de la célébration du mariage. — Coin-Delisle, *ibid.* — V. aussi *suprà* nº 48.

255. — Si le mariage venait ensuite à être déclaré nul, la femme reprendrait alors sa qualité de Française, ou, pour mieux dire, l'aurait toujours conservée: car la cause qui eût pu la lui ravir n'aurait jamais subsisté. — Duranton, nº 187; Legat, p. 54; Coin-Delisle, nº 4; Proudhon, p. 126; Demolombe, nº 183.

256. — Cependant, M. Duranton (*loc. cit.*) enseigne que les juges pourront, dans ce cas, examiner si, en contractant mariage avec un étranger, la femme n'aurait pas formé *un établissement sans esprit de retour*. Mais M. Coin-Delisle (*ubi suprà*) combat cette doctrine en se fondant sur ce qu'on ne peut supposer à la femme, après le mariage, la volonté de perdre ce qu'elle croyait déjà irrévocablement perdu. C'était, d'ailleurs, uniquement par soumission envers son mari qu'elle avait consenti à renoncer à tout esprit de retour dans sa patrie originaire. Or, le mariage n'ayant plus d'existence légale, les effets qu'il avait produits doivent être intégralement anéantis. Et, au surplus, de quels faits induirait-on de la part de la femme l'intention, *à tout événement*, de perdre l'esprit de retour? M. Duranton lui-même n'en indique aucun. Tout serait donc à cet égard laissé à l'arbitraire des tribunaux, qui, dans tous les cas, devraient toujours se montrer favorables à la conservation de l'esprit de retour, et encore, faudrait-il, selon M. Demolombe (nº 183), que les faits et circonstances desquels on induirait la perte de l'esprit de retour fussent postérieurs à la nullité prononcée.

257. — Si, la femme française avait, au contraire, épousé un Français qui se fît ensuite naturaliser en pays étranger, ce fait ne saurait lui faire perdre sa qualité de française. Car, en se mariant, cette femme n'a point renoncé à sa patrie, et elle n'a pas dû penser que son mari abandonnerait lui-même cette patrie. Ajoutons à cela qu'il est de principe que l'état civil acquis ne peut être perdu par le fait d'autrui. — Locré, *Esprit du Code civil*, sur l'art. 19; Malleville, sur l'art. 12; Legat, p. 40 et 54; Duranton, nº 189; Coin-Delisle, nº 2; Valette, *Observat.* sur Proudhon, p. 126, note *d*; Demolombe, nº 175; Richelot, t. 1ᵉʳ, nº 96; Marcadé sous l'art. 19, nº 2.

258. — M. Duranton (*loc. cit.*), persistant dans son opinon, propose encore ici de distinguer si la femme qui a suivi son mari en pays étranger ne l'a pas fait *en vue aussi de quitter la France à jamais*. Mais cette distinction ne peut pas plus se justifier que dans le cas précédent. Ce n'est pas assurément de ce fait que la femme a accompagné son mari devenu étranger en pays étranger qu'on fera résulter pour elle l'abandon de sa patrie primitive. En suivant son mari, il n'y a, en effet, rien à lui imputer. Elle a fait son devoir; et l'on ne peut pas dire qu'elle ait obéi à sa seule volonté. A quelles circonstances faudrait-il donc s'attacher? On retomberait encore ici dans l'arbitraire. — Richelot, t. 1ᵉʳ, nº 96.

259. — Pour le cas où la femme française qui a épousé un étranger devient veuve, V. *infrà* sect. 5ᵉ, nº 309 et suiv.

§ 5. — *Acceptation de service militaire à l'étranger ou affiliation à une corporation militaire étrangère.*

260. — L'art. 21, C. civ., § 1ᵉʳ, est ainsi conçu: « Le Français qui, sans autorisation du roi, prendra du service militaire chez l'étranger, ou s'affiliera à une corporation militaire étrangère, perdra sa qualité de Français. »

261. — Cette manière de perdre la qualité de Français se rapproche beaucoup de celle qui s'opère par l'acceptation de fonctions publiques en pays étranger, sans autorisation. Mais elle a quelque chose de plus grave, en ce qu'elle expose le Français à porter les armes contre sa patrie. Aussi entraîne-t-elle un surcroît de peine. — Art. 21, § 2, *in fin.*

262. — Quant aux effets de l'affiliation à une corporation étrangère qui supposerait des distinctions de naissance, V. CITOYEN FRANÇAIS, nºˢ 52 et suiv.

263. — De ce que l'art. 21 contient une disposition pénale, il en résulte qu'il doit être restreint dans son application. Ainsi, ces mots *prendre du service militaire* doivent s'entendre seulement d'un service obligatoire chez l'étranger, d'un engagement dans un corps pour un temps déterminé. En conséquence, aucune peine ne serait encourue par le Français qui, sans engagement, prêterait à un gouvernement étranger un secours momentané dans une circonstance imprévue ou périlleuse. — Delaporte, sur l'art. 21, nº 89; Coin-Delisle, *Comment.*, sur l'art. 21, nº 2.

264. — Ainsi jugé que l'art. 21, C. civ., d'après lequel le Français qui, sans autorisation du roi, prend du service militaire chez l'étranger, perd sa qualité de Français, ne peut s'entendre que d'un engagement contracté au service d'une puissance étrangère, et non du concours *momentané* qu'un Français en pays étranger, au milieu des partis qui se disputent le pouvoir, prête à l'un ou l'autre de ces partis. — *Paris*, 11 mars 1846 (t. 1ᵉʳ 1846, p. 531), Clouet c. Min. fin.

265. — La cour de Cassation a même décidé que l'individu qui était né en France et qui avait servi dans les armées françaises n'avait point perdu la qualité de Français par un séjour de quelques années dans un pays étranger où il aurait été pris portant les armes contre la France. — *Cass.*, 28 mai 1824, Vernet.

266. — L'émigré qui, rentré en France en vertu de l'ordonnance du 21 août 1814, y avait été promu à des fonctions militaires et y avait exercé ses droits civils et politiques, ne peut être non plus admis à prétendre qu'il a perdu la qualité de Français par l'acceptation antérieure de fonctions militaires à l'étranger. — *Rennes*, 3 déc. 1834, Onfroy c. préfet d'Ille-et-Vilaine.

267. — Toutefois, il en serait différemment si cet émigré représentait un brevet ou un acte authentique constatant les fonctions militaires qui lui auraient été conférées. — Même arrêt.

268. — Par application du principe que la disposition de l'art. 21, C. civ., ne peut être étendue par voie d'interprétation, on devrait également décider que le service dans les milices urbaines d'une cité étrangère n'entraînerait pas la perte de la qualité de Français. Toutefois cette question nous paraît susceptible d'une distinction. Nul doute que ce service, lorsqu'il est uniquement destiné à maintenir l'ordre et la police intérieure, ne puisse pas être considéré comme un service militaire. Mais on devrait lui reconnaître ce caractère, et par conséquent y attacher la perte de la qualité de Français, s'il était constitué en même temps pour la défense du territoire. Cette distinction est proposée par M. Coin-Delisle. — V. cependant Guichard, nº 315, *in fine.*

269. — C'est devant la cour royale de son dernier domicile que doit être cité le Français qui, sans autorisation, aurait pris du service près d'une puissance étrangère, à l'effet d'y constater qu'il a perdu en France ses droits civils, aux termes de l'art. 7, décr. 26 août 1811. — *Toulouse*, 18 juin 1841 (t. 2 1841, p. 470), Souquet.

270. — Mais don Carlos ne devant être considéré que comme un simple prétendant, le Français qui aurait pris les armes, sans autorisation, pour soutenir la cause de ce prince n'encourrait pas l'application des peines portées par le décr. du 26 août 1811. — Même arrêt. — V. aussi *Paris*, 11 mars 1846, cité *suprà* nº 264.

271. — Le motif pour lequel le législateur a accordé au gouvernement la faculté d'autoriser l'acceptation par des Français de fonctions publiques chez l'étranger est également applicable ici.

272. — L'autorisation d'entrer au service militaire d'une puissance étrangère est accordée par lettres-patentes délivrées dans la forme de celles prescrites pour la naturalisation des Français en pays étranger. — Décr. 26 août 1811, art. 19.

273. — Ces lettres, ainsi que celles qui sont accordées pour autoriser l'exercice de fonctions publiques, doivent être demandées individuellement au ministre de la justice: il ne suffirait pas que le prince étranger qui voudrait garder des Français à son service en fît une demande collective par un état général. — Av. cons. d'état, 14-21 janv. 1812, 7ᵉ quest.

274. — Dans tous les cas, l'autorisation n'est jamais accordée que sous la condition, par les Français qui l'obtiennent, de revenir, si le gouvernement les rappelle, soit par une disposition générale, soit par un ordre direct (décr. 6 avr. 1809, art. 23 et 27, et 26 août 1811, art. 17), de ne prêter aucun serment au gouvernement étranger, de ne jamais porter les armes contre la France, à moins d'encourir la peine prononcée par l'art. 75, C. pén., et de quitter le service militaire ou d'abandonner l'exercice des fonctions publiques, même sans être rappelés, si le gouvernement étranger venait à être en guerre contre la France. — Décr. 26 août 1811, art. 18.

275. — Les Français autorisés par le gouvernement soit à prendre du service militaire à l'étranger, soit à y exercer des fonctions publiques, ne peuvent être ministres plénipotentiaires dans aucun traité où les intérêts de la France seraient débattus. — Décr. de 1811, art. 20.

276. — ... Ni être accrédités comme ambassadeurs, ministres ou envoyés auprès du gouvernement français, ni reçus comme chargés de missions d'apparat qui les mettraient dans le cas de paraître devant le roi avec un costume étranger. — Même décret, art. 24.

277. — ... Ni venir en France, pour quelque cause que ce soit, sans la permission spéciale du gouvernement, même s'ils avaient quitté tout service étranger. — Avis cons. d'état 14-21 janv. 1812, 8ᵉ et 9ᵉ quest.

278. — ... Ni dans le cas où ils seraient autorisés à entrer en France, s'y montrer avec la cocarde étrangère ou revêtus d'un uniforme ou d'un costume étrangers (décr. 1811, art. 22), quand même le prince au service personnel duquel ils seraient attachés se trouverait en France. — Même avis.

279. — Mais ils pourront, les uns et les autres, porter en France les décorations des ordres étrangers, lorsqu'ils les auront reçues, avec l'autorisation du gouvernement français. — Décr. 1811, art. 23.

280. — Les Français qui auront pris du service militaire à l'étranger pourront également, pour le cas unique où leur corps serait appelé par le gouvernement à traverser la France et à y stationner, conserver la cocarde et l'uniforme de ce corps, tant qu'ils y seront présens. — Avis cons. d'état, 10ᵉ et 11ᵉ quest.

281. — Ils peuvent aussi être autorisés à porter en France les couleurs nationales. — Décr. 1811, art. 22.

282. — Les prohibitions portées contre les Français dont il s'agit appartenant exclusivement au droit politique, il semble que le gouvernement français aurait le pouvoir de les en dispenser, lorsque sa dignité n'en souffrirait pas d'atteinte. — Coin-Delisle, sur l'art. 21, nº 3, *in fine.*

283. — Lorsque la guerre vient à éclater entre la France et la puissance étrangère chez laquelle des Français, même autorisés, ont pris du service militaire ou exercent des fonctions publiques, ces Français sont tenus, sans qu'il soit nécessaire de les rappeler, de rentrer en France dès le moment où les hostilités commencent, et d'y justifier de leur retour dans le délai de trois mois, à compter du jour des premières hostilités, ou, si la guerre n'est pas encore déclarée et qu'il ait été rendu une ordonnance de rappel dans les délais fixés par cette ordonnance. — Décr. 1809, art. 6, 20, 24 et 27.

284. — Au contraire, dans l'un et l'autre cas, ceux qui n'ont pas de service militaire chez l'étranger ou qui n'y exercent aucune fonction publique ne sont tenus de rentrer en France qu'autant qu'ils ont été nominativement rappelés par un décret ou une ordonnance publiés dans la forme prescrite pour la promulgation des lois. — Même décret, art. 29.

285. — La justification du retour dans les délais prescrits se fait, pour ceux qui ont conservé un domicile en France, en obtenant du procureur du roi du tribunal de leur domicile, ou de celui de Paris, s'ils le préfèrent, un acte de présence, et pour ceux qui n'ont pas conservé de domicile, en se présentant devant le procureur du roi du tribunal de première instance de Paris, qui leur délivre également acte de leur présence; cet acte est transcrit au greffe. — Même décr., art. 7, 8 et 9.

286. — L'instruction à suivre pour faire juger par contumace ceux qui ne se seraient pas représentés dans les délais fixés est réglée par les art. 10 et suiv. du même decret. La peine qui est prononcée contre eux est celle de la *mort civile* en France. — Art. 22, 26, 28 et 29.

287. — Si même, nonobstant l'ordonnance de rappel ou les hostilités commencées, les Français au service de l'étranger continuaient à faire partie d'un corps militaire destiné à agir contre la France ou ses alliés, ils encourraient la peine de mort. — Décr. 6 avril 1809, art. 19 et 26, et 26 août 1811, art. 27.

288. — Ces dispositions des décrets de 1809 et de 1811 ont conservé toute leur force, sauf cepen-

dant en ce qui concerne la peine de la confiscation, abolie par la charte de 1814 et par celle de 1830. Le Code pénal de 1810, en ne s'occupant que des Français qui porteraient les armes contre la France (art. 75), a maintenu formellement les dispositions du décret de 1809. Si même ces droits devaient être, quant aux dispositions dont il s'agit, considérés comme anéantis, aucune peine ne serait plus prononcée contre la désobéissance à l'ordre de rentrer en France. Une semblable lacune, si elle eût existé, eût été assurément remplie lors de la révision du Code pénal en 1832. Le silence gardé à cet égard est la meilleure preuve de l'existence des dispositions ci-dessus. — V. *suprà*, nos 191 et suiv.

289. — C'est à la juridiction criminelle et non à la juridiction civile qu'il appartient de prononcer la mort civile dans les cas déterminées par les art. 24, 26, 28 et 29, décr. 1809. Car, dans ces différens cas, la mort civile est infligée comme une peine principale à des Français coupables. — V. en ce sens Coin-Delisle, nos 7 et 8.

290. — Toute peine ne pouvant aussi produire ses effets que du jour où elle est prononcée, il s'ensuit que les droits acquis ou conférés antérieurement par les Français qui n'ont point obéi à l'ordonnance de rappel l'ont été valablement. Ainsi, notamment, le testament d'un Français qui aurait encouru la mort civile dans l'un des cas ci-dessus, mais qui serait mort naturellement avant qu'elle fût prononcée, devrait être exécuté même sur les biens de France. Les enfans nés de ce Français, même en pays étranger, avant que la sentence de mort civile ait été rendue, sont nés Français. — Coin-Delisle, nos 9, 10 et 11.

291. — Une loi du 12 janv. 1816 (art. 7) avait encore privé ceux des régicides qui, dans l'interrègne, avaient voté pour l'acte additionnel ou accepté des emplois de l'empereur, de l'exercice des droits civils en France, du droit d'y posséder aucun bien, titre, ni pension, à eux concédés à titre gratuit.

292. — Toutefois, ces régicides n'étaient pas *morts civilement*. — *Cass.*, 20 fév. 1821, Champigny c. Chenneveau.

293. — La privation des droits civils par eux encourue, aux termes de l'art. 7 précité, n'était pas non plus générale et ne les rendait pas incapables de succéder en France. — Même arrêt. — V. aussi Coin-Delisle, sur l'art. 21, no 12 — V. cependant *Orléans*, 10 juin 1818, Champigny c. Chenneveau.

294. — Cette disposition de la loi du 12 janv. 1816 a été, au surplus, abrogée par l'art. 1er, L. 11 sept. 1830, qui « a réintégré les Français bannis, en exécution des art. 3 et 7 de la loi de 1816, dans tous leurs droits civils et politiques, et dans les biens et pensions dont ils auraient été privés par suite de ladite loi, sans préjudice des droits acquis à des tiers. »

295. — Les Belges qui avaient encouru les peines comminées par les lois sur l'émigration (ces lois ayant de fait et de droit perdu leur empire en 1814, dès l'instant où la domination française, qui a appliqué ces lois à la Belgique, y a été anéantie), ont été aussi, par leur rentrée en Belgique avec leur famille après les événemens de 1814, réintégrés de plein droit dans leur qualité de Belges qu'ils avaient momentanément perdue. — *Gand*, 13 août 1834, de N...

296 — Par suite, les enfans nés à l'étranger depuis la mort civile de leurs père et mère ont été par cette rentrée relevés de leur état de bâtardise, tellement qu'ils doivent être considérés comme nés en légitime mariage de parens qui n'auraient jamais perdu leur qualité de Belges. — Même arrêt.

297. — Enfin la loi du 10-11 avr. 1832, qui bannit à perpétuité du territoire de la France et de ses colonies Charles X et sa famille et celle de Napoléon, règle elle-même l'étendue de la privation des droits civils en France qu'elle impose à ces deux familles.

Sect. 5e. — *Recouvrement de la qualité de Français.*

298. — La qualité de Français ne se perd pas d'une manière absolue, en ce sens qu'elle ne puisse jamais se recouvrer. On ne pouvait en effet traiter ceux qui avaient perdu cette qualité plus défavorablement que des étrangers. Mais le recouvrement s'en opère différemment, suivant la manière dont elle a été perdue.

299. — Lorsque la perte de la qualité de Français est arrivée par l'un des trois modes indiqués dans l'art. 17, C. civ., c'est-à-dire par la naturalisation, par l'acceptation de fonctions publiques ou par un établissement fait sans esprit de retour en pays étranger : « le Français, dit l'art. 18, pourra toujours la recouvrer en rentrant en France avec l'autorisation du roi et en déclarant qu'il veut s'y fixer et qu'il renonce à toute distinction contraire à la loi française. »

300. — L'autorisation du roi est exigée, parce que l'inconstance de l'ex-Français et sa première faute ont mis ses concitoyens en défiance de sa fidélité, et qu'il importe au gouvernement de s'assurer si ses nouvelles intentions ne sont pas trompeuses. — La déclaration qu'il veut se fixer en France rend naturellement plus constante sa volonté de recouvrer la qualité qu'il avait perdue. — Il est enfin tout naturel qu'il n'apporte point dans son pays des distinctions qui n'y sont pas admises.

301. — La demande à l'effet d'être autorisé à rentrer en France doit être adressée au ministre de la justice (arg. de l'avis du cons. d'état, 14-21 janv. 1812, 8e et 9e quest.; Coin-Delisle, *Comment.* sur l'art. 18, no 2) et la déclaration être faite à la mairie du lieu où le Français veut s'établir. — V. les décr. et ord. de réintégration recueillis par Locré, *Législ. civ. et commerc.*, t. 2, p. 448. — Ce lieu doit être indiqué et précisé dans la demande en autorisation. — Guichard, no 317.

302. — La dernière condition, celle *de renoncer à toute distinction contraire à la loi française*, avait été exigée à une époque où la noblesse était abolie. Son but avait été principalement d'empêcher ceux qui voulaient redevenir Français de rapporter en France des titres de noblesse. Mais depuis, la noblesse a été rétablie légalement, notamment par la charte de 1814 (art. 71) et par celle de 1830 (art. 62). Néanmoins cette disposition n'est point aujourd'hui devenue sans objet; elle peut encore recevoir son application. Ainsi l'acceptation de titres héréditaires ou honorifiques à l'étranger faisant perdre la qualité de Français, celui qui veut la recouvrer doit nécessairement renoncer à ces titres. — Legat, p. 418; Coin-Delisle, no 2, *in fine*; Demolombe, no 169. — V. cependant Guichard, *loc. cit.*

303. — Mais l'émigré qui aurait pendant son émigration perdu la qualité de Français en acceptant par exemple le titre de grand-bourgeois de Hambourg, s'il est rentré en France sous l'empire de la constitution du 22 frim. an VIII, s'y est constamment soumis aux Français et a continué d'y résider, est ainsi redevenu Français. — *Paris*, 14 mars 1829, Murat.

304. — Selon MM. Delaporte (sur l'art. 18, no 85) et Coin-Delisle (no 1er), le Français qui se serait établi en pays étranger, même sans esprit de retour, n'aurait pas besoin pour recouvrer sa qualité d'obtenir aucune autorisation ni de faire aucune déclaration; car aucun acte public du gouvernement étranger ne lui ayant enlevé sa qualité originaire pour lui en conférer une nouvelle, comme dans les deux premiers cas prévus par l'art. 17, C. civ.; sa position en France peut être assimilée à celle d'un absent. En se représentant, il efface par ce seul fait les présomptions incertaines qui résultaient de son établissement en pays étranger.

305. — Il nous paraît difficile d'admettre cette opinion. L'art. 18, ainsi que nous l'avons dit, se réfère à l'art. 17, et nous ne voyons aucun motif de faire entre les divers cas prévus par cet article une distinction que n'admet pas plus son esprit que son texte, rapproché surtout de celui de l'art. 19, dont l'alinéa 2e impose dans une circonstance pour le moins aussi favorable des conditions analogues. Peu importe en effet qu'un acte du gouvernement étranger ait ou non enlevé la qualité originaire du Français : dès qu'il est certain que cette qualité a été perdue volontairement, il y a égale raison de suspecter la fidélité du Français et de se prémunir contre son inconstance. Dans ce cas comme dans les deux autres, nous pensons donc qu'il y a lieu d'appliquer toutes les prescriptions de l'art. 18. — V. dans ce sens Duranton, no 193; Demolombe, no 169.

306. — Lorsque la qualité de Français a été perdue par le mariage d'une Française avec un étranger, l'art. 19, § 2, C. civ., porte que « si la femme devient veuve, elle recouvrera la qualité de Française, pourvu qu'elle réside en France, ou qu'elle y rentre avec l'autorisation du roi, et en déclarant qu'elle veut s'y fixer. »

307. — Cet article devait être appliqué aussi au cas de divorce. — *Lyon*, 11 mars 1835, Maurer c. Chirat; — Demolombe, no 170.

308 — Il aurait été applicable également, selon M. Demolombe (no 170), alors même que le divorce aurait été prononcé en pays étranger. — « Il me semble, dit cet auteur, que le bénéfice de la loi s'adresse surtout à la femme *devenue libre*, et que les mots *si elle devient veuve*, dans la pensée essentielle du législateur, désignaient seulement le mode le plus général de dissolution du mariage sans exclure pour cela les autres. »

309. — Dans le cas où la femme française, devenue veuve, réside en France au moment de la mort de son mari et continue d'y résider, c'est *de plein droit*, sans autorisation, qu'elle recouvre son état de Française. — Guichard, no 318; Proudhon, p. 127; Duranton, no 193; Coin-Delisle, *Comment. sur l'art.* 19, no 5; Demolombe, no 171.

310. — Elle le recouvre, même sans être obligée de faire la déclaration qu'elle veut se fixer en France. — *Cass.*, 19 mai 1830, Taaffe c. Bellew; *Lyon*, 11 mars 1835, Maurer c. Chirat; — Coin-Delisle, *eodem loc.* — V. cependant Guichard, *ubi suprà.*

311. — Si, résidant habituellement en France, la femme française qui avait épousé un étranger se trouvait, à l'époque de la mort de ce dernier, momentanément en pays étranger, cette circonstance ne devrait pas l'empêcher de recouvrer de plein droit sa qualité originaire. — Delaporte, sur l'art. 19; Coin-Delisle, *loc. cit.*

312. — C'est ce qui a été jugé dans le cas de divorce, à l'égard d'une femme qui avait toujours demeuré en France, et qui n'était allée en pays étranger, où elle n'avait fait d'ailleurs qu'un court séjour, que pour obtenir son divorce. — *Lyon*, 11 mars 1835, Maurer c. Chirat.

313. — Si, à l'inverse, la résidence en France de la femme française mariée à un étranger, lors de la mort de ce dernier, n'était que passagère, cette résidence ne pourrait avoir pour effet de lui restituer immédiatement sa qualité primitive. — V. Delaporte et Coin-Delisle, *ubi suprà.*

314. — Lorsque la femme a sa résidence réelle en pays étranger, à l'époque de la mort de son mari, elle ne peut jamais redevenir Française *de plein droit*. Elle doit toujours demander l'autorisation du gouvernement pour rentrer dans sa patrie d'origine et déclarer qu'elle veut s'y fixer : demande et déclaration qui doivent être faites dans la forme indiquée ci-dessus, no 301.

315. — La femme qui, dans le cas de veuvage, recouvre la qualité de Française, communique-t-elle cette qualité à ses enfans mineurs? M. Duvergier, dans *sa Collection des lois* (2e édit., t. 3, p. 241, note 1re), enseigne l'affirmative. Cependant il n'y a dans la loi aucune disposition de laquelle on puisse même seulement induire un effet si excessif de la puissance de la mère sur ses enfans mineurs. Nés de parens étrangers, ils sont comme eux étrangers. C'est cet état que la naissance leur a imprimé. Et ils ne peuvent en être dépouillés sans leur volonté. Leur mère doit uniquement à sa naturalité première la faveur que lui a accordée le législateur de redevenir française. Comment alors cette faveur pourrait-elle atteindre ses enfans, qui ne se recommandent à la France par aucun titre? S'ils veulent, à leur majorité, faire partie des membres qui la composent, la loi leur offre la voie de la naturalisation. Si cependant ils étaient nés en France, ils pourraient acquérir aussi la qualité de Français en remplissant les formalités prescrites par l'art. 9, C. civ. — V. en ce sens Coin-Delisle, no 7; Demolombe, no 175-2o.

316. — Quand la qualité de Français a été perdue par *la prise de service militaire* chez l'étranger, ou par l'*affiliation à une corporation militaire étrangère*, le législateur s'est montré plus sévère pour le recouvrement de la qualité de Français. En effet, « cette circonstance, a dit M. Treilhard (Exposé des motifs, séance du 14 vent. an XI), a un caractère de gravité qui la distingue; ce n'est plus un simple acte de légèreté, une démarche sans conséquence, c'est un acte de dévouement particulier à la défense d'une nation, aujourd'hui notre alliée, si l'on veut, mais qui demain peut être notre rivale, et même notre ennemie. Le Français a dû prévoir qu'il pouvait s'exposer, par son acceptation, à porter les armes contre sa patrie. En vain dirait-il que, dans le cas d'une rupture entre les deux nations il n'aurait pas balancé à rompre ses engagemens : quel garant pourrait-il donner de son assertion? La puissance qui l'a pris à sa solde a-t-elle entendu cette restriction? l'aurait-elle laissé maître du choix? Le législateur a pensé alors que, dans ce cas, le Français devait être, soit pour rentrer en France, soit même pour recouvrer les droits de citoyen, soumis à des conditions particulières. »

317. — Dans ce cas, donc, le Français « ne pourra, aux termes de l'art. 21, C. civ., rentrer en France qu'avec la permission du roi, et recouvrer la qualité de Français qu'en remplissant les conditions imposées à l'étranger pour devenir citoyen (c'est-à-dire par un stage de dix années) : le tout sans préjudice des peines prononcées par la loi contre les Français qui ont porté ou porteront les armes contre leur patrie. »

318. — Selon Toullier (t. 1er, no 271), cet ancien Français ne pourrait même pendant ses dix années de stage avoir, comme l'étranger, la jouissance des droits civils; mais le texte de la loi ne disant rien

de semblable, il nous paraît que ce serait étendre outre mesure l'état de punition dans lequel elle place ce Français. — V. dans ce sens Duvergier sur Toullier, *loc. cit.*, note *a*, et Marcadé, sur l'art. 21, n° 2.

519. — Le gouvernement peut, toutefois, abréger pour ce Français comme pour les étrangers le stage politique de dix ans. — Duranton, n° 194; Coin-Delisle, sur l'art. 21, n° 1er.

520. — M. Demolombe pense (n° 169) que l'art. 12, décr. 26 août 1811, a modifié l'art. 21, C. civ., et laisse au chef du gouvernement le pouvoir de dispenser le Français des conditions imposées par ledit article, en lui accordant des lettres de *relief*. — V. aussi Valette sur Proudhon, t. 1er, p. 428, et Demante, *Revue étr. et franç. de législ.*, t. 7, p. 424.

521. — Pour compléter tout ce qui concerne le recouvrement de la qualité de Français, il faudrait rappeler ici la disposition de l'art. 10, C. civ., suivant lequel « tout enfant né en pays étranger d'un Français qui aurait perdu la qualité de Français, pourra toujours recouvrer cette qualité, en remplissant les formalités prescrites par l'art. 9. » Mais on peut se reporter à cet égard aux observations qui ont été faites *supra* sous les n° 32 et suiv.

522. — Si le Français qui avait perdu sa qualité était un étranger quant à la naturalisation seule avait rendu Français, il ne devrait pas, selon M. Legat (p. 44), lui être permis de la recouvrer. D'abord, la loi ne contient aucune disposition à son égard. Ensuite, il eût même été à désirer que la faculté de rentrer en France fût refusée à celui que son inconstance aurait porté à abdiquer une première fois sa patrie d'origine. Si cette faculté lui a été accordée, ce n'est que par une faveur fondée uniquement sur la naissance ; sur son origine première. Mais quand il Français qui s'était fait naturaliser Français a cessé d'être tel, il est retombé complètement dans sa condition d'étranger. Rien de la qualité de Français n'a subsisté en lui.

523. — Les effets du recouvrement de la qualité de Français sont déterminés par l'art. 20, C. civ., ainsi conçu : « Les individus qui recouvreront la qualité de Français, dans les cas prévus par les articles 10, 18 et 19, ne pourront s'en prévaloir qu'après avoir rempli les conditions qui leur sont imposées par ces articles, et seulement pour l'exercice des droits ouverts à leur profit depuis cette époque. »

524. — Cet article contient une innovation à l'ancienne législation, suivant laquelle on distinguait les lettres de naturalité qui donnaient à un étranger la qualité de Français, des lettres de déclaration qui rendaient cette qualité à un Français qui l'avait perdue. Ces lettres de déclaration avaient un effet rétroactif, c'est-à-dire que celui qui les obtenait était considéré comme n'ayant jamais quitté le territoire, et faisait revenir, comme s'il eût été présent, sur tous les partages faits en son absence. C'est cet abus que l'art. 20 a fait cesser. Le retour du Français qui recouvrait cette qualité ne doit pas plus être un signal de discorde dans les familles qu'un moyen de trouble dans l'état. Trailhard, *Exposé des motifs*.

525. — Mais cet art. 20 a été assez gravement modifié par le décret du 26 août 1811, dont l'art. 3 dispose que les Français naturalisés en pays étranger avec autorisation jouiront du droit de posséder, de transmettre des propriétés et de succéder, quand même les sujets du pays où ils seraient naturalisés ne jouiraient pas de ces droits en France. L'art. 4 accorde à leurs enfans, nés à l'étranger, pendant leur minorité et les dix premières années de leur majorité, le droit de recueillir les successions, et d'exercer tous les droits qui seraient ouverts à leur profit. Enfin le même décret relève de toutes déchéances les Français naturalisés sans permission qui obtiendraient des lettres de relief. — Art. 12. — MM. Duranton (n° 197) et Coin-Delisle (sur l'art. 20, n° 6) remarquent que ces lettres ont un effet rétroactif.

526. — La loi du 14 juill. 1819 y a aussi porté quelque atteinte. Cette loi n'habilite pas, il est vrai, selon nous (V. *supra* n° 195), les Français naturalisés en pays étranger sans autorisation, à succéder, disposer et recevoir de la même manière que les Français, mais les enfans de ces Français ne peuvent pas être frappés de la même exclusion. En conséquence, ces enfans pourront exercer les droits de leur père, quand celui-ci n'aura point obtenu de droits de relief ; ils seront dans la même position que les étrangers ordinaires. — Duranton, n° 481; Coin-Delisle, *loc. cit.*

V. ACTES DE L'ÉTAT CIVIL, AGENT DIPLOMATIQUE.

FRANCFORT.

V. AUBAINE (droit d'), n° 88, et TRAITÉS DIPLOMATIQUES.

FRANCHISE (Douanes).

On désigne sous ce nom, en matière de douanes, un privilège dont jouissent certains ports de mer, et qui consiste dans la faculté d'y introduire, débarquer, rembarquer, vendre, réexporter toute espèce de denrées et de marchandises, sans payer aucun droit, pourvu qu'elles ne pénètrent pas dans l'intérieur du pays. — V. PORT-FRANC ; V, aussi DOUANES.

FRANCHISES ET CONTRE-SEINGS.

Table alphabétique.

Acquit à caution, 53.
Administration publique, 5.
Adresse, 16.
Affiches, 23.
Agent du gouvernement,106.
— du trésor, 41.
Archevêque, 27.
Assemblée nationale, 5.
Bandes, 33, 46, 74, 104.
Bibliothèque royale, 28.
Budget, 23.
Bulletin des arrêts de la cour de Cassation, 23, 65.—
des lois, 23, 65.
Cabinet de la reine, 39.
Chargement, 74, 77.
Circulaire, 23.
Colonies, 106.
Commune rurale, 102.
Compte-rendu, 23.
Concession de franchise, 17.
Contre-seing, 31 s., 104.
Correspondance, 23, 95.
— non distribuable, 107.
Déclaration, 24, 60, s., 63, 78.
Délégation de contre-seing, 31.
Dépêche, 16.— étrangère au service de l'état, 103.
Dépôt, 77. — dans le bureau de poste, 54 s.
Diligence, 85.
Directeur des contributions indirectes, 53.— des douanes, 70.
Distributions, 71, 91 s. — ordinaires, 96.
Division militaire, 94.
Domaine privé, 39.
Échantillon, 24, 79, 88. —
de grains, 84.
Empêchement, 42 s.
Enveloppe, 104.
Envoi officiel, 65. — particulier, 67.
Évêque, 37.
Exclusion de franchise, 27.
Fermeture de lettres et paquets,46.
Fonctionnaire, 36, 60, 73, 97, 104. — intérimaire, 29. — public, 5, 97.
Franchise, 39.
Fraude, 49 s., 86.
Gouvernement, 23.
Griffe, 38.
Historique, 4 s.
Imprimé non officiel, 60.
Imprimerie royale, 70.
Indemnité, 7, 75.
Infraction, 58.
Intendance de la liste civile, 39.
Juge de paix, 69.
Législation, 4 s.
Lettre adressée au roi, 72.— chargée, 72 s. — confidentielle, 50. — fermée, 46, 47, 51. — ouverte, 51. — recommandée, 72.

Lieutenans-généraux, 94.
Liste électorale, 24, 88. — du jury, 24, 88.
Livres, 28.
Livret de caisse d'épargnes, 24.
Maire, 50, 69.
Maison du roi, 39.
Médaille d'honneur, 78.
Messagerie, 85.
Ministère des finances, 47.— de la marine, 106.
Monnaie, 79.
Négociant, 97.
Objets assimilés à la correspondance, 77.
Officier de marine, 106.
Ordonnance royale, 12, 17.
Ordre secret, 108.
Ouverture des dépêches reçues, 98.
Papiers étrangers au service, 22.
Papiers manuscrits, 24.
Paquet chargé, 66, 73.— ordinaire, 54.— refusé, 109.
Particulier, 76.
Pays étranger, 106.
Porte d'une lettre, 75.— d'un paquet, 75.
Poids des paquets, 87. — et mesures, 81.
Poinçon, 24, 81. — de garantie d'or et d'argent, 80.
Police, 48.
Poste restante, 108.
Prince royal, 38, 47.
Préfet, 23, 36, 48 s., 94.
Procès-verbal, 20, 105.
Procureur général, 42. — du roi, 42.
Publication non officielle, 60.
Refus d'acquitter la taxe, 101. — des dépêches, 98.
Registre, 84. — d'écrou, 24.
Registres de l'état civil, 24, 88.— de gendarmerie, 24.
Reine, 39, 47.
Remise au bureau, 97. — avant la distribution générale, 95.
Renvoi à l'expéditeur, 107.
Réquisition de chargement, 73.
Roi, 38 s., 47.
Rôle des contributions directes, 24, 88.
Service, 47, 104. — de l'état, 46, 46. — du roi, 39.
Signature, 36.
Simulation, 99.
Sous-intendant militaire, 48, 94.
Taxe, 40, 60, 76, 98, 100, 104 s. — (double), 22, 409.
Timbre, 62.
Transport de correspondance circulant en franchise, 85.
Tube de vaccin, 24, 82.
Vérification, 105. — des dépêches refusées, 99.

FRANCHISES ET CONTRE-SEINGS. — 1. — Une dépêche est dite *en franchise* quand sa circulation n'est pas assujettie aux droits ordinaires de taxe établis par les lois et réglemens sur le service de la poste aux lettres.

2. — Le *contre-seing* consiste dans la désigna-

tion des fonctions de l'envoyeur, suivie de sa signature, désignation et signature apposées sur l'extérieur de la dépêche, ou pour mieux dire sur la bande qui la contient, ou l'enveloppe qui la renferme ; le contre-seing a pour objet de faire connaître aux agens de l'administration des postes que la dépêche est du nombre de celles admises à circuler en franchise.

3. — La circulation en franchise de la correspondance des fonctionnaires publics, relativement au service de l'état, a été l'objet de nombreuses décisions des pouvoirs législatif et administratif.

CHAP. Ier. — *Historique et principes généraux* (n° 4).

CHAP. II — *Législation sur les franchises et contre-seings* (n° 16).

SECT. 1re. — *Dispositions générales* (n° 16).

SECT. 2e. — *Objets assimilés à la correspondance de service* (n° 23).

SECT. 3e. — *Objets qui ne peuvent être assimilés à la correspondance de service* (n° 27).

SECT. 4e. — *Correspondances admises à circuler exceptionnellement sous le couvert et le contre-seing de fonctionnaires intermédiaires* (n° 29).

SECT. 5e. — *Contre-seing* (n° 31).

SECT. 6e. — *Mode de fermeture des lettres et paquets relatifs au service* (n° 46).

SECT. 7e. — *Dépôt de la correspondance de service dans les bureaux de poste* (n° 54).

§ 1er. — *Lettres et paquets ordinaires* (n° 54).

§ 2. — *Publications et imprimés non officiels* (n° 60).

§ 3. — *Bulletin des lois et bulletin des arrêts de la cour de cassation* (n° 65).

§ 4. — *Lettres chargées ou recommandées* (n° 72).

§ 5. — *Chargemens d'objets divers assimilés à la correspondance* (n° 77).

SECT. 8e. — *Transport de correspondances circulant en franchise* (n° 85).

SECT. 9e. — *Distribution des correspondances circulant en franchise* (n° 91).

SECT. 10e. — *Ouverture et vérification des dépêches refusées par les fonctionnaires* (n° 98).

SECT. 11e. — *Renvoi de correspondances relatives au service reconnues non distribuables* (n° 107).

CHAPITRE Ier. — *Historique et principes généraux.*

4. — Les premiers documens législatifs sur les franchises et contre-seings ont eu pour objet de supprimer les abus nombreux que l'usage avait introduits depuis long-temps.

5. — L'assemblée nationale, est-il dit dans l'article unique du décret du 6 juin 1792, informée de l'abus qui existe dans l'administration des postes, relativement aux contre-seings et franchises des lettres, considérant qu'il est instant de remédier à cet abus, décrète que la franchise et le contre-seing des lettres des postes sont supprimés, excepté pour les fonctionnaires publics, les administrations publiques et les fonctionnaires publics actuellement en activité qui en ont joui jusqu'à présent.

6. — Bientôt, par un nouveau décret du 3 sept. 1792, l'assemblée nationale entreprit de régulariser l'usage des franchises et contre-seings, et un tableau annexé à ce décret contenait l'énumération des fonctionnaires autorisés à correspondre en franchise, et indique en même temps à quelles conditions et sous quelles limites ce droit était accordé à chacun d'eux.

7. — Le gouvernement directorial introduisit un système différent de franchise. — La loi du 9 vendém. an VI, art. 64, abolit l'usage des franchises et contre-seings, excepté pour le *Bulletin des Lois*, et posa en principe qu'il serait accordé aux différens fonctionnaires publics des indemnités qui devaient leur tenir lieu de frais de leur correspondance.

8. — En exécution des principes posés par cette

loi, et pour régulariser le nouveau régime substitué à celui des franchises et contre-seings, furent rendus les arrêtés des 27 vendém. an VI, 27 brum. an VI, 13 pluv. an VI et 5 vendém. an VII.

9. — Et en effet, le système adopté par la loi du 9 vendém. an VI n'eut qu'une courte durée; ses inconvéniens étaient trop graves; aussi le gouvernement consulaire, dès son installation, s'empressa de rétablir l'usage de la franchise et du contre-seing pour la correspondance des fonctionnaires publics.

10. — Seulement, tandis que l'assemblée nationale avait cru devoir réserver au pouvoir législatif le droit de statuer sur l'usage des franchises et contre-seings, la loi du 25 frim. an VIII déclara, par son art. 13, que « les consuls détermineraient, par un réglement, l'usage des franchises et contre-seings et les fonctionnaires qui devaient en jouir. »

11. — Un premier arrêté fut rendu à cet effet le 27 prair. suivant; depuis il a été modifié et même remplacé par d'autres arrêtés, décrets et ordonnances, qui s'appuient uniformément sur la loi du 25 frim. an VIII. On peut citer principalement l'ordonnance du 14 déc. 1825.

12. — Depuis cette époque, de notables changemens survenus dans l'administration du royaume avaient motivé différentes concessions nouvelles de franchises; c'est pour régulariser et coordonner entre elles ces diverses dispositions éparses qu'a été rendue l'ordonnance royale du 17 nov. 1844, qui, jusqu'à ce jour, n'a subi d'autres modifications que celles nécessitées par les changemens survenus dans diverses branches d'administration pour déterminer, par suite, des concessions ou suppressions de franchises.

13. — Les dispositions de l'ordonnance sont complétées et expliquées par une circulaire du directeur général des postes du 12 fév. 1845, rendue en exécution de l'ordonnance.

14. — L'ordonnance du 17 nov. 1844, qui se compose de quatre-vingt-quatre articles, est partagée en onze titres, dont l'un (le titre 7) se divise en cinq sections : nous suivrons ces divisions.

15. — ... Et nous terminerons en présentant la nomenclature complète des fonctionnaires aujourd'hui autorisés à correspondre en franchise, en indiquant en même temps dans quelles limites et sous quelles conditions ce droit existe pour chacun d'eux.

CHAPITRE II. — *Législation sur les franchises et contre-seings.*

Sect. 1re. — *Dispositions générales.*

16. — La correspondance des fonctionnaires publics, exclusivement relative au service de l'état, est admise à circuler en franchise par la poste. — Art. 1er. — Cette correspondance comprend toutes les lettres et dépêches que s'écrivent les fonctionnaires qui ont entre eux des rapports réguliers de service. A ces dépêches peuvent être joints des papiers manuscrits ou même imprimés qui ont trait à cette correspondance, pourvu qu'ils ne soient ni pliés en formes de lettres, ni revêtus d'adresses extérieures, ni cachetés ou fermés par des fils ou attaches quelconques. — Circul. directeur général.

17. — L'art. 2, en renvoyant aux tableaux annexés à l'ordonnance pour la désignation des fonctionnaires et personnes autorisées à correspondre en franchise, lesquels tableaux contiennent en même temps désignation des conditions sous lesquelles la franchise est accordée, ajoute qu'aucune autre concession de franchise ne pourra être accordée que par le roi, lorsque le service l'exigera indispensablement, et sur le rapport du ministre secrétaire d'état des finances, après qu'il s'en sera entendu avec le ministre du département que cette concession pourra concerner.

18. — Il est défendu de comprendre, dans les dépêches expédiées en franchise, des lettres, papiers et objets quelconques étrangers au service de l'état. — Art. 3.

19. — Dans le cas de suspicion de fraude ou d'omission d'une seule des formalités prescrites par la présente ordonnance, les préposés des postes sont autorisés à taxer en totalité les dépêches, ou à exiger que le contenu de celles de ces dépêches qui seront revêtues d'un contre-seing quelconque soit vérifié en leur présence par les fonctionnaires auxquels elles seront adressées, ou, en cas d'empêchement de ces fonctionnaires, par leurs fondés de pouvoirs. — Art. 4.

20. — Si de la vérification prescrite par l'article précédent il résulte qu'il y a fraude, les préposés des postes en dressent, dans les formes qui sont indiquées au titre 10 ci-après, un procès-verbal dont ils envoient un double au directeur de l'administration des postes, qui en rend compte au ministre des finances. — Art. 5.

21. — Les fonctionnaires qui reçoivent en franchise, sous leur couvert, des lettres ou paquets étrangers au service, doivent les renvoyer au directeur des postes de leur résidence, en lui faisant connaître le lieu d'origine de ces lettres et paquets, et le contre-seing sous lequel ils leur sont parvenus. — Art. 6.

22. — Les lettres et paquets mentionnés dans les art. 5 et 6 sont immédiatement envoyés, frappés de la double taxe, aux destinataires; en cas de refus de paiement de cette double taxe, ils sont transmis au directeur de l'administration des postes qui les fait renvoyer au fonctionnaire contre-signataire, lequel est tenu d'en acquitter le double port. — Art. 7.

Sect. 2e. — *Objets assimilés à la correspondance de service.*

23. — Sont assimilés à la correspondance de service les objets ci-après désignés, savoir : 1° Le bulletin des lois; — 2° le bulletin des arrêts de la cour de cassation; — 3° les tables générales et décennales des bulletins des lois et des arrêts de la cour de cassation; — 4° les budgets, rapports, comptes rendus, circulaires, proclamations ou affiches, et autres publications officielles faites directement par le gouvernement ou par ses agens en son nom, moyennant que ces publications seront adressées par un fonctionnaire dont le contre-seing opère la franchise à l'égard du destinataire; — 5° toutes autres publications ou tous imprimés concernant le service direct du gouvernement qui auront été achetés des fonds de l'état, sous la condition que ces imprimés seront expédiés sous bandes et adressés par un fonctionnaire dont le contre-seing opère la franchise à l'égard du destinataire, et qu'ils seront accompagnés d'une déclaration écrite, revêtue de la signature du contre-signataire, et indiquant le titre de chaque ouvrage, le nombre d'exemplaires à expédier; la qualité du destinataire; que l'envoi est fait pour le service du gouvernement; — 6° le bulletin de la société d'encouragement pour l'industrie nationale, adressé par le ministre de l'agriculture et du commerce aux fonctionnaires à l'égard desquels le contre-seing de ce ministre opère la franchise; — 7° la description des machines et procédés consignés dans les brevets d'invention, lorsque cet ouvrage est adressé par le ministre de l'agriculture et du commerce aux fonctionnaires à l'égard desquels le contre-seing de ce ministre opère la franchise; — 8° les programmes des écoles royales des arts et métiers et des écoles vétérinaires, adressés par le ministre de l'agriculture et du commerce aux fonctionnaires à l'égard desquels le contre-seing de ce ministre opère la franchise; — 9° le *Journal général de l'instruction publique*, adressé par le ministre de l'instruction publique aux préfets des départemens, aux recteurs d'académie et aux inspecteurs des écoles primaires; — 10° le *Moniteur algérien*, adressé par le gouverneur général de l'Algérie aux préfets des départemens; — 11° le *Bulletin officiel du ministère de l'intérieur*, adressé par le ministre de l'intérieur aux fonctionnaires à l'égard desquels le contre-seing de ce ministre opère la franchise; — 12° le *Journal militaire officiel*, adressé par le ministre de la guerre aux fonctionnaires à l'égard desquels le contre-seing de ce ministre opère la franchise; — 13° les *Annales maritimes et coloniales*, adressées par le ministre de la marine aux fonctionnaires à l'égard desquels le contre-seing de ce ministre opère la franchise; — 14° les feuilles d'annonces contenant les mercuriales du cours des marchés, que s'expédient réciproquement, sous contre-seing, les sous-préfets de Lorient et de Quimperlé. — Art. 8.

24. — Sont également considérés comme correspondance de service les objets ci-après désignés, savoir : 1° les rôles des contributions directes; — 2° les listes électorales; — 3° les listes du jury; — 4° les registres destinés à l'inscription de l'état civil; — 5° les registres destinés au service des brigades de gendarmerie; — 6° les registres d'écrou; — 7° les livrets de caisses d'épargne adressés, savoir : par les receveurs généraux des finances aux receveurs particuliers et aux percepteurs de leurs départemens respectifs; par les receveurs particuliers des finances au receveur général de leurs départemens et aux percepteurs de leurs arrondissemens respectifs; par les percepteurs au receveur général de leur département et aux receveurs particuliers de leur arrondissement; — 8° les décorations et médailles d'honneur décernées par le gouvernement; — 9° Les échantillons destinés à servir au jugement du titre des espèces; — 10° les poinçons de garantie relatifs à la fabrication des monnaies; — 11° les poinçons destinés à la marque de révision des poids et mesures; — 12° les tubes de vaccin expédiés par les préfets et sous-préfets aux fonctionnaires à l'égard desquels leur contre-seing opère la franchise; — 13° les échantillons de fils, tissus et matières premières susceptibles d'être filées ou tissées, expédiées par les préposés de l'administration des douanes, sous les conditions qui sont exprimées dans l'art. 56 ci-après; — 14° les registres reliés ou cartonnés, et les échantillons de grains, de farines, de pain de munition, d'effets d'habillement et d'équipement, que s'adressent réciproquement les sous-intendans militaires de Vannes et de Belle-Isle-en-Mer, sous les conditions qui sont exprimées dans l'art. 57 ci-après; — 15° les portatifs des préposés de l'administration des contributions indirectes. — Art. 9.

25. — La circulaire du directeur général des postes fait, en ce qui concerne l'application des deux articles précités, les observations suivantes : 1° quel que soit le nombre des objets qui sont assimilés par l'ordonnance à la correspondance de service, la circulation de ces objets ne peut avoir lieu en exemption des droits de poste que sous la forme, dans les limites et sous les conditions de contre-seing ou de déclarations expressément exigées par l'ordonnance.

26. — 2° En ce qui concerne particulièrement les publications officielles ou non officielles définies dans les nos 4 et 5 de l'art. 8, il faut, pour que ces objets puissent jouir du privilége de la franchise qu'indépendamment des conditions exprimées ci-dessus, les préposés des postes reconnaissent, dans ces différentes espèces de publications, l'origine et le caractère que les prescriptions de l'ordonnance désignent et signalent suffisamment à leur attention.

Sect. 3e. — *Objets qui ne peuvent être assimilés à la correspondance de service.*

27. — Sont exclus du bénéfice de la franchise attribuée à la correspondance de service des fonctionnaires publics, savoir : 1° les journaux et publications de librairie; — 2° les approvisionnemens de formules d'imprimés à l'usage des fonctionnaires ou établissemens publics; — 3° les annuaires départementaux; — 4° les bulletins, recueils et annales des sociétés d'agriculture savantes, ou autres; — 5° les livres déposés au secrétariat des préfectures, conformément à la loi du 21 oct. 1814; — 6° et généralement tous objets non désignés dans les art. 8 et 9 précédens, quel que soit le contre-seing sous lequel ils sont présentés dans les bureaux de poste. — Art. 10.

28. — Une seule observation est à faire relativement aux livres mentionnés au n° 5 de l'article. L'ordonnance n'a pas entendu priver le transport de ces livres du bénéfice de la franchise lorsque après leur dépôt dans le lieu désigné par la loi, ils doivent être envoyés par le préfet au ministre de l'intérieur pour être déposés à la Bibliothèque royale. Elle a voulu seulement prévoir le cas, qui se produit quelquefois, où les préfets autorisent, dans le seul intérêt des imprimeurs ou éditeurs, le maire ou le sous-préfet du lieu où les livres ont été imprimés à en recevoir le dépôt provisoire. C'est dans ce sens que la franchise doit être refusée. — Circ. directeur général.

Sect. 4e. — *Correspondances admises à circuler exceptionnellement sous le couvert et le contre-seing de fonctionnaires intermédiaires.*

29. — Sont admis à circuler en franchise, dans les cas et aux conditions ci-après exprimés, les correspondances de service et les objets dont l'indication suit, savoir : 1° la correspondance des officiers, sous-officiers et autres personnes désignées dans l'état annexé à l'ordonnance (V. *infrà* état n° 3) relative au service de la garde nationale : dans l'intérieur de chaque département, sous le couvert et le contre-seing du préfet, des sous-préfets et des maires; — 2° la correspondance des avoués agrégés à l'agent judiciaire du trésor dans les départemens, avec les avoués qui sont leurs correspondans dans les arrondissemens de sous-préfecture, sous le couvert et le contre-seing du préfet et des sous-préfets de leur département; — 3° la correspondance des sociétés scientifiques entre elles dans tout le royaume sous le couvert et le contre-seing des préfets des départemens; — 4° les demandes de brevets d'invention, sous le couvert et le contre-seing des préfets, à l'adresse du minis-

tre de l'agriculture et du commerce; — 5° les certificats de demandes de brevets d'invention, sous le couvert et le contre-seing du ministre de l'agriculture et du commerce, à l'adresse des préfets; — 6° les avertissemens destinés aux redevables de l'enregistrement, sous le couvert et le contre-seing des maires, d'une part, et des receveurs de l'enregistrement et des conservateurs des hypothèques, de l'autre part; — 7° les états de taxes à témoins, dressés par les receveurs de l'enregistrement en Corse, sous le couvert et le contre-seing du préfet, d'une part, et des sous-préfets et des maires, de l'autre part; — 8° la correspondance du préfet du Finistère, à Quimper, avec le receveur des douanes à Morlaix, sous le couvert et le contre-seing du sous-préfet de Morlaix. — Art. 11.

30. — Les pièces et les papiers dont se compose chacune des correspondances désignées dans l'article précédent doivent être exclusivement relatifs à cette correspondance. — Ces pièces et papiers ne peuvent être ni pliés en forme de lettres, ni revêtus d'adresses extérieures, ni cachetés, ni fermés par des fils ou attaches quelconques; mais ils sont remis ouverts au fonctionnaire expéditeur, qui les plie en deux ou en quatre, pour les revêtir ensuite d'un croisé de bandes de la longueur prescrite par l'art. ci-après, sur lequel croisé de bandes il appose son contre-seing et formule l'adresse du fonctionnaire désigné pour transmettre cette correspondance. — La destination ultérieure de chaque pièce ou de chaque objet composant ladite correspondance peut être indiquée par une vedette, soit en tête, soit en bas de la première page. — Toutefois, en ce qui concerne les demandes et les certificats de demandes de brevets d'invention mentionnés aux n°s 4 et 5 de l'art. 11 précédent, ces pièces seront, suivant le cas, scellées du cachet du demandeur, ou du cachet du ministre de l'agriculture et du commerce. — Indépendamment de l'apposition de son contre-seing, le ministre ou préfet expéditeur doit certifier, sur l'adresse de la dépêche, par une déclaration signée, que l'incluse contenue dans cette dépêche est une demande ou un certificat de demande de brevet d'invention. — Art. 12.

Sect 5e. — *Contre-seing.*

31. — Le contre-seing consiste dans la désignation des fonctions de l'envoyeur suivie de sa signature. — Ord. 17 nov. 1844.

32. — On distingue trois espèces de franchises: 1° la franchise qui est déterminée par la qualité seule du fonctionnaire qui écrit, quelle que soit la qualité de la personne à laquelle on écrit. — Dans ce premier cas, il suffit que l'auteur de la dépêche soit connu. Il se fait connaître en apposant son contre-seing sur l'adresse de cette dépêche. — Circ. direct. gén. 12 fév. 1845.

33. — ...2° La franchise qui est déterminée par la qualité du fonctionnaire à qui l'on écrit, quelle que soit la qualité de la personne qui écrit. — Dans ce cas, le contre-seing n'est pas nécessaire, et l'auteur de la dépêche n'a pas besoin d'être connu. Il suffit que la qualité du destinataire soit indiquée sur l'adresse. — *Ibid.*

34. — ...3° La franchise qui est déterminée à la fois par la qualité du fonctionnaire qui écrit et par la qualité de celui à qui l'on écrit. — Dans ce dernier cas, il faut que la qualité du fonctionnaire expéditeur et celle du destinataire soient également connues. La qualité de l'expéditeur se manifeste par le contre-seing, comme la qualité du destinataire se retrouve dans le corps de la dépêche. — *Ibid.*

35. — C'est d'après ces distinctions qu'ont été dressées, à la suite de l'ordonnance du 17 nov. 1844, les tableaux que nous présenterons plus tard sur la franchise et le contre-seing.

36. — La désignation des fonctions peut être imprimée sur l'adresse ou indiquée par un timbre; mais, sauf les exceptions établies dans l'art. 14 ci-après, tous les fonctionnaires sont tenus d'apposer *de leur main*, sur l'adresse des lettres et paquets qu'ils expédient, leur signature au-dessous de la désignation de leurs fonctions. — Ord. 17 nov. 1844, art. 13. — Et à ce sujet, la circulaire du directeur général des postes recommande aux agens de l'administration de se familiariser en quelque sorte avec la signature des fonctionnaires de leur résidence et même de l'arrondissement de leur bureau pour éviter les fraudes.

37. — Le contre-seing consiste dans la signature véritable de l'envoyeur; une abréviation de signature ne serait pas valable pour l'admission en franchise. — Néanmoins, les archevêques et les évêques peuvent formuler leur contre-seing au moyen des initiales de leurs prénoms, précédées d'une croix et suivies de l'indication de leur qualité; mais ce contre-seing doit être écrit tout entier de la main de l'envoyeur. — Ord. 17 nov. 1844, art. 14.

38. — Comme aussi, le contre-seing du roi et celui du prince royal, ainsi que celui des fonctionnaires désignés plus bas (V. ÉTAT, n° 4), ont lieu au moyen d'une griffe fournie par le directeur de l'administration des postes. L'emploi de cette griffe ne peut être confié qu'à une seule personne, qui en demeure responsable. — Ord. 17 nov. 1844, art. 14. — Il est à remarquer qu'à l'exception des préfets des départemens, tous les fonctionnaires autorisés à se servir d'une griffe résident à Paris. Une empreinte modèle de la griffe, délivrée à chaque préfet, est envoyée au directeur des postes du chef-lieu de préfecture pour y servir de contrôle.

39. — Seuls le roi et la reine sont exceptés de l'obligation de contre-signer par eux-mêmes ou de leur griffe leur correspondance, et peuvent toujours déléguer ce soin. L'art. 15 de l'ordonnance porte sur ce point les prescriptions suivantes: Notre contre-seing sera exercé, savoir: 1° par l'intendant de la liste civile, au moyen d'une griffe portant les mots, *service du roi*, et d'une seconde griffe portant les mots: *l'intendant général de la liste civile*; — 2° par l'administrateur du domaine privé, au moyen d'une griffe portant les mots: *service du Roi, l'administrateur du domaine privé*; — 3° Par le secrétaire de notre cabinet, au moyen d'une griffe portant les mots: *service du roi, cabinet du roi*; — 4° par l'aide du camp du roi, chargé du service de la maison du roi, au moyen d'une griffe portant les mots: *service du roi, maison du roi*; — 5° par l'aide de camp de service près du roi, au moyen d'une griffe portant les mots, *service du roi, l'aide de camp de service*; — 6° par le secrétaire des commandemens de la reine, au moyen d'une griffe portant les mots: *service du roi, cabinet de la reine.*

40. — Mais, et sauf l'exception établie dans l'art. 17, aucun fonctionnaire n'a le droit de déléguer à d'autres personnes le contre-seing qui lui est attribué. — Toute dépêche contresignée en contravention au paragraphe précédent sera assujétie à la taxe. — Lorsqu'un fonctionnaire est hors d'état de remplir ses fonctions par absence, maladie, ou pour toute autre cause légitime, le fonctionnaire qui le remplace par intérim contresigne les dépêches à sa place; mais, en contresignant chaque dépêche, il énoncera qu'il remplit par intérim les fonctions auxquelles le contre-seing est attribué. — Art. 16.

41. — Les divers agens du trésor peuvent, mais en cas d'absence ou de maladie seulement, déléguer leur contre-seing à des fondés de pouvoirs. — Les fondés de pouvoirs des agens du trésor doivent contre-signer de cette sorte: — pour le receveur général..., pour le receveur particulier..., pour le payeur..., absent ou malade, le fondé de pouvoirs. — Art. 17.

42. — Dans les cas d'empêchement prévus par le troisième alinéa de l'art. 16, le contre-seing attribué aux procureurs généraux et aux procureurs du roi est exercé respectivement par l'un des avocats généraux et l'un des substituts du procureur du roi. Le contre-seing temporaire des avocats généraux et des substituts doit faire mention qu'ils agissent pour le procureur général ou pour le procureur du roi empêché. L'omission du mot *empêché* donne lieu à l'application de la taxe. — Art. 18.

43. — Les sous-intendans militaires empêchés pour une des causes exprimées dans l'art. 16 sont remplacés dans l'exercice de leurs fonctions et du contre-seing qui leur est attribué, savoir: 1° dans toutes les places de guerre où il y a un major de place, par cet officier; 2° dans les autres places de guerre, par le commandant de place; 3° dans les chefs-lieux de département qui ne sont pas places de guerre, par le secrétaire général de la préfecture ou par un conseiller de préfecture; 4° dans les chefs-lieux d'arrondissement qui ne sont pas places de guerre, par le sous-préfet; 5° dans toutes les autres villes du royaume, par le maire. — Le contre-seing, momentanément exercé par ces fonctionnaires, doit être formulé dans les termes suivans: — le major de place..., le commandant de place..., le secrétaire général de préfecture.., le conseiller de préfecture..., le sous-préfet..., le maire..., remplaçant le sous-intendant militaire absent ou malade. — Art. 19.

44. — Hors les cas déterminés par les art. 16, 17, 18 et 19, toute délégation devient abusive, et encore, pour qu'elle puisse s'exercer même dans ce cas, il faut qu'il soit bien constaté que le titulaire est hors d'état de remplir ses fonctions. Du moment où le titulaire reprend ses fonctions, toute délégation à l'intérimaire ou au fondé de pouvoirs cesse de plein droit.

45. — Remarquons encore que dans les villes où il n'existe pas de sous-intendant militaire, les fonctionnaires désignés dans l'article précédent étant appelés à remplir les fonctions de sous-intendant, le contre-seing, qui leur est attribué dans ce cas, doit être formulé ainsi qu'il suit: — le major de place..., le commandant de place..., le secrétaire général de préfecture..., le conseiller de préfecture..., le sous-préfet..., le maire..., faisant fonctions de sous-intendant militaire. — Art. 20.

Sect. 6e. — *Mode de fermeture des lettres et paquets relatifs au service.*

46. — Les lettres et paquets relatifs au service de l'état s'expédient de deux manières: 1° par lettres fermées; 2° sous bandes. — Les lettres fermées peuvent être pliées et cachetées selon la forme ordinaire, ou être mises sous enveloppe. — Art. 21. — L'expédition sous bandes est la règle, et celle par lettres fermées l'exception.

47. — La faculté d'expédier la correspondance de service par lettres fermées est permanente ou éventuelle. — Elle est permanente pour la correspondance du roi, du prince royal et des fonctionnaires désignés dans l'état n° 5, annexé plus bas. — Elle est éventuelle pour la correspondance de service des fonctionnaires désignés dans l'état n° 6, annexé plus bas. — Art. 22. — Nous verrons du reste qu'à l'égard de tous ceux à qui le droit de fermer leur correspondance est accordé, soit d'une manière permanente, soit seulement d'une manière éventuelle, cette faculté peut être ou générale ou restreinte à certains cas déterminés.

48. — C'est ainsi qu'elle n'est accordée aux préfets et sous-préfets que pour la correspondance relative à des objets de police; et dans ce cas il doit en être fait mention sur l'adresse de la dépêche par le mot *police*, écrit à la main. — Ord. 17 nov. 1844, art. 22.

49. — Les fonctionnaires qui sont autorisés éventuellement, mais seulement en cas de nécessité, à expédier leur correspandance de service par lettres fermées doivent, indépendamment de leur contre-seing, déclarer sur la suscription, par une note signée d'eux, qu'il y a nécessité de fermer la dépêche. Cette note est ainsi conçue: Nécessité de fermer. — Lorsque les préfets des départemens usent de cette faculté, ils ne peuvent contre-signer leurs dépêches au moyen de la griffe fournie par l'administration des postes. Leur contre-seing, comme la signature de la note ci-dessus mentionnée, doit être mis de leur main. — Art. 23.

50. — La correspondance des maires avec le préfet de leur département, et avec le sous-préfet de leur arrondissement, peut avoir lieu par lettres pliées et cachetées selon la forme ordinaire, mais non sous enveloppe, et à condition: — 1° que ces lettres ne dépassent pas le poids légal d'une lettre simple, c'est-à-dire sept grammes et demi; — 2° qu'elles ne renferment aucune lettre ou pièce quelconque; — 3° qu'indépendamment de son contre-seing, l'expéditeur écrit sur l'adresse, et d'une manière apparente, le mot *confidentielle*. — L'omission d'une seule de ces formalités donne lieu à l'application de la taxe. — Art. 24.

51. — Les lettres et paquets qui ne peuvent être expédiés que sous bandes n'ont droit à la franchise qu'autant que les bandes n'excèdent pas le tiers de la surface de ces lettres ou paquets. — Art. 25. — Quant aux lettres fermées, elles peuvent être pliées et cachetées selon la forme ordinaire ou mises sous enveloppe. — Circul. direct. général des postes.

52. — Mais, sauf les exceptions mentionnées dans les art. 27 et 79 ci-après, les lettres ou papiers quelconques, expédiés sous pli cacheté, sous enveloppe ou sous bandes, ne devront être intérieurement fermés de quelque manière que ce soit. — Toutefois, afin de préserver un paquet volumineux des avaries auxquelles il pourrait être exposé dans le transport, le fonctionnaire expéditeur pourra lier ce paquet par une ficelle, à la condition expresse que cette ficelle, placée extérieurement, soit nouée par une simple boucle, et puisse être facilement détachée si les besoins de la vérification l'exigent. — Art. 26.

53. — Les directeurs des contributions indirectes de département et d'arrondissement sont autorisés à s'expédier réciproquement des paquets d'acquits à caution, subdivisés, sous les bandes extérieures, en d'autres paquets portant des bandes et des étiquettes particulières, à la condition: 1° que sur l'adresse extérieure seront écrits les mots: *acquits à caution*; — 2° que les paquets intérieurs porteront, pour seule et unique suscription, le nom de l'arrondissement ou du département que les acquits à caution concernent. — Art. 27.

Sect. 7°. — *Dépôt de la correspondance de service dans les bureaux de poste.*

§ 1er. — *Lettres et paquets ordinaires.*

54. — Les lettres et paquets relatifs au service doivent être remis, savoir : dans les départemens, aux directeurs des postes, et à Paris, au bureau de l'expédition des dépêches à l'hôtel des postes. — Lorsqu'ils ont été jetés à la boîte, ils sont assujétis à la taxe. — Sont toutefois dispensés des conditions ci-dessus, et expédiés en franchise : 1° les lettres et paquets trouvés dans les boîtes des bureaux de poste, qui sont adressés à des fonctionnaires ou à des personnes jouissant de la franchise, à raison de leur qualité et sans condition de contre-seing ; — 2° les lettres et paquets valablement contre-signés par des fonctionnaires résidant dans les communes dépourvues d'établissemens de poste aux lettres, et qui sont déposés dans les boîtes rurales de ces communes. — Art. 28.

55. — Le directeur des postes qui reconnaît qu'une des conditions ou formalités prescrites pour procurer la franchise manque sous le rapport, soit de la formation, soit de la souscription d'une dépêche ou d'un paquet qui a été déposé à son bureau, en avertit sur-le-champ le contre-signataire. — Art. 29.

56. — Si les rectifications à faire, dans les cas prévus par l'article précédent, peuvent être opérées avant le départ du courrier, le directeur des postes doit insister auprès du fonctionnaire expéditeur pour qu'elles soient immédiatement effectuées. — Si l'heure avancée ou toute autre circonstance ne permet pas de réclamer ou d'obtenir du fonctionnaire expéditeur les rectifications nécessaires, le directeur des postes appose sur la dépêche un timbre destiné à justifier la taxe qu'il applique, s'il est en correspondance avec le bureau de destination, ou à provoquer l'application de cette taxe, s'il doit diriger cette dépêche sur un bureau intermédiaire. — Art. 30.

57. — Dans le cas où les irrégularités mentionnées dans l'art. 29 n'auraient pas été aperçues et signalées par le bureau d'origine, les directeurs des bureaux intermédiaires ou de destination suppléeront à cette omission, en appliquant, sur les lettres et paquets entachés de ces irrégularités, le timbre indiqué dans l'art. 30, et, s'il y a lieu, la taxe dont ils sont passibles. — Art. 31.

58. — Les dispositions contenues dans le second alinéa de l'art. 30, et dans l'art. 31 précédens, sont applicables aux lettres et paquets contre signés déposés dans les boîtes des communes rurales. — Les directeurs des postes dans l'arrondissement desquels sont comprises ces communes doivent saisir toutes les occasions de signaler aux fonctionnaires desdites communes les infractions habituelles qui peuvent donner lieu à la taxe de leur correspondance de service. — Art. 32.

59. — Toute simulation sur l'adresse d'une dépêche contre signée, soit de la résidence ou de la qualité du fonctionnaire contre-signataire, soit de la résidence ou de la qualité du fonctionnaire correspondant, donne lieu d'appliquer à la dépêche entachée de cette fraude les dispositions de l'art. 4 de l'ordonnance. — Art. 33.

§ 2. — *Publications et imprimés non officiels.*

60. — La déclaration prescrite par le n° 5 de l'article 8 pour justifier l'envoi par la poste des publications et imprimés non officiels, doit être adressée, en même temps que les exemplaires de ces publications, au directeur de l'administration des postes, en ce qui concerne les expéditions partant de Paris, et aux directeurs des bureaux de postes pour les expéditions réclamées par les fonctionnaires résidant dans les départemens. — Art. 34.

61. — Les déclarations remises aux directeurs des postes seront frappées, à la date de leur réception, du timbre du bureau où le dépôt des publications et imprimés non officiels aura lieu, et envoyées immédiatement au directeur de l'administration. — Art. 35. — L'ordonnance donne le modèle de cette déclaration.

62. — Chaque paquet formé de publications et imprimés non officiels régulièrement déclarés est frappé par le directeur du bureau d'expédition, indépendamment du timbre à date de ce bureau, d'un second timbre portant les mots : *imprimés déclarés*. — Art. 36.

63. — Dans le cas où des paquets composés de publications ou d'imprimés non officiels sont remis soit à l'administration des postes à Paris, soit dans les bureaux de poste des départemens, sans la déclaration sus-mentionnée, les directeurs doivent, avant le départ des paquets, réclamer du fonctionnaire expéditeur cette déclaration. — Si, nonobstant la réclamation qui en a été faite, la déclaration n'est pas produite, les paquets sont soumis à la taxe et frappés, indépendamment du timbre à date du bureau d'expédition, d'un timbre portant les mots : *imprimés non déclarés*. — Art. 37.

64. — Tout paquet contenant des publications ou imprimés non officiels qui parviendrait, soit dans les bureaux de poste intermédiaires ou de passe, soit dans les bureaux de destination, non revêtu du timbre mentionné dans l'art. 36, doit être taxé et traité conformément aux dispositions de l'art. 4 de la présente ordonnance. — En l'absence de ce timbre, et pour justifier l'application de la taxe, le directeur du bureau, soit intermédiaire, soit de destination, frappe le paquet du timbre mentionné dans l'art. 30. — Art. 38.

§ 3. — *Bulletin des lois et Bulletin des arrêts de la cour de Cassation.*

65. — Les envois du *Bulletin des lois* et du *Bulletin des arrêts de la cour de Cassation*, ainsi que des *Tables générales et décennales de ces bulletins*, ont lieu par les soins de l'imprimerie royale. Ils se divisent en envois officiels et en envois particuliers, par suite d'abonnemens. — Art. 39.

66. — Les envois officiels sont expédiés aux préfets, sous-préfets, cours et tribunaux, autorités militaires, etc. Les *Bulletins* leur sont toujours adressés sous chargement. — Art. 40.

67. — Les envois aux abonnés ont lieu immédiatement après les envois officiels. Les numéros composant ces envois particuliers ne sont point chargés. — Néanmoins, les paquets qui contiennent des séries ou parties de séries de numéros anciens sont expédiés sous chargement. — Art. 41.

68. — Le *Bulletin des lois* est transmis aux maires et aux juges de paix par l'intermédiaire des préfets et des sous-préfets. — Art. 42.

69. — La réexpédition des exemplaires de chaque *Bulletin des lois* destinés aux maires a lieu par les soins des préfets et des sous-préfets. Ces magistrats adressent, à cet effet, au directeur des postes de leur résidence un nombre d'exemplaires du *Bulletin des lois* égal à celui des communes desservies par chaque bureau de poste existant dans l'arrondissement de sous-préfecture. — Art. 43. — Les préposés du service des postes ne doivent pas soumettre à la formalité de chargement les numéros du *Bulletin des lois* que les préfets et sous-préfets sont autorisés à leur adresser non revêtus de bandes et d'adresses, pour être délivrés, par les soins des facteurs ruraux aux maires et aux juges de paix desservis par ces bureaux. Ils doivent se borner à inscrire ces *Bulletins* au dos des ports des facteurs qui s'en font donner le récépissé ou décharge, conformément aux prescriptions de l'instruction générale. — Mais les *Bulletins* destinés aux maires et juges de paix desservis par des bureaux de l'arrondissement de sous-préfecture autres que le bureau chef-lieu doivent être expédiés sous bandes et chargés par les soins et sur la réquisition du sous-préfet à l'adresse des préposés des bureaux de destination. Dans ce cas, ceux de ces *Bulletins* qui sont destinés pour des fonctionnaires résidant dans la commune même où est situé le bureau sont les seuls qui doivent être délivrés selon les formalités prescrites pour la remise des chargemens. Les *Bulletins* adressés dans les communes composant l'arrondissement rural du bureau sont inscrits au dos des ports des facteurs ruraux, comme il a été expliqué ci-dessus. — Circ. dir. général des postes.

70. — Les *Bulletins des lois* constatant les prix régulateurs des grains, que l'imprimerie royale envoie, au commencement de chaque mois, aux préfets, à tous les directeurs des douanes et à l'inspecteur de la même administration, à Lyon, sont expédiés sous enveloppe cachetée à la cire, avec empreinte du cachet de l'imprimerie royale. — Ces paquets portent sur l'adresse le timbre de cet établissement ; ils sont toujours expédiés sous chargement. — Art. 44.

71. — Les paquets désignés dans l'article précédent sont portés au domicile des destinataires, aussitôt après l'arrivée du courrier. Le récépissé ou la décharge doit énoncer le jour et l'heure de leur remise. — Art. 45.

§ 4. — *Lettres chargées ou recommandées.*

72. — Autrefois il existait, à l'égard des dépêches, des cas où la recommandation et chargement avaient lieu d'office ; le chargement d'office supprimé par l'ordonnance du 17 juillet 1844 (V. Postes), n'a plus été maintenu par l'ordonnance du 17 novembre 1844 que dans un seul cas. — Toute lettre adressée au roi doit être recommandée d'office. — Art. 46.

73. — Les lettres et paquets contresignés qui sont dans le cas d'être chargés ne peuvent être reçus ni expédiés en franchise que lorsqu'ils sont accompagnés d'une réquisition signée des autorités ou fonctionnaires qui les adressent. Cette réquisition doit être annexée au registre du dépôt des lettres chargées. — Art. 47. — Toutes les réquisitions annexées au registre précité doivent y être conservées jusqu'à l'époque où les inspecteurs des finances ou des postes, dans le cours de leur tournée actuelle, doivent s'assurer en vérifiant ces registres que cette formalité indispensable a été remplie exactement.

74. — Les lettres et paquets contresignés, qui doivent être expédiés sous chargement, seront présentés sous bandes, lorsque le fonctionnaire auquel ils sont adressés ne jouira de la franchise, dans ses rapports de service avec le fonctionnaire expéditeur, qu'à la condition que les lettres et paquets ordinaires circulent sous bandes. Ces bandes doivent être fermées de deux cachets en cire avec empreinte, de même que les chargemens expédiés sous enveloppe. Les cachets, ne doivent porter que sur les bandes. — Art. 47.

75. — La perte d'une lettre ou d'un paquet chargé, expédié en franchise, ne donne droit à aucune indemnité. — Art. 48.

76. — Les particuliers qui veulent faire charger les lettres ou paquets destinés aux fonctionnaires qui jouissent de la franchise acquittent, pour ces lettres et paquets, le droit ordinaire de chargement. — Art. 49. — Cette disposition a pour effet d'annuler l'article 333 de l'instruction générale des postes, qui défendait aux préposés des postes d'affranchir, malgré le vœu formel des envoyeurs, des lettres ou paquets adressés aux fonctionnaires ayant franchise illimitée.

§ 5. — *Chargemens d'objets divers assimilés à la correspondance.*

77. — Les objets désignés aux numéros 8, 9, 10, 11, 12 et 13 de l'art. 9 de l'ordonnance doivent toujours être expédiés sous chargement, et sont assujétis aux formalités de dépôt indiquées dans les art. 51 et 56 ci-après. — Art. 50.

78. — Les décorations et médailles d'honneur décernées par le gouvernement doivent être présentées aux directeurs des postes à découvert et renfermées, en leur présence, dans une boîte qui est ficelée, puis scellée du cachet de l'envoyeur et du cachet du bureau de poste. La présentation à découvert n'est point exigée pour les décorations et médailles expédiées de Paris sous le cachet d'un ministre secrétaire d'état ou du grand-chancelier de la Légion-d'Honneur. — Art. 51.

79. — L'envoi à l'administration des monnaies des échantillons destinés à servir au jugement des espèces a lieu, avec les précautions nécessaires pour la sûreté et la conservation de ces échantillons, sous le couvert du ministre secrétaire d'état des finances. — Art. 52.

80. — Les poinçons de garantie envoyés par la commission des monnaies à ses bureaux dans les départemens, et les poinçons hors de service qui lui sont envoyés des départemens, sont renfermés dans des boîtes exactement ficelées et cachetées du cachet des envoyeurs. — Art. 53.

81. — Les poinçons destinés à la marque de révision des poids et mesures seront également renfermés dans des boîtes ficelées et cachetées du cachet des envoyeurs. — Art. 54.

82. — Le vaccin que les préfets et sous-préfets sont autorisés à expédier aux fonctionnaires à l'égard desquels le contre-seing de ces magistrats opère la franchise doit être renfermé dans des tubes de verre ou d'autres matières ; les tubes de verre doivent être insérés dans des boîtes assez fortes pour les défendre de la casse. Ces boîtes sont simplement ficelées, mais non cachetées, de manière que les préposés des postes puissent facilement en vérifier le contenu. — Art. 55.

83. — Les échantillons de fils, tissus et matières premières susceptibles d'être filées ou tissées, que les préposés de l'aministration des douanes sont autorisés à expédier à d'autres préposés de la même administration, ne doivent pas dépasser le poids d'un kilogramme ; ils sont pliés sous une seule bande ouverte par les deux côtés ; il ne peut y être joint aucune pièce manuscrite ou autre. Les lettres d'envoi, procès-verbaux ou autres pièces y relatives sont pliés à part, sous un croisé de bandes, et réunis au paquet d'échantillons par un fil. — Art. 56.

84. — Les registres reliés ou cartonnés, les échantillons de grains et farines, de pain de munition, d'effets d'habillement et d'équipement militaires, que s'adressent réciproquement les sous-intendans militaires de Vannes et de Belle-Isle en mer doivent former des paquets dont le poids ne pourra

excéder le maximum d'un kilogramme. Il n'est expédié qu'un seul paquet par chaque départ de courrier. Les paquets ne doivent pas être cachetés, mais seulement pliés et ficelés, de manière que les préposés des postes puissent facilement en vérifier le contenu. — Art. 57.

Sect. 8e. — *Transport de correspondances circulant en franchise.*

85. — Lorsque les services établis par l'administration des postes sont insuffisans pour effectuer le transport simultané des paquets et des objets admis à circuler en franchise, les directeurs des postes font exécuter ce transport par des moyens extraordinaires et par la voie la plus économique; à cet effet, ils doivent en charger les diligences et messageries, ou obliger les entrepreneurs de service à se faire accompagner d'un aide ou à se pourvoir d'un cheval ou d'une voiture supplémentaire, selon le poids ou le volume des paquets à transporter. — Art. 58.

86. — Si le transport est effectué par la voie des diligences ou messageries, le directeur fait suivre les dépêches extraordinaires d'un port spécial, dans les formes prescrites par les réglemens de l'administration des postes; en outre, il doit prévenir de cet envoi le directeur du bureau de destination, afin que ce dernier puisse réclamer, s'il y a lieu, les dépêches qui lui sont adressées. — Art. 59.

87. — Sauf les exceptions établies dans l'article ci-après, le maximum du poids des paquets expédiés en franchise est fixé ainsi qu'il suit, savoir : 1° à cinq kilogrammes, lorsque le transport de ces paquets doit être opéré jusqu'à destination, soit par un service en malle-poste ou en bateau à vapeur, soit sur un chemin de fer ou par un service d'entreprise en voiture; — 2° à deux kilogrammes, lorsqu'ils sont dirigés sur une route desservie, en quelque point que ce soit, par un service d'entreprise à cheval; — 3° à un kilogramme, lorsqu'ils doivent être transportés, sur une portion quelconque du trajet à parcourir, par un service d'entreprise à pied. — Art. 60.

88. — Sont acheminés sans limitation du poids : 1° les paquets revêtus du contre-seing ou expédiés à l'adresse des personnes et des fonctionnaires jouissant de la franchise illimitée; — 2° les objets ci-après désignés, savoir : les rôles des contributions directes, les listes électorales, les listes du jury, les registres destinés à l'enregistrement des actes de létat civil. — Art. 61.

89. — Les directeurs des postes sont autorisés, en cas d'insuffisance des services établis, et sauf les exceptions prévues dans l'article précédent, à refuser à présentation tout paquet contresigné dont le poids dépasse le maximum fixé par l'art. 60. — Art. 61.

90 — Si plusieurs paquets à l'adresse d'un même fonctionnaire, revêtus d'un même contre-seing, et pesant ensemble plus que le maximum déterminé dans l'art. 60 précédent, sont présentés simultanément à un bureau de poste, le directeur de ce bureau peut en répartir l'expédition entre plusieurs courriers, et invite, à cet effet, le contre-signataire à faire connaître l'ordre dans lequel ces paquets doivent être expédiés. — Art 63.

Sect. 9e. — *Distribution des correspondances circulant en franchise.*

91. — Tout paquet contresigné, dont la forme, le poids ou le volume rend impossible son introduction dans la boite, ou dans le portefeuille des facteurs de ville ou des facteurs ruraux, ou son transport par le moyen de ces agens, est conservé au bureau de destination, pour y être distribué au guichet. — Art. 64.

92. — Sont également réservés, pour être distribués au guichet du bureau, les paquets contresignés qui, bien qu'ils puissent être introduits isolément dans les boites ou portefeuilles des facteurs, ne pourraient cependant y trouver place, soit en raison de leur nombre, soit en raison du volume des correspondances ordinaires. — Art. 65.

93. — Dans les cas prévus par les deux articles précédens, les directeurs donnent immédiatement avis aux fonctionnaires destinataires de l'arrivée des paquets, que leur nombre ou leur forme, leur poids ou leur volume, empêche de faire porter à domicile par les facteurs, et ils invitent ces fonctionnaires à les envoyer prendre au bureau. — Art. 66.

94. — La correspondance particulière et administrative des préfets et des lieutenans-généraux commandant les divisions militaires doit, sans exception, être remise, au moment de l'ouverture des dépêches, aux destinataires ou aux personnes accréditées pour les retirer. — Art. 67.

95. — Les fonctionnaires ci-après désignés peuvent également faire retirer leurs correspondances particulière et administrative avant la distribution générale, savoir : 1° les présidens des cours royales et des tribunaux de première instance; — 2° les procureurs généraux; — 3° les procureurs du roi; — 4° les sous-préfets; — 5° les maréchaux de camp commandant les départemens; — 6° les intendans militaires; — 7° les maires; — 8° les receveurs généraux des finances; — 9° les commandans de gendarmerie; — 10° les commandans de place; — 11° les receveurs particuliers des finances; — 12° les sous-intendans militaires; — 13° les chefs de corps. — Lorsque ces fonctionnaires jugent à propos d'user de cette faculté, ils doivent faire connaître par écrit, au directeur des postes, la personne qu'ils entendent charger du soin de retirer leur correspondance. — Art. 68.

96. — Les fonctionnaires non désignés dans les articles ci-dessus reçoivent leur correspondance particulière et administrative par la distribution ordinaire et sans aucune préférence ni distinction. — Art. 69.

97. — Dans les villes où les directeurs sont autorisés à faire au guichet de leur bureau une distribution de lettres exceptionnelle en faveur des négocians, tous les fonctionnaires publics et chefs de service non désignés dans les art. 67 et 68 précédens peuvent réclamer le même avantage, à titre gratuit, mais seulement pour leur correspondance administrative. — Art. 70.

Sect. 10e. — *Ouverture et vérification des dépêches refusées par les fonctionnaires.*

98. — Lorsque des dépêches non contre signées, adressées des lieux situés dans leur ressort aux fonctionnaires qui jouissent de la franchise en raison de leur qualité seulement, ont été frappées de la taxe par application de l'art. 4 de l'ordonnance, les destinataires peuvent en demander l'ouverture et la vérification. Dans ce cas, les faits résultant de la vérification sont constatés et suivis, conformément aux règles prescrites par les art. 77 et 79 ci-après, pour l'ouverture et la vérification des dépêches contre signées. — Art. 71.

99. — Si, dans les vingt-quatre heures qui suivent le refus d'acquitter la taxe d'une dépêche non contre signée, le fonctionnaire désigné dans l'article précédent n'a pas fait connaître au directeur des postes l'intention de soumettre le contenu de cette dépêche à la vérification, elle est envoyée à l'administration des postes, à Paris, pour y être ouverte immédiatement. — Art. 72.

100. — Selon ce qui résulte de l'ouverture de la dépêche, les lettres ci-dessus mentionnées sont renvoyées sur-le-champ, soit aux particuliers qui les ont écrites, soit aux fonctionnaires qu'elles concernent. — Lorsque ces lettres doivent être soumises à la taxe, elle ne supportent que la taxe ordinaire. — A défaut de renseignemens suffisans pour en procurer le renvoi aux parties intéressées, ces lettres sont conservées pendant les délais déterminés par les lois concernant les lettres tombées en rebut. — Art. 73.

101. — Lorsqu'une dépêche revêtue d'un contre-seing quelconque, et ayant été taxée en vertu de l'art. 4, ord. 17 nov. 1844, a été refusée par le fonctionnaire destinataire, le directeur des postes doit, dans les vingt-quatre heures qui suivront le refus d'acquitter la taxe, adresser à ce fonctionnaire un premier avertissement, à l'effet de provoquer l'ouverture et la vérification du contenu de la dépêche refusée. — Si, vingt-quatre heures après l'envoi du premier avertissement, le fonctionnaire ne s'est pas conformé aux dispositions de l'article précité, il lui est adressé un second et dernier avertissement. — Si, après un nouveau délai de vingt-quatre heures, le second avertissement reste sans effet, le directeur des postes en informe le directeur de l'administration, qui prend à ce sujet les ordres du ministre des finances. — Art. 74.

102. — La durée des délais accordés, par les deux numéros précédens aux destinataires des lettres et paquets soumis à la vérification, est portée au double en faveur des fonctionnaires résidant dans les communes rurales. — Art. 75.

103. — Jusqu'à ce qu'il ait été statué sur le sort des dépêches mentionnées dans l'art. 74 précédent, elles restent déposées au bureau de poste. — Art. 76.

104. — Si, de la vérification prescrite par l'art. 4 précité, il résulte que la dépêche soumise à l'ouverture ne contient que des papiers uniquement relatifs au service, le directeur des postes la délivre sur-le-champ, franche de port, au fonctionnaire destinataire. — Il ne dresse pas de procès-verbal de cette opération; mais il doit conserver, pour la justification de la taxe, les bandes, enveloppes, ou portions d'adresses sur lesquelles le timbre d'origine de la dépêche, le contre-seing et la taxe étaient apposés. — Toutefois, s'il est impossible de détacher ou de produire ces élémens de justification, le directeur doit se faire délivrer, par le fonctionnaire auquel la dépêche est adressée, un certificat constatant les motifs qui s'opposent à ce que cette justification soit produite. — Ce certificat doit énoncer : 1° le nom du lieu d'origine de la dépêche; — 2° la qualité de l'envoyeur; — 3° la taxe dont cette dépêche était frappée. — Art. 77.

105. — Si la vérification donne lieu de reconnaître que la dépêche est, en tout ou en partie, étrangère au service de l'état, le procès-verbal dressé en exécution de l'art. 5 de la présente ordonnance décrit sommairement, mais pièce par pièce, chaque objet contenu dans cette dépêche, tant ceux qui seront reconnus concerner le service du fonctionnaire destinataire que ceux qui lui sont étrangers. Les premiers sont remis sur-le-champ, francs de port, au destinataire ou à son fondé de pouvoirs; les autres sont frappés de la double taxe et immédiatement remis au destinataire, à moins que celui-ci refuse d'acquitter la double taxe ou qu'il ne réside pas dans le ressort du bureau de poste, dans lesquels cas ils sont transmis, sans délai, avec un double du procès-verbal, au directeur de l'administration des postes. — Art. 78.

106. — Sont immédiatement délivrées en franchise, au destinataire de la dépêche soumise à l'ouverture, les lettres trouvées dans cette dépêche, qui sont spécifiées ci-après, savoir : 1° les lettres reproduisant le contre-seing de la dépêche vérifiée, adressées à des agens du gouvernement dans les colonies ou les pays étrangers, à l'égard desquels agens ce contre-seing opère d'ailleurs la franchise; — 2° les lettres revêtues du contre-seing du ministre de la marine, destinées à des officiers commandant des bâtimens prêts à prendre la mer et portant sur l'adresse les mots : *ordres secrets*. — Art. 79.

Sect. 11e. — *Renvoi de correspondances reconnues non distribuables.*

107. — Les directeurs des postes doivent renvoyer sans retard à l'administration, à Paris, les correspondances de service désignées ci-après, savoir : 1° les lettres du grand-chancelier de l'ordre royal de la Légion-d'Honneur adressées aux membres de l'ordre, lorsque les destinataires ne se trouvent pas précisément à la résidence et même au domicile indiqué sur l'adresse. (La distribution de ces lettres ne doit être essayée sur aucune autre destination, et pour quelque motif que ce soit. Les directeurs des postes annotent cependant, au dos de ces lettres en les renvoyant, les renseignemens qui auront été recueillis au dernier domicile du destinataire, sur sa nouvelle résidence); — 2° les lettres et paquets qui portent un contre-seing quelconque, ou seulement le cachet officiel d'un fonctionnaire d'une administration ou d'un établissement public dénommé dans les tableaux annexés à l'ordonnance, lorsque ces lettres et paquets sont adressés à des personnes inconnues, ou même à des personnes connues, mais dont la résidence actuelle est ignorée; — 3° les lettres et paquets contresignés adressés à un fonctionnaire dénommé dans lesdits tableaux, lorsque, le destinataire étant décédé, ils sont refusés par le nouveau titulaire ou par l'intérimaire, et aussi dans le cas d'une interruption de fonctions qui durerait depuis plus de dix jours; — 4° les lettres émanées de la cour des comptes adressées nominativement à un comptable justiciable de cette cour, qui ne peuvent être distribuées, soit que le destinataire ait disparu sans laisser d'adresse, soit qu'étant décédé il n'ait pas laissé d'héritiers connus, soit enfin qu'elles aient été refusées par ses héritiers ou leurs représentans. — Art. 80.

108. — Sont exceptées des dispositions contenues dans l'article précédent, savoir : 1° les lettres et paquets adressés *poste restante* à un fonctionnaire public; — 2° Les lettres et paquets adressés à un fonctionnaire public sous un titre qui n'existe point dans l'arrondissement du bureau auquel les lettres et paquets auront été envoyés. — Les lettres et paquets désignés au n° 1er ci-dessus doivent être conservés pendant trois mois au bureau de destination, et renvoyés à l'administration, à Paris, à l'expiration de ce terme. — Quant aux lettres et paquets compris sous le n° 2 du présent article, ils doivent être renvoyés à Paris, aux époques fixées pour le renvoi des lettres adressées à des destinataires déclarés inconnus. — Art. 81.

109'.—Sont également exceptés des dispositions de l'art. 80 précédent, les lettres et paquets frappés de la double taxe en vertu de l'art. 7 de l'ordonnance, et refusés par les fonctionnaires pour qui le paiement de cette double taxe est obligatoire.

— Le directeur des postes donne sur-le-champ connaissance de ce refus au directeur de l'administration des postes, et il conserve, jusqu'à nouvel ordre, la dépêche frappée du double port. — Art. 82.

NOMENCLATURE.

État I. — Franchises et contre-seings en général.	*Tableau 1er.* — Franchises sans condition de contre-seing	1re Partie. — Franchises illimitées.	
		2e Partie. — Franchises limitées.	
	Tableau 2e. — Franchises sous condition d'un contre-seing	1re Partie.—Famille et Maison royales.	§ 1. — Famille royale.
			§ 2. — Maison royale et liste civile.
		2e Partie. — Grands fonctionnaires de l'état et Conseil d'état.	
		3e Partie. — Ministère de la justice et des cultes.	§ 1. — Justice.
			§ 2. — Cultes.
		4e Partie. — Ministère des affaires étrangères.	§ 1. — Agens extérieurs de France.
			§ 2. — Autorités et fonctionnaires étrangers.
		5e Partie. — Ministère de la guerre	§ 1. — Armée en général.
			§ 2. — Gendarmerie.
			§ 3. — Génie militaire.
			§ 4. — Artillerie et établissemens qui en dépendent. Poudres et salpêtres.
			§ 5. — Services divers.
			§ 6. — Corps administratifs de la guerre.
			§ 7. — Algérie.
		6e Partie. — Ministère de la marine.	§ 1. — Administration des préfectures maritimes.
			§ 2. — Troupes de la marine.
			§ 3. — Etablissemens de la marine.
			§ 4. — Services divers.
		7e Partie. — Ministère de l'intérieur.	§ 1. — Administration et police du royaume.
			§ 2. — Etablissemens de bienfaisance et secours publics.
			§ 3. — Administration des télégraphes.
			§ 4. — Imprimerie royale.
			§ 5. — Gardes nationales.
		8e Partie. — Ministère de l'agriculture et du commerce.	§ 1. — Commerce et manufactures.
			§ 2. — Agriculture.
			§ 3. — Police sanitaire.
		9e Partie. — Ministère des travaux publics	§ 1. — Mines.
			§ 2. — Ponts-et-chaussées (chemins de fer, canaux, navigation, routes).
			§ 3. — Approvisionnement de Paris.
		10e Partie. — Ministère de l'instruction publique.	
		11e Partie. — Ministère des finances	§ 1. — Cour des comptes.
			§ 2. — Caisses d'amortissement et des dépôts et consignations.
			§ 3. — Administration générale et comptables du trésor public.
			§ 4. — Contributions directes.
			§ 5. — Contributions indirectes.
			§ 6. — Douanes.
			§ 7. — Enregistrement et domaines.
			§ 8. — Forêts.
			§ 9. — Monnaies.
			§ 10. — Postes.
			§ 11. — Tabacs.

État II. — Franchises pour les armées en campagne . . . . : | *Tableau 1er.* — Franchises sans condition d'un contre-seing.

| *Tableau 2e.* — Franchises sous condition d'un contre-seing.

État III. — Officiers, sous-officiers et autres personnes exerçant des fonctions dans la garde nationale, et dont la correspondance exclusivement relative au service de la garde nationale peut circuler en franchise sous le couvert des préfets, des sous-préfets et des maires, dans l'étendue du département où cette correspondance a pris naissance.

État IV. — Fonctionnaires autorisés à remplacer leur contre-seing par une griffe.

État V. — Fonctionnaires auxquels est attribuée d'une manière permanente la faculté de fermer leur correspondance de service.

État VI. — Fonctionnaires pouvant éventuellement, et en cas de nécessité seulement, fermer leur correspondance du service.

ÉTAT I. — *Franchises et contre-seings en général.*

TABLEAU 1er. — *Franchises sans condition de contre-seing.*

Les fonctionnaires et personnes qui reçoivent en franchise et sans condition de contre-seing les lettres et dépêches qui leur sont adressées ne jouissent pas tous de ce droit avec la même étendue; la franchise est illimitée pour les uns, limitée pour les autres.

PREMIÈRE PARTIE. — *Franchises illimitées.*

La franchise illimitée existe à l'égard du Roi, de la Reine, des Membres de la famille royale; — de l'Intendant général de la liste civile, de l'Administrateur du domaine privé, de l'Aide-de-camp du roi chargé du service de sa maison, des Aides-de-camp du roi de service, des Secrétaires du cabinet du roi, des Secrétaires des commandemens de la reine, du Prince royal, de la Duchesse d'Orléans, des Princes fils du roi; — du Chancelier de France, tant en cette qualité qu'en celle de président de la chambre des pairs; du Président de la chambre des députés, du Grand-Référendaire de la chambre des pairs, du Grand-Chancelier de la Légion-d'Honneur, des Ministres-Secrétaires d'état à département, et les Sous-Secrétaires d'État. (Les lettres chargées ou non chargées qui sont adressées par des comptables directs du trésor royal au Caissier du trésor royal, au Directeur du recouvrement des fonds, au Directeur de la comptabilité générale, à l'Agent judiciaire du trésor royal, doivent être expédiées à l'adresse du Ministre-Secrétaire d'état des finances, et en porter, suivant leur destination, la suscription : *Caisse du trésor royal, direction du mouvement général des fonds, direction de la comptabilité générale, agence judiciaire*.) — La franchise illimitée existe encore à l'égard du Président du contentieux du conseil d'état, du premier Président et du Procureur général de la cour de Cassation et des Comptes, du Commandant supérieur des gardes nationales de la Seine, du Commandant de la première division militaire, de celui du département de la Seine et de Paris, du Préfet de police à Paris; des Directeurs de l'enregistrement et des domaines, de l'Administration des forêts, de l'Administration des contributions directes; du Directeur du personnel au ministère de la guerre; de ceux des administrations des Douanes, des Contributions indirectes, des Tabacs, des Postes; du Directeur général de l'administration de la Caisse d'amortissement et de la Caisse des dépôts et consignations; du Directeur de la police générale du royaume, du Secrétaire général du conseil d'état, du Président de la commission de l'ancienne liste civile, du Président de la commission d'enquête des tabacs, du Gouverneur général de l'Algérie, du Commissaire du roi et du Secrétaire général près la commission d'indemnité de Saint-Domingue. — (La correspondance adressée aux fonctionnaires et aux personnes ci-désignées peut circuler sous *lettres fermées*.) — Une dernière franchise illimitée est accordée au Directeur de l'imprimerie royale, mais elle ne s'applique qu'aux demandes d'abonnemens au *Bulletin des Lois* et au *Bulletin des arrêts de la cour de Cassation*; en outre, cette correspondance ne peut circuler que *sous bandes*.

DEUXIÈME PARTIE. — *Franchises limitées.*

Toutes les correspondances adressées aux fonctionnaires qui jouissent de cette franchise sont expédiées, suivant les cas, ou *sous bandes* ou *sous lettres fermées*. Elles existent : 1° dans le département de la Seine, à l'égard du Préfet du département, du Procureur du roi près le tribunal de première instance et du Sous-Chef d'état-major des gardes nationales du département de la Seine ; 2° dans le ressort de chaque cour royale, à l'égard des Procureurs généraux ; 3° dans le département où se tient la cour d'assises, pour les Procureurs du roi près les cours d'assises ; 4° dans l'arrondissement, pour les autres Procureurs du roi ; 5° dans l'étendue de l'*Algérie*, avec les *Directeurs des finances et de l'intérieur en Algérie*.

TABLEAU 2e. — *Franchises sous condition d'un contre-seing.*

Ces franchises sont nombreuses et diverses. Nous allons les présenter successivement et par ordre d'administrations, en faisant remarquer que le droit de correspondance peut s'exercer dans un rayon plus ou moins étendu, comme aussi sous *lettres fermées* ou seulement *sous bandes*.

PREMIÈRE PARTIE. — *Famille et maison royale.*

§ 1er. — *Famille royale.*

Le Roi et la Reine, — avec toutes personnes indistinctement, fonctionnaires ou non, dans *tout le royaume* et sous *lettres fermées.*

Le Prince royal. — Correspondance, également dans *tout le royaume* et sous *lettres fermées*, avec les Fonctionnaires publics, Officiers de terre et de mer et Employés tant civils que militaires relevant de l'autorité tant des Ministres-Secrétaires d'état que de l'Intendant général de la liste civile.

V. au surplus, pour tout ce qui concerne la manière dont s'exercent les contre-seings de la Famille royale par les Aides-de-camp et Secrétaires des commandemens, *suprà* n° 39.

§ 2. — *Maison royale et liste civile.*

Intendant général de la liste civile.—Correspondance, *sous lettres fermées* et *dans tout le royaume*, avec les Architectes du roi, l'Archiviste de la couronne, les Commandans et Concierges des palais royaux, les Conseillers d'état, les Conservateurs des forêts de la couronne, celui du mobilier de la couronne, celui des résidences et maisons royales à Paris, le Directeur des dépenses des bâtimens de la couronne, celui des dépenses de la liste civile, celui des domaines et du contentieux de la liste civile, celui des musées royaux; les Directeurs de l'enregistrement et des domaines, les Maîtres des requêtes, les Préfets, le Trésorier de la couronne. — Nous avons vu (*suprà* état I, tabl. 1er, part. 1re,) que l'Intendant général de la liste reçoit en franchise et sans condition de contre-seing les lettres qui lui sont adressées. — Il peut aussi remplacer son contre-seing par une griffe. — V. *infrà* état IV.

Président de la commission de l'ancienne liste civile. —Correspondance, *dans tout le royaume* et *sous lettres fermées*, avec les Maires, les Pensionnaires de l'ancienne liste civile et ceux de la caisse de vétérance, les Préfets et les Sous-Préfets.—Nous avons vu (*suprà* état I, tabl. 1er, 1re part.) qu'il reçoit en franchise, et sans condition de contre-seing, les lettres et dépêches qui lui sont adressées.

Trésorier de la couronne. — Correspondance, *sous bandes* et *dans tout le royaume*, avec l'Archiviste de la couronne, le Conservateur des forêts de la couronne, celui du mobilier de la couronne, celui des résidences et maisons royales à Paris, les Directeurs des dépenses des bâtimens de la couronne, des dépenses de la liste civile, du domaine et du contentieux de la liste civile, les Gardes généraux, Inspecteurs et Sous-Inspecteurs des forêts de la couronne, les Payeurs de la liste civile dans les résidences royales, les Payeurs du Trésor, les Receveurs généraux des finances.

Directeur des dépenses de la liste civile. — *Dans tout le royaume* et *sous bandes*, avec l'Archiviste de la couronne, le Conservateur des forêts de la couronne, celui du mobilier de la couronne, celui des résidences et maisons royales à Paris, le Directeur des dépenses des bâtimens de la couronne, celui des domaines et du contentieux de la liste civile, le Trésorier de la couronne.

Directeur des dépenses des bâtimens de la couronne. — Il correspond avec le Directeur des dépenses de la liste civile et jouit des mêmes franchises. — Il correspond, en outre, avec les Architectes du roi dans *tout le royaume* et *sous bandes.*

Directeur des domaines et du contentieux de la liste civile. — Il correspond avec le Directeur des dépenses de la liste civile et jouit des mêmes franchises que lui. En outre il correspond dans *tout le royaume* et toujours *sous bandes* avec les Archivistes du roi, les Concierges des résidences royales, les Directeurs et Jardiniers en chef des pépinières de la couronne, les Gardes généraux, Inspecteurs et Sous-Inspecteurs de la couronne.

Conservateur du mobilier de la couronne. — Correspondances, dans *tout le royaume* et *sous bandes*, avec les Archivistes du roi, l'Archiviste de la couronne, les Concierges des résidences royales, le Conservateur des résidences et maisons royales à Paris, les Directeurs des dépenses des bâtimens de la couronne, de la liste civile, des domaines et du contentieux de la liste civile, le Trésorier de la liste civile.

Conservateur des maisons et résidences royales à Paris. — Correspondance, dans *tout le royaume* et *sous bandes*, avec les Archivistes de la couronne, les Concierges des résidences et maisons royales à Paris, le Conservateur des forêts de la couronne, le Conservateur du mobilier de la couronne, le Directeur des bâtimens de la couronne, celui des dépenses de la liste civile, celui des domaines et du contentieux de la liste civile, le Trésorier de la couronne.

Archiviste de la couronne. — Correspondance, dans *tout le royaume* et *sous bandes*, avec le Conservateur des forêts de la couronne, celui du mobilier de la couronne, celui des maisons et résidences royales à Paris, les Directeurs des dépenses de la liste civile, celui des dépenses des bâtimens de la liste civile, des domaines et du contentieux de la liste civile, le Trésorier de la couronne.

Contrôleur du service de la maison du roi. — Correspondances, *sous bandes* et dans *tout le royaume*, avec les Inspecteurs des forêts de la couronne.

Payeurs de la liste civile dans les résidences royales. —Correspondance, dans *tout le royaume* et *sous bandes*, avec le Trésorier de la couronne.

Architectes du roi. —Correspondance, dans *tout le royaume* et *sous bandes*, avec le Conservateur du mobilier de la couronne, le Directeur des dépenses des bâtimens de la couronne, le Directeur des domaines et du contentieux de la liste civile.

Directeur des pépinières de la couronne. — Jardiniers en chef des résidences royales. — Dans *tout le royaume* et *sous bandes*, avec le Directeur des domaines et du contentieux de la liste civile.

Concierges des résidences royales. — Dans *tout le royaume* et *sous bandes*, avec le Conservateur du mobilier de la couronne, le Directeur des domaines et du contentieux de la liste civile. — Correspondance spéciale des Concierges des résidences royales à Paris avec le Conservateur des résidences et maisons royales de Paris.

Administration des forêts de la couronne. — Les agens de cette administration jouissent d'abord des droits de franchise attribués aux agens du même grade de l'administration générale des forêts. (V. *infrà* même tabl., 2e part., § 8). — Il leur est accordé en outre certaines franchises spéciales que nous allons indiquer.

Conservateur des forêts de la couronne. — Correspondance, dans *tout le royaume* et *sous bandes*, avec l'Archiviste de la couronne, le Conservateur du mobilier de la couronne, le Conservateur des résidences et maisons royales à Paris, le Directeur des dépenses des bâtimens de la couronne, celui des dépenses de la liste civile, celui des domaines et du contentieux de la liste civile, les Gardes généraux, Inspecteurs et Sous-Inspecteurs des forêts de la couronne, le Trésorier de la Couronne.

Inspecteurs généraux des forêts de la couronne. — Correspondance, *sous bandes* et dans *tout le royaume*, avec le Conservateur des forêts de la couronne, les Inspecteurs et Sous-Inspecteurs de ces forêts.

Inspecteurs des forêts de la couronne. — Correspondance *sous bandes* : — 1° dans *tout le royaume*, avec le Conservateur des forêts de la couronne, le Contrôleur du service de la maison du roi, le Directeur des domaines et du contentieux de la liste civile; le Directeur de la sécherie royale de graines forestières à Haguenau; les Inspecteurs généraux et ordinaires, et les Sous-Inspecteurs des forêts de la couronne, le Trésorier de la couronne; — 2° dans l'étendue de la *conservation forestière*, avec les Commissaires de police, les Ingénieurs en chef et ordinaires des ponts-et-chaussées, les Officiers de gendarmerie.

Sous-Inspecteurs des forêts de la couronne. — Correspondance, dans *tout le royaume* et *sous bandes*, avec le Conservateur des forêts de la couronne, le Directeur des domaines et du contentieux de la liste civile, les Inspecteurs généraux, ordinaires, et les Sous-Inspecteurs des forêts de la couronne, le Trésorier de la couronne.

Gardes généraux des forêts de la couronne. — Correspondance dans *tout le royaume* et *sous bandes* avec le Conservateur des forêts de la couronne, le Directeur des domaines et du contentieux de la liste civile, le Trésorier de la couronne.

Directeur de la sécherie royale des graines forestières à Haguenau (Bas-Rhin). — Correspondance, dans *tout le royaume* et *sous bandes*, avec les Inspecteurs des forêts de la couronne.

DEUXIÈME PARTIE. — *Grands fonctionnaires de l'état et Conseil d'état.*

Chancelier de France, tant en cette qualité que comme Président de la chambre des pairs. — Correspondance, *sous lettres fermées* et dans *tout le royaume*, avec les Conseillers d'état, les Maîtres des requêtes, les Procureurs généraux, les Procureurs du roi. — Nous avons vu (*suprà* état I, tabl. 1er, 1re part.) qu'il reçoit en franchise et sans condition de contre-seing les lettres et dépêches qui lui sont adressées par toutes personnes. — Il peut encore remplacer son contre-seing par une griffe (V. *infrà* état IV).

Ministres secrétaires d'état. — V. les différens départemens ministériels. — Notons seulement ici que les Directeurs de comptabilité et Chefs de division de comptabilité des divers ministères ont le droit de correspondre entre eux sous *lettres fermées.*

Grand-Chancelier de l'ordre royal de la Légion-d'Honneur. — Correspondance, sous *lettres fermées* et dans *tout le royaume*, avec les dames Surintendantes et Supérieures de la Maison royale de Saint-Denis et de ses succursales, les Greffiers en chef de la cour des comptes, les Membres de la Légion-d'Honneur (et même leurs curateurs s'ils sont interdits, pourvu que la franchise continue à être adressée directement aux Légionnaires et que le nom des curateurs ne soit mentionné qu'accessoirement dans la suscription), les Préfets, les Présidens des conseils d'administration des corps militaires, les Receveurs généraux des finances, les Sous-Préfets.—Nous avons vu *suprà* état I, tabl. 1er, 1re part., que le Grand-Chancelier de la Légion-d'Honneur reçoit en franchise les lettres et dépêches qui lui sont adressées par toutes personnes. Il peut encore remplacer son contre-seing par une griffe (V. *infrà* état IV).

Conseillers d'état. — Correspondance, *sous bandes* et dans le *ressort de la cour royale*, avec les Préfets.

Maîtres des requêtes. — Mêmes droits de correspondance que les Conseillers d'état.

Secrétaire général du conseil d'état. — Correspondance, sous *lettres fermées*, avec l'Archiviste du conseil d'état, les Maîtres des requêtes, les secrétaires des comités du conseil d'état. — Nous avons vu (*suprà* état I, tabl. 1er, 1re part.) que le Secrétaire général du conseil d'état reçoit en franchise et sans condition de contre-seing les lettres et dépêches qui lui sont adressées par toutes personnes. — Il peut encore remplacer son contre-seing par l'usage d'une griffe (V. état IV).

TROISIÈME PARTIE. — *Ministère de la justice et des cultes.*

Ministre de la justice et des cultes. — Correspondance, sous *lettres fermées* et dans *tout le royaume* : — 1° comme Ministre de la justice, avec les Adjoints des Maires exerçant les fonctions de ministère public près les tribunaux de simple police, les Commissaires de police, les Conseillers d'état, les Juges d'instruction, les Juges de paix, les Lieutenans-Généraux commandant les divisions militaires, les Maires, les Maîtres des requêtes, les Officiers du bataillon des voltigeurs corses, de la garde municipale de Paris et de la gendarmerie, les Préfets, les Présidens des cours et tribunaux, les Procureurs généraux, les Procureurs du roi, les Sous-Préfets; — 2° comme Ministre des cultes, avec les Archevêques, les Conseillers d'état, les Curés, les Desservans, les Doyens des facultés de théologie, les Evêques, les Frères des écoles chrétiennes, les Grands-Vicaires, les Maîtres des requêtes, les Pasteurs de la confession d'Augsbourg, des églises réformées, les Préfets, les Présidens des consistoires de la confession d'Augsbourg, du culte israélite, des églises réformées, les Rabbins dépendant des consistoires israélites, les Sous-Préfets, les Succursalistes, les Supérieurs des écoles secondaires ecclésiastiques, les Supérieurs des séminaires.—Nous avons vu (*suprà* état I, tabl. 1er, 1re part.) que le Ministre de la justice et des cultes reçoit en franchise et sans condition de contre-seing les lettres et dépêches qui lui sont adressées par toutes personnes. — Il peut encore remplacer son contre-seing au moyen d'une griffe (V. *infrà* état IV).

§ 1er. — *Justice.*

Premier Président de la cour de Cassation. — Dans *tout le royaume* et *sous bandes*, avec les Adjoints des Maires exerçant le ministère public près les tribunaux de simple police, les Commissaires de police, les Conseillers d'état, les Juges d'instruction, les Juges de paix, les Lieutenans-généraux commandant les divisions militaires, les Maires, les Maîtres des requêtes, les Officiers du bataillon des voltigeurs corses, de la garde municipale de Paris et de la gendarmerie, les Préfets, les Premiers Présidens des cours royales, les Présidens des cours et tribunaux, les Procureurs généraux; les Procureurs du roi, les Sous Préfets.— Le Premier Président reçoit en franchise et sans condition de contre-seing les lettres et dépêches qui lui sont adressées (V. *suprà* état I, tabl. 1er, 1re part.); il peut éventuellement, et seulement en cas de nécessité, fermer sa correspondance de service (V. *infrà* état IV).

Procureur général près la cour de Cassation (et en cas d'empêchement de ce dernier, les Avocats généraux, dans l'ordre de service). — Mêmes droits

de correspondance, et sous les mêmes conditions que le premier président.

Premiers Présidens des cours royales. — Dans le *ressort de la cour royale*, avec les Adjoints des maires exerçant le ministère public près les tribunaux de simple police, les Archevêques, les Commissaires de police, les Conseillers d'état, les Directeurs de l'enregistrement et des domaines, les Évêques, les Grands-vicaires capitulaires, les Greffiers en chef des cours royales, les Greffiers des cours et tribunaux, les Juges d'instruction, les Juges de paix, les Lieutenans généraux commandant les divisions militaires, les Maires, les Maîtres des requêtes, les Maréchaux de camp commandant les subdivisions militaires, les Officiers du bataillon des voltigeurs corses, de la Garde municipale de Paris et de la gendarmerie, les Préfets, les Présidens et Rapporteurs des conseils de guerre, les Présidens des cours et tribunaux, les Procureurs généraux, les Procureurs du roi, les Proviseurs des colléges royaux, les Recteurs d'académie, les Sous-Préfets. — Correspondance *sous bandes*, à l'exception des deux suivantes : les premiers Présidens correspondent, par *lettres fermées*, avec les Procureurs généraux et Procureurs du roi; toutefois, à l'égard de ces derniers, seulement dans l'arrondissement. — Ils peuvent, cependant, éventuellement et seulement en cas de nécessité, fermer leur correspondance de service avec toutes les personnes sus-désignées (V. état VI).

Présidens des cours royales. — 1° Dans le *ressort de la cour royale*, avec les premiers Présidens des cours royales, *sous bandes*, et les Procureurs généraux, *sous lettres fermées*; — 2° dans l'étendue du *département où se tiennent les assises*, avec les Présidens des cours d'assises, *sous bandes*. Cette dernière franchise s'étend même au lieu de la résidence ordinaire des cours d'assises. — Comme les premiers présidens, ils peuvent éventuellement, et seulement en cas de nécessité, fermer leur correspondance de service (V. état VI).

Procureurs généraux près les cours royales. — 1° Dans *tout le royaume*, avec les Commandans de brigade et Officiers du bataillon des voltigeurs corses, de la Garde municipale de Paris et de la gendarmerie, les Directeurs des maisons centrales de détention, les Inspecteurs généraux des études en tournée, les Inspecteurs généraux de gendarmerie, les Intendans militaires, les Juges d'instruction, les Juges de paix, les Lieutenans généraux commandant les divisions militaires, les Préfets maritimes à Brest, Rochefort, Toulon, les Présidens et Rapporteurs des conseils de guerre, les Procureurs généraux, les Procureurs du roi; — 2° dans le *ressort de la cour royale*, avec les Adjoints des maires exerçant le ministère public près les tribunaux de simple police, les Archevêques, les Commissaires de police, les Directeurs de l'enregistrement et des domaines, les Directeurs des postes, les Évêques, les Grands-Vicaires capitulaires, les Greffiers des cours et tribunaux, les Inspecteurs et Sous-Inspecteurs des écoles primaires, les Maires, les Maréchaux de camp commandant les subdivisions militaires, les Préfets, les premiers Présidens des cours royales, les Présidens des cours et tribunaux, les Proviseurs des colléges royaux, les Recteurs d'académie, les Sous-Intendans militaires de toute classe, les Sous-Préfets; — 3° dans l'étendue de la *conservation forestière*, avec les Conservateurs des forêts (cette franchise peut s'étendre aux conservations forestières limitrophes); — 4° dans l'étendue du *rayon télégraphique*, avec les Directeurs des télégraphes; — 5° dans *le département*, avec les Chefs du service des chiourmes; cette franchise peut toutefois s'étendre aux départemens limitrophes. — En outre, les Procureurs généraux des départemens frontières correspondent avec les autorités étrangères des pays limitrophes. — Plus spécialement le Procureur général d'Aix correspond avec l'ambassadeur de France à Turin, et avec les consuls de France à Cagliari, Gênes, Nice, Port-Maurice. — Toutes ces correspondances ont lieu *sous bandes*; est admise seulement *sous lettres fermées*, et dans l'étendue de *l'arrondissement* seulement, la correspondance avec les Procureurs du roi. — Éventuellement, et en cas de nécessité seulement, ils peuvent fermer leur correspondance de service (V. *infrà* état VI). — En cas d'empêchement d'un Procureur général, il y a dévolution du droit de correspondance dans l'ordre de service aux Avocats généraux, puis aux Substituts, à la condition par ces derniers de constater l'empêchement dans le contre-seing. — Par exception, les Substituts du procureur général placés à Bone et à Oran (Afrique) sont assimilés, quant aux droits de contre-seing, au Procureur du roi. — Enfin, le Procureur général près la cour de Paris peut remplacer son contre-seing par l'empreinte d'une griffe (V. *infrà* état IV).

Greffiers en chef des cours royales. — 1° Dans *tout le royaume*, avec les Greffiers en chef des cours royales; — 2° dans le *ressort de la cour royale*, avec les Greffiers des cours et tribunaux, les premiers présidens des cours royales. — Correspondance *sous bandes*.

Présidens des cours d'assises. — 1° Dans *le ressort de la cour royale*, avec les premiers Présidens et Procureurs généraux; — 2° dans l'étendue du *département où se tiennent les assises*, avec les Adjoints des Maires exerçant le ministère public près les tribunaux de police, les Commissaires de police, les Juges d'instruction, les Juges de paix, les Maires, les Officiers du bataillon des voltigeurs corses, de la garde municipale de Paris, de la gendarmerie, les Préfets, les Présidens des cours et tribunaux, les Procureurs du roi, les Sous-Préfets. — Correspondance *sous bandes*; est admise par exception sous *lettres fermées* la correspondance avec les Procureurs généraux et les Procureurs du roi, mais pour ces derniers seulement, dans *l'arrondissement*. — Du reste, les Présidens des cours d'assises peuvent contresigner leur correspondance du lieu même de leur résidence ordinaire. — Comme les Présidens des cours, ils peuvent encore éventuellement et en cas de nécessité fermer leur correspondance de service (V. *infrà* état VI).

Procureurs du roi près les cours d'assises. — Dans le *département* et *sous bandes*, avec les Adjoints des Maires exerçant le ministère public près les tribunaux de simple police, les Commissaires de police, les Maires, les Sous-Préfets. — Ils peuvent éventuellement, et seulement en cas de nécessité, fermer leur correspondance de service. — Le contre-seing attribué ici aux Procureurs du roi près les cours d'assises est indépendant du contre-seing auquel les magistrats qui en exercent les fonctions ont droit, en leur qualité de Procureurs du roi près les tribunaux de première instance.

Présidens des tribunaux de première instance. — Mêmes droits de correspondance que les Présidens des cours royales, et dans les mêmes limites. — Correspondances spéciales et sous bandes des Présidens des tribunaux de Dax et de Mont-de-Marsan avec les Juges de paix de Castets et de Saint-Vincent-de-Tyrosse. — Éventuellement, et en cas de nécessité seulement, ils peuvent fermer leur correspondance de service (V. état VI).

Présidens des tribunaux de commerce. — 1° Correspondance spéciale *sous bandes*, mais qui peut être éventuellement et en cas de nécessité (V. état VI) sous *lettres fermées dans l'arrondissement*, avec les Juges de paix, dans le *département* avec les Préfets. — Correspondance plus spéciale des Présidens des tribunaux de commerce : — de Calais, avec le Procureur du roi de Boulogne-sur-Mer; — de Paris, avec le Procureur du roi près le tribunal de la Seine.

Juges d'instruction : — 1° Dans *tout le royaume*, avec les Juges de paix, les Procureurs généraux, les Procureurs du roi; — 2° dans *le ressort de la cour royale*, avec les premiers présidens des cours royales; — 3° dans le *département*, avec les Préfets; — 4° dans le *département où se tiennent les assises*, avec les Présidens des cours d'assises; cette franchise s'étend même au lieu de la résidence ordinaire des cours d'assises; — 5° dans *l'arrondissement*, avec les Adjoints des Maires exerçant les fonctions du ministère public près les tribunaux de simple police, les Commissaires de police, les Maires, les Officiers du bataillon des voltigeurs corses, de la garde municipale de Paris et de la gendarmerie, les Sous-Préfets. — Éventuellement seulement et en cas de nécessité, les correspondances des Juges d'instruction peuvent être fermées (V. *infrà* état VI); autrement elles ont toujours lieu *sous bandes*, sauf toutefois celles avec les Procureurs généraux dans le ressort de la cour royale, et les Procureurs du roi dans l'arrondissement. — Les Juges d'instruction attachés au tribunal de première instance de la Seine correspondent exceptionnellement, pour *tout le département*, avec les Adjoints des Maires exerçant le ministère public près les tribunaux de simple police, les Commissaires de police, les Maires, les Officiers de la garde municipale de Paris et de la gendarmerie de la Seine, les Sous-Préfets de Saint-Denis et de Sceaux.

Procureurs du roi près les tribunaux de première instance. — 1° Dans *tout le royaume*, avec les Commandans des brigades et les Officiers du bataillon des voltigeurs corses, de la garde municipale de Paris et de la gendarmerie, les Directeurs des maisons centrales de détention, les Inspecteurs généraux de gendarmerie, les Intendans militaires, les Juges de paix, les Lieutenans-généraux commandant les divisions militaires, les Préfets maritimes à Brest, Rochefort et Toulon, les Présidens et Rapporteurs près des conseils de guerre, les Procureurs généraux, les Procureurs du roi; — 2° dans le *ressort de la cour royale*, avec les premiers Présidens de cour royale; — 3° dans l'étendue de la *conservation forestière*, avec les Conservateurs, Gardes à cheval, Gardes généraux, Inspecteurs et Sous-inspecteurs des forêts; cette franchise s'étend même aux conservations frontières limitrophes; — 4° dans l'étendue de la *circonscription diocésaine*, avec les Archevêques, Évêques, Grands-Vicaires capitulaires; — 5° dans le *ressort académique*, avec les Recteurs d'académie; — 6° dans l'étendue de la *direction du génie*, avec les Directeurs des fortifications; — 7° dans l'étendue du *rayon télégraphique*, avec les Directeurs des télégraphes; — 8° dans le *département* avec les Chefs du service des chiourmes (cette franchise peut s'étendre aux départemens limitrophes), les Commandans du génie, les Directeurs de l'enregistrement et des domaines, les Inspecteurs et Sous-Inspecteurs des écoles primaires, les Maréchaux de camp commandant les subdivisions militaires, les Préfets, les Sous-Intendans militaires de toute classe; — 9° dans le *département où se tiennent les assises*, avec les Présidens des cours d'assises (cette franchise s'étend même au lieu de la résidence ordinaire des Présidens des cours d'assises); — 10° dans *l'arrondissement*, avec les Adjoints des Maires exerçant le ministère public près les tribunaux de simple police, les Commissaires de police, les Conservateurs des hypothèques, les Directeurs des postes, les Maires, les Présidens des chambres de discipline des notaires, les Receveurs de l'enregistrement et des domaines, les Sous-Préfets, les Vérificateurs des poids et mesures. — Les Procureurs du roi des départemens frontières correspondant avec les autorités étrangères des départemens limitrophes. — Correspondance spéciale des Procureurs du roi : — de Bar-le-Duc et de Vassy, avec l'Inspecteur des forêts à Vitry-le-Français; — de Boulogne-sur-Mer, avec le Président du tribunal de commerce de Calais; — de La Rochelle, avec le Président du tribunal de commerce de Saint-Martin-de-Ré (département de la Charente-Inférieure); — des Procureurs du roi dans le département de la Nièvre, avec le Directeur des forges de la marine à Guérigny; — du Procureur du roi près le tribunal de la Seine, avec les Directeurs des hôpitaux et hospices de Paris, et le Président du tribunal de commerce de Paris. — Toutes les correspondances sus-indiquées ont lieu *sous bandes*, à l'exception de celle avec les Procureurs généraux du ressort qui se transmettent *sous lettres fermées*. — Éventuellement, en cas de nécessité seulement, ils peuvent fermer leur correspondance de service (V. *infrà* état VI). — En cas d'empêchement du Procureur du roi, il y a dévolution du droit de correspondance au Substitut, à la charge toutefois pour celui-ci de constater dans le contre seing l'empêchement.

Juge de paix. — 1° Dans *tout le royaume*, avec les Juges d'instruction, les Procureurs généraux, les Procureurs du roi; — 2° dans le *ressort de la cour royale*, avec les Juges de paix, les premiers Présidens des cours royales; — 3° dans l'étendue de la *conservation forestière*, avec les Conservateurs, Gardes généraux, Inspecteurs et Sous-Inspecteurs des forêts; — 4° dans le *département*, avec les Inspecteurs des postes, les Préfets; — 5° dans le *département où se tiennent les assises*, avec les Présidens des cours d'assises; cette franchise s'étend même au lieu de la résidence ordinaire des Présidens des cours d'assises; — 6° dans *l'arrondissement*, avec les Présidens des tribunaux de commerce, les Sous-Préfets, les Vérificateurs des poids et mesures; — 7° dans le *canton*, avec les Maires. — Toutes ces correspondances ont lieu *sous bandes*, sauf toutefois celles avec les Procureurs généraux dans le ressort de la cour royale, et les Procureurs du roi dans l'arrondissement. — Ils peuvent encore fermer, mais éventuellement et en cas de nécessité seulement (V. *infrà* état VI), leur correspondance avec les Juges d'instruction, les Préfets, les Sous-Préfets. — Par exception, les Juges de paix suivans jouissent d'un droit de correspondance *sous bandes*, savoir : — 1° les Juges de paix des cantons de Castets et de Saint-Vincent-de-Tyrosse (Landes) avec les Présidens des tribunaux de première instance à Dax et à Mont-de-Marsan; — 2° les Juges de paix des cantons de Maromme, Grande-Couronne, Boos et Darnetal (Seine-Inférieure) avec le Commissaire central de police à Rouen : — 3° les Juges de paix de l'île d'Oléron avec le Commandant de la place de cette île.

Adjoints des Maires exerçant le ministère public près les tribunaux de simple police. — 1° Dans le *ressort de la cour royale*, avec les premiers Présidens des cours royales, *sous bandes*; avec les Procureurs généraux, *sous lettres fermées*; — 2° dans le *département*, avec les Procureurs du roi près les cours d'assises, *sous lettres fermées*; — 3° dans le *département où se tiennent les assises*, avec les Présidens des cours d'assises; cette franchise s'étend même au lieu de la résidence ordinaire des cours

d'assises; la correspondance a lieu *sous bandes*; — 4° dans l'*arrondissement*, avec les Juges d'instruction *sous bandes*, et les Procureurs du roi près les tribunaux de premièreinstance, *sous lettres fermées*. —Exceptionnellement les Adjoints des Maires exerçant le ministère public dans le département de la Seine près les tribunaux de simple police, correspondent, dans le *département* et *sous bandes*, avec les Juges d'instruction attachés au tribunal de première instance de la Seine. — V. au surplus, quant aux Maires, la section relative au ministère de l'intérieur.

Greffier des cours et tribunaux. — Dans le ressort de la cour royale, avec les Greffiers en chef des cours royales, les premiers Présidens de ces cours et leurs Procureurs généraux. — Correspondance *sous bandes* à l'égard des premiers Présidens et Greffiers en chef, sous *lettres fermées*, avec les Procureurs généraux.

Notaires. — Correspondance dans le *département* et *sous bandes* avec le Payeur du trésor public.

Présidens des chambres de discipline des notaires. — Correspondance *sous bandes*, et dans *l'arrondissement*, avec les Procureurs du roi.

§ 2. — *Cultes*.

Archevêques et Evêques. — 1° *Dans tout le royaume*, avec les Archevêques, Evêques et Grands-Vicaires capitulaires, mais seulement pour la correspondance relative aux affaires diocésaines, et à l'exclusion de toute publication ou imprimé; — 2° dans le *ressort de la cour royale*, avec les premiers Présidens et Procureurs généraux près les cours royales; — 3° dans le *ressort académique*, avec les Recteurs; — 4° dans la *circonscription diocésaine*, avec les Aumôniers des colléges et hôpitaux, les Chapelains des communautés religieuses, les Curés, les Desservans, les Grands-Vicaires ou Vicaires généraux, les Inspecteurs et sous-Inspecteurs des écoles primaires, les Maires (pour l'envoi des mandemens imprimés seulement), les Préfets, les Présidens des comités soit d'arrondissement, soit communaux, pour l'instruction primaire, les Procureurs du roi près les cours d'assises, et ceux près les tribunaux de première instance, les sous-Préfets, les Succursalistes, les Supérieurs des écoles secondaires ecclésiastiques, et des séminaires. — Toutes ces correspondances ont lieu *sous bandes*; sauf néanmoins qu'elles sont admises sous *lettres fermées* avec les Procureurs généraux, Procureurs du roi près les cours d'assises dans le département du siége épiscopal, Procureurs du roi près les tribunaux de première instance du lieu où se trouve établi le siége. — Mentionnons encore comme droit exceptionnel de correspondance sous bandes: — l'Archevêque de Paris avec le Doyen du chapitre de Paris, dans la *circonscription diocésaine*; l'Evêque de Tarbes avec la maison de retraite de Garaizon par Castelnau-de-Magnoac. — Nous avons dit plus haut (V. *suprà* n° 37) que le contre-seing d'un Archevêque ou Evêque est régulièrement établi par l'initiale de leurs prénoms, précédés d'une croix. — En outre et par un privilége spécial, l'Archevêque de Paris est admis à remplacer son contre-seing par l'empreinte d'une griffe (V. *infrà* état VI). — Enfin les Archevêques et Evêques peuvent éventuellement, et seulement en cas de nécessité, fermer leur correspondance de service (V. *infrà* état VI).

Grands-Vicaires capitulaires, le siége vacant. — Même droit de correspondance que les Archevêques et Evêques. — Pendant la vacance du siége de Paris, les Grands-Vicaires de ce diocèse jouissent, comme l'Archevêque lui-même, du droit de correspondance avec le Doyen du chapitre de Paris. — Comme les Archevêques et Evêques éventuellement, et seulement en cas nécessité, les Grands-Vicaires capitulaires peuvent fermer leur correspondance de service (V. *infrà* état VI).

Grands-Vicaires. — Pour la *circonscription diocésaine, et sous bondes*, avec les Archevêques, Evêques et Grands-Vicaires capitulaires. — Par exception: 1° le Grand-Vicaire du diocèse de Bayeux, résidant à Caen, jouit du même droit de correspondance que l'Evêque; — 2° le Grand-Vicaire du diocèse de Saint-Claude, placé à Lons-le-Saulnier, correspond avec les Curés, Desservans et Succursalistes des arrondissemens de Dôle, Lons-le-Saulnier et Poligny.

Supérieurs des écoles secondaires ecclésiastiques. — Supérieurs des séminaires. — Dans la *circonscription diocésaine* et *sous bandes*, avec les Archevêques, Evêques et Grands-Vicaires capitulaires. — Correspondance spéciale et sous bandes du directeur de la maison de retraite de Garaizon par Castelnau-de-Magnoac avec l'Evêque de Tarbes.

Doyen du chapitre de Paris. — Dans la *circonscription diocésaine* et *sous bandes*, avec l'Archevêque de Paris, et les Grands-Vicaires capitulaires de ce diocèse pendant la vacance du siége.

Curés. — 1° Dans la *circonscription diocésaine*, avec les Archevêques, Evêques, Grands-Vicaires capitulaires; — 2° dans le *département* avec les Inspecteurs et Sous-Inspecteurs des écoles primaires, les Préfets; — 3° dans l'*arrondissement*, avec les Maires, les Présidens des Comités d'arrondissement de l'instruction primaire, les Sous-Préfets; — 4° dans le *ressort académique*, avec les recteurs. — En outre les Curés de canton correspondent, mais pour la transmission des lettres pastorales, mandemens et circulaires imprimés seulement, et à l'exclusion de toute lettre et autre pièce manuscrite, avec les Desservans et Succursalistes de leur canton. — Par exception, les Curés des arrondissemens de Dôle, Lons-le-Saulnier et Poligny correspondent avec le Grand-Vicaire du diocèse de Saint-Claude, placé à Lons-le-Saulnier. — Toutes ces correspondances ont lieu *sous bandes*.

Desservans et Succursalistes. — Même correspondance que les Curés, sauf à l'égard des Maires et des Présidens des Comités d'arrondissement de l'instruction primaire. — Le droit exceptionnel conféré aux Curés des arrondissemens de Dôle, Lons-le-Saulnier et Poligny est commun aux Desservans et Succursalistes des mêmes arrondissemens.

Aumôniers des colléges. — Aumôniers des hôpitaux. — Dans la *circonscription diocésaine sous bandes*, avec les Archevêques, Evêques, Vicaires généraux capitulaires.

Chapelains des communautés religieuses. — Mêmes correspondances.

Président du directoire du consistoire général de Strasbourg. — Dans *tout le royaume* et *sous bandes*, avec les Inspecteurs ecclésiastiques, Pasteurs et Présidens des consistoires locaux de la confession d'Augsbourg.

Présidens des consistoires locaux de la confession d'Augsbourg. — 1° Dans *tout le royaume*, avec le Président du directoire du consistoire général, et les Inspecteurs ecclésiastiques de la même confession; — 2° dans le *ressort du consistoire local*, avec les Pasteurs; — 3° dans le *département*, avec les Inspecteurs et Sous-Inspecteurs des Ecoles primaires, les Préfets; — 4° dans l'*arrondissement*, avec les Sous-Préfets. — Ces correspondances ont lieu *sous bandes*.

Inspecteurs ecclésiastiques de la confession d'Augsbourg. — 1° Dans *tout le royaume*, avec le Président du consistoire général de Strasbourg et les présidens des consistoires locaux; — 2° dans le *ressort de l'inspection ecclésiastique*, avec les Pasteurs. — Correspondance *sous bandes*.

Pasteurs de la confession d'Augsbourg. — 1° Dans *tout le royaume*, avec le Président du directoire du consistoire général de Strasbourg; — 2° dans le *ressort de l'inspection ecclésiastique*, avec les Inspecteurs ecclésiastiques; — 3° dans le *ressort du consistoire local*, avec les Présidens des consistoires locaux; — 4° dans le *département*, avec l'Inspecteur et Sous-Inspecteurs de l'instruction primaire, les Préfets; — 5° dans l'*arrondissement*, avec les Sous-Préfets. — Correspondance *sous bandes*.

Présidens des consistoires des églises réformées. — 1° Dans l'*arrondissement des consistoires*, avec les Pasteurs, les Préfets; — 2° dans le *département*, avec les Inspecteurs et Sous-Inspecteurs des écoles primaires.

Pasteurs des églises réformées. — 1° Dans l'*arrondissement des consistoires*, avec les Présidens des consistoires; — 2° dans le *département*, avec les Inspecteurs et Sous-Inspecteurs des écoles primaires, le Préfet; — 3° dans l'*arrondissement*, avec les Sous-Préfets. — Correspondance *sous bandes*.

Président du consistoire central israélite à Paris. — Correspondance, dans *tout le royaume* et *sous bandes*, avec les Présidens des consistoires départementaux.

Présidens des consistoires départementaux du culte israélite. — 1° Dans *tout le royaume*, avec le Président du consistoire central à Paris; — 2° dans le *département*, avec les Inspecteurs et Sous-Inspecteurs des écoles primaires. — Correspondance *sous bandes*.

Rabbins dépendant des consistoires israélites. — Dans le *département* et *sous bandes*, avec les Inspecteurs et Sous-Inspecteurs des écoles primaires.

QUATRIÈME PARTIE — *Ministère des affaires étrangères*.

Ministre des affaires étrangères — Correspondance soit dans *tout le royaume*, soit pour *l'extérieur*, et sous *lettres fermées*, avec les Agens des affaires étrangères à l'étranger, à Marseille, au Havre, les Agens consulaires à l'étranger, les Ambassadeurs de France à l'étranger, les Chefs du service de la marine, les Commissaires de tous rangs de la marine, les Commissaires du Roi pour la démarcation des frontières de l'est, du nord, les Conseillers d'Etat, les Consuls généraux et particuliers à l'étranger, l'Inspecteur en chef de la navigation du Rhin à Mayence, l'Inspecteur du premier district de la navigation du Rhin à Strasbourg, les Lieutenans-Généraux commandant les divisions militaires, les Maîtres des requêtes, les Ministres chargés d'affaires du Roi à l'étranger, les Préfets des départemens, les Préfets maritimes, les Présidens des chambres de commerce, les Procureurs généraux et Procureurs du Roi (pour la correspondance à laquelle donne lieu l'exécution de l'art. 69, C. procéd.), les sous-préfets. — Nous avons vu (*suprà* état I, tabl. 1er, 1re part.) que le Ministre des affaires étrangères reçoit en franchise, sans condition de contre-seing, les lettres et dépêches qui lui sont adressées. — Il peut aussi remplacer son contre-seing par une griffe (V. *infrà* état IV).

Agent des affaires étrangères à Marseille. — Correspondance *sous bandes* avec le Lieutenant-Général commandant la vingt-unième division militaire.

Ambassadeurs de France, Ministres du Roi, Consuls, Vice-Consuls, etc., et généralement tous Agens des affaires étrangères correspondant par la Méditerranée. — Leur correspondance, qui a lieu par les paquebots de l'administration des postes, doit être, d'ordinaire, *sous bandes*; néanmoins, ils peuvent fermer leurs correspondances de service, savoir: les Ambassadeurs et Ministres de France chaque fois qu'ils le jugent à propos, les autres Agens seulement en cas de nécessité et d'une manière éventuelle.

§ 1er. — *Agens extérieurs de France*.

Agens des affaires étrangères correspondant par la Méditerranée. — Ils correspondent *sous bandes* et par les paquebots de la Méditerranée (sauf l'exception ci-dessus indiquée) avec tous les autres Agens dans les mêmes parages, les Ambassadeurs de France à Constantinople, Naples et Rome, les Consuls de France généraux et autres, et les Vice-Consuls correspondant par la Méditerranée, les Ministres de France à Florence et en Grèce.

Ambassadeur de France près la Confédération suisse. — Correspondance *sous lettres fermées* avec les Préfets de l'Ain et du Doubs, et le Sous-Préfet à Gex.

Ambassadeur de France à Constantinople. — Correspondance *sous bandes* (et sauf l'exception ci-dessus indiquée), par les paquebots de la Méditerranée, avec les Agens des affaires étrangères dans les parages de la Méditerranée, les Ambassadeurs de France à Naples et à Rome, les Consuls de France généraux ou autres, et les Vice-Consuls correspondant par la Méditerranée; les Ministres de France à Florence et en Grèce.

Ambassadeur de France à Lisbonne. — Correspondance *sous lettres fermées* avec le directeur du télégraphe à Bayonne.

Ambassadeur de France à Madrid. — Correspondance sous *lettres fermées* avec le Directeur du télégraphe à Bayonne, les Préfets des Bouches-du-Rhône et des Pyrénées-Orientales, le Lieutenant-Général commandant la vingtième division militaire.

Ambassadeur de France à Naples. — Mêmes droits de correspondance que l'Ambassadeur à Constantinople, avec qui il correspond, plus, *sous lettres fermées*, avec le Préfet des Bouches-du-Rhône.

Ambassadeur de France à Rome. — Mêmes droits de correspondance que l'Ambassadeur de Naples, avec qui il correspond.

Ambassadeur de France à Turin. — Correspondance *sous lettres fermées* avec les Préfets de l'Ain, des Hautes-Alpes, des Bouches-du-Rhône, du Var, le Procureur général d'Aix, le Sous-Préfet de Gex.

Ministres de France près les cours d'Allemagne et la Confédération suisse. — Correspondance *sous lettres fermées* avec les Préfets du Bas-Rhin et du Haut-Rhin.

Ministre de France à Bruxelles. — Correspondance sous *lettres fermées* avec le Préfet du Nord.

Ministre de France à Florence. — Mêmes droits de correspondance que l'Ambassadeur de France à Constantinople, avec lequel il correspond.

Ministre de France en Grèce. — Mêmes droits de correspondance que l'Ambassadeur à Constantinople, avec lequel il correspond.

Ministre de France à La Haye — Correspondance sous *lettres fermées* avec le Préfet du Nord.

Consuls et Vice-Consuls de France. — Correspondance *sous bandes*: — 1° sous *lettres fermées*, avec les Chefs du service de la marine, les Commissaires généraux et principaux de marine, les Préfets ma-

ritimes; — 2° sous *lettres fermées*, avec les Présidens des commissaires et intendances sanitaires.

Consuls généraux et autres, et Vice-Consuls dans les parages de la Méditerranée. — V. Agens des affaires étrangères dans les parages de la Méditerranée.

Consuls de France en Espagne. — Correspondance, sous *lettres fermées*, avec les Lieutenans-généraux commandant les vingtième et vingt-unième divisions militaires, les Préfets des Bouches-du-Rhône et des Pyrénées-Orientales.

Vice-consuls de France en Espagne. — Mêmes droits que les Consuls, sauf qu'ils ne correspondent pas avec les Lieutenants-généraux commandant les vingt et vingt-unième divisions militaires.

Consuls et vice-consuls de France en Italie. — Correspondance, *sous lettres fermées*, avec le Préfet des Bouches-du-Rhône. — Correspondances plus spéciales: — du Consul à Nice, avec le Préfet du Var et le Sous-Préfet de Grasse; — du Consul à Gênes, avec le Préfet du Var, de ces deux Consuls; — de tous les Consuls dans les états sardes, avec le Préfet des Basses-Alpes et le Procureur général à Aix. — V. encore Agens des affaires étrangères dans les parages de la Méditerranée.

Consul de France à Rotterdam. — Correspondance, *sous lettres fermées*, avec le Préfet du Nord.

Agens consulaires de France à l'étranger. — Dans *tout le royaume* et *sous bandes*, avec les Présidens semainiers des Commissions et Intendances sanitaires.

§ 2. — *Autorités et fonctionnaires étrangers.*

Autorités étrangères des pays limitrophes aux départemens frontières. — Corespondance *sous bandes* avec les Procureurs généraux et les Procureur du roi dans les départemens frontières. — Les autorités du royaume de Wurtemberg jouissent des mêmes droits.

Autorités de la Bavière Rhénane et du Grand-Duché de Bade. — Correspondance sous bandes avec le Sous-préfet de Wissembourg.

Autorités des provinces espagnoles limitrophes des départemens frontières. — Correspondance *sous bandes* avec le Lieutenant général Commandant la vingt-unième division militaire, les Préfets de l'Ariége, de la Haute-Garonne, de la Gironde, des Basses-Pyrénées, des Hautes-Pyrénées, des Pyrénées-Orientales. — Correspondance spéciale: 1° des Autorités espagnoles des pays limitrophes à la vingtième division militaire avec le Lieutenant-général commandant cette division. — 2° Du Consul d'Espagne à Bayonne et du Vice-consul d'Espagne à Oloron avec les Lieutenans-généraux commandant les vingtième et vingt-unième divisions militaires et le Préfet des Basses-Pyrénées.

Autorités étrangères des pays limitrophes à la frontière de l'Est. — Correspondance *sous bandes* avec les Préfets du Doubs, du Bas-Rhin et du Haut-Rhin.

Inspecteurs de district des puissances riveraines sur le Rhin, Autorités, Fonctionnaires et Préposés des provinces situées sur le Rhin jusqu'à l'embouchure de la Lauter. — Correspondance *sous bandes* avec l'Inspecteur du premier district de navigation du Rhin à Strasbourg.

Inspecteur général de la navigation du Rhin à Mayence. — Correspondance sous bandes avec les Directeurs des contributions indirectes à Colmar et à Strasbourg, des douanes à Strasbourg, l'Ingénieur en chef des ponts-et-chaussées du Bas-Rhin et celui du Haut-Rhin, les Préfets de ces deux départemens, l'Inspecteur du premier district de la navigation du Rhin à Strasbourg, le Receveur des droits de navigation sur le Rhin à Strabourg.

Administrateur de la sûreté publique dans le royaume de Belgique. — Correspondance *sous bandes* avec le Préfet du Nord.

Gouverneurs du Brabant, des deux Flandres et du Hainault en Belgique. — Mêmes droits de correspondance que le précédent.

Directeur général de l'enregistrement des domaines en Belgique. — Correspondance *sous bandes* avec le Directeur général de France.

Officiers et Commandans de brigades de la gendarmerie belge dans le premier et deuxième rayon de la frontière. — Correspondance *sous bandes* et dans l'étendue des premier et deuxième rayon de la frontière française avec les Officiers et Commandans de brigade de la gendamerie française.

CINQUIÈME PARTIE. — *Ministère de la guerre.*

Ministre de la guerre. — Correspondance, sous *lettres fermées*, dans *tout le royaume* avec les Administrateurs des hospices civils dans les lieux où il n'existe pas d'hôpitaux militaires, les Chefs du service géodésique à Alger, les Chefs du service topographique à Alger, Bone, Constantine, Oran, les Chefs d'état-major des divisions militaires, les Commandans des brigades et Officiers du bataillon des voltigeurs corses, de la garde municipale de Paris et de la gendarmerie, les Commandans d'artillerie, des corps et des détachemens militaires, des dépôts de recrutement, des dépôts de remonte et de leurs succursales, des écoles royales militaires, des places, forts et postes, les Commissaires du roi en Afrique, les Conseillers d'état, le Directeur de la fabrique de pierres-à-feu de Saint-Amand, les Directeurs des écoles d'artillerie, des écoles vétérinaires, des différens services civils en Algérie, des fortifications, des manufactures royales d'armes, des subsistances militaires, l'évêque d'Alger, les examinateurs de l'école polytechnique et ceux de Saint-Cyr en tournée, le gouverneur de l'hôtel des Invalides, le Greffier en chef de la cour des comptes, l'Ingénieur en chef des travaux de défense de la ville de Lyon, les Inspecteurs et Sous-Inspecteur des forges et fonderies, les Inspecteurs des manufactures royales d'armes, des poudreries, des raffineries de salpêtre, les Inspecteurs généraux d'armes et de ceux de gendarmerie, les Intendans et Sous-intendans militaires de toute classe, les Lieutenans généraux ou Maréchaux de camp investis ou non d'un commandement, les Maires, les Maîtres des requêtes, les Maréchaux de France, les Officiers comptables de service des hôpitaux militaires, les Officiers employés aux travaux extérieurs de la carte de France en mission pour cet objet sur un point quelconque du royaume, les Officiers de génie, le Payeur central du trésor public pour la guerre, les Préfets des départemens, le Préfet maritime, le Président du conseil d'administration des corps militaires, ceux des trois régimens d'infanterie de marine et du dépôt de ces mêmes régimens à Landerneau, les Présidens des conseils de guerre, les Procureurs généraux, les Procureurs du roi, la régie des poudres et salpêtres, les Sous-préfets. — Nous avons vu plus haut (V. *suprà* Etat I, tableau 1er, partie 1re) que le ministre de la guerre reçoit en franchise les lettres et dépêches qui lui sont adressées par toutes personnes. — Il peut encore remplacer son contre-seing par une griffe. (V. *infrà* état IV).

§ 1er. — *Armée en général.*

Maréchaux de France. — Correspondance *sous bandes*: — 1° dans *tout le royaume*, avec les Inspecteurs généraux de gendarmerie, les Intendans et Sous-Intendans militaires, les Officiers du bataillon des voltigeurs corses, de la garde municipale de Paris et de la gendarmerie; — 2° dans la *division militaire*, avec les Chefs d'état-major de ces divisions et les Lieutenans généraux commandant ces divisions; — 3° dans le *département*, avec les Maréchaux de camp commandant les subdivisions; — 4° dans l'*arrondissement de l'inspection générale d'armes*, avec les Inspecteurs généraux d'armes.

Inspecteurs généraux d'armes. — 1° Dans *tout le royaume*, avec les Inspecteurs des fonderies, des forges, des manufactures royales d'armes, les Inspecteurs généraux de gendarmerie, les Intendans et Sous-Intendans militaires, les Lieutenans généraux commandant les divisions militaires, les Officiers du bataillon des voltigeurs corses, de la garde municipale de Paris et de la gendarmerie, les Préfets maritimes; — 2° l'*arrondissement de l'inspection générale d'armes*, avec les Administrateurs des hôpitaux civils dans les lieux où il n'existe pas d'hôpitaux militaires, les Chefs d'état-major des divisions militaires, les Commandans d'artillerie, ceux des brigades du bataillon des voltigeurs corses, de la garde municipale de Paris et de la gendarmerie, ceux des corps militaires, des dépôts de recrutement, des dépôts de remonte et de leurs succursales, des détachemens militaires, des places, forts et postes, les Directeurs d'artillerie, de la fabrique de pierres à feu de Saint-Amand, des fortifications, des poudreries, des raffineries de salpêtre, les Inspecteurs généraux d'armes, les Lieutenans généraux et Maréchaux de camp commandant les divisions et subdivisions militaires, les Maires, les Maréchaux de France, les Officiers d'administration comptables des hôpitaux militaires, les Officiers du génie, les Préfets des départemens, les Présidens des conseils d'administration des corps militaires, ceux des trois régimens d'infanterie de marine, du dépôt de ces trois régimens à Landerneau, les Présidens et Rapporteurs des conseils de guerre, les Sous-Inspecteurs des fonderies, des forges, les Sous-Préfets. — Correspondance *sous bandes*.

Chefs des états-majors des armées. — Correspondance, *sous bandes* et *sur quelque point du royaume où les dépôts des corps soient établis*, avec les Présidens des conseils d'administration des corps faisant partie de l'armée à laquelle appartient le contre-signataire.

Lieutenans généraux commandant les divisions militaires. — 1° Dans *tout le royaume*, avec les Inspecteurs des fonderies, des forges, des manufactures royales d'armes, les Inspecteurs généraux d'armes et ceux de gendarmerie, les Intendans et Sous-Intendans militaires de toutes classes, les Lieutenans-généraux commandant les divisions militaires, les Officiers du bataillon des voltigeurs corses, de la garde municipale de Paris, de la gendarmerie, les Présidens des conseils d'administration des corps militaires, des régimens d'infanterie de la marine, des pénitenciers militaires, les Procureurs généraux, les Procureurs du roi; — 2° dans la *division militaire*, avec les Administrateurs des hôpitaux civils dans les lieux où il n'existe pas d'hôpitaux militaires, les Chefs d'état-major des divisions militaires, les Commandans d'artillerie, ceux des brigades du bataillon des voltigeurs corses, de la garde municipale de Paris et de la gendarmerie, ceux des corps militaires, des dépôts de recrutement, des détachemens militaires, des écoles royales militaires, des places, forts et postes, les Directeurs des manufactures royales d'armes, les Inspecteurs des poudreries, des raffineries de salpêtre, les Maires, les Maréchaux de camp commandant les subdivisions militaires, les Maréchaux de France, les Officiers d'administration comptables des hôpitaux militaires, les Officiers de génie, les Préfets, les Présidens et Rapporteurs des conseils de guerre, les Sous-Préfets; — 3° dans la *division militaire* et *la circonscription de la direction d'artillerie ou de génie* (ce qui doit s'entendre en ce sens que la correspondance existe avec les directeurs ayant une ou plusieurs places sur le territoire de la division), avec les Directeurs d'artillerie et du génie; — 5° dans la *division militaire* et *la circonscription du dépôt de remonte*, avec les Commandans des dépôts de remonte et ceux des succursales; — 6° dans le *ressort de la cour royale*, avec les premiers Présidens; — 7° dans l'étendue du *rayon télégraphique*, avec les Directeurs des télégraphes. — Correspondance spéciale des Lieutenans-généraux: — 1° *commandant les divisions actives*, avec les Commandans des corps et détachemens militaires, comme aussi avec les Maréchaux de camp commandant les brigades faisant partie de la division; — 2° commandant les divisions militaires voisines du littoral, dans l'*arrondissement maritime*, avec les Préfets maritimes. — Correspondance plus spéciale des Lieutenans généraux commandant: — la quatrième division militaire avec le Directeur de la fabrique de pierres à feu de Saint-Aignan; — la onzième division militaire, avec les préfets maritimes de Brest, Lorient, Rochefort, Toulon; — la douzième division militaire avec le Directeur de la manufacture d'Indret; — la treizième division militaire avec les Inspecteurs des poudreries *dans tout le royaume*; — la vingtième et la vingt-unième division militaires avec les autorités espagnoles limitrophes, les Consuls de France en Espagne, le Vice-Consul d'Espagne à Oloron; — en outre, celui de la vingtième avec l'Ambassadeur de France à Madrid, et celui de la vingt-unième avec les Agens des affaires étrangères à Marseille, et le Consul d'Espagne à Bayonne. — Est admise sous *lettres fermées* la correspondance avec les Procureurs généraux dans le *ressort de la cour royale*, avec les Procureurs du roi dans l'*arrondissement*; toutes les autres doivent être *sous bandes*. — Néanmoins, en cas de nécessité et éventuellement, les Lieutenans généraux sont admis à expédier leur correspondance de service sous *lettres fermées* (V. *infrà* état IV). — Nous avons vu (*suprà* état I, tableau 1er, partie 1re) que le Lieutenant général commandant la première division militaire reçoit en franchise et sans condition de contre-signer les lettres et dépêches qui lui sont adressées.

Chefs d'état-major des divisions militaires. — Même correspondance que les Lieutenans généraux commandant les divisions militaires, moins celles avec les Directeurs des télégraphes, les premiers Présidens des cours royales, les Procureurs généraux, les Procureurs du roi. — En outre, la correspondance avec les Inspecteurs généraux d'armes n'est admise que dans l'*arrondissement de l'inspection générale d'armes*, celle avec les Lieutenans généraux commandant les divisions militaires et les Présidens des divers conseils d'administration militaire seulement dans la *division militaire*. — Correspondance spéciale des chefs d'état-major: — de la quatrième division militaire avec le Directeur de la fabrique de pierres à feu de Saint-Aignan; — de la douzième division militaire avec le Directeur de la manufacture royale d'Indret. — Correspondance *sous bandes*; néanmoins, et en l'*absence du Lieutenant général*, elles peuvent être sous *lettres fermées*, en

indiquant sur l'adresse qu'il y a *nécessité de fermer.*

Maréchaux de camp commandant les subdivisions militaires. — Mêmes droits de correspondance que les Lieutenans généraux ; seulement, ils ne s'exercent pas toujours dans la même circonscription. — Ils ne s'exercent que dans l'*arrondissement de l'inspection générale d'armes* avec les Inspecteurs généraux d'armes, dans le *ressort de la cour royale* avec les Procureurs généraux, dans la *division militaire* avec les Lieutenans-généraux commandant les divisions ; enfin, sauf pour ce qui concerne les Chefs des états-majors et les commandans des dépôts de recrutement, les correspondances accordées aux Lieutenans généraux pour la division militaire sont restreintes au *département* (et si par extraordinaire la subdivision contient plusieurs départemens à ces départemens). — Sur tous les autres points, similitude complète. — Correspondance spéciale des Maréchaux de camp : — 1° *commandant des brigades actives* avec les Commandans des corps militaires et ceux des détachemens de ces divisions, ainsi qu'avec les Lieutenans généraux commandant ces divisions ; — 2° *commandant des écoles spéciales d'artillerie* avec les Commandans des corps militaires, et ceux des détachemens des corps faisant partie de ces écoles. — Correspondance plus spéciale des Maréchaux de camp : — de Loir-et-Cher avec le directeur de la fabrique de pierres à feu de Saint-Aignan ; — de la Seine-Inférieure avec le Directeur de la manufacture d'Indret. — Est admise *sous lettres fermées* la correspondance avec les Procureurs généraux dans le *ressort de la cour royale*, avec les Procureurs du roi dans l'*arrondissement*. — Toutes les autres doivent être *sous bandes*. — Toutefois, éventuellement et en cas de nécessité, les Maréchaux de camp peuvent expédier leur correspondance sous *lettres fermées* (V. *infrà* état IV).

Officier général commandant Paris et le département de la Seine. — Exerce le contre-seing des Maréchaux de camp commandant les subdivisions. — Nous avons vu (*suprà* état I, tableau 1er, partie 1re) qu'il reçoit en franchise et sans condition de contre-seing les lettres et dépêches qui lui sont adressées.

Commandans des corps militaires. — Correspondance *sous bandes* : — 1° *dans tout le royaume*, avec les Inspecteurs généraux de gendarmerie, les Intendans et Sous-Intendans militaires de toutes classes, les Officiers du bataillon des voltigeurs corses, de la garde municipale de Paris et de la gendarmerie ; — 2° dans l'*arrondissement de l'Inspection générale d'armes*, avec l'inspecteur général d'armes ; — 3° dans la *division militaire*, avec les chefs d'état major de ces divisions et les Lieutenans généraux commandant ; — 4° dans les *départemens*, avec les Maréchaux de camp commandant les subdivisions ; — 5° dans l'étendue de la *division ou de la brigade active*, avec les Lieutenans-généraux et Maréchaux de camp commandant les divisions ou brigades actives dont font partie les destinataires ; — 6° *en quelque lieu qu'ils se trouvent*, avec les présidens des conseils d'administration des corps auxquels appartiennent les contre-signataires et les commandans des détachemens de ces corps.

Commandans des détachemens des corps militaires. — Mêmes droits de correspondance que les Commandans des corps militaires, moins celle avec les Commandans des autres détachemens du corps, plus celles avec les Commandans des sous-détachemens du corps, et les Commandans du corps eux-mêmes, *en quelque lieu qu'ils soient placés*.

Commandans des sous-détachemens des corps militaires. — Correspondance, *sous bandes* et *en quelque lieu qu'ils se trouvent*, avec les commandans des détachemens dont ils relèvent.

Présidens des conseils d'administration des corps militaires. — Correspondance *sous bandes* : — 1° dans *tout le royaume* avec les Chefs de service de la marine, les Commandans des dépôts de recrutement, les Commissaires de l'inscription maritime, les Commissaires aux revues, les Inspecteurs des gymnases militaires, les Intendans et sous-Intendans militaires de toute classe, les Lieutenans généraux et Maréchaux de camp commandant les divisions et subdivisons militaires, les Officiers du bataillon des voltigeurs corses, de la garde municipale de Paris, de la gendarmerie, les Préfets des départemens, les Présidens des conseils d'administration des pénitenciers militaires, les Rapporteurs des conseils de guerre ; — 2° *en quelque lieu que les régimens, corps ou détachemens se trouvent placés*, avec les Colonels et les Commandans de ces corps et détachemens ; — 3° dans l'*arrondissement de l'Inspecteur général d'armes*, avec les Inspecteurs généraux d'armes ; — 4° dans la *division militaire*, avec les chefs d'état-major de ces divisions ; — 6° dans *le département*, avec les Conseillers et Secrétaires généraux de préfecture, les Commandans et Majors de place, les Maires et sous-Préfets, et lorsque ces divers fonctionaires remplissent les fonctions de Sous-Intendans militaires. — Alors que les corps sont *aux armées*, les Présidens des conseils d'administration des corps militaires correspondent, en outre, avec les chefs d'état-major généraux des armées dont font partie les corps auxquels appartiennent les contre-signataires. — Les chefs de corps absens correspondent, *en quelque lieu qu'ils se trouvent et sous bandes*, avec les Présidens des conseils d'administration en leur absence.

Présidens des conseils d'administration, des corps d'artillerie, de cavalerie, de génie, de l'école de cavalerie de Saumur, des équipages militaires. — Indépendamment de la correspondance qui appartient aux Présidens d'administration des corps militaires en général, ils correspondent, *sous bandes* et dans *tout le royaume*, avec les commandans des dépôts de remonte et de leurs succursales.

Présidens des conseils de guerre. — 1° Dans *tout le royaume*, avec les Inspecteurs généraux de gendarmerie, les Intendans et Sous-Intendans militaires, les Officiers du bataillon des voltigeurs corses, de la garde municipale de Paris, de la gendarmerie, les Procureurs généraux, les Procureurs du roi ; — 2° dans le *ressort de la cour royale*, avec les premiers Présidens ; — 3° dans *l'arrondissement d'inspection générale d'armes*, avec l'inspscteur général ; — 4° dans la *division militaire*, avec les Chefs d'état-major de ces divisions et les Lieutenans-généraux commandant ; — 5° dans le *département*, avec les Maréchaux de camp commandant les subdivisions militaires. — Correspondances *sous bandes* ; sont admises cependant, sous *lettres fermées*, celles avec les Procureurs généraux dans le *ressort de la cour royale*, avec les Procureurs du roi dans *l'arrondissement*.

Rapporteurs des conseils de guerre. — Droits absolument analogues à ceux des Présidens de ces conseils, sauf qu'ils correspondent en plus, et dans *tout le royaume*, avec les Commandans des dépôts de recrutement et les Présidens des conseils d'administration des corps militaires.

§ 2. — *Gendarmerie.*

Inspecteurs généraux de gendarmerie. — Correspondance, dans *tout le royaume*, avec les Administrateurs des hospices civils dans les lieux où il n'existe pas d'hôpitaux militaires, les Chefs d'état-major des divisions militaires, les Commandans de brigade et les Officiers du bataillon des voltigeurs Corses, de la garde municipale de Paris, et de la gendarmerie, les Commandans d'artillerie, des corps et des détachemens militaires, des dépôts de recrutement, des dépôts de remonte et de leurs succursales, des écoles royales militaires, des places, forts et postes, les Directeurs d'artillerie, des fortifications, des manufactures royales d'armes, le Directeur de la fabrique de pierres à feu de Saint-Aignan, de la manufacture d'Indret, les Inspecteurs et Sous-Inspecteurs des fonderies et des forges, les Inspecteurs généraux d'armes et ceux de gendarmerie, les Intendans et Sous-Intendans militaires de toute classe, les Lieutenans-généraux et Maréchaux de camp commandant les divisions et subdivisions militaires, les Maires, les Maréchaux de France, les Officiers d'administration comptables des hôpitaux militaires, les Officiers du génie, les Préfets, les Présidens d'administration des corps militaires, des trois régimens d'infanterie de la marine et du dépôt de ces régimens à Landerneau, les Présidens et Rapporteurs des conseils de guerre, les Procureurs généraux, les Procureurs du roi, les Sous-Préfets. — La correspondance avec les Procureurs généraux dans le *ressort de la cour royale*, et celle avec les Procureurs du roi *dans l'arrondissement* est admise sous *lettres fermées* ; toutes les autres doivent être *sous bandes*. — Néanmoins ils peuvent éventuellement et en cas de nécessité expédier les correspondances sous lettres fermées, (V. *infrà* état VI).

Officiers de gendarmerie. — Mêmes droits de correspondance que les Inspecteurs généraux de cette arme, et s'exerçant de même. — Seulement ils correspondent en plus, également *sous bandes* (et sous *lettres fermées* éventuellement et en cas de nécessité) : — 1° dans *tout le royaume*, avec les Chefs de service de la marine, les Commissaires de l'inscription de la marine, les Commissaires aux revues, les Inspecteurs généraux de gendarmerie, les Préfets maritimes, les Présidens des conseils d'administration des pénitenciers militaires ; — 2° dans l'étendue de la *conservation forestière*, avec les Inspecteurs des forêts de la couronne ; — 3° dans le ressort de la cour royale, avec les premiers Présidens de ces cours ; — 4° dans le *département où se tiennent les assises*, avec les Présidens des cours d'assises ; cette franchise s'étend même au lieu de la résidence ordinaire des présidens de la cour d'assises ; — 5° dans le *département*, avec les Inspecteurs des postes ; — 6° dans le *département et les départemens limitrophes*, avec les Chefs du service des chiourmes ; — 7° dans *l'arrondissement*, avec les Juges d'instruction. — Correspondances spéciales : — des Officiers de gendarmerie française, avec les Officiers et Commandans de brigades de la gendarmerie belge dans *le premier et deuxième rayon sur l'un et l'autre territoire* ; — des Officiers de gendarmerie du département de la Seine avec les Juges d'instruction près le tribunal de la Seine, dans *tout le département*.

Officiers du bataillon des voltigeurs corses et de la garde municipale de Paris. — Mêmes droits de correspondance que les Officiers de gendarmerie. — Comme les Officiers de gendarmerie du département de la Seine, ceux de la garde municipale correspondent, dans *tout le département*, avec les Juges d'instruction du tribunal de la Seine.

Commandans des brigades de gendarmerie. — Correspondance : — 1° dans *tout le royaume*, avec les Chefs du service de la marine, les Commissaires de l'inscription maritime, les Commissaires aux revues, les Inspecteurs généraux de gendarmerie, les Intendans et Sous-Intendans militaires de toute classe, les Officiers du bataillon des voltigeurs corses, de la gendarmerie et de la garde municipale, les Préfets maritimes, les Procureurs généraux, les Procureurs du roi ; — 2° dans la *division militaire*, avec les Chefs d'état-major des divisions militaires et les Lieutenans-généraux commandant ces divisions ; — 3° dans l'*arrondissement d'inspection générale d'armes*, avec les Inspecteurs généraux d'armes ; — 4° dans la *circonscription du dépôt de remonte*, avec les Commandans des dépôts de remonte et des succursales de ces dépôts ; — 5° dans l'étendue de la *légion de gendarmerie*, avec les Commandans des brigades des voltigeurs corses, de la garde municipale de Paris et de la gendarmerie ; — 6° dans le *département*, avec les Commandans des dépôts de recrutement, les Inspecteurs des postes, les Maréchaux de camp commandant les subdivisions militaires, les Préfets des départemens ; — 7° dans le *département et les départemens limitrophes*, avec les Chefs du service des chiourmes ; — 8° dans l'*arrondissement*, avec les Directeurs des postes, les Maires, les Sous-Préfets. — La correspondance a lieu soit *sous bandes*, soit sous *lettres fermées*, suivant les mêmes distinctions que pour la correspondance des Officiers de gendarmerie. — Comme ces derniers et dans les mêmes rayons, ils peuvent correspondre avec les Officiers et Commandans de brigade de gendarmerie belge. — Enfin le Commandant des brigades de gendarmerie de l'île d'Oléron correspond spécialement avec le Commandant de place de l'île d'Oléron.

Commandans des brigades du bataillon des voltigeurs corses et de la garde municipale de Paris — Mêmes droits de correspondance que les Commandans de brigades de la gendarmerie.

§ 3. — *Génie militaire.*

Directeurs des fortifications. — Correspondance : — 1° dans *tout le royaume*, avec le Commandant de l'école d'application à Metz, les Directeurs des fortifications, les Inspecteurs généraux de gendarmerie, les Intendans et Sous-Intendans militaires de toutes classes, les Officiers du bataillon des voltigeurs corses, de la garde municipale de Paris et de la gendarmerie ; — 2° dans l'*arrondissement de l'inspection générale d'armes*, avec l'Inspecteur général ; — 3° dans la *division militaire*, avec les Chefs d'état-major de ces divisions ; — 4° dans la *division militaire et la direction du génie*, avec les Lieutenans-généraux commandant les divisions ; — 5° dans la *direction du génie*, avec les Commandans du génie, les Gardes du génie dans les places, les Maires, les Préfets, les Procureurs du roi, les Sous-Préfets ; — 6° dans la *direction du génie, et le parcours des chemins de fer, canaux, rivières navigables, routes*, avec les Aspirans, Elèves, Ingénieurs en chef et ordinaires des ponts-et-chaussées ; — 7° dans l'*arrondissement d'inspection des chemins de fer*, avec les Inspecteurs divisionnaires adjoints des ponts-et-chaussées chargés de ce service ; — 8° dans la *direction du génie et le département*, avec les payeurs du trésor public, les Receveurs généraux et particuliers des finances ; — 9° dans le *département*, avec les Maréchaux de camp commandant les subdivisions. — Correspondance spéciale des Directeurs des fortifications : — à Belfort, avec l'ingénieur en chef du service du Rhin à Strasbourg ; — à Perpignan, avec les Directeurs d'artillerie à Montpellier et à Toulouse. — Toutes ces correspondances ont lieu *sous bandes* ; elle a lieu cependant sous *lettres fermées*, *dans l'arrondissement*, avec les Procureurs du roi.

Colonels des régimens du génie. — Commandans

des écoles régimentaires du génie. — Correspondance *sous bandes* avec le Directeur de l'école d'application à Metz.

Commandans du génie. — Correspondance *sous bandes* :—1° dans la *direction du génie*, avec les Commandans du génie militaire, les Directeurs des fortifications, les Gardes du génie chargés du service dans les places ; — 2° *dans le parcours des chemins de fer, canaux, rivières navigables, routes*, avec les Aspirans, Elèves, Ingénieurs en chef et ordinaires des ponts-et-chaussées chargés d'un service spécial ; — 3° dans l'*arrondissement d'inspection des chemins de fer*, avec les Ingénieurs divisionnaires des ponts-et-chaussées chargés de cette inspection ; — 4° dans le *département*, avec les Ingénieurs en chef et ordinaires des ponts-et-chaussées chargés du service départemental, les Maires, les Préfets, les Sous-Préfets, les Procureurs du roi (la correspondance avec ces derniers dans l'arrondissement a lieu sous *lettres fermées*). — Correspondance spéciale des Commandans du génie à Huningue et à Neuf-Brisach avec l'Ingénieur en chef du service du Rhin à Strasbourg.

Officiers du génie. — Correspondance *sous bandes* : —1° dans *tout le royaume*, avec les Inspecteurs généraux de gendarmerie, les Intendans et Sous-Intendans militaires de toute classe, les Officiers du bataillon des voltigeurs corses, de la garde municipale de Paris et de la gendarmerie ; — 2° dans l'*arrondissement d'inspection générale d'armes*, avec l'Inspecteur général ; —3° dans la *division militaire*, avec les Chefs d'état-major de ces divisions et les Lieutenans-généraux commandant ; — 4° dans le *département*, avec les Maréchaux de camp commandant les subdivisions.

Gardes du génie chargés du service dans les places. — Correspondance *sous bandes* et dans la *direction du génie* avec les Commandans du génie et les Directeurs des fortifications.

§ 4. — *Artillerie et établissemens qui en dépendent. — Poudres et salpêtres.*

Maréchaux de camp commandant les écoles d'artillerie. — V. *suprà* Maréchaux de camp commandant les subdivisions.

Directeurs d'artillerie. — Correspondance : — 1° dans *tout le royaume*, avec le Commandant de l'école d'application à Metz, les Directeurs d'artillerie, le Directeur de la fabrique de pierres à feu de Saint-Amand, les Directeurs des manufactures royales d'armes, les Inspecteurs des fonderies, les Inspecteurs et Sous-Inspecteurs des forges, les Inspecteurs des manufactures royales d'armes, les Inspecteurs généraux de gendarmerie, les Intendans et Sous-Intendans militaires, les Officiers du bataillon des voltigeurs corses, de la garde municipale de Paris, et de la gendarmerie ; —2° dans l'*arrondissement de l'inspection générale d'armes*, avec les Inspecteurs généraux d'armes ; — 3° dans la *division militaire*, avec les Chefs d'état-major de ces divisions ; — 4° dans la *division militaire*, avec les chefs d'état-major de ces divisions ; —4° dans la *division militaire et la direction d'artillerie*, avec les Lieutenans généraux commandant les divisions ; — 5° dans la *direction d'artillerie*, avec les Commandans d'artillerie, les Gardes d'artillerie chargés du service de l'artillerie dans les places, les Inspecteurs des poudreries, des raffineries de salpêtre, les Maires, les Préfets, les Sous-Inspecteurs des fonderies, les Sous-Préfets ; — 6° dans le *département*, avec les Maréchaux de camp commandant les subdivions. — Correspondances spéciales des Directeurs d'artillerie : — de Montpellier avec le Directeur des fortifications à Perpignan ; — de Nantes avec le Directeur de la manufacture royale d'Indret ; — de Toulon avec le Commandant de la succursale des invalides à Avignon ; —de Toulouse avec le Directeur des fortifications à Perpignan. —Toutes ces correspondances ont lieu *sous bandes*.

Colonels des régimens d'artillerie. — Correspondance *sous bandes* avec le Directeur de l'école d'application à Metz.

Commandans des écoles régimentaires d'artillerie. — Correspondance *sous bandes* avec le Commandant de l'école d'application à Metz, les Payeurs du Trésor public.

Commandans d'artillerie.—Ils ne correspondent pas avec le Commandant de l'école d'application à Metz, les Maires, les Payeurs du Trésor public. — Sur tous les autres points, assimilation complète aux Directeurs d'artillerie, excepté que la correspondance est restreinte à la *division militaire* avec les Lieutenans-généraux commandant la division militaire ; à l'*arrondissement des forges* et à *la direction d'artillerie*, avec les Sous-Inspecteurs des forges.—Correspondance spéciale du Commandant de la dix-neuvième direction avec le directeur de la manufacture royale d'Indret. — Toutes les correspondances ont lieu *sous bandes*.

Gardes d'artillerie chargés du service dans les places. — Correspondance *sous bandes* et *dans la direction d'artillerie*, avec les Commandans et Directeurs d'artillerie.

Forges et fonderies royales. —Elles sont placées dans le département de la marine, à l'exception de la fonderie d'artillerie de Douai et des forges de l'artillerie de la Moselle, de Douai et de Strasbourg. — Nous n'avons donc à mentionner ici que la seule correspondance *sous bandes* du Directeur de la fonderie d'artillerie de Douai avec le Payeur du département du Nord.— Mais il existe auprès des forges et fonderies placées dans les attributions, soit du ministre de la guerre, soit de celui de la marine, des délégués spéciaux du corps de l'artillerie, qui jouissent de certains droits de correspondance que nous allons indiquer.

Inspecteur des fonderies royales. — Correspondance *sous bandes* et dans *tout le royaume* avec les Chefs d'état-major de divisions militaires, les Commandans et les Directeurs d'artillerie, les Inspecteurs généraux d'armes et ceux de gendarmerie, les Intendans et Sous-Intendans militaires, les Lieutenans-généraux et Maréchaux de camp commandant les divisions et subdivisions militaires, les Officiers du bataillon des voltigeurs corses, de la garde municipale de Paris et de la gendarmerie, les Payeurs du Trésor public.

Sous-Inspecteurs des fonderies royales.—Mêmes droits de correspondance que l'Inspecteur, sauf qu'ils sont restreints : 1° à la *division militaire*, avec les Chefs d'état-major et les Lieutenans généraux commandant ces divisions ; — 2° à l'*inspection générale d'armes*, avec l'Inspecteur général d'armes ; — 3° au *département*, avec les maréchaux de camp commandant les subdivisions militaires, et les Payeurs du Trésor public.

Inspecteurs des forges royales. — Mêmes droits de correspondance que les Inspecteurs des fonderies royales, moins avec les Payeurs du Trésor public ; plus, avec les Capitaines d'artillerie détachés dans les forges et usines royales, les Chefs-ouvriers d'état aux forges d'artillerie, les Sous-Inspecteurs des forges royales.— Correspondance *sous bandes* et dans tout le *royaume*.

Sous-Inspecteurs des forges royales. — Correspondance également *sous bandes* avec les mêmes personnes que les Inspecteurs ; seulement restreintes :—1° à la *division militaire* avec les Chefs d'état-major et Lieutenans-généraux commandant ces divisions ;— 2° à l'*inspection générale d'armes*, avec l'Inspecteur général d'armes ; — 3° à l'arrondissement des *forges* et à la *direction d'artillerie* avec les Capitaines d'artillerie détachés dans les forges et usines royales, les Chefs-ouvriers d'état attachés aux forges de l'artillerie, les Commandans d'artillerie ; — 4° au *département*, avec les Maréchaux de camp commandant les subdivisions militaires.

Capitaines d'artillerie détachés dans les forges et usines royales. — Correspondance *sous bandes* :— 1° dans *tout le royaume*, avec l'Inspecteur des forges royales ; — 2° dans l'*arrondissement des forges* et la *direction d'artillerie*, avec les Sous-Inspecteurs des forges.

Chefs-ouvriers d'état attachés aux forges d'artillerie.—Correspondance *sous bandes* :— 1° dans *tout le royaume*, avec les Inspecteurs des forges ;—2° dans l'*arrondissement des forges* et la *direction du génie*, avec les Sous-Inspecteurs des forges.

Directeurs des manufactures royales d'armes. — Correspondances *sous bandes* : — 1° dans *tout le royaume*, avec les Chefs du service de la marine, les Commandans et les Directeurs d'artillerie, les Commissaires généraux et principaux de marine, les Inspecteurs généraux de gendarmerie, les Intendans et Sous-Intendans militaires, les Officiers du bataillon des voltigeurs corses, de la garde municipale de Paris, de la gendarmerie ; les Préfets maritimes ; — 2° dans l'arrondissement de l'*inspection générale d'armes*, avec l'Inspecteur général ;—3° dans la *division militaire*, avec les Chefs d'état-major des divisions et les Lieutenans généraux commandant ces divisions ; — 4° dans le *département*, avec les Maréchaux de camp commandant les subdivisions militaires. — Correspondance spéciale des Directeurs des manufactures : — de Châtellerault avec le Payeur de la Vienne ; — de Maubeuge avec le Payeur du Nord.

Inspecteur des manufactures royales d'armes.— Même droits de correspondance que les Directeurs, moins celle avec les Chefs du service de la marine, les Commissaires généraux et principaux de marine, les Préfets maritimes ; en outre, sa correspondance avec les Inspecteurs généraux d'armes s'étend à *tout le royaume*.

Directeur de la fabrique de pierres à feu de Saint-Aignan. — Mêmes droits de correspondance que les Directeurs des manufactures royales d'armes, en ce sens qu'il ne correspond qu'avec le Chef d'état-major et le Lieutenant général de la quatrième division militaire, et le Maréchal de camp commandant le département de Loir-et-Cher.

Directeur général des poudres et salpêtres. — Correspondances *sous lettres fermées* avec le Greffier en chef de la cour des comptes pour l'envoi des comptes et pièces à l'appui.

Inspecteurs des poudreries. — Correspondance sous bandes :—1° dans tout le royaume, avec les Inspecteurs généraux de gendarmerie, les Intendans, Sous-Intendans militaires de toute classe, le Lieutenant général commandant la treizième division militaire, les Officiers du bataillon des voltigeurs orses, de la garde municipale de Paris et de la gendarmerie, les Maires des communes situées sur les routes royales ou départementales, les Préfets, les Sous-Préfets ; — 2° dans l'*arrondissement d'inspection générale d'armes*, avec les Inspecteurs généraux ;—3° dans la *division militaire*, avec les Chefs d'état-major de ces divisions ; — 4° dans la *direction d'artillerie*, avec les Commandans et Directeurs d'artillerie ; — 5° dans le *département*, avec les Maréchaux-de-camp commandant les subdivisions et les Payeurs du trésor.

Inspecteurs des raffineries de salpêtre.— Mêmes droits de correspondance que les Inspecteurs des poudres, moins avec le Lieutenant général commandant la treizième division militaire, les Maires, les Préfets et les Sous-Préfets.

Commissaires près les poudreries. — Correspondance dans la *circonscription de leur commissariat* avec les directeurs de département, d'arrondissement et les Entreposeurs des contributions indirectes. — Correspondance spéciale et *sous bandes* : Commissaire des poudres au Bouchet avec le Directeur des finances en Algérie.

Garde-magasins des poudres.—Correspondances *sous bandes* et dans la *circonscription du magasin des poudres* avec les Directeurs de département et d'arrondissement et Entreposeurs des contributions indirectes.—Corrrespondance spéciale également *sous bandes* des Directeurs des poudres en Corse avec le Directeur des contributions indirectes à Toulouse.

§ 5. — *Services divers.*

Ecoles militaires. — Commandant des écoles royales militaires. —Correspondance *sous bandes* : —1° dans *tout le royaume*, avec les Inspecteurs généraux de gendarmerie, les Intendans et Sous-Intendans militaires de toute classe, les Officiers du bataillon des voltigeurs corses, de la garde municipale de Paris et de la gendarmerie ;—2° dans l'*arrondissement de l'inspection générale d'armes*, avec les Inspecteurs généraux d'armes ; — 3° dans la *division militaire*, avec les Chefs d'état-major de ces divisions, les Lieutenans généraux commandant ; — 4° dans le *département*, avec les Maréchaux de camp commandant les subdivisions.

Commandant de l'école d'application à Metz. — Correspondance dans *tout le royaume* avec les Directeurs commandant les écoles régimentaires et Colonels d'artillerie et du génie, les préfets des départemens.

Gymnases militaires. —Inspecteur des gymnases militaires. — Correspondance *sous bandes* et dans *tout le royaume* avec les Directeurs des gymnases militaires et les Présidens des conseils d'administration des corps militaires.

Directeurs des gymnases militaires —Correspondance dans *tout le royaume* et *sous bandes* avec l'Inspecteur des gymnases militaires.

Recrutement.

Commandans des dépôts de recrutement. — Correspondance *sous bandes* :—1° dans tout le royaume, avec les Commandans de dépôt de recrutement, les Inspecteurs généraux de gendarmerie, les Intendans et Sous-Intendans militaires de toutes classes, les Officiers du bataillon des voltigeurs corses, de la garde municipale de Paris, de la gendarmerie, les Présidens des conseils d'administration des corps militaires, des dépôts des équipages de ligne dans les ports militaires, des trois régimens de marine et de leur dépôt à Landerneau ; les Présidens des conseils d'administration des pénitenciers militaires.

Remonte.

Commandans des dépôts de remonte de la guerre. — Correspondance *sous bandes* : — 1° dans tout le royaume, avec les Commandans des dépôts et détachemens de remonte, les Inspecteurs généraux de gendarmerie, les Intendans et Sous-Intendans

militaires de toute classe, les Officiers du bataillon des voltigeurs corses, de la garde municipale de Paris, de la gendarmerie, les Présidens des conseils d'administration des corps d'artillerie, de cavalerie, de génie, de l'école de cavalerie de Saumur, des équipages militaires; — 2° dans l'*arrondissement de l'inspection générale d'armes*, avec les Inspecteurs généraux d'armes; — 3° dans la *circonscription du dépôt de remonte*, avec les Commandans de brigade de gendarmerie, les Commandans des succursales des dépôts de remonte, les Lieutenans généraux et Maréchaux de camp commandant les divisions et subdivisions militaires, les Maires, les Officiers de remonte en tournée d'achat, les Préfets, les Sous-Préfets; — 4° dans la *division militaire*, avec les Chefs d'état-major de ces divisions.

Commandans des dépôts de remonte de la guerre. — Ils ne correspondent point avec les Chefs d'état-major des divisions militaires, les Commandans des détachemens et ceux des succursales des dépôts de remonte. — Ils ne correspondent que dans *la circonscription du dépôt de remonte* avec les Commandans de ces dépôts. — Sur tous les autres points, assimilation complète à ces derniers quant au contre-seing et à la franchise.

Commandans des détachemens de remonte. — Correspondance *sous bandes* et dans *tout le royaume* avec les Commandans des dépôts de remonte.

Officiers de remonte en tournée d'achat. — Correspondance dans *la circonscription du dépôt de remonte* avec les Commandans des dépôts de remonte et ceux des succursales.

État-major des places.

Commandans des places, forts et postes. — Correspondance sous bandes : — 1° dans *tout le royaume*, avec les Inspecteurs généraux de gendarmerie, les Intendans et Sous-Intendans militaires de toutes classes, les Officiers du bataillon des voltigeurs corses, de la garde municipale de Paris et de la gendarmerie; — 2° dans *l'arrondissement de l'inspection générale d'armes*, avec les Inspecteurs généraux d'armes; — 3° dans la *division militaire*, avec les Chefs d'état-major de ces divisions, les Commandans des places, forts et postes, les Lieutenans généraux commandant les divisions; — 4° dans *le département*, avec les Inspecteurs des postes, les Maréchaux de camp commandant les subdivisions. — Correspondance spéciale, également *sous bandes*, du Commandant de la place de l'île d'Oléron avec les Commandans de brigade de gendarmerie, les Maires et les Juges de paix dans l'île.

Pénitenciers militaires.

Présidens des conseils d'administration des pénitenciers militaires. — Correspondance *sous bandes* : — 1° dans *tout le royaume*, avec les Commandans des dépôts de recrutement, les Intendans et Sous-Intendans militaires de toute classe, les Lieutenans généraux et Maréchaux de camp commandant les divisions et subdivisions militaires, les Officiers du bataillon des voltigeurs corses, de la garde municipale de Paris et de la gendarmerie, les Préfets, les Présidens des conseils d'administration des corps militaires; — 2° dans la *division militaire*, avec les Chefs d'état-major des divisions militaires; — 3° dans *le département*, avec les Commandans de place, Conseillers et Secrétaires généraux de préfecture, Maires, Majors de place et Sous-Préfets faisant fonctions de Sous-Intendans militaires dans les lieux où il n'en existe pas.

Équipages militaires.

Directeur des établissemens et Commandant supérieur du train des équipages à Vernon. — Correspondance *sous bandes* et dans *tout le royaume* avec les Commandans des compagnies du train, des compagnies d'ouvriers du train, le Commandant du dépôt des équipages à Sampigny, le Sous-Directeur des parcs de construction à Châteauroux.

Sous-Directeur des parcs et construction à Sampigny. — Commandant du dépôt des équipages militaires à Vernon. — Commandans des compagnies du train. — Commandans des compagnies d'ouvriers d'administration. — Correspondance *sous bandes* et dans *tout le royaume* avec le Directeur des établissemens et Commandant supérieur du train des équipage à Vernon.

Invalides de la guerre.

Commandant de la succursale des Invalides à Avignon. — Correspondance *sous bandes* avec le directeur de l'artillerie à Toulon.

§ 6. — *Corps administratifs de la guerre.*

Intendans militaires. — 1° Dans *tout le royaume*, avec les Administrateurs des hospices civils dans les lieux où il n'existe pas d'hôpitaux militaires; les Chefs d'état-major des divisions militaires; les Commandans d'artillerie, des corps militaires, des dépôts de recrutement, de ceux de remonte, des détachemens militaires, des écoles royales militaires, des places, forts et postes, des succursales de dépôts de remonte; les Commandans de brigades et Officiers du bataillon des voltigeurs corses, de la garde municipale de Paris et de la gendarmerie; les Commissaires de l'inscription maritime; les Commissaires aux revues; les Directeurs d'artillerie, de la fabrique de pierres à feu de Saint-Aignan, des fortifications, des manufactures royales d'armes, de la manufacture royale d'Indret; les Inspecteurs et Sous-Inspecteurs des fonderies, des forges; les Inspecteurs, des manufactures royales d'armes, des poudreries, des raffineries de salpêtre; les Inspecteurs généraux d'armes et ceux de gendarmerie; les Intendans et Sous-Intendans militaires; les Lieutenans généraux et maréchaux de camp commandant les divisions et subdivisions militaires; les Maires; les Maréchaux de France; les Officiers d'administration comptables des hôpitaux militaires; les Officiers d'administration principaux ou comptables des subsistances militaires; les Officiers d'administration du service de l'habillement et du campement; les Officiers du génie; les Payeurs du trésor public; les Préfets des départemens; les Préfets maritimes; les Présidens des conseils d'administration des compagnies d'artillerie de la marine, ceux des compagnies d'artillerie de la marine et ceux des dépôts des équipages de ligne dans les ports militaires; les Présidens des conseils d'administration des corps militaires, ceux des trois régimens d'infanterie de marine, celui du dépôt de ces trois régimens à Landerneau; les Présidens des conseils d'administration des pénitenciers militaires; les Présidens et Rapporteurs des conseils de guerre; les Procureurs généraux, les Procureurs du roi; les Sous-Préfets. — 2° Dans *le rayon télégraphique*, avec les Directeurs des télégraphes. — Correspondance spéciale des Intendans militaires : — de la première division militaire avec les Directeurs et Inspecteurs, Receveurs et Vérificateurs de l'enregistrement et des domaines du département de la Seine, le Receveur central des finances de la Seine; le Receveur général de Seine-et-Oise; — de la quatrième division avec le Receveur général de la Sarthe; — de la huitième division avec le Directeur des finances en Algérie. — Toutes les correspondances précitées ont lieu *sous bandes*. — Toutefois circule sous *lettres fermées* la correspondance avec les Procureurs généraux dans le *ressort de la cour royale* et les Procureurs du roi dans *l'arrondissement*. — Les Intendans militaires sont admis éventuellement et en cas de nécessité seulement à fermer leur correspondance de service (V. *infrà* état VI).

Sous-Intendans militaires de toutes classes. — Même correspondance que les Intendans militaires, moins celles avec les Directeurs de télégraphes, les Maréchaux de France. — Celle avec les Procureurs généraux n'a lieu que dans le *ressort de la cour royale*, mais sous *lettres fermées*; celle avec les Procureurs du Roi seulement dans le *département* et dans l'*arrondissement*, sous *lettres fermées*. — Toutes les autres correspondances ont toujours lieu *sous bandes*, sans pouvoir être fermées, même éventuellement. — Correspondance spéciale *sous bandes* des Sous-Intendans militaires : — de Saint-Omer avec l'Agent d'administration de l'atelier du fort Saint-François; — de l'école polytechnique avec le Receveur central de la Seine; — des écoles de La Flèche résidant au Mans, de Saint-Cyr résidant à Versailles, avec le Receveur général de leurs départemens respectifs; — de Toulon, avec le Directeur des finances en Algérie.

Commandans de place, Conseillers de préfecture, Maires, Majors de place, Secrétaires généraux de préfecture, Sous-Préfets faisant fonctions de Sous-Intendans dans les lieux où il n'en existe pas. — Correspondent entre eux *sous bandes*, *dans le département*, et en outre, également *sous bandes*, avec les Présidens des conseils d'administration des corps et ceux des Pénitenciers militaires. — Indépendamment du droit que peuvent avoir dans les villes où il existe un membre de l'intendance militaire les fonctionnaires ci-dessus d'exercer les droits de contre-seing du membre de l'intendance absent ou membres qu'ils suppléent.

Officiers d'administration comptables des hôpitaux militaires. — Correspondance *sous bandes* : 1° dans *tout le royaume*, avec les chefs de service de la marine, les Commissaires de l'inscription maritime, les Commissaires aux revues, les Inspecteurs généraux de gendarmerie, les Intendans et Sous-Intendans militaires de toute classe, les Officiers du bataillon des voltigeurs corses, de la garde municipale de Paris, de la gendarmerie, les Préfets maritimes; — 2° dans *l'arrondissement de l'inspection générale d'armes*, avec les Inspecteurs généraux d'armes; — 3° dans la *division militaire*, avec les Chefs d'état-major de ces divisions et Lieutenans généraux commandant ces divisions; — 4° dans le *département*, avec les Maréchaux de camp commandant les subdivisions. — Les mêmes droits sont accordés aux Administrateurs des hospices civils dans les lieux où il n'existe pas d'hôpitaux militaires.

Officiers d'administration principaux des subsistances militaires. — Correspondance *sous bandes* : — 1° dans *tout le royaume*, avec les Intendans et Sous-Intendans militaires de toute classe; — 2° dans la *division militaire*, avec les Officiers d'administration comptables des subsistances militaires.

Officiers d'administration comptables des subsistances militaires. — Correspondance *sous bandes* : — 1° dans *tout le royaume*, avec les Intendans et Sous-Intendans militaires de toute classe; — 2° dans la *division militaire*, avec les Officiers d'administration principaux des subsistances militaires.

Officiers d'administration du service de l'habillement et du campement. — Correspondances *sous bandes* et dans *tout le royaume* avec les Intendans et Sous-Intendans militaires de toute classe.

Agent d'administration de l'atelier du fort Saint-François. — Correspondance spéciale et *sous bandes* avec le Sous-Intendant militaire à Saint-Omer.

§ 7. *Algérie.*

Gouverneur général de l'Algérie. — Correspondance *sous bandes* avec les Préfets des départemens. — Nous avons vu (*suprà* état I, tableau 1er, partie 1re) qu'il reçoit en franchise les lettres et dépêches qui sont adressées par toutes personnes. — Il est inutile de dire qu'il jouit d'un droit de franchise illimité dans *l'étendue de l'Afrique*.

Services civils.

Directeurs en Algérie. — Ils reçoivent en franchise et sans condition de contre-seing les lettres et dépêches qui leur sont adressées de tous les points de l'Algérie. — En outre, ils jouissent de droits spéciaux de correspondance sous *lettres fermées* en Algérie, sous bandes en France.

Directeur de l'intérieur en Algérie. — Dans *l'Algérie*, avec tous les fonctionnaires civils; — en *France*, avec les Préfets des départemens et le Préfet maritime de Toulon.

Directeur des finances en Algérie. — 1° Dans *l'Algérie*, avec tous les Fonctionnaires civils; — 2° en *France*, avec le commissaire des poudres au Bouchet (Seine-et-Oise), les Directeurs des contributions directes, indirectes, de l'enregistrement et des domaines, des postes des départemens de l'Aude, des Bouches-du-Rhône, du Gard, de l'Hérault, des Pyrénées-Orientales et du Var; les Directeurs des divisions maritimes des douanes, l'Intendant militaire de la huitième division et le Sous-Intendant à Toulon, les Payeurs du trésor public et Receveurs généraux des Bouches-du-Rhône et du Var.

Commissaires et Sous-Intendans civils dans les possessions françaises du nord de l'Afrique. — Même correspondance que les Sous-Préfets.

Services militaires.

Chef d'état-major général de l'armée d'Afrique. — Il jouit des droits de franchise et de correspondance accordés aux chefs d'état-major généraux des armées. — V. ÉTAT II. — En outre, il correspond *sous bandes* (en cas de nécessité sous *lettres fermées*. — V. *infrà* état VI), — *dans l'Algérie*, avec les Commandans des cercles, corps, détachemens, places; les Lieutenans généraux et Maréchaux de camp commandant les provinces, divisions et subdivisions.

Lieutenans-généraux et Maréchaux de camp commandant les provinces ou divisions et les subdivisions militaires en Algérie. — Mêmes droits que les officiers généraux investis des mêmes commandemens en France. — En outre, et aux mêmes conditions, correspondance avec le Chef d'état-major général de l'armée d'Afrique en Algérie, et les préfets des départemens.

Commandans des cercles militaires en Algérie. —

Correspondance *sous bandes* et dans l'*Algérie* avec le chef d'état-major général de l'armée.

Commandans des corps militaires des détachemens des corps militaires en Algérie. — Mêmes droits que les Commandans des cercles. — Ils jouissent en outre des droits attachés à leur commandement en France.

Commandant supérieur du génie en Algérie. — Correspondance *sous bandes* et dans l'*Algérie* avec les Commandans en chef du génie des divisions.

Commandans en chef du génie des divisions militaires en Algérie. — Correspondance *sous bandes*: — 1° dans *toute l'Algérie*, avec le Commandant supérieur du génie en Algérie et l'Officier chargé de l'arsenal du génie à Alger; — 2° dans la *division militaire*, avec les Commandans ou Chefs du génie.

Commandans ou chefs du génie militaire en Algérie. — Mêmes droits de correspondance que les Commandans en France. — En outre, correspondance: — 1° dans l'*Algérie*, avec l'Officier chargé de l'arsenal du génie à Alger; — 2° dans la *division militaire*, avec les Commandans en chef du génie des divisions.

Officier chargé de l'arsenal du génie à Alger. — Correspondance *sous bandes* et dans l'*Algérie* avec les Commandans ou Chefs du génie des divisions et les Commandans ou Chefs du génie en Algérie.

Commandant supérieur de l'artillerie en Algérie. — Correspondance *sous bandes* et dans *toute l'Algérie* avec les Commandans de l'artillerie des divisions, des batteries d'artillerie.

Commandans de l'artillerie des divisions en Algérie. — Correspondance *sous bandes* : — 1° dans l'*Algérie*, avec le Commandant supérieur de l'artillerie; — 2° dans la *division militaire*, avec les Commandans des batteries et des détachemens d'artillerie.

Commandans des détachemens de l'artillerie et des batteries d'artillerie en Algérie. — Mêmes droits de correspondance qu'en France. — En outre, et *sous bandes* : — 1° dans l'*Algérie*, avec le Commandant supérieur de l'artillerie; — 2° dans la *division militaire*, avec les Commandans d'artillerie des divisions.

Commandans de place en Algérie. — Mêmes droits que les commandans de place en France. — En outre, correspondance spéciale *sous bandes* et *dans l'Algérie* avec le Chef d'état-major général de l'armée d'Afrique.

SIXIÈME PARTIE. — *Ministère de la marine.*

Ministre de la marine et des colonies. — Correspondance sous *lettres fermées* et dans *tout le royaume* avec l'Administrateur à Chandernagor, les Agens consulaires de France à l'étranger, le Chef du dépôt des archives de la marine à Versailles, les Chefs du service de la marine, les Commissaires de l'inscription maritime, ceux de la marine, les Commissaires généraux et principaux de la marine, les Commissaires rapporteurs près les tribunaux maritimes, les Conseillers d'état, les Conservateurs des forêts, le Conservateur général inspecteur des bibliothèques de ce département ministériel, les Consuls généraux et ordinaires et Vice-consuls de France à l'étranger, les Contrôleurs et Sous-Contrôleurs de l'arrondissement maritime, les Directeurs des fonderies royales, des forges royales, des manufactures royales d'armes, le Directeur de la manufacture royale d'Indret, les Directeurs des subsistances de la marine, le Gouverneur du collége royal de la marine à Brest, les Gouverneurs des colonies françaises, le Greffier en chef de la cour des comptes, les Inspecteurs coloniaux des colonies françaises, ceux de la fabrication des projectiles de la marine à Nevers et à Mézières, ceux des forêts de la couronne, les Inspecteurs généraux de l'artillerie de marine, de l'infanterie de marine, des travaux maritimes ou hydrauliques, les Intendans et Sous-Intendans militaires de toute classe, les Lieutenans généraux et Maréchaux de camp commandant les divisions et sudivisions militaires, les Maires, les Maîtres des requêtes, les Officiers du bataillon des voltigeurs corses, de la garde municipale de Paris et de la gendarmerie, les Officiers d'administration préposés à l'inscription maritime, les Officiers de la marine royale commandant en chef une armée navale, escadre ou division, ou un bâtiment ayant une destination particulière, les Préfets des départemens, les Préfets maritimes, les Présidens des chambres de commerce, les Présidens des conseils d'administration du corps royal d'artillerie de la marine, des dépôts des équipages de ligne dans les ports militaires, des trois régimens d'infanterie de marine et du dépôt de ces régimens à Landerneau, les Procureurs généraux, les Procureurs du roi, les Sous-Inspecteurs des subsistances de la marine, et ceux de la marine dans les ports secondaires, les Sous-Préfets, le Trésorier général et les Trésoriers des invalides de la marine. — Nous avons vu (*suprà* état I, tableau 1er, partie 1re) que le Ministre de la marine et des colonies reçoit en franchise et sans condition de contre-seing les lettres et dépêches qui lui sont adressées. — Il peut encore remplacer son contre-seing par une griffe (*infrà*, état IV).

§ 1er. — *Administration des préfectures maritimes.*

Préfets maritimes. — Correspondance: — 1° *pour tout le royaume*, avec les Administrateurs des hospices civils dans les lieux où il n'existe pas d'hôpitaux militaires; les Chefs du service de la marine, les Commandans des brigades et les Officiers du bataillon des voltigeurs corses, de la garde municipale de Paris et de la gendarmerie, les Commissaires généraux et principaux de marine, les Commissaires rapporteurs près des conseils de guerre, les Directeurs des fonderies royales, des forges royales, des manufactures royales d'armes, de la manufacture royale des machines à vapeur d'Indret, les Inspecteurs généraux d'armes, les Intendans et Sous-Intendans militaires de toute classe, les Maires, les Officiers d'administration comptables des hôpitaux militaires, des départemens, les autres Préfets maritimes, les Présidens des conseils d'administration des corps militaires soit de l'armée, soit des troupes de marine, le Trésorier général des invalides de la marine; — 2° *pour l'arrondissement maritime*, avec les Commissaires de l'inscription maritime et ceux de la marine, les Commissaires rapporteurs près les conseils de guerre, les Directeurs et Sous-Directeurs des subsistances de la marine, les Inspecteurs généraux de l'artillerie de la marine, les Lieutenans généraux commandant des divisions militaires en contact avec le littoral, les Officiers d'administration préposés à l'inscription maritime, les Officiers de la marine royale commandant une armée navale, division ou escadre, ou un bâtiment ayant une destination particulière, les Trésoriers des invalides de la marine; — 3° dans le *rayon télégraphique*, avec les Directeurs des télégraphes. — Correspondance spéciale des Préfets maritimes de Brest et Rochefort, dans *tout le royaume*, avec les Procureurs généraux et Procureurs du roi; — des mêmes et de ceux de Lorient et de Toulon avec le Lieutenant général commandant la onzième division militaire; — de Toulon avec le Directeur de l'intérieur en Algérie, et les Officiers de la marine royale commandant une armée, escadre ou division navale, ou un bâtiment ayant une destination spéciale dans la Méditerranée. — Cette dernière correspondance, alors qu'elle a lieu par les paquebots de l'administration des postes, doit toujours être sous bandes; transportée par un bâtiment de commerce français, elle peut être sous *enveloppe cachetée*. — A part cette correspondance toute spéciale, les correspondances avec les Procureurs généraux dans le *ressort de la cour royale*, les Procureurs du roi *dans l'arrondissement* peuvent seules être sous *lettres fermées*; les autres doivent être *sous bandes*; néanmoins, éventuellement et en cas de nécessité, elles peuvent être sous *lettres fermées* (V. *infrà* état VI. — Les préfets maritimes correspondent sous *lettres fermées* avec les commandans des possessions françaises dans les pays d'outre-mer.

Chefs du service de la marine. — Mêmes droits de correspondance que les Préfets maritimes, moins celles avec les Inspecteurs généraux d'armes, les Lieutenans généraux et Maréchaux de camp commandant les divisions et subdivisions militaires. — Correspondance spéciale des Chefs de service de la marine: — à Bayonne avec le Payeur des Basses-Pyrénées; — à Dunkerque avec le Payeur du Nord; — au Havre avec le Payeur de la Seine-Inférieure; — à Marseille, dans *tout le royaume*, avec les Commissaires de l'inscription maritime et les Commissaires aux revues dans les ports militaires; — à Saint-Servan avec le Payeur d'Ille-et-Vilaine. — La correspondance a lieu *sous bandes* ou *sous lettres fermées*, suivant les mêmes distinctions qu'à l'égard des Préfets maritimes. — Comme eux ils correspondent sous *lettres fermées* avec les commandans des possessions françaises dans les pays d'outre-mer.

Commissaires généraux de marine. — Correspondances sous *lettres fermées* avec les Consuls et Vice-Consuls de France à l'étranger; — *sous bandes* (sauf toutefois le droit, éventuellement et en cas de nécessité, d'expédier sous *lettres fermées* (V. *infrà* état VI): — 1° dans *tout le royaume*, avec les Chefs du service de la marine, les Commissaires généraux et principaux de la marine, les Directeurs des fonderies, forges, et manufactures d'armes, le Directeur de la manufacture royale d'Indret, les Préfets des départemens, les Préfets maritimes, les Présidens des conseils d'administration des trois régimens de marine et de leur dépôt à Landerneau, des dépôts des équipages de ligne dans les ports militaires, le Trésorier général des invalides de la marine; — 2° dans *l'arrondissement maritime*, avec les Commissaires de l'inscription maritime, ceux de la marine, les Commissaires rapporteurs près les conseils de guerre, les Directeurs et Sous-Directeurs des subsistances de la marine, les Inspecteurs généraux et Présidens des conseils d'administration des corps d'artillerie de marine, les Officiers de la marine royale commandant une armée navale, division ou escadre, ou un bâtiment ayant une destination particulière, les Trésoriers des invalides de la marine. — Correspondance spéciale des Commissaires généraux de la marine; — à Cherbourg avec le Payeur de la Manche, — à Lorient avec le Payeur du Morbihan; — à Rochefort avec le Payeur de la Charente-Inférieure.

Commissaires principaux de la marine. — Mêmes droits de correspondance que les Commissaires généraux. — Correspondance spéciale du Commissaire principal de la marine à Nantes, avec le Délégué de la commission de salubrité navale à Saint-Nazaire.

Commissaires de l'inscription maritime. — Correspondance *sous bandes* : — 1° dans *tout le royaume*, avec les Administrateurs des hôpitaux civils dans les lieux où il n'existe pas d'hôpitaux militaires, les Chefs du service de la marine à Marseille, les Commandans de brigade et Officiers du bataillon des voltigeurs corses, de la garde municipale de Paris et de la gendarmerie, les Commissaires aux revues, les Intendans et Sous-Intendans militaires de toute classe, les Maires, les Officiers d'administration comptables des hôpitaux militaires, les Préfets des départemens, les Présidens des conseils d'administration des corps militaires de l'armée de terre ou de mer, les Sous-Préfets; — 2° dans *l'arrondissement maritime*, avec les Chefs du service de la marine (autres que celui de Marseille), les Commissaires généraux et principaux de marine, les Préfets maritimes, les Syndics des gens de mer. — Correspondance spéciale du Commissaire de l'inscription maritime à Agde avec le Payeur de l'Hérault.

Commissaires aux revues. — Mêmes droits de correspondance que les Commissaires de l'inscription maritime, moins celles avec le Chef du service de la marine, les Commissaires généraux et principaux de marine, les Préfets maritimes, les Syndics des gens de mer; mais en sus, et dans *tout le royaume*, avec les Présidens des conseils d'administration des bâtimens armés. — Correspondance spéciale des Commissaires aux revues des ports militaires avec le Chef du service de la marine à Marseille.

Syndics des gens de mer. — Correspondance *sous bandes* et dans *l'arrondissement maritime* avec les Commissaires de l'inscription maritime.

Commissaires de la marine (qui portent aussi le nom de *Commissaires des armemens*, *Directeurs et Sous-Directeurs des subsistances, de la marine*). — Correspondance *sous bandes* et dans *l'arrondissement maritime* avec les Chefs du service de la marine, les Commissaires généraux et principaux de la marine, les Préfets maritimes. — Correspondance spéciale du Commissaire de la marine à Saint-Brieuc avec les présidens semainiers des Commissions sanitaires de Lannion et de Paimpol.

§ 2. — *Troupes de la marine.*

Inspecteurs généraux du corps d'artillerie de marine. — Correspondance *sous bandes* et dans *l'arrondissement maritime* avec les chefs de service de la marine, les Commissaires généraux et principaux de la marine, les Préfets maritimes.

Présidens des conseils d'administration des corps de l'armée de mer. — Ils jouissent des droits de correspondance attribués aux Présidens des conseils d'administration des armées de terre; en outre, certaines franchises leur sont concédées; nous allons les indiquer:

Présidens des conseils d'administration du corps royal de l'artillerie de la marine. — Correspondance *sous bandes* et dans *tout le royaume*: — 1° avec les chefs de service de la marine, les Commissaires de l'inscription maritime, les Commissaires aux revues, les Préfets maritimes; — 2° dans *l'arrondissement maritime*, avec les Commissaires généraux et principaux de la marine.

Présidens des conseils d'administration des compagnies d'artillerie de marine et des compagnies d'ouvriers d'artillerie de la marine dans les ports militaires. — Correspondance *sous bandes* et dans *tout le royaume* avec les Intendans et Sous-Intendans militaires de toutes classes.

Présidens des conseils d'administration des trois régimens d'infanterie de marine et du dépôt colonial de ces trois régimens à Landerneau. — Correspondances *sous bandes* et dans *tout le royaume* avec les Commissaires généraux et principaux de marine, les Officiers d'administration préposés à l'inscription maritime.

Présidens des conseils d'administration des dépôts des équipages de ligne dans les ports militaires. — Correspondances *sous bandes* et dans *tout le royaume* avec les Chefs du service de la marine, les Commandans des dépôts de recrutement, les Commissaires de l'inscription maritime, les Commissaires aux revues, les Commissaires généraux et principaux de la marine, les Intendans et Sous-Intendans militaires de toutes classes, les Préfets maritimes, les Présidens des conseils d'administration des dépôts des équipages de ligne dans les ports militaires.

§ 3. — *Etablissemens de la marine.*

Directeurs des fonderies royales. — Correspondances *sous bandes* et dans *tout le royaume* avec les Chefs du service de la marine, les Commissaires généraux et principaux de la marine, les Préfets maritimes. — Correspondances spéciales: — des Directeurs des fonderies de la marine à Nevers, à Ruelle et à Saint-Gervais avec les Directeurs des forges de la marine à Guérigny; — plus spécialement des Directeurs de Ruelle avec le Préfet de la Charente; — de celui de Saint-Gervais avec le Payeur de l'Isère.

Directeurs des forges royales. — Même correspondance que les Directeurs des fonderies royales. — Correspondance spéciale et *sous bandes* des Directeurs des forges de la marine à Guérigny (établissement connu aussi sous le nom de la Chaussade) avec les Chefs des sections et Garde-Magasins dépendant des forges de la marine à Guérigny, les Directeurs des fonderies de la marine de Nevers, Ruelle et Saint-Gervais, celui de la manufacture royale d'Indret, le Conservateur des forêts à Bourges, le Payeur du trésor public, le Préfet et les Procureurs du roi du département de la Nièvre.

Chefs de section dépendant des forges de la marine à Guérigny. — Correspondance *sous bandes* avec les autres Chefs des sections, les Directeurs et les Garde-Magasins des mêmes forges.

Garde-Magasins dépendant des forges de la marine de Guérigny. — Même correspondance que les Chefs de section.

Directeur de la manufacture royale de machines à vapeur d'Indret. — Correspondance *sous bandes*: — 1° dans *tout le royaume* avec les Chefs du service de la marine, les Commissaires généraux et principaux de marine, les Intendans et Sous-Intendans militaires de toute classe, les Officiers des bataillons des voltigeurs corses, de la garde municipale de Paris, de gendarmerie, le Préfet maritime; — 2° dans *l'arrondissement de l'inspection générale d'armes* avec les Inspecteurs généraux d'armes; — 3° Spéciale avec le Chef d'état-major de la douzième division militaire, les Commandans d'artillerie de la neuvième direction, le Directeur des forges de la marine à Guérigny (Nièvre), le Lieutenant général commandant la douzième division militaire, le Maréchal-de-camp commandant le département de la Loire-Inférieure.

§ 4. — *Services divers.*

Colonies.

Gouverneurs des possessions françaises dans les pays d'outre-mer. — Correspondance sous *lettres fermées* et dans *tout le royaume* avec les Préfets maritimes et les Chefs du service de la marine.

Officiers de la marine.

Officiers de la marine royale commandant en chef une armée navale, escadre ou division ou un bâtiment ayant une destination particulière. — Correspondance *sous bandes* (éventuellement et en cas de nécessité sous *lettres fermées*) avec les Chefs du service de la marine, les Commissaires généraux et principaux de marine. — Quant aux Officiers investis de ce commandement dans la Méditerranée, ils correspondent avec le Préfet maritime de Toulon, suivant les distinctions que nous avons posées en parlant de ce dernier fonctionnaire.

Invalides de la marine.

Présidens des conseils d'administration des bâtimens armés. — Correspondance dans *tout le royaume* et *sous bandes* avec les commissaires aux revues.

Trésorier général des invalides de la marine. — Correspondances: — 1° dans *tout le royaume* et *sous bandes* avec les Chefs du service de la marine, les Commissaires généraux et principaux de la marine, les Préfets maritimes, les Trésoriers des invalides de la marine; — 2° sous *lettres fermées* et pour l'envoi des comptes avec le Greffier en chef de la cour des comptes.

Trésoriers des invalides de la marine. — Mêmes droits de correspondance que le Trésorier général de la marine avec qui ils correspondent, plus avec les préposés sous leurs ordres, sauf cependant que la correspondance n'existe pas avec le Greffier en chef de la cour des comptes, et qu'à l'exception de celle entre les divers Trésoriers, elle est restreinte à l'arrondissement maritime. — Correspondance spéciale du Trésorier des invalides de la marine à Cherbourg avec le Payeur de la Manche.

Préposés des Trésoriers des invalides de la marine. — Correspondance *sous bandes* et dans l'*arrondissement* maritime avec les Trésoriers des invalides de la marine.

Contrôle de la marine.

Contrôleurs des arrondissemens maritimes. — Correspondance *sous bandes*, — 1° dans *tout le royaume* avec les autres contrôleurs; — 2° dans *l'arrondissement maritime*, avec les sous contrôleurs des arrondissemens.

Sous-contrôleurs des arrondissemens maritimes. — Correspondance *sous bandes* dans *l'arrondissement maritime* avec les contrôleurs.

Tribunaux maritimes.

Commissaires-rapporteurs près les tribunaux maritimes. — Correspondance *sous bandes* et dans l'*arrondissement* maritime avec les chefs du service de la marine, Commissaires généraux et principaux de la marine, les Préfets maritimes.

Bagnes.

Chefs de service des chiourmes. — Correspondance: 1° sous *lettres fermées* et dans le *ressort de la cour royale* avec les Procureurs généraux; — 2° *sous bandes* et dans le département, avec les Commandans de brigade et Officiers de gendarmerie, et les Procureurs du roi; — toutefois à l'égard de ces derniers la correspondance est sous *lettres fermées dans l'arrondissement.*

SEPTIÈME PARTIE. — *Ministère de l'intérieur.*

Ministre de l'intérieur. — Correspondance sous *lettres fermées* et dans *tout le royaume* avec les administrateurs des bibliothèques royales, des établissemens de bienfaisance, les Administrateurs en chef des lignes télégraphiques, les Agens généraux de remonte des haras, les Archevêques, les Avocats généraux, les Commandans et Officiers du bataillon des voltigeurs corses, de la garde municipale de Paris, les Commandans de la garde nationale, le Commissaire estampilleur à Septème, les Commissaires extraordinaires du roi, les Commissaires de police, les Commissaires du roi près des théâtres royaux, les Conseillers d'état, les Curés, les Desservans, les Directeurs l'administration de l'école polytechnique, du comité de vaccine, du conservatoire royal de musique et de déclamation, des dépôts d'étalons, de l'école d'accouchement, des écoles vétérinaires, des établissemens de bienfaisance, des haras, des établissemens généraux de bienfaisance, des maisons centrales de détention, les Doyens des facultés de théologie, les Evêques, les Frères des écoles chrétiennes, le Garde-général des archives du royaume, les Grands-Vicaires, le Greffier en chef de la cour des comptes, les Ingénieurs en chef et ordinaires et les Inspecteurs divisionnaires des mines et des ponts-et-chaussées, les Inspecteurs généraux des établissemens d'aliénés et des établissemens de bienfaisance, des écoles vétérinaires et des bergeries royales, des haras, des prisons, les Juges d'instruction, les Juges de paix, les Lieutenans généraux et Maréchaux-de-camp commandant les divisions et subdivisions militaires, les Maires, les Maîtres des requêtes, les Membres de la commission des archives départementales, de la commission des monumens historiques, de la commission spéciale des théâtres royaux, du conseil des haras, du conseil supérieur des établissemens généraux de bienfaisance, les Pasteurs de la confession d'Augsbourg, ceux des églises réformées, les Préfets, les Présidens des colléges électoraux, les Présidens de la commission des monnaies, les Présidens des consistoires de la confession d'Augsbourg, du culte israélite et des églises réformées, les Présidens des cours et tribunaux, les Présidens semainiers des Intendances sanitaires, les Procureurs généraux, les Procureurs du roi, les Rabbins dépendant des consistoires israélites, les Receveurs des établissemens de bienfaisance, les Régisseurs des bergeries royales, les Secrétaires des académies royales des beaux-arts et des sciences, les Sous-préfets, les Substituts des procureurs du roi, les Succursalistes, les Supérieurs des écoles secondaires ecclésiastiques, les vérificateurs des poids et mesures. — Nous avons vu (*suprà* état I, tableau 1er, partie 1re) que le ministre de l'intérieur reçoit en franchise et sans condition de contreseing les lettres et dépêches qui lui sont adressées par toutes personnes. Il peut aussi remplacer son contre-seing par une griffe (V. *infrà* état VI.)

§ 1er. — *Administration et police du royaume.*

Préfets des départemens. — Correspondance: — 1° dans *tout le royaume* avec les Chefs de service de la marine, le Commandant de l'école d'application à Metz, les Commissaires de la marine de toutes classes, les Commissaires aux revues, les Directeurs des écoles royales des arts et métiers, de l'institution agronomique de Dijon, de l'intérieur en Algérie, les Inspecteurs des finances, des poudrières, les Inspecteurs généraux des asiles d'aliénés, des bergeries royales, des écoles vétérinaires, des établissemens de bienfaisance, des études en France, des finances, de gendarmerie, des haras, les Intendans et Sous-Intendans militaires de toutes classes, les Lieutenans-généraux et Maréchaux de camp commandant les provinces ou divisions militaires ou subdivisions en France et en Algérie, les Officiers du bataillon des voltigeurs corses, de la garde municipale de Paris et de la gendarmerie, les Préfets maritimes, les Présidens des Conseils d'administration des corps militaires et ceux des pénitenciers militaires, le Sous-Préfet de Bayonne, les Vérificateurs spéciaux du cadastre; — 2° dans le *ressort de la cour royale*, avec les premiers Présidens et Procureurs généraux des cours royales; — 3° dans la *circonscription diocésaine* avec les Archevêques, Evêques, Grands-Vicaires capitulaires; — 4° dans *l'arrondissement du consistoire*, avec les Présidens des consistoires des églises réformées; — 5° dans le *ressort académique*, avec les Inspecteurs et Recteurs d'académie; — 6° dans le *ressort de l'école normale primaire* avec les Directeurs et Directrices des écoles normales primaires; — 7° dans le *département*, avec les Administrateurs des établissemens de bienfaisance, les Agens-voyers en chef d'arrondissement et ceux de canton, les Commandans du génie, les Commandans de brigades du bataillon des voltigeurs corses, de la garde municipale de Paris et de la gendarmerie, les Commissaires de police, les Commissaires du roi près les compagnies d'assurance et les sociétés anonymes, les Commissaires-voyers, les Curés, les Desservans, les Directeurs des dépôts de mendicité, des écoles vétérinaires, des établissemens de bienfaisance, des maisons centrales de détention, des postes, les Garde-mines exerçant une surveillance dans le département du contre-signataire, les Ingénieurs en chef des ponts-et-chaussées attachés au service départemental, les Inspecteurs et Sous-Inspecteurs des écoles primaires, les Inspecteurs des postes, ceux du travail des enfans dans les manufactures, les Inspecteurs départementaux des établissemens de bienfaisance et des enfans trouvés, les Inspecteurs-Vérificateurs de la librairie établis à la frontière, les Instituteurs et Institutrices, Maîtres et Maîtresses des écoles primaires, les Juges d'instruction, les Juges de paix, les Maires, les Maréchaux de camp commandant les subdivisions militaires, les Médecins inspecteurs des établissemens thermaux appartenant à l'Etat (cette franchise s'étend au lieu de la résidence privée de ces Inspecteurs, même lorsque cette résidence est située hors des départemens), les Membres du conseil des haras, les Pasteurs de la confession d'Augsbourg, ceux des églises réformées, les Percepteurs, les Présidens des chambres de commerce, des chambres consultatives des arts et manufactures, des comités d'arrondissement et communaux de l'instruction primaire, des conseils de prud'hommes des consistoires locaux de la confession d'Augsbourg, des jurys de commerce et des manufactures, des sociétés des sciences, agriculture et arts, des tribunaux de commerce, les Présidens semainiers des intendances sanitaires, les Procureurs du roi, les Receveurs des établissemens de bienfaisance, les Receveurs municipaux, les Receveurs particuliers des finances, les Régisseurs des bergeries royales, les Sous-Préfets, les Succursalistes, les Syndics des Agens de change, ceux des

Courtiers de commerce, les Vérificateurs des poids et mesures; — 8° dans le *département où se tiennent les assises*, avec les Présidens de ces cours (cette franchise s'étend même au lieu de la résidence ordinaire de ces présidens); — 9° dans l'étendue de la *division militaire* avec les Chefs d'état-major des divisions militaires et les Lieutenans-généraux commandant ces divisions; — 10° Dans l'étendue de la *direction du génie* avec les Directeurs des fortifications; — 11° dans l'étendue de la *direction d'artillerie*, avec les directeurs d'artillerie; — 12° Dans la *circonscription des dépôts de remonte de la guerre* avec les Commandans de ces dépôts et ceux des succursales; — 13° dans l'*arrondissement de la vérification des armes de la garde nationale*, avec les Vérificateurs de ces armes; — 14° dans l'*arrondissement des Inspecteurs généraux d'armes* avec ces Inspecteurs; — 15° dans l'étendue de la *conservation forestière*, avec les Conservateurs, Gardes généraux, Inspecteurs et Sous-Inspecteurs des forêts; — 16° dans le *département et l'étendue de la direction des douanes* avec les Directeurs des douanes; — 17° dans l'étendue de la *division des mines*, avec les Inspecteurs divisionnaires des mines; — 18° dans l'étendue de leurs *arrondissemens respectifs*, avec les Ingénieurs en chef et ordinaires des mines; — 19° dans l'étendue de la *division des ponts-et-chaussées*, avec les Inspecteurs divisionnaires de ce service; — 20° dans le *parcours des chemins de fer, canaux, rivières navigables, routes*, suivant le service auquel est affecté le destinataire, et lorsque ce service traverse en un point quelconque le département, avec les Aspirans, Elèves, Ingénieurs en chef et ordinaires des ponts-et-chaussées; — 21° dans l'*arrondissement de l'inspection des chemins de fer*, avec les Inspecteurs divisionnaires adjoints chargés de ce service; — 22° dans le *département et les départemens limitrophes traversés par des chemins de fer*, avec les agens spéciaux de surveillance établis par l'administration et les Commissaires de police spéciaux; — 23° dans l'étendue de l'*inspection principale de la navigation*, avec les commissaires généraux de la navigation (approvisionnement de Paris); — 24° dans l'étendue de l'*inspection particulière de la navigation*, avec les Inspecteurs particuliers de ce service (approvisionnement de Paris); — 25° dans l'étendue du *rayon télégraphique*, avec les directeurs des télégraphes; — 26° dans l'*inspection télégraphique*, avec les Inspecteurs de ce service; — 27° dans les *circonscriptions des haras et dépôts d'étalons*, avec les Agens généraux des remontes des haras, les Directeurs des dépôts d'étalons, des haras; — 28° dans chacun des *arrondissemens* sur lesquels s'étend le contrôle avec les Contrôleurs des contributions directes. — Enfin, les Préfets en tournée correspondent, *dans le département*, avec les Conseillers ou Secrétaires généraux de préfecture chargés de les remplacer. — La correspondance avec les Procureurs généraux dans le *ressort de la cour royale*, avec les Procureurs du roi dans l'arrondissement est admise *sous lettres fermées*; toutes les autres doivent être *sous bandes*. — Néanmoins, éventuellement et en cas de nécessité seulement, la correspondance pour affaires de police peut être fermée (V. *infrà* état VI). — En outre, il existe, en ce qui concerne un grand nombre de Préfets, divers droits spéciaux de correspondances, lesquels doivent toujours avoir lieu *sous bandes*, sauf dans les cas exceptionnels que nous indiquerons en donnant l'énumération des diverses correspondances spéciales. — Or, ces correspondances sont accordées aux Préfets suivans: — de l'Ain, avec les Ambassadeurs près la confédération Suisse et à Turin, *sous lettres fermées*; — de l'Allier, avec le Régisseur de l'établissement thermal des bains de Vichy; — des Basses-Alpes, avec l'Ambassadeur de France à Turin; — de l'Ardèche, avec les Présidens des commissions administratives des hospices civils de Grenoble et de Vienne; — des Ardennes, avec le Directeur des contributions indirectes du département résidant à Charleville; — de l'Ariège, avec les Autorités des provinces espagnoles limitrophes; — de l'Aube, avec le Directeur du quartier des condamnés politiques de la maison centrale de Clairvaux; — de l'Aude, avec le Président semainier de l'intendance sanitaire à Marseille; — des Bouches-du-Rhône, avec le Sous-Préfet de Toulon; — du Calvados, avec le Président semainier de l'intendance sanitaire au Havre; — de la Charente-Inférieure et de la Dordogne, avec le Président de la commission administrative des hospices civils de Bordeaux; — de la Corse, avec le Sous-Préfet de Toulon; — des Côtes-du-Nord, avec le Sous-Préfet de Saint-Malo; — du Doubs, avec l'Ambassadeur de France près la confédération suisse, les autorités étrangères des pays limitrophes à la frontière de l'Est, les Ingénieurs en chef et ordinaires des ponts-et-chaussées du Jura, du Bas-Rhin et du Haut-Rhin; — de la Drôme, avec les Présidens des commissions administratives des hospices civils de Grenoble et de Vienne, le Président de la commission syndicale pour l'administration de la propriété dite Mandement de Saint-Nazaire (Drôme); — de l'Eure, avec le Président semainier de l'intendance sanitaire au Havre; — du Finistère, avec le Directeur des contributions indirectes à Morlaix, le Payeur du trésor et le Receveur général des finances résidant à Brest, le Président de l'intendance sanitaire à Brest; — du Gard, avec le Président semainier de l'intendance sanitaire à Marseille; — de la Haute-Garonne, avec les autorités des provinces espagnoles limitrophes; — de la Gironde, avec les autorités espagnoles des provinces limitrophes aux départemens frontières; — de l'Hérault, avec le Président de l'intendance sanitaire à Marseille, le Sous-Préfet de Narbonne; — de l'Isère, avec le Commissaire estampilleur à Septème; — des Landes, avec le Président semainier de l'intendance sanitaire à Bayonne; — de la Loire, spécialement avec le Directeur de l'asile privé d'aliénés de Saint-Pierre et Saint-Paul à la Guillotière (Rhône); — de la Loire et de la Haute-Loire, avec les Présidens des commissions administratives des hospices de Grenoble et de Vienne: — de la Manche, avec le Président semainier de l'intendance sanitaire au Havre; — de la Haute-Marne et de la Meuse, avec le Conservateur des forêts à Châlons-sur-Marne; — du Morbihan, avec les Présidens semainiers des intendances sanitaires à Lorient et à Nantes; — de la Nièvre, avec le Directeur des forges de la marine à Guérigny, le directeur de la vacherie d'expérience de la ferme-modèle de Poussery; — de l'Orne, avec l'administrateur du domaine du Pin; — du Pas-de-Calais, avec le Directeur de l'asile privé d'aliénés de Lommelet (Nord); — des Pyrénées Basses, Hautes et Orientales, avec les autorités des provinces Espagnoles limitrophes; — plus spécialement des Basses-Pyrénées, avec le Consul d'Espagne à Bayonne, les Présidens des commissions syndicales instituées pour l'administration des biens indivis communaux dans le département, le Président semainier de l'intendance sanitaire à Bayonne, le Vice-Consul d'Espagne à Oloron; — des Pyrénées-Orientales, avec le Président semainier de l'intendance sanitaire à Marseille, le Sous-Préfet de Narbonne, le Vérificateur des passeports au Perthuis; — du Bas-Rhin et du Haut-Rhin, avec les autorités étrangères des pays limitrophes à la frontière de l'Est, l'Inspecteur général de la navigation du Rhin à Mayence (cette franchise s'étend à tous les lieux situés sur les bords du Rhin jusqu'à l'embouchure de la Lauter), l'Inspecteur du premier district de la navigation du Rhin à Strasbourg, les Ministres de France près les diverses cours d'Allemagne et la confédération Suisse; — du Rhône, avec le Commissaire de police au Pont-de-Beauvoisin, les Maires des communes, des cantons de Meyzieux et Saint-Symphorien (Isère), les Présidens des commissions administratives de Grenoble et de Vienne, les Sous-Préfets de Saint-Etienne, la Tour-du-Pin, Vienne; — de la Seine, avec les Directeurs du Conservatoire royal des arts et métiers, de la maison royale de Charenton, des Jeunes-Aveugles, l'Ingénieur des ponts et chaussées de Seine-et-Oise; — de la Seine-Inférieure, avec le Président semainier de l'intendance sanitaire au Havre; — du Var, avec l'Ambassadeur de France à Turin, le Consul de France à Nice, le Consul général de France à Gênes, le Directeur des contributions indirectes à Toulon, le Directeur de l'enregistrement et des domaines du Var, le Payeur du Var à Toulon, le Président semainier de l'intendance sanitaire à Toulon, le Receveur général du Var à Toulon, les Receveurs particuliers à Brignolles et à Grasse; — de la Vendée, avec les Présidens semainiers des intendances sanitaires à Nantes et à La Rochelle. — Les préfets sont admis à remplacer le contre-seing par une griffe; à cet effet, une empreinte modèle de la griffe délivrée à chaque préfet par l'administration des postes doit être déposée au bureau de poste du chef-lieu de chaque département (V. *infrà* état IV). — Toutefois lorsqu'il s'agit de la correspondance avec les autorités des pays limitrophes étrangers, le contre-seing ne peut être suppléé par la griffe. — Enfin, rappelons (V. *suprà* état I, tableau 1er, partie 1re) que le Préfet de la Seine reçoit en franchise et sans condition de contre-seing les lettres et dépêches qui lui sont adressées de tous les lieux de son département.

Préfet de police de Paris. — Correspondance sous lettres fermées: — 1° dans *tout le royaume* avec les Lieutenans généraux et Maréchaux de camp commandant les divisions et subdivisions militaires, les Maires, les Officiers de gendarmerie, les Préfets des départemens, les Préfets maritimes, les Présidens des conseils d'administration des corps militaires, les Procureurs généraux, les Procureurs du Roi, les Sous-Préfets; — 2° dans le *ressort de la cour royale de Paris*, avec les Commissaires de police et Juges de paix; — 3° dans les départemens de la Seine et de Seine-et-Oise, avec les Ingénieurs en chef ou ordinaires employés dans ces deux départemens, — 4° dans le *ressort de la préfecture de police*, avec les Adjoints des communes rurales de la Seine, et des communes de Meudon, Sèvres, Saint-Cloud, l'Architecte commissaire de la petite voirie, les Caissiers de la caisse de Poissy, de la caisse syndicale, du commerce de la marée, de la volaille et du gibier de Paris, le Colonel d'armes commandant la garde municipale de Paris, le Commandant du corps des sapeurs-pompiers de Paris, le Commandant de la gendarmerie de la Seine, le Commissaire général de l'approvisionnement de Paris en combustibles, les Contrôleurs de la fourrière, de la halle aux cuirs, de la halle aux draps et aux toiles, du service de la surveillance des stations des voitures publiques, les Contrôleurs généraux de la halle aux grains et aux farines, du recensement et mesurage des bois et charbons, le Contrôleur général adjoint de ce dernier service, les Dégustateurs des boissons, les Directeurs de la caisse de Poissy, de la caisse syndicale, du dépôt de mendicité de Villers-Cotterets, des hôpitaux et hospices, des maisons d'arrêt, de force et de détention sous la surveillance du préfet de police, l'Ingénieur en chef des ponts-et-chaussées chargé du pavé de Paris et celui chargé des travaux hydrauliques de la même ville, les Inspecteurs des abattoirs, des établissemens insalubres, des maisons de santé et de sevrage, de la petite voirie, des poids et mesures, du travail des enfans dans les manufactures, l'Inspecteur général et les Inspecteurs particuliers des halles et marchés de Paris, de la navigation et des ports, l'Inspecteur général de la salubrité et de l'illumination, ainsi que l'Inspecteur adjoint de ce service, l'Inspecteur général de la police à Paris, les Membres du conseil de Préfecture de la Seine, du conseil de salubrité à Paris, de l'école de pharmacie à Paris, les Officiers de paix à Paris, les Préposés de la navigation et des ports à Paris, les Présidens des conseils d'administration de la garde municipale de Paris et du corps des sapeurs pompiers de cette ville, les Surveillans des stations des voitures publiques à Paris, les Syndics des agens de change, du commerce de la boucherie, de celui de la boulangerie, des courtiers de commerce. — Nous avons vu (*suprà* état I, tableau 1er, partie 1re) que le Préfet de police reçoit en franchise, sans condition de contre-seing, les lettres et dépêches qui lui sont adressées. — Le Préfet de police est encore au nombre des fonctionnaires admis exceptionnellement à remplacer son contreseing par l'empreinte d'une griffe (V. *infrà* état IV).

Conseillers et secrétaires généraux de préfecture. — Correspondance dans le *département* et *sous bandes* avec les Préfets en tournée; ils peuvent néanmoins, en cas de nécessité et éventuellement, fermer leur correspondance de service (V. *infrà* état VI). Quant au cas où ils exercent les fonctions de Sous-Intendans militaires dans les villes où il n'y en a pas, V. *suprà* état I, tableau 2e, partie 5e, § 6.

Sous-préfets. — Correspondance: — 1° dans *tout le royaume*, avec les Chefs du service de la marine, les Commissaires de l'inscription maritime, les Commissaires aux revues, les Inspecteurs des finances, des poudreries, les Inspecteurs généraux des asiles d'aliénés, des bergeries royales, des écoles vétérinaires, des établissemens de bienfaisance, des études en tournée, des finances, de gendarmerie, des haras, les Intendans et Sous-Intendans militaires de toutes classes, les Officiers du bataillon des voltigeurs corses, de la garde municipale de Paris et de la gendarmerie, les Préfets maritimes; — 2° dans le *ressort de la cour royale*, avec les premiers Présidens et Procureurs généraux de ces cours; — 3° dans la *circonscription diocésaine*, avec les Archevêques, les Evêques, les Grands-Vicaires capitulaires; — 4° dans le *ressort académique*, avec les Inspecteurs et les Recteurs d'académie; — 5° dans le *ressort de l'école normale primaire*, avec les Directeurs et Directrices de ces écoles; — 6° dans le *département*, avec les Agens-Voyers en chef, les Commandans du génie, les Directeurs des contributions directes, les Ingénieurs en chef des ponts-et-chaussées, attachés au service départemental, les Inspecteurs des contributions directes des postes, les Inspecteurs et Sous-Inspecteurs des écoles primaires, les Inspecteurs départementaux des enfans trouvés et des établissemens de bienfaisance, les Maréchaux de camp commandant les subdivisions militaires, les Préfets des départemens, les Receveurs généraux des finances; — 7° dans les *départemens où se tiennent les assises*, avec les Présidens et Procureurs du roi de ces cours (cette franchise s'étend même au lieu de la résidence or-

dinaire des présidens); — 8° *dans l'arrondissement*, avec les Administrateurs des établissemens de bienfaisance, les Commandans des brigades du bataillon des voltigeurs corses, de la garde municipale de Paris et de la gendarmerie, les Commissaires de police, les Commissaires voyers, les Curés, les Desservans, les Directeurs des écoles vétérinaires, des établissemens de bienfaisance, des maisons centrales de détention, des postes, les Inspecteurs du travail des enfans dans les manufactures, les Instituteurs, Institutrices, Maîtres et Maîtresses des écoles primaires, les Maires, les Membres des conseils des haras, les Pasteurs de la confession d'Augsbourg, ceux des églises réformées, les Percepteurs, les Présidens des comités d'arrondissement et des comités communaux d'instruction primaire, les Présidens des consistoires locaux de la confession d'Augsbourg, les Procureurs du roi près les tribunaux de première instance, les Receveurs des établissemens de bienfaisance, les Receveurs municipaux, les Régisseurs des bergeries royales, les Succursalistes, les Vérificateurs des poids et mesures; — 9° dans l'*arrondissement et les arrondissemens limitrophes*, mais sans jamais dépasser les limites du département, avec les Agens-Voyers des arrondissemens et des cantons. — En outre, les correspondances sont les mêmes que celles accordées aux préfets; — 10° dans l'étendue *de la division militaire;* — 11° dans la *direction du génie;* — 12° dans la *direction d'artillerie;* — 13° dans la *circonscription des dépôts de remonte de la guerre*; — 14° dans l'*arrondissement de la vérification des armes de la garde nationale*; — 15° dans l'*arrondissement des inspecteurs généraux d'armes*; — 16° dans l'*étendue de la conservation forestière;* — 17° dans l'*étendue de la division des mines; dans les arrondissemens des ingénieurs en chef et ordinaires des mines;* — 18° dans *l'étendue de la division des ponts-et-chaussées;* — 19° dans le *parcours des chemins de fer, canaux, rivières navigables, routes*, lorsque le service traverse en un point quelconque leur arrondissement; — 20° dans le *département et les départemens limitrophes traversés par les chemins de fer;* — 21° dans l'*arrondissement d'inspection des chemins de fer;* — 22° dans l'*étendue du rayon télégraphique;* — 23° dans la *circonscription des haras et dépôts d'étalons;* — 24° dans *chacun des arrondissemens* sur lesquels s'étend le contrôle des contributions directes. — La correspondance avec les procureurs généraux dans le *ressort de la cour royale*, les Procureurs du roi près les cours d'assises dans le *département*, les Procureurs du roi dans l'*arrondissement*, est admise sous *lettres fermées;* toutes les autres doivent être *sous bandes*. — Néanmoins, en cas de nécessité seulement, et pour affaires de police, les sous-préfets peuvent fermer leur correspondance avec les préfets (V. *infrà* état VI). — Correspondances spéciales et *sous bandes* des Sous-Préfets d'Abbeville, avec le Président semainier de la commission sanitaire à Saint-Valery-sur-Somme; — d'Avesnes de Cambray et de Saint-Quentin, avec le Directeur des douanes de Valenciennes; — d'Avranches, avec le Président semainier de la commission sanitaire à Granville; — de Bayonne, dans *tout le royaume*, avec les Préfets; dans l'*arrondissement*, avec les Présidens des commissions syndicales instituées pour l'administration des biens communaux indivis; — de Béthune et d'Hazebrouck, avec le Directeur des douanes à Dunkerque; — de Céret, avec le Vérificateur des passe-ports au Perthuis; — de Coutances, avec les présidens semainiers des commissions sanitaires à Cherbourg et à Granville; — de Dinan et de Guingamp, avec les Présidens des commissions sanitaires à Lannion, Paimpol et Saint-Brieuc; — de Douai, avec les Directeurs des douanes à Dunkerque et à Valenciennes; — de Gex, avec le Vérificateur des douanes à Forges, et par exception, sous *lettres fermées*, avec les Ambassadeurs de France près la confédération Suisse et à Turin; — de Gien, de Montargis et de Pithiviers, avec le Commissaire-Voyer du département du Loiret; — de Grasse, avec le consul de France à Nice; — de Lannion, avec les Présidens semainiers des commissions sanitaires à Paimpol et à Saint-Brieuc; — de Mauléon, d'Oloron, d'Orthez, chacun dans leur *arrondissement*, avec les Présidens des commissions syndicales établies pour la gestion des biens communaux indivis; — de Narbonne, avec les Préfets de l'Hérault et des Pyrénées-Orientales; — de Saint-Denis et de Sceaux, avec l'Ingénieur en chef des ponts-et-chaussées de Seine-et-Oise; dans le *département*, avec les Juges d'instruction près le tribunal de la Seine; dans leur *arrondissement respectif*, avec le Capitaine d'armement de la garde nationale; — de Saint-Etienne et de la Tour-du-Pin, avec le Préfet du Rhône; — de Saint-Malo, avec le Préfet des Côtes-du-Nord; — de Savenay, avec l'Inspecteur des douanes à Guérande; — de Toulon, avec les Préfets des Bouches-du-Rhône et de la Corse; — de Valognes, avec le Président de la commission sanitaire à Cherbourg; — de Vienne, avec le Commissaire estampilleur à Septème et le Préfet du Rhône; — de Wissembourg, avec les Autorités de la Bavière rhénane et du grand-duché de Bade. — Quant aux sous-préfets exerçant les fonctions de sous-intendans militaires dans les villes où il n'y en pas, V. *suprà* état I, tableau 2e, partie 5e, § 6).

Maires. — Correspondance: — 1° dans *tout le royaume*, avec les Chefs du service de la marine, les Commissaires de l'inscription maritime, les Commissaires aux revues, les Inspecteurs généraux des études en tournée, les Inspecteurs généraux et ordinaires des finances, les Inspecteurs généraux de gendarmerie, les Intendans et Sous-Intendans militaires, les Officiers du bataillon de voltigeurs corses, de la garde municipale de Paris et de la gendarmerie, les Préfets maritimes; — 2° dans le *ressort de la cour royale*, avec les premiers Présidens et Procureurs généraux de ces cours; — 3° dans le *ressort académique*, avec les Inspecteurs et Recteurs d'académie; — 4° dans le *ressort de l'école normale primaire*, avec les Directeurs et Directrices de ces écoles; — 5° dans l'*arrondissement d'inspection générale d'armes*, avec les Inspecteurs généraux d'armes; — 6° dans la *division militaire*, avec les Chefs d'état-major de ces divisions et les Lieutenans-généraux commandans: 7° dans les *directions des fortifications*, avec les Directeurs du génie; — 8° dans les *directions d'artillerie*, avec les Directeurs d'artillerie; — 9° dans la *circonscription des dépôts de remonte*, avec les Commandans des dépôts de remonte et ceux des succursales de ces dépôts; — 10° dans l'étendue de la *conservation forestière*, avec les Conservateurs, Gardes à cheval, Gardes généraux, Inspecteurs et Sous-Inspecteurs des forêts; — 11° dans le *département*, avec les Agens-Voyers en chef, les Commandans des dépôts de recrutement, du génie, des contributions directes, les Ingénieurs des ponts-et-chaussées chargés du service vicinal, les Inspecteurs des contributions directes de l'enregistrement et des domaines, des postes, les Inspecteurs et Sous-Inspecteurs des écoles primaires, les Inspecteurs départementaux des enfans trouvés et des établissemens de bienfaisance, les Maréchaux-de-camp commandant les subdivisions militaires, les Préfets des départemens, les Vérificateurs de l'enregistrement et des domaines; — 12° dans le *département où se tiennent les assises*, avec les Présidens et Procureurs du roi de ces cours (la franchise s'étend même au lieu de la résidence ordinaire des Présidens des cours d'assises); — 13° dans l'*arrondissement*, avec les Commandans des brigades de gendarmerie, les Commissaires voyers, les Conservateurs des hypothèques (cette franchise s'étend même au renvoi des avertissemens destinés aux redevables de l'enregistrement; ces avertissemens peuvent contenir de l'écriture à la main, mais ils ne doivent être ni cachetés, ni pliés en forme de lettre, ni revêtus d'adresses extérieures), les Curés, les Directeurs des postes, les Instituteurs, Institutrices, Maîtres et Maîtresses des écoles primaires, les Présidens des comités d'arrondissement de l'instruction primaire, les Procureurs du roi près les tribunaux de première instance, les Receveurs de l'enregistrement et des domaines (mêmes observations que pour les Conservateurs des hypothèques), les Sous-Préfets, les Vérificateurs des poids et mesures; — 14° dans *l'arrondissement et les arrondissemens limitrophes*, mais sans jamais dépasser les limites du département, avec les Agens-Voyers d'arrondissement et de canton; — 15° dans *chacun des arrondissemens* sur lesquels s'étend le contrôle, avec les Contrôleurs des contributions directes; — 16° dans le *canton*, avec les Maires. — La correspondance est admise sous *lettres fermées* avec les Procureurs généraux dans le *ressort de la cour royale;* les Procureurs du roi dans l'*arrondissement*. — Néanmoins, les Maires sont autorisés à écrire au préfet de leur département sous pli fermé, par lettres simples, pliées et cachetées, sans addition ni de pièces jointes, ni d'enveloppes extérieures, à la charge par eux d'écrire sur chaque lettre ces mots: *lettre confidentielle*. — Correspondance spéciale *sous bandes* des Maires: — des communes situées sur les routes royales et départementales, avec les Inspecteurs des poudreries, dans *tout le royaume;* — des communes traversées par des chemins de fer en exécution, avec les Ingénieurs en chef et ordinaires des ponts-et-chaussées chargés de ces chemins dans ces communes; — des communes situées sur le littoral, avec les Présidens semainiers des commissions sanitaires. — Correspondance plus spéciale et toujours *sous bandes*: — des communes de l'arrondissement de Gex, avec les Vérificateurs des douanes à Farges et à Gex, et le Sous-Inspecteur des douanes à Gex; — des communes de Meyzieux et Saint-Symphorien (Isère), avec le Préfet du Rhône; — des communes de Maromme, Grand-Couronne, Boos et Darnetal, avec le Commissaire central de police à Rouen; — des communes de l'Ile d'Oléron, avec le Commandant de police et le Président semainier de l'intendance militaire de l'île; — du Gard, avec le Commissaire central de police à Nîmes; — de la Gironde, avec le Commissaire central de police à Bordeaux; — du Loiret, avec le Commissaire voyer de département; — des communes ayant des biens indivis dans le département des Basses-Pyrénées, avec les Présidens des commissions syndicales auxquelles ressortissent les communes; — de la Seine, avec les juges d'instruction près le tribunal de la Seine; — de Grandval, Nasbinals, Recouls, Saint-Urcize, avec le Garde général des forêts à Espalion. — Quant aux Maires exerçant les fonctions de Sous-Intendans militaires dans les villes où il n'y en a pas, V. *suprà* état I, tableau 2e, partie 5e, § 6. — V. encore *suprà* état I, tableau 2e, partie 3e, § 1er, quant aux Adjoints aux maires exerçant les fonctions du ministère public près les tribunaux de simple police.

Présidens des commissions syndicales instituées dans le département des Basses-Pyrénées par l'administration des biens communaux indivis. — Correspondance *sous bandes*: — 1° dans le *département* avec le préfet des Basses-Pyrénées; — 2° dans *l'arrondissement* avec le préfet; — 3° dans *l'arrondissement de la commission* avec les maires. — Correspondance spéciale et également *sous bandes* des présidens des commissions dans l'arrondissement de Mauléon (même département) avec les gardes-généraux des forêts, à Saint-Palais, Saint-Jean-Pied-de-Port, Tardets, et les inspecteurs des forêts à Saint-Palais.

Président de la commission syndicale par l'administration de la propriété dite: Mandement de Saint-Nazaire (Drôme). — Correspondance *sous-bandes* avec le préfet de la Drôme.

Directeurs des maisons centrales de détention. — Correspondance: — 1° dans tout le royaume avec les Procureurs généraux et les Procureurs du roi: sous *lettres fermées* dans *le ressort de la cour royale* avec les Procureurs généraux, et dans *l'arrondissement* avec les procureurs du roi; *sous bandes* dans les autres cas; — 2° *sous bandes* et dans le *département* avec les préfets; — 3° *sous bandes* et dans *l'arrondissement* avec les Sous-Préfets. — Correspondance spéciale *sous bandes* du Directeur du quartier des condamnés politiques de la maison centrale de Clairvaux avec le Préfet de l'Aube.

Directeurs des dépôts de mendicité. — Correspondance *sous bandes* et dans le *département* avec les Préfets.

Commissaire de police. — Correspondance sous *lettres fermées*: — 1° dans le *ressort de la cour royale* avec les Procureurs-généraux; — 2° dans le *département* avec les Procureurs du roi près les cours d'assises; — 3° dans *l'arrondissement* avec les Procureurs du roi près les tribunaux; — *sous bandes* (mais éventuellement et en cas de nécessité sous *lettres fermées*, (V. *infrà* état VI), — 1° dans le *ressort de la cour royale* avec les premiers Présidens de ces cours; — 2° dans le *département où se tiennent les assises* avec les Présidens des cours d'assises (cette franchise s'étend même au lieu de la residence ordinaire des Présidens des cours d'assises); — 3° dans l'étendue de la *conservation forestière*, avec les Inspecteurs des forêts de la couronne; — 4° dans le *département*, avec les préfets; — 5° dans *l'arrondissement*, avec les Juges d'instruction, les Sous-Préfets. — Correspondance spéciale et aux mêmes conditions des Commissaires de police: — du Pont-de-Beauvoisin avec le préfet du Rhône; — du département du Gard avec le Commissaire central à Nîmes; — du département de la Gironde avec le commissaire central à Bordeaux; — du département de la Seine avec les Juges d'instruction attachés au tribunal de ce département. — Quant aux commissaires spéciaux de police pour les chemins de fer, V. *infrà* état I, tableau 2e, partie 9e, § 2.

Commissaires centraux de police. — Mêmes droits de correspondance que les commissaires de police ordinaires. — Correspondances spéciales des Commissaires centraux de police: — de Bordeaux avec les Commissaires de police et les maires de la Gironde; — de Nîmes avec les Commissaires de police et les Maires du Gard; — de Rouen avec les Juges de paix et les Maires dans les cantons de Maromme, Grand-Couronne, Boos et Darnetal.

Vérificateur des passe-ports au Perthus. — Correspondance *sous bandes* avec le préfet des Pyrénées-Orientales et le Sous-préfet de Céret.

Inspecteurs-vérificateurs de la librairie établis aux frontières. — Correspondance *sous bandes* et dans le *département*, avec les Préfets.

§ 2. — *Etablissemens de bienfaisance et de secours publics.*

Inspecteurs généraux des établissemens de bienfaisance. — Correspondance *sous bandes* et dans *tout le royaume* avec les Préfets et les Sous-Préfets.

Inspecteurs départementaux des enfans trouvés et des établissemens de bienfaisance. — Correspondance *sous bandes* et dans *les départemens*, avec les Maires, les Préfets, les Receveurs des établissemens de bienfaisance, les Sous-Préfets.

Administrateurs et Directeurs des établissemens de bienfaisance. — Correspondance *sous bandes* : — 1° dans le *département* avec les Préfets ; — 2° dans l'*arrondissement*, avec les Sous-préfets.

Administrateurs des hospices civils dans les lieux où il n'existe pas d'hôpitaux militaires. — Mêmes droits de correspondance que les officiers comptables des hôpitaux militaires.

Directeurs des hôpitaux et hospices de la ville de Paris. — Correspondance *sous bandes* avec le Procureur du roi près le tribunal de la Seine.

Présidens des commissions administratives des hospices civils : — de *Bordeaux*, avec les Préfets et les Receveurs généraux de la Charente, de la Charente-Inférieure et de la Dordogne ; — de *Grenoble* et de *Vienne* avec les Préfets et Receveurs généraux de l'Ardèche, de la Drôme, de la Loire, de la Haute-Loire, du Rhône. — Toutes ces correspondances ont lieu *sous bandes*.

Inspecteur général des asiles d'aliénés. — Correspondance *sous bandes* et dans *tout le royaume* avec les Préfets et les Sous-Préfets.

Directeurs des asiles publics d'aliénés. — Mêmes droits de correspondance que les Directeurs des autres établissemens de bienfaisance. — Correspondances spéciales et *sous bandes* des Directeurs des asiles d'aliénés ; — de *Lommelet* (Nord), avec le Préfet du Pas-de-Calais ; de Saint-Pierre ; — de Saint-Paul à la Guillotière (Rhône), avec le Préfet de la Loire.

Directeur de la maison royale de Charenton. — Correspondance *sous bandes* avec le Préfet de la Seine et le Sous-Préfet de Sceaux. — Il jouit, en outre, de la franchise attribuée aux Administrateurs des hospices civils dans les lieux où il n'y a pas d'hôpital militaire.

Directeur de la maison royale des Jeunes-Aveugles. — Correspondance spéciale *sous bandes* avec le préfet de la Seine.

§ 3. — *Administration des télégraphes.*

Administrateur en chef des lignes télégraphiques. — Correspondance : dans *tout le royaume* et sous *lettres fermées* avec les Directeurs et Inspecteurs des télégraphes.

Inspecteurs des télégraphes. — Correspondance : — 1° dans *tout le royaume* et sous *lettres fermées* avec l'Administrateur en chef des lignes télégraphiques ; — 2° dans l'étendue de l'*inspection télégraphique* et *sous bandes* avec les Préfets. — Correspondance exceptionnelle et sous *lettres fermées* de l'Inspecteur des télégraphes à Guingamp, avec le Directeur du télégraphe à Brest, le Préfet du Finistère.

Directeurs des télégraphes. — Correspondances : — 1° dans *tout le royaume* avec l'Administrateur en chef des lignes télégraphiques ; — 2° dans l'étendue de la *ligne télégraphique* avec les Directeurs des télégraphes ; — 3° dans le *rayon télégraphique*, avec les Chefs de service de la marine, les Intendans militaires, les Lieutenans généraux et Maréchaux de camp, commandant les divisions et subdivisions militaires, les Préfets des départemens, les Préfets maritimes, les Procureurs généraux, les Procureurs du roi, les Sous-Préfets. — Toutes ces correspondances ont lieu sous *lettres fermées*. — Correspondance spéciale également sous *lettres fermées* des Directeurs de télégraphes : — à Avignon, Dijon, Lyon, Marseille, Montpellier, Nîmes et Toulon avec le Directeur à Perpignan, et réciproquement de celui-ci à ces Directeurs ; — à Bayonne avec les Ambassadeurs de France à Madrid et à Bayonne ; — à Montpellier avec les Directeurs à Narbonne et à Toulouse ; — à Narbonne avec les Directeurs à Montpellier et à Nîmes ; — à Nîmes avec le Directeur à Narbonne ; — à Toulouse avec le Directeur à Montpellier.

Stationnaires des télégraphes. — Correspondance *sous bandes* et seulement pour l'envoi des procès-verbaux en chiffres avec les Administrateurs des lignes télégraphiques.

§ 4. — *Imprimerie royale.*

Directeur de l'imprimerie royale. — Correspondance dans *tout le royaume* : — 1° *sous bandes* avec les abonnés au *Bulletin des lois* et au *Bulletin des arrêts de la cour de Cassation* ; — 2° sous *lettres fermées* avec le Greffier en chef de la cour des comptes, pour l'envoi de comptes, les Directeurs des douanes dans *tout le royaume*, l'Inspecteur des douanes à Lyon, et les Préfets pour l'envoi, des *Bulletins des lois* contenant les prix régulateurs des grains (les paquets ne sont point contre-signés mais simplement frappés du timbre de l'imprimerie royale) ; — Nous avons vu (*suprà* état 1er, tab. 1er, 1re part.) que le Directeur de l'imprimerie royale reçoit en franchise et sans condition de contre-seing les demandes d'abonnement au *Bulletin des lois* et au *Bulletin des arrêts de la cour de Cassation* qui lui sont adressées *sous bandes*. — Il peut aussi remplacer son contre-seing par une griffe (V. *infrà* état IV).

§ 5. — *Gardes nationales.*

Gardes nationales. — V. ÉTAT, III. — Mentionnons seulement ici que dans l'*arrondissement de la vérification d'armes*, les Officiers vérificateurs des armes de la garde nationale correspondent *sous bandes* avec les Préfets et les Sous-Préfets.

Gardes nationales du département de la Seine. — Il existe pour le service de la garde nationale de la Seine et eu égard à leur organisation particulière un certain nombre de franchises que nous allons indiquer.

Commandant supérieur des gardes nationales de Paris et du département de la Seine. — Correspondances sous *lettres fermées* avec les Officiers de tous grades des gardes nationales du département de la Seine. — Nous avons vu (*suprà* état 1er, tabl. 1er, 1re partie) qu'il reçoit en franchise et sans condition de contre-seing les lettres et dépêches qui lui sont adressées. — Il peut aussi remplacer son contre-seing par une griffe (V. *infrà* état IV).

Majors des légions de la garde nationale dans le département de la Seine. — Correspondance *sous bandes* avec les Officiers de tous grades des légions auxquelles appartiennent les contre-signataires.

Officiers de tous grades des gardes nationales dans le département de la Seine. — Correspondance *sous bandes* avec le Chef de l'état-major général, et les Majors des légions auxquelles appartiennent les contre-signataires.

Chefs des légions de la banlieue. — Correspondance *sous bandes* avec les Commandans de la garde nationale des communes composant la légion du contre-signataire.

Chef de bataillons des légions de la banlieue. — Correspondance *sous bandes* avec les Commandans de la garde nationale des communes dépendantes du bataillon du contre-signataire. — Correspondance spéciale du chef d'escadron de la deuxième légion de la garde nationale de la banlieue avec les Commandans des subdivisions communales de son escadron.

Commandans communaux dans les légions de la banlieue. — Correspondance *sous bandes* avec les Adjudans-Majors du bataillon, Chefs de bataillon, et Chef de légion des contre-signataires. — Correspondance spéciale des Commandans des subdivisions communales de l'escadron de la deuxième légion avec l'Adjudant-Major et le Chef d'escadron dudit escadron.

Capitaines d'armement dans les arrondissemens de Saint-Denis et de Sceaux. — Correspondance *sous bandes*, et dans chacun des arrondissemens respectifs, avec le Sous-Préfet.

Adjudans-Majors des légions de la banlieue. — Correspondance *sous bandes* avec les Commandans communaux des gardes nationales dépendant du bataillon du contre-signataire. — Correspondance spéciale : — des Adjudans-Majors aux bataillons d'infanterie de la deuxième légion de l'infanterie avec l'Adjudant-Major de l'escadron de cette légion ; — de l'Adjudant-Major de cet escadron avec les Adjudans-Majors d'infanterie précités et les Commandans des subdivisions communales dont se compose l'escadron.

HUITIÈME PARTIE. — *Ministère de l'agriculture et du commerce.*

Ministre de l'agriculture et du commerce. — Correspondance sous *lettres fermées et dans tout le royaume* avec les Administrateurs des caisses d'épargne en nom collectif, l'Administrateur du domaine du Pin (Orne), les Agens des remontes des haras, les Conseillers d'Etat, les Directeurs des dépôts d'étalons, des écoles royales des arts et métiers à Aix, à Angers, à Châlons, des écoles vétérinaires, de l'enregistrement et des domaines, des haras de la vacherie d'expérience de la ferme-modèle de Poussery (Nièvre), le Greffier en chef de la cour des comptes, les Inspecteurs de l'agriculture, des établissemens sanitaires du royaume, les Inspecteurs généraux des écoles vétérinaires et des bergeries royales, des haras, les Maires, les Maîtres des requêtes, les Médecins inspecteurs des établissemens thermaux appartenant à l'Etat, les Membres du conseil des haras, les Préfets, les Présidens des chambres de commerce, du comité consultatif des arts et manufactures, des conseils généraux d'agriculture, du commerce, des manufactures, des conseils de prud'hommes, des sociétés d'agriculture, les Présidens semainiers des commissions sanitaires, des intendances sanitaires, le Professeur chargé du Conservatoire royal des arts et métiers, les Receveurs de l'enregistrement et des domaines, les Receveurs généraux des finances, les Régisseurs des bergeries royales, les Sous-Préfets, les Vérificateurs des poids et mesures. — Nous avons vu (*suprà* état I, tabl. 1er, 1re part.) que le Ministre de l'agriculture et du commerce reçoit en franchise, sans condition de contre-seing, les lettres et dépêches qui lui sont adressées. — Il peut remplacer son contre-seing par une griffe (état IV).

§ 1er. — *Commerce et manufactures.*

Présidens des chambres de commerce. — Présidens des chambres consultatives des arts et manufactures. — Présidens des juges de commerce et des manufactures. — Présidens des sociétés d'agriculture, sciences et arts. — Présidens des conseils de prud'hommes — Correspondance *sous bandes* et dans le *département* avec les préfets.

Syndics des agens de change. — Syndics des courtiers de commerce. — Correspondance *sous bandes* et dans le *département* avec les préfets.

Commissaires du roi près les compagnies d'assurances et les sociétés anonymes. — Correspondance *sous bandes* avec les préfets et dans le *département*.

Vérifications des poids et mesures. — Correspondance *sous bandes* : — 1° dans le *département*, avec les Préfets ; — 2° dans l'*arrondissement*, avec les Juges de paix, les Maires, les Sous-Préfets ; — 3° dans l'*arrondissement*, et sous *lettres fermées*, avec les procureurs du roi.

Directeurs des écoles royales d'arts et métiers. — Correspondance *sous bandes* et dans le *département* avec les Préfets

Directeur du conservatoire royal des arts et métiers — Correspondance *sous bandes* avec le Préfet de la Seine.

Inspecteur du travail des enfans dans les manufactures. — Correspondance *sous bandes* dans le département avec les Préfets et les Sous-Préfets.

§ 2. — *Agriculture.*

Haras.

Inspecteurs généraux des haras. — Correspondance, *sous bandes* et dans *tout le royaume*, avec les Agens généraux des remontes des haras, les Directeurs des dépôts d'étalons, les Directeurs des haras, les Préfets, les Sous-Préfets.

Membres du conseil des haras. — Correspondance *sous bandes* : — 1° dans *le département*, avec les Préfets ; — 2° dans *l'arrondissement*, avec les Sous-Préfets.

Agens généraux des remontes des haras. — Correspondance *sous bandes* : — 1° dans *tout le royaume* avec les Directeurs des dépôts d'étalons, ceux des haras, les Inspecteurs généraux des haras ; — 2° dans la *circonscription des haras* avec les Préfets, les Sous-Préfets.

Directeurs des haras. — Correspondance *sous bandes* : — 1° dans *tout le royaume*, avec les Agens généraux de remonte des haras, les Inspecteurs généraux des haras ; — 2° dans la *circonscription des haras*, avec les Préfets et Sous-Préfets ; — 3° dans *le département*, avec les Directeurs et Receveurs de l'enregistrement et des domaines. — Correspondance spéciale du Directeur des haras de Pompadour avec le Conservateur des forêts à Aurillac, le Garde général des forêts à Tulle.

Directeurs des dépôts d'étalons. — Mêmes droits de correspondance que les Directeurs des haras.

Directeur du dépôt de remonte au bois de Boulogne près Paris. — Correspondance *sous bandes* avec le Directeur et le Receveur de l'enregistrement et des domaines dans le département de la Seine.

Ecoles vétérinaires et bergeries royales.

Inspecteur général des écoles vétérinaires et des bergeries royales. — Correspondance *sous bandes* avec les Préfets des départemens et Sous-Préfets des arrondissemens où sont établies les écoles et bergeries.

Directeurs des écoles vétérinaires. — Correspon

dance *sous bandes*: — 1° dans *le département* avec les Préfets, les Directeurs et Receveurs de l'enregistrement et des domaines; — 2° dans *l'arrondissement* avec les Sous-Préfets.

Directeurs des bergeries royales. — Correspondance *sous bandes* et dans *le département* avec les Directeurs et Receveurs de l'enregistrement et des domaines.

Régisseurs des écoles vétérinaires. — Mêmes droits de correspondance que les Directeurs des bergeries royales.

Régisseurs des bergeries royales.—Mêmes droits de correspondance que les Directeurs des écoles vétérinaires.

Vacherie.

Directeur de la vacherie d'expérience de la ferme modèle de Poussery.—Correspondance *sous bandes* avec le préfet de la Nièvre.

Institutions agronomiques.

Directeur de l'institution agronomique de Dijon. — Correspondance *sous bandes* et dans *tout le royaume* avec les Préfets.

Etablissemens thermaux.

Régisseurs des établissemens thermaux appartenant à l'état.— Correspondance *sous bandes* et dans *le département*, avec les Directeurs et Receveurs de l'enregistrement et des domaines. — Correspondance également *sous bandes* du Régisseur de l'établissement de Vichy avec le Préfet de l'Allier.

Médecins inspecteurs des établissemens thermaux appartenant à l'état. — Correspondances *sous bandes* et dans le *département* avec les Préfets.

§ 3. — *Police sanitaire.*

Présidens semainiers des intendances sanitaires. — Correspondance *sous bandes* : — 1° dans *tout le royaume* et à *l'extérieur*, avec les agens consulaires, les Consuls et Vices-Consuls de France; les Présidens des commissions et intendances sanitaires;— 2° dans le ressort de *l'intendance sanitaire*, avec les Agens et Gardes sanitaires. — Correspondance spéciale et également *sous bandes* des Présidens semainiers des intendances sanitaires:—de Bayonne avec le Directeur des douanes à Bordeaux, les Préfets des Landes et des Basses-Pyrénées, les Préposés des lazarets de terre à Urdos et au Pas-de-Béhobie; — de Brest avec le Directeur des douanes à Lorient et le Préfet du Finistère; —du Château (île d'Oléron) avec les Maires de l'île; —du Havre avec les Directeurs des douanes à Abbeville, Cherbourg, Rouen, les Préfets du Calvados, de l'Eure, de la Manche, de la Seine-Inférieure; — de Lorient avec le Préfet du Morbihan;—de la Rochelle avec le Préfet de la Vendée; —de Nantes avec le Délégué de la commission de salubrité navale à Saint-Nazaire, les Directeurs des douanes à Lorient et à la Rochelle, les Préfets du Morbihan et de la Vendée ;—de Marseille avec les Directeurs des douanes à Montpellier et à Perpignan, les Préfets de l'Aude, du Gard, de l'Hérault, des Pyrénées-Orientales ;—de Toulon avec le Préfet du Var.

Présidens semainiers des commissions sanitaires.—Mêmes correspondances dans *tout le royaume* et à *l'extérieur* que les Présidens des intendances sanitaires. —Correspondances, dans le *ressort de la commission, sanitaire* avec les Agens et Gardes sanitaires. — Correspondance spéciale et également *sous bandes* des Présidens semainiers des commissions sanitaires : — de Calais et de Montreuil-sur-Mer avec le Directeur des douanes à Boulogne ;— de Cherbourg avec les Sous-Préfets de Coutances et de Valognes; — de Granville avec les Directeurs des douanes à Cherbourg et à Saint-Malo, les Sous-Préfets d'Avranches et de Coutances;—de Lannion avec le Commissaire de marine à Saint-Brieuc et le Sous-Commissaire à Paimpol, les Inspecteurs des douanes à Saint-Brieuc et à Tréguier, le Directeur des douanes à Brest, les Sous-Préfets de Dinan et de Guingamp; — de Paimpol, mêmes droits que celui de Lannion, moins avec le Directeur des douanes à Brest, le Sous-Commissaire de marine à Paimpol, plus avec le Directeur des douanes à Saint-Malo, l'Inspecteur des douanes et le Sous-Préfet à Lannion ;—de Saint-Brieuc avec le Directeur des douanes à Saint-Malo, l'Inspecteur des douanes à Tréguier, le Sous-Commissaire de marine à Paimpol, les Sous-Préfets à Dinan, Guingamp, Lannion;—de Saint-Valery-sur-Somme avec le Directeur des douanes et le Sous-Préfet à Abbeville.

Gardes sanitaires. — Correspondance *sous bandes* dans le ressort : — 1° de *l'intendance sanitaire* avec les Présidens semainiers des intendances sanitaires; — 2° de la *commission sanitaire* avec les Présidens semainiers des commissions sanitaires.

Agens sanitaires. — Mêmes droits de correspondance que les Gardes sanitaires. — Lorsqu'ils sont en même temps préposés d'un autre service, il faut qu'ils désignent expressément la qualité d'Agent sanitaire dans leur contre-seing, et qu'il en soit de même quant aux lettres qui leur sont adressées. — Le Délégué de la commission de salubrité navale, agent spécial à Saint-Nazaire, correspond *sous bandes* avec le Président de la commission de salubrité navale à Nantes, qui est le commissaire principal de la marine, et le Président semainier de l'intendance sanitaire de Nantes.

Préposés des lazarets de terre à Urdos et à Béhobie. — Correspondance *sous bandes* avec le Président semainier de l'intendance sanitaire de Bayonne.

NEUVIÈME PARTIE. — *Ministère des travaux publics.*

Ministre des travaux publics. — Correspondance sous *lettres fermées* et dans *tout le royaume*, avec les Administrateurs des lignes télégraphiques, les Agens de surveillance près les chemins de fer, les Aspirans des mines et ceux des ponts-et-chaussées, les Colonels de gendarmerie, les Commissaires généraux de la navigation (approvisionnement de Paris), les Commissaires de police des chemins de fer, les Conseillers d'état, les Directeurs de l'école royale de musique et de déclamation, des écoles royales d'arts et métiers à Aix, Angers, Châlons ; des écoles vétérinaires, de l'enregistrement et des domaines, des maisons centrales de détention, des maisons royales de Charenton et des Jeunes-Aveugles, les Elèves des mines et ceux des ponts-et-chaussées, les Garde-mines, le Greffier en chef de la cour des comptes, les Ingénieurs en chef et ordinaires, les Inspecteurs divisionnaires et généraux des mines et ceux des ponts-et-chaussées, les Inspecteurs de la navigation, l'Inspecteur en chef de la navigation du Rhin à Mayence, les Inspecteurs généraux membres du conseil des bâtimens civils, les Inspecteurs particuliers de la navigation (approvisionnement de Paris), les Maires, les Maîtres de port, les Maîtres des requêtes, les Officiers du bataillon des voltigeurs corses, de la garde municipale de Paris et de la gendarmerie, les Officiers de port, les Préfets, les Préposés des ponts à bascule, les Présidens des chambres de commerce, du comité consultatif des arts et manufactures, des conseils généraux d'agriculture, du commerce, des manufactures, du conservatoire de la bibliothèque du roi, les Procureurs généraux, les Procureurs du roi, les Receveurs de l'enregistrement et des domaines, les Receveurs des établissemens de bienfaisance, les Secrétaires du conseil des bâtimens civils. — Nous avons vu (*suprà* état I, tabl. 1er, 1re part.) que le Ministre des travaux publics reçoit en franchise et sans condition de contre-seing les lettres et dépêches qui lui sont adressées. Il peut aussi remplacer son contre-seing par l'emploi d'une griffe (V. *infrà* état IV).

§ *Des mines.*

Inspecteurs divisionnaires des mines. — Correspondance *sous bandes* et dans *l'arrondissement de l'inspection divisionnaire des mines*, avec les Elèves, Ingénieurs en chef et ordinaires des mines, les Préfets, les Sous-Préfets.

Ingénieurs en chef des mines. — Correspondance *sous bandes*: — 1° dans *l'arrondissement de l'inspection divisionnaire des mines*, avec les Inspecteurs divisionnaires; — 2° dans *l'arrondissement de leur service*, avec les Aspirans, Conducteurs, Elèves, Garde-Mines, Ingénieurs ordinaires des mines, les Préfets, les Sous-Préfets.

Ingénieurs ordinaires des mines. — Correspondance *sous bandes* : — 1° dans *l'arrondissement de l'inspection divisionnaire des mines*, avec les Inspecteurs divisionnaires ; — 2° dans *l'arrondissement de l'ingénieur en chef des mines*, avec les Ingénieurs en chef; — 3° dans *l'arrondissement de leur service*, avec les Aspirans, Conducteurs, Elèves, Garde-Mines, les Préfets, les Sous-Préfets.

Elèves des mines. —Correspondance *sous bandes* avec les Inspecteurs divisionnaires, Ingénieurs en chef et ordinaires des mines, dans l'étendue de *l'arrondissement respectif* de chacun des fonctionnaires indiqués.

Aspirans des mines. — Mêmes droits de correspondance, moins avec les Inspecteurs divisionnaires.

Conducteurs des mines. — Mêmes droits de correspondance que les Aspirans.

Garde-mines. — Mêmes droits de correspondance, plus avec les Préfets des départements où s'exerce la surveillance des contre-signataires.

§ 2. — *Ponts-et-chaussées (chemins de fer, canaux, navigation, routes).*

Inspecteurs divisionnaires des ponts-et-chaussées.— Correspondance *sous bandes* :—1° dans *l'arrondissement de l'inspection divisionnaire des ponts-et-chaussées*, avec les Préfets, les sous-Préfets ; — 2° dans le même *arrondissement* et dans l'étendue du *parcours des chemins de fer, canaux, rivières navigables et routes*, lorsque l'arrondissement du contre-signataire est traversé dans un point quelconque par le service auquel est attaché le destinataire, avec les Aspirans, Elèves, Ingénieurs en chef et Ingénieurs ordinaires des ponts-et-chaussées; — 3° dans *l'arrondissement d'inspection des chemins de fer*, avec les Inspecteurs divisionnaires adjoints des ponts et chaussées chargés de l'inspection des chemins de fer.

Inspecteurs divisionnaires des ponts-et-chaussées chargés de l'inspection des chemins de fer. — Correspondance, *sous bandes* et dans *l'arrondissement de leur inspection*, avec les Aspirans, Conducteurs, Elèves, Ingénieurs en chef, Ingénieurs ordinaires, Ingénieurs divisionnaires et Piqueurs des ponts-et-chaussées, les Commandans du génie, les Directeurs des fortifications, les Préfets, les sous-Préfets. — Le numéro de l'inspection doit être indiqué.

Inspecteur du premier district de la navigation à Strasbourg.—Correspondance *sous bandes* avec les autorités, les fonctionnaires et les préposés des provinces étrangères situées sur le Rhin, les Directeurs des contributions indirectes à Colmar et à Strasbourg; les Ingénieurs en chef des ponts-et-chaussées du Bas-Rhin et du Haut-Rhin, les Préfets des mêmes départemens, les Inspecteurs de district des puissances riveraines du Rhin, l'Inspecteur général de la navigation du Rhin à Mayence, le Receveur des droits de navigation sur le Rhin à Strasbourg.

Ingénieurs en chef des ponts-et-chaussées chargés d'un service départemental. — Correspondance *sous bandes* : — 1° dans le *département*, avec les Aspirans, Conducteurs, Elèves, Ingénieurs ordinaires du service départemental, les Commandans du génie, les Maîtres et Officiers de port, les Préfets, les Préposés des ponts à bascule, les sous-Préfets; — 2° dans *l'arrondissement de l'inspection divisionnaire des ponts-et-chaussées*, avec les Inspecteurs divisionnaires; —3° dans le *parcours des chemins de fer, canaux, rivières navigables, routes*, avec les Ingénieurs en chef ou ordinaires chargés de ce service spécial, lorsque le chemin de fer, le canal, la rivière ou la route traverse sur un point quelconque le département du contre-signataire; — 4° dans *l'arrondissement d'inspection des chemins de fer*, avec les inspecteurs divisionnaires adjoints chargés de cet arrondissement; — 5° dans la *direction du génie*, avec les Directeurs des fortifications; — 6° dans l'étendue de la *conservation forestière*, avec les Conservateurs des forêts. — Correspondances spéciales et également *sous bandes* des Ingénieurs en chef des ponts-et-chaussées : — du Jura avec le Préfet du Doubs, chargé de l'administration du canal du Rhône au Rhin; — du Bas et du Haut-Rhin avec le Préfet du Doubs pour les mêmes causes que le précédent, plus avec l'Inspecteur général de la navigation du Rhin à Mayence, et l'Inspecteur du premier district de la navigation à Strasbourg (cette dernière franchise peut s'étendre sur les bords du Rhin jusqu'à l'embouchure de la Lauter); — de la Seine avec l'Ingénieur en chef de Seine-et-Oise; — de Seine-et-Marne avec l'Ingénieur en chef Directeur du service municipal à Paris ;—de Seine-et-Oise avec les Aspirans, Conducteurs, Elèves, l'Ingénieur en chef et les Ingénieurs ordinaires des ponts-et-chaussées du département de la Seine, le Préfet de la Seine, les Préposés des ponts à bascule, les sous-Préfets de Saint-Denis et de Sceaux.

Ingénieurs en chef des ponts-et-chaussées chargés du service spécial d'un canal, d'une rivière navigable ou d'une route. — Correspondance *sous bandes* : — 1° dans le *parcours des canaux, rivières, routes*, avec les Aspirans, Conducteurs, Elèves, Ingénieurs en chef, Ingénieurs ordinaires, les Commandans du génie, les Préfets, les sous-Préfets des départemens traversés par le canal, la rivière ou la route dont le contre-signataire est chargé, et les Piqueurs des ponts-et-chaussées attachés au même canal, à la même rivière ou route; — 2° dans le *même parcours* et *l'arrondissement d'inspection divisionnaire des ponts-et chaussées*, avec ces Inspecteurs ; — 3° dans le même parcours et l'étendue de la *direction du génie*, avec les Directeurs des fortifications. — Correspondance spéciale à *l'Ingénieur en chef de la navigation du Rhin à Strasbourg* avec le Directeur des fortifications à Belfort, les Commandans du génie à Huningue et à Neuf-Brisach.

Ingénieurs en chef des ponts-et-chaussées char-

gés de l'étude ou du service spécial d'un chemin de fer. — Droits de correspondance dans le parcours des chemins de fer analogue à celui des Ingénieurs en chef chargés du service spécial d'un canal, d'une rivière, d'une route; plus avec les agens spéciaux de surveillance établis par l'administration sur les lignes des chemins de fer. — Correspondance spéciale de l'Ingénieur en chef du service d'exploitation des chemins de fers joignant la frontière belge avec le Directeur des contributions indirectes du Nord, les Directeurs des douanes à Dunkerque et à Valenciennes, l'Inspecteur principal des douanes à Liége.

Ingénieurs en chef des ponts-et-chaussées chargés des travaux des chemins de fer en exécution. — Mêmes droits de correspondance que les Ingénieurs précédens; plus avec les Maires des communes traversées par les sections auxquelles sont attachés les autres signataires.

Ingénieurs ordinaires des ponts-et-chaussées chargés du service départemental. — Mêmes droits de correspondance que les Ingénieurs en chef de ce service, avec qui ils correspondent dans le *département.* — Correspondance spéciale, et également *sous bandes*, des Ingénieurs ordinaires des ponts-et-chaussés; — des départemens du Jura, du Bas-Rhin et du Doubs, avec le Préfet du Doubs; — de la Seine, avec l'Ingénieur en chef de Seine-et-Oise; — de Seine-et-Marne, avec l'Ingénieur en chef du service municipal à Paris.

Ingénieurs ordinaires des ponts-et-chaussées chargés du service spécial d'un canal, d'une rivière navigable ou d'une route. — Mêmes droits de correspondance que les Ingénieurs en chef de ce service.

Ingénieurs ordinaires des ponts-et-chaussées chargés de l'étude ou du service spécial d'un chemin de fer, ou des travaux d'un chemin de fer en exécution. — Mêmes droits de correspondance que les Ingénieurs en chef de ces services. — Correspondance spéciale de l'Ingénieur ordinaire faisant fonctions d'Ingénieur en chef chargé du service des chemins de fer conduisant à la frontière belge avec l'Ingénieur en chef des mines de Douai.

Ingénieurs des ponts-et-chaussées chargés d'un service vicinal. — Correspondance, *sous bandes* et dans le *département*, avec les Agens-Voyers de département, d'arrondissement et de canton, les Maires. — Correspondance spéciale de l'Ingénieur en chef, Directeur du service municipal à Paris, avec les Ingénieurs en chef et ordinaires de Seine-et-Marne.

Aspirans et Elèves des ponts-et-chaussées. — Correspondance *sous bandes* : — 1° dans le *département*, avec les Aspirans, Conducteurs, Elèves, Ingénieurs en chef et ordinaires des ponts-et-chaussées; — 2° dans l'arrondissement d'*inspection divisionnaire des ponts-et-chaussées*, avec les Inspecteurs divisionnaires ; — 3° dans l'*arrondissement d'inspection des chemins de fer*, avec les Inspecteurs divisionnaires adjoints chargés de ces inspections. — Correspondance spéciale des Aspirans et Elèves des ponts-et chaussées dans le département de la Seine, avec l'Ingénieur en chef de Seine-et-Oise.

Aspirans et Elèves des ponts-et-chaussées attachés à l'étude ou au service spécial d'un chemin de fer, au service spécial d'un canal, d'une rivière navigable, d'une mine. — Mêmes droits de correspondance que les Ingénieurs en chef et ordinaires chargés de ces travaux. — Il faut remarquer cependant que les Aspirans et Elèves attachés à un chemin de fer ne correspondent pas avec les agens spéciaux de surveillance établis par l'administration.

Conducteurs des ponts-et-chaussées. — Correspondance *sous bandes* : — 1° dans le *département*, avec les Aspirans, Elèves, Ingénieurs en chef et ordinaires des ponts-et-chaussées; — 2° dans l'*arrondissement d'inspection des chemins de fer*, avec les Inspecteurs divisionnaires de ce service. — Correspondance spéciale des Conducteurs des ponts-et-chaussées dans le département de la Seine, avec l'Ingénieur en chef des ponts-et-chaussées de Seine-et-Oise.

Conducteurs des ponts-et-chaussées attachés à l'étude ou au service spécial d'un chemin de fer, au service spécial d'un canal, d'une rivière navigable ou d'une route. — Correspondance *sous bandes*, et dans le *parcours*, avec les Aspirans, Elèves, Ingénieurs en chef et ordinaires de ce service.

Piqueurs des ponts-et-chaussées. — Correspondance *sous bandes* avec les Inspecteurs divisionnaires adjoints des ponts-et-chaussées chargés de l'inspection des chemins de fer dans l'*arrondissement d'inspection des chemins de fer.*

Piqueurs des ponts-et-chaussées attachés à l'étude ou au service spécial d'un chemin de fer, au service spécial d'un canal, d'une rivière navigable, d'une route. — Mêmes droits de correspondance dans ce cas que les conducteurs des ponts-et-chaussées.

Préposés des ponts-à-bascule. — Correspondance *sous bandes*, et dans le *département*, avec les Ingénieurs en chef et ordinaires des ponts-et-chaussées. — Correspondance spéciale des Préposés des ponts-à-bascule du département de la Seine avec l'Ingénieur en chef de Seine-et-Oise.

Commissaires voyers. — Correspondance *sous bandes* : — 1° dans le *département*, avec les préfets, — 2° dans l'*arrondissement*, avec les Maires et Sous-Préfets. — Correspondance spéciale du commissaire voyer du département du Loiret avec les Maires et les Sous-Préfets de ce département.

Agens voyers en chef. — Correspondance *sous bandes* et dans le *département*, avec les Agens voyers d'arrondissement et de canton, les Ingénieurs des ponts-et-chaussées chargés du service vicinal, les Maires, les Percepteurs, les Préfets, les Sous-Préfets.

Agens voyers d'arrondissement. — Correspondance *sous bandes* : — 1° dans le *département*, avec les Agens voyers en chef, les Ingénieurs en chef des ponts-et-chaussées chargés du service vicinal, les Préfets; — 2° dans l'*arrondissement* (et même dans les *arrondissemens limitrophes*, si le service des contre-signataires dépasse l'arrondissement de leur résidence, mais sans jamais sortir du département) avec les Agens voyers d'arrondissement et de canton, les Maires, les Percepteurs, les Sous-Préfets.

Agens voyers de canton. — Mêmes droits de correspondance que les Agens voyers d'arrondissement.

Agens spéciaux de surveillance établis par l'administration sur les lignes de chemin de fer. — Correspondance, *sous bandes* dans le *département* et les *départemens limitrophes*, traversés par le chemin de fer avec les autres Agens spéciaux de surveillance, les Commissaires établis par l'administration sur les lignes de chemins de fer, les Ingénieurs en chef et ordinaires des ponts-et-chaussées chargés du service des chemins de fer, les Préfets, les Sous-Préfets.

Commissaires de police établis par l'administration sur les lignes de chemins de fer. — Mêmes droits de correspondance que les agens de surveillance précités.

Officiers de port et Maîtres de port. — Correspondance *sous bandes* dans le *département* avec les Ingénieurs des ponts-et-chaussées en chef et ordinaires.

§ 3. — *Approvisionnement de Paris.*

Commissaires généraux de la navigation (approvisionnement de Paris). — Correspondance *sous bandes* : — 1° dans *l'inspection principale de la navigation* avec les Inspecteurs particuliers de la navigation et les Préfets.

Inspecteurs particuliers de la navigation (approvisionnement de Paris). — Correspondance *sous bandes* : — 1° dans l'arrondissement principal de navigation, avec les Commissaires généraux de la navigation (approvisionnement de Paris); — 2° dans *l'inspéction particulière de la navigation*, avec les Inspecteurs particuliers de la navigation (approvisionnement de Paris) et le Préfet de police.

Inspecteurs particuliers de la navigation et des ports dans le ressort de la Préfecture de police. — Correspondance *sous bandes* avec les autres Inspecteurs et les Préposés de la navigation et des ports dans le ressort de la Préfecture de police.

DIXIÈME PARTIE — *Ministère de l'instruction publique.*

Ministre de l'instruction publique. — Correspondance sous *lettres fermées*, et dans *tout le royaume*, avec les Agens comptables de toutes les facultés, les Archevêques, les Chefs d'institution, les Conseillers d'état, les Conservateurs des bibliothèques de l'Arsenal, Mazarine et de la ville de Paris, les Conservateurs des bibliothèques départementales et municipales, les Curés, les Desservans, les Directeurs des colléges particuliers, ceux des contributions directes, les Directeurs et Directrices des écoles normales primaires, les Doyens des facultés, les Evêques, les Frères des écoles chrétiennes, les Grands-Vicaires, les Inspecteurs des académies, les Inspecteurs et Sous-Inspecteurs des écoles primaires, les Inspecteurs généraux de l'Université, les Instituteurs, Institutrices, Maîtres et Maîtresses des écoles primaires, les Lieutenans généraux commandant les divisions militaires, les Maîtres de pension, les Maîtres des requêtes, les Membres du conseil royal de l'Université, les membres titulaires et Correspondans des comités historiques institués près le ministère, les Pasteurs de la confession d'Augsbonrg, ceux des églises réformées, les Préfets, les Premiers Présidens des cours royales, le Président de l'académie royale de médecine à Paris, les Présidens des comités d'arrondissement et des comités communaux d'instruction primaire, le Président de la commission administrative de l'Institut, celui du Conservatoire de la Bibliothèque du roi, les Présidens des Consistoires de la confession d'Augsbourg, du culte israélite, des églises réformées, les Principaux des colléges communaux, les Procureurs généraux, les Procureurs du roi, les Professeurs des colléges royaux, ceux des facultés, les Proviseurs des colléges royaux, les Rabbins dépendant des consistoires israélites, les Receveurs généraux et particuliers des finances, les Recteurs des académies, les Régens des colléges communaux, les Secrétaires perpétuels des cinq académies, les Sous-Préfets, les Succursalistes. — Nous savons (*suprà* état I, tableau 1er, partie 1re) que le Ministre de l'instruction publique reçoit en franchise et sans condition de contre-seing les lettres et dépêches qui lui sont adressées par toutes personnes. — Il peut aussi remplacer son contre-seing par une griffe (V. *infrà* état IV).

Inspecteurs généraux des études en tournée. — Correspondance, dans *tout le royaume*, avec les Directeurs et Directrices des écoles normales primaires, les Doyens des facultés, les Inspecteurs et Sous-Inspecteurs des écoles primaires, les Maires, les Préfets, les Présidens des comités d'arrondissement et ceux des comités communaux de l'instruction primaire, les Principaux des colléges communaux, les Procureurs généraux, les Procureurs du roi, les Proviseurs des colléges royaux, les Recteurs d'académie, les Sous-Préfets. — Toutes ces correspondances doivent être *sous bandes*: est admise cependant, *sous lettres fermées* la correspondance, avec les Procureurs généraux dans le *ressort de la cour royale*, avec les Procureurs du roi, dans *l'arrondissement.*

Recteurs d'académie. — Correspondance : — 1° dans tout le *royaume*, avec les Recteurs d'académie, les Inspecteurs généraux des études en tournée ; — 2° dans le *ressort de la cour royale*, avec les Premiers Présidens et les Procureurs généraux des cours royales; — 3° dans le *ressort académique*, avec les Archevêques, les Chefs d'institution, les Desservans, les Directeurs des contributions directes, les Directeurs et Directrices des écoles normales primaires, les Directeurs des écoles préparatoires de médecine et de pharmacie, ceux des écoles spéciales de pharmacie, les Doyens des facultés, les Evêques, les Grands-Vicaires capitulaires, les Inspecteurs d'académie, les Inspecteurs et Sous-Inspecteurs des écoles primaires, les Instituteurs et Institutrices des écoles primaires, les Maires, les Maîtres et Maîtresses des écoles primaires, les Maîtres de pension, les Préfets, les Présidens des comités d'arrondissement et des comités communaux de l'instruction primaire, les Présidens des commissions de surveillance des écoles normales primaires, les Principaux des colléges communaux, les Procureurs généraux, les Procureurs du roi, les Professeurs des facultés, les Proviseurs des colléges royaux, les Receveurs généraux des finances, les Sous-Préfets, les Succursalistes. — Toutes ces correspondances ont lieu *sous bandes*, à l'exception de celles avec les Procureurs généraux dans *le ressort de la cour royale*, et dans *l'arrondissement*, avec le Procureur du roi, qui sont admises *sous lettres fermées*. — Par exception, le Recteur de l'académie de Paris peut remplacer son contre-seing par l'empreinte d'une griffe (V. *infrà* état IV).

Inspecteurs d'académie. — Correspondance, dans le *ressort académique* et *sous bandes*, avec les chefs d'institution, les Directeurs et Directrices d'écoles normales primaires, les Instituteurs et Institutrices des écoles primaires, les Maires, les Maîtres et Maîtresses des écoles primaires, les Préfets, les Présidens des comités d'arrondissement et communaux de l'instruction primaire, les Principaux des colléges communaux, les Proviseurs des colléges royaux, les Recteurs d'académie, les Sous-Préfets. — En tournée, ils correspondent aux mêmes conditions avec les Inspecteurs et Sous-Inspecteurs des écoles primaires.

Doyens des facultés. — Correspondance *sous bandes* : — 1° dans *tout le royaume*, avec les Inspecteurs généraux des études en tournée ; — 2° dans le *ressort académique*, avec les Professeurs des facultés, les Receveurs généraux des finances, les Recteurs d'académie.

Professeurs des facultés. — Correspondances, *sous bandes* et dans le *ressort académique*, avec les Doyens des facultés et les Recteurs d'académie.

Directeurs des écoles préparatoires de médecine et de pharmacie. — Correspondance dans le *ressort académique* et *sous bandes*, avec les Recteurs d'académie.

Directeurs des écoles spéciales de pharmacie. — Correspondance dans l'*arrondissement académique* et *sous bandes*, avec les Recteurs d'académie.

Proviseurs des colléges royaux. — Correspondance : — 1° dans *tout le royaume*, avec les Inspecteurs généraux des études en tournée ; — 2° dans le ressort de la cour royale, avec les premiers Présidens et Procureurs généraux de ces cours ; — 3° dans le *ressort académique*, avec les Inspecteurs et Recteurs d'académie ; — 4° dans le *département*, avec les Inspecteurs et Recteurs d'académie ; — 5° dans chacun des *arrondissemens* sur lesquels s'étend le contrôle, avec les Contrôleurs des contributions directes. — La correspondance avec les Procureurs généraux est admise sous *lettres fermées*; toutes les autres doivent être *sous bandes*.

Principaux des colléges communaux. — Mêmes droits que les proviseurs des colléges royaux, à l'exception qu'ils ne correspondent pas avec les premiers Présidens et Procureurs généraux des cours royales.

Chefs d'institution. — Correspondance *sous bandes* : — 1° dans le *ressort académique*, avec les Inspecteurs et Recteurs d'académie ; — 2° dans le *département*, avec les Directeurs des contributions directes ; — 3° dans chacun des *arrondissemens* où s'étend le contrôle, avec les Contrôleurs des contributions directes.

Maîtres de pension. — Mêmes droits de correspondance que les Chefs d'institution.

Inspecteurs des écoles primaires. — Correspondance : — 1° dans *tout le royaume*, avec les Inspecteurs généraux en tournée ; — 2° dans le *ressort de la cour royale*, avec les Procureurs généraux ; — 3° dans le *ressort académique*, avec les Inspecteurs d'académie en tournée, les Inspecteurs et Sous-Inspecteurs des écoles primaires, les Recteurs d'académie ; — 4° dans le *ressort de l'école normale primaire*, avec les Directeurs et Directrices des écoles normales ; — 5° dans la *circonscription diocésaine*, avec les Archevêques, les Evêques, les Grands-Vicaires capitulaires ; — 6° dans le *département*, avec les Curés, Desservans, les Instituteurs et Institutrices des écoles primaires, les Maires, les Maîtres et Maîtresses des écoles primaires, les Pasteurs de la confession d'Augsbourg, les Pasteurs des églises réformées, les Percepteurs, les Préfets, les Présidens des comités d'arrondissement et ceux des comités communaux de l'instruction primaire, les Présidens des commissions d'examen de l'instruction primaire, les Présidens des commissions de surveillance des écoles normales primaires, les Présidens des consistoires départementaux du culte israélite, les Présidens des consistoires des églises réformées, les Présidens des consistoires locaux de la confession d'Augsbourg, les Procureurs du roi, les Rabbins dépendant de consistoires israélites, les Receveurs généraux et particuliers des finances, les Sous-Préfets, les Succursalistes. — Est admise sous *lettres fermées* la correspondance avec les Procureurs généraux dans le *ressort de la cour royale*, et celle avec les Procureurs du roi dans *l'arrondissement*. — Toutes les autres correspondances doivent être *sous bandes*.

Sous-Inspecteurs des écoles primaires. — Mêmes droits de correspondance que les Inspecteurs.

Présidens des commissions de surveillance des écoles normales primaires. — Correspondance *sous bandes* : — 1° dans le *ressort académique*, avec les Recteurs d'académie ; — 2° dans le *ressort de l'école normale primaire*, avec les Directeurs et Directrices des écoles normales primaires ; — 3° dans le *département*, avec les Inspecteurs et Sous-Inspecteurs des écoles primaires.

Directeurs des écoles normales primaires. — Correspondance *sous bandes* : — 1° dans *tout le royaume*, avec les Inspecteurs généraux des études en tournée ; — 2° dans le *ressort académique*, avec les Inspecteurs et Recteurs d'académies ; — 3° dans le ressort de l'*école normale primaire*, avec les Inspecteurs et Sous-Inspecteurs des écoles primaires, les Maires, les Préfets, les Présidens des comités d'arrondissement et communaux de l'instruction primaire ; les Présidens des commissions d'examen de l'instruction primaire, ceux des commissions de surveillance près les écoles normales primaires, les Sous-Préfets.

Directrices des écoles normales primaires de filles. — Mêmes droits de correspondance que les directeurs des écoles normales primaires.

Présidens des commissions d'examen de l'instruction primaire. — Mêmes correspondances que pour les Présidens des commissions de surveillance des écoles normales primaires, moins celles avec les Recteurs d'académie.

Présidens des comités d'arrondissement de l'instruction primaire. — Correspondance *sous bandes* : 1° dans *tout le royaume*, avec les Inspecteurs généraux des études en tournée ; — 2° dans le *ressort académique*, avec les Inspecteurs et les Recteurs d'académie ; — 3° dans le *ressort* de *l'école normale primaire*, avec les Directeurs et Directrices des écoles normales primaires ; — 4° Dans la *circonscription diocésaine*, avec les Archevêques, les Evêques, les Grands-Vicaires capitulaires ; — 5° dans le *département*, avec les Inspecteurs et Sous-Inspecteurs des écoles primaires, les Préfets ; — 6° dans l'*arrondissement*, avec les Curés, les Instituteurs, Institutrices, Maîtres et Maîtresses des écoles primaires, les Maires, les Présidens des comités communaux de l'instruction primaire, les Sous-Préfets.

Présidens des comités communaux de l'instruction primaire. — Mêmes correspondances que les Présidens des comités d'arrondissement, moins celles avec les Curés, les Inspecteurs généraux des études, les Instituteurs, Institutrices, Maîtres et Maîtresses des écoles primaires, les Présidens des comités communaux de l'instruction primaire, mais en plus, dans l'*arrondissement*, avec les Présidens des comités d'arrondissement de l'instruction primaire.

Instituteurs des écoles primaires. — Correspondance *sous bandes* : — 1° dans l'*arrondissement académique*, avec les Inspecteurs et les Recteurs d'académie ; — 2° dans le *département*, avec les Inspecteurs et Sous-Inspecteurs des écoles primaires, les Préfets ; — 3° dans l'*arrondissement*, avec les Maires, les Présidens des comités d'arrondissement de l'instruction primaire, les Sous-Préfets.

Institutrices des écoles primaires. — Mêmes droits de correspondance que les Instituteurs des écoles primaires.

Maîtres des écoles primaires. — Mêmes droits de correspondance que les instituteurs des écoles primaires.

Maîtresses des écoles primaires. — Mêmes droits de correspondance que les Instituteurs des écoles primaires.

ONZIÈME PARTIE. — *Ministère des finances.*

Ministre des finances. — Correspondance *sous lettres fermées*, et dans *tout le royaume*, avec les Avoués du trésor public dans les départemens, les Commissaires du roi pour la fabrication des monnaies, les Conseillers d'état, les Conservateurs des forêts, les Conservateurs des hypothèques, les Contrôleurs au change des monnaies, au monnayage ; les Directeurs des contributions directes, des contributions indirectes, des douanes, de l'école forestière à Nancy, de l'enregistrement et des domaines, de la fabrication des monnaies, des postes, le Greffier en chef de la cour des comptes, les Inspecteurs des douanes à Lyon, à Orléans, des postes, les Inspecteurs généraux et ordinaires des finances, l'Inspecteur en chef du service des douanes à Paris, les Maîtres des requêtes, les Payeurs du trésor public, les Préfets, les Présidens des chambres de commerce, le Président du comité de direction du service des paquebots de l'administration des postes sur la Méditerranée, le Président de la commission des monnaies, les Procureurs généraux, les Procureurs du roi, les Receveurs des argues royales, des hospices, les Receveurs généraux des finances, les Receveurs municipaux, les Receveurs particuliers des finances, les Receveurs principaux des contributions indirectes, des douanes, les Sous-Préfets, le Trésorier général des invalides de la marine, les Vérificateurs spéciaux du cadastre. — Nous avons vu (*suprà* état I, tableau 1er, partie 1re) que le Ministre des finances reçoit en franchise et sans condition de contre-seing les lettres et dépêches qui lui sont adressées. — Il peut remplacer son contre-seing par une griffe (V. *infrà* état IV).

§ 1er. — *Cour des comptes.*

Premier président de la cour des comptes. — Correspondance dans *tout le royaume* et sous *lettres fermées*, avec les Caissiers des académies, de la caisse d'amortissement, de la caisse des brevets d'invention, de la caisse des dépôts et consignations, des facultés de droit, des facultés de médecine, des fonds de la chancellerie, des hôpitaux, de l'imprimerie royale, des monts-de-piété, des tontines ; le Caissier central du trésor, les Commissaires des poudres et salpêtres, les Directeurs de la fabrication des monnaies, de l'imprimerie royale, des monts-de-piété ; les Directeurs-Comptables des postes, le Directeur général des poudres et salpêtres, les Economes des colléges royaux, les Garde-magasins du timbre, les Justiciables de la cour des comptes (la désignation de Justiciable de la cour des comptes n'opère la franchise qu'autant qu'elle est précédée de la qualité ou du titre du destinataire, soit d'*administrateur de, caissier de...* etc.), les Payeurs du trésor aux armées et dans les départemens, le Payeur central du trésor, les Préfets, les Receveurs des bureaux de bienfaisance, de charité, des contributions indirectes, des douanes, de l'enregistrement et des domaines, des établissemens de bienfaisance, des hospices, des octrois ; les Receveurs généraux, les Receveurs municipaux, les Trésoriers des colonies, des fonds coloniaux, des invalides à Avignon et à Paris ; le Trésorier général des invalides de la marine. — Nous avons vu au surplus (*suprà* état I, tableau 1er, partie 1re) que le premier Président de la cour des comptes reçoit en franchise, sous condition de contre-seing, les lettres et dépêches qui lui sont adressées. Il est encore admis à remplacer son contre-seing par l'empreinte d'une griffe (V. *infrà* état IV).

Procureur général de la cour des comptes. — Mêmes droits de correspondance que le premier Président. Comme lui aussi, il reçoit en franchise, et sous condition de contre-seing, les lettres et et dépêches qui lui sont adressées (V. *suprà* état I, tableau 1er, partie 1re), et il peut remplacer son contre-seing par l'empreinte d'une griffe (V. *infrà* état IV).

Justiciables de la cour des comptes. — Correspondance *sous bandes* avec le Greffier en chef de cette cour.

§ 2. — *Caisses d'amortissement et des dépôts et consignations.*

Directeur général de l'administration de la caisse d'amortissement et de la caisse des dépôts et consignations. — Correspondance dans *tout le royaume, et sous lettres fermées*, avec les Directeurs de l'enregistrement et des domaines, le Greffier en chef de la cour des comptes, les Maires, les Préfets, les Procureurs généraux, les Procureurs du roi, les Receveurs généraux et les Receveurs particuliers des finances. — Nous avons vu (*suprà* état I, tableau 1er, partie 1re) que le Directeur général de la caisse d'amortissement et des dépôts et consignations reçoit en franchise, et sous condition de contre-seing, les lettres et dépêches qui lui sont adressées. Il peut encore remplacer son contreseing par l'empreinte d'une griffe (V. *infrà* état IV).

§ 3. — *Administration générale, et comptables du trésor public.*

Inspecteurs généraux des finances. — Correspondance *sous bandes*, et dans *tout le royaume*, avec les Agens de l'administration des finances soumis à leur vérification, les Commissaires du roi pour la fabrication des monnaies, les Comptables des deniers publics ; les Conservateurs des forêts, les Directeurs des contributions directes, des contributions indirectes, des douanes, des droits d'entrée et d'octroi de la ville de Paris, de l'enregistrement et des domaines, de la fabrication des monnaies, des postes ; les Gardes généraux des forêts, les Inspecteurs des douanes, les Inspecteurs généraux et ordinaires des finances, les Inspecteurs et Sous-Inspecteurs des forêts, les Maires, les Préfets, les Préposés des finances soumis à leur vérification, et les Sous-Préfets. — Eventuellement, et en cas de nécessité seulement, ils peuvent fermer leur correspondance de service (V. *infrà* état VI).

Inspecteurs ordinaires des finances. — Mêmes droits de correspondance que les Inspecteurs généraux.

Agens et préposés de l'administration des finances soumis à la vérification des inspecteurs. — Correspondance *sous bandes*, et dans *tout le royaume*, avec les Inspecteurs généraux et particuliers des finances.

Comptables des deniers publics. — Correspondance *sous bandes*, et dans *tout le royaume*, avec le Greffier en chef de la cour des comptes, les Inspecteurs généraux et ordinaires des finances.

Receveurs généraux des finances. — Correspondance : — 1° dans *tout le royaume*, avec le Greffier en chef de la cour des comptes seulement pour l'envoi des comptes, et avec le trésorier de la couronne ; — 2° dans l'étendue de la *conservation forestière*, avec les Conservateurs des forêts ; — 3° dans le *ressort académique*, avec les Agens comptables et Doyens de facultés, les Recteurs d'académie ; — 4° dans *le département*, avec les Contrôleurs des contributions directes, les Directeurs des douanes, les Gardes généraux des forêts, les Inspecteurs des contributions directes, les Inspecteurs et Sous-Inspecteurs des écoles primaires, les Inspecteurs et Sous-Inspecteurs des forêts, les Notaires pour l'envoi des formules de certificats de vie, les Percepteurs, les Receveurs des hospices et les receveurs municipaux, les Receveurs particuliers des finances, les Receveurs principaux des douanes, les Sous-préfets ; — 5° dans *le département*, et dans la circonscription de la *direction du génie*, avec les Directeurs de fortifications ; — 6° dans *l'arrondissement* avec les Directeurs des postes, les Receveurs de

établissemens de bienfaisance. — Les Receveurs généraux en tournée dans leur département, pour le service du trésor, peuvent correspondre dans l'étendue de ce département avec leurs fondés de pouvoirs au siége de la recette générale. — A l'exception de la correspondance avec le Greffier en chef de la cour des comptes, laquelle est admise *sous lettres fermées*, toutes les autres doivent être *sous bandes*. — Correspondances spéciales, et sous bandes, des Receveurs généraux suivans : — de l'Ardèche, de la Drôme, de la Loire, de la Haute-Loire, du Rhône, avec les présidens des commissions administratives des hospices civils de Grenoble et de Vienne; — des Bouches-du-Rhône avec le Directeur des finances en Algérie, les Payeurs de l'armée d'Afrique, le Payeur du trésor public à Toulon; — de la Corse, de la Charente, de la Charente-Inférieure, de la Dordogne, avec le Président de la commission administrative des hospices de Bordeaux; — de la Corse avec le Receveur général des Bouches-du-Rhône; — du Finistère, résidant à Brest, avec le Préfet du Finistère; du Pas-de-Calais, avec le Préposé payeur à Calais; — de la Sarthe avec l'Intendant militaire de la 4e division militaire, le Sous-Intendant militaire chargé de l'école de La Flèche, résidant au Mans; — de Seine-et-Oise avec l'Intendant militaire de la 1re division militaire, le Sous-Intendant militaire chargé de l'école de Saint-Cyr, résidant à Versailles; — du Var avec les Directeurs des finances en Algérie, le Payeur du département du Var résidant à Toulon, le Préfet du Var. — Enfin, sont admises, mais seulement pour les avis d'émission des mandats relatifs au paiement de l'impôt sur le sel, avis imprimés sur un carré de quatorze centimètres de côté, et qui doivent être présentés aux Directeurs des postes, sans croisé, de bandes et sans cachets, la correpondance des Receveurs généraux de l'Ain, des Ardennes, de l'Aube, de la Côte-d'Or, du Doubs, de la Gironde, du Jura, des Landes, de la Marne, de la Haute-Marne, de la Meurthe. de la Meuse, de la Moselle, des Basses-Pyrénées, des Hautes-Pyrénées, du Bas-Rhin, du Haut-Rhin, du Rhône, de Saône-et-Loire, de la Haute-Saône, de la Seine et des Vosges, avec les Receveurs des contributions indirectes près les salines d'Arc (Doubs), Salins et Montmorot (Jura), Dieuze (Meurthe), Salleaux, commune de Ley (Meurthe), Salzbronn (Moselle), Oraas et Salies (Basses-Pyrénées), Gouhenans (Haute-Saône).

Fondés de pouvoirs des Receveurs généraux des finances. — Correspondance *sous bandes* avec les Receveurs généraux des finances en tournée dans le département et pour le service du trésor.

Receveur central de la Seine. — Mêmes droits de correspondance que les receveurs généraux. — En outre, correspondance spéciale avec l'Intendant militaire de la première division militaire et le Sous-Intendant militaire attaché à l'école polytechnique.

Receveurs particuliers des finances. — Correspondance : — 1o dans l'étendue de la *conservation forestière*, avec les Conservateurs des forêts; — 2o dans le *département*, avec les Directeurs et Inspecteurs des contributions directes, les Gardes généraux des forêts, les Inspecteurs et Sous-Inspecteurs des écoles primaires, les Inspecteurs et Sous-Inspecteurs des forêts, les Payeurs du trésor public (dans le cas seulement où les Receveurs particuliers chargés d'effectuer des paiemens pour le compte du trésor remplissent les fonctions de préposés payeurs; mais alors la suscription des dépêches doit porter ces mots : *service du payeur*), les Préfets, les Receveurs généraux des finances; — 3o dans l'*arrondissement*, avec les Directeurs des douanes et ceux des postes, les Percepteurs, les Receveurs des établissemens de bienfaisance, les Receveurs municipaux, les Receveurs principaux des douanes; — 4o dans l'*arrondissement* et dans la circonscription de la *direction du génie*, avec les Directeurs des fortifications; — 5o dans chacun des *arrondissemens* où s'étend le contrôle, avec le Contrôleur des contributions. — Toutes ces correspondances ont lieu *sous bandes*. — Correspondances spéciales également *sous bandes* des Receveurs particuliers : — de Brignolles et de Grasse avec le Préfet du Var; — de Gex avec le Receveur particulier de Nantua; — de Nantua avec le Percepteur à Collonges et le Receveur particulier à Nantua; — du département du Pas-de-Calais avec le Préposé payeur à Calais.

Percepteurs. — Correspondance *sous bandes* : — 1o dans le *département*, avec les Agens voyers en chef, les Directeurs et Inspecteurs des contributions directes, les Gardes généraux des forêts, les Inspecteurs et Sous-Inspecteurs des écoles primaires, les Inspecteurs de l'enregistrement et des domaines, les Inspecteurs et Sous-Inspecteurs des forêts, les Préfets, les Receveurs généraux des finances, les Vérificateurs de l'enregistrement et des finances; — 2o dans l'*arrondissement*, avec les Agens voyers d'arrondissement et ceux de canton, les Conservateurs des hypothèques, les Receveurs de l'enregistrement et des domaines, les Receveurs particuliers des finances, les Sous-Préfets; — 3o dans chacun des *arrondissemens* où s'étend le contrôle, avec les Contrôleurs des contributions directes. — Correspondance spéciale et également *sous bandes* du Percepteur de Collonges avec le Receveur particulier à Nantua.

Receveurs municipaux. — Correspondance *sous bandes* : — 1o dans *tout le royaume*, *pour l'envoi des comptes*, avec le Greffier en chef de la cour des comptes, — 2o dans le *département*, avec les Gardes généraux, Inspecteurs et Sous-Inspecteurs des forêts, les Préfets, les Receveurs généraux des finances; — 2o dans l'*arrondissement*, avec les Receveurs particuliers des finances, les Sous-Préfets.

Receveurs des établissemens de bienfaisance. — Correspondance *sous bandes* : — 1o dans le *département* avec les Gardes généraux, Inspecteurs et Sous-Inspecteurs des forêts, les Inspecteurs départementaux des Enfans-Trouvés et des établissemens de bienfaisance, les Préfets; — 2o dans l'*arrondissement*, avec les Receveurs généraux et particuliers, les Sous-Préfets.

Receveurs des hospices. — Mêmes droits de correspondance; si ce n'est que celle avec les Receveurs généraux s'étend à tout le *département*.

Agens comptables des facultés. — Correspondance *sous bandes* et dans l'*arrondissement académique* avec les Receveurs généraux des finances.

Payeurs du trésor public. — Correspondance : — 1o dans tout le *royaume*, avec les Inspecteurs des fonderies royales, les Intendans militaires, le Trésorier de la couronne; — 2o dans l'étendue de la *division militaire*, avec les Payeurs de départemens chefs-lieux de divisions militaires, les Sous-Intendans militaires de toutes classes; — 8o dans l'étendue de la *conservation forestière*, avec les Conservateurs des forêts; — 4o dans le *département*, avec les Commandans des écoles régimentaires d'artillerie, les Directeurs des contributions directes, les Gardes généraux, les Inspecteurs et les Sous-Inspecteurs des forêts chefs de service, les Inspecteurs des poudreries, les Notaires, les Préposés payeurs, les Receveurs particuliers des finances (mais seulement pour le cas où ces Receveurs sont chargés d'effectuer des paiemens pour le compte du trésor, et remplissent ainsi les fonctions de préposés payeurs; alors la suscription de la dépêche doit porter ces mots : *service du payeur*, les Sous-Inspecteurs des fonderies royales; — 5o dans le *département* et la circonscription de la *direction du génie*, avec les Directeurs des fortifications; — 6o dans le *département* et la circonscription de la *direction d'artillerie*, avec les Directeurs d'artillerie. — Les Payeurs du trésor public dans les départemens chefs-lieux de division militaire correspondent avec les autres Payeurs de l'étendue de la *division militaire;* les Payeurs dans les ports avec les Payeurs des autres ports, et dans l'étendue de l'*arrondissement maritime* avec les Préposés payeurs. — Toutes ces correspondances ont lieu *sous bandes*. — Correspondances spéciales, également *sous bandes*, des Payeurs : — de l'armée d'Afrique avec le Receveur général des Bouches-du-Rhône; — des Bouches-du-Rhône avec le Directeur des finances en Algérie; — de la Charente avec le Directeur de la fonderie de la marine à Ruelle; — de la Charente-Inférieure avec le Commissaire général de la marine à Rochefort; — du Finistère (placé par exception à Brest) avec le Directeur de l'enregistrement et des domaines à Quimper, le Préfet du Finistère; — de l'Hérault avec le Commissaire de l'inscription maritime à Agde; — d'Ille-et-Vilaine avec le chef du service de la marine à Saint-Servan; — de l'Isère avec le Directeur de la fonderie à Saint-Gervais; — de la Manche avec le Commissaire général de la marine et le Trésorier des invalides de la marine, tous deux à Cherbourg; — du Morbihan avec le Commissaire général de la marine à Lorient; — de la Nièvre avec le Directeur des forges de la marine à Guérigny; — du Nord avec le Chef du service de la marine à Dunkerque, le Directeur de la fonderie d'artillerie à Douai et celui de la manufacture d'armes à Maubeuge; — des Basses-Pyrénées avec le Chef du service de la marine à Bayonne; — du Haut-Rhin avec le Préposé payeur à Bâle (Suisse); — de la Seine-Inférieure avec le Chef du service de la marine au Havre; — du Var (placé exceptionnellement à Toulon) avec le Directeur de l'enregistrement et des domaines du département, le Directeur des finances en Algérie, le Préfet du département, le Receveur général du département et celui des Bouches-du-Rhône; — de la Vienne avec le Directeur de la manufacture d'armes à Châtellerault.

Préposés payeurs. — Correspondance *sous bandes* : — 1o dans le *département*, avec les Payeurs du trésor public; — 2o dans l'*arrondissement*, avec les Payeurs du trésor public dans les ports. — Correspondance spéciale et également *sous bandes* des Préposés payeurs : — à Bâle (Suisse) avec le Payeur du Haut-Rhin; — à Calais avec le Receveur général et les Receveurs particuliers du Pas-de-Calais.

Quant aux autres comptables spéciaux des diverses administrations, V. chacune de ces diverses administrations.

§ 4. — *Contributions directes.*

Directeur général de l'administration des contributions directes. — Correspondance dans *tout le royaume* et sous *lettres fermées* avec les Contrôleurs, Directeurs et Inspecteurs des contributions directes, les Géomètres en chef du cadastre, les Percepteurs, les Préfets et Sous-Préfets, les Procureurs généraux, les Procureurs du roi, les Receveurs généraux et particuliers des finances, les Receveurs des établissemens de bienfaisance, des hospices et municipaux, les Vérificateurs spéciaux du cadastre. — Nous avons vu (*suprà* état I, tableau 1er, partie 1re) que ce Directeur général reçoit en franchise et sans condition de contre-seing les lettres et dépêches qui lui sont adressées. Il peut encore remplacer son contre seing par l'empreinte d'une griffe (V. *infrà* état IV).

Directeurs des contributions directes. — Correspondance : — 1o dans *tout le royaume*, avec les Inspecteurs généraux et ordinaires des finances, les Vérificateurs généraux du cadastre; — 2o dans le *ressort académique*, avec les Recteurs d'académie; — 3o dans l'étendue de la *conservation forestière*, avec les Conservateurs des forêts; — 4o dans *le departement*, avec les Chefs d'institution, les Contrôleurs et Inspecteurs des contributions directes, les Maires, les Maîtres de pension, les Payeurs du trésor public, les Percepteurs, les Principaux des colléges communaux, les Proviseurs des colléges royaux, les Receveurs généraux et particuliers des finances. — Toutes ces correspondances ont lieu *sous bandes*. — Correspondance spéciale, aussi *sous bandes* : — du Directeur des contributions directes à Ajaccio avec le Directeur des contributions indirectes à Toulon; — des directeurs des départemens de l'Aude, des Bouches-du-Rhône, du Gard, de l'Hérault, des Pyrénées-Orientales et du Var avec le Directeur des finances en Algérie; — du Directeur du département de la Seine avec les géomètres du cadastre.

Inspecteurs des contributions directes. — Correspondance dans *le département* et *sous bandes* avec les Contrôleurs et Directeurs des contributions directes, les Maires, les Percepteurs, les Receveurs généraux et particuliers des finances, les Sous-Préfets.

Contrôleurs des contributions directes. — Correspondance *sous bandes* : — 1o dans *le département*, avec les Contrôleurs, Directeurs, Inspecteurs des contributions directes, les Receveurs généraux des finances; — 2o dans chacun *des arrondissemens* de sous-préfecture sur lequel s'étend leur contrôle, avec les Chefs d'institution, les Maires, les Maîtres de pension, les Percepteurs, les Préfets, les Principaux des colléges communaux, les Proviseurs des colléges royaux, les Receveurs de l'enregistrement et des domaines, les Receveurs particuliers des finances, les Sous-Préfets.

Géomètres en chef du cadastre. — Correspondance *sous bandes* : — 1o dans *tout le royaume*, avec les Vérificateurs spéciaux du cadastre; — 2o dans *le département*, avec les géomètres du cadastre.

Géomètres du cadastre. — Correspondance *sous bandes*, dans *le département*, avec les Géomètres en chef du cadastre. — Correspondance spéciale *sous bandes* des Géomètres du cadastre du département de la Seine avec le directeur des contributions directes du département.

Vérificateurs spéciaux du cadastre. — Correspondance dans *tout le royaume* et *sous bandes* avec les Directeurs des contributions directes, les Géomètres en chef du cadastre, les Vérificateurs spéciaux du cadastre.

§ 5. — *Contributions indirectes.*

Directeurs de l'administration des contributions indirectes. — Correspondance dans *tout le royaume* et sous *lettres fermées* avec les Directeurs des contributions directes à Ajaccio, les Directeurs des contributions indirectes d'arrondissement et ceux de département, le Directeur des poudres et salpêtres à Paris, les Garde-magasins des tabacs en feuilles, les Inspecteurs de la culture des tabacs et des magasins de tabacs en feuilles, les Inspecteurs spéciaux des magasins et manufactures de tabacs, les Préfets, les Préposés en chef des octrois, le Président de la commission des monnaies, les Pro-

cureurs généraux, les Procureurs du roi, les Régisseurs des manufactures royales, les Sous-Préfets. — Nous avons vu (*suprà* état I, tableau 1er, partie 1re) que le Directeur de l'administration des contributions indirectes reçoit en franchise et sans condition de contre-seing les lettres et dépêches qui lui sont adressées. — Il peut encore remplacer son contre-seing par l'usage d'une griffe. — V. *infrà* état IV.

Directeurs des contributions indirectes des départemens. — Correspondance *sous bandes*: 1º — dans *tout le royaume*, avec les Directeurs d'arrondissement (relevant de la direction du contre-signataire), ceux de département (pour l'envoi des acquits à caution, bulletins et autres imprimés de service; ces imprimés peuvent être remplis à la main, pourvu qu'il n'y soit joint rien de manuscrit; les paquets peuvent être subdivisés intérieurement en plusieurs paquets revêtus de bandes étiquetées); avec le Directeur des droits d'entrée et d'octroi de la ville de Paris, les Inspecteurs généraux extraordinaires des finances, les Inspecteurs spéciaux du service des tabacs résidant habituellement à Paris, lorsqu'ils sont en tournée, les Régisseurs des manufactures royales de tabacs; — 2º dans l'*arrondissement de l'inspection spéciale des tabacs*, avec les inspecteurs spéciaux chargés du service de la surveillance des tabacs; — 3º dans la *circonscription des magasins des poudres*, avec les Garde-magasins des poudres; — 4º dans la *circonscription du commissariat des poudres*, avec les Commissaires près les poudreries; — 5º dans le *département*, avec les Contrôleurs ambulans et les Préposés des contributions indirectes. — Correspondance spéciale et également *sous bandes* des Directeurs: — à Colmar et à Strasbourg, avec l'Inspecteur général de la navigation du Rhin résidant à Mayence, et l'Inspecteur du premier district de la navigation résidant à Strasbourg (cette dernière franchise s'étend jusqu'à l'embouchure de la Lauter); — à Charleville, avec le Préfet des Ardennes; — à Toulon, avec le Directeur des contributions directes à Ajaccio, le Directeur des finances en Algérie, les Garde-magasins des poudres en Corse, le Préfet du Var; — de l'Aude, des Bouches-du-Rhône, du Gard, de l'Hérault, des Pyrénées-Orientales, avec le Directeur des finances en Algérie; — d'Ille-et-Vilaine, du Lot, de Lot-et-Garonne, du Nord, du Pas-de-Calais et du Bas-Rhin, avec les Inspecteurs de la culture du tabac et des magasins de tabacs en feuilles; — du Nord, avec l'Ingénieur en chef du service d'exploitation des chemins de fer conduisant à la frontière belge.

Directeurs des contributions indirectes d'arrondissement. — Mêmes droits de correspondance que les Directeurs de département, à l'exception que la correspondance avec les Préposés des contributions indirectes ne s'étend qu'aux *arrondissemens* dont se compose la direction du contre-signataire. — Correspondance spéciale du Directeur de Morlaix avec le Préfet du Finistère.

Directeur des droits d'entrée et d'octroi de la ville de Paris. — Il est assimilé, quant aux droits de franchise et de contre-seing, aux Directeurs des contributions indirectes de département.

Préposés des contributions indirectes. — Sont considérés comme tels les Inspecteurs des brigades de surveillance, les Contrôleurs de la comptabilité, de ville, de garantie, de navigation; des salines; les Contrôleurs près les manufactures de papier filigrané; les Contrôleurs ambulans, Brigadiers et Receveurs ambulans; les Entreposeurs des tabacs et des poudres à feu; les Sous-Contrôleurs de garantie, de surveillance et des salines; les Préposés en chef des octrois, les Receveurs principaux, les Receveurs principaux entreposeurs, particuliers entreposeurs, particuliers sédentaires à pied et à cheval, et buralistes; les Receveurs de navigation et ceux de garantie; les vérificateurs près les salines; les Commis de direction, de surveillance, ambulans, aux exercices; les commis adjoints ambulans; les Garde-magasins des poudres à feu, les Débitans de tabac et des poudres à feu. — Correspondance *sous bandes*: — 1º dans le *département*, avec les Contrôleurs ambulans et les Directeurs de département; — 2º dans l'*arrondissement*, avec les Directeurs d'arrondissement; — 3º dans l'arrondissement de l'*inspection spéciale des tabacs*, avec les Inspecteurs spéciaux chargés du service de la surveillance des tabacs. — Correspondance spéciale des préposés des contributions dans le département de la Seine avec le Directeur des droits d'entrée et d'octroi de la ville de Paris.

Chefs de recette des contributions indirectes quel que soit leur titre. — Correspondance *sous bandes* avec les Employés placés sous leurs ordres.

Employés dépendant des contributions indirectes. — Correspondance *sous bandes* avec les Chefs de recette sous la direction desquels ils sont placés.

En dehors de ces droits de correspondance, ainsi généralement concédés, il existe différens droits spéciaux de franchise à certains agens de l'administration des contributions indirectes que nous allons mentionner.

Contrôleurs ambulans des contributions indirectes. — Correspondance *sous bandes*, et dans le *département*, avec les Directeurs de département, ceux d'arrondissement et les Préposés de tous grades des contributions indirectes.

Entreposeurs des contributions indirectes. — Correspondance *sous bandes*: — 1º dans l'*arrondissement de l'inspection spéciale des tabacs*, avec les Inspecteurs spéciaux chargés du service de la surveillance des tabacs; — 2º dans la *circonscription des magasins des poudres*, avec les Garde-magasins des poudres; — 3º dans la circonscription du *commissariat des poudres*, avec les commissaires près les poudreries.

Receveurs particuliers entreposeurs des arrondissemens où il n'existe pas de directeurs des contributions indirectes. — Correspondances *sous bandes*, et dans l'*arrondissement*, avec les Receveurs, Contrôleurs ambulans ou sédentaires, et les Receveurs particuliers ambulans ou sédentaires.

Receveurs, contrôleurs ambulans ou sédentaires des contributions indirectes. — Correspondance *sous bandes*: — 1º dans l'*arrondissement*, avec les Inspecteurs, Receveurs particuliers entreposeurs des arrondissemens où il n'existe pas de directeurs; — 2º dans l'arrondissement de l'*inspection spéciale des tabacs*, avec les Inspecteurs spéciaux chargés du service de la surveillance des tabacs.

Receveurs particuliers ambulans ou sédentaires des contributions indirectes. — Correspondance *sous bandes* et dans l'*arrondissement*, avec les Receveurs particuliers entreposeurs des arrondissemens où il n'existe pas de directeurs.

Receveurs des droits de navigation sur le Rhin, à Strasbourg. — Correspondance spéciale et *sous bandes*, avec l'Inspecteur général de la navigation du Rhin à Mayence, et l'inspecteur du premier district de la navigation du Rhin à Strasbourg. — Cette dernière franchise s'étend à tous les lieux situés sur les bords du Rhin jusqu'à l'embouchure de la Lauter.

§ 6. — *Douanes.*

Directeur de l'administration des douanes. — Correspondance dans *tout le royaume*, et *sous lettres fermées*, avec les Directeurs, Inspecteurs et Sous-Inspecteurs des douanes, les Préfets, les Présidens des chambres de commerce, les Procureurs généraux, les Procureurs du roi, les Receveurs maritimes et principaux des douanes, les Sous-Préfets. — Nous avons vu (*suprà* état I, tableau 1er, partie 1re) que le Directeur de l'administration des douanes reçoit en franchise et sous condition de contre-seing les lettres et dépêches qui lui sont adressées. — Il peut encore remplacer son contre-seing par l'usage d'une griffe (V. *infrà* état IV).

Directeurs des douanes. — Correspondance: — 1º dans *tout le royaume*, avec les Inspecteurs généraux et particuliers des finances; — 2º dans l'étendue de la *direction douanière*, avec les Préposés suivans des douanes: Brigadiers, Capitaines des brigades, Capitaines des pataches, Inspecteurs et Sous-Inspecteurs, Lieutenans, Lieutenans de pataches, Patrons d'embarcation, Receveurs principaux et particuliers, les Commis aux sondes; — 3º dans la *direction douanière* et dans la direction *limitrophe*, avec les Directeurs des douanes; — 4º dans *le département* et la *direction douanière* avec les préfets; — 5º dans le *département*, avec les Inspecteurs des postes; — 6º dans l'*arrondissement*, avec les Receveurs particuliers. — Les Directeurs des directions maritimes des douanes correspondent en outre, dans *tout le royaume*, avec les Directeurs des directions maritimes pour l'envoi des acquits à caution, des états récapitulatifs à l'appui et des congés de navigation, et avec le Directeur des finances en Algérie. — Toutes ces correspondances ont lieu *sous bandes*. — Correspondance spéciale et toujours *sous bandes* des Directeurs des douanes suivans: — d'Abbeville avec les Présidens semainiers de la commission sanitaire de Saint-Valery-sur-Somme et de l'Intendance sanitaire du Havre; — de Bordeaux, avec le Président semainier de l'intendance sanitaire de Bayonne; — de Boulogne, avec les Présidens semainiers des commissions sanitaires de Calais et de Montreuil; — de Brest, avec le Président semainier de la commission sanitaire de Lannion; — de Dunkerque, avec l'ingénieur en chef du service d'exploitation des chemins de fer conduisant à la frontière de Belgique, le Président semainier de la commission sanitaire de Gravelines, les Sous-Préfets de Béthune, Douai et Hazebrouck; — de Grenoble avec l'Inspecteur des douanes à Lyon; — de Lorient, avec les Présidens semainiers des Intendances sanitaires de Brest et de Nantes; — de Montpellier et de Perpignan, avec le Président semainier de l'intendance sanitaire de Marseille; — de Nantua, avec l'Inspecteur des douanes à Lyon et les Vérificateurs de douanes à Farges et Gex; — de La Rochelle, avec le Président semainier de l'intendance sanitaire de Nantes; — de Rouen, avec le Président semainier de l'intendance sanitaire du Havre; — de Saint-Malo, avec les Présidens semainiers des Intendans sanitaires de Granville, Paimpol et Saint-Brieuc; — de Strasbourg, avec l'Inspecteur général de la navigation du Rhin à Mayence et l'Inspecteur du premier distict de la navigation du Rhin à Strasbourg (cette dernière franchise peut s'étendre jusqu'à l'embouchure de la Lauter; — de Valenciennes, avec l'ingénieur en chef du service d'exploitation des chemins de fer conduisant à la frontière de Belgique, et les Sous-Préfets d'Avesnes, Cambrai, Douai et Saint-Quentin.

Inspecteurs des douanes. — Même correspondance que les Directeurs des douanes, sauf avec les Inspecteurs des postes, les Préfets et les Receveurs généraux et principaux des douanes. — La correspondance avec les Directeurs des douanes est restreinte dans la *direction douanière*. — Celle avec les Inspecteurs et Sous-Inspecteurs s'étend aux divisions limitrophes. — Correspondance *sous bandes*. — Correspondance spéciale, et toujours *sous bandes*, de l'Inspecteur des douanes chef de service à Paris avec les Commis aux soudes à Chauny, Couternon, Grenelle, Javelle, Saint-Denis, Saint-Roch-les-Amiens; — de l'Inspecteur principal des douanes à Lille avec l'Ingénieur en chef des chemins de fer conduisant à la frontière de Belgique; — des Inspecteurs de douanes; — à Cambrai avec les Chefs des détachemens du service actif des douanes dans département du Nord; — de Guérande avec le Sous-Préfet de Savenay; — de Lyon avec les Directeurs des douanes de Grenoble et de Nantua; — de Nantua avec les Vérificateurs des douanes de Farges et de Gex; — de Saint-Brieuc et de Tréguier avec les Présidens semainiers des commissions sanitaires de Lannion et de Paimpol, et, en outre, celui de Tréguier avec le Président de la commission sanitaire de Saint-Brieuc. — L'Inspecteur divisionnaire des douanes à Paris correspond spécialement avec les commis aux soudes de Chauny, Couternon, Grenelle, Javelle, Saint-Denis, Saint-Roch-les-Amiens.

Sous-Inspecteurs des douanes. — Correspondance absolument identique à celle des inspecteurs. — Correspondance spéciale du Sous-Inspecteur des douanes à Gex avec les Maires et le Vérificateur des douanes dans le même arrondissement.

Receveurs principaux des douanes. — Correspondance *sous bandes*: — 1º dans l'étendue de la *direction douanière* avec les Capitaines des brigades, Directeurs, Inspecteurs et Sous-Inspecteurs; — 2º dans la *direction douanière et la direction limitrophe* avec les Commis aux soudes, les Receveurs principaux et Receveurs subordonnés des douanes; — 3º dans le *département* avec les Receveurs généraux des finances; — 4º dans l'*arrondissement* avec les Directeurs des postes et les Receveurs particuliers des finances. — Correspondance spéciale des Receveurs principaux du Hirson et Lille avec les Commis principaux de Vervins et de Douai.

Receveurs subordonnées des douanes. — Même correspondance que les receveures principaux, toutefois, ils ne correspondent pas avec les capitaines des douanes et les receveurs généraux et particuliers des finances.

Receveurs des bureaux de transit des douanes. — Correspondance *sous bandes*, et dans *tout le royaume* avec les autres receveurs des bureaux de transit et les receveurs des entrepôts des douanes.

Receveurs des entrepôts des douanes. — Correspondances *sous bandes* et dans *tout le royaume* avec les receveurs des bureaux de transit et les receveurs d'entrepôt des douanes.

Receveur principal des entrepôts à Paris. — Correspondance spéciale avec les commis aux soudes de Chauny, Couternon, Grenelle, Javelle, Saint-Denis, Saint-Roch-les Amiens.

Commis principaux des douanes: — De Béfort, Douai et Vervins, mêmes droits que les receveurs subordonnés. — De Vervins et de Douai avec les receveurs principaux du Hirson et de Lille.

Vérificateurs des douanes à Farges et à Gex. — Correspondance *sous bandes* entre eux et avec les Directeur et Inspecteur des douanes à Nantua, les Maires dans l'arrondissement de Nantua; en outre celui de Farges avec le Sous-Préfet et le Sous-Inspecteur des douanes à Gex.

Commissaire estampilleur à Septème. — Corres-

pondance *sous bandes* avec le Préfet de l'Isère, et Sous-Préfet de la Vienne.

Commis aux soudes. — Correspondances *sous bandes* : — 1° dans la *direction douanière* avec les Directeurs, Inspecteurs et Sous-Inspecteurs des douanes; — 2° dans la *direction douanière* et les *directions limitrophes* avec les receveurs principaux et subordonnés des douanes; — 3° dans *l'arrondissement* avec les Directeurs des postes. — Correspondance spéciale des commis aux soudes de Chauny, Couternon, Grenelle, Javellé, Saint-Denis, Saint-Roch-les-Amiens, avec l'Inspecteur divisionnaire des douanes, l'inspecteur des douanes chef du service et le receveur principal des entrepôts, tous à Paris.

Agens du service actif des douanes. — Tous les agens du service actif des douanes correspondent avec les Directeurs, Inspecteurs et Sous-Inspecteurs des douanes, ainsi qu'entre eux dans la *direction douanière* et *sous bandes*. — Nous nous bornerons à indiquer, en donnant la liste de ces divers Agens, les correspondances qui auraient lieu avec d'autres personnes que les Agens des douanes ou avec les Agens en dehors de la direction douanière. — Toutes ces correspondances ont lieu sous bandes.

Capitaines des brigades des douanes. — La correspondance s'étend dans la *direction limitrophe* avec les autres Capitaines des brigades. — Ils correspondent en outre avec les Receveurs principaux des Douanes.

Capitaines des pataches des douanes. — La correspondance s'étend dans la *direction limitrophe* avec les Capitaines de pataches et les Lieutenans des douanes.

Lieutenans des douanes. — La correspondance s'étend dans la *direction limitrophe* avec les Capitaines de pataches, les Lieutenans des douanes et les Lieutenans de pataches.

Lieutenans de pataches des douanes. — Correspondance absolument identique à celle des Lieutenans des douanes.

Patrons d'embarcation des douanes. — La correspondance s'étend dans la *direction limitrophe* avec les Brigadiers des douanes et les Patrons d'embarcation.

Brigadiers des douanes. — Correspondance absolument identique à celle des Patrons d'embarcation.

Chefs des détachemens du service actif des douanes dans le département du Nord. — Correspondance *sous bandes* avec l'Inspecteur des douanes à Cambrai.

§ 7. — *Enregistrement et domaines.*

Directeur général de l'enregistrement et des domaines. — Correspondance dans *tout le royaume* et *sous lettres fermées*, avec les Directeurs et Inspecteurs de l'enregistrement et des domaines; les Préfets, les Présidens des conseils de guerre, les Procureurs généraux, les Procureurs du roi, les Sous-Préfets, les Surveillans de papeterie pour la fabrication de papier à timbre. — Correspondance spéciale et *sous bandes* avec le Directeur général de l'enregistrement et des domaines de Belgique. — Nous avons dit (*suprà* état I, tableau 1er, partie 1re) que le Directeur général reçoit en franchise et sans condition de contre-seing les lettres et dépêches qui lui sont adressées. — Il peut encore remplacer son contre-seing par l'empreinte d'une griffe (V. *infrà* état IV).

Directeurs de l'enregistrement et des domaines. — Correspondance : — 1° dans *tout le royaume* avec les Directeurs de l'enregistrement et des domaines, les Inspecteurs généraux et ordinaires des finances; — 2° dans le ressort de la *cour royale* avec les premiers Présidens et Procureurs généraux des cours royales; — 3° dans l'étendue de la *conservation forestière* avec les Conservateurs, Gardes à cheval, Gardes généraux, Inspecteurs et Sous-Inspecteurs des forêts; — 4° dans le *département* avec les Conservateurs des hypothèques, Directeurs des bergeries royales, des dépôts d'étalons, des écoles vétérinaires, des haras, les Garde-magasins du timbre, les Inspecteurs, Receveurs et Vérificateurs de l'enregistrement et des domaines, les Procureurs du roi, les Receveurs et Vérificateurs de l'enregistrement et des domaines, les Procureurs du roi, les Receveurs du timbre, les Régisseurs des bergeries royales, des écoles vétérinaires et établissemens thermaux appartenant à l'état. — Correspondances spéciales des Directeurs de l'enregistrement et des domaines : — des départemens de l'Aude, des Bouches-du-Rhône, du Gard, de l'Hérault, des Pyrénées-Orientales et du Var, avec le Directeur des finances en Algérie; — du département du Finistère avec le Payeur du Finistère à Brest; — de la Haute-Marne et de la Marne avec le Conservateur des forêts à Châlons-sur-Marne; — de la Nièvre avec le Directeur des forges de la marine à Guérigny; — de la Seine avec le Directeur du dépôt de la remonte situé au bois de Boulogne près Paris, et l'Intendant de la première division militaire; — du Var, avec le Payeur du Var à Toulon et le Préfet du Var. — Toutes ces correspondances ont lieu *sous bandes*, à l'exception de deux seulement, qui sont expédiées *sous lettres fermées*, à savoir, avec les Procureurs généraux et dans *l'arrondissement* avec les Procureurs du roi.

Inspecteurs de l'enregistrement et des domaines. — Correspondance dans le *département* et *sous bandes* avec les Conservateurs des hypothèques, les Directeurs, Inspecteurs, Receveurs et Vérificateurs de l'enregistrement et des domaines, les Maires, les Percepteurs, les Receveurs du timbre. — Correspondance spéciale de l'Inspecteur du département de la Seine avec l'Intendant de la première division militaire.

Vérificateurs de l'enregistrement et des domaines. — Mêmes droits de correspondance que les Inspecteurs. — Correspondance spéciale des Vérificateurs du département de la Seine avec l'Intendant de la première division militaire.

Conservateurs des hypothèques. — Correspondance : — 1° Dans le *département* avec les Conservateurs des hypothèques, les Directeurs, Inspecteurs, Receveurs, Vérificateurs de l'enregistrement et des domaines; les Receveurs du timbre; — 2° dans *l'arrondissement* avec les Maires, Percepteurs, les Procureurs du roi. — Toutes ces correspondances ont lieu *sous bandes*; est seule expédiée sous *lettres fermées* celle avec le Procureur du roi. — Les Conservateurs des hypothèques envoient aussi *sous bandes* aux Maires de l'arrondissement les avertissemens imprimés destinés aux redevables de l'enregistrement; ces avertissemens peuvent contenir de l'écriture à la main, mais qui ne doivent être ni cachetés, ni pliés en forme de lettres, ni revêtus d'adresses extérieures.

Receveurs de l'enregistrement et des domaines. — 1° Dans l'étendue de la *conservation forestière* avec les Brigadiers, Conservateurs, Gardes à cheval, Gardes généraux, Gardes à pied, Inspecteurs et Sous-Inspecteurs des forêts, les Gardes de la pêche; — 2° dans le *département* avec les Conservateurs des hypothèques, les directeurs des bergeries royales, des dépôts d'étalons, des écoles vétérinaires, de l'enregistrement et des domaines, des haras; les Inspecteurs, Receveurs et Vérificateurs de l'enregistrement et des domaines; les Receveurs du timbre; les Régisseurs des bergeries royales, des écoles vétérinaires, des établissemens thermaux appartenant à l'état; — 3° dans *l'arrondissement* avec les Maires, le Percepteur et le Procureur du roi; (la franchise à l'égard des Maires s'étend à l'envoi des avertissemens destinés aux redevables de l'enregistrement, avertissemens dont la formule est imprimée, qui peuvent contenir de l'écriture à la main, mais ne doivent être ni pliés en forme de lettre, ni cachetés, ni revêtus d'adresses extérieures); — 4° dans *chacun des arrondissemens sur lesquels s'étend le contrôle* avec les Contrôleurs des contributions directes. — Correspondance spéciale des Receveurs de l'enregistrement et des domaines : — du département de la Seine avec les Directeurs du dépôt de remonte situé au bois de Boulogne à Paris et l'Intendant de la première division militaire; — d'Aumont, Chaudesaigues et Saint-Chély avec le Garde général des forêts à Espalion; — de Bar-le-Duc et de Vassy avec les Inspecteurs à Vitry-le-Français. — La correspondance avec le Procureur du roi a lieu *sous lettres fermées*; toutes les autres doivent être *sous bandes*.

Receveurs du timbre. — Correspondance dans le *département* et *sous bandes* avec les Conservateurs des hypothèques, les Directeurs, Inspecteurs, Receveurs, Vérificateurs de l'enregistrement et des domaines, les Receveurs du timbre.

Garde-magasins du timbre. — Correspondance dans le *département* et *sous bandes* avec les Directeurs de l'enregistrement et des domaines.

§ 8. — *Forêts.*

Directeur général de l'administration des forêts. — Correspondance dans tout *le royaume*, et *sous lettres fermées*, avec les Conservateurs, Gardes généraux, Chefs de service, Inspecteurs et Sous-Inspecteurs des forêts, les uns et les autres chefs de service de l'administration des forêts; le Directeur et les Professeurs de l'école forestière de Nancy, le Géomètre vérificateur général des arpentages, les Directeurs de l'enregistrement et des domaines, les Préfets, les Procureurs du roi, les Sous-Préfets. — Nous avons vu (*suprà* état I, tableau 1er, partie 1re), que le directeur général de l'administration des forêts reçoit en franchise les lettres et dépêches qui lui sont adressées par toutes personnes. — Il peut aussi remplacer son contre-seing par une griffe (V. *infrà* état IV). De fonctionnaire reçoit en franchise et sans condition de contre-seing les lettres et dépêches qui lui sont adressées. Il peut encore remplacer son contre-seing par l'empreinte d'une griffe.

Conservateurs des forêts. — Correspondance : — 1° Dans *tout le royaume*, avec les inspecteurs généraux et ordinaires des finances; — 2° dans le *ressort de la cour royale*, avec les Procureurs généraux; — 3° dans l'étendue de la *conservation forestière* avec les Arpenteurs, brigadiers, Gardes à cheval, Gardes généraux, Gardes à pied, Inspecteurs et Sous-Inspecteurs des forêts, les Directeurs des contributions directes, les Directeurs et Receveurs de l'enregistrement et des domaines, les Gardes de la pêche, les Juges de paix, les Maires, les Payeurs du trésor public, les Préfets et Sous-Préfets, les Procureurs du roi, les Receveurs généraux et particuliers des finances. — Ils peuvent encore correspondre avec les Conservateurs des forêts des conservations limitrophes, comme aussi avec les Procureurs généraux et les Procureurs du roi placés dans les mêmes conditions. — Correspondance spéciale des conservateurs des forêts : — d'Aurillac avec le Directeur du haras de Pompadour; — de Bourges avec le Directeur de la marine de Guérigny; — de Châlons-sur-Marne avec les Directeurs de l'enregistrement et des domaines et les Préfets de la Haute-Marne et de la Meuse. — La correspondance avec les Procureurs généraux dans *le ressort de la cour royale* seulement, et avec les Procureurs du roi, *dans l'arrondissement* est admise *sous lettres fermées*, toutes les autres doivent être sous bandes.

Inspecteurs des forêts. — Correspondance : — 1° Dans *tout le royaume* avec les Inspecteurs généraux et ordinaires des finances; — 2° dans l'étendue de la *conservation forestière* avec les Arpenteurs, Brigadiers, Conservateurs, Gardes à cheval, Gardes généraux, Gardes à pied, Inspecteurs et Sous-Inspecteurs des forêts, les Directeurs et receveurs de l'enregistrement et des domaines, les Gardes de la pêche, les Juges de paix, les Maires, les Préfets et Sous-Préfets, les Procureurs du roi; — 3° dans le *département* avec les Percepteurs, les Receveurs des établissemens de bienfaisance, les Receveurs généraux et particuliers des finances, les Receveurs municipaux. Les Inspecteurs des forêts, Chefs de service correspondent encore dans le *département* avec les Préfets. — La franchise peut s'étendre à l'égard des Inspecteurs des forêts et des Procureurs du roi des conservations limitrophes. — Correspondance spéciale des Inspecteurs des forêts : — de Bar-le-Duc et de Vassy avec l'Inspecteur des forêts à Vitry-le-Français; — de Saint-Palais avec les Présidens des commissions syndicales instituées dans l'arrondissement de Mauléon (Basses-Pyrénées) pour l'administration des biens communaux indivis; — de Vitry-le-Français avec les Inspecteurs des forêts, Procureurs du roi et Receveurs de l'enregistrement et des domaines de Bar-le-Duc et de Vassy. — A l'exception de la correspondance avec les Procureurs généraux dans le *ressort de la cour royale*, et celle avec les Procureurs du roi, et dans *l'arrondissement* seulement, qui seule est admise sous *lettres fermées*; toutes les autres correspondances doivent être *sous bandes*.

Sous-Inspecteurs des forêts. — Mêmes droits que les Inspecteurs, à l'exception que la franchise, avec les Inspecteurs des forêts, ne peut jamais s'étendre aux conservations forestières limitrophes. — Les Sous-Inspecteurs des forêts, Chefs de service, correspondent dans le *département* avec les Payeurs du trésor public.

Gardes généraux des forêts. — Leurs droits de correspondance sont entièrement semblables à ceux des Sous-Inspecteurs; comme eux, s'ils sont Chefs de service, ils correspondent dans le *département* avec le Payeur du trésor public. — Correspondance spéciale et *sous bandes* des Gardes généraux des forêts : — de Bar-le-Duc, avec le Garde général à Trois-Fontaines (Marne); — d'Espalion avec les Maires de Grandval, Nasbinals, Recouls, Saint-Urcize, les Receveurs de l'enregistrement et des domaines à Aumont, Chaudesaigues, et Saint-Chély; — de Trois-Fontaines (Marne) avec les Gardes généraux de Bar-le-Duc et de Vassy; — de Tulle avec le Directeur des haras de Pompadour; — de Vassy avec le Garde général de Trois-Fontaines (Marne); — de Saint-Palais, Saint-Jean-Pied-de-Port et Tardets avec les Présidens des commissions syndicales instituées dans l'arrondissement de Mauléon (Basses-Pyrénées) par l'administration des biens communaux indivis.

Arpenteurs des forêts. — Correspondance dans l'étendue de la *conservation forestière* et *sous bandes* avec les Conservateurs, Gardes généraux, Inspecteurs et Sous-Inspecteurs des forêts.

Gardes à cheval des forêts. — Correspondance dans l'étendue de la *conservation forestière* avec les Brigadiers, Conservateurs, Gardes à cheval, Gardes généraux, Gardes à pied, Inspecteurs et Sous-Inspecteurs des forêts, les Directeurs et Vérificateurs de l'enregistrement et des domaines, les Maires, les Procureurs du roi.—Seule, la correspondance avec les Procureurs du roi dans l'arrondissement est admise sous *lettres fermées*; toutes les autres doivent être *sous bandes*.—Remarquons encore que la franchise peut être étendue à l'égard des Procureurs du roi des conservations limitrophes.

Gardes à pied des forêts.—Correspondance: —1° dans l'étendue de la *conservation forestière* avec les Conservateurs, Gardes à cheval, Gardes généraux, Inspecteurs et Sous-Inspecteurs des forêts, les Receveurs de l'enregistrement et des domaines; — 2° dans *l'arrondissement* avec les Brigadiers des forêts. — Toutes ces correspondances doivent être *sous bandes*.

Brigadiers des forêts. — Correspondance : — 1° dans l'étendue de la *conservation forestière* avec les Conservateurs, Gardes à cheval, Gardes généraux, Inspecteurs et Sous-Inspecteurs des forêts, les Receveurs de l'enregistrement et des domaines; — 2° dans *l'arrondissement* avec les Gardes de la pêche et Gardes à pied des forêts.

Gardes de la pêche. — Mêmes droits de correspondance que les Gardes à pied des forêts.

§ 9. — *Monnaies.*

Président de la commission des monnaies.— Correspondance dans *tout le royaume* et *sous lettres fermées* avec les Commissaires du roi pour la fabrication des monnaies, les Contrôleurs et Receveurs des argues à Lyon et Trévoux; les Contrôleurs et Essayeurs des bureaux de la garantie, les Contrôleurs au change des monnaies au monnayage, les Directeurs de la fabrication des monnaies.— Cette dernière concession s'étend aux boites contenant les poinçons de garantie, lesquelles doivent être expédiées *sous chargement* —Il peut remplacer son contre-seing par une griffe (V. *infrà* état IV.).

Commissaires du roi pour la fabrication des monnaies.—Correspondance dans *tout le royaume* : 1° *sous bandes* avec les Inspecteurs généraux et particuliers des finances; — 2° *sous lettres fermées* avec le Président de la commission des monnaies.

Directeurs de la fabrication des monnaies. — Correspondance identique à celle des Commissaires du roi; ils correspondent avec le Président de la commission des monnaies pour l'envoi des boites contenant les poinçons de garantie hors de service; ces objets doivent être chargés.

Essayeurs des bureaux de garantie. — Contrôleurs des bureaux de garantie. — Contrôleurs au change des monnaies. — Contrôleurs au monnayage. — Contrôleurs et Receveurs des argues à Lyon et Trévoux.— Tous correspondent *sous lettres fermées* avec le Président de la commission des monnaies.

§ 10. — *Postes.*

Directeur général des postes. — Correspondance *sous lettres fermées dans tout le royaume* avec toutes les personnes auxquelles il écrit pour le service des postes. — Nous avons vu (*suprà* état Ier, tabl. 1er, partie 1re) qu'il reçoit en franchise et sans condition de contre-seing les lettres et dépêches qui lui sont adressées. — Il peut remplacer son contre-seing par une griffe (V. *infrà* état IV).

Directeurs des postes. — Correspondance : — 1° dans *tout le royaume*, avec les Inspecteurs généraux et ordinaires des finances, les Inspecteurs des postes; — 2° dans le *ressort de la cour royale*, avec les Procureurs généraux ; — 3° dans le *département*, avec les Directeurs des directions comptables des postes et les préfets ; — 4° dans *l'arrondissement*, avec les Commandans de brigades des voltigeurs corses, de la garde municipale de Paris et de la gendarmerie, les Commis aux soudes, les Maires, les procureurs du roi, les Receveurs principaux et subordonnés des douanes, les Receveurs généraux et particuliers des douanes. — Les Directeurs correspondent en outre avec les Directeurs et Sous-Inspecteurs des postes des bureaux pour lesquels ils font dépêches. — Correspondance spéciale des Directeurs des postes:—des départemens de l'Aude, des Bouches-du-Rhône, du Gard, de l'Hérault, des Pyrénées-Orientales et du Var avec le Directeur des finances en Algérie ; — des Directeurs des postes dans les stations de la Méditerranée avec le Président du comité de direction du service des paquebots, des postes dans la Méditerranée; — des Directeurs des postes des directions comptables avec les Directeurs des postes dans le département; — des Directeurs des postes des villes maritimes dans *tout le royaume*, mais seulement pour l'envoi des reçus des capitaines de navire.—Toutes ces correspondances ont lieu *sous bandes*. — Seuls, les Directeurs des postes dans les stations de la Méditerranée peuvent éventuellement et en cas de nécessité expédier leur correspondance sous *lettres fermées* (V. *infrà* état VI).

Inspecteurs des postes. — Correspondance *sous bandes*:—1° dans *tout le royaume*, avec les Directeurs, Inspecteurs et Sous-Inspecteurs des postes; — 2° dans le *département*, avec les Officiers commandans des voltigeurs corses, de la garde municipale de Paris, de la gendarmerie, les Commandans de place, les Directeurs des douanes, les Juges de paix, les Maires, les Maîtres de poste, les Préfets, les Sous-Préfets.

Sous-Inspecteurs des postes. — Correspondance *sous bandes*:—1° avec les Inspecteurs des postes dans *tout le royaume*; — 2° spécialement avec les Directeurs et Sous-Inspecteurs des bureaux pour lesquels font dépêche les bureaux.

Président du comité de direction du service des paquebots de l'administration des postes dans la Méditerranée. — Correspondance *sous bandes* et *avec réciprocité*, avec les Agens des paquebots des postes embarqués sur les paquebots de la Méditerranée, les Agens du service de ces paquebots placés dans les échelles, les Commandans et Officiers de ces paquebots, les Directeurs des postes dans les stations de la Méditerranée.

Maîtres de poste. — Correspondance *sous bandes* et dans le *département* avec les Inspecteurs des postes.

§ 11. — *Tabacs.*

Directeur de l'administration des tabacs. — Correspondance dans *tout le royaume* et *sous lettres fermées*, avec les Directeurs d'arrondissement et de département, des contributions indirectes, les Garde-magasins des tabacs en feuilles, les Inspecteurs de la culture du tabac et des magasins de tabacs en feuilles, les Inspecteurs spéciaux des magasins et manufactures de tabacs, en tournée; les Préfets et sous-Préfets, les Procureurs généraux, les Procureurs du roi, les Régisseurs des manufactures royales de tabacs. —Nous avons vu (*suprà* état Ier, tabl. 1er, partie 1re) que le Directeur de l'administration des tabacs reçoit en franchise, sans condition de contre-seing, les lettres et dépêches qui lui sont adressées.—Il peut encore remplacer son contre-seing par l'empreinte d'une griffe (*V. infrà* état IV).

Inspecteurs spéciaux du service des tabacs, résidant habituellement à Paris, lorsqu'ils sont en tournée. — Correspondance dans *tout le royaume* et *sous bandes* avec les Contrôleurs de service de la surveillance de la culture des tabacs, les Directeurs des contributions indirectes, les Garde-magasins de tabacs en feuilles, les Inspecteurs de la culture des tabacs et des magasins de tabacs en feuilles, les Inspecteurs spéciaux du service des tabacs, résidant habituellement à Paris, lorsqu'ils sont en tournée. — Correspondance spéciale et *sous bandes* avec les fonctionnaires suivans de l'administration des contributions indirectes: —les contrôleurs ambulans et de ville, les Directeurs de département et d'arrondissement, les Entreposeurs, préposés de tous grades, Receveurs-contrôleurs, ambulans ou sédentaires;—1° pour l'Inspecteur spécial chargé de la surveillance des tabacs, résidant à Lille, dans l'étendue des départements de l'Aisne, des Ardennes, du Nord, du Pas-de-Calais et des Ardennes; — 2° pour celui résidant à Strasbourg, dans l'étendue des départemens de la Meurthe, de la Moselle, du Bas-Rhin, du Haut-Rhin et des Vosges.

Inspecteurs de la culture des tabacs et des magasins de tabacs en feuilles. — Correspondance dans *tout le royaume* et *sous bandes*, avec les Contrôleurs du service de la surveillance de la culture des tabacs, des Directeurs des contributions indirectes dans les départemens d'Ille-et-Vilaine, du Lot, de Lot-et-Garonne, du Nord, du Pas-de-Calais, du Bas-Rhin, les Garde-magasins des tabacs en feuilles, les Inspecteurs de la culture des tabacs et des magasins de tabacs en feuilles (mais pour l'envoi seulement d'imprimés peuvant être remplis à la main, avec défense d'y joindre aucune lettre), les Inspecteurs spéciaux du service des tabacs, résidant habituellement à Paris, lorsqu'ils sont en tournée, les Régisseurs des manufactures de tabacs.

Contrôleurs du service de la surveillance de la culture des tabacs. — Correspondance *sous bandes* et dans *tout le royaume* avec les Inspecteurs de la culture des tabacs et des magasins de tabacs en feuilles, les Inspecteurs spéciaux du service des tabacs, résidant habituellement à Paris.

Contrôleurs des magasins de tabacs. — Correspondance dans *tout le royaume* et *sous bandes* avec les Inspecteurs de la culture des tabacs et des magasins de tabacs en feuilles.

Régisseurs des manufactures royales de tabac. — Correspondance dans *tout le royaume* et *sous bandes* avec les Directeurs des contributions indirectes, les Garde-magasins des tabacs en feuilles, les Inspecteurs spéciaux du service des tabacs, résidant habituellement à Paris, lorsqu'ils sont en tournée, les Régisseurs des manufactures des tabacs.

Garde-magasins de tabacs en feuilles. — Mêmes droits de correspondance que les Régisseurs des manufactures.

ÉTAT III.—*Des franchises pour les armées en campagne.*

TABLEAU 1er. — *Des franchises sans condition d'un contre-seing.*

Le Général en chef, le Major-général, le Chef d'état-major-général, l'Intendant en chef, les Généraux commandant les corps d'armée, les Chefs d'état-major des corps d'armée reçoivent en franchise illimitée, *sous lettres* ou *sous bandes*, les lettres et dépêches qui leur sont adressées dans *toute l'armée*.

TABLEAU 2. — *Des franchises sous condition de contre-seing.*

Général en chef. — Correspondance *sous lettres fermées* pour *toute l'armée* avec les généraux et agens de tout grade. — V. quant à la correspondance qu'il peut recevoir, état II, tableau 1er.

Major-général de l'armée. — Correspondance *sous lettres fermées* et pour *toute l'armée* avec les militaires de tout grade. — V. quant à la correspondance qu'il peut recevoir, état II, tableau 1er.

Chef d'état-major général. — Mêmes droits de correspondance que le Major-général. — V. quant à la correspondance qu'il peut recevoir, état II, tableau 1er.

Généraux commandant les corps d'armée.— Correspondance *sous lettres fermées* dans le *corps d'armée*, avec les militaires et agens de tout grade. — V. quant à la correspondance qu'il peut recevoir, état II, tableau 1er.

Chefs d'état-major des corps d'armée. — Correspondance *sous lettres fermées*, dans le *corps d'armée* avec les officiers chargés d'un commandement. — V. quant à la correspondance qu'ils peuvent recevoir, état II, tableau 1er.

Lieutenans-généraux commandant les subdivisions militaires.—Correspondance : —1° *sous lettres fermées* et dans *toute l'armée*, avec les Lieutenans-généraux et Maréchaux-de-camp commandant l'artillerie et le génie, les officiers de gendarmerie; — 2° *sous bandes* et dans *la division*, avec les Commandans des corps et détachemens militaires, les Maréchaux de camp commandant les subdivisions ou brigades, les Intendans ou Sous-Intendans militaires de tout grade, les Officiers d'artillerie et de génie chargés d'un commandement.

Chefs d'état-major des divisions. — Correspondance *sous bandes* et dans *la division* avec les Commandans des corps de détachemens militaires, les Intendans et Sous-Intendans militaires.

Maréchaux de camp commandant les subdivisions et brigades. — Correspondance : —1° pour *toute l'armée* et *sous lettres fermées*, avec les Lieutenans généraux et Maréchaux de camp commandant l'artillerie et le génie, les Officiers de gendarmerie ;—2° pour la *division*, avec les Lieutenans généraux commandant les divisions, *sous lettres fermées*, les Intendans et Sous-Intendans militaires de toute classe, les Officiers d'artillerie et de génie chargés d'un commandement. *sous bandes*.

Chefs d'état-major des subdivisions ou brigades. Correspondance *sous bandes* : —1° dans toute *la division* avec les Intendans et Sous-Intendans militaires de toute classe; — dans *la subdivision* avec les commandans des corps et détachemens militaires.

Commandans des corps militaires.— Correspondance : —1° *sous lettres fermées* et pour *toute l'armée*, avec les Officiers de gendarmerie;—2° avec les Commandans de détachement des corps auxquels appartiennent les contre-signataires *en quelque lieu que se trouvent ces détachemens*, et *sous bandes*; —3° dans la *division* et *sous bandes* avec les Chefs d'état-major des divisions, les Intendans et Sous-Intendans militaires de toute classe, les Lieutenans généraux commandant les divisions ; — 4° dans la *subdivision* et *sous bandes*, avec le Chefs d'état-major des subdivisions ou brigades, et les maréchaux-de-camp commandant ces subdivisions ou brigades.

Commandans des détachemens des corps militaires. — Mêmes droits de correspondance que les Commandans des corps militaires, sauf que celle avec les Commandans des détachemens est remplacée par un droit de correspondance avec les Commandans des corps militaires auxquels appartiennent les contre-signataires, *en quelque lieu que se trouvent les corps*.

Lieutenans-Généraux commandant le génie. — Correspondance dans *toute l'armée* : — 1° sous *lettres fermées*, avec les Intendans et Sous-Intendans militaires de toute classe, les Lieutenans-généraux et Maréchaux-de-camp commandant les divisions et subdivisions ou brigades, les Officiers de gendarmerie; — 2° *sous bandes*, avec les Officiers du génie.

Maréchaux-de-camp commandant le génie. — Même correspondance que les Lieutenans-généraux de cette arme.

Officiers du génie chargés d'un commandement. — Correspondance *sous bandes* : — 1° dans *toute l'armée* avec les Lieutenans-généraux et les maréchaux-de-camp commandant le génie ; — 2° dans *la division* avec les Intendans et Sous-Intendans militaires de toutes classes, les Lieutenans-généraux et les Maréchaux-de-camp commandant les divisions et subdivisions ou brigades, les Officiers du génie chargés d'un commandement. — Ils jouissent, en outre, de la correspondance accordée aux Commandans des détachemens des corps militaires.

Officiers du génie sans commandement. — Correspondance *sous bande* et pour *toute l'armée* avec les Lieutenans-généraux et Maréchaux-de-camp commandant le génie.

Lieutenans-généraux commandant l'artillerie. — Correspondance dans *toute l'armée* : — 1° sous *lettres fermées*, avec les Intendans et Sous-Intendans militaires de toutes classes, les Lieutenans-généraux et Maréchaux-de-camp commandant les divisions et subdivisions ou brigades, les Officiers de gendarmerie ; 2° — *sous bandes*, avec les Officiers d'artillerie.

Maréchaux-de-camp commandant l'artillerie. — Même correspondance que les Lieutenans-généraux de cette arme.

Officiers d'artillerie chargés d'un commandement. — Correspondance *sous bandes* : — 1° dans *toute l'armée*, avec les Lieutenans-généraux et Maréchaux-de-camp commandant l'artillerie ; — 2° dans *la division*, avec les Intendans et Sous-Intendans militaires de toutes classes, les Lieutenans-généraux et Maréchaux-de-camp commandant les divisions et subdivisions ou brigades, les Officiers d'artillerie chargés d'un commandement. — Ils jouissent, en outre, de la correspondance accordée aux Commandans des détachemens des corps militaires.

Officiers d'artillerie sans commandement. — Correspondance *sous bandes* et pour *toute l'armée*, avec les Lieutenans-généraux et Maréchaux-de-camp commandant l'artillerie.

Officiers de gendarmerie. — Correspondance pour toute l'armée : — 1° sous *lettres fermées*, avec les Commandans des corps et détachemens militaires, les Intendans et sous-intendans militaires de toute classe, les Lieutenans-généraux, les Maréchaux-de-camp, les Officiers de gendarmerie ; — 2° *sous bandes* avec les sous-Officiers de gendarmerie.

Sous-Officiers de gendarmerie. — Correspondance *sous bandes* et dans *toute l'armée* avec les Officiers de gendarmerie.

Officiers de santé en chef. — Correspondance *sous bandes* et dans *toute l'armée* avec les Intendans et sous-Intendans militaires de toutes classes, les Officiers de santé chargés d'un service.

Officiers de santé chargés d'un service. — Correspondance *sous bandes* : — 1° dans *quelque lieu que se trouvent les destinataires*, avec les Officiers de santé en chef ; — 2° dans la *division*, avec les Intendans et sous-Intendans militaires de toutes classes.

Intendans en chef. — Correspondance pour *toute l'armée* : — 1° pour toute l'armée, avec les Intendans et sous-Intendans militaires de toutes classes, les Lieutenans-généraux, les Maréchaux-de-camp, les Officiers de santé; — 2° *sous bandes*, avec les Agens administratifs de tous grades. — V. Quant à la correspondance qu'ils peuvent recevoir. — V. Etat II, tableau 1er.

Intendans militaires. — Correspondance sous *lettres fermées*, dans *toute l'armée* avec les Lieutenans-généraux et Maréchaux-de-camp, commandant l'artillerie et le génie, les Officiers de gendarmerie; — *sous bandes* : — 1° dans *toute l'armée*, avec les Intendans et sous-Intendans militaires de toutes classes; — 2° en *quelque lieu que se trouvent les destinataires*, avec les Commissaires des postes, les Officiers de santé en chef; — 3° dans la *division*, avec les Agens de tous grades des différens services administratifs, les Chefs d'état-major, des divisions, des subdivisions ou brigades, les Commandans des corps et détachemens militaires, les Lieutenans-généraux et Maréchaux-de-camp, commandant les divisions et subdivisions ou brigades, les Officiers d'artillerie et du génie ayant un commandement, les Officiers de santé ordinaires chargés d'un service.

Sous-Intendans militaires de toutes classes. — Mêmes droits de correspondance que les Intendans militaires.

Agens en chef des différens services administratifs. — Correspondance *sous bandes* et pour *toute l'armée*, avec les Intendans et sous-Intendans militaires de toutes classes, les Préposés de différens services administratifs, placés sous leurs ordres.

Préposés des différens services administratifs. — Correspondance *sous bandes* avec les Agens en chef des services, dont ils relèvent, en *quelque lieu que se trouvent les destinataires*.

Commissaires des postes. — Correspondance *sous bandes* et pour *toute l'armée* avec les Employés de tous grades, des postes militaires, les Intendans et sous-Intendans militaires de toutes classes.

Employés de tous grades des postes militaires. — Correspondance *sous bandes* avec les Commissaires des postes, en *quelque lieu que se trouvent les destinataires*.

ÉTAT III. — ***Officiers, sous-officiers et autres personnes exerçant des fonctions dans la garde nationale, dont la correspondance exclusivement relative au service de la garde nationale, peut circuler en franchise sous le couvert des préfets, des sous-préfets et des maires dans l'étendue du département où cette correspondance a pris naissance.***

Ce droit existe en faveur des Colonels, Lieutenans-Colonels et Majors des légions cantonnales, des Chefs de bataillon cantonnaux, des Adjudans-Majors des bataillons cantonnaux, des Commandans des gardes nationales des communes, des Commandans des corps cantonnaux ou communaux, des armes spéciales, des Sergens-Majors des bataillons cantonnaux et des Maréchaux de logis des escadrons cantonnaux ; — des Inspecteurs, Capitaines, Officiers et Sous-Officiers d'armement ; — des Présidens des conseils d'administration des légions cantonnales ou bataillons cantonnaux ; — des Chirurgiens-Majors des légions cantonnales ; — des Membres des jurys de révision et de leurs Suppléans ; — des Rapporteurs et Secrétaires des conseils de discipline.

ÉTAT IV. — ***Fonctionnaires autorisés à remplacer leur contre-seing par une griffe.***

L'Archevêque de Paris, le Chancelier de France, tant en cette qualité que comme Président de la chambre des pairs, le Commandant supérieur des gardes nationales du département de la Seine, les Directeurs des administrations des contributions indirectes, des douanes, des postes, des tabacs, le Directeur général de la caisse d'amortissement et des caisses des dépôts et consignations, les Directeurs généraux des administrations des contributions directes, des forêts, et de l'enregistrement et des domaines, le Directeur de l'imprimerie royale, le grand Chancelier de la Légion-d'Honneur, l'Intendant général de la liste civile, les Ministres-Secrétaires d'état à département, le Préfet de police, les Préfets des départemens, les Préfets maritimes, le premier Président et le Procureur général près la cour des comptes, le Président de la commission de l'ancienne liste civile, le Président de la commission des monnaies, le Procureur général près la cour royale de Paris, le Recteur de l'académie de Paris, le Secrétaire général du conseil d'état. — V. au surplus à l'état I, tableau 2e, ce qui a trait à chacun de ces fonctionnaires.

ÉTAT V. — ***Fonctionnaires auxquels est attribué d'une manière permanente le droit de fermer leur correspondance de service.***

Les Administrateurs en chef, les Directeurs et les Inspecteurs des lignes télégraphiques, les Ambassadeurs, Consuls, Vice-Consuls et Ministres de France à l'étranger, le Chancelier de France, tant en cette qualité que comme Président de la chambre des pairs, les Chefs de division de comptabilité et Directeurs de comptabilité dans les divers Ministères, les Chefs de service de la marine, les Commandans et les Gouverneurs des possessions françaises dans les pays d'outre-mer, les Commissaires généraux et principaux de la marine, les Commissaires du roi pour la démarcation des frontières de l'Est et du Nord, les Commissaires du roi pour la fabrication des monnaies, les Contrôleurs des argues, des bureaux de la garantie ou change des monnaies et au monnayage, les Directeurs des administrations des contributions indirectes, des douanes, des postes, des tabacs, les Directeurs de la fabrication des monnaies, les Directeurs des services civils en Algérie, le Directeur général de la caisse d'amortissement et de la caisse des dépôts et consignations, les Directeurs généraux des administrations des contributions directes, des forêts, de l'enregistrement et des domaines, le Directeur général des poudres et salpêtres, le Directeur de l'imprimerie royale, les Essayeurs des bureaux de garantie, le grand Chancelier de la Légion-d'Honneur, l'Intendant général de la liste civile, les Préfets de l'Ain, des Basses-Alpes, des Hautes-Alpes, des Ardennes, du Doubs, de l'Isère, du Jura, de la Moselle, du Nord, du Bas-Rhin, du Haut-Rhin, du Rhône et du Var, les Préfets maritimes, le Préfet de police, le premier Président et le Procureur général de la cour des comptes, le Président de la commission de l'ancienne liste civile, le Président de la commission des monnaies, les Receveurs des argues, les Receveurs généraux des finances, le Secrétaire général du conseil d'état, le Sous-Préfet à Gex, le Trésorier général des Invalides de la marine. — Pour certains de ces fonctionnaires, le droit de fermer la correspondance est absolu ; pour les autres, il n'existe que relativement à certaines correspondances. — V. au surplus état I, tableau 2e, à l'égard de chacun d'eux.

ÉTAT VI. — ***Fonctionnaires qui peuvent éventuellement et en cas de nécessité seulement fermer leur correspondance de service.***

Les Agens du roi dans les parages de la Méditerranée, les Agens du service des paquebots de l'administration des postes placés dans les Echelles, lorsqu'ils sont Chefs de service, les Archevêques, le Chef d'état-major général de l'armée d'Afrique, les Chefs du service de la marine, les Chefs d'état-major des divisions militaires, les Commandans des brigades et les Officiers de gendarmerie, les Commandans des paquebots de l'administration des postes de la Méditerranée, les Commandans supérieurs de l'artillerie et du génie en Algérie, les Commissaires généraux et principaux de marine, les Commissaires de police, les Conseillers et Secrétaires généraux de préfecture délégués en l'absence des préfets, les Consuls et Vice-Consuls de France à l'étranger, les Directeurs des postes dans les stations de la Méditerranée, les Evêques, les Grands-Vicaires capitulaires, les Inspecteurs des finances, les Inspecteurs généraux d'armes et ceux de gendarmerie, les Intendans militaires, les Juges d'instruction, les Juges de paix, les Lieutenans-Généraux commandant les divisions militaires ou actives, les Maires, les Maréchaux de camp commandant les subdivisions militaires, les brigades et les écoles d'artillerie, les Officiers de la marine royale, commandant en chef une armée navale, escadre ou division, ou un bâtiment ayant une destination particulière, les Préfets des départemens, les Préfets maritimes, les premiers Présidens et Procureurs généraux de la cour de Cassation et des cours royales, les Présidens des cours royales, les Présidens et Procureurs du roi des cours d'assises et des tribunaux de première instance, le Président du comité de direction de l'administration des postes sur la Méditerranée, les Sous-Préfets. — Pour certains de ces fonctionnaires, le droit de fermer leur correspondance est absolu ; pour les autres, il n'existe que relativement à certaines correspondances. — V. au surplus état I, tableau 2e, à l'égard de chacun d'eux.

FRANCHISE DES QUARTIERS.

1. — On donnait ce nom au droit en vertu duquel toutes les maisons situées dans le quartier ou l'arrondissement de l'hôtel d'un ministre étranger étaient autrefois exemptes de la juridiction du pays.

2. — Cette franchise avait pris naissance à Rome; sous le pontificat d'Urbain V, les cardinaux en jouissaient seuls; d'autres grands seigneurs et principalement les ambassadeurs s'en mirent en possession sous Jules III et sous ses successeurs. — De Réal, *Science du gouvernement*, t. 5, p. 120.

3. — De Rome, cet usage s'établit dans un grand nombre de cours. — V. AGENT DIPLOMATIQUE, n° 152.

4. — On ne pouvait, à raison de cette franchise,

arrêter personne dans les environs des palais des ambassadeurs et des cardinaux. — De Réal, *ib.*

5. — En 1759, les ministres de France à Gênes avaient le droit d'empêcher les soldats de police de passer devant leur hôtel. — Martens, *Guide diplomatique*, t. 1er, p. 80, note 2.

6. — C'était là un abus qui avait, entre autres inconvéniens, celui d'offrir un asile inviolable aux criminels. — De Réal, *Ib.*

7. — Aussi Grégoire XIII et ses successeurs s'efforcèrent-ils d'abolir la franchise des quartiers, mais ils ne parvinrent pas à l'anéantir entièrement.

8. — Innocent II résolut de l'éteindre à tout prix. On sait la lutte qu'il eut à soutenir, à cette occasion, contre Louis XIV. — V. De Réal, *Ibid.*; Martens, *Ibid.*, note 1re; *Causes célèbres*, t. 2, p. 380, appendice.

9. — Aujourd'hui le privilége de la franchise des quartiers est presque généralement aboli; cependant quelques légations, notamment celles de France et d'Espagne, jouissent encore, à Rome, d'une certaine franchise. — Martens, *Ibid.*, note 2.

10. — Ainsi, dans la banlieue placée sous la protection de l'ambassadeur d'Espagne, la police n'est exercée que par des *sbires* appartenant à sa mission. — Martens, *Ibid.*

11. — Le faubourg de Péra, à Constantinople, paraît jouir encore également d'une certaine franchise. — *Encycl. des gens du monde*, vo *Franchise des quartiers*.

FRANCISATION (Acte de).

Table alphabétique.

Achat par des Français, 37.
Acte de propriété, 3. — provisoire, 69.
Amende, 48 s.
Annotation, 72.
Annulation, 26, 97 s., 103, 112.
Avarie, 30.
Bateau de pilotes, 14.
Bâtiment, 6 s. — acheté par des Français, 38. — espagnol, 30. — de l'état, 9. — étranger, 93. — en rivière, 15.
Bureau des douanes, 71.
Canot, 10 s.
Cautionnement, 59 s., 81, 90, 94, 96, 98.
Certificat, 109. — de description, 18.
Chaloupe, 10, 14.
Changement, 42, 111. — du bâtiment, 93 s. — de propriétaire, 107.
Colonies, 20. 33, 40.
Commerce à l'étranger, 47.
Compétence civile, 43.
Condamnation, 61.
Condition, 16 s., 91.
Confiscation, 24, 39.
Construction étrangère, 106. — française, 20 s., 39.
Courtier, 89.
Déclaration, 94, 96, 104.
Délivrance, 70 s., 75.
Dépôt au bureau des douanes. 5, 58.
Disparition, 112.
Droits de francisation, 73 s., 96. — de mutation, 78, 86. — de sortie, 103. — de succession, 94. — de transfert, 78, 83 s., 86.
Echouement, 27 s.
Effets (cessation des), 104.
Embarcation, 7, 32, 35.
Employé des douanes, 72.
Endossement, 82.
Epaves, 34 s.
Equipage, 63.
Etranger, 40. — (navire), 22. — (pays), 104 s., 109. — non naturalisé, 52.
Expertise, 31.
Formes, 64 s.
Français (navire), 19 s.
Francisation frauduleuse, 48 s.
Héritier, 86.
Inscription, 79 s., 91. — omise, 85.
Jaugeage, 17.
Jet sur la côte, 27, 32, 39.
Juridiction consulaire, 47.
Marque, 12.
Matériaux, 106.
Ministre des finances, 68.
Nationalité de navire, 19 s. — des propriétaires, 44 s.
Naufrage, 29, 34.
Navire, 7. — anglais, 43. — français, 107 s.
Nom du navire, 65.
Objet de la francisation, 2.
Origine des navires, 39 s. — (titre de l'), 41.
Papier, 67.
Parchemin, 66, 76, 99.
Pays réunis, 33.
Pêche, 37 s.
Perte, 96 s.
Pièce du bord, 3.
Port d'attache, 40, 42, 70.
Préposé des douanes, 79.
Prise, 22 s., 39, 107 s.
Privilége, 4, 44, 46, 110.
Propriété française, 36, 45 s. — des navires, 57. — des navires étrangers, 50 s.
Radoub, 25, 27, 29, 105.
Rapport, 105. — de l'acte de francisation, 103.
Réexportation, 32.
Renouvellement, 92 s.
Réparation, 27, 29 s., 105.
Séquestration, 109.
Serment, 47, 53 s., 88, 100.
Signature, 68 s.
Soumission, 59 s., 62, 81, 90, 94, 96 s.
Timbre, 76, 82, 99.
Tonnage, 18.
Transfert, 82.
Tribunal de commerce, 89.
Vente, 99. — authentique, 88 s. — à un étranger, 102. — de navires, 79 s., 90. 110.
Vétusté. 100.

FRANCISATION (Acte de). — 1. — Acte délivré par l'autorité administrative, qui contient la description d'un navire et constate sa nationalité.

2. — Son principal objet est de mettre qui de droit à même de prononcer ou de faire prononcer la condamnation d'un navire qui, reconnu de mauvaise construction, pourrait exposer la vie de ceux qui le monteraient, d'instruire le gouvernement de l'état de la marine marchande et de fournir d'avance des indications qui puissent être énoncées dans les congés et autres pièces dites *de bord* dont les navires doivent être munis. — Pardessus, *Droit commercial*, no 604; Boulay-Paty, t. 1er, p. 261.

3. — L'acte de francisation se trouve lié avec l'acte de propriété; il forme avec lui la première pièce du bord. — V. art. 226, C. comm. — V. CAPITAINE DE NAVIRE, NAVIRE.

4. — En permettant aux bâtimens d'arborer le pavillon français, l'acte de francisation leur assure la jouissance des priviléges attachés à la navigation nationale, qu'ils ne peuvent obtenir que par ce moyen.

5. — Dans les vingt-quatre heures de l'arrivée des bâtimens dans un port pour destination, l'acte de francisation doit être déposé au bureau des douanes et y rester jusqu'au départ. — Beaussant, no 438.

§ 1er. — *Bâtimens soumis à la francisation* (no 16).

§ 2. — *Conditions nécessaires pour la francisation* (no 6).

§ 3. — *Forme de l'acte de francisation. — Droits* (no 64).

§ 4. — *Changemens de propriétaires. — Renouvellement de l'acte de francisation* (no 79).

§ 5. — *Cessation des effets de la francisation* (no 101).

—

§ 1er. — *Bâtimens soumis à la francisation.*

6. — D'après l'art. 2, L. 21 sept. 1793, *aucun bâtiment* ne peut être réputé français s'il ne réunit un certain nombre de conditions dont l'acte de francisation constate l'exécution.

7. — Par *bâtiment* il faut entendre non seulement les navires, mais encore toute embarcation quelconque qui va en mer. — Circ. min. 31 oct. 1828.

8. — Quelque absolue que soit la disposition, elle souffre cependant quelques exceptions. — Ainsi ne sont point assujétis à l'acte de francisation :

9. — ... 1° Les navires frétés par l'état, c'est-à-dire dont l'équipage est nourri et soldé pour le compte du gouvernement. — L. 27 vendém. an II, art. 3; décis. 17 brum. an V et 17 germin. an III.

10. — ... 2° Les canots et chaloupes dépendant de navires francisés et dans l'acte desquels ces canots et chaloupes sont mentionnés. — Circul. min. 31 oct. 1828.

11. — Lorsqu'il est reconnu qu'un canot est une dépendance nécessaire du navire dont il constitue l'un des apparaux et qui le possédait à son départ, ce canot est compris dans la francisation accordée au navire et n'est pas soumis à la nécessité d'une francisation individuelle et séparée. Par suite ce canot ne peut être réputé d'origine étrangère et frappé de saisie, encore bien qu'il ne soit inscrit ni à l'acte de francisation, ni à l'inventaire, ni au manifeste d'entrée. — *Cass.*, 28 fév. 1844 (t. 1er 1844, p. 711), douanes c. Vanhille.

12. — Peu importe que dans ce cas le canot ne soit pas marqué du nom du navire auquel il appartient. Cette omission constitue seulement une contravention spéciale passible d'une amende, mais qui ne préjuge pas la nationalité. — *Trib. Dunkerque*. — Même arrêt.

13. — ... 3° Les canots d'un à deux tonneaux appartenant à des habitans voisins de la côte, ne s'éloignant qu'à une faible distance du lieu où ils sont fixés, à la condition de ne servir qu'à l'usage personnel des habitans voisins de la côte, à l'exclusion de tout transport de marchandises. — Circul. 15 avr. 1803 et 31 oct. 1828.

14. — Mais sont soumis à la francisation les bateaux et chaloupes des pilotes lamaneurs, car ces embarcations sont destinées à aller en mer pour le pilotage et peuvent même relâcher parfois à l'étranger. — Décis. admin. 26 août 1837.

15. — ... 4° Les bâtimens qui restent en rivière en deçà du dernier bureau des douanes; mais les propriétaires de ces bâtimens sont tenus de se munir d'un congé de police. — Décis. 27 frim. an III.

§ 2. — *Conditions nécessaires pour la francisation.*

16. — Pour que l'acte de francisation puisse être délivré, il faut : — 1° que le navire soit français, — 2° qu'il appartienne pour plus de moitié à des Français, — 3° que les propriétaires attestent ces faits sous serment, — 4° enfin qu'ils donnent un cautionnement pour la garantie des obligations qui leur sont imposées.

17. — De plus, la francisation n'a lieu qu'après que la capacité du navire a été constatée par le jaugeage. Le vérificateur, sur la demande du propriétaire, se transporte à bord du bâtiment; il en vérifie, sous sa responsabilité, la description et le tonnage. — L. 27 vendém. an II, art. 14.

18. — Si le bâtiment se trouve dans un port autre que celui où la francisation s'opère, le certificat de description et de tonnage, visé par le directeur, est transmis au receveur du port d'attache pour y être déposé. — L. 27 vendém. an II, art. 24 et 25; lettre 21 vendém. an XIII.

19. — 1° *Nationalité du navire.* — Le navire pour lequel on veut obtenir un acte de francisation doit être ou Français d'origine ou devenu Français.

20. — D'après l'art. 2, L. 21 sept. 1793, qui n'a fait que reproduire les dispositions des lois précédentes, « aucun bâtiment ne peut être réputé français s'il n'a pas été construit en France ou dans les colonies ou autres possessions de France. »

21. — Mais la francisation ne peut être accordée à un navire quoique construit en France, si les pièces qui sont employées à sa construction ont été préparées à l'étranger. — Décis. du 7 janv. 1803.

22. — Peuvent devenir français, les navires étrangers suivans : 1° celui déclaré de bonne prise faite sur l'ennemi. — L. 21 sept. 1793, art. 2.

23. — En pareil cas, il faut que le navire soit dans un port français et que la capture ait été faite par un Français. La capture faite par un étranger ne pourrait avoir le même effet. — Beaussant, no 427.

24. — ... 2° Les navires confisqués pour contravention aux lois de l'état. — L. 21 sept. 1793, art. 2.

25. — Dans ces deux cas, le bâtiment étranger est complétement dénaturalisé et assimilé à un navire de construction française, si le propriétaire français a fait pour le radouber une dépense de 6 fr. par tonneau. — Goujet et Merger, *Dict. de droit comm.*, vo *Francisation*, no 10. — Suivant Beaussant (no 427, note 1re) cette condition, au contraire, n'est pas exigée.

26. — Il est alors délivré à l'armateur un acte de francisation qui constate que le navire est de construction française, et l'acte primitif est annulé. — Arr. min. 8 avr. 1814 et 8 janv. 1818.

27. — ... 3° Le bâtiment étranger qui, ayant été jeté sur les côtes de France ou possessions françaises, et se trouvant tellement endommagé que le propriétaire ou assureur ait préféré de le vendre, a été acheté par des Français. — Toutefois, il faut qu'il y ait eu, de la part de l'acheteur, radoub ou réparation dont le montant soit quadruple du prix de vente du bâtiment. — L. 27 vendém. an II, art. 7.

28. — Cette disposition a été appliquée par une lettre administrative du 28 août 1832, aux bâtimens étrangers qui, battus par la tempête, viennent échouer dans un port.

29. — La simple circonstance qu'un bâtiment a reçu un radoub ou des réparations dont le montant est quadruple du prix de la vente, ne suffit pas pour le rendre admissible à la francisation, s'il n'a pas fait naufrage. — Décis. min. 22 prair. an VI.

30. — Cependant, un ordre du 10 fév. 1807 a admis à la francisation un navire espagnol que la guerre avait forcé de rester dans un port français où il fut vendu, pour cause d'avarie, à un Français qui fit une réparation quadruple du prix de la vente. — Depuis, plusieurs navires, dans les mêmes circonstances, ont reçu la même faveur. — Dujardin-Sailly, *Code des Douanes*, l. D, 6.

31. — L'estimation de la valeur des réparations se fait par trois experts nommés d'office, un par la douane, l'autre par l'administration de la marine, le troisième par le tribunal de commerce. — Cette estimation, dans laquelle n'entrent pas les cordages, ancres, voiles, canots, chaloupes et autres objets qui ne sont point inhérens au corps du navire, est faite devant les officiers du port. — Arr. min. 6 oct. 1814 et 8 janv. 1818.

32. — Les embarcations trouvées sur la côte, auxquelles les dispositions de l'art. 7, L. 27 vendém. an II, ne sont pas applicables, doivent être réexportées, ou payer le droit de 20 fr. par tonneau si elles sont destinées à la navigation intérieure — Lettre admin. 23 août 1837.

33. — ... 4° Les bâtimens appartenant aux sujets d'un pays qui est incorporé à la France ou qui devient colonie française. — Décis. min. 20 et 25 fév. 1818.

34. — ... 5° Les bâtimens qui, par suite de naufrages, ont été vendus au profit de la caisse des invalides de la marine. — Décis. min. 28 mai 1825.

35. — Cette disposition, toutefois, n'est applicable qu'aux embarcations éparses trouvées en pleine mer. — Lettre manuscrite 6 juin 1834.

36. — Enfin, peuvent être encore français les bâtimens qui, bien qu'étrangers, appartenaient à des Français et étaient inscrits comme tels à la ci-devant amirauté, avant le 22 niv. an II. — Dujardin-Sailly, *C. des douanes*, liv. D, 6.

37. — Une ordonnance royale du 14 fév. 1819 portait, dans son art. 3 : « Les navires étrangers achetés par des négocians français, armés par eux dans un des ports du royaume et qui, ayant été constamment employés pendant cinq années consécutives à la pêche de la baleine et des poissons à lard, auront au moins fait deux voyages dans l'océan Pacifique et quatre dans les mers du Nord, pourront seuls être admis à la francisation définitive, si, toutefois, ils demeurent la propriété d'armateurs français. »

38. — Mais cette ordonnance, prorogée par celle du 24 fév. 1825, art. 5, a cessé d'être en vigueur à partir du 1er mars 1830. — Ord. 7 déc. 1829, art. 1er.

39. — L'origine des navires à nationaliser se justifie : 1° pour les navires construits en France par le certificat du constructeur énonçant les dimensions et la contenance du bâtiment (Circul. 22 sept. 1821); — 2° pour les navires de prise, par le jugement qui a déclaré la prise valable, et par l'acte d'adjudication faite à un Français; — 3° pour ceux confisqués, par une expédition du jugement de condamnation ; — 4° pour ceux étrangers jetés sur les côtes, par une expédition du procès-verbal, constatant le naufrage et la vente, et par les comptes justificatifs des réparations. — Fasquel, *Résumé des lois et réglemens des douanes*, n° 1091.

40. — Lorsqu'un bâtiment francisé aux colonies ou dans les comptoirs d'Afrique, doit être attaché à un port français, l'acte de francisation produit par le propriétaire tient lieu des titres d'origine. La douane se base, dans ce cas, à exiger les soumissions prescrites par la loi. — Circul. 25 déc. 1816; 25 déc. 1817, et 25 fév. 1818.

41. — Tous les actes produits à la douane pour justifier l'origine des navires francisés sont conservés au bureau où la francisation a été accordée; ils y sont classés avec ordre. — Décis. 31 déc. 1819.

42. — Dans chaque bureau de douane, il est tenu un dossier où sont indiqués les changemens survenus au navire, et les propriétaires auxquels il a successivement appartenu, etc. Lorsque le bâtiment cesse d'appartenir au port où il a été francisé, le dossier est transmis dans le port de nouvelle attache. — Circul. 19 fév. 1833.

43. — Sous l'empire des lois des 21 sept. 1793 et 27 vendém. an II, l'introduction dans un port français d'un navire anglais présenté à tort comme francisé, constituait une contravention de la compétence des tribunaux civils, et ne pouvait être considérée comme une introduction de marchandises anglaises dont la connaissance appartenait aux tribunaux correctionnels. — *Cass.*, 26 fév. 1806, douanes c. Higgens.

44. — 2° *Nationalité des propriétaires.* — Bien que les étrangers aient en général le droit de faire le commerce en France, des restrictions ont dû nécessairement être apportées à ce droit, alors qu'il s'agissait de jouir des priviléges accordés aux bâtimens français.

45. — Aussi fut-il défendu aux étrangers d'être propriétaires en tout ou en partie des bâtimens français, d'abord par le réglement du 24 oct. 1681, appelé *réglement de Strasbourg*, et ensuite successivement par l'art. 11, réglem. 1er mars 1716, par l'ordonn. 18 janv. 1717, et la déclaration du 21 oct. 1727 ; et enfin par la loi du 9-13 août 1791 et 21 sept.-12 oct. 1791.

46. — Depuis la nouvelle organisation de la navigation, l'art. 2, L. 21 sept. 1793, a été ainsi conçu : « Après le 1er janv. 1794, aucun bâtiment ne sera réputé français, n'aura droit aux priviléges des bâtimens français, s'il n'appartient pas entièrement à des Français... »

47. — De plus, la loi du 27 vendém. an II, a porté, dans son art. 12, que : « Aucun Français résidant en pays étranger ne pourra être propriétaire en totalité ou en partie d'un bâtiment français, s'il n'est pas associé d'une maison de commerce française, faisant le commerce en France ou possession de France, et s'il n'est pas prouvé, par le certificat du consul de France dans le pays étranger où il réside, qu'il n'a point prêté serment de fidélité à cet état, et qu'il s'y est soumis à la juridiction consulaire de France. »

48. — Et dans son art. 15, que : « Tous ceux qui prêteront leur nom à la francisation des bâtimens étrangers, qui concourront comme officiers publics ou témoins aux ventes simulées; tout préposé dans les bureaux, consignataires, agent des bâtimens et cargaison, capitaine et lieutenant du bâtiment qui, connaissant la francisation frauduleuse, n'empêcheront pas la sortie du bâtiment, disposeront de la cargaison d'entrée ou en fourniront une de sortie, auront commandé ou commandent le bâtiment, seront condamnés solidairement, et par corps, à six mille livres d'amende, déclarés incapables d'aucun emploi, de commander aucun bâtiment français. Le jugement de condamnation sera publié et affiché. »

49. — Jugé en vertu de cet art. 15 et de l'arrêt du conseil du 30 août 1784 (art. 17), qu'on a dû condamner à l'amende de 6,000 fr. celui qui avait prêté son nom pour la francisation d'un navire appartenant à un propriétaire étranger. — *Cass.*, 9 mars 1831, Havar c. douanes.

50. — Tel était l'état des choses lorsqu'a été rendue la loi des douanes du 9 juin 1845, dont l'art. 11 est ainsi conçu : « L'art. 2 de la loi du 21 sept. 1793 est abrogé dans la disposition qui porte qu'aucun bâtiment ne sera réputé français s'il n'appartient entièrement à des Français. — Toutefois la moitié au moins devra appartenir à des Français. — Les art. 12 et 13 de la loi du 27 vendém. an II sont modifiés conformément aux dispositions des paragraphes précédens.

51. — Les raisons qui ont déterminé ce changement sont : — 1° Qu'il y a un grand avantage à pouvoir appeler les capitaux étrangers à prendre part dans nos constructions et nos expéditions maritimes; — 2° qu'il est de l'intérêt de nos armateurs et expéditeurs, surtout pour les bâtimens destinés à faire de nombreuses escales, qu'il y ait des copropriétaires sur les points où les bâtimens peuvent relâcher, attendu que, alors le bâtiment y est mieux reçu, et que des dispositions peuvent être prises pour favoriser son retour; — 3° qu'en fait, la plupart des bâtimens sont en même temps propriété française et propriété étrangère, et qu'enfin la prescription absolue portée par la loi de 1793, d'avoir des bâtimens réputés français a conduit à de fausses déclarations, à de faux sermens. — Duvergier, *Collect. des lois*, t. 45, p. 188, note 1re.

52. — Les étrangers ainsi repoussés sont tous ceux qui résidant en France ou domiciliés hors de France n'ont pas acquis par la naturalisation la qualité de Français. — Beaussant, n° 415.

53. — 3° *Serment.* — Les propriétaires doivent attester, sous la foi du serment, que le navire est français et qu'il appartient pour plus de moitié à des Français.

54. — Ce serment est prêté soit devant le juge de paix, soit devant le tribunal civil ou de commerce. — Fasquel, *Lois et réglem. des douanes*, n° 1101.

55. — Le serment peut être reçu dans un lieu autre que celui où réside le possesseur du navire. — Lettre 7 flor. an X.

56. — La formule du serment exigé est ainsi donnée par l'art. 13, L. 27 vendém. an II : « Je (*nom, état, domicile du déclarant*) jure et affirme que (*le nom du bâtiment, du port auquel appartient le bâtiment*) est un (*espèce, tonnage du bâtiment et description, suivant le certificat de mesureur-vérificateur*), a été construit à (*lieu de construction*), en (*année de construction*), a été (*pris, ou confisqué, ou perdu sur la côte : Exprimer le lieu, le temps des jugemens et vente*); que je suis seul propriétaire dudit bâtiment, *ou* conjointement avec (*nom, état, domicile des intéressés*), et qu'aucune autre personne quelconque n'y a droit, titre, intérêt, portion ou propriété; que je suis citoyen de France, soumis et fidèle aux constitutions, ainsi que les associés ci-dessus (*s'il y en a*); qu'aucun étranger n'est directement ou indirectement intéressé dans le susdit bâtiment. »

57. — La loi du 9 juin 1845 ayant permis qu'un bâtiment pût appartenir en partie à d'autres qu'à des Français, pourvu que des Français fussent propriétaires de la moitié au moins de ce navire, la formule du serment a dû subir les changemens nécessités par cette nouvelle disposition. — L. 9 juin 1845, art. 11, § 3.

58. — L'acte de prestation de serment est transmis au receveur des douanes du port auquel le bâtiment doit être attaché. Il est joint aux autres papiers du navire. — Lettre 7 flor. an X.

59. — 4° *Cautionnement.* — Enfin le propriétaire du navire est tenu de donner une soumission et caution de 20 fr. par tonneau, si le bâtiment est de moins de 200 tonneaux, de 30 fr. par tonneau pour les navires de 200 à 400 tonneaux, de 40 fr. par tonneau pour les navires de 400 tonneaux et au-dessus. — L. 27 vendém. an II, art 11.

60. — Ce cautionnement est donné pour garantie, outre les autres condamnations, de l'obligation prise de ne point vendre, donner, prêter, autrement disposer des congé et acte de francisation; de n'en faire usage que pour le service du bâtiment pour lequel ils sont accordés; de rapporter l'acte de francisation au même bureau, si le bâtiment est pris par l'ennemi, brûlé ou perdu de quelque autre manière, vendu en partie ou en totalité à un étranger, et ce, dans un mois, si la perte ou vente de la totalité ou partie du bâtiment a eu lieu en France ou sur les côtes de France, et dans trois, six ou neuf mois, suivant la distance des autres lieux de perte ou de vente. — L. 27 vendém. an II, art. 16.

61. — Ces mots de la loi du 27 vend. an II, *outre les autres condamnations,* signifient seulement que le propriétaire se soumet, outre la perte du cautionnement, à être passible de chacune des différentes amendes que pourrait encourir le bâtiment en faveur duquel on ferait abus de l'acte de francisation. — V. Dujardin-Sailly, *Code des douanes*, D. 158.

62. — Si un navire étant vendu intégralement passe en totalité dans d'autres mains, une nouvelle soumission doit être exigée; l'ancienne est annulée. Si au contraire la vente est partielle, on peut se borner à la relater sur la soumission primitive, sauf à faire souscrire au nouveau propriétaire les engagemens voulus par la loi. Dans ce cas, il faut que le nouvel acquéreur étende son cautionnement aux autres propriétaires. — Lett. admin. 31 août 1837.

63. — Quant à la nationalité de l'équipage du navire, V. ÉQUIPAGE (gens d'), n° 168.

§ 3. — *Forme de l'acte de francisation. — Droits.*

64. — *Formes de l'acte.* — L'acte de francisation doit être extrait du registre où sont inscrites les déclarations de construction, mesurage, description et propriété des bâtimens, au bureau du port d'attache. — L. 27 vendém. an II, art. 39.

65. — Il contient la description du navire et atteste qu'il a été mesuré, reconnu bien construit, et de construction française. Il indique de plus le nom du navire, lequel ne pouvait autrefois être changé sans une nouvelle déclaration rendue publique dans des formes déterminées (arr. min. mar. 14 sept. 1826), mais qui aujourd'hui ne peut plus être changé. — L. 5 juill. 1836, art. 8.

66. — Les actes de francisation sont écrits sur parchemin (lett. 24 prair. an XIII); ils sont revêtus du sceau de l'état.

67. — On doit ajouter une feuille de papier à l'acte de francisation qui ne présente plus de blanc. — Lett. du direct. de Rouen, 14 brum. an X.

68. — L'acte de francisation est signé par le ministre des finances au nom du roi. — Arr. min. fin. 30 juin 1829.

69. — Si le navire doit mettre à la voile avant la signature de l'acte par le ministre des finances, un acte provisoire est remis au capitaine pour autoriser ce dernier à naviguer. Cet acte est annulé et doit être retenu par la douane, si, quatre mois après sa délivrance, il est présenté dans un port de France, à moins toutefois que le bâtiment ne soit entré dans le port par relâche forcée. — Circ. 15 juill. 1829 et 21 mars 1834 ; lett. admin. 27 sept. 1836.

70. — L'acte de francisation est délivré au bureau du port auquel appartient le bâtiment. — L. 27 vendém. an II, art. 10.

71. — Mais est-ce par le bureau des classes ou par le bureau des douanes ? — Suivant M. Boulay-Paty (t. 1er, p. 261) ce doit être par le bureau des classes. — M. Beaussant (n° 438) pense au contraire que la délivrance doit être faite par le bureau des douanes, par le motif que c'est sous l'autorité de la douane que sont placées toutes les choses de la marine marchande, dont les personnes sont soumises au ministère de la marine. — V. conf. Pardessus, n° 604 ; Goujet et Merger, v° *Francisation*, n° 25.

72. — Les employés de l'administration des douanes peuvent seuls revêtir d'annotations les actes de francisation des navires. — Circ. 6 nov. 1824.

73. — *Droits de francisation.* — D'après l'art. 26, L. 27 vendém. an II, le coût de l'acte de francisation était fixé à 9 liv. pour les bâtimens de cent tonneaux et au-dessous, à 18 liv. pour ceux de cent à deux cents tonneaux exclusivement, à 24 liv. pour ceux de deux cents à trois cents tonneaux exclusivement, avec augmentation de 6 liv. par chaque cent tonneaux complets au-dessus de trois cents. — Circ. 5 août 1836.

74. — La loi du 2 juill. 1836, dans son art. 3,

tout en maintenant les droits établis par la loi du 27 vendém. au 11 pour la francisation des bâtimens de cent tonneaux et au-dessus, a réduit ce droit à 9 cent. par tonneau pour les bâtimens au-dessous de cent tonneaux.

75. — Ce droit de francisation doit être perçu quand on délivre, soit le brevet définitif, soit l'acte qui le remplace provisoirement. — Circ. 5 août 1836.

76. — Le parchemin sur lequel est écrit l'acte de francisation coûte 68 cent. outre le timbre qui est de 75 cent. — Lett. 24 prair. an XIII.

77. — La quittance des droits de francisation donne aussi lieu au timbre au paiement de 25 centimes s'ils sont de plus de 10 fr., et de 5 cent. pour les sommes au-dessous de 10 fr. — Beaussant, n° 438.

78. — Quant aux droits dus pour la mention, sur l'acte de francisation, du transfert ou de la mutation de propriété, V. infrá n°s 83 et suiv.

§ 4. — Changement de propriétaires. — Renouvellement de l'acte de francisation.

79. — Changement de propriétaires. — Les ventes de parties de bâtimens sont inscrites au dos de l'acte de francisation par le préposé de la douane. — L. 27 vendém. an 11, art. 17.

80. — Cette inscription doit également avoir lieu lorsque la vente en est passée devant un officier public, ou devant un tribunal de commerce. — Décis. min. 26 pluv. an VII.

81. — L'inscription doit être faite au port auquel appartient le navire, attendu que les soumissions et cautionnemens prescrits par les art. 11 et 16, L. 27 vendém. an 11, ne peuvent se subdiviser en plusieurs bureaux. — Lett. 16 fruct. an VIII.

82. — Ce transfert par endossement, semblable à celui des lettres de change et billets à ordre, n'é-tant point un contrat nouveau, et d'ailleurs les actes faits par la douane n'étant pas sujets à l'en-registrement, il ne faut pas le comprendre dans la défense portée par l'art. 23, L. 13 brum. an VII, sur le timbre, qui interdit la transcription de plusieurs actes sur la même feuille. — Lett. au direct. de Saint-Valéry, 19 mess. an VII; — Beaussant, n° 438.

83. — Le droit de la mention de transport, au dos de l'acte de francisation, était un droit fixe de 6 fr., d'après l'art. 7, L. 27 vendém. an 11. Ce droit a été réduit à 6 cent. par tonneau pour les navires au-dessous de cent tonneaux; mais il a été main-tenu à 6 fr. pour les bâtimens d'un tonnage plus élevé. — L. 2 juill. 1836, art. 6.

84. — Le droit était dû, quelle que fût la portion du navire qui faisait l'objet de l'endossement. — Lett. au direct. de Nantes, 21 avr. 1834; circ. 23 juill. 1836.

85. — Si, lors d'une seconde vente ou transmis-sion d'un bâtiment, on reconnaissait la vente ou transmission antérieure n'avait point été ins-crite au dos de l'acte de francisation, le premier droit non acquitté était exigible avec le second. — Lett. 12 vendém. an VI, circul. 24 mai 1817.

86. — Celui qu'un héritage avait rendu proprié-taire d'un bâtiment devait, quoiqu'il n'y eût pas de vente, acquitter le droit d'inscription, parce qu'il y avait une mutation de propriété qui devait être inscrite au dos de l'acte de francisation (Décis. 2 germ. an VII); mais il n'y avait lieu qu'à un seul droit, quel que fût le nombre des cohéritiers. — Circ. 24 nov. 1817; Lett. admin. 3 nov. 1833.

87. — Enfin, l'art. 2 de l'ordonnance du 24 sept. 1840, sur les douanes, porte : « Ne sera plus perçu le droit de fr. établi par l'art. 17, L. 27 vendém. an 11, pour l'inscription au dos de l'acte de fran-cisation des ventes de tout ou partie des navires. » — Cette même disposition a été littéralement re-produite dans l'art. 20, L. 6 mai 1841.

88. — Le serment n'est exigé des nouveaux pro-priétaires que lorsque les ventes de navires sont faites sous seing-privé. Il n'en est pas de même quand ces ventes ont lieu par actes authentiques. — Décis. min. fin. 10 juin 1813.

89. — Sont réputés authentiques les ventes faites par les tribunaux de commerce (Circ. 26 pluv. an VII) et par les courtiers. — Circ. 17 vent. an XII; — Beaussant, n° 438.

90. — Quoi qu'il en soit, à quelque époque qu'ait lieu la vente du navire, il est permis à l'acquéreur, même quand le navire ne change pas de port, de donner un autre cautionnement et une nouvelle soumission, afin de libérer le vendeur et sa cau-tion. — Beaussant, n° 438.

91. — Le transfert n'est mentionné sur l'acte de francisation qu'autant que le nouveau possesseur a renouvelé les obligations précédemment sous-crites par son vendeur, ou qu'il a justifié que ces obligations ont été remplies dans le port ou le na-

vire doit être attaché. En cas de refus, l'annotation peut toujours avoir lieu; mais alors le bâtiment doit cesser de jouir des avantages de la nationa-lité. — Circ. 6 oct. 1832.

92. — Renouvellement de l'acte de francisation. — Comme la première soumission reste toujours in-tacte dans le cas de vente ou de mutation de pro-priété (Lett. du 4 flor. an III), et que l'acte de fran-cisation dure autant que le navire, parce qu'il est un nouvel acte de francisation en cas de vente ou de mutation.

93. — L'acte de francisation doit être renouvelé : 1° quand le bâtiment est changé dans sa forme, tonnage, ou de toute autre manière; car c'est alors un nouveau bâtiment dont l'identité ne peut plus être reconnue, et qui, s'il n'était de nouveau fran-cisé, serait réputé bâtiment étranger. — L. 27 vend. an 11, art. 21.

94. — De ce que art. 21 ne parle pas, comme l'art. 20, des mêmes cautionnemens, soumission, déclaration et droit à fournir pour l'obtention du nouvel acte, s'ensuit-il qu'ils ne sont pas dus? Une chambre de commerce a conclu que l'ap-plication de ces formalités à l'art. 21 était illégale.

95. — Mais cette décision est évidemment erro-née; du moment que le bâtiment a cessé d'être en concordance avec l'acte, les capitulations de sa francisation ont été enfreintes, et la concession du privilège annulé. Par là, le bâtiment est-devenu étranger et, comme tel, déchu des faveurs de la loi. Pour recevoir une nouvelle francisation, il leur faut donc une autorisation spéciale. — Beaus-sant, n° 438; Dujardin-Sailly, liv. D, 20.

96. — ... 2° Lorsque le premier acte de franci-sation est perdu, le propriétaire, affirmant la sin-cérité de cette perte, en obtiendra un nouveau en observant les mêmes formalités, et à la charge des mêmes cautionnement, soumission, déclara-tion et droits, que pour l'obtention du premier. — L. 27 vendém. an 11, art. 20.

97. — Si le premier acte de francisation se re-trouve, on annule le deuxième, et mention en est faite en marge de la soumission. — V. Dujardin-Sailly, L. D, 19.

98. — Dans le cas où un acte de francisation se-rait tombé au pouvoir de l'ennemi, la mention sur le nouveau portera que celui-ci, ainsi perdu, devient nul et de nul effet, et, en conséquence, les soumissionnaires sont déchargés de leur caution-nement. — V. Dujardin-Sailly, ibid.

99. — ... 3° En cas de vétusté du premier acte de francisation. — Alors il peut en être délivré un nouveau sur l'ancien en déclarant que l'ancien a été déposé, et en payant seulement le prix du parchemin et le droit du timbre. — Circul. 19 mars 1805; — Beaussant, n° 438.

100. — Quand il y a lieu de renouveler l'acte de francisation pour cause de vétusté de cet acte ou de changement dans la forme du navire, le ser-ment n'est point prêté de nouveau. — Lettre admin. 18 nov. 1817.

§ 5. — Cessation des effets de la francisation.

101. — Les droits et privilèges que confère l'acte de francisation se perdent si le navire cesse d'être français.

102. — Il en est ainsi, si le navire est vendu à un étranger en totalité ou au moins pour plus de la moitié. — V. suprá, n° 50.

103. — En cas de vente d'un navire français à un étranger, lorsque le paiement du droit de sor-tie n'est délivré qu'après que les engagements souscrits à la douane ont été annulés et que l'acte de francisation a été rapporté. — Circul. 13 avr. 1818.

104. — Les capitaines ou propriétaires qui, se trouvant à l'étranger, y vendent leurs navires, sont tenus d'en faire la déclaration au consul français. Celui-ci en prévient l'administration des douanes qui fait réclamer le paiement des droits de sortie ainsi que le rapport de l'acte de franci-sation. — Décis. du 23 déc. 1818.

105. — ... Si le navire est radoubé ou réparé en pays étranger et les frais de radoub ou répa-ration excèdent 6 francs par tonneau, à moins que la nécessité de frais plus considérables ne soit constatée par le rapport signé et affirmé par le capitaine et les autres officiers du bâtiment, véri-fié et approuvé par le consul ou autre officier de France ou deux négocians français résidant en pays étranger, et déposé au bureau du port fran-çais où le bâtiment reviendra. — L. 27 vendém. an 11, art. 8.

106. — Le bâtiment qui ayant enfreint cet ar-ticle a été traité à son retour comme navire étran-ger, peut-il être représenté à une nouvelle fran-

cisation? — Non; car le navire se trouve alors com-posé de matériaux neufs achetés à l'étranger, mis en œuvre à l'étranger, et qu'il doit être réputé de construction étrangère. — Beaussant, n° 42.

107. — Un bâtiment français capturé, qui rentre en France, ne perd ses droits au privilège natio-nal qu'autant qu'il a changé de propriétaire. Il continue à jouir des avantages réservés à sa qua-lité de Français, si sa possession n'a pas été inter-rompue. — Décis. min. 24 vendém. an XIII.

108. — Jugé dans le même sens qu'un navire français qui, après avoir été pris et confisqué par l'ennemi, a été racheté par des Français, a pu re-devenir entre leurs mains navire français. — Cons. d'état, 22 juill. 1818, Perrier c. Vauchasson.

109. — Le bâtiment français capturé ou séques-tré à l'étranger pour delies ou autrement, qui, rendu au propriétaire en son nom, a été acheté par un Français ne perd pas ses droits au privilège national (Lettre admin., 6 sept. 1823). Mais il doit être produit un certificat de l'autorité locale du pays étranger où le navire a été vendu, attestant que le bâtiment n'a pas été confisqué et n'a pas passé dans des mains étrangères. — Lettre admin. 20 nov. 1823.

110. — Les droits au privilège national cessent d'exister si le bâtiment a été mis en vente publi-que au nom d'un étranger, encore bien qu'il ait été acheté par un Français. — Lettre admin. 18 fév. 1833.

111. — 3° ... Si, après la délivrance de l'acte de francisation, le bâtiment est changé dans sa forme, tonnage ou de toute autre manière, et qu'on n'ob-tienne pas un nouvel acte de francisation. — L. 27 vendém. an 11, art. 21. — V. suprá n° 93.

112. — 4° ... Enfin, lorsque le navire a cessé de pa-raître. Dans ce cas les soumissions relatives à la francisation ne sont annulées qu'après que son naufrage ou tout autre événement qu'il a éprouvé, a été justifié. — Arrêté 13 prair. an 11.

FRANGIERS.

1. — Marchands frangiers, patentables de cin-quième classe, droit fixe, basé sur la population, et droit proportionnel du vingtième de la valeur locative de l'habitation, et des biens servant à l'exercice de la profession.

2. — Les fabricans frangiers sont rangés dans la septième classe, quand ils travaillent pour leur compte, et dans la huitième quand ils travaillent à façon. — Droit fixe basé sur la population, et droit proportionnel du quarantième de la valeur locative de tous les locaux qu'ils occupent, mais seulement dans les communes de vingt mille ames et au-dessus.

FRAPPEURS DE GAZE.

Frappeurs de gaze, patentables de huitième classe, droit fixe, basé sur la population, et droit proportionnel du quarantième de la valeur loca-tive de tous les locaux qu'ils occupent, mais seu-lement dans les communes de vingt mille ames et au-dessus.

FRAUDE.

Table alphabétique.

FRAUDE. — 1. — On entend par là toute manœuvre pratiquée pour tromper quelqu'un et lui porter préjudice.

SECT. 1ʳᵉ. — *De la fraude en général* (n° 2).

§ 1ᵉʳ. — *Caractère de la fraude* (n° 2).

§ 2. — *Preuves et effets de la fraude* (n° 17).

SECT. 2ᵉ. — *Action révocatoire des créanciers* (n° 42).

§ 1ᵉʳ. — *Quels créanciers peuvent exercer l'action révocatoire* (n° 45).

§ 2 — *Quels actes peuvent être attaqués par l'action révocatoire* (n° 69).

§ 3. — *Exercice de l'action révocatoire.— Preuves de la fraude* (n° 106).

§ 4. — *Effets de l'action révocatoire. — Prescription* (n° 146).

Sect. 1ʳᵉ. — De la fraude en général.

§ 1ᵉʳ. — Caractère de la fraude.

2. — La fraude se rencontre très souvent avec le dol. Aussi cette fréquente coïncidence les fait-elle confondre par les auteurs qui emploient indifféremment l'un ou l'autre de ces deux mots, et quelquefois les deux ensemble, pour désigner tous les cas que n'a pas prévus le Code pénal, et dans lesquels on cherche à s'approprier tout ou partie de la fortune d'autrui, en employant des artifices répréhensibles. Cependant l'un et l'autre ont leurs caractères distincts, leur sens propre, et l'un peut exister indépendamment de l'autre.

3. — La fraude, dit Chardon (*Dol et fraude*, t. 2, n° 1ᵉʳ), a presque toujours le dol pour conseil et pour auxiliaire; mais moins hardie, elle agit différemment. Le dol s'attache à la personne même dont il convoite en tout ou en partie la fortune, et par les illusions dont il la séduit, il la fait coopérer à sa spoliation. C'est dans l'ombre, au contraire, et presque toujours à l'insu de sa victime que la fraude ourdit ses trames. Dans ce dernier cas, la défiance la plus active ne peut garantir de ses embûches, tandis qu'une exacte vigilance peut prémunir contre les agressions du dol.

4. — Cependant, comme la plupart des dispositions prises par la loi à l'égard du dol s'appliquent à la fraude, il faut se reporter au premier de ces mots pour ce qui concerne les dispositions communes. — V. DOL.

5. — Le Code civil n'a pas, comme la loi romaine

(ff. *Quæ in fraudem creditorum facta sunt ut restituantur;* Cod., *De revocandis his quæ in fraudem creditorum alienata sunt*) consacré de titre particulier à la fraude, mais il la combat partout où elle pourrait se montrer.

6. — Car la fraude a toujours été, dans les actes, une cause de nullité pour les tiers à qui elle cause un dommage, la loi ne pouvant offrir un refuge à la mauvaise foi. — Favard de Langlade, *Rép.*, v° *Fraude*, n° 1ᵉʳ.

7. — C'est pour venir au secours des créanciers que l'action de la fraude, connue en droit romain sous le nom d'action paulienne ou révocatoire, a été accordée aux créanciers. — L. 1, § 1ᵉʳ, ff., *Quæ in fraud. credit.*; —Toullier, t. 6, n°ˢ 344 et suiv.; Proudhon, *Usufruit*, n° 2358. — V. ACTION PAULIENNE, ACTION RÉVOCATOIRE.

8. — Il n'y a dol ou fraude, dans le sens de la loi, qu'autant que les manœuvres dont il est justifié sont telles, que, sans elles, il n'y aurait pas eu de contrat. — *Rennes*, 30 avr. 1841 (L. 2 1841, p. 480), Triquet c. Bohain.

9. — La fraude ne peut résulter de promesses fallacieuses. — *Cass.*, 2 nov. 1812, Maria c. Cardé; — Favard, v° *Preuve*, § 1ᵉʳ, n° 30.

10. — Il n'y a pas fraude entraînant la nullité de la vente de la part de celui qui, pour éviter la concurrence, se borne à dissimuler l'intention où il est de se rendre acquéreur, sans toutefois employer aucune manœuvre frauduleuse pour obtenir le consentement du vendeur. — *Orléans*, 24 avr. 1845 (1. 1ʳᵉ 1845, p. 722), Lalande c. Pasquier.

11. — La fraude peut devenir un délit caractérisé. — V. ESCROQUERIE.

12. — La disposition portant que les pigeons, lapins, poissons qui passent dans un autre colombier, garenne ou étang, appartiennent au propriétaire de ces objets, cesse quand ils y ont été attirés par fraude et artifice. — C. civ., art. 564.

13. — Les juges peuvent être pris à partie quand on prétend qu'il y a eu fraude commise par eux, soit dans le cours de l'instruction, soit lors des jugemens. — C. procéd., art. 505, n° 1ᵉʳ. — V. PRISE A PARTIE.

14. — La subrogation dans la poursuite de saisie immobilière peut être demandée quand il y a fraude de la part du poursuivant. — C. procéd., art. 22. — V. SAISIE IMMOBILIÈRE.

15. — La fraude à la loi est celle qui est commise dans le but d'éluder ses dispositions.

16. — Quant à la fraude commise en matière de contributions indirectes et de douanes, V. CONTRIBUTIONS INDIRECTES, DOUANES.

§ 2. — Preuves et effets de la fraude.

17. — Ceux qui peuvent se plaindre de la fraude sont généralement tous ceux à qui elle porte préjudice, et à qui on ne peut pas imputer de l'avoir commise, soit par eux-mêmes, soit par leurs représentans.

18. — Indépendamment des droits et actions que les créanciers peuvent exercer au nom de leur débiteur (V. CRÉANCIER), ils peuvent aussi, en leur nom personnel, attaquer les actes faits par leur débiteur en fraude de leurs droits. — C. civ., art. 1167. — V. la section suivante.

19. — La partie qui a concouru à la fraude dans un acte, peut en demander la nullité, lorsque cet acte a été surpris à sa faiblesse. — *Amiens*, 17 mars 1826, Pinaguet c. Obré. — V. *infra*, n° 107. — V. AUSSI SIMULATION.

20. — L'action que fournit la fraude est personnelle. En d'autres termes, on ne peut la diriger que contre les auteurs ou complices des actes frauduleux. — Rolland de Villargue, *Rép. du not.*, v° *Fraude*, n° 42.

21. — A l'exception des actes que la loi déclare frauduleux d'après leur seule qualité (C. civ., art. 1350, n° 4ᵉʳ), la fraude en général ne se présume pas, et elle doit être prouvée.

22. — Les modes de preuve la fraude sont tous ceux que la loi autorise, c'est-à-dire la preuve littérale, la preuve testimoniale, les présomptions, l'aveu et le serment.

23. — Suivant Coquille (*Cout. du Nivernais*, p. 68), toutes espèces de preuves sont admissibles en pareil cas, à raison de l'ignorance où se trouvent ceux qui doivent agir : ceux qui veulent faire fraude, dit-il, travaillent de tout leur pouvoir pour la couvrir, elle ne serait pas fraude si elle n'était occulte; car celui qui sait ne peut dire avoir été trompé.

24. — Suivant l'art. 1348, C. civ., la preuve testimoniale peut être admise quand un acte est attaqué pour fraude; car il s'agit là d'un cas où il n'était pas possible au créancier de se procurer une preuve littérale de l'obligation contractée envers

---

lui, et d'ailleurs la fraude doit être assimilée à l'obligation qui naît d'un quasi-délit. — V. PREUVE TESTIMONIALE.

25. — Jugé, en conséquence, que la fraude, comme le dol, faisant exception à toutes les règles, peut être prouvée par tous les modes que la loi admet, et spécialement par témoins, même pour une somme supérieure à 150 fr. — *Cass.*, 4 janv. 1808, Detoy c. Clavelin. — Favard, v° *Fraude*, n° 7; Rolland de Villargues, *Rép. du not.*, v° *Fraude*, n° 45.

26. — Lorsqu'un acte est attaqué pour fraude, la preuve peut encore en être faite même par de simples présomptions, pourvu qu'elles soient graves, précises et concordantes. — C. civ., art. 1353. — V. PRÉSOMPTION.

27. — Jugé ce le sens que la fraude peut être établie par la réunion de présomptions graves, précises et concordantes. — Conf. *Paris*, 19 avril 1809, Bunont et Lalande c. Sabattier et Labarrière; *Cass.*, 10 juin 1816, Delabrousse; 17 août 1829, *Rennes*, 20 déc. 1832, Guérard c. deBeauney; *Rennes*, 30 avril 1841 (1. 2 1841, p. 480), Triquet c. Bonain; —Danty, sur Boiceau; Toullier, t. 6, n° 355, et t. 8, n° 65 ; Duranton, t. 13, n° 85 ; Rolland de Villargues, *Rép. du not.*, v° *Fraude*, n° 45, v° *Acte authentique*, n° 53 ; Favard, v° *Fraude*, n° 6, v° *Preuve*, § 2.

28. — Ces présomptions sont nécessairement abandonnées à la conscience des juges; cependant les auteurs en donnent quelques exemples.

29. — La plus grande présomption de fraude est la continuation de possession par celui qui paraît vendre ou donner un fonds. — *Dict. du not.*, v° *Fraude*, n° 28.

30. — Le peu de temps qui s'est écoulé entre la conclusion des actes attaqués et l'époque de la déconfiture, a toujours été regardé comme l'une des plus fortes présomptions de fraude. — De même, par la raison des contraires, le long espace de temps écoulé entre l'acte attaqué et le moment où l'insolvabilité est devenue notoire détruit le soupçon de fraude. — Mascardus, *De probat.*, concl. 846, n°ˢ 4, 8, 9 et 15.

31. — La clandestinité de l'acte ou l'affectation de le cacher fournissent une preuve décisive de la simulation qui le fait attaquer. — Lapeyrère, v° *Simulation*; *Dict. du not.*, v° *Fraude*, n° 51.

32. — Un des signes les plus positifs et les plus naturels aussi de la fraude, c'est la vente à titre onéreux, et à vilité du prix. — L. 7, ff., *quæ in fraud.*; —Rolland de Villargues, n° 47.

33. — La fraude est, en outre, supposée, et la libéralité présumée, lorsqu'un acheteur pauvre, dépourvu de moyens, est réputé avoir donné un prix très élevé et dépassant incontestablement ses ressources. — Proudhon, n° 2363; Rolland de Villargues, n° 48.

34. — Au surplus, c'est une jurisprudence constante qu'il appartient souverainement aux juges d'apprécier les preuves fournies, comme aussi les faits de fraude; et que leur décision à cet égard échappe à la censure de la cour de Cassation. — *Cass.*, 2 fruct. an XIII, Lagarrigues c. Laffond ; 28 frim. an XIV, Billois c. Villavicensio ; 1ᵉʳ fév. 1832, Ruby c. Biedcharuton; 20 nov. 1839 (t. 1ᵉʳ 1840, p. 355), comm. de Beignon c. fab. de Beignon ; 2 mars 1840 (t. 1ᵉʳ 1840, p. 270), Guilbert c. Daniel et Delanoe; 5 août 1840 (1. 2 1840, p. 475), Lechaffoisc.

35. — Toutefois, en cas de doute, il est du devoir des juges de maintenir l'acte : *In dubio standum est instrumentum.* — Rolland de Villargues, v° *Fraude*, n° 51.

36. — Jugé, cependant, que la déclaration d'une cour, qu'il résulte des circonstances qu'on peut soupçonner qu'il y a eu fraude dans un acte, peut suffire pour l'autoriser à en prononcer la nullité. — *Cass.*, 1ᵉʳ févr. 1825, Freissinet c. Vernière.

37. — Lorsque la loi déclare nuls, d'après leur seule qualité, certains actes qu'elle répute faits en fraude de ses dispositions, il y a là une présomption légale qui dispense de toute preuve celui au profit de qui elle existe ; et même la preuve contraire n'est pas admissible. — C. civ., art. 1350, n° 4ᵉʳ et art. 1352.

38. — La fraude est donc une cause de nullité, mais elle doit être bien constante pour donner lieu à l'annulation du contrat. — *Cass.*, 8 brum. an XIV, Billois c. Villavicensio.

39. — Les actes infectés de fraude doivent être annulés. — Toullier, t. 6, n° 358 ; Proudhon, *Usufruit*, n° 2358 ; Duranton, n°ˢ 575 à 578; Rolland, n°ˢ 15 à 19.

40. — La fraude invoquée contre un jugement d'adjudication, peut être opposée au tiers qui a acquis avant qu'on en excipât. — *Colmar*, 24 juin 1811, Jehlé c. Schmitt et Reil.

41. — La règle portant que foi est due à l'acte authentique jusqu'à inscription de faux n'est pas applicable, quand l'acte est attaqué pour cause de

dol ou de fraude. — *Cass.*, 12 mars 1839 (t. 2 1839, p. 238), Duval c. Homot.

Sect. 2e. — *Action révocatoire des créanciers.*

42. — Ainsi qu'on l'a vu (*suprà*, no 18), les créanciers peuvent, en leur nom personnel, attaquer les actes faits par leur débiteur en fraude de leurs droits. — C. civ., art. 1167.

43. — Cette action se nommait en droit romain action *Paulienne*, du nom du préteur qui l'avait introduite. (V. ACTION PAULIENNE.) *Le Digeste*, *les Institutes* contiennent un grand nombre de dispositions sur l'exercice de cette action. — V. L. 38, § 4, *De usuris*, ff., L. 22; L. 42, *Quæ in fraud. cred. facta sunt*; L. 7, t. 75, au Cod., *de revoc.*, *His quæ in fraud. cred. alien. sunt.* — Inst., *de actionibus*, L. 4, t. 6.

44. — Il ne faut avoir recours à ces lois qu'avec la plus grande réserve, et en tenant compte des dissemblances qui séparent les deux législations. — V. ACTION RÉVOCATOIRE.

§ 1er. — *Quels créanciers peuvent exercer l'action révocatoire.*

45. — La révocation des actes faits par le débiteur de mauvaise foi peut être demandée par tous créanciers, hypothécaires, privilégiés ou simplement chirographaires. Les garanties particulières que quelques uns peuvent avoir ne sont ni une condition nécessaire pour l'exercice de l'action, ni un motif d'exclusion. — Proudhon, *Usufruit*, t. 5, no 2369; Zachariæ, *Dr. civ.*, t. 2, p. 341; Capmas, *De la révocation des actes*, no 67.

46. — Jugé en ce sens que l'action révocatoire peut être exercée par les créanciers chirographaires. — *Nîmes*, 20 frim. an XIV, Hours c. Cherbut.

47. — ... Que le créancier hypothécaire dont l'inscription ne frappe pas sur l'immeuble aliéné par son débiteur, peut demander la nullité de cette aliénation, sur le motif qu'elle est simulée et faite en fraude de ses droits. — *Cass.*, 22 mars 1809, de Michel c. Gallès.

48. — ... Que le créancier hypothécaire peut également demander la nullité, pour cause de fraude, de la vente d'un immeuble à l'égard duquel il peut encore exercer tous ses droits hypothécaires. — *Colmar*, 15 juin 1835 (V. sous *Cass.*, 2 août 1836), Weckersen c. Magnier-Granprez.

49. — ... Que le créancier ayant simultanément le droit de suivre son action hypothécaire sur le tiers-détenteur de l'immeuble vendu, et celui d'attaquer les actes faits par son débiteur en fraude de ses droits, si ce créancier a exercé la première de ces facultés, il n'est pas déchu du droit d'exercer l'autre ensuite. — *Orléans*, 8 janv. 1819, Beauvallet c. Babaut et Lesueur.

50. — En effet, le créancier n'est pas représenté par son débiteur dans les actes faits par ce dernier en fraude de ses droits. — *Nîmes*, 14 avr. 1812, Lafarre c. Charcot; *Bastia*, 8 déc. 1834, Simonetti. — V. AYANT-CAUSE.

51. — Et spécialement dans la vente d'un immeuble par un débiteur, le créancier hypothécaire ne peut être réputé avoir été légalement représenté par le vendeur, et, par suite, être déclaré non recevable à attaquer cette vente, si elle préjudicie à ses droits. — *Toulouse*, 15 janv. 1834, Dubruel c. Marabal.

52. — Enfin, les créanciers d'un failli qui demandent la nullité des actes faits en fraude de leurs droits ne sont point simples ayant-cause de leur débiteur; leur action, en ce cas, leur est personnelle. — *Bordeaux*, 22 déc. 1828, Beylot c. Banezette.

53. — L'action révocatoire peut être exercée par le créancier dont le titre peut être sujet à résolution, mais dont la qualité est constante au moment où il veut agir.

54. — Ainsi celui à qui une décision souveraine accorde une somme, payable par son adversaire, à titre de provision, est réputé créancier : à ce titre il peut en exercer tous les droits et actions, et, par conséquent, intenter l'action de fraude si le débiteur a souscrit des actes en fraude du droit de ses créanciers. — *Bordeaux*, 13 fév. 1826, Belle c. Matabon.

55. — Le préjudice étant l'élément fondamental de l'action révocatoire, cette action ne peut appartenir qu'aux créanciers antérieurs à l'acte argué de fraude. — L. 10e, § 1er; LL. 15 et 16, ff., *Quæ in fraud. cred.* — Toullier, t. 6, no 351; Delvincourt, *Cours de C. civ.*, t. 2, p. 529, note; Duranton, *Dr. fr.*, t. 10, no 570; Chardon, *Dol et fraude*, t. 2, no 199; Capmas, no 68; Solon, *Nullités*, t. 1er, p. 459 et suiv.

56. — Jugé en ce sens que l'action révocatoire ne peut être exercée par les créanciers qu'autant qu'ils étaient créanciers au moment où ont été faits les actes qu'ils veulent attaquer. — *Paris*, 8 août 1815, Lesueur et Ragoulleau c. Lagorce; *Rennes*, 22 mai 1818, Evenet c. Dayot; *Liége*, 9 juill. 1821, Imer c. Simonis; *Metz*, 4 juill. 1821, Spickert c. Haman et Doyen; *Cass.*, 20 mai 1834, Demolon c. Devantpeinte; *Colmar*, 20 mai 1836, Diebl c. Bosch; *Toulouse*, 1er déc. 1837 (t. 2 1838, p. 83), Vaysse c. Alibert; *Bourges*, 14 août 1844 (t. 1er 1846, p. 514), Ledoux.

57. — Il ne leur suffit pas de prétendre que leurs titres ne sont que le renouvellement de créances antérieures, surtout lorsqu'il s'agit d'effets de commerce arrivés dans leurs mains par la voie de l'escompte et sans subrogation, à moins qu'il n'y ait un commencement de preuve par écrit qui donne à leur créance une date autre que celle énoncée en leur titre. — *Bourges*, 14 août 1844 (t. 1er 1846, p. 514), Ledoux.

58. — Jugé toutefois que la fraude dont est entaché un acte produit dans un ordre peut être opposée, même par des créanciers postérieurs à cet acte. — *Cass.*, 20 mars 1832, Berger c. Gaudry.

59. — Les créanciers dont les titres ne sont pas antérieurs aux actes ne peuvent alors les attaquer qu'au nom et comme exerçant les droits de leur débiteur. — *Limoges*, 13 fév. 1828, Dupuy-Gorgeon c. Sallé; *Cass.*, 15 juin 1843 (t. 2 1843, p. 111), Doffémont. — Et encore faut-il supposer qu'il ne s'agisse pas de droits relatifs à la personne du débiteur. — V. CRÉANCIER.

60. — En admettant qu'un créancier puisse être considéré comme l'ayant-cause de son débiteur, et qu'il soit dès-lors non-recevable à attaquer les actes faits par ce dernier, ce ne peut être qu'à l'égard des actes antérieurs à sa créance et non de ceux qui lui sont postérieurs : en conséquence, un créancier peut attaquer une vente faite par son débiteur au préjudice de ses droits antérieurs à la vente, et surtout s'il y a eu simulation entre le vendeur et l'acquéreur pour frauder les droits des créanciers. — *Nîmes*, 20 nov. 1829, Laurent c. Murjas.

61. — Il n'est pas nécessaire que les droits du créancier soient reconnus et liquidés à l'époque de l'acte; il suffit qu'en réalité ces droits remontent à une date antérieure à l'acte attaqué et que le réglement en ait été dès-lors demandé. — *Bordeaux*, 13 fév. 1826, Belle c. Matabon.

62. — Mais comment se fera la preuve de l'antériorité de la créance? Devra-t-on, dans une matière qu'on reconnaît faire exception à toutes les règles et alors qu'il s'agit de déjouer les surprises faites à la bonne foi, apporter cette rigueur qu'on oppose en général au créancier qui a négligé de se mettre en règle?

63. — Jugé que pour être admis à l'action révocatoire, les titres des créanciers doivent avoir une date certaine antérieure à l'acte attaqué. — *Liége*, 2 nov. 1826, N...

64. — ... Qu'ils ne peuvent prouver l'antériorité de leurs titres par témoins. — Même arrêt.

65. — Suivant Zachariæ (t. 2, p. 293, note 12), au contraire, il n'est pas nécessaire que l'antériorité de la créance soit constatée par un écrit ayant acquis date certaine par l'une des circonstances indiquées dans l'art. 1328. Le créancier qui intente l'action révocatoire doit être admis à prouver par toutes espèces de preuves et même par simples présomptions qu'il se trouve au nombre des créanciers frustrés.

66. — « Cependant, ajoute-t-il, si l'insolvabilité n'était que le résultat de l'acte même attaqué ou si elle n'eût pas existé, abstraction faite de la créance donnant lieu à l'action révocatoire, il semble que le créancier qui ne peut justifier de l'antériorité de sa créance au moyen d'un écrit ayant date certaine à l'égard du tiers défenseur doit faire la preuve que ce dernier connaissait l'existence de sa créance au moment où il a traité. Ainsi se trouverait écartée l'application de l'art. 1328, dont les dispositions ne peuvent être invoquées par ceux contre lesquels on établit des faits de fraude. »

67. — Ainsi lorsque l'action révocatoire est exercée par un créancier porteur d'une obligation sous seing-privé et spécialement d'une lettre de change d'une date antérieure à une vente consentie par son débiteur, la date de l'obligation peut être déclarée antérieure à la vente, bien qu'elle n'ait été enregistrée qu'après et qu'elle ne se trouve dans aucune des circonstances qui, d'après l'art. 1328, C. civ., pouvaient leur donner une date certaine. — *Cass.*, 14 déc. 1829, Lapierre c. Goupy.

68. — Les créanciers sous condition suspensive et les créanciers à terme ne sauraient être admis à exercer l'action révocatoire tant que la condition n'est pas arrivée ou le terme échu. Cependant si le terme était très-rapproché, l'insolvabilité certaine, la fraude évidente, les juges pourraient en raison des circonstances et d'un péril imminent permettre d'exercer l'action révocatoire. — Capmas, nos 70 et 71.

§ 2. — *Quels actes peuvent être attaqués par l'action révocatoire.*

69. — L'art. 1167 donnant d'une manière générale aux créanciers le droit d'attaquer *les actes* faits par leur débiteur en fraude de leurs droits, il s'ensuit que cette disposition s'applique à *tous* les actes. — Toullier, t. 6, no 366; Proudhon, *Usufruit*, no 2366. — V. aussi L. 1re, § 2, ff., *Quæ in fraud. credit.*

70. — Cependant il est quelques cas que la loi a spécialement prévus.

71. — Ainsi les créanciers du mari peuvent se pourvoir contre la séparation de biens prononcée et même exécutée en fraude de leurs droits; ils peuvent même intervenir dans l'instance sur la demande en séparation pour la contester. — C. civ., art. 1447. — V. SÉPARATION DE BIENS.

72. — Ainsi les créanciers de la femme peuvent attaquer la renonciation à la communauté qui aurait été faite par elle ou par ses héritiers en fraude de leurs créances et accepter la communauté de leur chef. — C. civ., art. 1464. — V. COMMUNAUTÉ.

73. — La même action révocatoire pourrait sans nul doute être exercée de la même manière dans les cas où la loi donne une action aux créanciers pour faire annuler les actes faits à leur préjudice par leur débiteur. — Arg. des art. 622, 788 et 1053, C. civ. — Favard, vo *Fraude*, no 2; Toullier, t. 6, no 348 à 355; Proudhon, *Usufruit*, no 2358; Duranton, no 567; Rolland de Villargues, *Rép. du not.*, vo *Fraude*, no 12. — V. PRÉJUDICE.

74. — Le Code ne distingue pas non plus, ainsi que le faisait le droit romain, entre les actes par lesquels le débiteur se dépouille et ceux par lesquels il manque d'acquérir.

75. — Ainsi les créanciers pourraient faire révoquer l'acte par lequel le débiteur aurait renoncé à une prescription acquise. — Art. 788 combiné avec 785. — V. Zachariæ, t. 2, p. 342, note 6; Proudhon, *Usufruit*, t. 5, no 2362.

76. — Les dispositions de l'art. 1167, C. civ., ont reçu leur application dans les circonstances suivantes :

77. — Les créanciers hypothécaires peuvent, suivant l'art. 1167, C. civ., attaquer les baux passés par leur débiteur en fraude de leurs droits. — *Paris*, 3 mai 1810, Moret c. Vaury; *Dijon*, 26 nov. 1816, Seurre c. Corme.

78. — De même, le bail antérieur à une saisie immobilière doit être annulé, en cas de fraude, encore bien que le preneur offre de réduire la durée du bail et d'en modifier les dispositions. — *Rouen*, 28 avr. 1824, Lesellier c. Meurger; — Bioche et Goujet, vo *Saisie immobilière*, no 181.

79. — L'obligation imposée par l'art. 1303 au débiteur de céder au créancier les droits ou actions en indemnité qu'il pourrait avoir relativement à la chose formant le gage de la créance qui a péri, met obstacle à ce que la cession puisse être consentie à d'autres; et si les tiers sont de mauvaise foi et complices de la fraude, la cession ainsi faite doit être annulée. — *Grenoble*, 27 fév. 1834, Camparna et Maury c. Dussert et Biava.

80. — Lorsqu'un débiteur a acquis un immeuble sous le nom d'une personne interposée, les créanciers peuvent poursuivre l'expropriation de cet immeuble, nonobstant la transcription que l'acquéreur supposé a fait faire au bureau des hypothèques. — *Cass.*, 19 niv. an XII, Breun et Kusne c. Delescailles.

81. — Le vendeur d'un immeuble peut, après la revente faite par l'acquéreur primitif et après avoir trouvé une surenchère sur le prix de la seconde vente, attaquer cette seconde vente pour cause de dol et de fraude à son égard. — *Cass.*, 3 juill. 1817, Paris c. Gosset.

82. — Le surenchérisseur peut, comme tout autre créancier, arguer l'acte de vente de fraude et de nullité. — *Bruxelles*, 18 déc. 1810, Dehoust c. Nottin; *Rouen*, 4 juill. 1828, Crevel c. Lemire.

83. — Les créanciers inscrits qui ont laissé passer les délais de la surenchère sans surenchérir, ne sont pas déchus du droit d'attaquer la nullité de la vente pour fraude ou simulation. — *Cass.*, 11 janv. 1815, Grellet c. Souplet; *Limoges*, 21 fév. 1822, Bergeras c. Gartempe; *Cass.*, 14 fév. 1826, Choquet c. Dorgenel; *Montpellier*, 14 déc. 1827,

Cainffe c. Bellard; *Bourges*, 24 janv. 1828, Charles c. Merle; *Bordeaux*, 13 fév. 1832, Olard c. Bazergue; — Bioche et Goujet, *Dict. de procéd.*, vo *Surenchère*, no 62 et 63.

84. — Jugé cependant que lorsqu'une personne vend ses immeubles au vu et su de ses créanciers, et que ceux-ci ont été mis à même de surenchérir, il y a, par cela seul, exclusion de toute possibilité de fraude; qu'en conséquence la vente n'est pas annulable. — *Paris*, 21 niv. an XIII, Mutelet c. Grel.

85. — ... Qu'un créancier inscrit ne peut, après avoir laissé écouler les délais de la surenchère, attaquer la vente pour fraude et simulation, alors surtout qu'il a laissé écouler plus de dix ans depuis la notification. — *Metz*, 28 av. 1814, Rolin de Larue c. Deligny.

86. — Un acte en forme de compte consenti par un débiteur insolvable, au profit du cessionnaire de son fils, après l'état de collocation arrêté par le juge-commissaire, entre les divers créanciers de l'insolvable, peut, sur la demande de ceux-ci, être annulé, comme fait en fraude de leurs droits, lorsqu'il confère à ce fils des droits exorbitans, non justifiés, et contraires aux principes sur la continuation de la communauté. — *Rennes*, 15 mai 1821, Desbois c. Tostivin.

87. — Lorsqu'une liquidation générale se fait entre un père et ses enfans, les créanciers du père, quelle que soit la date de leurs créances, ont le droit d'en critiquer les élémens et de relever les erreurs ou omissions qui pourraient avoir pour résultat d'augmenter les droits des enfans à leur préjudice; mais, en aucun cas, cette recherche d'erreurs et d'omissions ne peut aller jusqu'à critiquer le contrat de mariage de leur débiteur. — *Bourges*, 1er fév. 1831, Crépy c. Desnoyers.

88. — L'action révocatoire serait admise contre l'acte pour lequel le père aurait directement renoncé à un usufruit légal sur les biens de ses enfans. — Proudhon, *De l'usufruit*, nos 2395 à 2398.

89. — Toutefois jugé que les créanciers du père ne peuvent faire saisir sur lui les revenus des biens dont il a l'usufruit légal lorsque ces revenus sont entièrement absorbés par les frais d'entretien et d'éducation des enfans. — *Colmar*, 27 janv. 1835, Boeckel c. Franck.

90. — Mais l'émancipation d'un enfant mineur pourrait-elle être annulée comme constituant de la part du père une renonciation frauduleuse à son usufruit au préjudice de ses créanciers? — *Cass.*, 23 brum. an IX, Delachel. — V. sous cet arrêt la controverse de Merlin et de Toullier. — V. encore Merlin, *Quest.* vo *Usufruit paternel*; Toullier, t. 6, no 368.

91. — Pour l'affirmative on dit que les juges peuvent, sans voir leur arrêt soumis à cassation, décider que l'émancipation est frauduleuse, lorsqu'ils en trouvent la preuve dans les circonstances de l'affaire. Ce n'est sans doute pas dans la vue directe de donner un nouveau gage aux créanciers du père que la loi lui accorde l'usufruit des biens de ses enfans. Mais il n'en est pas moins vrai qu'une fois qu'il est saisi de ce droit, la loi elle-même autorise les créanciers à s'en prévaloir, et qu'il ne peut y renoncer *ni directement ni indirectement à leur préjudice.* — Zachariæ (t. 2, p. 338) soutient, au contraire, que la renonciation à l'usufruit légal est une vente forcée de l'émancipation et qu'elle est inattaquable comme elle. — V. conf. Proudhon, *De l'usufruit*, no 2399.

92. — Le droit de viduité, consacré par la coutume de Normandie, peut être cédé par le père à ses enfans, sans que les créanciers puissent attaquer cette cession, fût-elle même postérieure au Code civil. — *Rouen*, 12 juill. 1811, Jorel c. Dupin-Dervatine.

93. — L'action révocatoire peut être exercée contre les jugemens que le débiteur aurait, par suite d'une collusion frauduleuse avec des tiers, laissé prononcer à leur profit. — V. COLLUSION.

94. — Elle s'exerce alors par voie de tierce-opposition. — C. procéd., art. 474 et suiv.; — Proudhon, *De l'usufruit*, no 2366.

95. — L'action résolutoire atteint non-seulement les actes à titre onéreux, mais encore les actes à titre gratuit.

96. — Bien qu'une donation soit regulière en soi, elle peut être réputée nulle à l'égard des créanciers, si elle est faite et acceptée avec mauvaise foi, dans le but de soustraire à ces créanciers des objets, des valeurs qui leur sont affectés. — *Grenoble*, 5 mars 1825, Albrand c. Perrin.

97. — Un créancier qui défend à la demande en radiation d'inscription formée par un donataire, peut, pour la première fois en appel, demander la nullité de la donation faite en fraude de ses droits. C'est là une défense à la demande principale. — Même arrêt.

98. — En général, les créanciers peuvent attaquer toute espèce de donation comme faite en fraude de leurs droits. — *Bordeaux*, 13 fév. 1826, Belle c. Malabon; 2 mai 1826, Jaubert c. Trouillot; *Cass.*, 2 janv. 1843 (t. 1er 1843, p. 312), Duchesne c. Durand.

99. — ... Et même une donation faite par contrat de mariage entre époux. — *Paris*, 11 juin 1829, Lemaître c. Dumas de Polart.

100. — La transcription de la donation ne fait même pas obstacle à l'action révocatoire. Elle n'est qu'un moyen de purger les hypothèques, et c'est principalement en faveur des créanciers chirographaires qu'a été introduite l'action révocatoire qui remet les choses dans l'état où elles étaient. — Toullier, t. 6, nos 352 et suiv.; Duranton, t. 10, no 575; Merlin, *Quest.*, vo *Expropriation forcée*; Grenier, *Donations*, t. 1er, p. 211 et 212; Rolland de Villargues, vo *Fraude*; Coin-Delisle, *Comment. analyt.*, sur l'art. 941, C. civ., no 11.

101. — Jugé, en ce sens, que la donation peut être attaquée, bien que l'acte de donation ait été transcrit. — *Riom*, 21 déc. 1810, N.; *Paris*, 11 juin 1829, Lemaistre c. Dumas de Polart.

102. — ... Et cela, encore bien que l'action soit exercée par un créancier chirographaire. — *Nîmes*, 20 frim. an XIV, Hours c. Cherbut.

103. — Mais l'action révocatoire ne serait pas admise contre l'acte par lequel un donateur aurait renoncé à l'action en révocation pour cause d'ingratitude. — Delvincourt, t. 2, p. 522, note 7e; Duranton, t. 10, no 557 et 559.

104. — Par exception au principe général de l'art. 1167: 1o les créanciers ne peuvent attaquer un partage consommé, s'il n'y a pas eu préalablement opposition de leur part; ils ne le peuvent, dans le cas même où ils ont formé opposition, que lorsqu'il a été procédé à ce partage hors leur présence. — C. civ., art. 882 et 1167, alin. 2; — Zachariæ, t. 2, p. 347 et 348. — V. PARTAGE.

105. — ... D'après l'art. 873, C. procéd., les créanciers du mari ne peuvent pas exercer l'action en révocation d'une séparation de biens, alors que les formalités prescrites pour la publicité de la demande et du jugement de séparation ont été remplies et qu'un an s'est écoulé depuis ces formalités. — V. SÉPARATION DE BIENS.

§ 3. — *Exercice de l'action révocatoire. — Preuves de la fraude.*

106. — L'exercice de l'action révocatoire ne peut appartenir qu'aux créanciers désignés dans le § 1er; mais ce droit ne saurait appartenir au débiteur, suivant la maxime *Nemo auditur allegans propriam turpitudinem.*

107. — Dès-lors la partie qui a concouru à un acte et spécialement consenti un titre obligatoire, est non-recevable à prouver ensuite que cet acte a été frauduleusement simulé pour frustrer ses créanciers de leurs droits. — *Nîmes*, 20 nov. 1829, Laurent c. Murjas. — V. *suprà* no 19.

108. — L'action révocatoire peut être intentée contre tous ceux qui ont traité avec le débiteur de mauvaise foi, qui ont coopéré avec lui d'une manière quelconque à l'acte argué de fraude, ou seulement qui ont profité de cet acte, qui y ont trouvé l'occasion d'un gain injuste. — Capmas, no 73.

109. — Si le tiers a été complice de la fraude, on peut intenter la révocation contre ses héritiers et successeurs, même à titre gratuit et particulier. — Delvincourt, t. 2, p. 526, notes; Proudhon, *Usufr.*, no 2351; Duranton, t. 10, no 582.

110. — Jugé, en ce sens, que l'art. 1167, C. civ., s'applique même contre le tiers devenu cessionnaire d'une créance sur le débiteur, alors que cette créance est reconnue simulée ou frauduleuse, et qu'il est prouvé que le cessionnaire lui-même n'a pas été étranger à la fraude ou à la simulation. — *Cass.*, 12 mars 1827, Saint-Clair et Dufé c. Griet et Courtade.

111. — Les créanciers n'étant reçus à attaquer que les actes faits par leur débiteur en fraude de leurs droits, c'est à eux de prouver qu'il y a eu fraude.

112. — Les manières de prouver la fraude sont celles que nous avons indiquées (*suprà* nos 22 et suiv.). — Aux décisions rapportées nous devons joindre les suivantes, en ce qui concerne spécialement l'action révocatoire.

113. — Lorsque le vendeur exerce l'action révocatoire contre son acquéreur qui a revendu l'immeuble, la vilité du prix de la seconde vente, sa date rapprochée de la première, une partie du prix payée comptant, le restant stipulé payable à des termes très courts, et l'obligation contractée par les acquéreurs de garantir le vendeur des poursuites du premier vendeur, peuvent être considérés comme des faits suffisans pour établir le dol et la fraude, sans que le jugement qui le décide ainsi puisse donner ouverture à cassation. — *Cass.*, 3 juill. 1817, Paris c. Gosset.

114. — Si, pour parvenir à savoir si une vente a été faite en fraude des droits des héritiers, un interrogatoire sur faits et articles a été ordonné, et que les personnes que l'on veut interroger ne comparaissent pas, cette conduite, de leur part, doit faire regarder comme avérés et certains les faits de simulation, surtout s'il s'agit de la vente d'une maison faite, avec réserve d'usufruit, à une fille avec laquelle le vendeur avait des rapports scandaleux, et s'il est énoncé dans l'acte que le prix de contrat a été payé hors de la vue des notaires. — *Orléans*, 25 fév. 1819, Delacour-Gauthier c. Blondeau-Pigeon.

115. — Dans le cas où un créancier hypothécaire prétend que l'immeuble qui lui est affecté a été vendu moyennant un prix supérieur à celui énoncé au contrat, il peut, pour réclamer ce supplément de prix, se servir de la preuve qui résulte à cet égard d'une contre-lettre où il est stipulé, bien que la loi sur l'enregistrement prononce la nullité de la contre-lettre. — *Paris*, 2 germin. an XII, Guyot-Mouton c. Guerre-Grandin. — V. toutefois CONTRE-LETTRE.

116. — Lorsque, pour repousser une action formée en vertu d'un acte authentique, le débiteur allègue la fraude du créancier, des présomptions ne peuvent être admises pour enlever la foi due à l'acte que si la fraude alléguée tombe sur l'acte même et non sur un fait postérieur imputable au créancier. — *Cass.*, 20 mars 1826, Audiguier c. Cadell.

117. — Quand une obligation est attaquée par des tiers pour fraude et simulation, les juges, tout en rejetant la demande faute de preuves suffisantes, peuvent néanmoins, en considération de certains faits du débiteur qui n'ont pu être ignorés du créancier, déférer le serment supplétif sur la question de savoir s'il est créancier sérieux et légitime. — *Bordeaux*, 22 fév. 1845 (t. 2 1845, p. 195), Berthomieux c. Montouroy.

118. — Pour faire accueillir sa demande, le créancier doit prouver deux choses, savoir: 1o qu'il y a eu intention avec mauvaise foi de lui causer préjudice; 2o qu'il y a eu en réalité préjudice éprouvé, c'est-à-dire que le créancier doit tout à la fois prouver *consilium* et *eventus.*

119. — Jugé, en ce sens, que le créancier qui veut user du bénéfice de l'art. 1167, C. civ., est tenu d'établir qu'il y a eu réellement fraude, c'est-à-dire non seulement préjudice, mais intention de nuire, mauvaise foi et détournement. — *Paris*, 8 fév. 1843 (t. 1er 1843, p. 252), Chouquet c. Guérin.

120. — L'intention de frauder doit être prouvée à l'égard du débiteur, et le plus souvent à l'égard du tiers complice de sa fraude.

121. — Il y a intention de frauder de la part du débiteur, lorsque, n'ignorant pas son insolvabilité, il diminue ses biens, les aliène gratuitement, quoique, du reste, en agissant ainsi, son dessein ne soit pas de faire tort à telle personne en particulier. — Voët, lib. 42, tit. 8, no 14; Rolland de Villargues, nos 13 et 46.

122. — Il en serait de même au cas où il négligerait d'augmenter son avoir. Les créanciers pourraient se faire subroger aux droits du débiteur et les exercer eux-mêmes. — Mêmes auteurs.

123. — Pareillement, si, pour nuire à ses créanciers, et par collusion, le débiteur laissait prescrire une servitude ou un usufruit, il y aurait lieu à l'action révocatoire. — L. 3, § 1er, et L. 4, ff., *Quæ in fr. cred.*

124. — Le dessein de frauder de la part du débiteur se présume, lorsque c'est en connaissance de son insolvabilité qu'il fait un acte préjudiciable à ses créanciers. — L. 15, ff., *Quæ in fraud. cred.*, Toullier, t. 6, no 349; Zachariæ, t. 2, p. 346.

125. — Le débiteur doit même être présumé connaître son insolvabilité, parce qu'on ne peut supposer, en général, qu'il ignore ses affaires. — L. 17, § 1er, ff., *Tit. cit.*; Proudhon, *De l'usufruit*, no 2358; Zachariæ, *loc. cit.* note 17e. — V. *contrà Inst.* § 3, *Qui et quibus caus. manum non poss.* — L. 1re, t. 6; Toullier, t. 6, no 350; Rolland de Villargues, *Rép.*, vo *Fraude*, no 14.

126. — Quant à l'intention frauduleuse de la part du complice du débiteur, il faut distinguer entre les actes faits à titre onéreux et les actes faits à titre gratuit.

127. — Relativement aux premiers, il faut prouver qu'il y a eu de la part du complice mauvaise foi et intention de frauder; car la présomption est en faveur d'une convention dans laquelle le tiers paraît avoir donné l'équivalent de ce qu'il a reçu. — Toullier, t. 6, nos 352 et suiv.; Proudhon, *Usufruit*, no 2356; Grenier, *Donations*, no 93.

128.—La complicité du tiers se présume lorsque c'est en connaissance de l'insolvabilité du débiteur qu'il a traité.—L. 6, § 8 ; L. 10, § 7 et 8, ff., *tit. cit.*

129. — Le créancier qui prend avec un débiteur des arrangemens pour se faire payer de préférence à d'autres créanciers, est-il considéré comme ayant agi en fraude des droits de ces derniers, lors même qu'il a connaissance de l'insolvabilité du débiteur?—Les LL. 10, § 13 ; 13, art. 22 et 24, ff., *Tit. cit.* décident la négative et nous nous rangeons à cette opinion.— Zachariæ, *Op. et loc. cit.*, note 17.

130.— Décidé cependant que les juges du fond peuvent, appréciant la moralité des actes, en interpréter les dispositions, et décider, d'après les circonstances dans lesquelles ils ont été passés, que le créancier n'a pas eu le droit de faire la condition meilleure que celle des autres, surtout s'il apparaît que les tiers aient pu être induits en erreur par de fausses apparences sur la position du débiteur commun.—*Cass.*, 24 nov. 1835, Michaud c. Ravot.

131.—Mais quand il s'agit d'un acte à titre gratuit fait par le débiteur à un tiers, il n'est pas besoin de prouver que ceux-ci ont été de mauvaise foi, il suffit qu'il y ait fraude de la part du débiteur, et la raison en est simple. — Les créanciers *certant de damno vitando* ; les donataires, au contraire, *De lucro captando.* Entre eux le choix ne saurait être douteux. — L. 206, ff., *De R. J.* ; L. 6, § 11, ff., *Quæ in fraud.*— Telle était aussi la décision de l'ancienne jurisprudence. — Domat, lib. 2, tit. 10, sect. 1re, no 2; Pothier, *Oblig.*, no 153; Nouveau Denisart, vo *Fraude relative aux créanciers*, § 1er, no 10; Duparc-Poullain, *Grande coutume, conférence.* t. 1er, p. 590, no 13; Toullier, t. 6, nos 352 et suiv.; Proudhon, *Usufruit*, no 2356; Zachariæ, t. 2, p. 345, note 16.

132. — Sans doute les termes de l'art. 1167, C. civ., n'admettent pas cette distinction, et il ne faut pas, en général, admettre de distinctions qui ne se trouvent pas dans la loi. Mais il est peu vraisemblable que ne s'étant pas expliqué à cet égard d'une manière explicite, le législateur ait entendu rejeter une règle si ancienne, si universellement reconnue et d'une pratique si constante. Ce qui le prouve d'ailleurs, c'est que dans la matière spéciale des faillites la loi prend elle-même cette distinction pour base des règles particulières qu'elle établit. — Capmas, no 44.

133. — Au reste, la jurisprudence est conforme à cette doctrine.— V. les arrêts rapportés sur cette question vo DONATION ENTRE-VIFS, nos 737 et suiv. — V. aussi DONATION PAR CONTRAT DE MARIAGE et DONATION ENTRE ÉPOUX.

134. — Il n'est pas nécessaire que celui qui profite de la renonciation à un usufruit ait eu pour sa part l'intention de frauder. — Toullier, t. 6, no 367; Proudhon, no 2358.

135.—L'hypothèque accordée par un père pour garantie d'une donation antérieurement constituée doit être considérée comme un acte à titre gratuit. En conséquence, pour qu'un acte de cette nature puisse être déclaré nul sur la demande des créanciers, comme fait en fraude de leurs droits, il suffit que l'intention de frauder, jointe au préjudice qui en résulte, ait existé de la part du donateur seul. — *Douai*, 4 mai 1846 (t. 2 1846, p. 724), Panthou et Duquesne c. de Montmaux.

136. — Il faut de plus que les créanciers prouvent que les actes faits par leur débiteur doivent entraîner un préjudice pour eux en ce qu'ils ne pourront pas être payés du montant de leurs créances.

137. — Dès-lors, si le débiteur peut satisfaire à ses obligations, ses créanciers ne sauraient être admis à poursuivre ses actes comme frauduleux. Il y aurait là injustice manifeste à leur accorder le droit de troubler sans nécessité un tiers possesseur qui ne leur doit rien personnellement en laissant tranquille celui qui doit et qui serait en état de les satisfaire. — Proudhon, *Usufruit*, no 2400 ; Delvincourt, *Cours de Cod. civ.*, t. 2, p. 526 ; Toullier, t. 6, no 344.

138. — Ainsi lorsque des enfans ont abandonné à leur mère des meubles de la succession paternelle, en paiement à compte de ses reprises dotales, un pareil abandon ne peut être considéré comme fait en fraude des créanciers, si la dot résulte d'un acte authentique, et surtout s'il reste aux enfans des biens suffisans pour payer les autres créanciers. — *Bastia*, 26 mai 1834, Mattagli c. Marcoturchino.

139.—Le tiers contre lequel l'action résolutoire est dirigée peut, en règle générale (et cela résulte de la nature même de l'action) opposer l'exception de discussion.

140. — Cette exception cesse lorsque les biens que le débiteur possède encore sont d'une discussion trop difficile, par exemple lorsqu'ils sont situés en pays étranger ou litigieux. — V. Loiseau, *De la garantie des rentes*, chap. 9, nos 14, 17 et 18; Brodeau, sur Louet, lett. D, chap. 49; let. H, chap. 9; *Arrêtés de Lamoignon*, tit. 24, art. 30; Proudhon, *De l'usufruit*, no 2400 ; Toullier, t. 6, no 314 ; Delvincourt, t. 2, p. 526 ; Zachariæ, t. 2, p. 342, note 8.

141. — Jugé en conséquence qu'un créancier est recevable à attaquer une vente consentie par son débiteur comme étant le fruit du dol et de la fraude, lors même que le débiteur possède, en pays étranger, des biens suffisans pour satisfaire son créancier. — *Cass.*, 22 juill. 1835, Carbonnell c. Aymerich.

142.—Les actes passés sincèrement et de bonne foi entre le failli concordataire et l'un de ses créanciers ne peuvent, en cas de nouvelle faillite, être annulés par cela seul qu'ils porteraient préjudice aux droits des autres créanciers, soit de la première, soit de la seconde faillite.—*Cass.*, 24 nov. 1835, Michaud c. Ravot.

143.—De ce qui vient d'être dit il suit que l'action révocatoire n'est qu'une action subsidiaire fondée sur l'insolvabilité du débiteur et qui suppose sa déconfiture, s'il est non commerçant, sa faillite, s'il est commerçant. — Toullier, t. 6, nos 344 et suiv.; Delvincourt, t. 2, p. 516, no 376 ; Duranton, t. 10, no 572; Proudhon, *Usufruit*, t. 5, no 2400.

144. — ...Que l'insolvabilité du débiteur doit avoir été produite par l'acte attaqué, car autrement cet acte n'aurait causé aucun préjudice aux créanciers, leurs intérêts se trouvant encore garantis par un gage suffisant. — Duranton, t. 10, no 570 ; Zachariæ, t. 3, p. 343.

145.—...Que le défendeur à l'action révocatoire peut, en indemnisant les créanciers antérieurs, soustraire l'acte aux conséquences de cette action. — Capmas, no 84.

§ 4.— *Effets de l'action révocatoire.—Prescription.*

146. — La décision rendue sur l'action révocatoire a nécessairement pour objet de déclarer qu'il n'y a pas eu fraude ou bien qu'il y a eu fraude.

147. — Dans le premier cas, la déclaration faite par une cour royale qu'une obligation a été consentie par un individu sans fraude des droits de ses créanciers est souveraine, et rend dès-lors ces derniers non recevables à la critiquer en vertu de l'art. 1167. — *Cass.*, 18 juill. 1843 (t. 2 1843, p. 681), Delarivière c. Riccardo.

148. — Dans le second cas, il y a lieu de distinguer si les actes ont été passés à titre onéreux avec un tiers de bonne foi, ou bien, si ce même tiers a été de mauvaise foi, ou encore si les actes ont été passés à titre gratuit avec un tiers de bonne ou de mauvaise foi.

149. — Lorsqu'il s'agit d'un contrat à titre onéreux, si la fraude est l'ouvrage seul du vendeur la vente subsiste parce qu'il n'est pas juste qu'un acquéreur de bonne foi souffre des résultats d'une fraude à laquelle il n'a pas participé. — *Orléans*, 8 janv. 1819, Beauvallet c. Babaut et Lesueur.

150. — Mais s'il s'agit d'un contrat à titre gratuit, il doit être annulé s'il porte aux créanciers un préjudice notable. — Même arrêt.

151. — Il en doit être encore de même s'il s'agit d'un acte à titre onéreux passé avec un tiers de mauvaise foi.

152. — Dans ces deux dernières circonstances la décision doit avoir pour but de faire entrer ou rentrer dans le patrimoine du débiteur un droit dont l'exercice ne soit pas interdit aux créanciers. — Zachariæ, t. 2, p. 344.

153. — Ainsi, si les juges avaient reconnu la vérité de la fraude articulée contre l'acte, ils ne pourraient refuser de prononcer la nullité de celui-ci. *Cass.*, 4 vendém. an VII, Guignard et Bellot c. Granger et Maurey.

154. — Et ils devraient prononcer la nullité de quelque manière que la fraude eût été commise.— Favard, *Rép.*, vo *Fraude*, no 1er.

155. — La nullité de l'acte entraîne nécessairement celle de tous les actes qui sont la conséquence du premier.

156. — Ainsi l'annulation d'une vente pour cause de fraude emporte celle de la revente faite en justice par suite de surenchère. — *Cass.*, 23 juill. 1818, Séguin c. Constant.

157. — En cas de vente de l'immeuble hypothéqué, l'acquéreur a, contre les cohéritiers du vendeur, les mêmes droits que ce dernier. — *Bruxelles*, 26 mai 1810, Colin c. Ségoens.

158. — Mais l'action révocatoire atteint-elle des tiers détenteurs? Les auteurs sont partagés. Les uns soutiennent qu'elle n'atteint les tiers acquéreurs subséquens qu'autant qu'ils ont acquis à titre gratuit, ou qu'ayant acquis à titre onéreux ils sont complices de la fraude.—V. L. 10, § 24 et 25, ff., *De usur.*—V. aussi Proudhon, *De l'usufruit*, t. 5, no 241, et Duranton, t. 10, nos 582, 583.—Au contraire Zachariæ (p. 348, 349 et note 25) pense que l'action révocatoire les atteint, parce que le droit français admet d'une manière beaucoup plus large que le droit romain la maxime *nemo plus juris in alium transferre potest quàm ipse habet*, et qu'en principe général, toute révocation proprement dite de propriété s'opère d'une manière rétroactive.

159. — Jugé dans le sens de la première de ces deux opinions que l'action en révocation exercée par des créanciers ne peut avoir pour effet d'annuler les reventes des biens, au préjudice des tiers détenteurs de bonne foi, qui ont acquis du donateur et du donataire solidairement.—*Paris*, 11 juin 1829, Lemaître c. Dumas de Polart ; *Cass.*, 24 mars 1830, mêmes parties.

160. — Toutefois la nullité résultant de l'action révocatoire n'a lieu que sous ces deux restrictions : — 1o A la charge de restitution de ce qui a tourné au profit des créanciers; nul ne pouvant s'enrichir aux dépens d'autrui ; et 2o sauf l'application de l'art. 549, C. civ., au possesseur de bonne foi, en ce qui regarde la restitution des fruits.—Toullier, t. 6, no 354 ; Proudhon, *De l'usufruit*, no 2414.

161. — La révocation obtenue par les créanciers antérieurs profite-elle aux créanciers postérieurs? — Oui, par le motif qu'en rentrant dans le patrimoine du débiteur les biens redeviennent le gage commun de tous ses créanciers. Mais l'acquéreur, en désintéressant les créanciers qui avaient le droit de demander l'annulation des actes frauduleux, peut mettre les autres dans l'impuissance d'agir.— Favard, *ibid.*; Duranton, t. 10, nos 573 et 574 ; Delvincourt, t. 2, p. 526, notes ; Solon, *Des nullités*, t. 1er, nos 459 et 460.—*Contrà* Capmas, no 85.

162. — Jugé en ce sens que la nullité d'un acte fait par un débiteur en fraude des droits de ses créanciers, lorsqu'elle est prononcée sur la demande de l'un d'eux, profite aux autres, et même à ceux qui n'ont acquis leurs droits que depuis l'acte annulé. — *Cass.* (sol. impl.), 12 avr. 1836, Courtois c. Lemaître.

163. — Le défendeur à l'action révocatoire qui a succombé, a son recours contre le débiteur devenu plus tard solvable. — Capmas, no 86.

164.— Mais en matière de fraude il n'y a pas lieu à garantie entre les complices de cette fraude. — *Rennes*, 24 déc. 1819, Coconnier c. Balon.

165. — *Prescription.* — L'action révocatoire ne se prescrit que par trente années lorsqu'elle est dirigée contre le débiteur ou ses ayant-cause immédiats. — Proudhon, nos 2401 et suiv.; Zachariæ, t. 2, p. 349, Capmas, no 79.

166. — Jugé en ce sens que l'action en révocation d'un acte fait en fraude des créanciers, exercée conformément à l'art. 1167, C. civ., n'est pas soumise à la prescription de dix ans établie par l'art. 1304, C. civ. — *Paris*, 11 juill. 1829, Lemaître c. Dumas de Polart.

167. — ... Que la prescription de dix ans établie par l'art. 1304, C. civ., contre l'action en nullité ou en rescision des conventions n'est applicable qu'aux parties contractantes; qu'elle ne saurait être opposée à l'action en nullité formée par des créanciers contre un acte fait par leur débiteur en fraude de leurs droits; que cette action n'est soumise qu'à la prescription de trente ans. — *Toulouse*, 15 janv. 1834, Dubruet c. Marabal.

168. — Jugé encore qu'il n'y a pas lieu de casser l'arrêt qui, sur la demande d'un créancier postérieur au divorce, dont il avait connaissance, en aurait prononcé la nullité après le délai de dix ans fixé pour les actions de cette nature, s'il s'est d'ailleurs fondé, pour annuler le divorce, sur des faits de dol et de fraude pratiqués pour frustrer les créanciers. — *Cass.*, 5 janv. 1830, Vanlerbergh c. Séguin. — Il était en effet certain que, sous l'empire de la loi du 20 sept. 1792, un divorce, bien que légalement prononcé entre les époux, pouvait être attaqué par des tiers comme frauduleux et simulé. — Merlin, *Quest.*, vo *Divorce.* — C'est ce qui a fait rejeter le pourvoi.

169. — Mais jugé au contraire que cette action est du nombre de celles que l'art. 1304, C. civ., soumet à la prescription de dix ans ; — que cette prescription court du moment où le dol a été découvert, et non pas seulement du jour où le créancier a pu recueillir de nouvelles preuves de la fraude. — *Colmar*, 17 fév. 1830, Kœcklin c. Kuentz. — V. dans le même sens Merlin, *Rép.*, vo *Action Paulienne* ; Toullier, t. 6, no 856 ; Duranton, t. 10 no 585.

170. — Quoi qu'il en soit, et dans l'opinion même de ceux qui pensent que l'action révocatoire dure trente ans, elle pourrait se trouver éteinte

par la prescription de dix ou vingt ans lorsque l'immeuble aliéné se trouve aux mains de tiers détenteurs en faveur desquels se réuniraient un juste titre et la bonne foi. — V. PRESCRIPTION. — V. aussi principalement ACTE AUTHENTIQUE, ACTE SOUS SEING-PRIVÉ, APPROBATION DE SOMME, ASSURANCES MARITIMES, AVEU, AYANT-CAUSE, BANQUEROUTE, BARATERIE, CASSATION (mat. civ.), CHOSE JUGÉE, COLLUSION, COMMENCEMENT DE PREUVE PAR ÉCRIT, COMMISSIONNAIRE, COMMISSIONNAIRE DE TRANSPORTS, CONSUL, CONTRE-LETTRE, DEMANDE NOUVELLE, DÉSISTEMENT, DÉTOURNEMENT DE MINEURS, DISPOSITION A TITRE GRATUIT, DOMICILE, DONATION DÉGUISÉE, DOT, DROITS SUCCESSIFS, ÉLECTIONS LÉGISLATIVES, ENDOSSEMENT, ENREGISTREMENT, PRÉSOMPTIONS, PREUVE, PREUVE TESTIMONIALE, SERMENT JUDICIAIRE ET EXTRA-JUDICIAIRE, SIMULATION.

FRAUDE (Douanes, contributions indirectes).

V. DOUANES, CONTRIBUTIONS INDIRECTES, BOISSONS, OCTROI, TABACS, POUDRES ET SALPÊTRES, CARTES A JOUER, ENTREPOTS.

FRAUDE (Féodalité).

Table alphabétique.

Acte d'aliénation déguisée, 8 s.
Bail à fief, 35 s. — à rente, 33 s.
Clameur lignagère, 48.
Droits féodaux, 1. — seigneuriaux, 2, 47, 49 s.
Echange, 7, 32.
Fraude, 15, 32. — normande, 28 s. — picarde, 28, 52 s.
Intention, 9 s., 15.
Jeu de fief, 32, 38 s.
Mutation, 46, 49.
Présomption, 24 s.
Preuve, 16 s., 22 s., 44. —
Preuve testimoniale, 21.
Rachat, 35 s.
Recherche de la fraude, 4.
Retrait, 43 s.
Simulation, 9 s.
Témoin, 18.

FRAUDE (Féodalité). — 1. — La fraude était très-souvent pratiquée dans notre ancien droit pour éluder le paiement des droits seigneuriaux, le quint, le lod, le retrait lignager, féodal ou censuel.

2. — On arrivait à ce résultat par diverses voies, suivant les différentes coutumes, en déguisant les actes d'aliénation sous un autre nom, en leur prêtant l'apparence d'un échange, d'une donation ou de tout autre acte qui ne donnait droit à aucune ouverture, soit au retrait, soit au paiement des droits seigneuriaux.

3. — Parmi ces sortes de fraude, les unes avaient un nom propre à chaque coutume, telles que les fraudes normande et picarde; les autres, n'ayant point de nom particulier, étaient comprises dans la classe générale des fraudes. Dans un premier paragraphe nous parlerons des fraudes en général, et dans un deuxième des fraudes ayant un nom propre.

§ 1er. — *Fraudes en général* (n° 4).

§ 2. — *Fraudes ayant un nom propre* (n° 28).

—

§ 1er. — *Fraudes en général.*

4. — En matière de droits seigneuriaux comme en toute autre matière, la fraude pouvait être recherchée et punie. Voyons donc 1° quel genre de fraude pouvait être recherché; 2° par quels moyens on pouvait prouver la fraude.

5. — 1° Tous les genres de fraude ne pouvaient pas être recherchés dans les échanges et autres contrats que le seigneur prétendait simulés. Pour que la preuve pût être permise, elle devait réellement renfermer une *simulation*. Dès que le contrat subsistait tel qu'il paraissait être, on n'avait point à examiner si les parties avaient eu l'intention de frauder les droits du seigneur ou lignager. Pourvu qu'elles eussent employé, pour contracter, une des formes autorisées par la loi ou la coutume, les seigneurs ou les parens ne pouvaient être admis à la preuve de la fraude afin d'être autorisés les uns à se faire payer les droits qui leur étaient légitimement dus, les autres à exercer le retrait. — Guyot, *Rép.*, v° *Fraude*.

6. — Ainsi, au moment d'acquérir une terre, le contrat de vente étant déjà dressé, l'acheteur apprenant qu'il devait payer au seigneur des droits de quint, modifiait les conventions et se faisait céder la terre en échange d'une maison. Le seigneur ne pouvait arguer de ce que l'échange avait eu lieu dans le but de frauder ses droits. — Dumoulin, *Cout. Paris*, art. 33, gl. 2e, n° 19.

7. — « Il est certain, dit Basnage, que les permutations n'ont le plus souvent d'autre fin que d'exclure les lignagers du retrait; mais pour les faire juger frauduleuses, ce n'est pas assez de faire demeurer pour constant que les contractans ont eu cette intention; car encore que les permutans n'aient pas eu le dessein de faire un échange, et que dans leurs premières propositions ils n'eussent parlé que de vendre, et que depuis, changeant de pensée dans la seule vue d'exclure l'action du retrait, ils aient fait un échange, pourvu que le contrat ne soit point simulé et que l'échange subsiste, les lignagers ne peuvent accuser les contractans de fraude. » — Basnage, *Cout. de Normandie.*

8. — Le seigneur ou le parent devait donc prouver que le contrat qui avait eu lieu n'était pas celui que les parties avaient passé *in veritate et effectu*, que, par exemple, un échange sous lequel on avait voulu déguiser un contrat de vente avait cessé véritablement d'être un échange par le fait même des contractans.

9. — Tous les jurisconsultes sont d'accord sur ce point : *Dolum non admittit*, dit Dumoulin (*Cout. Paris*), *qui sibi prospicit ut damnum excludat, et licet unicuique sibi suisque negotiis consulere, etiam per interpositam personam.* Et ailleurs : *Licet contrahere in fraudem patroni et jurium ex venditione debitorum, modò verè non simulatè contrahatur.*

10. — D'Argentré (*Cout. de Bretagne*, §73, not. 44) n'est pas moins explicite : *Nec oportet dominos esse curiosiores vel exploratores alieni commercii, etiamsi per consequentiam quidpiam pereat commodis feudalibus.*

11. — Le seigneur, dit Guyot (*Traité des fiefs*, t. 3, ch. 3, *des lods et ventes*), doit prouver la fraude, il doit prouver *aliud actum quam scriptum.* Voilà le seul cas où le seigneur est admis à la preuve de la fraude. Il doit prouver que l'acte qu'on lui présente est ou a été autre que celui qui paraît. Ce n'est pas assez de prouver qu'il y a fraude entre les contractans en ce que, prenant la voie droite et simple, ils auraient payé des droits, pourvu qu'ils aient pris naturellement et réellement la voie du contrat qui les affranchit de droits, pourvu que l'acte présenté soit réellement tel qu'il est conçu. Quoique cet acte n'ouvre pas les droits, ce n'est pas fraude, 1° parce qu'ils sont soumis aux coutumes et que les coutumes ont assujéti aux droits certains actes et en ont affranchi d'autres; 2° parce que les seigneurs ne doivent pas gêner la liberté des contractans, quoiqu'ils y perdent les droits. Il suffit que l'acte qui leur est presenté soit en effet un tel acte.

12. — C'est aussi l'opinion de Guéret (*Sur les arrêts de Leprêtre*). « Quand je parle de fraude, dit-il, sur les arrêts de Leprêtre, j'entends *malum consilium*; car encore qu'un échange soit fait à dessein et *communicato consilio*, pour fruster le seigneur de ses droits, il ne laisse pas d'être légitime et les frais n'en sont pas dus, parce que c'est une ruse permise. »

13. — Deux arrêts des 11 oct. 1578 et 17 fév. 1582 ont jugé qu'un échange ne peut être réputé frauduleux ni de la nature d'un contrat de vente ou bail à rente rachetable, qui donne lieu au retrait et aux ventes, encore que la rente cédée et baillée en contre-échange ait été constituée par un proche parent du cédant, suivi d'un décret fait à la charge d'icelui, et que le même cédant ait donné sa promesse au cessionnaire de lui fournir homme qui rachèterait la rente dans un certain temps, ce qui avait été exécuté, et le rachat fait aussitôt après l'échange. — Brodeau, sur l'art. 7, *Cout. Paris.*

14. — Il a même été jugé, sur l'art 384 de la coutume d'Orléans, qu'on ne pouvait user du droit de retrait quoique la rente transportée pour un propre ait été créée peu de jours avant l'échange, et aussitôt après remboursée et amortie par le débiteur, pourvu que la constitution ait été réellement faite, et que ce ne soit pas un simple accommodement de nom. Bien plus, quoique la partie qui a cédé une rente ait promis fournir homme qui achèterait ladite rente, et qu'en effet la chose ait été exécutée, cela ne donne point lieu au retrait ni aux droits segneuriaux, *quia non intelligitur fraudare edictum qui sibi prospicit.*

15. — Remarquons, du reste, que, quoiqu'il n'y ait pas de fraude réelle dans l'action de celui qui préfère échanger au lieu d'acheter, comme son choix fait préjudice aux droits du seigneur, on lui donne improprement le nom de fraude. C'est en prenant le mot *fraude* dans ce sens impropre que Dumoulin avait posé ce principe qu'un seigneur n'est point recevable à se plaindre de la fraude pratiquée pour le frustrer de ses droits : *Adverte quod ad hoc ut patronus vel alius directus dominus conqueri possit ratione contractuum factorum in fraudem suorum jurium, non sufficit eum allegare et probare fraudem, sed requiritur quod alleget et probet simulationem.* — Dumoulin, *Cout. Paris*, art. 33, gl. 2e, n° 19. — Mais ces paroles ne sauraient s'appliquer à la fraude dans le sens propre de ce mot, c'est-à-dire à la fraude accompagnée de simulation. — Nouveau Denisart, v° *Fraude (obligation).*

16. — *Preuve de la fraude.* — Le seigneur ou le parent lignager qui voulait se plaindre de la fraude pratiquée pour préjudicier à ses droits pouvait l'établir par la preuve testimoniale et par des présomptions fortes. — Denisart, v° *Fraude (obligation).*

17. — La preuve par écrit était admise et regardée comme la plus certaine.

18. — A défaut de titre la preuve testimoniale était recevable. « En chose féodale échangée, porte l'art. 40, *Cout. de Nivernais*, titre *Des fiefs*, n'y a retenue, sinon qu'il y eût retour de deniers plus grands que la chose baillée en récompense, ou que le change fût fait par fraude, qui se pourra prouver par deux témoins, ou autre preuve de droit, ou par le serment des contractans qui seront tenus d'en jurer, si le seigneur féodal veut s'en rapporter à leur serment. »

19. — Le commentateur de cette coutume, Coquille, ne s'explique pas d'une manière moins précise. — Guyot, *Rép. de jurisprud.*, v° *Fraude (droits seigneuriaux).*

20. — Cette disposition était suivie comme le droit commun et contenait les principes fondamentaux de la matière. Vainement on avait voulu lui opposer l'ordonnance de Moulin et celle de 1667. — Guyot, *Rép. de jurisprud.*, v° *Fraude (droits seigneuriaux).*

21. — A la vérité ces deux ordonnances rejetaient *la preuve par témoin contre et outre le contenu aux actes*; mais cette prohibition ne concernait que les parties contractantes et non les tiers qu'on avait voulu frauder. — Guyot, *loc. cit.*

22. — D'ailleurs, la convention simulée par laquelle on avait voulu couvrir la fraude était toujours faite en secret; dès lors on ne pouvait la prouver que très difficilement et au moyen de conjectures et de témoins.

23. — C'est ce que dit très énergiquement Danty, dans son traité de la preuve par témoins. « Ces sortes de conventions renferment une espèce de crime, puisqu'elles sont faites par dol et par fraude et avec un dessein prémédité de tromper les autres, dont ceux qui sont coupables ne doivent jamais profiter, parce que toutes ces conventions sont contre les lois, et par conséquent réprouvées ».

24. — Quand il n'existait ni preuve littérale ni preuve testimoniale, la fraude pouvait être établie par des présomptions fortes, suffisantes pour constater qu'elle avait été commise.

25. — Ce qui avait fait admettre certaines présomptions fortes, c'est que la fraude étant toujours cachée, il eût été souvent impossible d'en acquérir des preuves proprement dites.

26. — C'était du reste à la prudence du juge qu'était laissé le soin de décider, suivant les circonstances particulières du fait, si les présomptions étaient ou n'étaient pas suffisantes pour établir la fraude.

27. — Certaines présomptions de fraude étaient même érigées en preuves par la loi. Nous allons en trouver des exemples dans les numéros suivans.

§ 2. — *Fraudes ayant un nom propre.*

28. — Parmi les fraudes qui avaient un nom particulier tiré du pays dans lequel elles étaient surtout pratiquées, les plus connues sont la fraude normande et la fraude picarde.

29. — 1° *Fraude normande.* — On appelait ainsi certains moyens employés en Normandie avant la déclaration de 1731, pour priver les seigneurs de leurs droits seigneuriaux et les parens lignagers de la faculté d'exercer le retrait.

30. — Lorsque le seigneur et le lignager pouvaient prouver la fraude, l'art. 465 de la coutume de Normandie accordait le prix du contrat au roi, l'héritage au clamant ou lignager et le treizième au seigneur.

31. — « Tout contrat de vente où il y a fraude commise au préjudice du droit de retrait appartenant au lignager ou aux seigneurs féodaux, portait l'art. 500 de la coutume, est clamable dans trente ans. »

32. — Mais comme celui qui argue d'une fraude doit la prouver, cet art. 500 ne pouvait s'appliquer

qu'aux contrats de vente contre lesquels on prouvait effectivement la fraude. La difficulté de faire cette preuve avait donné lieu à différens réglemens qui admettaient des présomptions légales de fraude dans deux cas : celui où on déguisait une vente sous le nom d'échange ou de bail à rente et celui où on abusait du droit de jeu de fief.

33.—*Premier cas.*—Suivant l'art. 462 de la coutume de Normandie, l'héritage, baillé à rente n'était réputé sujet au retrait qu'autant que la rente était stipulée rachetable. On abusait de cette disposition en cachant sous la forme d'un bail à rente non rachetable, un contrat de vente pur et simple. — Les deux contractans faisaient cette convention que la rente serait amortie peu de temps après, et le seigneur ou le lignager se trouvaient ainsi frustrés dans leurs droits.

34. — L'art. 27 du réglement fait par le parlement de Rouen et connu sous le nom d'articles *placités* décidait, conformément à l'art. 62 de la coutume, « qu'il n'était dû aucun treizième de rachat d'une rente foncière quand il était fait après l'an et jour de la fieffe ou bail à rente, sinon, en cas de fraude ou de convention dans l'an et jour, d'en faire le rachat. » Mais ces précautions n'étaient point suffisantes pour arrêter la fraude et avaient besoin de recevoir plus d'extension.

35. — La première barrière qu'on opposa à ces pratiques frauduleuses fut la déclaration du 14 janv. 1698, enregistrée au parlement de Rouen, le 6 fév. suivant, d'après laquelle, « sans s'arrêter audit art. 27 dudit réglement, le roi veut que les droits seigneuriaux établis par la coutume de Normandie, pour les ventes simples d'héritages et autres biens, soient à l'avenir payés pour les baux à fieffe ou à rente, lorsque le rachat en sera fait dans trente années, à compter des jour et date des contrats. »

36. — Une autre déclaration du 10 janv. 1773, enregistrée le 26 du même mois, vint étendre la première aux clameurs féodales. Elle portait que « les baux à fieffes, ou rentes d'héritages, et biens situés en Normandie, pour les rachats seraient faits à l'avenir avant trente années du jour et date des contrats, donneraient lieu à l'ouverture et à l'action en retrait ou clameur, ainsi qu'au paiement des droits seigneuriaux. »

37.— Enfin une troisième déclaration , la dernière sur le premier mode de fraude, est venue résumer et confirmer les deux précédentes. — Guyot, *Rép.*, vᵒ *Fraude normande.* — Ces trois déclarations sont les trois imprimées à la suite de la coutume.

38.—*Deuxième cas.*—L'art. 204 de la coutume de Normandie permettait « au vassal de se jouer des terres, rentes et autres appartenances de son fief, sans payer treizième à son seigneur féodal, jusques à démission de foi et hommage exclusivement, pourvu qu'il demeurât assez longtemps aux rentes et redevances dues au seigneur. »

39.— A la faveur de cet article et en abusant des expressions « *jusques à démission de foi et hommage,* » on commençait par aliéner son domaine, et peu de temps après on aliénait le fief à la même personne par un acte séparé.

40. — Or, la coutume ne fournissait aucun moyen pour éviter cette fraude ; elle la condamnait, il est vrai, dans quelques autres articles, mais la jurisprudence du parlement de Rouen n'admettait pas à en faire la preuve.— Nouv. Denisart, vᵒ *Fraude normande.*

41. — Il avait été jugé par plusieurs arrêts qu'il n'était pas dû le treizième dans ce cas, pourvu qu'il n'y eût point de simulation dans les deux contrats, parce qu'il serait évident que l'on ne contractait que pour s'exempter de payer le treizième, néanmoins le seigneur ne pouvait s'en plaindre, d'autant que la loi n'avait pas défendu aux contractans de contracter de telle manière qu'ils jugeaient avantageux pour leurs intérêts.—Pesnelle, sur l'art. 172, *Cout. de Normandie.*

42. — Basnage soutenait la même opinion en conséquence d'une observation de Dumoulin. — Guyot, *Rép. de jurisp.*, vᵒ *Fraude normande.*

43.—Cependant on adjugeait au seigneur suzerain le treizième de ces deux acquisitions, quand il paraissait par l'évidence du fait ou l'aveu des contractans qu'ils n'avaient ainsi traité que pour le frustrer de ses droits.—V. Guyot, *Rép. de jurisp.*, vᵒ *Fraude normande.*

44. — Mais, hors de ces cas, on ne pouvait en faire la preuve.

45. — La déclaration du 22 juin 1731 vint modifier cet état de choses. Cette déclaration, enregistrée au parlement de Rouen le 17 juill. 1731, contenait un préambule et 7 articles.

46.—Le préambule expliquait pourquoi le terme de trente années fixé par l'art. 500 de la coutume et confirmé par l'art. 7 de la déclaration,

pour la présomption de la première espèce de fraude normande, se trouvait restreint à dix années. La raison en est que *la translation* de propriété des différentes parties d'une terre est plus difficile à cacher pendant long-temps que le rachat d'une rente.

47.— L'art. 1ᵉʳ ordonnait que « lorsque la propriété du fief et celle du domaine utile auraient été transférée par des actes séparés entre les mains du même propriétaire dans l'espace de deux années à compter du jour de la première desdites aliénations, il y aurait lieu aux droits de treizième et autres portés par la coutume de la Normandie, sur le même pied que si le tout avait été aliéné par un seul acte. »

48.— L'art. 2 accordait aux parens la faculté d'exercer la clameur lignagère dans le même cas.

49. — D'après l'art. 3, « les roturiers étaient sujets aux droits de franc-fief par le même pied que s'ils avaient acquis le tout par un seul acte, à compter du jour de la première acquisition. »

50. — Les art. 5 et 6 restreignaient les dispositions des trois premiers articles. L'art. 5, en ordonnant qu'elles ne devaient être observées « que pour ce qui concernait les domaines du roi, les droits seigneuriaux et les retraits lignager et féodal ; » et l'art. 6, en déclarant qu'elles n'étaient applicables « aux autres qui seraient aliénées à l'avenir ou par rapport à celles dont une partie aurait été aliénée avant la présente déclaration, en cas seulement que postérieurement à icelle le surplus de la même terre passât au même propriétaire dans le temps et ainsi qu'il a été ci-dessus réglé ».

51. — Enfin, l'art. 4 exceptait de ces dispositions, 1ᵒ le cas où la propriété du fief et celle du domaine utile concourraient en la personne du même propriétaire, comme héritier de celui qui avait aliéné une partie de sa terre, ou de ses héritiers, au moyen de la succession qui se déférait au seigneur dans le temps que la dévolution éteinte, bâtardise ou confiscation pour crime ; 2ᵒ le cas de la donation de la portion retenue dans le temps de l'aliénation de l'autre partie de la terre, lorsque le donataire se trouvait héritier présomptif du donateur au temps de la donation ; —3ᵒ Le cas de la donation faite par la femme au mari en faveur de mariage.

52. — *Fraude picarde.* — On appelait ainsi, à l'instar de la fraude normande, la connivence par laquelle le vendeur et l'acheteur de biens tenus en cens ou censive en déguisant la vente sous la forme d'un bail à cens ou rente fait avec des deniers d'entrée égalant la véritable valeur de l'héritage, la rétention d'un modique cens ou rente qui n'avait aucune proportion avec le produit annuel de l'héritage eu égard au temps où l'acte était passé.

53. — D'après l'art. 26 de la coutume d'Amiens, « celui qui avait fief auquel il y avait justice et seigneurie pouvait, sans le consentement de son seigneur féodal, le bailler, tout ou partie, pour l'augmentation et amélioration d'icelui, à cens ou rente héréditale, sans rachat, à telle personne qu'il lui plaisait en retenant sur ledit fief, à partie baillée à cens ou rente, la justice et seigneurie, pourvu qu'il ne baillât à juste prix et autant qu'il valait sans fraude, pourvu qu'en faisant ledit bail, ou pour cause d'icelui, il ne prît aucuns deniers ni autres profits ; et où il en prenait aucuns, que les dits cens et rente, sans le su et consentement de sondit seigneur, il était tenu de payer les droits seigneuriaux à raison des deniers par lui reçus et outre l'amende de 40 livres parisis pour le déguisement et recelement par lui fait. »

54. — La fraude picarde, pratiquée dans les baux à cens tunis uniquement avec des deniers d'entrée égalant le prix et la rétention d'une modique censive, avait été condamnée dans les coutumes de Péronne, Montdidier et Roye par arrêts rendus à la grand'chambre le 29 août 1714 et le 28 juill. 1717.— Maillart, sur l'art. 32. *Cout. d'Artois, nᵒ 23.*

FRÈRE ET SŒUR.

1. — Ces mots indiquent le degré de parenté qui existe entre les enfans de sexe différent nés d'un même père et d'une même mère, ou de ces deux deux seulement.

2. — Les premiers s'appellent frères germains ou sœurs germaines. — On appelle frères consanguins ou sœurs consanguines ceux qui sont nés du même père, et frères utérins ou sœurs utérines ceux qui sont nés d'une même mère.

3. — Les frères et sœurs sont au deuxième degré dans la supputation des générations formant la ligne collatérale. — V. PARENTÉ.

4.—La dénomination de frères toute seule com-

prend-elle les *sœurs*? — Oui, selon les Romains, à moins qu'il ne résulte clairement, soit de l'ensemble de la phrase est employé le mot frères, soit de tout autre document, que l'on n'a pas eu l'intention d'y comprendre les sœurs. — LL. 35, ff. *De pactis*; 38, ff., *Familiæ erciscundæ*; 98, § 3, ff., *De legat.* 3ᵒ.

5. — Cette décision est adoptée par Pothier, Donat, *Testam.*, chap. 7, règle 21. « Le genre masculin, dit-il, renferme ordinairement le féminin ; par exemple, lorsque je fais un étranger légataire et que je le charge de restituer après ma mort ce que je lui laisse, à *mes frères*, par ces termes mes *frères*, je suis censé avoir compris *mes sœurs*. » — V. au surplus Merlin, *Quest.*, vᵒ *Sœur.*

6. — Mais les *frères* ne sont pas compris sous la dénomination de *sœurs*. — Despeisses, *Des success.*, part. 1ʳᵉ, tit. 3, sect. 1ʳᵉ et 3ᵉ; Graverend sur Larocheflavin, liv. 6, tit. 61, art. 1ᵉʳ; Merlin, *loc. cit.*; Rolland de Villargues, *Rép. du notar.*, vᵒ *Frères et sœurs*, nᵒ 2.

FRÈRES DES ÉCOLES CHRÉTIENNES.

1. — Les communautés de *frères des écoles chrétiennes*, comprises dans l'université et placées sous l'autorité du grand-maître par le décret organique du 17 mars 1808 (art. 109), ont été, depuis, confirmées dans leur existence par diverses ordonnances que nous avons indiquées V. COMMUNAUTÉS RELIGIEUSES, nᵒˢ 98 et suiv.

2.—C'est également sous le mot, nᵒ 406 et suiv., que se trouvent placés les détails sur leur existence et leurs droits comme *communautés.*

3. — Les frères des écoles chrétiennes se consacrent à l'instruction primaire des enfans. Tout ce qui est relatif à leur admission aux fonctions de l'enseignement et à la tenue de leurs écoles sera examiné vᵒ INSTRUCTION PRIMAIRE.

FRET.

Table alphabétique.

Mise en demeure, 31, 182.
Mise à quai, 225.
Monnaie, 21, 29 s.
Naufrage, 103, 174 s.
Navire, 33. — (changement de), 38, 168 s., 172. — (jouissance du), 36 s., 40. — (vente de), 39.
Négligence, 98.
Nolis, 1 s.
Paiement, 89, 102 s., 191, 198, 232.
Passager, 92, 107, 174 s.
Poids brut, 24. — net, 24, 27 s.
Préempteur, 216.
Prescription, 220 s., 229 s.
Prêteur, 207 s.
Prise, 103, 107 s.
Privilége, 33 s., 207 s., 213, s.
Prix, 20 s., 44, 47, 77. — (diminution de), 91 s. — (excédant de), 43. — proportionnel, 105, 110, 171, 189.
Procès-verbal, 178.
Protestation, 222 s.
Quarantaine, 162.
Quintal, 13 s.
Rachat, 111, 116.
Radoub, 113 s.
Reçu, 64 s.
Refus, 199 s.
Relâche, 113.
Résiliation, 55, 59, 171.
Responsabilité, 68 s.
Restitution, 103.
Retard, 60, 64, 87, 154 s., 219.
Rétention des marchandises, 192 s.
Rupture de voyage, 59, 173 suiv.
Saisie, 194.
Saisie-arrêt, 211 s.
Sauvetage, 111.
Serment, 234.
Sous-affrétement, 32.
Starie, 84.
Surcharge, 79.
Sur-starie, 31, 61, 84, 197.
Tempête, 184.
Tiers-porteur, 70.
Tonneau, 15 s., 22.
Vendeur, 208.
Vente, 199, 201, 205.
Vice propre, 97, 104, 180.
Visite du navire, 166, 178.

FRET OU NOLIS. — 1. — C'est le louage d'un navire ou autre bâtiment de mer, en tout ou en partie, pour le transport de marchandises. — Ce mot est en ce sens le synonyme d'*affrétement*.

2. — On appelle aussi *fret* ou *nolis* le prix du loyer de ce navire ou bâtiment de mer.

SECT. 1re. — *Nature, preuve et modes du contrat de fret ou nolis* (no 3).

SECT. 2e. — *Obligations du fréteur* (no 36).

SECT. 3e. — *Obligations de l'affréteur* (no 81).

§ 1er. — *Cas où les marchandises ne sont pas arrivées à leur destination* (no 102).

§ 2. — *Cas où l'arrivée des marchandises a éprouvé des retards* (no 138).

SECT. 4e. — *Exécution du contrat, privilège, prescription* (no 190).

—

Sect. 1re. — *Nature, preuve et modes du contrat de fret ou nolis.*

3. — Le contrat de fret ou d'affrétement (et sur les côtes de la Méditerranée, de nolis ou nolissement) est consensuel, synallagmatique, à titre onéreux, et commutatif proprement dit. — De quelque manière qu'il ait eu lieu, c'est un véritable contrat de louage. On doit donc lui appliquer les principes généraux de louage, sauf les règles spéciales tracées par le Code de commerce.

4. — *Contrà.* Les principes généraux du Code civil en matière de louage ne sont pas applicables aux chartes-parties et affrétemens de navires régis par un titre spécial du Code de commerce. — *Trib. de Marseille,* Cauvin, 30 mars 1836 (*J. de Marseille*), 16, 1, 83.

5. — L'affrétement a lieu de plusieurs manières. Il se fait pour la totalité ou pour une partie déterminée du navire.

6. — L'affrétement *pour la totalité* a lieu de trois manières : 1° au voyage; 2° pour un temps limité; 3° au mois.

7. — L'affrétement *au voyage* est une sorte d'abonnement au moyen duquel le fréteur se charge de transporter les marchandises convenues moyennant une somme déterminée pour tout le voyage, quelle qu'en soit la durée. L'affréteur ne peut faire d'autre expédition que celle qu'il a indiquée.

8. — Dans l'affrétement *pour un temps limité,* les parties conviennent d'un certain prix pour l'emploi du navire jusqu'à *telle* époque. — Pendant ce temps, l'affréteur peut faire du navire l'usage qu'il juge convenable,

9. — L'affrétement *au mois* est celui dont le prix est réglé par mois, et payé à raison de ceux qui sont employés au voyage. Tout mois commencé est réputé fini et doit être payé en entier au fréteur. A moins de convention contraire, le fret au mois court du jour où le navire a fait voile (C. comm., art. 275), jusqu'au moment où les marchandises sont mises à quai. — Pardessus, t. 3, no 706; Dageville, t. 2, p. 352; Delvincourt, t. 2.

10. — L'affrétement du navire, *pour une partie déterminée,* se règle sur l'étendue que le chargeur veut se réserver sur le bâtiment, sans avoir égard au poids des objets chargés.

11. — L'affrétement partiel du navire se fait encore de trois manières : *à forfait, au quintal* et *au tonneau.*

12. — Le navire est affrété *à forfait* lorsqu'on présente en bloc une partie de marchandises, et que l'on convient d'une somme à payer pour le transport, sans régler le fret, ni à raison du poids de ces marchandises, ni sur la place qu'elles occuperont dans le navire.

13. — Il est affrété au *quintal,* lorsque le prix du fret est fixé à raison de tant par chaque quintal que pèseront les marchandises chargées.

14. — Des marchandises ayant été chargées en pays étranger avec destination pour un port de France, et le nolis ayant été stipulé à une somme déterminée pour chaque quintal, cette stipulation doit se référer au quintal usuel *du lieu du reste,* et non point au quintal décimal, poids légal de la France, si d'ailleurs il apparaît par les circonstances que telle a été l'intention des parties. — *Trib. de Marseille,* 29 avr. 1825, Trapany (*J. de Marseille*), 6, 1, 143.

15. — Il est affrété *au tonneau,* lorsqu'on convient d'un prix déterminé pour chaque tonneau de marchandises transportées. — Quelquefois on fait entrer dans l'évaluation du poids la place que les marchandises occupent.

16. — Lorsque dans un contrat de charte-partie il a été stipulé que le fret se paierait à raison de tant par tonneau *usité à Londres,* pour des marchandises que le navire importera à Ostende, ce prix doit être réglé non d'après la capacité cubique d'encombrement, mais eu égard au poids des marchandises. — *Bruxelles,* 19 août 1814, Berthram c. Van Rossen.

17. — L'affrétement *à cueillette* est une convention faite sous la condition que le fréteur trouvera dans un certain temps d'autres affréteurs pour compléter son chargement, faute de quoi le premier affrétement est considéré comme non-avenu. — Le chargement est réputé complet d'après l'usage, lorsqu'il a atteint les trois quarts du tonnage du navire. — Valin, sur l'art. 1er, Titre du fret.

18. — Lorque le chargement est fait à cueillette, le capitaine ne peut retarder indéfiniment le départ du navire. En pareil cas, et si le départ du navire est retardé par la faute ou la négligence du capitaine, les chargeurs doivent être autorisés à retirer leurs marchandises en franchise de tout fret. — *Trib. de Marseille,* 22 fév. 1830, Gil. (*J. de Marseille,* 11, 1, 97.)

19. — Le fret ou prix du loyer est réglé par les conventions des parties et constaté par la charte-partie ou par connaissement. — C. comm., art. 286. — V. CHARTE-PARTIE, CONNAISSEMENT.

20. — Si le fret n'était déterminé ni par la charte-partie ni par le connaissement, il faudrait distinguer; ou les marchandises ont été embarquées au vu et au su du capitaine, et alors les parties sont présumées être convenues tacitement pour le fret du prix fixé par le cours de la place (Pothier, Charte-partie, no 8; Boulay-Paty, t. 2, p. 311); ou bien elles ont été chargées à l'insu du capitaine, et alors le fret doit en être payé au plus haut prix. — C. comm., art. 292.

21. — Depuis 1818 le fret stipulé à l'étranger entre deux habitans d'Anvers, à raison d'autant de sous de Hollande par caisse de marchandises destinées pour la même ville, a dû (suivant l'usage adopté sur la place d'Anvers) être payé sur le pied de la monnaie de compte, dite *florin de change de Brabant,* ou en monnaie de Hollande, sans avoir égard au cours d'Anvers sur la Hollande. — *Bruxelles,* 8 mars 1822, N.

22. — Le prix du fret, exprimé dans la charte-partie pour certaines espèces de marchandises, par tonneau, doit être censé stipulé le même à l'égard des autres marchandises d'un pareil volume de capacité, mais d'un plus grand poids. — *Bruxelles,* 17 janv. 1822, Dewael c. Wright.

23. — Dans le cas où le fret n'est déterminé ni dans la charte-partie ni dans le connaissement, il appartient aux tribunaux de le fixer par voie d'arbitrage, suivant le taux du commerce, sauf aux parties à le faire régler par arbitres. — *Cass.,* 8 nov. 1832, Dagneau c. Cuenin.

24. — En règle générale et à moins de convention contraire, le fret doit être calculé sur le poids brut et non sur le poids net de la marchandise. La dérogation à cet usage ne peut s'induire de ce que le connaissement mentionne le poids net. — *Trib. Marseille,* 9 juill. 1830, Chopin. (*J. de Mars.,* 11, 1, 172.)

25. — Le fret d'une marchandise, stipulé dans la charte-partie à tant la mesure et fixé ensuite dans le connaissement à une somme déterminée en bloc, est dû au capitaine sur le pied des accords primitifs plutôt que d'après le connaissement, lors surtout que cette pièce est rédigée en idiôme inconnu au capitaine et signée par lui avec la clause *que dit être.* Par suite, les frais du mesurage nécessaire pour évaluer le fret doivent être supportés par moitié entre le capitaine et le consignataire. — *Trib. Marseille,* 19 déc. 1834 (*J. de Mars.,* 15, 1, 240), Villa.

26. — Lorsque dans un affrétement au mois l'affréteur, indépendamment de la somme fixée pour chaque mois, a pris à sa charge les salaires et nourriture de l'équipage et autres dépenses du navire pendant le voyage, la quotité réelle et effective du fret, soit comme objet de déduction sur la marchandise lors de la contribution aux avaries communes, soit comme élément de contribution de la part de l'armateur, doit être déterminée par la réunion du prix stipulé et les diverses charges assumées par l'affréteur. — *Trib. Marseille,* 30 mars 1836 (*J. de Mars.,* 16, 1, 33), Cauvin.

27. — Lorsque dans un connaissement relatif à des marchandises venant des colonies françaises d'Amérique le fret est stipulé *à tant par livre,* il doit, d'après l'usage du commerce, n'être payé que sur le poids net de chaque livre de marchandises, sans égard au poids des futailles ou de l'emballage. — *Trib. Marseille,* 3 sept. 1822 (*J. de Mars.,* 3, 1, 326), Dupuy.

28. — Le nolis stipulé à une somme déterminée pour chaque poids convenu d'une marchandise spécifié, doit être payé sur le fret. — *Trib. Marseille,* 23 juin 1820 (*J. de Mars.,* 2, 1, 6), Gazielle.

29. — Lorsque le fret a été stipulé, au lieu du chargement, payable en une monnaie ayant cours au lieu de la consignation, il doit être acquitté suivant le cours de cette monnaie au jour du paiement, et non pas seulement d'après la valeur intrinsèque de la monnaie indiquée. — *Trib. Marseille,* 27 janv. 1832 (*J. de Marseille,* 13, 1, 80), Beecher.

30. — Lorsqu'un navire a été nolisé en bloc pour une somme déterminée, payable en une monnaie désignée qui ne se trouve pas au lieu de la destination, la conversion de cette monnaie doit être réglée uniquement d'après le cours qu'elle a au lieu du reste, si ce lieu est aussi convenu pour le paiement du fret. En conséquence, si le capitaine perçoit son fret d'après une conversion plus avantageuse pour lui que celle du cours au lieu du reste, l'excédant qu'il reçoit doit être restitué à l'affréteur au lieu du départ par le propriétaire du navire. — *Trib. Marseille,* 8 avr. 1829 (*J. de Marseille,* 10, 1, 37), Badetty.

31. — Lorsqu'une indemnité a été convenue elle doit être allouée en entier, les tribunaux ne peuvent la modérer (art. 1152, C. civ.); seulement, pour qu'elle soit accordée, il faut que le retardataire ait été mis en demeure par une sommation (art. 1230, C. civ.); une sommation verbale ne serait suffisante qu'autant qu'elle ne serait pas déniée. — Dageville, t. 2, p. 346; Boulay-Paty, t. 2 p. 277; Pardessus, t. 3, no 710.

32. — L'ordonnance de la marine (art. 27 et 28, tit. *Du fret*) défendait de sous-fréter le navire *pour un plus haut prix* que celui pour lequel il avait été frété. Le Code n'a pas reproduit cette disposition, qui avait pour but de prévenir les monopoles; néanmoins, Boulay-Paty (t. 2, p. 279) pense que la prohibition existe toujours; mais nous ne saurions partager cette opinion en l'absence d'un texte positif qui consacre cette dérogation au droit commun. — Il est bien entendu que l'affréteur d'un navire peut le sous-fréter en tout ou en partie au prix originaire ou à un prix inférieur.

33. — Le navire, les agrés et les apparaux, le fret et les marchandises chargées, sont respectivement affectés à l'exécution des conventions des parties. — C. comm., art. 280.

34. — Il importe peu que l'affréteur soit propriétaire des marchandises chargées, ou qu'il ne soit que préposé, le fait seul du chargement donne ouverture au privilége. — Pardessus, t. 3, no 709.

35. — Dans un contrat d'affrétement l'affréteur est la partie qui stipule; c'est donc contre lui que toute clause douteuse doit être interprétée conformément à l'art. 1162, C. civ. — *Rouen,* 24 fév. 1844 (t. 1er 1844, p. 461), Bilard c. Sebire.

Sect. 2e. — *Obligations du fréteur.*

36. — L'obligation principale que contracte le fréteur consiste à procurer à l'affréteur la jouissance du navire, telle qu'elle lui a été promise par la charte-partie.

37. — Ainsi, l'indication qu'un navire est de *telle* nation, lorsque les marchandises chargées sur les navires de cette nation sont soumises à des droits

moins considérables que celles qui le sont sur des navires étrangers, si elle était fausse, obligerait le fréteur à réparer le tort qui en résulte pour le chargeur. — Pardessus, t. 3, n° 709.

38. — Le fréteur ne peut substituer un autre navire à celui qui est désigné dans la charte-partie, sous peine de répondre de la perte, même par force majeure, si le navire désigné n'éprouvait aucun accident, et même dans l'hypothèse où il périrait également, du préjudice que cette substitution causerait à l'affréteur dans le cas d'assurance et de prêt à la grosse. — Pardessus, t. 3, n° 709.

39. — Si le navire est vendu, après la signature de la charte-partie, sans stipulation qui mette à la charge de l'acquéreur l'entretien de la charte-partie, l'affréteur ne peut contraindre ce dernier à l'exécution du contrat; il n'a qu'une action en dommages-intérêts contre son fréteur. *Secùs*, si les marchandises sont chargées lors de la vente, l'acquéreur est censé alors avoir acheté le navire dans l'état de chargement où il se trouve, et s'être soumis aux obligations de son vendeur. — Pothier, *Charteparlie*, nos 53 et suiv.; Boulay-Paty, t. 2, p. 279; Dageville, t. 2, p. 348.

40. — L'affréteur a le droit de jouir du navire pendant le temps et de la manière fixée par la convention. Si donc il a loué le navire en totalité, il a seul le droit d'en disposer; la place qu'il trouve vide lui appartient comme celle qu'il remplit par son chargement. — Il résulte de là que le capitaine ne peut louer la place qui reste disponible sans le consentement de l'affréteur, et que s'il prend d'autres marchandises, avec ou sans la permission de l'affréteur, il lui doit compte, dans tous les cas du fret, de ce chargement complémentaire. — C. comm., art. 287.

41. — Si le capitaine n'avait pas consulté préalablement l'affréteur, ce dernier pourrait, avant le départ, exiger le déchargement des marchandises chargées à son insu. — Boulay-Paty, t. 2, p. 356.

42. — Ceci, cependant, n'est que pour le cas où la convention primitive ne serait pas modifiée. En effet, si l'affréteur, pour prix du consentement qu'il donne, stipulait une diminution sur le fret convenu, la charte-partie changerait de nature : il n'y aurait plus qu'un affrétement partiel du navire, et peut être même un chargement à cueillette suivant les clauses de la nouvelle stipulation.

43. — Le capitaine peut recevoir pour le chargement complémentaire un fret plus élevé que celui qui est dû pour le chargement principal; dans ce cas, il doit également tenir compte à l'affréteur de cet excédant de fret, parce qu'il n'est censé n'avoir agi que comme le mandataire de l'affréteur. — Locré, sur l'art. 287; Boulay-Paty, t. 2, p. 356. — Par le même motif, dans l'hypothèse inverse, il serait responsable envers l'affréteur de la différence du fret, à moins que ce dernier ne s'en soit rapporté à sa bonne foi. — Boulay-Paty, *loc. cit.*

44. — Dans le cas où le capitaine charge des marchandises pour son propre compte avec le consentement de l'affréteur, Valin décide qu'il ne doit aucun fret si l'affréteur n'en a pas fait la réserve. — Mais cette opinion, combattue par Pothier (*De la Charte-partie*, n° 21), ne doit pas être suivie sous l'empire du Code, qui accorde à l'affréteur le fret de toutes les marchandises qui complètent le chargement sans distinguer d'où ces marchandises proviennent, à moins que l'affréteur n'ait octroyé au capitaine, avec la permission de charger, la franchise du fret. — Dageville, t. 2, p. 386; Boulay-Paty, t. 2, p. 358.

45. — Lorsque le navire est loué en entier, c'est avec la réserve, exprimée ou non, de la place nécessaire pour loger les agrès et les victuailles. La chambre du capitaine ne fait pas non plus partie des lieux loués. Le capitaine ne doit donc pas de fret pour les marchandises qu'il peut charger dans sa chambre. — Pardessus, t. 3, n° 674; Dageville, t. 2, p. 388; — *Contrà* Boulay-Paty, t. 2, p. 359. — Cet auteur se fonde sur une sentence de l'amirauté de Marseille du 14 juill. 1752, rapportée par Émérigon, t. 1er, p. 340.

46. — Lorsqu'un affrétement est fait en bloc pour toute la portée du navire, et que néanmoins il y a une réserve de la chambre, du logement de l'équipage et des autres endroits destinés à recevoir les provisions du bord et les agrès du navire, le capitaine peut, sans violer le contrat, charger des marchandises dans les lieux ainsi réservés et en percevoir le fret. Ce droit a été consacré par l'usage en faveur des capitaines. — *Trib. de Marseille*, 6 janv. 1822, Salavy (*J. de Marseille*, 4, 1, 33); 25 mai 1827, Scarpaté (*J. de Marseille*, 8, 1, 190); — Dageville, t. 2, p. 388.

47. — Si l'excédant de place dans le navire a été réservé à la disposition de l'affréteur, celui-ci doit le fret comme si le navire eût été rempli. — *Bruxelles*, 17 janv. 1822, Dewael c. Wright.

48. — Lorsque le navire est loué seulement en partie, l'affréteur n'ayant droit qu'à l'espace nécessaire pour placer le nombre de tonneaux ou de quintaux convenu, le surplus du navire appartient au fréteur, qui peut en disposer comme il le juge convenable.

49. — Le chargeur n'est tenu que de rendre les marchandises à quai, à la disposition du capitaine. Les frais de chargement et d'arrimage sont, dans l'usage, à la charge du capitaine, à moins de convention contraire. — Relativement à la surveillance du capitaine, V. CAPITAINE DE NAVIRE.

50. — D'après l'usage, et à défaut de stipulation contraire dans la charte-partie, les frais d'arrimage sont à la charge du capitaine, et non à celle des affréteurs. — *Trib. de Marseille*, 28 avr. 1830, Chicala (*J. de Marseille*, 11, 1, 204).

51. — Mais dans le cas où un navire a été loué en totalité, à l'effet par l'affréteur de le sous-louer lui-même par partie, les frais d'arrimage des marchandises qui y sont chargées sont, d'après les usages maritimes, et à défaut de convention contraire, à la charge de l'affréteur. — *Bruxelles*, 8 avr. 1830, Neberding c. Stinzen.

52. — L'obligation de faire jouir l'affréteur du navire en comprend plusieurs autres, et d'abord celle de prendre sous sa responsabilité les marchandises chargées et d'en délivrer aux chargeurs une reconnaissance. — V. CONNAISSEMENT.

53. — L'obligation de faire jouir comprend ensuite celle de transporter le chargement au lieu de la destination.

54. — Si, avant le départ du navire, il y a interdiction de commerce avec le pays pour lequel il est destiné, les conventions sont résolues sans dommages-intérêts de part ni d'autre. — Le chargeur est tenu des frais de la charge et de la décharge des marchandises. — C. comm., art. 276.

55. — Les croisières d'un ennemi dans les parages d'un port pour lequel un vaisseau est destiné, ne doivent pas être considérées comme cas de force majeure donnant lieu à la résiliation de la charte-partie sans dommages-intérêts de part ni d'autre, lorsque l'état de guerre et l'interdiction de commerce n'existent pas à l'égard de ce port, mais qu'il y a seulement péril pour y arriver. — Ord. de la marine, tit. des Chartes-Parties, art. 7. — *Poitiers*, 3 messid. an IX, Hennesis et Turner c. Janesen.

56. — Lorsque l'interdiction de commerce, dit Potier (*Charte-Partie*, n° 99), n'est pas avec le pays pour lequel le navire est destiné, mais avec d'autres pays, elle n'empêche pas que le vaisseau ne puisse aller au lieu pour lequel il est destiné par la charte-partie, et par conséquent elle n'empêche pas l'exécution de la charte-partie, elle la rend seulement plus périlleuse, le navire pouvant être attaqué en chemin par les vaisseaux des puissances avec lesquelles il est survenu une rupture; mais la survenance d'une guerre et les dangers auxquels elle expose étant un cas qui malheureusement n'est pas insolite et que les parties ont pu prévoir, elle ne décharge pas les parties de leurs conventions respectives.

57. — Cependant Valin et Émérigon citent un arrêt du conseil de 1744 qui a annulé des chartes-parties de navires frétés pour la pêche de la morue, et ce, à cause de la déclaration de guerre contre l'Angleterre, *attendu les risques évidens.* Mais en même temps ils émettent l'opinion que cet arrêt, dicté par esprit d'équité et par des raisons d'état, ne doit pas tirer à conséquence. — V. Émérigon, t. 1er, p. 545; Valin, sur l'art. 4.

58. — L'art. 276, C. comm., prononçant la résolution de la charte-partie pour le cas où le commerce est interdit avec le pays pour lequel le navire est destiné, et ne reproduisant pas la disposition de l'ordonnance de 1681 : « *Mais si c'est avec un autre pays, la charte-partie subsistera en son entier,* » on s'est demandé si cette dernière disposition était sous-entendue, et on est généralement tombé d'accord pour l'affirmative. « *Qui dicit de uno, negat de altero.* » — Boulay-Paty, *Dr. comm. maritime*, t. 2, p. 290.

59. — La prohibition de l'entrée, au lieu de la destination du navire, de la marchandise que l'affréteur a commencé à charger, n'est pas un fait qui constitue une interdiction de commerce dont l'affréteur puisse se prévaloir pour résilier purement et simplement la charte-partie. L'inexécution du contrat, dans ce cas, de la part de l'affréteur, est une rupture de voyage qui l'oblige à payer la moitié du fret convenu. — *Aix*, 24 fév. 1834, Blanchenay c. Marengo.

60. — S'il existe une force majeure qui n'empêche que pour un temps la sortie du navire, les conventions subsistent, et il n'y a pas lieu à dommages-intérêts à raison du retard. — C. comm., art. 277.

61. — Le capitaine qui s'est engagé envers l'affréteur à partir avec ou sans escorte aussitôt après avoir reçu le chargement ne peut exciper du défaut de consentement de son équipage pour refuser à l'affréteur une indemnité à raison du retard qu'éprouve le navire. — Toutefois, l'indemnité due dans ce cas à l'affréteur ne doit pas être égale aux surestaries convenues en faveur du capitaine pour chaque jour de retard. — *Trib. de Marseille*, 22 mai 1829 (*J. de Marseille*, 11, 1, 250), Amat.

62. — Le fréteur doit acquitter sans répétition, s'il n'y a convention contraire, tous les droits imposés à la navigation, soit au départ, soit pendant la traversée, les frais de quarantaine, le lamanage, le touage, les droits de tonnes, de balises, de feu, de bassin, d'avant-bassin, etc. — Pardessus, t. 3, n° 712.

63. — L'obligation de faire jouir l'affréteur comprend encore celle de décharger les marchandises lorsqu'elles sont arrivées à destination, et d'en faire la délivrance au consignataire.

64. — Tout commissionnaire ou consignataire qui aura reçu les marchandises mentionnées dans les connaissemens ou chartes-parties sera tenu d'en donner reçu au capitaine qui le demandera, à peine de tous dépens, dommages-intérêts, même de ceux de retardement. — C. comm., art. 285.

65. — Si le refus du consignataire était fondé sur l'état de la marchandise, dont il demanderait à faire constater l'état avant la réception, le capitaine ne pourrait exiger le reçu et par suite des dommages-intérêts qu'après avoir mis le consignataire en demeure de faire procéder à la vérification. — Dageville, t. 2, p. 380.

66. — La loi n'oblige pas le capitaine à exiger des consignataires un reçu des marchandises qu'il leur remet. — *Trib. de Marseille*, 10 nov. 1824, Planchéur (*J. de Marseille*, 6, 1, 225).

67. — La manière de procéder sur les contestations relatives à l'état des marchandises à livrer, est tracée par l'art. 106, C. comm.

68. — Le capitaine qui s'est chargé de marchandises en vertu d'un connaissement à ordre aux termes de l'art. 281, paragraphe dernier, C. comm., et qui a délivré ces marchandises au destinataire, sans que celui-ci fût porteur du connaissement, devient par ce fait, d'après l'art. 221, même Code, responsable envers le chargeur des frais et déboursés dus à ce dernier. — Il encourt cette responsabilité, quoique le destinataire fût porteur du permis de débarquement délivré par la douane. — Le chargeur peut agir de prime abord contre le capitaine. — *Bruxelles*, 1er mai 1832, Oldenhoven c. Bouvier.

69. — Le capitaine chargé de la conduite d'un navire, et le propriétaire, responsable des faits du capitaine pour ce qui est relatif à ce navire et à sa cargaison, sont, sauf le cas d'obstacles résultant de la force majeure, responsables du défaut de délivrance des marchandises chargées à la personne et dans le lieu désigné sur le connaissement. — Porteurs d'un original de ce connaissement, ils ne peuvent, pour s'excuser d'avoir disposé du chargement d'après les ordres d'un individu qui s'en est dit propriétaire, être admis à alléguer qu'ils ignoraient le nom du chargeur ou du destinataire et les obligations que ce chargement leur imposait. — *Cass.*, 26 mars 1838 (t. 1er 1838, p. 473), Simson de Preclère c. Joly de Sabla.

70. — Le porteur de connaissemens qui, par son refus illégitime de les délivrer, a rendu impossible le désarmement du navire, est passible des frais de nourriture et des gages de l'équipage. — *Bordeaux*, 22 juin 1831, Barton et Guestier c. Menier.

71. — Le capitaine ne doit connaître que le consignataire dénommé au connaissement, ou le porteur de celui qui est à ordre, sans avoir à se mêler des questions de propriété qui peuvent s'élever au sujet des marchandises. — Valin, sur l'art. 17, tit. du Fret; Dageville, t. 2, p. 451; Pardessus, t. 3, n° 726; Boulay-Paty, t. 2, p. 322.

72. — Lorsque par la charte-partie le capitaine s'est engagé à recommander son navire, au lieu de la destination, au négociant pour compte duquel l'affrétement a eu lieu, sous peine de payer, à titre de dédit, une somme déterminée, le capitaine qui a contrevenu à cet engagement, en consignant son navire à un autre recommandataire, doit être condamné au paiement du dédit en entier, bien qu'il n'y ait eu qu'erreur de sa part et qu'aucun dol ne puisse lui être reproché. — *Trib. de Marseille*, 5 août 1829 (*J. de Marseille*, 11, 12).

73. — Le capitaine, en délivrant les marchandises, doit avoir soin de se faire remettre l'original du connaissement qui est entre les mains du destinataire, surtout si ce connaissement est à ordre ou au porteur.

74. — L'engagement pris par un capitaine français, dans un connaissement, de porter en France une marchandise prohibée, sans en faire mention dans son manifeste, est illicite et nul comme contraire aux lois. — Mais le capitaine qui ne représente pas cette marchandise n'en doit pas moins la valeur aux chargeurs ou consignataires. — *Aix*, 30 déc. 1819, Chicallat c. Altaras — V. au surplus CAPITAINE DE NAVIRE.

75. — Il est d'usage qu'après la fermeture de la douane le capitaine ne peut être tenu de continuer le déchargement de son navire, et que, s'il le fait, ce n'est que par pure condescendance pour le chargeur et sans qu'il y soit obligé. — *Trib. de Marseille*, 19 janv. 1831.

76. — Le registre tenu par la douane, lors de la décharge des navires, fait foi du débarquement des marchandises; en cas de difficultés entre le capitaine et le consignataire, il peut donc être consulté comme un moyen de vérifier la nature et la quantité des marchandises débarquées. — Dageville, t. 2, p. 379.

77. — Si des marchandises ont été chargées à l'insu du capitaine, il n'y a pas de contrat de part ni d'autre, et, par conséquent, le capitaine peut en faire opérer le déchargement aux dépens du propriétaire; mais s'il avait consenti à les laisser sur le navire, il y aurait contrat tacite d'affrétement, et il pourrait seulement en prendre le fret au plus haut prix qui sera payé dans le même lieu pour les marchandises de même nature. — C. comm., art. 292.

78. — Le Code n'autorise la mise à terre des marchandises non déclarées que dans *le lieu du chargement*; il en résulte que si le capitaine ne s'était aperçu de l'existence des marchandises à bord qu'après le départ, il serait tenu de les garder sur le navire. Le seul droit qui lui resterait serait d'en percevoir le fret au plus haut prix.

79. — Cette règle souffre néanmoins une exception : si cet excédant de marchandises occasionne une surcharge dangereuse pour la navigation, le capitaine doit le décharger dans un port de relâche, le laisser en dépôt chez une personne notoirement solvable, et en donner avis au chargeur, s'il lui est connu. Si même il y a nécessité, il peut jeter à la mer tout ou partie de ces marchandises pour rétablir l'équilibre nécessaire à la marche du navire. Mais, dans ces deux cas, pour mettre sa responsabilité à couvert, le capitaine doit prendre l'avis de l'équipage, consigner des procès-verbaux sur son livre de bord, et faire sa déclaration devant l'autorité compétente au premier port de relâche, en un mot, se conformer aux mesures qui lui sont indiquées par les art. 224, 242, 243, 244, 245 et 246. — Locré, sur l'art. 292; Pardessus, t. 3, no 709; Dageville, t. 2, p. 405; Boulay-Paty, t. 2, p. 374.

80. — Pothier (charte-partie, no 12) a examiné le cas où les marchandises non déclarées se trouveraient être de même nature que celles pour le transport desquelles le navire a été loué en entier, et il pense que le capitaine pourrait les décharger, même après le départ du navire, à cause du préjudice que la vente en concurrence de ces marchandises pourrait faire éprouver à l'affréteur, et des dommages-intérêts que pourrait encourir le capitaine pour les avoir portées à destination. — Boulay-Paty (t. 2, p. 377) et Dageville (t. 2, p. 403), qui approuvent cette décision, estiment cependant que le capitaine ne devrait prendre un pareil parti qu'avec la plus grande réserve.

Sect. 3e. — *Obligations de l'affréteur.*

81. — L'affréteur doit charger des marchandises en quantité suffisante pour répondre du fret.

82. — Le consignataire chargé de fournir la cargaison d'un navire est, quant à cette opération, le mandataire légal de l'affréteur; dès lors les engagemens qu'il prend dans le port de chargement avec le capitaine du navire lient l'affréteur envers ce dernier, sauf le recours de la part de l'affréteur contre le consignataire, s'il trouve que celui-ci a mal géré ses intérêts. — *Rouen*, 24 fév. 1844 (t. 1er 1844, p. 461), Bilard c. Sebire.

83. — L'affréteur ne peut, sous peine de dommages-intérêts, charger des marchandises prohibées, soit dans le lieu du départ, soit dans celui d'arrivée, et susceptibles, par conséquent, d'exposer le navire à des visites ou à des détentions pendant le voyage.

84. — Lorsque, dans un contrat d'affrétement, il a été convenu que les jours de starie et de surstarie courraient du lendemain de l'arrivée du navire dans le port de chargement, on ne peut faire aucune déduction en raison des retards apportés au chargement par suite d'un réglement local qui, pour l'embarquement *de certaines marchandises*, a prescrit des formalités particulières; en ce cas, s'il y a force majeure, elle ne doit être attribuée, dans sa cause comme dans ses conséquences, qu'à la marchandise qui était empêchée par la douane de venir à bord, et non au navire qui était prêt à la recevoir. — Il en serait ainsi même en présence d'une clause de la charte-partie qui aurait dit que le chargement se ferait suivant l'usage et coutume des lieux. — *Rouen*, 24 fév. (t. 1er 1844, p. 461), Bilard c. Sebire.

85. — Lorsque la quantité de marchandises chargées est plus considérable que celle portée dans la charte-partie, l'affréteur paie le fret de l'excédant sur le prix réglé sur la convention. — C. comm., art. 288.

86. — Si, depuis la signature de la charte-partie, le fret pour le lieu de la destination était augmenté, le capitaine aurait le droit de refuser le chargement de l'excédant de marchandise, jusqu'à ce que le chargeur eût adhéré à un nouveau prix. — Boulay-Paty, t. 2, p. 367.

87. — Si, ayant été frété pour l'aller et le retour, le navire fait son retour sans chargement ou avec un chargement incomplet, le fret entier est dû au capitaine, ainsi que l'intérêt du retardement. — C. com., art. 294.

88. — Mais, si le capitaine a chargé pour son propre compte, ou s'il a trouvé à charger d'autres marchandises que celles de l'affréteur, il doit être tenu compte à ce dernier du fret qu'elles auront produit. — Dageville, t. 2, p. 411.

89. — La principale obligation de l'affréteur est de payer le fret, conformément à la charte-partie, lorsque les marchandises sont arrivées sans retard au lieu de leur destination.

90. — Pour le cas où les marchandises n'arrivent pas au lieu de leur destination, et pour celui où elles éprouvent des retards avant d'y arriver, V. les deux paragraphes suivans.

91. — En aucun cas le chargeur ne peut demander diminution sur le prix du fret. — C. comm., art. 309.

92. — L'héritier du passager, qui meurt après quelques jours de traversée, n'a droit à aucune diminution sur le prix du passage. — Dageville, t. 2, p. 457.

93. — Le chargeur ne peut abandonner pour le fret les marchandises diminuées de prix, ou détériorées par leur vice propre ou par cas fortuit. — C. comm., art. 310.

94. — Le fret est dû, malgré l'état dans lequel arrivent les marchandises, parce que le capitaine n'en a pas moins effectué le transport et rempli son obligation.

95. — Mais, peut-il abandonner pour le fret les marchandises qui ne sont ni diminuées de prix ni détériorées? — Oui. Cependant, si la vente que le capitaine fait des marchandises ne le remplit pas de son fret, il conserve son recours contre le chargeur pour le surplus. — Locré, sur l'art. 310; Favard, vo *Charte-partie*, no 12. — Mais l'opinion contraire nous paraît plus conforme aux principes. — Boulay-Paty, t. 2, p. 490.

96. — Si toutefois des futailles contenant vin, huile, miel et autres liquides, ont tellement coulé qu'elles soient vides, lesdites futailles pourront être abandonnées pour le fret. — C. comm., art. 310. — Dans ce cas, on ne peut pas dire que les marchandises aient été transportées, car les futailles n'en étaient que l'accessoire. — Pothier, no 60; Delvincourt, t. 2; Boulay-Paty, t. 2, p. 494; Dageville, t. 2, p. 464.

97. — Si le coulage provient du mauvais état des futailles ou de leur vice propre, le chargeur peut-il les abandonner pour le fret? — Valin (sur l'art. 26, tit. *Du fret*) et Delvincourt (t. 2, p. 293) soutiennent l'affirmative, parce que la loi ne distingue pas, et que d'ailleurs le capitaine doit s'imputer de n'avoir pas vérifié l'état des futailles avant le chargement. — *Contrà* Pothier, *loc. cit.*, et Boulay-Paty, t. 2, p. 497. — Ce dernier sentiment nous paraît préférable, parce que le chargeur est en faute d'avoir mis ses marchandises dans de mauvaises futailles.

98. — Si le coulage des futailles a eu lieu par la faute ou la négligence du capitaine, le chargeur peut en outre obtenir des dommages-intérêts contre lui. — Valin, sur l'art. 26, tit. *Du fret*; Boulay-Paty, t. 2, p. 496; Dageville, t. 2, p. 463.

99. — Lorsque, parmi les futailles chargées, moyennant une somme unique, les unes arrivent pleines, les autres vides, le chargeur peut abandonner seulement ces dernières, et obtenir une diminution proportionnelle sur le fret; le fret est quelque chose de divisible, qui se répartit sur chacune des parties du chargement. — Pothier, no 60; Boulay-Paty, t. 2, p. 495; Delvincourt, t. 2, p. 293. — V. *contrà* Dageville, t. 2, p. 466.

100. — Les sucres inférieurs, les mélasses peuvent être assimilés à des *liquides* pour ce qui concerne le droit d'abandonner les futailles qui ont entièrement ou presque entièrement coulé. — Valin, *loc. cit.*, Dageville, t. 2, p. 466.

101. — Le Code ne parle que de futailles vides ou presque vides; le chargeur ne serait donc pas fondé à abandonner pour le fret les futailles qui contiendraient un liquide gâté. — Boulay-Paty, t. 2, p. 500; Delvincourt, t. 2, p. 294.

§ 1er. — *Cas où les marchandises ne sont pas arrivées à leur destination.*

102. — Lorsque les marchandises énoncées dans la charte-partie ne sont pas arrivées à destination, il y a plusieurs distinctions à faire pour le paiement ou le non-paiement du fret.

103. — Il n'est dû aucun fret pour les marchandises perdues par naufrage ou échouement, pillées par des pirates ou prises par les ennemis. — Le capitaine est tenu de restituer le fret qui lui aura été avancé, s'il n'y a convention contraire. — C. comm., art. 302.

104. — Cet article suppose évidemment que la perte est arrivée par cas fortuit; car, si elle provenait du vice propre de la chose, le fret entier serait dû. — Art. 310; — Delvincourt, t. 2.

105. — Si les marchandises ne sont perdues qu'en partie, le fret doit être payé proportionnellement et seulement pour la partie conservée. — Dageville, t. 2, p. 444.

106. — Si le navire a été frété pour l'aller et le retour, et que la perte ne soit survenue qu'au retour, le fret d'entrée est acquis et doit être payé suivant la convention. Si elle est muette à cet égard, le fret pour le voyage d'aller doit être fixé par une ventilation. — Dageville, t. 2, p. 445.

107. — Le prix du transport d'un passager qui meurt en route n'en doit pas moins être payé en entier. — Valin, sur l'art. 18, tit. du fret. — Boulay-Paty, t. 2, p. 450.

108. — Il ne suffit pas que le navire et son chargement aient été pris par l'ennemi pour que le fret cesse d'être dû; la prise d'un navire et de son chargement n'est réputée exister, par rapport à la déchéance du fret qu'autant que cette prise est déclarée valable, et que le chargeur perd sans retour ses marchandises. — Boulay-Paty, t. 2, p. 451; Dageville, t. 2, p. 447.

109. — Avant le Code de commerce, aucun fret n'était dû pour les marchandises enlevées par l'ennemi. — *Cass.*, 24 déc. 1791, propriétaire de la forêt de Parma c. Lamanon.

110. — En cas de prise par l'ennemi, le fret ne cesse d'être dû qu'autant que cette prise a été définitivement déclarée valable, et que le chargeur a perdu sa marchandise sans retour. L'affréteur n'a au contraire droit qu'à une diminution proportionnée au dommage momentané dans le cas où la confiscation ayant été anéantie, le prix de la marchandise capturée a été restitué par le capteur. — *Cass.*, 11 août 1818, Sautier c. Ancessy.

111. — Si le navire et les marchandises sont rachetés, ou si les marchandises sont sauvées du naufrage, le capitaine est payé du fret jusqu'au lieu de la prise ou du naufrage. — Il est payé du fret entier en contribuant au rachat, s'il conduit les marchandises au lieu de leur destination. — C. comm., art. 303.

112. — Le chargeur ne peut pas se libérer de son obligation personnelle de payer le fret, en faisant l'abandon des marchandises sauvées, quelque avariées qu'elles soient. — Boulay-Paty, t. 2, p. 455; *Contrà* Valin, sur l'art. 18, tit. *Du fret*.

113. — Si, après l'accident, le capitaine a continué sa route et qu'il soit forcé de relâcher et d'opérer sa décharge dans un port plus éloigné, mais autre que celui de sa destination, le fret lui est dû, non pas seulement jusqu'au jour de la prise ou du naufrage, mais jusqu'au lieu de la relâche. — Dageville, t. 2, p. 446; Boulay-Paty, t. 2, p. 454.

114. — Soit que les marchandises aient été sauvées, soit qu'elles aient été rachetées, le chargeur ne peut pas se refuser de les recharger dans le navire, si le navire est en état de les conduire au lieu de leur destination, ou dans un autre navire, si le capitaine en trouve un capable de finir le voyage. — En cas de refus, le chargeur serait tenu de payer le fret entier au capitaine. — C. comm., art. 296; Boulay-Paty, t. 2, p. 456.

115. — Si les marchandises étaient avariées de manière à ne pouvoir être rechargées sans être remises en meilleur état, le capitaine serait obligé d'attendre ou de se contenter du fret à proportion du voyage avancé. — Valin, sur l'art. 21, tit. *du fret*; Boulay-Paty, t. 2, p. 456.

116. — La contribution pour le rachat se fait sur le prix courant des marchandises au lieu de leur décharge, déduction faite des frais, et sur la moi

tié du navire et du fret. — Les loyers des matelots n'entrent point en contribution. — C. comm., art. 304.

117. — Le lieu de la décharge est celui où les marchandises sont débarquées pour y rester, et non pas le port intermédiaire où le capitaine a pu être obligé, par suite d'innavigabilité de son navire, de décharger la cargaison pour la recharger sur un autre navire. — Delvincourt, t. 2.

118. — Les frais, dont il est fait déduction, sont les frais de décharge et autres, ainsi que le fret; car les marchandises étant estimées ce qu'elles valent au lieu de la décharge, elles n'ont cette valeur que parce qu'elles y ont été transportées, c'est-à-dire parce qu'elles ont payé le fret. — Valin, sur l'art. 20, tit. *du fret*; Dageville, t. 2, p. 449; Boulay-Paty, t. 2, p. 468.

119. — Dans les marchandises qui contribuent, il faut également comprendre celles qui ont été données pour le rachat. — Au reste, la contribution qui a lieu pour le rachat est établie sur les mêmes bases que celle qui a lieu à la suite du jet. — Dageville, t. 2, p. 449; Boulay-Paty, t. 2, p. 467 et suiv.

120. — Le capitaine est payé du fret des marchandises jetées à la mer pour le salut commun, à la charge de contribution. — C. comm., art. 301.

121. — Si le navire a péri depuis le jet, et que rien n'ait été sauvé, comme il n'y a pas lieu à contribution, il ne peut pas être dû de fret pour objets jetés. S'il y a eu des marchandises sauvées, le fret des objets jetés est dû, mais à la charge de contribution. — Delvincourt, t. 2.

122. — Si depuis la perte du navire les objets jetés ont été recouvrés, le fret entier est dû au capitaine, dans le cas où il les a fait parvenir à leur destination; sinon le fret lui est dû à proportion du voyage avancé lors du jet. — Valin, sur l'art. 13, tit. *Du fret*; Dageville, t. 2, p. 443; Boulay-Paty, t. 2, p. 444. — Dans cette hypothèse, le capitaine doit contribuer, pour le fret qu'il reçoit, avec les propriétaires des objets jetés et recouvrés, aux avaries que ces objets ont éprouvées par le jet. — Delvincourt, t. 2.

123. — Si pendant le cours du voyage il y a nécessité de radoub ou d'achat de victuailles, le capitaine, après l'avoir constaté par un procès-verbal signé des principaux de l'équipage, peut, en se faisant autoriser en France par le tribunal de commerce, ou, à défaut, par le juge de paix, chez l'étranger par le consul français, ou, à défaut, par le magistrat des lieux, mettre en gage ou vendre des marchandises jusqu'à concurrence de la somme que les besoins constatés exigent. — Les propriétaires ou le capitaine qui les représente tiennent compte des marchandises vendues d'après le cours des marchandises de même nature et qualité dans le lieu de la décharge du navire à l'époque de son arrivée. » — Art. 234, C. comm.

124. — A cet ancien article du Code de commerce la loi des 14-17 juin 1841, sur la responsabilité des armateurs et des propriétaires des navires, a ajouté la disposition suivante : « L'affréteur unique ou les chargeurs divers qui seront tous d'accord pourront s'opposer à la vente ou à la mise en gage de leurs marchandises, en les déchargeant et en payant le fret, en proportion de ce que le voyage est avancé. A défaut du consentement d'une partie des chargeurs, celui qui voudra user de la faculté de déchargement sera tenu du fret entier sur ses marchandises. »

125. — Les termes de cette disposition sont clairs, et les motifs en sont faciles à comprendre. — Le législateur a établi une différence entre le cas où le déchargement *entier* s'opère au lieu où le navire est arrêté, et celui où une partie seulement des marchandises est déchargée : dans le premier cas le voyage est censé terminé, et le fret ne doit pas être payé pour le surplus; mais si des marchandises restant à bord doivent être portées jusqu'au lieu de la destination, si le capitaine est en définitive tenu de continuer sa route jusqu'à ce lieu, il était juste d'obliger le chargeur, qui préfère décharger sa marchandise en chemin, au paiement du fret jusqu'à la destination. — Lehir, *Comment. sur la loi des 14-17 juin 1841*, p. 71.

126. — Si le navire était chargé de denrées ou marchandises et de *valeurs*, et que le propriétaire des marchandises eût un subrécargue à bord, celui-ci ne pourrait, en demandant que les marchandises fussent déchargées au port de relâche pour éviter la vente ou la mise en gage de ces marchandises, n'en payer le fret qu'en proportion de ce que le voyage serait avancé. Les valeurs que le capitaine est chargé de transporter font comme les marchandises partie du chargement; le navire, quoique les marchandises soient déchargées, sera obligé d'aller jusqu'au port de destination pour remettre ces valeurs; le fret entier sera donc dû pour les marchandises déchargées; il en serait de même si le navire avait des passagers à bord, et que les passagers tinssent à continuer leur route. — Lehir, p. 72.

127. — « Le fret est dû pour les marchandises que le capitaine a été contraint de vendre pour subvenir aux victuailles, radoub et autres nécessités pressantes du navire, en tenant par lui compte de leur valeur, au prix que le reste ou autre pareille marchandise de même qualité sera vendu au lieu de la décharge, si le navire arrive à bon port. — Si le navire se perd, le capitaine tiendra compte des marchandises sur le pied qu'il les aura vendues, en retenant également le fret porté aux connaissemens (art. 298, C. comm.), sauf, dans ces deux cas, le droit réservé aux propriétaires de navires par le paragraphe 2 de l'art. 216. — Lorsque de l'exercice de ce droit résultera une perte pour ceux dont les marchandises auront été vendues ou mises en gage, elle sera répartie au marc le franc sur la valeur de ces marchandises et de toutes celles qui sont arrivées à leur destination, ou qui ont été sauvées du naufrage postérieurement aux événemens de mer qui ont nécessité la vente ou la mise en gage. » — L. 14-17 juin 1841.

128. — Cette dernière disposition n'existait pas dans les premières modifications proposées au Code de commerce par le projet, mais dans son exposé de motifs à la chambre des pairs, M. le garde des sceaux, après avoir discuté le droit qu'ont les chargeurs, suivant l'art. 234, de s'opposer à la vente ou à la mise en gage de leurs marchandises, en les déchargeant, en proposa l'addition en ces termes : « Si l'un des chargeurs n'use pas de cette faculté, si les marchandises sont vendues ou mises en gage, et qu'il ne soit pas remboursé en entier de leur valeur, supportera-t-il seul la différence? Non, sans doute, on a généralement reconnu que la perte doit être répartie entre tous les chargeurs au marc le franc de la valeur de leurs marchandises. C'est l'opinion de votre commission; mais elle a pensé qu'il n'était pas nécessaire de le dire formellement dans la loi; elle a supposé que la perte sera réputée avarie commune, et qu'en conséquence par application des règles ordinaires, elle sera répartie proportionnellement entre tous les chargeurs. — Nous ne pouvons adopter cette doctrine. — D'après les définitions que les art. 400 et 403, C. comm., donnent des avaries communes et particulières, les auteurs enseignent que si un navire se trouvant, par cas fortuit et force majeure, hors d'état de continuer sa route, entre dans un port pour se faire radouber, les frais de radoub et de séjour n'entrent pas en avaries *grosses* et ne sont considérés que comme avaries simples et particulières au navire. La répartition ne sera donc pas de droit. En rappelant ces principes, en démontrant que le chargeur ne pourrait point, d'après le droit commun, faire répartir sur tout le chargement le dommage qu'il éprouve, certes, nous n'avons pas voulu établir qu'il faut laisser toute la perte à son compte; nous avons seulement eu l'intention de prouver que les règles ordinaires, en matière d'avaries et de contribution, n'offrent point à celui dont les marchandises ont été vendues ou mises en gage, une ressource suffisante; qu'il est absolument nécessaire que la loi nouvelle lui vienne en aide, et décide par une disposition expresse que la perte sera supportée par tous les chargeurs au marc le franc. — C'est dans ce but qu'un nouveau paragraphe est ajouté à l'art. 298. »

129. — Si les marchandises sauvées sont avariées, elles ne devront être estimées dans la répartition que d'après leur valeur réelle et le prix qu'on aura pu en tirer. Autrement leur valeur pourrait être en entier absorbée par la portion que prendrait le propriétaire des marchandises vendues. — Lehir, p. 76.

130. — Mais la partie de marchandises déchargées, dans l'hypothèse prévue par l'art. 234, ne doit pas contribuer à la perte; ces marchandises ne sont pas comprises dans celles mentionnées dans l'art. 298. — Lehir, p. 80.

131. — Le capitaine qui, durant la traversée, a été obligé de vendre, par suite d'avaries, une partie des marchandises chargées à son bord, ne peut réclamer qu'un fret proportionnel, eu égard au trajet parcouru. — *Rennes*, 19 août 1839 (t. 2 1839, p. 634), Leyraud de la Liraye c. Chauvet; 30 juill. 1841 (t. 2 1842, p. 424), Doguet c. Perchais; — *Cass.*, 2 mai 1843 (t. 2 1843, p. 557), Doguet c. Lecourt et Genevois.

132. — Du moins l'arrêt qui décide ainsi par appréciation des circonstances, desquelles il résulte que l'armement a profité de la vente des marchandises, ne viole aucun texte de loi. — *Cass.*, 2 mai 1843 (t. 2, 1843, p. 557), Doguet c. Lecour et Genevois.

133. — Si les marchandises sont retirées pendant le voyage pour cause des faits ou des fautes du capitaine, celui-ci est responsable de tous les frais. — C. comm., art. 293.

134. — Le capitaine n'est pas seulement responsable, dans ce cas, des frais de déchargement, ainsi que semble l'annoncer la rédaction de l'art. 293, il est encore passible de dommages-intérêts envers le chargeur, qui peut retirer ses marchandises sans payer aucun fret. — Valin, sur l'art. 8, tit. du Fret; Pothier, *de la Charte-Partie*, n° 74; Dageville, t. 2, p. 407; Boulay-Paty, t. 2, p. 385.

135. — Cependant, si, malgré les faits et les fautes du capitaine, le chargeur n'a pas retiré ses marchandises, et qu'elles aient été conduites à destination, le fret est dû au capitaine, sauf les dommages-intérêts auxquels il peut être condamné envers le chargeur. — Dageville, t. 2, p. 408; Boulay-Paty, t. 2, p. 486.

136. — S'il arrive interdiction de commerce avec le pays pour lequel le navire est en route, et qu'il soit obligé de revenir avec son chargement, il n'est dû au capitaine que le fret de l'aller, quoique le vaisseau ait été affrété pour l'aller et le retour. — C. comm., art. 299.

137. — L'interdiction du commerce survenue avec d'autres pays que le lieu de la destination du navire ne serait pas un motif suffisant pour autoriser la rupture du voyage et la résolution de la charte-partie. — Pothier, charte-partie, n° 99. — Boulay-Paty, t. 2, p. 427.

138. — Bien que par l'effet d'une interdiction de commerce un bâtiment n'ait pu débarquer dans le lieu de sa destination, le fret de retour peut néanmoins être réclamé, si le capitaine a, du consentement du consignataire de l'affréteur, conduit le chargement dans un port voisin, où il a vendu son chargement et pris celui de retour. — *Cass.*, 10 déc. 1848, Franly Swardroff c. Tixier. — Boulay-Paty, t. 2, p. 427; Dageville, t. 2, p. 439.

139. — Un armateur tenu par les chartes-parties de désarmer dans un lieu déterminé, hors les cas d'innavigabilité ou d'ordres supérieurs, peut étendre ces exceptions aux dangers annoncés par la notoriété publique. — *Rennes*, 31 juill. 1841, Magon-de-la-Vieuxville.

140. — Dans le cas de blocus du port, pour lequel le navire est destiné, les marchandises ne pouvant pas être transportées au lieu même de leur destination, il importe, en général, aux chargeurs qu'elles soient déposées dans le lieu le plus voisin possible. Aussi le capitaine est tenu, s'il n'a des ordres contraires, de se rendre dans un des ports voisins de la même puissance, où il lui sera permis d'aborder. Mais, dans ce cas, il a droit à une augmentation de fret proportionnée à la prolongation du voyage. — Dageville, t. 2, p. 358. — S'il y avait blocus effectif ou déclaré de tout le territoire, le capitaine devrait rétrograder. — Dageville, *loc. cit.*

141. — L'affréteur qui n'a pas chargé la quantité de marchandises qu'il avait droit de charger, n'en doit pas moins le fret en entier, et pour le chargement complet auquel il s'est engagé (art. 288, C. comm.); car il n'a pas pu, par son propre fait, se dégager d'une partie de son obligation.

142. — Si le capitaine avait fait voile sans mettre l'affréteur en demeure, non-seulement il n'aurait pas droit à la totalité du fret, mais il pourrait même être tenu à des dommages-intérêts envers l'affréteur, suivant les circonstances. — Pothier, Charte-partie, n° 73. — Boulay-Paty, *loc. cit.*

143. — Mais, dans ce cas, le capitaine doit mettre l'affréteur en demeure de compléter le chargement par lui promis, et obtenir un jugement qui lui permette de faire voile, faute par l'affréteur d'avoir satisfait à la mise en demeure. — Valin sur l'art. 3, tit. *Du fret*; Dageville, t. 2, p. 389; Boulay-Paty, t. 2, p. 365.

144. — Si le capitaine avait trouvé à compléter son chargement, il devrait tenir compte à l'affréteur du fret qu'il aurait reçu d'autres chargeurs, de sorte que ce dernier ne serait tenu que de la différence dans le prix du fret, s'il y en avait, des frais de retardement et de ceux de procédure. — Valin sur l'art. 3, tit. du Fret; Dageville, t. 2, p. 390; Boulay-Paty, t. 2, p. 366.

145. — L'affréteur qui n'a encore chargé aucune partie de ses marchandises, peut rompre le voyage avant le départ; mais il paie alors en indemnité, au capitaine, la moitié du fret convenu pour la totalité du chargement qu'il devait faire. — Si le navire a reçu une partie de son chargement et qu'il parte à non-charge, le fret entier sera dû au capitaine. — C. comm., art. 288.

146. — Le capitaine court alors la chance de perdre la portion de fret qu'il ne reçoit pas, et par

compensation il doit avoir celle de faire un bénéfice au moins égal. Il ne devra donc à l'affréteur dont il aura reçu le demi-fret aucun compte de ce qu'il pourra gagner en frétant le navire à d'autres.

147. — L'art. 288 du Code de comm., aux termes duquel l'affréteur qui rompt le voyage avant le départ, sans avoir rien chargé, est tenu de payer la moitié du fret à titre d'indemnité, est applicable au cas où l'affréteur qui s'est obligé à faire embarquer des passagers, n'a pas satisfait à cette obligation. Dans ce cas, la moitié du prix convenu pour le passage, est due au capitaine. —*Trib. Bordeaux*, 25 fév. 1837, Sprenger (*Jurispr. comm. de Bordeaux*, 4, 1, 46).

148. — Si le navire est chargé à cueillette, soit au quintal, au tonneau ou à forfait, le chargeur peut retirer ses marchandises, avant le départ du navire, en payant le demi-fret. Il supportera les frais de charges, ainsi que ceux de décharge et de rechargement des autres marchandises qu'il faudrait déplacer et ceux du retardement. — C. comm., art. 291.

149. — Le Code s'est servi de ces expressions : *soit au quintal, au tonneau ou à forfait*, parce qu'un affrétement total ou partiel du navire exclut nécessairement le chargement à cueillette.

150. — Cette faculté est restreinte aux chargemens à cueillette, et ne doit pas être étendue aux autres natures de chargement. Cela tient à plusieurs raisons spéciales aux chargemens à cueillette : d'abord le capitaine peut facilement trouver à remplacer le chargement qui lui est retiré; et, ensuite, comme il a le droit de ne pas prendre les marchandises lorsqu'il ne trouve pas à compléter la charge de son navire, il était juste d'établir une sorte de réciprocité en faveur du chargeur, en lui donnant aussi le droit de rompre le voyage sans payer le fret entier. — Dageville, t. 2, p. 390; Locré sur l'art. 291; Boulay-Paty, t. 2, p. 384.

151. — Le chargeur qui retire ses marchandises pendant le voyage est tenu de payer le fret en entier et tous les frais de déplacement occasionnés par le déchargement. — C. comm., art. 293. — La loi ne fait pas de distinction entre les chargeurs. L'affréteur à cueillette ne profite de la faveur que lui accorde l'art. 291 que quand il retire ses marchandises *avant le départ*; s'il les retire pendant le voyage, il est soumis à la condition commune.

152. — Si l'affréteur n'effectuait pas le chargement, parce que ses marchandises auraient été saisies comme prohibées, le capitaine n'aurait droit à l'indemnité du demi fret qu'autant qu'il aurait ignoré la fraude. — Merlin, *Rép.*, v° *Charte-Partie*, n° 9.

153. — Dans ces divers cas, quel est le droit du capitaine quant au privilége? — Lorsque les marchandises n'ont pas été chargées, ou lorsqu'elles ont été retirées par suite d'un affrétement à cueillette, le capitaine n'a pas de privilége sur ces marchandises, pour le demi fret qui lui est accordé à titre de dédommagement; son droit se borne à une indemnité pure et simple, qui ne peut lui conférer qu'une action personnelle, et non plus un *jus in re*. Lorsque les marchandises sont retirées pendant le voyage, le capitaine doit jouir de son privilége pour le fret acquis jusqu'au jour du déchargement, et pour le surplus il faut décider, comme dans les cas précédens, qu'il ne conserve qu'une action personnelle. — Valin, sur l'art. 24, tit. du Fret; Boulay-Paty, t. 2, p. 386; Dageville, t. 2, p. 392.

§ 2. — *Cas où l'arrivée des marchandises a éprouvé des retards.*

154. — Si le navire est arrêté au départ, pendant la route, ou au lieu de sa décharge, par le fait de l'affréteur, les frais de retardement sont dus par l'affréteur. — C. comm., art. 294.

155. — L'arrêt du navire peut avoir lieu : au départ, si le chargeur a voulu embarquer des marchandises prohibées; pendant la route, si, en temps de guerre, il a chargé des objets dits *de contrebande* de guerre, à la destination d'un lieu appartenant à l'une des puissances belligérantes; enfin, à la décharge, s'il a chargé des marchandises dont l'entrée est prohibée dans le pays pour lequel le navire est destiné. — Valin, sur l'art. 9, tit. du Fret; Boulay-Paty, t. 2, p. 388; Delvincourt, t. 2.

156. — Le capitaine est tenu des dommages-intérêts envers l'affréteur, si, par son fait, le navire a été arrêté ou retardé au départ, pendant sa route, ou au lieu de sa décharge. Ces dommages-intérêts sont réglés par des experts. — C. comm., art. 295.

157. — Le retard peut venir du fait du capitaine : au départ, s'il néglige de se procurer ses expéditions, s'il attend au-delà du terme fixé; en route, s'il fait échelle sans nécessité; à l'arrivée, s'il ne remplit pas de suite les formalités prescrites par les lois du pays, pour être autorisé à décharger. — Boulay-Paty, t. 2, p. 393; Delvincourt, t. 2; Dageville, t. 2, p. 413.

158. — Bien qu'il y ait faute de la part du capitaine en relâchant sans nécessité, dans un port autre que ceux où le connaissement lui donnait la faculté de toucher, néanmoins il n'est passible d'aucuns dommages-intérêts envers les chargeurs ou consignataires, si la relâche faite en lieux non désignés, dans le but de compléter le chargement, n'a pas excédé le temps qui eût été employé pour faire échelle dans les lieux désignés. — *Trib. de Marseille*, 24 mars 1830.

159. — Dans tous ces cas, les dommages-intérêts dus par le capitaine comprennent non seulement le préjudice que le retard a causé à l'affréteur dans la vente de ses marchandises et la rentrée de ses fonds, mais encore l'indemnité des avaries que le chargement a pu éprouver par suite du retard. Boulay-Paty, t. 2, p. 393; Delvincourt, t. 2.

160. — L'expertise pour la fixation des dommages-intérêts, facultative dans le cas de l'art. 294, est ici indispensable. La disposition de l'article est absolue et impérative. Cette différence vient de celle qui existe entre l'étendue et la nature des dommages-intérêts dans l'un et l'autre cas. L'indemnité à laquelle l'affréteur peut être condamné ne consistant qu'en *simples frais de retardement*, ces frais sont faciles à évaluer. Le capitaine, au contraire, doit à l'affréteur une indemnité dont les élémens peuvent être très compliqués. — Locré, sur l'art. 295; Dageville, t. 2, p. 413; Boulay-Paty, t. 2, p. 394.

161. — Quelques auteurs avaient pensé que la fixation de ces dommages-intérêts était plutôt du ressort d'arbitres-juges que d'experts. Mais cette opinion ne doit pas être suivie. L'arbitrage forcé n'existe qu'en matière de société commerciale, et la loi d'ailleurs ne parle pas d'arbitres, mais d'experts, dont le rapport est destiné à éclairer et non à former le jugement du tribunal. — Boulay-Paty, t. 2, p. 395; Dageville, t. 2, p. 414.

162. — Si le retard, au lieu de la décharge, provenait de la quarantaine ordonnée par mesure sanitaire, il ne serait dû de dommages-intérêts de part ni d'autre. — Dageville, t 2, p. 411.

163. — Si le capitaine est contraint de faire radouber le navire pendant le voyage, l'affréteur est tenu d'attendre ou de payer le fret en entier. — C. comm., art. 296.

164. — Cet article suppose que la nécessité de radouber le navire vient des avaries qu'il a éprouvées par fortunes de mer, en cours de voyage, et à l'occasion desquelles le capitaine et l'affréteur ne se doivent aucune garantie. Mais si le mauvais état du navire provenait du fait du capitaine, par exemple, du défaut de soin, ce ne serait plus un cas fortuit, mais une faute, dont il serait responsable envers le chargeur, aux termes de l'art. 221. — Locré, sur l'art. 296; Boulay-Paty, t. 2, p. 410.

165. — Lorsque, pour le radoub du navire, il y a nécessité de décharger les marchandises, les frais de décharge et de rechargement doivent être supportés par l'affréteur. — Boulay-Paty, t. 2, p. 401.

166. — Avant de commencer le radoub, la visite du navire devra être faite par des experts qui, dans un rapport en forme, déclareront si le navire est susceptible de réparation et s'il peut être mis en état de faire le voyage avec sureté. — Valin, sur l'art. 11, tit. *Du fret*; Boulay-Paty, t. 2, p. 408; Dageville, t. 2, p. 416. — L'impossibilité de radouber peut résulter de la circonstance qu'on ne trouve point sur les lieux les matériaux nécessaires, et que l'endroit où se trouve le navire n'est pas propre à l'exécution de ce travail. — Emerigon, chap. 12, sect. 6e.

167. — L'art. 296, C. comm., doit être entendu en ce sens que les fréteurs ne sont obligés d'attendre le radoub du navire qu'autant qu'il peut être achevé dans un court délai. Si en pareil cas ils réclament la livraison de leurs marchandises, au moyen de la garantie éventuelle des avaries (même sans proposer cette garantie éventuelle), ils ne sont passibles du fret que jusqu'au point de la côte où le navire a été déchargé. — *Rennes*, 19 août 1831, de la Hubaudière c. Thémoy.

168. — Dans le cas où le navire ne pourrait être radoubé, le capitaine est tenu d'en louer un autre. — C. comm., art. 296.

169. — La question de savoir si l'obligation du capitaine est *facultative* ou *absolue* était déjà très controversée sous l'empire de l'ordonnance dont la disposition était ainsi conçue : *Le capitaine sera tenu d'en louer incessamment un autre.* Valin (art. 11, tit. 3, liv. 3) et Pothier (*Charte-partie*, n° 68) soutenaient la première opinion, et Émérigon (ch. 12, sect. 6e) la seconde. L'interprétation d'Émérigon doit d'autant plus être suivie aujourd'hui que le Code a conservé les termes impératifs de l'ordonnance, quoique la cour royale de Caen eût demandé que la disposition de la loi fût rendue facultative. — Locré sur l'art. 296. — Le capitaine doit donc employer tous ses soins pour chercher un autre navire comme le feraient les chargeurs eux-mêmes, dont il est le mandataire salarié, s'ils étaient sur les lieux; et il n'est dégagé de son obligation que dans le cas où il ne peut en trouver un autre. — Boulay-Paty, t. 2, p. 404; Vincens, t. 3, p. 179. — V. *contrà* Dageville, t. 2, p. 417.

170. — En cas de contestation entre le capitaine et les chargeurs sur le choix du nouveau bâtiment, les tribunaux devraient ordonner une visite d'experts pour savoir si le navire est ou n'est pas en état de faire le service pour lequel on le propose. — Boulay-Paty, t. 2, p. 409.

171. — Si le capitaine n'a pu louer un autre navire, soit parce qu'il ne se trouve pas de bâtimens dans l'endroit, soit parce que ceux qui s'y trouvent ne sont pas en état de continuer le voyage, ou enfin parce que les propriétaires ne veulent pas les louer, alors la convention est résolue et le fret n'est dû qu'à proportion de ce que le voyage est avancé. — C. comm., art. 296.

172. — Dans le cas où le prix du fret du navire subrogé est plus élevé que celui fixé par le contrat primitif, ce surcroît de fret doit être supporté par le chargeur. — Cette question, qui pouvait faire naître des doutes sous l'empire de l'ordonnance, ne paraît pas susceptible de controverse depuis la promulgation du Code, où elle est décidée implicitement par l'art. 393, tit. des *Assurances*. — Dageville, t. 2, p. 421; Vincens, t. 3, p. 179; Boulay-Paty, t. 2, p. 406.

173. — Lorsqu'un événement de force majeure, tel qu'une relâche forcée, retarde le navire pendant sa route, l'affréteur qui n'a pas attendu et qui d'ailleurs a manifesté l'intention de rompre le voyage, ne peut se dispenser de payer le fret en entier. — *Aix*, 22 fév. 1823, Armingaud c. Trabaud et Ali-Bey Melli.

174. — La disposition de l'art. 296, C. comm., d'après laquelle le fret, au cas d'avaries irremédiables, est dû à proportion de ce que le voyage est avancé, ne reçoit son application que tout autant que le transport partiel a été de quelque utilité à l'affréteur. En conséquence, lorsque le navire affrété a fait naufrage à une hauteur encore éloignée du lieu de destination, et que les passagers pour le transport desquels l'affrétement avait été fait ont été obligés de revenir au lieu du départ, le fret ne peut pas être réputé dû jusqu'au lieu du naufrage, en proportion du nombre de passagers sauvés. — *Paris*, 10 fév. 1830, Pelletier c. Larréa.

175. — Jugé, d'après le même principe, que l'obligation souscrite pour prix du passage à bord d'un navire est subordonnée à l'arrivée du navire au lieu de sa destination, de sorte qu'en cas de naufrage durant la traversée l'obligation est entièrement éteinte si le trajet parcouru avant le sinistre n'est d'aucun avantage pour le passager. — *Trib. Marseille*, 4 juill. 1831 (*J. de Marseille*, 12, 165.)

176. — Le capitaine perd son fret et répond des dommages-intérêts de l'affréteur si celui-ci prouve que lorsque le navire a fait voile il était hors d'état de naviguer. — La preuve est admissible nonobstant et contre les certificats de visite au départ. — C. comm., art. 297.

177. — La loi ne distingue pas entre la bonne ou mauvaise foi du capitaine; s'il n'est pas coupable de fraude, il l'est au moins d'une faute grave équivalente au dol. — Locré sur l'art. 297; Dageville, t. 2, p. 427; Boulay-Paty, t. 2, p. 411.

178. — Si les procès-verbaux de visite avant le départ ne forment pas une présomption *juris et de jure* en faveur du capitaine, le défaut d'accomplissement de cette formalité établirait une présomption contre lui, et le navire serait alors censé n'avoir pas été en état convenable de navigation avant son départ. — Boulay-Paty, t. 2, p. 416; Dageville, t. 2, p. 426.

179. — Lorsqu'il est reconnu, nonobstant les certificats de visite au départ, que le navire était, antérieurement à cette époque, hors d'état de naviguer, le retard du voyage, pendant la relâche nécessitée par le besoin de réparer le navire, donne lieu, en faveur de l'affréteur, à la dispense de payer le fret et à des dommages-intérêts contre le fréteur et le capitaine, quoique le navire soit parvenu avec son chargement au lieu de la destination. — *Cass.*, 9 avr. 1833, Fontan c. Dennemont.

180. — Si l'innavigabilité venait à se déclarer avant le départ et après le chargement effectué, l'affréteur pourrait retirer sa marchandise sans payer de fret, et obtenir des dommages-intérêts si l'innavigabilité résultait d'un vice propre du navire. *Secùs*, si elle provenait d'un accident de

force majeure qui serait survenu au navire dans le port où dans la rade où il prenait son chargement. — Dageville, t. 2, p. 425.

181. — S'il existe une force majeure qui n'empêche que pour un temps la sortie du navire, les conventions subsistent, et il n'y a pas lieu à dommages-intérêts à raison du retard. — Elles subsistent également, et il n'y a lieu à aucune augmentation de fret, si la force majeure arrive pendant le voyage. — C. comm., art. 277.

182. — C'est à celui qui invoque le cas de force majeure à le prouver. — Lorsque l'affréteur a été mis en demeure, la présomption est contre lui. — Quand le fait du retard est imputé au capitaine, il peut, pour se justifier, prouver la force majeure, soit par les procès-verbaux consignés sur le livre de bord, soit par les rapports dressés au lieu d'arrivée ou de relâche, et attestés par les gens de l'équipage. — Boulay-Paty, t. 2, p. 396; Dageville, t. 2, p. 412.

183. — Si le navire est arrêté dans le cours de son voyage par l'ordre d'une puissance, il n'est dû aucun fret pour le temps de sa détention, si le navire est affrété au mois; ni augmentation de fret s'il est loué au voyage. — La nourriture et les loyers de l'équipage, pendant la détention du navire, sont réputés avaries. — C. comm., art. 300.

184. — Il faut décider de même, dans le cas où le navire s'arrête volontairement, mais par la crainte d'un danger imminent, tel que la tempête ou l'ennemi. — Émérigon, chap. 12, sect. 34e, § 1er; Valin, sur l'art. 16, tit. *Du fret*; Dageville, t. 2, p. 442.

185. — Le chargeur peut, pendant l'arrêt du navire, faire décharger ses marchandises à ses frais, à condition de les recharger on d'indemniser le capitaine. — C. comm., art. 278.

186. — Le chargeur supporte, en outre, les frais de déplacement des autres marchandises que nécessite le déchargement, et les avaries qu'il peut occasionner. — Dageville, t. 2, p. 357.

187. — Le capitaine a droit à l'indemnité du jour où il a mis l'affréteur en demeure de recharger. — Il a droit à la moitié du fret, si l'affréteur déclare ne pas vouloir recharger, et à la totalité du fret s'il laisse partir le navire sans faire cette déclaration. — Valin, sur l'art. 9, tit. *Des Chartes-parties*; Boulay-Paty, t. 2, p. 294; Dageville, t. 2, p. 357.

188. — L'affréteur peut être dispensé de recharger ses marchandises, lorsqu'elles se sont tellement détériorées pendant l'arrêt qu'elles ne puissent plus être rechargées; à moins qu'il ne s'agisse de marchandises dont le remplacement soit facile dans le lieu du chargement. — Valin, sur l'art. 9, tit. *Du fret*; Pothier, *Des Chartes-parties*, no 102; Boulay-Paty, t. 2, p. 294; Dageville, t. 2, p. 357.

189. — Le fret stipulé ne doit pas éprouver une réduction proportionnelle lorsqu'une partie de la cargaison a été retenue en cours de voyage par le fait d'un prince ami, et que l'autre partie est arrivée au lieu de la destination. — *Trib. de Marseille*, 8 août 1828 (*J. de Marseille*, 9, 1, 345).

Sect. 4e. — *Exécution du contrat, — privilége, — prescription.*

190. — A l'arrivée, le capitaine doit décharger les marchandises, et le fret est dû aussitôt qu'elles sont débarquées.

191. — Le capitaine chargé de la conduite d'un navire a qualité à l'effet de recevoir, pour le propriétaire du navire, le paiement du fret. Dès-lors, ce paiement fait au capitaine par le consignataire, doit être considéré comme fait au propriétaire lui-même. — *Bruxelles*, 24 oct. 1829, Vloers c. Degroef.

192. — Mais le capitaine ne peut retenir les marchandises dans son navire faute de paiement de son fret; seulement il peut, dans le temps de la décharge, demander le dépôt en mains tierces jusqu'au paiement de son fret. — C. comm., art. 306.

193. — « Cette mesure conserve les intérêts du capitaine, qui a le droit d'être payé de son fret, avant de livrer irrévocablement son gage; en même temps qu'elle pourvoit aussi à la sûreté du consignataire qui, avant de payer le fret, a le droit, à son tour, de reconnaître l'état des marchandises qui doivent lui être délivrées. » — Exposé des motifs (Locré, sur l'art. 306).

194. — L'ordonnance de 1681 permettait au capitaine de saisir les marchandises dans les allèges et les gabarres et de les retenir à côté de son bord jusqu'au paiement du fret; mais aujourd'hui le capitaine ne pourrait plus recourir à ce moyen, le dépôt des marchandises en mains tierces étant prescrit et jugé suffisant par le Code. — Boulay-Paty, t. 2, p. 475.

195. — Les parties peuvent convenir du choix du dépositaire; mais, s'il y a contestation à cet égard, entre le capitaine et le consignataire dûment appelé, le tribunal du lieu devra désigner un négociant connu et bien famé, dans les magasins duquel les marchandises seront déposées. — Boulay-Paty, t. 2, p. 475.

196. — De quelque manière que le dépôt soit fait, le capitaine doit effectuer ce dépôt sur l'original du connaissement qu'il a en sa possession, et en retirer un reçu du dépositaire. Il doit également faire signifier l'acte de dépôt au consignataire. — Le dépositaire pourra répéter, sur la valeur des marchandises, les frais de décharge, de garde, de magasinage, d'entretien et autres accessoires, etc. — Boulay-Paty, t. 2, p. 475.

197. — Le déchargement du navire étant opéré, le capitaine peut demander une indemnité par jour de planche ou surestarie, pendant l'instruction du procès pour son fret. — *Bruxelles*, 17 janv. 1822, Dewaël c. Wright.

198. — En général, le terme stipulé dans une charte-partie pour le paiement du fret et qui dépasse l'époque de la décharge des marchandises, n'est pas un obstacle aux mesures conservatoires autorisées par l'art. 306, c'est-à-dire au dépôt des marchandises en mains tierces jusqu'au paiement du fret. Et spécialement, le dépôt des marchandises en mains tierces doit surtout être ordonné nonobstant le terme convenu pour le paiement du fret, dans le cas où la cargaison est affectée à ce paiement par clause expresse de la charte-partie. — *Trib. de Marseille*, 15 déc. 1826 (*Journ. de Marseille*, 8, 1, 46), Lucas.

199. — Si le consignataire refuse de recevoir les marchandises, le capitaine peut, par autorité de justice, en faire vendre pour le paiement de son fret, et faire ordonner le paiement du surplus. S'il y a insuffisance, il conserve son recours contre le chargeur. — C. comm., art. 305.

200. — Le refus du consignataire peut être absolu, c'est-à-dire fondé sur ce qu'il ne veut pas recevoir les marchandises par des raisons qui ne concernent que l'expéditeur et lui; ou bien il peut avoir pour motifs le mauvais état, les avaries, ou le déficit des marchandises. — Locré sur l'art. 305.

201. Dans le premier cas, le capitaine doit faire constater le refus du consignataire par une sommation de recevoir les marchandises, et à défaut de réception l'assigner, en France devant le tribunal de commerce, à l'étranger devant le consul français, ou à défaut devant le magistrat du lieu, pour faire ordonner la vente des marchandises jusqu'à due concurrence du fret exigible. — Boulay-Paty, t. 2, p. 470; Dageville, t. 2, p. 450; Delvincourt, t. 2.

202. — Le jugement est exécutoire par provision, nonobstant appel; il doit, en outre, autoriser le capitaine à déposer ce qui restera des marchandises, aux risques et périls de qui il appartiendra, entre les mains d'un négociant solvable. — Dageville, t. 2, p. 450.

203. — Dans le second cas, le juge doit ordonner une expertise préalable. Néanmoins, comme la provision est due au fret, il est de règle d'adjuger le fret au capitaine, qui se soumet à le rapporter s'il y a lieu; mais, si le refus du consignataire paraissait suffisamment fondé, le tribunal pourrait astreindre le capitaine à fournir caution. — Valin, sur l'art. 17, tit. *Dn fret*; Dageville, t. 2, p. 450 et s.

204. — Si le connaissement est à ordre, le capitaine agit régulièrement en s'adressant au consignataire qui est désigné au connaissement, lorsque personne ne se présente avec son ordre. S'il est au porteur, il y a refus par cela seul que personne ne se présente. — Boulay-Paty, t. 2, p. 470; Dageville, t. 2, p. 451; Delvincourt, t. 2.

205. — Le capitaine de navire, à défaut de paiement de son fret, peut être autorisé par le tribunal de commerce à faire vendre des marchandises jusqu'à concurrence de ce qui lui est dû, et cela lors même que le destinataire offre une caution pour sûreté du fret. — *Bruxelles*, 5 mars 1825 (*Journ. de Bruxelles*, 1825, 2, 274.)

206. Le refus ou retard du paiement du fret de la part des consignataires, ne peut donner lieu, en faveur du capitaine, à des dommages-intérêts autres que ceux consistant en l'intérêt couru depuis la demande. — *Trib. de Marseille*, 18 mai 1832 (*Journ. de Marseille*, 13, 1, 141), Nièlo.

207. — *Privilége.* — Le capitaine est préféré, pour son fret, sur les marchandises de son chargement, pendant quinzaine après leur délivrance, si elles n'ont passé en mains tierces. — C. comm., art. 307.

208. — Le privilége du fréteur, non seulement pour le fret, mais encore pour les avaries à supporter par la marchandise, est préférable même à celui du vendeur de la marchandise non payé, et à celui du propriétaire de la marchandise volée. — Dageville, t. 2, p. 453; Delvincourt, t. 2.

209. — La vente ne suffit pas pour détruire le privilége; il faut encore la livraison. — Dageville, t. 2, p. 455; Boulay-Paty, t. 2, p. 478; Delvincourt, t. 2.

210. — L'art. 307, C. comm., qui accorde au capitaine pour son fret un privilége sur les marchandises de son chargement pendant quinzaine après leur délivrance, si elles n'ont pas passé en mains tierces, n'entend parler, par ces derniers mots, que d'une tradition réelle des marchandises, et non de la simple transmission de propriété. Dès-lors, bien que les marchandises aient, depuis la délivrance, été vendues à un tiers, le capitaine peut, dans la quinzaine, exercer sur elles son privilége, si, au moment de la demande, elles sont encore dans les mains de celui à qui il en fait la délivrance. — *Bruxelles*, 12 mars 1829, Vandeweyden c. Steinbach.

211. — Le fret ne peut être arrêté pendant que le navire est en cours de voyage, et pour raison de créances étrangères au voyage. — *Trib. Marseille*, 24 sept. 1828 (*J. de Marseille*, 10, 1, 1), Surgensen.

212. — Un créancier ordinaire de l'armateur ne peut, pendant que le navire est en cours de voyage, opposer une compensation au capitaine qui réclame le paiement du fret et se faire délivrer ce fret au moyen d'une saisie-arrêt. — *Trib. Marseille*, 9 juill. 1824 (*J. de Marseille*, 5, 1, 200).

213. — Le privilége du fréteur ne peut être primé que par celui du dépositaire pour les frais de magasinage. — Delvincourt, t. 2. — *Contrà*, Emerigon (ch. 12, sect. 5e des contrats à la grosse), qui accorde la préférence même aux frais de déchargement et de voiture.

214. — Ce privilége s'exerce connaissement par connaissement, c'est-à-dire que le privilége pour le fret des objets portés dans un même connaissement s'exerce collectivement sur tous ces objets, quand même le prix du fret serait différent; au lieu que, s'il y a plusieurs connaissemens, le privilége s'exerce privativement et séparément sur les objets contenus dans chaque connaissement, quand même le prix du fret serait le même. — Ainsi, un capitaine a remis au consignataire, sans exiger le fret, un chargement de sucre et d'indigo appartenant au même chargeur; et le consignataire a vendu et livré les indigos avant la quinzaine : si les indigos et les sucres ont été compris dans le même connaissement, le capitaine pourra exercer son privilége sur les sucres, pour tout ce qui lui est dû, même pour le fret des indigos; mais si les indigos et les sucres ont été compris dans des connaissemens séparés, le capitaine n'a de privilége sur les sucres que pour le frêt des sucres, et il n'a qu'une simple action personnelle pour le fret des indigos. — Valin, sur l'art. 24, tit. *Du fret*; Boulay-Paty, t. 2, p. 479; Dageville, t. 2, p. 455; Delvincourt, t. 2.

215. — Le privilége du capitaine n'est éteint, après l'expiration de la quinzaine, qu'autant qu'il n'a pas fait effectuer le dépôt de la marchandise en mains tierces; en usant du bénéfice de l'art. 306, dans la quinzaine, il perpétue son privilége. — Locré, sur l'art. 307; Boulay-Paty, t. 2, p. 479; Dageville, t. 2, p. 455; Delvincourt, t. 2.

216. — L'art. 264, L. générale du 26 août 1822, en faisant entrer, pour ce qui concerne l'expédition, le préempteur au lieu et place du préempté, n'a entendu le faire que relativement aux droits et obligations du préempté envers l'administration, et non relativement aux obligations personnelles de celui-ci envers le capitaine chargé du transport des marchandises, du chef de son fret. Ainsi, le capitaine qui, dans ce cas, veut exercer, pour le paiement de son fret, le privilége que l'art. 307, C. comm., lui accorde, doit agir, non pas contre le préempteur, mais contre celui qui a affrété son navire pour le transport des marchandises préemptées. — *Bruxelles*, 6 déc. 1827, Z... c. K...

217. — En cas de faillite des chargeurs ou réclamateurs avant l'expiration de la quinzaine, le capitaine est privilégié sur tous les créanciers pour le paiement de son fret et des avaries qui lui sont dues. — C. comm., art. 308.

218. — Cet article étant la suite de l'art. 307, il est évident qu'il ne donne pas la préférence au capitaine sur tous les biens des chargeurs et réclamateurs, mais seulement sur les objets affectés à son privilége, c'est-à-dire sur le chargement. — Locré, sur l'art. 308; Dageville, t. 2, p. 456; Boulay-Paty, t. 2, p. 482.

219. — Les dommages-intérêts dus au capitaine pour le retard qu'il éprouve, dans la libre disposition de son navire, par suite de la faillite du consignataire et des obstacles qui en sont résultés à la réception du chargement, doivent être réglés d'après l'usage de la place et par jour, en raison de la portée du navire et du grade de chaque

membre de l'équipage. — *Trib. Marseille*, 1er août 1833 (*J. Marseille*, 14, 1, 62), Coulomb.

220.—*Prescription et fins de non recevoir*.—Toute action en paiement pour fret de navire est prescrite un an après le voyage fini (C. comm., art. 433), à moins qu'il n'y ait eu cédule, obligation, arrêté de compte ou interpellation judiciaire. — C. comm., art. 434.

221.— Avant le Code de commerce, l'action en paiement du fret d'un navire était prescriptible par un an écoulé depuis la fin du voyage. —*Cass.*, 24 déc. 1791, Prop. de la forêt de Parmac. Lamanon.

222. — Toute action contre le capitaine pour dommage arrivé à la marchandise, est prescrite si elle a été reçue sans protestation. — C. comm., art. 435.

223. — Toutes actions contre l'affréteur, pour avaries, sont non recevables si le capitaine a livré les marchandises et reçu son fret sans avoir protesté. — C. comm., art. 435.

224. — Ces protestations sont nulles si elles ne sont faites et signifiées dans les vingt-quatre heures, et si dans le mois de leur date elles ne sont suivies d'une demande en justice. — C. comm., art. 436.

225.— C'est par l'usage des lieux qu'il faut décider quand le délai de vingt-quatre heures doit expirer; en général, il ne doit courir qu'après que la totalité des choses comprises au même connaissement a été mise à quai.—Pardessus, t. 3, n° 730.

226.—Des marchandises qui n'ont pas été transportées dans les magasins du destinataire, et que celui-ci, après avoir fait nommer de suite un expert par justice pour constater les avaries, s'est fait autoriser à vendre, ne peuvent être réputées reçues dans le sens de l'art. 435, C. comm., encore bien que le fret en ait été payé par ledit destinataire, ainsi que les frais de vente et d'expertise, et qu'il ait reçu le prix en provenant. — Du moins l'arrêt qui le décide ainsi, par appréciation des faits, et qui, en conséquence, déclare que le chargeur n'est pas déchu de son action contre les assureurs faute de protestation dans les vingt-quatre heures de la réception, et de demande judiciaire dans le mois de l'arrivée des marchandises, échappe à la censure de la cour de Cassation.—*Cass.*, 14 juin 1842 (t. 2 1842, p. 660), Durin, c. Maïz.

227. — Lorsque la protestation voulue par les art. 435 et 436, C. comm., a été faite dans les délais utiles, suffit-il qu'une demande à fin de nomination d'experts soit formée dans le mois, ou bien faut-il nécessairement que la demande à fin de paiement du dommage soit elle-même formée dans ce délai? M. Dageville (t. 4, p. 226 et suiv.) soutient fortement la première de ces deux opinions. — Jugé toutefois que par demande en justice on doit entendre une demande ayant pour objet d'obtenir le paiement de la somme représentative du dommage, et non une demande tendant à la nomination d'experts pour évaluer les avaries.—*Cass.*, 27 nov. 1822, Sorbé-Leleu c. Leleu.

228. — Les art. 435 et 436, C. comm. (relatifs à la déchéance résultant du défaut de protestation par le capitaine, et à la nullité de cette protestation, faute de signification dans les vingt-quatre heures, et de demande en justice formée dans le mois) ne peuvent être invoqués par l'affréteur qui, connaissant à la fois l'existence de l'avarie et la valeur des pertes qui en ont été la suite, a pris avec le capitaine, au moment même du débarquement, des arrangemens pour le débarquement, arrangemens qui emportent renonciation de sa part à se prévaloir de l'inobservation des formalités prescrites. — *Cass.*, 10 fév. 1840 (t. 1er 1840, p. 600), Guérin c. Fornier.

229. — Toute demande en délivrance de marchandises est prescrite un an après l'arrivée du navire. — C. comm., art. 433.

230. — Cette prescription court contre le chargeur aussi bien que contre le consignataire; mais à l'égard du premier le délai ne commence à courir que du jour du retour du navire au lieu du départ. — Dageville, t. 4, p. 213.

231. — La prescription court, lors même qu'un événement de force majeure a terminé le voyage, avant l'arrivée au port de destination, mais le délai ne commence à courir que du jour où le chargeur a eu connaissance de l'événement. — Dageville, t. 4, p. 216 et suiv.; Pardessus, t. 3, n° 730.

232.—La prescription annale établie par l'art. 4, tit. 12, liv. 1er, ord. 1681, contre l'action *en délivrance* des marchandises chargées sur un navire, et qui commence à courir lorsque le voyage a été accompli, ne peut être invoquée contre l'action *en paiement du prix* des marchandises vendues par l'armateur par suite d'un sinistre, lorsque d'ailleurs le voyage n'a pu être achevé par suite d'innavigabilité par fortune de mer. —*Cass.*, 24 mai 1830, Ducauroy c. Ligneau-Grandcourt.

233. — L'art. 433, C. comm., qui déclare prescrite toute demande en délivrance de marchandises, *un an après l'arrivée du navire*, ne s'applique pas seulement à l'action du destinataire de ces marchandises, mais encore à celle du chargeur, à l'effet d'obtenir du capitaine la justification de cette délivrance. — Dans ce cas, la prescription court à partir du retour du navire dans le port de l'expédition.—*Rouen*, 31 mai 1825, Raymon c. Barnethe.

234.—L'art. 2275, C. civ., qui permet de déférer à ceux qui opposent les prescriptions dont il parle, le serment sur la question de savoir si la chose a été réellement payée, est inapplicable à la prescription établie par l'art. 433, C. comm., et un connaissement ne peut être rangé dans la classe des actes qui, aux termes de l'art. 434 du même Code, empêchent cette prescription de courir. — *Bruxelles*, 28 fév. 1827, (*Jour. de Bruxelles*, 1827, t. 1er, p. 104); 27 mai 1825 (*Journ. de Bruxelles*, 1825, t. 2, p. 284).

235. — On peut consulter, au surplus, sur cette matière, v° ASSURANCES MARITIMES, n°s 1166 et suiv.

FRÉTEUR.

C'est celui qui donne un navire à loyer.— V. AFFRÈTEMENT, CHARTE-PARTIE, FRET.

FRETIN (Marchands de).

Marchands de fretin; patentables de septième classe; — droit fixe basé sur la population, et droit proportionnel du quarantième de la valeur locative de tous les lieux qu'ils occupent, mais seulement dans les communes de 20,000 âmes et au-dessus.

FRICHES.

1. — Nom que l'on donne à des terres qui ne sont pas cultivées, et qui depuis un temps assez long ne donnent aucune sorte de produits réglés ou périodiques.

2. — Pour savoir si les friches peuvent être considérées ou régies comme terres vaines et vagues, on peut consulter, par analogie, la déclaration du roi du 13 août 1766, sur les défrichemens qui, déclarait terres *incultes* celles qui depuis quarante ans n'avaient donné aucune récolte. — V. DÉFRICHEMENT, TERRES VAINES ET VAGUES.

FRIPIER.

1. — Marchand qui vend et achète des objets de hasard; cette dénomination s'applique plus particulièrement à ceux qui font le commerce de vieux objets d'habillement.

2. — Les règles établies pour le commerce de friperie sont les mêmes que celles relatives au commerce de brocanteur. — Nous ne pouvons donc que renvoyer aux explications que nous avons données, v° BROCANTEUR.

3. — Il a été jugé que le règlement municipal qui défend aux fripiers et brocanteurs de trafiquer d'autres objets que de ceux spécifiés dans la déclaration préalable à laquelle il les assujétit, et qui leur enjoint d'avoir un registre paraphé, et d'y inscrire jour par jour leurs achats et reventes, ne se rattachant à aucun des objets confiés à la surveillance de l'autorité municipale par la loi du 24 août 1790, n'étant pas non plus, d'ailleurs, la reproduction d'un ancien règlement local de police qu'il appartient au maire de publier de nouveau en vertu de la loi du 22 juill. 1791, et enfin n'étant fait en exécution d'aucune autre loi, n'est nullement obligatoire, et par conséquent ne peut donner lieu à l'application des peines portées par le n° 15 de l'art. 471, C. pén., en cas d'infraction à ce règlement. — *Cass.*, 15 oct. 1842 (t. 1er 1843, p. 168), Lagouache.

4. — Fripiers; patentables de sixième classe; — droit fixe basé sur la population, droit proportionnel du vingtième de la valeur locative de l'habitation et des lieux servant à l'exercice de la profession.

FRISEUR DE DRAP.

Friseurs de drap et autres étoffes de laine; patentables de septième classe; —droit fixe basé sur la population, et droit proportionnel du quarantième de la valeur locative de tous les lieux qu'ils occupent, mais seulement dans les communes de 20,000 âmes et au-dessus.

FRITEURS OU FRITURIERS.

Friteurs ou frituriers en boutiques; patentables de septième classe; — droit fixe basé sur la population, et droit proportionnel du quarantième de la valeur locative de tous les lieux qu'ils occupent, mais seulement dans les communes de 20,000 âmes et au-dessus.

FROMAGES.

1. — Le commerce des fromages est considérable en France. Il s'en fabrique et s'en débite annuellement pour de très fortes sommes. La Hollande, la Belgique, la Suisse, la Sardaigne, la Toscane, sont les pays qui en fournissent le plus.

2. — Les associations de fromagerie usitées dans certaines localités, et notamment dans le Jura, constituent des associations *sui generis*, fondées sur la nécessité et sur un usage immémorial, et régies par des règles particulières et placées en dehors du droit commun. Par suite, ces sociétés existent et se constituent sans écrit. Tous les habitans des localités où sont en usage ces associations ont un droit acquis d'y porter leur laitage, et ne peuvent en être privés que dans les cas prévus par les règlemens; et si les délégués de l'association préposés à la surveillance des livraisons de lait ont droit d'exclure les individus qui se rendent coupables de fraude dans cette livraison, cette faculté ne confère pas aux délégués un droit arbitraire d'exclusion. — *Besançon*, 28 déc. 1842 (t. 1er 1847, p. 457), N...

3. — Cependant, depuis, la même cour a jugé (23 avr. 1845 [t. 1er 1847, p. 456], Oudet et Doudier c. Poux) que les associations de fromagerie en usage dans certaines localités, et notamment dans le Jura, constituent des sociétés civiles régies par les dispositions du droit commun. Par suite, l'existence et les conditions de ces sociétés doivent être constatées par écrit. Et un individu ne peut, pas plus qu'en matière de société ordinaire, prétendre au droit de faire partie de ces associations sans avoir obtenu le consentement de tous les autres associés : l'assentiment de la majorité des associés ne suffirait pas pour l'admission d'un nouveau membre.

4. — Les droits qui frappent l'introduction des fromages en soumettent la circulation à l'obtention d'expéditions délivrées par la régie des douanes. — Toutefois, les art. 4 et 9, arrêté 22 thermid. an X, exemptent du passavant le transport des fromages dans le rayon limitrophe de l'étranger. — Cette exemption a depuis été maintenue par l'art. 37, L. 28 avr. 1816.

5. — Cependant une ordonnance du 9 janv. 1818 (art. 1er) a modifié ces dispositions quant aux fromages de pâte dure fabriqués à l'étranger, dont la circulation reste soumise à la formalité du passavant, suivant les art. 15 et 16, L. 22 août 1791, dans la partie du rayon frontière qui s'étend sur les départemens du Doubs, du Jura, et sur l'arrondissement de Nantua (Ain).

6. — Les passavans nécessaires pour mettre en circulation les fromages provenant de chalets français situés entre la ligne de démarcation de la frontière et les premiers bureaux de douanes dans les mêmes localités, ne sont accordés que sur la déclaration du propriétaire ou principal gérant de chaque châlet, qui doit justifier, par les expéditions requises pour le pacage des bestiaux, du nombre de vaches qu'il entretient dans cet établissement, et faire connaître la quantité de fromages de pâte dure qu'il se propose d'expédier dans le courant de l'année. — Même ordonnance, art. 2.

7. — Cette déclaration, dont le maire de la commune doit certifier l'exactitude, est soumise à l'approbation du sous-préfet de l'arrondissement, qui règle la quantité de fromages à expédier, après avoir pris l'avis du receveur de la douane où les passavans de circulation doivent être délivrés. — *Idem*, art. 3.

8. — En cas de contestation sur la quantité de fromages accordée par le sous-préfet, elle doit être définitivement fixée par le préfet du département qui prend préalablement l'avis du directeur des douanes. — *Idem*, art. 4.

9. — Cette ordonnance est motivée sur ce qu'il n'est point dans l'esprit des lois antérieures d'étendre l'exemption des formalités à cette espèce de fromages, particulièrement sur les parties de la frontière où ceux que l'on fabrique à l'étranger se confondraient avec les produits de la fabrication locale; mais que l'entière liberté de la circulation doit y être restreinte dans l'intérêt de l'industrie et du trésor royal, au fromage de consommation locale et qui entre généralement sur toute l'étendue du rayon frontière, dans les approvisionnemens ordinaires des particuliers et des marchés.

10. — Les marchands de fromages secs en gros sont rangés dans la première classe des patenta-

bles et soumis à un droit fixe basé sur la population et à un droit proportionnel du quinzième de la valeur locative de l'habitation et des locaux servant à l'exercice de la profession.

11.—Les marchands en demi-gros et les marchands en détail font partie, les premiers de la quatrième et les autres de la sixième classe. Même droit fixe que les précédens, sauf les différences de classe; droit proportionnel du vingtième de la valeur locative des locaux servant à l'habitation et à l'exercice de l'industrie.

12.— Quant aux fromages de pâte grasse, les marchands en gros sont rangés dans la quatrième classe, et les marchands en détail dans la sixième. — Même droit fixe, sauf la différence de classe, et proportionnel que les précédens. — V. au surplus PATENTE.

13. — Les dépôts de fromages sont rangés, à raison de l'odeur très désagréable qu'ils exhalent, dans la troisième classe des établissemens insalubres. — V. ÉTABLISSEMENS INSALUBRES (nomenclature).

FRONT (Fortifications).

C'est la partie de l'enceinte d'une place de guerre, composée d'une courtine et de deux demi-bastions. — V. BASTION, COURTINE, PLACES DE GUERRE.

FRONTIÈRE.

V. DOUANES.

FRONTIÈRES (Fortifications).

V. BATTERIES DES COTES ET FRONTIÈRES, DOMAINE PUBLIC, PLACES DE GUERRE.

FRUITS.

Table alphabétique.

FRUITS.—1.—Tout ce qui est, en général, produit par une chose, conformément à sa destination ordinaire, prend dans le langage du droit la dénomination de *fruits*, soit que la production soit véritable, réelle, soit qu'elle consiste dans une perception considérée comme équivalente aux produits que donne ou pourrait donner cette même chose.

2. — Mais tout ce qui ne réunit pas ce caractère d'être le produit de la chose ou l'équivalent de ce produit, ne peut être réputé fruits et par conséquent soumis aux règles que nous allons développer sur l'acquisition des fruits.

3. — Tel est, par exemple, le trésor; si la loi accorde au propriétaire du sol une part dans la propriété du trésor découvert dans un fonds, ce n'est certes pas parce qu'elle a considéré le trésor comme un fruit, car l'usufruitier qui a droit à jouir de tous les produits du fond n'a pas droit à profiter du trésor découvert (C. civ., art. 598) sur lequel il ne saurait réclamer d'autres droits que ceux qui pourraient lui appartenir comme inventeur. « Le trésor n'est pas un fruit, c'est une espèce d'accession improprement dite, quant à la portion attribuée au propriétaire. » — Duranton, Dr. civ., t. 4, n° 348. — V. TRÉSOR.

4. — D'un autre côté, quelque extension qu'il convienne de donner au mot *fruits*, la loi elle-même dans certains cas, et en considération de l'importance très grande que certains produits d'un fonds peuvent acquérir, a cru devoir distinguer et ne pas accorder la dénomination de fruits à ces mêmes produits : telles sont les mines, les futaies non mises en coupes réglées, distinction très importante quand la loi elle-même, il s'agit de régler les droits respectifs du nu-propriétaire et de l'usufruitier.

5. — Au surplus, pour les droits respectifs du propriétaire et de l'usufruitier sur les fruits, V. USUFRUIT.

6. — Quant aux fruits et à la jouissance des biens des époux, suivant le régime sous lequel leur association conjugale est placée, V. COMMUNAUTÉ, DOT, SÉPARATION DE BIENS.

7. — Nous ne nous occuperons ici que des fruits en eux-mêmes et en tant qu'ils se rattachent à la propriété réelle ou apparente. Quelles sont les di-

verses espèces de fruits ? à qui convient-il de les attribuer; dans quels cas cessent-ils d'appartenir au propriétaire; dans quels cas, y a-t-il lieu à restitution des fruits; et enfin comment doit s'opérer la restitution des fruits ? telles sont les principales divisions sous lesquelles nous allons ranger les notions que nous avons à exposer.

SECT. 1re. — *Nature des fruits* (n° 8).

SECT. 2e. — *Fruits considérés comme accessoires de la propriété et de ses démembremens* (n° 24).

SECT. 3e. — *Attribution des fruits au possesseur de bonne foi* (n° 30).

§ 1er. — *Caractères de la bonne foi attributive des fruits* (n° 34).

§ 2. — *Fruits qui peuvent être attribués au possesseur de bonne foi* (n° 100).

§ 3. — *Du possesseur à titre universel* (n° 108).

SECT. 4e. — *Restitution des fruits par le possesseur* (n° 133).

§ 1er. — *Étendue de l'obligation de restitution* (n° 139).

§ 2. — *Mode de restitution* (n° 166).

Sect 1re. — Nature des fruits.

8. — Le Code civil distingue trois espèces de fruits : les fruits naturels, les fruits industriels, les fruits civils. — C. civ. art. 548 et 547.

9.—...1° « Les fruits naturels sont ceux qui sont le produit spontané de la terre. » Tels sont les bois, les olives et autres fruits des arbres, même ceux qui ont été plantés de main d'homme, car lorsque la plantation faite, les fruits viennent naturellement sans culture. — Duranton, Dr. civ., n° 348 ; Proudhon, De l'usufruit, n° 902.

10. — « Le produit et le croit des animaux sont aussi des fruits naturels. » (C. civ., art. 583.) Et à ce sujet Proudhon (n° 903) fait remarquer que c'est dénomination d'animaux, doit lui être prise dans un sens général, et qu'ainsi elle comprend le produit des abeilles à miel, des garennes, des colombiers et même des étangs.

11.—A l'égard des animaux par Proudhon mentionne, et surtout pour les poissons des étangs, sans aucun doute il convient de les ranger parmi les fruits naturels, leur production n'exigeant aucun concours de la part de l'homme; mais il était nécessaire que le législateur s'expliquât formellement relativement aux animaux domestiques.

12. — C'était en effet autrefois une question controversée que de savoir si le produit et le croit des animaux devaient être considérés comme fruits naturels ou comme fruits industriels, et la raison que l'on donnait pour les déclarer fruits industriels, c'est qu'il faut donner des soins aux animaux domestiques, qu'il faut leur fournir la nourriture et le logement, leur donner des soins quand ils sont malades (Duranton, n° 548). Quel que soit le mérite de ces observations, en présence du texte formel de l'art. 583, C. civ., toute discussion est superflue. — V. CROIT.

13.—...2° Les fruits industriels d'un fonds sont ceux qu'on obtient par la culture. « (C. civ., art. 583.) Tels sont les légumes d'un jardin, les céréales d'un champ, les raisins d'une vigne.

14. — ... 3° Les fruits civils sont les loyers des maisons, les intérêts des sommes exigibles, les arrérages des rentes. » — C. civ., art. 584.

15. — Les prix des baux à ferme sont aussi rangés dans la classe des fruits civils. » (Ibid.) Cette prescription que la loi déroge aux principes de l'ancien droit d'après lequel le prix du bail à ferme était regardé comme fruit industriel.

16.— Mais, ainsi que nous l'avons vu précédemment (V. BAIL, n° 184), le prix d'un bail à ferme pourrait valablement, au lieu de consister en numéraire, être établi en nature; c'est-à-dire se composer de certaines redevances ou prestations en nature prélevées sur les produits du fonds. Cette distinction nous paraît dans ce cas nécessaire.

17. — Si la redevance consiste dans une quotité fixe de fruits, comme elle n'est qu'une manière que la représentation de la somme d'argent qui constitue d'ordinaire le prix du bail, elle nous paraît devoir être regardée comme un fruit civil.

18. — Que si, au contraire, s'associant lui-même à l'exploitation, le propriétaire reçoit pour une part essentiellement variable dans les dépenses et les produits, il nous paraît au contraire que la part de fruits revenant au propriétaire doit être considérée comme fruit industriel.

19. — L'énumération contenue en l'art. 584 n'est pas, au surplus, limitative; par fruits civils, il convient d'entendre tout ce qui, sans être le produit d'une chose, est perçu ou obtenu à l'occasion de cette chose : tels seraient les bénéfices provenant d'intérêts ou d'actions dans les compagnies de finance et d'industrie. — Merlin, *Rép.*, v° *Communauté*.

20. — La distinction entre les fruits naturels et industriels, importante en Droit Romain, n'a plus aujourd'hui chez nous d'utilité pratique et reste purement doctrinale; il n'en est pas de même de la distinction entre les fruits naturels et industriels d'une part, et les fruits civils de l'autre.

21. — C'est en effet une règle constante que les fruits naturels et industriels s'acquièrent par la perception seulement, tandis qu'au contraire les fruits civils s'acquièrent jour par jour (C. civ., art. 585 et 586). Cette distinction, surtout importante quant aux droits respectifs du nu-propriétaire et de l'usufruitier (V. USUFRUIT), reçoit encore application au cas où il s'agit de déterminer les droits d'un possesseur de bonne foi, qui cesse ensuite de l'être, quant à la perception qu'il a pu faire des fruits de la chose possédée et l'étendue de ses obligations quant à la restitution.

22. — Quelle que soit du reste la nature des fruits, qu'ils soient naturels, industriels ou civils, ils sont nécessairement meubles, sauf toutefois quant aux fruits naturels et industriels qu'ils ne le deviennent que lorsqu'ils acquièrent une existence propre et distincte par la perception qui les détache de l'immeuble auquel ils étaient inhérens, et sauf toujours, bien entendu, l'application des règles sur les immeubles par destination. — V. BIENS.

23. — A l'égard des fruits civils qui consistent dans une somme d'argent, et qui par conséquent ne sont pas les produits réels de la chose, aucune difficulté ne peut s'élever; leur caractère essentiel est d'être meuble. — V. BIENS.

Sect. 2e. — *Fruits considérés comme accessoires de la propriété et de ses démembremens.*

24. — En principe, tous les fruits naturels, industriels ou civils de la chose appartiennent au propriétaire par *droit d'accession*. — Sur la nature et l'étendue de ce droit d'accession, V. ACCESSION, nos 22 et suiv.

25. — L'attribution des fruits est différente lorsque les avantages de la propriété se trouvent partagés par la concession de quelques droits particuliers plus ou moins étendus que le propriétaire a consentis à d'autres. — V. ANTICHRÈSE, BAIL, EMPHYTÉOSE, HABITATION, USAGE, USUFRUIT.

26. — Le fermier, l'emphytéote, l'usager, l'usufruitier ne sont au surplus que des représentans à des degrés divers du propriétaire, détenteurs à titre précaire, et n'ayant droit aux fruits qu'en vertu de la concession spéciale qui leur en a été faite et dans les limites de cette concession.

27. — Mais il peut se rencontrer, et spécialement quant aux biens immeubles, un détenteur qui n'est plus à titre précaire, et qui au contraire par sa jouissance même proteste contre toute idée de propriété étrangère; c'est le possesseur, propriétaire apparent, qui exerce sur la chose tous les droits d'un propriétaire véritable.

28. — Pour connaître ce qui constitue la possession et ses diverses espèces, et pour la distinction à faire entre la possession même protégée par la loi et la propriété, V. ACTIONS POSSESSOIRES.

29. — Il sera traité ici des effets de la possession quant à l'acquisition des fruits produits par la chose.

Sect. 3e. — *Attribution des fruits au possesseur de bonne foi.*

30. — Aux termes de l'art. 549 du Code civil, le possesseur de bonne foi fait les fruits siens, le possesseur de mauvaise foi est au contraire tenu de rendre au propriétaire, en même temps que la chose, les fruits qu'il a perçus sur cette même chose.

31. — Le droit par le possesseur de bonne foi de faire les fruits siens est absolu et ne souffre pas de restriction; c'est ainsi que l'on jugeait avant le Code civil, et cette décision est encore applicable aujourd'hui que le possesseur, du moment où il est reconnu de bonne foi, ne peut être condamné à restituer une portion quelconque des fruits de l'héritage dont il était évincé. — *Cass.*, 11 juin 1806, Verries et Caffard c. Thieffier.

32. — Mais si le principe de l'attribution des fruits au possesseur de bonne foi est incontestable, des difficultés nombreuses se sont élevées dans les diverses circonstances où il y a lieu d'en faire l'application.

33. — Ces difficultés se résument ainsi : 1° Quand le possesseur peut-il être réputé de bonne foi? 2° Quels fruits doivent être attribués au possesseur de bonne foi? 3° Tout possesseur même de bonne foi a-t-il droit aux fruits de la chose possédée par lui?

§ 1er. — *Caractères de la bonne foi attributive des fruits.*

34. — L'art. 550 du Code civil détermine en ces termes le caractère de la possession de bonne foi, requise pour l'acquisition des fruits : « Le possesseur est de bonne foi quand il possède comme propriétaire en vertu d'un titre de propriété dont il ignore les vices; il cesse d'être de bonne foi du moment où ces vices lui sont connus. »

35. — Ainsi, en principe, deux conditions sont cumulativement requises pour qu'il y ait possession de bonne foi : il faut d'abord *un titre* qui soit, par sa nature, translatif de propriété; il faut en second lieu avoir *ignoré* qu'on contractait relativement à la chose d'autrui, c'est-à-dire relativement à la chose d'un autre que le disposant, à moins, dans ce dernier cas, qu'on ait cru au disposant qualité, par l'effet de la volonté du maître ou de la loi, d'aliéner cette chose. — V. ff, L. 109, *De verborum significatione*; — Duranton, t. 4, n° 351; Proudhon, t. 2, n° 549.

36. — Les vices de forme du contrat translatif de propriété ne sont point un obstacle à ce que le possesseur qui les a ignorés, et qui était d'ailleurs de bonne foi, fasse les fruits siens; car sa possession est de *fait* et non de droit. Il en est autrement de la possession requise pour la prescription de dix ans qui exige titre et bonne foi, car cette prescription est fondée sur le titre et par conséquent sur le *droit*. C'est pourquoi l'art. 2265 exige que la possession légale qu'on invoque pour l'usucapion soit fondée sur *un* JUSTE *titre*, au lieu que l'art. 550 ne parle que d'un *titre* translatif sans dire un JUSTE *titre*. — V. ff, L. 25, § 4, *De hæred. pet.*, D., liv. 5 tit. 3; — Pothier, *De la propriété*, n° 395; Duranton, t. 4, n° 352; Proudhon, *ibid.*, n° 550.

37. — La raison en est, comme déjà nous avons eu l'occasion de le remarquer, que le possesseur n'a pas droit aux fruits comme accessoire de sa possession, mais comme indemnité des impenses qu'il a faites, des soins qu'il a donnés à la chose. — V. ACCESSION, n° 23.

38. — Ainsi, bien qu'on ne puisse regarder comme un juste titre de nature, s'il est accompagné de la bonne foi, à conduire à la prescription décennale, une expédition même régulière délivrée d'un contrat nul pour défaut de forme en ce que la minute ne serait signée ni du vendeur ni des témoins, néanmoins ce titre suffit pour que l'acquéreur fasse les fruits siens tant qu'il a ignoré les vices du titre. — *Angers*, 9 mai 1825, Leroy c. Chiron.

39. — Jugé même que celui qui a acquis d'un mari et de sa femme mineure un fonds provenant des propres de celle-ci, avec soumission expresse par le mari de faire ratifier la vente par sa femme en majorité, peut, malgré la circonstance de la minorité de la femme, être considéré comme possesseur de bonne foi et n'est pas tenu de la restitution des fruits au cas d'éviction. — *Amiens*, 18 juin 1814, Esseux c. Minard.

40. — M. Duranton (t. 4, n° 352) approuve cette décision par ce motif que la femme mineure était covenderesse; il décide autrement dans le cas où le mari aurait vendu seul, parce qu'alors l'acquéreur aurait sciemment acheté la chose d'autrui.

41. — Le même auteur (*loc. cit.*) décide également que l'acquéreur d'un bien de mineur, sans l'emploi des formalités requises, alors même que le tuteur se serait porté fort de faire ratifier en majorité, ne saurait être considéré comme possesseur de bonne foi puisqu'il savait ou devait savoir que les biens de mineurs ne peuvent être vendus que sous des formes particulières.

42. — Il nous semble difficile de concilier l'approbation que M. Duranton donne à l'arrêt de la cour d'Amiens avec le principe émis plus haut par l'auteur sur l'absence de bonne foi de celui qui achète d'un tuteur sans l'accomplissement des formalités requises. M. Duranton puise la raison de décider dans cette circonstance que la femme aurait paru au contrat et aurait promis sa ratification; en sorte que, si nous pénétrons bien son système, il faudrait établir une différence entre le cas où le tuteur vend *seul* et celui où l'incapable se joint au tuteur et promet de ratifier : dans le premier cas, il n'y aurait pas bonne foi; dans le second, au contraire, la bonne foi existerait fondée sur l'espoir de la ratification promise. Cette distinction nous semble inadmissible : car, promise ou non, la ratification est toujours chose possible, et si la circonstance qui fait la base de l'arrêt de 1814, savoir que la vente n'est pas nulle de plein droit, mais seulement révocable, suffit pour fonder la bonne foi, il faudra reconnaître l'existence de cette bonne foi indépendamment de la présence ou de l'absence de l'incapable au contrat. Mais le système qui repousse, dans le cas prévu, l'acquéreur de mauvaise foi, nous paraît préférable.

43. — Jugé dans ce dernier sens qu'un acquéreur de biens, qu'il sait appartenir à un mineur, doit être considéré comme de mauvaise foi quand les formalités exigées pour l'aliénation de ces biens n'ont pas été remplies; qu'il doit dès-lors être condamné à la restitution des fruits, par application des art. 549 et 550, C. civ. — *Rennes*, 28 janv. 1826, Moisan c. Thoribe; *Bruxelles*, 14 déc. 1821, Vander-Ovelt c. Vander-Myden; *Bourges*, 11 mars 1837 (t. 1er 1837, p. 445), Dubosc de Neuilly c. Clément.

44. — Mais jugé que l'acquéreur d'un bien d'un mineur fait les fruits siens jusqu'au moment de la demande contre lui formée, pourvu que la vente ait lors du contrat paru utile au mineur. — *Metz*, 1er juin 1821, Leduc c. Roch et Préduire; *Cass.*, 5 déc. 1826, Douceur c. Pointrel; *Rennes* (et non *Rouen*), 17 nov. 1836 (t. 1er 1837, p. 391), Leborgne c. Bosches. — V. Delvincourt, t. 2, p. 59; Proudhon, t. 2, p. 282; Merlin, *Rép.*, v° *Mineur*; Toullier, t. 6, nos 106 et suiv., t. 7, n° 578; Duranton, t. 10, n° 287; Solon, *Théorie sur les nullités*, t. 1er, nos 69 et suiv.

45. — Jugé encore que l'acquéreur en vertu d'une telle vente peut être réputé possesseur de bonne foi, et conséquemment en droit de ne restituer les fruits qu'à compter du jour de la demande en nullité, et de répéter la valeur des améliorations par lui faites sur l'immeuble. — *Turin*, 4 août 1810, Mellina c. Givone.

46. — Du principe que les vices de forme ne sont point un obstacle à ce que le possesseur de bonne foi fasse les fruits siens, d'autres conséquences ont été tirées par la jurisprudence, et les décisions rendues dans ces espèces ne peuvent faire l'objet d'aucun doute.

47. — Jugé qu'un donataire de rente viagère qui, en vertu d'un contrat de mariage signé par toutes les parties et exécuté pendant plusieurs années, mais dont le donateur a demandé la nullité par le motif que sa signature n'était pas formellement mentionnée, a perçu les arrérages de la rente viagère, est censé en avoir joui de bonne foi et se trouve par conséquent dispensé de les restituer jusqu'au jour de la demande. — *Douai*, 7 mai 1819, Lottin c. Lefrançois.

48. — Que celui qui, en vertu d'un testament nul, possède de bonne foi, c'est-à-dire dans l'ignorance de cette nullité, les biens d'une succession, fait les fruits siens jusqu'au jour de la demande en nullité. — *Toulouse*, 6 juill. 1821, Baladie; *Lyon*, 29 nov. 1828, Faurot c. Valet.

49. — On ne saurait encore douter qu'un enfant déclaré illégitime, bien qu'inscrit comme légitime, n'est pas nécessairement tenu de restituer les fruits qu'il a perçus, se croyant légitime : il peut les faire siens s'il a été de bonne foi. — *Paris*, 10 juin 1830, Tillard c. Anfrye.

50. — Par les mêmes motifs on a été conduit à décider que l'enfant naturel qui, avant la loi du 14 flor. an XI, jouissait de la totalité de la succession de son père en vertu d'un titre non attaqué, peut être considéré comme débiteur de bonne foi, et comme tel dispensé de la restitution des fruits de la part de la succession qu'il est obligé de rendre aux enfans légitimes. — *Cass.*, 9 brum. an XIII, Jolivet c. Jolivet; — Toullier, *Droit civ.* t. 4, nos 307 et suiv.; Chabot, *Comment. sur les success.*, t. 2, art. 773

51. — Celui qui, par jugement rendu au possessoire, a été maintenu en possession d'un héritage, ne peut, lorsqu'il succombe au pétitoire, être condamné à la restitution des fruits par lui perçus depuis le premier jugement, sous prétexte que ce jugement ne l'avait maintenu que provisoirement et à titre précaire, et qu'ainsi il a possédé de mauvaise foi. Le jugement au possessoire est définitif sur le fait et les caractères de la possession; il établit une présomption de propriété en faveur du possesseur : celui-ci fait donc les fruits siens tant que le défendeur n'a pas établi ses droits par la voie du pétitoire. — *Cass.*, 5 juill. 1826, Bartholdy c. ville de Colmar.

52. — On ne peut non plus faire résulter la prétendue mauvaise foi de jugemens qui ont condamné des tiers à délaisser des portions du même héritage qu'ils possédaient au même titre; ces jugemens étant à l'égard du maintenu en possession *res inter alios acta*. — Même arrêt.

53. — Toutefois, nous ne considérons pas cette décision comme devant servir de règle absolue, et

malgré le jugement qui l'aurait maintenu au possessoire, nous croyons que le possesseur pourrait ultérieurement et au pétitoire être, à raison des circonstances du fait, considéré comme étant de mauvaise foi et se voir conséquemment refuser le droit accordé au possesseur de bonne foi de répéter les améliorations qu'il a faites à la chose.

54. — En effet et en règle générale, l'appréciation des faits qui peuvent constituer la possession de bonne ou mauvaise foi est abandonnée par la loi aux juges du fond, et leur décision sur ce point échappe à la censure de la cour de Cassation. — *Cass.*, 13 déc. 1830, Quevremont c. Ballier. — V. conf. *Cass.*, 3 janv. 1842 (t. 1er 1842, p. 166), commune de Vauver c. de Cabrières ; — Duranton, t. 4, no 358.

55. — C'est ainsi qu'il a été jugé que dans le cas où des actes de vente avaient été annulés comme ayant été faits avec un individu dont la démence était notoire, la cour royale avait pu déclarer que l'acheteur devait toujours être réputé de mauvaise foi. — *Cass.*, 5 août 1824, Davist c. Juignet.

56. — D'une autre part, les juges peuvent aussi, suivant les circonstances, se dispenser, en condamnant un tiers détenteur à restituer un immeuble qu'il a acquis pour le compte d'un émigré, de soumettre ce tiers à la restitution des fruits, même du jour de la demande. — *Caen*, 10 août 1825, Richer c. Lechevallier.

57. — Lorsque le proche parent d'un émigré a déclaré son intention de se rendre adjudicataire des biens de celui-ci, pour les céder ensuite à ses enfans mineurs, moyennant le remboursement de ses avances, lorsqu'en outre depuis l'acquisition faite dans ce dessein, l'acquéreur a spontanément sommé le curateur des enfans de recevoir la subrogation pour les pupilles, cette intention ainsi manifestée, quoique non acceptée, forme un contrat obligatoire au profit des enfans. Du moins l'arrêt qui, d'après l'appréciation des actes et des faits, a décidé que dans ce cas l'acquéreur n'était qu'une personne interposée qui avait acheté dans l'intérêt des enfans, échappe à la censure de la cour de Cassation. Dans ce cas, les juges peuvent décider, alors surtout que la réclamation des enfans n'a eu lieu qu'après un long délai, que les fruits perçus depuis l'instance seront seuls restitués. — *Cass.*, 28 mars 1824, Dubouzet c. Delaborderie St-Sernin.

58. — A l'inverse, la décision par laquelle une cour juge qu'un héritier qui s'est emparé de la succession sur le fondement de la renonciation de son cohéritier, était de mauvaise foi en ce qu'il connaissait l'acceptation antérieure de son cohéritier, et qui, en conséquence, le condamne à la restitution des fruits, échappe à la censure de la cour suprême. — *Cass*, 25 mars 1840 (t. 1er 1840, p. 708), Sirbin-Labarben c. de Rosières.

59. — C'est encore par application de ce droit suprême d'appréciation que le conseil d'état a été conduit à décider que celui qui possède en vertu d'une ordonnance illégale, n'est tenu de restituer les fruits perçus que du jour où le propriétaire a formé sa demande en réintégration. Spécialement, l'ordonnance du 25 mai 1816, quoique illégale en ce qu'elle violait la loi du 12 janv. 1816 qui donnait au roi la faculté de priver les donataires d'actions de canaux faisant partie de majorats, est un titre suffisant pour que le possesseur auquel l'ordonnance du 25 mai 1816 les aurait attribuées comme ayant fait retour à l'état, fasse les fruits siens jusqu'au jour où la demande en réintégration aura été formée par l'ayant-droit. — *Cons. d'état*, 24 août 1832, Réal c. Caraman.

60. — On ne saurait assimiler à des vices de forme qui peuvent rester inconnus en fait, l'ignorance de droit qui consisterait à argumenter d'une jouissance contraire à des dispositions formelles des lois ou des réglemens de l'autorité publique.

61. — L'individu qui possède, en vertu d'un acte déclaré nul par la loi, et dans lequel il a figuré, ne peut invoquer sa bonne foi et est en conséquence tenu de restituer les fruits par lui perçus. — *Bourges*, 28 août 1832, Chalopin c. Paris et Delaroche.

62. — Ainsi encore le mari qui, après le décès de sa femme, continue de jouir d'un fonds dont elle était donataire, doit, avec le fonds, restituer les fruits perçus depuis la dissolution du mariage. — *Lyon*, 29 nov. 1828, Favrot c. Valet.

63. — De même, la femme mariée sous le régime dotal, qui, étant devenue veuve, fait annuler la vente que son mari avait faite de ses droits légitimaires, a droit aux fruits échus depuis le décès de son mari, et non pas seulement à compter du jour de la demande. — *Cass.*, 28 fév. 1825, Poux c. Raynaud.

64. — La femme qui, à la dissolution de la communauté, a continué l'exploitation d'un établissement industriel commun entre elle et son défunt mari, doit compte aux héritiers de celui-ci des fruits et revenus qu'a pu lui procurer l'administration de la chose commune. — *Bordeaux*, 21 nov. 1845 (t. 1er 1846, p. 365), Saussé c. Colombier.

65. — Jugé encore que l'imputation des fruits perçus sur des biens substitués peut être exigée de la part de l'appelé contre le grevé ou ses héritiers, lorsque la restitution de ces fruits a été ordonnée par le testateur à titre de remplacement éventuel d'un immeuble compris par celui-ci dans la substitution, bien que cet immeuble appartînt au grevé. — *Paris*, 21 germin. an XIII, Dumuy c. Créqui.

66. — La bonne foi dont parle l'art. 550, C. civ., et qui permet au possesseur de faire les fruits siens, n'existant qu'autant que le possesseur ignore les vices de son titre, il en résulte que celui qui acquiert contre la prohibition expresse de la loi (par exemple un maire qui acquiert les biens de sa commune, art. 1596, C. civ.) ne peut être réputé de bonne foi et doit dès-lors restituer les fruits non seulement du jour de la demande, mais du jour de son indue possession. — *Cass.*, 18 janv. 1843 (t. 1er 1843, p. 379), commune de Tercis c. Poymiro.

67. — Spécialement encore une commune qui s'est perpétuée dans la jouissance des halles appartenant à un particulier, malgré les réclamations du propriétaire et les ordres de l'autorité, peut être condamnée à restituer les produits de sa jouissance du jour où elle a commencé. — *Cass.*, 20 mai 1829, commune de Basouches c. Sohier.

68. — Dans tous les cas, le juge est tenu de rechercher en fait si le détenteur évincé a été de bonne ou de mauvaise foi, et il ne pourrait le condamner à restituer les fruits à partir du jour de son indue détention, sans déclarer qu'il était à partir de ce jour constitué en mauvaise foi. — *Cass.*, 8 fév. 1830, Magnien-Faysot c. Peryaud ; 5 fév. 1834, Augier c. Fabre.

69. — Jugé spécialement que la loi du 28 août 1792 n'a pas laissé aux tribunaux la faculté indéfinie de fixer l'époque à laquelle les ci-devant seigneurs évincés seraient tenus à la restitution des fruits ; et les juges doivent, comme dans les cas ordinaires, prendre pour base la bonne ou la mauvaise foi du possesseur. — *Cass.*, 25 frim. an XIV, de Brion c. commune de Vinneuf.

70. — Il ne suffirait même pas de déclarer que le possesseur était indûment en possession, pour en conclure qu'il était de mauvaise foi ; il est indispensable de rechercher si lui-même a connu le vice de sa possession, et à partir de quelle époque il a connu ce vice, sans quoi il ne sera pas possible de le condamner à une restitution de fruits. — *Cass.*, 25 mars 1834, Augier c. Fabre.

71. — Ainsi, le principe consacré par l'art. 2268, C. civ., que la mauvaise foi ne se présume pas, doit être si rigoureusement entendu qu'une possession indue et qualifiée telle par un arrêt ne peut pas pour cela être réputée de mauvaise foi lorsque d'ailleurs il n'a point été déclaré que le détenteur condamné à la restitution des fruits de l'immeuble indûment détenu eût connu le vice de son titre. — *Cass.*, 25 mars 1835. Chapuis c. de Laizer.

72. — Au cas de rescision d'un acte de partage, il ne suffit pas pour constituer le cohéritier de mauvaise foi d'établir qu'il savait que son lot était plus fort que celui de ses cohéritiers ; il faut encore justifier qu'il connaissait le vice légal du partage, c'est-à-dire qu'il savait que son avantage excédait le quart au-delà duquel le partage devenait seulement rescindable. — *Orléans*, 19 janv. 1839 (t. 1er 1839, p. 233), de Kermelec c. de Velaz.

73. — Du reste, la mauvaise foi du possesseur est suffisamment reconnue par l'arrêt qui déclare que c'est par abus, sans droit ni qualité, qu'il s'est emparé d'une chose, et il y a eu juste motif en conséquence de le condamner à restituer les fruits perçus. — *Cass.*, 20 janv. 1835, Lamurée c. d'Harcourt.

74. — La bonne foi de celui qui possède avec titre est toujours présumée : c'est à celui qui allègue la mauvaise foi à la prouver. — Art. 2268, C. civ.

75. — Ainsi, celui qui possède en vertu d'un titre translatif de propriété fait les fruits siens si l'on ne prouve pas qu'il ait joui de mauvaise foi. Il en était de même sous l'ancienne jurisprudence. — *Cass.*, 11 fév. 1835, de Goyon c. de Laqueuille.

76. — Mais l'héritier de celui qui a possédé sans titre peut-il de son chef réclamer les avantages du possesseur de bonne foi pour conserver les fruits qu'il a lui-même perçus ? Pour la négative, on a dit que la qualité d'héritier n'est pas un titre qui place celui qui en est revêtu au rang d'une personne tierce ; qu'au contraire, l'héritier n'étant que la continuation de la personne du défunt, doit être tenu des mêmes obligations que lui ; que s'il a succédé à un détenteur précaire, sa qualité d'héritier ne lui donnera pas la possession à titre de maître ; que si le défunt possédait sans titre, la qualité d'héritier ne conférera pas à son successeur le droit d'aspirer à la possession de dix ans, qui exige un titre ; que par la même raison il ne peut revendiquer les prérogatives de la possession de bonne foi puisqu'elle ne peut être sans titre et que le défunt n'a pu lui transmettre un titre qu'il n'avait pas. — V. L. 2, Cod., *De fruct. et litium expensis*, — Dunod, *Traité des prescriptions*, partie 1re, chap. 8, p. 46 ; Pothier, *De la propriété*, no 336 ; Proudhon, *Domaine de propriété*, t. 2, no 551 ; Delvincourt, t. 2, p. 214 et suiv.

77. — Jugé dans ce sens que l'héritier du possesseur de mauvaise foi ne peut opposer sa bonne foi personnelle pour se soustraire à la restitution des fruits envers le véritable propriétaire. — *Caen*, 25 juill. 1826, Haize c. Esseline.

78. — Malgré l'importance des autorités contraires à l'héritier du possesseur, il nous semble que cette opinion n'est pas conforme à l'équité et à la loi. En effet, le principe qui fait acquérir les fruits au possesseur n'est pas le même que celui qui lui fait acquérir la propriété du fond. Le possesseur acquiert les fruits parce qu'il les *perçoit* de bonne foi, et non parce qu'il a possédé assez longtemps pour prescrire : son acquisition résulte d'un *simple fait* et non d'*un droit*. On ne peut donc raisonner par analogie des règles relatives à la prescription pour en tirer des conséquences quant aux fruits perçus par le possesseur de bonne foi. L'argument tiré de ce que l'héritier est tenu des obligations de son auteur n'est rien moins que concluant dans l'espèce, puisque l'auteur n'est tenu que de restituer les fruits qu'il a perçus, et que nous ne contestons pas que l'héritier ne doive restituer les fruits perçus par son auteur. C'est, au surplus, relativement à ces fruits que la loi 2, au Code, *De fruct. et litium exp.*, a statué, et non pas relativement aux fruits perçus de bonne foi par l'héritier du possesseur de mauvaise foi. La solution que nous adoptons résulte clairement de la généralité de l'art. 550 qui exige un titre translatif sans demander un *juste titre*, et de l'interprétation qu'on lui donne généralement à savoir que le titre nul pour vice de forme n'empêche pas l'acquisition des fruits, quoiqu'il empêche la prescription.

79. — Cette solution résulte encore de ce que la bonne foi ne cesse que quand le possesseur *a connu* les vices de son titre. Or, posséder à titre d'héritier, c'est posséder avec un titre translatif de propriété ; posséder sans savoir qu'on n'avait pas droit à tel bien parce qu'il n'était pas dans les biens héréditaires du défunt qu'on représente, c'est posséder sans *connaître* les vices de son titre. — V. Voet, *Ad pandect.*, *De acquir. rer. dom.*, no 31 ; Duranton, t. 4, no 367 ; Hennequin, *traité de législat.*, t. 1er, p. 280 ; Zachariæ. *droit civ. franç.*, § 201, Marcadé, *droit civ. franç.*, sur l'art. 550.

80. — Jugé, dans le sens de notre opinion, que l'héritier du possesseur de mauvaise foi peut, pour échapper à la restitution des fruits envers le véritable propriétaire, exciper de sa bonne foi personnelle. — *Douai*, 1er juill. 1840 (t. 1er 1841, p. 116); comm. de Monchel c. Bouillez.

81. — Toute sorte de preuve est admise pour établir que la possession a commencé de mauvaise foi ; car il n'a pas dépendu du propriétaire d'avoir une preuve écrite à cet égard. (C. civ. 1348). Il doit en être autrement quand il s'agit d'établir que la possession, quoique de bonne foi à l'origine, a cessé de l'être plus tard. Dans ce dernier cas, il était facile au propriétaire de faire des actes utiles pour constituer le possesseur en mauvaise foi. — V. Duranton, t. 4, no 358. — V. toutefois, Delvincourt, t. 2, p. 10.

82. — Jugé que celui qui a détenu, en vertu d'un testament déclaré faux et dont il est reconnu l'auteur, les biens d'une succession, est réputé possesseur de mauvaise foi ; qu'il doit, dès lors, la restitution des fruits à compter du jour du décès. — *Aix*, 14 août 1837 (t. 2 1837, p. 541), Mandin c. Demol.

83. — De même le possesseur en vertu d'un acte de vente déclaré simulé doit être condamné à la restitution des fruits. — *Cass.*, 4 avril 1838 (t. 2 1838, p. 234), Holder c. Barberet et Richard.

84. — Mais, le détenteur en vertu d'un testament condamné à délaisser par suite de l'arrêt qui prononce la nullité du testament, ne peut être condamné à restituer les fruits à partir d'une époque antérieure à la demande en revendication qu'autant qu'il est expressément déclaré de mauvaise foi. — *Cass.*, 24 juill. 1839 (t. 2 1839, p. 289), Molinie c. Gassané.

85. — D'après l'art. 550 C. civ. le possesseur cesse d'être de bonne foi du moment que *les vices de son titre* lui sont connus. Ici, s'élève la question de savoir comment les vices du titre sont censés connus du possesseur.

86. — Suivant les principes du droit romain, le possesseur d'une hérédité pouvait être constitué en mauvaise foi, par cela seul qu'il apprenait que

cette hérédité ne lui appartenait pas. Il en était de même d'un possesseur à titre singulier.—D. tit. *De hœred. petit.* L. 25, § 11, et tit. *De acquir. rer dom.*, L. 48, § 1er; V. aussi Duranton, t. 4, no 362.

87. — Sous notre ancienne jurisprudence, au contraire, le possesseur n'était constitué en mauvaise foi que du jour de la demande en justice formée contre lui; de telle sorte que si le demandeur la laissait périmer ou s'en désistait, le possesseur continuait à faire les fruits siens jusqu'à une nouvelle demande. — V. Duranton, t. 4, no 362.

88. — M. Duranton pense que le code civil a plutôt voulu consacrer les principes du droit romain que ceux de notre ancien droit français en cette matière. En effet l'art. 550 répute le possesseur en mauvaise foi du moment où les vices de son titre lui sont connus. Or, il est de toute évidence que les vices d'un titre sont souvent connus avant qu'on nous ait adressé une demande judiciaire. Duranton, *loc. cit.*—V. conf. *Orléans*, 19 janv. 1839, (t. 1er, 1839, p. 233) de Kermelec c. Velan.

89. — Incontestablement si la mauvaise foi du possesseur est démontrée par les circonstances, avoir commencé à une époque antérieure à la demande en revendication, c'est du jour où il est constant que la bonne foi a cessé, que cessera également l'attribution des fruits au possesseur.

90. — Et c'est en ce sens qu'il a été jugé que celui qui n'a pas possédé de bonne foi doit restituer les fruits du jour de son entrée en jouissance, et non pas seulement du jour de la demande en justice. — *Paris*, 1er mars 1808, Mailles c. Henriot.

91.—...Que celui qui, se considérant comme seul habile à succéder. s'est emparé d'une succession, cesse d'être possesseur de bonne foi, dès que d'autres co-héritiers ont réclamé leurs droits à la même succession; qu'en conséquence, il doit les fruits à partir de cette demande, quand bien même les cohéritiers, qui d'abord avaient succombé en première instance, seraient restés plusieurs années sans interjeter appel. — *Caen*, 25 juill. 1826, Haize c. Esseline. — Cet arrêt est conforme aux vrais principes ; car du moment que le possesseur qui était d'abord de bonne foi, a connu les vices de son titre, il est soumis aux mêmes restitutions que celui qui a toujours été de mauvaise foi. — V. Pothier, *Obligat.*, no 336 : Delvincourt, *Cours de code civ.*, t. 2 p. 11, note; Toullier, *Droit civ.*, t. 3, no 118, et Duranton, *Droit franç.*, t. 4, no 360.

92. —...Que celui qui, en qualité de mandataire, a reçu une assignation qui lui faisait connaître la prétention d'une commune sur le terrain litigieux n'a pu, depuis l'époque de cette assignation, faire siens les fruits de l'immeuble sous prétexte de bonne foi. — *Grenoble*, 2 déc. 1841 (t, 1er 1843, p. 391), comm. de Marennes c. Pitiot.

93.—Mais en fait, il faut le remarquer, ce ne sera d'ordinaire que du jour de la demande dirigée contre le possesseur que la cessation de sa bonne foi pourra être établie; aussi est-ce une jurisprudence bien établie que le possesseur de bonne foi ne cesse de l'être, du moins en règle générale, qu'à partir de la demande contre lui formée. — *Liège*, 10 déc. 1816, Berleur c. Thorne; *Dijon*, 7 janv. 1817, Baudot; *Colmar*, 15 mars 1826, Reyet c. Bauer. — V. dans le même sens Domat, *loc. cit.*, liv. 3, tit. 5, sect. 3, nos 5 et 9; Merlin, *Rép.*, vo *Hérédité*, no 8; Chabot, t. 3, art. 891, no 3; Delvincourt, t. 2, p. 7; Toullier, t. 3, no 110; Rolland de Villargues, *Rép. du Not.*

94 —Jugé de même que lorsqu'une donation est annulée pour défaut d'acceptation, les donataires qui ont possédé et joui de bonne foi en vertu de cet acte, ne doivent pas être condamnés à restituer les fruits, à partir du jour de la donation, mais seulement à compter de la demande judiciaire d'annulation. — *Bruxelles*, 26 déc. 1816, Bosseau c. Dupuis et Bosseau.

95. —...Que celui qui a reçu une institution contractuelle de biens qui avaient déjà fait l'objet d'une première institution au profit d'un autre n'est tenu de restituer les fruits que du jour de la demande judiciaire et non du jour du décès de l'instituant. — *Bordeaux*, 14 pluv. an XII, Latour c. Jamet.

96. — De même, l'adjudicataire de domaines nationaux qui, sans déclaration aucune, s'est mis en possession de la totalité de ces domaines, bien qu'en réalité diverses pièces de terre ne fussent pas comprises dans l'adjudication et en aient été distraites plus tard sur la demande du propriétaire doit être réputé possesseur de bonne foi jusqu'au jour de la demande en restitution. En conséquence il ne peut être tenu des fruits et des intérêts de ces fruits qu'à partir de cette demande.— *Cass.*, 20 déc. 1836, (t. 1 1837, p. 523) Nicaud c. d'Envaud.

97. — De même, encore, la remise du mémoire qui doit précéder toute action à intenter contre l'état n'a pas, comme l'introduction de la demande, pour effet de constituer en mauvaise foi le domaine détenteur de l'immeuble revendiqué, et de faire courir immédiatement contre lui la restitution des fruits. — *Cass.*, 23 déc. 1840, (t. 1, 1841, p. 430), ville de Richemont c. préfet des Vosges.

98. — Jugé même que le propriétaire qui revendique contre une commune des biens dont il a été dépouillé par suite de mesures révolutionnaires n'est pas fondé à exiger la restitution des fruits à compter du jour de l'indue possession, conformément au droit commun qui ne veut pas que le possesseur fasse les fruits siens, et qu'au contraire la restitution ne peut jamais courir que du jour de la demande en réintégration, sans distinction du cas de bonne ou mauvaise foi de la part de la commune. — *Cass.*, 19 mars 1816, comm. Garent c. Defaur; 13 fév. 1826, comm. de Saint-Maurice de Gourdans c. Montalivet.—V. encore Merlin, *Quest.*, vo *Fruits* § 5.

99.— Cette décision est fondé, sur la disposition de l'art. 9, L. 9 vent. an XII ainsi conçue : « Il ne sera prononcé de restitution de fruits en jouissance, ni par les tribunaux en faveur des tiers, dans le cas de répétitions de biens possédés par des communes, qu'à compter du jour de la demande par les particuliers ». Les arrêts précités reconnaissent eux-mêmes qu'il y a ici dérogation au droit commun. — V. encore *Paris*, 13 fév. 1811, comm. d'Ennegal c. ville de Riom.

§ 2. — *Fruits qui peuvent être attribués au possesseur de bonne foi.*

100. — Le Droit romain contenait, sur l'attribution des fruits au possesseur de bonne foi, des dispositions très rigoureuses. Ainsi notamment le possesseur ne faisait les fruits siens qu'autant qu'il les avait consommés; mais il était tenu de rendre ceux qui, bien que perçus, n'avaient pas encore été consommés et se trouvaient entre ses mains au moment de la litispendance.

101. — Pothier (*De la propriété*, no 337), commentant le texte de la loi romaine, donnait pour raison de cette décision que le domaine des fruits consommés s'éteignant avec eux, ne peut plus être sujet à se résoudre ; tandis que le domaine des fruits non consommés, n'étant fondé que sur la présomption de propriété attachée à la possession, devait se résoudre lorsque le véritable propriétaire de la chose se présente et la revendique.

102. — Mais Pothier (*ibid.*, no 339) nous apprend en même temps que la jurisprudence française, rejetant les subtilités de la loi romaine, tenait comme suffisant que le possesseur de bonne foi eût perçu les fruits, c'est-à-dire qu'il s'en fût mis en possession réelle pour qu'il ne fût tenu à aucune restitution, et cette décision était fondée sur cette considération qu'il avait dû régler ses dépenses en proportion de ses revenus, et que ce serait souvent le ruiner que de le forcer à des restitutions auxquelles il n'avait pas dû s'attendre.

103. — Le Code civil n'a pas non plus reproduit la distinction du droit romain entre les fruits perçus et consommés et ceux qui perçus n'ont pas été consommés. Le possesseur de bonne foi acquiert tous les fruits perçus alors même qu'ils ne sont pas consommés au jour de la demande. — Art. 549, C. civ. — V. Duranton, t. 4, no 361 ; Proudhon, *Domaine de propriété*, no 548, t. 2.

104. — Mais pour que le possesseur fasse les fruits siens faut-il qu'il lés ait réellement perçus, c'est-à-dire qui s'en soit mis en possession réelle et effective, ou suffit-il qu'ils soient échus pendant sa possession de bonne foi, quoiqu'ils ne soient devenus exigibles et qu'il ne les ait perçus que depuis la demande en revendication du véritable propriétaire?

105. — Cette question a été devant la cour d'Orléans l'objet de longues discussions que l'on trouvera résumées dans notre recueil (t. 1, 1840, p. 689); La cour d'Orléans s'est prononcée en faveur du possesseur décidant qu'il fait siens les fruits échus pendant sa possession, quoiqu'ils ne soient devenus exigibles et qu'il ne les ait perçus qu'après la demande qui a fait cesser sa bonne foi.— *Orléans*, 11 janv. 1840 (*loc. cit.*), de Velard c. de Kermelec.

106. — Cet arrêt est motivé sur ces deux considérations, à savoir : 1o que si l'article 549 du Code civil exige que la bonne foi accompagne la possession pour que le possesseur fasse les fruits siens, il n'exige nullement que la bonne foi dure encore au moment de l'exigibilité et de la perception des fruits; — 2o Que le motif qui a déterminé le législateur à légitimer l'indue possession existe dans tous les cas, soit que les fruits aient été perçus pendant sa durée, soient qu'ils l'aient été après, puisqu'il est aussi vrai de dire que le possesseur de bonne foi a pu être induit à augmenter ses dépenses aussi bien en contemplation de fruits à percevoir que sur la perception même de ces fruits.

107. — Toutefois jugé depuis en sens contraire que la restitution de fruits à laquelle le possesseur est tenu à partir du jour de la demande comprend tous ceux qui ont été réellement perçus depuis cette demande, encore bien qu'ils soient *échus* antérieurement, et qu'ils n'aient été touchés à une époque postérieure qu'en vertu de conventions particulières faites avec le fermier. — *Cass.*, 30 juin 1840, Auger c, Cavillier.

§ 3. — *Du possesseur à titre universel.*

108. — En droit romain le possesseur d'une universalité n'acquérait point les fruits par lui perçus, quelle que fût sa bonne foi. — Ainsi le possesseur d'une hérédité était obligé d'en restituer les fruits. Toutefois et par un tempérament fort équitable il n'était tenu à cette restitution que jusqu'à concurrence du profit qu'il en avait retiré. — L. 20 § 3, et 41 § 2. *De hœred.*

109. — Adoptant les principes de la loi romaine, l'ancienne jurisprudence déclarait également que le possesseur d'une universalité ne pouvait faire les fruits, siens quelle que fût sa bonne foi. — Domat, *lois civiles*, liv. 3. tit. 5, sect. 3e, nos 5 et 9, Rousseaud de Lacombe, vo *Fruits*, no 1.

110. — Pothier (*traité de la propriété*, no 339) déclare aussi que telle était de son temps la pratique française; toutefois il ne pouvait s'empêcher de critiquer cette pratique, et l'on voit qu'il inclinait à penser que l'héritier apparent aurait dû jouir, comme le possesseur à tout autre titre, du privilège de faire les fruits siens.

111. — Le Code civil a-t-il admis le système de la loi romaine, ou au contraire adoptant l'opinion de Pothier a-t-il placé sur la même ligne, quant à l'acquisition des fruits, tout possesseur de bonne foi, quels que soient du reste la nature de son titre et le principe de sa possession.

112.— Écartons d'abord le cas, fort rare du reste aujourd'hui, ou il s'agirait d'un héritier apparent ayant possédé antérieurement au Code civil et à une époque où l'on se trouvait sous l'application des principes admis par l'ancienne jurisprudence. Et telle est l'espèce d'un arrêt rendu par la cour de Paris où il s'agissait d'une succession ouverte en 1785. — *Paris*, 25 mars 1829, de Champgrand c. de Sauzet.

113. — Il est vrai que depuis il a été jugé, sous le Code civil, que la disposition des art. 549 et 550, C. civ, d'après laquelle le possesseur de bonne foi fait les fruits siens, se rapporte plutôt au cas de possession d'un immeuble qu'au cas de possession d'une hérédité, — *Bordeaux*, 20 mars 1834, Rabier.

114. — Et, qu'ainsi, la règle *Fructus hæreditatem augent* est applicable à l'héritier apparent, même de bonne foi, qui s'est mis en possession de la part afférente à son co-héritier, et le rend passible de la restitution des fruits, non seulement à partir du jour de la demande, mais du jour de la succession. —Même arrêt,

115. — Mais cette décision noas parait inadmissible, et nous pensons qu'aujourd'hui il n'y a aucune distinction à faire entre le titre du possesseur, et que du moment où il est de bonne foi il fait les fruits siens. Les raisons de décider en ce sens sont nombreuses.

116. — En premier lieu, notre Code civil n'a point admis cette fiction du droit romain qui faisait continuer la personne du défunt par l'hérédité même jusqu'à ce qu'un héritier l'eût acquise; il a au contraire admis l'inverse, en décidant que l'héritier était saisi à son insu des droits et biens de la succession. Or, il résultait de la fiction romaine que le possesseur était tenu de restituer à l'héritier non seulement le droit héréditaire, mais encore tous les accroissemens de l'hérédité, notamment les fruits produits par l'hérédité.—V. Pothier, *de la propriété*, no 400 et 430. — Cette fiction n'existant plus chez nous, on ne peut pas invoquer la même raison de décider. En second lieu, l'art. 138 du Code civil dit expressément que le possesseur de bonne foi d'une hérédité qu'il est tenu de restituer, garde les fruits par lui perçus. En troisième lieu, enfin. l'art. 549, C. civ., a posé comme principe général auquel aucune autre disposition de la loi n'apporte d'exception que le possesseur de bonne foi fait les fruits siens, sans distinguer entre le possesseur d'une universalité et le possesseur à titre singulier. Or, on ne saurait sans ajouter à la loi suppléer à son silence.

117. — Telle est d'ailleurs l'opinion universellement admise par la doctrine. — V. en effet Proudhon, *Domaine privé de propriété*, t. 2, no 548 ; Duranton, t. 1. nos 582 et suiv. ; Delvincourt, t. 2, p. 7, note ; Toullier, t. 3, no 110 ; Rolland, vo *Fruits*, no 58 et suiv. Et nous ajouterons qu'à l'exception de l'arrêt précité de Bordeaux la jurisprudence

s'est constamment prononcée en faveur du possesseur de l'universalité.

118. — Jugé ainsi que le principe qui veut que le possesseur de bonne foi fasse les fruits siens est applicable à l'héritier apparent qui, de bonne foi, a recueilli une succession à laquelle il se croyait appelé, et qui est ensuite obligé de la rendre en tout ou en partie à un autre héritier, et qu'en conséquence l'héritier apparent qui a perçu les fruits de bonne foi ne peut être obligé d'en tenir compte au véritable héritier. —*Paris*, 5 juill. 1834, Tavé et Rigoux; 7 juin 1837 (t. 2 1837, p. 56 et 57), mêmes parties.

119. — ... Que l'héritier ou le légataire apparent (comme tout autre possesseur) fait les fruits siens lorsqu'il les a perçus de bonne foi; qu'il doit seulement la restitution du prix de la vente qu'il a consentie avec intérêts à partir du jour de la découverte du titre qui a annulé ses droits. — *Limoges*, 27 déc. 1833, Dufour c. Labrousse.

120. — ... Que l'héritier apparent qui a recueilli de bonne foi une succession à laquelle il se croyait appelé, et qu'il est ensuite obligé de rendre au véritable propriétaire, a droit à la propriété des fruits perçus jusqu'au jour de la demande, encore qu'il n'ait point fait d'inventaire et qu'il ait été déclaré depuis enfant adultérin du défunt. — *Cass.* (et non *Agen* ou *Riom*), 17 (et non 18) août 1830, P.,. c. L...

121. — ... Que l'héritier qui possède de bonne foi la totalité de l'hérédité fait les fruits siens, et n'en doit la restitution qu'à compter de la demande formée plus tard par un cohéritier en restitution de sa part dans la succession. — *Paris*, 29 avr. 1844, (t. 1er 1844, p. 752), Crosnier.

122 —Jugé de même qu'on doit considérer comme possesseur de bonne foi le cohéritier qui, en vertu d'un acte de donation ou de partage annulé par une loi subséquente, a joui dans l'hérédité commune d'une part supérieure à la sienne; et qu'il ne doit restituer les fruits que du jour où ses cohéritiers ont invoqué le bénéfice de la loi nouvelle, et ont demandé le partage. — *Dijon*, 7 janv. 1817, Baudot.

123. — ... Que lorsqu'en vertu d'un partage provisionnel fait entre cohéritiers, quelques uns ont joui de bonne foi d'une portion plus considérable que celle à laquelle ils avaient droit, ils ne sont tenus, lors du partage définitif, à aucune restitution de fruits. —*Nîmes*, 2 août 1827, Richard c. Faget. — V. Lebrun, *Succ.*, liv. 4, chap. 1er, no 26, et Rolland de Villargues, *Rép. du not.*, vo *Partage provisionnel*, no 28.

124. — Jugé encore que le légataire en usufruit, institué par un testament nul pour vice de forme (le défaut de signature de l'un des témoins) n'est pas tenu de restituer les fruits qu'il a perçus de bonne foi. — *Lyon*, 29 nov. 1828, Favrot c. Valet.

125.— ... Qu'il en est de même au cas où il s'agit d'un partage définitif rescindé par lésion de plus du quart. — *Cass.*, 8 fév. 1830, Magnier-Faysot c. Peryaud; *Orléans*, 19 janv. 1839 (t. 1er 1839, p. 233), de Kermelec c. de Velard.

126. — ... Que celui qui a joui des biens d'une succession en vertu d'un testament faux fait en faveur de son auteur, mais dont il ignorait le vice, n'est tenu à restituer les fruits que du jour de la dénonciation du faux. — *Pau*, 19 déc. 1829, Tastet c. Darles-Estiet.

127. — ... Que le légataire qui possède de bonne foi fait les fruits siens, quoiqu'il ait obtenu la délivrance du donataire de l'usufruit, et non de l'héritier du sang, et qu'il n'est pas tenu de les restituer à ce dernier. — *Paris*, 29 août 1834, Mondet c. Collaud.

128. — Jugé de même que l'état qui a possédé de bonne foi une succession à titre de déshérence, fait les fruits siens jusqu'au moment de la réclamation des héritiers, sans qu'il y ait lieu de distinguer entre les fruits perçus avant ou depuis le jugement d'envoi en possession; qu'en conséquence, l'état ne doit restituer que les fruits échus depuis la demande des héritiers, en retenant même sur le montant des fruits 5 % pour frais de régie et d'administration. — *Paris*, 1er août 1834, Labonne c. le domaine. — V. conf. *Paris*, 1er juin 1837 (t. 2 1837, p. 28), Held c. le domaine.

129. — Ainsi, lorsqu'au décès d'un individu il ne se trouve d'abord qu'un héritier dans la ligne paternelle, et qu'un jugement lui accorde l'universalité de la succession, à la condition que la moitié afférente à la ligne maternelle demeurera en séquestre pendant une année; si, même après l'année expirée, il se présente un héritier naturel, il aura droit de répéter les fruits perçus sur la portion à lui afférente à compter du jour de l'ouverture de la succession. L'héritier paternel ne peut s'opposer à cette restitution sous prétexte qu'il a recueilli les fruits de bonne foi, et que jusqu'au jour de la demande il a été paisible possesseur de l'universalité des biens (*Cass.*, 14 août 1833, Lejeune c. Longer). En effet, en pareil cas, l'héritier ne peut être réputé de bonne foi.

130. — Du reste, la possession du détenteur de l'universalité, et spécialement de l'héritier apparent, reste soumise à toutes les conditions imposées au possesseur ordinaire quant à la bonne foi qui doit être exigée comme condition indispensable de l'attribution des fruits.

131. — Observons enfin que, quelle que soit la force du principe qui attribue les fruits au possesseur de bonne foi, le possesseur à titre universel, et notamment l'héritier apparent, ne saurait l'invoquer lorsqu'après avoir pris sa part dans la succession il y renonce pour s'en tenir au legs qui lui a été fait et qui offre plus d'avantages.

132. — Donc, l'héritier qui, après avoir joui en cette qualité, se fait restituer contre son acceptation, pour s'en tenir à la qualité de légataire que lui donne un testament d'abord ignoré, doit rendre les fruits qu'il a perçus de bonne foi sur sa portion héréditaire. — L. 22, C., *De rei vindic.*; L. 48, § 1er, ff, *De adquir. rerum domin.*; L. 20, § 3; L. 40, § 1er, ff., *De hæred. petit.*; — ord. 1539, art. 94; C. civ., art. 138, 549 et 550. —V. aussi *Cass.*, 9 nov. 1831, Monet et de Sauzay c. de Champgrand.

Sect. 4e. — *Restitution des fruits par le possesseur.*

133. — Nous avons vu précédemment que le possesseur de bonne foi n'est pas tenu de restituer les fruits qu'il a perçus, et nous avons remarqué également que la loi actuelle, à la différence de la législation romaine, ne distingue plus entre les fruits perçus et consommés et ceux simplement perçus au moment de la réclamation, pour déterminer s'il y a lieu ou non à restitution. Pour que le possesseur soit tenu à la restitution, il faut qu'il y ait de sa part mauvaise foi dans la jouissance de la chose.

134. — Or, ainsi que nous l'avons également remarqué plus haut, la mauvaise foi ne se présume pas; il faut donc qu'il soit bien constaté que le possesseur était de mauvaise foi.

135. — Ainsi, l'arrêt qui condamne un détenteur évincé à la restitution des fruits à partir de son indue détention, doit être cassé si, faisant remonter ainsi la restitution au jour de la mise en possession, il ne déclare pas en outre que le détenteur était de mauvaise foi. — *Cass.*, 24 fév. 1834, Augier c. Fabre — V. conf. *Cass.*, 24 juill. 1839 (t. 2 1839, p. 289), Molinié.

136. — De même, l'acquéreur d'un bien dotal, évincé pour défaut d'accomplissement suffisant de la condition de remploi, ne peut être obligé à la restitution des fruits depuis le jour de la demande en séparation de biens de la femme, mais seulement depuis le jour de la demande formée par elle en nullité de la vente. — *Cass.*, 12 mai 1840 (t. 2 1840, p. 153), Arragon et Cure c. de Montlogis.

137. — Jugé de même qu'un co-héritier, possesseur en vertu d'un partage rescindé pour cause de lésion, n'est tenu de restituer les fruits qu'il a perçus que si le jugement déclare qu'il les a perçus de mauvaise foi; et que le jugement qui condamne ce cohéritier à restituer les fruits perçus du jour du partage, sans déclarer que dès lors il était de mauvaise foi, doit être annulé. — *Cass.*, 8 fév. 1830, Magnin Faysot c. Peryaud.

138. — Mais du moment où la mauvaise foi est régulièrement constatée chez le possesseur, et où par conséquent il est tenu de la restitution des fruits, il nous reste à voir quelle est l'étendue de cette obligation de restitution et de quelle manière cette restitution doit être opérée.

§ 1. — *Etendue de l'obligation de restitution.*

139. — En principe tout possesseur étant réputé de bonne foi, l'obligation de restituer les fruits ne court à l'égard du possesseur évincé que du jour de la demande. La demande revèle au possesseur les vices de son titre, dès lors il cesse d'être de bonne foi.

140. — Néanmoins il peut en être autrement; et si la mauvaise foi étant constatée en fait par un jugement, ce jugement la fait remonter soit à l'origine de la possession soit à toute autre époque antérieure à la demande, le possesseur devra restituer les fruits perçus à partir de cette époque sous la déduction toutefois des dépenses. — Duranton, t. 4, no 360.

141. — Or, ainsi que nous l'avons déjà dit, l'appréciation des faits qui peuvent constituer la bonne ou la mauvaise foi, et par conséquent obliger à la restitution des fruits ou en affranchir est une décision de fait qui échappe à la censure de la cour de cassation. — *Cass.*, 13 déc. 1830, Quevremont c. Ballier.

142. — Le possesseur de mauvaise foi condamné à la restitution doit restituer non seulement les fruits perçus, mais encore la valeur de ceux qu'il a manqué de percevoir par sa propre faute. — V. Pothier, *De la propriété*, no 336; Proudhon, *dom. privé*, t. 2, no 552; Toullier, t. 3, no 110; Delvincourt, t. 2, p. 11, note; Duranton, t. 4, no 360. — V. aussi Vinnius, Instr., *De rerum. div.*, § 35, no 12, et D. L. 25, § 7, tit, *De hæred petit.*, L. 22 Code, *de rei vindicatione*.

143. — Il en est ainsi à l'égard de celui qui ayant d'abord possédé de bonne foi a été ultérieurement constitué en mauvaise foi. Dès cette époque il doit restituer les fruits perçus et ceux qu'il aurait pu percevoir, ou plutôt leur valeur, tout comme y serait obligé celui dont la bonne foi n'a jamais existé. Il diffère de ce dernier en ce qu'il gagne les fruits recueillis tant qu'il était de bonne foi. — V. Duranton, t. 4, no 360.

144. — En effet de ce que le possesseur ne fait les fruits siens que tant qu'il est de bonne foi, il résulte que la bonne foi du possesseur à l'origine ne suffit pas pour lui faire acquérir les fruits perçus depuis qu'il a cessé d'être de bonne foi. Dans la prescription, au contraire, la bonne foi n'est requise qu'au commencement de la possession. Cette différence tient à ce que dans l'acquisition des fruits il y a autant d'acquisitions que de perceptions, au lieu que dans la prescription il n'y a qu'un seul acte d'acquisition.— V. LL. 23, § 1, et 48, § 1, D. *De acq. rer. dom*,, et art. 550.—V. aussi Duranton, t. 4, no 355.

145. — Néanmoins, si après une première réclamation on laissait le possesseur continuer paisiblement sa jouissance pendant un certain temps, il pourrait résulter des circonstances que ce possesseur a été de bonne foi même depuis la réclamation; et, en conséquence qu'il a gagné les fruits perçus depuis cette demande. — V. Duranton, t. 4, no 362.

146. — Le possesseur de mauvaise foi peut aussi être tenu de payer les intérêts de la jouissance de ces fruits qu'il a perçus, mais ces intérêts ne peuvent courir qu'à compter de la demande qui en est faite en justice. — *Cass.*, 15 janv. 1839, (t. 1, 1839, p. 169) Constant c. Rudel.

147.— De même de ce que la mauvaise foi du possesseur doit être prouvée, il résulte que les intérêts d'une somme réservée par le donateur ne courent pas de plein droit du jour du décès de ce donateur, au profit de ses héritiers; qu'ils ne sont dus que du jour de la demande formée contre le donataire, à moins qu'on n'établisse sa mauvaise foi dès le principe.—*Bordeaux*, 19 janv. 1827, Cornuaut c. Auyan.

148. — En tous cas l'article 1154 du Code civil relatif aux intérêts susceptibles de produire des intérêts dans les cas qu'il détermine, est seulement applicable aux intérêts échus des capitaux. — L'anatocisme n'est pas permis quant aux intérêts des intérêts des jouissances de fruits. — *Cass.*, 15 janv 1839, (t. 1, 1839 p. 169) Constans c. Rudel.

149. — Nous n'avons pas besoin de revenir ici sur les explications que nous avons données (V. ACCESSION, nos 27 et suiv.) au sujet de l'obligation imposée par l'article 548 au propriétaire, qui obtient la restitution des fruits, de rembourser au possesseur, fût-il même de mauvaise foi, les frais de labour, travaux et semences.

150. — Rappelons seulement qu'alors que la restitution a lieu non plus en nature, mais en argent, on doit déduire de la restitution, non seulement le montant des frais de labour, travaux et semences, mais encore les frais de toute nature qui précèdent la vente des fruits, tels que les frais de transport et les droits d'octroi. — *Cass.*, 15 janv. 1839 (t. 1er 1839, p. 169), Constans c. Rudel.

151. — A l'égard des réparations qui ont pu être faites sur le fond, il est bon de distinguer par qui elles ont été faites et quelle est leur nature pour déterminer l'étendue de la restitution et les droits et obligations réciproques du propriétaire et du possesseur.

152. — Véritable usufruitier, le possesseur est tenu à ce titre des réparations: néanmoins si, étant de bonne foi, il a négligé de faire les réparations dont le fonds avait besoin, il ne peut être recherché à ce sujet, parce qu'il n'a entendu négliger que sa propre chose et que l'on ne saurait être en faute vis-à-vis de soi-même. — V. D, liv. 5, tit. 3, L. 31, § 1er, *De petit. hæred.*; — Proudhon, *ibid.*

153. — Le possesseur de mauvaise foi, au contraire, est passible de dommages-intérêts à l'égard du propriétaire, quand il a négligé l'entretien du fonds qu'il détenait. — V. Proudhon, *ibid.*

154.—Quant aux impenses autres que celles d'entretien, il doit en être tenu compte au possesseur de bonne foi. L'appréciation de ces impenses doit être faite avec équité par les tribunaux. Toutes celles qui étaient nécessaires au fonds doivent être remboursées au possesseur, parce qu'elles ont conservé la chose : celles qui étaient simplement utiles ne devront pas être remboursées intégralement toutes les fois qu'il y aurait pour le propriétaire nécessité d'engager ses biens au-delà d'une certaine mesure de manière à compromettre sa fortune. Quant aux dépenses voluptuaires, le possesseur ne pourrait pas en réclamer le montant, sauf à lui à enlever les travaux qu'il aurait faits. — V. art. 555, C. civ. — V. au surplus POSSESSION.

155.— Toutes les dépenses relatives à la perception des fruits ne peuvent, du reste, quelle que soit la qualité du possesseur, donner lieu à répétition contre le propriétaire, alors qu'il s'agit de la restitution des fruits, ces dépenses étant une charge de la jouissance.

156. — Quant aux impôts fonciers ordinaires affectant la jouissance de l'héritage sur lequel ils sont établis, nous croyons que le possesseur de bonne foi ne serait pas fondé à en réclamer le montant. Il n'est pas dans une position plus favorable que l'usufruitier (V. Proudhon, *Dom. privé*, t. 2. p. 127, nº 553). Pour les charges extraordinaires qui seraient mises sur le fonds, nous croyons qu'il pourrait, comme l'usufruitier, lors de la restitution, en réclamer le montant sans intérêt. — V. art. 609, C. civ.

157. — Quant au possesseur de mauvaise foi, comme il ne fait pas les fruits siens, et que notre Code n'a pas adopté la maxime du Droit romain qui faisait considérer le possesseur de mauvaise foi comme ayant volontairement abandonné les objets qu'il avait placés sur le fonds d'autrui ou les dépenses qu'il y avait faites, nous croyons qu'il pourrait répéter les impôts qu'il aurait payés pour le fonds. La règle *Nulli sunt fructus, nisi deductis impensis*, nous paraît parfaitement applicable. — Arg. de l'art. 548, C. civ. — V. D, liv. 24, t. 3, L. 17, *Princip.* — A plus forte raison devrait-on restituer au possesseur de mauvaise foi les charges extraordinaires.

158. — Si une futaie non mise en coupe réglée a été abattue, ou si une maison a été démolie par le possesseur de bonne foi, et qu'il ait vendu les bois ou les matériaux, il ne doit une indemnité au propriétaire que jusqu'à concurrence de ce dont il a profité, si la disposition a eu lieu pendant qu'il était de bonne foi. Les dommages-intérêts seraient dus alors même qu'il aurait cessé de posséder le fonds, car nul ne doit s'enrichir aux dépens d'autrui. Mais si la coupe ou la démolition avait été faite par son successeur, le possesseur ne serait passible d'aucune action, le successeur seul serait tenu de ce dont il aurait profité. — Duranton, t. 4, nº 367.

159. — Le possesseur de mauvaise foi serait tenu de tous dommages-intérêts pour la coupe ou la démolition qu'il aurait faite indûment. — Duranton, *loc. cit.*

160. — Quant à ce qui concerne les droits du possesseur condamné à la restitution des fruits, relativement au remboursement des dépenses autres que celles concernant les fruits, V. POSSESSION, PROPRIÉTÉ.

161. — Notons seulement ici qu'il a été jugé que le véritable propriétaire de l'immeuble auquel les améliorations ont été faites par un tiers possesseur de mauvaise foi, et qui, après avoir revendiqué, a opté pour la rentrée en possession de l'immeuble accru et amélioré, est tenu, en échange des fruits et revenus produits pendant l'envoi en possession, et dont il doit lui être tenu compte, de rembourser au tiers possesseur non seulement la valeur des matériaux employés en améliorations et le prix de la main-d'œuvre, mais aussi les intérêts des avances employées à ces améliorations du jour où elles ont été faites. — *Cass.*, 9 déc. 1839 (t. 1er 1840, p. 112), Robert c. Courtin.

162. — ... Que toutefois cette restitution, quant aux intérêts, ne peut avoir lieu que de manière à laisser entière la restitution des fruits produits par l'immeuble dans son état primitif; qu'elle ne peut consister que dans la restitution des fruits produits en excédant par suite des améliorations. — Même arrêt.

163. — ... Que dès-lors les juges ne peuvent, sans violer la loi, ordonner la compensation de ces intérêts avec les fruits produits par l'immeuble, sans distinction aucune entre les fruits produits par l'immeuble dans son état primitif et l'excédant qui a été le résultat des améliorations. — Même arrêt.

164. — C'est, du reste, une question controversée que de savoir si le possesseur condamné à la restitution des fruits peut opposer la compensation à raison des répétitions qu'il aurait le droit d'exercer contre le propriétaire. — V. ACCESSION, nos 34 et suiv.; COMPENSATION, nº 74.

165. — Au surplus, les questions de restitution de fruits ne peuvent se présenter qu'autant que la possession n'est pas encore suffisante pour conduire à la prescription; car alors le possesseur devenu propriétaire ne serait plus tenu de restituer les fruits, alors même qu'il les aurait perçus en mauvaise foi; car la question de mauvaise foi ne peut plus s'élever puisque le possesseur est censé avoir perçu les fruits sur sa propre chose. — V. L. 25, § *ult.*, D., *De usuris et fructibus*; — Duranton, *ibid.*, nº 356.

§ 2. — *Mode de restitution.*

166. — C'est aux tribunaux civils qu'il appartient de statuer sur les demandes en restitution de fruits et sur la manière dont elles doivent être opérées, alors que les parties ne se trouvent pas d'accord au sujet de cette restitution, ou quant au mode suivant lequel elle doit être opérée.

167. — La restitution eût-elle même été ordonnée par acte administratif, si l'interprétation de cet acte administratif n'est pas contestée et s'il ne s'agit que de l'estimation et de la liquidation des fruits, les tribunaux civils demeurent seuls compétens. — *Cons. d'état*, 22 sept. 1812, Mellier, c. commune de Cailloux; 18 mars 1813, Devillars; 20 nov. 1815, Calvet c. Villèle; 27 mai 1816, domaine c. Richardot; 25 juin 1817, Faye c. Baritault; 9 juill. 1820, Alziary c. Dalmassy; 22 fév. 1821, Comynes c. ville d'Avallon; 11 (et non 1) mai 1822, Tixier c. comm. de Basville; 30 juin 1824, Guyot c. Labourdonnaye; 29 mars 1827, Bru c. Bouillé. — V. conf. Cormenin, *Dr. admin.*, vº *Domaines nationaux*, t. 2, p. 67; Chevalier, *Jurispr. admin.*, vº *Domaines nationaux*, t. 1er, p. 416.

168. — L'ordonnance de 1667, tit. 30, art. 2, avait autrefois établi, quant au mode de restitution des fruits, une procédure spéciale qui permettait d'arriver à une prompte liquidation des droits des parties intéressées, mais qui, il faut le reconnaître, présentait peut-être d'un autre côté ce désavantage qu'elle n'offrait pas toujours de garantie suffisante pour la justice des décisions à rendre par les juges.

169. — Aujourd'hui, l'art. 529, C. procéd. civ., dispose que toute personne condamnée à restituer des fruits, en rendra compte dans la forme ordinaire et qu'il sera procédé comme sur les comptes rendus en justice.

170. — De là il faut conclure que le montant d'une restitution de fruits ordonnée en justice ne peut pas être réglé par le jugement ou l'arrêt de condamnation, sans compte préalable, et cumulé avec d'autres objets pour ne former du tout qu'une seule condamnation à une somme déterminée. — *Cass.*, 20 déc. 1819, Milscui c. Letoudal.

171. — En pareil cas, un compte de fruits doit toujours être ordonné et rendu conformément à l'art. 526, C. procéd. civ. — Même arrêt.

172. — Les juges saisis d'une demande en restitution de fruits doivent renvoyer à compter, devant un juge commis, le défendeur qui a conclu, et ne peuvent le condamner à en payer la valeur après l'avoir eux-mêmes réglée. — *Cass.*, 25 juin 1832, Picard c. Arnault; — Chauveau sur Carré, quest. 2844; Thomine Desmasures, t. 2, p. 13.

173. — De même, lorsque les parties sont divisées sur la quotité des revenus d'un immeuble donné à antichrèse, il y a nécessité de procéder à une reddition de compte conformément aux art. 526 et suiv., C. procéd. Les tribunaux ne peuvent s'écarter de cette règle, sous prétexte (dans le cas où il s'agit d'une papeterie) que le créancier qui s'était engagé à entretenir un certain nombre de cuves n'a pas rempli cette condition du contrat. — L'arrêt qui a fixé *de plano*, et d'une manière approximative et arbitraire, le produit annuel que le créancier doit porter est sujet à cassation. — *Cass.*, 6 août 1822, Cardon c. Lévrier Delille. —

174. — L'art. 3, tit. 30, ord. 1667 précitée, voulait qu'alors qu'une contestation s'élevait sur la quantité des fruits à restituer, la preuve pût en être faite par écrit ou par témoins. — Bien que le Code de procédure civile ne se soit pas expliqué sur ce point, sans aucun doute il y a lieu d'employer aujourd'hui le genre de procédure qu'autorisait l'ordonnance.

175. — Quant à ce qui a trait, non plus à la quantité, mais à la valeur des fruits qui devaient être restitués, le même art. 3 (tit. 30) de l'ordonnance de 1667, prescrivait que la preuve devait en être faite au moyen des *extraits des registres des gros fruits* du greffe le plus voisin; quant aux labours, semences et frais de récoltes, il y avait lieu à recourir à l'estimation par experts.

176. — Aux termes de l'art. 129, C. procéd. civ., la restitution est faite en nature pour les fruits de la dernière année. Pour ceux des années précédentes, le possesseur en rend la valeur suivant les mercuriales du marché le plus voisin; sinon, à dire d'experts, à défaut de mercuriales. Si la restitution en nature pour la dernière année est impossible, elle se fera comme pour les années précédentes. — Ces règles doivent être également appliquées au cas où il s'agit d'années arréragées de rentes ou redevances en denrées. — Toullier, *Dr. civ.*, t. 7, nº 63; Rolland, vº *Fruits*, nº 79.

177. — Il n'est pas nécessaire de recourir à la voie de l'expertise, bien qu'il s'agisse d'objets qui ne se portent pas aux marchés publics et dont la valeur n'est pas fixée par des mercuriales, tels que la laine, le chanvre, le vin, etc., parce que le prix commun peut en être constaté par les courtiers et agens de change qui, d'après les art. 73 et 77, C. comm., sont préposés pour constater concurremment le cours des marchandises. — Demiau-Crouzilhac, p. 116; Carré et Chauveau, quest. 545.

178. — Il faut, pour l'estimation de fruits non encore parvenus à maturité et dont un jugement a ordonné la restitution, suivre l'usage local. En Bretagne, disent MM. Carré et Chauveau (quest. 546), d'après l'art. 252 de la coutume, les grains qui sont ensemencés et en herbe jusqu'au premier jour du mois de mai sont prisés comme semences et labourages; passé le jour qu'ils commencent à être en tuyau, ils sont prisés pour ce qu'ils peuvent apporter de grains et de paille en août, selon ce qu'ils peuvent rendre par *journal* (48 ares 59 centiares), déduction faite des frais de semence et de labourage.

179. — L'année que l'art. 129, C. procéd., appelle la dernière est celle qui précède la demande. La loi présume que ces fruits sont entre les mains du possesseur, mais cette présomption n'a rien de rigoureux, on l'autorise à les restituer comme ceux des années antérieures, s'il ne peut le faire en nature; mais pour les fruits perçus depuis la demande, il doit les restituer en nature ou ne s'en défaire qu'en cas d'urgence et avec l'autorisation de justice. — Chauveau sur Carré, quest. 546 *ter*; Boitard, t. 1er, p. 517.

180. — S'il s'agit de fruits payables en nature, leur valeur ne doit pas être calculée d'après la plus-value qui aurait pu survenir depuis la mise en demeure du débiteur à la restitution, ou le retard par lui apporté à l'acquittement de son obligation, lorsque le règlement ayant eu lieu à l'amiable, il a laissé passé le terme convenu. — Toullier, *Dr. civ.*, t. 7, nº 62.

181. — Au cas où le débiteur ne possédant pas lui-même des fruits de la nature de ceux qu'il est tenu de restituer, pourrait s'en procurer à un prix plus élevé que le prix convenu au moment de la demande contre lui formée, il est tenu à cette restitution en nature, et ne peut forcer son créancier à recevoir en paiement non les fruits eux-mêmes, mais leur valeur en argent calculé sur le prix commun antérieur. — Toullier, t. 7, nº 63; Rolland, vº *Fruits*, nos 77 et 78.

182. — Quelque précis que soient les termes de l'art. 129, C. procéd. civ., néanmoins un jugement qui condamne à une restitution de fruits n'est pas nul par cela seul qu'il ne détermine pas le mode de cette restitution. — En effet, l'art. 129, C. procéd., ne prononce pas la nullité. — *Cass.*, 5 fév. 1828, comm. de Bagnères de Luchon c. Soulherat.

183. — L'omission de statuer sur le mode d'une restitution de fruits ne pourrait donner lieu qu'à une ouverture de requête civile et non à un moyen de cassation. — Même arrêt.

184. — La disposition d'un arrêt qui ordonne une restitution de fruits à donner par état et à liquider à la forme de la loi, sans fixer d'ailleurs aucun délai, et sans nommer un juge-commissaire, réserve nécessairement les droits de toutes les parties, et ne méconnaît pas les prescriptions des articles 526 et 530, C. procéd. — *Cass.*, 24 mai 1841 (t. 2 1841, p. 884), Quégain c. comm. de Voray.

185. — Jugé même que si une liquidation n'est pas demandée par les parties, les juges peuvent liquider eux-mêmes les fruits en bloc. — *Cass.*, 1er juin 1826, Bernard c. Collar. — V. conf. Bioche, *Dict. de procéd.*, vº *Fruits* (restitution de), nº 83.

186. — Ainsi, encore dans une demande en restitution de fruits provenant d'un partage de succession, les juges peuvent ordonner que cette restitution sera faite d'après estimation d'experts. — *Cass.*, 10 janv. 1828, Martin c. Michel. — V. encore Bioche, *Dict. de procéd.*, vº *Fruits*, nº 30.

187. — Bien que pour un compte à rendre de fruits on doive procéder comme pour les autres comptes rendus en justice (V. *suprà* nº 171), aucune des parties n'est cependant recevable à se plaindre de ce que le compte ait été ordonné à dire d'experts, si ce mode de compte l'a été ainsi d'après les conclusions formelles de toutes les par-

ties. — *Cass.*, 23 avr. 1839 (t. 2 1843, p. 410), Bataillé c. Duiil.

188. — Spécialement, lorsque dans une instance à fin de restitution des fruits naturels et industriels d'un domaine indûment possédé, le demandeur conclut à une estimation plus élevée que celle faite par les premiers juges des divers produits de ce domaine, sans requérir l'application des mercuriales, mais au contraire s'en remet à une évaluation fixe à arbitrer par la cour royale, de ces divers fruits, ce demandeur ne peut, pour la première fois, devant la cour de Cassation, se plaindre d'une appréciation qu'il n'a pas méconnu à la cour royale le pouvoir de faire. — *Cass.*, 15 janv. 1839 (t. 1er 1839, p. 169), Constans c. Rudel.

189. — De même, le tribunal devant lequel des parties ont, conformément à un jugement ordonnant une restitution de fruits et passé en force de chose jugée, produit et débattu un compte, peut, sans recourir à une expertise ni à des mercuriales, apprécier lui-même le montant des restitutions de fruits dues pour chaque année, d'après les documens qui lui sont fournis par les parties. — *Cass.*, 18 avr. 1822, Randon c. Dumas; — Chauveau sur Carré, quest. 2844.

190. — A plus forte raison le rendant compte ne peut-il se plaindre qu'on n'ait pas ordonné l'évaluation des fruits d'après les mercuriales ou d'après une expertise s'il a été condamné à faire état de ces fruits d'après sa déclaration. — *Cass.*, 30 mars 1831, Méon. — V. AVEU, n° 83.

191. — En tous cas, on ne peut refuser d'opérer la restitution de fruits ordonnée par un jugement, après avoir nommé un expert pour en faire la liquidation. — *Agen*, 20 janv. 1807, Laure c. Faure.

192. — De ce qu'il est procédé comme dans les autres comptes rendus en justice, il suit que le compte sera aux frais de l'oyant, comme en matière de reddition de compte. Mais il en doit être autrement si le possesseur condamné à la restitution des fruits est présumé de mauvaise foi. — Thomine-Desmasures, t. 2, p. 19; Chauveau sur Carré, t. 4, note 2.

193. — Outre que les dépens sont nécessairement à la charge de celui dont les prétentions mal fondées ont amené les parties devant la justice en réglement du compte de fruits, il y a de la part de celui qui refuse d'obtempérer au jugement rendu, une faute qui peut motiver contre lui des dommages-intérêts, s'il ne s'exécute pas en temps utile.

194. — Sous l'ordonnance de 1667 (tit. 30, art. 5), c'était dans le délai d'un mois que le défendeur à la restitution des fruits devait opérer le paiement complet de son obligation. Cette disposition n'a pas été conservée par le Code de procédure civile, et par conséquent il y a lieu de se référer ici aux règles générales sur l'exécution immédiate des jugemens, à moins de délais accordés par les juges.

FRUITS (Marchands de). — FRUITIERS.

1. — Marchands de fruits sur bateaux. — Patentables imposés à un droit fixe de 50 francs; droit proportionnel du quinzième de la valeur locative de l'habitation seulement.

2. — Les marchands de fruits secs en gros sont rangés dans la première classe des patentables. — Droit fixe basé sur la population : droit proportionnel du quinzième de la valeur locative des locaux servant à l'habitation et à l'exercice de l'industrie.

3. — Marchands de fruits secs en demi-gros, — marchands en détail, — marchands de fruits secs pour boissons : — patentables les premiers de troisième classe; les seconds et les derniers de sixième classe; — même droit fixe que les précédens, sauf la différence de classe; — droit proportionnel du vingtième de la valeur locative de l'habitation et des lieux servant à l'exercice de l'industrie.

4. — Les fruitiers-orangers sont rangés également dans la sixième classe des patentables et soumis aux mêmes droits fixe et proportionnel que les marchands de fruits secs en détail. — V. le numéro qui précède.

5. — Quant aux simples fruitiers, ils font partie de la septième classe; — même droit fixe que les précédens, sauf la différence de classe; — droit proportionnel du quarantième de la valeur locative de tous les locaux qu'ils occupent, mais seulement dans les communes de vingt mille âmes et au-dessus. — V. au surplus PATENTE.

FULMINATE DE MERCURE.

Les fabriques de fulminate de mercure, amorces fulminantes et autres matières dans la préparation desquelles entre le fulminate de mercure, sont rangées, à raison des dangers d'explosion et d'incendie qu'elles présentent, dans la première classe des établissemens insalubres. — V. ÉTABLISSEMENS INSALUBRES (nomenclature).

FUMÉE.

Les inconvéniens, les dangers même que présente l'exhalaison d'une fumée épaisse dans certains ateliers, les a fait ranger dans la catégorie des établissemens insalubres. C'est ainsi que les tuileries, les verreries, les ateliers où la tourbe est carbonisée, les savonneries, les fabriques de faïence, les fours à chaux, etc., ont été, principalement pour cette raison, rangés dans cette classe d'établissemens. — V. ÉTABLISSEMENS INSALUBRES (à la nomenclature).

FUMEURS.

L'autorité municipale est en droit de prendre à l'égard des fumeurs, dans l'intérêt d'une bonne police et notamment dans le but de prévenir les incendies, les mesures qu'elle juge nécessaires. — V. à cet égard v° INCENDIE (mesures contre les). — V. aussi VOITURES PUBLIQUES, LIEUX PUBLICS.

FUMIER.

1. — Paille ou tout autre objet ayant servi de litière aux chevaux, bestiaux, etc., etc.

2. — L'art. 188 de la Coutume de Paris portait : « Qui fait établir ou autres choses semblables contre un mur mitoyen, il doit faire contre-murs de huit pouces d'épaisseur, de hauteur jusqu'au rez-de-chaussée de la mangeoire. »

3. — Bien que cet article ne parle pas de fumiers adossés à un mur, sa disposition a été appliquée à ce cas : « Et tous les endroits où l'on entasse du fumier contre un mur mitoyen, dit Desgodets sur cet article, il y faut faire un contre-mur de huit pouces d'épaisseur au moins dans toute l'étendue de ce qui est occupé par le fumier, tant par la largeur que par la hauteur, et au moins de deux pieds de profondeur en fondation. »

4. — L'art. 674 du Code civil, relatif aux précautions à prendre pour les ouvrages ou opérations qui peuvent nuire au voisin, ne parle pas des fumiers; mais il est dans son esprit de maintenir les réglemens en vigueur sur les obligations respectives des propriétaires voisins à cet égard. — Pardessus, *Des servitudes*, t. 1er, n° 199.

5. — Le dépôt du fumier sur la voie publique peut motiver l'application de l'art. 471, C. pén., dont les nos 4 et 6 prévoient le cas, soit d'embarras de la voie publique, soit d'exposition de choses de nature à nuire par des exhalaisons insalubres. Et la contravention existe, même en l'absence de tout réglement.

6. — Jugé en ce sens que celui qui tient un amas de fumier devant la porte de sa maison située sur une rue, encourt les peines prononcées contre ceux qui embarrassent la voie publique, quand même il n'existerait pas de réglement particulier prohibant un pareil dépôt, et quand même le soin de nétoyer les rues ne serait pas à la charge des habitans. — *Cass.*, 18 mai 1810, Sevrin; — Merlin, *Rép.*, v° *Fumier*, n° 3.

7. — C'est, au surplus, à l'autorité municipale, chargée de veiller à l'entretien, la sûreté et la salubrité de la voie publique, à prendre toutes les précautions et arrêtés nécessaires à cet égard. — V. aussi BALAYAGE ET NÉTOIEMENT DE LA VOIE PUBLIQUE.

8. — Il existe, à cet égard, une ordonnance de police du 23 nov. 1831, laquelle, rapportant une ordonnance précédente du 30 avr. 1813, et « Considérant que les habitans de la campagne qui viennent ramasser des immondices et fumiers dans les rues de Paris, disséminent les ordures mises en tas sur la voie publique pour choisir les parties de ces immondices qui leur conviennent le mieux, ce qui nuit à la propreté de la ville et à l'exactitude du service du nétoiement...., défend aux habitans de la campagne et autres personnes étrangères au service du nétoiement de ramasser dans Paris, soit de jour, soit de nuit, à l'aide de voitures ou d'autres moyens de transport analogues, des immondices, du petit fumier ou tous autres objets déposés sur la voie publique. » — V. Recueil de M. Delessert, à sa date.

9. — Si le fumier était déposé sur un héritage privé, l'autorité municipale pourrait-elle en prescrire l'enlèvement à raison du préjudice que les exhalaisons produites par ce fumier peuvent causer aux propriétaires voisins? Deux arrêts de la cour de Cassation ont jugé la négative. — *Cass.*, 18 germin. an X, Bonté; 8 vent. an XIII, Menier c. Cartier.

10. — Toutefois, MM. Trébuchet et Elouin (*Nouveau dict. de police*, v° *Fumier*) pensent que si un dépôt de fumier était une cause grave d'insalubrité pour le voisinage, le maire en province et le préfet de police dans son ressort pourraient en prescrire l'enlèvement par un arrêté spécial basé sur la loi des 16-24 août 1790 et l'arrêté du gouvernement du 12 messid. an VIII, et que la contravention à cet arrêté pourrait être poursuivie devant les tribunaux de police.

11. — Aussi la cour de Cassation a-t-elle jugé, en revenant sur sa première jurisprudence, que l'arrêté par lequel un maire défend de conserver dans les propriétés particulières situées le long des rues et autres lieux publics, des amas de fumiers ou de matières produisant des exhalaisons infectes, est pris dans le cercle des attributions municipales. — *Cass.*, 6 fév. 1823, Darrigrand et Latrubesse.

12. — ... Et que le refus d'obtempérer à un arrêté d'un maire portant injonction d'enlever des amas de fumier placés dans les rues ou le long des rues, ne pouvant pas être excusé sous prétexte que le contrevenant est propriétaire du terrain où le fumier est déposé, cette allégation de sa part ne présenterait pas les caractères d'une exception préjudicielle qui dût nécessiter un sursis. — Même arrêt.

13. — Le tribunal ne pourrait même se dispenser de statuer, sous le prétexte que le prévenu s'est pourvu devant le préfet pour obtenir l'annulation de l'arrêté auquel il a contrevenu. — *Cass.*, 9 mai 1828, Claude Monpesa.

14. — Le voisin qui aurait raison de se plaindre des émanations dégagées par un dépôt de fumier, pourrait s'adresser directement à l'autorité locale qui devrait agir. — Perrin, n° 1645.

15. — Le dépôt de fumier sur un terrain ouvert, servant d'aisance à une maison, ne constituerait pas une servitude en faveur de celui qui l'a fait, à moins qu'il n'y eût titre ou prescription à son profit. — Perrin, n° 1646.

16. — Les fumiers ne peuvent être déposés dans les zones des servitudes militaires qu'en évitant de les entasser. — V. PLACES DE GUERRE, SERVITUDES MILITAIRES.

17. — Les trous ou fossés dans lesquels on laisse pourrir le fumier sont rangés dans la catégorie des cloaques et puisards, et ils doivent être éloignés des habitations (Desgodets, sur l'art. 217 de la Coutume de Paris, n° 809). La distance que prescrit cet article entre les cloaques et les murs voisins est de six pieds au moins. — Perrin, *Code des constructions*, n° 1609.

18. — On peut consulter, en ce qui concerne les rapports du bailleur et du fermier, relativement aux fumiers, le mot BAIL.

19. — Quant au vol de fumiers, on peut consulter le mot DÉLIT RURAL, nos 76 et suiv. — V. aussi VOL.

20. — Il existe, quant à l'amas et à l'enlèvement des fumiers, relativement aux étables, quelques dispositions particulières indiquées v° ÉTABLE.

21. — On appelle *fumier-litière* la couche de paille répandue sur la voie publique au devant des maisons où se trouvent des malades, à l'effet d'atténuer le bruit des voitures.

22. — A cet égard, les permissions sont délivrées par les commissaires de police des quartiers, à la charge de renouveler la paille tous les trois jours au moins, de la faire enlever aussitôt qu'elle cesse d'être utile, et de faire ensuite soigneusement balayer et laver la place afin que la voie publique ne reste pas malpropre. On peut, en outre, prescrire les autres conditions qui seraient jugées nécessaires suivant les localités et les circonstances. — Trébuchet et Elouin, v° *Fumier-litière*.

23. — Ces permissions sont accordées sur un imprimé timbré de 35 centimes, aux frais de l'impétrant.

24. — Les commissaires de police doivent, dans les vingt-quatre heures de la délivrance de ces permissions, en donner avis au directeur de la salubrité et au préfet de police. — Circ. préf. de police des 4 fructid. an XII et 19 sept. 1833.

FUMISTES.

Patentables de sixième classe; — droit fixe basé sur la population, et droit proportionnel du vingtième de la valeur locative de l'habitation et des lieux servant à l'exercice de la profession. — V. PATENTE.

FURETAGE.

1. — Mode d'exploiter une coupe de bois et qui consiste à couper des arbres épars dans une forêt et marqués en délivrance. — Ce mot est, dans ce sens, synonyme de jardinage. V. ce mot.

2. — Le furetage consistait anciennement à choisir les essences et les emplacements.

3. — Il consiste actuellement, dans l'exploitation des taillis de hêtre, à n'abattre de chaque cépée que les plus grosses perches propres à être converties en bois de corde, et à réserver soigneusement les autres.

FUREUR.

1. — La fureur est l'état de l'homme que l'absence de raison pousse à des actes de violence inquiétans pour sa personne et pour la sûreté de ceux qui l'entourent.

2. — La fureur est une cause d'interdiction. — V. INTERDICTION.

3. — Elle donne également lieu à certaines mesures prises tant dans l'intérêt de celui qui en est atteint que dans l'intérêt public. — V. ALIÉNÉS, DIVAGATION (fous et animaux).

FUSEAUX (Fabricans de).

Fabricans de fuseaux ; patentables de huitième classe ; — droit fixe basé sur la population, et droit proportionnel du quarantième de la valeur locative de tous les locaux qu'ils occupent, mais seulement dans les communes de 20,000 ames et au-dessus. — V. PATENTE.

FUSIL.

1. — L'ordonnance de police du 1er août 1820 sur les armes prohibées comprend parmi ces armes *les fusils à vent.* — V. au surplus, à cet égard, ARMES, nos 76 et suiv., 86 et suiv.

2. — Les détails que nous avons donnés au mot ARMES nous dispensent de toute explication spéciale en ce qui concerne les fusils. — Nous rap-
pellerons seulement qu'une ordonnance de police du 1er juin 1839 défend aux armuriers, fabricans, marchands d'armes de la capitale, ainsi qu'à tous brocanteurs se livrant au commerce des armes de luxe et de celles dites de traite, de détenir dans leurs boutiques, magasins et ateliers des fusils de chasse ou des fusils dits de traite en état de faire feu immédiatement.

3. — Ces armes ne doivent, aux termes de la même ordonnance, être mises en état de faire feu qu'au fur et à mesure des ventes effectuées et constatées sur le registre exigé par l'ord. du 24 juill. 1816, et à la charge de livrer lesdites armes sur-le-champ aux acheteurs.

4. — Enfin, suivant l'art. 3, les armuriers sont tenus de démonter les fusils de chasse ou autres aussitôt qu'ils leur sont confiés pour être réparés, sauf à les remettre en état de faire feu au moment où ils les rendront à leurs propriétaires.

5. — En matière de délit de chasse, il peut y avoir lieu à la confiscation du fusil. — V. CHASSE.

FUTAIE.

1. — On désigne sous le nom de futaie la forêt destinée à produire plus particulièrement des bois de fortes dimensions et à se régénérer par la semence.

2. — Une futaie est dite *régulière* quand elle offre dans toutes ses parties un peuplement uniforme et complet, des âges convenablement gradués, et qu'elle renferme en elle-même tous les élémens propres à assurer la régénération nouvelle. Elle est nommée *irrégulière* si le peuplement est inégal et incomplet, si les âges sont mal gradués, si l'on n'y trouve pas enfin les conditions constituant la futaie régulière.

3. — Lorsque, dans l'exploitation des taillis, un certain nombre d'arbres est réservé pour rester sur pied pendant trois révolutions et plus, le bois ainsi traité est appelé *futaie sur taillis,* et mieux *taillis sous futaie,* ou *taillis composé.*

4. — On nomme arbres de *futaie* ceux qui ont cinquante ans passés, et arbres de *haute futaie* ceux qui ont cent-vingt ans et en général tous les
vieux arbres. On appelle baliveau moderne ou baliveau sur taillis, suivant l'âge, les arbres ayant moins de cinquante ans.

5. — Un décret du 15 avril 1811 avait tracé les formalités qui devaient précéder et suivre l'abattage des arbres futaies, épars ou en plein bois, appartenant à des particuliers.

6. — Le mode d'exploitation dans les forêts taillies et futaies est fixé par des clauses spéciales. — Cahier des charges, art. 25.

7. — Mais l'adjudication des futaies a lieu comme celle des autres bois. En général, les règles relatives à ces derniers s'appliquent aux futaies. — V. FORÊTS.

8. — La défense de couper des futaies sans permission comprend comme ceux viciés, secs ou dépérissans, comme ceux parfaitement sains. — *Cass.,* 18 déc. 1811, Gasparini.

9. — Les bois de haute futaie sont considérés comme immeubles parce qu'ils font partie du fonds tant qu'ils sont sur pied. Ils ne peuvent donc être l'objet d'une saisie mobilière à moins qu'ils ne soient abattus. — Merlin, *Rép.,* vo *Futaie,* § 6.

10. — L'usufruitier profite, en se conformant aux époques et à l'usage des anciens propriétaires, des parties de bois de haute futaie mise en coupes réglées, soit que ces coupes se fassent périodiquement sur une certaine étendue de terrains, soit qu'elles se forment d'une certaine quantité d'arbres pris indistinctement sur toute la surface du domaine. — C. civ., art. 591.

11. — Dans tous les autres cas, l'usufruitier ne peut toucher aux arbres de haute futaie. — C. civ., art. 592. — V. USUFRUIT.

V. AFFOUAGE, DOMAINES ENGAGÉS, FORÊTS.

FUTAILLES.

V. BIENS, no 102 et suiv., BOISSONS, CONTRIBUTIONS INDIRECTES.

FUTURES (Choses).

V. CHOSES FUTURES.

FIN DU SEPTIÈME VOLUME.

www.ingramcontent.com/pod-product-compliance
Lightning Source LLC
Chambersburg PA
CBHW060839220326

41599CB00017B/2336